Michael Reufsteck
Stefan Niggemeier

Das Fernsehlexikon

Michael Reufsteck
Stefan Niggemeier

Das Fernsehlexikon

Alles über 7000 Sendungen
von Ally McBeal bis zur ZDF-Hitparade

GOLDMANN VERLAG

Mitarbeit: Heiko Dilk, Stefan Eckel (Reproducts),
Christoph Schultheis, Michael Wegmer

1. Auflage
Copyright © 2005 by
Wilhelm Goldmann Verlag, München,
in der Verlagsgruppe Random House GmbH
Verantwortlicher Redakteur: Eckard Schuster
Redaktion: Andreas Beil, Wolfgang Blümel, Georg Ledig, Barbara Rusch
Korrektorat: Renate Haen, Gundel Ruschill, Josef Schröpfer, Linde Wiesner
Satz: Buch-Werkstatt GmbH, Bad Aibling
Druck: La Tipografica Varese S.p.A.
Printed in Italy
ISBN 10: 3-442-30124-6
ISBN 13: 978-3-442-30124-9

www.goldmann-verlag.de

Von Teetrinkern und Tapeziertischen

Viele von uns können erste Fernseherinnerungen sehr genau benennen. Es beginnt zumeist mit einem Schock: Der gruselige Orchester-Indikativ von Löwenthals *ZDF-Magazin,* ein viel zu lautes »Jetzt kommt der Vorgucker!« vom komischen Kinder-Wuslon-Lichteffekt »Zini« aus *Spaß am Montag* oder die Ansprache des Eduard Zimmermann vor einem traditionell hölzern nachgestellten Tathergangsfilm: »Alles, was Sie jetzt sehen werden, hat sich genau so zugetragen!« Der panisch aus der Scheune fliehende *Halstuch*-Mörder, der den (vorwiegend deutschen) Bobbys entkommen will; *Biene Majas* Grashüpferkumpel Flip im Todeskampf mit der Fleisch fressenden Pflanze oder der rückwärts tanzende Zwerg in Dale Coopers Tagträumen aus *Das Geheimnis von Twin Peaks.* Aber wer gibt zu, noch genau zu wissen, was in diesem magischen TV-Moment geschehen ist?!

Nun, zumeist dies: Oma schiebt ihren breiten Hintern ins Bild, erzählt etwas von schlechten Augen und hebt den Kasten raus, um mit ihm einen Tapeziertisch abzustützen – schließlich kommen Gäste. Oder: Oma schließt das Gerät einfach ein und Sie aus, denn der Fernseher ist bereits in einen Schrank eingefasst und mit einer abschließbaren Doppeltür versehen, und da man fürchtet, die Schlossnoppen an der rückwärtigen Seite könnten die Mattscheibe verkratzen, wird ein Bierdeckel zwischen Noppen und Scheibe geklemmt. Die Scheibe wird deshalb regelmäßig mit Dornkaat gereinigt, speziell nachdem Capri-Sonne beim Gartenfest vom Tapeziertisch in die hinteren Rillen gelaufen ist und das Bild seitdem rechts oben flimmert. Das kommt natürlich nur vom vielen Gucken, sagt die Oma, das ist ja klar.

Doch der Samstagabend ist Ihr Abend, liebe Leserin, lieber Leser: Wenn Oma Ihre Eltern aus dem Haus geschickt hat, um vorzugaukeln, sie hätten sich noch was zu sagen, sie die Erdnüsschen aufmacht und es im Fernsehzimmer herrlich nach Dornkaat duftet, weil sie den Bierdeckel entfernt und neben ein mit Kuli bemaltes Brillenetui gelegt hat, dann sind Sie der König: Sie, und nur Sie, wählen, was geschaut wird, keiner darf dazwischenfunken, wirklich niemand. Gut, außer Opa, der immer noch ein Veto einlegen darf, schließlich hat er die Wohnung bezahlt. Aber wenn die *Sportschau* läuft und Sie den Namen des Moderators Manfred Vorderwülbecke richtig ausgesprochen haben, dann öffnet Ihnen der Großvater die Flasche Sprite, an die sonst niemand ran darf außer Ihnen.

Noch drei Stunden bis zu dem Moment, in dem bei *Wetten, dass …?* der Teetrinker-Kandidat, der 12 (in Worten: nur zwölf) Sorten am Geschmack (mit offenen Augen und noch ohne Sarah Connor im Raum) erkennen soll, auf ganzer Linie versagen wird und Frank Elstner auch dann noch hinterherruft: »Es lag am Wasser!«, während die Ordner ihn schon aus dem Saale tragen. Oma sagt dann meistens noch was wie: »Es lag am Wasser!«

In Momenten wie diesen beginnt normalerweise die Prägung des televisionären Gewissens. Wer wurden Sie, liebe Leserin, lieber Leser?

Typ 1: Haben Sie damals den Teetrinker bedauert und Vor-der-wül-be-cke nicht mal ansatzweise hinbekommen? Dann sind Sie noch lange vom Großvater gemieden worden; aus Ablehnung wurde Distanz. Also haben Sie Bildbände über den Urknall, Sonnenschutzblenden mit Katzenmotiv im Auto und gucken *Nur die Liebe zählt!* Quod erat demonstrandum!

Typ 2: Haben Sie den Teetrinker bedauert, aber Vor-der-wül-be-cke geschafft? Dann wird Ihnen Oma aus Sympathie für Ihre menschliche Reaktion dem Tee-Loser gegenüber das Brillenetui vermacht haben. Andererseits lachen Sie heute zwar über die *Simpsons,* rutschen aber zu leichtfertig in *J.A.G. – Im Auftrag der Ehre* oder *Hausmeister Krause* hinein. Bitte machen Sie munter so weiter, aber erzählen Sie nie wieder beim Abiturtreffen, Sie wären früher in Heather Locklear aus *Ein Colt für alle Fälle* verliebt gewesen. Heather *Thomas* ist Jody Banks, die sich an der Saloontür räkelt.

Typ 3: Haben Sie den Teetrinker bedauert und Vor-der-wül-be-cke auch? Das ist fair. Bitte gucken Sie weiter *In aller Freundschaft.*

Typ 4: Haben Sie den Teetrinker verlacht und Vorderwülbecke einwandfrei noch VOR Beginn der *Sportschau* zusammen mit Klaus Schwarze und Heribert Faßbender genannt? Sie haben die Sprite kistenweise bekommen, und zwar mit Recht. Sie sind der Genießer, der Profiler, der Schweiger: Sie beten wie ein Mantra die Namen Halvar, Faxe, Snorre, Tjure, Urobe, Ulme und Gorm (die *Wickie*-Wikinger, lieber Typ 1!) herunter, Sie riskieren die Scheidung wegen der *Ich heirate eine Familie*-Wiederholung, Sie kaufen aus Sicherheitsgründen Festplattenrekorder bei der NASA und schalten den Strom in Ihrem Haus (das aussieht wie der Hof der *Drombuschs* oder die Brücke der »Enterprise 1701-D«) ab, wenn die Untermieter *Beckmann* gucken. Warum? Weil Sie Verantwortung haben für Ihr televisionäres Gewissen als Maxime für andere Fernsehzuschauer, wie zum Beispiel …

… Typ 5, dem dieser Abend bei Oma und Opa von vornherein egal war und der heimlich den Dornkaat in die Sprite-Flasche geschüttet hat!

Bastian Pastewka

Von Frischluft und Freundschaften

»Jeder Säugling sollte sich so früh wie möglich mit einem Fernsehgerät beschäftigen, denn später hat er ja auch nichts anderes.« Loriot

Wir waren immer schon eine große Gemeinschaft, wir ahnten es damals nur nicht. Damals, als die anderen Kinder dachten, sie müssten draußen herumtoben, nur weil die Sonne schien, und wir allein vor dem Fernseher saßen und wussten, dass das Wetter völlig egal war, solange *Manni, der Libero* lief. Damals haben uns Eltern, Lehrer, Mitschüler das Gefühl gegeben, dass mit uns etwas nicht stimmte. Dass Fernsehen einsam macht.

Jahre später standen die Frischluftdogmatiker im Abseits, die damals draußen toben waren. Und wir führten auf Partys mit wildfremden Menschen plötzlich angeregte Gespräche über *Manni, der Libero*; immer mehr Umstehende schalteten sich ein und diskutierten die entscheidende Frage, wer sich noch daran erinnerte, dass vorher schon das viel bessere *Haus der Krokodile* mit Tommi Ohrner gelaufen war, und danach auch nächtelang nicht schlafen konnte.

Das funktioniert mit jeder Zeit und jeder Fernsehgeneration, man muss nur Tommi Ohrner oder Ratz und Rübe durch Ilse Obrig oder Adalbert Dickhut, *Lassie* oder *Skippy, das Buschkänguruh*, *Teletubbies* oder *Pokémon* ersetzen. Es funktioniert auch grenzüberschreitend: Um mit einem fremden Menschen aus einem fremden Land ins Gespräch zu kommen, das mehr ist als belangloser Smalltalk, redet man mit ihm am besten über die *Golden Girls*, *Die Simpsons*, *Desperate Housewives* oder *CSI*. In diesen Gesprächen geht es nur scheinbar ums Fernsehen. In Wahrheit verraten sie uns unendlich viel über unser Gegenüber. Je nachdem, ob er oder sie *Dallas* oder den *Denver-Clan* bevorzugt, die Abgründe hinter der Fassade von *Buffy* erforscht, bei *Friends* sich für Phoebe oder Rachel begeistert oder ganze Dialoge von *Fawlty Towers* auswendig aufsagen kann. Und ob jemand, der – je nach Standpunkt – *Seinfeld*, *Ally McBeal* oder *Das Geheimnis von Twin Peaks* nicht mag, überhaupt unser Freund werden kann, ist eine ernste Frage.

Fernsehen macht glücklich, und das nicht nur in nostalgischer Verklärung. Glück ist, vor *Six Feet Under* zu sitzen, zu heulen und zu beten, dass die Episode noch nicht sofort vorbei ist. Noch einmal ein Gesprächsporträt mit Günter Gaus zu sehen oder Fechners *Prozess*. Das Wunder DVD zu genießen und sofort noch weitere Folgen von *Frasier* zu gucken. Oder das grandiose Staffelende von *Desperate Housewives* einfach gleich noch einmal. Sich in Christina Plate zu verlieben. Von Johnny Carson und David Letterman zu lernen. *Dittsche* zu entdecken. Oder *Dr. Muffels Telebrause*.

Was wir im Fernsehen gesehen haben und wie wir es gesehen haben, vergessen wir nie. Dieses Staunen, dass die Verwandten in Nordrhein-Westfalen offenbar einen besseren Fernseher hatten, weil in ihm schon vormittags im Ersten Programm die *Sesamstraße* lief, die auf unserem in Rheinland-Pfalz erst abends im Dritten zu empfangen war. Dieses Glück, einmal im Jahr, zusätzlich zu Silvester, bis Mitternacht aufbleiben zu dürfen, weil der *Grand Prix Eurovision* lief. Diese Demütigung, jedes Mal die letzte Runde des *Großen Preis* zu verpassen, weil man um halb neun, na gut: nach Wum & Wendelin, ins Bett musste. Die Entscheidung, das Fußballtraining aufzugeben, weil gleichzeitig *Ein Colt für alle Fälle* lief. Diese Anstrengung, die Diskussionen der Verwandten auszuhalten, wenn wir sonntags bei Oma und Opa waren, weil Opa darauf bestand, vor dem Essen den *Internationalen Frühschoppen* zu sehen, und dann alle über Politik stritten. Ein Teil der Erinnerungen ist verschüttet, lässt sich aber ganz schnell wieder freilegen. Man muss nur den Zeichentrickvorspann von *Kli-Kla-Klawitter* sehen, den busfahrenden Hasen und die strickende Schildkröte hinten auf dem Dach, und plötzlich sind Berge von Kindheitserinnerungen wieder da. Momente, die wir nie vergessen werden.

Oder vielleicht doch?

Auch wenn Legionen von Freunden darauf schwören: *Plumpaquatsch* hatte nicht Hanni Vanhaiden als Partnerin, sondern Susanne Beck. *Wickie* war ein Junge. *Die 2* waren auch im englischen Original schon lustig, nur anders. Heinz Schenk hat nicht *Zum Blauen Bock* erfunden. Die Sache mit den Länderpunkten in *Tutti Frutti* hätte man, wenn man sich nicht hätte ablenken lassen, durchaus verstehen können. Thomas Gottschalks erste Abendshow war nicht *Na sowas*. Zlatko hat nie *Big Brother* gewonnen und Daniel Küblböck nicht *Deutschland sucht den Superstar*. Unsere Erinnerung trügt.

Man bräuchte ein Buch. Wenn die Diskussion um solche Fragen wieder einmal besonders hitzig geworden ist. Um seine eigenen Erinnerungen aufzufrischen. Um den Namen des einen Nebendarstellers nachschlagen zu können. Ein Buch, das nicht nur die bekannten »Kult«- und Lieblingsserien aufführt, sondern auch die eine Show, die offensichtlich wirklich keiner gesehen hat, damals an einem sonnigen Nachmittag, außer uns. Und siehe da, Sie halten es bereits in Ihren Händen.

Michael Reufsteck
Stefan Niggemeier

Bedienungsanleitung

Das Fernsehlexikon. Was ist das?
Dies ist das Buch für alle, die eigentlich lieber fernsehen.

Was steht drin?
Das Fernsehlexikon enthält Informationen zu mehr als 7000 Sendungen, die seit dem Start im Jahr 1952 im Deutschen Fernsehen ausgestrahlt wurden. Die entscheidenden Daten, Fakten und Mitwirkenden aller relevanten Sendungen, Hintergründe, Skandale und unterhaltsame Anekdoten und sogar viele Informationen über längst vergessene Programme – und das quer durch alle Genres: Serien (deutsche und ausländische), Shows, Magazine, Dokumentationen, Nachrichten, mehrteilige Fernsehfilme.

Welche Sendungen sind berücksichtigt?
Da man ein Buch mit sämtlichen Sendungen aus mehr als 50 Jahren nicht mehr heben könnte, haben wir uns konzentriert auf diejenigen, die mindestens drei Teile, Folgen oder Ausgaben hatten und in einem der Vollprogramme liefen, also auf ARD, ZDF, DFF 1, DFF 2, Sat.1, RTL, Pro Sieben, RTL 2, Vox oder Kabel 1. Von diesen Sendungen sind alle enthalten, die auch nur halbwegs wichtig waren: weil sie viel gesehen wurden oder spektakuläre Misserfolge waren, weil über sie geredet wurde, weil sie einflussreich waren oder Trends setzten, weil sie langlebig oder besonders kurzlebig waren. Hinzu kommen aber auch Hunderte fast vergessener, obskurer und unauffälliger Shows, Magazine, Dokumentationen und Serien. Sendungen kleinerer Sender und aus den Dritten Programmen sind in Einzelfällen erfasst, wenn sie größere Bedeutung hatten.

Wie finde ich, was ich suche?
- Alle Sendungen sind alphabetisch geordnet.
- Innerhalb eines Buchstabens sind sie nach Wörtern sortiert, d.h. alle Sendungen, die mit dem Wort »Da« beginnen, stehen vor Sendungen, die mit längeren Wörtern mit der Buchstabenkombination »Da...« beginnen. *Da schau her* steht also vor *Daktari*.
- Bestimmte und unbestimmte Artikel am Anfang des Titels (der, die, das, ein, eine, the, a) werden nicht berücksichtigt. *Eine schrecklich nette Familie* steht also unter S.
- Zahlen werden behandelt wie das entsprechende Zahlwort. *2 im Zweiten* steht also unter Z wie zwei. Ausländische Titel, die mit einer Zahl beginnen, stehen unter dem Zahlwort der jeweiligen Sprache, *500 Nations* also unter F wie five-hundred.
- Sonderzeichen, die gesprochen werden, sind wie das entsprechende Wort einsortiert (zum Beispiel »&« oder »+«), nicht gesprochene Sonderzeichen (zum Beispiel »-«) werden nicht berücksichtigt.
- Alle kursiv gesetzten *Sendetitel* verweisen auf eigene Artikel zur genannten Sendung.
- Angegeben sind jeweils die heutigen oder letzten Namen der Fernsehsender, also »Kabel 1«, nicht »Kabelkanal«. Die Programme des DDR-Fernsehens sind als DFF aufgeführt, zwischen 1969 und 1990 als DFF 1 bzw. DFF 2.

Die Einträge sind wie folgt aufgebaut:

SENDETITEL   SENDER DER ERSTAUSSTRAHLUNG
Zeitraum der Erstausstrahlung. »Untertitel«. Anzahl der Folgen, Produktionsland, Art der Sendung, ggf. Autor oder Erfinder (»Creator«) und Regisseur, (Originaltitel; Original-Ausstrahlungszeitraum).
Inhaltsbeschreibung.
Hintergrundinformationen.

Redaktionsschluss war der 1. Juni 2005.

Danksagung
Wir danken Hanne-Marie Becker, Susanne Betzel, Andreas Bickel, Pascal Breuer, Friedrich Dethlefs, Ulrike Dick, Heiko Dilk, Stefan Eckel, Petra Fink, Jörg-Uwe Fischer, Ingrid Haas, Folker Hahn-Ebert, Dieter Hallervorden, Nicolas Hainzl, Thomas Hölzl, Stefan Hoyer, Günther Jauch, Oliver Kalkofe, Kai Karsten, Jutta Kehrer, Christian Körner, Kerstin Krieg, Karin Langer, Gabriele Leibl, Heidi Leupolt, Frank Lilie, Sebastian Lindmeyr, Kat Menschik, Nils Minkmar, Thomas Müller, Daniel Murmann, Markus Ohlig, Bastian Pastewka, Samira Pivac, Heiner von Rühling, Marco Schönborn, Christoph Schultheis, Thorsten Schultheis, Diana Schardt, Hanno Scherhag, Thomas Schreiber, Christian Seidl, Jochen Stöckle, Volker Szezinski, Michael Wegmer, Volker Weidermann, Florian Weiß, Nicole Wellemin, Franka Welz, Leonie Wild, Axel Wirths sowie allen weiteren Mitarbeitern von Fernsehsendern, Produktionsfirmen und Archiven, die geduldig unsere Fragen beantworteten.

Stimmt was nicht?
Trotz jahrelanger Arbeit und aufwendiger Recherche lässt sich natürlich nie ausschließen, dass sich Fehler eingeschlichen haben. Wenn Sie einen entdeckt haben und korrigieren können, bitte melden Sie sich bei:

aufnahmestudio@fernsehlexikon.de

A, B ODER C
DFF

1961–1963. Erfolgreiche Samstagabendshow mit Rolf Herricht und Hans-Joachim Preil sowie Schlagern und Sketchen. Im Mittelpunkt steht ein »heiteres Musiktoto-Spiel«: In der Programmzeitschrift werden vor jeder Sendung Karten abgedruckt, auf denen zwölf prominente Interpreten mit jeweils drei Musiktiteln (A, B oder C) angegeben sind. Die Zuschauer dürfen je einen Titel ankreuzen. Wer alle richtig tippt, kann bis zu 500 Mark gewinnen. Zwischendurch führen Herricht und Preil teils längere Sketche vor.

Das Konzept zu der beliebten Sendung stammte von Wolfgang Stemmler. Der Erfolg basierte vor allem auf dem Komiker- und Entertainerduo Herricht und Preil, die mit ihren entspannten, unpolitischen und amüsanten Moderationen und Sketchen den Grundstein ihrer Popularität in der DDR legten. Ab der dritten Ausgabe war auch Annemarie Brodhagen als Assistentin und Co-Moderatorin mit dabei.

In der Premierensendung hatte keiner der Zuschauer zwölf Richtige. In der zweiten Sendung lockte daher ein erheblicher Preis von 1000 Mark in bar. Jede Sendung kam live aus einem anderen Veranstaltungsort und wurde mit aufwendigen Bühnenbildern in Szene gesetzt. Trotz der Beliebtheit war nach nur zehn Ausgaben Schluss. Preil sagte später, die Produktion von drei bis vier neuen Sketchen von teilweise über zehn Minuten Länge sei zu schwierig geworden; möglicherweise war aber auch der unbeschwert-unpolitische Charakter der Sendung nicht mehr erwünscht. Einige Sketche von Herricht und Preil aus der Sendung sind auf VHS erhältlich.

A-Z LIFESHOW
WDR, ARD

1989–1994 (WDR); 1990–1993 (ARD). »Die Sendung mit der roten Ratte aus dem ersten Kanal«. 20-minütiges Jugendmagazin, das in der ARD am Sonntagnachmittag lief. Maskottchen war eine grimmig dreinschauende rote Trickratte, die zwar unter einem Kanaldeckel hauste, was aber hauptsächlich ein Wortspiel fürs Erste Programm war (dennoch verschwand die Show nach drei Jahren wieder dort, woher sie gekommen war: im Dritten Programm). Eine weitere wiederkehrende Figur war Ernst Eiswürfel mit seinen Coolness-Tipps.

À LA CARTE
ARD

1974–1989. Reportagereihe über Essgewohnheiten anderer Völker. Jeder Film berichtet 45 Minuten lang aus einem Land und stellt Menschen, Gerichte und Bräuche vor.

Lief über viele Jahre an etlichen Sendeplätzen, mal sonntags am Vormittag, mal werktags am Vorabend.

DAS A-TEAM
ARD, RTL

1987 (ARD); 1990–1991 (RTL). 97-tlg. US-Actionserie von Frank Lupo und Stephen J. Cannell (»The A Team«; 1983–1987).

»Vor einigen Jahren wurden vier Männer einer militärischen Spezialeinheit für ein Verbrechen verurteilt, das sie nicht begangen hatten. Sie brachen aus dem Gefängnis aus und tauchten in Los Angeles unter. Seitdem werden sie von der Militärpolizei gejagt, aber sie helfen anderen, die in Not sind. Sie wollen nicht so ganz ernst genommen werden, aber ihre Gegner müssen sie ernst nehmen. Also, wenn Sie mal ein Problem haben und nicht mehr weiterwissen, suchen Sie doch das A-Team!«

Die Vietnamveteranen John »Hannibal« Smith (George Peppard), Bosco »B. A.« Baracus (Mr. T), Templeton »Faceman« Peck (Dirk Benedict) und H. M. »Howling Mad« Murdock (Dwight Schultz) lassen sich also auf der Flucht vor Militär und Regierung als Helfer in schwierigen Lebenslagen engagieren. Sie jagen Verbrecher in aller Welt im Auftrag von Menschen, die sich das A-Team leisten können. Dabei fliegen regelmäßig nicht nur die Fetzen, vor allem, wenn der Furcht einflößende Muskelprotz B. A. zuschlägt. Hannibal leitet das Team (»Ich liebe es,

Sie lieben es, wenn ein Plan funktioniert: *das A-Team* mit Dirk Benedict, George Peppard, Mr. T (vorn, von links) und Dwight Schultz (hinten), dezent bewaffnet.

wenn ein Plan funktioniert«), Faceman ist wie Hannibal ein Schauspiel- und Verkleidungskünstler, der leicht geisteskranke »Howling Mad« Murdock entwickelt Flugmaschinen und ist deren Pilot, und ausgerechnet der starke B. A. hat dummerweise Angst vor dem Fliegen. Für eine Weile ist die Reporterin Amy Allen (Melinda Culea) dabei, die für das A-Team Informationen über deren Gegner recherchiert. In der letzten Staffel verstärkt »Dishpan« Frankie Sanchez (Eddie Velez) die Truppe und sorgt für Spezialeffekte. Als das A-Team eines Tages gefasst und seinen Mitgliedern die Todesstrafe angedroht wird, willigen sie in der letzten Staffel ein, fortan im Auftrag von General Hunt Stockwell (Robert Vaughn) für die Regierung zu arbeiten.

Im regionalen Vorabendprogramm der ARD liefen nur 26 ausgewählte Folgen, die besonders harmlos waren. RTL zeigte später meist freitags am frühen Abend auch die Folgen, in denen es zur Sache ging (vorab hatte RTL an einem Donnerstagabend erstmals die spielfilmlange Pilotfolge gezeigt, in der »Face« noch von Tim Dunigan gespielt wurde). Das Besondere daran: In Kampfszenen wurde fast nie jemand verletzt oder gar getötet. Publikumsliebling wurde ausgerechnet der so unsympathisch wirkende Afroamerikaner Mr. T als B. A., eine Abkürzung für »Bad Attitude«. Er trug einen Bart, Irokesen-Haarschnitt und stets Unmengen an Gold- und Juwelenketten um den Hals. Mr. T war in der Tat der richtige Name des Schauspielers. Er war zwar als Laurence Tureaud geboren worden, hatte seinen Namen aber rechtmäßig ändern lassen. Durch die Serie wurde er im wahrsten Sinne ein Prominenter der A-Liste und erhielt zwei eigene Serien: »T & T« und »Mr. T«.

Die Titelmusik stammte von Mike Post und Pete Carpenter. Einige Episoden sind auf DVD erhältlich.

AB IN DEN URLAUB! — ZDF

2002–2004. Einstündige Volksmusikshow am Donnerstagabend, in der in loser Folge immer zu den typischen Urlaubszeiten im Sommer und Winter Musiker mit ihren Stimmungshits auftreten.

Markus Wolfahrt, Sänger der Volksmusikband »Klostertaler«, moderierte die ersten vier Sendungen, die fünfte und letzte übernahm Thomas Ohrner, der sich mit dem *Grand Prix der Volksmusik* zwischenzeitlich Schunkelkompetenz erworben hatte.

AB INS BEET! DIE GARTEN-SOAP — VOX

2005. 6-tlg. Vorher-Nachher-Doku-Soap, die Hobbygärtner beim Umgraben, Bepflanzen und Verschönern ihrer Gärten beobachtet. Die einstündigen Folgen liefen dienstags zur Primetime.

ABC ... — ARD

1965–1967. »Tele-Lexikon für Mädchen«. In loser Folge, aber streng nach dem Alphabet, werden Dinge erklärt, die für Mädchen wichtig sein sollen. Zum Buchstaben F waren dies etwa Figur, Fans, Fauxpas, Flirt, Firlefanz und Folklore, unter P fand die Redaktion Perlen, Persönlichkeit, Pariserin, Playboy und Pointe relevant. Durch die Sendung führte zunächst Ursula Ligocki, später Andrea Wagner und Anna Lutz-Pastré.

ABC DER TIERE — ARD

1966–1970. 64-tlg. dt. Mini-Fauna-Doku-Reihe am Vorabend, die monatlich in fünfminütigen Porträts kleine und große, gewöhnliche und exotische Tiere vorstellte, pro Folge eines. Das erste war der Schimpanse.

EIN ABEND IM TELEZIRKUS — ARD

→ Telezirkus

EIN ABEND MIT GEORG THOMALLA — ARD

1982–1985. Episodenreihe mit in sich abgeschlossenen Geschichten, deren Hauptdarsteller Georg Thomalla war. Wie schon in *Komische Geschichten mit Georg Thomalla* spielte er auch hier ein paar Mal einen Tommy. Die Nebenrollen waren wechselnd besetzt.

Die ARD zeigte sieben 45-minütige Episoden in loser Folge im Abendprogramm.

ABENDGRUSS — DFF

1958–1959. Kurze Gute-Nacht-Geschichten für Kinder um 18.55 Uhr.

Besorgt stellten die Verantwortlichen fest, dass das neue Medium Fernsehen auf Kinder eine große Faszination ausübte und dass diese keineswegs nur die Sendungen sahen, die speziell für sie gemacht waren. »Ärzte und Pädagogen verwiesen darauf, die Kinder vom Abendprogramm fern zu halten«, hieß es damals in einer Pressemitteilung zum Start des *Abendgruß*, der genau dies erreichen sollte: Nach dieser Geschichte sollten die Kinder ins Bett. Anfangs las meist eine Ansagerin einfach aus einem Bilderbuch vor. Ein gutes Jahr später wurde die Geschichte durch eine kurze Rahmenepisode aufgewertet: *Unser Sandmännchen* trat vorher und hinterher auf. Mehr zur weiteren Geschichte des *Abendgruß* steht dort.

ABENDMAGAZIN — ZDF

→ ZDF-Abendmagazin

ABENTEUER AIRPORT — ARD

1990. 12-tlg. dt. Familienserie von Felix Huby, Regie: Werner Masten.

Der Pilot und Chef des technischen Dienstes Charly Kapitzky (Hansjörg Felmy) und Flughafenchef Carsten Wolf (Ezard Haußmann) versuchen auf dem Düsseldorfer Flughafen zu verhindern, dass aus kleinen Katastrophen große werden: etwa wenn ein Pilot seine Maschine mit ausgefallenem Triebwerk nicht ordentlich auf die Landebahn gesetzt hat oder irgendein Bösewicht am Zoll vorbei Raketen in den Nahen Osten schmuggeln will. Wolf lebt getrennt von seiner Frau Vera (Claudia Wedekind), mit der er Sohn Kai (Martin May) hat, und freundet sich mit der Flughafenärztin Dr. Hanna Giese (Beatrice

Kessler) an. Pater Parella (Peter Matic) ist der Flughafengeistliche, Ronny Moosbacher (Friedrich-Karl Praetorius) ein Fluglotse.
Nach einem spielfilmlangen Pilotfilm am Sonntag liefen die 50-Minuten-Folgen montags um 20.15 Uhr.

ABENTEUER AM ROTEN MEER   ZDF
1969–1978. 26-tlg. frz. Abenteuerserie von Jean O'Neill, Edmond Lévy und Pierre Lary nach dem Buch von Henry de Monfreid, Regie: Claude Guillemot und Pierre Lary (»Les secrets de la mer rouge«; 1968).
Der Abenteuerschriftsteller Henry de Monfreid (Pierre Massimi) bereist Anfang des 20. Jh. die Meere, wird als Raufbold, Schmuggler und Waffenschieber vom Persischen Golf bis Äthiopien gejagt. Im Alter von 31 Jahren bricht er nach Djibouti auf und macht das Rote Meer zu seinem Reich.
Die erste Staffel mit 25-Minuten-Folgen lief dienstags am Vorabend, eine weitere acht Jahre später montags nachmittags. Es war die erste Produktion dieser Art, die komplett im Iran gedreht wurde. Die Serie basierte auf dem Tatsachenbericht des echten Henry de Monfreid (1879–1974).

ABENTEUER AUF VIER BEINEN   DFF 2
1990. 6-tlg. tschech. Tierserie von Eduard Krhůtek, Regie: Petr Obdržálek (»Psí povidaní«, 1986).
Vels ist ein Schäferhund, der zum Polizeidienst ausgebildet wird. Er lebt bei dem kleinen Honza (Milan Šimáček) und seinem Vater (Karel Fuka). Die Folgen dauerten jeweils 25 Minuten.

ABENTEUER AUTO   KABEL 1
Seit 2000. Einstündiges Automagazin mit Jan Stecker am Samstagnachmittag.

ABENTEUER BUNDESREPUBLIK   ARD
1983. »Geschichte und Geschichten unseres Staates«. Halbdokumentarische Serie von Ulrich Harbecke (Regie: Stefan Bartmann) über Entstehung und Entwicklung der Bundesrepublik Deutschland nach dem Zweiten Weltkrieg.
Elke Heidenreich und Friedrich Nowottny moderieren die Sendung. Evelyn Hamann, Willy Semmelrogge, Käte Jaenicke, Marion Kracht, Daniel Lauterborn und Harry Wüstenhagen spielen die Familie Michel. Und Wolfgang Korruhn reist als Reporter zur »Geschichtsrallye« durchs Land und sammelt Erzählungen und Erinnerungen.
Acht einstündige Folgen liefen montags. Vorher und hinterher gab es je eine Live-Sendung zum Auftakt bzw. Abschluss.

DIE ABENTEUER DER DREI MUSKETIERE   ARD, DFF
1961–1962 (ARD); 1968 (DFF). 22-tlg. US-Abenteuerserie nach dem Roman von Alexandre Dumas (»The Three Musketeers«; 1956). Die Abenteuer von d'Artagnan (Jeffrey Stone), Porthos (Peter Trent), Aramis (Paul Campbell) und Athos (George Gonneau), Musketiere im Dienst von König Ludwig XIII. (Victor de la Fosse).
Im Original hat die Serie 26 halbstündige Schwarz-Weiß-Folgen. Die ARD zeigte zwölf Folgen im regionalen Vorabendprogramm. Das DDR-Fernsehen synchronisierte sechs davon neu und zeigte zehn weitere.

DIE ABENTEUER DER FAMILIE METZGER   TELE 5
→ Heißer Draht ins Jenseits

ABENTEUER DER LANDSTRASSE   ARD
1977–1978. 26-tlg. US-Abenteuerserie von Barry Weitz und Philip D'Antoni (»Movin' On«; 1974–1976).
Zwei gegensätzliche Trucker sind gemeinsam in ihrem schwarzen Kenworth W900 auf Achse. Sonny Pruitt (Claude Akins) ist ein alter Haudegen, ein langjähriger Trucker, der Konflikte notfalls mit Gewalt löst. Sein Partner, der besonnene Will Chandler (Frank Converse), hat Jura studiert und diskutiert Probleme lieber aus. Später kommen noch die Trucker Moose (Art Metrano) und Benjy (Roosevelt Grier) im eigenen Gefährd dazu.
Die einstündigen Folgen liefen im regionalen Vorabendprogramm. 18 Folgen der eigentlich zwei Staffeln ließ die ARD dabei aus. Den Titelsong »Movin' On« sang Merle Haggard. Im gleichen Jahr startete auch die deutsche Truckerserie *Auf Achse*.

DIE ABENTEUER DER MAUS AUF DEM MARS   BR
1976–1983. 52-tlg. dt.-österr.-schweiz.-ungar.-jugoslaw. Zeichentrickserie.
Die kleine graue Maus mit großem Kopf und noch größeren rosa Ohren ist mit einer Rakete von der Erde kommend auf dem Mars gelandet und sitzt nun dort fest. Sie erkundet den fremden Planeten, trifft Fabelwesen und Fabelpflanzen, nascht von den Dondrino-Bäumen, auf denen Zuckerstangen und Lutscher wachsen, freundet sich mit einem gleich großen braunen Maulwurf an, besucht einen Roboter auf seinem Metallplaneten und freut sich, dass am Ende viele Mäuse von der Erde zu ihr kommen und aus dem Mars einen Mäuseplaneten machen.
Die Geschichten waren aus einem Ideenwettbewerb für Kinder hervorgegangen, bei dem über 22 000 Vorschläge eingeschickt wurden. Die Folgen liefen in zwei Staffeln im Bayerischen Fernsehen. Die ARD zeigte 1977 an sechs Dienstagen jeweils vier Folgen zu je fünf Minuten hintereinander.

DIE ABENTEUER DER SEASPRAY   ARD
1967–1968. 20-tlg. austral. Abenteuerserie (»Adventures Of The Seaspray«; 1965–1966).
Auf der Suche nach Inspiration durchquert der verwitwete Schriftsteller Wells (Walter Brown) mit seinem Segelschiff »Seaspray« die Südsee. Seine Kinder Mike (Gary Gray), Susan (Susanne Haworth) und Noah (Rodney Pearlman) begleiten ihn auf den Reisen, ebenso der Matrose Willyum Lesi (Leoni Lesinawai), der von den Fidschi-Inseln stammt. Unterwegs

begegnen sie Kriminellen und Gestrandeten und besuchen die traumhaften Inseln des Südpazifiks. Herrliche See- und Landaufnahmen schürten Fernweh. Die halbstündigen Folgen liefen im regionalen Vorabendprogramm.

ABENTEUER DER STILLE ARD
1984. 6-tlg. Abenteuerreportage von Martin Schliessler, der die Stromlandschaften, Seen, Inseln, Wüsten, Wildnisgebiete und Gebirge Nordamerikas bereiste. Mal war er mit einem Kleinflugzeug unterwegs und zeigte faszinierende Bilder aus der Luft, mal saß er im Kanu oder kletterte einen Berg hinauf.
Die 25-minütigen Folgen liefen im regionalen Vorabendprogramm.

DIE ABENTEUER DER WÜSTENMAUS RTL
1997–1998. 13-tlg. US-Zeichentrickserie nach dem Kinderbuch von Stephen Cosgrove (»Little Mouse On The Prairie«; 1994).
Die Mäusefamilie Dee wohnt in der Prärie. Tochter Tweezle, Cousin Osgood aus der Stadt, der junge Sweeney, der Frosch Jeremiah, der Erpel Flaps und die Häsin Blossom haben ihren Spaß. Die natürlichen Feinde, vor allem der Mäuse, sind die Kater B. C. und Cal.
Der fantastische Originaltitel ging leider bei der Übersetzung verloren. Er war eine Parodie auf »Little House On The Prairie«, den US-Titel von *Unsere kleine Farm*.
Mehrere Folgen sind auf DVD erhältlich.

DIE ABENTEUER DES ARSÈNE LUPIN VOX
1995–1996. 8-tlg. frz. Gaunerserie nach den Romanen von Maurice Leblanc (»Les nouveaux exploits d'Arsène Lupin«; 1994–1995).
Neue Folgen der Geschichten um den diebischen Detektiv. Die beiden Serien zuvor hatten schlicht *Arsène Lupin* geheißen. Wie in der letzten ARD-Version spielte wieder François Dunoyer die Titelrolle und Paul Le Person seinen polizeilichen Widersacher Ganimard, als Grognard war jetzt Franck Capillery dabei. Diesmal hatten die Folgen Spielfilmlänge.

DIE ABENTEUER DES BOB MORAN ARD
1963–1964. 26-tlg. frz. Abenteuerserie nach den Geschichten von Henri Vernes, Regie: Robert Vernay (»Les Aventures de Bob Morane«; 1963–1965).
Der Journalist Bob Moran (Claude Titre) reitet als Abenteurer durch die Welt und hilft unterwegs Menschen in Not, löst Fälle und Probleme. Fast überall hat er einen Anlaufpunkt, wo er sich für eine Weile niederlassen kann. Immer an seiner Seite ist sein abergläubischer Freund Bill Ballantine (Billy Kearns), der permanent Whiskey trinkt. Er ist wie Bob ein Abenteurer, aber manchmal etwas vorsichtiger.
Die halbstündigen Folgen liefen im regionalen Vorabendprogramm. Sie basierten auf den Heftromanen von Henri Vernes, die seit 1953 in Frankreich erfolgreich waren. 19 der im Original mehr als 150 Romane erschienen nach dem Start der Fernsehserie auch in Deutschland. Die Figur des Bob Morane war in Frankreich außerdem Held einer Comicheft-Reihe, auf der wiederum die Zeichentrickserie *Bob Morane* basierte, die Super RTL Anfang 1999 zeigte.

DIE ABENTEUER DES BRAVEN SOLDATEN SCHWEJK ZDF
1971–1977. 13-tlg. dt. Abenteuerserie von Grete Reiner nach dem gleichnamigen Roman von Jaroslav Hašek, Regie: Wolfgang Liebeneiner.
Der Hundeverkäufer Schwejk (Fritz Muliar) lästert in Prag über den Tod des Thronfolgers in Sarajewo und wird vom Polizeispitzel Bretschneider (Heinrich Schweiger) verhaftet. Er kommt in eine Irrenanstalt, doch dann bricht der Krieg aus, und Schwejk meldet sich zum Militär. Er dient dem Feldgeistlichen Katz (Kurt Sowinetz) als Offiziersbursche, doch der verspielt ihn. Sein neuer Herr ist Oberleutnant Lukasch (Heinz Petters), dessen Frau Kathi Wendler (Ruth Maria Kubitschek) kein Interesse an ihm hat. Regimentskommandeur Kraus von Zillergut (Franz Stoß), dessen Hund Schwejk entführt hat, lässt ihn und Lukasch an die Front abkommandieren, wo Schwejk nie ankommt. Nach weiteren Wirren und einer Beinahehinrichtung trifft er sich fast pünktlich »nach'm Krieg um sechs Uhr abends« mit seinem Freund Woditschka (Franz Gary).
Die erste Staffel hatte sechs Folgen. Nach fast fünf Jahren Pause zeigte das ZDF ab 1977 eine weitere Staffel, die auf einem unveröffentlichten, 2000 Seiten starken Manuskript beruhte, in dem der Autor Hašek einzelne Schwejk-Abenteuer gesammelt hatte. Eckart Hachfeld machte daraus eine zusammenhängende Handlung über sieben Folgen. Natürlich wieder mit Muliar und Regisseur Liebeneiner.

DIE ABENTEUER DES BRISCO COUNTY JR. PRO SIEBEN
1994–1998. 27-tlg. US-Westernserie von Jeffrey Boam und Carlton Cuse (»The Adventures Of Brisco County, Jr.«; 1993–1994).
Brisco County, Jr. (Bruce Campbell) ist ein draufgängerischer Kopfgeldjäger, der an der Harvard-Universität studiert hat. Mit der Hilfe von Lord Bowler (Julius Carry), dem Anwalt Socrates Poole (Christian Clemenson), dem Erfinder Prof. Wickwire (John Astin) und der Saloon-Sängerin Dixie (Kelly Rutherford) jagt er John Bly (Billy Drago), der seinen Vater Brisco County, Sr. umgebracht hat.
Die einstündigen Folgen liefen zunächst am Sonntagmittag, die letzten zehn Folgen einige Jahre später wurden nur noch auf undankbaren Sendeplätzen tief in der Nacht gezeigt. Diese waren zuvor im Pay-TV gelaufen.

DIE ABENTEUER DES CHEVALIER DE LAGARDÈRE RTL
1987. Frz. Abenteuerfilm nach dem Roman von Paul Féval, Regie: Jean-Pierre Decourt (»Lagardère«; 1967).

Die Abenteuer des Hiram Holliday 13

»Diesen Satz soll ich sagen? Wer hat denn dieses Drehbuch geschrieben?« Der junge David Balfour (Ekkehardt Belle) gerät zwischen die Fronten in *Die Abenteuer des David Balfour*.

Obwohl er Ritter Henri de Lagardère (Jean Piat) gegen sich hatte, ist es dem niederträchtigen Herzog von Gonzague (Sacha Pitoëff) und seinem Handlanger Peyrol (Jean-Pierre Darras) gelungen, den Herzog Philippe de Nevers zu ermorden. Lagardère findet die Tochter des Verstorbenen, Aurore de Nevers (Michèle Grellier), und mit Hilfe seiner Freunde Cocardasse (Marco Perrin), Passepoil (Jacques Dufilho) und des Marquis de Cheverny (Dominique Paturel) schlägt er den Herzog und tötet ihn.
Lief bei der Erstausstrahlung als Zweiteiler, später auch neu geschnitten in sechs Folgen.

DIE ABENTEUER DES CHEVALIER DE RECCI   ARD

1968–1969. 12-tlg. frz. Abenteuerserie, Regie: Yannick Andréi (»Le Chevalier Tempête«; 1967).
In der ersten Hälfte des 17. Jh. stehen Frankreich und Spanien kurz vor einem Waffenstillstand. Noch wird allerdings die von den Franzosen besetzte Festung Casel von den Spaniern belagert. Der gerissene junge Adelige Chevalier de Recci (Robert Etcheverry), genannt Wirbelwind, und sein treuer Diener Guillot (Jacques Balutin) können die Spanier jedoch immer wieder überlisten. Ricci verliebt sich in Komtess Isabelle (Geneviève Casile), die Tochter des Grafen von Sospelle (Jean Martinelli) und der Gräfin (Denise Grey), die er aus der Gewalt von Räubern befreit. Don Alonso (Mario Pilar) versucht mit allen Mitteln, den bevorstehenden Waffenstillstand zu verhindern.
Die 25-minütigen Folgen liefen samstags nachmittags. Die neu synchronisierte Ausstrahlung in DFF 1 trug den Titel *Die verwegenen Abenteuer des Chevalier Wirbelwind*. Robert Etcheverry spielte später auch als *Arpad, der Zigeuner* einen Titelhelden, der mit allen nur erdenklichen Tricks seine Gegner überlistete.

DIE ABENTEUER DES DAVID BALFOUR   ZDF

1978. 4-tlg. dt.-brit.-frz. Abenteuerfilm von Walter Ulbrich und Peter Graham Scott nach den Romanen »Kidnapped« und »Catriona« von Robert Louis Stevenson, Regie: Jean-Pierre Decourt (»Kidnapped«/»Les Aventures de David Balfour«; 1978).
Der 17-jährige David Balfour (Ekkehardt Belle) gerät in den Kampf zwischen den Hochländern und den Engländern, als er nach dem Tod seines Vaters 1751 zu seinem Onkel Ebenezer Balfour (Patrick Magee) nach Schottland geschickt wird. Der Onkel will ihn umbringen, um an sein Erbe zu kommen. Er lockt ihn auf ein Schiff, um ihn nach Amerika zu entführen. David kämpft mit dem schottischen Rebellen Alan Breck (David McCallum) gegen den Kapitän. Auf dem Weg zu Alan, der bei seinem Vetter James Stewart (Bill Simpson) lebt, wird David von Soldaten gefangen genommen. Er soll den englandfreundlichen Schotten Colin Campbell umgebracht haben. David versucht, den Generalstaatsanwalt Lord Prestongrange (Patrick Allen) von seiner Unschuld zu überzeugen. Er verliebt sich in Catriona Drummond (Aude Landry), die Tochter eines Anführers der Schotten.
Jeder Teil hatte Spielfilmlänge. Traditioneller Weihnachtsvierteiler des ZDF.

DIE ABENTEUER DES DICK TURPIN   DFF 1
→ Dick Turpin

DIE ABENTEUER DES HERRN TAU   DFF
→ Pan Tau

DIE ABENTEUER DES HIRAM HOLLIDAY   ARD

1961–1968. 26-tlg. US-Comedyserie nach den Kurzgeschichten von Paul Gallico (»The Adventures Of Hiram Holliday«; 1956–1957).

Der Zeitungskorrektor Hiram Holliday (Wally Cox) bekommt von seinem Arbeitgeber eine Reise um die Welt geschenkt. Der Reporter Joel Smith (Ainslie Pryor) begleitet ihn. Unterwegs bestehen die beiden viele Abenteuer, deren Bewältigung dank Hiram kein Problem ist. Er ist zwar klein und schmächtig, trägt altmodische Anzüge und eine Nickelbrille, weiß und kann aber einfach alles. Er beherrscht alle wichtigen Kampfkünste und spricht außer Mittelasyrisch jede Sprache. Auch in der eigenen drückt er sich sehr gewählt aus. Als Waffe benutzt er gegebenenfalls seinen Regenschirm, den er immer bei sich trägt. Sein Gegner ist in einigen Folgen der Unterweltboss Monsieur Cervaux (Sebastian Cabot).

Die halbstündigen Folgen liefen im regionalen Vorabendprogramm.

DIE ABENTEUER DES JUNGEN INDIANA JONES SAT.1

1992–1995. 30-tlg. US-Abenteuerserie (»The Young Indiana Jones Chronicles«; 1992–1993).

Die Erlebnisse des Archäologen Henry »Indiana« Jones in seinen frühen und späten Lebensabschnitten: als 16-Jähriger (Sean Patrick Flanery), als Zehnjähriger (Corey Carrier) und als 93-Jähriger (George Hall), der auf seine Jugend zurückblickt. Der junge Indy, oft begleitet von seinem Freund Remy (Ronny Coutteure), trifft bei seinen Abenteuern Personen der Zeitgeschichte, darunter Thomas Alva Edison, Lawrence von Arabien, Sigmund Freud oder Theodore Roosevelt.

Nach drei erfolgreichen Kinofilmen mit Harrison Ford in der Rolle des Indiana Jones zeigte Produzent George Lucas in der Fernsehserie Indys Abenteuer in anderen Abschnitten seines Lebens. Harrison Ford hatte in einer Folge einen Gastauftritt als 50-jähriger Indiana Jones.

Jede Folge war eine Stunde lang. Sat.1 war Koproduzent der zweiten Staffel.

DIE ABENTEUER DES MONSIEUR VIDOCQ ARD

1971–1976. 13-tlg. frz. Abenteuerserie von Georges Neveux, Regie: Marcel Bluwal und Pierre Goutas (»Les nouvelles aventures de Vidocq«; 1971–1973).

Der ehemalige Verbrecher François Vidocq (Claude Brasseur) hat die Seiten gewechselt und ist zum Chef der französischen Kriminalpolizei Sûreté ernannt worden. Er arbeitet jetzt im Auftrag des Justizministers, sein früherer Widersacher Flambart (Marc Dudicourt) ist nun sein Kollege. Verständlicherweise widerwillig. Die alten Kontakte, u. a. zu Henri Desfossés (Jacques Seiler), pflegt Vidocq weiterhin; sie helfen ihm bei der Aufklärung manchen Falles. Baronesse de Saint-Gely (Danièle Lebrun) ist seine Bewunderin.

Fortsetzung der Serie *Vidocq*, in der Bernard Noël die Titelrolle gespielt hatte. Nach dessen Tod im September 1970 beschloss Regisseur Bluwal, auch die anderen Rollen neu zu besetzen. Lediglich Jacques Seiler war in beiden Serien dabei. Wie schon der Vorgänger orientierte sich auch die Neuauflage an historischen Begebenheiten, um der Unterhaltung willen wurde aber einiges hinzugedichtet.

Der bekehrte François Eugène Vidocq (1775–1857) gilt als Erfinder der modernen Verbrechensbekämpfung, ihm wird u. a. die Einführung der Kriminalstatistik zugeschrieben. 1811 wurde er Chef der Sûreté und befehligte eine Truppe, die er zu großen Teilen aus anderen ehemaligen Gaunern rekrutierte. Vidocq schrieb später seine Memoiren, die bereits mehrfach fürs Kino verfilmt wurden, u. a. 1946 mit George Sanders in der Hauptrolle, und auf denen auch die beiden Fernsehserien basierten.

Die Folgen dauerten eine knappe Stunde. Die ersten sechs liefen 1971 alle 14 Tage samstags um 20.15 Uhr, die weiteren einige Jahre später im regionalen Vorabendprogramm.

DIE ABENTEUER DES STARKEN WANJA ARD

1972. 3-tlg. dt. Puppenfilm nach dem Buch von Otfried Preußler.

Nach sieben Jahren steigt Wanja vom Backofen seines Vaters herunter, um in die Welt zu ziehen, Prüfungen zu bestehen und den Thron des Zaren zu besteigen.

Die Episoden waren 35 bis 50 Minuten lang und liefen nachmittags.

Die Abenteuer des jungen Indiana Jones: Der 16-jährige Indy (Sean Patrick Flanery) ist schon ein Abenteurer. Wenn er groß ist, wird er mal Harrison Ford.

ABENTEUER EINER LADY ZDF
1987. 6-tlg. brit.-frz.-kanad.-dt. Abenteuerserie (»Les Aventuriers du Nouveau-Monde«/»Frontier«; 1987).
Die englische Lady Ann Howard (Mel Martin), die ihren Mann umgebracht haben soll, gerät im 18. Jh. mit dem deutschen Hauptmann Richter (Mathieu Carrière), dem französischen Baron Griffard (Daniel Ceccaldi) und Faucillon (Matt Birman), der bei den Mohawks aufwuchs, in Kanada in den Krieg zwischen Franzosen und Engländern.
Die Folgen waren eine Stunde lang und liefen im Vorabendprogramm.

ABENTEUER FERNE KABEL 1
Seit 2002. Einstündiges Reisemagazin mit Silvia Incardona. Läuft staffelweise mal samstags, mal sonntags am Vorabend.

ABENTEUER FORSCHUNG ZDF
1988–2003. Naturwissenschaftsmagazin von und mit Joachim Bublath zu Themen aus Forschung und Technik, über Naturphänomene und -katastrophen, das Weltall und die Raumfahrt.
Bublath, der im Unterschied zu den meisten Magazinmoderatoren auch weiß, was er erzählt, und vorher zeitweise Redakteur bei *Querschnitte* war, erklärt die Funktionsweise von Vulkanen, Tsunamis, Lawinen, Biowaffen etc. und schildert neue Entwicklungen in der Klimaforschung oder Gentherapie.
Abenteuer Forschung war der Nachfolger der traditionsreichen Sendung *Aus Forschung und Technik*. Das Magazin lief zunächst monatlich mittwochs um 21.00 Uhr. Mit der Verlegung auf 22.15 Uhr wurde die Sendelänge von 45 auf 30 Minuten reduziert.
Die Reihe wurde nach mehr als 15 Jahren eingestellt und durch eine sehr ähnliche Sendung, die den Namen des Moderators *Joachim Bublath* trägt, ersetzt.

ABENTEUER IM HOHEN NORDEN DFF 2
1975. 5-tlg. ital.-jugoslaw. Abenteuerserie von Angelo d'Allessandro nach dem Buch von Jack London (»La mia grande avventura«; 1973).
Ende des 19. Jh. träumt eine Gruppe von Goldgräbern vom großen Reichtum und macht sich auf den Weg nach Dawson City am Klondike, an der Grenze zwischen Kanada und Alaska. Jack London (Orso Maria Guerrini) führt die Expedition, ihm folgen der Jäger Jim Goodmann (Husein Cokic), der Buchhalter Fred Thompson (Arnaldo Bellofiore), der Zimmermann Merritt Sloper (Carlo Gasparri), der Abenteurer Matt Gustavsson (Andrea Checchi) und der Hund Buck. Der Weg ist weit, beschwerlich und teilweise kaum begehbar, die kalte Witterung und hungrige Wölfe machen den Goldgräbern ebenfalls zu schaffen. Die meisten geben unterwegs auf oder erfrieren. Nur Jack und Jim mit und mit ihnen der Wolfshund »Wolfsblut« erreichen das Ziel. Doch selbst dort gehen die Probleme weiter: Es ist noch kälter, und der Skorbut geht um.

Die 45-Minuten-Folgen liefen mittwochs zur Primetime. Wenige Wochen später lief die Serie auch in Südwest 3 und 1976 im Ersten Programm.

ABENTEUER IM LAND DES MAHARADSCHAS ARD
1981. 13-tlg. frz. Abenteuerserie (»Le soleil se lève à l'est«; 1974).
General Jean-François Allard (François Dunoyer) beteiligt sich an einer Verschwörung zur Befreiung Napoleons auf St. Helena.
Die ARD schnitt die sechs einstündigen Originalfolgen neu und sendete sie in 13 Teilen im regionalen Vorabendprogramm.

ABENTEUER IM REGENBOGENLAND ZDF
1970–1971. 26-tlg. kanad.-brit.-austral. Abenteuerserie (»Adventures in Rainbow Country«; 1969–1970).
Der Teenager Billy Williams (Stephen Cottier) streift mit seinem Freund Pete Gawa (Buckley Petawabano), einem Ojibway-Indianer, durch die Wildnis. Sie jagen Diebe, Schmuggler, Entführer und sogar den Teufel. Billy lebt mit seiner verwitweten Mutter Nancy (Lois Maxwell) und seiner Schwester Hannah (Susan Conway) im Regenbogenland am Huron-See im nördlichen Ontario in Kanada. Billy und Pete finden sich hervorragend in der Wildnis zurecht. Billy ist ohnehin ein Multitalent und kann tauchen, klettern, Kanu fahren und fotografieren, und dann spielt er auch noch Bass in der Rockband Thunderbirds. Nur scheint ihm dauernd kalt zu sein, denn seine Jacke zieht er das ganze Jahr über nicht aus. Manchmal benötigen die Jungs die Hilfe des Buschpiloten Dennis McGubgub (Wally Koster).
Die Serie wurde ausschließlich an Originalschauplätzen gedreht. Die halbstündigen Folgen liefen dienstags um 19.10 Uhr.

ABENTEUER IM WILDEN WESTEN ARD
1962–1968. 32-tlg. US-Westernreihe nach den Geschichten von Zane Grey (»Dick Powell's Zane Grey Theater«; 1956–1961).
Halbstündige Wildwestepisoden, alle in sich abgeschlossen, voneinander unabhängig und mit wechselnden Darstellern besetzt. Dick Powell, der Erzähler, spielt in einigen Episoden die Hauptrolle.
Einzelne Folgen der Reihe, die im Original 145 Folgen hat, bildeten den Auftakt für eigene Serien. So entstanden *Westlich von Santa Fé* sowie »Johnny Ringo« und »The Westerner«, die beide in Deutschland unter dem Titel *Von Cowboys, Sheriffs und Banditen* zu sehen waren.

ABENTEUER IN DEN TROPEN ZDF
1966. 5-tlg. dt.-ital. Filmreihe nach Erzählungen von Robert Louis Stevenson, Regie: Giorgio Moser.
Abgeschlossene und voneinander unabhängige Abenteuergeschichten um Geld und Schätze mit wechselnden Charakteren, in der Hauptrolle immer Marco Guglielmi.

ABENTEUER IN DER KARIBIK ZDF, KI.KA
1993 (ZDF); 1997 (KI.KA). 26-tlg. brit. Jugendserie (»Runaway Bay«; 1992–1997).
Die Kinder Dion (Eric Fried), Alex (Diana Eskell), Zoe (Jade Magri), Chan (Jeremy Lynch), Shuku (Naomie Harris) und Jojo (Andrew Fraser) verbringen ihre Ferien im Hotel von Mr. Snotts (John Woodvine). Dort werden sie immer wieder in Kriminalfälle verwickelt und übernehmen selbst die Detektivarbeit. Snotts' Vertreterin ist Florence (Natasha Cashman), Samuel (Joseph Marcell) ist einer der Hotelangestellten.
Nach den 13 Folgen der ersten Staffel lief die zweite im KI.KA als Erstausstrahlung und wurde ab 2000 im ZDF wiederholt.

ABENTEUER IN VANCOUVER ARD, TELE 5
1987–1988. Kanad. Familienserie (»Danger Bay«; 1985–1992).
Der Biologe und Meereskundler Dr. Grant »Doc« Roberts (Donnelly Rhodes) arbeitet im Aquarium in Vancouver und ist regelmäßig damit beschäftigt, Tiere in der Gegend vor bösen Jägern, Wilddieben oder Geschäftsleuten zu schützen. Seine Freundin Joyce (Deborah Wakeham), eine Buschpilotin, hilft dabei und kümmert sich auch mit ihm um seine Kinder Jonah (Christopher Crabb) und Nicole (Ocean Hellman), die viel erleben.
Koproduzent dieser Standardfamilienserie, die vor allem Kinder und Jugendliche ansprechen sollte, war der Disney-Channel. Entsprechend harmlos ging es zu, dafür sah man viel wilde Landschaft und süße Tiere. Die ARD zeigte 26 halbstündige Folgen im regionalen Vorabendprogramm. Bei Tele 5 lief später die gesamte Serie in 123 Folgen unter dem Titel *Danger Bay*.

ABENTEUER LEBEN KABEL 1
Seit 2000. Einstündiges Wissensmagazin mit Christian Mürau.
Läuft am frühen Samstagabend, seit März 2003 auch dienstags um 22.15 Uhr.

ABENTEUER MIT TELEMEKEL ARD
1960–1968. 17-tlg. dt. Kinderpuppenserie von Albrecht Roser und Ina von Vacano.
Der Schriftsteller Theodor (Albrecht Roser) lebt mit seinem kleinen Hausteufel Telemekel zusammen. (Telemekel war eine Handpuppe, die von Roser selbst geführt wurde.) Dieser verständigt sich mit Theodor durch Pfeiftöne und richtet allerlei Chaos an. Zu Beginn der zweiten Staffel langweilt sich Telemekel und bekommt als Folge eine Schwester: Teleminchen (geführt von Ina von Vacano).
Nach einer einzelnen Folge zu Weihnachten 1960 ging die Reihe im Herbst 1961 mit zunächst fünf weiteren Folgen in Serie. Ab September 1964 hieß sie *Abenteuer mit Telemekel und Teleminchen*.

ABENTEUER MIT TELEMEKEL UND TELEMINCHEN ARD
→ Abenteuer mit Telemekel

ABENTEUER MIT TIMON UND PUMBAA RTL
→ Timon & Pumbaa

ABENTEUER NATUR SAT.1
1996. Kritische Natur- und Tierfilmreihe mit Heinz Sielmann. Vier einstündige Ausgaben liefen dienstags um 20.00 Uhr.

ABENTEUER NATUR KABEL 1
Seit 2002. Einstündiges wöchentliches Magazin samstags am Vorabend. Es zeigt Tiere weltweit in ihrer natürlichen Umgebung und berichtet über Pflanzen, Nationalparks und andere Naturthemen. Anfangs moderierte Alexander Mazza, im März 2003 übernahm Silvia Incardona.

ABENTEUER 1900 – LEBEN IM GUTSHAUS ARD
2004. 16-tlg. dt. Reality-Doku-Soap. 20 Frauen, Männer und Kinder stellen auf einem alten Gutshof in Mecklenburg-Vorpommern das Leben an der Schwelle zum 20. Jh. nach. Sie teilen sich in zwei Gruppen: Die eine spielt die Herrschaftsfamilie mit allen Privilegien, die andere bildet das Personal.
Inspiriert von *Schwarzwaldhaus 1902* setzte die ARD bei dieser neuen Reihe noch einen drauf und zeigte neben dem Umgang mit den technischen Begebenheiten des Jahres 1900 auch die Unterschiede zwischen Reich und Arm auf. Die Produzenten hatten wieder einen ähnlichen Aufwand betrieben, um das Haus in den technischen Zustand von vor gut hundert Jahren zurückzuversetzen, und sogar die Originaltapeten nachgedruckt. Die Maschine dafür musste eigens aus einem Museum geholt werden.
Die halbstündigen Folgen liefen erfolgreich dienstags bis donnerstags um 18.50 Uhr.

ABENTEUER ÜBERLEBEN SWR, ARD
1991–1995 (SWR); 1994–1999 (ARD). Natur-Doku-Reihe mit längeren Dokumentationen über Tiere und Umwelt und zur Frage, woher Tiere ihre Nahrung beziehen und warum manche Arten ausgestorben sind. Später, in der ARD, hatte die Sendung meistens Magazinform mit mehreren Beiträgen pro Sendung. Moderiert wurde das Magazin von Eberhard Weiß, der auch der Mathematiklehrer im *Telekolleg* war.
Die Reihe lief an wechselnden Sendeplätzen im Nachmittagsprogramm oder vormittags am Wochenende.

ABENTEUER UND LEGENDEN ZDF
1988–1994. Reportagereihe von und mit Dieter Kronzucker, der aus den verschiedensten Ecken der Erde berichtete. Als er Ende 1990 zu Sat.1 wechselte, wurde Arnim Riedel sein Nachfolger als Leiter der Reihe, die nun von wechselnden Autoren beliefert wurde.

ABENTEUER UNTER DEM WIND ZDF
1974–1975. »Aus dem Tagebuch eines Schiffsjungen«. 13-tlg. dt. Abenteuerserie von Hans Stumpf. Der Junge Moses (Wolf Michael), der Käpt'n (Iggo Ig-

gena), der Bootsmann Jacques (Jacques Duval) und der Wissenschaftler Dr. Jan Bergens (Thomas Braut) fahren mit einem Segelschiff übers Mittelmeer und durch traumhafte Gegenden.
Jeweils halbstündige Segelfahrt am Samstagnachmittag.

ABENTEUER UNTER WASSER ARD
1959–1964. 75-tlg. US-Abenteuerserie von Ivan Tors (»Sea Hunt«; 1958–1961).
Der Tiefseetaucher Mike Nelson (Lloyd Bridges) erledigt unter Wasser alle nur erdenklichen Aufträge. Er spürt versunkene Schätze auf, rettet Eingeschlossene aus gesunkenen Schiffen und Flugzeugen und verfolgt Verbrecher. Seine Auftraggeber wechseln, oft arbeitet er auch für die Regierung oder die Navy, deren fester Mitarbeiter er einst war. Von seinem Boot, der »Argonaut«, aus lässt er sich ins Wasser gleiten.
Lloyd Bridges wurde mit der Serie zum Fernsehhelden. Er war der einzige regelmäßige Darsteller in dieser Serie, deren halbstündige Episoden oft zur Hälfte unter Wasser spielten. Da dort Dialoge schlecht möglich waren, fungierte die Hauptfigur Mike Nelson durchgehend als Erzähler aus dem Off. 156 Episoden wurden produziert, knapp die Hälfte davon lief bei uns im regionalen Vorabendprogramm.

ABENTEUER UNTER WASSER ZDF
2004. 8-tlg. dt. Doku-Reihe von und mit Volker Arzt über die Gefahren und Möglichkeiten der Tiefseeforschung, die Technik des Tauchens sowie Pflanzen und Lebewesen unter Wasser.
Lief im Kinderprogramm am Sonntagmorgen.

DIE ABENTEUER VON SHERLOCK HOLMES SWR
1987. 13-tlg. brit. Krimiserie nach Erzählungen von Arthur Conan Doyle (»The Adventures of Sherlock Holmes«; 1984–1985).
Sherlock Holmes (Jeremy Brett) und Dr. John Watson (David Burke) gehen auf Verbrecherjagd und lassen Inspektor Lestrade (Colin Jeavons) alt aussehen.
Jeremy Brett spielte Holmes als intelligenten und mutigen, aber auch wunderbar arroganten, schlecht gelaunten Teufel, der die Täter durch das bloße Heben einer Augenbraue einschüchtern konnte. Die Serie wurde unter den Titeln *Die Wiederkehr von Sherlock Holmes* und *Sherlock Holmes* fortgesetzt.
Die Folgen waren 45 Minuten lang. Die Serie lief 1987 auch in DFF 2.

DIE ABENTEUER VON TOM SAWYER UND HUCK FINN RTL 2
2000. 25-tlg. jap. Zeichentrickserie nach Mark Twain (»Huckleberry Finn Monogatari«; 1994). Auch in der Cartoonversion erleben Tom und Huck Abenteuer.

DIE ABENTEUER VON TOM SAWYER UND HUCKLEBERRY FINN ARD
1980–1981. 26-tlg. kanad.-dt. Abenteuerserie nach den Werken von Mark Twain (»Huckleberry Finn And His Friends«; 1979).
Der obdachlose Huck Finn (Ian Tracey) wohnt in einem Fass. Sein bester Freund Tom Sawyer (Sammy Snyders) lebt mit seinem Bruder Sid (Bernie Coulson) bei seiner Tante Polly (Brigitte Horney). Huck und Tom erkunden die Umgebung und werden in einen Mordfall verwickelt. Sie entlarven Indianer-Joe (Alex Diakun) als Täter und entlasten damit den unschuldig einsitzenden Muff Potter (Lloyd Berry). Tom und Huck reißen von zu Hause aus, gelten als tot und kehren mit einem Paukenschlag zur eigenen Trauerfeier zurück. Sie wohnen eine Weile bei Tante Sally (Dinah Hinz). Huck wird später vor der Witwe Douglas (Lillian Carlson) adoptiert und wohnt bei ihr. Den schwarzen Sklaven Jim (Blu Mankuma) lernt Huck auf einer Insel kennen, nachdem er vor der Witwe geflüchtet ist, die aus ihm einen feinen Jungen machen wollte. Toms Freundin Becky Thatcher (Holly Findlay) ist die Tochter des Richters (Barney O'Sullivan), neben dem auch Constabler Müller (Gunnar Möller) für Recht und Ordnung sorgt.
Die Serie wurde bei uns im Vorabendprogramm gezeigt und mehrmals im Kinderprogramm am Nachmittag wiederholt.

ABENTEUER VOR DER HAUSTÜR ZDF
1993–1994. 13-tlg. dt. Survival-Reihe für Kinder von Rüdiger Nehberg.
Immer wenn es spannend wurde im deutschen Fernsehen, schauten Frank Elstner oder Thomas Gottschalk garantiert streng in die Kamera und warnten: »Liebe Kinder, bitte versucht das auf gar keinen Fall zu Hause!« Zum Glück gab es diese Reihe, die umgekehrt funktionierte: Rüdiger Nehberg zeigte den Kindern, was er bei seinen gefährlichen Reisen durch die Arktis oder im Amazonasgebiet gelernt hatte – und was sie davon nachmachen konnten, sogar zu Hause, beim Überlebenstraining im eigenen Garten: Wie macht man Feuer? Wie baut man ein Floß? Was kann man essen? Und, nun ja doch: Erste Hilfe.
Jede Folge war nur wenige Minuten lang und lief nachmittags. Die Tipps sind auch auf DVD erschienen.

ABENTEUER WILDNIS ZDF
1973–1975. Natur-Doku-Reihe mit faszinierenden Aufnahmen von seltenen oder unbekannten Tieren weltweit in ihrer natürlichen Umgebung.
Die halbstündigen Folgen liefen 14-täglich sonntags gegen 19.30 Uhr.

ABENTEUER WILDNIS ARD
Seit 1988. Natur-Doku-Reihe. Die zunächst sehr kurzen Tierfilme liefen sporadisch im Nachmittagsprogramm, bis die ARD feststellte, wie ungeheuer beliebt solche Sendungen sind. Die Folgen wurden nun länger und kamen öfter, hatten schließlich einen regelmäßigen, knapp einstündigen Sendeplatz werktags nachmittags.

ABENTEUER WISSEN   ZDF

Seit 2001. Halbstündiges »Magazin für Neugierige«. Mittwochs um 22.15 Uhr (im Wechsel mit anderen Magazinen) wird Diverses aus Naturwissenschaft, Kultur, Geschichte, Philosophie, Archäologie und Alltag beleuchtet. Frank Sitter war der ursprüngliche Moderator. Er hatte vorher den Wetterclown im RTL-Mittagsmagazin *Punkt 12* gegeben, was offenbar als Qualifikation genügte, aber auch ganz gut zum Anspruch der gezeigten Filmchen passte. Ab 2003 übernahm der ehemalige *heute-journal*-Moderator Wolf von Lojewski die Sendung, die nun einen höheren Anspruch und den neuen Titel »Abenteuer Wissen mit Wolf von Lojewski« erhielt.

ABENTEUER ZOO   ARD

1993–2000. Dreiviertelstündige Tiergeschichten aus verschiedenen Zoos mit Berichten über Artgenossen in der Wildnis und Projekte, sie vor Ort zu schützen. Anfangs moderierte Hubert Lücker, der Direktor des Dresdner Zoos.
Lief alle ein bis zwei Monate um 20.15 Uhr, zuerst montags, ab 1998 donnerstags.

ABENTEUERLICHE GESCHICHTEN   ZDF

→ Paul Klinger erzählt abenteuerliche Geschichten

DAS ABENTEUERLICHE LEBEN DES JOHN CHARLES FREMONT   SAT.1

→ Dream West

DER ABENTEUERLICHE SIMPLIZISSIMUS   ZDF

→ Des Christoffel von Grimmelshausen Abenteuerlicher Simplizissimus

ABENTEUERWELT   ARD

1996–2000. Auslandsmagazin für Kinder mit Gunnar Gerstel und Reportagen aus aller Welt. Immer dabei war der neugierige Kameramann »Strozy«.
Lief monatlich am Samstagvormittag, insgesamt waren es 60 Sendungen.

ABENTEURER UND REBELL   ARD

→ Louis Mandrin, der Rebell

DIE ABENTEURER VOM RIO VERDE   SAT.1

1993. 4-tlg. frz. Abenteuerserie (»Le Pilote du Rio Verde«; 1991).
Der Pilot Beauchamps (Jean-Pierre Bouvier) und der Hotelbesitzer und Lebemann Gert Bauer (Mario Adorf) haben sich aus unterschiedlichen Gründen in den Urwald von Venezuela an die Ufer des Rio Verde zurückgezogen. Eigentlich sind beide Einzelgänger, doch sie tun sich zusammen, um gemeinsam gegen Verbrecher, Umweltsünder, Drogen und Unrecht zu kämpfen.
Die Folgen hatten Spielfilmlänge und liefen sonntags.

ABER, ABER VATER   NDR

1976–1977. 15-tlg. brit. Sitcom von Johnnie Mortimer und Brian Cooke (»Father, Dear Father«; 1968–1973).
Patrick Glover (Patrick Cargill) ist geschieden, wohnt in einem großen, vornehmen Haus und fährt einen Sportwagen. Beruflich schreibt er Agentenromane, was verwunderlich ist, denn die Ruhe zum Schreiben hat er eigentlich nie. Es stören seine gerade erwachsenen Töchter Anna (Natasha Pyne) und Karen (Ann Holloway), seine Mutter (Joyce Carey), Haushälterin Matilda Harris (Noël Dyson), Agentin Georgie (Sally Bazely; ab Folge 10: Dawn Addams), Ex-Frau Barbara (Ursula Howells), deren Mann Bill Mossman (Patrick Holt; Folge 10 und ab Folge 14: Tony Britton) und Bernhardiner Sir Winston. Kurz vor Ende der Serie heiratet Anna Timothy Tanner (Jeremy Child).
Im englischen Original heißt der Hund H. G. Wells. Der NDR zeigte 15 nicht aufeinander folgende Folgen aus den Staffeln 3 bis 7, diese liefen auch in allen anderen Dritten Programmen, der Rest der eigentlich 45-teiligen Serie dafür gar nicht. Eine deutsche Adaption der Serie lief unter dem Titel *Oh, dieser Vater*.

ABER EHRLICH   ZDF

1997. 14-tlg. dt. Familienserie von Felix Huby, Regie: Christoph Schrewe.
Charly Berg (Manfred Gorr), Ex-Olympiasieger im Schwimmen, trägt seinen muskulösen Körper als Bademeister am Beckenrand spazieren und zieht noch immer die Blicke der Frauen auf sich. Die sorgende Gattin und Mutter Charlotte (Christiane Carstens) schaut derweil in die Backröhre und will sich zwecks Emanzipation zur »Beauty-Beraterin« ausbilden lassen. Miriam (Jenny-Marie Muck), Tochter aus der ersten Ehe des Vaters, schwer pubertierend, hält wenig von der Schule, dafür umso mehr von Jungs und vernichtet auch gern die elterlichen Sektvorräte. Der zehnjährige Sohn Thommi (David Lütgenhorst) findet Schule auch ziemlich blöd. Aus Sekt macht er sich zwar noch nichts, dafür ist das Skateboard sein bester Freund. Sie alle leben im Haus von Opa Emil (Herbert Köfer).
Die selbst für ZDF-Vorabendverhältnisse einfallslose Serie lief mittwochs um 17.45 Uhr, die Folgen waren 50 Minuten lang.

ABER HALLO!   RTL

1993–1994. »Die Olympiade der Ideen«. Einstündige Show mit Frank Elstner.
Ähnlich wie in *Wetten, dass ...?* traten Menschen mit originellen und ausgefallenen Ideen auf und führten etwas Verrücktes vor. Hier geht es jedoch nicht darum, ob es klappt oder nicht, sondern welcher von zwei Kandidaten, die sich mit derselben Idee gegenseitig herausfordern, es besser machte.
Es ging sowohl um sportliche (Saltospringen auf einem Trampolin) als auch um intellektuelle Leistungen (Wissen der Kursnotierungen des Dollars vom Vorjahr). Der Sieger erhielt einen Pokal und wurde »Telemeister«. Pro Sendung wurden fünf Wett-

kämpfe ausgetragen, die Sieger traten am Ende in einem Glücksspiel gegeneinander um einen Geldpreis an.
Nach mehreren Flops sollte diese sonntägliche Vorabendshow endlich Frank Elstners Comeback werden. Es gelang ihm: Neun Millionen Zuschauer wollten die Show sehen und staunten u. a. über den Mann, der das damals neue Postleitzahlenbuch auswendig konnte, und über den Wettbewerb im Erkennen von Elvis-Presley-Songs, die eine Sekunde lang angespielt wurden. Nach einer Verlegung im Herbst 1994 von Sonntag um 19.10 Uhr auf Samstag zur gleichen Zeit sackten die Quoten auf die Hälfte ab. Statt die Show wieder auf den bewährten Sendeplatz zu legen, setzte RTL sie nach insgesamt 21 Ausgaben ab.

ABER VATI! DFF 1
1974; 1979. 4-tlg. DDR-Familienkomödie von Klaus Gendries.
Der Witwer Erwin Mai (Erik S. Klein) lässt seinen Haushalt verlottern. Zumindest glaubt das seine Schwester Elsbeth Schorn (Marianne Wünscher) und kümmert sich deshalb um ihn und seine elf Jahre alten Söhne, die ungezogenen Zwillinge Kalle (Rolf Lemcke) und Kulle (Ralf Lemcke). Vor allem aber versucht Elsbeth, Erwin wieder unter die Haube zu bringen. Der wehrt sich zunächst, heiratet dann aber Monika Büttner (Helga Labudda).
In einer Fortsetzung fünf Jahre nach dem ursprünglichen Dreiteiler herrscht glücklicher Familienalltag, und Monika und Erwin haben noch eine Tochter bekommen.

ABGEORDNETE – SZENEN DEUTSCHER POLITIK ZDF
1980. 5-tlg. Sendereihe, die in einer Mischung aus Dokumentation, Spielszenen und Moderation die Geschichte des deutschen Parlamentarismus von 1847 bis 1972 zeigt.

ABNEHMEN IN ESSEN ARD
2000–2001. 10-tlg. dt. Doku-Soap von Claudia Richarz.
Ein Kamerateam begleitet fünf dicke Freundinnen aus Essen – Sabina, Susanne, Heike, Heike und Heike – bei dem Versuch abzunehmen. Es liefen zwei Staffeln, nach der ersten wurde die Reihe mit dem Grimme-Preis 2000 ausgezeichnet.

ABRAMAKABRA ARD
1970–1976. Satireshow mit Dieter Hallervorden, Helga Feddersen und Uwe Dallmeier, Regie: Joachim Roering.
Eine für ihre Zeit ausgesprochen seltsame und schräge Mischung aus zeitkritischen und schwarzhumorigen Sketchen, die von der extremen Verschiedenartigkeit ihrer Protagonisten lebten. Der Untertitel lautete »Themen, Typen und Toupets« (also »ttt«), und *Abramakabra* war mit dieser selbstreferenziellen Anspielung auf das ARD-Programm seiner Zeit weit voraus.

Zehn dreiviertelstündige Sendungen liefen im Abendprogramm.

ABSCHIED MIT FÜNFZEHN ARD
1973. 6-tlg. frz. Jugendserie von Claude de Givray nach dem Buch von Claude Campagne (»Adieus mes 15 ans«; 1971).
Die 15-jährige Fanny (Patricia Calas) und ihr Bruder Wilhelm (Patrick Verde) leben bei ihrem Opa in einem kleinen Ort in der Bretagne. Sie freundet sich mit dem jungen Lastwagenfahrer Yann (Christian Baltauss) und dem norwegischen Mädchen Ingevelde (Lill Borjesson) an.
Die halbstündigen Folgen liefen sonntags nachmittags.

DIE ABSCHLUSSKLASSE PRO SIEBEN
Seit 2004. Halbstündige Pseudo-Doku-Soap, in der Schüler so tun, als seien sie Schüler, die ihr Leben für eine Sendung namens *Die Abschlussklasse* filmen. Klingt kompliziert, ist es aber gar nicht.
Bereits im März 2003 war die »Abschlussklasse 2003« mit 80 Folgen innerhalb der Talkshow von *Arabella* Kiesbauer gestartet. Zunächst taten Sender und Moderatorin so, als ginge es tatsächlich um ein Projekt, bei dem sich Schüler selbst beim Leben filmten. Erst als sich unwahrscheinliche und höchst dramatische Ereignisse in verdächtiger Weise häuften, ahnte auch die Masse der Zuschauer, dass sie einem groß angelegten Schwindel aufgesessen war, was der Quote allerdings offenbar keinen Abbruch tat. Nach und nach bemühte sich auch der Sender nicht mehr um den Eindruck, dass es sich um eine echte Dokumentation handelte.
Weil die *Abschlussklasse* schnell die Marktanteile der eigentlichen *Arabella*-Sendung übertraf, in der sie lief, trat im September 2003 die »Abschlussklasse 2004« ihr Schuljahr an und erhielt ein halbes Jahr später ihren eigenen halbstündigen Sendeplatz außerhalb von *Arabella*, aber direkt danach um 15.00 Uhr. Natürlich folgte im gleichen Jahr noch die »Abschlussklasse 2005«.
Die »Schüler« des ersten Jahrgangs zeigten auch ihr »Leben« nach der Schule im Spin-off *Freunde – Das Leben beginnt*.

ABSCHNITT 40 RTL
Seit 2002. Dt. Polizeiserie von Christoph Darnstädt.
Die Mitarbeiter der Berliner Polizeidienststelle »Abschnitt 40« kämpfen gegen kleine und große Kriminelle, müssen sich mit Diebstählen, Überfällen, Geiselnahmen und Mord auseinander setzen. Der 1. Polizeihauptkommissar Georg Burrow (Heinz-Werner Kraehkamp) leitet den Abschnitt. Er ist streng, steht jedoch hinter seinen Leuten und ist so gleichzeitig Chef und Kollege. Zur Belegschaft gehören sein Stellvertreter Wolfgang Dudtke (Christof Wackernagel), Ulf Meiners (Sebastian Bezzel), der eine enge Freundschaft mit Melanie Folkerts (Cecilia Kunz) beginnt, der Witwe eines ermordeten Kollegen, ferner der Zyniker Harald Thomsen (Horst Kotterba), ein

ehemaliger DDR-Vopo, der Deutschrusse Grischa Kaspin (Lenn Kudrjawizki), der prinzipientreue Vorzeigepolizist Sebastian Franke (Ole Puppe), der mit Ulfs Schwester Carola verheiratet ist, die attraktive Cora Winkler (Nana Krüger), die ein Verhältnis mit ihrem Streifenwagenkollegen Jan Eisnach (Oliver Elias) hat, der aber verheiratet ist und eine kleine Tochter hat, Kerstin Rohde (Anne Kasprik), die ebenfalls eine Tochter hat, und die Kampfsportlerin Sonja Köhler (Eva Meier), die eigentlich aus Bayern stammt und neu auf dem Abschnitt ist. Anfang 2005 ist Wolfgang nicht mehr dabei, und Egon Lochow (Norbert Stöß) kommt dazu. Er ist wie Harald ein Ex-Vopo; ihm geht es jedoch vor allem um seine Karriere. Vordergründig ist er der lustige Sonnenschein, im Hintergrund intrigiert er.

Realistische Serie, die den Alltag von uniformierten Beamten deutlich härter zeigt als das *Großstadtrevier*. Bisher 24 einstündige Folgen liefen erfolgreich donnerstags um 21.15 Uhr. Im Mai 2001 hatte RTL bereits einen zweistündigen Pilotfilm gesendet, um das Format zu testen. Für den Film erhielt Trevor Holland 2001 den Deutschen Fernsehpreis in der Kategorie Bester Schnitt, die Serie selbst wurde zwei Jahre hintereinander, 2003 und 2004, als beste Serie ausgezeichnet.

ABSOLUT ... RTL

Seit 2003. Promoshow, in der Oliver Geissen in einer ganzen Sendung am späteren Samstagabend einem internationalen Star die Chance bietet, sich selbst und vor allem sein neues Produkt ausführlich zu präsentieren.

Läuft in loser Folge und trägt den Namen des Stars im Sendetitel: »Absolut Madonna«, »Absolut Elton John« und »Absolut Udo Lindenberg«. »Absolut« ist auch der Titel eines ambitionierten Jugendmagazin auf arte, das hiermit rein gar nichts gemein hat.

ABSOLUT DAS LEBEN ARD

2002. 13-tlg. dt. Familienserie von Nina Bohlmann und Nina Wegner.

Die Eltern von Malte (Wanja Mues), Nina (Janina Flieger) und Lukas Reetkoven (Maximilian Villwock) sind bei einem Autounfall ums Leben gekommen. Seitdem kümmert sich der 23-jährige Malte neben dem Studium um seine 16- und 13-jährigen Geschwister und den Hund Eismann. Sie haben ordentlich geerbt und können es sich leisten, in ihrer Hamburger Villa zu leben und sogar eine Putzfrau zu beschäftigen. Der Anwalt Steinweber (Helmut Zierl) ist ihr Vormund.

Die Serie bediente sich der Grundidee der RTL-Serie *Party Of Five*. Die einstündigen Folgen liefen mäßig erfolgreich montags um 18.50 Uhr, acht der eigentlich 21 angekündigten Folgen strahlte das Erste nicht mehr aus.

ABSOLUT SCHLEGL PRO SIEBEN

2002. Einstündige Personalityshow am Nachmittag mit Tobias Schlegl.

Fortsetzung der Daily Talks mit anderen Mitteln: Als der Höhepunkt der Talkwelle längst überschritten war, versuchte Pro Sieben das Genre mit Klatsch, Tratsch und Trash sowie generellem Unernst aufzufrischen und für ein Publikum im Zahnspangenalter zugänglich zu machen. Schlegl begrüßte skurrile Gäste, machte sich über sie lustig, veranstaltete im Studio witzig gemeinte Aktionen und zeigte kurze Filme. An seiner Seite waren Assistentin Karin und »Mutti«, zeitweise auch Co-Moderatorin Charlotte Karlinder Kusmagk.

Bärbel Schäfers Firma Couch Potatoes produzierte die Show, die als Nachfolgesendung von *Andreas Türck* täglich um 15.00 Uhr lief. Auf die schwachen Einschaltquoten reagierte Pro Sieben zur Jahresmitte mit einer Konzeptänderung – Tobi war jetzt »Anwalt, Detektiv, Ritter und Robin Hood« und sollte moralische Unterstützung und Lebenshilfe bieten (»Tobi, hilf mir: Ich brauche eine Schönheits-OP«) – und zum Jahresende mit Absetzung.

ABSOLUTELY FABULOUS TM3, ARTE

1996 (tm3); 2001–2004 (arte). 33-tlg. brit. Comedyserie von Jennifer Saunders (»Absolutely Fabulous«; 1992–2003.).

Die Alleinerziehende Edina Monsoon, genannt Eddy (Jennifer Saunders), verzweifelt an ihrer Tochter Saffron, genannt Saffy (Julia Sawalha). Sie kann es nicht fassen, mit der langweiligsten Tochter der Welt geschlagen zu sein: Statt Partys zu feiern, Sex und Drogen zu genießen, Männer abzuschleppen oder, vielleicht noch besser: Frauen, sitzt sie in ihrer Wollstrickjacke zu Hause und lernt für die verdammte Uni! Und das ihr, der PR-Frau, die dafür lebt, keinen noch so kurzlebigen Trend zu verpassen, auf jeder Esoterikwelle mitschwimmt, sich noch in die untragbarste aktuelle Mode zwängt und die Schöpfer der angesagten Marken als Götter anbetet (»Lacroix, Sweetie, Lacroix!«).

Umgekehrt verzweifelt die vernünftige Saffron an ihrer kindischen, selbstsüchtigen, oberflächlichen Mutter und dem schlechten Einfluss, den deren beste Freundin Patsy Stone (Joanna Lumley) auf sie ausübt: eine auftoupierte blonde Alkoholikerin, deren beste Zeiten als glamouröses Sexsymbol lange vorbei sind – was sie nicht davon abhält, mit allem zu schlafen, was nicht rechtzeitig flüchtet. Patsy hat sich den Job als Moderedakteurin bei einer Zeitschrift anscheinend erschlafen, ist aber noch lebensuntüchtiger als Edina, die theoretisch eine eigene PR-Agentur führt, tatsächlich aber wohl nur von den doppelt gezahlten Alimenten ihrer beiden Ex-Männer für Saffron lebt. Zu Edinas Entsetzen schaut zu Hause immer wieder ihre grundgute, leicht senile Mutter (June Whitfield) vorbei, die sich resolut weigert zu sterben. Eddys persönliche Assistentin ist Bubble (Jane Horrocks), die wahrscheinlich unfähigste Sekretärin der Welt.

Absolutely Fabulous, kurz »AbFab«, entstand aus einem Sketch von Dawn French und Jennifer Saunders in ihrer Sketchreihe »French & Saunders«, der den üblichen Konflikt zwischen Mutter und pubertierender Tochter einfach auf den Kopf stellte. Saunders erweiterte die Konstellation zur Geschichte einer Mutter, die sich weigert, erwachsen zu werden, und bei der der ausschweifende Lebensstil der 60er- und 70er-Jahre mit dem oberflächlichen Konsumrausch der 80er eine schreckliche Verbindung eingegangen ist. *AbFab* ist grell, schrill, albern und in jeder Hinsicht politisch unkorrekt: Eddys und Patsys Leben ist Exzess, unterbrochen nur von Phasen grenzenlosen Selbstmitleids. Es wird gekokst, gesoffen, gevögelt – und einmal in Marokko verkauft Eddy ihre Tochter für drei Kamele an irgendeinen Beduinenstamm.

Die Sitcom war in Großbritannien auf Anhieb ein gewaltiger Erfolg, eroberte sich aber auch in den USA im Kabel eine Fangemeinde. Roseanne Arnold kaufte die Rechte für eine amerikanische Version, zu der es allerdings nie kam: Für die großen Networks war eine Serie mit so ausschweifenden Hauptrollen wie denen von Eddy und Patsy unsendbar. Am nächsten kam der Grundkonstellation die kurzlebige Serie *High Society*, deren Hauptdarstellerinnen allerdings bei allem Hedonismus auf Drogen verzichteten. Edina and Patsy tauchten in einer speziellen Halloween-Folge von *Roseanne* auf.

In Deutschland schaffte die Serie nie den Sprung über die Sprachbarriere: Zu viel Atmosphäre ging in der Synchronisation verloren. Trotzdem wurde *Absolutely Fabulous* auch hier zu einem Geheimtipp, insbesondere in der Schwulenszene.

Die halbstündigen Folgen waren bereits seit 1994 im Pay-TV-Kanal Premiere gelaufen. tm3 zeigte die ersten drei Staffeln, arte zwei weitere Staffeln und drei Specials.

Die Titelmusik ist »This Wheel's On Fire« von Julie Driscoll und Adrian Edmondson – die Nummer stammt ursprünglich von Bob Dylan und Rick Danko. Die Serie wurde u. a. mit zwei Internationalen Emmys ausgezeichnet.

ABU, DER SOHN DER SAHARA   ZDF
1970. 4-tlg. brit. Jugendfilm nach dem Roman von Kelman D. Frost, Regie: Frederic Goode (»Son Of The Sahara«; 1966).

Abu (Darryl Read) ist ein 13-jähriger Araber, der gern am Hof des Kalifen (John Stuart) arbeiten möchte. Er findet eine Anstellung und kümmert sich um das Pferd des Kalifen. Dabei wird er Zeuge, wie der Verschwörer Sidi Feisal (William Dexter) Vorbereitungen trifft, den Kalifen zu stürzen.

Die halbstündigen Folgen liefen sonntags nachmittags.

ACAPULCO H.E.A.T.   RTL 2
1994–1998. 48-tlg. US-Agentenserie von Max und Micheline Keller (»Acapulco H.E.A.T.«; 1993–1996).

Von einem Hotel in Acapulco aus bekämpft die Geheimorganisation Hemisphere Emergency Action Team, kurz H.E.A.T., das internationale Verbrechen. Ashley Hunter-Coddington (Catherine Oxenberg) und Mike Savage (Brendan Kelly) leiten die Mannschaft, der Catherine Avery Pascal, genannt Cat (Alison Armitage), Brett (Spencer Rochfort), Krissie Valentine (Holly Floria), Tommy Chase (Michael Worth), Marcos (Randy Vasquez) und Arthur Small (Graham Heywood) angehören. Die Aufträge erhält die Einheit per Video von Mr. Smith (John Vernon). Als Tarnung geben sie vor, Modefotografie zu betreiben. Ab der zweiten Staffel verlegen sie ihr Hauptquartier vom Hotel in ein Modekaufhaus, das die neue Tarnung ist. Das Team hat gewechselt, nur noch Ashley und Cat sind dabei, neu hinzugekommen sind Nicole Bernard (Lydie Denier) und Joanna Barnes (Christa Sauls).

In den USA war die Serie kein großer Erfolg. Sie erlebte dennoch eine zweite Staffel, die extra für Europa produziert wurde.

ACE VENTURA   PRO SIEBEN
1997–2000. 41-tlg. US-Zeichentrickserie (»Ace Ventura«; 1996).

Tierdetektiv Ace Ventura hilft Tieren in Not und spürt sie auf, wenn sie verschwunden sind. Sein treuer Affe Spike ist immer dabei.

Die Trickserie basierte auf dem gleichnamigen Kinofilm mit Jim Carrey.

ACH, DU DICKES EI   ARD
1975–1977. 50-minütiges Medienmagazin für Kinder mit Helga Feddersen, Ernst H. Hilbich und der Puppe Paulchen.

Von wechselnden Schauplätzen erklärt die Sendung alle zwei Monate, wie Film und Fernsehen funktionieren, zeigt Geräuschemacher, Nachrichtensprecher oder Drehbuchautoren bei der Arbeit. Prominente Sänger, Schauspieler oder Politiker sind zu Gast und beantworten die Fragen der jungen Zuschauer. Ernst und Helga spielen wechselnde Rollen und finden sich so in verschiedenen Situationen wieder, die zum jeweiligen Thema der Sendung hinführen.

ACH DU LIEBER HIMMEL   ARD
1978. 13-tlg. US-Sitcom von Bernard Slade (»Good Heavens«; 1976).

Mr. Angel (Carl Reiner) ist ein ... jawohl: Engel. Er trägt einen feinen Anzug und erfüllt Leuten, die es verdient haben, einen Wunsch. Alles geht, außer Geld. Eine Frau, die sich zwischen zwei Freiern nicht entscheiden kann, bekommt sogar einen neuen, der die besten Fähigkeiten der beiden vereint.

Die halbstündigen Folgen liefen im regionalen Vorabendprogramm.

ACH DU LIEBER VATER   ZDF
1982. 15-tlg. US-Sitcom von Susan Harris (»I'm A Big Girl Now«; 1980–1981).

Die ohnehin schlechte Laune des Zahnarztes Fred (Danny Thomas) wird nicht besser dadurch, dass seine Frau gerade mit seinem Geschäftspartner nach Spanien durchgebrannt ist. Auch seine Tochter Diana (Diana Canova) hat gerade eine Trennung von

Acht Stunden sind kein Tag:
Oma (Luise Ullrich)
und ihr Freund Gregor
(Werner Finck).

ihrem Ehemann hinter sich. Beide beschließen, für eine Weile zusammenzuziehen, was besser klappen würde, wenn er sie nicht mehr wie ein kleines Mädchen behandeln würde. Für süüüße Auftritte sorgt Dianas siebenjährige Tochter Sabine (Rori King), außerdem sind da noch Dianas neurotischer Bruder Walter (Michael Durrell) und ihre ewig angespannte Chefin Edith (Sheree North).
Eigentlich hießen Fred Ben und Sabine Becky und Edith Edie, aber das ZDF fand, dass es besser sei, bei der Synchronisation gleich ein paar Namen auszutauschen. Die halbstündigen Folgen liefen donnerstags im Vorabendprogramm.

ACHIMS HITPARADE   DFF, MDR

1989–1991 (DFF); seit 1992 (MDR). Volkstümliche Hitparade mit Achim Mentzel.
Einmal im Monat kämpfen Interpreten, die meist »Ladiner«, »Edlseer« oder »Feldberger«, aber auch schon einmal »Rachenputzer«, »Erbschleicher« oder »De Randfichten« heißen, um den Titel des Musikantenkönigs. Einmal im Jahr wird unter allen Königen der Musikantenkaiser gewählt. Das Publikum stimmt per Post, später auch übers Internet ab.
23 Ausgaben liefen im DFF, dann setzte der MDR die Reihe fort. Mentzel war schon in der DDR als Sänger aufgefallen und moderierte einmal den *Kessel Buntes*. Im Westen wurde er vor allem durch Oliver Kalkofe bekannt, der ihn und seine Hitparade hartnäckig parodierte und Mentzel wahlweise mit einem überfahrenen Hamster oder einem Mopsgesicht verglich: ein »zottiges Urvieh, das beim Hundefriseur mal wieder keinen Termin bekommen hat«. Mentzel reagierte humorvoll und hatte bei irgendeinem Schülerlied in seiner Sendung in der Kulisse eine Tafel stehen, auf die mit Kreide geschrieben war: »Kalki ist dof.« Irgendwie gewannen sie sich lieb und moderierten gemeinsam u. a. zwei DDR-Sonderausgaben von *Kalkofes Mattscheibe*.

DIE ACHSE   ARD

1982. 5-tlg. Doku-Reihe von Ralph Giordano über Hitlers Verbündete im Zweiten Weltkrieg. Die Folgen hatten jeweils eine Länge von 45 Minuten und liefen sonntags.

ACHT NACH ACHT   ARD

1973. Kurzlebige große Samstagabendshow mit Hans-Joachim Kulenkampff. Vier Paare aus Großbritannien, Österreich, der Schweiz und der Bundesrepublik Deutschland treten gegeneinander an und müssen in drei Quizrunden Fragen beantworten, die sich je Sendung immer auf ein Jahrzehnt des 20. Jh. beziehen.
Um Kulenkampffs Assistentin Marie-Claude Karera, eine 25-jährige dunkelhäutige Lehrerin aus Ruanda und Sprecherin der Deutschen Welle, gab es Wirbel, weil sie ein »nacktes Vorleben« hatte, wie die »Hörzu« schrieb. Sie hatte in einem *Tatort* mit Kressin eine Masseuse gespielt und war dort halbnackt zu sehen gewesen.
Mangels Erfolg wurde die Show nach nur sechs Sendungen wieder eingestellt. Die »Hörzu« hatte zum Start geschrieben, dass es »diesmal endgültig« sei: *Acht nach acht* werde Kulenkampffs »letztes Quiz. Danach wird er nur noch Schauspieler sein.«
In der Themensendung zu den 60er-Jahren tauchte Martin Jente in einer Gastrolle auf.

ACHT STUNDEN SIND KEIN TAG   ARD

1972–1973. 5-tlg. dt. Problemserie von Rainer Werner Fassbinder.
Der Arbeitsalltag in einer Gruppe von Werkzeugmachern, der u. a. der engagierte Jochen (Gottfried

John), Vorarbeiter Franz (Wolfgang Schenck), Manfred (Wolfgang Zerlett) und Rolf (Rudolf Waldemar Brem) angehören. Als Meister Kretzschmer (Victor Curland) stirbt, wird Franz zunächst sein Nachfolger, doch dann entscheidet sich die Konzernleitung für jemanden von außen, den jungen Ernst (Peter Gauhe). Jochen und Marion (Hanna Schygulla) wollen heiraten. Harald (Kurt Raab) und Monika (Renate Roland) sind bereits verheiratet und haben eine Tochter, Sylvia (Andrea Schober), doch Monika möchte sich scheiden lassen. Oma (Luise Ullrich) wohnt anfangs bei Schwiegersohn Wolf (Wolfried Lier), zieht dann aber mit ihrem Freund zusammen, dem Rentner Gregor (Werner Finck).

Die Serie wollte eine Alternative zum Heile-Welt-Fernsehen sein und auf realistische Weise den Alltag von Arbeitern mit all ihren Problemen zeigen, zugleich aber Mut machen und eine positive Wirkung entfalten, indem sie die Arbeiter als frei und selbstbewusst porträtierte. Produzent Peter Märthesheimer erhielt für die Konzeption der Serie 1973 den Grimme-Preis. Die Jury urteilte: »Seine programmkonzeptionelle Leistung wird auch durch einzelne Schwächen in der Realisation nicht geschmälert.«

Ursprünglich wollte Autor und Regisseur Fassbinder die Hauptrolle ausnahmsweise nicht mit Hanna Schygulla besetzen. Nach drei Drehtagen stellte er jedoch fest, dass die »Mädchen« gegen ihren Typ spielen mussten und deshalb unglaubwürdig wirkten. Kurzerhand tauschten Renate Roland und Schygulla die Rollen. Roland sagte hinterher: »So total sozial engagierte Texte, wie ich sie als Marion hätte sprechen sollen, nimmt man mir einfach nicht ab. So was kann die Hanna besser.«

Die Vorbereitungen für die Produktion weiterer Folgen waren bereits im Gange und die Verträge mit den Schauspielern unterzeichnet, als der Sender das Projekt stoppte. Die vereinbarten Gagen wurden dennoch ausbezahlt.

Jede Folge hatte Spielfilmlänge. Sie wurden im Abstand von mehreren Wochen gezeigt.

8 TREFFEN SICH UM 8   DFF
→ 7 treffen sich um 8

ACHTERBAHN   ZDF
1992–2002. 69-tlg. dt. Episodenreihe für Kinder mit in sich abgeschlossenen und voneinander unabhängigen Kurzfilmen über ungewöhnliche Kinderfreundschaften, die aus der Kinderperspektive erzählt werden. Wechselnde Charaktere und Hauptdarsteller stehen im Mittelpunkt der Geschichten, in denen es oft um die Überwindung von Schwierigkeiten und Ängsten geht.

Die halbstündigen Folgen liefen den frühen 90er-Jahren mittwochnachmittags und später am Samstagvormittag, in unregelmäßigen Abständen folgten, meist blockweise, neue Folgen im Vormittagsprogramm am Wochenende. Innerhalb der Reihe liefen auch die beiden Dreiteiler »Ein Hund namens Freitag« und »Liebe, Lügen und Geheimnisse«. Die Folge »Die Spezialistenshow« von Regisseur Marc-Andreas Bochert aus dem Jahr 2001 wurde im Folgejahr mit dem Prix Jeunesse International ausgezeichnet.

48 STUNDEN   ARD, WDR
1976–1983 (ARD); 1988–1989 (WDR). Reportagereihe zu aktuellen und politischen Themen.

Die Reporter und Kameras des WDR begleiten jeweils zwei volle Tage und Nächte ein Thema. Die erste Sendung verbrachte »48 Stunden im deutschen Eiskeller«, später zeigten Reportagen z. B. den Dienst auf einer Polizeiwache und den Kampf von Aktivisten gegen Bagger, um den Abbruch älterer Wohnhäuser zu verhindern.

Die Reihe lief in loser Folge. Sie startete als 45-Minuten-Format um 20.15 Uhr im Ersten, und wurde dann, auf eine halbe Stunde gekürzt, eine Stunde später gesendet. Nach gut vier Jahren Pause wurden ab Januar 1988 weitere Folgen im Dritten Programm gesendet.

ACHTUNG, KLAPPE!   ARD
1986–1993. »Kinder als Reporter«. Halbstündige Dokumentationsreihe von Kindern für Kinder. In der ersten Folge erkunden sie den Münchner Hauptbahnhof, später geht es u. a. in die Semperoper, auf den Jahrmarkt, auf die Zugspitze oder zum Bremer Sechstagerennen.

Die Exkursionen waren 25 Minuten lang und liefen donnerstags nachmittags.

ACHTUNG! KLASSIK   ZDF
1990–2000. Einstündige Musiksendung mit Justus Frantz, der Gäste aus dem Bereich der Klassik begrüßte.

Das Konzept beruhte darauf, klassische Musik möglichst populär darzustellen und dadurch viele Zuschauer anzusprechen. Das gelang nur zum Teil. Nach zehn Jahren stellte das ZDF die Reihe mangels Quoten ein, aber Frantz meinte zum Abschied: »Wer hätte gedacht, dass wir überhaupt zehn Jahre durchhalten würden!« 1993 erhielt er für die Sendung die Goldene Kamera.

Das ZDF zeigte die Sendung an Feiertagen um 19.15 Uhr. Die Idee wurde später samt Ausrufezeichen in *Klassisch!* wiederbelebt.

ACHTUNG, KUNSTDIEBE   ZDF
1979. 13-tlg. dt. Reporterserie von Reinfried Keilich, Regie: Ulrich Stark und Manfred Seide.

Der Zeitungsreporter Peter Kohlhoff (Wilfried Klaus) und sein Fotograf Gerd Wieland (Heinz Baumann) recherchieren gemeinsam mit der Kunstexpertin Helga Sladkovicz (Renate Schroeter) für eine Artikelreihe über Kunstdiebstähle. Dazu treiben sie sich in Kunsthallen, Museen und Auktionen herum.

Die 25-minütigen Folgen liefen montags am Vorabend. Die Hauptdarsteller Klaus und Baumann waren später in *SOKO 5113* ein wesentlich unterhaltsameres Gespann.

ACHTUNG, LEBENDE TIERE! ZDF

1993–1997 »Szenen aus unserer Gesellschaft«. Tiermagazin, das sich brisanter Themen wie des Transports und der Käfighaltung von Tieren, Tierversuchen oder vom Aussterben bedrohter Arten annimmt.

Volker Arzt moderierte 1993 die ersten acht Sendungen, 1995 löste Petra Gerster ihn ab. Das Magazin lief mittwochs um 21.00 Uhr. Autor der meisten Beiträge war Manfred Karremann, der mit seinen kritischen Berichten häufig Wirbel auslöste und 1997 die Goldene Kamera für seine Arbeit erhielt. Negativ in die Schlagzeilen kam die Sendung durch einen Beitrag eines anderen Mitarbeiters am 27. März 1997, der angeblich rechtswidrige Praktiken bei der Jagd auf Eisbären in Kanada anprangerte. Die Jägerzeitschrift »Wild und Hund« wies dem Autor nach, dass der gezeigte Eisbär nicht, wie behauptet, von einem trophäengeilen amerikanischen Jagdtouristen, sondern von einem Eskimo erlegt worden war. Das ZDF überprüfte daraufhin das Material, stellte fest, dass es tatsächlich gefälscht war, und trennte sich von dem Autor des Beitrags.

ACHTUNG PROBE! ZDF

1968–1969. 6-tlg. dt. Musik-Comedyserie mit Max Strecker, Regie: Hermann Feldhoff und Dieter Wendrich.

Max Greger und sein Orchester, darunter der Trompeter Fredy Brock, proben, musizieren und lösen Turbulenzen aus.

Die halbstündigen Folgen liefen etwa monatlich im Vorabendprogramm und boten Greger und seinen Musikern eine Plattform für ihre Musik, aber auch für ihr komisches Talent. Ernst nahm sich in dieser Reihe niemand.

ACHTUNG! RTL II KAMERA RTL 2

1999. Show, in der Prominente hereingelegt und mit versteckter Kamera gefilmt wurden.

Lockvogel war Pit Weyrich, Moderatorin zunächst Saskia Valencia, nach wenigen Monaten übernahm Bärbel Schäfer. Die einstündigen Folgen liefen am frühen Sonntagabend, zeitweise auch dienstags zur Primetime.

ACHTUNG: STRENG GEHEIM! ARD

1994–1995. Austral.-dt.-jap.-südafrik. Jugendserie (»Mission Top Secret«; 1992–1995).

Die Geschwister Albert (Andrew Shepherd) und Victoria »Vicky« Wiggins (Jennifer Hardy) sind mit ihrem Freund Spike Baxter (Rossi Kotsis) aus einem Waisenhaus in Sydney geflohen. Sie leben jetzt auf dem Hof ihres Onkels Joshua Cranberry (Frederick Parslow), in dessen Hightech-Geheimlabor Jemma (Deanna Burgess), die zwölfjährige Tochter seiner Assistentin Gertrude Snipe (Pamela Western), mit Kindern aus aller Welt das Computernetzwerk Centauri eingerichtet hat, mit dem sie Verbrecher bekämpft. Ihr Hauptfeind ist der Verbrecherboss Neville Savage (Shane Briant).

Die Serie bestand aus zwölf Folgen, die Spielfilmlänge hatten. Die erste Staffel aus sechs Filmen zeigte die ARD in 24 Folgen zu je 25 Minuten geteilt. In der zweiten Staffel waren die Snipes und die Wiggins-Geschwister nicht mehr dabei. Jetzt kämpfen Sandy Weston (Emma Jane Fowler) und die Geschwister David (Jamie Croft) und Kat Fowler (Lauren Hewett) gegen die Gangster. Diese Staffel wurde in sechs Filmen ausgestrahlt. Ein Pilotfilm war 1992 bereits im NDR gelaufen.

ACHTUNG ZOLL! ARD

1980–1981. 48-tlg. dt.-frz. Krimireihe (französische Folgen: »Opération Trafics«; 1979).

Ähnlich wie der *Tatort* wurde *Achtung Zoll!* von mehreren ARD-Anstalten produziert, die alle eigene Ermittler, Schauplätze und Autoren hatten. Staffelweise liefen immer vier oder fünf Folgen mit einem Team hintereinander. Die letzten sechs Folgen stammten vom französischen TF 1. Im Einsatz waren für den NDR: Finanzanwärter Horst Brinkmann (Arnfried Lerche) und Zollinspektorin Jutta Edinger (Marietta Schupp). Für den HR: Zollobersekretär Stadler (Hubertus Petroll) und Zollinspektorin Karin Wünsche (Susanne Beck). Für den SWF: Zollobersekretär Hans Peter (Robert W. Schnell) und Willi Nath (Peer Augustinski). Für den WDR: Finanzanwärter Vanloo (Peter Seum). Für den SDR: Zolloberamtsrat Weigert (Joachim Wichmann) und Zollamtsrat Heckmann (Raphael Wilczek). Für TF1: Inspecteur Mathieu (Guy Marchand).

In *Achtung Zoll!* ermittelten auch erstmals Rolf Schimpf (NDR) und Harald Dietl (HR). Die deutschen Folgen waren 25 Minuten lang, die französischen 45 Minuten. Sie liefen im regionalen Vorabendprogramm.

18 – ALLEIN UNTER MÄDCHEN PRO SIEBEN

Seit 2004. Dt. Comedyserie von Hansjörg Thurn.

Die Teenager Jo (David Winter), Leo (Bert Tischendorf), Maus (Tim Sander) und Toby (Nicolas Kantor) werden als einzige Jungs am Mädcheninternat Heiligendorf aufgenommen – ein Feldversuch des Ministeriums, den Schuldirektorin Dr. Agnes Mensendiek (Annekathrin Bürger) am liebsten so schnell wie möglich beenden möchte. Die Schülerinnen Billy (Susan Hoecke), die Internatssprecherin, und die lesbische Vera (Hannah Herzsprung) sehen das auch so und machen den Jungs ihr geglaubtes Paradies zur Hölle.

Nett gemeinte Serie voller Klischees. Sie entstand in der Folge des eigenproduzierten Pro-Sieben-Films »Seventeen – Mädchen sind die besseren Jungs«, in dem Winter und Sander bereits die gleichen Rollen gespielt hatten. Sie lief montags um 22.15 Uhr. Der Film war ein großer Erfolg. Nur der Film. Trotzdem drehte Pro Sieben nach zehn Teilen noch eine zweite Staffel.

18 – DEINE GESCHICHTE ZÄHLT VOX

→ Leben macht Laune

Hoppla, da hätte fast schon einer gepasst! Knisternde Spannung bei ... *18 – 20 – nur nicht passen* mit dem neuen Moderator Karl-Heinz Bender (rechts) und Mitspielern.

18.30 RTL
1994. 12-minütige Call-In-Show, in der Zuschauer anrufen und sich über aktuelle Themen erregen können oder über all das, worüber sich Taxifahrer den lieben langen Tag so erregen. Joachim Steinhöfel, im Hauptberuf Anwalt, wandert währenddessen allein im Studio auf und ab, moderiert selbstgefällig und arrogant, pöbelt die Anrufer an und würgt sie ab, was einen gewissen Unterhaltungswert verursachte.
85 Ausgaben liefen werktäglich um 18.30 Uhr vor den Nachrichten. Steinhöfel spielte die Rolle noch eine Zeit lang als »Moderator« der Sendung *Die Redaktion* und in Werbespots weiter.

18:30 SAT.1
1995–2004. »Die Sat.1-Nachrichten«. Halbstündige Hauptausgabe, die täglich um 18.30 Uhr lief und zuvor *Sat.1 Newsmagazin* geheißen hatte. Präsentator war zunächst Ulrich Meyer, nach drei Jahren übernahm Astrid Frohloff.
Zur Identität von Sat.1 gehört es, regelmäßig – spätestens beim Wechsel des Geschäftsführers – über den Zustand der Nachrichten zu klagen, Design, Namen und Moderatoren auszutauschen und zu erklären, dass man nach dieser »Informationsoffensive« nun so aufgestellt sei, dass man endlich den anderen Sendern zeigen könne, wo der Hammer hängt. Der spektakulärste Relaunch war der Ende 1995 nach dem Amtsantritt von Fred Kogel. »Es beginnt eine neue Nachrichten-Zeit in Deutschland«, jubelte die PR-Abteilung. Kogel holte den vorher als Krawallmacher aufgefallenen Ulrich Meyer *(Ulrich Meyer: Einspruch!; Alarm!)* als Anchorman und trimmte die Nachrichten ganz auf amerikanisch. Hinter Meyer lief eine in den USA gekaufte Endlosschleife, in der Journalisten in einer fiktiven Redaktion auf mehreren Etagen geschäftig vor sich hin wuselten. Der Quote half das ebenso wenig wie die Boulevardisierung der Nachrichten; schon nach einem halben Jahr musste Sat.1-Chefredakteur Jörg van Hooven seinen Hut nehmen.
Meyer gab den Nachrichten erstmals so etwas wie Identität, aber nicht die erhoffte Informationskompetenz. Ende 1998 löste Astrid Frohloff ihn ab, die früher als Nahostkorrespondentin gearbeitet und Meyer schon vertreten hatte. Den Sportteil in *18.30* präsentierte u. a. Gaby Papenburg. Am Wochenende durfte Hans-Hermann Gockel weitermachen, der vorher das *Sat.1 Newsmagazin* moderiert hatte.
Nachdem Dekoration, Design und Konzept noch ein paarmal geändert wurden, waren irgendwann auch wieder der Präsentator und der Name dran, und aus *18:30* wurden die *Sat.1 News*.

...18 – 20 – NUR NICHT PASSEN ZDF
1965–1972. Noch spannender als eine Direktübertragung vom Pfeifestopfen war diese 25-minütige Spielshow von und mit Hanns Heinz Röll, in der nicht mehr und nicht weniger passierte, als dass drei Männer auf Kneipenstühlen an einem Tisch saßen und Skat spielten: der Moderator, ein prominenter Gast und ein Zuschauer. Achtzehn. Passend zum Konzept war auch die Dekoration frei von jeglichem Anspruch, lediglich eine blaue Wand und eine überdimensionale Dame-Spielkarte als Dianegativ waren im Hintergrund zu sehen. Zwanzig. »Skat und Musik am Wochenende« war der Untertitel, aber die Gastauftritte prominenter Musiker störten kaum. Zwo. Mehr als 100 Folgen liefen samstags am Vorabend. Null. Hanns Heinz Röll war auch Autor mehrerer Bücher zum Thema Skat. Später übernahm Karl-Heinz Bender die Moderation. Und weg!

DIE 80ER SHOW RTL
2002. Retroshow mit Oliver Geissen.
Prominente Gäste erinnern sich anhand von alten Fernsehausschnitten, Utensilien wie Zauberwürfeln

oder Schweißbändern und persönlichen Geschichten an Themen, Mode und Stars der 80er-Jahre. Zwischendurch werden Videocollagen mit den Hits der 80er gezeigt. In die Originalausschnitte sind Prominente hineingeschnitten, die ihre Lieblingshits von damals singen und kommentieren. Dieser Stil wurde in den Folgejahren in Shows fast aller Sender kopiert.

Zehn Folgen liefen samstags um 21.15 Uhr, sie beschäftigten sich chronologisch mit jeweils einem Jahr des Jahrzehnts. Der Erfolg war überwältigend. Rund sechs Millionen Zuschauer sahen regelmäßig zu, in der jungen (»werberelevanten«) Zielgruppe der 14- bis 49-Jährigen sogar mehr als bei der vorangehenden Quizsendung *Wer wird Millionär?*. Seit diese drei Jahre zuvor gestartet war, hatte keine andere regelmäßige Sendung deren Quoten in diesem Bereich überbieten können. Eigentlich war *Die 80er Show* eine Stunde lang, doch nach den hohen Marktanteilen der ersten Wochen durfte Geissen danach jeweils um etwa eine Viertelstunde überziehen – obwohl die Show vorher aufgezeichnet wurde.

Zwei Wochen nach der eigentlich letzten Sendung lief im Juni 2002 zur Primetime ein Best-of-Special, und obwohl das Konzept der Zuordnung einer Jahreszahl pro Ausgabe der Show keine Fortsetzung zugelassen hätte (die 80er waren nun einmal nur zehn Jahre lang), liefen im November und Dezember noch einmal vier neue Folgen. Wenige Wochen zuvor waren die Show als beste Unterhaltungssendung des Jahres und Oliver Geissen für die beste Unterhaltungsmoderation mit dem Deutschen Fernsehpreis ausgezeichnet worden. Im Februar 2003 zeigte RTL ein weiteres »Best of«.

Produzent war Günther Jauch. Die Show löste einen Boom der Retroshows auf fast allen Kanälen aus; die erfolgreichsten produzierte nach dem gleichen Muster ebenfalls Jauch für RTL: *Die 70er Show*, *Die DDR-Show*.

ACTION ZDF

1983–1989. Reportageserie von und mit Max H. Rehbein, der aus aller Welt über spektakuläre Ereignisse und aufregende Berufe berichtet. In der ersten Sendung schaut er beim 24-Stunden-Rennen von Le Mans zu, in der zweiten bei der Bergwacht in den Dolomiten. Später begleitet er New Yorker Feuerwehrmänner und einen Wanderzirkus und kommt brasilianischen Killerkommandos gefährlich nah.

22 dreiviertelstündige Ausgaben liefen an verschiedenen Plätzen im Abendprogramm. Eigentlich war Rehbein 1981 mit 62 Jahren in Pension gegangen.

ACTION PRO SIEBEN

2002. 13-tlg. US-Sitcom von Chris Thompson (»Action«; 1999).

Der letzte Film von Produzent Peter Dragon (Jay Mohr) ist gefloppt, der nächste muss unbedingt ein Erfolg werden, doch das Studio hat das falsche Drehbuch gekauft. Dragon engagiert das Callgirl Wendy (Illeana Douglas) als Vizepräsidentin seiner Produktionsfirma und lernt über sie den Nachwuchsautor Adam Rifkin (Jarrad Paul) kennen. Studioboss Bobby Gianpolis (Lee Arenberg) ist nur einer von Dutzenden Menschen, die Dragon in den Wahnsinn treiben. Am ersten Drehtag erleidet er einen Herzinfarkt, und als er zurückkehrt, ist alles noch schlimmer.

Heftige Satire auf Hollywood, in der Schauspieler, Regisseure, Studiobosse, Autoren ihr Fett wegbekommen. In Gastrollen spielten u. a. Keanu Reeves und David Hasselhoff sich selbst. In den USA zeigte Fox wegen schlechter Quoten (trotz guter Kritiken) nur acht Folgen. In Deutschland liefen die halbstündigen Episoden montags gegen Mitternacht.

ACTION – DIE KINO-SHOW RTL

1989. Kinomagazin mit Thomas Ohrner, der damit kurzzeitig Isolde Tarrach und *Action – Neu im Kino* ablöste. Im Gegensatz zu ihr durfte er vor Live-Publikum moderieren. Ebenfalls im Gegensatz zu ihr aber nicht lange.

Die 50-Minuten-Sendung lief um 19.10 Uhr.

ACTION – NEU IM KINO RTL

1986–1991. Magazin mit News und Ausschnitten aus der Kinowelt. Moderiert von Isolde Tarrach mit Stirnband, zeitweise auch von Thomas Ohrner ohne, dann unter dem Namen *Action – Die Kino-Show*.

Die Show war anfangs eine Stunde lang und lief donnerstags gegen 22.20 Uhr, ab 1988 dauerte sie nur noch 45 Minuten und wurde sonntags um 17.50 Uhr gesendet.

ACTION MAN RTL 2

1996. 26-tlg. kanad. 3D-Animationsserie (»New Action Man«; 2000).

Dank einer wissenschaftlichen Formel hat Alex Mann einen sechsten Sinn, durch den er mit lebensgefährlichen Situationen problemlos klarkommt. Mit seinen Verbündeten, Kamerafrau Fidget, Maschinenbaugenie Grinder und Manager Rikki, bildet er das »Team Xtreme« und bekämpft Terroristen und Monster. Ihre Gegner sind Dr. X und Brandon Caine.

ACTION NEWS RTL 2

1993–1996. Nachrichtensendung.

Die *Action News* waren der konsequenteste Versuch des deutschen Privatfernsehens, mit amerikanischer Nachrichtenästhetik junge Zuschauer zu begeistern: fette Schriften, bombastische Toneffekte, die Kopie eines US-Nachrichtenstudios und viele Boulevardthemen bestimmten die Sendung. Das Ergebnis war in sich stimmig und setzte sich, wie gewünscht, von den etablierten Nachrichten der anderen Sender ab.

Die *Action News* hatten nur einen Haken: So toll fanden die Zuschauer sie nicht. Selten schalteten mehr als 300 000 ein. Das nach Unterhaltung suchende RTL-2-Publikum machte einen Bogen um RTL-2-Informationen, egal wie unterhaltsam sie präsentiert wurden.

Die Hauptausgabe der *Action News* lief parallel zur *Tagesschau* um 20.00 Uhr. Im Oktober 1995 wanderte sie in den Vorabend. Ab April 1996 gab RTL 2 das Experiment auf und zeigte unter dem ultranüchternen Namen *RTL2 Nachrichten* ultraminimalistisch verpackte Nachrichten.

ADAM 12 – EINSATZ IN L.A.   RTL
1991–1992. 53-tlg. US-Krimiserie (»The New Adam 12«; 1990–1991).
Die uniformierten Police-Officer Gus Grant (Peter Parros) und Matt Doyle (Ethan Wayne) fahren gemeinsam Streife für die Polizei von Los Angeles.
Die Serie war eine Neuauflage der Serie *Adam 12*, die von 1968 bis 1975 erfolgreich in den USA, aber nie in Deutschland lief. RTL zeigte die einstündigen Folgen der neuen Version am Samstagnachmittag. Bei Super RTL hieß die Serie in späteren Wiederholungen nur noch *Einsatz in L.A.*

DIE ADDAMS FAMILIE   NDR
1970–1971. 13 Folgen der US-Sitcom, die Sat.1 ab 1989 unter dem Titel *Addams Family* komplett und synchronisiert zeigte. In den Dritten Programmen liefen die Folgen im Original mit deutschen Untertiteln, sieben Folgen zeigte die ARD 1975 synchronisiert.

ADDAMS FAMILY   SAT.1
1989–1991. 64-tlg. US-Grusel-Sitcom von Charles Addams und David Levy (»The Addams Family«; 1964–1966).
Familie Addams wohnt in einem dunklen alten Schloss in Cemetery Ridge. Die stets in Schwarz gekleidete Morticia Frump Addams (Carolyn Jones) ist die düstere Herrin der Familie. Gatte Gomez (John Astin) ist ein erfolgloser Anwalt, dessen Hobby es ist, Spielzeugeisenbahnen zu sprengen. Zur Familie gehören außerdem Onkel Fester (Jackie Coogan), der sich gern im Streckbett foltert, die Kinder Pugsley (Ken Weatherwax) und Wednesday (Lisa Loring), Cousin Itt (Felix Silla), ein haariges Monster, Grandma (Blossom Rock), eine gelernte Hexe im Ruhestand, Butler Lurch (Ted Cassidy), ein wortkarger, langhaariger Riese, der oft lautlos auftritt und selten mehr als »Sie haben gedonnert« sagt, und das »Eiskalte Händchen« (auch Ted Cassidy), eine einzelne Hand (im Original »The Thing«), die in einer Kiste wohnt.
Die Comedyserie parodierte das Genre der Fantasy- und Horrorfilme und basierte auf den Cartoons von Charles »Chas.« Addams, die in der Zeitschrift »New Yorker« erschienen waren. Der NDR hatte ab 1970 bereits 13 Folgen im Original mit Untertiteln unter dem Namen *Die Addams Familie* gezeigt, die ARD später sieben Folgen synchronisiert. Komplett und synchronisiert lief die Serie freitags um 17.50 Uhr in Sat.1. In den 90er-Jahren entstanden zwei Kinofilme mit der *Addams Family*, in denen Raul Julia und Anjelica Huston die Hauptrollen spielten.

ADDERLY   SAT.1
1988–1989. 35-tlg. kanad. Krimiserie von Elliot Baker (»Adderly«; 1986).
Nach einer Handverletzung wird Spezialagent V. H. Adderly (Winston Rekert) nur noch mit belanglosen Aufträgen abgespeist. Im Laufe der Ermittlungen stellt sich dann aber doch meistens ihre enorme Tragweite heraus. Und wenn nicht, macht Adderly eben selbst einen großen Fall daraus. Sein bürokratischer Chef Melville Greenspan (Jonathan Welsh) sieht das nicht gern, dessen Sekretärin Mona Ellerby (Dixie Seatle) dagegen hilft Adderly. Major Jonathan B. Clack (Ken Pogue) ist Adderlys Ex-Chef aus der Zeit, als der Top-Agent noch die wirklich dicken Fische jagen durfte.
Die Folgen waren 50 Minuten lang und liefen erst mittwochs, dann donnerstags im Vorabendprogramm.

ADEL VERPFLICHTET   RTL
1989. Halbstündiges Boulevardmagazin mit Prinz Eduard von Anhalt.
Lief samstags nachmittags, rund zwei Dutzend Mal. Im Vorjahr hatte Anhalt bereits »Das blaue Telefon« bei RTL bedient.

ADELHEID UND IHRE MÖRDER   ARD
Seit 1993. Dt. Krimiserie von Michael Baier.
Adelheid Möbius (Evelyn Hamann) arbeitet bei der Hamburger Polizei in der Mordkommission »Mord Zwo«. Zwar nur als Protokollantin, aber das hindert sie nicht daran, sich ständig in die Fälle von Kommissar Ewald Strobel (Heinz Baumann) und dessen Kollegen Schubert (Tilo Prückner) und Pohl

Adelheid und ihre Mörder: Wer ist hier der Boss? Adelheid (Evelyn Hamann, links) = Sekretärin, Strobel (Heinz Baumann, rechts) = Chef. Zumindest auf dem Papier. Im Hintergrund: Gaststar Hanno Pöschl. Nicht im Bild: Muddi.

(Dieter Brandecker) einzumischen. Strobel ist ein wenig schusselig und wird manchmal von seinem kriminalistischen Spürsinn im Stich gelassen, duldet Adelheids Einmischungen aber dennoch keinesfalls. Adelheid ihrerseits manövriert sich mit ihren Alleingängen oft in brenzlige Situationen, aus denen Strobel sie dann retten muss. Trotzdem ist sie es, die die Lösung des Falles findet. Obwohl die beiden sich dauernd in den Haaren liegen, mögen sie sich eigentlich. Das würden sie jedoch nie zugeben. Adelheid ist von den Polizisten Eugen Möbius (Gerhard Garbers) geschieden, der ihr manchmal bei den Ermittlungen hilft. Seitdem wohnt Adelheid wieder mit ihrer Mutti (Gisela May) zusammen (»Ja, Muddi«). Ralf Schilling (Oliver Stern) folgt später auf Schubert. Dr. Heimeran (Burghart Klaußner) leitet das Revier. Ab der vierten Staffel 2002 wird er durch Ferdinand Dünnwald (Hans-Peter Korff) ersetzt.

Perfekt auf Evelyn Hamann zugeschnittener Schmunzelkrimi mit immer gleichem Handlungsmuster, der mit vier einzelnen Folgen in den Jahren 1993 und 1994 startete und später zur festen Größe im Hauptabendprogramm wurde. Die ARD zeigte die Serie ab Oktober 1996 staffelweise dienstags um 20.15 Uhr, bisher liefen mehr als 50 Folgen.

DER ADLER – DIE SPUR DES VERBRECHENS ZDF

Seit 2005. Dän.-norweg.-schwed.-finn.-island.-dt. Krimiserie von Peter Thorsboe und Mai Brostrøm (»Ørnen«; seit 2004).

Chefermittler Hallgrim Ørn Hallgrimsson (Jens Albinus) spürt die Nester des internationalen Verbrechens auf. Deshalb nennt man ihn »Adler«. Im Job bei seiner Spezialeinheit ist er erfolgreich, doch sein Privatleben hat er nicht im Griff. Deshalb geht er zur Therapie bei der Psychologin Emma (Nastja Maria Arcel). Thea Nellemann (Ghita Nørby) leitet die Spezialeinheit, Marie Wied (Marina Bouras) ist ihre Stellvertreterin. Weitere Kollegen sind Nazim Emre (Janus Bakrawi), Villy Frandsen (Steen Stig Lommer), Michael Kristensen (David Owe), Ditte Hansen (Susan Annabel Olsen).

Die spielfilmlangen Folgen laufen sonntags um 22.00 Uhr.

ADOLARS PHANTASTISCHE ABENTEUER DFF

1977. 12-tlg. ungar. Zeichentrickserie von József Romhányi und József Nepp (»Mézga Aladár különös kalandjai«; 1973).

Der zwölfjährige Adolar Mézga ist ebenso genial wie faul. »Du solltest wissen«, sagt er zu seiner Verteidigung, wenn er morgens wieder gar nicht aufstehen will, »dass ich wenig mache, dafür aber gründlich. Und zurzeit ruhe ich mich aus, bis zur totalen Erschöpfung.« Er hat eine Möglichkeit gefunden, den alltäglichen Zumutungen durch seine Eltern und seine Schwester Christa zu entfliehen: Gemeinsam mit seinem klugen Hund Schnuffi, der sprechen kann (was für alle außer Adolar allerdings nach ordinärem Gebell klingt), hat er ein aufblasbares Raumschiff gebaut. Dieses »Gulliverkli« ist im Geigenkasten versteckt und startet unvorhersehbar immer zu einem anderen merkwürdigen Planeten mit absonderlichen Eigenschaften und Bewohnern. Dort erleben Schnuffi und Adolar höchst surreale Abenteuer und sind dann meist doch froh, auf die Erde mit all ihren alltäglichen Zumutungen zurückzukehren.

Die Serie lief in der DDR mit einer überdrehten Synchronisation, die vor allem den altklugen Hund einen Wortwitz nach dem anderen reißen ließ (»mit allem Komfort und zurück«), und wurde dort sehr populär. Auch im regionalen Vorabendprogramm der ARD lief diese Fassung. Ende der 80er-Jahre wurde die Serie von der Bavaria neu synchronisiert und unter dem Titel *Archibald, der Weltraumtrotter* bei Tele 5 und RTL ausgestrahlt. Nicht nur der Name des Hauptdarstellers wurde dafür geändert, auch der des Hundes: Er hieß nun Blöki – wie im ungarischen Original. Diese Fassung hat 13 Folgen.

Das Titellied, das die ganze Familie singt, beginnt: »Spiel doch mal verrückt, das ist gesund, und wenn es nicht gleich glückt, na und, das ist ein Grund, dass man's auch einmal probiert, rasch die Macke geschmiert, hoch der Humor und jetzt alle im Chor ...« Familie Mézga stand schon im Mittelpunkt der Serie *Heißer Draht ins Jenseits*.

Die Serie ist auf DVD erschienen.

ADRENALIN – NOTÄRZTE IM EINSATZ RTL 2

1997–1999. 47-tlg. austral. Actionserie von Tony Cavanaugh und Simone North (»Medivac«/»Adrenalin Junkies«; 1996–1998).

Besonders spektakuläre und gefährliche Einsätze sind der Alltag dieser australischen Notärzte. Zum Team gehören die Ärzte Harry Edwards (Graeme Blundell), Arch Craven (Grant Bowler), Mark »Oopy« Hiltonwood (Mark Constable), Marina Copeland (Lisa Forrest), Wayne Dobé (Eugene Gilfedder), Robert »Red« Buchanan (Nicholas Eadie) und Jane Buchanan (Helen O'Connor), Julia McAlpine (Genevieve Picot) und die Krankenschwestern Bree Dalrymple (Danielle Carter), Gosia Maleski (Caroline Kennison) und Macy Fields (Rena Owen).

Die Serie lief im Vorabendprogramm.

ADRIAN, DER TULPENDIEB ARD

1966. 6-tlg. dt. Abenteuerserie von István Békeffy und Dietrich Haugk nach dem Roman von Otto Rombach.

Der Torfknecht Adrian (Heinz Reincke) klaut drei kostbare Tulpenzwiebeln aus dem Garten des Reeders Hendrik van der Maasen (Günther Neutze) und beeindruckt damit und mit einer Lügengeschichte die örtlichen Tulpenfreunde. Den Weber Kaspar (Karl Lieffen) haut er besonders schlimm übers Ohr. Durch Tricks wird er zum Tulpenkönig, kann die hübsche Christintje (Eva Christian) aber nicht erobern. Immer bunter treibt er es, rettet nebenbei aber auch Maasens Tochter Truss (Signe Seidel), die mit seinem Intimfeind, dem Tulpenkommissar Willem van Hooven (Peter Arens), zusammen ist, vor dem Ertrinken.

Am Ende ist Adrian wieder ein einfacher Torfknecht mit seinem Freund Kaspar an seiner Seite.
Adrian, der Tulpendieb war die erste deutsche Farbfernsehserie. Die halbstündigen Folgen liefen am Vorabend. Eine Kinoversion hatte es schon im Vorjahr gegeben. Das Buch war bereits 1938 Vorlage für den ersten deutschen Fernsehfilm mit Carl Hellmer, Maria Paudler und Hans Sternberg gewesen.

ADVENTSKALENDER   SAT.1
→ Sat.1 Adventskalender

AEON – COUNTDOWN IM ALL   SAT.1
2000. 3-tlg. dt. Science-Fiction-Film von Daniel Maximilian und Thomas Pauli, Regie: Holger Neuhäuser.
Der junge Astronaut Chris Sanders (Bernhard Bettermann) und die Journalistin Laura Giordani (Anna Valle) untersuchen die rätselhaften Todesumstände von Chris' Vater, der zehn Jahre zuvor bei einem Raumfahrtunglück ums Leben kam. Es stellt sich heraus, dass er die Erde im Rahmen einer streng geheimen Omega-Mission vor dem Einschlag des Kometen Aeon beschützen sollte, bei dessen Zerstörung er selbst getötet wurde. Der wahre Grund der Mission kam nie ans Licht. Dahinter steckte Dr. Jonathan McBain (Christian Brückner), der weitere geheime Missionen plant.
Die Filme liefen an aufeinander folgenden Tagen um 20.15 Uhr.

AEROBICS   RTL
1989–1991. Turnsendung mit amerikanischen Körpern in bunten, hautengen Kostümen, täglich zum Sendeschluss.

DIE AFFÄRE SEMMELING   ZDF
2002. 6-tlg. dt. Familiensaga von Dieter Wedel.
Bruno (Fritz Lichtenhahn) und Trude Semmeling (Antje Hagen), seit 40 Jahren verheiratet, stecken das Erbe einer Tante in die Renovierung ihres Hauses. Als das Finanzamt auf dieses Erbe eine Steuernachzahlung von 270 000 Mark fordert, haben sie ein Problem. Währenddessen machen Semmeling-Sohn Sigi (Stefan Kurt) bei der SPD und seine Frau Silke (Heike Makatsch) bei den Grünen politische Karriere in Hamburg, hauptsächlich weil Sigi Zeuge eines krummen Geschäfts zwischen Bürgermeister Dr. Hennig (Robert Atzorn) und dem Unternehmer Asmus (Heiner Lauterbach) wurde und sich die »Förderer« so Semmelings Schweigen erkaufen wollen. Hennig tritt zurück, als er bei den Wahlen massive Verluste hinnehmen muss, Axel Ropert (Heinz Hoenig) wird sein Nachfolger. Er beginnt eine Affäre mit Silke, an der ihre Ehe mit Sigi zerbricht, der seinerseits eine Affäre mit Katja (Maja Maranow) hat. Sigi bemüht sich, auch mit der Hilfe von Senator »Beton-Walter« Wegener (Mario Adorf), durch sanften Druck das Finanzamt von einer weiteren Verfolgung seiner Eltern abzubringen. Schließlich wird Sigi selbst Senator.

1972 hatte der damals 28 Jahre alte Nachwuchsregisseur Dieter Wedel mit der Semmeling-Saga *Einmal im Leben* seinen ersten großen Erfolg. Er setzte sie vier Jahre später in *Alle Jahre wieder: Die Familie Semmeling* fort und griff dann erst wieder fast 30 Jahre nach dem ersten Mehrteiler wieder auf die Semmelings zurück. Nach so langer Zeit konnte man schon mal vergessen haben, dass der Semmeling-Sohn damals noch Kay und nicht Sigi hieß und dass die Semmeling-Geschichten eigentlich mal eine Komödie waren. Die Rollen von Bruno und Trude wurden mit denselben Schauspielern besetzt wie damals, die anderen Rollen mit denselben Schauspielern wie jeder Wedel-Mehrteiler der vorangegangenen Jahre.
Die spielfilmlangen Folgen liefen innerhalb von zwei Wochen zur Primetime. Das ZDF hatte sein bis dahin teuerstes Projekt offensiv beworben – und wurde enttäuscht. Statt der für Wedel üblichen sieben bis neun Millionen Zuschauer schalteten nur noch fünf Millionen ein, und Wedel war geschockt. Den Titelsong »Turn It Into Something Special« sang Sasha.

EIN AFFE IM HAUS   ZDF
1978–1983. 11-tlg. brit. Kinderserie von Frank Goodwin, Patricia Latham und Harold Orton (»Alice The Chimp«; 1977–1978).
Die Graham-Kinder Judy (Lynne Morgan), Joey (Marcus Evans; Dexter Fletcher) und Josh (Philip Da Costa) freuen sich über Familienzuwachs: die Schimpansendame Alice. Sie bereitet den Kindern Spaß, treibt Schabernack, macht Dinge kaputt und nimmt Fahrstunden. Mutter (Veronica Lang), Oma (Lucy Griffiths) und Nachbarin Mrs. Jenkins (Ann Beach) sind genervt.
Die Serie lief erst freitags um 16.55 Uhr, dann an verschiedenen Wochentagen. Jede Folge dauerte 15 Minuten. Pro Sieben zeigte sie später als Zweiteiler.

DAS AFRIKA-ABENTEUER   KABEL 1
2005. Noch eine Reality-Doku-Soap, in der zwei deutsche Familien unter ungewohnten Bedingungen vorübergehend ihr Leben fristen müssen (siehe *Schwarzwaldhaus 1902, Sternflüstern, Traumfischer* etc.). Diesmal: Tierfarm in Namibia.

DIE AFRIKANISCHEN ABENTEUER
DES JENS CLAASEN   ARD
1967. 6-tlg. dt. Abenteuerserie. Fortsetzung von *Jens Claasen und seine Tiere.* Diesmal reist Jens Claasen (Gerd Simoneit) nach Afrika, um für europäische Zoos Tiere zu begutachten und zu kaufen. Er gerät mit Wilderern in Konflikt.
Die halbstündigen Folgen liefen im regionalen Vorabendprogramm.

AFTERWORK TV   RTL 2
2003. Einstündiges Live-Infotainment-Magazin werktags um 18.00 Uhr zu den Themen Musik, Film, Technik, Sport und Lifestyle, abgerundet durch Zu-

schaueraktionen. Sebastian Höffner, Mirko Klos und Andreas Bursche moderierten gemeinsam, nach nur einer Woche mit katastrophalen Einschaltquoten (trotz umfangreicher Werbung) zog der Sender bereits die Notbremse.

AGATHA CHRISTIES HERCULE POIROT   DFF 2, VOX
→ Agatha Christies Poirot

AGATHA CHRISTIES MISS MARPLE   DFF 1, SWR
1986–1988. 21-tlg. brit. Krimireihe nach den Büchern von Agatha Christie (»Miss Marple«; 1984–1992).

Die ältere Hobbydetektivin Jane Marple (Joan Hickson) aus St. Mary Mead löst in den 30er-Jahren die kniffligsten Kriminalfälle und stellt damit professionelle Ermittler wie den Polizisten Slack (David Horovitz) und seine Kollegen bloß.

Ungefähr wie Joan Hickson sie spielte, hatte sich Agatha Christie ihre Miss Marple vorgestellt: eine zarte, zerbrechliche englische Dame, die vor allem genau zuhört. Natürlich änderte die Serie trotzdem nichts daran, dass Miss Marple für die Deutschen eine elefantenähnliche Person ist, die wie Margaret Rutherford aussieht.

Die einzelnen Fälle überspannten bis zu drei der knapp einstündigen Folgen, teilweise wurden sie erst für die deutsche Ausstrahlung auf dieses Format gebracht. Sie liefen ab 1986 auch in DFF 1, später in allen Dritten Programmen und im Ersten. Eine neue, spielfilmlange Folge lief 1990 in der ARD. tm3 zeigte die Reihe unter dem Titel *Miss Marple*.

AGATHA CHRISTIES POIROT   DFF 2, VOX
1990 (DFF 2); 1993–1994 (Vox). 34-tlg. brit. Krimiserie nach den Büchern von Agatha Christie (»Agatha Christie's Poirot«; 1989–2003).

Der geniale zwirbelbärtige belgische Detektiv Hercule Poirot (David Suchet) löst in den 30er-Jahren mit seinem freundlichen, aber nicht so hellen Assistenten Captain Hastings (Hugh Fraser) Kriminalfälle in der Londoner Oberschicht. Ihnen dient Miss Lemon (Pauline Moran) als Assistentin; die Aufgabe von Inspektor Japp (Philip Jackson) von Scotland Yard ist es, auf die falschen Fährten hereinzufallen. Am Ende hat Poirot alle Verdächtigen um sich versammelt und erklärt ausführlich, wie es passierte und wer es war.

Bei DFF 2 liefen zunächst zehn Folgen unter dem Titel *Agatha Christies Hercule Poirot*, die noch im gleichen Jahr als *Hercule Poirot* auch im SWR gezeigt wurden. Dann sendete Vox insgesamt 24 Folgen, die meisten im Stundenformat, einige in Spielfilmlänge, samstags nachmittags oder zur Primetime. In Großbritannien trat David Suchet noch ein paarmal mehr auf. Die sorgfältig, mit Liebe zum historischen Detail produzierte Serie verkaufte sich in über 40 Länder.

David Suchet wurde dank der Fernsehserie der Poirot mit den meisten Einsätzen. Mehr als ein Dutzend Schauspieler hatten die Rolle bereits in diversen Verfilmungen gespielt, darunter sechsmal Peter Ustinov.

THE AGENCY – IM FADENKREUZ DER CIA   RTL 2
Seit 2003. US-Actionserie von Michael Frost Beckner (»The Agency«; 2001–2003).

Die Mitarbeiter des amerikanischen Geheimdienstes CIA bekämpfen den Terrorismus und bemühen sich um die Abwehr von Anschlägen. Diese Mitarbeiter sind Top-Undercover-Agent Matt Callan (Gil Bellows), die Leiterin der Antiterroreinheit Lisa Fabrizzi (Gloria Reuben), CIA-Direktor Alex Pierce (Ronny Cox) und sein Stellvertreter Carl Reese (Rocky Carroll), Computerexpertin Terri Lowell (Paige Turco) und ihr Kollege Lex (Richard Speight, Jr.) sowie deren Abteilungsleiter Joshua Nankin (David Clennon) und der Nachrichtendienstler Jackson Haisley (Will Patton). In Folge 10 muss Pierce seinen Stuhl wegen etlicher Versäumnisse räumen, und Ex-Direktor Robert Quinn (Daniel Benzali) übernimmt den Posten vorübergehend.

Wolfgang Petersen war einer der Produzenten. RTL 2 begann die Serie – wie es ja auch sein soll – mit der eigentlichen Pilotfolge. In den USA war als Erstes Folge 2 gelaufen, da die Terrororganisation Al Qaida und ihr Chef Osama Bin Laden ein wesentlicher Bestandteil der Handlung von Folge 1 waren. Als Serienpremiere war das nur zwei Wochen nach den Terroranschlägen vom 11. September 2001 unangemessen.

Sechs Folgen liefen in Deutschland mittwochs um 22.15 Uhr, sechs weitere sonntags um 20.15 Uhr, dann setzte RTL 2 die Serie ab. Seither versuchte es RTL 2 in unregelmäßigen Abständen erneut an immer späteren Sendeplätzen, zuletzt im Sommer 2005 um 2.00 Uhr nachts. Im Original hat die Serie 44 Folgen.

AGENTEN HABEN'S SCHWER   ARD
1974. 4-tlg. frz. Abenteuerserie nach den Comics von Jean-Michel Charlier und Albert Uderzo, Regie: François Villiers (»Les chevaliers du ciel«; 1967–1969).

Die Luftwaffenpiloten Michel Tanguy (Jacques Santi), ein ruhiger Typ, der mit Bedacht vorgeht, und Ernest Lavardure (Christian Marin), das genaue Gegenteil, jagen gemeinsam böse Gangster und feindliche Agenten.

Die 25-Minuten-Episoden liefen im regionalen Vorabendprogramm, die meisten der im Original 39 Folgen waren in Deutschland nie zu sehen.

AGENTIN MIT HERZ   ZDF
1986–1990. 71-tlg. US-Krimiserie von Brad Buckner und Eugenie Ross-Leming (»Scarecrow And Mrs. King«; 1983–1987).

Durch Zufall wird die geschiedene Hausfrau Amanda King (Kate Jackson) Agentin für den Geheimdienst. Mit ihrem Partner Lee Stetson (Bruce Boxleitner), genannt Scarecrow, ist sie fortan auf Verbrecherjagd – und hat mit ihren unorthodoxen Methoden Erfolg, manchmal auch eher aus Versehen. Sie ist

ein wenig tollpatschig, und Stetson hat es nicht leicht mit ihr. Ihr Vorgesetzter ist Billy Melrose (Mel Stewart), Francine Desmond (Martha Smith) dessen Assistentin. Amandas Söhne Philip (Paul Stout) und Jamie (Greg Morton) und ihre Mutter Dotty West (Beverly Garland) dürfen von ihrer Nebentätigkeit nichts erfahren. Amanda und Stetson, der sich anfangs gegen sie als Partnerin gewehrt hatte, heiraten später.
Die einstündigen Folgen liefen montags um 17.50 Uhr.

AGENTUR HERZ ARD
1991. 27-tlg. dt. Detektivserie von Ulrich Thein (Buch und Regie).
Unter Leitung des Provinzschauspielers Camillo Herz (Wolfgang Greese), der zu seinem 50. Bühnenjubiläum entlassen wird, gründet eine Gruppe arbeitsloser Schauspieler eine Detektivagentur, die alle möglichen und unmöglichen Rechercheaufträge übernimmt. Zum Team gehören die Haushäl terin von Herz, die frühere Souffleuse Helene Sanft (Rosemarie Bärhold), Leonhard Schön (Mathias Noack), der einen Kostümverleih geerbt hat, das Vollweib Lilli (Ingeborg Westphal), der Schönling Jan Koslowski (Jürgen Reuter) und Elfi Grütze (Beatrice Bergner), die immer wieder an der Schauspielschule durchfällt.
Agentur Herz war die letzte DFF-Serie, die gedreht wurde (*Feuerwache 09* die letzte, die gesendet wurde), und die traurige Ausgangssituation irgendwie passend. Der Pilotfilm war eine Stunde lang, die halbstündigen Folgen liefen im ARD-Vorabendprogramm.

AGENTUR MAXWELL SAT.1, PRO SIEBEN
1987 (Sat.1); 1990 (Pro Sieben). 22-tlg. US-Familienserie von Gail Parent (»Finder Of Lost Loves«; 1984–1985).
Der Witwer Cary Maxwell (Tony Franciosa) und seine Agenturmitarbeiter haben sich darauf spezialisiert, Liebende, die sich aus den Augen verloren haben, wieder zueinander zu bringen. Zur Agentur gehören Maxwells Schwägerin Daisy Lloyd (Deborah Adair), die Büromanagerin Rita Hargrove (Anne Jeffreys), Brian Fletcher (Richard Kantor), der Chauffeur Lyman Whittaker (Larry Flash Jenkins) und der Supercomputer Oscar.
Sat.1 zeigte die ersten 13 Folgen mittwochs am Vorabend, der Rest lief auf Pro Sieben.

AGENTUR NULL ARD
→ Aus den Akten der Agentur 0

AGNES CECILIA ZDF
1992. 5-tlg. schwed. Jugendserie von Anders Grönros nach dem Kinderbuch von Maria Gripe (»Agnes Cecilia – en sällsam historia«; 1991).
Die Eltern von Nora (Gloria Tapia; als Kind: Natascha Chiapponi-Grönros) sind gestorben, als sie noch klein war. Sie erfuhr das jedoch nie und wuchs bei Anders (Allan Svensson) und Karin (Stina Ekblad) und deren Sohn Dag (Ron Elfors) auf. Nun, als Jugendliche, versucht sie, diesem und anderen Geheimnissen der Familie auf die Schliche zu kommen.
Die Folgen dauerten 25 Minuten, später wurden sie auch am Stück und dann gekürzt als Film gezeigt.

AGROMAGAZIN DFF 1
1965–1968. Einstündige monothematische Ratgebersendung für die Landwirtschaft.
Lief einmal im Monat am Sonntagmittag.

AHA DFF 1, DFF 2
1977–1990. Einstündiges Wissenschaftsmagazin mit Prof. Dr. Dieter Herrmann, Direktor der Archenhold-Sternwarte in Berlin.
Die Bildungssendung mit Jugendlichen und Wissenschaftlern zu Fragen von Natur, Technik und Gesellschaft wurde in Zusammenarbeit mit der FDJ und der Urania entwickelt. Später lief *Aha* mal als Diskussionssendung, mal als Wissenschaftsmagazin, mal als Unterhaltungssendung mit Zuschauerbeteiligung.
Wurde monatlich samstags nachmittags auf DFF 1, ab Dezember 1984 montags abends auf DFF 2 gesendet.

AHOI PACIFIC LADY ARD
1974. 15-tlg. austral. Abenteuerserie von Roger Mirams (»The Rovers«; 1969).
An Bord des Segelschiffs »Pacific Lady« erleben Captain »Cap« McGill (Eddie Hepple), sein Enkel Mike (Grant Seiden), der Fotoreporter Bob Wild (Noel Trevarthen) und die Journalistin Rusty (Rowena Wallace) Abenteuer auf dem Pazifik.
Die halbstündigen Folgen liefen im regionalen Vorabendprogramm. Im Original hatte die Serie 39 Folgen.

DAS AHORN-BLATT DFF 2
1980. 8-tlg. kanad.-frz. Abenteuerserie von Marie Desmarais (»La feuille d'érable ou Les pioniers du Saint-Laurent«; 1976).
Die Geschichte Kanadas in historischen Episödchen, angefangen von der Entdeckung durch die Franzosen 1534 bis zum Jahr 1763, als die kanadische Kolonie an England fiel. Wechselnde Darsteller spielten die Episodenrollen.
Die einstündigen Folgen liefen 1985 auch bei RTL.

AIR ALBATROS ARD
1994–1995. 26-tlg. dt. Familienserie von Jürgen Starbatty und Klaus-Peter Wolf.
Nick Härlin (Wolf Roth) ist Pilot. Seine kleine Freiburger Fluggesellschaft lebt von abenteuerlichen Charteraufträgen, die ihn um die halbe Welt führen. In dem Betrieb arbeitet neben seinem Partner Wilfried Schobert (Christian Berkel) seine ganze Familie mit: Ehefrau Katia (Monika Baumgartner), Tochter Laura (Nadine Neumann), Sohn Mikki (Johannes Korn) und Großvater Carl Tessner (Hans Jürgen Diedrich).

Die 50-minütigen Folgen liefen samstags im Vorabendprogramm.

AIR AMERICA SAT.1
2000. 26-tlg. US-Actionserie von Philip DeGuere, Jr. (»Air America«; 1998–1999).
Der Pilot Rio Arnett (Lorenzo Lamas) ist Chef der Fluggesellschaft Air America in Costa Perdida. Das ist aber nur die Tarnung für seine Tätigkeit als Undercover-Agent für die CIA. Bei diesem Job hilft ihm, dass er sich auch mit Sprengstoff hervorragend auskennt. Sein Partner ist Wiley Farrell (Scott Plank), der stellvertretende Flughafenchef. Ihre Aufträge erhalten sie von Edward Furman (Gary Wood), Will Jenner (Arthur Roberts) ist ihr Kontaktmann in Washington. Alison Stratton (Diana Barton) leitet das Hotel Parador und hat ein Auge auf Rio geworfen, Dominique (Shauna Sand) arbeitet als Kellnerin in dem Hotel.
Die Serie basierte auf dem gleichnamigen Kinofilm mit Mel Gibson. Sie lief am Sonntagnachmittag.

AIR FORCE PRO SIEBEN
1990. 23-tlg. US-Actionserie von Rick Edelstein (»Call To Glory«; 1983–1985).
Eine Air-Force-Familie bekommt die Ereignisse der 60er-Jahre hautnah mit – Kubakrise, Vietnam, Kennedy-Ermordung etc. Zur Familie gehören der Pilot Raynor Sarnac (Craig T. Nelson), seine Frau Vanessa (Cindy Pickett), Teenager-Tochter Jackie (Elizabeth Shue), der jüngere Sohn RH (Gabriel Damon), der, traumatisiert aus Angst vor dem gefährlichen Job seines Vaters, nur mit der Schwester spricht, Neffe Wesley (David Hollander) und Raynors Vater Carl (Keenan Wynn).
Ambitionierte Mischung aus Familiendrama und Zeitgeschichtedoku, die – 20 Jahre nach den geschilderten Ereignissen produziert – Originalbilder und Musik aus dieser Zeit integrierte.

AIR TAXI ARD
1969. 13-tlg. dt.-frz. Abenteuerserie von Gérard Sire, Regie: Ralph Habib (»Un taxi dans les nuages«; 1968).
Der Pilot Claude (Claude Mann) und seine Freundin Eliane (Uta Taeger) erledigen Aufträge mit dem eigenen Lufttaxiunternehmen. Gelegentlich wird ihnen Diebesgut oder Schmuggelware untergejubelt, und sie nehmen die Ermittlungen auf.
Die halbstündigen Folgen liefen im regionalen Vorabendprogramm.

AIRWOLF SAT.1, RTL
1987–1988 (Sat.1); 1989–1992 (RTL). 79-tlg. US-Actionserie von Donald P. Bellisario (»Airwolf«; 1984–1988).
Nachdem der Pilot Stringfellow Hawke (Jan-Michael Vincent) den gestohlenen Superhubschrauber »Airwolf« im Auftrag der geheimen Regierungsorganisation »Die Firma« wiederbeschafft hat, bedingt er sich aus, damit seinen Bruder zu suchen, der seit dem Vietnamkrieg vermisst wird. Fortan ist Hawke in verschiedenen Fällen in geheimer Mission für die Firma im Einsatz. Der »Airwolf« kann schneller und weiter fliegen als jeder andere Helikopter und ist mit Raketen bewaffnet. Hawkes Partner an Bord sind der sensible und schon etwas ältere Dominic Santini (Ernest Borgnine), die schöne Marella (Deborah Pratt) und die Draufgängerin Caitlin O'Shannessy (Jean Bruce Scott). Michael Archangel (Alex Cord) ist der Kontaktmann der Firma am Boden. Das gesamte Team wechselt, als Dominic bei einem Anschlag getötet und Hawke schwer verletzt wird. Das neue Team, bestehend aus Jason Locke (Anthony Sherwood), Dominics Nichte Jo Santini (Michele Scarabelli) und Mike Rivers (Geraint Wyn Davies), spürt schließlich doch noch Hawkes verschollenen Bruder St. John (Barry van Dyke) auf, der dann das Kommando über das »Airwolf«-Team übernimmt.
Hubschrauber waren der Hit 1984: Parallel lief *Das fliegende Auge* im amerikanischen Fernsehen. Nach Deutschland kam die Welle mit angemessener Verspätung – siehe *Helicops*.
Die ersten 36 einstündigen Folgen liefen in Sat.1, die weiteren im Abendprogramm bei RTL, wo alle Folgen auch noch mehrfach wiederholt wurden.

AK ZWO DFF 2
1989–1990. 20-minütiges Nachrichtenmagazin mit Hintergrundinformationen, das nach der Wende die Wiederholung der *Aktuellen Kamera* um 22.00 Uhr in DFF 2 ersetzte. Die erste Sendung wurde am 30. Oktober 1989 ausgestrahlt – demselben Tag, an dem zum letzten Mal *Der Schwarze Kanal* auf Sendung ging. In den aufregenden Wendezeiten übernahm auch 3sat die Sendung.
Am 3. November 1989 wurde in der *AK Zwo* eine Erklärung der SED-Kreisleitung Fernsehen verlesen, in der es hieß: »Wir haben es zugelassen, dass unser Medium durch dirigistische Eingriffe missbraucht wurde. Dadurch wurde das Vertrauen vieler Zuschauer und nicht zuletzt auch zahlreicher Mitarbeiter im DDR-Fernsehen erschüttert. Dafür bitten wir die Bürger der DDR um Entschuldigung.«

DIE AKADEMIE DES HERRN KLECKS ZDF
→ Die Reisen des Professor Klecks

AKTE SAT.1
Seit 1995. »Reporter decken auf«. Einstündiges Infotainmentmagazin über Schicksale und Skandale, mit Ulrich Meyer.
Woche für Woche lehnt Meyer im Studio an einem Pult, in der linken Hand zusammengerollte Manuskriptblätter, in der rechten Hand den linken Unterarm, zieht missbilligend die rechte Augenbraue hoch und heftet Themen wie »Sex im Schweißbad«, »Fahnder in Badehose«, »Dreiste Drängler«, »Terror-Teenies«, »Sexuell hörig durch schwarze Magie« oder »Leben mit dem Mini-Penis« ab. Dazu hat er verschiedene fiktive Ablagestapel, die er vor dem jeweiligen Beitrag nennt: »Akte investigativ«, »Akte

persönlich«, »Akte medizinisch« oder auch »Akte hilft«.
Den Ansatz der Sendung beschrieb Ulrich Meyer so: »Es geht um den Einzelnen in seinem Kampf gegen die übermächtige Bürokratie oder für ein bisschen Glück.« Die Themen seien kein »Trash«, sondern »Boulevard«, den Meyer so definierte: »Der Boulevard ist die elegante Flanierstraße, aber er ist auch die Straße, wo Hunde hinscheißen und kleine Nutten das Röckchen hochheben.«
Im Juli 1997 machte Akte Furore, als die Reporter ein Bundeswehrvideo fanden und zeigten, auf dem deutsche Soldaten kurz vor ihrer Entsendung nach Jugoslawien Folterungen und Vergewaltigungen nachstellen. Im November 2000 nahm ein Akte-Reporter auf den Toiletten des Reichstags Proben und fand Spuren von Kokain, woraus Akte folgerte, dass Drogenmissbrauch bei Abgeordneten quasi an der Tagesordnung sei. Bundestagspräsident Wolfgang Thierse verhängte daraufhin ein einjähriges Hausverbot gegen Meyer und den Reporter, wogegen diese erfolgreich klagten.
Der Sendetitel wechselt wöchentlich: Die aktuelle Jahreszahl und die laufende Woche werden dem Sendetitel jeweils hinzugefügt (z. B. »Akte 95/23«). Bis 1999 wurde die Jahreszahl auf die letzten beiden Stellen gekürzt, seit Januar 2000 steht die Jahreszahl komplett im Sendetitel »Akte 2000«, die Woche verschwand dafür.
Lief sehr erfolgreich zunächst mittwochs, später montags, dann viele Jahre dienstags und seit Januar 2005 donnerstags gegen 22.00 Uhr.

AKTE MORD   RTL 2
Seit 2002. Doku-Reihe, die in jeder Folge zwei Kriminalfälle und die Arbeit von Kriminalpolizei und Staatsanwaltschaft von der Spurensuche am Tatort bis zur Gerichtsverhandlung in Spielszenen nachstellt und dazu authentische Fotos zeigt.
Lief zunächst sonntags um 21.15 Uhr, dann am späten Montag- und Donnerstagabend.

AKTE N   ZDF
1999–2003. Brit. Naturfilmreihe von John Downer, der kuriosen Naturphänomenen auf den Grund ging. Lief in loser Folge an wechselnden Sendeplätzen innerhalb der Reihe Wunderbare Welt.

AKTE X   PRO SIEBEN
1994–2003. »Die unheimlichen Fälle des FBI«. 202-tlg. US-Mysteryserie von Chris Carter (»The X-Files«; 1993–2002).
Die FBI-Agenten Fox Mulder (David Duchovny) und Dana Scully (Gillian Anderson) befassen sich mit den X-Akten: ungeklärten, paranormalen Phänomenen. Mulder glaubt an die Existenz von außerirdischem Leben, seit seine Schwester mit acht Jahren von Außerirdischen entführt wurde, Scully dagegen ist skeptisch. Ursprünglich war sie Mulder vom FBI zugeteilt worden, um ihn zu überwachen. Gemeinsam gehen sie Fällen von UFO-Sichtungen nach, Monstern, Mutationen und merkwürdigen Malen, Formwandlern, nachwachsenden Köpfen und spontaner Selbstentzündung sowie einer Verschwörung seitens der Regierung. Häufig scheint es, als wisse die Regierung mehr und sei gar nicht an einer Aufklärung der Fälle interessiert. Zwischendurch werden die X-Akten daher gelegentlich geschlossen, letztlich bekommen Mulder und Scully aber immer ihren Job zurück.
Der stellvertretende FBI-Direktor Walter Skinner (Mitch Pileggi) ist Mulders und Scullys Vorgesetzter und unterstützt sie oft, obwohl er eigentlich auf Regierungsseite stehen müsste. Der mysteriöse Kettenraucher (William B. Davis), dessen Namen niemand kennt und den Mulder nur »Krebskandidat« nennt, scheint die Antwort auf alle Fragen zu kennen. Der »Mann mit der tiefen Stimme« (Jerry Hardin), dessen wahre Identität Mulder selbst nicht kennt, ist anfangs dessen Informant. Seinen Rat sucht Mulder in besonders ausweglos erscheinenden Situationen. Er wird am Ende der ersten Staffel ermordet, und Mulder informiert sich nun bei »Mr. X« (Steven Williams). Drei exzentrische Konspirationstheoretiker namens Melvin Frohike (Tom Braidwood), Ringo Langly (Dean Haglund) und John Byers (Bruce Harwood), die das Verschwörungsmagazin »Die einsamen Schützen« herausgeben, scheinen außerdem

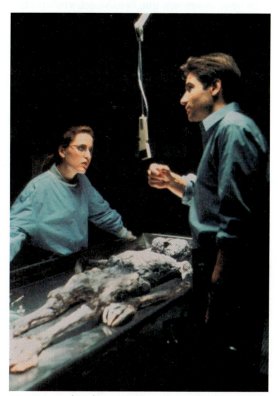

Akte X: Scully (links), unerklärliches Phänomen (Mitte), Mulder (rechts). In dieser Szene aus der Pilotfolge »Gezeichnet« sind sich die FBI-Agenten noch bei weitem nicht so grün wie die Männchen, an die Mulder glaubt, aber Scully nicht.

in jeder noch so obskuren Situation helfen zu können. Alex Krycek (Nicholas Lea) ist ein FBI-Agent, dessen Absichten nie ganz klar werden, die aber oft nicht als gut erscheinen. Er ermordet Mulders Vater und Scullys Schwester, scheitert aber an Mulder selbst und entpuppt sich später als russischer Doppelagent.

Zu Beginn der vierten Staffel im Herbst 1997 wird Scully von Außerirdischen entführt. Sie kommt nach Hause zurück, erkrankt als Folge aber ein Jahr später an Krebs, der jedoch geheilt werden kann. Mulder findet in der sechsten Staffel immer mehr Beweise für eine Regierungsverschwörung und dafür, dass eine Invasion Außerirdischer bevorsteht, für deren Fall bereits mit der Herstellung von Alien-Mensch-Hybriden begonnen wurde, die dann als Sklaven dienen sollen. Die siebte Staffel bringt ans Licht, dass der Krebskandidat Mulders wahrer Vater ist. Krycek schubst im Frühjahr 2001 den inzwischen schwer kranken Krebskandidaten im Rollstuhl die Treppe hinunter und scheint ihn damit zu töten. Gleichzeitig wird Mulder von Außerirdischen entführt, und Scully kommt scheinbar wie die Jungfrau Maria zu einer Schwangerschaft – eine Spätfolge der Entführung. Agent John Doggett (Robert Patrick) wird während Mulders Abwesenheit den X-Akten zugeteilt und geht nun mit Scully mysteriösen Vorkommnissen und dem Verschwinden Mulders nach. Es beginnt eine entspannte Phase, in der die komplizierten Verschwörungszusammenhänge für eine Weile außen vor bleiben und stattdessen Scully und Doggett ganz schlicht, wie in den Anfangsjahren Mulder und Scully, in einigen in sich abgeschlossenen Episoden den grünen Waldgeist jagen. Oder so.

Mulder taucht in der Mitte der achten Staffel wieder auf, scheint tot zu sein, wird aber von dem außerirdischen Virus geheilt. Scully bringt ihr Kind zur Welt: William (James und Travis Riker) ist zwar überraschenderweise weder grün, noch hat er lustige Antennen auf dem Kopf. Er ist aber natürlich trotzdem ein Mutant, der schon mit wenigen Monaten telekinetische Fähigkeiten hat, auf die es die Außerirdischen abgesehen haben. Die beiden asexuellsten Menschen im gesamten Fernsehen, Mulder und Scully, küssen sich, doch die Frage, ob Mulder womöglich der Vater des Kindes ist, bleibt offen, und er verlässt das FBI.

In der neunten und letzten Staffel führen Doggett, Scully und die neue Agentin Monica Reyes (Annabeth Gish) sein Werk fort. Die einsamen Schützen sterben durch ein Virus, das ein böser Professor gezüchtet hat. Mulder kehrt im zweistündigen Serienfinale zurück. Er steht vor Gericht und ist angeklagt, jemanden umgebracht zu haben, der ein außerirdischer Supersoldat und gar nicht sterblich ist. Das Tribunal besteht aus etlichen bösen Aliens und Regierungsverschwörern, und Mulder wird für schuldig befunden. Doggett und Skinner befreien ihn aus der Todeszelle und finden gemeinsam den Krebskandidaten in einem Indianerreservat in New Mexico nahe Roswell, wo 1947 ein Raumschiff abgestürzt war. Die magnetischen Felsen dort beschützen die weisen Indianer vor dem Virus, mit dem die Erde infiziert ist. Doch Mulders Verfolger sind schon da, sprengen die gesamte Gegend in die Luft und töten dabei den Krebskandidaten. Mulder und Scully entkommen und kuscheln.

»Die Wahrheit ist irgendwo da draußen« wurde zum Leitsatz der Serie. Einige Folgen brachen das übliche Format und waren in Schwarz-Weiß oder Breitwand gedreht, andere nahmen sich selbst oder andere Fernsehserien auf den Arm. In Deutschland lief *Akte X* an wechselnden Wochentagen zur Primetime und wurde zu einem der größten Erfolge von Pro Sieben. Die Serie löste in den USA wie in Deutschland einen Mystery-Boom aus, der viele weitere Serien mit sich brachte, die übernatürlichen Phänomenen auf den Grund zu gehen versuchten. 1998 kam »Akte X – Der Film« ins Kino, der im April 2001 im Fernsehen lief – ausgerechnet beim Pro-Sieben-Konkurrenten RTL, und zwar – huch! – auf dem *Akte X*-Sendeplatz an einem Montag um 20.15 Uhr. Die drei Konspirationstheoretiker bekamen 2001 in den USA ihre eigene (Comedy!-)Serie *Die einsamen Schützen*, die jedoch floppte und schon wieder eingestellt war, als sie zu *Akte X* zurückkehrten und dort starben.

AKTE ZACK KI.KA
2002. 52-tlg. kanad. Comedy-Mysteryserie für Kinder von Kathy Slevin nach den Büchern von Dan Greenburg (»The Zack Files«; 2000–2002).

Zachary »Zack« Greenburg (Robert Clark) ist ein ganz normaler 13-jähriger Schüler – außer dass ihm dauernd merkwürdige, unerklärliche Dinge passieren, einfach weil die Welt voll davon ist und er die Augen offen hält. Sein Freund Spencer Sharpe (Michael Seater) notiert all die paranormalen Ereignisse in der »Akte Zack«, außerdem gehört Cameron »Cam« Dunleavey (Jake Epstein) zur Clique. Zack lebt bei seinem Vater Dan (Jeff Clark).

Lief ab 2003 auch samstags mittags im ZDF.

AKTENZEICHEN XY ... UNGELÖST ZDF
Seit 1967. Einstündiges Fahndungsmagazin.

Zehnmal jährlich werden Zuschauer um ihre Mithilfe bei der Aufklärung von Verbrechen gebeten. In mit unbekannten Schauspielern gedrehten Filmbeiträgen werden die Fälle nachgestellt, anschließend im Gespräch mit einem der ermittelnden Polizisten weitere Details genannt und die Telefonnummer der Dienststelle angegeben, die »sachdienliche Hinweise« entgegennimmt. Dafür zuständig sind auch die »Aufnahmestudios« der beteiligten Sender. Am späten Abend gibt es einen fünfminütigen Nachklapp, in dem die bisherigen »Zuschauerreaktionen« zusammengefasst werden.

Nach der sechsten Sendung im Juni 1968 konnte zum ersten Mal ein Mordfall durch Zuschauerhilfe aufgeklärt und der bis dahin unbekannte Täter zwölf Stunden nach der Ausstrahlung festgenommen werden. Im Laufe der Jahre wurden nach Angaben des

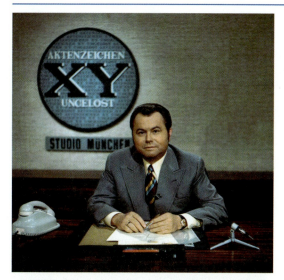

Der junge und der alte Ede. Zweimal Zimmermann in *Aktenzeichen XY ... ungelöst,* auf dem unteren Bild schon mit neumodischem Tastentelefon, das gar nicht mehr aussieht wie ein Bügeleisen. Zugeschaltet aus den Aufnahmestudios in Wien und Zürich: Peter Nidetzky und Konrad Toenz.

ZDF 40 % der in der Sendung gezeigten Fälle aufgeklärt. Eduard Zimmermann hatte die Sendung konzipiert, betreute sie redaktionell und moderierte sie. Er erhielt dafür neben zahlreichen Fernsehpreisen den Bayerischen Verdienstorden, das Goldene Ehrenzeichen für Verdienste um die Republik Österreich und das Bundesverdienstkreuz. Zimmermann und sein Konzept waren von Anfang an umstritten. Die ARD übte in einem Beitrag unter dem Titel »Zimmermanns Jagd« in der Sendung *Zeichen der Zeit* am 25. September 1970 deutliche Kritik. Anfang 1981 forderte die Vereinigung sozialdemokratischer Juristen die Absetzung, da *XY* ein ganzes Volk zu Hilfspolizisten mache. Die Verlagerung der Strafverfolgungskompetenz von der Staatsanwaltschaft auf das Fernsehen sei »rechtsstaatlich höchst bedenklich«. Noch 1989 lehnten ARD-Verantwortliche das Konzept als »Menschenjagd in öffentlich-rechtlichen Medien« ab, es koppele »Unterhaltung mit polizeilicher Ermittlungsarbeit«. Kritisiert wurde nicht zuletzt, dass *Aktenzeichen XY* die Fälle nicht selbst redaktionell auswählte, sondern sich vollständig auf die Staatsanwaltschaft verließ. »Jedes Wort und jedes Bild, das über den Sender geht, wird von den zuständigen Ermittlungsbehörden initiiert und mitgetragen«, erläuterte Zimmermann. Die Problematik wurde 1986 besonders deutlich, als *Aktenzeichen XY* Videoaufnahmen von Demonstranten zeigte, die gegen die Wiederaufbereitungsanlage Wackersdorf protestiert hatten. 10 000 Mark seien als Belohnung ausgesetzt, sagte Zimmermann. Vor Millionen Zuschauern als »Gewalttäter« präsentiert, wurde einer der Männer zwei Jahre später zu 900 Mark Geldstrafe verurteilt – wegen versuchter Sachbeschädigung und Verstoß gegen das Versammlungsverbot. Die ausgesetzten Belohnungen kamen laut Zimmermann aus verschiedenen Quellen. Das ZDF bemühe sich, »dass es auf jeden Fall ein Belohnung gibt. Um dieses Ziel zu erreichen, stellt das ZDF auch eigene Mittel zur Verfügung.«

Für die Masse der Zuschauer war das größere Problem der Sendung, dass sie Albträume produzierte. In den 70er-Jahren, als jede Krimifolge noch mit dem beruhigenden Gefühl endete, dass die Polizei am Ende immer gewinnt und die Täter nie davonkommen, bildete *Aktenzeichen XY* dazu einen verstörenden Kontrast, da ja jeder Filmfall bedeutete, dass da draußen ein gefährlicher Täter noch frei herumlief. Die Inszenierung der Filmfälle war durch explizite Hölzernheit geprägt, die sich perfekt mit den Auftritten der um Orientierung und Fassung ringenden Beamten im Studio ergänzte, die angestrengt beinahe verbfreie Sätze im Polizeideutsch aufsagten. Zum markanten Stil gehörte auch die »Riffelglas-Wischblende«, erstmals am 10. Oktober 1969 eingesetzt, die jahrzehntelang einen Standortwechsel symbolisierte und tatsächlich durch das Schieben einer geriffelten Glasscheibe vor die Kamera gefilmt wurde. Weitere markante Erkennungszeichen waren Sätze wie »Was nun im Haus passiert, ist mit normalem Menschenverstand nicht zu erklären« oder »Zu diesem Zeitpunkt weiß ... noch nicht, dass sie ihr Elternhaus nie wiedersehen wird« oder auch »... ist ein freundlicher, bei Kollegen geschätzter, aber unauffälliger Büroangestellter. Doch er hat auch eine dunkle Seite: seine homophilen Neigungen. Frauen sagen ihm nichts«, und vor allem der Aufruf nach einer möglichen Identifizierung von Indizien: »Wer hat diesen Topflappen schon einmal gesehen?«

Erst ab ungefähr 2002 setzte *Aktenzeichen XY* zunehmend auf neue Regisseure und eine hochwertigere, oft künstlerische und stark emotionalisierende filmische Umsetzung. Nicht alle Schauspieler in *Aktenzeichen XY* waren oder blieben unbekannt.

Glücksrad-Moderator Peter Bond tauchte in sieben Fällen auf, Rolf Schimpf in vier. Außerdem wirkten u. a. mit: Jochen Busse, Sabine Kaack, Marion Kracht und Robert Atzorn. Sprecher vieler Fälle war Wolfgang Grönebaum, den die meisten Zuschauer als Egon Kling aus der *Lindenstraße* kennen.

Zimmermanns Konzept wurde auch international ein großer Erfolg. Bereits ab März 1968 beteiligte sich das österreichische Fernsehen, im Januar 1969 zog das Schweizer Fernsehen nach. Andere Länder nahmen eigene Sendungen ins Programm: 1982 startete in den Niederlanden »Opsporing Verzocht«, ab 1984 zeigte die BBC »Crimewatch UK«, ab 1987 lief in den USA »America's Most Wanted«. Andere XY-Varianten liefen in Israel, Kanada, Polen, Ungarn und Neuseeland. Sat.1 versuchte sich an einer eigenen Variante namens *Fahndungsakte*.

Peter Hohl war Zimmermanns Assistent bis 1979, dann übernahm die Kriminalkommissarin Irene Campregher die Co-Moderation. Ab November 1987 folgte ihr auf diesem Posten Zimmermanns Tochter Sabine. Moderator im Studio Wien war Teddy Podgorsky, ab Dezember 1972 Peter Nidetzky. Im Studio Zürich moderierte Werner Vetterli, ab Januar 1976 Konrad Toenz. Nach der Wiedervereinigung Deutschlands am 3. Oktober 1990 gab es für ein halbes Jahr ein Studio in Berlin-Adlershof, als die DFF-Länderkette die Sendung übernahm. Moderatorin dort war Annette Judt. Am 24. Oktober 1997 verabschiedete sich Eduard Zimmermann in der 300. Sendung von den Zuschauern, neuer Moderator wurde der Rechtsanwalt Butz Peters gemeinsam mit Sabine Zimmermann. Im September 1998 übernahm Stephan Schifferer als Moderator im Studio Zürich die Nachfolge von Konrad Toenz. Butz Peters schied nach gut vier Jahren aus, Rudi Cerne wurde ab Januar 2002 neuer Moderator. Ende desselben Jahres stieg das österreichische Fernsehen ORF aus der Koproduktion aus. Anfang 2004 erhielt die Sendung, nachdem sie 37 Jahre am Freitag um 20.15 Uhr ausgestrahlt worden war, einen neuen Sendeplatz am Donnerstag um 20.15 Uhr. Nun verabschiedete sich auch das Schweizer Fernsehen aus der Zusammenarbeit.

AKTION GRÜN ZDF

1976. 13-tlg. dt. Jugendserie über Umweltprobleme.

Die Schülerin Karin Breuer (Viola Boehmelt) engagiert sich mit ihren Freunden Dieter (Elmar Budinger) und Thomas (Santiago Ziesmer) für den Umweltschutz. Ihre Familie besteht aus den Eltern Hertha (Marie-Luise Marjan) und Erich (Günter Glaser) sowie den Brüdern Rolf (Oliver Korittke) und Jürgen (Benjamin Völz).

Eigentlich hatte sich Rebecca Völz für die Hauptrolle beworben. Sie erschien zum Vorsprechen mit ihrem Vater Wolfgang und ihrem Bruder Benjamin. Statt Rebecca bekam Benjamin eine Rolle.

Die halbstündigen Folgen liefen mittwochnachmittags.

AKTION MENSCH ZDF

Seit 2000. Nachfolger der *Aktion Sorgenkind*.

Die aus den 60er-Jahren stammende Bezeichnung »Sorgenkind« war vielen behinderten Menschen, vor allem jüngeren, schon lange ein Dorn im Auge gewesen. Der neue Name sollte Behinderten als Menschen mit Rechten, Fähigkeiten und Leistungen gerecht werden. Im März 2000 trat die Änderung in Kraft. Am Prinzip änderte sich nichts: Auch *Aktion Mensch* war Fernsehlotterie und Spendenkampagne. Die Shows, die ihr zuarbeiten sollten, waren *Jede Sekunde zählt* und *Der große Preis* (Neuauflage) sowie *Wetten, dass ...?* Über Spendenaktionen und die Verwendung der Erlöse wurde zunächst in *Mach mit*, ab 2002 in *Menschen – das Magazin* berichtet.

AKTION SORGENKIND ZDF

1964–2000. Fernsehlotterie und Spendenkampagne zugunsten behinderter Kinder.

Die *Aktion Sorgenkind* war nach der ARD-Fernsehlotterie *Ein Platz an der Sonne* die zweite deutsche Fernsehlotterie. Den Anstoß gab die Contergan-Katastrophe: Tausende Kinder waren mit verstümmelten Gliedmaßen zur Welt gekommen, weil ihre Mütter während der Schwangerschaft das Schlafmittel Contergan eingenommen hatten, und bekamen keinen Schadenersatz vom Hersteller. In der Folge rückten auch Kinder, die an anderen körperlichen oder geistigen Behinderungen litten, und ihre oft große finanzielle Not ins Bewusstsein der Öffentlichkeit. Als Reaktion gründete das ZDF nach einem Konzept von Hans Mohl gemeinsam mit mehreren Wohlfahrtsverbänden 1964 nur eineinhalb Jahre nach dem ZDF-Sendestart die *Aktion Sorgenkind*. Sie bestand von Anfang an aus der Kombination einer Lotterie mit großen Unterhaltungsshows einerseits und Spendenaufrufen, Benefizveranstaltungen und Berichten über Hilfsprojekte andererseits. Informationssendungen zur *Aktion Sorgenkind* liefen unter den Titeln *Bilanz der guten Taten* (1967–1973), *Beispiele guter Taten* (1970–1977), *Die große Hilfe* (1976–1995), *Danke schön* (1979–1991), *Aktion 240* (1992–1994) und *Mach mit* (1994–2002). Bis 1992 wurden diese Sendungen meistens direkt im Anschluss an die Fernsehlotterieshows ausgestrahlt. Dabei handelte es sich in chronologischer Reihenfolge um: *Vergissmeinnicht*, *Drei mal neun*, *Der große Preis*, *Goldmillion*, *Wunder-Bar* und *Das große Los*.

Im Jahr 2000 wurde die *Aktion Sorgenkind*, nicht zuletzt aufgrund jahrelangen Drucks der Betroffenen, in *Aktion Mensch* umbenannt. Bis dahin waren rund 1,5 Milliarden € Reinerlös durch Lotterie und Spenden zusammengekommen.

AKTION 240 ZDF

→ Aktion Sorgenkind

DIE AKTUELLE INSZENIERUNG ZDF

1973–1995. Reihe, die außergewöhnliche Leistungen des zeitgenössischen Theaters vorstellte.

Zu sehen waren z. B. 1986 die Uraufführung von Thomas Bernhards »Einfach kompliziert« an der Staatlichen Schauspielbühne Berlin und 1991 »Wilhelm Tell« in der Inszenierung von Claus Peymann aus dem Wiener Burgtheater. 1990 begann das ZDF, auch aktuelle Inszenierungen aus Theatern in der DDR aufzuzeichnen, als Erstes »Die Ritter der Tafelrunde« von Christoph Hein vom Staatstheater Dresden im Stadttheater Meißen.

AKTUELLE KAMERA DFF

1952–1990. Nachrichtensendung des DDR-Fernsehens.

Die *Aktuelle Kamera* (AK) war nach der Ansprache des Intendanten die erste Sendung im DDR-Fernsehen überhaupt. Der Geburtstag des Fernsehens und der *Aktuellen Kamera* war auch der von Stalin, entsprechend füllten endlose Glückwunschadressen die erste Sendung – was den Zuschauern einen ganz guten Vorgeschmack auf die Sendungen der kommenden Jahrzehnte gab. Zu den Standardformulierungen gehörte, dass »bei diesem Treffen beiderseits interessierende Fragen behandelt wurden«, dass »die Begegnungen im Geiste gegenseitigen Vertrauens und tiefer Freundschaft verlaufen« seien und dass »führende Persönlichkeiten anwesend waren«, worauf dann eine lange Namensliste folgte, inklusive der offiziellen Titel aller Teilnehmer, was oft gleich mehrere waren. Alle Versuche der AK-Redaktion, dies zu unterlassen, auch mit der Ausrede des Zeitmangels, wurden gerügt. Da die Texte von der Nachrichtenagentur ADN kamen, wurden Veränderungen des Texts als eine Form der Kritik am Inhalt oder gar an den erwähnten Personen gewertet.

Bei Staatsbesuchen galt: Jede Nachricht sollte auf die gleiche Weise gestaltet werden, da man gegenüber keinem Land Hervorhebungen oder Benachteiligungen zulassen wollte. Als die DDR in den 70er-Jahren nach und nach international anerkannt wurde, häuften sich die Staatsbesuche; alle Regierungschefs wurden auf dem Flughafen Schönefeld mit dem gleichen Zeremoniell begrüßt. Alle Empfänge wurden in der AK in der exakt gleichen Länge und nahezu identischer Weise gezeigt. Der Chefregisseur errechnete einmal, dass es 17 verschiedene Arten gab, ein in Schönefeld landendes Flugzeug zu filmen. Leider gab es manchmal 25 solcher Besuche in einem Monat – selbst mit allen Variationsmöglichkeiten hätte die AK sich wiederholt.

Die *Aktuelle Kamera* trug zunächst den Untertitel »Unsere gefunkte Bilderzeitung«. Erster Sprecher der Nachrichten war Herbert Köfer, der bis zum Schluss 1990 beim DFF auf dem Bildschirm war. Andere bekannte Sprecher waren Klaus Feldmann und Angelika Unterlauf. Im offiziellen Fernsehversuchsprogramm lief die AK zunächst unregelmäßig und wurde durch Ausgaben der DEFA-Wochenschau »Der Augenzeuge« ergänzt. Ab Oktober 1957 liefen die Nachrichten täglich, zunächst um 20.00 Uhr oder 19.45 Uhr, ab Oktober 1960 immer um 19.30 Uhr. Von 1962 bis 1967 wurde die Sendezeit aufgeteilt in 20 Minuten aktuelle Nachrichten und zehn Minuten längere Berichte, die den Titel »Im Blickpunkt« hatten.

Es wurden beiderseits interessierende Fragen behandelt: die DDR-Nachrichtensendung *Aktuelle Kamera,* hier mit Sprecher Hans-Dietrich Lange.

Auf Anregung der Redaktion selbst wurde die *Aktuelle Kamera* im Februar 1972 auf 20 Minuten gekürzt, von aufgesetzter aufdringlicher Kommentierung befreit und journalistischer gestaltet – so entfiel z. B. der Zwang, immer erst innen-, dann außenpolitische Themen zu behandeln. Die zehn frei werdenden Minuten wurden durch Dokumentationen unter dem Titel *zehn vor acht* gefüllt. Nur ein halbes Jahr später wurde die neue Sendeform zurückgenommen – auf direkte Initiative des Generalsekretärs Erich Honecker, mit dem Argument, die DDR könne nicht weniger harte Politik als der »Gegner« verbreiten und irgendwelchen Schnickschnack senden.

Zum Arbeitsalltag des Chefredakteurs gehörte, dass um 19.20 Uhr gern das Telefon klingelte und er die Anweisung bekam, zu bestimmten Berichten, die gerade in der *heute*-Sendung zu sehen waren, Stellung zu nehmen. Von Honecker persönlich wurden teilweise auch die Kommentare der Nachrichtenagentur ADN redigiert, die wörtlich verlesen werden mussten. Dazu gehört auch die berühmt gewordene Formulierung im Herbst 1989, dass die DDR den Republikflüchtigen »keine Träne nachweint«.

Noch während der Wendezeit öffnete sich das DDR-Fernsehen sehr schnell, versprach, ausführlich über widerstreitende Meinungen zu berichten, und erfüllte dieses Versprechen mit erstaunlicher Konsequenz. Erstes Zeichen der neuen Zeit war nach der Ablösung Honeckers durch Egon Krenz die Umwandlung der Spätausgabe der *Aktuellen Kamera* in das Nachrichtenmagazin *AK Zwo* – allerdings noch angeregt durch die SED. Am 3. November 1989 entschuldigte sich die Redaktion darin bei den Zuschauern, politische Eingriffe der Zensur zugelassen zu haben. Die *Aktuelle Kamera* erreichte in dieser Wendezeit Einschaltquoten von mehr als 40 Prozent. Trotzdem starb sie mit dem Ende des DFF. Die letzte Sendung moderierte Wolfgang Meyer.

AKTUELLE RUNDE ARD

1953. Nachfolgesendung von *Aktuelles aus Berlin*. Diskussionsrunde zu aktuellen Themen mit jeweils drei Fernsehreportern. Günther Piecho, Herbert Viktor Schmidt, Peter Schmidt, Hugo Murero und Hannes Borckmann besetzten die Plätze im Wechsel. Lief dienstags kurz nach 20.00 Uhr.

DAS AKTUELLE SPORT-STUDIO ZDF

Seit 1963. 80-minütige Sportshow mit Filmberichten über die Sportereignisse des Tages wie die Fußball-Bundesliga sowie mit Talks mit prominenten Gästen aus der Welt des Sports.
Fester Bestandteil ist die Torwand mit zwei Löchern, auf die jeder Gast aus sieben Metern Entfernung schießen muss (dreimal unten, dreimal oben), wobei gelegentlich auch mal ein Scheinwerfer zu Bruch geht. Jede Sendung beginnt am Samstagabend gegen 22.00 Uhr mit der Einblendung einer alten Bahnhofsuhr, dazu erklingt die seit jeher gleiche und dadurch berühmte Titelmusik von Max Greger.
Ein Klassiker unter den Sportsendungen, der in den 60er-Jahren eine der beliebtesten Fernsehsendungen überhaupt war. Erster Moderator war Heribert Meisel, der nur fünf Sendungen moderierte. Dann wechselten sich u. a. Wim Thoelke, Rainer Günzler und Harry Valérien ab. Diese drei hatten die Sendung gemeinsam entwickelt. Günzler moderierte 75-mal, Thoelke 123-mal. Vom Gründungstrio hielt Valérien am längsten durch, und manchmal fand er sogar die richtige Kamera (»Wo sammer!« »Da sammer!«). Erst 1988, 18 Jahre nach Thoelke, trat er nach 283 Sendungen ab. Auf mehr Einsätze brachte es nur Dieter Kürten (375 Sendungen von 1967 bis 2000). Die Torwand, so die Legende, war eine Idee des Moderators Werner Schneider (72 Sendungen), inspiriert durch die Trainingsmethoden von Richard Schneider, dem Trainer des 1. FC Kaiserslautern, der schon in den 50er-Jahren eine durchlöcherte Wand vors Tor gestellt hatte, um die Treffsicherheit seiner Spieler zu trainieren. Es gibt aber auch anders lautende Legenden.
Wenig Freunde machte sich der neue Moderator Hanns Joachim Friedrichs (1971–1981), zugleich ZDF-Sportchef, als er das eigentlich ziemlich stupide Torwandritual abschaffte, weil er glaubte, »alle Möglichkeiten, während der endlosen Ballauflegepause einen halbwegs intelligenten Satz zu sagen, hätten sich im Lauf der Jahre erschöpft«. Nach Protesten der Zuschauer wurde es wieder eingeführt.
Der Einsatz von Carmen Thomas ab Februar 1973 war eine kleinere Sensation. Sie war die erste Frau, die diese Männerdomäne präsentierte. In ihre erste Sendung brachte sie die druckfrische »Bild am Sonntag« vom nächsten Morgen mit und hielt somit bereits den ersten Verriss (Schlagzeile »Charme allein genügt nicht«) der Sendung in Händen, die gerade erst begonnen hatte. Ihr legendärer Verspre-

Wer wird denn gleich den Kopf in die Torwand stecken? Harry Valérien, Wim Thoelke und Rainer Günzler (von links), die gemeinsam *Das aktuelle Sport-Studio* erfanden, auf der Internationalen Funkausstellung 1967.

cher »Schalke 05« in der Sendung vom 21. Juli 1973 führte entgegen landläufiger Meinung nicht zu ihrer Kündigung, obgleich »Bild« damals titelte, das ZDF habe Thomas u. a. deshalb gefeuert. Nach dieser Schlagzeile moderierte sie noch zehn weitere Sendungen.
Neben Kürten, Valérien, Thoelke und Friedrichs waren, mit jeweils mehr als 100 Einsätzen, die häufigsten Moderatoren Bernd Heller (1980–1993), Karl Senne (1981–1992), Michael Steinbrecher (seit 1992) und Wolf-Dieter Poschmann (seit 1994). Auf mehr als 50 Einsätze kamen, neben Günzler und Schneider, Doris Papperitz (1984–1990), Günther Jauch (1988–1997), Johannes B. Kerner (seit 1997) und Rudi Cerne (seit 1999). Weitere Moderatoren: Helmuth Bendt, Gerd Krämer, Arnim Basche, Kabarettist Werner Schneyder, Kurt Lavall, Walter Schmieding, Alfons Spiegel, Olympiasieger Erhard Keller, Willi Krämer, Sissy de Mas und Joan Haanappel (als Duo), Bruno Morawetz, Norbert König und Christine Reinhart. Nur jeweils einmal moderierten Jochen Bouhs und Volker Tietze (als Duo), Udo Hartwig, Robert Seger (vom ORF), Dr. Kurt Jeschko, Frank Elstner und Dieter-Thomas Heck.
1966 kam die Sendung am Abend des Endspiels um die Fußball-WM direkt vom Abschlussbankett in einem Londoner Hotel. Solche »Auswärtsspiele« gab es fortan häufiger.
Die Sendung produzierte einige berühmt gewordene Momente: Der Boxer Norbert Grupe antwortete auf Rainer Günzlers Fragen nicht und schwieg beharrlich (1969), ein Schimpanse riss Johnny Weissmüllers Frau die Perücke vom Kopf (1971), und Franz Beckenbauer traf in die obere Ecke der Torwand mit einem Ball, den er von einem vollen Weißbierglas herunterkickte (1994). Beckenbauer war mit etwa 50 Besuchen der häufigste Studiogast. Zu den besten Torwandschützen mit jeweils fünf Treffern gehörten u. a. Günther Netzer und Rudi Völler, Guido Baumann und Mike Krüger lagen mit je vier Treffern ebenfalls weit über dem Durchschnitt.
1977 entstand mit *Pfiff* ein Ableger für Kinder. Ab Dezember 1999 hieß die Show nur noch *ZDF SPORTstudio*. Vielleicht hatte jemand bemerkt, dass Bundesliga-Berichterstattung erst fünf Stunden nach Spielende gar nicht mehr so aktuell ist. Ab 2004 packte das ZDF vor den Sendebeginn noch eine zusätzliche Krimiserie, was den Quoten- und Bedeutungsverlust der Sendung weiter beschleunigte. Im August 2005 erhielt sie ihren alten Namen und die alte Sendezeit zurück.

DAS AKTUELLE TELEFON ARD
→ Was sagst du dazu?

AKTUELLES AUS BERLIN ARD
1952–1953. Halbstündiges aktuelles Magazin im Anschluss an die *Tagesschau* mit Berichten und Reportagen und den Rubriken »Der Meinungspinsel« und »Wir stellen vor«. Wurde kurz danach in *Aktuelle Runde* umbenannt.

AKUT SAT.1
1992–1993. Sensationsmagazin mit Karlo Malmedie.
Im August 1992 zeigte das Magazin in einem kritischen Beitrag über die »Gesellschaft für humanes Sterben« Ausschnitte aus einem Video, das ein 51-jähriger Selbstmörder von seinem eigenen Tod gedreht hatte. Er hatte sich die Selbstmordanleitung von der Gesellschaft besorgt; die Ausstrahlung sollte beweisen, so die Redaktion, wie grausam der Todeskampf entgegen der Versprechen der Gesellschaft sei. Ausführlich war zu sehen, wie der Mann röchelnd und würgend nackt in einer Badewanne lag, nachdem er ein tödliches Medikament eingenommen hatte. Die »Bild«-Zeitung hatte den Skandal bereits vorher quotenwirksam ankündigen dürfen.
Auch auf einen Beitrag aus der letzten *Akut*-Sendung stieg die befreundete Springer-Presse groß ein: *Akut* brachte Thomas Gottschalk mit Scientology in Verbindung. Der Sat.1-Programmdirektor Heinz Klaus Mertes, der kurz vorher die Absetzung des Magazins beschlossen hatte, entschuldigte sich daraufhin bei Gottschalk und bot ihm eine Berichtigung im Sat.1-Programm an.
Akut lief mittwochs, ab 1993 montags gegen 22.00 Uhr. In der letzten Ausgabe verabschiedete sich das Magazin mit den Worten: »Das war *Akut*. 76-mal zeigten wir Ihnen die Härten des Lebens, jetzt hat uns selbst die Härte erwischt.« Nachfolger wurde *AlSo* – allerdings am Sonntagmorgen.

ALADDIN RTL
1994–1996. 86-tlg. US-Disney-Zeichentrickserie (»Disney's Aladdin«; 1994).
Der arme Bettler Aladdin, der eine Wunderlampe gefunden hat, Flaschengeist Dschinni, Prinzessin Jasmin, der Affe Abu und der Papagei Iago erleben Abenteuer im Orient. Die Serie knüpfte an den gleichnamigen Disney-Kinofilm an.
Lief sonntagmorgens unter der Dachmarke »Team Disney«.

ALARM ARD
1972. 13-tlg. dt. Krimiserie von Hans-Peter Kaufmann, Niklas Frank und Herbert Rosendorfer nach der Vorlage von Frederic Vester, Regie: Thomas Fantl und Hans-Peter Kaufmann.
Die Spezialeinheit »Gruppe 5« bekämpft spektakuläre Verbrechen in aller Welt. Björnström (Karl Lange) leitet die Gruppe, zu der auch Tjatin (Jörg Pleva) gehört. Ärgster Gegner ist die Isis-Gruppe des Gangsters Ottone (Erik Schumann).
Die halbstündigen Folgen liefen im regionalen Vorabendprogramm.

ALARM! SAT.1
1994. Kriminalmagazin mit Ulrich Meyer.
Nachdem der Höhepunkt der Reality-TV-Welle (z. B. *Augenzeugen-Video*) überschritten war, entwickelte Sat.1 das Genre weiter. *Alarm!* zeigte nur noch kurz Videos von schlimmen Gewalttaten und stattdessen

ausführlich Psychologen und Experten, die das Geschehen analysieren, sowie eigene Tests. Nach aufwendigen Laboruntersuchungen mit Dummys und Zeitlupenauswertungen konnte Ulrich Meyer fundiert feststellen, dass Schläge mit dem Baseballschläger auf den Kopf durchaus gefährlich sind. Und mit Aschenbechern und Bierflaschen auch. Reporter besuchten auch Opfer wie die Frau, die von ihrem Mann im Suff angezündet wurde, schlimme Brandverletzungen erlitt und doch wieder mit ihm zusammenzog, weil sie »sonst noch alleiner wäre als zuvor«, wie sie dem freundlichen *Alarm!*-Reporter mit dem Blumenstrauß sagte.

Lief erst dienstags um 21.10 Uhr, dann montags um 22.10 Uhr. Wurde abgelöst durch *Die Menschen hinter den Schlagzeilen* und *Akte*.

ALARM FÜR COBRA 11 – DIE AUTOBAHNPOLIZEI RTL

Seit 1996. Dt. Actionserie von Hermann Joha. »Ihr Revier ist die Autobahn. Ihr Tempo ist mörderisch. Ihre Gegner: Autoschieber, Mörder und Erpresser. Einsatz rund um die Uhr für die Männer von Cobra 11. Unsere Sicherheit ist ihr Job!«

Ein Team von Polizisten löst Kriminalfälle auf der Autobahn. Sie liefern sich Verfolgungsjagden mit anderen Autos, bis irgendwas explodiert, oder sie ermitteln gegen Gangster, die sich Verfolgungsjagden geliefert haben, bis irgendwas explodiert ist. Hauptkommissar Frank Stolte (Johannes Brandrup) bekommt nach dem Tod seines Partners Ingo Fischer (Rainer Strecker) schon in Folge 3 einen neuen Kollegen zur Seite: Semir Gerkhan (Erdogan Atalay). Anfangs passt ihm das nicht, doch dann werden sie ein gutes Team und sind ständig in Gefahr. Frank ist ein Draufgänger, der Türke Semir der ruhigere Typ, der überlegt, bevor er handelt. Er ist immer bester Laune und sieht alles positiv. 1997 wird ihm Hauptkommissar André Fux (Mark Keller) als neuer Partner zugeteilt. André ist ein Draufgänger, außerdem ein hervorragender Autofahrer, der keinen anderen ans Steuer lässt. Semir kritisiert jedoch ständig seinen Fahrstil. André stirbt im Mai 1999 bei einem Einsatz auf Mallorca im Kampf mit einem Waffenhändler, und Kommissar Tom Kranich (René Steinke) wird Semirs Kollege. Kranich ist ein Draufgänger, außerdem ein wenig schusselig und vergesslich. Es gibt Reibereien zwischen Semir und Tom, doch sie werden gute Freunde. Tom quittiert den Polizeidienst im Frühjahr 2003, nachdem seine schwangere Freundin durch eine Bombe getötet wurde, die für ihn bestimmt war. Jan Richter (Christian Oliver) wird im Herbst Semirs nächster Partner. Jan ist ein Draufgänger, aber noch unerfahren, denn er kommt direkt von der Polizeischule. Auch die beiden mögen sich anfangs nicht, werden aber ein tolles Team. 2005 kommt Tom zurück. Tom ist ein Draufgänger, aber das wissen wir ja schon.

Die ursprüngliche Chefin der Polizisten, Katharina Lamprecht (Almut Eggert), wird nach kurzer Zeit von Anna Engelhardt (Charlotte Schwab) abgelöst, einer bei Bedarf strengen, aber im Zweifelsfall verständnisvollen Vorgesetzten. Wenn ihre Jungs nur nicht so viele Autos zu Schrott führen! Zum Revier gehören außerdem die Sekretärin Regina Christmann (Nina Weniger) – sie wird im Oktober 1997 von Andrea Schäfer (Carina Wiese) abgelöst – und die uniformierten Streifenbeamten Horst »Hotte« Herzberger (Dietmar Huhn) und Meier 3 (Sven Riemann), der wiederum nach kurzer Zeit durch Dieter Bonrath (Gottfried Vollmer) ersetzt wird. Auch Hotte und Dieter werden ein eingespieltes Team, das sich blind versteht – aber auf ganz anderer Ebene als die Hauptakteure. Sie sind zwei trübe Tassen – vor allem Dieter ist ein dröger Tollpatsch –, die ihren Dienst nach Vorschrift erledigen, am Schreibtisch oder im Dienstporsche, aber gelegentlich dann doch der Welt beweisen wollen, dass sie auch was draufhaben. Andrea ist eine echte Hilfe für Semir und André oder Tom oder Jan, sie findet in Sekundenschnelle jede nützliche Information im Computer und weiß genau, was die Jungs im Einsatz benötigen. Sie und Semir werden ein Paar und heiraten im Herbst 2004.

Die aus vielen Stunts bestehende Serie wurde auf Anhieb ein großer Erfolg und erreichte bis zu zehn Millionen Zuschauer. Hermann Johas Produktionsfirma action concept entwickelte daraufhin noch weitere Actionserien für RTL, darunter *Der Clown* und *Die Motorradcops – Hart am Limit*. Handlung gab es im Grunde nur, um mehrere Explosionen in einer Folge notdürftig miteinander zu verbinden. Das sagten sogar die Macher selbst, die herausfanden, dass die Serie am besten funktioniert, wenn es genau drei Stunts gibt: einen am Anfang, einen am Ende und einen in der Mitte, kurz vor einer Werbepause. Die Geschichten mussten in dieses Korsett passen. Und da schon die Explosionen keinen Anspruch auf Plausibilität hatten, machte es keinen Unterschied, wenn auch die Plots haarsträubend waren und nicht ganz klar wurde, worum es eigentlich ging. Durch die Stunts wurde die Serie teuer: Von 1,5 Millionen DM pro Folge war die Rede. Der außerordentliche Erfolg beim Publikum glich das spielend wieder aus. Nachzügler, die das Format kopieren wollten, hatten dagegen keine Chance, wie Sat.1 mit *Zugriff* erfahren musste. Nach dem Überraschungscoup der Autobahnpolizisten wurden auch etablierte Krimiserien auf mehr Action getrimmt, darunter *Kommissar Rex*, *Balko*, *Wolffs Revier*, *Der Fahnder* und *Schimanski*.

In der Folge »Sonnenkinder« am 31. März 1998 spielte RTL-Chef Helmut Thoma eine kleine Gastrolle, die eigentlich nur ein interner Gag war: Man sieht ihn im Porsche auf der Autobahn, und er sagt: »Nicht schon wieder eine Krankenhausserie. Langsam kommt aus diesem Fernsehen Karbolgeruch raus. Was wir brauchen, ist Action.« Sein Beifahrer erwidert: »Fliegende Autos, Action. So was gibt es doch in der Wirklichkeit nicht.« Daraufhin fährt der Porsche auf ein vor ihnen liegendes Autowrack, wird durch die Luft und über eine Autobahnbrücke

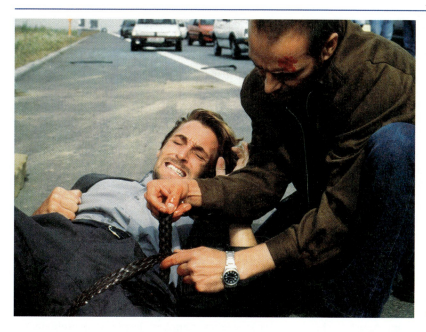

Alarm für Cobra 11 – Die Autobahnpolizei: Erdogan Atalay (rechts, mit Platzwunde) muss bei seinem Kollegen Mark Keller den Gürtel enger schnallen.

geschleudert, landet auf der anderen Seite und fährt weiter. Thoma trocken: »Das gibt's net?«
Hauptdarsteller Erdogan Atalay wurde so etwas wie der Matula von RTL. Wie Claus Theo Gärtner in *Ein Fall für zwei* war er ursprünglich nur der zweite Mann, blieb dann aber standhaft dabei, während ein Partner nach dem anderen ausgewechselt wurde. Für den mittelmäßig talentierten deutschen Schauspieler Christian Oliver war die Rolle des Jan Richter die erste Hauptrolle in einer einheimischen Serie. Er hatte zuvor jahrelang in den USA gelebt und neben mehreren Gastrollen eine Hauptrolle in der mittelmäßigen Sitcom *California Highschool 2* gespielt.
Nachdem RTL über Jahre festgestellt hatte, dass trotz etlicher Darstellerwechsel die Serie ungebrochenen Erfolg hatte, startete im Frühjahr 2003 mit gleichem Konzept und neuen Darstellern der Ableger *Alarm für Cobra 11 – Einsatz für Team 2* mit ähnlich hohen Einschaltquoten.
Bisher mehr als 120 einstündige Folgen liefen erst dienstags, ab Herbst 1998 donnerstags um 20.15 Uhr.

ALARM FÜR COBRA 11 – EINSATZ FÜR TEAM 2   RTL

Seit 2002. Dt. Actionserie.
Ein Zweierteam der Autobahnpolizei ermittelt gegen Verbrecher. Wie in der anderen *Cobra 11*-Serie kommt es dabei zu Verfolgungsjagden, Massenkarambolagen und Explosionen, und wie in *jeder* anderen Serie sind die Ermittler zwei völlig gegensätzliche Typen, die sich anfangs nicht leiden können. Susanna van Landitz (Julia Stinshoff) hat studiert und leistet ihren Dienst streng nach Vorschrift, Macho Frank Traber (Hendrik Duryn) ist ein eigensinniger Straßenbulle.

Im zweistündigen Pilotfilm dieses Spin-off von *Alarm für Cobra 11 – Die Autobahnpolizei* wurde das neue Team eingeführt, indem eine Explosion – was sonst? – das Team Kranich und Gerkhan aus der Originalserie vorübergehend außer Gefecht setzte und zwei Neue ans Werk mussten.
Die tatsächliche Erstausstrahlung der ersten Staffel fand im Dezember 2002 innerhalb von acht Tagen nachts gegen 3.00 Uhr ohne Vorankündigung statt (und auch ohne Werbeunterbrechung). Wahrscheinlich musste RTL die Folgen unauffällig irgendwo unterbringen, um die Ausgaben noch im Jahr 2002 von der Steuer absetzen zu können. Die angebliche und beworbene Erstausstrahlung des Pilotfilms und der vier einstündigen Folgen war dann ab 17. April 2003 donnerstags um 20.15 Uhr. Sie verfehlten die Einschaltquoten des Originals nur knapp, weshalb weitere Folgen produziert wurden. Produzent war natürlich Hermann Johas Firma action concept.

ALARM FÜR DORA X   ARD

1962. 13-tlg. dt. Abenteuerserie von Walter Forster, Regie: Mohr von Chamier.
Der Rettungshubschrauber Dora X ist in den Alpen im Einsatz. Hauptsächlich kümmern sich Pilot Hanns Brenner (Adrian Hoven), Monteur Franz (Peter W. Staub) und Inge Kolbach (Sabina Sesselmann) um Menschen, die in den Bergen in Notsituationen geraten sind, und retten Kinder, die dringend medizinischer Hilfe bedürfen und nur mit dem Hubschrauber rechtzeitig ins Krankenhaus kommen können. Das Team übernimmt bei Bedarf aber auch Aufgaben von Polizei und Feuerwehr – was eben so anfällt. So verfolgt es aus der Luft eine Bande von Uranschmugglern und verhindert eine Katastrophe, als in der Nähe eines Sprengstofflagers ein Brand ausbricht.

ALARM IM HAFEN ARD
1960–1964. 21-tlg. US-Abenteuerserie von Vincent Forte und Leo Handel (»Harbor Command«; 1957–1958).
Captain Ralph Baxter (Wendell Corey) von der US-Küstenwache jagt Diebe, Mörder und Terroristen, durchsucht Schiffe nach Schmuggelware und stellt Rauschgift sicher. Er wird von wechselnden uniformierten Beamten der Wasserschutzpolizei unterstützt.
Der »Gong« gestand der Serie zwar zu, 25 Minuten Nervenkitzel zu bieten, nannte sie aber »primitiv«. Sie lief in loser Folge, zunächst nachmittags, dann am späten Abend.

ALARM IN DEN BERGEN ZDF
1965. »Aus der Arbeit der Grenzpolizei«. 13-tlg. dt. Abenteuerserie von Fred Dietrich, Regie: Armin Dahlen.
Die bayrischen Grenzpolizisten Hans Maussner (Armin Dahlen) und Toni Kaiser (Gerhart Lippert) gehen in den Bergen gegen illegale Grenzgänger und Schmuggler vor, retten Verunglückte und leisten den Kollegen aus der Stadt Amtshilfe bei Ermittlungen gegen verschiedenste Verbrecher. Hans ist mit Anna (Lotte Ledl) verheiratet, Irmgard (Ina Glücksmann) und Christian (Sascha Hehn) sind ihre Kinder.
Armin Dahlen machte den doppelten Job und war zugleich Hauptdarsteller und Regisseur der Serie. Die halbstündigen Folgen liefen montags um 18.55 Uhr.

ALARMCODE 112 ZDF
1996. 12-tlg. dt. Actionserie von Rainer Berg.
Alltag in der Berliner »Feuerwache 51« im Stadtteil Neukölln. Die Freunde Dennis Schmitzke (Ingo Hülsmann), Konrad Sommer (Bernhard Bettermann) und Jan-Peter Müller (Oliver Clemens) verlieren gleich bei ihrem ersten Einsatz als Feuerwehrmänner ihren besten Freund und Kollegen Lukas Bärwaldt (Thomas Balou Martin), der seine Frau Steffi (Petra Kleinert) hinterlässt. Chef der Feuerwehrleute ist Kalli Kraussnick (Andreas Schmidt-Schaller), Horst Duffort (Ronald Nitschke) der Zugführer, Erwin (Hans Nitschke) der Oberbrandmeister.
Nach einem Pilotfilm am Montag liefen die 50-minütigen Folgen immer mittwochs gegen 19.30 Uhr. Als Nächstes zündelten ein Jahr später bei RTL *Die Feuerengel*.

ALASKA KID ZDF
1993. 13-tlg. dt.-poln.-russ. Abenteuerserie nach dem Buch von Jack London, Regie: James Hill (»Alaska Kid«; 1991).
Im Goldrausch kommt der junge amerikanische Zeitungsreporter Kid Bellew (Mark Pillow) mit seinem Onkel John (Raimund Harmstorf) Ende des 19. Jh. nach Alaska. Sie treffen u. a. den erfahrenen Goldsucher Charley Hanson (Vladimir Soshalsky) und seine Tochter Joy (Dawn Merrick) sowie Shorty (Donovan Scott), der mit der Verpflegung der Goldgräber sein Geld machen will.
Die einstündigen Folgen liefen nachmittags.

ALBERT AUF ENTDECKUNGSTOUR ZDF
2003–2004. 26-tlg. dt. Zeichentrickserie für Kinder.
Fabelwesen Albert, halb Vogel, halb Hamster, geht auf Tour und erklärt Kindern weiterhin die Natur und die Umwelt, wie schon in der Serie *Albert sagt ... Natur – aber nur!*.

ALBERT EINSTEIN ARD
1984. 4-tlg. dt.-frz. Fernsehspiel von Robert Muller, Regie: Michael Braun.
Die erste biografische Verfilmung der Lebensgeschichte des Albert Einstein (Miguel Molina; ab Folge 2: Ronald Pickup), die seinen Weg vom Schüler, der an der Technischen Hochschule in Zürich durch die Aufnahmeprüfung fällt, zum großen Physiker und Nobelpreisträger nachzeichnet. Einstein lehrt als Privatdozent an der Universität von Bern, wechselt an die Preußische Akademie der Wissenschaften nach Berlin, stellt die Relativitätstheorie auf und emigriert im Jahr von Hitlers Machtergreifung in die USA. Er empfiehlt sicherheitshalber den Bau der Atombombe und wird nach ihrem Abwurf über Hiroshima zum entschiedenen Pazifisten.
Die Serie befasste sich nicht nur mit der Karriere Einsteins, sondern auch mit dem Dilemma des kaum noch vorhandenen Privatlebens als Folge beruflichen Erfolgs. So trug der dritte Teil den Titel »Relativität und Nudeln«.
Die einstündigen Folgen liefen im regionalen Vorabendprogramm.

ALBERT SAGT ... NATUR – ABER NUR! ZDF
1996–1997. 13-tlg. dt. Zeichentrickserie für Kinder, die Unterhaltung mit Wissensvermittlung verbindet.
Fabelwesen Albert, eine Mischung aus Vogel und Hamster, erklärt Flora und Fauna und warnt davor, was böse Fabriken und böse Menschen da alles kaputt machen. Grundlage für die Geschichten waren die »Fensterbücher« von Frederic Vester.
Die halbstündigen Folgen liefen erst donnerstag-, 1997 freitagnachmittags. Die Reihe wurde mit *Albert auf Entdeckungstour* fortgesetzt.

ALBERT SCHWEITZER ARD
1987. 4-tlg. dt.-frz. Historienserie von Robert Muller, Regie: Michael Braun.
Die Lebensgeschichte des Albert Schweitzer (als junger Erwachsener: Jean-François Viérick; dann: Gerhard Olschewski; als 90-Jähriger: Wolfgang Preiss): Er wächst als Sohn eines Dorfpfarrers (Wilhelm Meyer) auf, studiert viele Jahre und promoviert der Reihe nach in Theologie, Philosophie und Medizin, um mit seiner Frau Helene (als junge Frau: Christine Deschaumes; dann: Brigitte Schauder; als alte

Frau: Lotte Barthel) in den afrikanischen Urwald zu gehen und dort die medizinische Versorgung zu verbessern. Im Alter von 77 Jahren erhält er den Friedensnobelpreis.
Die einstündigen Folgen liefen im regionalen Vorabendprogramm. Drei Jahre zuvor hatten Autor Muller und Regisseur Braun in der gleichen Form bereits das Leben von *Albert Einstein* verfilmt.

DIE ALBERTIS ZDF
Seit 2004. 15-tlg. dt. Familienserie von Christian Pfannenschmidt.
Was soll's, sagen sich Anne Alberti (Katharina Abt) und Paul Ross (Samuel Weiss), als sie sich mit Ende dreißig ineinander verlieben, und verlassen ihre Ehepartner Wolf (Marcus Bluhm) bzw. Sybille (Jacqueline Macauly), um zusammen zu sein. Es entsteht eine Großfamilie, denn beide bringen alle Kinder mit: Anne ihre gerade erwachsenen Söhne Edward (Andreas Tobias) und Pavel (Gabriel Kirschninck) sowie den zwölfjährigen Luis (Leo Wigger), Paul seine Töchter Anuschka (Kira Römer), 16, und Laura (Hazel Franke), 11. Gemeinsam wohnen sie in Pauls Bauernhaus auf dem Land, wo er als Arzt praktiziert. Gerda Merk (Claudia Rieschel) ist ihre Haushälterin. Paul war der beste Freund von Annas Mann Wolf, der nach der Trennung versucht, sich das Leben zu nehmen. Er wird gerettet, kommt ins Krankenhaus und verliebt sich in die Krankenschwester Brigitte Schröder (Jana Striebeck). Sybille zieht zu ihrer Freundin Ruth Johannsen (Charlotte Schwab), die sich in sie verliebt, während Sybille sich an ihrem Ex rächen möchte.
Daneben schlägt sich die neue Ross-Alberti-Familie mit den Problemen heranwachsender Kinder herum, in der Schule, im Job und in der Liebe. Edward beginnt eine Affäre mit der doppelt so alten Freundin seiner Mutter, Ebba Mommsen (Katja Weitzenböck); Anuschka kämpft mit der Trennung ihrer Eltern; Pavel verursacht einen tödlichen Unfall und verliert seinen Job, verheimlicht das aber der Familie und tut so, als ginge er weiterhin arbeiten; Luis findet heraus, dass er adoptiert ist, und reißt aus; nur Nesthäkchen Laura behält einen klaren Kopf.
Die Serie startete mit zwei 90-minütigen Fernsehfilmen, ihnen hätten sich 13 Folgen zu je 45 Minuten anschließen sollen. Nach neun Teilen gab das ZDF jedoch den Versuch auf, die eigentlich moderne und gut gemachte Patchworkfamilienserie am Mittwoch um 20.15 Uhr durchzusetzen. Allerdings war dieser Versuch auch ziemlich halbherzig: Wegen verschiedener Event-Filme, Konkurrenzereignisse und Feiertage war die Serie immer wieder ausgefallen. Das ZDF versprach, die Serie später auf einem anderen Sendeplatz vollständig zu zeigen.

ALEXANDER UND DIE FRAUEN DFF
1963–1964. Ratgebermagazin für Frauen.
Oberleutnant Alexander Papendiek (!) informiert über Fragen der Kosmetik, Mode, Hauswirtschaft, Kindererziehung und Freizeitgestaltung.

ALEXANDER UND DIE TÖCHTER ZDF
1974. 13-tlg. dt. Comedyserie von Edmund F. Rabe, Regie: Kurt Wilhelm.
Hätte der Innenarchitekt Alexander Gregor (Gunther Malzacher) doch nur sein eigenes Heim noch größer gestaltet. Seine Töchter Barbara (Astrid Fournell), Reni (Gracia-Maria Kaus), Fränzi (Petra Verena Milchert) und Bibi (Gundy Grand) wollen einfach nicht auszuziehen.
Die halbstündigen Folgen liefen donnerstags um 18.25 Uhr. Der Hauptdarsteller spielte auch die Hauptrolle in *Der Nachtkurier meldet,* dort nannte er sich jedoch Gig Malzacher.

ALEXANDER ZWO ARD
1972–1973. 6-tlg. dt. Krimiserie von Karl Heinz Willschrei, Oliver Storz und Wilfried Schröder, Regie: Franz Peter Wirth.
Nach dem mysteriösen Tod des Großindustriellen Wilhelm Friedberg reist sein Sohn Mike Friedberg (Jean-Claude Boullion) aus den USA an und übernimmt den väterlichen Betrieb. Plötzlich sind Killer auch hinter ihm her, sein engster Mitarbeiter Dr. Terbot (Renato Carmine) stirbt bei einem Attentat. Mike findet heraus, dass er einen Bruder hat, einen russischen Geheimagenten mit dem Decknamen Alexander, der in den Westen übergelaufen ist. Offensichtlich hält der russische Geheimdienst Mike für dessen Bruder. Der Versuch, seine Identität zu beweisen, wird zum Albtraum: Plötzlich will sich in den USA niemand an ihn erinnern. Alexanders Freundin, die russische Agentin Sonja (Marina Malfatti), spielt ein doppeltes Spiel.
Die Musik schrieb Horst Jankowski. Jede Folge war ca. 80 Minuten lang und lief samstags um 20.15 Uhr.

ALF ZDF
1988–1991. 100-tlg. US-Sitcom von Paul Fusco und Tom Patchett (»ALF«; 1986–1990).
Der Außerirdische Gordon Shumway stürzt mit seinem Raumschiff in die Garage der Familie Tanner. Vater Willie (Max Wright), Mutter Kate (Anne Schedeen), Tochter Lynn (Andrea Elson) und der jüngere Sohn Brian (Benji Gregory) nehmen ihn notgedrungen bei sich auf und nennen ihn Alf, eine Abkürzung für Außerirdische Lebens-Form.
Alf kommt vom Planeten Melmac, der bei einer Nuklearkatastrophe explodiert ist. Er ist ungefähr 90 cm groß, etwa 230 Jahre alt und hat ein orange-braunes Fell. Seine Lieblingsspeise sind Katzen, was das Leben für Familienkater Lucky deutlich erschwert. Natürlich krümmt er ihm kein Haar, denn seine zweite Lieblingsspeise ist alles, was da ist, notfalls sogar Kates Hackbraten.
Willie ist ein liebenswerter Familienvater, ein wenig verwirrt, nicht sehr entscheidungsfreudig; manchmal wachsen ihm die Probleme über den Kopf. Kate ist entschiedener, vor allem wenn es darum geht, Alf zurechtzuweisen. Sie steht ihm äußerst skeptisch gegenüber. Lynn ist ein typischer Teenie, sie telefoniert viel und hört Musik. Und Brian ist sofort

In der Folge »Reden ist Blech« hat ALF sich mit Lynn verkracht, weil er vorlaut ein Geheimnis ausgeplaudert hat. Das Gesuch um Vergebung gibt ihm mal wieder die Gelegenheit, sich in eine lustige Verkleidung zu werfen. Wo er immer die Kostüme herhatte, die genau einer Person mit nur 90 cm Körpergröße passten, blieb sein Geheimnis.

hellauf begeistert, einen neuen Spielkameraden gefunden zu haben.

Alf bringt das Leben der Familie komplett durcheinander und richtet ständig Chaos an. Alf: »Mir fällt auf, dass du eine Menge Zeit mit Reparaturen verbringst.« Willie: »Weil du eine Menge Zeit damit verbringst, alles kaputtzumachen.« Alf: »Wie schön, dass sich unsere Hobbys so gut ergänzen.« Oder er ist einfach nur im Weg, weil er sich weigert, seinen Platz vor dem Fernseher zu räumen. Willie: »Gibt es denn gar nichts anderes für dich als Kühlschrank und Fernseher?« Alf: »Für mich ist das Abwechslung genug. Im Kühlschrank ist immer was Frisches, und im Fernsehen gibt es immer Konserven.«

Zusätzliches Problem: Niemand darf Alf sehen, weil sonst die Weltraumbehörde auf ihn aufmerksam werden könnte. Deshalb muss er sich immer in der Küche verstecken, wenn beispielsweise die aufdringlichen Nachbarn Raquel (Liz Sheridan) und Trevor Ochmonek (John LaMotta) zu Besuch kommen. Trotzdem lernt Alf im Lauf der Zeit mehrere Freunde kennen, z. B. Kates Mutter Dorothy (Anne Meara), Ochmoneks Neffen Jake (Josh Blake), Willies Bruder Neal (JM J. Bullock) und den Psychiater Larry (Bill Daily). Nach drei Jahren bekommt die Familie Nachwuchs: Sohn Eric (J. R. und Charles Nickerson) wird geboren.

Kurz darauf nehmen zwei alte Freunde von Melmac Kontakt zu Alf auf. Skip und Rhonda – für Alf die Liebe seines Lebens – haben gerade einen Planeten gekauft und wollen gemeinsam mit Alf dort einen neuen Melmac aufbauen. Nach langem Überlegen entschließt sich Alf, die Tanners zu verlassen und mitzukommen. Als er auf einem Feld außerhalb der Stadt von Skip und Rhonda abgeholt werden soll, wird Alf plötzlich von der Weltraumwache umstellt, die die Funksignale mitgehört hat. Das Raumschiff und auch die Tanners sind für ihn nicht mehr erreichbar.

Liebevolle Comedy, in der große Mengen subtiler Mediensatire durch ebensolche Mengen von Holzhammerhumor aufgewogen wurden. In den USA war die Serie erfolgreich, in Deutschland löste sie eine Massenhysterie aus. Das offene Ende war als Cliffhanger für die nächste Staffel gedacht. Die Folge »Die Entscheidung« war bereits abgedreht, als die Produzenten von der Einstellung der Serie erfuhren. Die Alf-Figur wurde in der Serie teilweise mechanisch gesteuert, bei notwendigen Ganzkörperbewegungen steckte der Kleinwüchsige Michu Meszaros im Fellkostüm.

Das ZDF zeigte die Episoden erst dienstags um 17.45 Uhr, später freitags zur gleichen Zeit, dort oft auch mit zwei Folgen am Stück. Eine Doppelfolge, in der Alf im Traum die Moderation des amerikanischen Late-Night-Klassikers »Tonight Show« übernimmt, wurde in Deutschland nie gezeigt, wohl weil man damals glaubte, der Deutsche an sich könne mit diesem Sendeformat nichts anfangen. Alfs Spruch »Null Problemo« ging in den Sprachgebrauch ein, Tommi Piper wurde als Alfs deutsche Stimme berühmt. Alf-Puppen und haufenweise andere Fanartikel verkauften sich blendend, darunter jede Menge Alf-Bücher.

Neben dieser Serie wurden zwei Zeichentrickserien mit Alf produziert, und seit dem Ende des Originals verging kaum ein Jahr, in dem es nicht von irgendeinem Sender wiederholt wurde. 1996 kam »Alf – Der Film« in die deutschen Kinos, jedoch ohne die Familie Tanner. 2004 tauchte Alf in den USA ein weiteres Mal auf. Nach jahrelanger Abwesenheit wurde in einem Kabelsender »ALF's Hit Talk Show« gestartet, in der Alf in klassischem Late-Night-Stil am Schreibtisch sitzt und prominente Gäste empfängt.

ALF – ERINNERUNGEN AN MELMAC   SAT.1
1990. 26-tlg. US-Zeichentrickserie (»ALF«; 1987–1990).
Ableger der erfolgreichen Sitcom *ALF*. Zu Beginn führte die Original-Alf-Puppe in die Folge ein. Der Rest war animiert und zeigte Alfs Erlebnisse auf seinem Heimatplaneten Melmac, bevor er zur Familie Tanner kam.
Sat.1 zeigte die Serie wöchentlich mittwochs um 14.00 Uhr.

ALF IM MÄRCHENLAND   SAT.1
1991. 21-tlg. US-Zeichentrickserie (»ALF Tales«; 1989–1990).
Noch ein Ableger der erfolgreichen Sitcom *ALF*. In diesem sah man Alf als Trickfigur in der Rolle verschiedener bekannter Märchenhelden. Lief montagmittags.

ALFONS ZITTERBACKE   DFF 1
1986. 6-tlg. DDR-Kinderserie von Günter Mehnert nach den Büchern von Gerhard Holtz-Baumert.
Der zehnjährige Alfons (Enrico Lübbe), Sohn von Vater (Jürgen Reuter) und Mutter Zitterbacke (Ute Lubosch), ist ein liebenswerter Tollpatsch, dessen Fantasie immer wieder mit ihm durchgeht und ihn in haarsträubende Situationen bringt.
Die halbstündigen Folgen liefen später auch im KI.KA.

ALFONSO BONZO   ZDF
1992. 5-tlg. brit. Jugendserie von Andrew Davies nach seinem eigenen Kinderbuch, Regie: John Smith (»Alfonso Bonzo«; 1990).
Alfonso Bonzo (Alex Jennings) ist ein italienischer Austauschschüler, der diese Bezeichnung sehr genau nimmt: Er liebt nichts so sehr, wie Sachen zu tauschen. Sein Mitschüler Billy Webb (Scott Riley) lässt sich zunächst gern darauf ein, doch merkt er nach einer Weile, dass es einen Haken gibt: Alle Sachen von Alfonso sind verzaubert, und es geschehen merkwürdige Dinge. Am Ende will Alfonso sogar sein Leben mit Billy tauschen, und Billy bekommt es mit der Angst zu tun. Hinterher, im Krankenhaus, erzählt Billy dem jungen Reporter Trevor Trotman (Mike Walling), was passiert ist: Alfonso hatte ihm »Hals- und Beinbruch!« hinterhergerufen, und es war in Erfüllung gegangen.
Die fünf halbstündigen Folgen wurden später mit *Neuen Geschichten von Billy Webb* fortgesetzt.

ALFRED HITCHCOCK PRÄSENTIERT   HR
→ Alfred Hitchcock zeigt

ALFRED HITCHCOCK ZEIGT   ARD, ORB, HR
1959–1969 (ARD); ORB (1999); HR (2000). US-Kurzfilmreihe (»Alfred Hitchcock Presents«; 1955–1962; »The Alfred Hitchcock Hour«; 1962–1965).
In der Reihe wurden spannende oder gruselige Kriminalfilme verschiedener Regisseure mit wechselnder Besetzung gezeigt, die von Alfred Hitchcock lediglich an- und abmoderiert wurden. Auch in der deutschen Fassung moderierte Hitchcock selbst, d. h. er wurde nicht synchronisiert. Bei der Produktion in den USA wurde jede Anmoderation gleich dreimal mit Hitchcock selbst aufgezeichnet: in Englisch, Deutsch und Französisch. Durch die Art seiner Moderation nahm Hitchcock wieder etwas von der Spannung heraus. Zwar hatten auch die sonst düsteren Filme selbst oft humoristische Momente, doch hellte vor allem Hitchcocks ironischer Unterton die Serie auf. Im Original nahm er außerdem gelegentlich die Sponsoren der Serie auf den Arm.
Bei rund 20 der im Original fast 400 Folgen führte Hitchcock zusätzlich selbst Regie. Die ARD zeigte sechs dieser Folgen und 41 insgesamt, die letzten zwölf ab 1966 mit 45 Minuten Länge. Die Sendezeit der Serie war in den USA nach sieben Jahren von 25 auf 45 Minuten verlängert, die Serie außerdem umbenannt worden. In Deutschland blieb der Sendetitel bestehen. Einige weitere der *Hitchcock*-Folgen liefen 1999 im ORB im Originalton mit deutschen Untertiteln, der HR zeigte im folgenden Jahr noch ein paar Folgen in deutscher Synchronisation. 1985 entstand eine Neuauflage, die in Deutschland bei RTL lief.

ALFRED HITCHCOCK ZEIGT   RTL
1988–1991. 80-tlg. US-Kurzfilmreihe (»Alfred Hitchcock Presents«; 1985–1988).
Neuauflage der gleichnamigen Serie aus den 50er-Jahren. Nach Hitchcocks Tod wurden seine alten Anmoderationen aus der Originalserie eingefärbt und neue Filme hinzugefügt. Das Konzept blieb unverändert. Jede Episode war 25 Minuten lang.

ALFRED J. KWAK   ZDF
1990–1991. 52-tlg. niederl.-dt.-jap. Zeichentrickserie für Kinder von Harald Siepermann und Hans Bacher nach einer Idee von Herman van Veen.
Die junge Ente Alfred Jodocus Kwak ist das älteste Kind von Anna und Johan. Als die Eltern von einem Auto überfahren werden, zieht der Maulwurf Henk Alfred auf.
Der deutsche Ableger des Disney-Konzerns versuchte zunächst, die Ausstrahlung zu verhindern, weil ihm die Ente Donald Duck zu ähnlich sah. Die Zeichner Siepermann und Bacher hatten vorher u. a. bei dem Disney-Film »Falsches Spiel mit Roger Rabbit« mitgearbeitet. Charakterlich hatte der süßnaive Alfred J. mit Donald aber nichts zu tun. Die Serie war teuer, aufwendig und liebevoll gestaltet und erfüllt von den Idealen des niederländischen Künstlers Herman van Veen: So mussten Alfreds Eltern sterben, weil der skrupellose Bauunternehmer Hippo das Groß-Wasserland in einen Freizeitpark verwandeln wollte. Henk und Alfred helfen nicht nur hier, sondern in der halben Welt Freunden aus der Not. Ihren Namen verdankt die Waisenente van Veens Freund Alfred Biolek. Sie tauchte bereits 1985 in einem Theaterstück van Veens auf.
Die 25-Minuten-Folgen liefen samstagnachmittags. Die ersten 18 Folgen sind auf DVD erhältlich.

ALFREDISSIMO   ARD
Seit 1994. Halbstündige Kochshow am Freitagnachmittag, in der Moderator und Hobbykoch Alfred Biolek mit einem prominenten Gast in einer Studioküche steht und jeder von ihnen ein Gericht kocht. Währenddessen plaudert Biolek mit ihm, führt sein tolles Bio-Loch für organische Abfälle vor, lobt den Riesling, warnt vor dem Fehler, zum Kochen irgendeinen billigen Wein zu nehmen, kämpft mit dem Gasherd, lobt die Geselligkeit eines guten Essens, und macht ungezählte Male »hach« und »hmmm«.
Kaum ein Prominenter war noch nicht in Bios Küche, Harald Schmidt durfte zur 333. Sendung im Oktober 2003 sogar ein zweites Mal kommen und rührte ein angeblich supergesundes basisches Kartoffelsüppchen an, das Biolek ausnahmsweise nicht »hmmm«, sondern »brrrr« sagen ließ. Die Aufzeichnungen sollen nie geschnitten worden sein, sagte Biolek, sogar als Topflappen brannten oder beim Flambieren eine meterhohe Stichflamme am Herd entstand. Regie führte viele Jahre lang Alexander Arnz, der Regisseur von *Wetten, dass ..?*
Für die Sendung war die private Küche von Alfred Biolek im Fernsehstudio originalgetreu nachgebaut worden. In einem eigenen Online-Shop verkaufte der WDR passend zur Sendung Kochbücher, Geschirrtücher, Pastateller, Bratpfannen, Parmesanbrecher, Gläser und diverses anderes Zubehör, was zu einer heftigen Diskussion führte, ob ein öffentlich-rechtlicher Sender wirklich mit solchen Dingen sein Geld verdienen sollte. Als der Regierende Bürgermeister von Berlin, Klaus Wowereit, eine Tortentrennwand aus Pappe benutzte, sagte Bio: »Das ist ja toll. Kann man das kaufen?«

ALGEBRA UM ACHT   ARD
1972–1973. 20-tlg. dt. Schulserie von Dieter Werner, Regie: Thomas Engel und Wolfgang Schleif.
Direktor Lenz (Dieter Borsche), Studienrat Hellmund (Günther Schramm), Dr. Delius (Gerd Frockhöffer) und Dr. Veith (Heinz Spitzner) unterrichten an einem Abendgymnasium, an dem Erwachsene auf dem zweiten Bildungsweg das Abitur nachholen können. In jeder Folge steht die Geschichte eines anderen Schülers im Mittelpunkt.
Die Folgen waren jeweils 25 Minuten lang und liefen in allen regionalen Vorabendprogrammen.

ALIAS – DIE AGENTIN   PRO SIEBEN
Seit 2003. US-Agentenserie von J. J. Abrams (»Alias«; seit 2001).
Genau genommen führt die Studentin Sydney Bristow (Jennifer Garner) ein Dreifachleben. Sie arbeitet nebenbei als Agentin für die Organisation SD-6, die ihr vorgaukelt, eine streng geheime Unterabteilung der CIA zu sein. Dixon (Carl Lumbly) ist ihr Partner, Arvin Sloane (Ron Rifkin) ihr Vorgesetzter und Marshall (Kevin Weisman) der Techniker und Waffenbauer. Als Sydney herausfindet, dass SD-6 in Wirklichkeit eine staatsfeindliche Organisation ist, die die Sicherheit der freien Welt bedroht, heuert sie bei der echten CIA als Doppelagentin an. Fortan führt sie ihre Aufträge für SD-6 aus und berichtet CIA-Officer Vaughn (Michael Vartan) über deren Aktivitäten. Ihr Ziel ist es, die böse Organisation zu zerstören. Sydneys Vater Jack (Victor Garber) entpuppt sich zunächst auch als SD-6-Mitarbeiter und kurz darauf ebenfalls als Doppelagent. Ihre beste Freundin ist Francie (Merrin Dungey), der Journalist Will (Bradley Cooper) ihr bester Freund und heimlich in Sydney verliebt. Schließlich gelingt es Sydney tatsächlich, SD-6 zu zerschlagen. Sloane bleibt ihr größter Widersacher, er heckt nun auf eigene Faust böse Pläne aus.
Die einstündigen Folgen liefen zunächst dienstags um 20.15 Uhr, ab der zweiten Staffel mittwochs erst eine, dann zwei Stunden, schließlich drei Stunden später.

ALIAS SMITH & JONES   ARD
1973–1974. 19-tlg. US-Westernserie von Glen A. Larson (»Alias Smith And Jones«; 1971–1973).
Die Bankräuber Hannibal Heyes (Pete Duel) und Jed »Kid« Curry (Ben Murphy) sind auf der Flucht und tarnen sich mit den Decknamen Joshua Smith und Thaddeus Jones. Eigentlich haben sie die schiefe Bahn bereits verlassen, und der Gouverneur von Kansas hat beschlossen, sie zu begnadigen, doch vorher müssen sie sich ein Jahr lang bewähren und beweisen, dass sie tatsächlich ehrlich geworden sind. Von diesen Umständen weiß aber außer den drei Beteiligten niemand. Heyes/Smith ist der Optimist und schnelle Denker, Curry/Jones zieht zwar schnell, ist aber sonst eher langsam.
Hauptdarsteller Pete Duel erschoss sich Ende 1971, nachdem er eine Episode seiner eigenen Serie im Fernsehen gesehen hatte. Ob es zwischen diesen beiden Ereignissen einen Zusammenhang gab, ist bis heute ungeklärt. In der Serie wurde er durch Roger Davis ersetzt, der in der US-Version bis dahin als Off-Stimme zu hören war. Die Luft war jedoch raus, und die Serie erlebte nur noch knapp eine Staffel. In Deutschland wurden die Folgen ohne Duel nicht gezeigt, und auch vom Rest der eigentlich 50-teiligen Serie zeigte die ARD nur den Pilotfilm »Ein Jahr Galgenfrist« im April 1973 und 18 einstündige Folgen im regionalen Vorabendprogramm.

ALICE AUF DER FLUCHT   SAT.1
1998. 3-tlg. dt. Fernsehfilm von Friedemann Schulz, Regie: Axel de Roche.
Alice Mancini (Claudia Messner) ist die junge deutsche Frau des italienischen Botschafters in Berlin, Mario Mancini (Roberto Alpi). Dessen jüngerer Bruder Vittorio (Andrea Prodan) erzählt ihr vom mysteriösen Schicksal von Marios erster Frau Alma. Trotz mehrerer Warnungen beginnt Alice, in der Vergangenheit zu wühlen. Die Suche nach der Wahrheit führt sie schließlich nach Florenz, wo die Mancini-Familie lebt. Sie erfährt, dass Mario ein Verhältnis mit seiner Mutter hatte und der Vater seines jüngsten Bruders ist. Unter größter Gefahr schafft

sie es mit Hilfe von Vittorio, das Komplott zur Vertuschung des Skandals aufzudecken.
Ziemlich erfolglos und voller Klischees. Die spielfilmlangen Folgen liefen mittwochs um 21.15 Uhr.

ALICE IM WUNDERLAND ZDF
1984–1989. 52-tlg. jap. Zeichentrickserie nach dem Buch von Lewis Carroll (»Fushigi no Kuni no Alice«; 1980).
Alice kauft einen alten Zylinder, in dem Benny Bunny lebt, der Neffe des großen weißen Kaninchens am Hofe der Herzkönigin des Wunderlands. Sie folgt ihm bis in seinen Kaninchenbau und findet sich plötzlich in eben diesem Wunderland wieder, wo sie erstaunliche Dinge erlebt und auf Tweedledee und Tweedledum, Humpty Dumpty, die Grinsekatze, den verrückten Hutmacher, Schlafmütze und die blaue Raupe trifft. Zwischendurch kehrt sie immer wieder in die reale Welt zurück, doch ihren Geschichten will niemand glauben.
Mehrere Episoden sind auf DVD erhältlich.

ALIDA GUNDLACH EXCLUSIV ARD
1996–1999. Promi-Magazin.
Alida Gundlach besucht Prominente an prominenten Orten wie Marbella, Long Island, Ibiza oder Sylt und stellt fest, wie schön das Leben doch sein kann, wenn man genug Geld hat, um hier zu leben und von Alida Gundlach bewundert zu werden. St. Moritz z. B. fasst sie so zusammen: der Schnee »reinster Puderzucker«, die Bergansicht »traumhaft schön«, die Pisten »ein Wintermärchen«, die Abfahrt »atemberaubend schnell« – »die Privatjets landen sanft«.
Lief teils unregelmäßig, teils staffelweise montags um 21.45 Uhr.

ALIEN NATION SAT.1
1991. 21-tlg. US-Science-Fiction-Serie (»Alien Nation«; 1989–1990).
Im Los Angeles des Jahres 1995 leben 300 000 Neuankömmlinge vom Planeten Tecton. Einer von ihnen, George Francisco (Eric Pierpoint), wird der neue Partner des Polizisten Matthew Sikes (Gary Graham). Die Außerirdischen sehen den Menschen zwar ähnlich, haben aber alle gefleckte Haut, längliche Schädel und Glatzen. Ferner sind sie klüger als die Erdenbewohner. George ist mit Susan (Michele Scarabelli) verheiratet, ihre Kinder heißen Emily (Lauren Woodland) und Buck (Sean Six). Matthew verliebt sich in seine außerirdische Nachbarin Cathy Francel (Terri Treas), eine Biochemikerin. Albert Einstein (Jeff Marcus) arbeitet mit Matt und George auf dem Polizeirevier.
Der Serie war 1988 bereits ein gleichnamiger Kinofilm vorausgegangen, der in Deutschland »Spacecop L. A.« hieß. Vier Jahre nach dem Ende der Serie entstanden fünf weitere Fernsehfilme, die in Deutschland bei Vox liefen. Sat.1 hatte bei der Ausstrahlung der Serie eine Folge ausgelassen. Diese lief im April 1996 als Erstausstrahlung bei Kabel 1, als dort alle anderen Folgen wiederholt wurden.

ALIENS IN MEINER FAMILIE RTL
2000. 8-tlg. US-Sitcom (»Aliens In The Family«; 1996).
Die außerirdische Cookie (Margaret Trigg) hat drei Söhne: Snizzy, Spit und Bobut. Sie heiratet den Erdenbewohner Doug Brody (John Bedford Lloyd), der zwei weitere Kinder, Heather (Paige Tiffany) und Adam (Chris Marquette), mit in die Ehe bringt. Die Nanny Sally Hagen (Julie Dretzkin) soll den gemischten Haufen unter Kontrolle bringen.
Die außerirdischen Kinder waren lebensgroße Muppets aus den Jim Henson Studios. Sonntagmorgens liefen jeweils zwei Folgen.

ALINA ARD
2005. 3-tlg. dt. Pferdefilm.
Teenager Alina (Marett Katalin Klahn) ist total verliebt in das Pferd Silverado, das aber der blöden Kuh Jennifer (Jana Flötotto) gehört. Die verliert jedoch bald das Interesse an dem Pferd, weil es nach einem Stallbrand verrückt spielt und sich nicht mehr reiten lassen will. Alina kümmert sich um Silverado, päppelt ihn auf und will aus ihm ein Turnierpferd machen.
Die drei einstündigen Folgen liefen nachmittags über Ostern.

ALL AMERICAN GIRL ARD
1996–2001. 19-tlg. US-Sitcom (»All-American Girl«; 1994–1995).
Die 20-jährige Margaret Kim (Margaret Cho) liegt sich permanent mit ihrer Mutter Katherine (Jodi Long) in den Haaren. Hauptstreitthema sind Margarets Freunde. Auch Großmutter (Amy Hill) mischt sich dauernd ein. Benny (Clyde Kusatsu) ist Margarets Vater, Stuart (B. D. Wong) und Eric (J. B. Quon) sind ihre Brüder. Um dem Familienzwist zu entgehen, zieht Margaret mit ihren Freundinnen Ruthie Latham (Maddie Corman) und Gloria Schechter (Judy Gold) in eine WG.
Lief in zwei Staffeln dienstags um Mitternacht.

ALLE ACHTUNG ZDF
1993–1995. Carolin Reiber präsentiert nichtprominente »Stars des Alltags«, die etwas Besonderes geleistet haben.
Die dreiviertelstündige Show lief mal mittwochs, mal dienstags um 20.15 Uhr und brachte es auf sechs Ausgaben.

ALLE HUNDE KOMMEN IN DEN HIMMEL SUPER RTL
2003–2004. 40-tlg. US-Trickserie von Don Bluth (»All Dogs Go To Heaven«; 1997–1998).
Die verblichenen Hunde Itchy und Charlie haben im Himmel ein Gute-Taten-Training absolviert und dürfen zurück auf die Erde. Fortsetzung des Kinofilms »Charlie – Alle Hunde kommen in den Himmel«.

ALLE HUNDE LIEBEN THEOBALD ZDF
1969–1970. »Heitere Geschichten um einen Hun-

denarren«. 12-tlg. dt. Comedyserie von Gitta von Cetto, Fritz Böttger und Per Schwenzen, Regie: Eugen York.

Theobald (Carl-Heinz Schroth) ist ein älterer Herr, den jeder gern in seinem Bekanntenkreis hätte, denn man kann ihn um alles bitten, und er sagt nie Nein. So hütet Theobald in der gesamten Nachbarschaft reihum Hunde und Kinder und richtet gelegentlich ein Chaos an, weil er niemandem einen Wunsch abschlagen kann und deshalb mehrere Aufpasserjobs gleichzeitig am Hals hat. Nebenbei spürt Theobald entlaufene und entführte Tiere auf, kassiert die Belohnung für einen vermeintlichen Ausreißer, mit dem er ohne Frauchens Wissen Gassi gegangen war, und mischt sich in das Leben seiner Mitmenschen ein, um ihnen Gutes zu tun. Vielleicht braucht man den Kerl doch nicht unbedingt unter seinen Bekannten.

Zwei Staffeln mit 45-minütigen Folgen liefen alle 14 Tage sonntags um 20.15 Uhr.

ALLE JAHRE WIEDER: DIE FAMILIE SEMMELING ARD

1976. 3-tlg. dt. Familiensatire von Dieter Wedel.
Fortsetzung der erfolgreichen Familiensaga *Einmal im Leben*: Jahrelang haben Bruno Semmeling (Fritz Lichtenhahn) und seine Frau Trudchen (Antje Hagen) alles Geld in den Bau ihres eigenen Hauses gesteckt und sich nur geärgert. Jetzt fahren sie mit Sohn Kay (Martin Fechtner) endlich einmal in den Urlaub: Das Wintersportparadies Oertzl in Tirol ist ihr Ziel. Leider ist das Grand Hotel eine Enttäuschung, der Speisesaal überfüllt und der Reiseleiter Wiesner (Walter Sedlmayr) alles andere als hilfsbereit. Akribisch verbringt Bruno seine gesamte Urlaubszeit damit, seine Beanstandungen zu protokollieren, um später sein Geld zurückzuverlangen. Semmelings ziehen um ins Sporthotel, Trudchen verbringt viel Zeit mit dem Skilehrer Toni (Werner Asam), was Bruno auch nicht glücklich macht, der sich derweil mit Kellner Wastl Ritsch (Hans Brenner) anlegt.

Die beiden Hauptdarsteller Lichtenhahn und Hagen übernahmen wieder die Rollen, die sie schon im ersten Dreiteiler vier Jahre zuvor gespielt hatten. Günter Strack, der damals Herrn Wumme spielte, musste diesmal einen Herrn namens Bramme mimen.

26 Jahre später folgte noch *Die Affäre Semmeling*.

ALLE LIEBEN JULIA RTL

1994–1995. 26-tlg. dt. Teenieserie.
Die pubertierenden Freundinnen Julia (Julia Markgraf), Sabrina (Gisela Gard) und Liz (Alexandra Alexis) leben gemeinsam in einem Wohnheim. Zu ihren Freunden gehören die Musiker Andy (Jimmy Boeven), Marc (Nicolas König) und Daniel (Benjamin Sadler), die eine gemeinsame Band, »Kick Down«, haben.

Die 25-Minuten-Folgen liefen samstagmittags.

ALLE LIEBEN RAYMOND PRO SIEBEN, RTL 2, KABEL 1

1999 (Pro Sieben); 2001–2002 (RTL 2); 2005 (Kabel 1). 209-tlg. US-Sitcom von Philip Rosenthal (»Everybody Loves Raymond«; 1996–2005).

Sportreporter Raymond Barone (Ray Romano), seine Frau Debra (Patricia Heaton), die kleine Tochter Ally (Madylin Sweeten) und die Zwillingsbabys Michael und Geoffrey (Sawyer und Sullivan Sweeten) bekommen ständig unangemeldeten Besuch von Rays Mutter Marie (Doris Roberts) und Vater Frank (Peter Boyle). Die beiden sind extrem neugierig, stecken ihre Nase überall hinein, und vor allem Marie bemuttert und bevormundet die Familie unentwegt. Dummerweise wohnen sie direkt gegenüber. Raymonds sonderbarer Bruder Robert (Brad Garrett), ein pflichtbewusster Streifenpolizist, wohnt bei den Eltern und fühlt sich permanent benachteiligt, weil Mamas Liebling Raymond ist. Raymond ist der typische Ehemann, ein lieber Kerl, der aber gelegentlich durch unbedachte Bemerkungen ins Fettnäpfchen tritt.

Witzige Serie, die im Zeitalter der Single- und Freunde-Comedys im Alleingang das totgeglaubte Genre der Familien-Sitcom wiederbelebte und bewies, dass Familiengeschichten noch nicht auserzählt sind und (zumindest in den USA) noch Zuschauermassen anziehen können. Produzent der Serie war David Lettermans Firma Worldwide Pants. Der Moderator hatte den Komiker Ray Romano in seiner *Late Show with David Letterman* entdeckt

Alle Jahre wieder: Die Familie Semmeling: Bruno und Trudchen machen Urlaub, sollten also gefälligst glücklicher aussehen. Doch sie erleben nichts als Enttäuschungen. Vielleicht hätten sie stattdessen besser ein zweites Haus gebaut.

und ihm zur eigenen Sitcom verholfen. Die Serie basierte auf den Bühnenprogrammen Romanos, der 2003 mit einem geschätzten Einkommen von 1,8 Millionen US-$ pro Folge (!) zum bestbezahlten Fernsehschauspieler aller Zeiten wurde.

Pro Sieben zeigte die erste Staffel am Samstagnachmittag und kümmerte sich dann nicht mehr um die Serie. Erst mehr als zwei Jahre später begann RTL 2, weitere rund 100 Folgen im werktäglichen Vorabendprogramm zu zeigen, ab 2004 nachmittags mit täglich vier Folgen am Stück (alles Wiederholungen). Nach dem gleichen Prinzip hatte RTL 2 schon die Serie *King Of Queens* zum Erfolg geführt. Deren Hauptdarsteller Kevin James wirkte in seiner dortigen Rolle als Doug Heffernan hier gelegentlich als Gast mit. Diesmal hatte der Sender nicht so viel Geduld. Ab Staffel 6 lief die Serie werktags am Vorabend bei Kabel 1, jetzt mit je zwei Folgen am Stück und im Block mit *King of Queens*.

Die Serie erhielt 2003 den Emmy als beste Comedyserie.

ALLE MACHEN MUSIK   ZDF

1965. »Familienerlebnisse zwischen Spinett und Saxophon«. 13-tlg. dt. Familienserie von Wolf Neumeister, Regie: Helmut Weiss.

Die Reimers sind eine äußerst musikalische Familie: Vater Arthur (Albrecht Schoenhals), Ehefrau Karin (Carola Höhn), Tochter Petra (Beles Adam) und die vier Söhne Fritz (Klaus Wildbolz), Klaus (Michael Weichberger), Stefan (Rolf Kaden) und Robbi (Michael Nowka). Doch nicht alles ist harmonisch: Die drei ältesten Jungs konkurrieren um die Aufmerksamkeit der Musikstudentin Sabine Phalandt (Barbara Stanyk), Klaus hängt in Jazzkellern rum, statt Klarinette in Papas Orchester zu spielen, das mit so modernen Sachen natürlich nichts am Hut hat, die Kinder nabeln sich mühsam von ihren Eltern ab, und es gibt Geldsorgen.

Die halbstündigen Folgen liefen freitags um 18.55 Uhr.

ALLE MEINE BABYS   ZDF

1990. 12-tlg. dt. Comedyserie von Marty Murphy, Regie: Wolfgang Glück.

Einzeln können sich Philipp Schurz (Georg Weber) und Kurt Steiner (Wolfgang Pregler), ein Maler und ein arbeitsloser Lehrer, keine Wohnung leisten. Ihre Zweck-WG wird von der neuen Mitbewohnerin Kathrin Merlin (Beate Jensen) und ihrem Baby aufgemischt, und weil sie ja irgendwie Geld verdienen müssen und es auf noch mehr Gekreische ohnehin nicht ankommt, eröffnen Philipp und Kurt kurzerhand ein »Baby-Center« und müssen feststellen, dass es auf mehr Gekreische eben doch ankommt.

Alle meine Babys war der verunglückte erste Versuch des ZDF, eine Sitcom zu produzieren. Das ZDF gab an, es sei die erste deutsche Sitcom überhaupt; der Verfasser der Pressemitteilung war also zu jung, um *Ein Herz und eine Seele* gesehen zu haben.

Das ZDF sendete die Folgen während der Fußball-WM 1990 immer dann, wenn eine halbe Stunde Platz im Programm war. Das war in der ersten Woche gleich dreimal der Fall, am Montag, Mittwoch und Samstag gegen 19.30 Uhr, danach hauptsächlich samstags.

ALLE MEINE FREUNDE   ARD

1997–1998. 52-tlg. jap. Zeichentrickserie (»Kojika Monogatari«; 1983).

Auf einem Bauernhof in der Nähe eines großen Waldgebiets lebt eine Familie mit einem Jungen. Das Schönste sind die vielen Tiere, die man jeden Tag füttern, melken oder ausführen kann. Eines Tages schenken die Eltern ihrem Sohn ein kleines Rehkitz. Zwischen den beiden entsteht eine tiefe Freundschaft. Gemeinsam erleben sie Abenteuer und haben viele Gefahren zu bestehen.

Die Folgen hatten eine Länge von 25 Minuten und liefen samstagmorgens.

ALLE MEINE KINDER   RTL

1997. 33-tlg. US-Sitcom (»The Torkelsons«; 1991–1992; »Almost Home«; 1993).

Millicent Torkelson (Connie Ray) versucht als allein erziehende Mutter, sich und ihre fünf Kinder Dorothy Jane (Olivia Burnette), Steven Floyd (Aaron Michael Metchik), Chuckie Lee (Lee Norris), Mary Sue (Rachel Duncan) und Ruth Ann (Anna Slotky) über Wasser zu halten. Später zieht sie mit drei von ihnen zu dem allein stehenden Brian Morgan (Perry King) und betreut als Kindermädchen dessen Kinder Gregory (Jason Marsden) und Molly (Brittany Murphy).

Zwei US-Serien über die Familie Torkelson wurden hier unter dem gleichen Titel zusammengefasst und am Samstagnachmittag ausgestrahlt.

ALLE MEINE LIEBEN   ZDF

1974. 23-tlg. US-Sitcom (»The Jimmy Stewart Show«; 1971–1972).

Versehentlich brennt Professor James Howard (Jimmy Stewart) das Haus seines Sohnes Peter, genannt P. J. (Jonathan Daly), nieder. Er bietet ihm an, mit dessen Frau Wendy (Ellen Geer) und deren gemeinsamem achtjährigen Sohn Jake (Kirby Furlong) wieder bei ihm einzuziehen. Doch die Familienverhältnisse sind kompliziert, denn James hat eine neue Frau geheiratet: Martha (Julie Adams), mit der er einen ebenfalls achtjährigen Sohn, Teddy (Dennis Larson), hat. Die beiden gleichaltrigen Jungs sind Neffe und Onkel, und im Zusammenleben der verschiedenen Generationen entstehen viele Konflikte.

Die Comedyserie war der erste Fernsehausflug für den Hollywoodstar James »Jimmy« Stewart. Entsprechend groß waren die Erwartungen und entsprechend groß die Enttäuschung, als die Serie floppte. Ein zweiter Versuch, *Hawkins*, lief kaum besser.

Die Folgen waren 25 Minuten lang und liefen sonntags am frühen Nachmittag.

ALLE MEINE TIERE   ARD

1962–1963. »Eine Familiengeschichte«. 9-tlg. dt. Familienserie von Heinz Oskar Wuttig, Regie: Otto Meyer.

Der Brummbär Dr. Karl Hofer (Gustav Knuth) ist Tierarzt und hat eine eigene Praxis, die er gemeinsam mit seiner Frau Gerda (Tilly Lauenstein), ebenfalls studierte Tiermedizinerin, führt. Ihre Tochter Bärbel (Sabine Sinjen) ist Studentin, Sohn Ulli (Volker Lechtenbrink) geht noch zur Schule. Beide setzen sich ebenfalls für die Tiere ein, vor allem Ulli widmet sich sehr dem Tierschutz. Lenchen (Käte Jaenicke) ist die schusselige Haushaltshilfe, die sowohl für die Familie als auch für die Praxis Hofer arbeitet. Die Übergänge sind fließend, da die Praxis zu Hause untergebracht ist. Hofer hilft nicht nur den Tieren, sondern hat auch ein offenes Ohr für deren Herrchen und Frauchen, wenn sie Probleme haben.

Herzerwärmende Serie, die ganz auf den rauen Charme von Gustav Knuth zugeschnitten war. Wuttig variierte das Erfolgskonzept einige Jahre später im *Forellenhof*, den ein Kritiker daraufhin prompt in »Alle meine Forellen« umtaufte.

Die ARD sendete die 45-minütigen Episoden in loser Folge montags um 21.00 Uhr.

ALLE MEINE TÖCHTER   ZDF

1995–2001. 77-tlg. dt. Familienserie von Barbara Piazza.

Der Witwer Berthold Sanwaldt (Günter Mack), von Beruf Richter, lebt mit seinen drei Töchtern zusammen. Anna (Ursula Buschhorn) ist längst erwachsen und Betriebswirtin mit Doktortitel, Sylvie (Julia Dahmen) gerade volljährig, Patty (Fritzi und Floriane Eichhorn) die Jüngste. Den Haushalt führt Margot Dubies (Jutta Speidel), die sich für entlassene Strafgefangene engagiert. Sie selbst saß 15 Jahre wegen Doppelmordes im Gefängnis, beteuerte aber immer ihre Unschuld. Nur Berthold, der schon damals in ihrer Verhandlung Beisitzer war, glaubte ihr. Die beiden verlieben sich und heiraten im Januar 1996. Kurz darauf wird Berthold nochmals Vater und gleichzeitig Großvater. Margot bringt sein Baby Verena zur Welt, und Anna bekommt Tochter Jenin. Vater ist der Bankierssohn Jens Hohdorf (Rainer Grenkowitz). Das Paar trennt sich etwas später, und Jens beginnt eine kurze Beziehung mit Sylvie. Anna verlässt das Haus und zieht mit Prof. Johannes Hängsberg (Siemen Rühaak) zusammen, den sie im Oktober 1997 auch heiratet. Patty geht ins Internat. Margot arbeitet in einer gemeinsamen Firma mit Walter Sielmann (Germain Wagner) und der Nonne Afra (Elisabeth Lanz) und entwickelt ein Schlankheitsmittel. Im März 1998 stirbt Anna plötzlich. Zur gleichen Zeit hält Beat von Wettenberg (Ottokar Lehrner) um Sylvies Hand an. Die beiden heiraten, und Tochter Elisabeth Marie, genannt Mariechen, kommt zur Welt. Ein Schicksalsschlag trifft die Familie, als Margot im Frühjahr 2001 an Brustkrebs erkrankt; sie kann aber geheilt werden. Johannes verliebt sich nach Annas Tod neu, ausgerechnet in Schwester Afra. Sie verlässt das Kloster, und die beiden heiraten. Tante Mathilde (Andrea Brix) und Onkel Albert (Rolf Castell) sind Verwandte der Familie.

Standard-Familienserie mit Standard-Familienserienfiguren und Standard-Familienseriengeschichten. Die 50-minütigen Folgen liefen in drei Staffeln donnerstags um 19.25 Uhr.

ALLE TAGE LENNY   ARD

1996. 16-tlg. US-Sitcom von Don Reo (»Lenny«; 1990–1991).

Die Arbeiterfamilie Callahan lebt mit Mühe und Not von dem Geld, das Vater Lenny Callahan (Lenny Clarke) mit zwei Jobs verdient: Tagsüber arbeitet er für das Elektrizitätswerk in Boston, abends als Hotelportier. Seine Frau Shelly (Lee Garlington) kümmert sich um die drei Kinder: die 13-jährige Kelly (Jenna von Oy), die zehnjährige Tracy (Alexis Caldwell) und das Kleinkind Elizabeth (Geschwister Farmer). Außerdem treibt sich an Verwandtschaft herum: Lennys jüngerer arbeitsloser Bruder Eddie (Peter Dobson), dessen hochfliegende Pläne Lenny immer ums Geld bringen, und seine Eltern Pat (Eugene Roche) und Mary (Alice Drummond).

Die ARD zeigte die 25-minütigen Folgen freitags gegen 1.00 Uhr nachts.

ALLE UNTER EINEM DACH   PRO SIEBEN

1995–1998. 204-tlg. US-Sitcom von William Bickley und Michael Warren (»Family Matters«; 1989–1998).

Die schwarze Familie Winslow lebt in einem Vorort von Chicago. Vater Carl (Reginald VelJohnson) ist Polizist, aber zu Hause hat seine Frau Harriette (JoMarie Payton; ab Mitte der neunten Staffel: Judy Ann Elder) die Hosen an. Ihre Kinder Eddie (Darius McCrary) und Laura (Kellie Shanygne Williams) sind Teenager, Judy (Jaimee Foxworth) ist die Jüngste. Auch Carls Mutter Estelle (Rosetta LeNoire) lebt mit im Haus. Rachel Crawford (Telma Hopkins) ist Harriettes verwitwete Schwester, Richie (Bryton McClure) deren Sohn.

Die größte Aufmerksamkeit zieht der Nachbarsjunge Steve Urkel (Jaleel White) auf sich; er fällt schon durch seine schrille Stimme, seine übergroße Brille und die hässlichen Hosen mit den Hosenträgern auf. Vor allem Carl geht Urkel mit seinen immer absurderen Erfindungen auf den Geist, die regelmäßig Chaos und Zerstörung verursachen (»War ich das etwa?«). Dabei ist der Bursche hochintelligent, gleicht das aber durch seine Tollpatschigkeit aus. Urkel ist in Laura verliebt, die jedoch nichts von ihm wissen will. Auch als sich Myra Monkhouse (Michelle Thomas) in Urkel verliebt, hat dieser nur Augen für Laura. Als Urkels Eltern das Land verlassen, zieht er bei den Winslows ein. Macht kaum einen Unterschied, er war ja sowieso dauernd da. Judy wohnt inzwischen nicht mehr zu Hause (sie war ohne Erklärung aus der Serie verschwunden). Eddies Freund Waldo Faldo (Shawn Harrison) geht

Alle zusammen – Jeder für sich: die Ex-Prostituierte und jetzige Tanzlehrerin Tamara (Brit Gdanietz), Café-Inhaber Arnold Edel (Matthias Bundschuh), Scherzkeks Fritz Dollinger (Oliver Petszokat in seiner ersten Soap-Rolle), Café-Bedienung Charlotte Bonali (Daisy Dee).

bei Winslows ebenfalls ein und aus. Am Ende finden Urkel und Laura doch noch zueinander und verloben sich.

JoMarie Payton trug zu Beginn der Serie noch den Namen JoMarie Payton-France, in späteren Folgen hieß sie JoMarie Payton-Noble. Sie hatte die Rolle der Harriette Winslow bereits in der Serie *Ein Grieche erobert Chicago* gespielt, gab sie aber kurz vor Ende ihrer eigenen Spin-off-Serie an Judy Ann Elder ab. Die Figur des Steve Urkel kam in den ersten elf Folgen der Serie gar nicht vor und wurde dann als Nebenrolle eingeführt. Nach und nach rückte Urkel immer mehr in den Mittelpunkt und wurde der unangefochtene Star der Serie. Santiago Ziesmer war seine deutsche Stimme. Die elf Folgen ohne ihn hat Pro Sieben nie gezeigt, sie waren nur im digitalen Pay-TV-Sender DF 1 zu sehen. Alle anderen halbstündigen Folgen liefen am Vorabend.

ALLE ZUSAMMEN – JEDER FÜR SICH   RTL 2

1996–1997. 230-tlg. dt. Daily Soap.
Professor Hajo Baer (Peter Hladik) führt mit den jungen Ärzten Dr. Bruno Freytag (Dieter Bach), Dr. Lukas Burkhart (Stephan Hippe), dessen Frau Dr. Heike Burkhart (Beate Maes) sowie Dr. Harry von Griebnitz (Jens Neuhaus) eine Gemeinschaftspraxis in Berlin. Baers Töchter sind Pamela (Sandra Gerhard), Caroline (Pamela Großer) und Sibylle (Denise Zich). Ihre Nachbarn sind Ralf (Wilhelm Manske) und Ellen Kladow (Angelika Perdelwitz; später: Marina Braun) mit Sohn Thorsten (Kay Böger), einem Automechaniker und Amateurboxer. Dessen Freundin Charlotte Bonali (Daisy Dee) bedient im Café Pinguin von Arnold Edel (Matthias Bundschuh), wo viele ihre Freizeit verbringen. Zum weiteren Bekanntenkreis gehören der immer und überall gut gelaunte Fritz Dollinger (Oliver Petszokat) sowie Edmund (Wolfram Grandezka) und Fiona Kerner (Verona Feldbusch).

»Die Soap mit den Ärzten« war der RTL-2-Slogan für diese Serie, die werktäglich um 19.00 Uhr lief. RTL 2 hatte sich den Sendeplatz gut ausgeguckt, lief doch keine andere Soap zu dieser Zeit. Dennoch floppte die Ärzte-Soap und flog nach knapp einem Jahr aus dem Programm. Lediglich der von der »Bravo« hochgeschriebene Publikumsliebling Oliver Petszokat war dadurch so bekannt geworden, dass er anschließend der Star in der RTL-Soap *Gute Zeiten, schlechte Zeiten* wurde.

ALLEIN DURCH DIE WILDNIS   ARD

1989. 5-tlg. austral. Abenteuerserie nach dem Roman von G. M. Glaskin, Regie: Frank Arnold (»A Waltz Through The Hills«; 1988).
Die verwaisten Geschwister Andy (Andre Jansen) und Sammy (Tina Kemp) sollen in unterschiedlichen Pflegefamilien untergebracht werden. Gemeinsam reißen sie aus und verstecken sich im australischen Busch, um eine Trennung zu vermeiden. Sie hoffen, auf ein Schiff nach England zu kommen, wo ihre einzigen verbliebenen Verwandten leben. Die Geschichte beruhte auf wahren Begebenheiten.
Die knapp halbstündigen Folgen liefen sonntagmittags und wurden am Tag darauf nachmittags wiederholt.

ALLEIN GEGEN ALLE   ARD

1978–1980. Spielshow. Ein einzelner Kandidat stellt einer ganzen Stadt mehrere Aufgaben, die sie bis zum Ende der Sendung zu lösen hat. Gelingt ihr das nicht, hat der Kandidat gewonnen.
Die Reihe war seit 1963 jahrelang erfolgreich im

ARD-Hörfunk gelaufen, wo sie Hans Rosenthal moderiert hatte. Der stand jedoch für die Fernsehfassung nicht zur Verfügung, weil er beim ZDF verpflichtet war. Moderator wurde deshalb zunächst vier Folgen lang Wolfgang Spier, der sich als keine gute Wahl entpuppte. Noch 1978 übernahm Max Schautzer, der schon bei der Radiofassung Außenreporter gewesen war, und verdoppelte gleich bei seiner ersten Sendung die Zuschauerzahlen.

1980 wurde aus der Sendung eine Samstagabendshow. Gleichzeitig wurden die Regeln für die Städte erschwert, die nun weniger Ratezeit bekamen und schneller erste richtige Antworten geben mussten.

In der ersten Folge gab es hinter den Kulissen Ärger um einen Gesangsauftritt des im Juni 1977 aus der DDR ausgebürgerten Manfred Krug: Ursprünglich hatte er in der Show zwei Lieder singen sollen, doch sein Auftritt dauerte bei der Generalprobe achteinhalb Minuten – zu lang. Nachdem sich Krug mit einem kürzeren Auftritt nicht zufrieden geben wollte, entschied sich der NDR kurzerhand, komplett auf Krug zu verzichten. Der Sänger erhielt die Hälfte der vereinbarten Gage und durfte nach unwidersprochen gebliebenen Informationen der »Hörzu« außerdem »das Toupet behalten, das der NDR ihm extra auf seinen eigenen Wunsch gekauft hatte. Kostenpunkt: 600 Mark.«

ALLEIN GEGEN ALLE   RTL 2
2000–2001. Halbstündige Quizshow. Ein Studiokandidat muss Fragen beantworten, ein Telefonmitspieler kann ebenfalls gewinnen.

Die Show wurde werktags um 19.30 Uhr live gesendet, aber ohne Studiopublikum, und wirkte nicht nur deshalb sehr merkwürdig. Anfangs moderierte Andrea Wieser, Torsten Wember nahm die Anrufe an und fungierte als Schiedsrichter. Ihn ersetzte im Januar 2001 *Big Brother*-Ekel Christian, der zugleich Hauptmoderator wurde. Andrea Wieser wurde von Janine Kunze abgelöst (die Tochter aus *Hausmeister Krause*), die nur noch Fragen vorlas. Beide konnten die Quoten aber auch nicht in die Höhe treiben.

ALLEIN GEGEN DAS VERBRECHEN   RTL 2
1998. 10-tlg. ital. Krimiserie (»Il Commissario a Roma«; 1992).

Der alte Kommissar Amadei (Nino Manfredi) ermittelt in Rom. Er hat eine Frau (Françoise Faban) und zwei Töchter, Chiara (Christine Lemler) und Francesca (Barbara Scoppa).

RTL 2 zeigte die einstündigen Folgen mitten in der Nacht.

ALLEIN GEGEN DIE MAFIA   ZDF
1984–1995. 40-tlg. ital. Krimiserie von Ennio de Concini (»La Piovra«; 1984–1999).

Der Kampf gegen die Mafia ist langwierig und erfordert viele Opfer. Der junge Polizeichef Corrado Cattani (Michele Placido) macht ihn sich zum Lebensinhalt und bringt damit das eigene Leben und das seiner Frau Else (Nicole Jamet) und seiner Tochter Paola (Cariddi Nardulli) in ständige Gefahr. Im ersten Fall geht es um die Ermordung seines Vorgängers Marineo. Cattani beginnt eine Beziehung zu Titti Pecci (Barbara de Rossi), der Tochter einer unter mysteriösen Umständen gestorbenen Gräfin. Über sie versucht er, an den Drogenhändler Cirinna (Angelo Infanti) heranzukommen, der sich jedoch als kleines Licht in der Unterwelt entpuppt. Der Anwalt Terrasini (François Perier), der Bankier Ravanusa (Geoffrey Copleston) und Professor Gianfranco Laudeo (Paul Guers) gehören zu den führenden Köpfen. Paola Cattani wird von der Mafia entführt, und Cattani ist noch entschlossener, die Mafia für immer zu zerstören, geht aber zunächst auf ihre

Cattanis Ende in *Allein gegen die Mafia:* Nach vier Staffeln verliert Corrado Cattani (Michele Placido) den Kampf und wird ermordet.

Forderungen ein, um seine Tochter zu retten. Er zerstört Beweise, sorgt für die Freilassung Inhaftierter und wird suspendiert, bekommt aber seine Tochter zurück. Cattani erfährt, dass Paola während der Gefangenschaft vergewaltigt wurde. Er reicht seine Kündigung ein und gibt den Kampf auf.

Zu Beginn der zweiten Staffel wohnt Corrado Cattani mit seiner Familie in Genf, fernab der schrecklichen Ereignisse. Dennoch kann Paola die Geiselhaft und die Vergewaltigung nicht verwinden und begeht Selbstmord. Cattani lässt sich überreden, den Kampf wieder aufzunehmen, nachdem ein Staatsanwalt und dessen Assistent, die den Entführungsfall seiner Tochter untersuchten, ermordet wurden. Er gerät in eine Falle. Terrasini hat Ravanusa ermorden lassen und schafft es, den Mord Cattani in die Schuhe zu schieben, der festgenommen wird. Gräfin Olga Camastra (Florinda Bolkan) ist auf Cattanis Seite. Sie nimmt Kontakt zu seinem Vorgesetzten und Mentor Sebastiano Cannito (Jacques Dacqmine) auf, von dem sie weiß, dass er Verbindungen zu Terrasini unterhält und erpresst ihn. Cattani kommt frei, muss sich aber auf ein Doppelspiel einlassen und arbeitet nun zum Schein mit Terrasini zusammen. Cannitos Mafia-Verbindung fliegt auf, und er nimmt sich das Leben. Es gelingt ein Teilerfolg: Cattani bringt Prof. Laudeo ins Gefängnis, doch Terrasini bleibt frei und damit in der Lage, Rache zu nehmen. Cattanis Frau Else stirbt durch Schüsse, die eigentlich für ihn bestimmt waren.

Endgültig am Ende, geht Cattani in der dritten Staffel ins Kloster, um seinen Frieden zu finden. Natürlich lässt er sich wieder überreden, gegen den Waffenhändler Kemal Yfter (Franco Trevisi) zu ermitteln. Dabei lernt Cattani Giulia (Giuliana de Sio) kennen und verliebt sich in sie. Giulia ist die Tochter des Bankiers Carlo Antinari (Pierre Vaneck), mit dem der Mafia-Boss Terrasini ins Geschäft kommen will. Carlo wehrt sich, doch kein Vater Nicola (Alain Cuny), der Seniorchef, lässt sich darauf ein. Carlo stirbt, ebenso drei von Cattanis Kollegen und der Generaldirektor der Bank. Letzterer wird von Nicolas jungem Mitarbeiter Tano Cariddi (Remo Girone) getötet. Dieser wird ab der vierten Staffel gemeinsam mit Antonio Espinosa (Bruno Cremer) der wesentliche Gegenspieler Cattanis und seiner Verbündeten. Sowohl im Bankengeschäft als auch in der Mafia steigt Cariddi auf. Richterin Silvia Conti (Patricia Millardet) unterstützt jetzt Cattanis Kampf und wird zugleich seine Freundin. Cattani lernt Salvatore Frolo (Mario Adorf) kennen, der ebenfalls die Ermordung seiner Familie durch die Mafia rächen will. Diesmal gelingt der Mafia ein Erfolg: Als Cattani aus dem Krankenhaus tritt, in dem Frolo gerade gestorben ist, kommt eine ganze Fahrzeugkolonne mit Transportern und Motorrädern vorbei, von überall wird geschossen. Blutüberströmt sinkt Cattani an einer Wand nieder und stirbt.

Der Ex-Polizist Davide Licata (Vittorio Mezzogiorno), der zuletzt in New York lebte, kehrt in der fünften Staffel nach Sizilien zurück und führt Cattanis Werk fort. An seiner Seite weiterhin Silvia, fest entschlossen, Cattanis Mörder und die Drahtzieher zu fassen. Licata schleicht sich als Angestellter ins Haus des Mafia-Barons Giovanni Linori (Luigi Pistilli) ein, dessen Sohn ermordet wurde. Milos (Siegfried Lowitz) ist ein ehemaliger tschechischer Geheimagent. Das Team ermittelt weiter gegen Tano Cariddi, der sich in der sechsten Staffel auf ein Doppelspiel einlässt. Am Ende dieser Staffel stirbt auch Licata, und Silvia rückt an die Spitze der Serie. Sie wird von dem Polizisten Gianni Breda (Raoul Bova) und dem Journalisten Daniele Rannisi (Gedeon Burkhard) unterstützt und findet schließlich Cattanis Mörder.

Spannende, doch brutale Serie, die in Deutschland und fast überall auf der Welt die Zuschauer in ihren Bann zog. *Allein gegen die Mafia* war der größte Erfolg in der Geschichte des italienischen Fernsehens und erreichte sogar im englischsprachigen Ausland viele Zuschauer, dort unter dem Titel »The Octopus«. Politiker, vor allem Silvio Berlusconi, forderten immer wieder ihre Absetzung, da die Mafia-Geschichten im Ausland ein schlechtes Bild von Italien erzeugten. Die fünfte Staffel, die erste mit Vittorio Mezzogiorno, übertraf in Italien noch den Erfolg der vorangegangenen. Die Serie war Mezzogiornos letzte Arbeit, er starb überraschend im Januar 1994. Die achte und neunte Staffel, die inhaltlich nichts mit den vorherigen zu tun hatten, zeigte das ZDF später unter dem Titel *Solange es Liebe gibt*. Die zehnte Staffel knüpfte inhaltlich an die siebte an, wurde jedoch bisher in Deutschland nicht gezeigt. Die Folgen der ersten drei Staffeln waren zwischen 55 und 75 Minuten lang, alle weiteren hatten Spielfilmlänge. Die Musik der ersten Staffel stammte von Riz Ortolani, die aller weiteren von Ennio Morricone.

ALLEIN GEGEN DIE ZUKUNFT
PRO SIEBEN, VOX, SAT.1

1997 (Pro Sieben); 1999–2000 (Vox); 2002–2003 (Sat.1). 90-tlg. US-Abenteuerserie von Ian Abrams, Patrick Q. Page, Vik Rubenfeld und Bob Brush (»Early Edition«; 1996–2000).

Eine geheimnisvolle Katze bringt dem im Hotel lebenden Börsenmakler Gary Hobson (Kyle Chandler) jeden Morgen bereits die Zeitung vom nächsten Tag. Als Einziger weiß er, welche Katastrophen in den nächsten 24 Stunden geschehen werden, und versucht, deren Opfer davor zu bewahren. Die blinde Telefonistin Marissa Clark (Shanesia Davis) und Garys Freund Chuck Fishman (Fisher Stevens) unterstützen ihn.

14 Folgen liefen im Abendprogramm von Pro Sieben, 54 weitere zeigte Vox werktags zunächst um 19.15 Uhr, ab Folge 42 um 16.05 Uhr, der Rest lief samstagnachmittags auf Sat.1.

ALLEIN ODER FRÖHLICH
ARD

1996–1997. Kuppelshow mit Susanne Fröhlich. Singles suchen auf unterschiedlichen Wegen Partner: z. B. mit einer Videokontaktanzeige, an der immer nur bestimmte Personengruppen teilnehmen dürfen (etwa »Kontaktlinsenträger aus dem Rheinland«), oder über einen »Single-Home-Service«, bei dem ein Single, oft mit seinen Kindern, zu Hause vorgestellt wird. Eine Frau kann sich anhand von drei Kleidungsstücken einen männlichen Single aus dem Publikum aussuchen und verbringt mit ihm die Show plaudernd in der »Single-Ecke«. Zwischendurch spielt Susanne Fröhlich mit Kollegen Sketche, die das Thema Beziehung in der Werbung und den Medien parodieren.

Allein oder Fröhlich war eine angenehm schräge Variante von *Herzblatt*, eine augenzwinkernde, halb ironische Variante der üblichen Kuppelshows. Die Moderatorin hat in diesem Genre reichlich Erfahrung: Seit 1988 lief mit ihr im Hörfunk bei hr 3 das »Ausgehspiel« für Kontaktsuchende. Fernsehvorgänger von *Allein oder Fröhlich* waren *Fröhlich am Freitag* (Oktober 1994 bis Dezember 1995) und *Gnadenlos Fröhlich* (Februar bis Juni 1996) im HR-Fernsehen.

Die Show startete am Samstag zur besten Sendezeit im Rahmen eines dreifachen Show-Ausprobierexperiments (vgl. *B. fragt, Showlympia*) als 90-Minuten-Special um 20.15 Uhr. Als reguläre 45-Minuten-Show lief sie alle sechs Wochen am Donnerstagabend, wurde aber nach nur sechs Folgen abgesetzt.

ALLEIN UNTER NACHBARN VOX
2001–2003. 89-tlg. US-Sitcom von D. L. Hughley und Matt Wickline (»The Hughleys«; 1998–2002). Der Geschäftsmann Darryl Hughley (D. L. Hughley) wohnt mit seiner Frau Yvonne (Elise Neal) und den Kindern Michael (Dee Jay Daniels) und Sydney (Ashley Monique Clark) als einzige schwarze Familie in einer von Weißen besiedelten Gegend. Dave (Eric Allan Kramer) und Sally Rogers (Marietta Deprima) sind ihre Nachbarn, Seth Milsap (John Henton) ist Darryls Assistent und bester Freund, der die Hughleys verspottet, weil sie sich plötzlich auch wie Weiße benehmen, was auch Darryl gar nicht behagt.
Die Serie lief samstagmittags.

ALLER UNFUG IST SCHWER ZDF
1963–1964. Abendshow mit Peter Frankenfeld. Jeweils drei Kandidaten aus dem Publikum müssen auf der Bühne um die Wette Dinge tun, die sie sonst nicht tun würden: Hufeisen schmieden, Sousaphon blasen, ein Bierfass anstechen oder versuchen, ein bekanntes Lied in Noten aufzuschreiben, die dann hinterher Musiker zum Vergnügen des Publikums vom Blatt spielen.
Der *Unfug* wurde zugunsten der ungleich größeren und ambitionierteren Show *Vergissmeinnicht* schnell wieder eingestellt.

ALLERHAND LEUTE ARD
1985–1987. Reiseporträtreihe von Hans-Peter Fischer und Franz Xaver Gernstl.
Gernstl reist kreuz und quer durch die Bundesrepublik, um Land und Leute kennen zu lernen. Eine feste Reiseroute gibt es nicht: Von interessanten Menschen, die er zufällig trifft, lässt er sich weitere interessante Gesprächspartner empfehlen und fährt hin. Ausgangspunkt ist ein Ort in der Nähe von Fulda – die angenommene Mitte Deutschlands. Schon in der ersten Folge führt Gernstls Weg nach Berlin-Kreuzberg, in die Ramsau, nach Berchtesgaden, zum Königssee und nach München. Nach fünf Folgen besucht Gernstl in einer zweiten Staffel mit weiteren Folgen Urlaubsorte, z. B. die Insel Gomera, reist auf dem Kreuzfahrtschiff »Berlin« und erzählt die Geschichten der Menschen, die er dort trifft.
Die Folgen waren anfangs 70, später 50 Minuten lang und wurden montagnachmittags ausgestrahlt. Unter dem gleichen Titel lief wenig später eine Reihe ohne Gernstl und mit vergleichsweise gewöhnlichen Porträts.

ALLERHAND LEUTE ARD
1987–1992. Porträt- und Reportagereihe am Nachmittag. Begleitet werden z. B. die Mitarbeiter des »Straubinger Tagblatt« auf der Suche nach menschelnden Geschichten im Sommerloch.

ALLES ATZE RTL
Seit 2000. Dt. Sitcom von den »SchreibWaisen« Peter Freiberg, Thomas Koch und Michael Gantenberg. Atze Schröder (Atze Schröder) betreibt zwar lediglich einen Kiosk, hält sich aber für den »King of Essen-Kray«. Seine Markenzeichen sind der Minipli und die getönte Fliegerbrille. Seine Freundin Biene (Heike Kloss), Azubi Murat (Fatih Cevikkollu) und Opa Pläte (Jürgen Mikol) müssen es mit dem Ruhrpottproll aushalten, ebenso seine Kumpel, der Bodybuilder Harry (Norbert Heisterkamp), und der Polizist Viktor (Johannes Rotter).
Rund 50 Folgen liefen bisher auf dem RTL-Comedy-Sendeplatz freitags um 21.15 Uhr. Die Serie wurde als beste Sitcom mit dem Deutschen Fernsehpreis 2003 ausgezeichnet.
Die ersten Staffeln sind auf DVD erhältlich.

ALLES AUS LIEBE ZDF
1984–1987. Reihe mit unzusammenhängenden, einstündigen Problem- und Gegenwartsfilmen, häufig zum Thema Liebe und Familie.

ALLES AUSSER LIEBE KABEL 1, SAT.1
1992 (Kabel 1); 1995 (Sat.1). 56-tlg. US-Sitcom von Wendy Kout (»Anything But Love«; 1989–1992). Die Journalistin Hannah Miller (Jamie Lee Curtis) arbeitet bei einer Zeitschrift in Chicago und sitzt an ihrem Schreibtisch dem neurotischen Reporter Marty Gold (Richard Lewis) gegenüber. Die beiden sind total gegensätzlich – aber Gegensätze ziehen sich ja an, also werden die beiden eben ein Paar. Ihre Kollegen bei der Zeitung sind Herausgeberin Catherine Hughes (Ann Magnuson), Brian Allquist (Joseph Maher), Jules, genannt Julie (Richard

Von unten nach oben: Jeans, T-Shirt, Jeansjacke, Atze Schröders Gesicht, Fliegerbrille, »Frisur«: die Hauptbestandteile von *Alles Atze*.

Frank), Mike Urbanek (Bruce Weitz), Patric Serreau (John Ritter), anfangs außerdem Normal Keil (Louis Giambalvo), Pamela Peyton-Finch (Sandy Faison), Leo Miller (Bruce Kirby) und Debbie (Robin Frates). Robin »Mrs. Schmenkman« Dulitski (Holly Fulger) ist Hannahs Vermieterin und Freundin.
Der Nachname des Charakters Julie wurde aus unerfindlichen Gründen nach der ersten Staffel von Kramer in Bennett geändert.
Die ersten 31 Folgen liefen in Kabel 1, der Rest später in Sat.1.

ALLES AUSSER MORD · PRO SIEBEN
1994–1996. 14-tlg. dt. Krimireihe von Michael Baier, Regie: Sigi Rothemund.
Der Hamburger Privatdetektiv Uli Fichte (Dieter Landuris) ist ein Chaot, der es gern unkompliziert hat. Am liebsten möchte er nur harmlose Fälle übernehmen – und schon auf gar keinen Fall Mordfälle. Er kann es jedoch meist nicht verhindern, da die Fälle zu Beginn harmlos aussehen, und dann stirbt doch irgendjemand. Fichtes bester Freund, der Psychologe Dr. Frieder Tamm (Stefan Reck), unterstützt ihn bei den Ermittlungen.
Die amüsante Krimireihe mit kühler Großstadtästhetik und moderner Werbefilmoptik war bei Kritikern beliebt, erreichte aber meist nur sehr mäßige Einschaltquoten. Die Titelmusik stammt von Klaus Doldinger.
Die Folgen hatten Spielfilmlänge und liefen zur Primetime.

ALLES BANANE · ARD
1991–1992. Kinderhitparade. Die Kleinen singen mit neuen Texten die Lieder der Großen nach. Der Sieger wird mit farbigen Bananen ausgewählt und bekommt als Preis einen Metallaffen, der eine Banane frisst. 16 knapp halbstündige Folgen liefen dienstagnachmittags.

ALLES DREHT SICH UM BONNIE · SAT.1
2004–2005. 44-tlg. US-Sitcom von Bonnie Hunt und Don Lake (»Life With Bonnie«; 2002–2004)
Bonnie Molloy (Bonnie Hunt) ist Moderatorin einer regionalen morgendlichen Talkshow bei einem Fernsehsender in Chicago. Weil ihr chaotisch-hektisches Familienleben mit Mann Mark (Mark Derwin), einem Arzt, sowie den Kindern Samantha (Samantha Browne-Walters) und Charlie (Charlie Stewart) sie den ganzen Morgen auf Trab hält, kommt sie regelmäßig erst im letzten Augenblick zur Sendung, hat keine Ahnung von ihren Gästen und muss von Maskenbildnerin Holly (Holly Wortell) noch während des Vorspanns geschminkt werden. David Bellows (David Alan Grier) ist ihr brüllender Produzent, der dauernd einen kleinen Rolltisch vor sich herschiebt, der Pianist Tony Russo (Anthony Russell) begleitet sie in der Show als Musiker und Sidekick, und Marv (Chris Barnes) hält die Papptafeln mit Bonnies Moderationstexten neben der Kamera hoch. Währenddessen lässt sich zu Hause die resolute Haushälterin Gloria (Marianne Muellerleile) von den Kindern das Essen bringen und die Wäsche falten.
Wunderbar chaotische Comedy mit Multitalent Bonnie Hunt in ihrem Element – und in allen verantwortlichen Positionen. Hunt spielt die Hauptrolle, erfand die Serie gemeinsam mit Don Lake, ist mit ihm gemeinsam Autorin aller Folgen, außerdem ausführende Produzentin und in 42 der 44 Episoden auch noch Regisseurin. Mehrere Szenen mit Gästen in ihrer Talkshow sind improvisiert. Darunter der Dialog mit David Duchovny in der Rolle eines regionalen Wetteransagers, der gerade seinen ersten Film gedreht hat, der nur 15 Minuten lang ist. Hunt: »Wie lange hat es gedauert, den Film zu drehen?« Duchovny: »25 Minuten.« – »Und wie lange hat es gedauert, ihn auf 15 Minuten zu schneiden?« – »Zehn Minuten.« Weder Hunt noch Duchovny gelang es, während dieses Dialogs ernst zu bleiben.
Die Serie lief am Samstagmittag, teilweise mit je zwei Folgen hintereinander, die letzten paar Folgen im Frühjahr 2005 schon im Morgengrauen.

ALLES DREHT SICH UM MICHAEL · ZDF
1968. »Abenteuerliche Erlebnisse an der Schleuse«. 8-tlg. dt. Jugendserie, Regie: Wolfgang Teichert. Teenager Michael Meiner (Michael Nowka) zieht

vorübergehend bei Herrn Wuttig (Reinhold Brandes) und seiner Frau (Hilde Hessmann) ein, weil sein Vater (Herbert Stettner), ein Brückenbauer, beruflich ins Ausland muss. Die Wuttigs wohnen in einem kleinen Haus am Ufer eines Sees, und Herr Wuttig ist der Schleusenmeister. Die zwölfjährige Tochter Brigitte (Brigitte Horn) muss sich an den neuen »Bruder« erst gewöhnen, die beiden werden jedoch schnell Freunde. Ilonka (Ilonka Rasch) ist Brigittes Freundin und Hannes (Hermann Lause) der Schleusengehilfe.
Die halbstündigen Folgen liefen sonntags am frühen Nachmittag.

ALLES GLÜCK DIESER ERDE ARD
1994. 13-tlg. dt. Pferde-Soap von Friedrich Werremeier, Regie: Michael Werlin.
Im Münsterland liegt die Pferdezucht des alten Jakob Eicke (Rolf Hoppe), der zwei ungleiche, miteinander verfeindete Söhne hat. Der ältere ist Werner (Rüdiger Kirschstein). Er muss den maroden Hof führen und hinkt seit einem Reitunfall, den sein Bruder verschuldet hat. Stefan (Michael Roll) dagegen darf lustwandeln, Springreitturniere gewinnen und Frauen wie Gräfin Gabriella »Gipsy« von Bovens (Carolina Rosi) erobern, die eine direkte Konkurrentin des Eicke-Hofs ist. Stefans Konkurrent auf dem Parcours ist Renato Tucci (Lorenzo Quinn). Pferde werden entführt und gedopt, Menschen ermordet, bestochen, verraten und betrogen, und Pfarrer Lucas Delbrück (Hanns Zischler) geht fremd.
Black Beauty für Erwachsene. Mit der ZDF-Primetime-Soap *Rivalen der Rennbahn* hatte diese Variante natürlich nichts zu tun. Hier ging es ja ums Springreiten.
Nach einem spielfilmlangen Pilotfilm am Donnerstag liefen die 50-minütigen Folgen dienstags um 20.15 Uhr. Zur Serie erschien ein Roman von Richard Mackenrodt.

ALLES GUT GEGANGEN ARD
→ Sport – Spiel – Spannung

ALLES GUTE, KÖHLER ZDF
1973. 7-tlg. dt. Problemserie von Sina Walden und Stefan Rinser.
Gerhard Köhler (Herb Andress) saß wegen eines Raubüberfalls vier Jahre im Gefängnis und wird nun auf Bewährung entlassen. Er geht zunächst zurück in seinen Heimatort, stößt dort aber auf viele Probleme. Seine Frau (Corny Collins) hat sich von ihm scheiden lassen, und sowohl beruflich als auch privat wird er immer wieder mit Vorurteilen konfrontiert, die einen Neuanfang fast unmöglich machen, auch später in der Großstadt.
Die Serie aus der evangelischen Redaktion lief in dreiviertelstündigen Folgen montagabends und war ein unerwarteter Erfolg bei den Zuschauern. Am Ende jeder Folge diskutierten und kommentierten ein Strafanstaltsleiter und eine Bewährungshelferin das Geschehen.

ALLES IST MÖGLICH RTL
2004. 4-tlg. Doku-Reihe, die zwölf Menschen begleitet, die sich einer Schönheitsoperation unterziehen. Vier einstündige Folgen liefen erfolglos dienstags zur Primetime im Doppelpack mit *Beauty Queen*, einer Spielserie über Schönheitschirurgen.

ALLES KLAR?! ARD
1978–1983. Jugendtalkshow mit Uschi Schmitz. Live diskutiert sie mit Jugendlichen über Themen, die diese selbst vorgeschlagen haben. Es geht um Eltern und Schule, Gesellschaft und Politik, Mode und Liebe und natürlich Sex.
Die Sendung sah aus, wie man sich eine Diskussionssendung der 70er-Jahre vorstellt: Die Moderatorin trug Indienkleider und lümmelte oder kniete mit den Jugendlichen auf einem Flickenteppich oder auf Kissen. Nur die Erwachsenen (meistens die Eltern) saßen auf Holzhockern. Die Zuschauer konnten anrufen; was sie gesagt hatten, berichteten Redakteure am Ende der Sendung. Kein Wunder, dass so ein unzensiertes Forum für Jugendliche Proteste auslöste: Am 2. März 1979 führte die Folge »Auch Fummeln muss man lernen« zu Kritik in katholischen Kreisen Bayerns. Das Motto der Sendung sei »geschmacklos und uneinsichtig« und widerspreche einer »verantwortbaren, auf verbindliche Werte und Wertungen gegründeten Sexualerziehung«. Die Absetzung der Sendereihe wurde gefordert – vergeblich. Auch eine Folge über Selbstmord erregte Anstoß. Insgesamt war der Talk aber nicht so revolutionär, wie man glauben könnte: Die Jugendlichen, die meist aus der Mittelschicht stammten, diskutierten brav miteinander.
Nach den Worten von Uschi Schmitz wurde *Alles klar?!* schließlich abgesetzt, um den Freitagnachmittag, an dem die Sendung monatlich lief, »familienfreundlicher« zu gestalten. An ihrer Stelle liefen dann also Tierfilme und Kinokomödien.

ALLES KLAR, SHARON SPITZ? PRO SIEBEN
2003–2004. 26-tlg. US-Zeichentrickserie (»Braceface«; 2000).
Sharon Spitz ist ein Teenagermädchen mit einer Zahnspange, die noch nerviger ist als andere Zahnspangen für andere Teenagermädchen, weil sie magische Fähigkeiten hat. Die 25-minütigen Folgen liefen samstagvormittags.

ALLES KOMMT WIEDER ZDF
2003. 3-tlg. Nostalgieshow, in der in je einer Folge auf die 70er-, 80er- und 90er-Jahre zurückgeblickt wurde. Dazu fuhr jeweils ein Prominenter mit einem für das Jahrzehnt typischen Auto von A nach B und erinnerte sich unterwegs gemeinsam mit prominenten Gästen an damals.

ALLES LIEBE ODER WAS?! SAT.1
1994–1995. Kuppelshow mit Philipp Gassmann. Unwesentlich veränderte Variante der Show *Drauf und Dran*, die ebenfalls auf dem amerikanischen Format

»Studs« beruhte. 24 halbstündige Folgen liefen kurz vor Mitternacht

ALLES MIT MUSIK   ZDF
1983. Kurzlebiges Musikquiz mit Hans Rosenthal und dem Horst Jankowski Quartett.
Sechs Kandidaten aus dem Publikum müssen in drei Runden verschiedene Musiktitel erraten: Mal geht es um Schnelligkeit, mal darum, alle Musiktitel zu erkennen, die in einer Geschichte versteckt sind, die ein Prominenter vorliest.
Das Spiel war 30 Minuten lang, lief dienstags um 17.50 Uhr und brachte es auf nur drei Ausgaben. Ein Jahr später lief eine Nachfolgesendung unter dem Titel *Musik macht Spaß*.

ALLES NICHTS ODER?!   RTL
1988–1992. »Ein Spiel mit W(T)orten«. Einstündige Klamaukshow mit Hugo Egon Balder und Hella von Sinnen. Prominente Gäste bestreiten irrwitzige Spiele, und am Ende fliegen Torten.
Die Show war ein ausgelassener Kindergeburtstag für Erwachsene: Je ein prominenter Gast, im letzten Jahr der Show mehrere, wird durch diverse Wort- und Aktionsspiele geschleift. Die Spiele wechseln, doch viele tauchen immer wieder auf: Es müssen Gegenstände erinnert, Zungenbrecher mit einem Tischtennisball im Mund aufgesagt oder von Balder und von Sinnen gesungene Melodien erraten werden. Ein vom Gast erzählter Witz muss von Balder in einer vorgegebenen Zeit nacherzählt werden, allerdings inklusive mehrerer Begriffe, die vorab auf Zuruf aus dem Publikum gesammelt wurden. Auch klassische Partyspiele sind dabei, teils leicht abgewandelt. Beim Kofferpackspiel werden reihum imaginäre Gegenstände eingepackt, die in der richtigen Reihenfolge aufgesagt und mit einer Geste verdeutlicht werden müssen (Balder packt gern einen Kondomautomaten ein). In »Kommando trommele« reißen Moderatoren, Promis und ausgewählte Zuschauer nach dem »Alle Vögel fliegen hoch«-Prinzip die Arme hoch, wenn etwas genannt wird, das tatsächlich fliegen kann. Währenddessen tragen alle ein lustiges Hütchen. Beim Telefonspiel hat der Prominente die Aufgabe, einen zufällig aus dem Telefonbuch ausgewählten Menschen anzurufen und davon zu überzeugen, dass er wirklich dran ist. Im später eingeführten »Spiel-Spiel« zum Schluss stehen der Gast und einer der Moderatoren auf einem überdimensionalen Spielfeld und würfeln die Felder aus, die sie vorrücken durften, während der andere Moderator absurde Aufgaben stellt.
Der Verlierer jedes Spiels, also entweder die Moderatoren oder der Gast, bekommt eine Torte. Der Gesamtverlierer muss am Ende seinen Kopf durch eine Wand stecken und sich mit den erspielten Torten bewerfen lassen. Das sind in der Regel Balder und von Sinnen selbst, weil sie vorher bei der Punktevergabe großzügig waren (sicher konnten die Prominenten dennoch nicht sein, verschont zu bleiben: z. B. Wolfgang Völz, Jürgen von der Lippe, Klaus & Klaus und Harald Schmidt mussten hinter die Tortenwand). Der Gast gibt dann das Kommando zum Tortenwerfen an Leute aus dem Studiopublikum. Zuvor hält er den Moderatoren für »letzte Worte« das Mikrofon unter die Nase. Mindestens einmal pro Sendung pirscht sich von Sinnen an die Kamera heran und tanzt »Tschaka-Tschaka«, was wohl mal als Überbrückung zwischen Spielen oder Umbauphasen gedacht war, aber nicht wirklich einen Grund benötigte. Sie wackelt mit dem Kopf und singt dazu: »Tschaka, tschaka, tschaka, tschaka …«
Das Angebot, ihre neue Single zu singen, hätten die meisten prominenten Gäste besser ablehnen sollen. Bei einigen war das Playback manipuliert, Roberto Blanco musste mit verbundenen Augen singen und dabei mehrere Cocktails erkennen. Neben den Spielen gab es viel Situationskomik mit dem ungleichen Moderatorenpaar, das sich siezte, mit »Herr Balder« und »Frau von Sinnen« ansprach und permanent anzickte (»Sie magersüchtiges Frettchen« – »Sie fette Schnecke«). Hella von Sinnen trug in jeder Sendung ein anderes irrwitziges, meist sehr ausladendes Kostüm. Sie trat u. a. als Berliner Mauer auf, als Freiheitsstatue, weißer Hai und Badezimmer inklusive Waschbecken vor der Brust. In der letzten Sendung 1992, der 100., trat Hella von Sinnen erstmals in normaler, bequemer Kleidung auf, dafür trug Hugo Egon Balder ein Wolfskostüm. Am Ende dieser letz-

Alles Nichts Oder?!: Frau von Sinnen nimmt Herrn Balder auf den Arm. Tschaka, tschaka!

ten Show sang Frank Zander auf die Melodie von Rod Stewarts »Sailing«: »Nur nach, nur nach Hause, nur nach Hause gehen wir nicht.«

Die Show lief zunächst freitags gegen 23.00 Uhr, ab Juli 1988 samstags nach dem Hauptabendprogramm gegen 22.00 Uhr. Autor der Sendung war Klaus de Rottwinkel, der auch die Spiele für *Geld oder Liebe* erfand.

ALLES NUR PANIK!?   RTL 2

1997. Panikmagazin mit Berit Schwarz.

Wie sieht das eigentlich aus, so ein richtiger Psychomord? Bitte sehr, wir stellen das schnell mal nach, sogar mit dem echten Freund des Mordopfers, der sich selbst spielt. Hinterher fragt die Moderatorin den Vater, ob er schon wieder Geburtstag feiern kann, und sagt: »Man merkt Ihnen an, dass Sie noch immer betroffen sind.« Über Psychomörder, Frauenmeuchler, Menschenmetzler und Mädchenvergewaltiger berichtet dieses Magazin, und sie alle sind irgendwo da draußen, und falls sie gerade irgendwo einsitzen sollten, sind sie im Zweifelsfall nicht gut genug bewacht.

Alles nur Panik!? war *Aktenzeichen XY* auf Speed und beantwortete die Frage im Titel mit: »Aber nein, voll berechtigt, die Angst!« Der wichtigste Lehrsatz der ersten Folge lautete: »Die meisten Mörder sehen gut aus.« Der ersten Folge? Aller Folgen – denn weitere gab es wider Erwarten nicht.

ALLES ODER NICHTS   ARD

1956–1988. 45-minütiges Quiz.

Kandidaten spielen in von ihnen bestimmten Wissensgebieten um einen Geldgewinn. Mit jeder richtig beantworteten Frage verdoppelt sich der gewonnene Betrag. Der Kandidat kann nach jeder Frage mit dem bis dahin gewonnenen Geld aussteigen; macht er jedoch weiter und gibt eine falsche Antwort, ist das Spiel für ihn zu Ende und das gesamte Geld verloren.

Einzelheiten des Spielkonzepts, Regeln, Gewinnhöhe, Sendeplatz, Moderator, alles änderte sich im Lauf der Zeit mehrfach, doch insgesamt war *Alles oder nichts* mit einer Laufzeit von mehr als 30 Jahren eine der langlebigsten Sendungen im deutschen Fernsehen. Vorbild war das US-Quiz »The 64 000 $ Question«, in der deutschen Version bedeutete »Alles« aber nur einen Bruchteil. Der Höchstgewinn lag anfangs bei 4000 DM und steigerte sich mit den Jahrzehnten auf 16 000 DM.

Moderator war in den ersten Jahren Heinrich Fischer, und die Show lief im regionalen Vorabendprogramm. Im Herbst 1957 wurde sie erstmals in die Primetime übernommen, aber nur für zwei Monate. Es spielte jeweils ein Kandidat allein in seinem Gebiet. Um Themenvielfalt zu gewährleisten, bestritt er jedoch nicht alle Runden hintereinander weg, sondern beantwortete immer nur wenige Fragen am Stück. Dann kamen andere Kandidaten mit ihrem Gebiet an die Reihe. Auf diese Weise wurden Publikumslieblinge aufgebaut, die in der nächsten Sendung wiederkamen, um dort anzuknüpfen, wo beim letzten Mal die Sendezeit um war.

Nach einer kurzen Pause wurde 1963 Wolf Schmidt, der als Papa der *Familie Hesselbach* berühmt geworden war, der Quizmaster einer neuen Staffel mit dem erhöhten Hauptgewinn von 6000 DM. Im Februar 1966 verlegte die ARD das Quiz endgültig in die Primetime, jetzt mit Dr. Georg Böse, doch zunächst ohne Erfolg.

Von Dezember 1966 bis Dezember 1971 moderierte Erich Helmensdorfer 61 Ausgaben und machte die Show und sich selbst zum Publikumsliebling. Er hatte zuvor als politischer Journalist und Sprecher der *heute*-Nachrichten beim ZDF gearbeitet und wurde für seine neue Tätigkeit als Quizmaster mit Lob überschüttet. Dabei gab er den strengen, ungeduldigen Prüfer, der vor allem bei der schwierigen Finalfrage rigoros die Antworten einforderte und keine Extrabedenkzeit gestattete. Bei der letzten Aufgabe, die zu dieser Zeit 8000 DM wert war, standen jedem Kandidaten sechs Minuten reine Bedenkzeit zu, die er beliebig einteilen konnte und die immer angehalten wurde, wenn er eine Antwort gab. Zögerte er während einer Antwort, stellte Helmensdorfer fest: »Er denkt« und ließ die Uhr weiterlaufen.

Schwierigkeitsgrad und Umfang der Fragen steigerten sich bis zur Schlussrunde analog zum möglichen Gewinn. Es begann mit Einzelfragen zur Allgemeinbildung, die unter Umständen auch ein Laie hätte beantworten können, und endete mit mehrteiligen Aufgaben (»Sie sehen es, die Frage hat 33 Teile, und Sie sollen 28 davon beantworten«), bei denen das Publikum, je nach Fachgebiet, nicht einmal im Ansatz begreifen konnte, worum es eigentlich ging. (»In welchen Gebieten des Milchstraßensystems und unter welchen Voraussetzungen konnte man die örtliche Verteilung der galaktischen Rotationsgeschwindigkeit aus Radiomessungen bestimmen?« war nur eine der 33 Teilfragen zum Thema »Astronomie«.)

Die Kandidaten saßen in den letzten Runden in einer schalldichten Kabine, damit sie sich besser konzentrieren konnten, und erhielten die Fragen schriftlich zum Mitlesen. Rückfragen waren gestattet, beantworten konnte sie Helmensdorfer jedoch meistens nicht (»Also, in meinen Augen ist das schlüssig«). Er selbst hatte sich zwar in den Wochen vor der jeweiligen Sendung intensiv auf die Fachgebiete vorbereitet und sich schulen lassen, doch verstand er noch immer erkennbar weniger als seine Kandidaten, die nun einmal Experten waren. Richtig war deshalb nicht, was die Kandidaten mitunter plausibel erklärten, sondern was auf Helmensdorfers Karteikarten stand bzw. auf der großen Antworttafel, die für die Zuschauer sichtbar war.

Sendeplatz war montags um 21.00 Uhr. Einige Kandidaten wurden durch den Hauptgewinn so populär, dass die ARD sie in ganzen Sondersendungen porträtierte. Andere waren gar nicht so scharf auf den Gewinn. Eine Kandidatin hatte bereits 4000 DM gewonnen, kam aber nicht wieder, weil sie vor der nächsten Sendung einen Millionär geheiratet hatte. Der wollte nicht den Eindruck erwecken, seine Frau sei an 8000 DM interessiert.

Helmensdorfers Nachfolger wurden Dr. Andreas Grasmüller und ein Affe. Der Schimpanse Toni war mit einer bayerischen Lederhose bekleidet und loste den Gewinner einer Zuschauerfrage aus. Beide blieben nur kurze Zeit. Anschließend moderierte bis Juni 1981 Günther Schramm. Der Gewinn wurde wieder erhöht, und es kamen moderne Monitore dazu, von denen die Kandidaten nun die Fragen ablesen konnten. Der Sendeplatz wurde 1980 auf 21.45 Uhr am Donnerstag verlegt; nach massiven Zuschauerprotesten, das sei viel zu spät, wurde das Quiz aber wieder um 21.00 Uhr ausgestrahlt.

Mit dem letzten Moderator Max Schautzer wurde der Modus geändert und jede Sendung unter ein einzelnes Oberthema gestellt. Jetzt bewarben sich nicht mehr Kandidaten mit ihrem Fachgebiet, stattdessen wurde das Thema vorgegeben, zu dem Schautzer dann zu Bewerbungen aufrief. Zu diesem Thema spielten nun in einer Vorrunde zwei Kandidaten gegeneinander, eine wechselnd besetzte Expertenjury entschied über die korrekte Beantwortung. Für den Sieger der Vorrunde ging es dann am Spieltisch um alles oder nichts. Wie im Casino schob Schautzer dem Kandidaten Chips mit aufgedruckten Geldbeträgen zu (immer in zwei Währungen: DM und Schilling) und tauschte sie bei korrekter Antwort gegen höhere aus. Ein Ehrengast, wiederum ein Experte, stellte die jetzt nur noch einteiligen Fragen.

Die Show lief nun dienstags um 20.15 Uhr. 1988 wurde sie eingestellt. Im gleichen Jahr startete eine RTL-Show, die ihren Titel parodierte: *Alles Nichts Oder?!* – aber eben nur den Titel.

ALLES O. K., CORKY ARD

1993–1994. 22-tlg. US-Familienserie von Michael Bravermann (»Life Goes On«; 1989).

Charles »Corky« Thatcher (Christopher Burke) ist ein 18-jähriger Junge mit Downsyndrom, der nach Jahren auf Spezialschulen für Behinderte auf eine reguläre Highschool wechselt und sich auch sonst bemüht, ein »normales« Leben zu führen. Dabei unterstützt ihn seine Familie: die Eltern Drew (Bill Smitrovich), ein früherer Bauarbeiter, der nun ein Restaurant führt, und Libby (Patti LuPone), eine ehemalige Sängerin, die in der Werbung arbeitet, sowie Corkys jüngere Schwester Rebecca, genannt Becca (Kellie Martin), mit der er in eine Klasse geht. Auch Paige (Monique Lanier), Drews Tochter aus erster Ehe, zieht nach einer gescheiterten Beziehung wieder bei den Thatchers ein.

Alles o. k., Corky war die erste amerikanische Serie, die sich um einen geistig behinderten Hauptdarsteller drehte – in Nebenrollen waren Behinderte allerdings z. B. schon in *L.A. Law* regelmäßig zu sehen gewesen. Schauspieler Christopher Burke, der für die Rolle einen Emmy bekam, hat selbst das Downsyndrom. Das Leben mit Behinderung war allerdings keineswegs das einzige Thema der Serie, die realistisch, aber positiv und nicht problemüberladen war: Außer um Corkys Kampf um Anerkennung ging es auch um die alltäglichen Probleme der anderen Familienmitglieder.

In den USA liefen insgesamt vier Staffeln mit 83 Episoden. Die Titelmusik ist der Beatles-Song »Ob-La-Di, Ob-La-Da«, gesungen von Patti LuPone und den anderen Schauspielern. In der ARD wurden die jeweils einstündigen Folgen im regionalen Vorabendprogramm gezeigt.

ALLES PALETTI ARD

1990. 8-tlg. dt. Krimireihe von Norbert Ehry, Friedhelm Werremeier und Fred Breinersdorfer.

Die Steuerdetektei Procura ermittelt in Frankfurt am Main gegen Steuerhinterzieher, Konkursbetrüger und andere, die dem Staat Geld vorenthalten wollen, klärt bei Bedarf aber auch einen Bilderdiebstahl auf oder sucht ein entlaufenes Kind. Oscar Leo Stoll (Rolf Becker) leitet den Laden, Gabi (Olga Strub) ist der ruhende Pol, Peterich (Wolf-Dietrich Berg), Hansi (Friedrich-Karl Praetorius) und Laura (Cathrin Vaessen) sind seine Mitarbeiter, die nicht immer knallhart vorgehen und auch mal den Falschen helfen ... oder denen, gegen die sie eigentlich ermitteln sollen.

Die Episoden der Serie wurden immer kürzer. Nach einer 75-minütigen Pilotfolge folgten einige 60-Minüter, die letzten Folgen waren nur noch eine Dreiviertelstunde lang. Bevor die Serie nur noch aus dem Vorspann bestanden hätte, war sie schon wieder zu Ende – obwohl sie von prominenten Regisseuren wie Roland Suso Richter und Nico Hofmann inszeniert und von Kritikern gelobt wurde.

ALLES PASTA! ARD

1994. 19-tlg. US-Sitcom von Barry Fanaro, Mort Nathan, Kathy Speer und Terry Grossman (»The Fanelli Boys«; 1990–1991).

Die Witwe Theresa Fanelli (Ann Morgan Guilbert) ist das Oberhaupt einer italoamerikanischen Familie in Brooklyn und zu sehr damit beschäftigt, sich um die Probleme ihrer vier Söhne zu kümmern, als dass sie sich in Florida zur Ruhe setzen könnte, wie sie es eigentlich vorhatte. Alle vier ziehen wieder bei ihr ein: Anthony (Ned Eisenberg) kämpft um das Überleben des familieneigenen Bestattungsunternehmens, Frankie (Chris Meloni) ist gerade von seiner Frau betrogen worden, Ronnie (Andy Hirsch) will wegen einer viel älteren Frau das College schmeißen, und Dominic (Joe Pantoliano), genannt Dom, bringen seine krummen Geschäfte in Teufels Küche. Theresas Bruder Angelo (Richard Libertini), ein Priester, und die nebenan lebende Wahrsagerin Philamena (Vera Lockwood) mischen sich immer wieder mit gut gemeinten, aber wenig brauchbaren Ratschlägen ein. Die halbstündigen Folgen liefen donnerstags.

ALLES REIN PERSÖNLICH VOX

2001–2002. 17-tlg. US-Sitcom (»Getting Personal«; 1998–1999).

Der Zufall führt den oberflächlichen Milo Doucette (Duane Martin) und die tiefgründige Robyn Buckley (Vivica A. Fox) erst privat, dann beruflich zusammen: Sie wird seine Chefin in der Werbeagentur. Der Versuch, Job und Privatleben zu trennen, geht daneben, ebenso der Versuch, sich gegenseitig nicht zu mögen. Jack Kacmarczyk (Elliott Gould) gehört die Werbeagentur, Robyn hat er als Geschäftsführerin engagiert, damit er mehr Zeit auf dem Golfplatz verbringen kann. Sam Wagner (Jon Cryer) ist Milos bester Freund.
Die halbstündigen Folgen liefen samstagmittags.

ALLES ROGER! — RTL 2
1999. 20-tlg. US-Sitcom (»Life With Roger«; 1996–1997).
Die gegensätzlichen Freunde Jason Fuller (Maurice Godin) und Roger Hoyt (Mike O'Malley) teilen sich eine Wohnung. Jason ist Orthopäde, Roger ein Nichtsnutz, der vorher obdachlos war und Jason am Altar die Hochzeit mit seiner damaligen Freundin Myra Copeland (Meredith Scott Lynn) ausgeredet hat. Jasons Schwester Lanie (Hallie Todd) ist ihre Nachbarin.
Die Sitcom lief werktagnachmittags.

ALLES SCHON MAL DAGEWESEN — ARD
1976–1977. 14-tlg. dt. Schulserie von Horst Pillau nach dem Buch von Leo Lehmann.
Alltag an einer Schule: Die Lehrer kämpfen nicht nur darum, die Schüler vom Sinn des Unterrichts zu überzeugen, sondern auch untereinander – um die richtige Pädagogik und die beste Position in der Hierarchie. Zum Kollegium gehören Herr Krebs (Alexander May) und Fräulein Linn (Kornelia Boja), die ein Verhältnis anfangen, Fräulein Thomas (Susanne Beck), die sich wegen ihres Sexualkundeunterrichts verteidigen muss, Frau Hammerschmidt (Irmgard Först), Herr Döring (Alexis von Hagemeister), Herr Kramer (Peter Oehme), Herr Dressler (Ulrich von Dobschütz) und Rektor Herrmann (Günther Sauer).
Die halbstündigen Folgen liefen im regionalen Vorabendprogramm.

ALLES SCHÖN UND RECHT — RTL 2
1996. 22-tlg. US-Krimiserie von John Romano (»Sweet Justice«; 1994–1995).
Zurück in ihrem Heimatort in den Südstaaten, arbeitet die Anwältin Kate Delacroy (Melissa Gilbert) nun in der Kanzlei von Carrie Grace Battle (Cicely Tyson), ausgerechnet der ärgsten Konkurrentin ihres Vaters James-Lee Delacroy (Ronny Cox), ebenfalls Anwalt und im Gegensatz zu Kate erzkonservativ. Zur Kanzlei Battle-Ross & Associates gehören noch die Anwälte Ross A. Ross (Jim Antonio), Andy Del Sarto (Greg Germann) und Reese Daulkins (Cree Summer). Sie setzen sich für die Rechte ihrer Klienten und die Bürgerrechte als solche ein, und Papa Anwalt kann es einfach nicht verstehen.
Die einstündigen Folgen liefen samstags gegen 19.15 Uhr.

ALLES SINGT! — DFF
1976–1991. Beliebte Volksmusiksendung mit Hans-Georg Ponesky und Jürgen Schulz.
Die Show hatte das Motto »Zum Mitsingen, Nachsingen und Mitsummen« und kam aus den größten Sälen der DDR. Viele Chöre trugen Volkslieder vor, Musikkorps sorgten mit Pauken und Trompeten für Wumptata. Nach der Wende ging die Sendung auch nach Bayern und Franken.

ALLES TIKI?! — SAT.1
1995–1996. Religiöse Kindersendung mit Werner »Tiki« Küstenmacher.
Der Moderator, ein evangelischer Pfarrer, der vor allem als Karikaturist bekannt geworden ist, versucht mit schrägen Comedyelementen, den Kindern religiöses Grundwissen zu vermitteln und Interesse zu wecken: Im Nachrichtenkanal »Pharao 1« informiert er über Hochwasser und Plagen am Nil, die durch den »Ausreiseantrag der Israeliten« ausgelöst worden sein könnten, als »Marcel Reif-Radieschen« bespricht Küstenmacher mit »Sigrid Löffel« und »Helmut Käseeck« die Bibel, und zum Erntedankfest sitzt er als französischer Koch auf dem Altar.
Küstenmacher fiel Jahre später als Autor des Bestsellers »Simplify Your Life« auf.
26 Folgen der fünfminütigen Sendung liefen frühmorgens am Sonntag. Sie war aus *Eselsohr und Teufelsschwanz* hervorgegangen.

ALLES TOTAL NORMAL – DIE BILDERBUCHFAMILIE — PRO SIEBEN
1992–1994. 46-tlg. US-Sitcom von Michael J. Weithorn (»True Colors«; 1990–1992).
Die weiße Kindergärtnerin Ellen Davis (Stephanie Faracy) heiratet den schwarzen Zahnarzt Ron Freeman (Frankie R. Faison; in der zweiten Staffel: Cleavon Little). Sie haben drei Kinder im Teenageralter: Rons Söhne Terry (Claude Brooks) und Lester (Adam Jeffries) und Ellens Tochter Katie (Brigid Conley Walsh). Das Zusammenleben der ungleichen Familienmitglieder wird durch Ellens Muter Sara Bower (Nancy Walker) erschwert, die ihren neuen Schwiegersohn nicht ausstehen kann.
Lief zunächst samstagnachmittags, dann mittags und später werktags um 18.30 Uhr. Von Erfinder Weithorn ist auch die Erfolgs-Sitcom *King Of Queens*.

ALLES ÜBER SCHWABEN — ARD
1973. 5-tlg. dt. Heimat-Comedyreihe nach dem Buch »Deutschland, deine Schwaben« von Thaddäus Troll.
Der Schauspieler Willy Reichert stellt das Volk der Schwaben, ihre Städte, Bräuche und Menschen vor, ihr Verhältnis zu Geld, Arbeit, Sex, Sauberkeit und zu Menschen aus Baden. Thaddäus Troll interviewt berühmte Schwaben. Tricksequenzen und Realfilm werden in heiteren Szenen vermischt. Die Serie beginnt mit der Erschaffung der Welt. Reichert sitzt am Wegesrand und jammert. Gott kommt vorbei und fragt, warum er weine. »Weil i a Schwob bin!« –

»Da kann i dir au net helfe!« Dann setzt sich Gott dazu und weint mit.
Die Reihe war ab Januar 1972 unter dem Titel *Deutschland, deine Schwaben* bereits in Südwest 3 gelaufen. Das Erste zeigte die dreiviertelstündigen Folgen sonntagnachmittags.

ALLES UNTER EINEM DACH   ZDF
1968–1969. 32-tlg. frz. Familienserie von Claude Choublier und Jean Charles Tacchella, Regie: Joseph Drimal (»Vive la vie«; 1966–1968).
Der Witwer Jacques Vincent (Daniel Ceccaldi) versucht seine Kinder zu bändigen: Veronique (Orlane Paquin) ist 15, Claudie (Christine Simon) 13 und Cri-Cri (Roland Georges) das Nesthäkchen. Mit seinen Streichen setzt Cri-Cri vor allem Tante Esther (Claire Maurier) zu, die spätestens dann, wenn Großvater (René Lefevre) mal wieder tatendurstig ist, verzweifelt nach einem Kakaolikör verlangt.
Die 30-minütigen Schwarz-Weiß-Folgen liefen im Vorabendprogramm, immer im Doppelpack mit *Die Globetrotter*. Im Original hat die Serie 146 Folgen.

ALLES, WAS RECHT IST   DFF 1
1981–1990. Magazin zu Rechtsfragen. Nachfolgesendung von *Fragen Sie Prof. Kaul*.
Der Rechtsanwalt Dr. Friedrich Wolff beantwortete Zuschauerfragen und zeigte Spielszenen sowie Trickfilme zu mehr oder weniger kuriosen Rechtsfällen. Das Spektrum reichte von Miet- und Nachbarschaftsstreitigkeiten über Schadensersatz- und Erbschaftsfragen bis zum Familienrecht.
Lief einmal im Monat donnerstags um 19.00 Uhr und dauerte 25 Minuten. Insgesamt gab es rund 100 Folgen.

ALLES, WAS RECHT IST   ZDF
1986. 3-tlg. dt. Anwaltsserie von Felix Huby.
Die Berliner Anwältin Hanna Thaler (Thekla Carola Wied) vertritt vor allem die kleinen Leute. Bei ihr zu Hause eingenistet hat sich ihre Nichte Henriette (Roswitha Schreiner). Mit dem Anwalt Dr. Arnulf Rehberg (Christian Quadflieg), der die »besseren Leute« der Stadt vertritt, verbindet Hanna eine innige Hassliebe.

ALLES WEGEN GEORGE   ARD
1972–1974. 27-tlg. dt.-schweiz. Abenteuerserie.
Jim Hunter (Marshall Thompson) adoptiert den Waisenjungen Freddie Baumeister (Volker Frank Stewart), der mit seinem Bernhardiner George Abenteuer in den Schweizer Bergen erlebt. Jim ist Pilot und betreibt mit Walter (Jack Mullaney) eine kleine Fluggesellschaft. Frau Gerber (Erna Sellmer) ist Jims Haushälterin, Helga (Trudy Young) Freddies Tante, zu der er nach dem Tod seiner Eltern zunächst zieht.
Marshall Thompson hatte die Hauptrolle in der US-Serie *Daktari* gespielt und war dadurch auch in Deutschland zum großen Star geworden. Für diese deutsch-schweizerische Koproduktion ließ er sich engagieren und erlebte ein Déjà-vu: Wieder stahl ihm ein Tier die Show.
Nach dem 90-minütigen Pilotfilm im Dezember 1972 zur Primetime liefen die halbstündigen Serienfolgen ab März 1973 im regionalen Vorabendprogramm. RTL wiederholte die Serie später unter dem Titel *George*.

ALLES WEGEN GRACE   RTL
2004. 13-tlg. US-Comedyserie von Hollis Rich und Brenda Lilly (»State Of Grace«; 2001–2002).
1965 zieht die zwölfjährige Hannah Rayburn (Alia Shawkat) mit ihren Eltern Evelyn (Dinah Manoff) und David (Michael Mantell) in eine neue Stadt und besucht eine katholische Eliteschule. Zunächst ist sie Einzelgängerin, dann freundet sie sich mit der unbekümmerten und aufgeschlossenen Grace McKee (Mae Whitman) an. Die inzwischen erwachsene Hannah erzählt die Geschichte in Rückblicken aus dem Off.
Die Serie lief sonntagmorgens.

ALLIS   ARD
1996. 6-tlg. schwed. Jugendserie von Gunilla Linn Persson (»Allis med is«; 1993).
Nach dem Unfalltod ihrer besten Freundin Ann (Charlotta Thelander) vereinsamt die zehnjährige Allis (Emelie Rosenqvist). Erst als der polnische Junge Sikorka, genannt Sigge (Tapio Leopold), auftaucht, ein Außenseiter wie sie, fasst sie neuen Lebensmut. Die 25-minütigen Folgen liefen samstagmorgens.

ALLTAG IM WESTEN   DFF 1, DFF 2
1977–1986. Politisches Magazin, das in dokumentarischen Filmbeiträgen vom Leben der Werktätigen in kapitalistischen Ländern berichtete. Im Klartext: *Alltag im Westen* zeigte auf dem Höhepunkt des Kalten Krieges, wie elend die Lebensbedingungen der Bürger in Westdeutschland waren. Die Sendung ergänzte damit den *Schwarzen Kanal*. Sie lief zuerst auf DFF 1, ab 1984 auf DFF 2.

ALLY MCBEAL   VOX
1998–2003. 112-tlg. US-Anwaltsserie von David E. Kelley (»Ally McBeal«; 1997–2002).
»Richard, kennst du einen glücklicheren Menschen als mich?« – »Früher schon, Ally, aber er ist von einer Brücke gesprungen.«
Die 27-jährige Anwältin Ally McBeal (Calista Flockhart) kündigt ihren Job, als sie vom Chef sexuell belästigt wird. Sie stolpert in die Arme ihres ehemaligen Kommilitonen Richard Fish (Greg Germann), der mit seinem guten Freund John Cage (Peter MacNicol) eine Anwaltskanzlei in Boston führt und ihr eine Stelle anbietet.
Fish ist oberflächlich, ausschließlich an Geld und Statussymbolen interessiert und verbreitet absurde Lebensregeln, die er »Fishismen« nennt, z. B.: »Ein Geheimnis ist wertlos, wenn man es nicht herumerzählen darf.« Cage ist ein kleiner Mann voller

Marotten und Komplexe, doch im Gerichtssaal unschlagbar. Mit ihm verbindet Ally bald die enge Vertrautheit zweier Verrückter.

Allerdings arbeitet ausgerechnet auch Allys Ex-Freund Billy Alan Thomas (Gil Bellows) dort, der inzwischen mit der ebenfalls erfolgreichen Georgia (Courtney Thorne-Smith) verheiratet ist, die wenig später auch in der Kanzlei anfängt. Ally und Billy haben, seit sie sich in der Grundschule gegenseitig ihre Hintern beschnüffelten, eigentlich nie aufgehört, sich zu lieben, was Allys ohnehin von Neurosen, Minderwertigkeitskomplexen und Krisen geprägtes Privatleben noch weiter verkompliziert. Die Katastrophen schwappen auch in ihr Berufsleben, wo sie dennoch regelmäßig Erfolge feiert.

Die männermordende und sich stets in den Mittelpunkt drängende Elaine Bassell (Jane Krakowski) ist Allys Sekretärin, die schwarze Staatsanwältin Renée Raddick (Lisa Nicole Carson) ihre Mitbewohnerin und Tracy (Tracey Ullman) ihre verrückte Therapeutin. Später kommt die ultrakühle blonde Nell Porter (Portia de Rossi) neu in die Kanzlei und wird eine Zeit lang Johns Partnerin. Auch ihre Freundin, die klagewütige Ling Woo (Lucy Liu), die jahrelang als Klientin Geld in die Kanzlei brachte, wird dort Anwältin und immer mal wieder Fishs Partnerin. Anfangs ist er mit der älteren Richterin »Whipper« Cone (Dyan Cannon) zusammen. Ihre Beziehung scheitert nicht zuletzt daran, dass Fish eine beunruhigende Schwäche für herunterhängende Hautlappen unter dem Kinn älterer Frauen hat und die Finger nicht von ihnen lassen kann.

Ally beginnt eine Beziehung mit dem schwarzen Arzt Greg Butters (Jesse L. Martin), kommt aber nicht von Billy los. Georgia verlässt Billy, als der sich am Anfang der dritten Staffel plötzlich vom Frauenversteher zum Macho wandelt. Bei ihm wird ein Hirntumor entdeckt, kurz darauf stirbt er im Gerichtssaal.

Das Büro von Therapeutin Tracy übernimmt in der vierten Staffel Larry Page (Robert Downey, Jr.), den Ally zunächst für einen Therapeuten hält, der sich aber ebenfalls als Rechtsanwalt entpuppt. Beide verlieben sich, und es scheint trotz aller Widrigkeiten die erste funktionierende Beziehung für Ally zu werden. Kurz vor der Heirat verschwindet Larry aber abrupt und kehrt zu seiner Ex-Frau Jamie (Famke Janssen) und seinem Sohn Sam (Chayanne) zurück. Inzwischen haben sich Renée und Georgia mit einer eigenen Kanzlei selbständig gemacht, Ling ist Richterin geworden, John, der eine Weile mit der am Tourette-Syndrom leidenden Melanie West (Anne Heche) zusammen war, hat sich weitgehend aus der Kanzlei zurückgezogen; dafür sind als Anwälte aufgetaucht (und teilweise wieder verschwunden): Mark Albert (James LeGros), Jackson Duper (Taye Diggs), Glenn Foy (James Marsden) und Jenny Shaw (Julianne Nicholson), die in ihren Neurosen Ally erschreckend ähnlich ist. Die exzentrische Claire Otoms (Dame Edna Everage/Barry Humphries) wird eine regelmäßige Klientin.

Ally verliebt sich in den Handwerker Victor Morrison (Jon Bon Jovi) und stellt fest, dass sie Mutter einer zehnjährigen Tochter ist: Maddie Harrington (Hayden Panettiere) steht plötzlich vor ihrer Tür und stellt sich als Ergebnis einer von Ally zu Forschungszwecken gespendeten Eizelle vor. Ihretwegen verlässt Ally in der letzten Folge die Kanzlei und zieht nach New York, nachdem Fish die gerissene Anwältin Liza »Lolita« Bump (Christina Ricci) geheiratet hat.

Sozialer Mittelpunkt des Lebens bei Cage & Fish ist die Unisex-Toilette, wo sich Männer und Frauen, Anwälte und Klienten in mehr oder weniger kompromittierenden Situationen begegnen, Redeschlachten liefern oder in verschiedenster Hinsicht miteinander körperlich werden. Nach der Arbeit trifft man sich in der »Martini-Bar«, in der Vonda Shepard singt. Fast jede Folge endet damit, dass Ally allein durch die dezent weihnachtlich geschmückten nächtlichen Straßen von Boston nach Hause läuft (in Allys Boston ist ungefähr neun Monate im Jahr Advent) und aus dem Off über ihr Leben philosophiert: »Vielleicht werde ich mein Leben einmal mit jemandem teilen, vielleicht auch nicht. Aber um die Wahrheit zu sagen: Wenn ich an meine einsamsten Momente zurückdenke, dann saß da meistens jemand neben mir.«

In mancher Hinsicht führte Erfinder David E. Kelley mit *Ally McBeal* seine Serie *Picket Fences* fort: Die Fälle, die von den Anwälten behandelt wurden, waren oft außergewöhnlich absurd – etwa wenn ein krebskranker Junge Gott verklagte –, behandelten dabei aber fast immer aktuelle ethische Dilemmata. Neben den Fällen machten aber Ally McBeals Neurosen und ihre verzweifelten Versuche, nicht nur erfolgreich, sondern auch glücklich zu werden, den Hauptbestandteil der Serie aus. »Man sollte sein Leben in die Reinigung geben können und es dann zurückbekommen«, wünscht sich Ally, »schön sauber, gefaltet und ordentlich.«

Allys Gedanken und Fantasien wurden mit vielen Spezialeffekten für die Zuschauer sichtbar gemacht: Wenn sich ihr Gesicht z. B. für einen Augenblick in eine fauchende Katze verwandelt, ihre Zunge meterlang wird, um einen attraktiven Mann abzuschlabbern oder sie von einem tanzenden Baby verfolgt wird, das sie schmerzhaft an ihren geheimen Wunsch erinnert, Mutter zu werden. Damit und mit vielen Soundeffekten, die Bewegungen unterstrichen, setzte die Serie Standards, die von vielen späteren Serien aufgenommen wurden.

Ally McBeal löste außerdem endlose Debatten aus über das Bild moderner, erfolgreicher Frauen am Ende des 20. Jh., das sie zeichnete, und die Frage, wie kurz ihre Röcke und wie schmal ihre Taillen sein dürfen. Sie machte aus Calista Flockhart einen Star und verschaffte Vonda Shepard, die auch die Titelmusik »Searching My Soul« sang, weltweite Konzertauftritte. Zu den Gaststars, die in der Serie auftraten, gehörten Elton John, Barry White, Al Green, Sting und Barry Manilow.

Mit der fünften Staffel hatte die gleichermaßen witzige wie bewegende Serie ihren Höhepunkt überschritten. Bis dahin hatten die Folgen nicht zuletzt von den Auftritten von Robert Downey, Jr. gelebt. Er musste jedoch, weil er wegen Drogendelikten verurteilt wurde, aussetzen und schließlich ganz ausscheiden: Die letzte Folge der vierten Staffel, in der Larry und Ally hätten heiraten sollen, musste kurzfristig umgeschrieben und mit vorproduzierten Szenen mit Larry fertig gestellt werden – sie trägt im Original noch den Titel »The Wedding«, obwohl hier niemand heiratet.

In den USA lief die Serie sehr erfolgreich zur Primetime. In Deutschland brauchte Vox zwei Anläufe: Den ersten Versuch mittwochs um 21.10 Uhr brach der Sender nach nur acht Folgen mit verheerenden Quoten ab. Ab April 1999 zeigte Vox die Serie erneut von vorn, jetzt dienstags um 22.00 Uhr, und steigerte den Marktanteil allmählich von miserabel über enttäuschend auf sehr akzeptabel. Auf diesem Sendeplatz wurde die Serie auch in Deutschland zum Dauerbrenner.

ALLYMANIA VOX

2000. »The Best Of Ally McBeal«. 13-tlg. US-Comedy-Drama-Serie von David E. Kelley (»Ally«; 1999).

Die Serie befasst sich mit den privaten Neurosen der Anwältin Ally McBeal (Calista Flockhart) und ihrer Freunde und Kollegen. Produzent Kelley schnitt fast ausschließlich private Handlungsstränge der Mutterserie *Ally McBeal* zu halbstündigen Folgen zusammen, warf Gerichtspassagen raus und fügte ein paar neue Szenen hinzu, die wohl für die Originalserie gedreht, aber nicht untergebracht worden waren.

Vox zeigte in einem Marathon am Silvesterabend 2000 alle 13 Folgen hintereinander, ein Jahr später wurden sie noch mal innerhalb von vier Tagen im Vorabendprogramm wiederholt.

DIE ALM PRO SIEBEN

2004. »Promischweiß und Edelweiß«. Realityshow mit Sonya Kraus und Elton.

Möchtegernprominente stellen sich der Herausforderung, einige Zeit in einer urigen Hütte in den Bergen zuzubringen und dort ein luxusfreies Bauernleben wie vor 100 Jahren zu führen. Zu den Probanden gehören, nicht immer gleichzeitig: René Weller, Detlef »D!« Soost, Kelly Trump, Daniel Lopes, Kader Loth, Diana Herold, Andrea Kempter, Lorenzo, Tatjana Gsell, Gunter Gabriel, Djamila Rowe und Nico Schwanz.

Die Zuschauer können niemanden herauswählen, aber bestimmen, wer eine Dschungelprüfung ... nein: wer der »Sepp des Tages« wird und irgendwelche fiesen Extraaufgaben erledigen muss, damit es z. B. warmes Essen für alle gibt. Natürlich mussten Bauern vor 100 Jahren nicht zwingend in Gülle baden, aber ohne das wäre es ja nur halb so ulkig. Eine gewisse Frau Kader Loth, die sich wohl Jahre vorher für »Penthouse« ausgezogen hatte, gerade erst bei *Big Brother* herausgewählt worden war und schon in einer »Promi«-Ausgabe vom *Frauentausch* auf einem Bauernhof leben musste, wurde am Ende zur Almkönigin gekürt.

Die Show verband die Grundidee von *Schwarzwaldhaus 1902* mit dem Ereignischarakter und B-Promi-Faktor der Dschungelshow *Ich bin ein Star – Holt mich hier raus*, war dabei aber ungleich trashiger. Pate stand vermutlich auch die US-Show *The Simple Life*, die Pro Sieben kurz zuvor gezeigt hatte.

Drei Wochen lang liefen täglich einstündige Live-Shows zur Primetime. Eigentlich hätte die Show nach zwei Wochen enden sollen, doch kurz vor dem geplanten Finale beschloss Pro Sieben spontan, wegen anhaltend guter Einschaltquoten die Herrschaften eine Woche länger auf der Alm zu halten. Anfang 2005 folgte das ähnliche Format *Die Burg*.

ALMENRAUSCH UND PULVERSCHNEE RTL

1993. 8-tlg. österr.-dt. Heimatserie von Franz Antel. Urlaub, Liebe, Intrigen und uneheliche Kinder in Tirol. Der Architekt Peter Berger (Chris Roberts) liebt Rosi (Mia Martin), deren Vater Franz Gmeiner (Max Grießer) die Pension »Gipfelblick« betreibt. Eigentlich ist sie ja die Tochter von Franz' Bruder Otto (Alfred Böhm), davon weiß Franz aber nichts. Franz' Frau Anni (Ida Krottendorf) hat im Gegenzug keine Ahnung, dass Franz einen unehelichen Sohn hat, der in München lebt. Nannerl (Gudrun Gollob) ist das Hausmädchen der Gmeiners. Derweil liebt Peter Berger die Amerikanerin Susan Delaware (Sabine Ziegler), die Franz bei der Finanzierung einer geplanten Seilbahn unterstützt. Gegnerin dieser Idee ist, im Gegensatz zu ihrem Neffen Bibi (Ottfried Fischer), Barbara Moser (Gaby Dohm) vom konkurrierenden Hotel »Klosterbräu«. Rosi liebt unterdessen den Architekten Klaus Vogel (Hans-Jürgen Bäumler). Gendarm Hias (Hias Mayer) sorgt für Recht und Ordnung, Ferdinand Grienederl (Heinz Petters) ist der Gemeindevorsteher. Inzwischen liebt Peter Berger seine Sekretärin Gerda (Claudia Roberts).

Nach dem Erfolg mit der ersten eigenproduzierten Serie *Ein Schloss am Wörthersee* versuchte RTL es hier noch einmal mit demselben Rezept: viel Heimat, viel Liebe, wenig Handlung, und wenn, dann hanebüchene, und ein Schlagersänger als Hauptdarsteller, diesmal Chris Roberts. Den Titelsong mit den Zeilen »Bei Almenrausch und Pulverschnee wünsch ich mir, dass ich dich einmal wiederseh« sangen jedoch die Kastelruther Spatzen.

Die früheren Werke von Regisseur und Koautor Franz Antel waren in den 80er- und frühen 90er-Jahren zuhauf im privaten Fernsehen zu sehen. Er hatte seit Jahrzehnten neben Heimatklassikern wie »Ohne Krimi geht die Mimi nie ins Bett« auch etliche Billigbumsfilme wie »Frau Wirtin hat auch einen Grafen« oder »Die liebestollen Dirndl von Tirol« gedreht, die RTL und Sat.1 damals jede Samstagnacht skrupellos und erfolgreich sendeten.

Die einstündigen Folgen liefen freitags zur Primetime.

ALPEN-INTERNAT ZDF

1992–1993. 12-tlg. schweiz. Schulserie, Regie: Hans Liechti (»Alpen-Lyzeum«; 1990–1991).

Im Nobelinternat im schweizerischen Avoriaz genießen Kinder reicher Eltern aus aller Welt unter der Leitung von Direktorin Catherine Bondy (Caroline Berg) eine konservative und strenge Erziehung.

Die Kühe in diesen Schweizer Bergen waren nicht lila, aber sonst fiel die Farbe gelegentlich auf. Koproduzent und Sponsor der Serie war die Firma Jacobs Suchard. Zwei Staffeln mit verschiedenen Schülerjahrgängen und 50-minütigen Folgen liefen um 17.55 Uhr, erst dienstags, 1993 mittwochs.

ALPENSAGA ZDF

1977–1980. 6-tlg. dt.-österr.-schweiz. Heimatserie von Wilhelm Pevny und Peter Turrini; Regie: Dieter Berner.

Die Geschichte eines Dorfs in Oberösterreich zwischen 1899 und 1945. Um die Jahrhundertwende geht es den Bauern schlecht. Der Jungbauer Huber (Hans Brenner) wehrt sich gegen Pläne des Großbauern Allinger (Helmut Qualtinger), eine Spiritusbrennerei zu bauen und dafür auf allen Feldern Kartoffeln anzubauen. Hubers Schwester heißt Anna (Linde Prelog), sein älterer Bruder Josef (Helmut Berger). Als der nach ein paar Jahren vom Dienst bei der Armee zurückkehrt, erkennt er den Ort kaum wieder. Im Ersten Weltkrieg verschärft sich die Lage dramatisch, den Hof führt jetzt die Huberbäuerin (Burgi Mattuschka).

Nach 1933 kommt es im Dorf zu politischen Auseinandersetzungen. Der Hof gerät in finanzielle Schwierigkeiten. Michl (Karl Kröpfl), der Sohn des Huberbauern, wird von den Nazis verhaftet, seine Schwester Maria (Elisabeth Stepanek), die mit dem Nazi Hubert (Manfred Lukas-Luderer) zusammen ist, der dank der SA im Dorf aufsteigt, macht sich auf die Suche nach ihm. 1945 kommt Hans Huber (Bernd Spitzer) aus Krieg und Gefangenschaft nach Hause. Im Huberhof sind mehrere Flüchtlinge einquartiert. Anna Huber hat den Hof über die schwerste Zeit gebracht. Hans beginnt mit dem Wiederaufbau.

Die Serie schildert anhand der Verwerfungen in dem Dorf die Ereignisse einschneidender Wendejahre in der österreichischen Geschichte. In Österreich löste vor allem die erste Folge große Aufregung aus: Verbände warfen der Serie vor, den Bauernstand zu diffamieren und »kommunistische Agitation« zu betreiben.

Die Reihe mit spielfilmlangen Folgen lief zwischen 1977 und 1980 in großen Abständen und wurde ab Juli 1982 als sechsteilige Serie im Wochenrhythmus wiederholt.

ALPHA ALPHA ZDF

1972. 13-tlg. dt. Science-Fiction-Serie von Wolfgang F. Henschel (Buch und Regie).

Der Studienrat Michael Dahlen (Karl-Michael Vogler) wird eher zufällig in eine geheimnisvolle Organisation hineingezogen, lässt sich zum Alpha-Agenten ausbilden und wird innerhalb kürzester Zeit zur Spitzenkraft. Gemeinsam mit seinem Kollegen Gamma (Arthur Brauss) erforscht er im Auftrag der Organisation übernatürliche Phänomene, fahndet nach Personen und Gegenständen, die sich auf unerklärliche Weise in Luft aufgelöst haben, schlichtet Auseinandersetzungen und bekämpft böse Wissenschaftler und fremde gegnerische Mächte, die den Weltfrieden gefährden. Eine weitere Mitarbeiterin ist Beta (Lilith Ungerer).

Die Computerstimme wird von Gisela Hoelter gesprochen. Die halbstündigen Folgen liefen mittwochs am Vorabend.

ALPHA 5 ARD

1981–1985. Halbstündige Computer-Spielshow für Kinder.

Zwei Schulklassen, die Teams Delta und Omega, spielen in einer Science-Fiction-Kulisse gegeneinander und fliegen in je einem Raumschiff zum Planeten Alpha 5; unterwegs müssen sie Aufgaben bewältigen. Die Siegerklasse ist beim nächsten Mal wieder dabei.

Moderiert wurde die Sendung von Claus Kruesken und Alphi, einem kleinen Roboter »der Klasse 45A«, der aussah wie ein runder Metallmülleimer mit dünnen, ausfahrbaren Ärmchen und nicht viel mehr konnte als rollen, mit den Augen blinzeln und sich um die eigene Achse drehen. Am Anfang trieb er auf einer Kiste mit den Preisen, die die Gewinner später bekamen, durchs Weltall.

33 Folgen liefen im Nachmittagsprogramm, zunächst in der Regel mittwochs, ab 1984 meistens am Donnerstag.

ALPHATEAM SAT.1

Seit 1997. »Die Lebensretter im OP«. Dt. Krankenhausserie.

Die Mitarbeiter der Hamburger Hansaklinik kämpfen Tag und Nacht um das Leben ihrer Patienten. Am Anfang gehören dazu der Chefarzt Dr. Rainer Schirmer (Franz-Hermann Hanfstingl), der jedoch schon nach einem halben Jahr wegen Überarbeitung aufgeben muss, der neue Chefarzt Dr. Uwe Carstens (Oliver Hermann), der verschlossene Oberarzt Dr. Eberhard Scheu (Hermann Toelcke), der dauerhaft geldknappe Macho Dr. Franz Pacek (Moritz Lindbergh), der Romantiker Dr. Joachim »Broti« Brotesser (Wolfgang Wagner), die weiteren Ärzte Christine Maibach (Mila Mladek), Heidi Schaller (Karen Böhne) und Christa Dehning (Nicole Boguth), der Arzt im Praktikum (AIP) Thomas Dethlefsen (Harry Blank), Oberschwester Gisela Ebert (Marlies Engel), die zugleich Autorität und Gesprächspartnerin für alle Leuten ist, die Schwestern Marion (Simone Ritscher-Krüger), Yasmin (Ilknur Boyraz), Katja (Chiara Schoras), Kerstin (Angela Quast) und Natalie (Karina Kraushaar), Oberpfleger Helmut Brenneke (Uwe Karpa), Pfleger Manolo (Oscar Ortega Sanchez) und Röntgenassistentin Hannah Akyaa (Joana Adu-Gyamfyi).

Die Geschichten sind wie in den meisten Krankenhausserien eine Mischung aus Patientenschicksalen und dem Privatleben des Personals. Außerdem gibt es eine rege Fluktuation. 1997 tritt die Chefärztin Dr. Elke Gassner (Heike Schroetter) an, 1998 folgen die Ärzte Martina Behrend (Ines Meyer-Kormes) und Julia von Siegk (Susanne Wilhelmina), die Schwestern Eike (Petra Einhoff) und Barbara (Anja Herden), Schwesternschülerin Lisa (Emily Wood), AIP Andreas Schenk (Matthias Kreß) und Laborassistent Ralf Hartmann (Adrian Linke), dem schon im nächsten Jahr Veronika Bleibtreu (Anja Topf) nachfolgt. Maibach, Dehning, Dethlefsen und Katja hören auf. 2000 kommen Carstens und Schaller bei einem Autounfall ums Leben.

Neuer Chefarzt wird Dr. Robert Voss (Herbert Trattnigg), ein unorthodoxer Anpacker, der mit der Verwaltungsdirektion auf Kriegsfuß steht. Neu ist auch Assistenzärztin Dr. Nasrin Fichtel (Proschat Madani). 2001 treten Schwester Dorothea (Nadja Engel) und Lernschwester Bine (Laura Osswald) ihren Dienst an, im nächsten Jahr quittieren Barbara, Broti und Pacek den ihren, und Dr. Farouk Bennacef (François Smesny) und Dr. Maria Jaspers (Patricia Schäfer) kommen dazu. Ein weiteres Jahr später folgen Dr. Lars Vonderwerth (Klaus Schreiber), Dr. Erich Burasch (Beat Marti), AIP Charlotte Marquardt (Christina Henny Reents) und der unsichere Pflegeschüler Till Peters (Björn Grundies).

Von der Urbesetzung sind 2005 nur noch Scheu, Ebert und Brenneke dabei, neu sind Verwaltungschefin Dr. Cordula Thiessen (Janette Rauch), Dr. Maik Borowski (Nils Nelleßen), Pfleger Sören Reimers (Daniel Aminati), Schwester Dunja (Winnie Böwe) und Schwesternschülerin Nelly (Sabine Menne). Scheu wird zum Chefarzt der Notaufnahme befördert.

Produktion und Ausstrahlung folgten dem amerikanischen Muster: Alljährlich wurden von September bis Mai 26 neue Folgen gezeigt, mit einer kurzen Pause im Winter und einer längeren Wiederholungsstrecke über die Sommermonate. Die einstündigen Folgen liefen donnerstags um 22.15 Uhr. Wann immer die *Harald Schmidt Show* pausierte, lief direkt nach der neuen Folge zusätzlich eine alte. Ab Herbst 2004, nachdem sich Sat.1 vom Format der Late-Night-Show verabschiedet hatte, war das jede Woche der Fall. Die beiden beliebten Charaktere Broti und Pacek bekamen nach ihrem Ausstieg im April 2002 ihre eigene Serie *Broti & Pacek*, die zwar abwechslungsreicher und witziger, aber weit weniger erfolgreich war als das *alphateam*. 2005 wanderte die Serie auf Dienstag zur gleichen Zeit. Im selben Jahr stellte Sat.1 die Produktion ein.

ALS AMERIKA NACH OLYMPIA KAM ZDF

1986. US-Historienfilm von Gary Allison und William Bast, Regie: Alvin Rakoff (»The First Olympics: Athens 1896«; 1984).

Zu den ersten Olympischen Spielen der Neuzeit 1896 in Griechenland waren auch die Amerikaner eingeladen. Der Film entstand anlässlich der Olympischen Spiele 1984 in Los Angeles. In Deutschland lief er 1986 erst als Zweiteiler, 1988 dann in vier Teilen.

ALS DAS JAHRHUNDERT JUNG WAR ARTE

1997. 12-tlg. dt. Geschichtsdokumentation von Dieter Franck, die mit Originalfilmmaterial Lebenswelt und Lebensgefühl des beginnenden 20. Jh. nachzeichnet. Lief kurz darauf auch im ZDF.

ALS DIE BILDER FLIMMERN LERNTEN ARD

→ Frühe Fernsehjahre

ALS DIE TIERE DEN WALD VERLIESSEN ARD

1993–1996. 39-tlg. europ. Zeichentrickserie nach dem Buch von Colin Dann (»Animals of Farthing Wood«; 1992–1995).

Als die Menschen ihren Thalerwald zerstören und damit ihre Lebensgrundlage vernichten, beschließen die Tiere, sich zu solidarisieren. Mit dem Fuchs als Anführer brechen Eule, Otter, Krähe, Wiesel, Kröte und die anderen in Richtung Weißhirschpark auf. Sie erleben unterwegs und später dort viele gefährliche Abenteuer, immer wieder bleiben Gefährten auf der Strecke.

19 öffentlich-rechtliche Sender aus 16 europäischen Ländern waren an der Produktion beteiligt, die eine Antwort auf Disney werden sollte, federführend waren WDR und BBC. Viele bekannte deutsche Schauspieler liehen den Tieren ihre Stimmen: Otto Sander sprach die Ratte Bulli, Udo Wachtveitl den jungen Fuchs Keck, Tommi Piper die Krähe, Martin Semmelrogge die Ratte Spicker. Die Musik komponierte Detlev Kühne, es spielte das WDR-Orchester.

Die halbstündigen Folgen liefen sonntags.

ALSO SAT.1

1993–1994. »Politik zum Mitreden«. Aktuelles Polit- und Talkmagazin mit Elke Schneiderbanger.

In Interviews und Filmbeiträgen werden die Themen der Woche angerissen, Chefredakteure großer Zeitungen und Magazine geben einen Ausblick darauf (sprich: auf den Aufmacher ihres jeweiligen Blatts). Beim Studiotalk mit mehreren Gästen, der jede Woche unter einem Schwerpunktthema steht, haben Fernsehzuschauer die Gelegenheit, sich per Telefon ins Gespräch einzuschalten. Coup der ersten Sendung war ein rares Interview von Heinz Klaus Mertes mit dem umstrittenen Steffen Heitmann, von dem Helmut Kohl damals glaubte, ihn zum Bundespräsidenten machen zu können.

Das Magazin lief sonntagmorgens um 11.00 Uhr.

ALSTERSTRASSE ARD

1963–1964. 4-tlg. dt. Familienserie.

Geschichten aus dem Leben der Bewohner der Alsterstraße an der Nordseeküste, in der u. a. Helmut (Ronni Fischer) mit seiner Oma Schmittchen (Martina Otto) lebt. Luise Binder (Victoria Naelin) führt ein Milchgeschäft, Eduard Plischke (Joachim Wolff) einen Zigarrenladen. Die halbstündigen Folgen liefen in allen regionalen Vorabendprogrammen.

ALT & DURCHGEKNALLT SAT.1

2003. Halbstündige Sketch-Comedy, die sich von anderen allein dadurch unterschied, dass in den Hauptrollen ausschließlich ältere Menschen zu sehen waren – was tatsächlich einen erstaunlich großen Unterschied ausmachte. Das Stammensemble bestand aus Dorothea Walda, Andrea Brix, Carl Heinz Choynski, Achim Wolff und Philipp Sonntag.

Neun Folgen, die keineswegs so durchgeknallt waren wie der Titel, liefen freitags um 22.45 Uhr.

DER ALTE ZDF

Seit 1977. Dt. Krimiserie.

Erwin Köster (Siegfried Lowitz) ist Kommissar bei der Münchner Mordkommission. Ein grantiger Alter, der eigenwillige Wege geht und lieber unverständlich vor sich hin brummelt, als seine Gedankengänge seinen Kollegen mitzuteilen. Wenn Verdächtige ihm dumm kommen und ihn anlügen, lügt er zurück, blufft, spiegelt falsche Tatsachen vor und bringt sie so zum Geständnis – oder wenigstens zur Kurzschlusshandlung, die sie verrät. Köster geht nicht immer den Weg, seine Marke zu zeigen, um an Informationen zu kommen, sondern gibt sich auch mal als jemand anders aus und kommt so an sein Ziel.

Die Alleingänge verärgern seinen Vorgesetzten, Kriminalrat Franz Millinger (Henning Schlüter). Die Mitarbeiter des Alten sind Kriminalhauptmeister Gerd Heymann (Michael Ande) und Inspektor Martin Brenner (Jan Hendriks). Es ist weniger eine Zusammenarbeit als eine Zuarbeit: Köster zieht sein Ding durch, Heymann und Brenner besorgen hauptsächlich Informationen (im Unterschied zu *Derrick* hat der *Alte* also gleich zwei Harrys). Weitere Kollegen sind Löwinger (Jan Meyer) und Maier Zwo (Wolfgang Zerlett). Das Privatleben des Kommissars spielt kaum eine Rolle, er hat aber eins: Köster ist geschieden, Anna Gautier (Xenia Pörtner) ist seine Lebensgefährtin. Anfang 1986 wird Köster durch den Schuss eines Mörders tödlich verletzt.

Sein Nachfolger als Leiter der Mordkommission München II wird der Augsburger Leo Kress (Rolf Schimpf), der gleich seinen Assistenten Henry Johnson (Charles Muhamad Huber) von dort mitbringt. Brenner wurde gerade in eine andere Mordkommission versetzt, auch diese Stelle war also frei. Heymann ist nach wie vor dabei. Die Atmosphäre im Revier hat sich etwas verändert. Vor allem Heymann war Köster immer mit großem Respekt begegnet und siezte ihn. Den neuen Chef duzen schon nach kurzer Zeit alle. Kress ist ein besonnener Mann, der die Fälle mit Ruhe und Gelassenheit angeht und zwar genauso dickköpfig sein kann wie sein Vorgänger, aber nicht so wirkt. Er ist ebenfalls geschieden und hat eine erwachsene Tochter namens Sabine (Bettina Redlich), die in den ersten Jahren gelegentlich mal auftaucht.

Löwinger und Maier Zwo verschwinden, und zwei weitere Neue rücken in den Vordergrund: Der Polizeiarzt (Ulf J. Söhmisch), der immer nur »Doktor« genannt wird, stellt Todesursache und -zeitpunkt fest und hat zuvor schon mit Köster zusammengearbeitet; der junge Werner Riedmann (Markus Böttcher) vom Ermittlungsdienst sichert jetzt die Spuren. Seine Rolle wird im Lauf der Jahre immer größer. Johnson verlässt im Frühjahr 1997 die Kripo, sein Nachfolger wird ab Folge 226 Axel Richter (Pierre Sanoussi-Bliss).

Der Alte wurde von Helmut Ringelmann produziert und war der Ersatz für dessen vorherige Serie *Der Kommissar*. Im Unterschied zu den Ringelmann-Serien *Der Kommissar* und *Derrick* verfassten aber verschiedene Autoren die Bücher. Oliver Storz und

Der alte *Alte:* Siegfried Lowitz befragt Gaststar Karin Baal, im Hintergrund erfüllt Jan Hendriks seine Anwesenheitspflicht.

Der neue *Alte:* Rolf Schimpf (rechts) löst seinen ersten Fall, Michael Ande (links) und Charles Muhamed Huber gucken traurig, weil sie selbst gern mal die Hauptrolle bekommen hätten.

Jochen Wedegärtner schrieben das erste, die meisten stammten von Volker Vogeler, Axel Willschrei oder Alfred Vohrer.

Der Alte war als Person und als Serie weit weniger konservativ als sein Vorgänger; bereits im ersten Jahr löste er Zuschauerproteste aus, weil er auch mit nicht legalen Methoden vorging, was beim *Kommissar* undenkbar gewesen wäre. Noch größer war die Aufregung allerdings, als der neue Assistent Johnson auftrat: ein Schwarzer! Dass dies »unrealistisch« sei, war noch der harmloseste Vorwurf, aus Zuschauerpost flossen kübelweise Hass und Rassismus. Ausgerechnet die »Bild«-Zeitung versuchte zu vermitteln und tat 1986 einen schwarzen Kriminalbeamten bei der Münchner Mordkommission auf, Überschrift: »Inspektor Henry – bei der Münchner Kripo gibt's ihn wirklich«.

Nach genau 100 Folgen hatte Hauptdarsteller Lowitz keine Lust mehr, und mit dem Wechsel zu Rolf Schimpf wechselten neben dem größten Teil des Teams auch die Titelmusik (die der Köster-Folgen stammte von Peter Thomas, die neue von Eberhard Schoener) sowie Tempo und Tonfall der Serie. Alles wurde etwas mehr wie *Derrick:* Langatmige Dialoge, endlose Wiederholungen, unglaubwürdige Gesichtsausdrücke, und man hatte den Eindruck, in jeder dritten Folge spiele Evelyn Opela eine Gastrolle (tatsächlich war sie von 1986 bis 1993 in neun Folgen dabei, immer in einer anderen Rolle, so oft wie niemand sonst). Opela und Produzent Ringelmann hatten 1986 geheiratet.

Dennoch knüpften die neuen Folgen an den alten Erfolg an. Rolf Schimpf blieb sogar noch länger im Amt und machte die Serie zu einer der langlebigsten im deutschen Fernsehen. Unter Titeln wie »The Old Fox«, »El Viejo« oder »Lenard« wurde sie in mehr als hundert Länder verkauft. Zwar kündigte Hauptdarsteller Schimpf Ende der 90er-Jahre in den Medien mehrfach seinen Abschied an, überlegte es sich aber offenbar anders. Im Dezember 2004 feierte die Serie ihre 300. Folge. Kurz zuvor war Schimpf 80 Jahre alt geworden.

Der Alte begann mit einem 90-minütigen Pilotfilm am Ostermontag 1977. Beim ZDF hatte man zuvor lange überlegt, ob man den Zuschauern an einem solchen Feiertag einen »harten Krimi« zumuten könne. Alle weiteren Folgen dauerten eine Stunde und liefen für den Rest des Jahres etwa einmal im Monat sonntags, ab 1978 im Wechsel mit anderen Dauerbrennern wie *Derrick* oder *Ein Fall für zwei* auf dem Freitagstermin um 20.15 Uhr.

DAS ALTE DAMPFROSS ZDF
1978. 12-tlg. brit. Jugendserie von Peter Whitbread (»The Flockton Flyer«; 1977–1978).

Die Familie Carter übernimmt eine Eisenbahnstrecke und renoviert das alte Dampfross »Flockton Flyer«. Alle fassen mit an: Vater Bob (David Neal), Mutter Kathy (Sheila Fearn) und die Kinder Jimmy (Peter Duncan), Jan (Gwyneth Strong) und Jessica (Annabelle Lanyon; später: Catrin Strong). Mit Hilfe von Bill Jelly (Geoffrey Russell) und dem erfahrenen Commander Frost (Anthony Sharp) schaffen sie es, auch größere Probleme und Feindseligkeiten der Nachbarn zu überwinden und nebenbei noch ein paar Bösewichter zu schnappen, die die Gegend unsicher machten.

Die Folgen waren jeweils 25 Minuten lang und liefen samstags gegen 15 Uhr.

ALTE GAUNER ZDF
1985. 8-tlg. dt. Episodenreihe von Karl Wittlinger. Abgeschlossene Geschichten mit wechselnden Rollen und Darstellern, darunter Harald Leipnitz, Edda

Seippel, Klaus Schwarzkopf, Johannes Heesters, Brigitte Horney und Karin Baal.

DAS ALTE HOTEL ARD
1963–1964. 6-tlg. Hotelserie von Jörg Mauthe, Regie: Walter Davy.
Der Studienrat Sesselbein (Theo Lingen) lässt sich von seinem Dienst in einer Mädchenschule in Norddeutschland beurlauben, weil er in Wien von seiner verstorbenen Schwester ein Hotel geerbt hat. Eigentlich möchte er den Laden so schnell wie möglich verkaufen, doch dann begegnet er Frau von Wollinger (Jane Tilden) und bleibt. Zum Personal gehören Direktrice Marianne (Karin Heske), Hausdiener Karl (Rudolf Carl), die Zimmermädchen Josefa (Helli Servi), Hermi (Francis Martin) und Nana (Rosl Dorena); Gäste sind die reiche Amerikanerin Lilian Grill (Gretl Schörg) und der junge Maler Norbert (Matthias Fuchs). Dr. Schwengel (Hans Thimig) ist der Notar.
Die halbstündigen Folgen liefen in allen regionalen Vorabendprogrammen.

ALTE LIEBE KOSTET NICHTS ARD
1983. 12-tlg. brit. Sitcom von Vince Powell, Regie: Stuart Allen (»Young At Heart«; 1980).
Sein Leben lang hat Albert Collyer (John Mills) aus Stoke-on-Trent in England gearbeitet. Jetzt ist er 65 und muss – ob er will oder nicht – in den Ruhestand gehen. Was macht man da, wenn man sich eigentlich nur für Fußball und den Pub interessiert? Mit dem Nachbarehepaar Barbara (Carol Leader) und Norman Charlton (David Neilson) reden, sich gelegentlich von den Enkeln besuchen lassen, sich über die kleine Rente beklagen, Pfeife rauchen und seiner Frau Ethel (Megs Jenkins) im Weg sein.
Sir John Mills, 72 Jahre alt, sang selbst den Titelsong. Eine dritte Staffel der in Großbritannien vor allem unter Rentnern beliebten Comedy war in Deutschland nicht zu sehen. Die halbstündigen Folgen liefen im regionalen Vorabendprogramm.

DER ALTE RICHTER ZDF
1971. 12-tlg. österr. Serie von Fritz Eckhardt, Regie: Edwin Zbonek.
Der pensionierte Oberlandesgerichtsrat Dr. Daniel Westermeier (Paul Hörbiger) zieht aus Wien in seinen Geburtsort Pichelshofen und mischt die Kleinstadt sofort richtig auf. Als Erstes – und immer wieder – legt er sich mit dem Sägewerksbesitzer Karl Huml (Herbert Propst) an, der mächtigen grauen Eminenz im Ort. Bürgermeister von Pichelshofen ist der entscheidungsschwache Alois Maier (Herbert Prikopa) – aber nicht lange: Westermeier sorgt dafür, dass die Marionette Humls durch den beliebten Schuldirektor Otto Höllerl (Gustav Dieffenbacher) abgelöst wird. Westermeiers Wirtschafterin ist Serafina Vogl (Gusti Wolf).
Die einstündigen Folgen liefen monatlich samstags um 18.45 Uhr, ab der zweiten Staffel in Farbe. Eine weitere Staffel kann nicht zustande, weil Hörbiger einen Herzinfarkt erlitt.

ALTE STÄDTE – NEUE SPIELE ARD
1968–1969. Arnim Dahl nimmt Kinder mit in malerische alte süddeutsche Städte, erzählt dabei von der Geschichte der Städte und veranstaltet Wettspiele. Die Sendungen waren 40 Minuten lang und liefen nachmittags.

DIE ALTE WALZE ARD
1962–1964. 25-minütige Musiksendung mit verschiedenen Künstlern und ihren Liedern sowie einem Leierkastenmann und seinem Äffchen. Sechs Ausgaben liefen in loser Folge im regionalen Vorabendprogramm, zunächst im Südwesten. Sie wurden zum Teil erst ein Jahr später in anderen Regionen gezeigt.

ALTER SCHÜTZT VOR ROTLICHT NICHT ARD/ZDF, BR
1990. »Sicherheit für Senioren«. Ratgeberreihe, die alten Menschen Tipps gibt, wie sie sich in der Stadt, auf dem Fahrrad, mit dem Auto oder vor dem Urlaub verhalten sollen.
Dem Titel nach zu urteilen wandte sie sich vor allem an »Senioren«, die schon so senil waren, dass sie dachten, ab dem Rentenalter würden bei Annäherung alle Ampeln automatisch auf Grün umspringen. Aber so blöd sind dann doch nur Fernsehredakteure.
Fünf viertelstündige Sendungen liefen im gemeinsamen Vormittagsprogramm von ARD und ZDF, der BR zeigte noch mehr.

ALTERNATIVEN ZDF
1969–1972. Reihe, die Alternativen zur deutschen Lebensart vorstellt, Dinge, die in anderen Ländern anders geregelt werden: Eine Folge zeigt die schwedische Institution des Ombudsmanns, eine andere die britische Berufsarmee, die ohne Wehrpflicht auskommt. Autoren, Längen und Sendeplätze wechselten.

ALTERNATIVES LEBEN ARD
1980. 5-tlg. Doku-Reihe über die Möglichkeiten, alternativ zu leben. Vorgestellt werden u. a. zwei Kollektive, die Tageszeitung »taz« und mehrere Selbsthilfeprojekte. Die Folgen mit je 45 Minuten Länge liefen sonntags.

ALTES HAUS WIRD WIEDER JUNG ARD
1970. »Jugend schafft sich Freizeiträume«. 6-tlg. Bastelreihe mit Max Sauter, der in jeder Folge an einem Beispiel mit praktischen Heimwerker- und Renovierungstipps zeigt, wie Jugendliche sich ihre Freizeittreffs selbst ausgestalten.
Die Folgen dauerten jeweils 20 Minuten und wurden nachmittags ausgestrahlt.

AM DIENSTAGABEND ARD
1954. Oberbegriff für eine Sendereihe, die hauptsächlich aus dem Reportagemagazin *Zeitgeschehen – ferngesehen* bestand, gelegentlich aber auch besinnliche Kurzfilme für Musikfreunde zeigte.

AM ENDE DER WELT ZDF
1975. 13-tlg. tschechoslowak. Jugendserie nach der Novelle »Der Bruder des schweigenden Wolfes« von Klara Jarunkova (»My z konce světa«; 1975).
Der zwölfjährige Georg, genannt Jurko (Jiři Masa), und seine beiden Bernhardinerhunde Barry und Bojar leben in der Hohen Tatra im Osten der Tschechoslowakei, wo Jurkos Vater (Radovan Lukavský) und Mutter (Zdena Hadrbolcová) einen Berggasthof betreiben. Gabi (Radka Jandácová) ist seine kleine Schwester, Wolf (Oldřich Vizner) sein großer Bruder und Christian (Josef Vytasil) sein bester Freund. Jurko bewundert Wolf – bis er in dessen Tagebuch von seinen Selbstmordabsichten liest.
Das Drehbuch schrieb *Pan Tau*-Autor Ota Hofman mit seiner Frau Irena. Die Folgen waren 30 Minuten lang.

AM FUSS DER BLAUEN BERGE ARD
1959–1970. 52-tlg. US-Westernserie (»Laramie«; 1959–1963).
Slim Sherman (John Smith) hat von seinem Vater eine Ranch in Laramie im US-Bundesstaat Wyoming geerbt. Gemeinsam mit seinem Partner Jess Harper (Robert Fuller) betreibt er dort eine Pferdewechselstation des Postkutschendienstes. In den ersten Folgen geht ihnen der Vormann Jonesy (Hoagy Carmichael) zur Hand. Andy (Bobby Crawford, Jr.) ist Slims jüngerer Bruder. Später nehmen Slim und Jess den Waisenjungen Mike (Dennis Holmes) bei sich auf und engagieren die Haushälterin Daisy Cooper (Spring Byington).
Robert »Bob« Fuller wurde mit dieser frühen Westernserie einer der beliebtesten Fernsehstars in Deutschland. Die Episoden waren 45 Minuten lang und liefen wie viele Serien damals ohne festen Sendeplatz und in loser Folge, einige Male am Samstagnachmittag. Die Premiere Ende 1959 war eine einzelne Folge unter dem Titel »Ein Film aus dem Wilden Westen«. Erst ab März 1960 wurden die weiteren Folgen als *Am Fuß der blauen Berge* ausgestrahlt, einzelne Folgen wurden dennoch weiterhin nur unter dem ersten Titel angekündigt. Ab 1969 wurde die Serie in Farbe gezeigt. Die meisten der 124 Originalfolgen waren in Deutschland nicht zu sehen.

AM GRÜNEN STRAND DER SPREE ARD
1960. 5-tlg. dt. Episodenreihe von Fritz Umgelter und Reinhart Müller-Freienfels nach dem gleichnamigen Roman von Hans Scholz, Regie: Fritz Umgelter.
Die alten Freunde Fritz Georg Hesselbart (Bum Krüger), Hans Schott (Werner Lieven), Hans Joachim Lepsius (Malte Jaeger) und Bob Arnoldis (Günter Pfitzmann) treffen sich in der Berliner »Jockey-Bar« und erzählen sich Geschichten von früher.
Jede Folge stellte eine andere Episode dar, die mit wechselnden Hauptfiguren in Rückblenden gezeigt wurden. Die vier Freunde bildeten nur die Rahmenhandlung. Die Reihe lief vierzehntägig dienstags um 20.20 Uhr.

AM GRÜNEN TISCH ARD
1953. »Eine gänzlich unbürokratische Angelegenheit«. 3-tlg. Erklärreihe mit Hans-Peter Rieschel und dem ehemaligen Amateurbillardmeister Werner Sorge, die das Billardspiel erläutern.

AM LAUFENDEN BAND ARD
1974–1979. Große Samstagabend-Spielshow mit Rudi Carrell.
Vier Kandidatenpaare spielen gegeneinander. Jedes Paar besteht aus Mitgliedern unterschiedlicher Generationen einer Familie. In den ersten Runden müssen die Kandidaten in immer anderen Spielen Improvisationstalent, Menschenkenntnis, Erinnerungsvermögen oder Kreativität demonstrieren, außerdem in Stegreifsketchen Spontaneität und Schlagfertigkeit. Die Paare scheiden im K.-o.-System aus, das Siegerpaar spielt in der Finalrunde gegeneinander und muss Fragen zur *Tagesschau* beantworten, die vor der Sendung gelaufen ist. Die Fragen stellt ein echter ARD-Nachrichtensprecher. Der Sieger nimmt vor einem Laufband Platz, auf dem verschiedene kleinere Gegenstände oder Symbole vorbeilaufen. Alles, was der Kandidat davon hinterher richtig aufzählen kann, darf er mit nach Hause nehmen. Hinter den Symbolen verbergen sich auch größere Preise wie Reisen und jeweils ein Überraschungspreis, der durch ein Fragezeichen symbolisiert wird.
Das Fragezeichen war der einzige Gegenstand, der immer auf dem Laufband war, entsprechend konnte es recht bald von jedem Kandidaten genannt werden. Ein anderes Symbol war z. B. ein Globus, auf dem der Kandidat blind auf eine Stelle tippen sollte, um eine Reise zu diesem Ziel zu gewinnen. Gleich nach der ersten Sendung kam es wegen eines solchen versteckten Gewinns zu gewaltiger Empörung wegen Vergeudung von Fernsehgebühren. Die Kandidatin sollte blind auf eine beliebige Seite des Branchentelefonbuchs tippen. Hätte sich an dieser Stelle beispielsweise der Eintrag eines Arztes befunden, hätte sie ein Jahr lang die Krankenversicherungsbeiträge erstattet bekommen. Dort stand aber die Adresse eines Immobilienmaklers. Carrell wusste zunächst nicht so genau, was er jetzt tun solle, und die Kandidatin weigerte sich, noch einmal neu hineinzutippen. Also versprach er ihr ein kleines Grundstück.
Der Niederländer Rudi Carrell schaffte mit dieser Show, die etwa monatlich lief, seinen großen Durchbruch in Deutschland und wurde für Jahrzehnte einer der beliebtesten Fernsehstars. Immer mit dabei war Heinz Eckner, der als Assistent die Kandidaten in die schalldichte Kabine führte und als Sketchpartner den lustigen Dicken gab. Viele prominente Gäste hatten Kurzauftritte als Bestandteil von Spielrunden. Zu Beginn sang Rudi Carrell für die arbeitende, fernsehschauende Bevölkerung immer: »Wir schaffen täglich am laufenden Band, fühlen uns kläglich am laufenden Band. Und sind dann abends total abgespannt, das ist nichts Neues für dich und für mich. Man kann doch auch lachen am laufenden Band.

Und Witze machen am laufenden Band.« Dabei lief er über das laufende Band. Insgesamt 51 Folgen strahlte die ARD aus. Verantwortlicher Produzent war Alfred Biolek. Das laufende Band reaktivierte Carrell später in seiner RTL-Show *Die Post geht ab*.

AM LIEBSTEN MARLENE ZDF
1998–1999. 21-tlg. dt. Arztserie von Werner Lüder.
Dr. Marlene Milde (Kathrin Waligura) arbeitet als Ärztin in der Praxis von Professor Schärf (Stefan Wigger) im Ostteil Berlins. Sie hat einen 17-jährigen Sohn namens Oliver (Alexander Eisenfeld), lebt aber von dessen Vater, Stefan Ried (Gerhard Acktun), getrennt und ist mit Bernd Hennes (Martin Lindow) zusammen. Regina Milde (Eva Maria Bauer) ist ihre Mutter. In ihrer Freizeit arbeitet Marlene bei der Bahnhofsmission. Ihre Kollegen dort sind Schwester Katharina Kern (Barbara Dittus), deren Mann Erich (Otmar Richter) sowie Rüdiger (Matthias Wien). Wilm (Axel Werner) und Charly (Ygal Gleim) sind Obdachlose, die Marlene betreut.
Hauptdarstellerin Waligura spielte vor und nach dieser Serie eine sehr ähnliche Titelrolle in der Sat.1-Serie *Für alle Fälle Stefanie*. Marlene ist aber, anders als Stefanie, eine öffentlich-rechtliche Serienfigur und muss sich deshalb nicht nur mit Krankheiten, sondern auch mit großen gesellschaftlichen Problemen herumschlagen und regelmäßig am erhobenen Zeigefinger operieren. Für Eva Maria Bauer bestand die Herausforderung darin, in einer Arztserie dabei zu sein, ohne eine Oberschwester zu spielen.
Die 50-Minuten-Folgen liefen donnerstags um 19.25 Uhr.

AM MESSESTAND DER GUTEN LAUNE DFF
→ Messestand der guten Laune

AM RANDE DER FINSTERNIS ARD
1989. 6-tlg. brit. Umweltthriller von Troy Kennedy Martin, Regie: Martin Campbell (»Edge Of Darkness«; 1985).
Der Polizist Ronald Craven (Bob Peck) untersucht den Mord an seiner Tochter Emma (Joanne Whalley) in Yorkshire. Sie hatte Verbindungen zu einer Umweltaktivistengruppe namens Gaia, die eine heimlich als Atommülllager genutzte alte Zeche entdeckt hatte. Gemeinsam mit dem zynischen texanischen CIA-Agenten Darius Jedburg (Joe Don Baker) stellt Craven Nachforschungen an, kämpft gegen die Beamten Pendleton (Charley Kay) und Harcourt (Ian McNiece) und deckt einen Skandal und eine von der Atommafia organisierte Verschwörung von gigantischen Ausmaßen auf. Er überlebt den Fall nicht.
Der düstere Thriller passte in die Endzeitstimmung Großbritanniens Ende der 80er-Jahre. Er wurde dort eines der erfolgreichsten Seriendramen aller Zeiten, innerhalb von vier Wochen wiederholt und mit Preisen überhäuft. Die bedrückende Filmmusik von Michael Kamen spielte Eric Clapton.
Die einstündigen Folgen liefen bei uns montags um 20.15 Uhr.

AM ZOO 64 ZDF, KI.KA
2000 (ZDF); 2001–2002 (KI.KA). 52-tlg. dt.-frz. Zeichentrickserie für Kinder von Keith Brompton und John Grace, Regie: An Vrombaut.
Der Elefant Nelson, eine Giraffe und andere Tiere erzählen Geschichten aus Afrika. Alle Folgen liefen samstagmorgens im ZDF, die zweite Staffel jedoch zuerst im KI.KA.

AMADO & ANTWERPES WDR
1999–2001. »Talkshow für Genießer«. Etwa monatlich zur Primetime talken die Moderatorin Marijke Amado und der damalige Kölner Regierungspräsident Franz-Josef Antwerpes 90 Minuten lang mit Gästen.
Nach 15 Ausgaben wurde die Talkshow eingestellt – offiziell wegen der »hohen Terminbelastung« von Franz-Josef Antwerpes. Es gab aber auch Spekulationen, dass sich Antwerpes und Amado regelmäßig gefetzt hätten.

AMANDA & BETSY ZDF
1994–1999. »Es ist nicht leicht, erwachsen zu werden«. 51-tlg. kanad. Kinderserie (»Ready Or Not«; 1993).
Die Freundinnen Amanda Zimm (Laura Bertram) und Betsy Ramone (Lani Billard) lernen das Leben kennen, wachsen zu Teenagern heran und kämpfen sich durch die Pubertät. Die Folgen waren jeweils 25 Minuten lang und liefen vormittags.

AMANDAS STILLES HAUS ARD
1986. 13-tlg. US-Sitcom (»Amanda's«; 1983).
Amanda Cartwright (Bea Arthur) führt ein altmodisches Hotel an der Pazifikküste, das »Amanda's-by-the-Sea«. Ihr Personal, mit dem sie sich herumschlagen muss, besteht aus ihrem Sohn, dem gelernten Hotelmanager Marty (Fred McCarren), dessen verwöhnter Frau Arlene (Simone Griffeth), dem überforderten ausländischen Hoteljungen Aldo (Tony Rosato) und dem Koch Earl Nash (Rick Hurst).
Uninspirierte und erfolglose Adaption des britischen Klassikers *Fawltys Hotel* – trotz der Hauptdarstellerin Beatrice Arthur, die später zu den *Golden Girls* gehörte.
Die halbstündigen Folgen liefen im regionalen Vorabendprogramm.

AMAZONAS – GEFANGENE DES DSCHUNGELS PRO SIEBEN
2001–2002. 21-tlg. US-Abenteuerserie von Peter Benchley (»Peter Benchley's Amazon«; 1999–2000).
Der Arzt Dr. Alex Kennedy (C. Thomas Howell), Karen Oldham (Carol Alt), Andrew Talbott (Rob Stewart), Will Bauer (Tyler Hynes), die Opernsängerin Pia Claire (Fabiana Udenio) und der Teenager Jimmy Stack (Chris Martin) sind die einzigen Überlebenden eines Flugzeugabsturzes im Amazonasgebiet. Von den Rettungsmannschaften werden sie übersehen, also kämpfen sie fortan gemeinsam in der Wildnis ums Überleben.

Die Folgen waren eine knappe Stunde lang. Sie liefen sonntagnachmittags.

AMERICA WDR
1974. »Eine persönliche Geschichte der Vereinigten Staaten«. 13-tlg. brit. Doku-Reihe von Alistair Cooke, in der der langjährige Chefkorrespondent der Tageszeitung »The Guardian« die politische, soziologische, kulturelle und technische Entwicklung der USA über fünf Jahrhunderte erzählt.
Lief zuerst in den Dritten Programmen und 1975 auch im Ersten.

AMERICAN CAMPUS – REIF FÜR DIE UNI PRO SIEBEN
2003. 17-tlg. US-Sitcom von Judd Apatow (»Undeclared«; 2001–2002).
Steven Karp (Jay Baruchel) freut sich aufs College: Endlich ist er kein Loser von der Highschool mehr. Zusammen mit seinen Mitbewohnern, dem klugen und sarkastischen Ron Garner (Seth Rogen), dem musikalischen Marshall Nesbitt (Timm Sharp) und dem attraktiven Briten Lloyd Haythe (Charlie Hunnam) plant er das – hoffentlich! – coole Studentenleben. Gegenüber wohnen die Mädchen Lizzie Exley (Carla Gallo), die Steven die Jungfräulichkeit raubt, aber leider einen Freund hat, und Rachel Lindquist (Monica Keena). Der Start in die große Freiheit beginnt mit einem Rückschlag: Stevens Vater Hal (Loudon Wainwright) taucht auf und erklärt, dass er sich scheiden lässt. Später stellt sich heraus, dass er dafür lieber schon mal Geld spart, statt es für Studiengebühren auszugeben. Steven muss jobben gehen.
Pro Sieben zeigte die Folgen in lustig durcheinander gewürfelter Reihenfolge samstags um 16.00 Uhr.

AMERICAN GLADIATORS RTL, DSF
1992–1994 (RTL); 1999–2001 (DSF). US-Actionshow (»American Gladiators«; 1989–1996).
Jeweils zwei männliche und weibliche Herausforderer treten in mehreren Spielrunden gegen eine Gruppe von Muskelbergen (männlichen wie weiblichen) an. Es geht um Kraft, Sport und Geschicklichkeit. Die erzielten Punkte werden im Finalspiel, einem Hindernislauf namens »The Eliminator«, in Vorsprung für den führenden Kandidaten umgewandelt. In Deutschland moderierte das Spektakel anfangs eine witzig gemeinte Gummipuppe namens Joe Kutowski, eine Art Parodie auf Arnold Schwarzenegger.

AMERICAN GOTHIC – PRINZ DER FINSTERNIS RTL 2
1998. 22-tlg. US-Mysteryserie von Shaun Cassidy (»American Gothic«; 1995–1996).
In der Kleinstadt Trinity kämpfen Gut und Böse gegeneinander. Der von den Mächten des Bösen besessene Sheriff Lucas Buck (Gary Cole) tyrannisiert die Stadt und mordet skrupellos. Die Teenagerin Merlyn Temple (Sarah Paulson) gehört samt ihren Eltern zu seinen Opfern. Ihren Bruder Caleb Temple (Lucas Black) nimmt er daraufhin zu sich. Caleb ist das Produkt einer Vergewaltigung, die der Sheriff begangen hat, also dessen Sohn. Auf der Seite des bösen Sheriffs ist die Lehrerin Selena Coombs (Brenda Bakke); sein Deputy Ben Healy (Nick Searcy) hat nichts zu melden. Gegner des Sheriffs sind Calebs Schwester, die Reporterin Gail Emory (Paige Turco), Dr. Matt Crower (Jake Weber) und die ermordete Merlyn, die ihrem Bruder als Geist erscheint und ihn zu beschützen versucht.
Die einstündigen Folgen liefen mittwochs nach 22.00 Uhr.

AMERICAN HIGH – HIER STEIGT DIE PARTY PRO SIEBEN
2004. 13-tlg. kanad. Comedyserie von Henry Pincus (»The Sausage Factory«; 2000).
Die vier besten Freunde Zack (Adam Brody), Gilby (Johnny Lewis), J. C. (Kenneth Fisher) und Ted (Adam Frost) schlagen sich mit den Dingen herum, um die es für Highschool-Kids geht. Also Sex. Zack liebt Lisa (Andi Eystad), der reiche Ted ist mit Nancy (Kristen Renton) zusammen, auf J. C. stehen ältere Frauen – aber wenigstens steht jemand auf ihn, und Klassenclown Gilby hat ja das Internet.
Die Serie lief samstagnachmittags.

AMERIKA, AMERIKA ARD
→ Gerd Ruge unterwegs

DER AMERIKANER ARD
1989. 3-tlg. ital. Krimi von Giacomo Battiato (»Il cugino americano«; 1986).
Die Cousins Julian (Brad Davis), italienischstämmiger Amerikaner, und Giuliano Salina (Tony Lo Bianco), Richter in Sizilien, werden in die Geschäfte der Mafia hineingezogen. Julians Vater Joseph (Michael V. Gazzo) wurde entführt; um den Vater zu retten, soll Julian seinen Cousin töten.

DER AMERIKANISCHE BÜRGERKRIEG ARD
1965. »Dokumentation einer historischen Wende«. 3-tlg. Geschichtsdokumentation von Wilhelm Bittorf, die den kompletten Zeitraum von der Unabhängigkeit der USA bis zur Bürgerrechtsbewegung des 20. Jh. umfasst und zwischendurch ausführlich auf den Konflikt zwischen den Nord- und Südstaaten eingeht.

EINE AMERIKANISCHE FAMILIE ARD
1979–1981. 49-tlg. US-Familienserie von Jay Presson Allen (»Family«; 1976–1980).
Familie Lawrence gehört zur oberen Mittelschicht. Vater Doug (James Broderick) ist Anwalt, Mutter Kate (Sada Thompson) Hausfrau und Mutter. Tochter Nancy (Elayne Heilveil; ab Folge 7: Meredith Baxter-Birney) war eigentlich schon verheiratet und aus dem Haus, doch dann wird sie von ihrem Mann Jeff Maitland (John Rubinstein) betrogen, verlässt ihn, kommt zur Familie zurück und zieht mit ihrem Baby Timmy (Michael David Schackelford) ins

Gästehaus. Die anderen Lawrence-Kinder sind der 17-jährige Willie (Gary Frank) und seine vier Jahre jüngere Schwester Letitia, genannt Buddy (Kristy McNichol). Es passiert, was jeder Familie in ihrem ganz normalen Alltag widerfährt: Teenager Willie erlebt seine erste Liebe, mit einer verheirateten Frau, und heiratet dann ein Mädchen, das unheilbar krank ist; Buddy brennt durch und kommt zurück; Kate erkrankt an Brustkrebs, Doug erblindet, beide werden geheilt und adoptieren das Waisenkind Annie (Quinn Cummings). Und wer das nicht für das wahre Leben hält, hat nie *Unsere kleine Farm* gesehen.

Die Produzenten der Serie (darunter Aaron Spelling, Edward Zwick und Leonard Goldberg) mussten einige Jahre mit der Idee hausieren gehen – den US-Sendern erschien die Serienfamilie zu gut erzogen, zu gut gekleidet, zu lebensnah (!) und überhaupt zu gut fürs Fernsehen. Schließlich entschloss sich ABC doch, den Versuch zu wagen.

Der Vater des John-Maitland-Darstellers John Rubinstein war der Pianist Arthur Rubinstein, und auch der Sohn schien musikalisch begabt: Er schrieb die Titelmusik zur Serie.

Die Folgen waren jeweils eine Stunde lang und liefen im regionalen Vorabendprogramm. Die ARD zeigte zwar Anfang und Ende der eigentlich 86-tlg. Serie, übersprang dazwischen aber knapp die Hälfte der Folgen.

AMIGA-COCKTAIL   DFF

1958–1964. Erfolgreiche Live-Show mit Musik aus der DDR, präsentiert von Heinz Quermann und Margot Ebert, live aus dem Friedrichstadt-Palast.

Zweimal jährlich traten im *Amiga-Cocktail,* meist am Sonntagmittag zu Feiertagen, gelegentlich auch anlässlich großer Veranstaltungen, Interpreten mit neuen und erfolgreichen Titeln aus der Produktion des einzigen DDR-Plattenlabels »Amiga« auf. Es waren meist konventionelle Schlager, später mischten sich aber auch Twist- und Beatrhythmen darunter.

Die Show war dicht am Puls der Jugend, und genau das wurde ihr zum Verhängnis: Die zwölfte Sendung am 17. November 1964 kam ausnahmsweise an einem Dienstagabend, wieder live aus dem Friedrichstadt-Palast. Das Saalpublikum feierte frenetisch die Beatnummern der Sputniks und des Franke-Echo-Quintetts, die auch am Bildschirm entsprechend umgesetzt waren und diesen *Amiga-Cocktail* im Nachhinein wie einen frühen Vorläufer des *Beat-Club* wirken ließen. Der Auftritt des Hemmann-Quintetts mit mehreren Hits der Beatles ließ die Show fast zusammenbrechen. Der Versuch von Heinz Quermann, die nächste Nummer anzusagen, scheiterte, die Zuschauer setzten noch eine Zugabe durch, die deutsche Version von Elvis Presleys »Bossanova Baby«. Das Publikum wollte danach noch mehr Beat, es bekam aber die Schlagersängerin Vanna Olivieri, die gnadenlos ausgepfiffen wurde.

Das DDR-Fernsehpublikum war geschockt. Solche Exzesse kannte es nur aus dem Westen. Besonders peinlich war den Verantwortlichen, dass es sich um eine Intervisionssendung handelte, die auch in anderen Ostblockländern live ausgestrahlt wurde. Danach gab es nie wieder einen *Amiga-Cocktail.*

AMOS BURKE   ARD

1965–1966. 12-tlg. US-Krimiserie von Ivan Goff, Ben Roberts und Frank D. Gilroy (»Burke's Law«; 1963–1965).

Amos Burke (Gene Barry) ist Millionär, Junggeselle und Polizeichef von Los Angeles. In dieser Funktion ermittelt er in Mordfällen, die meist in der High Society von Beverly Hills stattfinden, wo Burke von schönen Frauen umgarnt wird. Burkes Dienstwagen ist ein Rolls-Royce, den sein Chauffeur Henry (Leon Lontoc) fährt. Im Polizeipräsidium arbeitet er mit dem alten Polizisten Lester Hart (Regis Toomey), dem jungen Polizisten Tim Tilson (Gary Conway) sowie Sergeant. Ames (Eileen O'Neill) zusammen.

Die 45-minütigen Folgen liefen in unregelmäßigen Abständen freitags um 21.00 Uhr. Nach 30 Jahren Pause wurden in den 90er-Jahren in den USA neue Folgen gedreht, die in Deutschland bei RTL unter dem Titel *Burkes Gesetz* liefen.

DAS AMT   RTL

1997–2003. 86-tlg. dt. Comedyserie.

Hagen Krause (Jochen Busse) ist Leiter des Bauamts und für die Buchstaben A bis K verantwortlich. Er ist ein fauler Beamter, der seine Mittagspause und den Feierabend niemals und dafür eben lieber die Kundschaft warten lässt. Seine Kollegen, der Amtsanwärter Rüdiger Poppels (Thorsten Nindel), die Sekretärin Ulla Herbst (Ulrike Bliefert) und die Hochschulabsolventin und Beamtin in spe Nadia Schäfer (Claudia Scarpatetti), sehen das ähnlich. Wenn doch mal ein paar störende Antragsteller das Büro aufmischen, muss Ulla zur Beruhigung von Krauses Nerven gelegentlich eine Aufschnittplatte »Münsterland« oder ein »Piccolöchen« für die eigenen hervorzaubern. Zur weiteren Belegschaft gehören Dr. Stüsser (Günter Bothur), seine Sekretärin Silvia Meier (Isabella Schmid) und Büroböte Lünebach (Gerd Lohmeyer). Bürgermeisterin Hemmer (Karen Friesicke) ist ihrer aller Chefin.

Die halbstündigen Folgen liefen erfolgreich freitags um 21.15 Uhr oder 21.45 Uhr. Zum Start der dritten Staffel wurde 1999 ein 90-minütiger Fernsehfilm gezeigt. Zur gleichen Zeit zog das Fernseh-Amt im Einklang mit der Bundesregierung nach Berlin um. Insgesamt brachte es *Das Amt* auf sieben Staffeln.

AN HELLEN TAGEN   ARD

1976–1991. Volksmusik- und Landschaftsreihe.

Vor dem Hintergrund malerischer Städte und Gegenden wird musiziert und getanzt. Zu Aufführung kommen je nach Jahreszeit und Ort fröhliche Frühlingslieder, herbstliche Volksweisen oder auch Lieder aus Kärnten.

Zu den Moderatoren gehörten Fred Bertelmann, Günter Wewel, Fritz Strassner, Hans Dieter Schwarze und Hartmut Kiesewetter. Die Sendung war 45 Minuten lang, lief mehrmals jährlich und wurde schließlich von *Kein schöner Land* abgelöst.

ANATOMIE DES VERBRECHENS   PRO SIEBEN
2003. Einstündige Kriminaldoku-Reihe mit Dominik Bachmair, die spektakuläre deutsche Kriminalfälle und den Weg der Aufklärung anhand von Indizien und Täterprofilen rekonstruiert.
Eduard Zimmermanns Firma Securitel produzierte die Reihe. Sie lief dienstags um 20.15 Uhr.

DER ANDERE   ARD
1959. 6-tlg. dt. Krimi von Francis Durbridge nach seinem Roman »The Other Man«, Regie: Joachim Hoene.
Inspektor Ford (Wolf Frees) und Sergeant Broderick (Heinz Klingenberg) müssen den Mord an einem italienischen Froschmann aufklären, der im Hausboot von Mr. Cooper (Michael Rittermann) auf der Themse tot aufgefunden wurde. Einer der Verdächtigen ist der Internatslehrer David Henderson (Albert Lieven), der Fords Sohn Roger (Andreas von der Meden) unterrichtet. Wenig später stirbt die Zeugin Billie Reynolds (Marianne Wischmann), die eine Affäre mit Ralph Merson (Hans Zesch-Ballot) hatte. Ebenfalls verdächtig ist der Arzt Dr. Sheldon (Helmuth Rudolph). Katherine Walters (Ingeborg Körner) ist dessen geheimnisvolle Nichte, Judy (Heidi Leupolt) sein Hausmädchen. Henderson entpuppt sich als Mitarbeiter der britischen Spionageabwehr (»Der Andere«) und hilft den Polizisten scheinbar bei der Suche nach dem Mörder.
Der Andere war der erste Durbridge-Mehrteiler im deutschen Fernsehen. Weitere wie *Das Halstuch* oder *Tim Frazer* folgten in den nächsten Jahren und etablierten den Begriff »Straßenfeger«. *Der Andere* war jedoch noch nicht so erfolgreich, die Geschichte auch eher zäh erzählt. Jede Folge war ca. 40 Minuten lang. Wiederholungen waren oft zu drei Teilen zusammengefasst.

ANDERLAND   ZDF
1980–1986. 45-tlg. Mysteryserie für Kinder.
Wechselnde Kinder stehen im Mittelpunkt abgeschlossener Geschichten. Auf verschiedene Arten gelangen sie in eine Fantasiewelt, in der sie ihre Träume ausleben können: Ein Gang durch eine Fototapete führt direkt in den Wald (funktioniert auch mit einer Uhr, man landet dann in einer anderen Zeit), eine Spezialbrille macht deutlich, wer die Wahrheit sagt und wer lügt, ein Seifenkistenauto fährt plötzlich, wohin man will, und Mozartkugeln schenken musikalisches Talent. Dabei begegnen die Kinder immer einem Gnom (Carlo Ianni; später: Dirk Zalm), der jedes Mal einer anderen Tätigkeit nachgeht und zur Erfüllung der Träume beiträgt.
Merkwürdige und oft verstörende Serie, die sich zwar an Vorschulkinder richtete, aber selbst bei vielen Schulkindern noch Albträume verursachte. Die Geschichten waren vor allem in der ersten Staffel düster und schwer zugänglich. Die Tiefenwelt des Menschen solle erforscht und der Sinn des Lebens erschlossen werden, erklärte das ZDF. Was man von Vorschulkindern eben erwartet. Die ZDF-Serien *Neues aus Uhlenbusch* und *Pusteblume* hatten es leichter – sie durften sich mit der Innen- bzw. Außenwelt befassen.
Die halbstündigen Folgen liefen am Sonntagnachmittag und wurden mittwochs wiederholt. Im Vorspann der ersten Staffel sah man einen Papierflieger durch die Lüfte gleiten, wozu das Lied ertönte: »Komm mit ins Anderland, das noch kein and'rer fand. Wir ziehen Hand in Hand ins Anderland.« Die weiteren Folgen begannen mit einem Jungen, dessen Ball über ein Tor hüpfte, das sich öffnete und ein gleißendes Licht offenbarte.
Eine spätere Serie mit ähnlicher Intention war *Wenn du mich fragst ...*

ANDERS TREND   RTL
Seit 1999. 45-minütiges Magazin für Schwule, das RTL zunächst in sehr loser Folge am späten Montagabend ausstrahlte.
Moderator der ersten Sendung war Schauspieler Georg Uecker, der als Schwuler Carsten Flöter in der *Lindenstraße* berühmt geworden war; ab der zweiten Ausgabe moderierte Boris Henn (er präsentierte parallel auch *Gay-Watch* auf Vox), ab Oktober 2001 Frank Lukas. Anfang 2004 erhielt das Schwestermagazin der diversen *Trend*-Sendungen einen regelmäßigen Sendeplatz und lief jetzt jedes Quartal.

ANDIAMO RAGAZZI   ARD, WDR
1995 (ARD); 1996 (WDR). 28-tlg. ital. Jugendserie, Regie: Paolo Poeti, zweite Staffel: Ruggero Deodato (»I ragazzi del muretto«; 1992–1996).
Eine Clique von Jugendlichen an der Schwelle zum Erwachsensein setzt sich mit den typischen Teenagerproblemen auseinander. Ihr Treffpunkt ist eine Mauer in Rom. Zur Clique gehören u. a. Elena (Michaela Rocco di Torrepadula), Johnny (Claudio Lorimer), Franz (Lorenzo Amato), Debora (Cecilia Dazzi), Giuliana (Elodie Treccani), Sahid (Chris Childs), Andreas (Riccardo Salerno), Micha (Alberto Rossi) und Christian (Vincenzo Diglio).
Einige Jungennamen wie Mitzi oder Andrea, die für deutsche Ohren zu weiblich klangen, wurden in der Übersetzung zu Micha und Andreas. Die 45-Minuten-Folgen liefen sonntagnachmittags. Der WDR wiederholte die 13 Folgen der ersten Staffel unter dem Titel *Junge Liebe* und zeigte noch 15 neue. Die dritte Staffel lief nicht in Deutschland.

ANDREAS TÜRCK   PRO SIEBEN
1998–2002. Tägliche Nachmittagstalkshow mit Andreas Türck und unprominenten Gästen.
Anders als bei *Hans Meiser* oder *Bärbel Schäfer* trafen sich bei Türck häufig Menschen, die sich kannten und nicht allgemein über ein Thema stritten, sondern unter einem Titel wie »Bäh, du stinkst, wasch dich endlich« oder »Was willst du mit der Mu-

mie?« ihre ganz persönlichen Probleme öffentlich austrugen. Der Moderator unterschied sich von seinen Kollegen durch seine betont flapsige Art, häufig machte er sich mit dem Publikum über seine Gäste, ihre Sorgen und ihre Artikulationsschwierigkeiten lustig. Wenn er, was häufiger geschah, gegen ein Schreiduell auf der Bühne nicht ankam, setzte er sich schon mal irgendwo hin und klimperte auf der Gitarre.

Die Themen waren häufig als Anrede an den Moderator formuliert, etwa: »Andreas, mein Busen wird auch dich verrückt machen« oder »Andreas, komm, lass uns mal so richtig peinlich sein« (was allerdings als Einzelthema, nicht als Motto der ganzen Reihe, gemeint war). Eine typische Sendung trug den Titel »Andreas, hilf mir! Ich will meine Nacktfotos zurück!«. Angeblich ging es um Menschen, die bereuten, sich einst unbekleidet fotografiert haben zu lassen; mehrere von ihnen benutzten ihren Auftritt allerdings dazu, besagte Bilder erst- oder nochmals der Öffentlichkeit zu präsentieren.

Als im Frühsommer 1998 die so genannte Schmuddeldebatte über die Talkshows hereinbrach, nahm Pro Sieben die besten Themen aus dem Programm, darunter »Glaub mir, Satan ist der wahre Gott«, »Ich will endlich wilden Sex!« sowie »Andreas, ich find's geil – ich bin eine Hobbynutte« (diese Folge wurde ersetzt durch »Andreas, meine Freundin ist magersüchtig – ich hab' Angst, dass sie stirbt«). Manche Sendungen wurden auch nur umbenannt; so wurde aus »Andreas, glaub mir, sie hat Schläge verdient« plötzlich »Andreas, sie hat mich provoziert, da hab' ich zugeschlagen«. Ein typischer Satz eines Gasts war der eines gewissen Thomas, der sagte: »Ich habe drei, vier Freundinnen, alle mit Ehemann und Kind. Warum soll ich mir eine Kuh kaufen, wenn ich die Milch einzeln trinke?« Im Sommer 1999 war ein Micky eingeladen, der gewisse Schwierigkeiten hatte, sich zu artikulieren, aber den schönen Satz sagte: »Woher sind gekommen eigentlich die ganze Laberei?« Türck unterbrach ihn: »Tut mir wirklich Leid, aber das versteht doch keine Sau. – Ist doch wahr.« Türck war zuvor als Moderator von *Dalli Dalli*, einer täglichen Neuauflage des Hans-Rosenthal-Klassikers, durchgefallen. Mit seiner eigenen Talkshow wurde Türck zu einem der Stars von Pro Sieben, der dem Sender mehrere Jahre lang hohe Quoten brachte. Berühmt wurde eine Szene, in der Türcks gewaltige Schweißflecken unter den Armen deutlich zu sehen waren – Stefan Raab zeigte sie gleich in der ersten Sendung von *TV Total* und wiederholte sie gern.

Im Januar 2002 hörte Türck nach rund 850 Sendungen aus mehr oder weniger freien Stücken auf. Nur drei Monate später begann Pro Sieben allen Ernstes, die Talkshow mittags um 12.00 Uhr zu wiederholen.

ANDREAS TÜRCK LOVESTORIES   PRO SIEBEN
1999–2002. Einstündige Kuppelshow, in der Andreas Türck Menschen (wieder) zusammenbringt, die sich aus den Augen verloren, getrennt oder nie richtig kennen gelernt haben.

Lief staffelweise im Wechsel mit *Rosen vom Ex* samstags um 18.00 Uhr. Ab November 2000 hieß die Reihe *Lovestories mit Andreas Türck*.

DER ANDROJÄGER   ARD
1982–1984. 26-tlg. dt. Science-Fiction-Comedyserie, Regie: Wolfgang Glück und Marcus Scholz.

Bei einer Raumschiffpanne auf der Erde sind Androiden vom Planeten Drava entlaufen. Diese Roboter sehen aus wie Menschen und können sich deshalb problemlos unter die Bevölkerung mischen. Chefagent Dandore, selbst von Drava, schleust sich als Wachtmeister Hans Majer (Lutz Mackensy) bei der Polizei auf der Erde ein, um die Androiden aufzuspüren. Dabei hilft ihm sein hochmoderner Minicomputer IZ (Stimme: Karin Kernke), denn wer könnte ohne elektronische Hilfe auf die Idee kommen, dass Leute, die andere heilen, sich selbst verdoppeln oder sich unbeschadet bei minus 120 Grad einfrieren lassen können, keine ganz normalen Menschen sind? Die Androiden kommen in verschiedenen Ausführungen, u. a. als Bio-Android, Energie-Android, Horoskop-Android und Sofortbild-Android. Hausmeister Nägele (Willy Semmelrogge) und Majers irdischer Vorgesetzter, der Oberrat (Achim Strietzel), haben von Majers doppelter Identität keine Ahnung, der Oberrat ist von ihm sogar so begeistert, dass er ihn am Ende zum Geheimdienstler befördert.

Die Serie ist eine deutsche Parodie auf »Blade Runner«. Dass sie lustig gemeint war, merkte man schon daran, dass ein Finanzminister »Dr. Knauser« und eine Werkstatt »Murks & Tüftel« hieß. Als Running Gag explodierte am Ende jeder Folge der Fernseher des Nachbarn vom Androjäger.

Die 25-Minuten-Folgen liefen im regionalen Vorabendprogramm. Eine Folge fiel bei der Erstausstrahlung der zweiten Staffel im Februar 1984 aus, sie wurde 1986 im Rahmen einer Gesamtwiederholung erstmals gezeigt.

ANDROMEDA   RTL 2
Seit 2001. 110-tlg. US-Science-Fiction-Serie von Gene Roddenberry und Robert H. Wolfe (»Gene Roddenberry's Andromeda«; 2000–2005).

Nach einem schweren Krieg wird das Raumschiff »Andromeda« mitsamt Captain Dylan Hunt (Kevin Sorbo) für Jahrhunderte im Ereignishorizont eines schwarzen Lochs eingefroren, bevor es endlich in einer völlig neuen Zeit befreit wird. Das Commonwealth der Galaxien ist zerstört, und Hunt macht es sich zur Mission, ebendiese friedliche Planetengemeinschaft wiederherzustellen. Seine neue Crew auf dem organischen und sprechenden Schiff »Andromeda« (Lexa Doig), dessen Zentralgehirn in menschlicher Gestalt erscheint, bildet er aus denen, die ihn gefunden haben: Beka Valentine (Lisa Ryder), Tyr Anasazi (Keith Hamilton Cobb), Rev Bem (Brent Stait), Trance Gemini (Laura Bertram) und Seamus Harper (Gordon Michael Woolvett).

Die Idee zur Serie beruhte auf Notizen aus dem Nachlass des verstorbenen *Raumschiff Enterprise*-Erfinders Gene Roddenberry, die Robert H. Wolfe, der bereits *Star Trek – Deep Space Nine* produziert hatte, zu einem konkreten Konzept verarbeitete.
66 einstündige Folgen liefen am Mittwoch um 21.15 Uhr, später um 22.15 Uhr, direkt nach dem großen Erfolg *Stargate*. Im Januar 2005 zog die Serie auf den Samstagnachmittag um, startete aber zunächst mit Wiederholungen der bisherigen Folgen.

DIE ÄNEIS ZDF
1972. 4-tlg. dt.-ital.-griech. Monumentalfilm frei nach Vergil, Buch und Regie: Franco Rossi (»Eneida«; 1970).
Das römische Nationalepos über die Irrfahrten der Trojaner nach dem Untergang ihrer Stadt: König Äneas (Giulio Brogi) wird von seiner Mutter, der Göttin Venus (Dusica Zegarac), zu Dido (Olga Karlatos), der Königin von Karthago, geführt, die sich in ihn verliebt.
Rossi hatte auch schon *Die Odyssee* verfilmt. Er versuchte, der Vorlage von Vergil folgend, den komplexen Stoff durch ein Geflecht von Rückblenden verständlich zu machen. Die Musik schrieb Mario Nascimbene.
Die Folgen hatten Spielfilmlänge und liefen sonntags um 20.15 Uhr.

ANGEL – JÄGER DER FINSTERNIS PRO SIEBEN
Seit 2001. 110-tlg. US-Fantasyserie von Joss Whedon (»Angel«; 1999–2004). Spin-off von *Buffy – Im Bann der Dämonen*.
Nachdem der Vampir Angel (David Boreanaz) sich von Buffy getrennt hat, zieht er von Sunnydale nach Los Angeles. Grundannahme der Serie ist, dass Los Angeles so voll von merkwürdigen Figuren ist, dass eine lebhafte Subgesellschaft aus Vampiren, Dämonen, Geistern und ähnlichen Geschöpfen nicht weiter auffällt. Früher als »Angelus« auf der Seite des Bösen, ist Angel heute ein guter Vampir und hilft Menschen mit seiner Agentur Angel Investigations, um damit seine früheren Sünden auszugleichen.
Neben Dämonen und anderen Vampiren bekommt Angel es immer wieder mit den Leuten von der Anwaltskanzlei Wolfram & Hart zu tun, die sich finsterer Mächte für ihre Machenschaften bedient und auch schon mal Vampire als Klienten hat. Unterstützt wird er von Cordelia Chase (Charisma Carpenter), die er noch aus Sunnydale kennt, und ihrem Freund, dem Halbdämonen Allen Francis Doyle (Glenn Quinn). Der opfert sein Leben später der Erhaltung seiner Rasse.
Zu dieser Zeit kommt der freie Dämonenjäger Wesley Wyndham Pryce (Alexis Denisof) neu in die Stadt und schließt sich Angel an. Beide kennen sich ebenfalls schon aus Sunnydale, wo Wesley kurzzeitig als Wächter aufgetaucht war, später aber aus dem Rat der Wächter ausgeschlossen wurde. Vor dem Vampirjäger Charles Gunn (J. August Richards) muss Angel anfangs flüchten, später verbünden sich beide und kämpfen gemeinsam für das Gute. Das Hauptquartier von Angel Investigations befindet sich in einem alten Hotel.
In der zweiten Staffel begegnet Angel und seiner Truppe Lorne (Andy Hallet), ein grüner Dämon, der den Karaokeclub »Caritas« betreibt und die Aura von Menschen wie von Dämonen lesen kann, wenn sie singen. Lorne ist zunächst nur als »der Gastgeber« bekannt, wird aber im Lauf der Serie von einer regelmäßigen Nebenfigur zu einem festen Bestandteil der Truppe.
Neben seinem unermüdlichen Einsatz für die Unschuldigen hat Angel immer wieder Unannehmlichkeiten mit der Vampirin Darla (Julie Benz), mit der er vor etwa 150 Jahren eine Affäre hatte, als er noch böse war. Das Unmögliche wird möglich, als Darla Mitte der dritten Staffel wutentbrannt bei Angel Investigations auftaucht und Angel mitteilt, dass sie von ihm schwanger ist, nachdem die beiden noch einmal miteinander geschlafen hatten, und wissen will, wie das sein kann – denn eigentlich können Vampire sich nicht fortpflanzen.
Ebenfalls in der dritten Staffel taucht der Vampirjäger Holtz (Keith Szarabajka) aus der Vergangenheit auf. Als Angelus hatte Angel seine gesamte Familie umgebracht, weshalb Holtz einen gewissen Groll gegen ihn hegt. Als es ihm nicht gelingt, Angel zu töten, entführt er dessen Baby Connor in die Dimension der Hölle. Als Connor (Vincent Kartheiser) schließlich aus der Hölle zurückgebracht wird, ist aus dem niedlichen Baby ein rebellischer Teenager geworden, der seinen Vater am liebsten umbringen würde, weil er von dessen Untaten als Angelus erfahren hat. Außerdem hat er eine Affäre mit Cordelia, die von ihm schwanger wird und aufgrund dämonischer Einflüsse zwischenzeitlich auf die Seite des Bösen wechselt.
Wie schon bei *Buffy* gibt es auch bei *Angel* eine Reihe von Spezialepisoden, etwa in der vierten Staffel »Die Achse der Pythia«, eine Folge voller Bezüge zu Comics wie »Batman und Robin« oder »X-Men«, und »Das Erwachen«, eine Hommage an die »Indiana Jones«-Filme. Außerdem besticht die Serie durch eine Mischung aus aufrichtigem Ernst und der Fähigkeit, sich selbst durch den Kakao zu ziehen: In der Folge »Das Tribunal« aus der zweiten Staffel muss Angel wohl oder übel unter Lornes Augen singen, um notwendige Informationen zu erhalten, und tut Barry Manilows »Mandy« schwerste Gewalt an. Unter den Machern muss es zudem einen echten Fan von *Bonanza*-Star Lorne Greene geben, denn wie sonst wäre zu erklären, dass der singende Dämon Lorne heißt und grün ist?
Pro Sieben zeigte die einstündigen Folgen mittwochs um 21.15 Uhr, jeweils nach den aktuellen Folgen von *Buffy – Im Bann der Dämonen*. Und das war klug, denn auch in den USA liefen die beiden Serien in diesem Doppelpack, und immer mal wieder gab es Crossover-Folgen, bei denen die *Buffy*-Handlung in der anschließenden *Angel*-Folge fortgeführt wurde. Diese Klugheit währte nur begrenzte Zeit,

und nach dem Ende von *Buffy* setzte Pro Sieben die Serie mitten in der dritten Staffel ab. Neue Folgen liefen ab Februar 2005 im Nachtprogramm – immerhin gepaart mit den zugehörigen *Buffy*-Wiederholungen.
Die Veröffentlichung kompletter Staffeln auf DVD war bereits im Sommer 2004 weiter fortgeschritten als die Ausstrahlung auf Pro Sieben.

ANGELA ANACONDA SUPER RTL
2001–2002. 64-tlg. kanad. Trickserie (»Angela Anaconda«; 2000).
Die achtjährige Angela hat eine blühende Fantasie und flüchtet sich immer wieder aus dem Schulalltag in aufregende Träume.
Gelobte Serie mit experimenteller Optik. Auf einem wie ausgeschnitten wirkenden, gezeichneten Körper klebte ein menschlich aussehender Mädchenkopf.
Die Folgen liefen werktags am Vorabend.

ANGELO UND LUZY ZDF
1984. 6-tlg. dt. Comedyserie.
Angelo (Rolf Zacher) und Luzy (Iris Berben) konkurrieren um die Herrschaft über Münchner Seelen. Angelo ist von Beruf Engel, der die Stadt mit guten Menschen bevölkern will. Luzy ist eine Teufelin. Sie sieht gut aus, ist mit allen Wassern gewaschen und versteht es, Menschen auf die Seite des Bösen zu ziehen. Beide arbeiten im gleichen Haus, einer riesigen Zentrale, jedoch in verschiedenen Stockwerken. Während ihrer Bürozeit kommunizieren sie über Monitore, im Einsatz versuchen sie, einander ihre »Opfer« auszuspannen. Der Wettbewerb ist nicht ganz fair, denn sie darf als Teufelin natürlich unlautere Methoden anwenden, lügen und betrügen, während er die göttlichen Vorschriften beachten muss.
Die Folgen hatten unterschiedliche Autoren und Regisseure, darunter Harald Leipnitz und Oliver Storz. Sie dauerten jeweils 45 Minuten und liefen samstags um 19.30 Uhr.

ANITAS WELT ZDF
1998. 13-tlg. dt. Sitcom, Regie: Michael Werlin, Uli Möller, Ralf Gregan, Franz Josef Gottlieb.
Die resolute Anita Wedel (Anita Kupsch) leitet gemeinsam mit ihrem permanent überforderten Sohn Dietrich (Holger Handtke) die Spedition ihres verstorbenen Mannes in Berlin. Dort arbeiten die zickige Sekretärin Kerstin Winkelmann (Ragna Hein), der pedantische Disponent Hermann Schäfer (Gert Burkard), zugleich Betriebsratsvorsitzender und seit Jahrzehnten ein Verehrer der Chefin, sowie der junge und nicht besonders helle Fahrer Benno (Tim Wilde).
Statt leichter Comedy sahen die Kritiker nur schwerfälliges Boulevardtheater, statt überraschender Situationen vorhersehbare Handlungsstränge, statt frischem Dialogwitz abgestandene Kalauer. Die Zuschauer sahen es ähnlich: Die Serie mit dreiviertelstündigen Folgen, die sonntags gegen 22.00 Uhr liefen, wurde kein Erfolg.

ANJA, ANTON & ... KI.KA
→ Anja & Anton

ANJA & ANTON KI.KA
Seit 1998. Dt. Kinderserie von Karl-Heinz Käfer.
Der etwas merkwürdige Dr. Anton Müggelheim (Michael Altmann) lebt mit der molligen Anja (Nadine Wrietz) im Wald in einem stillgelegten Wasserwerk bei Berlin-Köpenick. Der pedantische Alte und die zickige Göre erkunden die Natur und lernen viel. Klaus-Peter (Karsten Kramer) ist Anjas Freund und Direktor Schwalbe (Peter Groeger) Antons Chef.
Die lehrreichen Folgen waren 25 Minuten lang und liefen auch im ZDF. Die ersten neun Folgen hießen noch *Anja, Anton & ...*; 37 Folgen wurden bisher gezeigt.

ANKE SAT.1
2000–2001. 24-tlg. dt. Comedyserie von Ralf Husmann, Regie: Sven Unterwaldt.
Anke (Anke Engelke) ist die erfolgreiche Moderatorin einer täglichen Fernsehtalkshow. Täglich diskutiert sie erfolgreich die Probleme der anderen (»Meine Mutter ist eine Schlampe«), nur an ihren eigenen scheitert sie genauso regelmäßig. Sie kämpft mit Selbstzweifeln, ihrer überforderten Redaktion, der Einsamkeit, dem Fotokopierer und ihrem nichtsnutzigen Ex-Freund Tom (Ingo Naujoks), der dauernd in der Redaktion rumhängt und leider auch noch der einzige Mann in ihrem Leben ist.
Typische Fragen, die Ankes Leben prägen, sind: Was hat Susann Atwell, was ich nicht habe? Warum muss mich meine Mutter besuchen, wenn wir fünf Nymphoninnen im Studio haben? Wer hat schon wieder den ganzen Rotwein ausgesoffen? Schroeder (Frank Leo Schröder) ist Ankes cholerischer Redaktionsleiter, Lisa (Roswitha Schreiner) eine überforderte Redakteurin mit nervösem Magen, Nikki (Sandra Leonhard) die mannstolle Sekretärin.
Anke war etwas Besonderes: Eine intelligente deutsche Sitcom, in deren Mittelpunkt keine Heldin stand, die spätestens am Ende jeder Folge strahlend doch noch alles gemeistert hatte, sondern eine Frau, die sich immer im Weg steht. Als sie ihren Ex-Freund aus der Wohnung wirft, ruft sie ihm nach: »Wenn ich nach Hause komme, will ich Ruhe haben und mich darüber ausheulen können, dass keiner da ist.« Serie und Hauptrolle waren deutlich inspiriert von *Ally McBeal*, außerdem war *Anke* eine bissige Satire auf den Talkshowbetrieb und die Absurditäten hinter den Kulissen des Fernsehens insgesamt. Viele Kollegen wie Birte Karalus, Susann Atwell, Thomas Ohrner und Alfred Biolek hatten Gastauftritte und spielten sich selbst.
Wie die meisten Versuche, im Fernsehen das Fernsehen zu parodieren, war auch dieser kein großer Erfolg. Obwohl die Quoten hinter den (hohen) Erwartungen zurückblieben, bewies Sat.1 seinen Glauben an das Format und strahlte eine zweite Staffel aus. Aber erst in späteren Wiederholungen im Doppelpack mit Engelkes ungleich erfolgreicherer Sketch-

show *Ladykracher* fand *Anke* das Publikum, das die Serie verdiente.
Die halbstündigen Folgen liefen freitags um 21.15 Uhr, ab der zweiten Staffel montags zur selben Zeit.

ANKE LATE NIGHT SAT.1
2004. Einstündige Late-Night-Show mit Anke Engelke.
Die meistdiskutierte Sendung des Jahres 2004: Engelke übernahm den Sendeplatz von Harald Schmidt, der im Streit mit dem Management der Senderfamilie Pro-Sieben-Sat.1 seine *Harald Schmidt Show* abrupt aufgegeben hatte. Ende 2003 verkündete der neue Sat.1-Geschäftsführer Roger Schawinski, dass die beliebte Komikerin Engelke die als unlösbar geltende Aufgabe übernehmen würde, Schmidts Nachfolge anzutreten. Er schraubte die ohnehin riesigen Erwartungen noch höher und versprach, dies werde die Show, in der Angela Merkel ihre Kanzlerkandidatur verkünden könnte (Arnold Schwarzenegger hatte seine Kandidatur als Gouverneur in Kalifornien in der »Tonight Show« von Jay Leno bekannt gegeben). Parallel zum Werbewirbel wuchs die Skepsis, vor allem in der lautstarken Gruppe von Feuilletonisten, die um Harald Schmidt trauerten.
Anke Late Night war – abgesehen von der weltweit einzigartigen Tatsache, dass eine Frau sie moderierte – eine klassische Late-Night-Show mit Stand-up am Anfang, Stadtpanorama im Hintergrund, Live-Band, Gags und Gästen. Wiederkehrendes Element waren »Die Engelkes«, in denen sechs von Engelke gespielte Frauenfiguren, die aus *Ladykracher* bekannt waren, zu mehr oder weniger aktuellen Themen Stellung nahmen.
Die meisten Kritiker waren sich einig, dass der Moderatorin insbesondere der Stand-up-Teil nicht lag; vor allem der allgegenwärtige Vergleich mit Harald Schmidt war tödlich. Die Quoten fielen und erreichten nach der ersten Sendung nie wieder akzeptable Größen. Vorgesetzte und Kollegen gaben Engelke öffentlich Tipps, was sie tun müsse.
Ansätze eines Neubeginns versuchte man nach einer dreiwöchigen Sommerpause, in der u. a. das Studio verkleinert wurde (Rudi Carrell hatte gesagt, sie wirke wie ein Streichholz in der Olympiahalle). Auch wollte man nun verstärkt weibliche Fans erreichen. Als die Quoten immer katastrophalere Tiefen erreichten, setzte Sat.1 die Sendung nach 78 Ausgaben trotz des vorherigen Bekenntnisses, einen langen Atem beweisen zu wollen, auch auf Wunsch von Engelke ab.
Bei *Beckmann* wettete Rudi Carrell vor dem Start 10 000 €, dass Engelke scheitern werde, Olli Dittrich, der mit Engelke *Blind Date* gespielt hatte, hielt in der gleichen Sendung dagegen. Später setzte auch Schawinski auf seine »Queen of Late-Night« und erhöhte den Einsatz auf 20 000 €. Carrell zog die Wette später zurück, damit sie nicht immer wieder polemisch gegen Engelke eingesetzt würde; deshalb zahlten am Ende weder Dittrich noch Schawinski.

Die Sendung lief montags bis donnerstags um 23.15 Uhr. In der letzten Sendung sagte Engelke: »Man soll aufhören, wenn es am schönsten ist. Leider fehlte uns nach der ersten Sendung der Mut dazu.«

ANKER AUF UND LEINEN LOS ZDF
1968. »Geschichten um den Yachthafen«. 13-tlg. dt. Seglerserie von Karl Heinz Zeitler, Regie: Hermann Kugelstadt.
Der alte Heinrich Carstens (Karl-Heinz Kreienbaum) bringt den Jugendlichen Gudrun (Astrid Fournell), Monika (Monika Schütze), Werner (Goran Ebel), Jörg (Dieter B. Gerlach), Peter (Frank Glaubrecht) und Kirsten (Heidi Berndt) im Urlaub das Segeln bei. Dabei lernen die jungen Leute, dass eine Seefahrt nicht immer lustig und schön ist, sondern mitunter nass und ungemütlich, z. B. wenn das Segelschiff »Pummel« in einen Sturm gerät oder auf Grund läuft. Wie abenteuerlich sie zudem sein kann, hören sie, wenn Carstens und seine Kumpel Karl Tiedemann (Heinz Engelmann) und Erwin Wernicke (Horst Beck) im Yachtclub Seemannsgarn spinnen.
Die halbstündigen Folgen liefen am Freitag um 18.50 Uhr.

DER ANKLÄGER ARD
1975. 11-tlg. US-Krimiserie (»The D. A.«; 1971–1972).
Staatsanwalt Paul Ryan (Robert Conrad) und seine Mitarbeiter H. M. »Staff« Stafford (Harry Morgan) und Bob Ramirez (Ned Romero) ermitteln gegen Straftäter und klagen sie an. Vor Gericht präsentiert Ryan der Reihe nach seine Indizien und Beweise, um eine Verurteilung zu erwirken. Seine Prozessgegnerin ist meist die Anwältin Katherine Benson (Julie Cobb), die die Angeklagten verteidigt.
Die Szenen im Gerichtssaal, die ungefähr die zweite Hälfte jeder Folge ausmachten, erhielten einen halbdokumentarischen Charakter, indem Ryan zusätzlich als Off-Stimme juristische Begriffe und Vorgänge erklärte. Ausführender Produzent war Jack Webb, von dem auch der ähnlich angelegte *Polizeibericht* (»Dragnet«) stammte, das US-Vorbild von *Stahlnetz*.
Die 25-Minuten-Folgen liefen im regionalen Vorabendprogramm.

ANNA ZDF
1987. 6-tlg. dt. Familienserie von Justus Pfaue, Regie: Frank Strecker.
Die Karriere der talentierten jungen Tänzerin Anna Pelzer (Silvia Seidel) scheint nach einem Autounfall, den ihr Bruder Philipp (Ronnie Janot) verursacht hat, beendet. Anna verliert jeden Lebensmut, was ihren Eltern Stefan (Eberhard Feik) und Ute (Ilse Neubauer) Sorgen macht. Ute hat ein Blumengeschäft, Stefan ist Restaurateur. Er nennt seine Tochter immer beim vollen Namen, »Anna Pelzer«. Im Krankenhaus lernt Anna den gleichaltrigen Rainer Hellwig (Patrick Bach) kennen, der im Rollstuhl sitzt und sie

Sonnenschein Rainer (Patrick Bach) gibt der Tänzerin *Anna* (Silvia Seidel) den Lebenswillen zurück, aber sobald sie wieder richtig laufen kann, hat sie nur noch Augen für den blöden Jakob.

aus ihrer Lethargie reißt. Er ist ein Sonnyboy, frech und aktiv, und filmt mit seiner Videokamera alles, was ihm vor die Räder kommt.

Bei dem gut aussehenden Jakob (João) lernt Anna wieder tanzen und schafft es, Schülerin bei der angesehenen Tanzlehrerin Madame Irena Králová (Milena Vukotic) zu werden, die schwer krank ist und sich unnahbar und streng gibt. Anna wird die erste Schülerin überhaupt, die die Králová zu einem Talentwettbewerb nach Paris schickt. Dort lernt Anna Madame Valentine D'Arbanville (Eléonore Hirt) kennen und gewinnt an deren Schule ein Stipendium, das sie jedoch ausschlägt, um weiter bei Madame Králová Unterricht zu nehmen, die ihrerseits bei Madame D'Arbanville gelernt hat.

Während ihres Aufenthalts in Paris leidet Rainer unter Annas Abwesenheit. Er macht immer gefährlichere Mutproben, fährt mit seinem Rollstuhl Abhänge hinunter oder vor Lastwagen, nur um in letzter Sekunde auszuweichen. Das bringt seine Mutter (Amelie Wagner) zur Verzweiflung, die ihn ohnehin behandelt, als sei er zerbrechlich. Rainer hat sich in Anna verliebt, die Blöde schwärmt jedoch nur noch für Jakob, der bald nach London geht und sich nach einem Misserfolg nicht mehr meldet.

Die Králová, die immer dagegen war, dass Anna sich um etwas anderes kümmert als um ihre Karriere, bricht nach einem Streit mit Anna zusammen und ringt im Krankenhaus mit dem Tod. Anna bekommt die Möglichkeit, eine Nebenrolle in »Schwanensee« zu tanzen – ihr erster großer Auftritt. Mit Jakobs Hilfe – aber gegen seinen ausdrücklichen Rat – verlässt die Králová das Krankenhaus und schleppt sich zur Aufführung. Danach stirbt sie hinter der Bühne. Ob Anna nun doch die große Chance in Paris wahrnimmt, bleibt offen, ebenso die Frage, was aus ihr und Rainer wird, den sie bisher immer nur als guten Freund betrachtet hatte.

Der Song »My Love Is A Tango« von Guillermo Marchena, der in der Serie immer wieder auftauchte, wurde ein Top-Hit und kam auf Platz eins der deutschen Charts. Der weitere Soundtrack und das Titelthema stammten von Sigi Schwab. Der Schauspieler João, der dank »Bravo« zum Teenieschwarm wurde, benutzte nur seinen Vornamen. Hinten hieß er Ramos.

Anna war mit zwölf Millionen Zuschauern eine der erfolgreichsten Weihnachtsserien des ZDF und schaffte es als einzige ins Kino. »Anna – Der Film« (1988 im Kino und zwei Jahre später im ZDF) setzt die Geschichte fort: Anna und Rainer sind endlich ein Paar, doch die Beziehung wird durch Annas gut aussehenden Tanzpartner gefährdet. Anna bekommt die Chance, in New York vorzutanzen.

Die Serie ist auf DVD erhältlich.

ANNA, CIRO & CO. ARD

1984–1986. 13-tlg. ital. Jugendserie (»Anna, Ciro e ... compagnia«; 1983). Anna (Cariddi Nardulli) und Francesco (Francesco Pezzulli) lernen den Ausreißer Ciro (Giuseppe Pezzulli) kennen und erleben gemeinsam Abenteuer. Die Serie lief erst sonntags, dann donnerstagnachmittags.

ANNA KARENINA ARD

1978. 10-tlg. dt.-brit. Historienserie von Donald Wilson nach dem Roman von Leo Tolstoi, Regie: Basil Coleman (»Anna Karenina«; 1977).

Im zaristischen Russland bewegt sich die junge, schöne Anna Karenina (Nicola Pagett) in den höchsten Kreisen des Zarenreichs. Sie führt eine leidenschaftslose Ehe mit dem viel älteren Karenin (Eric Porter), bis sie den schneidigen Grafen Wronskij (Stuart Wilson) trifft und für die Liebe zu ihm alles aufs Spiel setzt. Ihre Beziehung wird zum Skandal, und Anna flüchtet in den Tod.

Die Serie, eine Gemeinschaftsproduktion von BBC und BR, wurde in England und Ungarn gedreht und zum 100. Jahrestag der Veröffentlichung von Tolstois Roman gezeigt. Die Folgen waren knapp eine Stunde lang und liefen montags um 20.15 Uhr.

ANNA LEE   RTL 2

1994–1995. 6-tlg. brit. Krimiserie nach den Romanen von Liza Cody (»Anna Lee«; 1993).

Anna Lee (Imogen Stubbs) ist eine muntere junge Polizistin, die den ganzen Sexismus und Schreibkram auf der Wache satt hat und nun als Privatdetektivin in der kleinen Agentur Brierly in London arbeitet. Ihre impulsive Art macht sie beliebt, bringt sie aber regelmäßig in Schwierigkeiten. Ihr Chef ist Martin Brierly (Michael Bryant; ab Folge 2: John Rowe), seine hochnäsige Sekretärin heißt Beryl Doyle (Barbara Leigh-Hunter; ab Folge 2: Sonia Graham). Bernie Schiller (Ken Scott; ab Folge 2: Peter Wright) hilft ihr mit seiner Erfahrung. Anna Lees Nachbar ist Selwyn Price (Brian Glover), ein ehemaliger Ringer, der jetzt als Antiquitätenhändler arbeitet.

Die Folgen hatten Spielfilmlänge und liefen zur Primetime.

ANNA MARIA –
EINE FRAU GEHT IHREN WEG   SAT.1

1994–1997. 29-tlg. dt. Familienserie nach einer Idee von Uschi Glas.

Anna Maria Seeberger (Uschi Glas) ist die Mutter von Manuel (Kevin Dawson) und Patricia (Saskia Preil) und die Gattin des Unternehmers Hannes Seeberger (Michael Degen), der das gemeinsame Kieswerk führt. Einen eigenen Beruf übt sie nicht aus. Als Hannes bei einem Arbeitsunfall stirbt, muss Anna Maria die Leitung des Betriebs übernehmen, der, wie sie erst jetzt erfährt, vor dem Konkurs steht. Sie setzt sich gegen den Widerstand von Chefsekretärin Margot (Karin Rasenack) und Konkurrent Alexander Langer (Christian Kohlund) durch, der sich später in sie verliebt, und macht den Lkw-Führerschein, um selbst mit anpacken zu können. Josef Hauser (Martin Semmelrogge) ist ein Jugendfreund. Als eines Tages Michael Sprenger (Christian Schmidt) auf der Bildfläche erscheint, ein Sohn ihres verstorbenen Mannes, merkt Anna Maria, dass Hannes ihr mehr als nur die Beinahepleite der Firma verheimlicht hat.

Die Serie zeigte einerseits die Geschichte einer starken, selbständigen, sich durchbeißenden Frau, blieb aber dadurch, dass Eva Maria gegen ihren Willen in die Rolle der Geschäftsfrau gedrängt worden war, gleichzeitig beim traditionellen Familienbild, um das überwiegend ältere, konservative Uschi-Glas-Publikum nicht zu vergraulen. Uschi Glas selbst hatte das Exposé zur Serie geschrieben, jedoch nicht das Drehbuch. Das behauptete sie allerdings. Die tatsächlichen Drehbuchautoren Eva und Horst Kummeth reichten eine Unterlassungsklage ein und bekamen im April 1995 vor dem Münchner Landgericht Recht.

Mit durchschnittlich etwa zehn Millionen Zuschauern am Montagabend um 20.15 Uhr wurde *Anna Maria* die erfolgreichste Serie, die Sat.1 je gezeigt hatte. Nach der zweiten Staffel stellte sich jedoch heraus, dass den Zuschauern eine Ausstrahlung völlig ausreichte. Wiederholungen im April 1996 liefen so katastrophal, dass sie nach nur drei Folgen wieder abgesetzt wurden. Im folgenden Januar zeigte Sat.1 noch einmal drei neue Folgen, die jetzt nicht mehr einstündig waren, sondern Spielfilmlänge hatten, und erreichte wieder bis zu acht Millionen Zuschauer. Ende 1999 versuchte der Sender ein erneutes Recycling, gab diesmal aber bald wieder auf. Die meisten Folgen der Serie wurden nie wiederholt.

ANNA UND DER KÖNIG VON SIAM   ZDF

1983. 13-tlg. biografische US-Serie (»Anna And The King«; 1972).

Anna Maria hat ein Problem: Die ersten Zuschauer schlafen bereits ein. Uschi Glas, Star und Ideengeber von *Anna Maria – Eine Frau geht ihren Weg,* mit ohnmächtigem Gaststar Monika Woytowicz.

Siam im 19. Jh.: Die Lehrerin Anna Owens (Samantha Eggar) wird vom König von Siam (Yul Brynner) engagiert, um seine Kinder zu erziehen, die ihm seine Haremsfrauen geboren haben. Also zieht Anna mit ihrem Sohn Louis (Eric Shea) nach Bangkok und arbeitet für den König, den Kronprinzen Chula (Brian Tochi), Lady Thiang (Lisa Lu), eine der Frauen des Königs, und Kralahome (Keye Luke), die Assistentin des Königs. Zwischen Anna und dem König bahnt sich eine Beziehung an.

Wie zwei Spielfilme gleichen Inhalts basierte die Serie auf den tatsächlichen Erlebnissen der Anna Leonowens im Siam des 19. Jh., dem heutigen Thailand.

Die Folgen waren jeweils 25 Minuten lang und liefen samstagnachmittags.

ANNE AUF GREEN GABLES   ZDF

1986. 4-tlg. kanad. Jugendserie nach dem Roman von Lucy Maud Montgomery (»Anne Of Green Gables«; 1985).

Die Waise Anne Shirley (Megan Fellows) arbeitet zunächst bei Mrs. Hammond (Jayne Eastwood) und dann bei dem alten Farmer Matthew Cuthbert (Richard Farnsworth) und seiner Schwester Marilla Cuthbert (Colleen Dewhurst) auf Green Gables. Sie freundet sich mit dem Studenten Gilbert Blythe (Jonathan Crombie) an.

Die Serie wurde später unter dem Namen *Anne in Kingsport* fortgesetzt. Das ZDF wiederholte beide Serien 1991 unter dem Titel *Ein zauberhaftes Mädchen*. Außerdem wurde der Stoff auch in der Zeichentrickserie *Anne mit den roten Haaren* verfilmt. Die Folgen hatten je 50 Minuten Länge und liefen sonntags um 14.50 Uhr.

ANNE IN KINGSPORT   ZDF

1988. 5-tlg. kanad. Jugendserie (»Anne In Kingsport«; 1985).

Fortsetzung der Serie *Anne auf Green Gables:* Nach dem Tod von Mr. Cuthbert arbeitet Anne Shirley (Megan Fellows) als Lehrerin, erst im Nachbarort Avvonlea und dann in der Großstadt Kingsport. Eigentlich möchte sie Schriftstellerin werden. Sowohl ihr alter Freund Gilbert Blythe (Jonathan Crombie) als auch Captain Morgan Harris (Frank Converse), der Vater einer Schülerin, machen Anne einen Heiratsantrag. Sie lehnt aber beide ab.

Die einstündigen Folgen liefen mittwochs um 17.40 Uhr.

ANNE MIT DEN ROTEN HAAREN   SAT.1

1988–1989. 50-tlg. jap. Zeichentrickserie (»Akagne no Anne«; 1979).

Das Waisenkind Anne Shirley arbeitet bei den Geschwistern Cuthbert auf der Farm. Anne reift allmählich zur Frau heran, studiert und wird Lehrerin.

Eine Realverfilmung des Stoffs trug die Titel *Anne auf Green Gables* und *Anne in Kingsport*.

Die Folgen dauerten jeweils 25 Minuten und liefen donnerstags nachmittag.

ANNELIESE ROTHENBERGER GIBT SICH DIE EHRE   ZDF

1971–1981. 90-minütige Personality-Musik-Show mit Anneliese Rothenberger.

Rothenberger präsentiert im Rahmen einer großen, edlen Gala gemeinsam mit vielen hochkarätigen Gästen bekannte Melodien aus den Bereichen Oper, Operette, Instrumentalmusik, Schlager und Volksmusik. Zwischendurch gibt es Sketche und einen Einspielfilm mit einem 15-minütigen Medley, das jedes Mal ein bestimmtes Land zum Thema hat und in diesem aufgezeichnet wird. Rothenberger und ein Star aus dem betreffenden Land singen darin populäre landestypische Lieder.

Es war die erste Reihe mit der Opernsängerin Rothenberger als Moderatorin. Vorher war sie nur Interpretin gewesen oder hatte aus dem Off kommentiert *(Heute abend – Anneliese Rothenberger)*. Nach einem sehr erfolgreichen Special für Robert Stolz im SFB nahm das ZDF sie unter Vertrag. Die Reihe war außerordentlich beliebt, Rothenberger wurde zu einem der bestbezahlten Fernsehstars. Dafür musste sie sich von einigen Kollegen kritisieren lassen, sie übe durch die publikumsfreundliche Mischung verschiedener Stile »Verrat« an der Kunst.

Die Reihe lief in sehr loser Folge am Samstagabend oder an Feiertagen um 20.15 Uhr. Insgesamt wurden elf Ausgaben gesendet. Regisseur der Show war Truck Branss, Produzent war Wolfgang Rademann.

ANNELIESE ROTHENBERGER STELLT VOR   ZDF

1975–1986. »Galaabend mit jungen Künstlern«. In loser Folge präsentierte Anneliese Rothenberger im Rahmen einer großen Abendshow musikalische Nachwuchstalente. Die Reihe brachte es auf 14 Ausgaben.

ANNIE MCGUIRE   ARD

1990. 10-tlg. US-Sitcom (»Annie McGuire«; 1988). Annie (Mary Tyler Moore) und Nick McGuire (Denis Arndt) sind ein New Yorker Paar – für beide ist es die zweite Ehe. Sie bringt ihren zwölfjährigen Sohn Lewis (Bradley Warden) und ihre liberale Mutter Emma Block (Eileen Heckart) mit in die Verbindung, er seinen 14-jährigen Sohn Lenny (Adrien Brody), seine neunjährige Tochter Debbie (Cynthia Marie King) und seinen reaktionären Vater Red (John Randolph).

Die Serie sollte im Original ursprünglich »Mary Tyler Moore« heißen, aber vermutlich wäre sie dann auch nicht weniger gefloppt. Nach den Riesenerfolgen in den 60er- und 70er-Jahren *(Oh Mary; Mary Tyler Moore)* hatte Mary Tyler Moore kein Glück mehr.

Die halbstündigen Folgen liefen im regionalen Vorabendprogramm.

ANNO   ARD

1960–1962. »Filmberichte zu Nachrichten von gestern und morgen«. Politmagazin von und mit Helmut Hammerschmidt und Vorläufer der späteren Sendung *Report*.

In der Beschreibung der Sendung hieß es 1960: »Kameraleute und Reporter des Fernsehens machen in dieser Sendereihe den Versuch, wichtigen und interessanten Ereignissen im In- und Ausland nachzugehen und zu prüfen, wie es dazu kam und was daraus entsteht.« Da es zu dieser Zeit noch kein Auslandsmagazin gab, konzentrierte sich *Anno* stärker als die späteren Magazine auf internationale Themen. Zu den Reportern gehörten u. a. Dagobert Lindlau, Hans Lechleitner, Wolfgang Feller und Hanns Werner Schwarze.

Die Sendung lief ungefähr monatlich. Der Sendetitel enthielt die aktuelle Jahreszahl, z. B. »Anno 1961«. Am 22. Juli 1962 hieß die Sendung erstmals *Report*.

ANNO DOMINI – KAMPF DER MÄRTYRER ZDF

1987. 5-tlg. US-Historienfilm von Anthony Burgess und Vincenzo Labella, Regie: Stuart Cooper (»A. D.«; 1985).

Der Film schildert die Ereignisse im Anschluss an die Kreuzigung und Auferstehung Jesu Christi (Michael Wilding, Jr.). Für seine Jünger Petrus (Denis Quilley) und Paulus (Philip Sayer) beginnt das Leben danach. Parallel dazu hält in Rom zu Zeiten von Tiberius Caesar (James Mason), Gaius Caligula (John McEnery) und Nero (Anthony Andrews) allmählich das Christentum Einzug.

Das ZDF zeigte zur Premiere einen überlangen ersten und dann noch vier spielfilmlange Teile.

ANPFIFF RTL

1988–1992. »Die Fußball-Show« am frühen Samstagabend mit Berichten vom Bundesligaspieltag.

Ende der 80er-Jahre sicherte sich RTL überraschend die Ausstrahlungsrechte an der Fußballbundesliga. Mit der Bundesliga erstmals im Privatfernsehen begann eine neue Fußballepoche, oder wie es Moderator Ulli Potofski zu Beginn der ersten Sendung formulierte: »Herzlich willkommen zu *Anpfiff*. Beginnt jetzt eine neue Fußballepoche? Ich weiß es nicht!« Tatsächlich dämmerte sie allenfalls. Zwar machte RTL eine große Show, die in der Regel 90 Minuten, zu besonderen Anlässen aber gern auch mal drei Stunden lang war, und motzte die klassische Berichterstattung mit humoristischen Einlagen, Gewinnspielen für die Fernsehzuschauer, Talk und Showeffekten auf, doch langfristig konnte sich *Anpfiff* nicht durchsetzen.

Das Problem waren die Rechte. Die genauen Modalitäten änderten sich im Lauf der vier Jahre mehrmals, doch das Ergebnis blieb immer das gleiche: Auch die ARD durfte weiterhin Ausschnitte aus den Spielen zeigen. RTL hatte nur einen Teil der Erstverwertungsrechte erworben, der Rest blieb bei der ARD. Da RTL 1988 terrestrisch bei weitem noch nicht überall zu empfangen war und nicht jeder einen Satelliten- oder Kabelanschluss hatte, und da die *Sportschau* auch bisher immer nur Ausschnitte aus drei oder vier Spielen gezeigt hatte, blieb für viele alles beim Alten. Finanzierbar war die Sendung nicht. 40 Millionen DM flossen in der ersten Saison der RTL-Ära an den DFB, im Jahr zuvor waren es noch zwölf Millionen gewesen. Die Kosten explodierten weiter, und als sich 1992 Sat.1 den Fußball holte, kostete das bereits 150 Millionen.

Hauptmoderator war RTL-Sportchef Ulli Potofski, außer ihm moderierten u. a. Burkhard Weber und Wilfried Mohren. Dauerexperte im Studio war Günter Netzer.

Neben der Samstagsausgabe gab es freitags und in den »englischen Wochen« der Bundesliga auch dienstags und mittwochs einstündige *Anpfiff*-Ausgaben um 22.00 Uhr. Auch später noch hießen Live-Übertragungen besonderer Spiele »Anpfiff extra«.

ANSICHTEN EINES MENSCHEN ARD

1978–1980. Halbstündige Porträtreihe von Johann Christoph Hampe und Carsten Diercks über ganz normale Menschen. Die Episodentitel begannen immer mit »z. B.«, gefolgt vom Namen des Vorgestellten. 13 Folgen liefen samstagnachmittags.

DIE ANSTALT – ZURÜCK INS LEBEN SAT.1

2002. 14-tlg. dt. Krankenhausserie über das Leben auf der geschlossenen Station einer Psychiatrie.

Dr. Constanze von Weyers (Jenny Gröllmann) ist die nüchterne und pragmatische Chefärztin der Station P2 der Berliner Rosental-Klinik. Mit ihr arbeiten Dr. Peter Baumann (Thomas Huber), der bis zur Selbstaufgabe für seine Patienten kämpft und dabei sich und seine Familie vernachlässigt, Dr. Patrick McMurphy (John Keogh), ein ironisch-humorvoller Querdenker, die junge, idealistische Dr. Franziska Braun (Yvonne Johna), die energische Schwester Elke Schrader (Katharina Blaschke) und der sarkastische Pfleger Robert Müller (Alexander Hauff).

Zu den Patienten gehören der aggressive Karl Dombrowski (Dirk Nocker), der sich für den König der Station hält, Amanda Moos (Yasmina Djaballah), die mit Stargetue ihre Selbstzweifel überspielt, die Schizophrene Lena Kowacz (Jennipher Antoni), die einen dunklen Begleiter, Armin (Borys Ponew), imaginiert, Magnus Uhland (Henning Peker), der am Tourette-Syndrom leidet und die Station nur freiwillig immer wieder besucht, Felix Fischer (Tom Jahn), der sich aufgrund einer Hirnschädigung wie ein Kind verhält, aber ein phänomenales Zahlengedächtnis hat, Stefan Paul (Artur Albrecht), der unter einem Sauberkeitszwang leidet, sowie der paranoide Erich Schäfer (Günter Junghans).

Sat.1-Chef Martin Hoffmann nannte *Die Anstalt* »das mutigste und innovativste Serienvorhaben der letzten Jahre«, weil zum ersten Mal überhaupt die Psychiatrie den Schauplatz einer Arztserie bildete. Es war eine Gratwanderung zwischen Irrenwitzen und Aufklärung. Die erste Folge behandelte anhand einer Zwangseinweisung u. a. das Thema, wie schwer zwischen »verrückt« und »normal« zu unterscheiden ist: Verhält sich der Patient verrückt, weil er in die Psychiatrie eingewiesen wurde, oder wurde er eingewiesen, weil er verrückt ist?

Leider war dem breiten Publikum – trotz gewaltiger Werbeanstrengungen von Sat.1 – die Antwort egal: Es schaltete ab. Der Sender versuchte Mitte Oktober 2002 noch, durch eine Vorverlegung der Sendezeit am Donnerstag von 21.15 Uhr auf 20.15 Uhr etwas zu retten, brach das Psychoexperiment dann aber vorzeitig ab. Nur 14 der produzierten 26 Folgen wurden gezeigt. Vorher gewann die Serie noch den »Lilly Schizophrenia Award 2002« für ihre realistische Darstellung psychischer Erkrankungen.
Bereits 2001 lief der Pilotfilm »Die Mutter meines Mannes«.

ANSTÖSSE   ZDF
1986–1990. Bildungspolitische Reihe, die Entwicklungen im Bildungsbereich kritisch begleiten und Neues vorstellen will. Klingt trocken? Hatte in der ersten Folge (»Begabt – hochbegabt – Elite?«) aber fast sechs Millionen Zuschauer.
Lief zweimonatlich gegen 22.00 Uhr, erst mittwochs, später dienstags.

ANTHELME – GELIEBTER GAUNER   ARD
1983. 6-tlg. frz. Historienserie von Georges Coulonges, Regie: Jean-Paul Carrère (»Anthelme Collet ou Le brigand gentilhomme«; 1981).
Frankreich im 19. Jh.: Anthelme Collet (Bernard Crombey), Sohn eines Holzarbeiters, gibt sich als Sohn des »Marquis de Collet« aus und haut Zeitgenossen, die es verdient haben, übers Ohr. Francesca Alfieri (Elisabeth Huppert), Austerlitz (Jacques Jouanneau) und Antonietta (Catherine Salviat) werden seine Komplizen.
Die einstündigen Folgen liefen im regionalen Vorabendprogramm.

ANTHONY DELLAVENTURA, PRIVATDETEKTIV   RTL
2000–2002. 13-tlg. US-Krimiserie von Julian Neil, Nernard Lucien Nussbaumer und Richard DiLello (»Dellaventura«; 1997–1998).
Der ehemalige Polizist Anthony Dellaventura (Danny Aiello) arbeitet als Privatdetektiv. Dabei mischt er sich immer wieder in Fälle der Polizei ein und ist ihr meistens einen Schritt voraus. Unterstützt wird er von dem Ex-Cop Teddy Naples (Rick Aiello), der kampferfahrenen Geri Zarias (Anne Ramsay) und dem Undercover-Spezialisten Jonas Deeds (Byron Keith Minns).
Die einstündigen Folgen liefen donnerstags um 23.15 Uhr.

ANTJE   ARD, KI.KA
2003 (ARD); 2004 (KI.KA). 26-tlg. dt. Zeichentrickserie.
Das Walross Antje war über Jahrzehnte das Maskottchen des NDR. Als das lebendige ausrangiert wurde, trat an seine Stelle eine von Janosch gezeichnete neue Antje, die später ihre eigene Serie bekam, in der sie Abenteuer mit dem kleinen Tiger und dem kleinen Bären erlebt. Der mit Wiener Dialekt sprechende Fisch Schlüter, der ihr eigentlich als Provi-

ant dienen sollte, ist in einem roten Plastikeimer auch auf dem Land immer dabei.
Die Serie lief im *Tigerenten-Club* in der ARD und im KI.KA.

ANTON KEIL, DER SPECIALKOMMISSÄR   ARD
1978. 12-tlg. dt. Historienserie nach dem Roman »Mathias Weber, genannt der Fetzer« von Tilman Röhrig.
Im Jahr 1794 haben französische Truppen das linke Rheinufer besetzt. Als öffentlicher Ankläger geht Specialkommissär Professor Anton Keil (Ivan Desny) gegen Gauner und Verbrecher vor, vor allem gegen Mathias Weber, genannt »Der Fetzer« (Günther Maria Halmer). Die halbstündigen Folgen liefen im regionalen Vorabendprogramm.

ANTON, WOHIN?   ARD
1986–1988. 6-tlg. dt. Familienserie.
Pappa ante portas. Der Hotelportier Anton Feichtlinger (Willy Harlander) wird vorzeitig in den Ruhestand versetzt und weiß nicht, wohin. Seine Frau ist tot und seine Tochter Gabi (Monika Baumgartner) liiert, doch sie scheucht ihn auf, und so kommt der alte Anton doch nicht zur Ruhe.
Ein paar einzelne einstündige Episoden liefen im regionalen Vorabendprogramm.

ANTONIA   SAT.1
2001–2003. 3-tlg. dt. Liebesmelodram von Melanie Brügel und Annette Simon, Regie: Jörg Grünler und Ernst Josef Lauscher (Teil 3).
Die Studentin Antonia Scherrer (Alexandra Kamp-Groeneveld) und ihre Freundin Judy (Maren Gingeleit) sollen für den Klatschkolumnisten Peter Walz (Bernd Stegemann) Paparazzi-Fotos schießen. Dabei verliebt sich Antonia in den reichen Bankierssohn Leonardt von Ahrendorff (Kai Wiesinger). Der wird aber erschossen – also heiratet sie seinen Bruder Moritz (Benjamin Sadler).
Nach dem ursprünglichen Zweiteiler entstand zwei Jahre später eine einzelne Fortsetzung. Darin haben Antonia und Moritz eine 18 Monate alte Tochter; ein unehelicher sechsjähriger Sohn von Moritz taucht auf und wird entführt.

ANTONIAS STERNE   VOX
2003. Astroshow mit der Kölner Astrologin und ehemaligen RTL-Wetterfee Antonia Langsdorf, die mit jeweils einem Gast über Liebe, Glück und Gesundheit plauderte. Drei Folgen liefen nach Mitternacht.

DIE ANTWORT DER MÖNCHE   ARD
→ Mit offenen Karten

ANTWORTEN   DFF 1
1972–1983. »Eine Sendung zu Fragen der Zeit«. Politisches Magazin. Live-Gespräch mit Filmeinspielungen, in dem Funktionäre Fragen von Bürgern zu aktuellen gesellschaftlich relevanten Themen beantworteten.

Die Reihe sollte die Demokratie und die Verantwortung der Funktionäre gegenüber den Bürgern demonstrieren – ein Ziel, das besser erreicht worden wäre, wenn man den Gesprächen nicht so deutlich angesehen hätte, wie inszeniert alles war.
Die ersten drei Ausgaben liefen unter dem Titel *Offen gesagt*.

DER ANWALT ZDF

1976–1978. 39-tlg. dt. Anwaltsserie von Gerd Oelschlegel und Fritz Puhl, Regie: Heinz Schirk, ab der zweiten Staffel: Theodor Grädler.
Anwalt Dr. Wetzlar (Heinz Bennent) und seine Mitarbeiterin Fräulein Lattmann (Ulrike Blome), ab der zweiten Staffel Dr. Colmar (Wolfgang Kieling) und Fräulein Jeske (Thekla Carola Wied), kümmern sich um die Probleme ihrer Mandanten. Oft geht es um zivile Streitigkeiten und Kleinigkeiten wie unbezahlte Rechnungen und eingezogene Führerscheine, gelegentlich muss die Kanzlei aber auch in Kriminalfällen aktiv werden und eigenständig ermitteln, wenn z. B. ein Mandant unschuldig im Gefängnis sitzt. Am Schluss steht die Gerichtsverhandlung.
Die Folgen begannen und endeten jeweils mit einem Erzähler aus dem Off. Die Einleitung zu Beginn war immer gleich (»Im Namen des Volkes, das heißt, in unser aller Namen, wird von Menschen über Menschen Recht gesprochen«), am Ende wurde erläutert, wie es für die Figuren nach dem Ende der gezeigten Handlung weiterging. Mit Folge 14, dem Beginn der zweiten Staffel, änderte sich fast alles, darunter beide Hauptdarsteller, Titelmusik und Regisseur.
Die halbstündigen Folgen liefen donnerstags um 18.20 Uhr.

ANWALT ABEL ZDF

1988–2001. 20-tlg. dt. Krimireihe von Fred Breinersdorfer.
Der Anwalt Jean Abel (Günther Maria Halmer) ist ein Lebenskünstler und würde am liebsten gar nicht arbeiten. Trotzdem lässt er sich gemeinsam mit seiner Assistentin Jane (Andrea L'Arronge), genannt Baby Jane, immer wieder in neue Fälle hineinziehen, die für einen Freispruch seines Mandanten eigene Ermittlungen erfordern.
Die Reihe lief in loser Folge, meist mit einem Fall im Jahr und meist montags um 19.30 Uhr, anfangs unregelmäßig abwechselnd unter den Titeln *Ein Fall für Jean Abel* und *Neuer Fall für Anwalt Abel*. Ab 1997 lief die Reihe mit zwei Folgen jährlich samstags um 20.15 Uhr und hieß nur noch *Anwalt Abel*. Nach 13 Jahren ließ man Abel dann überraschend zu Geld kommen, und er konnte mit einer Schönen in seinem Sportwagen gen Frankreich entschwinden und musste tatsächlich nie mehr arbeiten.

ANWALT DER GERECHTIGKEIT ARD

1960–1962. 26-tlg. US-Krimiserie (»Lock Up«; 1959–1961).
Rechtsanwalt Herbert L. Maris (Macdonald Carey) in Philadelphia ist die letzte Hoffnung zu Unrecht Angeklagter. Er sucht mit Hilfe von Jim Weston (John Doucette) Beweise für ihre Unschuld und sorgt dafür, dass sie im amerikanischen Rechtssystem nicht unter die Räder kommen. Casey (Olive Carey) ist seine Assistentin.
Die Schwarz-Weiß-Serie basiert lose auf dem Leben des echten Anwalts Herbert L. Maris. Die halbstündigen Folgen liefen im regionalen Vorabendprogramm. Im Original war die Serie 78-teilig.

ANWALT MARTIN BERG RTL

1996–1997. »Im Auftrag der Gerechtigkeit«. 4-tlg. dt. Anwaltsserie von Peter Jürgensmeier.
Der Rechtsanwalt Martin Berg (Christian Quadflieg) verteidigt seine Mandanten überwiegend in Mordfällen. Der Privatdetektiv Oliver Wissmann (Bruno Eyron) ermittelt in seinem Auftrag. Martins Schwester Bettina Berg (Andrea Gloggner) unterstützt die Kanzlei als Sekretärin. Staatsanwalt Winkler (Hanns Zischler) ist Martins Gegner vor Gericht.
Die spielfilmlangen Folgen liefen abens. In einer Nebenrolle war Mathias Herman zu sehen, der sich hier schon mal aufwärmen konnte – wenig später übernahm er die Rolle des Anwalts in *Ein Fall für zwei*, wechselte also zum Original.

ANWÄLTE DER TOTEN – RECHTSMEDIZINER DECKEN AUF RTL

2000–2003. 21-tlg. Reportagereihe über die Arbeit von Gerichtsmedizinern.
Die Reihe schilderte mysteriöse Kriminalfälle aus Deutschland und den USA, die durch die Kooperation von Rechtsmedizinern und Kriminologen aufgeklärt werden konnten. Das Dokumentarmaterial wurde durch actionhaltige fiktionale Szenen angereichert.
Die knapp einstündigen Folgen liefen dienstags um 23.15 Uhr, ab der zweiten Staffel zwei Jahre später donnerstags um 22.15 Uhr.

APF BLICK SAT.1

1985–1986. Die erste tägliche Nachrichtensendung in Sat.1, die danach etliche Male umbenannt wurde.
APF stand für Aktuelles-Presse-Fernsehen, wie sich der Zusammenschluss der an Sat.1 beteiligten Zeitungsverlage nannte. Drei Moderatoren präsentierten neben mehreren zehnminütigen Ausgaben am Tag um 18.30 Uhr die News-Show »APF Blick aktuell«, in der neben den aktuellen Nachrichten auch Klatsch und Tratsch, Musik und ein Quiz stattfanden. Zu den Moderatoren gehörten Armin Halle, Karl-Ulrich Kuhlo, Eddie Lange und Andrea Scherell.
1986 erhielten die Nachrichten den neuen Namen *Sat.1 Blick*.

DER APFEL FÄLLT NICHT WEIT VOM STAMM ARD

1969–1970. Halbstündiges Ratespiel von und mit Hans Rosenthal, in dem ein Rateteam zuordnen muss, wer von den auftretenden Personen mit wem verwandt ist.

Die Show brachte es auf 27 Ausgaben im regionalen Vorabendprogramm, kurz danach wechselte Rosenthal zum ZDF. Eine Neuauflage mit Hans-Jürgen Bäumler wurde deutlich bekannter.

DER APFEL FÄLLT NICHT WEIT VOM STAMM   ZDF
1984–1987. Halbstündiges Verwandtschaftsratespiel mit Hans-Jürgen Bäumler.
Das vierköpfige Rateteam, bestehend aus Elke Kast, Holde Heuer, Horst Pillau und Carlo von Tiedemann, muss herausfinden, welcher von vier Männern der Vater eines Kandidaten ist – bzw. welche Mutter zur Tochter gehört. Vereinzelt nahm Curth Flatow anstelle von Pillau in der Runde Platz.
Die Show entstand unter Mitwirkung von Hans Rosenthal, der die Originalversion 1970 moderiert hatte. Sie lief erst freitags, dann dienstags am Vorabend, insgesamt 38-mal.

APPLAUS ODER RAUS!   RTL
1984. Einstündige Musikabstimmung per Telefon, abwechselnd moderiert von Thomas Ohrner und Birgit Lechtermann. Lief dienstags um 17.30 Uhr.

THE APPRENTICE   RTL
2005. US-Realityshow (»The Apprentice«; seit 2004).
16 Kandidaten bewerben sich als Lehrling (engl. *apprentice*) bei Donald Trump. Der feuert jede Woche einen von ihnen. Das amerikanische Original der Show, die RTL als *Big Boss* adaptierte und Pro Sieben als *Hire Or Fire* klaute. Nach dem geringen Erfolg der deutschen Version zeigte RTL das Original ein halbes Jahr später samstagnachts.

APRIL, APRIL   RTL
1995–1996. Eine der zahlreichen Shows, in denen Menschen hereingelegt und mit versteckter Kamera gefilmt wurden. In dieser von Frank Elstner moderierten einstündigen Show waren die Opfer ausschließlich Prominente. Produzent war Hugo Egon Balder. Zwei Staffeln liefen donnerstags bzw. freitags um 20.15 Uhr.

APRIL HAILER-SHOW   ZDF
1997–2000. Halbstündige Comedy-Variety-Show von und mit April Hailer und verschiedenen Sketchen und Szenen. Hailer moderiert, spielt und singt vor Studiopublikum.
Die Komikerin war vorher in *Wie bitte?!* positiv aufgefallen. Ihre Sketchshow hatte einige innovative Ideen wie Minimonologe und Musicals, die später in *Ladykracher* Standard wurden, aber die Show wurde kein großer Erfolg. Es lag nicht an Hailer, sondern vor allem an den müden Büchern.
Die Show lief sonntags gegen 22.00 Uhr und brachte es auf zwei Staffeln mit insgesamt zwölf Folgen.

APROPOS FILM   ZDF
1970–2002. Kinomagazin von Helmuth Dimko und Peter Hajek, das über neue Filme informierte, kritisierte, Stars interviewte, Regisseure porträtierte und sich mit niveauvoller Filmkunst und anspruchsvollen Experimentalfilmen ebenso beschäftigte wie z. B. mit »Keiner haut wie Don Camillo« mit Terence Hill.
Die Wiener Filmexperten Dimko und Hajek hatten das Magazin bereits 1968 im ORF ins Leben gerufen, 1970 stieg das ZDF als Koproduzent ein. Einige Ausgaben wurden von Dietmar Schönherr moderiert. 1976 gründeten Dimko und Hajek ihre eigene Produktionsfirma und stellten die Sendung fortan in Eigenregie her.
Die Sendung lief zunächst an wechselnden Wochentagen in der Primetime. In der zweiten Hälfte der 70er-Jahre rückte sie auf 22.00 Uhr, und mit der allmählichen Verlängerung der Primetime in die späten Abendstunden wanderte *Apropos Film* immer weiter ins Nachtprogramm. In den 90ern wurde zudem die Sendezeit von 45 auf 30 Minuten gekürzt. Dennoch blieb die Reihe noch eine feste Größe am späten Abend, bis die Macher 2002 die veränderten Arbeitsbedingungen auf dem Filmmarkt kritisierten – sie »erschwerten immer mehr eine freie journalistische, umfassende und differenzierte Aufarbeitung von Trends und Hintergründen« – und das das Magazin einstellten.

APROPOS MUSIK   ZDF
1993–1997. »Noten, Neuigkeiten und Notizen«. Aktuelles Musikmagazin vor allem zu klassischer Musik, die aber auch Nichtkennern nahegebracht werden sollte. Lief in loser Folge wenige Male jährlich am späten Abend.

ARABELLA   PRO SIEBEN
1994–2004. Tägliche einstündige Nachmittagstalkshow.
Arabella Kiesbauer gehörte zu den Ersten, die nachmittags talkten. Das Konzept war dem von *Hans Meiser* und *Ilona Christen* ähnlich, die Themen waren allerdings auf ein jüngeres Publikum ausgerichtet; auch mit rasanten Wackelkamerafahrten setzte sich *Arabella* von den bedächtigeren Konkurrenten ab. Thema der ersten Sendung war: »Fremdgehen – Lust oder Laster?« Die zu Beginn 28 Jahre alte Österreicherin hatte zuvor das ORF-Magazin »X-Large« moderiert, das in Deutschland auf 3sat zu sehen war.
Eigentlich sollte ihre Pro-Sieben-Show bereits im April starten, doch wegen einer Erkrankung – die Talkerin hatte wegen einer »linksseitigen Stimmbandlähmung« ausgerechnet ihre Stimme verloren – schickte der Sender kurzfristig *Lindenau* ins Rennen. Während der Ersatz floppte, entwickelte sich *Arabella* (ab Juni auf Sendung) zum Erfolg. Vor allem das anvisierte junge Publikum liebte die Show.
Für Diskussionen sorgte, dass der Sender an die 25 Drohbriefe veröffentlichte, die die Moderatorin angeblich wegen ihrer Hautfarbe erhalten hatte. »Deutschlands erste farbige Moderatorin« werde von Rassisten bedroht, verkündete Pro Sieben, was viele,

»Aaaaaah! Wie lange soll ich diese Sendung denn noch moderieren?« *Arabella* Kiesbauer hat sich Gäste mit Schere eingeladen, um endlich einen Schnitt machen zu können.

auch farbige Kollegen, für Teil einer Marketingkampagne hielten. Im Juni 1995 bekam Kiesbauer eine Briefbombe ins Studio geschickt, die eine Assistentin leicht verletzte. Eine rechtsradikale österreichische Organisation bekannte sich zu dem Anschlag. Inhaltlich entwickelte *Arabella* sich zeitweise zur Krawallshow, in der sich Streitende anbrüllen oder ihrem Gegenüber schockierende Neuigkeiten offenbaren durften. Als die Talkshows im Rahmen der »Schmuddeldebatte« 1998 ins Visier der Medienöffentlichkeit und -aufsicht gerieten, setzte der Sender mehrere Ausgaben kurzfristig ab, darunter »Selbstbefriedigung – warum schläfst du nicht mit mir?« und »Schafft die Huren ab«. Bei einigen Sendungen wurden nur die Titel entschärft: Aus »Ich schäme mich für meinen Busen« wurde »Meine Formen sind zu weiblich«, und die These »Schwangere sind hässlich« wandelte sich auf wundersame Weise zu »Schwanger sein macht schön«. Der harmlose »Albtraum Friseur« hatte den Originaltitel »Du bist doch bloß 'ne Friseuse!«. Im Juli 1999 ließ Arabella über das Genre selbst diskutieren. Dabei sagte Torsten Rossmann als Sprecher von Pro Sieben: »Wir haben Folgen ausgestrahlt, die wir heute nicht mehr ausstrahlen würden. Haben Sachen gezeigt, die im Nachmittagsprogramm nichts zu suchen haben.« Aber auch danach gab es noch interessante Themen, so etwa am 31. Januar 2000: »Dein Partner ist das Letzte – sieh es endlich ein!«
Als der Daily-Talk-Boom Anfang des neuen Jahrtausends abflachte und die meisten entsprechenden Sendungen aus dem Programm flogen, sanken zwar auch *Arabellas* Quoten, doch sie konnte sich halten. Ende 2002, vor den Verhandlungen um eine Vertragsverlängerung, gab es jedoch heftige Diskussionen um das zukünftige Konzept. Kiesbauer weigerte sich, ihre Gäste von Laienschauspielern darstellen zu lassen, wie es in den aufkommenden Gerichtsshows und in der Schlussphase des Pro-Sieben-Talks *Nicole – Entscheidung am Nachmittag* der Fall war. Zeitweise verwandelte sie ihre Talkshow stattdessen wochenlang in eine Beziehungsshow, in der junge Paare ihre Liebe testeten, indem beide mit je einem anderen Menschen ausgingen und sich hinterher für »alte Liebe« oder »neue Liebe« entscheiden mussten. Diese Idee hatte sie einer eigenständigen Sendung aus den USA entnommen.
Im Frühjahr 2003 lief innerhalb der Sendung die Doku-Soap »Die Abschlussklasse 2003« mit 80 Folgen, die jeweils die Hälfte der Sendezeit einnahmen. Im Zuge des Reality-Booms verhalf diese Doku-Soap zweier Schüler, die ihren Klassenalltag mit Videokameras filmten, der Talkshow zu einem Anstieg der Einschaltquote. Arabella habe zuvor einige Szenen aus dem Projekt zu sehen bekommen, hieß es. Für sie »stand sofort fest: Den Film muss ich in meiner Sendung zeigen«. Dass – entgegen früherer Beteuerungen – die Szenen in dem angeblich echten Projekt nachgestellt waren, kam erst später heraus. Im September 2003 begann eine neue Staffel, die »Die Abschlussklasse 2004« begleitete – jetzt auf ein ganzes Schuljahr ausgedehnt. Auch nachdem

diese einen eigenen Sendeplatz erhalten hatte, bekam *Arabella* nicht ihre volle Sendezeit zurück, sondern moderierte in der ersten halben Stunde *Das Geständnis,* ein so genanntes Plug-in mit erfundenen Geschichten und Laiendarstellern. Der Kandidat, der ein meist irgendwie sexuelles Geständnis zu machen hatte, verbarg sich immer hinter einer Schattenwand, die nur seinen Umriss zeigte.
Ebenso wie die *Abschlussklassen* hatte *Das Geständnis* regelmäßig bessere Quoten als die eigentliche Talkshow, so dass Pro Sieben sie zum zehnjährigen Jubiläum absetzte. Arabella hatte eigentlich ab Herbst das auf eine Stunde ausgedehnte *Geständnis* moderieren sollen, ihr Unbehagen an dem Trend zu erfundenen und immer extremeren Geschichten aber öffentlich gemacht. Pro Sieben trennte sich daraufhin im Streit vollständig von seinem bekanntesten Gesicht, das ironischerweise gerade vorher noch aus einer Umfrage als glaubwürdigste Moderatorin hervorgegangen war.
Bis August 2004 liefen auf dem täglichen Sendeplatz noch Wiederholungen.

ARABELLA NIGHT PRO SIEBEN
1996–1997. Wöchentliche Late-Night-Show mit Arabella Kiesbauer.
Es war eine Mischung aus Comedy, Filmclips und Talk mit Prominenten und unprominenten Gästen. Vor allem aber eine Fortsetzung des Nachmittagstalks mit den gleichen Mitteln. »Was, Andy, du hast noch nie mit einer Frau geschlafen?« – »Nein«, sagt Andy, »aber mit mehreren Vierbeinern, und die haben auch kein Problem damit: Pferde sind polygam, das bin ich auch.«
Die Show lief montags um 23.00 Uhr.

ARABELLA SUCHT! PRO SIEBEN
2000–2001. Einstündiges Magazin mit Arabella Kiesbauer, in dem dienstags um 22.15 Uhr Menschen gesucht wurden. Es ging dabei nicht nur um Vermisste, sondern beispielsweise auch um Zeugen einer Straftat, Organspender, Erben etc. Die Sendung brachte es nur auf acht Ausgaben.

DAS ARBEITSGERICHT ARD
1970–1971. 12-tlg. dt. Justizserie mit in sich abgeschlossenen Episoden und wechselnden Darstellern über Fälle, die vor dem Arbeitsgericht landen. Die halbstündigen Folgen liefen in allen regionalen Vorabendprogrammen.

DAS ARBEITSTIER SAT.1
2003. Halbstündige dt. Comedyshow mit Jasin Challah, der sich in verschiedenen Sketchen unterschiedlichen Berufsgruppen annimmt. Acht Folgen liefen samstags um 18.45 Uhr.

ARCHEMOBIL ZDF
1977. 6-tlg. brit. Zeichentrickserie von Grange Calveley (»Noah and Nelly«; 1976).
Der rotbärtige Noah und seine blauhaarige Frau Nelly reisen um die Welt in ihrem Archemobil, das mit Hilfe eines rosa Ballons durch die Luft fliegt, aber auch segeln, fahren und sogar tauchen kann. Das Archemobil sieht aus wie ein großes orangefarbenes, aufblasbares Tier mit roten Punkten und zwei Köpfen, was passend ist, weil die meisten seiner Bewohner auch zwei Köpfe haben. Das spart Platz, weil Noah deshalb nicht von jeder Sorte zwei mitnehmen muss; andererseits ist immer einer der beiden Köpfe gut gelaunt, der andere depressiv, weshalb sie meistens miteinander streiten. Am Anfang jeder Folge ist ein Tier gelangweilt oder genervt und zeigt auf die komplett weiße Landkarte, und alle fahren mit dem Archemobil hin und stoßen auf Dinge, die noch seltsamer sind als sie selbst, z. B. Türklopfer mit Kopfschmerzen. Nelly setzt sich dann hin und strickt meist ein praktisches Gerät, das den geschundenen Kreaturen hilft.
Hinter der originellen Serie stand das Team, das auch *Roobarb* gemacht hat. Die Folgen waren 25 Minuten lang und liefen sonntags um 13.45 Uhr.

ARCHIBALD, DER WELTRAUMTROTTER TELE 5
→ Adolars phantastische Abenteuer

ARCHIV DES TODES DFF 1
1980. 13-tlg. DDR-Kriegsserie von Rudi Kurz (Buch und Regie).
Ende 1944 versuchen fünf Widerstandskämpfer in das besetzte Polen zu kommen: Anführer sind der deutsche Kommunist Georg (Jürgen Zartmann) und der sowjetische Agent Boris (Gojko Mitic). Außerdem dabei: Ernst (Gerd Blahuscheck), ein deutscher Hauptmann, der zur sowjetischen Armee übergelaufen ist, Heiner (Krzysztof Stroiński), ein ehemaliger Hitlerjunge, und der polnische Partisan Janek (Leon Niemczyk). Die Gruppe soll im Auftrag der sowjetischen Militärabwehr das »Archiv des Todes« finden, das die SS in einem Bergwerk bei Krakau eingerichtet haben soll und das brisantes Geheimdienstmaterial und Pläne zum Aufbau einer Nachkriegsuntergrundorganisation der Nazis enthält. Doch das Flugzeug der Gruppe wird abgeschossen, die Mitglieder werden teils schwer verwundet und voneinander getrennt. Ihre Mission scheint kaum mehr erfüllbar, die deutsche Abwehr ist ihnen auf den Fersen, und SS-Standartenführer Hauk (Alfred Struwe) scheut keine Grausamkeit, um das Geheimnis zu schützen und die Informationen auch noch in letzter Sekunde vor der sowjetischen Eroberung zu retten. Mit wichtigen Informationen versorgt die Gruppe die Funkerin Renate Wiesner (Renate Blume).
Politisch-historische Abenteuerserie. Eine Variante desselben Themas mit denselben Mitwirkenden lief, ebenfalls als Serie, vier Jahre später unter dem Titel *Front ohne Gnade*. Die Folgen waren eine Stunde lang und wurden freitags um 20.00 Uhr gezeigt.

ARD-BRENNPUNKT ARD
Seit 1971. Aktuelle Hintergrundsendung.
Hieß anfangs *Im Brennpunkt* und lief immer am

ersten Mittwoch im Monat mit 45 Minuten Länge. Das Konzept war, Themen zu behandeln, für die ein Kurzbeitrag in einem der politischen Magazine wie *Report* oder *Panorama* nicht ausreichte. Die großen ARD-Anstalten wechselten sich bei der Produktion ab. Der erste *Brennpunkt* war ein NDR-Beitrag über die umstrittene Beteiligung deutscher Firmen am Bau des Staudamms Cabora Bassa in Mosambik. Später wurde der *Brennpunkt* jeden Mittwoch gegen 21.45 Uhr ausgestrahlt. Ab 1989 wurde der Titel auch benutzt, um zusätzlich zu diesen festen Terminen kurzfristig und ohne langfristige Ankündigung über aktuelle Krisen, Katastrophen und besondere Entwicklungen berichten zu können.

1994 fiel der reguläre Termin weg, und der *Brennpunkt* kam nur noch als Sondersendung ins Programm, meistens eine Viertelstunde lang direkt nach der *Tagesschau*. Das ZDF-Gegenstück heißt *ZDF Spezial*.

ARD-BUFFET   ARD
Seit 1998. Koch- und Servicesendung, im wöchentlichen Wechsel moderiert von Jacqueline Stuhler, Bernd Schröder und Evelyn König; 2001 kam zusätzlich Bernadette Schoog und 2003 Ernst-Marcus Thomas in die Rotation.
Experten im Studio, darunter regelmäßig »Teledoktor« Aart Gisolf und der Florist Thomas Bucher, beantworten Fragen von Zuschauern, die live in der Sendung anrufen können. Dazwischen kochen wechselnde Köche immer wieder verschiedene Rezepte. Das Maskottchen ist der Kater Felix.
Manche Zuschauer kannten Bernd Schröder, der ihnen hier Tipps und gute Ratschläge gab, noch aus Eduard Zimmermanns Ratgeberreihe *Vorsicht, Falle!*. Dort war er Lockvogel in der Rubrik »Experiment«, die Bürger auf ihre Gutgläubigkeit bzw. Dummheit testete (»'tschuldigung, ham Sie mal zehn Mark, mir isses Benzin ausgegangen, ich bring's auch gleich zurück ...«).
Die 45-minütige Sendung läuft werktags um 12.15 Uhr.

ARD-EXCLUSIV   ARD
Seit 1993. Reihe mit halbstündigen Reportagen, die kaum je besonders exklusiv waren, sondern einfach nur mehr oder weniger unterhaltend, und freitags gegen 22.00 Uhr liefen.
Für ein eher untypisches Beispiel der Reihe erhielt Wilfried Huismann 1995 einen Grimme-Preis. In der Reportage »Das Totenschiff« recherchierte er die Geschichte eines deutschen Frachters, der in der Biskaya sank und zwölf Seeleute in den Tod riss. Huismann wies nach, dass das Schiff überladen war, die Papiere gefälscht und der Tod quasi mit einkalkuliert – und dass all das keine Ausnahmen waren.
Im April 2005 begann die ARD, nach dem Fernsehfilm am Freitagabend einen alten *Tatort* zu wiederholen. Die Reportagereihe verschwand sang- und klanglos und tauchte nur noch sporadisch auf verschiedenen Sendeplätzen auf.

ARD-FERIENPROGRAMM FÜR KINDER   ARD
1983–1988. Das *ZDF-Ferienprogramm für Kinder* war schon seit Jahren ein Erfolg, da schrieb auch die ARD diesen Oberbegriff über Serienwiederholungen im Nachmittagsprogramm während der Ferienzeit.

ARD-FERNSEHLOTTERIE   ARD
→ Ein Platz an der Sonne

ARD-FRÜHSTÜCKSBUFFET   ARD
1998–1999. Halbstündige Frühausgabe des *ARD-Buffets,* ebenfalls mit Tipps, Service und Rezepten. Lief werktags um 9.30 Uhr.

ARD-JAHRESRÜCKBLICK   ARD
→ 199x – Das Jahr

ARD-MITTAGSMAGAZIN   ARD
Seit 1989. Tägliches einstündiges Magazin mit Nachrichten, Sport und bunten Themen, das im wöchentlichen Wechsel mit dem *ZDF-Mittagsmagazin* um 13.00 Uhr auf beiden Sendern gezeigt wird. Moderatorin ist seit dem ersten Tag Hannelore Fischer. Verantwortlich ist, im Unterschied zur *Tagesschau-*Familie, der Bayerische Rundfunk.

ARD-MORGENMAGAZIN   ARD
Seit 1992. Tägliches Frühstücksfernsehen von 5.30 bis 9.00 Uhr mit Nachrichten, Interviews und Service, das im wöchentlichen Wechsel mit dem *ZDF-Morgenmagazin* in beiden Programmen ausgestrahlt wird.
Harald Schmidt empfahl folgendes Merkmal zur Erkennung, welcher Sender an der Reihe ist: »Beim *ARD-Morgenmagazin* sehen die Moderatoren immer genauso müde aus wie die Menschen, die ihnen zu dieser Zeit zuschauen.« Die Moderatoren waren Julitta Münch, Jürgen Drensek, Judith Schulte-Loh, Sven Kuntze, Inka Schneider, Peter Schreiber, Elke Bröder, Gert Scobel. Aktuell moderieren Anne Gesthuysen und Sven Alexander Lorig.
Verantwortlich ist, im Unterschied zur *Tagesschau-*Familie, der WDR. Vorläufer der Sendung war das Frühstücksfernsehen, das die ARD gemeinsam mit dem ZDF 1991 während des Golfkriegs realisierte.

ARD-RATGEBER   ARD
Seit 1971. Halbstündiges Verbrauchermagazin am Wochenende mit wechselnden Themen und Moderatoren.
In jeder Sendung werden Tipps zu einem Bereich gegeben, der dem Sendetitel stets beigefügt ist. Die erste Sendung war ein »Ratgeber: Technik«, moderiert von Lea Rosh. Die Themen waren »Lebensmittelkonservierung durch Bestrahlung«, »Wie gefährlich ist ein Fernsehgerät?« und »Heizöltanks: Mehr Sicherheit durch Kunststoff«. Die verschiedenen Ratgeber wurden von verschiedenen ARD-Anstalten produziert und wechselten sich ab. Anfangs gab es die vier Ratgeber »Technik«, »Geld«, »Gesundheit« und »Recht«. Später kamen u. a. hinzu: »Auto und

Verkehr«, »Bauen und Wohnen«, »Schule/Beruf«, »Heim und Garten«, »Essen und Trinken«, »Mode«, »Reise«. Der Ratgeber »Geld« wurde zu »Geld und Börse«. Laut produzierendem NDR ist der »Ratgeber Technik« das am häufigsten ausgezeichnete Verbrauchermagazin der Welt.

Die Reihe lief zunächst sonntagvormittags, bekam wenig später Sendeplätze am Vorabend und wurde dann zur Dauereinrichtung am Nachmittag mit Sendungen am Samstag und Sonntag.

ARD-SONNTAGSMAGAZIN ARD
→ Sonntagsmagazin

ARD THEMA LIVE ARD
1999–2000. Dreiviertelstündige Sendung zu aktuellen Themen mit Experten und Zuschauerfragen, die teilweise per »Video Phone« aus einer »Speaker's Corner« in einer Kneipe gestellt werden können. Das Format wurde u. a. von Mario n von Haaren und Gerhard Delling moderiert und sollte den *ARD-Brennpunkt* ergänzen. Die Zuschauer konnten gut darauf verzichten, und so war nach sieben Ausgaben im Hauptabendprogramm auch schon wieder Schluss.

ARD-WUNSCHKONZERT ARD
1984–1998. Abendfüllende Musikshow mit Dagmar Berghoff und Max Schautzer.

Deutsche und internationale Stars aus allen Genres, überwiegend des Schlagers, treten auf und singen ihre Hits, die NDR-Big-Band spielt dazu. Es handelt sich angeblich um Musikwünsche von Menschen mit ungewöhnlichen Hobbys und Berufen, die in der Sendung zu Gast sind und vorgestellt werden. Auf diese Weise können sich regionale Vereine, Schulklassen, Karnevalsprinzen, Fanclubs, Hundezüchter und die späte Jennifer Rush endlich mal einem großen Publikum präsentieren.

Die Show lief vier- bis fünfmal jährlich, mal donnerstags um 21.00 Uhr, mal samstags um 20.15 Uhr. Von 1986 bis 1988 gab es zusätzlich das »ARD-Silvesterwunschkonzert«. Zur Show erschienen etliche Langspielplatten bzw. CDs. Nach 43 Sendungen traten Berghoff und Schautzer 1992 ab. 1997 und 1998 wurden zwei einzelne neue Ausgaben gesendet, jetzt mit Susan Stahnke und Jörg Knör.

ARENA DER SENSATIONEN ZDF
1982–1989. Zirkusgala mit Marlene Charell und Freddy Quinn. Lief fünf Jahre lang jährlich – und dann noch einmal 1989.

ÄRGER IM BELLONA CLUB DRITTE PROGRAMME
→ Lord Peter Wimsey

ÄRGER IM REVIER –
AUF STREIFE MIT DER POLIZEI RTL 2
Seit 2003. Dt. Doku-Soap, die zwei Polizisten auf ihren Einsätzen im Streifenwagen begleitet. Zunächst zehn halbstündige Folgen liefen im Doppelpack montags um 21.15 Uhr. Erstmals waren die Hauptfiguren, Ingo und Falk aus Bielefeld, in zwei Ausgaben von *exklusiv – die reportage* im Mai 2003 aufgetaucht. Ziemlich genau die gleiche Fernsehlaufbahn hatten die Sat.1-Polizisten *Toto und Harry*, die zunächst für die Reportage *24 Stunden* begleitet wurden und dann ihre eigene Sendung erhielten. Das RTL-2-Format kopierte diesen Erfolg, ebenfalls mit Erfolg.

Um möglichst schnell möglichst viele neue Folgen produzieren zu können, wurden für die zweite Staffel ab Januar 2004 gleich zwölf Beamte in sechs Revieren begleitet. Mit so viel Material wurden die neuen Folgen auf eine Stunde verlängert. Sie liefen jetzt am Sonntagabend. Weiter vervielfacht breitete sich die Serie ab Herbst vorübergehend halbstündig im werktäglichen Vorabendprogramm aus.

ARIELLE, DIE MEERJUNGFRAU ARD
1994. 31-tlg. US-Disney-Zeichentrickserie (»The Little Mermaid«; 1992–1994).

Die kleine Meerjungfrau Arielle und ihre Freunde erleben Abenteuer unter Wasser. Die Serie wurde zwar nach dem gleichnamigen Kinofilm gedreht, spielte aber inhaltlich davor. Sie lief in der ARD innerhalb des *Disney Club,* später eigenständig am Vorabend bei Super RTL.

ARME WELT, REICHE WELT ARD
1984–1987. 13-tlg. dt. Doku-Reihe.

Anhand verschiedener Themenbereiche werden die Situationen in einem reichen und einem armen Land einander gegenübergestellt. So geht es um Rüstungsanstrengungen in Indien, Pakistan und Malaysia, das Altwerden in Kenia und Deutschland und die medizinische Versorgung in Burkina Faso und der Schweiz.

Die 45-minütigen Doppelreportagen liefen an wechselnden Sendeplätzen zur Primetime.

ARMEEMAGAZIN DFF 2
1974–1981. Monatliches Militärmagazin, das aus dem sowjetischen Fernsehen übernommen und für die Soldaten in russischer Sprache ausgestrahlt wurde. Zum Schluss gab's auch deutsche Untertitel.

Lief rund 70-mal auf verschiedenen Sendeplätzen und war 10 bis 15 Minuten lang.

DIE ARMUT DER REICHEN ARD
1991. 8-tlg. dt.-frz. Familiendrama nach dem Roman von Suzanne Ratelle-Desnoyers, Regie: Richard Martin (»La misère des riches«; 1989).

Hélène Vallée (Patricia Tulasne) erbt nach dem mysteriösen Tod ihres Bruders Alain Gagnon (Carl Marotte) den Stahlkonzern der Familie. Ihr Mann Nelson (Jean-Pierre Cassel) wäre jedoch gern Herrscher über das Unternehmen und bemüht sich nach Kräften, seine Frau in den Wahnsinn zu treiben. Sie landet in der Klapse und kommt mit Hilfe von Tante Agnès (Danielle Darrieux) frei; es folgen Intrigen

und Mordanschläge, und Hélène und Agnès kämpfen gemeinsam gegen Nelson und seine Geliebte Karla Schmidt (Ursula Karven).
Die 50-Minuten-Folgen liefen im Vorabendprogramm.

ARNIE ARD
1972–1973. 13-tlg. US-Sitcom (»Arnie«; 1970–1972).
Plötzlich und unerwartet wird der Vorarbeiter Arnie Nuvo (Herschel Bernardi) auf einen Direktorenposten befördert. Aus seinem bisherigen Kollegenkreis hat er jetzt nur noch zu Julius (Tom Pedi) Kontakt, ansonsten arbeitet er jetzt mit den anderen Chefs des Unternehmens zusammen: Hamilton Majors, Jr. (Roger Bowen), Neil Ogilvie (Herb Voland) und Fred Springer (Olan Soule). Die beruflichen Aufgaben sind neu, doch auch die gesellschaftliche Umstellung fällt Arnie, seiner Frau Lillian (Sue Anne Langdon) und den Kindern Andrea (Stephanie Steele) und Richard (Del Russell), beide Teenager, nicht leicht. Arnie wusste, worüber er mit seinen alten Kumpels reden sollte, doch wie verhält er sich, wenn der Chef zum Pokerabend einlädt?
Die halbstündigen Folgen liefen im regionalen Vorabendprogramm.

ARPAD, DER ZIGEUNER ZDF
1973–1974. 26-tlg. frz.-ungar.-dt. Abenteuerserie von Thomas Münster und Guy Saguez (»Arpad le tzigane«; 1973).
Der trickreiche Weißdornzigeuner Arpad (Robert Etcheverry) schlägt sich im 18. Jh. als Abenteurer und Lebenskünstler durch die ungarische Puszta. Erst flüchtet er vor den Österreichern, dann wird er von den eigenen Stammesbrüdern geächtet, weil sie ihn für einen Angriff der Österreicher auf ihr Lager verantwortlich machen, dann sind wieder die Österreicher hinter ihm her und dann Stammesbruder Istvan (Péter Kertesz). Istvan ist Rilana (Edwige Pierre), der Tochter des Stammesältesten, versprochen, doch Rilana liebt Arpad, und die beiden heiraten heimlich.
Kurz darauf kommen Arpads Mutter Shari (Hela Gruel) und Rilanas Vater bei einem Angriff der Österreicher ums Leben. Arpads Verbündeter ist Fürst von Bekeczy (Werner Umberg), der wegen Hochverrats vom General (György Bánffy) zum Tode verurteilt, aber vom Kaiser begnadigt wird. Hauptmann Landemal (Ty Hardin) ist der Adjutant des Fürsten und wird zum Verräter, doch natürlich entkommen Arpad und der Fürst trotzdem.
In der zweiten Staffel wird alles viel einfacher: Keine komplizierten Verwicklungen mehr, nur noch ein lustiges Katz-und-Maus-Spiel. In jeder Folge greifen die Österreicher an, und der General trachtet Zigeunern und Kuruzzen nach dem Leben, doch Arpad, Rilana, der Fürst und dessen Schwester Hélène (Dorit Amann) überlisten die Gegner jedes Mal trickreich und können entkommen.
Die halbstündigen Folgen liefen dienstags um 19.10 Uhr, ab der zweiten Staffel eine Dreiviertelstunde früher.

ARSÈNE LUPIN ARD
1971–1975. »Der Gentleman-Gauner«. 26-tlg. frz. Gaunerserie nach den Romanen von Maurice Leblanc (»Arsène Lupin«; 1971–1974).
Arsène Lupin (Georges Descrières) ist ein wohl erzogener, vornehmer Mensch mit einem großen Interesse an Kunst. Er ist ein guter Detektiv, aber hauptberuflich ist er Dieb und Einbrecher – ebenfalls ein sehr guter, auch dank seiner besonderen Verwandlungsfähigkeit. Seine rechte Hand und sein treuer Komplize Grognard (Yvon Bouchard) und die schöne Natascha (Marthe Keller) sind an seiner Seite. In immer neuen Verkleidungen foppt Lupin seinen Dauerfeind Guerchard (Roger Carel) von der Polizei und lässt sich einfach nicht schnappen. Vorwiegend hält er sich in gehobenen Kreisen auf, und hier findet er zugleich seine liebsten Opfer. Indem er sie beraubt, bereinigt er die Gesellschaft von ihrem Ungleichgewicht zwischen Arm und Reich; gleichzeitig entlarvt er Betrug und Korruption unter den Reichen. Er bleibt jedoch stets nobel und wendet niemals Gewalt an.
Schon seit 1907 trieb der Meisterdieb in Romanen seinen Schabernack, neun Jahre später entstand die erste von etlichen Verfilmungen fürs Kino. Die

Berufsdieb *Arsène Lupin* (Georges Descrières) besticht durch eine enorme Wandlungsfähigkeit. Das links ist er aber nicht.

Episoden dieser ersten Fernsehfassung waren eine knappe Stunde lang und liefen im regionalen Vorabendprogramm. Es entstanden später weitere Serien unter demselben Titel bzw. als *Die Abenteuer des Arsène Lupin*.

ARSÈNE LUPIN   ARD
1993. 12-tlg. frz. Gaunerserie nach den Romanen von Maurice Leblanc (»Le retour d'Arsène Lupin«; 1989–1990). Neuauflage der gleichnamigen Vorabendserie, die die ARD 20 Jahre zuvor gezeigt hatte.
Der vornehme Meisterdieb Arsène Lupin (François Dunoyer) und Komplize Grognard (Eric Franklin) lassen sich diesmal von Inspektor Ganimard (Paul Le Person) jagen, aber wieder nicht fangen.
Die knapp einstündigen Folgen liefen im Vorabendprogramm. Vox zeigte später unter dem Titel *Die Abenteuer des Arsène Lupin* neue Folgen in Spielfilmlänge mit fast gleicher Besetzung.

ARSÈNE LUPIN, DER MEISTERDIEB   SAT.1
1998. 26-tlg. frz.-kanad. Zeichentrickserie (»Les exploits d'Arsène Lupin«; 1993–1996). Trickversion der Abenteuer des Detektivs und Diebs Arsène Lupin. Lief samstagmorgens.

ART ATTACK   SUPER RTL
Seit 1998. Wie bastelt man aus herumliegendem Gerümpel nützliche Dinge? Benedikt (»Beni«) Weber zeigt Kindern in dieser halbstündigen Show, wie man sein Zimmer auf kreative Art aufräumt. Die bisher rund 150 Folgen liefen am Samstagnachmittag und am Vorabend. Das Format stammt von Disney und wurde weltweit mit jeweils eigenen Präsentatoren verkauft.

ARZT EINER STERBENDEN ZEIT   DFF 2
1987. »Das Leben des Jan Jessenius«. 5-tlg. tschechoslowak. Historiendrama, Regie: Juraj Jakubisko (»Lekař umírajícího casu«).
Der slowakische Arzt und Philosoph Jan Jessenius (Petr Čepek) lehrt Anfang des 17. Jh. an der Karlsuniversität in Prag, nimmt an einem Gefangenen die erste öffentliche Autopsie in seinem Land vor und wird im Dreißigjährigen Krieg wegen seines Kampfs gegen die Zwangskatholisierung durch die Habsburger hingerichtet.
Die Folgen waren 55 Minuten lang. Sie liefen einen Monat später auch bei Eins Plus.

ÄRZTE   ARD
1994–1999. 38-tlg. dt.-österr. Arztreihe.
Ein Versuch der ARD, das *Tatort*-Konzept auf Ärzte auszudehnen. Verschiedene Anstalten schickten nun nicht nur ihre eigenen Kommissare, sondern auch ihre eigenen Weißkittel ins Rennen, die jeweils ein bisschen Lokalkolorit aus ihrer Region mitbrachten. Ebenfalls ähnlich dem *Tatort* hatten sie den Anspruch, keine verklärenden Arztroman-Märchen zu sein, sondern »realitätsnah und gegenwartsbezogen« die persönlichen und beruflichen Konflikte der Ärzte zu schildern. Und wie der *Tatort* hatten sie einen markanten gemeinsamen Vorspann, nur mit Oszillographen statt Fadenkreuz. Anders als beim *Tatort* ging das Konzept allerdings nicht auf.
Teil der Ärzteschwemme waren: vom BR die Gynäkologen Dr. Wolfgang Schwarz (Friedrich von Thun) und Dr. Margarethe Martin (Senta Berger), die mit acht Auftritten am häufigsten zum Einsatz kamen, vom WDR Sportarzt Conny Knipper (Dietmar Bär), vom NDR der Hamburger Internist Dr. Konrad Vogt (Sven-Eric Bechtolf), vom MDR der Chirurg Dr. Heinrich Klein (Uwe Kockisch), die Dresdner Anästhesistin Katrin Klein (Suzanne von Borsody) und die Assistenzärztin Lena Walter (Katharina Abt), vom SWF die Karlsruher Kinderärztin Leah Schönfeld (Simone Thomalla) und die indische Allgemeinmedizinerin Dr. Karla Spiehweg (Rosel Zech), vom HR die Notärztin Dr. Andrea Löbach (Sabina Trooger), vom ORF der Gynäkologe Dr. Helmut Singer (Fritz Egger) und vom SFB der Professor für Kinderheilkunde Dr. Peter Häusler (Winfried Glatzeder).
Die 90-minütigen Folgen liefen staffelweise mittwochs um 20.15 Uhr. Bei Wiederholungen fiel der Reihenname weg, sie liefen einfach als *Dr. Schwarz und Dr. Martin*, *Kinderärztin Leah*, *Dr. Vogt* oder *Sportarzt Conny Knipper*.

ÄRZTE UNTERM HAKENKREUZ   ZDF
2004. 3-tlg. dt. Geschichtsdokumentation von Ulrich Knödler und Christian Feyerabend über die kultur- und wissenschaftsgeschichtlichen Hintergründe der NS-Medizin. Es geht um den Rassenwahn der Nazis und Gesundheitsreformen, die das deutsche Volk zu einem »gesunden arischen Volkskörper« formen sollten und gegen die kaum ein Arzt Widerstand leistete.

A. S.   SAT.1
1995–1998. 29-tlg. dt. Krimiserie von Karl Heinz Willschrei und Hartmann Schmige.
Alexander Stein (Klaus J. Behrendt), genannt A. S., arbeitet als Privatdetektiv in Berlin. Sein alter Freund Krüger (Leonard Lansink) ist Kommissar bei der Polizei und versorgt ihn mit Informationen. Steins gute Freundin, das Callgirl Sonja Hersfeld (Andrea Sawatzki), ist in die Ermittlungen fast immer involviert. In ihrer Freizeit sitzen sie oft bei Anna Capelli (Birke Bruck) im »Capriccio«.
Die ersten 20 einstündigen Folgen wanderten über verschiedene Primetime-Sendeplätze: Erst musste Stein gegen den *Tatort* antreten, später gegen *Peter Strohm* und *Columbo*. Kein Wunder, dass die Serie nicht besonders erfolgreich war. Dabei hatte sich Sat.1 so viel versprochen von der prominenten Besetzung und dem Team, das auch *Wolffs Revier* erfunden hatte. Zwei weitere Filme wurden zwei Jahre später gezeigt, die letzten fünf Folgen liefen ab 1998 unter dem Titel *Steins Fälle*. Wiederholun-

gen in Kabel 1 trugen den Titel »A. S. – Gefahr ist sein Geschäft«.
Für Behrendt war der Flop kein Karriereknick, im Gegenteil: Er ging zurück zum *Tatort,* woher er kam, und spielte wieder Max Ballauf, der inzwischen vom Assistenten zum Kommissar befördert worden war.

ASA BRANCA　　　　　　　　　　　　　　ARD
1982. 4-tlg. brasilian.-dt. Doku-Soap von Djalma Limonge Batista und Berengar Pfahl über die 20-jährige Abiturientin Dorit aus Mönchengladbach, die sich in den Nordosten Brasiliens aufmacht, um dort in einer katholischen Pfarrei Entwicklungshilfe zu leisten.
Lief in 45-Minuten-Folgen sonntags um 11.15 Uhr und später auch in einer 90-Minuten-Version.

ASIENS STRÖME – ASIENS ZAUBER　　　　ZDF
2004. 3-tlg. dt. Doku-Reihe über die großen Flüsse Asiens. Das ZDF hatte zuvor bereits über *Russlands Ströme – Russlands Schicksal* sowie *Chinas Ströme – Chinas Zukunft* berichtet.

ASPEKTE　　　　　　　　　　　　　　　　ZDF
Seit 1965. Kulturmagazin.
Das Magazin begann unter dem Namen *Kulturbericht,* der am 1. Januar 1966 in *aspekte* umgewandelt wurde. Es war das erste bundesweit ausgestrahlte Kulturmagazin – die Pendants der ARD liefen nur in den Dritten Programmen.
aspekte begann mit klassischer Berichterstattung über neue Bücher, Ausstellungseröffnungen und Theaterpremieren. Die Sendung enthielt viele Interviews mit Schriftstellern sowie Festspielberichte. Erster Moderator und Leiter war Walther Schmieding. Ihm folgte 1969 als Leiter Reinhart Hoffmeister, der danach auch immer mehr Sendungen selbst moderierte. Unter ihm wurde die Sendung schnell politischer: 1970 leitete er ein Gespräch über den Kulturaustausch zwischen der Sowjetunion und der Bundesrepublik mit einer Kritik an den Gegnern der neuen Ostpolitik ein, wofür er scharf gerügt wurde.
Die Sendung hatte Anfang der 70er-Jahre immer noch ein elitäres Kunstverständnis und orientierte sich an den Feuilletons der Zeitungen. Typisch war folgende Moderation Hoffmeisters: »Die chinesische Kunstausstellung in Paris mit den schönsten Stücken neuer Ausgrabungen wird eröffnet, ein glanzvolles Ereignis, das Kunstinteressierte aus aller Welt in die französische Hauptstadt lockt« – die im Massenmedium Fernsehen natürlich kaum Zuschauer vor die Bildschirme lockte.
Hoffmeister reagierte auf die Kritik und die mangelnde Quote mit einem veränderten Selbstverständnis: »Gerade das, was dem Menschen direkt unter die Haut geht, gehört heute zur Kultur: sein Wohnen, seine Freizeit, seine Umwelt.« Nicht nur die Kunstinteressierten, sondern alle aufgeschlossenen und diskussionsbereiten Menschen sollten mit *aspekte* angesprochen werden. Unter seiner Leitung startete *aspekte* nicht nur Aktionen wie die Denkmalschutzreihe »Bürger, rettet Eure Städte«, die die Quoten steigerte und sich mit der aufkommenden Welle der Bürgerinitiativen fruchtbar verbinden ließ. Die Sendung wurde auch zum Diskussionsforum, das allerdings bei den ZDF-Oberen auf heftigen Widerstand stieß. Intendant Karl Holzamer wünschte sich ausdrücklich eine Rückkehr zum kunstorientierten TV-Feuilleton konservativen Zuschnitts.
Der Streit eskalierte nach der Sendung vom 27. Juli 1974, in der der Verleger John Jahr kritisiert wurde und der Schriftsteller Gerhard Zwerenz der Frankfurter Polizei vorwarf, Demonstranten gefoltert zu haben. Hoffmeister wurde am nächsten Tag sofort beurlaubt und bekam Hausverbot. Nach einer riesigen Welle von Solidaritätsbekundungen von Fernsehredakteuren, Journalisten, Politikern und Verbänden bis hin zum PEN-Club wurde die Entlassung in eine scharfe Missbilligung umgewandelt. Hoffmeister blieb bis 1975 Leiter von *aspekte,* danach wurde er Chef von *LiteraTour.*
Hoffmeisters Nachfolger wurde Dieter Schwarzenau, der am breiten Kulturverständnis festhielt und die Sendung weiter popularisierte, aber auf die politischen Provokationen verzichtete. In dieser Zeit moderierten außer Schwarzenau Hannes Keil, Alexander U. Martens, Anne Linsel und Michaela Reichart.
1988 wurde Johannes Willms Leiter von *aspekte,* 1992 Manfred Eichel. Er musste zusehen, wie die Illustrierte »Focus« zum Sponsor von *aspekte* wurde und nun vor und nach jeder Sendung verkündete: »Focus unterstützt *aspekte.*« Die Redaktion hatte sich vergeblich gegen das Sponsoring und den missverständlichen Hinweis gewehrt. Mit Eichels Nachfolger Wolfgang Herles zog die Redaktion im Jahr 2000 nach Berlin um. Herles wollte die Sendung einerseits wieder »politischer, provokanter und populärer« machen, andererseits aber auch Nischenthemen mehr Raum geben. Sein erklärtes Ziel, die Quote des Magazins deutlich auf über eine Million zu steigern, erreichte er mit Verzögerung. Neben Luzia Braun, die bereits seit 1993 das Magazin im Wechsel mit Eichel moderiert hatte, und Herles präsentierte nun zeitweise Roger Willemsen die Sendung.
Ein Ableger war *aspekte-Literatur,* der Vorläufer des *Literarischen Quartetts.*

ASPEKTE-LITERATUR　　　　　　　　　　ZDF
1982–1987. Schwerpunktsendung des Kulturmagazins *aspekte,* die sich viermal im Jahr mit Neuerscheinungen, vergessenen Büchern und aktuellen Trends auf dem Buchmarkt befasst. Vorläufer des *Literarischen Quartetts.*

ASPHALTDSCHUNGEL　　　　　　　　　　ZDF
1966. 6-tlg. US-Krimiserie (»The Asphalt Jungle«; 1961).
Eine Spezialeinheit der Polizei, bestehend aus Matthew Gower (Jack Warden), Gus Honochek (Arch Johnson) und Danny Keller (Bill Smith, später be-

kannt als William Smith), kämpft gegen das organisierte Verbrechen in New York und ermittelt dazu oft undercover.
Die Titelmusik stammte von Duke Ellington. Jede Folge war 50 Minten lang.

DER ASSISTENZARZT   DFF 1
1980. 5-tlg. tschech. Arztserie von Ján Solovič, Regie: Stanislav Parnický (»Ztráty a nálezy«; 1974).
Der junge Mediziner Petr Oberuc (Milan Knažko) arbeitet im Krankenhaus einer slowakischen Kleinstadt. Zwischen ihm und der Krankenschwester Veronika (Sylvia Turbová) funkt es, aber da ist auch noch seine Jugendliebe Nadja (Magda Vášáryová).
Die Folgen dauerten jeweils 55 Minuten.

DIE ASSISTENZÄRZTE   ARD
1975. 24-tlg. US-Arztserie (»The Interns«; 1970–1971).
Dr. Peter Goldstone (Broderick Crawford) ist der Direktor des New North Hospital. Etwas mürrisch, aber im Grunde gutmütig, beaufsichtigt er die Arbeit der fünf jungen Assistenzärzte Sam Marsh (Mike Farrell), Jim »Pooch« Hardin (Christopher Stone), Lydia Thorpe (Sandra Smith), Cal Baron (Hal Frederick) und Greg Pettit (Stephen Brooks). Die einstündigen Folgen liefen im regionalen Vorabendprogramm.

ASTRID LINDGRENS PIPPI LANGSTRUMPF   ZDF
1999. 26-tlg. dt.-schwed.-kanad. Zeichentrickserie nach den Kinderbüchern von Astrid Lindgren (»Pippi Longstocking«; 1997–1998).
Generationen von Kindern hatten die Bücher gelesen und die Originalserie *Pippi Langstrumpf* gesehen, jetzt erlebten Pippi, Tommy und Annika ihre Abenteuer rund um die Villa Kunterbunt erstmals in gezeichneter Form im Vormittagsprogramm.
Mehrere Folgen sind auf DVD erhältlich.

ASTRO-SHOW   ARD
1981–1983. »Ein Spiel mit den Sternen«. Esoterikshow mit Horst Buchholz und der Astrologin Elisabeth »Madame« Teissier.
Jede Sendung widmet sich einem Tierkreiszeichen, wobei jeweils ein Tierkreiszeichen übersprungen wird, das dann im kommenden Jahr drankommt – die Sendung läuft also zwei Jahre lang alle zwei Monate. Buchholz führt acht Kandidaten durch verschiedene Spielrunden, in denen sie auf die Eigenschaften hin getestet werden, die man ihrem Sternzeichen zuordnet und die uns Frau Teissier ausführlich erläutert. Der Gewinner wird durch das Publikum bestimmt, er darf sich z. B. der »Wassermann der Wassermänner« nennen, und bekommt einen Wunsch im Wert von 10 000 DM erfüllt.
Die Sendung stand unter keinem guten Stern. Die ARD sah sich wegen des astrologischen Mumpitz heftiger Kritik ausgesetzt, im Dezember 1981 wurde Horst Buchholz durch Hans Peter Heinzl abgelöst. Die ARD setzte ihre Reise durch die Tierkreiszeichen dennoch bis zum Ende nach zwölf Folgen fort.

A. T. – DIE ANDERE TALKSHOW   RTL
1989–1990. 4-tlg. aggressive Streitshow mit Axel Thorer.
In einer von Metallgittern umgebenen Arena treffen Feministinnen auf Mädchenhändler und Obdachlose auf Spekulanten. Bodyguards, die an strategisch wichtigen Punkten im Studio stehen (nämlich dort, wo sie am besten ins Bild zu rücken sind), sollen das künstlich aufgepeitschte Publikum davor bewahren, etwas Unüberlegtes ... nein, nur etwas *wirklich total Unüberlegtes* zu tun. Lautstarke Tumulte und Chaos sind dagegen überaus gewollt und treten planmäßig ein.
Adaption der »Morton Downey Jr. Show«, einer »Combat Talk Show« aus den USA, die sich ab 1987 um Sex & Crime drehte, einen rüpelhaften rechtsradikalen Moderator hatte, zu Prügeleien im Studio führte und 1989 eingestellt wurde, weil die Werbewirtschaft sich massenhaft abwendete. Die Show kam in Deutschland über vier einstündige Folgen zur Samstagabend-Primetime nicht hinaus, obwohl ursprünglich zehn geplant waren – die Quoten waren, anders als bei dem Konzept zu erwarten war, miserabel. Außerdem wollte RTL es sich nicht komplett mit Politik und Landesmedienanstalten verderben. Der bullige Thorer mit eindrucksvollem Schnauzbart passte auch äußerlich gut in den Rahmen. Er war vorher Chefredakteur des Männermagazins »Esquire« und wurde später stellvertretender Chefredakteur von »BUNTE«.

ATELIER 4   ZDF
1987–1989. »Kultur im Gespräch«. Diskussionssendung mit Journalisten und Kulturschaffenden, ohne Publikum. Lief alle paar Monate montags gegen 22.00 Uhr, insgesamt neunmal.

ATLANTIS DARF NICHT UNTERGEHEN   ARD
1988. 6-tlg. dt. Jugendserie von Gert Steinheimer.
Julius Finke (Adolf Laimböck) und Artur Beierlein (Roderich Wehnert), Zimmergenossen im Altersheim, haben gemeinsam von ihrem Freund Willem Ollerich (Wolfgang Schwalm) das heruntergekommene Kino »Atlantis« geerbt. Ihr Zivi Stefan Schmid (Felix Martin) unterstützt sie in dem Vorhaben, das Kino wieder zu eröffnen. Er verliebt sich in Maggy Hogenbreuch (Christina Plate), die Enkelin von Gretel Hogenbreuch (Margarete Dobirr), einer anderen Altersheimbewohnerin. Gemeinsam kämpfen sie gegen Willems intriganten Sohn Wolfgang (Siegfried Gressl), der das Kino haben will und Schläger und einen Privatdetektiv auf die Alten ansetzt. Am Ende gewinnt er und macht aus Atlantis ein Pornokino.
Die Geschichte des Kinos wurde aus der Perspektive des kleinen Oli Schmid (Calogero Galiano) erzählt, der das baufällige Kino besucht. Die Folgen waren je eine Dreiviertelstunde lang und liefen sonntagnachmittags. Steinheimer wurde für die Reihe 1989 mit dem Adolf-Grimme-Preis mit Silber ausgezeichnet.

ATOLL ARD
1989–1990. Halbstündige Talk-Spiel-Show mit Heinz Schenk, die insgesamt zwölfmal wöchentlich im Nachmittagsprogramm lief. Schenk stellt Prominenten die Frage, was sie mitnähmen, wenn sie auf eine einsame Insel verbannt würden, verbannt sie dann aber leider nicht wirklich.

ATOM-ANTON, DIE SUPERAMEISE ARD
1968. 26-tlg. US-Zeichentrickserie von William Hanna und Joseph Barbera (»The Atom Ant Show«; 1965–1966).
Die Superameise Atom-Anton empfängt über ihre Antennen Hilferufe, ist ultrastark und kann fliegen, und die Bösewichter dieser Welt kommen auch mit Insektenschutzmittel nicht gegen sie an.
Lief in den regionalen Vorabendprogrammen.

DIE ATOMISTEN ARD
1972. 11-tlg. frz. Geheimniskrämerserie, Regie: Léonard Keigel (»Les Atomistes«; 1968).
Die Physiker Richard Derol (Marc Michel), Anne Beauchamps (Patricia Naulin), Frédéric Deplace (Jean Leuvrais) und Serge Magnan (Yves Barsacq) forschen im Labor von Prof. Valère (Jacques Debvary) an streng geheimen Dingen herum und müssen sich Mühe geben, dass sie auch geheim bleiben.
Die halbstündigen Folgen liefen im regionalen Vorabendprogramm.

DAS ATTENTAT ARD
1967. 6-tlg. dt. Dokumentarspielreihe, die sich mit den Anschlägen auf Engelbert Dollfuß, General Heydrich, Walter Rathenau, Leo Trotzki und General Schleicher befasste.
Die Hauptdarsteller wechselten ebenso wie die Regisseure, unter Letzteren war zweimal Franz Peter Wirth. Leo Trotzki wurde eine Doppelfolge gewidmet, Regisseur war August Everding. Jede Folge hatte Spielfilmlänge.

DIE AUBERGERS ZDF
1997–1998. 14-tlg. dt. Familienserie von Gabriela Sperl, Regie: Karin Hercher und Peter Deutsch.
Der Familienpatriarch Herbert Auberger (Dieter Eppler) verfügt, dass seine Söhne Harry (Gerhart Lippert) und Albert (Mark Kuhn) sein Erbe antreten und gemeinsam die Familienkanzlei übernehmen. Beide mögen sich nicht und haben völlig unterschiedliche Ansichten und Einstellungen: Albert geht es nur um den Profit, Harry möchte den kleinen Leuten helfen. Trotzdem werden sie natürlich ein gutes Gespann. Harry ist mit Susanne (Silvia Reize) verheiratet, ihre Kinder heißen Dany (Martin Kluge) und Molly (Bernadette Heerwagen). Alberts Frau ist Theresa (April Hailer), der gemeinsame Sohn heißt Stephan (Fabian Zapatka). Luise Auberger (Ursula Lingen) ist Harrys Mutter.
Die 50-Minuten-Folgen liefen freitags um 19.25 Uhr.

AUBERLE & CO. ARD
1986–1988. 26-tlg. dt. Zeichentrickserie von Manfred Naegele.
Der Tüftler Karle Auberle eröffnet im Holzweg 13 in Schwabhausen eine Erfinderwerkstatt. »Co.« sind sein Kumpel Kurt Georg, Hündin Conny und die stille Teilhaberin Gertrud.
Eine schwäbische Trickserie im regionalen Vorabendprogramm mit bekannten schwäbischen Synchronstimmen: Walter Schultheiß, Armin Lang und Trudel Wulle. Sie wurde später als *Der doppelte Auberle* fortgesetzt.

AUCH DAS NOCH ... ARD
1988. 13-tlg. dt. Comedyserie. Abgeschlossene Episoden schildern die überraschenden Auswüchse der Ausdehnung von Urlaubsbekanntschaften auf die Zeit danach. Die 25-Minuten-Folgen liefen im regionalen Vorabendprogramm.

AUF ACHSE ARD
1980–1996. 86-tlg. dt. Abenteuerserie von Georg Feil.
»Franz Meersdonk. Günther Willers. Und ihre Maschinen. 320 PS. Sie fahren Terminfracht in aller Herren Länder. Auf sie ist Verlass.«
Der Trucker Franz Meersdonk (Manfred Krug) ist ein herzensguter Brummbär, an dessen dickköpfige Art sich seine Mitmenschen immer erst gewöhnen müssen. Doch so stur wie er ist, so pflichtbewusst ist er auch. Zusammen mit seinem Partner, dem Hitzkopf Günther Willers (Rüdiger Kirschstein), der gern Rennfahrer geworden wäre, fährt er längere Touren. Sie brettern samt Fracht durch ganz Europa, bis nach Afrika und Asien und kommen auch in Länder, die allein mit einem Lastwagen nur schwer zu erreichen sind, wie Chile und Mexiko. Sie setzen sich mit der Bedrohung durch Zollbestimmungen, Pannen und ablaufende Haltbarkeitsdaten auseinander. Außer Gütern überführen sie nebenbei noch ein paar Ganoven und setzen sich für Menschen ein, die ihre Hilfe brauchen. Zwischendurch werden ihnen entweder ihre Lastwagen gestohlen, oder sie landen aus den unterschiedlichsten Gründen selbst im Knast.
Ihre Auftraggeber wechseln. Anfangs ist es die Spediteurin Sylvia Mittermann (Monica Bleibtreu), in der zweiten Staffel Ende 1983 hauptsächlich Holzner (Karl Walter Diess). In der dritten Staffel Anfang 1987 gründen Meersdonk und Willers ihr eigenes Unternehmen, International Transports, mit dem sie einige Fahrten für die Spedition Lammers übernehmen. Ihre Mitgesellschafterin ist Cinzia (Roberta Manfredi), mit der sich Willers nach einigen Folgen nach Italien absetzt. Während seiner Abwesenheit verschleißt Meersdonk gleich mehrere neue Partner, die meiste Zeit ist der windige Max Kottan (Franz Buchrieser) an seiner Seite, und die beiden fahren für die Spedition Morales.
Die zweite Hälfte der vierten Staffel konzentriert sich ab Februar 1990 auf die Erlebnisse von Willers,

der inzwischen in Chile ist und dort mit Sigi (Christoph M. Ohrt) in eine Spedition einsteigt. Meersdonk kommt in diesen Folgen nicht vor. 1992 kehrt Willers zurück, und er und Meersdonk lassen International Transports wieder aufleben. Bettina (Meret Becker) wird ihre neue Sekretärin, und mit Ulli (Charlotte Siebenrock) stellen sie erstmals eine Frau als Fahrerin ein. Ende 1993 hat Willers die Firma endgültig verlassen, und für die letzten sieben Folgen wird der junge Toni Teuffel (Kai Wiesinger) der neue Trucker an Meersdonks Seite.

Im Mai 1996 startet eine Staffel mit 13 neuen Folgen und komplett neuer Besetzung: Kaschinski (Armin Rohde), Eddi (Markus Knüfken) und Julia Hensmann (Nele Müller-Stöfen) fahren jetzt für die Spedition Hensmann.

Die Serie überzeichnete zwar das abenteuerliche Leben von Fernfahrern aus Gründen der Unterhaltung, stellte es aber im Groben realistisch dar. Die Folge »Aussichtsloses Rennen« beschäftigte sich beispielsweise mit illegalen Lastwagenrennen, und die Folge »Lalla und Kifkif« zeigte, mit welchem Trauma und welchen Folgen Willers zu kämpfen hatte, nachdem ihm der für einen Trucker schlimmstmögliche Unfall passiert war – er hatte ein Kind angefahren. Gedreht wurde an Originalschauplätzen, was die Serie auch landschaftlich reizvoll machte. Immer ein Block mehrerer Folgen spielte am gleichen Schauplatz. Nebenbei bot sie in der dritten Staffel einen Insider-Gag, als der von Franz Buchrieser dargestellte Trucker den Rollennamen Max Kottan erhielt. Buchrieser hatte einige Jahre zuvor die Titelrolle in *Kottan ermittelt* gespielt.

Die einstündigen Folgen liefen im regionalen Vorabendprogramm. Krug spielte die Hauptrolle von Beginn an bis Anfang 1994. Die Nachfolgecrew ab 1996 konnte bei weitem nicht an den Erfolg der Krug-Folgen anknüpfen, weshalb *Auf Achse* nach dieser einen neuen Staffel vom Bildschirm verschwand.

Zur Serie erschienen mehrere Heftromane.

AUF DEM PFIFFIGEN PLANETEN ARD

1971. Brit. Puppenserie für Kinder (»The Clangers«; 1969–1974).

Auf dem pfiffigen Planeten leben die Pfifferlinge und verständigen sich mit merkwürdigen Pfeflauten. Sie sehen aus wie aufrecht gehende Schweine mit zu lang geratenen Schnauzen und großen Ohren und leben unterirdisch in Kratern. Die teilen sie mit dem Suppendrachen, einem merkwürdigen Gesellen, der aber sogar was von seiner Suppe abgibt, wenn man ihn nett fragt.

Bizarre und verstörende Serie. Das Rumgepfeife der Pfifferlinge war der Stoff, aus dem Kinder- und Elternalbträume sind. Die Folgen waren zehn Minuten lang und liefen montagnachmittags.

AUF DEN ERSTEN BLICK ARD

1977–1978. Talkshow mit Werner Höfer.

Höfer interviewte immer einen Überraschungsgast, dessen Name ihm vorher nicht genannt wurde. So sollte sich aus dem Stegreif ein besonders lockeres Gespräch entwickeln – tatsächlich saß Höfer allerdings z. B. ziemlich ratlos vor einem ihm unbekannten Menschen namens Reinhold Messner, der wohl den einen oder anderen Berg schon erklommen hatte, was aber ganz offensichtlich nicht Höfers Thema war. Außer Messner schauten Schauspielerin Gisela Uhlen, Sängerin Katja Ebstein, Ex-Kommunarde Rainer Langhans und der damalige Kölner Kardinal Joseph Höffner auf einen Blick vorbei.

Die Talkshow war 45 bis 60 Minuten lang und lief in loser Folge dienstags bzw. donnerstags um 23.00 Uhr. Nach sechs Ausgaben wurde sie abgesetzt. Das Konzept funktionierte viele Jahre später besser mit Jürgen von der Lippe in *Wat is?,* der allerdings Leute traf, die nicht nur ihm unbekannt waren.

AUF DEN HUND GEKOMMEN KABEL 1

1992. 26-tlg. US-kanad. Sitcom (»Dog House«; 1990–1991).

Nach einem Autounfall und ungesund engem Kontakt mit viel, viel Strom steckt der Polizist Digby Underwood plötzlich i m Körper seines Diensthundes Spot. Die Familie seines Bruders, Mutter Helen (Shelley Peterson) und die Kinder Richie (Jaimz Woolvett), Annabelle (Valentina Cardinalli) und Timmy (Jonathan Shapiro), nimmt den Köter, der eigentlich Onkel Digby ist und nun sprechen kann, bei sich auf.

Die Folgen waren jeweils 25 Minuten lang.

AUF DEN SPUREN DER ALL-MÄCHTIGEN SAT.1

1993. 24-tlg. Dokumentarserie über scheinbar unerklärliche Phänomene mit Erich von Däniken.

In mehreren Einspielfilmen geht die Sendung merkwürdigen Begebenheiten aus der Vergangenheit nach. Gedreht wurde an Originalschauplätzen u. a. in Ägypten, Mexiko, Argentinien und Peru, ergänzt durch aufwendige Computeranimationen.

Als erste europäische Serie wurde diese in einem virtuellen Studio hergestellt, das es von Däniken ermöglichte, zwischen Pyramiden umherzuwandeln. Produzent war Frank Elstner. Die Reihe lief sonntagmittags.

AUF DEN SPUREN DER STAUFER ARD

1970. 7-tlg. dt. Historienserie.

Der Geschichtsprofessor Westermeier (Hans Pössenbacher) folgt den Spuren der Staufer nach Italien. Der Regisseur Michael Ansfeld (Harald Leipnitz) begleitet ihn, um ihn bei der Expedition zu filmen. Und die Klatschjournalistin Birgit Lindholm (Ingeborg Schöner) begleitet beide, um darüber zu schreiben.

Die halbstündigen Folgen liefen im regionalen Vorabendprogramm.

AUF DEN SPUREN SELTENER TIERE ARD

1964–1972. Tierfilmreihe von und mit Eugen Schuhmacher, dessen Tiere noch seltener waren als die in

Heinz Sielmanns *Expeditionen ins Tierreich* und dessen Aufnahmen in noch entlegeneren Ecken aller Kontinente entstanden waren – falls das überhaupt möglich war.
Schuhmacher zeigte Lederrückenschildkröten, Mandschurenkraniche, Komododrachen, flugunfähige Kormorane, Kaiserpinguine und Galapagos-Seelöwen und erzählte im Studio darüber. Immer anwesend war der Redakteur Ernst Emdrich, der Zwischenfragen stellte, die den Zuschauern an dieser Stelle möglicherweise auch eingefallen wären, und auf einem Globus zeigte, wo die gesehenen Tiere zu Hause sind.
Die Reihe lief mehrmals im Jahr dienstags um 20.15 Uhr und brachte es auf 37 Ausgaben. Schon seit 1955 hatte Schuhmacher als Mitarbeiter des BR rund 100 Sendungen produziert.

AUF DEN SPUREN VON SHERLOCK HOLMES   ZDF
1990. 8-tlg. brit. Kinderserie von Anthony Reed und Richard Carpenter (»The Baker Street Boys«; 1983). Eine Gruppe von Kindern macht die Arbeit für Sherlock Holmes (Roger Ostime) und Dr. Watson (Hubert Rees): Unter der Führung von Arnie Wiggins (Jay Simpsons) klären Shiner (Adam Woodzatt), Rosie (Suzi Ross), Queenie (Debby Norris), Sparrow (David Garlick) und Beaver (Damion Napier) Kriminalfälle auf. Der berühmte Detektiv erscheint immer nur kurz am Schluss.
Jeder Fall erstreckte sich auf zwei der jeweils halbstündigen Folgen.

AUF DER COUCH   SWR, ARD
1988–1991 (SWR); 1992 (ARD). Monatliche 90-minütige Personality-Talkshow mit Wieland Backes und jeweils einem Gast.
Das Konzept ist eine Mischung aus *Das ist ihr Leben* und *Showgeschichten* plus Kritik: Die Stars aus Kultur und Medien (darunter Luigi Colani, Lore Lorentz, Friedensreich Hundertwasser, Reinhold Messner, Joschka Fischer, Mario Adorf) werden mit Weggenossen und Filmausschnitten konfrontiert und in Spielen getestet. Es geht nicht nur um Stärken und Highlights, sondern auch um Schwächen und Misserfolge der Porträtierten.
In Südwest 3 wurde die Show ein Erfolg am Freitagabend, in der ARD aber nach nur vier Folgen abgesetzt.

AUF DER FLUCHT   ARD, SAT.1
1965–1967 (ARD); 1988–1990 (Sat.1). US-Abenteuerserie von Roy Huggins (»The Fugitive«; 1963–1967).
Der Arzt Dr. Richard Kimble (David Janssen) ist wegen Mordes an seiner Frau Helen (Diane Brewster) zum Tod verurteilt. Er ist jedoch unschuldig. Auf dem Weg zum elektrischen Stuhl kann Kimble entkommen. Fortan ist er auf der Flucht vor Polizei-Lieutenant Philip Gerard (Barry Morse), der Kimble mehrmals quer durch das ganze Land jagt. Währenddessen sucht Kimble den wahren Mörder, einen einarmigen Mann, den er vor seinem Haus sah, bevor er seine tote Frau fand. Nach jahrelanger Hetzjagd findet Kimble in der letzten Folge schließlich den Einarmigen (Bill Raisch) und wird selbst freigesprochen. Kimbles ermordete Frau Helen taucht im Vorspann und in Rückblenden auf.
Die Serie gehört zu den erfolgreichsten weltweit. In allen Ländern war die Resonanz einzigartig. David Janssen erhielt in Deutschland die Goldene Kamera, ungewöhnlich für einen Darsteller in einer ausländischen Serie. Die letzte Episode, in der Kimble endlich den wahren Mörder findet, erreichte in allen Ländern Rekordeinschaltquoten – in den USA hielt der Rekord bis zur »Wer schoss auf J. R.?«-Folge von *Dallas*.
Die ARD sendete von den 120 Folgen nur 26, jedoch inklusive der alles aufklärenden Schlussfolge. Als Sat.1 später weitere Folgen in deutscher Erstausstrahlung unter dem Titel *Dr. Kimble – Auf der Flucht* zeigte, erhielten die Zuschauer folglich nur neue Handlungsabschnitte des Gesamtkomplexes, aber keine neuen Erkenntnisse. Spätere Wiederholungen liefen wieder unter dem deutschen Originaltitel.
Die Serie basiert auf dem tatsächlichen Fall eines Dr. Sam Sheppard aus dem Jahr 1954. Der gleiche Fall diente auch als Vorlage für den Film »Der Strafverteidiger« (»The Lawyer«; 1970«), aus dem dann die Serie *Petrocelli* wurde. Ironischerweise ging Kimbles jahrelange Flucht durch die USA am 20. Oktober 1967 zu Ende – also genau an jenem Abend, als Eduard Zimmermann das erste Mal mit *Aktenzeichen XY ... ungelöst* auf dem Bildschirm erschien.

AUF DER JAGD NACH SCHLAGZEILEN   ZDF
1966–1968. 12-tlg. frz. Abenteuerserie von Jean Amadou und Daniel Cauchy (»De nos envoyés spéciaux«; 1965).
Die Journalisten Daniel Porel (Daniel Cauchy) und Jean Mirou (Jean Amadou) sind immer auf der Suche nach Knüllern für ihre Zeitung. Die halbstündigen Folgen liefen dienstags am Vorabend. Zwei Jahre nach der Ausstrahlung der ersten zwölf Folgen wurde noch eine einzelne nachgereicht.

AUF DER SUCHE NACH DER QUELLE DES NILS   ARD
→ Die Suche nach den Quellen des Nils

AUF DER SUCHE NACH DER SCHATZINSEL   KI.KA
1998–2000. 26-tlg. austral.-span.-dt. Abenteuerserie (»Search For Treasure Island«; 1997–1999).
Sally Raymond (Kim Lewis), die Frau des verschwundenen Abenteurers Paul, ihre Tochter Jacqui (Brooke Mikey Anderson) und Stiefsohn Mark (Daniel Kellie) suchen nach der »Schatzinsel« aus dem Roman von Robert Louis Stevenson. Der Skipper Benito Escovar (Tiriel Mora) und die junge Thea (Brittany Byrnes), die sie unterwegs auflesen, begleiten sie.
Zwölf Folgen wurden ab Dezember 1998 auch in der ARD gezeigt.

AUF DER SUCHE NACH DER WELT VON MORGEN — ARD

1961–1986. Wissenschaftsreihe von Rüdiger Proske, der um die Welt reist und über Zukunftstechnologien berichtet.

Im Stil von Sensationsreportagen staunte Proske vor allem über Logistik und Waffentechnik der Amerikaner und ließ die Zuschauer mitstaunen. Neben Technologie ging es direkt oder indirekt immer auch um Politik: Die frühen Sendungen waren geprägt vom Kalten Krieg und stellten ein Plädoyer dar für die Wiederaufrüstung und den Nato-Beitritt Deutschlands, um die »kommunistische Gefahr« abzuwenden. Teilweise entstanden die Reportagen mit Unterstützung des Pentagon. Thema der ersten Sendung war die Bedeutung der Raumfahrt für den Menschen – sie bildete über lange Zeit einen Schwerpunkt der Reihe, die dem technischen Fortschritt als Garant für eine bessere Welt vertraute und außer für Raumfahrt auch für Atomkraft plädierte.

Im Rahmen der insgesamt über 80 Ausgaben, die in loser Folge im Abendprogramm gezeigt wurden, liefen auch kleinere Reihen, z. B. 1966 »Dem Leben auf der Spur« über Vererbung und Genetik. Zeitweise schrieb der spätere »Winnetou«-Komponist Martin Böttcher die Musik zur Sendung.

Proske wurde über die Jahrzehnte ein Fernsehstar. Er erhielt 1967 einen Adolf-Grimme-Preis mit Silber für die Folge »Zum Mond und weiter«.

AUF DER SUCHE NACH FRIEDEN UND SICHERHEIT — ARD

1957. 8-tlg. Doku-Reihe von Rüdiger Proske, Carsten Diercks und Max H. Rehbein, deren Suche sie um die ganze Welt führt.

Vor dem Hintergrund des Kalten Krieges berichten sie u. a. über Hiroshima zwölf Jahre nach dem Bombenabwurf, die Entwicklung der atomaren Raketenforschung, den Vorstoß in den Weltraum und Militärgebiete in der Arktis.

Die Sendungen waren 45 bis 55 Minuten lang und hatte hohe Einschaltquoten. Die Autoren wurden mit dem damals erstmals ausgelobten Deutschen Fernsehpreis ausgezeichnet.

AUF DIE SANFTE TOUR — ARD

1983–1985. 39-tlg. brit. Krimiserie von Terence Feely (»The Gentle Touch«; 1980–1984).

Detective Inspector Maggie Forbes (Jill Gascoine) ist die einzige Frau in ihrem Londoner Polizeirevier. Unter ihrem dauermürrischen Boss Bill Russell (William Marlowe) und an der Seite ihrer männlichen Kollegen Jake Barratt (Paul Moriarty), Bob Croft (Brian Gwaspari) und Jimmy Fenton (Derek Thompson) ermittelt sie mit weiblicher Intuition, gewaltfrei, eben sanft, und dabei sehr effektiv. Das bringt ihr Respekt von allen Seiten ein, sogar vom anfangs mit allen Vorurteilen beladenen Croft. Neben den Kriminalfällen hat sie private Probleme zu lösen und muss ihren Teenagersohn Steve (Nigel Rathbone) allein erziehen, seit ihr Mann Ray (Leslie Schofield), ebenfalls Polizist, in der Pilotfolge erschossen wurde. Fenton und Croft verlassen das Revier nacheinander, ihre Stellen übernehmen ab Folge 24 Peter Philips (Kevin O'Shea) und ab Folge 31 Jack Slater (Michael Graham Cox).

Die einstündigen Folgen liefen in den regionalen Vorabendprogrammen; 17 der eigentlich 56 Folgen übersprang die ARD, sie waren nie in Deutschland zu sehen. Die Angaben der Folgennummern für die oben genannten Rollenwechsel beziehen sich auf die deutsche Ausstrahlung. Die 30-teilige Nachfolgeserie »C.A.T.S. Eyes« mit Gascoigne in der gleichen Rolle wurde bei uns ebenfalls nicht gezeigt.

AUF DÜBEL KOMM RAUS – DIE HEIMWERKER KOMMEN — KABEL 1

Seit 2004. Reportagereihe über Heimwerker, Baumärkte und Heimwerkers Abenteuer mit den Einkäufen aus dem Baumarkt. Lief staffelweise donnerstags um 20.15 Uhr.

AUF EIGENE FAUST — ARD

1982. Zwei brit. Krimiserien von Francis Durbridge (»Breakaway«; 1980; »The Passenger«; 1974).

Die ARD zeigte beide nacheinander unter diesem Sammeltitel. In der ersten *(Eine Familienangelegenheit)* will Chief Inspector Sam Harvey (Martin Jarvis) eigentlich kündigen und nur noch Kinderbücher schreiben, aber als seine Eltern ermordet werden, muss er ermitteln. Bevor er den Mörder fassen kann, sterben weitere Menschen. Im zweiten Mehrteiler *(Die Spur mit dem Lippenstift)* untersucht Chief Inspector Denson (Peter Barkworth) den Mord an einer jungen Anhalterin, die der Spielzeughersteller David Walker (David Knight) mitgenommen hatte.

Beide Serien liefen im regionalen Vorabendprogramm.

AUF EIGENE FAUST — TELE 5, RTL 2

1992 (Tele 5); 1997 (RTL 2). 66-tlg. US-kanad.-frz. Actionserie (»Counterstrike«; 1991–1994).

Nachdem seine Frau von Terroristen entführt und umgebracht wurde, beschließt der kanadische Millionär Alexander Addington (Christopher Plummer), sein Geld für die Verbrechensbekämpfung auszugeben. Fortan steuert er von Paris aus eine Kampftruppe namens Counterstrike, die mit einem ultramodernen Flugzeug dorthin fliegt, wo die Polizei wieder einmal aufgegeben hat. Chef der Truppe ist der ehemalige Scotland-Yard-Mann Peter Sinclair (Simon MacCorkindale), zunächst unterstützt von der Diebin Nikki Beaumont (Cyriëlle Claire), die später heiratet, und dem Söldner Luke Brenner (Stephen Shellen), der getötet wird. An ihre Stelle treten die Journalistin Gabrielle Germont (Sophie Michaud) und der Ex-Marine Hector Stone (James Purcell). Die einzelnen Folgen dauerten 60 Minuten.

AUF EIGENE GEFAHR — ARD

1993–2000. 39-tlg. dt. Krimiserie nach den Taschenromanen von Christine Grän.

Immer wieder wird Anna Marx (Thekla Carola Wied) in Kriminalfälle verwickelt, die sie dann aufklärt. Eigentlich arbeitet sie als Reporterin für eine Bonner Tageszeitung. Ihr Chef ist Gruber (Nikol Voigtländer), ihre Kollegen sind der Fotograf Heiner Höfs (Max Herbrechter) und »Kolli« Kollberg (Michael Brandner). Anna ist anfangs mit dem Ministerialdirigenten Philip Handke (Roland Schäfer) liiert. Bei ihren Recherchen und Ermittlungen hat sie es mit Kommissar Hermes (Ulrich Pleitgen) zu tun, ab 1996 (zweite Staffel) mit Kommissar Peters (Walter Kreye) und ab 2000 mit Kommissar Brenner (Michael Sideris). Als Kolli und Höfs die Zeitung verlassen, wird 1996 Boris Beckmann (Jaecki Schwarz) Annas neuer Kollege und Partner. Nach dem Regierungsumzug wird auch Anna nach Berlin versetzt, um dort die Redaktion zu leiten. Beckmann geht mit, und die quirlige Fips Gall (Jenny Antoni) wird die neue Sekretärin. Bei ihrer alten Freundin Dr. Edith May (Maren Kroymann) und deren Tochter Nele (Katharina Blum) zieht Anna vorläufig ein. Der Staatssekretär Sebastian von Teplitz (Hans-Jörg Assmann) umgarnt sie.
Die 50-Minuten-Folgen liefen staffelweise dienstags um 20.15 Uhr.

AUF GUT DEUTSCH GESAGT   ZDF
1969. »Ein Sprachkurs für jedermann«. 10-tlg. Rhetorikreihe von Theo Herrmann und Karl J. Joeressen, die sprachliche Verfehlungen satirisch betrachtet. Seine ganz eigenen Anmerkungen zum Thema macht jedes Mal Jürgen von Manger als Adolf Tegtmeier in einer festen Rubrik. Die Reihe lief in halbstündigen Folgen sonntagnachmittags.

AUF IHREN WUNSCH   SWR, ARD
1972 (SWR); 1973–1975 (ARD). 90-minütige Wunschsendung: Eric Helgar und die Wuschelraupe Ploom zeigen Musik-, Tanz- und Sketchdarbietungen, wiederholen Ausschnitte aus alten Serien und Beiträge aus anderen Fernsehsendungen.
Nach Durchsicht der Zuschauerpost des Süddeutschen Rundfunks zusammengestellt, wendet sich die Show »vor allem an die Altersgruppe ab 40«, weil diese Menschen »die Entwicklung des deutschen Fernsehens am intensivsten miterlebt haben und die dankbarsten Zuschauer sind«.
Ploom war eine Stabpuppe des Pariser Puppenspielers André Tahon. Die Show lief in loser Folge zweimal in Südwest 3 und fünfmal im Ersten.

AUF IMMER UND EWIG   ZDF, 3SAT
1995 (ZDF); 1995 (3sat). 13-tlg. österr.-dt. Familienserie.
Beruflich schließt der Standesbeamte Hans Mittner (Toni Böhm) Ehen, privat zerbricht seine mit Christine (Konstanze Breitebner) gerade. Dass sie ihn verlassen hat, erfährt er während einer Trauung.
Im ZDF liefen dienstags am Vorabend nur die ersten acht Folgen, 3sat zeigte alle 13 ein paar Monate später in der Primetime. Sie dauerten knapp 50 Minuten.

AUF KOLLISIONSKURS   ZDF
1989. 12-tlg. US-Jugend-Abenteuerserie (»The Second Voyage Of The Mimi«; 1988).
Kapitän Clement Granville (Peter Marston) bricht zu einer Exkursion in Richtung Mexiko auf, um nach Spuren der Maya zu suchen. Mit an Bord der »Mimi« sind Granvilles Enkel C. T. (Ben Affleck) und das Mädchen Pepper Thornton (Martha Hill).
Jawohl: *der* Ben Affleck. Damals war er zwölf, hatte aber schon in einem Spielfilm mitgespielt. Der Serie war bereits eine ganze Staffel vorausgegangen, die nicht in Deutschland gezeigt wurde. Zu den zwölf Folgen gehörten im Original noch ebenso viele Dokumentationen, die die Geschichten lehrreich vertieften.
Die 25-minütigen Folgen liefen montags um 16.30 Uhr.

AUF LEBEN UND TOD   RTL
1992–1993. »Polizei-Asse im Einsatz«. Reality-TV-Magazin, in dem Polizisten für die Kameras echte Einsätze mit Schauspielern und Statisten nachstellen und Olaf Kracht atemlos aufgeregt mit dem Mikrofon daneben steht.
Die Sendung beruhte auf dem US-Format *Top Cops* und füllte mit dessen Material die Hälfte der Sendung. In der anderen Hälfte wurden deutsche Fälle nachgespielt, darunter zum 20. Jahrestag auch der Überfall auf die israelischen Sportler im olympischen Dorf in München 1972.
Die einstündigen Sendungen liefen zunächst montags, dann freitags um 22.15 Uhr. Von besten Zuschauerzahlen ermutigt, verlegte RTL sie im Februar 1993 in die Primetime am Freitag, wo sie gnadenlos unterging und bald eingestellt wurde. Das amerikanische Vorbild tauchte unter dem Originaltitel wenig später bei RTL 2 wieder auf.

AUF LOS GEHT'S LOS   ARD
1977–1986. Große Samstagabendshow mit Joachim »Blacky« Fuchsberger, die wie viele andere große Shows an wechselnden Veranstaltungsorten stattfand.
Mehrere Kandidaten kämpfen in verschiedenen Spielen darum, am Ende die meisten Punkte zu haben. Im »A bis Z«-Spiel geht es darum, Begriffe oder Redewendungen zu erraten. Anhaltspunkte sind eine um die Ecke gedachte Beschreibung (»dünne Dame, die mitgenommen werden möchte«) und die Zahl der Buchstaben, die durch Striche auf einer elektronischen Anzeige dargestellt werden. Die Kandidaten rufen durcheinander Buchstaben in den Raum, die, wenn sie im Lösungswort enthalten sind, an den richtigen Stellen auftauchen. Wer zuerst den gesuchten Begriff sagt (hier: »anhaltende Dürre«), bekommt einen Punkt.
Das Spiel wird mehrmals pro Sendung gespielt und hat Tempo: Die Runden dauern meist nur zwei Minuten. Auf dem »A bis Z«-Spiel beruht auch das Gewinnspiel für Zuschauer: Die Umschreibung und die Zahl der Buchstaben werden wieder eingeblen-

Auf los geht's los mit J - - C H - - F - C H - B - R G - R.

det. Ein Prominenter, der per Telefon »Stop!« sagt, hält ein Laufband an. Der Buchstabe, der dann erscheint, rückt als Hilfe an die entsprechenden Stellen im Wort.

Ein weiteres Spiel heißt »Die 9 Geschworenen«. Die Kandidaten müssen dabei tippen, wie viele Zuschauer aus dem Publikum einer bestimmten Aussage zustimmen, z. B. dass sie schon einmal im Schwimmbad ins Becken gepinkelt haben. Ohne Not gab Fuchsberger zu, dass er es auch schon getan habe, was einen mittleren Skandal auslöste: Empörte Zuschauer beschwerten sich, dass künftige Beckenpinkler sich bei ihrem Tun nun auf den vermeintlich vorbildlichen Showmaster berufen könnten.

Folgen hatte auch ein »9 Geschworenen«-Spiel 1982 bei einer Sendung aus Österreich, in dem die Frage an die Einheimischen lautete, wie viele von ihnen die Deutschen als »Piefke« bezeichneten. Die Antwort (sechs) tat dem deutsch-österreichischen Verhältnis nicht gut. Die Szene aus der Show tauchte später auch in der *Piefke-Saga* auf.

Der Kandidat mit den meisten Punkten bekommt im Finale die »Super-Chance«: Er muss innerhalb von 60 Sekunden zehn sachliche Fehler in Sätzen über das aktuelle Zeitgeschehen oder auch Redewendungen korrigieren, die Fuchsberger ihm vorliest. Bei jeder richtigen Antwort darf er eine Treppenstufe erklimmen, die dann aufleuchtet. Nach zehn Richtigen kann er oben entspannt in den Siegersessel fallen. Zusammensetzung und Zahl der Kandidaten änderten sich im Lauf der Jahre. Zeitweise spielten zwei dreiköpfige Teams von Vereinsmannschaften gegeneinander, zeitweise traten z. B. vier Personen, die am Tag der Sendung Geburtstag hatten, gegeneinander an. Fuchsberger hatte in jeder Sendung eine neue Assistentin, die jeweils aus der Gastgeberstadt kam. Fester Bestandteil der Show war das SWF-Tanzorchester unter der Leitung von Rolf-Hans Müller.

Auf los geht's los war die höchst erfolgreiche Nachfolgesendung von *Spiel mit mir*. Die Show lebte vor allem vom Tempo und den originellen Umschreibungen des Buchstabenspiels, litt aber zunehmend unter ihrem Moderator. Während der junge Thomas Gottschalk flapsig und mit zweifelhaften Manieren seinen rasanten Aufstieg begann, nahm man dem so wohl erzogen wirkenden Fuchsberger seinen ungalanten Umgang mit Frauen und seine unbestreitbare Nähe zum Fettnapf übel.

Als peinlich wurde von vielen selbst ernannten Wächtern der deutschen Samstagabendshow-Tradition schon empfunden, dass er 1983 eine ganze Sendung im Nachthemd moderierte. Er war zuvor Gast in Frank Elstners Sendung *Wetten, dass ...?* gewesen und hatte dort seine Wette verloren. Der Auftritt im Nachthemd war sein Wetteinsatz. Während der Show trug er gleich mehrere Nachthemden, die ihm Zuschauer nach der *Wetten, dass ...?*-Show geschickt hatten.

Danach wurde es nicht besser. Noch Jahre später fragte sich Fuchsberger öffentlich, warum man ihm übel genommen hatte, dass er einer Frau aus dem Publikum, die sich auf einem von ihr gemachten

Polaroidbild nicht gefiel, den Rat gab: »Schauen Sie doch mal in den Spiegel.« Gar nicht böse sei das gemeint gewesen. Und eine steppende Dicke habe ihn nun einmal an eine »Elefantentanzschule« erinnert, was soll man da machen. Die Presse schoss sich immer mehr auf Fuchsberger ein. Nach 60 Sendungen waren sich die ARD und Fuchsberger einig, dass es genug sei.

AUF MESSERS SCHNEIDE SAT.1
1993. 6-tlg. dt.-ital. Arztserie nach den Geschichten von Paolo Levi, Regie: Vittorio Sindoni (»La Scalata«; 1992).
Der angesehene Arzt Gudio della Croce (Klausjürgen Wussow) und sein Sohn, der Assistenzarzt Oscar (Giulio Scarpati), kämpfen gemeinsam mit Kommissarin Aurelia Zingales (Barbara de Rossi) gegen Drogen- und Organhandel. Die spielfilmlangen Folgen liefen montags zur Primetime.

AUF SAFARI ZDF
1968–1970. Brit. Natur-Doku-Reihe (»On Safari«; 1961–1965).
Neue Tierbegegnungen mit dem Tierfilmer-Ehepaar Michaela und Armand Denis, die bereits in *Kreuz und quer durch die Welt* ihre vierbeinigen Nachbarn gezeigt hatten. Die 25-Minuten-Folgen liefen am Sonntagnachmittag.

AUF SCHLIMMER UND EWIG RTL, RTL 2
1997–1998 (RTL); 2000 (RTL 2). 101-tlg. US-Sitcom von Ron Leavitt und Arthur Silver (»Unhappily Ever After«; 1995–1999).
Gebrauchtwagenverkäufer Jack Malloy (Geoff Person) und seine Frau Jennifer (Stephanie Hodge) sind zwar geschieden und streiten permanent, leben aber zusammen. Ihre Kinder Tiffany (Nikki Cox), Ryan (Kevin Connolly) und Ross (Justin Berfield) sowie Jennifers Mutter Maureen (Joyce Van Patten) leben ebenfalls im Haus. Jack verbringt seit der Scheidung viel Zeit mit Mr. Floppy, einem Plüschhasen, der zu ihm spricht.
Ron Leavitt war einer der Erfinder von *Eine schrecklich nette Familie,* was in dieser Serie nicht zu übersehen war. Die Beleidigungen waren die gleichen, ebenso die Konstellation dummes Kind/kluges Kind. Lediglich das dritte Kind, die Mutter und der Hase waren zu viel.
RTL zeigte 40 Folgen am Samstagnachmittag, die weiteren Folgen liefen bei RTL 2 werktags am Vorabend.

AUF UND DAVON ARD
1986. »Abenteuer im 5. Kontinent – Australien 1810«. 16-tlg. austral.-frz. Abenteuerserie von Paul Wheelahan (»Runaway Island«; 1982).
Anfang des 19. Jh. sind die Kinder Jemma (Simone Buchanan) und Jamie (Miles Buchanan) unter falscher Anklage im Gefängnis gelandet. Ihr Vater ist der angesehene Landbesitzer Lachlan MacLeod (John Hamblin). Der ist jedoch nach London gereist, um die bösen Machenschaften des korrupten Offiziers Captain Corkle (Ric Hutton) aufzudecken, der für die britischen Besatzer in Sydney herrscht. Die Geschwister erfahren, dass ihr Vater als tot gilt. Gemeinsam mit den Kindern Nancy (Beth Buchanan) und Nipper (Julian Gillespie) und dem alten Tom (Rodney Bell) türmen sie und sind fortan auf der Flucht vor den Behörden.
Die Buchanans waren auch im wirklichen Leben Geschwister. Beth hatte später an der Seite ihrer Schwester Simone auch Gastauftritte in deren Sitcom *Hey Dad!*

AUF VIDEOSEHEN SAT.1
1989–1991. Halbstündiges Magazin mit Rolf Zacher, der Videoneuerscheinungen vorstellte. Die Sendung lief jeden zweiten Sonntag am frühen Nachmittag, insgesamt über 60-mal.

AUF WIEDERSEHEN, CHARLIE! ZDF
1978. 13-tlg. dt.-austral. Abenteuerserie von Michael Craig und Don Barkham (»The Outsiders«; 1977).
Der 21-jährige Pete Jarrett (Sascha Hehn) aus Sydney besucht seinen Großvater Charlie Cole (Andrew Keir) und zieht mit ihm quer durch Australien. Dessen ruheloses Leben, bei dem er immer neue Orte bereist, Jobs annimmt und Abenteuer erlebt, gefällt ihm, und er wird ebenfalls zum Aussteiger – zur Verzweiflung seines Vaters Harry (Ray Barrett), einem wohlhabenden Autohändler, dessen Geschäft Pete eigentlich übernehmen sollte.
Die einstündigen Folgen liefen samstags um 17.55 Uhr.

AUFENTHALT IM ELSASS ARD
1978. 11-tlg. frz. Melodram nach dem Roman von Victor Harter, Regie: Henri Colpi (»Le pèlerinage«; 1975).
Bei einem Heimatbesuch im Elsass lernt der Auswanderer Raymond Colbi (Jean-Claude Bouillon) die junge Witwe Simone Keller (Marion Loran) kennen und bleibt.
Die halbstündigen Folgen liefen im regionalen Vorabendprogramm.

AUFGEPASST – GEFAHR! ARD
Seit 2001. Drei-Minuten-Ratgebersendung am Sonntag, die sich mit *Der 7. Sinn* abwechselte und allgemeinere Tipps gab.

AUFGEPASST – MITGEMACHT ARD
1969–1971. Quizshow für Kinder mit Herbert Bötticher und Wolfgang Ecke.
Zwei Ratemannschaften aus verschiedenen Schulen treten in mehreren Rätselrunden gegeneinander an. Wenn die schwächere Mannschaft ausgeschieden ist, spielt aus der verbliebenen Gruppe jeder gegen jeden. Am Ende der Sendung wird eine Spielszene gezeigt, die ein Rätsel beinhaltet, das es zu lösen gilt. Die Show trat die Nachfolge von *Wer knackt die*

Nuss? an, ebenfalls mit Ecke. Sie lief erst sonntag-, später freitagnachmittags und brachte es auf acht Ausgaben. Zur Premiere hieß sie noch *Mitgedacht – Mitgemacht.*

DER AUFPASSER ARD
1983. 16-tlg. brit. Krimi-Comedy-Serie von Leon Griffiths (»Minder«; 1979–1994).
Terry McCann (Dennis Waterman) war Boxer und saß auch mal im Knast, jetzt arbeitet er als Leibwächter für den gerissenen Geschäftsmann Arthur Daley (George Cole). Was das für Geschäfte sind, die Daley da macht, will lieber niemand so genau wissen, abgesehen von den Polizisten Chisholm (Patrick Malahide), Rycott (Peter Childs) und Jones (Michael Povey), die ständig hinter ihm her sind, ihn aber nicht zu fassen bekommen. Terry ist ein etwas naiver, gutmütiger Mensch, der sich permanent von Arthur um den Finger wickeln lässt. Der verspricht ihm das Blaue vom Himmel, speist ihn dann aber mit Trinkgeldern ab. Dafür muss sich Terry wegen Arthurs halbseidener Deals in alle möglichen Schwierigkeiten, Prügeleien und Justizprobleme verwickeln lassen. Barmann Dave (Glynn Edwards) bedient die beiden im »Winchester Club«.
Der Aufpasser war eine der populärsten Fernsehserien in Großbritannien in den 80er- und frühen 90er-Jahren und brachte es dort auf 108 Folgen. Hauptdarsteller Dennis Waterman selbst sang den Titelsong »I Could Be So Good For You«, der 1980 ein Hit in den britischen Charts war.
Die ARD zeigte nur 16 der ersten 24 Folgen in durcheinander gewürfelter Reihenfolge dienstags um 21.45 Uhr, beginnend mit Folge 8, sowie im Juli 1988 ein neues, spielfilmlanges Special. Einige weitere Folgen waren später auf den Stadtsendern TV München und TV Berlin zu sehen. Jede Folge war 45 Minuten lang.

DIE AUFPASSER PRO SIEBEN
Seit 2003. Halbstündige Doku-Soap, die verschiedene Ermittler aus unterschiedlichen, meist kleineren Städten bei ihrer Arbeit begleitet (Bundesgrenzschützer, Autobahnpolizisten, Zollfahnder, Beamte vom Ordnungsamt) und Menschen, die lediglich einen Strafzettel ausstellen, die Chance gibt, sich aufzuführen, als retteten sie gerade die Welt. Die Variante der erfolgreichen Formate *Toto und Harry* und *Ärger im Revier* lief werktags um 18.00 Uhr unter dem Label »taff Spezial«, ab Frühjahr 2004 zeitweise auch nachmittags.

DIE AUFRECHTEN – AUS DEN AKTEN DER STRASSE RTL, RTL 2
→ Law & Order

AUFTAKT ZDF
1992. Halbstündige Talentshow mit Carolin Reiber, in der Volksmusik-Nachwuchskünstler auftraten. Lief monatlich, insgesamt achtmal, donnerstags um 20.45 Uhr.

Im Jahr zuvor hatte Reiber das Konzept erfolgreich unter dem Titel *Herzklopfen* getestet.

AUFTRAG FÜR SIR JACK ARD
1988. 10-tlg. brit. Krimiserie von Robert Banks Stewart (»Call Me Mister«; 1986).
Jack Bartholomews (Steve Bisley) kehrt aus Australien nach London zurück, um den Mörder seines Vaters zu suchen. Da er doch schon mal da ist, klärt er auch noch andere Kriminalfälle auf. Der im Rollstuhl sitzende Privatdetektiv Fred Hurley (David Bamber) hilft ihm.
Fünf Jahre zuvor hatte Robert Banks Stewart für die BBC die Serie *Jim Bergerac ermittelt* geschrieben, die ein großer Erfolg wurde. Diese hier wurde es nicht. Die einstündigen Folgen liefen im regionalen Vorabendprogramm.

AUGE UM AUGE ZDF
2002. 45-minütige Spielshow mit Kai Böcking.
Fünf Prominente treten gegeneinander an. Immer der, den die anderen am wenigsten dafür geeignet halten, muss eine Wissens-, Logik- oder Geschicklichkeitsaufgabe lösen. Besteht er sie trotzdem, darf er sich an einem der Gegenspieler rächen. Zwischendurch sind Szenen aus einem Trainingscamp zu sehen, wo die Kandidaten unter Leitung von Carlo Thränhardt psychische und physische Belastungsproben bestehen müssen. Der Gewinner erhält 20 000 € für einen guten Zweck.
Lief dienstags um 20.15 Uhr. Nach vier Sendungen starb die Show den vorzeitigen Quotentod, die restlichen neun versendete das ZDF am Samstagnachmittag. Die Qualität der »Prominenten«, die zur Teilnahme bereit waren, hätte dem Sender eine Warnung sein können: An der ersten Sendung nahmen Jürgen Drews und Enie van de Meiklokjes teil, an der zweiten Frederic Meisner und Max von Thun.

DIE AUGEN – LINKS! DFF
1967–1969. Einstündiges »unterhaltendes Militärmagazin«.
Renate Hubig und Oberfeldwebel Winfried Freudenreich (in voller Uniform) moderierten die Sendung, die versuchte, Interviews und Reportagen aus der Armeewelt mit Auftritten beliebter Künstler zu kombinieren. Es gab Preisfragen für die Zuschauer, eine Rubrik »Feuer frei für Kamera«, das »Marschlied des Monats« war zu hören, und regelmäßig traten Künstler der sowjetischen Streitkräfte auf. Jeder Gast, also auch ein Schlagersänger oder ein Dichter, der zu Besuch kam, wurde mit seinem Reservedienstgrad vorgestellt. Die Sendung entstand in Zusammenarbeit mit der Zeitschrift »Armee-Rundschau«.
Auch DFF-intern fand man die Mischung aus heiterer Show und Militärszenarien gewagt und nicht wirklich gelungen. Nicht einmal die Angehörigen der NVA konnten die Sendung immer komplett verfolgen – manchmal ging sie über den Zapfenstreich hinaus, an dem die Soldaten die Fernsehräume ver-

AUGENZEUGEN BERICHTEN   ZDF
1971–1981. Doku-Reihe, in der Augenzeugen über historische Ereignisse berichten.
Die meisten »Augenzeugen« waren eher Zeitzeugen, die geschichtliche Ereignisse aus der Zeit vor und nach dem Zweiten Weltkrieg kommentierten. In der ersten Sendung berichtete Adolph Kummernuss, wie er von 1949 bis 1964 der erste Vorsitzende der ÖDTV war. Die Sendung lief in 30 bis 45 Minuten Länge in loser Folge.

AUGENZEUGEN-VIDEO   RTL
1992–1993. Realityreihe, in der Amateurvideos von Unfällen, Verbrechen und anderen Katastrophen gezeigt werden.
Olaf Kracht moderiert die fast ausschließlich vom amerikanischen Sender NBC eingekauften Filme, eine Art *Pleiten, Pech und Pannen* mit Todesfolge. Zu sehen ist z. B., wie eine Schwangere aus dem ersten Stock eines brennenden Hauses springt und wenig später eine Frühgeburt hat, wie ein Polizist von Drogendealern erstochen wird, was seine Kamera im Streifenwagen dankenswerterweise aufgezeichnet hat, und wie eine Frau von einem Wal in die Tiefe gezogen wird, gefilmt von ihrem Ehemann.
RTL hatte das Konzept zunächst mit zwei Pilotsendungen am Dienstag um 21.15 Uhr getestet und heftige Kritik und hervorragende Quoten erzielt. Die von Hans Meiser produzierte einstündige Sendung wurde trotzdem bald eingestellt, weil RTL von seinem Krawallimage wegwollte.

AUGSBURGER PUPPENKISTE   ARD
1953–2000. Marionettentheater.
Der Klassiker unter den Kindersendungen im Fernsehen. Mehrere Generationen wurden groß mit den liebevoll geschnitzten Holzfiguren, die in der Regel an zehn Fäden hingen, und den Geschichten, die immer mit der sich öffnenden Kiste begannen, hinter der sich ein Vorhang befand, der schließlich den Blick auf die eigentlichen Stücke freigab.
Am 26. Februar 1948 wurde das erste Stück in der von Walter Oehmichen gegründeten »Augsburger Puppenkiste« aufgeführt: »Der gestiefelte Kater«. 1953 bildete »Peter und der Wolf« das Premierenstück im Fernsehen. Die Aufführungen waren zunächst Live-Übertragungen, später Aufzeichnungen. In den Anfangsjahren produzierte die *Augsburger Puppenkiste* viele Sendungen für ein erwachsenes Publikum, die im Abendprogramm der ARD liefen. Ab 1958 wurde im Fernsehen nur noch für Kinder gespielt, die Aufführungen wanderten entsprechend ins Nachmittagsprogramm und noch später in den Morgen und den KI.KA.
Ab 1959 produzierte die *Puppenkiste* fast jährlich Mehrteiler nach Vorlagen von Kinderbüchern. Neben Oehmichen prägte vor allem Manfred Jenning bis zu seinem Tod 1979 die Produktionen des Puppentheaters, die ebenso sehr unterhaltsam wie pädagogisch wertvoll sein wollten: In ihnen waren fast immer die Kleinen groß, die Schwachen stark und die Regierenden Deppen. Zu den größten Erfolgen gehörten *Kater Mikesch*, *Urmel aus dem Eis* und *Jim Knopf und Lukas, der Lokomotivführer*. Außerdem wurden rund 800 Sendungen des *Sandmännchens* gedreht.
Mitte der 90er-Jahre kam es zwischen der *Puppenkiste* und dem Hessischen Rundfunk, der fast alle Produktionen in Auftrag gegeben hatte, zum Streit. Die *Puppenkiste* forderte größere künstlerische Freiheiten bei der Auswahl und Umsetzung der Stoffe. Der Vertrag zwischen beiden wurde nicht verlängert. Probleme mit privaten Produktionsfirmen und die Schwierigkeit, sich mit den aufwendigen Sendungen gegen die viel billigeren Trickserien aus Fernost durchzusetzen, sorgten für finanzielle Engpässe in Augsburg, es wurden deshalb kaum noch Stücke fürs Fernsehen hergestellt. Ermutigt durch den hervorragenden Verkauf der Kassetten und DVDs ihrer Klassiker, wollten die Puppenspieler sich jedoch nicht mit dem Gedanken abfinden, für die heutige Kindergeneration unzeitgemäß geworden zu sein. Auch eine engere Zusammenarbeit mit der ARD wurde wieder angestrebt.
Die Mehrteiler in chronologischer Reihenfolge: *Die Muminfamilie* (1959); »Die Muminfamilie – Sturm im Mumintal« (1960); *Jim Knopf und Lukas, der Lokomotivführer* (1961); *Jim Knopf und die Wilde 13* (1962); *Der kleine dicke Ritter* (1963); *Kater Mikesch* (1964); *Der Löwe ist los* (1965); *Kommt ein Löwe geflogen* (1966); *Die Museumsratten* (1967); *Gut gebrüllt, Löwe* (1967); *Bill Bo und seine Kumpane* (1968); *Urmel aus dem Eis* (1969); *Kleiner König Kalle Wirsch* (1970); *3:0 für die Bärte* (1971); *Die Steinzeitkinder* (1972); *Wir Schildbürger* (1973); *Don Blech und der goldene Junker* (1973); *Urmel spielt im Schloss* (1974); *Lord Schmetterhemd* (1979); *Die Opodeldoks* (1980); *Fünf auf dem Apfelstern* (1981); *Katze mit Hut* (1982); *Neues von der Katze mit Hut* (1983); *Das Tanzbärenmädchen* (1984); *Schlupp vom grünen Stern* (1986); *Schlupp vom grünen Stern – neue Abenteuer auf Terra* (1988); *Caruso & Co.* (1990); *Der Prinz von Pumpelonien* (1991); *Drei Dschungeldetektive* (1992); *Das Burggespenst Lülü* (1993); *Zauberer Schmollo* (1994); *Der Raub der Mitternachtssonne* (1995); *Lilalu im Schepperland* (2000).

AUGUST '39   ARD
1989. 12-tlg. dt. Doku-Reihe über die »elf Tage zwischen Krieg und Frieden« vor dem Ausbruch des Zweiten Weltkriegs.
Jede Folge des ungewöhnlichen Konzepts zum 50. Jahrestages des Kriegsbeginns berichtete, was auf den Tag genau 50 Jahre zuvor geschah – eine Art Countdown zum Krieg, der das Leben zwischen Alltag und den Vorzeichen der Katastrophe schilderte.
Die Folgen waren jeweils 15 Minuten lang und liefen nach der 20-Uhr-*Tagesschau*.

AUS DEM ALLTAG IN DER DDR   ARD
1969–1974. 6-tlg. dokumentarische Fernsehspielreihe, Regie: Carlheinz Caspari.
Einzelne Szenen aus dem Alltag der DDR werden von Schauspielern dargestellt und von einem im Bild auftauchenden Moderator und Kommentator (Hans-Günter Martens) kommentiert. Es geht um die vielen unerfreulichen Dinge im Leben eines DDR-Bürgers: Verhaftung wegen angeblicher Fluchtpläne, den Einfluss der SED in allen Bereichen des Lebens, das Schlangestehen.
Der NDR-Fernsehspielchef Dieter Meichsner verglich die Rolle des Kommentators bezeichnenderweise mit der Professor Grzimeks. Die Texte des Moderators stammten von einem gewissen Joachim Zweinert, dessen wahre Identität nicht bekannt war. Er soll jedoch durch langjährige Berlin-Aufenthalte und viele Reisen in die DDR ein intimer Kenner des Alltags gewesen sein.
Lief in sehr loser Folge in Spielfilmlänge zur Primetime.

AUS DEM LOGBUCH DER PETER PETERSEN   ZDF
1977–1978. 13-tlg. dt. Abenteuerserie von Heinz-Werner John und Herbert Lichtenfeld, Regie: Erich Neureuther.
Die »Peter Petersen« ist ein Seenotrettungskreuzer in der Nordsee. Die Crew besteht aus einer Stammbesatzung von vier Mann: Vormann Lutz Hansen (Karl-Heinz Kreienbaum), Peter Petersen (Knut Krödel), der junge Fietje Karsten (Jochen Sostmann) und der dicke Thoms (Hubert Mittendorf). Hansen ist mit Elke (Marianne Kehlau) verheiratet.
In Wirklichkeit hieß der auf Amrum stationierte Seenotrettungskreuzer »Ruhr-Stahl«. Die Folgen waren jeweils 30 Minuten lang und liefen dienstags um 18.20 Uhr.

AUS DEM REICH DER TIERE   ZDF
1967–1972. Halbstündiges Tiermagazin von Lothar Dittrich und Alfred Schmitt über das Leben der Tiere in zoologischen Gärten.
Darüber hinaus informierte die Reihe über spezielle Fragen der Tierhaltung und Forschungsarbeiten an Zoo-Instituten, widmete Tierparks zu besonderen Anlässen wie Jubiläen Schwerpunktsendungen und veranstaltete ein beliebtes Tierquiz.
Die Sendung lief nachmittags am Wochenende. Nach drei Jahren wurde sie zugunsten einer neuen Reihe eingestellt, die sich nicht mehr ausschließlich auf das Leben im Zoo konzentrierte und ausgerechnet den Titel *Tele-Zoo* erhielt.

AUS DEN AKTEN DER AGENTUR O   DFF
1968–1969. 12-tlg. frz. Krimiserie nach Georges Simenon, Regie: Jean Salvy, Marc Simenon (»Les dossiers de l'agence O«; 1968).
Joseph Torrence (Pierre Tornade) und der junge Emile (Jean-Pierre Moulin) betreiben gemeinsam ein Detektivbüro. Der ehemalige Polizist Torrence dient eigentlich nur als Strohmann, um die Aufträge anzunehmen, weil man Emile möglicherweise nicht so großes Vertrauen schenken würde. Emile belauscht und beobachtet die Gespräche hinter einem von einer Seite durchsichtigen Spiegel und übernimmt die Ermittlungen.
Regisseur Marc Simenon war der Sohn des Autors Georges Simenon. Jede Folge dauerte 50 Minuten. Die ARD zeigte 1971 fünf Folgen im regionalen Vorabendprogramm unter dem Titel *Agentur Null*.

AUS DEN AUGEN VERLOREN   SAT.1
1995–1996. Suchshow mit Jörg Wontorra.
Alte Freunde, verlorene Söhne und Schätze, frühere Klassenkameraden, anonyme Retter in der Not, der dunkelblonde Junge vom CD-Regal – sie alle werden gesucht und gefunden, und manchmal ahnt man beim Wiedersehen, dass es doch gelegentlich einen guten Grund gab, warum einer die Brieffreundschaft ganz bewusst versanden ließ oder sich jahrelang nicht bei den Verwandten gemeldet hatte.
Wontorras Fundbüro sollte an den Erfolg von *Bitte melde dich!* anknüpfen, dabei aber bunter, abwechslungsreicher und nicht immer so tränentreibend sein. Und natürlich viel länger: Statt nur eine Stunde wurde doppelt so lang gesucht. Die Show lief meist im Abstand von mehreren Monaten sonntags um 20.00 Uhr, insgesamt siebenmal.

AUS DER ARBEIT DER
ROYAL CANADIAN MOUNTED POLICE   ARD
→ Royal Canadian Mounted Police

AUS DER CHRISTLICHEN WELT   ARD
1960–1973. 15-minütige Informationssendung der Kirchen mit Berichten von Synoden, Porträts bekannter Geistlicher und Statements von Kirchenvertretern. Die katholische und die evangelische Kirche gestalteten die Sendung ... nein, natürlich nicht gemeinsam, sondern abwechselnd. Sie lief zum Start sonntags, dann meist dienstags am Vorabend.

AUS DER WELT DES VERKEHRS   DFF
1960–1966. Halbstündiger Verkehrsratgeber.
Dr. Walter Becker und Hubert Schmidt-Gigo gaben Tipps. Vorläufer der Reihe *Das Verkehrsmagazin*. Lief monatlich am frühen Abend, erst donnerstags, ab November 1964 dienstags.

AUS DER ZAUBER   SAT.1
1998–1999. »Die geheimen Tricks der großen Magier«.
Milena Preradovic moderiert Szenen aus der vierteiligen US-Sendung »Breaking the Magician's Code: Magic's Biggest Secrets Finally Revealed«, in der ein Zauberer, der sein Gesicht hinter einer Maske verbirgt, erst die größten Kunststücke vorführt und danach zeigt, mit welchen simplen Tricks sie funktionieren. Hinter der Maske verbarg sich, wie im vierten Teil enthüllt wurde, Val Valentino, der später in *Diagnose: Mord* einen Gastauftritt als Zauberer hatte. Wer ihn in dieser Serie umständlich hantieren

sah, ahnte, warum er sein Geld nicht als Zauberer verdiente, sondern als Tricksverräter.
Bei RTL enthüllte Barbara Eligmann ein paar Jahre später in »Die Tricks der großen Zauberer« noch einmal ähnliche Geheimnisse.

AUS FERNEN TAGEN   ARD
1978–1983. Musiksendung mit Liedern und Tänzen aus längst vergangenen Jahrhunderten. In der ersten Sendung wurden, umrahmt von einer Spielhandlung auf dem Marktplatz einer deutschen Stadt, 20 Lieder und Tänze aufgeführt, die die »Lebensfreude des 16. Jahrhunderts« zum Ausdruck bringen sollten. Die ein bis zwei Sendungen pro Jahr wurden von Urs Böschenstein moderiert.

AUS FORSCHUNG UND TECHNIK   ZDF
1964–1988. Aktuelles Wissenschaftsmagazin von und mit Heinrich Schiemann.
Lange bevor die ARD mit *Bilder aus der Wissenschaft* ein eigenes Wissenschaftsmagazin ins Programm brachte, hatte das ZDF einen festen Platz und einen kompetenten Macher dafür. Ein Schwerpunkt für Schiemann war die Raumfahrt. Zum Fernsehstar wurde er, als er am 20. Juli 1969 die »Apollo«-Landung auf dem Mond live kommentierte. 1981 wurde Joachim Bublath sein Nachfolger als Leiter und Moderator des Magazins.
Die Sendung lief ungefähr monatlich, der Sendeplatz änderte sich einige Male. Sie wurde von *Abenteuer Forschung* abgelöst.

AUS GUTEM HAUS   ARD
2000. 13-tlg. dt. Familienserie.
Marlene Seeler (Janette Rauch) hat drei Kinder von drei verschiedenen Männern. Gesa (Rike Schmid) ist die Tochter von Klaus Engel (Peter Prager), Jakob (Maximilian Haas) der Sohn von Wolff Wagner (Robert Giggenbach). Nesthäkchen Paul (Michel Burmeister) hat keine Ahnung, wer sein Vater ist, würde es aber gern herausfinden. Doch Marlene schweigt beharrlich. Oma Engel (Renate Delfs), Gesas Großmutter, wohnt mit im Haus. Plötzlich quartiert sich dort auch Jakobs Vater Wolff ein, der pleite aus dem Ausland zurückkommt, und Marlene verliebt sich erneut in ihn. Am Ende findet Paul heraus, dass sein Vater ein katholischer Pfarrer ist und sieht ein, dass auch er das lieber geheim halten sollte.
Während der Ausstrahlung beschloss die ARD, die Serie fortzusetzen. Im Sommer 2001 wurde eine zweite Staffel gedreht, die dann aber keinen Sendeplatz mehr fand. Produzent Bernd Burgemeister verhinderte, dass die ordentlich gemachte Serie im Sommerloch versendet wurde. Eigentlich war dann der Sendeplatz von *Dr. Sommerfeld – Neues vom Bülowbogen* am Samstag vorgesehen, doch der verschwand, als die ARD 2003 die Bundesligarechte kaufte und dort die *Sportschau* zeigte. So harrt die Fortsetzung weiter ihrer Ausstrahlung.
Die bisher 13 einstündigen Folgen liefen montags um 18.55 Uhr.

AUS HEITEREM HIMMEL   ARD

1995–1999. 66-tlg. dt. Familienserie von Helga Krauss und Peter Gramlich.
Familie Sandmann ist im wahrsten Sinne des Wortes eine etwas andere Familie. Der Comiczeichner Tobias Sandmann (Daniel Friedrich) und der Werftbesitzer Christoph Dengler (Michael Fitz), Freunde seit Schulzeiten, teilen sich ein Haus am Starnberger See und genießen ihr Singleleben. Als Tobias' Ex-Frau in Brasilien stirbt, ziehen seine Kinder Alicia (Jule Ronstedt) und Henrik (Florian Fischer) plötzlich in den bisherigen Zwei-Mann-Haushalt, und zusätzlich der sechsjährige Carlos (Julio Brinkmann), den die Ex-Frau in Brasilien adoptiert hatte.
Um diese Familienverhältnisse juristisch zu klären, hilft die Anwältin Julia Janowski (Janina Hartwig). Sie ist anfangs mit dem Anwalt Ingo Baumgartner (Hans-Jürgen Schatz) zusammen, wird dann aber Tobias' Freundin. Das hindert Tobias jedoch nicht daran, sich parallel mit anderen Frauen zu vergnügen. Sowohl bei Tobias als auch bei Christoph brechen die alten Reflexe durch, sobald eine hübsche Frau auf der Bildfläche erscheint. Imponiergehabe setzt ein, und beide versuchen sich gegenseitig auszustechen. Die Teenager Alicia und Henrik finden das ganz amüsant und schließen Wetten auf den Sieger ab, und sogar der Kleine durchblickt die Situation (»Carlos, wirst du denn heute nicht abgeholt?« – »Doch, von Kiki.« – »Wer ist denn Kiki?« – »Die Neue.« – »Von Sandmann oder von Dengler?« – »Ist noch nicht raus.«).
Alicia ist sehr sozial und engagiert sich für ihre Mitmenschen, schießt aber manchmal über das Ziel hinaus. Der ein Jahr jüngere Henrik ist ein Fußballtalent und träumt von der großen Karriere. Hans Mercker (Pierre Franckh) ist sein Trainer. Nach dem Ende der dritten Staffel – beide haben inzwischen die Schule abgeschlossen – gehen Alicia und Henrik ins Ausland, und Luca Pauly (Tanja Fornaro) zieht in Folge 41 zu den Sandmanns.
Sie ist eine Freundin von Alicia aus New York, spielt Cello und hat nun ein Stipendium an der Münchner Musikhochschule. Ihre Eltern sind ums Leben gekommen, und Luca hat daraufhin das Sorgerecht für ihre Schwester Miriam, genannt Mimi (Hannah-Rebecca Herzsprung), übernommen, die jetzt auch im Haus wohnt. Luca kommt mit dem Musiker Rufus Goldberg (Alexander Pschill) zusammen, Mimis Freund wird ihr Mitschüler Hannes Dürnberger (David Winter). Den beiden Vätern Tobias und Christoph bleiben also letztlich drei Kinder, die alle nicht ihre eigenen ist. Chaos ist der Normalfall.
Nach einem 90-minütigen Pilotfilm liefen die einstündigen Serienfolgen montags um 18.55 Uhr. Der Titelsong war »Count On Me« von Michael King. *Aus heiterem Himmel* machte mit liebenswerten Charakteren und einem lockeren Erzählstil die Idee der Patchwork-Familien für Fernsehserien populär, nachdem das Vorabendprogramm bis dahin hauptsächlich von Familien bevölkert war, die auch tatsächlich miteinander verwandt waren. Einer Nach-

folgeserie am nächsten kam *Bei aller Liebe,* ebenfalls am Starnberger See angesiedelt und mit Janina Hartwig in der Hauptrolle, die hier Sandmanns Freundin gespielt hatte.

AUS KINDERN WERDEN LEUTE   ZDF
1972. 8-tlg. Erziehungsreihe, die Themen behandelt wie: »›Richtiger‹ Junge, ›richtiges‹ Mädchen«, »Wer kann schon, wie er möchte?«, »Lohn und Strafe – und die Folgen« und »Ich will so sein wie Papi«. Die Reihe entstand nach Exposés des Marburger Psychologieprofessors Theo Herrmann, der auch moderierte. Die 30-minütigen Folgen liefen samstagnachmittags.

AUS LIEBE ZUM SPORT   ARD
1974–1975. 13-tlg. dt. Ruderserie von Dieter Wedel (Buch und Regie).
Leistungsdruck, Erfolge, Rivalitäten, Geldprobleme und Nachwuchsförderung in einem Ruderverein: Fritz Heyer (Klaus Höhne) ist der Trainer, Dr. Alfred Sass (Hans Häckermann) der Vorsitzende, und beide müssen ganz schön rudern.
Die halbstündigen Folgen liefen im regionalen Vorabendprogramm.

AUS MEINEM REISETAGEBUCH   ARD
1960–1980. »Martin Schliessler erzählt«.
Reisereportagereihe mit dem Maler, Bildhauer, Schriftsteller und Filmemacher Schliessler, der für seine Reportagen alle Kontinente bereiste, von New York nach Alaska fuhr, über das Robbenfest der Eskimos berichtete, sich aus Peru und Afrika, Argentinien und Bolivien meldete. Und wenn er mal näher an der Heimat bleiben wollte, filmte er in Finnland oder machte eine Sendung zum Thema »Skilaufen im Mittelgebirge«. Es war also ausgewogen.
Innerhalb von 20 Jahren liefen 28 Folgen in sehr loser Reihe, meist etwa eine halbe Stunde lang. Dann gab Schliessler das Reisen auf und zog mit seiner Familie ein für alle Mal nach Kanada.

AUS MEINER AKTENMAPPE   ZDF
1981. 6-tlg. Reportagereihe über Bürokratie von Peter von Zahn am Sonntagnachmittag.

AUS UNSEREN ATELIERS   ZDF
1988–1989. Halbstündiges Filmmagazin der Münchner Filmjournalisten Bodo Fründt und Rolf Thissen, das sich mit *Apropos Film* abwechselte. Im Unterschied zu Letzterem ging es in insgesamt 17 Sendungen ausschließlich um Drehberichte und Interviews zu deutschen Filmen und Koproduktionen.

AUSFLUG ZUM VATER   ARD
1983. 12-tlg. dt. Familienserie von Wolfdietrich Schnurre, Regie: Peter Adam, Rainer Wolffhardt.
Die Schauspielerin Luzie Prybilla (Kai Fischer) hat einen Sohn namens Johnny (Lutz Reichert), dessen Vater unbekannt ist. Zumindest will sie Johnny gegenüber partout nicht mit dessen Identität rausrücken. Also fällt Johnny zunächst mal erfolgreich durchs Abitur, denn das geschehe ihr ja recht, meint er, und beginnt dann eine lange Suche nach Papa. Anhaltspunkte findet er genug, merkt jedoch nicht, dass seine Mutter diese gezielt streut, um ihn abzulenken. Luzie scheint damals viel herumgekommen zu sein, denn in jeder Folge sucht Johnny einen neuen möglichen Erzeuger auf. Quer durch Deutschland reist er und stellt sich bei Beleuchtern, Ausstattern, Fotografen, Maskenbildnern, Nachtclubbesitzern und Schauspielern als Sohn vor.
Die Musik schrieb Klaus Doldinger. Die halbstündigen Folgen liefen im regionalen Vorabendprogramm.

DAS AUSGEFALLENE SPORT-STUDIO   ZDF
1979–1995. Kabarettistischer Sport-Jahresrückblick von und mit Werner Schneyder.
Lief einmal im Jahr, aber bei weitem nicht jedes Jahr, am späten Samstagabend auf dem Sendeplatz, auf dem deshalb – und weil sich rund um Weihnachten ohnehin nichts Berichtenswertes in der Welt des aktuellen Sports ereignete – *Das aktuelle Sport-Studio* ausfiel. Schneyder hatte auch einige Male das echte *aktuelle Sport-Studio* moderiert. Die letzte Ausgabe 1995 präsentierte Matthias Beltz.

DIE AUSGEFLIPPTEN   SAT.1, KABEL 1
1988–1990 (Sat.1); 1992 (Kabel 1). 90-tlg. US-Sitcom von Susan Harris (»Soap«; 1977–1981).
Parodie auf Seifenopern: Die Geschichte zweier Schwestern, eine reich und eine arm. Das wohlhabende Ehepaar Jessica (Katherine Helmond) und Chester Tate (Robert Mandan) hat drei Kinder: Eunice (Jennifer Salt), Corinne (Diana Canova) und Billy (Jimmy Baio). Chester ist seiner Frau regelmäßig untreu, dafür wird Jessica wegen Mordes verurteilt. Den hat aber ebenfalls Chester begangen. Er kommt in den Knast, bricht jedoch gemeinsam mit dem Mörder Dutch (Donnelly Rhodes) aus, der wiederum mit Eunice durchbrennt. Corinne heiratet den Priester Timothy Flotsky (Sal Viscuso) und bekommt ein Baby von ihm, das vom Teufel besessen ist. Jessicas Vater, der Major (Arthur Peterson), spielt immer noch Krieg, weil er nicht merkt, dass der längst vorbei ist. Benson (Robert Guillaume) ist der vorlaute Butler der Familie, sein Nachfolger wird später Saunders (Roscoe Lee Browne).
Jessicas Schwester Mary Dallas Campbell (Cathryn Damon) lebt in einer Arbeiterfamilie mit ihrem Mann Burt (Richard Mulligan), dem schwulen Sohn Jodie (Billy Crystal) und dem kriminellen Sohn Danny (Ted Wass), der aus der Mafia austreten möchte, als Gegenleistung aber Burt umbringen soll, der lange vorher Marys ersten Mann ermordet hat. Er lässt ihn leben, und statt zu sterben wird Burt erst von Außerirdischen entführt und geklont und später Sheriff.
Die Amerikaner mögen Soaps, bösartige Parodien auf sie mögen sie nicht. ABC erhielt nach dem Start von »Soap« 32 000 Briefe. Neun davon verteidigten die Show, die restlichen teilten die Meinung eines

Priesters, die Show versuche, »unsere moralischen Werte zu unterminieren«. Dabei war die Sitcom vor allem eines: hemmungslos albern. Jede Folge begann mit einem ausführlichen Rückblick auf die bisherigen Ereignisse, der mit dem Satz schloss: »Sind Sie jetzt sehr durcheinander? Verwirrt? Nach dieser Folge werden Sie alles besser verstehen!«
26 Folgen waren bereits Anfang der 80er-Jahre unter dem Titel *Soap oder Trautes Heim* in den Dritten Programmen gelaufen. Sat.1 zeigte später 65 und Kabel 1 weitere 25 Folgen. Butler Benson bekam nach einiger Zeit seine eigene Serie, *Benson*. Serienerfinderin Susan Harris hatte ihren größten Erfolg später mit den *Golden Girls*.

AUSGERECHNET ALASKA   RTL, VOX
1992–1997 (RTL); 1995 (Vox). 110-tlg. US-Comedyserie von Joshua Brand und John Falsey (»Northern Exposure«; 1990–1995).
Der junge und hochmotivierte jüdische Arzt Dr. Joel Fleischman (Rob Morrow) erhält einen Dämpfer, als er aus New York nach Alaska versetzt wird. Das war so vereinbart, weil er vom Staat Alaska ein Stipendium bekommen hatte. Er hatte jedoch mit der Hauptstadt gerechnet und nicht damit: Cicely, ein kleines Nest in der Provinz, wo er sich als Dorfdoktor mit den exzentrischen Einwohnern herumschlagen muss.
Seine Vermieterin ist die Buschpilotin Maggie O'Connell (Janine Turner), deren letzte fünf Freunde unter merkwürdigen Umständen der Reihe nach ums Leben gekommen sind. Joel und Maggie reagieren zunächst aggressiv aufeinander, dann beginnt es zwischen den beiden zu knistern.
Die wichtigsten Dorfbewohnern sind der Geschäftsmann Maurice Minnifield (Barry Corbin), ein resoluter ehemaliger Astronaut, der im Ort das Sagen hat; der junge Indianer Ed Chigliak (Darren E. Burrows), der von der fernen Großstadt fasziniert ist und gern schreiben und Filme drehen möchte; der 62-jährige Kneipenbesitzer Holling Vincouver (John Cullum) und dessen 18-jährige Freundin Shelly Tambo (Cynthia Geary), die später heiraten und in Folge 78 Tochter Randy zur Welt bringen; der Radiomoderator Chris Stevens (John Corbett); die Ladenbesitzerin Ruth-Anne Miller (Peg Phillips); die wortkarge Eskimofrau Marilyn Whirlwind (Elaine Miles), die Fleischmans Sprechstundenhilfe ist; und Dave, der Koch (William J. White).
Joel hat in New York seine Freundin Elaine zurückgelassen. Die beiden wollen sich regelmäßig besuchen, doch meistens kommt etwas dazwischen, und am Anfang der zweiten Staffel scheitert die Fernbeziehung endgültig. Es dauert noch einige Jahre, doch dann werden Joel und Maggie endlich ein Paar, aber auch das geht nur für begrenzte Zeit gut. Nach der Enttäuschung zieht sich Joel in Folge 95 in die Wildnis zurück, um sich selbst zu finden, und verlässt Cicely ein paar Folgen später, weil sein Stipendium inzwischen abgearbeitet hat. Für die kurze verbleibende Zeit kommen der Arzt Dr. Philip Capra (Paul Provenza) und seine Frau Michelle (Teri Polo) neu in die Stadt.
Skurrile Charaktere, originelle Geschichten und eine positive Grundstimmung zeichneten die Serie aus. Trotzdem verbarg sie nicht, dass es im Winter in dieser Gegend permanent dunkel ist und alle depressiv werden. Im Vorspann jeder Folge trottete ein Elch durch die verlassenen Straßen.
Die Serie basierte auf den Erlebnissen des Arztes Lance Luria, einem Freund des Miterfinders Joshua Brand. Luria hatte nach der Tätigkeit in einem großen Krankenhaus ebenfalls eine Weile als Landarzt gearbeitet. Auf seinen Erlebnissen im Krankenhaus basierte bereits die Serie *Chefarzt Dr. Westphall*, die ebenfalls von Brand und Falsey stammte.
Jede Folge war eine Stunde lang. Eigentlich lief die Serie von Anfang bis Ende auf verschiedenen Sendeplätzen bei RTL, lediglich die letzten 17 Folgen der vierten Staffel wurden zwischendurch von Vox erstausgestrahlt.
Die erste Staffel ist auf DVD erhältlich.

AUSGERECHNET CHICAGO   RTL 2
→ Ein Mountie in Chicago

AUSGERISSEN! WAS NUN?   ARD
1978. 13-tlg. dt. Familienreihe von Walter Kausch, Regie: Walter Kausch und Georg Tressler. In sich abgeschlossene Geschichten mit verschiedenen Darstellern über jugendliche Ausreißer. Die halbstündigen Folgen liefen im regionalen Vorabendprogramm.

AUSGERUTSCHT UND REINGEFALLEN   RTL
2002. »Die besten Lacher live on tape«. Einstündige Reihe mit Videos von Ausrutschern und Reinfallern. Lief dreimal.

AUSLANDSJOURNAL   ZDF
Seit 1973. Wöchentliches Magazin mit Korrespondentenberichten aus aller Welt zu schweren und leichten Themen. Nachfolger von *Ortszeit*.
Als die Deutschen den Auslandstourismus noch nicht im großen Maßstab entdeckt hatten, lernten sie in dieser Sendung, wie es im Rest der Welt aussieht. Die Sendung mit dem kleinen gelben »a« in der Studiokulisse zeigte von Anfang an die schönen und die hässlichen Seiten der Welt. Die ZDF-Reporter stellten fremde Länder und Völker vor, ihre Landschaften und Lebensgewohnheiten, behandelten aktuelle außenpolitische Ereignisse (in der ersten Sendung waren das der Militärputsch in Chile und das Ende der Kampfhandlungen in Nordvietnam), schilderten Hintergründe und schlossen fast immer mit einem bunten Thema. Zwei Jahrzehnte lang hatte jeder Beitrag eine Standardlänge von sieben Minuten. Dann wurde der Rhythmus geändert, die Mischung aber beibehalten.
Rudolf Radke moderierte von Oktober 1973 bis Dezember 1988 die meisten Ausgaben und wechselte sich zunächst mit Carl Weiss und Norbert Harlinghausen ab. Radke war zugleich Leiter der Hauptredak-

tion Außenpolitik. Seine Nachfolger auf diesem Posten übernahmen auch die Moderation: Horst Schättle (1989), Ulrich Kienzle (1990–1992), Joachim Holtz (1993–1998) und Peter Frey (1998–2001). Weitere Moderatoren waren die jeweiligen Redaktionsleiter der Sendung: Uwe Kröger (1973–1975), Karl-Heinz Schwab (1975–1977), Gerd Helbig (1977–1980), Peter Berg (1981–1984), Horst Kalbus (1984–1988), Eva Maria Thissen (1989–1991), Dietmar Ossenberg (1992–1993; seit 2001) und Susanne Gelhard (1994–1996). Ossenberg leitete von 1994 bis 2001 das ZDF-Studio in Kairo und kehrte im September 2001 nach Mainz und in die Sendung zurück, jetzt als neuer Leiter der Hauptredaktion Außenpolitik. Die Vertretung übernahmen nun Anne Gellinek und ZDF-Chefredakteur Nikolaus Brender. Prominentester Korrespondent war Peter Scholl-Latour.

19 Jahre lang lief das 45-minütige Magazin freitags um 19.30 Uhr und wurde dort zur Institution. Der Sendeplatz war deutschlandweit bekannt, vielleicht aber auch nur, weil sich viele Zuschauer etwas zu früh zum Freitagskrimi einschalteten und jede Woche noch die Schlussmusik mitbekamen. Anfang 1992 wanderte das Magazin auf montags um 21.00 Uhr und im Februar 1997 auf 30 Minuten gekürzt auf donnerstags um 21.15 Uhr. Das kleine gelbe »a« hatte der Ulmer Designer Otl Aicher entworfen.

AUSREISSER ARD

1983. 10-tlg. US-Krimiserie von Clyde Ware (»The Runaways«; 1978–1979).

Der Psychologe Steve Arizzio (Alan Feinstein) sucht Teenager, die von zu Hause weggelaufen sind. Die beiden ehemaligen Ausreißer Mark Johnson (Michael Biehn) und Debbie Shaw (Patti Cohoon) leben bei ihm. Sergeant Hal Grady (James Callahan) von der Polizei in Los Angeles hilft Arizzio bei der Suche.

Die einstündigen Folgen liefen im regionalen Vorabendprogramm.

DER AUSSENSEITER RTL 2
→ Der Einzelgänger

AUSSENSEITER – SPITZENREITER DFF, MDR

1972–1991 (DFF); seit 1992 (MDR). »Kundendienst für Neugierige«. Halbstündige Kuriositätenshow mit Hans-Joachim Wolfram.

Es ging um außergewöhnliche Erfindungen, »Wunder des Alltags«, z. B. eine fernsehguckende Ziege, ein pfeifendes Baby oder eine 80-Jährige auf Stelzen. Außerdem beantwortete die Show naseweise Fragen der Zuschauer, z. B.: »Wie entsteht Puffreis?« oder: »Wie schlafen Giraffen?« oder auch: »Wie lange dauert ›Komme gleich wieder‹?«. Wolfram und sein Co-Moderator Hans-Joachim Wolle tauchten einfach mit Mikrofon und Kamera auf, überraschten die Menschen und suchten nach Antworten. Wolle wurde nicht zuletzt durch eine Reportage am FKK-Strand auf Usedom berühmt, in der er nackt mit dem Tonbandgerät über der Schulter nach Benimmregeln im Nackturlaub fragte.

Das Wort »Außenseiter« war ein Problem – eigentlich war so etwas im Sozialismus nicht vorgesehen. Die Kombination mit dem Wort »Spitzenreiter«, den Platz, den die DDR für alle Lebensbereiche einforderte, war eine hübsche Provokation. Die Beiträge waren oft verschmitzt und ironisch und enthielten regelmäßig Spitzen gegen das DDR-System und seine Mängel im Alltag, und sei es nur dadurch, dass Bastler vorgestellt wurden, die sich praktische Geräte bauten, die es in der Planwirtschaft nicht zu kaufen gab.

Einmal testete *Außenseiter – Spitzenreiter* Toilettenpapier und fand, dass die Längen der einzelnen Rollen stark schwankten. Der Betriebsleiter war verlegen und versprach den Kunden, jede Rolle unter 40 Meter auszutauschen. Wie gut die Idee ankam, BH-Verschlüsse zu testen, lässt sich leicht erahnen. Ein »Außenseiter«, der für seine Freundin ein Transparent »Ich liebe dich« an den Schornstein eines Kraftwerks gehängt hatte, wurde entlassen, nachdem Wolfram und sein Team ihn gefunden und vorgestellt hatten. Die Sicherheitsabteilung hatte vorher vergebens nach ihm gesucht. In einer Sendung im April 1974 gab Wolfram bekannt, wo sich der Mittelpunkt der DDR befindet. Dieser Massemittelpunkt war zuvor von Geophysikern der TU Dresden errechnet worden, anschließend wurde an der Stelle ein Hinweisschild angebracht. 1977 wurde der Mittelpunkt der DDR auf offizielles Geheiß verschoben, weil er sich zu nah an einem militärischen Sperrgebiet befand.

Trotz allem war die Kritik nicht so fundamental, dass sie das DDR-System in Frage gestellt hätte. Die Sendung entsprach im Gegenteil der Forderung Erich Honeckers Anfang der 70er-Jahre, dass das Fernsehen ein »Heimatgefühl« für die DDR wecken solle. Die Sendung war eine der originellsten Erfindungen des DDR-Fernsehens und außerordentlich beliebt, mit gigantischen Einschaltquoten. Mit einigen »Spitzenreitern« ging man sogar auf Tournee. 1983 wurde ein Spin-off der Show ins Leben gerufen: *Wennschon, dennschon*. Der skurrile Charme ging allerdings mit der Zeit verloren, statt unverdorbener Originale trafen die Reporter immer häufiger auf kalkulierende Selbstdarsteller. Dennoch überlebte die Reihe die DDR um mindestens 15 Jahre. Nach der Wende und dem Ende des DFF wurde sie im MDR fortgeführt und vom ORB übernommen. Im Sommer 1991 übernahm auch die ARD mehrere Folgen. 1993 gab Wolle die Außenreportagen an die frühere Eiskunstläuferin Christine Trettin-Errath ab.

DER AUSSTEIGER ARD

1981. 10-tlg. brit. Melodram von Peter Barkworth und Brian Clark, Regie: Barry Davis (»Telford's Change«; 1979).

Der erfolgreiche Bankmanager Mark Telford (Peter Barkworth) beschließt auszusteigen. Er tauscht seinen aufregenden internationalen Karrierejob gegen

die geruhsame Leitung einer kleinen Filiale in Dover. Seine Frau Sylvia (Hannah Gordon) ist entsetzt und bleibt mit Sohn Peter (Michael Maloney) in London, wo sie an einer eigenen Karriere im Theater arbeitet. Die Ehe steht vor dem Aus, als Sylvia sich in ihren Chef Tim Hart (Keith Barron) verliebt, und Telford findet kein Glück in der Provinz.
Die Idee zur Serie stammte vom Hauptdarsteller selbst. Die 50-Minuten-Folgen liefen im regionalen Vorabendprogramm.

AUSTRALIEN-EXPRESS — ARD
1986–1990. 39-tlg. austral. Abenteuerserie nach dem Roman »The Cherokee Trail« von Louis L'Amour (»Five Mile Creek«; 1984–1985), eine Disney-Produktion.
Die Pioniere Kate Wallace (Liz Burch), Maggie Scott (Louise Claire Clark), Con Madigan (Jay Kerr), Paddy Malone (Michael Caton) und Jack Taylor (Rod Mullinar) gründen während des australischen Goldrauschs im 19. Jh. eine Postkutschenlinie. Maggie hat eine Tochter, Hannah (Priscilla Weems).
Die 45-Minuten-Folgen liefen samstagnachmittags.

AUTO AUTO — RTL
1984–1990. Automagazin mit Willy Knupp. Lief bis Ende 1987 in 15 Minuten Länge alle zwei Wochen mittwochs am Vorabend. Im Mai 1990 tauchte das Magazin am Samstagnachmittag wieder auf, nun seltener, aber dafür 45 Minuten lang.

AUTO-FRITZE — ARD
1993–1994. 26-tlg. dt. Familienserie von Felix Huby.
Die Brüder Otto (Michael Degen) und Konrad Fritze (Sigmar Solbach) sind sehr unterschiedlich, teilen aber die Liebe zu Autos. Der solide Otto hat eine Werkstatt und fährt gern Oldtimer-Rennen, Playboy Konrad führt gleich gegenüber einen vornehmen Salon, in dem er teure Wagen verkauft. Otto ist mit Marianne (Loni von Friedl) verheiratet, ihre Kinder heißen Cordula (Cay Helmich) und Peter (Markus Hoffmann). Seine Werkstatt hat er von Ede Kahlke (Herbert Köfer) übernommen, der dort weiterhin arbeitet. Außerdem sind dort noch die neugierige Seketärin Anna-Maria Kewenig (Edith Hancke) sowie Kalle (Rüdiger Wandel) und Heinz (Claudius Freyer) beschäftigt. Frau Neubert (Margret Homeyer) ist Edes Freundin, Loretta (Karin David) Konrads Sekretärin.
Der Titel klingt nach einer realistischen Arbeiterserie aus Berlin, tatsächlich geht es in *Auto-Fritze* aber nicht um Strafzettel, Parkplätze und Pannen, sondern um die üblichen seifenopernhaften Überraschungen, die vage etwas mit Verkehr zu tun haben oder auch nicht.
Die einstündigen Folgen liefen montags im Vorabendprogramm.

AUTO MOTOR UND SPORT TV — VOX
Seit 1995. Wöchentliches Automagazin, das nachmittags am Wochenende läuft. Peter Stützer moderiert, prominente Gäste setzen sich hinters Steuer und testen neue Wagen. Partner ist natürlich die gleichnamige Zeitschrift.

DIE AUTOHÄNDLER – FEILSCHEN, KAUFEN, PROBE FAHREN — RTL
Seit 2003. Doku-Soap. Lief am Wochenende nachmittags meist im Umfeld des Trainings zur Formel 1, bisher 20-mal.

AUTOMAN – DER SUPER-DETEKTIV — SAT.1
1987–1989. 13-tlg. US-Krimiserie (»Automan«; 1983–1984).
Walter Nebicher (Desi Arnaz, Jr.), Computerexperte bei der Polizei, entwickelt den virtuellen Automan (Chuck Wagner), ein hochintelligentes Computerprodukt, das mit genug Energie auch außerhalb des Computers in einem sehr real wirkenden Körper agieren kann. Walter und sein Automan bekämpfen gemeinsam das Böse in der Stadt. Lieutenant Jack Curtis (Robert Lansing) und Walters Freundin Roxanne Caldwell (Heather McNair), ebenfalls bei der Polizei, unterstützen sie. Ihr Boss ist Captain E. G. Boyd (Gerald S. O'Loughlin).
Sat.1 zeigte die Serie zunächst am Nachmittag, dann mittwochs am Vorabend. Die Folgen dauerten 50 Minuten.

AUTOPSIE – MYSTERIÖSE TODESFÄLLE — RTL 2
Seit 2001. US-Doku-Reihe. Die Sendung schildert seltsame, aber wahre Todesfälle aus den Akten der amerikanischen Gerichtsmedizin und erklärt, wie mit moderner Technik und komplizierten Analysen auch schwierigste Morde aufgeklärt werden konnten. Die Reihe lief erst dienstags gegen 23.00 Uhr, dann lange sehr erfolgreich sonntags gegen 22.15 Uhr.

DIE AUTOSCHRAUBER – FÄHRT NICHT, GIBT'S NICHT — RTL 2
Seit 2005. Primetime-Doku-Soap über sieben Hamburger Autofreaks, die ganz normale Fahrzeuge ganz gehörig aufmotzen.
Die Serie war eine leicht frisierte Adaption des amerikanischen MTV-Formats »Pimp My Ride«, das auf dem Musiksender bereits eine nur halb ernst gemeinte deutsche Version in »Pimp My Fahrrad« hervorgebracht hatte. Lediglich den Titel stahl RTL 2 bei einer Kochshow: *Schmeckt nicht – gibt's nicht*.

AVANTI — VOX
1993–1994. Lifestyle-Magazin mit durchschnittlichen Beiträgen zu erwartbaren Themen wie Nachtleben und Prominente. Carol Campbell moderierte einige Wochen, dann übernahm Götz Alsmann, und nun wurden zumindest die Teile zwischen den Beiträgen originell. Die Sendung befasste sich laut Alsmann nun mit »dem Besten, was Medien, Kunst, Musik, Kultur, Autos und hustende Menschen hergeben«. Sie lief erst sonntags um 18.15 Uhr, dann mittwochs um 23.15 Uhr.

AVENZIO – SCHÖNER LEBEN   PRO SIEBEN
Seit 2003. Einstündiges Servicemagazin mit Tipps rund um Wohnen, Gesundheit und Wellness, moderiert von Daniela Fuß. Läuft werktags mittags um 12.00 Uhr.

AXEL!   SAT.1
2002–2004. Dt. Sketchserie.
Der junge Anpacker Axel (Axel Stein) bewältigt sein chaotisches Teenagerleben mit seinen besten Freunden, dem schüchternen Basti (Johnny Challah) und dem gut aussehenden Bong (Daniel Wiemer). Seiner Psychologin (Sybille Schedwill) erzählt er von seinen Erlebnissen, Problemen und Albträumen, die in Rückblenden, Wunschvorstellungen oder Traumsequenzen zu sehen sind.
Axel Stein war als Sohn in der Serie *Hausmeister Krause – Ordnung muss sein* und durch den platten, aber erfolgreichen Kinofilm »Harte Jungs« bekannt geworden. Kaum Anfang 20, hatte er schon seine eigene Fernsehshow, die zwar auch eher platt war, aber zeigte, dass der pummelige Stein mehr konnte, als nur der lustige Dicke zu sein.
Das Konzept war innovativ. Die Show bestand aus aneinander gereihten Sketchen, erhielt aber dank durchgehender Charaktere und der Rahmenhandlung mit der Psychologin eine gewisse Kontinuität. Sat.1 nannte die Reihe deshalb die erste »Sketchserie«, schenkte dem jungen Stein von Anfang an großes Vertrauen und gab ihm den Sendeplatz am Samstag um 22.15 Uhr, auf dem zuvor *Die Wochenshow* gelaufen war. Wie diese wurde *Axel!* von der Firma Brainpool produziert. Weitere Staffeln liefen mal freitags zur Primetime, mal am späten Samstagabend. Nach 35 Folgen stellte Sat.1 das Konzept dann doch auf eine herkömmliche Comedyserie um und erweiterte den Titel auf *Axel! will's wissen*.

AXEL! WILL'S WISSEN   SAT.1
Seit 2005. Dt. Comedyserie. Nachfolgeserie der Sketchshow *Axel!* mit modifiziertem Format.
Axel (Axel Stein) hat jetzt Abitur und eine Freundin, die BWL-Studentin Yvonne (Sabine Pfeifer). Er zieht bei ihr ein, damit leider auch bei ihren Eltern Inge (Petra Zieser) und Robert (Christian Tasche). Das wäre schon schlimm genug, aber dann ist Robert auch noch der Chef des Baumarkts, in dem Axel eine Ausbildung macht. Seine Kollegen sind der Schleimer Herr Marsch (Michael Kessler) und die Schnarchnase Mütze (Matthias Komm). Wenigstens kommt Bong (Daniel Wiemer) ab und zu vorbei.
Die Fortentwicklung von *Axel!* hatte, wie das Original, Spaß an plumpen Gags, schaffte es aber auch, den Figuren von Axel und seiner Freundin Yvonne eine erstaunliche Dreidimensionalität zu geben. Die halbstündigen Folgen laufen bis dato freitags um 21.45 Uhr.

AXN   SAT.1
1999. Halbstündiges Fun- und Actionmagazin mit Hakim Meziani, der werktags um 19.15 Uhr irgendwo eingekaufte Berichte über waghalsige Extremsportler ansagt.

AZUR   DFF 2, DFF
1990–1991. Reisemagazin.
Speziell auf die Bedürfnisse der Gerade-noch-DDR-Bürger (wenig Geld, kaum Reiseerfahrungen) zugeschnitten, wollte die Sendung informieren und Hintergrundinformationen zu »Tourismus-Schlaglöchern« geben, um »unerfahrenen Weltenbummlern eine Schocktherapie« zu ersparen. Am Ende war's aber doch ein eher braves, blauäugiges Reisemagazin. Maybrit Illner und Horst Mempel moderierten 20 Ausgaben, die einmal im Monat abends liefen und 30 bis 45 Minuten lang waren.

B

B. FRAGT ARD
1996–1997. »Menschen und Meinungen«. Talkshow mit Bettina Böttinger und Gästen.
Nach Böttingers Riesenerfolg mit *B. trifft* im Dritten Programm des WDR gab man ihr ein ähnliches Format im Ersten. Es war Bestandteil einer Frauenoffensive mit mehreren Moderatorinnen (ebenfalls *Allein oder Fröhlich*) und lief wöchentlich donnerstags um 21.45 Uhr, wurde jedoch nach nur fünf Ausgaben abgesetzt. Böttinger kehrte zu *B. trifft* zurück.

B. TRIFFT WDR
1993–2004. »Begegnung bei Böttinger«. Erfolgreiche Talkshow mit Bettina Böttinger.
Zwei meist prominente Gäste werden in die Sendung eingeladen. Keiner von beiden weiß vorher, wer der andere Gast ist, aber beide verbindet etwas – ein nahe liegendes oder auch ein abwegiges Thema. Auf diese Weise kommen oft spontane und interessante Gespräche zustande.
Erste Studiogäste waren Evelyn Schramke und Roger Willemsen, das erste Thema »Affinität zu Affen«. Uwe Ochsenknecht und Thomas Koschwitz durften miteinander über Haarausfall reden, Harald Schmidt und eine transsexuelle Pastorin über kirchliches Engagement. Der Versuch, ein ähnliches Format unter dem Namen *B. fragt* in der ARD zu etablieren, scheiterte jedoch.
Nach elf Jahren am Freitagabend gegen 22.00 Uhr beendete Böttinger die Reihe und startete im Oktober 2004 samstagabends, ebenfalls im WDR, die neue Show *Böttinger*. Auch darin gab es wieder Gespräche zu je einem Oberthema, jetzt mit drei Gästen, die schon vorher voneinander wussten.

BABAR ARD
1990–1994. 65-tlg. US-Zeichentrickserie nach den Büchern von Laurent de Brunhoff (»Babar«; 1989–1991).
Der kleine Elefant Babar flüchtet aus dem Dschungel, als ein Jäger seine Mutter erschießt. Doch er kehrt zurück, wird König der Elefanten und bringt ihnen und den anderen Tieren Dinge bei, die er in der Stadt gelernt hat. Er heiratet Celeste, und die beiden bekommen drei Kinder.
Das Ehepaar Jean und Cécile de Brunhoff hatte den kleinen Elefanten Babar erfunden, sein Sohn Laurent das Werk mit weiteren Büchern fortgesetzt. Auf Jeans Geschichten beruhte bereits die Serie *Babar, der kleine Elefant*.

BABAR, DER KLEINE ELEFANT ARD
1970–1971. Frz. Kinderserie nach dem gleichnamigen Bilderbuchklassiker »Histoire de Babar« von Cécile und Jean de Brunhoff aus dem Jahr 1931.
Der kleine Elefant Babar flüchtet aus dem Dschungel, nachdem ein Jäger seine Mutter erschossen hat. In der Stadt nimmt ihn eine nette ältere Dame auf, die ihm menschliche Manieren beibringt. Babar kehrt zurück, um den anderen Elefanten das Erlernte weiterzugeben, und wird zu deren König gekrönt. Celeste wird seine Königin.
Die TV-Fassung erzählte Babars Geschichte mit Maskenspiel und Pantomime. Die Folgen waren fünf Minuten lang und liefen nachmittags. Später wurden diese und neue Geschichten in der Zeichentrickserie *Babar* verfilmt.

BABBELGAMM ZDF
1977–1978. »Lach- und Lügengeschichten für Kinder«. Gute-Laune-Magazin mit Peter Rapp, kuriosen Geschichten, merkwürdigen Gegenständen und prominenten Gästen. Autor und Regisseur war Justus Pfaue.
Die zwölf Sendungen liefen nachmittags.

BABECK ZDF
1968. 3-tlg. dt. Krimi von Herbert Reinecker, Regie: Wolfgang Becker.
Der Journalist Manfred Krupka (Helmut Lohner) will den Mord an seinem Vater aufklären. Gemeinsam mit Marianne Hohmann (Cordula Trantow) verfolgt er die Spur eines Mannes namens Babeck, der dahinterstecken soll. Niemand kennt dessen Gesicht. Zu den Verdächtigen zählt der geheimnisvolle Mann im Rollstuhl (Curd Jürgens).
Damit niemand die Auflösung verraten konnte, wussten angeblich nicht einmal die Schauspieler, wer der Mörder war. Für den Schluss bekamen sie nur ihre eigenen Texte zu Gesicht, auch waren sie jeweils bei den Drehs der anderen Schauspieler nicht dabei. *Babeck* war nach *Der Tod läuft hinterher* ein weiterer Versuch von Reinecker, des Produzenten Helmut Ringelmann und des ZDF, das Durbridge-Muster zu kopieren. Nach acht Leichen stand fest: Es gelang. Die Einschaltquote erreichte 74 %. Eine weitere Trilogie nach gleichem Muster folgte unter dem Titel *11 Uhr 20*.
Die Folgen waren rund eine Stunde lang und wurden in Schwarz-Weiß ausgestrahlt.

BABY AN BORD ARD
1997–1998. 12-tlg. dt. Comedyserie von Rainer Kaufmann, Regie: Matthias Tiefenbacher.
Ein ungeplantes Baby stellt das Leben von Claudia Lehmann (Iris Minich) und Till Ruhe (Thomas Huber) auf den Kopf. Sie bitten ihre Freunde Martina Schröder (Gunda Ebert) und Georg Bengsch (Markus Majowski), beide überzeugte Singles, gelegentlich auf den kleinen Max aufzupassen. Doch das ist

keine gute Idee. Chico (Klaus Rodewald) führt die Stammkneipe der vier Freunde.
Die halbstündigen Folgen liefen im Vorabendprogramm.

BABY HUBERT SHOW — PRO SIEBEN
1997–1998. 26-tlg. US-Zeichentrickserie (»The Baby Huey Show«; 1994).
Baby Hubert ist ein Riesenbaby, größer nicht nur als alle anderen Küken, sondern auch als seine Enteneltern. Es meint es gut, bringt sich und andere aber dauernd in Gefahr.
Der Charakter des »Baby Huey« tauchte schon seit den 50er-Jahren in US-Cartoons auf. Die 25-minütigen Folgen liefen morgens.

BABYGEFLÜSTER — KABEL 1
1992–1994. 35-tlg. US-Sitcom (»Baby Talk«; 1991–1992).
Maggie Campbell (Julia Duffy; ab Folge 11: Mary Page Keller) erzieht ihr Baby Mickey (Paul und Ryan Jessup) allein. Der Zuschauer kann hören, was Mickey (und alle anderen Babys in der Serie) denken. Dieser Abklatsch des Kinofilms »Kuck mal, wer da spricht« war eine der ersten Serien im neu gestarteten Kabelkanal (später Kabel 1). *Babygeflüster* hatte Deutschlandpremiere am ersten Sendetag des neuen Senders. Die ersten 14 Folgen liefen immer samstags, der Rest eineinhalb Jahre später werktags. In den USA wurde die Serie als eine der schlechtesten im Fernsehen angesehen – von Publikum und Darstellern. Allein zwei Hauptdarstellerinnen kündigten: Connie Sellecca, die die Hauptrolle hätte spielen sollen, schon vor Drehstart, Julia Duffy nach der ersten Staffel. George Clooney spielte in der ersten Staffel einen inkompetenten Handwerker. Tony Danza sprach Baby Mickey im US-Original, seine deutsche Stimme war Wolfgang Kühne.

BABYLON — WDR
1993–2003. Einzige muttersprachliche Fernsehsendung für Ausländer in Deutschland, Nachfolger der Sendung *Ihre Heimat – unsere Heimat,* die sich ursprünglich werktags abwechselnd in der jeweiligen Landessprache an Griechen, Italiener, Kroaten, Serben und Türken wandte. Als *Babylon* lief sie samstags morgens im Zweikanalton auf Deutsch und in den Sprachen der jeweiligen Herkunftsländer und berichtete über Themen aus Politik, Wirtschaft und Kultur.
Die Sendung wurde von anderen Dritten Programmen übernommen.

BABYLON 5 — PRO SIEBEN
1995–1999. 111-tlg. US-Science-Fiction-Serie von J. Michael Straczynski (»Babylon 5«; 1993–1998).
Dumm gelaufen. Eigentlich sind die Außerirdischen vom Planeten Minbar friedliche Gesellen. Sie wollten den Erdbewohnern nur ihre Waffen zeigen, wie es bei ihnen Tradition ist. Die Menschen haben dies natürlich missverstanden und angegriffen, worauf die Minbari auch keinen Spaß mehr verstanden und die Erde fast zerstörten. Hinterher war man sich einig, dass man mehr miteinander reden sollte, um solche Missverständnisse in Zukunft auf ein Minimum zu reduzieren. Deshalb entstand die gewaltige Raumstation »Babylon 5« – ihre vier Vorgänger konnten nie ihren Dienst antreten. 250 000 Menschen und Außerirdische leben und arbeiten hier miteinander. Es ist ein neutraler Ort, an dem Diplomatie und Handel betrieben werden. Der Frieden ist aber äußerst zerbrechlich. Er wird nicht nur durch Spannungen zwischen den fünf Völkern bedroht und durch die üblichen dunklen Gestalten, die solch ein Ort anzieht, sondern vor allem durch die übermächtigen »Schatten«.
Im Jahr 2258 ist Jeffrey Sinclair (Michael O'Hare) Commander von »Babylon 5« und Vertreter der Erde. Auch die vier anderen größeren Sonnensysteme sind mit Botschaftern vertreten, die leicht voneinander zu unterscheiden sind: Die männlichen Centauri tragen eine Art Pfauenkranz als Haar, der umso größer ist, je wichtiger seine Träger sind. Um den Kopf der Minbari wachsen Knochen, die Narn sind reptilienartig, und die Vorlonen verbergen ihre Körper unter rätselhaften Schutzanzügen. Ihre jeweiligen Botschafter an Bord sind die Centauri Londo Mollari (Peter Jurasik), ein Spieler und Frauenheld, und sein Assistent Vir Cotto (Stephen Furst), die Minbari Delenn (Mira Furlan), die in einem Kokon überwintert hat und immer humanoider wird, und ihr Assistent Lennier (Bill Mumy), die Narn G'Kar (Andreas Katsulas) und seine Assistentin Na'Toth (Julie Caitlin Brown; ab der zweiten Staffel: Mary Kay Adams) sowie der Vorlone Kosh (Ardwright Chamberlain).
Zu Sinclairs Stab gehören die strenge, ehrgeizige Lieutenant Commander Susan Ivanova (Claudia Christian), der Sicherheitschef Michael Garibaldi (Jerry Doyle), der Stationsarzt Dr. Stephen Franklin (Richard Biggs) und anfangs die Telepathin Talia Winters (Andrea Thompson), deren Nachfolgerin Lyta Alexander (Patricia Tallman) wird. In der zweiten Staffel löst der Kriegsheld John Sheridan (Bruce Boxleitner) Sinclair als Chef von »Babylon 5« ab. Im Lauf der Jahre brechen verschiedene Kriege aus, so zwischen den Narn und den Centauri, zwischen der Erde und dem Mars und zwischen Babylon und den mysteriösen »Schatten«. In diesem Krieg stirbt Kosh. Sheridan und Delenn verlieben sich und heiraten später. Sheridan fällt im Kampf gegen die »Schatten«, wird aber vom fast unsterblichen Lorien (Wayne Alexander) für 20 Jahre wiederbelebt. Er wird Präsident der Interstellaren Allianz, Captain Elizabeth Lochley (Tracy Scoggins) übernimmt von ihm das Kommando auf »Babylon 5«. In der letzten Folge versammelt Sheridan am Ende der 20 Jahre Lebensverlängerung seine alte Crew auf Minbar noch einmal um sich, um von ihr Abschied zu nehmen.
Babylon 5 war eine lange, komplexe Fortsetzungsgeschichte mit aufeinander aufbauenden Folgen. Sie entwickelte sich nicht allmählich – J. Michael Straczynski hatte sie von vornherein auf fünf Jahre

angelegt und die Dramaturgie entsprechend geplant. Allerdings wurde die letzte Episode schon vorzeitig produziert: Für den Fall, dass keine fünfte Staffel mehr in Auftrag gegeben würde, sollte sie schon nach der vierten gezeigt werden können. Straczynskis ehrgeiziges Projekt wurde dann aber doch wie geplant vollendet. Sein Epos war inspiriert durch Tolkiens »Herr der Ringe«. Mit den leicht konsumierbaren Geschichten von *Raumschiff Enterprise* hatte diese Serie nichts gemein, die sich auch auf hervorragende Schauspieler und beeindruckende Special Effects verlassen konnte. Für Diskussionen am Rande sorgte die Beziehung zwischen den Frauen Susan Ivanova und Talia Winters, in der man, wenn man wollte, eine erstaunlich deutlich gezeigte lesbische Verbindung sehen konnte.

Nach einem Pilotfilm am Donnerstag liefen die einstündigen Folgen nachmittags am Wochenende. Von Januar 2001 bis September 2002 wurden noch vier *Babylon 5*-Fernsehfilme auf Pro Sieben und RTL 2 ausgestrahlt (teils unter dem Titel *Spacecenter Babylon 5*), von denen »Waffenbrüder« zugleich der Pilotfilm für die neue Spin-off-Serie »Babylon 5 – Crusade« war. Diese war bisher nicht in Deutschland zu sehen, ist jedoch zum Teil in deutscher Sprache auf Video erschienen. *Babylon 5* ist auf DVD erhältlich.

BABYS BESTER — ARD

1993. Vaterschaftstest-Show mit Lolita Morena.
Nein, hier werden Väter nicht wie bei den Privatsendern *(Er oder er)* auf die Gene, sondern auf Herz und Nieren geprüft. Zwei junge Paare mit frisch geschlüpftem Nachwuchs treten gegeneinander an. Die Väter müssen beweisen, wie gut sie ihre Babys kennen und dass sie auch unter extremen Bedingungen mit ihnen fertig werden. In Spielrunden sollen sie voraussagen, wie sich ihre Kleinen in bestimmten, vorher gedrehten Situationen verhalten werden, müssen Märchen aufsagen und Lieder vorsingen oder Planschbecken mit Wasser füllen. Dabei wird das ungeduldige Kleinkind von einer Puppe simuliert, und die Moderatorin Morena lässt hemmungslos brüllen, quietschen, mit Wasser spritzen und mit Legosteinen werfen. Das ausschließlich weibliche Saalpublikum, das ebenfalls mit Spielzeugpuppen ausgestattet ist, bestimmt am Ende den Sieger.
Lolita Morena war Schönheitskönigin sowie Ehefrau von Fußballnationalspieler Lothar Matthäus und hatte auch schon im Schweizer Fernsehen Sendungen moderiert, was sie sich aber nicht anmerken ließ. 20 Ausgaben waren angekündigt und produziert, doch nur acht Folgen liefen mit am Ende kaum mehr messbaren Quoten jeweils freitags um 19.15 Uhr im Vorabendprogramm. Dass für die Show das Aus kam, weil sie den beteiligten Kleinkindern zu kindisch war, ist allerdings nur ein Gerücht.

DER BACHELOR — RTL

2003–2004. Einstündige Kuppelshow mit Arne Jessen.
25 Frauen bewerben sich um einen Traummann, der nach und nach über die Dauer einer Showstaffel den Kreis der Kandidatinnen reduziert. Jawohl, er selbst bestimmt diesmal, das Publikum wählt in dieser Show der Reality niemanden raus. Er tut dies, indem er jeder Verbleibenden symbolisch eine Rose überreicht. Der Bachelor trifft sich mit den Damen einzeln oder in Gruppen, isst oder urlaubt mit ihnen und entscheidet sich schließlich für seine Traumfrau. Im Finale am 30. Dezember 2003 wählte Bachelor Marcel (29) die Schornsteinfegerin Juliane (22). Eine Woche später lief noch ein Special namens »Nach der letzten Rose«. Bereits am folgenden Tag kam heraus, dass die Traumbeziehung schon am Ende war. Auf die Frage, ob beide ein Paar wurden, antwortete Marcel: »Ja, so primär, denk' ich, hat sich das schon gelohnt, das funktioniert«, und sprach von einer »Fernbeziehung«, an der beide arbeiten wollten. Er meinte natürlich »Fernsehbeziehung«. Doch statt an der Beziehung arbeitete Juliane an einer Karriere als Partygast und C-Prominente und nahm u. a. wenig später am *RTL Promi-Boxen* teil.

Die Adaption der US-Show »The Bachelor« sollte eigentlich »Der Traummann« heißen. Dann entschied sich RTL aber kurzfristig, das unbekannte Wort aus dem Originaltitel beizubehalten. Um es, oder zumindest die Sendung, bekannter zu machen, wiederholte RTL sämtliche Folgen x-fach, etwa samstags nach dem quotenstarken *Deutschland sucht den Superstar,* dann nochmals nachts und um Sonntagnachmittag. Immer die gleiche Folge. Regelmäßiger Sendeplatz der acht Folgen war mittwochs um 21.15 Uhr. Arne Jessen moderierte sonst Nachrichten auf N24. Was ihn als Moderator für diese Show qualifizierte, blieb, wie vieles andere, ein Geheimnis von RTL und der Produktionsfirma Brainpool oder wurde vom Weichzeichner verwischt.

Die langweilige Show, die auf einem Frauenbild aus den 50er-Jahren beruhte, floppte zunächst; lediglich zwei der letzten Folgen erreichten halbwegs zufrieden stellende Marktanteile, blieben aber auch hinter den Erwartungen zurück. Trotzdem schickte RTL im Folgejahr die *Bachelorette* ins Rennen.
»Bachelor« ist übrigens englisch und heißt Junggeselle. »Bachel« ist Bairisch und heißt Depp.

BACHELORETTE – DIE TRAUMFRAU — RTL

2004. Gleiches Spiel wie beim *Bachelor* im Jahr zuvor, mit umgekehrter Geschlechterverteilung. Junggesellin Monica sucht sich einen Kerl aus. Dieser Arne Jessen moderierte wieder. Diesmal sahen noch weniger Menschen zu.

B.A.D. CATS — SAT.1

1985. 8-tlg. US-Actionserie von Al Martinez (»B.A.D. Cats«; 1980).
Die Polizei von Los Angeles rekrutiert für ihre Autodiebstahl-Kommission namens B.A.D. C.A.T. (»Burglary, Auto Detail, Commercial Auto Thefts«) zwei ehemalige Rennfahrer: Nick Donovan (Asher Brauner) und Ocee James (Steve Hanks). Die schubsen in ihrem Nova die Bösen jetzt einfach von der Straße.

Schon nach fünf einstündigen Folgen landete die Serie in den USA im Graben. Sie bekam nicht einmal die Gelegenheit, alle zum Plattmachen gekauften Autos platt zu machen.

BADEN-BADENER ROULETTE ARD

1968–1992. Großer bunter Gala-Abend aus dem Kurhaus in Baden-Baden mit vielen musikalischen Gästen und ihren Hits, Kabaretteinlagen und Gesprächen. Immer dabei: Rolf-Hans Müller und das SWF-Tanzorchester.

Die Show wurde von 1968 bis 1973 einmal jährlich im Herbst ausgestrahlt. In den ersten drei Jahren moderierte Günther Schramm, danach führten jeweils einmal Heinz Erhardt, Liselotte Pulver und Guido Baumann sowie Karl Lieffen und Dieter Hallervorden durch den Abend. Die Zuschauer konnten per Postkarte »originelle Wünsche« äußern, die von den Stars erfüllt wurden. Meistens lief dies darauf hinaus, dass sie in lustige Verkleidungen schlüpfen sollten.

Nach langer Pause folgte ab 1986 eine jährliche Neuauflage im Frühjahr. Peter Kraus moderierte die erste Show, Sigi Harreis jede weitere. Ihr standen wechselnde Co-Moderatoren zur Seite: zweimal Peer Augustinski und je einmal Georg Preusse und Roberto Blanco. 1991 setzte die Show aus, die letzte Ausgabe 1992 moderierte Harreis allein.

BADESALZ COMEDY STORIES SAT.1

1999–2000. 6-tlg. Comedyshow mit Gerd Knebel und Henni Nachtsheim, die als Badesalz bekannt wurden und bereits Jahre vorher mit *Och Joh* eine Fernsehshow hatten. Eine halbe Stunde lang wurden Gags mit meist absurdem Humor aneinander gereiht, in denen Alltagsszenen grotesk überzeichnet wurden.

BAFF ARD

1968–1971. Jugendmagazin von Hans-Gerd Wiegand.

Baff gilt als eines der ersten echten Jugendmagazine im deutschen Fernsehen. Sein Prinzip bestand darin, widersprüchliche Aussagen mit abrupten Schnitten hart gegenüberzustellen. *Baff* wollte so zur kritischen Auseinandersetzung mit gesellschaftlich und politisch relevanten Themen anregen. Konzept und Sendung lösten großen Widerspruch aus, sowohl in der Öffentlichkeit als auch ARD-intern. Einmal, im November 1970, schaffte es die Sendung sensationell auf einen 21-Uhr-Termin ins Abendprogramm (»damit auch berufstätige Jugendliche zusehen können«). Dort verschwand sie aber auch ganz schnell wieder und wurde in den Nachmittag zurückverbannt.

BAFF DFF 1

1990–1991. Schülermagazin für 11- bis 13-Jährige, moderiert von Paul Haber, Alexander Max, Philipp Struwe, Anne-Sophie Trautvetter und Britta Wauer. Es gab Beiträge zu aktuellen politischen Themen, Veranstaltungstipps, Buchempfehlungen, Witze und Musik.

Baff lief erst wöchentlich am späten Donnerstagnachmittag eine Dreiviertelstunde, ab Dezember 1990 dreimonatlich am früheren Donnerstagnachmittag eine halbe Stunde lang – insgesamt 16-mal.

BAGDAD CAFÉ TELE 5

1991. 15-tlg. US-Sitcom (»Bagdad Cafe«; 1990–1991).

Das »Bagdad Café« ist ein Motel, Restaurant und Laden mitten in der Wüste. Brenda (Whoopi Goldberg) ist die Besitzerin, Jasmine Zweibel (Jean Stapleton) ihre Freundin, die dort lebt und arbeitet. Beide haben sich von ihren Männern getrennt. Brendas erwachsener Sohn Juney (Scott Lawrence) arbeitet als Koch in dem Lokal, ihre Tochter Debbie (Monica Calhoun) geht noch zur Schule. Rudy (James Gammon) ist einer der Stammgäste.

Lief mittwochs um 21.00 Uhr. Die US-Serie basierte auf dem deutschen Film »Out of Rosenheim«. Sie wurde in den USA vorzeitig abgesetzt, die letzten beiden Folgen wurden jedoch später nachgeholt. Diese wurden in Deutschland als Weltpremiere drei Monate vor der US-Erstausstrahlung gesendet.

DAS BAHNHOFSVIERTEL ZDF

2004. 4-tlg. dt. Doku-Soap von Ulli Rothaus und Bodo Witzke über das Bahnhofsviertel in Frankfurt am Main und die bürgerlichen und weniger bürgerlichen Existenzen, die man dort antrifft. Es geht u. a. um Jupp, der einen Puff führt, den Disco-Wirt Henry, die Marktfrau Gisela und den Heroinjunkie Moses.

Rothaus und Witzke hatten vorher schon Geschichten vom *Frankfurt Airport* und dem *Hamburger Hafen* gezeigt. Die 45-Minuten-Folgen liefen innerhalb einer guten Woche zur Primetime.

BAHNSTATION KRELLING ARD

1980. 6-tlg. dt. Jugendserie von Karl Wittlinger, Horst Pillau und Bruno Hampel, Regie: Georg Tressler.

Die Freunde Manuel Terpin (Michael Mayrhofer), Torsten Lataika (Bernhard Füss), Wladek Rinke (Günter Keilhammer) und Sandra Remling (Karin Glocker) verbringen ihre Freizeit zusammen, spielen Fußball und widersetzen sich dem Willen ihrer Eltern. Anfangs wollen die Jungs Sandra nicht beim Fußball mitspielen lassen, geben dann aber nach. Die Kinder helfen einer alten Frau, die überfallen wurde, retten eine Katze, verhindern, dass Wladeks Eltern wieder zurück nach Schlesien ziehen, schicken dafür Mutter Remlings neuen Freund in die Wüste und lösen das Problem der Auftragsflaute in Vater Terpins Glaserbetrieb mit einer Steinschleuder.

Die Folgen waren 50 Minuten lang und liefen zweimal wöchentlich um 17.00 Uhr.

BAIERISCHES BILDER- UND NOTENBÜCHL ARD

1962–1984. Volksmusiksendung mit Wastl Fanderl.

Der Moderator trägt einen Namen, der ihn außerhalb Bayerns automatisch als Witzfigur erscheinen lässt, präsentiert aber eine Sendung, in der die tatsächlichen bayerischen Witzfiguren gar nicht vorkommen. In Fanderls Sendung gibt es authentische Volksmusik, keine so genannte »Volksmusik« oder »volkstümliche Musik« der Mariannes und Michaels und Original Naabtal Duos. Verschiedene Musikantengruppen spielen »Stub'nmusi«, präsentieren seltene Instrumente und führen alte Geschicklichkeitsspiele vor, mit denen sich Bauern seit Jahrhunderten an langen Winterabenden die Zeit vertrieben haben.
Lief meistens nachmittags am Wochenende.

BAILEY KIPPERS P.O.V. — KI.KA
1999. 13-tlg. kanad. Comedyserie für Kinder von Mark Waxman (»Bailey Kippers P.O.V.«; 1997).
Er sieht sie alle, hört sie alle und nimmt sie alle auf. Der elfjährige Bailey Kipper (Michael Galeota) hat seine gesamte Umgebung mit winzigen Videokameras ausgestattet und verarbeitet die Aufnahmen auf dem Dachboden zu seinen persönlichen Originalvideos, kurz: P.O.V. Hauptdarsteller sind seine ältere Schwester Robin (Andi Eystad), sein jüngerer Bruder Eric (Joey Zimmerman) und seine Eltern Don (John Achorn) und Vickie (Meg Wittner). Das Equipment hat Bailey hauptsächlich aus an sich wertlosen Ersatzteilen zusammengebaut, die Papa Don mit nach Hause brachte. Er arbeitet bei einer lokalen Fernsehstation.
Die Serie lief ab 2001 auch im ZDF.

BAKERSFIELD P.D. — ARD
1996–1997. 17-tlg. US-Sitcom von Larry Levin (»Bakersfield P.D.«; 1993–1994).
Detective Paul Gigante (Giancarlo Esposito) kommt aus der Großstadt, schiebt aber jetzt seinen Polizeidienst im Provinznest Bakersfield. Sein Partner ist Wade Preston (Ron Eldard). Captain Aldo Stiles (Jack Hallett) leitet das Revier, Sergeant Phil Hampton (Brian Doyle-Murray) ist sein Assistent. Ein anderes Team des Reviers sind die Officer Denny Boyer (Chris Mulkey) und Luke Ramirez (Tony Plana).
Bakersfield P.D. lief dienstags um Mitternacht.

BALDERS CHARTGIGANTEN — SAT.1
→ Die Hit Giganten

BALDY MAN — PRO SIEBEN
1996. 13-tlg. brit. Comedyserie (»The Baldy Man«; 1995–1998).
Baldy Man (Gregor Fisher) ist ein dicker Glatzkopf – bis auf eine Haarsträhne, die er sorgfältig eitel vor dem Spiegel pflegt. Er findet sich großartig, ist damit aber auch der Einzige, vielleicht auch, weil er Chaos bringt, wohin er auch kommt. Außer Grunzlauten spricht er nicht.
Slapsticknummern mit einem merkwürdigen stummen Charakter? Genau: Von *Mr. Bean* hat *Baldy Man* offensichtlich gelernt, was die Leute sehen wollen. In Großbritannien war die Serie kein Erfolg, im Ausland verkaufte sie sich allerdings bestens. Gregor Fisher selbst ist kein Glatzkopf: Sein Schädel wurde täglich rund um die Strähne sorgfältig rasiert. Die Figur erschien vorher schon in der britischen Comedyserie »Naked Video« und wurde vor allem durch einen Werbespot bekannt, in dem sie in einem Fotoautomaten versucht, durch die Strähne ihre Glatze zu verdecken.
Pro Sieben zeigte mittwochabends immer zwei zehnminütige Folgen am Stück.

BALKO — RTL
Seit 1995. Dt. Krimiserie von Leo P. Ard und Michael Illner.
Hauptkommissar Balko (Jochen Horst; ab Folge 49 im Juli 1998: Bruno Eyron) ist ein Draufgänger und Frauenschwarm, der das Verbrechermilieu auch mal rüpelhaft aufmischt, um seine Mordfälle aufzuklären. Sein Partner bei der Dortmunder Polizei ist Hauptkommissar Krapp (Ludger Pistor). Krapp ist das genaue Gegenteil von Balko: ein blasses Muttersöhnchen, das penibel seine Dienstvorschriften einhält. Beider Vorgesetzter ist Polizeichef Vollmer (Dieter Pfaff), der nie ohne seinen Mops namens Montag unterwegs ist. Seine Nachfolgerin ist ab der dritten Staffel Kriminaloberrätin Katharina Jäger (Sabine Vitua), und Wittek (Matthias Kniesbeck) wird neuer Revierleiter. Balkos Freundin ist anfangs die Journalistin Colette (Joana Schümer), die Balko gern über seine Fälle ausquetscht, um etwas für ihre Zeitung schreiben zu können.
Die Serie kam beim Publikum gut an. Das änderte sich auch nicht, als Jochen Horst ausstieg und in der gleichen Rolle plötzlich ein neues Gesicht zu sehen war. Aus der Not machte die Serie einen Gag: In klassischer Art von US-Seifenopern hat Balko einen schlimmen Unfall, bei dem er sein Gesicht verliert. Vor der nötigen Operation darf er sich am Computer ein neues aussuchen. Zur Wahl stehen u. a. die Gesichter von Schimanski, Derrick und Kommissar Rex. Balko wählt – natürlich – das Gesicht von Bruno Eyron. Diese Art von Humor und eine innovative Bildästhetik, die Regisseur Nico Hofmann entwickelte (und gegen den Widerstand von RTL durchsetzte), machten den Erfolg aus. 1996 erhielten Jochen Horst, Ludger Pistor und Dieter Pfaff für die Serie den Adolf-Grimme-Preis, 1999 wurde Ludger Pistor für seine Rolle mit dem Deutschen Fernsehpreis in der Kategorie »Bester männlicher Hauptdarsteller in einer Serie« ausgezeichnet.
Über 100 einstündige Folgen liefen zunächst dienstags, später donnerstags, meist um 21.15 Uhr.

DIE BALLADE VOM BAIKALSEE — ARD
1998–1999. 3-tlg. Reportage von Klaus Bednarz.
Bednarz und sein Kameramann Maxim Tarasjugin reisen durch Sibirien. Ihre Sendungen gehörten zu den meistgesehenen Dokumentationen des Jahres. Nach zwei Folgen 1998 kehrten sie für den dritten Teil zurück.

BALLERMANN HITS   RTL 2
Seit 2001. Jährliche abendfüllende Musikshow zur gleichnamigen Doppel-CD.
Läuft immer im Sommer und präsentiert die aktuellen Stimmungskracher vom Strand von Mallorca, darunter Liedgut wie »Zeig doch mal die Möpse« und »Wirft der Arsch auch Falten ...«.

BAMBI-VERLEIHUNG   ARD, ZDF, RTL
Seit 1958. Die Verleihung des Mischpreises des Burda-Verlags wurde zunächst von der ARD übertragen, später von ARD und ZDF. Von 1990 bis 1995 zeigte RTL die Show, danach wieder die ARD. 1990 nutzte Hella von Sinnen die Preisverleihung zum Coming-out und dankte »Gattin Sabine«. Davon bekam das Fernsehpublikum allerdings nichts mit, weil RTL die Szene herausschnitt. Hella von Sinnen fragte sich hinterher, ob dies geschah, um »die Nation« nicht unnötig zu verwirren oder weil weibliche Homosexualität so unwichtig sei.

BAMBINOT – DER WUNSCHKINDAUTOMAT   ARD
1987. 7-tlg. tschechoslowak. Fernsehserie von Miloš Macourek nach dem Buch von Josef Nesvadba (»Bambinot«; 1984).
König Rudolf III. von Lauretanien (Jiří Adamira) und seine Frau Laura (Jana Brejchová) haben einen Computer, der ihnen die Renneigenschaften von Fohlen vorhersagt – so gewinnen ihre Pferde jedes Rennen. Leider müssen sie feststellen, dass sich ihre Tochter Samanta (Janeta Fuchsová) nicht so gut steuern lässt. Deshalb entwickelt das Königspaar einen Computer, der Wunschkinder herstellen kann.
Jede Folge dauerte 45 Minuten.

DIE BAMBUS-BÄREN-BANDE   ZDF
1996–1997. 52-tlg. dt.-österr.-schweiz. Zeichentrickserie.
Die gewitzten Pandabären Bam Bu Li, Lang Tsu und Li Pling wehren sich gegen die drohende Zerstörung ihres Lebensraums durch die fiesen Ratten des Bauunternehmens Ratco und ihren Chef Rataleone.
Lief im Kinderprogramm.

BANACEK   DFF 1, RTL
1976–1977 (DFF 1); 1994. (RTL). 13-tlg. US-Krimiserie (»Banacek«; 1972–1974).
Der polnischstämmige Detektiv Thomas Banacek (George Peppard), sein Freund, der Buchhändler Felix Mulholland (Murray Matheson), und sein Chauffeur Jay Drury (Ralph Manza) ermitteln gegen Versicherungsbetrüger oder treiben Diebesgut wieder auf. Banacek geht gemütlich und gelassen vor und hat zu jeder Gelegenheit ein passendes polnisches Sprichwort parat.
Die Serie war zwar kein riesiger Erfolg, wurde in den USA aber viel für ihren Beitrag zur Völkerverständigung gelobt, weil sie den polnischen Helden so positiv darstellte. Jede Folge hatte die ungewöhnliche Länge von ca. 75 Minuten netto. Vier Folgen liefen in DFF 1, RTL zeigte sieben weitere. Der Serie war ein abendfüllender Fernsehfilm vorausgegangen, den die ARD im März 1973 gezeigt hatte.

BANANAS   ARD
1981–1984. »Musik und Nonsens«. 45-minütige Musik- und Comedyshow mit Hans-Herbert Böhrs (nur unter dem Namen Hans-Herbert), Herbert Fux, Olivia Pascal und Gerd Leienbach, zeitweise noch Frank Zander. Es laufen aktuelle Musikvideos, Bands spielen ihre Hits im Studio, und zwischen den Songs treten die Akteure in kurzen Sketchen und lustigen Kostümen und Perücken auf. Die Einblendungen von Interpret und Titel geschehen in Form einer kunstvollen Zeichnung, in die immer Bananen eingearbeitet wurden.
Bananas setzte die Tradition der *Plattenküche* fort, Pop-Videoclips mit Gags und humorigen Szenen zu verbinden. Nur ein Jahr später folgte *Ronnys Pop-Show* und wiederum ein Jahr danach *Formel Eins*.
Die Titelmelodie war eine eigens für die Show eingedeutschte Version des Songs »Hubba Hubba Zoot Zoot« der schwedischen Band Caramba.
Lief einmal im Monat dienstags um 20.15 Uhr, insgesamt 32-mal.

BANANAS IN PYJAMAS   ZDF
1996–1997. 130-tlg. austral. Zeichentrickserie (»Bananas In Pyjamas«; seit 1994).
Zwei Bananen in blau-weiß gestreiften Pyjamas (Menschen in Kostümen) haben eine Vorliebe: Am Donnerstag jagen sie die drei Teddys. Natürlich nur zum Spaß. Ansonsten erleben sie zusammen mit ihnen und dem immer etwas hinterlistigen Krämerladenbesitzer Rätti mit dem Käppi in der Knuffelallee all das, was drei- bis fünfjährigen Zuschauern und Altkiffern Spaß macht.

BAND OF BROTHERS – WIR WAREN WIE BRÜDER   RTL 2
2005. 10-tlg. US-Kriegsserie nach dem Buch von Stephen Ambrose (»Band Of Brothers«; 2001).
Nach zweijähriger harter Grundausbildung unter dem unbarmherzigen Lieutenant Herbert Sobel (David Schwimmer) sind die amerikanischen Fallschirmspringer des 506. Regiments, der Easy Company, bereit, gegen Hitler in den Krieg zu ziehen. Aber nicht mit Sobel. Salty Harris (Luke Griffin), Chuck Grant (Nolan Hemmings), Bill Guarnere (Frank John Hughes), Carwood Lipton (Donnie Wahlberg), Mike Ranney (Stephen Graham) und Floyd Talbert (Matthew Leitch) weigern sich. Notgedrungen macht Colonel Robert Sink (Dale Dye) Lieutenant Thomas Meehan (Jason O'Mara) zum Oberkommandierenden.
Ihr Einsatz in Frankreich beginnt am 6. Juni 1944. Doch schon in den ersten Tagen fällt Meehan, und Richard Winters (Damian Lewis) übernimmt das Kommando. Die Truppe muss weitere Opfer verkraften, kann aber mehrere Missionen in Frankreich, England, Holland und Belgien erfolgreich ausführen, und Winters wird zum stellvertretenden Batail-

Feierabend! Viel länger hätte man die Bananen auch nicht mehr aufheben können. Herbert Fux, Olivia Pascal, Gerd Leienbach und Hans-Herbert (von links) beim Reste-Essen am Ende von *Bananas*.

lonskommandeur befördert, später zum Major. Im harten Winter gelingt es der Easy Company unter größten Schwierigkeiten und Verlusten, die Frontlinie zu halten.
Im April 1945 kommen sie erstmals nach Deutschland, befreien Gefangene aus Konzentrationslagern und erfahren vom Selbstmord Hitlers. Wenig später feiern sie in Hitlers Haus in Berchtesgaden, seinem »Adlerhorst«, die Kapitulation Deutschlands. Für die meisten Männer der Easy Company ist der Krieg aber noch nicht zu Ende – sie werden nach Japan beordert.
Erschreckend realistische und detailgetreue Serie, die auf konkreten Begebenheiten während des amerikanischen Einsatzes im Zweiten Weltkrieg beruhte. Autor Ambrose hatte sie aus Briefen, Tagebucheinträgen und Gesprächen mit den Beteiligten rekonstruiert. Alle Personen waren historisch; ihre Darsteller wurden nach dem Kriterium ausgewählt, ihnen möglichst ähnlich zu sehen. Jede Folge enthielt Kommentare von Mitgliedern der damaligen Easy Company.
Produzenten waren Steven Spielberg und Tom Hanks. Hanks führte außerdem bei zwei Folgen Regie und hatte einen Gastauftritt als britischer Offizier. Die Serie wurde mit dem Golden Globe für die beste Miniserie und mit sechs Emmys ausgezeichnet, darunter ebenfalls als beste Miniserie und für die beste Regie (insgesamt waren 14 Regisseure beteiligt).
Bei RTL 2 liefen die 75-minütigen Folgen freitags gegen 22.00 Uhr, nur die Premiere und das Finale um 20.15 Uhr. Der Pay-TV-Sender Premiere hatte die Serie bereits 2003 gezeigt.

BÄNG BÄNG ZDF
1970–1973. »Musik, Humor und gute Laune«. Halbstündige Comedyshow am Vorabend mit Peter Kraus und verschiedenen Spielpartnern in kurzen, aneinander gereihten Sketchen, Parodien, Blackouts und Liedern.

DIE BANKIERS ZDF
1978. 7-tlg. US-Wirtschaftsdrama von Dean Riesner und Stanford Whitmore nach dem Roman von Arthur Hailey, Regie: Boris Sagal (»The Moneychangers«; 1976).
Während der Präsident im Sterben liegt, kämpfen Alex Vandervoort (Kirk Douglas) und Roscoe Heyward (Christopher Plummer) darum, sein Nachfolger an der Spitze der First Mercantile Bank in Los Angeles zu werden. Riskante Darlehen für Kunden wie George Quartermain (Lorne Greene) werden plötzlich ein entscheidendes Politikum, aber natürlich auch das Privatleben der Kandidaten. Alex' Frau Celia (Marisa Pavan) ist in einer psychiatrischen Anstalt

und wird von Dr. McCartney (Helen Hayes) behandelt, Roscoe ist mit Beatrice Heyward (Jean Peters) verheiratet, verlässt sie aber für Avril Devereaux (Joan Collins). Nebenbei geht es noch um Kreditkartenbetrug, Homosexualität und versuchten Mord. Jede Folge dauerte eine Stunde.

BANZAI SAT.1
2001–2002. »Die schrägsten Wetten aller Zeiten«.
Halbstündige Comedyshow, in der so weltbewegende Fragen gestellt werden wie: Bleibt Garnele oder Lachs länger an der Wand haften? Welches getätschelte Baby rülpst zuerst? Wie viel wiegt eine Brust von Dieter Bohlens Ex-Freundin Nadja Abd el Farrag? Und wie viel das Gemächt von Gotthilf Fischer? Die Zuschauer dürfen per Telefon mitspielen und die Ergebnisse raten, aber darum geht es nicht wirklich. Ein Japaner namens »Mr. Chippy Chappy« moderiert das Spektakel.
Banzai war ein Import aus Großbritannien; rund die Hälfte der Wetten waren nur synchronisiert, die anderen speziell für Deutschland gedreht. Die wunderbar schrille Show war eine überdrehte Parodie auf die japanischen Extrem-Gameshows, die in Deutschland vor allem im DSF liefen. Dass sich *Banzai* selbst nicht ernst nimmt und das Genre parodiert, hat hierzulande natürlich niemand verstanden. Und dass man sich kaum eine bessere Verwendung für Nadja Ab Del Farrag vorstellen kann, als einfach mal eine ihrer Brüste zu wiegen und auf das Gewicht zu wetten, auch nicht. In Großbritannien, wo die Show anders als in Deutschland zu einer zweiten Staffel zurückkehrte, gab es auch einen Miniskandal: Als das *Banzai*-Team mit einer Radarpistole messen wollte, wie schnell der Sarg von Queen Mum durch die Straßen bewegt wurde, konfiszierte die Polizei die Kameras.
13 Folgen liefen freitags um 22.45 Uhr.

DER BÄR IM GROSSEN BLAUEN HAUS ZDF, KI.KA
2001–2003 (ZDF); seit 2002 (KI.KA). US-Puppenserie für Kinder (»The Bear In The Big Blue House«; seit 1999).
Ein großer freundlicher Bär erlebt mit der Maus Tutter, den Ottern Pip und Pop, dem Lemur Treemo und dem Bärenmädchen Ojo Abenteuer in einem blauen Haus. Sie spielen miteinander, erkunden die Umgebung, lernen, dass Freundschaft manchmal auch anstrengend sein kann, und singen zusammen. Am Ende geht der Bär auf den Balkon hinaus und erzählt der gerade aufgegangenen Mondfrau Luna von den aufregenden Erlebnissen des Tages. Zum Abschluss singen sie im Duett: »Es war ein schöner Tag.« – »Wir hoffen, ihr stimmt zu.« – »Denn wenn man Freunde hat ...« – »... vergeht die Zeit im Nu.« Außerordentlich warmherzige Serie, die den offensichtlichen pädagogischen Anspruch mit dem unwiderstehlichen Charme von Jim-Henson-Figuren verbindet.
Rund 90 Folgen liefen bisher im Kinderprogramm. Mehrere Episoden sind auf DVD erhältlich.

BARBAPAPA ZDF
1974–1975. 70 tlg. frz.-jap. Zeichentrickserie von Annette Tison und Talus Taylor (»Les Barbapapas«; 1974).
Wie anmutig – ein fetter rosa Klumpen wächst aus dem Boden im Garten: Barbapapa. Die bemerkenswerteste Eigenschaft des gutmütigen rosa Dings: Es kann seine Form verändern. So verwandelt er sich in ein Planschbecken, eine Treppe, einen Kinderwagen oder ein Häuschen. In den ersten Folgen reist er mit seinen menschlichen Freunden Lotte und Stefan um die Welt, sieht Indien und Amerika. In Folge 8 lernt er endlich die Frau seines Lebens kennen: Barbamama. Gemeinsam setzen sie sieben Kinder in die Welt, finden ein eigenes Zuhause und sind fortan eine richtige Familie. Auch alle anderen Familienmitglieder sind Formwandler, weshalb sie zu neunt prima den Schriftzug »Barbapapa« darstellen können. Zu erkennen sind sie an ihrer jeweils gleich bleibenden Farbe: Barbakus ist gelb, Barbalala grün, Barbaletta orange, Barbabo schwarz und zottelig, Barbabella lila, Barbarix blau und Barbawum rot.
Die Geschichten basierten auf französischen Kinderbüchern. In der französischen Fassung hießen Barbapapas menschliche Freunde der ersten Folgen François und Claudine. Der Name Barbapapa leitet sich ab vom französischen »barbe-à-papa«, was sinngemäß »Bart des Vaters« heißt und die Bezeichnung für Zuckerwatte ist.
Die nur fünfminütigen Folgen liefen im Vorabendprogramm, oft direkt vor den *heute*-Nachrichten. RTL zeigte fast 30 Jahre später eine Fortsetzung unter dem Titel *Um die Welt mit Barbapapa*.

BÄRBEL SCHÄFER RTL
1995–2002. Einstündiger Daily Talk mit Bärbel Schäfer.
Bärbel Schäfer war die dritte tägliche Talkshow von RTL und deutlich jünger, frecher und provokanter als *Ilona Christen* und *Hans Meiser*, mit denen sie anfangs einen dreistündigen Talkblock am Nachmittag bildete.
Auf dem Sendeplatz um 14.00 Uhr war sie die direkte Konkurrenz von *Arabella* und versuchte das gleiche junge Publikum anzusprechen. Anders als Arabella Kiesbauer stand Schäfer nicht zwischen den Diskutierenden, sondern im Publikum, und viel häufiger als Kiesbauer diskutierte sie nicht den Lebensstil ihrer Gäste, sondern die konkreten Abgründe in den Beziehungen zwischen ihnen. Diese Art der Konfrontation, die später auch die meisten Sendungen von *Birte Karalus* oder *Andreas Türck* kennzeichnete, wurde von Schäfer zuerst etabliert. Anstatt nur ihre unterschiedlichen Meinungen zu einem Thema zu diskutieren, trugen hier die Betroffenen private Streitigkeiten über oft sehr intime Dinge öffentlich miteinander aus.
Die Sendung stand immer wieder in der Kritik von Jugendschützern. Eine Ausgabe im März 1999 zum Thema »Alle hänseln mich, weil ich so hässlich bin« wurde gerügt, weil sie den Eindruck vermittelt habe,

man dürfe entstellte oder nicht der ästhetischen Norm entsprechende Menschen beleidigen und beschimpfen – die Moderatorin habe Gäste, die dies taten, nicht in ihre Schranken verwiesen. Im gleichen Jahr hatte Schäfer unter dem Motto »Meine Mutter verbietet mir die Pille« ein elfjähriges Mädchen zu Gast. Das größte Aufsehen löste die Sendung vom 28. Januar 2000 zum Thema »Bärbel, für Geld würde ich alles tun« aus: Die »Bild«-Zeitung hatte vorab berichtet, dass darin ein Gast für eine Million DM Sex mit seiner Ehefrau anbiete. Daraufhin rief u. a. die schleswig-holsteinische Ministerpräsidentin Heide Simonis zu einem Einschaltboykott auf. Tatsächlich war diese Sendung vergleichsweise harmlos: Der Mann, ein verschuldeter 29-jähriger Frührentner, erzählte nur, dass er und seine Frau nach dem Ansehen des Films »Ein unmoralisches Angebot« den Gedanken theoretisch verlockend fanden.

Die Show startete und behauptete sich erfolgreich auf ihrem 14-Uhr-Termin, wurde 1998 auf 13.00 Uhr vorverlegt, um den Platz für die neue Talkshow *Birte Karalus* freizumachen. 1999 tauschte RTL Schäfers Sendeplatz mit dem von Ilona Christen, so dass Schäfer fortan um 15.00 Uhr talkte. Ab Herbst 2000 kehrte sie auf ihren ursprünglichen Platz um 14.00 Uhr zurück. Zu *Big-Brother*-Zeiten war *Bärbel Schäfer* die »offizielle RTL-Talkshow zum TV-Kult« und begleitete regelmäßig das Treiben im Container. Nach genau sieben Jahren und mit mittlerweile deutlich gesunkenen Einschaltquoten beendete Schäfer die Show angeblich auf eigenen Wunsch.

DIE BÄREN SIND LOS ZDF
1980–1981. 26-tlg. US-Comedyserie von Bob Brunner und Arthur Silver (»The Bad News Bears«; 1979–1980).
Der straffällig gewordene Schwimmbadputzer Morris Buttermaker (Jack Warden) wird Trainer der miserablen Baseball-Schulmannschaft »Bären«. Mitglieder des Teams sind Mike Engelberg (J. Brennan Smith), Amanda Whirlitzer (Tricia Cast), Rudi Stein (Billy Jacoby), Regie Tower (Corey Feldman), Tanner Boyle (Meeno Peluce), Timmy Lupus (Shane Butterworth), Ahmad Abdul Rahim (Christoff St. John), Kelly Leek (Gregg Forrest) und Josh Mathews (Rad Daly). Buttermaker leistet mit diesem Job gemeinnützigen Dienst, damit er nicht ins Gefängnis muss. Leslie Ogilvie (Sparky Marcus) ist der Manager der Mannschaft, Dr. Emily Rappant (Catherine Hicks) die Rektorin der Schule und Roy Turner (Phillip R. Allen) der Trainer der gegnerischen »Löwen«.
Die Serie basierte auf den gleichnamigen Filmen, in denen Walter Matthau die Rolle des Buttermaker gespielt hatte. Als Titelmusik wurde »Los Toreadores« aus der Oper »Carmen« von Georges Bizet verwendet. Das ZDF sendete die 25 Minuten langen Folgen am Samstagnachmittag.

BARETTA RTL
1989–1990. 82-tlg. US-Krimiserie von Stephen J. Cannell (»Baretta«; 1975–1978).

Damals war er es noch, der die Mörder jagte: Robert Blake als *Baretta*.

Der Polizist Tony Baretta (Robert Blake) ist ein Einzelgänger, dessen unkonventionelle Methoden seinen Chefs, erst Inspector Shiller (Dana Elcar) und nach kurzer Zeit Lieutenant Hal Brubaker (Edward Grover), ein Dorn im Auge sind. Sein Standardoutfit aus Jeans, T-Shirt und Mütze legt Baretta nur ab, wenn er undercover ermittelt und sich tarnen muss. Er lebt mit seinem Kakadu Fred in einem heruntergekommenen Hotel, das der Ex-Polizist Billy Truman (Tom Ewell) leitet. Seine Informanten Rooster (Michael D. Roberts) und Fats (Chino Williams) versorgen Baretta mit Tipps.
Baretta war Nachfolger der ähnlich angelegten Serie *Toma*, deren Hauptdarsteller nach nur einer Staffel überraschend ausgestiegen war. Die 45-minütigen Folgen liefen werktags am Vorabend.
Robert Blakes Frau Sondra spielte gelegentlich in Gastrollen mit. Nach langer Zeit ohne Medienpräsenz geriet Blake ab 2001 wieder vermehrt in die Schlagzeilen. Er wurde des Mordes an seiner zweiten Frau Bonnie bezichtigt. Im Frühjahr 2005 wurde er nach einem langen Gerichtsprozess für unschuldig befunden und freigesprochen.

BARFUSS DURCH DIE HÖLLE ZDF
1967. 7-tlg. jap. Antikriegsdrama von Ichiro Katsura und Takeshi Abe nach einer Idee von Jiyunkei Gomikawa, Regie: Takeshi Abe (1963).

Im Zweiten Weltkrieg: Der junge Ingenieur Kaji (Takeshi Kato) und seine Frau Michiko (Yukiko) arbeiten in einem Bergwerk in der Mandschurei. Hier müssen auch Hunderte chinesischer Kriegsgefangener arbeiten. Kaji setzt sich – auch gegen den Willen seiner Vorgesetzten – für sie ein und landet schließlich im Gefängnis. Er kommt zum Militär und kämpft wieder, meist vergeblich, für Gerechtigkeit. Nach einer langen Flucht stirbt er, kurz bevor er seine Frau wiedersehen kann.

Die Folgen hatten Spielfilmlänge und wurden mittwochs ausgestrahlt.

BARFUSS IM PARK ZDF
1971–1972. 12-tlg. US-Sitcom (»Barefoot In The Park«; 1970–1971).

Die beiden jungverheirateten Afroamerikaner Paul (Scoey Mitchell) und Corie Bratter (Tracy Reed) leben in einer winzigen Ein-Zimmer-Wohnung in Manhattan. Paul arbeitet als Anwalt für Arthur Kendricks (Harry Holcombe), doch das Geld reicht hinten und vorne nicht. Mabel Bates (Thelma Carpenter) ist Cories Mutter und arbeitet als Hausmädchen, Honey Robinson (Nipsey Russell) ist ihr Dauerverehrer, Mr. Velasquez (Vito Scotti) der unzuverlässige Hauswart.

Die Serie basiert auf Neil Simons Komödie, die als Theaterstück und als Film mit Jane Fonda und Robert Redford ein Riesenerfolg wurde. Die Fernsehfassung war dagegen ein Flop; als Höhepunkt einer Reihe von Problemen bei der Produktion wurde sogar Hauptdarsteller Scoey Mitchell gefeuert. Wesentlich erfolgreicher wurde eine andere Fernsehadaption eines Neil-Simon-Stücks: *Männerwirtschaft*.

Die halbstündigen Folgen liefen montags um 19.10 Uhr.

BARFUSS INS BETT DFF 1
1988–1990. 14-tlg. DDR-Familienserie von Ingrid Föhr, Regie: Peter Wekwerth (erste Staffel) und Horst Zaeske (zweite Staffel).

Dr. Hans Schön (Jörg Panknin) ist Oberarzt in einer Frauenklinik und Witwer. Er heiratet die schwangere Kindergärtnerin Josi Schreiber (Renate Blume-Reed), die Erzieherin seines fünfjährigen Sohnes Robert (Robert Huth). Die neue Verbindung stößt auf Widerstand: Schöns fast erwachsener Sohn Clemens (Andreas Jahnke) hat ebenso seine Probleme mit der neuen Frau im Haus wie seine Mutter Martha (Gudrun Okras), die sich früher um Haushalt und Kinder gekümmert hatte. Sie fühlt sich zu ihrem Bruder August Schaller (Gerry Wolff) abgeschoben.

Die Folgen waren knapp 60 Minuten lang und liefen freitags um 20.00 Uhr.

BARILLA COMEDY-KÜCHE SAT.1
2000. 15-minütige Comedy-Kochshow mit Markus Maria Profitlich und Thomas Hackenberg, die zugleich eine Werbesendung für Barilla-Nudeln war. Die 13 Ausgaben liefen jeweils sonntags um 18.45 Uhr.

BARNEY BARNATO ARD
1993. 7-tlg. brit.-dt.-südafrik. Historienserie (»Barney Barnato«; 1992).

Mit 30 britischen Pfund in der Tasche verlässt der junge Barney Barnato (Sean Taylor) in der zweiten Hälfte des 19. Jh. England, um sein Glück in südafrikanischen Diamantenminen zu suchen. Nach einigen Gelegenheitsjobs, z. B. beim Zirkus, findet er das Glück in Kimberley. Zunächst wird er dort Zwischenhändler für Diamanten, schließlich kauft er eine Mine, die für die meisten Diamantensucher erschöpft scheint, aber noch große Schätze birgt.

Sein größter Konkurrent ist der Brite Cecil John Rhodes (Graham Hopkins), der mehr im Sinn hat als nur Reichtum. Er strebt die britische Kolonialherrschaft an. Beide werden durch ihre Diamantenminen wohlhabende Männer, doch nur Rhodes genießt auch gesellschaftliches Ansehen. Barnato tritt nebenbei noch immer mit Tanzeinlagen oder Shakespeare-Rezitationen in Spelunken auf. Schließlich führt Rhodes Barnato in seinen elitären Club ein, und Barnato überschreibt Rhodes zum Dank seine Kimberley Central Diamond Mining Company, die nun in Rhodes' DeBeers Diamond Mining Company aufgeht. Sie führen die Geschäfte fortan gemeinsam. 1890 wird Rhodes zum Premierminister der Kap-Kolonie gewählt. 1897 stirbt Barnato, als er während der Überfahrt nach England unter mysteriösen Umständen über Bord geht. Sein Tod wird als Selbstmord deklariert.

Die Serie beruhte auf wahren Begebenheiten. Die tatsächlichen Todesumstände Barnatos wurden nie geklärt. Die einstündigen Folgen liefen im regionalen Vorabendprogramm.

BARNEY MILLER PRO SIEBEN
→ Wir vom 12. Revier

BAROCKE ZEITEN ZDF
1982–1983. 12-tlg. Kunstserie von Folco Quilici und Jean Antoine.

Die dt.-ital.-frz.-belg. Koproduktion stellte die Kunstwerke des Barock, ihre großen Gestalter und ihre unbekannten Zeitgenossen vor. Die halbstündigen Folgen liefen sonntags um 13.40 Uhr.

DER BARON ARD, DFF
1966–1967 (ARD); 1969 (DFF). 18-tlg. brit. Krimiserie nach den Kurzgeschichten von Anthony Morton (»The Baron«; 1965).

Der amerikanische Kunsthändler John Mannering (Steve Forrest), gelernter Juwelendieb, wird in der Branche »Baron« genannt. Gemeinsam mit seiner Assistentin Cordelia Winfield (Sue Lloyd) wickelt er verschiedene Kunstgeschäfte ab. Nebenbei wird er in Verbrechen verstrickt, bei deren Aufklärung er den Geheimdienstler John Alexander Templeton-Green (Colin Gordon) unterstützt. Dabei helfen seine Kenntnisse der Unterwelt sowie Cordelia und David Marlowe (Paul Ferris).

14 der 50-minütigen Episoden liefen in der ARD ein-

Der Junge, den es zweimal gab, hier nur einmal: *Bas-Boris Bode* (Mikael Martin).

mal im Monat freitags, das DFF zeigte vier andere Folgen. Von den 49 »Baron«-Romanen von Anthony Morton (Pseudonym von John Creasey) erschienen drei auch in Deutschland.

BARRIER REEF ZDF
1972–1973. 25-tlg. austral. Abenteuerserie (»Barrier Reef«; 1971–1972).
Ted King (Joe James) ist Kapitän des Windjammers »Endeavour«, der an dem berühmten Korallenriff vor der Nordostküste Australiens für Forschungs-, Such- und Rettungsaktionen eingesetzt wird. Zu seiner Crew gehören die Taucher Jack Meuraki (George Assang), Steve Gabo (Harold Hopkins) und Kip Young (Ken James) sowie die Wissenschaftler Elizabeth Grant (Susannah Brett), die später durch Diana Parker (Elli Maclure) ersetzt wird, und Dr. Paul Hanna (Ihab Nafa), der im Lauf der Serie von der Wissenschaftlerin Tracey Deane (Rowena Wallace) abgelöst wird. Die »Endeavour« ist mit hochmodernem, geheimem Gerät ausgestattet, um den Meeresboden zu analysieren. Der Bordcomputer wird von der Besatzung »Großmutter« genannt.
Die Serie verkaufte sich weltweit vor allem wegen der beeindruckenden Unterwasseraufnahmen gut, die einen großen Teil der Folgen ausmachten. Die Produktionsfirma hatte vorher *Skippy, das Buschkänguruh* produziert und versuchte mit einem anderen australischen Markenzeichen diesen Erfolg zu wiederholen. Ken James hatte bereits in *Skippy* mitgespielt und war als Mark Hammond in der letzten Folge von dort Richtung Barrier Reef aufgebrochen. Sein Rollenname wurde dann aber doch noch geändert.
Die Serie umfasste im Original 39 halbstündige Folgen. Sie lief dienstags um 19.10 Uhr.

BAS-BORIS BODE ZDF
1985. »Der Junge, den es zweimal gab«. 6-tlg. dt.-niederländ. Jugendserie von Justus Pfaue und Harry Baer.
Nach Jahren kommt der junge Eishockeyspieler Bas-Boris Bode (Mikael Martin) zurück nach Amsterdam und erlebt dort seltsame Dinge. Er lernt seinen Doppelgänger Jaap (Oscar Geitenbeek) kennen und versucht herauszufinden, warum er einem Jungen so ähnlich sieht, der vor Jahren ertrunken ist. Bas-Boris' Eltern sind Rutger (Franz Buchrieser) und Annette Bode (Diana Körner).
Die Serie wurde zunächst als Sechsteiler am Sonntagnachmittag ausgestrahlt und später in zwölf Teilen wiederholt.

DIE BASKENMÜTZE ARD
1991. 6-tlg. dt.-frz. Abenteuerserie nach dem autobiografischen Roman von Hans Blickensdörfer, Regie: Alain Bonnot.
Kurz vor dem Ende des Zweiten Weltkriegs flüchtet der junge Soldat Hans Blickensdörfer (Patrick Bach) nach Frankreich. Sein Freund Henri (Clovis Cornillac) und seine Freundin Giselle (Dail Sullivan) helfen ihm, sich zu verstecken.
Die einstündigen Folgen liefen montags um 20.15 Uhr.

BASTA ZDF
1994. Diskussionssendung mit Christoph Gehring für Zwölf- bis 15-Jährige zu Themen wie »Mitmachen? Ich kann doch eh nichts ändern« und »Kirche – nur was für meine Oma!«.
Acht halbstündige Sendungen liefen donnerstags nachmittags.

BASTARD ARD
1989. 3-tlg. dt. Thriller um Computerkriminalität.
Der Hacker Felix (Christian Berkel) schreibt Programme für ein Verbrechersyndikat und zieht seinen zunächst ahnungslosen Hackerfreund Paul (Peter Sattmann) mit hinein. Sie geraten zwischen die Fronten.

DER BASTIAN ZDF
1973. 13-tlg. dt. Familienserie von Barbara Noack.
Nach sechs Semestern Maschinenbau wechselt der Spätentwickler und Hippie Bastian Guthmann (Horst Janson) zum Fach Pädogogik. An ein Ende seines Studiums ist nicht zu denken. Mit seiner Familie verkracht er sich, nur seine Oma (Lina Carstens) und sein Bruder Karli (Friedrich von Thun) halten noch zu ihm. Bastian verliebt sich in die Ärztin Dr. Katharina Freude (Karin Anselm) und kümmert

Der Bastian (Horst Janson) verliebt sich in Dr. Katharina Freude (Karin Anselm, links, kurzhaarig).

sich nebenbei um seine Bekannte Susi Schulz (Monika Schwarz), die gerade ein Kind bekommen hat. Dies macht es zunächst mit Katharina schwierig, beide kommen aber dennoch zusammen. Prof. Klein (Alexander Hegarth) ist Katharinas Chef in der Klinik, in der sie arbeitet. Nach seinem Studium – jawohl, es geht tatsächlich eines Tages zu Ende – zieht Bastian auf einen alten Bauernhof, den ein Freund geerbt hat.

Die halbstündigen Folgen dieser Serie sollten demonstrieren, dass auch Hippies nett sind. Sie liefen montags um 19.10 Uhr. Von Barbara Noack stammt auch der gleichnamige Roman.

BATMAN SAT.1
1989–1990. 120-tlg. US-Fantasy-Actionserie von William Dozier nach den Comics von Bob Kane (»Batman«; 1966–1968).

Bruce Wayne (Adam West) führt ein Doppelleben in Gotham City. Neben seinem Dasein als angesehener Millionär jagt er in der Maske des Batman die Verbrecher der Stadt. Mit seinem Partner Robin (Burt Ward), im wirklichen Leben der Waisenjunge Dick Grayson, bildet er das »Dynamische Duo«, dessen Zentrale das technisch perfekt ausgerüstete Batlabor ist. Ihr Dienstfahrzeug ist das Batmobil. Außer Waynes Butler Alfred (Alan Napier) kennt niemand die wahre Identität der beiden Helden. Weder Dicks Tante Harriet Cooper (Madge Blake) noch Chief O'Hara (Stafford Repp) von Gothams Polizei noch Commissioner Gordon (Neil Hamilton), der ihre Hilfe in Anspruch nimmt. Und das, obwohl seine Tochter Barbara (Yvonne Craig) ebenfalls eine zweite Identität als Batgirl hat. Jedoch weiß auch sie nicht, wer hinter Batman und Robin steckt, wie auch Batman und Robin nicht wissen, wer dieses Batgirl ist, das sie unterstützt. Gefährlichste Gegner sind der Joker (Cesar Romero), der Rätselknacker (Frank Gorshin), der Pinguin (Burgess Meredith) und Catwoman (nacheinander gespielt von Julie Newmar, Eartha Kitt und Lee Meriwether).

Batman war zwar eine Realserie, enthielt aber viele Comicelemente, u. a. die ständigen Einblendungen der Geräusche wie »Smash!«, »Awk!« oder »Bang!«, wenn es zu Schlägereien kam. Erst gut 20 Jahre nach der US-Ausstrahlung lief die Serie erstmals in Deutschland. Sat.1 zeigte die halbstündigen Folgen samstags um 19.30 Uhr. Dabei erstreckten sich die meisten Handlungsstränge über zwei Folgen. Mit der Besetzung der Serie war 1966 bereits der Film »Batman hält die Welt in Atem« gedreht worden, weitere »Batman«-Kinofilme entstanden ab 1989 mit neuen und wechselnden Darstellern. Die Serie wurde trotz guter Quoten eingestellt, weil die Produktion zu teuer war.

Batman enthielt im Original am Ende eine Warnung für Kinder, nicht mit ihren Sofas wegzufliegen beim Versuch, das »winged wonder« nachzumachen.

BATMAN PRO SIEBEN
1993–1994. 65-tlg. US-Comicserie (»Batman«; 1992–1993).

Der Millonär Bruce Wayne wird nachts zum Fledermausmenschen Batman und bekämpft das Verbrechen in Gotham City. Sein Mündel Dick alias Robin und der Butler Alfred unterstützen ihn und kennen als einzige Batmans wahre Identität. Ihre Gegner sind z. B. Mr. Freeze, Catwoman, der Pinguin und der Joker.

Die Zeichentrickverfilmung der berühmten Comics von Bob Kane lief montags bis freitags nachmittags.

BATMAN OF THE FUTURE PRO SIEBEN
1999–2002. 52-tlg. US-Zeichentrickserie für Kinder (»Batman Beyond«; 1999–2001).

Der 17-jährige Terry McGinnis nimmt das Batman-Cape von dem Nagel, an den es der in die Jahre gekommene Bruce Wayne gehängt hat. Die Serie lief morgens.

BATMAN & ROBIN — PRO SIEBEN
1995–1999. 44-tlg. US-Zeichentrickserie (»The Adventures Of Batman And Robin«; 1994–1995; »The New Batman Adventures«; 1997–1999). Neuauflage der berühmten *Batman*-Abenteuer. Lief samstags morgens.

DIE BAUERN — ARD
1975. 13-tlg. poln. Familienmelodram nach dem Roman von Władysław Stanisław Reymont, Regie: Jan Rybkowski (»Chłopi«; 1973).
Zwölf Monate in einem polnischen Dorf des 19. Jh., kurz vor der Aufhebung der Leibeigenschaft: Der alte Boryna (Władysław Hancza) und sein Sohn Antek (Ignacy Gogołewski) begehren die gleiche Frau: Jagna (Emilia Krakowska), Anteks Stiefmutter. Die Dreiecksbeziehung könnte schließlich gelöst werden, als der Alte stirbt, doch dann verlässt auch Antek Jagna.
Der Roman wurde 1924 mit dem Literaturnobelpreis ausgezeichnet. Die Verfilmung ein halbes Jahrhundert später war eine der teuersten Produktionen des polnischen Fernsehens. Sie lief in den USA und in Australien als zweiteilige Kinofassung und in der ARD sonntags nachmittags in 45-minütigen Folgen.

BAUERN, BONZEN UND BOMBEN — ARD
1973. 5-tlg. dt. Literaturverfilmung nach dem Roman von Hans Fallada, Regie: Egon Monk.
Ende der 20er-Jahre wird in der Kleinstadt Altholm in Schleswig-Holstein der Abonnentenwerber Tredup (Ernst Jacobi) Zeuge eines Bauernaufstands. Reimers (Henry Kielmann), der Führer der Landvolksbewegung, wird verhaftet. Daraufhin gerät in der Kleinstadt alles aus den Fugen. Alle haben Dreck am Stecken: Bürgermeister Gareis (Siegfried Wischnewski), Polizeioberinspektor Frerksen (Eberhard Fechner), Regierungspräsident Temborius (Wolfgang Engels). Jeder kämpft mit allen Mitteln um seinen Vorteil. Zwar zählt Lokalredakteur Stuff (Arno Assmann), der wie Tredup und Geschäftsführer Wenk (Kurt A. Jung) bei der Zeitung »Chronik« arbeitet, noch zu den aufrechteren Gestalten in dieser Kleinstadtmafia, doch schürt auch er gezielt das Feuer. Am Ende ist Tredup tot und Gareis erledigt, doch der Prozess über die Vorgänge um die Bauerndemonstration und die Intrigen der Machthaber und Beamten klärt nichts.
Die fünf Teile liefen in Spielfilmlänge innerhalb von zwei Wochen zur Primetime.

DER BAUERNGENERAL — DFF 1
→ Rächer, Retter und Rapiere

DER BAUMARKT — RTL
2002. 4-tlg. dt. Doku-Soap über einen Baumarkt. Bettina Böttinger war die Produzentin.
Lief freitags um 23.15 Uhr 45 Minuten lang auf einem Comedy-Sendeplatz.

EIN BAYER AUF RÜGEN — SAT.1
1993–1997. 80-tlg. dt. Krimiserie von Felix Huby, Regie: Wigbert Wicker; ab Folge 6: Walter Bannert; ab Folge 35: Werner Masten.
»Ist der Berg auch noch so steil, a bisserl was geht alleweil« ist das Motto des urbayerischen Polizisten Valentin Gruber (Wolfgang Fierek) aus Miesbach bei Schliersee. Eines Tages wird er auf die Insel Rügen versetzt. Er lässt seine Freundin Heidi (Karin Thaler) und seinen Großvater, den Aiblinger-Bauern (Fritz Strassner), in Bayern zurück und zieht an

Ein Bayer auf Rügen: Wolfgang Fierek fragt sich in einer Drehpause, ob ihn wohl auch Norddeutsche verstehen, verwirft den Gedanken aber flugs.

die Ostsee. Dort muss er sich akklimatisieren und gleichzeitig noch ein paar Kriminalfälle aufklären. Beides gelingt recht gut. Seine neuen Kollegen sind Hanna Gernrich (Simone Thomalla) und Konstantin Künath (Werner Tietze). Hannas Tante Wibke Gernrich (Gisela Trowe) gehört die Kneipe »Störtebeker«, Donatius Domberger (Gerd Baltus) ist der Bürgermeister; er und Wibke sind Hobbyspürnasen und mischen sich immer wieder in Valentins Ermittlungen ein. Der Zeitungsreporter Bernie Ziegler (Ottfried Fischer) wird ein enger Freund Valentins. Auch er ist ein bayerisches Urviech, und beide versorgen sich gegenseitig mit nützlichen Informationen. Der dritte Bayer auf der Insel ist der Unternehmer Christian Bode (Max Volkert Martens), der es sowohl auf Hanna als auch auf Valentins Haus abgesehen hat und Valentins Lieblingsfeind wird. Hanna ist bald Valentins Verlobte. Valentin pendelt immer mal wieder zwischen Rügen und Schliersee hin und her und tut in beiden Orten gelegentlich seinen Dienst.

Im Herbst 1993 stirbt Valentins Großvater, und bei der Beerdigung taucht plötzlich Valentins lange in Mexiko verschollener Vater Michael (Gerhard Riedmann) wieder auf. Vetter Karl Gruber (Rudolf Bissegger), der es immer auf den Hof des Aiblinger-Bauern abgesehen hatte, gewinnt wenig später die Wahl zum Bürgermeister. Anfang 1995 kommt Hanna bei einem Polizeieinsatz ums Leben. Valentin hat eine kurze Beziehung mit Sandra Kessler (Claudine Wilde). Ende 1996 löst die Radiomoderatorin Gaby Müllerschön (Christine Neubauer) Karl als Bürgermeister in Schliersee ab. Zur gleichen Zeit lernt Valentin Petra Klinger (Brigitte Jaufenberger) kennen. Selbst deren Sohn Mike (Stephan Friedrich) wünscht sich Valentin an der Seite seiner Mutter, und im Mai 1997 heiraten die beiden schließlich.

Die Serie war eine gewagte Mischung aus Heimat-, Familien- und Krimiserie mit nicht weniger als 27 durchgehenden Charakteren – die Kriminalfälle gerieten dabei häufig in den Hintergrund. Sie startete auf dem Sendeplatz von *Der Bergdoktor* am Montag um 20.15 Uhr und erreichte nicht annähernd dessen Einschaltquoten. Das gelang aber auch sonst kaum einer Sendung. *Ein Bayer auf Rügen* war dennoch sehr erfolgreich, überlebte immerhin viereinhalb Jahre, und Sat.1 vertraute der Serie: Die Staffeln wurden immer länger. Waren es anfangs noch fünf einstündige Folgen, umfasste die letzte Staffel schon 28 Folgen. Der Sendeplatz wechselte nach einer Weile auf Mittwoch um 20.15 Uhr. Valentin Grubers Motto »A bisserl was geht alleweil« ähnelte stark dem eines anderen berühmten Serienbayern: *Monaco Franze*s »A bisserl was geht immer«.

BAYWATCH – DIE RETTUNGSSCHWIMMER VON MALIBU ARD, SAT.1

1990–1991 (ARD); 1992–2000 (Sat.1). 198-tlg. US-Abenteuerserie von Michael Berk, Douglas Schwartz und Gregory J. Bonann (»Baywatch«; 1989–1999).

Mitch Buchannon (David Hasselhoff) leitet als Lieutenant ein Team von Rettungsschwimmern

Baywatch – Die Rettungsschwimmer von Malibu haben nur wenig Zeit für das Gruppenfoto, gleich schreit bestimmt wieder jemand um Hilfe. Viel länger könnte David Hasselhoff (hinten Mitte) ohnehin nicht die Luft anhalten. Um ihn herum: David Charvet, Alexandra Paul (hinten), Yasmine Bleeth, Jaason Simmons, Pamela Anderson (vorn von links).

am Strand von Malibu, das sich durch ständige Ab- und Zugänge immer wieder anders zusammensetzt. Aber wer die leicht bekleideten Menschen am Strand sind, ist auch wirklich nicht der Punkt. Zu Beginn ist Captain Don Thorpe (Monte Markham) noch Mitchs Vorgesetzter; zum Team gehören Craig Pomeroy (Parker Stevenson), der mit Gina (Holly Gagnier) verheiratet ist, Eddie Kramer (Billy Warlock) und Shauni McLain (Erika Eleniak), die ein Paar werden, Jill Riley (Shawn Weatherly), die nach kurzer Zeit von einem Hai getötet wird, sowie der alte Lieutenant Ben Edwards (Richard Jaeckel). Trevor Cole (Peter Phelps) ist der Rettungsschwimmer des privaten Nachbarstrandes. Außer Buchannon ist nach einer Weile niemand mehr dabei, und das Team besteht jetzt aus Summer Quinn (Nicole Eggert), die mit ihrer Mutter Jackie (Susan Anton) nach Malibu gezogen ist, Matt Brodie (David Charvet), der Summers Freund wird, Harvey Miller (Tom McTigue), C. J. Parker (Pamela Anderson, zeitweise unter den Namen Pamela Denise Anderson und Pamela Lee im Vorspann), Lieutenant Stephanie Holden (Alexandra Paul) und Jimmy Slade (Kelly Slater). John D. Cort (John Allen Nelson), der früher schon für die Rettungsschwimmer gearbeitet hat, kommt auf seinen Reisen immer mal wieder vorbei und arbeitet dann für eine Weile am Strand. Er erblindet allmählich und muss seinen Beruf deshalb aufgeben.

Ein paar Jahre später ist das Team mit Ausnahme von Buchannon wieder komplett ausgetauscht; jetzt besteht es aus Logan Fowler (Jaason Simmons), Stephanies Schwester Caroline Holden (Yasmine Bleeth), der intriganten Neely Capshaw (Gena Lee Nolin), Cody Madison (David Chokachi), Donna Marco (Donna D'Errico), Captain Sam Thomas (Nancy Valen), J. D. Darius (Michael Bergin), Manny Gutierrez (Jose Solano), Lani MacKensie (Carmen Electra), April Giminsky (Kelly Packard), Lieutenant Taylor Walsh (Angelica Bridges), Jordan Tate (Tracy Bingham), Skylar Bergman (Marliece Andrada), Captain Alex Ryker (Mitzi Kapture) sowie Jessie Owens (Brooke Burns). Craig Pomeroy, der zu Anfang dabei war, kehrt zu *Baywatch* zurück.

Die Rettungsschwimmer retten Leben (am Anfang fast jeder Folge geht immer irgendwer unter), jagen Kriminelle und kümmern sich um die Probleme der Strandbesucher. In den ersten sechs Jahren sorgt zudem der Polizist Garner Ellerbee (Gregory Alan-Williams) für Recht und Ordnung am Strand. Nebenbei haben alle mit privaten Beziehungskisten und anderen kleinen und großen Sorgen zu kämpfen. Mitch wohnt als allein erziehender Vater mit seinem Sohn Hobie (Brandon Call; ab der zweiten Staffel: Jeremy Jackson) zusammen, von dessen Mutter Gayle (Wendy Malick) er getrennt lebt. Er freundet sich mit der Journalistin Kay Morgan (Pamela Bach) an; später heiratet er Neely (die dann von Jennifer Campbell gespielt wird), lässt sich aber wieder von ihr scheiden.

Nur ein weiterer Darsteller spielte neben Hasselhoff über Jahre ununterbrochen mit: Michael Newman war anfangs nur Nebendarsteller, tauchte nicht im Vorspann auf (dafür war er einfach nicht jung und attraktiv genug) und hatte nicht einmal einen Rollennamen, da er nie direkt angesprochen wurde. Erst nach langjährigem Mitwirken schaffte er es schließlich in den Vorspann, erhielt einfach seinen Nachnamen auch als Rollennamen und wurde nun als »Newman« bzw. »Newmie« geführt.

Zu Beginn floppte die Serie in den USA und wurde dort abgesetzt. Wegen des großen Erfolgs der ersten Staffel vor allem in Deutschland machte sich Hauptdarsteller Hasselhoff zum Produzenten und drehte eigenständig weitere Folgen. Es war das erste Mal, dass eine US-Serie ausschließlich für den Export hergestellt wurde. In den USA wurden diese Folgen per Syndication an unabhängige Fernsehsender verkauft und letztendlich auch dort zwar kein übermäßiger Erfolg, aber immerhin ein dauerhafter Programmbestandteil. Auch bei uns wechselte nach der ersten Staffel der Sender: Zeigte die ersten 22 Episoden (diese und alle weiteren je eine Stunde lang) noch die ARD jeden Donnerstag um 17.55 Uhr, liefen alle weiteren Folgen in Sat.1, zunächst sonntags um 17.30 Uhr, dann am Samstagnachmittag und später werktäglich um 16.00 Uhr.

Für Aufmerksamkeit – und damit großen Erfolg – sorgten sicherlich nicht die (recht dünnen) Handlungsfäden, sondern eher die (ebenfalls recht dünnen) Badeanzüge und -hosen, in denen die vielen jungen Darsteller ihre makellosen Körper oft minutenlang videoclipartig in Zeitlupe zu lauter Musik vorführten, ohne dabei auch nur ein einziges Wort sprechen zu müssen. Zusammen machten diese Passagen in vielen Folgen die Hälfte der Sendezeit aus. Playmate Pamela Anderson wurde durch die Serie ein Star.

Der Titelsong war in der ersten Staffel »Save Me« von Peter Cetera, ab der zweiten Staffel »I'm Always Here« von Jim Jamison. Der Song während des Abspanns variierte und wurde meist von Hasselhoff selbst gesungen. Die Hauptdarsteller Hasselhoff und Alan-Williams spielten auch gemeinsam im *Baywatch*-Ableger *Baywatch Nights*. *Baywatch* selbst wurde nach den ersten Anlaufschwierigkeiten schließlich in mehr als 140 Ländern ausgestrahlt, hatte mehr als eine Milliarde Zuschauer jede Woche und war damit die erfolgreichste Fernsehserie der Welt. Nach zehn Jahren verlegte Produzent Hasselhoff den Drehort von Kalifornien nach Hawaii. Das änderte den Inhalt praktisch nicht und den Sendetitel in *Baywatch Hawaii*.

Für 2006 ist ein »Baywatch«-Kinofilm in Planung.

BAYWATCH HAWAII SAT.1

2000. 22-tlg. US-Abenteuerserie von Michael Berk, Douglas Schwartz und Gregory J. Bonann (»Baywatch Hawaii«; 1999–2001).

Fortsetzung von *Baywatch – Die Rettungsschwimmer von Malibu:* Rettungsschwimmer-Veteran Mitch Buchannon (David Hasselhoff) hat den Strand von Malibu verlassen und lebt jetzt auf Hawaii. Dort gründet er ein internationales Elitetrainingscamp für Rettungsschwimmer. Sean Monroe (Jason Brooks) wird der Leiter des Camps; zum Team gehören J. D. Darius (Michael Bergin) und Jessie Owens (Brooke Burns), mit denen Mitch bereits in Malibu zusammengearbeitet hat, sowie Allie Reese (Simmone Mackinnon), Kekoa Tanaka (Stacy Kamano) und der Wichtigtuer Jason (Jason Mamoa), der keinen Nachnamen führt. Auch Mitchs langjähriger Kollege Newmie (Michael Newman) ist jetzt auf Hawaii, ebenso Dawn (Brandy Ledford).

Nach zehn Jahren war die Strandsoap von Los Angeles nach Hawaii umgezogen und hatte den neuen Schauplatz gleich in den Namen mit aufgenommen. Sie brachte es noch auf zwei Staffeln, von denen bisher nur eine in Deutschland lief, sonntags um 12.00 Uhr. Der *Baywatch*-Fernsehfilm »Hochzeit auf Hawaii«, der zwei Jahre nach dem Ende der Serie gedreht wurde, lief an Fronleichnam 2005 bei RTL.

BAYWATCH NIGHTS SAT.1

1996–1998. 44-tlg. US-Krimiserie (»Baywatch Nights«; 1995–1997).

Der Rettungsschwimmer Mitch Buchannon (David Hasselhoff) arbeitet nebenbei als Privatdetektiv in einer Detektei über dem Beach-Club »Nights« von Lou Raymond (Lou Rawls). Der Strandpolizist Garner Ellerbee (Gregory Alan-Williams) unterstützt Mitch, ihr gemeinsamer Boss ist Ryan McBride (Angie Harmon), Destiny (Lisa Stahl) ihre Sekretärin. Später kommen als neue Kollegen Griff Walker (Eddie Cibrian), Donna Marco (Donna D'Errico) und Diamont Teague (Dorian Gregory) dazu.

Ableger der Erfolgsserie *Baywatch,* in der Hasselhoff, Alan-Williams und D'Errico die gleichen Rollen spielten. Mit Beginn der zweiten Staffel wurde das Format Richtung Mysteryserie geändert, und die behandelten Fälle befassten sich teilweise mit unerklärlichen Phänomenen oder Außerirdischen. Sat.1 zeigte die einstündigen Folgen auf den *Baywatch*-Sendeplätzen.

B. D. GREIFT EIN   DFF 2
1975. 6-tlg. rumän. Krimi-Komödien-Reihe von Mircea Dragan und Nicolae Tic, Regie: Mircea Dragan (»B. D. intra in actiune«; 1970–1971).
Die Mitarbeiter der »Brigade Diverses« (B. D.) der Bukarester Polizei klären mehr recht als schlecht Fälle auf, an denen immer wieder das gleiche Gaunertrio beteiligt ist. In der Fernsehfassung wurden aus drei rumänischen Spielfilmen sechs 45-minütige Folgen.

BEACH PARTY   ARD
1993. Abendshow mit Karsten Speck und Isabell Varell, die sich des Planschbecken-Prinzips von *Spiel ohne Grenzen* bediente, aber schon mit der ersten und dann einzigen Ausgabe selbst baden ging.

BEACON STREET 21   ARD
1961–1962. 9-tlg. US-Krimiserie (»21 Beacon Street«; 1959–1960).
Privatdetektiv Dennis Chase (Dennis Morgan) hat sein Büro in der Beacon Street 21 in Boston. Gemeinsam mit seinen Assistenten Brian (Brian Kelly), einem jungen Jura-Absolventen, und Jim (James Maloney) ermittelt er in Kriminalfällen und überführt Verdächtige. Sekretärin Lola (Joanna Barnes) muss oft als Lockvogel herhalten.
Ungewöhnlich für damalige Krimiserien: Zu Beginn der halbstündigen Episoden wurden zunächst die Begleitumstände des Verbrechens geschildert, die regelmäßigen Hauptdarsteller traten dabei noch nicht auf. Dieses Prinzip wurde später bei *Derrick* zur Regel. Nur Joanna Barnes musste sich bei den Dreharbeiten auf einen neuen Vornamen einstellen, alle anderen erhielten einfach ihren Rufnamen als Rollennamen. Ein paar Häuser weiter in der Beacon Street 84 befindet sich übrigens die Bostoner Kneipe, die durch eine andere Fernsehserie als *Cheers* berühmt wurde.
Die halbstündigen Folgen liefen im regionalen Vorabendprogramm. Die Serie hat im Original 34 Folgen.

BEAST WARS   RTL 2
1998. 26-tlg. kanad. Zeichentrickserie für Kinder (»Beast Wars«; 1996).
In der metallischen Welt Cybertron kämpfen die Roboterrassen Predacons und Maximals gegeneinander. Variation der Trickserie *Transformers,* die eine weitere Fortsetzung in *Transformers: Armada* fand.

BEASTMASTER – HERR DER WILDNIS   PRO SIEBEN
2003–2005. 66-tlg. US-Abenteuerserie (»Beastmaster«; 1999–2002).
Der Krieger Dar (Daniel Goddard) kann mit wilden Tieren sprechen – daher nennt man ihn »Beastmaster«. Die Schutzdämonin der Tiere, Curupira (Emile de Ravin), hat ihm diese Fähigkeit geschenkt, nachdem sein Stamm von den feindlichen Terron überfallen worden war. Damals starben alle bis auf ihn und seine Verlobte Kyra (Natalie Mendoza), die jedoch vom Terron-König Zad (Steven Grives) entführt wurde, der jetzt auch hinter Dar her ist. Gemeinsam mit seinem jungen Partner Tao (Jackson Raine), dem Tiger Ruh und zwei frechen Frettchen namens Kodo und Podo zieht Dar durch die Wildnis, auf der Suche nach Kyra und auf der Flucht vor Zad. Dieser hat für seine Zwecke eigentlich die Magierin (Monika Schnarre) eingespannt, die Dar verhexen soll, doch sie hat eine Schwäche für den Beastmaster. Ihre Fähigkeiten hat sie von dem »Alten« (Grahame Bond) gelernt, einem wirklich uralten Magier, der schon vor der Zivilisation da war. Dar findet Kyra schließlich, doch sie kommt ums Leben, als sie das seine retten will. In der zweiten Staffel ab Januar 2004 tritt eine neue Magierin (Dylan Bierk) auf, nachdem der Alte die alte eingesperrt hat. In der dritten Staffel kommt die erste zurück.
Der Serie waren seit 1982 drei Filme vorausgegangen, zwei fürs Kino, einer fürs Fernsehen, in denen Marc Singer den Dar gespielt hatte. Die einstündigen Serienfolgen liefen am Sonntagnachmittag.

BEAT-CLUB   ARD
1965–1972. Popmusikshow mit Uschi Nerke und Live-Auftritten angesagter Bands.
Es begann mit einer Warnung und einer Entschuldigung: Der damalige Hörfunksprecher Wilhelm Wieben, 30 Jahre jung, aber korrekt im Anzug mit Krawatte, sagte an: »Guten Tag, liebe Beat-Freunde. Nun ist es endlich so weit. In wenigen Sekunden beginnt die erste Show im Deutschen Fernsehen, die nur für euch gemacht ist. Sie aber, meine Damen und Herren, die Sie Beat-Musik nicht mögen, bitten wir um Ihr Verständnis: Es ist eine Live-Sendung mit jungen Leuten für junge Leute.«
Die Show lief einmal im Monat am Samstagnachmittag, war eine halbe Stunde lang und wurde vor 500 Live-Zuschauern aus einem Garagenstudio in Bremen gesendet, das mitten in einem Wohngebiet lag. Dies brachte der Show Ärger mit lärmbelästigten Nachbarn ein, die die Polizei riefen. In den ersten Monaten fingen Nerke und Regisseur Michael Leckebusch noch tourende Bands ab, hauptsächlich Gruppen aus Großbritannien, und zerrten sie in ihre Sendung. Vor allem beim jungen Publikum schlug

die Sendung sofort ein, und der Erfolg sprach sich herum, sodass nun auch große Stars in die kleine Garage kamen, darunter Joe Cocker, die Rolling Stones, die Hollies, The Who oder Dave Dee, Dozy, Beaky, Mick & Tich. Nerke, die zu Beginn der Reihe 21 Jahre alt war und noch studierte, hatte bereits Schlager gesungen und setzte nun mit ihrer Kleidung einen modischen Trend: High Heels und Miniröcke wurden in ganz Deutschland populär. Ab Herbst 1968 wurde die Sendezeit wegen des großen Erfolgs auf eine Stunde verdoppelt, zur Musik kamen Beiträge und Umfragen zu aktuellen Themen. Die Jugendredaktion des WDR beteiligte sich ab jetzt an der Sendung von Radio Bremen. Ab 1970 kam die zur Musik passende poppige Optik endlich in vollem Ausmaß zur Geltung, da seitdem in Farbe gesendet wurde.

Vorbild der Show war das britische Format »Ready, Steady, Go!«. Das deutsche Konzept hatte Leckebusch mit Gerd Augustin entwickelt, damals Discjockey im Bremer »Twen-Club«. Augustin war in den ersten sieben Sendungen Co-Moderator von Uschi Nerke. Auch später hatte sie häufig erfahrene Männer an ihrer Seite: Dave Lee Travis, damals beim Piratensender »Radio Caroline« und später bei der BBC, Dave Dee von Dave Dee, Dozy, Beaky, Mick & Tich sowie den BFBS-Moderator Eddie Vickers.

Titelmusik war zunächst »Rinky Dink« von Sounds Incorporated, ab 1968 »A Touch Of Velvet, A Sting Of Brass« von Mood Mosaic. Zusätzlich zu den regulären Ausgaben wurden Specials gesendet, die sich jeweils nur mit einer Band oder einem Star befassten.

Nachfolgesendung wurde der *Musikladen*.

BEATE S. ZDF

1979–1982. »Geschichte einer 20-Jährigen«. 10-tlg. dt. Jugendserie, Regie: Michael Lähn, Hartmut Griesmayr.

Beate S. (Suzanne von Borsody) ist eine junge Frau mit vielen Träumen. Nach und nach muss sie jedoch mit ansehen, wie diese Träume an der Wirklichkeit der deutschen Gesellschaft zerplatzen. Sie reißt von ihren Eltern (Herbert Stass und Rosemarie Fendel) aus, um mit ihrem Liebhaber zusammenzuziehen, nur um festzustellen, dass der schon verheiratet ist und Kinder hat. Beate landet erst in der WG einer christlichen Sekte und probiert später mit einem Lehrer eine »wilde Ehe«.

1981 erhielt Suzanne von Borsody für ihre Rolle die »Goldene Kamera« und einen Grimme-Preis. Nach der ersten Staffel mit sieben Folgen wurden dreieinhalb Jahre später noch einmal drei gesendet. Die Folgen dauerten 45 Minuten und liefen samstags um 19.30 Uhr.

BEATZ PER MINUTE ZDF

2000. Halbstündiges Musikmagazin für Kinder und Jugendliche mit Daniel Aminati, einem Ex-Sänger der Boygroup »Bed & Breakfast«.

Lief sechsmal am Samstagvormittag.

DER BEAUTY-DOKTOR – LIZENZ ZUM SCHÖNMACHEN RTL

2003. 3-tlg. Dokumentation über plastische Chirurgie.

DIE BEAUTY-KLINIK RTL 2

2002. 9-tlg. dt. Doku-Soap über die Hamburger Schönheitsklinik Pöseldorf, den Chirurgen Dr. med. Thomas Jansen und seine Patienten.

Lief sonntags zur Primetime und kam zwei Jahre zu früh, um wirklich Aufsehen zu erregen: Die eigentliche Schönheits-OP-Welle entstellte erst 2004 mit *The Swan*, »Alles ist machbar«, *Schönheit um jeden Preis* u. a. das deutsche Fernsehen.

BEAUTY QUEEN RTL

2004. 4-tlg. dt. Arztserie von Natalie Scharf, Regie: Jorgo Papavassiliou.

Oskar Seeberg (Jochen Horst) ist ein idealistischer Familienvater und Schönheitschirurg. Sein Bruder Mark (Carsten Spengemann) ist ein opportunistischer Draufgänger und ebenfalls Schönheitschirurg. Die ungleichen Brüder betreiben gemeinsam eine Privatklinik am Bodensee. Im Berufsalltag prallen ihre Vorstellungen ständig aufeinander, denn Oskar geht es um die Patienten und Mark nur ums Geld. Schwester Emily (Barbara Lanz) unterstützt die Ärzte im OP. Oskar ist mit Katja (Ulrike Knospe) verheiratet und hat zwei Kinder, die 17-jährige Jeanette (Zoe Weiland) und den 15-jährigen Julian (Marc Bennert). In der Ehe kriselt es, und zwischen Oskar und Laura Jäger (Marion Mitterhammer) beginnt es zu knistern.

Dreiste Kopie der US-Serie *Nip/Tuck*, die noch vor dem Original in Deutschland startete. RTL hatte es schneller geschafft, die Serie nachzudrehen, als Pro Sieben, die US-Version lediglich synchronisiert zur Ausstrahlung zu bringen. Der Schnellschuss zahlte sich jedoch nicht aus: Trotz massiven Einsatzes von Sexszenen mit Spengemann und tiefen Einblicken in offene Wunden und blutige Nasen schalteten nur wenige Zuschauer ein. Den Titelsong »Change« sang Sarah Connor.

Die einstündigen Folgen liefen dienstags um 20.15 Uhr.

BEAVIS & BUTT-HEAD RTL 2

1993–1997 (MTV); 1995–1997 (RTL 2). 92-tlg. US-Zeichentrickserie von Mike Judge (»The Beavis & Butt-Head Show«; 1993–1997).

Beavis und Butt-Head sind zwei hässliche, rüde, ungebildete, sexistische Teenager, die den ganzen Tag auf der Couch sitzen, Videos schauen und dabei platte Witze reißen oder selbstzerstörerische Streiche aushecken.

Die Trickfiguren waren in zwei Kurzcartoons beim Musiksender MTV aufgetaucht und in ihrer eigenen Serie zu den Maskottchen des Senders geworden. Damals sendete MTV auch in Deutschland noch in englischer Sprache, und so hörte man auch hierzulande die Originalstimmen von Mike Judge, der selbst

beide Rollen sprach. Markenzeichen war ihr dreckiges Lachen, das ebenso gut ein Räuspern hätte sein können. Synchronisiert liefen 53 Folgen am späteren Abend bei RTL 2, weitere auf Premiere. Jede Folge dauerte eine halbe Stunde und bestand meist aus zwei, manchmal aus drei kurzen Episoden. Insgesamt entstanden 199 dieser Kurzepisoden.
Noch 1993 wurden die Folgen entschärft. Bis dahin zündelten Beavis und Butt-Head auch gerne. Als ein Fünfjähriger ein Haus anzündete, nachdem er die Show gesehen hatte, und seine kleine Schwester dabei ums Leben kam, wurden die Folgen auf den späten Abend verschoben und den Idioten die Feuerzeuge abgenommen.
1996 entstand der Spielfilm »Beavis und Butt-Head machen's in Amerika.«

BECKER   SAT.1
2001–2004. 107-tlg. US-Sitcom von Dave Hackel (»Becker«; 1998–2004).
Der Arzt Dr. John Becker (Ted Danson) ist ein ewiger Nörgler und Miesmacher, der nie lacht, schnell wütend wird und immer nur das Negative in Dingen sieht. Er freut sich nur dann, wenn er anderen anhand praktischer Beispiele beweisen kann, dass die Welt tatsächlich schlecht ist. Unter ihm leiden Margaret Wyborn (Hattie Winston), die Krankenschwester in Beckers Praxis, und Sprechstundenhilfe Linda (Shawnee Smith), außerdem Reggie Kostas (Terry Farrell), die Besitzerin von Beckers Stammlokal, der blinde Stammgast Jake Malinak (Alex Désert) und die Nervensäge Bob Benito (Saverio Guerra).
Insgeheim ist Becker jedoch ein guter Mensch, der alles für seine Patienten tut, doch das würde er sich niemals anmerken lassen. Er ist zweimal geschieden, denn ebenso wenig wie andere Menschen mit ihm hält er es mit ihnen aus (»Man muss sich so viele unnütze Dinge merken: die Namen ihrer Eltern, die Farbe ihrer Augen, was sie beruflich macht ...«). Irgendwie knistert es aber zwischen ihm und Reggie. Reggie gesteht sich und ihm am Ende der vierten Staffel ihre Liebe ein und verlässt Hals über Kopf die Stadt, denn Becker ist inzwischen mit seiner neuen Nachbarin Chris Conner (Nancy Travis) zusammen, die nun auch das Lokal übernimmt. Widerwillig lässt sich Becker auf eine Beziehung ein und stellt die nötigen Regeln auf: »Bitte mich niemals, dich zum Flughafen zu fahren. Dafür sind Taxis da. Verlange nie, dass ich dir eine Tür aufhalten soll. Du hast zwei Arme. Benutze sie.«
Beckers köstlich-komische Schimpftiraden liefen werktags nachs. Die fünfte Staffel der eigentlich 130-teiligen Serie übersprang Sat.1 und sendete nach der vierten gleich die sechste. Wenige Wochen zuvor hatte Sat.1 bereits die vorletzte Staffel von *Frasier* übersprungen und stattdessen gleich die letzte gezeigt. Das hatte sich also offensichtlich bewährt.

BECKER 1:1   DSF
2004. Halbstündige Talkshow mit Boris Becker, der als Interviewgeber bereits eine Riesennummer war. Pro Sendung befragte er einen Sportprominenten. Die Einschaltquoten sanken im Lauf der elf Ausgaben von einer halben Million Zuschauer auf unter 100 000. Produzent war Friedrich Küppersbusch.

BECKMANN   ARD
Seit 1999. Wöchentliche Talkshow mit Reinhold Beckmann, der mit meist prominenten Gästen über ihr Privatleben spricht.
Beckmann war, wie kurz zuvor Johannes B. Kerner, für viel Geld vom privaten ins öffentlich-rechtliche Fernsehen zurückgekauft worden und durfte dafür, wie Kerner, nicht nur große Shows moderieren, sondern auch eine wöchentliche Gesprächsrunde. Seine Talkshow unterschied sich von anderen anfangs nur durch die größere Zahl von Sportlern unter den Gästen, die er noch von früher her duzte, durch die stilisierte Hamburger Speicherstadt im Hintergrund und durch die geringere Zuschauerzahl. Wie *Boulevard Bio* sollte ein vages Oberthema eine Klammer bilden für die in der Regel drei Gesprächspartner, die sonst nichts miteinander gemein hatten. Thema der ersten Sendung war »Süchtig nach Erfolg«, zu Gast waren Fußballer Oliver Bierhoff, Sänger Matthias Reim und Model Nadja Auermann.
Zu ihrer eigenen Form fand die Sendung erst, als sie nach fast zwei Jahren auf Studiopublikum und Thema verzichtete. Beckmann empfing seine Gäste nun an einer Art großem Küchentisch, schaute ihnen in scheinbar intimer Atmosphäre tief in die Augen und der Seele und entlockte ihnen, viel Verständnis simulierend, privateste Dinge. Beckmann wurde, wie die »Frankfurter Rundschau« schrieb, zum Jürgen Fliege für Prominente. Das machte ihn in den Augen vieler Kritiker zwar noch hassenswerter, die Sendung aber in sich stimmig und erfolgreich. Auch hochrangige Politiker wie Gerhard Schröder und Angela Merkel ließen sich von Beckmann interviewen. Gern lud Beckmann auch Gäste ein wie den zwölfjährigen Jungen, der bei einem amerikanischen Angriff auf Bagdad schwerste Verletzungen erlitten und beide Arme verloren hatte. Von besonderer Absurdität war ein Gespräch im Sommer 2004 mit Torhüter Oliver Kahn, der ankündigte, nichts mehr über sein Privatleben erzählen zu wollen, während Beckmann immer wieder nachfragte, was im Detail er denn nicht mehr verraten wolle.
Die Sendung läuft montags um 23.00 Uhr und dauerte zunächst eine Stunde; ab 2004 wurde sie um eine Viertelstunde verlängert.

BECKMANN & MARKOWSKI   ZDF
1996. Dt. Krimi von Jochen Brunow.
Der Alkoholiker Beckmann (Gottfried John) und der schwule Markowski (Max Herbrecher) ermitteln in Kriminalfällen. Genau genommen nur in einem Kriminalfall, denn bis zu einer zweiten Folge überlebte dieser *Samstagskrimi* nicht.

BEETLEBORGS   RTL
1997–1998. 40-tlg. US-Jugend-Actionserie (»Sa-

ban's Big Bad BeetleBorgs«/«BeetleBorgs Metallix«; 1996–1998).
Die Geschwister Drew (Wesley Barker) und Jo McCormick (Shannon Chandler; ab Folge 38: Brittany Konarzewski) und ihr Freund Roland Williams (Herbie Baez), genannt Magic, der im Comicladen seines Vaters arbeitet, lieben die Comichefte mit den Beetleborgs. Dann verwandelt der Zauberer Flabber (Billy Forester) die Kinder selbst in ebendiese Beetleborgs, Drew in den blauen, Jo in den roten und Magic in den grünen. Als bunte Actionhelden mit Superkräften müssen sie nun die Welt gegen Finsterlinge verteidigen, die sie beherrschen wollen.
RTL zeigte sonntagvormittags meist zwei 20-minütige Folgen am Stück. Die restlichen zwölf der eigentlich 52 Folgen liefen nur im Pay-TV. Ausführender Produzent war Haim Saban.

DIE BEFREIUNG ZDF
2004. 5-tlg. Geschichtsdokumentation von Guido Knopp über das letzte Jahr des Zweiten Weltkriegs, beginnend mit dem Angriff der Alliierten Westmächte auf Europa am 6. Juni 1944 bis zur Kapitulation Deutschlands am 8. Mai 1945. Lief dienstags um 20.15 Uhr.

BEGEGNUNG MIT ... ZDF
1973–1974. Einstündige Porträtreihe mit Georg Stefan Troller, der Prominente wie Horst Buchholz, Martin Held, Liselotte Pulver und Ingel Meysel trifft, interviewt und in ihrem Alltag begleitet. Lief sonntags nachmittags.

BEGEGNUNG MIT DEM LUSTIGEN TEUFEL DFF
→ Die Freunde des fröhlichen Teufels

BEGEGNUNGEN MIT ... ZDF
→ Begegnung mit ...

DIE BEGIERDE DFF 2
1985. 7-tlg. jugoslaw. Familiensaga nach dem Roman von Ante Kovačić, Regie: Joakim Marušić (»U registraturi«; 1984).
Der junge Ivica Kicmanović (René Medvesek; als Erwachsener: Rade Serbedzija) verlässt sein Elternhaus – sein Vater ist Dorfmusikant –, um als Diener in reichem Hause sein Schulgeld zu verdienen. Schon bald verabscheut er die Gesellschaft, und es folgt eine unglückliche, aber folgenreiche Liebe zu Laura (Ljubica Jović).

BEI ALLER LIEBE ARD
2000–2003. 52-tlg. dt. Familienserie.
Die Ärztin Sarah (Janina Hartwig) und der Rechtsanwalt Rainer Borkmann (Walter Plathe) sind miteinander verheiratet, beide in zweiter Ehe, und leben mit ihren drei Kindern, alle Teenager, am Starnberger See. Severin (David Lütgenhorst), der Jüngste, ist ihr einziges gemeinsames Kind, Florian (Bernhard Piesk), der Älteste, stammt aus Rainers erster Ehe, Anna (Lisa Maria Potthoff) aus Sarahs erster Ehe mit Helmut Hafer (Ulrich Gebauer). Der ist Oberstaatsanwalt, also auch beruflich Rainers Rivale und trotz allem damals wie heute Rainers bester Freund, der viel Zeit mit der Familie verbringt. Mit ihrem Ex-Schwiegervater Max Hafer (Siegfried Rauch) führt Sarah eine Gemeinschaftspraxis. Der Journalist Henry Quandt (Max von Thun) ist Annas langjähriger Freund. Ende 2000 wird Florian Vater. Seine Freundin Kim (Sabine Grabis) bringt Tochter Lara zur Welt, zieht mit ihr jedoch kurz darauf nach Heidelberg.
Im Sommer 2003 geht Severin vorübergehend als Austauschschüler in die USA, die Borkmanns nehmen im Gegenzug die Amerikanerin Susan (Laura Schneider) bei sich auf. Florian macht den Taxischein und beginnt ein Kunststudium, Rainer und Sarah meistern eine Ehekrise, Anna und Henry finden einen Job bei einem Musikfernsehsender und gehen nach New York. Die 20-jährige Betty (Doreen Dietel) taucht überraschend auf und entpuppt sich als Rainers Tochter aus einem One-Night-Stand. Helmut hängt seine Karriere als Staatsanwalt an den Nagel und nistet sich in Rainers Kanzlei ein. Der Grund für diese Entscheidung ist seine Beziehung zu Gudrun Knauer (Jutta Fastian), der bisherigen Frau des Generalstaatsanwalts, die Helmut in der letzten Folge heiratet.
Die ersten 26 Folgen bis Februar 2001 wurden mittwochs um 18.55 Uhr ausgestrahlt und waren jeweils eine Stunde lang. Ab der dritten Staffel im Sommer 2003 waren die Folgen um die Hälfte gekürzt und liefen jetzt viermal wöchentlich, dienstags bis freitags, wieder um 18.55 Uhr.

BEI BIO ARD
1983–1985. »Gespräche und Musik live«. Talkshow von und mit Alfred Biolek.
Nach dem Ende von *Bio's Bahnhof* wollte Biolek ein Konzept präsentieren, das die Gespräche noch mehr in den Vordergrund rückte. Dennoch waren auch die Musik-Acts ziemlich hochkarätig, u. a. traten Santana, Lionel Hampton, Axel Zwingenberger, Nina Simone, Harry Belafonte und die »Punkrock-Band« Trio auf. Immer dabei: Peter Herbolzheimer Rhythm Combination & Brass.
23 einstündige Sendungen wurden ausgestrahlt, die jedoch nie den Erfolg der Vorgängershow erreichten. Sendeplatz war alle vier Wochen donnerstags um 21.30 Uhr.

BEI MUDDER LIESL ARD
1984. 13-tlg. dt. Familienserie von Gottfried Wegeleben nach einer Idee von Wolfgang Kaus, Regie: Erich Neureuther.
»Mudder Liesl« Luise Hempel (Liesel Christ) führt eine Kneipe in Frankfurt, in der Schorsch (Dieter Schaad) bedient. Der Bauunternehmer Marbach (Erwin Scherschel) will das Grundstück erwerben. Obwohl ihre Tochter Margret (Monika Hessenberg) dagegen ist, liebäugelt Luise mit einem Verkauf, den sie aber letztlich doch nicht tätigt.

Die halbstündigen Folgen liefen im regionalen Vorabendprogramm.

BEI PAPOTIN ARD
1976. 6-tlg. frz. Puppenserie von der Pariser Puppenbühne André Mahon.
Die Marotte (Stabpuppe) Papotin führt durch ihre Heimatstadt Paris und stellt jede Sendung unter einen Schwerpunkt: Paris bei Tag, bei Nacht, französische Küche, Tierpark, Flughafen und Schlossanlagen. Die Reihe mischt Puppenspiel mit Realaufnahmen aus Paris.
Die halbstündigen Folgen liefen sonntags nachmittags. 1978 tauchte Papotin mit neuen Erlebnissen in der Serie *Papotin & Co.* auf.

BEI PROFESSOR FLIMMRICH DFF 1
→ Flimmerstunde

BEI UNS LIEGEN SIE RICHTIG ARD
1983. 17-tlg. brit. Comedyserie von Dick Sharples, Regie: Ronnie Baxter (»In Loving Memory«; 1979–1986).
Nordengland, 1929: Nach dem Tod ihres Mannes muss Ivy Unsworth (Thora Hird) das traditionsreiche Bestattungsunternehmen in dem kleinen Ort Oldshaw übernehmen. Ihr Neffe Billy Henshaw (Christopher Beeny) hilft, so gut er kann – also gar nicht. Beide müssen feststellen, dass bei so einer Beerdigung schrecklich viel schief gehen kann.
Im Original brachte es die Serie auf 36 Folgen in sieben Jahren. Einen Film mit der gleichen Ausgangslage hatten die Macher schon 1969 mit anderen Darstellern produziert.
Die halbstündigen Folgen liefen im regionalen Vorabendprogramm.

BEI UNS UND NEBENAN ZDF
1988. 13-tlg. kanad. Jugendserie (»The Kids Of Degrassi Street«; 1982–1984).
Im Mittelpunkt stehen die Erlebnisse der Schüler aus der Degrassi Street in Toronto, die zusammen zur Grundschule gehen. Sie engagieren sich für Film- oder Zeitungsprojekte, müssen mit häuslichen Problemen klarkommen und lernen, was Freundschaft bedeutet. Zu den Kindern gehören Ida (Zoe Newman) und Fred Lucas (Allan Meiusi), Noel (Peter Duckworth-Pilkington) und Lisa Canard (Stacie Mistysyn), Catherine Peters, genannt Cookie (Dawn Harrison), und Casey Rothfels (Sarah Charlesworth). In jeder Folge steht ein anderer von ihnen im Mittelpunkt.
Die Serie ging der ungleich bekannteren Serie *Degrassi Junior High* voraus. Viele der Kinder aus *Bei uns und nebenan* spielten auch dort mit, allerdings unter anderen Rollennamen. Die 25-minütigen Folgen liefen nachmittags.

BEI UNS ZU HAUS ARD
1963–1964. »Szenen aus dem Leben der Familie Lindinger«. 13-tlg. dt. Familienserie von Klaus Jürgen Fischer, Helga Koppel und Kurt Heuser, Regie: Herbert Fredersdorf.
Franz Lindinger (Heinz Fröhlich) und seine Frau Eva (Karin Hardt) haben drei Kinder: die Teenager Martin (Peter Uwe Witt) und Sabine (Beles Adam) sowie den achtjährigen Gustel (Sascha Hehn). Zur Familie gehört außerdem eine Schäferhündin namens Asta. Gemeinsam bewältigen sie den ganz normalen Alltag einer Familie: Arbeiten am Haus, Kinderkrankheiten, Probleme in der Schule, erste Liebe, aufdringliche Haustiere, berufliches Weiterkommen. Franz leitet die Sport- und Campingabteilung in einem Kaufhaus.
Die 20-minütigen Folgen liefen am Vorabend.

BEI UNS ZU HAUS, DA TUT SICH WAS ZDF
→ Hoppla, Lucy

BEIM BUND ZDF
1982. 9-tlg. dt. Episodenreihe mit abgeschlossenen Geschichten und wechselnden Hauptdarstellern über das Leben in der Bundeswehr und die damit verbundenen Probleme.
Außer Schauspielern wie Hans Jürgen Müller, Rainer Goernemann, Diether Krebs, Helmut Zierl und Tilo Prückner wirkten viele Bundeswehrsoldaten mit. Die halbstündigen Folgen liefen donnerstags um 18.20 Uhr.

BEIM NÄCHSTEN COUP WIRD ALLES ANDERS ZDF
2001. 5-tlg. dt. Jugendserie.
Die elfjährigen Kinder Matilda (Maya Haddad) und Werner (Sebastian Butz) sehnen sich nach Ruhm und Abenteuern. Deshalb wollen sie Ganoven werden und den Unterweltpreis »Ottokar« gewinnen. Leider tun sie immer wieder versehentlich Gutes.
Mit dieser Serie drehte das ZDF erstmals einen Live-Action-Comic mit Sprechblasen und typischen Comicgeräuschen mit realen Menschen. Die Serie wurde komplett in der Bluebox produziert. Die Folgen liefen samstags vormittags.

BEISPIELE GUTER TATEN ZDF
→ Aktion Sorgenkind

BEKENNTNISSE DES HOCHSTAPLERS FELIX KRULL ZDF
1982. 5-tlg. dt. Fernsehspiel von Alf Brustellin und Bernhard Sinkel nach dem Roman von Thomas Mann, Regie: Bernhard Sinkel.
Schon als Kind kann Felix (Oliver Wehe; als Erwachsener: John Moulder-Brown), Sohn des Ehepaars Krull (Klaus Schwarzkopf und Daphne Wagner), lügen, dass sich die Balken biegen. Dieses Talent sichert ihm ein rasches Fortkommen im Berufsleben, das schon deshalb früher beginnt, weil es ihm gelingt, sich vor dem Militärdienst zu drücken. Vater Krull nimmt sich das Leben, und Onkel Schimmelpreester (Nikolaus Paryla) verschafft Felix einen Job als Liftboy in einem feinen Hotel in Monte Carlo, wo er stiehlt und bald Oberkellner wird. Währenddessen

liegen Felix die Frauen, und vor allem die Frauen anderer Männer, reihenweise zu Füßen, darunter die Liebesdame Rosza (Despina Pajanou), die Fabrikantengattin Madame Houpflé (Magalie Noël), die Unterhaltungskünstlerin Zaza (Marie Colbin) und schließlich sowohl die Tochter Zouzou (Georgia Slowe) als auch die Gattin Pia (Vera Tschechowa) von Professor Kuckuck (Fernando Rey), dem Felix nach Lissabon ins Paläontologische Museum folgt.

Die Geografie dieser Literaturverfilmung geriet ein wenig durcheinander: Das Pariser Hotel aus dem Roman verlegte die Fernsehfassung nach Monte Carlo, den Rheingau an die Donau und Frankfurt nach Wien. Thomas Manns Roman war 1957 bereits fürs Kino verfilmt worden, Regisseur Sinkel bezeichnete seine neue Version als »respektloser«. »Frivol« nannte sie das französische Fernsehen und gab dies als Grund an, die Serie lieber nicht einzukaufen.

Die einstündigen Folgen liefen sonntags um 20.15 Uhr, die ersten beiden Teile am Stück.

BELLA BLOCK ARTE, ZDF

Seit 1993 (arte); seit 1995 (ZDF). Dt. Krimireihe.

Bella Block (Hannelore Hoger) arbeitet seit mehr als 25 Jahren als Kommissarin bei der Hamburger Kriminalpolizei und hat entsprechend viel Erfahrung und wenig Illusionen. Sie ist ruppig und wird schnell ungehalten, und eigentlich empfindet sie nur noch Ekel für all die traurigen, anmaßenden, skrupellosen (und meist männlichen) Gestalten, mit denen sie sich beruflich auseinander setzen muss. Aber sie nicht zu verfolgen wäre auch keine Lösung, also verbeißt sie sich gnadenlos in ihre Fälle. Sie tritt mit großer moralischer Selbstgewissheit auf; Schwächen lässt sie sich nicht anmerken – und Alkohol trinkt sie in zu großen Mengen allein. Sie hat einen guten Instinkt, aber wenn sie sich verrennt, dann richtig. Über die Jahre hat sie den Anglistikprofessor Simon Abendroth (Rudolf Kowalski) kennen und lieben gelernt; inzwischen wohnen die beiden zusammen, was bedeutet, dass er darauf wartet, dass sie von der Arbeit kommt, und wenn sie da ist, er immer noch um ihre Aufmerksamkeit kämpfen muss: »Muss ich erst zum Mörder werden, um für dich wieder interessant zu sein?« Im Dienst hat Bella Block wechselnde Assistenten, u. a. Bernadette Stein (Eva Kryll) und Pit Cullmann (Peter Heinrich Brix), später Hans Teichert (Pit-Arne Pietz) und Anke Ritter (Bettina Hauenschild), ab dem 18. Fall im Februar 2005 Jan Martensen (Devid Striesow).

Die Krimis leben sowohl von der charismatischen Hannelore Hoger, die es schafft, Bella Block ebenso verletzlich wie schroff wirken zu lassen, als auch von den Drehbüchern, die den Fällen immer eine besondere psychologische und manchmal sozialkritische Dimension geben. Die Figur der Bella Block beruhte ursprünglich auf den Romanen von Doris Gercke. Erstmals ins Fernsehen gebracht wurde sie von Regisseur Max Färberböck, der dafür gemeinsam mit Hannelore Hoger 1994 den Grimme-Preis bekam.

Jede Folge hatte Spielfilmlänge. Das ZDF zeigte die Filme in loser Folge samstags um 20.15 Uhr. Beinahe wäre die Serie schnell zu Ende gewesen: Am Ende des ersten Films gibt Bella Block ihren Polizeiausweis ab, weil sie eine Mörderin deckt. Sie kehrt erst im dritten Teil zur Polizei zurück. Dieser erste Film wurde Ende 1993 auf arte erstausgestrahlt und 1994 im ZDF wiederholt. Ende 1995 begann dort eine lose Reihe als *Samstagskrimi* mit etwa zwei neuen Filmen pro Jahr (einzelne wurden weiter auf arte zuerst gezeigt).

Nikolaus Glowna bekam für die Musik den Deutschen Fernsehpreis 1999, ebenso Natalia Wörner 2000 für die beste Hauptrolle in einem Fernsehfilm in »Bella Block – Blinde Liebe«.

BELLAMY RTL

1986–1988. 26-tlg. austral. Krimiserie von Ron McLean (»Bellamy«; 1980–1981).

Der unkonventionelle Sergeant Steve Bellamy (John Stanton) und sein Assistent Mitchell (Timothy Elston) ermitteln für eine Spezialeinheit in besonders schwierigen Kriminalfällen. Sie fangen Kidnapper, Mädchenmörder und Verrückte mit Axt.

Nach einer spielfilmlangen Pilotfolge liefen die 45-minütigen Serienfolgen freitags um 19.30 Uhr, ab der zweiten Staffel eine halbe Stunde später.

BELLE UND SEBASTIAN ARD

1968. 13-tlg. frz. Abenteuerserie von Cécile Aubry (»Belle et Sébastien«; 1965).

Ein kleiner Junge und ein großer Hund erleben aufregende Abenteuer. Sebastian (Mehdi El Glaoui) ist bei dem alten Jäger César (Edmond Beauchamp) und den Kindern Angelina (Paloma Matta) und Jean (Dominique Blondeau) in den französischen Alpen nahe der italienischen Grenze aufgewachsen. César hatte den Jungen adoptiert, nachdem er ihn zusammen mit zwei Zöllnern sechs Jahre zuvor aus einem Schneesturm in den Bergen gerettet hatte, den Sebastians Mutter nicht überlebte. Zur gleichen Zeit kam auf der anderen Seite der Berge eine Hündin zur Welt, die im Lauf der nächsten Jahre von einem grausamen Herrchen zum nächsten gereicht wurde, nun die Schnauze voll hat und ausbüchst. Die Polizei hält den weißen Hirtenhund für gefährlich und befiehlt, ihn zu töten. Jetzt kreuzen sich die Wege von Sebastian und dem Hund, den er Belle nennt. Die beiden werden beste Freunde. Sebastian tut alles, um Belle vor den schießwütigen Bergvölkern zu bewahren, und gemeinsam tun sie, was Kinder mit Tieren im Fernsehen am besten können: Sie retten Menschen und überführen Ganoven.

Cécile Aubry war eine erfolgreiche Schauspielerin, aber auch hinter den Kulissen außerordentlich vielseitig. Für *Belle und Sebastian* schrieb sie die Drehbücher, die auf ihrem eigenen Roman basierten, und führte zudem Regie. Der Hauptdarsteller, der sich im Abspann schlicht Mehdi nannte, war ihr Sohn. Er spielte auch später in Aubrys Serie *Jérôme und Isabelle* die Hauptrolle.

Die halbstündigen Folgen liefen im regionalen Vorabendprogramm.

BELLE UND SEBASTIAN   RTL
1992–1993. 52-tlg. jap. Zeichentrickserie nach dem Roman von Cécile Aubry, Regie: Kenji Hayakawa (»Meiken jolie«; 1981). Sebastian ist mit seinem großen Hund Belle auf der Flucht vor der Polizei, weil die den gutmütigen Hund für einen »weißen Teufel« hält. Kind und Hund türmen nach Spanien und suchen Sebastians Mutter.
Inhaltlich etwas geänderte Zeichentrickversion der Serie, die ein Vierteljahrhundert zuvor in der ARD lief.

BELPHEGOR ODER DAS GEHEIMNIS
DES LOUVRE   ARD
1967. 13-tlg. frz. Mysteryserie nach dem Roman von Arthur Bernède, Regie: Claude Barma (»Belphégor ou Le fantôme du Louvre«; 1965).
Eine mysteriöse Gestalt (Isaac Alvarez), die Belphegor genannt wird, lässt im Pariser Museum Louvre merkwürdige Dinge geschehen. Kommissar Ménardier (René Dary) ermittelt in dem Fall, doch auch der junge Journalist André Bellegarde (Yves Rénier) versucht, das Rätsel zu lösen. Dazu lässt er sich nachts im Louvre einschließen. Involviert sind Laurence Borell (Juliette Gréco), Stéphanie Hiquet (auch Juliette Gréco), die Nachtwächter Gautrais (Paul Crauchet) und Sabourel (Etienne de Swarte), die merkwürdige Lady Hodwin (Sylvie), Boris Williams (François Chaumette) und Ménardiers Tochter Colette (Christine Delaroche).
Die halbstündigen Folgen liefen im regionalen Vorabendprogramm, bei der Erstausstrahlung noch in Schwarz-Weiß, bei einer Wiederholung 1972 bereits in Farbe. Die französische Originalfassung bestand aus vier spielfilmlangen Folgen. 2001 wurde der Stoff neu fürs Kino verfilmt.

BEN HALL   DFF 1
1979. 13-tlg. brit.-austral. Abenteuerserie (»Ben Hall«; 1975–1976).
Der Australier Ben Hall (Jon Finch) wird vom braven Siedler zum Gesetzlosen. Es beginnt damit, dass ihm eine Gruppe Krimineller, die von Frank Gardiner (John Castle) angeführt wird, seine Pferde stiehlt. Er verfolgt sie, verhilft ihnen aber zur Flucht vor der Polizei. Hall heiratet Biddy (Evin Crowley), die ihn verlässt, als er für einen Mord, den er nicht begangen hat, einige Zeit im Gefängnis sitzt. Von seiner Farm ist danach nichts mehr übrig, und sein Leben liegt in Trümmern. Er begleitet nun Gardiner bei seinen Beutezügen, zieht auch allein raubend und mordend durch den Busch, wird zum Outlaw erklärt und schließlich im Alter von nur 27 Jahren erschossen.
Die Serie basierte auf dem Leben des wahren Ben Hall, der Mitte des 19. Jh. in Australien lebte, nahm sich dabei aber größte Freiheiten. Umstritten war in Australien, wo Ben Hall ein Nationalheld ist, aber vor allem die Besetzung der Titelrolle mit einem britischen Schauspieler. Die Folgen waren 50 Minuten lang.

BENJAMIN BLÜMCHEN   ZDF, SUPER RTL
1989–1997 (ZDF); 2002 (Super RTL). 50-tlg. dt. Zeichentrickserie für Kinder nach einer Idee von Elfie Donnelly.
Der sprechende Elefant Benjamin Blümchen und sein Freund, der Junge Otto, erleben gemeinsam verschiedene Abenteuer.
Der Elefant Benjamin Blümchen wurde als Hauptfigur der nach ihm benannten Hörspielkassetten-Reihe berühmt, die ab 1977 produziert wurde. Erst viel später wurden seine Abenteuer als Zeichentrickserie verfilmt und auf Video veröffentlicht, bevor sie schließlich ins Fernsehen kamen. Aus drei Episoden wurde später ein Kinofilm gemacht.

BENNY HILL   ZDF, NDR, ARD, RTL, RTL 2
1970 (ZDF); 1973 (NDR); 1975–1988 (ARD); 1991–1993 (RTL); 1995 (RTL 2). Britische Comedyshow von und mit Benny Hill (»The Benny Hill Show«; 1969–1989).
Der englische Starkomiker Hill spielt die Hauptrolle in vielen, schnell aneinander gereihten Sketchen und vor allem Slapstickgags.
Die deutschen Ausstrahlungen begannen schon früh, jedoch nur ganz sporadisch, auf verschie-

Hahaha! Ein Mann in Frauenkleidern, hahaha! *Benny Hill* trägt die Klamotten der weiblichen Mitwirkenden auf, die diese in seinen Sketchen ausziehen müssen.

nen Sendern. Erst Mitte der 70er-Jahre begann die ARD vermehrt damit, unter dem Titel *Benny Hill Show* im Nachmittagsprogramm und am Vorabend Folgen zu zeigen, mal 45, mal 25 Minuten lang. In den 80ern liefen weitere unter dem Titel *Dummes Zeug und starke Stücke*. RTL gab diesen und neuen Folgen schlicht den Namen des Stars und zeigte sie ab 1991 am Freitag um 19.15 Uhr, aber auch einzelne herausgetrennte Sketche, wann immer eine Programmlücke von ein paar Minuten zu füllen war. RTL 2 legte später noch neue halbstündige Folgen nach. Das Material, aus dem die Shows zusammengeschnitten waren, stammte zum Teil noch aus Aufnahmen ab dem Jahr 1955.

BENNY HILL SHOW ARD
→ Benny Hill

BENSON RTL 2
1993–1995. 158-tlg. US-Sitcom von Susan Harris (»Benson«; 1979–1986).
Der vorlaute Benson DuBois (Robert Guillaume) arbeitet als Butler bei dem verwitweten und furchtbar naiven Gouverneur Gene Gatling (James Noble) und dessen frühreifer Tochter Katie (Missy Gold). Für ihn arbeiten außerdem der Assistent John Taylor (Lewis J. Stadlen), die Haushälterin Gretchen Kraus (Inga Swenson), die Sekretärin Marcy Hill (Caroline McWilliams) und der Pressesprecher Pete Downey (Ethan Phillips). Stabschef Clayton Endicott III. (Rene Auberjonois) wird nach einer Weile der Nachfolger Taylors, und die neue Sekretärin Denise Stevens (Didi Conn) folgt auf Marcy. Denise und Pete heiraten. Für kurze Zeit beschäftigt Gatling den Witzeschreiber Frankie (Jerry Seinfeld). Benson entwickelt im Lauf der Zeit selbst politische Ambitionen. Er befördert seine neue Freundin Diane Hartford (Donna LaBrie) zur Wahlkampfmanagerin und kandidiert schließlich gegen seinen Chef für den Posten des Gouverneurs.
Die Serie war ein Ableger von *Die Ausgeflippten,* in der Benson noch der Butler bei der verrückten Familie Tate war. Zu Beginn der Serie wurde erklärt, Gouverneur Gatling sei ein Cousin Jessica Tates. Bensons Nachname DuBois wurde erst im Lauf der Serie enthüllt (in *Die Ausgeflippten* hatte er nie einen). Der Ausgang der Gouverneurswahlen in der letzten Folge dagegen wurde dem Publikum vorenthalten.

BENZIN IM BLUT SAT.1
1999. 14-tlg. dt. Actionserie.
Der Nachwuchsrennfahrer Frank Zeiler (Oliver Bootz) möchte ein Profi werden. Jeannine Jourdan (Sonja Kirchberger) ist seine erfolgreiche Konkurrentin. Allen im Weg steht Franks skrupelloser Halbbruder Mark (Leon Boden), der seine Finger auch im Renngeschäft hat. Anna Brandt (Elisabeth Romano) ist Franks Freundin, Phillip Scott (Michael Greiling) der Mechaniker.
Sat.1 zeigte die einstündigen Folgen montags um 20.15 Uhr. Im Vorfeld hatte der Sender einen enormen Werberummel betrieben: So waren Hinweise z. B. auf Zapfpistolen an Tankstellen zu sehen. Der Aufwand schlug sich nicht ansatzweise in guten Einschaltquoten nieder, und das Benzin wurde auch teurer.

BERCHTESGADENER BAUERNTHEATER RTL
→ Unser kleines Theater

BEREITSCHAFT DR. FEDERAU DFF 1
1988. 7-tlg. DDR-Arztserie von Karlheinz Klimt, Regie: Horst Zaeske.
Als ihr Mann bei einem Familienausflug ums Leben kommt, stürzt sich die Ärztin Uta Federau (Uta Schorn) in Arbeit. Sie übernimmt die Leitung der Schnellen Medizinischen Hilfe von ihrem Jugendfreund Dr. Johannes Trost (Wilfried Pucher) und vernachlässigt über die ganzen Rettungseinsätze und die Organisation ihren 15-jährigen Sohn Frank (Tobias Raue). Dem fällt es nach dem Tod seines Vaters schwer, im Alltag wieder Fuß zu fassen. Der Krankenwagenfahrer Bert Holländer (Peter Cwielag), ein allein stehender Bekannter der Familie, übernimmt die Rolle eines Ersatzvaters. Frank versucht Bert und seine Mutter zusammenzubringen, doch sie hängt an Dr. Trost. Bert kommt später mit Schwester Carola (Anne Kasprik) zusammen.
Die Serie mischte die Geschichten der wechselnden Notfälle mit denen der persönlichen Beziehungen des Teams und den Problemen im Umfeld von Dr. Federau.
Die rund einstündigen Folgen liefen freitags um 20.00 Uhr.

DER BERGDOKTOR SAT.1
1992–1998. 88-tlg. dt. Heimatserie.
Der Witwer Dr. Thomas Burgner (Gerhart Lippert) übernimmt eine Arztpraxis im beschaulichen Bergdorf Sonnenstein. Dort wohnt auch sein grantiger Schwiegervater, der Tierarzt Pankraz Obermayr (Walther Reyer). Mit seinem Sohn Maximilian (Manuel Guggenberger), genannt Maxl, zieht Burgner zu Pankraz und dessen Haushälterin Franzi Pirchner (Enzi Fuchs), die außerdem die örtliche Poststelle leitet. Thomas Burgners Freundin Rosi (Jutta Speidel) beendet die Beziehung, weil sie München nicht verlassen will. Thomas lernt die Italienerin Dr. Sabina Spreti (Anita Zagaria) kennen und verliebt sich in sie. Nach einiger Zeit heiraten sie, und Tochter Julia (Anna Patterer) kommt zur Welt. Rica Althäuser (Winnie Marcus) ist Sabinas Tante. Traudl (Carin C. Tietze) ist Burgners Sprechstundenhilfe, ihre Nachfolgerin wird später Christl (Michaela Heigenhauser). Markus Graf Brauneck (Klaus Wildbolz) und seine Frau Alexandra (Michaela May) sind alte Freunde des Bergdoktors. Ihr Sohn Johannes (Dennis Gerbel) leidet unter einem Tumor. Rufus Staudinger (Werner Asam) verwaltet den gräflichen Besitz. Er ist ein guter Kerl, aber ein windiger Geschäftsmann. Alois Angerer (Gerhard Riedmann) und seine Frau Elfriede (Ingeborg Schöner) führen den örtlichen

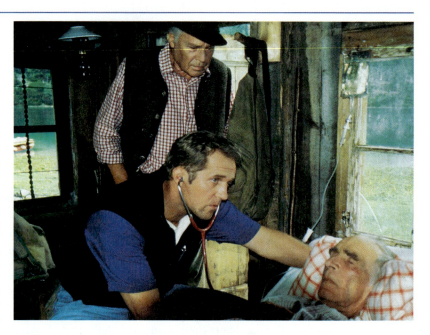

Der Bergdoktor, Episode 86: »Krumme Geschäfte«. Justus Hallstein (Harald Krassnitzer) muss zwei Folgen vor Schluss den baldigen Tod seiner Serie diagnostizieren. Pankraz Obermayr (Walther Reyer) hat einen guten Grund, hinten herumzustehen, immerhin ist er der Vater der Frau von Hallsteins Vorgänger. Im Bett: Gaststar Richard Beek.

Gasthof. Alois ist außerdem der Bürgermeister in Sonnenstein. Andere Einwohner sind Herr Konrad (Herbert Fux), Bauer Xaver Zirngiebel (Georg Marischka) und seine Frau Waltraud (Diana Körner), Krämerin Anna Pölz (Margot Mahler), Bergführer Luis Kofler (Hermann Giefer), Gendarm Toni Gilch (Maxl Graf) und Pfarrer Hauberer (Rolf Castell).
In Folge 60 im Januar 1997 kommen Dr. Burgner und seine Frau bei einem Lawinenunglück ums Leben, und Dr. Justus Hallstein (Harald Krassnitzer) übernimmt die Praxis. Maxl Burgner bietet ihm an, im Doktorhaus zu wohnen. Kurz darauf zieht auch Hallsteins alter Freund Paul Reuther (Siemen Rühaak) mit Sohn Flo (Fabian Blumhagen) nach Sonnenstein und übernimmt den Gasthof Angerer. Hallsteins Freundin ist die Lehrerin Lisa Brunner (Janina Hartwig). Den Posten des Bürgermeisters übernimmt Bergführer Luis, der sein Amt jedoch Anfang 1998 niederlegt. Franzi wird seine Nachfolgerin. Ihre Stelle im Postamt gibt sie an Anna Pölz ab.
Der Bergdoktor war eine der frühen Eigenproduktionen von Sat.1 und der erste ganz große Erfolg. Die Serie basiert auf der gleichnamigen Groschenromanreihe und bot erwartungsgemäß Herz, Schmerz und Berge. Die einstündigen Folgen liefen montags um 20.15 Uhr, und bis zu zehn Millionen Menschen sahen zu (in der Geschichte des Senders hatte nur eine Serie noch höhere Einschaltquoten: *Anna Maria – Eine Frau geht ihren Weg*). Die Zuschauer waren jedoch nicht mehr die jüngsten, was man schon daran merkte, dass die Sendung von »Doppelherz« präsentiert wurde. Gut ein Jahr nach dem Hauptdarstellerwechsel, weil Lippert nicht mehr Bergdoktor sein wollte, beschloss Sat.1-Chef Fred Kogel, dass gar niemand mehr Bergdoktor sein sollte. Er setzte die Serie ab, weil ihm die Zuschauer jetzt endgültig zu alt waren – und so viele wie früher waren es auch nicht mehr. Also kam die Serie dorthin, wo sie hingehörte: ins ZDF. Ab Januar 2000 wurde sie komplett im dortigen Vormittagsprogramm wiederholt. Es war das erste Mal, dass ein öffentlich-rechtlicher Sender eine Eigenproduktion eines Privatsenders wiederholte.

BERGERAC DFF 1, DFF 2
→ Jim Bergerac ermittelt

BERGSTEIGEN MIT REINHOLD MESSNER ARD
1982. 6-tlg. Bergsteigerreihe, in der Reinhold Messner Jugendlichen in den Dolomiten die Grundzüge seiner Profession beibringt.
Die halbstündigen Folgen liefen mittwochs um 17.00 Uhr.

BERICHT AUS BERLIN ARD
Seit 1999. Der *Bericht aus Bonn* existierte bereits seit 1963. Nach dem Regierungsumzug nach Berlin erfolgte zwangsläufig die Umbenennung in *Bericht aus Berlin*. Zunächst wechselte sich der *Bericht aus Berlin* noch mit dem aus Bonn ab; seit Juli 1999 bildet er allein die *Tagesthemen*-Ausgabe am Freitag – wie der Vorgänger als Politmagazin mit Berichten aus der Hauptstadt gegen 22.30 Uhr. Erster Moderator war Ulrich Deppendorf, ab Mai 2002 berichtete Thomas Roth als neuer Leiter des Hauptstadtbüros aus Berlin.
Der *Bericht aus Berlin* war ein Sorgenkind der ARD: Sein Bedeutungs- und Quotenverlust schien unaufhaltbar zu sein. Er erreichte deutlich weniger Zuschauer als die *Tagesthemen* an anderen Wochentagen. Ab September 2004 lief die Sendung deshalb wieder, ähnlich wie schon der *Bericht aus Bonn* von 1978 bis 1999, unter dem Dach der *Tagesthemen*. Sie gab auch ihre eigenständige Studiogestaltung

weitgehend auf und bot mehr Raum für aktuelle Themen – selbst wenn sie nicht aus Berlin kamen. Für die Zukunft kündigte die ARD einen Sendeplatzwechsel auf den Sonntag gegen 19.00 Uhr an, kurz vor dem ZDF-Gegenstück *Berlin direkt*.

BERICHT AUS BONN ARD

1963–1999. Wöchentliches politisches Magazin mit aktuellen Berichten und Hintergrundreportagen aus der Hauptstadt.

Anders als *Monitor* oder *Report* verstand sich der *Bericht aus Bonn* nicht als investigatives oder zeitkritisches Magazin. Er blickte auf die Vorgänge der vergangenen Woche zurück, legte den Schwerpunkt auf Interviews mit Politikern, bot aber auch Raum für Kommentare und Glossen. Seiner Bedeutung tat das keinen Abbruch, im Gegenteil: Jahrzehntelang war die Sendung eine Institution, an der man im westdeutschen Politikbetrieb nicht vorbeikam. Gleich in einer der ersten Sendungen gab Konrad Adenauer 1963 live bekannt, dass er im Herbst als Bundeskanzler zurücktreten werde. Anfang der 70er-Jahre platzte Horst Ehmke einmal mitten in der Sendung ins Studio, um Rainer Barzel, den er anders nicht erreichen konnte, auf diesem Weg die letzten Verhandlungsergebnisse über die Ostverträge mitzuteilen. Und mit einigen bösartigen Kommentaren über den Bundeskanzler Willy Brandt, die er leichtfertig live im *Bericht aus Bonn* von sich gab, konnte Herbert Wehner eine ganze Regierung in die Krise stürzen.

Erster Leiter der Sendung war Ernst Weisenfeld. Bis 1970 moderierte meistens Günter Müggenburg, der von 1965 an auch die Redaktion führte. Sein Nachfolger wurde Gerd Ruge. Besonders geprägt haben die Sendung Friedrich Nowottny (ab 1973) und Ernst-Dieter Lueg (ab 1985) mit ihren Moderationen. Nowottny versuchte mit großer Freundlichkeit und Selbstironie Politiker dazu zu bewegen, echte Antworten zu geben, und machte in 571 Sendungen die Verabschiedung »Guten Abend. Das Wetter« zu einem Markenzeichen. Lueg fragte bissiger nach, näselte sich durch seine Texte, vermied es konsequent, am Ende des Satzes Luft zu holen, und tat es stattdessen an den aufregendsten Stellen mittendrin. Er war den Zuschauern spätestens seit 1976 ein Begriff, als er an einem Wahlabend den damaligen SPD-Fraktionsvorsitzenden Herbert Wehner interviewte, der seinen Namen genervt »Lüg« statt korrekt »Lug« aussprach. Lueg revanchierte sich schnell und gelassen: »Vielen Dank, Herr Wöhner.«

Luegs Nachfolger wurde 1995 Martin Schulze, der den inzwischen eingetretenen Quoten- und Bedeutungsverlust der Sendung allerdings eher beschleunigte als aufhielt. Wegen des Umzugs von Regierung und Parlament von Bonn nach Berlin änderte auch der *Bericht aus Bonn* Sitz, Leitung und Namen. In der letzten, 1689. Ausgabe, verabschiedete sich Schulze zusammen mit seinen Vorgängern Müggenburg, Ruge, Nowottny und Lueg u. a. mit der Einblendung »TSCHÖ! TSCHÜSS! ADIEU!« und einem Auftritt der Bonner Kabarettisten Rainer Pause und Norbert Alich. Die erklärten, dass man die Regierung nicht noch einmal zurück nach Bonn lassen werde, auch wenn sie darum bettelte: »Nee, dat machen wir nit mehr ...« Der Kölner Kabarettist Jürgen Becker hatte vorher schon gejubelt: »Zum ersten Mal wird eine Fernsehsendung umziehen. Und eine ganze Regierung wird ihr hinterherziehen.«

Der *Bericht aus Bonn* lief freitags zunächst als 15-

»Guten Abend.
Das Wetter.«
Friedrich Nowottny 1977
im *Bericht aus Bonn*.

Minuten-Sendung nach der *Tagesschau,* ab 1964 um 22.00 Uhr, ab 1969 um 21.00 Uhr. 1970 wurde er auf 25 Minuten verlängert. Mit Beginn der *Tagesthemen* wurde er in deren Freitagsausgabe integriert und lief mit 30 Minuten Länge unter dem Namen *Tagesthemen mit Bericht aus Bonn.*

BERICHT AUS DER FORSCHUNG ARD
1953. 8-tlg. Wissenschaftsreihe in Zusammenarbeit mit dem Institut für Film und Bild in Göttingen. Ein Universitätsprofessor erläutert jeweils einen selbst gedrehten Film.

BERICHT: SABINE CHRISTIANSEN ARD
1993. 6-tlg. Reportage-Reihe.
Die *Tagesthemen*-Moderatorin Sabine Christiansen reiste zu Krisenschauplätzen in den USA, im Libanon, in Tibet, Burma, Guatemala und Sizilien. Die Reihe lief donnerstags nachmittags.

BERLIN ALEXANDERPLATZ ARD
1980. 13-tlg. dt. Lebenstragödie von Rainer Werner Fassbinder nach dem Roman von Alfred Döblin.
Nach vier Jahren wird Franz Biberkopf (Günter Lamprecht) 1928 aus dem Gefängnis entlassen. Er war wegen Totschlags an seiner Freundin Ida verurteilt worden. Nun möchte er ein neues, ehrliches Leben beginnen, doch das Leben macht es ihm nicht leicht. Immer wieder erleidet er schwere Rückschläge. Zunächst schlägt er sich mit Gelegenheitsjobs durch, verkauft gegen seine politische Überzeugung den »Völkischen Beobachter« und wird Hausierer im Auftrag des Onkels von Lina (Elisabeth Trissenaar), seiner ersten Liebe nach dem Knast. Seine Gefühle werden jedoch enttäuscht, Franz wird depressiv, er trinkt, doch noch gibt er nicht auf. Dann lernt er jedoch die Gangster Pums (Ivan Desny) und Reinhold (Gottfried John) kennen und kommt mit ihnen ins Geschäft. Reinhold will den Mitwisser Franz beseitigen und stößt ihn unter ein Auto. Franz überlebt, verliert dabei aber einen Arm. In Mieze (Barbara Sukowa) findet er eine neue Liebe und schickt sie auf den Strich. Es ist das einzige Einkommen, das die beiden haben. Franz schließt sich erneut der Pums-Bande an und macht damit seinen letzten Fehler. Seine geliebte Mieze wird im Wald von Reinhold vergewaltigt und ermordet und Franz für den Täter gehalten. Er bricht zusammen und wird in die Irrenanstalt eingewiesen.
Berlin Alexanderplatz war das bis dahin größte Serienprojekt des WDR. Die düstere Serie löste in der Öffentlichkeit kontroverse Diskussionen aus. Vorher hatte es schon Streit um den Sendeplatz gegeben. Nach dem spielfilmlangen Pilotfilm am Sonntagabend liefen die einstündigen Folgen montags um 21.30 Uhr. Früher am Abend wollte die ARD die Serie nicht zeigen, um Kinder von ihr fern zu halten. Regisseur Fassbinder protestierte.
1931 war Döblins Roman bereits fürs Kino verfilmt worden, Heinrich George spielte damals die Hauptrolle. Die deutlich längere Neuauflage wurde im

Pressefoto zum Start von *Berlin, Berlin* mit Hauptdarstellerin Felicitas Woll und der gezeichneten Lolle. Auf ihrem Kopf: die Frisur aus Staffel 1.

Jahr nach der TV-Ausstrahlung ebenfalls im Kino gezeigt.

BERLIN BEAT SFB, ARD
2000–2001 (SFB); 2001 (ARD). Wöchentliches, halbstündiges Szenemagazin mit Themen, Tipps und Trends aus Berlin, moderiert von »Jackie A.« (eigentlich Jacqueline Asadolahzadeh).
Lief immer in der Nacht von Freitag auf Samstag zwischen 4.00 und 5.00 Uhr. Bereits ab Juni 2000 war das Magazin 14-täglich donnerstags um 23.00 Uhr im Dritten Programm des SFB ausgestrahlt worden.

BERLIN, BERLIN ARD
2002–2005. 86-tlg. dt. Comedyserie von David Safier.
Nach dem Abi schickt das 20-jährige Landei Lolle Holzmann (Felicitas Woll) ihren untreuen Freund Tom (Andi Slawinski) in die Wüste und übersiedelt auf eigene Faust vom Land nach Berlin. Dort zieht sie mit ihrem frisch geschiedenen Cousin Sven (Jan Sosniok) und der Lesbe Rosalie (Sandra Borgmann) in eine WG. Ihr Nachbar und WG-Dauergast ist der Chaot Hart (Matthias Klimsa). Mit Rosalie erobert Lolle die Großstadt und sucht nach der großen Liebe. Eigentlich wäre Lolle gern Comiczeichnerin, und in ihrer Fantasie treten ihre Mitmenschen dementsprechend als Comicfiguren auf.

Rosalie zieht am Ende der ersten Staffel aus, Sarah (Rhea Harder) im Frühjahr 2003 ein. Lolle verknallt sich in Alex (Matthias Schloo), ein Model aus der Zeichenschule. Doch auch Lolle und Sven lieben sich. Im Frühjahr 2004 beginnen die drei eine merkwürdige platonische Dreiecksbeziehung, weil Lolle sich nicht entscheiden kann. Sie selbst kommt mit der Situation wunderbar klar, vergrault damit jedoch auf Dauer beide Jungs. Hart und Sarah werden ein Paar, Sarah wird schwanger und am Ende der dritten Staffel Mutter.

Ab jetzt gehört auch Vero (Alexandra Neldel) zur Clique, die sich sofort in Sven verliebt. Zur gleichen Zeit bekommt Lolle nach langer beruflicher Flaute eine feste Stelle in einem Comicverlag angeboten. Dafür müsste sie aber nach Stuttgart umziehen, und die Serie heißt doch Berlin, Berlin. Dennoch: In der Episode »Stuttgart, Stuttgart« im März 2005 hat Lolle den Schritt vollzogen und ist dem Traum vom eigenen Comic ein Stück näher gerückt. Aber nur zwei Folgen später ist sie zurück in Berlin. Dort investiert sie nun in ihren eigenen Comicladen.

Gegen Ende der Serie überschlagen sich die Ereignisse: Sven und Vero wollen heiraten, Lolle, die Sven noch immer liebt, beißt die Zähne zusammen und tut nichts dagegen. Sven stürzt eine Rolltreppe hinunter, bricht sich das Genick und stirbt. Die Serie tritt nun in eine völlig neue Dimension ein, bricht die Grenze von der fiktionalen in die reale Welt auf, und Lolle diskutiert eine ganze Episode lang mit Serienautor David (aber dann doch von einem Schauspieler dargestellt: Fabian Busch), warum er Sven nicht wieder leben lassen könne. Am Ende lässt sich David überreden (»Wir machen die Bobby-Ewing-Nummer«), Lolle kehrt ohne Erinnerung an das soeben Geschehene in ihre Serienwelt zurück und findet Sven wie weiland Bobby in Dallas unter der Dusche vor.

In den Tagen vor der Hochzeit gestehen sich Sven und Lolle ihre anhaltenden Gefühle und beschließen, sie zu verdrängen. Vero ist es, die es ebenfalls bemerkt hat und die Hochzeit abbläst, indem sie Sven ganz klassisch am Altar stehen lässt. Sven verkracht sich daraufhin mit Lolle, nimmt kurzerhand einen Job in Melbourne an und fährt zum Flughafen. Lolle beschließt, ihm nicht hinterherzufahren, sondern einen Präsentationstermin wahrzunehmen, der ihr einen Vertrag für einen eigenen Zeichentrickfilm einbringt – die Erfüllung eines lang gehegten Traums. Als sie in die WG kommt und feiern will, hat Sarah gerade mit dem untreuen Hart Schluss gemacht. Traurig köpft Lolle den Schampus allein und stellt abschließend fest, dass sie nun kein Landei mehr ist. Dann wird das Bild einige Minuten zurückgespult, Lolle fährt doch noch zum Flughafen, und Sarah nimmt Harts Heiratsantrag an. Am Flughafen erreicht Lolle in letzter Minute die Maschine nach Melbourne und erklärt Sven, der gerade wieder aussteigen und wegen Lolle in Berlin bleiben wollte, sie komme mit, denn zeichnen könne sie überall, Hauptsache, sie sei mit ihm zusammen. Abschließend stellt sie fest, das Landei werde flügge. Dass Sven ihr Cousin ist, wurde schon lange nicht mehr thematisiert.

Novum in der ARD: Eine Comedyserie für junge Leute mit vereinzelten Trickelementen, und das auch noch fast täglich (allerdings nur in Staffeln, die nach wenigen Wochen schon wieder zu Ende waren). Das Experiment funktionierte, die Serie war nicht nur erfolgreich, sondern auch gelungen. Die halbstündigen Folgen liefen dienstags bis freitags um 18.50 Uhr.

Gleich im ersten Jahr erhielt Felicitas Woll den Deutschen Fernsehpreis als beste Schauspielerin in einer Serie. Im Herbst 2004 wurde Berlin, Berlin mit dem gleichen Preis als beste Sitcom ausgezeichnet und erhielt als erste deutsche Produktion in New York den International Emmy Award in der Kategorie Comedy. Die Serie musste enden, weil Hauptdarstellerin Felicitas Woll was Neues machen wollte.

Die ersten Staffeln sind auf DVD erschienen.

BERLIN BREAK — RTL

1993. 25-tlg. dt. Agentenserie von Reuben Leder.

Der frühere CIA-Agent John J. »Mac« MacKenzie (John Hillerman) betreibt in Berlin ein Café: »Mac's Café«. Dort lernen sich der frühere BND-Mitarbeiter Willy Richter (Kai Wulff) und der frühere KGB-Agent Valentin Renko (Nicholas Clay) kennen und beschließen, die Welt auf eigene Faust zu retten. Mitch (Jeff MacKay) ist der Barkeeper bei »Mac's«, Maria (Katja Flint) Macs Tochter. Die alte Baronesse Katja von Althausen (Hildegard Knef) hilft.

Einer der Regisseure war der Amerikaner Frederick King Keller, der später bei erfolgreichen US-Serien

John Hillermann (links), Kai Wulff. In Berlin Break kamen die internationalen Stars erst nachts aus ihren Löchern.

wie *Nash Bridges, Angel – Jäger der Finsternis* und *24* Regie führte. Als Kulisse dienten Büros des ehemaligen DDR-Fernsehens, in denen King Keller überrascht feststellte, dass sie von oben bis unten verwanzt waren. *Berlin Break* war eine der frühen Eigenproduktionen von RTL. Die internationale Starbesetzung war beeindruckend, aber das war auch das Einzige.

Der Sender muss selbst geahnt haben, wie missraten die Agentenklamotte war: Er versteckte den Pilotfilm am Sonntagnachmittag und die Folgen montags nach Mitternacht.

BERLIN DIREKT ZDF

Seit 1999. Wöchentliches 20-minütiges Politmagazin sonntags um 19.10 Uhr.

Die Sendung hieß vorher *Bonn direkt* und wurde wegen des Umzugs der Bundesregierung und des Parlaments nach Berlin umbenannt. Als Moderatoren wechselten sich zunächst Peter Hahne und Peter Ellgaard ab, später kam Peter Frey hinzu. Die Sendung machte im Vergleich zu anderen Politmagazinen selten Schlagzeilen, dabei war sie – wohl auch dank des frühen Sendeplatzes – lange das meistgesehene politische Magazin im Fernsehen. Zur Tradition gehören die beim Publikum aus unerfindlichen Gründen beliebten »Sommerinterviews« mit Politikern an ihrem Urlaubsort.

BERLIN ECKE BUNDESPLATZ ARD, WDR, 3SAT

Seit 1989. Langzeitdokumentation von Hans-Georg Ullrich und Detlef Gumm über das soziale Leben rund um den Bundesplatz im Berliner Stadtteil Wilmersdorf.

1986 hatten Ullrich und Gumm begonnen, rund 25 Bewohner der Gegend bei ihrem normalen Leben zu begleiten, darunter waren Familien, Ehepaare, eine alte Witwe, eine junge Krankenschwester und allein erziehende Mutter, ein Punk, ein Rechter, ein Postbote, ein Redner und Sänger, ein Schriftsteller, ein Astrophysiker und ein U-Bahn-Abfertiger. Als Dreh- und Angelpunkt ihres Projekts hatten sie sich den Bundesplatz in Berlin allein deshalb ausgesucht, weil sich dort ihr Büro befand. Auf diese Weise konnten sie jederzeit bei gravierenden Einschnitten im Leben ihrer Protagonisten kurzfristig zur Stelle sein, ohne lange planen und anreisen zu müssen. Herausgekommen war eine Dokumentation, die nah am Leben der Menschen war, ohne aufdringlich oder voyeuristisch zu sein.

1989 wurden die ersten zwölf halbstündigen Folgen im Nachmittagsprogramm der ARD gezeigt, vier Jahre später weitere zwölf, jeweils montags bis donnerstags. Alle paar Jahre schnitten Ullrich und Gumm neue Mehrteiler zusammen, die ab 1994 auf unterschiedlichen Sendeplätzen in unterschiedlichen Programmen gezeigt wurden, mal im WDR, mal nachts im Ersten, mal in 3sat. Die Folgen waren nun meist 90 Minuten lang. Den ursprünglichen Plan, die Menschen bis ins Jahr 2000 zu begleiten, erweiterten die beiden Dokumentarfilmer auf unbestimmte Zeit. Die bisher letzten vier neuen Filme liefen Ostern 2004 in 3sat.

BERLIN-JOURNAL DFF 1

1987–1990. »Musik und Plauderei zur Kaffeestunde«. Monatliches Unterhaltungsmagazin mit Bodo Freudl.

Eine Stunde Filmreportagen aus Berlin, Gesprächsrunden, Musikeinlagen. Die Redaktion arbeitete eng mit den Berliner Zeitungen und der Berlin-Redaktion des Hörfunks zusammen. Die Vorgängersendung hieß *Berlin original*.

BERLIN, KEITHSTRASSE 30 ARD

1972. »Aus den Akten der weiblichen Kriminalpolizei«. 13-tlg. dt. Krimiserie von Claus Peter Witt.

Das Gegenteil der damals üblichen Krimis: Hier sind Frauen die Opfer, Frauen die Täter und Frauen die Kommissare. Lotte Fliedner (Nora Minor), Kriminalinspektorin Schröder (Lis Verhoeven) und Kommissarin Höppner (Cordula Trantow) klären die Fälle auf, in die zumindest manchmal auch Kinder involviert sind.

Die Folgen waren eine halbe Stunde lang und basierten teilweise auf authentischen Fällen. Mit der Ausstrahlung der Serie begann eine Reform der regionalen Vorabendprogramme: Ab Januar 1972 zeigten alle ARD-Anstalten dienstags und freitags (mit geringfügig unterschiedlichen Anfangszeiten) dieselben, ausschließlich deutschen Serien, um ihnen größere Aufmerksamkeit zu verschaffen.

Der Bayerische Rundfunk allerdings zeigte *Berlin, Keithstraße 30* nicht. Begründung: »Die Nachahmungsgefahr seitens der Kinder ist bei so einer deutschen Serie größer, weil sie ein vertrautes Milieu sehen und Leute, wie sie ihnen jeden Tag begegnen.« Stattdessen wurde im BR *Verliebt in eine Hexe* ausgestrahlt.

BERLIN MITTE ZDF

Seit 1999. 45-minütige Polittalkshow mit Maybrit Illner und bis zu fünf Gästen aus Politik, Wirtschaft und Kultur.

Eines Tages stellte das ZDF fest, dass die ARD mit *Sabine Christiansen* eine sehr profilierte massentaugliche politische Talkshow sendete und es selbst seit drei Jahren und dem Ende von *Tacheles* nicht einmal mehr den Versuch dazu unternommen hatte. *Berlin Mitte* war die Antwort auf dieses Vakuum, orientierte sich deutlich am ARD-Vorbild und wartete ebenfalls mit einer Moderatorin auf. *Berlin Mitte* ist dank Maybrit Illner, die wacher, frecher und lebhafter wirkt als Christiansen, nicht so in Routine erstarrt. Die erste Sendung war allerdings ein Déjàvu: Zum Thema »Streichen bei den Reichen« diskutierten u. a. Bundesfinanzminister Hans Eichel und Arbeitgeberpräsident Dieter Hundt, die vorher ungefähr in jeder Christiansen-Sendung zu ungefähr demselben Thema gesessen hatten.

Berlin Mitte wird jeden Donnerstag um 22.15 Uhr aus Berlin gesendet.

BERLIN – 0.00 BIS 24.00 UHR   ZDF
1975. 13-tlg. dt. Episodenreihe mit 40-minütigen, voneinander unabhängigen Geschichten aus dem (West-)Berliner Alltag der 70er-Jahre.
Die Folgen waren mit wechselnden Hauptdarstellern besetzt, darunter Rudolf Platte, Lisa Helwig und Harald Juhnke, und von verschiedenen Autoren und Regisseuren geschrieben und inszeniert, u. a. Peter Harlos und Claus Peter Witt. Thematisiert wurden z. B. Sanierungvorhaben in Kreuzberg, wilde Ehen oder die vom Berliner Senat 1969 beschlossene Besuchsaktion im Dritten Reich ausgebürgerter Juden.
Die Reihe lief donnerstags.

BERLIN ORIGINAL   DFF 1
1972–1986. »Zwischen Alex und Spree«. Monatliches Unterhaltungsmagazin.
Eine Stunde lang reden Menschen im Studio über Aktuelles aus Berlin, zwischendurch treten Musiker auf. Es moderierten Sergio Günther, Jochen Petersdorf und Regine Liebsch. Später wurde die Sendung durch das *Berlin-Journal* abgelöst.
Das Magazin lief am Sonntagnachmittag.

BERLINER NACHTSCHWÄRMER   ARD
1984–1995. »Ein Spätprogramm«. Magazin mit Berichten über das ach so skurrile Nachtleben in Berlin. Jedes Jahr lief eine Hand voll Folgen. Mehr gab das Berliner Nachtleben dann wohl doch nicht her.

BERLINER RUNDE   ARD, ZDF
Seit 1999. Halbstündige Diskussionsrunden mit den Spitzenpolitikern der im Bundestag vertretenen Parteien, die ARD und ZDF im Wechsel an Wahlabenden ausstrahlen. Bis 1999 hatte die Reihe *Bonner Runde* geheißen. Bereits am 18. März 1990, dem Tag der ersten freien Volkskammerwahlen in der DDR, war eine *Berliner Runde* gelaufen.

BERLINER WEISSE MIT SCHUSS   ZDF
1984–1995. Episodenreihe.
In jeder 45- oder 60-minütigen Folge wurden drei bis vier kurze, in sich abgeschlossene amüsante Geschichten gezeigt, die in Berlin spielten. Hauptdarsteller war stets Günter Pfitzmann. Lief in loser Folge zur Hauptsendezeit.

BERND, DAS BROT   KI.KA
→ Tolle Sachen

BERNDS HEXE   RTL
Seit 2002. Dt. Comedyserie von Petra Welzel.
Der Bankangestellte Bernd Bauermann (Bernd Stelter) lebt mit seiner Frau Katja (Gabriela A. Benesch) und Sohn Max (Simon Roesberg) in einem Reihenhaus, das seinen Eltern Frieda (Andrea Brix) und Gunther (H. H. Müller) gehört. Die beiden sitzen Bernd und seiner Familie dauernd auf der Pelle. Katja ist Webdesignerin und eine Hexe. Sie hat magische Kräfte, diese aber nicht immer ganz im Griff. Entsprechend chaotisch geht es oft im Bauermannschen Haushalt zu. Anton Rosske (Max Müller) ist Bernds arroganter Chef, Brigitte (Sophie Adell) eine aufgedrehte Kollegin und der flippige Udo (Oliver Polak) Katjas Chef.
Bernd Stelter war bereits seit mehreren Jahren Mitglied der erfolgreichen RTL-Comedyrunde *Sieben Tage – sieben Köpfe*. Zwei andere Mitwirkende dieser Sendung, Jochen Busse und Gaby Köster, hatten bereits erfolgreich eigene Comedyserien gestartet (*Das Amt* und *Ritas Welt*), die jeweils direkt vor ihrer anderen Show im Programm platziert wurden. Auf diesem Sendeplatz, freitags um 21.45 Uhr, lief auch die erste Staffel von Stelters Serie mit ganz ordentlichen Quoten; die zweite Staffel am Mittwochabend wurde vorzeitig ihres Sendeplatzes enthoben und zurück auf den Freitag verfrachtet, floppte jetzt aber auch dort. Dennoch gab RTL noch eine dritte Staffel in Auftrag, um sie ab Herbst 2005, zusammen mit den abgesetzten Folgen der zweiten Staffel, wiederum freitags zu senden.

BERRENGERS   SAT.1
1989. 13-tlg. US-Soap (»Berrengers«; 1985).
Der skrupellose Simon Berrenger (Sam Wanamaker) führt das nach ihm benannte Edelkaufhaus, in dem auch seine Söhne arbeiten. Paul (Ben Murphy) ist der Präsident und betrügt seine Frau Gloria (Andrea Marcovicci) mit Merchandisingfrau Shane Bradley (Yvette Mimieux). Billy (Robin Strand) macht die PR und ist alkohol- und spielsüchtig. Babs (Anita Morris), die Schwester der beiden, nimmt Familienoberhaupt Simon kaum zur Kenntnis. Sie ist geschieden, ihre Tochter Melody (Claudia Christian) ist mit Todd (Art Hindle), dem Chef einer Filiale, verheiratet. Vermutlich hätten sie alle auch noch verschollen geglaubte Stiefschwippschwägerinnen und uneheliche Zwillingsbrüder gehabt, wenn für *Berrengers* in den USA nicht so schnell für immer Ladenschluss gewesen wäre.
Die einstündigen Folgen liefen donnerstags im Vorabendprogramm. Den Pilotfilm hatte Sat.1 schon ein Jahr vorher gezeigt.

BERT   ZDF
1995–1996. 12-tlg. schwed. Jugendserie frei nach den Jugendbüchern von Sören Olsson und Anders Jacobsson, Regie: Tomas Alfredson und Svante Kettner (»Bert«; 1994).
Der 13-jährige Bert Ljung (Martin Andersson) pubertiert wild vor sich hin. Pickel, Mädchen und Mopeds sind sein Leben, sein Tagebuch ist sein bester Freund. Ihm vertraut er seine Sicht der Welt an. Seine zweitbesten Freunde sind Åke (Oliver Loftéen), Lill-Erik (David Boati) und Torleif (Nick Atkinson).
Jede Folge dauerte 25 Minuten.

DIE BERTINIS   ZDF
1988. 5-tlg. dt. Drama von Egon Monk (Buch und Regie) nach dem Roman von Ralph Giordano.

Die (Über-)Lebensgeschichte einer halbjüdischen Familie in Deutschland von 1882 bis 1945. Im Mittelpunkt stehen der gescheiterte Pianist und Dirigent Alf Bertini (Tomas Visek; später: Peter Fitz) und seine jüdische Frau Lea Lehmberg (Nina Hoger; später: Hannelore Hoger). Alf ist der Sohn des sizilianischen Kapellmeisters Giacomo Bertini (Nino de Angelo; später: Drafi Deutscher) und der Schwedin Emma Ossbahr (Christine Röthig; später: Elfriede Kuzmany). Leas Eltern sind Rudolph Lehmberg (Matthias Zimmerling; später: Robert Zimmerling) und Recha Seelmann (Zuzana Frenglova; später: Gisela Trowe). Alf und Lea bekommen drei Söhne: Cesar (Till Dunckel; später: Florian Fitz), Roman (Sebastian Eble; später: Daniel Hajdu) und Ludwig (Aslak Maiwald; später: Holger Handtke).

Sie leben in ärmlichen Verhältnissen in Hamburg und kämpfen darum, dass es ihre Kinder einmal besser haben, bis Hitler die Macht ergreift. Sie machen früh die Bekanntschaft des Gestapomanns »Melone« (Gert Haucke), verlieren Arbeit und Plätze in der Schule und schließlich die Wohnung, als Eitel-Fritz Hattenroth (Karl-Heinz von Hassel) sie hinauswirft. Sie flüchten aufs Land, wo sich der Terror fortsetzt, und landen wieder in der Stadt. Zwei Freunde von Roman helfen ihnen: der verkrüppelte Nazigegner Erich Snider (Willy Bartelsen) und Romans Ex-Freundin Erika Schwarz (Rosel Zech). Kurz vor der Verhaftung Leas durch die Gestapo versteckt sich die Familie in einem rattenverseuchten Keller. Snider versorgt sie mit Essen, bis er kurz vor Kriegsende erwischt und getötet wird. Die Bertinis überleben mit Müh und Not.

Der autobiografische Roman Giordanos war 1982 auf große Resonanz gestoßen: So erschütternd und lebensnah war das Schicksal einer von den Nazis so genannten »jüdisch versippten Familie« noch nicht geschildert worden. Das Buch wurde zum Bestseller. Fünf Jahre lang arbeitete Egon Monk an seiner Verfilmung, die in Koproduktion mit dem österreichischen, französischen und Schweizer Fernsehen entstand. Sie löste nicht nur bei den Kritikern Lobeshymnen aus, sondern wurde auch zum Publikumserfolg: Im Schnitt sahen über sieben Millionen Zuschauer die Folgen.

Die einzelnen Teile hatten Spielfilmlänge und liefen innerhalb weniger Tage zur Primetime.

BERUF: ... ARD

1981–1985. Reportagereihe, die verschiedene Berufe vorstellte und im Titel beinhaltete, also: »Beruf: Kameramann«, »Beruf: Kritiker«, »Beruf: Königin« und »Beruf: Weihnachtsmann«.

BERUFE IM BILD DFF 1

1976–1990. Monatliches DDR-Ratgebermagazin mit Petra Strohmeier.

In jeder Folge werden Schulabgängern in Interviews und Filmaufnahmen aus Betrieben zwei Berufe vorgestellt und Ratschläge zur Fort- und Weiterbildung gegeben. Die knapp halbstündigen Folgen, insgesamt rund 160, liefen erst freitags, dann dienstags, schließlich mittwochs im Vorabendprogramm.

BERÜHMTE ÄRZTE DER CHARITÉ DFF

1981–1982. DDR-Reihe mit sieben Fernsehfilmen über die Geschichte der Berliner Universitätsklinik. In jedem Film wird ein Zeitabschnitt erzählt: von der Gründung als Pesthospital zu Beginn des 18. Jh. bis zu Sauerbruch und Bonhoeffer während des Zweiten Weltkriegs.

BERÜHMTE RÄUBERGESCHICHTEN AUS ALLER WELT DFF 2

1988. 6-tlg. tschech. Episodenreihe von Jiří Melíšek, Regie: Hynek Bocan (»Slavné historky zbojnické«; 1986).

Abgeschlossene einstündige Geschichten über bekannte Räuber, Rächer, Banditen und Befreiungskämpfer, darunter der Schinderhannes, Jan Jiří Grasel und Sándor Róza. Alle Filme basierten auf den überlieferten Geschichten wahrer Räuber aus dem 18. und 19. Jh. Ein Off-Erzähler sprach Zwischentexte, in denen er weniger reine Fakten nannte als darüber sinnierte, was ein Räuber in dieser Situation nun wohl tun mochte.

BESCHLOSSEN UND VERKÜNDET ZDF

1975. 13-tlg. dt. Gerichtsserie von Werner E. Hintz, Regie: Thomas Engel.

Fortsetzung von *Lokaltermin* mit neuen Geschichten um Amtsrichter Schröter (Hans Söhnker) und Gerichtsschreiber Wutzke (Dieter Kursawe), die in einem Berliner Amtsgericht um 1900 ihren Dienst tun. Die Folgen waren wieder eine knappe halbe Stunde lang.

BESCHREIBUNGEN ZDF

1979–1989. Namhafte Schriftsteller und ZDF-Autoren beschreiben west- und ostdeutsche Landschaften aus ihrer persönlichen Sicht. Hieß ab 1989 *Ganz persönlich*.

EIN BESONDERES PAAR ZDF

1993–1995. 12-tlg. dt. Familienserie von Marlies Ewald, Regie: Helmut Förnbacher.

Der Juraprofessor Dr. Albert Liszt (Klausjürgen Wussow) und die Innenarchitektin Johanna Friedrichsen (Gila von Weitershausen) sind gegensätzlich, werden aber ein Paar. Beide sind zunächst recht wohlhabend; Johanna muss dann aber mit ihrem Privatvermögen haften, als Dr. Bernhard Lindemeyer (Helmut Förnbacher), der Geschäftsführer der Firma von Johannas verstorbenem Mann, sich mit der Betriebskasse aus dem Staub macht. Sonja (Susanne Evers) ist Alberts Tochter, Ingo (Ulrich Wesselmann) Johannas Sohn. Beide sind erwachsen. Gerrit Axen (Bernd Herzsprung) gehört das Einrichtungshaus Axen, bei dem Johanna arbeitet.

Zwei kurze Staffeln mit dreiviertelstündigen Folgen liefen an verschiedenen Tagen um 19.25 Uhr. Die letzte Folge war 90 Minuten lang.

Die moderierende Hälfte von Pit Weyrich, einem der meistbeschäftigten deutschen Showregisseure (*ZDF-Hitparade, Na sowas*). Seine eigenen Shows wurden nie der ganz große Erfolg.

DIE BESSERE HÄLFTE   ZDF

1990–1992. »Spiel um Menschenkenntnis«. Einstündige Spielshow mit Pit Weyrich.
Hier mussten Männer und Frauen ihre Menschenkenntnis unter Beweis stellen. Dabei traten die verschiedenen Geschlechter gegeneinander an. Selbst das Publikum war streng getrennt: Auf der einen Seite des Mittelgangs saßen nur Frauen, auf der anderen nur Männer.
20 Sendungen liefen etwa monatlich donnerstags zur Primetime.

BEST OF FORMEL EINS   KABEL 1

Seit 2004. Einstündige Retro-Show mit Thomas Anders, in der die früheren Moderatoren der Musikvideoshow *Formel Eins,* Peter Illmann, Ingolf Lück, Stefanie Tücking und Kai Böcking, sich an alte Zeiten erinnern und noch einmal kurze Ausschnitte aus den alten Clips präsentiert werden. Die Erinnerungen der Ex-Moderatoren sind als Miniclip im Clip zu sehen. Fernsehzuschauer dürfen ihr Lieblingsvideo wählen, dieses wird dann komplett und »ungekürzt« gezeigt.
Sieben Folgen liefen bis Mai 2004 sonntags um 19.10 Uhr und eine große Abschlussshow mit Bühnenauftritten früherer Stars am Mittwoch zur Primetime. Und weil das Volk von den 80ern nicht genug bekommen konnte, ging die Show schon im November 2004 in die zweite Runde, jetzt montags um 20.15 Uhr und mit gleich zwei zusätzlichen großen Shows.

BEST OF TV   SAT.1

→ C.O.P.S. – Best of TV

DIE BESTEN FILME ALLER ZEITEN   KABEL 1

Seit 2005. Show, in der Kai Böcking das Ergebnis von Publikumsabstimmungen in Form einer Hitliste herunterzählt und mit Gästen darüber spricht. Die einstündigen Shows am Mittwochabend befassten sich mit jeweils einer Kategorie, also den lustigsten, spannendsten oder romantischsten Filmen, und hießen auch entsprechend. »Die besten Filme aller Zeiten« war schon seit Jahren ein Slogan von Kabel 1.

DIE BESTEN JAHRE   ARD, NDR, HR

1991–1992 (ARD); 1995–1996 (NDR); 1995–1996 (HR). 85-tlg. US-Freundeserie von Marshall Herskovitz und Edward Zwick (»Thirtysomething«; 1987–1991).
Sieben langjährige Freunde, alle über 30, leben ihr Leben in Philadelphia. Michael Steadman (Ken Olin) und Hope Murdoch (Mel Harris) sind ein Ehepaar. Michael betreibt zusammen mit Elliot Weston (Timothy Busfield) eine Werbeagentur, Hope hat ihre Karriere als Autorin unterbrochen, um mehr Zeit für die gemeinsame Tochter Janey (Pilotfilm: Jade Mortimer; ab der zweiten Folge: Brittany und Lacey Craven) zu haben. Elliot und seine Frau Nancy (Patricia Wettig) haben zwei Kinder: Sohn Ethan (Luke Rossi) und Tochter Brittany (Jordana »Bink« Shapiro; in der letzten Staffel: Lindsay Riddell). Michaels Cousine Melissa Steadman (Melanie Mayron), eine Fotografin, der College-Professor Gary Shepherd (Peter Horton) und Hopes beste Freundin, die Stadtverwaltungsbeamtin Ellyn Warren (Polly Draper), sind Singles.
Im Lauf der Zeit gehen Elliot und Nancy durch eine Krise, raufen sich aber wieder zusammen. Nancy erkrankt kurz darauf an Krebs. Michael und Elliot gehen mit ihrer eigenen Agentur Pleite und finden in der von Miles Drentell (David Clennon) neue Arbeit. Hope und Michael bekommen ein zweites Baby, Leo. Schließlich kommen auch Ellyn und Gary unter die Haube: Ellyn heiratet Billy Sidel (Erich Anderson) und Gary Susannah Hart (Patricia Kalember). Gary kommt etwas später bei einem Autounfall ums Leben.

Die besten Jahre war ein früher Vorgänger von *Ally McBeal* und *Willkommen im Leben*. Die Serie bevölkerten viele erfolgreiche Menschen, die irgendwann feststellen, dass Erfolg allein nicht glücklich macht. Das Kinderkriegen leider auch nicht. Schon weil man dann beim Sex aufpassen muss, dass die Kleinen nicht aufwachen. Und irgendwann wünscht sich Hope nach der ganzen Säuglingspflege nur noch »Konversation mit jemandem, der größer ist als 60 cm«.

Die Serie war stolz darauf, »echte« Themen anzufassen. Ein Gespräch zwischen Hope und Michael über die Sicherheitsstandards von Autos wurde allerdings angeblich wieder herausgeschnitten, weil es die Werbekunden hätte stören können. In der zweiten Hälfte der Serie sollte es darum gehen, was mit einer Gruppe von Freunden passiert, wenn einer von ihnen stirbt. Geplant war der Tod der krebskranken Nancy; nach Protestbriefen der Zuschauer traf es stattdessen den liebestollen Gary, just als die Freunde gerade Nancys Sieg gegen den Krebs feierten – aber auch das war erst zehn Folgen vor Schluss.

Jede Episode dauerte 45 Minuten. Die ARD zeigte 35 Folgen in willkürlicher Reihenfolge am späten Sonntagabend, der Rest lief später in mehreren Dritten Programmen, wobei NDR und HR im gleichen Zeitraum unterschiedliche Folgen erstausstrahlten.

DER BESTSELLER ARD
2001–2004. Dt. Krimireihe.
Der erfolglose Kriminalschriftsteller Leo Leitner (Ottfried Fischer) stolpert in Mordfälle und nimmt die Ermittlungen auf.

Die 90-minütigen Fernsehfilme liefen in loser Folge. Neben *Der Bulle von Tölz*, *Der Pfundskerl* und *Pfarrer Braun* war dies die vierte Primetime-Filmreihe mit Ottfried Fischer. Irgendwann wurde es dem Publikum dann doch zu viel. Nach dem dritten Film sagte die ARD die Dreharbeiten zum vierten Teil, deren Beginn wenige Wochen später geplant gewesen war, vorerst ab.

BESUCH AUS LILIPUT ARD
1988. 13-tlg. brit. Fantasyserie von Willis Hall, Regie: Eugene Ferguson (»The Return Of The Antelope«; 1985).
Ein paar hundert Jahre nach Gullivers Besuch auf Liliput treten die kleinen Liliputaner den Gegenbesuch an. Auch ihr Schiff heißt »Antilope« und läuft am Strand auf Grund. Mr. Garstanton (Derek Farr) findet es, hält es für ein Modell und lässt es liegen. Seine Enkel Gerald (Alan Bowyer) und Philippa (Claudia Gambold) entdecken die Liliputaner Spelbush (John Branwell), Fistram (John Quentin) und Brelca (Gail Harrison). Sie nehmen sie mit nach Hause, verstecken sie aber vor den Eltern. Philippa stellt ihr Puppenhaus als Wohnung zur Verfügung.
Jede Folge war 25 Minuten lang. Zwei weitere Staffeln mit insgesamt 13 neuen Folgen wurden nicht in Deutschland gezeigt.

BESUCH BEI … ARD
1980–1981. Porträtreihe mit Fritz Schindler, in der ältere Prominente zu Hause besucht und interviewt wurden, darunter Hans Söhnker, Axel von Ambesser, Paul Dahlke und Magda Schneider. Sieben Ausgaben liefen nachmittags unter der Senioren-Dachmarke *Schaukelstuhl*.

DIE BESUCHER ARD
1984. 16-tlg. tschechoslowak. Science-Fiction-Serie von Ota Hofman und Jindřich Polák (»Návštevníci«; 1981–1982).
Im Jahr 2484 ist ein Komet auf Kollisionskurs mit der Erde. Eine mathematische Formel des Genies Adam Bernau, der zur Jahrtausendwende gelebt hat, könnte die Erde retten. Ein Team unter der Leitung des Akademikers Philipp (Josef Bláha), bestehend aus dem Arzt Dr. Noll (Jiří D. Novotný), dem Techniker Karas (Josef Dvořák) und der Studentin Katja (Dagmar Patrasová), bricht zu einer Zeitreise ins Jahr 1984 auf, als Adam Bernau (Viktor Král) noch zur Schule ging und bei seinen Eltern (Dagmar Veškrnová und Eugen Jegorov) wohnte. Anton Drchlik (Vlastimil Brodský) ist Adams Lehrmeister. Die Serienerfinder Hofman und Polák hatten sich bereits *Pan Tau* ausgedacht. Dessen Darsteller Otto Šimánek spielte in dieser Serie einen Lehrer. 1987 lief die Serie auch in der DDR bei DFF 1 unter dem Titel *Expedition Adam '84*.

Jede Folge war eine halbe Stunde lang, die Serie wurde später aber auch in sieben längeren Folgen plus einem Special wiederholt. Sie lief sonntags nachmittags.

BETRIFFT: FERNSEHEN ZDF
1974–1984. Medienmagazin von Helmut Greulich, das das Fernsehen selbst zum Thema machte.
Ziel der Sendung war es, die Medienkompetenz der Zuschauer zu stärken. In 52 Ausgaben berichtete sie z. B. darüber, wie zwei Arbeiterfamilien einen vierwöchigen Fernsehverzicht überlebten, fragte nach den Möglichkeiten und Grenzen der Berichterstattung über Konflikte im Fernsehen und stellte die Fernsehlandschaft in verschiedenen Ländern vor.

Kontroversen löste ein Film mit dem Titel »Vergiftet oder arbeitslos« von Bernward Wember aus, der den Konflikt zwischen Arbeitsplatzerhaltung und Umweltschutz in der chemischen Industrie in innovativer, provokanter Form behandelte. In *betrifft: fernsehen* diskutierte der Autor mit Gegnern und Experten über den Film.

DIE BETRÜGER ZDF
1965. 13-tlg. brit. Krimiserie (»The Cheaters«; 1962–1963).
Versicherungsdetektiv John Hunter (John Ireland) und sein Kollege Walter Allen (Robert Ayres) entlarven bzw. verhindern Versicherungsbetrug und decken vorgetäuschte Diebstähle und Unfälle auf. Die 25-minütigen Folgen liefen mittwochs am Vorabend.

BETTKANTENGESCHICHTEN ZDF
1983–1990. Halbstündige dt. Reihe für Kinder mit in sich abgeschlossenen Geschichten und wechselnden Darstellern.
Das Schema ist immer dasselbe: Ein Kind hat ein Problem, erzählt davon einem Erwachsenen und fragt ihn, wie das war, als er klein war. Der Erwachsene erzählt daraufhin seine Geschichte, die mit einem ähnlichen Konflikt zu tun hat. Die Erwachsenengeschichte, verfilmt und mit dem Erwachsenen als Off-Erzähler, ist der Hauptteil jeder *Bettkantengeschichte*.
61 Folgen liefen sonntags nachmittags und wurden jeweils mittwochs wiederholt.

BETTY BOOP SAT.1
1984–1985. US-Zeichentrickserie von Max Fleischer (»The Betty Boop Show«; 1971).
Betty Boop ist eine moderne Diva des frühen 20. Jh.: frech, attraktiv, sexy, mit treuherzigem Blick und einer großen Portion Mut. Den Mut braucht sie, denn immer wieder gerät sie in gefährliche Situationen, aus denen sie sich befreien muss. Angelegt war die Figur der Betty Boop eigentlich als Mischung aus der Schauspielerin Helen Kane und einem Pudel. Im Gegensatz zu den meisten Cartooncharakteren ihrer Zeit verschwand das Tier in der Frau aber bald, und es blieb ein echter gezeichneter Mensch.
Die Fernsehserie bestand aus den eingefärbten Cartoons, die in den 30er-Jahren fürs Kino hergestellt worden waren. Ende 1984 zeigte der Sat.1-Vorgänger PKS bereits einige Kurzcartoons. Die halbstündigen Folgen starteten im folgenden Mai, liefen erst täglich nachmittags, dann freitags um 18.00 Uhr.

BETTY UND ALEXANDER ARD
1974–1975. 12-tlg. dt. Familienserie.
In das geruhsame Leben von Betty Lamour (Franziska Oehme), die in einer kleinen Stadt an der Küste Südwestafrikas eine Tankstelle betreibt, kommt Bewegung, als Alexander Leutwein (Michael Haeussermann) auftaucht.
Die halbstündigen Folgen liefen im regionalen Vorabendprogramm.

BETTYS BEAT-BOX HOUSE ARD
1968–1970. Musikshow für Kinder.
Bekannte deutsche und internationale Interpreten wie Gitte, Graham Bonney oder Katja Ebstein singen moderne Kinderlieder im Stil von Beat und Schlager, meist aus der Feder von Christian Bruhn, mit eigens geschriebenen Texten von großen Kinderautoren wie James Krüss, Erich Kästner oder Eva Rechlin. Die zwölfjährige Betty (Sybille Kirmes) moderiert gemeinsam mit dem Erwachsenen Georg Bossert, begrüßt prominente Überraschungsgäste und talkt ein bisschen.
Besonderer Wert wurde auf Authentizität gelegt: Zwischenfälle waren durchaus willkommen und wurden aus den Aufzeichnungen nicht herausgeschnitten. Bossert war nicht nur Moderator, sondern auch Leiter der Sendung. Später entdeckte er Désirée Nosbusch und Anke Engelke.
Die knapp einstündigen Sendungen liefen alle sechs bis acht Wochen im Nachmittagsprogramm.

BEVERLY HILLS, 90210 RTL
1992–2001. 295-tlg. US-Soap von Darren Star (»Beverly Hills 90210«; 1990–2000).
Liebe und Leben in einer Schickimicki-Clique im Nobelort Beverly Hills, deren Mitglieder zu Beginn der Serie durchweg im Teenageralter sind und bis zum Ende zehn Jahre älter werden. Zur Clique gehören zunächst die Zwillinge Brenda (Shannen Doherty) und Brandon Walsh (Jason Priestley), Kelly Taylor (Jennie Garth), Steve Sanders (Ian Ziering), Dylan

Wenn die Hauptfiguren einer Serie einander heiraten, ist anschließend meistens die Luft raus. Weil Brandon (Jason Priestley, 2. v. l.) und Kelly (Jennie Garth, 3. v. l.) das wissen, lassen sie ihre hier bevorstehende Hochzeit in *Beverly Hills, 90210* selbstverständlich platzen. Das gibt Ian Ziering (links, 34) noch zwei Jahre länger die Gelegenheit, so zu tun, als sei er erst Anfang 20. Rechts bemüht sich Produzententochter Tori Spelling um ein schauspielerisches Gesicht.

McKay (Luke Perry), Donna Martin (Tori Spelling) und Andrea Zuckerman (Gabrielle Carteris). Den jüngeren David Silver (Brian Austin Green) kann zunächst niemand ausstehen; nachdem dessen bester Freund Scott (Douglas Emerson) sich versehentlich erschossen hat, wird David jedoch allmählich in die Clique aufgenommen.

Innerhalb der Gruppe geht jeder mal mit jedem eine Beziehung ein, und neue Partner werden in die Clique aufgenommen. So ist Brandon nacheinander mit Kelly, Susan (Emma Caulfield) und Emily (Christine Elise) zusammen. Kelly hat außer mit Brandon Beziehungen mit Steve, Dylan und dem Anwalt Matt Durning (Daniel Cosgrove), Steve mit Kelly, Celeste (Jennifer Grant), Carly (Hilary Swank) und Janet Sosna (Lindsay Price). Donna ist zuerst mit David, danach mit dem gewalttätigen Ray Pruit (Jamie Walters) und mit Noah Hunter (Vincent Young) zusammen. Als Letzte ist Donna lange Zeit noch Jungfrau, und das ist natürlich ein großes Thema. Davids Freundin ist nach Donna zunächst Clare Arnold (Kathleen Robertson), dann Valerie Malone (Tiffani-Amber Thiessen), eine intrigante Bekannte der Walshs, die in deren Haus zieht, als Brenda ins Ausland geht. Dylan, dessen Vater Jake (Josh Taylor) lange im Gefängnis gesessen hat und später bei einem Attentat getötet wird, hat Beziehungen mit Brenda, Kelly und Antonia Marchette (Rebecca Gayheart), die am Tag ihrer Hochzeit mit Dylan erschossen wird. Dylan verlässt daraufhin für mehrere Jahre die Stadt. Andrea heiratet Jesse Vasquez (Mark Damon Espinoza) und bekommt mit ihm ein Kind.

Ständiger Treffpunkt ist das »Peach Pit«, ein Lokal, das Nat Bussichio (Joe E. Tata) führt und dem später der Club »After Dark« angegliedert wird. Brandon bedient zeitweise im »Peach Pit«. Brenda und Brandon, die mit ihren Eltern Jim (James Eckhouse) und Cindy (Carol Potter) zugezogen sind, stammen neben der Jüdin Andrea als Einzige nicht aus reichen Familien. Nach Brenda ziehen auch ihre Eltern sowie Andrea und Jesse und schließlich Brandon und Valerie weg. Als Dylan zurückkehrt, kommt er mit der hinterhältigen Gina Kincaid (Vanessa Marcil) zusammen, einer Cousine Donnas, die sich später als deren Schwester entpuppt.

Zu Beginn sind alle Cliquenmitglieder noch Schüler und besuchen die West Beverly High, wo Andrea die Schülerzeitung leitet. Danach ergreifen sie unterschiedliche Berufe. Valerie leitet das »After Dark«, das später Noah übernimmt. Steve und Brandon gründen eine Zeitung, bei der auch Janet arbeitet. Donna wird Modeschöpferin, Kelly arbeitet zeitweise in einem Krankenhaus und dann in Donnas Boutique. David versucht sich als Popstar, wird dann aber DJ im »After Dark«. Am Ende stellen Dylan und Kelly fest, dass sie eigentlich doch zusammengehören, und beginnen eine neue Beziehung. Auch Donna und David kommen wieder zusammen und heiraten schließlich.

Produzent der erfolgreichen Serie war Aaron Spelling. Die Fernsehzeitschrift »TV Movie« schrieb: »Auch Tochter Tori hatte Grund zur Freude. Er verschaffte ihr in seiner Serie die Rolle der Donna. Für ihren Auftritt in der Welt der Schönen bekam sie von Daddy eine neue Nase und ein Paar Gummibrüste.« Nach seinem Ausstieg als Schauspieler blieb Jason Priestley der Serie als Executive Producer treu, Brian Austin Green wurde ferner gegen Ende Producer, und Jennie Garth und Priestley führten bei mehreren Episoden Regie. Shannen Doherty wurde von Aaron Spelling nach einem Krach rausgeworfen. Luke Perry stieg aus der Serie aus, um eine seriöse Kinokarriere zu starten. Der erhoffte Erfolg blieb jedoch aus, und Perry kehrte zur Serie zurück, wo er fortan im Vorspann als »Special Guest Star« aufgeführt wurde. Die Zahl 90210 im Serientitel ist schlicht die Postleitzahl des Nobelviertels, wenngleich nicht die Postleitzahl der Schule, an der die Serie spielte. Ein Spin-off der Serie war *Melrose Place.*

Die Serie lief samstags zunächst um 19.10 Uhr; später rückte sie stundenweise immer weiter ins Nachmittagsprogramm vor, bis sie schließlich um 15.00 Uhr ausgestrahlt wurde.

DIE BEWÄHRUNG ARD

1981. 10-tlg. frz. Problemserie, Regie: Pierre Matteuzzi (»Les années d'illusion«; 1977).

Der als Folge von Kinderlähmung körperlich behinderte Pierre Louvain (Manuel Bonnet) träumt davon, trotz der Behinderung Arzt werden zu können. Die Serie lief im regionalen Vorabendprogramm.

BEWÄHRUNGSHELFER BERGER ARD

1963. 6-tlg. dt. Problemserie.

Er wirkt mit seiner Strickjacke und der Pfeife gemütlich, doch Heinz Berger (Heinz Weiss) hat als Bewährungshelfer keinen einfachen Job. Er kümmert sich um überwiegend jugendliche Straftäter und schenkt ihnen großes Vertrauen, wird aber manchmal enttäuscht.

Die halbstündigen Folgen liefen im regionalen Vorabendprogramm.

BEWEGTE MÄNNER SAT.1

Seit 2003. Dt. Sitcom von Alexander Stever und Rochus Hahn.

Axel Feldheim (Michael Härle) lebt in einer WG mit dem schwulen Norbert Brommer (Oliver Muth), seit ihn seine Freundin Doro Zöllner (Carolina Vera-Squella) rausgeworfen hat. Brommers beste Freunde sind der Polizist Frank Hilsmann (Ingo Naujoks) und dessen schriller Partner Walter »Waltraud« Gutbrod (Victor Schefé). Seine Mutter Margarethe (Ingrid van Bergen) sucht immer noch die passende Frau für ihn. Wenn sich Hetero- und Homowelten mischen, gibt es regelmäßig Missverständnisse – vor allem, da Norbert Axel heimlich liebt, Axel aber seinerseits alles versucht, um Doro zurückzugewinnen, was ebenso wenig Erfolg versprechend ist. In der zweiten Staffel ab Frühjahr 2004 übernimmt Doro

gemeinsam mit Trixi (Saskia DeLando) das Café, in dem sie kellnert. Zwischen Axel und Trixi funkt es. Norbert schafft es, im Vollrausch mit Rebecca (Ninon Held) zu schlafen, die daraufhin natürlich gleich schwanger wird.
Die Serie versuchte, sich an den Erfolg des Buchs »Der bewegte Mann« von Ralf König und des gleichnamigen Kinofilms mit Til Schweiger, Joachim Król und Katja Riemann dranzuhängen. Serienfiguren und Situation sind an Film und Buch angelehnt, nur dass anders als im Film Axel nicht zu seiner Freundin Doro zurückgekehrt ist. Sat.1 hielt die Serie, die ungeschickt einen alten Schwulenwitz an den nächsten reihte, für ein Zeichen von Toleranz und Modernität. Ralf König distanzierte sich aufs Entschiedenste von dem Machwerk. Etwas weniger plump hatte RTL kurz vorher mit *Trautes Heim* Homosexualität als Stoff für Komödien (wieder-)entdeckt.
Bislang 26 halbstündige Folgen liefen am Freitagabend. Die Titelmusik »Don't Stress Out« ist von Nikko.

BEYBLADE RTL 2
2003–2004. 154-tlg. jap. Zeichentrickserie (»Bakuten Shoot – Beyblade«; 2001–2002).
Wer hätte gedacht, dass der gute alte Brummkreisel ein Highlight im Nachmittagsprogramm für coole Kids des neuen Jahrtausends werden könnte?
Beyblades sind Hightechkreisel, und der junge Tyson ist ein Beyblade-Crack. Er führt die Bladebreakers an, deren Ziel die Beyblade-Weltmeisterschaft ist. Ihre ärgsten Gegner sind die Blade Sharks mit ihrem Anführer Kai.

BEZAUBERNDE JEANNIE ZDF, SAT.1, KABEL 1
1967–1971 (ZDF); 1988–1989 (Sat.1); 2001 (Kabel 1). 139-tlg. US-Sitcom von Sidney Sheldon (»I Dream Of Jeannie«; 1965–1970).
Der NASA-Astronaut Captain Tony Nelson (Larry Hagman) findet eine Flasche, der ein Geist entsteigt. Jeannie (Barbara Eden) war 2000 Jahre in dieser Flasche gefangen. Ein mächtiger Dschinn hatte sie dort hineingezaubert, weil sie ihn nicht heiraten wollte. Fortan dient Jeannie ihrem neuen Meister. Indem sie die Arme verschränkt und blinzelt, kann sie jeden Wunsch erfüllen und sich selbst und andere überall hinzaubern. Damit richtet sie regelmäßig großes Chaos an. Weil sich die keineswegs unterwürfige Jeannie in ihren Meister verliebt, hält sie andere Frauen von ihm fern. Nur Nelsons Freund Roger Healey (Bill Daily), ebenfalls NASA-Captain, weiß außerdem von Jeannie und kennt sie, vor allen anderen verbirgt sie sich. So auch vor dem NASA-Psychiater Dr. Alfred Bellows (Hayden Rorke), der aber dennoch bemerkt, dass im Hause Nelson mitunter merkwürdige Dinge vorgehen, weshalb er zeitweise auch sich selbst für verrückt hält. Später heiraten Jeannie und Nelson, der mittlerweile zum Major befördert wurde.
Der amerikanische Sender NBC entschied, es sei ge-

Der Astronaut und der Flaschengeist: Tony Nelson (Larry Hagman) und Jeannie (Barbara Eden).

rade noch akzeptabel, dass Barbara Eden nur einen Bikini trägt – ihren Bauchnabel dürften Zuschauer aber nicht sehen.
Das ZDF zeigte 78 halbstündige Folgen, die ersten 13 noch in Schwarz-Weiß, mit großem Erfolg. Obwohl der Sender im Mittelteil der Serie viele Folgen ausließ, beinhalteten die ausgestrahlten Folgen auch die Hochzeit, die im Original erst in der letzten Staffel vollzogen wurde. 44 dieser übersprungenen Episoden zeigte Sat.1 ab 1988 in deutscher Erstausstrahlung. Die restlichen noch nicht gesendeten Folgen aus dem mittleren Episodenblock liefen später im digitalen Pay-TV DF 1 und bei Kabel 1. 15 bzw. 21 Jahre nach dem Ende der Serie entstanden zwei »Jeannie«-Fernsehfilme, in denen zwar Larry Hagman nicht mehr dabei war, dafür aber erstmals Jeannies Bauchnabel.

BEZAUBERNDER DSCHINNI RTL
2003–2004. 13-tlg. US-Sitcom von Michael Jacobs (»You Wish«; 1997–1998).
Der 2000 Jahre alte Flaschengeist Dschinni (John Ales), der bisher in einer Öllampe wohnte, bringt das Familienleben der allein erziehenden Gillian Apple (Harley Jane Kozak) und ihrer Kinder Mickey (Alan McKenna) und Travis (Nathan Lawrence) durcheinander und erfüllt Wünsche.
Nicht der Original-, aber der deutsche Titel erinnerte an den Klassiker *Bezaubernde Jeannie*. Die Handlung tat es sowieso. Die Serie lief samstagnachmittags.

BEZIEHUNGSWEISE VOX
1998. 17-tlg. US-Comedyromanze von Marshall Herskovitz und Edward Zwick (»Relativity«; 1996–1997).
Die Journalistin Isabel Lukens (Kimberly Williams) und der Architekt Leo Roth (David Conrad), beide aus Los Angeles, lernen sich bei einem Urlaub in Rom kennen und verlieben sich ineinander. Zurück in L.A., kehren die beiden in ihren jeweiligen Alltag zurück. Und obwohl Isabel bereits verlobt ist, finden sie schließlich doch zueinander.
Die einstündigen Folgen liefen samstags vormittags, anfangs zusätzlich auch am Vorabend.

BEZIRKSVERWALTUNG DER »K«, PRAG DFF 1, DFF 2
1986–1988. 11-tlg. tschechoslowak. Krimiserie von Jaroslav Dietl und Leoš Jirsák, Regie: Jaroslav Dudek (»Malý pitaval z velkého mesta«; 1982–1986).
Bei der Kriminalpolizei in Prag arbeiten unter Hauptmann Kubal (Ladislav Frej) die Ermittler Rudolf Pekař (Vlastimil Hašek), Libor Krajíček (Jiří Krampol), Kamil (Pavel Zedníček) und Jiricek (Michal Pešek). Es sind meist keine spektakulären Fälle, sondern banale Delikte, und es geht nur darum, den Täter zu ermitteln – im Unterschied etwa zum DDR-*Polizeiruf 110* spielt das Warum kaum eine Rolle.
Die Episoden dauern 60 Minuten. Im Original gibt es 15 Folgen.

BIANCA – WEGE ZUM GLÜCK ZDF
2004–2005. 224-tlg. dt. Telenovela von Rasi Levinas, Jörg Brückner und Karen Beyer.
Vier Jahre saß Bianca Berger (Tanja Wedhorn) unschuldig im Gefängnis. Jetzt ist sie wieder frei und trifft in Oliver Wellinghoff (Patrick Fichte) die Liebe ihres Lebens. Dieser Liebe liegen jedoch große Steine im Weg. Dafür sorgt schon Biancas intrigante Cousine Katy Neubauer (Nicola Ransom). Bianca nimmt eine Stellung im Bankhaus von Olivers Vater Alexander (Peter Hladik) an, in dessen Ehe mit Ariane (Kerstin Gähte) es kriselt, was vor allem an seiner Geliebten Maren Heilmann (Joana Schümer) liegt. Auch bei den Wellinghoffs gibt es einen Intriganten, Olivers Halbbruder Pascal (Michael Rotschopf). Sofia (Jytte-Merle Böhrnsen) ist Olivers Schwester, der Chauffeur Eddie Behringer (Christoph Mory) sein bester Freund und Judith Simon (Elisabeth Sutterlüty) seine Verlobte und spätere Ehefrau, was ein weiterer Stolperstein auf Biancas Weg zum Glück ist.
Das ZDF war stolz darauf, die erste deutsche Telenovela im Programm zu haben. Bis dahin hatte es aus Deutschland nur Daily Soaps gegeben. Die vor allem in Lateinamerika außerordentlich erfolgreichen Telenovelas sind moderne Märchen: Anders als bei Daily Soaps steht meist ein Schicksal im Mittelpunkt, Gut und Böse sind noch klarer verteilt, Realismus spielt keine Rolle, und die Serie ist nicht auf Endlosigkeit angelegt, sondern erzählt eine lange, aber abgeschlossene Geschichte. Sat.1 sprang mit *Verliebt in Berlin* als nächster Sender auf den Trend auf.
Die 45-minütigen Folgen liefen erfolgreich montags bis freitags um 16.15 Uhr, samstags zur gleichen Zeit zeigte das ZDF eine Zusammenfassung der Ereignisse der Woche. Gedreht wurde, außer im Studio, in Schloss Peetzow in Brandenburg.

BIBELQUIZ ARD
1967–1968. »Die Reise nach Jerusalem«. Halbstündiges ökumenisches Quiz mit Pfarrer Johannes Kuhn.
Pro Sendung spielen zwei Mannschaften aus je zwei Kandidaten gegeneinander und beantworten Fragen rund um die Bibel, in jeder Sendung zu einem bestimmten Themenbereich, z. B. die Schöpfungsgeschichte. Die Teams spielen im Ausscheidungsverfahren; wer gewinnt, ist in einer späteren Sendung mit neuem Gegner wieder dabei. Hauptpreis für die Gesamtsieger ist am Ende der sechsten Sendung eine Reise nach Jerusalem.
Kuhns Assistent war der Journalist Jürgen Offenbach. Dr. Jörg Zink und Wolfgang Knörzer dachten sich die Fragen gemeinsam aus – ein katholischer und ein evangelischer Pfarrer, damit alles schön ausgewogen war.

DAS BIBELQUIZ RTL
1991–1992. Halbstündiges Quiz.
Wolfgang Binder stellt Fragen aus der Heiligen Schrift. Vier Kandidaten müssen z. B. wissen, in welcher Sprache das Neue Testament geschrieben wurde: Griechisch, Aramäisch, Hebräisch oder Latein? Sie spielen um maximal 5000 DM, die sie aber für einen guten Zweck stiften.
Das Ratespiel lief sonntags nachmittags; nachdem die Quote sich halbiert hatte, nahm RTL es aus dem Programm. Auch die Beauftragten der katholischen und evangelischen Kirchen sagten, sie seien mit den letzten Folgen nicht mehr zufrieden gewesen.

DAS BIBELRÄTSEL ZDF
2005. 4-tlg. Geschichtsreihe von Jens-Peter Behrend und Georg Graffe zur Frage, ob die in der Bibel geschilderten Ereignisse Tatsachen, Märchen oder Propaganda sind. Die Reihe startete am Karfreitag und wurde von Maximilian Schell in der Art des netten Märchenonkels moderiert.

DIE BIBER BRÜDER RTL
2000–2001. 62-tlg. US-Zeichentrickserie (»The Angry Beavers«; 1997–2001).
Die Biberbrüder Norbert und Daggett verlassen das Elternhaus und müssen sich nun allein durchschlagen. Lief am Samstagvormittag. Mehrere Folgen hatte bereits 1997 der Kindersender Nickelodeon gezeigt, der sie produziert hat.

BIBI BITTER ARD
1979. 5-tlg. dt. Kinderserie von Robert Bichl.
Bibi Bitter (Edi Eisheuer) spricht nicht, sondern drückt sich nur mit Gestik und Mimik aus. Vor allem aber sieht er die Welt mit anderen Augen und

möchte gern Dinge verhindern, an die andere sich längst gewöhnt haben: Einen Schneemann versucht er vor dem Schmelzen zu retten, ein kleines Kalb vor dem Schlachthof, und einen Teddybären, den ein Mädchen verloren hat, will er zu seiner Besitzerin zurückbringen – oder doch behalten, weil er das verletzte Stofftier so lieb gewonnen hat.
Der BR wollte die Serie als »Experiment« verstanden wissen und sich ganz auf die Wirkung von Musik und Geräuschen beim Erzählen der Geschichten verlassen. Schon 1977 war ein Einzelfilm mit Bibi Bitter gelaufen. Die Folgen der Serie waren 25 Minuten lang.

BIBI BLOCKSBERG   ZDF
1999. 13-tlg. dt. Zeichentrickserie für Kinder über das kleine Hexenmädchen Bibi nach einer Idee von Elfie Donnelly.
Wie die ebenfalls von Donnelly stammende Figur *Benjamin Blümchen* war auch *Bibi Blocksberg* zunächst (ab 1980) auf Hörspielkassetten populär geworden und fand später den Weg ins Fernsehen.
Die Serie lief samstags nachmittags.

BIBI UND ROLLI   RTL
2000–2003. »Durch dick und dünn«. 6-tlg. dt. Doku-Soap.
Ein Kamerateam begleitet die beiden Übergewichtigen Bibi Kossmann und Roland »Rolli« Fritzen (zusammen 330 kg) während ihrer Bemühungen um einen schlanken Körper. Bibi und Rolli lassen sich dazu operativ einen Ring um den Mageneingang legen, der beim Essen schon nach zwei bis drei Bissen ein Sättigungsgefühl bewirkt. Der Gewichtsverlust hielt sich auf Dauer in Grenzen.
Drei Zweierstaffeln wurden ausgestrahlt.

DIE BIENE MAJA   ZDF
1976–1980. 104-tlg. dt.-jap. Zeichentrickserie für Kinder nach den Geschichten von Waldemar Bonsels.
Die Biene Maja ist eine abenteuerlustige und neugierige Biene, die das Leben genießen und Spaß haben will. Nur am Anfang ist sie etwas schüchtern und mag nicht gleich aus der Wabe schlüpfen, doch dann lernt sie fliegen und will die Welt kennen lernen. Ihr Freund Willi begleitet sie bei allen Abenteuern, jedoch nur widerwillig. Er ist faul, feige und verfressen und beklagt sich unentwegt, ist aber dennoch der große Sympathieträger. Auch der Geschichten erzählende Grashüpfer Flip lässt den Tag lieber ruhig angehen, ist dabei aber wesentlich entspannter als Willi.
Die weiteren Freunde und Bewohner der Klatschmohnwiese sind die Bienenlehrerin Kassandra, die an Maja oft genug verzweifelt, die Libelle Schnuck, die Stubenfliege Puck, der schüchterne Regenwurm Max, das Glühwürmchen Jimmy, der Tausendfüßler Hieronimus – ein Philosoph, dem es schwer fällt, Entscheidungen zu treffen –, der fleißige Ameisenführer Paul Emsig und der gutherzige Borkenkäfer

»Und diese Biene, die ich meine, die heißt Maja, kleine, freche, schlaue *Biene Maja*«: Flip, Maja mit einem neuen aufgeregten Plan, Willi mit Willi-Gesicht, Puck (von links).

Kurt. Gefahr droht den Bienen vor allem seitens der Spinne Thekla, in deren Netz man sich verfangen kann. Später kommt noch die kluge Maus Alexander der Große dazu. Und alle lieben Maja.

Majas Synchronsprecherin war die damals elfjährige Scarlet Lubowski, Willis knarzende Stimme gehörte Eberhard Storeck, der auch die Texte schrieb. (Er sprach außerdem den Snorre in *Wickie und die starken Männer* und den dänischen Koch in der *Muppet Show*. Für beide Serien schrieb er ebenfalls die deutschen Texte.)

Auf Initiative des ZDF entstand die Serie in internationaler Zusammenarbeit: Die Redaktion saß in Deutschland, die Episoden wurden in den USA verfasst, gezeichnet und produziert wurde in Japan. Gut, dass Bienen fliegen können. Für die Fernsehfassung wurden etliche Figuren erschaffen, die in Bonsels' Buchvorlage »Die Biene Maja und ihre Abenteuer« aus dem Jahr 1912 noch nicht vorkamen, darunter auch Willi und Flip.

Die Biene Maja wurde ein Klassiker im Kinderprogramm und noch unzählige Male wiederholt. Ihre Abenteuer erschienen als Hörspiele auf Kassetten und Schallplatten. Zum 25. Geburtstag sendete das ZDF im September 2001 eine lange *Biene Maja*-Nacht mit 17 Folgen hintereinander. Das berühmte deutsche Titellied »In einem unbekannten Land, vor gar nicht allzu langer Zeit, war eine Biene sehr bekannt ...« sang Karel Gott.

Mehrere Episoden sind auf DVD erhältlich.

BIER UND SPIELE ARD

1977. 14-tlg. dt. Familienserie von Bernd Schroeder, Regie: Michael Verhoeven.

Bier spielt für den Handballclub SV Wallbach eine wichtige Rolle, denn der Brauer Alfred Schauer (Heinz Schimmelpfennig) ist der Vereinssponsor. Werner Schulze (Friedrich von Thun) ist der Manager und Jupp Krüger (Hartmut Becker) der Trainer, der eine schwierige Aufgabe hat. Die Mannschaft ist gerade in die Erste Liga aufgestiegen, wo die Gegner stärker als gewohnt sind. In der letzten Folge tritt Jupp zurück und kümmert sich wieder mehr um seine Familie.

Die halbstündigen Folgen liefen im regionalen Vorabendprogramm.

DIE BIESTER ZDF

2001. 12-tlg. dt. Familienserie von Melody Kreiss.

Die drei Frauen Greta Bissinger (Charlotte Schwab), 45, Sabine Bissinger (Ingrid Sattes), 35, und Nicole Bissinger (Elke Winkens), 25, haben vom verstorbenen Uli Bissinger (Wolf Roth) eine Villa am Bodensee und eine Dessousfirma geerbt. Sie waren alle drei einmal mit ihm verheiratet und können sich auf den Tod nicht ausstehen. Dennoch reißen sie sich zusammen und schmeißen gemeinsam den Laden. Schwiegermutter Luise Bissinger (Ruth Maria Kubitschek) mischt sich auch ein, und der Immobilienhai Max von Hässlach (Krystian Martinek) hat es auf die Firma abgesehen. Mit Helen Bissinger (Kathrin Lindner), Paul Bissinger (Samer Nassif) und Dennis Bissinger (Marius Weiss) haben die drei Damen noch drei Kinder von ihrem toten Gatten.

Die 50-Minuten-Folgen liefen dienstags um 19.25 Uhr.

BIG BOSS RTL

2004–2005. Realityshow, in der zwölf Kandidaten um einen Traumjob kämpfen.

Jede Woche müssen die Bewerber, aufgeteilt in zwei Teams, Aufgaben bewältigen, Schnelligkeit, Kreativität und Teamgeist beweisen und auf diese Weise zeigen, wer am besten geeignet wäre, ein eigenes Unternehmen zu führen oder eine Top-Position in einer anderen Firma auszufüllen. Der ehemalige Manager des Fußballbundesligisten Bayer Leverkusen, Reiner Calmund, überwacht als Big Boss die Durchführung der Aufgaben und feuert am Ende jeder Sendung einen Teilnehmer aus dem Verliererteam. Als Berater hat er die Unternehmerin Bettina Steigenberger und den Journalisten Roland Tichy an seiner Seite. Wer ganz zum Schluss übrig bleibt, erhält entweder einen Spitzenjob in der Industrie oder 250 000 Euro Startkapital für eine Existenzgründung. Im Unternehmen des Siegers sitzt Calmund dann im Aufsichtsrat.

Adaption der außerordentlich erfolgreichen US-Show *The Apprentice,* in der der Milliardär Donald Trump einen Mitarbeiter für sein Imperium suchte. Seinen Standardspruch »You're fired!« ließ er sich nach einigen Sendungen schützen, um ihn auf T-Shirts etc. vermarkten zu können. RTL hatte die Rechte gekauft und dicht am Original umgesetzt. Statt mit »You're fired!« schickte Calmund die Verlierer mit den Worten »Sie haben frei!« nach Hause und kanzelte die Möchtegernunternehmer mit Sätzen ab wie »Bei eurem Ergebnis kriege ich wirklich volle Kreislaufstörungen.« oder »Sie haben durch Luftverdrängung geglänzt.«. Gewinnerin wurde die 25-jährige Eventmanagerin Carmen Dohmen, die ankündigte, mit dem gewonnenen Geld eine Eventagentur aufbauen zu wollen.

Elf einstündige Folgen liefen meist dienstags um 20.15 Uhr mit mäßigem Erfolg. Ein Pro-Sieben-Aklatsch namens *Hire Or Fire – Der beste Job der Welt* war einige Wochen zuvor spektakulär gefloppt. Im Sommer 2005 zeigte RTL samstags nachts auch das US-Original.

BIG BROTHER RTL 2, RTL

Seit 2000 (RTL 2); 2000–2001 (RTL). Extrem-Gameshow.

Die Ausgangsidee: Zehn Kandidaten, je fünf Männer und Frauen, die sich nie gesehen haben, leben 100 Tage lang von der Außenwelt abgeschnitten in einem 153 Quadratmeter großen Wohncontainer. Jeder Raum wird rund um die Uhr von Mikrofonen abgehört und von Kameras gefilmt, nachts sind Infrarotkameras im Einsatz. Komfort gibt es nicht, Fernseher, Computer, Telefon oder überhaupt Elektrizität sind nicht vorhanden, warmes Wasser nur begrenzt

(»Back to basic« nannte RTL 2 dieses Konzept). Gemüse muss selbst geerntet, Brot selbst gebacken werden. Lediglich ein geringes Haushaltsbudget steht für Einkäufe zur Verfügung, die den Bewohnern auf Bestellung in eine »Schleuse« gestellt werden. Sie müssen Wochenaufgaben erfüllen, die über die Erhöhung oder Reduzierung des Budgets entscheiden. Alle zwei Wochen stimmt das Fernsehpublikum über den »Rauswurf« eines von zwei Kandidaten ab, die zuvor von den Bewohnern selbst in geheimer Abstimmung nominiert worden sind. Verlässt jemand den Container freiwillig, rücken Reservekandidaten nach. Unter den drei übrig gebliebenen Kandidaten wählt das Publikum zum Schluss den Sieger, der 250 000 DM gewinnt.

»Du bist nicht allein« war das Motto der umstrittensten neuen Show seit langer Zeit, die eine Mischung aus Spielshow, Reality-TV, Doku-Soap und Psychoexperiment war und schließlich »Real-Life-Soap« genannt wurde. Das Konzept stammte von dem Holländer John de Mol und seiner Produktionsfirma Endemol und war in den Niederlanden ein Riesenerfolg. Deutsche Politiker waren vor dem hiesigen Start so freundlich, der Show auch bei uns große Aufmerksamkeit zu verschaffen, indem sie ihr Verbot forderten, weil sie gegen die Menschenwürde verstoße. RTL 2 wies darauf hin, dass alle Kandidaten freiwillig dabei seien und jederzeit die Möglichkeit hätten, auszusteigen.

Trotzdem ging RTL 2 in der dritten Sendewoche nach massivem öffentlichen Druck den Kompromiss ein, die Kameras in den Schlafräumen jeden Tag für eine Stunde abzuschalten. Die Einschaltquoten standen anfangs in keinem Verhältnis zur Aufregung, steigerten sich jedoch mit der Zeit. Mit einem Marktanteil von durchschnittlich 20 % bei den werberelevanten 14- bis 49-jährigen Zuschauern und oft über 40 % bei den 14- bis 29-Jährigen war die Reihe schließlich der bisher größte Erfolg für RTL 2: Einzelne Sendungen wurden von mehr Menschen gesehen als irgendeine andere RTL-2-Sendung zuvor.

Die erste Staffel (1. März bis 9. Juni 2000) lief komplett bei RTL 2. Eine 50-minütige Zusammenfassung der Tagesereignisse zeigte der Sender jeden Tag um 20.15 Uhr. Sonntags gab es einen einstündigen Zusammenschnitt der gesamten Woche *(Big Brother – Die Woche)*, anschließend die einstündige Live-Sendung *Big Brother – Der Talk*. Diese befasste sich u. a. mit den Nominierungen und Rauswürfen. Den Talk moderierte Percy Hoven, Außenreporterin war Sophie Rosentreter; Torsten Wember gab die telefonischen Abstimmungsergebnisse bekannt. Hoven war mit der Live-Situation permanent überfordert und manövrierte sich selbst von einer Peinlichkeit in die nächste. Rosentreter schien einfach nur aufgeregt zu sein, dass sie im Fernsehen war.

Im Internet konnte man rund um die Uhr alle Räume live beobachten. Die Höhepunkte der Staffel: Zlatko schneidet sich die Brusthaare, bis er blutet, Kerstin und Alex haben Sex, Manu kotzt Bier auf den Rasen. Die Kandidaten der ersten Staffel schieden in dieser Reihenfolge aus: Despina (sie ging nach fünf Tagen freiwillig und wurde eine Woche später durch Jona ersetzt), Thomas, Jana, Zlatko, Jona (freiwillig, wurde durch Sabrina ersetzt), Manuela, Kerstin (ging freiwillig und aus Solidarität mit Manuela aus dem Haus, als diese rausgewählt wurde; Ersatzkandidatin: Verena), Alexander, Verena und Sabrina. Unter den verbliebenen Bewohnern Andrea, Jürgen und John wurde im Rahmen einer viereinhalbstündigen Abschlussshow des Potsdamer Zimmermann John zum Sieger gewählt, knapp vor dem Kölner Feinblechner Jürgen, der zuvor über Wochen als großer Favorit galt.

Star der Show wurde aber schon Wochen zuvor der 24-jährige Industriemechaniker Zlatko Trpkovski, ironisch »Sladdi, the Brain« genannt, der in der Show u. a. zum ersten Mal hörte, dass es jemanden gegeben haben muss, der William Shakespeare hieß und anderen Menschen durchaus ein Begriff zu sein schien. Zlatko wurde schon am 9. April überraschend herausgewählt, was sich für ihn als großer Vorteil erwies: Er trat danach in zahllosen Talkshows auf, bekam seine eigene Fernsehshow *Zlatkos Welt* und nahm eine Single mit dem Titel »Ich vermiss Dich wie die Hölle« auf, die auf Platz eins der deutschen Charts kam und sich dort vier Wochen hielt. Zuvor hatte bereits »Leb«, der *Big Brother*-Titelsong, gesungen von der »3. Generation«, zwei Wochen lang Platz eins gehalten.

Nach dem Ende der Show sangen die Kumpels Zlatko & Jürgen das Duett »Großer Bruder« und schafften einen weiteren Nummer-eins-Hit. Auch Alex Jolig, Macho und Gastronom aus Bonn, nahm eine Single auf: »Ich will nur dich« erreichte Platz drei der Charts. Anschließend schwängerte er Jenny Elvers. Die als Zicke abgestempelte Hamburger Studentin Manuela, ihre Freundin Kerstin, eine Schauspielerin, und die Studentin Verena traten nach ihrem Ausscheiden als Moderatorinnen in der RTL-2-Gameshow *Call TV* auf. Jona und John bekamen eine Rolle in der RTL-Serie *Unter uns*. Damit erfüllte sich die Prophezeiung der Produzenten: »Die Kandidaten werden zu Stars.«

Produzent John de Mol vervielfachte mit dem Konzept den Börsenwert seiner Firma Endemol, die Rechte wurden in die USA, nach Großbritannien und in die halbe Welt verkauft. In Deutschland war *Big Brother* über mehr als drei Monate das Medienthema Nummer eins. Endlose Aufgüsse füllten die Sommerpause. *Big Brother – Das Leben danach* zeigte montags um 20.15 Uhr in acht einstündigen Folgen, was die Kandidaten in ihrer neuen Freiheit machten. Auf dem gleichen Sendeplatz liefen anschließend sechs Folgen *Big Brother – Das Beste* mit Zusammenschnitten der Highlights.

Mit Beginn der zweiten Staffel (16. September bis 30. Dezember 2000) hängte sich auch der Muttersender RTL, dem das Experiment anfangs zu riskant war, an den Erfolg an, und beide Sender präsentierten die Containershow gemeinsam. Alles war nun größer, länger und öfter. Unter 70 000 Bewerbern wurden zwölf Kandidaten ausgewählt; der Sieger musste 106 Tage im Haus bleiben. Die jetzt auf eine Stunde verlängerten täglichen Zusammenschnitte zeigte weiterhin RTL 2 von Sonntag bis Freitag. Die Live-Sendung mit Nominierungen und Rauswürfen lief als zweistündige Samstagabendshow zur Primetime bei RTL. Neue Moderatoren waren Oliver Geissen und Aleksandra Bechtel; Gudrun Loeb übernahm die Moderation der Telefonabstimmung. Bechtel moderierte außerdem sonntags um 17.00 Uhr bei RTL das 45-minütige Magazin *Big Brother – Family & Friends*, in dem sie draußen gebliebene Freunde und Familien der Kandidaten vorstellte.

Donnerstags um 23.15 Uhr lief, ebenfalls bei RTL, *Big Brother – Die Reportage*. RTL 2 stockte sein Programm mit *Big Brother – Das Quiz* auf, in dem zwei Stunden lang sonntags bis freitags ab etwa 1.00 Uhr nachts noch einmal die Highlights des Tages mit interaktiven Zuschauerspielen kombiniert wurden; Maike Tatzig moderierte montags bis freitags, Jenny Elvers sonntags. Monatlich berichtete *Big Brother International* abends über das Leben und die Kandidaten in den Containern anderer Länder, in denen das Spektakel auch veranstaltet wurde. Ausführliche Beiträge in allen RTL- und RTL-2-Magazinen (bei RTL 2 auch in den Nachrichten) rundeten die »Berichterstattung« ab.

Bekannt wurden von den Kandidaten der zweiten Staffel vor allem: Christian, der sich von Beginn an als arrogantes Ekel hervortat, sich selbst »Nominator« nannte und schnell freiwillig ging, Daniela und Karim, die zusammen freiwillig gingen und im folgenden Jahr heirateten, der bärige Rocker Harry, der Softie Walter und die »Hexe« Hanka. Es siegte die freundlich-unauffällige Alida vor Harry. Alida moderierte später bei 9Live und übernahm 2004 bei Pro Sieben die Sendung *Das Geständnis*. Wieder gingen etliche Bewohner ins Tonstudio, doch nur zwei Songs erreichten die Top Ten: Christian sang »Es ist geil, ein Arschloch zu sein« und blieb wochenlang auf Platz eins der Charts. Die Nachfolgesingle »Was kostet die Welt« wurde ein Top-Ten-Hit, ebenso »Ich geh' nicht ohne Walter. Dieser Walter Unterweger spielte außerdem später in *Marienhof* mit. Der neue Titelsong »Zeig mir dein Gesicht« von »Berger« erreichte Platz 2 in den Charts.

Die dritte Staffel (27. Januar bis 12. Mai 2001) dauerte wieder 106 Tage, beherbergte anfangs zwölf Kandidaten und ließ auch sonst fast alles beim Alten. Es kam lediglich noch eine Sendung hinzu (*Big Brother – Dein Gewinn*, 90-minütige Vormittags-Spielshow mit Carolin Beckers). Nur die Quoten brachen plötzlich so dramatisch ein, dass der Reality-Überwachungsboom scheinbar mit der Sendung zu Ende ging, die ihn eingeläutet hatte. Hatte die Abschottung von der Außenwelt bei den Kandidaten der ersten Staffel bewirkt, dass sie beim Verlassen des Hauses überrascht feststellten, dass sie Stars geworden waren, war es bei den Kandidaten der dritten Staffel umgekehrt: Sie waren überrascht, als sich niemand für sie interessierte. Das war kein Wunder: Anfang 2001 zog eine unüberschaubare Zahl von Kandidaten in irgendwelche »Container« (u. a. *Girlscamp, To Club*) ein, sodass die Zuschauer den Überblick verloren. Die winzige Pause nach der zweiten Staffel tat ihr Übriges. Der »Spiegel« schrieb: »Jeder Bahnhofsjunkie teilt sich seinen Stoff besser ein.« (Es gewann Karina.)

Entsprechend lang war die Pause bis zum Beginn der vierten Staffel, mit der ernsthaft jedoch niemand gerechnet hatte, obwohl es immer wieder entsprechende Ankündigungen gegeben hatte. Die neue Version (31. März bis 7. Juli 2003) hieß *Big Brother – The Battle*. Aleksandra Bechtel moderierte nun allein. RTL war kein Partner mehr. RTL 2 zeigte täglich um 19.00 Uhr eine einstündige Zusammenfassung und montags um 20.15 Uhr die Entscheidungsshow. Außerdem berichtete Tele 5 täglich ab 22.00 Uhr in *Der Nachtfalke* über das Geschehen im Container und zeigte es live von 0.00 bis 6.00 Uhr. Der »Battle« bestand darin, dass die anfänglich acht Kandidaten (die Gruppen wurden später vergrößert) nun in zwei Gruppen aufgeteilt wurden: Die einen lebten im Luxus, die anderen mussten draußen kochen und auf Stroh schlafen. Nach »Battles«, also Wettkämpfen oder Mutproben, wurde gewechselt. Öffentliches Aufsehen erregte diese Staffel nicht, die Berichterstattung in der Presse ging gegen null, selbst die Politiker und Jugendschützer hatten aufgehört, sich zu erregen. Über *Big Brother* wurde nicht mehr geredet – doch es wurde offenbar von einem ansehnlichen Kreis von Fans gesehen. Die Quoten waren nicht vergleichbar mit den ersten beiden Staffeln, aber auch nicht mit dem Flop der dritten. RTL 2 bekam durch die täglich konstant überdurchschnittlichen Marktanteile einen erheblichen Schub und verlängerte die Entscheidungsshow von einer auf zwei Stunden.

Das Preisgeld betrug diesmal maximal 120 000 €, die genaue Höhe wurde in der letzten Woche dadurch bestimmt, wie gut die verbliebenen vier Kandidaten mehrere Aufgaben erfüllten. Die so erspielten 90 000 € bekam dennoch der Sieger allein: der Essener Bademeister Jan. Und Sava gewann Hella, indem er ihr einen Heiratsantrag machte. Beide hatten im Container nach erfolgreichem Abschluss einer »Battle«, die aus einem Liebesverbot bestand, ungeschützten Geschlechtsverkehr. Anschließend musste Hella Big Brother um die »Pille danach« bitten. Den Titelsong »Alles ändert sich« sang Oli. P.

Die fünfte Staffel (2. März 2004 bis 28. Februar 2005) brachte weitere Verschärfungen mit sich: Zwischen erstem Einzug und Finale lag nun ein ganzes Jahr, und die Kandidaten lebten in drei durch goldene Gitter getrennte Zonen: Team Reich durfte in Luxus schwelgen, Team Survivor musste mit einfachsten Mitteln im Freien leben, Team Normal konnte seine höchst bescheidene Ausstattung durch Fleißarbeiten aufbessern. »Challenges« und »Matches« entschieden über zusätzliche Belohnungen, Preise für einzelne Bewohner und ganze Teams sowie die Frage, wer in welchem Bereich leben durfte. Am

Ende winkten eine Million Euro. Die viel längere Zeit nutzte *Big Brother* für entsprechend langfristige Aufgaben: So wurde der als »Sachsen-Paule« aus Pornos bekannte Kandidat Heiko über Wochen zum Marathonläufer trainiert.
Immer wieder griff die Sendung mit Spielen im Container andere aktuelle Fernsehtrends auf, ließ die Kandidaten gegen Zuschauer zu Hause Quiz spielen oder trainierte sie für einen Boxkampf. Eine geplante Schönheits-OP im Container wurde aber kurzfristig wieder abgesagt. Für heftigste Reaktionen außerhalb des Containers sorgten antisemitische Witze, die einzelne Bewohner spät nachts erzählten.
Dies war auf Premiere zu sehen, weil der Sender gegen Bezahlung eine Live-Übertragung rund um die Uhr anbot. Auch Tele 5 und MTV 2 brachten wieder eigene Zusammenfassungen der Ereignisse. RTL 2 berichtete wie gewohnt täglich um 19.00 Uhr eine Stunde lang vom Treiben im Container; es moderierten Oli. P und gelegentlich der frühere »Nominator« Christian Möllmann. Die zweistündige Entscheidungssendung präsentierte Ruth Moschner. Sie lief zunächst donnerstags, dann montags um 20.15 Uhr.
Die konstant akzeptablen Quoten und erhebliche Zusatzeinnahmen durch Telefon-Hotlines, die Premiere-Abos und viele Merchandisingprodukte bewogen RTL 2, das Konzept nahtlos in einer weiteren, sechsten Staffel (seit 1. März 2005) auf die Spitze zu treiben: Die Kandidaten zogen zeitlich unbegrenzt in ein 4000 Quadratmeter großes *Big Brother*-Dorf. Jochen Bendel übernahm die Aufgaben von Christian Möllmann. Für eine Weile sah es so aus, als würde ausgerechnet diese die kürzeste Staffel, nachdem sich die Marktanteile zu Beginn schlagartig halbierten. Dennoch hielt RTL 2 vorerst an dem Format fest und setzte Oli. P als neuen Hauptmoderator ein, als Moschner zum Juni ihren Ausstieg ankündigte.

BIG BUBBLES ZDF
1994. Einstündiges Musikmagazin mit Carol Campbell, die in einer Großraumdisco mit gelangweilt herumstehenden Jugendlichen und frenetisch klatschenden mutmaßlichen ZDF-Redakteuren aktuelle Künstler ansagte.
Lief viermal am späten Samstagabend, dann gab es ein Best-of, das erstaunlicherweise 60 Minuten lang war.

BIG DIET RTL 2
2001. Real-Life-Show. Der größte Fernsehflop des Jahres 2001. Zehn dicke Kandidaten sollen unter ärztlicher Aufsicht abnehmen. In regelmäßigen Abständen fliegt raus, wer am wenigsten Gewicht verloren hat. Natürlich wird alles von Kameras gefilmt. Abends um 20.15 Uhr liefen einstündige Zusammenschnitte, sonntags eine zweistündige Show. Margarethe Schreinemakers moderierte und glaubte allen Ernstes, das sei ja kein Trash-Fernsehen, sondern eine Wellness- und Gesundheitsshow. Als sie ihren Fehler nach drei Wochen bemerkte, stieg sie aus, Jenny Elvers übernahm die Sonntagsshow und Sandra Steffl die Werktagsausgaben.
Eigentlich sollte die Endemol-Show in Sat.1 laufen und »Diätduell« heißen. Der Sender hatte die Realityshow nach dem Erfolg von *Big Brother* bestellt, sich aber später wieder zurückgezogen, als die Realityquoten zu bröckeln begannen. Daran hat er gut getan, wie sich zeigte, denn der RTL 2-Show sah kaum jemand zu, obwohl im Vorfeld weniger das neue Realityspektakel thematisiert wurde, sondern das Comeback von Frau Schreinemakers nach dreieinhalb Jahren Fernsehabwesenheit. Nach ihrem Abgang nahm die Anzahl der Sendungen von sieben auf vier pro Woche ab. Nach 64 von geplanten 109 Tagen wurde die Show komplett gekippt.
Vor dem Start hatte RTL 2 das Vormittagsprogramm für zwei Wochen täglich 90 Minuten lang mit »Big Diet – Der Countdown« gefüllt. Auf diesem Sendeplatz lief danach ein Fragespiel namens »Big Diet – Dein Gewinn« mit Carolin Beckers und Maike Tatzig.
Drei Jahre später tappte Sat.1 dann doch noch in die Realityfalle: Mit dem nicht ganz unähnlichen Konzept *Kämpf um deine Frau* scheiterte der Sender ähnlich spektakulär.

THE BIG EASY – STRASSEN DER SÜNDE RTL 2, VOX
1997 (RTL 2); 1998 (Vox). 35-tlg. US-Krimiserie (»The Big Easy«; 1996–1998).
Der Polizist Remy McSwain (Tony Crane) ermittelt in New Orleans. Er ist ein Frauenschwarm und nimmt es mit dem Gesetz nicht so genau. Seine Partnerin, Staatsanwältin Anne Osborne (Susan Walters), ist konsequenterweise prüde und extrem gesetzestreu. Später steht McSwain die Polizistin Janine Rebbenack (Leslie Bibb) zur Seite. Der Chef von allen ist McSwains Onkel, C. D. LeBlanc (Barry Corbin).
Die Serie basierte auf dem Film »The Big Easy – Der große Leichtsinn«. Mit der Umbesetzung der Nebenrolle von Walters zu Bibb nach 22 Folgen wechselte die Serie von RTL 2 zu Vox.

BIG GUY & RUSTY PRO SIEBEN
2001. 26-tlg. US-Zeichentrickserie (»Big Guy And Rusty The Boy Robot«; 1999).
Das Roboterduo Big Guy und Rusty beschützt die Erde vor verrückten Wissenschaftlern, Außerirdischen und anderen bösen Wesen. Die Wissenschaftler Dr. Slater und Lieutenant Hunter beaufsichtigen die beiden.

BIG HAWAII RTL
1993–1994. 13-tlg. US-Familienserie von William Wood (»Big Hawaii«; 1977).
Der reiche, konservative Barrett Fears (John Dehner) und sein erwachsener freigeistiger Sohn Mitch (Cliff Potts) betreiben gemeinsam eine Ranch auf Hawaii. Mit den beiden gegensätzlichen Männern leben und arbeiten dort Mitchs »Keke« genannte Cousine (Lucia Stralser) und Familie Kalahani mit Vorarbeiter Oscar (Bill Lucking), Arbeiter Garfield (Moe Keale),

Kimo (Remi Abellira) und deren Mutter Lulu (Elizabeth Smith), der Haushälterin.
Die einstündigen Folgen liefen sonntagmittags.

BIG IN AMERICA – DIE CHANCE DEINES LEBENS   RTL 2

2005. 7-tlg. Doku-Soap. Lou Pearlman, der amerikanische Musikproduzent hinter 'N Sync und den Backstreet Boys, sucht Mitglieder für eine neue Boygroup. Auch vier Deutsche dürfen vorsingen und -tanzen, und RTL 2 darf es zeigen.

THE BIG KICK   SAT.1

2004. Halbstündige tägliche Vorabend-Comedyshow zur damals laufenden Fußballeuropameisterschaft. Wurde zwei Wochen lang ausgestrahlt und von McDonald's gesponsert. Lou Richter moderierte, wechselnde Gastkomiker lasen Witze, die irgendwas mit Fußball zu tun hatten, vom Blatt ab. Ständig dabei: Axel Stein.
Die ähnlich uninspirierte ZDF-Variante der Show hieß *Nachgetreten*.

BIG SKY – EINSATZ ÜBER DEN WOLKEN   ZDF

2000. 53-tlg. austral. Abenteuerserie von Christopher Lee (»Big Sky«; 1996).
Die Fluggesellschaft Big Sky fliegt medizinische Noteinsätze und organisiert Transportlieferungen aller Art. Lauren Allen (Alexandra Fowler) leitet das Big-Sky-Team, Chris Manning (Gary Sweet) ist der abenteuerlustige Chefpilot. Die sechsköpfige Mannschaft komplettieren Jimbo James (Rhys Muldoon), Scotty Gibbs (Martin Henderson), Lexie Ciani (Lisa Baumwol) und Shay McWilliam (Robyn Cruze).
Die 45-minütigen Folgen liefen werktags um 10.50 Uhr.

BIG VALLEY   ZDF, SAT.1

1969–1970 (ZDF); 1996–2000 (Sat.1). 112-tlg. US-Westernserie (»The Big Valley«; 1965–1966).
Victoria Berkley (Barbara Stanwyck) lebt mit ihren Söhnen Jarrod (Richard Long), Nick (Peter Breck) und Heath (Lee Majors) sowie Tochter Audra (Linda Evans) auf ihrer eigenen Ranch. Heath ist eigentlich ein unehelicher Sohn von Victorias verstorbenem Mann. Kurzzeitig lebt auch der vierte Sohn, Eugene (Charles Briles), mit auf der Ranch. Diener der Familie ist der Afroamerikaner Silas (Napoleon Whiting). Gemeinsam trotzen sie einer hinterhältigen Eisenbahngesellschaft, die der Familie ihr Land abluchsen möchte, und bekämpfen Gangster aller Art.
Jede Folge war eine Stunde lang. 61 Episoden zeigte das ZDF sonntags am späten Nachmittag, den Rest lieferte Sat.1 fast 30 Jahre später nach. Einige der Sat.1-Folgen waren zuvor bereits im Pay-TV bei DF 1 gelaufen.

BIGGI   ARD

1998. 7-tlg. dt. Sitcom von Charles Lewinsky.
Die Hausfrau Biggi (Gila von Weitershausen) mietet sich plötzlich gemeinsam mit ihrer Freundin Rieke (Natascha Bonnermann) ein Atelier und beginnt zu malen – sehr zum Leidwesen ihres Mannes Karlheinz (Peter Prager) und des Sohnes Manni (Antoine Monot jun.). In der Titelmusik heißt es zur Erklärung: »Es ist viel schöner ohne Mann, für Biggi fängt das Leben jetzt erst an.«
Jahre nachdem RTL schon hatte feststellen müssen, dass es keine gute Idee ist, Sitcoms wie *Eine schrecklich nette Familie* zu kopieren, machte die ARD noch einmal den gleichen Fehler – und Dutzende handwerkliche noch dazu.
Die Serie lief freitags im Vorabendprogramm.

BILANZ   ZDF

1966–1983. Wirtschaftsmagazin von und mit Wolfgang Schröder.
»Informationen und Meinungen aus dem Wirtschaftsleben« versprach die Sendung. Schwerpunkt war die Wirtschaftspolitik. Dafür schaute schon mal der Bundeskanzler persönlich vorbei, um aktuelle Entwicklungen zu diskutieren. Gelegentlich ließ sich *Bilanz* etwas einfallen, um Themen unterhaltsam aufzubereiten: Am 22. Dezember 1982 wurden eine ganze Sendung lang Wirtschaftsthemen in unterhaltsamen Spielszenen mit bekannten Schauspielern aufbereitet: *SOKO*-Kommissar Göttmann (Werner Kreindl) ermittelte in Sachen Schwarzarbeit, Schwarzgeld oder Missbrauch von Krankenversicherung und Arbeitslosenunterstützung.
1969 wurde Wolfgang Schröder mit dem Adolf-Grimme-Preis mit Bronze ausgezeichnet. Ihm und seinen Mitarbeitern gelinge es, das Interesse der Zuschauer auf ein Gebiet zu lenken, das jeden unmittelbar angeht, aber nur selten auf angemessene Art Berücksichtigung findet, hieß es. Die Sendung war aus dem *Wirtschaftsinterview* hervorgegangen. Nach über 400 Folgen verabschiedete sich Schröder in den Ruhestand. Nachfolgesendung wurde das stärker auf Service ausgerichtete Magazin *WiSo*.
Bilanz lief anfangs in 30 Minuten Länge dienstags nach 22.00 Uhr, dann mittwochs um 20.15 Uhr 45 Minuten lang.

BILANZ DER GUTEN TATEN   ZDF
→ Aktion Sorgenkind

DAS BILD ALS BOTSCHAFT   RTL

1988–1989. Bildbetrachtungen, vor allem klassischer Werke der Malerei.
Die Texte kommen von Autoren der evangelischen und katholischen Kirche, die sich monatlich abwechseln. Die Beiträge greifen meistens das Thema des jeweiligen Sonntagsevangeliums auf.
Die fünfminütige Sendung lief immer sonntags gegen 21.40 Uhr bei RTL und wurde durch *Kunst und Botschaft* abgelöst, eine Sendung, die auch moderne Werke und die Bildhauerei berücksichtigte.

BILDER AUS AMERIKA   ZDF

1982–1991. Reportagemagazin mit Bildern, Eindrücken und Geschichten aus den USA.

In der neuen Welt gab es schon hochmoderne Bandmaschinen, elektrisches Licht und Buchdruck. *Bilder aus der neuen Welt* mit Peter von Zahn.

Die ZDF-Korrespondenten in New York und Washington, Hanns Joachim Friedrichs und Dieter Kronzucker, später auch Gerd Helbig, Hans Scheicher und Horst Kalbus, hatten es sich zum Ziel gesetzt, dem Publikum die Vereinigten Staaten näher zu bringen und Vorurteile abzubauen. Die Unterhaltung sollte jedoch im Vordergrund stehen, und so ging es vor allem um bunte, kuriose und interessante Themen und Menschen aus den verschiedenen Städten und Bundesstaaten.
Die 45-minütigen Folgen liefen mehrmals im Jahr sonntags um 19.30 Uhr.

BILDER AUS DEM DEUTSCHEN FAMILIENLEBEN   ZDF

1970. 4-tlg. Reportagereihe, in der typische deutsche Familienformen vorgestellt werden, z. B. der seit zehn Jahren verheiratete Schlosser aus Thüringen mit Frau und dreijährigem Kind oder die Großfamilie, die mit Eltern, Kindern und Oma Campingurlaub in Österreich macht.
Die 45-minütigen Folgen liefen im Abendprogramm.

BILDER AUS DER FARBIGEN WELT   ARD

1958–1959. Reportagereihe von und mit Peter von Zahn.
Von Zahn hatte den Zuschauern bereits *Bilder aus der neuen Welt* gezeigt, und nach Amerika wollte er ihnen nun das Leben, die Kultur und die persönlichen Geschichten der Menschen anderer Länder nahe bringen: Er berichtete über Nigeria vor der Unabhängigkeit, die Revolten in Belgisch-Kongo und Südafrika, die Probleme Japans (»Volk ohne Rohstoffe und Brotbasis«) und aus dem Sudan (»Zwischen Moderne und Nomadenleben«).
Wie schon in seiner anderen Reihe wurde er von dem Kameramann Uwe Petersen begleitet. Die Reihe brachte es auf acht halbstündige Folgen.

BILDER AUS DER NEUEN WELT   ARD

1955–1961. Monatliche Reportagereihe von und mit Peter von Zahn über den Alltag in Amerika.
Als die Deutschen Amerika nur aus Hollywoodfilmen kannten, zeigte ihnen Peter von Zahn das wahre Leben in den USA: Schulwesen, Ernährung, Frauenbild, Straßenverkehr, Armee, Shopping, Sitten und Gebräuche. Immer wieder ging es um den technischen Vorsprung in den USA, den der Journalist auch gern am Beispiel seines eigenen Lebens und unter zu Zuhilfenahme seiner Familie zeigte: So demonstrierte von Zahns Tochter das Wunder einer Spülmaschine, er selbst ein ebenso erstaunliches Gerät, das er als elektrischen Rasenmäher vorstellte. In fast 50 Sendungen löste sich von Zahn nach und nach aber auch vom Dunstkreis seines Washingtoner Büros und Wohnhauses und stellte den deutschen Zuschauern auch andere Regionen Amerikas vor. Seine Kameramänner waren Fritz Roland und Uwe Petersen.
Peter von Zahn hatte zuvor schon im Radio mit Features »Aus der Neuen Welt« berichtet. Weil der NWDR nicht bereit war, seine Fernsehreihe vollständig zu finanzieren, ließ er sich anfangs vom Presseamt der USA sponsern. Das wünschte sich natürlich eine positive Darstellung des Landes, und so endete die Zusammenarbeit, als von Zahn z. B. über die Rassentrennung kritisch berichtete.
Von Zahn war der erste Auslandskorrespondent des NWDR und orientierte sich als Erster auch am amerikanischen Fernsehen, namentlich an »See It Now« von CBS mit Edward R. Murrow und Fred Friendly. Er trat selbst vor die Kamera, fungierte als unterhaltender Anchorman, der die Sendung moderierte, und

nicht nur als anonyme Off-Stimme zu Filmreportagen – ein Stil, den die »Wochenschau« geprägt hatte. Damit wurde Peter von Zahn bekannt und beliebt und zum Vorbild für spätere Korrespondenten.

BILDER AUS DER SOWJETUNION ARD
1965. 3-tlg. Reportagereihe von Jürgen Nevendu Mont unter Mitarbeit von Manfred Bissinger.
Drei Monate lang reiste ein deutsches Fernsehteam durch die UdSSR und durfte zum ersten Mal weitgehend ohne Auflagen und mit Erlaubnis der sowjetischen Behörden das Leben in der Sowjetunion filmen.

BILDER AUS DER WISSENSCHAFT ARD
1973–1993. 45-minütiges Wissenschaftsmagazin zu Themen wie Erde und Kosmos, Forschung und Technik, Medizin und Umwelt.
Das ZDF hatte bereits 1964 die Sendereihe *Aus Forschung und Technik* eingeführt; danach dauerte es noch neun Jahre, bis auch die ARD ein eigenes Wissenschaftsmagazin ins Erste brachte. Zwei Jahre zuvor hatte der Bayerische Rundfunk allerdings in seinem Dritten Programm das Magazin »Revue – Bilder aus der Wissenschaft« gestartet.
Die ARD-Anstalten BR, NDR und WDR steuerten abwechselnd Sendungen bei. Moderatoren und Autoren waren u. a. Ekkehard Kloehn, Günther Siefarth, Alexander von Cube, Albrecht Fölsing, Dieter Klooss, Holger Meifort, Joachim Bublath, Hans Lechleitner, Helmut Engelhardt und Detlef Jungjohann.
Die Reihe lief zunächst alle vier Wochen freitags um 20.15 Uhr, ab Herbst 1973 donnerstags. Ende der 70er-Jahre wechselte sie auf Mittwoch um 21.45 Uhr und in den frühen 80ern schließlich auf den Sonntagnachmittag.

BILDER AUS EUROPA ZDF
1984–1991. Reportagereihe der ZDF-Korrespondenten mit Bildern, Eindrücken und Geschichten aus den verschiedenen Ländern und Städten Europas. Thema der ersten Sendung war Straßburg. Pro Jahr wurden sechs 45-minütige Folgen im Wechsel mit *Bilder aus Amerika* sonntags um 19.30 Uhr gezeigt.

DIE BILDER DES TAGES RTL
→ 7 vor 7

BILDER, DIE DIE WELT BEWEGTEN ZDF
1980–1983. Reportagereihe von und mit Peter von Zahn.
Von Zahn berichtete mit Originalaufnahmen u. a. über Einsätze des Öl-Feuerwehrmanns Red Adair, die Sturmflut in Hamburg 1962, einen Flugzeugabsturz vor einer Gefängnisinsel, bei dem die Häftlinge freigelassen wurden, um die Passagiere zu retten, Erdbeben in Kalifornien und den Untergang der »Andrea Doria«.
Die Folgen waren 25 Minuten lang und liefen mittwochs am Vorabend.

BILDER, DIE GESCHICHTE MACHTEN ZDF
1991–1992. 20-tlg. dt. Doku-Reihe von Guido Knopp.
Jede der zehnminütigen Folgen erzählte vom Leben einer Person, die auf einem berühmten Pressefoto von einem historischen Ereignis zu sehen war, darunter das bei einem Napalmangriff verletzte Mädchen in Vietnam, das sich küssende Pärchen auf dem Times Square in New York 1945, der vietnamesische Polizeichef, der den Vietkong in den Kopf schießt, Fritz Walter nach dem Wunder von Bern auf den Schultern seiner Mitspieler. Bei der Gelegenheit enthüllte Knopp, dass das Foto des sowjetischen Fahnenhissers auf dem Reichstag bei der Befreiung Berlins am Ende des Zweiten Weltkriegs zwei Tage später nachgestellt worden war.
Die Reihe lief zunächst montags um 22.10 Uhr, die zweite Staffel mittwochs um 22.15 Uhr.

BILDERBUCH DEUTSCHLAND ARD
Seit 1996. Reisereihe, in der sonntags nachmittags jeweils eine deutsche Gegend vorgestellt wird. Schwerpunkt sind nicht die touristischen Hauptattraktionen Deutschlands, sondern unbekanntere Winkel und Städte, die sich ihre Ursprünglichkeit erhalten haben.
Alle 45-minütigen Folgen sind auf Video erhältlich.

BILDERRÄTSEL ARD
1978–1983. »Ein Ratespiel für die ganze Familie« von und mit Jürgen Möller und Klaus Katz.
Im Mittelpunkt steht immer ein bekanntes Gemälde, das Anlass für Zuschauerfragen aus den verschiedensten Bereichen gibt – das Spektrum reicht von Musik bis Mode, von Biologie bis Geschichte. Aus den einzelnen richtigen Antworten ergibt sich ein Lösungswort; zu gewinnen sind Bildungsreisen und Bücher.
Die Rätsel erstreckten sich über rund 45 Minuten und wurden am späten Sonntagnachmittag gestellt. Insgesamt liefen 35 Ausgaben.

BILD(N)ER DER CHEMIE ZDF
1983. 5-tlg. dt. Bildungsreihe, die in jeder Folge die Biografie eines einflussreichen Chemikers vorstellt. Die Reihe führte von Justus von Liebig über Robert Bunsen, William Henry Perkin und Fritz Faber bis hin zu Hermann Staudinger. Die halbstündigen Sendungen liefen sonntagmittags.

BILDSTÖRUNG ARD
1970–1972. Jugendmagazin. Sendereihe von und mit Redakteuren der Münchner Schülerpresse, die mit falschen Bildern von der Gesellschaft aufräumen und ihre Sicht zu aktuellen Problemen darstellen wollten. Es ging z. B. um das Sanktionieren von Schulschwänzen durch Bußgelder oder um Heimerziehung als gesellschaftspolitisches Problem.
Die halbstündigen Folgen liefen in loser Reihe nachmittags.

Bill Cosby Show: Cosby, vermutlich in ein pädagogisches Sachbuch vertieft, lässt sich von Rudy (Keshia Knight-Pulliam) stören.

BILL BO UND SEINE KUMPANE ARD

1968. 4-tlg. Marionettenspiel aus der *Augsburger Puppenkiste,* Buch: Josef Göhlen, Regie: Harald Schäfer.

Im Dreißigjährigen Krieg wollen der hessische Bandit Bill Bo und seine aus diversen deutschen Regionen zusammengewürfelte Bande die Burg Dingelstein erobern. Graf Dingelstein, seine Tochter Ding-Ding, die Haushälterin Augusta, der spanische Neffe Don Josepho und der Wirt des Wirtshauses »Zum friedlichen Esel« wollen das verhindern. Zum Glück haben sie den Reiher Wally und den Eichkater Willy auf ihrer Seite.

Jede Folge dauerte 25 Minuten. Die Serie ist auf DVD erhältlich.

BILL COSBY ZDF

1972. 13-tlg. US-Comedyserie (»The Bill Cosby Show«; 1969–1971).

Der Junggeselle Chet Kincaid (Bill Cosby) arbeitet als Sportlehrer an einer Highschool. Liebevoll und wohlwollend kümmert er sich um die Sorgen und Probleme seiner Schüler. Die Familie ist das Wichtigste in seinem Leben. Zu ihr gehören seine Mutter Rose (Lillian Randolph; in der zweiten Staffel: Beah Richards), sein Bruder Brian (Lee Weaver), dessen Frau Verna (De De Young; in der zweiten Staffel: Olga James) und deren gemeinsamer Sohn Roger (Donald Livingston). Seine Kollegen sind der Schulleiter Mr. Langford (Sid McCoy) und die Schullaufbahnberaterin Mrs. Peterson (Joyce Bulifant).

Die Freundlichkeit, Wärme und Weisheit, die die spätere *Bill Cosby Show* ausstrahlte, war auch hier schon spürbar, und am Ende einer Episode hatte jeder seine Lektion gelernt.

Das ZDF zeigte 13 Folgen, die willkürlich aus den im Original vorhandenen 52 ausgewählt worden waren. Vorenthalten wurde den Deutschen u. a. eine Episode mit Gaststar Henry Fonda, die fast komplett im Fahrstuhl spielte. Die etwas merkwürdige Titelmusik hieß »Hikky-Burr« und stammte von Quincy Jones und Bill Cosby. Darin machte Cosby mit seinem Mund komische Geräusche, die nach einer Mischung aus dem Schnauben eines Pferdes und Schluckauf klangen.

Die halbstündigen Folgen liefen donnerstags um 19.10 Uhr

BILL COSBY SHOW PRO SIEBEN

1987–1990 (ZDF); 1989–1993 (Pro Sieben). 201-tlg. US-Sitcom von Bill Cosby, Ed. Weinberger und Michael Leeson (»The Cosby Show«; 1984–1992).

Der afroamerikanische Frauenarzt Dr. Heathcliff »Cliff« Huxtable (Bill Cosby) und seine Frau, die Anwältin Clair (Phylicia Rashad), leben mit ihren Kindern in New York. Sie sind recht wohlhabend, führen aber ein ganz normales Leben. Das Geld geht vor allem für die fünf Kinder drauf: Sandra (Sabrina LeBeauf), Denise (Lisa Bonet), Theo (Malcolm Jamal-Warner), Vanessa (Tempestt Bledsoe) und Rudy (Keshia Knight-Pulliam), in der Reihenfolge ihrer Geburt. Ständig müssen die Eltern den Kindern eine Lehre erteilen, weil sie irgendwas Dummes angestellt oder vorhaben, z. B. auswärts übernachten, eine Prüfung verhauen, die Schule oder das Studium abbrechen, sich eine Glatze rasieren, heiraten etc. (Vanessa: »Ich habe es getan, es tut mir Leid, und ich habe Strafe verdient.« Cliff: »Ich weiß, ich akzeptiere es, und du bekommst sie.«)

Den meisten Blödsinn machen Theo und sein Kumpel Walter »Cockroach« Bradley (Carl Anthony Payne II.). Und natürlich pumpen die Kinder ihre Eltern nur allzu gern an, meist jedoch vergeblich. Erwähnt ein Kind den Reichtum der Familie, erteilt Cliff folgenden Hinweis: »Deine Mutter und ich sind reich. Du hast nichts.« Dennoch geht es im Huxtable-Haushalt harmonisch und freundlich zu, und nie flucht jemand. Eigentlich warten Cliff und Clair aber nur darauf, dass die Kinder endlich groß sind und ausziehen (»Amerika ist ein großartiges Land, aber es bietet keine Möglichkeit, seine Kinder loszuwerden«).

Sandra hat damit schon mal angefangen und geht aufs College. Sie heiratet am Ende der dritten Staffel ihren Freund Elvin Tibideaux (Geoffrey Owens). Die beiden bekommen später die Zwillinge Nelson (etliche Kinder spielten die Rolle der Reihe nach: Donovan und Darrian Bryant; Everette und Ronald Wilson; Christopher und Clayton Criggs; Gary Gray) und Winnie (gleichfalls: Jalese und Jenelle Grays; Monique und Domonique Reynolds; Jessica Vaughn). Als Nächste verlässt Denise die Familie und geht aufs Hillman-College, das schon ihre Eltern besucht haben (der Spin-off namens *College-Fieber* zeigte ihre dortigen Erlebnisse). Sie bricht später ab, kommt zurück, nimmt verschiedene Jobs an und geht in der fünften Staffel als Assistentin einer Fotografin nach Afrika. Als sie ein Jahr später zurückkehrt, ist sie mit Lieutenant Martin Kendall (Joseph C. Phillips) von der Navy verheiratet, der bereits eine kleine Tochter namens Olivia (Raven-Symone) hat. Martin muss für die Navy nach Asien, Denise geht mit, und Olivia bleibt bei den Huxtables, wo Rudy nun nicht mehr das Nesthäkchen ist.

Die Familie wächst noch weiter: Clairs 17-jährige Cousine Pam Tucker (Erika Alexander) zieht in der siebten Staffel ein, weil ihre Mutter nach Kalifornien übersiedelt ist, wo sie sich um die kranke Großmutter kümmern will. Anna (Clarice Taylor) und Russell Huxtable (Earle Hyman) sind Cliffs Eltern; Clairs Eltern heißen Carrie (Ethel Ayler) und Al Hanks (Joe Williams). Im Serienfinale macht Theo seinen College-Abschluss, Denise teilt telefonisch mit, sie sei schwanger, und am Ende gehen Cliff und Clair alias Cosby und Rashad aus der Kulisse hinaus und verlassen das Studio.

Die Pilotfolge trug den Titel »Warum haben wir vier Kinder?«, und dieser Satz wurde darin auch gesagt. Cliff beantwortete die Frage seiner Frau mit: »Weil wir kein fünftes wollten.« Nach einigen Folgen wurde jedoch die älteste Tochter Sandra in die Serie eingeführt (die im Original Sondra heißt), womit es nun doch fünf Kinder waren. Die *Cosby Show* war in den USA die erfolgreichste Serie der 80er-Jahre und eine der wenigen Sitcoms, die auch in Deutschland großen Erfolg hatten. Selbst die zehnte Komplettwiederholung nach zehn Jahren erreichte noch gute Einschaltquoten.

Hauptdarsteller und Miterfinder Cosby stieg mit ihr zum höchstbezahlten Fernsehstar der USA auf und verdiente in Spitzenzeiten bis zu 185 Millionen $ im Jahr. Die Fernsehfamilie spiegelte in Teilen seine eigene Familie wider: Auch Cosby hat fünf Kinder – vier Töchter und einen Sohn –, und der Mädchenname seiner Frau ist auch im wirklichen Leben Hanks (in der Serie *Detektiv Hanks* zog Cosby später noch einmal den Hut vor seinen Schwiegereltern). Im Abspann wurde er mit vollem Namen und seinem Doktortitel in Erziehungswissenschaften aufgeführt: William H. Cosby, Jr., Ed. D. Der Vorspann änderte sich mit jeder Staffel, doch immer sah man Cosby (mit weiteren Familienmitgliedern) Grimassen schneiden und zur Titelmusik tanzen, die ebenfalls regelmäßig variiert wurde und deren Komponist Cosby war.

Gestartet war die Serie ursprünglich bereits 1987 im ZDF unter dem Titel *Bill Cosbys Familienbande*. 39 Folgen liefen im Nachmittagsprogramm. Im ZDF war die Serie auch noch zu sehen, als zeitgleich bereits die Ausstrahlungen in Pro Sieben begonnen hatten. Dort lief die Serie komplett, die ZDF-Folgen wurden neu synchronisiert. Neben anderen Stimmen (Bill Cosbys deutscher Synchronsprecher war im ZDF Joachim Kemmer, auf Pro Sieben Engelbert von Nordhausen) fiel auf, dass die Menschen plötzlich über die Gags lachten. Das ZDF hatte die klassischen Sitcom-Lacher dieser vor Publikum aufgezeichneten Serie weggelassen.

BILL COSBYS FAMILIENBANDE ZDF
→ Bill Cosby Show

BILLS FOOD RTL 2
2005. Austral. Kochshow mit dem Lifestyle-Koch Bill Granger am Samstagvormittag, der z. B. zeigt, wie man Rührerei macht und dazu frisches Brot statt Toast empfiehlt.

BILLY ZDF
1982. »Ein junger Mann auf der Suche nach seiner Identität«. 20-tlg. dt.-brit. Jugendserie von William Corlett, Regie: Bob Hird und Tony Kysh (»Barriers«; 1981–1983).

Als seine Eltern ums Leben kommen, erfährt der 17-jährige Billy Stanyon (Benedict Taylor), dass sie ihn adoptiert hatten und seine wahren Eltern 1963 unter mysteriösen Umständen an der österreichisch-ungarischen Grenze starben. Mit Hilfe seines Vormunds Vincent Whitaker (Paul Rogers) macht er sich auf die Suche nach ihrer und seiner Geschichte.

Das ZDF machte aus den eigentlich zehn Folgen 20 halbstündige Episoden, die dienstags um 18.20 Uhr liefen.

BILLY THE CAT ZDF, KI.KA
1998 (ZDF); 2001 (KI.KA). 52-tlg. brit. Zeichentrickserie (»Billy The Cat«; 1995–1998).

Der freche zehnjährige Billy ist im Körper einer Katze gefangen. Ein Zauberer hat ihn damit für seine Streiche bestraft, aber Billy tut und lässt weiterhin, was er will.

BIM BAM BINO TELE 5, KABEL 1
1988–1992 (Tele 5); 1993–1998 (Kabel 1). Kindersendung und Rahmenprogramm für viele Zeichentrickserien, moderiert von der frechen Puppenmaus Bino und der nicht so frechen Puppenkatze Lucy. Menschliche Co-Moderatorin war zunächst Gundis Zámbó.

Bim Bam Bino: Maus Bino (links) mit Katze Lucy und der ersten Moderatorin Gundis Zámbó (rechts).

Das Rahmenprogramm dauerte täglich mehrere Stunden und beherbergte Serienklassiker wie *Die Schlümpfe* oder *Captain Future*. Nach der Einstellung von Tele 5 wanderte die Sendung in das Programm des damaligen Kabelkanals, begleitet von einer großen Anzeigenkampagne. Sie war weiterhin ein stundenlanges Rahmenprogramm, nur die Serien waren jetzt andere, da der neue Sender nur die Rechte an der *Bino*-Show, nicht aber an den Serien gekauft hatte.

Im März 1993 wurde die Show mit dem Fernsehpreis »Goldenes Kabel« ausgezeichnet. Die Ehrung galt einem Best-of-Zusammenschnitt der alten Tele-5-Folgen. Kabel 1 fühlte sich trotzdem selbst geehrt – und änderte das Konzept. Die Maus sollte jugendlicher und salopper werden, um nicht nur Kinder, sondern auch die für die Werbeindustrie interessanteren Jugendlichen anzusprechen. Es ging nun in den kurzen Szenen nicht mehr nur um Kinderthemen, sondern auch um Probleme wie Fremdenhass, Aids und Drogen. Vor allem aber musste Bino sich umziehen: Die Latzhose und das geringelte Shirt kamen in den Schrank, er trug jetzt Baseballkappe und coolen Schlabberpulli. Außerdem kam Bino in den Stimmbruch, was an der Umbesetzung des Puppenspielers und Sprechers lag. Albert Fritsche übernahm von Siegfried Böhmke, der gekündigt hatte, um dorthin zu gehen, wo bereits die vom Kabelkanal nicht übernommenen *Bino*-Redakteure hingegangen waren: zu RTL 2. Dort entwickelten sie die neue Puppenshow *Vampy*. Auch Zámbó wurde im Sommer 1993 ausgetauscht, neuer Co-Mensch wurde Sonja Zietlow. Das neue Team war kurz zuvor bereits durch deutsche Kaufhäuser getourt (immer Hertie) und hatte Diskussionsrunden unter dem Motto »Bino gegen Gewalt auf dem Schulhof« veranstaltet – und nebenbei den Relaunch beworben.

Ab Herbst 1993 galt eine neue Werberichtlinie, wonach Kindersendungen nicht mehr durch Werbung unterbrochen werden durften. Als Konsequenz beendete der Kabelkanal die mehrstündige Show – und ersetzte sie durch täglich bis zu fünf »Einzelsendungen« mit eigenem Abspann. Sie liefen weiterhin zwischen den Trickserien und waren in der Regel jeweils nur fünf Minuten lang, aber jedes Mal durfte davor und danach Werbung gezeigt werden. Auf diese Weise brachte es die Reihe auf 13 902 Folgen.

Ab Herbst 1995 wurde noch einmal modernisiert. Bino bekam eine neue Kulisse (Café statt Keller) und abermals eine neue Co-Moderatorin: Alexa Hennig von Lange. Außerdem wurden jetzt auch kurze Außenreportagen gezeigt. Der Kabelkanal war inzwischen zu Kabel 1 geworden. Anfang April 1998 verabschiedete sich der Sender vorübergehend aus dem Wettbewerb mit Super RTL und Nickelodeon um die Kinder und stellte sein komplettes Kinderprogramm ein.

Bino wurde auch nach Japan, Polen, Südkorea und Saudi-Arabien exportiert.

BIMBELS ZAUBEREIMER RTL 2
2000. 26-tlg. brit. Zeichentrickserie für Kinder (»Bimble's Bucket«; 1996–1999).
Der von Winzibinzi gehütete Zaubereimer erfüllt Bimbel jeden Wunsch.

BINGO SAT.1
1991–1992. Halbstündiges Quiz mit Wolf-Dieter Herrmann.
Drei Kandidaten versuchen möglichst schnell ihr Spielfeld aus fünf mal drei Zahlenfeldern auszufüllen. Wer am schnellsten richtig auf eine Allgemeinwissensfrage antwortet, kann ein Feld belegen. Der-

Bingo: Wolf-Dieter Herrmann und Assistentin Petra Hausberg versprechen die ganz heißen Gewinne, z. B. ein Wochenende im Sporthotel Reuthmühle.

jenige, der zuerst alle Felder belegt hat, hat »Bingo« und ist der Tagessieger. Er spielt an einer Wand aus fünf mal fünf Feldern und muss möglichst schnell durch richtige Antworten eine Fünferreihe bilden, um einen Geldpreis zu gewinnen. Durch zuvor per Post ausgelieferte Spielkarten können auch die Fernsehzuschauer zu Hause teilnehmen.
Die Sendung lief montags bis samstags um 18.15 Uhr.

BIO'S BAHNHOF ARD

1978–1982. Donnerstagabendshow von und mit Alfred Biolek, die live aus einem stillgelegten Eisenbahndepot der Köln-Frechen-Benzelrather Bahn gesendet wurde.
Bio's Bahnhof mischte die leichte mit der ernsten Unterhaltung, Kunst und Kultur mit populärer Musik und Talk, prominente Showstars mit talentierten Kleinkünstlern und galt als die erste wirklich neue und innovative Sendung im Fernsehen seit *Wünsch dir was* neun Jahre zuvor. Nach dem Auftritt jedes Künstlers führte Biolek ein Gespräch mit ihm und gewann dadurch viele Zuschauersympathien, dass er seinen Gästen ehrliches Interesse entgegenbrachte. Zu den jungen Nachwuchstalenten, die Biolek in seiner Show präsentierte, gehörte die damals zwölfjährige Anke Engelke, die ein Lied des Pianisten Alexis Weissenberg sang, der sie am Klavier begleitete.
Bio's Bahnhof wurde zu einer der beliebtesten Sendungen im Fernsehen und machte ihren Erfinder Alfred Biolek zum Star. Insgesamt wurden 30 Folgen gesendet – Biolek beschloss aufzuhören, bevor es Abnutzungserscheinungen gab. 1983 erhielt er für die Show den Adolf-Grimme-Preis mit Gold. 1992 gab es am 2. Oktober zum bevorstehenden zweiten Jahrestag der deutschen Einheit eine Sonderausgabe aus den neuen Ländern mit dem Titel »Bio's Bahnhof Potsdam«.

BIRDLAND – EIN HOSPITAL FÜR DIE SEELE RTL

1998. 7-tlg. US-Arztserie von Walter F. Parks und Scott Frank (»Birdland«; 1994).
Dr. Brian McKenzie (Brian Dennehy) leitet die psychiatrische Abteilung eines Krankenhauses. Er spielt, hat sich nach der Scheidung von seiner Frau immer mehr von seinem Sohn Scott (Scott Grimes) entfremdet und führt eine heimliche Beziehung mit Dr. Jessie Lane (Lindsay Frost). Er hat sein eigenes Leben also kein bisschen im Griff, ist aber engagiert und einfühlsam und tut zum Wohl seiner Patienten alles. Notfalls verstößt er auch gegen Regeln, sehr zum Unmut von Verwaltungschef Dr. Alan Bergman (John Rothman). Der naive Dr. Lewis Niles (Jeff Williams), Dr. Gil Zuchetti (David Packer), Oberschwester Lucy (CCH Pounder), Schwester Mary (Leslie Mann) und Oberpfleger Hector Julio (Oscar Mechoso) vervollständigen das Personal; Steve Horner (Kevin J. O'Connor) ist einer der Stammpatienten.
Die einstündigen Folgen liefen sonntags spät, spät nachts.

BIRDS OF PREY RTL

2003–2004. 13-tlg. US-Fantasyserie von Laeta Kalogridis (»Birds Of Prey«; 2002–2003).
Seit dem Verschwinden Batmans bekämpfen drei Frauen aus seinem Umfeld das Böse in New Gotham City. Diese *Birds of Prey,* also Raubvögel, bestehen aus Barbara Gordon alias Ex-Batgirl Oracle (Dina Mayer), die die Chefin des Trios und seit einem Angriff durch den »Joker« an den Rollstuhl gefesselt ist, Batmans und Catwomans Tochter Helena Kyle alias Huntress (Ashley Scott) und dem telepathisch begabten Teenagermädchen Dinah Lance (Rachel

Skarsten). Auf ihrer Seite ist die Polizistin Jesse Reese (Shemar Moore). Ihre gemeinsame Erzfeindin ist die mysteriöse Ärztin Dr. Harleen Quinzel, genannt Harley Quinn (Mia Sara). Jede Folge beginnt mit einer Einleitung durch Batmans Butler Alfred Pennyworth (Ian Abercrombie).
Wie die Serie *Smallville,* die Supermans Jugendjahre behandelt, basierte auch *Birds of Prey* auf den Abenteuern eines Comic-Superhelden und schuf neue Grundvoraussetzungen. Die einstündigen Folgen liefen am Samstagnachmittag im Doppelpack mit *Smallville.*

BIRTE KARALUS RTL
1998–2000. Einstündige Daily-Talkshow mit Birte Karalus.
Birte Karalus, produziert von Hans Meisers Firma crea-tv, war die mit Abstand härteste Talkshow ihrer Zeit. Schon nach der ersten Woche stellte die zuständige Landesmedienanstalt fest, dass die »freiwilligen Verhaltensgrundsätze«, die die Privatsender für Talks gerade erst beschlossen hatten, nicht eingehalten wurden. Die Redaktion versprach, in Zukunft »weniger Alkoholiker« in die Sendung zu nehmen und keine Kinder unter 16 Jahren. In einer Sendung hatte ein 15-jähriger Junge neben seinem leiblichen und seinem Pflegevater gesessen, während die beiden sich fast schlugen. Ein Highlight (oder Tiefpunkt) in der kurzen, aber skandalträchtigen Geschichte war eine Sendung mit dem 14-jährigen Serienstraftäter »Mehmet«, der aus München in die Türkei ausgewiesen worden war – der Fall hatte bundesweit für Schlagzeilen gesorgt. Trotz der Behauptung, keine Gäste unter 16 einzuladen, schaltete man »Mehmet« aus der Türkei zu. Karalus moderierte ihn mit den Worten an: »Ist er der hoffnungslose Kriminelle? Oder der arme Junge, der zwischen den Mühlen von Polizei und Justiz zermahlen wurde? Am besten fragen wir ihn selbst.«
Typische Themen waren »Furchtbar! Und so was wie ihr hat Kinder!«, »Igitt, du gehst zu Huren«, »Ganz ehrlich, diese Schläge hast du dir verdient« und »Du Schlampe, du lässt dich ja von jedem Typen schwängern«.
Seit Karalus täglich talkte, sendete RTL jeden Nachmittag vier Stunden Talk am Stück. Sie war die Erste, die zwei Jahre später nach 404 Sendungen bröckelnden Quoten zum Opfer fiel. Karalus selbst schien darüber ähnlich erleichtert zu sein wie viele andere. »Nie wieder würde ich eine Nachmittags-Talkshow machen«, sagte sie zwei Jahre später der »Bild«-Zeitung. »Es gab Augenblicke, da stand ich im Studio und habe mich geschämt. Sinnloser Krawalltalk! Da zog sich mir der Magen zusammen.«
Die Show lief werktags um 14.00 Uhr.

BIS ANS ENDE DER WELT ZDF
1978–1979. 14-tlg. rumän. Abenteuerserie von Alexandru Struteanu und Mircea Mureşan nach dem Roman »Heißt auf die Segel« von Radu Tudoran (»Toate pînzele sus«; 1976).
Der rumänische Kapitän Anton Lupan (Ion Besoiu) trifft in Port Said in Ägypten Mitte des 19. Jh. den Franzosen Pierre Vaillant (Ion Dichiseanu). Gemeinsam brechen sie auf den Spuren einer Expeditionsreise, seit der Lupans Vater verschollen ist, mit einem Segelschiff nach Feuerland auf.
In der ZDF-Fassung waren die Folgen 25 Minuten lang. In der DDR lief die Serie ab 1980 in sieben Teilen à 50 Minuten auf DFF 2 unter dem Titel *Mit vollen Segeln.*

BIS DASS DER TOD UNS SCHEIDET ZDF
2005. 5-tlg. Dokumentarreihe aus Guido Knopps Redaktion Zeitgeschichte über prominente Ehepaare, in jeder Folge eines: Diana und Prinz Charles, Hillary und Bill Clinton, Grace Kelly und Fürst Rainier von Monaco, Soraya und der Schah von Persien. Alles sehr ungewöhnliche Personen für Knopps Redaktion. Erst in Folge 5 kehrte gerade noch der Alltag ein: Magda und Joseph Goebbels.
Die Reihe lief dienstags um 20.15 Uhr.

BISMARCK ARD
1990. 3-tlg. dt.-österr. Historienfilm von Helmut Pigge, Regie: Tom Toelle.
Bismarck (Uwe Ochsenknecht) diktiert als alter Mann seine Biografie und schaut in Rückblenden auf sein Leben zurück.
Der Dreiteiler entstand anlässlich des 175. Geburtstags Bismarcks und war – abgesehen von der Titelrolle mit Ochsenknecht als saufendem, fressendem und cholerischem Politiker – eine dröge, staubtrockene Geschichtsnacherzählung.

BISTRO ARD
1979. 45-minütige Musikshow mit Mort Shuman, Gerd Vespermann, Hans Jürgen Diedrich und Stargästen mit ihren Hits.
Der Amerikaner Shuman selbst war ein international erfolgreicher Songschreiber. Er hatte zwar nie selbst einen Hit gesungen, dafür aber etliche für Stars wie Elvis Presley oder die Drifters geschrieben, darunter »Save The Last Dance For Me«, »Viva Las Vegas« und »Sweets For My Sweet«.
Drei Ausgaben liefen in größeren Abständen donnerstags nach 21.00 Uhr.

BISTRO, BISTRO ZDF
1993. 13-tlg. dt. Sitcom.
Giorgio (Uwe Fellensiek) ist der Wirt des Bistros, in dem die junge Marion (Stephanie Philipp) und die ältere Hilde Bayer (Louise Martini) arbeiten. Stammgäste sind der superschwule Heiner (Klaus Guth), der nebenan im Blumenladen arbeitet, der grobe Taxifahrer Victor »das Wiesel« (Ralf Richter), die exaltierte Klatschreporterin Yvonne (Ute Willing), der Endlosstudent »Professor« (Tilo Prückner) und der doofe sächsische Polizist Manfred (Christian Ebel).
Bistro, Bistro sollte die deutsche Adaption von *Cheers* sein. Nachdem das ZDF schon an der schlichten Übersetzung des Originals *(Prost, Helmut)* ge-

scheitert war, ließ es auch die Chance zur späten Wiedergutmachung konsequent ungenutzt und setzte trotz renommierter Autoren wie Eva und Volker Zahn, Karl Heinz Willschrei und Peter Bradatsch statt auf Wortwitz und Situationskomik nur auf überzeichnete Schießbudenfiguren aus der Klischeeschublade.

Die 25 Minuten langen Folgen liefen freitags um 22.15 Uhr.

BITTE IN 10 MINUTEN ZU TISCH   ARD

1953–1964. »Kochkunst für eilige Feinschmecker« mit Clemens Wilmenrod, Regie: Ruprecht Essberger. Die erste Kochshow im deutschen Fernsehen. Wilmenrod war eigentlich Schauspieler und nur Hobbykoch, was die Profis natürlich auf die Palme brachte: Er könne ja nicht einmal Geflügel tranchieren. Den Zuschauern war es wurscht. Wilmenrod erfand abenteuerliche Namen für banale Gerichte, erzählte eine Anekdote nach der anderen – und die Leute, die er mit den Worten »Ihr lieben, goldigen Menschen« begrüßte, liebten ihn. Später nannte er sie auch die »lieben Freunde in Lucull« und schließlich die »liebe Feinschmeckergemeinde«.

Aus dem unterbeschäftigten Schauspieler Carl Clemens Hahn wurde der bekannte Fernsehkoch Clemens Wilmenrod (Willmenrod, mit einem »l« mehr, war sein Geburtsort im Westerwald). Sein markantes Gesicht mit Stirnglatze und Menjoubart war bekannt wie kaum ein anderes; Wilmenrod hatte es sich als Strichzeichnung auf seine Schürze drucken lassen, so dass es sogar im Bild war, wenn die Kamera nur seine vor dem imponierenden Bauch hantierenden Hände zeigte. Sein Bild schaffte es 1959 sogar auf den Titel des »Spiegel«, allerdings unter dem Titel »Werbung in Gelee«. Die Kochbücher zu seiner Sendung verkauften sich hunderttausendfach. Product-Placement wurde sein Haupterwerb: Nach einem Vertrag mit einem Rumhersteller schwärmte er von der Kunst, Obst in Rum einzulegen. Unterstützt wurde er von seiner Frau Erika und dem vollelektronischen »Schnellbrater Heinzelkoch«. In seiner ersten Sendung servierte er »Fruchtsaft im Glas, italienisches Omelett, Kalbsniere gebraten mit Mischgemüse aus der Dose, Mokka«.

Schon früh wagte sich Wilmenrod an Vorbilder mit großen Namen. So bereitete er das »Päpstliche Huhn« zu, nach einem Rezept des Leibkochs von Papst Pius V. aus dem 16. Jh. Es heißt, genau dieses Huhn habe man 1954 bei der letzten Viererkonferenz über den Status Deutschlands für den sowjetischen Außenminister Molotow zubereitet, nachdem man bei Wilmenrod gesehen hatte, wie es geht. Es ging aber auch unkomplizierter: Die Folge vom 26. Januar 1956 stand unter dem Motto »Ich braue mir einen Tee«. Typisch für seinen Stil war eine Sendung im Mai 1956, als er Erdbeeren von ihren Stielen befreite und mit Mandeln spickte. Er erklärte diese kulinarische Großtat mit den Worten: »Wenn die Kirsche einen Kern hat, den wir wegwerfen müssen, und die Pflaume auch, warum soll nicht die

Bitte in 10 Minuten zu Tisch mit Clemens Wilmenrod. Dem echten fielen die Haare wesentlich schneller aus als der Zeichnung.

Erdbeere einen Kern mal von uns erhalten?« Natürlich rief der Erfolg auch Kritiker auf den Plan; in der »Hörzu« wurde Wilmenrod einmal – angeblich auf ausdrücklichen Wunsch des Chefredakteurs Eduard Rhein – als »Wilmenrotz« angekündigt.

Die 15-Minuten-Kochsendung lief zunächst am Mittwoch-, später am Freitagabend, zwischendurch auch mal an anderen Tagen. Hunger hatte man ja eigentlich immer. Besonders in den Anfangsjahren wurde sie unter vielen verschiedenen Titeln angekündigt, darunter *Was mir schmeckt, schmeckt auch anderen*, *Kochkunst für moderne Feinschmecker* und *Clemens Wilmenrod bittet zu Tisch*. Wilmenrod trat auch in *Zu Gast bei Margot Hielscher* auf. Seine eigene Sendung brachte es auf 180 Folgen.

1967 erschoss sich Clemens Wilmenrod nach der Diagnose einer unheilbaren Krankheit im Krankenhaus.

BITTE KEINE POLIZEI   ZDF

1975. 13-tlg. dt. Krimiserie von Bert Harras, Regie: Wolfgang Schleif.

Peter Martin (Til Erwig) ist Privatdetektiv, aber kein Draufgänger, sondern eher ein leiser, bescheidener Typ. Gelegentlich arbeitet er bei der Aufklärung der Fälle mit Kommissar Matthias Wenzel (Siegfried Rauch) zusammen, dem Bruder seiner Frau Vera (Susanne Beck). Ihr Sohn heißt Jan (Andreas Fröhlich), Wenzels Frau Monika (Lin Lougear).

Die 25-Minuten-Folgen liefen mittwochs am Vorabend.

BITTE LÄCHELN — TELE 5, DSF, RTL 2
1990–1992 (Tele 5); 1993 (DSF); 1993–1998 (RTL 2). Amateurvideoshow.

Täglich plumpsen irgendwo auf der Welt Kinder von Schaukeln, rutschen Männer aus Hängematten, glitschen Frauen in Schwimmbecken und scheppern Hunde gegen Glastüren. Und immer öfter stand ein Familienmitglied mit der Videokamera daneben und schickte die Aufnahmen des Missgeschicks freundlicherweise an einen Fernsehsender. Noch Jahre später liefen diese Aufnahmen irgendwo anders auf der Welt in Sendungen wie *Bitte lächeln*. Vom Klassiker *Pleiten, Pech und Pannen* unterschied sie sich, indem sie sich auf Heimvideos beschränkte und nicht auch Pannen aus Funk und Fernsehen zeigte – vor allem jedoch dadurch, dass man einigermaßen ambitioniert versuchte, das Geschehen schadenfroh und am liebsten gereimt zu kommentieren. Zu den Aufnahmen von zwei Jungs, die sich während einer chinesischen Prozession prügeln, hieß es aus dem Off: »Es war einmal gewesen / in einer Schule der Chinesen, / da kam's mit großer Vehemenz / zu einer Fäusteturbulenz. / Der eine schlug so ganz pauschal / dem anderen in sein Oval. / Doch dort ist's eine Spur sozialer, / in China sind die Veilchen schmaler.«

Anfangs moderierten Mike Carl und Gundis Zámbó die 50-minütige Abendshow sonntags um 20.15 Uhr. Als das Format 1993 mit Einstellung des Senders Tele 5 zum Deutschen Sportfernsehen DSF wechselte, wurden Manfred Erwe und Jessica Stockmann für kurze Zeit neue Moderatoren. In der zweiten Jahreshälfte griff RTL 2 die Sendung auf, und es übernahm wieder Mike Carl, diesmal gemeinsam mit Martina Menningen – das »TV-Dream-Team«, wie der Sender fand (derweil liefen im DSF noch ein paar zuvor konservierte Folgen mit dem alten Team). Die Show war jetzt nur noch eine halbe Stunde lang, wurde aber täglich ausgestrahlt. Carl und Menningen wurden 1997 durch Matthias Opdenhövel und Aleksandra Bechtel ersetzt, um jüngere Zuschauer zu gewinnen (beide hatten vorher zusammen »Was geht ab?« auf VIVA moderiert). *Bitte lächeln* wurde wieder zur Wochenendshow, bis RTL 2 sie 1998 einstellte.

Doch im Fernsehen gibt es, gerade für solche Sendungen, ein Leben nach dem Tod. *Schwupps!* hieß das gleiche Format mit – na? – Mike Carl auf tm3, von Hunderten ähnlichen Formaten auf allen Sendern ganz zu schweigen. Eine ähnlich beschwerliche Reise durch verschiedene Sender machte nach der Einstellung von Tele 5 die Spielshow *Ruck Zuck* durch.

BITTE MELDE DICH — SAT.1
1992–1998. Realityreihe mit Jörg Wontorra, der im Auftrag von besorgten Verwandten oder Freunden nach Vermissten forschte. In Filmen werden Fälle von Personen vorgestellt, die spurlos verschwunden sind, seit kurzem oder auch schon jahrelang. Angehörige kommen in den Einspielern zu Wort und sprechen direkt zu dem Abgehauenen: »Bitte melde dich!« Für die Zuschauer ist eine Telefonnummer geschaltet, unter der Hinweise zu den Verschwundenen entgegengenommen werden. In jeder Sendung wird ferner über Ergebnisse berichtet, wenn ein Vermisster nach der Sendung durch Hinweise gefunden wurde oder sich selbst gemeldet hat.

Die Sendereihe, deren Titel im Schriftzug der »Bild«-Zeitung gehalten war, lief über Jahre und insgesamt sechs Staffeln erfolgreich montags abends gegen 21.00 Uhr. Mehr als jeder vierte Fall konnte aufgeklärt werden. Die Live-Ausstrahlung ermöglichte es, dass noch während der Sendung Hinweise und Erfolge gemeldet werden konnten. Andererseits wurde dem Zuschauer angesichts mancher Verwandter, die da auftraten, auch regelmäßig klar, *warum* der Gesuchte einfach nicht vom Zigarettenholen zurückgekehrt war. Oft deuteten sich die Dramen der Vergangenheit an, wenn die Verlassenen unter Tränen versprachen, dass in Zukunft alles anders werden würde. In der ersten Folge flehte ein Vater von vier Kindern seine verschwundene Ehefrau an: »Brigitte, auch wenn Du uns nicht mehr magst, komm zurück!«, und lockte mit dem Zusatz: »Brauchst ja net dableim!« (Er hatte inzwischen eine neue Freundin gefunden.) Für verschärften Druck sorgte eine Psychologin im Studio.

Außer in dieser Sendung forschte Wontorra auch in *Erben gesucht* und *Aus den Augen verloren*.

BITTE RECHT FREUNDLICH! — ARD
1956–1957. »Schnappschüsse von und mit Peter Frankenfeld«. Die große zweistündige Abendshow wurde live aus verschiedenen Städten in Deutschland gesendet. Regisseur war Ruprecht Essberger.

Eine einzelne Sendung mit dem Untertitel »Schnappschüsse von der Welt des Varietés«, ohne Frankenfeld, war bereits im September 1954 gelaufen, erst 16 Monate später wurde daraus eine regelmäßige, von Frankenfeld präsentierte Reihe. Die Shows dieser Zeit waren alle sehr kurzlebig. So sollten scheinbar immer neue Highlights geboten werden, um Fernsehgeräte zu verkaufen. Auf *Bitte recht freundlich!* folgte sofort *Viel Vergnügen!*.

Die erste Sendung (am Neujahrsabend) trug noch den Titel *Zum neuen Jahr – das neue Spiel*, ab 15. Januar 1956 hieß es *Bitte recht freundlich!*. Die Show lief alle 14 Tage sonntags (gelegentlich auch samstags).

BITTE UMBLÄTTERN — ARD
1965–1973. 45-minütiges Unterhaltungsmagazin von Kay-Dietrich Wulffen mit Beiträgen über Reisen, Promis, Sport und andere Lifestyle-Themen. Lief erst dienstags, dann mittwochs um 20.15 Uhr und brachte es auf 44 Ausgaben. Langlebiger und bekannter wurde das gleichnamige und ähnliche Magazin mit Albert Krogmann einige Jahre später.

BITTE UMBLÄTTERN — ARD
1977–1993. 45-minütiges Promimagazin von und mit Albert Krogmann.

»Rowan Atkinson alias Mr. Bean ist *Black Adder*«: RTL musste es in den Titel schreiben, weil man es ihm nicht ansieht. Rowan Atkinson alias Black Adder ist der Herr rechts. Daneben: Baldrick (Tony Robinson).

In jeder Sendung werden mehrere Filmbeiträge gezeigt, in denen Stars interviewt oder porträtiert werden und über Konzerte oder sonstige interessante Veranstaltungen und Skurriles berichtet wird.
Die Premiere befasste sich u. a. mit Shirley McLaine und Roger Whittaker, einem Nachwuchsmodeschöpfer und einer Reise mit dem alten Orient-Express, der als mobiles Museum von Zürich bis Istanbul fuhr, und stellte in einem Sketch die Entstehung eines Schlagers nach. Bis zu ihrem Ende präsentierte die Reihe eine bunte Mischung aus unbekannten Menschen mit besonderen Leistungen oder Ideen, deutschen Prominenten wie Hape Kerkeling und Karl Dall und internationalen Stars wie Linda Evans, Eddie Murphy, Leonard Nimoy und Steven Spielberg. Krogmann war dabei immer freundlich und belanglos, ein Hofberichterstatter und Werbefilmer, der nur unterhalten und die Leute zum Staunen bringen wollte. Er hatte zuvor bereits das Promimagazin *Treffpunkte* verantwortet.
Die Reihe lief ungefähr einmal im Monat montags, später dienstags gegen 22.00 Uhr und brachte es auf über 100 Ausgaben.

BITTESCHÖN   ARD
1974. Jugendmagazin mit der Handpuppe Udowolfgangwilhelmadolf Drösel und ihrem Partner, dem Punchingball Paul. Beim Punchingball Paul handelt es sich um einen Punchingball mit der Aufschrift »Paul«, in Anführungszeichen, bei Udowolfgangwilhelmadolf Drösel hingegen um eine Figur etwa in der Form eines überdimensionalen Rettichs mit Schnabel und rot-weiß geringeltem Rollkragen. Sie präsentieren eine Mischung aus Komik und Musik, Information, Denkanregung und reiner Blödelei. Außerdem werden Begriffe erklärt – in der ersten Sendung etwa »Das imperative Mandat« –, Bücher und Filme vorgestellt, und Monika Jetter diskutiert mit Jugendlichen (in der ersten Sendung über »Kontaktschwierigkeiten«).
Die Sendung war 90 Minuten lang und lief samstags um 15.15 Uhr.

BIZZ   PRO SIEBEN
Seit 2000. Halbstündiges Wirtschaftsmagazin in Zusammenarbeit mit der gleichnamigen Zeitschrift.
Auch hier geht es weniger um die große Politik als um Service oder auch nur Tipps, mit welchem neuen Mobiltelefon man bei seinen Yuppie-Freunden gerade Eindruck schinden kann. Moderator war anfangs Dominik Bachmair, seit August 2002 ist es Stefan Gödde.
Während die meisten Fernsehableger von Zeitschriften nur eine kurze Lebensdauer hatten, überlebte dieser sogar sein Mutterblatt: Trotz der Einstellung der Zeitschrift »Bizz« im Januar 2002 läuft *Bizz* weiter dienstags gegen 23.00 Uhr.

B. J. UND DER BÄR   RTL, RTL 2
1991–1992 (RTL); 1993 (RTL 2). 45-tlg. US-Comedy-Abenteuerserie (»B. J. And The Bear«; 1979).
B. J. ist ein Trucker und der Bär sein Schimpanse. Mit seinem Laster und seinem Haustier fährt der gut aussehende junge Billy Joe McKay (Greg Evigan) durch die USA. Seine Heimatbasis hat er in Georgia, wo ihn eine Schar korrupter Polizisten nervt: zunächst Sheriff Elroy P. Lobo (Claude Akins), später Sergeant Beauregard Wiley (Slim Pickens) und die Sheriffs Masters (Richard Deacon) und Cain (Ed Lauter). Die einzige ehrliche Polizistenhaut kommt von auswärts und ist eine Frau: Wilhelmina Johnson (Conchata Ferrell), genannt »The Fox«. Tommy (Janet Louise Johnson) ist eine befreundete Truckerin, Bullets (Joshua Shelley) gehört der Country Comfort Truck Stop. In der zweiten Staffel sind B. J. und der Bär nach Los Angeles umgezogen, wo sie

eine Spedition namens »Bear Enterprises« betreiben. Ihr korrupter Gegenspieler ist der Politiker Rutherford T. Grant (Murray Hamilton), der am Konkurrenzunternehmen beteiligt ist. Für B. J. arbeiten ausschließlich gut aussehende junge Truckerinnen: Stacks (Judy Landers), Callie (Linda McCullough), Samantha (Barbra Horan), Cindy (Sherilyn Wolter), Angie (Sheila DeWindt) und die eineiigen Zwillinge Teri (Candi Brough) und Geri (Randi Brough).
Sheriff Lobo bekam eine eigene Serie, die in Deutschland unter dem Titel *Ein Trottel mit Stern* lief.
Die Folgen waren 60 Minuten lang.

BJÖRNS WELT VOX
1997. Reisequiz mit Björn-Hergen Schimpf, das meistens samstags um 20.15 Uhr lief.
Quasi-Neuauflage von *Ein Tag wie kein anderer*, das Schimpf jahrelang auf RTL moderiert hatte: Zwei Zweierteams spielten gegeneinander und mussten Fragen zu kurzen Filmreportagen aus dem Zielland beantworten oder Fehler finden. Wegen kaum messbarer Quoten war nach zwölf Ausgaben Schluss.

B. L. STRYKER RTL
1991. 12-tlg. US-Krimireihe (»B. L. Stryker«; 1989–1990).
Der Ex-Polizist Buddy Lee Stryker (Burt Reynolds) lebt auf einem alten Hausboot in Palm Beach und arbeitet als Privatdetektiv. Meist klärt er Morde auf.

»Ich glaube, Beauty will uns etwas sagen!« *Black Beauty* wittert Gefahr, fängt Bösewichter und spürt Vermisste auf. Nur wohin Vicky (Judi Bowker) nach der ersten Staffel verschwunden ist, konnte der Gaul auch nicht sagen.

Der frühere Boxer Oz Jackson (Ossie Davis) ist sein Partner, Lyynda Lennox (Dana Kaminski) seine Sekretärin, Oliver (Alfie Wise) der Vermieter seines Bootes und Kimberly Baskin (Rita Moreno) Strykers Ex-Frau. Mit seinen Ermittlungen nimmt Stryker Chief McGee (Michael O. Smith) die Arbeit ab.
Ausführender Produzent war Tom Selleck. Die Folgen hatten Spielfilmlänge und liefen dienstags zur Primetime.

BLACK ADDER RTL
1999. 24-tlg. brit. Comedyserie von Rowan Atkinson und Richard Curtis (»Black Adder«; 1983–1989).
Edmund Blackadder (Rowan Atkinson) schreibt die Geschichte um. Auf einem Streifzug durch die Jahrhunderte nimmt er an historischen Ereignissen teil und beeinflusst sie. Sein idiotischer Partner Baldrick (Tony Robinson) ist immer dabei.
Zeitweise lief die Serie unter dem albernen Titel *Rowan Atkinson alias Mr. Bean ist »Black Adder«*, weil Atkinson in Deutschland in der Rolle des *Mr. Bean* in der gleichnamigen Show bekannt geworden war. In seiner britischen Heimat schlug *Black Adder* deutlich stärker ein als *Mr. Bean* und war eine der erfolgreichsten Serien der 80er-Jahre. Nach dem eigentlichen Ende wurde sie – jeweils in einer anderen Epoche – noch dreimal fortgesetzt.
Bei uns ging *Black Adder* weitestgehend im Sonntagnachtprogramm unter. Ab 1993 hatte bereits 3sat und in Wiederholungen später arte die Serie im englischen Original mit deutschen Untertiteln gezeigt. Erst RTL zeigte synchronisierte Fassungen.

BLACK BEAUTY ARD, ZDF
1974–1975 (ARD); 1976 (ZDF). 52-tlg. brit. Abenteuerserie nach den Büchern von Anna Sewell (»The Adventures Of Black Beauty«; 1972–1974).
Im frühen 19. Jh. nehmen der Tierarzt Dr. James Gordon (William Lucas) und seine Familie den schwarzen Hengst Black Beauty in ihrem Zuhause auf York Cottage, einer kleinen Farm in England, auf. Gordon lebt dort mit seiner Tochter Vicky (Judi Bowker), seinem Sohn Kevin (Roderick Shaw) und der Haushälterin Amy Winthrop (Charlotte Mitchell). Bisher wurde Beauty von unfreundlichen Besitzern herumgestoßen, jetzt hat er endlich Freunde gefunden. Vor allem Vicky reitet ständig mit Beauty aus. Der Hengst revanchiert sich und kommt bei Bedarf zu Hilfe. Gemeinsam erleben sie Abenteuer, überführen Tierquäler und helfen anderen Menschen aus schwierigen Situationen.
Zu Beginn der zweiten Staffel wohnt statt Vicky plötzlich Gordons andere Tochter Jenny (Stacy Dorning) auf York Cottage und ist nun Beautys beste Freundin (angeblich war sie bis jetzt auf dem Internat; was aus Vicky geworden ist, bleibt jedoch offen). Zur gleichen Zeit nehmen die Gordons den Jungen Ned Lewis (Stephen Garlick) bei sich auf. Er ist Amys Neffe aus London, seine Mutter ist vor kurzem gestorben. Nach anfänglicher Abneigung gegen Pferd, Familie und Badewanne freundet er

sich schließlich mit allem an. Auch der befreundete Junge Albert Clifton (Tony Maiden) weiß mit Beauty umzugehen und ist manchmal mit ihm unterwegs. Dem unsympathischen Gutsherrn Mr. Armstrong (Michael Culver) gehört das komplette Umland. Er ist zugleich der örtliche Friedensrichter.

Black Beauty entsprach dem klassischen Schema »Sieh mal, Tier will uns etwas sagen«, in dem das kluge Tier maßgeblich dazu beiträgt, Menschen aus brenzligen Situationen zu befreien und böse Räuber oder Tierquäler zu fangen (»Was sagt du, wo sind sie?« – »Bwüha!« – »Auf der Vogelinsel? Also los, Beauty!«). Der Roman von Anna Sewell diente nur als Anregung für die Serie.

26 halbstündige Folgen liefen sonntags nachmittags in der ARD, mit dem Wechsel von Vicky zu Jenny wechselte die Serie ins Samstagsprogramm des ZDF. Dort lief 15 Jahre später auch eine Fortsetzung unter dem Titel *Neue Abenteuer mit Black Beauty*.

Die Serie ist auf DVD erhältlich.

BLACK BEAUTY   ARD

1980. 5-tlg. US-Abenteuerdrama von Peter S. Fischer nach dem Buch von Anna Sewell, Regie: Daniel Haller (»Black Beauty«; 1978).

Der Farmerssohn Lucas Gray (als Kind: Ike Eisenmann; als Erwachsener: Kristoffer Tabori) muss sich von seinem besten Freund verabschieden, dem Hengst Black Beauty: Das Tier wird aus Geldgründen verkauft und kommt zu wechselnden Besitzern. Als erwachsener Rechtsanwalt macht sich Gray auf die Suche nach dem Hengst und findet ihn schließlich.

Die Miniserie orientierte sich im Unterschied zu anderen Verfilmungen streng an der Vorlage des Weltbestsellers von Anna Sewell. Die 45 Minuten langen Folgen liefen sonntags um 16.55 Uhr.

BLACK, DER SCHWARZE BLITZ   SAT.1

1992–1995. 78-tlg. kanad.-frz.-neuseeländ. Jugendserie nach den Büchern von Walter Farley (»The Adventures of the Black Stallion«; 1990–1993).

Der Teenager Alec Ramsay (Richard Ian Cox) will mit dem schwarzen Araberhengst Blitz Rennen gewinnen, aber natürlich gibt es viele böse Menschen, die das verhindern wollen. Der griesgrämige Henry Dailey (Mickey Rooney) trainiert den jungen Jockey und sein Pferd. Dies geschieht anfangs auf der »Farm der Hoffnung«, die Pierre Chastel (Jean-Paul Solal) führt und auf der Alecs Mutter Belle (Michele Goodger) aushilft – Alecs Vater ist verstorben. Später sind Alec und Henry in Frankreich und Neuseeland unterwegs; sie treffen Nicole Berthier (Marianne Filali), die sich in Alec verknallt, und Henrys Neffen, das Waisenkind Nathaniel MacKay (David Taylor).

Mickey Rooney hatte bereits 1979 in dem Kinofilm »Der schwarze Hengst« den Trainer Henry Dailey gespielt.

Die Folgen waren 30 Minuten lang und liefen im Nachmittagsprogramm.

BLAM!   ARD

1985. 13-tlg. dt. Musikserie von Dirk Scheuring, Regie: Gloria Behrens.

Sänger Terry (Sigi Hümmer), Gitarrist Panda (Sebastian Deutschmann), Bassist Felix (Michi Sailer) und Schagzeuger Bruno (Jürgen Tonkel) sind »Blam«, eine junge Band, die vom großen Erfolg träumt. Eher aus Verlegenheit nehmen sie noch die Plattenverkäuferin Lilli (Sissy Kelling) auf. Eigentlich hatten sie einen männlichen Saxophonisten gesucht, es hatte sich aber keiner gemeldet. Und Lilli war immerhin als Mann verkleidet. Sie fliegt bald auf, darf aber trotzdem bleiben.

Der Plattenboss und Discobetreiber Lukas D. Bleistein (Frank Jürgen Krüger) lässt die Band immer wieder abblitzen, schreckt notfalls auch nicht vor Gewaltanwendung zurück, um sie zu vertreiben. Herbert Hiebert (Andreas Olshausen) ist sein nicht ganz so feindlich gesinnter Assistent, Dolores (Dolly Dollar) die Empfangsdame. Im Eigenvertrieb bringt Blam eine erste Single heraus, doch ihre Ausrüstung müssen sie weiterhin durch Nebenjobs finanzieren. Die Single verkauft sich nicht, und Engagements sind Mangelware, doch auch ohne Erfolg gibt es Streit und Pläne für Solokarrieren. Schließlich löst Blam sich auf, nimmt aber noch einen Abschiedssong auf, der plötzlich Bleistein überzeugt, der die Band doch noch unter Vertrag nehmen will. Nun ist die Band aber nicht mehr überzeugt, trennt sich endgültig und zerstreut sich in alle vier Winde. Regisseurin Gloria Behrens tritt ins Bild und baut die Kulisse ab.

Die halbstündigen Folgen liefen im regionalen Vorabendprogramm. Jeder Episodentitel begann mit »Viel zu ...«, es folgten Begriffe wie »heiß«, »schnell«, »reich« und »traurig«. Im Vordergrund der Serie stand die Musik mit mindestens einem neuen Song pro Folge. Sie basierte meistens auf Liedern der Hauptdarsteller, die alle in (getrennten) Bands spielten. Niemand bei der ARD kam auf die Idee, die Musik aus der Serie auf einer Schallplatte zu veröffentlichen.

BLANK MEIER JENSEN   ARD

1992–1993. 21-tlg. dt. Krimiserie von Reinhard Donga.

Der instinktsichere, sportliche Teamchef und Einsatzleiter Robert Blank (Joachim Kemmer), der grundgute, dicke Melancholiker Jürgen Meier (Dietmar Bär) und die hübsche, fantasievolle Sybille Jensen (Anja Schiller) arbeiten bei der Frankfurter Flughafenpolizei. Gemeinsam ermitteln sie gegen internationale Schwerkriminalität, illegales Glücksspiel, Drogenhandel und Prostitution. Blank, Meier und Jensen sitzen mit ihrer Sonderkommission zwar am Flughafen, aber um Flugzeuge geht's fast nie. Frankfurt bildet nur den Hintergrund für das ganz große mafiöse internationale Verbrechen und für den Kontrast zwischen großem Geld und Kleinbürgertum.

Nach dem Pilotfilm an einem Dienstag um 20.15 Uhr liefen die einstündigen Folgen donnerstags am Vorabend.

BLANKENESE ARD

1994. 26-tlg. dt. Familienserie von Justus Pfaue, Regie: Hermann Leitner.

Der alte Nikolas Nicholaison (Hans Quest) ist der Kopf der traditionsreichen Hamburger Familienreederei Nicholaison, an der auch seine Schwester, die reiche Tante Martha (Gisela Trowe), beteiligt ist. Nikolas ist seit Jahrzehnten mit der Engländerin Ellen (Ursula Lingen) verheiratet. Sohn Klaus (Edwin Noël) ist der Juniorchef, er selbst hat aus der zerbrochenen Ehe mit Elgte (Astrid Meyer-Gossler) die zwei Söhne Eric (Philipp Moog) und Patrick (Till Demtröder). Jetzt ist er mit Elgtes Schwester Elisabeth (Agnes Dünneisen) liiert.

Patrick fährt zur See und heiratet Tina (Lisa Martinek), die Tochter des Quartiermeisters Sven Neddelbeck (Wolfgang Völz) und seiner Frau Ilona (Antje Hagen). Horst (Fabian Harloff), genannt »Hümmelken«, ist Tinas Bruder. Kapitän Larsen (Klaus Höhne) ist Patricks Chef auf See, verliert aber sein Kapitänspatent für zwei Jahre und arbeitet in dieser Zeit in der Reederei. Mit dem Großhändler Uwe Jensen (Stephan Orlac) arbeitet die Reederei oft zusammen und transportiert Güter für ihn. Hedwig (Gerda Gmelin) ist dessen Haushälterin, Therese (Beate Finckh) seine Tochter. Sie freundet sich mit Eric an, der sich mit seinen Autogeschäften oft an der Grenze der Legalität bewegt. Als der alte Nikolas Nicholaison während einer Seefahrt stirbt, wird bekannt, dass er einen unehelichen Sohn in Brasilien hat. Eric fühlt sich inzwischen mehr zu Ulrike von Adlershof (Julia Biedermann) hingezogen.

Die einstündigen Folgen liefen im Vorabendprogramm.

BLAUBÄR UND BLÖD ARD

Seit 2002. Dt. Comedyserie für Kinder.

Käpt'n Blaubär, Hein Blöd und die drei Bärchen Gelb, Grün und Rosa erzählen eine halbe Stunde Seemannsgarn und andere Halbwahrheiten und spielen in kurzen Sketchen und Parodien verschiedene Rollen, der Käpt'n z. B. den großen Entdecker Christoph Kolumbär. An Bord ihres Kutters »Elvira« sind außerdem das fröhlich flötende Flöt, das hübsche Blümchen Karin und die ewig plappernde Schnatterschnute, ein übergroßer Mund mit Sonnenbrille, außerdem Heins große Liebe Katharina (Nina Bott) und die Experten Didi Dumm (Michael Wirbitzky) und Dieter Dämlich (Sascha Zeus).

Die Serie war die Fortsetzung des *Käpt'n Blaubär Club* mit denselben Figuren und Sprechern und einigen neuen. Neben Nina Bott kam Peer Augustinski als Stimme der Schnatterschnute dazu. Ende 2004 lief bereits die 100. Folge, wie immer samstags morgens.

DAS BLAUE FENSTER DFF 2

1982–1990. Monatliche Nostalgieshow.

Herbert Köfer erinnert mit vielen Ausschnitten und »Reminiszensen aus der guten alten Fernsehzeit« an die Anfänge des DDR-Fernsehens – quasi das Gegenstück zur ebenso simplen und billigen Variante *Die Rumpelkammer*. Es liefen 99 einstündige Folgen.

DAS BLAUE PALAIS ZDF

1974–1976. 5-tlg. dt. Wissenschaftsserie von Rainer Erler.

In einem alten Schloss, dem »Blauen Palais«, betreiben acht Wissenschaftler aus verschiedenen Ländern im Schichtdienst Grundlagenforschung für die Zukunft, erforschen Phänomene der Parapsychologie oder arbeiten an neuen, bahnbrechenden Erfindungen: Professor Manzini (Jean-Henri Chambois), Jeroen de Groot (Peter Fricke), Enrico Polazzo (Dieter Laser), Sibilla Jacopescu (Loumi Iacobesco; ab Folge 4: Evelyn Opela), Louis Palm (Silvano Tranquilli), Carolus Büdel (András Fricsay Kali Son; ab Folge 4: Eric P. Kaspar) und Siegmund von Klöpfer (Werner Rundshagen). Ihr erster Fall ist der des neuen Kollegen Felix van Reijn (Rolf Henniger), der offenbar auf chemischem Weg die Intelligenz verstorbener Genies aufnehmen kann. Später geht es z. B. um Telepathie und ewige Jugend.

Die Handlung der Filme stützte sich laut ZDF auf gesicherte Forschungen und denkbare Ausblicke in die Zukunft. Jede Folge widmete sich einem Thema. Wissenschaftliche Berater sorgten für eine gewisse Realitätsnähe.

Die einzelnen Teile, die auch in Romanform veröffentlicht wurden, hatten Spielfilmlänge und liefen in Blöcken zu drei und zwei Filmen.

BLAUE PARADIESE VOX

1997–2004. 10-tlg. dt. Reportagereihe mit Katrin Ritter und Stefanie Voigt über Taucher und Unterwasserabenteurer.

Produzent war der Taucher Hansi Schlegel, der schon die Vox-Reihe *Rund ums Rote Meer* verantwortet hatte. Lief sonntags mittags.

DER BLAUE SAUSER ZDF

→ Der rosarote Panther

DIE BLAUEN UND DIE GRAUEN ARD

1985. 6-tlg. US-Kriegsepos (»The Blue And The Gray«; 1982).

Amerika, 1859: John Geyser (John Hammond), ein junger Südstaatler bäuerlicher Herkunft aus Virginia, lernt als Gerichtszeichner beim Prozess gegen John Brown (Sterling Hayden), der später gehängt wird, einen fanatischen Kämpfer gegen die Sklaverei kennen: Jonas Steele (Stacy Keach). Dieser wird später Nordstaaten-Offizier. Zwei Jahre danach treffen sie sich beim Wahlkampf Abraham Lincolns (Gregory Peck) wieder und werden Zeuge der Schlacht von Bull Run. Geyser ist jetzt Kriegsberichterstatter und fertigt Zeichnungen von den Schlachten an. Steele heiratet Mary Hale (Julia Duffy) aus dem Norden. Geysers Familie gerät zwischen die Fronten von Nord und Süd, Schwarz und Weiß, blau uniformierten Nordstaaten- und grau gekleideten Südstaatenkämpfern. 1865 wird Lincoln ermordet.

Verfilmung des Amerikanischen Bürgerkriegs und des Lebens John Geysers, die es mit den historischen Tatsachen nicht so genau nahm (der echte Geyser war gar kein Kriegszeichner). Im Vordergrund standen die persönlichen Geschichten, die Historie der USA war Beiwerk und wurde durch die intensiven Kampfszenen illustriert. 160 Schauspieler und 6300 Statisten wirkten mit. Der Film basierte auf einem Konzept des Historikers und Pulitzer-Preisträgers Bruce Catton.
Die Folgen waren 45 Minuten lang und liefen montags.

BLAUER BOCK — ARD
→ Zum Blauen Bock

BLAUES BLUT — ZDF
1990. 10-tlg. dt.-brit. Krimiserie von Brian Clemens (»Blue Blood«; 1988).
Dem Adelsgeschlecht der Alternbergs ist das Geld ausgegangen. Playboy Graf Henry von Alternberg (Albert Fortell) muss arbeiten und entschließt sich mangels Alternativen, Privatdetektiv zu werden. Zum Glück bringt seine Ex-Frau, die Journalistin Lisa Prentice (Ursula Karven), die notwendige Intelligenz mit.
Der Pilotfilm ist auch unter dem Titel »Scandalous« gezeigt worden. Die Musik schrieb Harold Faltermeyer. Die einstündigen Folgen liefen montags im Vorabendprogramm.

BLAULICHT — DFF
1959–1968. »Aus der Arbeit unserer Kriminalpolizei«. 29-tlg. DDR-Krimiserie von Günter Prodöhl, Regie: Hans-Joachim Hildebrandt und Otto Holub.
Oberleutnant Wernicke (Bruno Carstens), ein Mann natürlich mit »antifaschistischer Kampferfahrung«, Leutnant Thomas (Alexander Papendiek), ein erfahrener Kriminalist, und VP-Meister Timm (Horst Torka), ein junger Spaßvogel, lösen Kriminalfälle in Ostberlin, ab der zweiten Staffel 1961 auch im Rest der DDR. Sie sind für alle möglichen Delikte zuständig: Morde genauso wie Schmuggel, Betrug oder Rowdytum. Alle drei werden nach der erfolgreichen Aufklärung des achten Falls, »Butterhexe«, einer Ost-West-Schiebergeschichte, im Juli 1960 je einen Rang befördert.
Blaulicht war – abgesehen von den Fällen im *Fernsehpitaval* – die erste Krimiserie im DDR-Fernsehen. Alle Verbrecher kamen aus dem Westen, vor allem aus Westberlin, und begingen ihre Straftaten im Osten oder stifteten Ostdeutsche dazu an. Die erste Folge hieß »Tunnel an der Grenze«. Gemeint war damit der U-Bahnhof Potsdamer Platz, der – typisch für die Themen der Serie – in einer Art Niemandsland zwischen Ost und West lag. Wann immer die Westberliner Polizei beteiligt war, demonstrierte sie nur ihre eigene Unfähigkeit, oft mit dramatischen Folgen für die Opfer.
Die Serie wollte nicht nur unterhalten, sondern auch aufklären und vorbeugen und hatte den Anspruch, realistisch die Arbeit der Polizei in der Gegenwart zu zeigen. Damit ähnelte sie sehr dem kurz zuvor im Westen gestarteten *Stahlnetz*, von dessen Untertitel »Eine Sendung in Zusammenarbeit mit der Kriminalpolizei« man sich offenbar auch zum *Blaulicht*-Untertitel inspirieren ließ. Die Fälle wurden in Zusammenarbeit mit der Hauptabteilung Kriminalpolizei beim DDR-Ministerium des Inneren entwickelt und umgesetzt. Der größte Teil der Ermittlungen spielte sich im Studio ab, die Verfolgung und Ergreifung der Täter waren nur in den letzten Minuten zu sehen. Drehbuchautor Günter Prodöhl hatte vorher lange als Gerichtsreporter bei Berliner Zeitungen gearbeitet.
Die Serie lief zunächst donnerstags, ab 1961 sonntags zur Primetime, war bei Offiziellen, Kritikern und Publikum beliebt und erreichte enorme Einschaltquoten. Nachfolger wurde ein paar Jahre später der *Polizeiruf 110*.

BLAUVOGEL — ARD
1996–1997. 13-tlg. dt.-kanad. Abenteuerserie (»Bluehawk«; 1994).
Als Kind wird Michael Ruster (John White; als Erwachsener: Shawn Mathieson) während der englisch-französischen Kolonialkriege vom Franzosenführer Captain Savard (Don Francks) entführt, von seinen Eltern und seinem Bruder Tobias (Alexander Jay; als Erwachsener: John Wildman) getrennt und an Indianer verkauft. Bei den Ojibwa wächst er als Adoptivkind von Oshkigan (Carol Greyeyes) und Häuptling Kleiner Bär (Denis Lacroix) auf und erhält den Namen Blauvogel. Das Mädchen Malia (Sarah Podemski; als Erwachsene: Tamara Podemski) wird seine Freundin. Der eifersüchtige Silberfuchs (Cheyenne Kitchikake; als Erwachsener: Leroy Peltier) mag Blauvogel nicht sonderlich. Grauhorn (Michael Lawrenchuk) ist Silberfuchs' Vater.
Jahre später, als Blauvogel längst erwachsen und noch immer mit Malia zusammen ist, kommen Soldaten ins Lager. Unter ihnen ist Blauvogels Bruder Tobias, der ihn wieder mit zurück zu den Weißen nimmt. Blauvogel sieht seinen Onkel Silas (Jochen Senf) und seinen Cousin Henry (Patrick Gillen; als Kind: David Roemmele) wieder und merkt, dass er sich dort nicht wohl fühlt. Also beschließt er, sein Leben bei den Indianern weiterzuführen.
Die 25-minütigen Folgen liefen rund um die Feiertage zum Jahreswechsel täglich morgens.

BLEIB GESUND — SAT.1
1992–1993. 14-tägliches Gesundheitsmagazin mit der Ärztin Dr. Susanne Holst, die später *Tagesschau*-Sprecherin wurde. Lief meist sonntags mittags und wurde unter der Woche wiederholt.

EIN BLENDENDER SPION — RTL
1990. 7-tlg. brit. Krimi nach dem Roman von John le Carré, Regie: Peter Smith (»A Perfect Spy«; 1987).
Der britische Geheimagent Magnus Pym (Peter Egan) wird vermisst. Seine Frau Mary (Jane Booker)

und Syd Lemon (Tim Healy) suchen ihn. Sie wissen nicht, dass der gute Pym sich am Meer im Gästehaus von Miss Dubber (Peggy Ashcroft) einen Lenz macht und über sein Leben nachdenkt. Er erinnert sich an seine Kindheit, als er bei seinem Vater, dem Betrüger Rick Pym (Ray McAnally), aufwuchs und sich dessen alten Freund Syd als seinen Mentor auserkor. Er denkt aber auch an seine vielen Einsätze für den Geheimdienst. Dorothy (Caroline John) ist Pyms 20 Jahre jüngere Schwester.
In den Rückblenden waren Jonathan und Nicholas Haley sowie Benedict Taylor als junger Magnus Pym zu sehen.
Die einstündigen Folgen liefen am späten Mittwochabend.

DIE BLENDER   RTL
2002. 3-tlg. Doku-Realityreihe.
Die Kamera begleitet Menschen, die sich, nach kurzem Anlernen durch Experten ihres Fachs, in einem fremden Beruf als Fachpersonal ausgeben müssen. Ein Dachdecker arbeitet als Frisör, ein Lokführer als Modedesigner etc. Vor einer Jury aus echten Profis des Berufs müssen die Kandidaten am Ende bestehen, ohne aufzufallen.
Schlechte Adaption der guten britischen Serie »Faking It« (ohne dass RTL die Rechte gekauft hätte), die am späten Samstagabend lief. Im Sommer 2003 sendete der WDR eine liebevolle Adaption des Formats unter dem Titel *Fake*.

BLICK   SAT.1
→ Sat.1 Blick; APF Blick

BLICK AUF DAS BUCH   ARD
1954. Literaturmagazin, in dem neue Bücher vorgestellt wurden. Präsentiert wurden nicht zwangsläufig Romane, sondern auch Sachbücher oder Reiseführer.
Die Reihe brachte es auf vier Ausgaben.

BLICK INS TIERREICH   ZDF
1963–1972. Tiermagazin von und mit Prof. Heini Hedinger.
Hedinger war Zoologe und Direktor des Züricher Zoos, von dort stammten auch fast alle Aufnahmen. Außer mit Berichten etwa über seltene Ernährungsgewohnheiten von Fischen, Schlangen und Vögeln oder Filmen über Jungtiere informierte *Blick ins Tierreich* über spezielle Arten der Tierhaltung und Forschungsarbeiten an zoologischen Einrichtungen. Es gab außerdem in jeder Folge ein Quiz, in dem ein Tier gesucht wurde.
Die Reihe war sehr beliebt. 1972 wurde sie durch den *tele-zoo* abgelöst.

BLICKFELD   ARD
→ Im Blickfeld der Kirchen

BLICKFELD KIRCHE UND GESELLSCHAFT   ARD
→ Im Blickfeld der Kirchen

BLICKPUNKT   ZDF
1963–1979. Magazin, das alle paar Jahre sein Konzept änderte.
Zunächst war es eine monothematische Sendung mit Reportagen aus dem Ausland oder mit auslandspolitischen Schwerpunktthemen und lief halbstündig am Donnerstagabend. Ab 1965, jetzt freitags, war *Blickpunkt* ein Magazin mit zwei bis vier Beiträgen pro Sendung. Während dieser Phase, die bis November 1968 dauerte, wurde die Sendezeit auf 45 Minuten verlängert. Untertitel war »Zeitgeschehen – nah gesehen«, den auch das ZDF-Magazin *In diesen Tagen* benutzte und der offensichtlich von dem des ARD-Magazins *Panorama* inspiriert war, der »Zeitgeschehen – ferngesehen« lautete. Hans Scheicher moderierte.
Die nächste Phase war eine recht stille, denn erst vier Jahre später kehrte das Magazin auf den Bildschirm zurück, jetzt 45-minütig dienstags am Hauptabend und mit innenpolitischer Berichterstattung, z. B. über die Machtbefugnisse der Polizei oder die Ursachen für den Geburtenrückgang. Florian Höner, Volker von Hagen und Detlef Sprickmann gehörten jetzt zu den Moderatoren.
1990 brachte das ZDF erneut ein Magazin unter dem Titel *Blickpunkt* ins Fernsehen.

BLICKPUNKT   ZDF
Seit 1990. Halbstündiges Ostdeutschland-Magazin am Sonntagmittag.
Beginnend mit der deutschen Wiedervereinigung im Oktober 1990, zeigte das ZDF in dieser wöchentlichen Sendung, ausschließlich aus den fünf neuen Bundesländern, Reportagen und Berichte zu Wirtschaft, Politik, Gesellschaft, Sport und Menschen. Moderatoren waren im Wechsel Helmut Schimanski und Dietmar Ossenberg. Ende 1991 wurde die Reihe zunächst eingestellt. Dann stellte man fest, dass der Einigungsprozess der zusammengeführten Teile Deutschlands wohl doch noch nicht abgeschlossen war, und ab Januar 1993 war *Blickpunkt* wieder im Programm, reduziert um ein Ausrufezeichen, das vorher den Titel geziert hatte. Neue Moderatoren waren abwechselnd Barbara Friedrichs und Thomas Bellut; deren Nachfolger wurden 1996 bzw. 1997 Juana Perke und Stefan Raue.
Die Reihe kam in der Regel von der ZDF-Redaktion Innenpolitik, für zwölf Sendungen im Jahr waren allerdings die Kirchenredaktionen zuständig. Darin gab es die Rubrik »Kirche des Monats«, in der baufällige Gotteshäuser im Osten vorgestellt wurden, für deren Sanierung gespendet werden konnte. 1997 wurde *Blickpunkt* mit der Silbernen Halbkugel des Deutschen Preises für Denkmalschutz geehrt.
Jeden Sommer kam die Sendung mehrfach live aus verschiedenen ostdeutschen Städten, ansonsten aus dem ZDF-Sendezentrum in Mainz.

BLIND DATE   ZDF
Seit 2001. Improvisationsreihe mit Anke Engelke und Olli Dittrich.

Die beiden Künstler verabreden nur den Ort, an dem die Begegnung zweier Menschen spielen soll, alles andere entwickeln sie für sich allein. Keiner der beiden weiß, wie der andere aussehen wird, was für eine Figur er spielt, welche Geschichte sie mitbringt. Allein aus der Improvisation entwickeln sie die Geschichte, die sich aus dem Aufeinandertreffen zweier (im Spiel und in Wahrheit) unbekannter Personen entwickelt.

Das erste *Blind Date* entstand für Dittrichs Reihe *Olli, Tiere, Sensationen*. Ein Mann und eine Frau, die sich über eine Kontaktanzeige kennengelernt haben, treffen sich in einem Restaurant das erste Mal – mit all den peinlichen Missverständnissen, Pausen und Ungeschicklichkeiten, die dazugehören. In *Olli, Tiere, Sensationen* ist die 80-minütige Improvisation gekürzt, in Schnipsel zerlegt und als Fortsetzungsgeschichte untergebracht. An einem Sonntagabend gegen Mitternacht strahlte das ZDF sie komplett aus – praktisch in Echtzeit, mit allen entsetzlichen Längen, die dazugehören: stellenweise zum Schenkelklopfen komisch, aber zu beklemmend, um eine klassische Comedy zu sein. Das Experiment, ein Lieblingsprojekt von Olli Dittrich, fand nur mäßig viele Zuschauer, aber wegen seines innovativen Potenzials und der Leistung der beiden Komiker große Aufmerksamkeit. Es wurde danach ein- bis zweimal jährlich fortgesetzt. Die nächsten *Blind Dates* spielten im Taxi, im Fahrstuhl, im Zug und beim Elternsprechtag und liefen an verschiedenen Tagen am späteren Abend. Das sechste *Blind Date* 2005 war erstmals ein Treffen zweier Menschen, die sich schon kannten: ein Ehepaar.

Für das zweite *Blind Date*, »Taxi nach Schweinau«, erhielten Dittrich und Engelke den Grimme-Preis mit Gold.

BLIND DINNER SAT.1

2001. Talkshow mit Jürgen von der Lippe, der pro Sendung mit drei Prominenten kocht und speist.

Weder von der Lippe selbst weiß vorher, wer seine Gäste sein werden, noch wissen die drei Gäste voneinander – also eine Art Eintopf aus *Alfredissimo*, Lippes alter ARD-Show *Wat is?* und *B. trifft*. Es war von der Lippes erste Show für Sat.1, nachdem er drei Monate zuvor nach Jahrzehnten die Zusammenarbeit mit der ARD beendet hatte. Die mit entsprechender Spannung erwartete Show begann als Einstundenformat montags um 21.15 Uhr und war eine Katastrophe, die sich sicherlich nur zum Teil damit erklären lässt, dass die erste Sendung am 11. September 2001 aufgezeichnet worden war, kurz nachdem die Beteiligten von den Anschlägen in New York erfahren hatten.

Nach zwei Sendungen wurde *Blind Dinner* auf Sonntag, 22.15 Uhr, verlegt und um die Hälfte gekürzt, aber nach nur einer einzigen Ausstrahlung auf dem neuen Sendeplatz wegen enttäuschender Einschaltquoten sofort abgesetzt. Von der Lippe sagte über die nie ausgestrahlten Aufzeichnungen: »Das ist die teuerste Privatvideosammlung der Welt.«

DER BLINDE RICHTER ARD

1984. »Historische Fälle aus dem alten London«. 13-tlg. dt. Krimiserie von Günter Kunert, Regie: Vojtech Jasny.

Der blinde Richter Sir John Fielding (Franz-Josef Steffens) hat sehr ausgeprägte andere Sinne, die es ihm ermöglichen, Kriminelle zu erkennen und dingfest zu machen. Vor Gericht – und notfalls auch außerhalb – findet er erst die Wahrheit und dann ein gerechtes Urteil. Sein Halbbruder Henry (Gerd Schäfer) teilt seine Leidenschaft für Gerechtigkeit.

Der echte John Fielding lebte von 1721 bis 1780 und wurde 1761 zum Ritter geschlagen, sieben Jahre nach dem Tod seines Halbbruders Henry. Zusammen mit Henry, der Johns Vorgänger auf dem Posten war, gilt er als Pionier der Verbrechensbekämpfung. Man schreibt den Fieldings die Einführung der Polizei, der Kriminalstatistik und der Ursachenforschung bei Jugendkriminalität zu. John wurde als Jurist berühmt, Henry Fielding als Schriftsteller.

Die halbstündigen Folgen liefen im regionalen Vorabendprogramm.

BLINKY BILL ARD

1994–1998. 52-tlg. austral. Zeichentrickserie (»Blinky Bill«; 1991).

Koalabär Blinky und seine Freunde erleben Abenteuer. Der Koalajunge Blinky Bill wurde bereits 1933 von der Kinderbuchautorin Dorothy Wall erfunden. 1992 entstand ein Zeichentrickfilm, dem die Serie folgte.

BLITZ SAT.1

Seit 1997. Tägliches Boulevardmagazin am Vorabend.

Blitz ist die Sat.1-Variante des täglichen *Explosiv* auf RTL, erreichte aber nie annähernd Erfolg, Bekanntheit oder auch nur Skandaltauglichkeit des Originals. Zum Sendestart warb Sat.1 für das Magazin mit dem Slogan »Sex auf Rezept? Wir wüssten's zuerst«, was zwar irgendwie treffend war, aber mit Sicherheit nicht stimmen würde.

Moderatorinnen waren in dieser Reihenfolge Monica Lierhaus, Eve-Maren Büchner und Daniela Noack. Im Herbst 1999 übernahm Caroline Beil und blieb sogar für ein paar Jahre. Der Sendeplatz rückte seitdem von 18.00 Uhr in die Nähe der 19.00-Uhr-Marke. Die Sendezeit wurde von 30 auf 40 Minuten verlängert, 2003 aber wieder reduziert, auf nun 25 Minuten. Caroline Beil verließ das Magazin Ende 2003, im Januar 2004 übernahm Kerstin Linnartz und nur ein halbes Jahr später Bettina Cramer.

Für Aufregung sorgte die Sendung vom 20. August 1997, in der ein Interview mit Harald Juhnke gezeigt wurde, obwohl dessen Familie vorher eine einstweilige Verfügung gegen die Ausstrahlung erwirkt hatte. Juhnke hatte dem *blitz*-Reporter gegen Mitternacht betrunken die Tür geöffnet, das »Interview« gab er halb nackt und mit Verletzungen im Gesicht. Monica Lierhaus moderierte den Beitrag ab mit den Worten, *blitz* wünsche »und das meinen wir aufrichtig – Harald Juhnke alles Gute«. Der Sender sagte, die Verfügung sei nicht korrekt zugestellt worden, und bejubelte am folgenden Tag in einer Pressemitteilung: »Harald Juhnke exklusiv in *Blitz* – 2,3 Millionen sahen zu. Sat.1-Boulevardmagazin erstmals über 16 % Marktanteil.«

BLITZ AM SONNTAG   SAT.1
Seit 2004. Halbstündige Sonntagsausgabe des Boulevardmagazins.
Die »Bild«-Zeitungskolumnistin Christiane Hoffmann weiß es. Und die Fernsehtochter des »Spiegel« produziert es.

BLITZLICHT   SAT.1
1998–1999. 15-minütiges, werktags gegen 19.00 Uhr gesendetes Magazin mit News und Tratsch über Stars.
Moderatoren der Sat.1-Variante von *exclusiv*, die ursprünglich »Showblitz« heißen sollte, waren u. a. Eve-Maren Büchner und René le Riche. Im Herbst 1999 wurde der Tratsch ins Magazin *blitz* integriert.

BLOCH   ARD
Seit 2002. Dt. Filmreihe von Peter Märthesheimer und Pea Fröhlich nach einer Idee von Dieter Pfaff. Der Psychotherapeut Dr. Maximilian Bloch (Dieter Pfaff) lebt mit seiner Frau Annegret (Eva Kryll) auf dem Land. Sie ist Ärztin am nahen Kreiskrankenhaus, er möchte eigentlich ein Buch schreiben, kommt aber nicht voran. Als Stadtmensch fühlt er sich auf dem Land einsam, in der Ehe kriselt es, er ist depressiv. Immer wieder treten Menschen in sein Leben, die seine Hilfe als Psychotherapeut suchen. Dann blüht er auf, flüchtet vor seinen eigenen Schwierigkeiten und tut sein Möglichstes, anderen bei der Lösung ihrer Probleme zu helfen und hinter ihre dunklen Geheimnisse zu kommen.
Bei *Bloch* ging es nicht um skurrile Neurosen, sondern um tiefe seelische Abgründe und oft große Hoffnungslosigkeit. Die Serie hatte auch humorvolle Momente, war aber meistens ähnlich düster wie Pfaffs Kommissar *Sperling*.
Die 90-minütigen Filme liefen in loser Folge mittwochs um 20.15 Uhr, bis Herbst 2005 achtmal.

BLOCK 7   ZDF
1976. 7-tlg. dt. Problemserie über Jugendstrafvollzug von Wolfgang Mühlbauer, Regie: Hartmut Griesmayr.
Zunächst werden Spielszenen über die Erfahrungen von Rick Stickel (Bernd Tauber) gezeigt, der in einer Jugendstrafvollzugsanstalt seine Strafe absitzt. Dort kümmert sich die Psychologin Frau Brocker (Karin Anselm) um ihn und setzt sich auch mit dem Anstaltsleiter Rodekurt (Klaus Herm) auseinander. Danach gibt es eine total dufte sozialkritische Diskussionsrunde.
Die Folgen dauerten 45 Minuten und kamen aus der evangelischen Redaktion Kirche und Leben.

BLOND AM FREITAG   ZDF
Seit 2002. 45-minütiger Comedytalk mit Ralph Morgenstern und vier prominenten weiblichen (nicht immer blonden) Gästen.
Die Fünferrunde tratscht und lästert über die Reichen und Schönen – sie tut also das Gleiche, was vier unprominente weibliche Gäste bei Morgenstern am Samstagnachmittag im *Kaffeeklatsch* taten. Häufige Teilnehmerinnen der (nicht nur für ZDF-Verhältnisse) äußerst schrillen Runden waren Hella von Sinnen, Gaby Decker, Barbara Schöneberger und Marijke Amado.
Die Sendung war unter dem Namen *Blond am Sonntag* bereits im Mai 2001 mit einer Pilotfolge anlässlich des *Eurovision Song Contest* getestet worden. Ende Oktober 2001 ging sie unter diesem Namen in Serie, bevor sie 2002 unter entsprechend angepasstem Namen freitags ins Spätprogramm umzog.

BLOND AM SONNTAG   ZDF
2001. Comedytalk mit Ralph Morgenstern, der nach dem Sendeplatzwechsel *Blond am Freitag* hieß (siehe dort).

BLOND: EVA BLOND   SAT.1
Seit 2002. Dt. Krimireihe von Sascha Arango. Instinktsicher ermittelt Kommissarin Eva Blond (Corinna Harfouch) mit ihrem türkischen Assistenten Alyans (Erdal Yildiz) in Mordfällen. Anfangs mögen die beiden sich nicht besonders, doch sie werden ein gutes Team. Lottmann (Gottfried Breitfuß) ist ihr Chef. Eva ist seit rund zehn Jahren mit Richard Vester (Herbert Knaup) verheiratet.
Bisher vier spielfilmlange Folgen liefen in unregelmäßigen Abständen mittwochs um 21.15 Uhr.

BLONDES GIFT   WDR, PRO SIEBEN
2002–2003 (WDR); 2004–2005 (Pro Sieben). Halbstündiger Comedytalk mit Barbara Schöneberger und einem prominenten Gast, den Schöneberger in Gesprächen und kleinen Spielen auf seinen »Blondfaktor« testet.
Irgendwie scheint der etwas mit Schlagfertigkeit, Eloquenz und Sexappeal zu tun haben, aber eigentlich geht es um nichts, und am Ende sind eh alle »blond«. Dauerhafte Rubriken sind Straßenumfragen, in denen Passanten in München »zarte« oder »harte Fragen« an den Gast formulieren, sowie der »Insider«, der indiskrete Details aus dem Leben des Gastes erzählt, dessen Identität erraten werden muss.
Die Show war für die Stadtsender des Kirch-Konzerns entwickelt worden, wo sie vorher lief und deshalb ungefähr nichts kosten durfte. Der Vorspann im »James Bond«-Stil war – wie bei vielen Produktionen der Firma Entertainment Factory, die u. a. auch die *bullyparade* und *Die WIB-Schaukel* herstellte – grandioser Hochglanz; das winzige Studio beeindruckte mit einer lebenden Nixe im Wasser als Bühnenbild, aber für aufwendige Requisiten oder einen zweiten Redakteur gab es offensichtlich kein Geld. Das tat dem Vergnügen keinen Abbruch, im

Gegenteil: Das Billige an der Show passte gut zur B- und C-Prominenz, die vorbeischaute und sich auf vergnügten sinnlosen Frotzeltalk und vermeintlich maßgeschneiderte Kinderspiele einließ – für Bernhard Hoëcker z. B. gab es ein Spiel mit Höckern (Stoffkamelen) auf Hockern (Stühlen). Schöneberger erklärte das Produktionsniveau in einem Interview so: »Die Spiele werden mir ja immer aufgeschrieben. Da heißt es: ›Barbara zieht aus einer Lostrommel Bingo-Kärtchen‹ oder so. Es stellt sich heraus: Eine ›Lostrommel‹ ist ein Blumentopf, wo einer zwei Henkel drangeklebt hat, mit einer Pappe drumherum, das sieht aus wie ein schwules Handtäschchen. Und du guckst rein und fällst echt vom Glauben ab, denn in diesem Blumentopf, den du in der Hand hältst mit den Bingo-Kärtchen, war gerade noch eine Zwergazalee drin, die auf meinem Schreibtisch stand.«
Nach dem Konkurs der KirchGruppe wurde die kleine, wunderbar unbeschwerte Sendung vom WDR gekauft, nach 17 Monaten aber wieder abgesetzt. Zum Glück fand sich wieder ein Retter. Diesmal nahm Pro Sieben die Show auf, sendete sie am späten Montagabend und wurde damit zu ihrer dritten Heimat.

BLOSSOM   ARD
1994–1995. 110-tlg. US-Sitcom von Don Reo (»Blossom«; 1990–1995).
Mutter ist ausgezogen, jetzt ist Teenager Blossom (Mayim Bialik) die einzige Frau im Hause Russo, mit Vater Nick (Ted Wass), einem Musiker, und ihren älteren Brüdern Joey (Joey Lawrence) und Anthony (Michael Stoyanov). Joey ist der Schwarm aller Mädchen, Anthony bekommt allmählich sein Drogenproblem in den Griff. In der zweiten Staffel zieht auch noch Opa Buzz Richman (Barnard Hughes) ein. Vinnie Bonitardi (David Lascher) ist Blossoms Freund und Six LeMuere (Jenna von Oy) ihre beste Freundin. Ihre durchaus schon recht erwachsene Sicht des Lebens hält Blossom in einem Videotagebuch fest. Rat sucht sie in der Regel in ihrer Fantasie und bekommt ihn dort von etlichen Prominenten (die sich dann selbst spielen, darunter Little Richard und Alf). Kurz vor Ende der Serie heiratet Anthony, der inzwischen als Sanitäter arbeitet, seine Freundin Shelly (Samaria Graham), und Sohn Nash kommt zur Welt. Nick ehelicht Carol (Finola Hughes), die ihre Tochter Kennedy (Courtney Chase) mit in die Ehe bringt. Am Ende verloben sich auch noch Joey und seine Freundin. Die Familienkonstellation ändert sich also komplett, und Blossom muss einsehen, dass das Leben weitergeht.
In mehreren Folgen war Melissa Manchester als Blossoms Mutter Maddy zu sehen. In einer Folge zu Beginn der Serie hatte noch Phylicia Rashad die Rolle gespielt. Dann hat wohl jemand die Farbe an seinem Kontrollmonitor justiert und gemerkt, dass Rashad auch schon in der *Bill Cosby Show* die Mutter gespielt hatte, dort ihre Familie im Gegensatz zu hier aber schwarz war.
Die einstündige Pilotfolge, in Blossoms Eltern noch mit komplett anderen Schauspielern besetzt waren, wurde in Deutschland nicht gezeigt. Alle weiteren Folgen liefen nachmittags. Den Titelsong »My Opinionation« sang Dr. John.

BLUT UND EHRE: JUGEND UNTER HITLER   ARD
1982. 4-tlg. dt. Fernsehspiel von Helmut Kissel, Regie: Bernd Fischerauer.
Im Mittelpunkt steht das Leben von Jugendlichen in einer süddeutschen Stadt zwischen 1933 und 1939. Hartmut Keller (als Zehnjähriger: Gedeon Burkhard; als 15-Jähriger: Jeffrey Frank) tritt gegen den Willen seines Vaters Ernst (Rolf Becker), eines Sozialdemokraten und arbeitslosen Musikers, der Hitlerjugend bei. Während Ernst verhaftet wird, freundet sich Hartmut mit seinem Mitschüler Hans Mönkmann (mit zehn Jahren: Stephen Higgs; mit 15: Steffen Rübling) an. Dessen Vater Erwin (Karlheinz Lemken), ein Rechtsanwalt, ist Ortsgruppenleiter der NSDAP, was Hans eine Führungsrolle in der Hitlerjugend einbringt. Auch Hartmut steigt immer weiter auf. Sein früherer Freund Franz Kuhn (als Zehnjähriger: David Weidner; als 15-Jähriger: Jakob Fruchtmann), ein Jude, und seine eigene Familie müssen entsetzt miterleben, wie Hartmut mit harter Hand Verhaftungen anordnet und einen Nichtschwimmer, den er ins Wasser zwingt, in den Tod treibt,.
Lief montags abends, an den jeweils folgenden Sonntagen wurden zusätzlich Diskussionen mit Jugendlichen gesendet. Im Dezember 1982 strahlten über 100 amerikanische Fernsehstationen die Reihe unter dem Titel »Blood And Honor« aus. Robert Muller war Co-Autor für die englischsprachige Version. Einer der Produzenten war Werner O. Feißt, der wenig später im Südwesten mit der Kochshow *Was die Großmutter noch wusste* bekannt wurde.

BLUTIGE STRASSE   ARD
1972. 4-tlg. ital. Krimi von Renzo Genta und Marco Oxman nach einem Stoff von Lina Wertmüller, Regie: Mario Landi (»Nessuno deve sapere«; 1971).
Der Ingenieur Pietro (Roger Fritz) wird bei Straßenbauarbeiten in eine Korruptionsaffäre zweier Mafiabanden hineingezogen.
Die ca. einstündigen Folgen liefen zur Primetime.

BOAT OF LOVE   RTL 2
2001. 8-tlg. dt. Doku-Soap, die die Urlaubsabenteuer von 24 spärlich bekleideten Singles auf einem Segeltörn im Mittelmeer zeigte. Die einstündigen Folgen liefen sonntags um 22.00 Uhr.

BOB MORAN   ARD
→ Die Abenteuer des Bob Moran

BOB MORANE   SUPER RTL
1999. 26-tlg. kanad.-frz. Zeichentrickserie (»Bob Morane«; 1998).
Superheld Bob jagt Verbrecher durch Raum und Zeit. Trickversion der alten ARD-Serie *Die Abenteuer des Bob Moran*.

BOB MORRISON   ZDF
1996. 26-tlg. austral. Kinder-Sitcom (»The Bob Morrison Show«; 1994). Der Hund Bob erzählt von seinem Leben bei Familie Morrison, die aus Vater Steve (Andy Anderson), Mutter Lizzy (Nikki Coghill), Tochter Maxine (Elissa Elliot) und Sohn Ben (Chris Lyons), Bobs Herrchen, besteht.
Die halbstündigen Folgen liefen später im KI.KA auch unter dem Titel *Die Bob Morrison Show*.

DIE BOB MORRISON SHOW   KI.KA
→ Bob Morrison

BOB & MARGARET   ARTE
1999–2003. 52-tlg. brit. Zeichentrick-Sitcom von David Fine und Alison Snowden (»Bob & Margaret«; 1998–2001).
Zahnarzt Bob und Chiropraktikerin Margaret sind über 40 und haben keine Kinder, aber die beiden Hunde Elizabeth und William. Vor allem Bob erwartet nicht mehr viel vom Leben und wird selbst dabei noch oft enttäuscht.
Die zynische, zuweilen depressive, aber dennoch witzig-bissige Trickserie für Erwachsene basierte auf dem zwölfminütigen Film »Bob's Birthday«, der 1995 den Oscar für den besten animierten Kurzfilm gewann.
Die 13 Folgen der ersten Staffel waren in einer anders synchronisierten Fassung im August und September 2002 auch nachts in Sat.1 zu sehen.

BOCK-SPRÜNGE   HR
1985–1988. Talkshow mit Heinz Schenk, deren Titel an Schenks erfolgreiche ARD-Samstagabendshow *Zum blauen Bock* angelehnt war. Es liefen 15 Folgen.

DIE BOCKREITER   ZDF
1994. 13-tlg. dt.-niederländ.-belg. Jugendserie.
Im Jahr 1762 überfällt die Bockreiter-Bande das holländische Limburg, beraubt die Reichen und gibt den Armen. Der 14-jährige Martin Kremers (Lennert Hillege), sein Freund Wolf (Philipp Zafirakis) und die Zigeunerin Aranka (Aisa Lafour) machen sich auf die Suche nach Onkel Lei (Joost Prinsen), dem Zinngießer, und versuchen Geld aufzutreiben, um Martins lungenkranker Schwester Lotteke (Michelle Spaarnay) helfen zu können. Der Pastor (Arthur Brauss) und der Chirurg Kirchhoff (Eugene Bervoets) sind auf ihrer Seite.
Die Bockreiter waren das holländische Gegenstück zum deutschen Schinderhannes: Sie rächten vor 250 Jahren die Enterbten und Entrechteten, plünderten Klöster und Fürstenhäuser. Ihren Namen trugen sie, weil sie angeblich auf schwarzen Böcken durch die Luft ritten.
Die Folgen waren 25 Minuten lang und liefen montags und dienstags nachmittags.

BOCUSE À LA CARTE   ZDF
1985–1986. 13-tlg. Fernsehkochschule.
Der französische Meisterkoch Paul Bocuse bereitet jeweils ein komplettes Menü der gutbürgerlichen Küche Frankreichs zu. Lief im Zweikanalton deutsch/französisch. Zur Reihe erschien ein gleichnamiges Kochbuch.

BODO BACH – BEI ANRUF LACHEN   SAT.1
2001. 45-minütige Comedyshow mit Robert Treutel.
Treutel war schon als Radiomoderator beim Frankfurter Sender FFH in die Rolle der hessischen Nervensäge Bodo Bach geschlüpft und hatte unwissende Menschen am Telefon gefoppt. Dabei begann er immer mit der Einstiegsphrase: »Entschuldigen Sie, ich hätt' da gern mal ein Problem ...« CDs mit seinen Telefonstreichen waren bereits in die Charts gekommen. Die klassischen Spaßanrufe wurden für die Fernsehversion mit Einspielfilmen und Prominenten ergänzt.
Neun Folgen liefen samstags am Vorabend, dann verkrachten sich Treutel und Sat.1. Treutel war der Ansicht, er habe dem Sender bei Vertragsabschluss nicht das Recht zur Wiederholung der zweiten Staffel seiner Sendung eingeräumt, die Sat.1 kurz nach der Erstausstrahlung für den gleichen Sendeplatz geplant hatte. Er zog deshalb sogar vor Gericht. Nein, kein Spaßproblem diesmal, der Mann meinte das wirklich ernst und klagte gegen die »zeitnahe Wiederholung« der sechs Folgen, weil das seinem Image schade. Per einstweiliger Verfügung bekam Treutel auch noch Recht, und Sat.1 zeigte stattdessen die drei Folgen der ersten Staffel in kürzester Zeit viermal hintereinander. Das durfte der Sender und hatte dies auch schriftlich. Reingelegt!

DIE BOEGERS   ARD
2001. 13-tlg. dt. Familienserie von Rudolf Bergmann und Gabi Decke.
Robi Boeger (Michael Fitz) ist glücklich mit der erfolgreichen Bankerin Gisi (Sabine Kaack) verheiratet und hat mit ihr zwei Kinder im Teenageralter: den vorlauten Linus (Nils Kahnwald) und die hochbegabte Melanie (Jacqueline Svilarov).
Nach 15 Jahren als Hausmann und Familienvater lässt sich der frühere Rockmusiker und noch immer langhaarige Robi vom Manager seiner damaligen Band, Ewald (Rainer Basedow), überreden, ein Comeback zu versuchen. Auch die alten Bandkumpels Dickie Messerschmidt (Leon Boden), Hansi Gibs (Michael Brandner), Bodo Kaufmann (Jürgen Tonkel) und Harry Beluga (Bernd Tauber) machen mit. Gisi ist zwar anfangs dagegen, findet sich dann aber damit ab. Der Hypochonder Antonio (Antonio Putignano) ist Robis bester Freund, Patty (Petra Bernd) Gisis beste Freundin.
Die halbstündigen Folgen liefen auf dem Comedysendeplatz dienstags um 21.05 Uhr. Zwei Folgen der eigentlich 15-teiligen Serie (9 und 15) fielen wegen aktueller Ereignisse aus und wurden nicht nachgeholt. Zuvor hatte die ARD zur Primetime bereits einen 90-minütigen Pilotfilm unter dem Titel *Es muss Liebe sein* gezeigt.

BOING   ARD, KI.KA
1990–1993 (ARD); 1998–2000 (KI.KA). Nachmittags-Spielshow.
Zwei Familien treten gegeneinander an und müssen in Aktions- und Übereinstimmungsspielen beweisen, wie gut sie sich verstehen. Thomas Ohrner moderierte in der ARD, Beni Weber im KI.KA.

BOLEK UND LOKEK   ARD
→ Lolek und Bolek

DER BOMBENKRIEG   ARD
2004. 3-tlg. dt. Geschichtsdokumentation von Johannes Eglau.
Mit historischen Aufnahmen und Gesprächen mit Zeitzeugen liefert die Reihe eine Chronik des Bombenkriegs: vom ersten Luftangriff auf eine Stadt (London, 1917) über Bomben, die die Royal Airforce als Strafaktion über aufständischen britischen Kolonien abwarf, und den vernichtenden Angriff der deutschen Legion Condor auf Guernica im Spanischen Bürgerkrieg bis hin zur Bombardierung u. a. des Ruhrgebiets, Kölns, Hamburgs und schließlich Dresdens im Zweiten Weltkrieg.

BON APPETIT PAUL BOCUSE   ZDF
1989. Neue Rezeptideen von dem französischen Meisterkoch und dem Südtiroler Heinz Winkler, der bei Bocuse gelernt hat.
Petra Schürmann moderierte zwölf knapp halbstündige Ausgaben am Freitagnachmittag.

»Seht mal, da verunglückt schon wieder eine von Little Joes Freundinnen!« *Bonanza*-Stars Dan Blocker, Michael Landon, Lorne Greene (von links).

BONANZA   ARD, ZDF, SAT.1, KABEL 1
1962–1965 (ARD); 1967–1977 (ZDF); 1989–1994 (Sat.1); 1997 (Kabel 1). 426-tlg. US-Westernserie von David Dortort (»Bonanza«; 1959–1973).
Jawohl, Pa. Der Rinderzüchter Ben Cartwright (Lorne Greene) ist der wohlhabende Besitzer der Ponderosa-Ranch nahe Virginia City im US-Bundesstaat Nevada und den 1000 Quadratmeilen Land ringsherum. Dort lebt er mit seinen Söhnen: Der besonnene und introvertierte Adam (Pernell Roberts) ist der älteste und immer in Schwarz gekleidet, der gemütliche Eric, genannt Hoss (Dan Blocker), ist der mittlere, hat aber den mit Abstand größten Körperumfang, und der romantische Heißsporn Little Joe (Michael Landon) ist der jüngste. Es ist die Zeit des Amerikanischen Bürgerkriegs Mitte des 19. Jh., doch davon merkt man nichts. Ben Cartwright ist dreifach verwitwet, jeder der Söhne stammt aus einer anderen Ehe. Die Männer-Familie beschäftigt Hop Sing (Victor Sen Yung) als Koch, der sich ständig wegen seiner Fähigkeiten auf den Arm nehmen lassen muss und dollig splickt. Gemeinsam lösen die Cartwrights ihre und die Probleme anderer und helfen, wo es geht, etwa wenn Feindseligkeiten beigelegt werden müssen oder wenn Roy Coffee (Ray Teal), der Sheriff in Virginia City, mal wieder ihre Unterstützung beim Ganovenfang benötigt. Dabei verzichten die Cartwrights weitgehend auf den Gebrauch ihrer Waffen und setzen stattdessen lieber Vernunft ein. Sohn Adam verlässt die Ranch nach 195 Folgen, und Mr. Canady, genannt Candy (David Canary), kommt etwas später als neuer Mitarbeiter und Ergänzung der Familie auf die Ponderosa. Die Familie bekommt noch einmal Zuwachs, als die Cartwrights den jungen Ausreißer Jamie Hunter (Mitch Vogel) bei sich aufnehmen. Später arbeitet auch Greg King (Tim Matheson) auf der Ranch.
Bonanza war die erste Westernserie in Farbe, was damit zusammenhing, dass RCA, der Mutterkonzern des ausstrahlenden US-Senders NBC, Farbfernsehgeräte herstellte und diese auch verkaufen wollte (in Deutschland freilich wurde das Farbfernsehen erst viele Jahre später eingeführt). Das war auch der Grund, warum die quotenschwache Serie nicht nach dem ersten Jahr eingestellt wurde. Ihren Durchbruch erlebte sie erst nach mehreren Jahren, dann wurde sie jedoch eine der erfolgreichsten Serien überhaupt und nach *Rauchende Colts* die zweitlanglebigste Westernserie. Da *Rauchende Colts* in Deutschland aber nur zu etwa einem Drittel ausgestrahlt wurde, lief *Bonanza* bei uns von allen Westernserien am längsten – und wanderte durch die Kanäle: Die ARD zeigte Anfang der 60er-Jahre nur ein paar einzelne Folgen in unregelmäßigen Abständen und setzte die Serie dann trotz guter Zuschauerresonanz ab, weil sie als zu brutal angesehen wurde. Das ZDF griff zu, zeigte 208 Folgen sonntags um 18.10 Uhr,

jeweils 50 Minuten lang, und machte aus *Bonanza* einen Dauerbrenner. Doch nach zehn Jahren war auch beim ZDF 1977 Schluss. Zwölf Jahre später begann Sat.1 mit der deutschen Erstausstrahlung von 152 Folgen. Die restlichen 40 Folgen liefen erstmals 1997 bei Kabel 1. Eine Hand voll Folgen blieb hierzulande ungesendet.

Eine ähnlich große Fehlentscheidung wie die der ARD, *Bonanza* aus dem Programm zu nehmen, traf im gleichen Jahr Adam-Darsteller Pernell Roberts, als er aus der Serie ausstieg, um seriösere Rollen zu spielen, aber über mehr als zehn Jahre nur noch Nebenrollen ergatterte. Der Erfolg von *Bonanza* hielt dagegen an, obwohl nun einer der Söhne fehlte. Erst nach dem plötzlichen Tod von Hoss-Darsteller Dan Blocker, einhergehend mit einer Sendeplatzverlegung nach mehr als einem Jahrzehnt, bröckelten die Quoten in den USA erheblich, und die Serie wurde Anfang 1973 mitten in der 14. Staffel eingestellt. Autor und Regisseur der letzten Folge war Michael Landon, dessen Little Joe darin vor einem geisteskranken Killer flüchtete. Diese Folge kam über weite Strecken ohne Text aus. Landon wurde nach dem Ende von *Bonanza* der Erfolgreichste der Ex-Cartwrights und war als Autor, Produzent, Regisseur und Hauptdarsteller bei *Unsere kleine Farm* an einem weiteren Klassiker maßgeblich beteiligt.

Der Serientitel hatte nur entfernt mit dem Inhalt zu tun. »Bonanza« heißt soviel wie Goldgrube oder Glücksquelle. Eine solche sollte die Ponderosa-Ranch wohl sein. Außer durch die Farbe unterschied sich die Serie durch ihre friedliche Botschaft von früheren gängigen Westernserien. Keine ballernden Revolverhelden standen mehr im Mittelpunkt, sondern die Lösung zwischenmenschlicher Konflikte durch vernünftige Erwachsene, auch wenn diese Erwachsenen noch immer wie kleine Buben ihrem strengen Vater hinterherdackelten und aufs Wort gehorchten. Jeweils eines der Familienmitglieder stand abwechselnd im Vordergrund der Geschichten.

Frauen spielten kaum eine Rolle. Little Joe war zwar ein Frauenheld, doch sobald ernsthafte Heiratsabsichten in der Luft lagen, widerfuhr der Dame meist ein schreckliches Unglück. Es war nicht gesund, einen Cartwright zu lieben – die Familiengeschichte hätte bereits eine Lehre sein müssen. Grund für die ausschließliche Männerwelt war – so unglaublich dies heute erscheinen mag –, dass Produzent David Dortort endlich einmal eine Familienserie drehen wollte, in der Männer im Mittelpunkt standen. Zwar hatten Krimi- und Westernserien damals fast immer ausschließlich männliche Helden, doch Familienserien und Sitcoms waren in den 50er-Jahren oft um starke Mutterfiguren herum gestrickt.

Die weltberühmte Titelmelodie, in der Serie instrumental, gab es auch in verschiedenen gesungenen Versionen, u. a. von Hauptdarsteller Lorne Greene, von Johnny Cash und auf Deutsch von Heino.

Während die Originalserie auf der ganzen Welt noch jahrzehntelang wiederholt wurde, scheiterten zwei Versuche von Neuauflagen. Der als Serienpilot gedachte Fernsehfilm »Bonanza: The Next Generation« (1988) mit neuer Besetzung wurde in Deutschland nicht gezeigt, zwei weitere Filme, »Rückkehr auf die Ponderosa« (1993) und »Angriff auf die Ponderosa« (1995), sendete RTL 1994 und 1997. Darin spielten u. a. Michael Landon, Jr. und Dirk Blocker mit, Söhne der Originalsöhne Landon bzw. Blocker. Die Serie »Ponderosa« (2001–2002), die zeitlich vor *Bonanza* angesiedelt war und die Cartwrights in jüngeren Jahren zeigte, wurde nach einer Staffel eingestellt und bisher nicht in Deutschland ausgestrahlt.

BONEY ZDF

1974–1975. 26-tlg. austral. Krimiserie nach den Romanen von Arthur W. Upfield (»Boney«; 1972–1973).

Boney (James Laurenson), Sohn eines Weißen und einer australischen Ureinwohnerin, arbeitet für die australische Polizei. Seine Eltern haben ihm den vollen Namen Napoleon Bonaparte gegeben. Boney vereint Fähigkeiten in sich, die ihm überall nützlich sind: Er ist intelligent und weiß mit modernen Waffen umzugehen (obgleich er sie selten benutzt), fühlt sich aber auch im Busch wie zu Hause. Wenn ihn seine Fälle (wie meistens) dorthin führen, hat er es leichter als seine Kollegen, weil er ein guter Spurenleser ist und von den Aborigines als einer der ihren akzeptiert wird. Die Polizei beauftragt ihn deshalb oft mit Fällen, die sie schon als unlösbar zu den Akten gelegt hatte. Fast immer handelt es sich um Morddelikte, in Einzelfällen fängt Boney aber auch Bankräuber, Entführer und Vergewaltiger. Boney ist im privaten Leben ein Einzelgänger und ermittelt in der Regel auch allein. Ab Folge 14 bekommt er mit Constable Alice McGorr (Kate Fitzpatrick) eine Kollegin.

Preisgekrönte Serie mit herrlichen Landschaftsaufnahmen, die Arthur W. Upfields Romanvorlagen hervorragend umsetzte. Aufruhr bei den Aborigines verursachte lediglich die Besetzung der Hauptrolle mit dem weißen Neuseeländer James Laurensen, dem ein wenig dunkle Farbe ins Gesicht geklatscht wurde, damit er authentisch aussah. Produzent John McCallum versicherte, er habe 18 Monate nach einem Schauspieler gesucht, der entweder ganz oder im Idealfall wie Boney ein halber Ureinwohner sei, doch niemanden gefunden, der für die Rolle geeignet erschien.

Die ersten der insgesamt 29 Romane über den australischen Polizisten erschienen 1929, Arthur W. Upfield schrieb sie bis zu seinem Tod im Jahr 1964. Alle wurden Bestseller. In den Romanen schrieb sich der Titelheld »Bony«, ohne »e«. Die TV-Produzenten änderten die Schreibweise, um zu vermeiden, dass der Name fälschlich wie »Bonny« ausgesprochen würde. In der späteren Neuauflage *Bony und sein Kommissar* musste der gute Mann sein Zusatz-»e« wieder abgeben.

Die einstündigen Folgen liefen samstags um 18.00 Uhr.

BONG   DFF
1983–1989. DDR-Musikshow für Jugendliche mit Jürgen Karney.
Mehrere aktuelle Hits aus den DDR-Popcharts treten gegeneinander an. Der Siegertitel kann in bis zu drei Sendungen wiedergewählt werden. Er (also der Sieger, der Gewinner, der Erstplatzierte) erhält dann den Silbernen Bong (also der silbernen, kein Gold).
Bong war das ostdeutsche Gegenstück zur *ZDF-Hitparade* und eine regelmäßige Bühne für Gruppen wie City, Silly und Karat. 75 Sendungen liefen immer donnerstags.

BONJOUR MAÎTRE – DER WEG NACH OBEN   BR
1990. 12-tlg. frz. Anwaltsserie, Regie: Denys de La Patellière (»Bonjour Maître«; 1987).
Maître Paul Cambrèze (Georges Wilson), ein ehemaliger Minister aus dem Kabinett Charles de Gaulles, führt heute eine Anwaltskanzlei und ist auf eine eigene politische Karriere bedacht.
Die Bücher schrieb der französische Staatssekretär Bernard Kouchner unter dem Pseudonym Bernard Gridaine.
Jede Folge war eine Stunde lang. Die Serie lief auch in fast allen anderen Dritten Programmen.

BONKERS – DER LISTIGE LUCHS VON HOLLYWOOD   RTL, SUPER RTL
1994–1995 (RTL); 1996. (Super RTL). 65-tlg. US-Disney-Zeichentrickserie (»Bonkers«; 1993).
Der arbeitslose Zeichentrickluchs Bonkers arbeitet als Detektiv in Toontown und klärt zusammen mit seinem Partner Lucky Piquel Kriminalfälle auf, oft versehentlich.
So wie der Kinofilm »Falsches Spiel mit Roger Rabbit« spielte die Serie amüsant mit dem Wissen der Hauptfigur, dass sie gezeichnet ist und eigentlich der Trickfilmindustrie angehört.
52 halbstündige Folgen liefen sonntagvormittags bei RTL, der Rest später bei Super RTL.

BONN DIREKT   ZDF
1987–1999. Wöchentliches 20-minütiges politisches Magazin.
Bonn direkt führte das Konzept der *Bonner Perspektiven* in leicht modernisierter Form fort: Die Sendung berichtete vor dem Beginn der neuen Woche von den Themen, die in der Bundeshauptstadt auf der Tagesordnung standen. *Bonn direkt* nahm sich vor, Politik »so aktuell wie möglich, zupackend, ungefiltert und kurzweilig zu präsentieren, um auch politisch weniger interessierte Zuschauer zu gewinnen«.
Sie war damit ebenso unauffällig wie erfolgreich: Regelmäßig war *Bonn direkt* das meistgesehene politische Magazin des Jahres, was natürlich auch am günstigen Sendeplatz sonntags um 19.10 Uhr lag. Die Sendung erfand auch die beliebten »Sommerinterviews«, bei denen Journalisten den Spitzenpolitikern an ihre Urlaubsorte nachreisten, um auch während des Sommerlochs irgendetwas berichten zu können.
Meistens wechselten sich der Bonner Studioleiter des ZDF und sein Stellvertreter mit der Moderation ab. Dies waren: Peter Ellgaard (1987–1999), Wolfgang Herles (1987–1991), Klaus-Peter Siegloch (1991–1995) und Alexander von Sobeck (1995–1999). Kurz bevor die Bundesregierung 1999 nach Berlin umzog, wurde der Sendetitel in *Berlin direkt* geändert.

BONNER PERSPEKTIVEN   ZDF
1966–1987. 20-minütiges Politmagazin am frühen Sonntagabend mit Berichten aus der damaligen Bundeshauptstadt.
Die Sendung war anfangs monothematisch, ab 1984 behandelte sie zwei bis drei Themen pro Sendung. Ab März 1977 war das *Politbarometer* eine regelmäßige Rubrik, in der Umfrageergebnisse zur politischen Stimmung im Land veröffentlicht wurden. 1980 wurde diese Rubrik ausgelagert und eine eigenständige Sendung. Bedingt durch den günstigen Sendeplatz zwischen den *heute*-Nachrichten und dem Hauptabendprogramm, erreichten die *Bonner Perspektiven* hohe Zuschauerzahlen. Sie liefen zunächst im Wechsel mit *drüben*, später wöchentlich.
Häufigster Moderator war Peter Hopen, der von Beginn an bis kurz vor Schluss dabei war; erst mit der 800. Sendung am 6. September 1987 trat er ab. Zu den vielen Kollegen, mit denen sich Hopen in fast 22 Jahren abwechselte, gehörten Gerd Schroers, Fides Krause-Brewer, Rudolf Woller, Robert Stengl und Karl-Heinz Schwab (alle schon ab 1966), später Horst Schättle, Gustav Trampe, Hans-Joachim Reiche, Trutz Beckert, Alfons Spiegel, Bodo H. Hauser, Olaf Buhl, Joachim Jauer und Peter Ellgaard.
Drei Monate nach Hopens letzter Sendung wurde *Bonner Perspektiven* durch *Bonn direkt* abgelöst.

BONNER PITAVAL   DFF
→ Fernsehpitaval

BONNER RUNDE   ARD, ZDF
1972–1999. Diskussionsrunden mit den Partei- und Fraktionsvorsitzenden der im Deutschen Bundestag vertretenen Parteien, vor Wahlen oder am Wahlabend, auch »Elefantenrunden« genannt.
Die erste Sendung fand drei Tage vor der Landtagswahl in Baden-Württemberg statt. Legendär waren zwei Sendungen jeweils drei Tage vor den Wahlen 1976 und 1980. Die Sendung 1976 war vier Stunden lang. ZDF-Chefredakteur Reinhard Appel sagte hinterher: »Vier Stunden lang ohne Unterbrechung kann sich nach meiner Erfahrung niemand in Positur setzen, auch der größte Schauspieler nicht. Und so war es in der genannten Sendung auch. Sie stellte eine interessante Charakterstudie dar.« Die entsprechende Gesprächsrunde mit Genscher, Kohl, Schmidt und Strauß vor der Bundestagswahl 1980 sahen 84 % aller erwachsenen Bundesbürger – über 30 Millionen Wahlberechtigte.
Auch an Wahlabenden strahlten ARD und ZDF, zunächst gemeinsam, später im Wechsel, unter dem

Titel *Bonner Runde* halbstündige Diskussionen mit Repräsentanten der Parteien aus. Mit dem Regierungsumzug von Bonn nach Berlin wurde die Reihe 1999 in *Berliner Runde* umbenannt.

BONNER RUNDE   ZDF
1977–1984. Politische Interviewsendung mit Johannes Gross.
Die Reihe war der Nachfolger von *Journalisten fragen – Politiker antworten*. Sie lief donnerstags abends nach 22.00 Uhr. 1986 kehrte die Vorgängerreihe wieder ins Programm zurück.

BONNFETTI   RTL
1986–1987. Talkshow mit Geert Müller-Gerbes und prominenten Gästen aus dem Contra-Kreis-Theater in Bonn. Die Show dauerte rund 90 Minuten und lief am späten Montagabend, eine einzelne Spezialausgabe folgte noch Ende 1990.

BONSOIR, KATHRIN   ARD
1957–1964. 50-minütige Personalityshow mit Caterina Valente.
Bonsoir, Kathrin war die erste Show im deutschen Fernsehen, die komplett um den Star herum gestrickt war. Valente war zuvor bereits weltweit als Sängerin bekannt geworden. In ihrer eigenen Show, deren Titel an ihren Spielfilm »Bonjour, Kathrin« erinnern sollte, zeigte sie sich in verschiedenen Rollen und begrüßte als Gastgeberin internationale prominente Gäste, die Sketche oder amüsante Lieder vortrugen. Oft wirkte Valente selbst dabei mit, parodierte, sang und spielte den Clown. Das Hazy-Osterwald-Sextett war als ständige Begleitung dabei.
Die Show lief in loser Folge ein- bis zweimal im Jahr. Ausschnitte aus diesen Sendungen zeigte die ARD in den 70er-Jahren unter dem Titel *Caterina Souvenir*.

BONY UND SEIN KOMMISSAR   ZDF
1993. 14-tlg. dt.-austral. Krimiserie nach den Romanen von Arthur W. Upfield (»Bony«; 1991).
Der australische Polizist David Bonaparte (Cameron Daddo) verfügt als Sohn eines Weißen und einer australischen Ureinwohnerin über Fähigkeiten aus beiden Kulturen. Die sind ihm bei seinen Ermittlungen an der Seite von Kommissar Frank Fischer (Christian Kohlund) nützlich, wenn die Spur in den australischen Busch führt – dann kann nämlich nur Bony sie lesen. Bonys Eltern sind früh gestorben, der Junge wuchs danach bei seinem Aborigine-Onkel Albert (Burnum Burnum) auf, dessen Eingebungen ihn praktischerweise immer noch per Gedankenübertragung erreichen. Notfalls auch einfach per Telefon. Gelegentlich hilft auch ein vorbeikommendes Känguru. In Rückblenden ist Andrew Ferguson als junger Bony zu sehen.
Arthur W. Upfields Romane waren bereits 1972 in der Serie *Boney* verfilmt worden. Diese Neuauflage hielt sich nicht mehr so streng an die literarische Vorlage (schon der Vorname der Titelfigur wurde von Napoleon in David geändert), und augenscheinlich stand auch nicht so viel Geld für die Produktion zur Verfügung.
Die einstündigen Folgen liefen donnerstags um 17.55 Uhr.

BOOGIES DINER   RTL 2
1996–1999. 40-tlg. US-Sitcom (»Boogie's Diner«; 1993).
Gerald (JM J. Bullock) ist der frustrierte Geschäftsführer von »Boogie's Diner«, das eine Mischung aus Boutique und Fastfoodrestaurant und einer der angesagtesten Treffs der Stadt ist. Neben Gerald schmeißen die Teenager Tymp (Richard Chevolleau), Zoya (Monika Schnarre), Jason (Jimmy Marsden), Kirby (Zack Ward), Cheryl Ann (Joy Tanner) und Cynthia (Robin Stapler) den Laden.
Lief anfangs wöchentlich, neue Folgen später werktags nachmittags. Die Serie wurde zwar in den USA produziert, dort aber nie ausgestrahlt.

BOOKER   SAT.1
1990–1991. 22-tlg. US-Krimiserie von Eric Blakeney und Stephen J. Cannell (»Booker«; 1989–1990).
Dennis Booker (Richard Grieco) arbeitet als Privatdetektiv für die Teshima Corporation of America, die von Chick Sterling (Carmen Argenziano) und Alicia Rudd (Marcia Stassman) geleitet wird.
Die Serie war ein Ableger von *21, Jump Street,* wo Grieco bereits die Rolle des Booker gespielt hatte. Der Spin-off lief in Deutschland jedoch, bevor die Folgen von *21, Jump Street* ausgestrahlt wurden, in denen Grieco mitspielte. Als Titelsong diente »Hot In The City« von Billy Idol.
Sat.1 zeigte die knapp einstündigen Folgen mittwochs zur Primetime.

BOOMER DER STREUNER   ZDF
1981–1983. 23-tlg. US-Abenteuerserie (»Here's Boomer«; 1980–1982).
Die streunende Mischlingshund Boomer zieht durch die Gegend und macht immer bei Menschen in Schwierigkeiten Halt, um ihnen zu helfen.
Einziger Hauptdarsteller der Serie war der Hund Boomer, die menschlichen Gastschauspieler wechselten von Folge zu Folge. Das ZDF zeigte die halbstündigen Episoden im Jugendprogramm am Samstagnachmittag.

DAS BOOT   ARD
1985. 3-tlg. dt. Kriegsdrama von Wolfgang Petersen nach dem Roman von Lothar-Günther Buchheim.
Während des Zweiten Weltkriegs, im Jahr 1941, durchlebt die Besatzung eines deutschen U-Boots die Hölle – niemand weiß, ob es je an Land zurückkehren wird. »Der Alte«, Kapitänleutnant Heinrich Lehmann-Willenbrock (Jürgen Prochnow), hat das Kommando über das Boot »U 96«, mit an Bord sind der Kriegsberichterstatter Leutnant Werner (Herbert Grönemeyer), der auch als Off-Stimme zu hören ist, der Chefingenieur Fritz Grade (Klaus Wennemann),

der Erste Leutnant (Hubertus Bengsch), der Zweite Leutnant (Martin Semmelrogge), der Brückenoffizier Kriechbaum (Bernd Tauber), Bootsmann Pilgrim (Jan Fedder), Ullmann (Martin May), Johann (Erwin Leder), Hinrich (Heinz Hoenig), Bosun (Uwe Ochsenknecht), Ario (Claude-Oliver Rudolph), Frenssen (Ralf Richter), Schwalle (Oliver Stritzel), Bockstiegel (Konrad Becker), Dufte (Lutz Schnell), Brückenwilli (Martin Hemme) und Thomsen (Otto Sander). Es wird die letzte Fahrt der »U 96«.

Der zweieinhalbstündige Kinofilm mit der Musik von Klaus Doldinger war die bis dahin weitaus teuerste deutsche Filmproduktion. Die hohen Kosten von mehr als 25 Millionen DM konnten nur mit Hilfe des deutschen Fernsehens gestemmt werden: WDR und SDR zahlten 10 Millionen DM, dafür sollten sie aber auch mehr bekommen als die Abspielrechte des Kinofilms. Petersen drehte deshalb ein über fünfstündiges Epos für das Fernsehen. Die nur halb so lange Kinoversion stellte nicht nur nach Meinung des »Spiegel« »schlicht einen Action-Extrakt aus dem Gesamtmaterial mit den fetzigsten Effekten und dem gröbsten Grauen« dar. Auch Buchheim beschimpfte sie als »Kung-Fu-Klamauk« und »Salzwasser-Western«. Allerdings wurde sie einer der größten deutschen Filmerfolge weltweit. »The Boat« war ein Blockbuster in den USA, spielte dort über 100 Millionen US-Dollar ein und wurde für sechs Oscars nominiert (bekam aber keinen).

Erst vier Jahre später, nachdem alle Kinoverwertungsmöglichkeiten ausgeschöpft waren, brachte die Produktionsfirma Bavaria unter Günther Rohrbach den Film ins Fernsehen. Er lief an drei Abenden zur Primetime mit 100-minütigen Folgen und wurde ebenfalls ein riesiger Erfolg. Ab 1987 zeigte die ARD *Das Boot* auch in einer sechsteiligen Serienversion mit 50-minütigen Folgen. Die BBC hatte die Langfassung bereits im Oktober 1984 gezeigt. Sie wurde in Großbritannien von erstaunlichen sieben Millionen Zuschauern gesehen – obwohl sie im Originalton mit englischen Untertiteln lief.

Zum Vertrag Buchheims mit der Bavaria gehörte eine Dokumentation zum U-Boot-Krieg fürs Fernsehen. Er hatte gehofft, den wichtigen historischen Hintergrund zu seiner verdichteten Geschichte liefern zu können – und wurde natürlich enttäuscht: Die ARD zeigte zwar seine Dokumentation, aber nur in den Dritten Programmen und in den meisten Fällen erst am späten Abend.

Die Serie ist auf DVD erhältlich.

BORDERTOWN – ABENTEUER IN EINER GRENZSTADT ARD, MDR

1991–1992 (ARD); 1992–1993 (MDR). 52-tlg. US-kanad.-frz. Westernserie (»Bordertown«; 1989–1993).

Der überkorrekte kanadische Mountie Clive Bennett (John H. Brennan) und der grob geschnitzte amerikanische Marshall Jack Craddock (Richard Comar) patrouillieren gegen Ende des 19. Jh. gemeinsam durch die Grenzstadt Bordertown. Beide sind an der Ärztin Marie Dumont (Sophie Brajac) interessiert.

Das originelle Konzept klingt nach einem Vorläufer von »Ein Mountie in Chicago, Bordertown« war aber dann doch nur eine billige Ballerserie. 34 halbstündige Folgen zeigte die ARD im Vorabendprogramm, der Rest lief in den Dritten Programmen.

BORN TO BE MR. B. – ATKINSON TOTAL RTL 2

2001. 5-tlg. Special über den Komiker Rowan Atkinson, der als *Mr. Bean* berühmt wurde. Die einstündigen Folgen liefen sonntags um 18.00 Uhr.

BORNEMANNS NÄHKÄSTCHEN RTL

1988–1989. Comedysendung mit Winfried Bornemann.

Bornemann schrieb Prominenten und Behörden unter falschem Namen Briefe und entlarvte damit Unfähigkeit, Eitelkeit und Gier. Die erschütternden Antworten hat er in mehreren »Briefmacker«-Büchern veröffentlicht.

Die Sendung brachte es auf 40 Ausgaben, die zunächst dienstags am Vorabend, ab 1989 nur noch vormittags liefen.

BÖRSE IM ERSTEN ARD

Seit 2000. Knapp dreiminütiger werktäglicher Bericht von der Frankfurter Börse mit Frank Lehmann, kurz vor der *Tagesschau* um 20.00 Uhr.

Auf den deutschen Aktienboom durch den Börsengang von T-Online reagierte die ARD mit einer Ausweitung ihrer Berichterstattung, vor allem durch die *Börse im Ersten* an einem der prominentesten Sendeplätze überhaupt, umrahmt von Werbung. Lehmann hatte sich bereits zuvor regelmäßig als Börsenberichterstatter in den *Tagesthemen* profiliert. Mit seiner unverkennbaren Art, hessisch, schnoddrig und leidenschaftlich, mit vielen anschaulichen Metaphern und Redewendungen, popularisierte und modernisierte er die Börsenberichterstattung ähnlich, wie es Jörg Kachelmann kurz zuvor mit dem Wetterbericht getan hatte. Außer Lehmann moderieren Dieter Möller, Anja Kohl, Stefan Wolff und Klaus-Rainer Jackisch.

BÖSES BLUT ZDF

1993. 4-tlg. dt. Soap von Michael Baier, Regie: Dagmar Damek.

Die schwangere Verena Westfal (Marion Kracht) will sich an ihrem untreuen Ehemann Werner (Mathieu Carrière) rächen. Spin-off von *Freunde fürs Leben*, wo die zerstrittenen Eheleute Nebenfiguren der ersten Staffel waren.

Die 50-minütigen Folgen liefen samstags um 19.25 Uhr.

BOSTON COLLEGE RTL

2000. 32-tlg. US-Sitcom (»Boston Common«; 1996–1997).

Die 18-jährige Wyleen Pritchett (Hedy Burress) und ihr älterer Bruder Boyd (Anthony Clark) sind neu in Boston. Dort sind sie am gleichen College zugange: Wyleen als Studentin, Boyd als Hausmeister. Boyd

verliebt sich in die Studentin Joy Byrnes (Traylor Howard), die sich jedoch eher für Prof. Jack Reed (Vincent Ventresca) interessiert. Der Archivar Leonard Prince (Steve Paymer) und die Verwaltungsassistentin Tasha King (Tasha Smith) gehören zu Boyds und Wyleens Freunden.
Die Serie lief samstags mittags.

BOSTON PUBLIC VOX
2005. 81-tlg. US-Schulserie von David E. Kelley (»Boston Public«; 2000–2004).
Der Alltag an einer Highschool in Boston aus der Sicht der Lehrer. Steven Harper (Chi McBride) ist der engagierte Schulleiter, besorgt um Schüler und Kollegen. Sein Stellvertreter Scott Gruber (Anthony Heald) ist ein harter und unbeliebter Durchgreifer, den Steven oft bändigen muss. Die Zusammensetzung des Lehrkörpers wechselt auffallend oft, nur Marla Hendricks (Loretta Devine), die Musiklehrerin Marylin Suder (Sharon Leal) und der alte Geschichtslehrer Harvey Lipshultz (Fyvush Finkel) gehören dauerhaft dazu. Englischlehrer Milton Buttle (Joey Slotnick) wird gefeuert, weil er eine Affäre mit einer Schülerin hatte, und Sportlehrer Kevin Riley (Thomas McCarthy) wird auch gefeuert, weil er davon wusste. Lauren Davis (Jessalyn Gilsig) wird suspendiert. Der Junge, mit dem sie eine Affäre hatte, war zwar schon seit einer ganzen Weile nicht mehr ihr Schüler, doch er verfolgte sie, und sie bedrohte ihn mit einer Waffe. Der Exzentriker Harry Senate (Nicky Katt) wird von einem Jugendlichen niedergestochen, überlebt zwar, bleibt aber nicht mehr lange, weil er depressiv wird. Seine Ex-Freundin Ronnie Cooke (Jeri Lynn Ryan) übernimmt seine Klasse. Sie ist jetzt mit dem neuen Physiklehrer Zach Fischer (Jon Abrahams) zusammen. Neu dabei ist nun auch Danny Hanson (Michael Rapaport), außerdem kommen Colin Flynn (Joey McIntyre) und Kimberly Woods (Michelle Monaghan) dazu. Kimberly bleibt aber auch nicht lange: Steven versetzt sie, um sie vor einem psychopathischen Schüler zu schützen. Obwohl Vox großen Erfolg mit David E. Kelleys anderer Serie *Ally McBeal* hatte, wartete der Sender etliche Jahre, bevor er auch diese zeigte. Die einstündigen Folgen liefen dann werktags um 17.00 Uhr. Colin-Darsteller Joey McIntyre war gut zehn Jahre zuvor Mitglied der erfolgreichen Boygroup New Kids On The Block.

BÖTTINGER WDR
→ B. trifft

BOULEVARD BIO ARD
1991–2003. Erfolgreiche einstündige Talkshow mit Alfred Biolek.
Biolek spricht mit mehreren prominenten und nichtprominenten Gästen, die er nacheinander zu sich in die Gesprächsrunde bittet. Bis dahin sitzen die Gäste in der ersten Reihe des Publikums. Es gibt ein Thema, das oft vage genug ist, um über alles zu reden, manchmal aber auch reizvolle Kombinationen sehr unterschiedlicher Gäste ermöglicht, die plötzlich miteinander ins Gespräch kommen.
Eine typische Gästezusammenstellung war diese: Sänger Campino von der Band Die Toten Hosen, Abt Stephan vom Benediktinerkloster Königsmünster, Hannelore Elsner und Thor Heyerdal. Das Thema war »Wer sucht, der findet«. Zum Thema »Mein bester Freund« brachte Rudolf Scharping Konstantin Wecker mit. Am Anfang enthielt die Show neben dem Talk noch Kleinkunst- und Showelemente, ab 28. Oktober 1991 nur noch Gespräche.
Ein Erfolgsgeheimnis der Sendung war, dass sie allein vom distanziert-freundlichen Interesse des Gastgebers lebte und vielen scheinbaren Gesetzen für eine erfolgreiche Talkshow widersprach: Sie kam aus dem ehemaligen Sprungbrett-Theater, dem früheren Ballettprobensaal des WDR in der Kölner Innenstadt, der dafür eigentlich zu klein und zu niedrig war (was man sah). Der Moderator hatte neben sich zwar eine Räuspertaste angebracht, die er drücken konnte, um sein Mikrofon bei Bedarf für eine Sekunde auszuschalten, tat dies aber offensichtlich nie, und der Bedarf bestand oft. Biolek stellte keine ausgefallenen Fragen (einen Stuntman hätte er gefragt: »Ist das eigentlich gefährlich?«), sondern las häufig einfach die banalen Tatsachen vor, die auf seinen Karteikarten standen: »Britney Spears, Sie sind ein Superstar.« Punkt. (»Ja«, hat sie geantwortet.) Wenn einer seiner Gäste etwas unerwartet Komisches sagte, füllte sein gackerndes Lachen etwas unangenehm den ganzen Raum. Den Autofahrer Michael Schumacher kündigte er als »Harald Schumacher« an; dieser nahm Platz und teilte mit: »Sie dürfen mich Michael nennen«, worauf Biolek entgegnete: »Ach, das ist aber nett.«
Andererseits war *Boulevard Bio* höchst modern und ein Vorreiter von Talkshows wie *Johannes B. Kerner* und *Beckmann*, weil er jedem Gast die Gelegenheit gab, sich darzustellen, ohne kritisch-bohrende Fragen befürchten zu müssen oder Themen, die ihm nicht recht gewesen wären. Biolek fragte freundlich, milde, harmlos, nie zudringlich, aber die Gespräche waren nicht immer belanglos: Er lud oft Gäste mit besonderen Schicksalen ein, Behinderte, Außenseiter, Randgruppen. Einmal machte er allerdings auch eine ganze Sendung zum Thema Urin.
Eine Mediensensation gelang Biolek am 11. September 1996, als Bundeskanzler Helmut Kohl zum ersten Mal in einer Unterhaltungssendung auftrat. Er war an diesem Abend Bioleks einziger Gast und gleichzeitig das Thema der Sendung. Die beiden plauderten im netten Gespräch über Kohls Kindheit, seine Hobbys, seinen Lieblingspudding und wie er ihn kocht. Kohl zählte unfassbare Mengen an Zutaten auf und antwortete auf Bioleks Nachfrage »Für wie viele Personen kochen Sie denn?« ganz selbstverständlich: »Für mich.« Ein Jahr später begrüßte Biolek Bundespräsident Roman Herzog, wiederum als einzigen Gast, auch der Dalai Lama beehrte ihn. Heftige Kritik löste die Sendung vom 9. April 2002 aus, in der Bundeskanzler Gerhard Schröder und der

russische Präsident Wladimir Putin die Gelegenheit nutzten, sich gemeinsam und ganz ohne kritische Fragen als nette Menschen darzustellen. Am 6. September 1994 war Alfred Biolek anlässlich seines 60. Geburtstags zu Gast in seiner eigenen Sendung, Moderator an diesem Abend war Harald Schmidt.
Die Dekoration des Studios wechselte mehrmals: Anfangs saß Biolek auf dem alten Ledersofa aus dem *Kölner Treff*, später standen Korbsessel und Couchtische auf der Bühne, schließlich Batavia-Sessel oder -Bänke mit Beistelltischchen.
Die Sendung war langlebiger Nachfolger und völliges Gegenteil von *Veranda*. Sie erhielt den Goldenen Löwen 1998. Zum zehnjährigen Jubiläum erschien das Buch »Boulevard Bio – die ersten zehn Jahre«, herausgegeben vom Redakteur der Sendung, Klaus Michael Heinz.
Die Sendung brachte es auf 485 Ausgaben, die wöchentlich zunächst mittwochs, ab 1992 dienstags um 23.00 Uhr ausgestrahlt wurden.

BOULEVARD PARIS   ARD
1984–1986. »Bilder aus einer Weltstadt«. 45-minütige Reportagereihe mit Sabine Mann, aus der im Lauf der Reihe Sabine Sauer wurde.

B.O.X.   ARD
1973. »Lehrlinge und Schüler machen Programm«. 45-minütiges Jugendmagazin von Werner Schretzmeier mit Albrecht Metzger und Gunter Bennung.
Hauptschüler und Lehrlinge gestalten das Programm nach eigenen Wünschen. Auf diese Weise kommt es zu Beiträgen über die Preise in Jugendherbergen, Diskussionen über das Bildungssystem, Rollenspielen über Bewerbungsgespräche Langhaariger und Auftritten von Popstars. Jeweils eine Klasse ist für eine ganze Sendung zuständig.
Lief monatlich am Freitagnachmittag, insgesamt fünfmal.

BOY DOMINIK   ARD
1979. 13-tlg. brit. historische Abenteuerserie (»Boy Dominic«; 1976).
England im 19. Jh.: Der Kapitän Charles Bulman (Richard Todd) ist auf See verschollen. Seine Frau Emma (Hildegard Neil) und ihr Sohn, der zwölfjährige Dominik (Murray Dale), sind nun mittellos und ein leichtes Opfer für »Freunde«, die Hilfe anbieten, aber ihre Not ausnutzen.
Die halbstündigen Folgen liefen im regionalen Vorabendprogramm und 1983 im DFF 1.

DER BRACK-REPORT   ARD
1983–1984. 10-tlg. brit. Science-Fiction-Serie (»The Brack Report«; 1982).
Der Kernphysiker Paul Brack (Donald Sumpter) erforscht im Auftrag des ambitionierten Geschäftsmanns Harold Harlan (Robert Lang) alternative Energiequellen wie Wind und Wellen. Mit seinem Report macht Brack zwar viel Wind, benötigt aber auch so viel eigene Energie, dass er seine Frau Pat (Patricia Garwood) und die Kinder Oliver (Neil Nisbet) und Angela (Jenny Seagrove) kaum noch zu Gesicht bekommt. Die einstündigen Folgen liefen im regionalen Vorabendprogramm.

BRADBURY TRILOGIE   ARD
→ Bradburys Gruselkabinett

BRADBURYS GRUSELKABINETT   ARD, TELE 5
1988 (ARD); 1991–1992 (Tele 5). 51-tlg. kanad. Mystery-Episodenreihe nach den Kurzgeschichten von Ray Bradbury (»The Ray Bradbury Theater«; 1985–1992).
Halbstündige abgeschlossene übersinnliche Geschichten des Bestsellerautors, verfilmt mit Stars wie Drew Barrymore, Peter O'Toole, William Shatner und Jeff Goldblum.
Die ersten drei Folgen liefen im regionalen Vorabendprogramm der ARD unter dem Titel *Bradbury Trilogie*, Tele 5 zeigte 48 weitere Episoden.

BRAT FARRAR – EIN TOTER KEHRT ZURÜCK   DFF 1
1988. 6-tlg. brit. Thriller von James Andrew Hall nach dem Roman von Josephine Tey, Regie: Leonard Lewis (»Brat Farrar«; 1985).
Brat Farrar (Mark Greenstreet) schlüpft in die Rolle des totgeglaubten Patrick Ashby, dem er ähnlich sieht, um eine Erbschaft anzutreten. Als er herausfindet, dass Simon umgebracht wurde und die Ähnlichkeit kein Zufall ist, hat er ein Problem.
Die Folgen waren 30 Minuten lang.

BRAUSEPULVER   ZDF
1989. »Geschichten aus den 50er-Jahren«. 5-tlg. dt. Kinderfilmreihe von Rudolf Herburtner, Jo Pestum, Klaus Kordon, Arend Aghte und Mirjam Pressler, Regie: Arend Aghte und Thomas Draeger.
Zum 40. Geburtstag der Bundesrepublik erzählten diese fünf Filme am Nachmittag ungeschönt, aber warmherzig abgeschlossene Geschichten mit wechselnden Darstellern über das Leben der Kinder in der Nachkriegszeit. Sie spielen zwischen den Trümmern, nutzen das allgemeine Chaos zu ihrem Vorteil, erfüllen sich trickreich erste Wünsche, finden und zünden eine Mine, treffen Kriegsversehrte oder erfahren, was die Zonengrenze in Berlin bedeutet.
Die Filme waren rund 45 Minuten lang und liefen nachmittags. Die Reihe wurde 1990 mit dem Grimme-Preis ausgezeichnet.

DIE BRÄUTE MEINER SÖHNE   ZDF
1965–1966. 13-tlg. dt. Familienserie von Gitta von Cetto und Fritz Böttger, Regie: Jochen Wiedermann.
Hedi Seibold (Ilse Werner) erzieht allein ihre vier heranwachsenden Söhne Männi (Ronald Nitschke), Thomas (Frank Glaubrecht), Paulchen (Manfred Kunst) und Freddy (Wolfgang Berger), die sich mit zunehmendem Alter immer mehr für Mädchen interessieren. Sie wird von Onkel Karl (Heinz Piper) unterstützt.

Natürlich durfte Ilse Werner auch in dieser Serie pfeifen. Die halbstündigen Episoden liefen freitags um 18.55 Uhr.

DER BRAVE SOLDAT SCHWEJK ARD
1988. 10-tlg. tschechoslowak. Puppentrickversion der berühmten Geschichten um den Soldaten Josef Schwejk von Jaroslav Hašek, die auch als Realserie unter dem Titel *Die Abenteuer des braven Soldaten Schwejk* verfilmt wurden.

BRAVO BERND KI.KA
Seit 2003. Fünfminütiges Betthupferl mit Bernd, dem Brot, aus *Tolle Sachen,* der hier vor allem in Fernseh-, Film- und Märchenparodien zu sehen ist.

BRAVO SUPERSHOW RTL 2, RTL
1994–1999 (RTL 2); seit 2000 (RTL). Große Show zur jährlichen Verleihung des »Bravo Otto«, dem Preis der Jugendzeitschrift.
Zu den Moderatoren gehörten u. a. Kristiane Backer, DJ Bobo, Heike Makatsch, Enie van de Meiklokjes, Ole Tillmann und Jessica Schwarz.

BRAVO TV SAT.1, RTL 2, ZDF
1984–1986 (Sat.1); 1993–2002 (RTL 2); 2003–2004 (ZDF). Wöchentliches Musik- und Jugendmagazin in Verbindung mit der Jugendzeitschrift »Bravo« aus dem Heinrich Bauer Verlag.
Der erste Versuch des Teeniemagazins mit Tipps, Musik, Star-News und Interviews startete bereits in der Frühzeit des Privatfernsehens im Ludwigshafener Kabelpilotprojekt PKS, aus dem 1985 Sat.1 wurde. Zuschauer hatte der Sender damals aus technischen und inhaltlichen Gründen noch kaum, weshalb *Bravo TV* entsprechend unbemerkt blieb. Moderatoren waren zunächst die Schauspielerin Ursula Karven und der »Bravo-Boy des Jahres« Marc. Karvens Nachfolgerin wurde Ixi, die während der Neuen Deutschen Welle mit »Der Knutschfleck« einen Hit gelandet hatte. Im bürgerlichen Leben hieß sie Gaby Tiedemann. Sendeplatz war der frühe Freitagabend.
Eine feste Größe wurde die Show, als sie ab 1993 am Sonntagnachmittag bei RTL 2 an den Start ging. Dieser Sender war zwar auch gerade erst zwei Monate alt, doch in den acht Jahren dazwischen waren viele Kabel verlegt und Satellitenschüsseln auf Dächer geschraubt worden, sodass mittlerweile deutlich mehr Kinderzimmer mit entsprechendem Fernsehempfang ausgestattet waren. Wieder gab es Musikvideoclips, Berichte über Stars, Charts, Tourneen, Kinostarts, Mode, Interviews und Rat und Lebenshilfe. Die Moderation wechselte fast jährlich im Herbst. Kristiane Backer begann, 1995 übernahm Heike Makatsch, 1996 Jasmin Gerat, 1997 Lori Stern.
1998 wurde die Sendezeit von einer auf über zwei Stunden ausgeweitet und die Zahl der Moderatoren auf drei: Nova Meierhenrich, Kerstin Kramer und Florian Walberg, Letzterer ein Ex-Mitglied der Boygroup Bed & Breakfast. Ein Jahr später wurde beides wieder weitgehend rückgängig gemacht. Die Show verkürzte sich schrittweise auf 90 Minuten, Enie van de Meiklokjes wurde im Herbst 1999 die neue Moderatorin und durfte als Erste seit Backer für zwei Jahre bleiben! 2001 kam wieder ein Doppel: Sebastian Höffner und Collien Fernandes. Für die Problemberatung war Margit Tetz aus dem Dr.-Sommer-Team im Studio, die auch in der Print-»Bravo« Ratschläge erteilte und später auf Pro Sieben als *Die Jugendberaterin* ihre eigene Show bekam.
Nach 501 Folgen bei RTL 2 wechselte *Bravo TV* überraschend zum ZDF und bekam einen halbstündigen Sendeplatz am Samstagnachmittag. Mit dem Sender wechselte auch der Produzent. Bisher war MME (Me, Myself & Eye) mit der Produktion beauftragt, jetzt erledigte das Oliver Mielkes Firma Entertainment Factory. Das Konzept wurde völlig umgekrempelt zu einer Mischung aus fiktionaler Soap und Teeniemagazin. Im erfundenen Teil lebten die Gerade-noch-Teenager Isabelle (Annett Fleischer), Mia (Silvana Bayer) und Simon (Kilian Reischl) gemeinsam in einer WG und bewältigten ihr junges Leben. Oft zu Besuch war Mias Freundin A. D. (Vanida Karun), die eine eigene Fernsehsendung mit Konzertberichten und Starinterviews moderierte. Und das war dann der Teil mit den bewährten (realen) Magazinbeiträgen und Interviews, die auf diese Weise in die Rahmenhandlung eingeflochten wurden. Denn manchmal brachte A. D. die Stars mit in die WG. Okay, das war dann wohl eher wieder Fiktion.
Nach einem Jahr der kruden Mischung wurde wieder eine Moderatorin eingeführt. Mia Aegerter übernahm die jetzt einstündige Show, die zwar wieder ein Magazin mit allen bekannten Bestandteilen war, doch am Ende jeder Sendung waren als »Bravo Story« weiterhin die WG-Erlebnisse von Isabelle und Mia zu sehen.

BREAKDANCE ZDF
1984. »Mach mit – bleib fit«. 16-tlg. Breakdance-Kurs. Immer samstagnachmittags und in Wiederholungen mittwochs und freitags konnten die ZDF-Zuschauer lernen, wie man sich mit diesen komischen eckigen Bewegungen der jungen Leute in Form bringt. Die Reihe stand, wie der Sender betonte, unter ärztlicher Betreuuung und knüpfte an *Tele-Aerobic* und *Fit durch den Winter* an.

BRENNENDE HERZEN ARD
1993. Showparodie mit Kleinkunst, Kabarett und Persiflagen auf Fernsehrituale. Zu den Moderatoren gehörten Ralf Günther, Roberto Capitoni, Andreas Grimm, Martin Quilitz und Tom Gerhardt.
Chaotische Live-Sendung der Leute von Radio Bremen, die sich auch die ähnlich angelegten Showtravestien *Gala* und *Total Normal* ausgedacht hatten. Sieben dreiviertelstündige Sendungen liefen am späteren Samstagabend. Günther und Grimm gehörten später zum Team hinter den Kulissen der *Wochenshow*.

BRENNENDES GEHEIMNIS ARD
1977. 3-tlg. Melodram von Wilm ten Haaf nach Stefan Zweigs gleichnamiger Novelle.
Der zwölfjährige Edgar (Thomas Ohrner) freundet sich bei einem Kururlaub mit dem faszinierenden Baron (Heinz Ehrenfreund) an und merkt erst spät, dass der sich über diese Freundschaft nur an Edgars Mutter (Christiane Hörbiger) heranmachen will. Die halbstündigen Folgen liefen sonntags nachmittags.

BRENNPUNKT ARD
→ ARD-Brennpunkt

BRET MAVERICK ZDF
1984. 18-tlg. US-Westernserie (»Bret Maverick«; 1981–1982).
Früher zog er umher und verdiente sein Geld beim Spielen in verschiedenen Saloons. Jetzt entscheidet sich der Spieler Bret Maverick (James Garner), sich in der kleinen Stadt Sweetwater, Arizona, niederzulassen. Er hat beim Poker den »Red Ox Saloon« gewonnen; als Partner steigt der altmodische Sheriff Tom Guthrie (Ed Bruce) ein, den die Bürger gerade aus dem Amt gewählt haben. Sein Nachfolger ist der junge, ehrgeizige Mitchell Dowd (John Shearin), dessen Deputy der unfähige Sturgess (Tommy Bush) ist. Mavericks Ranch verwaltet der reizbare Cy Whittaker (Richard Hamilton). Die Fotografin Mary Lou Springer (Darleen Carr) gibt mithilfe ihrer Mutter (Priscilla Morrill) und des jungen Druckerlehrlings Rodney Catlow (David Knell) die örtliche Tageszeitung heraus, der Bartender im Saloon heißt Jack (Jack Garner). Philo Sandine (Stuart Margolin) ist ein selbst ernannter Indianer-Scout.
Jack Garner ist der Bruder von Hauptdarsteller James. Mit der Serie nahm James Garner nach 20 Jahren die Rolle wieder auf, mit der er in der Serie *Maverick* berühmt geworden war, aber wie fast immer war die Fortsetzung nicht so erfolgreich wie das Original. In dem Kinofilm »Maverick« von 1994 mit Mel Gibson taucht Garner als pensionierter Marshall Zane Cooper auf.
Die einstündigen Folgen liefen mittwochs um 17.50 Uhr und wurden danach ungefähr jährlich wiederholt: auf Sat.1, Pro Sieben, Kabel 1, im Lokal- und im Pay-TV.

BRETTER, DIE DIE WELT BEDEUTEN ARD
1981–1982. »Erfahrungen einer jungen Schauspielerin«. 8-tlg. dt. Theaterserie von Dieter Wedel und Til Erwig, Regie: Dieter Wedel, Tom Toelle, Harald Clemens und Clois Hawlik.
Andrea Schilling (Ute Christensen) bekommt nach zwei Jahren Schauspielunterricht ihr erstes Engagement: am Stadttheater Neubern. Das ganz große Talent ist sie nicht, aber Inspizient Etzold (Klaus Herm) kümmert sich um sie. Etzold ist selbst gescheiterter Schauspieler und versucht seine Tochter Susanne (Dietlinde Turban) davon abzuhalten, ebenfalls Geschmack am Theater zu finden. Intendant in Neubern ist Kretschmann (Hans Häckermann), Oberspielleiter ist Gehlen (Siegfried W. Kernen). Nachdem sie reichlich tragische Geschichten von ehemaligen und verhinderten Stars erlebt hat, verlässt Andrea das Theater für eine Schallplattenkarriere. Ob ihr Talent dazu ausreicht, ist fraglich, aber wenigstens sieht sie klasse aus.
Die einstündigen Folgen liefen im regionalen Vorabendprogramm.

BRIDGET UND BERNIE ARD
1974. 24-tlg. US-Sitcom von Bernard Slade (»Bridget Loves Bernie«; 1972–1973).
Bridget Fitzgerald (Meredith Baxter) ist eine katholische Lehrerin, Bernie Steinberg (David Birney) ein jüdischer Taxifahrer mit Schriftstellerambitionen. Sie lieben sich und heiraten in Folge 1 heimlich. Ihre völlig verschiedenen Elternhäuser bemühen sich fortan, miteinander klarzukommen. Amy (Audra Lindley) und Walter Fitzgerald (David Doyle) sind reich und haben sogar einen Butler, Charles (Ivor Barry); Sam (Harold J. Stone) und Sophie Steinberg (Bibi Osterwald) führen einen Lebensmittelladen. Die Wohnung des jungen Paares liegt direkt darüber. Zum weiteren Familienkreis gehören Bernies Onkel Moe Plotnick (Ned Glass) und Bridgets Bruder Mike (Robert Sampson), ein Priester. Der Afroamerikaner Otis Foster (William Elliott) ist Bernies bester Freund.
Die fast gleiche Handlung sah man 25 Jahre später auch in *Dharma & Greg*. Vorlage war wohl das Musical »Abie's Irish Rose«. Baxter und Birney selbst heirateten im Jahr nach dem Serienende. Baxter spielte in den 80er-Jahren Hauptrollen in den Serien *Eine amerikanische Familie* und *Familienbande*, jetzt unter dem Namen Meredith Baxter-Birney.
Die Serie lief im regionalen Vorabendprogramm.

BRIEF AUS DER PROVINZ ZDF
1984–1998. Sendereihe mit Mini-Dokus der ZDF-Landesstudios.
Fünfminütige Beiträge in Form von verfilmten Briefen schildern kleine Geschichten jenseits der großen Städte oder stellen Landschaften und Regionen vor. Der erste »Brief« kam aus dem Grenzland Bayerischer Wald, danach ging es um die eigenartige Geschichte eines Baums in Lübeck und um die Elbmarschen, das Land hinter dem Deich zwischen Hamburg und Brunsbüttel. Der 100. Brief berichtete 1989 über Bismarcks Bahnhof in Friedrichsruh, der 142. und letzte wandelte in Possenhofen auf den Spuren von Sissi.
Das ZDF verschickte seine *Briefe* am Sonntagabend zum Sendeschluss, wenn der vor Mitternacht lag.

BRIEFE VON FELIX KI.KA
2002. 26-tlg. dt. Zeichentrickserie von John Patterson nach den Büchern von Annette Langen und Constanza Droop.
Der Plüschhase Felix reist um die Welt. Oft unternimmt er die Reisen unfreiwillig, weil er verloren geht. Von unterwegs schreibt er seiner Besitzerin

Sophie Briefe in die Martinistraße 19 in Münster. Die zwölf Minuten langen Folgen liefen von 2002 bis 2003 auch sonntags morgens im ZDF.

BRIEFGEHEIMNIS ZDF
1994–1995. 13-tlg. dt. Familienserie von Eberhard Möbius.
Bei der zentralen Briefermittlungsstelle der Post in Marburg versuchen Claudia Gerbner (Sabine Kaack) und Charly Gladen (Oliver Stritzel), scheinbar unzustellbare Briefe zuzustellen. Sie treffen dabei auf bewegende Schicksale und spannende Kriminalfälle. Die Folgen waren 45 Minuten lang und liefen mittwochs um 17.40 Uhr.

BRIGITTE TV ARD
1998. Wöchentliches Frauenmagazin mit Sandra Maahn, das zeitgleich zur Fußballbundesliga-Berichterstattung um 18.45 Uhr lief und sich mit Mode, Trends und Lebensfragen beschäftigte. Enthielt u. a. eine Elke-Heidenreich-Kolumne.

BRIGITTE UND IHR KOCH ZDF
1983. »Schlemmertipps für Figurbewusste«. 13-tlg. Kochreihe.
Brigitte ist Brigitte Mira, der Koch ist Franco Palumbo, ein amerikanischer Fernsehkoch kolumbianischer Herkunft. Jedes Gericht war nach 20 Minuten freitags zum Abendessen fertig. Ein Rezeptbuch erschien unter dem Titel »Schlemmertipps für Figurbewusste«.

BRISANT ARD
Seit 1994. Tägliches halbstündiges Boulevardmagazin mit Klatsch und Tratsch, Unglücken und Katastrophen, Service und ausführlichem Biowetter.
Brisant war die öffentlich-rechtliche Antwort auf Explosiv und blitz. Der produzierende MDR hatte keine Berührungsängste und versprach zum Start sogar »Know-how von den Privaten«. Erster Redaktionsleiter war der spätere Sat.1-Chefredakteur Jörg Howe. Die Sendung wollte Themen der »Bild«-Zeitung aufgreifen, Unterschiede sollte es allerdings bei der Umsetzung geben. Der Sender formulierte den Spagat so: »Ohne Scheuklappen, aber mit Niveau. Frech und doch sensibel. Investigativ statt voyeuristisch. Nicht reißerisch, aber rasant, nicht marktschreierisch, aber mitreißend.« Natürlich sahen das Kritiker, auch ARD-intern, nicht so unproblematisch: Schon vor dem Start gab es heftige Diskussionen, ob sich so eine Sendung mit dem öffentlich-rechtlichen Programmauftrag vereinbaren lasse.
Es moderierten im Wechsel: Anja Wolf (die später Anja Charlet hieß; 1994), Andreas Spellig (1994–1996), Axel Bulthaupt (1994–2003), Ines Krüger (1997–2004), Griseldis Promnitz (die später Griseldis Wenner hieß; seit 1995) und Alexander Mazza (seit 2004). Maskottchen ist Wuschel, eine schwarze Figur mit drei dicken grünen Haaren und einer langen roten Nase, gezeichnet von dem Cartoonisten Graf Rothkirch.

Brisant wird montags bis freitags gegen 17.15 Uhr ausgestrahlt, seit Mitte 1996 auch samstags. 1997 und 1998 lief im MDR einmal im Monat ein Ableger namens »Brisant Privat«, in dem Axel Bulthaupt mit Prominenten plauderte.

BRISKOS JAHRHUNDERT-SHOW SAT.1
1999–2000. 6-tlg. dt. Comedyshow mit Bastian Pastewka.
Pastewka walzte in der Show seine erfolgreiche Rolle des Brisko Schneider aus der Wochenshow auf eine halbe Stunde wöchentlich aus, parodierte dabei Ereignisse des abgelaufenen Jahrhunderts und sang die größten Hits aller Zeiten.

BRITT – DER TALK UM EINS SAT.1
Seit 2001. Einstündige Daily-Talk-Show mit Britt Reinecke, die jeden Werktag um 13.00 Uhr die Lücke von Sonja schloss, die zu RTL gewechselt war. Beispielhafte Themen sind »Meine Eltern sind abscheulich«, »Was ist bloß aus dir geworden – du könntest eine Schönheit sein« oder »Wenn ich dich sehe, wird mir schlecht«.
Die rheinland-pfälzische Landesmedienanstalt beanstandete die Sendung vom 17. April 2001 zum Thema »Jungs auf die Knie! Sexgöttinnen bei Britt«. Darin traten zwei Dominas und ein »Haussklave« auf, die in fröhlicher Ausführlichkeit über ihre Sexualpraktiken berichteten. Weder Moderatorin noch irgendein Experte kommentierten die geschilderten teilweise riskanten Handlungen kritisch, weniger ausgefallene Praktiken wurden aber unwidersprochen als »spießig« abgewertet. Dadurch habe Britt den Jugendschutz verletzt. Das Gleiche galt für die Sendung »Meine Familie ist mir peinlich« vom 24. September 2001, in der »deutlich gewaltgeprägte Familienverhältnisse in von gegenseitigen Angriffen und unversöhnlicher Feindseligkeit dominierter Atmosphäre präsentiert« wurden, wie die Medienwächter feststellten.

BRITTA ARD
1977. Dt. Sozialdrama von Berengar Pfahl.
Die 19-jährige Bundesbahnassistentin Britta (Verena Plangger) ist in einen Garnisonsort an der norddeutschen Küste gezogen. Sie wehrt sich erst, lässt sich dann aber doch vom angeberischen Motorradfahrer, Discjockey und Bundeswehrsoldaten Boris (Hinnerk Jensen) bezirzen und bekommt ein Kind von ihm. Sein Angebot, sie aus »Ehrgefühl« zu heiraten, schlägt sie jedoch aus und entscheidet sich, das Kind lieber allein zu erziehen.
Lief zunächst in vier Teilen am Nachmittag, 1978 auch in zwei Teilen im Abendprogramm, und wurde 1984 in zwei weiteren Teilen als Neues von Britta fortgesetzt.
Verena Plangger gehörte zum Stammensemble von Autor und Regisseur Berengar Pfahl. Sie spielte in sechs weiteren seiner Fernsehproduktionen mit; die Serie Pyjama für drei war eine ihrer wenigen anderen TV-Rollen.

BRONCO ZDF
1967–1968. 26-tlg. US-Westernserie (»Bronco«; 1959–1960).
Der ehemalige Südstaaten-Offizier Bronco Layne (Ty Hardin) wird nach dem Bürgerkrieg in seiner Heimat als Verräter beschimpft. Deshalb kehrt er ihr den Rücken und zieht allein als Abenteurer durch den Westen, nimmt verschiedene Jobs an und bricht mehrere Frauenherzen.
Die Figur des Bronco Layne tauchte bereits in der Serie *Cheyenne* auf, die jedoch erst später in Deutschland gezeigt wurde. Ty Hardin hatte dort zeitweise Clint Walker ersetzt und bekam mit der Figur später seine eigene Serie. Bronco war die einzige wiederkehrende Rolle.
Jede Folge dauerte eine Stunde.

BRONK HR, ARD
1987 (HR); 1989 (ARD). 14-tlg. US-Krimiserie (»Bronk«; 1975–1976).
Bürgermeister Pete Santori (Joseph Mascolo) hat seinen alten Freund, den Polizisten Lieutenant Alex »Bronk« Bronkov (Jack Palance) zu Hilfe gerufen: Er soll ihn bei seinem Kampf gegen die Korruption im kalifornischen Ocean City unterstützen. Bronk ist ein verschlossener Einzelkämpfer, der seine weichen Seiten selten in der Öffentlichkeit zeigt. Bei seinen Aufträgen, die er direkt vom Bürgermeister bekommt, hilft ihm Sergeant John Webber (Tony King). Bronks Tochter Ellen (Dina Ousley) sitzt seit einem Unfall, bei dem Bronks Frau ums Leben kam, im Rollstuhl. Harry Mark (Henry Beckman) ist ein enger Freund von Bronk. Der ehemalige Polizist verschrottet jetzt Autos.
Jack Palance selbst nannt die Serie später »dumm«. Der Schauspieler Carroll O'Connor war ihr ausführender Produzent. Die Folgen waren eine Dreiviertelstunde lang und liefen erst im hessischen Fernsehen, 1989 auch (erstmals samt Pilotfilm) spätabends in der ARD.

BRONSKI & BERNSTEIN ARD
2001. 13-tlg. dt. Krimi-Comedy-Serie von Michael Baier.
Die Polizisten Wolfgang Bronski (Matthias Schloo) und Guido Bernstein (Xaver Hutter) sind ungewollt Partner geworden. Bernstein ist der undisziplinierte Sohn des Polizeipräsidenten, der nur dank seines Vaters auf diesem Posten ist und dem nach Möglichkeit nichts zustoßen soll. Ihr Boss Theo Micklitz (Michael Brandner) setzt die beiden daher auf harmlose Fälle an, trotzdem bekommen sie es immer wieder mit schwereren Delikten zu tun.
Die einstündigen Folgen liefen am Vorabend.

BROTI & PACEK – IRGENDWAS IST IMMER SAT.1
2002–2004. 22-tlg. dt. Comedy-Arztserie.
Spin-off von *alphateam*: Fünfeinhalb Jahre lang arbeiteten der Internist Dr. Joachim »Broti« Brotesser (Wolfgang Wagner) und der Schönheitschirurg Dr. Franz Pacek (Moritz Lindbergh) gemeinsam im Alphateam der Hamburger Hansaklinik, jetzt haben sie sich selbständig gemacht. Zusammen mit der Psychologin Silvia Dorn (Irmelin Beringer) eröffnen sie eine Gemeinschaftspraxis in einer alten Villa in Hamburg-Ottensen, in der sie auch gleich wohnen, gemeinsam mit Silvias Tochter Meril (Anna Lena Hackstedt). Broti ist sensibel, romantisch und abwägend und würde gern eine Familie gründen. Pacek ist Single aus Überzeugung, ein zupackender Frauenheld, der Porsche fährt. Die altgediente Frau Domburg (Brigitte Böttrich), die schon für Silvias Mutter gearbeitet hat, und Annkathrin (Bettina Lamprecht) sind die Sprechstundenhilfen, Stani (Ivan Robert) ist der polnische Hausmeister und Freund von Silvia.
Gelungene, witzige Serie, die im Unterschied zur Mutterserie deutlich als Mischform aus Comedy- und Familienserie angelegt war. Immer wieder wurde mit visuellen Effekten gearbeitet, die die Gefühle von Broti und Pacek verdeutlichten und zeigten, wie sie die Situation gerade sahen.
Die einstündigen Folgen liefen montags um 21.15 Uhr.

DIE BRÜCKE ZUM PARADIES ARD
1969. »Eine geheimnisvolle Geschichte aus Südfrankreich«. 12-tlg. frz. Kinderserie nach dem Roman von Henri Bosco (»L'Ane Culotte«; 1967–1968).
Der Junge Constantin (Patrick Boitot) lebt in einem südfranzösischen Dorf. Ihm ist es streng verboten, eine Brücke in der Nähe des Dorfs zu überqueren. Natürlich tut er es trotzdem und lernt den Einsiedler und Geschichtenerzähler Cyprien (Henri Nassiet) kennen, dessen Esel Culotte Hosen (französisch: *culotte*) trägt. Bei einem späteren Ausflug über die Brücke ist auch Constantins Freundin, das Waisenmädchen Hyacinthe (Delphine Desyeux), dabei. Außerdem gibt es einen Pfarrer (Lois Arbessier).
Die halbstündigen Folgen liefen nachmittags. Die ARD wiederholte die Serie 1972 in einer überarbeiteten Fassung als Vierteiler zu je 50 Minuten.

BRUDER CADFAEL ZDF
1995–1997. 10-tlg. brit. Krimireihe von Christopher Russel, Russel Lewis und Simon Burke nach den Romanen von Ellis Peters (»Cadfael«; 1994–1998).
Der walisische Mönch Bruder Cadfael (Derek Jacobi) lebt im 12. Jh. im Benediktinerkloster St. Peter und Paul in Shresbury. Der frühere Kreuzritter hat auch im fortgeschrittenen Alter keine Lust auf ein geruhsames Klosterleben – schon der kleinste Verdacht eines Kriminalfalls weckt seinen detektivischen Spürsinn. Ihm zur Seite steht Sherriff Hugh Beringar (Sean Pertwee, Eoin McCarthy).
Das mittelalterliche Leben wurde peinlich genau rekonstruiert; gedreht wurde in Budapest. In Großbritannien liefen noch weitere drei Folgen der merkwürdigen Kriminalfälle in Spielfilmlänge.

BRUDER ESEL RTL
1996. 13-tlg. dt. Familienserie.
Der Franziskanerpater Ludger Spengler (Dieter

Bruder Esel: Dieter Pfaff als Franziskanerpater im störrischen Körper, hier nur mit Drahtesel.

Pfaff) tritt nach 20 Jahren aus dem Orden aus, weil er sich in Theres Spitzer (Renate Krössner) verliebt hat, die in Münster eine Gaststätte betreibt. Ludger zieht zu ihr und ihren drei Kindern Beppa (Miriam Horwitz), Floriane (Anna Katharina von Berg) und Henry (Bilal Diallo), die jeweils einen anderen Vater haben. Mit im Haus wohnt der schwule Untermieter Ferdi (Hans Lobitz). Als Theres von Ludger schwanger wird, nimmt sie seinen Heiratsantrag an. Weil die Familie wegen Ludgers Vergangenheit in Münster angefeindet wird, zieht sie nach Bremerhaven, wo schließlich Sohn Franz zur Welt kommt, benannt nach Franz von Assisi.
Mit »Bruder Esel« bezeichnen die Franziskanerpater ihren störrischen Körper, der nicht immer so will, wie der Zölibat es vorschreibt. Dieter Pfaff selbst hatte die Idee zu *Bruder Esel* mit entwickelt. RTL zeigte die einstündigen Folgen freitags um 21.15 Uhr. Obwohl die Serie gute Einschaltquoten hatte, von der Kritik gelobt wurde und 1997 den Adolf-Grimme-Preis erhielt, wurde sie nach der ersten Staffel nicht fortgesetzt.

BRÜDER IM ALL ZDF
1970. 10-tlg. Wissenschaftsreihe mit Heinz Haber. Haber untersuchte hier die »Möglichkeiten des Lebens im Weltall unter astronomischen, geologischen, klimatologischen und biochemischen Bedingungen«. In der ersten Folge ging es aber zunächst mal um »Fliegende Untertassen«. Die 30-minütigen Folgen liefen sonntags nachmittags.

DIE BRÜDER LÖWENHERZ ZDF
1980. 5-tlg. schwed. Abenteuerserie von Astrid Lindgren (»Bröderna Lejonhjärta«; 1977).
Jonatan (Staffan Götestam) erzählt seinem »Krümel« genannten todkranken Bruder Karl (Lars Söderdahl) die Geschichte der Märchenwelt Nangijala, wo sie als »Brüder Löwenherz« Abenteuer erleben. Ihre Freunde in Nangijala sind Sofia (Gunn Wallgren) Jossi (Folke Hjort), Orvar (Per Oscarsson), Hubert (Tommy Johnson) und der alte Matthias (Allan Edwall). Gemeinsam kämpfen sie gegen den Tyrannen Tengil (Georg Arlin).
Die halbstündigen Folgen zeigte das ZDF samstags nachmittags. Später lief auch eine Spielfilmfassung.

DIE BRÜDER MALM ARD
1975. 9-tlg. schwed. Familienserie, Regie: Hans Dahlin (»Bröderna Malm«; 1972).
Die vier Brüder Malm sind die einzigen Überlebenden eines Schiffsunglücks, bei dem auch ihre Eltern umkamen. Sie leben gemeinsam in einer Wohnung in Stockholm. Erik (Sven-Eric Gamble) führt den Haushalt, Håkan (Stig Grybe) ist Teilhaber einer Elektrohandlung, Björn (Olof Thunberg) fährt Taxi. Alle sind deutlich über 40. Ulf, der mit Abstand Jüngste (Ulf Brunnberg), ist Soldat.
Die halbstündigen Folgen liefen im regionalen Vorabendprogramm.

BRÜDER WIDER WILLEN ZDF
1996. 6-tlg. kanad. Jugendreihe von Joe Wiesenfeld nach dem Roman von Elfreida Read, Regie: William Fruet (»Brothers By Choice«; 1988).
Scott (Yannick Bisson) leidet unter seinem Vater (Terence Kelly), weil der von ihm verlangt zu studieren, was zwar seinem Stiefbruder Brett (Charley Higgins) liegt, aber nicht ihm. Scott rennt von zu Hause weg und macht sich die beiden Drogendealer Dal (Stephen E. Miller) und Kirk (Todd Duckworth), mit denen er sich eingelassen hat, zu Feinden. Auf der Flucht kommt er auf einer Farm bei Max (Winston Rekert) und Laura (Frances Flanagan) unter, wo ihn Brett schließlich findet, dabei aber in die Gewalt der Dealer gerät. Scott befreit ihn, und nun sieht auch der Papa ein, dass sein Sohn andere Qualitäten hat als das Bücherlesen.
Die halbstündigen Folgen liefen samstags morgens. Von der Serie gibt es auch eine gekürzte Version als abendfüllenden Spielfilm.

BUBBLEGUM CRISIS VOX
1999. 8-tlg. jap. Zeichentrickserie (»Baburugamu kuraishisu«; 1987).
Im Mega-Tokio des Jahres 2032 kämpfen vier Frauen gegen böse Roboter, die das Land seit einem verheerenden Erdbeben beherrschen. Die Frauen, die sich »Knight Sabers« nennen, sind Anführerin Sylia, außerdem Nene, Linna und die Sängerin Priss.
Die Serie war in Japan gar nicht erst fürs Fernsehen, sondern für die Videoveröffentlichung produziert worden.

BUBE DAME HÖRIG   SAT.1

1996–1999. Halbstündige Vormittags-Spielshow mit Elmar Hörig.

Zwei Kandidatenpaare müssen Umfrageergebnisse schätzen. Liegen sie näher als ihre Gegner, dürfen sie an einer Kartenwand raten, ob die nächste Spielkarte höher oder tiefer ist als die vorherigen, und sich so in Richtung Finale vorarbeiten. Das Paar, das schließlich in die Endrunde kommt, tippt wieder auf umzudrehende Karten und setzt jeweils einen Geldbetrag. Erreichen sie so einen Kontostand von 4000 DM, haben sie die Chance, um ein Auto zu spielen. Gewinnen sie es nicht, dürfen sie noch bis zu zweimal wiederkommen.

Der begnadete Radiomoderator Hörig war fast 20 Jahre lang der Star des Senders SWF3. Im Fernsehen hatte er nie großen Erfolg, auch weil er dort – anders als im Radio – nicht einfach tun und lassen konnte, was er wollte. Immerhin schenkte ihm Sat.1 in den 90er-Jahren so großes Vertrauen, dass er dort gleich vier verschiedene Sendungen moderieren durfte, darunter die Samstagabendshows *Elmis witzige Oldie-Show* und *Pack die Zahnbürste ein*. Das Jahr 1999 wurde für Hörig hart: Sein Radiosender SWR3 warf ihn raus, und als letzte seiner Fernsehshows lief auch *Bube Dame Hörig* aus. Kurz zuvor behauptete die »Bild«-Zeitung, Hörig habe bei einer Aufzeichnung Berufsschülerinnen mit sexuellen Anspielungen belästigt. Aus den letzten, bereits aufgezeichneten Folgen wurde daraufhin überall das Wort »Sex« herausgeschnitten.

Hörigs Assistentin war erst Mio, dann Babsi, die als Barbara Schöneberger später eigene Shows bekam, darunter *Blondes Gift* und *Die Schöneberger-Show*. *Bube, Dame, Hörig* lief werktags um 10.30 Uhr und brachte es auf 723 Ausgaben.

BUBU – DER HUND MIT DEM HAUSSCHUH   ZDF

1999–2000. 39-tlg. brit. Zeichentrickserie nach den Büchern von Mick Inkpen (»Little Kippers«; 1997). Bubu ist ein kleiner brauner Hund, der einen Glückshausschuh, vor allem aber Freunde hat, mit denen er den Zauber in ganz alltäglichen Dingen entdeckt. Lief im Kinderprogramm am Sonntagmorgen.

DIE BUCHHOLZENS   ZDF

1974. 7-tlg. dt. Familienserie von Karl Wittlinger nach dem Roman »Die Familie Buchholz« von Julius Stinde.

Das Leben einer Berliner Tuchhändlerfamilie in den 1880er-Jahren: Karl Buchholz (Hans Caninenberg) führt den Betrieb mit seinem Schwager Fritz Köper (Harald Juhnke). Er ist mit Wilhelmine (Eva Kotthaus) verheiratet. Sie haben zwei Töchter, Betty (Giulia Follina) und Emmi (Lisi Mangold). Die dreiviertelstündigen Folgen liefen samstags um 19.30 Uhr.

BUCK ROGERS   SAT.1, RTL

1985 (Sat.1); 1991 (RTL). 37-tlg. US-Science-Fiction-Serie von Glen A. Larson (»Buck Rogers In The 25th Century«; 1979–1981).

Kostümdrama *Buddenbrooks:* Konsul Johann Buddenbrook (Martin Benrath) mit seiner jüngsten Tochter Clara (Wega Jahnke).

Raumschiff-Captain William »Buck« Rogers (Gil Gerard) wird versehentlich in einer Zeitschleife eingefroren und taut erst im Jahr 2491 wieder auf. Gemeinsam mit den anderen Mitarbeitern des Verteidigungsdirektorats versucht er nun, die Erde vor den Draconiern zu schützen, die unter Führung von Prinzessin Ardala (Pamela Hensley) die Herrschaft auf der Erde übernehmen wollen. Bucks Kollegen sind Colonel Wilma Deering (Erin Gray), in die er sich verliebt, Dr. Elias Huer (Tim O'Connor) und sein persönlicher Assistent, der Roboter Twiki (Felix Silla).

Buck, Wilma und Twiki verlassen die Erde später, um im Weltraum nach Astronauten zu suchen, die während des Nuklearkriegs geflohen waren. Mit an Bord ihres Raumschiffs »Searcher« sind Admiral Asimov (Jay Garner), Dr. Goodfellow (Wilfred Hyde-White), der Vogelmensch Hawk (Thom Christopher) und der Roboter Chrichton.

Die Abenteuer des Buck Rogers waren ein alter Stoff. Zuvor hatte es bereits Radiohörspiele, Comics und eine gleichnamige Kinofilmserie gegeben (der NDR zeigte sie gekürzt 1992); auch eine Fernsehserie entstand schon 1950, lief jedoch nie in Deutschland. Von der Neuauflage zeigte Sat.1 nur die ersten 13 Folgen, den Rest strahlte RTL aus. Den Pilotspielfilm hatte die ARD bereits im Februar 1981 gesendet.

BUCK ROGERS   NDR
1992. 12-tlg. US-Filmreihe (Buck Rogers; 1936).
Nachdem der Astronaut William »Buck« Rogers (Buster Crabbe) und sein Partner Buddy Wade (Jackie Morgan) versehentlich eingefroren wurden, erwachen beide im 25. Jh.
Buck Rogers war in den 30er-Jahren eine Filmreihe, die für das Kino gedreht wurde. Davon zeigte der NDR 1992 zwölf gekürzte Fassungen. Zwei Fernsehfassungen entstanden später, eine davon lief ab 1985 bei Sat.1 und RTL. In den 30er-Jahren gab es neben Buck Rogers noch einen weiteren großen Science-Fiction-Helden: *Flash Gordon*. Eine Konkurrenzsituation unter den Schauspielern kam aber wohl kaum auf, denn beide wurden von Buster Crabbe dargestellt.

DIE BUDDENBROOKS   ARD
1979. 11-tlg. dt. Familiensaga von Bernt Rhotert und Franz Peter Wirth nach dem Roman von Thomas Mann. Regie: Franz Peter Wirth.
Die Geschichte einer Lübecker Kaufmannsfamilie zwischen 1835 und 1877. Johann Buddenbrook senior (Carl Raddatz) hat es mit seinem Getreidehandel zum angesehenen Unternehmer gebracht. Gotthold, sein Sohn aus erster Ehe, hat sich von der Familie abgewandt. Der gemeinsame Sohn mit seiner zweiten Frau Antoinette (Katharina Brauren) ist Konsul Johann Buddenbrook (Martin Benrath). Er hat mit Konsulin Elisabeth Buddenbrook (Ruth Leuwerik) vier Kinder: Thomas (als Kind: Armin Pianka; später: Michael Kebschull, Volkert Kraeft), der Älteste; Christian (als Kind: Claudius Kracht; später: Alexander Stölze, Gerd Böckmann), ein hypochondrischer Sonderling; die naive, aber liebenswerte Tony (als Kind: Melanie Pianka; dann: Marion Kracht, Reinhild Solf) und Nesthäkchen Clara (Wega Jahnke).
Der Konsul übernimmt vom verstorbenen Vater das Familienunternehmen, mit dessen Stagnation der gesellschaftliche Abstieg beginnt. Aus Tonys erster Ehe mit dem Kaufmann Bendix Grünlich (Michael Degen), der sich später als Betrüger entpuppt, geht Tochter Erika (Barbara Markus) hervor. Clara stirbt kurz nach ihrer Hochzeit mit einem Pastor an Gehirntuberkulose. Thomas, der nach dem Tod des Konsuls das Unternehmen führt, heiratet die Niederländerin Gerda Arnoldsen (Noëlle Chatelet). Noch bevor sie Sohn Hanno (Adem Rimpapa; später: Kai Taschner) zur Welt bringt, scheitert bereits Tonys zweite Ehe mit dem bayerischen Hopfenhändler Permaneder (Dieter Kirchlechner). Die Konsulin stirbt, und Thomas, inzwischen Senator, bricht in der Folge mit seinem Bruder Christian, einem neurotischen Lebemann, der beruflich gescheitert ist. Und schließlich macht auch er, Thomas, sein Testament, wohl ahnend, dass er bald an einer Zahnerkrankung sterben wird. Hanno stirbt mit 16 Jahren an Typhus, womit die männliche Buddenbrook-Linie erlischt.
Die ARD zeigte die meisten der einstündigen Teile montags zur Primetime. Die Serie war eine der international erfolgreichsten deutschen TV-Produktionen. 1984 wurde sie von PBS in den USA in der Serie »Great Performances« ausgestrahlt, die herausragenden Fernsehproduktionen vorbehalten ist. Manns Roman war bereits 1923 und 1959 verfilmt worden.

BUFFALO BILL   PRO SIEBEN
1989–1990. 26-tlg. US-Sitcom von Tom Patchett und Jay Tarses (»Buffalo Bill«; 1983–1984).
Das arrogante, egoistische Ekel Bill Bittinger (Dabney Coleman) moderiert eine Talkshow in Buffalo. Mit seiner Redaktionsleiterin Jo-Jo White (Joanna Cassidy) hat er eine Affäre. Karl Shub (Max Wright) ist der Senderchef, andere Kollegen sind der stellvertretende Redaktionsleiter Tony Fitipaldi (Meshach Taylor), die Redakteurin Wendy Killian (Geena Davis) und der Maskenbildner Newdell (Charles Robinson). Der Einzige, der Bill wirklich mag und sogar bewundert, ist Bühnenmanager Woody Deschler (John Fiedler). Bills Tochter Melanie Bittinger Wayne (Pippa Pearthree) arbeitet bei der Requisite.
Die halbstündigen Folgen liefen montags um 19.45 Uhr.

BUFFY – IM BANN DER DÄMONEN   PRO SIEBEN
1998–2003. 144-tlg. US-Fantasyserie von Joss Whedon (»Buffy The Vampire Slayer«; 1997–2003).

»Ja, das ist natürlich ein Argument.« In der Folge »Der Hammer der Zerstörung« aus der Serie *Buffy – Im Bann der Dämonen* bekommt es Buffy (Sarah Michelle Gellar) mit diesem ulkigen Riesentroll namens Olaf (Abraham Benrubi) zu tun. Natürlich gelingt es Buffy und der Gang, ihn zurück ins Trollland zu schicken.

Beim ersten Hören weckt der Name »Buffy« eher Assoziationen an eine Mischung aus den Looney Tunes und *Graf Duckula*, aber sie ist nichts von alledem. Die 16-jährige Buffy Anne Summers (Sarah Michelle Gellar) führt ein Doppelleben: Tagsüber hat sie es mit den üblichen Schwierigkeiten aller Schüler zu tun, in der Nacht jagt sie Vampire und andere Finsterlinge. Ihre Freunde Xander Harris (Nicholas Brendon), Willow Rosenberg (Alyson Hannigan) und Cordelia Chase (Charisma Carpenter) unterstützen Buffy, Letztere eher widerwillig. In der fünften Staffel taucht Buffys bisher unbekannte Schwester Dawn (Michelle Trachtenberg) auf, was Buffy und ihre Mutter Joyce (Kristine Sutherland) ohne mit der Wimper zu zucken hinnehmen. Die Jugendlichen besuchen die Highschool im kalifornischen Sunnydale, das bedauerlicherweise das Tor zur Hölle ist, der Höllenschlund, wo es deshalb nur so von Untoten, Monstern und Dämonen wimmelt und alle naselang die Apokalypse droht. Die Erwachsenen im Ort ahnen nichts und halten Buffy wegen ihrer häufigen Verwicklungen in nie aufgeklärte, aber eindeutige Fälle der Zerstörung von Schuleigentum oder Bausubstanz für eine Unruhestifterin. Nur noch der Bibliothekar Rupert Giles (Anthony Stewart Head) weiß von Buffys ungewöhnlicher Berufung zur Jägerin, wodurch sie als einziger Mensch in Sunnydale die Fähigkeiten besitzt, gegen Vampire und Dämonen zu kämpfen. Giles unterstützt sie und ist ihr »Wächter«, eine Doppelfunktion als Mentor und Trainer.

Buffy stirbt bereits in der ersten Staffel zum ersten Mal, wird nach kurzer Zeit aber wieder zum Leben erweckt. In der zweiten Staffel taucht mit Kendra (Bianca Lawson) eine weitere Vampirjägerin auf, die gerufen wurde, als Buffy für einige Minuten nicht mehr unter den Lebenden weilte. Kendra stirbt relativ bald und macht Platz für Faith (Eliza Dushku), noch eine Jägerin, die allerdings den Unterschied zwischen Gut und Böse nicht vollständig verinnerlicht hat und so für jede Menge Ärger sorgt. Ausgerechnet der 200 Jahre alte Vampir Angel (David Boreanaz) verliebt sich in Buffy. Er war früher böse, hat aber inzwischen die Seiten gewechselt und wieder eine Seele. Allerdings kommt es zu leichten Komplikationen, nachdem Buffy und Angel sich ihrer Leidenschaft hingegeben haben. Auf dem Vampir liegt nämlich ein Fluch, der ihn wieder böse werden lässt, sobald er glücklich ist. Eine Reihe unschuldiger Menschen fällt Angel zum Opfer, bis diese Störung behoben werden kann. Angel verlässt Sunnydale im Finale der dritten Staffel in Richtung Los Angeles, als die Clique die Highschool abschließt, hat aber noch Gastauftritte bis zum Ende der Serie (Boreanaz bekam seine eigene Serie, *Angel – Jäger der Finsternis*). Die freigewordene Stelle des vertrauenswürdigen Vampirs nimmt Angels jüngerer Bruder Spike (James Marsters) ein. Doch Spike ist nicht aus freien Stücken menschenfreundlich, sondern durch einen Chip in seinem Kopf, der ihm unerträgliche Schmerzen zufügt, sobald er Unschuldige angreift. Ihn und Buffy verbindet eine Art Hassliebe.

Willow ist zunächst mit Oz (Seth Green) zusammen, der bei Vollmond zum Werwolf wird, entdeckt aber im Laufe der Serie, dass sie zum einen eine mächtige Hexe und zum anderen lesbisch ist – eine Sensation in einer US-Teenieserie. Nach der Ermordung ihrer Geliebten Tara (Amber Benson) in der sechsten Staffel zerstört Willow beinahe die Welt, besinnt sich aber noch rechtzeitig eines Besseren.

Schon in Folge 100, dem Finale der fünften Staffel, droht eine weitere Apokalypse, nach Giles' Zählung »mindestens die sechste«. Um die Welt und ihre Schwester zu retten, opfert sich Buffy und bleibt diesmal sogar über das Staffelende und eine mehrere Monate lange Pause hinaus tot. Ihre Freunde erwecken sie zu Beginn der sechsten Staffel durch einen Zauber zum Leben. Als die Clique am Ende der letzten Folge die Welt noch einmal erfolgreich vor dem Untergang bewahrt hat, stirbt Spike (umso überraschender wird er in der fünften Staffel von *Angel* wieder auftauchen, was deutschen Zuschauern jedoch noch für lange Zeit vorenthalten bleiben könnte, da Pro Sieben anders als bei *Buffy* mit der Ausstrahlung des Spin-off sehr stiefmütterlich umgeht).

Die Serie zeichnete sich aus durch eine gelungene Mischung von Mystery mit einem Schuss Highschool-Soap, Comedyelementen und einem reichen Fundus an Figuren, die vermutlich zu grausig für einen Auftritt in der *Muppet Show* waren. Darüber hinaus gab es einige herausragende Folgen, wie die Episode »Das große Schweigen« aus der vierten Staffel, in der die meiste Zeit kein einziges Wort gesprochen wird, oder »Tod einer Mutter« aus der fünften Staffel, eine tiefernste Auseinandersetzung mit dem Thema Sterben, die als filmisches Mittel u. a. völlig auf den Einsatz von Musik verzichtet. In der sechsten Staffel gibt es umso mehr Musik in der fast vollständig gesungenen Musicalepisode »Noch einmal mit Gefühl«, die dem Zuschauer jede Menge Respekt vor Sarah Michelle Gellar abnötigt, denn sie mag viele Talente haben, aber Singen gehört ganz bestimmt nicht dazu.

Die hohe Qualität der Serie war eine Überraschung, wenn man in Betracht zieht, dass sie auf dem dämlichen Kinofilm »Buffy, der Vampirkiller« (1992) mit Kristy Swanson basiert. Die Regel ist eher, dass nach hochwertigen Filmen beknackte Serien gedreht werden. Die einstündigen *Buffy*-Folgen liefen zunächst am Samstagnachmittag; mit Beginn der vierten Staffel im Januar 2001 verlegte Pro Sieben sie in die Primetime am Mittwoch und zeigte sie oft im Doppelpack mit ihrem Spin-off *Angel* unter der Dachmarke »Scary Night«.

Die Serie ist komplett auf DVD erhältlich.

BUGS – DIE SPEZIALISTEN   PRO SIEBEN

1997–1999. 40-tlg. brit. Krimiserie (»Bugs«; 1995–1998).

Nicholas »Nick« Beckett (Jesse Birdsall), Roslyn »Ros« Henderson (Jaye Griffiths) und der Hubschrauberpilot Ed (Craig McLachlan; ab der vierten Staf-

fel: Steven Houghton) sind Hightech-Spezialisten. Ihre technischen Fähigkeiten nutzen sie, um Verbrechen aufzuklären. Ab der dritten Staffel ergänzen Jan (Jan Harvey) und Alex Jordan (Paula Hunt) das Team.
Die einstündigen Folgen liefen am Samstagnachmittag.

BUGS BUNNY SAT.1
→ Mein Name ist Hase

DER BULLE VON TÖLZ SAT.1
Seit 1996. Dt. Krimiserie von Claus Peter Hant.
Der schwergewichtige Kommissar Benno Berghammer (Ottfried Fischer) und seine Kollegin Kommissarin Sabrina Lorenz (Katerina Jacob) klären im bayerischen Bad Tölz Mordfälle auf. Dabei kommen oft genug Korruption und Amigo-Sumpf in der örtlichen Politik oder Kirche zutage, doch Benno scheut sich nicht, gegen hohe Herren vorzugehen. Er ist hartnäckig, oft stur, bleibt dabei aber bayerisch-gemütlich. Sabrina kommt aus Berlin und muss sich mit den bayerischen Gepflogenheiten erst noch anfreunden. Und insbesondere mit Bennos Dienstauffassung, in der Gerechtigkeit vor Gesetz geht. Ihr Vorgesetzter ist anfangs Polizeichef Matern (Hans Peter Hallwachs).
Gelegentlich wird auch Bennos Mutter Resi (Ruth Drexel) in die Fälle verwickelt, entweder zufällig oder weil sie sich mal wieder in die Ermittlungen einmischt. Sie führt eine kleine, altmodische Pension, in der die Duschen noch auf dem Gang sind. Sehr zum Leidwesen seiner Mutter ist Benno ledig, kinderlos und wohnt noch bei ihr. Zum Umfeld gehören der uniformierte Polizist Pfeifer (Udo Thomer), den Benno nicht mag, was er sich deutlich anmerken lässt, Prälat Hinter (Michael Lerchenberg), Staatsanwältin Dr. Zirner (Diana Körner), Landrat Wallner (Friedrich von Thun), Staatssekretär Berthold von Gluck (Klaus Guth) und Bennos zwielichtiger alter Freund Anton Rambold, oder wie man in Bayern sagt: der Rambold Toni (Gerd Anthoff). Der Staatssekretär wird in Folge 53 Anfang 2005 ermordet. Zur gleichen Zeit wird der neue Staatsanwalt Dr. Georg Lenz (Moritz Lindbergh) Dr. Zirners Nachfolger. Er hat eine gänzlich andere Berufsauffassung als Benno.
Jede Folge hat Spielfilmlänge. Die Reihe lief zunächst staffelweise in Blöcken von jeweils wenigen Folgen sonntags um 20.15 Uhr, ab Herbst 1999 mittwochs um 21.15 Uhr. Dort entwickelte sie sich zum großen Erfolg mit regelmäßig mehr als sechs Millionen Zuschauern. Anfang 2002 waren die guten Quoten sogar das Aufmacherthema auf der Titelseite der Münchner »Abendzeitung«, weil der Bayer Ottfried Fischer eine höhere Einschaltquote hatte als ein gleichzeitig im ZDF übertragenes Fußball-DFB-Pokalspiel des FC Bayern München. Da auch Wiederholungen noch hohe Marktanteile einfuhren, sendete Sat.1 bald fast gar nichts anderes mehr am Mittwochabend und hielt den Sendeplatz mit zahllosen Zweit-, Dritt- und Viertausstrahlungen warm, bis wieder eine neue Folge fertig war. Ottfried Fischer selbst war der Meinung, das ständige Durcheinander alter und neuer Folgen tue der Serie nicht gut, sein Wunsch nach einer Pause wurde von Sat.1 jedoch nicht erfüllt. Stattdessen kündigte Fischers Co-Star Katerina Jacob 2005 nach einem öffentlichen Streit, u. a. über die Höhe ihres Gehalts, ihr Aussscheiden aus der Serie für das folgende Jahr an. Als beste Schauspielerin in einer Hauptrolle in einer Serie erhielt Ruth Drexel den Deutschen Fernsehpreis 1999.
Mehrere Episoden sind auf DVD erhältlich.

Der Bulle von Tölz (Ottfried Fischer) mit Mama (Ruth Drexel).

Paradebeispiele für den Erfolg deutschen Humors: das Team der *bullyparade:* Christian Tramitz, Michael »Bully« Herbig, Rick Kavanian (von links)

DIE BULLENBRAUT   RTL

Seit 2005. Dt. Krimi-Comedy-Reihe.

Paula Dohm (Gaby Köster) ist eine Taxifahrerin aus Köln-Nippes, die jetzt in Hamburg lebt. Dauernd wird sie in Kriminalfälle hineingezogen und pfuscht Kommissar Hannes Behnken (Jochen Nickel) in die Ermittlungen hinein. Der ist zufällig ihr Ex-Freund – und der tragische Grund dafür, dass sie nach Hamburg gezogen ist. Immerhin hat sie von ihm so einiges aufgeschnappt, was ihr jetzt bei den kriminalistischen Ermittlungen hilft.

Die spielfilmlangen Folgen liefen als lose Reihe.

BULLY & RICK   PRO SIEBEN

2004. 13-tlg. halbstündige Comedyshow mit Michael »Bully« Herbig und Rick Kavanian in verschiedenen Sketchen.

Die beiden hatten bereits in der *bullyparade* und in Bullys Kinofilmen »Der Schuh des Manitu« und »(T)Raumschiff Surprise – Periode 1« gemeinsam gespielt. Ihre neue Sketchshow erhielt den Platz, auf dem zuvor die *bullyparade* wochenlang in Wiederholungen gelaufen war, nämlich montags um 21.15 Uhr.

BULLYPARADE   PRO SIEBEN

1997–2002. Halbstündige Comedyshow von und mit Michael »Bully« Herbig, Christian Tramitz und Rick Kavanian in vielen wiederkehrenden Rubriken.

Die Sketche waren teils vorher gefilmt worden, teils wurden sie live vor Studiopublikum aufgeführt. Meist waren sie Parodien auf Film und Fernsehen oder reine Gaga-Ideen ohne Anspruch auf irgendeinen Sinn. Zu den Highlights gehörten u. a. »Bully und die Tapete«, wo »Bully« Monologe hält, in denen er jeweils Automarken, Städte, Länder etc. unterbringt (»Zuerst hab ich den Eingang gar nicht gefunden, weil an der Tür-kei Schild war. Nor-wegen der blöden Sperrstunde: Kana-da!«), »Klatsch-Café mit Dimitri«, einem Griechen, der jedes zusammengesetzte Hauptwort falsch herum zusammensetzt, »Sisi – Wechseljahre einer Kaiserin«, »Pavel & Bronko«, zwei Slawen mit Hang zur Einheitsendung bei deutschen Wörtern (»Herzlitsch willkommen ...«, »Pavel, grüß ditsch«), die drei Ökos »Ronny, Lutz & Löffler«, die Talkshowparodie »Yeti am Mittag« sowie »Unser (T)Raumschiff«, eine Parodie auf *Raumschiff Enterprise* mit Captain Kork, Schrotti und Spucki als Mitglieder der komplett tuntigen Besatzung (»Wer bringt heut' den Müll raus?« – »Also, i hob abg'spült!« – »Und i bin der Käpt'n!«).

Den Rahmen für die Sketche bildeten Moderationen von »Bully« in einer Kulisse mit großer Showtreppe, einer Live-Band und Diana Herold als stumm tanzender Augenweide.

Die *bullyparade* brauchte lange, um sich vom Geheimtipp vor allem im Münchner Raum, wo sich »Bully« durch verschiedene Comedyreihen beim Radio und dem Lokalsender TV München einen Namen gemacht hatte, zum Zuschauermagneten zu entwickeln. Die Show lebte von der Freiheit von Herbig, Tramitz und Kavanian, auch die pointen- und sinnfreiesten Ideen umzusetzen. Andererseits waren vor allem die gefilmten Sketche oft mit großem Perfektionismus und Liebe zum cineastischen Detail produziert. »Bullys« Humor polarisierte: Er war ebenso anarchisch wie vielschichtig, intelligent wie blöd. Die Geduld von Pro Sieben zahlte sich schließlich aus, und die *bullyparade* zog nach einer Wanderung über mehrere Sendeplätze montags um 23.15 Uhr schließlich eine treue Fangemeinde an.

Im Sommer 2001 kam Michael Herbigs Film »Der Schuh des Manitu« ins Kino, der u. a. Winnetou-Sketche aus der *bullyparade* weiterentwickelte. Der Film wurde der erfolgreichste deutsche Film seit über 15 Jahren und »Bully« ein bundesweiter Star. Die

Fernsehausstrahlung im Frühjahr 2004 erreichte mit mehr als zwölf Millionen Zuschauern die höchste Einschaltquote in der Geschichte von Pro Sieben. Der Sender zog die sechste und zugleich letzte Staffel der *bullyparade* ab Februar 2002 auf 21.45 Uhr am Montag vor. Danach wollte sich »Bully« nach 90 Folgen neuen Projekten widmen. Aus der Rubrik »Unser (T)Raumschiff« wurde im Sommer 2004 der neue, wiederum überaus erfolgreiche Kinofilm »(T)Raumschiff Surprise – Periode 1«. Ins Fernsehen kehrte »Bully« mit *Bully & Rick* zurück. Die Sketchcomedy war der *bullyparade* ähnlich, besaß aber nicht deren Studioteil, Qualität und Quoten.

BULMAN ARD
1988. 7-tlg. brit. Krimiserie von Kenneth Royce (»Bulman«; 1985–1987).
Der ältere Polizist Sergeant George Bulman (Don Henderson) ist aus dem Dienst ausgeschieden, um einen Trödelladen zu führen. Aber sein Gespür für Verbrechen, das er nicht einfach ausschalten kann, treibt ihn immer wieder zu Ermittlungen. Zu erkennen ist er unschwer an seinem Auto, einer »Ente«, seinen Handschuhen und seinem Inhalierer, den er regelmäßig benutzt. Lucy McGinty (Siobhan Redmond), die Tochter eines früheren Kollegen, treibt ihn an, auch William Dugdale (Thorley Walters), ein Universitätsprofessor mit Verbindungen zum Geheimdienst, mischt sich immer wieder ein.
Fortsetzung von *Detective Sergeant Bulman, Scotland Yard*. Die ARD zeigte sieben von im Original 20 einstündigen Folgen im regionalen Vorabendprogramm.

DER BUMERANG ZDF
1967. 26-tlg. austral. Jugendserie (»The Magic Boomerang«; 1965–1966).
Der 13-jährige Tom Thumbleton (David Morgan) lebt auf einer Schaffarm in Australien. Er findet einen Bumerang, der als praktische Waffe gegen diverse Bösewichter einsetzbar ist: Das magische Wurfgerät hält nämlich während des Flugs die Zeit an, und so kann sein Besitzer, während alle anderen stillstehen müssen, diverse Besorgungen erledigen.
Die Schwarz-Weiß-Serie hatte im Original 39 Folgen mit je 25 Minuten Länge.

BUMERANG! ARD
1993. Halbstündiges Umweltmagazin für Kinder und Jugendliche mit Josi Ewald und Thomas Ahrens. Rainer Basedow spielt als abschreckendes Beispiel ein Umweltekel.

BUMMEL DURCH TAIWAN ZDF
1971. 3-tlg. Reportage für Kinder von Harold Mantell.
Die drei New Yorker Jungen Steven, Mike und David begleiten ihren Vater auf eine Geschäftsreise nach Taiwan. Ein Bekannter, der Chinese Sha, zeigt ihnen die taiwanesische Hauptstadt Taipeh und deren Umgebung. Bei ihrem Bummel durch Taiwan tragen die drei Jungen identische Kleidung: gelb-weiß gestreifte T-Shirts (gelegentlich mit ockerfarbenen Jacken darüber), schwarze Shorts, graue Socken und braune Halbschuhe. Weitere Kinderreportagen von Harold Mantell waren *In der Wüste von Atacama* und *Kinder sehen Afrika*.
Die 25-minütigen Folgen liefen am frühen Sonntagnachmittag.

BUMPERS REVIER SAT.1
1989. 23-tlg. US-Krimiserie nach dem Roman von Joseph Wambaugh (»The Blue Knight«; 1975–1976).
Bumper Morgan (George Kennedy) ist Streifenpolizist in Los Angeles. Der Bulle ist alt und altmodisch: Er kennt sein Revier, lässt kleine Ganoven schon mal laufen, wenn sie die Ordnung nicht zu sehr stören, und ist genervt davon, dass er Formulare ausfüllen und die Rechte von Verdächtigen peinlich genau beachten soll.
Die einstündigen Folgen liefen dienstags am Vorabend.

BUMPY – CHAOS IN DER NACHT PRO SIEBEN
1996. 26-tlg. US-Knettrickserie von Ken Pontac und David Bleiman (»Bump In The Night«; 1994–1995).
Warum verschwinden eigentlich immer einzelne Socken? Ganz klar: Weil sie von grünen Nachtmonstern gefressen werden, die unter unseren Betten hausen. Bumpy ist so eins. Zur Not frisst es aber auch andere Dinge, die im Kinderzimmer unter dem Bett landen. Bumpy ist mit dem Badezimmermonster »Squishy« Squishington befreundet und erlebt schräge Abenteuer mit den anderen Spielsachen, die immer zum Leben erwachen, wenn keine Menschen in der Nähe sind.
Die Folgen waren 20 Minuten lang und liefen werktags früh im Kinderprogramm.

DIE BUNDESKANZLER ZDF
1999. 6-tlg. Doku-Reihe von Guido Knopp über die deutschen Kanzler.

BUNNY UND SEINE KUMPANE ZDF
1970. 13-tlg. US-Trickfilmreihe mit und präsentiert von Bugs Bunny. Die 30-Minuten-Folgen liefen montags um 18.40 Uhr. Es war der erste Vorabendauftritt des frechen Hasen, der durch seine spätere Serie *Mein Name ist Hase* viel populärer wurde.

BUNTE OSTEREIER ARD
1953. Einmalige einstündige Unterhaltungsshow am Ostermontag 1953 mit Peter Frankenfeld.
Es war seine erste eigene Fernsehsendung, zuvor hatte er bereits Weihnachten 1952 an der Show »Eine nette Bescherung« mitgewirkt. Seine erste Reihe startete noch im gleichen Jahr: *Wer will, der kann*.

BUNTE TALKSHOW SAT.1
1985–1986. Einstündige Prominenten-Talkshow zu je einem Oberthema freitags um 22.15 Uhr. Die

BUNTE Talkshow war ein Versuch der Zeitschrift »BUNTE«, sich selbst im Fernsehen zu etablieren. Später scheiterten noch *Inside BUNTE* bei RTL und *BUNTE TV* in der ARD.

BUNTE TV ARD
2003. Halbstündiges Promimagazin.
Patricia Riekel, Chefredakteurin der Zeitschrift »BUNTE«, besucht Stars zu Hause und plaudert mit ihnen, meist im milden Licht eines Weichzeichners, über Privates. Die Reihe brachte der ARD eine Diskussion über journalistische Mindeststandards, Boulevardisierung der Öffentlich-Rechtlichen und Schleichwerbung ein, aber keine Quoten. Die Zeitschrift hatte den Gang ins Fernsehen schon mit *Inside BUNTE* zwölf Jahre zuvor und mit der *BUNTE Talkshow* weitere sechs Jahre vorher ausprobiert. Der neue Versuch währte noch kürzer als alle vorangegangenen und wurde nach sechs Ausgaben beendet.
Die Folgen liefen freitags um 22.15 Uhr.

BUNTES FERNSEHMAGAZIN DFF
1954–1956. Magazin mit Herbert Küttner. Thema konnte alles sein: Politik, Wirtschaft, Kultur, Sport, die Nachbarschaft, Fernreisen. Lief erst wöchentlich, ab 1955 nur noch monatlich.

DIE BURG PRO SIEBEN
2005. »Prominent im Kettenhemd«. Realityshow mit Sonya Kraus und Elton.
Neuauflage des im Jahr zuvor gesendeten Erfolgs *Die Alm,* nur mit Burg statt Alm und Pleite statt Erfolg. Menschen, von denen man noch nie etwas gehört hatte, oder bei denen man sich wünschte, noch nie etwas von ihnen gehört zu haben, werden in zwei Gruppen eingeteilt: Der Pöbel muss schuften, der Adel darf sich verwöhnen lassen. Diverse, meist eklige Aufgaben sorgen für Wechselmöglichkeiten und (theoretisch) für Unterhaltung des Publikums.
Unter den Teilnehmern waren eine Frau mit besonders ausgeprägten sekundären Geschlechtsmerkmalen namens Tina Angel und ein Mann, der sich Prinz Frederic von Anhalt nennt. In der Premierensendung entwickelte sich zwischen ihnen folgender Dialog. Prinz: »Die Tiere sind sauberer wie du!« Tina: »!« (guckt staunend) Prinz: »Tiere sind sauberer wie Menschen.« Tina: »Happy Arsch!« Prinz: »Wäre ich ein geborener Prinz, wäre ich noch primitiver, wie ich gerade war.«
Gedreht wurde auf Burg Rappottenstein im niederösterreichischen Waldviertel. 16 einstündige Ausgaben liefen täglich zur Primetime.

BURG WUTZENSTEIN ARD
→ Damals auf Burg Wutzenstein

BÜRGER ARD
1976–1977. 14-tlg. dt. Episodenreihe. Abgeschlossene Geschichten mit wechselnden Charakteren und Hauptdarstellern über das Engagement von Bürgerinitiativen, deren Arbeit sich fast immer positiv auf das soziale Leben auswirkt, die manchmal aber auch über das Ziel hinausschießen.
Die halbstündigen Folgen liefen im regionalen Vorabendprogramm.

BÜRGER FRAGEN – POLITIKER ANTWORTEN ZDF
1976–1986. Diskussionsreihe mit ZDF-Chefredakteur Reinhard Appel.
Seit 1963 hatte es die Sendereihe *Journalisten fragen – Politiker antworten* gegeben. Jetzt unternahm das ZDF vor der Bundestagswahl erstmals den Versuch, führende Politiker der Bundesparteien durch Gruppen von Bürgern direkt befragen zu lassen. Der Erste war Franz Josef Strauß, es folgten Helmut Schmidt, Hans-Dietrich Genscher und Helmut Kohl. Ende 1977 setzte das ZDF die Reihe mit vier Folgen unter dem Motto »Besuch beim Gegner« fort. In der ersten Sendung stellte sich der SPD-Chef Willy Brandt den Fragen von Mitgliedern des Rings Christlich-Demokratischer Studenten (RCDS). Am 25. Mai 1978 nahm mit dem belgischen Ministerpräsidenten Leo Tindemans zum ersten Mal ein ausländischer Politiker teil.
Die Sendung am 22. Februar 1979 mit Helmut Kohl vor niederländischen Studenten löste einen Skandal aus: Die Studenten nahmen ihn hart in die Zange und befragten ihn gnadenlos zu seinen Positionen zu Abtreibung und Berufsverboten; die Aufrufe von Reinhard Appel, sich zu mäßigen, blieben wirkungslos. Franz Josef Strauß und andere Unionspolitiker forderten vom ZDF-Intendanten, Appel zu entlassen, doch der beließ es dabei, den Moderator »nur« zu rügen. Am 31. Juli 1980 gab es eine Umkehrung der Rollen: In »Politiker fragen Jugendliche« stellten vier prominente Politiker zehn ausgewählten Schülern und Lehrlingen Fragen nach ihrem Verhältnis zu Staat und Gesellschaft.
Eine Variante der Sendung war der *Redaktionsbesuch*. 1986 kehrten die fragenden Journalisten zurück.

BÜRGER, RETTET EURE STÄDTE ZDF
Seit 1992. Denkmalschutzreihe mit Werner von Bergen, der einmal im Monat am Sonntagnachmittag mehrere wertvolle, vom Zerfall bedrohte historische Bauten in Ostdeutschland vorstellt und die Zuschauer aufruft, sich für die Rettung zu engagieren und für die Deutsche Stiftung Denkmalschutz zu spenden.
Nach dem Fall der Mauer war sichtbar geworden, wie bedroht viele alte Gebäude und Stadtensembles im Osten waren. Das ZDF, das seine Landesstudios und sein neues Hauptstadtstudio in Berlin ausschließlich in denkmalgeschützten Häusern errichtet hat, die dafür aufwendig saniert wurden, engagierte sich besonders und kämpfte z. B. an prominenter Stelle für den Wiederaufbau der Dresdner Frauenkirche. Im Sommer 2002 bekam die Reihe besonders viel Arbeit, als die »Jahrhundertflut« viele gerade sanierte Altstädte im Osten zerstörte.

In den ersten zehn Jahren kamen rund 61 Millionen Euro Spenden zusammen. Im September 2001 wurde der Auftrag der Sendung auch auf marode Bauten in Westdeutschland ausgeweitet. Für den Denkmalschutz sammelt auch die jährliche Gala »Echo der Klassik« im ZDF.

DER BÜRGERMEISTER ZDF
1979–1980. 13-tlg. dt. Familienserie von Hans-Georg Thiemt, Hans Dieter Schreeb, Irene Rodrian, Rudolf Nottebohm und Reinfried Keilich, Regie: Stefan Rinser.
Bürgermeister Leo Moosholzer (Gustl Bayrhammer) und seine Frau Anni Moosholzer (Katharina de Bruyn) schlagen sich mit den kleinen und großen Problemen der Bevölkerung ihrer Stadt herum. Die einflussreichsten Einwohner sind Bauunternehmer Huber (Toni Berger), sein Konkurrent Dattler (Karl Obermayr) und der Anwalt Dr. Katzmaier (Gerhart Lippert), die sich ebenfalls in die Kommunalpolitik einmischen. Vor allem Huber zieht im Hintergrund die Strippen.
Die Folgen waren eine halbe Stunde lang und liefen donnerstags um 18.20 Uhr.

DAS BURGGESPENST LÜLÜ ARD
1993. 4-tlg. Marionettenspiel der *Augsburger Puppenkiste*, Regie: Manfred Mohl.
Das kleine Gespenst Lülü soll die Burg von Graf Bodo von und zu Ebereck beschützen. Genauer gesagt soll es für Orlando von Syrakant, auch bekannt als der Ritter der Rose, darauf achten, dass während seiner einjährigen Abwesenheit der böse Burgvogt Hartmut von Fünfhausen seiner Verlobten Amarillis, der Tochter des Grafen, nichts antut. Zum Glück hat Lülü den über 100 Jahre alten Burguhu Grand Duck und die Fledermaus Flora auf seiner Seite.
Die Folgen waren 30 Minuten lang und liefen an vier aufeinander folgenden Tagen nachmittags.

BURGPARTY DFF
1975–1982. Große DDR-Musiksendung im Stil eines mittelalterlichen Fests, meist aus dem Hof der Moritzburg in Halle.
Die erste Sendung war ein Sommernachtsfest speziell »für die besten Bauarbeiter von Halle«, und Armin Mueller-Stahl trat als Hofnarr auf.

BURKES GESETZ RTL
1995–1998. 27-tlg. US-Krimiserie (»Burke's Law«; 1994–1995).
Der Millionär Amos Burke (Gene Barry) ist Polizeichef von Los Angeles. Er ermittelt in Mordfällen in der High Society von Beverly Hills und wird dabei von seinem Sohn Peter (Peter Barton) unterstützt. Die Burkes kennen ihre Nachbarn: Die Opfer sind meist Freunde des Vaters oder ehemalige Geliebte des Sohnes. Die Täter auch. Burkes Dienstwagen ist ein Rolls-Royce, den sein Chauffeur Henry (Danny Kamekona) fährt. Lily Morgan (Bever-Leigh Banfield) arbeitet bei der Spurensicherung, der Restaurateur Vinnie Piatte (Dom DeLuise) ist ein Freund Burkes, der oft in die Fälle verwickelt wird.
Fortsetzung der Serie *Amos Burke,* die 30 Jahre zuvor entstand und in der ARD lief. Schon damals hatte Gene Barry die Rolle des Amos Burke gespielt, und auch sonst änderte sich wenig. Burke zitierte immer noch unaufgefordert seine Lebensregeln, »Burkes Gesetz«, zu denen so praktische Ratschläge gehörten wie: »Du sollst nie mit einer Verdächtigen schlafen.« Als 70-Jähriger konnte Burke natürlich nicht mehr ganz der Schwerenöter von früher sein, diese Rolle kam nun seinem Sohn zu. Burke flirtete nur noch mit älteren Damen.
RTL zeigte die neuen einstündigen Folgen, die Aaron Spelling produziert hatte, im Spätprogramm.

BURNING ZONE – EXPEDITION KILLERVIRUS RTL
1998. 19-tlg. US-Mysteryserie von Coleman Luck (»The Burning Zone«; 1996–1997).
Der Virenforscher Dr. Edward Marcase (Jeffrey Dean Morgan) leitet ein Team, das biologische Katastrophen und die Ausbreitung von Killerviren verhindern soll. Seine Mitarbeiter sind Dr. Kimberly Shiroma (Tamlyn Tzomita) und Michal Hailey (James Black), später kommt Dr. Brian Taft (Bradford Tatum) hinzu. Ihr Auftraggeber ist der mysteriöse Physiker Dr. Daniel Cassian (Michael Harris), der mit dem humorlosen Henry Newland (Todd Susman) später selbst einen Vorgesetzten bekommt.
Die einstündigen Folgen liefen dienstags um 23.10 Uhr, eine spätere Wiederholung bei Vox lief zur Primetime.

DAS BÜRO PRO SIEBEN
2003–2004. 22-tlg. dt. Comedyserie.
Arbeitsalltag in einer Firma: Arnulf Behrensen (Ingolf Lück) ist der Chef, seine Mitarbeiter sind Beate Esterhazy (Lucia Gailová), Carmen Strösel (Elke Czischek) und Simone Ritter (Angela Ascher), die ständig über ihre Männergeschichten tratschen, der arrogante Bernd Schmidt (Christian M. Goebel) und der unsichere Lars Vollmer (Peer Kusmagk). Der Jüngste im Team wird ständig von Schmidt getriezt. Yvonne Günther (Dorina Maltschewa) ist die unbeholfene Rezeptionistin, Malitzki (Axel Häfner) der mürrische Hausmeister.
Was die Firma machte, war eigentlich egal, eine durchgehende Handlung gab es auch nicht. Die Serie war eher ein Sketchformat als eine Sitcom, reihte in schneller Abfolge Sketche und Bürowitze aneinander. Im Unterschied zu herkömmlichen Sketch-Comedys spielten die Darsteller jedoch durchgehende Rollen, und Handlungsort blieben immer die Büros.
Die halbstündigen Folgen liefen montags abends.

BÜRO, BÜRO ARD
1982–1993. 85-tlg. dt. Comedyserie von Wolfgang Körner, Reinhard Schwabenitzky, Hermann Ebeling und Michael von Mossner, Regie: Reinhard Schwabenitzky.
Die Firma Lurzer AG stellt Fitnessgerätschaften her.

In den Büros verbringen die Kollegen ihre Arbeitszeit und schlagen sich mit ihren gegenseitigen Marotten, Intrigen, Tratsch, Beförderungen und Neid darauf herum. Firmenchef ist Dr. Herbert Brokstedt (Joachim Wichmann), die pummelige Sekretärin Gabi Neuhammer (Elfi Eschke) ist die gute Seele des Betriebs. Alwin Thieme (Gert Burkard) ist der brave Buchhalter, dessen sexy Frau Helga (Helena Rosenkranz) im Marylin-Monroe-Look auf Vamp macht. Zur großen Lurzer-Belegschaft gehören außerdem Gerd Semmler (Rolf Zacher), Lotte Hanisch (Ingrid Resch), Helma Schneider (Britta Fischer), Annette Münzner (Iris Berben), Renate Gerlach (Michele Tichawsky), Rudolf Bökelmann (Franz Rudnick), Gottfried Watzmann (Gottfried Vollmer), Edmund Kalinke (Henry van Lyck), Adam Lehmann (Klaus Guth), Roswitha Koch (Uschi Wolff), Katharina Wespe (Ingeborg Lapsien), Willi Schweiger (Kurt Weinzierl), Peter Leclair (Dirk Galuba), Markus Horlacher (Bernd Herberger), Martin Bohle (Uwe Ochsenknecht) und Ellen Kühn (Helga Anders).

Brokstedt ist als Chef zweimal zeitweise weg vom Fenster, mal auf Lehrgang, mal im Ruhestand, kommt aber beide Male zurück. Während seiner Abwesenheit leiten Alf Gosslar (Wilfried Klaus) und Jan Terjahn (Tilo Prückner) die Firma. Brokstedt ist mit Fanny (Ellen Umlauf) verheiratet und hat einen Sohn namens Horst Friedrich (Christoph Meyer). Frau und Herr Neuhammer (Monika John und Rolf Schimpf) sind Gabis Eltern.

Mit Beginn der zweiten Staffel 1989 hat eine Reihe von Mitarbeitern, darunter Gabi, die Firma verlassen, und neue kommen allmählich dazu. Dazu gehören Marianne Rothenbaum (Eleonore Weisgerber), Sebastian von Niederbach (Georg Weber), Angelika Behr (Karin Thaler), Birgit Broegele (Karin Rasenack), Ingrid Schmelzer (Ingeborg Westphal), der neue Manager Dr. A. W. Schmitt-Lausitz, genannt SL (Ralf Wolter), und schließlich mit Albrecht Brömmelkamm (Walter Buschhoff) ein endgültiger Nachfolger Brokstedts und neuer Chef.

Weitere Neue tauchen 1993 in der dritten Staffel auf: Dr. Eberhard Scheibing (Heinrich Schafmeister), Susie (Lisa Wolf) und Fritz Rohr (Klaus Mikoleit), Wolfgang Förster (Leonard Lansink), Johannes M. Neustein (Michael Wittenborn), Vera Krafft (Caroline Schröder), Saskia Herbst (Christiane Brammer) und der Hausmeister (Wilhelm Beck). Vom ursprünglichen Personal sind noch Kalinke, Thieme und Lehmann dabei.

Heiter-harmlose Büroserie, in der es Spaß machte, anderen Menschen beim Arbeiten zuzusehen, wenn man selbst gerade das Wochenende eingeläutet hatte. Als Titelmusik wurde der Titel »The Typewriter« von Leroy Anderson gespielt.

Die halbstündigen Folgen liefen freitags im Vorabendprogramm.

DAS BUSCHKRANKENHAUS   SAT.1, ARD
1985 (Sat.1); 1989–1991 (ARD). 107-tlg. austral. Arztserie (»A Country Practice«; 1981–1993).

Dr. Terence Elliott (Shane Porteous) leitet das Krankenhaus im kleinen Ort Wandin Valley, der einzigen Ortschaft weit und breit im australischen Busch. Zum Krankenhauspersonal gehören ferner u. a. Dr. Simon Bowen (Grant Dodwell) und Oberschwester Marta (Helen Scott). Frank Gilroy (Brian Wenzel) ist der örtliche Polizist.

Sat.1 zeigte 14 einstündige Folgen unter dem Titel *Landkrankenhaus Wandin Valley*. Die ARD brachte 107 Folgen im regionalen Vorabendprogramm. In Australien lief die Serie wesentlich länger und umfasste ca. 1000 Folgen. Von diesen zeigte das digitale Pay-TV DF 1 ab 1996 einige.

DIE BUSCHSPRINGER   ZDF
1976–1977. 13-tlg. dt. Abenteuerserie von Rolf Schulz, Regie: Peter Harlos.

Der Pilot Thomas »Tom« Dreger (Harald Juhnke) ist nun schon zweimal gefeuert worden. Bei einer Fluggesellschaft in Deutschland aus gesundheitlichen Gründen, bei einem Unternehmen in Kolumbien, weil er seinen ersten Rauswurf verschwiegen hatte. Also macht sich Tom selbständig und gründet gemeinsam mit Fred Behrend (Stefan Behrens) eine eigene kleine Gesellschaft im südamerikanischen Busch, die von nun an Auftragsflüge aller Art durchführt.

Die halbstündigen Folgen liefen montags um 17.10 Uhr.

BUSENFREUNDE   ARD
1991. 6-tlg. dt. Comedyserie.

Die Freunde Jan (Frank Muth) und Bodo (Oliver Stritzel) schlagen sich mit dem Vermieterehepaar Jensen (Heinz Meier und Heidi Vogel) und mit Bodos Mutter (Ruth Kähler) herum.

Nach einer 55-minütigen Pilotfolge am Donnerstag liefen die 25-minütigen Serienfolgen dienstags um 21.05 Uhr.

BUTLER PARKER   ARD
1972–1973. 26-tlg. dt. Krimiserie nach den Romanen von Günter Dönges, Regie: Jürgen Haase, Wolf Vollmar.

Der Rechtsanwalt Mike Rander (Eckart Dux) und sein Butler Josuah Parker (Dirk Dautzenberg) lösen Kriminalfälle. Der Butler, immer mit Melone auf dem Kopf, hat extrem merkwürdige, doch hochgradig effektive Methoden der Gaunerbekämpfung. Aus harmlos erscheinenden Gegenständen macht er durch technische Spielereien in James-Bond-Manier raffinierte Waffen. Während ihres ersten Falles lernen sie Vivi Carlson (Stella Mooney) kennen, die Ärger mit ihrem Boss, einem Geldfälscher, hat. Sie nehmen sie als Sekretärin in der Kanzlei auf, und fortan mischt Vivi bei den Fällen mit. Derweil sind die Killer Cleveland (Carl Schell) und Longness junior (Edgar Hoppe) unentwegt hinter dem Trio her, stellen sich jedoch zu blöd an, um irgendwas ausrichten zu können. Die Kanzlei ist in London, doch das Trio reist viel und wird unterwegs meistens zufällig in die Fälle verwickelt. So kreuzen sie

quer durch England und Schottland, sind mal in Frankreich und mal in Holland und kommen sogar nach Hamburg und nach Hockenheim (gar nicht sooo ungewöhnlich, wenn man bedenkt, dass der SWF die Serie produzierte – aber damals war es ja noch schick, seine Krimis im Ausland anzusiedeln). Ab Folge 15 findet Rander in Jenny (Gaby Dohm) vorübergehend eine neue Sekretärin zum Mitreisen, doch ab Folge 22 ist Vivi wieder dabei.
Die halbstündigen Folgen liefen am Vorabend. Sie basierten auf einer Groschenheftreihe.

BUTT UGLY MARTIANS – POTTHÄSSLICH UND VOM MARS SUPER RTL
2001. 26-tlg. brit. 3D-Trickserie (»Butt Ugly Martians (B.U.M.)«; 2000).
Im Jahr 2053 sollen die drei hässlichen Marsmännchen Tu-Ti-Fru-Ti, Do-Wah-Diddy und Bi-Bop-A-Luna eigentlich für den großen Imperator Bog vom Mars die Machtübernahme auf der Erde einleiten. Die drei fühlen sich auf der Erde aber wohl und lassen es bleiben.

BZZZ – SINGLES AM DRÜCKER SAT.1
1997–1998. Dreiviertelstündige Blind-Date-Show mit Daniela Noack.
Ein Single kann aus vier Kandidaten, von denen er durch eine Schattenwand nur die Silhouetten sieht, nach mehreren Fragen und Antworten drei auswählen. Mit denen darf er sich dann einzeln von Angesicht zu Angesicht kurz unterhalten und sie mit einem Rauswurfknopf, nein: »Kick-out-Buzzer«, bei Nichtgefallen sofort rauswerfen. Bei Gefallen wählt er sie mit einem anderen Knopf aus. Das Spiel läuft zweimal mit vertauschten Geschlechterrollen. Die so gefundenen Paare treten dann in einem Übereinstimmungsspiel gegeneinander an. Die Gewinner fahren zusammen in den Urlaub – aber nur, wenn der vorher passive Partner, der nun seinerseits Fragen stellen darf, sich dafür entscheidet und nicht lieber mit einem Trostpreis allein nach Hause geht, statt Tage mit diesem unangenehmen Gegenüber verbringen zu müssen ...
Die Kuppelshow lief insgesamt 48-mal samstags um 17.00 Uhr.

C

C14 – VORSTOSS IN DIE VERGANGENHEIT   ZDF
1992–2002. 45-minütiges Forschungsmagazin von Gisela Graichen über archäologische Funde und die modernen Methoden, mit der die Archäologie heute arbeitet. In mehreren Beiträgen pro Sendung werden weltweit Ausgrabungsorte besucht, und es wird über aktuelle Entdeckungen berichtet.
Der ursprüngliche Untertitel wurde Anfang 2002 in »Archäologische Entdeckungen in Deutschland« geändert, als sich drei neue Folgen allein auf Deutschland konzentrierten. Der Haupttitel der Sendung bezieht sich auf die Radiokarbonmethode C14, mit der sich bis zu 50 000 Jahre alte Funde datieren lassen. Mehrere Staffeln mit jeweils nur wenigen Folgen liefen in großen Abständen im Nachmittagsprogramm.

C-16: SPEZIALEINHEIT FBI   RTL
2001. 13-tlg. US-Krimiserie von Michael M. Robin und Michael Duggan (»C-16«; 1997–1998).
C-16 ist eine Eliteeinheit des FBI auf dem 16. Revier in Los Angeles. Spezialagent John Olansky (Eric Roberts) leitet das Team, dem Scott Stoddard (D. B. Sweeney), Annie Rooney (Christine Tucci), Amanda Reardon (Angie Harmon), Jack DiRado (Zach Grenier) und Mal Robinson (Morris Chestnut) angehören. Ihnen stehen neueste technische Ausrüstungen bei ihren Ermittlungen gegen Terroristen, Geiselnehmer und Betrüger zur Verfügung. Wegen seiner unkonventionellen Methoden gerät John immer wieder mit seinem Vorgesetzten Dennis Grassi (Michael Cavanaugh) aneinander.
Die einstündigen Folgen liefen donnerstags um 23.10 Uhr.

CÄCILIA, DIE LANDÄRZTIN   DFF
→ Eine zuviel in Tourlezanne

CAFÉ HUNGARIA   ARD
1976. 13-tlg. dt.-ungar. Reihe mit halbstündigen Filmen nach Vorlagen ungarischer Schriftsteller vom Anfang des 20. Jh., darunter Franz Molnár, Alexander Hunyadi und Gyula Krudy. Lief im regionalen Vorabendprogramm.

CAFÉ IN TAKT   ARD
1978–1984. 45-minütige Musikshow mit dem Wiener Liedermacher Peter Horton.
In Kaffeehausatmosphäre treten internationale Künstler mit gediegener Musik auf, gern Jazz. Auf elektronische Instrumente wird verzichtet.
Einerseits lobten die Kritiker die Show in höchsten Tönen, andererseits bezeichneten sie sie als elitär.
Sie lief in loser Folge auf wechselnden Sendeplätzen im Abendprogramm, insgesamt 34-mal.

CAFÉ MEINEID   ARD, BR
1990–1993 (ARD); 1995–2003 (BR). 147-tlg. dt. Gerichtsserie von Franz Xaver Bogner.
In den Verhandlungspausen treffen sich im »Café Meineid« im Münchner Justizpalast Richter und Staatsanwälte, Verteidiger und Beteiligte. Im Mittelpunkt steht der Richter Wunder (Erich Hallhuber). Anfangs ist Olga Grüneis (Monika Baumgartner) die Wirtin des Cafés, später Hilde Dorfler (Kathi Leitner). Der Staatsanwalt Kainz (Norbert Mahler) heiratet Hanna (Luise Kinseher). Außerdem regelmäßig im Dienst: Protokollführerin Roswitha Haider (Thekla Mayhoff), Wachtmeister Kogel (Wolfi Fischer) und Polizist Karl Hermann (Christian Lerch). Zunächst sind auch Richter Rockinger (Franz Boehm) und Richter Helmcke (Jacques Breuer) dabei.
Von der erfolgreichen Serie lief jedes Jahr eine neue Staffel im Bayerischen Fernsehen, die ersten beiden auch im regionalen ARD-Vorabendprogramm. Das hätte vermutlich ewig fortgesetzt werden können, aber 2003 starb Hauptdarsteller Erich Hallhuber im Alter von nur 52 Jahren. Die letzte Folge hieß »Gute Nacht, München«. Die Musik schrieb Haindling.

CAFÉ MO   ARD
1965. Schlagersänger Billy Mo kaufte sich zwar eigentlich lieber einen Tirolerhut, war aber so freundlich, nebenbei diese Musiksendung am Sonntagnachmittag zu präsentieren. Darin übernahm er, »während die eigentlichen Besitzer im Urlaub waren«, Caféhäuser in verschiedenen Städten und brachte seine Band und wechselnde mehr oder weniger prominente Gäste mit.
Die 70-minütige Show entstand in Zusammenarbeit mit dem österreichischen Fensehen.

CAFÉ SKANDAL   ZDF
1993. 6-tlg. dt. Jugendserie, Regie: Hans-Henning Borgelt.
Im Café von Paul (Heinz-Werner Kraehkamp) und Rosa Skanderbäck (Ilona Schulz) treffen sich Jugendliche und gestalten eine Schülerzeitung, die sie naheliegenderweise »Café Skandal« nennen. Sie greifen heiße Eisen wie Ausländerfeindlichkeit, Drogenmissbrauch, Autoverkehr und Kindesmisshandlung auf, mit denen sie in ihrem Leben konfrontiert werden. Aber es geht auch einfach um die Liebe, autoritäre Lehrer und doofe Eltern. Zum Personal gehören die Bäcker-Oma Lea (Brigitte Mira) und ihr Freund Herr Zimmermann (Hans Beerhenke), ein Kammersänger, den sie »Zimmermännchen« nennt.
Sozialkritische, realistische Schülerserie, in der die Jugendlichen von Berliner Schülerinnen und Schülern dargestellt wurden. Die 50-minütigen Folgen liefen innerhalb einer Woche nachmittags.

CAFÉ WERNICKE ARD

1980–1981. 20-tlg. dt. Familienserie von Rolf Schulz, Regie: Wolfgang Teichert, Herbert Ballmann.

Im Berlin des Jahres 1925 versucht die Witwe Marie Wernicke (Almut Eggert), Schwung ins »Café Wernicke« zu bringen, das ihr Mann ihr zusammen mit einem Haufen Schulden vermacht hat. Erst kommt der Konditor Franz Lampe (Peer Schmidt), der ihr Ehemann wird, und dann kommt auch der Schwung. Die Geschichte des Cafés über die nächsten Jahre steht weiterhin im Mittelpunkt der Serie, auch als Bruno Matschinski (Harald Juhnke) Anfang der 30er-Jahre als neuer Geschäftsführer auch politisch mit der Zeit geht.

Die halbstündigen Folgen liefen im regionalen Vorabendprogramm. Die Musik zum Tanz zum Tee stammte von Peter Thomas.

CAGLIOSTRO ZDF

1973–1974. 3-tlg. dt.-frz. Abenteuerfilm, Regie: André Unebelle.

Der mysteriöse Magier Graf Alessandro di Cagliostro (Jean Marais) führt im 18. Jh. in Frankreich den »Zirkel der Erneuerer« an, der eine Revolution plant. Cagliostros wirklicher Name ist nicht bekannt, gelegentlich tritt er auch als Joseph Balsamo oder Graf Phönix auf.

Der Dreiteiler basierte auf dem Roman »Joseph Balsamo« von Alexandre Dumas. Alle Teile hatten Spielfilmlänge.

CAGNEY & LACEY SAT.1

1987–1995. 117-tlg. US-Krimiserie von Barbara Avedon und Barbara Corday (»Cagney & Lacey«; 1982–1988).

Christine Cagney (Sharon Gless) und Mary Beth Lacey (Tyne Daly) arbeiten im uniformierten Dienst für die New Yorker Polizei, fahren gemeinsam Streife und lösen dabei Fälle von Vergewaltigung, Prostitution, Drogenhandel oder Kindesmissbrauch. Ihr Boss ist Lieutenant Bert Samuels (Al Waxman); zum überwiegend männlich besetzten Revier gehören ferner u. a. Marcus Petrie (Carl Lumbly), Victor Isbecki (Martin Kove), Paul LaGuardia (Sidney Clute), Ronald Colman (Harvey Atkin), Manny Esposito (Robert Hegyes) und Jona Newman (Dan Shor). Cagney ist spontan, hübsch und unverheiratet. Sie ist für kurze Zeit mit Sergeant Dory McKenna (Barry Primus) und danach längere Zeit mit dem Anwalt David Keeler (Stephen Macht) zusammen. Ihr Vater Charlie (Dick O'Neill) war früher auch Polizist und hat jetzt ein Alkoholproblem. Lacey ist eine bodenständige Ehefrau und Mutter mit durchschnittlichem Aussehen. Mit ihrem Mann Harvey (John Karlen) hat sie die Söhne Harvey, Jr. (Tony La Torre) und Michael (Troy Slaten) und bekommt noch Baby Alice (Dana und Paige Bardolph; später: Michelle Sepe).

Zwar hatte es vorher schon eine Krimiserie gegeben, in der alle Hauptrollen mit Frauen besetzt waren (*Drei Engel für Charlie*), doch diese war realistischer: Hier standen keine superschönen Superheldinnen im Mittelpunkt, sondern ganz normale Durchschnittsfrauen, die zusätzlich zu ihrem Polizeijob mit privaten Alltagsproblemen zu kämpfen hatten. Im Pilotfilm und den nächsten sechs Folgen hatten zunächst Loretta Swit und dann Meg Foster die Rolle der Chris Cagney gespielt – Foster musste angeblich gehen, weil sie laut Marktforschung nicht feminin genug war. Diese Folgen wurden jedoch in Deutschland nicht gezeigt.

Nach nur 28 Folgen wurde die Serie in den USA abgesetzt, weil sie nicht genug Zuschauer hatte.

Cagney & Lacey:
Sharon Gless (rechts) und Tyne Daly. Dank hochmoderner Tricktechnik fiel der Größenunterschied in der Serie nie auf.

Diese »nicht genug Zuschauer« liefen gegen die Entscheidung jedoch so vehement Sturm, dass der Sender CBS nach knapp einem Jahr überraschend nachgab. Die Serie kam zurück ins Programm und arbeitete sich nun zum fünf Jahre währenden Quotenerfolg hoch. Zweimal wurde sie mit dem Emmy als beste Dramaserie ausgezeichnet, einmal gewann Tyne Daly als beste Hauptdarstellerin. Sechs Jahre nach ihrem Ende wurde mit den beiden Hauptdarstellerinnen ein Cagney-&-Lacey-Fernsehfilm gedreht, dem drei weitere folgten. Diese Filme wurden in Deutschland 1996 und 1997 im ZDF und auf Vox gezeigt.

CALAFATI JOE   ZDF
1991. »Der Typ vom Prater«. 6-tlg. österr. Familienserie von Walter Davy.
Der Schausteller Calafati Joe (Alexander Strobele) arbeitet im Wiener Prater und erfindet immer wieder lustige Maschinen, z. B. die Caschama, die Calafati-Schadenfreude-Maschine.
Die 50-minütigen Folgen liefen mittwochs um 22.40 Uhr.

CALIFORNIA CLAN   RTL
1989–1997. US-Daily Soap von Bridget und Jerome Dobson (»Santa Barbara«; 1984–1993) über die wohlhabenden Familien Capwell und Lockridge im kalifornischen Santa Barbara; an die Stelle der Lockridges traten später die weniger reichen Familien Castillo, DiNapoli und Donnelly. Die Hauptfiguren und vor allem die Darsteller wechselten in dieser Serie besonders häufig, auch wurden die meisten Rollen im Laufe der Serie von verschiedenen Schauspielern dargestellt. So spielten gleich vier Darsteller C. C. Capwell: Peter Mark Richman, Paul Burke, Charles Bateman und Jed Allan.
Die mehr als 2000 Folgen zu je 50 Minuten liefen zunächst nachmittags, später im täglichen Vormittagsprogramm. 1988 hatte RTL bereits mehrere Folgen unter dem Titel »Santa Barbara« gezeigt.

CALIFORNIA COLLEGE   RTL 2
1995. »Action, Fun und heiße Flirts«. 20-tlg. US-Sitcom (»Saved By The Bell: The College Years«; 1993–1994).
Fortsetzung der Serie *California Highschool:* Die Clique, die sich noch von der Highschool kennt, geht jetzt gemeinsam auf das Berkley-College. Dort lernen Zack Morris (Mark-Paul Gosselaar), Kelly Kapowski (Tiffani-Amber Thiessen), A. C. Slater (Mario López) und Samuel »Screech« Powers (Dustin Diamond) mit Leslie Burke (Anne Tremko) und Alex Taber (Kiersten Warren) neue Freunde kennen. Der Ex-Profisportler Mike Rogers (Bob Golic), der jetzt an der Uni arbeitet, und Prof. Jeremiah Laskey (Patrick Fabian) geben sich Mühe, der Clique den Spaß zu verderben.

CALIFORNIA DREAMS   RTL, RTL 2
1995 (RTL); 1998–1999 (RTL 2). 65-tlg. US-Sitcom von Ronald B. Solomon und Brett Dewey (»California Dreams«; 1992–1996).
Der Teenager Matt Garrison (Brent Gore) und seine Schwester Jennifer (Heidi Lenhart) gründen die Band California Dreams. Matt spielt Gitarre, Jenny Keyboard, dazu kommen Sängerin und Bassistin Tiffany Smith (Kelly Packard) und Schlagzeuger Tony Wicks (William James Jones). Der junge Sylvester »Sly« Winkle (Michael Cade) ist ihr Manager. Matt und Jenny, die noch einen jüngeren Bruder namens Dennis (Ryan O'Neill) haben, verlassen die Band in der zweiten Staffel und werden durch Jake Sommers (Jay Anthony Franke) und Samantha Woo (Jennie Kwan) ersetzt. Lorena Costa (Diana Uribe) ist eine reiche Freundin und Mark Winkle (Aaron Jackson) Slys Cousin.
Nach 31 Folgen nahm RTL die Serie aus dem Programm, den Rest sendete später RTL 2.

CALIFORNIA HIGHSCHOOL   RTL 2
1994–1995. »Pausenstress und erste Liebe«. 87-tlg. US-Sitcom von Sam Bobrick und Brandon Tartikoff (»Saved By The Bell«; 1989–1993).
Die Schüler an der Bayside-Highschool schlagen sich mit den Problemen herum, die Teenager nun mal haben. Zack Morris (Mark-Paul Gosselaar) ist ein cooler Mädchenschwarm; zu seiner Clique gehören der Sportler A. C. Slater (Mario López), die Cheerleaderin Kelly Kapowski (Tiffani-Amber Thiessen), die begabte Jessie Spano (Elizabeth Berkley), die geschwätzige Lisa Turtle (Lark Voorhies) und der Trottel Samuel Powers, genannt »Screech« (Dustin Diamond). Mr. Richard Belding (Dennis Haskins) ist der Schulleiter.
Hauptdarsteller Gosselaar als Zack klinkte sich immer wieder aus der Handlung aus und sprach direkt in die Kamera die Fernsehzuschauer an. Die Clique wurde in der neuen Serie *California College* auf ihrer weiteren Schullaufbahn begleitet. In *California Highschool 2* war währenddessen eine neue Gruppe von Schülern zu sehen, die nach dem Weggang dieser Clique aufs College an die Bayside-Highschool kamen.

CALIFORNIA HIGHSCHOOL 2   RTL 2
1995–1996. 39-tlg. US-Sitcom (»Saved By The Bell – The New Class«; 1993–2000).
Fortsetzung der Serie *California Highschool:* Richard Belding (Dennis Haskins) ist noch immer der Schuldirektor, der ehemalige Schüler Samuel »Screech« Powers (Dustin Diamond) kommt nach kurzer Zeit als dessen Assistent zurück an seine alte Schule. Die neuen Schüler sind Barton »Weasel« Wyzell (Isaac Lidsky), Tommy »D« Deluca (Jonathan Angel), Lindsay Warner (Natalia Cigliuti), Megan Jones (Bianca Lawson), Vicki Needleman (Bonnie Russavage), Scott Erikson (Robert Sutherland Telfer) und Crunch Grabowski (Ryan Hurst). Scott, Vicki und Weasel verlassen die Schule nach einer Weile wieder, und Rachel Meyers (Sarah Lancaster), Brian Keller (Christian Oliver) und Bobby Williams (Spankee Rogers)

kommen dazu. Noch später kommen Ryan Parker (Richard Lee Jackson), R. J. Collins (Salim Grant) und Maria Lopez (Samantha Becker) von der verfeindeten Valley-Highschool an die Bayside.
26 weitere Folgen waren 1997 beim Kindersender Nickelodeon zu sehen, der Rest der eigentlich 143-teiligen Serie lief in Deutschland gar nicht. Christian Oliver wurde später Hauptdarsteller in der deutschen Serie *Alarm für Cobra 11 – Die Autobahnpolizei*.

CALIFORNIA OKAY   ARD
1981–1982. 8-tlg. US-Sitcom (»The San Pedro Beach Bums«; 1977).
Fünf Jungs machen sich auf einem Hausboot in San Pedro einen schönen Tag: Der Anführer heißt Buddy (Christopher Murney), der Dicke Stuf (Stuart Pankin), der Schüchterne Dancer (Mark Robinson), der sanfte Riese Moose (Darryl McCullough) und der Elegante Boychick (Chris DeRose).
Sieben Jahre vor »Terminator« hat Arnold Schwarzenegger hier in einer Folge einen Gastauftritt. In den USA liefen noch vier weitere einstündige Folgen.

CALIMERO   ZDF
1972–1986. 132-tlg. ital.-jap. Zeichentrickserie von Nino und Toni Pagot (»Calimero«; 1972).
Das schwarze Küken Calimero lebt mit seiner Freundin Priscilla und der Ente Pierro auf einem Bauernhof in Palermo, geht zur Schule und erlebt viele Abenteuer.
»Calimero mit Sombrero«, hieß es im Titelsong. Der Sombrero war eine halbe Eierschale, die Calimero auf dem Kopf trug. Die Folgen waren 25 Minuten lang, enthielten meist zwei kurze Episoden und liefen oft innerhalb anderer Reihen des Kinderprogramms, darunter *Kalle Schwobbel präsentiert*, *ZDF-Ferienprogramm für Kinder* und *Trickbonbons*.

CALL TV   RTL 2
2000–2001. Anrufquiz. Telefonkandidaten müssen Fragen beantworten oder ein gutes Gedächtnis unter Beweis stellen und können dabei bis zu 15 000 Mark gewinnen.
Die »längste Spielshow Deutschlands« lief montags bis freitags und war fast drei Stunden lang, von 10.00 Uhr bis 12.55 Uhr. Sie war in mehrere einstündige Bereiche unterteilt: »People TV«, »Talent TV«, »Game TV« oder »Big Brother TV«. Zu den vielen Moderatoren, die sich abwechselten, gehörten u. a. Maike Tatzig, Andrea Wieser, Karsten Linke, Gernot Wassmann, Kai Spitzel, Markus Lürick, Astrid van der Staaij, Christian Galvez und Meinert Krabbe. Gestartet am gleichen Tag wie das spektakuläre *Big Brother*, bewarb *Call TV* den großen Bruder regelmäßig, stellte Fragen dazu und ließ die ausgeschiedenen Kandidaten Kerstin Klinz, Manuela Schick und Verena Malta gelegentlich sogar mehr schlecht als recht moderieren.

DAS CAMARENA-KOMPLOTT   ARD
1991. 3-tlg. US-Krimi von Rose Schacht und Ann Powell, Regie: Brian Gibson (»Drug Wars: The Camarena Story«; 1990).
Der Drogenfahnder Enrique »Kiki« Camarena (Steven Bauer) wird in Mexiko ermordet, als er gerade dem Drogenboss Caro Quintero (Benicio del Toro) auf der Spur ist. Die Ermittlungen in seinem Fall bringen Korruption in der mexikanischen Regierung ans Licht. Die Reihe basiert auf wahren Begebenheiten, die Elaine Shannon in ihrem Buch »Desperados« festgehalten hatte.
Die ARD zeigte die spielfilmlangen Folgen am späten Abend der Weihnachtstage.

DIE CAMERONS   ARD
1982. 12-tlg. brit. Historiendrama von Bill Craig

Calimero mit Sombrero, das Küken aus Palermo.

»Und zisch und klack und weg!« *Die Camper* Benno Ewermann (Willi Thomczyk, rechts) und Lothar Fuchs (René Heinersdorff) mit den Gastschauspielern Hans-Joachim Heist und Johannes Rotter. Und was passiert sonst noch? »Wir grillen heute!« – »Aber wir grillen doch immer!«

nach dem Roman von Robert Crichton (»The Camerons«; 1979).
Anfang des 20. Jh. verlässt die 16-jährige Schottin Maggie Drum (Morag Hood) das schottische Zechendorf Pitmungo, um den Mann fürs Leben in der Ferne zu suchen. Sie findet ihn in dem Highlander Gillon Cameron (Malcolm Ingram), einem armen, aber stolzen Fischer. Sie kehren zurück in Maggies Heimatort Pitmungo, gründen eine große Familie und hoffen auf eine bessere Zukunft.
Lief in halbstündigen Folgen im regionalen Vorabendprogramm, teils – wie im Original – auch als Sechsteiler in einstündigen Folgen.

CAMP CANDY RTL
1993–1994. 39-tlg. US-Zeichentrickserie (»Camp Candy«; 1989–1991).
John Candy leitet ein Sommercamp und zeltet mit einigen Kindern in einem verhexten Wald. John Candy war dem gleichnamigen Schauspieler nachempfunden, nach dessen Idee die Serie entstand.

CAMP WILDER – EIN VERRÜCKTER HAUFEN RTL 2
1994. 19-tlg. US-Sitcom (»Camp Wilder«; 1992–1993).
Nach dem Tod der Eltern muss die geschiedene Krankenschwester Ricky Wilder (Mary Page Keller) für ihre jüngeren Geschwister Brody (Jerry O'Connell) und Melissa (Meghann Haldeman) sorgen, zusätzlich zu ihrer eigenen Tochter Sophie (Tina Majorino). Dorfman (Jay Mohr), Danielle (Hilary Swank) und Beth (Margaret Langrick) sind Nachbarn.

DIE CAMPBELLS SWR
1988–1991. 88-tlg. brit.-kanad. Abenteuerserie von Alan Prior (»The Campbells«; 1986–1990).
Der verwitwete schottische Arzt James Campbell (Malcolm Stoddard) wandert im 19. Jh. mit Tochter Emma (Amber-Lea Weston) und den Söhnen Neil (John Wildman) und John (Eric Richards) nach Kanada aus. Ihr neues, besseres Leben in Ontario besteht zunächst aus dem Kampf gegen eine in jeder Hinsicht feindliche Umgebung und böse Indianer. Captain Thomas Sims (Cedric Smith), der mit seiner zweiten Frau Harriet (Bridget Wilson) und Tochter Rebecca (Wendy Lyon) in der Nähe lebt, ist erst Widersacher der Campbells, wird aber allmählich zu ihrem Verbündeten. Die schlichte und abergläubische Mary MacTavish (Rosemary Dunsmore) hilft im Haushalt der Familie. Emma schreibt später ein Buch über ihre Erlebnisse in Kanada, das in der letzten Folge erscheint.
Die Folgen waren 30 Minuten lang und liefen zunächst im Südwest-Fernsehen, außerdem in anderen Dritten Programmen und ab 1989 auch im Ersten. Sie wurden häufig wiederholt.

DIE CAMPER RTL
Seit 1997. Dt. Comedyserie von Werner Koj und Claus Vincon.

Freizeitvergnügen und Urlaubsstress auf einem deutschen Campingplatz. In der ersten Staffel stehen Heidi (Sabine Kaack) und Hajo Wüpper (Michael Brandner) mit Tochter Sabine (Wolke Hegenbarth) und ihre Platznachbarn Dieter Denkelmann (Heinrich Schafmeister) und seine Verlobte Roswitha Fischer (Katharina Schubert) im Mittelpunkt. Sie freunden sich an, und Sabine zieht sich zurück, weil sie Camping mit den Eltern anödet. Ab der zweiten Staffel zieht die Serie auf dem gleichen Campingplatz ein Stück weiter. Dort campen die neuen Hauptakteure Uschi (Antje Lewald) und Benno Ewermann (Willi Thomczyk) mit Tochter Tanja (Felicitas Woll; ab Januar 2002: Natascha Hockwin) sowie Lothar Fuchs (René Heinersdorff) und seine Frau Stefanie (Dana Golombek). Benno ist ein Nörgler, dem Uschis Putzwut komplett gegen den Strich geht. Den Platzwart Pröter (Wilfried Herbst) hält er für unfähig und organisiert deshalb lieber selbst. Die gute Laune lässt sich jedoch stets mit seinen Kumpels Lothar, Hotte Schlömann (Thomas Gimbel) und Manni Delling (Andreas Windhuis), einem Grill und einer Kiste Eifel-Pils herstellen: Und zisch und klack und weg! Im Januar 2002 bekommen Lothar und Stefanie einen Sohn namens Max (Leon Priotto).
Bisher mehr als 100 Folgen liefen erfolgreich freitags um 21.15 Uhr oder 21.45 Uhr, in den ersten Jahren meist im Doppelpack mit *Das Amt.*

Für *Canale Grande* erhielt Dieter Moor mehrere Fernsehpreise, darunter das Goldene Kabel und den Telestar. Hier hält er den Goldenen Gong in der Hand.

CAMPUS COPS – DÜMMER GEHT'S NICHT   RTL 2
1998. 13-tlg. US-Sitcom (»Campus Cops«; 1996).
Die Trotteltruppe der Campus Cops bemüht sich um Sicherheit auf dem Unigelände. Wayne Simko (Ryan Hurst) und Andy McCormack (Ben Bode) sind Cops, zur Einheit gehören außerdem Elliot Royce (Jerry Kernion), Meg DuVry (LaRita Shelby) und Roy Raskin (John David Cullum). Captain Hingle (David Sage) ist ihr Boss, Dean Pilkington (Monte Markham) ihr Dekan an der Uni.

CANALE GRANDE   VOX
1993–1994. Wöchentliches einstündiges Medienmagazin mit Dieter Moor, das hinter die Kulissen der Presse und des Fernsehens blickte.
Die Show war eine der ersten – und langfristig auch einzigen – Sendungen, mit denen der noch junge Sender Vox Aufsehen erregte. Kritiker lobten und liebten das Magazin und seinen Moderator Moor, der die Zuschauer stets mit »Liebe Zielgruppe« begrüßte. In die Schlagzeilen geriet er, als er sich in einer Sendung vor laufender Kamera komplett auszog, um mal zu testen, was eigentlich passiert, wenn sich ein Moderator während einer Anmoderation komplett auszieht. Nämlich nichts. Nur nachträglich eine Debatte in den Zeitungen.
Die Reihe brachte es auf 66 Ausgaben. Nach dem Umkrempeln des Senders wurde das Konzept in ähnlicher Form bei Premiere weitergeführt, unter dem Namen »studio/moor«. Spätere Medienmagazine waren *Parlazzo* und *Zapp.*

CANNON   ARD, SAT.1, VOX
1973–1977 (ARD); 1988–1990 (Sat.1); 1993 (Vox). 122-tlg. US-Krimiserie von Edward Hume (»Cannon«; 1971–1976).
Der stark übergewichtige Frank Cannon (William Conrad) war früher Polizist und ist jetzt Privatdetektiv, der seine Fälle im Alleingang löst und sich dafür gut bezahlen lässt. Dadurch finanziert er sein teures Penthouse und seine liebsten Freizeitbeschäftigungen: essen und mit seinem Lincoln-Continental-Luxuswagen fahren. Zwischen den Mahlzeiten setzt er bei seinen Ermittlungen in erster Linie auf Intelligenz. Für Schießereien, Prügeleien oder eine Verfolgungsjagd zu Fuß hätte er gar nicht die Kondition. Aber in seinem Wagen fährt er schon mal jemandem hinterher. Sich selbst nennt er ein »überfüttertes Walross«.
Quinn Martin war der Produzent der Serie, William Conrad spielte die einzige wiederkehrende Rolle. Seine deutsche Synchronstimme gehörte einem Mann mit ähnlicher Figur: Günter Strack. In den 70er-Jahren konnte man die Geschichten um Frank Cannon auch in einer Romanheftserie nachlesen. Ein dickes Buch wäre natürlich angemessener gewesen.
Cannon lief mit 45 Folgen 14-täglich im ARD-Abendprogramm, zunächst freitags, dann donnerstags um 21.00 Uhr, fast alle weiteren Folgen zeigte Sat.1 erst 15 Jahre später in deutscher Erstausstrahlung dienstags um 19.30 Uhr. Die Folgen dauerten in der ARD

Überfüttertes Walross bei der Arbeit: Frank *Cannon* (William Conrad) in der Folge »Von Gangstern entführt« mit Gaststar Anne Randall.

45 Minuten, im Privatfernsehen inklusive Werbung eine Stunde. Zwei noch immer ausgelassene Folgen zeigte Vox im Rahmen einer Gesamtwiederholung 1993; der eigentliche Pilotfilm und ein Comeback-Fernsehfilm von 1980 waren 1990 bzw. 1993 im ZDF zu sehen.

CAPITAL NEWS RTL
1991. 13-tlg. US-Reporterserie von David Milch (»Capital News«; 1990).
Chefredakteur Jonathan »Jo Jo« Turner (Lloyd Bridges) führt die große Tageszeitung »Washington Capital«. Der Lokalteil unter Leitung von Clay Gibson (Michael Woods) kümmert sich um die Taten der Unterwelt in Washington, der überregionale Teil unter Edison King (Mark Blum) um die Abgründe der politischen Welt in der Hauptstadt, und alle debattieren, was ein guter Journalist zu tun und zu lassen hat. Zur Redaktion gehören der alte Hase Redmond Dunne (William Russ), der eine Affäre mit dem Neuzugang Anne McKenna (Helen Slater) hat, der Klatschkolumnist Miles Plato (Kurt Fuller) sowie die Reporter Todd Lunden (Christian Clemenson), Conrad White (Wendell Pierce), Doreen Duncan (Jenny Wright), Cassy Swann (Chelsea Field) und Wirtschaftschef Vinnie DiSalvo (Charles Levin).
Obwohl es offiziell von den Machern immer dementiert wurde, basiert die Serie auf der echten »Washington Post«.
Die einstündigen Folgen liefen dienstags um 22.50 Uhr und wurden bei RTL 2 unter dem Titel *Nachrichtenfieber* wiederholt.

CAPITANO MAFFEI – KUNSTDIEBSTÄHLE PRO SIEBEN
1990. 7-tlg. ital. Krimiserie (»Caccia al ladro d'autore«; 1985).
Capitano Maffei (Giuliano Gemma) klärt mit seinem jungen Assistenten Plenizio (Vanni Corbellini) Kunstdiebstähle in Italien auf.
Pro Sieben zeigte die einstündigen Folgen werktäglich am Vorabend.

CAPTAIN BUZZ LIGHTYEAR – STAR COMMAND PRO SIEBEN
2003–2004. 65tlg. US-Disney-Zeichentrickserie (»Buzz Lightyear Of Star Command«; 2000).
Buzz Lightyear leitet eine Truppe von Space Rangern, die das Universum vor bösen Mächten beschützen soll. Zur Truppe gehören die telekinetisch begabte Prinzessin Mira Nova vom Planeten Tangea, der Alien Booster Sinclair Munchapper vom Planeten Jo-Ad und der Roboter XR.
Fernsehableger des Kinofilms »Toy Story«. Lief samstags morgens.

CAPTAIN FUTURE ZDF
1980–1982. 40-tlg. dt.-frz.-jap. Zeichentrick-Science-Fiction-Serie nach den Geschichten von Edmond Hamilton (»The Adventures Of Captain Future«; 1978–1979).
Captain Future fliegt im Jahr 2500 mit seinem Raumschiff durch das Sonnensystem und rettet fremde Planeten vor bösen Mächten. Zur Crew des rothaarigen Captain gehören Professor Simon Wright, ein lebendes Gehirn in einem fliegenden Spezialbehälter, der Roboter Grag und der Android Otto, der aus Plastik besteht und seine Gestalt verändern kann. Die drei haben den jungen Captain Future gemeinsam aufgezogen, nachdem seine Eltern ermordet wurden. Sein Vater war ein hervorragender Wissenschaftler. Grag und Otto wurden von diesem konstruiert, das Gehirn des früheren Wissenschaftlers Wright von ihm gerettet. Auch Ot-

tos verwandlungsfähiges Haustier Oak und Grags Haustier Yiek, ein Mondwesen, sind mit an Bord. Die Agentin Joan Landor von der Planetenpolizei schwärmt für Captain Future.
Im Gegensatz zu vielen anderen Zeichentrickserien basierte diese nicht auf einer Comicheftreihe, sondern auf einer Serie von Romanen, die ab 1940 erschienen. Die deutsche Titelmusik stammte von Christian Bruhn.
Die einzelnen Episoden, die nachmittags liefen, waren 25 Minuten lang. Jeweils drei, in einem Fall vier aufeinander folgende Episoden hatten eine zusammenhängende Handlung, weil die Serie im Original eine Reihe von Spielfilmen war, von denen jeder für die deutsche Serienfassung geteilt und erheblich gekürzt wurde.

CAPTAIN PARIS — ARD
1980. 8-tlg. US-Krimiserie von Steven Bochco (»Paris«; 1979–1980).
Captain Woodrow »Woody« Paris (James Earl Jones) kämpft bei der Polizei von Los Angeles gegen das Verbrechen und bringt nebenberuflich an der Universität Studenten bei, wie das geht. Die jungen Kollegen Stacey Erickson (Cecilia Hart), Charlie Bogart (Jake Mitchell), Willie Miller (Mike Warren) und Ernesto »Ernie« Villas (Frank Ramirez) sind Woody zugeteilt, Deputy Chief Jerome Bench (Hank Garett), ein Freund Woodys, ist ihr Vorgesetzter. Woody ist mit der Krankenschwester Barbara (Lee Chamberlain) verheiratet, und im Gegensatz zu den meisten Krimiserien spielt das Privatleben auch eine Rolle. James Earl Jones war in den »Star Wars« Filmen die amerikanische Originalstimme von Darth Vader, in Deutschland ist er als Stimme des Nachrichtensenders CNN zu hören (»This is CNN!«). Im Originalton dieser kurzlebigen Serie sprach er, als säße er gerade im Sprecherstudio von CNN. Synchronisation macht also nicht immer nur Dinge kaputt.

CAPTAIN PLANET — RTL
1992–1994. 78-tlg. US-Zeichentrickserie (»Captain Planet And The Planeteers«; 1990–1996).
Die Jugendlichen Kwame, Wheeler, Gi, Linka und Ma-Ti haben von Geya, der Mutter der Erde, Ringe mit Zauberkräften erhalten, mit deren Hilfe sie gegen Umweltsünder und für die Erhaltung der Welt kämpfen – und mit der Hilfe des Superhelden Captain Planet.
Lief samstagmittags. Einige der 113 Folgen des Originals wurden in Deutschland nicht gezeigt.

CAPTAIN POWER — RTL
1989–1990. 22-tlg. US-kanad. Jugend-Science-Fiction-Actionserie von Gary Goddard und Tony Christopher (»Captain Power And The Soldiers Of The Future«; 1987).
Wir schreiben das Jahr 2146. Captain Jonathan Power (Tim Dunigan) und seine Leute, die Guten, kämpfen gegen den Cyborg Lord Dread (David Hemblen) und seine Leute, die Bösen.
Die Produktion war teils Realserie, teils computeranimiert und der größte Albtraum aller halbwegs friedliebenden Eltern: eine Kindersendung, die nicht nur davon handelte, dass Figuren einander abknallen, sondern zu der es vom Serienproduzenten Mattel Plastikwaffen zu kaufen gab, mit der die lieben Kleinen in einem fünfminütigen interaktiven Teil der Sendung selbst auf den Schirm ballern durften und sollten. Entsprechend massiv waren die Proteste von Eltern und Kritikern. Als sich die Spielzeuge in den USA nicht entsprechend verkauften, setzte Mattel die Serie vorzeitig ab.
RTL zeigte die halbstündigen Folgen zunächst montags um 19.20 Uhr, später an verschiedenen Tagen frühmorgens. Hinter der Serie stand auch J. Michael Straczynski, der später mit *Babylon 5* deutlich vorzeigbarere und erfolgreichere Ergebnisse produzierte.

CAPTAIN SIMIAN & DIE WELTRAUM-AFFEN — PRO SIEBEN
1997–1998. 26-tlg. US-Zeichentrickserie (»Captain Simian & The Space Monkeys«; 1996–1997).
Captain Simian und seine Crew genetisch veränderter Affen irren durchs All auf der Suche nach dem Rückweg zur Erde. Derweil bekämpfen sie ihren bösen Feind Nebula.
Die 20-minütigen Folgen liefen am Samstagmorgen.

CAPTAIN STAR — ZDF
2002. 13-tlg. brit. Science-Fiction-Zeichentrickserie (»Captain Star«; 1997–1998).
Captain Star und seine Crew bekämpfen Weltraumschurken. Lief im Kinderprogramm.

CARDCAPTOR SAKURA — PRO SIEBEN
2003–2004. 35-tlg. jap. Zeichentrickserie (»Sakura And The Mysterious Magical Book«; 2000).
Die zehnjährige Sakura hat das Siegel eines magischen Buches gebrochen, aus dem daraufhin böse Geister in die Welt entwichen sind. Jetzt muss sie sie wieder einfangen. Lief samstags morgens.

CAROL LÄSST NICHT LOCKER! — RTL
2001. 21-tlg. US-Sitcom von Carol Leifer (»Alright Already«; 1997–1998).
Carol Lerner (Carol Leifer) und ihre Freundin Renée (Amy Yasbeck) wohnen zusammen und arbeiten auch gemeinsam in einem Optikerladen. Carol ist ständig auf der Suche nach einem Mann und findet auch gelegentlich einen. Ihre gestörte Familie lebt komplett in einem Seniorenheim: ihre Eltern Alvin (Jerry Adler) und Miriam (Mitzi McCall) mitsamt Carols erwachsenen Geschwistern Jessica (Stacy Galina) und Vaughn (Maury Sterling).
Die Serie lief werktags nachts.

CAROLINE IN THE CITY — RTL
2002. 97-tlg. US-Sitcom von Fred Barron, Marco Pennette und Dottie Dartland (»Caroline In The City«; 1995–1999).

Die neurotische New Yorker Comiczeichnerin Caroline Duffy (Lea Thompson) zeichnet einen täglichen Cartoon für eine große Tageszeitung. Der mürrische Richard Karinsky (Malcolm Gets) arbeitet für Caroline als Kolorist, weil er das Geld braucht. Er sieht sich eigentlich als Künstler und kann nichts an den Comics finden. Caroline kommt immer mal wieder mit ihrem Ex-Freund Del Cassidy (Eric Lutes) zusammen. Del betreibt eine Grußkartenfirma, bei der auch der Bote Charlie (Andy Lauer) arbeitet, der nie seine Rollschuhe auszieht. Carolines Nachbarin Annie Spadaro (Amy Pietz) ist Tänzerin im Musical »Cats«. Richard schwärmt lange Zeit heimlich für Caroline, lässt sich aber erst nach Jahren etwas anmerken, und die beiden werden endlich ein Paar. Immer wieder waren zwischen den Szenen kurze Zeichentricksequenzen zu sehen, die Carolines Cartoons darstellten und ihre Gefühle verdeutlichten. Lief nachts ab 0.30 Uhr in Doppelfolgen.

CARSON & CARSON SAT.1, KABEL 1
1989–1990 (Sat.1); 1992 (Kabel 1). 99-tlg. austral. Anwaltsserie von Terry Stapleton (»Carson's Law«; 1983–1984).
Melbourne in den 20er-Jahren. Jennifer (Lorraine Bayly) ist eine moderne Frau, verheiratet mit dem Anwalt William »Bill« Carson (Jon Sidney), Mutter der drei Kinder Billy (Greg Caves), Sarah (Melanie Oppenheimer) und Sam (William Upjohn). Als ihr Mann stirbt, beschließt sie, selbst wieder als Anwältin zu arbeiten. Ihre emanzipierte Lebensweise kollidiert mit den Ansichten ihres Schwiegervaters, des altmodischen Patriarchen Godfrey (Kevin Miles). Ihm gehört die Kanzlei Carson & Carson, in der auch die beiden anderen Söhne Robert (Ross Thompson) und Thomas (Chris Orchard) arbeiten. Tochter Amy (Christine Harris) erfüllt – wie Jennifer – nicht die Rolle der gehorsamen Frau, die sich Godfrey wünscht. Der träge Robert ist mit der ehrgeizigen Margery (Louise Pajo) verheiratet, Felicity Price (Christine Amor) ist die zweite, wesentlich jüngere Frau von Familienoberhaupt Godfrey.
Die Serie mischte ein historisch genaues Kostümdrama über das Leben einer wohlhabenden Familie in den 20er-Jahren im Stil von *Das Haus am Eaton Place* mit auch aktuell relevanten sozialen Fragen, die durch die Gerichtsverhandlungen aufgeworfen wurden. Sat.1 zeigte 49 der einstündigen Folgen, Kabel 1 später 50 weitere.

CARTOON ARD
1967–1972. Comedymagazin mit Loriot alias Vicco von Bülow, der damit seine Fernsehpremiere feierte.
Die Reihe porträtierte bekannte Cartoonisten und Karikaturisten, berichtete über die Produktion von Trickfilmen und welche Zeichner gerade wo einen Preis für ihre Arbeit gewonnen hatten, und zeigte natürlich auch einige Zeichentricksketche und Karikaturen dieser Künstler. Loriot selbst brachte Parodien auf aktuelles Zeitgeschehen, aber auch den ganz »normalen« Alltag ein sowie Szenen mit seinen Knollennasen-Männchen. Hier saß er zum ersten Mal auf seinem später berühmten Sofa, das jedoch noch grau war, weil die Sendung 1967 natürlich in Schwarz-Weiß startete. Erst in späteren Farbfolgen wurde es rot. Zwischendurch hatte Loriot Trickfilmer oder Cartoonverleger als Studiogäste. Während er sie interviewte, saßen sie auf dem Sofa und Loriot auf einem Stuhl davor. In Folge 18 am 2. Januar 1972 zeigte er den Sketch »Auf der Rennbahn« (»Wo laufen sie denn?«) von Wilhelm Bendow, der bis heute oft Loriot zugeordnet wird, weil er zur Originaltonspur seine Männchen zeichnete. Running Gag waren die Unterbrechungen durch Herrn Störk (Alexander Störk), der immer wieder einfach so durch den Raum ging oder Dinge von einer Seite zur anderen trug, während Loriot Beiträge anmoderierte. Loriot ließ sich davon nicht stören, sondern bemerkte nur lapidar: »Das war Herr Störk, Sie kennen ihn ja.« Selbst im Abspann, der jedes Mal anders war, waren noch Gags versteckt: In der ersten Folge wurden zwischen der üblichen Auflistung für Maske, Kamera und Regie u. a. die zuständigen Mitarbeiter für Kanalisation, Pyrotechnik und Gynäkologischen Schnelldienst aufgeführt.
21 Ausgaben liefen in loser Folge im Abendprogramm, die meisten 30 bis 45 Minuten, die letzten fast eine Stunde lang. 1973 erhielt von Bülow für die Reihe einen Adolf-Grimme-Preis mit Silber.

CARUSO & CO. ARD
1990. 4-tlg. Marionettenspiel der *Augsburger Puppenkiste,* Regie: Sepp Strubel.
Um den kränklichen Bären Caruso aufzumuntern und abzulenken, erzählen ihm seine Freunde, die Schweinedame Emily und das Schildkrötenfräulein Ernestine, Geschichten, u. a. den merkwürdigen Krimi von der Detektivin Eleonora Ente und ihrem Assistenten Tim Tatze.
Die Folgen waren 30 Minuten lang.

CASANOVA DFF
1978. 6-tlg. brit. Historiendrama von Dennis Potter (»Casanova«; 1971).
Giovanni Casanova (Frank Finlay) sitzt im Gefängnis der spanischen Inquisition, versucht zu fliehen oder sich wenigstens abzulenken. In Rückblicken lässt er sein Leben an sich vorüberziehen.
Die Folgen dauerten 60 Minuten.

CASEY JONES, DER LOKOMOTIVFÜHRER ARD
1960. 11-tlg. US-Westernserie (»Casey Jones«; 1958).
Casey Jones (Alan Hale, Jr.) ist Ende des 19. Jh. Lokomotivführer des »Cannonball Express«. Die Dampflok verkehrt zwischen Chicago und New Orleans. Zu seiner Mannschaft gehören Casey Jones, Jr. (Bobby Clark), der Schaffner Red Rock (Eddie Walker), der Heizer Wallie Sims (Dub Taylor), der Indianer Sam Peachpit (Pat Hogan) und der Hund Cinders. Caseys Ehefrau heißt Alice (Mary Lawrence).

Die Geschichten, die sich vor allem an Kinder richten, beruhten frei auf den abenteuerlichen Erlebnissen von Casey Jones, den es wirklich gab. Die legendäre Figur, die es sogar auf eine Briefmarke schaffte, starb 1900 bei einem Zugunglück. Die halbstündigen Folgen liefen sonntags nachmittags.

CA$H – DAS EINE MILLION MARK QUIZ ZDF
2000–2001. 45-minütiges Quiz mit Ulla Kock am Brink, in dem ein anfangs sechsköpfiges Kandidatenteam um eine Million Mark spielt. Acht Fragen müssen beantwortet werden, deren Schwierigkeitsgrad analog zur Gewinnsumme steigt. Das Team, unter der Leitung eines Kapitäns, spielt zusammen und wird nach und nach reduziert. Ein Kandidat scheidet bereits in der Vorrunde bei einer Schätzfrage aus, später können einzelne Kandidaten Teamkollegen zum Wissensduell herausfordern und sie so hinauswerfen. Der Sieger dieses Wissensduells sichert sich damit auch den Anteil des Kollegen am Gesamtgewinn. Die ersten vier Fragen muss jeweils einer der Kandidaten beantworten, die Antwort gilt für das ganze Team. Ist sie falsch, verlieren alle. Die letzten vier Fragen haben jeweils vier richtige Antworten. Die Anzahl der vorgegebenen Antwortmöglichkeiten, aus denen die richtigen gefunden werden müssen, steigt von Frage zu Frage.
Schon über ein Jahr währte der Erfolg der RTL-Show *Wer wird Millionär?*, die das Quiz im Fernsehen wiederbelebt hatte. Sat.1 hatte bereits drei Kopien ins Programm gehievt, als schließlich auch das ZDF auf der Millionenwelle mitschwamm und das US-Format »Greed« adaptierte.
Die Show lief bis April 2001 jeweils dienstags und mittwochs um 20.15 Uhr, dann nur noch dienstags.

CASH & CO. – TANDARRA ARD
→ Tandarra

CASHMAN RTL 2
1997. Halbstündige Action-Gameshow.
Moderator (»Cashman«) Georg Holzach testet als Reporter auf der Straße mit Co-Moderatorin Elisabeth Darius, ob Passanten für einen 500-Mark-Schein spontan bereit sind, seltsame Dinge zu tun, z. B. nackt durch eine Waschanlage laufen, das schmierige Griffband einer Rolltreppe im Kaufhaus ablecken oder Sekt aus schweißigen Damenschuhen trinken.
Die Sendung, die samstags am Vorabend lief, markierte damals den vorläufigen Höhepunkt des Ekel-TV (der natürlich mit späteren Sendungen wie *Ich bin ein Star – holt mich hier raus* mühelos übertroffen wurde) und löste entsprechende Entrüstung aus. Wider Erwarten – auch des Senders – ließ sich die Empörung nicht in Quote umsetzen. Das deutsche Publikum war von dem holländischen Import nicht sonderlich beeindruckt und schaltete ab, weshalb schon nach zwei Monaten der Sender das Gleiche mit der Show tat. Kleinsender 9Live griff die Idee im März 2004 unter dem Titel »Schürmanns Gebot« mit Thomas Schürmann wieder auf.

CASPER RTL, RTL 2
1998 (RTL); 2003 (RTL 2). 39-tlg. US-Zeichentrickserie (»Casper«; 1996–1999). Die Serie um den freundlichen Geist Casper basierte auf dem gleichnamigen Kinofilm.
Die ersten 26 Folgen zeigte RTL im Kinderprogramm am Samstagmorgen, den Rest RTL 2. Bereits in den 50er-Jahren waren Kurzfilme fürs Kino entstanden, in deren deutscher Version Casper noch Kasimir hieß.

DIE CASTING-AGENTUR RTL 2
2000. Comedyshow mit Frank Lämmermann.
Gezeigt werden Pannen von Prominenten, die bei Castings oder Aufzeichnungen passiert sind, es werden aber auch tatsächlich Talente gecastet, die in irgendeiner Kunst etwas Besonderes vorführen oder darstellen können.
Nach zwei Ausgaben sonntags um 22.15 Uhr brach RTL 2 den Versuch ab, und das Management des offensichtlich spätpubertierenden Moderators vermeldete stolz, dass Lämmermann »exklusiv bei VIVA« bleibe.

DIE CASTING AGENTUR PRO SIEBEN
2003–2004. Halbstündige Doku-Soap am Werktagnachmittag.
Arbeitsalltag in einer Bochumer Casting-Agentur. Die fünf Mitarbeiter Ulf, Waldemar, Manuela, Doro und Herr Kubiak (ja, so heißen sie, und nicht Herr Kubiak ist der Chef, sondern Ulf) casten Showtalente jeder Art für alle erdenklichen Anlässe. Zunächst hauptsächlich für irgendwelche Feste, später dann auch für Verwendungen in Pro-Sieben-Sendungen. Retten konnte diese Veränderung das merkwürdige Format auch nicht.

CATCH UP RTL
1989–1991. Halbstündige Talkshow mit Joe Williams und Horst Brack über Catchen und Wrestling.
Der Amerikaner Williams kommentiert überaus enthusiastisch Ausschnitte aus Showkämpfen, Wiederholungen dieser Ausschnitte und Zeitlupenwiederholungen dieser Wiederholungen und ist damit eine Art seriöses Gegengewicht zum immer feindlich gesinnten Brack, der sich »Der Bestrafer« nennt. Neben klobigen Wrestlern sind auch ganz normale Prominente zu Gast, die in der Rubrik »Bracks Pranger« in die Mangel genommen werden – halt, beim Thema Wrestling lieber keine zweideutigen Bilder: Sie werden befragt. Nein, das trifft es auch nicht. Sie werden beleidigt und beschimpft, was sie antworten, ist eigentlich egal.
Die Show lief im Spätprogramm.

CATDOG RTL
1999–2000. 60-tlg. US-Zeichentrickserie von Peter Hannan (»Catdog«; 1998–2004).
CatDog ist ein Tier mit zwei Köpfen: an einem Ende eine Katze, am anderen ein Hund. Entsprechend, sagen wir, abwechslungsreich ist das Zusammen-

Catweazle (Geoffrey Bayldon). Bitte behandeln Sie dieses Foto vertraulich, und zeigen Sie es nicht Catweazle, sonst rastet der wieder aus.

leben. CatDog lebt in einem merkwürdigen Haus zusammen mit der großen blauen Maus Winslow.

Die Serie ist wie *Hey Arnold!* und *Rockos modernes Leben* einer der vielen wunderbar schrägen Cartoons des amerikanischen Kindersenders Nickelodeon. Sie lief am Samstagvormittag.

CATERINA SOUVENIR ARD

1973. Ausschnitte aus alten Shows mit Caterina Valente namens *Bonsoir, Kathrin,* die von 1957 bis 1964 in der ARD gelaufen waren und mit jeweils 15 Minuten Aufnahmen von neueren Live-Auftritten angereichert wurden. Die fünf Ausgaben waren jeweils 45 Minuten lang.

CATERINA VALENTE-SHOW ZDF

1966–1968. Personality-Show mit Caterina Valente und prominenten Gästen, die meist musikalische Darbietungen aufführten: Schlager, Chansons, Evergreens. Valente war an fast allen Nummern beteiligt, sang mit ihren Stargästen im Duett oder spielte Sketche mit ihnen.

Die ein- bis eineinhalbstündige Show, die gemeinsam mit dem niederländischen Fernsehen produziert wurde, lief in loser Folge und brachte es auf insgesamt acht Ausgaben. Regisseur der Ausgaben 5 bis 8 war Michael Pfleghar.

CATWALK – EINE BAND WILL NACH OBEN SAT.1

1994–1995. 48-tlg. US-kanad. Musikserie von Jeff Vlaming (»Catwalk«; 1992–1994).

Sechs junge Musiker träumen von der großen Karriere als Popstars. Gitarrist und Kopf der Gruppe Johnny Camden (Keram Malicki-Sánchez), Sängerin Sierra Williams (Lisa Butler), Keyboarderin Daisy McKenzie (Neve Campbell), Rapper Addie »Atlas« Robinson (Christopher Lee Clements), Bassistin Mary Owens (Kelli Taylor) und Schlagzeuger Jesse Carlson (Paul Popowich) bilden gemeinsam die R&B-Funk-Jazz-Band Catwalk. Sie tritt hauptsächlich im Club von William Kramer, genannt Billy-K (Joel Wyner), auf, der auch ihr Manager wird und dafür seinen bisherigen Hauptberuf als Kredithai aufgibt. Er verschafft der Band einen Plattenvertrag und eine Tour; Catwalk gelingt ein Hit, doch dann geht die Karriere den Bach runter, und es geht von vorn los. In der zweiten Staffel verlassen Johnny, Daisy und Atlas die Band, Gitarrist Benny Doulon (Rob Sefaniuk) und Sänger Frank Calfa (David Lee Russek) kommen dazu. Catwalk tritt jetzt im Club von Gus Danzig (Ron Lea) auf.

Wie in jeder Teenie-Soap gibt es auch hier ein lustiges Pärchen-wechsel-dich; liiert sind der Reihe nach: Johnny und Daisy, Jesse und Mary, Daisy und Billy-K, Mary und Frank, Jesse und Wendy. Wendy (Chandra West) ist Jesses Chefin bei seinem Hauptjob.

Die Folgen waren jeweils 50 Minuten lang, sie liefen samstags am Vorabend.

CATWEAZLE ZDF

1974. 26-tlg. brit. Comedyserie von Richard Carpenter, Regie: Quentin Lawrence (»Catweazle«; 1970–1971).

Durch den Zauberspruch »Salmei, Dalmei, Adomei« wird der mittelalterliche Magier Catweazle (Geoffrey Bayldon) versehentlich aus dem Jahr 1066 ins 20. Jh. katapultiert. Er lernt den jungen Harold Bennett (Robin Davis) kennen, der ihm allmählich die Welt der Technik erklärt. Staunend und neugierig lernt Catweazle, stets begleitet von der Kröte Kylwalda, wundersame Dinge kennen: z. B. sprechende

Zauberknochen, also Telefone, oder viele kleine Sonnen, also Glühbirnen, die das Sonnenlicht mit dem Elektriktrick einfangen. Dabei muss sich Harold Mühe geben, den zerzausten, bärtigen, schmutzigen Catweazle vor seinem Vater (Charles Tingwell) und dessen Gehilfen Sam Woodyard (Neil McCarthy) zu verstecken. Nicht aufzufallen ist nicht einfach für jemanden, der beim Anblick ganz alltäglicher Dinge große Augen macht. Als Catweazle ein Foto von sich selbst sieht, ergreift ihn die Panik. Nachdem Catweazle mit Harolds Hilfe in einen Zeitstrudel und damit zurück ins 11. Jh. gelangt ist, passiert ihm ein neues Missgeschick, und er landet wieder in der Neuzeit. Diesmal hat er den zwölfjährigen Cedric Collingford (Gary Warren) an seiner Seite, dessen Eltern Lord (Moray Watson) und Lady Collingford (Elspet Gray) sind.

Die Serie wurde vor allem in Deutschland ein enormer Erfolg, weshalb sich Catweazle nach dem ursprünglichen Ende der Serie doch noch einmal ins 20. Jh. verirrte. Catweazles Bezeichnungen für Gegenstände des Alltags gingen ebenso wie seine Zauberformeln in den Sprachgebrauch ein. Auch viele Erwachsene mochten die Serie, obwohl sie sich möglicherweise an ein Publikum richtete, das noch nicht einmal lesen konnte: Während des Vorspanns, in dem ein Zeichentrick-Catweazle aus seiner Zeit heraus an Symbolen für die folgenden Jahrhunderte vorbeifiel und in die durch Traktoren symbolisierte Gegenwart plumpste, las ein Off-Sprecher all das vor, was gerade eingeblendet wurde.

Catweazle lief in halbstündigen Folgen sonntags nachmittags.

CAULFIELDS WITWEN – EIN DUO MIT CHARME PRO SIEBEN

1990. 13-tlg. US-Krimiserie von Bill Driskill und Robert Van Scoyk (»Partners In Crime«; 1984).

Der Privatdetektiv Raymond Caulfield ist ermordet worden und hat seinen beiden Ex-Frauen Carole Stanwyk (Lynda Carter) und Sydney Kovak (Loni Anderson) seine Detektei vererbt. Carole ist eigentlich Fotografin und Sydney Bassistin, aber jetzt suchen sie gemeinsam seinen Mörder und bearbeiten noch andere Fälle. Die Hobbyschnüfflerin Jeanine (Eileen Heckart) ist ihre gemeinsame Schwiegermutter, Harmon Shain (Walter Olkewicz) ihr Assistent und Lieutenant Ed Vronsky (Leo Rossi) ihr Kontaktmann bei der Polizei in San Francisco.

Jede Folge dauerte eine knappe Stunde.

CELIA ZDF

1996. 10-tlg. span. Jugendserie nach dem Roman von Elena Fortun (»Celia«; 1992).

Weil Mama (Ana Duato) und Papa (Pedro Diez del Corral) keine Zeit haben und die Kindermädchen Miss Nelly (Sian Thomas) und Dona Benita (Aurora Redondomit) nicht mit ihr klarkommen, wird die neunjährige Celia (Cristina Cruz Minguez) ins Internat abgeschoben.

Die 25-minütige Serie lief mittwochs nachmittags.

CENTRAL PARK WEST RTL

1996–1997. 21-tlg. US-Soap von Darren Star (»Central Park West«; 1995–1996).

Stephanie Wells (Mariel Hemingway) ist die Chefredakteurin des New Yorker Magazins »Communiqué«, das dem reichen Allen Rush (Ron Leibman) gehört. Er ist mit Linda (Lauren Hutton) verheiratet. Die Kolumnistin Carrie Fairchild (Madchen Amick), eine faule Schlampe, ist Rushs Stieftochter, die es auf Stephanies Mann Mark Merrill (Tom Verica) abgesehen hat. Die Klatschreporterin Alex Bartoli (Melissa Errico) und die Moderedakteurin Rachel Dennis (Kylie Travis) gehören außerdem zum Magazin. Carries Bruder, der Playboy Peter (John Barrowman), ist Zweiter Staatsanwalt, sein bester Freund Gil Chase (Justin Lazard) Börsenmakler. Allen Rush hat eine Affäre mit Carries Freundin Nikki Sheridan (Michael Michele). Später übernimmt Adam Brock (Gerald McRaney) das Magazin. Mark und Stephanie werden geschieden. Mark bringt sich schließlich um, und der inzwischen von seiner Frau getrennte Allen stirbt an einem Herzinfarkt nach seiner Hochzeitsnacht mit Adams Ex-Frau Dianna (Raquel Welch).

Die Serie legte auf das, was man bisher für »Hochglanz-Soaps« gehalten hatte, noch ein paar Polituren drauf: mit großen Stars, Drehs an Originalschauplätzen und perfiden Intrigen in der Welt der Superreichen und Superschönen New Yorks.

Die einstündigen Folgen liefen am Samstagnachmittag im Block mit den anderen Serien von Darren Star, *Beverly Hills, 90210* und *Melrose Place*.

CF-RCK ARD

1966–1967. 13-tlg. kanad. Abenteuerserie von Jean Laforest (»CF-RCK«; 1958–1959).

Louis Corbin (Yves Létorneau) besitzt die kleine Fluggesellschaft Air Nord. Sein Pilot Victor Gendron (René Caron) transportiert in seinem Wasserflugzeug CF-RCK Personen und Waren. Beide Männer helfen aber auch Inspektor Taupin (Emile Genest) bei der Jagd nach diversen Bösewichtern.

Die halbstündigen Folgen liefen im regionalen Vorabendprogramm, im Original gab es 72 davon.

CHALLENGE KABEL 1

Seit 2000. 25-minütiges Reportagemagazin der Arbeitsgemeinschaft Behinderte in den Medien e. V., das Menschen mit einer Behinderung motivieren will, entsprechend ihren Möglichkeiten am gesellschaftlichen Leben teilzunehmen und Nichtbehinderte über ihr Leben aufzuklären. Die Reihe läuft einmal im Monat am Sonntagmorgen.

CHAMÄLEON ARD

1983. 7-tlg. dt. Mysteryserie von Berengar Pfahl (Buch und Regie).

Anja (Ursula von Reibnitz), Kathrin (Verena Plangger) und Silvie (Ulrike Kriener) haben bei einem Preisausschreiben eine Reise nach Helgoland gewonnen, kommen dort aber nicht an. Sie werden entführt und gegen Doppelgängerinnen ausgetauscht. Dahinter stecken der geheimnisvolle Professor Züngel (Moc Thyssen) und seine Organisation »Chamäleon«, die offenbar über Doppelgänger für alle Menschen verfügt. Den Frauen gelingt die Flucht, doch sie stellen fest, dass ihre Doubles ihren Platz im wirklichen Leben eingenommen und einen Banküberfall begangen haben und jetzt auf der Flucht nach Griechenland sind. Also nichts wie hinterher, und nebenbei der Organisation das Handwerk gelegt! Sie erleiden einen weiteren Rückschlag und kommen in Athen ins Gefängnis, können jedoch erneut flüchten. In Hamburg gelingt es ihnen schließlich, die Doppelgängerinnen verhaften zu lassen.

Worum genau es der geheimnisvollen Organisation Chamäleon ging, wurde nicht verraten. Vermutlich um die Weltherrschaft, wie in allen Serien.

Chamäleon lief mit einstündigen Folgen im regionalen Vorabendprogramm, teils auch in 14 halbstündigen Folgen.

CHAMÄLEON ARD

1996–2001. Halbstündiges Naturmagazin für Kinder mit Karsten Schwanke am Samstagvormittag.

THE CHAMPIONS PRO SIEBEN

1991–1992. 29-tlg. brit. Krimiserie von Monty Berman und Dennis Spooner (»The Champions«; 1968–1969).

Die Geheimagenten Craig Sterling (Stuart Damon), Sharon McCready (Alexandra Bastedo) und Richard Barrett (William Gaunt) überleben einen Flugzeugabsturz in Tibet. Ein alter Mann aus einer verschollenen Stadt findet sie und heilt ihre Verletzungen, wodurch sie Superkräfte erhalten. Was ein Flugzeugabsturz eben so mit sich bringt. Alle drei können jetzt schärfer sehen, besser riechen und genauer hören als normale Menschen, haben mehr Kraft, mehr Ausdauer und verfügen über telepathische Fähigkeiten. Diese nutzen sie für ihre geheimen Einsätze im Auftrag von Commander W. L. Tremayne (Anthony Nicholls) von der internationalen Friedensorganisation Nemesis, die sich bemüht, das internationale Kräftegleichgewicht zu erhalten. Die Agenten dürfen dabei nicht übermütig werden, denn unverwundbar sind sie nicht.

Jede Folge war knapp eine Stunde lang.

DIE CHAMPIONS – ANPFIFF FÜR 11 FREUNDE KABEL 1

1997. 58-tlg. jap. Zeichentrickserie (»Aoki Densetsu Shoot«; 1993–1994).

Nach dem Tod ihres überragenden Spielführers Kubo muss die Fußballmannschaft Kagigawas einen Neuanfang versuchen. Kubos Freund Kamia wird neuer Kapitän, der junge Toshi rückt ins Team nach. Kubo war sein Idol, und allmählich eifert er ihm nach. Die Serie lief morgens.

CHAMPIONS DAY – DIE SHOW DER BESTEN SAT.1

2001. Zweistündige Action-Spielshow mit Steven Gätjen am Sonntagabend um 20.15 Uhr.

In Teams treten mehrere Kandidaten gegeneinander an und müssen Geschicklichkeits- und Ausdauerspiele bewältigen. Moderator Gätjen feuert an, ist Schiedsrichter und überreicht dem Sieger ein »C«.

Die Show war eine Variation von *Aber hallo* und der *Guinness*-Show, nur mit einer längeren Showtreppe, mehr Flakscheinwerfern, viel mehr Pomp und Pathos und einem überforderten Moderator. Nach nur vier Ausgaben wurde die Show wieder geerdet; die letzten beiden (bereits aufgezeichneten) Folgen wurden nach monatelanger Pause auf die Hälfte gekürzt an zwei gerade freien Sendeplätzen gezeigt (einer davon am Silvestermorgen um 9.00 Uhr).

CHAMPIONS LEAGUE RTL, TM3, SAT.1

1993–1999 (RTL); 1999–2000 (tm3); 2000–2003 (RTL); seit 2003 (Sat.1). Aus dem früheren Fußballwettbewerb Europapokal der Landesmeister war nach und nach die Champions League geworden, an der zunächst wie früher nur der Meister teilnehmen durfte, später auch der Vizemeister und noch später weitere Vereine, die sich zuvor zu qualifizieren hatten.

RTL übertrug die Spiele mit deutscher Beteiligung mittwochs mit Kommentator Marcel Reif, Moderator Günther Jauch und Co-Moderator Franz Beckenbauer und schrieb Fernsehgeschichte, als im April 1998 beim Gastspiel von Borussia Dortmund in Madrid kurz vor dem Anpfiff ein Tor umfiel und es rund 80 Minuten dauerte, bis ein neues aufgestellt war. Jauch (im Sendestudio) und Reif (vor Ort) mussten die Zeit improvisierend überbrücken und hielten sich mit Wortwitzen wie »Das erste Tor ist schon gefallen« und »Noch nie hätte ein Tor einem Spiel so gut getan wie heute« über Wasser. Sie spekulierten, wer von den vielen hektisch umherlaufenden Menschen auf dem Platz welche Bedeutung haben könnte, erzählten Heimwerkeranekdoten, und Jauch demonstrierte mit einem Maßband die genauen Zentimetervorgaben, die das Ersatztor erfüllen müsse. Die ungeplante Comedyshow hatte eine höhere Einschaltquote als das anschließende Spiel und wurde mit dem Bayerischen Fernsehpreis geehrt.

In einem spektakulären Deal stach der damalige Frauensender tm3 im Frühjahr 1999 völlig überraschend RTL beim Kampf um die Übertragungsrechte für die ab 1999 auf zwei Spieltage erweiterte Champions League aus. Ab Herbst des Jahres übertrug tm 3 dienstags und mittwochs; Stefan Kuntz, Hansi Müller, Karl-Heinz Rummenigge und Sportchef Michael Pfad berichteten. Ab der Saison 2000/2001 war die Champions League jedoch schon wieder zurück bei RTL, allerdings nur mittwochs. Die Dienstagsspiele liefen im Pay-TV-Programm von Premiere World. Ein komplizierter Vertrag mit dem Veranstalter UEFA hatte zur Folge, dass RTL oft attraktive Spiele deutscher Mannschaften nicht zeigen durfte (weil sie dienstags stattfanden), dafür aber mittwochs gezwungen war, für deutsche Zuschauer uninteressante Partien zu übertragen.

»Erika Berger, halloo?«
Eine Chance für die Liebe: Frau Berger gab Ratschläge am Telefon. Zu jeder Sendung brachte sie eigens ihre beiden Beine mit und lehnte sie gegen die Couch.

Aus diesem Grund und wegen einer Fußballübersättigung im Allgemeinen begannen die Einschaltquoten zu bröckeln, schließlich zog sich RTL aus dem Wettbewerb zurück. Konkurrent Sat.1 kam ins Spiel, zahlte wesentlich weniger Geld für die Rechte und durfte sich wieder aussuchen, ob ein Dienstags- oder Mittwochsspiel gezeigt wurde. Moderator im Studio war nun Oliver Welke, co-moderierender Experte Oliver Bierhoff.

DIE CHANCE DEINES LEBENS   SAT.1

2000. Große Sonntagabendshow mit Kai Pflaume mit dem bisher theoretisch höchsten Gewinn in einer Fernsehshow: zehn Millionen Mark. 1000 Kandidaten nehmen teil; sie bilden das Studiopublikum. In diversen Spielrunden werden durch Wissensfragen zunächst blockweise Kandidaten ausgesiebt – das Publikum ist in verschiedene Sektoren und Blöcke unterteilt; in den ersten Runden kommt jeweils nur der Sektor oder Block weiter, der die meisten richtigen Antworten gibt. Danach sind noch 20 Kandidaten übrig, die ab jetzt im Ausscheidungsverfahren jeweils zu zweit gegeneinander spielen. Jeder Kandidat hat mehrfach die Möglichkeit, mit einem hochwertigen »Trostpreis« auszusteigen. Steigt jemand aus, wird per Zufallsgenerator ein Ersatzkandidat aus dem Publikum ausgewählt, der weiterspielt. Nach neun Runden steht der Finalteilnehmer fest. In der Schlussrunde muss er sieben Fragen beantworten, für jede gibt es sieben vorgegebene Antwortmöglichkeiten. Für jede richtige Antwort wird dem Gewinnbetrag eine Null hinter der Eins hinzugefügt, bis maximal 10 000 000 Mark.

Nach dem großen Erfolg von *Wer wird Millionär?* bei RTL hielt Sat.1 mit einem weiteren Wissensquiz dagegen. *Die Chance Deines Lebens* verzehnfachte den maximal möglichen Gewinn und verhundertfachte die gefühlte Sendedauer. Dafür halbierten sich die Einschaltquoten, und nach sechs Sendungen war schon wieder Schluss.

EINE CHANCE FÜR DIE LIEBE   RTL

1987–1991. Sexberatung im Fernsehen. Merke: »Der Mann hat es gern, wenn die Frau auf ihm reitet.« Erika Berger gab dienstags gegen 22.45 Uhr sehr anschauliche Ratschläge am Telefon und löste damit einen großen Skandal aus, der RTL natürlich gerade recht kam. Kritiker und Politiker warfen ihr vor, sie lade zum Voyeurismus ein und verführe Jugendliche zum häufigen Partnerwechsel. Entsprechend bekannt wurde Erika Berger, die ihre Ratschläge zuvor u. a. in »Neue Revue« und ihrem Buch »Bett-Knigge« erteilt hatte. Die Reihe lief vierzehntäglich im Wechsel mit den *Sexy Folies*.

Am 21. November 1989 rief Hape Kerkeling unter falschem Namen an und legte Berger für seine Sendung *Total normal* herein. Lang und breit erzählte er von den Beziehungsproblemen mit seiner Frau, er könne sich einfach nicht mit ihr verständigen. Allmählich rückte er damit raus, dass sie Portugiesin sei, außer ihrer Muttersprache keine andere spreche und er selbst auch ausschließlich des Deutschen mächtig sei. Kerkeling erzählte später, nervös am Telefon gehofft zu haben, überhaupt durchzukommen, doch dann sei es ganz schnell gegangen. Besonders viele Menschen können also nicht angerufen haben.

Als die Zuschauer der Ratgeberreihe allmählich fern blieben, erhielt Erika Berger die neue Sex-Talkshow *Der flotte Dreier*, die schon bald in *Eine neue Chance für die Liebe* umgetauft wurde. 2001 begann sie mit der Moderation des Erotikshops *Eine neue Chance für die Liebe* beim Einkaufsender RTL Shop. Hier findet jeder etwas für »die schönste Sache der Welt«!

CHAOS CITY   PRO SIEBEN

1997–2002. 145-tlg. US-Sitcom von Gary David Goldberg und Bill Lawrence (»Spin City«, 1996–2002).
Michael Flaherty (Michael J. Fox) ist stellvertretender Bürgermeister von New York. Seine Hauptaufgabe besteht darin, die Missgeschicke des Bürgermeisters Randall Winston (Barry Bostwick) auszubügeln und der Öffentlichkeit zu erklären, was der Bürgermeister mit seinen verbalen Fehltritten wirklich sagen wollte. Michaels Kollegen im Rathaus sind der Macho Stuart Bondek (Alan Ruck), der geizige Paul Lassiter (Richard Kind), der unsichere James Hobert (Alexander Gaberman Chaplin), die chaotische Nikki Faber (Connie Britton) und der homosexuelle Schwarze Gordon Heywood (Michael Boatman). Sekretärin ist anfangs Janelle (Victoria Dillard), später Stacy (Jennifer Esposito). Michael hat stetig wechselnde Freundinnen, darunter die Journalistin Ashley Shaeffer (Carla Gugino), Kollegin Nikki und das deutsche Top-Model Heidi Klum (Heidi Klum). Auch Bürgermeister Winston, nachdem er von seiner Frau Helen (Deborah Rush) geschieden wurde, trifft sich mit verschiedenen Frauen. Als Winston für den Senat kandidiert, engagiert Michael die gerissene Caitlin Moore (Heather Locklear) als Wahlkampfmanagerin. Sie wird auch seine neue Freundin. Eines Tages deckt ein Reporter einen Skandal auf, für den Michael die Verantwortung übernimmt, sich selbst feuert und nach Washington geht. Sein Nachfolger wird ab Folge 101 im Oktober 2001 der selbstbezogene Frauenheld Charlie Crawford (Charlie Sheen), der nach kurzer Zeit schon ein Auge auf Caitlin wirft und nach ihrer Trennung von Michael mit ihr zusammenkommt. Lana Parrilla (Angie Ordonez) ist Charlies neue Sekretärin, James und Nikki arbeiten jetzt nicht mehr im Rathaus.
Pro Sieben sendet die intelligente Serie am späten Montagabend und wiederholte sie später komplett im Vorabendprogramm. Michael J. Fox war nicht nur Hauptdarsteller, sondern auch Produzent. Anfang 2000 erklärte Fox, der an der Parkinsonschen Krankheit leidet, seinen Ausstieg aus der Serie. Er wurde für seine Rolle mit drei Golden Globes und dem Emmy als bester Comedydarsteller ausgezeichnet. Die 100. und letzte Folge mit ihm lief in Deutschland am 19. März 2001. Die Rolle des Gordon heißt im US-Original Carter.

CHAOS HOCH ZEHN   PRO SIEBEN

1990–1991. 47-tlg. US-Sitcom (»Just The Ten Of Us«; 1988–1990).
Alltag und Probleme in einer Großfamilie: Vater Graham Lubbock (Bill Kirchenbauer) ist Sportlehrer und wird »Coach« genannt. Mit seiner Frau Elizabeth (Deborah Harmon) hat er acht Kinder: Marie (Heather Langenkamp), Cindy (Jamie Luner), Wendy (Brooke Theiss), Constance (Jo Ann Willette), Sherry (Heidi Zeigler), Graham, Jr. (Matt Shakman), Harvey (Jason and Jeremy Korstjens) und Baby Melissa.
Dieser Ableger von *Unser lautes Heim* lief werktäglich im Nachmittagsprogramm.

CHAOS IM UNIVERSUM   ZDF

2001. 3-tlg. Wissenschaftsreihe von und mit Joachim Bublath über das Weltall und seine ständigen Veränderungen sowie die Frage nach der Möglichkeit außerirdischen Lebens. Bublath erklärte die bekannten Sachverhalte, berichtete aber auch offen über die Grenzen des naturwissenschaftlichen Wissens.

CHARLIE BROWN   ZDF

→ Die Peanuts

DIE CHARLIE BROWN UND SNOOPY SHOW   ZDF

1988–1990. 18-tlg. US-Zeichentrickserie von Charles M. Schulz (»The Charlie Brown & Snoopy Show«; 1983–1985).
Neue Geschichten mit den Charakteren aus den *Peanuts*: Charlie Brown, Lucy, Linus, Sally, Schroeder, Peppermint Patty, Snoopy und Woodstock. Jede halbstündige Folge bestand aus mehreren kurzen Episoden, die oft nicht viel länger als ein Zeitungscartoon waren. Wie schon in der früheren Serie waren Erwachsene nie ganz zu sehen und grundsätzlich nie zu verstehen, da ihre Stimmen durch Blasinstrumente nachgeahmt wurden.

CHARLIE GRACE – DER SCHNÜFFLER   SAT.1

1996–1997. 9-tlg. US-Krimiserie von Robert Singer (»Charlie Grace«; 1995).
Wer Privatdetektiv Charlie Grace (Mark Harmon) engagieren will, muss in eine Billardbar gehen. Darin ist sein Büro untergebracht. Gingen dort ein paar mehr Menschen hin, könnte er sich vielleicht auch ein besseres Büro leisten. Wenn ihn dann aber mal jemand engagiert, arten die Fälle gleich in Mord und Totschlag aus. Artie Crawford (Robert Costanzo), wie Charlie ein ehemaliger Polizist, hilft bei den Ermittlungen, Charlies Ex-Freundin, die Anwältin Leslie Loeb (Cindy Katz), nimmt seine Dienste manchmal für ihre Fälle in Anspruch. Charlie ist allein erziehender Vater der zwölfjährigen Jenny (Leelee Sobieski), die aus seiner Ehe mit Holly (Harley Jane Kozak) stammt. Auch in deren Interesse ermittelt Charlie, als ihr vorgeworfen wird, ihren zweiten Ehemann umgebracht zu haben.
Die einstündigen Folgen liefen meistens sonntags um 18.00 Uhr.

CHARLOTTE ROCHE TRIFFT ...   PRO SIEBEN

2003–2004. Einstündige Interviewsendung mit Charlotte Roche.
Kein Studio, kein fester Rahmen und kein Konzept – außer dem, das »Charlotte Roche« heißt. Die kaum gesehene, aber heiß geliebte VIVA-Moderatorin trifft in jeder Sendung einen bekannten Menschen, den sie treffen möchte, und hofft, dass er durch ihre ungewöhnliche Art zu fragen dazu ermuntert wird, ungewöhnliche Dinge zu antworten.
In ihrer ersten Show bei einem großen Sender traf Charlotte Roche u. a. Anke Engelke, Michael »Bully« Herbig und, als Ersten in einer Pilotsendung, Robbie Williams.

Die Sendung lief am späten Montagabend, ab März 2004 am späten Sonntagabend, und obwohl die Quoten erstaunlich gut waren für eine so kompromisslos persönliche Show, beließ es Pro Sieben bei einem Dutzend Ausgaben.

CHARMED – ZAUBERHAFTE HEXEN   PRO SIEBEN
Seit 1999. US-Fantasyserie von Constance M. Burge (»Charmed«; seit 1998).
Die Schwestern Prudence, kurz Prue (Shannen Doherty), Piper (Holly Marie Combs) und Phoebe Halliwell (Alyssa Milano) ziehen in das Haus ihrer verstorbenen Großmutter in San Francisco. Dort ändert sich ihr Leben schlagartig, als sie aus einem geheimnisvollen Buch erfahren, dass sie Hexen sind. Fortan nutzen sie ihre Fähigkeiten, um Gutes zu tun und böse Dämonen zu bekämpfen. Prue beherrscht Telekinese, Piper kann die Zeit anhalten und Phoebe die Zukunft vorhersagen. Gemeinsam sind sie quasi unschlagbar, denn »die Macht von dreien kann keiner entweihen«! Daneben gehen sie aber weiter ihren ganz normalen Tätigkeiten nach. Prue arbeitet in einem Auktionshaus, Piper lernt Köchin in einem Restaurant und eröffnet in der zweiten Staffel den Nachtclub »P3«, und Phoebe schlägt sich mit Gelegenheitsjobs durch und bekommt später eine Zeitungskolumne als Briefkastentante.
Auch der Bekanntenkreis der Halliwells ist nur oberflächlich menschlich und verwandelt sich bei Gelegenheit in glibbrige Monster: Prues Boss Rex Buckland (Neil Roberts) ist ein böser Magier und hinter den Schwestern her. Der Handwerker Leo Wyatt (Brian Krause) ist in Wirklichkeit ein Wächter des Lichts und also einer der wenigen auf der Seite der Hexen. Er und Piper heiraten in der dritten Staffel. Hinter dem Staatsanwalt Cole Turner (Julian McMahon) verbirgt sich der rot-schwarze Dämon Balthasar, der die Hexen töten soll, sich aber in Phoebe verliebt, der erst spät die Augen aufgehen. Es gelingt ihr, das Böse in Cole zu vernichten, jedoch nicht für immer. Eine Hand voll echter Menschen lebt dennoch in San Francisco, darunter die Polizisten Andrew Trudeau (T. W. King) und Daryl Morris (Dorian Gergory). Sie finden heraus, dass die Halliwells gute Hexen sind, und helfen ihnen, Spuren zu verwischen, wenn sie mal wieder ein Ungeheuer vernichtet haben. Andrew wird am Ende der ersten Staffel von einem Dämon getötet.
Als die drei am Ende der dritten Staffel im Fernsehen als Hexen geoutet werden, geht es um schnelle Schadensbegrenzung: In einem gefährlichen Prozess versuchen sie, die Zeit zurückzudrehen. Der Vorgang kostet Prue das Leben. Die »Macht von dreien« ist zunächst zerstört, kann aber wiederhergestellt werden. Piper und Phoebe finden zu Beginn der vierten Staffel im Herbst 2002 ihre jüngere Halbschwester Paige Matthews (Rose McGowan), von der sie bisher nichts wussten. Auch sie beherrscht Telekinese und kann zudem allein durch ihren Willen Gegenstände und Personen von einem Ort an einen anderen teleportieren. Der Kampf zwischen Gut und Böse geht derweil ewig weiter und wird auch nie entschieden werden, damit das Gleichgewicht bestehen bleibt. Das Böse tritt im Lauf der Zeit in vielen verschiedenen Formen auf, darunter als »Quelle« (Bennet Guillory), der Ursprung allen Übels, und als Seherin (Debbi Morgan). Cole und Phoebe heiraten in der vierten Staffel und lassen sich in der fünften wieder scheiden. Nach dem Ende der bisherigen »Quelle« ergreift diese nun von Cole Besitz. Leo und Piper bekommen einen Sohn, einen Mischling aus Hexe und Wächter, den sie Wyatt Matthew Halliwell nennen und der sogleich Kraftfelder zur Dämonenabwehr um sich herum aufzubauen beginnt.
Produzent der Serie war Aaron Spelling. Die Rückkehr Shannen Dohertys zu Spelling Productions machte Schlagzeilen, nachdem Spelling sie einige Zeit zuvor aus seiner Serie *Beverly Hills, 90210* rausgeworfen hatte. Die neuerliche Zusammenarbeit hielt genau für drei Staffeln, dann gab es wieder Krach, und Spelling warf Doherty abermals raus. Immerhin durfte sie in ihrer Abschiedsfolge sogar Regie führen.
Titelsong ist »How Soon Is Now«, im Original von The Smiths, in der Version von Love Spit Love.
Die einstündigen *Charmed*-Episoden liefen zunächst am Sonntag-, später am Samstagnachmittag, und seit der dritten Staffel im Juni 2001 zur Primetime am Mittwochabend, zeitweise mit Doppelfolgen.

CHART ATTACK   ZDF
1996–2000. Halbstündige Teenie-Musikshow am Samstagmittag.
Stars der aktuellen Charts treten mit ihren neuesten Hits auf. Moderator war zunächst Kena Amoa, ab Juni 1997 Mike Diehl und ab Mai 2000 Simone Hafa. Die Show kam auf 173 Ausgaben.

DIE CHART SHOW   PRO SIEBEN
2004–2005. Einstündige Popmusikshow.
Pro Sieben wollte dem RTL-Format *Top Of The Pops* am frühen Samstagabend direkte Konkurrenz entgegensetzen und versprach den Zuschauern: »Wähle deinen Hit – denn nur du bestimmst die Charts!« Als Moderator glaubte Pro Sieben an Andreas Türck. Bands traten zum Teil im Studio in Deutschland auf, zum Teil in London (im Studio des britischen Vorbilds »CD:UK«), wo Co-Moderatorin Sandy Mölling (Ex-Mitglied der *Popstars*-Gruppe No Angels) stand und zugeschaltet war. Offizieller, in der Pro-Sieben-Programmvorschau ausgerufener Sendetitel war *Die Chart Show … powered by McDonald's*.
Im März 2004 warf eine Frau Andreas Türck vor, sie vergewaltigt zu haben. Pro Sieben suspendierte den Moderator daraufhin und ersetzte ihn durch Faiz (Mitglied der *Popstars*-Gruppe Bro'Sis), ab Mitte Mai übernahm Giulia Siegel. Dem mühsam etablierten *Top Of The Pops* konnte *Die Chart Show* nie ernsthaft Konkurrenz machen, nach einem Jahr entschied der Sender, die Sendung angesichts miserabler Quoten trotz zahlreicher Sponsoring- und Werbepartner einzustellen.

CHARTBREAKER   RTL 2
1996–1997. Halbstündige Musikshow mit aktuellen und neuen Hits. Moderatorinnen waren Jasmin Gerat und Yvette Dankou.
Lief 82-mal werktags nachmittags.

CHECKMATE   ZDF
1966. 29-tlg. US-Krimiserie von Eric Ambler (»Checkmate«; 1960–1962).
Die Kriminologen Dr. Carl Hyatt (Sebastian Cabot), Jed Silk (Doug McClure) und Dan Carey (Anthony George) führen gemeinsam die Privatdetektiv-Agentur Checkmate in San Francisco, die – anstatt Verbrechen aufzuklären – versucht, geplante Verbrechen zu verhindern.
Die 50-minütigen Folgen liefen alle 14 Tage dienstags um 22.00 Uhr. Running Gag: Hauptdarsteller Sebastian Cabot trug in jeder Folge die gleiche Kleidung. Dies hatte er sich vor Drehbeginn vertraglich ausbedungen.

CHEERS   RTL
1995–1996. 273-tlg. US-Sitcom von Les Charles, James Burrows und Glen Charles, Regie: James Burrows (»Cheers«; 1982–1993).
Der eitle Frauenheld Sam »Mayday« Malone (Ted Danson), früher Profisportler, betreibt in Boston die Kneipe »Cheers«. Zum Personal gehören die junge und altkluge Bedienung Diane Chambers (Shelley Long), die sich für etwas Besseres hält, und die resolute und vorlaute Carla Tortelli (Rhea Perlman), die Diane aus tiefstem Herzen hasst, sowie der naive Barmann Ernie Pantuso, genannt Coach (Nicholas Colasanto). Er war früher Sams Trainer. Eine bunte Mischung bierseliger Stammgäste sitzt ständig herum: der arbeitslose Buchhalter Norm Peterson (George Wendt), den die ganze Kneipe bei seinem Eintreten

Checkmate: Doug McClure, Sebastian Cabot, Anthony George (von links). An Cabots Körper: der preisgünstigste Posten der gesamten Produktion, sein immer gleicher Anzug.

mit dem lauten Ausruf »Norm!« begrüßt; der nervtötende Postbote Cliff Clavin (John Ratzenberger), der dauernd mit nutzlosem Wissen prahlt und noch immer bei seiner Mutter lebt; und der snobistische Psychiater Dr. Frasier Crane (Kelsey Grammer).
Nach Coachs Tod wird Woody Boyd (Woody Harrelson) ab Folge 70 neuer Barmann. Er ist noch sehr

Cheers: Diane (Shelley Long) nervt mal wieder, Sam (Ted Danson) liebt sie trotzdem.

jung und unschuldig und mindestens genauso naiv und schwer von Begriff wie Coach.

Sam hat es von Anfang an auf Diane abgesehen, doch zunächst werden Frasier und Diane ein Paar. Sie wollen heiraten, dann lässt Diane Frasier jedoch am Altar stehen, worüber Frasier nie hinwegkommt. Schließlich beginnen Sam und Diane eine chaotische Beziehung. Auch ihre geplante Hochzeit platzt, und Diane verlässt das »Cheers«. Nach einer voreiligen Kündigung verliert Sam seine Kneipe an Rebecca Howe (Kirstie Alley). Auch als er sie später zurückkauft, bleibt Rebecca im »Cheers« und ist damit Dianes Nachfolgerin. Sam begehrt auch sie, jedoch weitgehend erfolglos. Frasier heiratet seine besitzergreifende Kollegin Lilith Sternin (Bebe Neuwirth), die Baby Frederick zur Welt bringt. In der letzten Episode, einem Dreiteiler, kehrt Diane noch einmal zurück. Sie ist inzwischen Autorin.

Mit elf Jahren Laufzeit, Top-Quoten und zahlreichen Fernsehpreisen war *Cheers* in den USA eine der erfolgreichsten Serien überhaupt. Wie so oft wurde ein Nebendarsteller zum Publikumsliebling: Norm, der mit immer neuen Sprüchen sein Bier bestellte. »Ein Bier, Mr. Petersen?« – »Ein bisschen früh, findest du nicht, Woody?« – »Für ein Bier?« – »Nein, für dumme Fragen.« Die Rollen des Cliff Clavin und Frasier Crane waren eigentlich nur für einige Gastauftritte vorgesehen, wurden dann aber wegen ihrer Popularität dauerhaft beibehalten. Der Psychiater Frasier Crane war sogar die einzige Figur, die über das Ende der Serie hinaus überlebte. Kelsey Grammer bekam seine eigene, ebenfalls sehr erfolgreiche Sitcom *Frasier*, und so spielte er die Rolle nicht nur für die vorgesehenen sieben Wochen, sondern insgesamt 20 Jahre lang.

Das »Cheers« gibt es wirklich. Es hieß »Bull & Finch Pub«, als die Serienerfinder es in der Beacon Street 84 in Boston entdeckten und als Inspiration für ihre Serie nutzten. Die Serie wurde zwar im Studio in Los Angeles gedreht, doch die Front des Bostoner Gebäudes und der Kneipeneingang, zu dem man gelangt, wenn man eine Außentreppe hinuntergeht, war oft beim Szenenwechsel zu sehen; einzelne Szenen, die vor dem »Cheers« spielten, wurden außerdem vor Ort gedreht. Den ursprünglichen Namen »Bull & Finch Pub« behielt das Lokal während der gesamten Laufzeit der Serie bei, erst acht Jahre nach ihrem Ende änderte es ihn offiziell in »Cheers«.

RTL zeigte *Cheers* werktags um 9.30 Uhr mit Wiederholung in der folgenden Nacht um 0.30 Uhr. Auf dem nächtlichen Sendeplatz liefen auch spätere Wiederholungen noch mit guten Einschaltquoten. Zehn Jahre zuvor hatte das ZDF bereits 13 Folgen der Serie durch eine gewagte Synchronisation völlig verfremdet und unter dem Titel *Prost, Helmut!* den Zuschauern zugemutet.

CHEESE RTL
1994. Halbstündige Comedyshow mit Hape Kerkeling.

Ähnlich wie in der Vorgängersendung *Total nor-* *mal* moderierte Kerkeling vor Live-Publikum, dazwischen gab es Filmeinspielungen mit Gags und Parodien. Wie schon in *Total normal* war Achim Hagemann als Kerkelings Partner dabei. Im Gegensatz zu *Total normal* war die Sendung kein Erfolg: Kerkelings neuer Sender RTL war mit den Einschaltquoten nicht zufrieden und setzte die Reihe nach der ersten Staffel ab.

Lief freitags um 21.15 Uhr.

DER CHEF ARD, RTL
1969–1974 (ARD); 1989–1993 (RTL). 196-tlg. US-Kriminiserie von Collier Young (»Ironside«; 1967–1975).

Der seit einem Attentat von der Hüfte abwärts gelähmte Robert T. Ironside (Raymond Burr) leitet eine Einheit bei der Polizei von San Francisco. Vom Rollstuhl aus ermittelt er gemeinsam mit seinen Leuten. Er hat einen barschen Umgangston und lässt sich von seinen Vorhaben nicht abbringen. Offiziell ist er nur Berater der Polizei, weil er wegen seiner Behinderung aus versicherungsrechtlichen Gründen nicht mehr arbeiten darf. Ironsides Team besteht hauptsächlich aus Ed Brown (Don Galloway) und Eve Whitfield (Barbara Anderson) sowie dem Schwarzen Mark Sanger (Don Mitchell), dem persönlichen Betreuer des Chefs. Ironside hatte den intelligenten Sanger einmal ins Gefängnis gebracht und ihn nach seiner Entlassung für sein Team gewinnen können. Officer Fran Belding (Elizabeth Baur)

Falls nicht gleich jemand das Licht ausmacht, bezieht sich der Titel der Episode »Schüsse im Dunkeln« nicht auf diese Szene mit dem *Chef* Robert T. Ironside (Raymond Burr).

kommt neu dazu, als Eve Whitfield das Team verlässt. Commissioner Dennis Randall (Gene Lyons) ist Ironsides Vorgesetzter, Diana Sanger (Joan Pringle) Marks Frau. Bei Einsätzen sind der Chef und seine Leute mit einem Hightech-Van unterwegs, der mit Hebebühne, Telefon und Tonbandgeräten ausgestattet ist.

Ironside war ursprünglich die Hauptfigur eines einzelnen Fernsehfilms, kam jedoch so gut an, dass eine langlebige und erfolgreiche Serie daraus wurde, die nach acht Jahren nach einem Herzanfall Burrs eingestellt werden musste. Die ARD sendete 33 Folgen à 50 Minuten freitags um 21.15 Uhr. RTL zeigte etwa 20 Jahre später 163 weitere Folgen in deutscher Erstausstrahlung. Die Titelmusik stammte von Quincy Jones.

CHEFARZT DR. WESTPHALL   RTL, RTL 2
1991–1992 (RTL); 1993–1994 (RTL 2). 137-tlg. US-Arztserie von Joshua Brand und John Falsey (»St. Elsewhere«; 1982–1988).

Dr. Donald Westphall (Ed Flanders) ist Chefarzt im St.-Eligius-Krankenhaus in Boston. Zum Kollegium gehören Dr. Mark Craig (William Daniels), Dr. Victor Ehrlich (Ed Begley, Jr.), Dr. Jack Morrison (David Morse), Dr. Wayne Fiscus (Howie Mandel), Dr. Phillip Chandler (Denzel Washington), Dr. Daniel Auschlander (Norman Lloyd), Dr. Jacqueline Wade (Sagan Lewis), Dr. Elliot Axelrod (Stephen Furst) und die Schwestern Helen Rosenthal (Christina Pickles) und Lucy Papandrao (Jennifer Savidge). Der ältere Dr. Westphall ist für die meisten Mitarbeiter des Krankenhauses nicht nur Chef, sondern auch eine Vaterfigur.

Die einstündigen Episoden enthielten mehrere durchgehende Handlungsstränge, die sich über längere Zeiträume zogen. Entgegen den gängigen Arztserien bauten die Produzenten immer wieder komische und makabre Elemente ein, außerdem gelegentlich Anspielungen auf bekannte Filme. Das St.-Eligius-Krankenhaus wurde gemeinhin als »St. Elsewhere« (Originaltitel; Dt.: St. Sonstwo) bezeichnet. In der letzten Folge wurde die komplette Serie zunichte gemacht, indem alle Ereignisse als Illusion des autistischen Tommy (Chad Allen) aufgelöst wurden, dem Sohn Westphalls, der eigentlich gar kein Arzt ist. Die Serie basierte auf den Erlebnissen des Arztes Lance Luria, einem Freund des Miterfinders Joshua Brand. Auf späteren Erlebnissen Lurias basierte die ebenfalls von Brand und Falsey stammende Serie *Ausgerechnet Alaska*.

Die Stimme von William Daniels kannten die amerikanischen Zuschauer schon als die des Wunderautos KITT in *Knight Rider*.

Die ersten 78 Folgen liefen spätabends oder am Vorabend bei RTL, danach wechselte die Serie zum Schwestersender RTL 2.

CHEFINSPEKTOR KAGA – FLUGHAFENPOLIZEI TOKIO   RTL
→ Flughafenpolizei Tokio

CHEYENNE   ARD
1970–1971. 21-tlg. US-Westernserie (»Cheyenne«; 1955–1963).

Nach dem amerikanischen Bürgerkrieg zieht der ehemalige Kundschafter Cheyenne Bodie (Clint Walker) durch den Wilden Westen, nimmt diverse Gelegenheitsjobs an und beeindruckt mit seiner gewaltigen Statur und seinem harten Auftreten hübsche Frauen und böse Männer.

Die Folgen waren 45 Minuten lang und liefen im regionalen Vorabendprogramm.

CHICAGO HOPE   SAT.1, PRO SIEBEN
1995–1997 (Sat.1); 1998–1999 (Pro Sieben); 2000–2002 (Sat.1). 141-tlg. US-Krankenhausserie von David E. Kelley (»Chicago Hope«; 1994–2000).

Medizinischer und privater Alltag, Patienten- und Ärztegeschichten und eine hohe Personalfluktuation im Chicago Hope Hospital. Zunächst arbeiten dort der Chirurg Dr. Aaron Shutt (Adam Arkin) und Schwester Camille (Roxanne Hart), die miteinander verheiratet sind, Dr. Jeffrey Geiger (Mandy Patinkin), Dr. Arthur Thurmond (E. G. Marshall), der Chefchirurg Phillip Watters (Hector Elizondo), Alan Birch (Peter MacNicol), der Anwalt des Krankenhauses, Dr. Daniel Nyland (Thomas Gibson), Dr. Geri Infante (Diane Venora), Schwester Maggie Atkinson (Robyn Lively), Dr. Billy Kronk (Peter Berg), Dr. Diane Grad (Jayne Brook) und Dr. Dennis Hancock (Vondie Curtis-Hall). Infante und Thurmond verlassen das Krankenhaus nach kurzer Zeit. Birch stirbt, und Dr. Geiger lässt sich beurlauben, um sich um Birchs Adoptivtochter zu kümmern. Dr. Kathryn Austin (Christine Lahti) übernimmt Geigers Position. Die Shutts lassen sich scheiden, und Camille kündigt. Nyland wird suspendiert, weil er eine Affäre mit der Frau eines Patienten hat. Dr. Keith Wilkes (Rocky Carroll) wird sein Nachfolger als Chef der Traumastation.

Neu an die Klinik kommt der Orthopäde Dr. Jack McNeil (Mark Harmon), der sehr talentiert, aber spielsüchtig ist. Im Laufe der Zeit kommen außerdem neu hinzu: Dr. John Sutton (Jamey Sheridan), Dr. Joseph Cacaci (Bob Bancroft), Dr. Lisa Catera (Stacy Edwards), Dr. Scott Frank (George Newbern) und Dr. Robert Yeats (Eric Stolz). Manche von ihnen bleiben nur kurze Zeit. Billy Kronk und Diane Grad heiraten und bekommen eine Tochter. Als Dr. Geiger zurückkehrt und Geschäftsführer des Chicago Hope Hospital wird, feuert er Austin, Hancock, Catera, Yeats und Kronk. Grad schließt sich ihrem Mann an und geht ebenfalls. Neben Wilkes besteht das neue Ärzteteam jetzt aus Dr. Burt Peters (Bruce Davison) und Dr. Jeremy Hanlon (Lauren Holly). Vier Folgen vor Schluss übernimmt plötzlich der Geschäftsmann Hugh Miller (James Garner) das finanziell angeschlagene Hospital, haut erst auf den Tisch und dann auf den Putz und rettet es mit windigen Börsenspekulationen. Das Ende der Serie verhindert er dadurch jedoch nicht.

Wesentlich erfolgreicher und noch langlebiger als

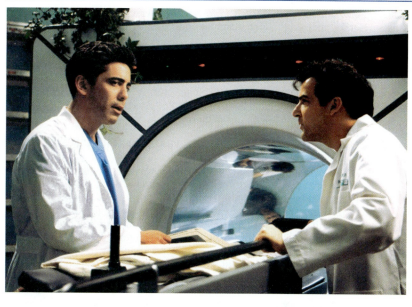

Chicago Hope:
Dr. Shutt (Adam Arkin) und Dr. Geiger (Mandy Patinkin) gucken in die Röhre.

diese Serie wurde die Krankenhausserie *Emergency Room,* die im gleichen Jahr startete und die gleiche Handlung in der gleichen Stadt ansiedelte.

Die einstündigen Folgen liefen an verschiedenen Sendeplätzen in der Primetime, anfangs mit dem Untertitel »Ärzte kämpfen um Leben« und später mit »Endstation Hoffnung«, zeitweise auch mal als »Chicago Hope Hospital«. Die vierte Staffel lief mittwochs um 21.15 Uhr auf Pro Sieben. Zur fünften Staffel kehrte die Serie im Juni 2000 zurück zu Sat.1 und lief montags um 22.15 Uhr. Mandy Patinkin, der Schauspieler des Dr. Geiger, ist ein bekannter Trompeter.

CHICAGO 1930 ZDF, WDR
→ Die Unbestechlichen

CHICAGO SOUL KABEL 1
1994. 12-tlg. US-Krimiserie von Donald R. Boyle, Coleman Luck und Jacqueline Zambrano (»Gabriel's Fire«; 1990–1991).

20 Jahre saß der schwarze Ex-Polizist Gabriel Bird (James Earl Jones) unschuldig im Knast, dann paukte ihn die Anwältin Victoria Heller (Laila Robins) raus. Jetzt arbeitet er für sie als Privatdetektiv, ist aber noch immer frustriert und hat vom Leben die Nase voll. Mit seiner alten Freundin Josephin Austin (Madge Sinclair) verbringt er viel Zeit in deren Café.

Die 55-minütigen Folgen liefen freitags um 19.20 Uhr, zehn weitere später in kleinen Stadtsendern oder im Pay-TV. Die Fortsetzung der Serie unter dem Titel *Profis contra Ganoven* hatten die klugen Programmplaner von Kabel 1 schon vorher gezeigt.

CHICAGO STORY ARD
1987–1988. 13-tlg. US-Krimiserie (»Chicago Story«; 1982).

Statt sich wie andere Serien auf Ärzte, Polizisten oder Anwälte zu konzentrieren, ist diese Serie überall dabei und jede Folge mit 70 Minuten entsprechend ungewöhnlich lang. Die Chirurgen Dr. Judith Bergstrom (Maud Adams) und Dr. Max Carson (Kristoffer Tabori), die Anwältin Megan Powers (Molly Cheek), Pflichtverteidiger Lou Pellegrino (Vincent Bagetta) und Staatsanwalt Kenneth A. Dutton (Craig T. Nelson), letztere beiden privat gute Freunde und beruflich erbitterte Gegner, sowie die Polizisten Joe Gilland (Dennis Franz), O. Z. Tate (Richard Lawson), Frank Wajorski (Daniel Hugh-Kelly) und Lieutenant Roselli (John Mahoney) kämpfen für Recht, Ordnung und Leben. Und der Zusammenhang ist folgender: Durch Verbrechen (Fall für Polizei) entsteht Verletzung (Krankenhaus), Täter wird verklagt (Justiz). Oder so. Eigentlich ganz logisch.

Die Serie lief mittwochs um 23.00 Uhr.

CHICAGO, TEDDYBÄR & CO. ZDF
1976. 10-tlg. US-Sitcom (»The Chicago Teddy Bears«; 1971).

Linc McCray (Dean Jones) und sein Onkel Latzi (John Banner) betreiben im Chicago der 20er-Jahre gemeinsam eine Kneipe. Der Ganove Nick Marr (Art Metrano) ist ihr Stammgast und zugleich Lincs Cousin, also ebenfalls ein Neffe von Latzi. Latzi hält Nick für einen liebenswerten jungen Mann, während der Rest der Welt Angst vor ihm hat, darunter auch die trotteligen Türsteher Duke (Mickey Shaughnessy), Lefty (Jamie Farr), Julius (Mike Mazurki) und Dutch (Huntz Hall) sowie Lincs Buchhalter Marvin (Marvin Kaplan).

Die Folgen waren 30 Minuten lang – im Original hatte die Serie drei mehr davon.

CHICITA ARD
1989. »Magazin der neuen Weiblichkeit«. Parodie auf Frauenmagazine mit Margarethe Schreinemakers.

Schreinemakers spielt die schrille Emanzen-Moderatorin Germaine von Schlottmann-Herrkempel und sämtliche weibliche Rollen, liest Witznachrichten vor (»Jutta Ditfurth erhält für ihre zwei selbst angezeigten Abtreibungen den Mutter-Courage-Preis der Memminger Frauengruppe«) und tritt in Sketchen auf, die sich vom Männerstammtisch aus den Feminismus vorknöpfen. Das Bühnenbild ist eine riesige Frauenbrust.
Die halbstündige Sendung lief montags um 22.00 Uhr, wurde zum Glück aber nach drei Ausgaben nicht fortgesetzt.

CHICO, DER REGENMACHER ZDF
1977. 7-tlg. brit. Kinderserie von Frank Godwin nach einem Buch von C. M. Pennington-Richards, Regie: Jonathan Ingrams (»The Boy With Two Heads«; 1973–1974).
Der Junge Chris Page (Spencer Plumridge) hat auf einem Trödelmarkt einen Schrumpfkopf geschenkt bekommen. Dieser kann sprechen und stellt sich ihm und seiner Schwester Jill (Lesley Ash) als Regenmacher Chico vor. Der Kunsthändler Thornton (Lance Percival) setzt eine hohe Belohnung auf die Figur aus; auch die Diebe Doug (Stanley Meadows) und Des (Louis Mansi) sind hinter ihr her. Erst nach einigen Abenteuern und Zaubereien bekommt Chico, ein südamerikanischer Medizinmann, seine Freiheit zurück.
Die 15-minütige Serie lief immer freitags.

CHIEMGAUER VOLKSTHEATER SAT.1, BR
1992–1993 (Sat.1); seit 1995 (BR). Bayerische Volkstheaterschwänke, die Sat.1 ins Programm hob, als RTL dem Konkurrenten *Peter Steiners Theaterstadl* weggeschnappt hatte. Zum Stammensemble gehörten u. a. Theaterleiter Bernd Helfrich, seine Frau Mona Freiberg und seine Mutter und Seniorchefin Amsi Kern. 1995 starteten neue Aufzeichnungen im Bayerischen Fernsehen, in dem seitdem mehr als 100 weitere Stücke gezeigt wurden.

CHIFFRE ZDF
1993. Dreiviertelstündige Kleinanzeigenshow mit Sabine Sauer.
Mensch, Anzeigen. Ein weites Feld. Da gibt es lustige wie: »Herr sucht anderen Herrn zum Damespielen.« Und da gibt es gefährliche, die das Blaue vom Himmel versprechen und das große Geld fürs Nichtstun. Vorsicht, solche Angebote sind nicht immer seriös! Und dann gibt es da ganz normale, wo Alleinunterhalter z. B. ihre Dienste anbieten, und wenn man die engagiert und gar nicht lacht und das mit versteckter Kamera filmt, wird es doch wieder lustig. Und natürlich geben auch Prominente schon mal eine Kleinanzeige auf, und wenn nicht, kann man sie trotzdem einladen und mit ihnen darüber reden. »Sendung sucht Zuschauer« wäre die nötige Kleinanzeige für diese Show gewesen. Stattdessen wurde sie nach sechs Wochen am Dienstag um 20.15 Uhr auf den späten Samstagabend im Anschluss an *Das aktuelle Sport-Studio* verschoben, wo die restlichen vier Ausgaben hofften, nicht erkannt zu werden.

CHILI TV KI.KA
Seit 2001. Viertelstündige Kindersendung. Bernd, das Brot, Chili, das Schaf, und Briegel, der Busch, treten in Sketchen auf, sagen Zeichentrickfilme an und wiederholen alte Ausgaben von *Tolle Sachen*, wo alles begann.

CHINA BEACH – FRAUEN AM RANDE DER HÖLLE PRO SIEBEN
1990. 21-tlg. US-Kriegsserie von William Broyles, Jr. und John Sacret Young (»China Beach«; 1988–1991).
China Beach ist ein Krankenhaus der US-Army in Da Nang, dem ein Unterhaltungs- und Freizeitkomplex für die Vietnamsoldaten angeschlossen ist. Die Krankenschwester Colleen McMurphy (Dana Delany), die das Grauen des Krieges gesehen hat und eigentlich längst abreisen wollte, arbeitet hier und hat diverse Affären mit durchreisenden Soldaten, u. a. mit dem Piloten Natch Austen (Tim Ryan). Eigentlich ist sie aber in den verheirateten Dr. Dick Richard (Robert Picardo) verliebt. Zur Truppenbetreuung kommen u. a. die Sängerin Laurette Barber (Chloe Webb) und die Radiomoderatorin Frankie Bunsen (Nancy Giles), weitere Frauen im Team sind die Reporterin Wayloo Marie Holmes (Megan Gallagher), die Rotkreuzmitarbeiterin Cherry White (Nan Woods), die später stirbt, Major Lila Garreau (Concetta Tomei) und ihre Assistentin, die heroinabhängige Prostituierte Karen Charlene Koloski, genannt »K.C.« (Marg Helgenberger). Sam Beckett (Michael Boatman) ist der Leichenbestatter.
China Beach zeigte den Vietnamkrieg aus Sicht der Frauen und war eine gewagte Mischung aus Antikriegsdrama und Soap: Sie spielte am Strand, verschwieg das Grauen nicht, das in der Nähe passierte, brach es aber gelegentlich durch schwarzen Humor. Produziert wurde die in den USA erfolgreiche Serie vom *Emergency Room*-Macher John Wells.
Die Serie enthielt viel Musik aus den späten 60er-Jahren, die Titelmusik war »Reflections« von Diana Ross und den Supremes. In einer Folge spielt Nancy Sinatra sich selbst und singt »These Boots Are Made For Walking«.
41 weitere einstündige Folgen liefen später im Lokalfernsehen und im digitalen Pay-TV DF1.

CHINAS STRÖME – CHINAS ZUKUNFT ZDF
2002. 3-tlg. dt. Doku über die Entwicklung in China entlang der großen Flüsse. Eine ähnliche Reihe hatte das ZDF bereits über *Russlands Ströme – Russlands Schicksal* gezeigt, später folgte *Asiens Ströme – Asiens Zauber*.

CHIP & CHAP – DIE RITTER DES RECHTS ARD
1991–1992. 65-tlg. US-Disney-Zeichentrickserie (»Chip 'n' Dale – Rescue Rangers«; 1989–1992).
Die beiden Backenhörnchen Chip und Chap jagen

zusammen mit der erfinderischen Trixi, der Maus Samson und der Fliege »Summi« Gauner, vor allem Professor Nimnul und den Gangsterkönig Al Katzone.

Bevor die Serie entstand, waren die beiden Backenhörnchen schon seit 1943 in Cartoons zu sehen. In den deutschen Comicheften heißen sie A-Hörnchen und B-Hörnchen. Die Serie lief samstags nachmittags im *Disney-Club*, später eigenständig auf RTL und Super RTL.

CHIPS   RTL

1989–1992. 137-tlg. US-Actionserie von Rick Rosner (»CHiPs«; 1977–1983).

CHiPs ist die Abkürzung für California Highway Patrol. Für diese sind die gegensätzlichen Police Officer Frank Poncherello, genannt Ponch (Erik Estrada), und Jonathan Baker (Larry Wilcox) gemeinsam auf Motorradstreife. Ihr Chef ist Commanding Officer Joe Getraer (Robert Pine).

Nennenswerte Handlung hatte die Serie nicht; beide Hauptdarsteller ziehen auch nicht ein einziges Mal die Waffe, dürfen dafür aber einmal einen Transporter voller nackter Volleyball-Spielerinnen verfolgen. Die Serie war nur eine Ausrede, Männer im Village-People-ohne-Schnauzer-Look in engen Uniformen und hohen Stiefeln auf 1000er Kawasakis zu zeigen. Wenigstens wurde Erik Estrada einmal bei einem Motorradstunt ernsthaft verletzt. Persönliche Differenzen zwischen den beiden Hauptdarstellern führten vor der letzten Staffel zum Ausstieg von Wilcox, weshalb Ponch in den letzten Folgen mit wechselnden neuen Partnern auf Streife war. Trotzdem drehten beide zehn Jahre später einen Film zusammen: »ChiPs '99«. Um die Jahrtausendwende verkaufte Estrada Fitnesszubehör in Dauerwerbesendungen.

Die einstündigen Folgen liefen im Vorabend-, später im werktäglichen Nachmittagsprogramm.

EIN CHIRURG ERINNERT SICH   ARD

1972. »Aus den Aufzeichnungen von Professor Hans Killian«. 5-tlg. dt. Arztserie von Gerd Angermann nach dem Buch »Hinter uns steht nur der Herrgott« von Hans Killian, Regie: Bruno Voges.

Doktor Ebner (Claus Biederstaedt) arbeitet in den 30er-Jahren in einer Klinik als Chirurg. Er kämpft darum, dass ein junger Lehrer, der an beiden Beinen gelähmt ist, wieder gehen kann, dass ein Milzbrandkranker trotz falscher Diagnose nicht sterben muss, und dass der Chefingenieur durchkommt, der bei einem Unfall schwere Gehirnschäden erlitten hat, aber leider als Einziger eine wichtige chemische Formel kennt. Die Assistenzärztin Dr. Mirca Selnacec (Jana Brejchová) wird Ebners Frau. Zum Krankenhauspersonal gehören außerdem Professor Trautloff (Ernst Dietz) und Dr. Reschnitz (Peter Oehme) sowie die Schwestern Alkandra (Clara Walbröhl), Maria (Brigitte Martius) und Irene (Ilsemarie Schnering).

Hans Killian war ein bekannter Chirurg in Freiburg/Breisgau, der viele Fachbücher und mehrere belletristische Werke mit medizinischem Einschlag veröffentlichte.

Die Folgen waren rund 50 Minuten lang und liefen abends.

CHOPPER 1 ... BITTE MELDEN   ZDF, PRO SIEBEN

1980 (ZDF); 1989 (Pro Sieben). 13-tlg. US-Krimiserie (»Chopper One«; 1974).

Die Polizisten Don Burdick (Jim McMullan) und Gil Foley (Dirk Benedict) sind die Piloten des Polizeihubschraubers Chopper 1, mit dem sie ihre Einsätze fliegen. Ihr Boss Captain Ted McKeegan (Ted Hartley) hat am Boden das Kommando. Mechaniker Mitch (Lew Frizzell) nimmt eventuell anfallende Reparaturen am Chopper 1 vor.

Aaron Spelling war ausführender Produzent der Serie.

Acht halbstündige Folgen liefen im Vorabendprogramm des ZDF, die restlichen Folgen zeigte Pro Sieben später erstmals.

CHRIS COLORADO   PRO SIEBEN

2001. 26-tlg. frz. Science-Fiction-Zeichentrickserie (»Chris Colorado«; 2000).

Die Erde ist zum Teil zerstört, und der Anführer der Terrorgruppe »Gruppe 666«, Thanatos, strebt nach der Weltherrschaft. Richard Julien, der Kom-

Erst nach drei Regenfahrten waren die Uniformen der *CHiPs* Larry Wilcox (links) und Erik Estrada auf die richtige Größe eingelaufen.

mandeur der Weltföderation, will den Weltfrieden sichern und engagiert Dr. jur. Chris Colorado, einen Airforce-Piloten und Kampfsportexperten. Lief samstags vormittags.

CHRIS CROSS – EINE KLASSE FÜR SICH   KABEL 1
1995. 13-tlg. brit.-kanad. Jugend-Comedyserie von D. J. McHale (»Chris Cross«; 1994–1995).
Oliver Cross (Eugene Byrd) ist schwarz, scharfzüngig und als DJ beliebt, Chris Hilton (Simon Fenton) weiß, supersportlich und ein erfolgreicher Schüler. Zusammen bringen die beiden Teenager Schwung in die Stansfield Academy, ein internationales Internat in England. Ziel ihrer Streiche ist oft der Oberlehrer Mr. Rogers (Alan David).
Die Serie war eine internationale Koproduktion mit maßgeschneiderten Versionen für Europa und Amerika: Die Popmusik, die über weite Strecken unter den Szenen lag, unterschied sich je nach Ausstrahlungsland, teilweise wurden auch die Darsteller mit anderen Akzenten synchronisiert.
Die halbstündigen Folgen liefen samstags nachmittags.

CHRIS HOWLAND   ARD
1953. »Der Schallplattenjockey«. 15-minütige Musikshow mit Chris Howland in seiner ersten Fernsehsendung. Er wurde später mit *Musik aus Studio B* und *Vorsicht Kamera!* berühmt. In den 90er-Jahren griff das Fernsehen eine Idee auf, die hier erstmals verwendet wurde, und benannte etliche Sendereihen schlicht nach ihrem Moderator.
Chris Howland lief dreimal.

CHRIS HOWLAND PRÄSENTIERT HÖCHSTLEISTUNGEN AUS DEM GUINNESS-BUCH DER REKORDE   ARD
1982–1983. Fortsetzung der Reihe *Das Guinness-Buch der Rekorde*, mit der Howland nach einer zwölfjährigen Pause, u. a. wegen vermutlich auch alkoholbedingter Erschöpfungszustände, sein Comeback als Moderator hatte. Howland präsentierte, anders als sein Vorgänger David Frosz, vorwiegend deutsche Rekorde.
Lief in halbstündigen Folgen montags um 22.00 Uhr.

CHRIS UND TIM   ARD
1980. 5-tlg. brit. Jugenddrama von Alick Rowe und Julian Bond (»Two People«; 1979).
Tim Moffat (Stephen Garlick) und Chris Fletcher (Gerry Cowper) sind 15 Jahre alt, Mitschüler und ineinander verliebt. Und weil dies ein realistisches britisches Sozialdrama ist, kuscheln sie nicht nur, sondern schlafen miteinander – und werden prompt von Chris' Eltern Jean (Bridget Turner) und Len (David Baker) überrascht, deren Enthusiasmus über die Frühreife ihrer Tochter sich in Grenzen hält. Tims Vater John (Ray Brooks) ist entspannter.
Die einstündigen Folgen liefen montags um 20.15 Uhr.

CHRISTIAN ROTHER   ARD
1987. »Bankier für Preußen«. 7-tlg. dt. Historienserie.
Der Finanzbeamte Christian Rother (Günter Lamprecht) wird 1820 überraschend zum Präsidenten des Königlich-Preußischen Geld- und Handelsinstituts ernannt und ist fortan nur noch König Friedrich Wilhelm III. (Gerd Baltus) unterstellt.
Die einstündigen Folgen liefen im regionalen Vorabendprogramm.

CHRISTIAN UND CHRISTIANE   ARD
1982–1983. 14-tlg. dt. Familienserie von Walter Kausch, Regie: Michael Meyer.
Christian Brunner (Jochen Schroeder) und Christiane Merkle (Marion Kracht) müssen in ihrer Beziehung diverse Belastungsproben überstehen. So leistet Christian seinen Wehrdienst ab und ist entsprechend selten zu Hause. Die beiden überwinden diese Phase und heiraten in Folge 6. Allmählich finden sich auch Christians Eltern (Marie-Luise Marjan und Hubert Suschka) und die von Christiane (Ursula Heyer und Rudolf Brand) mit der Liebe der beiden ab.
Die 25-minütigen Folgen liefen im regionalen Vorabendprogramm.

DES CHRISTOFFEL VON GRIMMELSHAUSEN ABENTEUERLICHER SIMPLIZISSIMUS   ZDF
1975. 4-tlg. dt.-frz. Abenteuerserie von Leopold Ahlsen nach dem Buch von Hans Jakob Christoffel von Grimmelshausen, Regie: Fritz Umgelter.
Der wegen seiner Einfältigkeit später Simplicius Simplizissimus (Matthias Habich) genannte Bauernsohn verliert im Dreißigjährigen Krieg Eltern und Zuhause. Es beginnt eine abenteuerliche Zeit des Reisens: Erst nimmt ihn ein Einsiedler (Michel Vitold) auf, der ihm den Namen gibt, der bald auf Simplex verkürzt wird, und ihm Lesen und Schreiben beibringt. Nach dessen Tod kommt Simplex in die Festung von Hanau, muss ein Kalbsfell tragen und ist der Hofnarr. Ihm gelingt die Flucht mit der Hilfe von Ulrich Herzbruder (Christian Quadflieg), der sein treuer Wegbegleiter wird und ihm noch weitere Male aus der Patsche hilft. Simplex wird Soldat, findet einen Goldschatz, wird als Jäger von Soest berühmt, muss aber auch vor dem Galgen und heiratswütigen Frauen flüchten. Schließlich verschlägt es ihn ins pompöse Paris, er erlebt erotische Eskapaden, erkrankt an Pocken und tritt den Rückweg Richtung Spessart an. Unterwegs trifft er abermals auf den ebenfalls kranken Herzbruder, der kurz darauf stirbt und Simplex mit der Welt im Unreinen hinterlässt.
Barockes Zeitbild mit aufwendigen Kostümen. Jede Folge hatte Spielfilmlänge.

CHRONIK DER FAMILIE NÄGELE   ARD
1968. 8-tlg. dt. Familienserie von Fritz Eckhardt, Regie: Bruno Voges.
Die Entwicklung der Familie des Schneidermeisters Hans Nägele (Willy Reichert) und seines Betriebs von

1900 bis 1968. Er zieht vom Dorf Degeringen nach Stuttgart, macht Karriere und wird im Ersten Weltkrieg »Hoflieferant«. 1923 taucht sein unehelicher Sohn Karl Schüntler (ebenfalls Willy Reichert) auf, der später den Betrieb übernimmt und aus der Maßschneiderei eine Fabrik macht. 1944 stirbt Karl, und Wilhelm Nägele (auch wieder Willy Reichert), der Bruder des Firmengründers Hans, der in Degeringen eine kleine Tonwaren- und Gartenzwergherstellung betreibt, wird Haupterbe des Familienbesitzes und soll sich um den einzigen Nachkommen des Firmengründers, den vierjährigen Urenkel Hänsle (Willy … oh, nein: Kai Göppert und später Eric Jahn) kümmern. Mit seinem aus der Gefangenschaft zurückgekehrten Sohn Alfred (Willy Seiler) nimmt er nach dem Krieg die Gartenzwergproduktion wieder auf, kann aber zunächst noch nicht die alte Textilfirma Nägele wieder betreiben. Im Wirtschaftswunder nimmt die Firma einen ungeahnten Aufschwung; Alfred leitet sie nach einigen Wirren allein, muss aber gelegentlich auf das Wissen von Wilhelm zurückgreifen.

Der damalige Südfunk-Direktor Horst Jaedicke übernahm persönlich eine Rolle in der Serie: Er spielte einen betrügerischen Buchhalter, der entlassen wird. Willy Reichert konnte aber auch wirklich nicht alle Rollen selbst spielen.

Die Folgen waren 60 Minuten lang.

DIE CHRONIK DER FAMILIE RIUS BR

1980. 13-tlg. span. Familiensaga von Juan Felipe Vila San Juan nach Romanen von Ignacio Agustí, Regie: Pedro Amalio Lopez (»La Saga de los Rius«; 1976).

Die Lebensgeschichte dreier Generationen einer katalanischen Industriellenfamilie zwischen 1880 und 1916. Ausgehend von der Hochzeit Desiderios (Emilio Gutiérrez Caba) mit der ungewollt schwangeren Crista Fernández (Victoria Vera) im Jahr 1916 erinnert sich der Vater des Bräutigams, der alte Don Desiderio (José María Caffarel), seiner eigenen Eheschließung am selben Ort mit Mariona Rebull (Maribel Martín) und familiärer Konflikte.

Die Folgen waren eine Stunde lang. Bundesweit war die Kostümserie 1985 mittags in Sat.1 zu sehen.

CHRONIK DER WENDE ARD

1994–2000. 163-tlg. Doku-Reihe über die deutsche Wiedervereinigung. Jede der 15-minütigen Folgen beschäftigte sich mit einem Tag der Jahre 1989 und 1990. Zunächst wurden 73 Folgen gedreht, die am 7. Oktober 1989 begannen und jeweils fünf Jahre nach dem jeweiligen Stichtag ausgestrahlt wurden. Zum zehnjährigen Jahrestag des Mauerfalls kamen 90 weitere Folgen hinzu, die die Chronik bis zum 18. März 1990 weiterführten, dem Tag der ersten freien Volkskammerwahlen.

Die Sendung lief täglich im Nachtprogramm (außerdem in einigen Dritten Programmen, vor allem im Osten). Einen aufschlussreichen Kontrast boten die einander gegenübergestellten Nachrichtensendungen aus Ost und West zum jeweils gleichen Thema. Regisseur Wolfgang Drescher und Redakteur Geri Nasarski (stellvertretend für die Autoren) erhielten 1995 einen Adolf-Grimme-Preis für das »journalistische Meisterwerk«.

CHRONIK DER WOCHE ZDF

1965–1984. Halbstündige Zusammenfassung der Ereignisse der Woche.

Lief zunächst innerhalb der Samstagsausgabe der *heute*-Nachrichten und bekam Anfang der 70er-Jahre einen eigenen Sendeplatz am Sonntagvormittag, Mitte der 70er dann am Mittag. Ab Januar 1982 übersetzte ein Gebärdendolmetscher im Bild die Nachrichten. Das ging auf eine Initiative im Jahr der Behinderten 1981 zurück, als Hörgeschädigte sich darüber beschwerten, dass sie von Fernsehinformationen ausgeschlossen seien. *Chronik der Woche* war die erste Nachrichtensendung mit diesem Service. Sie wurde abgelöst durch *Diese Woche*.

CINDERELLA '87 ARD

1987. 4-tlg. ital.-frz. Liebesfilm von Ottavio Alessi, Ugo Liberatore und Roberto Balenotti, Regie: Roberto Malenotti (»Cenerentola '80«; 1983).

Cindy, eigentlich Cinderella Cardone (Bonnie Bianco), hat alles, was ein ordentliches Märchen braucht: einen toten Vater, eine böse Stiefmutter, zwei böse Schwestern und einen Traum: Sie will Sängerin werden. Fehlt was? Ach ja, der Märchenprinz. Dafür muss sie jedoch erst mit Stiefmutter Muriel (Kendal Kaldwell) von Brooklyn nach Rom ziehen, aber da ist er auch schon: Mizio (Pierre Cosso), ein heruntergekommener Taugenichts, der im Park wohnt. Natürlich ist er in Wirklichkeit der Sohn eines reichen Fürsten und dessen Thronfolger. Und dann hat er auch noch eine Band! Gemeinsam gehen sie ins Aufnahmestudio. Der Liebe liegen noch ein paar Steine im Weg, doch schließlich finden sie beim Ball im Schloss von Fürst Gherardeschi (Adolfo Celi) zueinander. Dabei lässt Cinderella einen Schuh zurück.

Herzzerreißende Schmonzette, die Aschenputtel in die 80er-Jahre verlegte. Sie brachte Teenager in ganz Deutschland zum Schluchzen und dazu, überall an ihren Wänden Poster von Bonnie Bianco und Pierre Cosso zu verteilen und deren Platte zu kaufen. Das Duett »Stay«, der Titelsong des Films, wurde ein Nr.-1-Hit in den deutschen Charts. Pierre Cosso war den Wirbel schon gewohnt, er hatte kurz zuvor in der Kinoschnulze »La Boum 2« mitgespielt, Bonnie Bianco war nicht einmal ihren Vornamen gewohnt, sie hieß eigentlich Lory. Die Filmmusik stammte von den Brüdern Guido und Maurizio de Angelis, die sonst für Bud Spencer und Terence Hill komponierten.

Der Film war für das Kino produziert worden, wurde in Westdeutschland jedoch nur im Fernsehen gezeigt, beim ersten Mal sonntags in vier Teilen zu je 45 Minuten. In der DDR hatte es eine Spielfilm-

Die schnellste Verbindung von Sylt über Dresden aufs Abstellgleis: *City Express* mit Sanja Spengler, Hans Schödel, Jan Henrik Schlüter, Ivonne Schönherr und Joachim Lautenbach (von links).

version gegeben und gab es eine zweiteilige Fernsehversion. Hauptsächlich diese wurden in den folgenden Jahren vermehrt in den ostdeutschen Dritten Programmen wiederholt. Die Serie ist auf DVD erhältlich.

CINEMA TV   PRO SIEBEN

1997–2003. Magazin mit Szene-News und Star-Talk rund um die Kinofilme der Woche.
Cinema TV war der Fernsehableger der gleichnamigen Zeitschrift aus der Verlagsgruppe Milchstraße. Es moderierten Susann Atwell, ab Mai 1999 Nadine Krüger und ab August 2000 Andrea Kempter. Anfang 2001 bekam die Show eine Kinokette als neuen Sponsor und mit ihm den neuen Titel *CinemaxX TV*. Ab Januar 2002 moderierte wieder Susann Atwell. Lief anfangs mittwochs gegen 23.00 Uhr und rutschte dann über mehrere Sendeplätze immer tiefer in die Nacht, bis sie Mitte 1999 am Sonntagvormittag wieder Tageslicht erblickte.

CINEMAXX TV   PRO SIEBEN

→ Cinema TV

CIRCUS – TIERE, CLOWNS UND AKROBATEN   ZDF

1985–1989. »Zirkus im ZDF«. 90-minütige artistische Nummernrevue im Nachmittagsprogramm an Feiertagen, präsentiert von Ilona Christen, Hans Clarin und natürlich Freddy Quinn.

CITY EXPRESS   ARD

1999. 32-tlg. dt. Zugserie von Martina Borger und Maria Elisabeth Straub.
Geschichten über Personal und Fahrgäste eines Zuges, der stets zwischen Sylt und Dresden verkehrt. Zu den Bahnangestellten gehören Zugchefin Hannah Fink (Sabine Bach), Kalli Hinsch (Jan Henrik Schlüter), Martina Ernst (Franziska Troegner), Swetlana Laski (Sanja Spengler), Restaurantchef Rainer Rosskötter (Joachim Lautenbach), Koch Josef Dollmoser (Hans Schödel) und Lissy Schade (Caterina Małgoscha Siwinska).
City Express sollte die zweite wöchentliche ARD-Dauerserie werden. Doch schon bevor der Zug überhaupt losfuhr, rumpelte es erheblich: Die Drehbuchautorinnen Borger und Straub, die vorher für die *Lindenstraße* geschrieben hatten, stiegen unter Protest aus. Die Umsetzung habe nichts mehr mit ihrem Konzept zu tun, beschwerten sie sich: »Die von uns angestrebte Qualität ist auf der Strecke geblieben.« Umstritten war offensichtlich nicht zuletzt, ob der *City Express* eine Soap mit Endlosgeschichten oder eine Serie mit abgeschlossenen Folgen sein sollte. Die Quoten waren von Anfang an nicht gut, und sie wurden nicht besser. Ein teurer Misserfolg: 21 Millionen Mark kostete die Produktion. Zu Buche schlug nicht zuletzt auch die angeblich weltweit einmalige und in fünfjähriger Vorbereitungszeit entwickelte Digitaltechnik, die die passenden Ansichten vorbeifliegender Land- und Ortschaften durch die Abteilfenster zeigen sollte (die Serie wurde natürlich im Studio produziert). Sie war teuer, sah aber nie so aus.
Nach gut einem halben Jahr wurden die dreiviertelstündigen Folgen am Donnerstag von 21.45 Uhr auf 23.00 Uhr verschoben; nach zehn Monaten wurde der Zug ganz stillgelegt.

CITY LIFE   SAT.1

1997–2002. 26-tlg. neuseeländ. Jugendserie von James Griffin (»City Life«; 1996–1997).
Zehn junge Leute Mitte 20 leben in einem Haus in Auckland namens »Ancestral Pile«, das ihnen ihr Freund Damon South (Kevin Smith) vermacht hat, der an seinem Hochzeitstag von seiner guten Freundin Angela Kostapas (Claudia Black) überfahren wurde. Die zehn sind: der schwule Barkeeper Ryan

Waters (Charles Mesure), der in der Stammkneipe der Gruppe The Lava Lounge arbeitet, die blonde Fernsehmoderatorin Stephanie Cox (Laurie Foel), die reiche harmlose Bronwyn Kellett (Lisa Chappell) und ihr weniger harmloser Bruder Aaron Kellett (Jack Campbell), der mit Drogen dealt, Finanzgenie und Frauenverführer Gideon Miller (John Freeman), Fotograf und Frauenmissversteher Hugh Campbell (Peter Muller), die arbeitslose Kristen Wood (Katrina Browne), die Maori-Frau Wiki Taylor (Michelle Huirama), die Schauspielerin werden will, der Komiker Josh Gribble (Oliver Driver), der in Kristen verliebt ist, und eben die Anwältin Angela Kostapas. Sie streiten sich, versöhnen sich und schlafen miteinander.

City Life war die neuseeländische Version von *Melrose Place*, etwas realistischer, aber auch etwas langweiliger. In Neuseeland war die Soap kein Erfolg, sie verkaufte sich aber gut nach Europa. 22 Folgen liefen samstags um 15.00 Uhr, also zur allgemeinen US-Teenie-Edelsoap-Zeit; vier Nachzügler kamen erst Jahre später im Rahmen einer Serienwiederholung am Sonntagmittag.

CLAIRE   WDR
1984. 6-tlg. brit. Familiendrama von Alick Rowe, Regie: John Gorrie (»Claire«; 1982).
Das 15-jährige Waisenmädchen Claire Terson (Caroline Embling) kommt in die Familie der Hunters. Pam (Lynn Farleigh) und Tony (William Gaunt) haben sich ein Adoptivkind gewünscht, und eigentlich könnten alle glücklich sein, aber so einfach ist die Sache nicht. Claire rebelliert gegen die ungewohnte Umgebung, und Robert (Neil Nisbet), ebenfalls 15 Jahre alt, fürchtet um seine Position als einziges Kind der Hunters. Die Probleme belasten die Ehe von Pam und Tony, der eine Affäre beginnt, und als Claire und Robert beim Fummeln miteinander erwischt werden, eskaliert die Lage weiter.
Die dreiviertelstündigen Folgen liefen auch in anderen Dritten Programmen und 1986 im Ersten.

DER CLAN   ARD
1990. 6-tlg. frz. Gangsterserie von André A. Brunelin und Claude Barma, Regie: Claude Barma (»Le clan«; 1988).
César Manotte (Victor Lanoux) ist der Boss der Unterwelt von Marseille und muss diese Stellung verteidigen. Nebenbei wäre es ganz prima, wenn er seine Frauengeschichten unter einen Hut bekäme.

DER CLAN DER ANNA VOSS   SAT.1
1995. 6-tlg. dt. Familienepos von Knut Boeser, Regie: Herbert Ballmann.
Anna Voss (Maria Schell) ist eine herzensgute Frau, die im Badischen mit ihrem Mann Markus (Robert Freitag) eine Weinkellerei betreibt. Paul Voss (Horst Buchholz) ist dessen abgrundtief böser Halbbruder, der sich weigert, das dringend benötigte Geld aus dem Berliner Familienbetrieb zuzuschießen. Er sieht seine Stunde gekommen, als Markus einen Herzinfarkt erleidet. Bevor er stirbt, adoptiert Markus die Kinder aus Annas erster Ehe: Oskar Habicht (Guntbert Warns) und Gerlinde Mendel (Ursula Monn), die in Kenia eine Krankenstation unterhält. Sie sollen Pauls Pläne durchkreuzen. Zum Clan gehören ferner Gerlindes Sohn Lukas (Timothy Peach), der bei Anna aufgewachsen ist, Annas Ex-Mann Franz Habicht (Friedrich W. Bauschulte) und auf Pauls Seite seine unbefriedigte Frau Viktoria (Eleonore Weisgerber) und ihre Kinder Henriette (Nadeshda Brennicke) und Jan (Johannes Brandrup), der tablettensüchtig ist. Zwischen Kenia, Baden, Berlin und Südfrankreich wechseln die Schauplätze, an denen die Mitglieder des Clans sich gegenseitig das Leben schwer machen.
Mit dem *Clan der Anna Voss* wollte Sat.1 ein großes Epos von bleibendem Wert schaffen oder wenigstens eine deutsche *Dallas*-Variante und erntete nur Spott: Die Geschichten rund um Maria Schell als »Miss Ellie der Weinberge« (F.A.Z.) kamen nicht gut an.
Das Titellied »Free Like An Eagle« sang Yvonne Moore. Die sechs Teile hatten Spielfilmlänge und liefen innerhalb von eineinhalb Wochen zur Primetime.

CLAN DER VAMPIRE   RTL 2
1997. 8-tlg. US-Mysteryserie nach dem Buch von Mark Rein-Hagen (»Kindred: The Embraced«; 1996).
Der Vampir Julian Luna (Mark Frankel) ist Anführer des Ventrue-Clans und als »Prinz der Stadt« Pate über alle fünf Vampir-Clans, die sich in San Francisco unauffällig unter die Menschen mischen. Die Anführer der anderen Clans sind Eddie Fiori (Brian Thompson) bei den Brujah, Lillie Langtry (Stacy Haiduk) bei den Torreadors, Daedalus (Jeff Kober) bei den Nosferatu und Cash (Channen Roe) bei den Gangrels. Der Polizist Frank Kohanek (C. Thomas Howell) und sein Partner Sonny Toussaint (Erik King) sowie die Journalistin Caitlin Byrne (Kelly Rutherford) versuchen, die Vampire zu entlarven.
Produzent der Serie war Aaron Spelling. Der in der Serie unsterbliche Hauptdarsteller Mark Frankel kam kurz nach dem Ende der Dreharbeiten bei einem Unfall ums Leben.
Lief dienstags um 23.00 Uhr.

DER CLAN DER WÖLFE   RTL
1991–1992. 85-tlg. mexikan. Telenovela (»Cuna de lobos«; 1986).
In der Familie Larios sind Intrigen an der Tagesordnung, jeder betrügt jeden, allen voran die grausame Catalania (Maria Rubio) ihre Stiefsöhne Alejandro (Alejandro Camacho) und José Carlos (Gonzalo Vega). Sie begeht einen kaltblütigen Mord nach dem anderen und versucht so, an das große Geld zu kommen.
Die brutale Serie lief werktags am Nachmittag.

CLARA   ZDF
1993. 5-tlg. dt. Familienserie von Justus Pfaue.
Weil die hübsche Teenagerin Clara Reinders (Katja Studt) sich immer häufiger mit ihrer Mutter Marina

(Andrea L'Arronge) streitet, hängt sie das von Vater Carl »Charly« Simon (Klaus Wildbolz) finanzierte Luxusleben an den Nagel und zieht auf den Pferdehof von Ute (Erika Strotzki) und Jens Meischberger (Friedrich-Karl Praetorius) und ihren Kindern Matthias (Nils Julius) und Franziska, genannt »Pflänzchen« (Sophie Steiner). Die Familie ist finanziell angeschlagen. Clara reitet dort schon seit langem regelmäßig den Hengst Attila. Als die Stute Aimée verletzt wird, kümmert sich Clara um sie und macht aus ihr ein Turnierpferd. Heinrich Bartels (Alexander Kerst) hilft finanziell.
Die ZDF-Weihnachtsserie 1993. Die einstündigen Folgen liefen wie immer an aufeinander folgenden Tagen im Vorabendprogramm.

CLARISSA NICKELODEON
1995–1996. 65-tlg. US-Sitcom (»Clarissa Explains It All«; 1991–1994).
Die 14-jährige Clarissa (Melissa Joan Hart) entdeckt mit ihrem jüngeren Bruder Ferguson (Jason Zimbler), den Eltern Janet (Elizabeth Hess) und Marshall (Joe O'Connor) und Freund Sam Anders (Sean O'Neal) die Geheimnisse des Erwachsenwerdens.

CLASS OF '96 RTL 2
1994. 17-tlg. US-Jugendserie (»Class Of '96«; 1993). David Morrisey (Jason Gedrick), seine Freundin Jessica Cohen (Lisa Dean Ryan), Samuel »Stroke« Dexter (Gale Hansen), Antonio Hopkins (Perry Moore), Whitney Reed (Brandon Douglas), Patty Horvath (Megan Ward) und Robin Farr (Kari Wuhrer) gehen auf das Havenhurst College. 1996 werden sie ihren Abschluss machen. Janet Keeler (Bridgid Coulter) ist Antonios Freundin. Hauptfigur David ist zugleich Erzähler der Serie, indem er Briefe an seinen Onkel Joe schreibt.
Die Folgen waren 60 Minuten lang.

CLEMENS WILMENROD BITTET ZU TISCH ARD
→ Bitte in 10 Minuten zu Tisch

CLEVER – DAS SERVICEMAGAZIN VOX
1999–2000. Tägliches halbstündiges Verbrauchermagazin mit Franziska Rubin am Vorabend.

CLEVER – DIE SHOW, DIE WISSEN SCHAFFT SAT.1
Seit 2004. Wissenschafts-Comedy-Quizshow mit Barbara Eligmann und Wigald Boning, die Phänomene des Alltags erklärt, z. B., warum das Butterbrot immer auf die Butterseite fällt.
Im Unterschied zur Knoff-Hoff-Show des ZDF setzt die Sat.1-Version zusätzlich auf Comedy und Quiz: Jeweils zwei prominente Gäste müssen Ergebnisse von Experimenten oder Erklärungen für Alltagsphänomene erraten und bekommen für richtige Antworten Punkte und für die Punkte später nichts. Wigald Boning, ebenso wie Eligmann in den 90er-Jahren bei RTL berühmt geworden, erklärt als wissenschaftlicher Experte im weißen Kittel die Experimente intelligent und verständlich, aber witzig.

Zunächst vier einstündige Folgen liefen samstags am Vorabend, weitere Staffeln erfolgreich mittwochs um 20.15 Uhr.

DIE CLEVEREN RTL
Seit 1999. Dt. Krimiserie von Johannes W. Betz.
Wenn die herkömmlichen Methoden die Ermittlungen der Polizei nicht weiterbringen, übernehmen Kommissarin Eva Glaser (Astrid M. Fünderich) und der Psychologe Dominik Born (Hans-Werner Meyer) den Fall im Auftrag des BKA. Es geht vor allem um Serienverbrecher. Sie erstellen ein psychologisches Täterprofil und finden auf diese Weise mehr über den Gesuchten heraus, um ihn letztlich zu fassen. Prof. Konstanze Korda (Barbara Magdalena Ahren) ist die Gerichtsmedizinerin. Kurz nachdem Eva und Dominik sich ineinander verliebt haben, wird Eva im April 2002 erschossen. Ihre Nachfolgerin wird am Ende der vierten Staffel die energische Pragmatikerin Isabel Becker (Delia Mayer). In der sechsten Staffel, die 2003 gedreht, aber bislang nicht ausgestrahlt wurde, bekommt Born mit Kommissarin Kathrin Rasch (Esther Schweins) schon die dritte Partnerin. Die praktizierte Methode nennt man »Profiling«, und sie war zuvor bereits in der US-Serie *Profiler* zu sehen. Die einstündigen Folgen liefen dienstags um 21.15 Uhr, jede Staffel umfasste acht Folgen. 1998 hatte RTL bereits einen einzelnen Pilotfilm unter dem Titel »Du stirbst, wie ich es will« gezeigt.

CLICK VOX
1996–1998. Halbstündiges Multimediamagazin mit Tipps und Reportagen über Computerspiele, Internetseiten und neue Produkte. Aus einem virtuellen Studio moderierte zunächst Michael Gantenberg, später Henning Quanz.
Lief insgesamt 72-mal samstags nachmittags.

CLIFF DEXTER ZDF
1966–1968. 26-tlg. dt. Krimiserie von Rolf Kalmuczak, Regie: Hans-Georg Thiemt, Helmut Herrmann, Klaus Dudenhöfer.
Nach seinem Ausscheiden aus dem FBI wird Cliff Dexter (Hans von Borsody) Privatdetektiv. Jacqueline (Sabine Bethmann) ist seine Assistentin. Kommissar Meinert (Hans Schellbach) ist zwar zunächst nicht von der privaten Konkurrenz begeistert, bittet sie dann aber regelmäßig um Hilfe. Cliff Dexter löst jeden Fall. Er versucht zwar immer wieder, Urlaub zu machen, kommt aber doch nie dazu. Ab Folge 14 hat Dexter mit Carrol (Andrea Dahmen) eine neue Assistentin und mit dem Londoner Anwalt Archibald Pillow (Hans Irle) einen neuen regelmäßigen Auftraggeber.
Cliff Dexter war eine der wenigen Serien in den 60er-Jahren, die nach ihrem Ende wegen des großen Erfolgs eine zweite Staffel erlebten. Die Episoden waren 25 Minuten lang.

CLIPMIX MIT SONYA UND ALEXANDER PRO SIEBEN
2002. Einstündige werktägliche Recyclingshow mit

Die Profiler Eva Glaser (Astrid M. Fünderich, links) und Dominik Born (Hans-Werner Meyer) sind Die Cleveren, hier mit Gaststar Katharina Thalbach in der Folge »Die Schneekönigin«.

Sonya Kraus und Alexander Mazza, die »lustige« Funde aus anderen Fernsehsendungen aus aller Welt und dem Internet präsentieren und fürs eigene Programm werben.
Eigentlich sollte die Sendung »Take Two« heißen – so war sie auch bereits in den Fernsehzeitschriften ausgedruckt. Doch dann musste sich Pro Sieben der Verfügung der Bonbonmarke »Nimm Zwei« beugen und gab der Sendung zwei Wochen vor Start den kurzentschlossenen, griffigen und originellen neuen Titel. Unter ihm liefen gefühlt 13 980 Sendungen, tatsächlich wurden aber nur ein gutes halbes Jahr lang neue Shows produziert. Dann wechselte die Sendung von 16.00 Uhr auf 10.00 Uhr und stellte die Produktion ein; die Folgen wurden seitdem aber fast ununterbrochen irgendwo im Tagesprogramm von Pro Sieben wiederholt. Es war eine dieser untoten Shows, die auch durch Dauerwiederholung nichts an Attraktivität verloren, weil es da nichts zu verlieren gab.

CLOCHEMERLE ARD
1972. 4-tlg. dt.-brit. Komödie von Ray Galton und Alan Simpson nach dem Roman von Gabriel Chevallier, Regie: Michael Mills (»Clochemerle«; 1972).
Der Friede in dem kleinen französischen Dorf Clochemerle im Beaujolais findet 1924 ein abruptes Ende, als Bürgermeister Barthelemey Piechut (Cyril Cusack) beschließt, im Dorfzentrum ein Pissoir zu errichten. Vor allem die alte Jungfer Justine Putet (Wendy Hiller) protestiert. Zum Dorf gehören außerdem der alte Pfarrer Ponosse (Roy Dotrice), der reiche Advokat Girodot (Wolfe Morris), die schöne Judith (Catherine Rouvel), Frau des Gemischtwarenhändlers und Preistrinkers Toumignon (Freddie Earlle), deren Rivalin Adèle (Cyd Hayman), die Frau des Gastwirtes Arthur Torbayon (Barry Linehan), und Lehrer Tafardel (Kenneth Griffith). Erzählt wird die Geschichte vom (nie zu sehenden) Raymond Gerome.
Gedreht wurde in Marchmampt in den Bergen der Beaujolais-Gegend in Frankreich. Die Folgen waren knapp eine Stunde lang.

CLOSE UP RTL 2
1995. Interviewmagazin mit Claudia Schiffer.
Das Model trifft deutsche und internationale Größen wie Michael Schumacher, Melanie Griffith und Dennis Hopper an mehr oder weniger aufregenden Orten und tut so, als würde sie ein Gespräch mit ihnen führen. Eigentlich hatte Schiffer gehofft, auf diese Art noch viele andere Menschen kennen zu lernen, die noch berühmter waren als sie. Leider entzog ihr RTL 2 schon nach der ersten Ausgabe die Lizenz zum Reden. Nein: zum Glück.

DER CLOWN RTL
1998–2001. 42-tlg. dt. Actionserie von Hermann Joha.
Der Top-Agent Max Zander (Sven Martinek) jagt internationale Verbrecher. Offiziell ist er tot, doch er lebt als Phantom weiter. Seine Familie und sein bester Freund wurden ermordet, und er hat nichts mehr zu verlieren. Bei seinen Einsätzen trägt er eine Clownsmaske, so kann er unerkannt arbeiten. Die Journalistin Claudia Diehl (Diana Frank), Hubschrauberpilot Dobbs (Thomas Anzenhofer) und der ehemalige BKA-Mitarbeiter Ludowski (Volkmar Kleinert) unterstützen ihn und sind die Einzigen, die seine wahre Identität kennen. Ludowski wird 1999 erschossen, Max erhält seine Aufträge fortan von der Organisation »Die Schatten«, die ihm eine neue legale Identität verschafft und ihm den neuen Namen Max Hecker gibt. Seine Aufträge erledigt er aber weiterhin als Clown. Zum Abschluss der dritten Staffel 1999 geraten die Helden eine Folge lang per Zeitmaschine nach Spanien ins Mittelalter. Unrealistischer als all das, was sonst in der »Gegenwart« passiert, ist das aber eigentlich auch nicht.

Der erfolgreichen Serie war im November 1996 ein erfolgreicher Fernsehfilm vorausgegangen. Beim Casting ging die Produktion ungewohnte Wege: Weil die Serie nur so von Explosionen und Stunts wimmelte, wurden die Schauspieler danach ausgewählt, ob sie den Stuntmen, die die Actionszenen darstellten, ähnlich sahen. Hermann Johas Firma Action Concept hatte für RTL bereits erfolgreich *Alarm für Cobra 11* entwickelt. Im Pilotfilm erhält der *Clown* konsequenterweise Unterstützung von den beiden Kollegen von der Autobahnpolizei. *Der Clown* erhielt von *Alarm für Cobra 11* sogar zum Start dessen etablierten Action-Sendeplatz am Dienstagabend.

Die Serie wurde zwar nach dreieinhalb Jahren abgesetzt, doch ein »Clown«-Film kam Anfang 2005 ins Kino.

CLOWN FERDINAND DFF 1
1957–1975. DDR-Kinderreihe von Jindřich Polák.
Die Markenzeichen des Clowns Ferdinand (Jiří Vrstala) sind seine große Sonnenblume am Revers und sein Wohnwagen – mal abgesehen von der clownstypischen hohen Stirn, den roten Haaren, dem bemalten Gesicht, der roten Gumminase, dem karierten Jackett, dem gestreiften T-Shirt, den weiten Hosen, den riesigen Taschen und dem noch riesigeren Taschentuch. Mit dem Wohnwagen zieht er, begleitet von Papagei Robert, umher und lernt die Welt kennen oder fliegt auch mal mit einer Rakete ins All. Neu für ihn sind beispielsweise Tiere im Zoo, Fahrräder, die Schule und Sport. Dabei richtet er durch seine Tollpatschigkeit meistens ein großes Durcheinander an.

Der Clown Ferdinand wurde eine der beliebtesten Figuren im Kinderprogramm der DDR. Er trat in verschiedenen Sendeformen auf, zunächst in einer Reihe von Revues, Specials und Kurzfilmen, ab 1973 in einer 13-teiligen pantomimischen Serie. *Clown Ferdinand* war auch im WDR zu sehen, weil dort gerade Unterhaltungsfilme für Kinder ohne überhöhten pädagogischen Anspruch gesucht wurden, in Westdeutschland so etwas bisher aber nicht hergestellt worden war.

CLOWN & CO ARD
1976–1978. »Elementarspiele für Vorschulkinder« von Theo Geißler und Jörg Grünler.
Die Clowns Franz (Franz Hanfstingl) aus Deutschland, Erich (Erich Schleyer) aus Österreich und Cora (Cora de Nes) aus Holland sowie ihr Gummiei Knacks werden in Situationen verwickelt, die zu lehrreichen Erklärungen und praktischen Demonstrationen des alltäglichen Lebens führen. Am Ende erzählt Erich eine pädagogisch wertvolle Geschichte. Jede Folge stand unter einem Schwerpunkt: Arbeiten, Straße, Singen, Tanzen, Schlafen, Natur und Freizeit, Frau und Mann etc. Die BR-Redaktion Erziehungswissenschaften produzierte 23 halbstündige Folgen, die etliche Male in allen Dritten Programmen wiederholt wurden.

Würden Sie diesem Mann Ihren Hubschrauber anvertrauen? *Der Clown* (Sven Martinek).

DER CLUB DER DETEKTIVE RTL 2
2004. 3-tlg. US-Kinderkrimi (»The Clubhouse Detectives«; 2002–2003).
Die Jugendlichen Dave (Jonathan Cronin), Alli (Brittany Armstrong), Dez (Michael Clauser) und Scott (Cameron Manwaring) klären gemeinsam Kriminalfälle auf.
Die spielfilmlangen Folgen liefen sonntags vormittags.

CLUB DER STARKEN FRAUEN – DIE ROTE MEILE SAT.1
→ Die rote Meile

DAS CLUBSCHIFF RTL
1999. 6-tlg. dt. Doku-Soap über die Erlebnisse von Gästen und Animateuren auf dem Luxusschiff »Aida«. Es war eine der ersten Doku-Soaps im deutschen Fernsehen – und ein gewaltiger Flop. Den Siegeszug des Genres hielt er trotzdem nicht auf. Lief freitags zur Primetime.

CLUEDO – DAS MÖRDERSPIEL SAT.1
1993. Detektiv-Spielshow mit Gundis Zámbó.
Zu Beginn jeder Sendung wird ein Film gezeigt, in dem ein Mord im Schloss Leonberg begangen wird. Die Darsteller dieses Films werden anschließend vom Studiopublikum befragt – es sind jeweils sechs

Verdächtige. Hauptkommissar Taller (Heinz Weiss) ist immer dabei. Wer als Erster im Saal den Fall aufklären kann, gewinnt eine Reise.
Die Show basierte auf dem erfolgreichen Gesellschaftsspiel mit dem gleichen Namen. Die TV-Ausgabe erreichte diesen Erfolg nicht und wurde nach sieben einstündigen Folgen donnerstags um 20.15 Uhr vorzeitig abgesetzt – geplant waren 13.

CLUELESS   PRO SIEBEN, SAT.1
1998–1999 (Pro Sieben); 2000 (Sat.1). »Die Chaos-Clique«. 62-tlg. US-Sitcom von Amy Heckerling (»Clueless«, 1996–1999).
Die hübsche und verwöhnte Cher (Rachel Blanchard) führt mit ihrer Freundin Dionne Davenport, genannt Dee (Stacey Dash), ein ganz normales Teenager-Luxusleben in Beverly Hills. Ihr Vater ist der Staranwalt Mel Horrowitz (Michael Lerner; ab Staffel zwei: Doug Sheenan).
Vorbild für die Serie war der Film »Clueless« mit Alicia Silverstone. Produzentin und Regisseurin Amy Heckerling produzierte auch die Fernsehvariante. Sie lief bei uns zunächst am Samstagnachmittag auf Pro Sieben, ab der dritten Staffel am Sonntagnachmittag in Sat.1. Dort erhielt die Serie den neuen Untertitel »Die wichtigen Dinge des Lebens«.

CO-PILOT MUTESIUS   ARD
1965. 5-tlg. dt. Jugendserie nach einem Buch von Horst Wähner, Regie: Wolf Mittler.
Mutesius (Mathias Eysen) gilt zwar als einer der besten Flugschüler, ist aber in Wahrheit furchtbar leichtsinnig. Dauernd bringt er Flugzeug, Passagiere und Besatzung in Gefahr. Sein Freund Burgdorf (Friedrich von Thun) ist ebenfalls Flugschüler. Flugkapitän Bauer (Kunibert G. Gensichen) ist nicht zu beneiden.
Die halbstündigen Folgen liefen sonntags im Nachmittagsprogramm.

COACH   RTL
→ Mit Herz und Scherz

COBRA   RTL 2
1994–1995. 21-tlg. US-Actionserie von Stephen J. Cannell, Steven Long Mitchell und Craig W. van Sickle (»Cobra«; 1993–1994).
Dem Navy-Mitarbeiter Robert »Scandal« Jackson wird bei einem Attentat ins Gesicht geschossen. Er wird für tot gehalten, doch die Geheimorganisation Cobra verpasst ihm ein neues Gesicht und eine neue Identität. Bis hierher also alles wie bei *Knight Rider*. Jetzt fährt Scandal in seinem schicken Sportwagen herum (ah ja, interessant), kümmert sich um Opfer von Verbrechen und leistet juristischen Beistand. Danielle LaPoint (Allison J. Hossack), die Tochter des Gründers der Organisation, ist als Scandals Partnerin an seiner Seite, ebenso ihr gemeinsamer Boss Dallas Cassel (James Tolkan). Das Auto kann nicht sprechen.
Jede Folge dauerte eine Stunde.

COCCO BILL   SAT.1
2002–2003. 26-tlg. dt.-ital. Zeichentrickserie (»Cocco Bill«; 2002).
Der Westernheld Cocco Bill hat eine schnelle Hand und ein aufbrausendes Gemüt, das er nur mit Kamillentee in Zaum zu halten vermag. Begleitet von seinem sprechenden Pferd Slowtrot, setzt sich der Revolverheld mit Fäusten, Witz und Pistole für Recht und Ordnung ein. Gelegentlich werden seine Pläne jedoch von einem üblen Halunken namens Bunz Barabunz durchkreuzt. Zudem hegt Cocco Bill eine feurige Leidenschaft für die resolute Ohsuusanna Iloveyou, die er mit seinem beharrlichen Heiratswunsch immer wieder in die Flucht schlägt.
Die Serie lief samstags mittags.

CODE NAME: ETERNITY – GEFAHR AUS DEM ALL   RTL
2001–2002. 18-tlg. US-Science-Fiction-Serie (»Code Name: Eternity«; 2000).
Der Außerirdische Ethaniel (Cameron Bancroft) kommt in Menschengestalt auf die Erde, um den Kampf gegen den außerirdischen Großindustriellen David Banning (Andrew Gillies) aufzunehmen, der alles menschliche Leben vernichten möchte. Bei seiner Mission helfen ihm die Psychologin Dr. Laura Keating (Ingrid Kavelaars) und der Rebell Byder (Joseph Baldwin). Sie suchen Ethaniels verschwundenen Bruder Mike Thorber (Hannes Jaenicke), der früher für Banning gearbeitet hat und ihnen ebenfalls helfen soll. Zwischen Ethaniel und Laura knistert es außerdem gewaltig.
Die 50-Minuten-Folgen liefen donnerstags um 23.15 Uhr, aber nicht alle. Nach 16 von eigentlich 26 Folgen zog RTL die Quotennotbremse, ließ acht Folgen aus und sendete immerhin noch die letzten beiden.

CODENAME: FOXFIRE   RTL
1991. 8-tlg. US-Actionserie (»Codename: Foxfire«; 1985).
Drei attraktive junge Agentinnen arbeiten für Charlie ... nein: für Larry. Larry Hutchins (John McCook), Bruder des US-Präsidenten, hat sie engagiert: Liz Towne, genannt »Foxfire« (Joanna Cassidy), eine ehemalige CIA-Agentin, die gerade vier Jahre unschuldig im Gefängnis gesessen hat, Maggie Bryan (Sheryl Lee Ralph), eine reuige Diebin aus Detroit, und Danny O'Toole (Robin Johnson), eine frühere Taxifahrerin aus New York. Sie retten die Welt, oder wenigstens die USA, und Liz sucht nebenbei ihren Exfreund, der schuld ist, dass sie im Knast landete. Nach dem Pilotfilm am Montag liefen die dreiviertelstündigen Folgen mittwochs gegen 19.15 Uhr.

CODY   RTL 2
1996. 6-tlg. austral. Krimiserie von Christopher Lee (»Cody«; 1994).
Cody (Gary Sweet) ist ein australischer Schimanski: einer dieser ungehobelten Polizisten, die das Gesetz auch mal überschreiten, um es zu hüten. Mit seinem

Partner Fiorelli (Robert Mammone) klärt er Mordfälle in Sydney auf. Serienerfinder Lee hat nichts mit Dracula zu tun.
Die Folgen hatten Spielfilmlänge und liefen montags zur Primetime.

DIE COLBYS – DAS IMPERIUM   SAT.1
1987–1993. 48-tlg. US-Soap von Esther und Robert Shapiro, Eileen und Robert Pollock, William Bast und Paul Huson (»The Colbys«; 1985–1987).
Spin-off von *Der Denver-Clan:* Die Familie von Jeff Colby (John James) führt ein Firmenimperium in Los Angeles. Jeffs Vater Jason Colby (Charlton Heston) ist Familienoberhaupt und Firmenchef. Er ist mit Sable Scott (Stephanie Beacham) verheiratet. Deren Schwester Francesca (Katharine Ross) ist seine Geliebte und Jeffs wirkliche Mutter. Jason und Sable haben zusammen die Kinder Monica (Tracy Scoggins) und Miles (Maxwell Caulfield), Zwillinge, und Bliss (Claire Yarlett). Fallon Carrington (Emma Samms) ist zunächst mit Miles, später mit Jeff verheiratet. Miles hat sie vergewaltigt, wodurch sie schwanger wurde. In der zweiten Staffel kommt Jasons aufmüpfiger Bruder Phillip (Michael Parks) dazu, den alle bisher für tot gehalten hatten, und am Ende wird Fallon von einem UFO entführt.
In den USA hatte die Serie ursprünglich den Titel »Dynasty II: The Colbys«, womit die Abstammung vom *Denver-Clan* (*Dynasty*) schon im Titel sichtbar wurde, er wurde jedoch nach wenigen Wochen auf »The Colbys« gekürzt. Nach zwei Jahren wurde die Serie eingestellt, der Cliffhanger mit der entführten Fallon nie aufgelöst. Samms und James spielten anschließend wieder häufig im *Denver-Clan* mit, ohne dass ja auf die Außerirdischen eingegangen wurde. Sat.1 zeigte zunächst nur 47 Folgen zu je einer Stunde. Als die Serie fünf Jahre später wiederholt wurde, wurde Anfang 1993 eine bisher ausgelassene Folge eingefügt.

COLD CASE –
KEIN OPFER IST JE VERGESSEN   KABEL 1
Seit 2004. US-Krimiserie von Meredith Stiehm (»Cold Case«; seit 2003).
Lilly Rush (Kathryn Morris) löst Mordfälle, die vor langer Zeit als ungeklärt zu den Akten gelegt wurden. Ihr Partner ist in den ersten Folgen Chris Lassing (Justin Chambers), ab Folge 6 ist Scotty Valens (Danny Pino) an Lillys Seite. Weitere Kollegen sind Lieutenant Tom Stillman (John Finn), zugleich ihr Mentor, bei dem sie manchmal Rat sucht, Ronnie Vera (Jeremy Ratchford) und der erfahrene Will Jeffries (Mel Winkler). Im pathetischen Finale jeder Folge führt Lilly den endlich überführten Täter ab (gern bei strömendem Regen), während alle Angehörigen von Opfer und Täter und auch das Opfer selbst um sie herum stehen und betroffen gucken. In der gesamten Folge, und auch jetzt, sind die Beteiligten immer für einen Moment zu sehen, wie sie damals aussahen (also jünger), bevor Lilly den heutigen Menschen verhört.

Abgesehen vom schmalzigen Ende, eine solide gemachte Serie von Produzent Jerry Bruckheimer, die lediglich die Frage aufwarf, warum ein Fall so lange ungeklärt blieb, wenn er doch ganz offensichtlich ohne jegliche Probleme in einer knappen Stunde gelöst werden konnte.
Kabel 1 zeigte bisher 35 Folgen, zum Start an einem Mittwoch und dann freitags um 20.15 Uhr.

COLLEGE-FIEBER   PRO SIEBEN
1994. 143-tlg. US-Sitcom von Bill Cosby (*A Different World;* 1987–1993).
Denise Huxtable (Lisa Bonet) ist bei Vater Cliff und Mutter Clair ausgezogen, besucht das Hillman College und ist jetzt auf sich allein gestellt. Ihre Zimmergenossinnen sind die geschiedene Jaleesa Vinson (Dawnn Lewis), die schon 26 ist, und die naive Plaudertasche Maggie Lauten (Marisa Tomei), eine der wenigen Weißen unter den Studenten. Weitere Kommilitonen sind die reiche Whitley Gilbert (Jasmine Guy), der Frauenheld Dwayne Wayne (Kadeem Hardison) und sein bester Freund Ron Johnson (Darryl Bell). Denise verlässt das College nach einem Jahr, mit ihr Maggie. Freddie Brooks (Cree Summer), Kim Reese (Charlene Brown), Lena James (Jada Pickett), Gina Devereaux (Ajai Sanders) und Charmaine Brown (Karen Malina White) kommen nach und nach dazu. Stevie Rallen (Loretta Devine) ist anfangs die Leiterin des Studentenwohnheims; sie hat einen kleinen Sohn namens J. T. (Amir Williams). Stevies Nachfolgerin wird schon in der Mitte der ersten Staffel Lettie Bostic (Mary Alice), ihr folgt später Coach Walter Oakes (Sinbad). Colonel Clayton Taylor (Glynn Turman) ist der Mathe-Prof. Veron Gaines (Lou Myers) leitet die Campuskantine »Pit«, wo die Studenten in ihrer Freizeit oft rumhängen.
Den Titelsong »A Different World«, der von Hauptdarstellerin Dawnn Lewis zusammen mit Bill Cosby und Stu Gardner geschrieben wurde, sang in der ersten Staffel Phoebe Snow, ab der zweiten Aretha Franklin.
Die Serie begann als Ableger der *Bill Cosby Show* mit Huxtable-Tochter Denise im Mittelpunkt. Als deren Darstellerin Lisa Bonet in die Ursprungsserie zurückkehrte, rückten andere Schüler ins Zentrum, und die Serie wurde komplett eigenständig. Sie lief im werktäglichen Vorabendprogramm.

COLORADO SAGA   ARD
1984. 24-tlg. US-Historienepos nach dem Roman von James A. Michener (»Centennial«; 1978).
Die fast 200 Jahre umspannende Geschichte eines Stückes Land in den Rocky Mountains seit der ersten Besiedelung durch Weiße 1795. Von dem französischen Trapper Pasquinel (Robert Conrad), der mit dem schottischen Händler Alexander McKeag (Richard Chamberlain) als Erster das Land beansprucht, über den Gründer der Stadt Centennial, den Mennoniten Levi Zandt (Gregory Harrison), und den Indianer abschlachtenden Colonel Frank Skimmer-

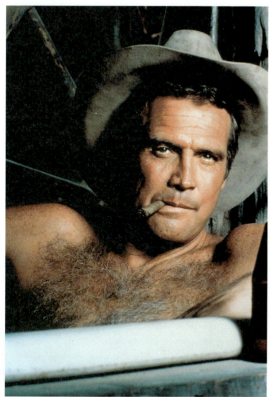

Ein Colt für alle Fälle: Richtig sauber kann Colt Seavers in all den Jahren nicht geworden sein, denn immer, wenn er in der Badewanne saß, kam ein Anruf mit einem neuen Auftrag. War aber immer ganz einfach.

horn (Richard Crenna) bis hin zu Pasquinels Nachfahren Paul Garrett (David Janssen), der heute dort als Rancher lebt und gegen den Raubbau an der Natur durch den Geschäftsmann Morgan Wendell (Robert Vaughn) kämpft.
Die zig Millionen teure Produktion lief in den USA im Rahmen der NBC-Reihe »The Big Event«, in der im Vorjahr *Holocaust* gezeigt wurde. Die ARD zeigte die als Zwölfteiler gedrehte Miniserie in 24 Folgen zu je 45 Minuten samstags nachmittags.

EIN COLT FÜR ALLE FÄLLE   ZDF

1983–1987. 90-tlg. US-Actionserie von Glen A. Larson (»The Fall Guy«; 1981–1986).
Der Hollywood-Stuntman Colt Seavers (Lee Majors) arbeitet nebenbei als Kopfgeldjäger, denn er kann es sich nicht leisten, nur am Telefon zu sitzen und auf einen Filmauftrag zu warten. Also spürt er Verbrecher auf, die bis zur Gerichtsverhandlung gegen Kaution auf freien Fuß gesetzt wurden und dann geflohen sind. Sein junger Cousin Howie Munson (Douglas Barr), ein etwas naiver Nachwuchs-Stuntman, ist stets mit dabei, was Colt anfangs überhaupt nicht passt. Der »Kleine« ist gerade neu in die Stadt gekommen, ist aufdringlich und wenig hilfreich, schaut aber zu Colt auf, lernt schnell und wird ein zuverlässiger Partner und Beifahrer in Colts Pick-up-Truck. Ebenfalls unterstützt wird Colt von der sexy Stuntfrau Jody Banks (Heather Thomas). Sie tritt im Vorspann immer durch die Saloontür ein, die in Colts bescheidene Hütte führt. Dabei trägt sie einen äußerst knappen Bikini, und damit ist ihre Rolle erklärt.

Die Aufträge erhält Colt anfangs von »Big Jack« Samantha Jack (Jo Ann Pflug), dann über mehrere Jahre von Terri Michaels (Markie Post) und schließlich von der alten Pearl Sperling (Nedra Volz). Die Damen haben die Kaution gestellt und deshalb ein persönliches Interesse daran, die Flüchtigen aufzuspüren. Wenn der entsprechende Anruf kommt, sitzt Colt meistens gerade in der Badewanne und hat keine Lust. Aber es sei wirklich ganz einfach, und an der Sache sei überhaupt kein Haken, versichert seine Auftraggeberin dann hartnäckig. Schließlich sagt Colt zu, und die Auftraggeberin erklärt die Schwierigkeiten und den Haken. Nach etlichen Schlägereien, Stunts (wie praktisch, dass er das beruflich macht) und Verfolgungsjagden, bei denen Colts Auto diverse Hindernisse überspringt, schnappt er die Bösen, die zumindest leicht zu erkennen sind, denn sie sehen natürlich auch immer böse aus.

Die meisten Folgen begannen mit einem spektakulären Stunt, der an einem Filmset durchgeführt wurde. Colt sprang irgendwo runter, fuhr durch Wände oder ging in Flammen auf und fungierte als Double für etliche Hollywoodgrößen, die jeweils einen Minigastauftritt hatten, darunter James Coburn, Richard Burton, Roy Rogers, William Conrad und Farrah Fawcett (Fawcett war Majors Ex-Frau; als ihr Double trug er eine zeitgemäße blonde Perücke).

Ohne die Arbeit des Serienerfinders Larson wüssten Privatsender in aller Welt heute nicht, was sie wiederholen sollen. Er erfand oder produzierte u. a. noch *Knight Rider, Magnum, Quincy* und *Kampfstern Galactica*. Der Titelsong »Unknown Stuntman«, von Lee Majors selbst gesungen und 1985 immerhin ein Platz 11 in den deutschen Charts, ist heute ein Partyklassiker.

Das ZDF zeigte die einstündigen Folgen montags um 17.50 Uhr. Im Vorspann der ersten Staffel sprach Colts Stimme aus dem Off eine etwa einminütige Einleitung, die die Ausgangssituation erklärte. Er bezeichnete sich darin ganz bescheiden als »einen der sympathischsten Draufgänger Amerikas«. Obwohl später auch viele Privatsender die Serie ausstrahlten, wurden 21 Folgen der eigentlich 111-teiligen Serie nie in Deutschland gezeigt.

COLUMBO   ARD, RTL

1969–1984 (ARD); 1991–2004 (RTL). 69-tlg. US-Krimiserie von Richard Levinson und William Link (»Columbo«; 1968–2003).
Lieutenant Columbo (Peter Falk) ermittelt für die Polizei von Los Angeles in Mordfällen, die sich meist in Kreisen der gehobenen Gesellschaft abspielen, oft unter Prominenten. Columbo wirkt schus-

selig und naiv und lullt damit den Hauptverdächtigen von Beginn der Ermittlungen an ein, um ihn in Sicherheit zu wiegen, bis er ihn schließlich als Mörder entlarvt.

Fast jeder *Columbo*-Krimi hatte den gleichen Aufbau. Der Zuschauer wusste immer mehr, und der Mörder war immer der Gaststar. Peter Falk und der jeweilige Gaststar waren die einzigen großen Rollen. Zu Beginn sah der Zuschauer den fast perfekten Mord und kannte so den Mörder. Bis ins kleinste Detail plante dieser seine Tat und verschaffte sich ein Alibi, das eigentlich wasserdicht war. Bis Columbo auftauchte. Der ließ sich bei seinen Ermittlungen stets von dem Gaststar »unterstützen«, der derweil abenteuerliche Theorien über den Tathergang aufstellte, um Columbo von sich selbst abzulenken. Doch der Lieutenant war immer klüger, als er wirkte. Ständig sprach Columbo von seiner Frau, Mrs. Columbo, die jedoch nie zu sehen war. Wenn er ging, kam er immer noch einmal zurück, weil er dann doch noch eine Frage hatte.

Neben seiner Art wurden vor allem Columbos Zigarre und sein immer gleicher Trenchcoat berühmt, der von Anfang an alt aussah und es im Laufe der Serie auch wurde, da Falk tatsächlich immer denselben trug. Erst 1992 wurde der Mantel ausgewechselt. Hemd und Krawatte waren ebenfalls bis 1978 immer die gleichen. Auch der Wagen, den Columbo fuhr, war uralt und gelegentlich reparaturbedürftig, wenn nicht kurz vor dem Auseinanderfallen. Begleitet wurde der Lieutenant oft von seinem Hund namens Hund. Columbo selbst hatte nie einen Vornamen. Dafür hatte er zwei Dienstgrade. Einmal antwortet er auf die Frage nach seinem Vornamen: »Inspector.« Wie die Figur denn nun wirklich heißt, ist seit Jahren Inhalt von Spekulationen. Philip heiße er, ist in einigen Quellen zu lesen. Diese Information geht zurück auf den Autor Fred Worth, der sie in sein Buch »Super Trivia« hineingeschrieben hat. Der Name war frei erfunden und sollte Worth dazu dienen, eventuelle Fälle von Plagiat nachzuweisen. Die Macher des Gesellschaftsspiels »Trivial Pursuit« schrieben die Information prompt ab (Worth verlor jedoch den Prozess). Columbo heiße Frank, behaupten viele Fans, die auf seinem Dienstausweis, der mal ganz kurz im Bild zu sehen ist, diesen Namen entziffert haben wollen. In der Tat sieht der Vorname, der da steht, aus wie »Frank«, das Wort dahinter aber nicht im Entferntesten wie »Columbo«.

Sosehr der Name Columbo auch mit Peter Falk verbunden ist: Die Figur wurde weder für ihn geschrieben, noch war er die erste Wahl bei der Besetzung. Zum ersten Mal tauchte Columbo schon mit fast all seinen späteren Erkennungsmerkmalen 1960 in einer Folge der NBC-Reihe »The Chevy Mystery Show« auf, gespielt von Bert Freed. Und eigentlich hätte bei der späteren Serie Bing Crosby die Rolle übernehmen sollen – aber der hatte keine Zeit.

Die ersten beiden Filme der Reihe entstanden noch als Einzelfilme fürs Fernsehen (Februar 1968 und März 1971, ARD-Ausstrahlung 1969 und 1973), erst

Der junge Peter Falk als *Columbo* in einem Frühwerk. Nur der Trenchcoat und das Auto waren schon damals alt.

im September 1971 ging *Columbo* in den USA in Serie (mit einem sehr jungen Steven Spielberg als Regisseur der ersten, also insgesamt dritten Folge). Sie startete bei uns im Februar 1975 und lief 14-täglich donnerstags um 21.00 Uhr. Bis 1978 wurden 43 weitere Folgen gedreht, sie waren brutto jeweils 90 Minuten lang. 27 Folgen davon zeigte die ARD auf einstündigen Sendeplätzen im Vorabendprogramm, weshalb jede dieser Folgen um etwa eine halbe Stunde gekürzt war.

Nach zwölf Jahren Pause entstanden ab 1989 in loser Folge neue, jetzt zweistündige *Columbo*-Filme, die jetzt zur Primetime – und ungekürzt – bei RTL zu sehen waren. RTL zeigte auch die von der ARD ausgelassenen sowie alle alten Folgen erstmals in voller Länge, musste sie dafür jedoch neu synchronisieren, da die von der ARD gekappten Passagen auf Deutsch nicht vorlagen. Dadurch entstand ein Stimmenwirrwarr: Columbos Synchronsprecher Klaus Schwarzkopf war 1991 gestorben. Claus Biederstaedt sprang kurzfristig ein und synchronisierte 19 Filme. Alle weiteren Folgen sprach Horst Sachtleben, auch die alten. Da außerdem eine Folge existierte – die allererste von 1968 –, in der Uwe Friedrichsen einmalig die Rolle gesprochen hatte, und RTL die Folgen bei Wiederholungen in willkürlicher Reihenfolge zeigte, konnte es vorkommen, dass Columbo innerhalb eines Monats vier verschiedene Stimmen hatte.

Trotz dieses Durcheinanders, und auch obwohl RTL den Sendeplatz mehrfach zwischen Montag, Dienstag und Donnerstag um 20.15 Uhr oder 21.15 Uhr hin- und herschob, blieb Columbos Erfolg ungebrochen. Einer der erfolgreichsten Ermittler der Welt war auch in Deutschland ein Star. Und wer *Columbo* auch ohne Peter Falk mochte, konnte die Romanheftserie lesen. Mehrere Folgen sind auf DVD erhältlich.

COME 2GETHER RTL 2
2002–2003. Dreistündige Single- und Kuppelshow im Nachtprogramm. Zuschauer konnten per Telefon und SMS teilnehmen. Katrin Jaekel, Tamina Kallert und Thorsten Schorn moderierten im Wechsel.

COMEBACK – DIE GROSSE CHANCE PRO SIEBEN
2004. Castingshow mit Arabella Kiesbauer, in der ausnahmsweise mal keine jungen, unbekannten Talente gegeneinander ansingen, sondern ehemalige Popstars der 80er- und 90er-Jahre um eine Rückkehr ins Rampenlicht kämpfen, darunter Chris Norman, Haddaway, Limahl, Jazzy, Benjamin Boyce, Markus, Coolio, Emilia, C. C. Catch und die Weather Girls. Der Musikproduzent Harold Faltermeyer, die Moderatorin Anastasia und ein wechselnder Teilnehmer bilden die Jury, die die Ex-Stars beurteilt. Nach einem Zuschauervoting fliegt am Ende jeder Sendung ein Kandidat raus.
Kiesbauer und Jury waren sichtlich bemüht, den einzelnen Teilnehmern nicht den Eindruck zu vermitteln, sie nähmen an einer Mitleidsshow für abgehalfterte D-Promis teil, und versicherten ihnen in jedem gesprochenen Satz mehrfach, wie toll und welche Ehre es sei, sie, diese großen Stars begrüßen zu dürfen, wie sehr sie sie bewunderten und welch großen Erfolg sie doch hatten, wie viele Platten sie verkauft und Preise gewonnen haben, dass sie es ja nicht mehr nötig hätten, es aber doch so toll sei, sie jetzt noch einmal auf der Bühne … In kurzen Einspielfilmen im Stil der *80er Show* wurde zudem auf Hits und Karriere der Stars zurückgeblickt. Obwohl die Show auf diese Weise die damaligen beiden großen Trends des Fernsehens verband, Casting- und Retroshows, wurde sie kein Erfolg.
Lief montags und an einigen Freitagen als zweistündige Abendshow um 20.15 Uhr. Das Finale am 5. April 2004 gewann Chris Norman, dem wenig später mit dem Song »Amazing« tatsächlich sein erster Top-10-Hit seit 16 Jahren gelang. Die letzte Folge eine Woche später war ein Best-of.

COMEDY CHAMP ZDF
2003. Talentshow mit Barbara Schöneberger.
In vier Folgen treten je vier Nachwuchs-Comedians mit Vorerfahrung mit kurzen Stand-Ups gegeneinander an. Das Publikum im Saal bestimmt die beiden, die in die Finalsendung dürfen. Dort wird unter diesen acht der Beste gekürt, der sich »Comedy Champ« nennen darf (aber nicht muss) und ein großes Auto für seine zukünftigen Tourneen bekommt.
Es gewann der Kölner Gregor Mönter, der auf Stöckelschuhen auftrat und mit einem Frosch sang. RTL und Pro Sieben hatten kurz vorher ganz ähnliche Wettbewerbe veranstaltet (»Comedy Cup« und *Comedy Hot Shot*). *Comedy Champ* lief in der Sommerpause von *Johannes B. Kerner* auf dem Sendeplatz der Talkshow, das Finale am Sonntag um 22.00 Uhr.

COMEDY CLASSICS ARD
2002. Halbstündige Reihe am Freitagabend, in der alte ARD-Comedyshows wiederholt wurden: zunächst neun Ausgaben von *Harald und Eddi*, dann sechs von *Rudis Tagesshow*.

COMEDY CLUB ARD
1991–1995. Halbstündige Comedyshow mit Peer Augustinski und Heinz-Werner Kraehkamp, die in verschiedenen Rollen Sketche spielten und zwischendurch vor Studiopublikum moderierten. In der dritten Staffel war Kraehkamp nicht mehr dabei, Augustinskis Partner war jetzt Dirk Bielefeldt, u. a. in der Rolle als Polizeiwachtmeister Holm.
Insgesamt liefen 22 Folgen montags, später dienstags um 21.05 Uhr. Einige davon waren vorher schon im NDR zu sehen.

COMEDY FACTORY PRO SIEBEN
1996–1997. Halbstündige Comedyshow mit Sketchen und Parodien. Die Darsteller waren Monty Arnold, Martin Schneider, Lou Richter, Gerd Ekken Gerdes, Stefan Hufschmidt, Jan Ditgen, Roland Baisch, Reinhard Krökel und Otto Kuhnle. Wiederkehrende Elemente waren u. a. »Das schlecht organisierte Verbrechen«, »Lous schlechte Witze« und »Besondere Menschen«.
35 Ausgaben liefen montags nach 22.00 Uhr.

COMEDY FÜR UNICEF ZDF
→ Lachen tut gut – Comedy für UNICEF

COMEDY HOT SHOT PRO SIEBEN
2003–2004. Talentshow mit Thomas Hermanns und Oliver Pocher.
Einmal im Jahr traten sechs junge Stand-up-Komiker auf der Bühne des *Quatsch Comedy Clubs* im Berliner Friedrichstadtpalast auf und gegeneinander an. Die Fernsehzuschauer der einstündigen Live-Sendung stimmten per Telefon über den Sieger ab. Der Sieger von 2003 erhielt ein Jahr später, am 13. Mai 2004, einmal am späten Abend einen halbstündigen Sendeplatz für »Die Konrad Stöckel Show«.

DAS COMEDY HOTEL WDR
2003. 10-tlg. dt. Comedyshow mit Michael Müller und Susanne Pätzold.
In einer Mischung aus Sitcom, Clipshow und Talk spielten die beiden ein Hotelier-Ehepaar, das kuriose Probleme zu bewältigen hatte und prominente Gäste empfing. Zwischendurch wurden immer wieder Sketchklassiker von früher gezeigt.

COMEDY KIDS   SAT.1
2002–2003. Halbstündige Comedyshow mit Kindern. Kinder spielten die Hauptrollen in Sketchen oder fungierten als Lockvogel für Streiche mit versteckter Kamera.
Sat.1 füllte während der Winterpause der Fußballbundesliga mit fünf Folgen den 19.00-Uhr-Sendeplatz am Samstagabend.

COMEDY STREET   ARD
1991. Halbstündige Sketchshow mit Katharina Müller-Elmau und Constanze Harpen.
In der Straßenkulisse der *Comedy Street* sagten die beiden Komikerinnen ihre Sketche an, die meist von grotesken Masken und überdrehter Ausgeflipptheit lebten und fast nie von Pointen.
Sechs Folgen liefen montags um 21.00 Uhr.

COMEDYSTREET   PRO SIEBEN
Seit 2002. Halbstündige Comedyshow mit Simon Gosejohann, der auf der Straße Passanten foppte, vor absurde Situationen stellte und die Reaktionen mit versteckter Kamera festhielt.
Vorbild für die schnelle Clipshow war das britische Format *Trigger Happy TV,* das Pro Sieben bereits auf dem gleichen Sendeplatz am späten Donnerstagabend ausgestrahlt hatte. Bisher wurden 21 Folgen gezeigt, verteilt auf drei Staffeln in größeren Abständen.

COMMISSARIO MONTALBANO   ZDF
2001. 4-tlg. ital. Krimireihe von Andrea Camilleri, Regie: Alberto Sironi (»Il commissario Montalbano«; 1999).
Commissario Dottore Salvo Montalbano (Luca Zingaretti), ein raubeiniger, aber liebenswerter Kauz, löst Kriminalfälle in der sizilianischen Kleinstadt Vigàta. Assistent Fazio (Peppion Mazzotta) und die Kollegen Gallo (Francesco Stella) und Galluzzo (Davide Lo Verde) sind immer dabei, Catarella (Angelo Russo) hütet das Reviertelefon, und Mimì Augello (Cesare Bocci) ist Montalbanos Stellvertreter. Montalbano ist seit Ewigkeiten mit Livia Burlando (Katharina Böhm) verlobt. Sie lebt im 1500 Kilometer entfernten Genua, was Montalbano seine Unabhängigkeit sichert.
Die spielfilmlangen Folgen liefen sonntags nach 22.00 Uhr. Sie basierten auf Bestsellerromanen, die ebenfalls von Andrea Camilleri stammten.

COMPUTER-CORNER   ZDF
1985–1986. »Für Computer-Freaks und solche, die es werden wollen«. 16-minütiges Computermagazin für Jugendliche mit Birgit »Biggi« Lechtermann, das hauptsächlich neue Spiele vorstellte, aber auch über neue Entwicklungen und ernste Themen wie Computer-Kriminalität berichtete.
Lief dienstags nachmittags um 16.04 Uhr. Die *Computer-Corner* war zuvor Bestandteil der Sendung *Schau zu – mach mit* gewesen und ging später in *Technik 2000* auf.

COMPUTER KIDS   RTL
1989. 18-tlg. US-Jugendserie (»Whiz Kids«; 1983–1984).
Die vier Schulfreunde Richie Adler (Matthew Laborteaux), Ham Parker (Todd Porter), Jeremy Saldino (Jeffrey Jacquet) und Alice Tyler (Andrea Elson) sind Computerfreaks und arbeiten in ihrer Freizeit als Hobbydetektive. Richies sprechender Hightech-Computer Ralf ist das wichtigste Instrument bei ihren Recherchen; manchmal bekommen sie weitere Hilfe von dem Zeitungsreporter Llewellen Farley, Jr. (Max Gail) und dessen Schwager, dem Polizisten Neal Quinn (A Martinez).
Die junge Andrea Elson wurde deutschen Zuschauern in ihrer späteren Rolle der Lynn in *ALF* wesentlich bekannter.

COMPUTERCLUB   WDR
1983–2003. Computermagazin mit Wolfgang Back und Wolfgang Rudolph, mit Berichten über neue Entwicklungen, Tests und Kritiken, das die Lebensdauer der meisten Computer um viele Jahre überschritt. Hieß in den ersten neun Monaten noch *Know-How-Computerclub*. Es war das erste seiner Art. Die Reihe brachte es auf 400 Ausgaben.

COMPUTERSTUNDE   DFF 2
1987–1988. Halbstündiges Ratgebermagazin zum Thema Computer, mit Filmbeiträgen und dem Wissenschaftlerehepaar Dr. Gabriele und Dr. Reinhard Lehmann, das Zuschauerfragen beantwortete.
17 Ausgaben liefen wöchentlich dienstags oder donnerstags am frühen Abend.

COMPUTERZEIT   ARD
1984–1988. Halbstündiges Computermagazin für Kinder und Jugendliche mit Claus Kruesken.
Mitte der 80er-Jahre stand der Computer im Kinderzimmer noch nicht für Daddeln, Daddeln, Daddeln, sondern fürs Selber-Programmieren. Entsprechend informierte die *Computerzeit* nicht nur über den neuen C64 von Commodore, sondern betrachtete das Innere eines Chips, erklärte, wie man selbst computergesteuerte Roboter bauen konnte, fragte grundsätzlich: Was ist ein Computer? und veranstaltete einen Programmierwettbewerb für Fortgeschrittene, die ein Weltraumspiel in bewegter Grafik schreiben sollten.
34 Ausgaben liefen mittwochs nachmittags.

CONAN   ZDF
1998. 21-tlg. US-Abenteuerserie (»Conan – The Television Series«; 1997–1998).
Der muskulöse sumerische Krieger Conan (Ralf Möller), ein Nachfahre der Menschen von Atlantis, soll einmal König werden. Bis dahin kämpft er mit Unterstützung seiner Kumpanen Vulkar (Andrew Craig), Zzeben (Robert McRay), Bayu (T. J. Storm), dem Gnom Otli (Danny Woodburn) und manchmal der Banditenkönigin Karella (Aly Dunne) gegen den bösen Magier Hissah Zul (Jeremy Kemp), der Conan

töten will. Zuls Ratgeber ist Orakelnder Sprechender Schädel (A. C. Qart-Hadosht). Schwertkämpfe sind an der Tagesordnung.
Die Geschichten basierten auf den Conan-Romanen von Robert E. Howard, aus denen bereits drei Filme mit Arnold Schwarzenegger als »Conan, der Barbar« entstanden waren.
Das ZDF, das die blutige Serie koproduziert hatte, zeigte die 45-Minuten-Folgen nachmittags an Werktagen, oft im Doppelpack.

CONAN, DER ABENTEURER   SAT.1
1994–1995. 65-tlg. US-frz. Zeichentrickserie (»Conan, The Adventurer«; 1992).
Der böse Zauberer Wrath-Amon möchte dem jungen Krieger Conan ein magisches Schwert entwenden, das ihm große Kräfte verleiht. Conan nimmt den Kampf auf, auch aus Rache, weil Wrath-Amon Conans Eltern in Steine verwandelt hat.
Basierte, wie auch schon die Kinofilme und die Fernsehserie *Conan*, auf Romanen von Robert E. Howard und zog noch eine Fortsetzung nach sich.

CONAN UND SEINE TAPFEREN FREUNDE   KABEL 1
1997. 13-tlg. US-Zeichentrickserie (»Conan And The Young Warriors«; 1993–1994).
Fortsetzung von *Conan, der Abenteurer:* Conan lernt drei neue Schüler an. Dank eines Amuletts können sie unsichtbar werden, Illusionen erzeugen und mit Tieren sprechen.

CONOR, DER KELTE   RTL
2000. 13-tlg. US-Fantasyserie von Ron Koslow und Shaun Cassidy (»Roar«; 1997).
Im 5. Jh. bekämpfen sich die keltischen Clans in Irland, denen seitens des Römischen Imperiums weitere Gefahr droht. Der 20-jährige keltische Prinz Conor (Heath Ledger) wird nach dem Mord an seiner Familie zum Anführer gegen die Römer. Zu seiner Gruppe gehören sein Mentor Fergus (John Saint Ryan), der junge Zauberer Tully (Alonzo Greer) und die geflohene Sklavin Catlin (Vera Farmiga). Ihre Hauptgegner sind Longinus (Sebastian Roche), ein 400 Jahre alter Römer, der durch einen Fluch noch am Leben ist, und dessen Geliebte Queen Diana (Lisa Zane).
Die einstündigen Folgen liefen sonntags nachmittags.

CONRAD & CO.   ZDF
1997–2001. Wöchentliche Samstagnachmittags-Talkshow mit Susanne Conrad, die mit unprominenten Gästen über Alltagsthemen spricht. Nachfolgesendung von *Hera Lind & Leute*.

CONSTANZE UND VICKY   ARD
1991. 13-tlg. frz. Familienserie, Regie: Jacques Cluzaud, Jean-Pierre Prévost (»Constance et Vicky«; 1990).
Die Zwillinge Constanze (Sonia Vollereaux) und Vicky (ebenfalls) wurden nach der Geburt von ihrer damals 18-jährigen Mutter Anna Miller (Marie-José Nat) ausgesetzt und getrennt. Jetzt sind beide erwachsen, und die inzwischen unheilbar kranke Anna spürt die beiden mit Hilfe eines Detektivs auf. Die Zwillinge haben sehr konträre Lebensstile, doch Anna bringt die Familie wieder zusammen und bemüht sich um Wiedergutmachung ihres Fehlers.
Die einstündigen Folgen liefen im regionalen Vorabendprogramm.

COOKIE   VOX
1998. Multimediamagazin mit Susanne Reimann und Berichten über Computer, Internet, technische Neuheiten und Visionen der Multimediabranche. War 45 Minuten lang und lief tief in der Nacht.

COOL TREND   RTL
1998–2000. Halbstündiges Ski- und Lifestyle-Magazin aus der *Trend*-Reihe mit Willy Bogner, das es auf zehn Ausgaben brachte.

COP ROCK   KABEL 1
1995. 11-tlg. US-Krimimusical von Steven Bochco und William M. Finkelstein (»Cop Rock«; 1990).
Mord mit Musik: Die Polizisten Roger Kendrick (Ronny Cox), John Hollander (Larry Joshua), Vincent LaRusso (Peter Onorati), Joseph Gaines (Mick Murray), Andy Campoo (David Gianopoulos), Vicki Quinn (Anne Bobby), ihr Mann Ralph Ruskin (Ron McLarty) und Franklin Rose (James McDaniel) klären in Los Angeles Mordfälle, Rauschgiftdelikte und Korruption auf und brechen dabei gern unvermittelt in Gesang aus. Alle. Auch die Mörder, Diebe und Bürgermeisterin Louise Plank (Barbara Bosson).
Ja, gut, ähm, war halt mal was anderes. Von Randy Newman stammte der Titelsong »Under the Gun« und einige andere Songs, Mike Post war für den größten Teil des Rests verantwortlich. Dafür, dass die Serie mit ca. 1,8 Millionen Dollar Produktionskosten pro Folge für die damalige Zeit extrem teuer war, konnten sich wenige Zuschauer mit der kruden Mischung aus Verbrechen mit Gesang und Verbrechen am Zuschauer anfreunden.
1993 hatte der Stadtsender TV München die Serie bereits gezeigt.

COP & CO.   ARD
1990. 14-tlg. dt. Krimi-Comedy-Serie von Georg Feils Söhnen.
Der Depp Kaspar Kaschwoski (Hans-Peter Korff) wird eher versehentlich vom Streifenpolizisten zum Kriminalkommissar befördert und muss nun Fälle aufklären. Das gelingt ihm auch, doch dafür kann er nichts. Markus (Michael Wolf), der Sohn von Kaspar und Anna (Ulli Philipp), erledigt viel Ermittlungsarbeit mit der heimischen Computertechnik, der Rest ergibt sich per Zufall. Sein Chef Paulus Pöppelmann (Toni Berger) denkt jedoch gar nicht daran, Kaspar zurück in den Streifendienst zu stecken, weil er ihn wohl für eine Art Columbo hält, der auch alle nervt, dabei aber in Wirklichkeit genial ist.

Die Geschichten basierten auf der gleichnamigen Jugendkrimi-Buchreihe. Autor Georg Feil verarbeitete laut eigener Aussage Ideen seiner 11 und 14 Jahre alten Söhne.
Die halbstündigen Folgen liefen am Vorabend.

C.O.P.S. – BEST OF TV SAT.1
2001–2002. Comedyshow mit Ingolf Lück und Bernhard Hoëcker, in der Pannen und andere vermeintlich witzige Ausschnitte aus dem Fernsehen gezeigt werden. Die beiden Komiker befinden sich in einer Art Überwachungszentrale mit diversen Monitoren und parodieren dabei die »Men in Black« aus dem gleichnamigen Kinofilm.
Die Show war ursprünglich als Einstundenformat namens »C.O.P.S. – Die Comedy-Pannenshow« für Feiertagssendeplätze am Vorabend eingeplant und lief dort auch. Eine andere Sendung unter dem Titel *Best of TV* war im März 2001 mit einer Pilotausgabe gestartet, moderiert von Christian Clerici. Ab Mai wurden die Formate zusammengelegt. Ein 45-minütiges *C.O.P.S. – Best of TV* lief nun samstags um 19:30 Uhr, moderiert von Hoëcker und Lück. Ende Juli 2001 wurde die Show auf 15 Minuten gekürzt und begann jetzt erst um 20.00 Uhr.

CORALBA ARD
1973. 5-tlg. ital. Krimi von Biagio Proietti und Belisario L. Randone, Regie: Daniele D'Anza (»Coralba«; 1972).
Mareo Danon (Rossano Brazzi), Chef des Hamburger Pharmakonzerns Coralba, wird erpresst. Es geht um einen angeblich durch ein Medikament des Pharmakonzerns Coralba verursachten Todesfall. Das war tatsächlich so. Dann stirbt auch noch Danons Frau, und er wird des Mordes verdächtigt. Er war's aber nicht.
Die 45-minütigen Folgen liefen in regionalen Vorabendprogrammen.

CORINNA RTL
1995. 6-tlg. dt. Sitcom.
Corinna (Ingrid Stein) ist dreimal geschieden. Sie hat ein großes Mundwerk und versucht, ihre Vorstellungen vom Leben als emanzipierte Frau mit den Erwartungen ihrer Familie zu vereinbaren. Sie lebt mit ihrem vierten Mann Klaus Belz (Wolf-Dietrich Berg), ihrem erwachsenen Sohn Frank Krüger (Dirk Schmidt) und dessen zehnjähriger Tochter Jenny (Michelle Krüger) unter einem Dach. Dr. Artur Habersatt (Horst Jüssen) ist ihr Nachbar.
Adaption der US-Sitcom »Maude«, die mit Bea Arthur in der Hauptrolle dort außerordentlich erfolgreich war. Die deutsche Version wurde ein Flop. 13 Folgen waren geplant. Den ersten Versuch, *Corinna* am Montag um 20.45 Uhr zu zeigen, im Doppelpack mit *Otto – Die Serie,* beendete RTL schon nach der Pilotfolge. In einem zweiten Anlauf ab Juli 1995 wurden donnerstags um die gleiche Zeit immerhin fünf Folgen gesendet, bevor das endgültige Aus mangels Quote kam.

CORKY UND DER ZIRKUS ARD
1957–1960. 33-tlg. US-Familienserie (»Circus Boy«; 1956–1957).
Nach dem Unfalltod seiner Eltern wächst der kleine Corky (Mickey Braddock) als Zirkusjunge im Wanderzirkus von Tim Champion (Robert Lowery) auf. Dabei kümmert er sich vor allem um seinen persönlichen Schützling, das Elefantenbaby Bimbo. Um Corky wiederum kümmert sich neben Tim auch Onkel Joey (Noah Beery, Jr.), der Clown.
Corky und der Zirkus war die erste amerikanische Serie im deutschen Fernsehen. Hauptdarsteller Mickey Braddock wurde später unter seinem richtigen Namen Mickey Dolenz als einer der Monkees berühmt.
Die ARD zeigte die 25-Minuten-Episoden zunächst im Hauptabendprogramm um 20.15 Uhr und verlegte sie ab Folge 6 ins Nachmittagsprogramm, da die für Kinder interessante Serie zu einer Tageszeit besser aufgehoben war, zu der Kinder damals auch zusahen.

CORNELIUS HILFT ZDF
1994. 14-tlg. dt. Reporterserie von Felix Huby, Regie: Klaus Gendries.
Der Redakteur Cornelius Schlichter (Walter Plathe) schreibt in der Zeitung »Berliner Nachtausgabe« (BN) seine eigene Kolumne »Cornelius hilft«. Er recherchiert in Fällen, in denen sich Menschen ungerecht behandelt fühlen, und ist mindestens so sehr Anwalt und Detektiv wie Journalist. Jacqueline Schulze, genannt »Jacky« (Anja Franke), ist seine rechte Hand, Röschen (Susanne Scholl) seine Sekretärin. Cornelius hat außerdem eine Freundin namens Camilla Weber (Simone Thomalla) und eine Hunde züchtende Mutter namens Erika (Ursula Karusseit).
Die Serie variierte eher müde diverse frühere Reporterserien und mischte sie mit ein bisschen *Liebling – Kreuzberg,* wo Anja Franke schon als rechte Hand des Chefs aufgetaucht war. Gedreht wurde die Serie auch im Berliner Hochhaus des Springer-Verlages, in dem zufällig eine Zeitung namens »Bild« erscheint, die eine Rubrik »Bild hilft« hat.
Nach dem Pilotfilm am Mittwoch liefen die 50-minütigen Folgen freitags am Vorabend.

COSBY VOX
2001–2002. 96-tlg. US-Sitcom von Dennis Klein und Bill Cosby (»Cosby«; 1996–2000).
30 Jahre lang hat Hilton Lucas (Bill Cosby) für eine Fluggesellschaft gearbeitet, im Alter von 60 Jahren wird er plötzlich Opfer einer Rationalisierungsmaßnahme und muss sich mit seinem neuen Leben als Arbeitsloser zurechtfinden. Fortan verbringt er also viel Zeit zu Hause bei seiner Frau Ruth (Phylicia Rashad) und der erwachsenen Tochter Erica (T'Keyah Crystal Keymáh), die ihren Job als Anwältin aufgibt, um Köchin zu werden, und wieder bei den Eltern wohnt. Auch ihr platonischer Freund Griffin Vesey (Doug E. Doug) zieht in das Lucas-Haus. Zwar ist er Besitzer des Nachbarhauses, das

jedoch hat er an eine Vorschule vermietet. Angelo (Angelo Massagli) und Jurnee (Jurnee Smollett) sind zwei der Kinder, die die Vorschule besuchen. Ruth arbeitet gemeinsam mit ihrer exzentrischen Freundin Pauline Fox (Madeline Kahn) halbtags in einem Blumengeschäft.

Vier Jahre nach dem Ende der erfolgreichen *Bill Cosby Show* kam Bill Cosby mit einer neuen Sitcom zurück, in der wie schon in der alten Serie Phylicia Rashad seine Frau spielte. Die Serie war eine Neuauflage der britischen Comedyserie »One Foot In The Grave« (1990–1997), die in Deutschland nicht ausgestrahlt wurde. *Cosby* lief werktäglich um 19.45 Uhr. Zwei Folgen fielen wegen des Terroranschläge vom 11. September 2001 aus und wurden erst bei einer Gesamtwiederholung der Serie ein halbes Jahr später gesendet.

COSBY & KIDS   PRO SIEBEN
2001. US-Show (»Kids Say The Darndest Things«; 1998–1999).

Bill Cosby plaudert mit kleinen Kindern über alles Mögliche, und die Kleinen sagen dabei soooo süße Sachen.

Quasi die US-Version von *Kinderquatsch mit Michael,* aber ohne Lieder.

Pro Sieben zeigte zunächst einige einzelne Folgen an Feiertagen am Vorabend und ging mit 15 Folgen am frühen Sonntagmorgen in Serie.

DIE COUCHCOWBOYS   SAT.1
2002. 10-tlg. dt. Comedyserie.

Petra (Britta Dirks) und Susanne (Nina Rothemund) geben sich Mühe, das Leben ihrer Männer Harry (Horst Kotterba) und Toni (Martin Kuhlmann) zu begreifen. Das findet in einer WG statt, ist recht chaotisch, spielt sich größtenteils auf dem Sofa oder in der Kneipe ab und dreht sich hauptsächlich um Bier und Sex.

Die Serie bediente sich zweitens bei den gängigen Klischees und erstens bei der britischen Sitcom »Men Behaving Badly«, die bereits in den USA einen Abklatsch hervorgebracht hatte, der in Deutschland als *Der Mann an sich* zu sehen war. Ursprünglicher Arbeitstitel dieser Serie war »Männer sind peinlich«. Lief freitags um 22.45 Uhr.

COUNTDOWN GRAND PRIX   ARD
→ Eurovision Song Contest

COUNTDOWN X – ALARM IM ALL   RTL 2
1997–1998. 21-tlg. US-Abenteuerserie von Kary Antholis und George Zaloom (»The Cape«; 1996–1997).

Unter der Leitung von Commander Henry »Bull« Eckert (Corbin Bernsen) werden am Cape die Vorbereitungen für den nächsten Weltraumflug getroffen. Bull selbst war schon dreimal im Shuttle auf Missionen und wird jetzt von Jack Riles (Adam Baldwin), Reggie Warren (Bobby Hosea) und Tamara St. James (Tyra Ferrell) unterstützt, die ebenfalls alle über langjährige Erfahrung verfügen. Ihre jüngeren Mitarbeiter, die das Team verstärken und dabei von den Veteranen lernen, sind Zeke Beaumont (Cameron Bancroft), D. B. Woods (David Kelsey), Barbara De Santos (Bobbie Phillips) und Peter Engel (Chad Willett). Harry Krause (Larry Black) ist Bulls Boss, Andrea Wyler (Katie Mitchell) macht die Öffentlichkeitsarbeit und kriegt immer die Krise, wenn es eine Krise gibt.

Die Serie wurde tatsächlich im Kennedy Space Center und in Cape Canaveral gedreht. Der Astronaut Buzz Aldrin, als zweiter Mann auf dem Mond bekannt geworden, diente als Berater für Schauspieler und Crew.

Die Serie startete freitags um 20.15 Uhr, wurde wegen schwacher Quoten aber bald auf den Samstagnachmittag verlegt.

COUNTRY-MUSIC   ARD
1979–1981. 45-minütige Musikshow mit dem Truckerliedersänger Gunter Gabriel und Gästen aus der Countryszene mit ihren Liedern. Die Show war allen Ernstes eine der Nachfolgesendungen des Jugendmagazins *Szene.* Die andere war *Pop Stop.*

COUNTRY TIME MIT FREDDY QUINN   ZDF
1982–1984. Musikshow mit Freddy Quinn und Gästen aus der internationalen Countryszene mit ihren Hits. Die Show lief sehr unregelmäßig mit insgesamt acht Ausgaben in drei Jahren an verschiedenen Sendeplätzen im Abendprogramm, mal 45 Minuten lang aus dem Studio, mal 90 Minuten lang als große Hallenshow.

Freddy, der durch Heimatfilme, Seemannslieder und TV-Zirkusshows bekannt war, durfte hier mal in einem völlig anderen Genre agieren. Stars wie Johnny Cash, Wanda Jackson, Dave Dudley, Jerry Lee Lewis und Emmylou Harris traten bei ihm auf, und natürlich Truck Stop.

Von Oktober bis Dezember 1986 zeigte das ZDF drei Sendungen mit Highlights, im Mai 1989 außerdem das Special »It's Country-Time: Freddy Quinn präsentiert die Bellamy Brothers«.

COUPLING – WER MIT WEM?   PRO SIEBEN
2002–2003. 22-tlg. brit. Comedyserie von Steven Moffat, Regie: Martin Dennis (»Coupling«; 2000–2004).

Sechs Freunde um die Dreißig versuchen, ihr Beziehungschaos zu bewältigen, und reden darüber. Und vor allem über Sex. Zunächst mal verlässt Steve Taylor (Jack Davenport) seine Freundin, die extrem naive Jane Christie (Gina Bellman), wegen Susan Walker (Sarah Alexander), die mal mit Patrick Maitland (Ben Miles) zusammen war, der später eine Beziehung mit Sally Harper (Kate Isitt) beginnt. Nur Jeff Murdochs (Richard Coyle) Beziehungen finden außerhalb der Clique statt, dafür hat er für jeden anderen immer ausführlichen analytischen Rat parat, der mit jedem Mal weiter hergeholt klingt.

Coupling war *Friends* mit mehr Sex. In beiden Serien saßen jeweils sechs Freunde herum und erörterten ihr Leben. Lediglich die Themenpalette war in *Friends* deutlich breiter. Autor Steven Moffat und seine Frau Sue Vertue, die die Serie gemeinsam produzierten, schien dieser oft erwähnte Vergleich nicht zu stören, bis das US-Network NBC die Serie 2003 adaptierte und offensiv als die neuen *Friends* bewarb. Die US-Version floppte sofort, und Moffat und Vertue führten es darauf zurück, dass der Vergleich natürlich völliger Blödsinn und irreführend gewesen sei.

In Deutschland paarte Pro Sieben die 22 halbstündigen Folgen mit *Sex And The City*, zeigte sie dienstags direkt danach um 21.45 Uhr. *Coupling* erreichte dabei die deutlich schwächeren Einschaltquoten. In Großbritannien wurde noch eine weitere Staffel mit sechs Folgen produziert.

COVER UP – MODE, MODELS UND INTRIGEN   RTL 2
→ Mode, Models und Intrigen

COW & CHICKEN   PRO SIEBEN
2001–2002. US-Kurz-Cartoonserie (»Cow And Chicken«; 1996).
Ein merkwürdiges Geschwisterpaar: Muh-Kuh ist eine Kuh und Chickie ein Hahn. Jeder Cartoon war etwa sieben Minuten lang und lief nachts. RTL 2 zeigte später zusammengefasste 25-Minuten-Folgen am Mittag.

COWBOY IN AFRIKA   ARD
1971. 9-tlg. US-Westernserie (»Cowboy In Africa«; 1967–1968).
Der englische Commander Howard Hayes (Ronald Howard) sucht für seine Farm in Kenia jemanden, der sich mit der Zähmung und Haltung von Großwild auskennt. Er engagiert den amerikanischen Rodeochampion Jim Sinclair (Chuck Connors), der seinen Kumpel, den Navajo-Indianer John Henry (Tom Nardini), mitbringt. Der zehnjährige afrikanische Waisenjunge Samson (Gerald B. Edwards) freundet sich mit den Männern an.
Der in die Ferne verlegte »Western« zeigte Bilder vom Kontinent namens Afrika, wurde aber überwiegend in »Africa« gedreht, einem Park in Südkalifornien.
Die Serie basierte auf dem Spielfilm »Gefährliche Abenteuer« von 1967, den das ZDF als Dreiteiler *Wildwest in Afrika* zeigte. Die einstündigen Folgen liefen im regionalen Vorabendprogramm. Im Original hat die Serie 27 Folgen.

COWBOYS   ARD
1965–1967. 13-tlg. US-Westernserie (»Rawhide«; 1959–1966).
Die Cowboys Gil Favor (Eric Fleming) und Rowdy Yates (Clint Eastwood) treiben Rinderherden quer durch den Westen.
In Amerika hatte die Serie 217 Folgen. Die ARD zeigte nur 13 davon sonntags in loser Folge. Mehr als 200 weitere Folgen brachte Pro Sieben etwa ein Vierteljahrhundert später unter dem Titel *Tausend Meilen Staub* (ausführliche Infos dort).

DIE COWBOYS   ZDF
1975. 11-tlg. US-Westernserie nach dem Roman von William Dale Jennings (»The Cowboys«; 1974).
Im New Mexico der Pionierzeit bewirtschaftet die junge Witwe Annie Anderson (Diana Douglas) die Langhorn-Ranch. Zur Hand gehen ihr Marschall Bill Winter (Jim Davis) und vor allem sieben Waisenjungen im Alter zwischen sieben und 17 Jahren: Cimarron (A Martinez), Slim (Robert Carradine), Jimmy (Sean Kelly), Homer (Kerry MacLane), Steve (Clint Howard), Hardy (Mitch Brown) und Weedy (Clay O'Brien). Die Teenager-Cowboys kämpfen natürlich auch gegen Teenager-Comanchen. Der Schwarze Jebediah Nightlinger (Moses Gunn) ist der Ranch-Koch und beaufsichtigt zugleich die Kinder.
Jennings' Roman war bereits 1972 fürs Kino verfilmt worden. Martinez, Carradine, Kelly und O'Brien hatten auch im Film mitgewirkt. Die Rolle der jungen Witwe hatte damals John Wayne gespielt – erst für die Serie hatte man sich entschieden, aus der Hauptfigur eine Frau zu machen.
Die halbstündigen Folgen liefen montags um 17.10 Uhr.

COWBOYS IN SONGS UND GESCHICHTEN   ARD
1977. Musiksendung von und mit Don Paulin, der seine Reihe mit *Songs und Geschichten* fortsetzte, sich diesmal aber auf ein einzige Gruppe von Sängern und Besungenen konzentrierte: die Cowboys. Paulin sang klassische Cowboylieder, teilte mit seinen Zuschauern alte Indianerweisheiten, korrigierte Legenden und klärte darüber auf, dass »ein Cowboy sich lieber ohne Hosen als ohne Sporen in der Öffentlichkeit gezeigt hätte und mit dem Wetter im Wilden Westen mehr Ärger hatte als mit den Indianern«. Schon in einer Sendung der Vorgängerreihe hatte Don Paulin 1976 bekannte und weniger bekannte Cowboylieder vorgetragen, darunter auch ein »Wiegenlied für Kühe«.
Sechs viertelstündige Sendungen liefen im Nachmittagsprogramm. Später trat Paulin auch in *Spaß muss sein* mit Geschichten und Songs auf.

CRASH ZONE – DAS COMPUTER-TEAM   SUPER RTL
2003. 26-tlg. austral. Jugendserie (»Crash Zone«; 1998).
Die Computer-Freaks Bec (Frances Wang), Mike (Nikolai Nikolaeff), Pi (Cassandra Magrath), Ram (Damien Bodie) und Marcello (Paul Pantano) testen im Auftrag der Spieleerfinderin Alexandra Davis (Nicki Wendt) neue Computerspiele. An ihrer Seite ist das Cyber-Wesen Virgil (Matthew Parkinson), das aus einem vernichteten Spiel übrig blieb.

CRAZY – DIE SHOW   RTL 2
2001. Einstündige Spielshow mit Yara Wortmann

und Tobias Licht, quasi *Wetten, dass ...?* in schrill. Studio- und Telefonkandidaten setzen bei verrückten Wetten, die Prominente im Studio abschließen. Umgekehrt tippen die Promis auf Antworten, die das Studiopublikum auf außergewöhnliche Fragen geben muss.
Nur sechs Folgen liefen sonntags um 19.00 Uhr, dann kam das vorzeitige Aus.

CRIME STORY RTL
1989–1990. 43-tlg. US-Krimiserie von Michael Mann (»Crime Story«, 1986–1988).
Anders als andere Serienpolizisten hat es Mike Torello (Dennis Farina) nicht wöchentlich mit neuen Fällen zu tun. Torello ist zwei Staffeln lang hinter einem einzigen Mann her: dem ehrgeizigen, cleveren jungen Gangster Ray Luca (Anthony Denison). Die Verfolgung beginnt in Chicago 1963 und führt später nach Las Vegas und quer durch die USA. An Torellos Seite sind Danny Krychek (Bill Smitrovich), Nate Grossman (Steve Ryan), Joey Indelli (Bill Campbell) und Walter Clemmons (Paul Butler), außerdem der Staatsanwalt David Abrams (Stephen Lang), der selbst aus einer Gangsterfamilie stammt. Paul »Paulie« Taglia (John Santucci) ist Lucas Gefolgsmann, aber in der Praxis oft eher eine Belastung. Andere Unterweltgrößen helfen Luca, darunter Manny Weisbord (Joseph Wiseman), Phil Bartoli (Jon Polito) und Max Goldman (Andrew Dice Clay). Die erste Staffel endet mit einem sagenhaften Cliffhanger: Luca und Taglia geraten in der Wüste Nevadas in einen Atombombentest – den sie am Anfang der zweiten Staffel anscheinend unverletzt überlebt haben. Schließlich erwischt Torello Luca in einem lateinamerikanischen Staat.
RTL zeigte die Serie zunächst dienstags um 21.15 Uhr, später sonntags gegen 23.40 Uhr. Die Titelmusik ist der Hit »Runaway« von Del Shannon mit geändertem Text.

CRIME TRAVELLER – DIE ZEITSPRINGER PRO SIEBEN
1997–1999. 8-tlg. brit. Science-Fiction-Serie von Anthony Horowitz (»Crime Traveller«; 1997).
Mit einer Zeitmaschine reisen Detective Jeff Slade (Michael French) und die Spurensicherungsexpertin Holly Turner (Chloe Annett) in die Vergangenheit, um Verbrecher zu überführen. Dabei müssen sie aufpassen, dass sie nicht in einer Zeitschleife gefangen werden. Detective Chief Inspector Kate Grisham (Sue Johnston) ist ihre Chefin. Lief am Samstagnachmittag.

CRIMINAL INTENT – VERBRECHEN IM VISIER VOX
Seit 2004. US-Krimiserie von Dick Wolf und René Balcer (»Law & Order: Criminal Intent«; seit 2001).
Robert Goren (Vincent D'Onofrio) und Alexandra Eames (Kathryn Erbe) klären für die New Yorker Polizei Mordfälle auf. Goren ist ein instinktsicherer Ermittler, der notfalls dem Verdächtigen im Verhör falsche Tatsachen vorgaukelt, um ein Geständnis zu bekommen. Captain James Deakins (Jamey Sheridan) ist der Vorgesetzte, Ron Carver (Courtney B. Vance) der Staatsanwalt.
Die Erzählperspektive wechselt innerhalb der Folgen mehrfach. So sieht der Zuschauer sowohl den Blickwinkel der Fahnder als auch den der Verbrecher. Dabei wird jedoch nicht, wie z. B. bei *Columbo*, die Lösung des Falles vorweggenommen.
Die knapp einstündigen Folgen laufen montags um 21.10 Uhr. Vox paarte sie mit der Erfolgsserie *CSI: Miami* und erreichte auf Anhieb auch für *Criminal Intent* gute Quoten. Die Serie war der zweite Ableger von *Law & Order*. Das erste Spin-off, »Law & Order: Special Victims Unit«, wurde später unter dem Titel *Law & Order: New York* in Deutschland gezeigt. Auch von der Originalserie war bis dato nur die Hälfte der Episoden bei uns zu sehen. Wenig später erinnerte sich RTL aber offenbar an deren Existenz und zeigte noch ein paar Folgen.

CROCODILE HUNTER – IM ANGESICHT DER BESTIE RTL 2
Seit 2002. Austral. Wildlife-Serie (»Crocodile Hunter«; 1993–2000).
Steve Irwin, australischer Reptilienexperte, Tierfänger, Zoodirektor und durchgeknallter Selbstdarsteller, und seine Frau Terri zeigen uns, was für wunderbare Wesen Krokodile, Schlangen und andere gefährliche Tiere sind und wie man sie richtig niederringt.
Mit den Erlösen aus seiner in über 100 Ländern ausgestrahlten Reihe unterstützte Irwin Projekte zum Schutz bedrohter Arten und internationale Forschungsprogramme.
Die Serie lief zuvor bereits auf dem Discovery Channel von Premiere. RTL 2 zeigte dann immer sonntags nachmittags mehrere Folgen hintereinander.

CROSSING JORDAN – PATHOLOGIN MIT PROFIL VOX
Seit 2003. US-Krimiserie von Tim Kring (»Crossing Jordan«; seit 2001).
Die Gerichtsmedizinerin Jordan Cavanaugh (Jill Hennessy) hilft der Polizei in Boston bei der Aufklärung von Mordfällen – ob die Polizei das will oder nicht. Jordan ist eifrig, manchmal besessen von ihren Fällen und eckt mit ihrer forschen Art oft bei ihrem Chef Dr. Garret Macy (Miguel Ferrer) an. Ihre Mutter wurde einst ermordet, der Täter nie gefunden. Von ihrem Vater, dem Ex-Polizisten Max (Ken Howard), der das Thema am liebsten ruhen lassen würde, holt Jordan sich Rat bei der Aufklärung komplizierter Fälle, die beide oft gemeinsam mit einem der legendären »Cavanaugh-Rollenspiele« lösen, indem sie fiktiv in die Rollen von Täter und Opfer schlüpfen. Jordans Kollegen sind der Kriminalist Dr. Nigel Townsend (Steve Valentine) und der forensische Insektenkundler »Bug« (Ravi Kapoor). Er heißt eigentlich Dr. Mahesh Vijayaraghavensatyanaryanamurthy – also doch lieber »Bug«. Lily Lebowski (Kathryn Hahn) ist

CSI: Robert David Hall, Marg Helgenberger und William L. Petersen (von links) führen mal wieder eines dieser Fachgespräche in Las Vegas.

Macys Sekretärin sowie Trauerberaterin für Hinterbliebene. Trey Sanders (Mahershalalhashbaz Ali) ist ein junger Arzt im Praktikum. Er ist nur in der ersten Staffel dabei, in der zweiten kommen der Polizist Woody Hoyt (Jerry O'Connell), der Jordans Ermittlungen unterstützt, und die Medizinerin Elaine Duchamps (Lorraine Toussaint) dazu, in der dritten ferner die junge Ärztin im Praktikum Devan Maguire (Jennifer Finnigan).
Hoffentlich flimmern Ihnen die Augen angesichts der langen Namen jetzt nicht allzu sehr. Wir haben noch Glück, dass Dr. Vijayaraghavensatyanaryanamurthy nicht von Mahershalalhashbaz Ali gespielt wurde.
Nachdem Vox über Jahre dienstags um 22.10 Uhr großen Erfolg mit *Ally McBeal* hatte, setzte es nach deren Ende die *Pathologin mit Profil* auf diesen Sendeplatz, wie Ally eine Frau in Boston, und wurde nicht enttäuscht. Ab der dritten Staffel im Januar 2005 wurde die Serie dennoch auf Montag zur gleichen Zeit verlegt. Bisher liefen rund 60 Folgen.

CROSSROADS PRO SIEBEN
1994. 12-tlg. US-Abenteuerserie (»Crossroads«; 1992).
John Hawkins (Robert Urich) hat bis vor kurzem noch Verbrecher gejagt, sein 16 Jahre alter Sohn Dylan (Dalton James) wäre beinahe einer geworden. Dylan ist nach dem Tod seiner Mutter bei den Großeltern aufgewachsen. Als er jetzt in Schwierigkeiten gerät, nimmt sein Vater, ein New Yorker Staatsanwalt, Dylan unter seine Fittiche, kündigt seinen Job, und die beiden gehen auf große Abenteuertour und fahren mit dem Motorrad quer durchs Land. Unterwegs helfen sie Menschen, die ebenfalls in Schwierigkeiten sind.
Die 60-minütigen Folgen liefen samstags um 18.00 Uhr.

THE CROW – DIE SERIE RTL 2
2000. 21-tlg. US-Fantasy-Serie von Bryce Zabel (»The Crow: Stairway To Heaven«; 1998–1999).
Ein Jahr nachdem Eric Draven (Mark Dacascos) und seine Freundin Shelly (Sabine Karsenti) ermordet wurden, bringt die Krähe Eric zurück, damit er als Rächer gegen das Böse kämpfen kann. Das intelligente Kind Sarah (Katie Stuart) hilft ihm im Kampf gegen Dämonen. Ihre Mutter Darla Mohr (Lynda Boyd) arbeitet auf dem Polizeirevier. Detective Daryl Albrecht (Marc Gomes) kennt die Wahrheit über Eric, und die beiden helfen sich gegenseitig.
Die Serie war eine Neuauflage des gleichnamigen Kinofilms mit Brandon Lee. Beide basierten auf den Comics von James O'Barr. Erics ermordete Freundin Shelly war in vielen Rückblenden zu sehen. Die einstündigen Folgen liefen zunächst dienstags zur Primetime, dann mittwochs um 22.15 Uhr.

CSI VOX
Seit 2001. US-Krimiserie von Anthony E. Zuiker (»CSI – Crime Scene Investigation«; seit 2000).
Das Team der Spurensicherung in Las Vegas klärt Gewaltverbrechen auf. Mit modernen Methoden der Forensik, Ballistik und Rechtsmedizin rekonstruieren die CSIs (Crime Scene Investigators) im Labor den Tathergang, nehmen jede Spur, jedes kleinste Detail unter die Lupe und finden so die Wahrheit heraus. Gil Grissom (William L. Peterson) ist der unnahbare Teamleiter, ein abgebrühter Ermittler, der Maden und Würmer liebt, weil man aus ihrem Entwicklungsstadium so viele Rückschlüsse ziehen kann. Er glaubt ohnehin keinen Menschen, er glaubt nur Beweisen, denn die sprechen für sich (»Die Kartoffel hat die Wahrheit gesagt«). Immer wieder aufs Neue überrascht er mit seinem enormen Wissen – und mit trockenen Kommentaren: Da liegt ein während des Kampfs gestorbener Boxer tot im Ring,

ein Polizist informiert Grissom: »Er war ein Champion. 19 Siege«, und Grissom entgegnet nur: »Eine Niederlage.« Seine Mitarbeiter sind die ehemalige Stripperin Catherine Willows (Marg Helgenberger), der frühere Spieler Warrick Brown (Gary Dourdan), der karrierebewusste, aber ungeduldige Nick Stokes (George Eads) und die eifrige und kontaktscheue Sara Sidle (Jorja Fox), die sich zu Grissom hingezogen fühlt, der auch nicht fähiger im sozialen Umgang ist. Anfangs ist für kurze Zeit Holly Gribbs (Chandra West) dabei, die dann im Dienst ums Leben kommt. Die CSIs sind keine Polizisten, und darauf legen sie Wert. Sie arbeiten im Auftrag von Captain Jim Brass (Paul Guilfoyle), der ihr Vorgesetzter bei der Polizei ist. Greg Sanders (Eric Szmanda) ist der Labortechniker, Dr. Al Robbins (Robert David Hall) der Pathologe. Beide sind hauptsächlich im Innendienst tätig. Nach langem Bitten darf Greg ab der fünften Staffel im Herbst 2005 endlich auch vor Ort mitarbeiten, und Chandra Moore (Reiko Aylesworth) übernimmt seine Aufgaben im Labor. Viele der aufzuklärenden Verbrechen sind extrem brutal und viele extrem kurios: Ein Plüschtierfetischist wird im Waschbärenkostüm überfahren; ein Zauberer lässt seine Assistentin während einer Vorstellung verschwinden, und weg ist sie für immer; ein Mann im Taucheranzug wird mitten in der Wüste auf einem Baum gefunden, Diagnose: Tod durch Ertrinken. Vereinzelt bekommt man private Geschichten der Ermittler mit, die aber nie in den Vordergrund treten. Die auffälligste ist, dass Grissom in der dritten Staffel langsam sein Gehör verliert. Durch eine Operation ist das Problem zu Beginn der vierten Staffel behoben, dafür hat er jetzt einen Bart.

Die meisten Episoden schildern gleich zwei Mordfälle, und das CSI-Team teilt sich auf, um sie getrennt zu bearbeiten. Währenddessen verdeutlichen Computeranimationen den Fortgang der Ermittlungen. So werden der Einschlag und der Weg einer Pistolenkugel im Körperinneren verfolgt oder eine Verwesung im Zeitraffer gezeigt.

Serienerfinder Anthony E. Zuiker war früher Hotelportier und Bimmelbahnfahrer in Las Vegas. Die Pilotfolge für *CSI* war das erste Drehbuch, das er je geschrieben hatte. Ein großer Fan der Serie ist der Filmregisseur Quentin Tarantino, der bei der letzten Folge der fünften Staffel Regie führte.

Jerry Bruckheimer produzierte die innovative und hochwertige Serie, die in den USA ein Überraschungserfolg wurde und mit 30 Millionen Zuschauern den als unschlagbar geltenden *Emergency Room* als erfolgreichste Fernsehsendung ablöste. Vox zeigte bisher rund 100 einstündige Folgen mittwochs um 20.15 Uhr und erreichte ebenfalls hervorragende Einschaltquoten. *CSI* wurde nach und nach zum erfolgreichsten Primetime-Programm des kleinen Senders und schlug auch bei uns den zeitweise parallel auf dem wesentlich größeren Pro Sieben laufenden *Emergency Room* (selbst mit Wiederholungen gegen Erstausstrahlungen). Ende 2004 schauten schon regelmäßig mehr als drei Millionen Menschen zu. Jorja Fox hatte vorher in *Emergency Room* die Rolle der Dr. Maggie Doyle gespielt, damals unter dem Namen Jorjan Fox.

Keine andere Krimiserie hat die Vorgehensweise bei modernen kriminalistischen Ermittlungen je so realistisch dargestellt. Das wurde deutlich, als Vox ab der zweiten Staffel direkt im Anschluss die Doku-Reihe *Medical Detectives – Geheimnisse der Gerichtsmedizin* platzierte. Der anfängliche CSI-Untertitel »Tatort Las Vegas« wurde nach ein paar Wochen in »Den Tätern auf der Spur« geändert. Wegen des großen Erfolgs entstanden gleich zwei Serienableger: *CSI: Miami,* eingeführt in der CSI-Folge »Tod in Miami« und *CSI: New York.*

Der Titelsong »Who Are You?« ist von The Who.

CSI: MIAMI VOX, RTL

2004–2005 (Vox); seit 2005 (RTL). US-Krimiserie von Anthony E. Zuiker (»CSI: Miami«; seit 2002).

Spin-off von *CSI:* Genau wie ihre Kollegen aus Las Vegas, und zwar haargenau so, geht auch das Team der Spurensicherung in Miami verschiedenen Verbrechen, hauptsächlich Mordfällen, nach, indem es anhand von Spuren und Indizien und mithilfe von Forensik und Gerichtsmedizin die Tat rekonstruiert. Dem Team um den launischen Einzelgänger Horatio Caine (David Caruso) gehören Calleigh Duquesne (Emily Procter), Eric Delko (Adam Rodriguez), Alexx Woods (Khandi Alexander) und Tim Speedle (Rory

CSI: Miami: Adam Rodriguez (links) und David Caruso führen das gleiche Fachgespräch, aber in Miami.

Cochrane) an, anfangs für wenige Monate außerdem Megan Donner (Kim Delaney).

Spielt das Original oft in düster-graublauer Vegas-Atmosphäre, so erhält diese Serie ihre optische Florida-Schwüle, indem sie komplett in Orange getaucht wird. Es lebe das Farbfernsehen. Ein Orangefilter liegt über fast allen Bildern und passt das Gesamtwerk ästhetisch den Haaren des Hauptdarstellers an.

Nach dem sensationellen Erfolg von *CSI* dauerte es nicht einmal zwei Jahre, bis der Sender CBS in den USA diesen Klon ins Rennen schickte. Weil auch Vox in Deutschland mit der Originalserie Erfolg hatte, sicherte sich der Sender nur drei Wochen nach dem US-Start des Spin-offs auch dafür die Deutschlandrechte und zeigte 38 einstündige Folgen montags um 20.15 Uhr. Dank des Originals, dessen Einschaltquoten sich im Laufe der Jahre allmählich positiv entwickelt hatten, war der Ableger sofort ein Quotenerfolg und übertraf mit drei Millionen Zuschauern schließlich sogar das Original. Muttersender RTL, dem schon seit einiger Zeit kein eigener Serienerfolg mehr gelungen war, sah noch weiteres Potenzial und nahm dem kleinen Vox die Serie weg, um sie ab Folge 39, mitten in der zweiten Staffel, dienstags um 20.15 Uhr selbst zu präsentieren. Es war in diesem Jahrtausend die erste US-Serie zur Hauptsendezeit bei RTL. Die Rechnung ging auf: Mehr als fünf Millionen Zuschauer schalteten jetzt ein, und sie blieben sogar in unveränderter Zahl dabei, als RTL im Sommer Folgen aus der ersten Staffel wiederholte, die im Vorjahr schon zweimal bei VOX gelaufen waren. Das neue Team war bereits in der *CSI*-Folge »Tod in Miami« Anfang 2003 eingeführt worden. Die Hauptdarsteller Caruso und Delaney hatten zuvor beide in der Serie *New York Cops – N.Y.P.D. Blue* mitgespielt, allerdings nicht zur gleichen Zeit.

Der Titelsong »Won't Get Fooled Again« stammt von The Who.

CSI: NEW YORK VOX

Seit 2005. US-Krimiserie von Anthony E. Zuiker (»CSI: NY«; seit 2004).

Die Serie folgt exakt dem Schema der beiden anderen *CSI*-Serien, ist nur deutlich düsterer. Kopf des New Yorker Teams ist der engagierte Ermittler Mack »Mac« Taylor (Gary Sinise), dessen Frau bei den Terroranschlägen am 11. September 2001 getötet wurde. Seine Mitarbeiter sind die arbeitswütige Stella Bonasera (Melina Kanakaredes), Danny Messer (Carmine Giovinazzo), Aiden Burn (Vanessa Ferlito) und der Gerichtsmediziner Dr. Sheldon Hawkes (Hill Harper). Auf der Seite der Polizei arbeiten sie mit Detective Don Flack (Eddie Cahill) zusammen.

Titelsong: »Baba O'Riley« von The Who.

CSL – CRIME SCENE LAKE GLORY RTL 2

2005. 9-tlg. US-Serie von Kevin Williamson (»Glory Days«; 2002).

Der junge Schriftsteller Mike Dolan (Eddie Cahill) hat sich nach vier Jahren Schreibblockade wieder in seinem Heimatstädtchen auf einer Insel im Lake Glory niedergelassen, dessen Einwohner in seinem einzigen Bestseller nicht gut wegkamen. Entsprechend schlecht sind diese auf ihn zu sprechen, allen voran Mikes früherer Schulkamerad Rudy Dunlop (Jay R. Ferguson), der im Buch ein schwuler Idiot war und im wirklichen Leben heute der Sheriff ist. Dauernd geschehen merkwürdige Morde, und Mike, der eigentlich jetzt als Reporter für die Zeitung seiner Schwester Sara (Amy Stewart) arbeitet, hilft ihm bei der Aufklärung. Ellie Sparks (Poppy Montgomery) ist die Gerichtsmedizinerin, die noch neu in der Stadt ist und Mike deshalb mag. Sehr sogar.

Die Serie mischte Elemente aus Kevin Williamsons Film »Scream« und seiner Serie *Dawson's Creek* und hatte nichts, aber auch gar nichts mit dem Vox-Erfolg *CSI* (Abkürzung für *Crime Scene Investigation*) zu tun. Durch geschickte deutsche Betitelung hoffte RTL 2 jedoch, niemand würde das merken. Sendeplatz der einstündigen Folgen war mittwochs um 21.15 Uhr, also direkt nach *CSI* auf Vox.

CUBITUS – DER WUSCHELHUND RTL

1990–1993. 52-tlg. US-Zeichentrickserie (»Wowser«; 1989). Der Hund Cubitus hilft dem exzentrischen Erfinder Professor Bojenberg bei seinen Experimenten.

CÚLT KABEL 1

1994–1996. Tägliches halbstündiges Jugendmagazin mit Beiträgen über Trends, Lifestyle, Mode, Funsport, Kino und Musik. Moderatoren waren Tom Lehel, Ingo Schmoll und Sonja Zietlow; zeitweise verzichtete das Magazin auch auf Moderation. Die wöchentliche Zusammenfassung hieß *X-tra Cúlt*.

CUORE ARD

1986. 6-tlg. ital. Drama nach dem Buch von Edmondo de Amicis, Regie: Luigi Comencini (»Cuore«; 1985).

Im frühen 20. Jh. treffen sich die Jugendfreunde Enrico (Carlo Calenda) und Garrone (Maurizio Coletta) nach Jahren durch Zufall wieder und erinnern sich gemeinsam an ihre Schulzeit, an ihren väterlichen Lehrer Perboni (Johnny Dorelli), ihre Mitschüler Muratorino (Harry Tagliavini), Coretti (Federico Belisario) und den frechen Franti (Gianluca Galle). Unterdessen, in der Gegenwart, muss der erwachsene Enrico Bottoni (Laurent Malet) von seinen Eltern (Bernard Blier und Andréa Ferréol) Abschied nehmen, um in den Krieg zu ziehen.

Die Rückblenden in die harmonische Jugendzeit der Protagonisten um die Jahrhundertwende machten den größten Teil der Serie aus, zwischendurch waren Kriegsbilder kämpfender Soldaten zu sehen. Die gleichnamige Buchvorlage gehört zu den meistverkauften Werken der italienischen Literatur und wurde mehrfach verfilmt. Andere TV-Adaptionen waren zwei Serien namens *Marco*, die eine andere Erzählung aus dem gleichen Buch aufgriffen. »Cuore« ist das italienische Wort für Herz.

CURD JÜRGENS ERZÄHLT ZDF

1963. Halbstündige Reihe am frühen Samstagabend, in der Curd Jürgens Geschichten erzählt und in heiteren, abgeschlossenen Episoden mitspielt, wechselnde Gaststars an seiner Seite. Die Reihe, bei der Gerhard Overhoff Regie führte, brachte es auf zwölf Folgen.

CURRO, DER ANDALUSISCHE REBELL DFF 2

1981–1987. 36-tlg. span. Abenteuerserie (»El Curro Jiménez«; 1978–1980).
Anfang des 19. Jh. regt sich in Andalusien Widerstand gegen Napoleons Besatzertruppen. Der geächtete Rebell Curro Jiménez (Sancho Gracia) gründet eine Bande, mit der er fortan auf der Flucht vor Kopfgeldjägern und dem Gouverneur von Andalusien ist, gegen die Besatzungsmacht kämpft und dabei anderen Menschen hilft, die arm, krank oder in Not sind. Deren Geschichten stehen im Mittelpunkt der Episoden. Der Mönch (Francisco Algora), der Student (José »Pepe« Sancho), der Zigeuner (Eduardo García) und der gutmütige und bärenstarke Ahornbaum (Álvaro de Luna) sind Curros engste Freunde und Gefolgsleute.
Jede Folge dauerte eine Stunde, und jede Staffel trug einen anderen Serientitel: Die zweite hieß *Curro kämpft weiter,* die dritte lief als *Curro gibt nicht auf.* 1994 wurde die Fortsetzung »Curro Jiménez II« gedreht, wieder mit Sancho Gracia, aber nicht in Deutschland gezeigt. Eine ähnliche Rolle spielte Gracia auch in der Abenteuerserie *Die schwarze Maske.*

CURRO GIBT NICHT AUF DFF 2
→ Curro, der andalusische Rebell

CURRO KÄMPFT WEITER DFF 2
→ Curro, der andalusische Rebell

CUTEY HONEY SAT.1

2000–2001. 39-tlg. jap. Zeichentrickserie (»Cutey Honey Flash«; 1997–1998).
Die 16-jährige Honey Kisaragi macht sich auf die Suche nach ihrem entführten Vater. Dank eines Armreifs mit Zauberkraft verwandelt sie sich in die Charakterwandlerin Cutey Honey.
Die Serie lief samstags morgens.

CY – DAS MÄDCHEN AUS DEM ALL KI.KA

2002. 26-tlg. austral. Jugendserie (»Cy«; 2001–2002). Das außerirdische Robotermädchen Cy (Ania Stepien) findet auf der Erde Unterschlupf. Lief wenige Wochen später auch im ZDF innerhalb der Sendung *Tabaluga tivi.*

CYBILL PRO SIEBEN

1998–1999. 87-tlg. US-Sitcom von Chuck Lorre (»Cybill«; 1995–1998).
Die Schauspielerin Cybill Sheridan (Cybill Shepherd) ist Mitte 40 und zweimal geschieden. Mangels Rollen hält sie sich mit Werbespots über Wasser. Tochter Zoey (Alicia Witt) wohnt noch bei ihr, die ältere Tochter Rachel (Dedee Pfeiffer) nicht mehr. Mit ihrer besten Freundin Maryann (Christine Baranski) wälzt Cybill Probleme und lästert über Maryanns Ex-Mann Richard, den sie »Dr. Dick« nennen. Cybill versteht sich mit ihrem zweiten Ex-Mann Ira Woodbine (Alan Rosenberg) gut.
Die Serie lief bei der Erstausstrahlung im täglichen Vormittagsprogramm und wurde ab Herbst 2000 werktäglich um 17.30 Uhr gezeigt.

D

DA BIN ICH WIEDER ARD
1989–1990. 22-tlg. brit. Sitcom von Eric Chappell, Regie: David Reynolds (»Home To Roost«; 1986).
Beim geschiedenen Henry Willows (John Thaw) zieht plötzlich dessen 17-jähriger Sohn Matthew (Reece Dinsdale) ein, den er seit sieben Jahren nicht gesehen hat. Seine Mutter hat ihn rausgeworfen, weil sie gemerkt hat, dass er genauso stur ist wie sein Vater. Fortan leben beide wieder zusammen, außerdem wohnt Henrys Haushälterin Enid (Elizabeth Bennett) im Haus.
Die Serie lief am Vorabend. Die sieben Folgen der vierten Staffel wurden nicht gezeigt. Eine originalgetreue US-Kopie namens *Du schon wieder* war bereits ein Jahr zuvor bei RTL gelaufen. In beiden Serien spielte Elizabeth Bennett die Haushälterin.

DA LACHT DAS KÄNGURUH ZDF
1986. »Paul Hogan Show«. Halbstündige Comedyshow mit Paul Hogan und Peter von Zahn.
Sketche, Burlesken, Parodien und Persiflagen mit dem australischen Komiker Paul Hogan und Gastschauspielern. Themen waren die feine und unfeine Gesellschaft Australiens, die koloniale Aristokratie und »das menschliche Strandgut im Hafen von Sydney«. Wiederkehrende Figuren waren der Shorts tragende Besserwisser Hoges, der erfolglose italienische Entertainer Luigi der Unglaubliche und der Westernheld Clunk Eastwood.
Das Material stammte aus einer langlebigen Reihe des australischen Fernsehens (»The Paul Hogan Show«; 1973–1982), die es auf 48 einstündige Folgen gebracht hatte. Im ZDF wurden daraus sechs halbstündige Folgen, die dienstags am Vorabend liefen. Die Überleitungen zwischen den Sketchen besorgte der deutsche Starreporter Peter von Zahn durch Reflexionen und Gespräche mit Paul Hogan. Ein halbes Jahr nach der ZDF-Ausstrahlung wurde Paul Hogan als Hauptdarsteller der »Crocodile Dundee«-Kinofilme weltberühmt. Peter von Zahn war bereits 30 Jahre zuvor als erster deutscher Auslandskorrespondent mit Reihen wie *Bilder aus der neuen Welt* und *Die Reporter der Windrose* berichten berühmt geworden.
RTL sendete später einzelne Sketche als Lückenfüller unter dem Titel *Paul Hogan Show*.

DA LACHT DER BÄR DFF
1955–1965. Große Live-Show mit Musik, Komik und prominenten Mitwirkenden, darunter viele internationale Stargäste.
Da lacht der Bär war 1953 als Live-Übertragung einer Unterhaltungsveranstaltung im Radio gestartet und außerordentlich populär. Die Jubiläumsausgabe zur 25. Sendung wurde erstmals auch im Fernsehen übertragen. *Da lacht der Bär* wurde so die erste große Unterhaltungssendung im DDR-Fernsehen. Möglich machte das der gerade angeschaffte erste Übertragungswagen. Die Sendungen kamen zunächst aus der Deutschen Sporthalle Berlin an der Stalinallee, die zwar keinen schönen Rahmen bildete, aber mit 2500 Plätzen die einzige große Halle in Berlin war. Im April 1957 zog die Show in den alten Friedrichstadtpalast an der Reinhardtstraße.
Da lacht der Bär, nun gemeinsam in Radio und Fernsehen übertragen, war ein Straßenfeger. In der Form kam er eher schlicht daher: als traditioneller bunter Abend mit Musikauftritten, Showeinlagen und Conférencen. Der Bär im Titel bezog sich wohl vor allem auf das Wappentier Berlins. *Da lacht der Bär* verstand sich als Gesamtberliner Veranstaltung, und tatsächlich schauten viele Westberliner zu. Die Idee zur Sendung war eigentlich eine politische: Die Show sollte, gemäß der Losung des 4. SED-Parteitages, »Deutsche an einen Tisch!«, die deutsche Einheit befördern. Dafür standen symbolisch die drei »Mikrofonisten« aus verschiedenen Regionen Deutschlands, die um einen Stehtisch versammelt waren, moderierten und auch gelegentlich vergleichsweise respektlose Kommentare abgeben durften. Es waren der Sachse Heinz Quermann (der eigentlich in Hannover geboren war), der Rheinländer Gustav Müller und abwechselnd die Berliner Gerhard Wollner (West) und Herbert Köfer (Ost). Die Mikrofonisten waren auch das Vorbild für die drei »Dialektiker«, die viel später im Mittelpunkt des *Kessel Buntes* standen, allerdings nur noch den Osten Deutschlands repräsentierten. Die Mikrofonisten hatten ihrerseits ein historisches Vorbild: die »Drei lustigen Gesellen«, die im Reichssender Köln des »Dritten Reichs« auftraten und ebenfalls die unterschiedlichen Regionen symbolisierten.
Die zweistündige Sendung lief etwa alle vier Wochen, fast immer am Mittwochabend. Wegen ihrer großen Popularität stand die Sendung unter großem Druck, den diversen Ansprüchen der politischen Verantwortlichen zu genügen. Die Internationalität, die sie auszeichnete, war immer wieder auch Anstoß für Kritik, weil sie nicht von der Frage zu trennen war, wie sich die DDR-Künstler im Vergleich schlugen. Nach der Sendung vom 7. Oktober 1957 gab es ohne Angabe von Gründen eine dreijährige Sendepause. Am 28. September 1960 war der Bär aber, wie gehabt, wieder auf dem Bildschirm. Die politische Grundidee der Show, das Ziel eines geeinten Deutschlands, wurde nach dem Bau der Mauer 1961 allerdings obsolet, auch die Sendung selbst galt dadurch intern nicht mehr als besonders aktuell – ihre Form als bunter Abend war es ja ohnehin nicht. Die 46. Sendung moderierten nicht mehr die Mikrofo-

nisten, sondern Manfred Uhlig und Gerd E. Schäfer. In ihr trat als westdeutscher Gast Trude Herr auf. Die Sendung muss intern auf Missfallen gestoßen sein, denn sie war, ohne dass es vorher dafür Anzeichen gegeben hätte, die letzte. Die DDR-Bürger aber behielten den lachenden Bären lange im Gedächtnis.

DA LIEGT MUSIKE DRIN DFF
1968–1985. »Bunter Abend mit Kammersänger Reiner Süß«. Große Samstagabendshow mit prominenten Gästen, Musik und Artistik, meist aus dem Leipziger Haus der heiteren Muse.
Süß war ein bekannter Sänger der Berliner Staatsoper. Die bunten Abende waren in der DDR besonders beliebt: Neben *Ein Kessel Buntes* gehörte auch diese Show zu den DFF-Dauerbrennern und brachte es auf rund 100 Ausgaben. Nach der letzten regulären Sendung im Dezember 1985 lief fünf Wochen später noch ein *Best-of*.

DA SCHAU HER ARD
1981–1986. »Eine Sendung für Neugierige«. 25-minütiges Wissensmagazin am Nachmittag für Zehn- bis 14-Jährige mit Roland Diechtl und Kurzfilmen und Erklärungen zu allen erdenklichen Themen.
Es ging um Greifbares wie Raumfahrt, Persönliches wie »Ein Ballettstipendium für Sarah« und sogar Philosophisches wie »Was ist Glück, was ist Macht?«. Im Vorspann waren Würste zu sehen. Hunde platzierten sie so, dass sie die Wörter »Da schau her« ergaben. Da die Hunde vermutlich nicht lesen konnten, liegt der Verdacht nahe, dass die Filmsequenz rückwärts abgespielt wurde.

DA WO DIE ... ARD
Seit 2000. Dt.-österr. Bergschnulzen-Filmreihe von Eduard Ehrlich, Regie: Kurt Ockermüller, und Karl Kases.
Der Ex-Skiprofi Hansi Sandgruber (Hansi Hinterseer) kehrt in seine Heimat Kitzbühel zurück, übernimmt ein Hotel, handelt sich Ärger mit seinem Vater Gottfried (Toni Sailer) ein, der bisher das einzige Hotel im Ort führte, und heiratet seine Jugendliebe Regina Brunner (Karina Thayenthal). Rivalin Viktoria Perterer (Anja Kruse) muckt auf.
Hauptdarsteller Hinterseer ist auch im wirklichen Leben ein ehemaliger Skiprofi, außerdem Moderator seiner eigenen Show *Servus Hansi Hinterseer*. Die bisherigen Filme hießen »Da wo die Berge sind«, »Da wo die Liebe wohnt«, »Da wo die Heimat ist« und »Da wo die Herzen schlagen«.
In loser Folge freitags um 20.15 Uhr war da wo die liefen.

DADDY SCHAFFT UNS ALLE TELE 5, RTL 2
1992 (Tele 5); 1996–1999 (RTL 2). 100-tlg. US-Sitcom von Linda Bloodworth-Thomason (»Evening Shade«; 1990–1994).
Im verschlafenen Städtchen Evening Shade wohnen hauptsächlich exzentrische Menschen. Wood Newton (Burt Reynolds) ist der Trainer der erfolglosen Highschool-Football-Mannschaft. Er lebt zusammen mit seiner Frau, der Anwältin Ava (Marilu Henner), den drei Kindern Taylor (Jay R. Ferguson), Molly (Melissa Renee Martin; ab der zweiten Staffel: Candace Hutson) und Will (Jacob Parker) sowie Schwiegervater Evan Evans (Hal Holbrook), der eine lokale Zeitung herausgibt. Woods und Avas viertes Kind Emily (Alexa Vega) kommt zur Welt, und Evan heiratet die Stripperin Fontana Beausoleil (Linda Gehringer). Zur Familie gehört auch Evans Schwester Tante Frieda (Elizabeth Ashley). Ponder Blue (Ossie Davis) ist der Besitzer des örtlichen Restaurants, Harlan Ellridge (Charles Durning) der Arzt im Ort, Merleen (Ann Wedgeworth) seine Frau. Der Mathelehrer Herman Stiles (Michael Jeter) ist Woods unerfahrener Trainerassistent.
Nach knapp der Hälfte der Episoden beendete Tele 5 die Ausstrahlung (vielmehr beendete Tele 5 seinen gesamten Sendebetrieb), diese und alle weiteren Folgen zeigte später RTL 2.

DAKTARI ZDF, RTL 2
1969–1970 (ZDF); 1994 (RTL 2). 89-tlg. US-Abenteuerserie von Ivan Tors und Marshall Thompson (»Daktari«, 1966–1969).
Der verwitwete Amerikaner Dr. Marsh Tracy (Marshall Thompson) ist der Daktari, das ist suaheli und heißt »Doktor«. Mitten im afrikanischen Dschungel, fernab der Zivilisation, hat er das »Wameru Study Center For Animal Behaviour« gegründet, ein Zentrum für kranke Tiere. Dort lebt und arbeitet er als Tierarzt zusammen mit seiner Tochter Paula (Cheryl Miller). Sie sind umgeben von Elefanten, Leoparden, Nashörnern, Schlangen und anderen wilden Tieren. Einige haben sie als Haustiere bei sich aufgenommen, darunter die Schimpansin Judy und den schielenden Löwen Clarence, der wegen seines Sehfehlers nicht jagen kann. Alle Tiere sind zahm, stellen aber permanent Unsinn an. Tracy würde niemals einem Tier etwas zu Leide tun und wendet allenfalls mal das Betäubungsgewehr an, um einem Tier lebensnotwendige Medizin einflößen zu können. Neben Tracy und Paula arbeiten in der Wameru-Forschungsstation der Amerikaner Jack Dane (Yale Summers) und der einheimische Schwarze Mike Makula (Hari Rhodes) als Tierpfleger, später Bart Jason (Ross Hagen). Officer Hedley (Hedley Mattingly) sorgt für Recht und Ordnung. Das Tierparadies in der Wildnis wird regelmäßig durch skrupellose Wilderer bedroht, denen es das Handwerk zu legen gilt. In der dritten Staffel nehmen Marsh und Paula das siebenjährige Waisenkind Jenny Jones (Erin Moran) bei sich auf.
Schauplatz war zwar Afrika, Drehort jedoch »Africa«, ein Wildlife-Park in Kalifornien, den Serienerfinder und Produzent Ivan Tors gegründet hatte. Die wirklichen Stars der Serie waren die beiden Tiere, die sogar namentlich im Vorspann aufgeführt wurden: die Schimpansin Judy und der Löwe Clarence. Viele Szenen wurden aus seiner Sicht gezeigt, die Menschen und Motive waren dann doppelt zu sehen. Clarence war bereits die Hauptfigur im Film »Clarence, der

Die hochmoderne Löwenwaschanlage im Wameru Study Center in *Daktari:* Judy macht Clarence nass, und Clarence sieht mal wieder nicht, von wo das Wasser kommt.

schielende Löwe« (»Clarence, The Cross-Eyed Lion«) aus dem Jahr 1965, dem die Serie zugrunde lag. Darin finden der Daktari und seine Tochter den Löwen in der Wildnis und nehmen ihn mit, weil sie erkennen, dass er sich aufgrund seiner Sehbehinderung selbst keine Nahrung beschaffen kann. Im Film bandelt Tracy mit der Wissenschaftlerin Julie Harper (Betsy Drake) an, und Clarence bekommt am Ende zwei schielende Löwenbabys, doch weder Frau noch Babys kommen in der Serie vor. Thompson, Miller und Clarence spielten bereits ihre späteren Rollen. In Deutschland wurde dieser Film erst 1991 von der ARD im Fernsehen gezeigt.

Ivan Tors hatte zwei Jahre vor *Daktari* bereits eine andere Serie kreiert, in der ein Tier der Star war: *Flipper*. Auch Hauptdarsteller Marshall Thompson hatte Erfahrung mit Tierserien: Er war Regisseur von mehreren Folgen *Flipper,* außerdem spielte er in *George* an der Seite eines Bernhardiners.

Daktari lief ab 1969 in 66 knapp einstündigen Folgen in willkürlicher Reihenfolge samstags gegen 18.00 Uhr im ZDF. Ein Vierteljahrhundert später zeigte RTL 2 noch 23 weitere Folgen in deutscher Erstausstrahlung. Schimpansin Judy drehte parallel *Verschollen zwischen fremden Welten,* eine Doppelbelastung, gegen die sie protestierte, indem sie mehrfach zubiss – bis ihr sämtliche Zähne gezogen wurden.

DALL-AS   RTL

1985–1991. »Talkrunde mit Überraschungsgästen«. Einstündige Talkshow mit Karl Dall.
Dall begrüßte in jeder Sendung mehrere prominente Gäste und nahm sie sich zur Brust. Dall beleidigte, stellte indiskrete Fragen und machte Witze auf Kosten der Gäste – zur Freude der Zuschauer. Wer Dall Paroli bieten und mithalten konnte, war gern gesehen und hatte die Lacher auf seiner Seite. Wer in der Erwartung zur Show kam, sein neues Buch, seine Platte oder seinen Film vorstellen und ein niveauvolles Gespräch führen zu können, hatte Pech und wurde fertig gemacht. Einen der Höhepunkte erreichte die Show, als Roland Kaiser die Sendung während des Talks (Dall: »Na, sing schon mal, damit wir es hinter uns haben«) wütend verließ. Während Dall mit seinen Gästen sprach, servierten Models in Bunny-Kostümen Bier oder andere Getränke.

Es war die erste Talkshow des deutschen Privatfernsehens. Sie wurde in wechselnden deutschen Hotels aufgezeichnet und alle zwei Wochen samstags um 22.00 Uhr gesendet (dabei wurden in jedem Hotel zwei Sendungen hintereinander produziert). Dall bediente sich nicht nur des Namens der bekannten US-Soap *Dallas,* sondern benutzte auch die gleiche Titelmelodie und einen Vorspann, der das Original parodierte.

1992 wechselte Dall mit seiner Show zu Sat.1, wo sie unter dem Namen *Jux und Dallerei* fortgesetzt wurde. Daraufhin klagte RTL und erwirkte vorübergehend sogar eine einstweilige Verfügung. Dem Rechtsstreit verdanken wir eine genaue Definition, was *Dall-As* war. RTL legte in seinem Antrag nämlich die wesentlichen Merkmale von *Dall-As* fest: »unsinnige und zusammenhanglose Gespräche, um seine Gäste zu irritieren und zu provozieren ... Eigenschaften seiner Gäste ironisch-provokant hervorheben oder kommentieren ... [Äußerungen der Gäste] unter sprachlichen Verfälschungen in herabsetzender oder sonst verzerrender Weise aufgreifen.« RTL verlor den Prozess und ersetzte Dall durch *Die Gailtalerin.*

DALLAS   ARD

1981–1991. 349-tlg. US-Soap von David Jacobs (»Dallas«; 1978–1991).
Mehrere Generationen der Ewing-Familie, die durch Ölgeschäfte reich geworden ist, leben auf der Southfork Ranch in Dallas. John Ross, genannt Jock Ewing (Jim Davis), ist das Familienoberhaupt und Chef von Ewing Oil. Er ist mit Eleanor Southworth,

genannt Miss Ellie (Barbara Bel Geddes; nur in der achten Staffel: Donna Reed), verheiratet. John Ross, genannt J. R. Ewing (Larry Hagman), ist der älteste Sohn, ein prinzipienloser Intrigant mit einem fiesen Lachen (das berühmt wurde); seine Frau ist die schöne, aber schwierige Sue Ellen (Linda Gray), eine frühere Miss Texas, die ihren Frust im Alkohol ersäuft. Ihr gemeinsamer Sohn heißt John Ross Ewing III. (Tyler Banks; ab der achten Staffel: Omri Katz). Die Erzfeinde der Ewings sind die Barnes. Familienoberhaupt ist Willard Barnes, genannt »Digger« (David Wayne; ab der dritten Staffel: Keenan Wynn). Einst waren er und Jock Partner, doch dann betrog Jock ihn um die Erlöse aus einem gigantischen Ölfund und nahm ihm auch noch die Freundin weg – Miss Ellie. Seitdem verbindet beide nur noch Hass, bis Jocks jüngster Sohn Bobby Ewing (Patrick Duffy) sich ausgerechnet in Diggers Tochter Pamela (Victoria Principal) verliebt und sie heiratet.

Auch der Tod der Familienoberhäupter Digger und Jock in der dritten bzw. fünften Staffel bringt keinen Frieden. Diggers Sohn und Pamelas Bruder Cliff Barnes (Ken Kercheval), ein Staatsanwalt, übernimmt die Geschäfte des Familienunternehmens Barnes-Wentworth und versucht, Ewing Oil zu zerstören. Das misslingt. Der neue Ewing-Boss J. R. schreckt vor keinem Verbrechen zurück, um seinen Vorteil zu suchen und anderen zu schaden – auch nicht gegenüber seinen Brüdern und seiner Frau. Der Rest der Familie intrigiert ebenso fröhlich gegeneinander, die Verheirateten betrügen sich gegenseitig. J. R. selbst schläft nach und nach mit fast jedem weiblichen Mitglied des Bekanntenkreises.

Weitere Hauptpersonen sind: Lucy (Charlene Tilton), die Tochter von Jocks zweitem Sohn Gary (David Ackroyd; ab der dritten Staffel: Ted Shackelford) und seiner Frau Valene (Joan Van Ark); Mitch Cooper (Leigh McCloskey), der Lucy heiratet; die Sängerin Afton Cooper (Audrey Landers), Mitchs Schwester; Ray Krebbs (Steve Kanaly), der Ranch-Vormann, der sich als unehelicher Sohn Jocks entpuppt und Donna Culver (Susan Howard) heiratet; Steven »Dusty« Farlow (Jared Martin), ein Cowboy, mit dem Sue Ellen eine Affäre hat; Dustys Vater Clayton Farlow (Howard Keel), der Miss Ellie heiratet, nachdem Jock in Südamerika verschollen ist; Mark Graison (John Beck), der sich nach Pamelas Scheidung von Bobby in sie verliebt; Bobbys Sekretärin Phyllis (Deborah Tranelli); J. R.s Sekretärin Sly (Debbie Rennard); Cliff Barnes' Sekretärin Jackie (Sherril Lynn Rettino); Bobbys alte Flamme Jenna Wade (sie taucht zunächst nur in zwei einzelnen Episoden als Gastrolle auf, beim ersten Mal gespielt von Morgan Fairchild, beim zweiten Mal von Francine Tacker; ab der siebten Staffel gehört sie zum regelmäßigen Ensemble und wird von Priscilla Presley gespielt); Cousine Jamie Ewing (Jenilee Harrison), die Cliff Barnes heiratet; sowie April Stevens (Sheree J. Wilson), die Ex-Frau von Jamies Bruder Jack Ewing (Dack Rambo), die Bobby heiratet und später umgebracht wird. Carter McKay (George Kennedy) kauft eines Tages die Ranch von

Zehn *Dallas*-Stars und schätzungsweise 4271 Lügen, Intrigen und Seitensprünge auf einen Blick: Steve Kanaly, Susan Howard, Priscilla Presley, Linda Gray, Larry Hagman, Howard Keel, Patrick Duffy, Victoria Principal und Ken Kercheval (stehend, von links), Barbara Bel Geddes (sitzend).

Ray Krebbs. J. R. heiratet Cally Harper (Cathy Podewell). Etwa zur gleichen Zeit taucht James Richard Beaumont (Sasha Mitchell) auf, J. R.s jahrelang verschollener Sohn.

Die Produzenten hielten Logik, Plausibilität oder gar Realismus für überschätzte Werte, die einem nur die besten Storylines kaputtmachen. Der berühmteste Beweis dafür war ihre unbeschwerte Art, mit dem Aus- und Wiedereinstieg von Patrick Duffy umzugehen. Bobby starb am Ende der achten Staffel bei einem Autounfall – kurz vorher hatte er noch das Leben seiner geliebten Pam gerettet. Obwohl Fiesling Larry Hagman der unangefochtene Star der Serie war, sanken die Einschaltquoten nach Duffys Ausstieg dramatisch, weil der gute Gegenpol zu J. R. fehlte. Die Produzenten und Hagman überredeten Duffy zur Rückkehr, weshalb eines Morgens Pamela einen sich fröhlich einseifenden Bobby unter der Dusche entdeckt und feststellt, dass sie die Handlung des gesamten vergangenen Jahres komplett geträumt hat, inklusive ihrer Heirat mit Mark Graison.

Trotz solch absurder Wendungen war *Dallas* nicht nur in den USA, sondern auch in Deutschland eine der erfolgreichsten Serien aller Zeiten. Bei uns war über zehn Jahre lang dienstags um 21.45 Uhr *Dallas*-Zeit. Jede Folge war 45 Minuten lang und damit von der ARD um drei bis fünf Minuten gekürzt worden. Dass die Zuschauer von Staffel zu Staffel weiterhin einschalteten, sicherten sich die Produzenten jeweils mit einem Cliffhanger am Ende der letzten Episode einer Staffel – *Dallas* war die erste Serie, die dieses Prinzip systematisch einsetzte. Wer wissen wollte, ob Sue Ellen aus der brennenden Southfork Ranch gerettet wird oder wer gerade auf J. R. geschossen hat, musste ein halbes Jahr warten und die erste Folge der neuen Staffel sehen. Im Falle der Schüsse auf J. R. am Ende der dritten Staffel wollten die Produzenten sichergehen, dass niemand etwas verraten konnte. Deshalb wurden fünf verschiedene Versionen gedreht, und nicht einmal die Schauspieler wussten, welche gesendet würde. Die richtige Version wurde erst am Ausstrahlungstag an den Sender ausgeliefert (und wurde zu einer der meistgesehenen Fernsehsendungen überhaupt). In ihr schießt Kristin Shepard (Mary Crosby), Sue Ellens Schwester und J. R.s Geliebte, die von ihm schwanger war. Ihren Sohn Christopher (Joshua Harris) adoptieren später Pamela und Bobby. Kristin verdankt die Serie auch den Cliffhanger am Ende der vierten Staffel: Sie stirbt im Pool der Southfork Ranch, aber bis zum Beginn der fünften Staffel war nicht klar, wessen Leiche da schwamm.

Auch die letzte Folge nach mehr als 13 Jahren hatte keinen wirklichen Schluss. J. R. sitzt allein in seinem Büro – ist in jeder Hinsicht gescheitert und verlassen: Seine Frauen und Kinder sind weg, Miss Ellie ist mit Clayton nach Europa gegangen, Bobby gehört die Southfork Ranch und Cliff Barnes Ewing Oil. Während er trinkt, erscheint ihm ein Engel und zeigt ihm, was aus den anderen geworden wäre, wenn es J. R. nicht gegeben hätte (ein Zitat aus Frank Capras Film »Ist das Leben nicht schön?« von 1947, in dem sich George Bailey [James Stewart] am Heiligabend umbringen will und ebenfalls von einem Engel die Vision einer Welt ohne ihn gezeigt bekommt). J. R. zieht am Ende seinen Revolver. Ein Schuss ist zu hören, Bobby stürmt ins Zimmer – und nur er sieht, was passiert ist.

Tatsächlich ging es noch einmal weiter: Fünf Jahre nach dem Ende der Serie entstand der Fernsehfilm »J. R. kehrt zurück« (»Dallas – J. R. Returns«; 1996), der 1998 in der ARD lief. 1998 wurde ein weiterer zweistündiger *Dallas*-Fernsehfilm gedreht (»Kampf bis aufs Messer«), er lief 2002 bei Super RTL. Schon während der Laufzeit der Serie hatte es das zweistündige Special »Dallas – Wie alles begann« gegeben, das die Familienverhältnisse bis zum Beginn der Serie aufklärte. Während der ersten zwei Jahre der Serie hatte die ARD sieben vergleichsweise gewalttätige Folgen ausgelassen, die auch später nie in Deutschland gesendet wurden.

Der Erfolg von *Dallas* brachte viele Nachahmer des Konzepts hervor, von denen *Der Denver-Clan* der erfolgreichste war. Für Linda Evans, die darin die Krystle spielt, war ursprünglich *Dallas* geschrieben worden: Sie sollte Pamela Ewing spielen, lehnte aber ab, weil ihr die Rolle zu klein war. *Dallas* hatte ein Spin-off: Ted Shackelford und Joan Van Ark bekamen als Gary und Valene Ewing ihre eigene Serie *Unter der Sonne Kaliforniens,* deren Laufzeit die von *Dallas* sogar noch übertraf. Serienerfinder David Jacobs hatte diese Serie schon vor *Dallas* entwickelt, fand jedoch zunächst keinen Abnehmer.

DALLI DALLI ZDF

1971–1986. Erfolgreiche 90-Minuten-Spielshow mit Hans Rosenthal.

In der schnellen Show waren jeweils acht prominente Kandidaten zu Gast, die in Zweierteams nach Oberbegriffen aufgeteilt wurden, je nachdem, aus welcher Branche sie kamen. Die Oberbegriffe waren so gewählt, dass sich jeweils eine Alliteration ergab, also z. B: »Tribüne gegen Tunika, Training gegen Theater«. Zunächst traten zwei Zweierteams gegeneinander an, danach die anderen beiden. Die Sieger der Zweierrunden spielten anschließend im Finale um den Gesamtsieg. Die Prominenten mussten dabei Schnelligkeit, Geschicklichkeit und Assoziationsvermögen demonstrieren, indem sie in einer Spielrunde innerhalb von 15 Sekunden möglichst viele Begriffe zu einem Oberbegriff nannten, und im anschließenden Aktionsspiel wiederum in einer vorgegebenen Zeit eine körperliche Aufgabe erfüllen, beispielsweise Würste formen, die aus einer Wurstmaschine geschossen kamen, Maibäume schmücken, Kerzen bedrucken, Frauen schminken, Eier suchen, Luftballons in Schubkarren transportieren oder brennende Häuser löschen.

Diese Aktionsspiele waren jedes Mal andere und entsprechend kurzweilig. Aufgrund der knappen Zeitvorgaben war die ganze Show sehr hektisch, und

»Eine Wabe hatten wir doppelt, die müssen wir abziehen«. *Dalli Dalli* mit Hans Rosenthal (links) und der Jury, die ganz Deutschland mit dem Wechselkurs zwischen D-Mark und Schilling vertraut machte: Brigitte Xander, der ebenso freche wie großzügige Schiedsrichter Ekkehard Fritsch und Mady Riehl (von links).

wenn die Hektik nicht durch die Spiele aufkam, verbreitete Hans Rosenthal sie selbst, der während der Spiele daneben stand und immer »Weiter, weiter!« rief. Anfang der 80er-Jahre wurde eingeführt, dass Zuschauer im Saalpublikum durch Knopfdruck entscheiden konnten, dass zwei Kandidaten ihre Aufgabe so gut gelöst hatten, dass sie die gezeigte Leistung »Spitze« fanden. Taten das die meisten, ertönte im Saal eine Sirene und Rosenthal rief: »Sie sind der Meinung: Das war – Spitze!« Beim Wort »Spitze« rief das ganze Publikum mit. Gleichzeitig sprang Rosenthal hoch, und das Bild wurde angehalten, so dass er einen Moment mit angewinkelten Beinen in der Luft hing. Für »Spitze« gab es Extrapunkte.

Am Ende ergab die Gesamtpunktzahl (die Punkte aus den einzelnen Spielrunden wurden multipliziert) den Gewinnbetrag, der einem guten Zweck zugeführt wurde. Den konkreten Anlass durfte das Gewinnerpaar vorlesen, Rosenthal fügte dann mehrere erläuternde Sätze über das jeweilige Schicksal hinzu, was jeder Sendung einen gedämpften Abschluss verlieh. Meist ging es um Familien, die durch den Tod des Vaters unverschuldet in Not geraten waren. Nach dem Tod Rosenthals gründete das ZDF gemeinsam mit der Jüdischen Gemeinde Berlin, dem RIAS und der »Hörzu« die Hans-Rosenthal-Stiftung, die diese Hilfe fortsetzte und die Erlöse der Show *Ihr Einsatz bitte ...* erhielt.

Feste und berühmte Bestandteile von *Dalli Dalli* waren u. a. die Kulisse, eine Gitterwand, die aus unzähligen sechseckigen Waben bestand, das Spiel »Dalli-Klick«, in dem erraten werden musste, was auf einem Foto zu sehen war, das erst nach und nach, nämlich bei jedem »Klick«, enthüllt wurde, sowie der von Horst Pillau umgeschriebene Theaterklassiker, in dem die prominenten Kandidaten falsche Requisiten und Textänderungen erkennen mussten. In verschiedenen Varianten spielte Rosenthal auch immer mit nichtprominenten Kandidaten. Anfangs konnte ein Zuschauer aus dem Publikum etwas gewinnen, wenn er Fragen beantwortete, die aus einer Lostrommel mit verschiedenfarbigen Kugeln und dem Aufdruck »W« wie Wissen, »L« wie lustig etc. gezogen wurden. Später spielten zwei Kandidaten gegeneinander die »Dalli-Tonleiter«: Sie saßen unter einem Leuchtbogen und beantworteten Fragen zum Allgemeinwissen. Für jede Antwort leuchtete eine weitere Note auf. Außerdem gab es zeitweise einen Wettstreit zwischen zwei Kandidaten, die sich vorher per Post für ein Spezialthema bewerben konnten und dann ebenfalls unter einem Leuchtkastenbogen saßen, auf dem nun allerdings Geldsummen aufleuchteten. Zwischen den Spielen gab es Showblöcke mit Musik oder Sketchen.

Neben Hans Rosenthal traten noch auf: seine Assistentin Monika Sundermann, der Schnellzeichner Oscar (sein Nachname wurde nie genannt, er lautete Bierbrauer; als Grafiker war Oscar aber auch nach seinem Wohnort als »Oscar Lebatz« benannt; angefangen hatte er als Phantombildzeichner für die Polizei) und eine dreiköpfige Jury, die über die korrekte Punktevergabe wachte (»Ein ›Busen‹ war doppelt, den müss' ma abziehen«) und den Gewinnbetrag in Schilling umrechnete. Sie bestand aus Mady Riehl, Brigitte Xander und Ekkehard Fritsch. Dem frechen Fritsch folgte 1980 für drei Folgen Georg Lohmeier, bevor er – wegen zu großer Trägheit – durch Christian Neureuther ersetzt wurde. Zeitweise saß auch Neureuthers Frau Rosi Mittermaier in der Jury. Kurz vor Ende der Reihe nahm für ein paar Sendungen noch Sabine Noethen Mady Riehls Platz ein. Die Musik spielte bis 1980 die Götz-Wendlandt-Combo,

dann die die »Jochen-Brauer-Band«, jeweils unter der Leitung von Heinrich Riethmüller.
Der Aktionismus in der Show färbte aufs Publikum ab, das bereitwillig alles machte, wozu es aufgefordert wurde, aber zu Rosenthals Entsetzen nicht vom In-die-Kamera-Winken (»Nein, das macht man nicht«) abzuhalten war. Ende 1972 trat in einer Sendung die 30-jährige gelähmte Susanne Meyer aus Berlin auf und bat um Ansichtskarten aus aller Welt. Es kamen, je nach Schätzung, 600 000 bis eine Million Karten. Gezählt hat sie wohl niemand.
Sendeplatz war einmal im Monat am Donnerstagabend um 19.30 Uhr (in den ersten beiden Jahren war die Show noch zehn Minuten kürzer), u. a. im Wechsel mit dem ebenfalls erfolgreichen Quiz *Der große Preis*. Ein Intermezzo als Samstagabendshow 1976/77 dauerte nur kurz.
Mit dieser Sendung wurde Rosenthal, der nicht sehr groß war und deshalb »Hänschen« genannt wurde, zu einem der beliebtesten Fernsehmoderatoren. Sein Publikum sprach er stets mit »liebe Dalli-Dalli-Freunde« an. »Dalli Dalli« war außerdem das Startkommando für die Spielrunden. Er moderierte die Sendung 153-mal. Sie wäre vermutlich noch jahrelang weitergelaufen, wäre Hans Rosenthal nicht im Herbst 1986 an Magenkrebs erkrankt. Am 11. September 1986 moderierte er noch, die Oktober-Sendung musste bereits ausfallen, weil Rosenthal im Krankenhaus lag. Am 10. Februar 1987 starb Hans Rosenthal. In der 150. Sendung hatte das ZDF noch Bilanz gezogen, ohne an ein Ende zu denken: Mehr als 1200 Prominente waren zu Gast gewesen, 2 330 118 Punkte waren bis dahin erspielt worden, umgerechnet rund 1,4 Millionen Euro für unverschuldet in Not geratene Familien und andere Notleidende waren zusammengekommen. Die ersten prominenten Kandidaten waren am 13. Mai 1971 Liselotte Pulver und Fritz Eckhardt. Roberto Blanco war in der ersten Sendung nicht dabei, aber danach eigentlich immer. Die letzten Gewinner waren Christian Bruhn und Frank Duval.
1995 startete das ZDF eine kurzlebige Neuauflage als tägliche Nachmittagsgameshow. »Dalli« kommt übrigens vom polnischen *dalej* und heißt »los«, »beeil dich« oder »weiter«.

DALLI DALLI ZDF
1995–1997. Tägliche halbstündige Gameshow mit Andreas Türck, die sich der Idee und des Namens von Hans Rosenthals Klassiker bediente, daraus aber eine uninspirierte Nachmittagsshow vom Fließband machte.
Durch die tägliche Ausstrahlung wurde in nur 19 Monaten die Anzahl der Sendungen aus 15 Jahren des Originals natürlich übertroffen. Fast 300 Sendungen liefen, über 1000 Prominente waren dabei. Der Satz »Sie sind der Meinung, das war – Spitze!« blieb erhalten, statt des Moderators sprang aber das Publikum von seinen Plätzen. In der Premiere traten Jurymitglieder, Assistentin Monica Sundermann und Schnellzeichner Oscar gegeneinander an.

DAMALS AUF BURG WUTZENSTEIN ARD
1990. 12-tlg. dt. Comedyserie von Krystian Martinek und Neithardt Riedel, Regie: Ron Jones.
Wir schreiben das Mittelalter. Ein beknackter Graf lebt auf einer Burg. Sein Name ist Wutz von Wutzenstein (Hans Wyprächtiger), und er wohnt dort mit seiner Frau Edelgunde (Christiane Rücker), Tochter Erdmute (Mila Mladek), Tante Abraxa (Veronika Faber) und Bruder Berthold (Karl Lieffen). Zum Personal gehören der Majordomus (Hans Hanfstingl), der Koch (Kurt Weinzierl), ein Küchenjunge (Oliver Hörner), ein Schmied (Herbert Fux) und natürlich ein Hofnarr (Renato Grünig). Graf Klotz von Klotzenstein (István Bujtor) ist Wutzens Rivale und Spieltischgegner. Zwischendurch wird immer mal wieder jemand verzaubert.
Die halbstündigen Folgen liefen im regionalen Vorabendprogramm.

DAMALS IN DER DDR ARD
2004. 4-tlg. dt. Zeitgeschichtsdoku von Karsten Laske zum 15. Jahrestag des Mauerfalls.
Anhand von 18 Menschen, die ihre persönlichen Geschichten erzählen, wird die Geschichte der DDR chronologisch nacherzählt. Es sind sowohl typische als auch außergewöhnliche Biografien, und der Parteisekretär kommt ebenso unkommentiert zu Wort wie der Flüchtling.
Den Titelsong sang Udo Lindenberg. Die Reihe wurde mit dem Grimme-Preis 2005 ausgezeichnet und in viele Länder verkauft. Ergänzt wurde sie durch ein Buch, eine DVD, ein Hörbuch und eine Ausstellung zur Serie.

DAMALS – VOR 40 JAHREN ZDF
1984–2000. Wöchentliches Geschichtsmagazin vor allem mit »Wochenschau«-Ausschnitten. Moderatoren waren im Wechsel Guido Knopp und Hanns Werner Schwarze, 1991 folgte auf Schwarze Carl Weiß, 1997 Gustav Trampe.
Knopp war seit 1984 Leiter der ZDF-Redaktion Zeitgeschichte. In den ersten Monaten der neuen Sendereihe beschäftigte er sich mit den letzten Monaten des Zweiten Weltkriegs, später fand er andere Sendungen, in denen er dies wesentlich ausführlicher tun konnte. Ihr Titel begann meist mit *Hitler …*
Die Folgen liefen mit jeweils einer Viertelstunde Dauer am frühen Sonntagnachmittag.

DAMALS WAR'S ARD
1984. »Sportgeschichten von einst«. 45-minütige Zeitgeschichtsdoku über sportliche Großereignisse der Vergangenheit.
Jede Sendung stand unter einem Themenschwerpunkt, z. B. »Olympia in München« oder »Fußball von 1954 bis 1974«.
Vier Folgen liefen sonntagmorgens.

DAME EDNA MEGASTAR 3SAT
1992. Brit. Talkshowparodie (»The Dame Edna Experience!«; 1987–1989).

Die große Dame Edna Everage (Barry Humphries) lässt sich dazu herab, ihr luxuriöses Penthouse in Mayfair gelegentlich für unbedeutende Gäste wie Sean Connery, Zsa Zsa Gabor, Joan Rivers, Charlton Heston, Jane Fonda, Liza Minnelli und Tony Curtis zu öffnen und lässt das Publikum zuschauen, das sie zärtlich »Schwachköpfe« nennt (im Original: »possums«, Opossums).
Grandiose Show, in der Weltstars in ganz großem Stil beleidigt wurden. 3sat zeigte am späten Montagabend nicht nur die zwölfteilige Serie, sondern auch diverse Specials. Die Sendungen liefen 1993 auch bei Vox.

DAME, KÖNIG, AS, SPION   ZDF
1980. 6-tlg. US-brit. Agentenserie von Arthur Hopcraft nach dem gleichnamigen Roman von John le Carré, Regie: John Irvin, Frances Alcock (»Tinker, Tailor, Soldier, Spy«; 1979).
Der frühere britische Geheimagent George Smiley (Alec Guinness) wird von seinem Ex-Chef Control (Alexander Knox) aus dem Ruhestand zurückgeholt, um einen Maulwurf zu finden. Einer der Top-Agenten des Geheimdienstes, den sie »Zirkus« nennen, soll in Wirklichkeit ein russischer Spion sein. Unter den Verdächtigen sind Toby Esterhase (Bernard Hepton), Bill Haydon (Ian Richardson), Percy Alleline (Michael Aldridge) und Roy Bland (Terence Rigby). Karla (Patrick Stewart) ist der Chef des russischen Geheimdienstes.
John le Carrés viel beschäftigter Romanheld George Smiley tauchte in *Smileys Leute* einige Jahre später ein weiteres Mal im Fernsehen auf.

DIE DAME VON MONSOREAU   ARD
1978. 7-tlg. frz. Historienserie nach dem Roman von Alexandre Dumas, Drehbuch: Claude Brulé, Regie: Yannick Andréi (»La dame de Monsoreau«; 1971).
Graf Louis de Bussy (Nicolas Silberg) verliebt sich am Hof des französischen Königs Heinrich III. (Denis Manuel) in die schöne Diane (Karin Petersen), die jedoch bereits dem finsteren Monsoreau (François Maistre) versprochen ist und ihn heiraten muss. Bussy versucht Diane aus dessen Fängen zu befreien und bekommt Hilfe von seinem Arzt Rémy (Daniel Derval) und Saint-Luc (Jean-Louis Broust), einem Vertrauten des Königs. Derweil muss der König aufpassen, nicht das Opfer einer Intrige zu werden. Auf Saint-Luc und seinen Hofnarren Chicot (Manuel Creton) kann er sich verlassen, aber nicht auf seinen Bruder, den Grafen von Anjou (Gérard Berner).
Die einstündigen Folgen liefen im regionalen Vorabendprogramm.

DIE DAMEN VON DER KÜSTE   ARD
1981. 7-tlg. frz. Familiensaga von Nina Companéez (»Les dames de la côte«; 1979).
An der Küste der Normandie beginnt im frühen 20. Jh. allmählich der Badetourismus. Mit der Sorglosigkeit der Vorkriegsjahre genießt die 17-jährige Fanny Villatte (Fanny Ardant) das Leben. Die Brüder Marcel (Francis Huster) und Raoul Decourt (Bruno Devoldère), zu Besuch auf dem Familiengut ihrer Eltern Clara (Françoise Fabian) und Henri (François Perrot), verlieben sich beide in Fanny, und die junge und leidenschaftliche Fanny macht das Spiel mit. Doch dann bricht der Krieg aus und stellt das Leben der Familien auf den Kopf. Den Krieg erlebt man aus Sicht der Frauen mit, darunter die Matriarchin Alix (Edwige Feuillère), Adélaïde (Denise Grey) und die langsam verrückt werdende Georgette-Dora (Evelyne Buyle). Die Frauen machen ihre ersten Schritte in Richtung Emanzipation dadurch, dass sie die Aufgaben und Verantwortlichkeiten der Männer übernehmen müssen, die an der Front sind. Nach Kriegsende setzt sich dieser Wandel in der Gesellschaft fort.
Die Folgen waren eine Stunde lang und liefen montags um 20.15 Uhr.

DÄMON DER PASCHAS UND BOJAREN   DFF 1
1973. 10-tlg. bulgar. Abenteuerserie von Stefan Dichev, Regie: Vili Zankow (»Demonat na imperijata«; 1971).
Der bulgarische Diakon Wassil Lewski (Ilja Dobrew) wehrt sich im 19. Jh. gegen die Unterdrückung der Bauern durch Türken und Bojaren und kämpft für die Freiheit seines Landes. Dabei muss er sich vor seinen Gegnern verstecken, kann sie aber immer wieder überlisten.
Der historische Volksheld Wassil Lewski (1837–1873) brachte den Freiheitskampf in Bulgarien auf den Weg, erlebte den Erfolg aber nicht mehr. 1873 wurde er wegen Verrats gehängt; einige Jahre später führte ein niedergeschlagener Aufstand zum russisch-türkischen Krieg, an dessen Ende Bulgariens Freiheit stand. Lewski ziert heute den bulgarischen 1000-Lewa-Geldschein.
Ähnlichen Inhalts waren auch die Serien *Heiducken* und *Kapitän Tenkes,* in denen jeweils ein Held gegen Unterdrücker kämpfte.

DAN OAKLAND   ARD
1972–1973. 19-tlg. US-Krimiserie (»Dan August«; 1970–1971).
Detective Lieutenant Dan Oakland (Burt Reynolds) ist ein junger Polizist im kleinen Santa Luisa in Kalifornien, wo er auch aufgewachsen ist. Viele Leute, mit denen er nun dienstlich zu tun hat, kennt er noch von früher, so dass die meisten Fälle ihn auch persönlich bewegen. Seine Kollegen sind Sergeant Charles Wilentz (Norman Fell), Sergeant Joe Rivera (Ned Romero), der Vorgesetzte Chief George Untermeyer (Richard Anderson) und die Sekretärin Katy Grant (Ena Hartmann).
Im US-Original hieß die Titelfigur Dan August. Da man für einen Krimihelden den Namen August unangebracht fand, gab man ihm in der deutschen Synchronisation einen neuen Nachnamen. In den USA war die Serie zunächst kein Erfolg; erst nachdem Burt Reynolds Karriere machte, liefen auch die alten Folgen besser, die teilweise zu abendfüllenden

Spielfilmen verbunden wurden. Bis dahin war jede Folge 45 Minuten lang.

DANCE   RTL
1989. Halbstündiges Tanzmagazin mit Martina Menningen am Samstagnachmittag.

DANCER FÜR U.N.C.L.E.   SUPER RTL
1995. 29-tlg. US-Krimiserie (»The Girl From U.N.C.L.E.«; 1966–1967).
Ableger der Serie *Solo für O.N.C.E.L.* bzw. *Solo für U.N.C.L.E.*: Im Auftrag der Organisation U.N.C.L.E. kämpft diesmal die Top-Agentin April Dancer (Stefanie Powers) mit ihrem Partner Mark Slate (Noel Harrison) gegen das Verbrechen. Die Aufträge erteilt (wie in der Original-Serie) Alexander Waverly (Leo G. Carroll).

DANGER BAY   TELE 5
1992. 123-tlg. kanad. Abenteuerserie (»Danger Bay«; 1985–1990).
Komplette Ausstrahlung der Serie, von der die ARD bereits 26 Folgen aus den ersten beiden Staffeln unter dem Titel *Abenteuer in Vancouver* (siehe dort) gezeigt hatte.

DANGER THEATRE   RTL
1996. 7-tlg. US-Episodenreihe (»Danger Theatre«; 1993).
Robert Vaughn führt in der Rolle des nicht namentlich benannten Generalstaatsanwalts der Vereinigten Staaten als Moderator in zwei Kurzepisoden pro Folge ein, die Parodien auf gängige Action- und Abenteuerserien sind. In »The Searcher« fährt der dämliche Fahnder »Searcher« (Diedrich Bader) auf seinem Motorrad durch die Gegend und hilft Menschen; in »Tropical Punch« ermittelt der unterbelichtete Captain Mike Morgan (Adam West) mit den Detectives Tom McCormick (Billy Morrissette) und Al Hamoki (Peter Navy Tuiasosopo). Beide Reihen kamen in den meisten Folgen vor.
Die halbstündigen Folgen liefen samstagmorgens.

DANGERFIELD   RTL
→ Polizeiarzt Dangerfield

DANGEROUS MINDS –
EINE KLASSE FÜR SICH   RTL
1998. 17-tlg. US-Jugendserie (»Dangerous Minds«; 1996–1997).
Die Lehrerin Louanne Johnson (Annie Potts) lehrt ihre Schüler mit unkonventionellen Methoden Respekt vor sich selbst und anderen. In ihrer Klasse sind hauptsächlich Straßenkinder, darunter Callie Timmons (Tamala Jones), Gusmaro Lopez (Greg Serano) und Cornelius Hawkins (Vicellous Reon Shannon). Zuvor hatten die Kids bereits drei Englischlehrer innerhalb eines Schuljahres verschlissen. Zum Lehrerkollegium gehören Hal Gray (William Converse-Roberts), Bud Bartkus (Stanley Anderson) und Jerome Griffin (Michael Jace).
Die Serie basierte auf dem gleichnamigen Spielfilm und den Memoiren der wirklichen Lehrerin Louanne Johnson. Der Titelsong stammte von Coolio, der in der Pilotfolge außerdem eine Gastrolle spielte.
Die einstündigen Folgen liefen am Samstagnachmittag.

DANIEL BOONE   DFF, SAT.1
1971–1973 (DFF); 1989–1991 (Sat.1). US-Westernserie (»Daniel Boone«; 1964–1970).
Die Legende des amerikanischen Volkshelden Daniel Boone. Boone (Fess Parker) ist mit Rebecca (Pat Blair) verheiratet und hat mit ihr zwei Kinder: Israel (Darby Hinton) und Jemima (Veronica Cartwright). Sein Freund Mingo (Ed Ames) ist ein Cherokee-Indianer mit Collegebildung; zu seinen Begleitern gehören ferner zunächst Josh Clements (Jimmy Dean) und später Gabe Cooper (Roosevelt Grier), ein entflohener Sklave. Auch Cincinnatus (Dallas McKennon) zählt später zu Boones Freunden.
Die Serie basierte auf dem Leben des Pioniers Daniel Boone, der um 1770 den US-Bundesstaat Kentucky erschloss. Hauptdarsteller Parker selbst war auch der Regisseur der Serie.
Das Fernsehen der DDR zeigte 25 Folgen, erst viel später liefen in der Bundesrepublik 108 neu synchronisierte Folgen am Montagnachmittag.

DANKE ANKE!   SAT.1
1998–2003. Große Familienshow mit Anke Engelke und Musik, Comedy und Talk, die einmal im Jahr, ein oder zwei Tage vor Heiligabend ausgestrahlt wurde. Ab 2002 gab es eine zusätzliche Show am Muttertag.

DANKE SCHÖN   ZDF
→ Aktion Sorgenkind

DANKE SCHÖN, ES LEBT SICH   ZDF
1979. 12-tlg. dt. Jugendserie von Peter M. Thouet, Regie: Wolfgang Teichert.
Konrad (Kay Heuer) leidet unter seinem neuen Leben in der Großstadt. Seit er nicht mehr im Internat ist, wohnt er hier in einem Hochhaus bei seiner Mutter Ina (Gitty Djamal) und ihrem neuen Mann Otfried Bernstein (Gerhard Riedmann) und muss sich das Zimmer mit dem ungeliebten Stiefbruder Markus (Wolfgang Uhlig) teilen.
Die Folgen waren 30 Minuten lang und liefen montags um 17.10 Uhr.

DARK ANGEL   VOX
2002–2003. 41-tlg. US-Science-Fiction-Serie von James Cameron und Charles H. Eglee (»Dark Angel«; 2000–2002).
Die junge Max Guevara (Jessica Alba) ist ein genetisch hergestellter Prototyp eines Superhelden, der bedauerlicherweise auch menschliche Züge abbekommen hat. Im Jahr 2019 entkommt sie dem Labor, in dem sie erzeugt wurde, und ist fortan auf der Flucht. Eine Schockwelle durch einen Atombomben-

anschlag verursacht einen Absturz des landesweiten Rechnernetzes und macht die gesamte USA zum Katastrophengebiet. Zusammen mit dem Journalisten Logan Gale (Michael Weatherly) kämpft Max in der Tarnung einer Fahrradkurierin und Gelegenheitsdiebin gegen Korruption sowie gegen ihre Schöpfer und sucht nach den anderen, die mit ihr flüchten konnten. Ihr Gegenspieler ist Colonel Lydecker (John Savage), der die Entkommenen auch sucht, aber um sie zu eliminieren. Kendra (Jennifer Blanc) ist Max' unwissende Mitbewohnerin, Original Cindy (Valarie Rae Miller) eine Freundin, und Sketchy (Richard Gunn) und Herbal Thought (Alimi Ballard) sind Kurierkollegen beim Jam-Pony-Dienst. Normal (J. C. MacKenzie) ist dort der Boss.

Die RTL-Senderfamilie hielt zusammen und versuchte, Zuschauer im großen Sender anzulocken und dann in den kleinen umzuleiten. So lief der Pilotfilm dieser Serie im Januar 2002 bei RTL, die eigentliche Serie begann kurz danach auf Vox (mit einer Wiederholung des Pilotfilms im Januar 2002). Die einstündigen Folgen liefen dienstags um 20.15 Uhr. Das Konzept ging auf: Die Quoten erreichten deutlich über zwei Millionen Zuschauer, für den kleinen Sender Vox ein Riesenerfolg, und übertrafen sogar die der zeitgleich auf dem wesentlich größeren Sender Pro Sieben laufenden Erfolgsserie *Emergency Room*. In den USA war die Serie nicht ganz so erfolgreich, weshalb sie nach zwei Staffeln abgesetzt wurde, ohne die Geschichte abzuschließen.

Die Serie ist komplett auf DVD erschienen.

DARK SHADOWS RTL

1995–1996. 12-tlg. US-Fantasysoap von Dan Curtis (»Dark Shadows«; 1991).

Weil der blöde Hausmeister Willie (Loomis Jim Fyfe) auf dem Familiensitz der Collins die Gruft aufgemacht hat, wird die Bevölkerung von Collinsport, Maine, nun wieder von einem Vampir heimgesucht: Der 200 Jahre alte Barnabas Collins (Ben Cross) ist herausgekrabbelt, gibt sich als verschollen geglaubter Verwandter aus England aus, besucht nachts die Damenwelt des Ortes und saugt sich voll. Mit der Hilfe von Dr. Julia Hoffman (Barbara Steele) kann er ein paar der unangenehmen Nebeneffekte des Vampirdaseins lindern, ist auch nicht mehr ganz so blutlustig. Julia liebt ihn, er aber liebt das Kindermädchen der Familie, Victoria Winters (Joanna Going). Oberhaupt der Collins ist Elizabeth (Jean Simmons), sie hat einen grüblerischen Bruder namens Roger (Roy Thinnes), dessen aufsässiger Sohn heißt David (Joseph Gordon-Levitt). In Rückblicken tauchen auch die sterblichen Familienmitglieder in ähnlichen Rollen (mit gleichen Darstellern) 200 Jahre zuvor auf.

Dark Shadows ist eine Neuauflage der gleichnamigen Serie, ebenfalls von Dan Curtis, die von 1966 bis 1971 mit viel kleinerem Budget und viel größerem Erfolg in den USA lief. Jede Folge dauerte eine Stunde.

DARK SKIES – TÖDLICHE BEDROHUNG PRO SIEBEN

1997. 19-tlg. US-Science-Fiction-Serie von Bryce Zabel und Brent V. Friedman (»Dark Skies«; 1996–1997).

In den 60er-Jahren steht die US-Regierung in Kontakt mit Außerirdischen. Niemand weiß etwas davon, weil im Rahmen einer weltweiten Verschwörung die Existenz der Aliens geheim gehalten wird. Als John Loengard (Eric Close) und Kimberly Sayers (Megan Ward), beide nach ihrem Studienabschluss neu in den Washingtoner Regierungskreisen, das Geheimnis herausfinden, flüchten sie. Weil sie zu viel wissen, werden sie zum einen von den außerirdischen Hive gejagt, die die Erde infiltrieren wollen, und zum anderen von Captain Frank Bach (J. T. Walsh), der die geheime Regierungsagentur Majestic-12 und die Einheit zur Bekämpfung der Hive leitet. Phil Albano (Conor O'Farrell) ist der Sicherheitschef dieses Projekts, Jim Steele (Tim Kelleher) ein Hive, der sich als Spion dort eingeschlichen hat.

Die einstündigen Folgen liefen donnerstags um 20.15 Uhr.

D'ARTAGNAN ARD

1970. 4-tlg. frz. Abenteuerfilm von Claude Barma und Jean Gruault nach dem Roman »Die drei Musketiere« von Alexandre Dumas (»D'Artagnan«; 1969). D'Artagnan (François Chaumette), Athos (Dominique Paturel), Porthos (Rolf Arndt) und Aramis (Adriano Migliano) bestehen gemeinsam die bekannten Abenteuer.

Die Episoden liefen samstags um 20.15 Uhr und dauerten jeweils 80 Minuten.

D'ARTAGNAN UND DIE DREI MUSKETIERE DFF 2

1985. 3-tlg. sowjet. Musicalfilm nach dem Roman von Alexandre Dumas, Regie: Georgi Yungvald-Khilkevich (»D'Artanyan i tri mushketyora«; 1978). D'Artagnan (Mikhail Boyarsky) und die Musketiere Athos (Veniamin Smekhov), Aramis (Igor Starygin) und Porthos (Valentin Smirnitsky) folgen grob dem Handlungsverlauf der Romanvorlage und verfallen zwischendurch immer wieder in lauten Gesang.

DFF 2 hatte den Film 1981 bereits im Originalton gezeigt.

D'ARTAGNAN UND DIE DREI MUSKE-TIERE SAT.1

1986. 26-tlg. jap.-span. Zeichentrickserie für Kinder, frei nach dem Roman von Alexandre Dumas (»Wan wan san jushi«; 1981).

Der junge D'Artagnan schickt sich an, ein guter Fechter zu werden, und träumt davon, zu den Musketieren des Königs zu gehören. Ein Tier ist er jetzt schon – wie die meisten Charaktere der Serie ist er ein Hund. Auf dem Weg nach Paris lernt er Juliet, die Kammerzofe der Königin, kennen.

In einer späteren Trickserie mit dem gleichen Titel ohne Bindestrich wurden die Figuren wieder als Menschen gezeichnet.

D'ARTAGNAN UND DIE DREI MUSKETIERE RTL 2
1995. 52-tlg. jap. Zeichentrickserie (»Anime Sanjushi«; 1987–1989).
Weitere Zeichentrickversion der berühmten Geschichten von Alexandre Dumas. Diesmal sind die Musketiere wieder Menschen, einer von ihnen (Aramis) ist allerdings heimlich ein Mädchen.
Die 25-minütigen Folgen liefen werktäglich nachmittags.

DARÜBER LACHT DIE WELT SAT.1
1999–2000. Einstündige Comedyshow von und mit Hape Kerkeling, mit der ihm nach mehreren Flops endlich das Comeback gelang, was nicht zuletzt daran lag, dass Kerkeling endlich wieder machen durfte, was er am besten kann: Leute auf den Arm nehmen, in den seltsamsten Rollen und Verkleidungen. Zwischen diesen Einspielfilmen gab es Filme mit Missgeschicken aus aller Welt und kuriose Fernseh-Begebenheiten aus anderen Ländern.
Kerkelings neuer Sender Sat.1 wollte zunächst kein Risiko eingehen und setzte nur einen einzigen Sendetermin an, um zu prüfen, wie gut Kerkeling noch ankam. Er bestand den Test. Nach der einzelnen Pilotfolge im Mai durfte Hape ab Oktober 1999 in Serie gehen. Zwei Staffeln liefen jeweils montags um 21.15 Uhr, dann wollte sich Kerkeling wieder um etwas Neues kümmern.

DAS HÄTTEN SIE SEHEN SOLLEN ZDF
1989–1991. Reihe, in der Jochen Schroeder (bekannt als Pfleger Mischa aus der *Schwarzwaldklinik*) Höhepunkte des ZDF-Unterhaltungsprogramms präsentierte, zum Teil vermischt mit Hintergrundberichten über die Entstehung von TV-Shows und -Serien.
Die Sendung war rund eine halbe Stunde lang und lief an verschiedenen Tagen, meist donnerstags, zur Primetime.

DAS IST AMERIKA, CHARLIE BROWN PRO SIEBEN
1990. 8-tlg. US-Zeichentrickserie (»This Is America, Charlie Brown«; 1988–1989).
Die Freunde aus den *Peanuts* lernen etwas über die Geschichte Amerikas, indem sie durch die Epochen reisen, historischen Ereignissen beiwohnen und berühmte Persönlichkeiten treffen. Zu Beginn der Serie sind Charlie Brown und Snoopy unter den Passagieren der »Mayflower«; später treffen sie Abraham Lincoln, erleben den Bau der transkontinentalen Eisenbahn mit und sind die ersten Astronauten auf der NASA-Raumstation.

DAS IST IHR LEBEN ZDF
1976–1979; 1994–1996. Sentimentale Überraschungs-Porträt-Show mit Carlheinz Hollmann.
Das Leben von Prominenten ist ein offenes Buch. Dieses rot eingefasste Buch hält Hollmann in der Hand, um daraus in jeder Sendung einem unter einem Vorwand ins Studio gelockten Stargast vorzulesen, was dieser schon weiß, nämlich wie sein bisheriges Leben verlief. Er wird mit Bildern und Filmen aus seiner Vergangenheit konfrontiert und begegnet Freunden und Kollegen.
Viel Zeit zum Plausch blieb selten, es wollten ja innerhalb einer Stunde des Abendprogramms möglichst viele Stationen abgehakt werden. Wer bei Hollmann zu Gast war, konnte die Frage »Kennen Sie es, wenn plötzlich Ihr ganzes Leben vor Ihren Augen vorbeizieht?« mit Ja beantworten. Der Unterschied zu einem Nachruf war im Wesentlichen, dass der Porträtierte noch lebte und sich alles in Ruhe anhören konnte (oder musste). Dietmar Schönherr war der erste Gast. Die Kritik hasste die Show, weil alles rosarot gefärbt und extrem berechenbar war: Am Ende traten immer alte Schulfreunde und Lehrer auf, man fiel sich in die Arme und heulte, und das Publikum schaltete ein und heulte mit.

Carlheinz Hollmann (rechts) erklärt Lothar-Günther Buchheim 1979: *Das ist Ihr Leben!*

Curd Jürgens (links) umarmt Regisseur Helmut Käutner, mit dem er »Des Teufels General« gedreht hat. Hollmann hält das rote Buch fest und die Tränen zurück.

Hollmann erhielt später den »Fernseh-Mythos-Preis« für die erste Überraschungsshow des deutschen Fernsehens. Im November 1994 startete das ZDF eine Neuauflage mit Dieter Thomas Heck, jetzt staffelweise dienstags um 20.15 Uhr, 45 Minuten lang. Vorbild war das US-Format »This Is Your Life«.

DAS IST LIEBE   ZDF
1995–1996. Showreihe für Ehepaare, die sich schon immer einmal sagen wollten, was ihnen stinkt, moderiert von Thomas Aigner.
Beide Partner werden von je einem Freund oder einer Freundin unterstützt. Das Publikum darf entscheiden, wer die besseren Argumente hat. Der Moderator tritt als »Anwalt der Liebe« auf und schlichtet. Am Ende, nachdem sie sich ausgekotzt haben, müssen sich beide Partner gegenseitig sagen, warum sie sich lieben, und Aigner sagt: »Das ist Liebe.« Zur Belohnung gibt's eine Reise. Zwischendurch berichtet ein altes Ehepaar in Videoeinspielungen, wie es sich kennen gelernt und was es gemeinsam erlebt hat, sehr versöhnlich im Stil der älteren Paare in dem Kinofilm »Harry & Sally«. Anders als bei *Glücklich geschieden* geht es nicht um das große Drama, sondern um kleine alltägliche Konflikte und Versöhnung, es gibt auch keine Übereinstimmungsspiele oder Ähnliches, sondern nur die Gespräche.
Das Format stammt aus Italien (»C'eravamo tanto amati«). In Deutschland liefen 14 halbstündige Folgen am Freitagnachmittag.

DAS IST MEINE WELT   ARD
1971–1972. 19-tlg. US-Sitcom (»My World And Welcome To It«; 1969–1970).
Im wirklichen Leben des Cartoonisten John Monroe (William Windom) haben die Frauen, genau genommen seine Ehefrau Ellen (Joan Hotchkis) und seine Tochter Lydia (Lisa Gerritsen), die Hosen an. In seiner Fantasie ist er jedoch der König der Welt und stellt sich vor, wie schön das Leben sein könnte. Sein Arbeitsleben verbringt er bei der Zeitung mit seinem Boss Hamilton Greeley (Harold J. Stone) und seinem Kollegen Philip Jensen (Henry Morgan).
Die Serie basierte auf dem Leben und den Werken des Cartoonisten James Thurber. John begrüßte zu Beginn jeder Folge das Publikum mit den Worten »Das ist meine Welt«. Cartoonzeichnungen illustrierten seine Fantasievorstellungen. Die halbstündigen Folgen liefen im regionalen Vorabendprogramm.

DAS IST MUSIK FÜR SIE   DFF 1
1986–1988. Große Samstagabend-Musikshow mit Petra Kusch-Lück.
Kusch-Lück präsentiert internationale Stars und Künstler aus der DDR, die Evergreens vortragen, die sich die Fernsehzuschauer gewünscht haben.
Das Konzept der Sendung hatte Heinz Quermann entwickelt. Die Show war 90 Minuten lang und lief drei- bis viermal im Jahr samstags um 20.00 Uhr. Sie brachte es auf zehn Ausgaben.

DAS IST STERN SCHNUPPE   ARD
1965. 7-tlg. dt. Krimi-Comedy-Serie.
Spezialdetektiv Stern (Herbert Prikopa) ist Großfahnder für Falschgeld und löst eher beiläufig Kriminalfälle, die bereits zu den Akten gelegt worden waren. Frau Demut (Edith Hanke) ist seine Chefin.
Die halbstündigen Folgen liefen im regionalen Vorabendprogramm.

DAS KANN JA HEITER WERDEN   ZDF
1982–1983. »Verrückte Sachen mit Peer Augustinski«. 21-tlg. dt. Comedyserie von Karlheinz Freynik, Regie: Sigi Rothemund und Frank Strecker.
Peer (Peer Augustinski) ist Besitzer einer Pension für Musiker, das heißt, genau genommen ist er Chef,

Page, Küchenjunge und notfalls auch Hotelarzt in einer Person. Er hat nämlich kein Personal und verkleidet sich je nach Bedarf. Das führt zu dem nahe liegenden Chaos, in das jedes Mal andere Musiker und Schauspieler verwickelt werden, die in dem Hotel absteigen, um sich auf ihre Auftritte vorzubereiten. Unter anderem schauen Paul Kuhn, Elisabeth Volkmann, Truck Stop, Ted Herold, Gottlieb Wendehals und Frank Zander vorbei.

Die halbstündigen Folgen liefen dienstags am Vorabend.

DAS KENNEN WIR DOCH   ARD
1959–1961. 20-minütiges Städtequiz am Nachmittag mit Werner Höcker.

Kandidaten müssen bekannte Sehenswürdigkeiten den richtigen Städten zuordnen und können Bücher und eine Reise gewinnen.

DAS WAR ICH   BR
1978–1981. »Streifzüge durch die Vergangenheit«. 45-minütige Talkshow für Senioren mit Robert Lembke, der pro Sendung drei ältere Menschen einlädt, über ihr Leben zu berichten: jeweils zwei Unbekannte, die in eher ungewöhnlichen Berufen arbeiten bzw. arbeiteten, und einen Prominenten.

Die Reihe brachte es auf 15 Ausgaben. Ab April 1979 zeigte die ARD einige davon gelegentlich montags um 16.15 Uhr. Zehn Jahre später kehrte die Sendung mit leicht modifiziertem Konzept als Ratespiel unter dem Titel *Was war ich?* zurück.

DAS WAR 'NE WOLKE   DFF
1961–1966. Heinz Quermann präsentiert Ausschnitte aus *Da lacht der Bär* und anderen Unterhaltungssendungen.

Einmal im Jahr, immer im Sommer, recycelte Quermann Highlights der vergangenen Fernsehsaison. An seiner Seite waren häufig andere beliebte Fernsehstars, darunter Margot Ebert, Helga Hahnemann und Willi Schwabe.

DAS WAREN HITS   ZDF
1987–1994. Halbstündige Nostalgieshow mit Hans-Jürgen Bäumler und alten Hits. Lief anfangs alle zwei bis vier Wochen am Vorabend, danach nur noch wenige Male pro Jahr.

DATA, DER REBELL   ZDF
1982. 5-tlg. sowjet. Abenteuerserie nach dem Roman »Data Tutaschkia« von Tschabua Amiredschibi (»Berega«; 1977).

Der kaukasische Viehzüchter Data Tutaschkia (Otar Megwinetuchzesi) wird unfreiwillig zum Rebellen und kämpft gegen die Mächtigen.

Die Folgen waren eine bis eineinhalb Stunden lang. Im DDR-Fernsehen lief das Drama unter dem Titel *Der Rebell des Kaukasus*. DFF 2 hatte den Fünfteiler bereits 1981 im russischen Original unter dem Titel *Ufer* gezeigt, 1983 strahlte DFF 1 erstmals eine Version in acht einstündigen Folgen aus.

DATEN-SCHATTEN   ZDF
1984. 9-tlg. Reportagereihe zum Orwell-Jahr.

George Orwell hatte 1949 in seinem Roman »1984« ein pessimistisches Bild von der Zukunft gemalt. Als das Jahr erreicht war, ging diese Reihe sonntagnachmittags beispielsweise der Frage nach, wie sehr die dauerhafte Überwachung bereits möglich ist, z. B. durch Datenbanken von Polizei und Krankenkassen, Bildtelefone oder eine Volkszählung.

DATING DAY   PRO SIEBEN
2003. Große Samstagabendshow mit Ruth Moschner und Andreas Bursche, in der Singles verkuppelt werden sollten. Die Quote war katastrophal, es blieb beim One-Night-Stand.

DAVID COPPERFIELD   BR
1976. 6-tlg. brit. Drama von Hugh Whitemore nach dem Roman von Charles Dickens, Regie: Joan Craft (»David Copperfield«; 1974).

England im 19. Jh. Der erfolgreiche Schriftsteller David Copperfield (David Yelland; als Junge: Jonathan Kahn) blickt auf sein turbulentes Leben zurück. Die Jugend ist geprägt von seiner verwitweten Mutter Clara (Colette O'Neil), der guten Dienerin Clara Peggotty (Pat Keen) und dem bösen Stiefvater Mr. Murdstone (Gareth Thomas), der ihn zum Arbeiten nach London schickt, wo er bei Wilkins Micawber (Arthur Lowe) und seiner Frau (Patricia Routledge) lebt. Die exzentrische Tante Betsey Trotwood (Patience Collier) kümmert sich schließlich um David. Agnes Wickfield (Gail Harrison) verliebt sich in ihn, doch er geht nach London, um Karriere zu machen. David heiratet Dora (Beth Morris), die später stirbt, und nach vielen Wirren heiratet er doch Agnes.

Die einstündigen Folgen liefen in mehreren Dritten Programmen und 1978 im Ersten.

DAVID DUCHOVNY PRÄSENTIERT:
EROTISCHE TAGEBÜCHER   ORF
→ Foxy Fantasies

DAVID UND SARA   ARD
1986. »Eine Liebe im römischen Ghetto«. 6-tlg. ital. Liebessaga nach dem Roman von Gugliemo Spoletini, Regie: Franco Rossi (»Storia d'amore e dàmicizia«; 1982).

David (Claudio Amendola) und Sara (Barbara de Rossi) sind bereits zusammen aufgewachsen und haben später geheiratet. Sie leben vor dem Beginn des Zweiten Weltkriegs im Armenviertel von Rom, auf der anderen Seite des Tiber. Der Jude David bekommt die Chance, Karriere als Boxer zu machen, muss dafür jedoch für viele Jahre in die USA. Sara bleibt mit ihrer kleinen Tochter zurück. Der Christ Cesare (Massimo Bonetti), seit jeher Davids bester Freund, verliebt sich in Sara. Mit der zunehmenden Macht der Nationalsozialisten stehen beiden Schwierigkeiten bevor. Cesares Ansichten sind politisch links, und Sara ist Jüdin.

Die 45-minütigen Folgen liefen sonntagvormittags.

Dawson's Creek: Joey (Katie Holmes) entscheidet sich für Dawson (James van der Beek). Vielleicht aber auch für Pacey. Oder für Dawson. Nein, lieber Pacey. Dawson ist ihr Seelenverwandter. Aber sie liebt Pacey. Dawson allerdings auch. Aber Pacey mehr. Oder doch Eddie (Oliver Hudson, nicht im Bild)?

DAWSON'S CREEK   SAT.1, PRO SIEBEN

1999–2001 (Sat.1); 2002–2004 (Pro Sieben). 128-tlg. US-Teenieserie von Kevin Williamson (»Dawson's Creek«; 1998–2003).

Die Teenager Dawson Leery (James van der Beek), Pacey Witter (Joshua Jackson), Joey Potter (Katie Holmes) und Jen Lindley (Michelle Williams) gehen gemeinsam zur Schule im Küstenort Capeside in Massachusetts. Dawson liebt Filme und möchte später Regisseur werden. Mit Joey und Pacey ist er schon seit seiner Kindheit befreundet. Seine Freundin ist zunächst Jen, dann aber auch kurz Joey. Die ist anschließend mit Pacey zusammen, dann wieder mit ihrem Seelenverwandten Dawson und später noch mal mit Pacey. Überhaupt geht es fünf Jahre lang hauptsächlich darum, für wen der beiden sie sich nun entscheidet. Darüber zerbricht die Freundschaft der beiden Jungs vorübergehend. Jen wohnt bei ihrer Großmutter Evelyn Ryan (Mary Beth Peil), genannt »Grams«. Ihr bester Freund wird Jack McPhee (Kerr Smith), der erst nach einem kurzen Flirt mit Joey merkt, dass er schwul ist. Dessen Schwester Andie (Meredith Monroe) ist für eine Weile Paceys Freundin. Dawsons Eltern Gayle (Mary-Margaret Humes) und Mitch (John Wesley Shipp) versöhnen sich nach einer Trennung wieder und bekommen in der vierten Staffel noch eine Tochter, die sie Lilly nennen. Etwas später stirbt Mitch bei einem Autounfall.

Nach Abschluss der Schule ziehen Joey, Jen (samt Oma), Jack und Pacey in der fünften Staffel nach Boston, Pacey wird erst Koch und später Finanzbroker, die anderen (sogar Oma) studieren. Joey findet in ihrer Zimmergenossin Audrey Lidell (Busy Philipps) eine beste Freundin. Dawson geht unterdessen nach Kalifornien, um ins Filmgeschäft einzusteigen, und guckt sich den rüpelhaften Regisseur Todd Carr (Hal Ozsan) als seinen Mentor aus. Gegen Ende dreht sich die nach ihm benannte Serie immer seltener um Dawson, dafür immer mehr um dessen Freunde und vor allem um Joey, die in einigen Episoden sogar als Ich-Erzählerin aus dem Off auftaucht. In fünf Folgen der letzten Staffel spielt Dawson nicht einmal mit. Am Schluss sind alle zurück auf Anfang, Dawson und Pacey pleite, Joey mit keinem von beiden zusammen, und Jen, Jack und Grams ziehen nach New York. Das zweiteilige Serienfinale spielt fünf Jahre später. Dawson ist jetzt Fernsehproduzent, Pacey hat ein eigenes Restaurant, Joey arbeitet bei einem Verlag in New York, Jack ist Lehrer und Jen allein erziehende Mutter. Jen stirbt an einer Herzkrankheit, gibt zuvor noch ihre Tochter in Jacks Obhut. Und Joey entscheidet sich endlich, und zwar für Pacey, der mit ihr nach New York zieht.

Liebevolle Kleinstadtromantik und Teenager, die sich über Filme unterhielten wie 50-jährige Feuilletonisten, unterschieden die Serie vor allem in den ersten Jahren von der Standard-Teeniesoap. Jede Episode war eine Stunde lang. Die ersten drei Staffeln liefen sonntagnachmittags in Sat.1, der rest ab Folge 59 samstagnachmittags auf Pro Sieben. Als Titelsong wurde bei uns in der ersten Staffel »Elsewhere« von Jann Arden verwendet, ab der zweiten Staffel, so wie in den USA von Anfang an, »I Don't Want To Wait« von Paula Cole.

Die Serie ist auf DVD erhältlich.

DIE DDR-SHOW   RTL

2003. Nostalgieshow mit Oliver Geissen und der Eiskunstläuferin Katarina Witt, die viermal mittwochs um 21.15 Uhr – nach dem Konzept der *80er Show* – Prominente empfingen und sich gemeinsam anhand von Fernsehausschnitten, Musik und typischen Utensilien erinnerten, diesmal eben an die DDR.

DEA – KRIEG DEN DROGEN   KABEL 1
1995. 13-tlg. US-Krimiserie von Richard DiLello (»DEA/DEA – Special Task Force«; 1990–1991).
»DEA« steht für »Drug Enforcement Agency«. Ein kleines Team von Spezialisten bekämpft den Import illegaler Drogen in die USA: Der erfahrene Bill Stadler (Tom Mason) führt die »Gruppe 9«, zu der Nick Biaggi (Chris Stanley), Teresa Robles (Jenny Gago) und Jimmy Sanders (Byron Keith Minns) gehören. Ihr Vorgesetzter ist Phil Jacobs (David Wohl). Anfangs konzentrieren sie sich vor allem auf die Familie von Rafael Cordera (Miguel Sandoval), die von Ecuador aus Kokain nach New York schmuggelt. Die Ein-Stunden-Serie war im Stil eines Dokumentarfilms gedreht und enthielt auch reale Videoaufnahmen von Einsätzen.
Ein Jahr zuvor waren die Folgen bereits im Lokalfernsehen gelaufen.

DEAD AT 21 – TÖDLICHE TRÄUME   KABEL 1
1995. 13-tlg. US-Jugend-Fantasyserie (»Dead At 21«; 1994).
Ed Bellamy (Jack Noseworthy) ist 20. Wenn er 21 ist, wird sein Gehirn explodieren. Doch, echt. Die Regierung hat ihm nämlich bei der Geburt einen Chip in den Kopf einpflanzen lassen. Das war durchaus gut gemeint: Der macht ihn nämlich klüger. Aber da gut gemeint auch hier das Gegenteil von gut ist, stellt sich heraus, dass alle Probanden, mit denen das Gleiche gemacht wurde, mit 21 an Reizüberflutung starben – nach zunehmend fiesen Träumen. Als Ed das erfährt, setzt er sich auf seine Harley, greift sich die süße Maria Cavalos (Lisa Dean Ryan) und sucht nach Leidensgenossen und dem Arzt, der sie damals operiert hat. Sie müssen vor dem Regierungsagenten Major Winston (Whip Hubley) fliehen, der ihnen einen Mord angehängt hat und sie umbringen will. Doch am Ende trifft der Titel zu.
Dies war die erste Nichtmusikserie des amerikanischen MTV, allerdings natürlich irgendwo *doch* eine Musikserie samt Videoclipästhetik. Die Folgen waren 30 Minuten lang und liefen samstags um 19.45 Uhr.

DEAL OR NO DEAL   SAT.1
2005. Neuauflage der im Vorjahr wenig erfolgreichen Spielshow *Der Millionendeal* mit leicht modifiziertem Konzept und der »Glücksspirale« als Partner. Neuer Moderator war Guido Cantz, neuer Sendeplatz donnerstags um 20.15 Uhr, während die *Schillerstraße* Sommerpause machte.

DEBBIE GROSS IN FAHRT   ZDF
1970. 13-tlg. US-Sitcom von Jess Oppenheimer (»The Debbie Reynolds Show«; 1969–1970).
Die Hausfrau Debbie Thompson (Debbie Reynolds) würde gern für die Zeitung schreiben, so wie ihr Mann Jim (Don Chastain), der Sportjournalist. Mit ihren hartnäckigen Bemühungen löst sie das eine oder andere Chaos aus. Ihre Schwester Charlotte (Patricia Smith) unterstützt sie dabei. Sie wohnt mit Mann Bob Landers (Tom Bosley) und Sohn Bruce (Bobby Riha) gleich nebenan.
Die halbstündigen Folgen liefen freitags im Vorabendprogramm.

DECKNAME: KND   RTL 2
Seit 2005. US-Zeichentrickserie (»Codename: Kids Next Door«; seit 2002).
Eine Gruppe von Zehnjährigen kämpft gegen böse Schurken, die Kinder früh ins Bett schicken, ihnen das Fernsehen verbieten, Zähne ziehen oder dazu zwingen wollen, ihre Hausaufgaben zu machen. Ihr Hauptquartier ist ein Baumhaus.

DECKNAME STONE   KABEL 1
1995–1996. 13-tlg. US-frz. Agentenserie (»The Exile«; 1991–1995).
Der amerikanische Spion John Phillips (Jeffrey Meek) kann nach dem Ende des Kalten Krieges nicht in die USA zurückkehren, weil ihm jemand einen Mord angehängt hat und er nun als Verräter gilt. Mit Hilfe des Pariser Agenten des amerikanischen Geheimdienstes DCS, Charles Cabot (Christian Burgess), und des französischen Agenten Danny Montreau (Patrick Floersheim) täuscht er seinen Tod vor und bekommt eine neue Identität. Als John Stone arbeitet er nun für die Franzosen und versucht parallel herauszufinden, wer ihn hereingelegt hat. Es stellt sich heraus: Es war Cabot, den Phillips daraufhin tötet. Jacquie Decaux (Nadia Farès) ist Phillips' Vermieterin, eine Künstlerin.
Die einstündigen Folgen liefen vorher schon im Lokal-TV.

DECKNAME SWEENY   RTL 2
→ Die Füchse

DEEP SPACE NINE   SAT.1
→ Star Trek – Deep Space Nine

DEGRASSI HIGH   ORB
1992–1993. 28-tlg. kanad. Jugendserie von Lynda Schuyler und Kit Hood (»Degrassi High«; 1989–1991).
Fortsetzung von *Degrassi Junior High*: Joey (Pat Mastroianni), Wheels (Neil Hope), Stephanie (Nicole Stoffmann), Strubbel (Amanda Stepto), L. D. (Amanda Cook), Arthur (Duncan Waugh) und Yick (Siluck Saysanesy) sind ein wenig älter geworden, gehen jetzt zur Highschool und kämpfen mit alten und neuen Problemen: Beziehungen, Sexualität, Scheidung der Eltern, Joey will den Führerschein machen, L. D. erkrankt an Krebs, und alle müssen sich Gedanken machen, wie es nach der Schule weitergehen soll.
Die Serie lief 1993 auch im Ersten.

DEGRASSI JUNIOR HIGH   WDR
1989–1990. 41-tlg. kanad. Jugendserie von Lynda Schuyler und Kit Hood (»Degrassi Junior High«; 1987–1989).

Degrassi Junior High ist eine Mittelstufenschule in einer modernen Großstadt. Joey Jeremiah (Pat Mastroianni) ist einer der Schüler, er ist der obercoole Macher und trägt immer einen Hut. Mit ihm gehen in die achte Klasse: sein Kumpel Derek »Wheels« Wheeler (Neil Hope), Christine »Strubbel« Nelson (Amanda Stepto), Shane McKay (Bill Parott), Lorraine »L. D.« Delacorte (Amanda Cook), Michelle Accette (Maureen McKay), Melanie Brody (Sara Ballingall), die Zwillinge Heather (Maureen Deiseach) und Erica Farrell (Angela Deiseach), die uncoole Voula (Niki Kemeny) und Stephanie (Nicole Stoffmann). Sie heißt eigentlich Kobalowsky, nennt sich aber Stephanie Kaye, weil das einfacher ist und vor allem niemand wissen soll, dass der Siebtklässler Arthur Kobalowsky (Duncan Waugh) ihr Bruder ist. Sie möchte Schülersprecherin werden, lässt sich von Joey managen und vergrätzt damit ihre bisherige beste Freundin Voula. Arthur freundet sich mit Yick (Siluck Saysanesy) an. In die siebte Klasse geht auch Rick Munro (Craig Driscoll), und zwar schon zum zweiten Mal.

Alle Schüler setzen sich mit klassischen Problemen auseinander: Voulas Eltern sind altmodisch und verbieten ihr die Teilnahme am Schulball; es geht um Prüfungsangst, Alkohol- und Drogenkonsum, Rassismus, Missbrauch, Gewalt, Freundschaften, Beziehungen, Sexualität. Strubbel wird von Shane schwanger, Wheels ist adoptiert und lernt seinen leiblichen Vater kennen, und als alle in die nächste Klasse versetzt werden, bleibt Joey sitzen und muss die achte wiederholen.

Engagierte Serie, die Probleme und Lösungsmöglichkeiten aus der Sicht der Jugendlichen zeigte. Das kanadische Fernsehen verkaufte die Produktion in alle Welt und empfahl zugleich Diskussionsthemen zu den einzelnen Episoden. Sie waren eine halbe Stunde lang und liefen ab 1990 sonnntagmittags in der ARD. Mit der Versetzung der Protagonisten in eine weitere höhere Jahrgangsstufe änderte die Serie ihren Titel in *Degrassi High*. Dasselbe Team hatte zuvor bereits die Serie *Bei uns und nebenan* gedreht.

DEICH TV – DIE FISCHKOPP-COMEDY SAT.1

Seit 2004. Dt. Comedyserie von Torsten Wacker und Tom Krause.

Keine durchgehende Handlung, aber durchgehende Charaktere in kurzen Szenen und Sketchen in einem Dorf an der Nordseeküste: die Polizisten Kurt (Matthias Komm) und Gunnar (Frank Thomé), der wortkarge Eiländer Holger (Oliver Krüdener), der Werkstattbesitzer und Rocker Volker (Tetje Mierendorf), die Krabbenpulerinnen Jutta (Katja Brügger) und Dora (Carolin Spieß), der aufdringliche und völlig unwitzige Witzeerzähler Kalli (Michael Lott), das alte Ehepaar Luzie (Siegrid Michalsky) und Gerhard (Rolf Peters), der Arbeitsuchende Horst (Oliver Törner) und seine Sachbearbeiterin Annika (Tina Eschmann), Fischbudenbesitzerin Gerda (Isabella Grothe), Taxifahrer Heinz (Nils Holst) u. a.

Acht halbstündige Folgen mit, wohlwollend formuliert, sehr trockenem norddeutschen Humor liefen bisher freitags um 23.15 Uhr.

DEIN GUTES RECHT ARD

1974–1975. 13-tlg. dt. Gerichtsserie.

Dr. Martin Zobel (Joost Siedhoff) ist Richter am Sozialgericht, an seiner Seite ist die Urkundenbeamtin Köster (Ursula Erber). Sie verhandeln echte, aber nachgespielte Sozialgerichtsfälle.

Die Folgen dauerten 30 Minuten und liefen im regionalen Vorabendprogramm.

DEINE BAND RTL

2000. Interaktive Casting-Doku-Soap.

Die Serie begleitete die Entwicklung einer jungen Popgruppe vom Casting der Musiker und Musikerinnen bis hin zum Erscheinen der ersten Single. Dabei war die Entwicklung während der Ausstrahlung noch in vollem Gange, und die RTL-Zuschauer trafen per Telefonabstimmung alle wichtigen Entscheidungen: Sie stimmten nicht nur über den Namen der Band oder ihre CD-Cover ab, sondern schon vorher über jedes einzelne Bandmitglied.

Miriam Pielhau moderierte vier Sendungen lang, dann wurde das Format umgebaut und nach vier weiteren gekippt. Jede Ausgabe war 45 Minuten lang und lief weitgehend unter Ausschluss der Öffentlichkeit am Samstagnachmittag. Zehn Sendungen waren geplant.

DELIE & BRENTON SWR

1984–1985. 8-tlg. austral. Abenteuerserie nach dem Buch von Nacy Cato (»All The Rivers Run«; 1984).

Als 1880 ein Schiff mit englischen Auswanderern auf der Fahrt nach Australien untergeht, verliert die 16-jährige Delie Gordon (Sigrid Thornton) ihre Eltern. Ihre Tante Hester (Dinah Shearing) und ihr Onkel Charles (Charles Tingwell) nehmen sie zunächst bei sich auf. Dann trifft sie ihren Lebensretter Tom Critchley (Gus Mercurio) wieder und beteiligt sich mit ihrem Erbe an seinem Flussdampfer. Sie heiratet den Maat Brenton (John Waters) und betreibt auch mit ihm einen eigenen Raddampfer. Sie wird nach einigen Schicksalsschlägen selbst Kapitänin, verwirklicht aber auch ihren Traum zu malen.

Die 45 Minuten langen Folgen liefen auch in anderen Dritten Programmen und im Herbst 1987 in der ARD.

DELTA RTL 2

1994. 17-tlg. US-Sitcom von Amy Coakley, Dean Doser und Miriam Trogdon (»Delta«; 1992–1993).

Delta Bishop (Delta Burke) hat einen Traum: Sie will Countrysängerin werden wie ihr Vorbild Patsy Cline. Sie trennt sich von ihrem Mann Charlie und geht nach Nashville. Bei ihrer Cousine Lavonne Overton (Gigi Rice) findet sie Unterschlupf und Unterstützung – auch wenn deren Mann Buck (Bill Engvall) nichts von den Flausen der neuen Mitbewohnerin hält. Sie nimmt – bis es mit dem großen Durchbruch

Postproduktion einer *Denkste?!*-Folge von 1983 zum Thema »Rasende Reporter« mit Hans-Werner Olm (links).

klappt – einen Job als Kellnerin in der Countrybar Green Lantern von Darden Towe (Earl Holliman) an, wo sie bei den Nächten für Amateursänger ihr Talent beweisen kann. Ihre Kollegin Connie Moore (Nancy Giles) und Lavonnes Chefin Thelma Wainwright (Beth Grant) sind Deltas Freundinnen.

DELTA TEAM – AUFTRAG GEHEIM   PRO SIEBEN
1999–2001. 12-tlg. dt. Actionserie von Thorsten Näter.
Der ehemalige BKA-Chef Manfred Seifert (Peer Jäger) ist Kopf der privaten Antiterroreinheit Delta Team, die neben ihm aus Andy Sanchez (Diego Wallraff), Sandra Wohlers (Stefanie Schmid) und Chris von Lebnitz (Stephan Benson) besteht. Gemeinsam bekämpfen sie das organisierte Verbrechen. Wenn modernste Technik nicht weiterhilft, verlassen sie sich gerne auch auf mystische Methoden, Hellseher und so was.
Die einstündigen Folgen liefen zunächst dienstags zur Primetime, nach sieben Folgen wurde die Serie vorzeitig abgesetzt. Knapp zwei Jahre später wurden diese noch einmal und zusätzlich die restlichen dienstags gegen 23.45 Uhr versendet.

DELVECCHIO   ARD
1979–1980. 16-tlg. US-Krimiserie von Sam Rolfe und Joseph Polizzi (»Delvecchio«; 1976–1977).
Sergeant Dominick Delvecchio (Judd Hirsch) ist ein harter, entschlossener Cop in Los Angeles. Er hat eigentlich Jura studiert, ist aber durchs Staatsexamen gefallen. Seine Fälle – Drogen, Diebstahl, Mord – bekommt er von Lieutenant Macavan (Michael Conrad) und löst sie mit seinem Partner Paul Shonski (Charles Haid). Delvecchios Vater Tomaso (Mario Gallo) führt einen kleines Friseurgeschäft und kann nicht glauben, dass sein Sohn Polizist geworden ist.
Die ARD zeigte die Serie jeweils dienstags von 21.45 Uhr bis 22.30 Uhr, sie wurde in den Dritten Programmen und dann viele, viele Male bei RTL und Super RTL wiederholt.

DEMPSEY & MAKEPEACE   BR, NDR
1988–1991. 30-tlg. brit. Actionserie von Tony Wharmby (»Dempsey & Makepeace«).
Der amerikanische Polizist James Dempsey (Michael Brandon) und die englische Scotland-Yard-Beamtin Harriet Makepeace (Glynis Barber) sind ein ungleiches Paar: Er der Prototyp des harten Bullen, sie eine wohl erzogene Adelige, die sogar Anspruch auf den Thron hätte, sollten die paar hundert Menschen, die vor ihr in der Thronfolge stehen, gleichzeitig ums Leben kommen.
Im wirklichen Leben heirateten die beiden Hauptdarsteller später. König wurde niemand. Lief zeitversetzt in fast allen Dritten Programmen. Jede Folge war 45 Minuten lang.

DENK UND DACHTE   ARD
1975–1977. Halbstündiges naturwissenschaftliches Magazin für Kinder mit den Marionetten Denk und Dachte. Die Sendung hieß vorher *Natur und Technik* und erhielt im Juli 1975 den Namen der Hauptakteure. Die Reihe brachte es auf acht weitere Ausgaben, die in sehr loser Folge gezeigt wurden.

DENKMAL   ZDF
1985–1989. Kulturquiz von und mit Helmut Greulich und Monika Moos zu den Themen Musik, Literatur und Kunst. Pro Sendung kamen bis zu 25 000 Einsendungen. Insgesamt liefen 20 Ausgaben.

DENKSTE?! ARD

1972–1988. Jugendmagazin vom SFB.
Befasste sich anfangs in mehreren Beiträgen mit den Problemen von Kindern und filmte z. B. in der zweiten Sendung mit versteckter Kamera in Berlin, wie Kinder auf den berühmt-berüchtigten »guten Onkel« reagieren. Später wurden unter dem Reihentitel *Denkste?!* vor allem Kinderfilme gezeigt. 1979 erhielten Elfie Donnelly und Hans Henning Borgelt einen Adolf-Grimme-Preis mit Silber für ihren Film »Servus Opa, sagte ich leise« über das langsame Sterben des Großvaters in der Familie.
Lief in 50 Minuten Länge an verschiedenen Wochentagen, meistens monatlich.

DENNINGER – DER MALLORCAKRIMI ZDF

2001–2003. 8-tlg. dt. Krimireihe von Leo P. Ard.
Jo Denninger (Bernhard Schir; ab Folge 3: Gregor Törzs) möchte eigentlich eine Auszeit von seinem Job beim BKA nehmen und auf Mallorca als Leibwächter seines Onkels Max von Lahnstein (Gerd Wameling), einem millionenschweren Immobilienmakler, ausspannen. Das klappt natürlich nicht, und so wird er immer wieder in neue Fälle verwickelt, die er zusammen mit seinem Kumpel Schumann (Eckhard Preuß) löst. Maria Sureda (Özay Fecht) ist die resolute Haushälterin von Lahnsteins.
Die Reihe startete mit zwei spielfilmlangen Folgen im Frühjahr 2001 als *Samstagskrimi* um 20.15 Uhr, weitere Folgen begannen im Januar 2003 mit einem neuen Hauptdarsteller und auf 50 Minuten gekürzt dienstags um 19.25 Uhr.

DENNIS ARD

1961–1962. »Geschichte eines Lausbuben«. 13-tlg. US-Sitcom (»Dennis The Menace«; 1959–1963).
Der kleine Dennis Mitchell (Jay North) ist der Albtraum seiner Eltern Henry (Herbert Anderson) und Alice (Gloria Henry), vor allem aber des Nachbarn George Wilson (Joseph Kearns) und seiner Frau Martha (Sylvia Field). Er hilft, wo er kann, meistens aber, wo er nicht kann, und ist der lebende Beweis dafür, dass das Gegenteil von »gut« nicht »schlecht« ist, sondern »gut gemeint«. Dennis' angebliche Hilfsbereitschaft endet regelmäßig mit hohen Verlusten oder in völliger Verwüstung – und das, wo George Wilson, den Dennis zu seinem »besten Freund« erkoren hat, doch nichts so sehr liebt wie Perfektion.
Die Serie lief am Vorabend. Sie basierte auf der gleichnamigen Comicreihe von Hank Ketcham und wurde noch mehrmals als Zeichentrickserie verfilmt, außerdem als Realfilm »Dennis – Der Quälgeist« mit Victor DiMattia (1987) fürs Fernsehen und als »Dennis, die Nervensäge« mit Mason Gamble, Walter Matthau und Christopher Lloyd (1993) sowie als »Dennis – Widerstand zwecklos« mit Justin Cooper und George Kennedy (1998) fürs Kino.

DENNIS RTL

1989–1990. 78-tlg. US-Zeichentrickserie (»Dennis The Menace«; 1987–1988).
Trickversion der gleichnamigen Sitcom. Der Lausbub Dennis Mitchell bringt durch seine Neugier, seinen Enthusiasmus und das dadurch entstehende Chaos seinen Nachbarn Mr. Wilson zur Verzweiflung.
Mehrere Folgen sind auf DVD erhältlich.

DER DENVER-CLAN ZDF

1983–1990. 218-tlg. US-Soap von Richard und Esther Shapiro (»Dynasty«; 1981–1989).
Affären und Intrigen sowie viele, viele Hochzeiten und Scheidungen in der Welt der Reichen und Schönen. Die Geschichte beginnt mit der Hochzeit von Blake Carrington (John Forsythe) und Krystle Jennings (Linda Evans), beide bereits geschieden. Der Ölmulti Blake ist der Kopf eines einflussreichen Familienclans in Denver. Zum Personal seines pompösen Anwesens gehört anfangs Butler Joseph Anders (Lee Bergere). Die Tochter Fallon Carrington (Pamela Sue Martin; ab Folge 115: Emma Samms) heiratet den Politiker Jeff Colby (John James), von dem sie sich später wieder scheiden lässt. Colby heiratet dann Kirby Anders (Kathleen Beller), die Tochter des Butlers. Der bisexuelle Sohn Steven Carrington (Al Corley) verunglückt bei einer Ölexplosion. Er überlebt knapp, muss sich aber wegen schwerer Verbrennungen einer Gesichtsoperation unterziehen (und wird ab Folge 46 von Jack Coleman gespielt). Blakes Ex-Frau Alexis Carrington (Joan Collins), die es geschafft hat, sich dauerhaft im Gästehaus des Carrington-Anwesens

Zwei Schöne und das Biest. *Der Denver-Clan* mit Linda Evans, John Forsythe und Joan Collins (von links).

einzuquartieren, ist ein intrigantes und skrupelloses Biest. Weil sie Blake zurückhaben oder wenigstens unglücklich machen will, ist Krystle ihre Erzfeindin, mit der die Auseinandersetzungen oft auch handgreiflich enden. Alexis ist in der Wahl ihrer Mittel nicht zimperlich. So verursacht sie einen Reitunfall, bei dem Krystle ihr Kind verliert, ist für ein Attentat verantwortlich, bei dem Blake zwischenzeitlich erblindet, und bezahlt Krystles Nichte Sammy Jo Dean (Heather Locklear), damit sie Steven Carrington verlässt, mit dem Sammy Jo inzwischen verheiratet ist. Steven heiratet danach für einige Zeit die nervenkranke Claudia Blaisdel (Pamela Bellwood), sitzengelassene Ehefrau des Geologen Matthew Blaisdel (Bo Hopkins), mit dem Krystle früher zusammen war. Verheiratet war Krystle jedoch mit dem Tennisprofi Mark Jennings (Geoffrey Scott).

Adam Carrington (Gordon Thomson), der lange verschollene Sohn von Alexis und Blake, der als Kind entführt wurde, taucht wieder auf und heiratet später Dana Waring (Leann Hunley); ebenfalls kommt Alexis' Tochter Amanda (Catherine Oxenberg; ab Folge 149: Karen Cellini) nach Denver und entpuppt sich als weitere Tochter Blakes, von der er nichts wusste. Auch erfährt Blake jetzt erst, dass er eine Halbschwester namens Dominique Deveraux (Diahann Carroll) hat, eine uneheliche Tochter seines Vaters.

Blake und Krystle betrügen sich gegenseitig mehrfach, lassen sich zweimal scheiden, heiraten aber auch zwei weitere Male. Die gemeinsame Tochter Krystina (Jessica Player) kommt zur Welt und wächst heran. Eine ihrer Affären hat Krystle mit Daniel Reece (Rock Hudson). Alexis und Dex Dexter (Michael Nader) heiraten ebenfalls, lassen sich aber auch wieder scheiden und kommen sich danach wieder näher. Nach der Scheidung von Claudia wird Luke Fuller (William Campbell) Stevens Liebhaber. Amanda heiratet den Prinzen von Moldawien, moldawische Terroristen metzeln jedoch während der Zeremonie die gesamte Hochzeitsgesellschaft nieder. Alle überleben. Krystle wird entführt, und die Doppelgängerin Rita (natürlich auch Linda Evans) schlüpft in ihre Rolle. Hinter der Entführung stecken Sammy Jo und Joel Abrigore (George Hamilton). Sammy Jo heiratet Clay Fallmont (Ted McGinley), den Sohn des Senators Buck Fallmont (Richard Anderson).

Durch Betrug und neue Intrigen vertreibt Alexis Krystle und Blake vom Carrington-Anwesen und hat nun das alleinige Sagen. Schließlich fällt Krystle ins Koma, Fallon und Krystina werden auf der Suche nach einem Nazischatz in einem Tunnel verschüttet, Adam stürzt Alexis und Dex vom Balkon, wodurch Dex stirbt, ein korrupter Polizist schießt auf Blake, und die Serie ist zu Ende.

Nach einem zweistündigen Pilotfilm, »Kopf oder Adler« (nahe liegender Originaltitel schlicht: »Oil«), liefen die 45-Minuten-Folgen mittwochs um 21.00 Uhr.

Dallas hatte den Trend der Primetime-Soaps ins Rollen gebracht, *Der Denver-Clan* war der erfolgreichste Abklatsch – und die teurere Serie: 1,2 Millionen US-$ pro Folge stellte Produzent Aaron Spelling zur Verfügung; *Dallas* hatte nur 700 000 US-$ gekostet (die zur Kulisse gehörenden Satinlaken in den Schlafzimmern und der Kaviar auf dem Tisch waren angeblich echt, was die Produktionskosten zumindest in Teilen erklären würde). Nolan Miller war der Schöpfer der pompösen Kostüme. Auch nach Quoten überholte »Dynasty« bald *Dallas* und alle anderen Serien, jedoch nur für kurze Zeit. Ab dem berühmten Massaker von Moldawien in der Mitte der Serie wurden die Geschichten immer irrsinniger und die Einschaltquoten in den USA immer schlech-

»Ja, ich sag's ihm.« Joel Fabiani (links) erhält die Nachricht, dass Peter Wyngarde (rechts) als Jason King seine eigene Serie bekommt. Hier spielt er noch in *Department S* gemeinsam mit Rosemary Nichols.

»Hmm, und für diese Rolle habe ich meine Hollywoodkarriere sausen lassen?« Fritz Wepper (links) macht *Derrick* den Harry.

ter, weshalb eine Fortsetzung nach insgesamt neun Staffeln schließlich nicht mehr rentabel war. Der Irrsinn gipfelte in der Sammlung von Einzelkatastrophen in der letzten Episode. Zwei Jahre später entstand ein zweiteiliger Fernsehfilm, »Denver – Die Entscheidung« (»Dynasty – The Reunion«; 1991), der in Deutschland bei RTL zu sehen war. Darin waren alle Hauptdarsteller plötzlich wieder quietschlebendig und bestens genesen mit von der Partie.

Die größte Aufregung verursachte kein Massaker, Mord oder Eheschluss, sondern der schlichte Kuss zwischen Rock Hudson und Linda Evans. Nachdem Hudson seine Aids-Erkrankung öffentlich gemacht hatte, war der amerikanische Fernsehzuschauer überzeugt, dass Hudson auch Evans extrem gefährdet hatte. Evans sagte später, dass sich Leute daraufhin von ihr distanzierten und sie nicht umarmten, und Produzent Aaron Spelling sagte, er hätte den Kuss nie erlaubt, wenn er von Hudsons Erkrankung gewusst hätte.

Etliche hochkarätige Gaststars wirkten im Lauf der Jahre mit, darunter in Folge 72 Ex-Präsident Gerald Ford, seine Frau Betty und Henry Kissinger. John Forsythe spielte als Einziger der Hauptdarsteller in allen 218 Folgen mit. Für die Rolle der Alexis war im Vorfeld Sophia Loren im Gespräch, Spelling gab jedoch Joan Collins den Vorzug.

Ein Spin-off namens *Die Colbys – Das Imperium* mit einigen Darstellern aus der Originalserie lief in Sat.1. Die absurden Handlungsstränge wurden darin noch übertroffen, als Fallon von Außerirdischen entführt wurde. Nach dieser Episode wurden *Die Colbys* jedoch abgesetzt, und Fallon kehrte zum *Denver-Clan* zurück, als sei nichts geschehen.

DENVER, DER LETZTE DINOSAURIER   RTL
1997–1998. 16-tlg. US-Zeichentrickserie (»Denver, The Last Dinosaur«; 1988–1989).

Der Dinosaurier Denver ist der Letzte seiner Art. Und besonders cool ist er mit seiner Gitarre und der Sonnenbrille auch.
Lief im Kinderprogramm am Samstagmorgen.

DEPARTMENT S   ZDF
1970–1971. 22-tlg. brit. Krimiserie von Monty Berman und Dennis Spooner (»Department S«; 1969–1970).

Der Kriminalbuchautor Jason King (Peter Wyngarde), die Computerexpertin Annabelle Hurst (Rosemary Nichols) und Stewart Sullivan (Joel Fabiani) arbeiten als Spezialagenten für einen geheimen Ableger von Interpol. Sie kommen weltweit immer dann zum Einsatz, wenn die Fälle als unlösbar gelten. Sir Curtis Seretse (Dennis Alaba Peters) erteilt King die Aufträge, die natürlich inoffiziellen Charakter haben. King, der in seinen Büchern seine eigene Krimifigur »Mark Caine« erschaffen hat, hat sein kriminalistisches Gespür durch sein Schreiben erlangt und eruiert stets, wie sein Held das Problem angehen würde.

Wyngarde als King, mit Schnauzbart und Goldkettchen am Arm, war der unangefochtene Star der Serie, dem die Synchonautoren noch ein paar Blödelsprüche in den Mund legten, wie sie Anfang der 70er-Jahre in vielen Serien zu hören waren. Dabei sind die Plots in ihrer Absurdität und Komplexität bis heute ein zeitloser Markstein des psychedelischen Krimis. Sendeplatz war alle 14 Tage dienstags um 21.00 Uhr. Jede Folge dauerte 50 Minuten. Wyngarde bekam mit der Figur später seine eigene Serie, *Jason King*.

DERRICK   ZDF
1974–1998. 281-tlg. dt. Krimiserie von Herbert Reinecker.

Bei der Münchner Mordkommission klärt Oberin-

»Sie müssen jetzt ganz stark sein, Frau Opela: In der nächsten Folge wird ausnahmsweise jemand anders die Frau des Opfers spielen.« Horst Tappert (rechts), Wepper und Dauergaststar Evelyn Opela.

spektor Stephan Derrick (Horst Tappert) gemeinsam mit seinem Assistenten Harry Klein (Fritz Wepper) Morde auf, die meist in der Münchner Schickeria begangen werden. Derrick verhört die reichen Angehörigen in deren Villen und löst die Fälle mit Bedacht und ohne Gewalt. Er nimmt so gut wie nie eine Waffe in die Hand. In der Mordkommission arbeitet auch Willy Berger (Willy Schäfer), der Derrick und Klein manchmal bei den Ermittlungen unterstützt, aber nur im Büro. Bis 1977 ist auch Schröder (Günther Stoll) dabei.

Was *Derrick* von den meisten Krimiserien unterschied, war, dass man hier nicht Derrick und Harry in harmlosen Situationen zeigte, dann das Telefon klingelte und die beiden zu einem Mord gerufen wurden. Geschildert wurde zunächst ausführlich das Umfeld des späteren Mordopfers, Familie, Freunde, die Gesamtsituation, der Konflikt bis hin zum Mord (ohne den Mörder preiszugeben). Erst dann kam Derrick ins Spiel. Oft kam der Oberinspektor in der ersten halben Stunde der einstündigen Sendung gar nicht vor.

Den Rang des Oberinspektors, den es bei der Polizei in Wirklichkeit schon seit Anfang der 70er-Jahre nicht mehr gab, behielt Derrick während der gesamten Laufzeit der Serie. Befördert wurde er erst in der allerletzten Episode (»Das Abschiedsgeschenk«) auf einen Chefposten bei Europol, womit sein Ausscheiden aus der Serie erklärt wurde. Fritz Wepper hatte die Rolle des Harry Klein bereits in der Krimiserie *Der Kommissar* gespielt.

Autor Reinecker und Produzent Helmut Ringelmann waren sich erst drei Tage vor Drehstart zur ersten Episode »Waldweg« über den Rollennamen für den neuen Krimihelden einig geworden, der schon vor dem Ende von *Der Kommissar* als dessen Nachfolger

aufgebaut werden sollte. Weder Derrick noch Klein hatten in der Serie ein Privatleben; sie befassten sich ausschließlich mit den Mordfällen. Nur zweimal lösten Frauen unbekannte Gefühle in Derrick aus: die Psychologin Renate Konrad (Johanna von Koczian) 1975 und eine Innenarchitektin (Margot Medicus) 1984. Diese Phasen vergingen aber schnell wieder, sie hielten jeweils zwei Folgen.

Die Ermittlungen gingen meist schleppend und die Verhöre monoton voran (»Hatte Ihr Mann Feinde?«). Lediglich in den Anfangsfolgen war Derrick noch als energischer und euphorischer Polizist zu sehen, dem böse Taten auch mal eine Gefühlsregung entrissen. In den späteren Folgen passierte eigentlich nach dem Mord kaum noch etwas, aber irgendwann gestand jemand, und die Folge war zu Ende. Zwischendurch stand meistens irgendwo Evelyn Opela herum, die Lebensgefährtin und spätere Ehefrau von Produzent Ringelmann, die er ab 1984 innerhalb der nächsten zehn Jahre in sieben verschiedenen Gastrollen unterbrachte. Tappert wandelte nur noch durch die Gegend, und die Anzahl seiner möglichen Gesichtsausdrücke lag bei etwa 1. In der 200. Episode konnte zum ersten Mal ein Fall nicht aufgeklärt werden (»Offener Fall«).

Ursprünglich sollte *Derrick* die Motive beschreiben, die zu einer Straftat führen, und im Gegensatz zum *Kommissar* sollte der Täter für den Zuschauer von Anfang an bekannt sein. Bei *Columbo* funktionierte dieses Prinzip auch in Deutschland bestens, bei *Derrick* gefiel es weder Zuschauern noch Kritikern und wurde sehr bald wieder fallen gelassen.

Derrick war seinerzeit die erfolgreichste deutsche Serie weltweit; sie lief in mehr als 100 Ländern; in Italien z. B. war Hauptdarsteller Tappert ein Superstar. In Deutschland lief *Derrick* 24 Jahre lang einmal im Monat, zunächst sonntags, ab 1978 freitags um 20.15 Uhr. Derrick erreichte in der Gesamtbevölkerung einen der höchsten Bekanntheitsgrade aller Fernsehcharaktere, obwohl die tatsächlichen Zuschauer – wie bei den meisten ZDF-Sendungen – in der Regel weit über 50 Jahre alt waren. Erste Assoziation mit der Serie war immer Derricks Aufforderung »Harry, hol schon mal den Wagen!«, die zum geflügelten Wort und zur Legende wurde. Jahrelange Überzeugung aller Beteiligten war, der Satz sei tatsächlich nie gesagt worden. Dann begannen sogar die beiden Stars, an den Satz zu glauben: Kurz vor seinem 80. Geburtstag im Frühling 2003 sagte Horst Tappert einer Reporterin, er habe kürzlich eine *Derrick*-Wiederholung gesehen, in der die Worte vorgekommen seien. Zwei Jahre zuvor hatte Fritz Wepper noch erklärt, der Satz sei eine Erfindung von Harald Schmidt; von nun an erklärten beide einmütig, er sei eben doch gefallen. In welcher Episode das war, konnte jedoch niemand sagen. In der Tat kam die Aufforderung vor, selten allerdings, und nicht im exakten, viel zitierten Wortlaut. Das Image, das der Satz vermittelte, traf ohnehin zu: Harry Klein war immer der minderwertige Assistent und Stichwortgeber, der »Ja, Stephan« sagen und Handlangertätigkeiten ausüben durfte, während Stephan Derrick als der kluge, kühle Kopf, der mit Ruhe und Sachverstand die Fälle löste, in die Fernsehgeschichte einging, obgleich seine trantütige Art und die fast bis zu den Knien hängenden Tränensäcke Stoff zahlloser Scherze in den Medien waren.

1998 wurde die endgültig letzte Folge ausgestrahlt, und in der Woche zuvor wurde die Serie mit zahlreichen Sondersendungen und Berichten in verschiedenen Magazinen geehrt. Fritz Wepper präsentierte eine lange *Derrick*-Nacht mit mehreren Folgen hintereinander, und Thomas Gottschalk moderierte samstags um 20.15 Uhr eine Fernsehparty namens »Good-bye, Derrick!« zu Ehren Tapperts. Als Nachfolgeserie entwickelte Ringelmann *Siska*. Komponist und Interpret der Titelmusik war Les Humphries mit seinem Orchester. Mehrere Episoden sind auf DVD erhältlich.

DERWEIL SICH DIE ERDE DREHT ARD
1954–1956. Diskussionssendung zu christlichen, ethischen und moralischen Fragen. Themen waren u. a. Todesstrafe, ärztliche Moral, Atomzeitalter, Chancen des Christentums, aber auch »Die Halbstarken – Zeiterscheinung oder Erziehungsproblem?«.

DESERT FORGES PRO SIEBEN
2001–2002. Einstündige Abenteuerspielshow.
32 Prominente begeben sich in Zweierteams mitten in der jordanischen Wüste bei über 40 Grad im Schatten auf Schatzsuche. Der Erlös geht an einen guten Zweck. Sonya Kraus und Alexander Mazza moderieren.
Sieben einstündige Folgen dieser heißen Variante von *Fort Boyard,* die auch die gleichen französischen und deutschen Produzenten hatte, liefen dienstags um 21.15 Uhr, die letzte fiel wegen des Terroranschlags auf New York am 11. September 2001 aus. Sie wurde knapp ein Jahr später im Vormittagsprogramm ausgestrahlt.

DESIGN ARD
1984. 7-tlg. dt. Reportagereihe über Designer und ihre Arbeit. Die Bandbreite reichte vom Modeschöpfer (Karl Lagerfeld war das prominenteste Beispiel der Reihe) über Werbegrafik bis zu Innenarchitektur und Stadtdesign. Lief sonntagmorgens.

DESPERADO RTL 2
1993. 5-tlg. US-Westernreihe (»Desperado«; 1987–1989).
Der Cowboy Duell McCall (Alex McArthur) sucht einen Zeugen, der beweisen kann, dass er den Mord nicht begangen hat, für den er von Gesetzeshütern und Kopfgeldjägern verfolgt wird. Zwischendurch hilft er anderen, die Probleme mit Bösewichtern haben und noch jemanden brauchen, der ihnen beim Ballern hilft.
Reihe von fünf Fernsehfilmen mit Spielfilmlänge.

DESPERATE HOUSEWIVES PRO SIEBEN
Seit 2005. US-Soap von Marc Cherry (»Desperate Housewives«; seit 2004).
Alles beginnt damit, dass eines schönen Tages Mary Alice Young (Brenda Strong), geschätzte Hausfrau, Gattin von Paul (Mark Moses) und Mutter von Zach (Cody Kasch), in ihrem ordentlichen Haus hinter dem gepflegten Vorgarten in der Wisteria Lane an den aufgeräumten Schrank geht, eine Pistole herausnimmt, sich an den Kopf hält und abdrückt. Es wird sich herausstellen, dass sie allen Grund dazu hatte, aber zunächst sind die Nachbarn fassungslos – obwohl auch sie alle dunkle Geheimnisse hinter den adretten Fassaden verbergen.
Mary Alice Young schildert nach ihrem Tod als Erzählerin aus dem Off das Leben und Doppelleben ihrer besten Freundinnen: Das ehemalige Model Gabrielle Solis (Eva Longoria) betrügt Ehemann Carlos (Ricardo Antonio Chavira) mit dem Teenager John (Jesse Metcalfe), muss aber feststellen, dass auch der Reichtum ihres Gatten nur auf Betrug basiert. Bree Van de Kamp (Marcia Cross) ist die makelloseste aller makellosen Hausfrau, die ihren Mann Rex (Steven Culp) und ihre beiden Kinder mit ihrem Perfektionismus in den Wahnsinn und die Familien- und Ehekrise treibt. Lynette Scavo (Felicity Huffman) war eine erfolgreiche Managerin, bis sie nach der Geburt der ersten zwei von vier höllischen Kindern ihre Karriere aufgab, was sie ewig bereut. Die geschiedene Susan Mayer (Teri Hatcher) stolpert von einem Missgeschick ins nächste, aus dem ihre vergleichsweise erwachsene 14-jährige Tochter Julie (Andrea Bowen) sie dann herausholen muss. Susan verliebt sich in den mysteriösen Mike Delfino (James Denton), der sich als Klempner ausgibt. Ebenfalls in der Nachbarschaft leben die männermordende Edie Britt (Nicollette Sheridan) und die

alte Schachtel Martha Huber (Christine Estabrook), die ihre Nase in die Angelegenheiten anderer Leute steckt, was ihr bald zum Verhängnis wird.
Der Grund für den plötzlichen Selbstmord von Mary Alice wurde nur ganz allmählich im Lauf von vielen Folgen aufgedeckt. Währenddessen taten sich immer neue Abgründe hinter den scheinbar anständigen Fassaden der diversen Vorstadtbewohner auf, die sich alle in einem immer weiter ausfasernden Knäuel aus alltäglichen und außergewöhnlichen Lügen und Geheimnissen verstrickten. Diese Elemente einer Hochglanz-Soap mischte *Desperate Housewives* mit dem schwarzen Humor von *Six Feet Under*, der Erzählweise von *Sex And The City* und einer selbstironischen Haltung, die die Familienserie auch zu einer Parodie auf Familienserien machte.
Die ebenso innovative wie massentaugliche Kombination machte *Desperate Housewives* in den USA auf Anhieb zum erfolgreichsten Neustart seit vielen Jahren und zum landesweiten Gesprächsthema. Die Serie schoss sofort auf den zweiten Platz der meistgesehenen Sendungen. Der Erfolg war so gewaltig, dass die Hauptdarstellerinnen schon nach vier Monaten Gehaltserhöhungen verlangten, was sich bis dato selbst Stars etablierter Quotengaranten üblicherweise frühestens nach einem, in der Regel erst nach mehreren Jahren trauten. Auch die Kritiker liebten die *Desperate Housewives*. Dem Vergleich mit Dramaserien wie *Die Sopranos* oder *Six Feet Under* ging die Serie aus dem Weg und trug sich bei Preisverleihungen in der Kategorie »Comedy« ein. Die Rechnung ging auf, und die Serie wurde als beste Comedy mit dem Golden Globe geehrt.
Pro Sieben erhoffte sich von der vorstädtischen verheirateten Damenriege einen ähnlichen Erfolg wie mit den großstädtischen Singlefrauen von *Sex And The City*. Die einstündigen Folgen laufen auf deren früherem Sendeplatz dienstags um 21.15 Uhr nach der Wiederholung von jeweils zwei Folgen von *Sex And The City*. Zuvor hatte der Pay-TV-Sender Premiere mit der Serie Neuland betreten, indem er die Folgen schon kurz nach ihrer US-Ausstrahlung im Originalton gezeigt hatte.

DETECTIVE KENNEDY – NACHTSCHICHT IN L. A. VOX
1993–1995. 13-tlg. US-Krimiserie (»Heart Of The City«; 1986–1987).
Detective Wes Kennedy (Robert Desiderio) hat die Nachtschicht bei der Polizei in Los Angeles übernommen, damit er am Tag mehr Zeit für seine beiden Kinder hat: den 15-jährigen Kevin (Jonathan Ward) und die 14-jährige Robin (Christina Applegate). Beide zieht er alleine auf, seit seine Frau ermordet wurde. Sie stellen ihn oft vor größere Herausforderungen als sein Dienst. Sein Vorgesetzter ist Ed Van Duzer (Dick Anthony Williams), seine Kollegen Detective Rick Arno (Kario Salem), Sergeant Luke Halui (Branscombe Richmond) und Detective Stanley (Robert Alan Browne).
Christina Applegate wurde später mit *Eine schrecklich nette Familie* bekannt. Die Folgen dauerten 60 Minuten.

DETECTIVE SERGEANT BULMAN, SCOTLAND YARD DFF 1
1983. 6-tlg. brit. Krimiserie von Murray Smith (»Strangers«; 1978–1982).
Der britische Polizist George Bulman (Don Henderson) ermittelt mit seinem Kollegen Derek Willis (Dennis Blanch) in fremden Städten, wo die einheimischen Polizisten zu bekannt wären, um erfolgreich zu sein. Bulman ist ein wenig exzentrisch, trägt Handschuhe und zitiert Shakespeare.
Die dreiviertelstündigen Episoden liefen unter der erfolgreichen Krimidachmarke *Fahndung*. In Großbritannien waren Bulman und Willis schon in der Serie »The XYY Man« aufgetreten. Bulman kehrte nach dem Ende der Serie (und seiner Polizeilaufbahn) noch einmal zurück in *Bulman*.

DETEKTEI BLUNT SWR
1986. 12-tlg. brit. Krimiserie nach den Geschichten von Agatha Christie (»Agatha Christie's: Partners In Crime«; 1983–1984).
Nach dem Ersten Weltkrieg pflegt die Krankenschwester Prudence »Tuppence« Cowley (Francesca Annis) ihren Jugendfreund, den Soldaten Tommy Beresford (James Warwick), gesund. Gemeinsam arbeiten sie aus Langeweile als Hobbydetektive, übernehmen in London die Detektei Blunt und heiraten schließlich – was sie nicht daran hindert, sich weiter gegenseitig aufzuziehen. Albert (Reece Dinsdale), ein ehemaliger Liftboy, ist ihr Sekretär, Inspektor Marriot (Arthur Cox) ihr Verbündeter bei der Polizei. Ihre Fälle finden sie in der besten Gesellschaft der 20er-Jahre.
Die einstündigen Folgen liefen erst in allen Dritten Programmen und 1993 auch bei Vox.

DETEKTEI MIT HEXEREI SAT.1, PRO SIEBEN
1990 (Sat.1); 1991 (Pro Sieben). 10-tlg. US-Krimiserie von William Bast und Paul Huson (»Tucker's Witch«; 1982–1983).
Rick Tucker (Tim Matheson) und seine Frau Amanda (Catherine Hicks) arbeiten gemeinsam als Detektive. Ihre Sekretärin ist Marsha (Alfre Woodard). Die Tuckers und Polizei-Lieutenant Fisk (Bill Morey) unterstützen sich gegenseitig bei den Ermittlungen. Diese werden durch die Tatsache erleichtert, dass Amanda eine Hexe ist, die hellsehen kann. Mit den Tuckers im Haus wohnen Amandas Mutter Ellen Hobbes (Barbara Barrie) und der Kater Dickens, Amandas Medium.
Sat.1 zeigte acht Folgen am Vorabend, Pro Sieben noch zwei mehr, zwei weitere wurden in Deutschland nicht ausgestrahlt.

DETEKTIV CAMPION DFF
1991. 6-tlg. brit. Krimireihe nach den Büchern von Margery Allingham (»Campion«; 1989–1990).
Der feine Aristokrat Albert Campion (Peter Davison)

löst mit seinem bulligen Butler Magersfontein Lugg (Brian Glover), einem ehemaligen Dieb, Kriminalfälle in Ostengland in den 30er-Jahren. Dazu fahren beide eindrucksvoll mit einem Lagonda durch die Gegend. Campion ist extrem wohl erzogen und wirkt harmlos, und weil die Diebe damals noch kein Fernsehen hatten, wussten sie nicht, dass sie sich vor solchen Ermittlern ganz besonders in Acht nehmen sollten. Der Oberinspektor Stanislaus Oates (Andrew Burt) kommt natürlich immer zu spät.
Die Fälle hatten Spielfilmlänge; in Großbritannien liefen zwei weitere Episoden.

DETEKTIV CLIFF DEXTER ZDF
→ Cliff Dexter

DETEKTIV CONAN RTL 2
Seit 2002. 264-tlg. jap. Zeichentrickserie (»Meitantei Conan«; 1996–2001).
Der Oberschüler Shinichi Kudo löst wie sein großes Vorbild Sherlock Holmes Kriminalfälle und ist damit dem organisierten Verbrechen ein Dorn im Auge. Zwei Gangster verabreichen ihm einen giftigen Trunk, der den Jungen wieder auf Kindergröße schrumpfen lässt. Eine Gefahr für das Böse bleibt er: Er nennt sich jetzt Conan Edogawa – nach Sherlock-Holmes-Autor Sir Arthur Conan Doyle – und kämpft weiter gegen das Unrecht.
Wie die meisten RTL-2-Trickserien im Nachmittagsprogramm basiert auch diese auf einer japanischen Manga-Comicreihe, »Mentantei Conan« von Gosho Aoyama.

DETEKTIV HANKS RTL
1995–1996. 19-tlg. US-Krimiserie (»The Cosby Mysteries«; 1994–1995).
Obwohl der Gerichtsmediziner Guy Hanks (Bill Cosby) im Ruhestand ist, hilft er mit seinem Partner Dante (Dante Beze) Detective Adam Sully (James Naughton) von der New Yorker Polizei bei der Aufklärung von Kriminalfällen. Barbara Lorenz (Lynn Whitfield) ist Guys Freundin, Angie Corea (Rita Moreno) seine Haushälterin.
RTL zeigte die einstündigen Folgen am Dienstagabend. Ein Pilotfilm war bereits im März 1995 gelaufen. Die Bücher stammten von den Produzenten David Black (*Polizeirevier Hill Street*, *Miami Vice*) und William Link, der Bücher für *Mord ist ihr Hobby* geschrieben und *Columbo* erfunden hatte, an den Detektiv Hanks stark erinnert. Black und Link schrieben Cosby die Bücher auf den Leib; der Rollenname ist der Name seines Schwiegervaters.

DETEKTIV ROCKFORD – ANRUF GENÜGT ARD, RTL, VOX, RTL 2
1976–1980 (ARD); 1995–1996 (RTL); 1997 (Vox); 1998 (RTL 2). 123-tlg. US-Krimiserie von Roy Huggins und Stephen J. Cannell (»The Rockford Files«; 1974–1980).
Jim Rockford (James Garner), der zuvor unschuldig im Gefängnis saß (er sollte einen Bankraub begangen haben), wohnt jetzt in einem Wohnwagen mit Telefon und Anrufbeantworter und arbeitet als Privatdetektiv. Aufgrund seiner eigenen Erfahrung mit der Justiz kümmert er sich hauptsächlich um Fälle, die die Polizei bereits abgeschlossen hat, und sucht nun den wahren Schuldigen. Dafür verlangt er 200 Dollar am Tag, plus Spesen, tut es aber oft genug auch nur aus reiner Gutmütigkeit und wird deshalb wohl nie reich werden.

Rockford ist ein liebenswürdiger Tollpatsch, der in Fettnäpfe tritt und oft auch einfach Pech hat – am Ende führen ihn seine Recherchen aber ans gewünschte Ziel. Sein Ermittlungsapparat besteht hauptsächlich aus einem Bündel falscher Visitenkarten, die er immer mit sich führt und die zugleich seine Verkleidung sind: Er gibt sich als irgendwer aus und erschleicht sich die notwendigen Informationen. Rockford besitzt zwar eine Waffe, benutzt sie aber nicht gern, und selbst eine herkömmliche Schlägerei vermeidet er lieber. Polizei-Sergeant Dennis Becker (Joe Santos) ginge am liebsten Rockford aus dem Weg, muss aber zähneknirschend dulden, dass sich das eigentlich feststehende Ermittlungsergebnis doch noch einmal ändert, sobald Rockford die Sache anpackt.
Jims Vater Joseph »Rocky« Rockford (Noah Beery, Jr.), ein Ex-Trucker, unterstützt seinen Sohn, wobei es mehr der gute Wille ist, der zählt. Auch ein paar Bekannte aus seiner Zeit im Gefängnis können noch behilflich sein. Einer von ihnen ist der schmierige Ganove »Angel« Martin (Stuart Margolin), der zwar gelegentlich nützliche Tipps gibt, Rockford aber auch mit seinen krummen Geschäften in Schwierigkeiten bringt und ihn bei Gefahr sofort verraten und verkaufen würde. Rockford ist mit der Anwältin Beth Davenport (Gretchen Corbett) befreundet, was ganz nützlich ist, wenn er mal wieder das Gesetz gedehnt hat, um an Informationen zu kommen. Ihre Stelle nimmt später John Cooper (Bo Hopkins) ein. Der wurde zwar aus der Anwaltskammer ausgeschlossen, doch seine alten Verbindungen sind weiter dienlich. In der letzten Staffel bekommt Rockford Konkurrenz von dem Privatdetektiv Lance White (Tom Selleck), der ihm ein Dorn im Auge ist, weil er immer alles richtig – und legal – macht und ihm alles auf Anhieb gelingt.
Jede Folge begann mit dem berühmten Anruf, der ja laut Sendetitel genügte. Der Anrufbeantworter schaltete sich ein und nahm zunächst eine Nachricht auf, die eher witzig als wichtig war.
Produzent Roy Huggins hatte bereits die unkonventionelle Westernserie *Maverick* gedreht, Garner darin die Titelrolle gespielt. Nun wollte Huggins etwas Ähnliches als Krimi machen und etwas Humor ins Genre bringen, was ihm gelang: Ein sympathischer, weil fehlbarer Antiheld trug die Serie, und Garner wurde endgültig einer der Stars der Fernsehgeschichte.
Im Pilotfilm hatte Robert Donley die Rolle von Rockfords Vater gespielt. Die Titelmusik stammte von Mike Post und Pete Carpenter und wurde ein Hit.

In den 70er-Jahren erschien wegen des Erfolgs im Fernsehen auch eine Romanheftserie.
Die ARD zeigte 67 Folgen aus allen Staffeln, übersprang also zwischendurch etwa jede zweite Folge. Sendeplatz war zunächst donnerstags, später dienstags um 21.45 Uhr. Jede Folge dauerte 45 Minuten. RTL zeigte 1995 bisher nicht ausgestrahlte Folgen dienstags um 21.15 Uhr (inklusive Werbung jetzt eine Stunde lang), weitere im Folgejahr werktags nachmittags (jetzt nur noch unter dem Titel *Rockford*), und der Rest wurde zu etwa gleichen Teilen bei Vox und RTL 2 erstmals gesendet, jeweils gebündelt mit Wiederholungen. 14 Jahre nach dem Ende der Serie kehrte James Garner noch mehrere Male in die Rockford-Rolle zurück: Von 1994 bis 1999 entstanden acht neue abendfüllende Filme, die von verschiedenen Sendern in Deutschland gezeigt wurden.

DETEKTIVBÜRO ARGUSAUGE ARD
1971–1972. 13-tlg. frz. Krimi-Comedy-Serie (»Les Enquêteurs associés«; 1970).
Die exzentrische und etwas hochnäsige Comtesse Olga de Charance (Maria Pacôme) hat das Detektivbüro Argusauge gegründet, um Fälle aufzuklären, die offiziell noch gar keine sind. Sobald sie bei irgendeiner Ungereimtheit Verdacht schöpft, und das geht schnell, tut außer ihr aber niemand, nimmt sie die Fährte auf. Ihre von der Straße weg engagierten Mitarbeiter sind die junge Ariane (Maria Latour), der Flugbegleiter Michel (Bruno Dietrich) und der Eklektiker »Karpfen« (Richard Guimond-Darbois).
Die Folgen dauerten 25 Minuten und liefen im regionalen Vorabendprogramm.

DETEKTIVBÜRO ROTH ARD
1986–1987. 35-tlg. dt. Krimiserie von Horst Otto Oskar Bosetzky (alias -ky) und Felix Huby.
Bruno Roth (Manfred Krug) leitet sein eigenes Detektivbüro in einer alten Berliner Villa und ermittelt in verschiedenen Fällen. Seine Mitarbeiter sind seine Freundin Ricarda (Ute Willing), seine Schwägerin Olga Roth (Eva Maria Bauer) und deren Sohn Uli (Peter Seum). Die Roths arbeiten anfangs mal mit, mal gegen den Detektiv Albert Löffelhardt (Klaus Löwitsch), später mal mit, mal gegen Egon Fetzer (Heinz Schubert).
Jede Folge dauerte eine knappe Stunde und lief im Vorabendprogramm. Sieben Jahre später kam die Serie unverhofft zum Primetime-Einsatz, als die Sitcoms *Harrys Nest* und *Der Dünnbrettbohrer* floppten und kurzfristig Wiederholungen von *Detektivbüro Roth* ins Programm gehievt wurden. Eine Woche nach der letzten Folge 1987 startete Löwitsch bereits in einer neuen Serie als *Hafendetektiv*.

DETEKTIVE DFF 1
1970–1971. 13-tlg. brit. Krimireihe (»Detective«; 1964–1969).
Abgeschlossene 50-minütige Krimis mit wechselnden Rollen und Darstellern nach literarischen Vorlagen: Berühmte Kommissare und Detektive wie Auguste Dupin (Edward Woodward), Albert Campion (Brian Smith), Bob Race (Frank Lieberman), Sherlock Holmes (Douglas Wilmer) und Jasper Shrig (Colin Blakely) ermitteln. In einigen Folgen führt Kommissar Maigret (Rupert Davies) aus der gleichnamigen Krimiserie in die Fälle ein. Er ermittelt aber niemals selbst.

DEUTSCHE ARD
1984–1989. Gesprächsreihe mit Günter Gaus und jeweils einem Gast.
Nach seiner Zeit als Ständiger Vertreter der Bundesrepublik in der DDR nahm Gaus seine Interviews wieder auf, die er zuvor unter den Titeln *Zur Person* und *Zu Protokoll* geführt hatte. Ein Schwerpunkt lag jetzt auf ostdeutschen Persönlichkeiten aus Kultur und Politik. Zu Gast waren u. a. Heinrich Albertz, Hermann Kant und Stephan Hermlin sowie Richard von Weizsäcker, Aenne Burda, Heiner Geißler, Martin Walser, Oskar Lafontaine und Willy Brandt.
Produzent der Reihe war nun der WDR. Die 45-minütigen Sendungen liefen am späten Sonntagabend. Ein halbes Jahr nach dem Ende von *Deutsche* setzte Gaus im DDR-Fernsehen seine Reihe wieder unter dem ursprünglichen Titel *Zur Person* fort.

DIE DEUTSCHE EINHEIT ZDF
1990. 6-tlg. Doku-Reihe von Guido Knopp.
Zunächst ging es in drei Teilen um die Jahre 1945 bis 1961. Als die beim Publikum gut ankamen, folgten noch drei weitere Teile, die die Zeit vom Mauerbau bis zur ersten gesamtdeutschen Wahl 1990 schilderten.

DEUTSCHE ERBSCHAFTEN ZDF
1987–1990. Historische Doku-Reihe, die vernachlässigte Themen aus der deutschen Geschichte aufgreift. Den Anfang machte ein zweiteiliger Film über die »Rebellen des Biedermeier«: sieben Göttinger Universitätsprofessoren, die sich 1837 dagegen wehren, dass König Ernst August von Hannover die Verfassung außer Kraft setzt.

DER DEUTSCHE FERNSEHPREIS RTL, ZDF, ARD, SAT.1
Seit 1999. Nachdem sich RTL vom *Goldenen Löwen* und ARD und ZDF vom *Telestar* getrennt hatten, zwei Fernsehpreisen, die immer im Verdacht standen, das eigene Programm zu bevorzugen, stifteten 1999 die vier größten deutschen Fernsehsender RTL, ARD, ZDF und Sat.1 gemeinsam den jährlich vergebenen Deutschen Fernsehpreis. Eine unabhängige Jury aus Fernsehmachern und Kritikern nominiert in vielen verschiedenen Kategorien jeweils drei Kandidaten und kürt auch die Gewinner. Seit 2003 gibt es auch einen Publikumspreis. Die Verleihung findet jedes Jahr im Herbst in Köln statt und läuft auf einem der ausrichtenden Sender, die sich brav abwechseln.
Die Auszeichnung mit einem Deutschen Fernsehpreis ist bei der jeweiligen Sendung vermerkt.

DEUTSCHE SCHLAGERFESTSPIELE ARD
→ Die deutschen Schlagerfestspiele

DIE DEUTSCHE SCHLAGERPARADE SWR
1988–2000. 45-minütige Musikshow.
Jeweils sieben Interpreten treten mit ihren Hits gegeneinander an (darunter sechs aktuelle Schlager und ein Oldie), die Fernsehzuschauer bestimmen den Sieger.
Bevor sich Jürgen Drews als Nervensäge vom Dienst in den unteren Schubladen der Privatsender einnistete, moderierte er diese ernst gemeinte Schlagersendung, die sich natürlich Dieter Thomas Heck ausgedacht hatte. Sie lief einmal im Monat, zuerst am frühen Sonntagabend in Südwest 3, nach und nach auch in allen anderen Dritten Programmen. Drews moderierte 65 Sendungen bis Ende 1993, ihm folgte bis September 1994 Birgit Schrowange und ab Dezember Jens Riewa. Die beiden Sendungen dazwischen musste Heck selbst moderieren, bis ein neuer ständiger Moderator gefunden war. Riewa blieb bis Ende 1999, im Jahr 2000 teilten sich wechselnde Schlagersänger die Moderation. Für die letzte Sendung kamen Drews und Riewa noch einmal gemeinsam zurück.

DIE DEUTSCHE STIMME 2003 ZDF
2003. Talentshow mit Andrea Kiewel und Kai Böcking, bei der fast alles genau so funktionierte wie bei *Deutschland sucht den Superstar*, in dessen Sog die Castingshows massenhaft auf den Bildschirm fluteten, und wie bei *Fame Academy*. Unterschied: Im ZDF wurde ausschließlich deutsch gesungen. Aus den Bewerbern bestimmte eine Jury durch Castings in mehreren Schritten neun Teilnehmer der Endrunde. In sieben großen Live-Shows traten diese gegeneinander an, per TED stimmten die Fernsehzuschauer am Ende der Sendung telefonisch ab. Der Letztplatzierte flog raus, die anderen traten beim nächsten Mal wieder gegeneinander an, bis schließlich im Finale die letzten drei um den Gesamtsieg sangen. Die Jury kommentierte in den Live-Shows nur noch und hatte keine Bestimmungsbefugnis.
Die Jury bestand aus den Musikern Jule Neigel und Oli. P, der Moderatorin Stefanie Tücking und dem Komponisten und Musikproduzenten Ralph Siegel, der die Rolle von Dieter Bohlen einnahm und von dem sich der Sieger namens Eddie Leo Schruff daher eine Single schreiben lassen musste. Die Reihe wurde von wenigen Menschen gesehen, was im Nachhinein eigentlich auch im Sinne des ZDF gewesen sein muss. Sie begann mit den Casting-Zusammenschnitten samstags am Vorabend; die Live-Shows liefen wöchentlich donnerstags um 20.15 Uhr.

DIE DEUTSCHEN SCHLAGERFESTSPIELE ARD
1961–1966; 1994; 1997–1999. Jährlicher abendfüllender Schlagerwettbewerb.
Zwölf Interpreten treten mit ihren Liedern gegeneinander an, eine Jury und das Saalpublikum im Kursaal in Baden-Baden bestimmen den Sieger. Wer in den ersten Jahren gewann, hatte einen sicheren Hit, der in der Regel zum Evergreen wurde. Zu den Siegertiteln der 60er-Jahre gehörten »Zwei kleine Italiener« von Conny Froboess, »Ich will 'nen Cowboy als Mann« von Gitte, »Liebeskummer lohnt sich nicht« von Siw Malmkvist, »Mit 17 hat man noch Träume« von Peggy March und »Beiß nicht gleich in jeden Apfel« von Wencke Myhre.
1994 und ab 1997 in drei aufeinander folgenden Jahren kehrte die Show ins Abendprogramm zurück, jetzt moderiert von Dieter Thomas Heck und produziert von seiner Firma Dito Multimedia. Der Stellenwert war nicht mehr der gleiche; 1999 z. B. gewannen Rosanna Rocci und Michael Morgan mit dem Titel »Ich gehör zu dir«. Eben.

DEUTSCHES AUS DER ANDEREN REPUBLIK ARD
1984–1987. 13-tlg. Doku-Reihe von Peter Merseburger und Wolfgang Klein über den Alltag in Ostdeutschland.
Die ARD-Korrespondenten in der DDR zeigten weniger die großen politischen Verwerfungen und Probleme als vor allem die vielfältigen Aspekte des ganz normalen Lebens »drüben«. Dazu gehörten Ferientipps für das Reiseland DDR, Ausflüge ins Erzgebirge und nach Stendahl, ein Besuch der Skatstadt Altenburg und Berichte über den Trabbi oder Advent in einem Warenhaus.
Merseburger habe mit dieser Reihe den alten Bundesbürgern »viel über den Lebensalltag in der DDR vermittelt, mangels einer freien Presse übrigens auch uns Ostdeutschen«, sagte Bundestagspräsident Wolfgang Thierse zum 75. Geburtstag des Autors.
Die dreiviertelstündigen Sendungen liefen viermal jährlich sonntagabends.

DEUTSCHLAND CHAMPIONS ARD
2003–2004. Große Sommershow mit Gerd Rubenbauer und Sabrina Staubitz. Nach dem alten Prinzip des Klassikers *Spiel ohne Grenzen* treten Mannschaften aus verschiedenen Regionen in Aktionswettkämpfen gegeneinander an.
Im Sommer 2003 gab Mirco Nontschew den Kasper, der vormachen musste, wie die Spiele funktionieren. 2004 war Alexander Mazza an seiner Stelle dabei. Jedes Team hatte außerdem prominente Paten. Anders als früher gastierte die Show nicht in jeweils einer der Teilnehmerstädte, sondern veranstaltete das Wasser- und Schmierseifenspektakel im Europapark Rust. In den vier Sendungen der ersten Staffel traten jeweils zwei Städte gegeneinander an, in der zweiten Staffel kämpften viermal vier Bundesländer um die Qualifikation fürs Finale, in dem der Gesamtsieger gekürt wurde.
Die Shows einer Staffel liefen an aufeinander folgenden Samstagen um 20.15 Uhr.

DEUTSCHLAND, DEINE HOBBYGÄRTNER RTL 2
2003. »Nachbarn im Gartenfieber«. Einstündige Doku-Reality-Reihe, in der Menschen innerhalb von 48 Stunden gegenseitig den Garten ihres Nach-

barn aufmöbeln dürfen, unterstützt von Experten. Die erste Folge war Bestandteil der Reihe »Deutschland, deine …« gewesen, die auch andere Hobbys und Berufe vorstellte. Weitere neun Folgen beschäftigten sich nur noch mit Hobbygärtnern.

DEUTSCHLAND, DEINE SCHWABEN   SWR
→ Alles über Schwaben

DEUTSCHLAND-GESPRÄCH   ZDF
1966–1967. Politische Diskussionsrunde mit ZDF-Chefredakteur Wolf Dietrich. Lief alle zwei Monate donnerstags im Wechsel mit *Kreml-Runde, Zur Person, Zur Sache* und *Journalisten fragen – Politiker antworten*.

DEUTSCHLAND HEUTE MORGEN   SAT.1
1993–1999. Tägliches Frühstücksfernsehen von 5.30 bis 9.00 Uhr mit Information, Unterhaltung, Nachrichten, Sport, Spielen und Service.
Moderatoren waren, jeweils zu zweit, u. a. Andrea Kiewel, Kurt Lotz, Andreas Franke, Ulrike Gehring und Marlene Lufen. Als Maskottchen war die Bulldogge Helga im Studio mit dabei. Zu den bekanntesten Rubriken gehörte »Superball«, die »erste Gameshow des Tages«. Kandidaten am Telefon mussten durch Kommandos einen virtuellen Ball an Hindernissen vorbeilotsen. Die Kommandos »rechts«, »links« etc. führte einer der beiden Moderatoren mit verbundenen Augen an einem Joystick aus. Die möglichen Gewinne wurden nach dem Jackpotprinzip erhöht, Anfang 1995 enthielt der höchste Jackpot 55 000 DM.
Die Sendung hieß zuvor *Guten Morgen in Sat.1*. Sie wurde fortgesetzt als *Sat.1-Frühstücksfernsehen*.

DEUTSCHLAND-JOURNAL   ZDF
1990–1992. 45-minütiges Magazin über die Probleme der neuen Bundesländer. Lief ungefähr monatlich erst dienstags, ab 1992 mittwochs um 22.15 Uhr.

DEUTSCHLAND LACHT   ZDF
1992. Halbstündige Witzeshow mit Karoline Reinhardt, die mit einem Käfer durch Deutschland fuhr und Menschen »Witze am laufenden Band« erzählen ließ. Witzkandidaten im Studio konnten eine tolle Radkappe gewinnen. Wirklich.
Einer der Autoren der Sendung war Jürgen Fliege, der später als Talk-Pfarrer mit der Sendung *Fliege* bekannt wurde. Reinhardt war schon zuvor als Assistentin in Wim Thoelkes *Der große Preis* aufgefallen. Ihre eigene Show hatte zwar hervorragende Marktanteile, wurde aber sowohl von Kritikern als auch ZDF-intern so sehr als geschmackliche Entgleisung gesehen, dass der Sender sie nach einer Folge an einem Donnerstag am Vorabend und zwei weiteren freitags um 22.15 Uhr absetzte und vier weitere, schon gedrehte im Giftschrank verschwinden ließ. Stattdessen wiederholte er Folgen von *Ein verrücktes Paar*.

DEUTSCHLAND NACH DEM KRIEGE   ARD
1968. 3-tlg. Dokumentation von Thilo Koch, die zeitlich an die Sendereihen *Die Weimarer Republik* und *Das Dritte Reich* anschloss. Koch beleuchtet die Zeit zwischen 1945 und 1949 bis zur Gründung der DDR.
Die Folgen liefen im Spätabendprogramm und dauerten 60 Minuten.

DEUTSCHLAND 1918–1990   ARD
1992. 3-tlg. Dokumentation von Erhard Klöns, die mit historischen Aufnahmen, Filmausschnitten und Gesprächen mit Zeitzeugen die jüngere deutsche Geschichte zeigt, von der Weimarer Republik (»Die verlorene Demokratie«) und dem »Dritten Reich« (»Der tausendjährige Größenwahn«) bis zur Wiedervereinigung (»Die gespaltene Nation«). Die Reihe lief in dreiviertelstündigen Teilen sonntagvormittags und setzte die Reihe *Wir Deutschen* fort, die sich der knapp 2000 Jahre davor angenommen hatte.

DEUTSCHLAND SUCHT DEN SUPERSTAR   RTL
Seit 2002. Talentshow und die Fernsehsensation des Jahres 2003.
Im Rahmen von 15 Abendshows wird ein Nachwuchssänger gesucht, der zum Star aufgebaut werden soll. Unter allen Bewerbern (60 000 allein für die erste Staffel) trifft eine Jury (Popstar und Produzent Dieter Bohlen; der damalige Chef der Plattenfirma BMG, Thomas M. Stein; der Radiomoderator Thomas Bug und die englische Musikjournalistin Shona Fraser) eine Vorauswahl. In mehreren Castingrunden wird schließlich auf 30 Kandidaten reduziert, die sich in der Show bewähren und ab jetzt der Telefonabstimmung durch die Fernsehzuschauer stellen müssen. Die letzten zehn treten in großen Live-Abendshows gegeneinander an. Der jeweils Letztplatzierte scheidet aus, die anderen treten in der nächsten Sendung mit neuen Liedern an. Die Platzierungsreihenfolge der im Wettbewerb verbleibenden Kandidaten wird nicht bekannt gegeben. Die Jury sitzt bei und kommentiert jeden Auftritt, maßgeblich ist jedoch die Telefonabstimmung. Im großen Finale schließlich wählen die Zuschauer zwischen den beiden verbliebenen Kandidaten ihren Superstar. Der Gesamtsieger erhält einen Plattenvertrag und muss ein Lied singen, das Dieter Bohlen geschrieben hat.
Die Idee war zwar auch in Deutschland nicht neu – die RTL 2-Reihe *Popstars* hatte bereits zwei erfolgreiche Gruppen hervorgebracht, andere Reihen waren gefloppt –, doch das Vorbild für diese spezielle Veranstaltung war die britische Show »Pop Idol«, die als »American Idol« auch schon erfolgreich in die USA exportiert worden war. Auch in Deutschland wurde sie eine Quotensensation. RTL zeigte in der ersten Staffel die Zusammenschnitte der Castings samstags um 19.10 Uhr mit guten, aber nicht überragenden Quoten. Zu sehen waren darin überwiegend Teenager, die mangelndes Talent durch Selbstüberschätzung zu kompensieren versuchten und von Dieter Bohlen rüde abgefertigt wurden. Erst die Entschei-

dungsshows mit den Live-Auftritten, samstags um 21.15 Uhr, machten die Show zu einem Großereignis, und das trotz der Moderatoren Michelle Hunziker und Carsten Spengemann, der ebenfalls mangelndes Talent durch Selbstüberschätzung wettmachte. Weil immer nur ein Kandidat ausschied und die Zuschauer zu den übrigen eine Beziehung aufbauen konnten, stieg die Einschaltquote von Woche zu Woche an und gipfelte schließlich bei fast 13 Millionen Zuschauern in der vorletzten Show am 15. Februar 2003, eine Zahl, die das Finale drei Wochen später am 8. März 2003 knapp verfehlte. Die eigentlich auf eine Stunde angesetzten Live-Shows hielten ihre Sendezeit nie ein und überzogen in der Spitze um fast eine Stunde. RTL sah es gern, denn auf diese Weise konnten die hohen Quoten über einen längeren Zeitraum gehalten werden. Eine Stunde nach Ende der Show folgten noch einmal 20 Minuten (es war in der Regel gegen Mitternacht), in denen das Abstimmungsergebnis verkündet wurde. Davon profitierten die Comedyshows *Krüger sieht alles* und *Olm!*, die von den Superstars umklammert wurden und ebenfalls Rekordquoten erzielten.

Gesamtsieger der ersten Staffel wurde Alexander Klaws, dessen Song »Take Me Tonight« umgehend Platz eins der Charts erreichte. Zuvor hatte bereits der Song »We Have A Dream«, den alle zehn Finalteilnehmer gemeinsam aufgenommen hatten, wochenlang den ersten Platz belegt. Eigentlicher Star der ersten Staffel war jedoch der Drittplatzierte Daniel Küblböck, ein 17-jähriger Bayer, dessen Stimme ungefähr so viel Wohlklang hatte wie eine ICE-Bremse, der durch sein kindlich-quirliges und verstörend-androgynes Auftreten jedoch sofort zum Publikumsliebling wurde und die Menschen polarisierte. »Bild« erfand für ihn die Bezeichnung »schräger Daniel«; eine riesige Fangemeinde versammelte sich hinter ihm, doch schließlich entschied sich in der vorletzten Sendung die Mehrheit gegen ihn und wählte Alexander und Juliette Schoppmann ins Finale. Daniels Single »You Drive Me Crazy«, die nur zwei Wochen nach der Alexanders erschien, löste Alexander auf Platz eins der Charts ab. Auch sein Hit stammte aus Bohlens Feder. Juliette veröffentlichte ebenfalls eine Single, wollte aber musikalisch nichts mehr mit Bohlen zu tun haben. Ihr »Calling You« erschien einige Monate später und erreichte knapp die Top 10. Auch andere Finalrundenteilnehmer schafften den Sprung in die Charts.

Im Sog des Erfolgs überschwemmten noch im Sommer 2003 etliche weitere Talentshows den Bildschirm, die erfolgreichste unter den Kopien war *Star Search* in Sat.1, die ähnlichsten *Fame Academy* bei RTL 2 und *Die Deutsche Stimme* im ZDF.

Im September 2003 startete RTL die zweite Staffel und zeigte die Castingshows jetzt mittwochs um 20.15 Uhr, ebenfalls als Shows, in denen die Fernsehzuschauer unter den Top 50 ihre Finalkandidaten auswählten. Die zugehörige Ergebnissendung unterbrach am gleichen Abend *stern tv*. Die Mottoshows liefen wieder am Samstag und blieben weit hinter den Quotenerwartungen zurück, erreichten jetzt kaum noch fünf Millionen Zuschauer und wurden zum Teil von Ausstrahlungen alter Spielfilme auf Sat.1 geschlagen. Auch der Gesprächswert war weg, Charterfolge der Teilnehmer waren nicht mit früheren vergleichbar, die Gewinnerin hieß Elli Erl.

Dennoch begann RTL im Frühjahr 2005 mit der Suche nach Kandidaten für eine dritte Staffel. Ein Begleitmagazin zur Sendung lief auf dem RTL-Schwestersender Vox.

Die Show erhielt den Deutschen Fernsehpreis 2003 (Beste Unterhaltungssendung).

DEUTSCHLAND SUCHT DEN SUPERSTAR – DAS MAGAZIN VOX

2002–2004. Einstündiges Begleitmagazin zur RTL-Show *Deutschland sucht den Superstar*. Lief montags um 20.15 Uhr und wurde von Peer Kusmagk und Tamara Gräfin von Nayhauß moderiert. Als sei Kusmagks Name nicht schon kompliziert genug, nannte er sich ab der zweiten Staffel Peer Karlinder Kusmagk.

DEUTSCHLANDS BESTE DOPPELGÄNGER RTL

Seit 2003. Jährliche Eventshow mit Mike Krüger und Nazan Eckes und vielen Menschen, die so aussehen wie andere Menschen.

DEUTSCHLANDS BESTE PARTIEN RTL 2

2004. »Society insight«. 5-tlg. Doku-Soap über die Reichen und Schönen und ihr reiches und schönes Leben. Pro Sendung werden drei tolle Partien vorgestellt.

Die 60-minütigen Folgen liefen sonntags um 20.15 Uhr.

DEUTSCHLANDS DÜMMSTE GAUNER SAT.1

1999. »Höchstleistungen krimineller Intelligenz«. Comedymagazin mit Tommy Wosch, in dem kriminelle Missgeschicke gezeigt wurden. Bankräuber, die vergessen hatten, wo das Fluchtauto geparkt war, oder Diebe, die sich in der Handtasche einklemmten. Vorbild der Sendung war die US-Show »America's Dumbest Criminals«. Sechs halbstündige Folgen liefen montags um 21.45 Uhr.

DEUTSCHLANDS GRÖSSTE HITS ARD

Seit 2003. Große Musikshow mit Jörg Pilawa und dem Schimpansen Ronny (der aussieht wie der aus *Ronnys Pop-Show* und angeblich eben dieser ist). Pop- und Schlagerstars treten im Europapark Rust mit ihren größten Hits der vergangenen Jahrzehnte auf, in Kategorien unterteilte Ausschnitte weiterer Hits peppen die Show auf.

Nach einer einzelnen Show am Pfingstsonntag 2003 folgten in den nächsten Jahren weitere Ausgaben zur Primetime. Der Affe bedient die Jukebox. Das erklärt auch die Musikauswahl.

DEUTSCHLANDS KLÜGSTE ... RTL

2001–2003. Abendfüllendes Quiz mit Sonja Zietlow,

das in loser Folge Menschen bestimmter Gruppierungen oder Berufsgruppen testet, um den jeweils Klügsten zu ermitteln. Kinder, Lehrer, Bürgermeister und Geistliche waren die Ersten, dann folgten noch einmal Kinder.

DEUTSCHLANDS TALENTE — ARD
2003. 45-minütige Talentshow mit Eva Herman.
In jeder Sendung traten fünf Nachwuchskünstler auf: Sänger, Imitatoren, Tänzer, Artisten, Comedians. Das Publikum in der Halle wählte den Sieger. Er bekam 5000 €.
Die Show, in der auch die Gewinner der Deutschen Fernsehlotterie gezogen wurden, war eine der großen Hoffnungen der ARD, ihre Unterhaltung zu retten. Es blieb bei einem einzigen Versuch auf dem eigentlichen Sendeplatz am Montag um 20.15 Uhr. Nach demütigenden 2,3 Millionen Zuschauern wurden die restlichen drei Ausgaben montagnachmittags um 15.15 Uhr versendet.

DEUTSCHLANDS WAHRE HELDEN — SAT.1
2001–2003. Große Gala mit Kai Pflaume, der einmal im Jahr Menschen mit Zivilcourage mit dem »Ring der Menschlichkeit« auszeichnete.

DEUTSCHLANDS WILDER WESTEN 1792 — ARD
1977. 4-tlg. Geschichtsreihe für Kinder von Inge Suin de Boutemard und Achim Kurz.
Fortsetzung der Reihe *Geschichtspunkte* über Räuberbanden wie die »Schwarzen Veri«, die während der Französischen Revolution im Westen Deutschlands marodierten.
Die einzelnen dreiviertelstündigen Folgen der Reihe bestanden nicht nur aus einer Spielhandlung, sondern auch aus Liedern, Nachrichten, Dokumentarischem, einem Ratespiel und einem Sprachkurs in Räubersprache. Sie liefen mittwochnachmittags.

DEXTER-BRÜDER ... BITTE KOMMEN! — ARD
1986. 6-tlg. frz. Abenteuerserie von Philippe Setbon und Patrick Jamain (»Opération O.P.E.N.«; 1984–1987).
Die Brüder Eric (Jean Dalric) und Simon Dexter (Bernard Allouf) jetten rund um die Welt und kämpfen gegen Umweltkriminalität. Die Zentrale ihrer international agierenden Umweltorganisation ist in Paris.
Umweltfreundliche Krimiserie. Leider fehlte ihr der grüne Daumen, und so ging sie nach wenigen Folgen ein. Nur sechs von eigentlich zwölf einstündigen Folgen zeigte die ARD im regionalen Vorabendprogramm, der Rest lief in Deutschland nicht.

DEXTERS LABOR — PRO SIEBEN
1998–1999. 49-tlg. US-Zeichentrickserie (»Dexter's Laboratory«; 1995–1998).
Das junge Genie Dexter kann sich mit seinen Wundermaschinen verwandeln oder in andere Zeiten reisen. Trotzdem nimmt ihn niemand ernst. Nur seine Schwester DeeDee hilft ihm bei den Experimenten.

Jede Folge bestand aus meist drei kurzen Episoden. Die Serie lief sonntagmorgens.

DEZERNAT M — ZDF
1966–1968. 52-tlg. US-Krimiserie (»M Squad«; 1957–1960).
Frank Ballinger (Lee Marvin) ist Polizeileutnant im Dezernat M, einer Spezialabteilung der Polizei von Chicago. Bei der Aufklärung von Mordfällen zögert er nicht, von seiner Waffe Gebrauch zu machen, und ist im Umgang mit Verbrechern gnadenlos. Und gnadenlos cool. Verächtlich duzt und beleidigt er sie und lässt sich nicht aus der Ruhe bringen. Euphorischen Einsatzwillen zeigt er bei Schlägereien, Schießereien und Verfolgungsjagden mit dem Auto. Sein Vorgesetzter Captain Grey (Paul Newlan) ist bei den Befragungen von Verdächtigen dabei. Schießen tut Ballinger lieber allein.
Dezernat M war eine der populärsten ausländischen Serien im deutschen Fernsehen und Lee Marvin einer der beliebtesten US-Stars bei uns. Er war zugleich der einzige Star der Serie. Im Vorspann wurde ausschließlich er, im Abspann immerhin noch Newlan aufgeführt, alle anderen Darsteller von Polizisten und Ganoven blieben ungenannt.
Die Serie war zeitweilig recht brutal. Schon im Vorspann sah man Lee Marvin auf den dunklen Straßen Chicagos herumballern. Die erste in Deutschland gezeigte Folge erweckte jedoch zunächst einen falschen Eindruck. Darin kommt Ballinger nicht einmal aus seinem Büro heraus. Ein gerade festgenommener Mörder bringt durch die Unachtsamkeit eines Polizisten dessen Waffe in seine Gewalt und hält ihn und Ballinger fortan als Geiseln fest. Ballinger bleibt natürlich cool, der Gangster wird immer nervöser und gibt am Ende auf. Im Original war diese formatbrechende Folge eine der letzten.
Jede Folge dauerte nur 25 Minuten. Um keine Zeit mit langatmigen Verhören zu verschwenden, schilderte Ballinger zwischen den Szenen als Ich-Erzähler aus dem Off den Fortgang der Ermittlungen. Das ZDF zeigte zwei Staffeln mit je 26 Folgen mittwochs im Vorabendprogramm. Mehr als die Hälfte der eigentlich 117-tlg. Serie wurde den Deutschen nicht gezeigt. Die Titelmusik stammte von Count Basie.
Dezernat M war die Vorlage für die Serie *Die nackte Pistole*, aus der die erfolgreichen »Die nackte Kanone«-Kinofilme hervorgingen. Deren Produzenten kopierten und parodierten den Stil der Serie samt Vorspann, Musik und Ich-Erzähler.

DFB-POKAL — ARD, ZDF
Seit 1952. Übertragungen oder Aufzeichnungen von Spielen des Pokalwettbewerbs des Deutschen Fußball-Bundes.
Die erste gezeigte Partie war ein Wiederholungsspiel zwischen dem FC St. Pauli und Hamborn 07. Am 3. Februar 2004 zeigte die ARD erstmals mehrere Spiele gleichzeitig in einer Konferenzschaltung. Das hatte es bis dahin nur im Radio und im Pay-TV-Kanal Premiere bei der Fußballbundesliga gegeben.

Dick van Dyke (Mitte),
Sohn Barry (rechts),
Diagnose: Mord (links).

DHARMA & GREG   PRO SIEBEN
1999–2003. 119-tlg. US-Sitcom von Chuck Lorre (»Dharma & Greg«; 1997–2002).
Die flippige Hippietochter und Yoga-Trainerin Dharma Finkelstein (Jenna Elfman) und der konservative Anwalt Greg Montgomery (Thomas Gibson) heiraten noch am Tag ihres Kennenlernens. Greg macht im Laufe der nächsten Jahre noch oft ein herrlich dummes Gesicht, wenn Dharma mit größter Selbstverständlichkeit einfach mal ein paar Tage im Wald wohnen will, oder schlimmer: in aller Öffentlichkeit im Ausstellungsschlafzimmer eines Möbelhauses – Dinge eben, die ihm nicht fremder sein könnten. Noch heftiger prallen für ihre beiden Elternpaare Welten aufeinander. Larry (Alan Rachins) und Abby (Mimi Kennedy) sind Dharmas weltoffene Eltern, Edward (Mitchell Ryan) und Kitty (Susan Sullivan) die reichen und vornehmen Etepetete-Eltern Gregs. Dharma hat einen Hund namens Stinky, und Stinky hat einen Hund namens Nunzio. Streng genommen haben Dharma und Greg also zwei Hunde, Stinky hat Nunzio aber von Dharma geschenkt bekommen, und damit ist Nunzio eben Stinkys Hund. Pete (Joel Murray) ist Gregs Kollege, Jane (Shae D'lyn) Dharmas beste Freundin. Die beiden werden später ein Paar.
Lief zunächst am späten Montagabend, in Wiederholungen und ab der zweiten Staffel auch als Erstausstrahlung am Samstagnachmittag.

DI-DO-DOMINO   ARD
1970. 25-minütiges Vorschulmagazin mit Erika Saucke. Im Nachmittagsprogramm am Dienstag und Donnerstag (daher der Name) werden Begriffe erklärt und verdeutlicht. Dienstags wird immer ein Begriffspaar vorgestellt (groß/klein, laut/leise, schwer/leicht, schnell/langsam, innen/außen und viel/wenig), am darauf folgenden Donnerstag erläutert die Moderatorin das jeweilige Begriffspaar mit erweiternden Spielanregungen.
Als die ARD die Reihe 1971 wiederholte, hatte sie die zwölf Folgen noch einmal von namhaften Wissenschaftlern und erfahrenen Pädagogen wie Prof. Theodor Hellbrügge, Prof. Heinz Lückert, Dr. Friedrich Scheidt u. a. überarbeiten lassen. Überarbeitet wurde auch der Titel: Die Sendung hieß nun *Das Di-Do-Domino*.

DIAGNOSE: MORD   PRO SIEBEN, KABEL 1
1993–1999 (Pro Sieben); 1997–2002 (Kabel 1). 181-tlg. US-Krimiserie von Joyce Burditt (»Diagnosis Murder«; 1992–2001).
Der Oberarzt Dr. Mark Sloan (Dick van Dyke) arbeitet nebenbei als Berater für die Kriminalpolizei. Dabei unterstützt er die Ermittlungen seines Sohnes Steve Sloan (Barry van Dyke), der bei der Mordkommission arbeitet. Auch die Pathologin Amanda Bentley (Victoria Rowell), Sloans Kollegin im Krankenhaus, der Assistenzarzt Jack Stewart (Scott Baio) und später Dr. Jesse Travis (Charlie Schlatter) werden in die Ermittlungen einbezogen.
Amüsante Schnüfflerserie in einem ähnlich leichten Tonfall wie *Matlock,* die schon früh zum zeitlosen Klassiker avancierte. Viele Folgen der Serie, die erst 2001 in den USA endete, liefen beim Oldie-Sender Kabel 1 in deutscher Erstausstrahlung, und niemand hätte das vermutet. Man merkte dem Komiker Dick van Dyke an, wie gern er die Rolle des Dr. Sloan spielte. In einer Doppelfolge ist auch in dieser Serie Andy Griffith als Ben Matlock dabei, weitere Stars traten in ihren bekannten Rollen aus anderen Serien auf. Dr. Sloan besuchte auch echte oder fiktive Fernsehformate wie *Kobra, übernehmen Sie, Mit Schirm, Charme und Melone* und *Big Brother* (»Mord

im Container«), was die Serie in einem ganz besonderem Maße zu einer echten Fernsehserie machte.
Nach drei spielfilmlangen Folgen im Februar 1993 startete die Serie 1995 mit einstündigen Folgen sonntags am Vorabend. Pro Sieben schickte sie auf eine Reise über mehrere Sendeplätze über Tag und Abend; einige Zeit bildete sie mit *Matlock* einen erfolgreichen Block am frühen Mittag. Neue Folgen liefen später bei Kabel 1 (die Erstausstrahlungszeiträume beider Sender überlappten) mittwochs um 20.15 Uhr. Im Nachmittagsprogramm wurde die Serie zum Dauerbrenner.

DIALOG ZDF
1967–1970. Gesprächsreihe, in der Klaus Harpprecht prominente Personen porträtierte.
Dialog war die Nachfolgesendung von *Zur Person* von Günter Gaus, die im Sommer 1966 ausgelaufen war. Harpprecht wählte für die erste Sendung Kanzler Kurt Georg Kiesinger und eine etwas andere Herangehensweise an die Form des Interviews. Während Gaus sich als harter Nachfrager verstand und einen offensiven Interviewstil pflegte, wollte Harpprecht sich eher als »Gesprächspartner« verstanden wissen, mit dem man sich auseinander setzt.

DIAMANTENDETEKTIV DICK DONALD ZDF
1971. 13-tlg. dt. Actionserie von Heinz Bothe-Pelzer, Regie: Jürgen Goslar, Erich Neureuther.
Dick Donald (Götz George) ist als Detektiv in Südafrika Diamantenschmugglern und -dieben auf der Spur. Er arbeitet im Auftrag des internationalen Diamantensyndikats IDSO. Daisy Johnson (Loni von Friedl) ist seine Assistentin.
Rasante Krimiserie mit viel Geballer und Verfolgungsjagden, die an Originalschauplätzen in Südafrika gedreht wurde. Ihr Ende blieb offen: Ein schwer verwundeter Dick Donald bricht am Schluss von Folge 13 zusammen, und die Serie ist zu Ende. Eine Fortsetzung gab es nicht. Götz George hatte später als *Schimanski* im *Tatort* wesentlich größeren Erfolg. George und von Friedl waren damals im wirklichen Leben ein Paar.
Die halbstündigen Folgen liefen mittwochs am Vorabend.

DIAMANTENSUCHER ZDF
1980. 10-tlg. russ.-dt. Abenteuerserie von Aleksej Leontjew, Regie: Wladimir Chmelnizkij (»Almaznaya tropa«; 1978).
Der Geologe Professor Schestakow (Sergej Poleshaew) bricht mit jungen Kollegen nach Sibirien auf, weil sie dort Diamantenvorkommen vermuten. Sein Freund Otto von Heyden (Paul Dahlke) ist skeptisch.
Die Folgen waren 30 Minuten lang und liefen mittwochs um 17.10 Uhr.

DIAMONDS PRO SIEBEN
1989–1993. 43-tlg. US-kanad.-frz. Krimiserie von Keith Johnson »(Diamonds«; 1987–1989).
Mike Preston (Nicolas Campbell) und Christina Towne (Peggy Smithhart) waren ein Ehepaar und hatten eine Fernsehsendung namens »Diamonds«, in der sie Privatdetektive spielten. Jetzt sind sie geschieden, und die Sendung ist abgesetzt – aber was soll's: Sie wissen ja, wie es geht. Also gründen beide die Agentur namens »Two Of Diamonds« und arbeiten nun wirklich als Privatdetektive. Mit der gleichen Logik steigt auch ihr Special-Effects-Kollege Darryl (Alan Feiman) ein, der sich mit Fernsehtricks auskennt, die sich allerdings nicht immer als realitätstauglich erweisen – ab der zweiten Staffel übernimmt René (Roland Magdane) diese Rolle. Zum Glück ist Mikes Cousin Lou Gianetti (Tony Rosato) wirklich Polizist.
Nein, die beiden Hauptdarsteller beschlossen nach dem Ende der Serie nicht, Privatdetektive zu werden. Autor Keith Johnson hatte ein Jahr zuvor schon eine ähnliche, aber erfolglosere Krimiserie mit Comedyelementen und einem sich halb liebenden, halb hassenden Paar geschrieben: *Reporter des Verbrechens*. Jede Folge dauerte eine Stunde.

DIANA ZDF
1975. 15-tlg. US-Sitcom (»Diana«; 1973–1974).
Die Engländerin Diana Smythe (Diana Rigg) ist Mitte 30, geschieden und zieht nach New York, um ein neues Leben zu beginnen. Sie kommt in der Wohnung ihres Bruders unter, der außer Landes ist, aber offenbar etlichen Freunden einen Schlüssel hinterlassen hat. Die stehen nun immer wieder urplötzlich in der Wohnung und verursachen peinliche Momente. Diana arbeitet als Modezeichnerin in einem New Yorker Kaufhaus. Norman Brodnik (David Sheiner) ist ihr Boss, weitere Kollegen sind dessen Frau Norma (Barbara Barrie), Howard Tolbrook (Richard B. Shull) und Marshall Tyler (Robert Moore). Holly (Carol Androsky) ist Dianas Nachbarin und der Autor Jeff Harmon (Richard Mulligan) ein Freund.
Die Britin Diana Rigg war auch in den USA als Emma Peel aus *Mit Schirm, Charme und Melone* bekannt geworden. Ihre erste US-Serie strich NBC schon nach zwei Monaten aus dem Programm, und Rigg selbst distanzierte sich im Nachhinein von der Serie, weil sie nicht ihrer Auffassung von Humor entsprach. Das ZDF zeigte sie montags am Vorabend.

DIÄTDUELL SAT.1
→ Big Diet

DIÄTDUELL RTL
2005. Realityshow. 24 übergewichtige Kandidaten nehmen vier Monate lang um die Wette ab, betreut von Diättrainern. Neben den Kandidaten treten vier verschiedene Diäten gegeneinander an.
Acht einstündige Folgen liefen sonntags zur Kaffee- und-Kuchen-Zeit.

DICK IST TRUMPF PRO SIEBEN
1994. 22-tlg. US-Sitcom von Gail Parent und Tracey Jackson (»Babes«; 1990–1991).

Drei dicke Frauen quetschen sich in die enge New Yorker Wohnung von Charlene Gilbert (Wendie Jo Sperber): Ihre ältere Schwester Darlene (Susan Peretz) zieht ein, als sie sich von ihrem Mann trennt, ihre jüngere Schwester Marlene (Lesley Boone), als sie ihren Job verliert. Abgesehen vom Gewicht haben sie wenig gemein, und so bringt der Alltag viele Auseinandersetzungen.

Dicke, richtig dicke Frauen als Hauptfiguren in einer Serie? Das war unerhört. Anfangs drehten sich die Folgen – und Witze – fast alle um das Gewicht der drei Hauptdarstellerinnen, später war es eher ein Nebeneffekt in den Geschichten über das Leben als solches.

Die halbstündigen Folgen liefen nachmittags.

DICK TURPIN DFF 1

1980–1981. 26-tlg. brit. Historienserie von Richard Carpenter (»Dick Turpin«; 1979–1982).

Von einem skrupellosen Landbesitzer um sein Erbe betrogen, schwört Dick Turpin (Richard O'Sullivan) Rache und beschließt, anderen Armen zu helfen. Mit seinem Freund Nick Smith, genannt Swiftnick (Michael Deeks), zieht er im frühen 18. Jh. als Straßenräuber umher, überfällt und bestiehlt die Reichen und gibt ihr Geld an die Armen weiter. Dabei sind sie ständig auf der Flucht vor dem korrupten Gesetzeshüter Sir John Glutton (Christopher Benjamin) und seinem Assistenten Captain Nathan Spiker (David Daker).

Während die Existenz eines wirklichen Robin Hood nie nachgewiesen wurde, war dieser Dick Turpin mit dem Robin-Hood-Komplex historisch. Er wurde am 21. September 1706 in Hempstead, Essex, geboren und am 7. April 1739 in York gehängt.

Die Serie lief ab Juni 1985 auch bei RTL. Zeitweise trug sie den Titel *Die Abenteuer des Dick Turpin*.

DICK UND DOOF ZDF

1970–1973. 98-tlg. Slapstickreihe.

Weit mehr als 100 Kurz- und Spielfilme hatten die amerikanischen Komiker Stan Laurel und Oliver Hardy produziert, die nur in Deutschland als Dick (Hardy) und Doof (Laurel) bekannt wurden. Einige davon hatten es auch ins Fernsehen geschafft, vor allem in Reihen wie *Es darf gelacht werden* und *Spaß muss sein*. Nachdem ZDF-Redakteur Gert Mechoff, Synchronautor und -regisseur Heinz Caloué und Sprecher Hanns Dieter Hüsch gemeinsam bereits den dänischen Stummfilmkomikern *Pat & Patachon* zu neuem Glanz im fernsehfreundlichen 25-Minuten-Format verholfen hatten, nahmen sie sich die gleiche Methode auch für die Filme von Laurel und Hardy vor.

Die konkrete Vorgehensweise unterschied sich je nach vorhandenem Material. Manche bereits synchronisierte Tonfilme musste Caloué nur kürzen oder in mehrere Fortsetzungsgeschichten aufteilen. Stummfilme wurden meist mit Hanns Dieter Hüsch als ironischem Kommentator und Sprecher aller Rollen synchronisiert – mit allen Freiheiten, die dem Witz dienten: Manche Stummfilmgags erzielten eine bessere Wirkung, wenn sie unkommentiert stehen blieben, andere Stellen wurden zusätzlich mit bissigem Kommentar gewürzt. Manchmal wurden die Filme aber auch mit mehreren Sprechern vertont – mit Walter Bluhm als Laurel und Bruno W. Pantel als Hardy. Wenn frühere Synchronisationen verwendet wurden, waren als Hardys Stimmen noch Arno Paulsen und Gerd Duwner zu hören (Verhandlungen mit Duwner waren an dessen Honorarforderungen gescheitert).

Nicht selten waren die fertigen 25 Minuten eine Collage aus Szenen ganz verschiedener Filme. Einmal gelang es Caloué sogar, aus einem in der Steinzeit spielenden Film (»Flying Elephants«) und einem, der im 20. Jh. angesiedelt ist (»Putting Pants On Philip«), einen einzigen Film zusammenzuschnipseln – aber vielleicht sollte man besser sagen: Er tat es; ob es ihm »gelang«, darüber gingen die Meinungen auseinander. Caloué verteidigte sich, dass das meiste, was er wegschnitt, ohnehin nur »Füllmaterial« gewesen sei: Langatmige Autofahrten und Spaziergänge flogen raus, und es blieb das Wesentliche – fliegende Torten, stolpernde Menschen, Finger im Auge, zu Bruch gehende Einrichtung, Staub. Und mittendrin: Stan und Ollie in Anzug und Melone. »Schau, was du wieder angerichtet hast, Stan«, wurde Ollies oft gehörter Satz, wenn Stans Tölpelhaftigkeit wieder größere Sachschäden verursacht hatte. Und dann gab es immer noch einen Schutzmann, der den beiden hinterherlief, und eine hysterische alte Frau.

Geprägt wurden die entstehenden neuen Fassungen nicht zuletzt durch die Musik. In den meisten Fällen zeichneten dafür Fred Strittmatter als Komponist, Quirin Amper jun. als Arrangeur und Komponist und Jiři Kanzelsberger als Musikregisseur verantwortlich. Das Puzzle- und Synchronisationsprinzip von Caloué und Mechoff reflektierte die Formulierung im Vorspann: »... frisch aufpoliert von ...«. Dieses Prinzip prägte über die nächsten 15 Jahre weite Teile des ZDF-Vorabendprogramms. Es wurde für weitere Reihen mit Schwarz-Weiß-Slapstickszenen benutzt, darunter *Väter der Klamotte*, *Spaß mit Charlie* und *Männer ohne Nerven*, aber auch für Zeichentrickklassiker wie *Mein Name ist Hase*, *Schweinchen Dick* und *Die schnellste Maus von Mexiko*.

Dick und Doof fanden ihren festen Sendeplatz freitags am Vorabend und bis zu 16 Millionen Zuschauer. Weitere Varianten ihrer Filme liefen unter den Titeln *Zwei Herren dick und doof*, *Lachen Sie mit Stan und Ollie* und *Meisterszenen mit Stan Laurel und Oliver Hardy*.

DER DICKE ARD

Seit 2005. Dt. Anwaltsserie von Thorsten Näter.

Weil er sich für Menschen einsetzen will, steigt Gregor Ehrenberg (Dieter Pfaff) aus der gemeinsamen Anwaltskanzlei mit seiner Frau Christina (Gisela Schneeberger) aus. Diese Logik verschlägt ihn in einen früheren Weinladen im Multikultiviertel von

Hamburg-Altona, wo er eine neue Kanzlei eröffnet und sich fortan nicht mehr um die Starken und Erfolgreichen, sondern um die Schwachen und Gebeutelten kümmert. Sein Gerechtigkeitssinn macht ihn aufbrausend und lässt ihn gegen Regeln und Konventionen verstoßen. Die geschäftstüchtige Yasmin Ülüm (Burcu Dal) ist seine Assistentin, Gregors neue Nachbarn sind Lisa Schubert (Ulrike Grote) und ihre zwölfjährige Tochter Charly (Alina Liss), Gudrun Kowalski (Katrin Pollitt) ist die beherzte Putzfrau. Christina, die von Gregor ebenso verlassen wurde wie die Kanzlei, muss sich mit der neuen Situation abfinden. Martin Brüggmann (Walter Kreye) wird ihr neuer Partner, der sich auch privat für sie interessiert. Gregor kann ihn nicht leiden.
50-minütiger Schmunzelkrimi mit dem immer erfolgreichen Dieter Pfaff, der sich auf dem Sendeplatz am Dienstag um 20.15 Uhr u. a. mit *Adelheid und ihre Mörder* abwechselte. Die Titelmusik stammt von Helmut Zerlett.

DER DICKE UND DER BELGIER SAT.1
1998. Sketchshow mit dem dicken Diether Krebs und dem Belgier Carry Goossens.
Krebs und Goossens schlüpfen in verschiedene Rollen und Kostüme. Kommt ein Belgier zu dem Dicken in die Apotheke. Sagt der Belgier: »Haben Sie etwas, das sofort gegen Schluckauf hilft?« Haut ihm der Dicke in den Magen. Sagt der Belgier: »Entschuldigung, es ist nicht für mich, es ist für meine Frau.«
Die Show griff das *Sketchup*-Konzept auf: Alte Witze wurden durch dicke Brillengläser und falsche Zähne aufgepeppt. Zu Beginn der Show begrüßten Krebs und Goossens das Studiopublikum, bevor die Sketchfilme begannen. Produziert wurden gerade mal 14 halbstündige Folgen und ein 45-minütiges Silvester-Special, doch es verging seitdem kein Jahr, in dem diese Folgen nicht mindestens einmal aufgewärmt wurden. Die Show lief bei der Erstausstrahlung am Vorabend und danach auf so ziemlich jedem anderen Sendeplatz, den es bei Sat.1 gibt. Es war die letzte eigene Show von Diether Krebs, der im Januar 2000 einem Krebsleiden erlag.

DIE DICKSTEN DINGER RTL 2
1996–2001. Einstündige Werbeclipshow.
Mitte der 90er-Jahre wurde der deutsche Schlageralbino Heino plötzlich in der deutschen Öffentlichkeit nicht mehr als peinlich, sondern als »Kult« wahrgenommen, weshalb er u. a. in einem Spot für McDonald's die dort erhältlichen Fleischbrötchen als »dicke Dinger« anpreisen durfte. Als Reaktion darauf engagierte ihn die Firma Milberg für eine Variante ihrer Werbesendung *Hotzpotz*. Unter Beteiligung seiner Ehefrau Hannelore präsentierte Heino deshalb eine Stunde lang in möglicherweise selbstironisch gemeinter Inszenierung Werbespots aus aller Welt.
Im folgenden Jahr liefen in loser Folge weitere Ausgaben, je eine moderiert von Sabrina Staubitz, Tommy Krappweis und Hella von Sinnen. Danach war das öffentliche Casting offensichtlich abgeschlossen; Gewinnerin war Sabrina Staubitz. Und weil die bereits *Hotzpotz* moderierte, stellte der Sender *Hotzpotz* ein und zeigte ab März 1998 nur noch *Die dicksten Dinger,* und zwar samstags am Vorabend, ab Mitte 2000 sonntagnachmittags. Insgesamt liefen 93 Folgen.

DIE DIDI-SHOW ZDF
1989. 25-minütige Comedyshow von und mit Dieter Hallervorden.
Neben Didi spielen in den Gags und Sketchen Eberhard Prüter und Rotraud Schindler. Eine Rahmenhandlung bilden Hallervorden als Moderator und Frank Zander als Bühnenarbeiter, der Didi dauernd hereinlegen will. In jeder Sendung erzählt außerdem ein prominenter Gast seinen Lieblingswitz, darunter Hans-Dietrich Genscher und Norbert Blüm.
Zehn Folgen liefen mittwochs um 19.25 Uhr.

DIE KEINE SKRUPEL KENNEN KABEL 1
→ Scruples

DIE VOM CLUB ARD
→ Flappers – Die vom Club

DIE DIEBISCHEN ZWILLINGE ZDF
1971. 7-tlg. dt. Krimi-Comedy-Tanzserie, Regie: Luciano Emmer.
Die Zwillinge Judy (Alice Kessler) und Kathy (Ellen Kessler) sind als Showtänzerinnen ein erfolgreiches Duo. Ebenso talentiert sind sie im Diebstahl, und so nehmen sie die Doppelbelastung gern in Kauf. Alberto (Johnny Dorelli) ist ihr Manager, der davon weiß, aber nichts dagegen tun kann.
Die knapp einstündigen Folgen liefen in unregelmäßigen Abständen samstags am Vorabend.

DIESE DROMBUSCHS ZDF
1983–1994. 39-tlg. dt. Familienserie von Robert Stromberger, Regie: Claus Peter Witt und Michael Meyer.
Vera (Witta Pohl), eigentlich Krankenschwester, und Siegfried Drombusch (Hans-Peter Korff) führen ein Antiquitätengeschäft in der Innenstadt von Darmstadt. Ihre Kinder Marion (Sabine Kaack; ab der sechsten Staffel: Susanne Schäfer) und Chris (Mick Werup) sind schon erwachsen, nur Nesthäkchen Thomi (Eike Hagen Schweickhardt) geht anfangs noch zur Schule und leistet später seinen Wehrdienst bei der Bundeswehr. Chris ist Polizist, Marion schlägt sich zunächst mit wechselnden Tätigkeiten durchs Leben. Sie hat einen unehelichen Sohn namens Daniel (Jan Harndorf). Ihr Freund ist der Fotograf Gerd Schräpper (Peter Buchholz), später Dr. Peter Wollinski (Thomas Schücke). Oma Margarete Drombusch (Grete Wurm) lebt seit dem Tod ihres Mannes allein und leidet darunter, nicht mehr gebraucht zu werden. Vera und Siegfried träumen vom eigenen Haus und kaufen auf Vorschlag von Onkel Ludwig Burlitz (Günter Strack) die Alte Mühle vor der Stadt. Sie renovieren sie, ziehen ein und ver-

Diese Drombuschs:
Günter Strack,
Witta Pohl.

legen ihr Geschäft dorthin. Siegfried erleidet einen Herzinfarkt und stirbt in Folge 13.
Vera und Marion eröffnen in der Alten Mühle zusätzlich zum Geschäft noch ein Lokal, das Onkel Ludwig führt. Ludwig, lange Zeit heimlich in Vera verliebt, offenbart ihr nun seine Liebe, ist und bleibt jedoch chancenlos. Vera kommt mit Dr. Martin Sanders (Michael Degen) zusammen. Chris heiratet Tina Reibold (Marion Kracht). Durch einen Unfall verliert die schwangere Tina ihr Baby und kann danach keine Kinder mehr bekommen. Zufällig lernen sie den kleinen Richy Streightner (Jacques Hipplewith) kennen, einen schwarzen Jungen, dessen Eltern bei einem Flugzeugabsturz ums Leben kommen. Die beiden sorgen für ihn. Bei einem Polizeieinsatz im Fußballstadion wird Chris von Hooligans so schwer verprügelt, dass er in Folge 31 seinen Verletzungen erliegt. Tina führt einen langen Kampf mit dem Jugendamt, weil sie Richy adoptieren möchte, und darf den Jungen schließlich bei sich behalten.
Yvonne Boxheimer (Anja Jaenicke), die alle nur Yvonnche nennen, ist ein stummes Mädchen vom Rummelplatz, das bei Onkel Ludwig und dessen mütterlicher Freundin Frau Hohenscheid (Heidemarie Hatheyer) wohnt. Zum Ärger der Familie nimmt Ludwig auch Woody (Mathias Herrmann) auf, der an der Prügelei mit Chris beteiligt war, den aber keine Schuld trifft, wie sich später herausstellt. Zu den Schuldigen gehört dagegen Yvonnches Bruder Karlheinz (Thomas Ahrens). Sowohl Yvonnche als auch Woody helfen im Lokal aus, außerdem hat Ludwig Marga Diebelshauser (Simone Rethel) als Bedienung eingestellt. Marion pachtet die »Katakomben«, eine heruntergekommene Spelunke, und macht ein ansehnliches Restaurant daraus. Der Anwalt Maximilian Lechner (Sigmar Solbach) ist ihr neuer Freund.

Onkel Ludwig gibt das Lokal in der Alten Mühle an Hermann Eurich (Hans Weicker) ab, er selbst übernimmt auf dem Rummelplatz das Kasperltheater.
Vera scheint an den Schicksalsschlägen zu zerbrechen. Sie hat sich von Martin Sanders getrennt, wird depressiv, nimmt Medikamente und kommt ins Krankenhaus. Onkel Ludwig gelingt es, ihr neuen Lebenswillen zu geben, indem er das schwangere Yvonnche und ihren Freund Jürgen Baumert (Christian von Richthofen) in der Alten Mühle wohnen lässt und Vera so eine neue Aufgabe verschafft. Tatsächlich geht es ihr nach der Geburt von Yvonnches Baby wesentlich besser. Holger Kretschmar (Max Herbrechter) ist Tinas neuer Freund, sie trennt sich jedoch von ihm, als sie erfährt, dass er dafür verantwortlich ist, dass ihr Vater (Heinz Gerhard Lück) im Gefängnis sitzt. Holger wird daraufhin Koch in Marions »Katakomben«. Onkel Ludwig wandert nach Mauritius aus. Oma Drombusch, deren Freundin Frau Werbelhoff (Jane Tilden) seit einem Unfall im Rollstuhl sitzt, wird langsam alt und verwirrt und benötigt Aufsicht. Vera überredet Marion, sich um Oma zu kümmern. Damit hat sie selbst jetzt keine Verantwortung mehr. Also reist Vera Onkel Ludwig nach Mauritius nach.
Die Familienserie der 80er-Jahre schlechthin. Mit seinem schon bei den *Unverbesserlichen* demonstrierten einzigartigen Realismus zeigte Robert Stromberger das Alltagsleben einer normalen Familie zwischen Banalität und Schicksalsschlägen, behandelte Konfliktthemen wie Auseinandersetzungen zwischen Polizisten und Demonstranten oder den Umgang mit alten Menschen in all ihrer Komplexität und von verschiedenen Standpunkten, führte immer wieder schonungslos den Hang der Menschen zum Selbstbetrug vor.

Dabei war es manchmal schwer zu entscheiden, was unerträglicher war: das stumme Schweigen aller am Esstisch oder die endlosen Debatten der Beteiligten. Nicht untypisch ist dieser Dialog zwischen Vera und Siegfried, der ihr vorwirft, für Thomis Fünf in Mathe und die ungenügende Beaufsichtigung der Hausarbeiten verantwortlich zu sein – schließlich sei sie diejenige, die zu Hause ist. »Stimmt«, erwidert Vera. »Ich bin in der Tat samstags zu Hause. Während du aufregende Entspannung auf der Fußballtribüne suchst. Ich bin auch sonntags zu Hause. Während du beim strapaziösen Frühschoppen überparteiliche Beziehungen pflegst. Und besonders bin ich in der Woche abends zu Hause. Wenn du bei zeitungsträchtigen Vereinsfeiern die Partei vertrittst, bedeutungsvolles Blablabla machst und mit städteverschwisternden Damen charmierst. Das ist das Partnerschaftsbild der Jahrhundertwende!« – »Ich möchte doch sehr bitten, ja? Du wirst die einträchtige Wechselbeziehung zwischen Politik und Geschäft nicht bestreiten wollen.« – »Das tu ich auch gar nicht. Aber wo bleibt die Wechselbeziehung zwischen Vater und Sohn?« Die ewig steifnackige, gut meinende und zu kurz kommende Vera hielt immer wieder endlose Moralpredigten mit Poesiealbum-Ratschlägen. Ihr enttäuscht-vorwurfsvoller Blick (»Ist das fair?«) wurde für eine ganze Generation zur prägenden Fernseherfahrung.

Diese Drombuschs war eine der erfolgreichsten Serien des deutschen Fernsehens. So erfolgreich, dass sie der ARD einen »Drombusch-Schock« verpasste: Die Folge vom 13. Januar 1992 schaffte den sagenhaften Marktanteil von 45 Prozent, und die *Tagesschau* schauten gleichzeitig so wenig Menschen wie noch nie. Das löste bei der ARD hektische Bemühungen aus, ihren eigenen Vorabend so populär wie irgend möglich mit eigenproduzierten Serien zu bestücken.

Die zunächst einstündigen Folgen hatten ab 1989 Spielfilmlänge und liefen immer zur Primetime. Die ersten 21 Folgen sind auf DVD erhältlich.

DIESE PECHVÖGEL ARD
1972–1973. 13-tlg. US-Comedy-Western-Serie nach dem Roman von Max Evans (»The Rounders«; 1966–1967).

Die beiden Viehhüter Ben Jones (Ron Hayes) und Howdy Lewis (Patrick Wayne) träumen davon, genug Geld zu verdienen, um ein feines Leben zu führen, sind aber in Wahrheit meistens pleite, was nicht nur daran liegt, dass sie Pechvögel sind, sondern auch daran, dass sie verdiente Dollars nicht auf die Bank bringen, sondern für Alkohol und Frauen wie Ada (Bobbi Jordan) und Sally (Janis Hansen) ausgeben. Zurzeit müssen sie deshalb wieder einmal bei Jim Ed Love (Chill Wills) Schulden abarbeiten, der eine große Ranch besitzt und sein erhebliches Vermögen mit krummen Geschäften macht.

Die Serie spielt im »Wilden Westen« der Gegenwart. Evans Buch, auf dem sie basiert, wurde 1965 mit Glenn Ford und Henry Fonda in den Hauptrollen verfilmt. Chill Wills spielt auch darin Jim Ed Love. Patrick Wayne ist übrigens der Sohn von John Wayne.

Die halbstündigen Folgen liefen im regionalen Vorabendprogramm. Im Original gibt es 17 davon.

DIESE WOCHE ZDF
1984–1998. »Schlagzeilen und Bilder«. Knapp halbstündiger Rückblick auf die Nachrichten der Woche mit Gebärdendolmetscher.

Lief samstagmittags, war der Nachfolger von *Chronik der Woche* und wurde seinerseits umbenannt in *Top 7 – Bilder der Woche*.

DIESE WOCHE IM EUROPÄISCHEN PARLAMENT ARD
1985–1989. Dreiviertelstündiges Magazin, das über die Sitzungswoche des Europaparlaments berichtete.

Die ARD wechselte sich mit dem ZDF ab, das seine Sendung *Europa diese Woche* nannte und ebenfalls freitagmittags zeigte.

DIESES SÜSSE LEBEN KABEL 1
1992. 22-tlg. US-Sitcom von Hugh Wilson (»Easy Street«; 1986–1987).

Die blonde Revuetänzerin L. K. McGuire (Loni Anderson) aus Las Vegas hat Glück – sozusagen. Der reiche Playboy, den sie geheiratet hat, stirbt und hinterlässt ihr ein Vermögen und die Hälfte seiner Villa in der Easy Street in Beverly Hills. Leider wohnen in der anderen Hälfte seine versnobte Schwester Eleanor Standard (Dana Ivey) und deren Weichei-Ehemann Quentin (James Cromwell). Die beiden sind alles andere als glücklich über die neue gewöhnliche Mitbewohnerin und wollen sie loswerden. L. K. schlägt zurück und lädt ihren missmutigen Onkel Alvin »Bully« Stevenson (Jack Elam) und seinen schwarzen Kumpel Ricardo Williams (Lee Weaver) ein, aus dem Altersheim in die Villa zu ziehen – in der berechtigten Hoffnung, dass deren schlechtes Benehmen den hochnäsigen Verwandten ihres Gatten das Leben zur Hölle macht. Schließlich ist im Haus noch Bobby (Arthur Malet), der Butler.

Die Folgen waren 25 Minuten lang.

DIESMAL FÜR IMMER RTL 2
1999. 36-tlg. US-Sitcom (»Something So Right«; 1996–1998).

Der geschiedene Lehrer Jack Farrell (Jere Burns) und die zweifach geschiedene Karrierefrau Carly Davis (Mel Harris) verlieben sich und würfeln mit ihren drei verwöhnten Kindern Nicole (Marne Patterson), Will (Billy L. Sullivan) und Sarah (Emily Ann Lloyd) eine Großfamilie zusammen. Lief werktäglich vormittags.

DIESSEITS UND JENSEITS DER ZONENGRENZE ARD
1960–1965. Deutsch-deutsches Magazin, das im Regionalprogramm des NDR begann, 1961 auch

von anderen Anstalten übernommen wurde und es 1963 ins Hauptabendprogramm der ARD schaffte. Die Sendung widmete sich der DDR in sachlicherem, weniger vom Kalten Krieg geprägten Ton als *Die rote Optik*.

DIETER HALLERVORDEN IN »ZELLERIESALAT« ZDF

1983–1984. »Stationen eines wildbewegten Gaunerlebens«. Halbstündige Comedyshow mit Dieter Hallervorden in verschiedenen Knastsketchen, immer hübsch im gestreiften Sträflingskostüm. Sketchpartner waren wie immer Rotraud Schindler und Kurt Schmidtchen. Die Reihe brachte es nur auf vier Ausgaben.

DIETER SPECK ARD

2003. Lebenshilfemagazin mit dem Diplompsychologen Dieter Speck, der jeweils drei Studiogästen Ratschläge für ihre Probleme erteilt.
In überdimensionalen Stühlen, die sie ganz klein wirken lassen, sitzen z. B. die Angehörigen eines Alzheimer-Patienten und heulen oder ein betrogener Mann und jammert. Specks Schlusswort ist der vorher nie gehörte Rat: »Das Glas ist immer halb voll, nie halb leer.«
Ein Jahr zuvor war in den USA erfolgreich »Dr. Phil« mit dem Lebensberater Phil McGraw gestartet und damit das Genre des »Coaching-TV« eingeführt worden. Die ARD schaute sich das Konzept wohl ab (Beratungsshows in Privatsendern hatten – mit der Ausnahme einer kurzen, erfolglosen Episode von *Zwei bei Kallwass* – bis dahin lediglich von Laiendarstellern gespielte Probleme aufführen lassen). Speck war bereits über Jahre in diversen Radiosendern als Psychologe und Traumdeuter zu hören und arbeitete als Hauspsychologe vor unter hinter den Kulissen bei *Hans Meiser*. Produziert wurde die Sendung, die wirkte wie eine Kreuzung aus den Talkshows der Privaten mit *Fliege*, von der Firma von Vera Int-Veen. Die einstündige Nachmittagsshow scheiterte und verschwand nach nicht einmal zwei Monaten.

DIETER UND HENDRIKE ARD

1995. Halbstündige Comedyshow mit Dieter Thomas und Hendrike von Sydow, die in verschiedenen Rollen über Gott und die Welt lästern.
Zehn Folgen liefen dienstags um 21.05 Uhr.

DIGIMON RTL 2

2000–2004. »Digital Monsters«. 205-tlg. jap. Zeichentrickserie für Kinder (»Dejimon adobenchiyâ«; 1999).
Tai und seine sechs Freunde werden plötzlich in die digitale Welt verschlagen und treffen dort auf eigenartige Wesen namens Digimon. Sie sind auserwählt, als DigiRitter gemeinsam mit den guten Digimon die digitale Welt von den bösen Digimon zu befreien.
Digimon war die Antwort der Spielzeugfirma Bandai, dem Erfinder des *Tamagotchi*, auf *Pokémon*, das der Konkurrent Nintendo auf den Markt gebracht hatte. Das Prinzip war das gleiche: Die guten Fabelwesen müssen mit ihren menschlichen Partnern die Bösen besiegen. Dazu muss das Digimon im richtigen Moment vom Kuscheltier in eine Kampfmaschine verwandelt werden. Natürlich gab es bei *Digimon* noch mehr zu kaufen und zu sammeln und noch mehr Grund für Eltern zu verzweifeln.
Lief im Doppelpack mit *Pokémon* im Nachmittagsprogramm. Ab Folge 156 im Februar 2004 trug die Serie den Titel *Digimon Frontier*.

DIGIMON FRONTIER RTL 2
→ Digimon

DIMENSION PSI ARD

2003. 6-tlg. dt. Wissenschaftsreportage, die sich mit Parapsychologie, Telekinese, Telepathie, Reinkarnation, Geistern, Nahtod und Wiedergeburt befasste und versuchte, scheinbar unerklärlichen Phänomenen auf den Grund zu gehen. Oder genauer: scheinbar unerklärliche Phänomene mit möglichst viel dramatischer Musik und nicht allzu viel vernichtenden Kommentaren von Parapsychologie-Kritikern so darzustellen, dass möglichst viele Leute zum Einschalten animiert wurden.
Die Wissenschaftsredaktionen der ARD, die mit dieser Reihe nichts zu tun hatten, schauten neidisch auf den guten dreiviertelstündigen Sendeplatz am Montag um 21.45 Uhr, von dem sie bei ungleich wichtigeren Themen nur träumen konnten. Die sechs Autoren der Filme hatten erkleckliche Reiseetats, aber keine einschlägige Erfahrung. Produziert wurde die Reihe von Maurice Philip Remy. Fachberater war Walter von Lucadou, der sich mit seiner Freiburger »Parapsychologischen Beratungsstelle« als Experte für das Unsinnliche profiliert und geschickt zwischen Skeptikern und Gläubigen positioniert hatte. Und natürlich kam auch Löffelverbieger Uri Geller vor.

DAS DING AUS DEM SUMPF RTL

1995. 22-tlg. US-Fantasyserie von Len Wein und Berni Wrightson (»Swamp Thing«; 1990–1992).
Von all den Dingen, in die sich Menschen nach missglückten Experimenten verwandelten, ist eine Art Riesenbrokkoli aus Sumpfglibber wahrscheinlich die unpraktischste. Sich in ein Tier verwandeln, okay, aber in eine Pflanze? Doch Dr. Alec Holland (Dick Durock) konnte es sich nicht aussuchen, sondern wurde zu dem Ding aus dem Sumpf, nachdem ihn sein Erzfeind Dr. Anton Arcane (Mark Lindsay Chapman) mit Chemie voll gepumpt anzündete und ins Wasser warf. Immerhin kann das Sumpfwesen Tote zum Leben erwecken, Wunden heilen und noch einige Dinge mehr, um seine Umwelt vor Verschmutzung und Zerstörung zu retten. In der Nachbarschaft wohnt der neunjährige Jimmy Kipp (Jesse Zeigler) mit seiner Mutter Tressa (Carrell Myers). Der Junge weiß als Einziger, dass auch ein böses Pflanzenmonster nur ein Mensch ist.

Die Serie, die sich angesichts der Geschichte immerhin Anflüge von Selbstironie erlaubte, beruht auf der Comicreihe »Swamp Thing«, die auch als Vorlage für die beiden Spielfilme »Das Ding aus dem Sumpf« (1981) und »Das grüne Ding aus dem Sumpf« (1989) diente. Eine Zeichentrickserie lief auf Sat.1 unter dem Titel *Unser Freund aus dem Sumpf*.

DINGSBUMS   DFF 1
1982. Halbstündige Show für Sechs- bis Elfjährige. Buntes Freizeitmagazin für Jungpioniere mit den spielenden und singenden Interpreten Thomas Knabe und Imanuel Seilkopf.
Lief monatlich, insgesamt zwölfmal, am Montagnachmittag. Der Nachfolger hieß *schau*.

DINGSDA   BR, ARD, KABEL 1
1985–1998 (BR); 1987–2000 (ARD); 2001–2002 (Kabel 1). Also, das ist so 'ne Sendung, in der da so Kinder, die so zwischen fünf und neun Jahre alt sind, Sachen umschreiben tun. Und dann sind da noch so Prom..., Promi..., also, Leute, die wo man kennt, und die müssen raten, was die Kinder da so meinen. Der nette Moderator von »Uups«, das ist der Fritz.
Erfolgreiche 45-Minuten-Quizshow mit Fritz Egner, der mit der Sendung bekannt wurde. Vier prominente Kandidaten müssen in Zweierteams die Umschreibungen erraten, die der BR zuvor in Kindergärten und Grundschulen aufgezeichnet hat und nun auf einem Großbildschirm zu sehen sind. Rutscht dem erklärenden Kind der gesuchte Begriff heraus, wird er in der Sendung mit einem »Uups« übertönt. Die Kandidaten raten einzeln der Reihe nach. Liegt der Erste falsch, ist ein Spieler des anderes Teams dran und hört dafür eine neue Beschreibung zum gleichen Begriff. In der Schnellraterunde bekommt derjenige den Punkt, der den Film als Erster mit dem Buzzer anhält und die richtige Lösung nennt.
Das Format stammt von »Child's play«, einer täglichen Gameshow, die ab September 1982 beim US-Sender CBS lief, aber nur ein Jahr überlebte. Die deutsche Version war im Dritten Programm des Bayerischen Fernsehens gestartet. Nach einem zunächst einmaligen Test in der ARD im Juni 1987 wurde sie ab Januar 1988 dauerhaft ins Erste übernommen und lief dort über Jahre einmal im Monat dienstags um 20.15 Uhr. Als Egner nach 132 Ausgaben zum ZDF wechselte, übernahm Werner Schmidbauer ab Juli 1994 die Moderation. Der Erfolg hatte inzwischen nachgelassen und die Show den Weg ins Vorabendprogramm um 18.55 Uhr gemacht. Eine weitere Staffel wurde wieder im Bayerischen Fernsehen erstausgestrahlt, dann abermals verlegt, zurück ins Erste, diesmal ins Nachmittagsprogramm am Freitag um 16.00 Uhr und auf 25 Minuten gekürzt. Dort lief *Dingsda* noch eine Weile unauffällig vor sich hin, bis Ende 2000 ebenso unauffällig die letzte Sendung ausgestrahlt wurde.
Nur knapp ein Jahr später legte Kabel 1 das Spiel neu auf (der kleine Sender hatte ein Jahr zuvor bereits erfolgreich die alte ARD-Show *Was bin ich?* wiederbelebt). Thomas Ohrner war der Moderator, und jetzt traten jeweils zwei Schulen oder zwei Kindergärten, aus denen die erklärenden Kinder stammten, gegeneinander an. Jeweils ein erwachsener Vertreter daraus spielte mit einem Prominenten im Zweierteam. *Dingsda* lief damit wieder zur Primetime, mittwochs um 20.15 Uhr, sogar wöchentlich, und war eine Stunde lang. Der Erfolg kam nicht zurück. Trotz enttäuschender Quoten versuchte Kabel 1 eine zweite Staffel, diesmal am als Gameshowtag etablierten Donnerstagabend. Die Quoten waren noch schlechter, und der Sender stellte die Produktion ein.

DINNER FOR ONE – DER 90. GEBURTSTAG   ARD
1963. Sketch von Lauri Wylie.
Diese Sendung ist weder eine Serie noch eine Reihe, läuft jedoch in so schöner Regelmäßigkeit, dass sie fester Bestandteil des Fernsehens ist – es ist die am häufigsten wiederholte Fernsehsendung in der Bundesrepublik.
Die alte Miss Sophie (May Warden) feiert ihren 90. Geburtstag allein mit ihrem Butler James (Freddie Frinton), der reihum Sophies bereits verstorbene Freunde Sir Toby, Admiral von Schneider, Mr. Pommeroy und Mr. Winterbottom vertreten und jeweils in ihrem Namen auf Miss Sophie trinken muss. James wird immer betrunkener und fällt regelmäßig über den Tigerkopf-Teppich.
Der 18-minütige Schwarz-Weiß-Sketch ist eine deutsche Produktion mit englischen Darstellern in englischer Sprache. Frinton besaß die Rechte an dem 1948 verfassten Sketch, er hatte sie dem Autor abgekauft. Er war zum ersten Mal bereits am 8. März 1963 in der Sendung »Guten Abend, Peter Frankenfeld« zu sehen. Frankenfeld und der Regisseur Heinz Dunkhase hatten Frinton und Warden mit dem Sketch bei einem Besuch im englischen Blackpool entdeckt und sofort verpflichtet. Der NDR nahm ihn kurz darauf noch einmal neu auf, als eine der ersten MAZ-Produktionen der deutschen Fernsehgeschichte, und strahlte ihn in dieser Fassung erstmals am Samstag, 8. Juni 1963, um 21.30 Uhr in der ARD aus. Diese ist zugleich die seitdem regelmäßig wiederholte Fassung. Frinton hatte sich geweigert, den Sketch in deutscher Sprache aufzuführen, war aber 1968 zu einer Neuverfilmung in Farbe bereit. Dazu kam es nicht. Drei Wochen vor dem geplanten Aufzeichnungstermin starb Frinton.
Ansager Heinz Piper erklärt zu Beginn der Sendung den groben Verlauf der nachfolgenden Szene, den ständig wiederkehrenden Wortwechsel »The same procedure as last year, Miss Sophie?« – »The same procedure as every year, James«, und weist darauf hin: »Das weitere Gespräch ist nicht interessant, es ist völlig ohne Belang.«
Ab 1972 lief der Sketch jedes Jahr am Silvesterabend in allen Dritten Programmen. Damit erhielt der Satz »The same procedure as last year« noch eine

zweite Bedeutung. Eigentlich hatte Heinz Piper bei der Aufzeichnung gesagt: »The same procedure than last year«, was natürlich grammatisch falsch ist und regelmäßig Proteste von Englischlehrern auslöste. Seit 1988 war der Satz daher nicht mehr zu hören. Der NDR schnippelte ein wenig in der Tonspur herum und klebte Herrn Piper ein »as« auf die Lippen, das er in einer Probeaufzeichnung gesagt hatte.

Silvester 1999 strahlte der NDR erstmals drei Versionen aus: eine nachgespielte auf Plattdeutsch, eine nachkolorierte und die Originalfassung. Die Anzahl der Ausstrahlungen nahm nun schlagartig zu, als sich die Sender nicht mehr damit begnügten, den Sketch nur jeweils einmal zu zeigen, sondern ihn gleich mehrfach am Silvestertag sendeten, und auch der KI.KA einstieg, der zudem eine Fassung »Dinner für Brot« mit Bernd, dem Brot, produzierte. Am 31. Dezember 2003 wurde *Dinner For One* 24-mal gezeigt, der bisherige Rekord. Ein Jahr später, also einundvierzigeinhalb Jahre nach der Erstausstrahlung, feierten mehrere Dritte Programme »40 Jahre Dinner For One«. An diesem Abend sahen in der Summe mehr als 15 Millionen Menschen zu.

In Großbritannien ist die Sendung praktisch unbekannt.

DIE DINOS   ARD

1993–1995. 65-tlg. US-Puppen-Sitcom von Jim Henson (»Dinosaurs«; 1991–1994).

Familie Sinclair ist eine ganz normale Dinosaurierfamilie, die ihr Durchschnittsleben im Jahr 60 000 003 v. Chr. lebt. Vater Earl, ein Megalosaurus, arbeitet als Baumschubser, seine Gattin Fran ist Hausfrau. Sie haben drei Kinder: die Teenager Robbie und Charlene, er *anti-establishment* und sie verwöhnte Göre, und Baby, ein altkluges Kleinkind. Es nennt Fran »Mama« und Earl »Nicht die Mama«, macht eine Bratpfanne zur gefährlichen Waffe und ist durch nichts kleinzukriegen. Je heftiger die Stürze und Unfälle, desto begeisterter hinterher sein Ruf: »Noch maaaaal!« Mit im Haus wohnt die Oma Ethyl, die zwar im Rollstuhl sitzt, aber gelenkig genug ist, dem von ihr verachteten Schwiegersohn Earl bei Bedarf eine runterzuhauen. Wenn sie Earl gerade einmal keinen Grund gibt, sein Leben zu hassen, dann tut es sein Boss B. P. Richfield. Trost findet Earl bei seinem gutmütigen, aber strunzdoofen Kollegen und Freund Roy.

Im Kern waren *Die Dinos* eine traditionelle Familien-Sitcom mit den typischen Problemen arbeitender Eltern, pubertierender Kinder und nervender Schwiegermütter, nur dass es sich eben um Dinosaurier handelte. Geschickt kombinierte die Serie diese Grundkonstellation mit Slapstickelementen und Running Gags für Kinder und satirischen Kommentaren auf das Leben auf der Erde rund 60 002 000 Jahre später für Erwachsene.

Parodiert wurden immer wieder das Nachrichtenfernsehen, der Konsumwahn, Rituale im Berufsleben und die Schwachstellen der Demokratie im Zeitalter der Massenmedien. Die Dinosaurierwelt wird von der allgegenwärtigen Treufuß-Gesellschaft beherrscht, im Fernsehen läuft DNN, und das Essen im Kühlschrank ist so frisch, dass es noch lebt und jedes Mal, wenn ihn jemand öffnet, Dutzende wild gestikulierende Ärmchen sichtbar werden und Proteste zu hören sind. *Die Dinos* schafften es, aktuelle ethische Dilemmas und Fragen der Ökologie oder der Emanzipation der Frau zu behandeln und gleichzeitig intelligent und albern, warmherzig, relevant und witzig zu sein. Sie ähnelten damit eher den *Simpsons* als der *Familie Feuerstein*.

Die letzte Folge ist wohl das düsterste Ende aller Sitcoms. Um ihre Profite noch weiter zu vergrößern, baut die Treufuß eine Fabrik zur Produktion von Plastiknahrung über die letzten natürlichen Anbaugebiete und zerstört damit die Lebensgrundlagen der Dinosaurier. Um zu retten, was nicht mehr zu retten ist, lässt Earl im Auftrag von Richfield noch die Vulkane explodieren, was die Sonne verdunkelt und die Eiszeit auslöst. Am Ende sagt Earl zu Fran, dass Dinosaurier so lange auf der Erde gelebt hätten, die würden ja nicht einfach aussterben ...

Alle Figuren waren menschengroße Puppen, in denen Schauspieler steckten; die Gesichter der Saurier waren durch eine computeranimierte Mechanik verblüffend ausdrucksstark und (für Menschen) realistisch. In mehreren Folgen waren auch reale Menschen zu sehen, die primitive, grunzende Höhlenbewohner darstellten. Für die deutsche Version wurden auch visuelle Gags liebevoll durch genaue Einblendungen übersetzt. Die deutsche Stimme der kratzbürstigen alten Ethel war Barbara Ratthey, die auch der kratzbürstigen alten Sophia aus den *Golden Girls* ihre Stimme lieh; das Baby wurde von Edith Hancke gesprochen.

Muppets-Erfinder Henson hatte sich die Serie ausgedacht, die nach seinem Tod im Jahr 1990 sein Sohn Brian realisierte. Die halbstündigen Folgen liefen freitags um 18.55 Uhr.

DINOSAURIER   ZDF

1992. »Auf der Jagd nach der Echse der Urzeit«. 4-tlg. brit.-dt.-österr. Dokumentationsreihe.

Der frühere US-Nachrichtenmann Walter Cronkite präsentiert nicht nur neue Forschungserkenntnisse über das Leben der Dinosaurier, sondern auch, in welcher Form sich Wissenschaftler und Laien in den vergangenen beiden Jahrhunderten mit den Riesenechsen beschäftigt haben. Die Folgen waren 45 Minuten lang und liefen sonntags um 19.30 Uhr.

DINOSAURIER –
IM REICH DER GIGANTEN   PRO SIEBEN

1999–2000. 4-tlg. brit. Urzeit-Doku (»Walking With Dinosaurs«; 1999–2004).

Aufwendige Produktion, die in Chile und Neukaledonien realisiert und von Paläontologen bei der Computeranimation unterstützt wurde. Drei 90-Minuten-Folgen liefen donnerstags zur Primetime mit großem Erfolg, auf den Tag genau ein Jahr nach der letzten Folge zeigte Pro Sieben samstags zur Primetime eine neue Folge. Der Vierteiler *Die Erben der Saurier* setzte die Reihe Anfang 2002 fort.

DINOTOPIA RTL
2002. 3-tlg. US-Fantasyspektakel von James Gurney und Simon Moore, Regie: Marco Brambilla (»Dinotopia«; 2001).

Die Dinosaurier sind erstens nicht ausgestorben und können zweitens lesen und schreiben. Manche von ihnen haben sogar studiert! Der Stenoychosaurus Zippo, der als Bibliothekar arbeitet, beherrscht nicht weniger als 17 Sprachen. Er und die anderen leben auf der Insel Dinotopia, wo sie sich auch mit den dortigen Menschen gut verstehen. Alles wäre schön, würde nicht den Sonnensteinen die Puste ausgehen, und von denen hängen Energiezufuhr und Schutz der Insel ab. Die beiden Halbbrüder Karl (Tyron Leitso) und David (Wentworth Miller), die zufällig in Dinotopia gestrandet sind, sollen mit Zippo und Marion (Katie Carr), der Tochter des Bürgermeisters, die magische Welt retten.

Der Dreiteiler von Hallmark Entertainment kostete 90 Millionen € und war eine der aufwendigsten Fernsehproduktionen. RTL, das sich als Koproduzent beteiligte, zeigte die spielfilmlangen Teile innerhalb einer knappen Woche um 20.15 Uhr. In den USA folgte den drei Filmen eine ganze Serie, die jedoch grandios floppte und bisher nicht in Deutschland gezeigt wurde. Der Dreiteiler ist auf DVD erhältlich.

DIPLOMATEN KÜSST MAN NICHT SR
1987–1988. 20-tlg. dt. Comedyserie.

Klassische Verwechslungskomödie: Weil Oberamtsrat Carl-Friedrich Schleicher (Siegfried W. Kernen) seinen Papierkram nicht im Griff hat, wird im Auswärtigen Amt in Bonn die Bewerberin für die freie Stelle der Küchenchefin, Gundula Schmidt (Corinna Genest), versehentlich auf die ebenfalls freie Stelle der stellvertretenden Protokollchefin gesetzt. Protokollchef von Bösecken (Hans Peter Korff), Verwaltungschef Schulz-Piffel (Walter Hoor), Staatssekretär Hasenclever (Uwe Friedrichsen) und Chefsekretärin Juliane Diependonck (Trees van der Donck) merken nix, haben dafür aber lustige Nachnamen, Frau Schmidt hält ihren Mund, und wie beabsichtigt geht alles drunter und drüber.

Die halbstündigen Folgen liefen im regionalen Vorabendprogramm der ARD. Im Bereich des Saarländischen Rundfunks waren sie bereits einige Tage vorher in Südwest 3 zu sehen.

DIREKT ZDF
1971–1987. Monatliches Jugendmagazin, das eine ungeschminkte Darstellung von Themen und Problemen im Leben Jugendlicher und junger Arbeitnehmer aus deren eigener Sicht bieten wollte und Jugendliche deshalb an der Herstellung der Sendung maßgeblich beteiligte. Mal legte die Redaktion einen Themenschwerpunkt fest und suchte dann eine Jugendgruppe, die ihn filmisch umsetzte, mal griff sie Themen junger Zuschauer auf, die sich mit ihrem

Damals, als Westberlin noch aufregend, die Kragen weit und die Hosen eng waren: Peter Drawinsky (Andreas Mannkopff, links) und Dieter Seifert (Ulli Kinalzik) ermitteln in der *Direktion City*.

Vorschlag an die Redaktion gewandt hatten. Inhaltlich hatten die jungen Filmemacher freie Hand, produktionstechnisch standen ihnen Profis vom Fernsehen zur Seite. Entsprechend parteiisch, einseitig und emotional konnten die Filme sein, und das war auch gewollt.

Von Anfang an hatte *direkt* mit Widerständen zu kämpfen, innerhalb und außerhalb des ZDF, weil viele Themen unbequem waren. Schon die Pilotsendungen wurden von Intendant und Programmdirektor heftig kritisiert und der Beginn der Reihe um einige Monate verschoben. In den nächsten Monaten gab es immer wieder Versuche, die Verantwortlichen durch angepasstere ZDF-Mitarbeiter zu ersetzen, was nur durch massive Proteste von Jugendorganisationen verhindert wurde, und es gab Proteste von konservativen Politikern wie dem CSU-Bundestagsabgeordneten und ZDF-Fernsehratsvorsitzenden Friedrich Zimmermann, der sich über die angebliche Linkslastigkeit des Magazins beschwerte und de facto forderte, einige Mitarbeiter nicht mehr zu beschäftigen.

Die zweiteilige Folge »Schwangerschaftsabbruch – meine Tochter tut das nicht!« vom Dezember 1981 löste heftige Proteste u. a. von Kirche und Junger Union aus; Letztere forderte, gleich die komplette Reihe abzusetzen. Auch der Fernsehrat rügte die Redaktion, weil »in der Sendung über das geltende Recht zum Schwangerschaftsabbruch nicht zutreffend informiert wird«. Doch die Redaktion beharrte darauf, dass die Alltagsrealität von Jugendlichen dargestellt werden solle und dargestellt werde, und führte die Sendung in gewohnter Weise fort.

Fürsprecher fand *direkt* in der Jury des Grimme-Preises. *direkt* befasste sich auch früh mit dem Thema Aids und Homosexualität. Nach besonders heiklen Filmen gab es ab 1981 anschließende Diskussionen unter dem Titel *direkt kontrovers*, in denen die in den Filmen Angegriffenen widersprechen durften. Peter Rüchel und Helmut Greulich hatten die Sendung ins Leben gerufen. Sie lief für kurze Zeit samstags um 18.45 Uhr, dann um 18.00 Uhr, im Wechsel mit Serien wie *Kung Fu* oder *Bonanza*. 1978 rückte *direkt* näher ans Hauptprogramm, wurde auf 19.30 Uhr verlegt und um einige Minuten auf eine Dreiviertelstunde gekürzt. Mit dieser Verlegung, die den Zugang zu einem größeren Publikum ermöglichte, war die Auflage verbunden, massenkompatibler zu werden und weniger zu polarisieren. Entsprechend zahm ging es in der ersten Sendung um ein glückliches Miteinander von Jugendlichen, Eltern und dem Pfarrer in einer Teestube. Angesprochen wurden nun nicht mehr überwiegend Berufsanfänger, sondern auch andere Gruppen Jugendlicher mit ihren jeweiligen Problemen. 1982 wanderte *direkt* auf mittwochs um 19.30 Uhr.

Die Einstellung 1987 war von Protesten begleitet. Nachfolger wurde *Doppelpunkt*.

DIREKT KONTROVERS ZDF
→ *direkt*

DIREKTION CITY NDR
1976–1980. 32-tlg. dt. Krimiserie von Karlheinz Knuth und Joachim Nottke, Regie: Michael Günther, Helmut Meewes.

Dieter Seifert (Ulli Kinalzik) und Schichtleiter Bertram (Klaus Sonnenschein) bilden gemeinsam ein Streifenteam für die Berliner Polizeidirektion City. Als solches müssen sie sich um Fälle aller Art kümmern; es geht um Erregung öffentlichen Ärgernisses und ungewollte Schwangerschaften, aber auch um Verbrechen und Vergehen. Ihre Kollegen vom Revier sind Peter Drawinsky (Andreas Mannkopff), der Dicke (Gerd Duwner) und Zivilfahnder »Django« (Helmut Krauss).

Die SFB-Produktion verzichtete weitgehend auf Gewaltanwendung und bemühte sich um ein realistisches Bild des Polizeialltags. Die Resonanz einer enormen Anzahl von Briefzuschriften war so überwältigend positiv, dass der Sender die Serie über die geplante Folgenzahl hinaus noch ein wenig verlängerte. Die 45-Minuten-Folgen liefen in allen Dritten Programmen, einige wurden außerdem samstagnachmittags in der ARD wiederholt.

DIRK BACH SHOW RTL
1992–1994. Halbstündige Comedyshow mit Dirk Bach in vielen verschiedenen Rollen und Verkleidungen und vielen kurzen Sketchen.

Bach spielt die frustrierte Hausfrau Elvira, den geschniegelten Nachrichtensprecher Schlägel (eine Parodie auf Peter Kloeppel), kleine rundliche Fußballer, kleine rundliche Politessen und etliche andere kleine rundliche Charaktere. Schnelle Sketche, quälend lange Songparodien, klassische Slapstickelemente und subtile Gags reihen sich aneinander. Alles beginnt mit einem experimentellen Trickvorspann. »Affentanz im Paradies« nannte das »Der Spiegel«.

Zwischendurch kam übertriebenes Publikumsgelächter vom Band, das offenbar von einem Zufallsgenerator verteilt wurde, denn gelacht wurde an den unpassendsten Stellen, oft mitten in Textzeilen

»Dreihunderteins A, bitte Ferngespräch«. Der Durchbruch für Dirk Bach in der *Dirk Bach Show*.

hinein, obwohl es genug wirklich witzige Stellen für den korrekten Einsatz gegeben hätte.

Die Reihe begann mit drei Folgen als Lückenfüller während der Weihnachtspause von *Gottschalk Late Night* und erreichte mal eben das Dreifache von Gottschalks Einschaltquoten. Die *Dirk Bach Show* ging kurz darauf auf eigenem Sendeplatz dienstags um 22.45 Uhr in Serie und brachte es auf 30 Folgen. Bach war beim Serienstart 29 Jahre alt und weitgehend unbekannt. Einer der Höhepunkte seiner Karriere bis dahin war die Auszeichnung mit dem Kleinkunstpreis »Die barocke Sau vom Bodensee« 1990. Im folgenden Jahrzehnt wurde er mit der Sitcom *Lukas* und als Moderator von *Ich bin ein Star – holt mich hier raus!* zu einem der großen deutschen Fernsehstars.

DIRK VAN HAVESKERKE   ARD

1981. »Kampf um Flandern«. 6-tlg. belg. Abenteuerserie nach dem Buch von F. R. Boschvogel, Regie: Paul Cammermanns (»Dirk van Haveskerke«; 1978).

Als Herold des Grafen von Dampierre kämpft der Ritter Dirk van Haveskerke (Luc Springuel) gegen die Franzosen, die um 1300 Flandern unterworfen haben. Dabei wird die Haveskerksche Burg eingenommen, Dirks Mutter Maria (Dora van der Groen) verschleppt und sein Vater Barend (Paul 's Jongers) gefangen genommen. Hinter diesen Taten steckt der Ratsherr Vanschip (Nolle Vresijp), den wiederum Dirk und seine Leute gefangen nehmen können. Um die flämischen Widerstandskämpfer hinter einer starken Führungspersönlichkeit zu einen, gewinnt Dirk den Probst von Maastricht Willem van Gullik (Herbert Flack). Die Flamen schlagen die Franzosen in die Flucht. Vater Haveskerke kann nicht mehr gerettet werden, doch seine Mutter sieht Dirk nun endlich wieder.

Die 50-minütigen Folgen liefen dienstags um 17.00 Uhr. Luc Springuel zog sich während der Dreharbeiten bei den Kampfszenen mit dem sechs Pfund schweren Schwert eine Sehnenscheidenentzündung am Handgelenk zu.

DIRTWATER DYNASTIE   RTL 2

1995. 10-tlg. austral. Familiensaga (»The Dirtwater Dynasty«; 1990).

Im Alter von 20 Jahren geht der Londoner Richard Eastwick (Hugo Weaving) Ende des 19. Jh. nach Australien, um eine Dynastie aufzubauen. Er kauft ein heruntergekommenes Grundstück und freundet sich mit dem jungen Viehzüchter Josh McCall (Steve Jacobs) an. Der Großgrundbesitzer Hasky Tarbox (Dennis Miller) hat es auf Richards Stück Land abgesehen. Richard heiratet Kate McBride (Victoria Longley), sie bringt zwei Kinder zur Welt und stirbt danach. Während Richard seine Dirtwater Ranch zum gut gehenden Imperium ausbaut, heiratet er Frances (Judy Morris), mit der er ebenfalls zwei Kinder bekommt. Zwei Söhne fallen im Krieg, der dritte verlässt den Vater, um nach Sydney zu gehen. Von Tochter Nancy glaubt Richard, sie sei tot, doch in Wirklichkeit wächst sie heran (wird jetzt auch von Victoria Longley gespielt) und heiratet Guy Westaway (Scott Burgess). Als Richard erfährt, dass sie noch lebt, macht er sich auf die Suche nach ihr. Sie ist das einzige seiner Kinder, dem er jetzt, als alter Mann, das von ihm aufgebaute Imperium übergeben kann.

RTL 2 versendete die Serie tief in der Nacht.

DIRTY DANCING   DFF 2

1989. 13-tlg. US-Liebesserie (»Dirty Dancing«; 1988–1989).

Der Tanzlehrer Johnny Castle (Patrick Cassidy) war Nachwuchskoordinator in Kellerman's Sommer Camp, bis Besitzer Max Kellerman (McLean Stevenson) seiner Tochter Frances, genannt Baby (Melora Hardin), diesen Job gab. Baby und Johnny verlieben sich, und Johnny bringt Baby »Dirty Dancing« bei. Seine eigentliche Tanzpartnerin ist Penny (Constance Marie). Robin (Mandy Ingber) ist Babys Cousine. Die Serie basierte zwar auf dem gleichnamigen Erfolgsfilm mit Patrick Swayze und Jennifer Grey, verdrehte aber ein paar Konstellationen. So war Baby im Film mit ihren Eltern im Sommerurlaub bei Kellermans, in der Serie waren die Eltern geschieden und ihr Vater selbst der Besitzer. Filmschwester Robin war hier ihre Cousine. Aus dem Film war kein Schauspieler dabei. Ab Dezember 1989 zeigte auch RTL die halbstündigen Folgen am Samstagnachmittag.

DISCO   ZDF

1971–1982. »Hits und Gags mit Ilja Richter«. 45-minütige Popmusikshow mit Ilja Richter, dem damals jüngsten Entertainer im deutschen Fernsehen. Richter war 18 Jahre alt, als die Reihe begann. Seit er 16 war, hatte er bereits *4-3-2-1- Hot And Sweet* moderiert, dessen Nachfolgesendung *Disco* war.

Disco lief alle vier Wochen samstags, zunächst um 18.45 Uhr, dann um 18.00 Uhr, ab 1975 wegen des großen Erfolgs näher am Hauptabendprogramm um 19.30 Uhr. Interpreten spielten im Studio ihre aktuellen Hits, die Bandbreite reichte von Julio Iglesias und Michael Holm bis zu Deep Purple und den Rolling Stones.

Internationale Stars, die nicht in die Sendung kamen, waren in Videoeinspielungen mit ihren Songs zu sehen. Ein weiterer Einspielfilm porträtierte pro Ausgabe ausführlich einen Star. Dazu gab es gesungene und gespielte Sketche mit Ilja Richter und Gästen, die teils live, teils vorproduziert waren. Neben den Gästen war Richters Schwester Janina regelmäßige Sketchpartnerin. Bei einem Quiz konnten die Fernsehzuschauer als Hauptpreis einen Besuch in der nächsten Sendung gewinnen.

Jede Sendung begann zunächst mit dem Auftritt einer Band, bevor Richter zum ersten Mal die Bühne betrat. Zu Begrüßung rief er: »Hallo, Freunde!«, und das Studiopublikum rief zurück: »Hallo, Ilja!« Wenn der Gewinner des Preisrätsels bekannt gege-

Disney Club

Ilja Richter in *Disco '73*. Ab diesem Jahr wurde der Untertitel »Musik für junge Leute« gestrichen, und schon kam Adamo (vorne links, mit Gitarre). Die Sketche blieben unverändert entsetzlich.

ben wurde, rief Richter: »Licht aus« (und alle riefen: »Whom!«) – »Spot an!« (alle: »Yeah!«), und ein verschüchtertes Etwas saß vor den Augen der Öffentlichkeit zaghaft winkend im Lichtkegel.
Disco wurde die mit Abstand populärste Musiksendung des westdeutschen Fernsehens. Zur Überraschung aller Beteiligten war die Sendung nicht nur bei der anvisierten Zielgruppe der Teenager ein großer Erfolg, auch viele ältere Menschen schauten zu. Der anfängliche Untertitel »Musik für junge Leute« wurde nach dieser Erkenntnis ab 1973 gestrichen, ältere Zuschauer wurden sogar gezielt ins Studio eingeladen. Jeder Besucher bekam eine »Aufwandsentschädigung« von 25 DM.
Insgesamt schalteten durchschnittlich 20 Millionen Menschen ein. Das verwundert angesichts der obskuren Mischung der auftretenden Künstler ebenso wie im Hinblick auf die Qualität der Comedyeinlagen. Die Sketche zeichnete eine verheerende Experimentierfreude mit der neuen Technik der Bluebox aus, die Moderationen ein skrupelloser Hang zum Kalauer um jeden Preis. In einer Sendung sagte Richter, offenbar motiviert durch die Olympischen Spiele in München: »Als Moderator fuhr er hin, als Champignon kam er zurück. Um mit den Olympischen Ringen zu sprechen: O, O, O, O und O. Das Publikum hat die Tribünen voll gemacht, und alle haben 'ne Fahne.«
Spontane Gespräche mit den Bands begannen gern damit, dass der Moderator sich von einer Sängerin fragen ließ, wie er heiße, und er antwortete. »Ilja. Riecht er?« Richter war zwar jugendlich-locker, was seinen Moderationsstil anging, unterschied sich aber von anderen Jugendmoderatoren durch seine Kleidung, die völlig unjugendlich stets aus einem korrekten Anzug mit Fliege bestand. Natürlich war Richter viel zu dürr, als dass dieser hätte ordentlich sitzen können.
Der Sendetitel beinhaltete noch die jeweils auf zwei Stellen gekürzte aktuelle Jahreszahl, z. B. *Disco '76*. Insgesamt liefen 133 Ausgaben. Nach dem Ende der Reihe war auch Richters Fernsehkarriere im Alter von 29 Jahren weitgehend zu Ende. Er wirkte zwar danach in vielen Shows, albernen Filmen oder Bühnenstücken mit, bekam aber nie wieder eine eigene regelmäßige Sendung. Im Sommer 1994 liefen als *Das Beste aus Disco* sechs Zusammenschnitte seiner Erfolgsshows im ZDF.

DISCOVERY – DIE WELT ENTDECKEN   ZDF
1998–2004. 45-minütige Tierdokumentation des US-Senders Discovery Channel, die das ZDF nachmittags zeigte.

DISKRETE ZEUGEN   DRITTE PROGRAMME
→ Lord Peter Wimsey

DISKUSS   ARD
1973. 90-minütiges Jugendmagazin mit Diskussionen, Beiträgen (auch von Jugendlichen selbst) und Musikauftritten.
Mit dazu gehören Rudi, der Jüngere, und Kurt, der Ältere: zwei Comicfiguren. Rudi ist ein schnauzbärtiger, langhaariger Jeanstyp, Kurt ist ein dicklicher Glatzkopf. Lief alle zwei Monate samstagnachmittags, wurde jeweils aus einem Jugendzentrum gesendet und brachte es auf sechs Ausgaben.

DISNEY CLUB   ARD
1991–1995. 90-minütige Unterhaltungsshow für Kinder am Samstagnachmittag.
In der Show, in der Kinder als Studiopublikum anwesend waren, gab es Spiele, Auftritte von Sängern, Bands und Sportlern und viele Einspielfilme, Reportagen und Serien, z. B. *Chip & Chap – Die Ritter des Rechts, Disneys Gummibärenbande* und *Duck Tales – Neues aus Entenhausen* mit den beliebten Disney-Zeichentrickfiguren. Die Reportagen waren teils Eigenproduktionen, teils in den Disney-Parks gedrehte Übernahmen aus der US-Version der Show namens »Mickey Mouse Club«. Moderiert wurde die Show von Ralf Bauer (bis März 1993), Antje Maren Pieper (bis Juni 1994) und Stefan Pinnow. Nach Ralfs Ausscheiden schrumpfte das bisherige Moderatorentrio zum Duo. Auf Antje folgte Judith Halverscheid.
Mitte der 90er-Jahre verlor die ARD die Rechte an den Disney-Serien an RTL, woraufhin die Reihe nach 261 Ausgaben in *Tigerenten-Club* umbenannt, aber konzeptionell kaum verändert wurde. Pieper wurde

später Reporterin beim ZDF und Moderatorin des *Länderspiegel*, Bauer wurde Schauspieler, u. a. in *Gegen den Wind*, Pinnow Moderator des Boulevardmagazins *taff* und Halverscheid Pinnows Frau. Zum US-Ensemble hatten Britney Spears, Justin Timberlake und Christina Aguilera gehört.

DISNEY CLUB   RTL
1997–2002. Kinderprogramm am Samstag- und Sonntagmorgen mit vielen Disney-Zeichentrickserien, darunter zahlreichen neuen, aber auch vielen Cartoon-Klassikern mit Micky Maus, Donald Duck, Goofy oder Pluto.
Zu den Serienfiguren gehörten u. a. *Chip & Chap – Die Ritter des Rechts*, die *Dschungelbuch-Kids*, *Doug* und *Pepper Ann*. Zwischendurch gab es Spiele mit Kindern. Zu den Moderatoren gehörten Tobias Ufer, Nina Louise, Frank Schmidt (der später unter dem Namen Franklin große Shows moderierte, darunter *Die 100.000 Mark Show* und *Sag ja!*), Alia Schuller, Oliver Polak und Beatrice Jean-Philippe.

DISNEY FILMPARADE   RTL, PRO SIEBEN
1992–2002 (RTL); seit 2003 (Pro Sieben). Jeden Sonntagmittag zeigte RTL unter diesem Oberbegriff Kinoproduktionen aus den Disney-Studios. Im Rahmenprogramm gab es Kurzberichte und Gewinnspiele. Moderator des Rahmens war Thomas Gottschalk, zwischenzeitlich Jenny Jürgens und später Jasmin Wagner alias Blümchen.
Anfang 2003 wechselten die Rechte an den Disney-Produktionen und damit die *Disney Filmparade* zu Pro Sieben, wo jetzt Aleksandra Bechtel das Rahmenprogramm präsentierte, später Steven Gätjen.

DISNEYS ART ATTACK   SUPER RTL
→ Art Attack

DISNEYS DSCHUNGELBUCH-KIDS   SUPER RTL
→ Dschungelbuch-Kids

DISNEYS FILLMORE   PRO SIEBEN, KABEL 1
2004 (Pro Sieben); 2004–2005 (Kabel 1). 26-tlg. US-Zeichentrickserie von Scott M. Gimple (»Disney's Fillmore«; 2002).
Das Securityteam der X-Middle-School klärt Verbrechen in der Schule auf. Der Ex-Schulhofverbrecher Cornelius Fillmore und seine Partnerin Ingrid Third bilden ein Team, Vallejo ist ihr Chef.
Lief morgens am Wochenende und wechselte mit Folge 20 zu Kabel 1.

DISNEYS GROSSE PAUSE   RTL
1998–2001. 65-tlg. US-Zeichentrickserie (»Disney's Recess«; 1997–2001).
Eine Bande von Kindern schlägt sich gemeinsam durch den Schulalltag: der gewiefte Rotzlöffel T. J., der gutmütige Mikey, der sportliche Vince, der schüchterne Gus, die starke Spinelli und das schlaue Gretchen. Ihr Erzfeind ist der Streber Randall, Miss Finster ihre Lehrerin.

Hoch gelobte Serie für Kinder mit Menschen als Protagonisten (eine Seltenheit in Disney-Trickserien) aus unterschiedlichen ethnischen Gruppen, die prima miteinander auskamen – und genau das war die Botschaft. Sie lief am Samstagmorgen. 2001 entstand der Kinofilm »Disneys große Pause – Die geheime Mission«.

DISNEYS GUMMIBÄRENBANDE   ARD
1988–1992. 65-tlg. US-Disney-Zeichentrickserie (»Disney's Adventures of the Gummi Bears«; 1985–1990).
Der junge Page Calvin vom Schloss Dunwyn entdeckt zufällig das unterirdische Reich der sagenumwobenen Gummibärenbande. Die Gummibären Cubbi, Grammi, Gruffi, Sunni, Tummi, Zummi und Augusto kämpfen gegen den hinterhältigen Herzog Igzorn, der es auf den Thron von König Gregor abgesehen hat. Zur Stärkung haben die Gummibären einen Zaubertrank, mit dessen Hilfe sie z. B. hüpfen können, als wären sie aus Gummi.
Lief zunächst auf eigenem Sendplatz in der ARD und war ab 1991 fester Bestandteil des *Disney Club*.

DISNEYS HERCULES   RTL
→ Hercules

DISNEYS LIEBLING, ICH HABE DIE KINDER GESCHRUMPFT   SUPER RTL
1998–2001. 65-tlg. US-Comedyserie (»Disney's Honey, I Shrunk The Kids«; 1997–1999).
Der irre Erfinder Wayne Szalinski (Peter Scolari) baut dauernd merkwürdige Maschinen, die dann versehentlich seltsame Dinge mit seiner Frau Diane (Barbara Alyn Woods) und den Kindern Amy (Hillary Tuck) und Nicholas (Thomas Dekker) anstellen, z. B. sie schrumpfen lassen. Joel McKenna (Andrew T. Grant) ist ein guter Freund von Nicholas, Jake (George Buza) ist Joels Vater.
Die Serie basierte auf dem Kinofilm »Liebling, ich habe die Kinder geschrumpft« (1989) mit Rick Moranis in der Hauptrolle, der bereits im Kino mehrere Fortsetzungen nach sich gezogen hatte. Die Serie lief zur Primetime.

DISNEYS LILO & STITCH   KABEL 1
Seit 2005. US-Disney-Zeichentrickserie nach dem gleichnamigen Film (»Disney's Lilo & Stitch: The Series«; seit 2003). Das Mädchen Lilo und der Außerirdische Stitch müssen die abstrusen Experimente von Professor Jumba Jookiba ausbaden.

DISNEYS PEPPER ANN   RTL
1998–2001. 65-tlg. US-Zeichentrickserie (»Pepper Ann«; 1997–2000). Die zwölfjährige Pepper Ann macht mit ihren Freunden Milo und Nicky lustige Streiche.

THE DISTRICT – EINSATZ IN WASHINGTON   VOX
2001–2002. 23-tlg. US-Krimiserie von Terry George und Jack Maple (»The District«; 2000–2004).

Mit dem Versprechen, die Kriminalitätsrate um 50 % zu senken, wird Jack Mannion (Craig T. Nelson) neuer Polizeichef in Washington und dem bisherigen Chef Joe Noland (Roger Aaron Brown) vor die Nase gesetzt. Noland versucht deshalb, den Neuen zu sabotieren. Auch der schwarze Bürgermeister Ethan Baker (John Amos) gehört zu Mannions Gegnern, Bakers Stellvertreterin Mary Ann Mitchell (Jayne Brook) hat Mannion den Job gegeben und steht weiter hinter ihm. Nick Pierce (Justin Theroux) ist Mannions Pressesprecher, Ella Mae Farmer (Lynne Thigpen), Danny McGregor (David O'Hara), Temple Paige (Sean Patrick Thomas) und Nancy Parras (Elizabeth Marvel) bilden Mannions Team. Vor allem Ella, die von den anderen bis dahin belächelt wurde, wird seine Vertraute. Mannion selbst ist ein harter Durchgreifer, der Korruption hasst. Er ist fair, menschlich, singt gerne und liebt Filme.
Pathetische Serie, die vor allem vom überzeugenden Hauptdarsteller und seinem Zusammenspiel mit Lynne Thigpen lebte. Thigpen erlag im März 2003 einem Herzinfarkt. Im August 2001 war bereits Serienerfinder Jack Maple an Krebs gestorben.
Vox zeigte die einstündigen Folgen mittwochs um 21.10 Uhr im Doppelpack mit der ebenfalls neuen Krimiserie CSI. Diese wurde ein durchschlagender Erfolg und lief fortan in Dauerschleife; *The District* kehrte nach der ersten Staffel bisher nicht ins deutsche Fernsehen zurück. Es wurden noch 66 weitere Folgen gedreht.

DITTSCHE – DAS WIRKLICH WAHRE LEBEN   WDR

Seit 2004. Improvisationscomedy von und mit Olli Dittrich.
Der 40-jährige Hamburger Arbeitslose Dittsche (Olli Dittrich) schlappt regelmäßig in Bademantel und Jogginghose zur »Eppendorfer Grill-Station«, seinem Stammimbiss, um die leeren Bierflaschen in seiner Tüte gegen volle auszutauschen. Während er die ersten zwei Flaschen gleich am Tresen leert (»Kerl, das perlt aber heute wieder«), verwickelt er Imbisswirt Ingo (Jon Flemming Olsen) in ein Gespräch über Gott und die Welt, in dem er aus Brocken von »Bild«-Überschriften und halb verstandenen Fernsehberichten Schwindel erregende Gedankengebäude errichtet und dem Begriff »gefährliches Halbwissen« eine konkrete Dimension gibt. In den Worten von Ingo: »Das ist dein Problem: Du hörst viel, aber weißt nichts.«
Mühelos schafft Dittsche es, einen Bogen von der angeknacksten deutsch-italienischen Freundschaft zum Verfallsprozess von Kartoffelsalat zu schlagen oder von den »Ausdünstungen« der Würstchen über »Dispersionsfarbe« zu den Bochumer Tauben, die alle schwul geworden sind. An einem Stehtisch trinkt derweil Stammgast Schildkröte (Franz Jarnach alias Mr. Piggi) schweigend sein Bier. (Er heißt »Schildkröte«, weil ihm sein Schwager aus der DDR eine Krokodilimitat-Jacke geschenkt hatte, mit der er aussieht wie ein Ninja Turtle aus einem Überraschungsei.)

Dittsche besteht aus nichts als dem Gespräch im Imbiss, gefilmt scheinbar von Überwachungskameras in farbarmen Beigebrauntönen. Es gibt kein Drehbuch, das meiste ist improvisiert, was die Situation zusammen mit Dittrichs Verwandlungstalent beängstigend realistisch wirken lässt. *Dittsche* ist eine innovative Satire, die nicht von Pointen lebt, sondern von der Genauigkeit, mit der sie die Absurdität des Lebens abbildet, vergleichbar mit *Blind Date*. Die Figur des Dittsche stammt aus Dittrichs ZDF-Reihe *Olli, Tiere, Sensationen*. Die Folgen der ersten Staffel wurden mit so kurzem Vorlauf produziert, dass er Stellung nehmen konnte zu den aktuellen Themen der Woche. Seit der zweiten Staffel wird live gesendet. Als Stargäste kamen u. a. Wladimir Klitschko, Rudi Carrell und Uwe Seeler vorbei.
Dittrich hatte es lange schwer, für diese spröde und kompromisslose Form einen Sender zu finden; der WDR räumte ihm schließlich ein Plätzchen frei und wurde mit einer treuen Fangemeinde belohnt. Die ARD wiederholte die Folgen ab Februar 2005 jeweils am folgenden Tag gegen 0.30 Uhr – mit erstaunlich guten Einschaltquoten. Auch im NDR und im HR lief die Reihe.
2004 wurde *Dittsche* als beste Comedy mit dem Deutschen Fernsehpreis ausgezeichnet, 2005 mit dem Grimme-Preis mit Gold. Die Titelmusik ist »Stand By Your Man« von den Dixie Chicks.

DJ BOBO – DIE SHOW   RTL

1998–1999. Castingshow mit DJ Bobo. Sechs Nachwuchssänger treten auf, singen live Cover-Versionen von bekannten Hits und müssen kleine Spiele gegeneinander bestreiten, was vom Publikum aus unerfindlichen Gründen frenetisch bejubelt wird. Der Gewinner erhält einen Plattenvertrag und die Hoffnung, für seine Karriere nie wieder in Sendungen wie dieser auftreten zu müssen. Sie lief nur zweimal.

DO IT YOURSELF – S.O.S.   PRO SIEBEN

Seit 2003. Halbstündige Vorher-Nachher-Show, in der Sonya Kraus und Matthias Matuschik nacheinander mit jeweils einem mehrköpfigen Handwerkerteam Familien aufsuchen, die ein Heimwerkerproblem haben. Pro Sendung werden zwei Fälle gezeigt. Während Kraus oder Matuschik Hausbewohner, bröckelnden Putz und schiefe Zäune vorführen, richtet und repariert das »Do-it-yourself-SOS-Team« die Probleme.
Lief werktags um 16.30 Uhr mit über die ersten fünf Monate konstant wachsendem Erfolg. Zur Belohnung wurde Matthias Matuschik gefeuert, die Show damit ihres einzigen unterhaltsamen Bestandteils beraubt und das modifizierte Abfallprodukt auf eine Stunde ausgedehnt und *S.O.S. - Style & Home* getauft. Als dieses im Frühjahr 2005 abgesetzt wurde, kehrte die ursprüngliche Form zurück, jetzt werktags um 18.00 Uhr und mit der neuen Moderatorin Charlotte Engelhardt. Einmal pro Woche war auch weiterhin Sonya Kraus im Einsatz.

DO OVER – ZURÜCK IN DIE 80ER   PRO SIEBEN
2005. 15-tlg. US-Nostalgie-Sitcom von Kenny Schwartz und Rick Wiener (»Do Over«; 2002).
Joel Larsen ist eigentlich ein frustrierter, 34 Jahre alter Papierverkäufer. Aber das spielt jetzt keine Rolle mehr. Durch einen Unfall mit dem Küchentoaster und das missglückte Experiment mit einem Defibrillator landet er im Koma und erwacht im Körper des 14-jährigen Joel (Penn Badgley) im Jahr 1981. Er nutzt die Gelegenheit, um die Fehler von damals mit dem Wissen von heute zu vermeiden. Seine zwei Jahre ältere Schwester Cheryl (Angela Goethals) will er vor dem bevorstehenden Drogenproblem bewahren und seine Eltern Bill (Michael Milhoan) und Karen (Gigi Rice) vor der Scheidung. Seine Schulkameraden sind die intellektuelle Isabelle (Natasha Melnick), die hübsche Holly (Melinda Sward), die er sich immer noch nicht um ein Date zu bitten traut, und Pat (Josh Wise), dem er als Einzigem sein Geheimnis anvertraut.
Lief samstagmorgens und wurde von der Stimme des erwachsenen Joel aus dem Off erzählt.

DOC ELLIOT   PRO SIEBEN
1990. 15-tlg. US-Arztserie (»Doc Elliot«; 1974).
Der Arzt Dr. Benjamin Elliot (James Franciscus) hat zugunsten der Freiheit und Unabhängigkeit seine Karriere aufgegeben und die Enge New Yorks mit der weiten Bergwelt Colorados getauscht. Dort praktiziert er als Hausarzt und macht Krankenbesuche mit einem umgebauten Wohnmobil oder gleich mit dem Flugzeug. Die sturen Einsiedler sind natürlich nicht die einfachsten Patienten. Mags Brimble (Nova Patterson), die Witwe seines Vorgängers, hilft ihm, Barney Weeks (Noah Beery) führt den Laden im Ort, und Eldred McCoy (Bo Hopkins) ist der Pilot.
Die 50-minütigen Folgen liefen montags am Vorabend.

DER DOC – SCHÖNHEIT IST MACHBAR   SAT.1
2001. 9-tlg. dt. Comedyserie von Ralf Husmann.
Der Schönheitschirurg Dr. Konrad Arnold (Ingolf Lück) hat eine eigene kleine Praxis, in der er seinen Patienten auch die ausgefallensten Wünsche nach Körperkorrekturen erfüllt. An seiner Freundin Karin (Alexandra Helmig) liebt er vor allem ihren reichen Vater, der Konrads chaotischem Unternehmen immer wieder das Notwendige zuschießt. In der Praxis arbeiten noch die coole Chirurgin Mona (Lucia Gailová), der unsichere Anästhesist Richard (Bernd Michael Lade) und die überforderte Empfangsdame Margret (Billie Zöckler).
Lief erfolglos freitags um 21.15 Uhr.

DOCTOR SNUGGLES   ARD
1981. 13-tlg. niederl.-brit.-US-Zeichentrickserie von Jeffrey O'Kelly (»Doctor Snuggles«; 1979).
Doctor Snuggles ist ein genialer Erfinder, der z. B. die mechanische Haushaltshilfe Mathilde Dosenfänger und die Wer-wo-was-Maschine erfunden hat, mit der man verschwundene Dinge wiederfindet. Fräulein Reinlich ist seine Haushälterin, Knabber seine Maus. Sein liebstes Fortbewegungsmittel ist sein Regenschirm-Springstock »Schirmchen«, es sei denn, er muss mal dringend ins Weltall; für diesen Fall hat er sich selbstverständlich eine Rakete aus Holz gebaut. Wer so genial ist, hat natürlich auch Feinde. In Doctor Snuggles' Fall sind das die Bösewichter Willi Fuchs und Karlchen Ratte.
Der Ire Jeffrey O'Kelly wurde durch sein Haustier, ein Chamäleon namens Mooney Snuggles, zu der Figur des Doctor Snuggles inspiriert. Walter Jokisch lieh dem Doctor seine deutsche Stimme. Die Originalstimme gehörte Peter Ustinov.
Die 25-minütigen Folgen liefen am Mittwochnachmittag. Die Serie ist auf DVD erschienen.

DOCTORS HOSPITAL   SAT.1
1985. 15-tlg. US-Arztserie (»Doctors' Hospital«; 1975–1976).
Der Alltag am fiktiven Lowell Memorial Hospital in Los Angeles, gesehen durch die Augen des Personals: Dr. Jake Goodwin (George Peppard) ist der Leiter der Neurochirurgie, Dr. Norah Purcell (Zohra Lampert) seine begabteste Mitarbeiterin. Oberarzt des Hauses ist Dr. Felipe Ortega (Victor Campos), der Direktor heißt Janos Varga (Albert Paulsen).
Die einstündigen Folgen liefen freitags um 19.40 Uhr und wurden bald, auch von RTL, wiederholt.

DOG CITY   ZDF
1996–1997. 23-tlg. brit. Zeichentrickserie (1992–1995). In der Zeit von Al Capone haben die Hunde das Sagen in Dog City.
Lief im Kinderprogramm am Wochenende morgens. Super RTL zeigte die Serie später als *Jim Hensons Dog City*.

DOKTOR TEYRAN   ARD
1983. 6-tlg. frz. Familiendrama, Regie: Jean Chapot (»Docteur Teyran«; 1980).
Der angesehene Arzt Prof. Jean Teyran (Michel Piccoli) und seine Tochter Michèle (Nadine Alari) zerstreiten sich, denn Teyran ist gegen Michèles Freundschaft mit dem kriminellen Discobesitzer Boris Valberg (Fédor Atkine). Also bringt er ihn um. Eigentlich führt keine Spur zu Teyran. Doch einige Tage vor der Hauptverhandlung stellt sich heraus, dass es doch jemanden gibt, der ihn bei seiner Tat beobachtet hat, und dieser Zeuge bedroht den Doktor jetzt.
Die knapp einstündigen Folgen liefen im regionalen Vorabendprogramm.

DER DOKTOR UND DAS LIEBE VIEH   ARD
1979–1995. 130-tlg. brit. Familienserie nach den autobiografischen Erzählungen von James Herriot (»All Creatures Great And Small«; 1977–1990).
England in den 30er- bis 50er-Jahren: Der junge, motivierte Tierarzt James Herriot (Christopher Timothy) findet seine erste Anstellung bei seinem älteren Kollegen Siegfried Farnon (Robert Hardy)

Der Doktor und das liebe Vieh: Christopher Timothy (rechts) mit Robert Hardy und Lynda Bellingham.

in dessen Praxis in Darrowby in der Grafschaft Yorkshire. Farnon ist ein kauziger Junggeselle aus Überzeugung, der mit seiner Haushälterin Mrs. Hall (Mary Hignett) zusammenlebt. Er hat einen jüngeren Bruder namens Tristan (Peter Davison), ein Luftikus, der ihnen in der Praxis zur Hand geht, meistens aber nur im Weg steht, und von dem sich alle wünschen, er würde endlich sein Examen bestehen. Die störrischen Bauern sind dem jungen James gegenüber anfangs skeptisch, doch er bewährt sich und darf sich um sämtliche kollabierenden Katzen und kalbenden Kühe kümmern. Einer der Stammpatienten ist Tricki-Woo, der völlig verhätschelte fette Pekinese von Mrs. Pumphrey (Margaretta Scott). Schon früh lernt James bei einem Hausbesuch die Farmerstochter Helen Alderson (Carol Drinkwater; ab Folge 39: Lynda Bellingham) kennen, was die Zahl seiner Hausbesuche bei den Aldersons auffallend ansteigen lässt. Die beiden heiraten.

Ende der 30er-Jahre müssen die Männer in den Krieg ziehen, und die Geschichte geht erst nach Kriegsende weiter. James und Helen haben nun zwei Kinder, Jimmy (Oliver Wilson; letzte Staffel: Paul Lyon) und Rosie (Rebecca Smith; letzte Staffel: Alison Lewis), und ziehen in ein eigenes Haus. Tristan hat tatsächlich das Examen gepackt und arbeitet jetzt im Landwirtschaftsministerium, ist also nicht mehr so oft da. Der neue Tierarzt Calum Buchanan (John McGlynn) kommt als Verstärkung. Er und Deirdre McEwan (Andrea Gibb) werden ein Paar und heiraten später. Mrs. Hall hat ihrerseits einen Heiratsantrag erhalten, und Mrs. Greenlaw (Judy Wilson) wird die neue Haushälterin.

So viel Vieh und gar kein Mist: romantisch-humorvolle Landidylle mit originellen Geschichten und Charakteren. Ein Klassiker. Lediglich die Optik war typisch englisch und sah aus wie bei der

Onedin-Linie: Grobkörnige Außenaufnahmen und glasklarscharfe Innendrehs waren hart aneinander geschnitten.

Die Serie basierte auf den Büchern des echten James Herriot, der in Wahrheit James Alfred Wight hieß. Den literarischen Künstlernamen legte er sich zu, weil eine Buchveröffentlichung unter seinem Namen als Werbung für seine Praxis ausgelegt worden wäre, und das war verboten. 1980 war die Serie in Großbritannien zunächst zu Ende: Der Stoff war ausgegangen. Herriots Bücher waren aufgebraucht, alle Geschichten daraus verfilmt worden. Doch die Zuschauer lechzten nach mehr, und so mussten sich die Drehbuchautoren selbst etwas ausdenken. Nach einer achtjährigen Pause ging es endlich weiter.

Bei uns lief die Serie im Nachmittagsprogramm, zunächst sonntags, nach der langen Pause ab 1991 mehrmals wöchentlich an Werktagen. Die ersten 38 Folgen waren jeweils 50 Minuten lang. Das waren alle weiteren im Original zwar auch, doch die ARD zerteilte sie in 25-minütige Folgen, damit sie besser ins Werktagnachmittags-Programmschema passten, und machte aus 46 auf diese Weise 92 neue Folgen. Je nach Stückelung bei Wiederholungen umfasste die Serie deshalb zwischen 84 und 168 Folgen. Zwei Folgen und einige Specials wurden hierzulande ausgelassen.

DOKUMENTE DEUTSCHEN DASEINS ZDF

1977–1979. 11-tlg. Rückblick von Wolfgang Venohr und Gerd Zenkel auf 500 Jahre deutscher Geschichte.

Jede der einstündigen Folgen wird durch eine Spielszene eingeleitet. Zwischendurch führen der Publizist Sebastian Haffner und der Historiker Prof. Hellmut Diwald Streitgespräche über das Geschehen und stellen aktuelle Bezüge her.

Die erste Folge beschäftigte sich mit dem Bauernaufstand 1476 bis 1526, die letzte trug den Titel »Finis Germaniae? – Deutschland am Ende?«.

DOLCE VITA   ZDF
2001. Einstündige Talkshow mit Luzia Braun und vier bis sechs Gästen, die samstags um 16.00 Uhr über die angenehmen Seiten des Lebens plauderten.

DOLLAR   WDR
1994–1995. Quizshow mit Kai Böcking, die in ähnlicher Form später unter dem Titel *Risiko* im ZDF lief.

EIN DOLLER DREIER   RTL 2
1998. 22-tlg. US-Sitcom (»Partners«; 1995–1996). Bob (Jon Cryer) und Owen (Tate Donovan) teilen sich ein Architektenbüro. Heather (Catherine Lloyd Burns) ist ihre Sekretärin, Alicia (Maria Pitillo) ist Owens Verlobte. Bob versucht, eine Heirat der beiden zu verhindern, weil er um die Freundschaft fürchtet.
Lief werktags um 16.25 Uhr.

THE DOME   RTL 2
Seit 1997. »Die Chartparty der Megastars«. Große Konzertveranstaltung mit vielen Popstars aus den aktuellen Charts, die mehrmals im Jahr in verschiedenen Städten veranstaltet und später von RTL 2 als Aufzeichnung am Sonntagnachmittag gezeigt wird.
Ab der 13. Ausgabe im Jahr 1999 gab es feste Moderatoren. Dies waren zunächst Daniel Hartwig und Nicci Juice, anstelle Letzterer ab 2003 Yvonne Catterfeld, wenig später kam noch der Sänger Ben als Dritter dazu. Ab Ende 2003 fand *The Dome* auch außerhalb Deutschlands statt, erste Station war Wien. Ein Jahr später wanderte die Show für kurze Zeit in die Primetime.

DOMIAN   WDR
Seit 1995. Nächtliche Call-In-Show, in der Jürgen Domian um 1.00 Uhr nachts im WDR-Eins-Live-Hörfunkstudio sitzt und eine Stunde lang mit Anrufern über die breite Palette aller erdenklichen Varianten sexueller Perversion und andere Themen spricht.

DOMINO DAY   RTL
Seit 1998. Einmal im Jahr überträgt RTL stundenlang live, wie Dominosteine dominosteinartig umfallen, und das Publikum schaut atemlos zu.
Ein Team um den Niederländer Robin Weijers baut jedes Jahr in monatelanger Kleinstarbeit mehrere Millionen Steine kunstvoll auf und lässt sie im Herbst umfallen. Die Anzahl erhöht sich jährlich und stellt damit immer wieder einen neuen Weltrekordversuch dar.
Bis zu zwölf Millionen Menschen verfolgten das Ereignis – vermutlich waren es die gleichen zwölf Millionen, die bei RTL auch die Übertragungen von im Kreis fahrenden Autos sahen. Wegen des großen Quotenerfolgs zeigte RTL das eigentlich einmalige Ereignis jährlich (außer 2003). Linda de Mol moderierte die ersten fünf Jahre. Als sie 2004 zu Sat.1 wechselte, übernahm Frauke Ludowig. Fast vier Millionen Steine fielen in diesem Jahr um; das entsprach fast genau zwei Fernsehzuschauern pro Stein. Wolfram Kons und Ulli Potofski kommentierten.

DON BLECH UND DER GOLDENE JUNKER   ARD
1973. 4-tlg. Marionettenspiel aus der *Augsburger Puppenkiste* nach dem Buch von Max Kruse.
Don Blech, der General der Blechbüchsenarmee, hat aus einer alten Rüstung ein Reiterstandbild gebaut, das sich selbständig macht. Dieser Junker Hohlkopf und sein Pferd Scheppertonne kommen auf eine kleine Insel, die von den Didniks bewohnt wird. Das sind kleine Geschöpfe, die sich durch fliepfen fortbewegen, eine Mischung aus Fliegen und Hüpfen. Hohlkopf macht die Didniks zu Untertanen und will aus den Kindern eine kriegerische Armee rekrutieren, die ihm zur absoluten Herrschaft verhelfen soll. Don Blech versucht, den Hohlkopf wieder einzufangen, und nimmt mit seinem Sohn Donito, dem Vogel Tura und dem Stier Schmuser die Verfolgung auf. Derweil beauftragen die Didniks das Seeungeheuer Nassi, Junker Hohlkopf und sein Pferd zu töten. Nassi stößt die beiden in einen tiefen Brunnen, aus dem sie jedoch entkommen können. Don Blech kommt auf die Insel, gewinnt den Kampf gegen sein Geschöpf und zerstückelt es. Dabei werden ständig fröhliche Lieder gesungen.
Sicher eines der weniger empfehlenswerten Stücke der *Puppenkiste*. Es führt zu oft den praktischen Nutzen von Gewaltanwendung vor, propagiert aber immerhin zugleich Trägheit (»Am besten, ich bleibe zu Hause und verschiebe den Königsmord auf morgen«). Die halbstündigen Folgen liefen sonntagnachmittags.
Die Serie ist auf DVD erhältlich.

DON QUICHOTTE   DFF
→ Don Quijote von der Mancha

DON QUIJOTE VON DER MANCHA   ZDF
1965. 4-tlg. dt.-frz.-span. Abenteuerfilm nach dem gleichnamigen Roman von Miguel de Cervantes, Regie: Carlo Rim.
Der spanische Edelmann Don Quijano (Josef Meinrad) nennt sich Don Quijote und will mit seinem treuen Knappen Sancho Pansa (Roger Carrel) die Welt von allem Bösen befreien. Dabei macht er sich immer wieder lächerlich und wird auch vom Herzog (Fernando Rey) nicht ernst genommen, weil der Don zu viele Ritterromane gelesen hat und die bösen Hexen und Zauberer nur in seiner Fantasie existieren. Der Ritter von der traurigen Gestalt erkennt das erst kurz vor seinem Tod. Antonia (Maria Alfonso) ist seine Nichte, Samson Carrasca (Sady Rebbot) ihr Verlobter, Geronima (Helena Manson) die Haushäl-

terin und Aldonza-Dulcinea (Maria Saavedra) seine Angebetete.
Jeder der vier Teile hatte Spielfilmlänge. Sie liefen zur Primetime. Der DFF zeigte das Werk ab 1969 in 13 Teile zerstückelt unter dem Titel *Don Quichotte*.

DON QUIXOTE ZDF
1981–1982. 39-tlg. span. Zeichentrickserie (»Don Quijote de la Mancha«; 1978–1979).
Trickversion der berühmten Abenteuer aus dem Roman von Miguel de Cervantes. Der verarmte Junker Don Alonso Quijano hat zu viele Ritterromane gelesen und fühlt sich nun als fahrender Ritter Don Quixote von La Mancha. Mit seinem Pferd Rosinante und dem Bauern Sancho Pansa kämpft er gegen böse Gangster und für die schöne Dulcinea von Toboso – die ebenfalls nur in seiner Fantasie existiert.

DONAUPRINZESSIN ZDF
1993. 12-tlg. dt. Heimatserie.
Die verwitwete Gräfin Verena Schönwald (Gaby Dohm) und die Hostess Julia Wandel (Brigitte Karner) sind die beiden Frauen im Leben des Kapitäns Rick Reimers (Oliver Tobias), der auf dem Schiff »Donauprinzessin« über die Donau durch die Wachau fährt. Vorher war er 20 Jahre auf dem Nil gefahren.
Biedere Serie mit 50er-Jahre-Muff, produziert von Wolfgang Rademann, der auch für *Das Traumschiff* und *Die Schwarzwaldklinik* verantwortlich war. Nach dem Pilotfilm am Samstag um 20.15 Uhr liefen elf einstündige Folgen dienstags um 18.00 Uhr.

DONNA LEON ARD
Seit 2000. Unter diesem Oberbegriff zeigt die ARD in loser Folge zur Primetime Verfilmungen der Romane von Donna Leon, in denen Commissario Guido Brunetti (Joachim Król; ab 2003: Uwe Kockisch) in Venedig Mordfälle aufklärt.

DONNERLIPPCHEN ARD
1986–1988. »Spiele ohne Gewähr«. 45-minütige Spielshow mit Jürgen von der Lippe.
Viele witzige Aktionsspiele reihen sich ohne erkennbaren Zusammenhang oder Suche nach irgendeinem Gesamtsieger aneinander. Die Kandidaten für die Spiele werden scheinbar zufällig aus dem Publikum ausgewählt und zur Vorbereitung auf das Spiel hinter die Bühne gebracht. Sobald Kandidat XY außer Hörweite ist, sagt Jürgen von der Lippe einen Satz, der mit den Worten beginnt: »Was XY nicht weiß …« In dem Spiel begegnet der Kandidat dann in der Regel überraschend einem ihm bekannten Menschen aus seinem näheren Umfeld, dem er einen Schaden zufügen muss: Frauen müssen etwa in Fässern mit wassergefüllten Luftballons mit den Füßen »Wein keltern« und erfahren erst kurz zuvor, dass unter den Fässern ihre Chefs liegen und die farbige Flüssigkeit abbekommen. Oder sie müssen Aufgaben lösen (die sich nach dem Spiel als unlösbar herausstellen), und bei Versagen werden die Ehegatten in einen Bottich mit Wasser versenkt. Den entscheidenden Hebel betätigt in solchen Fällen »der Vollstrecker« (Andreas Kovac-Zemen), ein schauerlicher, dürrer alter Herr, der ebenso wie der bullige, halbnackte Glatzkopf Dr. Klinker-Emden (Frank Schmidt) zum Assistenzpersonal von der Lippes gehört.
Zwischen den Spielen gibt es Einspielfilme, in denen ebenfalls schadenfroh andere Menschen in unangenehme Situationen gebracht werden. Der einzige rote Faden ist das Spiel mit dem Prominenten im Sack. Über die Sendung verteilt werden mehrere

Normalerweise nahm Jürgen von der Lippe in *Donnerlippchen* die anderen hoch, doch in der letzten Sendung am 30. April 1988 trugen sie ihn auf Händen. Keine rechte Stütze ist Bundesarbeitsminister Norbert Blüm (unten rechts), der kurz zuvor noch in einem Sack gesteckt hatte.

kurze Filme gezeigt, in denen ein Prominenter in einem Sack mit verfremdeter Stimme Hinweise zu seiner Person gibt. Das Saalpublikum muss auf abzugebenden Karten erraten, wer im Sack steckt. Am Ende wird der Sack ins Studio gekarrt, der Promi steigt heraus, und ein Zuschauer gewinnt einen Preis.
Die Nonsensshow sprengte die Normen der gepflegten deutschen Familienunterhaltung – und wurde ein Riesenerfolg. Sie basierte auf dem amerikanischen Format »Game For A Laugh«, lief im Wechsel mit anderen Shows dienstags um 20.15 Uhr und brachte es in den gut zwei Jahren auf 15 Ausgaben.

DONNERSTAGSGESPRÄCH   DFF
1989–1991. Talkshow mit Bürgerbeteiligung.
Die erste politische Live-Diskussion im DDR-Fernsehen lief schon am Tag nach dem Rücktritt von Erich Honecker. Journalisten, Politiker und Wissenschaftler, darunter nicht nur Systemtreue wie Karl Eduard von Schnitzler, diskutierten mit DDR-Bürgern über Themen wie Demokratie, den Führungsanspruch der SED und Reisefreiheit. Es moderierte Lutz Renner. Das Telefonnetz war wegen des großen Interesses völlig überlastet. Später wurde aus dem Format eine regelmäßige 14-tägliche Diskussionssendung unter Leitung von Axel Kaspar, an der Zuschauer per Telefon teilnehmen konnten. Es ging auch um sehr konkrete Fragen wie »Bezahlt die Krankenkasse die Perücke, die Vitamintabletten und die Pille?«.

DONNERVÖGEL   ARD
→ Thunderbirds

DOOGIE HOWSER, M.D.   PRO SIEBEN, KABEL 1
1991–1992 (Pro Sieben); 1993 (Kabel 1). 97-tlg. US-Comedyserie von Steven Bochco und David E. Kelley (»Doogie Howser, M.D.«; 1989–1993).
Douglas »Doogie« Howser (Neil Patrick Harris) ist ein Genie. Er ist 16 Jahre alt, lebt noch bei seinen Eltern David (James B. Sikking), einem Arzt, und Katherine (Belinda Montgomery), und arbeitet selbst als Arzt im Eastman Medical Center in Los Angeles. Dr. Doogie Howser ist der jüngste Arzt im Land. Seine Kollegen, unter ihnen Personalchef Dr. Benjamin Canfield (Lawrence Pressman), Dr. Jack McGuire (Mitchell Anderson), Dr. Ron Welch (Rif Hutton) und Schwester Curly Spaulding (Kathryn Layng), akzeptieren ihn als Mediziner, weisen ihn aber in die Schranken des Teenagers, wenn er allzu erwachsen auftreten will. Doogies bester Freund Vinnie Delpino (Max Casella) wirkt gegen Doogie noch unterbelichteter, als er ohnehin schon ist. Später ziehen die beiden in eine gemeinsame WG. Wanda Plenn (Lisa Dean Ryan) ist Doogies und Janine Stewart (Lucy Boryer) Vinnies Freundin. Als Wanda aufs College geht, zieht es Doogie zu Schwester Michele Faber (Robin Lively) hin. Doogie führt ein elektronisches Tagebuch und hält am Ende jeder Episode seine Erfahrungen im Computer fest.
Fruchtbare Zusammenarbeit zweier Top-Fernsehmacher. Steven Bochco hatte bereits *Polizeirevier*

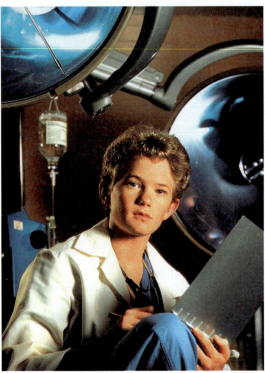

»Liebes Tagebuch. In Wirklichkeit gibt es doch gar keine 16-jährigen Ärzte. Glaubst du, man nimmt mir die Rolle ab?« *Doogie Howser, M.D.* (Neil Patrick Harris).

Hill Street und *L.A. Law* ersonnen, David E. Kelley wurde später mit *Picket Fences*, *Chicago Hope* und *Ally McBeal* einer der erfolgreichsten Produzenten der 90er-Jahre. *Doogie Howser* war ihre einzige gemeinsame Serie und für beide ein seltener Ausflug ins Halbstunden-Comedyformat.
Die Serie lief werktagnachmittags.

DOPPELGÄNGER   ZDF
1971. 13-tlg. dt. Jugendserie von Reinhold Brandes, Regie: Wolfgang Teichert.
Die Jungen Christian Kaiser (Manuel Kanseas) und Uwe Kalinke (Angelo Kanseas) begegnen sich zufällig auf der Rolltreppe eines Kaufhauses und staunen: Sie ähneln einander wie ein Zwilling dem anderen. Weil nichts logischer ist, beschließen sie, das auszunutzen, ihre Umgebung an der Nase herumzuführen und ungeliebte Pflichten im konkreten Fall jeweils demjenigen zu überlassen, dem es weniger ausmacht.
Im wirklichen Leben waren die beiden Darsteller natürlich Zwillinge. Die halbstündigen Folgen liefen sonntagnachmittags.

DOPPELPUNKT   ZDF
1987–1995. 45-minütiges Jugendmagazin mit Michael Steinbrecher und Barbara Stöckl live aus dem Mainzer Kulturzentrum KUZ.
Die Reihe lief 14-tägliche mittwochs um 19.30

Uhr, abwechselnd als Diskussionssendung (»Doppelpunkt – Gespräch«) und als Kultur- und Musiksendung *(Doppelpunkt – Szene)*. Das erste Gesprächsthema war unter dem Titel »Muss denn Liebe Sünde sein« Aids. Spätere Themen waren Homosexualität, Ausländerfeindlichkeit, die Hausbesetzungen in der Hafenstraße in St. Pauli. Neben gesellschaftlichen und politischen Themen gab es auch Abende, an denen einfach über die Liebe und das Leben geredet wurde.

Zur Überraschung der Redaktion hatten die Live-Diskussionen viel mehr Zuschauer als das Musikmagazin, und so wurde Letzteres im Herbst 1988 schon wieder eingestellt. Stattdessen wurde die Zahl der Diskussionen erhöht und durch die Schwerpunktsendungen *Doppelpunkt vor Ort* ergänzt, in denen das Fernsehteam die Jugendlichen in ihrem eigenen Milieu besuchte und zu Wort kommen ließ. Diese Sendungen erhielten den zusätzlichen Sendeplatz am Donnerstag nach 22.00 Uhr. Nach Michael Steinbrecher und Barbara Stöckl moderierten später auch Susanne Herwig, Hermann Rheindorf und Berit Schwarz.

Die Reihe war Nachfolger des Magazins *direkt,* aber nicht annähernd so umstritten, weil man bei der Auswahl der Talkgäste peinlich genau darauf achtete, Pro- und Contra-Positionen ausgewogen abzudecken und nicht nur Betroffene, sondern auch Fachleute einzuladen. *Doppelpunkt* wurde mit zahlreichen Preisen ausgezeichnet, darunter zwei Grimme-Preise mit Bronze: einen 1989 für Steinbrecher und die Diskussionssendung »Mein Sohn ist schwul«, einen 1990 für Bertram Verhaag und Claus Strigel für »Doppelpunkt vor Ort: Tatort Familie«. Darin ging es um sexuellen Missbrauch von Mädchen und Jungen in der eigenen Familie.

DOPPELPUNKT VOR ORT ZDF
→ Doppelpunkt

DER DOPPELTE AUBERLE ARD
1989. 13-tlg. dt. Zeichentrickserie.
Fortsetzung von *Auberle & Co.:* Die Erfinder Karle Auberle und Kurt Georg, die stille Teilhaberin Gertrud und die Hündin Conny werkeln wieder in ihrer Erfinderwerkstatt im Holzweg 13 in Schwabhausen.

DOPPELTER EINSATZ RTL

Seit 1994. Dt. Krimiserie von Michael Arnál und Xao Seffcheque.
Es ist nicht ungefährlich, die Polizeipartnerin von Kommissarin Sabrina Nikolaidou (Despina Pajanou) zu sein – zumindest hat sie alle paar Folgen eine neue. Die beiden Frauen arbeiten im Team bei der Kriminalpolizei in Hamburg-St. Pauli und ermitteln zumeist in Mordfällen. Sabrina ist burschikos und temperamentvoll und schreckt auch vor dem Gebrauch ihrer Waffe nicht zurück. Ihre erste Partnerin ist die gegensätzliche Vicky Siebert (Eva Scheurer). Die Serie beginnt mit Vickys erstem Tag, an dem sie alles entsetzlich findet: ihre zickige Kollegin, den hässlichen Arbeitsplatz und dass sie beinahe im Dienst ums Leben gekommen wäre. Die erste Staffel endet damit, dass Vicky und Sabrina gute Partnerinnen geworden sind und Vicky im Dienst ums Leben kommt. Sie stirbt bei einer Explosion. Sabrinas neue Partnerin wird Eva Lorenz (Sylvia Haider), im Privatleben Ehefrau und Mutter. Auch sie stirbt nach 38 Folgen im Dienst, wird Anfang 1999 erschossen. Sabrinas dritte Partnerin Ellen Ludwig (Petra Kleinert) kommt ebenfalls ums Leben. Es folgt Anfang 2005 Caroline Behrens (Eva Herzig). Die Kollegen im Revier sind meistens Männer – und oft genug Trottel.

Die von Beginn an erfolgreiche Serie lief zunächst in einstündigen Folgen staffelweise dienstags um 20.15 Uhr. Seit 1997 werden nur noch wenige Fol-

Doppelter Einsatz:
Wenn Despina Pajanou (links) nicht aufpasst, wird ihre Partnerin Eva Scheurer bald explodieren.

gen jedes Jahr gedreht, weil auch die einzige Überlebende Despina Pajanou keine regelmäßige Serienrolle mehr spielen wollte. Alle Folgen hatten seitdem Spielfilmlänge. Sie liefen weiterhin auf ihrem Stammsendeplatz am Dienstag, meist blockweise mehrere Wochen hintereinander. Neben den Zuschauern sind auch die Kritiker von der Reihe begeistert. 1999 wurde sie mit dem Deutschen Fernsehpreis in der Kategorie Beste Serie ausgezeichnet, Dror Zahavi bekam 1999, Torsten C. Fischer 2000 einen Deutschen Fernsehpreis für ihre Regie.

Um von dem erfolgreichen Namen zu profitieren, brachte RTL im März 2001 zwei weitere weibliche Ermittlerduos an den Start, die auf gleichem Sendeplatz in anderen Städten ermittelten. In »Doppelter Einsatz: Berlin« ermittelten Gudrun Sasse (Ruth Reinecke) und Alexandra Berger (Helen Zellweger), in »Doppelter Einsatz: München« Caro Hertz (Saskia Vester) und Anna Landauer (Naomi Krauss). Niemand davon wurde danach je wieder gesehen.

Von der Originalserie wurden nach 46 einstündigen bisher mehr als 30 spielfilmlange Folgen gezeigt.

DOREMI   RTL 2
2001–2002. 100-tlg. jap. Zeichentrickserie (»Ojamajo Doremi«; 1999–2000).

Das Mädchen Doremi geht in die Hexenlehre und lernt, wie man Alltagsprobleme wegzaubert.

DAS DORF AM MEER   ARD
1993. 6-tlg. dt.-sri-lank. Kinderserie nach dem Roman von Anita Desai, Regie: Keit Boack (»A Village By The Sea«; 1992).

Das Überleben einer armen Familie in Sri Lanka hängt vom 13-jährigen Hari (Nishan Wijeysinghe) und von seiner ein Jahr älteren Schwester Lila (Jithari Abeyyasekara) ab, denn der Vater (H. A. Perera) ist Alkoholiker, die Mutter (Trelicia Gunawardena) schwer krank, und die Geschwister Chuti (Nimisha Muttiah) und Kamala (Logini Sivadasan) sind noch zu klein. Als in ihrem kleinen Dorf am Meer eine Düngemittelfabrik geplant wird, geht Hari in die Hauptstadt Colombo, um gegen die Zerstörung der Umwelt durch die Chemie zu protestieren. Mr. Panwallah (Saeed Jaffrey) ist ein weiser Uhrmacher.

Eigentlich sollte die Serie in Indien gedreht werden, wo auch der Roman spielt, doch die indischen Behörden verweigerten die Drehgenehmigung. Deshalb wich man nach Sri Lanka aus. Der Bayerische Rundfunk war Koproduzent. Die halbstündigen Folgen liefen sonntagmittags.

DORF MODERN   DFF 1
1972–1978. Monatliches Landwirtschaftsmagazin, das über Leben, Kultur, Bildung und Freizeit der Landbevölkerung in der DDR berichtete. Rund 80 halbstündige Folgen liefen samstagmittags.

DORIS DAY IN ...   ARD
1970–1971. 39-tlg. US-Sitcom (»The Doris Day Show«; 1968–1973).

Nach dem Tod ihres Mannes zieht die junge Witwe Doris Martin (Doris Day) mit ihren beiden Söhnen Toby (Todd Starke) und Billy (Philip Brown) zurück auf die Ranch ihres Vaters Buck Webb (Denver Pyle). Der Arbeiter Leroy B. Simpson (James Hampton) hilft dort, den Haushalt schmeißt anfangs Aggie (Fran Ryan), dann Juanita (Naomi Stevens). Nachdem Doris eine Weile auf dem Land mitgearbeitet hat, findet sie einen Job als Sekretärin bei einer Zeitschrift, wo Michael Nicholson (McLean Stevenson) ihr Boss und die andere Sekretärin Myrna Gibbons (Rose Marie) ihre Freundin wird.

Mit ihrer eigenen Show hatte Hollywoodkinostar Doris Day auch im Fernsehen Erfolg. Fünf Jahre lief die Serie im US-Fernsehen, immerhin 39 halbstündige Folgen bekamen auch die Deutschen zu sehen, im regionalen Vorabendprogramm. Days Sohn Terry Melcher war der Produzent der Serie. Den Titelsong sang Doris Day selbst: »Que Sera Sera« (»Whatever Will Be Will Be«).

DIE DORNENVÖGEL   SAT.1
1985. 4-tlg. US-Fernsehsaga nach dem Roman von Colleen McCullough (»The Thorn Birds«; 1983).

Der junge irische Pater Ralph de Bricassart (Richard Chamberlain) wird wegen Ungehorsams nach Australien strafversetzt. Dort verliebt sich die wesentlich ältere, schwerreiche Mary Carson (Barbara Stanwyck) in ihn, die eine Schaffarm namens »Drogheda« besitzt. Nach ihrem Tode vererbt sie ihr gesamtes Vermögen der Kirche, und Pater Ralph wird als Vermögensverwalter nach Sydney abberufen. Ralph und Marys junge Nichte Meggie Cleary (Sidney Penny; in älteren Lebensjahren gespielt von Rachel Ward) kommen sich in der Zwischenzeit immer näher. Ralph verlässt die Farm jedoch und wird zunächst Sekretär des Erzbischofs Contini-Verchese (Christopher Plummer), später selbst Bischof und schließlich Kardinal.

Währenddessen zerstört ein Buschfeuer die Farm, und Marys Bruder Paddy (Richard Kiley) und dessen Sohn kommen dabei ums Leben. Meggie heiratet den Wanderarbeiter Luke O'Neill (Bryan Brown) und bekommt Sohn Dane (Philip Anglim). Sie fängt als Hausmädchen bei Anne (Piper Laurie) und Luddie Mueller (Earl Holliman) an. Nach der Geburt ihrer Tochter Justine (Mare Winningham) wird sie von den Muellers zur Erholung auf eine einsame Insel geschickt. Pater Ralph besucht sie dort. Er liebt sie, entscheidet sich aber für die Kirche. 19 Jahre später – Meggie ist inzwischen von Luke getrennt – besucht Ralph erneut die Farm. Als Dane ums Leben kommt, stellt sich heraus, dass er in Wirklichkeit Ralphs Sohn war. Ralph stirbt in Meggies Armen.

Der Vierteiler war einer der erfolgreichsten Fernsehmehrteiler der Welt und auch in Deutschland ein Straßenfeger – jedoch nicht bei der Erstausstrahlung im gerade gestarteten Sender Sat.1, den damals noch kaum jemand empfangen konnte, sondern erst zehn Monate später bei der Wiederholung in der ARD im Oktober 1985. Jede Folge

Verbotene Liebe im Dornbusch. *Die Dornenvögel* Pater Ralph (Richard Chamberlain) und Meggie (Rachel Ward).

hatte Spielfilmlänge. Zehn Jahre später befasste sich der Zweiteiler »Dornenvögel – Die fehlenden Jahre« (»Thorn Birds – The Missing Years«; 1996) mit den 19 Jahren, die im Originalvierteiler übersprungen wurden. Darin versucht Meggie (diesmal gespielt von Amanda Donohoe) zu verhindern, dass Luke (diesmal gespielt von Simon Westaway) erfährt, dass Ralph (immerhin er wieder gespielt von Richard Chamberlain) in Wirklichkeit Danes Vater ist. Die beiden Filme liefen im September 1997 ebenfalls in Sat.1.
Der Vierteiler ist auf DVD erhältlich.

DOROTHÉE, DIE SEILTÄNZERIN   DFF 2
1985. 5-tlg. frz. Abenteuerserie nach dem Roman von Maurice Leblanc, Regie: Jacques Fansten (»Dorothée, danseuse de corde«; 1983).
Die Zirkusartistin Dorothée (Fanny Bastien) und die Waisenkinder Pollux (Arnaud Giordano), Castor (Stéphane Drouard), Saint-Quentin (Jean-Denis Filliozat) und Montfaucon (Bruno Bouillon) suchen gemeinsam einen Schatz, dessen Geheimnis nur Dorothées Vater kannte. Den suchen aber auch die Comtesse de Chagny (Macha Méril), Maxime d'Estreicher (Féodor Atkine) und Raoul Davernoie (Patrick Fierry).
Jede Folge dauerte eine Stunde.

DOTTO   ARD
1959–1961. Ratespiel mit Peter Frankenfeld.
Zwei Kandidaten müssen anhand von Karikaturen die Identität von Prominenten erraten. Die Karikaturen bestehen zunächst nur aus 50 Punkten, zwischen denen erst nach und nach Verbindungslinien gezogen werden. Die Kandidaten bekommen Wissensfragen gestellt; für jede richtige Antwort wird die Linie erweitert.

In Deutschland war *Dotto* nur eine unbedeutende Show im regionalen Vorabendprogramm. In den USA war sie ein Riesenerfolg – bis sie dort den Untergang des gesamten Genres einläutete: Ein Kandidat sah, wie eine Mitspielerin vor der Sendung in einem Notizbuch blätterte, und entdeckte später, dass es alle richtigen Antworten auf die Fragen enthielt. Er beschwerte sich bei den Produzenten, bekam Schweigegeld, aber offenbar nicht genug, und ging zur Presse und vor Gericht. Nachdem der Skandal öffentlich wurde, wurden auch die Absprachen und Betrügereien bei »Twenty One« (dessen deutsche Version hieß *Hätten Sie's gewusst?*) entlarvt, und die amerikanische Quizshow war für lange Zeit tot.

DOUG   SAT.1
1995–1996. 52-tlg. US-frz. Zeichentrickserie für Kinder von Jim Jinkins (»Doug«; 1991–1994).
Der elfjährige Doug Funnie ist mit seinen Eltern, seiner großen Schwester Judy und dem klugen Hund Porkchop neu in die kleine Stadt Bluffington gezogen. Dort lernt er Skeeter kennen, der sein bester Freund wird, und Patty, seine heimliche große Liebe. Gemeinsam meistern sie die Herausforderungen, die das Leben für Fastteenager so mit sich bringt. Die Bewohner von Bluffington haben diverse Hautfarben: Doug ist weiß, Skeeter blau, andere Kinder sind lila oder grün.
Die Serie war die erste Zeichentrickserie des amerikanischen Kindersenders Nickelodeon, der viele weitere liebevolle und oft schräge Serien wie *Ren & Stimpy* oder *Die Biber-Brüder* folgten. Die Figuren waren markant und mit wenigen Strichen gezeichnet, die Geschichten für Nickelodeon-Verhältnisse aber vergleichsweise alltäglich.
Jede halbstündige Folge bestand aus zwei Episoden. Nachdem Nickelodeon die Serie eingestellt hatte,

produzierte Disney weitere Folgen, die in Deutschland unter den Namen *Der nigelnagelneue Doug* und *Disneys Doug* liefen.

DR. BILL BAXTER – ARZT IN ARIZONA ARD
1967–1968. 13-tlg. US-Westernserie (»Frontier Doctor«; 1955–1956).
Dr. Bill Baxter (Rex Allen) ist Arzt in Arizona und kämpft in dieser Funktion u. a. gegen skrupellose Verkäufer von infiziertem Vieh oder an Diphtherie erkrankte entlaufene Sträflinge.
Die halbstündigen Folgen liefen im regionalen Vorabendprogramm. Im Original hatte die Serie 39 Folgen.

DR. CHRISTIANE B. – NOTÄRZTIN IM EINSATZ PRO SIEBEN
→ Immer im Einsatz – Die Notärztin

DR. DOLITTLE ZDF
1973–1974. 16-tlg. US-Zeichentrickserie (»The Further Adventures Of Doctor Dolittle«; 1970–1972).
Der Veterinär Dr. med. John Dolittle aus Puddelby auf der Marsch hat sich von seinem Papagei Polynesia die Tiersprache beibringen lassen, was ihn zu einem in aller Welt gefragten Tierdoktor macht. Mit seinem jungen Assistenten Tommy Stubbins und vielen merkwürdigen Tieren, darunter einer Rock-'n'-Roll-Band von Grashüpfern, reist er auf seinem Schiff, der »Forelle«, über die Weltmeere und hilft, wo er kann. Vorher aber muss er die Piratenbande von Sam Scurvy abhängen, die hinter Dolittles Geheimnis kommen will, um die Welt zu erobern. (Auf welche Weise genau sie mit dieser Kenntnis die Weltherrschaft erringen würden, blieb offen.)
Die Geschichten basierten sehr, sehr vage auf Hugh Loftings von ihm selbst illustrierten »Doctor Dolittle«-Kinderbüchern, die ab 1920 erschienen waren. Die Titelfigur tauchte erstmals in Briefen an seine Kinder auf, als Lofting während des Ersten Weltkriegs in Frankreich und Flandern kämpfte.
Die halbstündigen Folgen liefen donnerstags um 17.10 Uhr.

DR. H. C. CÄSAR ARD
1971. Kindersendung mit dem Hasen Cäsar und Arno Görke, die die Branche gewechselt haben. Waren sie in *Schlager für Schlappohren* noch Discjockey und Toningenieur, ist Cäsar jetzt ein Arzt mit eigener Praxis und Arno seine Sprechstundenhilfe.
Wolfgang Buresch war Spieler und Sprecher der Cäsar-Puppe.

DR. KILDARE ARD
1991. 8-tlg. US-Arztreihe (»Dr. Kildare«; 1938–1947).
Der junge Internist Dr. James Kildare (Lew Ayres) macht am Blair General Hospital in New York erste Berufserfahrungen. Sein Mentor ist der renommierte Arzt Dr. Leonard Gillespie (Lionel Barrymore).
Die Reihe von Kinofilmen, die die ARD montagnachmittags zeigte, beruhte auf den Kurzgeschichten von Max Brand. Die Filme waren melodramatisch, aber nicht unrealistisch und in den USA außerordentlich erfolgreich. In den 60er-Jahren bekam der junge Arzt seine eigene Fernsehserie (siehe unten).

DR. KILDARE ARD
1968–1969. 7-tlg. US-Arztserie (»Dr. Kildare«; 1961–1966).
Unter den Fittichen des erfahrenen Dr. Leonard Gillespie (Raymond Massey) arbeitet der junge Internist Dr. James Kildare (Richard Chamberlain) als Assistenzarzt im Blair-General-Krankenhaus. Während er Erfahrungen sammelt, steigt er in der Hierarchie auf.
Die in den USA sehr beliebte Serie beruht auf den Kurzgeschichten von Max Brand, die bereits als Vorlage für eine Filmreihe in den 30er- und 40er-Jahren dienten.
Die ARD zeigte die einstündigen Schwarz-Weiß-Folgen im regionalen Vorabendprogramm. Weitere Episoden liefen – neu synchronisiert – im Lokalfernsehen und im Pay-TV.

DR. KIMBLE – AUF DER FLUCHT SAT.1
→ Auf der Flucht

DR. KULANI – ARZT AUF HAWAII SAT.1
1991. 18-tlg. US-Arztserie (»Island Son«; 1989–1990).
Dr. Daniel Kulani (Richard Chamberlain) ist Arzt am Kamehameha-Krankenhaus auf Hawaii. Seine Kollegen sind Dr. Kenji Fushida (Clyde Kusatsu), Dr. Anthony Metzger (Timothy Carhart) und Dr. Caitlin McGrath (Carol Huston), Dr. Margaret Judd (Brynn Thayer) ist seine Chefin. Daniel wohnt bei Tutu Kulani (Kwan Hi Lim) und Nana Kulani (Betty Carvalho) und deren Sohn James (Ray Bumatai). Die Familie hatte Daniel als Kind adoptiert. Daniel selbst hat einen Sohn im Teenageralter, Sam (William McNamara), der seinem geschiedenen Vater vom Festland auf die Insel folgt.
Die einstündigen Folgen liefen montags um 20.00 Uhr.

DR. MAG ZDF
1993–1996. Jugendmagazin »für Teens und Teenas« mit Musik, Reportagen, Sketchen und Zeichentrickfilmen.
Es moderierten Aziza A., die angeblich erste deutsch-türkische Moderatorin einer Fernsehsendung, und Daniel Reinsberg. Lief samstagmittags oder -nachmittags, zeitweise unterbrochen von dem Ableger *Dr. Mag Love*, der das Original um ein Jahr überlebte.

DR. MAG LOVE ZDF
1996–1997. Unverkrampftes Aufklärungsmagazin mit Patricia Pantel und Daniel Reinsberg.
Humorvoll und informativ beantwortet das Magazin die Fragen von Zwölf- bis 15-Jährigen, lässt sie

in Reportagen und Sketchen selbst zu Wort kommen und reicht Zuschauerfragen in der Rubrik »Patricia fragt« an Experten weiter. Es geht um die erste Liebe, den ersten Kuss (»ganz ekelhaft, weil er nach Chips geschmeckt hat«), das erste Mal, Stress mit dem Freund – oder auch nur um das endlose Thema des eigenen Aussehens.

44 Ausgaben von 20 Minuten Länge liefen samstagmorgens inmitten von *Dr. Mag,* nach dessen Ende einzeln. Gemeinsam mit der Bundeszentrale für gesundheitliche Aufklärung wurden auch außerhalb der Sendung Aktionen veranstaltet.

DR. MED. ERIKA WERNER ARD

1982. 9-tlg. schweiz.-frz. Arztdrama nach dem Roman von Heinz G. Konsalik, Regie: Paul Siegrist (»Docteur Erika Werner«; 1978).

Die Krankenhausärztin Erika Werner (Leslie Caron) liebt den Oberarzt Alain Bornand (Paul Barge), doch der ist skrupellos und hat nur seine Karriere im Sinn. Er ergreift seine Chance, als er Klinikchef Prof. Rateneaux (François Darbon) vertreten muss. Doch er macht Fehler: Eine Patientin stirbt, die Polizei ermittelt, und Erika deckt Bornand und setzt ihre eigene Karriere aufs Spiel, um seine zu retten.

Die 50-minütigen Folgen liefen im regionalen Vorabendprogramm.

DR. MED. JONATHAN FERRIER ARD

1979. 6-tlg. US-Drama nach dem Roman von Taylor Caldwell (»Testimony Of Two Men«; 1975).

Die epische Geschichte zweier Brüder und Chirurgen in Pennsylvania umspannt fast vier Jahrzehnte nach dem amerikanischen Bürgerkrieg. Jonathan Ferrier (David Birney) kämpft für moderne Medizinmethoden, sein jüngerer Bruder Herald (David Huffman) ist nur auf Geld und Lust aus. Jonathans Frau Mavis Eaton (Linda Purl) hat ein Verhältnis mit Herald, erwartet ein Kind von ihm und stirbt bei der Abtreibung.

Im Original lief *Dr. med. Jonathan Ferrier* als Dreiteiler mit spielfilmlangen Folgen. Die ARD zeigte sie halbiert im regionalen Vorabendprogramm.

DR. MED. MARCUS WELBY ARD, RTL

1972–1975 (ARD); 1992 (RTL). 171-tlg. US-Arztserie von David Victor (»Marcus Welby, M.D.«; 1969–1976).

Der Allgemeinmediziner Dr. Marcus Welby (Robert Young) hat seine eigene Praxis bei sich zu Hause eingerichtet. Er ist ein freundlicher älterer Mann, der für jedes Problem ein offenes Ohr hat. Er ist Single, hat aber eine Tochter, die jedoch mit ihrem Sohn woanders lebt. In seiner Praxis beschäftigt Welby seinen jungen Kollegen Dr. Steven Kiley (James Brolin). Kiley will eigentlich nur ein Jahr bei Welby arbeiten, um sich anschließend als Neurologe fortzubilden, bleibt aber dann doch. Auf seinem Motorrad fährt er zu Hausbesuchen. In der Praxis arbeitet die Sprechstundenhilfe und Krankenschwester Consuelo Lopez (Elena Verdugo), später kommt Schwester Kathleen Faverty (Sharon Gless) dazu. Welby arbeitet eng mit dem örtlichen Krankenhaus zusammen. Dessen Pressereferentin Janet Blake (Pamela Hensley) und Kiley verlieben sich und heiraten. In der letzten Staffel lässt sich dann endlich auch mal Welbys Tochter Sandy (Anne Schedeen) mit ihrem sechsjährigen Sohn Phil (Gavin Brendan) blicken.

Die ARD zeigte einen Pilotfilm im Januar 1972 zur Primetime und die einstündigen Folgen im regionalen Vorabendprogramm. Mehr als 100 weitere Folgen liefen erstmals 20 Jahre später bei RTL im werktäglichen Vormittagsprogramm. Einige Folgen waren gemeinsame Doppelfolgen mit der Serie *Owen Marshall, Strafverteidiger,* deren Handlung in der einen Serie begonnen und in der anderen fortgesetzt wurde.

DR. MED. MARK WEDMANN – DETEKTIV INBEGRIFFEN ZDF

1974. 13-tlg. dt. Krimiserie von Alfred Hödt, Regie: Alfredo Medori.

Dr. Mark Wedmann (Siegfried Rauch) und Dr. Yvonne Versseux (Margot Hielscher) ermitteln in Südafrika im Auftrag der Pharmaindustrie gegen Medikamentenmissbrauch.

Die Serie wurde an Originalschauplätzen gedreht. Die 25-Minuten-Folgen liefen mittwochs am Vorabend.

DR. MONIKA LINDT – KINDERÄRZTIN, GELIEBTE, MUTTER RTL

1998. 9-tlg. dt. Arztserie.

Dr. Monika Lindt (Ursela Monn) ist Kinderärztin in Hamburg, Geliebte von Rechtsanwalt Günter Hollreiser (Hermann Giefer) und Mutter von Steffi (Anna Bertheau) und Andy (Ivo Möller). Außerdem ist sie, auch wenn das im Titel nicht ausdrücklich erwähnt wird, Arbeitgeberin: von dem dänischen Au-pair-Mädchen Svenja Sörensen (Gry Wernberg Bay), der Sprechstundenhilfe Roswitha Petermann (Dorothea Walda) und dem Arzthelfer Benjamin Kohler (Oliver Mommsen). Und natürlich eine Powerfrau, die sich engagiert und keinem Kind die Sprechstundentür vor der Nase zuschlägt.

Die Serie mit einstündigen Folgen entstand, wie auch *Dr. Stefan Frank,* nach den Bastei-Romanheften.

DR. MUFFELS TELEBRAUSE HR

1975–1978. Comedyshow von Robert Gernhardt, Bernd Eilert und Peter Knorr, Regie: Klaus Michael Seuling.

Sketche, Parodien und Albernheiten mit einem achtköpfigen Schauspielerensemble: Hans Timerding, Karl Friedrich, Monika Hessenberg, Andreas Mannkopff, Klaus Steiger, Edith Volkmann, Alexander Welbat und Josef Meinertzhagen. Timerding ist der namenlose Moderator, der die Zuschauer zu dem begrüßt, was seiner Aussage nach früher einmal ein anspruchsvolles Kulturmagazin mit dem Titel »Syntax, Sensus und Symbiosen« war, doch seit dem Konzil von Bad Wuschel gezwungen ist, seichte Unterhaltung zu bieten. So führt er mit verbitterter Miene und desillusioniertem Tonfall durch eine Reihe von Spielen wie »Keiner wird gewinnen«, in dem er Kandidaten die erspielten Punkte ins Gesicht klebt, oder lässt raten, wie lange es dauert, bis sich ein Bügeleisen durch ein Van-Gogh-Original gebrannt hat – dieses wertvolle Original gibt es dabei zu gewinnen. »Exotik, Spannung, Abenteuer, das alles erwartet Sie auf keinen Fall.« Das Bühnenbild im Hintergrund ziert nur der Schriftzug »Show«, und wenn Timerding zu Beginn der Sendung das erste Mal ins Bild kommt, steht in der Einblendung nur »Moderator«. Regelmäßiger Studiogast ist der Schweizer Herr Schöpfli (Klaus Steiger), der Universalexperte zu allen Themen, der konstruktive Vorschläge macht wie »Warum schult man unsere Rentner nicht zu Braunbären um? Das wäre eine wunderbare Belebung unserer Wälder!« und als Fachmann für Lernhilfen Eselsbrücken antrainiert wie »Drei-drei-drei – Bei Issos Keilerei«, »Vier-vier-vier – Mozart lernt Klavier« und »Drei-zwei-fünf – Jakob von Gericke entdeckt die Luftpumpe«. Film- oder »Live«-Zuspielungen kommen von dem Reporter Hansi Häussler (Andreas Mannkopff), der sich z. B. zu Bildern von Heidelberg aus »Rom« meldet, wo gerade die Heidelberger Woche ausgerufen und alles akribisch umgebaut wurde. Andere wiederkehrende Figuren gibt es nicht, aber noch viele zeitlose und abgeschlossene Sketche, Parodien, absurde Szenen und Berichte: »Kettenraucher, denen es mit den herkömmlichen Methoden nicht gelang, mehr als eine Zigarette gleichzeitig zu rauchen, können aufatmen. In Paderborn wurde die mechanische Kettenrauchhilfe Multismoke entwickelt.«

Innerhalb von zweieinhalb Jahren liefen acht 45-minütige Ausgaben im Dritten Programm des Hessischen Rundfunks und in anderen Dritten Programmen. Die ARD zeigte 1978 Wiederholungen montags gegen 22.00 Uhr, obwohl die Reihe ihrer Zeit weit voraus war und die Massen damals noch durch schräge Masken, schrille Stimmen und platte Witze erreicht wurden. *Dr. Muffels Telebrause,* dessen Titel keine erkennbare Bedeutung hatte, verzichtete auf all das, auf Slapstick und Knalleffekte, benutzte Masken nur, wenn es für die Rolle notwendig war, und setzte stattdessen auf absurden Wortwitz. 1989 zeigte der HR halbstündige Zusammenschnitte aus den alten Folgen unter dem Titel *Das Letzte aus »Dr. Muffels Telebrause«,* jetzt mit folgendem neuen Vorspann: »Bereits in den späten 70er-Jahren hatte das deutsche Volk die Möglichkeit, die Unterhaltungsserie *Dr. Muffels Telebrause* abzuschalten. Damals hat nicht jeder diese Chance wahrgenommen. Jenen und auch nachwachsenden Generationen bietet der Hessische Rundfunk nun Gelegenheit, das Versäumte nachzuholen.«

DR. PETER RAMSAY – TIERARZT   ARD
1983 –1985. 22-tlg. austral. Arztserie (»Young Ramsey«; 1977–1980).
Der junge Tierarzt Dr. Peter Ramsay (John Hargreaves) kommt aus Sydney in die kleine Stadt Jindarra auf dem australischen Land, um den dortigen Tierarzt Doctor Jack Lambert (Vic Gordon) zu vertreten. Die altmodischen Leute im Ort hätten sich natürlich lieber einen erfahrenen Mann gewünscht. Jacks Tochter Julie (Barbara Llewellyn) arbeitet als Sprechstundenhilfe. Später stirbt Doc Lambert und Julie kündigt. Cassie McCallum (Louise Hewitt) ersetzt sie.
Die einstündigen Folgen liefen im regionalen Vorabendprogramm.

DR. PICKELS HORRORSHOW   KABEL 1, PRO SIEBEN
1995 (Kabel 1); 1996 (Pro Sieben). 65-tlg. frz. Zeichentrickserie (»Transylvania Pet Shop«; 1994).
Dr. Pickel hat seine eigene Tierhandlung in einem alten Schloss eröffnet, und seine Tiere hat er auch gleich selbst erschaffen. Merkwürdig gruselige Viecher sind das. Das gilt auch für das Hundeskelett, mit dem Dr. Pickel sich das Schloss teilt.

DR. QUINN – ÄRZTIN AUS LEIDENSCHAFT   RTL 2
1993–1999. 146-tlg. US-Westernserie von Beth Sullivan (»Dr. Quinn, Medicine Woman«; 1993–1998).
Colorado Springs im Jahr 1880: Die junge Ärztin Michaela »Mike« Quinn (Jane Seymour) hat gerade ihren Vater verloren und eröffnet nun ihre eigene Praxis im Haus des jungen Witwers Byron Sully (Joe Lando). Zunächst hat sie gegen Widerstand in der Bevölkerung zu kämpfen, sie setzt sich aber durch. Als einer ihrer Patienten stirbt, nimmt sie dessen Kinder Matthew (Chad Allen), Colleen (Erika Flores, ab der dritten Staffel: Jessica Bowman) und Brian Cooper (Shawn Toovey) bei sich auf. Am Ende der dritten Staffel heiraten Dr. Quinn und Sully, und sie bringt ein Jahr später Tochter Katie (Megan, Alexandria und McKenzie Calabrese) zur Welt.
Weitere Einwohner von Colorado Springs sind: Ladenbesitzer Loren Bray (Pilotfilm: Guy Boyd; dann: Orson Bean), der Friseur und spätere Bürgermeister Jake Slicker (Pilotfilm: Colm Meaney; dann: Jim Knobeloch), Lorens Schwägerin Dorothy Jennings (Barbara Babcock), die die Zeitung herausgibt, Saloonbesitzer Hank Claggerty (William Shockley), seine Bedienung Myra (Helene Udy), Myras späterer Ehemann Horace Bing (Frank Collison) vom Telegrafenamt, der schwarze Schmied Robert E. (Henry G. Sanders) und der indianische Medizinmann Cloud Dancing (Larry Sellers). Matthew verlobt sich mit Ingrid (Ashley Jones; ab Folge 3: Jennifer Youngs), die in der vierten Staffel durch den Biss eines tollwütigen Wolfs stirbt.
Die Zeit der Westernserien war eigentlich schon 30 Jahre vorbei, als diese neue zur allgemeinen Überraschung ein Publikumserfolg wurde. In Deutschland landete der noch junge und kleine Sender RTL 2 einen Glücksgriff: Ausgestrahlt sonntags um 19.00 Uhr, wurde die Serie jahrelang die mit Abstand meistgesehene Sendung der Woche bei RTL 2. Im Laufe der Zeit ließ das Interesse von Zuschauern und Sender jedoch nach, und die letzte Staffel

wurde nahezu unter Ausschluss der Öffentlichkeit samstagmorgens gegen 7.00 Uhr versendet.

DR. SCHLÜTER DFF
1965–1966. 5-tlg. DDR-Fernsehfilm von Karl Georg Egel, Regie: Achim Hübner.
Der Chemiker Dr. Martin Schlüter (Otto Mellies) beginnt seine Laufbahn im Kapitalismus und steht als Wissenschaftler zwischen den Klassen, die auf der einen Seite der Industrielle Vahlberg (Wolfgang Langhoff) und sein enger Vertrauter Wolfgang Jonkers (Günther Grabbert), auf der anderen der Kommunist Ernst Demmin (Hans-Peter Minetti) und die junge Eva Dorn (Larissa Lushina) repräsentieren. Um ungestört wissenschaftlich arbeiten zu können, verrät Schlüter seine Liebe zu Eva und heiratet Vahlbergs Tochter Felicia (Eva-Maria Hagen). Er wird zum Mitläufer der Nazis. Im Krieg findet er Kontakt zur Partisanenbewegung. Später bleibt er erst in Westdeutschland, bevor er in die DDR übersiedelt. Vahlberg leitet wieder den Konzern im Westen, Demmin einen volkseigenen Chemiebetrieb im Osten.
Die ersten vier spielfilmlangen Teile liefen an aufeinander folgenden Tagen, der letzte erst ein Vierteljahr später. Im Dezember 1965 hatte das ZK-Plenum getagt und die Kulturpolitik der SED gravierend geändert – es ging nun nicht mehr um eine Entscheidung *für den* Sozialismus, sondern *im* Sozialismus. Der letzte Teil wurde überarbeitet und zeigte danach sehr viel konkreter, wie Dr. Schlüter in der DDR als Chemiker arbeitete; seine kritische Distanz zur neuen Heimat war nicht mehr so deutlich.

DR. SCHWARZ UND DR. MARTIN ARD
→ Ärzte

DR. SLUMP RTL 2
2002. 74-tlg. jap. Zeichentrickserie (»Doctor Slump«; 1997–1999).
Der geniale, aber hässliche Erfinder Senbei Normaski, genannt Dr. Slump, lebt in dem merkwürdigen Dorf Pinguinhausen und erschafft das Robotermädchen Arale, das Superkräfte hat. Sie geht zur Schule, und Slump erfindet immer neue absurde Geräte.
Die Serie ist eine Neuauflage des Anime-Klassikers »Doctor Slump Aralechan«, der von 1981 bis 1986 mit 243 Folgen im japanischen Fernsehen lief und auf dem Manga von Akira Toriyama beruht, von dem auch *Dragon Ball* stammt. Die halbstündigen Folgen liefen nachmittags. Mehrere Folgen sind auf DVD erhältlich.

DR. SOMMERFELD – NEUES VOM BÜLOWBOGEN ARD
Seit 1997. Dt. Arztserie von Ulrich del Mestre.
Fortsetzung von *Praxis Bülowbogen*: Nachdem sich Dr. Brockmann zur Ruhe gesetzt hat, übernimmt Dr. Peter Sommerfeld (Rainer Hunold) die Praxis am Bülowbogen in Berlin und bringt gleich ein komplett neues Team mit: die Sprechstundenhilfe Uschi (Sybille Heyen), Schwester Elke (Nana Spier)

und die Laborantin Sabine (Tanja Geke) arbeiten mit in der Praxis, Carmen Williams (Dorothée Reinoss) chauffiert ihn zu den Hausbesuchen, und Fahrradkurier Atze Schneider (Sven Riemann) besorgt Medikamente. Peter Sommerfeld ist mit Claudia (Michèle Marian) verheiratet, mit deren Vater Kurt Schröder (Klausjürgen Steinmann) er ständig im Clinch liegt. Gemeinsam haben Peter und Claudia eine Tochter namens Nina (Alina Merkau), die anfangs elf Jahre alt ist. Die alte Haushälterin Hanna Schulze (Gudrun Okras) kümmert sich um alles. Zwischen Dr. Sommerfeld und seiner Frau kriselt es; sie betrügt ihn. Sie lassen sich scheiden, und Sommerfeld wird nach einiger Zeit mit seiner neuen Freundin Katja Franke (Marijam Agischewa) glücklich, einer Krankenschwester. Anfang 2002 macht er ihr einen Heiratsantrag, daraus wird jedoch nichts. Sommerfeld nimmt vorübergehend den Jungen Oskar Waida (Christoph Emanuel Oehme) als Pflegesohn auf.
Die Konstellation in der Praxis hat sich geändert: Uschi und Sabine sind weg, Meliha (Suzan Demircan) ist jetzt da, und die private Konstellation ändert sich auch: Sommerfeld lernt seine neue Nachbarin Caroline Basten (Daniela Hoffmann) kennen, eine Fotografin. Die beiden werden ein Paar, und die chaotische Antihausfrau Caroline wird außerdem eine gute Freundin für Nina, die inzwischen fast volljährig ist und zwischendurch ein Jahr im Ausland war. Luca Perugini (Michele Oliveri) gehört das Restaurant »Sole e mare« gleich bei Sommerfeld ums Eck, ist dessen bester Freund und nennt ihn »Lupo«. Im Dezember 2004 beschließt Sommerfeld, Caroline auf eine längere Dienstreise zu begleiten, die in einem Bildband resultieren soll, und seine Praxis vorübergehend zu schließen.
Personell erinnerte zwar nichts mehr an die Vorgängerserie, doch der Vorspann war vertraut, weil die alte Titelmusik beibehalten wurde. Die Mischung aus Praxis- und Privatgeschichten, Mull und Lull, blieb ohnehin bestehen. Die einstündigen Folgen liefen über Jahre samstags am Vorabend. Den Sprung in die Primetime schaffte die Serie eher aus Versehen. Als die ARD nach mehr als einem Jahrzehnt die Rechte an der Fußballbundesliga zurückerwarb, fiel der bisherige Sendeplatz weg, weil dort nun wieder die *Sportschau* lief. Nachdem etliche bereits abgedrehte Folgen schon eine Weile herumgelegen hatten, wurden sie schließlich im Herbst 2004 dienstags um 20.15 Uhr gezeigt, die letzte, Folge 138, am 14. Dezember 2004. Danach kam Sommerfeld ab Januar 2005 mit einer losen Reihe von 90-minütigen Fernsehfilmen zurück. Er führt jetzt eine Gemeinschaftspraxis mit Dr. Irene Kürschner (Nina Hoger). Privat steht er zwischen zwei Frauen, die um ihn buhlen: Irene und die PR-Agentin Nora Hansen (Anja Kruse). Von Caroline keine Spur.

DR. STEFAN FRANK – DER ARZT, DEM DIE FRAUEN VERTRAUEN RTL
1995–2001. 104-tlg. dt. Arztserie von Gerhard B. Wenzel.

Der verwitwete Frauenarzt Dr. Stefan Frank (Sigmar Solbach) übernimmt in München die Praxis seines Vaters Eberhard (Hans Caninenberg) und damit auch die kratzbürstige Haushälterin Martha Brunnacker (Erna Wassmer), die Schwester von Louis (Alfons Biber). Dr. Frank ist ein freundlicher, ausgeglichener, verständnisvoller, entschlossener Sonnyboy, der immer den Überblick behält und den Ernst einer Lage erkennt. Sonst würden ihm die Frauen ja nicht vertrauen. Martha tut sich mit dem neuen Arzt zunächst schwer, der ihr doch tatsächlich verbietet, Rezepte auszustellen! Dr. Frank stellt zudem noch die junge Sprechstundenhilfe Marie-Luise Flanitzer (Christiane Brammer) ein. Irene Kadenbach (Claudia Wenzel) war früher Franks Freundin und arbeitet heute als Verwaltungschefin in der Privatklinik von Dr. Ulrich Waldner (Hartmut Becker), einem alten Studienfreund von Stefan Frank. Sie ist jetzt mit Konsul Kadenbach (Wolfgang Wahl) verheiratet, der Hauptaktionär von Waldners Klinik ist. Waldners Frau ist Ruth (Dorothée Reize).

Stefan macht Schwester Eva (Irina Wanka) aus der Klinik einen Heiratsantrag, den sie annimmt. Kurz vor der Hochzeit stirbt sie während der Operation an einem Hirntumor. Stefan beginnt eine freundschaftliche Beziehung zu der Tierärztin Dr. Susanne Berger (Daniela Strietzel), doch auch mit Dr. Bea Gerlach (Sabine Petzl; ab Frühjahr 1996: Isabelle von Siebenthal) kommt er sich näher. Er heiratet sie im September 1997. Die beiden adoptieren das siebenjährige Waisenkind Iris (Jana Kilka). Beas Schwester Katja (Astrid Lübbe) ist mit dem Zivi Julian (Andreas Elsholz) zusammen. Konsul Kadenbach stirbt, seine Frau erbt, zieht in eine Villa und heiratet heimlich den Schönheitschirurgen Dr. Christian Roehrs (Siemen Rühaak). Dr. Ulrich Waldner leidet an Depressionen und erschießt sich. Die Ehe von Bea und Stefan scheitert, als Bea einer Sekte hörig wird. Später lernt Frank seine Halbschwester Laura (Cecilia Kunz) kennen, von der er bis dato nichts wusste und die sich bei ihm einquartiert. Sophie Peters (Marion Mitterhammer) wird Stefans neue Freundin und zieht mit ihren Kindern David (Max Alberti) und Daniela (Kristin Schleicher) in seine Villa. Marie-Luises Freund ist Dr. Tim Eckert (Oliver Mommsen). Der fällt ins Koma, wacht aber wieder auf. Im September 2001 heiraten Sophie und Stefan schließlich, und Marie-Luise fängt den Brautstrauß.

Nach dem großen Sat.1-Erfolg *Der Bergdoktor* nahm sich RTL diesen zum Vorbild und verfilmte mit *Dr. Stefan Frank* ebenfalls einen Groschenroman – und hatte mit der daraus resultierenden Schnulze ebenfalls jahrelang montags um 20.15 Uhr Erfolg. Ab Mai 2000 lief die Serie mittwochs um 20.15 Uhr, außerdem über Jahre als Wiederholung am Vormittag. Immer wenn die Serie zu Ende ging, fing sie gleich am nächsten Tag wieder von vorn an. Aber das kündigten ja schon die ersten Worte des Titelsongs an: »Ein Ende kann ein Anfang sein.« Das Lied hieß »Alles, was du willst« und war von Roland Kaiser.

DR. VERENA BREITENBACH — PRO SIEBEN

2002–2003. Einstündige werktägliche Ratgebershow um 16.00 Uhr.

Die Frauenärztin Dr. Verena Breitenbach hilft bei medizinischen und emotionalen Problemen.

Der Boom der Gerichtsshows bei der Konkurrenz machte Pro Sieben die Nachmittagsquoten kaputt. Der Sender setzte dagegen mit einer »Personal Help Show«, die in einem Punkt den Gerichtsshows ähnlich war: Die Menschen, die Frau Doktor um Rat fragten, waren Laienschauspieler. In einem anderen nicht: Schlechte Quoten beendeten das Experiment nach gut einem halben Jahr.

DR. VOGT — ARD

→ Ärzte

DR. WHO — RTL, VOX

1989–1990 (RTL); 1995 (Vox). Brit. Science-Fiction-Serie von Sydney Newman (»Doctor Who«; 1963–1989).

In einer Zeitmaschine reist der »Time Lord« Dr. Who (Colin Baker, später gespielt von Sylvester McCoy) vom Planeten Gallifrey durch Raum und Zeit und erlebt Abenteuer in den verschiedensten Epochen. Die Zeitmaschine heißt TARDIS (»Time And Relative Dimension In Space«) und sieht aus wie eine Telefonzelle. Darin wohnt Dr. Who auch.

Jeweils mehrere halbstündige Folgen (meist vier bis sechs) hintereinander bildeten eine abgeschlossene Geschichte. 42 Folgen liefen sonntags gegen 14.00 Uhr bei RTL, Vox zeigte später 47 weitere Folgen. Alle Folgen, die in Deutschland zu sehen waren, stammten aus den Jahren 1983 bis 1989. Zuvor hatten in Großbritannien bereits fünf andere Darsteller den Doctor Who gespielt. Dort hatte die Serie 695 Folgen und war damit die längste Science-Fiction-Serie überhaupt.

DRAGON BALL — RTL 2

1999–2000. 153-tlg. jap. Zeichentrickserie für Kinder (»Dragon Ball«; 1986).

Der kleine Son-Goku, ein kräftiges Kerlchen mit einem Affenschwänzchen, lebt fernab der Zivilisation. Gemeinsam mit der hübschen Bulma ist er auf der Suche nach vier magischen und sagenumwobenen Drachenkugeln: den Dragon Balls.

Die Serie basierte auf der weltweit erfolgreichen japanischen Comicreihe von Akira Toriyama. Sie lief werktags nachmittags und brachte später die Fortsetzung *Dragon Ball Z* hervor.

DRAGON BALL Z — RTL 2

2001–2002. 291-tlg. jap. Zeichentrickserie (»Dragon Ball Z«).

Der inzwischen erwachsene Son-Goku erhält Besuch von seinem bösen Bruder Radditz vom Planeten Vegeta. Der ist gekommen, um die Herrschaft über die Erde zu erlangen. Son-Goku, seine Frau Chi Chi und Sohn Son-Gohan wollen das verhindern und kämpfen für das Gute.

Wie die Vorgängerserie *Dragon Ball* basierte auch diese auf der erfolgreichen Comicreihe von Akira Toriyama. Beflügelt durch den großen Erfolg von *Dragon Ball* im Nachmittagsprogramm, sendete RTL 2 die Fortsetzung jeden Werktag um 19.30 Uhr. Die Rechnung ging auf und machte den Weg frei für weitere Animé-Serien am Vorabend. Ab Anfang 2002 liefen zudem ab 19.00 Uhr jeweils zwei Folgen von *Dragon Ball Z*.

DRAGON TALES — SAT.1
2002–2003. 40-tlg. US-Zeichentrickserie (»Dragon Tales«; 1999).
Die sechsjährige Emmy und ihr kleiner Bruder Max ziehen mit ihren Eltern in ein neues Haus. Hier findet Emmy im Kinderzimmer ein Schatzkästchen mit einem seltsamen, glänzenden Gegenstand: eine zauberkräftige Drachenschuppe! Mit ihrer Hilfe reisen Emmy und Max ins wunderbare Drachenland, lernen dessen freundliche Bewohner kennen und erleben mit ihren neuen Drachenfreunden jede Menge lustige Abenteuer. Lief samstagmorgens.

DRANBLEIBEN! — DFF 1
1978–1982. »Sieben Tage im Zusammenhang«. Wöchentliches Jugendmagazin für Zwölf- bis 14-Jährige.
Werner Borchert, Karola Hattop, Ulrich Schwemin und Beatrix Zeiske moderieren die »aktuell-politische Wochenschau für Thälmannpioniere« mit Wochenchronik, Kommentaren, außenpolitischen Betrachtungen, Glossen und Rätselecke.
Die halbstündige Sendung lief zunächst montags, ab Januar 1982 freitags um 17.15 Uhr. Sie hieß ab 1982 *Dranbleiben mit Pfiff – Pioniergeschichten* und wurde 1983 abgelöst durch »mobil«.

DRANBLEIBEN MIT PFIFF – PIONIERGESCHICHTEN — DFF 1
→ Dranbleiben!

DRAUF UND DRAN — SAT.1
1993. Halbstündige Blind-Date-Show mit Philip Gassmann, die sich von den Dutzenden Varianten dieses Genres dadurch unterscheidet, dass die Kandidaten *vor* der eigentlichen Sendung schon einen Abend miteinander verbringen.
Jeder der zwei Männer geht mit jeder der drei Frauen aus. Im Studio müssen sie erraten, welche Frau was über sie und ihr Treffen gesagt hat, und die Frauen richtig einschätzen. Mit jeder richtigen Zuordnung wird die Reise auf einer Segeljacht einen Tag länger. Gewonnen wird sie aber nur, wenn der Mann sich für eine Frau als Lieblingspartnerin entscheidet, die sich auch (und zwar schon vor der Show) für ihn entschieden hat. Die Frauen haben auch die Möglichkeit, sich gegen beide zu entscheiden und lieber auf die Reise zu verzichten – was durchaus häufig vorkam und angesichts der Kandidatenjünglinge nicht überraschend war. Einmal gab es ein Spiel mit schwulen Männern.

26 Folgen liefen am Montag um 19.00 Uhr. Vorlage war das US-Format »Studs«. Die Show wurde von Sat.1 leicht variiert im Nachtprogramm unter dem Namen *Alles Liebe oder was?!* fortgesetzt.

DIE DRAUFGÄNGER — ARD, TM3, RTL 2
1994 (ARD); 1998 (tm3); 2001–2002 (RTL 2). 104-tlg. frz. Actionserie (»Extrême limite«; 1991–1995).
Der Ex-Profisportler Paul Colbert (Patrick Raynal) leitet an der französischen Riviera eine Akademie für Extremsportarten. Seine Studenten sind das Ex-Model Cathy (Tonya Kinzinger), der Sonnyboy Matthieu (Grégori Baquet), die sanftmütige Isabelle (Sandra Speichert), Alice (Betty Bomonde), Léa (Marie Guillard), Benoît (Jean-Pierre Bonnot), Florian (Luis Marques) und Alain (Marc Hajblum). Neben Paul sind Mathilde (Sylvie Loeillet) und Béraud (Jean-Marie Juan) ihre Trainer. Gemeinsam treiben sie actionreichen Sport, werden aber auch Freunde oder Rivalen.
Die ersten 22 Folgen liefen im Vorabendprogramm der ARD, vier weitere später bei tm3 und der Rest nachts bei RTL 2. Jede Folge war eine Stunde lang.

DREAM ON — RTL 2
1994–1996. 102-tlg. US-Comedyserie von David Crane und Marta Kauffman (»Dream On«; 1990–1996).
In allen Situationen, mit denen Martin Tupper (Brian Benben) fertig werden muss, schießen ihm Ausschnitte aus alten Schwarz-Weiß-Fernsehserien in den Kopf. Seine Eltern hatten früher nie Zeit für ihn und haben ihn deshalb vor den Fernseher gesetzt. Tupper hat die Sendungen von damals noch in Erinnerung, und die TV-Helden aus den 60er-Jahren kommentieren jetzt auf diese Weise sein komplettes Leben. Und er muss mit schwierigen Situationen fertig werden. Tupper ist 36 Jahre alt, frisch von seiner Frau Judith (Wendie Malick) geschieden, findet sich als Single bei neuen Verabredungen wieder und muss sich um seinen elfjährigen Sohn Jeremy (Chris Demetral) kümmern. Er arbeitet für den Buchverleger Gibby Fisk (Michael McKean), seine Sekretärin ist Toby Pedalbee (Denny Dillon). Der Talkshowmoderator Eddie Charles (Jeff Joseph; ab der zweiten Staffel: Dorien Wilson) ist Tuppers bester Freund.
Originelle Idee, schön umgesetzt. Die halbstündigen Folgen liefen teils im Spätprogramm, teils sonntagnachmittags. Den Serienerfindern Crane und Kauffman gelang später mit *Friends* ein Welterfolg.

DREAM WEST — ZDF
1987. 7-tlg. US-Abenteuerserie nach dem Roman von David Nevin, Regie: Dick Lowry (»Dream West«; 1986).
Als einer der ersten Forscher erkundet John Charles Fremont (Richard Chamberlain) im 19. Jh. den Westen Amerikas und zeichnet die ersten Landkarten der bisher unbekannten Gegend. Er heiratet Jessie Benton (Alice Krige), die Tochter des Senators Thomas

Hart Benton (Fritz Weaver). Kit Carson (Rip Torn) ist ein anderer Entdecker in der damaligen Zeit.
Die Serie basierte auf dem Leben des real existierenden John Charles Fremont, der später der erste Gouverneur und dann der erste Senator Kaliforniens wurde, aber weitgehend unbekannt blieb. Das ZDF zeigte die halbstündigen Folgen freitags im Vorabendprogramm. Sat.1 wiederholte die Serie später unter dem Titel *Das abenteuerliche Leben des John Charles Fremont*.

DREAMS ZDF
1997–2002. Fünf Minuten mit klassischer Musik zwischen den Kinderserien im Frühprogramm.

DREHKREUZ AIRPORT ZDF
2001. 12-tlg. dt. Actionserie von Matthias Herbert. Nachdem er angeschossen wurde, gibt der Pilot Christian Manthey (Ralf Bauer) seinen Job auf und wird neuer Verkehrsleiter am Düsseldorfer Flughafen. Seine engsten Freunde sind seine beiden Kollegen: der Technische Leiter Michael »Micke« Schütte (Dirk Mierau) und dessen Frau Alexandra (Tina Ruland), die Pressesprecherin. In deren Ehe kriselt es, und Alex verliebt sich in den Frauenheld Christian. Am Flughafen arbeiten außerdem Petra Steinmüller (Julia Hentschel), die Schichtleiterin beim Bundesgrenzschutz, allein erziehende Mutter ihres 13-jährigen Sohnes Kevin (Fabian Binder) und Schwester der Bodenstewardess Silke Steinmüller (Christine Hatzenbühler), die bei Tim Falcks (Gerd Silberbauer) kleiner Mercur-Airline in der Ausbildung ist; Flughafendirektor Wolfgang Hartmann (Gerhart Lippert), Chefsekretärin Nicole (Carol Campbell), Steward Carlo (Andreas Elsholz) und der mysteriöse Bertoni (Michele Oliveri), der Frachtgut besorgt. Gemeinsam managen sie den Airport.
Ziemlich genau zehn Jahre vorher war mit *Abenteuer Airport* schon einmal eine ähnliche Serie nach nur einer Staffel abgesetzt worden. Diese Variante war auch nicht aufregender. Sie lief mittwochs um 19.25 Uhr.

DREHSCHEIBE ZDF
1964–1982. 40-minütiges Vorabendmagazin, in dem am Ende immer ein Schlagersänger seinen aktuellen Hit sang – und das war dann auch alles, was viele Millionen Menschen jemals von der *Drehscheibe* mitbekommen haben, die eigentlich für die nachfolgende Vorabendserie eingeschaltet hatten, die aber immer ein paar Minuten später begann als ausgedruckt. Bis zu diesem Auftritt bestand die Sendung aus Magazinbeiträgen, Reportagen, Interviews, einem Schlagzeilenblock, Notizen aus den Bundesländern, Wetter und einer Kochecke. Und immer am Anfang drehte sich die runde Scheibe mit dem kleinen »d«.
Karlheinz Rudolph war der Gründer und erste Leiter der *Drehscheibe*. Zu den unzähligen Moderatoren, die die *Drehscheibe* in 18 Jahren nacheinander, abwechselnd und meist zu zweit präsentierten, gehörten Helge von der Heyde (sie moderierte sowohl die erste als auch die letzte Sendung), Rut Winkler (später: Rut Speer), Hanns Heinz Röll, Rainer Hirsch, Gerd Uhde, Helge Philipp, Gerd Mausbach, Peter Nemec, Oldwig Jancke, Roderich Frantz, Dieter Zimmer, Ulrike von Möllendorff, Dieter Busch, Horst Kalbus, Christine Westermann, Norbert Grundmann, Christina Ellgaard, Ulrich Craemer, Sissy de Mas und Walter Mischo. Ulrich Klever und später Max Inzinger waren die Leckerli zubereitenden Fernsehköche. Redakteur der Drehscheibe war ab 1964 für mehrere Jahre Alfred Biolek. Er moderierte sie zwar nicht, sie war jedoch für ihn der Einstieg in die Unterhaltung. Seit 1963 war er bereits im Justiziariat des ZDF beschäftigt.
Insgesamt wurden 5146 Folgen ausgestrahlt. Nachfolgesendung wurde die *tele-illustrierte*.

DREHSCHEIBE DEUTSCHLAND ZDF
Seit 1998. 45-minütiges buntes Mittagsmagazin mit vielen Berichten aus den Landesstudios und Servicethemen.
Die Sendung reaktivierte den Namen des ZDF-Klassikers *Drehscheibe*. Zum Pool der Moderatoren, die sich abwechselten, gehörten Babette Einstmann (seit 1998), Jan Schulte-Kellinghaus (1998–2000), Anne Reidt (1998–2000), Martin Leutke (2000–2004), Hermann Bernd (2000–2003), Günther Neufeldt (2000–2001), Ralph Szepanski (2002–2003), Ines Trams (seit 2003) und Henner Hebestreit (seit 2004).
Im Juni 2001 erlitt Babette Einstmann vor laufender Kamera einen Kreislaufkollaps, knallte fies mit dem Kopf aufs Pult, kam aber sofort wieder zu sich. Sieben Monate später war sie Mutter. Und jetzt sortieren Sie mal Ursache und Wirkung.

DIE DREI SAT.1
1996–1997. 27-tlg. dt. Krimiserie von Karl Heinz Willschrei.
Charlotte Burg (Hannelore Hoger) leitet ihr eigenes Detektivbüro. Als Chefin nimmt sie die Aufträge an, pflegt ihre Kontakte, die sie aus ihrer Zeit als Richterin hat, und hält sich ansonsten im Hintergrund und in der Agentur. Ihre Mitarbeiter, der Detektiv Peter Lombardi (Uwe Bohm) und der ehemalige GSG9-Mann Georg Gentz (Zacharias Preen), ein Hobbyboxer, erledigen die Ermittlungsarbeit vor Ort. Sie bilden das übliche Paar aus gebildetem, elegantem Denker (Lombardi) und sportlichem Draufgänger (Gentz).
Die einstündigen Folgen liefen mittwochs um 21.15 Uhr.

DREI AUS EINEM EI ZDF
1991. Nachmittags-Spielshow mit Wolfgang Lippert, die von der Internationalen Funkausstellung 1991 in Berlin gesendet wurde.
Eineiige Drillinge zwischen zehn und 14 Jahren spielen die Hauptrolle; Prominente sind Pate für je einen der Drillinge und müssen anhand von Spielen und Aufgaben ihr Kind herausfinden.

Drei Damen vom Grill:
Brigitte Grothum,
Brigitte Mira und
Gabriele Schramm
(von links) geben zu
allem ihren Senf.

DIE DREI BÄREN   SUPER RTL
2000–2002. 52-tlg. span. Zeichentrickserie für Kinder (»The Three Bears«; 1999).
Die Bärenfamilie lebt im Wald. Sohn Cuddly erlebt mit dem Koala Kimbo, dem Hund Happy und dem Mädchen Vicky viele Abenteuer.

DREI DAMEN VOM GRILL   ARD
1977–1992. 140-tlg. dt. Familienserie von Heinz Oskar Wuttig.
Drei Frauen der Familie Färber aus drei verschiedenen Generationen, alle ledig, betreiben gemeinsam die Imbissbude »Färbers Grill-Treff« in Berlin. Oma Margarete (Brigitte Mira), gutherzig, dickköpfig und nicht ansatzweise bereit, ihren längst fälligen Ruhestand endlich anzutreten, ihre Tochter Magda (Brigitte Grothum) und deren Tochter Margot (Gabriele Schramm) wohnen zusammen und brutzeln gemeinsam oder schichtweise Fleisch auf dem Grill und finden besonders mit ihren Buletten reißenden Absatz. Ihr Wurst- und Fleischausfahrer Otto Krüger (Günter Pfitzmann) gehört eigentlich auch zur Familie. Otto ist ein Hypochonder, faul und schlampig, aber auch ein Organisationstalent: Er weiß immer Rat. Er ist mit Magda liiert, aber auch ein schlitzohriger Junggeselle, der immer wieder was mit anderen Frauen hat. Und auf dem Papier ist er noch immer mit Edeltraut (Evelyn Gressmann) verheiratet. Nach seiner Scheidung, und selbst als Magda und Otto in Folge 26 gemeinsam Tochter Ottilie (Davia Dannenberg) bekommen, zieren sich die beiden noch immer zu heiraten. Uschi Sobotta (Bettina Martell) ist Ottos kesse Kollegin in der Wurstfabrik, Edgar (Manfred Lehmann) ihr Mann. Margot ist Anfang 20 und hat ständig wechselnde Freunde, findet aber offenbar nie den Richtigen. Otto Krause (Peter Schiff), genannt Ost-Otto, ist Margots Vater. Magda hatte damals eine kurze Affäre mit ihm, die durch den Bau der Mauer endete. In Folge 43 kommt er nach Westberlin, um seine Tochter endlich kennen zu lernen. Alle verstehen sich gut und bleiben in Kontakt. Margot findet in Egon Mangold (Ilja Richter) offenbar doch noch den Richtigen und heiratet ihn in Folge 78. Zwei Folgen später taucht plötzlich eine Zwillingsschwester von Magda auf, von der bisher niemand etwas gewusst hat. Marion Mann (auch gespielt von Brigitte Grothum) war nach ihrer Geburt von Oma aus Geldnot zur Adoption freigegeben worden, und Oma hatte niemandem davon erzählt. Kurz darauf ziehen Otto und Magda nach Hamburg, und Marion übernimmt den Platz im Imbisswagen. Ihr Freund wird Ottmar Kinkel (Harald Juhnke) vom Antiquitätengeschäft Trödel-Kinkel. Auch er ist ein Organisationstalent und verhilft den Färber-Frauen zu einem neuen Imbisswagen, wenn dem alten mal etwas zugestoßen ist. Überhaupt steht das Geschäft, obwohl es floriert, unter keinem guten Stern. Der Grillwagen wechselt häufig, weil der alte entweder gerade verkauft, von den Behörden dichtgemacht, abgebrannt oder von einem Raupenbagger platt gewalzt wurde. Margot zieht mit Egon nach Hannover, trennt sich aber bald von ihm und kommt zurück. In Folge 130 kommt auch Magda, die sich ebenfalls von ihrem Otto getrennt hat, weil er mal wieder eine andere hatte, nach Berlin zurück. Marion verlässt Berlin und jettet nun beruflich durch die Welt. Am Ende wird Oma mit einem selbst kreierten Berlin-Burger noch beinahe berühmt.
Amüsante Serie mit Berliner Charme, die eine der langlebigsten, erfolgreichsten und beständigsten ARD-Serien wurde. Über 15 Jahre gab es bei den drei Hauptdarstellerinnen keinen Wechsel, auch wenn Brigitte Grothums Rolle zwischendurch eine andere war. Die halbstündigen Folgen liefen im Vor-

abendprogramm. Im Vorspann sah man das Grilltrio und Otto als Zeichentrickfiguren.

DREI DSCHUNGELDETEKTIVE ARD
1992–1993. 6-tlg. Marionettenspiel von Sepp Strubel aus der *Augsburger Puppenkiste*.
Das Krimis liebende Flusspferdmädchen Eleanor (dessen Held Inspektor Camembert aus dem Fernsehen ist) und seine Freunde, der Marabu Zapp und der Affe Bubu, versuchen herauszufinden, warum aus dem Postsack von Postbotin Känguruh immer wieder Ansichtskarten verschwinden. Sie nennen sich die »Dschungeldetektive« und lösen noch weitere Fälle.
Eine Folge dauerte 30 Minuten.

DREI ENGEL FÜR CHARLIE
ZDF, SAT.1, KABEL 1, PRO SIEBEN
1979–1980 (ZDF); 1989–1990 (Sat.1); 1993 (Kabel 1); 1994–1995 (Pro Sieben). 106-tlg. US-Krimiserie von Ben Roberts und Ivan Goff (»Charlie's Angels«; 1976–1981).
Nach dem Abschluss der Polizeiakademie werden drei junge, attraktive Frauen Mitarbeiterinnen einer Privatdetektivagentur, denn der Polizeijob ist ihnen zu langweilig. Die schöne Brünette Kelly Garrett (Jaclyn Smith), die energische Blonde Jill Munroe (Farrah Fawcett-Majors) und die intellektuelle Brünette Sabrina Duncan (Kate Jackson) arbeiten für Charles Townsend Associates und den geheimnisvollen Millionär Charlie. Der ist nie zu sehen, nur seine Stimme zu hören. Über einen Lautsprecher erteilt er seinen »Engeln« die Aufträge, für die sie sich dann undercover in die verschiedensten Umgebungen einschleichen. Sie tarnen sich als Models, Tänzerinnen, Krankenschwestern, Prostituierte, Zirkusartistinnen, Eiskunstläuferinnen oder in anderen Berufen, die knappe Kleidung erfordern.
Ihre bösen Gegner sind entweder Männer oder unattraktive Frauen. Sie prügeln und treten sich, kommen aber meist ohne Waffengewalt aus. Vor allem Kelly beherrscht fernöstliche Kampftechniken. Ihr Verbindungsmann zu Charlie ist der onkelhafte John Bosley (David Doyle).
Nach der ersten Staffel verlässt Jill die Agentur, und ihre jüngere Schwester Kris Munroe (Cheryl Ladd) kommt dazu. Jill schaut später aber noch gelegentlich rein. Als auch Sabrina nach der dritten Staffel aussteigt, ist für kurze Zeit Tiffany Welles (Shelley Hack) der dritte Engel; sie geht aber auch rasch wieder und wird durch Julie Rogers (Tanya Roberts) ersetzt.
Der besondere Reiz der Serie war der optische. Drei hübsche Hauptdarstellerinnen, die oft keinen BH trugen, machten die Handlung zweitrangig, und so waren die Plots so dünn wie die Outfits, aber so haarsträubend wie die 70er-Jahre-Frisuren. Umstritten ist, ob die Serie die Frauenbewegung voranbrachte oder um Jahre zurückwarf. Frauenrechtlerinnen beklagten die Reduzierung der Hauptdarstellerinnen auf Lustobjekte; andererseits war es die erste Serie, die ohne männliche Hauptdarsteller auskam und zeigte, dass hübsche Frauen durchaus Köpfchen haben und sich zu helfen wissen. Die Hauptdarstellerinnen wurden zu Stars, ihre Gesichter zierten etliche Fanartikel und Zeitschriftencover. Aaron Spelling und Leonard Goldberg produzierten die Serie. Jürgen Thormann war die deutsche Stimme von Charlie; im Original sprach ihn John Forsythe, dessen Hinterkopf in einzelnen Folgen kurz zu sehen war. 27 Folgen à 45 Minuten liefen 14-täglich im ZDF, 54 weitere erst zehn Jahre später in Sat.1, der Rest bei Kabel 1 und Pro Sieben im Anschluss an Komplettwiederholungen. Neun Folgen, darunter einige Doppelfolgen, wurden nicht in Deutschland gezeigt. Die erste Staffel ist auf DVD erhältlich.
2000 und 2003 entstanden zwei »Charlie's Angels«-Kinofilme mit neuer Besetzung.

DREI FRAUEN IM HAUS ZDF
1968. »Die Familie Auto-Lenz«. 13-tlg. dt. Familienserie von Hans-Georg Thiemt und Hans Dieter Schreeb, Regie: Hermann Leitner.
Familie Lenz betreibt gemeinsam eine Autowerkstatt. Walter (Heinz Engelmann) führt den Laden, seine Frau Else (Magda Schneider) macht die Buchhaltung, und die Töchter Karin (Gudrun Schmidt-May) und Monika (Christiane Thorn) reparieren die Autos – und das machen sie zum Erstaunen vieler männlicher Kunden sehr gut.
Die 25-minütigen Folgen liefen im Vorabendprogramm. Die Serie wurde im folgenden Jahr um eine Frau erweitert und unter dem Titel *Vier Frauen im Haus* fortgesetzt.

DREI GUTE FREUNDE ZDF
1963–1964. 19-tlg. US-Abenteuerserie (»The Adventures Of Champion«; 1955–1956).
Die drei guten Freunde sind der zwölfjährige Ricky North (Barry Curtis), sein Wunderpferd Champion, das ausschließlich ihn auf sich reiten lässt, und der Schäferhund Rebel. Die beiden Tiere befreien Ricky mit erstaunlichen Kunststücken regelmäßig aus gefährlichen Situationen oder retten ihn vor Banditen. Sie alle leben auf der North Ranch von Rickys Onkel Sandy (Jim Bannon).
Schon vor dem offiziellen Start des ZDF-Programms, das erst am 1. April 1963 seinen regelmäßigen Betrieb aufnahm, wurde diese Serie regional als Versuchsprogramm ausgestrahlt. Ab Februar 1964 erhielt sie ihren festen Sendeplatz montags um 19.00 Uhr. Jede Folge war knapp eine halbe Stunde lang.

DREI IM MORGENLAND ARD
1970–1974. 27-tlg. dt. Jugendserie, Regie: Armin Dahlen.
Drei Kinder erleben spannende Abenteuer im israelischen Akkon. Mustapha (Gideon Eden) ist ein arabischer Fischerjunge, Noëlle (Ronit Sternberg) die Tochter des französischen Konsuls und Miriam (Irit Rubin) Israelin. Gemeinsam stolpern sie z. B. in mys-

teriöse Kriminalfälle hinein, die sie lösen. Zum Beginn der zweiten Staffel sind drei Jahre vergangen, die Noëlle in Frankreich verbracht hat. Jetzt kehrt sie für neue Abenteuer nach Israel zurück.
Die Musik, inklusive des Titelsongs »Shalom Mustapha«, war von Ingfried Hoffmann. Die halbstündigen Folgen liefen im regionalen Vorabendprogramm.

DIE DREI KLUMBERGER   ZDF
1977. 13-tlg. dt. Jugendserie von Ernst Pfeiffer, Regie: Wolfgang Teichert.
Die drei Klumberger sind die Kinder Michael (Torsten Sense), Monika (Kirsten Stage) und Nesthäkchen Axel (Oliver Korittke). Monika verbringt ihre Freizeit mit ihrer Freundin Katharina (Bettina Haensler), Michael mit seinem Freund Stefan (Dieter Hallervorden jun.). Michaels großes Hobby ist das Trampolinspringen, doch auch der Beruf seines Vaters intersssiert ihn allmählich. Alfred Klumberger (Horst Jankowski) ist Unterhaltungskomponist, seine Frau Carolin (Cox Habbema) war früher Stewardess und kümmert sich jetzt um die Familie. Alles ändert sich schlagartig, als Alfred bei einem Autounfall ums Leben kommt. Die Familie muss um ihre Existenz bangen. In Folge 7 zieht Carolin mit Monika und Axel von Saarbrücken in die Niederlande, ihr Heimatland, wo Opa (Johan te Slaa) ein Hausboot hat. Dort betreiben sie fortan einen Ferienbauernhof. Vor allem anfangs haben sie sehr mit der neuen Situation und die Kinder mit Sprachschwierigkeiten zu kämpfen. Nachdem Michael schon einmal sitzengeblieben war, bleibt er zurück und geht ins Internat. Die Serie zeigte den Umgang mit dem Tod eines Familienmitglieds realistischer und die Situation für die Fernsehzuschauer nachvollziehbarer als viele andere Serien, weil der Tod des Vaters nicht schon, wie sonst üblich, in der Pilotfolge die Konstellation einführte, sondern erst nach fünf Folgen für die Zuschauer genauso plötzlich kam wie für die Betroffenen. Teilzeit-Alfred-Darsteller Jankowski, im Hauptberuf Musiker, machte natürlich die Musik zur Serie.
Die halbstündigen Folgen liefen mittwochnachmittags.

DREI MÄDCHEN IN LONDON   ARD
1972. 5-tlg. brit. Freundeserie von Gerald Savory (»Take Three Girls«; 1969–1971).
Drei junge Frauen leben in London gemeinsam in einer WG. Die erfolglose Schauspielerin Kate (Susan Jameson) ist geschieden und hat ein Kind. Sie nimmt einen Job als Sekretärin bei einem religiösen Magazin an. Die Kunststudentin Avril (Angela Down) ist Sekretärin in einer Auktionsfirma und lebte bis zu ihrem Einzug in die WG bei ihren Eltern im Londoner Eastend. Victoria (Liza Goddard) ist Hostess und spielt Cello. Mr. Edgecombe (David Langton) ist Victorias gemeiner Vater.
Die Folgen dauerten 55 Minuten und liefen samstagnachmittags. Im Original hatte die Serie 24 Folgen und ab der zweiten Staffel eine neue Besetzung, zu der einzig Victoria weiterhin gehörte.

DREI MÄDCHEN UND DREI JUNGEN   ZDF
1971–1974. 65-tlg. US-Sitcom von Sherwood Schwartz (»The Brady Bunch«; 1969–1974).
Der Architekt und Witwer Mike Brady (Robert Reed) heiratet die Witwe Carol Tyler Martin (Florence Henderson). Mike bringt die drei Söhne Greg (Barry Williams), Peter (Christopher Knight) und Bobby (Michael Lookinland) mit in die Ehe, Carol die drei Töchter Marcia (Maureen McCormick), Janet, genannt Jan (Eve Plumb), und Cynthia, genannt Cindy (Susan Olsen). Auch der Hund Tiger und die Katze Fluffy gehören zur Familie. So modern wie schon die Zusammensetzung dieser Patchworkfamilie ist, so fortschrittlich und aufgeklärt ist sie es auch in jeder anderen Hinsicht: Die Kinder tragen modische Klamotten, und die Eltern turteln offensiv. Den häufig aufkommenden Zwist zwischen den zusammenwachsenden Familienteilen versucht Haushälterin Alice Nelson (Ann B. Davis) zu schlichten. Die Handlung lässt sich natürlich auch einfacher beschreiben, so wie es das Titellied tut: »Da ist was los, da ist was los, bei den Bradys ist was los, da ist was los.«
In den USA waren die Bradys so erfolgreich, dass bis in die 90er-Jahre vier (!) Nachfolgeserien gedreht wurden. Eine davon zeigte das ZDF sehr verfremdet unter dem Titel *Eine reizende Familie*. Von der Originalserie brachte das ZDF nur 65 der eigentlich

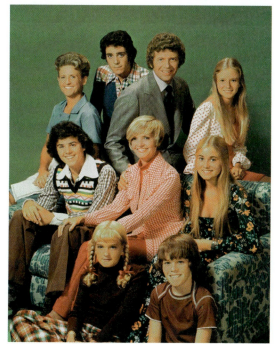

Drei Erwachsene, *drei Mädchen und drei Jungen:* Familie Brady mit Haushälterin Alice, Greg, Vater Mike, Marcia (obere Reihe von links), Peter, Mutter Carol, Jan (mittlere Reihe von links), Cindy und Bobby (unten).

Manchmal sagen Bilder mehr als 1000 Worte. Und machmal genau sechs.

117 Folgen am Sonntagnachmittag. Der Rest lief später im digitalen Pay-TV DF1 und auf einigen regionalen Stadtsendern.

3 × 3 DFF

1955–1956. Spielshow.

Drei verschiedene Berufsgruppen treten in Teams aus je drei Mitgliedern gegeneinander an – in Disziplinen, für die sie alle nicht ausgebildet sind, z. B. Postler, Bauarbeiter und Kapellmeister im Kartoffelpufferbacken. Zwischendurch gab es musikalische und artistische Einlagen. Die ersten beiden Sendungen moderierte Bodo Lüttger, dann übernahm Egon Herwig, in der fünften und letzten Ausgabe, in der die Gewinner der vorherigen Sendungen gegeneinander antraten, war Gottfried Herrmann der Spielleiter. Die frühe Unterhaltungssendung litt – außer unter Moderatoren, die mit den Unwägbarkeiten einer Live-Sendung nicht umgehen konnten – vor allem darunter, dass sie kein Studiopublikum hatte, das lachen und applaudieren konnte. *3 x 3* wurde durch *Gehupft wie gesprungen* ersetzt.

Am 5. Februar 1955 hatte es bereits eine Sendung »Drei mal drei« gegeben, deren Konzept allerdings ein bunter Abend war.

DREI MAL NEUN ZDF

1970–1974. 90-minütiges Quiz mit Wim Thoelke für die Fernsehlotterie zugunsten der *Aktion Sorgenkind*.

Vier Kandidaten, zwei Frauen und zwei Männer, spielen in vier Runden gegeneinander und müssen dabei Allgemeinbildung, Reaktionsvermögen und sprachliches Geschick beweisen. Fester Bestandteil sind die »Drei-mal-neun-Kurznachrichten«, in die ein Fehler eingebaut ist, den es zu finden gilt. Nach Runde drei scheiden zwei Kandidaten aus, und die beiden verbliebenen spielen um den Titel des Champions, indem sie einen prominenten Gast erraten müssen.

Neben dem Quiz wird die Gewinnzahl in der Fernsehlotterie gezogen, außerdem gibt es Sketche und musikalische Darbietungen prominenter Interpreten und des Show-Orchesters unter Leitung von Max Greger. In jeder Sendung tauchte der von Loriot speziell für *Drei mal neun* geschaffene Hund Wum in einer Trickfilmeinspielung auf. Als Glücksbote fungierte der Postbote Walter Spahrbier, der bereits in der Vorgängersendung *Vergissmeinnicht* mit Peter Frankenfeld aufgetreten war. Der Titel *Drei mal neun* bezog sich auf den maximalen Einzahlungsbetrag für die Fernsehlotterie. Man konnte zwischen 1,11 und 9,99 DM wählen, der gespendete Betrag war gleichzeitig die Losnummer. In der Show bestimmten Prominente am Glücksrad eine Zahl zwischen 111 und 999, um die Gewinner zu ermitteln. Ab 1972 war der Champion der Sendung in der jeweils nächsten Ausgabe wieder dabei.

Für enormen Gesprächswert sorgte die Sendung vom 17. Januar 1974, in der Uri Geller auftrat und Besteck verbog, ohne es zu berühren. Zuschauer meldeten, bei ihnen zu Hause sei das Gleiche passiert. Das Konzept der Sendung stammte von Thoelke selbst. Sie lief einmal im Monat donnerstags zur Primetime. 1974 trat an ihre Stelle die neue Show *Der große Preis* für die *Aktion Sorgenkind*, ebenfalls mit Thoelke. Die letzte Sendung von *Drei mal neun* am 27. Juni 1974 war die meistgesehene ZDF-Sendung aller Zeiten: Sie erreichte eine Einschaltquote von 87 %. Insgesamt fast 25 Millionen Mark wurden für die *Aktion Sorgenkind* eingespielt.

DREI MANN IM BETT   ARD
1994–1995. 21-tlg. dt. Comedyserie.
Drei völlig unterschiedliche Männer sind gezwungen, als Patienten gemeinsame Zeit in einem Dreibettzimmer eines Krankenhauses zu verbringen: Gisbert (Jochen Busse), Kalle (Karsten Speck) und Norbert (René Heinersdorff).
Erfolgloser Versuch, das beliebte Fernsehthema Krankenhaus als Comedy zu behandeln.

DREI MÄNNER UND KEIN BABY   RTL 2
1999. 13-tlg. US-Sitcom (»Chicago Sons«; 1997).
Der Architekt Harry Kulchak (Jason Bateman) lebt mit seinen Brüdern Mike (D. W. Moffett) und Billy (David Krumholtz) in einer gemeinsamen Wohnung. Harry verliebt sich in seine Kollegin Lindsay Sutton (Paula Marshall).
Die Serie lief am Vormittag.

DREI MIT HERZ   ARD
1999–2002. 26-tlg. dt. Freundeserie.
Eva Janssen (Bettina Kupfer), Britta Grimme (Heike Falkenberg) und Claudia Fahrenkamp (Katharina Schubert) sind beste Freundinnen. Eva hat nach 16 Jahren wilder Ehe ihren Jochen (Michael Roll) endlich geheiratet. Drei Kinder haben sie schon, Teenager Sarah (Marieke Brüggmann) und die jüngeren Toni (Sven und Oliver Turni; zweite Staffel: Victor Kraft) und Hannah (Karolin und Kristina Krause; zweite Staffel: Hazel Franke). Eva arbeitet für einen Radiosender, Jochen ist Forscher und Notarzt. Mamia (Birke Bruck) ist Evas Mutter, eine Vorzeigeoma, die sich oft um die Kinder kümmert. Britta ist mit Thomas (Uwe Bohm) verheiratet, ihre Tochter heißt Miriam (Jytte Krautwald). In der Ehe kriselt es, und als Thomas beruflich dauerhaft nach Dresden zieht, trennen sie sich. Nachbar Fridolin (Simon Schwarz) wird Brittas neuer Freund. Claudia kann sich nicht so richtig für einen Mann entscheiden, wäre aber auf einen angewiesen, denn sie wünscht sich dringend ein Kind. Sie verliebt sich in den Schiffskapitän Max Morgener (Dietmar Mues), doch der hat schon Kinder und will keine weiteren, also war's das. Britta wandert aus und wird in der zweiten Staffel durch eine neue beste Freundin ersetzt: Henriette Gutmann (Svenja Pages) hat einen kleinen Laden, in dem sie pädagogisch wertvolles Spielzeug und ebensolche Kinderbücher verkauft. Kim (Helene Hart) ist ihre Tochter und Stefan Reimers (Christoph Grunert) ihr Freund, den sie zwar auf Distanz hält, aber auf keinen Fall verlieren möchte.
Zwei Staffeln mit 50-minütigen Folgen liefen dienstags um 20.15 Uhr. Den Titelsong »Alles kann passieren« sang Juliane Werding.

III NACH NEUN   NDR
Seit 1974. Legendäre Talkshow.
Dieter Ertel, Programmdirektor bei Radio Bremen, störte, dass im Fernsehen fast alles vorproduziert wurde, auf dass es technisch und politisch einwandfrei sei. Gemeinsam mit Michael Leckebusch (Beat-Club, Musikladen) als Regisseur wollte er in Bremen ein Live-Experiment wagen, ohne starres Schema, ohne Zeitbeschränkung. Die Talkshow wollte sich – anders als etwa *Je später der Abend* – ausdrücklich nicht an amerikanischen Vorbildern orientieren. Drei Moderatoren saßen an drei verschiedenen Tischen und führten einzeln Gespräche, Redaktion und Regie saßen sichtbar mit im Studio. Der Start war eine Sensation. Fast alle Zuschauer regten sich auf, weil die Moderatoren so respektlos mit den Gästen umgingen ...

... und schalteten immer wieder ein. In *III nach neun* stritt ein Hausbesetzer mit dem Wohnungsbauminister, ein Schaf pinkelte ins Studio, ein Kameramann ließ seine Kamera stehen, um mit Wienerwald-Chef Jahn zu diskutieren. Und die Redaktion kommentierte das Chaos in den ersten Jahren mit bissigen Untertiteleinblendungen.
Im Lauf der Zeit wurde die Sendung zahmer und konventioneller; spätestens seit 1990 unterscheidet sie sich praktisch nicht von anderen Plauderrunden, außer dadurch, dass zwischendurch Gottfried Böttger am Klavier spielt. Die wichtigsten Moderatoren waren – zunächst immer zu dritt, später auch zu zweit: Marianne Koch (bis 1982), Wolfgang Menge (bis 1982), Gert von Paczensky (1974–1975), Karl-Heinz Wocker (1975–1982), Carmen Thomas (1975–1982), Lea Rosh, Dagobert Lindlau und Günter Nenning (alle 1982–1989), Juliane Bartel (1990–1998), Randi Crott (1990–1991), Giovanni di Lorenzo (seit 1990) und Amelie Fried (seit 1998).
III nach neun erhielt 1976 einen Grimme-Preis mit Bronze. Die Sendung läuft freitagabends.

DREI PARTNER   ZDF
1973. 13-tlg. dt. Reporterserie von Hans-Georg Thiemt und Hans Dieter Schreeb, Regie: Wolfgang Schleif.
Die Journalisten Otto Grumbach (Til Erwig) und Peter Hansen (Rüdiger Bahr) wollen eine eigene Zeitung herausgeben. Es soll eine Werkszeitung werden, die in Betrieben verteilt wird. Claudia Martin (Ingeborg Schöner) arbeitet in einem solchen Betrieb, ist anfangs von der Idee nicht begeistert, steigt dann aber mit ein. Der Drucker Kottnick (Walter Sedlmayr) soll ihnen Kredit gewähren.
Die erste Folge wurde unter dem Titel *Die Partner* angekündigt. Die halbstündigen Folgen liefen donnerstags um 18.35 Uhr. Der Herr Kottnik alias Walter Sedlmayr erhielt im folgenden Jahr seine eigene Serie mit dem Titel *Der Herr Kottnik*.

DIE DREI SCHWESTERN AUS HAWORTH   DFF 2
1978. 5-tlg. brit. Historiendrama von Christopher Fry (»The Brontës of Haworth«; 1973).
Das Leben der drei Schwestern Charlotte (Vickery Turner), Emily (Rosemary McHale) und Anne Brontë (Ann Penfold), die alle Schriftstellerinnen werden und alle früh an Tuberkulose sterben. Das Leben ihres Bruders Branwell (Michael Kitchen) endet noch früher im Suff.

DREI SIND EINER ZU VIEL   ZDF
1977. 13-tlg. dt. Familienserie von Barbara Noack, Regie: Rudolf Jugert.
Der Architekt Benedikt Kreuzer (Thomas Fritsch) und der Lehrer Peter Melchior (Herbert Herrmann) wohnen im gleichen Haus. Außer ihrer Nachbarschaft gibt es weitere Gemeinsamkeiten: Beide sind relativ neu in ihrem Beruf. Benedikt bemüht sich um Aufträge, und Peter versucht in der Schule Fuß zu fassen. Und dann sind sie auch noch Konkurrenten um die Gunst der Töpferin Charlotte Möller, genannt »Karlchen« (Jutta Speidel). Die findet das eigentlich ganz nett und freundet sich mit beiden an. Bereitwillig unternehmen sie viel zusammen, doch die Herren empfinden das nicht unbedingt als optimalen Dauerzustand. Karlchen arbeitet im Außendienst und ist viel unterwegs. Um nicht auf den ersten Blick als allein reisende Frau aufzufallen, sitzt auf dem Beifahrersitz ihrer Ente eine lebensgroße Schaufensterpuppe namens Herr Müller-Mallersdorf.
Die halbstündigen Folgen liefen donnerstags um 18.20 Uhr. Autorin Barbara Noack wurde vor allem durch ihren Roman »Der Bastian« bekannt, den es ebenfalls als Vorabendserie gab.

DREI STAHLHARTE PROFIS   SAT.1
1999. 13-tlg. US-Actionserie von Evan Katz (»Three«; 1998).
Ein Geheimdienst verpflichtet drei Betrüger, die für ihn Fälle lösen sollen: den Juwelendieb Jonathan Vance (Edward Atterton), die Trickbetrügerin Amanda Webb (Julie Bowen) und den Computerhacker Marcus Miller (Bumper Robinson). Ihr Auftraggeber ist »Der Mann« (David Warner).
Die einstündigen Folgen liefen freitags gegen 22.00 Uhr. *Drei stahlharte Profis* hatte Ähnlichkeit mit dem Konzept der Serie *Players*, die kurz zuvor nur wenig langlebiger war.

3 TAGE LEBEN   ZDF
2005. »Alltagstest für Spitzenpolitiker«. Realityshow, in der sich Politiker der Herausforderung stellen, für drei Tage den Platz von Nichtpolitikern aus ganz anderen Lebensumständen einzunehmen und sie zu Hause und im Beruf zu vertreten.
Missglückter Versuch, aus dem Konzept von *Gottschalk zieht ein* und *Hausbesuch – Stars unter Druck* eine irgendwie politische Doku-Soap zu machen. Drei Sendungen liefen innerhalb von drei Tagen mit wenig Erfolg am späteren Abend.

DREI TAGE VOR DER WAHL   ARD, ZDF
→ Bonner Runde

DREI TOLLE NULLEN   ARD
2001. 13-tlg. dt.-poln. Kinderserie von Klaus-Peter Wolf.
Die Kinder Bastel-Oskar (Sebastian Swiader), Angel-Olaf (Grzegorz Ruda) und Olivia, genannt Olli (Joanna Jablczynska), erleben gemeinsame Abenteuer und spielen Streiche. Zusammen sind sie die »drei tollen Nullen«.

DREI TRANSSILVANER IM WILDEN WESTEN   DFF 2
1984. 6-tlg. rumän. Westernserie von Titus Popovici und Francisc Munteanu, Regie: Mircea Veroiu (»Artista, dolarii si Ardelenii«; 1979).
Trajan (Ilarion Ciobanu), Romolus (Mircea Diaconu) und Johnny Brad (Ovidiu Iuliu Moldovan), Brüder und Bauern aus Siebenbürgen, gehen Ende des 19. Jh. in den Wilden Westen, kämpfen gegen Desperados und Banden und versuchen, sich eine Existenz aufzubauen.
Die Folgen waren je 50 Minuten lang und waren die Fernsehfassung der rumänischen Kinofilme »Gesucht wird Johnny«, »Johnny schießt quer« und »Wir werden das Kind schon schaukeln«.

DREI UNTER EINER DECKE   ARD
1989. 13-tlg. dt. Comedyserie.
Peter (Rudolf Bissegger), Helen (Angelika Milster) und Wienert (Peter Schiff) jagen gemeinsam Verbrecher. Dafür bringen sie reichlich Erfahrung mit, z. B. als Versicherungsagent oder Kramladenverkäuferin.
Die halbstündigen Folgen liefen im regionalen Vorabendprogramm.

DREI VON DER K   DFF 1
1969. »Die Arbeit der Deutschen Volkspolizei«. 13-tlg. DDR-Krimiserie von Ulrich Waldner, Regie: Christian Steinke.
Die frisch gebackenen Polizisten Major Walter Reinhardt (Günther Grabbert) und Oberleutnant Seppel Beck (Alexander Papendiek) sowie Leutnant Kalluweit (Heinz Behrens) gehören zu dem neuen Team, das nach dem Krieg in der DDR die Kriminalpolizei aufbaut. In ihren Fällen geht es meistens um Ost-West-Fälle wie Spionage oder Schmuggel über die innerdeutsche Grenze, und die Kriminalität kommt fast immer aus dem Westen.
Eigentlich gehörte es zum Konzept, dass – anders als bei den früheren DDR-Krimis *Fernsehpitaval*, *Blaulicht* und *Kriminalfälle ohne Beispiel* – erstmals auch Delikte thematisiert werden sollten, die von DDR-Bürgern begangen wurden. Aber die waren in der Regel dann doch nur selbst Opfer von den ganz bösen Hintermännern aus Westdeutschland. Die Serie entstand in Zusammenarbeit mit dem Ministerium für Staatssicherheit. Sie war dem 20. Geburtstag der DDR gewidmet und zeigte deshalb nebenbei die Entstehung der Volkspolizei von 1945 bis 1969.
Die Folgen waren jeweils eine halbe Stunde lang und liefen mittwochs um 20.00 Uhr.

DREI WOCHEN NORDOST   ARD
1983. 5-tlg. dt. Dokuserie von Detlef Gumm und Hans-Georg Ullrich.
Der 40-jährige Wolfgang Rauth und sein 14-jähriger Sohn Ralph brechen mit den Pferden Coco, Lady

Drei von der K: Leutnant Kalluweit (Heinz Behrens) mit Gaststar Eva-Maria Hagen in der Folge »Ginseng, Gold und Rattengift«.

und Winnetou von Kirchberg im Hunsrück aus in Richtung Nordost zu einer Expedition auf, bei der sie Heimat und Umwelt näher kennen lernen wollen. Begleitet werden die fünf vom Kamerateam in einem alten roten, umgebauten R4. Die dreiwöchige Reise dauerte 19 Tage.
Die einzelnen Teile waren 25 Minuten lang und liefen donnerstags um 16.55 Uhr.

3:0 FÜR DIE BÄRTE　ARD
1971. 4-tlg. Marionettenspiel von Manfred Jenning aus der *Augsburger Puppenkiste*.
Die Menschenkinder Hans und Bärbel finden den Weg ins Wunderland mit seiner Hauptstadt Tansibor. Deren Bewohner sind kleine haarige Gesellen (die Männer haben Bärte bis an die Knie) und sorgen sich darum, dass sie den Zugang zu den Menschenkindern verloren haben, weil die nicht mehr träumen und das Interesse an den alten Märchen verloren haben. Bärbel und Hans sollen das ändern, werden Königin und General des Landes, müssen aber vorher noch den bösen Zauberer Sabor und seine Roboterarmee besiegen. Zum Glück schaffen sie das, und bald steht es gegen ihn 3:0 für die Bärte.

DREI ZUM VERLIEBEN　RTL
1994. 11-tlg. dt. Freundeserie von Erich Tomek.
Robert Holler (Benjamin Sadler) und Otto Maria Meng (Werner Sobotka) haben kein Geld und gammeln in München herum. Als Robert von seiner Tante eine alte Villa am Wörthersee erbt, die er nicht vermieten oder verkaufen darf, reisen beide nach Kärnten. In dem verlassenen Haus treffen sie auf die Studentin Trixi (Tabea Tiesler), in die Robert sich verliebt. Robert und Otto Maria freunden sich mit dem Veldner Automechaniker Kurt Knoll (Dirk Mierau) an – gemeinsam bilden die drei Männer eine Clique. Erika (Anette Hellwig) ist Roberts Ex-Freundin, Henry Lückner (Heinz Maracek), der mit Ellen (Liane Hielscher) verheiratet ist, versucht mit allen Mitteln, Robert das Grundstück abzujagen.
Das Team von *Ein Schloss am Wörthersee* war hier wieder am Werk: Erich Tomek schrieb die Bücher, Karl Spiehs produzierte, und die beiden Knalltüten aus dem Hotelpersonal (Adi Peichl und Produktionsleiter Otto W. Retzer) wirkten in Nebenrollen auch wieder mit.

3-2-1 KOMPASS　ZDF
→ Kompass

DIE DREIBEINIGEN HERRSCHER　ZDF
1986–1988. 25-tlg. brit.-austral. Science-Fiction-Jugendserie nach den Romanen von John Christopher (»The Tripods«; 1984–1985).
Auf der Erde herrschen nach einer Katastrophe riesige dreibeinige Monster aus Metall. Jeder Mensch erhält mit 15 Jahren von den Dreibeinern bei der »Weihe« eine Metallkappe eingesetzt, durch die seine Willenskraft erlischt. Will Parker (John Shackley) und sein Vetter Henry (Jim Baker) flüchten gemeinsam mit ihrem Freund Beanpole (Ceri Seel) vor den Schwarzen Garden, um der Weihe zu entgehen. Während der Hetzjagd durch Europa treffen sie weitere Flüchtlinge und finden heraus, wie die Erde früher aussah, als noch die Menschen herrschten.
Von John Christopher stammt auch die Buchvorlage zur Science-Fiction-Jugendserie *Die Wächter*. Jede Folge dauerte 25 Minuten. Bei der ZDF-Erstausstrahlung lief die erste Staffel mit jeweils zwei Folgen am Stück sonntags. Alle weiteren Folgen liefen einzeln donnerstags und später dienstags.

DREIFACHER RITTBERGER　ARD
1987. 5-tlg. dt. Comedyserie von Elke Heidenreich, Regie: Bernd Schroeder.
Drei Frauen aus drei Generationen der Familie Rittberger leben unter einem Dach und meistern den Alltag mit Humor: Omma (Tana Schanzara), Lore (Maria Grazia Kinsky) und Betty (Roswitha Wolf).
Die halbstündigen Folgen liefen montagabends.

DAS DREILÄNDERSPIEL　ZDF
1975–1977. Nachfolgesendung von *Räuber und Gendarm*. Einstündiges Eurovisionsquiz für Kinder und Jugendliche mit Rateteams aus Deutschland, Österreich und der Schweiz. Das Gewinnerteam bekommt 600 DM für die Klassenkasse. Die Sendung lief am Wochenende nachmittags.

DIE 30 FÄLLE DES MAJOR ZEMAN DFF 1
→ Die Kriminalfälle des Majors Zeman

30 JAHRE NACH DEM 2. WELTKRIEG ARD
1969. 3-tlg. Dokureihe über die Städte Münster, Reims und Portsmouth: ihre Zerstörung, den Wiederaufbau, ihr Schicksal. Die Folgen dauerten 45 Minuten und liefen im Spätabendprogramm.

DIE DREISTEN DREI – DIE COMEDY-WG SAT.1
Seit 2003. Halbstündige Comedyshow mit Mirja Boes, Ralf Schmitz und Markus Majowski.
Die drei Komiker spielen in kurzen, abgeschlossenen Sketchen verschiedene Rollen. In der Rahmenhandlung sind sie immer, unter ihren Klarnamen, die Bewohner einer WG, in der Majowski, jaja, haha, der lustige Dicke ist, der immer Hunger hat, Schmitz der quirlige Wirbelwind und Boes die hartgesottene Frau, die sich um ihre Männer kümmern muss.
13 Folgen liefen freitags um 22.15 Uhr. Die Show wurde ein Überraschungserfolg, die Einschaltquoten erreichten beinahe die von *Sieben Tage – Sieben Köpfe*, der parallel bei RTL laufenden, über Jahre übermächtigen Konkurrenz. Nicht einmal Sat.1 selbst hatte offenbar auf Erfolg gehofft und wollte eigentlich die Hälfte des Materials – teilweise adaptiert aus englischen Comedyshows – wegwerfen. Wegen des unerwarteten Zuspruchs wurden aus dem herausgeschnittenen Abfall schnell noch ein paar weitere Folgen gezimmert und die erste Staffel so kurzfristig per Programmänderung auf 13 Folgen verlängert. Selbstverständlich wurde die Reihe danach mit neuen Staffeln fortgesetzt.

DREIZEHN BRIEFE ZDF
1967. »Interessantes um Absender und Empfänger«. 13-tlg. dt. Serienbrief, Regie: Hermann Kugelstadt. Reihe, die in sich abgeschlossene Episoden über Absender und Empfänger von Briefen erzählte. Jede Geschichte war etwa eine halbe Stunde lang. Wechselnde Darsteller spielten die Hauptrollen. Sie lief freitags im Vorabendprogramm.

DIE 13 GEISTER VON SCOOBY-DOO PRO SIEBEN
1995. 13-tlg. US-Zeichentrickserie (»The 13 Ghosts Of Scooby-Doo«; 1985–1986). Weitere Neuauflage der Abenteuer, die mit *Scooby-Doo, wo bist du?* begonnen hatten.

DIE DREW CAREY SHOW PRO SIEBEN
→ Ein Witzbold namens Carey

**DIE DREWS –
EINE FURCHTBAR NETTE FAMILIE** RTL 2
2003. 3-tlg. dt. Reality-Doku-Soap.
Nach dem Sensationserfolg der MTV-Serie *The Osbournes*, die das Privatleben des Rockstars Ozzy Osbourne samt Familie dokumentierte, suchten deutsche Sender flugs nach eigenen Prominenten, die bereit waren, ihr Leben zur Schau zu stellen. Der Schlagersänger Jürgen Drews war schon lange dafür bekannt, eben dies gern zu tun, und so wurde RTL 2 als erster Sender fündig. Die Kameras begleiteten Jürgen, seine Frau Ramona, Tochter Joelina und Dackel Fienchen im heimischen Einfamilienhaus in Dülmen. Die Folgen liefen montags um 21.15 Uhr.

DRITTE HALBZEIT RTL
1999. 45-minütige Comedyshow mit Björn-Hergen Schimpf. Schimpf talkt mit einem sechsköpfigen Promiteam über Sportler und sportliche Ereignisse. Dabei sammelt die Runde Punkte für vom Aussterben bedrohte Sportarten.
Stammgäste waren Hella von Sinnen und Willi Thomczyk; die anderen Gäste wechselten. Produzenten der Sendung, die donnerstags um 23.15 Uhr lief, waren Marc Conrad und Hugo Egon Balder. Als Vorbild dienten die in Großbritannien unglaublich beliebten Panel-Shows, bei denen Prominente um die Wette raten und spielen und das alles nicht so ernst nehmen. Den Deutschen war das einigermaßen fremd. *Dritte Halbzeit* floppte, erst *Genial daneben – Die Comedy-Arena* schaffte Jahre später einen Erfolg mit einem Format aus diesem Genre.

DAS DRITTE REICH ARD
1960–1961. 14-tlg. Dokumentarreihe von Heinz Huber und Artur Müller über die Jahre 1933 bis 1945. Sie war eine der ersten Zeitgeschichtsreihen im deutschen Fernsehen, die sich mit dem Thema befasste, und gilt deshalb als Meilenstein.
Die Folgen waren zwischen 45 und 70 Minuten lang und liefen meistens zur Primetime, vereinzelt auch erst nach 22.00 Uhr. Die Folge »Der SS-Staat« erhielt drei Jahre später den Grimme-Preis mit Gold. Es war die erste Grimme-Preis-Verleihung. Bei einer Wiederholung im Jahr 1964 erschien ein Begleitbuch zur Serie, damals ebenfalls eine Neuheit.

DROOPY, DER MEISTERDETEKTIV RTL
1994. 13-tlg. US-Zeichentrickserie (»Droopy: Master Detective«; 1993).
Neuauflage der Geschichten um den lethargischen Hund Droopy, der immer schneller ist als seine Verfolger, obwohl er gar nicht so wirkt. In *Mein Name ist Drops* hatte das Vieh noch einen deutschen Namen erhalten, hier hieß er jetzt wie im amerikanischen Original.

DROOPY – MEIN NAME IST DROPS PRO SIEBEN
→ Mein Name ist Drops

DRÖSCHERS TIERWELT SAT.1
1992. 9-tlg. dt. Tierreihe mit Vitus B. Dröscher, der auf seine gewohnt persönliche – man kann auch sagen: entsetzlich vermenschlichende – Art über das Verhalten der Tiere Afrikas berichtet.
Die Eröffnung der Sendungen moderierte Dröscher gern in einem Wildparkambiente von einem Jeep aus, den ein Farbiger steuerte und in dem eine ewig schweigende Frau saß. Manche Leute haben darin die Quintessenz des Dröscherschen Weltbildes mit

seiner sozialdarwinistischen Prägung gesehen. Die Reihe fand ein jähes Ende, als aufflog, dass Dröscher manche seiner »eigenen« Reportagen von der BBC hatte.

Die knapp halbstündigen Ausgaben liefen samstagnachmittags.

DRÜBEN ZDF

1966–1973. 20-minütiges Magazin mit Hanns Werner Schwarze über Alltag und Ereignisse in der DDR.

Es geht um politische, wirtschaftliche oder kulturelle Entwicklungen, aber auch um Informationen aus dem täglichen Leben, z. B. was der Zentner Kartoffeln zurzeit »drüben« kostet. In Meinungsumfragen des Allensbacher Instituts werden Bundesbürger über ihre DDR-Kenntnisse befragt, in »Von drüben zurück« teilten westliche Besucher der DDR ihre Erfahrungen mit.

Schon im Startjahr des ZDF, 1963, stand in den Senderrichtlinien ausdrücklich: »Es sind Sendungen zu veranstalten, die über die Lage in der sowjetisch besetzten Zone Deutschlands und in den Gebieten hinter der Oder und Neiße mit dem Willen zur Objektivität unterrichten.« Ab 1966 kam das ZDF diesem Vorsatz im Rahmen eines regelmäßigen Magazins nach, das laut offizieller Ankündigung »Informationen und Meinungen über Mitteldeutschland« beinhaltete. Es lief sonntags unmittelbar vor dem Hauptabendprogramm, zunächst um 19.40 Uhr, dann um 19.55 Uhr, meist 14-täglich im Wechsel mit den *Bonner Perspektiven,* und war erst das zweite politische Magazin des ZDF. Vorher hatte es einen kurzlebigen Versuch unter dem Namen *In diesen Tagen* gegeben.

Nach 180 Sendungen wurde das Magazin eingestellt. *Kennzeichen D* übernahm viele Themen von *drüben.*

DRÜBEN BEI LEHMANNS ARD

1970–1971. »Geschichten aus dem Berliner Alltag«. 26-tlg. dt. Familienserie von Rolf Schulz, Regie: Herbert Ballmann.

Das Ehepaar Else (Brigitte Mira) und Paul (Walter Gross) führt einen Lebensmittelladen und ist damit in der ganzen Nachbarschaft bekannt. Weil die beiden sich auch außerhalb des Ladens um ihre Mitmenschen kümmern, sind sie beliebt. Zu dieser Nachbarschaft gehören u. a. Frau Steffens (Inge Wolffberg) und die schwatzhafte Friseurin Edeltraud Plischke (Erika Rehhahn). Die Lehmanns haben eine erwachsene Tochter, Monika (Ursula Lillig), die mit Herbert Münch (Horst Niendorf) verheiratet ist.

Die 25-Minuten-Folgen liefen in allen regionalen Vorabendprogrammen.

DRÜCK DEIN GLÜCK RTL 2

1999. Halbstündige Gameshow mit Guido Kellermann.

Nach klassischem Muster können drei Kandidaten über drei Frageründen durch schnelles Drücken des Buzzers und richtige Antworten ihren Kontostand erhöhen. Der Rundensieger muss anschließend ein über eine Wand mit 54 Feldern schwirrendes Lauflicht anhalten. Je nach Symbol vervielfacht er seine Punkte; erwischt er Maskottchen Hainz, den Geldhai, ist alles weg. Auf diese Weise kann ein weit zurückliegender Kandidat auch in der letzten Runde noch Gesamtsieger werden. Der Champion ist beim nächsten Mal wieder dabei.

Lief werktags um 17.30 Uhr.

DRUCKFRISCH ARD

Seit 2003. Monatliches halbstündiges Literaturmagazin, in dem der Kritiker Denis Scheck am späten Sonntagabend neue Bücher vorstellt und ihre Autoren trifft.

Anders als die wenig später gestartete ZDF-Sendung *Lesen!* blieb es trotz des Bemühens um Popularität und Pointen eine Minderheitenveranstaltung.

DRUNTER UND DRÜBER ZDF

1998. 11-tlg. dt. Familienserie von Michael Baier.

Der Fernsehwettermoderator Robert Bärenthal (Matthias Zahlbaum) und die Rechtsberaterin Friederike Vollmer (Inka Friedrich) sind seit zehn Jahren zusammen, aber nicht verheiratet. Ihre drei gemeinsamen Töchter Henriette (Kira Mihm), Charlotte (Nadine Frano) und Patricia, genannt Trischa (Henrike Handke), richten zu Hause regelmäßig Chaos an. Hilde (Kyra Mladek) und Josef (Igor Jeftic) sind Roberts Eltern, Georg (Hubert Mulzer) und Marianne (Barbara Focke) die von Friederike. Heinz Künecke (Ulrich Bähnk) ist Roberts bester Freund, Inge Pfister (Nina Petri) Friederikes beste Freundin. Am Ende nimmt Friederike doch noch Roberts Heiratsantrag an.

Harmlose Serie, in der es natürlich nicht wirklich drunter und drüber geht, sondern höchstens ein kleines bisschen hin und her, bis sich alle sehr schnell wieder lieb haben. Die 50-minütigen Folgen liefen am Vorabend.

DSCHUNGEL-FIEBER RTL

1998–1999. 13-tlg. kanad. Comedyserie (»The Mighty Jungle«; 1994).

Der Alligator Vinnie, der Orang-Utan Winston, der Seelöwe Jack und die Tukanfrau Viola brechen ihren tierischen Eid und sprechen plötzlich mit Dan Winfield (Francis Guinan), ihrem Wärter im Zoo. Aber nur mit ihm. Weder Dans Chef Kenneth Crisp (Patrick McKenna), noch die Tierärztin Sylvie (Sylvie Loeillet), noch Dans Frau Susan (Charlene Fernetz) oder die Kinder Alison (Molly Atkinson) und Andrew (Noah Shebib) kennen das Geheimnis.

Die Serie lief am Samstagmittag.

DSCHUNGELBOY ARD

1964–1965. 10-tlg. brit.-kenian. Abenteuerserie (»Adventures Of A Jungle Boy«; 1957).

Dschungelboy (Michael Carr Hartley) lebt seit dem Tod seiner Eltern allein in einem Baumhaus aus Bam-

bus. Sein bester Freund ist ein Gepard, aber auch mit den anderen Tieren im Dschungel versteht er sich prächtig. Gemeinsam helfen sie Tieren wie Menschen.
Die Aufnahmen entstanden in Kenia. Die halbstündigen Folgen liefen im regionalen Vorabendprogramm.

DSCHUNGELBUCH-KIDS RTL
2000. 21-tlg. US-Zeichentrickserie (»Jungle Clubs«; 1996–1998).
Die Serie basiert auf dem erfolgreichen Kinofilm »Das Dschungelbuch« (1967) und erzählt Geschichten der Hauptfiguren Balu, Baghira, Louie und anderen, als diese noch Kinder waren.

DU SCHON WIEDER RTL
1988. 26-tlg. US-Sitcom von Eric Chappell (»You Again?«; 1986–1987).
Beim geschiedenen Henry Willows (Jack Klugman) zieht plötzlich dessen 17-jähriger Sohn Matthew (John Stamos) ein, den er seit sieben Jahren nicht gesehen hat. Fortan leben beide wieder zusammen. Enid Tompkins (Elizabeth Bennett) ist Henrys Haushälterin, Pam (Valerie Landsburg) seine Sekretärin und Maggie Davis (Barbara Rhoades) eine Arbeitskollegin.
Lief samstags und sonntags gegen 17.20 Uhr. Die Serie war eine originalgetreue Kopie der britischen Comedyserie *Da bin ich wieder,* die etwas später in der ARD lief. Elizabeth Bennett spielte in beiden Serien die Haushälterin.

DU UND DEIN GARTEN DFF 1, DFF 2, ORB
1968–1990 (DFF); 1991–2003 (ORB). Ratgebermagazin mit der Leipziger Schauspielerin Erika Krause und Tipps für »Kleingärtner, Siedler und Kleintierzüchter«.
Das Magazin sollte den Erfahrungsaustausch zwischen Gartenbauspezialisten, Kleingärtnern, Kleintierzüchtern und einem Millionenpublikum herstellen – und so einen praktischen Beitrag zur Versorgung der Bevölkerung leisten.
Die erste Sendung kam aus der Kleingartenanlage Wiesenmühle in Berlin-Rahnsdorf. *Du und Dein Garten* wurde ein Riesenerfolg und Krause die bekannteste Gärtnerin und einer der populärsten Fernsehstars der DDR. Sie beantwortete Zuschauerfragen und zeigte, wie man mulcht und düngt, wie man Hecken fachgerecht beschneidet, wann man Gemüse aussät und wie man Baum- und Strauchfrüchte einweckt. Bei der Verleihung des Titels »Fernsehliebling« von der Zeitschrift »FF dabei« 1989 verkostete sie einen Weißwein aus der DDR und kommentierte dessen Qualität mit den Worten: »Also den würde ich nur Gästen anbieten, die bald wieder gehen sollen!«
Viele hundert Sendungen liefen jeweils ungefähr monatlich an verschiedenen Tagen meist am Vorabend. Nach dem Ende des DFF setzten ORB und MDR die beliebte Reihe fort.

DU UND DEIN HAUSHALT DFF, DFF 1
1967–1969. Monatliches Ratgebermagazin am Samstagnachmittag zu »Fragen moderner Wohnkultur« mit Einrichtungstipps vom Fachmann. Hieß ab 1968 *Du und Dein Heim.*

DU UND DEIN HAUSTIER DFF 1
1981–1990. Monatliches Ratgebermagazin mit Tipps zur Pflege und Haltung von Haus- und Nutztieren; Moderation: Gudrun Thiele. Die besten Mittel für Hund und Katze waren ebenso ein Thema wie die Frage »Wie züchtet man Rassehühner?«.
Die 25 Minuten lange Sendung lief insgesamt 115-mal.

DU UND DEIN HEIM DFF
→ Du und Dein Haushalt.

DU & ICH ZDF
2002–2003. Halbstündige Comedyserie von Guy Lepage, Regie: Wolfgang Münstermann.
Annette (Annette Frier) und Martin (Martin Armknecht) sind ein ganz normales, langjähriges, kinderloses, unverheiratetes Paar, das die ganz normalen Situationen erlebt, die ganz normale, langjährige, kinderlose, unverheiratete Paare erleben: Die Frau kann sich beim Kleiderkauf nicht entscheiden, der Mann will Fleisch statt indischer Teigröllchen. Pro Folge karikieren mehrere kurze Szenen die Tücken des Alltags.
Die Serie war eine ungewöhnliche Mischung aus Sitcom und Sketchshow, allerdings inszeniert im Stil einer Doku-Soap: Eine fest installierte Kamera zeigte immer beide Hauptdarsteller. Die Szenen sollten nach Alltag aussehen und nicht nach einem Stück aus dem Drehbuch samt Pointe. *Du & Ich* ist die deutsche Adaption des kanadischen Formates »Un gars, une fille«, in dem Produzent und Erfinder Guy Lepage selbst den Mann spielt. Es wurde erfolgreich nach Frankreich verkauft, dann in ein Dutzend Länder weltweit. In Deutschland allerdings wurde die Serie kein Erfolg. Acht Folgen liefen sonntags nach 22.00 Uhr, fünf weitere am (sehr) späten Samstagabend.

DUCK DODGERS RTL 2
Seit 2005. US-Zeichentrickserie (»Duck Dodgers«; seit 2003).
Parodie auf den Science-Fiction-Helden Buck Rogers: Daffy Duck alias Duck Dodgers war 351 Jahre in einer Kühltruhe eines Raumschiffs eingefroren und gibt nun vor, damals ein Superheld gewesen zu sein. Die Herren des 24. Jh. scheinen nicht die Hellsten zu sein, denn sie machen ihn zum Raumschiffkapitän und geben ihm eine Mannschaft, bestehend aus Schweinchen Dick. Und wo sonst, wenn nicht im All, träfen sie auf Marvin, den Marsianer.
Die Idee, *Buck Rogers* auf diese Weise zu parodieren, wurde bereits 1963 in dem Film »Duck Dodgers im 24. Jahrhundert« umgesetzt, doch erst 40 Jahre später wurde eine Serie daraus.

DUCK TALES – NEUES AUS ENTENHAUSEN ARD, SUPER RTL
1989–1996 (ARD); 1998 (Super RTL). 100-tlg. US-Zeichentrickserie aus den Disney-Studios (»Ducktales«; 1987–1992).

Dagobert Duck und seine jungen Neffen Tick, Trick und Track erleben in Entenhausen und der ganzen Welt spannende Abenteuer, bei denen es hauptsächlich darum geht, Dagoberts unermesslichen Reichtum noch zu steigern. Mit dabei sind auch der Pilot Quack, Butler Johann, Tante Frieda, Daniel Düsentrieb, MacMoneysack, Gustav Gans und die Panzerknacker.

Mit Walt Disneys Figuren Mickymaus und Donald Duck hatte es bereits viele Cartoons gegeben. Dies war die erste Serie, in der der geizige Onkel Dagobert im Mittelpunkt stand. Sein Neffe Donald Duck kam hier nur selten vor. Die ersten 65 halbstündigen Folgen liefen bis August 1990 samstags im regionalen Vorabendprogramm. Innerhalb der ARD-Kindersendungen *Disney Club* und *Tigerenten-Club* wurden später alle Episoden wiederholt und ab September 1995 weitere 30 Folgen erstausgestrahlt. Die noch übrigen fünf Folgen zeigte Super RTL später erstmals. Für die Ausstrahlungen im *Disney Club*, *Tigerenten-Club* und bei Super RTL wurde das ursprünglich englische Titellied eingedeutscht.

Zur Serie entstand außerdem der Kinofilm »Duck Tales – Jäger der verlorenen Lampe«.

DUCKMAN RTL 2
1999. 26-tlg. US-Zeichentrick-Comedy-Serie von Everett Peck (»Duckman«; 1994–1997). Der New Yorker Erpel Eric Tiberius Duckman ist ein übellauniger Detektiv mit Koffein-, Nikotin- und Alkoholproblemen.

RTL 2 erkannte, dass diese innovative Zeichentrickserie nicht für Kinder gedacht war, und sendete sie im Nachtprogramm. Im Original lieh Jason Alexander (der George aus *Seinfeld*) der Titelfigur seine Stimme. Die Produzenten Gabor Csupo und Arlene Klasky steckten auch hinter den *Rugrats*. Die Musik in der ersten Staffel stammte von Frank Zappa. Sein Sohn Dweezil wirkte ebenfalls als Sprecher mit.

DUEL MASTERS RTL 2
2004. 26-tlg. jap. Zeichentrickserie (»Duel Masters«; 2003–2004). Der junge Shobu möchte unschlagbarer Meister im Kaijudo werden, der Kunst des Duel-Masters-Sammelkartenspiels.

DUELL ZU DRITT ZDF
1971. 13-tlg. dt. Gaunerkomödie von Hans-Georg Thiemt und Hans Dieter Schreeb, Regie: Hermann Leitner.

Venedig 1924. Martin Baker (Erwin Strahl) war früher ein Ganove, heute ist er Manager des »Grandhotel Bristol« am Lido. Sein Kumpel Jerry Hoover (Fred Williams) war früher ebenfalls Ganove und ist heute Polizist, sieht darin aber keinen Grund, die Finger von krummen Dingern zu lassen. Gemeinsam mit der Schriftstellerin Liz Bentley (Vera Tschechowa), die ebenfalls im Hotel wohnt, erleben sie heitere Geschichten.

Die halbstündigen Folgen liefen montags am Vorabend.

DUELL ZU DRITT ZDF
1997. 15-tlg. dt. Freundeserie von Claus Stirzenbecher, Regie: Peter Sämann.

Aufgrund unglücklicher Umstände nimmt der gut situierte Versicherungsagent Bruno Kleeberg (Till Demtröder) den verschuldeten Lebenskünstler Constantin »Costa« Walther (Gregor Bloéb) und die Nachwuchsoperndiva Gogo Curian (Carina Nicollette Wiese) zu Hause auf. Das bringt sein Privatleben mit seiner Verlobten Elvira (Anette Hellwig) aus der Bahn und gefährdet die geplante Hochzeit.

Die einstündigen Folgen liefen freitags um 17.50 Uhr.

EIN DUKE KOMMT SELTEN ALLEIN SAT.1, KABEL 1
1988–1990 (Sat.1); 1992–1993 (Kabel 1). 147-tlg. US-Comedy-Abenteuer-Serie von Gy Waldron (»The Dukes Of Hazzard«; 1979–1985).

Die Cousins Luke (Tom Wopat), Bo (John Schneider) und Daisy Duke (Catherine Bach) leben gemeinsam mit ihrem Onkel Jesse (Denver Pyle) in Hazzard

»Yiiiiihaaaaaa!« *Ein Duke kommt selten allein:* Die Dukes Luke, Daisy und Bo (von links) mit einem ihrer 300 besten Freunde, dem »General Lee«.

County. Sie sind ständig auf der Flucht vor dem dortigen Sheriff Rosco Coltrane (James Best) und liefern sich im Auto wilde Verfolgungsjagden mit ihm, an denen sie jedoch großen Spaß haben. Das Auto ist ein 1969er Dodge Charger mit einer großen »01« auf der Seite und heißt »General Lee«. Am Steuer sitzt meistens Bo, der mal Testfahrer für Rennautos war und deshalb den General am besten beherrscht. Fast immer bietet sich die Möglichkeit, mit dem Wagen irgendwo drüberzuspringen, stets begleitet von einem spitzen Freudenschrei.

Bo ist der stürmische Frauenheld, der oft vorschnell handelt und dem der ältere Luke dann aus der Klemme helfen muss. Sexy Daisy hat als Einzige einen Job; sie arbeitet im »Boar's Nest«, einer Kneipe, die dem korrupten Politiker Jefferson Davis »Boss« Hogg (Sorrell Booke) gehört, ein fieser Kerl im weißen Anzug mit weißem Hut und Zigarre im Mund. Er kann die Dukes nicht ausstehen und versucht dauernd, ihnen etwas anzuhängen, um sie ins Gefängnis zu bringen, weil sie immer wieder seinen krummen Geschäften auf die Spur kommen. Der tölpelhafte Sheriff ist deshalb der Sheriff, weil er der Schwager vom Boss ist. Sein Deputy ist Enos Strate (Sonny Shroyer), zwischendurch vorübergehend Cletus Hogg (Rick Hurst), ein Cousin vom Boss. Onkel Jesse ist ein ehrenwerter und angesehener Mann, der einen weißen Bart hat, meistens eine rote Mütze trägt und eine Whiskeybrennerei betreibt. In der fünften Staffel ziehen die Cousins Coy (Byron Cherry) und Vance Duke (Christopher Mayer) für eine Weile bei ihm ein, nachdem Bo und Luke Hazzard County verlassen haben, um Rennfahrer zu werden. Noch in der gleichen Staffel kehren sie aber zurück, und die anderen verschwinden wieder. Der Mechaniker Cooter Davenport (Ben Jones) hat die ehrenwerte Aufgabe, den dauerlädierten General wieder herzurichten.

Das Flair der Serie entstand durch die besondere Mischung aus Action und Slapstick, dummen Gesichtern und dummen Sprüchen mit einer ganz eigenen Logik: »Burt Reynolds hat sich nie verfahren.« – »Ja, weil er einen Schnauzer trägt.« Ein Offerzähler führte durch die Geschichten (in der amerikanischen Originalversion war das Countrysänger Waylon Jennings, der auch das Titellied sang). Eigentlicher Star war das Auto der Dukes, das bei den wilden Fahrmanövern während der Dreharbeiten so sehr beschädigt wurde, dass für jede Folge drei neue Dodges verwendet werden mussten. Insgesamt wurden im Lauf der Serie 300 solcher Dodges zu Schrott gefahren. Als die Produzenten jedoch glaubten, das Auto allein könne die Serie auch ohne die Hauptdarsteller tragen, wurden sie eines Besseren belehrt. Tom Wopat und John Schneider hatten nach der vierten Staffel im Streit um Gehälter und Gewinnbeteiligungen gekündigt, und die beiden Neuen waren ins Spiel gekommen. Innerhalb weniger Monate erkannten alle Seiten ihren Fehler. Die Einschaltquoten waren stark gesunken, und Wopat und Schneider hatten auch keinen besseren Job gefunden. Also kehrten sie zu verbesserten Konditionen zurück, und ihre Ersatzmänner waren in der entsprechenden Folge noch vor der ersten Werbepause wieder verschwunden.

Es wurde nie erläutert, wo genau Hazzard County liegt, es wurde nur auf »östlich des Mississippi und südlich des Ohio« eingegrenzt. Die Verwandtschaftsverhältnisse (nur Cousins und Onkels, keine Geschwister und Eltern) und der Klang der Namen (Daisy Duke) erinnern jedoch stark an Entenhausen.

Die einstündigen Folgen liefen im Nachmittagsprogramm.

DUMM ERWISCHT   RTL 2

2002. Einstündige Sketch-Comedy-Show mit Niels Ruf, in der Menschen auf der Straße mit versteckter Kamera hereingelegt wurden.

Ruf selbst hatte es ein halbes Jahr vorher dumm erwischt, als er bei seinem damaligen Arbeitgeber ViVA angeblich wegen wiederholter menschenverachtender Äußerungen fristlos gefeuert wurde, nachdem er wohl schon zuvor immer mal wieder knapp an einer Kündigung vorbeigeschrammt war. Rufs Skandale und eine Liaison mit Anke Engelke hatten über Monate die Klatschspalten gefüllt. Sechs Folgen dieser Show, seiner ersten bei einem größeren Sender, liefen montags um 20.15 Uhr.

DUMM GELAUFEN   RTL
→ Life! Dumm gelaufen

DUMM UND DÜMMER   PRO SIEBEN

1997. 13-tlg. US-Zeichentrickversion des gleichnamigen Kinofilms (»Dumb And Dumber«; 1995). Die Idioten Harry und Lloyd treiben dummes Zeug.

DUMMES ZEUG UND STARKE STÜCKE   ARD
→ Benny Hill

DIE DÜMMSTEN ... DER WELT   RTL 2

1999–2002. Realityreihe.

Andreas Elsholz moderierte die erste Staffel und zeigte Zufallsaufnahmen von spektakulären Unfällen, Missgeschicken oder misslungenen Verbrechen. Der Titel wurde je nach Themenkomplex jeweils für mehrere Wochen beibehalten und beinhaltete die dümmsten Autofahrer, Pannen und Verbrecher der Welt. Eine neue Staffel mit Autofahrern, Tieren, Kollegen etc. wurde ab Ende 2000 von Daniel Hartwig moderiert. Wechselnde Gaststars präsentierten einzelne Specials über Fußgänger, Fahrschüler, Liebhaber, Sportler, Blondinen, Urlauber, Familienfeste und Warmduscher, darunter mehrmals der Boxer Axel Schulz.

Die einstündigen Folgen liefen erst dienstags zur Primetime, dann montags und dann scheinbar immer.

DIE DÜMMSTEN/FRECHSTEN/ LUSTIGSTEN ... DER WELT   RTL

2000. Realityreihe mit Markus Lanz, in der lustige

Aufnahmen von dummen Handwerkern, Verbrechern, frechen Seitensprüngen, Tier- oder Sportpannen gezeigt wurden. Die einstündigen Folgen liefen freitags um 20.15 Uhr unter wechselnden Titeln.

DIE DÜMMSTEN/GRÖSSTEN/ GEFÄHRLICHSTEN ... DER WELT   RTL 2
2000. Realityreihe mit Andreas Elsholz und noch mehr oder auch den gleichen Zufallsaufnahmen wie in der anderen dümmsten Reihe der Welt. Die Reihe lief dienstags zur Primetime.

DUNE   RTL
2003. 3-tlg. US-dt. Fantasyfilm nach dem Roman von Frank Herbert, Regie: Greg Yaitanes (»Children Of Dune«; 2003).
Fortsetzung von *Dune – Der Wüstenplanet:* Paul Atreides (Alec Newman) beherrscht inzwischen den Wüstenplaneten Arrakis, auf dem die lebensverlängernde Substanz »Spice« angebaut wird, und die Galaxis. Doch eine Verschwörung möchte ihn stürzen. Paul braucht jetzt die Hilfe seiner Kinder Ghanina (Jessica Brooks) und Leto II. (James McAvoy).

DUNE – DER WÜSTENPLANET   PRO SIEBEN
2001. 3-tlg. US-dt.-kanad. Fantasyfilm nach dem Roman von Frank Herbert, Buch und Regie: John Harrison (»Dune«; 2000).
Im 11. Jahrtausend ist der Wüstenplanet Arrakis umkämpft. Nach Macht streben Paul (Alec Newman), der Sohn von Herzog Leto Atreides (William Hurt), Jessica (Saskia Reeves), Baron Harkonnen (Iain McNeice) und Nomadenführer Stilgar (Uwe Ochsenknecht).
Die drei Filme liefen an aufeinander folgenden Tagen zur Primetime. Eine Fortsetzung der Geschichte zeigte RTL unter dem Titel *Dune*.

DUNGEONS AND DRAGONS   RTL
→ Im Land der fantastischen Drachen

DER DÜNNBRETTBOHRER   ARD
1993–1995. US-Sitcom (»Home Improvement«; 1991–1999) über den Familienvater Tim Taylor (Tim Allen), der zwar im Fernsehen eine Heimwerkershow moderiert, aber zu Hause bei jeglichen Reparaturversuchen kläglich versagt.
Die Serie startete montags kurz nach 22.00 Uhr im Comedydoppelpack mit *Harrys Nest,* wurde dort aber nach nur drei Folgen ab- und durch Wiederholungen von *Detektivbüro Roth* ersetzt. Auch ein späterer Versuch zweimal wöchentlich um 17.15 Uhr blieb erfolglos. Unter dem Titel *Der Dünnbrettbohrer* liefen 28 Folgen. Im Mai 1994 startete die ARD eine neue Staffel mit 23 Folgen, diesmal freitags gegen Mitternacht unter dem Titel *Der Heimwerker,* erneut ohne die gewünschte Zuschauerresonanz. Erst als RTL die Serie 1996 neu synchronisiert unter dem Titel *Hör mal, wer da hämmert* (siehe dort) zeigte, wurde sie ein Erfolg und Dauerbrenner.

DUNYA & DESIE   ZDF
2005. 19-tlg. niederländ. Jugendserie.
Die Muslimin Dunya (Maryam Hassouni) und die dynamische Holländerin Desie (Eva van de Wijdeven) sind beste Freundinnen und pfeifen auf kulturelle Unterschiede. Die 25-Minuten-Folgen liefen am Samstagmittag.

DAS DUO   ZDF
Seit 2002. Dt. Krimireihe von Susanne Schneider.
Die Kommissarinnen Lizzy Krüger (Ann-Kathrin Kramer) und Marion Ahrens (Charlotte Schwab) lösen gemeinsam Fälle in Lübeck.
Die spielfilmlangen Folgen laufen in loser Folge als *Samstagskrimi* zur Primetime.

DURBRIDGE   ARD
1959–1971. Dt. Krimireihe.
Fast jährlich zeigte die ARD eine Verfilmung eines Krimis von Francis Durbridge, zunächst als Sechsteiler, ab 1965 als Dreiteiler. Sie wurden zu Straßenfegern. Wenn ein neuer *Durbridge* lief, kam das öffentliche Leben in Deutschland in später unvorstellbarem Maß zum Stillstand. Die einzelnen Fälle waren: »Der Andere«, »Es ist soweit«, »Das Halstuch«, »Tim Frazer«, »Tim Frazer – Der Fall Salinger«, »Die Schlüssel«, »Melissa«, »Ein Mann namens Harry Brent«, »Wie ein Blitz«, »Das Messer«.

DURCH DICK UND DÜNN – EIN ECHT FETTES ABENTEUER   RTL 2
2005. 6-tlg. Doku-Soap. Zehn Teenager mit Übergewicht machen mit kiloweise Gepäck auf dem Rücken eine Trekkingtour durch Lappland – sofern sie vorab die notwendigen medizinischen Tests bestehen.

DER DURCHDREHER   ARD
→ Der ganz normale Wahnsinn

DURCHGEHEND WARME KÜCHE   ARD
1993–1994. 26-tlg. niederländ. Comedyserie (»In de vlaamsche pot«; 1990–1995).
Das schwule Paar Karel Visser (Edwin de Vries) und Lucien van Damme (Serge-Henri Valcke) führt gemeinsam das Restaurant »De Vlaamsche Pot«. Karel ist der Geschäftsführer, Lucien der Koch, und nicht nur diese beiden gehen nach Feierabend gemeinsam nach Hause, sondern mit ihnen auch ihre Küchenhilfen Frits (Frans van Deursen) und Dirkje (Susan Visser), denn alle wohnen unter einem Dach. Frits ist in Dirkje verknallt, die dieses Gefühl jedoch nicht erwidert.
Die halbstündigen Folgen liefen donnerstagnachmittags. Einer der Produzenten war John de Mol.

DAS DURCHGEKNALLTE POLIZEIREVIER   RTL
1996. 8-tlg. US-Krimiparodie von Stephen J. Cannell (»The Last Precinct«; 1986).
Captain Rick Wright (Adam West) leitet das in jeder Hinsicht letzte Polizeirevier von Los Angeles:

Das 56. Revier liegt nicht nur an der Stadtgrenze, es hat auch die absurdeste und inkompetenteste Mannschaft von Polizisten (schon das Wort »leiten« im Zusammenhang mit Wright ist irreführend). Darunter: der gut aussehende Price Pascall (Jonathan Perpich), der superfette Motorradpolizist William »Raid« Raider (Dick Ducommun), der Undercovermann Tremaine »Night Train« Lane (Ernie Hudson), der Transsexuelle Mel Brubaker (Randi Brooks), der seit seiner Geschlechtsumwandlung die knappsten Miniröcke trägt, der Elvis-Imitator King (Pete Willcox), der indische Austauschpolizist Shivaramanbhai Poonchwalla (Vijay Amritraj), genannt »Alphabet«, und die Veteranen Butch (Keenan Wynn) und Sundance (Hank Rolike). Außer gegen ihre eigene Unfähigkeit (und gelegentlich Kriminelle) kämpfen sie gegen den im angrenzenden Bezirk zuständigen Sheriff Ronald Hobbs (Wings Hauser) und seine ultrataffe Assistentin Martha Haggerty (Yana Nirvana).
Lief am späten Sonntagabend.

DURCHLEUCHTETES LEBEN ARD
1956–1958. Wissenschaftsmagazin mit Professor Robert Janker.
In den 50er-Jahren gelang es erstmals, eine Fernsehkamera mit einem Röntgengerät zu koppeln. Das Fernsehen machte daraus eine Reihe, in der jedes Mal auf andere durchleuchtete Organe ein Schwerpunkt gelegt wurde. So wurden dem Zuschauer z. B. Herz, Lunge und Atemwege extrem nahe gebracht.

DURCHREISE ZDF
1993. »Geschichte einer Berliner Modefirma«. 6-tlg. dt. Fernsehfilm von Curth Flatow, Regie: Peter Weck.
Der jüdische Schneider Max Salomon (Udo Samel) besitzt in den 30er-Jahren die florierende Modefirma Salomon-Modelle in Berlin. Er kümmert sich vor allem um den neuen Lehrling Siegfried Fraenkel (Patrick Elias), eine Halbwaise, in den sich die 17-jährige Mitarbeiterin Monika Helmholtz (Simone Thomalla) verguckt. Salomon unterschätzt zunächst die Gefahr durch den Aufstieg der Nazis, obwohl er den Antisemitismus auch im eigenen Unternehmen durch den Kollegen Ernst Fiedler (Burkhard Heyl) spürt. Nach dem Reichstagsbrand übergibt er die Firma an Fraenkel, Helmholtz und den Kollegen Helmut Naumann (Wolfgang Bahro). Er will mit seiner Frau Selma (Sona MacDonald) fliehen; sie stirbt jedoch vor der geplanten Ausreise nach Amerika. Salomon bleibt in Berlin und versteckt sich, Halbjude Fraenkel dagegen flieht, nachdem er eine Nacht mit Monika verbracht hat. Sie bekommt ein Kind von ihm, was sie ihm jedoch lange nicht erzählt. Nach dem Krieg und einigen Wirren treffen alle zusammen und nehmen die Arbeit sofort wieder auf. Der Mauerbau trennt die Freunde wieder; 1991 blickt der inzwischen 95-jährige Salomon auf sein Leben zurück.
Die sechs knapp einstündigen Teile überbrücken insgesamt mehr als sechs Jahrzehnte Geschichte, doch nur die letzte Folge beschäftigte sich mit der Nachkriegszeit. Die Serie basiert auf Flatows teils autobiografischem Theaterstück, das die ARD im Dezember 1985 mit Georg Thomalla in der Hauptrolle zeigte. Flatow selbst hatte in der ersten Folge einen Auftritt: als wohlhabender Kunde in dem Geschäft, in dem er im wahren Leben Lehrjunge war.
Bayerischer Fernsehpreis 1994 und Goldener Gong 1993 für Udo Samel.

DUSTY ARD
1988. 12-tlg. austral. Abenteuerserie (»Dusty«; 1987).
Tom Lincoln (John Heywood) kauft dem Wilderer Kevin Wilson (Christopher Connelly) einen jungen Hund ab und schenkt ihn den Kindern seines Chefs, des Schafzüchters Harry Morrison (Brenton Whittle). Die Kinder Jack (Matthew Stevenson) und Danni (Asher Keddie) nennen den Hund Dusty, freunden sich mit ihm an, und er soll zum Hütehund ausgebildet werden. Die Morrisons und Lincoln wissen nicht, dass Dustys Mutter ein Dingo war und Dingos nun mal Schafe reißen. Viele Schafe sterben in der Folgezeit, bis ihnen die Augen aufgehen. Dusty soll erschossen werden, doch Tom bringt es nicht übers Herz und beschließt, den Hund in die Wildnis zu entlassen.
Die halbstündigen Folgen liefen im regionalen Vorabendprogramm.

DUSTY, DUSTY! ZDF
1974–1975. »Unterwegs im Wilden Westen«. 26-tlg. US-Westerncomedy von Elroy und Sherwood Schwartz (»Dusty's Trail«; 1973–1974).
Durch die Blödheit von Dusty (Bob Denver) wird ein Wagen vom Rest der Kolonne nach Westen getrennt. Nun müssen Dusty, Fuhrmann Mr. Callahan (Forrest Tucker), der gutmütige Andy (Bill Cort), das reiche Ehepaar Brookhaven (Ivor Francis und Lynn Wood) und die jungen Damen Lulu (Jeannine Riley), eine Tänzerin, und die Lehrerin Betsy (Lori Saunders) allein den Weg finden. Das geht nicht ohne Chaos ab.
Die 25-minütigen Folgen liefen samstagnachmittags. Sherwood Schwartz hatte auch die Slapstickserie »Gilligan's Insel« erfunden. *Dusty, Dusty!* war eine exakte Kopie, lediglich der Handlungsort wurde von einer Insel in die Wüste verlegt. Sogar der Hauptdarsteller, der tölpelhafte Bob Denver, war derselbe. Das Titellied wurde in Deutschland von Freddy Quinn gesungen und riss die Geschichte an (»Was ist das denn nur mit Dustys Glück ...«).

E

E WIE EMIL ARD
2000. Halbstündige Sketchreihe, in der alte Sketche von Emil Steinberger wiederholt wurden.

E.A.R.T.H. FORCE PRO SIEBEN
1995. 6-tlg. US-Abenteuerserie von Richard Chapman und Bill Dial (»E.A.R.T.H. Force«; 1990).
Der Millionär Frederick Mayer (Robert Coleby) liegt im Sterben, findet aber, dass die Erde als Ganzes ihn ruhig eine Weile überleben sollte. Deshalb rüstet er eine Gruppe von Wissenschaftlern aus, die mit Guerillataktik Umweltzerstörung in aller Welt bekämpfen. Das Team heißt »Earth Alert Research Tactical Headquarters Force«, also E.A.R.T.H. Force, und besteht aus dem Arzt John Harding (Gil Gerard), dem Atomwissenschaftler Dr. Carl Dana (Clayton Rohner), der Marinebiologin Dr. Catherine Romano (Tiffany Lamb), dem Zoologen Peter Roland (Robert Knepper) und dem Söldner Charles Dillon (Stewart Finlay-McLennan). Diana Randall (Joanna Pacula) ist die Chefin der Stiftung, von der das Geld kommt.
Die Folgen waren eine Stunde lang und liefen samstagmittags.

EARTH 2 RTL
1995–1996. 21-tlg. US-Science-Fiction-Serie von Michael Duggan, Carol Flint, Mark Levin und Billy Ray (»Earth 2«; 1994–1995).
Im Jahr 2184 ist die Erde unbewohnbar, die Menschen leben in künstlichen Raumstationen. Als ein mysteriöses Virus die Menschen infolge von Sauerstoffmangel befällt, bricht eine Expedition auf, um den Planeten G889 zu erkunden, der der Erde ähnlich ist, und um dort bestenfalls eine neue Existenz aufzubauen. Zur Expedition gehören die Wissenschaftlerin Devon Adair (Debrah Farentino), ihr vom Virus befallener Sohn Ulysses (Joseph P. Zimmerman), John Danzinger (Clancy Brown) mit Tochter True (J. Madison Wright), der Pilot Alonzo Solace (Antonio Sabato, Jr.) und einige weitere Besatzungsmitglieder der Raumstation. Der Marsch über den kargen Planeten ist beschwerlich und gefährlich, denn die Wesen, die auf G889 leben, sind den Ankömmlingen nicht wohl gesinnt. Der einzige Mensch, der bereits dort lebt, ist Gaal (Tim Curry). Die einstündigen Folgen liefen am Sonntagnachmittag. Produzent der Serie war Steven Spielberg.

EASY KOCHEN MIT RENÉ STEINBACH RTL 2
2003–2004. Doku-soapige Kochshow am Samstagmittag, die den Koch und Metzger René Steinbach im Alltag begleitet und zeigt, was er in den verschiedensten Situationen auf den Tisch bringt.
Nachdem RTL 2 schon seit einiger Zeit am späten Samstagvormittag die synchronisierten britischen Kochshows The Naked Chef, Oliver's Twist und Jamie's Kitchen mit Jamie Oliver gezeigt hatte, startete der Sender Ende 2003 das gleiche Format mit deutschem Koch und zeigte es jeweils direkt im Anschluss. Die ersten sechs Folgen liefen noch unter dem Titel Was kochst du?, im Januar 2004 änderte RTL 2 ihn plötzlich. Vielleicht hatte jemand von Was guckst du? etwas gegen die Namensähnlichkeit.

EBBA UND DIDRIK ARD
1991. 9-tlg. schwed. Jugendserie von Christina Herrström; Regie: Peter Schildt (»Ebba och Dirdrik«; 1990).
Die neun- und zwölfjährigen Geschwister Ebba (Lisen Arnell) und Didrik Reng (Johan Widerberg) entdecken – jeder für sich – die Liebe und kämpfen um ihre jeweiligen Angebeteten. Die halbstündigen Folgen liefen nachmittags.

ECHO DER STARS ZDF
Seit 1996. Jährliches Benefiz-Galakonzert des ZDF und der Deutschen Phono-Akademie zur Verleihung des »Echo Klassik«, der schon seit 1994 vergeben wurde, damals noch ohne zugehörige Fernsehshow. Moderatorin im ZDF war von Anfang an Senta Berger, 1996 gemeinsam mit Gunther Emmerlich (die erste Sendung trug noch den Titel Ein Echo für Dresden), 1997 mit dem Tenor Jochen Kowalski, ab 1998 mit Roger Willemsen, ab 2002 allein. Der Erlös kam dem Wiederaufbau der Dresdner Frauenkirche sowie jeweils einem weiteren Baudenkmal zugute.

EIN ECHO FÜR DRESDEN ZDF
→ Echo der Stars

ECHT HARDER RTL
1995. 4-tlg. dt. Krimiserie von Hen Hermanns.
Der Hamburger Arzt Dr. Frank Harder (Rainer Grenkowitz) wird in mysteriöse Fälle hineingezogen und löst sie. Nach einem abendfüllenden Pilotfilm liefen erfolglos noch drei einstündige Folgen.

ECHT SCHARF! TM3
2000–2001. Halbstündige Comedy-Kochshow mit dem Sternekoch Björn Freitag, in der zwei Kochmuffel kochen und deren Freunde das Verzapfte kosten müssen. Mit verbundenen Augen probieren die dann und entscheiden, wer gewonnen hat.
Basierte auf dem BBC-Format »Can't cook, won't cook« von 1997. Lief erst werktagnachmittags, dann -vormittags.

ECHT SUPER, MR. COOPER PRO SIEBEN
1994 (Pro Sieben); 1995 (Kabel 1). 66-tlg. US-Sit-

com von Jeff Franklin (»Hangin' With Mr. Cooper«; 1992–1997).
Der Ex-Profisportler Mark Cooper (Mark Curry) arbeitet an seiner ehemaligen Highschool als Sportlehrer. Er teilt sich eine Wohnung mit seiner alten Freundin, der Musiklehrerin Robin Dumars (Dawnn Lewis), und deren Freundin Vanessa Russell (Holly Robinson), in die sich Mark verliebt. Robin zieht nach einiger Zeit aus, und Marks Cousine Geneva Lee (Saundra Quarterman) und ihre Tochter Nicole (Raven-Symoné) werden die neuen Mitbewohner. Als Schuldirektorin P. J. Moore (Nell Carter) die Schule verlässt, wird Geneva ihre Nachfolgerin und somit Marks Chefin. Der Witzbold Earvin Rodman (Omar Gooding) ist einer von Marks Schülern, Tyler Foster (Marquise Wilson) ein Junge aus der Nachbarschaft.
Die ersten beiden Staffeln liefen im werktäglichen Vorabendprogramm auf Pro Sieben, die dritte auf Kabel 1. Der Rest der 101-tlg. Serie wurde nur im Pay-TV DF1 gezeigt.

ECHT WAHR! SAT.1
1998–2002. Magazin, in dem irgendwelche spektakulären oder lustigen Aufnahmen von Dokumentar- oder Amateurfilmern gezeigt werden, die nichts miteinander zu tun haben, moderiert von Milena Preradovic.
Vermutlich die billigste und sinnloseste Recyclingshow dieser Art. Ein Sanitäter wird bei einem Crashcar-Rennen in Daytona von einem Auto getroffen, ein Hai beißt einer zu langsam schwimmenden Frau das Bein ab, ein ICE entgleist an einer Brücke und tötet über 100 Menschen. Ach, halt, das letzte Beispiel aus Eschede lief nicht bei *Echt wahr!*, sondern nur in einer Sondersendung, wegen der die erste Sendung von *Echt wahr!* entfiel. Echt wahr.
Die Reihe startete als einstündiges Wochenmagazin, das samstags in der Sommerpause der Fußballbundesliga lief. Gut ein Jahr lang, von Mitte 1999 bis 2000, wurde *Echt wahr!* als halbstündige Sendung jeden Werktag um 19.40 Uhr gesendet, danach wieder wöchentlich samstags um 17.00 Uhr, nach wie vor eine halbe Stunde lang.

ED SAT.1
Seit 2004. 83-tlg. US-Comedyserie von Rob Burnett und Jon Beckerman (»Ed«; 2000–2004).
Als sein Chef ihn rauswirft und seine Frau ihn betrügt, zieht der herzensgute Anwalt Ed Stevens (Tom Cavanagh) zurück in seine Heimatkleinstadt Stuckeyville. Er kauft die Bowlingbahn »Stuckeybowl« und richtet darin sein Anwaltsbüro ein. Seine Freunde sind der Arzt Mike Burton (Josh Randall), dessen gestresste Frau Nancy (Jana Marie Hupp), die Lehrerin Carol Vessey (Julie Bowen) und deren beste Freundin Molly Hudson (Lesley Boone), ebenfalls eine Lehrerin. Mike und Nancy haben gerade ein Kind bekommen. Ed und Mike waren schon zu Schulzeiten dicke Kumpel, und Carol war damals der Highschool-Schwarm. Jetzt tut Ed alles, um ihr Herz zu gewinnen, lässt keine romantische Aktion und keinen peinlichen Auftritt aus, doch Carol ist nur als guter Freund an Ed interessiert.
Mit der Bowlinghalle übernimmt Ed auch gleich deren Personal, eine Ansammlung schräger Typen: der selbstbewusste und überschwängliche Phil Stubbs (Michael Ian Black), die verstörte Shirley Pifgo (Rachel Cronin) und der große Kenny Sandusky (Mike Starr), der einen seltsamen Humor hat. In der dritten Staffel ersetzt Eli Cartwright Goggins III (Daryl »Chill« Mitchell) Kenny. Mike arbeitet in der Praxis des grantigen alten Quälgeists Dr. Walter Jerome (Marvin Chatinover), der partout nicht in den Ruhestand gehen will. Warren Chestwick (Justin Long) ist einer von Carols Schülern. Er ist in sie verliebt, würde sich jedoch auch über die Zuwendung jedes anderen Mädchens freuen, setzt aber vor Nervosität die meisten Annäherungsversuche in den Sand.
Wunderbare Wohlfühlserie mit einer Reihe liebenswerter Chaoten, mit denen man sofort befreundet sein möchte. Oft verglichen mit *Ausgerechnet Alaska*, lebt die Serie von ihrer gelungenen Mischung aus Comedy und Drama, skurrilen Kleinstadtereignissen und kuriosen Gerichtsprozessen, romantischen Liebesgeschichten und witzigen Running Gags.
Die einstündigen Folgen liefen zunächst samstags um 15.00 Uhr. Weil in Sat.1 (zu dieser Zeit) aber niemand Qualitätsfernsehen erwartete und der Sender sich nicht um die Serie kümmerte, waren die Einschaltquoten entsprechend schlecht, und nach wenigen Wochen wurde *Ed* in die frühen Morgenstunden verlegt. Wie man es richtig macht, zeigte Vox, das zur gleichen Zeit die Serie *Gilmore Girls* mit einem sehr ähnlichen Humor zum Erfolg führte.

EDDIE DODD – ANWALT AUS LEIDENSCHAFT PRO SIEBEN
1992. 7-tlg. US-Krimiserie von Walter F. Parkes, Wesley Strick und Lawrence Lasker (»Eddie Dodd«; 1991).
Eddie Dodd (Treat Williams) ist ein, nun ja, leidenschaftlicher Anwalt in New York, der aber Revoluzzerjahre hinter sich hat und jetzt, mit fast 40, gelegentlich daran zweifelt, ob er mit seinen Kämpfen überhaupt etwas erreicht oder seine Ideale verraten hat. Sein Team spornt ihn an, sich immer wieder für Benachteiligte einzusetzen, vor allem sein junger Assistent Roger Baron (Corey Parker), aber auch seine Ex-Freundin, die Privatdetektivin Kitty Greer (Sydney Walsh). Billie (Annabelle Gurwitch) ist Dodds Sekretärin.
Die Serie basierte auf dem Kinofilm »Das dreckige Spiel« (1988) und der wiederum auf dem Leben des Bürgerrechtlers J. Tony Serra aus San Francisco. Die einstündigen Folgen liefen freitags um 19.00 Uhr.

EDDIES VATER ARD
1972–1982. 46-tlg. US-Sitcom nach einem Roman von Mark Toby (»The Courtship Of Eddie's Father«; 1969–1972).
Eddie (Brandon Cruz) ist sieben und Halbwaise. Eddies Vater ist Tom Corbett (Bill Bixby) und entspre-

chend Witwer. Er hat eine japanische Haushälterin namens Mrs. Livingston (Miyoshi Umeki), aber das ist offenbar nicht genug. Eddie versucht immer wieder, seinen Vater mit netten Frauen zu verkuppeln, und das geht immer wieder schief. Corbett ist Redakteur bei der Zeitschrift »Tomorrow«, dort arbeiten Toms bester Freund Norman Tinker (James Komack) als Artdirector und Tina Rickles (Kristina Holland) als seine Sekretärin. Gelegentlich taucht Eddies Schulfreundin Joey Kelly (Jodie Foster) auf.

Welch ein Glückskind: Der Kleine geht zur Schule mit Jodie Foster! Für sie war es die erste Rolle in einer Fernsehserie. Der Roman von Mark Toby diente auch als Vorlage für den US-Spielfilm »Vater ist nicht verheiratet« von 1961 mit Glenn Ford in der Titelrolle. Bill Bixby blieb auch in späteren Rollen verwitwet und wurde ein paar Jahre später zum schrecklichen *Hulk*.

Die halbstündigen Folgen liefen in Deutschland im regionalen Vorabendprogramm; die letzte Staffel erst zehn Jahre, nachdem sie gedreht wurde.

EDEL & STARCK   SAT.1

2002–2005. 51-tlg. dt. Anwaltsserie von Marc Terjung.

Die beiden Anwälte Felix Edel (Christoph M. Ohrt) und Sandra Starck (Rebecca Immanuel) betreiben eine gemeinsame Kanzlei in Berlin. Er ist ein Macho, der sich selbst gerne über- und Frauen unterschätzt und aus dem Bauch heraus handelt; sie ist eine selbstbewusste, ehrgeizige Frau, die leider in Beziehungsdingen regelmäßig versagt. Dass ausgerechnet diese beiden zusammenarbeiten, ist nur aus der Not geboren: Er braucht jemanden, der Geld in die Kasse bringt, sie einen Job. Fortan lieben und hassen sie sich, kämpfen einen endlosen Geschlechterkampf und versuchen einander mit jedem neuen Fall zu beweisen, wer der Bessere ist – um am Ende natürlich doch festzustellen, dass sie nur gemeinsam ein unschlagbares Team bilden. Zwischen den Büros der beiden sitzt Sekretärin Sabine »Biene« Winkelmann (Isabel Tuengerthal) und sorgt dafür, dass die Kämpfe nicht ausufern. Otto Özdemir (Hasan Ali Mete), ein kleiner Ganove, anfangs der Arzt Christoph Behnke (Frank Behnke) und später der Anwalt Frank Vanhaiden (Luc Veit) sind Felix' Freunde, die Staatsanwältin Patricia Rieger (Barbara Demmer) ist Sandras beste Freundin und Mitbewohnerin. Wenn sie für einen Fall zuständig ist, den Sandra auf der anderen Seite vertritt, kommt es entweder zu heimlichen Absprachen im Vorfeld oder zu heimlichen Auseinandersetzungen auf dem Damenklo, während die Verhandlung unterbrochen wird.

Felix und Sandra haben Gefühle füreinander, brauchen jedoch mehr als drei Jahre, bis sie es zugeben. Im zweiteiligen Serienfinale brechen sie in eine Bowlinghalle ein, um heimlich Beweismittel zu vernichten, werden eingeschlossen und verbringen dort ihre erste Liebesnacht. Sie werden erwischt, und ein Untersuchungsausschuss (als unerbittlicher Vorsitzender in einer Gastrolle: Rufus Beck) hat darüber zu befinden, ob beiden die Zulassung entzogen wird. Felix und Sandra, die sich längst wieder verkracht haben, lassen sich von Frank verteidigen, der dem Ausschuss beweisen will, dass es sich allein um die verrückte Tat zweier Liebenden und nicht um ein vorsätzliches Verbrechen handelte. Als Zeugen lässt er den kompletten Freundeskreis auftreten. Und jetzt lassen sich endlich auch Felix und Sandra überzeugen, dass sie zusammengehören.

Edel & Starck mischte ein bisschen *Ally McBeal* mit *Liebling – Kreuzberg* und ragte dank inspirierter und pointierter Dialoge trotz der eigentlich schlichten Ausgangssituation aus dem Serieneinerlei heraus. Die Quoten waren ordentlich, die Kritiken überschwänglich und die Serie nach nur vier Staffeln viel zu früh zu Ende. Die einstündigen Folgen liefen montags um 21.15 Uhr.

Edel & Starck: Biene (Isabel Tuengerthal) hört es ganz deutlich knistern, wenn Felix (Christoph M. Ohrt) und Sandra (Rebecca Immanuel) wie so oft über ihren Kopf hinweg streiten.

Edel & Starck erhielt den Deutschen Fernsehpreis 2002 als Beste Serie, Christoph M. Ohrt wurde darüber hinaus als Bester Schauspieler in einer Serie ausgezeichnet.

EDELHART   RTL
1992. Jugend-Musiksendung mit Ingo Schmoll. Lief am Wochenende nachmittags und war die Nachfolge von *Ragazzi*.

EDEN   RTL
1993–1994. 26-tlg. US-Erotiksoap (»Eden«; 1992–1993).
Erotische Abenteuer und sonstige Verwicklungen im Club Eden, den Eve Sinclair (Barbara Alyn Woods) von ihrem Mann geerbt hat. Die einstündigen Folgen liefen sonntags gegen 23.00 Uhr.

EDGAR BRIGGS, DAS AS DER ABWEHR   SWR
→ Geheimagent 0014

EDGAR, HÜTER DER MORAL   ZDF
1990. 5-tlg. dt. Comedyserie.
Edgar (Joachim Kemmer) sorgt als überengagierter Hausmeister eines Wohnkomplexes für jede Menge Recht und Ordnung. Die 45 Minuten langen Folgen liefen am frühen Abend.

EDGAR WALLACE   RTL, SUPER RTL
1996 (RTL); 2002 (Super RTL). 8-tlg. dt. Krimireihe nach Motiven von Edgar Wallace, Regie: Peter Keglevic (erste Staffel) und Wolfgang F. Henschel (zweite Staffel).
Inspektor Higgins (erste Staffel: Joachim Kemmer; zweite Staffel: Gunter Berger) und Scotland-Yard-Chef Sir John (Leslie Phillips; Eddi Arent) ermitteln in verschiedenen Mordfällen; unterstützt werden sie von Superintendent Barbara Lane (Julia Bremermann; Mariella Ahrens) und Ann Pattison (Christiane Reiff; Rosalind Baffoe), nur in der ersten Staffel außerdem von Ex-Inspektor Flatter (Eddi Arent).
30 Jahre nach den erfolgreichen Edgar-Wallace-Thrillern der 60er-Jahre verfilmte deren Produzent Horst Wendlandt neue Fälle für RTL, jetzt erstmals unter einem Reihentitel und mit durchgehenden Rollen, die jedoch in der zweiten Staffel komplett neu besetzt wurden.
Die ersten drei Folgen 1995 waren einmal 90 und zweimal 45 Minuten lang. Die fünf neuen Folgen, alle in Spielfilmlänge, die RTL 1998 drehen ließ, zeigte der Sender nie. Vier Jahre später waren sie beim Schwestersender Super RTL erstmals zu sehen. Urgestein Eddi Arent war bereits bei den berühmten Edgar-Wallace-Filmen in den 60er-Jahren dabei.

EDWARD VII.   ARD
1976. 13-tlg. brit. Historiendrama von David Butler nach einer Biografie von Philip Magnus (»Edward The Seventh«; 1975).
Das Leben des englischen Königs Edward VII. (Timothy West; als Kind: Charles Sturridge), Sohn der langjährigen Regentin Victoria (Anette Corsbie), der erst im Alter von 60 Jahren den Thron bestieg. Zur königlichen Familie gehören Prinz Albert (Robert Hardy), Prinzessin Alexandra (Deborah Grant; später: Helen Ryan), Prinzessin Vicky (Felicity Kendal) und die Gräfin von Kent (Alison Leggatt).
Die halbstündigen Folgen liefen am Vorabend.

EDWARD UND MRS. SIMPSON   ZDF
1979. 5-tlg. brit. Historiendrama von Simon Raven nach der Biografie von Frances Donaldson, Regie: Warris Hussein (»Edward & Mrs. Simpson«; 1978).
»Edward« ist der englische Kronprinz und spätere König Edward VIII. (Edward Fox), »Mrs. Simpson« ist Wallis Simpson (Cynthia Harris), eine geschiedene Amerikanerin, wegen der er 1936 abdankt, um sie zu heiraten. Die Hochglanzproduktion, die im Original in sieben Teilen ausgestrahlt wurde, stellt Mrs. Simpson als kühl kalkulierende Frau dar, die nur auf den königlichen Titel aus ist und auf die der naive Edward hereingefallen ist. Die echte Mrs. Simpson, die durch die Heirat Herzogin von Windsor wurde, lebte zum Zeitpunkt der Ausstrahlung in Paris, war sauer und verhinderte eine Ausstrahlung in Frankreich. Bei uns liefen die einstündigen Folgen sonntags um 20.00 Uhr.

EEK! DER KATER   SAT.1
1994. 38-tlg. US-kanad. Zeichentrickserie von Bill Kopp und Savage Steve Holland (»Eek! The Cat«; 1992–1997).
Der gutmütige Vorstadtkater Kater Eek lebt bei einer Familie, die sich kaum um ihn kümmert. Also wird Eek Selbstversorger, was einige chaotische Abenteuer mit sich bringt.
Im Original hatte die Serie 87 Folgen.

EERIE, INDIANA   RTL
1994–1995. 19-tlg. US-Fantasy-Comedy-Serie von Karl Schafer und José Rivera (»Eerie, Indiana«; 1991–1992).
Der Teenager Marshall Teller (Omri Katz) ist mit seinen Eltern Marylin (Mary-Margaret Humes) und Edgar (Francis Guinan) und seiner Schwester Syndi (Julie Condra) gerade nach Eerie im US-Bundesstaat Indiana gezogen. Dort geschehen merkwürdige, übernatürliche Dinge, die jedoch nur Marshall und sein Kumpel Simon Holmes (Justin Shenkarow) bemerken. So wird die Stadt von Werwölfen, seltsamen Tornados, intriganten Hunden und dem toten Elvis (Steven Peri) heimgesucht. »Eerie« ist auch das englische Wort für »unheimlich«.
Die halbstündigen Folgen liefen sonntags gegen Mittag. 2001 zeigte der KI.KA die Neuauflage *Eerie, Indiana – Die andere Dimension*.

EERIE, INDIANA – DIE ANDERE DIMENSION   KI.KA
2001. 15-tlg. kanad. Fantasy-Comedy-Serie von Karl Schaefer und José Rivera (»Eerie, Indiana: The Other Dimension«; 1998).

Neuauflage von *Eerie, Indiana:* Im kleinen Städtchen Eerie geschehen wieder merkwürdige Dinge, und nur die Teenager Mitchell Taylor (Bill Switzer) und Stanley Hope (Daniel Clark) bemerken sie und wollen sie stoppen. Mitchells Eltern (Bruce Hunter und Deborah Odell) und seine Schwester Carrie (Lindy Booth) bekommen nichts mit, scheinen aber irgendwie mittendrin zu stecken. Mr. Crawford (Neil Crone) vom örtlichen Restaurant hilft mit kruden Infos aus.
Die früheren Hauptdarsteller Omri Katz und Justin Shenkarow sind in Archivmaterial von damals zu sehen, wie sie den neuen Hauptfiguren eine Nachricht aus der »anderen Dimension der Stadt« übermitteln.
Lief von Mai 2002 an auch im ZDF.

EHE-RING FREI! DFF
1958–1959. Partnerschaftsspielshow mit Wolfgang Reichardt, live aus dem Kulturpalast in Bitterfeld.
In vier Runden treten unverheiratete Paare in Wissens-, Geschicklichkeits- und Übereinstimmungsspielen gegeneinander an. Das Siegerpaar erhält eine komplette Wohnzimmereinrichtung.
Die Show lief samstagabends, insgesamt fünfmal.

EHEN VOR GERICHT ZDF
1970–2000. Justizreihe von Heinz Kuntze-Just und Ruprecht Essberger. Nachgestellte und erfundene Ehestreitigkeiten, gespielt von Schauspielern, verhandelt von echten Richtern und Anwälten.
Die Fälle behandelten die ganze Themenpalette von Ehebruch, Gewalt und Vergewaltigung in der Ehe, Vernachlässigung und sexueller Verweigerung, bis hin zu Güterteilung und Sorgerechtsstreit. In den ersten Jahren spielte auch die Schuldfrage noch eine Rolle. Neben dem Unterhaltungsfaktor – Konflikte ziehen immer Zuschauer an – ging es vor allem um psychologische und juristische Aspekte: Wie konnte es so weit kommen? Und wie ist nun die Rechtslage? Das Scheidungsrecht wurde im Lauf der Zeit geändert, die erfolgreiche Reihe spiegelte dies in ihrer 30-jährigen Laufzeit wider.
Autor und Regisseur war Ruprecht Essberger, der bereits für *Das Fernsehgericht tagt* gearbeitet hatte und später das *Verkehrsgericht* schuf, allesamt langjährige Publikumserfolge. Er leitete die Sendung bis 1997, dann übernahm Clemens Keiffenheim. Die Episodentitel waren jetzt wechselnde Standardüberschriften wie bei jeder anderen Fernsehserie. Bis dahin waren alle Fälle nach dem gleichen Schema betitelt, z. B. »In Sachen Weber gegen Weber«. Zu den Moderatoren gehörten Eva Windmöller, Kathrin Brigl, Katja Lührs, Thomas Hegemann und Kurt Lotz. Der Riege der juristischen Berater gehörte u. a. die Anwältin Sina Walden an, die ebenfalls bereits die Reihe *Das Fernsehgericht tagt* mit entwickelt hatte.
Insgesamt wurden 89 Folgen ausgestrahlt. Sie dauerten 90 Minuten und liefen in loser Folge im Abendprogramm. Zwischen 1984 und 1989 gab es eine längere Pause. 2000 stellte das ZDF neben dieser auch die Justizreihen *Verkehrsgericht* und *Wie würden Sie entscheiden?* ein.

EIN EHRENWERTES HAUS ARD
1998–1999. 25-tlg. dt. Sitcom mit versteckter Kamera.
Die völlig verrückte Familie von Schoenstein, bestehend aus Wolfgang (Maurice Philip Remy), Hilde (Dorothea Walda), Elke (Caroline Beil) und Menelaos (Pablo Ben-Jakov), sowie Hausmädchen Uschi (Tanja Lanäus), Hausfreund Bobrecht Zwerlinger, genannt »Zwerl« (Thomas Zintl), und Nachbarin Puppa (Alice Hoffmann) sind die Lockvögel. In jeder Folge werden unwissende Opfer wie Handwerker, Pizzaboten, Versicherungsvertreter oder Juweliere in die Wohnung der Schoensteins gelockt und mit den abstrusesten Situationen konfrontiert. Überall in der Wohnung sind Kameras und Mikrofone versteckt, die den Lauf der Dinge aufzeichnen.
So überdreht die Situationen oft waren, ihnen voraus ging eine etwa einstündige »Aufwärmphase«, in der sich alle ganz normal verhielten, um nicht schon frühzeitig den Verdacht aufkommen zu lassen, die Situation sei inszeniert. Dieser Vorlauf wurde in den 25-minütigen Episoden jedoch nicht gezeigt, dort ging es sofort drunter und drüber. Die Gefoppten waren keine Zufallsopfer: Die Produzenten hatten im Vorfeld bei Firmen recherchiert, wer humorvoll und leichtgläubig genug sei, um in Frage zu kommen. Bevor man sie zu Schoensteins bestellte, wurden die Empfohlenen noch bei einem ganz gewöhnlichen Testauftrag auf ihre Fernsehtauglichkeit geprüft. War der Dreh im Kasten, bekamen die Gefoppten sofort einen Blumenstrauß überreicht und eine Einverständniserklärung vorgelegt, die sie unterzeichnen mussten, damit die Aufnahmen ausgestrahlt werden durften. Sie sollten nicht die Zeit haben, darüber nachzudenken. Und obwohl sich nicht jeder von seiner besten Seite gezeigt hatte – ein Versicherungsagent soll zugesagt haben, sich an einem Mordkomplott zu beteiligen –, unterschrieben 147 von 150 Opfern.
Hauptdarsteller Maurice Philip Remy war auch Produzent der Serie. Er hatte bereits Erfahrung mit diesem Genre (er produzierte Filme für *Vorsicht Kamera!* und *Verstehen Sie Spaß?*), aber auch investigative Dokumentationen, etwa über das Bernsteinzimmer, gedreht, außerdem zusammen mit Guido Knopp an dessen Hitler-Serien gearbeitet.
Sendeplatz war dienstags gegen 22.00 Uhr.

EI VERBIBBSCH – DAS COMEDY KOMBINAT SAT.1
2004. Halbstündige Comedyshow, die Ostdeutschland vor und nach der Wende thematisiert.
Rückblicke auf die DDR, Einblicke in das ostdeutsche Leben von heute und Ossi-Wessi-Probleme bilden den Inhalt in einer Art Nachrichtenparodie. Thomas Nicolai ist der Anchorman im Studio, der Einspielfilme, Interviews und »Live-Schaltungen« anmoderiert. Tim-Owe Georgi, Matthias Paul, Jana

Eichbergers besondere Fälle: Walter Sedlmayr (rechts), hier mit Karl Renar.

Kozewa und Cornelia Schirmer bilden das Sketchensemble.
Fünf Folgen liefen freitags um 21.15 Uhr.

EICHBERGERS BESONDERE FÄLLE   ZDF
1988. 13-tlg. dt. Krimiserie von Albert Sandner, Regie: Günter Gräwert und Theodor Grädler.
Eigentlich ist Herr Eichberger (Walter Sedlmayr) ja nur der Hausmeister im Münchner Justizpalast. Das hindert ihn aber nicht daran, sich immer wieder in die laufenden Prozesse einzumischen. Und weil er jahrelang zugehört hat, weiß er auch so einiges.
Lief dienstags um 18.20 Uhr und teilte sich den einstündigen Vorabendsendeplatz mit *ALF*, der am gleichen Tag in Deutschland startete.

EICHHOLZ UND SÖHNE   ARD
1977. 13-tlg. dt. Familienserie von Bruno Hampel, Regie: Michael Braun.
Robert Eichholz (Werner Hinz) ist der Seniorchef einer alteingesessenen Schreinerei und mit Charlotte (Brigitte Horney) verheiratet. Die Söhne Manfred (Michael Hinz) und Konrad (Knut Hinz) werden unruhig, weil der Alte sich einfach nicht zur Ruhe setzen will.
Die halbstündigen Folgen liefen im regionalen Vorabendprogramm.

EIGENER HERD IST GOLDES WERT   ARD
1984–1988. 36-tlg. dt. Herdserie.
Helga (Marie-Luise Marjan) und Gerd Berger (Stephan Orlac) haben sich zu früh über eine ruhige Zeit gefreut, als ihre vier erwachsenen Kinder auszogen. Uschi (Carolin van Bergen), Helmut (Karl-Heinz von Liebezeit), Klaus (Helmut Zierl) und Karin (Regine Lamster) ziehen wieder zu Hause ein, und die Ruhe ist dahin. Hilde (Irmgard Rießen) und Martin Busch (Michael von Rospatt) sind Freunde der Familie. Die wirkliche Hauptrolle in dieser Serie spielte tatsächlich der namengebende Herd, denn als das Drehbuch die Bergers zum Umzug verleitete, wurde die Familie nicht, wie in »Familienserien« üblich, ins neue Heim begleitet. Stattdessen standen für die letzten zehn Folgen die Neuen im Mittelpunkt, die in Bergers altes Haus zogen: Lisa (Eva Maria Bauer) und Erwin Meyer (Joost Siedhoff) und ihre bereits verehelichte Nachwuchsgeneration Lutz (Peer Augustinski) und Regine Meyer-Knoblich (Isabella Grothe). Frau Marjan hatte also Zeit, in die *Lindenstraße* zu ziehen und eine andere Helga zu spielen, und Herr Orlac wurde Schreiner und *Die Wicherts von nebenan* seine Familie. Die halbstündigen Herdfolgen liefen im regionalen Vorabendprogramm.

1 × 7 = 65   DFF
1959–1960. Rätselspiel mit Wolfgang Reichardt um den Siebenjahresplan.
Zwei Prominenten-Mannschaften müssen durch Befragen eines Gastes ein bestimmtes Detail aus dem Siebenjahresplan erraten. Solange er mit Ja antwortet, dürfen sie weiterfragen, bei einem Nein ist das andere Team an der Reihe. Zu erraten ist z. B. die Stadt, der der Gast als Bürgermeister vorsteht, der Beruf des Gastes oder das Projekt, an dem er arbeitet. Bei einer Publikumsfrage kann ein Zuschauer zu Hause mit der richtigen Antwort einen Trabant gewinnen.
Das Fragespiel war eine Variante von *Was bin ich?*, z. B. kündigte auch hier ein Gong an, dass die Antwort für die Zuschauer eingeblendet wurde. Die Sendung insgesamt hatte mit einem heiteren Ratespiel aber nur wenig zu tun – was schon beim merkwürdigen Titel anfing. Das eigentliche Bestreben der Sendung nannte Wolfgang Reichardt gleich zu Beginn: »Wir wollen Ihnen Menschen vorstellen, die an hervorragender Stelle an der Verwirklichung

des Siebenjahrplanes mitarbeiten.« Entsprechend technokratisch war die Sprache der Sendung, und entsprechend verklemmt fragten die Kandidaten. Dass ein pädagogisches Interesse in eine Quizshow verkleidet wurde, war typisch für die damaligen Unterhaltungssendungen im DDR-Fernsehen, doch die Strategie ging nicht auf: Das Publikum war nicht beeindruckt, auch intern gab es Kritik an der Umsetzung. Sieben Ausgaben von 40 Minuten Länge liefen an verschiedenen Wochentagen im Vorabendprogramm.

Ein ähnliches Konzept hatte die Sendung *Die Gute Sieben* – dort ging es nicht um den Siebenjahresplan der DDR, sondern um den der KPdSU.

EINE ZUVIEL IN TOURLEZANNE ZDF

1967. 13-tlg. frz. Familienserie von Gérard Sire, Regie: André Michel (»Cécilia, médecin de campagne«; 1966).

Die junge Tierärztin Cécilia Baudouin (Nicole Berger) zieht nach Tourlezanne, ein kleines, abgeschiedenes Dorf in den Pyrenäen. Dort tun sich zwei Probleme auf: Sie ist neu, und sie ist eine Frau. Die Bauern im Dorf, und allen voran Bürgermeister Cahuzac (Charles Blavette), mögen sie nicht sonderlich und machen ihr das Leben schwer. Weitere Dorfbewohner sind Bernard Maurel (Jean de Turris) und seine Frau (Yvette Etiévant), das Ehepaar Lespinasse (Jean-Marie Bon und Mirès Vincent), der Lehrer Roger Cros (Jacques Portet), der Polizist Cosson (Serge Sauvion), der Kurpfuscher (Pierre Mirat), der Tankwart (Julien Maffre) und der Pfarrer (Jean Daniel). Doch Cécilia ist geduldig und setzt sich durch.

Die Folgen waren 25 Minuten lang. In der DDR lief die Serie unter den Titeln *Krach in Tourlezanne* und *Cäcilia, die Landärztin*. Die Musik stammte von Georges Moustaki.

EINER GEGEN ALLE – MANCUSO, FBI SAT.1

1991. 20-tlg. US-Krimiserie von Steve Sohmer (»Mancuso, FBI«; 1989–1990).

FBI-Agent Nick Mancuso (Robert Loggia) mag keine Menschen, aber die Wahrheit. Er ist ein alter Zyniker, ermittelt aber in Washington leidenschaftlich gegen Mörder, Korruption und Regierungskriminalität. Sein junger Boss Eddie McMasters (Fredric Lehne) hat mit dem alten Veteranen seine Schwierigkeiten. Mancuso arbeitet eng mit der Anwältin Kristen Carter (Lindsay Frost) von der Justizbehörde zusammen. Weitere Kollegen sind der Forensiker Dr. Paul Summers (Charles Siebert) und die Sekretärin Jean St. John (Randi Brazen). Eigentlich wäre Mancuso gern schon im Ruhestand, doch auf Bitten des US-Präsidenten blieb er doch noch im Dienst. Lange musste er ja nicht, nach nur einer Staffel wurde die Serie abgesetzt.

Spätere Wiederholungen liefen nur noch unter dem Titel *Mancuso, FBI*. Die Figur des Nick Mancuso stammt aus dem Roman »Der Kandidat« von Steve Sohmer, der in dem Sechsteiler *Günstling der Hölle* verfilmt wurde, wo ebenfalls Robert Loggia den grantigen FBI-Agenten spielte. Die einstündigen Serienfolgen liefen zur Primetime.

EINER GEGEN 100 RTL

2002. Einstündige Quizshow mit Linda de Mol.

Ein Kandidat spielt gegen 100 Studiogäste, die zugleich das Publikum bilden. Alle müssen die gleichen Multiple-Choice-Fragen beantworten; der Gewinn des Kandidaten errechnet sich aus der Anzahl der Studiogäste, die die Frage falsch beantwortet haben. Diese scheiden dann aus. Der Kandidat auf dem Stuhl in der Mitte hat gewonnen, wenn nur noch er übrig ist. Er hat drei Joker und kann gegen 25 bzw. danach 50 und 75 % seines bisher erspielten

Eigener Herd ist Goldes wert: Marie-Luise Marjan (Mitte) im Mutter-der-Nation-Trainingslager. Noch ein paar Folgen, und sie ist fit für die *Lindenstraße*. Neben ihr: Helmut Zierl und Irmgard Rießen.

Gewinns die richtige Antwort kaufen. Scheidet er mit einer falschen Antwort aus, wird aus den noch übrigen Studiogästen ein neuer Kandidat ermittelt, der dann wieder bei 100 Gegnern beginnt.

Eigentlich ein später Nachzügler der durch *Wer wird Millionär?* ausgelösten Quizwelle. Obwohl auch *Einer gegen 100* an Stimmigkeit und Genialität (und Erfolg!) natürlich nicht annähernd an das Original heranreichte, war es einer der gelungeneren Ableger. Weil Linda de Mol so naiv, unwissend und anteilnehmend war und gar nicht erst in die Versuchung kam, Jauch zu kopieren. Und weil der Kampf *Einer gegen 100* ein originelles Element war, auch wenn die Regeln zu vielen Ungerechtigkeiten führten, wie der, dass einige Gewinner nach endlosen Kämpfen und überragenden Leistungen mit lächerlichen Beträgen nach Hause gehen mussten.

Lief zunächst samstags zur Primetime, direkt nach *Wer wird Millionär?*, und erreichte in diesem Sog sehr gute Quoten und bis zu sieben Millionen Zuschauer. Im Sommer 2002, während der Sommerpause von *Wer wird Millionär?*, übernahm *Einer gegen 100* dessen Sendeplätze am Montag und Freitag um 20.15 Uhr und war danach nicht mehr gesehen.

EINER SETZT AUF SIEG   DFF 2
1985. 6-tlg. tschechoslowak. Jugendserie von Jiří Hubač, Regie: František Filip (»Dobrá voda«, 1982–1983).

Der ehrgeizige Joseph Horova (Petr Haničinec) will, dass sein Sohn Libor (Vladimír Dlouhý) die Pferde seines Gestüts zu Siegen führt. Doch Libor will nicht nur als Jockey für seinen Vater arbeiten. Seine Freundin ist die Kellnerin Irena (Ivana Andrlová). Jede Folge dauerte eine Stunde.

EINER WIE KEINER   SAT.1
1996. Überraschungsshow mit Fritz Egner.

Ein verdienter Mitbürger muss feststellen, dass plötzlich sein Wohnzimmer von Freunden, Bekannten, ehemaligen Mitstreitern, Fernsehleuten, den Weather Girls und Fritz Egner bevölkert ist, die sich damit für seinen Einsatz bedanken wollen. Die Produktionsfirma Endemol hatte zuvor gegen *Warmumsherz* geklagt, das ein ähnliches Konzept hatte. Der Prozess ging verloren; der Kampf um die Herzen und Fernbedienungen der Zuschauer auch. Es blieb bei einer Ausgabe.

EINER WIRD GEWINNEN   ARD
1964–1987. »Das große internationale Quiz« mit Hans-Joachim Kulenkampff.

Acht Kandidaten (je vier Männer und Frauen) aus acht Ländern spielen in wechselnder Zusammenstellung im Ausscheidungsverfahren gegeneinander. In der ersten Runde treten jeweils zwei Kandidaten gleichen Geschlechts gegeneinander an und müssen Fragen zur Allgemeinbildung beantworten. Beide bekommen die gleichen Fragen gestellt, weshalb einer immer in eine schalldichte Kabine muss. Die vier

Butler Martin (rechts) überbringt Kuli am Ende von *Einer wird gewinnen* den Mantel und einen einstudierten Witz: »Seit Juni habe ich jede Sendung von Ihnen verfolgt, und ich muss sagen, sie war besser als alle Sendungen der Wetterkarte während des ganzen Sommers.«

Sieger ziehen in die Zwischenrunde ein. Bei einem Gleichstand gibt es anfangs zunächst Stichfragen, dann wird gegebenenfalls gewürfelt, in den 80er-Jahren wird sofort gewürfelt. Für die Zwischenrunde werden zwei gemischtgeschlechtliche Zweierteams ausgelost, die nun gemeinsam weitere Wissensfragen beantworten und Geschicklichkeitsübungen bewältigen müssen. In einem Spiel teilen sie sich auf. Einer der beiden bekommt drei Fragen gestellt. Weiß er die Antwort nicht, kann sein Mitspieler durch die Geschicklichkeitsaufgabe den Punkt doch noch holen. In einem anderen, reinen Fragespiel dürfen sie sich beraten und müssen sich dann auf eine gemeinsame Antwort festlegen. Die beiden Mitglieder der Siegermannschaft spielen nun im Finale gegeneinander. Einer nimmt auf einem Sessel Platz, der auf einem Podest steht, und beantwortet drei Fragen, während der andere wieder in der schalldichten Kabine sitzt, weil ihm anschließend dieselben Fragen gestellt werden. Bei einem Gleichstand entscheiden bis zu zwei Stichfragen, danach wird notfalls der Gewinn geteilt. Zwischen den Spielrunden gibt es drei Showauftritte.

Der Titel der Show wurde »EWG« abgekürzt, was nicht zufällig auch die Abkürzung für die gerade zusammenwachsende »Europäische Wirtschaftsgemeinschaft« war. Das Quiz war eine der erfolgreichsten, beliebtesten und langlebigsten Sendungen, die es im Deutschen Fernsehen gab. Sie lief als große Abendshow ca. sechsmal im Jahr samstags live um 20.15 Uhr, war eigentlich 105 Minuten lang, Kulenkampff (»Kuli«) überzog aber ständig. Bis auf die Geschicklichkeitsspiele in der Zwischenrunde bestanden alle Runden aus Fragen zur Allgemeinbildung. Die Fragen wurden durch aufwendige Bauten, Kulissen, musikalische Darbietungen, Live-Spielszenen mit prominenten Schauspielern oder Einspielfilme illustriert, waren letztendlich aber doch immer nur Wissensfragen, die auch ohne diese Gimmicks hätten gestellt werden können. Das hätte die Show auf etwa eine Dreiviertelstunde gekürzt, sie aber eintöniger gemacht: Durch Bauten und Kostüme unterschied sie sich vom klassischen Abfragequiz. In den Einspielfilmen spielte Kulenkampff selbst mit und parodierte in pompösen Kostümen Figuren der Historie oder des klassischen Theaters. Es folgten Fragen aus den Bereichen Geschichte und Theater und Literatur. Wer ausschied, erhielt als Trostpreis Goldmünzen, deren Zahl höher wurde, je länger der Kandidat im Spiel war. Der Hauptgewinn für den Sieger lag zu Beginn bei 2000 DM, Ende der 60er-Jahre schon bei 4000 und zum Schluss bei 8000 DM.

Obwohl die Kandidaten nicht – wie z. B. in Peter Frankenfelds Sendungen – spontan aus dem Publikum ausgewählt wurden, sondern vorher feststanden, kannte Kuli sie nicht, bevor sie auf die Bühne kamen. Oft wirkte es, als habe auch sonst niemand, der an der Show beteiligt war, eine Ahnung gehabt. So fragte Kulenkampff fast 24 Jahre lang bei den Namen seiner ausländischen Mitspieler immer wieder nach, und 1969 gewann eine Medizinerin, nachdem ihr, aber auch allen anderen Kandidaten, im Laufe des Abends etliche Fragen aus dem Bereich Medizin gestellt worden waren (»Menschenskinder, das konnte ja keiner ahnen!«). Ach, nicht? Die Kandidaten kamen immer aus acht verschiedenen Ländern, deren Zusammenstellung variierte. Wer zu Kuli kam, sprach zwar in der Regel hervorragend Deutsch, hatte gegenüber den Muttersprachlern aber einen leichten Nachteil. Bei den meisten Fragen gab es eine zeitliche Begrenzung von zehn Sekunden. Wer dann noch im Geiste die Frage übersetzen musste, hatte nicht mehr viel Zeit zum Nachdenken. So gewannen selten die Teilnehmer aus Großbritannien, Italien, Spanien, Jugoslawien, Ungarn, der Tschechoslowakei, Finnland, Schweden, Holland, Dänemark oder den USA, dafür meistens die Deutschen, Österreicher oder Schweizer.

EWG war eine Eurovisionssendung und wurde aus wechselnden Hallen übertragen.

Was EWG einzigartig machte, waren vor allem Kulis endlose Monologe. Eingangs riss er einige Witze zum aktuellen Tagesgeschehen, während der Show wich er vom eigentlichen Thema ab und nahm einzelne Bestandteile einer Antwort oder eines Gesprächs zum Anlass, darüber zu referieren.

Fiel ihm eine Anekdote zum Beruf oder zur Herkunft eines Kandidaten ein, erzählte er sie. Fiel ihm noch eine ein, erzählte er sie auch. Er überschüttete seine Kandidatinnen (und vor allem seine Assistentinnen) mit Komplimenten, war immer der große Charmeur mit einem Hang zum Herrenwitz. Zwischendurch begrüßte er die gerade dazugekommenen Zuschauer der soeben im anderen Programm zu Ende gegangenen Fußballübertragung, telefonierte mit den »hohen Herren«, die die Einhaltung der Spielregeln überwachten und bei Unklarheiten anriefen, und ging auf Beschwerden ein, die während der Live-Sendung telefonisch beim Sender eingegangen waren. Nach einem Verriss in einer Tageszeitung griff er den Hauptkritikpunkt auf und hieß die Zuschauer beim nächsten Mal zu einem »langweiligen Abend« willkommen, denn nach einer stressigen Woche habe jeder das Recht auf ein wenig Langeweile.

Je länger die Sendung lief, desto mehr rückte Kulenkampff selbst in den Mittelpunkt. Oft überzog er seine Sendezeit um eine halbe Stunde oder länger – und zelebrierte sie.

Am Ende jeder Show trat Martin Jente (der Produzent der Sendung) als Butler »Herr Martin« auf, der Kuli den Mantel brachte und einige spitze Bemerkungen zur Show und ihrem Quizmaster anbrachte (»Immer wenn ich Ihre Sendung sehe, denke ich: Seine Stärke muss doch auf einem anderen Gebiet liegen«). Im Januar 1969 überreichte Jente Kuli noch vor dem Mantel den erstmals verliehenen Fernseh-Bambi (was Kulenkampff eine schöne Gelegenheit für eine kleine Rede gab). Kuli verschliss im Lauf der Jahrzehnte einige junge Assistentinnen; die bekanntesten waren in den 60er-Jahren Uschi Siebert und in den 80ern Gabi Kimpfel. Das Orchester des Hessischen Rundfunks lieferte die musikalische Untermalung, anfangs unter der Leitung von Willy Berking, der mit Kulenkampff schon in *Die glücklichen Vier* aufgetreten war, später geleitet von Heinz Schönberger, der ebenfalls schon eine andere Kuli-Show mitgemacht hatte: *Acht nach acht*.

Insgesamt dreimal nahm Kuli seinen Hut als Moderator von EWG, zweimal ließ er sich überreden, die Sendung neu aufzulegen. Nach seinem Abschied im August 1966 dauerte es nur eineinhalb Jahre, bis er im Januar 1968 zurückkehrte. Nach weiteren eineinhalb Jahren gab er die Sendung im August 1969 zum zweiten Mal auf. Diesmal dauerte es zehn Jahre, bis es ein erneutes Comeback gab. In den ersten vier Jahren waren zwei neue Quizsendungen mit Kulenkampff gefloppt. Kulenkampff hatte damals geschworen, nie mehr ein Quiz zu moderieren. Sechs Jahre später, im September 1979, kehrte er mit EWG auf den Bildschirm zurück. Sein Abschied am 21. November 1987 nach 82 Ausgaben war endgültig. Man erkannte es daran, dass er sich von Paul Anka eine auf ihn umgemünzte Version von »My Way« singen ließ (Anka war der Autor des Songs, er hatte ihn für Frank Sinatra geschrieben). Außerdem hielt er zum Abschluss eine Best-of-EWG-Schallplatte

hoch (»Ich möchte das auch einmal tun!«), von deren Erlös ein paar Mark an die Stiftung zur Rettung Schiffbrüchiger ging (»Ich segel doch so gern«). Auf diese Weise habe er schon einen Teil abbezahlt, falls er mal aus dem Meer gefischt werden müsse.
Der Versuch einer Neuauflage mit dem neuen Moderator Jörg Kachelmann im Jahr 1998 misslang grandios.

EINER WIRD GEWINNEN   ARD
1998. Katastrophale Neuauflage der früheren Erfolgssendung mit Hans-Joachim Kulenkampff, jetzt mit dem Meteorologen Jörg Kachelmann.
Wieder spielten acht Kandidaten aus acht Ländern zur besten Sendezeit in einer großen Show gegeneinander, mit ein paar Prominenten mehr als damals. Kachelmann hatte die Show von Anfang an nicht im Griff, redete schon in der Sendung vom »Generalanschiss«, den er hinterher erwartete. Kandidaten kapierten seine langatmigen Spielerklärungen nicht, der Regieassistent wies ihn während der Sendung darauf hin. Kachelmann war nervös, suchte nach der richtigen Kamera und musste brüllen, um sich gegen den lautstark randalierenden Mob von Fußballfans aus 21 Ländern durchzusetzen, der zur Illustration eines Spiels eingesetzt wurde.
Eine Pilotsendung, die Kachelmann um 50 Minuten überzogen hatte, wurde als »unsendbar« eingestuft (und dann doch aus finanzrechtlichen Gründen nachts im Hessen-Fernsehen versendet). Nicht einmal seine Einschätzung in der Premiere traf zu: »Ein kleiner Schritt für die Menschheit, ein großer Sprung für mich.« Nach drei Sendungen am Samstagabend hatte einer verloren.

1FACH SUPER   ZDF
Seit 2003. »Die Quizshow der Superlative«. Halbstündiges Wissens- und Wissenschaftsquiz für Kinder mit Andreas Korn. Läuft staffelweise, zunächst sonntagmittags, seit Ende 2004 samstags, und wird im KI.KA wiederholt.

EINFACH KLASSE!   ZDF
1999. 3-tlg. dt. Drama von Michael Baier, Regie: Michael Rowitz.
Biolehrer Ole Simon (Oliver Korittke) verschafft seinem alten Freund Thomas Heine (Heio von Stetten) einen Job als Aushilfslehrer am Hamburger Gymnasium Walther von der Vogelweide. Weil das Schulamt nicht zahlen kann, übernimmt der Vater eines Schülers die Kosten, damit die Klasse das Abitur schafft. Eigentlich wollte Referendarin Tatjana Ahlemann (Catherine H. Flemming) sich darum kümmern. Musiklehrer Christian Kölmel (Hubert Mulzer) hat andere Sorgen: Nachdem er seine Homosexualität öffentlich gemacht hat, lehnen sich Eltern gegen ihn auf. Direktorin Dr. Martina Wiesner (Hannelore Hoger) schaltet sich ein. Auch bei den Schülern und den Kindern der Lehrer häufen sich die Dramen.
Die Filme waren spielfilmlang und liefen innerhalb einer Woche zur Primetime.

EINFACH LAMPRECHT   ARD
1982. 13-tlg. dt. Familienserie von Martin Morlock und J. Hüttenrauch, Regie: Hans-Jürgen Tögel.
Heribert Lamprecht (Carl-Heinz Schroth) gibt seine Arztpraxis auf. Seine Tochter Barbara (Witta Pohl) übernimmt, und Lamprecht wird Privatier, »einfach nur Lamprecht«. Mit seinem Hund Hippokrates zieht er bei dem Apotheker Fritz Maschke (Heinz Wyprächtiger) ein, hilft aber natürlich auch weiterhin, wo er kann, auch ohne Praxis.
Die halbstündigen Folgen liefen im regionalen Vorabendprogramm.

EINFACH MILLIONÄR   ARD
2004–2005. 90-minütige Spielshow der ARD-Fernsehlotterie mit Frank Elstner.
Prominente Kandidaten treten in uralten Fernsehspielen gegeneinander an. Mangels neuer Ideen bereitet die Show »die spannendsten und lustigsten Spiele aus 50 Jahren« Fernsehrestmüll auf, und in Einzelfällen ist das auch noch fast so lustig wie damals. 64 Losinhaber im Publikum müssen den Spielausgang tippen. Es kommen nicht diejenigen in die nächste Runde, die den richtigen Sieger vorhersagen, sondern die, die in der Hälfte des Publikums sitzen, in der die meisten Losinhaber richtig getippt haben. Am Ende jeder Show gewinnt ein Kandidat eine Million €.
Die unterhaltsamsten Momente hatte die Show, wenn Ausschnitte aus den Originalsendungen von damals gezeigt wurden. Das kam nicht unbedingt Elstner zugute, denn man merkt im Nachhinein, wie glücklich man sich schätzen kann, dass es damals z. B. Hans Rosenthal war, der *Dalli Dalli* moderierte. Reporterin für Außenaktionen war Monica Lierhaus.
Die Show lief ein paarmal im Jahr donnerstags zur Primetime. Anfang 2005 wurde das Konzept dahingehend geändert, dass nicht mehr namentlich genannte Shows nachgespielt wurden, sondern die Prominenten nun kuriose Wettbewerbe (ohne Vorbild) gegeneinander bestreiten mussten. Das erinnerte stark an Elstners frühere Shows *Wetten, dass ...?* und *Aber hallo!,* wurde aber nicht beim Namen genannt. Im April 2005 wurde die Show plötzlich unter dem Vorwand abgesetzt, sie sei ein »schwieriges Format, weil sie stark mit rechtlichen Vorgaben belastet« sei. Das Format werde jedoch weiterentwickelt.

EINFACH TIERISCH   RTL
1985–1990. Halbstündige Tiershow mit Iff Bennett und dem Tierarzt Dr. Rolf Spangenberg.
War zugleich eine Reiseshow, zumindest was den Sendeplatz anging, der über die Jahre etliche Male wanderte. Meistens lief die Show am Wochenende am späten Nachmittag oder frühen Abend.

DIE EINFACH TIERISCH GUTE TAT   RTL
1987. Doku-Reihe am Vorabend, in der Iff Bennett Menschen vorstellt, die Tieren geholfen haben. Jede Folge war nur ein paar Minuten lang.

EINFACH VERONA SAT.1
2001. Halbstündige Personality-Show mit Verona Feldbusch, die mit ihrem Smart verschiedene Prominente besucht und sich Dinge erklären lässt, die sie vorher nicht gewusst hat, also: irgendwelche Dinge erklären lässt.
Sie fährt mit ihrem Smart zu Hans Eichel und fragt ihn, was sein schlechtestes Fach in der Schule war und wohin all die schönen DM-Geldscheine kommen, wenn der Euro kommt. Dann steigt sie in ihren Smart und besucht Cross-Golfer, bevor sie mit ihrem Smart zur Windsurflegende Robbie Nash fährt und schließlich ihren Smart benutzt, um dem Zauberer David Copperfield ein paar Fragen zu stellen, wonach sie wieder in ihren Smart steigt und damit davonfährt.
Das Konzept der Sendung in den Worten der Moderatorin: »Ich stelle Ihnen Dinge vor, von denen Sie nicht einmal in Ihren bösesten Träumen geahnt haben.« Am Anfang der ersten Sendung sagte sie die programmatischen Sätze: »Hallo und herzlich willkommen zu Verona einfach. Man kann natürlich sagen ›Einfach Verona‹, das macht die Sache einfacher.« Aber offenbar wollte Sat.1 das so haben, denn anders als bei *peep!* machte man sich anscheinend nicht einmal den Versuch, Feldbuschs Fehler herauszuschneiden; manchmal übersetzte ein freundlicher Sprecher hinterher einfach, was sie gesagt haben könnte.
Kurz vor dem Start der Sendung bekam Verona übrigens einen Heulkrampf in der *Johannes B. Kerner Show*, weil sie sich plötzlich erinnerte, dass Dieter Bohlen sie vor vielen Jahren mal geohrfeigt hatte, aber das hatte mit der neuen Show natürlich überhaupt nichts zu tun.
Elf Folgen liefen unter geringer Anteilnahme des Publikums samstags um 18.00 Uhr. Und irgendein Autohersteller hat anscheinend die Sendung für Product Placement genutzt.

DIE EINGEWEIHTEN VON ELEUSIS ARD
1977. 15-tlg. frz. Mysteryserie von Alain Page, Regie: Claude Grinberg (»Les compagnons d'Eleusis«; 1975).
Mitglieder einer Geheimorganisation, die sich »Die Eingeweihten von Eleusis« nennen, haben das Geheimnis des Alchemisten Nicolas Flamel ergründet, wie man Blei in Gold verwandeln kann. Als sie das viele Gold in Umlauf bringen, kommt ihnen der Journalist Vincent Delamare (Bernard Alane) durch einen Hinweis seiner Freundin Sophie (Thérèse Liotard) auf die Spur. Doch wer sind die Eingeweihten, und welches Ziel verfolgen sie? Hat Sophies Vater, der Bankier Verdier (Hubert Gignoux), etwas mit ihnen zu tun? Oder der Bankier Beaumont (Pierre Tabard)? Oder die Antiquitätenhändlerin Emmanuelle (Cathérine Sellers)? Oder Durand (Yves Bureau)? Vincent forscht.
Die Serie lief im regionalen Vorabendprogramm. Im Original bestand sie aus 30 Folgen zu je 13 Minuten, in Deutschland wurde sie auch in sechs und 18 Teilen gezeigt.

EINIGE TAGE IM LEBEN DES ... ARD
1967–1975. 45-minütige Porträtreihe über Persönlichkeiten aus Politik, Wirtschaft, Handel oder Gesellschaft.
Zu den ersten Porträtierten gehörten Franz Josef Strauß, Willy Brandt, Kurt Georg Kiesinger, Rainer Barzel und Rudolf August Oetker. Autor der meisten Filme war Matthias Walden. Auch Ralph Giordano und Renate Harpprecht steuerten Folgen bei. Die 45-minütigen Filme liefen etwa zweimal jährlich.

EINLADUNG ZU SCHIMPF ARD
1993. Kurzlebige Samstagabendshow mit Björn-Hergen Schimpf und Gästen, aber ohne wirkliche Idee. Zumindest ohne eigene. Schimpf überrascht ahnungslose Fernsehzuschauer in ihren Wohnzimmern und erfüllt Herzenswünsche.

EINMAL AMERIKA UND ZURÜCK ARD
1977. 3-tlg. Reisereportage mit Walter Sedlmayr, der von Osten nach Westen durch die USA reist, beginnend in New York, über Washington nach New Orleans und über Arizona nach San Francisco.
Die 45-Minuten-Folgen waren Bestandteil der Reihe *Einmal ... und zurück,* die Sedlmayr in zehn weiteren Einzelfolgen noch zu etlichen anderen Zielen in der ganzen Welt führte.

EINMAL BULLE, IMMER BULLE ZDF
Seit 2004. Dt. Krimiserie von Mathias Klaschka und Elisabeth Schwärzer.
Fast alle Mitglieder der Familie Krause sind in das Familienunternehmen involviert: die Polizei. Mutter Carla (Renate Krößner) und ihr Mann Rudi (Michael Greiling) sind seit vielen Jahren Hauptkommissare im Berliner LKA, Tochter Hanne (Barbara Philipp) arbeitet beim Kriminaldauerdienst. Der ältere Sohn Sebastian (Ole Puppe) will nichts mit der Polizei zu tun haben, auch nicht mit den Diskussionen über die Arbeit, die zwangsläufig zu Hause stattfinden, und ist aufs Land gezogen. Sein jüngerer Bruder Benjamin (Enno Hesse) spielt dagegen mit dem Gedanken, ebenfalls zur Polizei zu gehen, denn die Schule hasst er.
Obwohl die familiäre Situation eine große Rolle spielt, liegt das Hauptaugenmerk auf der Aufklärung eines oder mehrerer Kriminalfälle pro Folge. Jede ist 45 Minuten lang und läuft mittwochs um 20.15 Uhr.

EINMAL HIMMEL UND ZURÜCK SUPER RTL
1997. 13-tlg. US-Fantasyserie (»Heaven Help Us«; 1994).
Der Profisportler Doug Monroe (John Schneider) und seine frisch Angetraute sexy Lexy (Melinda Clarke) stürzen mit Dougs Privatflugzeug in ein Hotel und sterben. Oberengel Mr. Shepherd (Ricardo Montalban) schickt die beiden zurück ins irdische Leben, wo sie anderen Menschen helfen sollen. Jede Folge dauerte eine Stunde. Die Serie wurde Jahre später bei RTL 2 wiederholt.

EINMAL IM JAHR DFF
→ Schlagerstudio

EINMAL IM LEBEN ARD
1972. »Geschichte eines Eigenheims«. 3-tlg. dt. Familiensatire von Dieter Wedel und Günter Handke.
Bruno Semmeling (Fritz Lichtenhahn) hat als Ingenieur in einer Hamburger Maschinenfabrik ein durchschnittliches Einkommen. Er und seine Frau Trudchen (Antje Hagen) haben die ständigen Mieterhöhungen satt und wollen ihren Traum vom Eigenheim verwirklichen. Sie nehmen einen Kredit auf, beginnen mit dem Bau und erleben dabei nichts als Katastrophen. Hatte der bisherige Ärger nur ein einziges Gesicht, das des Vermieters (Herbert Steinmetz), hat der neue Ärger viele: Bauunternehmer Wumme (Günter Strack), Polier Knauster (Uwe Dallmeier), die Architekten Masch (Hans Korte) und Michels (Til Erwig) und viele andere. Alles geht viel langsamer als erwartet, und als Bruno wegen Betriebsferien in der Fabrik endlich Zeit hat, den Hausbau selbst zu überwachen, sind die Handwerker im Urlaub. Und alles wird viel teurer als erwartet. Neben der Miete zahlen die Semmelings bereits die monatlichen Abschläge für das neue Haus, und die müssen sie nun noch erhöhen, weil Trudchen immer nur teuerste Ausstattung anfordert, denn es ist ja für immer. Am Ende sind alle erschöpft, verschuldet, aber stolz, und so zieht Familie Semmeling mit Vater, Mutter und Kind endlich ins eigene Haus.
Die spielfilmlangen Geschichten um die Familie Semmeling liefen am Sonntagabend. Sie wurden mit ca. 27 Millionen Zuschauern ein sensationeller Erfolg und machten den jungen Regisseur Dieter Wedel bekannt. Er setzte seine Semmelings daraufhin noch zwei weitere Male in Szene: Vier Jahre später in *Alle Jahre wieder: Die Familie Semmeling* und 30 Jahre später (!) in *Die Affäre Semmeling*.

EINMAL LIEBE, KEIN ZURÜCK RTL
1999. 16-tlg. US-Sitcom von Bruce Helford (»Bless This House«; 1995–1996).
Der Postangestellte Burt Clayton (Andrew Clay) lebt mit seiner Frau Alice (Cathy Moriarty), einer Kassiererin, der zwölfjährigen Tochter Danny (Raegan Kotz) und dem jüngeren Sohn Sean (Sam Gifaldi) in einer engen Wohnung in New York. Nebenan wohnen Burts Kollege Lenny (Don Stark) und seine Frau Phyllis (Molly Price), Alice' beste Freundin. Die anderen Nachbarn sind die allein erziehende Mutter Vicki (Patricia Healy) und ihre Tochter Jane (Kimberly Cullum).
Die Serie lief am Samstagmittag.

EINMAL ... UND ZURÜCK ARD
1976–1982. Reisereportagereihe mit Walter Sedlmayr, der die Welt bereist und unterhaltsam von seinen Erlebnissen berichtet.
Sedlmayr ist nicht als Journalist, sondern als Tourist unterwegs und klappert mit dem Reiseführer unter dem Arm das Pflichtprogramm an Sehenswürdigkeiten ab, spürt aber auch unbekannte Ecken und interessante Menschen auf.
Insgesamt 13 Folgen liefen in unregelmäßigen Abständen im Abendprogramm. Sie dauerten jeweils 45 Minuten. Die Ziele waren Kairo, die USA, Österreich, Spanien, Griechenland, Niederlande und Belgien, Frankreich, England, Schottland, Portugal sowie Israel. Sedlmayrs Reise »Einmal Amerika und zurück« war die längste und aufwendigste und umfasste drei Folgen.

EINS PLUS EINS GEGEN ZWEI ARD
1971–1976. Verkehrsquiz mit Prominenten und Zuschauern als Kandidaten.
Als die Show startete, hatten Fragen zur Straßenverkehrsordnung gerade besondere Aktualität, denn am 1. März 1971 trat die neue StVO in Kraft. Aber auch noch Jahre später wurden unter erheblicher Anteilnahme des Publikums Themen wie Sicherheitsgurte, die 0,8-Promille-Grenze und Verkehrserziehung für Kinder behandelt. Eine Jury aus einem Psychologen und einem Mitarbeiter des Bundesverkehrsministeriums beaufsichtigte das Geschehen. Erster Moderator war Hans Rosenthal. Rosenthal wechselte nach kurzer Zeit zum ZDF, um *Dalli Dalli* zu moderieren, und Werner Zimmer übernahm.
Insgesamt liefen 34 Ausgaben, 30 bis 45 Minuten lang, zunächst etwa monatlich samstags, dann sonntagnachmittags.

1:0 FÜR DIE KINDER ARD
1985. 6-tlg. niederl. Jugendserie (»Knokken voor twee«; 1982).
Der kleine Freddie (Michael Walma van der Molen) läuft von zu Hause weg. Saskia (Inge Sliggers) nimmt ihn mit in einen Club, in dem sich Kinder geschiedener Eltern treffen. Dort lernt er Walter (Peter Bos) kennen.
In Holland war die Serie ein Spielfilm. Die ARD zerschnitt ihn in sechs Teile zu je 24 Minuten und sendete sie am Sonntagmittag.

1:0 FÜR SIE ARD
1954–1955. Große Familienshow mit Peter Frankenfeld.
Neben komödiantischen Einlagen Frankenfelds gab es mehrere Spielrunden mit drei Kandidaten, die Frankenfeld aus den Saalzuschauern auswählte. Er warf dazu Flugrädchen ins Publikum; wer eins fing, spielte mit. Die Propeller wurden als Frankenfelds »fliegende Untertassen« berühmt. Die Aufgaben waren witzige Geschicklichkeitsspiele, bei denen Luftballons rasiert oder Zigaretten in Boxhandschuhen angezündet werden mussten. Am Ende jeder Runde konnte der Gewinner zwischen zwei ihm nicht bekannten Preisen wählen, die sich in zwei Umschlägen verbargen. Einer der Preise war meist eine Reise, der andere irgendetwas Nutzloses. Die Umschläge brachte Walter Spahrbier, der auch in Wirklichkeit Briefträger war. Fernsehzuschauer konnten per Post Begriffe einsenden, die Frankenfeld dann zeichnete,

»Verflixt, er steckt fest!«
Plopper Michael Schanze
in *1, 2 oder 3*.

und die von prominenten Gästen mit 20 Fragen erraten werden mussten. Gelang dies nicht, bekam der Einsender einen Preis, gelang es, gewann jemand aus dem Saalpublikum.

Die Show war der erste große Publikumserfolg in der Geschichte des deutschen Fernsehens. 500 000 Zuschauer sahen regelmäßig zu, was für damalige Verhältnisse viel war, da nur ca. 60 000 Fernsehgeräte in Deutschland gemeldet waren. Die Sendung war die Fernsehfassung von Frankenfelds Radiosendung »Wer zuletzt lacht«, die auf dem US-Format »People Are Funny« beruhte.

In dieser Sendung trug Frankenfeld erstmals sein berühmtes groß kariertes Jackett, das zu seinem Markenzeichen wurde. Die Sendungen waren jeweils ca. 100 Minuten lang und liefen alle zwei Wochen sonntags um 20.00 Uhr. Ruprecht Essberger, der auch für die erste Familienserie *Unsere Nachbarn heute Abend: Familie Schölermann* verantwortlich war, führte Regie.

Durch die Show entstand auch der *Platz an der Sonne*. In einer Sendung hatte Frankenfeld Briefe von Leuten gezeigt, die ihn zu kostenlosen Urlauben eingeladen hatten. Frankenfeld lehnte ab, schlug aber vor, an seiner Stelle Berliner Kinder einzuladen, die noch nie ihre Ferien auf dem Land verbringen konnten: »Diese Kinder brauchen dringender als ich einen Platz an der Sonne.« Zunächst gab er in *1:0 für Sie* den Spendenstand und die Platzzahl bekannt, später wurde daraus die Lotterie *Ein Platz an der Sonne*.

Die Sendungen wurden 1954 aus verschiedenen Veranstaltungssälen in Hamburg übertragen, überwiegend im Wechsel aus der Musikhalle, der Aula der Friedrich-Ebert-Schule in Hamburg-Harburg und der Festhalle »Planten un Blomen«. Ab 1955 tourte die Show durch verschiedene deutsche Städte, darunter Dortmund, Neumünster, Kiel, Osnabrück, Bielefeld und Berlin. Die letzte Sendung im August 1955 kam unter dem Motto »1:0 für ... Düsseldorf« von der dortigen Funkausstellung.

1-2-3 ALLERLEI   DFF 1, DFF 2, DFF

1980–1991. Schülermagazin für Sechs- bis Neunjährige.

Das bunte Unterhaltungsmagazin mit Trick- und Realfilmen aus anderen sozialistischen Ländern präsentierten Genia Laphus und Thomas Schmitt. Die Reihe lief in zwei- bis dreiwöchentlichem Rhythmus nachmittags an verschiedenen Werktagen, ab 1991 samstagvormittags.

EINS, ZWEI, DREIBEIN   ZDF

1989–1990. 10-tlg. dt. Reihe für Kinder nach einer Idee der Künstlerin Liesel Metten. Tipps und Anregungen für neue Spiele, jeweils passend zur Jahreszeit. Lief jeden ersten Samstagnachmittag im Monat.

1, 2 ODER 3   ZDF

Seit 1977. Spielshow für Kinder.

Neun Schüler aus drei 4. Klassen aus Deutschland, Österreich und der Schweiz treten gegeneinander an. Sie müssen Fragen beantworten, die sich alle einem Thema widmen. Zu jeder Frage gibt es drei Antwortmöglichkeiten, die auf Toren stehen, die den Feldern »1«, »2« und »3« entsprechen. Alle rennen los, kreuz und quer über die Felder, bis sie sich auf Kommando endgültig entscheiden müssen. Zur Auflösung erstrahlt das richtige Feld, während die anderen im Dunkeln stehen. Für richtige Antworten können sich die Kinder Bälle abholen; wer am Ende die meisten hat, ist Tagessieger. Die Klasse mit den meisten Bällen bekommt am meisten Geld für die Klassenkasse, außerdem dürfen sich alle Teilnehmer – je nach erzielten Bällen – aus einem großen

Geschenkestapel bedienen. In jeder Sendung darf ein »Kamerakind« aus dem Publikum die gesamte Sendung lang eine der ZDF-Kameras führen. Seine Aufnahmen sind an einer bunten Bildumrandung zu erkennen. Künstler oder Gäste mit interessanten Berufen runden die Show ab.

Erster Moderator war Michael Schanze. Als Kommando für die Show hatte er das »Ploppen« erfunden, ein schnalzähnliches Geräusch, das mit dem Finger im Mund erzeugt wurde. »Achtung, letzte Chance: beim Plopp – Stopp!«, sagte er, wenn sich die Kinder für ein Feld entscheiden mussten. Danach rief er: »Licht aus«, und ein Sprecher sagte: »Ob ihr Recht habt oder nicht, sagt euch jetzt das Licht.« Den Titelsong sang Schanze selbst: »1, 2 oder 3, du musst dich entscheiden, drei Felder sind frei. Plopp! Plopp das heißt Stopp. Nur einen Hopp, dann bleibt es dabei. Willst du bei diesem Spiel gewinnen, musst du viele Bälle bringen ...«

Als Schanze nach 59 Sendungen im September 1985 aufhörte, nahm er gleich seinen Titelsong, die ritualisierten Sprüche und das Recht, sich als Fernsehmoderator einen ungewaschenen Finger in den Mund zu stecken, mit. Rolf Zuckowski komponierte eine neue Melodie, die nun von einem Kinderchor gesungen wurde: »1, 2 oder 3 – das ist keine Hexerei. 1, 2 oder 3 – es ist auch kein Trick dabei. Spiel doch mit, sei dabei, bei 1, 2 oder 3.« Mit der neuen Moderatorin Birgit »Biggi« Lechtermann kamen drei gezeichnete Maskottchen dazu: die Drollinge, die später auch als lebensgroße Plüschwesen herumtollten. Statt des Ploppens hieß der Spruch, der das Herumhüpfen auf den Feldern beendete, jetzt: »1, 2 oder 3: Letzte Chance – vorbei!« Und vor der Auflösung hieß es: »Ob ihr wirklich richtig steht, seht ihr, wenn das Licht angeht.«

Im April 1995 wurde Gregor Steinbrenner neuer Moderator. Als die Sendung im Januar 2000 gründlich renoviert wurde, durfte er, wie früher Schanze, die Titelmusik selbst singen. Sie stammte nun von Tobias Künzel von den »Prinzen« und ging so: »1, 2 oder 3 – was ist'n das für'n Geschrei? 1, 2 oder 3 – okay, ich bin mit dabei! 1, 2 oder 3 – wer das meiste weiß, holt sich am Ende dann den Preis.« Neue Maskottchen wurden der Drache Fauchi, der Seehund Piet Flosse und der Bär Ted Tatze – die Namen wurden von den Zuschauern eingesandt und ausgewählt.

Die Sendung basierte auf dem US-Format »Runaround«, das dort 1972 erstmals gespielt wurde, aber im Gegensatz zur deutschen Version nur ein Jahr überlebte. Die Spielregeln wurden im Laufe der Zeit immer wieder leicht geändert. Am Anfang mussten die Kinder, die eine falsche Antwort gegeben hatten, eine Runde aussetzen. Später gab es eine besonders schwere Masterfrage, die zwei Bälle wert war. 1994 wurde die Sendung von 45 auf 25 Minuten gekürzt, auf größere Gastauftritte wurde nun verzichtet. Sie wanderte vom Samstag über verschiedene Tage, bis sie wieder am Samstag ankam – nun allerdings nicht mehr nachmittags, sondern am Morgen.

DIE EINSAMEN SCHÜTZEN RTL

2003. 13-tlg. US-Mystery-Comedy-Serie von Frank Spotnitz, Vince Gilligan und John Shiban (»The Lone Gunmen«; 2001).

Serienableger von *Akte X:* Die exzentrischen Computerfreaks Ringo Langly (Dean Haglund), John Fitzgerald Byers (Bruce Harwood) und Melvin Frohike (Tom Braidwood), Herausgeber der Zeitschrift »Die einsamen Schützen«, die sich mit Konspirationstheorien befasst, und langjährige Informanten von FBI-Agent Fox Mulder, lösen hier ihre eigenen mysteriösen Fälle und Verschwörungen. Oder versuchen es zumindest. Meistens geht alles drunter und drüber und vor allem schief, denn so genial sie sind, so ungeschickt sind sie auch. Ihnen fehlt einfach die Übung im sozialen Umgang mit normalen Menschen. Ihre Konkurrentin, die Reporterin Yves Adele Harlow (Zuleikha Robinson), ist so ein normaler Mensch. Der reiche Jimmy Bond (Stephen Snedden) hilft den Schützen, vor allem aber finanziell, denn im praktischen Einsatz ist er auch nicht fähiger als die drei. Ihre Verlags- und Einsatzzentrale ist eine Lagerhalle in der Nähe Washingtons, unterwegs sind die einsamen Schützen in einem alten VW-Bus.

Mitch Pileggi und David Duchovny hatten in jeweils einer Folge einen Gastauftritt in ihren *Akte X*-Rollen als stellvertretender FBI-Direktor Walter Skinner bzw. Agent Fox Mulder. Dieser Spin-off war zwar amüsant, aber wenig erfolgreich, und so kehrten die einsamen Schützen nach dem Ende ihrer eigenen Serie wieder zu *Akte X* zurück, um dort kurz danach ermordet zu werden.

Die einstündigen Folgen liefen donnerstags um 23.15 Uhr.

EINSATZ FÜR ELLIOT MAUS SUPER RTL

1997. 26-tlg. span.-luxemburg. Zeichentrickserie (»Los Intocables de Elliot Mouse«; 1996).

Im Cheesecago der 30er-Jahre hat Käsemafiaboss Al Katzone die Stadt fest im Griff. Die Bundes-Mauseloch-Ermittlungsbehörde schickt Elliot Maus, ihren fähigsten Agenten, den Kampf aufzunehmen.

EINSATZ FÜR ELLRICH RTL

2004. Halbstündige pseudodokumentarische Krimiserie.

Kriminalhauptkommissarin Ilona Ellrich und ihre Kollegen Martin Scheidt und Jürgen Schönewald, alle echte Polizisten, ermitteln in frei erfundenen Fällen. Ulrich Wetzel, ein echter Richter, der bereits in der RTL-Show *Das Strafgericht* über fiktive Fälle entscheidet, stellt Haftbefehle aus. Alle sind unglaublich cool und ruppig, wie sie es bei ihren fiktiven Fernsehkollegen gelernt haben.

Seit Anfang der 90er-Jahre geht Fernsehen in Deutschland normalerweise so: RTL führt ein neues Format zum Erfolg, und alle anderen kupfern es ab. Diesmal war es Sat.1, das das Format erfolgreich mit *Lenßen & Partner* und *Niedrig und Kuhnt – Kommissare ermitteln* etabliert hatte, und selbst der ZDF-

Abklatsch *Einsatz täglich – Polizisten ermitteln* war schneller auf Sendung als die RTL-Version. RTL sendete zeitgleich zu *Niedrig und Kuhnt* werktags um 17.00 Uhr, war mit den Einschaltquoten jedoch schnell unzufrieden und beendete den Versuch nach fünfeinhalb Monaten.

EINSATZ FÜR LOHBECK   ARD
1994–1995. 26-tlg. dt. Krimiserie.
Der unkonventionelle Kriminalhauptkommissar Martin Lohbeck (Jürgen Schmidt) und seine Crew patrouillieren auf dem Rhein bei Duisburg und jagen Schmuggler, Umweltverbrecher und überhaupt Gauner jeglicher Art. Zur Crew des Polizeiboots 404 gehören die Polizisten Claudia Behnken (Anne Kasprik) und Christian Seifert (Mark Keller), der Schiffsführer Willi Erkhoven (Michael Hanemann) und der Mechaniker Walter Schwanek, genannt »Schwänchen« (Gustav-Peter Wöhler). Nützliche Infos bekommt Lohbeck von seinem alten Freund Wolfgang Kienast (Bernd Stephan), jetzt beim Landeskriminalamt, und vom Kleinganoven Andy König, genannt »King« (Ingolf Lück). Lohbecks Tochter Michaela (Katja Studt) ist gerade volljährig und beginnt mit dem Studium. Obwohl Lohbeck Schreibtischjobs hasst, muss er sich in der zweiten Staffel vom Polizeiboot zurück ins Präsidium versetzen lassen, wo er jetzt mit Katharina Esch (Nina Lorck-Schierning) zusammenarbeitet. Sie sind aber weiterhin oft im Hafengebiet im Einsatz.
Die einstündigen Folgen liefen zunächst dienstags, ab 1995 mittwochs im Vorabendprogramm.

EINSATZ FÜR SOLO ONE   ARD
→ Der Landpolizist

EINSATZ HAMBURG SÜD   ARD
1997–1999. 26-tlg. dt. Krimiserie.
Die Deutsche Carla Simon (Muriel Baumeister) und die Türkin Sema Aslan (Meral Perin) arbeiten als Kommissarinnen in Hamburg-Wilhelmsburg. Sie sind zwar grundverschieden, aber ein gutes Team. Ihr Chef ist Richard Wohmann (Joachim Nimtz); zu den Kollegen gehören Doris Schelling (Brigitte Böttrich) und Bernie Ziegler (Christopher Zumbült). Später kommt Frauke Hansen (Brigitte Nippe) neu auf das Revier. Semas Freund ist zunächst Jürgen (Manfred Stücklschwaiger), später Thomas (Thomas Mehlhorn).
Die Serie war eine offensichtliche Kopie von *Doppelter Einsatz*. In der ersten Folge besuchten die beiden Ermittlerinnen sogar die gleiche Imbissbude im Hamburg wie die Originale. Die einstündigen Folgen liefen dienstags um 18.55 Uhr.

EINSATZ IN HAMBURG   ZDF
Seit 2000. Dt. Krimireihe von Richard Reitinger.
Die junge Juristin Jenny Berlin (Aglaia Szyszkowitz) beginnt ihre Karriere bei der Hamburger Kripo. Dort klärt sie, zunächst als Kommissarsanwärterin, dann als Kommissarin, verschiedene Fälle auf. Ihr eigentliches Ziel ist es, die Verbrechensvorbeugung zu verbessern und die Straftaten zu verhindern, bevor sie begangen werden. Ihr Vorgesetzter Hauptkommissar Hans Wolfer (Hannes Hellmann) und Kommissar Laszlo Brehm (Rainer Strecker) arbeiten mit ihr zusammen, wenn auch anfangs nur ungern.
Jede Folge hat Spielfilmlänge. Sie laufen im Wechsel mit anderen Reihen als *Samstagskrimi* um 20.15 Uhr. Die ersten beiden Filme im Herbst 2000 trugen noch den Titel *Jenny Berlin*, seit der nächsten Folge, die erst zwei Jahre später gezeigt wurde, heißt die Reihe *Einsatz in Hamburg*. Bis Anfang 2005 liefen fünf Filme.

EINSATZ IN L. A.   SUPER RTL
→ Adam 12 – Einsatz in L. A.

EINSATZ IN MANHATTAN   ARD, RTL 2
1974–1991 (ARD); 1998 (RTL 2). 118-tlg. US-Krimiserie von Abby Mann (»Kojak«; 1973–1978).
Lieutenant Theo Kojak (Telly Savalas) klärt für die New Yorker Kriminalpolizei Verbrechen im südlichen Manhattan auf: Mordfälle, Rauschgiftdelikte, Korruption. Dabei geht er mit mehr Köpfchen als Waffengewalt vor und dehnt auch schon einmal die Gesetzestexte oder Anweisungen des Chefs ein wenig aus, um einen Fall zu lösen. Oft macht er sich unbeliebt, weil er gnadenlos auch gegen hohe Tiere ermittelt und ihm deren Ansehen egal ist. Kojak ist frech, zynisch, witzig und ein Gerechtigkeitsfanati-

»Entzückend!« Kojak (Telly Savalas) – *Einsatz in Manhattan*.

ker, und erhat immer einen Lolli im Mund, meistens einen Hut auf dem Kopf und oft eine getönte Brille im Gesicht. Stets an seiner Seite ist sein Partner Barry Crocker (Kevin Dobson). Sein früherer Streifenpartner Frank McNeil (Dan Frazer) ist jetzt sein Chef auf dem 13. Revier im südlichen Manhattan. Dort arbeiten außerdem die Detectives Stavros (Demosthenes Savalas; Tellys Bruder; er nannte sich ab der dritten Staffel George Savalas), Rizzo (Vince Conti), Saperstein (Mark Russell) und Prince (Borah Silver), die meist mit zur Lösung der Fälle beitragen, indem sie in den verschiedensten Rollen undercover ermitteln.

Kojak war ursprünglich nur die Hauptfigur eines einzelnen Fernsehfilms namens »Der Mordfall Marcus Nelson« (»The Marcus Nelson Murders«; 1973), der auf dem Roman »Justice In The Backroom« von Selwyn Rabb basierte, bekam jedoch wegen seiner großen Popularität schnell seine eigene Fernsehserie, die ein internationaler Erfolg wurde. Den Film hatte die ARD kurz vor Serienstart im September 1974 gezeigt. Auch in Deutschland wurde Kojak einer der beliebtesten Krimihelden, und sein Glatzkopf, der Lolli, an dem er dauernd lutschte, und der oft wiederholte Ausspruch »Entzückend!« wurden zu seinen Markenzeichen. Weltweit stieg im Zuge der Serie der Absatz von Lutschern deutlich an, in den USA um 500 %! Die Straßen von Manhattan wurden als Sumpf des Verbrechens bekannt. Gedreht wurde die US-Serie größtenteils in Los Angeles – wie fast alle Serien, ganz gleich, wo sie spielen. Außenaufnahmen mit dem typischen New Yorker Flair entstanden jedoch tatsächlich in Manhattan.

Bis 1978 zeigte die ARD 62 Folgen à 45 Minuten donnerstags um 21.00 Uhr, 1991 unter dem Titel *Kojak – Einsatz in Manhattan* 37 weitere Folgen im Vorabendprogramm. Ab 1989 entstanden in den USA sechs neue Fernsehfilme, die 1991 bei RTL unter dem einfachen Titel *Kojak* liefen (siehe dort). Unter diesem Titel liefen auch die noch übrigen 20 Folgen aus den 70er-Jahren bei RTL 2.

Zur Serie erschien eine Romanheftreihe. Kojaks deutsche Synchronstimme war Edgar Ott.

EINSATZ IN VIER WÄNDEN RTL

Seit 2003. Halbstündige Vorher-Nachher-Show. Stilberaterin Tine Wittler verschönert mit einem Handwerkerteam Privatwohnungen. Die Bewohner müssen für ein paar Tage ausziehen und werden anschließend mit neuen Möbeln und neu gestalteten Räumen überrascht.

Lief zunächst werktagvormittags. Ab Dezember 2003 wiederholte Vox die Reihe am Vorabend unter dem Titel »Wohnen nach Wunsch – Einsatz in vier Wänden«. Im September 2004 verlegte RTL die außerordentlich erfolgreiche Show ins Nachmittagsprogramm um 17.00 Uhr. Der bisherige Sendeplatz beheimatet seitdem Wiederholungen vom Vortag.

EINSATZ TÄGLICH – POLIZISTEN ERMITTELN ZDF

2004. Tägliche Pseudo-Doku-Soap, in der fünf echte Polizisten in einem Fernsehstudio den Alltag auf einer Berliner Polizeiwache nachspielen. Oder das, was die Drehbuchautoren dafür halten. Oder das, was die Zuschauer gerne dafür halten würden.

Nicht lange zuvor hatten auf diesem Sendeplatz echte Juristen in einem Fernsehstudio den erfundenen Alltag in einem Gerichtssaal nachgespielt (*Streit um drei*), was immerhin den Vorteil hatte, dass man kostengünstig einfach herumsitzen konnte. Der Etat für *Einsatz täglich* war genauso groß (rund 50 000 € pro Folge), der Aufwand aber natürlich größer, weshalb die Serie noch hölzerner und unglaubwürdiger daherkam als ihre privaten Vorbilder (*K11, Niedrig und Kuhnt, Lenßen & Partner*).

Die 45 Minuten langen Folgen liefen werktags um 16.15 Uhr.

EINSPRUCH! SAT.1

→ Ulrich Meyer: Einspruch!

EINSTWEILIGE VERGNÜGUNG PRO SIEBEN

1990–1993. 50-minütige Late-Night-Satireshow mit Thomas Freitag. Wurde an wechselnden Wochentagen einmal im Monat aus dem »Café Giesing« in München gesendet.

51° NORD ARD

1991. 11-tlg. Reportagereihe von Franz Xaver Gernstl, der nach der Wiedervereinigung Deutschlands von West nach Ost durch das Land reist und ein Psychogramm der vereinten Deutschen erstellt. Die halbstündigen Folgen liefen nachmittags. Die Reihe erhielt den Grimme-Preis mit Bronze 1992.

EINUNDZWANZIG RTL

2000–2002. »Spiel das Duell deines Lebens«. Einstündige Quizshow mit Hans Meiser.

Zwei Kandidaten spielen gegeneinander und müssen Multiple-Choice-Fragen mit verschiedenen Schwierigkeitsgraden beantworten. Diesen Grad können sie selbst wählen. Je nach Kniffligkeit bekommen sie für die richtige Antwort einen bis elf Punkte. Ziel ist es, als Erster 21 Punkte zu erreichen. Erschwert wird die Wahl des angemessenen Risikos für sie dadurch, dass sie in schallisolierten Kabinen sitzen und den Punktestand des Gegners nicht kennen. Gibt ein Kandidat zum dritten Mal eine falsche Antwort, scheidet er aus. Er kann einen Vertrauten, der ebenfalls von den Runden des anderen Kandidaten nichts sieht und hört, als Joker zurate ziehen. Auch das ist jedoch ein Risiko: Eine falsche Antwort zählt dann doppelt. Nach zwei Durchgängen gibt es als weitere Verschärfung eine Möglichkeit für beide Kandidaten, das Spiel zu beenden, wenn sie glauben, in Führung zu liegen. Liegen sie dann damit falsch, hat aber der andere sofort gewonnen. Der Champion spielt eine Bonusrunde, in der er – je nach der Zahl richtig beantworteter Fragen mit zwei Antwortmöglichkeiten in Folge – seinen Gewinn weiter erhöhen kann. In den Duellrunden erhöht sich der Gewinn, um den ein Kandidat spielt, mit jedem Herausforderer, den er schlägt. Da er immer wiederkommt und so lange weiterspielen kann, bis ihn ein Herausforderer schlägt, ist die Gewinnsumme theoretisch unbegrenzt und auch praktisch sehr hoch: Am 16. August 2002 ging Thorsten Gatz als erfolgreichster *Einundzwanzig*-Teilnehmer mit 445 000 € nach Hause.

Nach dem großen Erfolg von *Wer wird Millionär?* startete RTL diese zweite spannende Quizshow, die zum Start an fünf Tagen hintereinander und dann immer mittwochs und freitags um 20.15 Uhr lief. Ähnlich aufregend wie das Spiel selbst war immer die Frage, ob es Hans Meiser gelingen würde, die komplizierten Regeln, Gewinnmöglichkeiten und Risiken so zu erklären, dass er sie auch selbst verstand. Die Quoten reichten zwar nicht an die Jauchs heran, waren mit fünf Millionen Zuschauern jedoch so gut, dass RTL die erste Staffel kurzfristig um einen Monat verlängerte und statt der geplanten einen Folge pro Woche dann doch zwei zeigte. Die weiteren Staffeln liefen jeweils während der Sommerpause von *Wer wird Millionär?* auf dessen Sendeplätzen montags und freitags.

Das Konzept stammte von der US-Spielshow »Twenty-One«, die in den USA Anfang 2000 neu aufgelegt worden (ebenfalls im Sog der dort erfolgreichen Show »Who Wants To Be A Millionaire«) und ursprünglich von 1956 bis 1958 gelaufen war. Schon damals hatte das deutsche Fernsehen die Show übernommen – unter dem Namen *Hätten Sie's gewusst?* mit Heinz Maegerlein.

In Programmzeitschriften wurde die Sendung zuvor und auch während ihrer Ausstrahlung unter dem Titel *Quiz Einundzwanzig* geführt. Im Fernsehen hieß sie nur *Einundzwanzig*. Den gleichen Titel (ebenfalls mal mit, mal ohne »Quiz«) hatte bereits das österreichische Fernsehen Anfang der 60er-Jahre für seine Adaption verwendet.

DIE EINWANDERER ZDF

1984. 7-tlg. kanad. Doku-Drama-Reihe (»The Newcomers«; 1977–1979).

Zu ihrem 100. Geburtstag 1980 gab die kanadische Firma Imperial Oil sieben dreiviertelstündige Filme in Auftrag, die Kanada als Einwandererland im Laufe der Jahrhunderte zeigen sollten – von der Zeit vor der Ankunft der Weißen bis in die Gegenwart. Experten stellten die historische Genauigkeit der Episoden sicher, die keine durchgehenden Rollen oder Darsteller hatten.

Sendeplatz war sonntags am Vorabend.

DER EINZELGÄNGER ARD, RTL 2

1970–1971 (ARD); 1993 (RTL 2). 26-tlg. US-Krimiserie von Roy Huggins (»The Outsider«; 1967–1969).

Nach seiner Entlassung aus dem Gefängnis, in dem er wegen eines Polizistenmordes gesessen hat, wird David Ross (Darren McGavin) Privatdetektiv. Unterstützung bei der Polizei findet er als ehemaliger Häftling kaum, doch auch allein, mit der Welt im Unreinen und ohne Waffe arbeitet er effizient.

Nach einem 90-minütigen Pilotfilm am Samstagabend liefen 14 Serienfolgen, die 45 Minuten lang waren, alle 14 Tage freitags. RTL 2 zeigte später in neuer Synchronisation alle 25 Folgen der Serie unter dem Titel *Der Außenseiter,* ließ aber den Pilotfilm weg. Fünf Folgen liefen 1976 auch im DFF 1.

EINZUG INS PARADIES DFF

1987. 6-tlg. DDR-Familienserie nach dem Roman von Hans Weber, Regie: Achim und Wolfgang Hübner.

Fünf Familien ziehen in einen neuen, elfstöckigen Plattenbau in Berlin-Marzahn: Der ehemalige Berufsschullehrer Jonas Weithold (Kurt Böwe) mit seiner Frau Gitt (Walfriede Schmitt) und Sohn Michael (Alexander Heidenreich) – ihr anderer Sohn Gerd (Justus Carriere) wohnt nicht mehr bei der Familie, und Michael weiß nicht einmal, dass er einen Bruder hat – sowie Jonas' Bruder Till Weithold (Friedhelm Eberle). Außerdem das Ehepaar Hellgrewe (Werner Tietze und Barbara Dittus) mit Tochter Katharina, genannt Kat (Michaela Hotz), und Oma (Erika Pelikowski) sowie der Hörspielregisseur Taube (Eberhard Esche) mit seiner Frau (Ursula Werner), die eine Krise haben und sich vorübergehend trennen, und ihr Sohn Andreas (Thomas Nick). Und schließlich der Brotausfahrer Walk (Rolf Ludwig) mit seiner Frau Karla (Ursula Karusseit) und Tochter Jeanne (Anne Kasprik) sowie Erika Fürstenau (Jutta Wachowiak), die mit Fortunas (Jürgen Heinrich) zusammen ist und ihre Tochter Manon (Christine Haase) allein erzieht.

Die Serie zeigte nur die Anfangsphase der Eingewöhnung in ein neues Heim. Jede Folge schilderte genau einen Tag, die gesamte Serie nur die ersten sechs Tage im neuen Zuhause. Die DDR-Führung war zunächst begeistert von der Idee: Webers Buch spielte in einem Berliner Neubaugebiet und beschrieb das Zusammenwachsen der Nachbarn zu einem »Kollektiv«. *Einzug ins Paradies* sollte der repräsentative Film schlechthin über das Wohnungsbauprogramm der SED sein.

Tatsächlich war das Wort »Paradies« im Titel sowohl im Buch als auch in der Serie ironisch zu verstehen. In dem Plattenbau in Berlin-Marzahn fehlte durch ein Versehen die Abgrenzung zwischen den einzelnen Balkonen, durch die Lücken im Beton wurden die Nachbarn miteinander und mit den Schwierigkeiten der anderen konfrontiert: Partnerprobleme einer Alleinerziehenden, Abkehr vom straffällig gewordenen Sohn, Fragen der Ökologie etc. – Problemthemen, denen die DDR-Oberen auswichen. Die Hauptfigur, Lehrer Weithold, suchte nach seinem Ausscheiden aus dem reglementierten Schulbetrieb nach einer Alternative – eine Vorstellung, die völlig tabu war. *Einzug ins Paradies* lag deshalb dreieinhalb Jahre auf Eis und wurde erst nach einer Intervention der Verbände der Schriftsteller und der Film- und Fernsehschaffenden gezeigt. Allerdings mussten über 50 Details zwangsweise verändert werden.

Die ARD zeigte die einstündigen Folgen ab August 1989 montags um 20.15 Uhr, zufällig passend zur sich gerade auflösenden DDR.

EISENBAHNDETEKTIV MATT CLARK ARD
1968. 13-tlg. US-Serie (»Stories Of The Century«; 1954).
Matt Clark (Jim Davis) und seine Kollegin Frankie Davis (Mary Castle) sind im Auftrag der Eisenbahngesellschaft unterwegs. Die fiktiven Detektive lösen in jeder Folge einen Fall, der sich tatsächlich im 19. Jh. in den USA zugetragen hat.
Die 30-minütigen Folgen liefen am Vorabend.

DER EISERNE GUSTAV ARD
1979. 7-tlg. dt. Historiendrama von Herbert Asmodi nach dem Roman von Hans Fallada, Regie: Wolfgang Staudte.
Berlin 1914. Der Droschkenunternehmer Gustav Hackendahl (Gustav Knuth) und seine Frau (Eva Brumby) haben fünf Kinder: Wilhelm (Rainer Hunold), Erich (Volker Lechtenbrink), Sophie (Dagmar Biener), Eva (Eos Schopohl) und Heinz (Michael Kausch), der Jüngste. Der Krieg erschüttert die Familie, aber auch die Wirren danach stellen Gustavs sprichwörtlich eisernen Grundsätze auf eine harte Probe. Wilhelm fällt im Krieg. Erich ist immer wieder in dunkle Geschäfte verwickelt, an denen sich auch seine Freundin Tinette (Valerie de Tilbourg) beteiligt; auch Heinz kommt auf die schiefe Bahn. Eva gerät in die Gewalt des Zuhälters Eugen (Manfred Lehmann), schießt auf ihn und muss ins Gefängnis. Und Gustav selbst muss in einem Lokal arbeiten, weil sein Unternehmen bankrott geht. Am Ende demonstriert der Sturkopf der Welt wenigstens, was er von der aufkommenden Motorisierung hält, und fährt 1928 in 165 Tagen mit Pferd und Wagen von Berlin nach Paris und zurück.
Die einstündigen Folgen liefen montags um 20.15 Uhr.

DER EISERNE WEG ZDF
1985. »Die abenteuerliche Geschichte des Veit Kolb.« 5-tlg. dt. Historienserie von Bernd Schroeder, Regie: Hans-Werner Schmidt.
Anna (Michaela Geuer), die Freundin von Veit Kolb (Horst Kummeth), wandert nach Amerika aus. Um ihr folgen zu können, braucht Veit Geld. Durch seinen Freund Johannes (Arthur Brauss) findet er einen Job als Holzhacker und somit als Zulieferer für die neue Eisenbahn, deren erste Strecke 1835 in Bayern entsteht. Veit geht nicht nach Amerika, sondern fortan immer dorthin, wo der Bau der Eisenbahn vorangetrieben wird.
Das ZDF zeigte die fünf einstündigen Folgen zum 150. Geburtstag der Eisenbahn in Deutschland innerhalb von zwei Wochen Ende Februar 1985.

DIE EISPRINZESSIN ARD
1991–1992. 9-tlg. dt. Jugendserie von Arno Wolff und Astrid Arnold, Regie: Jens-Uwe Bruhn.

Die 17-jährige Katrin Fink (Patricia Jares) soll Eisprinzessin werden. So will es ihre Mutter Waltraud (Micaela Kreißler), und die Chance wäre da ... würde sich nicht ihr Partner Stephan (Rico Krahnert) ausgerechnet jetzt ein Bein brechen. Katrin trainiert daraufhin heimlich mit Markus (Thorsten Weigle). Stephan riskiert zunächst sogar seine Gesundheit, um rechtzeitig wieder mit Katrin laufen zu können. Katrin entscheidet sich für Stephan, der aber überlässt schließlich Markus das Feld, weil Katrin nur so die Meisterschaften gewinnen kann. Stephan verliebt sich in die Einzelläuferin Iris (Verena Großer), die Starläuferin bei einer Eisrevue in Chemnitz wird, wo Dagmar (Isa Carpitueiro) ihre erbitterte Konkurrentin wird. Gerade, als es gar nicht passt, wird Iris von Stephan schwanger.
Die 45-minütigen Folgen liefen sonntagnachmittags.

EKEL ALFRED ARD
→ Ein Herz und eine Seele

EKKEHARD ARD
1989. 6-tlg. dt.-ungar. Historienserie nach dem Roman von Victor von Scheffel, Buch und Regie: Diethard Klante.
Im Mittelalter verliebt sich der junge Mönch Ekkehard (Gabriel Barylli) verbotenerweise in die Herzogin Hadwiga (Ždena Studenková), für die er arbeitet.
Die 50-minütigen Folgen der schwermütigen, mit Leidenschaft erzählten Liebesgeschichte mit atemberaubenden Landschaftsaufnahmen liefen im regionalen Vorabendprogramm. Ein Zusammenschnitt als einzelner Spielfilm wurde im folgenden Jahr gezeigt.

EL, DER MILLIONÄR RTL 2
2004. Kandidatinnenbetrug, in dem zwölf Frauen um einen vermeintlichen Millionär buhlen. Dass der in Wirklichkeit ein armer Dachdecker ist und Elmar heißt, erfahren sie, und vor allem die letztlich Auserwählte, erst ganz am Ende. Dann soll sich zeigen, ob sie ihn trotzdem liebt.
Der Unterschied zum *Bachelor* und der Reiz für die Fernsehzuschauer ist, dass sie von vornherein Bescheid wissen. Die Staffel war bereits komplett abgedreht, als das Konzept öffentlich bekannt gemacht wurde.
Die US-Vorlage »Joe Millionaire« war Anfang 2003 ein Sensationserfolg für den Sender Fox und die meistgesehene Sendung des Jahres. Eine zweite Staffel im gleichen Herbst floppte jedoch erbärmlich.
RTL 2 zeigte sechs einstündige Folgen am Montagabend zur Primetime. Nur das Finale hatte wirklich gute Quoten; die Zuschauer wussten offenbar, wann es interessant wird. Ein verwandtes Konzept lief bei Sat.1 unter dem Titel *Mein großer dicker peinlicher Verlobter*.

EL HAZARD VOX
2004. 7-tlg. jap. Anime-Serie von Ryoei Tsukimura,

Regie: Hiroki Hayashi (»Shinpi no Sekai El Hazard«; 1995–1996).
Der Schüler Makoto soll die Parallelwelt El Hazard vor einem Krieg bewahren. Derweil flüchtet er vor seinem fiesen Mitschüler Jinnai.
Vox zeigte alle Folgen in einer Nacht.

ELBFLORENZ ZDF
1994. 13-tlg. dt. Familienserie von Rolf Gumlich nach einer Idee von Gerhard B. Wenzel, Regie: Franz Josef Gottlieb und Manfred Mosblech.
Nach 34 Jahren treffen die zerstrittenen Schwestern Sabine Böhling (Uta Schorn) und Susan Sudheimer (Karin Eickelbaum) wieder aufeinander. Sabine führt mit ihrem Mann Peter (Günter Schubert) in dem (fiktiven) Ort Tzschochwitz in Sachsen die Gaststätte »Elbflorenz«, Susan hat mit ihrem Mann Bernd (Karl Michael Vogler) die letzten Jahre in Kanada gelebt. Jetzt meldet sie ihren Anspruch auf den Familiengasthof an und hat ganz andere Vorstellungen davon als Sabine. Zur Großfamilie gehören Sabines und Peters erwachsene Kinder Thomas (Patrick Winczewski) und Katja (Ursula Karven), Enkel Philipp (Pascale Freitag), Bernds Tochter Bettina (Gerit Kling), sein Bruder Lorenz (Horst Frank) und Onkel Hubert (Herbert Köfer).
Elbflorenz wurde in dem sächsischen Ort Wahlen gedreht, war die erste gesamtdeutsche Fernsehserie aus den neuen Bundesländern und bekam entsprechende Aufmerksamkeit. Sachsens Ministerpräsident Kurt Biedenkopf schaute bei Dreharbeiten und Premiere vorbei, schließlich sollte die Serie den Zuschauern nicht zuletzt die Schönheiten Sachsens vorführen. Produzent war Otto Meissner.
Nach dem spielfilmlangen Pilotfilm liefen zwölf einstündige Folgen dienstags um 19.25 Uhr.

ELECTRIC BLUE SAT.1, RTL 2
1992 (Sat.1); 1999–2001 (RTL 2). Brit. Erotikreihe.
Electric Blue erschien zwischen 1979 und 1988 als »Magazinreihe« auf Video und gelangte später im Nachtprogramm des Privatfernsehens zur TV-Versendung. Jede Folge wurde von einer anderen Erotikdarstellerin moderiert. Die Damen waren schon während ihrer Ansagen knapp bekleidet, in den angesagten Filmchen war dann fast gar kein Stoff mehr zu sehen. Zwischen professionellen Erotikclips, Amateurvideos und Berichten von Nacktfotoshootings wurden vereinzelt Beiträge über angezogene Menschen gezeigt – das blieb jedoch die Ausnahme. Außerdem ging es um Lebensmittel wie Honig oder Milch, solange nur Brüste damit eingerieben wurden, und es gab Sketche, in denen Superbusenheldinnen böse Buben mit ihren Superbrüsten zur Raison bringen.
Später lief die Reihe immer zwischen 23.00 und 6.00 Uhr auf irgendeinem armen kleinen Kanal.

DER ELEFANT – MORD VERJÄHRT NIE SAT.1
Seit 2004. Dt. Krimiserie.
Hauptkommissar Matthias Steiner (Thomas Sarbacher), Leiter der Abteilung für ungeklärte Tötungsdelikte, und seine jungen Kollegen Julia Gerling (Katharina Abt) und Andreas Zier (Niels Bruno Schmidt) rollen Mordfälle neu auf, die schon lange zurückliegen und teilweise als unlösbar gelten. Steiner arbeitet akribisch und instinktsicher und hat ein sensationelles Gedächtnis, was zu seinem Spitznamen »Elefant« führte. Julia ist lebensfroh und rational, Andreas kommt gerade von der Polizeischule und lernt erst allmählich, sich in der wirklichen Kriminalarbeit zurechtzufinden.
Im Oktober 2002 hatte Sat.1 den Stoff bereits mit einem Pilotfilm getestet, die acht einstündigen Serienfolgen der ersten Staffel liefen dann mittwochs um 20.15 Uhr. Eine Woche vor dem Serienstart wurde der Pilotfilm wiederholt.

ELEFANTENBOY ARD
1972–1974. 26-tlg. brit.-dt.-austral. Abenteuerserie nach dem Buch von Rudyard Kipling (»Elephant Boy«; 1973).
Karl Bergen (Uwe Friedrichsen) wird neuer Verwalter des indischen Wildreservates Namanpur. Er kämpft für bedrohte Tiere und gegen Korruption und Schlamperei. Zur Seite stehen ihm die Tierärztin Sue Fraser (Jan Kingsbury) sowie »Elefantenjunge« Toomai (Esrom) und sein Bruder Ranjit (Peter Ragell), die mit ihrem Elefanten Kala Nag Transportarbeiten erledigen. Die Jungen sind zwar pflichtbewusst, ihrem Alter entsprechend aber auch noch sehr verspielt und stellen gelegentlich eine Dummheit an. Karl ist dann zwar streng, aber dennoch verständnisvoll. Einer ihrer Gegenspieler ist Padam (Kevin Miles), der korrupte ehemalige Maharadscha der Gegend, der das Reservat heruntergewirtschaftet hat.
Die halbstündigen Folgen liefen im regionalen Vorabendprogramm. Sie wurden später auch mal als *Elefantenjunge* gezeigt.

ELEFANTENJUNGE ARD
→ Elefantenboy

DER ELEGANTE HUND ARD
1987–1988. 8-tlg. dt. Familienserie von Franz Geiger.
Alois Stangl (Helmut Lohner) macht in dem Tiersalon »Der elegante Hund« die Lieblinge von betuchten Damen ausgefein. Da er nun nicht mehr der Jüngste ist, will er nicht mehr die Herzen aller Frauen brechen, sondern nur noch die eine fürs Leben finden, doch jedes Mal dauert die Liebe genau eine Folge, dann ist er wieder brav bei Marianne Feuerstein (Rita Russek), der der Salon gehört.
Die 45-Minuten-Folgen liefen montags um 20.15 Uhr.

ELEONORA DFF 2
1978. 6-tlg. ital. Liebesdrama (»Eleonora«; 1973).
Eleonora (Giulietta Masina), eine Tochter aus reichem Hause, verliebt sich in den brotlosen Künstler Andrea (Giulio Brogi). Unerhört. Sie verlässt ihr

Elternhaus, fängt mit ihm ein neues Leben an, und dann lässt der blöde Sack sie sitzen.
Die einstündigen Folgen liefen 1981 auch im Bayerischen Fernsehen und später in Sat.1.

ELF KLEINE INSULANER PRO SIEBEN
1989. 8-tlg. US-Kinder-Abenteuerserie nach dem Buch »Insu-Pu« von Mira Lobe (»Children's Island«; 1984).
Der englische Teenager Stanley (Stefan Gates) und sein kleiner Bruder Tommy (Timothy Stark) wollen den Bombenangriffen des Zweiten Weltkriegs entkommen und schreiben an den amerikanischen Präsidenten (George Montgomery) – er soll sie in die USA in Sicherheit bringen. Dessen Sohn William (J. D. Roth) überredet ihn zuzustimmen, doch ihr Schiff wird unterwegs von einem U-Boot beschossen. Stanley und Tommy sind mit neun anderen Kindern auf einer Insel gestrandet und bauen einen kleinen, besseren Staat »Insu-Pu« auf. Doch auch William gibt die Suche nach ihnen nicht auf.
Im Gegensatz zu »Herr der Fliegen« wird in Mira Lobes Buch die Gesellschaft, die die Kinder errichten, nicht zum Albtraum.

ELF 99 DFF 2, DFF, RTL, VOX
1989–1991 (DFF); 1991–1993 (RTL); 1993–1994 (Vox). Jugendmagazin mit Musikvideos, Serien und Spielfilmen.
Das Magazin war ursprünglich als DDR-Propagandasendung geplant, wurde aber schnell zum Sprachrohr der Jugend. Die Ausstattung war nicht nur für DDR-Verhältnisse traumhaft: Mit modernster Technik, einem üppig und bonbonfarben gestylten Studio und jungen, unverbrauchten Redakteuren sollte eine in jeder Hinsicht moderne Jugendsendung entstehen, die die jungen Leute gar nicht mehr auf den Gedanken bringen würde, den verdorbenen Westkrempel im Fernsehen ansehen zu wollen. Das entsprach ausdrücklich dem Wunsch von Erich Honecker. Zum Start im September 1989 pries der Staatsratsvorsitzende Elf 99 als »ganz tolles Ding«. Das änderte sich schnell, als sich das Team noch im gleichen Monat traute, über das Problem der Botschaftsflüchtlinge zu berichten. In allen anderen DDR-Medien wurde diese Angelegenheit zu jener Zeit noch totgeschwiegen.
Dann kam die Wende, und am 25. November 1989 schrieb die Sendung Geschichte, als sie einen kritischen Bericht aus der Waldsiedlung der ehemaligen Partei- und Staatsführung in Wandlitz zeigte, der von vielen westlichen Nachrichtensendungen und Magazinen übernommen wurde. Die Abkehr von der Hofberichterstattung war unübersehbar. Zwischen Musikvideos, Quizspielen, Tanzkursen und Veranstaltungstipps kam auch die Opposition zu Wort, wurden Neonazis und Gefangene in der DDR ein Thema. Die Reporter von Elf 99 scheuten sich nicht mehr, hohe Herren in Grund und Boden zu fragen, darunter DDR-Gewerkschaftschef Harry Tisch, aber auch westliche Politiker wie Theo Waigel. Der war sichtlich entsetzt, dass sich jemand nicht mit den abgedroschenen Standardphrasen zufrieden gab, und brach ein Interview ab. Nach einiger Zeit legte sich Elf 99 den Slogan »Die Störung hat System« zu. Das Team bestückte pro Woche mehrere mehrstündige Live-Sendungen am Nachmittag und zusätzlich Spezialausgaben mit Reportagen. Innerhalb der Sendung liefen ab September 1990 auch die Musikmagazine »Paula« und »Count Down« und das Automagazin »Dixi«.
Elf 99 war nach der Postleitzahl des Produktionsorts Berlin-Adlershof benannt. Zu den Moderatoren gehörten Jan Carpentier, Ingo Dubinski, Angela Fritzsch, Victoria Herrmann, Ines Krüger, Angela Mohr, Marcel Obua, Thomas Riedel und Steffen Twardowski.
Nach der Abwicklung des DFF fand Elf 99 Unterschlupf im Vorabendprogramm von RTL und war nur dort zu sehen, wo RTL keine eigenen Regionalprogramme anbot. Die Sendung war jetzt täglich 45 Minuten lang und mischte bunte Musik- und Modethemen mit Studiogesprächen, Kurzreportagen und unterhaltsam aufbereiteten politischen Themen. Als sich abzeichnete, dass sich kein bundesweiter Sendeplatz finden würde, wanderte Elf 99 im September 1993 zu Vox ins Nachmittagsprogramm, war aber nur noch ein Schatten seiner selbst. 1994 wechselte das Magazin als 90-minütige Sendung auf den Samstagnachmittag, wo es schließlich durch das noch weicher gespülte Jugendmagazin Saturday ersetzt wurde. Das brachte es aber nur noch auf fünf Ausgaben.

11 UHR 20 ZDF
1970. 3-tlg. dt. Krimi von Herbert Reinecker, Regie: Wolfgang Becker.
Thomas Wassem (Joachim Fuchsberger) und seine Frau Maria (Gila von Weitershausen) treffen sich in Istanbul, um ihre Ehe zu kitten. Plötzlich sitzt in ihrem Auto eine Leiche. Laut Papieren handelt es sich um den Geologen Dr. Arnold Vogt (Friedrich Joloff). Bei dem Versuch, den Toten zu beseitigen, kommt Maria unter mysteriösen Umständen ums Leben, ihre Uhr bleibt auf 11.20 Uhr stehen. Die Polizei hält Wassem für den Mörder, der sucht den wahren Täter. Zu den Verdächtigen gehören Edoardo Minotti (Werner Bruhns) und seine Tochter Andrea (Christiane Krüger), Muller (Götz George), Carlsson (Anthony Steel) und Henk (Jochen Busse). Die Suche führt Wassem von Istanbul nach Tunis. Dort erfährt er, dass der Tote nicht Dr. Vogt ist, sondern ein Fahrer namens Kurska. Dessen Schwester Maja (Nadja Tiller) und ihr Mann Lassowski (Vadim Glowna) helfen ihm. Immer neue Morde ereignen sich, auch Wassem kommt nur knapp mit dem Leben davon.
11 Uhr 20 ist nach Der Tod läuft hinterher und Babeck die dritte Krimitrilogie, die Herbert Reinecker als Konkurrenz zu den Durbridge-Krimis der ARD schrieb. Anders als ihre Vorgänger wurde sie in Farbe gedreht, an Originalschauplätzen in Tunesien

und der Türkei. In einer Nebenrolle trat Esther Ofarim auf und sang auch.
Die Folgen waren 60 bis 70 Minuten lang.

ELF ½ — ARD

1975–1976. Halbstündiges Magazin »für Lehrlinge und junge Arbeitnehmer«, das Themen, die für werktätige Jugendliche von Belang sind, unterhaltsam aufbereiten will. In einem Showblock treten zwischendurch Popbands mit ihren aktuellen Hits auf, in der ersten Ausgabe z. B. Lynyrd Skynyrd.
Lief 14-täglich sonntagvormittags um 11.30 Uhr im Wechsel mit »Extra«. Es wurde später zu *Elfeinsfünf* und begann 15 Minuten früher. Die namenlose Hausband wurde wenig später fester Bestandteil der Serie *Goldener Sonntag,* die auf dem gleichen Sendeplatz lief.

ELFEINSFÜNF — ARD

1976–1977. »Magazin für junge Leute.«
Das Jugendmagazin hatte zuvor *Elf 1/2* geheißen und war nach seinem Sendeplatz am Sonntag um 11.15 Uhr umbenannt worden. Die 45-minütigen Folgen von *Elfeinsfünf* waren jedoch 15 Minuten länger als die der Vorgängerreihe.

ELLEN — ARD, RTL

1995–1996 (ARD); 1997–2000 (RTL). 109-tlg. US-Sitcom von David S. Rosenthal (»These Friends Of Mine«; 1994–1995; »Ellen«; 1995–1998).
Single Ellen Morgan (Ellen DeGeneres) wohnt mit ihrem besten Freund Adam Greene (Arye Gross) in einer Zweier-WG. Sie ist meistens guter Laune und kann nicht mehr aufhören zu reden, wenn sie einmal angefangen hat. Sie springt von einem Thema zum nächsten, folgt dabei aber immer einem roten Faden. Oder verheddert sich vielmehr darin. Ihre weiteren Freunde sind Holly (Holly Fulger) und Adams Freundin Anita (Maggie Wheeler; beide nur in der ersten Staffel) sowie ab der zweiten Staffel Paige Clark (Joely Fisher). Ellen hat einen Buchladen, in dem außer ihr der faule Joe Farrell (David Anthony Higgins) und die schrille Audrey Penney (Clea Lewis) arbeiten, die außerdem Ellens nervende Nachbarin ist. Als Adam in der dritten Staffel ins Ausland zieht, wird Ellens Cousin Spence Kovak (Jeremy Piven) ihr neuer Wohnpartner. Spence beginnt eine Beziehung mit Ellens bester Freundin Paige. Am Ende der vierten Staffel bemerkt Ellen, dass sie lesbisch ist, und hat ihr Coming-out.
Zu Beginn der zweiten Staffel wurde die Serie in den USA umbenannt, bei Wiederholungen liefen alle Folgen als »Ellen«. Bei uns liefen alle Folgen als *Ellen,* die ersten 62 dienstags um Mitternacht in der ARD, die weiteren zeigte RTL täglich um 0.30 Uhr, später auch im Vormittagsprogramm. Mit Ellens Coming-out in Folge 84 schrieb die Serie Fernsehgeschichte. Es war im Vorhinein groß angekündigt worden, als auch Darstellerin Ellen DeGeneres ihre Homosexualität öffentlich machte. *Ellen* war damit die erste Serie mit einer offen homosexuellen Hauptdarstellerin.

ELLENTIE — DFF 2, DFF

1983–1991. Wöchentliches halbstündiges Kindermagazin mit Ellen Tiedtke als Ellentie, die Geschichten erzählt, die Spiele, Zeichentrickfilme, Märchen und Lieder verbinden.
Die Reihe war auch als Angebot für die Horterziehung gedacht und lief mittwochnachmittags, ab Februar 1990 sonntagvormittags. Ab Dezember 1990 kam die Reihe nur noch monatlich. Sie brachte es auf rund 200 Folgen.

ELMIS WITZIGE OLDIE-SHOW — SAT.1

1996–1998. Nostalgie-Musikshow mit Elmar Hörig.
Auf der Bühne standen Stars, die entweder aus gutem Grund in Vergessenheit geraten waren (Wer waren die Tremeloes? Und Jaqueline Boyer??), oder Leute wie Peter Kraus und Ted Herold, die seit den 60er-Jahren immer wieder die gleichen Titel singen mussten, und bewegten ihre Lippen zum Playback. Sagen wir so: Im Jahr 2026 stünden bei dieser Show Captain Hollywood und Blümchen auf der Bühne und man würde sich gemeinsam an die guten alten Zeiten kurz vor der Jahrtausendwende erinnern, als es noch Techno und billigen Dancepop gab. Die Show vermittelte durch die alten Kracher gute Stimmung, aber nicht unbedingt jedes Wort im Titel der Sendung hielt einer genaueren Überprüfung stand.
Sie lief im Samstagabendprogramm, mal einstündig um 22.00 Uhr, mal als große Show um 20.15 Uhr.

DIE ELSÄSSER — ARD

1998. 4-tlg. frz. Familiensaga von Henri de Turenne und Michael Deutsch, Regie: Michel Favart (»Les Alsaciens ou les deux Mathilde«; 1996).
Die Geschichte einer Industriellenfamilie im elsässischen Alsheim von 1870 bis 1953. Mathilde (Cecile Bois; später: Aurore Clement), die Tochter des reichen Eisenbahnwaggonherstellers Baron Eugène-Victor Kempf (Jean-Pierre Miquel), heiratet den Grafen Charles de la Tour (Jacques Coltelloni). Charles fällt im Deutsch-Französischen Krieg. Der gemeinsame Sohn Louis (Julien Lambroschini) heiratet Frederike (Irina Wanka), die Tochter des preußischen Hauptmanns Edwin von Wismar (Sebastian Koch; später: Manfred Andrae), und bekommt mit ihr die Söhne Karl (Matthias Paul) und Edouard (Sébastien Tavel; später: Serge Dupire). Im Ersten Weltkrieg kämpft Karl Kempf de la Tour für den deutschen Kaiser und Edouard für die Franzosen. Karl fällt in Verdun. Edourd kommt zurück ins Elsass, mit ihm Albert Laugel (Maxime Leroux; später: Thibault Rossigneux), ein Nachfahre des Alsheimer Wirts. Albert heiratet Katel (Caroline Treska) und engagiert sich in einer Separatistenbewegung. Edouards Sohn Louis-Charles (Stanislas Carré de Malberg) ist dagegen von der neuen deutschen Politik nach 1933 fasziniert und kämpft im Zweiten Weltkrieg für die Wehrmacht. Katel wird gefangen genommen, unter dem Namen Mathilde, und nimmt sich das Leben.

Parallel zur Familiengeschichte wird die Geschichte des Elsass geschildert. Die spielfilmlangen Teile liefen am späten Abend. *Die Elsässer* erhielten den Grimme-Preis 1997.

ELSTNER UND DIE DETEKTIVE   ZDF
1992. Sonntagabendshow mit Frank Elstner.
Die Detektive waren einerseits die Zuschauer, die erraten sollten, wo sich Elstner mit einem prominenten Gast befand, und andererseits bekannte Fernsehkommissare, die Fahndungstipps gaben. Erster Gast war Gloria von Thurn und Taxis, die von Elstner gefragt wurde: »Sie sind Witwe, und Ihr Gatte ist gestorben. War das nicht hart?«
Es blieb bei der einen Sendung. Die Quote war mit 28 % ordentlich, aber die Kritik an der konfusen Show so verheerend, dass sich das ZDF nicht nur von der Sendung, sondern auch von Elstner trennte. Da der ab 1993 ohnehin für RTL arbeitete (*Aber Hallo!*), lohnte es sich nicht, noch an dem Konzept herumzudoktern.

... ELTERN SEIN DAGEGEN SEHR   RTL 2
1993–1994. 12-tlg. US-Sitcom von Ron Howard, Lowell Ganz und Babaloo Mandel (»Parenthood«; 1990).
Ja, es ist nicht leicht, Kinder großzuziehen und immer die richtigen Entscheidungen zu treffen. Aber es ist fast genauso schwer, sie überhaupt auseinander zu halten, wenn so viele davon in einer einzigen halbstündigen Serie vorkommen. Also: Der ängstliche zehnjährige Kevin (Max Elliott Slade), die verwöhnte achtjährige Taylor (Thora) und der wilde vierjährige Justin (Zachary LaVoy) sind die Kinder von Gil (Ed Begley, Jr.) und Karen Buckman (Jayne Atkinson). Der unsichere 13-jährige Garry (Leonardo DiCaprio) und die rebellische 18-jährige Julie (Bess Meyer) sind die Kinder von Gils geschiedener älterer Schwester Helen (Maryedith Burrell). Julie ist auch schon verheiratet, mit dem lebhaften 18-jährigen Tod Hawks (David Arquette), sie haben aber zum Glück noch keinen Nachwuchs. Die vierjährige, angeblich hoch begabte Patty (Ivyann Schwan) schließlich ist die Tochter von Gils jüngerer Schwester Susan (Susan Norman), die mit Nathan Merrick (Ken Ober) verheiratet ist. Fehlen noch Gils Eltern Frank (William Windom) und Marilyn (Sheila MacRae) und die Urgroßmutter Greenwell (Mary Jackson).
Kein Wunder, dass die unübersichtliche Serie in den USA schnell wieder abgesetzt wurde. Sie basierte auf dem Film »Eine Wahnsinnsfamilie« mit Steve Martin von 1989, in dem drei der Kinder aus der Serie schon mitgespielt hatten.

ELTERNSCHULE   ZDF
→ Die Fernseh-Elternschule

DAS ELTERNSPIEL   ARD
1973–1974. Quizreihe um Erziehungsfragen mit Ingeborg Bäumler und Dieter Stengel.

Drei Elternpaare wählen bei jeder Frage aus vier Antworten diejenige aus, die ihrer Meinung nach den Erkenntnissen moderner Psychologie und Pädagogik entspricht. Die Reihe brachte es auf sechs Ausgaben, von denen Bäumler und Stengel nur die ersten fünf moderierten. Gastgeber der letzten Ausgabe waren bereits Dorothea Röhr und Hannes Bressler, die auch die Nachfolgereihe *Wie hätten Sie's gemacht?* moderierten.
Die Sendungen waren 45 Minuten lang und liefen an wechselnden Tagen im Abendprogramm.

ELTON.TV   PRO SIEBEN
2001–2003. Halbstündige Comedyshow mit Elton alias Alexander Duszat; Produzent: Stefan Raab.
Elton, der als »Showpraktikant« in Stefan Raabs *TV Total* bekannt wurde, zeigt in seiner eigenen kleinen Show Fundstücke aus dem Internet, testet mit Gästen Videospiele, spielt Telefonstreiche, belästigt Menschen auf der Straße, macht Unsinn im Studio und geht zu Veranstaltungen, um auch dort Unsinn zu machen. In »Elternstars« (der Schriftzug war eine Parodie auf *Popstars*) fordert er Kinder auf, heimlich Videos von ihren Eltern zu drehen und einzuschicken.
Der Erfolg der sichtlich billigen Show überraschte wohl auch den Sender selbst. *Elton.TV* lief donnerstags um 23.15 Uhr direkt nach *TV Total,* in dem Elton auch weiterhin unregelmäßig auftauchte – und sei es nur, um für diesen Ableger Werbung zu machen.

ELTON VS. SIMON   PRO SIEBEN
Seit 2004. Halbstündiger Comedywettstreit mit Elton und Simon Gosejohann, die in merkwürdigen Disziplinen den Besseren ermitteln, z. B., wer länger ohne Schlaf auskommen kann.
Nach einer einzelnen Pilotfolge im Juni 2004 ging die Show ab 2005 am späten Donnerstagabend in Serie.

ELVIS – KING OF ROCK 'N' ROLL   ARD
1991. 13-tlg. biografische US-Serie von Susan B. Chick (»Elvis«; 1990).
Die Serie zeigt das Leben des jungen Elvis Presley (Michael St. Gerard) in den Jahren 1954 bis 1958. In dieser Zeit nimmt er mit den Musikern Scotty Moore (Jesse Dabson) und Bill Black (Blake Gibbons) die ersten Rock-'n'-Roll-Songs auf und schafft schließlich den Durchbruch.
Die Serie wurde mit Unterstützung der Familie Presleys und seiner Witwe Priscilla, die Koproduzentin war, an Originalschauplätzen gedreht.

EMERALD POINT   KABEL 1
1994. 21-tlg. US-Soap von Richard und Esther Shapiro (»Emerald Point N.A.S.«; 1983–1984).
Der Kampf zwischen den Familien Mallory und Adams um Liebe und Macht auf einem Marinestützpunkt. Admiral Thomas Mallory (Dennis Weaver) ist der Kommandeur von Emerald Point. Er hat drei

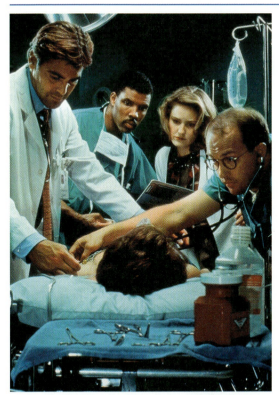

Schon wieder eine Zuschauerin, die in Ohnmacht fiel, als sie George Clooney sah. Clooney und Kollegen Eriq La Salle, Sherry Stringfield und Anthony Edwards (von links) in *Emergency Room*.

Töchter: Celia Warren (Susan Dey), verheiratet mit dem Militäranwalt Jack Warren (Charles Frank), aber verliebt in Simon Adams (Richard Dean Anderson); Kay Matthews (Stephanie Dunnam), die den wegen Totschlags angeklagten Piloten Glenn Matthews (Andrew Stevens) heiratet, mit dem zunächst Simons Halbschwester Hilary Adams (Sela Ward) zusammen war; und Leslie (Doran Clark), die Jüngste. Der Vater von Hilary und Kay ist der skrupellose Geschäftsmann Harlan (Patrick O'Neal; ab Folge 10: Robert Vaughn), in den Maggie Farrell (Maud Adams) verliebt ist, der allerdings mit Deanna Kincaid (Jill St. John) schläft.

Zwei Jahre vor dieser Serie hatten Herr und Frau Shapiro den *Denver-Clan* erfunden, der sich als ein kleines bisschen langlebiger herausstellte. Kabel 1 zeigte die knapp einstündigen Folgen dienstags um 19.20 Uhr.

EMERGENCY ROOM   PRO SIEBEN
Seit 1995. »Die Notaufnahme«. US-Krankenhausserie von Michael Crichton (»ER«; seit 1994).

Das Personal der Notaufnahme im Cook County General Hospital in Chicago läuft hektisch durch Krankenhausgänge und managt private und medizinische Krisen. Zum Personal gehören Chefarzt Dr. Mark Greene (Anthony Edwards), der Kinderarzt und Frauenheld Dr. Douglas Ross (George Clooney), Dr. Susan Lewis (Sherry Stringfield), der Anfänger Dr. John Carter (Noah Wyle), Dr. Peter Benton (Eriq LaSalle), OP-Chef Dr. David Morgenstern (William H. Macy), Dr. Angela Hicks (CCH Pounder), Oberschwester Carol Hathaway (Julianna Margulies) sowie die Schwestern Lydia Wright (Ellen Crawford), Connie Oligario (Conni Marie Brazleton), Haleh Adams (Yvette Freeman), Wendy Goldman (Vanessa Marquez), Malik McGrath (Deezer D.) und Lily Jarvik (Lily Marlye).

Die Mitarbeiter des Krankenhauses haben permanent Affären und Beziehungen; die meisten hat Dr. Ross, der wegen fehlenden Verantwortungsbewusstseins oft kurz vor der Kündigung steht. In Folge 52, »Kein Trost für Dr. Ross«, hat eine Frau während eines One-Night-Stands mit ihm einen epileptischen Anfall und stirbt. Ross steht dumm da, weil er nicht einmal ihren Namen kennt. Dr. Greenes Frau Jennifer (Christine Harnos) verlässt ihren Mann gelegentlich, in der zweiten Staffel endgültig. Dr. Benton hat eine Affäre mit der verheirateten Jeanie Boulet (Gloria Reuben), die sich bei ihrem Mann Al (Michael Beach) mit HIV infiziert. Beide lernen, mit der Krankheit zu leben. Im Laufe der Zeit kommen neue Mitarbeiter dazu, so Dr. Kerry Weaver (Laura Innes), Schwester Chuny Marquez (Laura Ceron), Pamela Olbes (Lyann Henderson), Dwight Zadro (Monte Russell), Dr. Donald Anspaugh (John Aylward), Dr. Maggie Doyle (Jorjan Fox), Dumar (Brian Lester), Dr. Elizabeth Corday (Alex Kingston) und Dr. Robert »Rocket« Romano (Paul McCrane). Andere verlassen die Klinik, unter ihnen Schwester Goldman, Dr. Hicks, Dr. Lewis und Dr. Morgenstern. Schließlich, nach einer Reihe von diesmal auch medizinischen Fehlentscheidungen, verlässt in Folge 107 im Mai 2000 auch Dr. Ross die Klinik.

Neu hinzu kommen Dr. Luka Kovac (Goran Visnjic) und Schwester Abby Lockheart (Maura Tierney); Kerry Weaver wird neue Chefin der Notaufnahme, und die ehemalige Studentin Jin-Mei Chen (Ming-Na Wen) ist jetzt als Ärztin dabei. Carol Hathaway gründet ihre eigene Klinik, bekommt später Zwillinge und kündigt in Folge 135. Der fiese Romano wird zum Oberarzt befördert und feuert Dr. Benton wenige Folgen später. Bei Dr. Greene wird ein Hirntumor entdeckt, der nicht mehr operiert werden kann. Er erholt sich zwar noch einmal, stirbt aber in Folge 179. Dr. Gregory Pratt (Mekhi Phifer) und eine Staffel später Dr. Neela Rasgotra (Parminder Nagra) stoßen neu dazu. In Folge 210 stirbt auch Romano. Ein Hubschrauber stürzt ins Hospital und begräbt ihn unter sich. Glück für Pratt, den Romano gerade gefeuert hatte.

Dramatische, oft hektische und ebenso oft rührselige Serie, in der unzählige Handlungsstränge parallel verlaufen, die sich über Wochen und Monate ziehen, während die Patientengeschichten von Episode zu Episode wechseln. *Emergency Room* war über mehrere Jahre die erfolgreichste Serie überhaupt in den USA. Überraschenderweise änderte auch der Ausstieg von Star George Clooney daran nichts – oder der von fast allen anderen Hauptdarstellern. Als letztes Mitglied der Anfangsbesetzung verabschiedete sich nach elf Jahren und 246 Folgen auch Noah Wyle. Sein Ausstieg wird in Deutschland voraussichtlich 2006 zu sehen sein. Bei uns wanderte die Serie im Laufe der Jahre über verschiedene Sendeplätze, läuft jedoch stets an einem Werktag und zur Primetime.

EMIL SWR, ARD

1973–1985. Specials von und mit Emil Steinberger, der in Kabarett und Sketchen den Schelm gibt und den Schweizer Akzent und die Langsamkeit zelebriert – oder?

Der Süddeutsche Rundfunk hatte den Kabarettisten Steinberger, der sich schlicht Emil nannte, bei Auftritten in seiner Heimat Schweiz entdeckt und nach Deutschland geholt. Das erste Special »E wie Emil« lief zunächst im Dritten Programm, im nächsten Jahr in der ARD. Emil wurde auch hierzulande ein Star und weitete seine Bühnentourneen nach Deutschland aus. Weitere Specials mit verschiedenen Titeln folgten in unregelmäßigen Abständen. Sie waren zum Teil Zusammenschnitte aus seinen Bühnenprogrammen und zum Teil aneinander gereihte Sketche und hießen z. B. »Emil auf der Post«, »Emil träumt« oder »Emil und seine Berufe«.

Emil brauchte nur in den seltensten Fällen Sketchpartner, meist reichte ihm eine Telefonattrappe auf dem Tisch. Der Part des imaginären Gesprächspartners ergab sich aus Emils Antworten. (Das Telefon klingelt. »Jetzt versuche ich mal einen Gag!« Er hebt den Hörer ab. »Hier spricht der automatische Anrufbeantworter. Bitte sprechen Sie nach meinem Signal. Piep.« Er grinst spitzbübisch. Dann erstarrt sein Gesicht. Zum Publikum sagt er: »Mein Chef!« Pause. Dann: »Nein, hier ist immer noch der Automat.«) Mal war er Postbeamter, mal Polizeibeamter, Garderobier, werdender Vater, Mann in der Sauna oder Blutspender.

Im April 1978 überbrückte Steinberger zur Primetime in dem kurzen ARD-Special »Emil – 10 Minuten warten« direkt nach der *Tagesschau* die Viertelstunde bis zum Beginn des *Eurovision Song Contest*. Er spielte einen Techniker, der erklärt, was kurz vor dem Grand Prix hinter der Bühne passiert, und dabei beinahe die ganze Sendung gefährdet. Sein letztes Programm, »Emil: Feuerabend«, lief abendfüllend am Silvesterabend 1985 in der ARD. Er mimte einen Feuerwehrmann, der während einer Theatervorführung hinter der Bühne seinen Dienst leistet. Kurz vor Mitternacht zog er an den Bühnenseilen, die Glocken aus mehreren Hauptstädten der Welt erklingen ließen, zündete Feuerwerksraketen und zählte den Countdown ins neue Jahr herunter. Danach gab er die Rolle des Emil auf und zog sich zurück.

Steinbergers Sketche wurden noch viele Jahre in Sendungen wie der *Sketchparade* wiederholt. Im Jahr 2000 zeigte die ARD drei Best-of-Folgen unter dem Titel *E wie Emil* und anschließend doch noch eine einmalige, neue 55-minütige Sendung namens »Emil – Wahre Lügengeschichten«. Steinberger hatte in der Zurückgezogenheit ein gleichnamiges Buch geschrieben, daraus las er jetzt vor.

EMM WIE MEIKEL ARD

1975–1978. Kindersendung mit Späßen, Tipps und Filmen.

Der Kater Meikel Katzengreis moderiert, Hanni Vanhaiden ist seine menschliche Co-Moderatorin. Sie besprechen überdrehte Alltagsprobleme, die in Einspielfilmen fortgeführt werden. In diesen Filmen geht die Puppe Meikel hinaus aus dem Studio in die reale Welt (was zuvor bereits *Der Spatz vom Wallrafplatz* getan hatte).

Die Folgen waren zwischen 40 und 50 Minuten lang und liefen einmal im Monat montagnachmittags. Die Reihe brachte es auf 40 Ausgaben. In den ersten beiden Sendungen war die Puppe Meikel noch ein Mäuserich und hieß entsprechend Meikel Mausegreis, dann wurde die Puppe »umoperiert«, war plötzlich eine Katze, glich der alten Version aber noch deutlich. Meikels Stimme hatte eine auffallende Ähnlichkeit mit der des *Hasen Cäsar,* was daran lag, dass Wolfgang Buresch Puppenspieler und Sprecher beider Figuren war. Er war zugleich der Autor der Reihe. Puppenbauer war Manfred Tesch.

EMMA – KÖNIGIN DER SÜDSEE RTL

1992. 4-tlg. austral. Historienfilm nach dem Roman

Meikel Katzengreis, Star der Kinderreihe *Emm wie Meikel.*

von Geoffrey Dutton, Regie: John Banas (»Emma, Queen Of The South Sea«; 1988).
Das Leben von Emma (Barbara Carrera), der Tochter des ersten amerikanischen Konsuls in Neu-Polynesien, die sich Ende des 19. Jh. in die Politik in der Südsee einmischt.
RTL strahlte die dreiviertelstündigen Folgen am Sonntagnachmittag im Kinderprogramm aus, was nicht nur die Landesmedienanstalten erstaunlich fanden. Insbesondere den dritten Teil, in dem Männer, Frauen und Kinder unter Kannibalen fallen und der eine Reihe grausamer und Angst einflößender Szenen enthält, am Nachmittag zu zeigen, sei eigentlich »völlig ausgeschlossen«, hieß es in einer Rüge.
Bei Vox lief später eine Version in zwei spielfilmlangen Teilen.

EMMERAN PRO SIEBEN
1993–1998. »Fünf Minuten für die Menschlichkeit«. Sonntägliche Kirchenkurzfilmreihe von Susanne Aenecke.
Der heilige Emmeran (Gerd Lohmeyer) ist eine Steinfigur aus dem Mittelalter. Immer wieder wacht er auf, weil er niesen muss, dann steigt er von seinem Kirchturm herunter und hilft Armen, Obdachlosen, Ausländern, Kindern und allen, die Hilfe brauchen. Die Reihe mit fünfminütigen Geschichten war »Das Wort zum Sonntag« von Pro Sieben: Gemeinsam mit den Kirchen wurde die Reihe entwickelt. Für Siebt- und Achtklässler gab es einen Drehbuchwettbewerb zum Thema »Meine persönlichen fünf Minuten Ungerechtigkeit«; die besten Geschichten wurden mit Emmeran verfilmt.

EMPIRE ARD
1986. 6-tlg. US-Sitcom (»Empire«; 1984).
Ben Christian (Dennis Dugan) ist der neue Vizepräsident eines Großunternehmens und noch sehr idealistisch. Peg (Maureen Arthur) ist seine Sekretärin, der unausstehliche Firmenpräsident Calvin Cromwell (Patrick Macnee) sein Chef. Weitere Vizepräsidenten sind T. Howard Daniels (Edward Pinter) und Arthur Broderick (Dick O'Neill); zum Kollegium gehören Meredith Blake (Caren Kaye), Jack Willow (Richard Masur), Edward Roland (Michael McGuire) und Roger Martinson (Howard Platt). Jackie Willow (Christine Belford) ist Jacks Frau.
Die halbstündigen Folgen liefen im regionalen Vorabendprogramm. Die ARD zeigte die Serie später auch in drei Folgen mit doppelter Länge.

ENDLICH ERWACHSEN?! PRO SIEBEN
→ Grown Ups – Endlich erwachsen?!

ENDSPURT INS GLÜCK ZDF
→ Glücksspirale

ENDSTATION GERECHTIGKEIT PRO SIEBEN
1991–1992. 26-tlg. US-Krimiserie von Christopher Knopf, David A. Simons und Thomas Carter (»Equal Justice«; 1990–1991).

Die Staatsanwälte von Pittsburgh kämpfen gegen das Unrecht – und gegen Stress. Die Mitarbeiter von Oberstaatsanwalt Arnold Bach (George DiCenzo) sind sein ambitionierter Stellvertreter Eugene »Gene« Rogan (Cotter Smith), Linda Bauer (Jane Kaczmarek), die sich mit Sexualverbrechen befasst, ihr Bruder Peter (Jon Tenney), ein Pflichtverteidiger, Starstaatsanwalt Michael James (Joe Morton) und die jungen Anwälte Jo Ann Harris (Sarah Jessica Parker), Pete »Briggs« Brigman (Barry Miller), Julie Janovich (Debrah Farentino) und Christopher Searls (James Wilder). Bleibt Zeit, haben die Damen und Herren noch ein wenig Privatleben. Gene ist mit Jesse (Kathleen Lloyd) verheiratet, und Jo Ann hat eine Affäre mit dem Chauvi Briggs.

ENDSTATION GOLDENER FLUSS ARD
1987. 10-tlg. austral. Jugend-Abenteuerserie von Sonia Borg nach den Büchern »Colour in the Creek« und »Shadows of Wings« von Margaret Paice, Regie: Robert Stuart (»Colour In The Creek«; 1986).
Australien 1931. Während der Weltwirtschaftskrise muss John Fletcher (Dennis Miller) seine Autowerkstatt in der Stadt schließen. Zusammen mit seiner Frau Ellen (Judy Morris), dem zwölfjährigen Sohn Alec (Ken Talbot), seiner Schwester Biddy (Pascale Moray) und dem kleinen Bruder Jonno (Hugh Clairmont-Simpson) zieht er aufs Land – auf der Suche nach Gold. Sie treffen Ekman (Alfred Bell), einen mysteriösen Zauberer. Alec schließt, nach anfänglichen Kämpfen, Freundschaft mit Robbie (Travis Latter), dem aggressiven Sohn eines anderen Goldsuchers. Als er im »Goldenen Fluss« ein Nugget findet, löst er einen Goldrausch aus. Da wird der Vater schwer verletzt, und ob die Fletchers von ihrem Fund profitieren können, steht in den Sternen. Doch Alec kämpft für seine Familie. Schlichte, aber bewegende Geschichte über den Zusammenhalt einer Familie in schwierigen Zeiten.
Die 25-Minuten-Folgen liefen donnerstagnachmittags.

ENDSTATION HOFFNUNG – CHICAGO HOPE SAT.1
→ Chicago Hope

E.N.G. – HAUTNAH DABEI VOX
1993–1995. 45-tlg. kanad. Reporterserie (»E.N.G.«; 1989–1994).
Der kanadische Fernsehsender Channel 10 bekommt einen neuen Nachrichtenchef, und Mike Fennell (Art Hindle) geht es weniger um journalistische Standards und relevante Themen als um die Quote. Damit ist der Dauerkonflikt mit der taffen Redakteurin Ann Hildebrandt (Sara Botsford) programmiert, die selbst erwartet hatte, Mikes Posten zu bekommen. Im Übrigen hat sie ein Verhältnis mit dem Top-Kameramann des Senders, Jake Antonelli (Mark Humphrey), einem Mann mit Staralüren. Aber auch zwischen Mike und Ann entwickelt sich eine Beziehung. Die Nachrichten werden präsentiert von zwei Moderatoren: der schönen, jungen Jane

Oliver (Sherry Miller) und dem älteren Seth Miller (Jim Millington), der jeden Augenblick seine Absetzung erwartet. Sie alle widmen sich täglich bei der Arbeit so wichtigen Fragen wie: Was wird aus Aids-Opfern? Welche journalistischen Standards sind zu beachten? Soll ich mit ihm/ihr ins Bett gehen?
»E.N.G« heißt »Electronic News Gathering« – in der Serie erschienen die Buchstaben, wenn Bilder durch die Handkamera des Nachrichtenreporters zu sehen waren. Ungefähr zur gleichen Zeit entstand *Fernsehfieber,* eine ähnliche Serie in den USA, die aber nicht so langlebig war und weniger versuchte, ernste Themen mit den persönlichen Schicksalen der Belegschaft zu mischen.
Weitere einstündige Folgen liefen im Lokalfernsehen.

ENGADINER BILDERBOGEN   ZDF
1974. 13-tlg. dt. Familienserie von Rudolf Nottebohm nach einer Idee von Franz Geiger, Regie: Gerd Oelschlegel.
Rolf Hasler (Christian Wolff) ist Student aus München und möchte über die rätoromanische Sprache promovieren. Zu Studienzwecken – und zum Skilaufen – quartiert er sich über den Winter in einem Bergdorf im Engadin ein und verliebt sich dort in Julia Gaudenzi (Franziska Kohlund), die Tochter der Wirtsfamilie.
Die halbstündigen Folgen liefen montags um 17.10 Uhr.

EIN ENGEL AUF ERDEN   ZDF, RTL
1987–1988 (ZDF); 1988–1992 (RTL). 106-tlg. US-Fantasyserie von Michael Landon (»Highway To Heaven«; 1984–1989).
Der gute Engel Jonathan Smith (Michael Landon) wird auf die Erde zurückgesandt, um Menschen zu helfen. Er zieht von Stadt zu Stadt, sondert Weisheiten ab wie »Für seine Sorgen hat man seine Freunde«, »Nicht die Zeiten haben sich geändert, sondern die Menschen« und »Freuen wir uns an den schönen Dingen, solange es möglich ist« und greift dort ein, wo jemand vom rechten Weg abgekommen, in Not oder verzweifelt ist. Er löst die Probleme nicht direkt, sondern zeigt den Betroffenen, wie sie es selbst schaffen können. Dazu setzt er, aber nur wenn es sein muss, seine ungewöhnlichen Fähigkeiten ein, die man als Engel nun einmal hat. Er ist übernatürlich stark, weiß fast alles und hat immer genau das sofort zur Hand, was er gerade benötigt. Der lebende Mensch Mark Gordon (Victor French), ein bärtiger Brummbär, zieht mit ihm umher und steht ihm zur Seite. Er war früher mal Polizist und dann Säufer. Ihn hat Jonathan im Pilotfilm aufgelesen, als Mark seiner Schwester auf der Tasche lag.
Hier machten zwei langjährige Freunde gemeinsame Sache: Michael Landon und Victor French hatten bereits in *Unsere kleine Farm* zusammen gespielt, French außerdem in einer Folge von Landons Serie *Vater Murphy* Regie geführt. Landon hatte sich auch diese Serie selbst ausgedacht, spielte die Hauptrolle, war ihr Produzent, Autor vieler und Regisseur der meisten Folgen und manchmal sogar so freundlich, auch seinen Kumpel French wieder mal die Regie übernehmen zu lassen. Als French während der Arbeiten an der fünften Staffel an Lungenkrebs erkrankte und wenig später starb, stellte Landon die Serie sofort ein.
In den USA wurde *Ein Engel auf Erden* überraschend ein Erfolg. Damit hatte nicht einmal der ausstrahlende Sender NBC gerechnet. Das ZDF zeigte die ersten 53 einstündigen Folgen freitags im Vorabendprogramm, 53 weitere liefen nachmittags oder am Vorabend bei RTL unter dem Titel *Der Engel kehrt zurück.* Die ZDF-Ausstrahlung war noch nicht zu Ende, als die neuen Staffeln bereits bei RTL unter neuem Titel starteten, was beim ZDF für einige Empörung sorgte – solchen Wettbewerb war man ja noch nicht gewohnt. Aus Rache wiederholte das ZDF dann gleich noch mal ein paar alte Folgen. Engel kann man ja gar nicht genug haben.

ENGEL AUF RÄDERN   ARD
1983. 13-tlg. dt. Familienserie, Regie: Reinhard Schwabenitzky und Hans-Jürgen Tögel.
Tillmann (Rainer Hunold) und seine Freundin Katharina, kurz »Kathi« (Sabine Postel), betreiben gemeinsam eine Tankstelle mit Autowerkstatt und reparieren allerlei Gefährte, die nicht minder skurril sind als ihre Besitzer. Frau von Ploy (Else Quecke) ist Kathis alte Tante, die die beiden verkuppelt hat.
Die halbstündigen Folgen liefen im regionalen Vorabendprogramm.

EIN ENGEL FÜR FELIX   RTL
1992. 10-tlg. dt. Bergschnulze von Karl-Heinz Freynik.
Das elternlose Alpenmädchen Vroni (Karin Thaler) verliebt sich in den Frankfurter Werbefritzen Felix Voss (Sascha Hehn). Der kann natürlich nicht in den Bergen bleiben, weil er doch seine Agentur in der Stadt führen muss und überhaupt auf der Alm alles viel zu grün ist. Doch schließlich, holladihi, kriegen sie sich doch.
Die einstündigen Folgen liefen donnerstags um 20.15 Uhr. Die passende Musik war von Eberhard Schoener. Am gleichen Tag zur gleichen Zeit startete in Sat.1 *Wolffs Revier. Ein Engel für Felix* gewann den Quotenkampf. Heute erinnert sich zu Recht niemand mehr an die Serie, und *Wolffs Revier* läuft immer noch, ebenfalls zu Recht.

ENGEL IN AMERIKA   ARD
2005. 6-tlg. US-Gesellschaftsdrama von Tony Kushner, Regie: Mike Nichols (»Angels In America«; 2003).
New York, 1985. Der Aids-Kranke Prior Walter (Justin Kirk) wird von seinem Freund Louis Ironson (Ben Shenkman) verlassen, der sich überfordert fühlt, mit den immer schlimmer werdenden Symptomen umzugehen. Louis lernt den konservativen Juristen Joe Pitt (Patrick Wilson) kennen, ein Mor-

mone, der mit Harper (Mary-Louise Parker) verheiratet ist. Die Ehe ist für beide ein Albtraum: Joe kann seine Homosexualität nicht länger verdrängen und offenbart sich schließlich seiner strenggläubigen Mutter Hannah (Meryl Streep); seine unglückliche Frau driftet im Valiumrausch in bizarre Traumwelten ab, wo sie den halluzinierenden Prior trifft, den ein Engel (Emma Thompson) einlädt, ein Prophet des Todes zu werden. Auch Joes Chef, der mächtige, skrupellose Staatsanwalt Roy Cohn (Al Pacino), ist an Aids erkrankt, nennt es aber »Leberkrebs«, weil nur Schwule Aids bekämen; er aber sei nicht homosexuell, sondern nur ein »Heterosexueller, der es mit Männern treibt«. Sie alle kämpfen ums Überleben. Ray Cohn war ein Staatsanwalt, der in den USA in der McCarthy-Ära viele Homosexuelle verfolgen ließ und 1986 an Aids starb.

Das komplexe, surreale Drama über politische und religiöse Bigotterie in Ronald Reagans Amerika basierte auf Kushners gleichnamigem Theaterstück. Die Serie wurde mit fünf Golden Globes und elf Emmys ausgezeichnet.

Die ARD zeigte innerhalb von vier Tagen alle sechs Teile am späten Abend. Jeweils zwei Teile liefen am Stück.

DER ENGEL KEHRT ZURÜCK   RTL
→ Ein Engel auf Erden

EIN ENGEL NAMENS FLINT   DFF
1991. 5-tlg. dt. Kinder-Fantasy-Serie von Sibylle Durian, Regie: Gunter Friedrich.
Nach seinem Tod wird der Fährbootsbesitzer Flint (Günter Schubert) zum Engel, der sich in der Welt der Menschen als Schutz-, Weihnachts-, Friedens- und Liebesengel nützlich macht.
Die knapp einstündigen Folgen liefen innerhalb einer Woche täglich werktags um 13.00 Uhr. Später wiederholte sie der KI.KA, in der ARD liefen sie auch als zehn halbstündige Folgen.

ENGELS & CONSORTEN   ARD
1986. 5-tlg. dt. Familienserie von Eberhard Möbius, Regie: Detlef Rönfeldt.
Johann Engels (Günther Amberger) kämpft darum, dass seine Hamburger Werft »Engels & Consorten« überlebt. Er geht – gegen den Rat seines Bruders Carl (Ulrich Matschoss) – große Risiken ein. Als er einen Herzinfarkt erleidet, übernimmt sein Sohn Frietjof (Rainer Hunold) die Führung des Unternehmens. Dessen jüngerer Bruder Christian (Oliver Stritzel) driftet derweil ins kriminelle Milieu ab.
Die Folgen waren jeweils 45 Minuten lang und liefen montags um 20.15 Uhr.

ENID BLYTON – ABENTEUER   ZDF
1997. 24-tlg. brit.-neuseeländ. Abenteuerserie (»The Enid Blyton Adventure Series«; 1995–1996).
Im Urlaub lernen die Waisenkinder Lucy Ann (Jennyfer Jewell) und Jack Trent (David Taylor) die Geschwister Dinah (Alexis Jackson) und Philip Mannering (Peter Malloch) kennen. Gemeinsam geraten sie immer wieder in gefährliche Abenteuer und kommen Ganoven erst in die Quere und dann auf die Schliche. Allison (Kirsten Hughes), die verwitwete Mutter von Dinah und Philip, überlegt sich, die anderen beiden Kinder zu adoptieren, und verliebt sich allmählich in Bill (Malcolm Jamieson), der erst eine höchst verdächtige Figur ist, sich aber als britischer Geheimagent herausstellt. Schließlich heiraten beide. Außerdem gehört noch Jacks Kakadu Kiki zum Team.

Jeweils drei halbstündige Folgen bildeten ein Abenteuer; die Serie lief auch mehrmals als achtteilige Spielfilmreihe. Für die Filme, die anlässlich des 100. Geburtstages der englischen Kinderbuchautorin Enid Blyton aufwendig produziert wurden, waren die Geschichten aus den Büchern in die Gegenwart verlegt worden.

ENID BLYTON –
DIE VERWEGENEN VIER   SUPER RTL
1998. Brit.-luxemburg. Abenteuerserie nach Enid Blyton (»The Enid Blyton Secret Series«; 1995).
Die Kinder Peggy (Jennyfer Jewell), Mike (Tom Pizey) und Laura (Tinkeke van der Walle) machen sich gemeinsam mit dem Nachbarsjungen Jack (Daniel James) auf die Suche nach ihrem verschollenen Vater Thaddeus Arnold (Jeremy Brudenell), der mit der Fotoreporterin Charlotte Clancy (Sharon Tyrell) während einer Weltumseglung verschwand und für tot erklärt wurde. Dabei lösen sie auch andere Rätsel, lüften Geheimnisse und entdecken einsame Inseln.
Bei der Erstausstrahlung sendete Super RTL die Serie in fünf spielfilmlangen Folgen. Wiederholungen waren später klein gehackt und auf 20 Folgen verteilt.

ENIGMA –
EIN SUPERGIRL ZUM KNUTSCHEN   PRO SIEBEN
2000–2001. 26-tlg. frz. Zeichentrickserie (»Enigma«; 1996).
Die 13-jährige Agatha führt ein Doppelleben. Niemand weiß, dass sie als Superheldin Enigma mit besonderen Kräften Schurken wie den teuflischen Faust jagt. Lief im Kinderprogramm am Wochenende.

ENORM IN FORM   ZDF
1983–1984. »Tele-Aerobic für die Familie«. Gymnastiksendung für Menschen, die im Sessel vor dem Fernseher gern anderen beim Schwitzen zusehen und dabei dem Synthesizersound der frühen Achtziger lauschen.
In einer Zeit, als »Aerobic« das neue Zauberwort für »Zappeln« wurde, turnten vor: sechs jüngere und eine ältere Frau, zwei wuschelköpfige Männer und zwei Kinder unterschiedlichen Geschlechts. Sie waren fast alle mit Stirnbändern und Stulpen professionell ausgerüstet. Die Sendung dauerte so lange, wie die Kondition reichte – manchmal eine Viertelstunde, manchmal länger. *Enorm in Form*

wurde von Dr. Bernd Rosemeyer, Professor für Orthopädie des Klinikums München-Harlaching, präsentiert, Gaby Just war die 32-jährige Aerobic-Instruktorin, Judith Jagiello ihre drei Jahre jüngere brünette Kollegin. Die musikalische Leitung hatte Ralph Siegel. Die Aussage des Titelsongs war: »E! - N! - O! - R! - M! - Enorm in Form! - Aerobic, Aerobic, Aerobic!«

Laut ZDF turnten 1983 regelmäßig rund 2,5 Millionen Zuschauer vor dem Bildschirm mit. Tatsache ist, dass so viele Menschen wirklich das Nachmittagsprogramm eingeschaltet hatten. Wer eine Folge verpasst hatte, musste sich nicht grämen, sie wurde im Lauf der gleichen Woche noch zweimal wiederholt. Und später auch noch oft. 49 Folgen wurden hergestellt; ein Episodenführer ist bisher nicht erschienen.

ENTDECKER   WDR

1975–1976. 10-tlg. brit. Historienreihe (»Ten Who Dared: The Explores«; 1973).

In 50-minütigen, abgeschlossenen Filmen werden das Leben und die Errungenschaften großer Forscher und Entdecker nachgestellt: Roald Amundsen, Henry Morton Stanley, Charles Montague Doughty, Robert Burke und William Wills, Mary Kingsley, Jebediah Smith, Alexander von Humboldt, James Cook, Francisco Pizarro und Christoph Kolumbus.

Die Filme basierten auf Aufzeichnungen der Porträtierten und wurden mit großem Aufwand an Originalschauplätzen gedreht. Die Serie war eine Koproduktion der BBC und des »Time Life«-Videoversands, der die Kassetten für schlappe 100 US-$ pro Folge verkaufte. Sie wurde zeitweise auch als *Explorers - Entdecker* angekündigt und lief im Herbst 1976 auch im Ersten.

DIE ENTDECKUNG DER MEERE   ZDF

1975. 5-tlg. Doku-Reihe von Bruno Vailati über die Ozeane und ihre Küsten: Wie beeinflussen Leben im Wasser und auf dem Lande einander?

Der Italiener Vailati war neben Thor Heyerdahl und Jacques Cousteau der dritte populäre Unterwasserexperte seiner Zeit.

ENTE GUT, ALLES GUT   ARD

1972–1973. 45-Minuten-Quiz mit Erich Helmensdorfer, das Nachrichten und Politik mit Unterhaltung vermischt.

Sechs Gäste, Redakteure von Agenturen oder Prominente, müssen erkennen, ob Nachrichtenmeldungen der Wahrheit entsprechen oder eine Ente sind.

Die Reihe lief einmal im Monat dienstags um 20.15 Uhr und brachte es auf 20 Sendungen.

ENTERPRISE   SAT.1

Seit 2003. 98-tlg. US-Science-Fiction-Serie von Rick Berman und Brannon Braga (»Enterprise«; 2001–2005).

In der Mitte des 22. Jh., 150 Jahre vor Captain Kirk, stecken die intergalaktischen Forschungsarbeiten noch in den Kinderschuhen. Der Warp-Antrieb, der Reisen mit Lichtgeschwindigkeit erlaubt, wurde kurz nach dem Dritten Weltkrieg erfunden, genauer: im Jahr 2063. Durch ihn wurden die Vulkanier auf die Menschen aufmerksam. Inzwischen sind wir bei Warp 5, an dessen Entwicklung der Vater von Captain Jonathan Archer (Scott Bakula) mitgearbeitet hat, der nun das Kommando über das Raumschiff Enterprise NX-01 führt. Die wichtigsten Mitglieder der 80-köpfigen Crew sind die vulkanische Unteroffizierin T'Pol (Jolene Blalock), der geniale denobulanische Arzt Dr. Phlox (John Billingsley), Lieutenant Malcolm Reed (Dominic Keating), Steuermann Travis Mayweather (Anthony »A.T.« Montgomery), Kommunikationsoffizierin Hoshi Sato (Linda Park) und Chefingenieur Lieutenant Commander Charlie Tucker III. (Connor Trinneer). Gemeinsam leisten sie Pionierarbeit im All, erforschen fremde Galaxien und kämpfen gegen böse Außerirdische, vornehmlich die Suliban. Mit an Bord ist auch Archers Hund, der Beagle Porthos.

Die fünfte Serie aus der *Star Trek*-Reihe war chronologisch die erste – zeitlich vor dem Original angesiedelt. Da das Original *Raumschiff Enterprise* aber schon 30 Jahre vorher gedreht wurde, war es wenig verwunderlich, dass hier trotzdem die Technik fortschrittlicher und die Außerirdischen außerirdischer aussahen.

Die einstündigen Folgen liefen erst freitags um 20.15 Uhr, gegen Ende der ersten Staffel zusätzlich samstags um 19.15 Uhr und seit Ende der zweiten Staffel nur noch samstags und sonntags am Nachmittag. Den Titelsong »Faith of the Heart« singt Russell Watson. Die Wahl dieses schnulzigen Rocktitels ist mindestens ebenso erstaunlich wie die von Scott Bakula (*Zurück in die Vergangenheit*) als Darsteller des Captain. In Deutschland erreichte dieses sehr amerikanische *Enterprise* bislang nicht annähernd den Erfolg seiner Vorgänger.

DIE ENTERPRISE   ZDF

1976. 18-tlg. US-Zeichentrickserie (»Star Trek«; 1973–1975) über die Abenteuer des Raumschiffs Enterprise, die sich eng an der erfolgreichen Realserie *Raumschiff Enterprise* orientierte.

In der amerikanischen Originalversion liehen William Shatner, Leonard Nimoy, DeForest Kelley, George Takei, Nichelle Nichols, James Doohan und Majel Barrett ihre Stimmen den Figuren, die sie auch in der Realserie gespielt hatten. Die deutschen Stimmen stammten von irgendwem; außerdem wurden die eigentlich 22-minütigen Folgen jeweils auf gut die Hälfte gekürzt und dienstags im Kinderprogramm gesendet.

ENTSCHEIDUNG STALINGRAD   ZDF

1993. 5-tlg. dt.-russ. Dokumentation von Guido Knopp, Harald Schott und Anatolij Nikiforow über das Ende des Zweiten Weltkrieges.

Neben der üblichen Mischung aus historischen Archivbildern und Interviews mit Zeitzeugen, darun-

ter Peter von Zahn und Lew Kopelew, begleitete die Reihe auch einige deutsche Veteranen nach Stalingrad, wo sie vor Ort ihre Leidensgeschichten erzählten.
Die halbstündigen Teile liefen sonntags um 22.00 Uhr und setzten die Reihe *Der verdammte Krieg* fort. Es war die zweite Koproduktion des ZDF mit dem russischen Fernsehen Ostankino: Zum 50. Jahrestag des Einmarsches deutscher Truppen in der Sowjetunion lief 1991 bereits der Film »Unternehmen Barbarossa«. »Entscheidung Stalingrad« war eine der ersten Sendungen, die das ZDF auch als Videokassette zum Kauf anbot.

ENTWEDER – ODER   ARD
1960–1962. Halbstündiges »frohes Fragespiel« mit Frank Strecker.
Kandidaten müssen aus vorgegebenen Antwortmöglichkeiten die richtige finden und auf einem Stimmzettel ankreuzen. Streckers Assistentin war zunächst Ruth Herzberg, ab Dezember 1961 die damals 18-jährige Marianne Koch. Die Reihe lief nachmittags.

ENTWEDER ODER   ZDF
1994–1995. Spielshow mit Fritz Egner und fünf Kandidaten, die eine maßgeschneiderte Mutprobe bestehen müssen und mit den Dingen konfrontiert werden, vor denen sie am meisten Angst haben.
Vor der ersten Sendung wurde bereits eine »Vor-Show« ausgestrahlt vier einstündige Ausgaben liefen donnerstags zur Primetime, dann wurde die Show eingestellt, weil Egner zu Sat.1 wechselte. Dort war das Konzept als *Glücksspirale* und mit Kai Pflaume später langlebiger.

EQUALIZER   RTL
→ *Der Schutzengel von New York*

ER ODER ER – WER IST DER VATER   RTL 2
2003. 10-tlg. dt. Doku-Soap.
Die Reihe begleitet Väter, die sich aus verschiedenen Gründen unsicher sind, wirklich der Vater ihres Kindes zu sein, beim Vaterschaftstest und erzählt ihre Geschichten und die ihrer Frauen und Kinder. Die einstündigen Folgen liefen donnerstags zur Primetime.

ER ODER SIE   ARD
1953. 90-minütiges Samstagabendquiz mit Hans-Peter Rieschel.
Eigentlich harmlose Rate- und Geschicklichkeitsspiele sollen dadurch eine Brisanz bekommen, dass sie zum »Wettstreit der Geschlechter« hochstilisiert werden (wie in *Mars oder Venus*). Die Kandidaten, die aus dem Saalpublikum ausgewählt werden, können für eine richtige Antwort 50 DM gewinnen.
Die erste Ausgabe hatte das Problem, dass die Kandidaten langweilig waren. In der zweiten waren sie nicht langweilig, was daran lag, dass die »Auslosung« aus dem Studiopublikum gezinkt war, was leider herauskam. Moderator Rieschel war darauf nicht nur seine Sendung, sondern auch seinen Job los, was hart erscheint: Im Gegensatz zu den amerikanischen Quiz-Skandalen dieser Zeit wussten die Kandidaten nicht die Antworten auf die Fragen, sie waren nur gecastet worden. Rieschel war sogar so fair, nicht mehr, wie in der ersten Sendung, zu sagen, dass jeder Anwesende die »gleiche Chance« habe, Kandidat zu werden, sondern nur »die Möglichkeit«.

ER UND SIE   ZDF
1968. 13-tlg. US-Sitcom von Leonard Stern (»He And She«; 1967–1968).
Dick Hollister (Richard Benjamin) ist seit fünf Jahren mit seiner Frau Paula (Paula Prentiss) standesamtlich verheiratet, jetzt folgt endlich auch die kirchliche Trauung. Paula ist Sozialarbeiterin, Dick ein erfolgreicher Zeichner. Seine Comicfigur »Jetman« hat es sogar geschafft, als Realserie verfilmt zu werden. Das ist nicht immer von Vorteil, vor allem, wenn Jetman-Darsteller Oscar North (Jack Cassidy) gerade wieder einmal in vollem Superheldenkostüm bei Hollister vorbeischaut, um irgendwelche Details zu diskutieren. Auch der Feuerwehrmann Harry Zarakardos (Kenneth Mars), der in der Wache nebenan arbeitet, kommt regelmäßig vorbei – über eine Holzplanke durchs Fenster. Andrew Hummel (Hamilton Camp) ist der Hausmeister, Norman Nugent (Harold Gold) Dicks Chef.
Er und sie, also Richard Benjamin und Paula Prentiss, waren auch im wahren Leben ein Ehepaar. Im Original hatte die relativ erfolglose Serie 26 halbstündige Folgen. Bei uns lief sie im Vorabendprogramm.

DAS ERBE DER GULDENBURGS   ZDF
1987–1990. 40-tlg. dt. Hochglanz-Soap von Michael Baier, Regie: Gero Erhardt, Jürgen Goslar.
Der reiche Martin Graf von Guldenburg (Karl Heinz Vosgerau) hinterlässt seiner Familie nach seinem Tod (im Pilotfilm) ein Imperium, das aus einem Schloss mit Gestüt in Schleswig-Holstein, Ländereien und der traditionsreichen Bierbrauerei Guldenburg besteht. Es entpuppt sich jedoch nach und nach als gar nicht so astrein und wohlhabend, wie es zu seinen Lebzeiten schien. Die Hinterbliebenen sind Martins Witwe Christine (Christiane Hörbiger), die gemeinsamen Kinder Alexander (Jochen Horst) und Susanne, genannt Nane (Katharina Böhm), die mit 18 Jahren das Nesthäkchen ist, außerdem Sohn Thomas (Wolf Roth) und Tochter Evelyn (Iris Berben) aus Martins erster Ehe sowie sein Bruder Max (Jürgen Goslar) und allen voran Herta von Guldenburg (Brigitte Horney), seine 80-jährige Mutter und Herrin im Guldenburg-Clan, die von allen mit Respekt behandelt wird, obwohl untereinander sonst Anfeindungen und Intrigen die Regel sind. Evelyn ist mit dem hinterhältigen Werbefritzen Achim Lauritzen (Wilfried Baasner) verheiratet.
Die ärgsten Feinde der Guldenburgs sind die Balbecks, die ebenfalls eine Brauerei besitzen und aus

Das Erbe der *Schwarzwaldklinik*. Auf dem gleichen Sendeplatz wurde auch *Das Erbe der Guldenburgs* ein großer Erfolg. Von links: Iris Berben, Wilfried Baasner, Christiane Hörbiger, Jochen Horst, Brigitte Horney, Katharina Böhm, Wolf Roth.

Familienchefin Margot Balbeck (Ruth Maria Kubitschek) und deren Kindern Jan (Sigmar Solbach) und Kitty (Susanne Uhlen) bestehen. Diese Feindschaft wird interessant, als sich Kitty in Thomas von Guldenburg verliebt. Kurt Kröger (Friedrich Schütter) ist der Chauffeur der Guldenburgs, Johanna (Ingeborg Christiansen) seine Frau und Tobias (Alexander Wussow) sein Sohn. Anbusch (Franz-Josef Steffens) leitet die Guldenburg-Brauerei. Aenne Günther (Monika Peitsch) ist Christines beste Freundin. Als die Reporterin Carina de Angeli (Sydne Rome) plötzlich auftaucht, kommt heraus, dass Graf Martin ein Verhältnis hatte, aus dem der uneheliche Sohn Martin junior (Arne Kähler) entstand. Graf Steinfeld (Karl Schönböck), Christines Vater in Wien, tröstet seine Tochter, als allmählich der ganze Schlamm aufgewühlt wird.

Nach langem Hickhack beginnen die Balbecks und die Guldenburgs eine Zusammenarbeit, Nane und Tobias bringen Tochter Tina (Laura Wolpers) zur Welt, Herta von Guldenburg stirbt, Evelyn lässt sich endlich von Achim scheiden, Jan Balbeck treibt seine Mutter in den Wahnsinn, will sie entmündigen lassen und bringt sie in einer geschlossenen Nervenheilanstalt unter. Sein Plan, sich Guldenburg unter den Nagel zu reißen, misslingt. Margot stirbt, und Jan wird verhaftet, Kitty wird die neue Balbeck-Geschäftsführerin. Nane, die Tobias verlassen und eine Romanze mit Claudio Torres (Christopher Buchholz) begonnen hat, nimmt von dessen Vater Frederico Torres alias Friedrich von Guldenburg (Bernhard Wicki) Geld an und übernimmt damit Guldenburg. Brigitte Horney starb 1988 im Alter von 77 Jahren drei Drehtage vor Ende der zweiten Staffel, weshalb auch ihre Serienrolle in der 26. Folge ziemlich plötzlich sterben musste.

Das Schloss, das den Familiensitz der Guldenburgs spielte, stand in dem kleinen Dorf Wotersen in Schleswig-Holstein. Es gehörte Nikolaus Graf von Bernstorff, der die eindrucksvolle Kulisse dem Fernsehteam gegen viel Geld zur Verfügung gestellt hatte und aus dem gewaltigen Erfolg der Serie richtig Kapital machte. Hunderte Guldenburg-Fans pilgerten täglich in den sonst so ruhigen Ort, zahlten fürs Parken, kauften Dosen mit »Balbeck«-Pils und andere Devotionalien. Graf Bernstorff war eigens nach Dallas gereist, um sich auf der Southfork Ranch zu neuen Vermarktungsstrategien inspirieren zu lassen, und hatte sich die Marke »Guldenburg« u. a. für Getränke, Nahrungsmittel und Schmuck eintragen lassen. Das ZDF fand allerdings, dass es allein von dem von ihm geschaffenen Namen profitieren sollte, klagte und verlor 1992 vor dem Bundesgerichtshof. Das Bundesverfassungsgericht bestätigte sechs Jahre später (!) dieses Urteil.

Das Erbe der Guldenburgs schaffte den schwierigen Spagat, die absonderlichen Verwirrungen von Serien wie *Dallas* und *Denver-Clan* auf deutsche Verhältnisse zu übertragen. Es ging, wie in *Dallas,* um zwei rivalisierende Familien, die Charaktere waren (zumindest anfangs) eindeutig gut oder böse, aus der Ranch wurde ein Schloss und aus dem typisch texanischen Ölgeschäft das typisch deutsche Biergeschäft.

Drei Staffeln mit 45-Minuten-Folgen liefen höchst erfolgreich samstags um 19.30 Uhr (die Staffeln zwei und drei direkt nacheinander). Das ZDF selbst war auf diesen Erfolg offensichtlich nicht vorbereitet, weshalb die Fortsetzung nach der ersten Staffel unter einem schlechten Stern stand: Viele Schauspieler machten sich rar; es gab interne Differenzen, die möglicherweise weitere Staffeln verhinderten. Die Serie wurde in 15 Länder verkauft. Die Titelmusik stammte von Eberhard Schoener. Wem sie bekannt vorkam, der hatte vermutlich ein paar Jahre vorher die ARD-Serie *Schau ins Land* gesehen.

ERBE DER VÄTER — WDR

1986. 6-tlg. frz. Familiensaga nach Romanen von Claude Michelet (»Des grives aux loups«; 1984).
Im kleinen Dorf Saint-Libéral nahe der Dordogne lebt zu Beginn des 20. Jh. Jean-Édouard Vialhe (Maurice Barrier) mit seiner Frau Marguerite (Suzanne Carra) und den Kindern Pierre-Edouard (Bruno Devoldère), Louise (Pauline Macia) und Berthe (Alix de Konopka). Er ist ein angesehener Mann, denn er besitzt zehn Hektar Land und ein paar Kühe. Die gesamte Gegend lebt überwiegend von Ackerbau und Viehzucht und hängt selbst dem Fortschritt des 19. Jh. hinterher. Nun hält sogar schon das 20. Jh. Einzug, und im Laufe der folgenden Jahrzehnte ändern sich für die Bauern das Leben und die Welt radikal.
Die einstündigen Folgen liefen in allen Dritten Programmen in Westdeutschland und 1988 nachmittags im Ersten.

ERBEN DER LIEBE — ZDF

1987. 4-tlg. US-Liebessaga nach dem Roman »Mistrals Tochter« von Judith Krantz, Regie: Kevin Connor und Douglas Hickox (»Mistral's Daughter«; 1984).
Jahrzehntelange Liebesverstrickungen, beginnend im Paris der 20er-Jahre: Die arme Maggy Lunel (Stefanie Powers) wird das Modell des arroganten Malers Julien Mistral (Stacy Keach). Sie verlieben sich. Aber dann lässt sich Maggy mit dem verheirateten Bankier Perry Kilkullen (Timothy Dalton) ein und Mistral sich mit der reichen Amerikanerin Kate Browning (Lee Remick). Maggys und Perrys Tochter Teddy (Stephanie Dunnam) verliebt sich später in Mistral und bekommt mit ihm Tochter Fauve (Philippine Leroy-Beaulieu).
Die Titelmusik sang Nana Mouskouri.

DIE ERBEN DER SAURIER — PRO SIEBEN

2002. 4-tlg. brit. Doku-Reihe (»Walking With Beasts«; 2001) über Dinosaurier und ihre Nachkommen, die in zwei zweistündigen Folgen donnerstags zur Primetime an den Erfolg der Vorgängerreihe *Dinosaurier – Im Reich der Giganten* anknüpfte.
Zwei weitere einstündige Folgen liefen sonntagnachmittags.

ERBEN DES FLUCHS — SAT.1, KABEL 1

1990–1991 (Sat.1); 1995 (Kabel 1). 68-tlg. kanad. Gruselserie (»Friday The 13th: The Series«; 1987–1990).
Micki Foster (Louise Robey) und Ryan Dallion (John D. LeMay) haben von ihrem Onkel einen Antiquitätenladen geerbt, in dem er verfluchte Möbelstücke verkauft hatte. Um Schaden von den Käufern abzuwenden, versuchen die beiden, die Stücke zurückzukaufen. Dabei hilft ihnen gelegentlich der Ex-Magier Jack Marshak (Chris Wighins). Nach Ryans Tod hilft Johnny Ventura (Steven Monarque) Micki bei der Suche nach den verfluchten Möbeln.
Außer dem Originaltitel hatte die Serie nichts mit der Filmreihe »Freitag der 13.« zu tun. Die einstündigen Folgen liefen mittwochs um 23.00 Uhr. Vier Jahre später reichte Kabel 1 noch fünf Folgen in deutscher Erstausstrahlung nach.

ERBEN GESUCHT — SAT.1

1994. Wöchentliches Magazin mit Jörg Wontorra, in dem Menschen gesucht wurden, die ohne ihr Wissen eine Erbschaft gemacht hatten und nicht gefunden werden konnten.
Zu erben gab es dabei oft nicht weniger als eine Eigentumswohnung in Frankreich samt 160 000 DM in bar – dass die Erbin oder Angehörige nicht aufzutreiben waren, konnte in diesem Fall aber auch daran liegen, dass sie das uneheliche Kind einer Zigeunerin war, die ins Konzentrationslager kam.
Nachdem Wontorra bereits in *Bitte melde dich* Vermisste suchte, wurde er nach dieser Sendung endgültig zum »Suchonkel der Nation« abgestempelt. Diese Sendung hatte immerhin den Vorteil, dass *Erben gesucht* fast völlig ohne heulende Angehörige auskam und ohne Schicksale, die auf die Tränendrüse drückten. Es ging um Menschen, die ihr Glück gemacht haben und posthum andere glücklich machten. Schön.
Die Pilotfolge lief am Donnerstag um 21.15 Uhr; im Juni 1994 begann die eigentliche Reihe mit zwölf Ausgaben, immer montags um 21.15 Uhr.

ERBEN WILL GELERNT SEIN — ZDF

1981. 6-tlg. dt. Familienserie, Regie: Wolfgang Schleif.
Anne Korn (Corinna Genest) und Susanne Korn (Chariklia Baxevanos) waren nacheinander mit dem gleichen Mann verheiratet. Von ihm haben sie das Hotel »Tannenhof« geerbt, das sie nur so lange gemeinsam führen dürfen, wie keine von ihnen erneut heiratet. Also dann.
Die 25-minütigen Folgen liefen donnerstags um 20.30 Uhr.

ERBIN SEIN DAGEGEN SEHR — ARD

1985. 12-tlg. dt. Familienserie von Rolf Bredow, Regie: Hermann Leitner.
Lisa Boysen (Heidi Kabel) hat geerbt: ein Mietshaus in Hamburg-Eppendorf! Sie kommt voller Freude (vermutlich in Unkenntnis des Serientitels) aus Kanada zurück, wo sie die letzten 20 Jahre gelebt hat. Was sie nicht weiß: Das Haus müsste dringend renoviert werden, und die Erbtante hat schon einen Vertrag mit dem Makler gemacht, die Wohnungen in Eigentumswohnungen umzuwandeln. Gemeinsam mit ihrem Sohn Uwe (Rainer Goernemann), der unten im Haus eine Kneipe betreibt, und ihrer Tochter Katja (Heidi Mahler) versucht Lisa, erst den Makler loszuwerden und dann Geld aufzutreiben. Und schließlich muss sie noch feststellen, dass es auch Mieter aus der Hölle gibt, den Hausdrachen Frau Gengnagel (Jane Tilden) zum Beispiel.
Die halbstündigen Folgen liefen im regionalen Vorabendprogramm.

DIE ERDE – LIVE ZDF
2001–2002. 45-minütiges Wissenschaftsmagazin von und mit Joachim Bublath, der während der Sendung Live-Verbindungen zu Forschern in abgelegenen Gebieten der Erde herstellt. Lief staffelweise sonntags um 19.30 Uhr.

ERINNERN SIE SICH NOCH? ARD
1968–1971. »Ein Quiz um Aktuelles von gestern und vorgestern.«
Zwei Kandidatenteams aus verschiedenen Altenheimen treten gegeneinander an. Es geht darum, Fragen zu Ereignissen zu beantworten, die schon sehr, sehr lange zurückliegen.
Erster Moderator war Gerd Angermann, 1970 übernahm Hans Rosenthal, der gerade vom ZDF gekommen war und nach etwas mehr als einem Jahr wieder dorthin zurückging. Vorher, Mitte 1970, wurde die Show noch in *Quiz-Party* umgetauft. Der jugendlichere Titel änderte allerdings nichts an dem Konzept, die Rateteams aus Altenheimen zu rekrutieren. Rosenthals Nachfolgerin wurde Lisa Kraemer.

ERKENNEN SIE DIE MELODIE? ZDF
1969–1985. Musikalisches Ratespiel mit Ernst Stankovski.
Je ein Opern-, Operetten- und Musicalfan treten gegeneinander an. Aus jeder der drei Gattungen wird ein Ausschnitt aus einem Stück aufgeführt, allerdings in der falschen Dekoration. Der jeweilige Kandidat muss beides erkennen. Danach wird ein Teil aus dem richtigen Stück zur bereits gesehenen Dekoration aufgeführt, wonach der Kandidat zwei weitere Wissensfragen beantworten muss. Nach diesen drei Runden entscheidet das Karussellspiel über den Sieg: Alle drei Kandidaten stehen auf einem Podest und haben vor sich jeweils eine Tafel mit neun Feldern und neun Symbolkarten. Ein Potpourri aus neun Melodien erklingt, und die Kandidaten müssen die Symbole in der richtigen Reihenfolge anordnen – Lämpchen auf der Tafel zeigen ihnen an, um welches Feld es gerade geht. Währenddessen dreht sich das gesamte Podest wie ein Karussell, sodass das Saalpublikum und die Zuschauer zu Hause verfolgen können, wie die drei sich schlagen. Die bei diesem Spiel erzielten Treffer werden mit der vorher erreichten Punktzahl multipliziert, um den Gewinner zu ermitteln.
Mindestens so aufregend wie die Musikaufführungen war die große Uhr, die in den ersten drei Runden bestimmte, wie viele Punkte die Kandidaten für ihre Antworten bekommen. Sie war gedrittelt: Je 20 Sekunden standen für einen Kandidaten. Wenn Stankovski seine Frage formuliert hatte, drückte er eine klobige Taste, um die Uhr in Gang zu setzen. Der Kandidat, um dessen Spezialgebiet es ging, konnte als Erster antworten. Wenn er drückte, hielt die Uhr an – je schneller er richtig antwortete, desto mehr Punkte bekam er. Nach 20 Sekunden wanderte der Zeiger ins nächste Feld, und der nächste Kandidat durfte drücken. Nach weiteren 20 Sekunden war

Erkennen Sie den Mann? Es ist Günter Schramm, einer der Moderatoren von *Erkennen Sie die Melodie?*

der verbliebene Kandidat an der Reihe. Antwortete einer von ihnen falsch, kam der Nächste entsprechend schon früher dran. Und bis Stankovski das ebenso charmant wie umständlich mit Hilfe eines Zeigestockes erklärt hatte, war bei manchen Opern schon der erste Akt vorbei.
Die Show dauerte im ersten Jahr eine Stunde, dann 45 Minuten. Sie wechselte ihren Sendeplatz im Lauf der Jahre mehrmals, lief meistens samstags oder sonntags am frühen Abend, zeitweise auch zur Primetime. Am 9. Oktober 1977 moderierte Stankovski zum letzten Mal, und die Reihe wurde nach 88 Ausgaben vorerst eingestellt, jedoch ab Februar 1980 neu aufgelegt, nun monatlich mit Johanna von Koczian als Moderatorin und verändertem Konzept, aber immer noch der Kernaufgabe, Melodien zu erkennen. Koczians Nachfolger wurde 1981 Günther Schramm. Nach insgesamt 153 Folgen wurde die Sendung schließlich eingestellt.

DER ERMITTLER ZDF
Seit 2001. Dt. Krimiserie.
Kommissar Paul Zorn (Oliver Stokowski) ermittelt in Hamburg in Mordfällen. Mit Eva Klaussner (Joanne Gläsel) hat er zwar eigentlich eine Partnerin, doch lieber löst Zorn seine Fälle im Alleingang. Kriminaldirektor Henning Peters (Rainer Luxem) ist sein Boss. Zorn ist geschieden und hat eine junge Tochter namens Hanna (Charlotte Bellmann); das Sorgerecht

teilt er sich mit seiner Ex-Frau Carola (Carina Wiese). Mit Beginn der vierten Staffel im Mai 2004 bekommt Zorn neue Kollegen. Klaussner ist zu Europol nach Den Haag gegangen, und der Kommissarsanwärter Tim Rasch (Patrick Rapold) wird ihr Nachfolger. Als motivierter Berufsanfänger ist es für ihn besonders schwer, wenn Zorn wieder am liebsten allein ermittelt. Ebenfalls neu im Team ist die attraktive Gerichtsmedizinerin Dr. Tina Jaeger (Nele Rosetz), für die sich Zorn zu interessieren beginnt.

Die einstündigen Folgen laufen freitags um 20.15 Uhr im Wechsel mit den anderen erfolgreichen Freitagskrimiserien wie *Der Alte*, *Ein Fall für zwei* oder *Siska*.

Der Ermittler wurde mit dem Deutschen Fernsehpreis 2001 ausgezeichnet (Beste Serie und Oliver Stokowski Bester Schauspieler/Serie).

ERNEST, DER VAMPIR ARD
→ Käpt'n Blaubär Club

EROS RTL 2
1999–2000. Reisemagazin, das am späten Abend lief, weil es sich nur mit den erotischen Aspekten der jeweiligen Stadt beschäftigte. Zehn Folgen wurden ausgestrahlt.

ERSTE LIEBE ARD
1995–1996. 6-tlg. schwed. Jugendserie von Leif Magnusson (»Första kärleken«; 1992).
Der zwölfjährige Daniel (Linus Aaberg) verliebt sich in die taubstumme Anna (Alexandra Royal). Doch auch der reiche Jeppe (Christopher Luschan) hat ein Auge auf sie geworfen. Anders (Johan Lilja) ist Daniels bester Freund.
Die 25-minütigen Folgen liefen Samstagfrüh.

DER ERSTE SCHRITT ZUM STAR RTL
2001. 10-tlg. US-Doku-Reihe (»Before They Were Stars«; 1996), die Popstars bei ihren ersten Auftritten zeigte. Scott Baio moderierte. Lief mit jeweils mehreren Folgen am Stück samstagnachts.

DER ERSTE WELTKRIEG ARD
2004. 5-tlg. dt. Geschichtsdokumentation über den Alltag während des Ersten Weltkriegs von 1914 bis 1918.
Die damalige Situation wird anhand von Originaldokumenten, Tagebüchern, Briefen und Gesprächen mit den letzten noch lebenden Zeitzeugen rekonstruiert.
Nach einer Inflation von Dokumentationen über Hitler und den Zweiten Weltkrieg beschrieb die Programmankündigung der ARD das Thema dieser Reihe zu Recht als »das fast vergessene Grauen«. Anlass der Ausstrahlung war der bevorstehende 90. Jahrestag des Kriegsbeginns im August 2004.

ERSTENS ARD
1990–1993. 15-minütige Programmvorschau auf die Sendungen der kommenden Woche, die samstagnachmittags lief und von wechselnden Prominenten moderiert wurde.

ERSTES GLÜCK SWR, ARD
2000 (SWR); 2000 (ARD). Halbstündige Talkshow mit Michelle Hunziker und Thomas Elstner, in der jeweils ein Prominenter über seine erste Liebe erzählt.
Die Show lief schon einige Monate im Südwestfernsehen, bevor sie auf den Sendeplatz dienstags um 21.30 Uhr in die ARD übernommen wurde. Dort floppte sie und verschwand nach nur einem Monat vorzeitig wieder dorthin, woher sie gekommen war. Die beiden Moderatoren waren vor allem durch ihre Familienverhältnisse bekannt. Hunziker war die Ehefrau von Eros Ramazzotti, Thomas der Sohn von Frank Elstner, von dem auch das Konzept stammte.

Erstes Glück: Erste größere deutsche Fernsehshow für Thomas Elstner und Michelle Hunziker (rechts), hier mit Gast Lisa Fitz.

Jahre vorher hatte es unter dem Namen *First Love* bei Tele 5 schon einmal etwas länger überlebt.

ERSTKLASSISCH! ZDF
1988–1991. Aktuelles vom Schallplattenmarkt, präsentiert von Friedrich Müller. Die 30-minütigen Folgen liefen am späteren Abend.

ERWACHENDES LAND ZDF
1979. 6-tlg. US-Familiendrama von James Lee Barrett und Liam O'Brien nach der Romantrilogie von Conrad Richter, Regie: Boris Sagal (»The Awakening Land«; 1978).
In der Wildnis des Ohio-Flusstales muss sich Sayward Luckett (Elizabeth Montgomery) Ende des 18. Jh. nach dem Tod ihrer Mutter allein um ihre Schwestern kümmern. Sie heiratet den Rechtsanwalt Portius Wheeler (Hal Holbrook), der ein erfolgreicher Politiker wird. Ihre Schwester Genny (Jane Seymour) heiratet den Förster Louie Scurrah (Barney McFadden), der auch auf deren jüngere Schwester Achsa (Derin Altay) ein Auge geworfen hat und Genny schlägt. Später findet sie die wahre Liebe in Will Beagle (William H. Macy) und heiratet ihn.
Die Teile waren 45 Minuten lang und liefen mittwochs um 19.30 Uhr. Im Original bestand der Film aus drei spielfilmlangen Teilen.

ERWACHSEN MÜSSTE MAN SEIN ... ZDF
1965. 13-tlg. US-Sitcom von Joe Connelly und Bob Mosher (»Leave It To Beaver«; 1957–1963).
Der turbulente Alltag der amerikanischen Familie Cleaver mit Vater Ward (Hugh Beaumont), Mutter June (Barbara Billingsley) und den beiden Söhnen Wally (Tony Dow) und Theodore (Jerry Mathers), den alle »Biber« nennen, geschildert aus der Sicht des jüngsten Familienmitgliedes Biber, der es schafft, sich immer wieder in unangenehme Situationen zu manövrieren und Verbote der Eltern zu umgehen. Eddie Haskell (Ken Osmond) ist Wallys Kumpel, der sich bei den Erwachsenen einschleimt und Jüngeren gegenüber den großen Macker markiert.
Moralische Serie in einer idealisierten Welt, die man später nostalgisch für ein Abbild der 50er-Jahre hielt. Aus heutiger Sicht ist es außerdem unfassbar, mit wie wenig Handlung eine 25-Minuten-Episode auskommen konnte. Wo heutige Sitcoms auf mehreren Ebenen parallele Handlungen erzählen, walzte man damals ein einziges Problem auf die komplette Episode aus. Von den 234 Folgen der in den USA überaus erfolgreichen Serie zeigte das ZDF ganze 13. Die Fortsetzung der Serie, die zeigte, was aus den Cleavers knapp 30 Jahre später geworden ist, lief in Deutschland unter dem Titel *Mein lieber Biber*.

ERWACHSENENSPIELE ZDF
1976. 6-tlg. dt. Sendereihe von Alex Diehl und Uwe Jens Bruhn, die sich mit dem Wesen verschiedener Arten von Spielen befasst. Mit dabei sind der Spielprofessor (Horst Keitel) und der Spielteufel (Peter Striebeck).

Die einzelnen Sendungen waren 30 Minuten lang und liefen wöchentlich sonntagnachmittags.

ERZÄHLERSTAFETTE ARD
1953. Halbstündige Spielshow mit Hans-Peter Rieschel.
Je drei bekannte Schriftsteller müssen aus dem Stegreif um die Wette erzählen.
Es war die erste Gameshow des deutschen Fernsehens, und sie lief genau zweimal. Rieschel griff die Idee aber im Sommer des gleichen Jahres für die Sendung »Thema mit Variationen« auf, bei der er Regie führte und Cay Dietrich Voss moderierte. Auch daraus wurde aber keine Reihe.

ERZÄHLUNGEN AUS DEM HOHEN NORDEN BR
1982–1983. 7-tlg. kanad. Abenteuer-Episodenreihe nach den Geschichten von Jack London (»Jack London's Tales Of The Klondike«; 1981).
In den abgeschlossenen dreiviertelstündigen Folgen traten u. a. Cherie Lunghi, John Candy, Robert Carradine und Neil Munro auf.
Drei Episoden liefen 1984 auch im Ersten, in Ostdeutschland lief die Serie ab 1983 auf DFF 1.

ERZIEHUNG DES HERZENS HR
→ Lehrjahre des Herzens

ES BEGANN IM SEPTEMBER ARD
1984. 6-tlg. frz. Historienserie nach dem Roman von Drago Arsenijevic, Regie: Philippe Lefebvre (»Guerre en pays neutre«; 1981).
Während des Zweiten Weltkriegs tun sich in der Schweiz Menschen unterschiedlicher Herkunft und Religionszugehörigkeit zusammen, um im Auftrag des sowjetischen Geheimdienstes gegen die nationalsozialistische Hitler-Diktatur vorzugehen. Der Jude László Nagy (Jacques Denis), ein ungarischer Kommunist, führt die Widerstandsgruppe, der außerdem Anna (Anna Prucnal), Ritter (Gérard Carrat), Moore (Julian Glover), Ravel (Victor Garrivier) und Wladimir (Jean-Pierre Sentier) angehören. Nagy ist mit Elsa (Geneviève Mnich) verheiratet, Ravel mit Simone (Michèle Gleizer).
Die halbstündigen Folgen liefen im regionalen Vorabendprogramm. Die Serie hat rein gar nichts mit einem späteren gleichnamigen Liebesfilm mit Richard Gere zu tun.

ES DARF GELACHT WERDEN ARD 2, ARD
1961–1962 (ARD 2); 1963–1965 (ARD). »Grotesken aus der guten, alten Kintoppzeit«. 45-minütige Nostalgieshow mit Walter Schwier, der in der Kulisse eines alten Kinos Besucher begrüßte, die wie in den 20er-Jahren gekleidet waren, witzige Ausschnitte aus alten Stummfilmen zeigte und sie humorvoll kommentierte.
Schwiers Startsignal an den Filmvorführer war der Satz: »Ich gebe das Zeichen, vorausgesetzt, der Operateur sieht es.« Der Pianist Konrad Elfers begleitete die Filme an einem Klavier, das ruhig einmal hätte

gestimmt werden können. Zum Repertoire gehörten *Dick und Doof,* aber auch Filme mit Stan Laurel und anderen Partnern sowie Filme mit Buster Keaton, der in einer Sendung 1962 sogar persönlich und live vorbeischaute und mit Schwier auftrat.

Lief zunächst dienstags um 20.20 Uhr im damaligen Zweiten Programm der ARD und wechselte kurz vor dem Start des ZDF ins Erste. Insgesamt 54 Folgen liefen mit außergewöhnlich großem Erfolg im Abendprogramm.

ES GESCHAH AN DER GRENZE ARD

1960–1962. »Aus den Akten eines Zoll-Grenzkommissariats«. 12-tlg. dt. Krimireihe von Werner Illing, Regie: Wilm ten Haaf.

An der deutsch-schweizerischen Grenze Weil am Rhein/Basel versuchen Gelegenheits- und Berufsschmuggler, Kaffee, Zigaretten oder Alkohol unauffällig ins andere Land zu bringen. Ob sie das nun gezielt oder unbedacht tun, die Zöllner und Grenzpolizisten erwischen sie natürlich.

Abgeschlossene Geschichten mit wechselnden Schmugglern und Ermittlern. Unter den Darstellern der Episodenhauptrollen waren Rex Gildo, Hans Reiser, Karin Baal, Gaby Fehling, Konrad Georg, Nina Hauser, Harald Mannl, Dietmar Schönherr, Carl John, Wolfried Lier, Eva Kotthaus und Armin Dahlen.

Die 25-minütigen Folgen liefen im regionalen Vorabendprogramm.

ES GESCHAH ÜBERMORGEN ZDF

1973–1974. 13-tlg. frz. Fantasyserie von Henri Viard und Jacques Bergier, Regie: Claude Boissol und Victor Vicas (»Aux frontières du possible«; 1971–1974).

Yan Thomas (Pierre Vaneck) und Barbara Andersen (Elga Andersen) sind Agenten bei der Sicherheitsorganisation BIPS. Ihre Aufgabe ist es, neue und wichtige Erfindungen vor Diebstahl zu schützen, damit sie nicht zu kriminellen Zwecken missbraucht werden. Gerät mal ein Gerät in falsche Hände, müssen sie es wiederbeschaffen. Bei ihrer von modernster Computertechnik unterstützten Arbeit stoßen die Agenten immer wieder auf paranormale Phänomene, die sie am Ende aufklären können.

Die 50-Minuten-Folgen liefen im Zweiwochentakt freitags um 20.15 Uhr. RTL wiederholte später einige Folgen unter dem Titel *Grenzfälle – Es geschah übermorgen.* Die Idee zur Serie stammte aus dem Roman »Wissenschaftsspionage und Geheimwaffen« von Jacques Bergier. BIPS war die Abkürzung für »Bureau d'Investigation et de Prévention Scientifique«.

ES IST ANGERICHTET ARD

1983–1986. »Komische Geschichten mit Eddi Arent«. Halbstündige Sketchreihe mit Eddi Arent in der Hauptrolle in drei bis vier Kurzgeschichten pro Folge.

Meistens richtet er darin großes Chaos an, wenn er sich im Urlaub verläuft, als Heimwerker etwas reparieren will, eine Autowerkstatt betreibt oder mit Schluckauf zum Liebesgeständnis ansetzt.

Die Sketche waren zum Teil aus englischen Comedysendungen adaptiert, teilweise aber auch von Autoren wie Patrick Süskind, Jacky Drechsler oder Arent selbst verfasst. Regelmäßige Sketchpartner waren Monika John, Felix Dvorak, Ute Christensen und Udo Thomer.

ES IST GEIL, EIN MANN ZU SEIN RTL 2

2001. »Der Ratgeber mit Christian«. Einstündige Machoshow mit Christian Möllmann, der als *Big Brother*-Kandidat mit dem Spitznamen »Nominator« bekannt wurde.

Seine eigene Show zeigte 1000 Wege zum richtigen Mann auf und erklärte das Lexikon der Frauensprache. Es blieb bei einer Ausgabe an einem Montag um 21.15 Uhr. Der Titel war angelehnt an Christians Song »Es ist geil, ein Arschloch zu sein«, der im Sog von *Big Brother* ein Nr.-1-Hit in den deutschen Charts wurde.

ES IST NOCH WAS ZU RETTEN –
TELEROP 2009 ARD

1974. 13-tlg. dt. Science-Fiction-Serie.

Jo Wismuth (Ingrid Resch), Pierre van Floth (Fred Maire) und Ruth Michaelis (Antje Hagen) arbeiten im Jahr 2009 für den Fernsehsender Telerop. Gute Nachrichten haben sie kaum zu verkünden: Aus Schleswig-Holstein ist eine karge, versteppte Landschaft geworden, täglich sterben Menschen am Smog, Kinder kommen streng rationiert von der Samenbank, und die Menschen sehnen sich nach Arbeit, nicht nach Freizeit, weil sie das verordnete Nichtstun fertig macht. Alle sehnen sich zurück nach der guten alten Zeit, so etwa in die Mitte der 70er-Jahre, da wäre noch was zu retten gewesen ...

Ebenso pessimistische wie konstruktive Ökosendung, die mit sehr erhobenem Zeigefinger versuchte aufzuzeigen, was aktuell zu tun wäre, um die düsteren Ausblicke in die Zukunft nicht Wirklichkeit werden zu lassen.

Die halbstündigen Folgen liefen im regionalen Vorabendprogramm.

ES IST SOWEIT ARD

1960. 6-tlg. dt. Krimi von Francis Durbridge, Regie: Hans Quest.

Janet Freeman (Gaby Jaeger), die Tochter des englischen Atomforschers Clive (Jürgen Goslar) und seiner Frau Lucy (Eva-Ingeborg Scholz), wird entführt. Gemeinsam mit Rechtsanwalt Laurence Hudson (Peter Pasetti) suchen die Freemans, deren Ehe nicht die beste ist, hinter dem Rücken von Inspektor Kenton (Siegfried Lowitz) und Kommissar Wilde (Kurt Waitzmann) ein Arrangement mit den Kidnappern. Janets Lehrerin Ruth Calthorpe (Inge Egger), die Nachbarin Barbara Barstow (Fita Benkhoff) und der Zahnarzt Dr. Robert Stevens (Hans-Ernst Jäger) machen sich verdächtig. Über den zwielichtigen Fotografen Pelford (Karl Lieffen) gelingt ein Kontakt zu den Entführern.

Es ist soweit war eine Neuauflage des britischen

ES MUSS LIEBE SEIN   ARD
→ Die Boegers

ES MUSS NICHT IMMER KAVIAR SEIN   ZDF
1977. 13-tlg. dt. Agentenserie von Horst Pillau und Ladislas Fodor nach dem Roman von Johannes Mario Simmel, Regie: Thomas Engel.
Thomas Lieven (Siegfried Rauch) ist ein Gentleman, der die Frauen liebt und kochen kann. Unfreiwillig wird er 1939 zum Agenten. Erst interessieren sich Geheimdienst und Gestapo für ihn, dann folgen die anderen. Nach und nach arbeitet für fast alle Geheimdienste gleichzeitig, und da er den Job weder gelernt hat noch ausüben wollte, geht er recht unvoreingenommen ans Werk. Um ihn kümmern sich u. a. Major Loos (Herbert Fleischmann) für die Deutschen, Mr. Lovejoy (Rainer Penkert) für die Briten, Captain Simeon (Erik Schumann) für die Franzosen und Helen de Couvile (Christiane Krüger) für die Amerikaner. Bei einem Einsatz in Marseille in der zweiten Folge lernt Lieven Bastian Fabre (Heinz Reincke) kennen, auf dessen Unterstützung er fortan zählen kann. Bastian ist Mitglied der Bande von Chantal (Marisa Mell).
Die einstündigen Folgen liefen alle zwei Wochen mittwochs um 21.45 Uhr. Die Musik zur Serie stammte von Martin Böttcher. 1961 war der Roman schon einmal mit O. W. Fischer fürs Kino verfilmt worden. Der Schriftsteller Simmel machte keinen Hehl daraus, dass er die Fernsehversion seines Stoffs entsetzlich fand. Hauptdarsteller Rauch fand's super.

ES MUSS NICHT IMMER MORD SEIN   ZDF
1982–1986. 21-tlg. dt. Krimireihe mit in sich abgeschlossenen und voneinander unabhängigen Episoden, mit wechselnden Rollen und Darstellern.
Die Bücher steuerten namhafte Autoren bei, darunter Felix Huby, Herbert Lichtenfeld, Ulrich Stark, Kai Borsche, Irene Rodrian und -ky. Als Darsteller waren Stars wie Peer Augustinski, Heinz Hoenig, Diana Körner, Hans Korte, Ruth Maria Kubitschek, Harald Leipnitz, Willy Semmelrogge und Eleonore Weisgerber zu sehen.
Die Reihe wollte ein »neuer Krimityp« sein, der aktuelle Delikte aufgriff, bei denen eben nicht zwangsläufig jemand starb. Die 25-minütigen Folgen liefen donnerstags um 18.20 Uhr.

ES WAR EINMAL   ZDF
1979. 11-tlg. Reihe im Kinderprogramm am Samstagnachmittag, in der Theo Lingenc jeweils zwei japanische Märchen vorstellte. Die Märchen waren japanische Trickfilme, Lingens Stimme erzählte dazu.

ES WAR EINMAL ... AMERIKA   ARD
1992. 26-tlg. frz. Zeichentrickserie (»Il était une fois ... l'amériques«; 1991). Vierte Serie der *Es war einmal ...*-Reihe, die Kindern Wissen vermittelte: Die Geschichte Amerikas beginnt in dieser Serie bei seiner »Entdeckung« und endet bei der Gründung der Vereinigten Staaten. Lief werktagnachmittags.

ES WAR EINMAL ... DAS LEBEN   ARD
1990. 26-tlg. frz. Zeichentrickserie von Albert Barillé (»Il était une fois ... la vie«; 1990). Die drei Blutkörperchen Globus, Hemo und Globine tummeln sich im Körper der Freunde Pierrot und Dickie und erklären auf diese Weise die Funktion des Körpers und das menschliche Leben als solches.
Wie schon in *Es war einmal ... der Mensch* wurden komplizierte Vorgänge möglichst unterhaltsam für Kinder dargestellt und zum besseren Verständnis manchmal wiederholt. Die 25-minütigen Folgen liefen werktagnachmittags.

ES WAR EINMAL ... DER MENSCH   ZDF
1980. 26-tlg. frz. Zeichentrickserie von Albert Barillé (»Il était une fois ... l'homme«; 1978).
Die erste von sechs Serien, die Kindern in Trickfilme verpackt Wissen vermittelte. Sie beginnt 5000 Millionen Jahre vor unserer Zeit mit der Entstehung der Erde, erklärt Dinosaurier, Neandertaler und die Entwicklung menschlichen Lebens und geht dann auf konkrete wichtige Epochen, Ereignisse und Personen der Historie ein. Ein weiser, weißhaariger Maestro erläutert die Ereignisse und treibt sie voran. Ambitionierte Reihe, die oft wiederholt wurde und über Jahrzehnte bei Kindern für Bildung sorgte. Leider ging sie am Ende einen Schritt zu weit, als die Macher glaubten, unbedingt noch die Zerstörung der Erde in der Zukunft zeigen zu müssen.
Josef Meinrad war der Erzähler, Udo Jürgens sang den Titelsong »Tausend Jahre sind ein Tag«. Die Folgen waren 25 Minuten lang und liefen dienstags im Vorabendprogramm. In weiteren *Es war einmal ...*-Serien wurden auf die gleiche Art das Leben, der Weltraum, die Entdeckung unserer Welt, Amerika sowie Entdecker und Erfinder erklärt.
Die Serie ist komplett auf DVD erschienen.

ES WAR EINMAL ... DER WELTRAUM   1 PLUS, 3SAT
1993 (1 Plus); 1995 (3sat). 26-tlg. frz. Zeichentrickserie (»Il était fois ... l'èspace«; 1982).
Die Freunde Pierrot und Dickie reisen in ihrem Raumschiff durchs All. Sie arbeiten im Auftrag der Planetenkonföderation Omega, deren ärgster Feind der böse Herrscher von Cassiopeia, General Dicknase ist. Am Rande der fiktiven Handlung werden die Geheimnisse des Weltraums erklärt. Lief 1996 auch in der ARD.

ES WAR EINMAL ...
DIE ENTDECKUNG UNSERER WELT   ARD
1998. 26-tlg. frz. Zeichentrickserie (»Il était une fois ... les explorateurs«; 1995), in der Kindern geografische und historische Kenntnisse vermittelt wurden.

ES WAR EINMAL …
ENTDECKER UND ERFINDER ARD
1995–1996. 26-tlg. frz. Zeichentrickserie (»Il était une fois … les découvreurs«; 1994), in der episodenweise Entdeckungen, Erfindungen und ihre Schöpfer erklärt wurden. Letzte Serie der Reihe *Es war einmal …* .

ESELSOHR UND TEUFELSSCHWANZ SAT.1
1994–1995. Religionssendung für Kinder mit Jürgen Fliege, der Fragen zur Religion beantwortet. Mit mehreren Kindern, einem echten Esel namens Max und einer überdimensionalen Bibel werden die Themen nachgespielt.
Lief sonntags gegen 8.00 Uhr. Nachfolgesendung wurde *Alles Tiki?!*.

ESSEN WIE GOTT IN DEUTSCHLAND ZDF
1987–1988. Halbstündige Kochshow von Mario Scheuermann am frühen Sonntagabend.
Bekannte Köche und ihre Restaurants werden porträtiert und verraten ihre Rezepte, darunter Eckart Witzigmann, Josef Viehhauser, Johann Lafer und Vincent Klink.

ESTELLE – EINE FRAU
KÄMPFT UM IHR ERBE TM3
1996. 8-tlg. frz.-ital. Familienserie von Frédérique Hébrard und François Velle, Regie: Nicolas Gessner (»Le château des Oliviers«; 1993).
Die Antiquitätenhändlerin Estelle Faborie (Brigitte Fossey) geht in den Ruhestand und zieht sich auf das Anwesen ihrer Eltern in der Provence zurück. Ausgerechnet dort planen der Baulöwe Pierre Séverin (Jacques Perrin) und Bürgermeisterin Mireille Bouvier (Eva Darlan) den Bau eines Vergnügungsparks. Gemeinsam mit Raphaël Fauconnier (Georges Corraface) kämpft Estelle um ihr Erbe.
Jede Folge hatte Spielfilmlänge.

E.S.U. – NOTRUF IN NEW YORK KABEL 1
1994. 12-tlg. US-Krimiserie (»True Blue«; 1989–1990).
Die Notfalleinheit E.S.U. (Emergency Services Unit) der Polizei von New York ist zur Stelle, wenn Hilfe erforderlich ist. Der von seiner Frau getrennt lebende Bobby Traverso (John Bolger), seine Teampartnerin, die geschiedene, allein erziehende Mutter Jessica Haley (Ally Walker), Verkleidungskünstler Geno Toffenelli (Nestor Serrano), der gut aussehende Casey Pierce (Grant Show), Mechaniker Frankie Avila (Eddie Velez), der frisch verheiratete junge Vater Andy Wojeski (Timothy van Patten), Veteran Mike Duffy (Dick Latessa), Red Tollin (Leo Burmester), Herrchen des Revierhundes Bird, David Odom (Darnell Williams), der Vorgesetzte Lieutenant Bill Triplett (Beau William Starr), Captain Motte (Joe Lisi) und Deputy Chief Servino (Victor Arnold) bilden die Mannschaft. Mit ihren blauen Trucks fahren sie zu den Einsatzorten, an denen sie immer wieder die neugierige Yuri (Elya Baskin) mit ihrer Kamera treffen.

ETAGE ZWO – VERNETZTE WELT ZDF
2000–2001. Internet-Soap. Eine Serie, die nur über die Internetseite des ZDF komplett zu sehen war, aber die Fernsehzuschauer einmal pro Woche in Zehn-Minuten-Schnipseln auf den neuesten Stand brachte. Peter Twiehaus moderierte.
Besonders merkwürdiger Auswuchs des Internet-Hypes. Warum sollte sich jemand im Internet eine Soap angucken, bei der Ausstattung, Drehbuch, Schauspieler noch billiger sind als bei anderen Soaps? Und warum sollte sich jemand im Fernsehen eine Kurzzusammenfassung dazu ansehen?

EUGEN SCHUHMACHER –
AUF DEN SPUREN SELTENER TIERE ARD
→ *Auf den Spuren seltener Tiere*

EURE LETZTE CHANCE PRO SIEBEN
2005. Pseudo-Ratgebershow.
In der schlechten Tradition von *Dr. Verena Breitenbach* und der *Jugendberaterin* mimen Jo Zawadzki und Indra Gerdes Partnerschaftsberater, die Laiendarstellern dabei helfen, mit Inzucht, Betrug, Prostitution, Gewalt in Familie und Ehe und unfassbar abwegigen Drehbüchern zurechtzukommen.
Die einstündige Show ergänzte um 16.00 Uhr die vorher laufenden, ähnlich surrealen Sendungen *Das Geständnis, Die Abschlussklasse* und *Freunde – Das Leben geht weiter*.

EURO ZDF
1989–1994. Halbstündiges Europamagazin mit Horst Keller. Lief jeden Freitag im Anschluss an das *Mittagsmagazin*.

EURO-PAARE ARD
1988–1989. Samstagabendspielshow mit Lutz Ackermann, in der Kandidaten aus verschiedenen europäischen Ländern gegeneinander spielen.
Die 90-Minuten-Show lief um 20.15 Uhr und sollte die Nachfolge des erfolgreichen *Einer wird gewinnen* antreten, verschwand jedoch nach fünf Ausgaben wieder vom Bildschirm, ebenso wie ihr Moderator Lutz Ackermann, ein NDR-Radiomoderator, der nie mehr gesehen ward.

EURO-QUIZ ZDF
1977–1978. Einstündiges Eurovisonsquiz am Nachmittag, das den Zuschauern das gemeinsame europäische Erbe und die kulturell-technischen Leistungen näher bringen sollte.
Die gemeinsame Produktion von ZDF, ORF und SRG wurde live aus Deutschland, Österreich und der Schweiz übertragen. Die Moderatoren, aus jedem Land einer, waren Alfred Schmitt, Ernst Hilger und Werner Vetterli. Inhaltlich ging es um Brücken, Tunnels und Zoologische Gärten in Europa, und nach drei Folgen war auch schon Schluss.

EURO-TALENTSCHUPPEN ARD
→ *Talentschuppen*

Eigentlich kochte in *Eurocops* jeder sein eigenes Süppchen, doch in der Folge »Besuch aus Wien« ermittelten der deutsche Kommissar Dorn (Heiner Lauterbach, links) und der Österreicher Brucker (Bernd Jeschek) gemeinsam.

DER EURO UND DIE EUROKIDS ZDF

2001. 6-tlg. Mini-Doku-Reihe, in der Kinder alles über die neue Währung Euro erfahren sollten, die wenig später eingeführt wurde.
Die Folgen waren fünf Minuten lang und liefen samstagvormittags.

EUROCOP IN KÖLN ZDF

→ Eurocops

EUROCOPS ZDF

1988–1995. 70-tlg. europ. Krimireihe, die in Koproduktion des ZDF mit anderen europäischen Fernsehsendern gedreht wurde.
Jedes Land steuerte seine eigene Serie mit eigenen Ermittlern bei, die dann unter dem gemeinsamen Oberbegriff *Eurocops* im Wechsel gezeigt wurden. Gemeinsam war allen nur, dass sie jung waren und ein Privatleben haben durften. Auf die meisten Einsätze kam der Deutsche (15 Folgen), auf jeweils 13 Folgen brachten es die Cops aus Österreich, Italien und der Schweiz. Im Einzelnen:
Deutschland: Hauptkommissar Thomas Dorn (Heiner Lauterbach), Einsatzort Köln. Seine Freundin ist zunächst Karin (Eva Kryll), später Ulrike (Angelika Gockel).
Österreich: Kommissar Peter Brucker (Bernd Jeschek), Kommissarin Bigi Herzog (Bigi Fischer), Oberinspektor Nurmeier (Herman Schmid) und Inspektor Renner (Erwin Ebenbauer), Einsatzort Wien.
Italien: Kommissar Corso (Diego Abatantuono) und die Inspektoren Marco (Bruno Pagni) und Crespo (Alvaro de Luna).
Schweiz: Peter Brodbeck (Wolfram Berger) und Christian Merian (Alexander Radszun). Merian wird nach Brodbecks Ausscheiden befördert und bekommt mit Miguel Bernauer (Stefan Gubser) einen neuen Partner. Außerdem: Franz Dettwiler (Walo Lüönd) und Staatsanwalt Hugo Sutter (Hans Heinz Moser).
England: Kommissar Jackson (John Benfield), Linda (Linda Henry) und McCulloch (Jimmy Yuill).
Frankreich: Nikolas Vilard (Patrick Raynal), Luc Rousseau (Bertrand Lacy) sowie Jérôme (Etienne Chicot) und Marc (Jean-Pierre Bouvier).
Spanien: Kommissar Velasco (Fernando Guillén).
Die Titelmusik stammte von Jan Hammer. Das länderumspannende Projekt sollte Geld sparen: Jede Folge dieser Art europäischer *Tatort* kostete 1,5 Millionen €, jeden beteiligten Sender aber nur rund ein Sechstel davon. Weil solche Koproduktionen vieler Länder meist zu unbefriedigenden Kompromissen führten – verächtlich »Europudding« genannt –, sollte jedes Land seinen eigenen Stil und seine eigene Identität einbringen können. Das Konzept ging nicht auf: Die aus dem eigenen Land stammenden Kommissare kamen jeweils am besten an. Das Projekt wurde nicht fortgesetzt.
Die einstündigen Folgen liefen erst freitags um 20.15 Uhr, später am Sonntag in der Nacht. Die Folgen mit Heiner Lauterbach wiederholte das ZDF unter dem Titel *Eurocop in Köln* im Vorabendprogramm.

EUROGANG ARD

1975–1976. 6-tlg. dt. Krimiserie von Detlef Müller. Kriminalrat Hager (Hellmut Lange) geht im Auftrag des Bundeskriminalamts mit einer Sonderkommission gegen international organisierte Bandenkriminalität vor. Er bekämpft alle Arten von Verbrechen, ermittelt gegen Mörder, Geldfälscher, Kunstdiebe, Bankräuber und Drogenhändler. Der Sonderkommission gehören noch sein Assistent (Manfred Zapatka) und Kommissar Possart (Til Erwig) an, Dr. Grommer (Alf Marholm) ist ihr Vorgesetzter.

Eigentlich sollte Günther Ungeheuer die Hauptrolle spielen, der zog sich jedoch bei den Dreharbeiten einen Fersenbeinbruch zu und fiel aus.
Die einstündigen Folgen liefen einmal im Monat mittwochs. Der Titelsong »Hunters & Collectors« stammte von der Band Can.

EUROKLOPS WDR
1993. Halbstündiges Nonsensquiz mit Björn-Hergen Schimpf.
Eine Jury prüft Publikumskandidaten auf ihre »Eurotauglichkeit«. Im Rahmen der Tests werden Fotos gezeigt, die Klischees europäischer Länder darstellen. Der Gewinner erhält einen »Euroklops«. Die musikalische Untermalung kommt von Nandor, der kleinsten Bigband der Welt.
Zehn Folgen liefen im WDR; Wiederholungen zeigte die ARD Anfang 1994 samstags nachmittags.

EUROPA DIESE WOCHE – BERICHT AUS STRASSBURG ZDF
1985–1989. Zusammenfassung der Sitzungswoche des Europäischen Parlaments.
Das ZDF wechselte sich mit der ARD ab, deren Pendant *Diese Woche im Europäischen Parlament* hieß. Beide Sendungen waren 45 Minuten lang und liefen etwa alle zwei Monate freitags mittags.

EUROPA UNTERM HAKENKREUZ ARD
1982–1983. »Städte und Stationen«. 13-tlg. dt. Geschichtsdoku-Serie anlässlich des 50. Jahrestages der nationalsozialistischen Machtübernahme.
Die Sendung unterscheidet sich in zwei Punkten vom gängigen Schema für Dokumentationen über die Nazizeit: Sie bereitet das Thema nicht chronologisch, sondern geografisch auf, zeigt Bilder von Städten, die zur Zeit der NS-Diktatur eine Rolle spielten, und stellt sie Bildern aus der Gegenwart gegenüber, und sie zeigt neben den üblichen Bildern, die das Grauen verdeutlichen, auch andere Aufnahmen aus der gleichen Zeit: Familienfeste, private Urlaube und fröhliche Lieder aus Heinz-Rühmann-Filmen.
Die 45-minütigen Folgen liefen sonntags um 20.15 Uhr. Sie stammten von verschiedenen Autoren. Roman Brodmann steuerte fünf Folgen bei, Rainer C. M. Wagner, Helmuth Rompa und Willy Reschl jeweils mehrere. Produzierende ARD-Anstalt war der SDR. Die Serie löste kontroverse Diskussionen aus. Der Rundfunkrat des BR stufte die Folge über Nürnberg als verfassungswidrig ein. Sie zeigte Bilder von den Reichsparteitagen der NSDAP, von den Nürnberger Prozessen, von einem Fußball-Bundesligaspiel des 1. FC Nürnberg und vom Christkindelmarkt.

EUROPAMAGAZIN ARD
Seit 1989. Magazin über die Politik und das Leben in der Europäischen Union, abwechselnd von WDR und SWR produziert.
Zu den früheren Moderatoren gehörten Wolfgang Klein und Jürgen Thebrath; aktuell wechseln sich Edeltraud Remmel, Michael Matting, Rolf-Dieter Krause und Johannes-Georg Müller ab. Das halbstündige Magazin lief erst am Samstagmittag, seit Ende 1999 am Samstagnachmittag.

EUROPARTY ARD
1967–1970. 45-minütige Musikshow mit Albert Raisner aus verschiedenen Städten Europas. Stargäste treten auf und singen ihre Hits.
Gemeinschaftsproduktion von SWF, belgischem, französischem, österreichischem, Schweizer und tschechischem Fernsehen. Mit geringerer Beteiligung und eingeschränkter Städteauswahl hatte es die Show bereits seit 1964 unter dem Titel *Rendezvous am Rhein* gegeben. Statt zweimal lief sie jetzt viermal jährlich und immer am Dienstag zur Primetime (nur die letzte Ausgabe an einem Montag). Zum fünfjährigen Jubiläum kehrte sie im Juni 1969 nach Montreux zurück, wo die Premiere unter dem alten Titel stattgefunden hatte. Die Ausgabe im Oktober 1969 kam aus Straßburg. Da das Französische Fernsehen die Technik stellte und keinen ausländischen Regisseur allein ranlassen wollte, trat Stammregisseur Dieter Pröttel für diese Ausgabe zurück, obwohl er in Paris und Monte Carlo bereits mit George Barrière zusammengearbeitet hatte. Dieser verantwortete nun diese Ausgabe allein. Die nächste Folge in Barcelona wollte Pröttel dann wieder machen und zeigen, was er sich unter einer richtig heißen Party für junge Leute vorstellte. Gäste an diesem Tag waren Gitte, Katja Ebstein, Robin Gibb, Ricky Shayne und Jackie de Shannon. Weitere Shows kamen aus Laax, Prag, Brüssel, Baden-Baden, München, St. Gallen und abschließend von der Burg Kaub und damit noch einmal vom Rhein. Unter dem Titel *Europarty* liefen zwölf Ausgaben.

EUROSHOW ARD
1971–1972. »Internationale Show aus 5 Ländern«. Gemeinschaftsproduktion des Südwestfunks mit dem belgischen, britischen, holländischen, italienischen und schwedischen Fernsehen. Musik, Humor und Tanz nach der *Tagesschau* mit Beiträgen aus allen beteiligten Ländern. Die Briten schickten u. a. Monty Python in die Show, die Deutschen Horst Jankowski mit seinem Chor. Zum Sendetitel gehörte noch die auf zwei Stellen gekürzte jeweilige Jahreszahl, doch nach zwei Sendungen, beide am 1. Mai, kehrte die »jährliche« Veranstaltung nicht zurück.

EUROVISION SONG CONTEST ARD
Seit 1956. Europäischer Schlagerwettbewerb, der jedes Jahr im Frühling im Land des Vorjahressiegers ausgetragen wird und eine der merkwürdigsten Veranstaltungen darstellt, die das Fernsehen hervorgebracht hat.
Jedes teilnehmende Land entsendet einen Interpreten mit seinem Titel. Jurys oder die Zuschauer wählen daraus den Gewinner, der daraufhin entweder ganz groß herauskommt oder von dem man nie wieder etwas hört. Letzteres ist die Regel.

Den ersten *Grand Prix Eurovision de la Chanson* veranstaltete die Eurovision, zu der sich sechs Jahre zuvor 23 öffentlich-rechtliche oder staatliche Fernsehsender Westeuropas zusammengeschlossen hatten, am 24. Mai 1956 im Teatro Kursaal in Lugano. Damals nahmen sieben Länder mit jeweils zwei Titeln teil. Deutschland war mit Walter Andreas Schwarz und Freddy Quinn vertreten, die beim Vorentscheid am 1. Mai 1956 im Großen Sendesaal des Kölner Funkhauses von einer Jury ausgewählt worden waren. Von den Jurys der vertretenen Länder wurde Lys Assia mit dem Titel »Refrain« zur Siegerin gewählt. In den kommenden Jahren stieg die Zahl der Teilnehmerländer, die ab 1957 nur noch je einen Titel ins Rennen schicken durften. Nach dem Ende des Kalten Krieges nahmen auch die Länder Osteuropas teil, wodurch die Zahl der Teilnehmer bis auf 26 (2003) stieg. Die Zahl der Interessenten überstieg die Möglichkeiten einer dreistündigen Live-Sendung, weshalb ab 1994 einige Länder aussetzen mussten – im Jahr 1996 traf dies den deutschen Vertreter Leon mit »Blauer Planet«, weil eine internationale Jury den Titel (nicht ohne Grund) für zu schlecht hielt. 2004 wurde ein Modus mit einem Halbfinale eingeführt, in dem sich Länder, die neu dabei waren oder im Vorjahr nicht gut abgeschnitten hatten, einige Tage vor dem eigentlichen Wettbewerb erst qualifizieren müssen.

Abgesehen von den ersten Jahren galt die Regel, dass das Gewinnerland im nächsten Jahr den *Song Contest* ausrichten würde. Das war mit außergewöhnlich hohen Kosten verbunden, von denen die Eurovision nur einen Teil übernahm, weshalb Israel, als es 1979 zum zweiten Mal in Folge gewann, auf die Veranstaltung der Show verzichten musste und die Niederlande einsprangen. Andererseits bietet die Ausrichtung des *Song Contest* vor allem kleineren Ländern oder Staaten im Umbruch eine einzigartige Möglichkeit, sich vor zig Millionen Zuschauern in aller Welt als modern und weltoffen zu präsentieren. Am häufigsten gewann Irland: siebenmal.

Interessanter als die Lieder, die schon in den ersten Jahren wenig mit aktuellen Musiktrends zu tun hatten, war die Punktevergabe, die fast jedes Jahr zu Diskussionen über Mauscheleien und Freundschaften oder Abneigungen zwischen Ländern führten. Während sich etwa die skandinavischen Länder untereinander meist reich mit Punkten beschenkten, demütigten sich die Jurys aus Deutschland und Österreich jahrelang mit einem Punkt – wenn überhaupt. Der Modus der Punktevergabe variierte anfangs. Erst 1975 etablierte sich das System, wonach jedes Land für das liebste Lied zwölf Punkte gibt, für das zweitliebste zehn, dann acht, sieben, sechs und so weiter bis zu einem Punkt. Das Ritual, die Punkte eines Landes durch einen Vertreter per Telefon oder Live-Schaltung bekannt zu geben, die dann in Englisch oder Französisch wiederholt und von einer mehrköpfigen Jury überwacht wurden, wurde im Laufe der Zeit für viele Zuschauer zum eigentlichen Grund einzuschalten – neben den abenteuerlichen Kostümen, den unfassbaren Choreografien, den unterirdischen Titeln und dem regelmäßigen Scheitern an der Pflicht, live zu singen. 1997 verteilten fünf Länder ihre Punkte erstmals nicht nach dem Votum einer Jury, sondern dem des Publikums, das per TED abstimmte. Ab 1998 wurde das zur Regel, 1999 zur Pflicht. Mit der Abschaffung der Jurys war auch der Versuch verbunden, die Veranstaltung zu modernisieren. Ebenfalls 1999 fiel die Pflicht, in der Landessprache zu singen, und statt mit Orchester sangen die Künstler zum Halbplayback.

Auch die deutsche Vorentscheidung wandelte sich. Viele Jahre hieß sie »Ein Lied für ...« mit dem Namen der Stadt, in dem der *Grand Prix* stattfand, im Titel. 1998 wurde die Show in »Countdown Grand Prix« umgetauft, 2004 in »Germany 12 Points«. Die Veranstaltung wurde von wechselnden Moderatoren präsentiert. Axel Bulthaupt moderierte sechsmal (1998–2003), Carolin Reiber viermal (1979 und 1980 mit Thomas Gottschalk, 1982 und 1983 mit Rudolf Rohlinger), Hape Kerkeling dreimal (1989–1991). Mal wählte eine Jury, mal ein Programmdirektor, mal stand der Interpret vorher fest und stellte mehrere Titel zur Auswahl. 1961 nahm übrigens ein junger Mann namens Carl Dieter Heckscher mit dem Titel »Was tut man nicht alles aus Liebe« am Vorentscheid teil. Unter seinem Künstlernamen Dieter Thomas Heck hörte man später mehr von ihm. 1976 durfte erstmals das Publikum abstimmen: Per Postkarte wählte es Tony Marshall. Allerdings war sein Titel schon vier Jahre vorher veröffentlicht worden, was Disqualifikation bedeutete – nur ein Skandal von vielen. Statt Marshall fuhren die zweitplatzierten Les Humphries Singers zum Finale. Nach verschiedenen Umfragesystemen kam 1987 zum ersten Mal der TED zum Einsatz.

In den 90er-Jahren geriet der Wettbewerb fast völlig aus dem Blickfeld der Öffentlichkeit. 1998 wurde er von Guildo Horn scheinbar zerstört, tatsächlich aber wiederbelebt: Mit dem Titel »Guildo hat Euch lieb« von Stefan Raab (unter dem Pseudonym Alf Igel) und großem PR-Geschick schaffte er die nötige Polarisierung (»Bild« fragte scheinheilig: »Darf dieser Mann für Deutschland singen?« – eine Idee von Horns Manager Johannes Kram). In den folgenden Jahren wurde auch die Musik vielfältiger und relevanter; vor allem beim jungen Publikum war die Sendung außerordentlich erfolgreich.

Den größten Erfolg nach einem *Grand Prix*-Sieg schafften ABBA, die 1974 mit »Waterloo« gewannen. Aber auch für andere Künstler brachte der *Grand Prix* den weltweiten Durchbruch, darunter Udo Jürgens (1966), Vicky Leandros (1972) und Céline Dion (1988). Deutschland gewann 1982 zum ersten und bislang einzigen Mal mit Nicole und dem Lied »Ein bisschen Frieden« von Ralph Siegel (Musik) und Bernd Meinunger (Text). Im Jahr darauf moderierte Marlene Charrell den *Grand Prix Eurovision* aus München. Als Einziger konnte Johnny Logan zweimal gewinnen: Er siegte für Irland 1980 und 1987. Seit 2001 wird der *Grand Prix* in Deutschland offizi-

ell nicht mehr mit dem französischen, sondern dem englischen Titel benannt: *Eurovision Song Contest,* was sich aber nur zögerlich durchsetzte.
Die Veranstaltung löste bei Komponisten wie Ralph Siegel und Stefan Raab eine anscheinend unheilbare Besessenheit aus. Aus schwer zu erklärenden Gründen hat sie außerdem eine beunruhigende Anziehungskraft insbesondere auf homosexuelle Männer, die in teils rivalisierenden Fanclubs das Ereignis mit quasi-religiöser Anteilnahme verfolgen. Die Mainstream-Presse dagegen stellt Jahr für Jahr auf breitem Raum die Frage, welchem Zweck der *Eurovision Song Contest* überhaupt diene, was möglicherweise zugleich eine Frage auf die Antwort ist.

EVA – GANZ MEIN FALL   ZDF
2002. 6-tlg. dt. Anwaltsserie von Josh Goldberg.
Die 25-jährige Eva Sander (Lara Joy Körner) lebt seit der Scheidung ihrer Eltern bei ihrem 65-jährigen Großvater Hubertus Sander (Siegfried Rauch) am Tegernsee. Sie hat gerade ihr Jurastudium abgeschlossen und in der Kanzlei Hardenberg & Hardenberg von Alexander Hardenberg (Anian Zollner) und seinem Vater (Jürgen Hentsch) ihr Referendariat begonnen. Oft löst sie ihre Fälle äußerst unkonventionell. Ihre Konkurrentin ist die ehrgeizige Sue (Fleur S. March). Eva ist seit vielen Jahren mit ihrem Freund Thomas (Stephan Hornung) zusammen, doch die Beziehung ist nicht immer harmonisch, und nun hat auch noch Hardenberg junior ein Auge auf sie geworfen. Freundin Rosl (Julia Dahmen) steht Eva zur Seite.
Die 50-minütigen Folgen liefen dienstags um 19.25 Uhr. Titelsong war »Tell the World« von Marie Picasso.

EVAS TÖCHTER   BR
1983. 6-tlg. dt.-frz. Comedyserie (»Le chef de famille«, 1983).
Die vier Frauen Liane (Edwige Feuillère), Katie (Fanny Ardant), Tessa (Dominique Blanchar) und Isa (Micheline Dax) teilen sich ein großes Haus in der Nähe von Paris.
Nach mehreren Dritten Programmen zeigte die ARD die knapp einstündigen Folgen erstmals 1985.

EVELYN HAMANNS GESCHICHTEN AUS DEM LEBEN   ZDF
Seit 1993. Episodenreihe mit Evelyn Hamann im Mittelpunkt jeder Geschichte.
Jede 45- bis 60-minütige Folge zeigt zwei oder drei kurze, abgeschlossene, meist amüsante Alltagsepisoden, in denen Hamann an der Seite wechselnder Gastschauspieler verschiedene Rollen darstellt.
Die Reihe lief lange Zeit in loser Folge am frühen Abend, ab 2000 bekam sie einen staffelweisen regelmäßigen Sendeplatz am Mittwoch um 20.15 Uhr. Bisher liefen rund 50 Folgen.

EVERWOOD   VOX
Seit 2005. US-Familienserie von Greg Berlanti (»Everwood«; seit 2002).
Nach dem Unfalltod seiner Frau beschließt der erfolgreiche New Yorker Neurochirurg Dr. Andrew Brown (Treat Williams), ein völlig neues Leben in der Provinz zu beginnen. Mit seinem 15 Jahre alten Sohn Ephram (Gregory Smith) und der neunjährigen Tochter Delia (Vivien Cardone) zieht er in die idyllische Kleinstadt Everwood in den Rocky Mountains. Vor allem das gestörte Verhältnis zu Ephram macht Andrew zu schaffen, der bisher zwar ein hervorragender Arzt, aber ein schlechter Vater war. Jetzt will er sich bessern. Auch anderen Menschen möchte er Gutes tun. Er eröffnet in Everwood eine kostenlose Klinik und macht sich damit den bisher einzigen ortsansässigen Arzt, Dr. Harold Abbott (Tom Amandes), zum Feind. Der verbietet seinen Teenagerkindern Amy (Emily VanCamp) und Bright (Chris Pratt) jeglichen Umgang mit den Browns. Ausgerechnet Abbotts Mutter Edna (Debra Mooney) heuert in Andrews Klinik als Krankenschwester an. Die gute Seele des Ortes ist der Busfahrer Mr. Irv (John Beasley).
Die Serie sollte eigentlich bei Pro Sieben laufen, der Sender ließ jedoch die erworbenem Rechte auslaufen, ohne die Reihe auszustrahlen, und Vox griff zu.

EX!   ARD
1996–1998. »Was die Nation erregte«. Halbstündiges Geschichtsmagazin mit Dieter Moor, das sich gesprächsträchtigen Themen aus den vorangegangenen 50 Jahren widmete.
Es ging u. a. um »Flitzer – Die nackte Invasion«, »Nitribitt – Der Mord zum Wirtschaftswunder«, »Bernsteinzimmer – Die Jagd nach dem Millionenschatz«, »Sturmflut Hamburg – eine Stadt unter Wasser«, »Herr Wirt, die Kehle ist verdorrt, wir wollen Coca-Cola« und »Milli Vanilli«. Moor reiste an Originalschauplätze, sprach mit Zeitzeugen und kommentierte die Erregungen lakonisch zu hektisch geschnittenen Archivfetzen und mit Wackelkamera abgefilmten Schlagzeilen.
Redaktionsleiter war Wieland Backes. Die Reihe lief erst sonntags, später freitags nach 22.00 Uhr und brachte es auf 23 Ausgaben.

EX LIBRIS   ARD
1965–1967. Literatur- und Büchermagazin.
In der ersten Folge ging es um die Gründung des »Frankfurter Forums für neue Literatur«, das Bücher- und Bildungswesen in Frankreich, das neue Kindler-Lexikon sowie Licht- und Schattenseiten des Bestsellerrummels. In der Reihe stellten außerdem Kritiker wie Marcel Reich-Ranicki oder Rudolf Walter Leonhard zeitgenössische Literatur vor.
Die Sendung lief donnerstags gegen 22.00 Uhr und war der Vorgänger des Magazins *Titel, Thesen, Temperamente,* in dem sie eine Weile als feste Rubrik erhalten blieb.

EXAKT   VOX
1995–1996. Tägliches halbstündiges Boulevardmagazin mit Margarethe »Maggie« Deckenbrock. *Exakt* nannte sich anfangs »Das Reportagemagazin«,

erzählte eher die kleinen menschlichen Schicksale und war nicht so laut und skrupellos wie *Explosiv.* Aber natürlich auch nicht annähernd so erfolgreich. Nicht einmal ein Jahr überlebte es auf dem Sendeplatz um 18.15 Uhr.

EXCLUSIV   ZDF
1982–1985. Dreiviertelstündiges Starmagazin mit Berichten aus der Welt der Schönen und Reichen, Interessanten und Prominenten.
Exclusiv trat die Nachfolge der legendären *V.I.P.-Schaukel* von Margret Dünser an. Nach deren Tod führten verschiedene Autoren die Interviews mit den Stars. Auch zur Bewerbung neuer ZDF-Programme wurde es eingesetzt: Im Mai 1985 war »das ZDF zu Gast beim *Denver-Clan*«, im November des gleichen Jahres »zu Besuch bei den Stars der Serie *Hotel*«. Anfang 1983 zeigte *exclusiv* das letzte Interview, das Fürstin Gracia Patricia von Monaco drei Wochen vor ihrem Tod im September 1982 dem US-Journalisten Pierre Salinger gegeben hatte.
Das Magazin brachte es auf 19 Ausgaben auf verschiedenen Plätzen im Abendprogramm.

EXCLUSIV – DAS STARMAGAZIN   RTL
Seit 1994. Tägliches Boulevardmagazin.
Die Zwölf-Minuten-Show mit Klatsch und Tratsch über Promis war ursprünglich ein Ableger von *Explosiv – Das Magazin* und wurde unter dem Namen *Explosiv-Telegramm* werktags um 18.30 Uhr gestartet. Auf den Tag genau ein Jahr später erfolgte die Umbenennung. Moderatorin war von Beginn an Frauke Ludowig. Auch das Starmagazin war das erste seiner Art und wurde von anderen Sendern (*Blitzlicht, Leute heute* etc.) mehrfach kopiert. Im Sommer 1998 startete die Wochenendausgabe *Exclusiv Weekend.*

EXCLUSIV KINO   RTL
1996–1998. Halbstündiges Kinomagazin mit Claudia Lehmann, das meist am späten Montagabend lief.

EXCLUSIV WEEKEND   RTL
Seit 1998. Einstündige Sonntagsausgabe von *Exclusiv – Das Starmagazin* um 17.45 Uhr, ebenfalls mit Frauke Ludowig.

EXKLUSIV – DIE REPORTAGE   RTL 2
Seit 1993. Reportagereihe mit Hang zum Stabreim.
Viele Jahre positionierte sich *Exklusiv* als Experte darin, immer neue Vorwände zu finden, nackte Brüste zu zeigen, oder auch einfach auf die alten Vorwände zurückzugreifen. Unter verschiedenen, jedoch ähnlich klingenden Titeln wurden in der Regel Sauf- und Sextouristen auf der Fahrt nach irgendwohin begleitet. Im November 1999 wurden innerhalb von nur zehn Tagen die Reportagen »Knödel, Sex und Billigbier«, »Weiber, VIPs und Whiskey Cola« und »Swinger, Singles, Seitensprünge« ausgestrahlt. Nachdem der dadurch mühsam erarbeitete Ruf als Deutschlands »Tittensender« sich allmählich als kontraproduktiv bei der Akquise von Werbekunden herausstellte, reduzierte RTL 2 den Sexanteil ab etwa 2001 drastisch und zeigte die übliche Privatsender-Reportagen-Themenmischung: Verbrechen, Geschwindigkeitssünder, Abzocke von Autofahrern, Schönheits-OPs, Diäten und Heimwerker. 2004 lief innerhalb der Reihe die Serie *Schönheit um jeden Preis – Letzte Hoffnung Skalpell.*
Stammplatz der einstündigen Sendung ist donnerstags nach 22.00 Uhr, zeitweise liefen auch mehrere Sendungen in einer Woche.

EXPEDITION ADAM '84   DFF 1
→ Die Besucher

EXPEDITION INS UNBEKANNTE   ARD
1958–1962. 26-tlg. dt. Doku-Reportagereihe von und mit Hans Hass.
Der Tiefseeforscher war mit Kollegen auf dem Dreimastschoner »Xarifa« unterwegs, berichtete aus dem Roten Meer und dem Indischen Ozean und stellte so faszinierende Geschöpfe vor wie Seegurke, Knallgarnele, Heuschreckenkrebs, Würmer-Nematoden und See-Schmetterlinge. Zwischendurch beantwortete er Fragen wie »Wie schütze ich mich als Schiffbrüchiger in haiverseuchten Gebieten?« und experimentierte mit Seeanemonen und Clownfischen.
Die 30-minütigen Folgen liefen nachmittags.

EXPEDITION ROBINSON   RTL 2
2000. Eine von zwei fast identischen Spielshows im Sommer 2000, bei der Kandidaten auf einer einsamen tropischen Insel ausgesetzt wurden und dort ohne Hilfsmittel überleben und gegen die Klimabedingungen kämpfen mussten.
Beide Shows verlagerten die Idee von *Big Brother* auf eine Insel. Sat.1 spielte *Das Inselduell* mit 13 Kandidaten auf der malaysischen Insel Simbang, RTL 2 schickte 16 Kandidaten auf die Nachbarinsel Tengah. Beide Shows wurden zur gleichen Zeit gedreht, Sat.1 strahlte seine jedoch eher aus. Auch bei RTL 2 wählten die Insulaner jede Woche einen Kandidaten ab, der nach Hause fliegen musste – oder durfte. Durch zu lösende Spielaufgaben konnten die Kandidaten kleinere Preise oder bevorzugte Behandlung gewinnen. Zunächst kämpften je ein Team aus Österreich und Deutschland gegeneinander (die Show entstand in Koproduktion mit dem ORF), ab Folge 7 spielte jeder gegen jeden. Der Letzte, der übrig blieb, gewann den Titel »Robinson 2000« und 100 000 DM. Kameras filmten alles, was auf der Insel geschah.
13 einstündige Zusammenschnitte wurden sonntags um 21.15 Uhr gezeigt. Moderator und Spielleiter war Volker Piezsczek. Weitere ähnliche Versuche liefen bei RTL 2 unter dem Titel *Gestrandet* und bei RTL als *Outback.*

EXPEDITIONEN INS TIERREICH   ARD
Seit 1965. Tierfilmreihe von und mit Heinz Siel-

Fütterungszeit mit Heinz Sielmann, dem einzigen menschlichen unter vielen tierischen Stars in *Expeditionen ins Tierreich*.

mann, die durch Nahaufnahmen exotischer Tiere in ihrem natürlichen Lebensumfeld glänzt.
Der Tierfilmer und Zoologe Sielmann filmt kleine, große und seltene Tiere und reist dafür in abgelegene, abgelegenere und abgelegenste Winkel der Erde. Wie niemand vor ihm zeigt Sielmann den Alltag der Tiere: ihr Leben, ihre Nahrungsbeschaffung, ihr Paarungsverhalten, ihre Interaktion mit anderen Tierarten.
Wo Bernhard Grzimek in *Ein Platz für Tiere* die Tiere vorstellte, zeigt Sielmann ihren Tagesablauf. Mit viel Geduld wartet er hinter Bäumen oder in Büschen auf den richtigen Augenblick für seine Aufnahmen, und wenn das alles nichts hilft, führt er den Augenblick eben künstlich herbei. Bereits für seinen frühen Film »Die Zimmerleute des Waldes« hatte er 1954 einen Baumstamm aufgesägt, um die Spechte besser filmen zu können. Der Film lief mit großem Erfolg bei der BBC. Sielmann zeigte die Staatenbildung von Ameisen, das Haremsverhalten von Pelzrobben, ging mit Störchen auf die Reise, beobachtete Schmetterlinge, Rotwild, Seevögel, Eisbären, Insekten, Gorillas, Fischotter, Faultiere und einen Buntbarsch, der sich »schwarz ärgert«.
Schon seit 1953 hatte das Fernsehen Tieraufnahmen von Sielmann ausgestrahlt, die vor allem als Unterrichtsfilme beim Institut für Film und Bild in München entstanden waren. Ab 1960 produzierte er regelmäßig Beiträge für die ARD, die teilweise mit »Verhaltensforschung bei Tieren« überschrieben waren. Ab 1965 wurden diese unter dem Reihentitel *Expeditionen ins Tierreich* ausgestrahlt, ab 1968 in Farbe. Durch die Reihe wurde auch der Verhaltensforscher Heinz Meynhardt als »Wildschweinvater« bekannt, der 1981 seine eigene Reihe *Wildschweingeschichten* erhielt.
1991 gewann man dank Sielmann einen Einblick in das Alltagsverhalten possierlicher ARD-Programmdirektoren. Unter anderem weil er eine neue Reihe unter dem Titel *Sielmann 2000* bei RTL begann, warfen sie ihn nach 170 Sendungen hinaus. Unter dem Titel *Expeditionen ins Tierreich* liefen seither unmoderierte Tierfilme wechselnder Dokumentarfilmer, seit 1993 als Koproduktion mit dem neuseeländischen Fernsehen. Im Herbst 2001 feierte der NDR die 250. Folge und ließ Sielmann hochleben.
Die Filme liefen zunächst halbstündig sonntags, oft am späteren Abend, in den 70er-Jahren 45-minütig um 20.15 Uhr und in den 80er-Jahren dienstags, jeweils in loser Folge. Nach dem Weggang Sielmanns rückte der Sendeplatz auf Donnerstag, und ab der 250. Folge wurde die Reihe hauptsächlich an Feiertagen am frühen Abend ausgestrahlt.

EXPEDITIONEN INS UNBEKANNTE ARD
→ Expedition ins Unbekannte

EXPERIMENT ARD
1972–1974. Naturwissenschaftliche Sendereihe für Kinder von und mit Dr. Ernst Bauer. In der ersten Folge ging es um den Orientierungssinn der Mäuse.
14 Ausgaben von rund 20 Minuten Länge liefen am späten Nachmittag.

DER EXPERTE ARD, DFF 2
1972 (ARD); 1973 (DFF 2). 10-tlg. brit. Krimiserie von Gerard Glaister und N. J. Crisp (»The Expert«; 1968–1976).
Der Pathologe Prof. John Hardy (Marius Goring) ist seinem alten Freund Inspector Fleming (Victor Winding) von der Polizei bei den Ermittlungen in Mordfällen behilflich. Seine Frau Jo (Ann Morrish), ebenfalls Ärztin, und Assistentin Jane Carter (Sally Nesbitt) unterstützen wiederum den Professor.
Serienerfinder Glaister schrieb die Geschichten aus der Erfahrung seines Onkels John Glaister, der an der Universität von Glasgow Forensische Medizin lehrte. Es war eine der ersten britischen Serien, die in Farbe gedreht wurden; sie brachte es im Original auf 62 dreiviertelstündige Folgen. Sechs davon liefen freitags um 21.30 Uhr in der ARD, im DFF waren noch vier andere zu sehen.

EXPLORER VOX
2001–2002. Startete als wöchentliches Reisemagazin mit Judith Adlhoch, die ferne Länder erkundete.
Neue Folgen liefen ab Mai 2002 mit dem Untertitel »Das Wissensmagazin«. Es ging jetzt um naturwissenschaftliche Themen, und Klaus Liedtke moderierte.

EXPLORERS – ENTDECKER   WDR
→ Entdecker

EXPLOSIV – DAS HEISSE EISEN   RTL
1994. Ableger von *Explosiv – Das Magazin*, der sich montags nach 22.00 Uhr in einer Dreiviertelstunde mit jeweils einem aktuellen Schwerpunktthema auseinander setzte.

Oft waren es auch einfach zeitlos beliebte Fernsehstreitthemen wie Walfang, Satanismus oder Magersucht, die im *Heißen Eisen* noch einmal richtig mit Filmreportagen, Interviews und Studiogästen aufgerührt wurden. So fragte Barbara Eligmann, die neben dem täglichen Magazin auch diesen Ableger moderierte, den norwegischen Botschafter in Deutschland angesichts der Kämpfe von Walschützern gegen Walfänger, ob er ein schlechtes Gewissen habe und den ebenfalls im Studio anwesenden Tierschützer nicht am liebsten gleich packen und ins Gefängnis werfen wolle.

Das heiße Eisen war der Nachfolger von *Der heiße Stuhl*, hatte aber schon nach elf Sendungen ausgeglüht.

EXPLOSIV – DAS MAGAZIN   RTL
Seit 1989. Boulevardmagazin.

Anfangs knallte es bei RTL nur vierzehntäglich: *Explosiv – Das Magazin* lief im Wechsel mit *Explosiv – Der heiße Stuhl* und war ca. 50 Minuten lang. Neben Sex und Crime gab es auch Aufsehen erregende Reportagen wie die über das Auftauchen des Ku-Klux-Klan in der rechtsextremen deutschen Szene 1991. Zu den Moderatoren gehörten Ulrich Meyer, Olaf Kracht und Hilmar Rolff.

Ab Mai 1992 moderierte Barbara Eligmann montags bis freitags um 19.10 Uhr eine halbstündige Mischung aus Katastrophen, Skandalen, »Human Touch«-Geschichten und Abgründen hinter dem Gartenzaun. Es ging um Selbstjustiz und Polizeiversagen, verkrüppelte Zwillinge und den dicksten Mann der Welt. Die Beiträge trugen anheimelnde Titel wie »Kinder in Ketten«, »Ein Hausmeister sieht rot«, »Der Blutbauer vom Spessart« oder »Der Aids-Beißer«. Letzterer handelte von einem HIV-positiven Berliner, der angeblich damit drohte, jeden zu beißen, der ihn am Stehlen hindern wollte. Kein Einzelfall natürlich: »Immer mehr Drogenabhängige setzen Aids als Waffe ein.« Dem »Spiegel« sagte Eligmann: »Wir sind Gaffer« und meinte sich, ihre Redakteure, die Zuschauer und alle Menschen. Sich selbst inszenierte sie als superkühle Moderationsdomina, die sich in jeder Sendung mit dem Satz »Mein Name – ist Barbara Eligmann« vorstellt, nie lächelt und sich nur gelegentlich zu einem Gefühlsausbruch in Form einer hochgezogenen Augenbraue hinreißen lässt.

Eligmanns Vertretung war zunächst Frauke Ludowig, die 1994 ihren eigenen Ableger *Explosiv – Telegramm* bekam, der dann in *Exklusiv – Das Starmagazin* umbenannt wurde. Markus Lanz und Boris Henn (bis 1999) vertraten Eligmann seitdem. Ebenfalls 1994 versuchte RTL, einen monothematischen Ableger namens *Explosiv – Das heiße Eisen* zu etablieren. 1995 startete eine zusätzliche Samstagsausgabe namens *Explosiv Weekend*. Mit dem Bemühen von RTL, sich eine seriöse Informationskompetenz aufzubauen, wurde auch das Boulevardmagazin weniger krawallig. Zur 1000. Sendung 1996 sagte Eligmann im »Spiegel«: »Wir zeigen schon lange keinen Sex mehr, wir sind jetzt prüder als die Werbeinsel, die zwischendurch läuft. Auch bei der Tierquälerei schalten die Leute eher ab, weil sie fürchten, dass schlimme Bilder kommen.« Einen Bericht über einen »Prügelwettbewerb«, bei dem alles erlaubt ist, Treten, Schlagen, Beißen, müsse sie »nicht mehr« machen.

Mit grenzenlosem Elan stürzte sich *Explosiv* aber in die Schlacht um Regina Zindler, die Frau zwischen Maschendrahtzaun und Knallerbsenstrauch, die Stefan Raab in *TV Total* bekannt gemacht hatte. Wochenlang saugten RTL-Reporter alle Beteiligten aus und luden Zindler sogar nachts in ein Auto, um sie nach Paris zu fahren und den anderen Sendern zu entziehen. Die sahen das als »Entführung«. In Paris machte sich *Explosiv* dann wiederum über die Tapsigkeit der überforderten Frau lustig.

Ende 2000 gab Eligmann nach achteinhalb Jahren die Moderation des Magazins auf; ihr Nachfolger wurde ihr bisheriger Vertreter Markus Lanz. Der wiederum wurde ab diesem Zeitpunkt von Petra Schweers vertreten. Die Sendung setzte nicht mehr ganz so sehr auf Prominente, Verbrechen und Katastrophen, sondern rückte mit Kurzreportagereihen auch die soziale Wirklichkeit ins Licht.

Explosiv war das erste tägliche Boulevardmagazin im deutschen Fernsehen und hielt auch mit Abstand seine Spitzenreiterposition, als die anderen Sender mit *Brisant*, *Blitz*, *taff* u. a. nachzogen. Gemeinsam mit *Gute Zeiten, schlechte Zeiten* war das Magazin mit bis zu sieben Millionen Zuschauern jahrelang die für die Werbeerlöse wichtigste RTL-Sendung.

EXPLOSIV – DER HEISSE STUHL   RTL
1989–1994. Krawallshow.

Am Anfang jeder Sendung stand eine provokante These eines Gasts, der damit auf dem »Heißen Stuhl« Platz nahm. Der bestand im Grund nur aus einem Kissen auf einem spitzen Dreieck aus Draht mit Sitzfläche. Dem Gast gegenüber standen vier bis fünf Kontrahenten, die anderer Meinung waren. Es ging laut zu; die wenigsten Diskussionsteilnehmer konnten allein zu Wort kommen, geschweige denn ausreden, und sobald die Lautstärke nachließ, heizte Moderator Ulrich Meyer die Stimmung wieder an. Die Gäste schrien sich an, oft wurde es polemisch, manchmal persönlich. Da es zuvor keine vergleichbare Sendung gegeben hatte, hatte das Konzept Erfolg, erreichte gute Einschaltquoten und wurde zu einem Symbol für das Privatfernsehen schlechthin. Beispielhaft für das Niveau der Thesen war diese aus dem Jahr 1991: »Männer sind hirnlos, unförmig und primitiv.« Als Gegner eingeladen waren u. a.

»Bleiben Sie dran, ich zähl' auf Sie!« Olaf Kracht, zweiter Moderator von *Explosiv – Der heiße Stuhl*.

der Buchautor Joachim Bürger, der später als gezielter Talkshow-Provokateur enttarnt wurde, und Hans-Peter Willing, Gründer des »Vereins zur Witwenverbrennung«. Häufiger wagte sich das Format auch an Politisches: Im Mai 1991 nahm DDR-Devisenbeschaffer Alexander Schalck-Golodkowski (RTL: »der geheimnisvollste und meistgehassteste Mann des SED-Regimes«) auf dem Stuhl Platz. Ein Bischof erklärte an selber Stelle Homosexualität zur Unzucht und Uta Ranke-Heinemann den Zölibat zur »vorverlegten Abtreibung«, Bazon Brock verurteilte den »organisierten Karneval«, und Erich Böhme kämpfte gegen die Wiedervereinigung.

Endgültig berüchtigt wurde die Sendung, als Rosa von Praunheim am 10. Dezember 1991 auf dem heißen Stuhl die These vertrat, homosexuelle Prominente sollten ihr privates Liebesleben der Öffentlichkeit zugänglich machen, und bei der Gelegenheit die nicht anwesenden Prominenten Hape Kerkeling und Alfred Biolek outete sowie, »ganz hypothetisch«, Johannes Rau und Peter Gauweiler. Das Presseecho war gigantisch. »Bild« titelte: »Pfui, Rosa! Schwulen-Verrat im TV«. Erstaunlich war, dass Praunheim überhaupt eingeladen worden war. Eigentlich hatte er nämlich schon einige Wochen zuvor für ein von RTL mit ihm geplantes Schwulenmagazin eine solche Aktion angekündigt, woraufhin der Sender die Zusammenarbeit abbrach. RTL-Chef Helmut Thoma hatte die Trennung mit den Worten begründet: »Platz für sexuelle Denunziation wird es bei mir nicht geben.«

Als Ulrich Meyer 1992 zu Sat.1 wechselte, um dort die ganz ähnliche Show *Ulrich Meyer: Einspruch!* zu veranstalten, übernahm Olaf Kracht die Moderation. Er hatte Meyer zuvor bereits mehrfach vertreten. Von Kracht stammt der Satz: »Bleiben Sie dran, ich zähl' auf Sie« vor dem Werbeblock.

Als die Einschaltquoten innerhalb eines halben Jahres von 5 auf 2,5 Millionen Zuschauer zurückgingen, stellte RTL die Sendung nach insgesamt 159 Ausgaben ein. Kurzlebiger Nachfolger wurde *Explosiv – Das heiße Eisen*.

Die Show, die zuvor alle 14 Tage dienstags gegen 22.00 Uhr zu sehen war, wanderte nach dem Weggang Meyers auf den Montag und lief anschließend wöchentlich, später abgekoppelt von *Explosiv* nur noch unter dem Namen *Der heiße Stuhl*. Die Dauer der einzelnen Sendungen schwankte zwischen 45 und 60 Minuten.

EXPLOSIV-TELEGRAMM RTL
→ Exclusiv – Das Starmagazin

EXPLOSIV WEEKEND RTL
Seit 1995. Samstagsausgabe von *Explosiv – Das Magazin*.

Läuft ebenfalls um 19.10 Uhr, dauert aber eine ganze Stunde. Moderator war zunächst Boris Henn, seit April 1999 Markus Lanz. Der wurde später auch Moderator der Werktagsausgabe und wechselt sich dort wie hier mit Petra Schweers ab.

EXPRESS ZDF
1968–1976. 45-minütiges Satiremagazin von Hans Hermann Köper und Gerhard Schmidt.

Express befasste sich mit »seltsamen und geheimnisvollen Enthüllungen und Aufdeckungen, Abgründen und Affären« und wollte »Missständen mit Spaß und Nonsens« zu Leibe rücken. An der Seite von Köper und Schmidt spielten wechselnde Gäste in Szenen, Sketchen und Persiflagen auf Alltag, Gesellschaft und Medien, darunter Hanns Joachim Friedrichs und Marius Müller-Westernhagen. Eine Rubrik war die »Kalau-Thek«.

1971 erhielten Köper und Schmidt für ihre schräge Comedyshow im Abendprogramm den Adolf-Grimme-Preis mit Bronze. Sie sei »spritzig, einfallsreich, intelligent« und vereine »Spaß am Nonsens mit kritischen Ansätzen«, urteilte die Jury.

EXTRA – DAS RTL-MAGAZIN RTL
Seit 1994. Wöchentliches Mischmagazin mit Birgit Schrowange.

Die Sendung besteht aus Verbraucherthemen, Boulevardgeschichten, Skurrilem und verschiedenen Vorwänden, halbnackte Frauen zu zeigen. Ihr Kern aber sind alle Arten von Tests. Mit versteckter Kamera überprüfte *Extra* u. a.: Wie sicher sind deutsche Flughäfen? Wie zuverlässig arbeiten Handwerker? Wie

hochwertig sind Delikatessen wirklich? Wie gründlich werden Hotelzimmer gereinigt? Wie tot ist man, wenn man sich mit einem Cabrio überschlägt? Und, als Langzeittest: Wie lange gucken sich die Menschen im Fernsehen Sendungen mit absurden Versteckte-Kamera-Tests an?
Einzelne Tests machten Schlagzeilen: Ein Schlüsseldienst-Betrüger, den das Team überführte, wurde handgreiflich und später zu vier Jahren Haft ohne Bewährung verurteilt. Und mit Hilfe kleiner Nudeln, die in abgepackte Fleischstücke im Supermarkt geschoben wurden, wies *Extra* nach, dass diese vermeintlich frischen Lebensmittel mehrfach umetikettiert teilweise bis zu zwei Wochen unterwegs waren.
1999 durfte Schrowange Monica Lewinsky interviewen, was einen gewaltigen Rummel auslöste. Viel Geld hatte RTL dafür an den britischen Sender Channel 4 gezahlt, der so einen Teil der Kosten für sein eigenes »Exklusiv«-Interview refinanzierte. Schrowange fragte »nicht nur als Journalistin, sondern auch als Frau« und stellte nach Ansicht der »Süddeutschen Zeitung« »die dämlichsten Fragen, die man für 300 000 Mark kaufen kann«. Auf die Frage des »Stern«, was ihr als Erstes an Lewinsky aufgefallen sei, sagte Schrowange: »Wie gut sie aussah. Das habe ich ihr auch gleich gesagt.« Im April 2000 moderierte Schrowange, die sich selbst »Präsentatorin mit journalistischen Aufgaben« nennt, einen Beitrag über Behinderte mit den Worten an: »Es gibt Menschen, die sind so hässlich, dass sie froh sein können, sich selber nie auf der Straße zu begegnen.« Sie entschuldigte sich später mit dem Hinweis, sie habe weder den Text geschrieben noch den Beitrag gesehen. Auf dem Höhepunkt der Schönheits-OP-Welle im Fernsehen übertrug *Extra* am 14. September 2004 knapp eineinhalb Stunden lang live eine Brustvergrößerung mit allen blutigen Details. Solche Extra-Ausgaben von *Extra* heißen »Extra – Spezial«.
Extra war die erste RTL-Sendung für Birgit Schrowange, die gerade vom ZDF gekommen war. Dort hatte sie viele Jahre das Programm angesagt und war zu einem der Aushängeschilder des ZDF geworden.
Das Magazin lief erfolgreich montags gegen 22.00 Uhr; eine Verlegung im Herbst 2004 auf den Dienstag wurde nach drei Monaten wieder rückgängig gemacht. Die Sendezeit wurde von zunächst 45 später auf 75 Minuten verlängert. Schrowanges Vertreter ist ihr Lebensgefährte Markus Lanz.

EXTRA DREI NDR
Seit 1976. Erfolgreiches politisch-satirisches Wochenmagazin.
extra drei war zwar zeit seines Bestehens nur im Dritten NDR-Programm zu sehen, wurde dort aber zum Dauerbrenner. Dieter Kronzucker und Peter Merseburger hatten es ins Leben gerufen. Kronzucker selbst unkte: »Diese Sendung wird das Jahr 1976 nicht überleben.« In den folgenden Jahrzehnten wurde die Sendung u. a. von Wolf von Lojewski,

Stefan Aust, Rolf Seelmann-Eggebert, Hans-Jürgen Börner, Wigald Boning, Michael Gantenberg, Jörg Thadeusz, Anja Reschke und Thomas Pommer moderiert, mit denen sich auch der jeweilige Charakter der Sendung änderte. Bekannte Rubriken waren z. B. die *Sendung mit der Maus*-Parodie »Ach und Krachgeschichten« (»aus der Sendung mit dem Klaus«) und der französisch radebrechende Reporter »Alfons« (Emanuel Peterfalvi), der Passanten auf der Straße Fragen stellte wie: »Wer ist der Gefährlichere bei der Creutzfeldt-Jakob-Krankheit – Jakob oder Creutzfeldt?« oder: »Wären Sie lieber schwul oder Politiker?«

EXTRATOUR ARD
1985–1989. Musik-, Aktions- und Nonsensshow von Michael Leckebusch mit Margarethe Schreinemakers und Stefan Viering.
Außer Sketchen, Sprüchen und Musik gab es Kabaretteinlagen und Parodien und viele Auftritte von Gaststars. Als Außenreporter versuchten Michael Geyer und Christian Berg die brave Bevölkerung zu provozieren. Sie forderten Zuschauer auf, zum Kriegerdenkmal in Hamburg zu kommen und es zu verhüllen, oder boten Autofahrern eine Monatskarte für die Straßenbahn, wenn sie ihren Wagen an Ort und Stelle abschleppen ließen und ihn eine Woche nicht abholten. Einmal besuchten sie das Bremer Hauptpostamt und öffneten dort Briefe, um – als »ganz besonderer Bürgerservice« – den Zuschauern heute schon zu sagen, was sie morgen in der Post haben würden. Erst gegen Ende der Sendung wurde diese Aktion als Scherz entlarvt, der dennoch viele Zuschauerproteste auslöste. Rudi Carrell besuchte eine nichts ahnende Familie, um mit ihr ein Quiz zu spielen. Zweiter Preis: ein Essen mit Rudi Carrell. Erster Preis: ein Essen ohne Rudi Carrell.
1987 erhielt *Extratour* einen Adolf-Grimme-Preis mit Silber, weil Radio Bremen, wie die Jury feststellte, damit »ein genuines Fernsehkabarett gelungen« sei, »eines, das kräftig und unbekümmert den Vergreisungstendenzen des Mediums entgegenarbeitet«. Statt von cleveren oder sinnfreien Provokationen waren die letzten Ausgaben allerdings eher durch peinliche und platte Routine geprägt.
Extratour war die Nachfolgesendung des *Musikladens*, lief viermal jährlich und brachte es auf 19 Ausgaben.

EXTREME GHOSTBUSTERS SAT.1
1999. 40-tlg. US-Zeichentrickserie (»Extreme Ghostbusters«; 1997).
Unter Führung des alten Ghostbusters Egon macht sich ein neues Team daran, noch bösere Geister zu bekämpfen. Die Serie erzählte die Geschichte des Kinoerfolgs »Ghostbusters« weiter. Sie floppte auf dem Sendeplatz am Freitag um 19.15 Uhr und verschwand nach wenigen Folgen im Vormittagsprogramm am Samstag. Frühere Trickversionen des Stoffs hießen *Ghostbusters* und *Real Ghostbusters*.

F

FABIAN VON SCOTLAND YARD ARD
1962–1963. 7-tlg. brit. Krimiserie (»Fabian Of Scotland Yard«; 1954–1956). Der Pfeife rauchende Inspector Robert Fabian (Bruce Seton) von Scotland Yard ermittelt auf den Straßen Londons in verschiedenen Fällen.
Die Serie basierte auf den Erlebnissen des echten Scotland-Yard-Beamten Fabian, der am Ende jeder Folge kurz auftauchte. Die Schwarz-Weiß-Folgen dauerten 25 Minuten. Im Original gab es 39 davon.

FABIO MONTALE ZDF
2005. 3-tlg. frz. Krimireihe nach den Romanen von Jean-Claude Izzo, Regie: José Pinheiro (»Fabio Montale«; 2001).
Kurz vor der Pensionierung legt sich Kommissar Fabio Montale (Alain Delon) noch einmal richtig ins Zeug und mit der Mafia an, als reihenweise Freunde und Bekannte ermordet werden. Die spielfilmlangen Folgen liefen sonntags nach 22.00 Uhr.

FABRIXX ARD
2000–2005. 220-tlg. dt. Jugendserie.
Im Stuttgarter Jugendzentrum »fabrixx«, einem umfunktionierten Fabrikgebäude, treffen sich Kinder und Jugendliche. Es gibt dort ein Internetcafé, einen Billardtisch, einen Konzertbereich und auch eine Kuschelecke. Uli Buchner (Christof Arnold) ist der erwachsene Ansprechpartner für die Kids; zur Stammclique der Acht- bis 17-Jährigen gehören Mike Kusterer (Tobias Wolf) und sein Bruder Dennis (Benjamin Kuch), Franziska Häberlin (Lisa Stanew), Mehmet Yilmaz (Horst Penkert), Esther van der Boom (Isabelle Trick), Sebastian Stettner (Julian Trostorf), Gianna Seidler (Tanja Maier) und ihr Bruder Carlo (Dorian Messelhäuser), Anja Allgöwer (Julia Colazzo), Ivo Maric (Aaron-Frederick Defant) und seine Schwester Anica (Judith Hellebronth), Sandra Dittmann (Paula Kohlmann) und Salih Bucovic (Sebastian Sury). Anfang 2004 bekommt das »fabrixx« einen neuen erwachsenen Leiter: Tom Kamphausen (Sebastian Gerold) wird Ulis Nachfolger. Natürlich herrscht auch innerhalb der Clique, schon altersbedingt, Fluktuation.
Die halbstündigen Folgen liefen anfangs freitags um 16.00 Uhr, dann samstags am frühen Mittag.
Nach vier Staffeln stellte die ARD die Serie ein, weil sie mit den Quoten nicht mehr zufrieden war. Als Problem galt, dass *Fabrixx* fortlaufende Geschichten eher im Stil einer Daily Soap erzählte, der wöchentliche Sendeplatz wegen Sportübertragungen aber häufig ausfiel. Dadurch sei es schwer, Zuschauer zu binden. Das sei nur bei der Gruppe der 10- bis 14-jährigen Mädchen gelungen.

FACKELN IM STURM ZDF, SAT.1
1987 (ZDF); 1995 (Sat.1). 15-tlg. US-Familiensaga nach den Romanen von John Jakes (»North And South«; 1985; »North And South, Book II«; 1986; »North And South, Book III«; 1995).
Orry Main (Patrick Swayze) stammt aus einer aristokratischen Südstaatenfamilie, George Hazard (James Read) aus dem frühkapitalistischen Norden. 20 Jahre vor Ausbruch des Amerikanischen Bürgerkriegs freunden sie sich an, und auch zwischen ihren Familien beginnt eine lange Freundschaft, die Jahrzehnte überdauert, obwohl sie durch die Nord-Süd-Meinungsverschiedenheiten oft belastet wird. So sind George und seine Schwester Virgilia (Kirstie Alley) gegen die Sklaverei in den Südstaaten. Zu ihrer Familie gehören die Mutter Maude (Inga Swenson), der ältere Bruder Stanley (Jonathan Frakes), dessen Frau Isabel (Mary Crosby) und der jüngere Bruder Billy (John Stockwell; ab Folge 7: Parker Stevenson). Orrys Verwandte sind seine Mutter Clarissa (Jean Simmons), seine böse Schwester Ashton (Terri Garber), deren Mann James Huntoon (Jim Metzler), Orrys jüngere und gute Schwester Brett (Genie Francis) und Cousin Charles (Lewis Smith). Orry ist in die vornehme Madeline (Lesley-Anne Down) ver-

Fackeln im Sturm: Orry (Patrick Swayze) und Madeline (Lesley-Anne Down).

liebt, die aber mit Justin LaMotte (David Carradine) verheiratet ist. George heiratet Constance (Wendy Kilbourne), die Tochter des Colonel Patrick Flynn (Robert Mitchum). Virgilia verhilft dem schwarzen Sklaven Grady (Georg Stanford Brown) zur Flucht und heiratet ihn. Als er getötet wird, kommt Virgilia als unliebsame Zeugin ins Irrenhaus. Billy und Brett Main heiraten.

Als der Bürgerkrieg ausbricht, kämpfen Orrys und Georges Familien auf verschiedenen Seiten, doch die Freundschaft hält. Der brutale und eifersüchtige LaMotte entführt Madeline und hält sie gefangen, Orry spürt ihn auf, tötet ihn und heiratet Madeline. Ashton beginnt eine Beziehung mit dem kriminellen Elkanah Bent (Philip Casnoff). Madeline erfährt von Ashton, dass sie das Kind einer schwarzen Prostituierten ist, und flüchtet. Unterwegs bringt sie einen Sohn zur Welt. Orry kann sie und seinen Sohn jedoch finden.

Jede Folge hatte Spielfilmlänge. Die Serie war in Deutschland wie auf der ganzen Welt ein enormer Quotenerfolg. Sie bestand ursprünglich aus zwölf Folgen, die im ZDF liefen. Acht Jahre später entstanden drei neue Folgen, die nach dem Bürgerkrieg spielten. Darin tötet Elkanah Bent Orry und Constance, wird jedoch aufgespürt und ebenfalls getötet. George und Madeline verlieben sich ineinander. Diese Folgen waren in Sat.1 zu sehen.

DER FAHNDER   ARD
1985–2005. 203-tlg. dt. Krimiserie.

Ein unkonventioneller Polizist ermittelt im Ruhrgebiet. Fahnder Faber (Klaus Wennemann) ist Drauf- und Alleingänger, ein Grübler, jemand, der auch mal die Geduld verliert. Er hat mit dem korrekten Max Kühn (Hans-Jürgen Schatz) sein eigenes Gegenteil als Partner. Viele der Fälle finden ihren Ursprung im »Treff« von Fabers Freundin Susanne (Barbara Freier), der zunächst eine Imbissbude und später eine Kneipe ist. Irgendwer dealt dann dort mit irgendwem schmutzige Geschäfte. Fabers Methoden entsprechen nicht den gängigen der Polizei, was Fabers Chef Rick (Dietrich Mattausch) zur Verzweiflung treibt. Zum Team gehört noch der uniformierte Beamte Otto Schatzschneider (Dieter Pfaff), der im Innendienst arbeitet. Ihren Arbeitsplatz nennen sie »Aquarium«.

Ende Dezember 1993 trifft Faber die schwere Entscheidung, dass das Privatleben Vorrang hat. Susanne zieht mit ihrem Baby nach Irland, Faber begleitet sie. Gleichzeitig kündigt auch Max. Neuer Fahnder wird im Januar 1994 Thomas Becker (Jörg Schüttauf). Auch er hat unkonventionelle Methoden, die Rick zur Verzweiflung treiben. Seine Freundin ist erst Yvonne Meinecke (Nicola Tiggeler), dann Conny Seitz (Susann Uplegger). Den »Treff« betreibt jetzt Ottos Freundin Elli (Rita Russek). Otto selbst wird in den zivilen Dienst befördert und Beckers Partner. Zu ihnen stößt noch Gregor Solomon, genannt Solo (Jophi Ries), der verdeckt ermittelt.

Das Team bleibt bis Frühsommer 1997, ab Januar des Folgejahres hat Rick eine komplett neue Mannschaft unter sich. Fahnder Martin Riemann (Michael Lesch) bringt seinen Partner Kalle Mischewski (Thomas Balou Martin) gleich mit, bekommt aber im März mit Thomas Wells (Martin Lindow) schon wieder einen neuen. Ebenfalls im »Aquarium« arbeitet Konstantin Bröcker (Sascha Posch), ein junger Kollege im uniformierten Dienst. Riemann ist mit der Gerichtsmedizinerin Dr. Katharina Winkler (Astrid M. Fünderich) befreundet. Der entschlossene Tom Wells wird nach Riemanns Tod im Januar 2001 selbst der neue Fahnder, sein neuer Kollege der ruhige und damit wieder gegensätzliche Guido Kroppeck (Andreas Windhuis). Das Team komplettieren weiterhin Bröcker, Dr. Winkler und Rick.

Der Fahnder lief im Vorabendprogramm und blieb trotz mehrfachen Ausstiegs der Hauptdarsteller eine der erfolgreichsten ARD-Serien. Wennemann spielte den Fahnder in 91 Folgen; sein Faber hatte keinen Vornamen. Schüttauf spielte den Fahnder 60-mal, Lesch 26-mal. Er stieg Ende 2000 aus, weil er an Krebs erkrankt war, den er später überwand. Lindow, der bereits in 19 Lesch-Folgen dabei war, übernahm die Titelrolle zunächst 13-mal. 13 weitere Folgen mit ihm wurden Anfang 2001 gedreht und für Jahre ins Archiv verbannt, weil der Seriensendeplatz am Vorabend abgeschafft wurde. Sie wurden erst im Sommer 2005 gezeigt, jetzt zur Primetime montags um 20.15 Uhr. Einziger Darsteller, der von Anfang bis Ende dazugehörte, war Dietrich Mattausch als Rick. Dessen Vorname spielte zwar auch keine große Rolle, er hatte aber immerhin einen: Norbert. Schauplatz der Serie war eine fiktive und zunächst nicht genannte Großstadt, der man später den Namen Gleixen gab. Gedreht wurde anfangs im Raum München, ab Folge 152 (Einstieg Leschs) im Raum Köln.

Susanne weiß schon wieder was. *Der Fahnder*, das Original: Faber (Klaus Wennemann, rechts) mit Assistent Max (Hans-Jürgen Schatz) und Freundin Susanne (Barbara Freier).

Der Nachfolger vom Nachfolger: Michael Lesch als dritter *Fahnder* Riemann (rechts), und noch immer Dietrich Mattausch als Chef Rick.

Eine Folge in der Regie von Dominik Graf, in der ein Polizist als eine Art vorbeugenden Selbstschutz einen Kriminellen zusammenschlägt, lief nur im WDR. Die anderen Anstalten hielten sie nicht für zeigbar.
Der Fahnder erhielt mehrere Auszeichnungen, darunter den Grimme-Preis mit Bronze 1989, außerdem den italienischen Fernsehpreis »Telegato« für »Faber l'investigatore«.

FAHNDUNG　　　　　　　　　　　　　　DFF 1
1976–1988. Dachmarke, unter der das Fernsehen der DDR etliche internationale Krimiserien zeigte, darunter *Detective Sergeant Bulman, Scotland Yard; Flughafenpolizei Tokio; Inspector Cameron, Toronto; Kommissar Moulin; Morddezernat Melbourne; Der Spürsinn des Mr. Reeder; Van der Valk ermittelt.*

FAHNDUNGSAKTE　　　　　　　　　　　SAT.1
1997–2000. Einstündiges Kriminalmagazin mit Michel Weber. Wie im Klassiker *Aktenzeichen XY ... ungelöst* werden aktuelle oder länger zurückliegende Verbrechen vorgestellt, deren Klärung man sich durch die Mithilfe der Fernsehzuschauer erhofft. Produzent war Ulrich Meyer.
Die Polizei sah die neuen Helfer mit gemischten Gefühlen. Zu reißerisch und unseriös kam die Sendung vor allem am Anfang daher, oft wurden auch das Leid der Angehörigen und private Aufnahmen, etwa von der Beerdigung der Opfer, unnötigerweise zur Schau gestellt. Während *XY* nur auf Betreiben der Polizei aktiv wurde und auch dann nicht immer, war der Weg bei der *Fahndungsakte* umgekehrt: Meistens suchten sich die Fernsehmacher spektakuläre Fälle und fragten die Polizei, ob man daraus nicht was machen könnte.
Die Reihe lief zunächst montags um 22.15 Uhr und wurde im Juni 1999 auf Mittwoch verlegt.

FAHRPAUSE　　　　　　　　　　　DFF 2, DFF 1
1969–1973. Monatliche Ratgebersendung zum Verhalten im Straßenverkehr. Das 25-minütige Magazin lief erst am frühen Samstagabend auf DFF 2, ab 1972 am frühen Montagabend auf DFF 1.

DIE FAHRSCHULE　　　　　　　　　　　SAT.1
1999. 6-tlg. dt. Doku-Soap, die Führerscheinanwärter bei ihren Fahrstunden begleitet.
Die Serie lebte von der guten Auswahl markanter Ruhrpottcharaktere, die mit Fahrlehrer Klaus »Mombi« Momberger in die zu erwartenden haarigen, also für den Zuschauer lustigen Situationen gerieten. Zu einem der Stars der Serie avancierte Doris, die schon 37-mal durch die theoretische Prüfung gefallen war und später in der Doku-Soap *Die Skischule* erneut zu sehen war.
Die halbstündigen Folgen liefen sonntags um 22.15 Uhr. RTL 2 kopierte das Konzept später unter dem Titel *You Drive Me Crazy*.

FAHRSCHULE KAMPMANN　　　　　　　　ZDF
→ Ohne Schein läuft nichts

FAHRT INS BLAUE　　　　　　　　　　　ZDF
1978–1979. »Musik und Gesang zum Wochenanfang« mit Maria Hellwig. Die Musiksendung setzte Hellwigs erfolgreiche Nachmittagsshow *Die Musik kommt* im Abendprogramm fort. 13 halbstündige Sendungen liefen montags um 19.30 Uhr.

FAKE　　　　　　　　　　　　　　　　WDR
2003. Doku-Reality-Reihe, in der Menschen in wenigen Wochen einen ihnen fremden Beruf so erlernen müssen, dass sie andere damit überzeugen.
Anders als die RTL-Version *Die Blender* hatte der WDR die Lizenz des britischen Originals »Fakin' it« gekauft und nicht lieblos kopiert. Anders als bei RTL

waren auch die Ähnlichkeiten der neu angelernten Berufe zu den ursprünglichen hier zweifellos erkennbar: Ein Frittenbrater wurde Sternekoch, ein Schafscherer Starfrisör. Bei RTL hatte z. B. ein Lokführer als Modedesigner gearbeitet.
Es blieb trotzdem bei nur drei Ausgaben.

FAKT ARD

Seit 1992. Aktuelles Magazin.
Nach der Wiedervereinigung bestand die neu gegründete ARD-Anstalt MDR darauf, sich mit einem eigenen prestigeträchtigen Magazin in die Reihe von *Monitor, Panorama* und *Report* einzufügen. Ihre eigene Variante ist populistisch, serviceorientiert und konservativ. Die »Frankfurter Allgemeine Sonntagszeitung« nannte *Fakt* »eine Art *Bizz* für ostdeutsche Senioren«. Typische Themen sind »Benzinwut in Deutschland«, »Wie sicher ist Deutschland?« oder »Kükenmord in Deutschland«.
1993 kam es zu heftigen Turbulenzen, weil Redakteure der Sendung ihrem Chef Wolfgang Fahndrich vorwarfen, insbesondere politisch einseitig und naiv zu berichten. Sie protestierten zunächst intern und kündigten dann. Ein liebedienerisches Porträt über den umstrittenen Präsidentschaftskandidaten Steffen Heitmann sorgte auch bei anderen ARD-Sendern für Unmut.
Erste Moderatorin war Sabine Hingst, die im Januar 2001 abrupt vom Bildschirm verschwand, als herauskam, dass sie für die Stasi gearbeitet hatte. Der MDR hatte dies seit Anfang der 90er-Jahre gewusst. Bis zum August 2001 moderierte Redaktionsleiter Wolfgang Fahndrich, ihm folgte Cathleen Pohl. Seit 2004 wird *Fakt* von Angela Elis präsentiert.
Die 45-minütige Sendung lief zunächst mittwochs um 21.45 Uhr. Im Mai 1993 wechselte sie auf den Sendeplatz der Politmagazine am Montag um 21.00 Uhr.

Lassen Sie sich nicht täuschen, die Dame wirkt nur wie ein mütterliches Golden Girl: Angela Channing (Jane Wyman) ist die bösartige Herrin über das Weingut *Falcon Crest* und hanebüchene Handlungsstränge.

FALCON CREST ARD

1983–1991. 227-tlg. US-Soap von Earl Hamner, Jr. (»Falcon Crest«; 1981–1990).
Angela Channing (Jane Wyman) und Chase Gioberti (Robert Foxworth) sind die Hauptgegner beim intriganten Kampf um das Weinanbaugebiet Falcon Crest im Tuscany Valley in Nordkalifornien. Angela ist die bösartige und machtbesessene Mitbesitzerin des großen Weinguts und will die alleinige Kontrolle darüber; ihr gutmütiger Neffe Chase hat einen Teil davon nach dem mysteriösen Tod seines Vaters geerbt. Angela hat zwei Töchter, Emma Channing (Margaret Ladd) und die geistig verwirrte Julia Cumson (Abby Dalton), deren Sohn Lance (Lorenzo Lamas) ein fauler Playboy ist. Er heiratet die intrigante Melissa Agretti (Ana Alicia), deren Vater Carlo (Carlos Romero) von Julia umgebracht wird. Chase ist mit der Autorin Maggie (Susan Sullivan) verheiratet; ihre Kinder heißen Cole (William R. Moses) und Victoria (Jamie Rose; ab der fünften Staffel: Dana Sparks). Cole heiratet Linda Caproni (Mary Kate McGeehan), Victoria ehelicht Nick Hogan (Roy Thinnes). Terry Hartfort (Laura Johnson) ist Maggies Schwester, Chao-Li Chi (Chao-Li Chi) der Butler der Channings und Richard Channing (David Selby) der uneheliche Sohn von Angelas Ex-Mann Douglas (Stephen Elliott), einem Verleger.
Robin Agretti (Barbara Howard) fungiert als Leihmutter für das Baby von Cole und Melissa. Auch Chase und Maggie bekommen ein Kind, das von Melissa entführt wird. Bei der Rettungsaktion kommt Chase ums Leben. Nach seinem Tod heiraten Richard und Maggie, und Richard wird Angelas neuer Erzrivale und zudem neuer Herausgeber des »Globe«, der Zeitung seines Vaters. Angela selbst heiratet erst Phillip Erikson (Mel Ferrer) und später Peter Stavros (Cesar Romero). Dessen Sohn Eric (John Callahan) heiratet Victoria. Angelas Halbschwester Francesca Gioberti (Gina Lollobrigida) verbringt etwa ein Jahr im Tuscany Valley. Ebenfalls in die Gegend kommen der Trucker Dan Fixx (Brett Cullen) und seine Schwester Carly (Mariska Hargitay). Richard entpuppt sich als Angelas Sohn, der angeblich tot zur Welt kam. Trotzdem bekämpfen sich beide weiter, und Angela gerät in den Besitz seiner Zeitung. Richard wird derweil von einem Verbrechersyndikat verfolgt.
Angela heiratet ein weiteres Mal, diesmal Frank Agretti (Rod Taylor). Emma heiratet Charley St. James (Mark Lindsay Chapman), dessen gewaltbereiter

Bruder Ian (David Hunt) mit Sydney (Carla Gugino) verheiratet ist. Victoria wird von einem jugoslawischen Sklavenring entführt, Melissa verbrennt, Maggie ertrinkt, Charley und Ian wollen ihre Frauen umbringen, werden aber selbst erschossen, und Angela fällt ins Koma. Lance heiratet Pilar Ortega (Kristian Alfonso), die Tochter des Vorarbeiters Cesar (Castulo Guerra). Angela erwacht nach einem halben Jahr unbeschadet aus ihrem Koma, und Richard heiratet Lauren Daniels (Wendy Phillips). Das Weingut Falcon Crest gehört im Lauf der Jahre immer mal wieder jemand anderem. Am Ende gibt Richard es seiner Mutter Angela zurück und macht zur Auflage, dass es nach ihrem Tod seinen Söhnen Kevin (Brendon Kasper und Jesse Stock) und Michael (Robert Gorman) und Angelas Enkel Lance zustünde.
Die einstündigen Folgen liefen im Vorabendprogramm. Viele Intrigen, Morde und Explosionen machten die Serie äußerst brutal. Dabei war das andere große Werk von Serienerfinder Earl Hamner, Jr. ausgerechnet die immer nette Heile-Welt-Serie *Die Waltons*. Eine Parodie auf *Falcon Crest* lief unter dem Titel *Fresno*.

FALCON ISLAND SAT.1
1986. 13-tlg. austral. Kinder-Abenteuerserie von Joan Ambrose (»Falcon Island«; 1981).
Die Geschwister Paul (Greg Duffy) und Kate Ellery (Francesca Schoesmith) und ihr Freund Jock Dixon (Justin Hollyock) erleben spannende Dinge auf der kleinen Insel Falcon Island vor der Küste Australiens. Die halbstündigen Folgen liefen sonntags um 18.00 Uhr.

DER FALL ZDF
2004. 7-tlg. Doku-Reihe über spektakuläre Kriminalfälle. Reporter nehmen die Ermittlungen in Verbrechen auf, die maximal zwei Jahre alt sind und in einigen Folgen erst wenige Wochen zurückliegen. Die halbstündigen Folgen liefen dienstags um 22.45 Uhr.

FALL AUF FALL – JEDEM SEIN RECHT ARD, ZDF
1991–1997. Viertelstündiges Verbrauchermagazin mit Tilman Steiner im gemeinsamen ARD/ZDF-Vormittagsprogramm. In den ersten Ausgaben hieß der Nachsatz im Titel noch »Recht für jeden«.

EIN FALL FÜR DEN FUCHS SAT.1
Seit 2005. Dt. Krimi-Comedy-Reihe.
Der Durchschnittsbürger Max Kerner (Walter Sittler) ist auf den zweiten Blick gar nicht so durchschnittlich. Er ist Antiquar, mit Andrea (Simone Thomalla) verheiratet, hat einen Sohn namens Lukas (Sergej Moya) und jobbt nebenher heimlich als Dieb. Als Gentlemanganove »Der Fuchs« ist er berüchtigt, er bestiehlt die Reichen und andere Ganoven und gibt den Armen und Bedürftigen. Sandra (Esther Schweins) und René (Dieter Landuris) sind seine Komplizen. Und als Andrea ihm auf die Schliche kommt, will sie mitmachen.

Die Folgen haben Spielfilmlänge und laufen als lose Reihe mittwochs um 21.15 Uhr. Gleichzeitig starteten mit Sittler auch die ZDF-*Samstagskrimi*-Reihe *Gegen jedes Risiko* und die RTL-Krimikomödie *Die unlösbaren Fälle des Herrn Sand*.

EIN FALL FÜR JEAN ABEL ZDF
→ Anwalt Abel

EIN FALL FÜR MAC ARD
1995. 13-tlg. US-Krimiserie (»Against The Law«; 1990–1991).
Der unkonventionelle Rechtsanwalt Simon MacHeath (Michael O'Keefe) betreibt mit seiner Sekretärin Elizabeth (Elizabeth Ruscio) und Assistentin Yvette (Suzzanne Douglas) eine eigene Kanzlei in Boston. Privatdetektiv Meigs (M. C. Gainey) arbeitet eng mit Mac zusammen.
Die Folgen waren 45 Minuten lang und liefen am späten Donnerstagabend.

EIN FALL FÜR MADAME ZDF
1980. 6-tlg. frz.-dt.-österr. Krimiserie von Janine Oriano und Jean Hermann, Regie: Roger Pigaut (»Miss«; 1979).
Madame (Danielle Darrieux) ist die Witwe eines Polizeikommissars. Eigentlich könnte sie ihren Lebensabend genießen, doch immer wieder wird sie in abenteuerliche Kriminalfälle verwickelt und kann es nicht lassen, Detektiv zu spielen und Inspektor Honoré (Jacques Morel) in seine Arbeit hineinzupfuschen. Dabei hilft ihr zwar ihr großer Charme, aber dennoch gerät sie immer wieder in lebensgefährliche Situationen.
Die knapp einstündigen Folgen liefen am Sonntagnachmittag.

EIN FALL FÜR MANDY KI.KA
1998. 13-tlg. brit. Jugendserie nach dem Büchern von Lucy Daniels (»Animal Ark«; 1997).
Adam (James Simmons) und Emily Hope (Alison Sterling), die Eltern der 13-jährigen Mandy (Karianne Henderson), besitzen in dem (fiktiven) englischen Dorf Welford eine Tierklinik. Gemeinsam mit ihrem besten Freund Jimmy (Gwilym Lee) hilft Mandy Tieren in Not.
Die halbstündigen Episoden liefen kurz darauf auch im Ersten.

EIN FALL FÜR MÄNNDLI ARD
1973–1976. 26-tlg. schweiz. Krimiserie.
Der pensionierte Beamte Max Männdli (Ruedi Walter) denkt nicht daran, sich zur Ruhe zu setzen, und eröffnet ein Detektivbüro. Gemeinsam mit seiner forschen Sekretärin Rosa Emmenegger (Margrit Rainer) ermittelt er gründlich und gemächlich in verschiedenen Fällen. Dabei ist er oft auf ihr Fahrzeug angewiesen, eine »Ente«, da er selbst vorsichtshalber seinen Führerschein freiwillig abgegeben hat. Der gestresste Anwalt Tobler (Inigo Gallo) ist ihr Auftraggeber.

Die halbstündigen Folgen liefen im regionalen Vorabendprogramm.

EIN FALL FÜR MICHAEL SHAYNE   ARD, ARD 2
1961–1964 (ARD); 1962 (ARD 2). 10-tlg. US-Krimiserie nach den Romanen von Brett Halliday (»Michael Shayne«; 1960–1961).
Der Privatdetektiv Michael Shayne (Richard Denning) ermittelt in Miami Beach. Außer mit seiner Sekretärin Lucy Hamilton (Patricia Donahue; später: Margie Regan) hat er es bei seinen Fällen mit deren Bruder Dick (Gary Clarke), dem Reporter Tim O'Rourke (Jerry Paris) und Lieutenant Gentry (Herbert Rudley) von der Polizei zu tun.
Die ARD zeigte in loser Folge acht Episoden à 45 Minuten, meist mittwochs um 21.45 Uhr, sowie zwei weitere in ARD 2. Im Original hatte die Serie 32 Folgen.

EIN FALL FÜR PROFESSOR CHASE   SAT.1
1990. 8-tlg. US-Fantasyserie von Glen A. Larson und Donald Boyle (»Manimal«; 1983).
Professor Jonathan Chase (Simon MacCorkindale) von der New Yorker Universität ist in der Lage, sich in ein beliebiges Tier zu verwandeln. Meist transformiert er sich selbst in einen Adler oder einen Panther. Mit diesen Fähigkeiten kämpft er gegen das Böse. An seiner Seite sind die Polizistin Brooke McKenzie (Melody Anderson), die von der Gabe weiß, sein Kumpel und Vietnamveteran Tyrone C. Turman (im Pilotfilm: Glynn Turman; ab Folge 2: Michael D. Roberts) und Lieutenant Nick Rivera (Reni Santoni), der Chef der Polizeieinheit.
Man konnte Produzent Glen A. Larson nie vorwerfen, zu hohe Qualitätsansprüche zu haben, doch im Gegensatz zu Knight Rider und Ein Colt für alle Fälle war dieses besonders furchtbare Exemplar nicht einmal erfolgreich. In Listen mit den schlimmsten TV-Shows aller Zeiten taucht diese Serie immer wieder auf.
Die 50-minütigen Folgen zeigte Sat.1 samstags um 20.00 Uhr. Bei einer Wiederholung ein Jahr später sendete Pro Sieben eine ausgelassene Folge als Erstausstrahlung.

EIN FALL FÜR SCOOBY-DOO   PRO SIEBEN
1995–1996. 13-tlg. US-Zeichentrickserie (»The New Scooby-Doo Mysteries«; 1984–1985). Weitere Neuauflage von Scooby-Doo, wo bist du?

EIN FALL FÜR SCOTLAND YARD   DFF 2
1975. 12-tlg. brit. Krimiserie (»New Scotland Yard«; 1972–1974).
Die beiden Kriminalbeamten John Kingdom (John Woodvine) und Alan Ward (John Carlisle) ermitteln. Die – im Original 46 – Folgen dauerten 50 Minuten.

EIN FALL FÜR STEIN   ZDF
1976. 13-tlg. dt. Krimiserie, Regie: Herbert Ballmann.

Der Frankfurter Journalist Thomas Stein (Volkert Kraeft) wird bei seinen Recherchen regelmäßig in Kriminalfälle verwickelt und klärt sie auf. Freundin Paula (Uta Taeger) hilft mit. Die Folgen waren jeweils 25 Minuten lang.

EIN FALL FÜR SUPER PIG   RTL
1999–2000. 51-tlg. jap. Zeichentrickserie (»Tonde Buurin«; 1994–1995). Das mutige Mädchen Kassie wird dank des Schweinchens Prinz Iggy vom Planeten Oinko in ein heldenhaftes Schwein verwandelt und tut fortan Gutes.
Lief im Kinderprogramm am Samstagmorgen.

EIN FALL FÜR TITUS BUNGE   ZDF
1967. 13-tlg. dt. Comedyserie von Michael Mansfeld und Mischa Mleinek, Regie: Günter Grävert.
Titus Bunge (Ralf Wolter) hat von seinem Onkel eine Detektei samt Sekretärin Lucy Waldvogel (Ruth Maria Kubitschek) geerbt. Diese muss ihm nun beibringen, was man als Detektiv so macht. Fortan kümmert er sich um die Wiederbeschaffung gestohlener Gegenstände, die Befreiung entführter Personen und die Aufklärung von Erpressungsversuchen. Dabei wird er auch mal selbst entführt oder niedergeschlagen, hat aber gelegentlich aus Versehen eine gute Idee.
Wer angesichts der angekündigten Detektivgeschichten einen soliden Vorabendkrimi erwartete, wurde enttäuscht. Autor Mischa Mleinek hatte zwar seit zehn Jahren etliche Kriminalromane und -hörspiele verfasst, doch diese Serie war durchweg unspannend und albern. Krimis schrieb Mleinek anschließend nicht mehr, stattdessen Sketche für Michael Schanze, Caterina Valente und Dieter Hallervorden, außerdem die Serien Zwei alte Damen geben Gas und Schade um Papa. Günter Grävert führte später Regie bei Der Alte und Derrick.
Die 25-Minuten-Folgen liefen mittwochs um 18.55 Uhr.

EIN FALL FÜR TKKG   ZDF
1985–1987. 12-tlg. dt. Jugendserie nach den Büchern von Stefan Wolf.
Die Kinder Peter Carstens, genannt Tim (Fabian Harloff; ab Folge 7: Kai Künstler), Karl Vierstein (Christian Pfaff), Willi Sauerlich, genannt Klößchen (Kai Maahs), und Gaby Glockner (Jessica Gast), kurz TKKG, mischen sich in ihrer Freizeit in die polizeilichen Ermittlungen von Kommissar Glockner (Edgar Bessen), Gabys Vater, ein. Nur mit Hilfe der Nachwuchsdetektive kann er die meisten Fälle lösen.
Die Fans der erfolgreichen TKKG-Bücher und -Hörspielcassetten waren von der Fernsehfassung enttäuscht, u. a. weil Hauptdarsteller Harloff nicht die geringste Ähnlichkeit mit der Figur des Tim hatte, der in den Geschichten als sportlicher Typ mit dunklem Teint und schwarzen Locken beschrieben wurde und lange Zeit den Spitznamen »Tarzan« trug.
Die halbstündigen Folgen liefen donnerstagnachmittags.

Ein Fall für zwei: Matula (Mitte) mit Anwalt Nr. 2, Rainer Hunold, und Gaststar Gudrun Landgrebe in der Folge »Ticket zum Himmel«.

EIN FALL FÜR ZWEI   ZDF

Seit 1981. Dt. Krimiserie von Karl Heinz Willschrei. Der Ex-Polizist Hermann Josef Matula (Claus Theo Gärtner), Rufname Josef, arbeitet in Frankfurt am Main als Privatdetektiv. Als solcher wird er regelmäßig von seinem Freund, dem Rechtsanwalt Dr. Dieter Renz (Günter Strack), engagiert, wenn dessen Klienten in der Klemme stecken und ihre Unschuld bewiesen werden muss. Matula macht sich dann auf die Suche nach dem wahren Täter; dabei geht es meist um Mord. Gemeinsam lösen sie die Fälle, da die mit dem Fall befassten Kommissare fast nie Interesse daran zu haben scheinen, den wirklichen Mörder zu finden. Matula ist Single mit wechselnden Freundinnen; Renz, der in seiner Freizeit gern kocht und Golf spielt, ist geschieden. Anfang September 1988 flammt eine alte Jugendliebe neu auf, und Renz wandert mit ihr in die Toskana aus, um sich dort zur Ruhe zu setzen.

Dr. Rainer Franck (Rainer Hunold) übernimmt in Folge 60 seine Kanzlei und bringt seinen Hund Umba mit (gespielt von Amadeus). Auch Franck arbeitet eng mit Matula zusammen und freundet sich mit ihm an. Beide fahren Motorrad, und beim Billard oder einer Currywurst diskutieren sie über ihre aktuellen Fälle. Als auch Franck im Juni 1997 seinen Beruf als Rechtsanwalt aufgibt, wird der junge Dr. Johannes Voss (Mathias Herrmann) in Folge 149 sein Nachfolger und Matulas neuer Partner. Er wird Ende Dezember 2000 Opfer des Rachefeldzugs eines verurteilten Mörders, dessen Gegenseite Voss verteidigt hatte. Der bisherige Frankfurter Staatsanwalt Dr. Markus Lessing (Paul Frielinghaus) lässt überraschend seine sichere Karriere sausen und wird freiberuflicher Rechtsanwalt – und damit ab Folge 182 Matulas vierter Partner. Die Sekretärin und gute Seele in der Kanzlei ist seit der Zeit von Dr. Renz Helga (Renate Kohn).

Im 75-minütigen Pilotfilm zur Serie, den das ZDF am 11. September 1981 zeigte, ist Matula noch uniformierter Polizist. Matula macht als Zeuge der gegnerischen Partei vor Gericht mit dem knallharten Anwalt Renz Bekanntschaft, der ihn ordentlich in die Mangel nimmt und seinen Mandanten vor dem Gefängnis bewahrt. Unglückliche Umstände führen dazu, dass Matula bald selbst als Angeklagter vor Gericht steht und ihm Strafvereitelung im Amt vorgeworfen wird. Matula quittiert daraufhin den Polizeidienst und heuert bei Renz an.

Die reguläre Serie mit einstündigen Folgen begann zwei Wochen später und lief jetzt immer freitags um 20.15 Uhr im Wechsel mit den anderen erfolgreichen Freitagskrimis wie *Der Alte* und *Derrick,* bot im Vergleich zu diesen aber deutlich mehr Action und interessierte dank des coolen Matula in seiner Lederjacke ein jüngeres Publikum. Auch *Ein Fall für zwei* wurde, nach anfänglichem Schwächeln, ein großer Erfolg und Dauerbrenner. Die Serie erreichte in Spitzenzeiten 18 Millionen Zuschauer. Claus Theo Gärtner, anfangs nur der zweite Hauptdarsteller neben Günter Strack, wurde der eigentliche Star, schon deshalb, weil die Anwälte wechselten, Matula aber blieb. Außer Gärtner war nur Renate Kohn als Sekretärin Helga dauerhaft dabei. Diese Rolle hatte die meiste Zeit keinen Nachnamen, nur in zwei Folgen wird einer genannt: Einmal heißt sie Bachmann, das andere Mal Sommer. Der Grund dafür war banal: Während des zweiten Drehs konnte sich am Set niemand mehr an Helgas letzten Nachnamen erinnern, Kohn auch nicht.

Ein Fall für zwei war die erste deutsche Krimiserie im Abendprogramm, die kein Polizeikrimi war, wich-

tiger aber noch: Sie war ideologisch viel fortschrittlicher als ihre ZDF-Vorgänger. Schon die Grundkonstellation implizierte, dass kein Verlass darauf ist, dass die Polizei für Gerechtigkeit sorgt. Statt des bisherigen konservativen Freitagskrimi-Monopolisten Helmut Ringelmann stand Georg Althammer als Produzent hinter *Ein Fall für zwei*.
2003 änderte das ZDF den Ausstrahlungsmodus und zeigte seine Freitagskrimis nicht mehr alternierend im Monatsrhythmus, sondern staffelweise mit jeweils mehreren Folgen in aufeinander folgenden Wochen. Vier weitere Folgen hatten Überlänge und dauerten 90 Minuten: Es waren die ersten beiden Anwaltswechsel, die Jubiläumsfolge 200 im Dezember 2002 und der Auftakt zu einer neuen Staffel im Januar 2005.

DER FALL JOHN DOE! RTL
2003–2004. 21-tlg. US-Krimiserie von Brandon Camp und Mike Thompson (»John Doe«; 2002–2003).
John Doe (Dominic Purcell) hat in seinem Kopf das gesammelte Wissen der Welt. Er weiß alles, was man theoretisch wissen könnte. Doch er kann nicht in die Zukunft sehen, er ist farbenblind – und er hat keine Ahnung, wer er selbst ist. Seit er nackt auf einer Insel aufwachte, hat er sein Gedächtnis verloren. Kurz gesagt: Er weiß nicht, was er wissen sollte, aber alles, was er nicht wissen müsste. Auf der Suche nach seiner Identität unterstützt er Frank Hayes (John Marshall Jones) von der Polizei von Seattle mit seinem immensen Wissen bei der Aufklärung von Verbrechen. Durch seine Gabe, alles Wissen in Sekundenschnelle zu Schlussfolgerungen zusammenzusetzen, werden Indizien so nützlich wie nie zuvor. Hayes' Chefin Lieutenant Jamie Avery (Jayne Brook) ist der neue Helfer extrem suspekt. John Doe wohnt in einem Loft über einer Kneipe, die »Digger« (William Forsythe) gehört, und beschäftigt mit Karen Kawalski (Sprague Grayden) eine Studentin als Assistentin, die ihm hilft, sich im wahrsten Sinne selbst zu finden.
Spannende Serie im Stil von *Nowhere Man,* die die dauerhafte Suche nach der eigenen Identität mit immer wieder neuen Kriminalfällen auflockert. Beiden Serien war auch gemein, dass sie nach nur einer Staffel abgesetzt wurden und das große Rätsel nie geklärt wurde. Die 50-minütigen Folgen liefen donnerstags um 23.15 Uhr.

DER FALL MAURIZIUS ZDF
1981. 5-tlg. dt. Krimi von Karl Wittlinger nach dem Roman von Jakob Wassermann, Regie: Theodor Kotulla.
Nach 19 Jahren rollt Etzel von Andergast (Martin Halm) einen alten Fall seines Vaters, Oberstaatsanwalt Wolf von Andergast (Heinz Bennent), neu auf. Er will herausfinden, ob der verurteilte und seitdem einsitzende Kunsthändler Leonard Maurizius (Matthias Fuchs) möglicherweise doch unschuldig ist. Dieser beteuert seit jeher, seine Frau nicht ermordet zu haben. Tatsächlich findet Etzel den wahren Mörder, und Maurizius wird rehabilitiert. Oberstaatsanwalt Wolf von Andergast wird nun von Selbstzweifeln erschüttert, was er sonst noch alles falsch gemacht haben könnte.
Jede Folge dauerte 75 Minuten.

DER FALL VON NEBENAN ARD
1970–1975. 52-tlg. dt. Problemserie.
Die Familienfürsorgerin Hanna Seidler (Ruth Maria Kubitschek) kümmert sich um Menschen in Not. In jeder Folge stehen die Geschichte, die Probleme und das Schicksal eines anderen Menschen im Mittelpunkt. Vier Staffeln mit halbstündigen Folgen liefen im regionalen Vorabendprogramm.

DIE FÄLLE DER ROSIE O'NEILL VOX
1993–1994. 34-tlg. US-Krimiserie von Barney Rosenzweig (»The Trials Of Rosie O'Neill«; 1990–1992).
Die Anwältin Rosie O'Neill (Sharon Gless) denkt über eine Brustvergrößerung nach. Nach diesem denkwürdigen Einstiegssatz geht die Serie so: Rosie, gerade noch erfolgreiche Anwältin, findet einen anderen Weg, nach der Scheidung ihr Leben zu verändern. Sie schließt ihre Kanzlei und arbeitet fortan als Pflichtverteidigerin für Menschen, die sich keinen Anwalt leisten können. Mutter Charlotte (Georgann Johnson) und Schwester Doreen (Lisa Banes) schütteln den Kopf über die Entscheidung. Die Kollegen im neuen Büro sind der Zyniker Hank Mitchell (Dorian Harewood), Assistentin Barbara Navis (Bridget Gless), Rezeptionistin Carole Kravitz (Elaine Kagan) und ihr Chef Ben Meyer (Ron Rifkin). Kim Ginty (Lisa Rieffel) ist Rosies Ex-Stieftochter, mit der sie sich noch immer prima versteht und die in der zweiten Staffel bei ihr einzieht. Zur gleichen Zeit stößt Walter Kovatch (Edward Asner) als neuer Ermittler zum Kollegium. Fast jede Folge beginnt mit Rosies Besuch beim Psychiater (Barney Rosenzweig), dem sie ihr Leid klagt.
Serienerfinder Rosenzweig und *Cagney & Lacey*-Star Gless waren Lebensgefährten und heirateten 1991. Vox zeigte die 50-minütigen Folgen montagabends.

DIE FÄLLE DER
SHIRLEY HOLMES NICKELODEON, KI.KA
1997–1998 (Nickelodeon); 1999–2000 (KI.KA). 52-tlg. kanad. Jugendserie (»The Adventures Of Shirley Holmes«; 1997–2000).
Die zwölfjährige Shirley Holmes (Meredith Henderson) ist eine Urgroßnichte von Sherlock Holmes und tritt in die Fußstapfen ihres Vorfahren. Ihr Freund Bo Sawchuk (John White) hilft ihr.
Jede Episode war 25 Minuten lang. Die ersten 26 Folgen liefen bei Nickelodeon, der Rest im KI.KA. Ab Juli 1999 lief die Serie auch samstagvormittags und -mittags im ZDF.

DIE FÄLLE DES HARRY FOX ZDF
1987–1988. 34-tlg. US-Krimiserie von Roger Shul-

Die Fälle des Harry Fox: Familienbild mit Harry (Jack Warden, hinten rechts), Harrison (John Rubinstein, hinten links), Cindy (Penny Peyser) und Josh (Robert Kiger).

man, John Baskin, George Schenck und Frank Cardea (»Crazy Like A Fox«; 1984–1986).
Harry Fox (Jack Warden) und sein Sohn Harrison K. Fox (John Rubinstein) klären gemeinsam Kriminalfälle auf. Harry will das so, Harrison nicht. Harrison ist ein junger, aufstrebender, konservativer Anwalt, der eigentlich einen Laufburschen oder sogar einen Privatdetektiv beschäftigen müsste. Stattdessen missbraucht sein Vater Harry, ein resoluter Privatdetektiv und liebenswerter Chaot, *ihn* als Laufburschen. Harry platzt mit immer neuen Fällen zu den denkbar unpassendsten Zeitpunkten in die Kanzlei rein, Sekretärin Allison Ling (Lydia Lei; zweite Staffel: Patricia Ayame Thomson) hat sich schon damit abgefunden. Und Harrison eigentlich auch, denn er lässt sich eben doch dauernd einspannen und findet sich so inmitten von Verfolgungsjagden oder Schießereien wieder. Harrison ist mit Cindy (Penny Peyser) verheiratet und hat einen kleinen Sohn namens Josh (Robert Kiger). Lieutenant Walker (Robert Hanley) von der Polizei helfen die beiden manchmal, manchmal kommen sie ihm aber auch in die Quere.
Freundlich-amüsanter einstündiger Krimi im Vorabendprogramm am Donnerstag. John Rubinsteins Vater war der Pianist Arthur Rubinstein.

DIE FÄLLE DES HERRN KONSTANTIN ARD
1974–1977. 26-tlg. dt. Krimiserie von Martin Duschat und Hans Borgelt, Regie: Wilm ten Haaf.
Herr Konstantin (Manfred Heidmann), sein Assistent (Klaus Löwitsch) und sein Kollege Brenner (Jürgen Feindt) ermitteln in Spionagefällen. Die halbstündigen Folgen liefen im regionalen Vorabendprogramm.

DIE FÄLLE DES MONSIEUR CABROL ZDF, DFF 2
1981 (ZDF); 1986–1988 (DFF 2). 19-tlg. frz. Gesellschaftskrimireihe (»Les cinq dernières minutes«; 1958–1996).
Kommissar Cabrol (Jacques Debary) und Inspektor Ménardeau (Marc Eyraud) müssen Kriminalfälle aufklären. Es geht oft um Mord, aber nicht ausschließlich. Für ihre Ermittlungen begeben sie sich ins soziale Umfeld der Opfer und Verdächtigen und geraten jedes Mal in ein anderes Milieu.
In Frankreich startete die Serie als Mischung aus Krimi und Quizshow und wurde mit 126 Episoden eine der langlebigsten Serien. Damals wurde jeweils etwa 40 Minuten lang ein Kriminalfall gezeigt. In dem Moment, als dem Ermittler die Lösung klar war und er den Fall aufgedeckt hätte, brach der Film ab. Zwei bis vier Kandidaten, die im Studio den Film in separaten Kabinen verfolgt hatten, konnten sich drei Szenen aussuchen, die sie noch einmal sehen wollten, um selbst auf die Lösung des Falls zu kommen. Auf diese Weise erreichte jede Folge insgesamt Spielfilmlänge.
1968 wollte der Direktor des französischen Senders ORTF die Sendung absetzen, doch nach massiven Protesten von Zuschauern und Presse ruderte er zurück. Die Reihe war bereits 1958 gestartet worden, damals noch mit anderen Ermittlern. Das Team Cabrol/Ménardeau aus den in Deutschland gezeigten Folgen war von 1975 bis 1992 im Einsatz, bevor es wiederum von neuen Kollegen abgelöst wurde.
13 Folgen liefen im Wechsel mit anderen Serien freitags um 20.15 Uhr im ZDF, sechs Filme zeigte das DDR-Fernsehen später unter dem Titel *Kommissar Cabrol ermittelt*.

DIE FALLERS SWR
Seit 1994. Dt. Familienserie von Ralf Bohn.
Die Familie Faller lebt mit mehreren Generationen in einem Bauernhaus im Schwarzwald. Erster Patriarch ist Wilhelm Faller (Lukas Ammann). Sein Sohn Hermann (Wolfgang Hepp) wird Bürgermeister. Er ist mit Johanna (Ursula Cantieni) verheiratet, die mit Sohn Karl (Peter Schell) den Hof betreibt. Hermann hat zwei Brüder: den Priester Heinz (Thomas Meinhardt) und Franz (Edgar Marius Marcus), der ein Sägewerk führt. Karl ist mit Christina (Carmen-Dorothé Moll) verheiratet, die bei einem Unfall ums Leben kommt. Danach heiratet er Bea (Christiane Brammer). Karls Bruder Bernhard (Karsten Dörr) liebt erst Monique Guiton (Anne von Linstow), mit der er einen Sohn, Albert (Alesseio Hirschkorn), hat. Später werden er und seine Kollegin Eva Nestler (Katarina Klaffs) ein Paar. Sie ziehen ins Leibgedinghaus gegenüber vom Fallerhof. Kati Schönfeldt (Christiane Bachschmidt) ist Karls und Bernhards Schwester.

Mehrere Dritte Programme der ARD, vor allem in der südlichen Hälfte Deutschlands, zeigten diese beschauliche, regional sehr erfolgreiche Serie. Zum zehnjährigen Jubiläum waren bereits mehr als 400 Folgen ausgestrahlt worden.

DIE FALSCHE FÄHRTE   ZDF
2001. 3-tlg. schwed.-dt. Psychothriller nach dem Roman von Henning Mankell (*Villospår;* 2001).
Kommissar Kurt Wallander (Rolf Lassgård) muss einen Serienkiller schnappen. Der 14-jährige Stefan (Henrik Persson) hat die Morde begangen (was der Zuschauer weiß), das Motiv ist zunächst unklar.
Jede Folge dauerte 55 Minuten. Mit dem Dreiteiler startete das ZDF eine lose Reihe mit Mankell-Verfilmungen mit Rolf Lassgård als Kommissar Wallander. 2002 und 2004 folgten die Zweiteiler »Die fünfte Frau« und »Der Mann, der lächelte«.

FAME   ARD
1984–1985. 26-tlg. US-Musikserie von Christopher Gore (»Fame«; 1982–1987).
An der New Yorker »High School Of Performing Arts«, der Hochschule für darstellende Künste, lernen junge Nachwuchskünstler die Grundlagen für eine Karriere im Showgeschäft. Unter ihnen sind der Keyboarder Bruno Martelli (Lee Curreri), die Sängerin Coco Hernandez (Erica Gimpel), der Komiker Danny Amatullo (Carlo Imperato), die Schauspieler Montgomery MacNeil (P. R. Paul) und Doris Schwartz (Valerie Landsburg), der Tänzer Leroy Johnson (Gene Anthony Ray) und die Cellistin Julie Miller (Lori Singer). Tanzlehrerin Lydia Grant (Debbie Allen), Musiklehrer Benjamin Shorofsky (Albert Hague), die strenge Englischlehrerin Elizabeth Sherwood (Carol Mayo Jenkins) und Schauspiellehrer Gregory Crandall (Michael Thoma) unterrichten die talentierten Studenten.
Die Serie basiert auf dem gleichnamigen Kinofilm, in dem die Darsteller Allen, Hague, Ray und Curreri bereits die gleichen Rollen gespielt hatten. In jeder Folge wurden mehrere Lieder gesungen, die das musikalische Talent der Hauptdarsteller bewiesen. Der spätere Superstar Madonna hatte sich im Vorfeld der Serie vergeblich um eine Rolle beworben.
Die ARD zeigte nur 26 der 39 einstündigen Episoden aus den ersten beiden Staffeln, der Rest der 136-tlg. Serie war in Deutschland nie zu sehen. Die gesendeten Folgen wurden später, in der Mitte zerteilt, mehrfach als 52-tlg. Serie wiederholt.

FAME ACADEMY – DEIN WEG ZUM RUHM   RTL 2
2003. Talentshow mit Nova Meierhenrich, die auf der durch *Deutschland sucht den Superstar* ausgelösten Castingwelle mitschwamm und Teile des Konzepts schlicht kopierte.
In einer Auftaktshow werden aus 30 Bewerbern 16 herausgefiltert, die in die »Fame Academy« am Kölner Rheinufer einziehen. Dort lernen die Popstudenten, was sie als Popstar benötigen. Die »Dozenten« sind Gesangstrainerin Jane Comerford, Choreograph Renick Bernadina, Schauspiellehrer Norbert Ghafouri und Fitnesstrainer Franco Carlotto. Kim Moke, die langjährige Chefin der Hamburger »Stage School«, hat auch hier die Leitung. Regelmäßig kommen Prominente zu Besuch und berichten von ihren Erfahrungen. Eine tägliche einstündige Sendung am Vorabend zeigt die Ereignisse des Tages in der Akademie (das ist der Teil der Sendung, der bei *Big Brother* abgekupfert wurde). Sonntags um 18.00 Uhr treten in einer zweistündigen Show die drei Kandidaten mit ihren Liedern gegeneinander an, die nach Meinung der Dozenten die wenigsten Fortschritte gemacht haben. Die Fernsehzuschauer entscheiden per Telefon über einen Kandidaten, der weiterkommen und in der Folgewoche erneut antreten soll. Von den beiden Übriggebliebenen können die Studenten einen weiteren retten. Wer dann noch übrig ist, fliegt raus.
Endemol produzierte die Show in Deutschland wie in Großbritannien, wo sie bereits unter gleichem Titel bei der BBC gelaufen war. Weder dort noch hier war sie sonderlich erfolgreich. RTL 2 musste nach drei Wochen die Werbepreise um 67 % senken und verlegte den Sendeplatz von 19.00 auf 17.00 Uhr.

FAMILIE BERGMANN   ARD
1969–1971. 9-tlg. dt. Familienserie von Traute Hellberg und Johannes Hendrich, Regie: Herbert Ballmann, Thomas Engel.
Der Alltag in der DDR am Beispiel der Familie Bergmann, zu der Karl (Hans Elwenspoek), Else (Lilo Hartmann) und Gisela (Christiane Domschke) gehören.
Die von der ARD produzierte Serie sollte den Menschen in der Bundesrepublik und vor allem in Westberlin einen Einblick in das Leben in der DDR gewähren und zeigen, dass es durchaus Gemeinsamkeiten gab. Natürlich gehörte die lange Wartezeit auf den Wartburg nicht dazu.
Die 45-Minuten-Folgen liefen etwa alle acht Wochen mittwochs gegen 21.00 Uhr.

FAMILIE DR. KLEIST   ARD
Seit 2004. Dt. Familienserie von Christiane Sadlo.
Die Frau ist tot, ab nach Eisenach! Dr. Christian Kleist (Francis Fulton-Smith) zieht nach dem Tod seiner Frau von Berlin nach Thüringen. Mit seinen Kindern Lisa (Marie Seiser) und Peter (David Bode), Spitzname Piwi, quartiert er sich bei Onkel Johannes (Ulrich Pleitgen) ein, um ein neues Leben zu beginnen. Das kommt in Gestalt der Schuldirektorin Marlene Holstein (Christina Plate), und schon hat Dr. Kleist eine neue Liebe gefunden. Derweil versorgt er in der eigenen Praxis seine Patienten. Inge (Uta Schorn) ist die beste Freundin von Johannes, Klaus (Mathias Herrmann) sein leichtsinniger Sohn.
Heile-Welt-Serie, die der Stadt Eisenach nach eigener Einschätzung etwa zehn Jahre Tourismuswerbung erspart und der ARD im Schnitt außerordentliche sieben Millionen Zuschauer bescherte. Die 50-minütigen Folgen liefen dienstags um 20.15 Uhr – auf

Familie Feuerstein am schönsten Platz der Welt, vor dem Fernseher. Von links: Dino, Fred, Wilma und Baby Pebbles.

dem gleichen Sendeplatz hatten schon *Julia – eine ungewöhnliche Frau* und *Um Himmels Willen* abgeräumt.

FAMILIE FEUERSTEIN   ARD, SAT.1

1965–1970 (ARD); 1984 (Sat.1). 166-tlg. US-Zeichentrick-Comedyserie von William Hanna und Joseph Barbera (»The Flintstones«; 1960–1966).
Die Feuersteins sind eine moderne Steinzeit-Familie. Sie besitzen ein Mammut als Staubsauger und ein Warzenschwein als Müllschlucker, außerdem ein Telefon aus Widderhorn und einen Steinfernseher. Familienoberhaupt Fred Feuerstein arbeitet als Dinobaggerführer im Steinbruch von Steintal, dem Städtchen, in dem die Familie wohnt. Sein Chef ist Mr. Schiefer. Fred ist ein liebenswerter Dickkopf, aber oft auch ein Choleriker, den man an seinen typischen Schreien »Wilmaaaaaa!« und »Yabba-dabba-dooo!« erkennt. Vor allem ist er jemand, der sich oft in verrückte Ideen verrennt, an deren Umsetzung er jedoch scheitert. Seine vernünftige Frau Wilma muss das dann ausbaden und wieder in Ordnung bringen. Am Steinherd brät sie Fred die geliebten Brontosaurierstreaks. Das Haustier, der kleine Dinosaurier Dino, komplettiert die Familie, die in der dritten Staffel noch größer wird, als Baby Pebbles zur Welt kommt.
Freds Arbeitskollege und bester Freund ist der wesentlich kleinere Barney Geröllheimer. Fred verführt Barney oft zu Unsinn, mit dem dann auch Barneys große dünne Frau Betty ihre Sorgen hat.

Auch die Geröllheimers bekommen im Lauf der Serie Zuwachs: In der vierten Staffel finden sie das Kleinkind Bamm-Bamm samt Keule vor ihrer Tür und nehmen es bei sich auf. Fred, Barney, Wilma und Betty unternehmen oft gemeinsam Ausflüge im Geröllmobil, einem modernen Fortbewegungsmittel aus Baumstämmen und Palmen, das mit Fußbetrieb läuft. Bekleidet sind die Familien stets mit Fellen und Lendenschurz.
Die Serie, im Prinzip eine animierte Sitcom, war für ein erwachsenes Publikum produziert worden. In den USA lief sie freitags um 20.30 Uhr, und bei der Erstsendung waren die Episoden sogar mit Publikumsgelächter unterlegt, das für spätere Ausstrahlungen wieder entfernt wurde. Die Handlung bestand oft aus herkömmlichen Alltags- oder Ehegeschichten, wie man sie auch in vielen anderen Serien sehen konnte, bekam ihren besondern Reiz aber durch ihre Verlegung in eine Steinzeit, in der alle Vorzüge der modernen Zivilisation schon in irgendeiner Form vorhanden waren. Die Namen der Hauptfiguren im US-Original waren Wilma und Fred Flintstone, Betty und Barney Rubble, Dino, Pebbles und Bamm-Bamm; die Stadt hieß Bedrock.
Jede Folge war eine halbe Stunde lang, und somit überschritt *Familie Feuerstein* als erste Zeichentrickserie die bis dahin für Cartoons übliche Episodenlänge von wenigen Minuten. Sie war außerdem die erste Zeichentrickserie in der Primetime und blieb trotz des Erfolgs auch die einzige, bis über 20 Jahre später *Die Simpsons* starteten. Auch im Kinderprogramm wurde die Serie ein Dauerbrenner.
Deutsche Stimme von Fred Feuerstein war, je nach Synchronisation, Eduard Wandrey bzw. Heinz-Theo Branding; den Barney Geröllheimer sprach Gerd Duwner, der seine Stimme auch Ernie aus der *Sesamstraße* lieh. Hier wie dort zogen die Feuersteins eine Reihe von Fanartikeln nach sich, vor allem Sammelfiguren und Comichefte. 1994 wagten sich Brian Levant und Steven Spielberg an eine Realverfilmung der Feuersteins fürs Kino. John Goodman spielte den Fred Feuerstein, Rick Moranis den Barney Geröllheimer.
In Deutschland liefen 117 Folgen im regionalen Vorabendprogramm der ARD und wurden dort oft wiederholt, die restlichen Folgen wurden mit der Einführung des Privatfernsehens erstmals gezeigt und ebenfalls oft wiederholt.

FAMILIE HEINZ BECKER   WDR, ARD

1992–1993 (WDR); seit 1994 (ARD). Dt. Sitcom von Gerd Dudenhöffer.
Der Saarländer Heinz Becker (Gerd Dudenhöffer) ist ein stoffeliger Nörgler. Seine Frau, es Hilde (erste Staffel: Marianne Riedel; dann: Alice Hoffmann; ab Mai 1998: Sabine Urig), und sein Sohn, de Stefan (Gregor Weber; ab Herbst 2001: Andreas Gergen), müssen ihn ertragen. Heinz, nie ohne Mütze zu sehen, ist der Hausherr, dessen Wort Gesetz ist. Seine Vorstellungen von heiler Welt umfassen die Selbstverständlichkeit, dass die Frau das Haus zu pflegen

Familie Heinz Becker: De Heinz (Gerd Dudenhöffer, links), de Stefan (Gregor Weber) und es Hilde (Alice Hoffmann). Die Weihnachtsfolge aus dem Sommer 1994 ist inzwischen ein Klassiker.

und zu kochen hat, während er in Ruhe sein Bier trinkt. Als es Hilde krank ist und de Heinz und de Stefan spülen müssen, schlägt de Stefan vor, man könne sich doch eine Spülmaschine anschaffen. De Heinz entgegnet – wie immer im schönsten saarländischen Dialekt: »Her uff – so lang wird die Mutter auch nicht krank sein!« Es Hilde, oft etwas schwer von Begriff, ist die stets mit Schürze bekleidete Hausfrau, de Stefan der permanent von den Eltern genervte Teenager. Es Charlotte (Mirjam Köfer) ist zeitweise seine Freundin. Mit ihr zieht er im Februar 1996 in eine WG in Berlin, kommt aber in der nächsten Staffel zwei Jahre später zurück. Im Herbst 2001 bekommen die Beckers Nachbarn: De Maier Kurt (Henning Hoffsten), seine Frau, es Roswitha (Siggi Siegert), und seine Tochter, es Jessica (Anja Beckert), ziehen gegenüber ein und benehmen sich genauso wie die Beckers.

Mit Erfolg brachte der Kabarettist Dudenhöffer seine Bühnenfigur Heinz Becker ins Fernsehen, überzeichnete Familienklischees und trieb das Spießertum auf die Spitze; manchmal war es jedoch schon absurd genug, das wahre Leben einfach abzuschreiben und vorzuführen. Das funktionierte stellenweise wie bei Loriot komplett ohne Pointen, barg aber eine ungeheure Komik. Bevor die Serie startete, trat Dudenhöffer regelmäßig in Jürgen von der Lippes WDR-Sendung *So isses* auf.

Die Serie lief zunächst in den Dritten Programmen von WDR und SWR und wurde ab Juni 1994 dienstags um 21.05 Uhr ins Erste übernommen, wo sie bis zu sechs Millionen Zuschauer erreichte. Ab 2004 liefen neue Folgen freitags nach 22.00 Uhr. Durchschnittlich alle zwei Jahre produzierte Dudenhöffer eine neue Staffel mit sechs Folgen; insgesamt wurden bisher 42 Folgen gezeigt.

Die Folge »Alle Jahre wieder« aus der dritten Staffel, die den familiären Weihnachtsstress karikiert und zeigt, wie beim Schmücken des Baumes alles drunter und drüber geht und die Familienmitglieder sich gegenseitig auf die Nerven fallen, ist seit etlichen Jahren fester Bestandteil des Heiligabendprogramms der ARD und mehrerer Dritter Programme. Erstausgestrahlt wurde sie, denn man denkt ja mit, am 19. Juli 1994.

DIE FAMILIE HESSELBACH ARD

1961–1963. 18-tlg. dt. Familienserie von Wolf Schmidt, Regie: Wolf Schmidt, Harald Schäfer. Fortsetzung der Serie *Die Firma Hesselbach*.

Babba (Wolf Schmidt) und Mamma Hesselbach (Liesel Christ) streiten weiter über Alltagsnebensächlichkeiten; die Firma läuft ebenfalls weiter. In der Folge »Die Hochzeit« heiratet Tochter Heidi (Rosemarie Kirstein) den Prokuristen Fred Lindner (Joachim Engel-Denis). Zur Feier erscheint erstmals die verheiratete und bisher nie gesehene Hesselbach-Tochter Anneliese Schubert (Christl Pfeil). In der letzten Folge, »Wertsachen«, heiratet »Weltschau«-Chefredakteur Hans-Ulrich Betzdorf (Bogislav von Heyden) Else Sauerberg (Ursula Köllner); die »Weltschau« wird verkauft, Babba tritt in den Ruhestand und verkauft die Firma an Heidi und Fred, und Sohn Peter (Dieter Henkel) eröffnet Babba und Mamma, dass er Fräulein Pinella (Sybille Schindler) geheiratet hat.

Mit diesen Ereignissen wollte Schöpfer Wolf Schmidt die Hesselbachs zu Ende gehen lassen. Drei Jahre später setzte er die Serie doch noch einmal fort. Die neuen Folgen hießen »Herr Hesselbach und ...«.

FAMILIE HIN – FAMILIE HER. WIR TAUSCHEN UNSER LEBEN KABEL 1

2004. Realityshow, in der zwei Familien für eine Woche ihr komplettes Leben tauschen, also im Haus der

anderen wohnen, deren Jobs machen, deren Auto fahren und deren Verwandte besuchen.
Drei Folgen dieser Variante von *Frauentausch* und *Ich tausche meine Familie* liefen donnerstags um 20.15 Uhr. Es hätten mehr werden sollen.

FAMILIE LALLINGER ARD
1983–1985. 20-tlg. dt. Familienserie von Walter Netzsch, Regie: Harald Schäfer. Kurze Episoden aus dem Leben von Albert (Walter Netzsch) und Luise Lallinger (Brigitte März). Jede war knapp zehn Minuten lang und lief im regionalen Vorabendprogramm im Südwesten.

FAMILIE LEITMÜLLER ARD
1966–1967. 2-tlg. dt. Familienserienparodie von Martin Morlock, Regie: Hanno Brühl.
Die siebenköpfige Familie Leitmüller (Kurt Rackelmann, Ingrid Ohlenschläger, Dagmar Laurens, Peter Bongartz, Achim Lotter, Karl Bockx, Carlamaria Heim) liebt die Familienserien im Fernsehen. Als eines Tages der Fernseher während einer Folge von *Der Forellenhof* ausfällt, beschließt sie, selbst das Leben einer Fernsehfamilie zu führen.
Die Kritiken der ersten Folge »Alle meine Forellen« (angelehnt außerdem an *Alle meine Tiere*) waren durchweg weniger gut. Lahm und wenig witzig sei sie gewesen. In Folge zwei werden die Leitmüllers dann zu Leadmiller und geraten in eine »Raum-Bredullje« – eine Parodie auf *Raumpatrouille*. Da aber auch diese zweite Folge beim Publikum nicht ankam, wurde der ambitionierte Versuch aufgegeben.

FAMILIE LEITNER ARD 2, SWR
1961 (ARD 2); 1975–1976 (SWR). 31-tlg. österr. Familienserie von Hans Schubert, Regie: Otto Schenk (1958).
Die Familie Leitner besteht aus dem Vater (Erich Nikowitz), einem Angestellten, der Mutter (Friedl Czepa), einer Hausfrau, ihren erwachsenen Kindern Karl (Rudolf Strobl), der mit Ilse (Senta Wengraf) verheiratet ist, und Maria (Renée Michaelis), die mit ihrem Ehemann Walter (Alfred Böhm) bald ein Kind bekommt, sowie Gerda (Heidelinde Weis; später: Gertraud Jesserer), der Jüngsten. Sie umwerben der junge Literaturwissenschaftler Dr. Otto Sedelmayer (Franz Messner) und der Vertreter Harry Stagl (Peter Weck). Haberl (Rudolf Carl) ist der Nachbar der Familie.
14 halbstündige Folgen liefen im provisorischen zweiten Programm der ARD, 17 weitere zeigte das Südwestfernsehen. In Österreich gab es über 120 Folgen der Serie.

FAMILIE MACK VERÄNDERT SICH ZDF
1969. 6-tlg. dt. Problemserie.
Als der Oberamtmann Robert Mack (Wolfgang Preiss) wegen Unterschlagung ins Gefängnis muss und seine Stelle verliert, zerbricht die Familie, zu der seine Frau (Margot Trooger) und drei Kinder gehören. Am Ende jeder Folge kommentierte der damalige Bundesjustizminister und spätere Bundespräsident Gustav Heinemann die gezeigten Probleme und Auswirkungen des Strafvollzugs.
Die halbstündigen Folgen liefen sonntags um 18.30 Uhr.

FAMILIE MAXIE MORITZ DFF 2
1989–1990. 13-tlg. DDR-Familienserie von Ingrid Föhr, Regie: Andreas Schreiber.
Alltagsgeschichten aus dem Leben der Familie Moritz, die aus Vater Robert (Karl Ernst Horbol), Mutter Maxie (Uta Eisold) und zunächst den Töchtern Rosi (Jacqueline Svilarov; später: Manja Graue) und Jette (Lydia Franze; später: Vivien Thiele) besteht. Bald kommt Felix (Moritz Dobberpuhl; später: Enrico Passarge; schließlich: Ingo Forbringer) zur Welt und wirbelt das Leben der Familie durcheinander. Zur Familie gehören noch Oma (Helga Göring) und Opa (Wolfgang Greese).
Die Folgen waren 30 Minuten lang und liefen sonntags um 18.00 Uhr.

FAMILIE MEIER BR
1980–1984. »Episoden aus dem Leben einer Münchner Taxifamilie«. 28-tlg. dt. Familienserie von Franz Xaver Bogner und Towje Kleiner, Regie: Franz Xaver Bogner und Ludwig Blüscher.
Familienvater Alois Meier (Karl Obermayr) ist Taxifahrer in München, und nachdem er den ganzen Tag im Auto gesessen hat, sitzt er abends am liebsten in seinem Sessel. Nebenbei kümmert er sich um die Sorgen seiner Frau Maria (Marianne Lindner) und der Kinder Susi (Brigitte Meyer) und Thomas (Maximilian Krückl), beide Teenager.
Lief bei der Erstausstrahlung innerhalb der Sendung »Das Familienjournal«, ab August 1982 in acht Teilen in »Gut Land« und von September bis Dezember 1991 endlich eigenständig in 14 Doppelfolgen im regionalen Vorabendprogramm der ARD.

FAMILIE MIT BOMMEL DFF 1
1983. 7-tlg. poln. Jugendserie (»Rodzina Lesniewskich«; 1978).
Mama (Krystyna Sieńkiewicz) und Papa Lesniewski (Krzysztof Kowalewski) wohnen gemeinsam mit ihren vier Kindern Agnieszka (Agata Młynarska), Pawel (Tomasz Brzeziński und Julius Lubicz-Lisowski), Beata (Magdalena Scholl) und Leszek (Maciej Strojny) in einer Neubauwohnung. Papa und die Kinder versuchen sich mit der Bewältigung des Haushalts und ermöglichen so der Mutter, das Studium fortzuführen, das sie abgebrochen hat, als die Kinder kamen. Am Ende besteht sie das Examen mit Bravour.
In Westdeutschland lief die Serie in den Dritten Programmen und später im KI.KA. Jede Folge war 25 Minuten lang.

FAMILIE MUNSTER RTL
1990–1992. 72-tlg. US-Sitcom (»The Munsters Today«; 1988–1991).
Neuauflage von *The Munsters – Eine Familie mit*

Biss: Nachdem Opa die Familie Munster vor 20 Jahren versehentlich eingefroren hatte, erwachen Herman (John Schuck), Lily (Lee Meriwether), »Eddie« Edward Wolfgang (Jason Marsden), Marilyn (Hilary Van Dyke) und Opa Vladimir Dracula (Howard Morton) selbst nun wieder, um ihr vermeintlich normales amerikanisches Leben fortzusetzen.
Die neue Version wurde künstlich entfärbt, um ihre Anmutung der Schwarz-Weiß-Originalversion anzupassen. Sie lief am Nachmittag.

FAMILIE NEUMANN DFF 1
1984–1986. 14-tlg. DDR-Familienserie von Wolfgang Luderer, Regie: Wolfgang Luderer; zweite Staffel: Hans-Joachim Hildebrandt.
Geschildert werden die privaten und beruflichen Erlebnisse der freundlichen Familie Neumann mit Mutter Marianne (Irma Münch), Vater Hans (Herbert Köfer), Tochter Brigitte (Marijam Agischewa), Sohn Jan (Torsten Rennert) und der Oma (Steffi Spira).
Familie Neumann beruhte auf der beliebten Radioserie »Neumann – zweimal klingeln«, die jahrelang im Frühprogramm lief. Die Serie hatte einen pädagogischen Auftrag: Vor allem die Eltern, die sich in der Nachbarschaft und der Gesellschaft engagierten, hatten Vorbildcharakter. Das wurde in den heiteren Geschichten jedoch angenehm beiläufig vermittelt. Immer zwei Episoden bildeten eine knapp einstündige Folge. Sie liefen freitags um 20.00 Uhr. Die zweite Staffel ab April 1986 trug den Titel *Neumanns Geschichten*.

FAMILIE SCHÖLERMANN ARD
→ Unsere Nachbarn heute abend: Familie Schölermann

FAMILIE WERNER AUF REISEN ZDF
1971. 5-tlg. dt. Familienserie von Hannes Dahlberg und Heinz Oskar Wuttig, Regie: Karlheinz Bieber.
Die Werners – das sind Vater Hans (Gunnar Möller), seine Frau Brigitte (Brigitte Rau), Tocher Marion, genannt Bibi (Marion Marlon), und die Söhne Michael, genannt Mille (Michael Möller), und Sebastian, genannt Basti (Matthias J. Förster). Der Vater Hans ist Studienrat, und natürlich legen sie sich im Urlaub nicht einfach an den Strand, sondern lernen dauernd etwas dazu. In jeder Folge geht es in ein anderes Land: Jugoslawien, Dänemark, Schweiz, Holland und Spanien sind die Reiseziele. Die 45-minütigen Folgen liefen samstagnachmittags.

FAMILIE WURST SAT.1
2003. 8-tlg. dt. Doku-Soap.
Der Jurastudent, Hobbymusiker und Fußballfan Michael Wurst war im Halbfinale der Talentshow *Star Search* ausgeschieden. Schon zwei Monate später begleitet die Serie den damaligen Sympathieträger bei seinem Leben und dem Versuch, im Musikgeschäft Fuß zu fassen. Leider war die Zeit offenbar zu kurz, um eine irgendwie inspirierte kleine Serie daraus zu machen.
Die halbstündigen Folgen liefen samstags am Vorabend.

EINE FAMILIENANGELEGENHEIT ARD
→ Auf eigene Faust

FAMILIEN-BANDE ARD
1982–1985. 8-tlg. dt. Familienserie von Horst Pillau, Regie: Hans Dieter Schwarze.
Sorgen und Nöte im Alltag des Ehepaares Christine (Loni von Friedl) und Dr. Robert Bucher (Jürgen Schmidt) mit ihren Kindern Babsi (Marion Kracht), Jürgen (Klaus-Peter Grap) und Peter (Marcus Klimmek). Die Serie lief in zwei Staffeln mit einstündigen Folgen nachmittags.

FAMILIENBANDE RTL, RTL 2
1993–1994 (RTL); 1998 (RTL 2). 176-tlg. US-Sitcom von Gary David Goldberg (»Family Ties«; 1982–1989).
Die Architektin Elyse Keaton (Meredith Baxter-Birney) und ihr Mann Steve (Michael Gross), Manager eines lokalen Fernsehsenders, waren früher Hippies und erziehen ihre Kinder im liberalen Stil der 60er-Jahre, doch ausgerechnet die Kinder sind eher konservativ. Vor allem der älteste Sohn Alex (Michael J. Fox) verehrt Richard Nixon, liest das »Wall Street Journal« und trägt stets Anzug und Krawatte. Teenietochter Mallory (Justine Bateman) mag eher Shopping als Schule, ihre jüngere Schwester Jennifer (Tina Yothers) ist das Nesthäkchen, bis Baby Andrew (Brian Bonsall) zur Welt kommt. Irwin »Skippy« Handelman (Marc Price) ist Keatons Nachbar, der ein Auge auf Mallory geworfen hat. Andrew wächst heran, Alex schließt die Schule ab und lernt seine erste Freundin, Ellen Reed (Tracy Pollan), kennen. Sie geht später nach Paris, und Lauren Miller (Courteney Cox) wird seine neue Freundin. Mallory ist derweil mit Nick Moore (Scott Valentine) zusammen.
Mit seiner ersten Fernsehrolle wurde Michael J. Fox berühmt und fürs Kino entdeckt. Er kehrte später mit *Chaos City* zur Fernsehsitcom zurück. Während er seine Kollegin Tracy Pollan Fox in der Serie verließ, haben die beiden im wirklichen Leben geheiratet. Den Titelsong »Without Us« sangen Johnny Mathis und Deniece Williams.
Kompliziert wird es jetzt hinsichtlich der Namensgebung und der Ausstrahlungsgeschichte. 176 Folgen wurden gedreht. 13 Folgen hatte das ZDF bereits 1984 unter dem Titel *Hilfe, wir werden erwachsen* gezeigt. 48 neue Folgen liefen Anfang der 90er-Jahre bei Pro Sieben und Kabel 1 als *Jede Menge Familie*. RTL wiederholte werktags um 17.30 Uhr alle bisher gezeigten Folgen und sendete 55 neue. Die Serie hieß jetzt *Familienbande*. Sie lief auf dem bisherigen Sendeplatz von *Eine schrecklich nette Familie*, hatte jedoch deutlich weniger Erfolg, und bald wurden die Bundys zurückgeholt und die Keatons ins Archiv geschickt. Die Erstausstrahlung der restlichen Folgen fand im digitalen Pay-TV DF 1 statt, jetzt wieder als *Jede Menge Familie*. Zwölf Folgen

»Wir haben 100 Leute gefragt: Nennen Sie eine Fernsehsendung, die Sie vormittags bei RTL sehen.« Mehr als eine Million Menschen sahen das *Familienduell* mit Werner Schulze-Erdel (Mitte) und machten es über mehr als ein Jahrzehnt zum Marktführer.

davon liefen später als Free-TV-Premiere auf RTL 2, wo die Serie dann wieder *Familienbande* hieß. Der Rest lief im Rahmen einer Komplettausstrahlung aller Folgen als *Jede Menge Familie* im Vormittagsprogramm wieder bei Pro Sieben. Alles klar?

FAMILIENDUELL   RTL, VOX

1992–2003 (RTL); 2003 (Vox). Halbstündige Vormittagsgameshow mit Werner Schulze-Erdel.

Grundlage für die Sendung sind Umfragen, bei denen im Vorfeld der Sendung jeweils 100 Teilnehmer gefragt werden, was ihnen zu einer bestimmten Vorgabe einfällt. Gesucht werden z. B. Säugetiere, Städte mit dem Anfangsbuchstaben D, fahrbare Untersätze ... – eben alles, woraus man eine hübsche Liste von Begriffen zusammenstellen kann, die die Leute spontan als Antwort genannt haben. Zwei fünfköpfige Familienteams spielen gegeneinander und müssen diese Begriffe raten.

Zu Beginn jeder Runde tritt je ein Familienmitglied an einen Tisch in der Mitte, und Schulze-Erdel stellt die Aufgabe (»Wir haben 100 Leute gefragt ...«). Wer schneller den Buzzer betätigt, darf zuerst antworten. Anschließend spielt die Familie, deren Vertreter die häufiger genannte Antwort gegeben hat. Der Reihe nach muss jedes Mitglied eine Antwort raten. Wurde sie in der Umfrage genannt, erscheint sie zusammen mit der Angabe, wie häufig das der Fall war, auf einer großen Anzeigetafel. Diese Häufigkeitszahl wird der ratenden Familie als Punktzahl gutgeschrieben. Nennt sie zum dritten Mal einen Begriff, der nicht auf der Liste steht, kann ihr die gegnerische Familie mit nur einer richtigen Antwort die bisher erzielten Punkte stehlen. So geht das insgesamt vier Runden lang; in der dritten wird um die doppelte, in der vierten um die dreifache Punktzahl gespielt. Das Verliererteam wird anschließend mit einem Trostpreis nach Hause geschickt: einer Mini-Werner-Statue.

Die Siegerfamilie entsendet zwei Vertreter ins Finalspiel. Beide müssen nun getrennt voneinander zu denselben fünf Fragen die meistgenannten Begriffe erraten und zusammen mindestens 200 Punkte erreichen. Der erste Spieler hat 20, der zweite 25 Sekunden Zeit. Nennt er einen Begriff, den sein Partner schon genannt hat, muss er einen anderen finden. Werden die erforderlichen Punkte erreicht, gewinnt die Familie 10 000 DM (nach dem 1. Januar 2002: 5000 €) und ist beim nächsten Mal wieder dabei. Wer zum fünften Mal in Folge gewinnt, spielt um 100 000 DM (bzw. 50 000 €), und in der folgenden Sendung treten zwei neue Familien gegeneinander an. Werden die 200 Punkte im Finale nicht erreicht, gewinnt die Familie lediglich die bisher erspielten Punkte in Mark bzw. Euro.

Die Show funktionierte ganz ähnlich wie *Ruck Zuck,* dessen Moderation Schulze-Erdel dafür aufgegeben hatte: Da in dem Wettkampf keine Bildung abgefragt wurde, konnte jeder mitmachen. Es war die ideale anspruchslose Fließbandunterhaltung für den Mittag mit dem perfekten Fließbandmoderator, der sich selbst »Unterhaltungsfuzzi« nannte und als Markenzeichen immer weiße Socken trug. Aus *Ruck Zuck* wurde auch das Ritual übernommen, dass eine Familie, die zum fünften Mal dabei ist, dem Moderator Fragen stellen darf.

Zwischendurch gab es immer wieder Sonderausgaben des Spiels, in denen die Kandidatengruppen keine Familienmitglieder waren, sondern in einer anderen Verbindung zueinander standen. Diese Shows hießen entsprechend »Vereinsduell«, »Promi-Duell«, »Radio-Duell«, »Schüler-Lehrer-Duell« usw.

Das *Familienduell* lief – nach einer Premierensendung am Sonntagnachmittag – jeden Werktag, anfangs für kurze Zeit um 12.00 Uhr, dann dauerhaft um 11.30 Uhr, und war extrem erfolgreich. Ab März 2001 zeigte RTL jeden Vormittag ab 11.00 Uhr sogar zwei Folgen hintereinander; die erste war jeweils eine Wiederholung. Im Frühjahr 2003 wollte Vox die generelle Akzeptanz einer Gameshow am frühen Abend testen und entschloss sich, statt einer teuren Neuentwicklung einfach zwei Wochen lang das ohnehin in Produktion befindliche *Familienduell* des Muttersenders RTL zu zeigen, jedoch mit eigens für Vox produzierten neuen Folgen. Der Versuch scheiterte.

Im Herbst desselben Jahres kam auch bei RTL das Aus nach fast zwölf Jahren. Die Quoten waren zwar insgesamt weiterhin gut, doch ein Boom an Doku-Soaps hatte in RTL die Hoffnung geweckt, durch die Heimwerkershow *Einsatz in 4 Wänden* das Publikum deutlich verjüngen zu können – was gelang. In den USA lief die Originalversion »Family Feud« weiterhin, moderiert von Richard Karn aus der Heimwerker-Sitcom *Hör mal, wer da hämmert.* In der Pilotsendung zur britischen Version (»Family Fortunes«) sollen sieben der 100 Befragten auf die Aufforderung »Name a dangerous race apart from the Grand Prix« geantwortet haben: »Arabs.«

DAS FAMILIENGERICHT   RTL

Seit 2002. Einstündige Gerichtsshow mit Richter Frank Engeland, der in nachgestellten Verhandlungen über Familienrecht entscheidet. Die Rechtsanwälte Barbara von Minckwitz und Matthias Klagge vertreten die von Laiendarstellern gespielten Parteien.
Lief werktags um 15.00 Uhr direkt gegen *Richterin Barbara Salesch*, die fast zwei Jahre zuvor den Boom dieser Art von Sendungen ausgelöst hatte. Zusätzlich hatte RTL noch *Das Jugendgericht* und *Das Strafgericht* im Angebot.

FAMILIENGESCHICHTEN   ARD

2000. 5-tlg. Doku-Reihe, in der jeweils eine prominente Familie über mehrere Generationen hinweg porträtiert wurde.
Vorgestellt wurden die Wolfs (mit DDR-Spionagechef Markus Wolf), die Wagners (mit Komponist Richard), die Sarrasanis (mit dem Zirkus), die Hagens (mit Eva-Maria, Nina und Cosma Shiva) und die Reinhardts (mit Jazzlegende Django).
Die Filme waren 45 Minuten lang und liefen donnerstags um 21.45 Uhr.

FAMILIENPORTRÄT   ARD

1982. 7-tlg. Reihe mit dreiviertelstündigen Porträts von ungewöhnlichen Menschen (oder das, was 1982 dafür gehalten wurde).
In der ersten Folge ging es um das Rentnerehepaar Maria und Thomas S. – sie war Lehrerin, er Hausmann. Die zweite stellte Lore Parry vor, eine gehörlose Jüdin.

DER FAMILIENSCHRECK   RTL

1994. 10-tlg. US-Sitcom (»What A Dummy!«; 1990–1991).

Man kennt das von Bauchrednerpuppen: Erst ist man begeistert, dass sie reden können, dann wünscht man sich, sie würden es wieder lassen. Buzz war 50 Jahre in einer Kiste eingesperrt und hat entsprechend großen Nachholbedarf. Nach dem Tod von Großonkel Jackie hat Ed Brannigan (David Doty) dessen ganzen Kram geerbt und dabei auch die Handpuppe entdeckt und befreit. Sie kommentiert nun alles, was Ed, seine Frau Polly (Annabel Armour) und ihre drei Kinder Tucker (Stephen Dorff), Cory (Joshua Rudoy) und Maggie (Janna Michaels) tun, nervt und bringt die Familie in schwer zu erklärende Situationen. Und vor allem die Nachbarin Treva Travalony (Kaye Ballard) wüsste so gerne alles, was los ist.
RTL zeigte die halbstündigen Folgen sonntagmittags; im Original gab es 24 davon.

FAMILY DATE   SAT.1

2003–2004. Reality-Kuppelshow.
Drei junge Singlemänner, die sich für dieselbe Frau interessieren, müssen gemeinsam mit ihr ein Wochenende im Haus der Eltern der Erwählten verbringen. Die Eltern treffen am Ende die Entscheidung, wer sich über die Tochter hermachen ... nein, nur mit ihr in den Urlaub fahren darf. Die Produzenten der Show sorgen dafür, dass vorher auch genug Peinliches ans Licht kommt, indem sie einen Lügendetektortest veranstalten, Ex-Freundinnen einladen, versteckte Kameras installieren, den Herren unangenehme Aufgaben stellen oder den Eltern schlicht Tipps geben.
Adaption des US-Formats »Meet My Folks«. Zunächst zehn Folgen, jeweils 75 Minuten lang, liefen sonntags um 19.00 Uhr. Die erste Staffel ab Sommer 2003 trug den Untertitel »Nur einer darf mit unserer Tochter«. Neue Staffeln ab Anfang 2004 vertauschten die Rollen. Im Wechsel mit der bisherigen Form hieß es nun »Nur eine darf mit unserem Sohn«, außerdem »Nur einer darf mit unserer Mutter« bzw. ... unserem Vater«. Jetzt suchten Teenager neue Partner für ihre Singleeltern.

FAMILY GUY   PRO SIEBEN

Seit 2002. US-Zeichentrick-Sitcom von Seth MacFarlane (»Family Guy«; seit 1999).
Peter Griffin ist ein stinkfauler Familienvater, der mehr Zeit mit seinem Fernseher als mit seiner Familie verbringt. Seine Frau Lois, der pubertierende Sohn Chris, die gerade erwachsen werdende Tochter Meg und das gemeingefährliche, mordhungrige Baby Stu, das heimlich plant, sie zu vernichten und die Weltherrschaft zu erringen, sowie der sprechende und belesene Hund Brian komplettieren den Griffin-Haushalt.
Hintergründig witzig mit vielen Rückblenden und Anspielungen auf die amerikanische Popkultur. Trotzdem wurde die Serie zunächst nicht einmal in den USA ein Erfolg und nach drei Staffeln abgesetzt. Etwas später erschien dort eine DVD-Box mit den ersten beiden Staffeln – und wurde ein

Bestseller. Wiederholungen auf Kabelkanälen liefen nun ebenfalls erfolgreich. Schließlich beschloss der Sender Fox, doch eine Fortsetzung in Auftrag zu geben. Drei Jahre nach der Einstellung starteten die neuen Folgen im Sommer 2005. Pro Sieben zeigte zunächst 23 Folgen samstags um 18.00 Uhr und nahm die Serie im April 2003 ebenfalls vorzeitig aus dem Programm. Im Januar 2005 startete ein neuer Durchlauf aller bis dahin produzierten 50 Folgen montagnachts.

FAMILY LAW   SAT.1
2001–2002. 68-tlg. US-Anwaltsserie von Paul Haggis und Anne Kenney (»Family Law«; 1999–2002).
Als die Anwältin Lynn Holt (Kathleen Quinlan) von ihrem Mann Michael Holt (Gregg Henry) verlassen wird, ist auch ihr Geschäftspartner weg. Das war er nämlich, und er hat gleich alle Klienten mitgenommen. Gemeinsam mit ihrer Partnerin Danni Lipton (Julie Warner) und den neuen Anwälten Rex Weller (Christopher McDonald) und Randi King (Dixie Carter) macht Lynn in der vergrößerten Gemeinschaftskanzlei weiter. In der zweiten Staffel kommt außerdem noch Lynns alter Bekannter Joe Celano (Tony Danza) zum Anwälteteam. Cassie (Michelle Horn) und Rupie (David Dorfman) sind Lynns Kinder.
Die einstündigen Folgen liefen samstagnachmittags. Im Pay-TV-Sender Premiere trug die Serie den Titel *Frauenpower*.

FANNY UND ALEXANDER   ZDF
1984–1985. 3-tlg. schwed.-frz.-dt. Familiendrama von Ingmar Bergman (»Fanny och Alexander«; 1982).
Die großbürgerliche Familie Ekdahl lebt um die Wende zum 20. Jh. in der Theaterszene Schwedens und ist dort eine große Nummer. Überraschend stirbt Vater Oscar (Allan Edwall), und seine Witwe Emilie (Ewa Fröling) heiratet Bischof Edvard Vergerus (Jan Malmsjö). Die Kinder Fanny (Pernilla Allwin) und Alexander (Bertil Guve) leiden unter der Kälte des Stiefvaters. Die Wohnung des alten Juden Isak (Erland Josephson) wird für sie ein Zufluchtsort.
Der Film war die Fernsehversion von Bergmanns dreistündigem Kinofilm aus dem Vorjahr, der mit vier Oscars, u. a. als Bester fremdsprachiger Film, ausgezeichnet wurde. Das ZDF war Koproduzent und zeigte die noch zwei Stunden längere Fernsehfassung in drei spielfilmlangen Teilen rund um den Jahreswechsel mit großem Erfolg.

FANTASTIC JOURNEY –
GEFANGEN AUF DER INSEL DER ZEIT   RTL
1995–1996. 10-tlg. US-Fantasyserie von Bruce Lansbury (»Fantastic Journey«; 1977).
Beim missglückten Versuch der Durchquerung des Bermudadreiecks landen Prof. Fred Walters (Carl Franklin) und Scott Walters (Ike Eisenmann) auf einer mysteriösen Insel, auf der Vergangenheit, Gegenwart und Zukunft gleichzeitig existieren. Sie treffen auf Varian (Jared Martin) aus dem 23. Jh., Liana (Katie Saylor) vom untergegangenen Kontinent Atlantis und Dr. Jonathan Willoway (Roddy McDowall), einen Wissenschaftler aus den 60er-Jahren. Gemeinsam versuchen sie, einen Weg von der Insel und zurück in ihre jeweilige Zeit zu finden.
Die einstündigen Folgen liefen mittags am Wochenende.

FANTASTISCHE GESCHICHTEN   ZDF
1974. »Neues von Huck, Tom und Becky«. 8-tlg. US-Kinderserie (»The New Adventures Of Huckleberry Finn«; 1968–1969).
Huckleberry Finn (Michael Shea), Tom Sawyer (Kevin Schultz) und Becky Thatcher (Lu Ann Haslam) sind mit Injun Joe (Ted Cassidy) in einer Zeitschleife gefangen und kämpfen nun, teilweise als Zeichentrick, mit diversen Wesen aus Fantasie und Geschichte, um nach Missouri zurückzukommen.
Die Zeichentrickproduzentin Hanna Barbera kombinierte Realszenen mit animierten Sequenzen und ließ von Mark Twains Geschichte praktisch nichts mehr übrig.
Die Folgen hatten eine Länge von 25 Minuten.

FANTASTISCHE GESCHICHTEN   RTL 2
1993–1994. 47-tlg. US-Mystery-Episodenreihe von Steven Spielberg (»Amazing Stories«; 1985–1987).
In sich abgeschlossene halbstündige Kurzfilme mit oft gruseligen und unheimlichen Inhalten. Wechselnde Schauspieler spielten die Hauptrollen. Hollywoodregisseur Steven Spielberg war ausführender Produzent der Serie und führte bei einigen Episoden selbst Regie. Hochkarätige Regisseure anderer Folgen waren z. B. Burt Reynolds, Martin Scorsese und Clint Eastwood.
Die Reihe wurde werktags ausgestrahlt.

DIE FANTASTISCHEN ABENTEUER
VON SINDBAD DEM SEEFAHRER   PRO SIEBEN
1998. 26-tlg. US-Zeichentrickserie für Kinder nach den Geschichten aus »Tausendundeine Nacht« (»Fantastic Voyages of Sinbad the Sailor«; 1996). Der junge Seefahrer Sindbad bereist mit seinem jungen Freund Hakeem und der Raubkatze Kulak auf seinem Schiff »Nimbus« die Weltmeere und bekämpft Tyrannen, einäugige Riesenmonster, Zauberer und Piraten.
Die 25-minütigen Folgen liefen morgens.

FANTASY ISLAND   SAT.1, KABEL 1
1989–1991 (Sat.1); 1992–1994 (Kabel 1); 1996 (Sat.1). 151-tlg. US-Fantasyserie von Gene Levitt (»Fantasy Island«; 1978–1984).
Auf der tropischen Insel Fantasy Island können Urlauber ihre lang gehegten Wunschträume ausleben. Der mysteriöse Inselbesitzer Mr. Roarke (Ricardo Montalban) und sein Assistent Tattoo (Herve Villechaize) sorgen dafür, dass auf dem paradiesischen Eiland jeder Wunsch wahr wird. Mit seinen besonderen Fähigkeiten kann Roarke sogar die Vergangenheit zurückholen. Roarkes neuer Assistent und

Mr. Roarke (Ricardo Montalban) und sein Assistent Tattoo (Herve Villechaize) begrüßen die Gäste auf *Fantasy Island*.

Tattoos Nachfolger wird in der siebten Staffel Lawrence (Christopher Hewett).
Jede der einstündigen Folgen zeigte überschneidend zwei oder drei Erlebnisse verschiedener Urlauber. Produzenten waren Aaron Spelling und Leonard Goldberg. Die Serie war das Vorbild für die deutsche Serie *Insel der Träume*. 1998 entstand eine Neuauflage der Originalserie unter gleichem Titel, die ab 2000 ebenfalls in Sat.1 zu sehen war.

FANTASY ISLAND   SAT.1
2000. 13-tlg. US-Fantasyserie (»Fantasy Island«; 1998–1999).
Der geheimnisvolle Mr. Roarke (Malcolm McDowell) ist Herr über eine romantische Insel, auf der er Urlaubern mit seinen übernatürlichen Fähigkeiten Wunschträume erfüllt. Cal (Louis Lombardi), Harry (Edward Hibbert) und die Formwandlerin Ariel (Madchen Amick) sind seine Assistenten; Fisher (Fyvush Finkel) und Clia (Sylvia Sidney) führen das Reisebüro, das die Urlauber auf die Insel schickt.
Neuauflage der gleichnamigen Serie von 1978, die außer der Grundidee wenig Gemeinsamkeiten mit dem Original aufwies. Die einstündigen Folgen dieser Version liefen am Sonntagmittag.

FANTOMAS   ZDF
1980. 4-tlg. frz. Krimireihe von Bernard Revon nach den Romanen von Pierre Souvestre und Marcel Allain, Regie: Claude Chabrol, Juan-Luis Buñuel (»Fantômas«; 1980).
Gangsterkönig Fantomas (Helmut Berger) narrt halb maskiert Inspektor Juve (Jacques Dufilho) und den jungen Beamten Fandor (Pierre Mallet). Die Witwe Lady Beltham (Gayle Hunnicut) verehrt den Superganoven einerseits, würde ihn andererseits aber gern auf den rechten Weg bringen. Ihr Mann wurde von Fantomas getötet.
Jede Folge hatte Spielfilmlänge.

FARBE BEKENNEN   ARD
Seit 1990. Reihe mit aktuellen Interviews mit Spitzenpolitikern.
Farbe bekennen war die ARD-Antwort auf das erfolgreiche ZDF-Konzept *Was nun …?* Auch hier wurden, wenn die Nachrichtenlage es nahe legte, der Bundeskanzler, Oppositionsführer oder andere wichtige Politiker von zwei Fragern in die Zange genommen, die im Fall der ARD nicht nur Rechts und Links, sondern auch verschiedene ARD-Anstalten repräsentierten. Regelmäßige Teams bildeten die Chefredakteure Sigmund Gottlieb (rechts, BR) und Nikolaus Brender, später Marion von Haaren (links, WDR) sowie Volker Herres (links, NDR) und Wolfgang Kenntemich (rechts, MDR). Ab November 2004 bildeten Gabi Bauer und ARD-Chefredakteur Hartmann von der Tann das neue Interviewteam, das sich nicht mehr mit anderen abwechseln musste.
Anders als es der Titel suggeriert, können die Politiker natürlich wie üblich farblos bleiben.

FARSCAPE – VERSCHOLLEN IM ALL   SAT.1
2000–2002. 44-tlg. US-Science-Fiction-Serie von Rockne S. O'Bannon (»Farscape«; 1999–2003).
Durch einen Magnetsturm wird der Astronaut Commander John Crichton, Jr. (Ben Bowder) in ein fernes Paralleluniversum katapultiert. Das seltsame Raumschiff »Moya«, tatsächlich ein lebender Organismus, nimmt ihn auf. Es ist von einer merkwürdigen Mischung unterschiedlichster Spezies bevölkert. Zur Besatzung gehören Officer Aeryn Sun (Claudia Black), General Ka D'Argo (Anthony Simcoe), Pa'u Zotoh Zhaan (Viginia Hey) und Rygel XVI. Gemeinsam flüchten sie vor einer kriegerischen Rasse, die irreführend Peacekeeper heißt. Deren Anführer ist der grausame Captain Bialar Crais (Lani John Tupu). Auf ihrer Odyssee treffen sie auf immer neue Wesen und Planeten. Nicht alle Rollen waren mit Schauspielern besetzt, einige Außerirdische, z. B. Rygel XVI, wurden von Puppen verkörpert, die aus Jim Hensons Muppets-Fabrik stammten.
Sat.1 zeigte die Serie ein paar Wochen lang freitags um 20.15 Uhr und verlegte sie dann wegen zu schwacher Quoten ins Nachmittagsprogramm am Wochenende. Die dritte und vierte Staffel mit 44 weiteren Episoden wurden nicht im Free-TV gezeigt, die vierte nicht einmal im Pay-TV.

FASHION AFFAIRS   TELE 5
→ Reich und schön

FAST EIN GENTLEMAN ZDF
2000. 6-tlg. dt. Episodenreihe von Cornelia Willinger mit in sich abgeschlossenen Geschichten.
Die einzelnen Folgen hatten außer dem Serientitel und dem Hauptdarsteller Friedrich von Thun nichts gemeinsam. Die 50-Minuten-Episoden liefen samstags um 19.25 Uhr.

FAST PERFEKT RTL
2000. 20-tlg. US-Sitcom (»Minor Adjustments«; 1995–1996).
Der Kinderpsychologe Dr. Ron Aimes (Rondell Sheridan) ist eigentlich selbst noch ein großes Kind. Mit seiner Frau Rachel (Wendy Raquel Robinson) hat er einen zehnjährigen Sohn namens Trevor (Bobby E. McAdams II.) und eine vierjährige Tochter namens Emma (Camille Winbush), an denen er mit seinen psychologischen Fähigkeiten oft scheitert. Ron teilt sich die Praxis mit Dr. Bruce Hampton (Mitchell Whitfield) und Dr. Francine Bailey (Linda Kash). Hamptons Nichte Darby Gladstone (Sara Rue) ist ihre Sprechstundenhilfe.
Die Serie lief samstagmittags.

FAST WIA IM RICHTIGEN LEBEN ARD
1979–1988. 12-tlg. dt. Sketchreihe von Gerhard Polt und Hanns Christian Müller.
Polt karikiert mit Gisela Schneeberger, Walter Schmiedinger, Otto Grünmandl und anderen die Alltagsspießigkeit und erzählt Humoresken, in denen sich hinter jeder vordergründigen Idylle Abgründe auftun und es vom gemütlichen Spießer zum brutalen Amokläufer nur ein winziger Schritt ist.
Die Folgen dauerten 45 Minuten. Die Serie erhielt den Grimme-Preis mit Bronze 1981.

FAST WIE ZU HAUSE ARD
2000. 14-tlg. US-Sitcom (»Union Square«; 1997–1998).
Die Freunde Gaby Diaz (Constance Marie), Michael Weiss (Michael Landes) und Suzanne Barkley (Harriet Sansom Harris) hängen in ihrem Stammlokal »Union Square Diner« herum. Zum dortigen Personal gehören Besitzer Vince (Jeffrey Anderson-Gunter), die Bedienungen Carrie (Christine Burke) und Albie (Jonathan Slavin) sowie der Koch Jack Pappas (Jim Pirri).
Lief dienstags gegen Mitternacht.

FASTLANE VOX
2003–2004. 22-tlg. US-Actionserie von John McNamara und McG (»Fastlane«; 2002–2003).
Die zwielichtigen Polizisten Van Ray (Peter Facinelli) und Deaqon Hayes (Bill Bellamy) ermitteln verdeckt gegen die feine Verbrechergesellschaft von Los Angeles. Während sie verschiedene Fälle lösen, sind sie immer auf der Suche nach den Mördern von Deaqons Bruder und Vans Partner Andre (Vondie Curtis Hall). Die beiden haben freien Zugang zum »Candy Store«, einem Warenhaus voller konfiszierter Güter, von teuren Uhren bis zu Sportwagen, mit denen Deaqon und Van in den einschlägigen Kreisen glaubwürdig wirken. Ihre Chefin und Auftraggeberin ist Billie Chambers (Tiffani Thiessen).
Die Serie sollte eigentlich bei RTL 2 laufen, und dorthin hätte sie auch ganz gut gepasst. Vox war gerade dabei, sein Programm auf hochwertige US-Produktionen auszurichten, und dazwischen wirkte diese etwas deplatziert. Die einstündigen Folgen liefen erst dienstags, dann montags um 20.15 Uhr. Die Serie erlebte nur eine Staffel. Größeren Erfolg hatte Serienerfinder und Regisseur McG, dessen voller Name Joseph McGinty Nichol lautet, mit Musikvideos (z. B. das preisgekrönte »Walking On The Sun« von Smash Mouth) und Kinofilmen (z. B. die »Charlie's Angels«-Filme).

FASZINATION ERDE ZDF
Seit 2003. Preisgekrönte Wissenschaftsdoku über Naturwunder und Geheimnisse der Erde von und mit Joachim Bublath. Bisher neun Folgen in drei Staffeln liefen sonntags um 19.30 Uhr; zwischendurch erklärte Bublath die *Faszination Universum*.

FASZINATION UNIVERSUM ZDF
Seit 2003. Und dann wurde es ihm auf der Erde zu klein, und er zog ins Universum ein. Joachim Bublath hatte zuvor schon die *Faszination Erde* erklärt, jetzt ging es in bisher zwei Staffeln mit je drei Folgen um Geheimnisse des Weltalls. Auch darüber hatte Bublath bereits in den Reihen *Chaos im Universum* und *Geheimnisse unseres Universums* berichtet.
Faszination Universum lief sonntags um 19.30 Uhr. Zu der Reihe veröffentlichte Bublath auch Bücher.

FATA MORGANA RTL
1998. »Die wüste Orientshow«. Samstagabendspielshow mit Hugo Egon Balder.
In einem auf Wüste getrimmten Studio wird ein Geist aus der Flasche befreit, der danach kluge Kommentare aus dem Off abgibt und Studiokandidaten Wünsche erfüllt. Das sind so aufregende Sachen wie: einmal eine Tortenschlacht machen, einmal als Model auftreten, einmal am Times Square den Verkehr regeln. Dafür müssen die Kandidaten jeweils eine Aufgabe erfüllen und sich dabei möglichst zum Affen machen.
Die meisten Kritiker und Zuschauer hatten nur den einen Wunsch; diese Sendung nicht mehr sehen müssen. Er wurde ihnen prompt erfüllt.

FATMAN ODER DER DICKE UND ICH ZDF
→ Jake & McCabe – Durch dick und dünn

FAUST ZDF
1994–1997. 24-tlg. dt. Krimiserie.
Hauptkommissar Oskar Faust (Heiner Lauterbach) ist für die Polizei als verdeckter Ermittler im Verbrechermilieu im Einsatz. Bei seinen Ermittlungen unterstützt ihn anfangs seine Kollegin Verena Severin (Janette Rauch), später (ab Folge 7) Ulrike Krüger (Stephanie Philipp).

Die einstündigen Folgen liefen freitags um 20.15 Uhr im Wechsel mit den anderen Krimiserien *Derrick*, *Ein Fall für zwei* und *Der Alte*. *Faust* konnte sich jedoch nicht langfristig als erfolgreicher Freitagskrimi etablieren und verschwand nach gut drei Jahren wieder aus dem Programm. Die Nachfolgeserie *Mordkommission* ereilte ein ähnliches Schicksal.

FÄUSTE, GANGS UND HEISSE ÖFEN   PRO SIEBEN
1990. 7-tlg. US-Actionserie von Lawrence Gordon, Rick Husky und Steven de Souza (»The Renegades«; 1983).
Bandit (Patrick Swayze), Eagle (Randy Brooks), Tracy (Tracy Scoggins), J. T. (Paul Mones), Dancer (Robert Thaler), Dragon (Brian Tochi) und Gaucho (Fausto Bara) sind Mitglieder einer Jugendgang. Sie erklären sich bereit, als verdeckte Ermittler für die Polizei zu arbeiten. Lieutenant Frank Marciano (James Luisi) ist ihr Kontaktmann, Captain Scanlon (Kurtwood Smith) dessen Chef.
Früher, erfolgloser Vorläufer von *21, Jump Street*. Pro Sieben zeigte die knapp einstündigen Folgen montags gegen 22.00 Uhr.

FAWLTY TOWERS   ARTE
→ Fawltys Hotel

FAWLTYS HOTEL   WDR, DFF 1, SAT.1
1978 (WDR); 1987 (DFF 1); 1996–1997 (Sat.1). 12-tlg. brit. Sitcom von John Cleese und Connie Booth (»Fawlty Towers«; 1975–1979).
Basil Fawlty (John Cleese) führt mit seiner Frau Sybil (Prunella Scales) in dem englischen Küstenort Torquay das kleine, etwas heruntergekommene Hotel »Fawlty Towers«. Basil hat es nicht leicht. Vor allem stören die Gäste, die zudem fast nie der Oberschicht angehören, die er so gern massenhaft anziehen würde. Seine Frau hat diese lästige Vorstellung, dass er als Hotelchef auch den Pflichten eines Hotelchefs nachkommen sollte, und die Fähigkeit, ihn mit einem energischen »Basil!« dazu zu bringen, zu tun, was sie ihm sagt, oder zumindest so zu tun, als ob. Weil Basil nicht nur faul, sondern auch geizig ist, beschäftigt er als Kellner den Spanier Manuel (Andrew Sachs), dessen Begriffsstutzigkeit nicht so dramatisch wäre, wenn sie sich nicht fatal mit seinen mangelnden Kenntnissen der Landessprache ergänzen würde. Allein die junge, vernünftige Studentin Polly (Connie Booth), die im Hotel aushilft, ist ein Pol der Ruhe und Vernunft.
Als Stammgäste leben dort der schwerhörige Major Gowen (Ballard Berkeley) sowie die alten Ladys Tibbs (Gilly Flower) und Gatsby (Renée Roberts). Alle anderen Besucher werden entweder durch Basils trotzige und unfreundliche Art vertrieben oder durch das Chaos, das seine verrückten Ideen, Fehler und anschließenden Vertuschungsversuche auslösen. Als sich einmal Deutsche einquartieren, ist Basil so besessen davon, alles richtig zu machen und »den Krieg« nicht zu erwähnen, dass er ihn ununterbrochen erwähnt, schließlich »Heß-Süppchen« und »Hering Goering« serviert und im Stechschritt durch den Speisesaal marschiert.

Fawltys Hotel ist ein Klassiker und gilt als eine der besten britischen Comedyserien überhaupt. Aus der einfachen Ausgangssituation entwickelten sich durch Missverständnisse und Verwechslungen, die sich auf schreckliche Weise ergänzten, ebenso absurde wie perfekt konstruierte Situationen. Hinzu kamen hervorragende Schauspieler, genaues Timing und Lust am überdrehten Spiel wie am Perfektionismus. *Fawlty Hotel* spießte die fatalen Marotten der Engländer und ihr Klassenbewusstsein auf, enthielt aber genügend Slapstick- und klassische Sitcomelemente, um auch international ein Riesenerfolg zu werden. Inspiriert wurde Cleese zu der Serie, als er mit Monty Python im Hotel »Gleneagles« in Torquay war. Es wurde von Donald Sinclair geführt, der der unfreundlichste Hotelbesitzer der Welt gewesen sein soll. Alle anderen Monty-Python-Mitglieder zogen um, Cleese und seine damalige Frau Booth blieben. Die deutsche Ausstrahlungsgeschichte ist, gelinde gesagt, unübersichtlich. Zuerst waren fünf Folgen unter dem Titel *Zimmer frei* in mehreren Dritten Programmen zu sehen. 1987 zeigte das DDR-Fernsehen zehn Folgen als *Ein verrücktes Hotel*, die RTL 1990 unter dem Titel *Fawltys Hotel* wiederholte. arte zeigte die Serie 1992 komplett als *Fawlty Towers* im Original mit Untertiteln. Sat.1 erwarb einige Jahre später die Rechte an *Fawlty Towers* und *Monthy Python's Flying Circus* und synchronisierte die Serie neu. Diesmal sprach Cleese mit seiner üblichen deutschen Stimme, der von Thomas Danneberg, und diesmal wurden alle zwölf Folgen gezeigt, inklusive »Die Deutschen«. Der Titel lautete nun: *Das verrückte Hotel – Fawlty Towers*.
In den USA wurde die Serie mit *Amandas stilles Haus* adaptiert, in Deutschland startete RTL einen kurzlebigen Versuch mit *Jochen Busse in Zum letzten Kliff*. Beide Staffeln sind neuerdings auch auf Deutsch auf DVD erhältlich.

FAY   ARD
1977–1978. 9-tlg. US-Sitcom von Susan Harris (»Fay«; 1975).
Fay Stewart (Lee Grant) beschließt, sich nach 25 Jahren von ihrem notorisch untreuen Ehemann Jack (Joe Silver) zu trennen und ein neues Leben anzufangen. Sie nimmt sich ein Apartment, geht aus, trifft Männer und tritt eine Stelle als Sekretärin bei den Anwälten Danny Messina (Bill Gerber) und Al Cassidy (Norman Alden) an. Ihre konservative Tochter Linda (Baines Margaret Willock) und deren Mann Dr. Elliott Baines (Stewart Moss) sind entsetzt. Fays beste Freundin Lillian (Audra Lindley) dagegen, selbst unglücklich verheiratet, nimmt regen Anteil an ihren Eskapaden. Lief im Vorabendprogramm.

FBI   ARD, PRO SIEBEN, KABEL 1
1968–1972 (ARD); 1989–1991 (Pro Sieben); 1992–1996 (Kabel 1). 238-tlg. US-Krimiserie (»The F.B.I.«; 1965–1974).

FBI: Efrem Zimbalist, Jr. bemüht sich um die Aufklärung von Kriminalfällen und ein ordentliches Bild des FBI.

Inspector Lewis Erskine (Efrem Zimbalist, Jr.), ein ernster, ehrlicher und ruhiger Mann, ermittelt für das Federal Bureau of Investigation (FBI) in kniffligsten Fällen aus verschiedensten Verbrechenssparten. Bei der Jagd nach Drogendealern, Entführern, Mördern und Geldfälschern unterstützen ihn die Agenten Arthur Ward (Philip Abbott), Jim Rhodes (Stephen Brooks) und Tom Colby (William Reynolds) sowie Chris Daniels (Shelly Novack). Rhodes ist gleichzeitig der Freund von Erskines Tochter Barbara (Lynn Loring). Dankbar nimmt die Welt die Arbeit der höflichen Beamten an.

Die Fälle basierten auf tatsächlichen Fällen des FBI. Der damalige FBI-Direktor J. Edgar Hoover kooperierte mit den Machern der Serie, was in der Praxis bedeutete, dass Folgen so lange feingeschliffen wurden, bis Hoover das FBI im rechten Licht präsentiert sah. In den USA erschien Zimbalist am Ende mancher Folgen mit einem Fahndungsaufruf nach tatsächlichen Verbrechern, die vom FBI gesucht wurden.

Die ARD zeigte 40 der einstündigen Episoden in loser Folge im Abendprogramm. Die restlichen 198 Folgen liefen erst ca. 20 Jahre später erstmals in Deutschland auf Pro Sieben und Kabel 1.

F.B.I. – DEM VERBRECHEN AUF DER SPUR   RTL 2

Seit 2002. US-Doku-Serie (»FBI Files«; seit 1998). Fernsehkameras begleiten die Arbeit der Ermittler bei der Aufklärung verschiedener Kriminalfälle, schauen ihnen bei der akribischen Spurensuche und Analyse von Beweismitteln über die Schulter und vermitteln Einblicke in das kriminaltechnische Labor. Die Serie des amerikanischen Discovery Channel entstand in enger Zusammenarbeit mit dem FBI, das zum ersten Mal seine Türen für ein Fernsehteam öffnete.

RTL 2 zeigte die einstündigen Folgen zunächst sonntags um 21.15 Uhr, dann am späteren Abend.

FEAR FACTOR   RTL

2004. Einstündige Gameshow mit Sonja Zietlow. Sechs Kandidaten müssen ihre Ängste überwinden und riskante oder eklige Aufgaben bewältigen: in der Premiere z. B. mit einem Fahrrad von einem Dach ins Leere springen und sich an einem Netz festkrallen, den Kopf in einen Behälter mit Maden oder Kakerlaken stecken und sich auf einem rotierenden Sitz drehen lassen sowie kopfüber unter Wasser mit einem Gewicht in den Händen so lange wie möglich die Luft anhalten. Bei den ersten Spielen scheidet aus, wer versagt, der Gesamtsieger ist derjenige, der beim letzten Spiel am längsten durchhält. Er gewinnt 25 000 €.

Anders als beim gleichnamigen britischen Vorbild der von Endemol produzierten Show, die auch in viele andere Länder verkauft wurde, sollte der Schwerpunkt eher auf sportlichen Leistungen als auf dem Ekelfaktor liegen. Es war dann doch ziemlich eklig, aber auch ziemlich unspektakulär. Sechs Folgen, davon ein Prominenten-Special, liefen donnerstags um 21.15 Uhr.

FEAR FACTOR: DIE WAHRE DIMENSION DER ANGST   RTL 2

→ X-Factor: Die wahre Dimension der Angst

FEDS – DAS ELITEKOMMANDO   KABEL 1

1996. 7-tlg. austral. Krimiserie von John Reeves und Vince Moran (»The Feds«; 1993–1995).

Die australische Staatspolizei ist bei heiklen Fällen im Einsatz. Zu ihren besten Leuten gehören Superintendent David Griffin (Robert Taylor) und Sergeant Jo Moody (Angie Milliken); Commander Rainer Bass

(John Bach) ist ihr Vorgesetzter. Es geht um den Personenschutz bei Staatsempfängen, um terroristische Attentate, Kidnapping, Drogenkartelle und das internationale Verbrechen als solches. Die Einsätze führen die Beamten auch ins Ausland.
Jede Folge hatte Spielfilmlänge. Drei weitere Folgen liefen später in Ballungsraumsendern.

DER FEIND ARD
1986. 6-tlg. brit. Kinderserie (»The Machine Gunners«; 1983).
Der zwölfjährige Chas McGill (Shaun Taylor) sammelt im Zweiten Weltkrieg in Garmouth Fundstücke des Krieges. In einem abgestürzten Bomber findet er die Leiche eines deutschen Soldaten und dessen Maschinengewehr. Mit drei Freuden versteckt er die Waffe und versucht, sie wieder schussbereit zu machen. Die Kinder glauben, so ihren Beitrag zum Krieg leisten und notfalls ihre Heimat verteidigen zu können. Eltern, Polizei und Lehrer wollen ihnen das gefährliche Stück abnehmen, aber die Kinder sind zu schlau für sie. Sie lassen sich für ihren Plan sogar mit einem deutschen Piloten ein.
Die Folgen hatten eine Länge von 25 Minuten.

FEIVEL DER MAUSWANDERER UND SEINE FREUNDE SAT.1
1995 13-tlg. US-Zeichentrickserie nach den erfolgreichen Kinofilmen (»Fievel's American Tails«; 1992–1993): Neue Geschichten mit Feivel, seinen Eltern und seinen Schwestern Tasha und Yasha.

FELICITAS AUF LEISEN PFOTEN ARD
1989. 13-tlg. dt. Familienserie.
Ann Weihnacht (Heike Faber) ist die Haushälterin von Karl-Friedrich Braun (Joost Siedhoff). Ihre beste Freundin ist ihre Katze Felicitas, mit der sie über alles reden kann. Und das Dolle: Die Katze antwortet sogar. Die halbstündigen Folgen liefen im regionalen Vorabendprogramm.

FELICITY RTL, RTL 2
2001 (RTL); seit 2004 (RTL 2). US-Teenieserie von J. J. Abrams und Matt Reeves (»Felicity«; 1998–2002).
Die junge Studentin Felicity Porter (Keri Russell) hat sich in ihren ehemaligen Mitschüler Ben Covington (Scott Speedman) verliebt und folgt ihm von Kalifornien nach New York auf die Universität. Er interessiert sich jedoch nicht für sie. Trotzdem bleibt Felicity in New York. Ihre neuen Kommilitoninnen sind Julie Emrick (Amy Jo Johnson), die ihre beste Freundin wird und mit Ben zusammenkommt, ihre Zimmergenossin Meghan (Amanda Foreman), Elena Tyler (Tangi Miller), Noel Crane (Scott Foley), der Felicitys Freund wird, Richard (Robert Patrick Benedict) und Bens Zimmergenosse Sean Blumberg (Greg Grunberg). Neben der Uni jobbt Felicity in dem Lokal »Dean & DeLuca«, das dem schwulen Spanier Javier (Ian Gomez) gehört.
Völlig aus dem Rahmen der üblichen Teeniegeschichten zwischen Schule und Liebe fiel die Folge »Hilfe für gebrochene Herzen« der zweiten Staffel. Produzent J. J. Abrams war der Meinung, seine Charaktere seien nun genug in Gefühlswirrwarr verstrickt, und wollte sie am liebsten irgendwo einsperren. Genau das tat er in einer Schwarz-Weiß-Folge, die anlässlich des 40-jährigen Bestehens von *Unwahrscheinliche Geschichten* (*Twilight Zone*) ganz im Stil der alten Mysteryserie gehalten war. Regisseur der Folge war der 77-jährige Lamont Johnson, der Jahrzehnte zuvor etliche Episoden von *Twilight Zone* gedreht hatte.
18 einstündige Folgen der 84-tlg. Serie liefen im Rahmen des Teenie-Soap-Blocks samstags gegen 16.00 Uhr bei RTL. Drei Jahre später startete RTL 2 einen neuen Durchlauf kurz vor Sonnenaufgang und versendete dort auch unbemerkt neue Folgen.

FELIX – EIN FREUND FÜRS LEBEN RTL
1997. 14-tlg. dt. Hundeserie.
Die Familie König ist gerade nach Bonn umgezogen, als sie unerwartet Zuwachs bekommt: Der Bernhardiner Felix läuft dem Vater Arnold (Alexander Pelz), einem Rechtsanwalt, vors Auto. Auch wenn der Hundehasser zunächst dagegen ist: Das Tier bleibt natürlich bei ihm, seiner Frau Ellen (Elisabeth Niederer) und den Kindern Julia (Nadine Neumann) und Tim (Marc Diele) und schlabbert alles voll. Der Rest ist voraussehbar: Erst macht er in jeder Folge alles kaputt, dann rettet er eine Situation und guckt süß.
Serienversion des Films »Ein Hund namens Beethoven«, gespielt von dem gleichen Hund, Gator. Eine Anspielung darauf steckte in der Pilotfolge: Felix besucht das Denkmal Beethovens in Bonn und guckt beeindruckt.
Nach dem spielfilmlangen Pilotfilm liefen die 13 einstündigen Folgen freitags um 20.15 Uhr.

FELIX UND BRUDER TOM ARD
→ Das feuerrote Spielmobil

FELIX UND DIE WILDEN TIERE BR, ARD
Seit 2002 (BR); seit 2003 (ARD). Naturdokus.
Der Biologe Felix Heidinger reist rund um die Welt, stellt seltene, interessante und gefährliche Tiere in ihrer natürlichen Umgebung vor und berichtet über ihre Schicksale. Die halbstündigen Folgen laufen im Kinderprogramm.

FELIX UND OSKAR ZDF
1980. »Eine heitere Serie um ein seltsames Paar«. 6-tlg. dt. Sitcom von Peter Vincent und Peter Robinson nach dem Bühnenstück von Neil Simon, Regie: Michael Kehlmann.
Nach ihrer jeweiligen Scheidung ziehen die Freunde Oskar (Heinz Baumann) und Felix (Horst Bollmann) zusammen in eine WG. Der Beamte Felix ist ein krankhafter Ordnungsfanatiker, der Sportreporter Oskar hinterlässt Chaos, wo auch immer er ist. Diese Unterschiede führen regelmäßig zum Krach. Blanche (Evelyn Hamann) ist die Ex-Frau von Oskar.

Die Serie war eine schlichte Kopie der erfolgreichen und wesentlich langlebigeren US-Sitcom *Männerwirtschaft,* der bereits der Film »Ein seltsames Paar« und natürlich das gleichnamige Bühnenstück vorausgegangen waren.
Die Serie lief freitags um 21.15 Uhr.

FELIX UND ZWEIMAL KUCKUCK ZDF
1992. 13-tlg. dt. Familienserie.
Als Felix Jung (Karsten Speck) nach zehn Jahren aus den USA zurück in seine Heimat an den Bodensee kommt, erwarten ihn dort Katharina (Marion Kracht) und Anna Kuckuck (Tamara Rohloff), zwei Schwestern, mit denen er seine Jugend verbracht hat. Beide umwerben ihn, doch er kann sich nicht entscheiden.
Die dreiviertelstündigen Folgen liefen freitags um 19.25 Uhr.

FENN – HONG KONG PFUI ZDF
1976. 13-tlg. US-Zeichentrickserie von William Hanna und Joseph Barbera (»Hong Kong Phooey«; 1974–1975).
Der Hund Fenn ist der Hausmeister im Polizeirevier 7. Er hat jedoch eine zweite, eine Superheldenidentität. Wann immer er in die obere Schublade seines Aktenschranks springt, kommt er aus der unteren als Hong Kong Pfui heraus, als ein kampfbegabter Superheld, der gemeinsam mit dem Revierkater in seinem Pfui-Mobil durch die Stadt rast und tollpatschig Verbrecher zur Strecke bringt.
Die amüsante Parodie auf Superheldenfilme erreichte trotz ihrer Kurzlebigkeit einen beachtlichen Bekanntheitsgrad. Die Folgen liefen donnerstags, waren 25 Minuten lang und bestanden aus jeweils zwei kurzen Episoden. Drei Folgen ließ das ZDF aus.

FERDINAND FUCHS ARD
→ Ferdinand Fuchs bittet um Mitarbeit

FERDINAND FUCHS BITTET UM MITARBEIT ARD
1967–1969. Ratekrimi für Kinder von Peter Stripp, Regie: Bruno Voges.
Der Detektiv Ferdinand Fuchs (Horst Lipsch) ermittelt in kleineren Vergehen. Es geht um verschwundene Brötchen, gestohlene Fotoapparate oder Giftpäckchen. Nach Spielszenen, die in die Situation einführen, wird der Film angehalten und eine Reihe möglicher Täter vorgestellt. Die jungen Zuschauer müssen dann schlussfolgern, wer in Frage kommt. Wer zu Hause richtig tippt, kann Preise wie Radios, Bücher oder Fotoapparate gewinnen und ins Stuttgarter Fernsehstudio eingeladen werden.
Die Reihe brachte es auf 16 halbstündige Schwarz-Weiß-Ausgaben, die an wechselnden Wochentagen und in unregelmäßigen Abständen im Nachmittagsprogramm liefen. Ab September 1973 wiederholte die ARD unter dem Titel *Ferdinand Fuchs* fünf Fälle, jetzt ohne Aufforderung zum Mitraten, ergänzt durch ein neues farbiges Rahmenprogramm, in dem Kinder im Studio über die Fälle diskutierten.

FERDY SWR
1987. 26-tlg. brit. Zeichentrickserie nach den Büchern von Ondrej Sekora (»Ferdy The Ant«; 1984).
Die Ameise Ferdy ist bei einem Ausflug von ihrem Ameisenhaufen getrennt worden und lebt nun mit dem Holzwurm Tollpatsch und dem Käferhund Schnüffel in einem Haus im Käfertal. Ferdy ist in das Maikäferchen Gwendolin verliebt.
Lief später auch in der ARD.

FERIEN AUF DER KRÄHENINSEL ARD
1966–1967. 13-tlg. schwed. Kinderserie von Astrid Lindgren (»Vi pa Saltkråkan«; 1964–1968).
Der allein erziehende Melker Melkersson (Torsten Lilliecrona) verbringt mit seinen Kindern Malin (Louise Edlund), Johan (Björn Söderbäck), Niklas (Urban Sprand) und Pelle (Stephen Lindholm) die Sommerferien auf der Kräheninsel Saltkrokan. Nachdem sie aus der verwahrlosten Ferienhütte eine ganz ordentliche Unterkunft gezimmert haben, kehren sie jährlich im Sommer dorthin zurück. Dabei erlebt Pelle mit seinen Freundinnen Tjorven (Maria Johansson) und Stina (Kristina Jämtmark) und dem Bernhardiner Bootsmann viele Abenteuer.
Dies war die einzige Erzählung von Astrid Lindgren, die direkt fürs Fernsehen geschrieben wurde. Torsten Lilliecrona verfluchte später seine Rolle als Familienvater: Wann immer er in den Folgejahren im Theater eine ernsthafte Rolle spielen wollte, habe das Publikum gegrölt: »Da kommt doch der Melker!«, erzählte er.
Die ARD zeigte die 13 halbstündigen Schwarz-Weiß-Folgen in mehr oder weniger loser Folge. Vier Jahre später liefen im ZDF acht neue Folgen unter dem Titel *Ferien auf Saltkrokan.* Dieser Titel wurde auch für eine Kinofassung der ersten Serie benutzt.

FERIEN AUF SALTKROKAN ZDF
1971. 8-tlg. schwed. Kinderserie von Astrid Lindgren, Regie: Olle Hellbom (»Sa gar det till pa Saltkråkan«; 1964–1967).
Weitere Abenteuer des allein erziehenden Vaters Melkersson (Torsten Lilliecrona) mit seiner erwachsenen Tochter Malin (Louise Edlund) und den Söhnen Johan (Björn Söderbäck), Niklas (Urban Sprand) und Pelle (Stephen Lindholm) sowie dem Bernhardiner Bootsmann in den Sommerferien auf Saltkrokan.
Ferien auf Saltkrokan war scheinbar die Fortsetzung von *Ferien auf der Kräheninsel.* In Wahrheit liegt der Fall komplizierter: *Ferien auf Saltkrokan* war ursprünglich eine schwedische Kinoproduktion, die auf *Ferien auf der Kräheninsel* beruhte. Aus den vier Filmen machte Lindgren selbst eine schwedische Fernsehversion, die das ZDF kaufte und ausstrahlte. Bei den vielen Wiederholungen wurde auch häufig die ursprüngliche 4-tlg. Spielfilmreihe gezeigt, oft genug aber auch eine noch kleiner gehackte Version in 16 Folgen à 25 Minuten. Um die Verwirrung komplett zu machen, gibt es eine Spielfilmfassung von *Ferien auf der Kräheninsel,* durch die beide Serien zusammen in Form von fünf

DIE FERIEN DES HERRN ROSSI — ARD
1978. 4-tlg. ital. Zeichentrickserie (»Le vacanzo del Signor Rossi«; 1977).
Weitere Fortsetzung von Herr *Rossi sucht das Glück* und *Herr Rossi träumt.* Rossi hat inzwischen eingesehen, dass sich das Glück womöglich auch in der realen Welt der Gegenwart finden lässt, und fährt mit Hund Gastone in die Ferien. Am See, auf dem Bauernhof oder dem Campingplatz bemüht er sich um Erholung.

FERIEN IN LIPIZZA — ARD
1966–1967. 13-tlg. dt.-jugoslaw. Jugendserie von Hanns Wiedmann (»Poèitnice v Lipici«; 1966).
Die 17-jährige Julka (Helga Anders) verbringt die Ferien bei ihrem Onkel Dimitrij (Helmut Schneider), der ein Gestüt leitet. Dort lebt Julkas Lieblingspferd Borej, mit dem sie immer wieder in spannende Erlebnisse verwickelt wird. Sie freundet sich mit dem Geologiestudenten Mirko (Laci Cigoj) an. Stanko (Franz Muxeneder) ist Stallmeister der Pferdezucht.
Die halbstündigen Folgen liefen im regionalen Vorabendprogramm. DFF 1 zeigte die Serie ab 1973 mehrfach.

FERIEN MIT SILVO — ARD
1989. 7-tlg. dt.-tschech. Kinderserie von Václav Pavel Borovička, Regie: Marta Gogálová (Materské znamienko; 1985).
Der kleine Tomaš »Pipo« (Jozef Vrábel) Pipko aus Bratislava nimmt einen Irish Setter in Pflege, den er Silvo tauft. Er fährt mit ihm auf dem Fahrrad zu Onkel Širák (Viliam Polónyi) aufs Land. Dort trifft er Marian Djurina, genannt Maroš (Andrej Belák), und Katka (Katka Šulajová) aus dem Kinderheim. Nach anfänglichen Schwierigkeiten werden Pipo und Maroš beste Freunde. Als die Adoptiveltern mit Mario nicht zurechtkommen, nimmt Pipos Familie ihn bei sich auf.
Die Folgen dauerten jeweils eine halbe Stunde. Die Serie lief im gleichen Jahr unter dem Titel *Pipo schafft alle* in der DDR.

DER FERIENARZT — ZDF
Seit 2004. Dt. Herz-Schmerz-Schluchz-Reihe. Im Mittelpunkt stehen wechselnde deutsche Ärzte, die sich in romantischen Ferienorten niedergelassen haben, und wen sie eben so lieben.
Produzent Wolfgang Rademann hatte mit Ärzten *(Die Schwarzwaldklinik)* und Urlaub *(Das Traumschiff)* seine größten Erfolge gefeiert. Auf seine alten Tage warf er einfach beides zusammen und engagierte wie üblich etliche Mitglieder der Familie Wussow für diverse Rollen. Erster hauptrollender Ferienarzt war der am Gardasee praktizierende Dr. Matthias Hellberg (Michael von Au), danach ging es noch nach Korfu und in die Wachau. Die Folgen hatten Spielfilmlänge und liefen in loser Folge sonntags zur Primetime, bisher dreimal.

FERIENFIEBER — ARD, ZDF
1994–1998. Zeitvertreib für Kinder.
Neuauflage des in den 80er-Jahren sehr erfolgreichen Kinderprogramms zur Ferienzeit, das damals *ZDF-Ferienprogramm für Kinder* hieß. Es bestand wieder aus Wiederholungen beliebter Kinderserien und einem Rahmenprogramm aus Tipps, Spielen und gut gelaunten Moderatoren, darunter Gregor Steinbrenner, Antje Maren Pieper, Singa Gätgens, Juri Tetzlaff und Anke Kortemeier.
Ferienfieber lief täglich am Vormittag im wöchentlichen Wechsel bei ARD und ZDF, zuerst nur im Sommer, später auch in den Osterferien.

FERIENKALENDER — ZDF
→ ZDF-Ferienprogramm für Kinder

DER FERIENMANN — RTL
1998. Comedy-Urlaubsshow mit Thomas Hackenberg als Moderator, Markus Maria Profitlich als Witzfigur und Theo West als Außenreporter.
Obwohl die Sendung aufgezeichnet war, schaffte es RTL, mit einem Trick ein Live-Telefon-Gewinnspiel einzubauen: Hackenberg ist zu sehen, wie er ans Handy geht, dann dreht er sich um und spricht mit dem Rücken zur Kamera mit dem Gewinner. Das Bild ist aufgezeichnet, der Ton live. Merkwürdig und billig sah es trotzdem aus.
Zehn einstündige Sendungen liefen meistens samstags gegen 22.00 Uhr.

FERIENPROGRAMM FÜR KINDER — ZDF
→ ZDF-Ferienprogramm für Kinder

DAS FERIENSCHIFF — ZDF
1968–1969. 13-tlg. dt. Urlaubsserie von Heinz Bothe-Pelzer, Regie: Hermann Kugelstadt.
Auf einem Kreuzfahrtschiff arbeiten Renate (Eleonore Schroth), Ingrid (Anje Roosch) und Ursula (Edith Steinacher); Vandenberg (Hans Walter Clasen) ist der Reiseleiter. Die 25 Minuten langen Folgen liefen freitags im Vorabendprogramm.

FERNFAHRER — ARD
1963–1967. 12-tlg. dt. Abenteuerserie von Theo Mezger, Günter Herburger, Werner Bardili und Rolf Defrank, Regie: Theo Mezger.
Der Trucker Martin Hausmann (Rudolf Krieg) und sein Beifahrer Philip (Pit Krüger) fahren Fracht durch Deutschland. Ihr Fahrzeug hat Hausmann Frau Stadler (Charlotte Schreiber-Just) abgekauft. Es ist ein ziemlich alter Lastzug, dessentwegen sich die Kollegen in der Verteilerstelle gelegentlich über sie lustig machen. Die anderen Fernfahrer sind Hartlieb (Klaus Höhne), Kerrer (Gernot Duda) und Bosk (Edgar Hoppe). Lilly (Monika Berg) ist die Tochter des Gastwirts Latzke (Adolf Gerstung) und eine

Freundin der Fernfahrer, die manchmal mitfährt. Hausmanns und Philips Fracht sorgt regelmäßig für Komplikationen, denn oft wissen die beiden nicht so genau, was sie da geladen haben, sondern lediglich, wann und wo die Fracht abgeliefert werden soll. Hat man ihnen dann Schmuggel- oder Hehlerware untergejubelt, wird die Situation schwierig.
Die Serie lief in sehr loser Folge sonntagnachmittags und brachte es deshalb innerhalb von fünf Jahren nur auf zwölf Folgen, deren Länge zwischen 30 und 60 Minuten schwankte.

FERNFAHRER DFF 1
1971. 7-tlg. frz. Abenteuerserie nach dem Roman »Abenteuer der Fernstraße« von Albert Aycard, Regie: Pierre Cardinal (»La route«; 1963).
Fernfahrer Mathieu (René Dary) und sein junger Beifahrer Dupuy (Jean Gaven) fahren Fracht durch Frankreich und bemühen sich, ihre Termine einzuhalten. Dupuy möchte sich bald selbständig machen. Mathieu ist mit Françoise (Jacqueline Corot) verheiratet, doch dank seines Jobs sieht sie ihren Mann recht wenig.
Die Folgen dauerten 25 Minuten.

FERNFAHRER DFF 1
1980. »Abenteuer auf Spaniens Straßen.« 13-tlg. span. Abenteuerserie von Pedro Gil Paradela, Regie: Mario Camús (»Los camioneros«; 1976).
Trucker Paco (Sancho Garcia) fährt Terminfracht oder Tiere durch Spanien. Wenn er nicht durch eine Panne aufgehalten wird, sträuben sich eben die aufmüpfigen Viecher, oder es passiert sonst etwas total Aufregendes, das seine Fahrt auf 25 Minuten Episodenlänge ausdehnt.

FERNFAHRER MALONE ARD
1970. 13-tlg. US-Truckerserie (»Cannonball«; 1958).
Mike Malone (Paul Birch) und sein Kumpel Jerry Austin (William Campbell) fahren mit ihrem Truck Güter quer durch die USA und Kanada und kämpfen mit Deadlines, Bösewichten und riskanten Verkehrssituationen. Mike ist mit Mary (Beth Lockerbie) verheiratet; sie haben die Kinder Butch (Steve Barringer) und Ginny (Beth Morris).
Die halbstündigen Folgen liefen im regionalen Vorabendprogramm.

DIE FERNSEH-ELTERNSCHULE ZDF
1965–1975. Bildungsfernsehen.
Die Reihe brachte Eltern etwas über ihre Kinder bei, als diese schon im Bett waren. Sie behandelte Fragen der Erziehung, erklärte, wie sich frühkindliche Erlebnisse auf die Entwicklung der Persönlichkeit auswirken, befasste sich mit den richtigen Spielen und einer sinnvollen Ernährung und leistete Hilfestellung zur Sexualaufklärung, weil Deutschland 1970 anscheinend von einer Sex- und Pornowelle überrollt wurde – wie auf jeden Fall zu lesen war. Das war natürlich ein heikles Thema, da musste Intendant Karl Holzamer sicherheitshalber ein Vorwort sprechen. Hinterher bemängelten Kritiker, die Sendung sei zu prüde, zu wissenschaftlich, konzeptionslos und gar fehlerhaft gewesen.
Zu den Autoren der Reihe gehörten Dr. Karl Erich Graebner, Kurt Goldberger, Inge von Bönninghausen, Paul Bielicki und Hannelore Meyer.
Die halbstündigen Folgen wurden zunächst staffelweise am späten Abend, ab 1972 schon nachmittags ausgestrahlt, zeitweise auch unter dem gekürzten Titel *Elternschule*.
Unter dem Titel *Elternschule* liefen im gleichen Zeitraum auch zehnminütige Informationsbeiträge in den Dritten Programmen.

FERNSEH-URANIA DFF 1
1966–1970. Halbstündiges Wissenschaftsmagazin, das gemeinsam vom Fernsehen und der Akademie der Wissenschaften der Sowjetunion produziert wurde. Verstand sich als »gesellschaftswissenschaftlich- und weltanschaulich-propagandistische Magazinsendung«. Der Nachfolger trug den Titel *Neue Fernseh-Urania*. Lief bis Ende 1967 monatlich, nach einer längeren Pause ab Oktober 1969 unregelmäßig am Abend.

FERNSEH-ZOO ARD
→ Im Fernseh-Zoo

FERNSEHEN, FERNSEHEN – MADE IN USA ARD
1981. 8-tlg. US-Fernsehserie (»W.E.B.«; 1978).
Und wie sieht es beim Fernsehen hinter den Kulissen aus? Schrecklich, wenn man dem Fernsehen glauben darf. Die junge Abteilungsleiterin Ellen Cunningham (Pamela Bellwood) ist bei dem Fernsehsender Trans Atlantic Broadcasting (TAB) umgeben von sexlüsternen, idiotischen, korrupten, intriganten Männern. Als da wären: Programmchef Jack Kiley (Alex Cord), Nachrichtenchef Gus Dunlap (Richard Basehart), Verkaufsleiter Dan Costello (Andrew Prine), Finanzchef Walter Matthews (Howard Witt) und Marktforschungschef Harvey Pearlstein (Lee Wilkof).
Dies war die erste amerikanische Fernsehserie über die Fernsehindustrie selbst, und womöglich war sie gar nicht so satirisch überspitzt: Hinter der Serie stand Lin Bolen, die bei NBC einer der ersten weiblichen Progammchefs war und das Vorbild für die Rolle von Faye Dunaway im US-Kinofilm »Network« von 1975 gewesen sein soll.
Die einstündigen Folgen liefen im regionalen Vorabendprogramm.

FERNSEHFIEBER RTL
1992. 18-tlg. US-Fernsehserie von John Eisendrath und Kathryn Pratt (W.I.O.U.; 1990–1991).
Die Belegschaft des finanziell angeschlagenen Nachrichtensenders WNDY gibt sich Mühe, den Sender wieder lukrativ zu machen. Hank Zaret (John Shea) ist der neue Nachrichtenchef, Neal Frazier (Harris Yulin) der überbezahlte Nachrichtenmoderator und

Floyd Graham (Dick Van Patten) der Wettermann. Zur Redaktion gehören außerdem die Produzentinnen Ann Hudson (Jayne Brook) und Liz McVay (Mariette Hartley), die Reporter Eddie Bock (Phil Morris), Taylor Young (Kate McNeil) und Hanks Ex-Freundin Kelby Robinson (Helen Shaver), die neue Co-Moderatorin wird, der Praktikant Willis Teitlebaum (Wally Ward) und Tony Pro (Joe Grifasi), der sich um die Öffentlichkeitsarbeit kümmert. Kevin Doherty (Robin Gammell) ist ihr aller Boss. Der Spitzname des Senders ist WIOU, abgeleitet vom englischen »I Owe You«, »Ich schulde dir ...«.

Die einstündigen Folgen liefen am späten Dienstagabend. Besser und erfolgreicher nahm sich die kanadische Serie *E.N.G. – Hautnah dabei* des gleichen Themas an. Wally Ward war ein Pseudonym des Schauspielers Wallace Langham, das er in späteren Serien nicht mehr benutzte.

FERNSEHGARTEN ZDF
→ ZDF Fernsehgarten

DAS FERNSEHGERICHT TAGT ARD
1961–1978. Justizsendung von Wolf Citron und Ruprecht Essberger nach einer Idee der Anwältin Sina Walden.

In Szenen vor Gericht werden Verhandlungen nachgestellt. Laien- und Profischauspieler stellen Kläger und Beklagte dar, Richter, Staatsanwälte und Verteidiger sind echt. Da das Ergebnis der Verhandlung offen ist, müssen alle Beteiligten ohne Dialogbuch improvisieren.

Die Grundidee war bereits die gleiche, die 40 Jahre später das Nachmittagsprogramm mehrerer Privatsender füllte. Das amerikanische Fernsehen sendet solche Formate schon seit den 50er-Jahren. Der Unterschied zu den späteren Gerichtsshows, die in 45 Minuten Nettosendezeit mehrere Fälle abfertigten, war die Gründlichkeit dieses Vorreiters. Jede Verhandlung dauerte zwei Tage; die beiden 90-minütigen Sendungen liefen jeweils an aufeinander folgenden Tagen, meist dienstags und mittwochs, im Hauptabendprogramm. Danach war aber wieder ein paar Wochen Pause. Der Vorsitzende Richter Dr. August Detlev Sommerkamp hatte vor seiner TV-Karriere den Beruf des Richters 36 Jahre lang ausgeübt. Von den Fernsehzuschauern erhielt er den Spitznamen »Papa Gnädig«. In den Sitzungspausen befragte Reporter Giselher Schaar die Zuhörer im Saal über ihre Meinung zum aktuellen Fall.

In den ersten neun Jahren wurde noch ausschließlich mit Profischauspielern gearbeitet. 1970 kamen erstmals Laien zum Einsatz. Eine Bardame, ein Taxifahrer und eine Krankenschwester spielten eine Bardame, einen Taxifahrer und eine Krankenschwester.

Die Reihe brachte es auf 74 Ausgaben.

FERNSEHKARUSSELL DFF
1952–1954. Bunter Abend mit Varieté, Tanz, Humor, Kleinkunst und einer kleinen Rahmenhandlung im Versuchsprogramm des DDR-Fernsehens.

Das kabarettistisch moderierte Programm, das im Studio in Adlershof produziert wurde, lief 15-mal unregelmäßig, meist am Samstagabend. Einige Sendungen wurden bis zu viermal wiederholt, was damals bedeutete, dass die Nichtfilmteile erneut live aufgeführt wurden.

Das *Fernsehkarussell,* das sich in den ersten Ausgaben noch »Fernseh-Karussell« schrieb, war eine der ersten Unterhaltungssendungen im DDR-Fernsehen und wurde auch als Testfeld für verschiedene Programmformen genutzt: Aus einer Ausgabe des *Fernsehkarussell* ging die Reihe »Schmeckt Ihnen

Früh übt sich ... Der 18-jährige Martin Semmelrogge steht 1974 vor Gericht und Kamera für die Folge »Vatermord« aus der Reihe *Das Fernsehgericht tagt.*

das?« hervor. Die erste Folge bestand zum größten Teil aus Aufnahmen aus dem Zirkus »Barly«, dessen Programm gefilmt worden war. Moderator war häufig Herbert Köfer.

FERNSEHKINDERFUNK MIT DR. ILSE OBRIG ARD
→ Kinderstunde

DER FERNSEHKOCH EMPFIEHLT DFF
→ Fernsehkoch Kurt Drummer empfiehlt

FERNSEHKOCH KURT DRUMMER EMPFIEHLT DFF, DFF 1, DFF 2
1961–1983. Halbstündige Kochsendung mit Kurt Drummer.
Im Vergleich zu Clemens Wilmenrods Westkochshow *Bitte in 10 Minuten zu Tisch* hatte Kurt Drummers Reihe einen geringeren Unterhaltungs-, aber einen höheren Nutzwert. Wie aus dem Lehrbuch kochte er vor, die Wortwahl war so sauber wie die Schürze, Nachkochen zu Hause problemlos möglich. Das lag auch daran, dass Drummer sich auf Zutaten beschränkte, die Bürgern der DDR zugänglich waren. Mit immer den gleichen Zutaten kochte er also immer andere einheimische Gerichte, meistens Suppen und Eintöpfe, und nur ab und zu gab es kulinarische Ausflüge in Bruderländer. Dann wurde z. B. »Leskovacer Tschewaptschitschi«, »Kaninchengüvetsch auf rumänische Art« oder »armenisches Schaschlik« aufgetischt.
Seine ersten Fernsehauftritte hatte Drummer bereits 1958, kurz nach Abschaffung der Lebensmittelmarken. Ursprünglich hieß seine eigene Sendung *Unser Fernsehkoch empfiehlt*, ab 1962 *Der Fernsehkoch empfiehlt*, 1969 schließlich rutschte der Name des längst prominenten Kochs in den Titel. Drummer schrieb auch mehrere Kochbücher, in denen er auch Männern, die sich mal am Herd versuchen wollten, Ratschläge erteilte. Klein sollten sie vorsichtshalber anfangen. Mit einem Ei.
Die Reihe brachte es auf mehr als 500 Folgen und wurde durch *HAPS* abgelöst. Sie lief alle 14 Tage, erst am Samstagnachmittag, ab Ende 1966 freitagabends und ab 1970 donnerstags am frühen Abend.

DAS FERNSEHMAGAZIN DFF
→ Buntes Fernsehmagazin

FERNSEHPITAVAL DFF
1958–1978. Reihe mit historisch-dokumentarischen Fernsehkrimis von Friedrich Karl Kaul und Walter Jupé, Regie: Wolfgang Luderer.
Tatsächliche Kriminalfälle aus der Geschichte werden mitsamt der Gerichtsverhandlung spannend aufbereitet und von Kaul kommentiert, der dafür vorher und hinterher (und manchmal auch zwischendurch) als Moderator am Schreibtisch im Studio ins Bild kommt.
Das *Fernsehpitaval* war die erste Krimireihe im DDR-Fernsehen. Es waren überwiegend Gerichtsprozessfilme mit Kreuzverhören und allem Drum und Dran, mit Filmteilen, die die dramatischen Szenen der verbrecherischen Handlungen zeigten. Die semidokumentarische Darstellung sollte die Zuschauer gleichzeitig unterhalten und bilden – natürlich im Sinne der DDR-Führung: Alle Fälle zeigten die (vermeintliche) Ungerechtigkeit der westdeutschen Justiz oder ihrer Vorgänger. Das hatte den schönen Nebeneffekt, dass man nicht die – offiziell ja kaum existierende – Kriminalität in der DDR thematisieren musste. Den Anfang machten sechs Folgen *Weimarer Pitaval* (1958–1960), die die Mitschuld der Justiz am Ende der Weimarer Republik zeigten. Außer Einzelschicksalen ging es auch um politische Fälle wie den Mord an Rosa Luxemburg und Karl Liebknecht. Weitere zwölf Gerichtsverhandlungen aus dieser Zeit wurden unter dem Titel *Fernsehpitaval* (1960–1962) aufgegriffen. Es folgten drei Fälle jüngeren Datums aus der Bundesrepublik (*Bonner Pitaval*, 1963) und fünf weiter zurückliegende (*Pitaval des Kaiserreichs*, 1966). Bis Ende der 70er-Jahre liefen insgesamt 59 Sendungen, am Schluss wieder meistens unter dem Reihentitel *Fernsehpitaval*. Friedrich Karl Kaul, ein bekannter Strafverteidiger, hatte Pitaval-Geschichten vorher bereits als Buch veröffentlicht und im Hörfunk gesendet. Die Fernsehreihe mit ihrer Mischung aus »wahren Geschichten« und spannender Darstellung kam vor allem bei älteren Zuschauern gut an.
Der Name »Pitaval« geht auf François Gayot de Pitaval zurück, der in der ersten Hälfte des 18. Jh. in mehr als 20 Bänden Aufsehen erregende Kriminalfälle seiner Zeit aufgezeichnet hatte, von denen viele 50 Jahre später, von Friedrich Schiller übersetzt und durch andere Autoren ergänzt, in Deutschland herausgegeben wurden. »Pitaval« hießen auch Sammlungen von Kriminalberichten von Willibald Alexis und Egon Erwin Kisch.

FERNSEHZAUBER 3SAT
1999. Pilotfolge einer geplanten Dokumentationsreihe von Stefan Eckel und Rolf Wolkenstein über Fernsehklassiker, in der, eingebettet in Ausschnitte, Zuschauer und Experten zu Wort kommen, um die langlebige Faszination solcher Sendungen zu ergründen. Die erste Sendung befasste sich mit *Aktenzeichen XY ... ungelöst* (»Ein Klassiker verfolgt seine Zuschauer«). Die Reihe wurde wegen der hohen Produktionskosten für die komponierten Zusammenschnitte nicht fortgesetzt.

FERRIS BUELLER PRO SIEBEN
1994. 13-tlg. US-Sitcom (»Ferris Bueller«; 1990).
Der 16-jährige Ferris Bueller (Charlie Schlatter) richtet an seiner Schule Unheil an und benutzt dazu allerlei technische Spielereien wie Fernbedienungen, tragbare Computer und was sonst noch taugt, den Betrieb lahm zu legen. Direktor Ed Rooney (Richard Riehle) und seine Assistentin Grace (Judith Kahan) haben keine Chance gegen Ferris, ebenso wenig seine Eltern Bill (Sam Freed) und Barbara (Christine Rose), die ihm alles glauben, was er erzählt,

sowie seine Schwester Jeannie (Jennifer Aniston). Cameron Frye (Brandon Douglas) ist Ferris' dümmlicher bester Freund. Die von Ferris bewunderte Sloan Peterson (Ami Dolenz) ist die Einzige, der er keinen Schaden zufügt.

Die Serie basierte auf dem Kinofilm »Ferris macht blau« (»Ferris Bueller's Day Off«; 1986) mit Matthew Broderick in der Titelrolle.

FEST IM SATTEL ARD

1988–1993. 30-tlg. dt.-österr.-schweiz. Familienserie von Krystian Martinek, Regie: Christine Kabisch-Riedel (ab Folge 17 unter dem Namen Christine Kabisch-Knittel).

Gottlieb Stross (Hans Putz) und seine Tochter Ute (Tamara Rohloff; ab Folge 16: Inge Andersen) führen gemeinsam den »Mooshof« und stehen mit dem Gestüt ständig kurz vor der Pleite. Gerichtsvollzieher Otto Bödefeld (Hans Clarin) ist Dauergast. Als Gottlieb stirbt, übernimmt Ute gemeinsam mit Madeleine Duroc (Giselle Pascal) den Hof und macht daraus ein Reiterhotel. Ute ist zunächst mit Werner (Rainer Goernemann) verheiratet, lässt sich aber später von ihm scheiden und heiratet den Tierarzt Dr. Amberg (Michael Tietz). Sie verlässt den »Mooshof«, dessen Leitung dann Bödefeld übernimmt.

Die Serie wurde auf dem Islandpferdegestüt »Mönchhof« in Moosbronn im nördlichen Schwarzwald gedreht. Sie lief im Vorabendprogramm. Die Folgen der ersten Staffel waren je 25 Minuten lang, alle weiteren ab Folge 17 hatten doppelte Länge. Diese wurden später ebenfalls als Kurzfassungen gezeigt, wodurch die Serie 38 Folgen erhielt.

FESTE DER VOLKSMUSIK ARD

→ Sommerfest der Volksmusik

FESTE FEIERN SAT.1

1989–1990. Einstündige Volksmusikshow mit Marianne & Michael und Gästen aus der Schunkelecke, die alle 14 Tage dienstags um 20.00 Uhr lief, insgesamt 24-mal.

FESTIVAL DER SIEGER ARD

Seit 2003. Große 90-minütige Schlagershow. Schlagersänger und Volksmusikanten präsentieren ihre Hits, die in den Wochen vor der Sendung am häufigsten im Radio gespielt wurden.

Die Show trat die Nachfolge der abgesetzten *Schlagerparade der Volksmusik* an, die Andy Borg moderiert hatte. Borg führte, gemeinsam mit Uta Bresan, auch durch die neue vierteljährliche Show, die meistens am Donnerstagabend kam. Zwischendurch lief einmalig die »Schlagerparade der Sieger« als Samstagabendshow und schaffte so einen fließenden Übergang. Bereits zur zweiten Sendung im März 2004 war Andy Borg nicht mehr dabei; Björn Casapietra war sein Nachfolger an der Seite von Uta Bresan.

DAS FESTIVAL DES DEUTSCHEN SCHLAGERS ARD

1998–2003. Schlagersendung mit Victoria Herrmann und Roberto Blanco, die Menschen wie Jürgen Marcus, Lena Valaitis und Peter Petrel auch nach dem Ende der *ZDF-Hitparade* ein- bis zweimal im Jahr einen Auftritt im Fernsehen verschaffte.

»Alle singen deutsch, und alle finden das auch gut so«, umschrieb der veranstaltende Sender Radio Bremen das Konzept; gelegentlich ließ man sich in der Bremer Disco »Aladin« darüber hinaus zu thematischen Konkretisierungen hinreißen wie: »Die größten Partyhits«, »Wir feiern weiter« und »Die Super-Party geht weiter«. Im Jahr 2003 gewährte die Sendung der »Goldenen Europa« Asyl, für die sich der Saarländische Rundfunk keine eigene Show mehr leisten wollte, was gleichzeitig der Todesstoß für diese traditionsreiche Auszeichnung war. Denn 2004 muss jemand festgestellt haben, dass man eine Show, in der jedes Jahr die gleichen Leute im gleichen Rahmen auftreten, gar nicht jedes Jahr neu aufnehmen muss, sondern einfach wiederholen kann. Laut Radio Bremen wurden die ersten sieben von acht Sendungen von »über 50 Millionen Zuschauern« gesehen. Vermutlich wurden dabei auch alle mitgezählt, die von ihren Freunden davon erzählt bekommen hatten und es sich so gut vorstellen konnten, als hätten sie es gesehen.

Am 6. August 2004 erschreckte *Das Festival des Deutschen Schlagers* über vier Millionen nichtsahnende Menschen, die eigentlich das Bundesliga-Eröffnungsspiel Werder Bremen gegen Schalke 04 sehen wollten. Aufgrund eines Stromausfalls konnte die ARD die Sendung nicht übertragen und zeigte stattdessen minutenlang Jürgen Marcus im *Festival des Deutschen Schlagers* aus dem Jahr 2002.

FEUER DER LIEBE RTL

1997. 45-tlg. mexikan. Telenovela von René Muñoz (»Cuando llega el amor«; 1990)

Isabel Contreras (Lucero) hat alles: Schönheit, Reichtum, einen tollen Verlobten namens Rodrigo Guillermo (Garcia Cantu) und ein großes Talent als Reiterin. Leider hat sie auch eine neidische Cousine Alejandra (Nailea Norvind), die sie hasst und vernichten will. Sie verführt Rodrigo und beendet damit die Verlobung, sie sabotiert Isabels Reittraining, sodass sie sich verletzt. Rodrigos Kumpel Andres (Miguel Pizarro) weiß, dass Alejandra Isabel töten wollte, und erpresst sie, damit sie mit ihm schläft. Isabel verliebt sich in den Fotografen Luis Felipe (Omar Fierro), doch auch diese Verbindung will Alejandra zerstören.

Insgesamt gibt es 100 Folgen von 45 Minuten Länge. RTL zeigte die Telenovela vormittags zwischen *Springfield Story* und *Reich und schön*.

FEUER UND FLAMME ARD

1993–1994. 60-tlg. frz.-dt. Soap von Maria R. Martelock und Valerie Guignabodet, Regie: Marion Sarraut (»Tout feu, tout femme«; 1993–1994).

Liebe, Eifersucht, Untreue, Intrigen und Tragödien in zwei befreundeten Familien auf deutscher und französischer Seite des Rheins. Die erfolgreiche

Internistin Ingrid Baumann (Eleonore Weisgerber) ist mit Alex (Sigmar Solbach) verheiratet, ihre beste Freundin ist Louise Clement (Dominique Labourier), die Tochter eines Wirts. Alex betrügt seine Frau mit Louises Tochter Caroline (Agnes Valle) und unterstützt diese gegen den Willen ihrer Mutter bei dem Vorhaben, Schauspielerin zu werden. Lena (Franziska Petri) und Markus (Sol Bondy) sind Ingrids und Alex' Kinder. Louise ist mit Serge (Edgar Givry) verheiratet, verliebt sich aber in den Koch Georges Lechesnais (Patrick Préjean). Serge stirbt alsbald; das tat auch schon Louises Vater. Und so weiter.

Die halbstündigen Folgen liefen immer dienstags und donnerstags am Vorabend.

FEUERABEND   ARD
1975–1976. »Gesellschaftsspiele am Kamin«. Samstagabendshow mit Hans-Joachim Kulenkampff.

In der Premiere, die ausnahmsweise sonntags ausgestrahlt wurde, erklärte Kulenkampff die Sendung so: »Es ist kein Quiz und trotzdem keine Talkshow.« Eigentlich war es jedoch beides: In gemütlicher Wohnzimmeratmosphäre talkte Kulenkampff mit drei prominenten Gästen über Alltägliches, nie über ihren Beruf. Zwischendurch mussten diese in mehreren Runden an Würfel- und Improvisationsspielen teilnehmen. Am Ende konfrontierte sie eine »Talk-Box« mit einem Zitat, zu dem sie Stellung beziehen mussten. Wie bei einer Musikbox durften die Gäste einen von 20 Knöpfen drücken und sich überraschen lassen, welches Zitat ertönt. Nach der Premiere kam heraus, dass das Gerät eine Attrappe war und sich hinter jedem Knopf die gleiche, vorher abgesprochene Frage befand.

Die Quoten der Reihe sanken beständig, und so verschwand sie nach sieben Ausgaben.

FEUERBACH   ARD
1996. 15-tlg. dt. Krimiserie von Marlies Ewald.

Der Berliner Anwalt Dr. Friedrich Feuerbach (Peter Bongartz) übernimmt besonders gern aussichtslos erscheinende Fälle. Für seine Mandanten quetscht er aus seiner Freundin, der Polizeikommissarin Ulrike Krokow (Isabelle von Siebenthal), auch mal interne Informationen heraus. Sein Sohn Robert (Matthias Paul) arbeitet in Vaters Kanzlei, zusammen mit Anwältin Susanne Kern (Karina Thayenthal).

Die einstündigen Folgen liefen donnerstags um 18.45 Uhr.

FEUERBOHNE E.V.   ARD
1988. 11-tlg. dt. Familienserie.

Der Kleingärtnerverein Feuerbohne beschäftigt sich mit Kleinkariertem. Vereinsmitglieder sind u. a. Hilde (Hildegard Wensch) und Heinrich Bezzak (Ulrich Matschoss), Rachele (Sabine Kückelmann), Nicola (Martin Halm) und Tina Ravida (Louise Martini), Harald Hantel (Gunter Berger) und Dr. Gesicht (Joachim Mock).

Die 45 Minuten langen Folgen liefen im regionalen Vorabendprogramm.

DIE FEUERENGEL   RTL
1997. 13-tlg. dt. Actionserie.

Christian Ohmke (Nicolas König) ist noch jung, aber schon der Feuerwehrchef der Hamburger Citywache 7. Zu seinen Leuten gehören Karl-Heinz Erlenkamp (Hans-Martin Stier), Markus Hoffmann (Jens-Peter Nünemann), dessen Vater Wilfried (Henry König), Susanne Schulte (Christina Greb), Theo Grabowski (Christoph Hemrich), der sich eigentlich Hoffnungen auf den Chefposten gemacht hatte, bevor Ohmke kam, Alexander Strasser (Steffen Münster), Harry Kast (Michael Härle) und Matthias Bünting (Karl Knaup). Nach kurzer Zeit kommt noch Elena Boikowa (Katinka Heichert) dazu. Gemeinsam kämpfen sie gegen die Flammen.

Die Serie lief montags zur Primetime.

DAS FEUERROTE SPIELMOBIL   ARD
1972–1981. 184-tlg. dt. Kinderserie.

Die Serie rund um einen Autobus wechselte ihr Konzept in regelmäßigen Abständen (ebenso wie der Bus seinen Besitzer) und tauschte mehrere Male auch das eigentliche Spielmobil aus, das mit der Zeit immer größer wurde. Zu Beginn war es ein Opel-Blitz. Philipp Sonntag, ein liebenswerter, naiver Tollpatsch (auch Autor und Regisseur der Serie) fuhr in dem zum Kamerawagen umgebauten Kleinbus durch Deutschland, zeigte die Gegenden und erzählte die Geschichten derer, die ihm begegneten. Es ging darum, die Fantasie anzuregen und sozialen Umgang zu lehren. Aus dem Off wurde das Wesentliche erklärt. In den ersten fünf Wochen waren noch die beiden Puppen *Maxifant und Minifant* dabei, die dann jedoch ihre eigene Serie bekamen, weil sich die Produktionspartner trennten. Stattdessen kamen nun die Hundepuppen Biff und Wuff (entworfen von Jan Gulbransson) und die Trickfigur Wummi, die bis 1976 abschließend die zuvor gezeigten Bilder kommentierte.

Weitere Inkarnationen des Spielmobils zeigten nacherzählte Märchen, vor allem Grimms Märchen wie »Rotkäppchen«, »Doktor Allwissend« oder »Das tapfere Schneiderlein«, mit einem langhaarigen, schwarz gelockten Erzähler (Erich Schleyer), Geschichten mit Felix (Uwe Falkenbach) und Bruder Tom (Erich Schleyer), dem dünnen Herrn Schwarz (Josef Schwarz) und dem dicken Herrn Kern (Peter Kern) sowie dem Traummobil, eine Art feuerrotes Spielmobil, nur in knallig bunt. Die langlebigste und bekannteste Serie innerhalb der Reihe war »Das Haus mit der Nummer 30«; sie lief von 1977 bis 1979 mit 41 Folgen. In dem Apartmenthaus mit mehreren Wohnungen, alle ohne Klingel oder Türknauf, sondern nur mit ganz normalen Klinken für den ungehinderten Zugang, wohnten das Ehepaar Koch (Heidrun Polack und Jörg Hube) mit den Kindern Claudia (Claudia Kleiber) und Thomas (Clemens Kleiber), das Rentnerehepaar Griesbeck (Elisabeth Bertram und Erich Kleiber) und der beliebte Junggeselle Josch (Josef Schwarz), Fahrer eines Taxis und des Spielmobils.

Die halbstündigen Folgen liefen auf verschiedenen Sendeplätzen, oft sonntags vormittags, oft am Nachmittag.

DIE FEUERSTEIN COMEDY SHOW RTL
1994. 18-tlg. US-Zeichentrickserie (»The Flintstones Comedy Hour«; 1972).
Neuauflage der *Familie Feuerstein* fürs Kinderprogramm. Neue Abenteuer mit den Feuersteins und Geröllheimers und ihren Kindern Pebbles und Bamm-Bamm, die jetzt Teenager sind.

FEUERSTEIN IN ... ARD
→ Feuersteins Reisen

FEUERSTEIN JUNIOR PRO SIEBEN
1998. »Die Abenteuer von Bamm-Bamm und Pebbles«. 8-tlg. US-Zeichentrickserie (»Cave Kids«; 1996).
Die Kinder der *Familie Feuerstein* und der Geröllheimers, Pebbles und Bamm-Bamm, erleben aufregende Abenteuer. Spin-off der erfolgreichen Hanna-Barbera-Zeichentrickserie *Familie Feuerstein*, das Jahrzehnte später entstand.

FEUERSTEINS LACHPARADE RTL
1993–1994. 54-tlg. US-Zeichentrickserie (»The Flintstone Comedy Show«; 1980–1982).
Neuauflage von *Familie Feuerstein*, jetzt fürs Kinderprogramm. Neue Abenteuer mit Fred und Wilma Feuerstein, Baby Pebbles und Haustier Dino, Barney und Betty Geröllheimer und Baby Bamm-Bamm und den neuen Nachbarn Frank und Idea Frankenstein.

FEUERSTEINS NACHT WDR
1997–1998. Zwölfstündige Live-Sendung von und mit Herbert Feuerstein und vielen Gästen.
Die Show begann vor der 20.00-Uhr-*Tagesschau* am Sonntag und endete am Montag um 8.00 Uhr. Sie wurde aus einer Kölner Dachgeschosswohnung gesendet. Feuerstein telefonierte per Bildtelefon, machte Live-Aktionen mit Passanten auf der Straße und schlief nachts ca. zwei Stunden vor laufender Kamera. Ein Jahr nach der ursprünglich einmaligen Sendung gab es eine weitere zwölfstündige Live-Sendung.

FEUERSTEINS REISEN ARD, SAT.1, WDR
1995 (ARD); 1996 (Sat.1); 1999 (WDR). 9-tlg. Reisereportage-Reihe mit Herbert Feuerstein.
»Alaska ist viermal so groß wie Deutschland und hat 600 000 Einwohner, also etwa so viele wie Dortmund. Und wer weiß, wie öde Dortmund an manchen Wochenenden ist, kann sich vorstellen, was sich hier so abspielt.« In die dortige Schneewüste schickte der WDR den Philosophen und Komiker Herbert Feuerstein nach dem Ende von *Schmidteinander* – nach Feuersteins Darstellung mit dem Argument: »Dann haben wir ihn wenigstens nicht hier im Haus.« Er reiste nach Alaska, in die Südsee und nach Arabien, um vor Ort selbst zu überprüfen, ob die Mitternachtssonne tatsächlich um Mitternacht scheint, die Menschenfresser ihrem Namen noch alle Ehre machen und die Fata Morgana nicht nur ein billiger Touristenschwindel ist. Nach drei Folgen stellte der WDR die Reihe ein – angeblich aus finanziellen Gründen. Die nächsten drei Sendungen (Mexiko, Ostafrika, Hawaii) machte Feuerstein für Sat.1. Dann ging es dort auch nicht weiter, und die letzten drei (New York, Thailand, Schottland) zeigte nun wieder der WDR, allerdings im Dritten Programm. Er kaufte auch die Rechte an den drei Sat.1-Folgen.
Jede Reisereportage beginnt damit, dass Feuerstein mutterseelenallein mit einer großen Landkarte – je nach Reiseziel – auf einer Düne, am Rand eines Vulkans oder auf einem Gletscher sitzt und die Kamera mit einem Flugzeug oder Hubschrauber aus weiter Entfernung auf ihn zufliegt. Feuerstein bezeichnete diese Aufnahmen (und viele andere »Pannen« während der Produktion) in drei Büchern über seine Erlebnisse als systematische Mordversuche des Regisseurs und Produzenten Godehard Wolpers, der bereits in *Schmidteinander* als Running Gag diente.

DER FEUERSTURM ZDF
1986. 7-tlg. US-Kriegsdrama nach dem Roman von Herman Wouk, Regie: Dan Curtis (»Winds Of War«; 1983).
1939 wird der amerikanische Marineattaché Victor Henry (Robert Mitchum) an die US-Botschaft in Berlin versetzt. Er lernt den deutschen Generalmajor von Roon (Jeremy Kemp) kennen und trifft auf einem Empfang Adolf Hitler (Günter Meisner). Aufgrund seiner guten Informationen wird Henry inoffizieller Gesandter für Präsident Franklin Roosevelt (Ralph Bellamy). Sein Sohn Byron (Jan-Michael Vincent) verliebt sich in Italien in Natalie Jastrow (Ali MacGraw), die Tochter seines jüdischen Professors Aaron Jastrow (John Houseman). Die anderen Kinder sind Warren (Ben Murphy), der zum Marinepiloten ausgebildet wird, und Madeline (Lisa Eilbacher), die fürs Radio arbeitet. Victors alkoholkranke Frau Rhoda (Polly Bergen) hat eine Affäre mit dem amerikanischen Geschäftsmann Palmer Kirby (Peter Graves).
Der Feuersturm zeigt die diplomatischen Verwicklungen der Henrys vor dem Hintergrund der deutschen Invasion in Polen, dem Angriff auf die Sowjetunion und dem japanischen Angriff auf Pearl Harbor. Der hochkarätig besetzte Mehrteiler war eine der erfolgreichsten Romanverfilmungen des US-Fernsehens. Wouks Roman aus dem Jahr 1971 wurde in 16 Sprachen übersetzt und war ein Bestseller.
Das ZDF zeigte die abendfüllenden Filme innerhalb einer guten Woche zur Primetime. Eine Fortsetzung lief unter dem Titel *Feuersturm und Asche*.

FEUERSTURM UND ASCHE KABEL 1
1995. 12-tlg. US-Kriegsepos nach dem Roman von Herman Wouk, Regie: Dan Curtis (»War And Rememberence«; 1988).
Fortsetzung von *Der Feuersturm*. Victor Henry (Ro-

bert Mitchum) und seine Söhne Byron (Hart Bochner) und Warren (Michael Woods) kämpfen im Pazifik. Warren kommt ums Leben. Victor lässt sich für seine Geliebte Pamela (Victoria Tennant) von seiner Frau Rhoda (Polly Bergen) scheiden. Byrons jüdische Frau Natalie (Jane Seymour) versucht, mit ihrer Familie Deutschland zu verlassen. Sie wird mit ihrem Sohn Louis (Rhett Creighton) und ihrem Vater Aaron (John Gielgud) nach Theresienstadt gebracht und kommt schließlich nach Auschwitz, wo sie von Amerikanern in letzter Minute gerettet wird.

Die Verfilmung von Wouks Roman »Der Krieg« in zwölf spielfilmlangen Teilen war mit 110 Millionen US-$ die teuerste TV-Produktion der 80er-Jahre.

FEUERVOGEL ZDF
1997. Dt. Jugendfilm.

Jasper Strom (Peter Hölzl), gerade mit seinem Vater (Dominique Chatelet) von Berlin nach München gezogen, freundet sich an der neuen Schule mit Ulli (Lisa Karlström) an, die in der Band Feuervogel spielt. Jasper steigt dort auch ein, nimmt Drogen und lässt sich von der intriganten Nadine (Jenny-Marie Muck) um den Finger wickeln.

Lief später auch in vier Folgen mit je 25 Minuten.

FEUERWACHE 09 DFF
1991. 7-tlg. dt. Actionserie von Ulrich Waldner, Regie: Achim Hübner.

Wenn's brennt, dann rücken die Männer von der Feuerwache 09 aus und holen den Schlauch gegen den Rauch, unter ihnen Lutz Lindner (Matthias Zahlbaum), Erwin Vetter (Günter Schubert), Hans Rauchwein (Willi Schrade), Norbert Albrecht (Frank-Michael Köbe) und Martin Fiebach (Jürgen Mai).

Feuerwache 09 war die letzte eigenproduzierte Serie, die das DFF sendete. Nach der Wende sah die Wache, in der gedreht wurde, von einem Tag auf den anderen ganz anders aus: Die Westberliner Feuerwehr war eingezogen und hatte alles ausgeräumt.

Die 50 Minuten langen Folgen liefen mittwochs um 20.00 Uhr.

FEUERWACHE 23 ARD
1975–1976. 13-tlg. US-Actionserie (»Firehouse«; 1974).

Die furchtlosen Feuerwehrmänner der Wache 23 in Los Angeles kämpfen gegen die Flammen. Zur Truppe gehören Einsatzleiter Spike Ryerson (James Drury), sein Vertreter Hank Myers (Richard Jaeckel), Sonny Capito (Mike DeLano), der gleichzeitig der Koch der Wache ist, Cal Dakin (Bill Overton), Scotty Smith (Scott Smith) und der Nachwuchsfeuerwehrmann Billy Dalzell (Brad David).

Die halbstündigen Folgen liefen im regionalen Vorabendprogramm.

FEUERZANGENBOWLE DFF
1961–1963. Sport-Talkshow mit Heinz Florian Oertel.

Die Legende der DDR-Sportberichterstattung plaudert mit Legenden des DDR-Sports. Oertel und Gäste wie Emil Zatopek schwelgen in Erinnerungen an große Erfolge. Der Titel bezieht sich natürlich auf den gleichnamigen Film mit Heinz Rühmann und die Situation, in gemütlicher Runde auf die Vergangenheit zurückzublicken. Die »Ostseezeitung« bemerkte nach der fünften Sendung, dass die Wahl offensichtlich vor allem auf Oertels »Neigung zu einem guten Tropfen« anspiele, was bestimmt nicht als Kompliment gemeint war.

Sechs knapp einstündige Ausgaben liefen etwa im Sechs-Wochen-Rhythmus an verschiedenen Wochentagen am späteren Abend. Ungleich langlebiger war Oertels spätere Talkshow *Porträt per Telefon*.

FICHTEN IM STURM DFF 2
1978. 6-tlg. tschechoslowak. Familiensaga von Rudolf Kazík, Jan Medved, Jozef Šajgal, Regie: Ján Lacko (»Naši synoviá«; 1974).

Die Geschichte der slowakischen Holzarbeiterfamilie Gabura in den 30er- und 40er-Jahren: Vater (Karol Machata) und Mutter (Elena Zvaríková) haben sieben Kinder und leiden unter Armut und den deutschen Besatzern.

Jede Folge dauerte eine Stunde.

FIEBER SAT.1
1998–2000. 26-tlg. dt. Krankenhausserie.

Die fünf jungen Mediziner Martin Richter (Sven Kramer), Sybille Alberich (Alexandra Kamp), Christian Mannhardt (Oliver Mommsen), Gottfried Schnabel (Dirk Mierau) und Ellen Kolb (Laura Schuhrk) sind Ärzte im Praktikum an der Berliner Kreuzberg-Klinik, die Professor Kesselhoff (Eckhard Bilz) leitet. Dr. Mariella Winkler (Christine Mayn) ist dort die Oberärztin und wird Gottfrieds Lebensgefährtin. Martin und Sybille heiraten. Nach dem Ende ihrer Praktikumszeit werden alle fünf Assistenzärzte an der Klinik.

Sat.1 gab der Serie in der ersten Staffel den Untertitel »Heiße Zeit für junge Ärzte«; die zweite Staffel, als die fünf bereits Assistenzärzte waren, trug den Untertitel »Ärzte für das Leben«. Die dritte Staffel sollte ursprünglich »Fieber – Ärzte zum Verlieben« heißen, bekam dann aber einen ganz neuen Titel und lief als *Sommer und Bolten: Gute Ärzte, keine Engel* (siehe dort). Die einstündigen Folgen liefen erst mittwochs um 21.15 Uhr, ab der zweiten Staffel donnerstags eine Stunde früher.

FIKTIV – DAS EINZIG WAHRE MAGAZIN KABEL 1
1998–2000. Parodie auf reißerische Sensationsmagazine.

Peer Augustinski präsentierte haarsträubende Lügengeschichten im typischen Boulevardstil – dienstags am späten Abend eine halbe Stunde lang. Die Show brachte es auf 63 Ausgaben. 1999 wurde sie mit der Silbernen Rose von Montreux ausgezeichnet.

EIN FILM AUS DEM WILDEN WESTEN ARD
→ Am Fuß der blauen Berge

FILM IM FADENKREUZ ZDF
1979. 3-tlg. halbstündige Doku-Reihe von Gunar Hochheiden, die hinter die Kulissen von Spielfilmproduktionen blickte. Sie geriet in die Kritik, weil sie am Sonntagnachmittag unmittelbar im Anschluss an *Die Biene Maja* Filme wie »Die 120 Tage von Sodom« vorstellte.

FILMBRIEFE ARD
1977–1978. 20-tlg. Doku-Reihe für Kinder.
Insgesamt 13 Kinder zwischen zehn und zwölf Jahren aus Deutschland (München), Brasilien (Rio de Janeiro) und Persien (Shiraz) erzählen von ihrem Alltag und korrespondieren über ihre »Filmbriefe« miteinander. Gedreht wurde von Oktober 1976 bis September 1977 in allen drei Ländern. Eigentlich hätten auch noch chinesische Kinder mitmachen sollen, aber die chinesische Regierung glaubte offenbar, die Zeit sei »noch nicht reif« dafür. Erfinder der *Filmbriefe* ist Pierre Hoffmann.
Die 45-minütigen Folgen liefen dienstags um 17.10 Uhr.

FILMPALAST ARD
1990–1992. Halbstündiges Kinomagazin, das ungefähr achtmal im Jahr zunächst montags, 1992 dienstags um 22.00 Uhr lief. Hieß vorher »Oskar«.

FINALE RTL
1985–1989. Einstündige Sportsendung mit Reportagen, Kommentaren und Studiogästen.
Als Moderatoren wechselten sich Ulli Potofski, Wilfried Mohren und Burkhard Weber ab. Die Show lief sonntags gegen 22.00 Uhr und wurde auch noch für einige Zeit fortgesetzt, nachdem am Samstag bereits die Bundesligashow *Anpfiff* gestartet war.

FINANZAMT MITTE – HELDEN IM AMT SAT.1
2002. 13-tlg. dt. Comedyserie.
Arbeitsalltag und -verweigerung in einem deutschen Amt. Die faule Belegschaft besteht aus Uwe Stöckmann (Reinhard Krökel), Hardy Gratzner (Christian Tramitz), Sekretärin Susie Wipplinger (Claudia Lössl) und Azubi Gülcin (Suzan Demircan). Der neue Streber Christian Göte (Alexander Friedrich) stört die Ruhe ganz gewaltig. Dr. Reuter (Joachim Millies) ist der Chef.
Nach drei Sendungen fast ohne Zuschauer freitags um 21.15 Uhr flog die Serie aus dem Programm. Der Rest wurde im Spätherbst nachts versendet.

FINKE & CO ZDF
1969. 13-tlg. dt. Familienserie von Rolf Schulz und Christa Stern, Regie: Otto Meyer.
Paul Kramer (Friedrich Georg Beckhaus) arbeitet als Mustermacher in der Spielzeugfabrik von Richard Finke (Fritz Tillmann) und ist mit Erna (Ilse Petri) verheiratet. Auch seine Tochter Marika (Kerstin de Ahna) ist in der Fabrik angestellt, ebenso ihr Freund Martin (Wilfried Herbst). Mit seinem Chef Finke versteht sich Paul privat sehr gut, und bei den Kollegen ist er angesehen. Also machen sie ihn zum Betriebsrat. Was wirkt wie die Idealbesetzung für einen perfekten Vermittler, entpuppt sich stellenweise als schwierig, weil Privates und Berufliches oft zwei Paar Spielzeug sind.
Die halbstündigen Folgen liefen donnerstags am Vorabend.

FINKENWERDER GESCHICHTEN ARD
1986. 6-tlg. plattdeutsche Seeserie nach Motiven des Romans »Seefahrt ist Not« und anderen Erzählungen von Gorch Fock, Buch und Regie: Carlheinz Caspari.
Seemannsgarn und Matrosenmärchen von verschwundenen Schiffen, hohen Wellen und sturen Dorfbewohnern. Zu ihnen gehören Störtebeker (Alexander Weisswange), Klaus (Wigand Witting) und Gesa Mewes (Gerlind Rosenbusch), Kap Horn (Klaus Dittmann), Hein Mück (Roland-Momme Jantz), Snellöper (Gernot Kleinekemper), Harm Lanker (Ulli Lothmanns), Großvater Brümmer (Ferdinand Dux) und der Pastor (Nikolaus Schilling).
Die Reihe lief im regionalen Vorabendprogramm.

FIONAS WEBSITE SUPER RTL
2001–2002. 65-tlg. US-Jugendserie (»So Weird«; 1999–2001).
Die Teenagerin Fiona Phillips (Cara DeLizia) fährt gemeinsam mit ihrem älteren Bruder Jack (Patrick Levis), ihrer Mutter Molly (Mackenzie Phillips), einer früheren Rocksängerin, und dem Kumpel Clue Bell (Erik von Detten) im Bus durch die Lande und macht Musik. Unterwegs begegnen sie UFOs und Geistern und erleben unheimliche Abenteuer. Das wird Fiona in der dritten Staffel zu bunt, und Annie Thelan (Alexz Johnson) besteigt stattdessen den Bus. Der Sendetitel wurde beibehalten.

FIREFIGHTERS – EINSATZ IN L. A. VOX
1999. 13-tlg. US-Actionserie (»L. A. Firefighters«; 1996).
Das Feuerwehrteam um Captain Jack Malloy (Jarrod Emick) löscht Brände und rettet Leben. Zur Mannschaft gehören Erin Coffey (Christine Elise), Bernie Ramirez (Miguel Sandoval), Captain Dick Coffey (Brian Smiar), Ray Grimes (Carlton Wilborn), Kay Rizzo (Alexandra Hedison) und J. B. Baker (Brian Leckner).

DIE FIRMA HESSELBACH ARD
1960–1961. 24-tlg. dt. Familienserie von Wolf Schmidt, Regie: Wolf Schmidt, Harald Schäfer.
In einem Land, in dem jeder Satz mit »Ei« beginnt, leitet Babba Hesselbach (Wolf Schmidt) eine mittelständische Familiendruckerei. Er ist seit vielen Jahren mit Mamma Hesselbach (Liesel Christ) verheiratet, und die beiden lieben sich noch immer. Sie zeigen es nur selten. Babba heißt eigentlich Karl (sprich: Kall) und lässt keinen Zweifel aufkommen, dass er das Familienoberhaupt ist. Er ist autoritär und grantig bis cholerisch. Mammas wirklicher Name ist Ma-

rie (sprich: Mariesche). Sie ist der Gegenpol, wird schnell eifersüchtig, regt sich leicht auf und ruft dann nach ihren Beruhigungstropfen (in der Landessprache: »Kall, mei Drobbe!«) und hört überhaupt nur selten auf zu reden (»Die Mamma trägt das Herz auf der Zunge, und deswegen wird das Herz manchmal etwas laut«). Babba und Mamma haben vier Kinder, von denen anfangs jedoch nur eines im Haus ist: Willi (Joost Siedhoff) ist Prokurist in der Firma. Heidi (Rosemarie Kirstein) und Peter (Dieter Henkel) kommen Ende 1960 aus dem Internat zurück. Anneliese ist bereits verheiratet und wohnt in Frankfurt (sie wird in diesen ersten 24 Folgen lediglich erwähnt).

Neben Babba sind auch Mamma und Willi sowie Irene Müller (Inge Rassaerts) Teilhaber der Firma. Sie hat Anteile vom Vorbesitzer übernommen, die Mehrheit hält aber jetzt Babba. Weitere Mitarbeiter der Firma Hesselbach sind Putzfrau Siebenhals (Lia Wöhr), die altgediente Chefsekretärin Fräulein Lohmeier (Sophie Cossäus), Sekretärin Helga Schneider (Helga Neuner), anfangs Fräulein Sauerberg (Käte Jaenicke), die in Folge vier von ihrer Cousine Else Sauerberg (Ursula Köllner) abgelöst wird, Frieda Lahmann (Sophie Engelke), Emmy Puchel (Gaby Reichardt), Fred Lindner (Joachim Engel-Denis), Hausmeister Bellmann (Josef Wageck), Setzermeister Zimmermann (Otto Stern), Setzer Loy (Wilhelm Schmidt), Buchhalter Münzenberger (Max Strecker) und Lehrjunge Rudi Krausgrill (Dieter Schwanda). Babba stellt außerdem das hübsche Fräulein Pinella, genannt Pini (Sybille Schindler), als Mädchen für alles ein. Sie hatte sich als Sekretärin beworben, kann aber weder stenographieren noch tippen, und ihre Handschrift kann auch niemand lesen. »Die Pinella kann nichts, aber das sehr nett«, urteilt Herr Betzdorf (Bogislav von Heyden). Er ist der Chefredakteur der Wochenzeitschrift »Weltschau«, die bei Hesselbachs gedruckt wird.

Wie in jedem mittelgroßen Betrieb gibt es jede Menge Gerüchte; hauptsächlich werden den Kollegen Verhältnisse miteinander angedichtet. Manchmal stimmen sie auch. Willi und Helga heiraten, nehmen ein Jobangebot aus den USA an und wandern in Folge 9 aus. Fred Lindner wird zum Prokuristen befördert und Jutta Schäfer (Doris Mack) neue Sekretärin. Bei Mamma und Babba daheim lösen derweil die banalsten Dinge Konflikte aus, und so debattieren sie über Brandlöcher in Stickdeckchen (»Warum willst du mir dann noch mal 12 Mark 80 geben, wenn du es nicht warst?« – »Du hast keine Ahnung, wie viel Geld ein Mann bereit ist zu zahlen, damit seine Frau endlich mal den Schnabel hält.«), Dreckränder am Milchtopf, verschenkte Geschenke und zu backende oder nicht zu backende Streuselkuchen.

Der TV-Serie war ab September 1949 eine langlebige Hörfunkserie im Hessischen Rundfunk vorausgegangen, in der Lia Wöhr die Mamma gespielt hatte. Die Sprache war außerhalb Hessens jedoch kaum zu verstehen, weshalb Wolf Schmidt die bundesweit ausgestrahlte Fernsehfassung in einem besser verständlichen »Kompromiss-Hessisch« spielen ließ. Mitte der 50er-Jahre waren auch vier Hesselbach-Kinofilme gedreht worden (mit Else Knott als Mamma). Einem Teil des Publikums waren die Charaktere also bereits bekannt, als die Hesselbachs Anfang 1960 das Fernsehen eroberten. In der Folge »Das Sparschwein« am 17. Mai 1961 spielte Else Knott die Gastrolle der Ladenbesitzerin Frau Flischmann, wodurch alle drei Mammas aus Radio, Kino und Fernsehen gemeinsam zu sehen waren.

Es war die zweite große Familienserie im deutschen Fernsehen nach *Unsere Nachbarn heute abend: Familie Schölermann,* die wenige Wochen später endete. Auch die neue Serie wurde ein Sensationserfolg und viele Jahre fortgesetzt, änderte dabei jedoch zweimal ihren Titel. Aus der *Firma* wurde ab Dezember 1962 nahtlos *Die Familie Hesselbach,* später folgte nach einer dreijährigen Pause *Herr Hesselbach und ...* Die Episoden der ersten beiden Serien waren zwischen 45 und 60 Minuten lang, einzelne hatten Überlänge. Sie liefen einmal im Monat freitags zur Primetime. Titelmusik war die »Hesselbach-Polka«, die auch auf Schallplatte erschien (auf der B-Seite war der »Äppelwoi-Walzer«).

Mehrere Folgen sind auf DVD erhältlich.

FIRST LOVE   TELE 5

1992. Halbstündige Talkshow, in der je zwei Prominente über ihre erste Liebe sprechen.

Sie werden gefragt, wer das war, wo sie sich kennen gelernt haben, wann zuerst geküsst wurde und was daraus wurde. Auch die Verflossenen kommen zu Wort, können ihre Version der Geschichte erzählen und treiben den Prominenten mitunter eine erkennbare Blässe ins Gesicht.

Moderator war zunächst Wolfgang Fierek, später Pit Weyrich. Das Konzept zur Sendung stammte von Frank Elstner, der sich als einen der ersten Gäste einlud. Die ARD wärmte es später in ihrer Show *Erstes Glück* wieder auf. *First Love* lief am Wochenende am frühen Abend.

FIRST LOVE – DIE GROSSE LIEBE   ZDF

1998. 20-tlg. dt. Jugend-Episodenreihe von Heike und Jörg Brückner mit attraktiven, trendigen jungen Menschen in jeweils abgeschlossenen Liebesgeschichten. Zu den Hauptdarstellern gehörten Nachwuchstalente wie Gruschenka Stevens, Minh-Khai Phan-Thi, Nadja Uhl, Marco Girnth, Patrick Wolff und Benjamin Sadler.

Ein weiterer verzweifelter Versuch des ZDF, Unter-50-Jährige zum Einschalten zu bewegen: In den Geschichten werde »Romantik« und »Erotik« wieder groß geschrieben, »jede Lovestory ist ein kleines TV-Movie«, versprach der Sender und ließ – möglicherweise symbolisch – den einzigen älteren Schauspieler in der ersten Folge, Karl Schönböck, nach einer halben Stunde an einem Herzinfarkt sterben. Genützt hat es nichts.

Die Folgen waren 45 Minuten lang und liefen dienstags.

FIRST WAVE – DIE PROPHEZEIUNG   VOX
1999–2002. 40-tlg. kanad. Science-Fiction-Serie von Chris Brancato und Francis Ford Coppola (»First Wave«; 1999–2001).
Die außerirdischen Gua planen eine Invasion und machen Jagd auf den Ex-Kriminellen Cade Foster (Sebastian Spence), weil der sie als Einziger aufhalten könnte. Der verrückte Eddie Nambulous (Rob LaBelle) weiß Bescheid und ist auf Cades Seite. Auch der Außerirdische Joshua (Rob Cross) hält zu ihm und versorgt ihn mit Informationen über die Pläne seiner Leute.
Lief meistens dienstags zur Primetime.

DIE FISCHER VON MOORHÖVD   ARD
1982. 14-tlg. dt. Familienserie, Regie: Peter Harlos. Nach dem Tod von Fischermeister Hansen stehen Witwe Anke (Ursula Sieg) und Tochter Antje (Barbara Fenner) mit dem Familienbetrieb allein da. Bootsbauer Detlef Detlefsen (Manfred Krug) übernimmt ihn und muss sich gegen anfängliches Misstrauen der Dorfbewohner durchsetzen. Gemeinsam mit dem alten Fischer Kuddel (Jens Exler) geht Detlefsen auf Fang und bringt den Betrieb wieder in Schwung. Zwischen Detlef und Anke entwickelt sich eine Beziehung. Als Kuddel aus Altersgründen nicht mehr auf dem Kutter dabei sein will und Hafenmeister wird, übernimmt Antje seine Stelle auf See. Sie möchte ohnehin nach der Schule Fischerin werden.
Die halbstündigen Folgen liefen im regionalen Vorabendprogramm.

FISCHER'S   RTL
1997–1998. 100-minütige Personality-Satire-Show mit Ottfried Fischer und prominenten Gästen.
Ein Versuch, um 20.15 Uhr Samstagabendunterhaltung und *Versteckte Kamera* mit aktuellen Kabaretttexten zu mischen. Die erste Folge hatte noch den Untertitel »Die unverschämte Satire« – ab der zweiten hieß es »Die unverschämte Comedy«. Letztlich half es nix: Die lose Reihe wurde schnell wieder abgesetzt.

FISH POLICE   RTL
1997. 6-tlg. US-Zeichentrickserie (»Fish Police«; 1992). Inspektor Kiemen kämpft in der Unterwasserstadt Fish City gegen den schleimigen Unterweltboss Kalamari.
RTL zeigte alle sechs Folgen hintereinander in derselben Nacht. Sat.1 wiederholte die Fische später in ihren Einzelteilen.

FIT FOR FUN TV   VOX
Seit 1999. Wöchentliches Funsport- und Lifestyle-Magazin zur gleichnamigen Zeitschrift. Annabelle Mandeng moderierte gut ein Jahr lang, im April 2000 übernahm Nandini Mitra.

500 NATIONS – DIE GESCHICHTE DER INDIANER   WDR
2001. 8-tlg. US-Geschichtsdokumentation nach einer Idee von Kevin Costner, die er während der Dreharbeiten zum Film »Der mit dem Wolf tanzt« hatte (»500 Nations«; 1995).

FIX UND FOXI   ARD, KI.KA
2000–2002 (ARD); 2000–2002 (KI.KA). 52-tlg. dt. Zeichentrickserie nach dem Comicklassiker von Rolf Kauka. Die beiden frechen Füchse Fix und Foxi, ihr Onkel Fax und ihr Freund Lupo erleben allerhand Abenteuer.
Nach fast 50 Jahren kamen die Figuren erstmals ins Fernsehen. Die bereits eingestellte Comicheftreihe wurde dazu neu aufgelegt. Die halbstündigen Folgen liefen am frühen Samstagmorgen und parallel im Kinderkanal.

FJUTSCHER   ZDF
1983. »Ein Berufsquiz für junge Leute«. 25-minütiges Schülerquiz von Horst Pillau mit Andreas Ernst. Aus je drei Münchner Realschulen treten immer zwei Teams gegeneinander an.
Die Reihe entstand in Zusammenarbeit mit der Bundesanstalt für Arbeit und stellte Berufe aus den Bereichen Handwerk, Produktion, Wirtschaft, Verwaltung und Soziales vor. In jeder Folge war ein prominenter Sportler zu Gast, etwa ein Ringer, eine Kleinkaliberschützin oder ein Juniorentorwart; außerdem traten Popstars mit ihren Hits auf, darunter ausschließlich internationale Größen: Rod Stewart, Mike Oldfield, Fleetwood Mac und Foreigner.
Vier Ausgaben liefen am Mittwochnachmittag.

FLAMBARDS   ZDF
1979. »Geschichte um ein Waisenmädchen«. 26-tlg. brit. Historiendrama von Alan Plater, Alex Glasgow, William Humble nach der Romantrilogie von Kathleen Peyton (»Flambards«; 1979).
Das Waisenmädchen Christina Parsons (Christine McKenna) kommt Anfang des 20. Jh. als 16-Jährige nach »Flambards«, dem langsam verfallenden Sitz ihres unangenehmen Onkels Mr. Russell (Edward Judd). Sie freundet sich mit der Haushälterin Mary (Rosalie Williams) und dem Stallknecht Dick (Sebastian Abineri) an, gerät aber immer mit ihrem Cousin Mark (Steven Grives) aneinander, der sie zu seiner Frau machen will. Stattdessen heiratet sie seinen jüngeren Bruder William (Alan Parnaby) und geht mit ihm nach London. William wird Fluglehrer, Christina arbeitet im Hotel »Chase«, das dem Vater ihrer Freundin Dorothy (Carol Leader) gehört. Als sie 21 wird, bekommt sie das Erbe ihrer Mutter und kehrt als Hausherrin nach Flambards zurück. Im Ersten Weltkrieg kommt William ums Leben, und Christina heiratet Dick.
Aus der eigentlich 13-tlg. Serie machte das ZDF 26 halbstündige Folgen und zeigte sie mittwochs um 17.10 Uhr.

FLAMINGO ROAD   ARD
1987–1988. 39-tlg. US-Soap (»Flamingo Road«; 1980–1982).

Constance (Morgan Fairchild) und Sam (John Beck) in *Flamingo Road*. Der Titel dieser Episode lautet »Glühende Eifersucht«, thematisch passt das jedoch auch auf alle anderen Episoden.

Liebe und Intrigen in der Kleinstadt Truro in Florida. Der korrupte Sheriff Titus Semple (Howard Duff) ist das Stadtoberhaupt. Die Weldons sind eine einflussreiche und wohlhabende Familie. Claude Weldon (Kevin McCarthy) hat eine Papierfabrik aufgebaut, die jetzt sein Sohn Skipper (Woody Brown) leitet. Weldons Adoptivtochter Constance (Morgan Fairchild) ist mit Fielding Carlyle (Mark Harmon) verheiratet, der ein Verhältnis mit Lane Ballou (Cristina Raines) hat. Sie wiederum ist Sängerin im Nachtclub von Lute-Mae Sanders (Stella Stevens) und eigentlich mit dem Unternehmer Sam Curtis (John Beck) zusammen. Claude ist mit Eudora (Barbara Rush) verheiratet, Skipper mit Alicia Sanchez (Gina Gallego) liiert, der Schwester von Julio Sanchez (Fernando Allende), einem Ex-Freund von Constance. Constance entpuppt sich als uneheliche Tochter von Lute-Mae. Der skrupellose Geschäftsmann Michael Tyrone (David Selby) hat Affären mit Lute-Mae und Constance. Er ermordet seine Schwester Sandy Swanson (Cynthia Sikes), die eine Affäre mit Fielding hatte. Butler Jasper (Glenn Robards), Deputy Tyler (John Shearin) und Elmo Tyson (Peter Donat), der Herausgeber der örtlichen Zeitung, komplettieren das Städtchen.

Die Serie basierte auf einem Roman von Robert Wilder, der bereits 1949 als »Straße der Erfolgreichen« verfilmt worden war. Die 45-Minuten-Folgen liefen dienstags um 21.45 Uhr, auf dem durch *Dallas* bekannten Sendeplatz für amerikanische Soaps.

FLAPPERS – DIE VOM CLUB ARD

1980. 13-tlg. kanad. Sitcom, Regie: Alan Erlich (»Flappers«; 1979).

Montreal in den wilden 20er-Jahren. Die junge May (Susan Roman) besitzt einen boomenden Nachtclub, dessen Geschäfte ihr Koch (Victor Desy) noch dadurch ankurbelt, dass er Alkohol schwarz brennt und in die USA schmuggelt. Das Personal ist allerdings komplett unzurechnungsfähig.

Die halbstündigen Folgen liefen im regionalen Vorabendprogramm. Zwei Jahre später hieß die Serie an gleicher Stelle nur noch *Die vom Club*.

FLASH – DER FOTOREPORTER ZDF

1993. 6-tlg. dt.-ital. Abenteuerserie nach einer Idee von Max H. Rehbein.

Der Fotoreporter Philip Stark (Oliver Tobias) ist berühmt für seine hautnahen Bilder, die er von spektakulären Ereignissen auf der ganzen Welt schießt. Ihm selbst geht es hauptsächlich um die Geschichten hinter den Aufnahmen und darum, allein durch seine Fotos die Wahrheit zu erzählen. Zu diesem Zweck recherchiert er ausführlich, mischt sich ein und deckt Skandale auf. Er bringt Flüchtlingsschicksale, Umweltverschmutzung und die Bösewichter St. Paulis ans und ins Licht und hat in der Agenturchefin Julie Manzoni (Catherine Alric) eine dankbare Abnehmerin seiner Arbeiten, die nicht nur auf vordergründige Sensationen scharf ist, sondern auf menschliche Tiefe. Oh, du schöne Welt.

Der Dokumentarfilmer Max H. Rehbein schrieb die Serie basierend auf seinen eigenen Erfahrungen. Die spielfilmlangen Folgen liefen dienstags um 19.25 Uhr.

FLASH – DER ROTE BLITZ RTL
→ Der rote Blitz

FLASH GORDON BR, RTL

1981–1982 (BR); 1989 (RTL). US-Science-Fiction-Serie nach den Comics von Alex Raymond (»Flash Gordon«; 1936).

Der junge Superheld Flash Gordon (Buster Crabbe)

und seine Freundin Dale Arden (Jean Rogers) kämpfen gemeinsam mit Dr. Zharkov (Frank Shannon) gegen die Schurken des Universums, vor allem gegen den bösen Ming (Charles Middleton), Herrscher auf dem Planeten Mongo, und Königin Azura (Beatrice Roberts).

Die Geschichten des Flash Gordon, die auf Comics der 30er-Jahre basierten, wurden mehrfach als Zeichentrick- und Realfassungen verfilmt, fürs Kino und fürs Fernsehen. Diese Fassung war die erste Verfilmung, ab 1936 fürs Kino hergestellt. Ab 1981 zeigte das Dritte Fernsehprogramm des Bayerischen Rundfunks 28 viertelstündige Kurzfilme; RTL brachte diese später neu bearbeitet und außerdem acht weitere, sodass insgesamt wieder 28 Folgen herauskamen, die jetzt jeweils ca. eine halbe Stunde lang waren. *Flash Gordon* war der zweite große Science-Fiction-Held der damaligen Zeit neben *Buck Rogers*. Beide wurden von Buster Crabbe gespielt.

FLASH GORDON – DIE NEUEN ABENTEUER   PRO SIEBEN

1997–1998. 26-tlg. US-Zeichentrickserie (»Flash Gordon«; 1996). Der junge Flash Gordon und seine Freundin Dale Arden kämpfen gegen den finsteren Herrscher Ming und das Böse überhaupt.

FLASHLIGHTS   ZDF

1984. »Hits & News mit Hiroko, Evelyn und Dhana«.

45-minütige Popshow mit Auftritten deutscher und internationaler Künstler, Interviews, Nachrichten und Filmbeiträgen aus der Popszene. Es moderierten Dhana Moray, Hiroko Murata und Evelyn Seibert, die unter dem Vornamen »Evi« später bekannter wurde.

Sechs Sendungen liefen einmal im Monat mittwochs um 19.30 Uhr.

FLICKA   ZDF, SAT.1

1969 (ZDF); 1988 (Sat.1). 39-tlg. US-Westernserie (»My Friend Flicka«; 1956–1957).

Auf einer Ranch in Montana leben Anfang des 19. Jh. Rob (Gene Evans) und Nell McLaughlin (Anita Louise) mit ihrem Sohn Ken (Johnny Washbrook). Dessen Ein und Alles ist sein Pferd Flicka, mit dem er regelmäßig in haarsträubende Situationen gerät. Gus Broeberg (Frank Ferguson) arbeitet für die Familie.

Das ZDF zeigte mittwochs um 18.40 Uhr 30 halbstündige Folgen, Sat.1 fast 20 Jahre später noch neun weitere. Einer der Gaststars war der Hengst Highland Dale, der als *Fury* bekannt wurde.

FLIEG MIT AIR-T-L   RTL

1994. Große Spielshow mit Frank Elstner, gesendet aus einem Flugzeug, das sich in der Luft befindet.

Auf dem Weg zu einem schönen Urlaubsziel, das zwischendurch Dieter Moor schon einmal vorstellt, kämpfen sechs Kandidaten darum, noch weiter fliegen zu dürfen: einmal um die Welt. Dazu müssen sie diverse Quizfragen, Spiele und ein Unterhaltungsprogramm über sich ergehen lassen. Ach, und vorher müssen sie (gemeinsam mit einer Sportmannschaft) den Airbus 60 Meter übers Rollfeld ziehen. Eine weitere Sendung von Frank Elstner, deren Spielregeln – wie bei *Nase vorn* – niemand verstand. Der vermeintliche Reiz, aus einer fliegenden Lufthansa-Maschine zu senden, wurde schon dadurch aufgehoben, dass die Sendung nicht live, sondern aufgezeichnet war. Nach nur drei Folgen, in denen die Einschaltquote von 7,1 auf 2,6 Millionen abstürzte, wurde die Show abgesetzt – mindestens sechs Ausgaben der »ersten mobilen Reiseshow« im Deutschen Fernsehen waren geplant. An Frank Elstner kann es nicht gelegen haben. Er moderierte wie immer. In der ersten Sendung befragte er die Kandidaten Anette und Roland. »Lars, was hast du für Hobbys?«, fragte er Roland. Roland verbesserte ihn: »Roland.« Elstner: »Aha, und du, Anette?«

FLIEG OPA, FLIEG!   ZDF

1997. 6-tlg. dt. Jugendserie von Peter Bauhaus, Regie: Thomas Draeger.

An seinem Geburtstag fliegt Opa Teichmann (Karl-Maria Steffens) plötzlich mit einem Motordrachen davon. Vater (Michael Walke) und Mutter Teichmann (Daniela Hoffmann) und der geldgierige Onkel Günther (Mathias Herrmann) suchen ihn verzweifelt, nur Sohn Max (Martin Goeres) und seine Freundin Holle (Nadja Voigt) wissen Bescheid, Holle, weil sie die Tochter der Wahrsagerin Juli (Christin Marquitan) ist.

Die 25-minütigen Folgen liefen nachmittags.

FLIEGE   ARD

1994–2005. Tägliche Seelsorge- und Esoteriktalkshow mit Jürgen Fliege.

Kurz nachdem RTL mit Hans Meiser das Genre der täglichen Talkshow erfolgreich nach Deutschland importiert hatte, begann die ARD eine eigene, ganz eigene Version ebenfalls jeden Werktag um 16.00 Uhr. Moderator wurde der evangelische Pfarrer Jürgen Fliege, der zuvor Kirchenbeauftragter bei Sat.1 war. Fliege spricht mit seinen meist nichtprominenten Gästen über eine große Bandbreite von Themen, am häufigsten jedoch über ihre Schicksale, die meist von einer außerordentlichen Tragik oder Dramatik sind. Weitere Schwerpunkte sind esoterische Themen wie Astrologie und Wunderheiler und, eng damit verbunden, die Werbung für alternative Heilmethoden jenseits der so genannten Schulmedizin. Gelegentlich gelingt es Fliege, all diese Komplexe miteinander zu verbinden, wie in der Sendung vom 22. Januar 2002 unter dem Titel: »Meine eigene Krankheit hat mich zum Heiler gemacht«. Sie hatte besonders hohe Zuschauerzahlen.

Fliege schafft es durch intensive Suggestion, die innersten Gefühle seiner Gäste aus ihnen herauszukneten. Die »Wochenpost« schrieb, Fliege habe die seltene Gabe entwickelt, so zu »reden, dass es wie zuhören klingt«. Zum Repertoire gehören u. a. die

Jürgen *Fliege:*
»Passen Sie gut auf sich auf.«

Wiederholung des Gesagten in der Ich-Form, das abrupte Verfallen in vermeintliche Jugendsprache oder regionale Dialekte und körpersprachliche Signale wie das, sich vor die Gäste und damit unterhalb von ihnen auf den Boden oder eine Treppenstufe zu setzen. Wenn jemand erzählt: »Ich gehe jeden Tag auf den Friedhof zum Grab meiner Frau«, sagt Fliege als Nächstes: »Ich gehe jeden Tag auf den Friedhof, was erleb' ich denn da?« Er benutzt pseudotherapeutische Floskeln wie: »Das macht mich nachdenklich«, »Ich hab' da eine Frage im Hinterkopf, die spiel' ich mal nach vorne«, »Darf ich mit Ihnen traurig sein?«, »Jede Träne hat ihre zwei Seiten« und »Sie haben ein sensibles Gesicht«. Nicht untypisch ist aber auch der Fliege-Satz: »Sein eigenes Kind wirklich zu stillen, da sind den Vätern die Brüste gebunden.«

Eine Mutter, deren jugendliches Kind durch eine Überdosis Drogen starb, begrüßte er mit den Worten: »Vielleicht ist der Sinn von Adrian, dass wir ihn nicht vergessen.« Am Ende der Geschichte eines krebskranken Gastes sagte er: »Danke für die Emotion.« Eine Frau, die sich für Drogenabhängige einsetzt, stellte er mit den Worten vor: »Das ist die Frau, die kämpft die Leute frei, die kämpft die Leute frei.« In einer Sendung zum Thema »Mein größter Fehler« fragte er einen Jungen, dessen Mutter einen Bullterrier als Haushund gekauft hatte, der ihm schwerste Bissverletzungen am Kopf zugefügt hatte: »Und wo können wir an einer Hoffnung teilnehmen?« Eine Frau, die behauptete, aus Einsamkeit gelegentlich als Prostituierte zu arbeiten, fragte er: »Können Sie annehmen, dass Menschen Ihnen wünschen, aus dieser Sache herauszukommen, weil ihnen an Ihnen liegt?« In einer Weihnachtssendung hatte er eine verarmte 65-jährige Frau zu Gast, die zwölf Krebsoperationen hinter sich hatte und deren Mann tödlich verunglückte, als er sie im Krankenhaus besuchen wollte. Sie sagte: »Aus diesem Loch heraus hab' ich Ihnen geschrieben, Herr Fliege, Sie waren mein Strohhalm.« Daraufhin schenkte Fliege ihr einen Strohstern vom Weihnachtsbaum in der Studiodekoration. Der exzentrische Münchner Modedesigner Rudolph Moshammer, der als Nächstes auftrat, versprach, der Frau zu Weihnachten einen Fernseher zu schenken, woraufhin Fliege Moshammer sein neues, selbst geschriebenes Kinderbuch mit dem Titel »Alles wird gut« schenkte.

Fliege versteht sich in der Sendung nicht als Talkmaster, sondern als Seelsorger. Er nennt sich »Missionar«, bezeichnet das Fernsehen als seine »elektronische Kirche«, fragt, ob nicht auch Jesus »ein Entertainer« war (»einer der besten«), nennt seine Show »die größte Selbsthilfegruppe« der Nation. Im Interview mit der »Süddeutschen Zeitung« sagte er: »Die Menschen kommen in meine Sendung, weil sie andere Menschen an ihrem Leid und übrigens auch an ihrer Freude teilhaben lassen wollen. Sie wollen es endlich loswerden! Das ist nicht schlecht, sondern gut und völlig natürlich. Ich verdiene mein Geld nicht mit Leid, sondern mit Unterhaltung. Unterhaltung heißt, dass man unter jemandem die Hände hält.« Fliege stellt sich am Anfang jeder Sendung vor mit dem Satz: »Ich bin Jürgen Fliege«, und entlässt seine Zuschauer am Ende nicht ohne den Segen: »Passen Sie gut auf sich auf!«

Im Juni 1995 gründete der Moderator mit seiner Produktionsfirma die »Stiftung Fliege«, um die Spenden, die häufig nach seinen Sendungen eintrafen, zu verwalten. In der ersten Sendung, in der er die Einrichtung vorstellte, bat er Hotelbesitzer darum, der Mutter eines schwerbehinderten Jungen einen Urlaub zu finanzieren, spendierte drei Pflegekindern eine Dauerkarte fürs Freibad und vermittelte einer Zwölfjährigen, deren Eltern einen Monat zuvor ums Leben gekommen waren, Ferien auf einem Pferdehof. Seit September 2002 gibt es außerdem eine Zeitschrift zur Sendung. Eine Zeit lang war auch »Flämmchen«, ein Stoffschaf zur Sendung, käuflich zu erwerben. Mitte 1999 drohte der Bayerische Rundfunk, die Sendung nicht fortzusetzen, weil Fliege in einem Interview mit der Zeitschrift »Penthouse« Gott als »alten Gangster da oben« bezeichnet hatte – dem Anschein nach in dem Sinn, wie Eltern ihre Kinder liebevoll als »Räuber« bezeichnen. Die Aufregung darüber hielt dennoch mehrere Wochen an. Auch mit Kritik an der Kirche gelangte Fliege immer wieder in die Schlagzeilen.

Ende 1995 lieferte er sich einen verbalen Schlagabtausch mit Hans Meiser. Fliege sagte: »Was bei Meisers und Ilona Christens Sendungen stattfindet, ist ein kaltes Vorführen von Menschen. Das ist Voyeurismus.« Meiser erwiderte: »Das sind die weinerlichen Anschuldigungen eines ewigen Dritten.« Fliege überlebte allerdings das große Talkshowsterben und überrundete alle anderen *Daily Talker* an Dienstjahren. Seine Quoten waren relativ konstant gut, das Publikum allerdings weit überdurchschnittlich alt. Ab April 2005 wurde *Fliege* schon eine Stunde früher, um 15.00 Uhr, ausgestrahlt. In der ersten Woche auf dem neuen Sendeplatz zeigte Fliege die offensichtlich von Sendungen wie *Frauentausch* inspirierte vierteilige Realityshow »Pfarrertausch«, in der er eine Woche lang die Stelle und Aufgaben eines evangelischen Gemeindepfarrers übernahm.

Zeitweilige Ableger der Sendung waren *Jürgen Fliege antwortet* und *Spurensuche mit Jürgen Fliege*.

FLIEGE ... ARD
Seit 2003. Dt. Krimi-Comedy-Reihe.
Der pensionierte *Tatort*-Kommissar Edgar Brinkmann (Karl-Heinz von Hassel), Markenzeichen: die Fliege, wohnt jetzt in einer WG mit seinen Freunden Richard Bilinsky (Wolfgang Winkler) und Otto Thalheim (Peter Weck) und seiner »Perle« Frau Dieter (Heidelinde Weis). Gemeinsam mischen sie sich weiter in Mordfälle ein.
Die ARD zeigte etwa einen Film pro Jahr zur Primetime.

FLIEGE ANTWORTET ARD
→ Jürgen Fliege antwortet

DAS FLIEGENDE AUGE RTL
1996. 11-tlg. US-Actionserie von Don Jakoby und Dan O'Bannon (»Blue Thunder«; 1984).
Wenn Sie das nächste Mal ein leises Flap-Flap hören, sich umdrehen und direkt hinter sich einen riesigen schwarzen Hubschrauber fliegen sehen, dann ist es garantiert »Blue Thunder«, und er hat gerade wieder in den fast geräuschlosen »Flüstermodus« geschaltet. Außerdem hat er diverse Waffen, Sensoren und Laser an Bord, die auch die schlimmsten Ganoven in Los Angeles zittern lassen, denn das fliegende Auge gehört der Polizei. Am Steuer sitzt Frank Chaney (James Farentino), der sich, wie üblich, gerne über Dienstanweisungen hinwegsetzt, neben ihm der Techniker Clinton Wonderlove (Dana Carvey). Ihr Vorgesetzter ist Captain Ed Braddock (Sandy McPeak), die Einsätze koordiniert J. J. Douglas (Ann Cooper), am Boden fahren die beiden Muskelpakete Richard »Ski« Butowski (Dick Butkus) und Lyman »Bubba« Kelsey (Bubba Smith) hinterher.

Amerikanische Kritiker nannten die Hubschrauberpiloten in Anspielung auf die zeitgleich randalierenden Vietnamveteranen vom *A-Team* das »B-Team«. Mit der Serie versuchte ABC, den gleichnamigen Kinoerfolg von 1983 fortzusetzen (einige Kampfszenen stammen sogar aus dem Film oder von ungenutztem Material), doch ohne Erfolg. CBS hatte die gleiche Idee, nannte sie *Airwolf* und gewann das Luftduell. Jahre später war auch Sat.1 so weit und ließ die *Helicops* abheben.

RTL zeigte die 50-minütigen Folgen am späten Sonntagabend.

DER FLIEGENDE FERDINAND ARD
1984. 6-tlg. tschech. Kinderserie von Miloš Macourek und Václav Vorlíček (»Letající čestmír«; 1982).
Der Schüler Ferdinand Trenkel (Lukáš Bech) wird von einem blauen Meteoriten eingesogen und verbringt kurze Zeit auf dem Planeten der Blumen. Von dort bringt er zwei Zauberblumen mit, die Zauberkräfte verleihen, wenn man daran riecht. Ferdinand und seine Freunde David (Jan Kreindl) und Barbara (Janeta Fuchsová) nutzen das aus. Eine Blume vermag es, sie äußerlich in Erwachsene zu verwandeln (Ferdinand sieht dann aus wie sein Vater, spricht aber weiter mit der Stimme eines Kindes), dank der anderen können die Kinder fliegen. Ferdinands Eltern Bernhard (Vladimír Menšík) und Helene (Zdena Hadrbolcová) erfahren davon nichts. Durch beide Fähigkeiten schafft Ferdinand Schwierigkeiten aus der Welt, bringt seinen Vater jedoch dafür in neue. Der Arme verliert den Verstand, weil er an Halluzinationen glaubt, wenn er »sich selbst« begegnet. Herr Trenkel ist Hausmeister beim Institut zur Perfektionierung der Menschheit, das Professor Langmeier (Jiří Sovák) leitet. Die strenge Frau Knobloch (Jirina Bohdalová) und der gutmütige junge Philip Janda (Ivan Vyskočil) sind Lehrer an Ferdinands Schule. Philip ist außerdem der Freund von Ferdinands Schwester Susanne (Ivana Andrlová). Auch ihn saugt der Meteorit ein, und er bringt weitere Zauberblumen mit anderen Fähigkeiten zurück: Eine heilt Krankheiten, eine andere macht klug, eine dritte gütig. Durch eine Verwechslung kommt der fiese Friseur Berti Blecher (Petr Nárožný) an die Blumen und behält sie, um damit allein sich selbst und seiner Familie zu nützen. Zwar heilt er alle Besucher seines Salons von ihren Krankheiten, doch tut er dies hauptsächlich, um Karriere zu machen. Bald wird er Chef des Krankenhauses, sein dank Blume hochintelligenter minderjähriger Sohn Oskar (Antonin Kala), gerade eben noch ein Vollidiot, der neue Leiter von Langmeiers Institut und seine Frau (Iva Janžurová) Chefredakteurin der Zeitung. Kurz bevor

Vater und Sohn den Nobelpreis für ihre Verdienste erhalten sollen, gelingt es den Kindern, den Blechers die Blumen zu entwenden, die dann von einer Ziege gefressen werden. Die Blechers werden als Betrüger entlarvt, und auch Bernhard Trenkel erfährt nun die Wahrheit. Wütend spült er die Blume, die erwachsen macht, die Toilette hinunter. Vorher konnte sich Professor Langmeier noch einen sehnlichen Wunsch erfüllen und sich in ein Kind zurückverwandeln, den jungen Ottokar (Viktor Král), der von den Trenkels adoptiert wird. Die einzige Blume, die am Ende noch übrig ist, ist die, die das Fliegen ermöglicht.

Die Folgen dauerten bei der Erstausstrahlung 45 Minuten und liefen sonntagnachmittags. 1987 zeigte die ARD erstmals eine anders geschnittene 11-tlg. Fassung. Wiederholt wurde mal diese, mal jene. In der DDR hieß die Serie *Der Zauberstein* und hatte zwölf Teile. Die Musik ist vom *Biene Maja*-Komponisten Karel Svoboda. Für die deutsche Version wurden alle Namen geändert. Ferdinand hieß im Original Čestmír.

DIE FLIEGENDEN ÄRZTE   ZDF

1991–1994. 239-tlg. austral. Abenteuerserie (»The Flying Doctors«; 1985–1992).

Der »Royal Flying Doctor Service« versorgt von seiner Klinikzentrale in Cooper's Crossing aus ein riesiges Gebiet in medizinischen Notfällen. Weil dort die Häuser oft meilenweit auseinander stehen und dazwischen nur Wüste ist, haben die Ärzte einzig den Hubschrauber als Transportmittel. Die Ärzte sind: Dr. Harry Sinclair (Keith Eden), Dr. Frank Turner (John Frawley), Dr. Tom Callaghan (Andrew McFarlane), Dr. Chris Randall (Liz Burch), Dr. Geoffrey Standish (Robert Grubb), Dr. David Ratcliffe (Brett Climo), Dr. Magda Hellar (Melita Jurisic), Dr. Guy Reid (David Reyne) und Dr. Rowie Lang (Sarah Chadwick). Außerdem gehören zum Team die Schwestern Kate Wellings-Standish (Lenore Smith), Annie Rogers (Tammy McIntosh), Jackie Crane (Nikki Coghill), Paula Patterson (Vikki Blanche) und Penny Wellings (Sophie Lee), die Piloten Andy McGregor (Steve Bisley), David Gibson (Lewis Fitz-Gerald), Debbie O'Brian (Louise Silversen), Sam Patterson (Peter O'Brien), Gerry O'Neill (Justin Gaffney) und Johnno Johnson (Christopher Stollery) sowie die Funker Joe Forrest (Gil Tucker), D. J. Goannidis (George Kapiniaris) und Claire Bryant (Beverly Dunn).

Im australischen Original war der eigentlichen Serie eine gleichnamige Miniserie vorausgegangen, auf deren Basis dann erst die eigentlich 221-tlg. Serie entstand. Nach ihrem Ende wurden 13 Folgen des Spin-offs »Royal Flying Doctor Service« gedreht. Alle Folgen aller drei Serien liefen im ZDF als *Die fliegenden Ärzte*, zunächst immer samstags um 17.05 Uhr, später jeden Werktagnachmittag. Jede Folge war eine Stunde lang.

DER FLIESSENDE FELS   ARD, ZDF

1990. 6-tlg. dt. Doku-Spielserie von E. W. Heine.

Nach dem Ausbruch des Vesuv steckt ein Römer (Peter Ustinov) mit beiden Füßen in Beton. Nur mühsam schafft er es, sie aus dem hart gewordenen Material zu befreien. Er schaut in die Zukunft und entdeckt, was die Menschen in den nächsten 2000 Jahren alles aus modernen Baustoffen wie diesem machen werden.

Jede Folge begann wieder mit der Szene vom festzementierten Römer. Die Serie mit halbstündigen Folgen lief nur ein einziges Mal im Fernsehen, im Vormittagsprogramm von ARD und ZDF. In einer gekürzten Spielfilmfassung wird sie jedoch als Lehrfilm eingesetzt, der staunenden Schülern vermittelt, was für Wunderzeugs dieser Beton ist.

FLIMMERKISTE   DFF 1

→ Flimmerstunde

FLIMMERSTUNDE   DFF, DFF 1, ORB

1958–1996. Wöchentliches 90-minütiges Kindermagazin für Acht- bis Zwölfjährige, mit Spielfilmen und einer Live-Rahmenhandlung.

Der Junge Karli Kurbel besucht den freundlichen älteren Professor Flimmrich (Walter Eberhardt Fuß) in seinem Filmarchiv. Der Professor trägt aus unerfindlichen Gründen meist einen weißen Kittel und eine Fliege. In seinem Archiv, das er mit Filmplakaten dekoriert hat, stapeln sich die Filmrollen. Er plaudert über Filme, zeigt, wie sie gemacht werden, stellt Berufe und Schauspieler vor, erklärt Gattungen und erzählt Filmgeschichte – und er zeigte Karli und den Zuschauern auch einfach Filme, natürlich mit Hilfe der »Flimmerkiste«.

Die Sendung begann mit dem Lied »Professor Flimmrich zeigt und erzählt, was euch allen gut gefällt«. Ihr pädagogischer Auftrag war ein doppelter: Sie sollte den jungen Zuschauern nicht nur die Welt des Films nahe bringen, sondern ihnen auch politische Botschaften vermitteln. 1959 baten Professor Flimmrich und Karli um Spenden für das »kämpfende algerische Volk«; Filme aus fernen, unbekannten Ländern sollten die Zuschauer »aufklären über unwürdige Lebensverhältnisse in den kapitalistischen Ländern«. Die Sendung war eine der erfolgreichsten und langlebigsten der DDR-Fernsehgeschichte, Professor Flimmrich wurde eine der beliebtesten Fernsehfiguren. Er ging auch auf Tournee und gestaltete Kindernachmittage, an denen er das Thema Film in ähnlicher Form behandelte. Den Platz von Karli nahm dabei die freche Berliner Puppe »Bürschte« ein.

Das Magazin hieß zunächst *Karli Kurbels Flimmerkiste*. 1960 wurde daraus *Wir treffen uns bei Professor Flimmrich*, später *Bei Professor Flimmrich*, ab 1969 *Professor Flimmrich*. In den 70er-Jahren legte der Professor seinen Kittel ab und zog vom Filmarchiv in ein ganz normales Fernsehstudio um; Karli tauchte nun nicht mehr auf. Krankheitsbedingt musste Walter E. Fuß 1978 aufhören. Die Sendung wurde zunächst in *Flimmerkiste* umbenannt und 1980 in *Flimmerstunde*. Moderiert wurde sie nun von Marita Gerasch, Thomas Rudnick, Matthias

Zahlbaum, Dietmar Obst, Helmut Schreiber und Thomas Kuschel.
Die *Flimmerstunde* lief im DDR-Fernsehen insgesamt rund 1500-mal, erst montags nachmittags, ab 1967 samstags nachmittags. Nach der Abwicklung des DFF führte der ORB die Reihe weiter, die jetzt von Robert Metcalf präsentiert wurde.

FLINT HAMMERHEAD   RTL 2

2001. 39-tlg. jap. Zeichentrickserie (»Jikuu Tantei Genshi-kun«; 1999).
Im Land der Zeit weben die Zeitshifter den Wandteppich der Geschichte. Dark Lord zerstört das Land und beschädigt den Teppich, die böse Petra Fina verwandelt die Zeitshifter in üble Monster. Der Zeitdetektiv Flint nimmt den Kampf gegen Petra und für die Zeit auf.
Lief nachmittags. Mehrere Folgen sind auf DVD erhältlich.

DIE FLINTSTONE KIDS   RTL

1990–1991. 34-tlg. US-Zeichentrickserie (»The Flintstone Kids«; 1986).
Kindheitserlebnisse von Fred Feuerstein und Barney Geröllheimer und ihren Freundinnen Wilma und Betty, angesiedelt vor, aber gedreht lange nach *Familie Feuerstein*.

FLIP-FLOP   ARD

1985–1991. Kinder-Gameshow mit Claus Kruesken.
Drei Schulklassen aus Deutschland, Österreich und der Schweiz treten in Quizrunden und Geschicklichkeitsspielen zu einem Thema gegeneinander an. Fester Bestandteil ist das »Orakel«, bei dem eine Art Wahrsagerin mit den Händen auf einer Plasmakugel herumfingert und umschreibt, was sie »sieht«. Die Kinder müssen erraten, welchen Begriff sie meint. Ebenfalls immer dabei ist die »Flip-Flop-Scheibe«, eine runde Plattform, auf der mehrere Kinder stehen und Aufgaben erfüllen müssen, während sie sich – »Achtung auf der Flip-Flop-Scheibe« – dreht und abrupt die Richtung ändert. Das Team, das sich am längsten halten kann, erhält die meisten Punkte.
Mit *Flip-Flop* setzte der Bayerische Rundfunk nach *Alpha 5* seine Reihe der aufwendigen Kindergameshows fort. 68 Sendungen von 25 Minuten Länge liefen nachmittags.

FLIPPER   ZDF, KABEL 1

1966–1969 (ZDF); 1994 (Kabel 1). 88-tlg. US-Abenteuerserie von Ivan Tors (»Flipper«; 1964–1968).
Die Abenteuer von zwei Jungen und einem klugen Delphin. Der 15-jährige Sandy (Luke Halpin) und der zehnjährige Bud (Tommy Norden) sind die Söhne des verwitweten Parkaufsehers Porter Ricks (Brian Kelly). Dessen Aufgabe ist es, im Coral Key Park in Florida für die Sicherheit der Delphine und der Taucher zu sorgen. Der beste Freund der Familie ist der Delphin Flipper, mit dem Bud und Sandy prima spielen können, der aber auch im Ernstfall immer dann zu Hilfe kommt, wenn er gebraucht wird. Flipper ist klug, springt, schnattert, besiegt böse Haie, Umweltsünder, Räuber und sonstige Verbrecher (natürlich freihändig mit einem kühnen Schnauzenstoß), durchschaut jede noch so prekäre Situation und rettet sie. Akute Gefahr wittert er und ist sofort zur Stelle, und wenn gerade nichts los ist, lässt er sich mit einer Unterwasserhupe rufen. Oder man ruft einfach »Flipper! Flipper!«, denn es verhält sich ja so: »Man ruft nur Flipper, Flipper, gleich wird er kommen, jeder kennt ihn, den klugen Delphin. Wir lieben Flipper, Flipper, den Freund aller Kinder, Große nicht minder lieben auch ihn.« Hap Gorman (Andy Devine) ist ein alter Seemann, der oft Abenteuergeschichten über seine Zeit auf dem Meer erzählt. Auch die attraktive Meeresforscherin Ulla Norstrand (Ulla Stromstedt) arbeitet zeitweise in der Bucht und freundet sich mit Porter Ricks an.
Wie alle anderen dauerhaften Hauptrollen war auch Flipper männlich, wurde jedoch von der Delphinin Susie dargestellt. Sie hatte sich bei einem »Casting«, einem Schönheitswettbewerb für Delphine, gegen 80 Konkurrentinnen durchgesetzt. Nach drei Monaten »Schauspielschule« war Flipper-Susie fit fürs Fernsehen. Sie konnte sogar pfeifen. Hauptdarsteller Brian Kelly erzählte einmal: »In einer Drehpause

Mit dieser Geste will *Flipper* uns sagen: »In der Korallenbucht haben zwei Schmuggler eine größere Menge Juwelen versteckt. Sie sind jetzt auf der Flucht. Einer von ihnen hat dunkle Haare und einen Bart, der andere ist etwas größer und hat eine zwiebelförmige Narbe auf der linken Pobacke. Nichts wie hinterher!« Vielleicht will er aber auch nur spielen. Daneben: Sandy (Luke Halpin), Ball.

Kleine nicht minder lieben auch ihn. Michael Schanze ganz in seinem Element. Auch im *Flitterabend* umgab er sich zwischendurch mit Kindern, die total süße Sachen sagten wie: »Ähm, nee, weiß nich', hihi.«

saß ich pfeifend in der Nähe des Wassers. Da tauchte plötzlich Flipper auf und pfiff fehlerfrei dieselbe Melodie. Ich pfiff weiter, änderte aber die Tonart. Der Delphin machte es mir prompt nach.« Der Serie waren zwei *Flipper*-Kinofilme vorausgegangen. Im ersten Teil hatte Chuck Connors die Rolle des Porter Ricks gespielt, im zweiten war es bereits Brian Kelly. Serienerfinder Ivan Tors erfand zwei Jahre später eine weitere Serie, in der Tiere den menschlichen Stars die Show stahlen: *Daktari*.

Jede *Flipper*-Folge war 25 Minuten lang. Insgesamt 75 Folgen liefen im Nachmittagsprogramm des ZDF, die ersten 26 bei der Erstausstrahlung noch in Schwarz-Weiß, bei Wiederholungen später in Farbe. Ein Vierteljahrhundert später liefen weitere 13 Folgen bei Kabel 1 in deutscher Erstausstrahlung. 1995 entstand eine Neuauflage, die bei RTL 2 und Pro Sieben zu sehen war.

FLIPPER – DIE NEUEN ABENTEUER   PRO SIEBEN
→ Flippers neue Abenteuer

FLIPPERS NEUE ABENTEUER   RTL 2, PRO SIEBEN
1996–2000 (RTL 2); 2000 (Pro Sieben). 75-tlg. US-Abenteuerserie (»Flipper«; 1995–1997).
Neuauflage des Klassikers *Flipper*. Der kleine Bud ist inzwischen erwachsen und selbst Meeresforscher geworden. Er nennt sich jetzt Keith Ricks (Brian Wimmer). Mit seiner Kollegin Pam Blondel (Colleen Flynn), deren Sohn Mike (Payton Haas) und dessen Freundin Maya (Jessica Marie Alba) erlebt er Abenteuer mit dem Delphin Flipper. Ab der zweiten Staffel erlebt Flipper die Abenteuer mit Cap Daulton (Gus Mercurio), Sheriff Tom Hampton (Whip Hubley) und dessen Frau Alex (Tiffany Lamb) sowie deren Kindern Jackie (Laura Donaldson) und Chris (Craig Marriott).

Ab der dritten Staffel wechselte die Serie zu Pro Sieben und erhielt den leicht geänderten Titel *Flipper – Die neuen Abenteuer*. Währenddessen liefen aber weiter ältere Folgen in deutscher Erstausstrahlung bei RTL 2. Besonders kurios: Die Ausstrahlung auf beiden Sendern endete am selben Tag.

FLITTERABEND   ARD
1988–1995. Große Samstagabendshow mit Michael Schanze mit Spielen für Brautpaare. Drei frisch verheiratete Paare, deren Hochzeit nicht länger als ein paar Tage zurückliegt, spielen gegeneinander in Geschicklichkeits-, Übereinstimmungs- und Schätzspielen. Zwei Paare scheiden nacheinander aus, die Sieger spielen um eine große Reise.

Die konkreten Spiele variierten, die Grundkonzepte blieben gleich. Im Übereinstimmungsspiel stand eine Trennwand zwischen dem Paar, das Antworttäfelchen auf gestellte Fragen hochhalten musste.

In einer Aktionsrunde wurde eine Szene konstruiert, in der das Paar vor eine abstruse Situation gestellt wurde und darauf spontan möglichst witzig reagieren sollte. Über die beste Darbietung entschied das Publikum. Wer ausschied, erhielt einen Trostpreis, meist etwas, das die Frischvermählten gerade gut gebrauchen konnten, beispielsweise eine Wohnzimmereinrichtung. Damit die Trostpreise speziell auf das Brautpaar zugeschnitten werden konnten, hatte die Redaktion zuvor im Bekanntenkreis der Kandidaten Erkundigungen eingeholt. Die Präsentation der Trostpreise übernahm »Bobby Flitter« (Bruno Horn) im Glitzeranzug mit Zylinder, eingeleitet von Schanzes Worten: »Verlieren ist für euch nicht bitter, hier kommt unser Bobby Flitter!«

Zwischen den letzten beiden verbliebenen Paaren gab es ein Spiel, bei dem sie angeschnallt auf einer künstlichen Wolke saßen, die an einer mechanischen Konstruktion ein paar Meter nach oben gefahren wurde. In der Höhe beantworteten sie Schätzfragen, wobei abwechselnd ein Paar eine konkrete Zahl vorlegen und das andere sich für »höher« oder »tiefer« entscheiden musste. Wer danebenlag, wurde schrittweise herabgelassen: Beim ersten Mal fuhr die Wolke ein Stück herunter, dann kippte sie nach vorn, schließlich lösten sich die Gurte, und das Verliererpaar plumpste in die Kissen. Im Moment ihres Finaleinzugs hatte das Siegerpaar bereits eine Hochzeitsreise gewonnen, konnte sie in einem Geschicklichkeitsspiel dann aber noch in eine große Traumreise umwandeln, indem es die gestellten Aufgaben in der vorgegebenen Zeit erfüllte. Zwischen den Spielen gab es Showblöcke, in denen Schanze oft selbst mit einem Prominenten gemeinsam sang.

Die Show startete an einem Donnerstag um 21.03 Uhr, wurde aber schon zur zweiten Ausgabe eine große Samstagabendshow. Sie war beliebt, aber eher unauffällig und brachte es auf 43 Sendungen. Für Aufsehen sorgte nur eine Ausgabe, in der Bräute bei einem Übereinstimmungsspiel tippen sollten, ob sich ihre Männer eine Glatze schneiden lassen würden. Womit sie nicht gerechnet hatten: Die beiden, die Ja sagten, wurden tatsächlich prompt geschoren – ihre zukünftigen Frauen waren fassungslos, dass der brave Schanze so was zulassen konnte, und ließen sich auch durch das Verbergen der glatten Schädel unter Baseballkappen nicht beruhigen.

Flitterabend basierte ursprünglich auf der holländischen Show »Rons's Honeymoon Quiz«, die 1986 gestartet war, entwickelte sich dann aber davon weg. Ein früher, erfolgloser Vorgänger des Konzepts war *Das ideale Brautpaar* 1959.

Im März 1996 zeigte die ARD noch ein Best-of.

FLODDER – EINE FAMILIE ZUM KNUTSCHEN RTL, SUPER RTL

1994–1997 (RTL); 2003 (Super RTL). 62-tlg. niederländ. Comedyserie von Dick Maas (»Flodder«; 1993–1997).

Durch ein Versehen wird die asoziale Familie Flodder mitten im Nobelviertel Sonnenschein angesiedelt. Nun nerven und schockieren sie dauerhaft ihre Nachbarn: Mutter Flodder (Nelly Frijda), Opa Flodder (Herman Passchier), die Söhne Johnnie (Coen van Vrijberghe de Coningh) und Klaus (Stefan de Walle), Tochter Kees (Tatjana Simic) und die Jüngsten Tina (Mandy Negermann, ab der zweiten Staffel: Scarlett Heuer; ab der vierten Staffel: Djune-Ann van Asten) und Holgi (Melle de Boer, ab der zweiten Staffel: Sander Swart; ab der vierten Staffel: Rogier van de Weerd). Die meisten sind kriminell, Klaus ist ein Spanner, Kees eine Schlampe, Opa sitzt immer nur im Rollstuhl und trägt seine Eisenbahneruniform, und Mutter ist vor allem laut, dreckig und ungehobelt, raucht unentwegt und stinkt. Der völlig überforderte kleinlaute Sozialarbeiter Werner (Lou Landré) versucht das Schlimmste zu verhindern. Natürlich erfolglos.

Die Serie basierte auf den Kinofilmen »Eine Familie zum Knutschen« und »Eine Familie zum Knutschen in Manhattan«, die 1993 mit großem Erfolg im Fernsehen gezeigt wurden. Die ersten elf halbstündigen Folgen liefen deshalb zunächst zur besten Sendezeit montags um 20.15 Uhr (gepaart mit der weit harmloseren US-Serie *Eine schrecklich nette Familie*), neue Folgen wurden ab 1997 freitags um 21.45 Uhr gezeigt (1995 entstand ferner der dritte Kinofilm »Flodder Forever«). Mehrere Rollen wurden für die Serie neu besetzt (Johnnie wurde z. B. in den Filmen von Huub Stapel gespielt), andere Rollen im Lauf der Serie umbesetzt. Fast alle holländischen Namen wurden eingedeutscht, jedoch nur in den Filmen und den ersten 36 Folgen, die auf RTL liefen. Als Super RTL fünf Jahre später weitere Folgen zeigte, hießen Werner, Tina, Holgi und Klaus plötzlich auch bei uns Sjakie, Toet, Henkie und Kees, wodurch es wie im Original zwei Flodder-Kinder namens Kees gab. In Holland brachten es die Flodders auf 112 Folgen. Nach dem plötzlichen Tod von Johnnie-Darsteller Coen van Vrijberghe de Coningh wurde die Serie Ende 1997 eingestellt.

FLOHMARKT ZDF

1983–1984. 21-tlg. dt. Familienserie von Herbert Rosendorfer, Regie: Wolf Dietrich. Flohmarkthändler Jakob (Wolfgang Weiser) erfindet Geschichten, um seine Ware interessant zu machen.

Die halbstündigen Folgen liefen donnerstags um 17.50 Uhr.

FLOP ARD

1975–1976. »Sport und Spiel für Schüler.«

Das monatliche Nachmittagsmagazin für Kinder behandelte auf heitere Weise Themen aus dem Bereich des Sports. Benannt wurde es nicht nach der zu erwartenden Zuschauerresonanz, sondern nach einem Ausdruck aus dem Hochsprung.

FLOP-SHOW ZDF

1984–1999. »Die ultimative Blödelsendung.« Comedyshow für Kinder mit vielen Sketchen, Szenen und Parodien auf das Fernsehen.

Flodder – Eine Familie zum Knutschen: In der Folge »Der Wunderheiler« hat Johnnie Flodder (Coen van Vrijberghe de Coningh, Mitte, stehend) eine prima Geschäftsidee, die viele Menschen anzieht. Wegen der Altersstruktur dieser Menschen dürfte er aber Ärger mit dem RTL-Chef bekommen. Am Tisch: Mandy Negermann (links), Melle de Boer (vorn), Stephan de Valle.

Erster Moderator war Fredl Fesl, und die Show lief als halbstündiges »flottes Magazin« im Nachmittagsprogramm. 1995 kamen die Kabarettisten »Superzwei« (Jakob Friedrichs und Volker Schmidt-Bäumler) dazu, und die nur noch halb so lange Show wanderte ins Vormittagsprogramm.

FLORIAN ZDF
1990. 5-tlg. dt. Jugendserie, Regie: Celino Bleiweiß.
Der Zivi Florian (Pascal Breuer) leistet seinen Dienst im Altenheim. Frau Dr. Kamberger (Monika Woytowicz) ist die Heimleiterin, Silvia (Andrea Sawatzki) eine Pflegerin. Zu den Bewohnern gehören die geistig verwirrte Kuni (Käthe Reichel), Herr Weiß (Heinz Joachim Klein), Frau Schmittchen (Elisabeth Bertram), Herr Sattler (Lukas Ammann), das Ehepaar Odenbirk (Herta Böhm und Georg Lehn) und Herr Taubert (Richard Beek) mit seinem Hund, obwohl er gar keine Tiere halten darf. Die Bekanntschaft mit Menschen, die am Ende ihres Lebens stehen, lässt den jungen Florian zum Erwachsenen reifen. Die einschneidende Erfahrung ist das Ableben von Herrn Weiß, den er bis zum Ende betreut.
Die Serie kam aus der evangelischen Kirchenredaktion. Die dreiviertelstündigen Folgen liefen nachmittags.

FLORIDA LADY ZDF
1994–1996. 21-tlg. dt. Familienserie von Charles Lewinsky.
Der Deutsche Tom Keller (Helmut Zierl) lebt in Florida und betreibt dort mit seinem alten Freund Roy Schröder (William Mang) einen Hausbootverleih. Auf einem der Hausboote namens »Florida Lady« wohnen Roy und seine zehnjährige Tochter Penny (Liane Hesse) selbst. Der Lebenskünstler Tom, Besitzer eines alten, rosafarbenen Cadillac-Cabrio, verliebt sich in Dr. Tanja Bergmann (Claudia Demarmels), die etwas weiter weg bei »Sea World« arbeitet, einem Zentrum für Seetiere, das ihre Freundin Dr. Lisa Chang (Francesca Tu) leitet. Tom und Roy beherbergen ständig neue Gäste, um deren Probleme sie sich kümmern. Teresita (Monique Mannen) ist das kubanische Hausmädchen. Als Tom und Tanja heiraten und nach Deutschland zurückkehren, kommen der deutsche Privatdetektiv Timm Berger (Bruno Eyron) und Iris Tecklenburg (Christina Plate) neu auf die »Florida Lady« und werden ein Paar. Timm nimmt in Florida immer wieder Aufträge an, bei denen er Fälle aufklären, Dinge oder Menschen beschützen oder verschwundene Wertsachen wiederbeschaffen soll.
Die 50-Minuten-Folgen liefen um 19.25 Uhr.

FLORIS – DER MANN MIT DEM SCHWERT DFF 1
1977. 12-tlg. niederld. Abenteuerserie von Gerard Soeteman, Regie: Paul Verhoeven (»Floris«; 1969).
Der Ritter Floris von Rosemund (Rutger Hauer) und sein orientalischer Freund Sindala (Jos Bergman) setzen sich für die Armen ein und gegen ihre Widersacher zur Wehr. Auf der gegnerischen Seite stehen General Martin von Rossum (Hans Culeman) sowie sein Sergeant (Tim Beekman), Karl von Gelere (Jaap Maarleveld) und Admiral Pier (Hans Boskamp). Natürlich sind die trickreichen Freunde ihren Gegnern immer eine Nasenlänge voraus. Ihre Verbündeten sind Burgherr Walter von Oldenstein (Ton Vos), Gräfin Ada (Diana Dobbelman), die heimlich in Floris verliebt ist, und ihre Kammerdienerin Viola (Ida Bons).
Schwarz-Weiß-Serie; jede Folge dauerte 25 Minuten. Für Regisseur Verhoeven und Hauptdarsteller Hauer begann wenig später eine internationale Karriere. Hauer spielte den Titelhelden Floris noch einmal in der deutschen Neuauflage *Floris von Rosemund,* die schon zwei Jahre vor der DDR-Ausstrahlung des Originals in Westdeutschland gezeigt wurde.

FLORIS VON ROSEMUND   ARD
1975. 19-tlg. dt. Abenteuerserie von Ferry Radax und Werner Schneyder, Regie: Ferry Radax.
Der junge Ritter Floris (Rutger Hauer) und sein Freund und Helfer Sindala (Derval de Faria) ziehen durch die Lande und Wälder, setzen sich für die Armen und Schwachen ein und für die Gerechtigkeit. Floris ist ein abenteuerlustiger Kämpfer, der mit dem Schwert umgehen kann, Sindala ein orientalischer Magier, der durch Illusionen und Tricks die Gegner verwirrt. Diese Gegner sind vor allem Herzog Grauberg (Ferdy Mayne), General von Rossum (Fred Stillkrauth) und sein trotteliger Sergeant (Peter Pickl), die Floris und Sindala ständig Fallen stellen und sie verfolgen, aber nie erwischen. Zu Floris' Verbündeten gehört noch Viola (Simone Rethel), die Kammerdienerin einer Gräfin.
Aus turbulenten Fluchtszenen und Sindalas ulkigen Überlistungstricks zog die Serie ihre komischen Momente. Sie war eine Neuauflage der äußerst erfolgreichen niederländischen Serie »Floris«, in der ab 1969 ebenfalls Rutger Hauer die Titelrolle gespielt hatte und die 1977 in der DDR unter dem Titel *Floris – Der Mann mit dem Schwert* gezeigt wurde. Die 25-minütigen deutschen Folgen, zum Teil in Ungarn gedreht und im Gegensatz zur holländischen Version in Farbe, liefen im regionalen Vorabendprogramm.

FLORIS ZAPP ZARAPP   ARD
1991–1994. Halbstündiges Magazin für Kinder mit dem kleinen Zirkuslöwen Flori (natürlich kein echter Löwe), der mit seinem Zauberstab hantiert, »Zapp Zarapp« macht und mit Zeichen- und Basteltipps aufwartet. Dazu gibt es Spiele, Rätsel und Bildergeschichten, die von Kindern erzählt und dem Zeichner Dieter Hanitzsch illustriert werden.
Die Reihe hieß zunächst nur *Zapp Zarapp* (ein Begriff aus der Zirkussprache), im April 1993 kam Flori in den Sendetitel. Sie lief staffelweise wöchentlich dienstags um 14.02 Uhr, ab März 1994 alle 14 Tage samstagmorgens.

DER FLOTTE DREIER   RTL
1991–1992. Halbstündige Erotiktalkshow mit Erika Berger.
In aufreizender Studiodekoration spricht Berger mit zwei Gästen über Sex und zeigt Beiträge über schlüpfrige Themen. Die Sendung schöpfte das Skandalpotenzial voll aus. Sie wurde nicht nur von den Landesmedienanstalten wegen »geradezu fahrlässiger wie gefährlicher Verharmlosung massiver sexueller Störungen« beanstandet, womit sie nicht nur vor 23.00 Uhr, sondern überhaupt »unzulässig« sei, weil sie die sittlichen Überzeugungen der Bevölkerung verletze und so gegen die Programmgrundsätze verstoße. Außerdem rief Empörung hervor, dass in der Premiere eine Telefonnummer für Live-Zuschaueranrufe eingeblendet wurde, obwohl die Sendung sich als Aufzeichnung entpuppte.
Die Zuschauer blieben der neuen Reihe schon ab der zweiten Sendung weitgehend fern. Ab Mitte März 1992 lief sie unter dem Namen *Eine neue Chance für die Liebe* noch eine Weile weiter. Sendeplatz war jeweils mittwochs um 22.50 Uhr.

EIN FLOTTER DREIER   SAT.1
1996–2000. 14-tlg. dt. Freundeserie von Christoph Mattner.
Die Studenten und Ruderer Robby Lagermann (Kai Lentrodt), Philipp Sperber (Matthias Matz) und Arne Bartlitz (Andreas Arnstedt) bewohnen gemeinsam die Luxuswohnung von Robbys Eltern, die ins Ausland gegangen sind. Da sie in Geldnot sind, halten sie sich mit verschiedenen Jobs über Wasser. So betätigt sich Arne als »Rasenmäher« und Philipp als Moderator beim Radiosender »radio on«. Esther (Marita Marschall) ist die Chefredakteurin des Senders, in die Robby sich verliebt.
»Sie sind jung, witzig, engagiert und haben immer einen coolen Spruch parat«, flötete Sat.1 zum Start und staunte, dass die Leute das nicht sehen wollten. Die Serie lief erfolglos samstags am Vorabend und wurde kurz vor Schluss vorzeitig abgesetzt. Die letzten beiden Folgen strahlte Sat.1 erst vier Jahre später sonntagvormittags aus.

DER FLUCH DER EDELSTEINE   ZDF
1994. 6-tlg. brit. Kinder-Fantasydrama von Richard Cooper, Regie: Peter Tabern (»Eye Of The Storm«; 1992).
Der Umweltschützer Tom Frewen (Bill Nighy) untersucht an der Südküste Englands einen ein paar Jahre zurückliegenden Umweltskandal. Seine Tochter Nell (Cordelia Bugeja) wird in eine viel weiter zurückliegende Geschichte hineingezogen: Die geheimnisvolle Martha (Judy Parfitt) versucht, mit Hilfe von Luke Montliskeard (Kristopher Milnes) Juwelen aus dessen Familienbesitz wiederzufinden, die im 17. Jh. verschwunden sind und große Macht haben sollen.
Die halbstündigen Folgen liefen montag- und dienstagnachmittags.

DER FLUCH DES HAUSES DAIN   ZDF
1995. 3-tlg. US-Krimi nach dem Roman von Dashiell Hammett, Regie: E. W. Swackhamer (»The Dain Curse«; 1978).
Privatdetektiv Hamilton Nash (James Coburn) untersucht einen Diamantendiebstahl und einige Morde, die mit einem angeblich auf der Familie der drogensüchtigen Gabrielle (Nancy Addison) lastenden Fluch zusammenhängen könnten.
Jeder Teil hatte Spielfilmlänge.

DIE FLUCHT   DFF 2
1975. 4-tlg. sowjet. Literaturverfilmung von Alexander Alow und Wladimir Naumow nach Werken von Michail Bulgakow (»BEG«; 1969) über den Sieg der Roten Armee über die Weißgardisten und die Liebe des Privatdozenten Golubkow (Alexaj Batalow) zu Sarafina (Ljudmilla Sawaljewa).

Die Flucht war 1972 als dreistündiger Film in den Kinos der DDR zu sehen und wurde drei Jahre später geviertelt als Miniserie im Fernsehen gezeigt. Das ZDF sendete den Film 1978 in zwei Teilen.

FLUCHT AUS DEM GOLDLAND   DFF 2
1979–1980. 7-tlg. tschechoslowak. Abenteuerserie von Jiří Hubač nach Motiven von Jack London, Regie: Franek Chmiel (»Útěk ze zlaté země«; 1977).
Der Goldgräber Allan Gordon (Bruno O'Ya) wird erst reich, dann wieder arm, bleibt aber dafür anständig.
Lief ungefähr zur gleichen Zeit auch in allen westdeutschen Dritten Programmen.

FLUCHT IN DIE NACHT   ARD
1987. 5-tlg. austral. Krimi von John Emery und Rob George nach dem Buch von Max Fatchen, Regie: Howard Rubie (»Chase Through the Night«; 1984).
Nach einem Banküberfall terrorisieren Darby (Paul Sonkkila), Clurry (John Jarratt) und Yorkie (Scott McGregor) ein Dorf im australischen Busch und nehmen u. a. Petra (Nicole Kidman) als Geisel. Die Bewohner des Ortes wehren sich mit unkonventionellen Methoden.
Der eigentlich zweistündige Film lief in knapp halbstündigen Folgen im regionalen Vorabendprogramm.

FLUCHT INS PARADIES   ZDF
1995. 3-tlg. dt. Liebesfilm von Barbara Piazza.
Die Kinderärztin Sandra Keller (Marion Kracht) lässt sich in die Südsee versetzen, um einer Dreiecksbeziehung zu entkommen. Dort beginnt sie eine Dreiecksbeziehung mit dem Piloten Mike Voss (Peter Bongartz) und dem Bierbrauer Hanno Hellmann (Erich Hallhuber).

FLUCHT MIT LUZIFER   ZDF
1989. 8-tlg. dt. Jugendserie.
Die Kinder Lis (Karin Moser) und Daniel (Alex Schindler) verlieben sich in das schwarze ehemalige Rennpferd Luzifer, für das der Knecht Mattli (Sigfrid Steiner) sorgt. Lis' Vater (Marcel Bozzuffi) kauft das anfangs noch scheue Pferd für seine Tochter, und Lis, der elternlose Daniel und Luzifer werden dicke Freunde. Die 25 Minuten langen Folgen liefen samstags nachmittags.

FLUCHT OHNE AUSWEG   ARD
1967. 3-tlg. dt. Krimi von Franz Peter Wirth nach Motiven des Kriminalromans »Nowhere to Go« von Kenneth Donald.
Bert Gregor (Hansjörg Felmy) wird zu acht Jahren Gefängnis verurteilt, weil er 300 000 DM unterschlagen hat. Mit Hilfe seines Freundes Paul Reimann (Peter Ehrlich) bricht er aus und versteckt sich in einer leer stehenden Wohnung, wo er Sandra (Karin Hübner) kennen lernt. Als er die Beute aus dem Versteck holen will, merkt er, dass ihn nicht nur die Polizei, sondern auch Paul jagt. Er flieht mit Sandra, die sich aber schließlich ebenfalls von ihm abwendet. Am Ende begeht er Selbstmord.
Flucht ohne Ausweg war die erste große Fernsehrolle des Kino- und Theaterstars Hansjörg Felmy.

DER FLUG DES ALBATROS   ZDF
1997. Dt.-neuseeländ. Kinderfilm von Riwia Brown nach einem Roman von Deborah Savage (»Flight of the Albatros«; 1995).
Das Berliner Mädchen Sarah (Julia Brendler) reist nach Neuseeland, wo ihre Mutter (Suzanne von Borsody) als Vogelkundlerin arbeitet. Da sie wenig Zeit für ihre Tochter hat, erkundet diese das Land auf eigene Faust und trifft den Maori-Jungen Mako (Taungaroa Emile), der aus der Stadt kommt und hier auch fremd ist. Beide helfen einem verletzten Albatros.
Der KI.KA zeigte den Film 1998 in vier 25-minütigen Folgen.

FLUG IN DIE HÖLLE   ARD
1986. 6-tlg. dt. Abenteuerserie von Peter Yeldham nach dem Tatsachenbericht von Hans Bertram, Regie: Gordon Flemyng.
Die deutschen Piloten Hans Bertram (Helmut Zierl) und Adolf Klausmann (Werner Stocker) geraten auf dem Weg nach Australien mit ihrem Wasserflugzeug »Atlantis« in Turbulenzen, der Treibstoff geht aus, und sie müssen im Busch an der Küste Nordaustraliens notlanden, fernab der Zivilisation, nur unter Eingeborenen, die die beiden für göttliche Wesen halten. Bertram und Klausmann kämpfen siebeneinhalb Wochen lang ums Überleben und gegen das Verhungern, leben von gefundenen Würmern und Schnecken und vom Kühlwasser ihres Flugzeugs, das auf diesem Weg wenigstens noch einen Zweck erfüllt. Unterdessen suchen die Reporterin Kate Webber (Anne Tenney) und die Polizisten Lucas (Gerard Kennedy), Maxwell (Dennis Grosvenor), Anderson (Tim McKenzie) und Carson (Robert Hughes) nach den Verschollenen.
Die geschilderten Begebenheiten ereigneten sich ab Mai 1932. Die Serie lief im regionalen Vorabendprogramm, jede Folge war eine Stunde lang.

FLUGALARM IN SAN FRANCISCO   ARD
1972. 5-tlg. US-Sicherheitsserie (»San Francisco International Airport«; 1970–1971).
Geschäftsführer Jim Conrad (Lloyd Bridges) kümmert sich mit Sicherheitschef Bob Hatten (Clu Gulager) darum, dass auf dem Flughafen von San Francisco alles glatt läuft. June (Barbara Werle) ist seine Sekretärin, Suzie (Barbara Sigel) seine Tochter.
Ein Pilotfilm, in dem Pernell Roberts den Flughafenchef spielte, lief bereits im Dezember 1970 im Ersten. Jede Serienfolge dauerte 45 Minuten.

FLUGBOOT 121 SP   ZDF
1978–1980. 26-tlg. austral.-brit. Kinder-Abenteuerserie (»Bailey's Bird«; 1979).
Der 14-jährige Nick (Mark Lee) ist aus dem Inter-

nat ausgerissen, um bei seinem Vater Bailey (Hu Pryce) in Südostasien zu leben, der stolzer Besitzer eines Wasserflugzeugs ist und damit eine Fluglinie betreibt.
Die halbstündigen Folgen liefen mittwochs um 17.10 Uhr.

DIE FLUGHAFENKLINIK   RTL
1996. 7-tlg. dt. Arztserie.
Rolf Schommer (Max Gertsch), Ria Kubin (Catherine Flemming) und Nils Zurstraaten (Ulf Garritzmann) sind Ärzte im Praktikum an der Klinik im Münchner Flughafen. Bei Chefarzt Dr. Martin Künstler (Klaus Barner) lernen sie den hektischen Alltag des Berufs kennen. Ihre Kolleginnen sind Dr. Carola Engels (Christine Wodetzky), Dr. Siglinde Salzberg (Monika Schwarz), Oberschwester Regina (Elisabeth von Koch) und Lernschwester Doris (Chrissy Schulz). Josef Kolberg (Dieter Kirchlechner) ist der Flughafenchef, Theo Nick (Thomas Balou Martin) der Sicherheitschef.
Im Juni 1995 war bereits der Pilotfilm gelaufen, sechs einstündige Episoden folgten gut ein Jahr später zur Primetime.

FLUGHAFENPOLIZEI TOKIO   DFF 1, DFF 2
1983–1988. 26-tlg. jap. Krimiserie (»Dai Kuko«; 1978–1986)
Inspektor Hiroyuki Kaga (Koji Tsuruta) leitet eine Einheit der Flughafenpolizei Tokio und ermittelt mit seinen Beamten Kikuchi (Toshi Kurosawa), Saburo Koinuma (Masatoshi Nakamura) und Noriko Kamisalla (Nagisa Katahira) gegen internationale Verbrecher.
Jede Folge war 45 Minuten lang und lief unter der Dachmarke *Fahndung*. In Westdeutschland war die Serie 1988 unter dem Titel *Chefinspektor Kaga – Flughafenpolizei Tokio* bei RTL zu sehen.

FLUGSTAFFEL MEINECKE   DFF 1
1990. 7-tlg. DDR-Fliegerserie von Heinz Helm, Regie: Jörg Wilbrandt.
Geschichten über eine Staffel der »Agrarflug«, die in Langenfeld stationiert ist und mit kleinen, wendigen Maschinen die großflächige Landwirtschaft und den Waldbrandschutz unterstützt. Zu den Piloten gehören Kurt Meinecke (Jürgen Zartmann), der mit Brigitte (Madeleine Lierck) verheiratet ist, Winfried Oppel (Günter Schubert), Wolfgang Meyer (Jens-Uwe Bogadtke) und Thomas Sander (Gert-Hartmut Schreier). Brückner (Joachim Zschocke) ist der Vorsitzende der Genossenschaft.
Flugstaffel Meinecke bewegte sich, anders als der zuvor erfolgreiche *Treffpunkt Flughafen*, nicht auf internationalen Flugstrecken, sondern auf heimischen Feldern.
Die knapp einstündigen Folgen liefen freitags um 20.00 Uhr.

FLUGZEUGTRÄGER USS GEORGETOWN   RTL
1989. 9-tlg. US-Militärserie nach dem Buch von George C. Wilson (»Supercarrier«; 1988).

»Top Gun« lässt grüßen: Auf dem Flugzeugträger USS Georgetown arbeiten attraktive Piloten mit großen Sonnenbrillen, darunter Jack »Sierra« DiPalma (Ken Olandt), Doyle »Anzac« Sampson (John David Bland) – und sogar eine Frau (die aber natürlich nicht fliegen darf): Ruth »Beebee« Rutkowski (Cec Verrell). Ihr Vorgesetzter ist der schwarze Jim Coleman (Robert Hooks), der noch nie so viel Verantwortung hatte; Commander des Schiffes ist Captain Henry K. »Hank« Madigan (Dale Dye).
Die US Navy freute sich sehr über so viel Hochglanzwerbung, lieh den Produzenten Flugzeuge und ließ sie auf der »USS Kennedy« filmen. Dann bekam sie mit, dass eine (nie ausgestrahlte) Sexszene an Bord stattfinden sollte, die teuren Flugzeuge teilweise im Wasser landeten und sogar Drogen ins Spiel kamen, und unterstützte die Serie nicht mehr.
Die einstündigen Folgen liefen mittwochs um 19.15 Uhr.

FLUSSFAHRT MIT HUHN   ARD
1987. 5-tlg. dt. Jugendserie von Arend Agthe.
Eigentlich sollen Johanna (Julia Martinek) und ihr Vetter Robert (David Hoppe) die Ferien bei Opa Ewald (Hans Beerhenke) verbringen. Doch gemeinsam mit ihren Freunden Harald (Uwe Müller) und Alex (Fedor Hoppe) reißen sie aus und gehen auf Schatzsuche. Mit Opas Boot fahren sie auf dem Fluss Richtung Meer, immer verfolgt von Opa Ewald, der die Ausreißer zurückholen will.
Die Folgen waren 25 Minuten lang und liefen sonntagnachmittags.

DIE FLUSSKÖNIGE   ZDF
1993. 8-tlg. austral. Abenteuerdrama von Rob George nach dem Buch von Max Fatchen, Regie: Donald Crombie (»The River Kings«; 1991).
Australien in den 30er-Jahren. Um seine Familie zu ernähren, verlässt der 16-jährige Shawn Hofner (Tamblyn Lord) die Farm seiner Eltern. Er tut, wovon er immer geträumt hat: Er arbeitet auf einem Dampfschiff auf dem Fluss Murray, aber die Realität ist viel härter, als er sie sich vorgestellt hatte. Der schottische Kapitän Elijah (Bill Kerr) heuert ihn für seine »Lazy Jane« an; Angus McTavish (Edward Hepple) ist der Techniker, Praying Jack (Willie Fennell) der Heizer, Charlee (Cecil Parkee) der Koch. Ihr Boot muss gegen die »Lady Mabel« und deren Kapitän Snane (David Bradshaw) bestehen. Shawn verliebt sich in die 15-jährige Mary Thompson (Kate Mulcahy).
Die Folgen hatten eine Länge von 30 Minuten.

FM   ZDF
1991–1993. »Das Familienmagazin« war die Nachfolgesendung von *Mosaik*, sollte aber nicht nur die Senioren, sondern alle Generationen ansprechen. Zu den Moderatoren gehörten Ulrike Koschwitz und Thomas Hegemann. Die Sendungen hatten jeweils ein Schwerpunktthema, waren 45 Minuten lang und liefen samstagnachmittags.

FOCUS TV   PRO SIEBEN
Seit 1996. Einstündiges aktuelles Magazin.
Der Fernsehableger der Zeitschrift »Focus« aus dem Burda-Verlag mied zunächst die direkte Konkurrenz zu *Spiegel TV,* das bereits acht Jahre vorher auf Sendung gegangen war. Die Sendung lief, moderiert von Lilli Gruber, montags gegen 22.00 Uhr und ähnelte der Zeitschrift nicht nur in Themensetzung und Kürze der Beiträge, sondern auch in der Optik: Wo die Zeitschrift vor allen anderen mit Infografiken wucherte, kam das Fernsehmagazin als eines der ersten aus einem virtuellen Studio und nutzte die Technik für allerlei Schnickschnack. Schon im September wurde Lilli Gruber von Désirée Bethge abgelöst. Angesichts weiterhin enttäuschender Quoten wechselte das Magazin im Januar 1997 auf den späten Sonntag, parallel zu *Spiegel TV,* was ihm langfristig gut tat und *Spiegel TV* nicht schadete. Im Oktober 1998 wurde Christiane Gerboth neue Moderatorin – und blieb es.
Anfangs hatte »Focus«-Chefredakteur Helmut Markwort einen eigenen Platz in der Sendung, an dem er vom (Stamm-)Tisch aus Kommentare abgab.

FOCUS TV EXKLUSIV   RTL 2
Seit 2005. Wöchentlicher Ableger von *Focus TV* mit Gesellschaftsreportagen am Samstagabend gegen 22.00 Uhr.

FOCUS TV SPEZIAL   VOX
Seit 2004. Zweistündige Schwerpunktreportagen des unabhängigen Drittanbieters dctp. Der Ableger von *Focus TV* belegte am späten Samstagabend in loser Reihe den Sendeplatz, auf dem sonst *Spiegel TV Special* lief.

FOKUS POKUS   ARD
1972–1975. Halbstündige unterhaltsame, monothematische Erklärsendung der BBC für Kinder von und mit Tony Hart, Ben Benison und Pat Keysell, die so konzipiert war, dass sie sich auch für hörgeschädigte Kinder eignete.
Eigentlich war es umgekehrt: Die Sendung war für hörgeschädigte Kinder, sollte aber auch hörenden Spaß machen. Während der Sendungen wurde kein Wort gesprochen, das Gezeigte war mit »flotter Musik« unterlegt. *Fokus Pokus* war ein BBC-Programm, das in Großbritannien unter dem Namen »Vision On« zwölf Jahre und 260 Folgen lang auf dem Schirm war. Die in Deutschland ausgestrahlten Folgen liefen in der Regel am Montagnachmittag.
Der deutsche Titel bezieht sich darauf, dass mit präzisen Kameraaufnahmen Details unter die Lupe genommen werden (Fokus) und mit Trickaufnahmen ein Hauch von Zauberei zustande kommt (Pokus).

DIE FOLLYFOOT-FARM   ZDF
1973–1974. 39-tlg. brit. Pferdeserie nach den Romanen von Monica Dickens, Regie: Stephen Frears (»Follyfoot«; 1971–1973).
Der exzentrische Colonel (Desmond Llewelyn) betreibt in Harewood, in der Nähe von Leeds, eine Auffangstation für alte oder ungewollte Pferde. Zu seinen Helfern gehören seine Nichte Dora (Gillian Blake), der frühere Herumtreiber Steve (Steve Hodson) und der Rocker Ron (Christian Rodska) sowie Lewis (Paul Guess), Tom (Bert Palmer) und George (Christopher Coll). Slugger (Arthur English) ist ein alter Boxer, der sich um die Küche kümmert.
Die halbstündigen Folgen liefen dienstags um 18.25 Uhr.

FOOFUR   RTL 2
2000. 26-tlg. US-Zeichentrickserie für Kinder (»Foofur«; 1986–1987).
Der Hund Foofur lebt mit seiner Familie in einem abbruchreifen Haus. Der Kater Fencer ist sein bester Freund.

DER FORELLENHOF   ARD
1965–1966. »Eine Familiengeschichte«. 8-tlg. dt. Familienserie von Heinz Oskar Wuttig, Regie: Wolfgang Schleif.
Otto Buchner (Hans Söhnker) und seine Frau Anna (Jane Tilden) führen gemeinsam das Hotel »Forellenhof« im Schwarzwald. Sohn Jörg (Gerhart Lippert) arbeitet mit, ebenso Großvater Otto sen. (Adolf Dell), der die Forellen züchtet. Schwägerin Ruth (Tilly Lauenstein) ist das Zimmermädchen. Als einzige Familienmitglieder arbeiten Tochter Christa (Helga Anders) und Sohn Klaus (Helmut Förnbacher) nicht im Hotel, weil sie außerhalb zur Schule gehen bzw. studieren. Eine harmlose Serie mit Alltagsgeschichten, aber ohne echte Probleme. Die Zuschauer liebten sie, obwohl sie ihnen bekannt vorkam: Nach dem gleichen Muster, nur mit einem Tierarzt statt dem Hotelier, hatte Autor Wuttig schon drei Jahre vorher *Alle meine Tiere* gestrickt; Schauspielerin Tilly Lauenstein spielte sogar in beiden Serien Hauptrollen. Ein böser Kritiker nannte den *Forellenhof* deshalb »Alle meine Forellen«. Der damals 62-jährige Hans Söhnker, ein früherer UFA-Filmstar, wurde durch die Rolle noch einmal richtig populär.
Die einstündigen Folgen liefen monatlich.

FORMEL EINS   DRITTE PROGRAMME, ARD
1983–1987 (Dritte Programme); 1988–1990 (ARD). »Die ARD-Hitparade«. 45-Minuten-Musikshow mit Videoclips der Hits aus den internationalen Charts und Überblicken über diese Charts; gezeigt wurden außerdem Berichte über oder Interviews mit angesagten Stars.
Gespielt wurden hauptsächlich die Neueinsteiger der deutschen Charts, darunter immer ein Video ungekürzt (beim Rest fehlte meist vorn und hinten ein Stückchen, um Zeit zu sparen und insgesamt mehr Hits zeigen zu können). Die Top Ten aus Deutschland, den USA und Großbritannien gab es im Schnelldurchlauf.
Die Reihe lief auf verschiedenen Sendeplätzen im Vorabend- oder Abendprogramm aller Dritten ARD-Programme. Markenzeichen war ein pinkfar-

Formel Eins – Die ARD-Hitparade: In der Jubiläumssendung im Frühjahr 1988 traten alle vier Moderatoren gemeinsam auf. V.l.n.r.: Ingolf Lück, Stefanie Tücking, Peter Illmann, Kai Böcking.

bener Studebaker Champion Custom aus dem Jahr 1950. Moderator war zunächst Peter Illmann (»Ich bin der Peter ...«), der den Nr.-1-Interpreten je ein Stück einer BMW-Isetta schenkte. 1985 übernahm Ingolf Lück. Die Sendung war so populär, dass sie im Sommer des gleichen Jahres einen eigenen Kinofilm hervorbrachte: »Der Formel Eins Film«, Regie: Wolfgang Büld. Umrahmt von einer zu vernachlässigenden Handlung spielten darin Lück und die Popstars Falco, Limahl, Meat Loaf, Pia Zadora und Die Toten Hosen sich selbst. 1986 wurde Stefanie Tücking neue Moderatorin, die nach jedem Video andere Klamotten trug. *Formel Eins* hatte jetzt als Maskottchen einen weißen Zeichentrickhund namens Teasy und einen witzigen Zeichentrickvorspann. Ab Januar 1988 hieß der Moderator Kai Böcking, und *Formel Eins* wurde ins Erste Programm übernommen. Neuer Sendeplatz war samstags um 15.00 Uhr. Am 7. April 1988 zeigte die ARD anlässlich der 200. Sendung eine 90-minütige Live-Primetime-Show am Donnerstagabend, mit allen vier Moderatoren. Ab 1990 moderierte Böcking nicht mehr aus dem Studio, sondern von wechselnden Schauplätzen in aller Welt. Noch im gleichen Jahr wurde die Sendung eingestellt mit der Begründung, die Zuschauer brauchten keine Videoclipsendung in der ARD mehr, weil man dank Kabel- und Satellitenfernsehen inzwischen rund um die Uhr Musikvideos sehen konnte.

Als Titelmusik wurde in den ersten Jahren »Pack Jam« von der Jonzun Crew und »We Got The Beat« von den Go Gos verwendet. Dann wechselte sie mit jedem neuen Moderator. Lücks Komponist war Jaap Eggermont, Tückings Harold Faltermeyer. Beide Stücke hießen »Formula One Theme«. Berühmt wurde vor allem die Titelmusik ab 1988, »The Race« von Yello. Diese wurde auch für *Best of Formel Eins* benutzt, eine Nostalgieshow auf Kabel 1, in der sich 2004 die alten Moderatoren der alten Videoclips erinnerten. Auch das Pro-Sieben-Magazin *taff* nutzte »The Race« eine Zeit lang als Titelmusik.

FORMEL 1 — VOX
1993. »Helden der Rennstrecke«. 13-tlg. frz. Actionserie von Robert Geoffrion, Bonfield Marcoux und Sylvain Saada, Regie: Nardo Castillo, Roger Planchon (»Formule 1«; 1990).

Das Team des Formel-1-Rennstalls Sainclair reist im Lauf einer Saison zu den Rennen auf zehn bekannten Rennstrecken. Zum Team gehören Patriarch Joseph Sainclair (Daniel Gélin), sein Sohn Luc (Manu Gélin), ein vielversprechender Nachwuchsfahrer, und Daniel Hardy (Serge Dupire), der erfahrene Formel-1-Pilot. Hinter den Kulissen spielen Intrigen und Rivalitäten eine Rolle, auf der Rennstrecke die Gefahren, die ein Autorennen birgt.
Die Folgen waren 30 Minuten lang.

FORMEL EXCLUSIV — RTL
Seit 2002. Lifestyle-Magazin mit Kai Ebel und Tamara Gräfin von Nayhauß, ab 2004 Nazan Eckes.
Nach der Übertragung eines Rennens bekommen Formel-1-Fans hier unverzichtbare Informationen: Welche Prominenten haben sich für das nächste Rennen angekündigt? Wo geht man dort am besten aus? Und wie leben die Fahrer privat?

DER FORSTARZT — ARD
1992–1993. 6-tlg. dt. Comedyserie von Joachim Roering.
Der Schauspieler Harald (Harald Juhnke) bekommt die Hauptrolle in der Fernsehserie »Der Forstarzt«. Sieglinde (Beatrice Richter) spielt seine Sprechstundenhilfe, Paul Kuhn (Paul Kuhn) ist der singende Regisseur.
Roering kreuzte für die Titelfigur alle Klischees von Fernsehärzten. Der Forstarzt radelt im weißen Kittel

durch den Wald und jagt blonde Frauen und wild gewordene Pferde. Anstatt eine direkte Parodie auf die Serien zu drehen, parodierte Roering allerdings das Drehen einer Fernsehserie: Juhnke spielte nicht den Forstarzt, sondern er spielte Harald Juhnke, der den Forstarzt spielt.
Die halbstündigen Folgen liefen in der Reihe *Juhnke & Co.* dienstags um 21.05 Uhr.

FÖRSTER HORN ARD
1966. 13-tlg. dt. Heimatserie von Dieter Werner und Gerhard Biller, Regie: Erik Ode.
Förster Horn (Heinz Engelmann) wohnt mit seiner Schwester Elisabeth (Alice Treff) im Forsthaus, kümmert sich um die Tiere des Waldes und ist ein Freund und Ratgeber für alle Menschen, die seine Hilfe brauchen. Die Serie lief im regionalen Vorabendprogramm.

FORSTHAUS FALKENAU ZDF
Seit 1989. Dt. Familienserie von Barbara Piazza.
Der Witwer Martin Rombach (Christian Wolff) ist der Förster in Küblach im Bayerischen Wald und setzt sich gegen Waldsterben, Wilddiebe, Umweltsünder und rücksichtslose Jugendliche zur Wehr. Im Forsthaus wohnt er mit seinen Kindern, den Teenagern Andrea (Katharina Köhntopp) und Markus (Michael Wolf) und der achtjährigen Rica (Nicole Schmid) sowie seiner Schwiegermutter Herta Stolze (Bruni Löbel). Seine eigene Mutter Inge (Gisela Uhlen) kommt regelmäßig zu Besuch.
Martins Freundin ist anfangs Silvia (Jutta Speidel), die Tochter des Barons von Bernried (Paul Hubschmid), dessen Privatforst direkt an Martins Forstbezirk grenzt, was teilweise zu Komplikationen führt. Der Baron stirbt nach einiger Zeit überraschend. Noch im Frühjahr 1989 trennt sich das Paar, und die Lehrerin Jutta Marquart (Michaela May) kommt in Martins Leben und ins Forsthaus. Anfang 1991 lernt Martin jedoch die neue Küblacher Tierärztin Angelika Grassmann (Anja Kruse) kennen. Die beiden heiraten und bekommen Sohn Florian (Sascha und Dennis Hornig). Rica bekommt außerdem noch einen gleichaltrigen Bruder, als Martin Peter Bellinghaus (Nikolai Bury) bei sich aufnimmt, dessen Eltern gestorben sind. Oma Herta und Vinzenz Bieler (Walter Buschhoff) heiraten ebenfalls. Vinzenz war Martins Vorgänger als Förster in Küblach. Angelika stirbt an den Folgen eines Reitunfalls.
Markus und Andrea, beide zu Anfang noch Schüler, treten nach ihrem Abitur allmählich ins Berufsleben ein. Markus wird Schreiner und arbeitet im Sägewerk, Andrea wird Tierärztin mit eigener Praxis. Anfang 1997 macht sie mit ihrem Freund Tobias (Folke Paulsen) einen Trip in die USA. Bei ihrer Rückkehr kommt heraus, dass sie heimlich in Las Vegas geheiratet haben. Zu dieser Zeit bringt Andrea Tochter Katharina (Cheyenne und Valentina Pahde) zur Welt. Die Kleine ist das Ergebnis einer kurzen Affäre, und Tobias findet sich nur schwer damit zurecht, dass sie nicht seine Tochter ist. Die Apothekerin Susanna Mangold (Nora von Collande) wird Martins neue Liebe. Ihre beste Freundin ist Beate (Anouschka Renzi), die wieder ein Auge auf ihren Ex-Freund Viktor Fabritius (Volkert Kraeft) geworfen hat und ihn zurückgewinnt.
Zu den weiteren Einwohnern von Küblach gehören der Karger-Wirt (Helmut Alimonta), der das örtliche Gasthaus führt, Bürgermeister Walzinger (Georg Marischka), seine Nachfolgerin Dr. Anne Richter (Diana Körner), die Waldarbeiter Koller (Hermann Giefer) und Breitkreuz (Hans Stadlbauer), Forstdirektor Leonhard (Norbert Gastell), die Lehrerin Gilda Schneider (Petra Berndt), die Markus beinahe gehei-

Der Anfang eines Dauerbrenners. Szene aus dem Pilotfilm von *Forsthaus Falkenau* mit dem Schwarm aller Mütter: Förster Rombach (Christian Wolff) und die einzigen Frauen in seinem Leben, die nicht dauernd wechseln: seine eigene Mutter (Gisela Uhlen, rechts) und seine erste Schwiegermutter (Bruni Löbel).

ratet hätte, die Restaurateurin Liane (Sabine Wolf), ebenfalls zeitweilig Markus' Freundin, Inges Freund Justus (Gunther Philipp) und Ricas Freund Benno (David Cesmici). Martins treue Begleiterin bei der Arbeit ist über zehn Jahre lang Jagdhündin Aika. Ende 1999 schickt die Familie sie wegen Altersschwäche in den Ruhestand, behält sie aber im Forsthaus. Neue Jagdhündin wird Senta, deren Nachfolgerin im Frühjahr 2003 Ronja.

Im Frühjahr 2000 gibt es eine Doppelhochzeit: Martin heiratet Susanna, und sein Sohn Markus heiratet Lisa Carstens (Anke Schwiekowski), die Försterin des Nachbarreviers. Peter und Rica haben jetzt auch ihr Abitur, und Rica beschließt, als Au-pair-Mädchen nach Frankreich zu gehen, während Peter Gartenbautechnik studieren und mit Vinzenz eine Gärtnerei eröffnen will. Andrea kommt 2002 ums Leben, als sie versucht, Katharina vor einem Waldbrand zu retten. Das Kind überlebt. Susanna eröffnet eine Heilpraktikerpraxis. Peter und seine Freundin Melanie (Kathrin Spielvogel) bewirtschaften den Bellinghaushof, eröffnen eine Pension und bekommen ein Baby, das sie Manuel nennen. Florian schwächelt in der Schule und muss ins Internat. Alle drei Rombach-Beziehungen gehen der Reihe nach in die Brüche: Markus lässt sich von Lisa scheiden, Peter trennt sich von Melanie, und Susanna nimmt ein Stelle in Berlin an. Markus verliebt sich in Anna Hansen (Julia Grimpe), die ihre Doktorarbeit schreibt und nebenbei kellnert, und die beiden bekommen Sohn David. Im Herbst 2004 heiraten sie. Susannas leere Praxis bezieht die Tierärztin Sophie von Haunstein (Anja Schüte), und im Frühjahr 2005 werden sie und Martin ein Paar. *Forsthaus Falkenau* hatte immer gute Einschaltquoten, war aber im Unterschied zur *Schwarzwaldklinik* oder *Diese Drombuschs* nie die Serie, über die alle sprachen. Sie fiel vor allem durch ihre Beständigkeit auf, unterwarf sich nie dem krampfhaften Zwang, sich selbst zu verjüngen. Es ging immer um Freud und Leid in der Familie und Umweltthemen im Wald, verziert mit hübschen Naturaufnahmen. Für den Humor waren die Alten da: Bruni Löbel und Walter Buschhoff sprachen auch in der 16. Staffel, beide längst über 80, Zeilen der Heiterkeit. Einzig Rombachs Frauen wechselten permanent.

Die ersten Staffeln liefen dienstags oder donnerstags um 17.50 Uhr; mit Einführung des 19.25-Uhr-Serientermins 1992 wurde die Serie auf Freitag zu dieser Zeit verlegt. Dort blieb sie auch. Im März 2005 wurde die 200. Folge ausgestrahlt. Zwei Monate später gab das ZDF bekannt, dass Christian Wolff nach der 17. Staffel aussteigen würde, und stellte Hardy Krüger jun. als seinen Nachfolger vor. Die Folgen mit Krüger werden jedoch kaum vor Herbst 2007 ausgestrahlt werden.

Martin Böttcher war der Komponist der Titelmusik. Er hatte sie ursprünglich für *Die Schwarzwaldklinik* geschrieben, war jedoch nicht bereit, sie zu dem Preis zu verkaufen, den die Produzenten zu zahlen bereit waren. Aber er konnte die Arbeit dann ja prima für *Forsthaus Falkenau* verwenden.

FORSTINSPEKTOR BUCHHOLZ ARD

1989–1992. 36-tlg. dt. Familienserie von Eva und Volker A. Zahn.

Michael Buchholz (Horst Kummeth) ist Förster im Bergischen Land, Barbara Wehrlund (Claudia Holzapfel) seine Freundin. Michaels Praktikantin Diana Guttmann (Barbara Hintzen) ist in ihn verliebt, heiratet dann aber Michaels ehemaligen Studienkollegen Harry Treslow (Andreas Reinl), der als Privatförster des Baron von Alsfeld (Reinhard Kolldehoff) arbeitet. Margitta Baronin von Alsfeld (Angela Stresemann) leitet in ihrem Privatforst einen Safaripark. Arndt (Boris Tessmann) ist der Sohn der Alsfelds. Lea (Barbara Fenner) und Paul Rosen (Klaus Höhne) haben einen Weiher, aus dem die Baronin gern einen Parkplatz machen würde. Paul ist der Falkner, David (Alexander Särchinger) sein Enkel. Barbara und Michael trennen sich, und Michael und Lea werden ein Paar, ebenso Brigitte und Arndt. Der Baron stirbt, Paul Rosen später auch. Käthe (Eva-Maria Meinecke) führt den Haushalt im Forsthaus, Brigitte Honsbroich (Karin Eickelbaum) das Jagdhotel. Michaels Vorgesetzter ist Dr. Giebel (Siegfried W. Kernen), Erika (Hildegard Krekel) dessen Sekretärin. Die beiden heiraten Anfang 1992. Die verwirrendste Rolle für Fernsehzuschauer könnte die des Lokalreporters Ferdinand Rombach (Thomas Fritsch) gewesen sein. Rombach war der Familienname der Försterfamilie im ZDF, dessen Serie *Forsthaus Falkenau* etwa zur gleichen Zeit startete.

Die einstündigen Folgen liefen im regionalen Vorabendprogramm.

DIE FORSYTE SAGA ARD

1973. 26-tlg. brit. Familiensaga nach den Romanen von John Galsworthy, Regie: David Giles und James Cellan Jones (»The Forsyte Saga«; 1967).

Jolyon Forsyte (Joseph O'Connor) ist das Oberhaupt einer reichen Londoner Kaufmannsfamilie im Viktorianischen England. Leider ist sein Sohn Jo (Kenneth More) aus der Art geschlagen: Er ist Künstler! Außerdem betrügt er seine Frau mit dem Dienstmädchen Helene Hilmer (Lana Morris), schwängert sie und zieht mit ihr zusammen. Jolyons Bruder James (John Welsh) hat mit seinem Nachwuchs mehr Glück: Sein Sohn Soames (Eric Porter) ist skrupellos, aber ein wohlhabender Rechtsanwalt. Soames' unglückliche Ehefrau Irene (Nyree Dawn Porter) wird von ihm brutal vergewaltigt. Sie verliebt sich in den Architekten Philip Bosinney (John Bennett) und heiratet später Jo. Ihr gemeinsamer Sohn Jon (Martin Jarvis) beginnt eine verbotene Beziehung zu Fleur (Susan Hampshire), Soames' Tochter aus zweiter Ehe. Die Intrigen, Kämpfe, Liebesbeziehungen und Skandale nehmen kein Ende.

Die Forsyte Saga war eine der ersten langen Serien in Deutschland, die eine durchgehende komplexe Handlung mit Cliffhanger am Ende jeder Folge hatten: Statt »Saga« könnte man auch »Soap« sagen. Die 26 Folgen umspannten fast 50 Jahre: von 1879 bis 1926. Angesichts der undurchschaubaren Verstri-

Rita Werner war vorher Wetterfee, Reiner Schöne hatte Hauptrollen in »Hair« und »Jesus Christ Superstar gespielt. Eine der unlösbaren Aufgaben des alten Männleins war die Frage, für wen *Fort Boyard* der größere Karrieresprung war. Schöne spielte außerdem Gastrollen in zahllosen Fernsehserien, darunter *Agentin mit Herz, Matlock, MacGyver, Mord ist ihr Hobby, Raumschiff Enterprise – Das nächste Jahrhundert, Third Watch, Emergency Room, Law & Order, Edel & Starck* und *Das Traumschiff*.

ckungen der Familienmitglieder warnte die »Hörzu« ihre Leser zu Recht, sich gut zu überlegen, worauf sie sich einlassen: »Wer ein, zwei Folgen versäumt, kommt bei den Forsytes nicht mehr mit.« Die Vergewaltigungsszene schockierte die Fernsehzuschauer. Sie soll dadurch noch echter gewirkt haben, dass sich Eric Porter beim Dreh leicht verletzte und auf das helle Kleid von Nyree Dawn Porter blutete.
Das Kostümdrama, das wie Kunst aussah, sich aber vor allem um Skandale drehte, war weltweit ein riesiger Erfolg für die BBC. Es war die erste Serie, die sie in die Sowjetunion verkaufte. Sie war damals die teuerste und längste Fortsetzungsserie der BBC, ein früher Vorläufer von modernen Endlosfamiliendramen wie *Dallas*, die sie sichtlich beeinflusste. Es gab 100 verschiedene Szenenbilder und 150 Sprechrollen.
Die 50-minütigen Folgen liefen in Schwarz-Weiß sonntags um 17.25 Uhr.

FORT BOYARD SAT.1, PRO SIEBEN

1990–1991 (Sat.1); 2000–2002 (Pro Sieben). Einstündige Abenteuer-Spielshow auf einer jahrhundertealten Festung auf einer Insel vor der französischen Atlantikküste.
Die Kandidaten müssen verschiedene schwierige Aufgaben in den unheimlichen Gemäuern bewältigen, die Geschicklichkeit, Ausdauer und starke Nerven erfordern. So soll z. B. im Dunkeln in einem Raum voller Spinnen und Ratten ein bestimmter Gegenstand gefunden werden. Und dann ist da noch dieses alte Männlein, das verworrene Aufgaben stellt, die schon deshalb kaum lösbar sind, weil man sein Genuschel mit dem französischen Akzent nicht versteht. Im Schlussspiel können die Sieger die gewonnene Zeit dazu nutzen, Goldmünzen aus einem Schatz zu scheffeln. Nach Ablauf der Zeit geht langsam ein Tor zu, durch das die Kandidaten zuvor noch herauskommen müssen – denn sobald es zu ist, öffnet sich die Verbindung der Schatzkammer zu den Löwen, die die ganze Zeit schon höchst dekorativ um das Spielfeld herumschleichen.
Reiner Schöne als strenger »Herr von Boyard« und Rita Werner moderierten die Sat.1-Version, die donnerstags um 20.00 Uhr lief und es nur auf acht Folgen brachte. Zehn Jahre später startete Pro Sieben eine Neuauflage, in der Prominente die Kandidaten waren. Die neuen Folgen liefen sonntags um 18.00 Uhr und wurden von Alexander Mazza und Steven Gätjen moderiert. Die Rolle des hutzeligen Alten übernahm Sonya Kraus. Die Show trug jetzt den Untertitel »Stars auf Schatzsuche«. Zwei Jahre später im Sommer lief eine weitere Staffel mit gleicher Besetzung. Von der gleichen französischen Produktionsfirma, die *Fort Boyard* maßgeschneidert für Sender aus aller Welt herstellte, stammte auch die Wüstenvariante *Desert Forges*, die ebenfalls bei Pro Sieben lief.

FORTIFEIF ARD

1969–1973. Frauenmagazin mit Lisa Kraemer.
Dieses neue Magazin bedeutete eine Abkehr von den klassischen Frauenmagazinen, die sich ausschließlich mit den »drei Ks« beschäftigten. Lisa Kraemer packte auch so heiße Eisen wie Verhütung für die Frau an. Wer die Pille nicht schlucken wollte, dem wurden mechanische Verhütungsmittel samt Anwendungshinweisen am nachgebildeten Modell erklärt. Die Regie hätte diese Teile gern in Schwarz-Weiß gedreht, aber die Redaktion war dagegen.
Es gab allerdings auch musikalische Unterhaltungselemente in der Show; so stellte sich in der ersten Folge das australische Ehepaar Sonja und Bob Dixon vor, das mit seiner Musik nun auch in Europa bekannt werden wollte. Und manche Themen waren doch eher traditionell: Strumpfhosen im Test, Bademode, Häkeln und Tanzen. In der Rubrik »Auf gut deutsch gesagt« erklärte der Kölner Soziologe Prof. René König Fremdwörter. Das merkwürdige Wort im Sendetitel bezog sich auf das Alter der anvisierten Zielgruppe. Es erklärte sich durch das englische Wort für die Zahl 45, das man aber anders schreibt.
Die Sendung lief immer nachmittags.

FORTUNE HUNTER RTL
1997. »Bei Gefahr: Agent Carlton Dial«. 13-tlg. US-Abenteuerserie von Steven Aspis (»Fortune Hunter«; 1994).
Carlton Dial (Mark Frankel) ist Agent bei Intercept, einer Organisation, die sich auf die Wiederbeschaffung von gestohlenem Material spezialisiert hat. Durch modernste Technik ist Carlton über seine Armbanduhr immer mit seinen Kollegen Harry Flack (John Robert Hoffman) und Yvonne (Kim Faze) verbunden.
Die einstündigen Folgen liefen sonntagnachmittags.

DER FOTOGRAF ODER DAS AUGE GOTTES ZDF
1992–1994. 13-tlg. dt. Familienserie von Herbert Reinecker. Alwin Schöne (Hans Clarin) fotografiert Menschen. Dabei lernt er sie mit ihren Geschichten und Schwierigkeiten kennen und löst die Probleme, indem er sie im Vergleich zur Geschichte der Welt kleinredet.
Jede Folge dauerte 45 Minuten. Die erste Staffel lief dienstags zur Primetime, die zweite sonntags nach 22.00 Uhr.

4-3-2-1 – HOT AND SWEET ZDF
→ Vier-drei-zwei-eins – Hot and Sweet

FOXY FANTASIES RTL 2
1999–2000. 66-tlg. US-Erotikserie (»Red Shoes Diaries«; 1992). Der Architekt Jake (David Duchovny) liest erotische Tagebücher. Was darin passiert, wird in kurzen Episodenfilmen innerhalb der Serie gezeigt.
Akte X-Star Duchovny spielte zwar die Hauptrolle, aber nicht in den Erotikszenen mit. Die Serie war vor dem Start von Akte X gedreht und in Deutschland noch nicht gezeigt worden. Der deutsche Titel war angelehnt an Duchovnys Rollennamen in Akte X, Fox Mulder.
Die Serie lief montags im Spätprogramm. In Österreich trug sie den Titel »David Duchovny präsentiert: Erotische Tagebücher«. Der Serie war der Film »Wilde Orchidee 3« (1992) vorausgegangen.

FRAGEN, DIE DEIN KIND DIR STELLT DFF
1961–1965. Gesprächssendung mit Filmen, in der Zuschauerfragen unter Leitung von Annemarie Brodhagen von Fachärzten beantwortet wurden. Sie wurde in der Reihe »Das Kinderfernsehen sendet für Eltern« gezeigt und setzte die Reihe Der Guckkasten fort. Lief unregelmäßig erst am späteren Freitag-, dann am Mittwochabend, war 40 Minuten lang und brachte es auf rund zehn Ausgaben.

FRAGEN SIE FRAU DR. CORA ARD
1989. Halbstündige Lebensberater-Persiflage mit Johanna von Koczian. Etwa: »Darf man den Staubsauger benutzen, obwohl Zwerge im Haus sind?« Nach drei Ausgaben montags um 22.00 Uhr war Schluss. Kein Wunder.

FRAGEN SIE PROF. KAUL DFF 1
1972–1981. ... zu Rechtsfragen des Alltags. Monatliches Magazin mit Prof. Dr. Friedrich Karl Kaul, dem bekanntesten DDR-Rechtsanwalt. Die Fälle wurden szenisch dargestellt, dann gab Kaul seinen knappen, oft witzig formulierten Kommentar. Am Schluss wurde meist eine Trickfilmepisode gezeigt. 117 Folgen liefen donnerstagabends; jede war 25 Minuten lang und wurde mehrfach wiederholt. Diese Sendung war eine der beliebtesten Ratgebersendungen im DDR-Fernsehen. Im Lauf eines Monats erhielt die Redaktion bis zu 3000 Briefe, insgesamt mehr als eine halbe Million. Meistens ging es ums Arbeitsrecht, gefolgt von Miet- und Familienrecht.
Fragen Sie Prof. Kaul war die Fernsehversion einer Radiosendung mit dem gleichen Experten – dort hieß es ab 1946 »Dr. Kaul antwortet«. Nach Kauls Tod 1981 wurde die Sendung von Friedrich Wolff unter dem Titel Alles, was Recht ist fortgesetzt.

FRAGEN ZUR ZEIT ZDF
1969–1984. Zehnminütige Gesprächsreihe mit Wissenschaftlern am Sonntagmittag. Elf Jahre und 600 Folgen lang moderierte Hans-Erich Koertgen. Nachdem er im März 1980 in den Ruhestand trat, übernahmen in losem Wechsel ZDF-Redakteure seinen Platz. Schließlich wurde die Sendung durch das populärer angelegte Sonntagsgespräch abgelöst.

DIE FRAGGLES ZDF
1983–1986. 85-tlg. US-Puppenserie von Jim Henson (»Fraggle Rock«; 1983–1988).
Unter der Werkstatt des exzentrischen Erfinders Doc (Hans-Helmut Dickow) liegt Fraggle Rock, eine eigene Welt, die von fröhlichen kleinen Wesen namens Fraggles bewohnt wird. Doc hat keine Ahnung davon, doch sein Hund Sprocket sieht die Fraggles regelmäßig aus einem kleinen Loch in der Wand hervorschauen. Natürlich kann er es niemandem erzählen, und so sehr er sich diesbezüglich auch um Aufmerksamkeit bemüht, nimmt ihn Doc nicht wirklich ernst. Der mutige Gobo ist der Anführer der Fraggles, die anderen sind die nimmermüde Red mit den zwei roten Zöpfen, ihre beste Freundin Mokey, eine verträumte Künstlerin, der Zauberer Wembley und der ängstliche Langweiler Boober. Er trägt eine Mütze, und die Haare hängen ihm so weit über die Augen, dass er das drohende Unheil, das ihn ständig beunruhigt, wenigstens nicht sehen muss.
Das Loch zur Werkstatt hat in der ersten Folge Gobos abenteuerlustiger Onkel Matt entdeckt und sich sogleich auf die Reise in die Außenwelt gemacht. Von unterwegs schreibt er Postkarten für die Fraggles an Docs Werkstatt. Doc weiß mit dem Adressaten natürlich nie etwas anzufangen und wirft sie in den Mülleimer, wo Gobo sie unter Einsatz seines Lebens und auf der Hut vor Sprocket herausfischt. Auf den Karten schildert Matt seine Forschungsergebnisse im Reich der merkwürdigen Zweibeiner, die z. B. Wasser vom Himmel holen können, indem sie eine umgedrehte Schüssel an einem Stock in die

Die Fraggles: Gobo, Mokey und Red (hinten von links), Boober und Wembley (vorn) mit der allwissenden Müllhalde (Mitte) und den beiden Ratten, die sie bewachen (ganz vorn).

Luft halten. Mit den Fraggles zusammen leben in deren Höhlensystem die Doozer, eifrige Winzlinge, die den ganzen Tag Türme und Brücken bauen. Unentwegt. Und unermüdlich.

Die Fraggles ernähren sich von zwei Dingen: Radieschen, die im benachbarten Garten wachsen, der von den riesigen, unfreundlichen Gorgs Pa, Ma und Junior bewohnt wird, und deren Ernte entsprechend gefährlich ist, und von den Bauten der Doozer. Den Doozern macht es nichts aus, dass dauernd ihre Arbeit gefressen wird, denn dadurch haben sie Platz für neue Bauwerke. Alles außerhalb ihres eigenen Reichs ist den Fraggles ein großes Rätsel. Was Matts Postkarten nicht beantworten, versuchen sie selbst zu entschlüsseln. Das gelingt ihnen nicht immer. So bemühen sie sich vergeblich, dieses helle Ding zu fangen, das regelmäßig in ihrem Teich schwimmt (der Mond). Bei den wirklich wichtigen Fragen des Lebens konsultieren die Fraggles die allwissende Müllhalde Marjorie. Doch um zu ihr zu gelangen, müssen sie den Garten der Gorgs durchqueren.

Die unbeschwerte Serie galt als der Nachfolger der *Muppet Show,* richtete sich jedoch an ein jüngeres Publikum und hatte mit ihr nicht wirklich etwas zu tun, außer dass alle Puppen von Jim Henson stammten. 1987 entstand außerdem eine Zeichentrickversion. Die Szenen mit Hans-Helmut Dickow, dem einzigen wiederkehrenden Menschen in der Serie, wurden speziell für Deutschland gedreht (die Rolle wurde in jedem Land mit einem einheimischen Schauspieler besetzt, im Original spielte sie Gerry Parks), auch die Erlebnisse von Onkel Matt waren jeweils in den Ausstrahlungsregionen neu gedreht worden. *Die Fraggles* erzählten oft pädagogische Geschichten über Freundschaft, Toleranz und Mut. Die Artenvielfalt unter und über der Erde zeigte, dass ein friedliches Zusammenleben möglich, zugleich aber Vorsicht nötig ist. In der Folge »Der Doozer-Wettstreit« spalten sich die Doozer in zwei Lager auf und bauen fortan um die Wette, immer darauf bedacht, die Besten zu sein. Das Resultat: Den Fraggles schmecken die Bauten nicht mehr. Die Lehre: Konkurrenzdenken ist doof. Dazu wurden in jeder Folge mehrere Lieder gesungen (denn wenn irgendwann mal kein Fraggle mehr singt, geht in der Höhle das Licht aus). Im Titelsong heißt es: »Sing und schwing das Bein / Lass die Sorgen Sorgen sein / In das Lied stimm ein / So nach Fraggle-Art«, und im Schlusslied wurde empfohlen: »Hat's dir nicht gefallen, dann bohr dir doch ein Loch ins Knie. Denn manchen kann man's recht oft tun, doch allen eben nie.«

Die halbstündigen Folgen liefen am Wochenende nachmittags. Elf Originalfolgen wurden nicht gezeigt.

FRAGT WIE FRAGOLIN   DFF 1
→ Mit Fragolin entdeckt

FRANCIS DURBRIDGE   ARD
→ Durbridge

FRANCIS DURBRIDGE PRÄSENTIERT   ARD
1982. Im Unterschied zu den deutschen Durbridge-Verfilmungen zur Primetime zeigte das regionale Vorabendprogramm unter diesem Titel britische Serien nach Vorlagen von Francis Durbridge, darunter *Auf eigene Faust.*

FRANK BUCK – ABENTEUER IN MALAYSIA   PRO SIEBEN
1993–1994. US-Abenteuerserie (»Bring 'Em Back Alive«; 1982–1983).
Frank Buck (Bruce Boxleitner) ist ein Jäger und Abenteurer. Kurz vor Ausbruch des Zweiten Weltkriegs lebt er im »Raffles Hotel« in Singapur, das seinem Freund Myles Delaney (Sean McClory) gehört. Von dort aus bekämpft er Schmuggler, Spione, Wilderer und Nazis. Auf seiner Seite sind sein Assistent Ali (Clyde Kusatsu), Gloria Marlowe (Cindy Morgan) vom amerikanischen Konsulat und H. H. (Ron O'Neal), der Sultan von Johore. Ihr Erzfeind ist der Unterweltler G. B. von Turgo (John Zee), der manchmal mit dem zwielichtigen Bhundi (Harvey Jason) unter einer Decke steckt. Manchmal hilft der aber auch Frank. Wie es halt gerade passt.

Einen Abenteurer namens Frank Buck gab es in der ersten Hälfte des 20. Jh. tatsächlich, doch gemein hatte er mit seiner Fernsehversion nur den Namen. Die einstündigen Folgen liefen samstagnachmittags.

FRANK ELSTNER: MENSCHEN DER WOCHE   SWR
Seit 2000. Einstündige wöchentliche Talkshow am späteren Samstagabend aus dem alten E-Werk in Baden-Baden.

Nach Jahren bei RTL kehrte Elstner mit dieser Sendung zum öffentlich-rechtlichen Fernsehen zurück und moderierte ein Format, das ihm vertraut war. Für das ZDF hatte er den Jahresrückblick *Menschen* erfunden und acht Jahre lang moderiert. Im SWR begrüßte er fortan jede Woche Menschen, die in den vorangegangenen Tagen Schlagzeilen gemacht hatten, oder Prominente, für die sich schon ein Anlass fand. Der SWR belohnte Elstner zweimal für sehr ordentliche Einschaltquoten. Erst verschob er die Sendezeit eine halbe Stunde nach hinten auf 22.20 Uhr, was bewirkte, das auch Zuschauer, die in anderen Programmen Shows oder Filme gesehen hatten und dann umschalteten, den Anfang von Elstners Show sehen konnten. Ab Herbst 2002 durfte Elstner wieder eine große Samstagabendshow in der ARD moderieren, als der SWR ihm sein altes Flaggschiff *Verstehen Sie Spaß?* anvertraute.

FRANK RIVA   ZDF
Seit 2004. Dt.-frz. Krimireihe von Philippe Setbon (»Frank Riva«; seit 2003).

Der ehemalige Polizist Frank Riva (Alain Delon) wird für einen brisanten Spezialauftrag nach Paris zurückgeholt und ermittelt ab jetzt wieder. Seine Kollegen sind die junge Hauptkommissarin Lydie Herzog (Sophie von Kessel) und Hervé Sebastian (Cédric Chevalme); Xavier Unger (Jacques Perrin) ist der Polizeipräsident.

Jede Folge hatte Spielfilmlänge. Das ZDF zeigte 2004 und 2005 jeweils Staffeln mit drei Folgen sonntags um 22.00 Uhr.

FRANK & FREI   SAT.1
1990–1991. Wöchentliche einstündige Live-Show mit Frank Laufenberg und Gästen.

Mischung aus Talk, Musik, Comedy, Personality und Gewinnspielen. Nach einigen Monaten wurde die Show von samstags 19.00 Uhr auf freitags 21.00 Uhr verlegt und noch einige Monate später wieder abgesetzt. Insgesamt liefen 25 Ausgaben.

FRANKENBERG   ARD
1994–1996. 27-tlg. dt. Familienserie.

Die Frankenbergs sind Schlossbesitzer in Franken, nicht weit von Rothenburg ob der Tauber, aber es geht ihnen nicht gut. Christian von Frankenberg (Volkert Kraeft) muss kämpfen, um das Schloss und die ökologische Landwirtschaft zu erhalten, und seine Frau Charlotte (Adele Landauer) nimmt gegen den Willen ihres Mannes wieder eine Stelle als Ärztin an. Ihre Kinder sind der zehnjährige Justus (Julian Hennek), ein schlechter Schüler, der viele Dummheiten anstellt, die 16-jährige Katharina (Fiona Molloy), die davon träumt, einen Reiterhof zu betreiben, und Lissy (Natascha Bub), die Älteste, die in München lebt. Die Frankenbergs haben Gegenspieler, die auch vor krummen Geschäften nicht zurückschrecken: den Futtermittelgroßhändler Ludwig Geyer (Michael Mendl) und dessen ehrgeizige Verlobte Karin Riedel (Marie-Charlott Schüler), die aus dem Schloss ein Hotel mit Golfplatz machen will.

Geyers Sohn Ottfried (Pius Schmitt) ist – sehr zum Ärger des Vaters – in Anna (Birgit Daniel) verliebt, die Tochter von Frankenbergs Verwalter Karl Janda (Jörg Panknin) und seiner Frau Eva (Britta Fischer), die außerdem noch einen Sohn, Helmut (Bernhard Nett), haben. Anna versucht sich umzubringen, als sie von Ottfried schwanger wird, der aber ein Verhältnis mit Jessica Schiller (Caroline Schröder) hat. Auf dem Gut leben noch die Haushälterin Hanne (Maria Singer), ihr Schwager, der Butler Ludolf Sagmeister (Carl Heinz Choynski), der dem Baron und seiner Familie gerne entsprechende Manieren beibringen würde, und Nick von Frankenberg (Ralf Komorr), ein Neffe von Christian, der nicht weiß, wer sein Vater ist und über Charlottes Freundin Sigrid Ebrach (Wega Jahnke) versucht, es herauszufinden. Später verliebt er sich in Rita Funke (Dominique Lorenz).

Die einstündigen Folgen liefen im Vorabendprogramm.

FRANKENSTEINS TANTE   ZDF
1987. 7-tlg. dt.-tschechoslowak.-österr.-frz. Jugendserie nach dem Roman von Allan Rune Petterson.

Graf Henry Frankenstein (Bolek Polívka) hat es geschafft. Er hat einen künstlichen Menschen kreiert: Albert (Gerhard Karzel). Leider kommt der bei der Dorfbevölkerung nicht gut an, und der Schmied (Andrej Hryc) nutzt den Anlass, mit seinen geliebten selbst gebastelten Bomben gegen seinen Intimfeind Frankenstein zu kämpfen. Frankensteins Tante Hanna (Hanna Viveca Lindfors) reist an, um ihren Neffen endlich zu vermählen, doch der ist gar nicht mehr da. Trotzdem ist das Schloss alles andere als leer: Es geistern noch der Wassermann Alois (Eddie Constantine), Wolfskehl (Flavio Bucci), der Feuermann Sepp Zischel (Tilo Prückner), Graf Dracula (Ferdy Mayne), die Weiße Frau (Mercedes Sampietro), Igor (Jacques Herlin) und andere herum, und mittendrin das Waisenkind Max (Marin Hreben) – der einzige, der bei klarem Verstand bleibt. Albert verguckt sich in die Apothekerstochter Klara (Barbara de Rossi), was deren Mutter (Maria Drahokoupilová) nicht gefällt, sich aber auf Dauer als vorteilhaft herausstellt. Überhaupt finden alle ihre Liebe, und Tante Hanna kann, weil sie alles in Ordnung gebracht hat, beruhigt zurück nach England fahren. Denkt sie.

Die 55-Minuten-Folgen wurden sonntagnachmittags gezeigt. In Frankreich lief die Serie in 13 Folgen zu je 25 Minuten.

FRANKFURT AIRPORT   ZDF
1999–2000. 10-tlg. dt. Doku-Soap von Ulli Rothaus und Bodo Witzke über das Leben am Frankfurter Flughafen. Zwei Staffeln mit fünf dreiviertelstündigen Folgen liefen dienstags um 21.00 Uhr. Als

Nächstes nahmen die Autoren sich des Lebens am *Hamburger Hafen* an.

FRANKFURTER HEISS EXPORTIERT ARD
1953–1954. Show. Musikalische Glossen mit Ronald Feit und Gottfried Hoster. Sieben Ausgaben liefen monatlich am Donnerstagabend.

DAS FRANKFURTER NACHMITTAGSSTUDIO ARD
1953–1954. »Unterhaltendes und Aktuelles«. Wöchentliches Nachmittagsmagazin, das mal donnerstags, mal freitags um 17.05 Uhr lief.

FRANKIE ZDF
1995. 5-tlg. dt. Jugendserie, Regie: Christoph Schrewe.
Der 17-jährige Frankie Köhler (Norman Nitzel) spielt Gitarre und will Rockstar werden. Ganz wie sein Großvater Abbi (Harald Leipnitz), der immer noch mit seiner Band, den Thunderbirds, auftritt. Frankies Vater, der Zahnarzt Johannes (Michael Lesch), ist natürlich dagegen, und Frankies Mutter Karen (Sissy Höfferer) gelingt es nicht immer zu vermitteln. Als Abbi bei einem Auftritt stirbt und der Vater dessen Gitarre verkauft, zieht Frankie frustriert aus. Seine Freundin Isabelle Ringel (Johanna Klante), der Klavierspieler Big Ed (Bernie Marsden) und Willie (Udo Wachtveitl), der Besitzer eines Tonstudios, helfen Frankie, seinen Traum zu verwirklichen. Isabelles Ex-Freund, der Bandleader Jochen (Fabian Busch), versucht Frankies Talent zu sabotieren. Doch schließlich schafft Frankie es: Mit seiner Band tritt er im Vorprogramm der Scorpions auf der Berliner Waldbühne auf.
Die Musik schrieb Harold Faltermeyer; sie hatte aber mit »Rock 'n' Roll« wenig zu tun, sondern war auf ZDF-Vorabendverhältnisse heruntergekuschelt. Außer den Scorpions traten Die Prinzen und Peter Maffay auf und spielten sich selbst.
Frankie war der letzte Weihnachtsmehrteiler des ZDF. Die fünf einstündigen Episoden (darunter eine Doppelfolge) liefen zwischen Weihnachten und Silvester am Vorabend. Das ZDF wiederholte die Serie auch in zwölf halbstündigen Teilen.

FRANKLIN – DEINE CHANCE UM 11 SAT.1
2000–2004. Einstündiger Daily Talk vormittags um 11.00 Uhr mit Franklin Schmidt, der nur unter dem Namen Franklin auftrat. Er hatte zuvor *Die 100.000 Mark Show* bei RTL moderiert. Nur ein paar Wochen nach deren Absetzung startete er seinen täglichen Talk bei der Konkurrenz.
Meistens stritten sich Menschen, die sich kannten, zu Themen wie »Charakterschwein! Hör auf, dein Kind zu ignorieren« oder »DNA-Test: Ich wünsche mir einen anderen Vater für mein Kind« lautstark über ihr Privatleben, manchmal aber auch über das Privatleben anderer, so in der zweiten Sendung, die das Motto hatte »Arbeitsloser, schäm dich!«. Der Titelzusatz »Deine Chance um 11« wurde im April 2004 gestrichen, als die Sendung auf 10.00 Uhr vorverlegt wurde. Nur wenig später wurde auch der komplette Rest der Sendung gestrichen.

FRANZ LISZT ARD
1983. 8-tlg. ungar. Historienserie (»Liszt Ferenc«; 1981).
Franz Liszt (als Kind: Tamás Bolba; dann: Géza D. Hegedüs; als Erwachsener: Iván Darvas) wird 1811 als Sohn des Beamten Adam (László Sinkó) und seiner Frau Anna (Vera Venczel) im ungarischen Raiding geboren und zieht alsbald nach Wien, wo sein musikalisches Talent entdeckt wird. Als Franz 16 ist, stirbt der Vater, der zugleich sein Manager war. Franz ist auf sich allein gestellt, spielt, komponiert und wird bekannt. Mit der Gräfin Marie d'Agoult (Andrea Bürgin) bekommt er drei Kinder.
Wolfgang Kieling fungierte als Erzähler. Géza D. Hegedüs, der Franz Liszt in den Jugendjahren spielte, wirkte später auch als dessen Sohn Daniel mit.
Die einstündigen Folgen liefen im regionalen Vorabendprogramm. Manche Sender zeigten sie in 16 halbstündigen Folgen.

FRANZ XAVER BRUNNMAYR ARD
1984. 13-tlg. dt. Familienserie, Regie: Ulrich König.
Franz Xaver Brunnmayr (Gustl Bayrhammer) ist der rührige Viehhändler in einem bayerischen Dorf. Zur Familie gehören seine Frau Emmi (Veronika Fitz) und Tante Agathe (Maria Singer). Der Gastwirt Jakob Kirner (Toni Berger) ist mit Brunnmayr befreundet, muss aber, wie so viele andere im Ort, immer wieder unter dessen Geschäftssinn leiden.
Die halbstündigen Folgen liefen im regionalen Vorabendprogramm.

FRANZI TRIFFT ... SAT.1
1995. Halbstündige Talkshow mit Franziska van Almsick.
2,5 Millionen DM soll die damals 16-jährige Schwimmerin dafür bekommen haben, Prominente zu begleiten und ihnen Fragen zu stellen. Zwölf Folgen waren angepeilt, nach zweien, in denen sie sich an Uschi Glas nach dem Bummel über den Markt wandte: »Isst du gerne Obst?« und Harald Juhnke endlich einmal mit der Frage konfrontierte, ob er in seinem Alter noch Lampenfieber habe, war Schluss. Zwei Talks mit Günther Jauch und Peter Maffay waren schon vorher als »nicht sendefähig« eingestuft und der Start der Reihe verschoben worden. Franzis Manager rang sich zu dem Urteil durch, »immerhin« sei das, was sie mache, »nicht ehrenrührig«.
Die beiden ausgestrahlten Ausgaben liefen Karfreitag und Ostersonntag am Vorabend.

EINE FRANZÖSISCHE EHE ZDF
1966–1967. 26-tlg. frz. Familienserie von Nicole de Buron, Regie: Jean Becker (»Les Saintes chéries«; 1965–1970).
Familienleben, wie es eben damals zu sein hatte: Monsieur geht arbeiten, Madame bleibt zu Haus. Er,

Adam (Daniel Gélin), hat einen stinknormalen Bürojob, sie, Eva (Micheline Presle), kümmert sich um die beiden Kinder Sophie (Nina Demestre) und Philippe (Serge Srour), geht mit Freundinnen einkaufen und fährt ein wenig Auto, natürlich schlecht, und nennt ihren Mann »Katerchen«. Jacques (Christian Alers) ist Adams Freund, Rose (Denise Clair) ist die Haushälterin.

Die Namen der Charaktere wurden für die deutsche Version geändert. Aus Pierre und Eve wurden Adam und Eva. Lustig. Die halbstündigen Episoden liefen unter der Dachmarke *Das kleine Fernsehspiel* donnerstags am Vorabend. In Frankreich wurde noch eine dritte Staffel mit 13 weiteren Folgen gedreht.

DIE FRANZÖSISCHE REVOLUTION   ARD

2002. 4-tlg. frz.-dt.-ital.-kanad. Historienfilm von Richard T. Heffron, Robert Enrico, Daniel Boulanger und David Ambrose, Regie: Richard T. Heffron, Robert Enrico (»La révolution française«; 1989)

Die Geschichte Frankreichs rund um die Revolution von 1789 bis 1794. Der Anwalt Georges Danton (Klaus Maria Brandauer) und der Journalist Camille Desmoulins (François Cluzet) führen zunächst die Opposition gegen König Louis XVI. (Jean-François Balmer) und Königin Marie-Antoinette (Jane Seymour); Maximilien de Robespierre (Andrzej Seweryn) und Jean-Paul Marat (Vittorio Mezzogiorno) werden weitere treibende Kräfte. Der Vicomte de Mirabeau (Peter Ustinov) und der Marquis de La Fayette (Sam Neill) bemühen sich vergeblich um die Rettung der Monarchie. Der König und Marie-Antoinette werden hingerichtet, Frankreich wird Republik; Robespierre selbst steigt zum Schreckensherrscher auf und macht den Henker Sanson (Christopher Lee) zum meistbeschäftigten Mann in Paris. Seine früheren Weggefährten Danton und Desmoulins sind jetzt seine Feinde, die schließlich ebenfalls sterben müssen.

Blutiges Spektakel, um historische Genauigkeit bemüht und mit großen Stars besetzt. Jede Folge hatte Spielfilmlänge.

FRASIER   KABEL 1, SAT.1

1995 (Kabel 1); 1997–2004 (Sat.1). 240-tlg. US-Sitcom von David Angell, Peter Casey und David Lee (»Frasier«; 1993–2004).

Der geschiedene Psychiater Dr. Frasier Crane (Kelsey Grammer) wohnt mit seinem gehbehinderten Vater Martin (John Mahoney) und dessen Physiotherapeutin Daphne (Jane Leeves) zusammen. Außerdem muss er Martins lästigen Hund Eddie (Moose) ertragen, der ihn dauernd anstarrt. Frasier ist ein Snob, der Sherry und die Oper liebt, und verbringt seine Freizeit meist mit seinem Bruder Niles (David Hyde Pierce), der ebenfalls Psychiater und ein noch größerer Snob ist. Sie führen einen ständigen Konkurrenzkampf um höheres Ansehen und bessere Kontakte und setzen regelmäßig Ideen für gemeinsame Projekte in den Sand: Das Restaurant, ein Buch, eine eigene Theaterinszenierung, eine gemeinsame Praxis und Gesellschaftsabende enden im Chaos. Martin, ein ehemaliger Polizist, lebt in einer völlig anderen Welt als seine feinsinnigen, hochtrabenden Söhne. Er hat einen rustikalen Humor, trinkt lieber Bier als Wein und sitzt in seinem potthässlichen Sessel, um im Fernsehen Sport zu sehen (Niles: »Wir waren in der Gegend für eine Pediküre. Natürlich war die …« – Martin: »Stop! Es gibt keine Möglichkeit, diesen Satz zu vollenden, die mich stolz machen würde.«) Frasier hat als Radio-Psychologe eine eigene Show bei einem regionalen Talksender. Roz Doyle (Peri Gilpin) ist seine Producerin, eine lebensfrohe Frau mit einem regen Sexualleben (Roz: »Ich habe gelesen, dass regelmäßige sexuelle Aktivität das Leben verlängert.« – Frasier: »In diesem Fall sollte es Sie länger geben als Styropor.«) Ein weiterer Kollege ist der vorlaute Macho-Sportmoderator Bob »Bulldog« Briscoe (Dan Butler). Niles, in den ersten Jahren noch mit der unerträglichen Maris verheiratet (die man nie zu Gesicht bekommt), ist heimlich in Daphne verliebt, schweigt ihr gegenüber aber jahrelang. Anfang 2002 werden sie schließlich ein Paar.

Kelsey Grammer hatte zuvor bereits in *Cheers* neun Jahre lang den Psychiater Frasier Crane gespielt. Seine eigene Serie war eine der anspruchsvollsten und zugleich witzigsten im ganzen Fernsehen. Sie machte sich über Sigmund Freud, Mutterkomplexe, die deutsche Oper und antike Kunst lustig und zeigte zugleich, dass auch simpler Slapstick, Verbalattacken und Verwechslungskomödien auf hohem Niveau möglich sind. Das Zusammenspiel zwischen Grammer und David Hyde Pierce wechselte zwischen großem Theater und *Dick und Doof*. Trotz des Anspruchs gelang es *Frasier,* über Jahre die breite Masse anzusprechen, eine der erfolgreichsten Serien in den USA zu werden und eine der langlebigsten überhaupt. Nicht nur die Zuschauer, auch die Kritiker liebten die Show: Mit dem wichtigen Emmy als Beste Comedyserie wurde *Frasier* fünfmal hintereinander ausgezeichnet, so oft wie keine andere Serie jemals. Alle Kategorien zusammengefasst, gewann Frasier 37 Emmys, ebenfalls so viele wie keine andere Serie. Hauptdarsteller Kelsey Grammers Bezahlung lag im zehnten und elften Jahr bei 1,6 Millionen US-$ – pro Episode! (also 24-mal im Jahr) –, was ihn zu diesem Zeitpunkt zum höchstbezahlten Fernsehschauspieler aller Zeiten machte (nur Ray Romano aus *Alle lieben Raymond* übertraf dieses Einkommen später noch).

In Deutschland lief die Serie relativ unauffällig. In der Synchronisation hatte Frasier eine andere Stimme als in *Cheers;* ferner startete die deutsche Erstausstrahlung des Spin-off unpassenderweise schon eine Woche vor dem Deutschlandstart von *Cheers* – und auf einem anderen Sender. Kabel 1 sendete die erste Staffel zunächst im Vorabendprogramm und dann nachts, Sat.1 zeigte diese und alle weiteren Folgen später ebenfalls im Nachtprogramm. Hier eroberte sich *Frasier* eine kleine, aber treue Fangemeinde. Im Herbst 2004 zeigte Sat.1 die

elfte und letzte Staffel der 264-teiligen Serie, das Serienfinale am 12. Oktober 2004. Die hinführende zehnte Staffel zeigte Sat.1 bislang nicht.
Serienerfinder David Angell war unter den Opfern der Terroranschläge vom 11. September 2001. Er saß in einem der Flugzeuge, die ins New Yorker World Trade Center gesteuert wurden.

DIE FRAU AN SEINER SEITE ARD
1982. »Meinen Mann kennt jeder«. 8-tlg. Porträtreihe von Horst Cierpka über Frauen prominenter Männer, z. B. von Paul Dahlke, Wolfgang Völz und Boleslaw Barlog.
Lief in 45 Minuten Länge 14-täglich donnerstagnachmittags.

DIE FRAU DEINES LEBENS ZDF, ARTE
→ Die unvergessliche Frau

FRAU DOKTOR KOMMT ARD
1997. 10-tlg. US-Sitcom von Neal Marlens und Carol Black (»Laurie Hill«; 1992).
Frau Doktor ist Laurie Hill (DeLane Matthews), eine Kinderärztin, die sich um alles kümmert, während ihr Mann Jeff (Robert Clohessy) nur zu Hause rumsitzt und den sich nach seiner Mutter sehnenden fünfjährigen Sohn Leo (Eric Lloyd) verwöhnt. Auch die anderen Männer sind Schweine: Dr. Spencer Kramer (Kurt Fuller) und Dr. Walter Wiseman (Joseph Maher) etwa, ihre wenig sensiblen Praxiskollegen. Aber zum Glück gibt es ja Frauen: Schwester Nancy (Ellen DeGeneres) und Beverly Fielder (Doris Belack) verstehen Frau Doktor.
In den USA kam Frau Doktor schon nach der sechsten ausgestrahlten Folge nie wieder. Die ARD zeigte die Folgen dienstags um Mitternacht.

DIE FRAU HINTER DEM LADENTISCH DFF 1
1978. 12-tlg. tschechoslowak. Familienserie von Jaroslav Dietl, Regie: Jaroslav Dudek (»Žena Za Pultem«; 1977–1978).
Die Verkäuferin Anna Holubová (Jiřina Švorcová) arbeitet in einer Kaufhalle im Prager Stadtteil Smichov, in den sie nach der Scheidung von ihrem Mann Jiří (Josef Langmiller) mit ihrer 17-jährigen Tochter Michala (Jana Boušková) und ihrem achtjährigen Sohn Petja (Jan Potměšil) gezogen ist. Anna arbeitet zunächst am Delikatessenstand mit ihrer Kollegin Olli (Hana Maciuchová). Weitere Kollegen sind Jiřinka (Lenka Termerová) vom Gemüsestand, Lagerverwalter Oskar (Jaromír Hanzlík), die Kassiererinnen Mlynařová (Božena Böhmová) und Sonja (Daniela Kolárová) und Lehrmädchen Zuzana (Simona Stašová); ihre Vorgesetzten sind Kaufhallenleiter Karas (Vladimír Menšík) und dessen Vertreter Vilímek (Zdeněk Řehoř). Mit dem Stammkunden Karel Brosch (Petr Haničinec) beginnt Anna eine Beziehung, doch dann taucht ihr Ex-Mann Jiří wieder auf, und den Kindern zuliebe nimmt sie ihn wieder in ihrer Wohnung auf. Schließlich wird Anna zur Verkaufsstellenleiterin befördert.

Jede Folge war 45 Minuten lang und schilderte einen Monat in Annas Leben. Lief 1989 auch bei RTL.

EINE FRAU IN VENEDIG WDR
1987. 6-tlg. ital. Familiendrama von Sandro Bolchi (»Una donna a Venezia«; 1986).
Bruna (Anna Galiena) ist eine Frau, und sie ist in Venedig. Dort führt sie einen Rachefeldzug gegen ihren bankrotten Vater, den Grafen Alvise Albergati (Fernando Rey), der mit der 25 Jahre jüngeren Tina (Lea Masaro) verheiratet ist und sein Leben mit Kunstfälschungen finanziert. Als er ums Leben kommt, beginnt dennoch der Streit ums Erbe.
Lief im Juli und August 1989 freitags in der ARD.

DIE FRAU IN WEISS ARD
1971. 3-tlg. dt. Krimi von Herbert Asmodi nach dem gleichnamigen Roman von Wilkie Collins, Regie: Wilhelm Semmelroth.
Die adlige Laura (Heidelinde Weis) soll den geldgierigen Sir Percival Glyde (Pinkas Braun) heiraten, der es nur auf ihr Geld abgesehen hat. Die Frau in Weiß (ebenfalls Heidelinde Weis), eine aus der Irrenanstalt geflohene Doppelgängerin Lauras, bringt diese Absicht ans Licht und wird deshalb ermordet. Stattdessen kommt Laura in die Anstalt. Der Zeichenlehrer Walter Hartright (Christoph Bantzer), der in Laura verliebt ist, will das Verbrechen aufklären.
Der Roman von Wilkie Collins gilt als erster Krimi der Literaturgeschichte. Er erschien 1860 unter dem Originaltitel »The Woman In White« als Fortsetzungsroman in Charles Dickens' Zeitschrift »All The Year Round«; die deutsche Ausgabe erschien 1965. Die Verfilmung war ein Riesenerfolg. Semmelroth inszenierte später noch zwei weitere Romane von Collins: *Der rote Schal* und 1973 den Zweiteiler »Der Monddiamant«.

EINE FRAU SUCHT IHR GLÜCK DFF 2
1984–1985. 5-tlg. tschechoslowak. Gesellschaftssaga nach dem Roman von František Švantner, Regie: Miloslav Luther (»Život bez konce«; 1982).
Die Lebensgeschichte der Wirtshaustochter Pawlinka (Jana Krausová) im frühen 20. Jh., beginnend im Haus ihrer Mutter (Viera Strnisková) vor dem Ersten Weltkrieg bis nach Kriegsende; ihre Träume, Ambitionen und Liebesbeziehungen. An Pawlinkas Beispiel wird ein Bild der slowakischen Gesellschaft zur Zeit des Krieges gezeichnet.
Die einstündigen Folgen liefen donnerstags um 19.00 Uhr.

FRAU ÜBER VIERZIG ZDF
1981. 12-tlg. dt. Episodenreihe mit abgeschlossenen Geschichten. Prominente Schauspielerinnen wie Witta Pohl, Vera Tschechowa und Maria Sebaldt spielen jeweils eine Frau über 40.
Die Folgen waren eine halbe Stunde lang. Zu den Autorinnen der Geschichten gehörten u. a. Christine Nöstlinger, Elke Heidenreich und Ingeborg Drewitz.

EINE FRAU VON EHRE ZDF
1993. 3-tlg. US-ital. Krimi nach dem Roman von Sveva Casait Modignani, Regie: Stuart Margolin (»Vendetta: Secrets Of A Mafia Bride«; 1992).
Nancy Pertinace' (Carol Alt) Vater (Gianni Nazzaro) kam ums Leben, als sie noch ein Mädchen war, weil ihn die Kugeln trafen, die für Mafiaboss Frank Latella (Eli Wallach) bestimmt waren. Nun will sie seinen Tod rächen. Sie wird Anwältin, verliebt sich in Sean McLeary (Eric Roberts), nicht wissend, dass er der Killer ist. Als sie es erfährt, bringt sie ihn um.
Jede Folge hatte Spielfilmlänge.

EINE FRAU WIRD GEJAGT RTL
1995. 15-tlg. dt. Krimiserie von Ralf Huttanus, Regie: Vadim Glowna.
Chris Belling (Nicola Tiggeler) wird beschuldigt, ihren Mann Karl ermordet zu haben, einen bekannten Rechtsanwalt, der sie betrogen hat. In Wirklichkeit ist sie unschuldig, und um das zu beweisen, lässt sie ihren Sohn Michael (Mimo Vaino) zurück, taucht unter und sucht auf der Flucht den wahren Mörder. Kommissar Helmut Gross (Alexander Radszun), sein Assi Klaus Schöpper (Michael Lott) und der Reporter Manfred Hoppe (Heinz-Werner Kraehkamp) sind Dr. Kimble ... äh, Verzeihung, Chris Belling auf den Fersen.
Die gejagte Frau verstand es, unbemerkt zu bleiben. Nach einigen Folgen am Montag um 20.15 Uhr versteckte sie sich plötzlich am Donnerstag um 22.15 Uhr. Aber das hätte sie sicher nicht getan, hätten sich von Anfang an so viele Zuschauer wie Verfolger für sie interessiert. Zu der ursprünglich geplanten Fortsetzung kam es nicht.

FRAUEN DER WELT ARD
1979–1983. 12-tlg. Reportagereihe von Gordian Troeller und Marie-Claude Deffarge über das Frauenbild in verschiedenen Kulturen.
Die Autoren bereisten die ganze Welt und zeigten Gesellschaftsstrukturen, in denen Frauen noch immer unterdrückt werden, zugleich aber auch Beispiele vermeintlich primitiver Gesellschaften, wie die Indianer im Amazonasgebiet, wo Frauen und Männer schon immer gleichgestellt waren, oder die Minangkabau auf der indonesischen Insel Sumatra, bei denen die Frauen eine ähnlich dominante Rolle einnehmen wie in westlichen Gesellschaften die Männer.
Unter dem gleichen Titel hatten Troeller und seine Lebensgefährtin Deffarge bereits sehr erfolgreich für den »Stern« die Rolle der Frau in verschiedenen Teilen der Welt thematisiert. In einer Nachfolgereihe berichtete Troeller über *Kinder der Welt*.

FRAUEN IM ORIENTEXPRESS DFF 2
→ Orientexpress

FRAUEN MORDEN LEICHTER ZDF
1997. 6-tlg. dt. Episodenreihe von Charlotte Drews-Bernstein und Gabriele Kreis, Regie: Thorsten Näter.
In 45-minütigen Folgen wurden jeweils zwei bis drei Kurzkrimiepisoden untergebracht. Jede Woche spielte eine andere Schauspielerin die Hauptrolle, dann aber in allen Episoden des Tages. Die Hauptdarstellerinnen waren Muriel Baumeister, Ruth Maria Kubitschek, Petra Kleinert, Sabine Postel, Susanne Lothar und Anita Kupsch.

DIE FRAUEN VON BONNE ESPÉRANCE ZDF
1990. 13-tlg. frz. Familiensaga von Anthony Squire (»Bonne espérance«; 1989).
Jacques Beauvilliers (Jean-Pierre Bouvier), der von den Hugenotten abstammt, hat sich mit seiner Familie in Südafrika niedergelassen. Er ist Besitzer eines riesigen Weinguts in der Kap-Region. Aus einer verbotenen Liebe mit der Sklavin Eva (Meryl Stoltenkamp) geht Sohn Jean-Jacques (Kevin Smith) hervor. Es folgt ein Generationen andauernder Kampf um die Kontrolle über das Anwesen, weil Jacques' Gattin Emily (Constanze Engelbrecht) und die Töchter Clara (Trish Downing), Prudence (Agnès Soral) und Suzanne (Jocelyn Broderick) nicht bereit sind, dem einzigen männlichen Nachwuchs das Erbe zu überlassen. Emily bringt noch ein Kind zur Welt, doch es wird wieder ein Mädchen: Emily jun. (Sylvia Zerbib). Emily selbst stirbt bei der Geburt.
Die einstündigen Folgen liefen samstags am Vorabend.

FRAUENARZT DR. MARKUS MERTHIN ZDF
1994–1997. 53-tlg. dt. Arztserie von Werner Lüder, Amme Dessai, Barbara und Rolf Gumlich, Regie: Matthias Gohlke.
Der Frauenarzt Dr. Markus Merthin (Sascha Hehn) arbeitet in der Frauenklinik am Chiemsee und ist bei seinen Patientinnen beliebt. Er gibt ihnen, wo er kann, auch außermedizinische Ratschläge. In der Klinik arbeiten noch Prof. Ehrentreich (Klaus Guth), Dr. Lässig (Werner Haindl), Dr. Georgi (Conny Glogger), Oberschwester Therese (Angelika Bender) und Schwester Karla (Barbara Kutzer). Merthin ist mit Marlene (Sona MacDonald) verheiratet; ihre gemeinsame Tochter Heinke (Susanna Wellenbrink) ist im Teenageralter. Merthin trennt sich nach einiger Zeit von seiner Frau und verliebt sich in die Kinderärztin Dr. Dorothee Wilke (Simone Thomalla). Sie möchten ihre eigene Praxis eröffnen. Ihr gemeinsames Baby stirbt noch im Mutterleib. Trotzdem sind beide nach wie vor glücklich miteinander, bis auch Dorothee stirbt.
In seinem Schmerz zieht Merthin in ein möbliertes Zimmer zu der Witwe Martha Ruckhaberle (Veronika Fitz) und wechselt an eine andere Klinik. Chef ist dort Prof. Fockenberg (Charles Brauer), seine neuen Kollegen sind Dr. Dignatz (Michael Schönborn), Dr. Amthor (Anka Baier), Dr. Sentrop (Susanne Bentzien), Pfleger Weckerlein (Michael Fitz) und die Schwestern Wilma (Regina Lemnitz) und Claudia (Sandra Keller). Vorübergehend geht Merthin eine Beziehung mit Karina Vandré (Cosima von Borsody) ein. Schließlich eröffnet er gemeinsam mit

dem Schönheitschirurgen Dr. Hockendorf (Raphael Wilczek) doch noch seine eigene Praxis. Schluchz. Die 50-minütigen Folgen liefen freitags um 19.25 Uhr.

FRAUENGESCHICHTEN ARD
1981–1993. 150-tlg. Porträtreihe, die bekannte und unbekannte Frauen vorstellt, darunter Marika Rökk, Alice Schwarzer, Annemarie Renger, Doris Kunstmann, Erika Pluhar und Sonja Ziemann, aber auch nichtprominente wie eine 80-Jährige oder eine Bulimiekranke. Zu den Autorinnen und Autoren gehörten u. a. Heide Nullmeyer, Liz Wieskerstrauch und Anna Dünnebier.
Die Filme waren 30 bis 45 Minuten lang und liefen im Nachmittagsprogramm.

FRAUENPOWER PREMIERE
→ Family Law

FRAUENTAUSCH RTL 2
Seit 2003. Realityshow.
Zwei Frauen müssen für zehn Tage den fremden Haushalt der jeweils anderen führen und sich um deren Familien kümmern. Anfangs bestimmt die Familie die Regeln des Zusammenlebens, am Ende darf die Gastmutter versuchen, Vorgaben zu machen. Die Zuschauer zu Hause wählen hinterher, wer ihnen sympathischer war, und die Gewinnerin erhält 200 €.
Richtig Spaß, weiß RTL 2, macht die Sendung, wenn unterschiedliche Welten aufeinander prallen. Also werden die Konstellationen so gewählt, dass Konflikte vorprogrammiert sind: Eine Frau vom Land, die Abgase nicht verträgt, wird in die Großstadt geschickt und vom Gastehemann gezwungen, öffentliche Verkehrsmittel zu benutzen. Eine reaktionäre Spießerfamilie muss selbstverständlich eine lesbische Punkerbraut beherbergen. Regelmäßige Differenzen zwischen Frau und Gastfamilie sind die Folge, Tränen fließen, Schimpfworte werden gebrüllt, die Kinder kauern mittendrin, und die Einschaltquoten steigen.
Das Konzept stammte von der britischen Show »Wife Swap«. Das Originalformat hatte der Muttersender RTL gekauft, aber als *Ich tausche meine Familie* erst lange nach der frei adaptierten RTL-2-Version und deutlich harmloser auf Sendung gebracht.
RTL 2 zeigte zunächst acht einstündige Zusammenschnitte und einen Rückblick montags um 20.15 Uhr. Wegen des für RTL-2-Verhältnisse gigantischen Erfolgs wurden neue Folgen auf zwei Stunden gedehnt. Im Februar 2004 liefen zwei Promi-Specials mit Ralf Richter und Martin Semmelrogge.

FREAKAZOID! PRO SIEBEN
1997–1998. 24-tlg. US-Zeichentrickserie (»Freakazoid«; 1995–1997).
Der schüchterne Teenager Dexter Douglas verwandelt sich in den Superhelden Freakazoid und bekämpft Verbrecher. Lief samstagvormittags.

FRECH WIE JANINE SAT.1
2004–2005. Dt. Comedyserie.
Mit Ende zwanzig ist Janine Lehmann (Janine Kunze) wieder Single und damit neuerlich auf der Suche nach dem Mann fürs und ihren Platz im Leben. Luxustussi Svenja (Alexandra Helmig) und die herrische Pia (Caroline Dibbern) sind Janines Freundinnen, Klaus (Wilhelm Manske) und Annemarie (Johanna Mertinz) ihre überfürsorglichen Eltern und Jens (Frank Dukowski) ihr nervender Kollege im Geschäft für Innenausstattung.
Trauriger Versuch, *Sex and the City* auf deutsche Verhältnisse zu übertragen. Nach fünf von acht halbstündigen Folgen montags um 21.15 Uhr setzte Sat.1 die Serie wegen Erfolglosigkeit erst einmal ab. Zwei weitere liefen im Folgejahr am Vorabend.

FRECH WIE RUDI ZDF, KI.KA
1996–1999 (ZDF); 1997 (KI.KA). 21-tlg. dt. Kinderserie.
Rabe Rudi (Puppenspieler: Werner Knoedgen) hat den Laden von *Siebenstein* verlassen, trifft neue Leute (alles Menschen, nur Rudi ist eine Puppe), lernt die Welt kennen und erlebt viele aufregende Geschichten. Jede Folge dauerte zehn Minuten.

FREDERICK FORSYTH ZEIGT ZDF
1991–1992. 5-tlg. brit. Krimireihe von Frederick Forsyth (»Frederick Forsyth Presents«; 1989).
Der britische Spionageabwehrleiter Sam McCready (Alan Howard) schlägt sich mit feindlichen Agenten herum, jagt Terroristen und verhindert Attentate. Jeder der abendfüllenden Filme begann mit einer Einführung des Bestsellerautors Forsyth, der diese Geschichten extra fürs Fernsehen geschrieben hatte.

FREDS MELODIE DFF
1960. Musiksendung mit dem beliebten Schlagersänger Fred Frohberg, dessen Lieder in eine Rahmenhandlung eingebettet sind.
Die erste Sendung löste heftige Diskussionen aus, weil sie Frohberg in einer verruchten Bar samt dekadenter Tänzerinnen auftreten ließ. Selbst bei so harmlosen Unterhaltungssendungen war kein Widerspruch zum angestrebten sozialistischen Menschenbild erlaubt. Nach nur drei Sendungen hatte Fred ausgesungen.

FREI GEBOREN – DER RUF AFRIKAS ARD
1976. 13-tlg. US-Abenteuerserie von Carl Forman nach dem Buch von Joy Adamson (»Born Free«; 1974).
George (Gary Collins) und Joy Adamson (Diana Muldaur) sind Jagdaufseher in der Wildnis von Kenia. Gemeinsam mit ihrem Assistenten Makedde (Hal Frederick) kümmern sie sich um die wilden Tiere, vor allem ihre Löwin Elsa, und beschützen sie vor Gefahren durch Natur und Jäger.
Ihre wahren Erlebnisse hatte Adamson neben »Frei geboren« in weiteren Büchern festgehalten; 1966 war das erste bereits fürs Kino verfilmt worden.

FREI NACH MARK TWAIN   ZDF
1971. 13-tlg. dt. Abenteuerserie von Dieter Gasper nach Erzählungen von Mark Twain, Regie: Franz Marischka. Die Freunde Sam (Helmut Förnbacher) und Dicky (Uwe Friedrichsen) reisen um die Welt und suchen das Abenteuer.
Sam war natürlich Samuel Langhorne Clemens, der eigentliche Name des Schriftstellers Mark Twain. Die halbstündigen Folgen liefen montags um 19.10 Uhr.

FREI SCHNAUZE   RTL
Seit 2005. Halbstündige Improvisations-Comedyshow, in der vier wechselnde Komiker auf Stichwort-Zuruf aus dem Publikum versuchen, lustig zu sein.
Spielleiter ist Mike Krüger; dem Ensemble gehören an: Hennes Bender, Elmar Brandt, Fatih Cevikkollu, Bernhard Hoëcker, Janine Kunze, Ingo Naujoks, Mirco Nontschew, Barbara Schöneberger und Martin Schneider.
Man hätte die Show auch schon Jahre früher vom britischen Format »Whose Line Is It Anyway« adaptieren können, aber damals hatte Sat.1 ja noch keinen Erfolg mit der Improvisationsshow *Schillerstraße*. RTL, jahrelang der Trendsetter bei neuen Formaten, setzte hier den sich seit Monaten verstärkenden Trend fort, die Hits der anderen zum Anlass für Ähnliches im eigenen Programm zu nehmen.
Nicht einmal beim Sendeplatz bewies RTL Einfallsreichtum: *Frei Schnauze* lief zunächst freitags um 22.15 Uhr, wo zuvor monatelang in Sat.1 die *Schillerstraße* gelaufen war, ab der zweiten Staffel samstags etwas später.

FREI WIE DER WIND   SAT.1
1995–1998. Abenteuerreisereihe mit Wolfgang Fierek, der auf der Harley durch diverse amerikanische Bundesstaaten fuhr. Vier Folgen liefen in loser Reihe sonntagmittags, drei weitere drei Jahre später samstags am Vorabend.

FREIE HAND FÜR BARLOW   DFF 1
1978. 4-tlg. brit. Krimiserie (»Barlow At Large«; 1971–1973).
Spin-off von *Task Force Police:* Detective Charlie Barlow (Stratford Johns) ermittelt jetzt mit seinem neuen Kollegen David Rees (Norman Corner); ihr Chef ist A. G. Fenton (Neil Stacy).

FREIHEIT, DIE ICH MEINE   ZDF
1979. 6-tlg. Episodenreihe von Siegmar Faust, Regie: Alexander Ziebell, über das Leben von Christen in der DDR mit in sich abgeschlossenen Folgen und wechselnden Darstellern. Die Reihe kam aus der katholischen Redaktion. Die Folgen waren 45 Minuten lang.

FREISPRUCH – DIE COMEDY-JURY   PRO SIEBEN
2004. Einstündige Live-Comedyshow mit Ingolf Lück und einem Panel aus Komikern, die sich über die Ereignisse der Woche lustig machen. Unter den Komikern: Barbara Schöneberger, Oliver Pocher, Elton und Hans Werner Olm. Per Telefon dürfen die Zuschauer die Themen bestimmen.
Erst acht Jahre nach *Sieben Tage – Sieben Köpfe* startete dieser Abklatsch montags um 20.15 Uhr. Schon einen Monat später wurde er zum Glück wieder abgesetzt.

FREITAG NACHT NEWS   RTL
Seit 1999. 45-minütige Comedyshow mit Henry Gründler.
Nachrichtenparodie mit Gründler als Anchorman hinter dem Schreibtisch, der durch das Programm führt und die Filmeinspielungen ansagt, die oft aus verfremdeten und neu vertonten Originalbildern bestehen. Mit im Studio sind Volker Schmitz (u. a. für den Kommentar) und Anja Bergerhoff (für den Meldungsblock), Letztere ab Herbst 2000 ersetzt durch Ruth Moschner (für das Dekolleté).
Die Show lief freitags um 23.15 Uhr und wurde von Ex- und Später-Wieder-RTL-Programmdirektor Marc Conrad und Hugo Egon Balder ins Leben gerufen. Gründlers Motto war: »Wer's nicht guckt, kann's nicht sehen!« Regelmäßige Rubriken waren »Die Versprechermeldung« mit einem total verdrehten Zeitungsausschnitt, »No Sports«, worin ungewöhnliche Agenturbilder, die nichts mit Sport zu tun hatten, von den imaginären Sportreportern Stefan Domsch und Jochen Brenner wie Großsportereignisse kommentiert wurden, sowie die einäugigen Puppen »Bernie und Ert«. Im Anschluss an diese Show folgte immer das echte Nachrichtenmagazin *RTL-Nachtjournal,* das Gründler ankündigte mit: »Bleiben Sie dran für Heiner Bremers total verrücktes Nachtjournal!«
Die Show entwickelte sich vom Geheimtipp zum nächtlichen Quotenrenner und erreichte oft mehr als doppelt so viele Zuschauer wie *Die Harald Schmidt Show,* die gleichzeitig in Sat.1 lief, war aber auch doppelt so platt. Am 3. Dezember 2004 feierten die *Freitag Nacht News* ihre 150. Sendung. Auf den Tag genau ein halbes Jahr später moderierte Ruth Moschner zum letzten Mal mit. RTL trennte sich von ihr und kündigte an, Henry Gründler ab Herbst 2005 wechselnde weibliche Stargäste zur Seite zu setzen.

DIE FREITAGSPARTY   ARD
1983. Musikshow mit Paola und Kurt Felix und unfassbar vielen prominenten Gästen, die freitags im regionalen Vorabendprogramm mit Talk und Liedern für die richtige Wochenendstimmung sorgen sollten. Das Ehepaar Felix hatte nicht die geringsten Probleme damit, zehn Gäste in die 25-minütige Sendung zu quetschen. Gäste der ersten Show waren u. a. Franz Alt, Ireen Sheer, Hazy Osterwald, die Mainzer Hofsänger und, wie in Premierensendungen üblich, Roberto Blanco.
Sechs Ausgaben liefen über das Jahr verteilt in unregelmäßigen Abständen.

FREIZEIT ZDF
1979–1989. »... und was man daraus machen kann.« Halbstündiges wöchentliches Freizeitmagazin über Hobby und Freizeit.
Freizeit, das ist, wenn ... Nun, zumindest hielt das ZDF eine Erklärung für nötig und sendete eine Woche vor dem Start eine »Einführung in die neue Sendereihe« im Abendprogramm. Die Reihe an sich lief zunächst sonntags mittags, ab 1985 freitags nachmittags, und befasste sich mit allem, was man in der Freizeit tun kann, wie Basteln, Musizieren, Gärtnern, Heimwerken, Sammeln, Essen oder Vereisen. Unter dem Motto »Freizeit in anderen Ländern« traten mehrfach Prominente auf, die Tipps für ihre Heimatländer abseits der bekannten touristischen Attraktionen gaben, z. B. Rudi Carrell für Holland und Ephraim Kishon für Israel. Auch Handicaps wurden berücksichtigt und Freizeitangebote für behinderte Kinder vorgestellt.
Jede Sendung beinhaltete mehrere Beiträge, ab 1982 gab es einmal im Monat eine monothematische Ausgabe. 1987 verlieh das Magazin den »Goldenen Freizeitfuchs«. Zuschauer konnten sich mit eigenen Videobeiträgen zum Thema »Unsere Straße/Unser Viertel« um diesen Preis bewerben.
Erste Moderatorin war Sigi Harreis, zu den späteren gehörten Gerd Mausbach, Christine Westermann, Elke Kast und Sibylle Nicolai.

FREIZEIT – FREIHEIT – ABENTEUER ARD
1982. In dokumentarischen Kurzfilmen stellen Prominente eine Reihe von Sportarten sowie Tiere in freier Wildbahn vor.
Die 20-minütigen Folgen liefen im regionalen Vorabendprogramm.

FREIZEIT-MAGAZIN DFF 2
1969–1970. Knapp halbstündiges Jugendmagazin mit Anregungen für den »Schallplattenfreund und Fotoamateur« und Tipps für eine »sinnvolle Freizeitgestaltung«. Moderatoren waren Hans-Joachim Heinrich, Solveig Müller, Werner Troeger.
Lief 13-mal donnerstags um 19.00 Uhr, die letzte Folge war ein Best-of.

DER FREMDE ARD
1977. 20-tlg. frz. Abenteuerserie nach dem Roman von Maurice Ellabert, Drehbuch: Henri Rabine-Lear, Regie: Bernard Toublanc-Michel (»Le provocateur«; 1973).
In manchen kleinen Orten fällt ein Fremder sofort auf, und alle gucken komisch. Das ist genau die Absicht von Pierre Charmoy (Eric Colin) in dem französischen Dorf Foncourt, aber er geht lieber kein Risiko ein und setzt alles daran, sich besonders verdächtig zu verhalten. Eigentlich ist Charmoy Schauspieler. Für diese Rolle hat ihn einige der Dorfbewohner engagiert, um den mächtigen Fabrikanten Antoine Valonne (Grégoire Aslan) einzuschüchtern.
Die gut zehnminütigen Folgen liefen im regionalen Vorabendprogramm.

FREMDE HEIMAT ARD
1989. 6-tlg. austral.-schweiz. Abenteuerdrama von Alma de Groen, Regie: Ted Robinson (»The Alien Years«; 1988).
Australien, Ende des 19. Jh.: Elizabeth Patterson (Victoria Longley) brennt mit dem deutschen Auswanderer Stefan Müller (Christoph Waltz) durch.
Die einstündigen Teile liefen im regionalen Vorabendprogramm.

FREMDER, WOHER KOMMST DU? ARD
1976. 27-tlg. frz. Abenteuerserie von Pierre Ascot-Mirande, Regie: Bernard Toublanc-Michel (»Étranger, d'où viens-tu?«; 1974).
Der junge Mexikaner Miguel Mendeguia (Jean-Pierre Andréani) überquert mit seinem Freund Sagordoy (Stéphane Bouy) heimlich die Grenze von Spanien nach Frankreich. Er will herausfinden, warum sein Vater vor 30 Jahren als angeblicher Mörder hingerichtet wurde.
Die Serie mit den nur gut zehn Minuten langen Folgen lief im regionalen Vorabendprogramm und wurde später auch in weniger, aber längeren Folgen wiederholt.

FRESNO ARD
1988. 6-tlg. US-Soap-Parodie von Barry Kemp (»Fresno«; 1986).
Rosinen. Wer die Macht über die Rosinen hat, hat auch die Macht über die Menschen. Zwei Rosinen-Dynastien sind in einen gnadenlosen Kampf um die Vorherrschaft im Rosinenanbau verwickelt, der auch ein Kampf um das Sagen in der kalifornischen Stadt Fresno ist. Die bösartige Witwe Charlotte Kensington (Carol Burnett) führt den einen Clan, Tyler Cane (Dabney Coleman) den anderen. An den gnadenlosen Intrigen beteiligt sind u. a. Charlottes Sohn Cane (Charles Grodin), dessen Frau Talon (Teri Garr) und der schöne Arbeiter Torch (Gregory Harrison).
Fresno war eine Parodie auf Primetime-Soaps wie *Dallas* und *Denver-Clan,* vor allem aber auf *Falcon Crest,* wo es statt um Rosinen um Wein geht. *Fresno* versuchte das Unmögliche, die Geschichten dieser Vorbilder an Absurdität noch zu toppen, und sparte nicht an prominenten Komikern als Darsteller und an Geld für aufwendige Sets: zwölf Millionen US-$ soll der Sechsteiler gekostet haben, der übrigens nicht eingestellt wurde, sondern nur als Miniserie angelegt war. *Fresno* war das Hochglanzgegenstück zur Soap-Parodie *Die Ausgeflippten,* das sich über die billigen Daily Soaps lustig machte.
Die einstündigen Teile liefen im regionalen Vorabendprogramm.

FREUNDE – DAS LEBEN BEGINNT PRO SIEBEN
Seit 2003. Halbstündige dt. Pseudo-Doku-Soap, Ableger der *Abschlussklasse* 2003, die innerhalb der Talkshow *Arabella* gelaufen war. Direkt im Anschluss an *Arabella,* jeden Werktag um 15.00 Uhr, zeigte die neue Reihe nun das neue Leben der Freunde nach abgeschlossener Schullaufbahn, scheinbar gefilmt

von den Protagonisten selbst mit eigenen Videokameras. Dabei war natürlich alles gestellt.
Der Titel sollte eigentlich »Freunde – Voll im Leben« lauten, er wurde dann aber kurz vor Ausstrahlungsbeginn geändert. Vielleicht würden sie aber irgendwann dort ankommen, denn ab Ende August 2004 hieß die Sendung *Freunde – Das Leben geht weiter*.

FREUNDE – DAS LEBEN GEHT WEITER   PRO SIEBEN
Seit 2004. Halbstündige dt. Pseudo-Doku-Soap und Fortsetzung von *Freunde – Das Leben beginnt*.

DIE FREUNDE DES FRÖHLICHEN TEUFELS   ARD
1989. 5-tlg. poln. Kinderserie von Jerzy Łukaszewicz (»Bliskie spotkania z wesołym diabłem«; 1989).
Der Junge Zenobi, kurz: »Bi« (Rafał Synówka), der im Rollstuhl sitzt, freundet sich mit dem kleinen Teufel Piepschmatz (Franciszek Čwirko) an. Ihm verdankt der Junge viele aufregende Abenteuer, denn Piepschmatz ermöglicht Reisen in fremde Welten und Zeiten. Während der Reise ins Reich des Unterirdischen muss Zenobi gegen den Geist der Dunkelheit kämpfen.
Die 25-Minuten-Folgen liefen sonntagmittags und wurden in der folgenden Woche nachmittags wiederholt. Titel in der DDR war *Begegnung mit dem lustigen Teufel*.

FREUNDE FÜRS LEBEN   ZDF
1992–2001. 98-tlg. dt. Familienserie von Michael Baier.
Der Gynäkologe Dr. Bernd Rogge (Gunter Berger), der Internist Dr. Stefan Junginger (Michael Lesch) und der Kinderarzt Dr. Daniel Holbein (Stephan Schwartz) übernehmen an der Ostsee gemeinschaftlich die Praxis des alten Walter Leibrecht (Alexander May), der sich zur Ruhe setzt. Bernd ist ein Yuppie, der ruppig sein kann und einen etwas großkotzigen Lebensstil pflegt, im Grunde aber ein guter Kerl. Er hat zunächst ein Verhältnis mit Birgit (Sissy Höfferer), der Ehefrau des Baron von Teuffel (Ivan Desny), fühlt sich aber immer mehr zu Roswitha Schütze (Nina Hoger) hingezogen, die eine kleine Tochter namens Kirsten (Janine Dissel) hat. Stefan ist ein verbissener Arzt, jedoch manchmal ein wenig unsicher. Seine Freundin ist die Pianistin Andrea Wolf (Maren Schumacher-Martinek), die er heiratet. Daniel, ein junger Idealist, kommt mit der Ärztin Beate Chevalier (Olivia Pascal) zusammen. Seine reiche Mutter Marlies Holbein (Ruth Maria Kubitschek) freundet sich mit Walter an, flüchtet aber nach einiger Zeit vor der Steuer ins Ausland. Später wird Walter selbst reich. Seine Freizeit verbringt er zu großen Teilen in seinem Stammlokal, der Weinstube von Ludwig (Franz-Josef Steffens). In der Praxis arbeiten die Sprechstundenhilfen Rüdiger Kissling (Marek Erhardt) und Renate Paulus (Gisela Peltzer), in der Anfangsphase außerdem Stefans Schwester Susanne (Jennifer Nitsch) und Gisela Alsfeld (Andrea Lüdke).
Roswitha kommt in Folge 23 im Frühjahr 1993 bei einem Autounfall ums Leben, kurz vor der geplanten Hochzeit mit Bernd. Drei Folgen später, im Sommer 1994, wird Bernd ermordet. Dr. Jörg Sommer (Bernd Herzsprung) übernimmt dessen Platz in der Praxis. Er ist mit Ruth (Marijam Agischewa) verheiratet, mit der er Sohn Philip (Victor von dem Bussche) hat. Drei Wochen später geht Renate Paulus in den Ruhestand. Ihre Nachfolgerin wird Julia Talbach (Julia Richter). Friederike (Sabine Wegner) ist Rüdigers Freundin. Ende 1994 geht die Ehe von Stefan und Andrea nach einer größeren Krise endgültig in die Brüche; Stefan ist schon kurz danach mit Hanna Uhlenhorst (Noemi Steuer) liiert. Zur gleichen Zeit

Freunde fürs Leben: Holbein (Stephan Schwartz, links) und Junginger (Michael Lesch) trauern in der Folge »Scherenschnitt« um Dr. Rogge.

heiraten Daniel und Beate. Sie hätten gern ein Kind, aber Daniel muss feststellen, dass er unfruchtbar ist. Roswithas Tochter Kirsten hatte nach dem Tod ihrer Mutter und Dr. Rogges zunächst bei Opa Jens Fricke (Karl-Heinz Kreienbaum) im Fischerhaus Unterschlupf gefunden, jetzt nehmen Beate und Daniel sie bei sich auf, und schließlich kommt sie endgültig bei Stefan und Hanna unter. Von einem Hilfseinsatz in Bosnien bringt Beate drei Kinder mit, die sie mit Daniel adoptieren möchte. Die bosnische Mutter taucht jedoch auf und nimmt die Kinder mit zurück. Am Verlust der Kinder zerbricht die Beziehung zwischen Daniel und Beate, und sie wandert Anfang 1997 als Ärztin nach Zaire aus.

Auch Julia verlässt wenige Wochen später das Land. Sie geht in die USA, weil sie nicht ein Leben lang Arzthelferin bleiben möchte. Rüdiger moderiert mittlerweile nebenbei eine Radiosendung. Bärbel Schmitz (Maike Bollow) wird die neue Sprechstundenhilfe. Sie ist heimlich in Rüdiger verliebt und offenbart es ihm nach einer Weile; er liebt sie jedoch nicht. Daniel freundet sich mit der Streetworkerin Jutta Brandt (Iris von Kluge) an. Auch Stefan findet in Laura Domin (Cheryl Shepard) eine neue Liebe. Er fällt nach einem Unfall ins Koma, erholt sich aber wieder gut und wandert im Mai 1997 gemeinsam mit Laura nach Amerika aus. Die anderen wollen daraufhin die Praxis auflösen. Dann hat Rüdiger einen Unfall. Der Chirurg Dr. Gregor Kolb (Karsten Speck) rettet Rüdiger das Leben; er bleibt jedoch querschnittgelähmt. Mit Kolb zusammen führen die Ärzte die Praxis ab Folge 79 im März 1999 nun doch weiter, müssen aber in ein neues Haus umziehen, weil das alte schon verkauft wurde.

Die neue Oberschwester Annemarie Steffen (Renate Schroeter) und die intrigante Schwester Judith Ruhland (Jenny Elvers) bringt Kolb gleich mit, kurz danach kommt auch noch Nadja Keller (Corinna Hartmann) dazu. Emma Lohkamp (Doris Schretzmayer) ist Kolbs Geliebte, sie ist aber mit Richard Lohkamp (Gerd Silberbauer) verheiratet. Der reiche Wurstfabrikant Heinz Otto (Gert Haucke) ist Kolbs Bootsnachbar im Hafen. Seine Tochter Jacqueline (Alexandra Helmig) wird Rüdigers Freundin. Jutta bringt im Mai 1999 Sohn Lukas zur Welt, der aber nicht von ihrem Ex-Mann Jan »Tiger« Brandt (Franc Tausch) stammt. Kurz darauf lassen sich Ruth und Jörg scheiden, und Jörg wendet sich der deutlich jüngeren Natascha Amberg (Anne Brendler) zu. Walters Freund Ludwig stirbt. Jutta kehrt im Herbst 2001 zu ihrem Ex-Mann zurück, und Daniel geht daraufhin ins Kloster. Nach einiger Zeit im Zweierteam nehmen Jörg und Gregor Ende des Jahres den Kinderarzt Christoph Eichhorn (Frank Jordan) als dritten Mann auf. Zu dieser Zeit bringt Emma gerade noch Gregors Tochter Lisa zur Welt, bevor sie selbst ein paar Wochen später einen Erstickungsanfall erleidet und daran stirbt. Und wenn sie nicht gestorben sind ... halt: sind sie ja doch.

Die 50-Minuten-Folgen liefen über Jahre sehr erfolgreich donnerstags um 19.25 Uhr, ab Herbst 2001 dienstags um 18.00 Uhr. Der Titelsong »You never walk alone« von Mathou wurde ein Hit. Zwei Nebenfiguren der ersten Staffel, Werner (Mathieu Carrière) und Verena Westphal (Marion Kracht), bekamen 1993 ihre eigene Serie: *Böses Blut*.

FREUNDE VOM GRÜNEN TAL DFF 1

1984. 8-tlg. tschechoslowak. Jugendserie von Jaroslav Müller, Regie: František Mudra und Vojtěch Skopal (»Přátelé Zeleného údolí«; 1981).

Den zehnjährigen Pavel (Martin Čížek) und seinen großväterlichen Freund Jan Horyna (Vlado Müller) verbindet ein gemeinsames Interesse an Natur und Tieren. Dankenswerterweise ist Horyna Förster, und so kann Pavel ihn begleiten und waldige Abenteuer erleben. Jede Folge dauerte eine halbe Stunde.

FREUNDE WIE WIR SAT.1

1999–2004. 13-tlg. dt. Freundeserie.

Thomas (Sven Martinek), Ute (Inga Busch), Julia (Susanne Wagner), Daniel (Christian Leonard) und Charlotte (Gaby Herz) arbeiten beim »Neuen Hamburger Magazin«. Paul (László I. Kish) ist Zahnarzt, Martin (Lutz Herkenrath) Doktorand. Alle sieben sind Freunde, um die 30 und bewältigen gemeinsam die Probleme des Alltags.

Die Serie wurde schon 1996 gedreht, mit der unauffälligen Versendung begann Sat.1 erst im Sommerloch 1999. Als die dritte Folge am Mittwoch, 14. Juli 1999, um 20.15 Uhr nicht einmal eine Million Zuschauer erreichte, zog Sat.1 die Notbremse. Die anderen zehn Folgen liefen weitere fünf Jahre später samstagmorgens gegen Sonnenaufgang.

FREUNDINNEN ARD

1979–1980. 13-tlg. dt. Episodenreihe von Elke Heidenreich und Irene Rodrian.

Die 25-Minuten-Folgen behandelten in sich abgeschlossene und voneinander unabhängige Geschichten über Frauenfreundschaften. Wechselnde bekannte Schauspielerinnen waren in den Hauptrollen zu sehen, darunter Karin Hardt, Edda Seippel, Susanne Uhlen, Gertrud Stübner, Hannelore Schroth, Karin Eickelbaum, Franziska Bronnen und Diana Körner.

Lief im regionalen Vorabendprogramm.

FRIDOLIN DFF

1987. 7-tlg. DDR-Familienserie von Otmar Richter, Regie: Klaus Grabowski. Der unkonventionelle Fridolin Krawutschke (Lutz Salzmann), Absolvent einer pädagogischen Hochschule, will Kindergärtner werden. Er stößt auf einige Vorbehalte.

Die Serie war heikel, weil auch die Parteiführung und Regierung der DDR dagegen waren, junge Männer als Kindergärtner einzusetzen – selbst in der DDR war dies ein Frauenjob. Es bedurfte längerer Überredungsarbeit bei der Ministerin für Volksbildung – und eines Kompromisses. Fridolin wurde als angehender Schullehrer ausgegeben, der noch ein Jahr Praktikum machen sollte.

Die knapp einstündigen Folgen liefen freitags um 20.00 Uhr.

FRIEDEMANN BRIX – EINE SCHWÄCHE FÜR MORD   ZDF

1996–1997. 10-tlg. dt. Krimiserie von Eva und Volker A. Zahn, die offenbar gelegentlich *Mord ist ihr Hobby* gesehen haben.

Friedemann Brix (Harald Juhnke) ist Krimiautor, wird aber immer wieder selbst in Kriminalfälle verwickelt und jagt dann Gauner. Seiner Frau Helga, genannt Schnurzel (Gertraud Jesserer), passt das nicht, aber seine Tochter Stella (Anja Kling) tritt in Vaters Fußstapfen, was wiederum ihm nicht passt, denn sie soll doch studieren. Friedemanns bester Freund ist der Ex-Knacki Günter Bommel (Ben Becker), der ihm bei den Recherchen mit seinen guten Kontakten hilft.

Die einstündigen Folgen liefen donnerstags um 17.50 Uhr.

FRIEDMAN   ARD

2001–2003. Halbstündige politische Interviewsendung mit Michel Friedman und jeweils einem Gast. Friedman und sein Gast sitzen sich auf einem roten, s-förmigen Sofa gegenüber, wodurch zwar eine große Nähe entsteht, aber wenigstens ihre Knie nicht aneinander stoßen wie bei *Vorsicht! Friedman* im Hessen Fernsehen. Friedman geht seine Gesprächspartner forsch und zuweilen aggressiv an. Abschweifen und Widersprechen gilt nicht. Wer schwafelt, wird mitunter rüde und bestimmt auf den Pfad einer Antwort gewiesen, notfalls indem sich Friedman nach vorn lehnt, bis seine Nasenspitze fast an die des Gegenübers stößt, und ihm die Hand auf den Arm legt.

Friedmans Interviewstil polarisierte. Für die einen waren die rhetorischen Scharmützel, klugen Fragen und die Lust an der Konfrontation ein Fest. Anderen grauste es vor der merkwürdigen Nähe, die Friedman herstellte, oder sie wünschten sich, er würde die Leute, die er einlädt, wenigstens gelegentlich mal ausreden lassen. Mit vielen, deren Position man eigentlich nicht teilte, hatte man am Ende Mitleid, wenn sie schwitzend und heiser, geschlaucht von den Dauerattacken in ihrem Sessel hingen. Dem PDS-Mann Gregor Gysi verweigerte Friedman sogar ausdrücklich ein Glas Wasser. Im Herbst 2001 wurde Friedman mit dem Deutschen Fernsehpreis ausgezeichnet (Beste Informationssendung/Beste Moderation Information).

Am 12. Juni 2003 geriet Friedman, der stellvertretender Vorsitzender des Zentralrats der Juden in Deutschland und CDU-Politiker war, wegen einer Drogen- und Sexaffäre in die Schlagzeilen. Ihm wurde der Besitz von Kokain vorgeworfen, das man in seinen Räumen gefunden hatte. Mehrere ukrainische Zwangsprostituierte, mit denen Friedman verkehrt haben soll, hatten ihn beschuldigt. Als Reaktion ging Friedman vorzeitig in die Sommerpause. Am 8. Juli 2003 akzeptierte er einen Strafbefehl wegen illegalen Kokainbesitzes in Höhe von 17 400 € und war damit vorbestraft. Er legte alle öffentlichen Ämter nieder und teilte mit, er werde seine Sendungen nicht fortsetzen.

Friedman lief alle 14 Tage mittwochs um 23.00 Uhr im Wechsel mit *Joachim Gauck,* ab März 2002 im Wechsel mit *Gabi Bauer.*

FRIEDRICH UND FRIEDERIKE   ARD

1988. 9-tlg. dt. Jugendserie nach dem Buch von Max von der Grün, Regie: Alexander von Eschwege.

Friedrich »Fritz« Lodemann (Olaf Biskup) und Friederike »Rieke« Meister (Simone Molde) sind schon befreundet, seit sie Kinder waren. Nun sind sie 15-jährige Teenager und entdecken noch weitere Gefühle füreinander. Sie leben mit ihren Eltern (Ehepaar Lodemann: Beate Abraham und Dieter Prochnow; Ehepaar Meister: Christine Reinhold und Detlev Redinger) in einer Dortmunder Arbeitersiedlung. Rita (Petra Zäh) bringt die Beziehung in Gefahr, indem sie sich an Fritz heranmacht, kann sie aber nicht zerstören. Tante Erna Wuttke (Susanne Schäfer) ist Riekes Vertraute, Bruno (Michael Engel) ein weiterer Mitschüler.

Die 25-Minuten-Folgen liefen im regionalen Vorabendprogramm.

FRIENDS   SAT.1, PRO SIEBEN

1996–1999 (Sat.1); 2001–2005 (Pro Sieben). 236-tlg. US-Sitcom von David Crane und Marta Kauffman (»Friends«; 1994–2004).

Sechs New Yorker Freunde Mitte 20 verbringen ihre Freizeit meist gemeinsam und reden in ihrem Stammlokal »Central Park« oder in Monicas Apartment über Gott, die Welt und vor allem den neuesten Beziehungstratsch. Die Freunde sind der geschiedene Ross Geller (David Schwimmer), der immer wieder Pech mit Frauen und Ehen hat, seine Schwester Monica (Courteney Cox), die Köchin ist, die verwöhnte Rachel Green (Jennifer Aniston), die anfangs im »Central Park« bedient und später einen Job in einem Modeunternehmen findet, der Scherzkeks Chandler Bing (Matthew Perry), der tumbe und erfolglose Schauspieler Joey Tribbiani (Matt LeBlanc) und die naive Phoebe Buffay (Lisa Kudrow). Chandler und Joey wohnen direkt gegenüber von Monicas Wohnung im selben Haus in einer WG. Dauerhaft beziehungsfähig scheinen alle nicht: Rachel hat ihren Zukünftigen während der Hochzeitszeremonie am Altar stehen lassen, Ross' schwangere Frau Carol (Jane Sibbett) hat ihn verlassen, als sie merkte, dass sie lesbisch ist.

Alle haben wechselnde Partner: Monica ist vorübergehend mit dem älteren Zahnarzt Richard Burke (Tom Selleck) zusammen, Ross heiratet am Ende der vierten Staffel Emily (Helen Baxendale), lässt sich aber bald wieder scheiden. Chandler und Monica werden ein Paar. Am Ende der fünften Staffel heiratet Ross schon wieder, diesmal Rachel. Es knisterte schon länger zwischen beiden, doch ihre Ehe beenden sie wieder (Ross' dritte Scheidung), weil sie

Die erfolgreichsten Freunde der Welt: *Friends* mit David Schwimmer, Courtney Cox, Matthew Perry, Jennifer Aniston, Matt LeBlanc und Lisa Kudrow (von oben nach unten).

es als Fehler im Vollrausch betrachten. Das hindert Rachel nicht daran, am Ende der achten Staffel ein Kind von Ross zu bekommen, das sie Emma nennt. Chandler und Monica haben am Ende der siebten Staffel geheiratet. Sie können keine eigenen Kinder bekommen und finden eine werdende Mutter, Erica (Anna Faris), die ihnen ihr Kind nach der Geburt zur Adoption freigeben wird. Im Serienfinale kommen überraschend Zwillinge zur Welt, und Chandler und Monica verlassen New York, um in die Vorstadt zu ziehen. Ross und Rachel werden endgültig wieder ein Paar.

In den USA überaus erfolgreiche Sitcom, die bei uns zunächst weitgehend unbeachtet blieb. Sat.1 startete die Serie am Samstagnachmittag, versuchte es später auch mal am Vorabend, letztlich landete die Serie aber doch immer wieder im Nachtprogramm. Insgesamt zeigte der Sender 85 Folgen. Dann dauerte es zweieinhalb Jahre, bis wieder neue Folgen begannen (Pro Sieben hatte ab Januar 2000 alle alten wiederholt). Sie liefen zunächst samstagnachmittags auf Pro Sieben, wo gleichzeitig werktags im Vorabendprogramm eine erneute Komplettwiederholung begann. Allmählich gewann die Serie Fans. Ab Folge 108 im Januar 2002 liefen die Erstausstrahlungen am Vorabend, und mit der achten Staffel, die zugleich die erfolgreichste in den USA war, kam die Serie auch in Deutschland in die Primetime. Ab Folge 171 im Frühjahr 2003 lief *Friends* dienstags um 21.50 Uhr, ab Herbst des gleichen Jahres mit Beginn der neunten Staffel schon eine halbe Stunde früher.

Der Titelsong »I'll Be There For You« stammte von den Rembrandts und wurde ein Hit. Die Figur der Phoebe Buffay hat eine Zwillingsschwester namens Ursula, die ebenfalls von Lisa Kudrow gespielt wurde, jedoch nicht in *Friends*, sondern in *Verrückt nach dir*. Gelegentlich besuchten sich die beiden Schwestern allerdings in ihren jeweiligen Serien, was eine Doppelrolle für Lisa Kudrow bedeutete. Die sechs Freunde hielten auch im wirklichen Leben zusammen. Immer wenn Gehaltsverhandlungen anstanden, pokerten sie gemeinsam um gleiche Bezahlung. Am Ende bekam jeder von ihnen mehr als eine Million US-$ pro Folge.

Die Serie ist komplett auf DVD erschienen.

FRIKADELLE – TAGLIATELLE ARD

1992. 14-tlg. dt. Familienserie von Michael Bergmann, Regie: Christian Görlitz, Ottokar Kunze.

Der Italiener Vito Cavone (Stefano Viali) kommt 1920 nach Hamburg und beschließt, in Deutschland zu bleiben. Er verliebt sich in Lotte (Birgit Bockmann), die Tochter seiner Zimmerwirtin Hedwig Burmeester (Erika Skrotzki). 1921 eröffnet er mit dem »Ristorante da Vito« das erste italienische Restaurant in Hamburg. Vito kreiert kuriose Gerichte, ist dabei immer gut gelaunt, witzig und von südländischem Temperament, die Deutschen hingegen sind vernünftig, pünktlich und ordentlich.

Die Serie schilderte die Familiengeschichte von Vito und Lotte mit allen Höhen und Tiefen bis zum Ende des Zweiten Weltkriegs. Die halbstündigen Folgen liefen im regionalen Vorabendprogramm.

DER FRISÖR RTL

2001. Dt. Reality-Soap. In einem Kölner Frisörsalon schneiden fünf echte Frisöre Kunden die Haare. Dabei halten 19 Kameras jede Bewegung und jedes Gespräch zwischen Frisör und Kunde fest.

Der Salon befand sich in der Kölner Innenstadt, und jeder, der mal ins Fernsehen wollte, konnte sich telefonisch um einen Termin bewerben. Und wie in jeder Reality-Soap seit *Big Brother* durften auch hier

die Zuschauer jede Woche einen der Haarabschneider rauswählen.
Halbstündige Zusammenschnitte mit den Ereignissen des Tages liefen jeden Werktagnachmittag. 214 Folgen waren geplant, nach drei Monaten wurde die quotenschwache Endemol-Produktion vorzeitig abgesetzt.

FRITZ GOLGOWSKY ARD
1985–1986. 14-tlg. dt. Comedyserie von Berengar Pfahl (Buch und Regie).
Motoren haben etwas Tückisches, vor allem wenn sie kaputt sind. Wenn sie allerdings kaputt sind, hat man wenigstens einen Grund, sich intensiv mit ihnen zu beschäftigen. Fritz Golgowsky (Nikolas Lansky) liebt Motoren sehr. Die halbstündigen Folgen liefen im regionalen Vorabendprogramm.

FRITZ-MULIAR-SHOW ZDF
1972–1973. 6-tlg. Showreihe mit Fritz Muliar sowie Sketchen, Tanz, Musik und Gästen, Regie: Otto Anton Eder.
Muliar zeigte in der Sendung die ganze Bandbreite seines Könnens. Er sagte selbst: »Ich war Kabarettist, Conferencier, Sänger, Komiker und schließlich Schauspieler des ernsten Fachs. In meiner Show bin ich von allem ein bisschen.« Ihm wurde vorgeworfen, Gags bei amerikanischen Shows geklaut zu haben, vor allem bei Jerry Lewis. Muliar rechtfertige sich damit, dass Lewis' Gags schon in den 20er-Jahren bei Harold Lloyd zu sehen waren.
Die einstündigen Ausgaben liefen im Abendprogramm.

FRÖHLICH AM FREITAG HR
→ Allein oder Fröhlich

FRÖHLICH EINGESCHENKT ARD
1993–1996. Sechs Jahre nach dem Ende der Show *Zum blauen Bock* kehrte Heinz Schenk mit einem ganz ähnlichen Konzept auf den Bildschirm zurück. Unter dem gleichen Titel hatte Schenk bereits 1985 eine Silvestershow im Fernsehen des Hessischen Rundfunks moderiert. Auch in *Fröhlich einge-Schenkt* (ja, ein lustiges Wortspiel mit dem Namen des Moderators!) verbreitete Schenk volkstümliche Stimmung und entsprechende Musik.
1994 wurde die Reihe vom Donnerstag auf den attraktiven Samstagabend verlegt und dort viermal im Jahr gesendet.

EINE FRÖHLICHE FAMILIE RTL 2
1994. 48-tlg. jap. Zeichentrickserie (»Ai no Wakakusa Monogatari«; 1987).
Mr. March beginnt während des amerikanischen Bürgerkriegs mit seinen drei Töchtern ein neues Leben in einer neuen Stadt. Die älteste Tochter Joe will Schriftstellerin werden.

DIE FRÖHLICHE WEINKARTE ARD
→ Die fröhliche Weinrunde

DER FRÖHLICHE WEINKELLER ARD
→ Die fröhliche Weinrunde

DIE FRÖHLICHE WEINLESE ARD
→ Die fröhliche Weinrunde

DIE FRÖHLICHE WEINPROBE ARD
→ Die fröhliche Weinrunde

DIE FRÖHLICHE WEINRUNDE ARD
1964–1968. Lustige Saufshow auf dem großen Samstagabend-Sendeplatz.
Die Wirtin Margit Schramm, ihr Kellermeister Willy Schneider und eine Stammtischrunde mit Rudolf Schock singen und trinken.
Im Gegensatz zum *Internationalen Frühschoppen* wurde bei dieser Musikshow wenigstens schon im Titel kein Hehl daraus gemacht, dass der eigentliche Sinn der Zusammenkunft ein fröhliches Trinkgelage war, und das merkte man so manchem Teilnehmer gegen Ende der Sendung dann auch an. Die Gäste setzten sich zum Teil aus bekannten Stars, zum Teil aber auch aus regionalen Musik- und Tanzgruppen zusammen, die sich nun der großen Öffentlichkeit vorstellen durften. Der fast volljährige Marius Müller-Westernhagen hatte hier 1966 seinen ersten Fernsehauftritt.
In den ersten beiden Jahren hatte noch fast jede Ausgabe einen anderen Titel, vermutlich weil schon am Morgen danach sich kein Beteiligter mehr an den bisherigen erinnern konnte. Die Sendetitel in der Reihenfolge waren: *Die fröhliche Weinkarte, Die fröhliche Weinlese, Die fröhliche Weinprobe* und *Der fröhliche Weinkeller*. Dann hatte es sich wohl endlich jemand auf einem Untersetzer notiert, und so hießen alle weiteren Ausgaben ab Juni 1966 *Die fröhliche Weinrunde,* nur die letzte trug den Titel *Die letzte Weinrunde.*
Die Show lief in unregelmäßigen Abständen.

FRÖHLICHER ALLTAG SWR
Seit 1985. Volkstümliche Stimmungsshow mit Heinz Siebeneicher aus wechselnden Städten des deutschen Südwestens, die Menschen und Landschaften vorstellt. Musikalische Gäste treten mit ihren Liedern auf, außerdem erscheint die Kabarettistin Frau Wäber (Hansy Vogt).
Dauerbrenner im Südwestfernsehen, der noch länger als im Fernsehen bereits als Radiosendung gelaufen war. Einzelne Ausgaben übernahm Ende der 80er-Jahre die ARD, meistens die, in denen Tony Marshall zu Gast war. Eine davon moderierte Ernst Ebel.

FRONT OHNE GNADE DFF 1
1984. 13-tlg. DDR-Historienserie von Rudi Kurz (Buch und Regie).
Während des Zweiten Weltkriegs organisiert Hermann Anders (Jürgen Zartmann) eine Wiederstandsgruppe gegen die Faschisten. Ihr schließen sich Albert (Günter Naumann), der Spanier Pablo (Gojko

Mitic), der junge Draufgänger Heiner (Jörg Kleinau) und Lydia (Renate Blume-Reed) an. Mit verschiedenen Identitäten getarnt, schleicht sich Hermann in die Reihen der Gegner ein, um sie auszuspionieren, was nicht immer gelingt: SS-Obersturmbannführer Maas (Alfred Struwe) nimmt ihn gefangen, mit Hilfe des Dienstmädchens Anni (Petra Blossey) kann Hermann jedoch fliehen. Nun kämpfen Hermann und Pablo in Spanien auf der Seite der internationalen Brigaden und locken den deutschen Hauptmann von Lindeck (Gerd Blahuschek), dessen Wissen sie benötigen, in eine Falle. Später werden Hermann und Albert Mitglieder der Roten Armee.

Anni beschafft weiterhin Informationen aus Maas' Villa, entwendet Butler Cyrus Rosenfeld (Hans Teuscher) streng geheime Mikrofilme, und Heiner verliebt sich in sie. Pablo wird von der SS gefasst, und Maas teilt ihn der Agentin Dr. Wille (Heidemarie Wenzel) als Begleitung zu, nicht wissend, dass er zu Hermanns Widerstandgruppe gehört. Nach dem Ende des Krieges werden die zwischenzeitlich inhaftierten SS-Leute Maas und Menge (Klaus-Peter Thiele) von der CIA eingespannt, Voraussetzungen für den Atomwaffeneinsatz auszukundschaften, und Hermann und Lydia arbeiten weiterhin gegen Maas an.

Die Basis der Handlung waren die historischen Ereignisse von der Machtergreifung Hitlers bis zum Ende des Zweiten Weltkriegs; Autor und Regisseur Kurz reicherte sie mit fiktiven Geschichten an. *Front ohne Gnade* war eine Variante der erfolgreichen Serie *Archiv des Todes* – Autor, Regisseur, Stab und Hauptdarsteller waren dieselben.

Die einstündigen Folgen liefen freitags um 20.00 Uhr.

FRONTAL ZDF

1993–2000. Wöchentliches Politmagazin mit Bodo H. Hauser und Ulrich Kienzle und der klassischen Mischung aus investigativem Journalismus, vermeintlichen oder echten Skandalen, Analysen, Interviews, Kommentaren und Glossen.

Frontal stellte einen Einschnitt in der Geschichte der politischen Fernsehmagazine dar. Das ZDF erklärte die abfällig »Richtungsmagazine« genannten Magazine mit festen politischen Standpunkten für nicht mehr zeitgemäß. Anstatt sie durch ein unberechenbares Magazin zu ersetzen, zementierte der Sender das Proporzdenken in einer einzigen Sendung und verriet damit den Grundsatz, für den kritische Journalisten jahrelang gekämpft hatten: dass das Gesamtprogramm es sein sollte, aber nicht jede einzelne Sendung ausgewogen sein müsse. Kienzle sagte einen Beitrag an, der die Linken ansprach, dann präsentierte Hauser einen, der im Sinne der Konservativen war. Das Spiel setzte sich am Reißwolf fort, in den sie abwechselnd abstruse Meldungen der Woche schoben, und in Dialogen der beiden, die von professionellen Gagschreibern verfasst wurden und immer auf dem Witz beruhten: Ich bin links, du bist rechts, wir hassen uns (und umgekehrt). In diesen Rollen erlangten Hauser und Kienzle breite Bekanntheit und spielten sie auch bei Gastauftritten in anderen Sendungen, in dem Ableger *Hauser & Kienzle und die Meinungsmacher* und in Büchern zur Sendung weiter, die Bestseller wurden. Der Schlussdialog zum Ende der Sendung begann stets mit »Noch Fragen, Kienzle?« – »Ja, Hauser!«.

Das ZDF vermarktete die beiden u. a. in Programmtrailern und Cartoons von Rolf Kutschera konsequent als witzige Kultfiguren. Nach sieben Jahren wurde die Sendung eingestellt – angeblich, weil Kienzle das Rentenalter erreicht hatte. In der letzten Sendung gab es außer weiteren Witzen von den Journalistendarstellern und über sie Rückblicke der einzelnen *Frontal*-Reporter, mit denen sie sich anscheinend bei neuen Arbeitgebern vorstellen woll-

Ulrich Kienzle (links) und Bodo H. Hauser in *Frontal:* »Noch Fragen, Kienzle?« – »Ja, Hauser: Hätten wir unseren geschriebenen Schlusswitz nicht auch in den Reißwolf stecken sollen?«

ten. Einer sagte: »Im Libanon habe ich entführte Kinder aufgespürt, im Kosovo mit der UCK unter Sperrfeuer im Schützengraben gelegen. Also, in den sieben Jahren *Frontal* habe ich die ganz heißen Themen angefasst: Russenmafia, Kinderpornografie und Waffenhandel.« Ein anderer: *»Frontal,* das waren ganz außergewöhnliche Erfolge, ich zeigte genau, was sich in den letzten Minuten an Bord der Birgen Air abspielte – vor allen anderen!« »Spiegel«-Chef Stefan Aust sagte zum Abschied, man werde Kienzle & Hauser vermissen wie Pest & Cholera.
Gelegentlich wurde Hauser von Maybrit Illner vertreten. Zuvor hatte er ein zeitkritsches Magazin gleichen Namens auf 3sat moderiert (1991–1993) und die *Frontal*-Vorgängersendung *Studio 1* geleitet.
Frontal lief in 45 Minuten Länge dienstags um 21.00 Uhr; Nachfolgesendung wurde *Frontal 21.* Die Titelmusik stammt aus »The Ride To Agadir« von Mike Batt.

FRONTAL 21 ZDF
Seit 2001. 45-minütiges politisches Magazin. Anfangs moderierten Theo Koll und Redaktionsleiter Claus Richter im Wechsel, später nur noch Koll. Die »21« im Namen steht für das Jahrhundert und die Anfangszeit, das »Frontal« erinnert an das Vorgängermagazin *Frontal,* mit dem die Sendung außer dem Sendeplatz am Dienstag um 21.00 Uhr und der recht guten Quote aber wenig gemein hatte. In *Frontal 21* ist außerdem das Magazin *Kennzeichen D* aufgegangen.
Neben dem klassischen Spektrum von zeitkritischen Berichten aus dem In- und Ausland enthielt *Frontal 21* ab 2002 die regelmäßige satirische Rubrik »Toll!«.

FRÜH ÜBT SICH ... ZDF
1979–1981. Halbstündige Talentshow. Maria Hellwig präsentiert Meister und solche, die es werden wollen. Jede Sendung steht unter einem Motto, z. B. »Das liebe Geld« oder »Sonne, Mond und Stern«. Die Show lief einmal im Monat mittwochs um 18.20 Uhr. Es war die Sendung, in der die Kelly Family ihren ersten Fernsehauftritt hatte. Sie war also, wie so viele Talentshows, von zweifelhaftem Erfolg.

FRÜH ÜBT SICH, DETEKTIV ZU SEIN SUPER RTL
1997. 13-tlg. brit. Jugendserie (»Stick With Me, Kid«; 1994).
Der 13-jährige Ripley Hilliard (Kristopher Milnes) ist ein begnadeter Detektiv. RTL wiederholte die Folgen später am Sonntagvormittag.

FRÜHBESPRECHUNG –
AUS DEM ALLTAG DER KRIPO ARD
1973. 8-tlg. dt. Krimiserie von Bernd Wehner und Alexander May, Regie: Joachim Hess.
Vor dem Außeneinsatz beginnt der tägliche Arbeitsalltag für Oberkommissarin Vetter (Katinka Hoffmann), Oberkommissar Steuben (Alexander May) und Kriminaldirektor Dr. Siebecke (Ernst Seiltgen) mit der Frühbesprechung. Darin bringen sie sich gegenseitig auf den neusten Stand der Ermittlungen in den aktuellen Fällen und besprechen die Ereignisse des Vortages und der Nacht. Danach geht die Arbeit weiter: Das Team ermittelt in der Großstadt Düsseldorf in allem, was anfällt: Einbrüche, Überfälle, Entführungen, Geiselnahmen, Körperverletzung und Mord.
Jawohl, auch Polizisten müssen sich mit langweiligen Büropflichten herumschlagen. Dass die hier auch mal im Fernsehen zu sehen waren, machte die Serie realistischer, aber nicht unbedingt spannender als Standardkrimis. Vom früheren Düsseldorfer Kripochef Bernd Wehner, der die Frühbesprechung in seiner Amtszeit eingeführt hatte, stammte die Idee zur Serie, Hauptdarsteller May schrieb die Geschichten.
Jede Folge war eine Stunde lang.

FRÜHE FERNSEHJAHRE ARD
1988–1990. 14-tlg. dt. Doku-Reihe mit Werner Thies über den Beginn des Fernsehens in Deutschland, in der viele Ausschnitte aus alten Shows der 1950er-Jahre gezeigt und von Studiogästen kommentiert wurden. Wie Jahre später in der *80er Show* hantierte der Moderator derweil mit typischen Gegenständen aus der thematisierten Zeit, Mixer, Nierentisch und Tütenlampe. Die Ausschnitte enthielten in vielen Fällen ulkige Pannen und Missgeschicke und erinnerten an frühe Fernsehstars wie Hans-Joachim Kulenkampff, Hans Hass, Clemens Wilmenrod, Heinz Maegerlein, Irene Koss, Chris Howland, Peter von Zahn und Peter Frankenfeld.
Die erste Staffel mit sechs halbstündigen Folgen lief Ende 1988 montag- und dienstagnachmittags unter dem Titel *Als die Bilder flimmern lernten.* Acht neue Folgen ab Februar 1990 hießen *Frühe Fernsehjahre.* Sie liefen jetzt donnerstags und erweiterten den Zeitraum, auf den zurückgeblickt wurde, bis 1963. Produzent waren Theo Baltz und die Firma MedienKontor.

FRÜHLINGSFEST DER VOLKSMUSIK ARD
→ Sommerfest der Volksmusik

FRÜHSTÜCKSFERNSEHEN RTL, SAT.1, ARD, ZDF
Seit 1987. Der erste Sender, der die Sendepause in Deutschland schon morgens enden ließ, war RTL *(Guten Morgen, Deutschland).* Wenige Tage später folgte Sat.1 *(Guten Morgen mit Sat.1).* ARD und ZDF übernahmen 1990 versuchsweise für mehrere Monate das Frühstücksfernsehen von Rias-TV, bis sie sich ab 1992 mit dem *ARD-Morgenmagazin* und dem *ZDF-Morgenmagazin* abwechselten.

DER FUCHS ARD
1989. 12-tlg. dt. Krimiserie, Regie: Hans Liechti. Füchse sind weiblich und haben einen flämischen Akzent. Dieser Fuchs (Hilde van Mieghem) ist eine Frau in schwarzer Tarnung, die die Bösen jagt, auf

Die Füchse: Dennis Waterman mit Steaks und einem neuen Fall.

deren Untaten sie durch Zufall oder Zeitung stößt. Unterstützung erhält sie von ihrer Mutter, der Fürstin Elisabetha Takacz-Alambary (Anna Teluren). Hauptgegner von Füchsin und Fürstin sind der Gangsterboss La Tête (Jürgen Schornagel) und der schöne Adam (Rainer Grenkowitz). Zwischen ihm und Fuchs knistert es, und so lässt er sich gelegentlich zum Seitenwechsel überreden.
Die einstündigen Folgen liefen im regionalen Vorabendprogramm.

DER FUCHS MIT DEM GOLDENEN OHRRING   ARD
1976. 13-tlg. frz. Familienserie nach dem Roman von Nelly Kristink, Regie: Teff Erhat (»Le renard à l'anneau d'or«; 1975).
Durch die Hochzeit des reichen Mädchens Marie-Eve (Patricia Lesieur) mit dem armen Forstwirt Gilles Stée (Jean-François Poron) prallen Welten aufeinander, an deren Unterschiede sich beide erst gewöhnen müssen. Und Marie-Eve muss sich an Gilles' Schwester Marcie (Agnès Gattegno) gewöhnen. Die wohnt mit ihnen auf dem alten Familiengut, außerdem die Dienstboten Frieda (Fifi de Schneemaker) und Julien (Leopold Chaudière).
Die halbstündigen Folgen liefen im regionalen Vorabendprogramm.

FUCHS & FUCHS & CO.   ARD
1974. 14-tlg. dt. Comedy-Krimi-Serie.
Die Geschwister Richard (Michael Ande) und Susi Fuchs (Ilona Schütze) machen sich mit Hilfe von Tante Klärchen (Margot Hielscher) als Privatdetektive selbständig. Ihr Vater (Johannes Schauer) sieht das als Kommissar ungern. Parapluie (Herbert Fux), benannt nach dem Regenschirm, den er liebt, hilft.
Die halbstündigen Folgen liefen im regionalen Vorabendprogramm.

DER FUCHS VON ÖVELGÖNNE   ZDF
1981. 13-tlg. dt. Krimiserie von Harald Philipp, Werner Jörg Lüddecke und Friedhelm Werremeier, Regie: Harald Philipp.
Der Anwalt Herbert Niessen (Herbert Fleischmann) hat sich auf Seerecht spezialisiert. Die Musik schrieb James Last. Die halbstündigen Folgen liefen montags um 18.20 Uhr.

DIE FÜCHSE   ZDF
1980–1981. 26-tlg. brit. Action-Krimi-Serie von Ian Kennedy Martin (»The Sweeney«; 1975–1978).
Die Scotland-Yard-Beamten Detective Inspector Jack Regan (John Thaw) und Detective Sergeant George Carter (Dennis Waterman) arbeiten beim Überfallkommando und klären entsprechende Fälle auf. Carter ist etwas jünger als Regan, doch sie haben viele Gemeinsamkeiten. Beide wurden von ihren Frauen verlassen, weil den Männern der Job wichtiger war. Außerdem trinken beide gern, flirten, fluchen und schlagen sich. Wenn sie nicht in der Kneipe sitzen, sind sie mit ihrem Einsatzfahrzeug unterwegs, einem goldenen Ford Granada, und wenn nicht gerade lästiger Papierkram erledigt werden muss, haben sie offensichtlich Spaß an ihrem Polizeijob (was damals in Großbritannien ein neues Bild des Polizisten im Streifendienst war). Ihr Boss Detective Chief Inspector Haskins (Garfield Morgan) hat dafür umso weniger Spaß an ihnen. In der letzten Folge wird Regan mit Korruptionsvorwürfen konfrontiert (was nicht so abwegig ist, denn wirklich niemand hätte ihm je ankreiden können, immer streng nach Vorschrift gehandelt zu haben). Ohne dass es zu einer Anklage kommt, quittiert er den Dienst.
Das ZDF zeigte nur knapp die Hälfte der eigentlich 53 einstündigen Folgen und ging dabei nicht staffelweise vor, sondern übersprang willkürlich Epi-

soden (zeigte auf diese Weise aber immerhin die letzte). Sendeplatz war alle 14 Tage mittwochs um 21.20 Uhr. Nach der Serie entstanden später zwei Fernsehfilme, die 1993 unter dem Oberbegriff »Deckname Sweeny« bei RTL 2 liefen.

DIE FÜCHSE VON DER BACHSTRASSE ZDF
→ Schau zu - Mach mit

FULL HOUSE TELE 5
1988–1989. 22-tlg. US-Musicalserie (»Rags To Riches«; 1987–1988).
Hauptsächlich aus Imagegründen nimmt der Millionär Nick Foley (Joseph Bologna) fünf Waisenkinder verschiedener Nationalitäten bei sich auf: Rose (Kimiko Gelman), mit 16 die Älteste, Marva (Tisha Campbell), Diane (Bridget Michele) und Patty (Bianca DeGarr), alle Teenager, sowie die siebenjährige Mickey (Heidi Zeigler). Der Butler John Clapper (Douglas Seale) muss die Großfamilie in den Griff bekommen.
Jede Folge war 45 Minuten lang. Die Serie war die Adaption eines Musicalfilms und enthielt viele Lieder, die die Kinder sangen. RTL wiederholte die Serie bis Mitte 1992. Kurz darauf startete dort eine Sitcom gleichen Titels, die mit dieser jedoch nichts zu tun hatte. Wohl aus diesem Grund nannte RTL 2 die Serie bei einer erneuten Ausstrahlung *Girl Power*.

FULL HOUSE RTL
1992–1997. 192-tlg. US-Sitcom von Jeff Franklin (»Full House«; 1987–1995).
Drei Männer und ein Haufen Kinder. Der verwitwete Fernsehmoderator Danny Tanner (Bob Saget), sein Schwager Jesse Cochran (John Stamos) und sein bester Freund Joey Gladstone (Dave Coulier) wohnen im selben Haus und ziehen gemeinsam Dannys kleine Töchter D. J. (Candace Cameron), Stephanie (Jody Sweetin) und Michelle (Mary-Kate und Ashley Olsen) auf. Michelle ist anfangs noch ein Baby, beginnt aber bald, sooo süüüße Sachen zu sagen. Danny hat einen Putzfimmel und erträgt das Haus nur, wenn kein einziges Staubkorn herumliegt. Jesse ist ein ebenso cooler wie eitler Rockmusiker und steht auf Motorräder und Elvis, und Joey ist ein etwas kindischer Komiker und Stimmenimitator. D. J., das steht für Donna Jo, hat auch eine nervtötende Freundin, Kimmy Gibler (Andrea Barber). Jesse ändert seinen Nachnamen später in Katzopolous, nach seinen griechischen Großeltern. Er heiratet Dannys Co-Moderatorin Rebecca Donaldson (Lori Loughlin), und die beiden bekommen die Zwillinge Nicholas und Alexander (Daniel & Kevin Renteria und Dylan & Blake Tuomy-Wilhoit). Danny ist eine Weile mit Vicky (Gail Edwards) zusammen, D. J. mit Steve (Scott Weigner).
Nette, harmlose Samstagnachmittagsserie mit einigen guten Pointen, die sicher noch lustiger gewesen wären, wenn sie von talentierteren Kindern aufgesagt worden wären. Für die Zwillinge Mary-Kate und Ashley Olsen, die in ihre Serienrolle bereits hineingeboren wurden, war *Full House* der Anfang vom Reichtum. Sie wurden Teenieidole, drehten Filme, Videos und die Serie *Ein Zwilling kommt selten allein*, ließen sich als Puppen und auf unzähligen Fanartikeln vermarkten, machten Mode und Kosmetik, und als sie im Juni 2004 volljährig wurden, konnten sie über ein Vermögen von mehr als 400 Millionen US-$ verfügen. Bis dahin hatte ihre Mutter die armen Kinder mit einem Taschengeld von 2000 US-$ im Monat kurz gehalten.

FÜNF AUF DEM APFELSTERN ARD
1981. 4-tlg. Marionettenspiel von Sepp Strubel aus der *Augsburger Puppenkiste*.
Fünf Souvenirpuppen für Kinder – der Matrose Heiko Zweilinkszweirechts, die Porzellanprinzessin Ria aus Rio, der Chinaboy, die Maminka-Puppe Grusinchen und der Kugelfisch – werden versehentlich in einer Kiste zum Apfelstern geschossen. Das ist ein kleiner, schmackhafter Planet, der von den Dergln bewohnt wird. Die überwinden ihre anfängliche Skepsis und helfen den fünfen, wieder zur Erde zurückzukehren.

FÜNF FALSCHE FÄHRTEN DRITTE PROGRAMME
→ Lord Peter Wimsey

FÜNF FREUNDE ZDF
1978–1979. 26-tlg. brit. Jugendserie nach den Büchern von Enid Blyton (»The Famous Five«, 1977).
Während die Geschwister Julian (Marcus Harris), Dick (Gary Russell) und Anne Kirrin (Jenny Thanisch) mit ihrer Cousine George (Michelle Gallagher) ihre Ferien bei Onkel Quentin (Michael Hinz) und Tante Fanny (Sue Best) verbringen, erleben sie zahlreiche Abenteuer. Sie werden in irgendwelche Verbrechen hineingezogen und schleichen so lange durch unterirdische Gänge, bis der Fall gelöst ist. Julian ist der Älteste und Anführer; er handelt mutig und durchdacht. Sein jüngerer Bruder Dick nimmt alles locker und agiert manchmal unüberlegt. George heißt eigentlich Georgina, hasst diesen Namen aber. Sie wäre sowieso lieber ein Junge und fühlt sich genauso mutig wie Julian. Anne ist die Jüngste, schüchtern und ängstlicher, schließt sich aber trotzdem immer an. Der Fünfte im Bunde ist Georges Hund Timmy. In den Fällen geht es um dunkle Verliese und verborgene Schätze, und meistens werden die fünf irgendwann von den Ganoven gefangen und eingesperrt. Diese Ganoven sind leicht erkennbar: Es sind die unrasierten, unhöflichen Männer, die sich am Ende problemlos von Kindern für dumm verkaufen lassen.
Die halbstündigen Folgen liefen samstags im Nachmittagsprogramm. Von den 21 »Fünf Freunde«-Büchern von Enid Blyton wurden 18 für diese Serie verfilmt, acht davon als Doppelfolgen. Ein Buch soll deshalb nicht verfilmt worden sein, weil das Abenteuer anderen zu sehr ähnelte. Aber vermutlich war das nur ein Missverständnis, und es wurde abgelehnt, weil es allen anderen *nicht genug* ähnelte.

FÜNF MÄDCHEN IN PARIS　　　　　　　ZDF
1988. 6-tlg. frz. Freundinnenserie von Christine Miller, Regie: Serge Korber (»Cinq filles à Paris«; 1986).
Junge Frauen aus fünf Ländern mit fünf Berufen in einer WG: die Französin Juliette (Sophie Carle), die Amerikanerin Judy (Edita Brychta), die Italienerin Laura (Giulia Boschi), die Schweizerin Clémentine (Catherine Mongodin) und die Deutsche Ingrid (Claudia Messner) teilen sich eine hübsche Wohnung in Paris. Ihre Berufe sind Modedesignerin, Komikerin, Model, Friseurin und Informatikerin.
Die Brüder Guido und Maurizio de Angelis machten die Musik zur Serie.

FÜNF MAL FÜNF　　　　　　　　　　SAT.1
1993–1994. Halbstündige Gameshow mit Bernd Schumacher.
Zwei Kandidatenpaare haben jeweils fünf Versuche, ein Wort mit fünf Buchstaben herauszufinden. Der Anfangsbuchstabe wird vorgegeben, nach jedem Rateversuch, der buchstabiert werden muss, wird angezeigt, welche Buchstaben im Lösungsbegriff tatsächlich vorkommen oder sogar bereits an der richtigen Stelle stehen. Für jeden erratenen Begriff darf das Paar zwei Kugeln aus einer Trommel ziehen und hoffen, dass sie auf einem fünf mal fünf Felder großen Spielfeld vorkommen. Wer zuerst fünf Felder in einer Reihe hat, senkrecht, waagerecht oder diagonal, zieht in die Finalrunde ein. Dort kann das Siegerpaar seinen Gewinn potenzieren.
Die eigentliche Schwierigkeit schien für viele Paare darin zu bestehen, bis fünf zu zählen. »Haus, H-A-U-S. – Oh, zu kurz.« »Elfenbeinturmmentalität, E-L-F-E-N-B-E-I-N-T-U-R-M-M-E-N-T-A-L-I-T-Ä-T. – Oh, zu lang.«
Lief jeden Werktag um 17.00 Uhr, samstags um 16.30 Uhr, und beruhte auf dem niederländischen Originalformat »Lingo«.

Fünf mal fünf: F-Ü-N-F-M-A-L-F-Ü-N-F. Mist, zu lang. Den gleichen Spaß wie im Studio hat Bernd Schumacher auch zu Hause mit dem Gesellschaftsspiel zur Show.

Und das war der Titelsong, der sich von dem auf den Hörspielkassetten deutlich unterschied: »Wann immer sich ein Abenteuer lohnt / Angst und Schrecken kennen wir nicht, denn das sind wir gewohnt / Wo immer ein Rätsel zu lösen ist / hoch in dem alten Schloss oder im Schmugglernest / Fünf Freunde, das sind wir / Julian, Dick und Anne, George und Ti-himmy, der Hund / Fünf Freunde, das sind wir / Wir kommen schnell herbei, wann immer ihr es wollt / und schon sind wir da-ha-ha-ha.«

FÜNF FREUNDE　　　　　　　　　　ZDF
1996–1997. 25-tlg. dt.-brit. Jugendserie (»Enid Blyton's The Famous Five«; 1996–1999)
Neuverfilmung der Bücher von Enid Blyton über die Abenteuer von Julian (Marco Williamson), Dick (Paul Child), Anne (Laura Petela), George (Jemima Rooper) und Hund Timmy (der hier nicht Tihimmy, der Hund, war).
Anders als die ungleich bekanntere Version aus den 70er-Jahren verlegte diese die Geschichten nicht in die Gegenwart, sondern beließ sie im England der 40er-Jahre. Statt Anoraks trugen die Kinder Strickwesten, Sandalen und kurze Hosen und sagten Dinge wie: »Das Frühstück riecht wirklich appetitlich« oder: »Ach, das ist ja kolossal.«
Diesmal wurden alle 21 Blyton-Bücher verfilmt,

DIE 5 MILLIONEN SKL SHOW　　　　　RTL
Seit 2001. Spielshow mit Günther Jauch, die RTL als Event aufzog, um pompös den höchsten Gewinn auszuzahlen, den es je im Fernsehen gab.
Den Kandidaten werden Quizfragen gestellt, die sie jedoch nicht selbst beantworten dürfen. Stattdessen müssen Prominente die Fragen beantworten. Gelingt es ihnen, gewinnt der Kandidat jeweils 5000 €, ist die Antwort falsch, verliert er alles bis auf 5000 €, die man ihm von vornherein schenkt. Nach jeder neuen Frage darf der Kandidat entscheiden, ob er sie beantworten lassen will oder ob er lieber mit dem bisher erspielten Geld aussteigt.
Das Spiel zog sich in der ersten Staffel im April 2001 über sieben Shows innerhalb von acht Tagen (alle zur Primetime), jede eine Stunde, nur das große Finale doppelt so lang. Wer am Ende der acht Tage das meiste Geld erspielt hatte, gewann damals zehn

Millionen DM, später dann fünf Millionen €. Die Einschaltquoten waren sehr gut, reichten jedoch nicht an Jauchs andere Erfolgsshow *Wer wird Millionär?* heran, deren Sendeplätze diese neue Show beanspruchte. Vermutlich deshalb waren weitere Staffeln, die etwa halbjährlich ausgestrahlt wurden, nur noch drei Tage lang. Mitspielen konnten nur Losbesitzer der Süddeutschen Klassenlotterie SKL, von der das Geld kam und die die Kandidaten ausloste. Für Moderator Jauch war es neben *Millionär gesucht* und *Wer wird Millionär?* die dritte RTL-Show gleichzeitig, in der es Millionen zu gewinnen gab. Die ersten beiden Staffeln 2001 hießen der alten Währung entsprechend noch *Die 10 Millionen SKL Show*.

FÜNF MINUTEN FÜR DIE MENSCHLICHKEIT PRO SIEBEN
→ Emmeran

FÜNF MINUTEN MIT ADALBERT DICKHUT ARD
→ Zehn Minuten mit Adalbert Dickhut

5 NACH 10 ZDF
1981–1986. Monatliche Talkshow zu Themen aus Politik und Gesellschaft.
Die Reihe war nach *Zu Gast im ZDF* erst die zweite Talkshow des ZDF, der Titel eine Variation der erfolgreichen Radio-Bremen-Talkshow *III nach neun*. Die Live-Sendung lief zunächst dienstags, ab 1984 in der Regel donnerstags. Sie begann kurz nach 22.00 Uhr, ihr Ende war offen. Es wurde so lange diskutiert, wie es eben dauerte. Das konnten mal 90 Minuten sein, oft aber auch knapp drei Stunden. Ebenso offen war das Konzept bei der Frage der Moderatoren: Zur Premiere waren es drei, später meistens zwei. Viele wechselten sich ab, darunter Ruprecht Eser, Horst Schättle, Hanns Werner Schwarze, Klaus Bresser, Hans-Heiner Boelte, Trutz Beckert und Alexander Niemetz. Oft wurden nicht nur die Gäste, sondern auch die Diskussionsleitung je nach Thema mit entsprechenden Experten besetzt. Zum Thema »Arbeitszeit und Arbeitskampf« moderierten Dieter Balkhausen und Günter Ederer; mit dem Thema »Die Raumstation – Sackgasse für die deutsche Forschung?« befassten sich Joachim Bublath und Franz Buob. Für jede Sendung war außerdem eine andere Redaktion verantwortlich.
Die Gäste waren eine Mischung aus Politikern, Prominenten und Menschen, die noch nie vor einer Kamera gestanden hatten (zur deutsch-deutschen Frage diskutierten auf der Berliner Funkausstellung 1981 u. a. Günter Grass, Walter Kempowski, Rolf Schneider, Henri Nannen, Matthias Walden, Manfred Krug, Wolfgang Seiffert, Willy Brandts Sohn Peter, Rainer Barzel, Wolf Biermann und Dieter Hallervorden). Diese Auswahl sollte die Diskussion beleben. Aufgelockert wurde sie durch musikalische Darbietungen mit Chansons oder Jazz.
Anfangs konnten repräsentativ ausgewählte Zuschauer abstimmen, welchem Diskussionsteilnehmer und Standpunkt sie zustimmten. Der Anspruch der Sendungen war hoch, die Resonanz beim Publikum gering. Nach und nach wurde die Anzahl der Gäste von 18 auf sechs reduziert, dann fielen die außergewöhnlichen Elemente, Studiopublikum und Musikeinlagen weg, schließlich auch die Sendung selbst.
Ab 1987 wurde auf ihrem Sendeplatz die neue Talkshow *Live* ausgestrahlt.

FÜNF TAGE HAT DIE WOCHE ZDF
1971–1972. 13-tlg. dt. Kollegenserie von Heinz Pauck, Regie: Paul May.
Der Arbeitsalltag in der Firma Böttger & Böll. Die Kollegen sind die Herren Klett (Thomas Fischer) und Schmidt-Leuner (Gerd Wiedenhofen), Dr. Fricke (Günther Jerschke), die Fräuleins Marion (Marita Janowski) und Liselotte (Corinna Genest) sowie Lehrling Tom (Mario Schmidt). Die halbstündigen Folgen liefen donnerstags.

FÜNF VOR ZWÖLF SAT.1
1992. Umweltreportagemagazin mit Petra Kelly.
Es war eine der unwahrscheinlichsten Kombinationen in der Geschichte des deutschen Privatfernsehens: Ausgerechnet der konservative Sender Sat.1 von Leo Kirch und Axel Springer bot Kelly, einer der profiliertesten Streiterinnen der Umweltschutzbewegung und Gründungsmitglied der Grünen, die Moderation einer Umweltsendung an und versprach ihr freie Hand bei ihren Texten und die Möglichkeit der redaktionellen Mitarbeit. Alle zwei Wochen dienstags um 23.00 Uhr ging es eine halbe Stunde lang um jeweils ein beunruhigendes Thema: Mülltourismus, Tierversuche, Amalgam oder Truppenübungsplätze.
Es kam, wie es kommen musste: Sat.1 wurde die als »Zugpferd« gedachte Kämpferin zu unbequem. Aus einer krankheitsbedingten Pause im April kehrte Kelly nicht mehr auf den Bildschirm zurück. Von »unterschiedlichen Auffassungen über den redaktionellen Inhalt« der Sendung war die Rede. Sat.1 behauptete, die Moderatorin sei zu »undiszipliniert«, um mit ihr zusammenzuarbeiten. Kelly bewies dagegen, dass der Sender versucht hatte, ihre Moderationstexte zu entschärfen, und z. B. jeden Hinweis auf »besonders hohe Dioxinkonzentrationen« in der Muttermilch entfernte. Sat.1 hatte versucht, die Zusammenarbeit mit Kelly still und leise zu beenden, was sie verhinderte. Freunde wie Gert Bastian, Bärbel Bohley, Franz Alt und Lew Kopelew protestierten öffentlich dagegen, dass Kelly durch das Moderationsverbot dafür »bestraft werden« solle, »dass sie sich energisch gegen ständige Versuche inhaltlicher Einengungen und gegen schwer wiegende Beleidigungen verwahrt hat«. Die restlichen Reportagen zeigte Sat.1 unmoderiert.
Für Ärger ganz anderer Art sorgte die erste Sendung unter dem Titel »Auf Lettlands Kinder wartet der Tod« über Missbildungen bei Kindern, die in der Nähe militärischer Abhöranlagen geboren wurden.

Es stellte sich heraus, dass der Autor des Films die Bilder von den missgebildeten Kindern, die angeblich in der Nähe einer konkreten Anlage geboren wurden, nicht selbst gedreht hatte und auf Nachfrage auch nicht sagen konnte, wo sie überhaupt entstanden waren.

DIE FÜNFTE JAHRESZEIT — ARD
1982–1983. 9-tlg. dt. Familiensaga von Reinfried Keilich.
Große Enttäuschung für alle Rheinländer: Mit der fünften Jahreszeit ist in dieser Serie die Skisaison gemeint.
1880 stellt sich der Frankfurter Journalist Heinrich Heysen (Udo Vioff) auf zwei lange Bretter, nimmt Stöcke in die Hand und saust unter den irritierten Blicken der Einheimischen einen schneebedeckten Tiroler Hang herunter. Hurra, soeben wurde das Skifahren erfunden. Im Lauf der nächsten 100 Jahre leben die verschiedenen Generationen des Perwangerhofs vom Tourismus: André Perwanger (Horst Kummeth spielte gleich mehrere Generationen), Alois (Dietmar Schönherr), Maria (Heidy Forster), Barbara (Birgit Machalissa), Leopold (Werner Stocker), Mattheis (Udo Wachtveitl) und Aloisia (Trude Breitschopf). Die Weltkriege und die Wirtschaftskrise stürzen den Perwangerhof in eine tiefe Krise, doch in den 50ern kommen wieder Urlauber, und zum Ende des 20. Jh. boomt der Skitourismus richtig. Der »Rote Adler« ist der örtliche Gasthof.
Die einstündigen Folgen, die die Geschichte des Skifahrens erzählten, liefen montags um 20.15 Uhr.

DIE FÜNFTE KOLONNE — ZDF
1963–1968. 23-tlg. dt. Kriminalreihe von Helmut Ringelmann.
Brave Westdeutsche werden von bösen Ostdeutschen in die Machenschaften der DDR hineingezogen und häufig durch Erpressung zur Spionage für die Stasi gezwungen. Aber keine Sorge: Die westlichen Geheimdienste klären die Fälle östlicher Geheimdienste in der Bundesrepublik jedes Mal auf.
Die Reihe behauptete – ähnlich wie das *Kriminalmuseum* und *Stahlnetz* –, dokumentarisch zu sein, und begann mit dem Vorspann: »Die Sendung ist nach wahren Begebenheiten frei gestaltet.« Sie mischte Krimi- mit Agentenserie. Meistens ging es zunächst um die Delikte, die überhaupt erst zur eigentlichen Spionage führten: Erpressung, Nötigung, Entführung, Mord.
Der spätere *Derrick*-Erfinder Herbert Reinecker schrieb das Drehbuch zur ersten und zu mehreren weiteren Episoden. *Die fünfte Kolonne* war die einzige Krimireihe mit politischem Hintergrund und passte mit ihrem simplen Gut-böse-Schema in den Kalten Krieg. Sie war das Spiegelbild zur DDR-Krimireihe *Blaulicht,* wo alles Böse ebenfalls aus dem Ausland kam, aber eben aus dem im Westen.
Die Episoden waren zwischen 55 und 70 Minuten lang, in sich abgeschlossen und ohne wiederkehrende Charaktere. Unter den wechselnden Hauptdarstellern waren große Namen wie Joachim Fuchsberger, Hanns Lothar, Erik Ode oder Siegfried Wischnewski. Die Reihe lief in loser Folge zur Primetime dienstags, donnerstags und schließlich auf dem sich langsam etablierenden Krimiserienplatz am Freitag.

65. REVIER NEW YORK — NDR
→ Gnadenlose Stadt

50 JAHRE ROCK — ZDF
Seit 2004. Nostalgieshow mit Thomas Gottschalk, der das Konzept seines Früher-war-alles-besser-Songs »What Happened To Rock 'n' Roll«, mit dem er ein paar Jahre zuvor gern am Eurovision Song Contest teilgenommen hätte, auf eine große Abendshow ausdehnt. Stars aus Gottschalks Jugend schütteln ihr Resthaar und schrammeln noch einmal ihre großen Hits.
Die Show erreichte als Jubiläumsevent ein großes Publikum und wurde folglich zur losen Reihe ausgedehnt. Auch die zweite Ausgabe (Thema: Love-Songs) erreichte gut fünf Millionen Zuschauer, doch das zeitgleiche »Adventsfest der Volksmusik« in der ARD mit dem 23-jährigen Florian Silbereisen zog zweieinhalb Millionen Menschen mehr an. In seiner »Bunte«-Kolumne verglich Gottschalk die Situation mit der gerade gelaufenen Präsidentenwahl in den USA, suggerierte, dass er wie John Kerry der Übermacht der Dummheit unterlegen sei, beschimpfte Silbereisens Zuschauer als Weicheier, merkte an, der liebe Gott hätte einen Blitz zur ARD schicken müssen, und bot an, sein gerade erst gekauftes Schloss am Rhein wieder zu verkaufen und in den USA zu bleiben, wenn man ihn hier nicht wolle.

DIE 50ER JAHRE IN DEUTSCHLAND — ARD
1971. 3-tlg. Zeitgeschichtsreihe von Thilo Koch, für den die 50er-Jahre mit der Gründung der Bundesrepublik 1949 begannen und mit dem Mauerbau 1961 aufhörten. Die Folgen hatten eine Länge von 45 Minuten und liefen im Abendprogramm.

FUNKSTREIFE ISAR 12 — ARD
1960–1963. 35-tlg. dt. Krimiserie, Regie: Michael Braun.
Die Polizisten Huber (Karl Tischlinger) und Grabowski (Wilmut Borell) der Funkstreife Isar 12 sind mit ihrem VW Käfer als Einsatzfahrzeug in München unterwegs. Sie befassen sich vor allem mit Kleinverbrechern.
Lief im regionalen Vorabendprogramm. Obwohl die Serie in München spielte, war der verantwortliche Auftraggeber bei der ARD der Kölner WDR. Ab 1974 wurden einige Folgen im ZDF wiederholt.

FÜR ALLE FÄLLE AMY — VOX
Seit 2003. 138-tlg. US-Familienserie von Barbara Hall, Connie Tavel, Bill D'Elia, John Tinker und Amy Brenneman (»Judging Amy«; 1999-2005).
Amy Gray (Amy Brenneman) ist nach ihrer Schei-

Das ist die Situation, die Fitz im Griff hat. *Für alle Fälle Fitz* mit Robbie Coltrane (rechts), Ricky Tomlinson (2. v. r.) und Geraldine Somerville beim Verhör.

dung zurück in ihre Heimatstadt Hartford gezogen. Dort arbeitet sie als Jugendrichterin und lebt mit ihrer kleinen Tochter Lauren (Karle Warren) wieder bei ihrer starrsinnigen Mutter Maxine (Tyne Daly), einer Sozialarbeiterin. Zur Familie gehören noch Amys Brüder Vincent (Dan Futterman) und Peter (Marcus Giamatti) sowie dessen Frau Gillian (Jessica Tuck). Amys Kollegen sind Rechtspfleger Bruce Van Exel (Richard T. Jones) und die etwas wunderliche Sekretärin Donna Kozlowski-Pant (Jillian Armenante).

Die Serie basierte auf den wirklichen Erlebnissen von Hauptdarstellerin Amy Brennemans Mutter. Bisher liefen rund 100 einstündige Episoden werktagnachmittags. Tyne Daly wurde mit dem Emmy als Beste Nebendarstellerin ausgezeichnet. Jahre zuvor hatte sie bereits viermal den Emmy als Beste Hauptdarstellerin für die Rolle der Mary Beth Lacey in *Cagney & Lacey* gewonnen.

FÜR ALLE FÄLLE FITZ   ZDF

1996–1998. 16-tlg. brit. Krimiserie von Jimmy McGovern (»Cracker«; 1993–1996).

Der Psychologe Dr. Edward Fitzgerald, kurz »Fitz« (Robbie Coltrane), berät die Polizei von Manchester in Mordfällen. Er hat starkes Übergewicht, trinkt jeden Tag eine Flasche Whisky und raucht 50 bis 60 Zigaretten, ist aber aus unerfindlichen Gründen körperlich kerngesund. Einen Psychologen hätte er allerdings nötig. Durch seine Spielsucht hat er die Ehe mit Judith (Barbara Flynn) zerstört, die er jedoch unentwegt anfleht, zu ihm zurückzukehren. Sohn Mark (Kieran O'Brien) lebt mit Fitz zusammen, Tochter Katie (Tess Thomson) ist bei Judith geblieben. Judith lässt sich doch noch einmal auf Fitz und sein Gewinsel ein und wird wieder schwanger. Zugleich beginnt er aber eine Affäre mit der Polizistin Sergeant Jane Penhaligon (Geraldine Somerville). Sie ist die Einzige, die ihm bei seiner Arbeit uneingeschränkt vertraut. Seine Methoden sind ungewöhnlich, doch er schafft es, in die Psyche der Verdächtigen vorzudringen, schließlich den wahren Täter und den wahren Grund für die Tat zu finden (während der Zuschauer den Täter oft schon von Beginn an kennt) und dabei seinen Gesprächspartnern eine Hilfe zu sein. Manchmal kommt es natürlich zu Gesprächen wie diesem mit einem Mann, der mit Selbstmord droht: Fitz fragt nach seinem Namen, der Mann antwortet: »Nigel.« Fitz: »Jesus, da würde ich mich auch umbringen!«

Die Chief Inspectors Bilborough (Christopher Eccleston) und ab Folge 6 Wise (Ricky Tomlinson) und vor allem Sergeant Jimmy Beck (Lorcan Cranitch) stehen Fitz skeptisch gegenüber. Beck ist ein unsympathischer Kerl, der bei den Verdächtigen altmodische und harte Methoden bevorzugt. In Folge 4 lässt er jedoch einen Mörder laufen, dessen Lügengeschichte er geglaubt hat. Dieser Mörder tötet anschließend Bilborough. Beck wird fortan mit seinen Schuldgefühlen nicht mehr fertig, schnappt im Lauf der nächsten Folgen über, vergewaltigt Penhaligon und nimmt sich schließlich das Leben. Fitz' Baby kommt in Folge 11 zur Welt, und Judith wird depressiv, weil Fitz sich noch immer nicht bessert. Er spielt, trinkt und raucht wie eh und je.

Für alle Fälle Fitz war ein herausragendes Qualitätsprogramm der 90er-Jahre, das durch die Vermischung komplizierter psychologischer Probleme mit trockenem Humor bestach und durch eine komplexe Hauptperson, die ebenso intelligent und geschickt wie unglücklich und unfähig war – ein Psychologe, der sein eigenes Privatleben nicht in den Griff bekam. Jede Folge war ca. 75 Minuten lang; die Handlung eines Falls erstreckte sich ab dem vierten Fall immer über zwei Folgen, nur die letzte war wieder Einzelfolge mit Überlänge. Das ZDF zeigte sie sonntags gegen 22.00 Uhr, in Wiederholungen dienstags. Eine US-Adaption, die Sat.1 unter dem Titel *Immer wieder Fitz* zeigte, reichte weder an den Erfolg noch an das Niveau des britischen Vorbilds heran.

Autor McGovern, der vorher für die britische Soap »Brookside« geschrieben hatte, hatte sich den Antihelden eigentlich als dünnen Mann vorgestellt und den Schauspieler Robert Lindsay im Auge gehabt.

FÜR ALLE FÄLLE STEFANIE   SAT.1

1995–2004. 305-tlg. dt. Krankenhausserie von Werner Krämer.

Stefanie Engel (Kathrin Waligura) arbeitet als Krankenschwester im Luisen-Krankenhaus. Sie hat ein großes Herz und ist die gute Seele der Station, weil sie sich rührend um alle Patienten kümmert und unermüdlich hilft, wo sie kann. Zum Klinikpersonal gehören der Chefarzt Professor Günther (Klaus Mikoleit), Oberarzt Dr. Johannes Stein (Christoph Schobesberger), Dr. Timo Lennart (Martin Halm), Dr. Mark Tennschert (Jürgen F. Schmid), Dr. Heidrun Simmrath (Isabelle von Siebenthal), Dr. Stamm (Klaus Lehmann), die Krankenschwestern Klara Mering (Walfriede Schmitt), Elke Richards (Ulrike Mai) und Maxi (Tanja Hron) sowie der Zivi Carl (Martin Kluge), der Pfleger Tom (Alexander Heidenreich) und die Krankengymnastin Claudia Willecke (Andrea Solter). Stefanie ist mit Peter (Martin Umbach) verheiratet; gemeinsam haben sie den zehnjährigen Sohn Alexander (Nicolás Kwasniewski-Artajo). Sie lässt sich scheiden und verlässt nach der Hochzeit mit Adrian Deters (Hans Schenker) die Klinik. Dr. Tennschert wurde zwischenzeitlich vom Dienst suspendiert.

Neue Schwester wird im September 1996 Stephanie Wilde (Claudia Schmutzler), die in puncto Großherzigkeit, Hilfsbereitschaft und Beliebtheit der alten Stefanie in nichts nachsteht, aber fröhlicher und energischer ist. Neu sind ferner Dr. Nerlinger (Herbert Trattnigg), Dr. Markus Meier-Liszt (David C. Bunners), Dr. Berger (Constanze Roeder) und Fränzi (Jacqueline Svilarov). Als Stephanie schwanger wird und ebenfalls heiratet, kündigt im März 1999 auch sie. Die seit einiger Zeit bereits im Krankenhaus arbeitende Schwester Fanny Stephan (Julia Hentschel) übernimmt ihre Stelle und wird von allen fortan Stefanny genannt, damit der Serientitel nicht geändert werden muss. Ihr Freund ist Dr. Horch (Stefan Walz), ihre beste Freundin Billie (Jana Hora). Eines Tages landen ausgerechnet die beiden gemeinsam im Bett und Stefanny kündigt wütend.

Zeitgleich mit der Ankunft des neuen Klinikchefs Prof. Justus Friedländer (Jaecki Schwarz) im September 2000 kehrt Stephanie Wilde, die jetzt Stephanie May heißt, aber später wieder ihren früheren Namen annimmt, überraschend ans Luisen-Krankenhaus zurück und bleibt. Ihr wird nach einiger Zeit Iris Melba-Eckelt (Christiane Brammer) vor die Nase gesetzt, als zwei Kliniken zusammengelegt werden. Zum Kernpersonal gehören weiterhin Friedländer, Stein, Meier-Liszt und Schwester Klara, die inzwischen verheiratet ist und den Nachnamen Junge trägt, außerdem Stationsärztin Dr. Alicia Reinsberg (Nicole Leon), Assistenzärztin Paula Busch (Julia Grimpe), Schwester Sarah Lindhoff (Katrin Ritt) und Pfleger Matthes Minke (Steffen Bielig). Stephanie ist nun Mutter von Zwillingen, und seit deren Vater an Leukämie gestorben ist, muss sie sie allein erziehen. Ihre besten Freundinnen sind Klara und Paula. In der letzten Folge im Frühjahr 2004 hat Stephanie auf Mallorca einen schweren Unfall. Sie ist noch in der Lage, ihre Kinder Paula anzuvertrauen. Dann erliegt sie ihren Verletzungen.

Dem mehrmaligen Ausstieg der jeweiligen Hauptdarstellerin setzte Sat.1 fantasievolle Schreibwei-

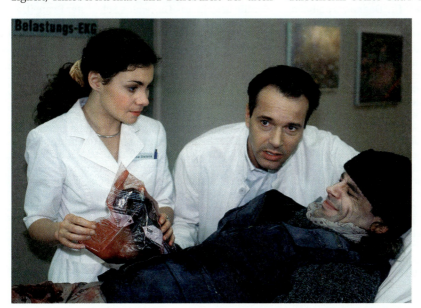

Für alle Fälle Stefanie: Kathrin Waligura als Original-Stefanie, die erst von Stephanie, dann Steffany, anschließend erneut Stephanie und schließlich wieder ihr selbst abgelöst wurde, hier mit Christoph Schobesberger (Mitte) und Gastpatient Sebastian Reusse.

sen des Namens Stefanie entgegen und führte die Serie unentwegt und mit großem Erfolg fort. Als auch die dritte Schwester ausstieg, kam Sat.1 der früheren Hauptdarstellerin Claudia Schmutzler mit allerlei Annehmlichkeiten im Vertrag entgegen und gewann sie zurück. 2004 folgte auf Schmutzler erneut ihre Vorgängerin, die allererste Stefanie-Darstellerin Kathrin Waligura. Der Serientitel und das reine Heile-Welt-Konzept wurden bei der Gelegenheit beerdigt, denn nach neun Jahren waren die Einschaltquoten um mehr als die Hälfte gesunken. In der Nachfolgeserie *Stefanie – Eine Frau startet durch* wird Stefanie die neue Assistenzärztin in der chirurgischen Abteilung. Die Fortbildung zur Ärztin hatte Waligura zwischenzeitlich in der ZDF-Serie *Am liebsten Marlene* gemacht, wo sie quasi die gleiche Rolle spielte.

Für alle Fälle Stefanie lief zunächst montags um 20.15 Uhr, später über Jahre donnerstags um 21.15 Uhr. Jede Folge war eine Stunde lang. Wiederholungen trugen zeitweise den Titel *Stefanie – Schwester mit Herz*.

FÜR DICH TU ICH ALLES   ARD
2004. 45-minütige Show mit Sebastian Deyle. Kandidaten stellen sich besonderen Herausforderungen, um einer nahe stehenden Person einen Traum zu erfüllen. Sechs Ausgaben liefen mit verheerenden Kritiken und schlechten Quoten montags um 20.15 Uhr.

FÜR DIE FRAU   ARD
1953–1963. 15-minütiges Magazin mit praktischen Tipps für Haushalt und Mode.
Behandelt wurden z. B. Themen wie »Tisch decken«, »Der Pelzmantel – ein Traum oder Wirklichkeit?« und »Schicke Brillen«. Leiterin und erste Moderatorin der Reihe war Eva Baier-Post, sie wechselte sich später u. a. mit Marlene Esser, Dr. Dagmar Fambach, Ilse Langner, Christa de Vries, Erica von Maltzahn und Elisabeth Leithaeuser ab. Die meisten Präsentatorinnen hatten ein Spezialgebiet: Dr. Charlotte Jensen betreute Tierthemen wie »Wir baden unseren Hund«, Irene Krause bereitete Gerichte zu, z. B. »Speiseeis und Halbgefrorenes«, Charlotte Biegel zeigte, wie man ein Herrenoberhemd bügelt, Gretl Vetter fragte: »Haben Sie noch etwas Zeit?« und turnte vor, und wenn Dr. Marianne Stradal an der Reihe war, wurde meistens gestrickt oder gestickt.
Es gab zu diesem Zeitpunkt noch keine Spielserie im Fernsehen, keinen Krimi, keinen Talk und keine große Show, aber nach *Nichts für Männer* nun immerhin schon das zweite Frauenmagazin. Baier-Post war für beide verantwortlich. Und Schleichwerbung gab es auch schon: 1955 wurde die Packung eines Waschmittels gezeigt und zweimal der Name genannt, im gleichen Jahr wurde ein Autohersteller ohne erkennbaren Grund namentlich erwähnt.
Für die Frau lief zum Start im Abendprogramm und später mehrmals wöchentlich nachmittags gegen 17.15 Uhr.

FÜR LIEBE UND GERECHTIGKEIT   ARD
1997. 6-tlg. dt.-ital. Krimiserie (»Avvocato delle donne«; 1996).
Irene Salvi (Mariangela Melato) ist eine engagierte Rechtsanwältin, die vor allem zu Unrecht angeklagten Frauen hilft, zu ihrem Recht zu kommen. Sie hat eine eigene Kanzlei mit zwei Mitarbeiterinnen, Giulia (Mareike Carrière) und Alice (Carolina Salome), außerdem arbeitet der Detektiv Fausto (Lorenzo Gioielli) für sie. Irene hat einen Sohn namens Lorenzo (Filippo Rodriguez), der psychisch krank ist. Der Rechtsanwalt Sandro Gruber (Rüdiger Joswig) ist ihr Freund.
Jede Folge hatte Spielfilmlänge. Die ersten drei liefen freitags zur Primetime, die letzten drei erst gegen Mitternacht.

DER FÜRST UND DAS MÄDCHEN   ZDF
Seit 2003. Dt. Adelssaga von Michael Baier, Regie: Richard Engel.
Der alte Friedrich Fürst von Thorwald (Maximilian Schell) befürchtet, dass sein Vermögen nach seinem Tod in die Hände seiner habgierigen Familie fällt und sein gutes Werk zugrunde geht. Um das Erbe der machthungrigen Sippschaft vorzuenthalten, die das soziale Engagement der Thorwald-Holding vermutlich einstellen würde, braucht der Fürst jedoch einen männlichen Erben. Er guckt sich die anscheinend bürgerliche Ursula Kaminski (Rike Schmid) aus, die sein Kind austragen soll. Dank des damit verbundenen Geldsegens ist Ursula plötzlich wohlhabend und muss sich in der für sie neuen Welt des Adels zurechtfinden. Sie erfährt, dass sie in Wirklichkeit selbst aus einer Adelsfamilie stammt, da sie eine uneheliche Tochter des Grafen von Lichtenthal ist. Dr. Ulrich Gesswein (Roland Koch) ist Thorwalds persönlicher Vertrauter, Joseph Bachschuster (Hans-Peter Korff) sein langjähriger Diener. Die intrigante Familie besteht aus Thorwalds Schwester Beate (Daniela Ziegler), deren Sohn Benjamin (Wanja Mues), der im Rollstuhl sitzt und heimlich das Schloss des Fürsten mit Wanzen abhört und mit Kameras beobachtet, Benjamins Schwester Cynthia (Tessa Mittelstaedt) und deren Mann Gernot Graf Baldung (Siemen Rühaak). Ihnen ist jedes Mittel recht, doch noch an das Erbe zu kommen. Aus diesem Grund beschäftigt der Fürst den Privatdetektiv Paul Danner (Oliver Mommsen) als persönlichen Beschützer Ursulas. Zu Beginn der zweiten Staffel bringt Ursula das Baby zur Welt, das Beate sofort nach der Geburt aus der Klinik entführt und gegen ein totgeborenes austauscht. Ursula durchschaut den Schwindel und macht sich auf die Suche nach ihrem Kind.
Erstaunlich, mit welchen Stoffen das ZDF im neuen Jahrtausend glaubte, sich neue, junge, moderne Zielgruppen erschließen zu können. Und tatsächlich schaffte es die Hochglanz-Soap in eine zweite Staffel. Die 45-minütigen Folgen liefen mittwochs um 20.15 Uhr. Kulisse war das mehr als 400 Jahre alte Wasserschloss im schleswig-holsteinischen Glücksburg.

»Na Fury, wie wär's mit einem kleinen Kunststück?« *Fury* mit Joe (Bobby Diamond).

FURY ARD

1958–1988. »Abenteuer eines wilden Pferdes«. 114-tlg. US-Abenteuerserie (»Fury«; 1955–1960).

Der junge Witwer Jim Newton (Peter Graves) nimmt den Waisenjungen Joe Clark (Robert »Bobby« Diamond) bei sich auf, nachdem er Joe vor Ärger mit der Polizei bewahrt hat. Die beiden wohnen auf Jims »Broken Wheel Ranch«, auf der außerdem noch der alte Koch und Mädchen für alles Pete Wilkie (William Fawcett) lebt. Der wilde schwarze Hengst Fury ist ein Geschenk Jims an Joe, weil Joe der Einzige ist, der ihn reiten kann. Fury wird Joes bester Freund. Gemeinsam bestehen die beiden viele Abenteuer, retten Menschen aus gefährlichen Situationen und überführen ein paar Bösewichter. Jim und Pete stehen ihnen mit Ratschlägen zur Seite, und Jim adoptiert Joe später. Der Junge hat zwei weitere Freunde, erst Pee Wee (Jimmy Baird), der eigentlich Rodney Jenkins heißt, dann Packy (Roger Mobley), dessen richtiger Name Homer Lambert ist.

Fury startete nur kurze Zeit nach *Lassie* und wandte bereits zwei der fortan lange Zeit gültigen Maßstäbe für Western- und Tierserien an: Männer mit Cowboyhüten sind immer Witwer, und Tiere sind die besten Freunde von Kindern und retten Menschen aus jeder Gefahr. Der schwarze Hengst Fury aus Missouri, der eigentlich Highland Dale hieß, war zu seiner Zeit einer der meistbeschäftigten Hollywoodstars, spielte in diversen Pferdefilmen und -serien mit und übernahm u. a. eine Gastrolle in *Flicka*. Sein Debüt hatte er 1946 im Kino als »Black Beauty« gegeben. Sein Besitzer und Trainer war Ralph McCutcheon.

Jede Serienfolge war eine halbe Stunde lang und begann im Vorspann so: Joe ruft laut: »Fury!«, Fury kommt, und Joe fragt: »Na Fury, wie wär's mit einem kleinen Ausritt?« Die bemerkenswerteste Veränderung im Lauf der Jahre war, dass Joe in den Stimmbruch kam. Die ersten 47 Folgen liefen zwischen 1958 und 1962 am Sonntagnachmittag gegen 14.45 Uhr. Alle weiteren Folgen waren erst 35 Jahre später zum ersten Mal im deutschen Fernsehen zu sehen, ebenfalls in der ARD.

FUSSBALLTRAINER WULFF ARD

1972–1973. 26-tlg. dt. Familienserie von Bruno Hampel, Regie: Erich Neureuther, Theo Mezger.

Der Fußballtrainer Harry Wulff (Horst Niendorf) übernimmt den Regionalligisten FC Neuenberg, als er gerade auf einem Abstiegsplatz steht, und führt ihn im Lauf der Saison zum Erfolg. Zu seiner Familie gehören seine Frau Marlene (Renate Redetzky) und die Kinder Gisela (Katharina Seyferth) und Martin (Nicky Makulis).

Die 25-minütigen Folgen liefen im regionalen Vorabendprogramm.

DIE FUSSBROICHS WDR, ARD

1991–2003. 100-tlg. dt. Doku-Soap von Ute Diehl.

Das Leben der Kölner Arbeiterfamilie Fussbroich, bestehend aus Vater Fred, Mutter Annemie, Sohn Frank und dessen Freundin Pia, dann Heike, dann Claudia. Alle Personen sind echt, ebenso Handlung und Dialoge. Es gibt keine fiktiven Charaktere und keine Drehbücher, die Fussbroichs lassen sich schlicht bei ihrem Leben filmen.

Das Genre der Doku-Soap wurde in Deutschland mit dieser Serie erfunden, der 1979 und 1990 bereits zwei einzelne Dokumentarfilme über dieselbe Familie vorausgegangen waren. Ute Diehl, die die Idee zur Realityserie hatte, wurde dafür mit dem Grimme-Preis mit Bronze ausgezeichnet. Die halbstündigen Folgen starteten im Dritten Programm des WDR und wurden wegen des großen Erfolgs bald von anderen Dritten übernommen. 1993 liefen zwölf Wiederholungen im Nachmittagsprogramm der ARD. Nach 17 Staffeln und 99 Folgen lief die Serie im Februar 2002 aus, nachdem die Fussbroichs angesichts der Honorare für die Serie längst keine stinknormale Arbeiterfamilie mehr waren. Ab 1998 kam Sohn Frank etliche Male mit dem Gesetz in Konflikt und wurde zu Bewährungsstrafen verurteilt.

Eine einzelne, bis dahin nicht gezeigte Folge lief Weihnachten 2003. Im Mai 2004 zeigte der WDR außerdem ein Special mit einem Zusammenschnitt der Alltagsbeobachtungen aus 25 Jahren.

FUTURAMA PRO SIEBEN

2000–2004. 72-tlg. US-Zeichentrick-Science-Fiction-Comedy-Serie von Matt Groening (»Futurama«; 1999–2003).

Der Pizzabote Fry wird im Jahr 1999 versehentlich für 1000 Jahre in einer Zeitmaschine eingefroren. Er wacht in Neu-New-York wieder auf und freundet sich mit dem alkoholabhängigen Roboter Bender und der einäugigen ehemaligen Regierungsangestellten Leela an. Gemeinsam bilden sie einen intergalaktischen Botendienst im Raumschiff von Hubert J. Farnsworth, einem verwirrten alten Professor und Erfinder, der ein entfernter Verwandter Frys ist. Andere Mitarbeiter sind der Bürokrat Hermes Conrad, die schöne Asiatin Amy Wong und Doktor John Zoidberg, ein depressives außerirdisches Krustentier. Nibbler ist ein sehr süßes und unglaublich gefräßiges kleines Monster, das von Leela als Haustier adoptiert wird, und Zapp Branigan ein eitler Idiot von Raumschiffkapitän, an dem nicht nur sein sanfter, kluger und melancholischer Erster Offizier Kif verzweifelt.

Neun Jahre nach seiner Erfolgsserie *Die Simpsons* gelang Erfinder Groening ein weiterer Geniestreich. *Futurama* ist voller popkultureller Anspielungen und satirischer Kommentare und funktioniert viel weniger als *Die Simpsons* auch als lustiger Cartoon für Kinder. Pro Sieben vertraute so sehr auf die Serie, dass der Sender erstmals eine Zeichentrickserie in der Primetime platzierte. *Futurama* lief montags um 21.45 Uhr, im Anschluss an *Die Simpsons,* die Pro Sieben vom Tag des *Futurama*-Sendestarts an ebenfalls in die Hauptsendezeit verlegte. Das Vertrauen wurde enttäuscht. Schon die dritte Staffel lief größtenteils samstags am Vorabend.

Für die deutsche Version war der Dialogautor und -regisseur Ivar Combrinck verantwortlich, der schon viele Folgen der *Simpsons* verhunzt hatte. Auch hier übersetzte er wieder erstaunlich »frei«. Teilweise spricht im Deutschen eine andere, die falsche Person. »Obsolete« übersetzt er mit »absolut«. Und bei der Zeitungsschlagzeile »Weltuntergangspropheten vorsichtig optimistisch« missversteht Combrinck das Wort »upbeat« und übersetzt sinnfrei: »Weltuntergangspropheten behutsam zusammengeschlagen«. Zwar schaffte selbst er es nicht, den Unterhaltungswert der Serie zu zerstören, doch brachte er sie um ihren im Original komplexen und feinsinnigen Humor.

FUTURE FANTASTIC PRO SIEBEN
1998. 5-tlg. brit. Doku-Magazin mit Gillian Anderson, in dem es sonntags um 23.15 Uhr in verschiedenen Beiträgen um außerirdisches Leben ging.

**THE FUTURE IS WILD –
DIE WELT IN JAHRMILLIONEN** ZDF
2003. 3-tlg. US-Wissenschaftsreihe von Paul Reddish und Steve Nicholls, die mit aufwendigen Animationen zeigt, wie die Evolution in den kommenden Millionen Jahren fortschreiten könnte. Lief zur Primetime. Ende 2002 hatte arte die Reihe bereits unter dem Titel *Die Zukunft ist wild* gezeigt.

FUTURE TREND RTL
→ Trend

FUXX SAT.1
1995–1998. Jährliche Fußballbundesligagala, auf der verdiente Sportler des Jahres mit »Füxxen« ausgezeichnet wurden.

F/X VOX
1997–1998. 39-tlg. US-Actionserie (»FX: The Series«; 1996–1998).
Rollie Tyler (Cameron Daddo) war in Hollywood ein bekannter Experte für Spezialeffekte. Jetzt arbeitet er in New York mit seinem alten Freund, dem Polizisten Leo McCarthy (Kevin Dobson), zusammen und hilft ihm bei der Aufklärung von Verbrechen, indem er seine Fähigkeit geschickt einsetzt. Rollies Assistentin Angie Ramirez (Christina Cox), die Schauspielerin Lucinda Scott (Carrie-Anne Moss), Leos Partner Francis Gatti (Jason Blicker), Leos Boss Captain Marvin Vanduran (Richard Waugh) und Colleen O'Malley (Sherry Miller) sind mit dabei. Zur Ausrüstung des Teams gehört Rollies vollautomatischer Hund Blue. Detective Mira Sanchez (Jacqueline Torres) wird Nachfolgerin Leos, als dieser bei einem Einsatz in einem Einkaufsmarkt mit diesem in die Luft fliegt.
Die Serie basierte auf zwei Kinofilmen (»F/X – Tödliche Tricks« und »F/X – Die tödliche Illusion«) mit Bryan Brown in der Hauptrolle und lief sonntags um 20.15 Uhr.

G

GABI BAUER ARD
2002–2003. Halbstündige Talkshow mit Gabi Bauer und jeweils einem Gast, die sich an einem großen Tisch gegenübersitzen.

Die frühere *Tagesthemen*-Frau folgte auf Joachim Gauck und sollte ebenfalls kluge Gespräche mit Politikern führen, die aber ruhig massentauglicher sein durften. Sie versuchte häufig, mit Requisiten, Aktionen oder Filmeinspielungen Anstöße für das Gespräch zu geben. Doch das Zuschauerinteresse blieb gering; auch die Kritiker waren nicht sehr angetan. Nach einiger Zeit wurde der Kreis der Gesprächspartner von Politikern auch auf andere Prominente ausgeweitet; ab dem Sommer 2003 saßen Bauer meist zwei Gäste gegenüber.

Die Reihe lief zunächst alle zwei Wochen mittwochs um 23.00 Uhr, im Wechsel mit *Friedman*. Als Michel Friedman wegen einer Drogenaffäre seine Sendung abgab, talkte Bauer ab Ende August 2003 an jeden Mittwoch, aber nur noch drei Monate lang, dann ging sie in eine Winterpause, aus der sie auf eigenen Wunsch nicht zurückkehrte.

GAGMAN DFF 2
1989. 6-tlg. tschechoslowak. Satire von Boris Hybner und Juraj Herz, Regie: Juraj Herz (»Gagman«, 1987).

Al Capino (Boris Hybner) will in die Fußstapfen von Charlie Chaplin treten und Stummfilmstar in Hollywood, nein: Hollyschutt werden. Die Produktionsfirma Gagstone nimmt ihn, er probiert sich in immer neuen Rollen und löst das angemessene Chaos aus.

Die halbstündigen Folgen liefen sonntags um 18.00 Uhr. Im selben Jahr lief die Serie auch im BR.

DIE GAILTALERIN RTL
1992. Einstündige Comedy-Talkshow mit Manfred Tauchen als großbusige »Gailtalerin« mit blonden Gretchenhaaren und Kopftuch.

Drei Gäste aus dem Showgeschäft werden auf Schwächen und sexuelle Attraktivität getestet, müssen Edelweiß pflücken und Kühe melken. Dazu gibt es komische Beiträge und Tanzeinlagen mit anderen Figuren wie dem Knecht Blasi und der Magd Stasi aus dem Musical »Der Watzmann ruft«, einer Heimatsatire von 1972, aus der die Figur der Gailtalerin stammt. Am Ende wird auf die Torwand geschossen – allerdings mit süßen Murmeltieren.

Zehn Folgen liefen samstags um 22.00 Uhr. Regie führte der Videoproduzent Rudi Dolezal. Manfred Tauchen, der die Gailtalerin schon in dem Originalmusical gespielt hatte, war ein Wiener Kabarettist und ein Drittel des Trios DÖF (Deutsch-Österreichisches Feingefühl), das mit dem Song »Codo« (»... und ich düse, düse, düse, düse im Sauseschritt«) bekannt wurde. Die gepflegt trashige Show war außerdem von den erfolgreichen *Dame Edna*-Sendungen inspiriert.

GALA ARD
1991–1992. Comedy-Variety-Show mit Harald Schmidt. Mit vielen prominenten Gästen zieht Schmidt jeweils ein Thema durch den Kakao. Ständige Gäste sind die Jacob Sisters, die zu allem was zu singen haben.

Auf der Alm, da gibt's koan Sinn. Manfred Tauchen als *Gailtalerin*.

Die Show lief in unregelmäßigen Abständen insgesamt viermal samstags gleich nach dem ernsten *Wort zum Sonntag*. Das konnte ja niemand begreifen. Schon die erste Sendung, die unter dem Motto »Weihnachten mit Harald Schmidt« stand, verursachte ein enormes Missverständnis. Darin wurde eine Benefizveranstaltung persifliert und zur Unterstützung der »Russlandhilfe« aufgerufen. Bei Radio Bremen gingen noch am selben Abend tatsächliche Spenden in Höhe von 200 000 DM ein. (Und ein paar Monate später ein Grimme-Preis mit Bronze.) Es folgen noch »Heiraten mit Harald Schmidt«, die Fernseh-Preis-Parodie »Der goldene Roland« und »Hauptstadtfeier mit Harald Schmidt«.

GALERIE BUECHER   SAT.1
1985–1986. 54-tlg. dt. Soap.
Liebe und Intrigen im Umfeld der Familie Buecher: Carlos (Carlos Werner) ist Kunsthändler, doch seine unglückliche Ehefrau Margot (Ilse Zielstorff) will ihre eigene Galerie haben; Tochter Patrizia (Vera Friedrich) möchte Model werden, Katharina (Manuela Romberg) ist mit Kai Schellmann (Peter Griffin) verheiratet, der munter gegen Carlos intrigiert.
Ganz frühe Eigenproduktion des Privatsenders Sat.1, die schon alle Bestandteile der erst Jahre später erfolgreichen deutschen Soaps beinhaltete. Die halbstündigen Folgen liefen montags um 21.00 Uhr, ab Januar 1986 noch für ein paar Wochen donnerstags um 22.15 Uhr.

GALERIE DER COMICS   ARD
1983. Nick-Knatterton-Erfinder Manfred Schmidt stellt thematisch sortiert bekannte Comic-Figuren aus Literatur und Film vor. In der ersten Sendung ging es z. B. um Tiere, in der zweiten um historische Comics.
Galerie der Comics war die Nachfolgesendung von *Strichweise heiter*. Die 15-minütigen Folgen liefen im regionalen Vorabendprogramm.

GALERIE DER GROSSEN DETEKTIVE   ARD
1954–1955. 7-tlg. dt. Krimireihe von Peter A. Horn.
In abgeschlossenen und unverbundenen Episoden klären die großen Detektive der Kriminalliteratur verschiedene Fälle auf. Den Anfang machen Sherlock Holmes (Ernst Fritz Fürbringer) und Dr. Watson (Harald Mannl), es folgen Auguste Dupin, David Wilson, Pater Brown, Inspektor Bucket, Sergeant Cuff und Hercule Poirot.
Jede Folge dieser frühen Krimireihe in den Anfangstagen des Fernsehens wurde noch live gespielt. Unregelmäßiger hätte sie kaum sein können: Sie lief in loser Folge an wechselnden Tagen zu unterschiedlichen Startzeiten in der Hauptsendezeit, die Sendelänge schwankte zwischen 25 und 50 Minuten.

GALERIE DER STRASSE   ARD
1990–1991. 6-tlg. dt. Geschichtsserie von Ferry Ahrlé, Regie: Harald Schäfer.
In 15-minütigen Spielszenen wird die Entstehung der Werbung auf Plakaten und Litfaßsäulen nachgestellt. Autor Ferry Ahrlé ist zugleich Hauptdarsteller und spielt in jeder Folge einen anderen Künstler, der in früheren Jahrhunderten ein später berühmt gewordenes Plakat entwarf.

GALILEO   PRO SIEBEN
Seit 1998. Halbstündiges Wissenschaftsmagazin mit Aiman Abdallah, montags bis freitags gegen 19.30 Uhr. Komplexe Themen werden spannend und für Laien verständlich aufbereitet.
Gegen die Boulevardmagazine der Konkurrenz setzte Pro Sieben auf eine Mischung aus *Sendung mit der Maus* und *Explosiv*, für die Abdallah anfangs mit dem Begrüßungssatz stand: »Wissen ist Macht, und mein Name ist Aiman Abdallah.« Anfangs orientierten sich die Themen oft an der Nachrichtenlage und erklärten z. B. bei einem gerade irgendwo tobenden Hurrikan, warum es in Deutschland keine Wirbelstürme gibt. Später reduzierte sich der Anspruch in der Regel darauf, zu zeigen, wie Überraschungseier hergestellt werden, mit freundlicher Unterstützung des Überraschungseier-Herstellers.
Trotz vergleichsweise schwacher Quoten hielt Pro Sieben an der Reihe fest – und wurde belohnt, die Zuschauerzahlen stabilisierten sich. Später wurde *Galileo* zur einzigen festen Bank am Vorabend in einem kriselnden Pro-Sieben-Programm, war oft sogar die meistgesehene Sendung des Tages auf Pro Sieben. Im zweiten Halbjahr 1999 lief unter dem Titel »Galileo extra« zusätzlich eine Samstagsausgabe mit Susanne Wiesner. Im Januar 2002 bekam die Sendung noch einen Ableger: das Quiz *Galileo The Game – Spiel um Wissen*.

GALILEO THE GAME –
SPIEL UM WISSEN   PRO SIEBEN
2002. Halbstündiger Quizableger des Wissensmagazins *Galileo* mit demselben Moderator: Aiman Abdallah. Drei Kandidaten treten gegeneinander an und müssen naturwissenschaftliche Wissensfragen beantworten und Logikrätsel lösen. Es geht nicht nur um richtige Antworten, sondern auch um Zeit: Jede Sekunde zählt. Nach jeder Runde scheidet ein Kandidat aus, der Gewinner bekommt 10 000 €.
Die Gameshow unterschied sich von anderen durch den Lerneffekt: Abdallah gab zu den Antworten auch Erklärungen, zeigte kleine Filme und führte Experimente vor. Ein Erfolg wurde sie dennoch nicht. Insgesamt 13 Folgen liefen sonntags um 18.30 Uhr. Zur Sendung gab es auch ein Computerspiel.

GALTAR MIT DER GOLDENEN LANZE   SAT.1
1996. 11-tlg. US-Zeichentrickserie (»Galtar And The Golden Lance«; 1985).
Der junge Krieger Galtar macht sich auf, um den bösen Herrscher Tormack vom Thron zu stoßen. Dabei hilft ihm Prinzessin Goleeta, vor allem aber die mächtige goldene Lanze.
Die 25-Minuten-Folgen wurden samstagmorgens gezeigt. Bei Premiere liefen 21 Folgen.

GAME FEVER   RTL 2
2001. Halbstündiges Internetmagazin am Sonntagmittag, das über Onlinespiele berichtete. Brachte es auf acht Ausgaben.

GAME, SET & MATCH   VOX
1995. 13-tlg. brit. Spionageserie von John Howlett nach den Büchern von Len Deighton (»Game, Set & Match«; 1988).
Bernard Samson (Ian Holm) ist ein einzelgängerischer Spion, der nach einer schief gegangenen Mission in Polen zur Schreibtischarbeit verdonnert wird. Als ein von ihm aufgebautes Netzwerk von Mitarbeitern, die im Osten für Großbritannien spionieren, das so genannte Brahmsnetzwerk, bedroht ist, muss er wieder an die Front. Er reist nach Ostberlin, um sich mit seinem langjährigen Freund Werner Volkmann (Michael Degen) und seiner Frau Fiona (Mel Martin), einer KGB-Agentin, zu treffen.
Die Serie entstand nach Len Deightons Büchern »Brahms Vier«, »Mexiko Poker« und »London Match«. Der Serientitel erschließt sich allerdings eher, wenn man die Originaltitel kennt: »Berlin Game«, »Mexico Set« und »London Match«.
Die 50-minütigen Folgen liefen tagsüber.

GAMES WORLD   SAT.1
1994–1995. Gameshow für Jugendliche mit Roby Rob und Norman Adelhütte.
Sechs Kandidaten spielen im K.-o.-System gegeneinander neue Computerspiele. Wer ausscheidet, wird in einer Nebelschwade von der Bühne gebeamt. Der Sieger tritt im Finale gegen den »Vidiator« an, eine Art Zufallsgenerator, und erhält als Gewinn ein Spielesystem.
Die beiden Moderatoren teilten sich die Aufgaben wie folgt: Norman Adelhütte erklärte die Spiele, stellte die Kandidaten vor und überreichte die Preise, Roby Rob war unglaublich cool und trug eine Sonnenbrille und eine Mütze.
Die Aufzeichnungen liefen samstagvormittags. Im Sommer 1994 startete außerdem die interaktive Variante *Games World Live*.

GAMES WORLD LIVE   SAT.1
1994. Zehnminütige interaktive Gameshow mit Roby Rob. Von zu Hause per Telefon können Fernsehzuschauer die Computerspiele spielen, die auch die Studiokandidaten in *Games World* absolvierten. Die Show lief sonntagmittags.

DIE GANG   ARD
1997. 13-tlg. dt.-kanad. Krimiserie von Bernd Schwamm.
Der Zollfahnder Joe Feddersen (Uwe Ochsenknecht), Marc Wiessner (Dustin Nguyen) vom Wasserzoll, der Kriminalpolizist Karl Kröger (Peter Franke) und der verdeckte Ermittler Klaus Winkelmann (Moritz Bleibtreu) bilden eine Sonderermittlungsgruppe im Hamburger Hafen. Ihr Hauptgegner ist Jean Marie Bosco (Stacy Keach), Kopf des international organisierten Verbrechens, der für die Ermordung von Joes Frau Lorraine verantwortlich ist und mit weiteren Morden in Joes privatem Umfeld droht. Amy Farland (Walker Brandt) ist Lorraines Schwester und jetzt mit Joe befreundet. Bundesanwältin Helga Sanders (Ulrike Kriener) ist die Vorgesetzte der Gruppe.
Die Serie wurde trotz der überwiegend deutschen Hauptdarsteller auf Englisch gedreht und ins Deutsche zurücksynchronisiert. Die 45-Minuten-Folgen liefen dienstags um 20.15 Uhr.

GÄNSEHAUT –
DIE STUNDE DER GEISTER   PRO SIEBEN
1998–2000. 54-tlg. US-Gruselreihe für Kinder und Jugendliche (»Goosebumps«; 1995–1997; »Ultimate Goosebumps«; 1997–1998).
Kinder im Alter von etwa zwölf Jahren stehen im Mittelpunkt abgeschlossener Kurzepisoden, in denen wechselnde Darsteller die Hauptrollen spielen. Die meisten Folgen waren eine halbe Stunde lang. Alle basierten auf Büchern von R. L. Shine. Sie liefen im Samstagnachmittagsprogramm. Im Oktober 1997 war bereits eine Pilotfolge gelaufen.

GANZ AUS DEM HÄUSCHEN   DFF
1957–1958. Spielsendung, in der Hausgemeinschaften stellvertretend für ihre Städte in einem »fröhlichen Wettbewerb des Wissens« gegeneinander antreten und verschiedene Geschicklichkeitsspiele absolvieren. Ihre Städte unterstützen sie, indem sich Betriebe, Hausgemeinschaften und örtliche Institutionen telefonisch zu Geld- oder Sachspenden oder freiwilligen »Aufbaustunden« verpflichten.
Ganz so »fröhlich« war der Wettbewerb nicht: Es galt, eine handfeste »kulturpolitische erzieherische Aufgabe« zu erfüllen, wie es in der Programmankündigung hieß. Der Aufwand, der dafür getrieben wurde, war enorm, allein schon durch die drei Übertragungswagen, die aus den beteiligten Städten berichteten. Die Summen und Arbeitsstunden, die zusammenkamen, waren ebenfalls erheblich. In der ersten Folge traten Gera, Dresden und Karl-Marx-Stadt gegeneinander an. In der sechsten und letzten Ausgabe spielte Magdeburg, der Gewinner der vorherigen Sendungen, gegen die tschechoslowakische Stadt Ostrava – in der CSSR gab es einen ähnlichen Fernsehwettbewerb.
Die sechs Sendungen liefen ungefähr monatlich am Samstag.

GANZ GROSSE KLASSE   PRO SIEBEN, KABEL 1
1991 (Pro Sieben); 1992–1993 (Kabel 1). 46-tlg. US-Sitcom von Rich Eutis und Michael Elias (»Head Of The Class«; 1986–1991).
Der Vertretungslehrer Charlie Moore (Howard Hesseman) ist zu beneiden. Er unterrichtet an der Millard Fillmore High School in Manhattan eine Klasse von Hochbegabten und könnte sich eigentlich, wie seine Vorgänger, hinsetzen und ein Buch lesen, während die Kinder sich allein mit Wissen voll saugen. Doch Moore findet, dass dem Übermaß an Intelligenz ein

Mangel an Reife und praktischer Lebenserfahrung gegenübersteht – und unterrichtet sie darin, dass es im Leben noch etwas anderes gibt als gute Noten. Das findet nur bedingt die Zustimmung von Direktor Dr. Harold Samuels (William G. Schilling), der um das Abschneiden bei den intellektuellen Wettkämpfen zwischen den Schulen der Stadt besorgt ist. Seine Assistentin ist Bernadette Meara (Jeannetta Arnette). Zu den Schülern gehören der klassische Brillen tragende Streber Arvid Engen (Dan Frischman), die überehrgeizige Maria Borges (Leslie Bega), die Dichterin Simone Foster (Khrystyne Haje), der indische Austauschschüler Jawaharlal Choudhury (Jory Husain), der eigentlich coole Eric Mardian (Brian Robbins), der darunter leidet, mit den Sonderlingen zusammensitzen zu müssen, das Wunderkind Janice Lazarotto (Tannis Vallely), das mit 15 nach Harvard gehen würde, der Yuppie Alan Pinkard (Tony O'Dell), das Mädchen aus besserem Hause, Darlene Merriman (Robin Givens), und der Pizza vertilgende Chemiefreak Dennis Blunden (Daniel J. Schneider). In den USA lief die beliebte Serie fünf Staffeln und 114 Folgen lang – die meisten davon waren in Deutschland nur im Pay-TV DF 1 zu sehen. Nach der vierten Staffel stieg Hesseman aus; die Klasse unterrichtete dann der Schotte Billy MacGregor (Billy Connolly), der später mit dieser Rolle seine eigene Sitcom *Billy* bekam, die nicht in Deutschland lief. Ebenfalls nur im Pay-TV zu sehen waren die bemerkenswerten Folgen »Ganz große Klasse«, in denen die Schüler nach Moskau reisen, um sich mit russischen Hochbegabten zu messen, was tatsächlich in Moskau gedreht wurde, sowie die Aufführungen von »Hair« und »Der kleine Horrorladen«. Die halbstündigen Folgen liefen werktäglich nachmittags mit Wiederholungen am nächsten Morgen.

GANZ IN FAMILIE   DFF
1969–1970. Show mit Hansdieter Neumann. Familien und prominente Ehepaare beweisen ihren Zusammenhalt in Geschicklichkeits- und Übereinstimmungsrunden. Die neun Sendungen wurden allesamt aus der Sporthalle »Erwin Panndorf« in Gera übertragen und liefen immer samstags.

DER GANZ NORMALE WAHNSINN   ARD
1979–1980. 12-tlg. dt. Comedyserie von Helmut Dietl (Buch und Regie). Das Leben ist nicht unbedingt ein Freund von Maximilian Glanz (Towje Kleiner). Er ist geschieden, schreibt eine Ratgeberkolumne für eine Boulevardzeitung, hält sich für einen verkannten Schriftsteller, weil kein Verleger sein Buch haben will, und schlittert von einer Alltagskatastrophe in die nächste. Immerhin lernt er bei einer solchen, konkret: einem Auffahrunfall, die ebenfalls geschiedene Gloria Schimpf (Monika Schwarz) kennen, und aus der Bekanntschaft wird eine Freundschaft. Der unverbesserliche Stenz Lino (Helmut Fischer) ist Maximilians Kumpel; Aline (Barbara Valentin) ist Glorias Freundin, die zwar auch von ihrem Ehemann (Kurt Raab) geschieden ist, ihn aber als eine Art Putzfrau weiter zu Hause wohnen lässt. Bemerkenswerterweise nannte Dietl seine Hauptfiguren Glanz und Gloria, konnte es sich aber verkneifen, die Serie so zu nennen. Eine gekürzte Spielfilmfassung der Reihe lief unter dem Titel »Der Durchdreher« im Kino und wurde mit dem Bundesfilmpreis ausgezeichnet. Die einstündigen Serienfolgen wurden im regionalen Vorabendprogramm ausgestrahlt.

EIN GANZ NORMALER HEILIGER   VOX
2001. 20-tlg. US-Pfarrerserie von Paul Leland und David Manson (»Nothing Sacred«; 1997–1998). Der katholische Gemeindepfarrer Pater Ray (Kevin Anderson) von St. Thomas spielt Karten, trinkt Cocktails, hört Blues-CDs und eckt mit seiner direkten Art regelmäßig an. Zur Gemeinde gehören der ältere Pater Leo (Brad Sullivan), der jüngere Pater Eric (Scott Michael Campbell), Schwester Maureen (Ann Dowd), Rezeptionistin Rachel (Tamara Mello) und der atheistische Manager Sidney (Bruce Altman). Die Serie lief samstagmittags.

GANZ PERSÖNLICH   ZDF
1989–1993. Reportagereihe, in der Künstler ihre Heimatstädte vorstellen. Unter anderem erinnerte sich Erich Loest an sein Leben in Leipzig, bevor er 1981 von dort vertrieben wurde, Gunther Emmerlich führte die Zuschauer zu seinen liebsten Plätzen in Dresden, und Reinhard Mey zeigte »Mein Dorf in Berlin«. Die Reihe hieß vorher *Beschreibungen* und lief meistens sonntagnachmittags.

GANZ SCHÖN MUTIG   ZDF
1983. Kuriositätenshow mit Dieter Kürten, die mutige Menschen und Aktionen vorstellte. Die Show mit Spielen, Auftritten und Diskussionen wurde in Teilen aus den Anregungen und Ideen der Fernsehzuschauer zusammengestellt, die Wünsche äußern durften, was sie sehen wollten. Offenbar wollten sie eine Frau sehen, die sich an den Haaren aufhängen lässt. Es ging aber auch um vorbildlichen Mut, z. B. eine Judo-Gruppe, die blinde Kinder integriert. Sechs Ausgaben liefen über das Jahr verteilt um 19.30 Uhr.

GARFIELD UND SEINE FREUNDE   SAT.1
1989–2004. 121-tlg. US-Zeichentrickserie nach den Cartoons von Jim Davis (»Garfield«; 1988–1994). Kater Garfield ist fett, faul, selbstsüchtig und meistens schlecht gelaunt. Er hasst Montage, Briefträger, Sport und Diäten. Eigentlich gibt es nur drei Dinge, die für ihn das Leben lebenswert machen: Pasta, regelmäßige Nickerchen und sein Teddybär Pooky. Wenn Garfield nicht gerade schläft oder isst, kommentiert er das Geschehen um ihn herum mit sarkastischen Sprüchen oder treibt böse Scherze mit Herrchen Jon Arbuckle, einem gutmütigen, verträumten Mann, und dessen Hund Odie.

Kommt ein Kandidat zu *Gaudimax* und erzählt dem Rubenbauer (2. v. r.) einen versauten Witz. Sagt der Rubenbauer: Du hast gewonnen, hier guck mal, das ist dein Preis. Geht der Kandidat mit dem Ding nach Hause und zeigt es seiner Familie. Alle lachen.

GARGANTUA — RTL 2
1995. 13-tlg. frz.-poln.-ital. Zeichentrickserie für Kinder (»Gargantua«; 1991). Der diktatorische kleine König Picrochole macht dem Riesen Gargantua das Leben schwer – jedoch ohne Chance gegen ihn.

GARGOYLES – AUF DEN SCHWINGEN DER GERECHTIGKEIT — RTL
1995–1996. 78-tlg. US-Disney-Zeichentrickserie (»Gargoyles«; 1994–1996; »Gargoyles: The Goliath Chronicles«; 1996–1997).
Die Gargoyles sind hässliche, aber herzensgute Wesen. Tagsüber sind sie zu Stein erstarrt, nachts haben sie übernatürliche Kräfte, mit denen sie die New Yorker Polizistin Elisa Maza im Kampf gegen den bösen Geschäftsmann David Xanatos und das Böse überhaupt unterstützen.
Nach zwei erfolgreichen Staffeln wurden die Produzenten nachlässig. In der dritten (mit geändertem Originaltitel) wurden einige Charaktere umgebaut, die Zeichnungen schlechter, und die Zeichner vergaßen sogar oft wichtige Details der Figuren.

DIE GÄSTE DES FELIX HECHINGER — ZDF
1964–1965. 8-tlg. dt. Hotelserie von Dieter Werner. Felix Hechinger (Willy Reichert) ist Chefportier im Hotel »Excelsior« und steht im ständigen Konkurrenzkampf mit Hoteldirektor Peissenberg (Jürgen Scheller).

DAS GASTHAUS ZUM EINHORN — ARD
1968. 13-tlg. frz.-dt. Comedyserie, Regie: Harry Fishbach (»L'auberge de la licorne«; 1966).
Im französischen Gasthaus »Zum Einhorn« unweit der deutschen Grenze ist bei Wirtin Amélie (Micheline Boudet), ihren Töchtern Elise (Olga Georges-Picot) und Juliette (Diana Lévrier) und Koch Taki (Luong Ham Chau) immer was los. Stammgäste sind der Arbeiter Schulz (Germain Muller), Schutzmann Schmitz (Maurice Gardett) und die Zöllner Gustave (Raoul St. Ives) und Hermann (Kurt Rackelmann). Die halbstündigen Folgen liefen im regionalen Vorabendprogramm.

GASTSPIELDIREKTION GOLD — ARD
1982–1983. 26-tlg. dt. Comedyserie.
Aufgrund einer Erbschaft, die ihm sein verstorbener Onkel vermachte, hat Florian Gold (Michael Boettge) nun einen Theaterbetrieb am Hals. Das stinkt ihm anfangs, doch dann entdeckt er seine Liebe zur Bühne und steigt gemeinsam mit Johnny Klicker (Ernst Stankovski) und Ellen Kettlich (Johanna Liebeneiner) ins Konzertgeschäft ein.
Die halbstündigen Folgen liefen im regionalen Vorabendprogramm.

GAUDIMAX — BR, ARD
1991–1992 (BR); 1992 (ARD). 25-minütige Witzeshow mit Gerd Rubenbauer.
Drei Kandidaten erzählen zu vorgegebenen Themen ihre Lieblingsschenkelklopfer um die Wette, das Publikum beklatscht und eine Prominentenjury bewertet sie. Faustregel: Versaute Witze kommen immer am besten. Zum Inventar gehören u. a. ein Lachometer, das die Lautstärke der Publikumsreaktionen misst, und Heinz Schenk, der in der Jury sitzt.
Nach zwei Staffeln im Bayerischen Fernsehen wurde die Show zunächst mit einem Special im Sommer und ab Herbst 1992 mit einer ganzen Staffel dienstags um 21.05 Uhr ins Erste übernommen. Sie war plump, platt, peinlich, infantil, erfolgreich, aber im Grunde harmlos. Selbst die Medienfrauen von ARD und ZDF, die jährlich die »Saure Gurke« verleihen, bedachten *Gaudimax* nur mit einem Trostpreis. Dennoch war sie intern umstritten. Der Rundfunkrat des Bayerischen Rundfunks forderte etliche Male die Absetzung, erst wegen Witzen deutlich unter der Gürtellinie, dann weil er angesichts der auftre-

tenden Kandidaten um das Ansehen Bayerns in der Öffentlichkeit fürchtete. »Dummheit und Trampeligkeit« waren die Worte. Der BR-Fernsehdirektor Wolf Feller beschwichtigte dann immer und versicherte, auch diese Show laufe eines Tages aus, bestellte neue Staffeln und verdoppelte die Sendezeit. Als Donnerstagabendshow hieß das Produkt *Die Gaudimax-Show*.

Zusätzlich zur regulären Sendung gab es im Bayerischen Fernsehen diverse Specials zu Anlässen wie Fasching oder Silvester sowie 1993 zehn Ausgaben unter dem Titel »Der weißblaue Gaudimax«. Das ZDF hatte seine eigene Variante namens *Deutschland lacht* noch vor dem Start von *Gaudimax* freundlicherweise eingestellt.

DIE GAUDIMAX-SHOW ARD
1993–1994. Witzeshow mit Gerd Rubenbauer.
Die auf eine Stunde am Donnerstagabend aufgeblasene Sendung, die zwar zuvor als *Gaudimax* schon genauso lang wirkte, aber in Wahrheit nur 25 Minuten lang war. Kandidaten erzählten jetzt noch mehr Witze. Nachdem die Show zuvor bereits vom regionalen zum bundesweiten Wettbewerb erweitert worden war, traten jetzt eurovisionär Witzbolde aus Deutschland, Österreich und der Schweiz im internationalen Wettstreit an.

GAUNER GEGEN GAUNER ZDF
1968–1969. 20-tlg. US-Gaunerkomödie von Collier Young (»The Rogues«; 1964–1965).
Alle in der Familie von Alec Fleming (David Niven) sind Gauner: sein französischer Cousin Marcel St. Clair (Charles Boyer), sein amerikanischer Cousin Tony Fleming (Gig Young), sein englischer Cousin Timmy Fleming (Robert Coote) und seine Tante Margaret St. Clair (Gladys Cooper). Gemeinsam legen sie andere Gauner aufs Kreuz, manchmal sogar für einen guten Zweck.
Die 50-Minuten-Folgen liefen 14-täglich dienstags im Abendprogramm.

GAY-WATCH VOX
1999. Talkshow für Lesben und Schwule mit Boris Henn, die kurz nach dem zu dieser Zeit ebenfalls von ihm moderierten RTL-Schwulenmagazin *anders trend* auf den Schirm ging. Drei Ausgaben liefen am späten Mittwochabend. »Gaywatch« hieß auch das erste Schwulenmagazin im britischen Fernsehen.

GEÄCHTET ARD
1968–1969. 13-tlg. US-Abenteuerserie (»Branded«; 1965–1966).
Amerika in den 1880er-Jahren: Weil Jason McCord (Chuck Connors) als Einziger die Schlacht am Bitter Creek überlebt hat, wird er wegen Feigheit geächtet und verliert seine Bürgerrechte. Fortan zieht er durchs Land in der Hoffnung, seine Unschuld (und seinen Mut) beweisen zu können.
Schon im Vorspann sah man Connors allein mit einem Gewehr durch die Wüste wandern und hörte dazu den Titelsong »Geächtet ist er für alle Zeit. Wie lebt ein Mann, geächtet in der Einsamkeit?«.
Die halbstündigen Folgen liefen im regionalen Vorabendprogramm.

GEANTWORTET WIRD IMMER ARD
1981. 13-tlg. dt. Episodenreihe mit wechselnden Hauptdarstellern und abgeschlossenen Geschichten über Bürger, die sich mit Anliegen an den Petitionsausschuss des Bundestags wenden. Jede Folge war 30 Minuten lang und lief im regionalen Vorabendprogramm.

GEFAHR UNTER WASSER ARD
1967–1968. 13-tlg. US-Abenteuerserie (»Assignment Underwater«; 1960).
Der verwitwete ehemalige Marinesoldat Bill Greer (Bill Williams) arbeitet als Tauchspezialist. Gemeinsam mit seiner achtjährigen Tochter Patty (Diane Mountford) reist er auf seinem Schiff »Lively Lady« um die Welt, nach Hawaii und Kuba ebenso wie nach Alaska oder Korea, und absolviert dort gefährliche Einsätze.
Die halbstündigen Folgen liefen im regionalen Vorabendprogramm.

GEFAHR UNTER WASSER ARD
1973. 19-tlg. US-Abenteuerserie (»Primus«; 1971–1972).
Der Taucher Carter Primus (Robert Brown) zieht durch die Meere und löst Probleme unter Wasser, jagt Schmuggler, zieht Leichen aus dem Wasser und klärt die zugehörigen Fälle auf. Seine moderne Ausrüstung besteht aus dem Tauchboot »Pegasus« und dem Roboter Big Kate, menschliche Unterstützung erhält er von seinen Assistenten Charlie Kingman (Will Kuluva) und Toni Hayden (Eva Renzi).
Produzent Ivan Tors hatte zuvor bereits in den Serien *Abenteuer unter Wasser* und *Flipper* geplanscht, in beiden mit deutlich größerem Erfolg.
Die halbstündigen Folgen liefen im regionalen Vorabendprogramm.

GEFÄHRDETE PARADIESE ZDF
1992–1998. Naturdoku-Reihe von Hella André über Biosphärenreservate und Nationalparks.
Die Reihe war zunächst auf Deutschland beschränkt und bezog ab 1995 auch Landschaften im restlichen Europa ein. In der siebten und letzten Staffel ging die Reihe noch mal an Orte der ersten Staffel zurück, um zu zeigen, welche Entwicklung seitdem dort stattgefunden hatte.

GEFÄHRLICH LEBEN ARD
1963–1964. »Einmaleins der Filmartistik«. 4-tlg. dt. Reportagereihe mit Arnim Dahl, der im Jugendprogramm am Nachmittag den Beruf des Stuntman vorstellte, als der noch Filmartist oder Sensationsdarsteller hieß. Dahl selbst war für etliche Produktionen an und auf Häusern herumgeklettert und von Brücken und aus Flugzeugen gesprungen.

GEFÄHRLICHE ERBSCHAFT ZDF

1983–1984. 9-tlg. frz. Krimireihe (»De bien étranges affaires«; 1982). In sich abgeschlossene und voneinander unabhängige Filme, in deren Mittelpunkt stets eine Erbschaft steht, die für Aufruhr sorgt. Wechselnde Darsteller spielten die Hauptrollen, darunter Dany Carrel, Raymond Pellegrin, Hubert Deschamps, Éléonore Hirt und Hélène Pechayrand.
Die einzelnen Folgen liefen freitags zur Primetime und hatten ungefähr Spielfilmlänge, aber nicht immer die gleiche. Deswegen zeigte das ZDF anschließend bis zum *heute-journal* unter dem Titel *Jagdszenen in Hollywood* Cartoons mit *Tom und Jerry*.

DIE GEFÄHRLICHE ERBSCHAFT DES HERRN B. ZDF

1966. 4-tlg. frz. Krimi, Regie: Bernard Hecht (»Les beaux yeux d'Agatha«; 1964).
Agatha (Anne Tonietti), die Tochter des Geschäftsmanns Etienne Badestamier (Marcello Pagliero) und seiner Frau Jeanne (Josette Vardier), und ihr Freund, der Pianist Frédéric Laurent (Georges Poujouly), werden in eine Pleiteaffäre hineingezogen. Etienne wird nach einem betrügerischen Bankrott umgebracht, und Frédéric gerät unter Mordverdacht. Agatha flüchtet mit ihrem Freund vor der Polizei, dabei schmuggelt sie Schmuck aus dem Erbe ihres Vaters.

GEFÄHRLICHE EXPERIMENTE ARD

1966–1968. 21-tlg. US-Abenteuerserie (»Man And The Challenge«; 1959–1960).
Der Wissenschaftler Dr. Glenn Barton (George Nader) testet im Auftrag der Regierung die Belastbarkeit von Menschen in körperlichen und psychischen Extremsituationen. Schon im Vorfeld setzt sich Barton den Belastungen oft selbst aus, um eine persönliche Einschätzung zu bekommen. Gelegentlich geht bei den gefährlichen Experimenten auch etwas schief, und Barton rettet die Situation und den Menschen.
Die halbstündigen Folgen liefen im regionalen Vorabendprogramm.

GEFÄHRLICHE FAHNDUNG DFF 1

1978. 7-tlg. DDR-Krimi von Rainer Hausdorf nach dem Buch »Sepp Pliesels – Partisan der Berge« von Julius Mader.
Gegen Ende des Zweiten Weltkrieges rauben Nazis im großen Stil Kunstschätze. Als 30 Jahre später einer der Beteiligten stirbt, angeblich durch Selbstmord, geht der österreichische Kriminalinspektor Toni Pleisner (Jaecki Schwarz) der Sache nach und deckt eine Verschwörung von Altnazis in der Bundesrepublik auf.
Die Folgen waren 50 bis 80 Minuten lang und liefen freitags um 20.00 Uhr.

GEFÄHRLICHE GESCHÄFTE DFF 1, DFF 2

1970–1971. 13-tlg. US-brit. Krimiserie nach Graham Greenes Erzählung »Der dritte Mann« (»The Third Man«; 1959-1965).
Harry Lime (Michael Rennie) ist offiziell ein charmanter Kunsthändler mit Import-Export-Geschäften in London und New York. Eigentlich ist er aber vor allem als Amateurdetektiv tätig, der mit seinem Assistenten Bradford Webster (Jonathan Harris) Übeltäter um die halbe Welt verfolgt. Sie arbeiten eng mit Arthur Shillings (Rupert Davies) von Scotland Yard zusammen.
Freie Weiterentwicklung der Geschichte aus dem Film »Der dritte Mann«. Die Folgen hatten eine Länge von 25 Minuten.

GEFÄHRLICHE STREICHE ZDF

1972–1976. 18-tlg. dt Abenteuer-Problemserie von Horst Pillau und Rolf Honold, Regie: Werner Reinhold.
Die Reihe gab sich große Mühe, natürliches Verhalten von Kindern im Keim zu ersticken, indem sie in abgeschlossenen Episoden zeigte, welche verheerenden Auswirkungen an sich harmlose Kinderstreiche haben können. Sie kriegte dann aber immer gerade noch die Kurve und gab im Regelfall den Erwachsenen die Schuld am Fehlverhalten der Kinder. Die Fälle basierten auf Unterlagen der Kriminalpolizei. Wechselnde Darsteller spielten die Hauptrollen.
Die halbstündigen Folgen liefen im Sonntagnachmittagsprogramm.

GEFÄHRLICHER ALLTAG ARD

1968–1969. 26-tlg. US-Krimiserie (»The Felony Squad«; 1966–1969).
Der erfahrene Police-Detective Sergeant Sam Stone (Howard Duff), der fürsorgliche Dan Briggs (Ben Alexander), dessen Sohn Jim Briggs (Dennis Cole) und ihre Vorgesetzten Captain Nye (Frank Maxwell) und Captain Franks (Barney Phillips) klären Verbrechen in einer Großstadt auf.
Die halbstündigen Folgen liefen am Vorabend.

DIE GEFÄHRLICHSTEN, HEFTIGSTEN, MUTIGSTEN, SPEKTAKULÄRSTEN, UNGLAUBLICHSTEN, WILDESTEN ... DER WELT RTL

1999–2000. Realityreihe, in der spektakuläre Videomitschnitte von wirklichen Verfolgungsjagden, Tierattacken, Explosionen etc. gezeigt wurden.
Jeweils zwei einstündige Folgen liefen unter wechselnden Titeln samstags um 20.15 Uhr, wenn das ZDF zeitgleich *Wetten, dass ...?* sendete und RTL also ohnehin keine Chance auf eine gute Einschaltquote hatte.

DIE GEFANGENEN ZDF

2003. 5-tlg. Geschichts-Doku von Guido Knopp über Kriegsgefangene und ihre spätere Heimkehr, die teilweise erst in den 50er-Jahren möglich war.

GEFRAGT RTL

1993–1998. Politische Fragestunde mit je einem, oft hochkarätigen Gast (z. B. Bundespräsident Roman Herzog), die in loser Reihe meist zu besonderen Anlässen, etwa vor Wahlen, ausgestrahlt wurde.

Moderator war zunächst Dieter Lesche, ab 1994 Hans Meiser. Anders als in anderen Interviewsendungen dieser Art durfte auch das Publikum Fragen stellen. Vor der Bundestagswahl 1994 stellten sich, jeweils einzeln, Kanzlerkandidat Rudolf Scharping und Bundeskanzler Helmut Kohl Meisers Fragen. Wenige Tage später wurde eine Umfrage veröffentlicht, wer denn nun Kanzler werden solle. Die meisten antworteten: Hans Meiser.

GEFRAGT – GEWUSST – GEWONNEN ZDF
1983–1986. Quiz mit Hans Rosenthal, der Städte und Landschaften und ihre Eigenarten vorstellt. Es geht darum, den Gedanken des Denkmalschutzes zu fördern. Musikalisch begleitet wird die Sendung vom Magier der Manuale, Franz Lambert.
Die Show war zunächst von der Internationalen Funkausstellung im Spätsommer 1983 täglich live gesendet worden. Nach eineinhalb Jahren Abwesenheit ging sie ab März 1985 in Serie, jetzt einmal im Monat samstags am Vorabend mit dem Untertitel »Samstag-Treff im ZDF«, und brachte es dann auf 17 weitere Ausgaben.

GEFRIER-SCHOCKER SAT.1
1989. 13-tlg. brit. Horrorreihe (»Hammer House Of Horror«; 1980).
Unter dem gemeinsamen Oberbegriff liefen abgeschlossene einstündige Kurzfilme, die namhafte Horror-Regisseure wie Peter Sasdy, Alan Gibson oder Don Sharp mit wechselnden Hauptdarstellern zulieferten. Roy Skeggs war der Produzent für Hammer Films, die Firma, die u. a. mit Dracula- und Frankenstein-Filmen bekannt geworden war. Dieser Reihe folgte eine weitere, die bei uns unter dem Titel *Vorsicht, Hochspannung!* gezeigt wurde.

GEGEN DEN STRICH VOX
1993. Kurzlebige Talkshow mit Dagobert Lindlau. Sie wollte das »Forum für die andere Meinung« werden, anstatt wiederzukäuen, was alle anderen schon sagen. *Gegen den Strich* verschwand aber (zusammen mit *Schlagabtausch*) schnell wieder, weil das neu gestartete »Ereignisfernsehen« Vox sich höhere Quoten erhofft hatte. Es war nach *Veranda* der zweite Misserfolg für Lindlau in kurzer Zeit.
Die wenigen Folgen liefen montags um 22.10 Uhr.

GEGEN DEN WIND ZDF
1980. 13-tlg. austral. Historiendrama (»Against the Wind«; 1978).
Ende des 18. Jh. wird das irische Mädchen Mary Mulvane (Mary Larkin) wegen Rebellion gegen die Briten nach Australien verbannt. Die sechsmonatige Seefahrt ist furchtbar, sie plant mit Polly McNamara (Kerry McGuire) einen Gefangenenaufstand – vergeblich. Sie verliebt sich in Jonathan Garrett (Jon English), einen anderen Verurteilten. Beide müssen viele Ungerechtigkeiten ertragen, bis sie endlich heiraten können und freie Siedler werden.
Jon English war ein bekannter Popstar der 70er-Jahre. Er schrieb auch die Musik zur Serie, das Album wurde ein Welterfolg, der Titelsong ein Nummer-eins-Hit in sechs Ländern. Die 45-Minuten-Folgen liefen mittwochs um 19.30 Uhr.

GEGEN DEN WIND ARD
1983. 13-tlg. brit. Fliegerserie von Eric Paice und N. J. Crisp (»Buccaneer«; 1980).
Der entlassene Pilot Tony Blair (Bryan Marshall) gründet mit Hilfe des Geschäftsmanns Charles Burton (Clifford Rose) eine eigene kleine Fluglinie: Red-Air. Die kämpft fast immer ums nackte Überleben und versucht, Mitbewerber abzuhängen, lukrative Aufträge zu erhaschen, die sie bis nach Afrika führen, und genügend Geld zu erwirtschaften, um ein neues Flugzeug kaufen zu können, bevor das alte seinen Geist aufgibt. Die Journalistin Monica Burton (Pamela Salem) ist Tonys Frau.
Die einstündigen Folgen liefen im regionalen Vorabendprogramm.

GEGEN DEN WIND ARD
1995–1999. 53-tlg. dt. Abenteuerserie.
Niklas Andersen (Ralf Bauer), genannt Nik, und Sven Westermann (Hardy Krüger jun.) verbringen ihre Freizeit am Strand von St. Peter-Ording. Sie sind begeisterte Surfer, beste Freunde und werden schließlich sogar quasi Brüder, als Svens Vater John (Henry van Lyck) Niks Mutter Christine (Daniela Ziegler) heiratet, die die Pension »Godewind« leitet. Nik arbeitet nach einem schweren Surfunfall eine Weile in John Westermanns Hotel, schmeißt dann aber hin und geht mit Sven gemeinsam in die Werbung. Außerdem erteilt er Surfunterricht. Britta Behrend (Julia Heinemann) ist anfangs Niks Krankengymnastin, in die sich sowohl Sven als auch Nik verlieben. Sie kommt mit Sven zusammen, trennt sich jedoch von ihm, und Nik wird ihr Freund. Rocky (Antonio Putignano) gehört die örtliche Pizzeria, er heiratet Martina (Katrin Weißer) am Tag von Johns und Christines Trauung im Rahmen einer großen Doppelhochzeit. Britta verlässt St. Peter-Ording. Svens neue Freundin Sonja (Sonja Zimmer-Storelli) kommt bei einem Motorradunfall ums Leben. Er verliebt sich später in Julia (Katja Woywood).
Auf Hawaii lernt Nik Sarah (Dennenesch Ninnig, später als Dennenesch Zoudé) kennen, die seine Freundin wird und mit ihm nach St. Peter-Ording kommt. Mit Julia und Martina gründet sie den Lokalsender Radio SPO. Nach einem Spaziergang am Strand kehrt Christine nicht nach Hause zurück und bleibt für immer verschwunden. Westermann und Nik engagieren danach Melissa (Janette Rauch) als Kindermädchen für die kleine Stine (Ricarda Reffo). Nik und Sven werden von ihren Freundinnen verlassen und verlieben sich neu, Sven in Vicky (Ursula Buschhorn), Nik in Yvonne (Julia Dahmen), die gemeinsam mit ihrem Bekannten Patrick (Marco Girnth) neu in die Stadt gekommen ist. Patrick ist ebenfalls ein hervorragender Surfer und eine echte Konkurrenz für Sven und Nik. Zur Surferclique ge-

GEH AUFS GANZE SAT.1, KABEL 1

1992–1997 (Sat.1); 1999–2003 (Kabel 1). Dauerwerbesendung und tägliche Spielshow mit Jörg Draeger.

Draeger pokert mit Kandidaten um Preise. Die Teilnehmer, die er aus dem Studiopublikum auswählt, haben sich im Wesentlichen zwischen verschiedenen Toren, Kisten oder Umschlägen zu entscheiden, ohne zu wissen, was sich dahinter verbirgt. Hat sich der Kandidat für etwas entschieden, wedelt Draeger mit Geldscheinen oder lockt mit wieder anderen Toren, Kisten oder Umschlägen, um den Kandidaten dazu zu verführen, sich noch einmal umzuentscheiden. Wer falsch pokert und auf Draegers Schlitzohrigkeit hereinfällt, bekommt den »Zonk«, das Maskottchen der Show, einen Plüschteufel, der die Niete darstellt.

Alle gewonnenen und auch verlorenen Produkte wurden im Anschluss ausführlich beschrieben, um sie zu bewerben. Vorbild war das US-Format »Let's Make A Deal«. Das eigentlich simple Konzept lebte ganz von Draegers Menschenkenntnis: Er führte die Kandidaten durch ein Wechselbad der Gefühle und spielte mit ihrer Gier einerseits und ihrem Sicherheitsbedürfnis andererseits. Aus dem reinen Glücksspiel machte er scheinbar einen Machtkampf. Als Preise lockten immer wieder Autos, die die Kandidaten so nah vor sich sahen, dass es scheinbar nicht mehr darum ging, es zu gewinnen, sondern es nicht zu verlieren. Draeger trat dann auf wie ein schmieriger Gebrauchtwagenhändler, der mit faulen Angeboten in die Irre führen will, aber leider ein sehr guter schmieriger Gebrauchtwagenhändler ist und einen zwischendurch fröhlich anlächelt und sagt: Hey, ich bin ein schmieriger Gebrauchtwagenhändler! Trauen Sie mir etwa? Trauen Sie mir etwa nicht? Währenddessen brüllte das Publikum dauernd sinnlose Tipps von den Rängen: »Den *roten* Umschlag!«

Geh aufs Ganze lief täglich um 18.20 Uhr, zwischenzeitlich auch mal um 16.00 Uhr, dann um 18.30 Uhr. Im Januar 1997 wechselte Jörg Draeger zu RTL, und Elmar Hörig übernahm die Moderation der Show. Noch im selben Jahr stellte Sat.1 sie nach mehr als 1500 Ausgaben ein. 1999 reanimierte Kabel 1 sie mit neuen Folgen, jetzt wieder mit Draeger als Moderator und Simone Dericks als ständiger Assistentin und weiterhin jeden Werktag im Vorabendprogramm. Die Dauer der Sendung änderte sich bei beiden Sendern mehrfach und schwankte jeweils zwischen 30 und 60 Minuten. Anfang 2002 entfernte Kabel 1 die Show wegen sinkender Marktanteile aus dem täglichen Programm, ließ sie eine Weile pausieren, sendete sie ab August 2002 für einige Wochen zur Primetime, dafür nur noch einmal wöchentlich, donnerstags um 20.15 Uhr. Nach sechs weiteren Folgen im Sommer 2003 sonntags um 19.10 Uhr war endgültig Schluss, laut offizieller Verlautbarung, weil Jörg Draeger seine Fernsehkarriere beenden wolle. Das tat er im Grunde tatsächlich, er moderierte fortan auf 9 Live. Dort durfte er ab März 2004 sogar wieder in bekannter Art zocken; die Sendung hieß nun »Alle gegen Draeger«.

Geh aufs Ganze: Jörg Draeger mit Zonk und Simone Dericks und der aufregenden Frage, ob sich die Gewinnwahrscheinlichkeit erhöht, wenn sich der Kandidat umentscheidet, welches Tor er wählt, über die angeblich seriöse Mathematiker allen Ernstes diskutiert haben.

hören noch Tjard (Hendrik Martz), Boje (Heinrich Schmieder), Lonzo (Henry Hübchen), Tanja (Tabea Tiesler), Timo (Christian Näthe), Dennis (Patrick Harzig) und Sascha (Sandra Leonhard).

Sonne, Strand und Liebe. Geht immer. Marco Girnth blieb auch nach dem Ende der Serie Dauergast in St. Peter-Ording und drehte dort die Nachfolgeserie *Die Strandclique*. Die einstündigen Folgen liefen um 18.55 Uhr.

GEGEN JEDES RISIKO ZDF

Seit 2005. Dt. Krimireihe.

Weil er dringend Geld braucht, wird der gescheiterte Musiker Max Czerlitzky (Walter Sittler) eher aus Verlegenheit Versicherungsdetektiv. Zur allgemeinen Überraschung macht er seine Arbeit gar nicht schlecht. Ingrid (Birge Schade) ist seine pragmatische Frau, Simone Eberz (Sibylle Canonica) seine strenge Chefin.

Wie jede Krimireihe kündigte auch diese an, einen »etwas anderen« Ermittler zu zeigen. Vor allem zeigte sie aber den gleichen Hauptdarsteller: In den vier Wochen vor dem Start dieser Reihe war Walter Sittler bereits als Hauptdarsteller der ebenfalls neuen spielfilmlangen Krimis *Ein Fall für den Fuchs* in Sat.1 und *Die unlösbaren Fälle des Herrn Sand* bei RTL zu sehen.

GEHEIM – ODER WAS?   ZDF
1994–1995. 30-tlg. dt. Jugendserie.
Bernd (Patrick Kaul), Corinna (Nadine Richter), Tarzan (Mirko Buchmann), Alexander (Mario Salazar), Flo (Natascha Hockwin) und Peter (Fabian Oskar Wien) bilden die Berliner Jugendbande »Krocks«; Ronny (Felix Philippen), Irena (Agata Oniszk), Timo (Tobias Schenke), Judith (Caroline Korneli) und Matthias (Philip Dümcke) bilden die »Watts«. Dazu kommen Olli (Hannes Wegener), Harald (Christian Näthe) und Sophie (Stefanie Stappenbeck), die blinde Sybille (Thea Frank), der Vietnamese Tuan (Bang Pham Viet), Nico (Moritz Gentsch), Maren (Janna-Lena Förschner), Rosa (Myrna Drews) und Eric (Fabian Pauly). Jede Folge schildert Geschichten mehrerer Beteiligter, aber nie aller. Sie treiben sich oft in U-Bahn-Schächten herum. Ihre erwachsenen Anlaufstellen sind die junge Sandra (Bettina Wauschke), die in einem Wohnwagen zu Hause ist, und der alte Robinson (Arno Wyzniewski), der beim Berliner Mauerbau in den U-Bahn-Schächten eingemauert wurde und seitdem dort lebt.
Eine Episode behandelte die Geschichte des Marco Vigano, der in Argentinien seine Mutter sucht. Ausführlicher wurde dessen Geschichte in zwei Serien namens *Marco* geschildert.

GEHEIMAGENT 0014   ZDF
1976. 12-tlg. brit. Comedyserie von Bernard McKenna und Richard Laing (»The Top Secret Life Of Edgar Briggs«; 1974).
Durch ein Versehen wird Edgar Briggs (David Jason), der wahrscheinlich unfähigste britische Agent überhaupt, persönlicher Assistent des Chefs (Noël Coleman) des Geheimdiensts Special Intelligence Service, SIS, der für die besonders heiklen Fälle zuständig ist. Er macht so absurd viele Fehler, dass nicht nur alles schief geht, was eigentlich gar nicht schief gehen könnte, sondern am Ende sogar doch noch alles klappt – aber erst nachdem David Jason gezeigt hat, auf wie viele Arten er witzig stolpern kann. Briggs ist verheiratet mit Jennifer (Barbara Angell), seine Assistentin ist Cathy (Elizabeth Councel).
Britische Variante von *Mini-Max*. Wiederholungen der halbstündigen Folgen in den Dritten Programmen liefen unter dem etwas weniger albernen Titel *Edgar Briggs, das As der Abwehr*.

GEHEIMAUFTRAG FÜR JOHN DRAKE   ARD
1962–1968. 47-tlg. brit. Abenteuerserie von Ralph Smart (»Danger Man«; 1961–1967).
John Drake (Patrick McGoohan) ist Geheimagent. Er hat keinen festen Auftraggeber, sondern arbeitet wechselweise für den, der seine Dienste benötigt. Zur Durchführung seiner Aufträge reist Drake durch die ganze Welt. Er verabscheut rohe Gewalt und trägt keine Waffe bei sich.
Anders als andere Serien zu dieser Zeit, wie z. B. *In geheimer Mission*, war *Geheimauftrag für John Drake* nicht antikommunistisch, sondern eher zynisch: Beide Seiten, der Westen und der Osten, sind korrupt und skrupellos, aber auch ineffizient und unfähig. *Geheimauftrag für John Drake* war ausgesprochen aufwendig produziert und stellte das Vorbild für die James-Bond-Filme dar. McGoohan sollte zunächst auch die Hauptrolle im ersten Bond-Kinofilm spielen, er lehnte aber ab – stattdessen entwickelte und drehte er die Geheimagentenserie »The Prisoner«, die ironischerweise damit beginnt, dass er seinen Geheimagentenjob an den Nagel hängt.
Die ersten 39 Folgen waren eine halbe Stunde lang und liefen im regionalen Vorabendprogramm. Nach fünf Jahren Pause liefen acht neue Folgen, jetzt 50 Minuten lang und am Abend. Zuschauer in England und den USA konnten von der Neuauflage 45 Folgen sehen. In den USA liefen diese neuen Folgen unter dem neuen Titel »Secret Agent«.

GEHEIMCODE F   ARD
1992. 12-tlg. dt.-frz. Jugendserie.
Die Urlaubsreise im Zug nach Spanien endet für Familie Ruhland in Frankreich, denn dort bleibt der Zug stehen. Vater Ruhland (Sascha Scholl), Opa Ruhland (Hein-Peter Scholz), Alain (Yannick Debain), Gérard (Jean-Michel Dagory), der Hund Tarzan und das Schwein Marie-Antoinette finden sich mit der Situation ab und erleben ihre lustigen Abenteuer dann eben dort.

DAS GEHEIME LEBEN DER SPIELERFRAUEN   RTL
2005. 4-tlg. dt. Klischeeserie.
Das »aufregende« Leben hinter den Kulissen des Profifußballvereins 1. FC Düsseldorf aus der Sicht der Spielerfrauen, die auf Partys, in Boutiquen und Schönheitssalons das von ihren Männern finanzierte Luxusleben genießen. Petra (Niki Greb) ist seit vielen Jahren mit dem Stürmer Mario Faller (Ben Tewaag) verheiratet, Vera (Ellen Schlootz) mit Henning Kahmke (Axel Wedekind), der ihrer Meinung nach Mannschaftskapitän werden sollte, und Karina (Judith Hoersch) mit Mannschaftskapitän Torsten Bader (Oliver Kniffki). Sie möchte Sängerin werden. Fabiana Costa e Silva (Anna Huber) ist Model und die Freundin des Stürmers Vincent Novak (Rhon Diels). Der Mittelfeld-Einkauf Luca Pirani (Bruno Bruni jun.) ist Single. Ihn umwerben die Kellnerin Melanie (Jana Straulino) und Caré (Anne Sarah Hartung), die Tochter des Vereinssponsors Maximilian Graf von Rohrschach (Mathieu Carrière). Manager Badenweiler (Hansjürgen Hürrig), Trainer Horst Woikowski (Christian Tasche) und sein Assistent Udo Wagner (Thomas Wüpper) führen den Verein und Désiré (Julia Dietze) den Beauty-Salon, in dem sich die Frauen treffen, um Strippen zu ziehen und herumzuzicken.
Die Reihe beruht auf der ITV-Serie »Footballers' Wives«, die in Großbritannien 2004 für viel Gesprächsstoff und gute Zuschauerzahlen sorgte. Die einstündigen Folgen liefen donnerstags um 21.15 Uhr.

DAS GEHEIME TAGEBUCH DES ADRIAN MOLE, 13 ¾   BR, ARD
1987 (BR); 1991 (ARD). 13-tlg. brit. Comedyserie von

Sue Townsend nach ihren eigenen Büchern (»The Secret Diary Of Adrian Mole, Aged 13 ¾«; 1985 / »The Growing Pains Of Adrian Mole«; 1987).
Adrian Mole (Gian Sammarco) ist, nun ja, fast 14, und eigentlich hätte er genug mit dem Kampf gegen die Pickel zu tun und damit, das Herz von Pandora (Lindsey Stagg) zu erobern. Doch außerdem muss er sich mit seiner zerbrechenden Familie herumschlagen: Seine ohnehin meist peinlichen Eltern, Pauline (Julie Walters; ab Folge 8: Lulu) und George (Stephen Moore), streiten nur noch. Wenigstens seine Oma (Beryl Reid) ist mit gut gemeinten Ratschlägen da. Adrian kümmert sich um den alten Griesgram Bert Baxter (Bill Fraser); Nigel (Steven Mackintosh) ist sein bester Freund in der Schule. In der zweiten Staffel ist Adrian 15 – aber sonst ändert sich wenig.
Die ersten sieben halbstündigen Folgen zeigte zuerst das Bayerische Fernsehen und wenige Monate später die ARD, der Rest lief gleich im Ersten. Die zweite Pauline-Darstellerin Lulu war in den 60er-Jahren ein Popstar und benötigte deshalb keinen Nachnamen.

DIE GEHEIME WELT DER POLLY FLINT ARD

1987. 6-tlg. brit. Jugend-Fantasyserie nach dem Roman von Helen Cresswell (»The Secret World Of Polly Flint«; 1987).
Das Mädchen Polly Flint (Katie Reynolds) flüchtet sich, ermuntert durch ihre Großmutter (Brenda Bruce), immer wieder aus ihrem einsamen Alltag in eine Fantasiewelt. Als ihr Vater (Malcolm Storry) verletzt wird, zieht sie zu ihrer merkwürdigen Tante Em (Susan Jameson). Sie findet ein Dorf aus der Vergangenheit, das zwischen den Zeiten gefangen ist und dessen Bewohner nur sie sehen kann.
Die halbstündigen Folgen liefen tagsüber.

DAS GEHEIMNIS DER BLAUEN KRONE ARD

1974–1975. 11-tlg. US-Mysteryserie (»Coronet Blue«; 1967).
Michael Alden (Frank Converse) wird aus dem New Yorker Hafen gefischt und kann sich an fast nichts mehr erinnern. Offenbar hat jemand versucht, ihn umzubringen. Nicht einmal sein Name stimmt, doch irgendeinen muss er ja haben, und den richtigen hat er vergessen. Aber irgendetwas von einer blauen Krone schwirrt noch in seinem Kopf herum. Er freundet sich mit dem Mönch Anthony (Brian Bedford) und dem Cafébesitzer Max Spier (Joe Silver) an und versucht zu klären, wer er ist und was es mit dieser blauen Krone auf sich hat.
Das Geheimnis blieb für immer ungelöst, denn die Serie wurde vorzeitig abgesetzt. Spätere Serien mit ähnlicher Prämisse, *Nowhere Man* und *Der Fall John Doe!* ereilte das gleiche Schicksal.
Die einstündigen Folgen liefen im regionalen Vorabendprogramm.

DAS GEHEIMNIS DER BLAUEN TROPFEN ARD

1976–1977. 15-tlg. US-Comedyserie von Buck Henry (»Captain Nice«; 1967).
Versehentlich entdeckt der Polizeichemiker Carter Nash (William Daniels) bei der Arbeit eine blaue Flüssigkeit, die ihm Superkräfte verleiht und es ihm ermöglicht, zu fliegen und böse Verbrecher zu bekämpfen. Dazu ist er aber viel zu schüchtern, hat keine Lust und würde sich von selbst niemals aufraffen. Doch Mutti (Alice Ghostley) schneidert ihm ein schickes weiß-blaues Superheldenkostüm mit roten Sternchen und gibt ihm einen Tritt. Als Charlie Nonsens kämpft er nun an der Seite der Polizistin Candy Kane (Ann Prentiss) für das Gute.
Dass der Held in der deutschen Version »Charlie Nonsens« genannt wurde, konnte nicht darüber hinwegtäuschen, dass er im amerikanischen Original »Captain Nice« hieß. Das stand nämlich in großen Lettern auf seinem Heldenkostüm.
Die 30-minütigen Folgen liefen im regionalen Vorabendprogramm. Und dass die Serie eine Parodie auf Superheldengeschichten war, hinderte Hauptdarsteller William Daniels nicht daran, später in der US-Originalversion von *Knight Rider* die Rolle von KITT zu sprechen.

DAS GEHEIMNIS DER DELPHINE PRO SIEBEN

1990. 8-tlg. austral. Familienserie (»Dolphin Cove«; 1988).
Nach dem Tod seiner Frau zieht der Wissenschaftler Dr. Michael Larson (Frank Converse) mit seinen Kindern Katie (Karron Graves) und David (Trey Ames) nach Australien, um die Sprache der Delphine zu erforschen und die Möglichkeit, mit ihnen zu kommunizieren. Ihr Assistent ist der Aborigine James »Didge« Desmonde (Ernie Dingo); das Geld für die Forschung stammt von dem reichen Industriellen Baron Trent (Nick Tate).
Die einstündigen Folgen liefen sonntags am Vorabend.

DAS GEHEIMNIS DER MUMIE RTL

2002–2004. 26-tlg. US-Zeichentrickserie (»The Mummy«; 2001–2003).
Die Archäologin Evy reist mit ihrem Mann Rick und ihrem elfjährigen Sohn Alex nach Ägypten. Sie finden das Armband von Osiris, dem König der Unterwelt, das ungeheure Kräfte verleihen soll. Der böse Imhotep ist deshalb hinter dem Armband her und verfolgt die Familie fortan.
Die Serie basierte auf den Kinofilmen »Die Mumie« und »Die Mumie kehrt zurück« und lief am Sonntagmorgen.

DAS GEHEIMNIS DER SAHARA ZDF

1989. 6-tlg. ital.-frz.-dt.-span. Abenteuerserie nach dem Roman von Emilio Salgari; Regie: Alberto Negrin (»Il segreto del Sahara«; 1987).
Niemand weiß, welches Geheimnis der »Sprechende Berg« in der Sahara birgt, aber alle wollen es herausfinden: der amerikanische Geologe Desmond Jordan (Michael York), sein Weggefährte Orso (Diego Abatantuono), der Fremdenlegionär Lieutenant Ryker (David Soul) und der Kalif von Timbuktu (James

Farentino). Bisher ist jedenfalls jeder gestorben, der es versucht hat. Vielleicht ist es ja ein Schatz. Jordan und Orso finden auf der Flucht vor Räubern Zuflucht in der Oase des weisen Heilers Solomon (Ben Kingsley), dessen Adoptivtochter Parizade (Radost Bokel) sich in Orso verliebt. Kriegsherrin Anthea (Andie McDowell), die Gebieterin des Berges, und ihre roten Reiter möchten das Geheimnis bewahren und verbitten sich die Nachforschungen. Doch Anthea scheint Jordan zu mögen, denn sie gestattet ihm einen kurzen Blick ins Bergesinnere, und er erblindet lediglich. Später schlägt sie sich endgültig auf seine Seite, nachdem Jordan von Ryker und dem Kalifen gefangen genommen wurde. Zusammen mit Jordans Sohn Philip (William McNamara) und dem ehemaligen Wüstenbanditen El Hallem (Miguel Bosé) befreit sie ihn.

Nach einem 90-minütigen Pilotfilm liefen die einstündigen Folgen im Vorabendprogramm. Die Titelmusik stammt von Ennio Morricone.

DAS GEHEIMNIS DER SIEBEN STERNE ARD

1967. »Neue Erlebnisse mit Poly«. 6-tlg. frz. Kinderserie von Cécile Aubry, Regie: Claude Boissol (»Poly et le secret des sept étoiles«; 1964).

Der kleine Tony (René Thomas) und sein Pony Poly sind nach Korsika gekommen und helfen Tonys Cousine Stella (Christine Simon), das Geheimnis der sieben Sterne zu ergründen. Dabei handelt es sich um irgendwo auf der Insel versteckte Hinweise, die zu einem Schatz führen, der Stella und ihrer Tante Antonia (Nicole Desailly) gehört. Der schrullige Antoine (Jacques Galland) wird auch ein Freund.

Diese Fortsetzung der Serien *Poly* und *Wiedersehen mit Poly* lief am Sonntagnachmittag. Weiter ging's im folgenden Jahr mit *Poly in Portugal*.

DAS GEHEIMNIS DER VERBORGENEN STADT PRO SIEBEN

1997. 26-tlg. südafrikan. Abenteuerserie (»The Legend Of The Hidden City«; 1995–1996).

Die Wissenschaftlertochter Nina (Danielle Crouse), ihr Freund Dean (Brendan Pollecutt), der gemeinsame Freund Thabo (Fezile Mpela) und der Pilot Morgan (André Jacobs) stürzen im südafrikanischen Dschungel mit dem Hubschrauber ab – ironischerweise genau über der sagenumwobenen verborgenen Stadt At-Bara, nach der Ninas Vater auf der Suche war. Der saß aber gerade nicht mit im Hubschrauber. Alle überleben, doch Nina wird entführt und gilt als tot. Dean und Thabo werden von Eingeborenen als Auserwählte aufgenommen, weil sie vom Himmel gefallen sind, und Dean heiratet die Prinzessin Kama (Gina Borthwick). Da taucht Nina, die sich befreien konnte, wieder auf, und Dean entdeckt seine alte Liebe neu. Morgan ist der gegnerischen Seite beigetreten und rebelliert gemeinsam mit der Hohepriesterin Kabeth (Adrienne Pearce) gegen den König und die Jugendlichen. Dabei stirbt der König, und Kabeths böser Sohn Ram (Robert Finlayson) wird sein Nachfolger. Fortan sind Nina, Dean, Thabo, Kama und Kamas Freundin Briah (Nkhensani Manganyi) auf der Flucht und kämpfen gegen die Rebellen.

Pro Sieben zeigte sonntagmittags je zwei halbstündige Folgen hintereinander. 13 weitere Folgen liefen nur im Regional- oder Pay-TV.

DAS GEHEIMNIS DER WEISSEN MASKEN ARD

1967. 13-tlg. frz. Abenteuerserie nach dem Roman von Alexandre Dumas, Regie: Michel Drach (»Les Compagnons de Jéhu«; 1966).

1799 unterstützt die Gemeinschaft Jéhu die Royalisten bei dem Versuch, die Monarchie wiederherzustellen. Sie rauben, geben den Royalisten ihre Beute und kämpfen heißblütig gegen Napoleon Bonaparte und »Für den König!«. Anführer ist ein weiß maskierter Edelmann namens Morgan (Claude Giraud). Napoleon aber, der inkognito aus Ägypten zurückgekehrt ist, setzt Roland de Montrevel (Yves Lefèbvre) und Sir John Tanley (Michaël Münzer) an, Morgan zu demaskieren. Am Ende stirbt Morgan.

Die halbstündigen Folgen liefen im regionalen Vorabendprogramm.

DAS GEHEIMNIS DES SCHWARZEN DSCHUNGELS ZDF

1991. 5-tlg. ital.-frz.-dt. Abenteuerserie nach dem Roman von Emilio Salgari, Regie: Kevin Connor (»I misteri della giungla nera«; 1990).

Im britisch besetzten Indien verliebt sich die Tochter eines britischen Colonels in einen Einheimischen. Aber der Reihe nach: Der Krieger Kammamuri (Kabir Bedi), der junge Prinz Tremal Naik (Amerjit Deu) und dessen Kindermädchen sind die einzigen Überlebenden eines Mordanschlags auf den Maharadscha von Rangnagar, den Vater des Prinzen. Kammamuri nimmt sich des Jungen an und zieht ihn im Schwarzen Dschungel groß. Tremal Naik, der noch zu klein war, um die Ereignisse mitzubekommen, hält Kammamuri für seinen Vater. Derweil ist Ada (Gabrielle Anwar), die Tochter von Colonel Corishant (Stacy Keach), von dem Sektenführer und Maharadscha Mohan Singh (Derrick Branche) entführt und mit einem Fluch belegt worden. Jahre später stößt der herangewachsene Tremal Naik durch Zufall auf das Versteck, in dem Ada gefangen gehalten wird. Er verliebt sich in sie. Durch einen weiteren Zufall trifft er kurz darauf deren Mutter Sarah (Virna Lisi) und erfährt von der Entführung. Und während der Colonel Kammaruri für den Entführer hält und dessen Hütte abfackelt, verhilft Tremal Naik seiner verehrten Ada zur Flucht.

Nach einem 90-minütigen Pilotfilm zu Neujahr liefen die einstündigen Folgen an den nächsten vier Tagen am Vorabend. Kabir Bedi war durch die Titelrolle in einer anderen Verfilmung eines Salgari-Romans bekannt geworden: als *Sandokan, der Tiger von Malaysia*.

DAS GEHEIMNIS DES SIEBTEN WEGES ARD

1984. 13-tlg. niederld. Jugendserie von Karst van der Meulen (»De Zevensprong«; 1982).

Das Geheimnis von Twin Peaks: Michael Ontkean (links), Kyle MacLachlan.

Der Lehrer Frans van der Steg (Peter Bos) sucht einen geheimnisvollen Schatz, der im Schloss des Grafen Grauenstein (Fred Hugas) versteckt sein soll. Der Graf hält dort seinen Neffen Geert-Jan (Czeslaw de Wijs) gefangen, dem der Schatz zusteht. Frans schafft es, sich als Geert-Jans Privatlehrer in das Schloss einzuschleichen.
Die 25-minütigen Folgen liefen nachmittags.

DAS GEHEIMNIS DES STEINS   ARD
1992. 13-tlg. schwed.-dt. Abenteuerserie.
Der 13-jährige Jake (Jonas Sternberg) begleitet seinen Vater, den Schriftsteller Sven Nilsson (Carl-Ivar Nilsson), auf der Suche nach einer alten Familienfibel. Unterwegs erleben sie Abenteuer, über die Sven später ein Buch schreiben will.
Die 25-minütigen Folgen liefen im Kinderprogramm.

DAS GEHEIMNIS DES WEISSEN BÜFFELS   ZDF
1985. 5-tlg. US-Indianerdrama von Jeb Rosebrook nach dem Roman »Hanta Hanta« von Ruth Beebe Hill (»Mystic Warrior«; 1984).
Olepi (Nick Ramus), Häuptling der Matho-Indianer, und sein Sohn Ahbleza (Robert Beltran) entdecken 1801 zum ersten Mal weiße Männer. Ihr Medizinmann Wanagi (Ron Soble) ahnt Böses für die Zukunft.
Jede Folge dauerte 45 Minuten.

DAS GEHEIMNIS VON BLACK ROSE CASTLE   ARD
2003. 13-tlg. dt.-ungar. Jugendserie von Katalin Petényi und András Nagy.
Bob (Travis Kisgen) und sein Freund Martin (James Schanzer) verbringen die Sommerferien auf der Burg »Black Rose Castle«, wo Bobs Großvater Professor Lennox (Djoko Rosić) lebt und über die jahrhundertealte Familientradition der Rosenkreuzer forscht. An seinen Ergebnissen ist Drummond (Sepp Schaue) interessiert – um jeden Preis.
Die 25-minütigen Folgen liefen samstagmorgens. Die Serie ist komplett auf DVD erhältlich.

DAS GEHEIMNIS VON PASADENA   SAT.1
2005. 13-tlg. US-Soap von Mike White (»Pasadena«; 2001).
Die Familie Greeley/McAllister ist reich und komisch. Teenager Lily McAllister (Alison Lohman), die auch als Erzählerin fungiert, ist die Enkelin des Moguls George Reese Greeley (Philip Baker). Sein Besitz ist ein Firmenimperium, zu dem u. a. die Zeitung »Los Angeles Sun« gehört. Seine Tochter, die neurotische Catherine (Dana Delany), und ihr Mann Will (Martin Donovan) sind Lilys Eltern. Dass irgendetwas nicht normal ist, wird schon deutlich, als in der ersten Folge aus heiterem Himmel ein Mann ins Haus der McAllisters kommt und sich aus freien Stücken erschießt.
Was das Geheimnis von Pasadena ist, wird jedoch nicht gelüftet, da die Serie nach nur vier Folgen in den USA abgesetzt wurde. Sat.1 zeigte samstagmorgens alle 13 produzierten Folgen.

DAS GEHEIMNIS VON TWIN PEAKS   RTL, TELE 5
1991 (RTL); 1992 (Tele 5). 30-tlg. US-Krimi-Mystery-Serie von David Lynch und Mark Frost (»Twin Peaks«; 1990–1991).
Der FBI-Agent Dale Cooper (Kyle MacLachlan) kommt in das Städtchen Twin Peaks, um dort gemeinsam mit dem örtlichen Sheriff Harry S. Truman (Michael Ontkean) den Mord an der 17-jährigen Schülerin Laura Palmer (Sheryl Lee) aufzuklären. Cooper genießt den örtlichen Kirschkuchen und den verdammt guten Kaffee und spricht alle wichtigen Ermittlungsschritte und neuen Erkenntnisse für seine (nie zu sehende) Assistentin Diane in ein Diktiergerät. Nach und nach lernt er die merkwürdigen Menschen von Twin Peaks und ihre Geheimnisse kennen, ebenso die der so harmlos erscheinenden Schülerin Palmer, die sich postum als sexbesessene, drogensüchtige Schlampe entpuppt.
Zu den Einwohnern gehören: Die Truckerfrau Shelley Johnson (Madchen Amick), Lauras Freund Bobby Briggs (Dana Ashbrook), der Hotelbesitzer Benjamin Horne (Richard Beymer), seine Tochter Audrey (Sherilyn Fenn), Dr. William Hayward (Warren Frost), seine Tochter Donna (Lara Flynn Boyle), die Lauras beste Freundin war, die Restaurantbesitzerin Norma Jennings (Peggy Lipton), James Hurley (James Marshall), sein Onkel Big Ed (Everett McGill), ein Tankstellenbesitzer, Lauras Vater Leland Palmer (Ray Wise), der Trucker Leo Johnson (Eric Da Re), die Witwe Jocelyn »Josie« Packard (Joan Chen) und ihre Schwägerin Catherine Martell (Piper Laurie), der Psychiater Dr. Lawrence Jacoby (Russ Tamblyn), Lauras Cousine Madeleine Ferguson (Sheryl Lee),

die »Log Lady« Margaret (Catherine E. Coulson), die immer mit einem Stück Holz herumläuft und mit ihm spricht, und Sheriff Trumans Deputies Tommy Hill (Michael Horse) und Andy Brennan (Harry Goaz). Nach monatelanger Suche findet Cooper Lauras Mörder schließlich in ihrem eigenen Vater, der von einem bösen Geist besessen ist und sich oft in den Amok laufenden Irren Bob (Frank Silva) verwandelt.

Die Suche nach Lauras Mörder erstreckt sich über den größten Teil der Serie, jedoch nicht bis zum Ende. In Folge 16 wird Leland alias Bob entlarvt, und FBI-Agent Cooper kümmert sich anschließend um andere Merkwürdigkeiten, die in der Stadt vorgehen, in der niemand ist, was er scheint, und nicht einmal das ist, was er gerade noch war. Der Mord an Laura Palmer gehört für Cooper zu einem ganzen Netz von Verbrechen, mit dem sein ehemaliger Kollege Windom Earl (Kenneth Welsh) auf eine verstiegene Art Rache an ihm zu nehmen versucht. Formaler gesagt, löst sich *Twin Peaks* nach der Täterfindung von der Simulation einer endlichen Krimiserie in die Simulation einer unendlichen Soap auf und kehrt damit in genau jene Fernsehwelt zurück, in der in vielen Folgen im Hintergrund immer wieder Ausschnitte aus der fiktiven Soap »Invitation to Love« liefen.

Als einziger halbwegs »normaler« Charakter geht nur der Sheriff Harry S. Truman durch – der allerdings dank seines Namens allem, was er tut, trotzdem eine ironische Wendung gibt. Eine kleine Nebenrolle hat der noch unbekannte David Duchovny, der später mit *Akte X* weltberühmt wurde. Er spielt den ermittelnden Transvestiten Dennis/Denise Bryson. Darstellerin Sheryl Lee war gleich in zwei Rollen zu sehen. Sie spielte Lauras Cousine und zugleich auch die ermordete Laura, die immer wieder in Traumsequenzen und Rückblenden auftauchte. Regisseur und Serienerfinder David Lynch selbst trat in einer Nebenrolle als Gordon Cole auf. Sherilyn Fenn spielte nicht nur in der Serie als Audrey mit ihren weiblichen Reizen, sie zog sich auch für den »Playboy« aus, was dazu führte, dass der »Twin Peaks«-Kalender von Ladenketten in den USA boykottiert wurde.

RTL zeigte nur die ersten 21 Folgen freitags um 21.15 Uhr; die übrigen hatte der Sender von Anfang an nicht gekauft. Die restlichen neun liefen im Anschluss innerhalb von vier Wochen bei Tele 5.

Als die Serie startete, versuchte Konkurrenzsender Sat.1 den Zuschauern die Spannung zu verderben, indem er in seinem Videotext bereits den Mörder verriet, und zwar mit den Worten: »Liebes RTLplus, sei nicht traurig. Sat.1 hilft allen Deinen Zuschauern beim Gewinnspiel zu ›Twin Peaks‹, auf die Gewinnerstraße zu kommen. Laura Palmer wurde von ihrem Vater Leland Palmer umgebracht. Der Vater war sauer über seine kokainsüchtige Tochter, die der Wanderpreis (jeder hatte sie mal) der Gemeinde war. Außerdem wollte sie verraten, dass er vom bösen Geist besessen ist. So war's in den USA – aber vielleicht synchronisiert RTL ja einen anderen Mörder rein ...?« RTL klagte dagegen und erwirkte einen Beschluss des Landgerichts Hamburg, wonach Sat.1 »sittenwidrig« gehandelt habe. Sat.1 wies darauf hin, dass die Auflösung schon vorher in zwei Zeitschriften gestanden habe. Kritiker merkten an, dass es sich offensichtlich um ein Déjà-vu handele, siehe *Das Halstuch*. Und fast niemand wies darauf hin, dass es ein großes Missverständnis war, *Twin Peaks* überhaupt als klassische Detektivgeschichte aufzufassen. Die Ermittlungen waren für David Lynch nur der Vorwand, immer neue Abgründe der Einwohner von Twin Peaks zu zelebrieren und die Erwartungen der Zuschauer an einen irgendwie rational nachvollziehbaren oder auch nur in sich stimmigen Krimiplot immer wieder zu brechen.

Eine Methode, mit der Cooper der Lösung des Falls näher kommt, stammt angeblich aus der tibetanischen Mystik. Er hat sie unbewusst in seinen Träumen erlernt (die überhaupt ebenso verstörend wie hilfreich bei seiner Arbeit sind). Cooper ordnet den Verdächtigen Glasflaschen zu, auf die er mit einem Stein wirft. Je nachdem, ob der Stein die Flasche verfehlt oder trifft oder gar trifft und zerbricht, gilt ihm jemand als mehr oder weniger verdächtig. Wer nach dieser Szene (und Dutzenden ähnlichen) die Serie mit der Logik einer *Derrick*-Folge nachzuvollziehen versucht, ist selbst schuld.

Twin Peaks lebte nicht vom »Whodunnit« einer klassischen Detektivgeschichte, sondern von seiner Komplexität, Vieldeutigkeit und der bewussten Verwirrung seiner Zuschauer. In der letzten Szene zerbricht Cooper einen Spiegel, in dem Bob erscheint, der Mörder, von dem nun anscheinend Cooper besessen ist. Das lässt sich als Parallele zur ähnlich komplexen Serie *Nummer sechs* interpretieren, in der ebenfalls am Ende angedeutet wird, dass die beiden scheinbaren Gegenspieler »Nummer 6« und »Nummer 1« in Wahrheit identisch sind. Vor allem aber ließ der Schluss unendlich viele Fragen offen. Die Antwort erhofften sich Fans vom Fernsehfilm »Twin Peaks – Der Film« (»Twin Peaks: Fire Walk With Me«; 1992), der 1995 auf Pro Sieben lief und natürlich alle Fragen offen ließ. Er stellte sich als Prequel heraus, das die letzten Wochen der Laura Palmer vor ihrem Tod schilderte.

Der große Erfolg der Serie blieb in Deutschland aus, und auch in den USA ließ die anfangs gewaltige Anteilnahme der Zuschauer nach dem ersten Hype schnell nach. Doch eine kleine Fangemeinde ließ sich vom einzigartig surrealen und seltsamen Universum von *Twin Peaks* dauerhaft faszinieren. Die verstörend schöne Titelmusik stammt von Angelo Badalamenti.

Die erste Staffel ist auf DVD erhältlich.

GEHEIMNISSE DES MEERES ARD

1969–1973. Frz. Meeresfrüchtereihe von Jacques Cousteau (»The Undersea World of Jacques Cousteau«; 1966).

Cousteau bereist mit seinem Schiff »Calypso« die Meere und berichtet von unterwegs über Tiere im und unter Wasser. Die 45 Minuten langen Folgen liefen zur Primetime.

GEHEIMNISSE UNSERES UNIVERSUMS ZDF
1999–2000. 45-minütiges Wissenschaftsmagazin von und mit Joachim Bublath, der die Urknalltheorie näher betrachtete, Geheimnisse von Licht und Zeit und andere Rätsel des Weltalls erläuterte. Sechs Folgen liefen in zwei Staffeln sonntags um 19.30 Uhr.

DIE GEHEIMNISVOLLE INSEL DFF 1
1974. 6-tlg. frz.-ital. Abenteuerfilm nach dem Roman von Jules Verne, Regie: Juan Antonio Bardem und Henri Colpi (»L'isle mystérieuse«; 1973).
Fünf Gefangenen gelingt während des Amerikanischen Bürgerkriegs die Flucht in einem Heißluftballon: Offizier Cyrus Smith (Gérard Tichy), seinem Gehilfen Nab (Ambroise Bia), dem Kriegsberichterstatter Gideon Spilett (Philippe Nicaud), dem Südstaatenseemann Bonaventure Pencroft (Jess Hahn), dem Waisenjungen Herbert Brown (Rafael Bardem) und dem Hund Top. Sie kommen jedoch nicht so weit wie erhofft und müssen auf einer Insel notlanden. Sofort nehmen sie sie in Beschlag, erklären sich zu Kolonisten und beginnen unter der Führung von Smith die Erkundung. Es geschehen merkwürdige Dinge, böse Mächte scheinen zu herrschen, und sie werden von Piraten angegriffen.
Dann treffen sie auf den Herrscher der Insel, den geheimnisvollen Kapitän Nemo (Omar Sharif), der sich samt U-Boot »Nautilus« hierher zurückgezogen hat. Er ist ein sehr eigener Kerl, der niemanden nah an sich oder seinen Besitz heranlässt. Dafür sorgt er mit allerlei technischem Schnickschnack wie Laserkanonen, die die bisher unerklärlichen Lichtblitze verursachen. Er verhilft nun den gestrandeten Flüchtlingen zur Flucht, denn von der einen Seite sind sie von den Piraten bedroht, von der anderen Seite durch einen bevorstehenden Vulkanausbruch. Mit einem kleinen, selbst gebauten Schiff rettet die Gruppe noch einen anderen Schiffbrüchigen von einer Nachbarinsel, und mit einem größeren fahren sie schließlich aufs Meer hinaus, wo sie von einem Segelschiff gerettet werden.
Jede Folge dauerte 50 Minuten. Sie liefen 1975 auch in der ARD. 1976 zeigte DFF 1 erstmals eine resolut gekürzte einzelne Spielfilmfassung unter dem Titel »Herrscher einer verlorenen Welt« und 1996 RTL 2 eine Neuauflage.

GEHEIMNISVOLLE INSEL RTL 2
1997. 22-tlg. kanad.-neuseeländ. Abenteuerserie (»Jules Verne's Mysterious Island«; 1995).
Mit einem Heißluftballon fliehen Jack Pencroft (C. David Johnson), seine Frau Joanna (Colette Stevenson) und Teenagersohn Herbert (Gordon Michael Woolvett) sowie Captain Cyrus Harding (Alan Scarfe), Neb Brown (Andy Mashall) und Gideon Spilett (Stephen Lovatt) während des Bürgerkriegs aus der Gefangenschaft der Alliierten. Sie landen auf einer geheimnisvollen Insel, die der böse Captain Nemo (John Bach) beherrscht. Er hasst Menschen und intrigiert gegen die Gruppe, von der er hofft, dass sie sich dadurch selbst zerstört.
Die Serie basierte lose auf Jules Vernes Roman, der bereits Grundlage für einen gleichnamigen Kinofilm im Jahr 1960 und die fast gleichnamige Fernsehserie *Die geheimnisvolle Insel* war.
Die einstündigen Folgen liefen samstagnachmittags.

GEHEIMOPERATION DOWNING STREET RTL
1988. 3-tlg. brit. Krimi nach dem Roman »Bis zum tödlichen Ende« von Gavin Lyall (»The Secret Servant«; 1985).
Im Auftrag der Regierung arbeitet Major Harry Maxim (Charles Dance) als Leibwächter für Professor Tyler (Dan O'Herlihy). Er wird in Waffengeschäfte, Morde und politische Aktivitäten in Nordafrika hineingezogen.

GEHEIMPROJEKT DOOMBOLT ARD
1979. 6-tlg. brit. Jugend-Actionserie von Don Houghton (»The Doombolt Chase«; 1978).
Als Captain Wheeler (Donald Burton), Kapitän des Marineschiffs »HMS Crescendo«, verurteilt wird, weil er scheinbar ohne jeden Grund ein kleines Boot gerammt und zum Kentern gebracht hat, beginnt sein Sohn Richard (Andrew Ashby) mit seinen Freunden Lucy (Shelley Crowhurst) und Pete (Richard Willis), der auf dem Schiff gearbeitet hat, die Hintergründe zu recherchieren. Wheelers Freund und Verteidiger Captain Vallance (Frederick Jaeger) soll Richard verstecken, damit der Junge nicht ins Heim muss, doch der macht sich auf die Suche nach Beweisen für die Unschuld seines Vaters. Er, Pete und Lucy finden den verrückten Wissenschaftler Franz Bayard (George Colouris), der über das gefährliche Doombolt-System verfügt, mit dem sich Atomwaffen zielgenau abfeuern lassen und das er ans Ausland verkaufen will.
Die halbstündigen Folgen liefen dienstags und mittwochs um 17.05 Uhr.

GEHEIMPROJEKT X – DEM BÖSEN AUF DER SPUR VOX
2001. 13-tlg. US-Mysteryserie von Howard Gordon (»Strange World«; 1999).
Der Wissenschaftler Paul Turner (Tim Guinee) schwebt seit einem Unfall mit Chemikalien während des Golfkriegs ständig zwischen Leben und Tod. Immer wenn seine Beschwerden unerträglich werden, taucht eine mysteriöse Japanerin (Vivian Wu) auf und injiziert ihm eine geheimnisvolle Droge, die ihn weiter am Leben hält und die Schmerzen lindert. Mit seiner Freundin Dr. Sydney MacMillan (Kristin Lehman) darf Paul nicht darüber reden, weil die Japanerin sonst nicht mehr auftaucht. Für seine ehemalige Chefin Major Lynne Reese (Saundra Quarterman) arbeitet Paul jetzt wieder, ist Teil eines medizinischen Forschungsprogramms. Er hat keine

Ahnung, warum alle Interesse daran haben, ihn am Leben zu erhalten.
In den USA wurde die gefloppte Serie nach nur drei Folgen abgesetzt. Amerikaner erfuhren des Rätsels Lösung nicht. Vox sendete alle produzierten Folgen mittwochs um 22.15 Uhr gnadenlos weg, doch auch Deutsche erfuhren die Lösung nicht.

DIE GEHEIMSCHUBLADE ARD
1988. 6-tlg. frz.-dt. Krimiserie von Danielle Thompson (»Le tiroir secret«; 1986).
André Lemarchand (Heinz Bennent) hat ein Doppelleben geführt. Das entdeckt seine Frau, die Psychologin Colette (Michèle Morgan), aber erst am Tag seiner Beerdigung, als der Gerichtsvollzieher eine Schublade durchwühlt und dabei geheimnisvolle Dokumente auftauchen. Colette macht sich durch ganz Europa auf die Suche nach weiteren Spuren, um die Wahrheit über den Verschiedenen herauszufinden. Andrés Vorgänger, Colettes Ex-Mann Jean-Pierre Jolivet (Daniel Gélin), ein Polizist, hilft bei der Suche. Aus der Ehe mit ihm hat Colette die erwachsenen Kinder Luc (Mike Marshall), der in die USA ausgewandert ist, Juliette (Tonie Marshall), eine Tierärztin, und Nathalie (Marie-France Pisier), eine Philosophie-Professorin. Juliette ist mit François Damrémont (Christian Morin) verheiratet und hat eine Tochter namens Julie (Amandine Rajau).
In Nebenrollen waren Liselotte Pulver und Jeanne Moreau zu sehen. Die einstündigen Folgen liefen im regionalen Vorabendprogramm.

GEHEIMTIP FÜR TOMMY ARD
1977–1979. 8-tlg. dt. Jugend-Krimiserie von Christoph Mattner.
Tommy Weinzierl (Towje Kleiner) ist Sportreporter, aber nicht sehr gern. Bei den Ereignissen, über die er eigentlich berichten soll, wird er immer wieder in Kriminalfälle hineingezogen und nimmt die Ermittlungen auf. In der zweiten Staffel darf er die Sportredaktion verlassen und ist jetzt Lokalreporter einer Tageszeitung. Seinen eigentlichen Job vernachlässigt er weiterhin, weil er sich mehr um die betroffenen Menschen kümmert als um die verlangte Story.
Die halbstündigen Folgen liefen mittwochs um 17.20 Uhr.

GEHT'S NOCH? PRO SIEBEN
2003. Sketchshow mit Loretta Stern, Regine Schroeder, Nicolas König, Daniel Krauss, Daniel Fries und Thomas Balou Martin.
Geht's noch? beruhte auf dem britischen Format »Big Train« und lief montags eine halbe Stunde lang um 21.45 Uhr.

GEHUPFT WIE GESPRUNGEN DFF
1956–1957. Partner-Spielshow mit Robby Hanson.
Mehrere Kandidatenpaare treten in verschiedenen Rate- und Spielrunden gegeneinander an. Gespielt wird u. a. das »Teekesselchen«-Spiel, in dem Wörter gesucht sind, die zwei Bedeutungen haben, wie Bank (Gartenmöbel/Geldinstitut).
Zunächst konnten sich alle möglichen »Pärchen« als Kandidaten bewerben: Eheleute, Verlobte, Zwillinge oder Arbeitskollegen. Ab der dritten Ausgabe traten nur noch Zwillingspaare gegeneinander an. Das war bald aber auch gehupft wie gesprungen: Auf mehr als fünf Ausgaben am Donnerstagabend brachte es die Sendung nicht.

DER GEIST UND MRS. MUIR ARD
1970–1973. 43-tlg. US-Sitcom nach dem Roman von R. A. Dick (»The Ghost And Mrs. Muir«; 1968–1970).
Die Witwe Carolyn Muir (Hope Lange) zieht mit ihren acht und neun Jahre alten Kindern Jonathan (Harlen Carraher) und Candy (Kellie Flanagan) und dem Hund Scruffy in ein Haus, das im 19. Jh. Kapitän Daniel Gregg (Edward Mulhare) gehörte. Der ist zwar tot, spukt aber jetzt als Geist in seinem Haus herum. Gern steht er auf dem Speicher hinter einem großen Steuerrad und tut so, als befände er sich noch immer auf der Kommandobrücke eines seiner Schiffe – vor allem bei Gewitter. Anfangs lehnt er Carolyn ab und will sie vertreiben, wie er es mit allen getan hat, die bisher versucht haben, in das Haus einzuziehen. Mrs. Muir lässt sich von dem verrückten Geist jedoch nicht einschüchtern. Also findet er sich mit ihr ab und beschützt sie fortan sogar, wo er kann. Martha Grant (Reta Shaw) ist die Haushälterin der Muirs, Claymore Gregg (Charles Nelson Reilly) der Neffe des toten Kapitäns, der großen Respekt vor dem Geist seines Onkels hat.
Das Buch von Josephine Leslie, das sie unter dem Pseudonym R. A. Dick geschrieben hatte, war bereits 1947 mit Gene Tierney und Rex Harrison fürs Kino verfilmt worden. Dass diese Serie überhaupt eine Fangemeinde gewann, muss Zufall gewesen sein. Die ARD machte es den Zuschauern schwer, sich zu erinnern, wann man sie sehen konnte. Sie lief unregelmäßig, meist mittwochs um 17.30 Uhr, manchmal aber auch samstags oder sonntags, und der Abstand zwischen zwei Folgen betrug manchmal sechs Wochen, manchmal auch nur drei Tage. Im Sommer 1971 hatte die Serie für drei Monate einen regelmäßigen wöchentlichen Sendeplatz am Sonntagnachmittag, danach kehrte sie zum ursprünglichen »Rhythmus« zurück. Jede Folge war 25 Minuten lang.

DIE GEISTERBRIGADE ARD
1974. 6-tlg. frz. Mysteryserie von Jean-Claude Philippe, Regie: Claude Guillemot (»La brigade des maléfices«; 1970).
Die Fälle, die der bärtige Inspektor Paumier (Léo Campion) und sein Assistent Albert (Marc Lamole) für die französische Polizei bearbeiten, sind oft mysteriös und unerklärlich. Menschen verschwinden spurlos, und Roboter treiben ihre Besitzer in den Selbstmord. Also schieben Paumier und Albert es auf Gespenster. Inspektor Muselier (Jean-Claude Balard) hält das für Unsinn.

Die einstündigen Folgen liefen im regionalen Vorabendprogramm.

DAS GEISTERHAUS VON WATERLOO CREEK   RTL
1991. 12-tlg. austral. Kinder-Fantasyserie (»Elly And Jools«; 1990).
David (Peter Fisher) und Anna Travellers (Anne Tenney) ziehen mit ihrem Sohn Julian (Clayton Williamson), genannt Jools, vom Reihenhaus in der Stadt in ein Geisterhaus auf dem Land. Hier spukt Elinor Lockett (Rebecca Smart), genannt Elly, die ehemalige Tochter des Besitzers, die unter ungeklärten Umständen ums Leben kam. Jools freundet sich mit ihr an und klärt den Mord an ihr auf.
Die halbstündigen Folgen liefen sonntagmittags.

GEISTERJÄGER JOHN SINCLAIR   RTL
2000. 8-tlg. dt. Mysteryserie.
Im Auftrag von Scotland Yard bekämpft Inspektor John Sinclair (Kai Maertens) die Mächte des Bösen und jagt Geister, Zombies und Mutanten. Immer an seiner Seite ist sein treuer Freund Bill Connolly (Urs Remond), außerdem Sinclairs Sekretärin Glenda Perkins (Jana Hora). In der Bibliothek von Pater Ignatius (Hans Peter Hallwachs) finden sich zusätzlich wertvolle Informationen.
Die Serie basiert auf der gleichnamigen Groschenromanreihe von Jason Dark. Hinter diesem Pseudonym verbirgt sich der deutsche Autor Helmut Rellergerd, der mit geregelter Arbeitszeit seit 1973 beim Bastei-Verlag in Bergisch Gladbach ein eigenes Büro hat und dort werktags von 9.00 bis 17.00 Uhr Horrorgeschichten schreibt. Der Fernsehserie war im April 1997 ein zweistündiger TV-Film mit komplett anderer Besetzung vorausgegangen; Florian Fitz hatte damals die Titelrolle gespielt. Die einstündigen Serienfolgen liefen donnerstags zunächst um 22.15 Uhr, ab Folge 6 eine Stunde später.

DER GEISTERWALD   ZDF
1988. »Oder: Des Raben Rache«. 6-tlg. dt. Öko-Gruselserie von Susanne Nowakowski.
Bauer Holzinger (Günter Mack) und Graf Bruch (Karl-Michael Vogler) sind die führenden Köpfe im Dorf Waldesruh, das von Waldsterben und Umweltschäden bedroht ist. Als der Bauer allen guten Ratschlägen seiner Frau Liesl (Veronika Fitz) zum Trotz die historische Blutbuche fällt, fällt der Baum auf den Bauern, und der Bauer ist nur noch ein Geist. Ein Rabe steigt aus dem Baumstumpf auf und bringt Unglück über das Dorf. Es steuert nun seinem Ende entgegen, das es in der letzten Folge ereilt.
Die düstere Serie lief sonntags nachmittags. Sie wollte Jugendliche auf die drohenden Schäden durch Umweltzerstörung aufmerksam machen. Jede Folge dauerte 45 Minuten. Die Titelmusik war von Konstantin Wecker.

GEJAGT – DAS ZWEITE GESICHT   PRO SIEBEN
1997–1998. 22-tlg. US-Abenteuerserie von Charles Grant Craig (»Two«; 1996–1997).
Der ehrbare Lehrer Gus McClain (Michael Easton) muss feststellen, dass er einen ihm bisher unbekannten, bösen Zwillingsbruder hat, der nun versucht, Gus' Leben zu zerstören. Der Zwillingsbruder Booth (ebenfalls Michael Easton) tötet Gus' Frau Sara (Allison Hossack), Gus wird des Mordes beschuldigt und ist fortan auf der Flucht vor den FBI-Agenten Terry Carter (Barbara Tyson) und Andy Forbes (Lochlyn Munro). Dabei versucht er ständig zu beweisen, dass sein Bruder Booth existiert.
Dieser Abklatsch von *Dr. Kimble – Auf der Flucht* lief nach dem Pilotfilm am Donnerstag immer samstags um 17.00 Uhr. Jede Folge war eine Stunde lang.

DIE GELBE KARAWANE IM HIMALAJA   ZDF
1975–1976. 13-tlg. dt.-frz. Abenteuerserie von Henri Viard, Regie: Michel Wyn und Serge Friedman (»La Cloche Tibétaine«; 1975).
Im März 1931 wollen zwei Teams Asien auf alten Karawanenrouten erstmals mit Autos durchqueren. Georges-Marie Haardt (Wolfgang Preiss) leitet die Expedition der »Pamir-Gruppe«, die von Beirut aufbricht, Victor Point (Gilles Behat) fährt mit der »China-Gruppe« in umgekehrter Richtung von Peking aus. Schwierigkeiten bereiten die Regenzeit, unerschlossene Wüsten, Schluchten und marode Brücken, zu schmale Wege und Einheimische, die dem modernen Vorhaben abgeneigt gegenüberstehen und es zu verhindern versuchen. Erfindungs- und Überzeugungskünste sind notwendig, um diese Probleme zu überwinden. Und dann noch das: Haardt leidet an einer Herzkrankheit, deretwegen er eigentlich keine großen Höhenunterschiede überwinden sollte. Das offenbart er seiner Mannschaft aber erst unterwegs. Schließlich gelingt das Experiment, und Haardt erlebt es gerade noch. Kurz nach der Ankunft im Zielort stirbt er.
Die Serie über das damals einzigartige Abenteuer entstand nach wahren Begebenheiten und den Tagebuchaufzeichnungen der Beteiligten. Initiator des Experiments war die Automobilindustrie. Expeditionsleiter Georges-Marie Haardt war ein enger Mitarbeiter von André Citroën.
Die 25-minütigen Folgen liefen montags um 18.20 Uhr.

GELD ODER LIEBE   ARD
1989–2001. Große Abendspielshow mit Jürgen von der Lippe.
Spiele für Singles, drei Frauen und drei Männer, die einen außergewöhnlichen Beruf, ein kurioses Hobby oder eine ungewöhnliche Fähigkeit haben. Die jeweils anderen fünf Kandidaten müssen diese aus drei vorgegebenen Möglichkeiten erraten. Von der Lippe erzählt frei, übertreibt, Fachwissen sprudelt aus ihm heraus, und nach beispielsweise einem umfassenden Biologieexkurs schließt er mit den Worten: »Aber das wissen Sie natürlich alles.« Nach der jeweiligen Raterunde folgt ein erklärender Film über das Hobby oder den Beruf oder eine Bühnenvorführung des Kandidaten.

Daneben gibt es Aktionsspiele, lustige Partyspielchen, eine Mischung aus *Dalli Dalli* und Kindergeburtstag, die die Kandidaten einzeln oder in wechselnd zusammengestellten Paarungen gegeneinander bestreiten. Für richtige Antworten oder gewonnene Spiele gibt es Geld.

Erst am Ende der Show werden die erspielten Beträge eingeblendet. Die Kandidaten müssen sich dann für »Geld« oder »Liebe« entscheiden und ein entsprechendes Schild hochhalten. Entscheiden sie sich für »Geld«, bekommen sie den doppelten erspielten Betrag, in der Regel zwischen 500 und 2500 DM. Entscheiden sie sich jedoch für »Liebe«, bekommen sie ihr erspieltes Geld nicht, haben aber die Chance auf eine höhere Summe: Die Fernsehzuschauer wählen per TED das Siegerpaar des Abends. Diese beiden Sieger gewinnen je 5000 DM. Wählt das Publikum jedoch einen Kandidaten in das Gewinnerpaar, der sich zuvor für »Geld« entschieden hat, geht dessen Anteil in den Jackpot und erhöht die Gewinnsumme für das Siegerpaar der nächsten Sendung. Die Kandidaten, die »Liebe« gewählt, aber nicht gewonnen haben, bekommen als Trostpreis Fanartikel von *Geld oder Liebe*. Über diese scherzte von der Lippe stets, dass man sie zwar nicht kaufen könne, ihr Schwarzmarktwert aber enorm hoch sei.

Von der Lippe hatte die Show gemeinsam mit Wendelin Haverkamp konzipiert. Es war eine der wenigen Sendungen im deutschen Fernsehen, die nicht von einem ausländischem Vorbild adaptiert wurden. Die jedes Mal anderen Spiele dachte sich Klaus de Rottwinkel aus, der auch die Spiele für *Alles Nichts Oder?!* erfand. Lediglich das »Kiosk-Spiel« war eine feste Einrichtung: Ein Kandidatenpaar steht in einem Kiosk, an dessen Front über den Köpfen des Paares Begriffe erscheinen, die nur das Studiopublikum sehen kann. Das muss diese Begriffe durch Gesten oder Geräusche darstellen, und die Kandidaten müssen sie erraten. Von der Lippe bedient dabei die mechanische Begriffsanzeige mit einem großen Hebel. Weil in jeder zweiten Sendung die Anzeige oben hängen blieb und per Hand nachgeholfen werden musste, wurde nicht etwa eine computergesteuerte Digitalanzeige, sondern ein ständiger Hochsitz eingeführt. Auf dem nahm anfänglich einer der Assistenten (»Die international Erfahrenen«) von der Lippes Platz, später immer ein Zuschauer, der dem Gerät den nötigen Schubs geben konnte.

Zu Beginn jeder Show erzählte Jürgen von der Lippe selbst ein paar Witze und las Witze vor, die ihm Kinder geschickt hatten. Dafür erhielten sie eine Flasche Schokolinsen, später kamen zwei Plüschtiere dazu. Maskottchen der Show waren inzwischen der Geld-Otter und der Otter Liebe (die Erklärung liegt im Titel: »Geld Otter Liebe«). Weitere kleine Elemente ergänzten die Spielrunden, etwa ein Fotowettbewerb, bei dem die Zuschauer zu vorgegebenen Oberthemen Bilder einsandten, denen von der Lippe dann witzige Untertitel gab. Das Saalpublikum stimmte anschließend über das Siegerbild ab.

Ein Ritual waren von der Lippes nicht enden wollende Anmoderationen für die in den Showblöcken auftretenden Künstler, deren komplette Biografie er referierte und deren Musik er stets in den allerhöchsten Tönen lobte. Der sonst scheinbar so alberne Showmaster demonstrierte durch die Auswahl der musikalischen Gäste eine enorme Musikkompetenz. Er lud überwiegend unbekannte Künstler mit eingängigen, aber anspruchsvollen Liedern ein. Der Auftritt in *Geld oder Liebe* bescherte vielen Musikern einen Hit in den Charts, wenn auch nicht unbedingt noch einen Folgehit. Bekannt wurden hier u. a. Soraya (»Suddenly«), Natalie Imbruglia (»Torn«), Jonny Lang (»Lie To Me«), Dakota Moon (»Another Day Goes By«) und Eagle-Eye Cherry

»Piep-piep-piep-piep-piep-piep-piep-piep-piep-piep-piep-piep!« Jürgen von der Lippe (links) mit Kandidaten beim Kioskspiel in *Geld oder Liebe*. Richtig, die Lösung lautet »Elektronikwecker«. Gläschen Sekt?

»Das ist ja interessant. Wie heißt das Gerät, das du da in der Hand hältst?« *Geliebte Schwestern* mit Xenia Seeberg (links) und Mareike Fell.

(»Save Tonight«). *Geld oder Liebe* war die Sendung, die – mehr noch als *Wetten, dass …?* – Menschen dazu brachte, am folgenden Montag in die Plattenläden zu gehen.
Ein weiteres Ritual war die ausführliche Erklärung der Endziffernzuteilung für die Telefonabstimmung per TED. Bei drei männlichen und drei weiblichen Kandidaten gab es neun Möglichkeiten der Paarbildung, jede mögliche Konstellation hatte ihre eigene Endziffer. Sie waren auf einem Schaubild zugeordnet, über das von der Lippe ausführlich referierte und per Stichprobe im Studiopublikum testete, ob das nun alles verstanden worden sei. Für richtige Antworten bekamen die Zuschauer ein »Gläschen Sekt«.
Das Geheimnis der leisen Show war ihre Warmherzigkeit. Wer am Ende wie viel gewinnen würde, war die ganze Sendung über zweitrangig. Es ging darum, einen geselligen Abend mit sympathischen Gästen zu erleben, für die von der Lippe ein ähnlich aufrichtiges Interesse zeigte wie für die auftretenden Musiker. Zu den vielen Ritualen der Show gehörte auch von der Lippes Satz, wenn er jemanden verabschiedete: »Wir sehen uns ja gleich noch nach der Sendung.« Wenn er auf die Bühne kam, berührte er in einer merkwürdig liebevollen Geste die Haare mehrerer Leute im Publikum, an denen er vorbeikam. Er nannte dies »Handauflegen«. Ähnlich wie bei *So isses* machte die Einbeziehung der Zuschauer zu Hause durch kreative Aktionen aller Art einen wesentlichen Teil der Sendung aus.
Die Live-Sendung *Geld oder Liebe* lief zu Beginn donnerstags um 21.03 Uhr als 87-Minuten-Show. Im Februar 1993 wanderte sie auf den begehrten Samstagabend-Sendeplatz um 20.15 Uhr, wurde nach und nach auf etwa zwei Stunden verlängert und eine der erfolgreichsten Shows in der ARD. 1994 erhielt sie den Grimme-Preis.

Nach 90 Ausgaben nahm von der Lippe seinen Hut und hängte ihn zu Sat.1.

DIE GELIEBTE ZDF
1996–1998. 20-tlg. dt. Episodenreihe.
Jede Episode war 45 Minuten lang, in sich abgeschlossen und beschrieb die Geschichte eines Mannes, der zwischen seiner Frau und seiner Geliebten hin- und hergerissen war. Wechselnde Darsteller spielten die Hauptrollen.
Lief samstags um 19.25 Uhr. Das ZDF wiederholte die Serie 1999 unter dem Titel *Lust auf Liebe*.

GELIEBTE SCHWESTERN SAT.1
1997–1998. 250-tlg. dt. Daily Soap über die Schwesternschülerinnen Ronnie Fritz (Annette Schreiber), Michaela Beck, genannt Micki (Mareike Fell), Angie Wilhelm (Xenia Seeberg), Karen Stember (Florentine Lahme) und Nadine Kramer (Jaqueline Kiskerie), die in einem Berliner Krankenhaus arbeiten.
Chefarzt ist Professor Georg Steinfeld (Ludwig Schütze), der seine tablettensüchtige Frau Sarah (Franziska Grasshoff) mit der engagierten Ärztin Maria Leffes (Kira von Maydell) betrügt und zwei Söhne hat: Janosch (Patrick Gräser) und Markus (Ingo Schmoll). Deren Schwester Raffaela (Ivonne Schönherr) hat ein Verhältnis mit Mickis Bruder Tommy (Daniel Hartwig), seit der mit einem gestohlenen Wagen in den Maserati ihres Vaters gefahren ist. Sie treffen sich in der Bar »TreMono« von Paolo Vicario (Johnny Müller).
Auch der zweite Versuch von Sat.1, eine Daily Soap zu etablieren, scheiterte gründlich. Dabei glaubte man, aus den Fehlern von *So ist das Leben – Die Wagenfelds* gelernt zu haben: Die *Geliebten Schwestern* waren junge, gut aussehende Frauen. Die Serie spielte nicht auf dem Land, sondern in Berlin (wurde aber in Köln gedreht). Sie mischte den Lifestyle einer

Soap mit den bewährten Elementen einer Krankenhausserie. Sat.1 hatte außerdem heftig auf den Sexappeal der Hauptdarstellerinnen gesetzt. Auf Plakatwänden warben sie: »Dein Blutdruck ist zu hoch, das muss an mir liegen.« Oder: »Das beste Aufputschmittel gibt's rezeptfrei. Und das bin ich.« Tatsächlich dachten sie auch in der Serie fast nur an Sex, aber natürlich dann doch nicht mit den Zuschauern, sondern, wie üblich, mit den Oberärzten, weshalb sich die Zuschauer schnell verabschiedeten.

Die Geliebten Schwestern waren frei von Dreidimensionalität, Seele und Humor und erreichten mit ihren tausendfach gesehenen Krankenhausklischees nie auch nur annähernd die Quotenziele. Nach knapp einem Jahr wurde die Soap eingestellt. Im Mai 1998 durfte sie zum letzten Mal auf ihrem bisherigen Werktagssendeplatz um 19.00 Uhr laufen, einige bereits produzierte Folgen wurden noch einen Monat lang am Samstagmittag versendet. Sat.1 wiederholte die gesamte Serie 1999 im Vormittagsprogramm.

GELIEBTER TONI   ZDF
1986. 13-tlg. US-Sitcom von Oliver Hailey (»Love, Sidney«; 1981–1983).

Die schwangere Schauspielerin Susie Morgen (Swoosie Kurtz) hatte von der Ehe genug, für den Werbegrafiker Toni Schön (Tony Randall) kam sie, soweit man das sieht, ohnehin nicht in Frage. War das ist ein Grund, allein zu leben, wie es Toni seit Jahren tat? Nö. Susie und Toni beschlossen, sich Tonis geräumige Wohnung in Manhattan zu teilen. Das tun sie nun, und weil Toni Susie erfolgreich überredet hatte, ihr Kind nicht abtreiben zu lassen, bereichert die kleine Betti (Kaleena Kiff) ihr Leben.

Ein New Yorker Werbegrafiker mit dem Namen Toni Schön? Im Original hieß der Junggeselle Sidney Shorr, aber damals dachte das ZDF: Besser bei der Synchronisation etwas zu viel verändern als zu wenig. Susie hieß eigentlich Laurie Morgan und Betti Patty. Und dann ist da noch ein nicht ganz unwesentliches Detail: Toni, also Sidney, ist schwul. Das war der Kern des in den USA kurz vorher gezeigten Fernsehfilms, der seinen Namen im Titel trug und dieselben Hauptdarsteller hatte. In der Serie sprach zwar nichts gegen Tonis Homosexualität, sie wurde aber auch nicht mehr erwähnt. Es war einfach ein kultivierter, ordentlicher, gepflegter Mann, mit dem man sich als Frau *einfach mal unterhalten* kann. So. Tragisch daran ist weniger die offensichtliche Verklemmtheit des Fernsehsenders NBC Anfang der 80er-Jahre als vielmehr die Tatsache, dass dadurch auch der Witz der ganzen Konstellation verloren ging. Bleibt noch die Frage, wie das ZDF den Namen der Hauptdarstellerin eingedeutscht hätte. Ja, Swoosie Kurtz heißt wirklich Swoosie Kurtz.

Die Serie hat eigentlich 39 halbstündige Folgen.

GELIEBTES LAND   ZDF
1990. 6-tlg. US-Familiensaga nach Groschenromanen von Lonnie Coleman (»Beulah Land«; 1980).

Leben und Lieben in den amerikanischen Südstaaten während des Bürgerkriegs. Witwe Deborah Kendrick (Hope Lange) und ihre Kinder Selma (Madeline Stowe) und Leon (Paul Rudd) leben auf der Beulah-Land-Plantage, Bonard (Don Johnson) und Edna Davis (Allyn Ann McLerie) auf der Oaks-Plantage. Der brutale Sklavenaufseher Roscoe Corlay (Paul Shenar) unterstützt die Kendricks bei ihrer Arbeit. Penelope Pennington (Martha Scott) ist Deborahs beste Freundin, Sarah (Lesley Ann Warren) und Laurette (Meredith Baxter-Birney) ihre Nichten. Leon heiratet Sarah, die die neue Herrin auf Beulah Land wird. Die Geschichte begleitet die Familien über Jahrzehnte durch Höhen und Tiefen.

Die 50 Minuten langen Folgen liefen samstagnachmittags.

GEMEINDERÄTIN SCHUMANN   ARD
1974. 13-tlg. dt. Familienserie. Die engagierte Gemeinderätin Ulla Schumann (Antje Hagen) kämpft für ihre Mitbürger. Die halbstündigen Folgen liefen im regionalen Vorabendprogramm.

GEMINI MAN   RTL
1990. 12-tlg. US-Science-Fiction-Serie von Leslie Stevens (»The Gemini Man«; 1976).

Seit er in einen Strahlenunfall verwickelt war, kann sich Sam Casey (Ben Murphy) für kurze Zeit unsichtbar machen. Er müsste jedoch sterben, wenn er länger als eine Viertelstunde innerhalb eines Tages unsichtbar bliebe. Sam arbeitet für die Regierungsagentur Intersect und nutzt seine Fähigkeit bei seinen Einsätzen. Dr. Abby Lawrence (Katherine Crawford) ist die Computerexpertin bei der Organisation, Leonard Driscoll (William Sylvester) der Boss.

Nach einem 90-minütigen Pilotfilm am Samstagnachmittag, in dem noch Richard Dysart den Boss spielte, liefen die einstündigen Serienfolgen freitags.

GEMISCHTE GEFÜHLE   ARD, SWR
1994 (ARD); 1994 (SWR). Kitschige einstündige Abendshow mit Wieland Backes.

Mehr oder weniger prominente Gäste plaudern über Liebe, Leidenschaft, Gefühle und Sex oder lassen Psychospielchen über sich ergehen. Das Reporterduo Kai Henkel und Rolf Schlenker deckt kleine Skandale auf.

Backes war der Ansicht, es sei eine Sendung für Intellektuelle. Gerade mal zwei Ausgaben liefen donnerstags um 21.03 Uhr, dann wurden noch zwei weitere in Südwest 3 versendet.

GENAU   ZDF
2003. 15-minütiges Wissensmagazin für Kinder mit Johan Terryn und Lottie Hellingman. Adaption der belgisch-niederländischen Reihe »Groot Licht«, die auch von Johan und Lottie moderiert wurde. 13 Folgen liefen am Sonntagmorgen.

GENAU!   ZDF
1991–1993. »Redezeit für junge Leute«. Talkshow für Kinder.

Drei bis vier Kinder auf dem Podium und zwei Schulklassen im Studio diskutieren über Dinge, die sie interessieren: Freizeit, Familie, Schule, Freunde. Zwischendurch kommen Prominente vorbei, oder es sind Filme oder Videos zu sehen. Norbert König und Dirk Chatelain moderieren abwechselnd.

Die Kinder waren etwa 11 bis 14 Jahre alt und wurden vorher in Schulen oder Vereinen ausgewählt. Es konnte um harmlose Themen wie »Mein Hund ist wie mein Bruder« gehen, aber auch z. B. um die Scheidung der Eltern. Auch die Privatsender versuchten sich wenig später an Kindertalkshows, sie hießen *Zoff* und *Der HAIsse Stuhl*.

19 knapp halbstündige Folgen liefen samstagnachmittags.

GENE BRADLEY IN GEHEIMER MISSION   ARD

1974–1975. 22-tlg. brit. Actionserie von Monty Berman und Dennis Spooner (»The Adventurer«; 1972).

Der erfolgreiche Filmstar Gene Bradley (Gene Barry) arbeitet nebenbei in diversen Verkleidungen als Spion für den US-Geheimdienst. Gavin Jones (Garrick Hagon) ist sein Partner, und von Mr. Parminter (Barry Morse) bekommen sie ihre Aufträge.

Die halbstündigen Folgen liefen im regionalen Vorabendprogramm.

GENERAL HOSPITAL   SAT.1, KABEL 1

1988–1990 (Sat.1); 1992–1994 (Kabel 1). US-Daily-Soap von Doris und Frank Hursley (»General Hospital«; seit 1963).

Von der erfolgreichsten täglichen Seifenoper in den USA liefen im Nachmittagsprogramm von Sat.1 und Kabel 1 zusammen etwa 800 Folgen aus den 80er-Jahren. Im Mittelpunkt steht das Personal eines Krankenhauses in der fiktiven US-Ostküstenstadt Port Charles und deren Privatleben mit ihren Familien. Zu den Hauptfiguren gehörten Laura Vining (Genie Francis) und Luke Spencer (Anthony Geary), deren spätere Hochzeit der Höhepunkt der Serie war (in den USA erreichte diese Episode der höchste Einschaltquote, die je eine Sendung im Tagesprogramm hatte). Wie in jeder Daily Soap wechselten Charaktere und Schauspieler beständig, doch im Gegensatz zu den meisten anderen Soaps fanden sich in dieser durchaus prominente Namen unter den Hauptdarstellern, so z. B. Richard Dean Anderson als Dr. Jeff Webber, Sammy Davis, Jr. als Eddie Phillips, Rick Springfield als Dr. Noah Drake, Elizabeth Taylor als Helena Cassadine, Demi Moore als Jackie Templeton, John Stamos als Blackie Parrish und Emma Samms als Holly Sutton. Einige von ihnen wurden freilich erst durch bzw. nach ihrer Mitwirkung in der Serie bekannt.

Ab Ende 1998 liefen weitere Folgen als deutsche Erstausstrahlung im digitalen Pay-TV DF 1.

DAS GENESIS-PROJEKT   VOX

2004. 7-tlg. dt.-frz. Doku-Reihe von Frédéric Lepage.

In den 80er-Jahren wurde der Meru-Nationalpark in Kenia von somalischen Wilderern zerstört. Die Reihe dokumentiert die aufwendigen und mehrjährigen Bemühungen von Botanikern, Zoologen, Veterinären, Lehrern und Genetikern, ein neues Naturreservat zu erschaffen.

GENIAL DANEBEN – DIE COMEDY-ARENA   SAT.1

Seit 2003. Bildungsshow von und mit Hugo Egon Balder.

Balder stellt einem Panel von fünf Komikern eine Wissensfrage, die ein Zuschauer eingesandt hat, z. B.: Was ist eine Agraffe? Wenn sie es nicht erraten, bekommt der Einsender 500 €. Aber eigentlich geht es nicht um die richtige Lösung, sondern darum, wie sich die ahnungslosen Comedians wahlweise geistreich oder albern heranraten. Im Gegensatz zu den meisten Panel-Shows (insbesondere *Sieben Tage – Sieben Köpfe*) kommt die Show komplett ohne Drehbuch oder Absprachen aus: Die Komiker improvisieren frei und haben sichtlich Spaß dabei. Ständig zum Rateteam gehören Hella von Sinnen und Bernhard Hoëcker, zwischen ihnen sitzen wechselnde und wiederkehrende Kollegen wie Wigald Boning, Herbert Feuerstein, Dieter Nuhr, Georg Uecker, Bastian Pastewka, Jürgen von der Lippe und Christoph Maria Herbst.

Die Show war eine seltene Kombination: intelligent und albern, dabei schlicht und billig. Sie wurde am Samstagabend nach 22.00 Uhr einer der Überraschungshits der Saison mit regelmäßigen Bestquoten für Sat.1. Eigentlich hätte sie im ZDF unter dem Titel »Die schlaue Stunde« laufen sollen, aber nach längerer Wartezeit verlor Balder die Geduld und ging mit seinem Konzept zu Sat.1. RTL animierte der Erfolg zu einer plumpen und kurzlebigen Kopie namens *Gibt's doch gar nicht*. Der Sat.1-Erfolg führte zunächst zu einer Verlängerung der Sendezeit von 45 auf 60 Minuten und im August 2004 zur einer Beförderung in die Werktags-Primetime, freitags um 20.15 Uhr. Auf dem etablierten Sendeplatz am Samstagabend liefen nun zwei Monate lang die Wiederholungen vom Vortag, ab Oktober wurden wöchentlich zwei neue Folgen ausgestrahlt. Im gleichen Monat erhielt die Show den Deutschen Fernsehpreis als Beste Unterhaltungssendung. Und eine Agraffe ist eine Schmuckspange aus Metall.

GENIESSEN AUF GUT DEUTSCH   3SAT

1995–2002. Halbstündige Kochsendung mit Johann Lafer, die auch im ZDF gezeigt wurde. In seinem eigenen Fernsehstudio in Guldental bei Mainz kocht Lafer angeblich »schnelle, unkomplizierte und trotzdem ausgefallene Gerichte, die leicht nachzukochen sind«. Nachfolgesendung wurde *Johann Lafers Culinarium*.

DIE GENTLEMEN BITTEN ZUR KASSE   ARD

1966. 3-tlg. dt. Krimi von Henry Kolarz, Regie: John Olden und Claus Peter Witt.

Nach monatelanger Planung bis ins Detail überfällt

1963 eine Räuberbande den Postzug nach London und erbeutet mehrere Millionen Pfund Sterling. Die Bande besteht aus dem Antiquitätenhändler Michael Donegan (Horst Tappert), genannt Major, dem Frisör Archibald Arrow (Günther Neutze), Perückenmacher Patrick Kinsey (Hans Cossy), Barbesitzer Gerald Williams (Rolf Nagel), des Majors Juniorpartner Geoffrey Black (Karl-Heinz Hess), Kunstmaler Harold McIntosh (Wolfgang Weiser), Garagenbesitzer Ronald Cameron (Günther Tabor), Buchmacher Andrew Elton (Wolfram Schaerf), Wettbürobetreiber und Gemüsehändler Thomas Webster (Hans Reiser) und Rennfahrer George Slowfoot (Harry Engel). Die Männer beziehen außerdem den Eisenbahntechniker Walter Lloyd (Wolfried Lier) ein, der seine tumben Kumpel Arthur Finnegan (Kurt Conradi) und Alfred Frost (Franz Mosthav) mitbringt, sowie den Lokführer Smiler Jackson (Günther Meinser). Der aufdringliche Twinky (Horst Beck) gab Archibald den Tipp und muss auch beteiligt werden.

Nach erfolgreichem Coup kämpfen vor allem Archibald und der Major um die Macht, der Rest spaltet sich in mehrere Lager und überwirft sich. Detective Dennis McLeod (Siegfried Lowitz) und sein Assistent Sergeant Sam Robbins (Lothar Grützner) von Scotland Yard sowie der Polizist Detective Superintendent Montague (Albert Hoerrmann) sind den Gaunern auf den Fersen, einige werden geschnappt.

Der Film endet mehrmals: Nach dem vermeintlichen Ende der Geschichte beginnt bereits der Abspann, der dann jedoch angehalten und die Story noch zweimal fortgesetzt wird. Es ist dann noch zu sehen, wie bereits eingebuchtete Bandenmitglieder in spektakulären Aktionen befreit werden, bevor die Geschichte schließlich tatsächlich endet.

Der Krimi basierte auf dem wirklichen Postraub von 1963, der in die Kriminalgeschichte einging. Drehbuchautor Henry Kolarz hatte zuvor bereits einen Tatsachenbericht im »Stern« veröffentlicht, der wie der Film aus der Sicht der Räuber geschildert war. Der Dreiteiler galt sogar eher als Dokumentarfilm denn als Krimi. Die Dreharbeiten fanden in England statt und waren teilweise illegal. Scotland Yard und die englischen Behörden verweigerten jede Unterstützung. Regisseur John Olden hatte nicht alle erwünschten Drehgenehmigungen bekommen, drehte die geplanten Szenen dann aber trotzdem – heimlich mit versteckter Kamera. Claus Peter Witt übernahm die Regie, als Olden während der Dreharbeiten an einem Herzanfall starb. Der Film war für damalige Verhältnisse außerordentlich teuer: Der Dreiteiler kostete 2,1 Millionen DM. Die 80-minütigen Schwarz-Weiß-Folgen liefen zur Primetime.

GEORG THOMALLAS GESCHICHTEN ZDF

1982. 6-tlg. dt. Episodenreihe von Herbert Reinecker.
Georg Thomalla spielte jeweils die Hauptrolle in verschiedenen abgeschlossenen Geschichten zu je 45 Minuten. Die Musik schrieb Frank Duval. Die Reihe lief samstags um 19.30 Uhr.

Die Kopfumhüllung ist nur eine Sicherheitsmaßnahme, damit das Toupet nicht wegfliegt. Horst Tappert (rechts) vor seiner *Derrick*-Karriere als Posträuber in *Die Gentlemen bitten zur Kasse*, hier mit Wolfried Lier.

GEORGE RTL
→ Alles wegen George

GEORGE & LEO SAT.1
1999. 22-tlg. US-Sitcom von Rob Long und Dan Staley (»George & Leo«; 1997–1998).
Der redselige Ex-Kriminelle Leo Wagonman (Judd Hirsch) und der schüchterne Buchhändler George Stoody (Bob Newhart) nerven sich in ihrer gemeinsamen WG. Durch die Heirat von Georges Sohn Ted (Jason Bateman) und Leos Tochter Casey (Bess Meyer; ab Folge 9: Robyn Lively) sind die grundverschiedenen älteren Herren unfreiwillig verwandt geworden.
Die Serie lief nachts.

GERD RUGE UNTERWEGS ARD
1993–2003. Reportagereihe mit Gerd Ruge, der verschiedene Länder bereist und in meist mehrteiligen Reportagen im Abendprogramm darüber berichtet. Ruge war u. a. in Georgien, China, im südlichen Afrika, in Afghanistan, Sibirien und »im Amerika der kleinen Leute«.

GERICHTSMEDIZINERIN
DR. SAMANTHA RYAN RTL
2000–2005. Brit. Krimireihe von Nigel McCrery (»Silent Witness«; seit 1996).
Dr. Samantha Ryan (Amanda Burton) ist Dozentin

an der Universität Cambridge und unterstützt zugleich als Gerichtsmedizinerin die Polizei bei der Aufklärung von Mordfällen. Sie arbeitet in der ersten Staffel mit Inspector Adams (John McGlynn) und Superintendent Harriet Farmer (Clare Higgins) zusammen, danach mit Superintendent Peter Ross (Mick Ford) und Inspector Rachel Selway (Nicola Redmond). Als neue Kollegen im Labor kommen später Dr. Leo Dalton (William Gaminara) und der Student Harry Cunningham (Tom Ward) dazu. Im Privatleben hat Sam Ryan das Pech, immer an die falschen Männer zu geraten.

Von der Kritik hoch gelobte Reihe. Jede Folge hatte Spielfilmlänge. Bisher liefen 30 Filme. Sendeplatz war donnerstags um 22.15 Uhr, zwischendurch mittwochs schon um 20.15 Uhr und im Sommer 2005 montags um 20.15 Uhr.

DIE GERICHTSREPORTERIN — ARD
1994. 13-tlg. dt. Krimiserie von Peter Zingler.
Claudia Bender (Gerit Kling) ist Journalistin und berichtet für ihre Zeitung aus dem Gericht. Ihre Artikel über die Verhandlungen kommen gut an, und oft trägt sie mit ihren Recherchen sogar bei Gericht dazu bei, dass ein gerechtes Urteil gefällt wird. Menschen, mit denen Claudia zusammenarbeitet, sind Alfred Stanitzki (Ulrich Faulhaber), Dr. Helmut Kniffler (Peter Ehrlich), Dr. Klaus Dachs (Siemen Rühaak) und der Volontär Peter Stallert (Holger Handtke).
Die Folgen dauerten 45 Minuten. Sendeplatz war dienstags um 20.15 Uhr.

DER GERICHTSVOLLZIEHER — ARD
1981. »... oder Die Gewissensbisse des Florian Kreittmayer«. 6-tlg. dt. Comedyserie von Jürgen Knop, Regie: Peter Weck.
Rabääh, niemand nimmt ihn ernst! Florian Kreittmayer (Jörg Hube) hat den falschen Job. Er ist Gerichtsvollzieher, aber viel zu weichherzig, und will niemandem etwas Böses. Das merken natürlich auch die Bösen. So kann man seinen Job ja nicht ausüben. Und da können sein Assistent (Franz Rampelmann) oder die Ratschläge seiner Mutter (Heli Finkenzeller) nicht viel ausrichten. Zum Kuckuck!
Die einstündigen Folgen liefen montags um 20.15 Uhr.

GERMAN CLASSICS — SAT.1
1996–1997. Fernsehfilmreihe mit Neuauflagen deutscher Kinofilm-Evergreens aus den 50er-Jahren.
Für viel Geld ließ Sat.1 den Regisseur Bernd Eichinger »Das Mädchen Rosemarie«, »Die Halbstarken«, »Es geschah am hellichten Tag« und »Charleys Tante« neu verfilmen. Trotz hochkarätiger Regisseure wie Nico Hofmann und Sönke Wortmann und bekannter junger Schauspieler wie Nina Hoss, Thomas Heinze, Axel Milberg und Joachim Król sowie eines gewaltigen PR-Wirbels erreichte nur »Das Mädchen Rosemarie« annähernd die gewünschten Quoten. Auch die Kritiken waren zwiespältig, und so endete die Reihe nach diesen vier nachgemachten Filmen.

GERTRUD STRANITZKI — ARD
1966–1968. 13-tlg. dt. Familienserie von Curth Flatow, Regie: Georg Tressler.
Gertud Stranitzky (Inge Meysel) ist eine Selfmadewoman. Während ihr Mann Albert (Peter Dornseif) anscheinend arbeitslos zu Hause hockt und autistisch mit seinem Tonband spielt, schmeißt sie die Schneiderei. Dabei bewältigt sie nicht nur die Fährnisse eines kleinen, mittelständischen Unternehmens, sondern regelt auch die zwischenmenschlichen Probleme ihrer Angestellten. So schafft sie spielend den Spagat zwischen einer harten Terminlieferung für Modezar Weniger (der offenbar der einzige Kunde ist) und einer Durchleuchtung des Verlobten von Näherin Tide auf seine lauteren Absichten. Dazwischen bleibt jede Menge Platz, wo die Mutter der Nation den Mund weit aufmachen kann.
Jede Folge war eine halbe Stunde lang. Lief in allen regionalen Vorabendprogrammen.

GESAGT IST GESAGT — DFF
1988. Samstagabendshow mit Walter Plathe.
Drei Generationen aus drei Familien treten in Übereinstimmungsspielen gegeneinander an. Diejenigen Großeltern, Eltern und Kinder, die am besten miteinander harmonieren, gewinnen ein Ölgemälde, das sie zeigt.
3000 DM durfte der Gewinn nur kosten. Der Kunststudent Klaus Zylla, der ihn malte, bestand darauf, dass so wenig Geld nur für höchstens vier Familienmitglieder reichte. Oma und Opa der Siegerfamilie durften deshalb zwar mitspielen, wurden aber nicht verewigt. Die Elterngeneration der ersten Siegerfamilie ließ sich übrigens kurz nach der Sendung scheiden. So viel zum Thema Harmonie.
Wegen schlechter Quoten lief die 90-Minuten-Sendung nur dreimal.

GESCHÄFT MIT DER SONNE — ARD
1977. 13-tlg. dt. Touristikbranchenserie.
Birgit Schulz (Vera Tschechowa) vom Touristikunternehmen Mosaiktours wird von ihrem Chef Ludwig Schröder (Martin Hirthe) gebeten, den Hoteltester Fred Liebig (Eckart Dux) auszuspionieren. Außerdem kümmert sie sich um weitere Dinge, die anderen den Urlaub verschönern sollen. Birgit war mal mit Erik Burghoff (Gerhart Lippert) liiert, der noch immer regelmäßig in ihrem Leben auftaucht, weil er in der gleichen Branche arbeitet.
Die halbstündigen Folgen liefen im regionalen Vorabendprogramm.

GESCHICHTE DER REICHSWEHR UND WEHRMACHT — ARD
1968. 3-tlg. Doku-Reihe über die Geschichte von Reichswehr und Wehrmacht von 1918 bis 1945. Die 60-minütigen Folgen liefen im Spätprogramm.

GESCHICHTEN AUS DEM BÄRENLAND — RTL 2
1994. 52-tlg. US-Zeichentrickserie (»The Berenstain Bears«; 1985–1987).

Geschichten einer Bärenfamilie: Mama Bär backt leckeren Honigkuchen, Papa Bär ist etwas trottelig und muss immer wieder von Bruder und Schwester Bär aus gefährlichen Situationen befreit werden. RTL 2 zeigte jeweils zwei Episoden am Stück im Kinderprogramm.

GESCHICHTEN AUS DEM LEBEN — ZDF
→ Evelyn Hamanns Geschichten aus dem Leben

GESCHICHTEN AUS DER GRUFT — SAT.1
1995–1997. 87-tlg. US-Horror-Episodenreihe (»Tales From The Crypt«; 1989–1996). Halbstündige, in sich abgeschlossene Gruselgeschichten, die mit wechselnden, teils namhaften Hauptdarstellern besetzt waren (darunter Isabella Rossellini, Demi Moore, Priscilla Presley, Arnold Schwarzenegger, Tom Hanks, Whoopi Goldberg und Timothy Dalton) und von wechselnden, teils ebenso namhaften Regisseuren inszeniert wurden (z. B. Walter Hill und Robert Zemeckis). Ein sprechendes Skelett mit schwarzem Humor, das die Gruft bewachte, moderierte die Geschichten an. Sie basierten auf einer Comicheftreihe aus den 50er-Jahren und wurden auch als gleichnamige Zeichentrickserie verfilmt.

GESCHICHTEN AUS DER GRUFT — RTL
1995. 19-tlg. kanad.-frz. Zeichentrickserie (»Tales From The Crypt-Keeper«; 1999). Trickversion der gleichnamigen Gruselserie.

GESCHICHTEN AUS DER HEIMAT — ARD
1983–1994. Dt. Episodenreihe. In abgeschlossenen Kurzfilmen werden amüsante Geschichten aus verschiedenen Regionen Deutschlands erzählt; wechselnde bekannte Schauspieler aus der jeweiligen Gegend spielen die Hauptrollen in allen Episoden einer Folge. Jede Folge enthält meist zwei bis vier Episoden.
Die Reihe mit einstündigen Folgen lief in unregelmäßigen Abständen im Abendprogramm, oft donnerstags gegen 21.00 Uhr, und wurde Ende 1994 in *Heimatgeschichten* umgetauft. Zu den am häufigsten gesehenen Schauspielern gehörte Heinz Reincke in Geschichten aus Norddeutschland.

GESCHICHTEN AUS DER SCHATTENWELT — PRO SIEBEN, KABEL 1
1989–1991 (Pro Sieben); 1996–1997 (Kabel 1). 90-tlg. US-Horrorreihe (»Tales From The Darkside«; 1984–1987). Halbstündige Horrorgeschichten, meist mit überraschendem, gelegentlich witzigem Schluss. 1990 erschien ein gleichnamiger Spielfilm, in dem ein kleiner Junge, der von einer Hausfrau entführt wurde, um gebraten und gegessen zu werden, ihr Episoden erzählt, um die Sache hinauszuzögern.

GESCHICHTEN AUS DER STEINZEIT — DFF 1
1979. 3-tlg. tschechoslowak. Abenteuerfilm von Milan Pavlík nach dem Buch von Eduard Štorch, Regie: Jan Schmidt (»Na veliké řece«; 1978).

Bei der Steinzeitsippe der Raben wird vom Hochwasser ein kleiner Junge angespült. Weil gleichzeitig eine Rabenfeder vom Himmel fällt, halten die Raben ihn für ihren gottgegebenen Stammesführer und nennen ihn Rabenfeder (Bohumil Vávra). Der Junge wächst heran, und der Falke (Jiří Bartoška) wird sein bester Freund.
Jede Folge dauerte 65 Minuten. Lief später auch in acht kürzeren Folgen.

GESCHICHTEN AUS DER ZUKUNFT — ZDF
1978–1980. 7-tlg. dt. Episodenreihe von Gerd Oelschlegel und Karl Wittlinger nach Ideen von Heinz Haber, Irmgard Haber und Dieter Seelmann.
In sich abgeschlossene Kurzfilme über Probleme, die in Zukunft auf die Menschheit zukommen könnten. Meistens ging es um Wissenschaftler, die nach Mitteln gegen eine bisher unbekannte Krankheit suchten. Die Hauptrollen und Darsteller wechselten.
Die Folgen liefen in zwei Staffeln monatlich zur Primetime.

GESCHICHTEN AUS SHILLINGBURY — SAT.1
1984. 6-tlg. brit. Comedyserie von Francis Essex, Regie: Val Guest (»Shillingbury Tales«; 1981).
Das Ehepaar Peter (Robin Nedwell) und Sally Higgins (Diane Keene) zieht von London in Sallys Heimatdorf Shillingbury. Dort hat Sallys Vater Major Langton (Lionel Jeffries) das Sagen. Der Popmusiker Peter versucht, die unfähige Blaskapelle des Orts auf Trab zu bringen, die bisher von Old Saltie (Trevor Howard) geleitet wurde.
Die 50 Minuten langen Folgen liefen samstagnachmittags im Sat.1-Vorgänger PKS.

GESCHICHTEN, DIE DAS LEBEN SCHREIBT — DFF 1
1974–1975. Monatliches Magazin. Auf der Grundlage von Zuschauerpost wird in Filmreportagen und Interviews über »interessante Menschen und Ereignisse des sozialistischen Alltags« berichtet. Moderator war Rolf Ludwig.
Lief achtmal dienstags in der Primetime; jede Folge dauerte 50 Minuten.

GESCHICHTEN, DIE NICHT ZU ERKLÄREN SIND — BR
→ Unwahrscheinliche Geschichten

GESCHICHTEN HINTERM DEICH — ARD
1990. 6-tlg. Episodenreihe mit in sich abgeschlossenen Geschichten von der Küste und wechselnden Hauptdarstellern. Die halbstündigen Folgen liefen im regionalen Vorabendprogramm.

GESCHICHTEN ÜBERN GARTENZAUN — DFF 1
1982–1985. 14-tlg. DDR-Familienserie von Ursula Damm-Wendler und Horst Ulrich Wendler, Regie: Horst Zaeske.
Claudia Hoffmann (Monika Woytowicz; zweite Staffel: Angelika Neutschel) ist die Neue in der Dresdner Kleingartenanlage Ulenhorst. Andere Mitglieder sind Elfriede (Helga Göring) und Florian Timm (Her-

bert Köfer) mit Sohn Heiko (Hans-Georg Körbel), Manfred Schubert (Manfred Richter), Dr. Müller (Dorit Gäbler), Mary (Doris Abesser) und Friedhelm Kunze (Rolf Herricht) mit Sohn Holger (Jörg Heinrich), Petra Schneider (Uta Schorn), Walfried Fiedler (Günter Schubert) und Opa Treuholz (Adolf Peter Hoffmann). Die Eckpunkte der Geschichten sind Pflanzen, Kleintiere und Alltagsereignisse im Lauf der Jahreszeiten.

Drei Jahre später sind in der zweiten Staffel (jetzt unter dem Titel *Neues übern Gartenzaun*) Opa Treuholz und Friedhelm Kunze tot, Claudia ist mit Manfred Schubert verheiratet, und Petra und Heiko Timm sind jetzt ebenfalls ein Ehepaar.

Hauptdarstellerin Monika Woytowicz musste in der zweiten Staffel ersetzt werden. Sie war 1983 in die Bundesrepublik übersiedelt.

Die einstündigen Folgen liefen freitags um 20.00 Uhr.

GESCHICHTEN VON ANDERSWO ARD

1988–1992. Doku-Reihe am Nachmittag für Kinder, die in 25-minütigen Folgen über das Leben von Kindern in aller Welt berichtet – meist fernab vom deutschen Alltag zwischen Videospiel und Mikrowelle.

GESCHICHTEN VON NEBENAN ARD

1983. 5-tlg. dt. Problemserie von Eberhard Pieper (Buch und Regie).

Was im Titel nach einer harmlosen Episodenreihe mit amüsanten Alltagsgeschichten klingt, war in Wirklichkeit eine ambitionierte Serie, die sich mit den sozialen Problemen alkohol- oder drogensüchtiger junger Leute befasste. Jede erzählte die Geschichte eines anderen Jugendlichen und wie er mit seinen Problemen umgeht.

Die Episoden waren 50 Minuten lang und liefen im regionalen Vorabendprogramm.

GESCHICHTSPUNKTE ARD

1976. 6-tlg. Geschichtsreihe für Kinder über das Mittelalter und die Ritterzeit. Lief mittwochnachmittags und dauerte 45 Minuten.

EINE GESCHIEDENE FRAU ZDF

1974. 6-tlg. dt. Problemserie von Marcus Scholz, Regie: Claus Peter Witt.

Die Hausfrau und Mutter Erika Seipold (Inge Meysel) wird nach 30 Jahren Ehe von ihrem Mann Robert (René Deltgen) geschieden. Und nun? Nun steht sie allein da. Sie ist Mitte 50, hat keinen Beruf erlernt, und die Kinder Brigitte (Renate Schroeter) und Klaus (Til Erwig) sind längst erwachsen und aus dem Haus (Klaus sogar nach Schweden ausgewandert) und haben eigene Sorgen. Von Existenzangst geplagt und auf sich allein gestellt, versucht Erika wieder auf die Beine zu kommen.

Die schwermütigen Folgen zogen sich über eine Stunde und liefen an verschiedenen Tagen zur Primetime.

EIN GESEGNETES TEAM PRO SIEBEN

1991–1992. 43-tlg. US-Krimiserie nach den Romanen von Ralph McInerny (»Father Dowling Mysteries«; 1989–1991).

Frank Dowling (Tom Bosley) ist der Pfarrer der St.-Michael's-Kirche in Chicago. In seiner Freizeit löst er gemeinsam mit der Nonne Schwester Stephanie (Tracy Nelson), kurz Steve genannt, Kriminalfälle und nimmt damit Sergeant Clancy (Regina Krueger) die Arbeit ab. Marie Gillespie (Mary Wickes) ist Dowlings Haushälterin und Pfarrer Philip Prestwick (James Stephens) ein jüngerer Kollege, der eigentlich vom Bischof ausgesandt wurde, um ein Auge auf den umtriebigen Dowling zu haben.

Die knapp einstündigen Folgen liefen samstags am Vorabend.

DAS GESETZ DER STRASSE SAT.1, KABEL 1

1995–1996 (Sat.1); 1997 (Kabel 1). 44-tlg. US-kanad. Krimiserie von Mark Lisson und David H. Balkan (»Street Justice«; 1991–1993).

Adam Beaudreaux (Carl Weathers) ist ein harter Cop in der Großstadt, und für aussichtslose Fälle (oder die, bei denen das Recht der Gerechtigkeit im Weg steht) hat er noch einen Partner in der Hinterhand: das asiatische Kampfsportgenie Grady Jamieson (Bryan Genesse). Grady und Adam kennen sich aus dem Vietnamkrieg, in dem Grady als Kind kanadischer Missionare beide Eltern verlor und Adam das Leben rettete. Beide wohnen zusammen, Grady arbeitet in der Bar von Malloy (Charlene Fernetz), an der auch Adam beteiligt ist. Adams Chef ist Lieutenant Charles Pine (Leam Blackwood), zwei seiner Kollegen sind Tricia Kelsey (Janne Mortil) und Paul Shuhan (Ken Tremblett). Gelegentlich hilft Adam und Grady auch das ehemalige Bandenmitglied Miguel Mendez (Marcus Chong).

Das Thema Vietnam spielt immer wieder eine Rolle in diesem Krimi, nicht nur wegen der Verbindung der beiden Hauptdarsteller durch den Krieg, sondern auch wegen des großen vietnamesischen Bevölkerungsanteils in der Stadt.

Jede Folge dauerte knapp eine Stunde.

DAS GESETZ DES SCHWEIGENS DFF 1

1971. 13-tlg. brit. Krimiserie von Brian Degas und Tudor Gates (»Vendetta«; 1966–1968). Der frühere Mafioso Danny Scipio (Stelio Candelli) hat die Seiten gewechselt und mit Angelo James (Neil McCallum) eine Detektei gegründet, um die Mafia zu verfolgen.

Die Folgen waren schwarz-weiß und dauerten 50 Minuten. Im Original gab es 36 Folgen.

DIE GESETZLOSEN RTL 2

1993. 12-tlg. US-Western-Krimi-Serie von Nicholas Corea (»Outlaws«; 1986–1987).

An Privatdetektiven, die ungewöhnliche Ermittlungsmethoden versprechen, mangelt es im Fernsehen nicht, im amerikanischen schon gar nicht, aber diese sind wirklich besonders: Die Agentur Double

Dagle in Houston, Texas, 1986, wird von fünf Cowboys geführt, die durch einen merkwürdigen elektrischen Wirbelsturm aus dem Jahr 1886 ein Jahrhundert in die Zukunft gespült wurden. Sheriff John Grail (Rod Taylor) war gerade dabei, Harland Pike (William Lucking), dessen jüngeren Bruder Billy (Patrick Houser), Isaiah »Ice« McAdams (Richard Roundtree) und Wolfson »Wolf« Lucas (Charles Napier) zu verfolgen, die eine Bank ausgeraubt hatten. In der Gegenwart tun sie sich zusammen, kaufen sich von dem Gold eine Ranch, auf der die Detektei angesiedelt ist, und jagen Verbrecher – auf die altmodische Art. Wenn das grad mal wieder schief geht, weil sich vor allem Billy doch schwer tut, notwendige Zugeständnisse an die Moderne zu machen, hilft ihnen Maggie Randall (Christine Belford), eine Polizistin aus der Gegenwart, die sich in Grail verguckt hat.
RTL 2 versteckte die einstündigen Folgen sonntagvormittags.

GESICHTER ASIENS   ARD
Seit 1959. Reportagereihe von Hans Walter Berg.
Berg war der erste Asienkorrespondent des deutschen Fernsehens. Er berichtete 25 Jahre lang über die Entwicklung des Kontinents, seine zunehmende Industrialisierung und politische Selbständigkeit. Anfangs lag der Schwerpunkt vor allem auf Indien und Vietnam. Die erste Sendung am 16. März 1959 berichtete über die indische Stadt Rourkela, wo mit deutscher und österreichischer Hilfe eines der modernsten Stahlwerke Asiens entstand.
Hans Walter Berg wurde mit seinen Reportagen ähnlich berühmt wie Peter von Zahn. Er berichtete bis 1986 in insgesamt 75 meist dreiviertelstündigen Sendungen. Danach setzten andere ARD-Korrespondenten mit gelegentlichen halbstündigen Sendungen die Reihe noch jahrzehntelang fort.

DAS GESPENST VON FAFFNER HALL   ZDF
1993. 13-tlg. US-Puppenserie (»The Ghost Of Faffner Hall«; 1989).
Eine Gruppe von musikliebenden Muppets trifft sich in dem alten Konservatorium Faffner Hall, in dem dessen Gründer als Gespenst herumspukt. Zusammen mit Gaststars und Orchestern machen sie Musik.
Die Serie mit den unverkennbaren Puppen von Jim Henson wollte Kinder ermuntern, die unterschiedlichsten Arten von Musik zu hören. Produziert wurde sie in Großbritannien. Das ZDF zeigte die 25-minütigen Folgen dienstagnachmittags und wiederholte sie aus unerfindlichen Gründen nur ein einziges Mal.

GESPENSTER UNTER UNS?   ARD
2001–2002. 14-tlg. dt.-tschech. Jugend-Mysteryserie von Ivan Hejna, Regie: Ivan Pokorný.
Die Freunde Klara (Lucie Horáková) und Benny (Johan Kolínský) lieben und erleben Horrorgeschichten. Hobbyforscher Kladivo (Jiří Schmitzer) und die Hexe Frau Stechapfel (Ivana Chylková) sind darin verwickelt. Und je mehr die Kinder forschen, desto beunruhigender werden die Phänomene, die sie entdecken. Die halbstündigen Folgen liefen morgens.

DIE GESPENSTER VON FLATTERFELS   ARD
1992–1996. 26-tlg. dt. Jugendserie.
Gespensterkind Fritz freundet sich mit der Blumenfee Violetta (Fritzi und Floriane Eichhorn; Ulrike Haase; Thérèse Tasche) und dem Waldschrat Woodie an. Fritz wohnt mit seiner Mutter Franziska von Flatterfels (Renate Heymer; Franziska Troegner) und Gespensteroma Charlotte von Krähenstein (Ingeborg Naß; Hildegard Alex) in der alten Burg Flatterfels. Dorthin kehrt nach einer Weile auch Graf Ferenc von Flatterfels (Alfred Müller) zurück. Die Gauner Ede (Edgar Külow) und Paul (Ernst-Georg Schwill) und ihr Neffe Tom (Ludwig Andert) versuchen vergeblich, in die Burg einzudringen, und suchen auch noch einen Schatz.
Die Serie mischte Puppenspiel mit Realserie. Fritz und Woodie waren Puppen, Franziska trat in Puppen- und in Menschengestalt auf. Die menschlichen Darsteller wechselten bei einigen Rollen im Lauf der Serie; in Klammern sind sie in der chronologischen Reihenfolge genannt. Jede Folge dauerte eine halbe Stunde.

GESPENSTERGESCHICHTEN   ARD
1985. 6-tlg. dt. Horror-Episodenreihe von Rainer Erler und Oliver Storz, Regie: George Moorse und Wolfgang Panzer.
Wolfgang Büttner erzählt Gruselgeschichten nach literarischen Vorlagen, u. a. von Elizabeth Bowen und Marie-Luise Kaschnitz. Jede halbstündige Folge ist in sich abgeschlossen. Zu den wechselnden Hauptdarstellern gehörten Peer Augustinski, Irm Herrmann, Udo Kier, Ruth Maria Kubitschek, Leslie Malton und Alexander May.

GESPRÄCH MIT DEM ZUSCHAUER   ZDF
1963–1976. ZDF-Intendant Karl Holzamer stellt sich immer mal wieder bis zu 45 Minuten lang zur besten Sendezeit am Sonntagabend Fragen von Zuschauern. Sein Nachfolger Karl-Günther von Hase setzte die Tradition unter dem Titel *Rückfragen* fort.

DAS GESTÄNDNIS   PRO SIEBEN
Seit 2004. »Heute sage ich alles«. Einstündige Pseudopsychoshow mit Alida Kurass.
Laiendarsteller spielen Menschen, die unbedingt ein Geständnis machen wollen. Sie sitzen meist hinter einer Schattenwand. Weniger, weil es ihnen peinlich ist, ihr mangelndes Talent auch noch in einer so merkwürdigen Sendung zur Schau zu stellen, sondern weil das die Authentizität verstärken soll.
Das Geständnis erhielt den werktäglichen Sendeplatz um 14.00 Uhr, den zehn Jahre lang *Arabella* innegehabt hatte. Eigentlich hätte Arabella Kiesbauer auch die neue Sendung moderieren sollen. In ihrer Show war das Format schon seit dem Vorjahr als *Plug-in* gelaufen, als Show in der Show.

Pro Sieben und Frau Kiesbauer hatten sich jedoch im Frühsommer 2004 getrennt, nachdem sie durchblicken ließ, dass selbst ihr das Konzept zu trashig war. Alida Kurass war die Gewinnerin der zweiten Staffel von *Big Brother* und hatte seitdem bei 9 Live moderiert.

DIE GESTAPO ARD
2005. 3-tlg. Geschichtsdokumentation von Wolfgang Schön und Holger Hillesheim über die Geheime Staatspolizei im »Dritten Reich«.

GESTATTEN, MEIN NAME IST COX! ARD
1961–1965. 26-tlg. dt. Krimiserie von Rolf und Alexandra Becker und Adolf Schütz, Regie: John Olden; zweite Staffel: Georg Tressler.
Als seine Verlobte Elena Morrison (Ellen Schwiers) in London unter mysteriösen Umständen verschwindet, macht sich Paul Cox (Günter Pfitzmann) auf die Suche nach ihr, findet nach und nach immer mehr über das Verschwinden heraus, gerät aber selbst unter Mordverdacht. Währenddessen klärt er viele weitere Verbrechen auf. Die Polizisten Inspektor Carter (Wolf Frees) und Sergeant Collins (Herbert Tiede) und der Privatdetektiv Thomas Richardson (Wolfgang Neuss; zweite Staffel: Paul Edwin Roth) helfen; Elenas Bruder Francis (Wolf Ackva) ist in den Fall verwickelt. Auch nach Lösung des Falls seiner Verlobten klärt Cox (in der zweiten Staffel) weiterhin diverse Verbrechen auf.
Zwei Staffeln mit 25-minütigen Episoden liefen im regionalen Vorabendprogramm. Die Serie, einer der großen Erfolge der 60er-Jahre, basierte auf dem gleichnamigen Hörspiel von Rolf und Alexandra Becker aus dem Jahr 1952. Die TV-Episoden der ersten Staffel schrieb Adolf Schütz; sie erzählten eine fortlaufende Geschichte. Die Beckers selbst waren erst 1965 Autoren aller Episoden der zweiten Staffel, die jeweils in sich abgeschlossen waren.

GESTERN BEI MÜLLERS ZDF
1983. »Momentaufnahmen einer Familie«. 6-tlg. dt. Familienserie von Joachim Roering, Regie: C. Rainer Ecke.
Am Freitagabend kommt Werner Müller (Alexander Kerst) übers Wochenende nach Hause zu Frau Gerda (Christine Ostermayer), Tochter Sabine (Anja Schüte) und Oma (Camilla Spira). Sie unterhalten sich über ihr Leben, versuchen aufzuholen, was sie versäumen, während Vater unter der Woche in einer anderen Stadt arbeitet, und sehen gemeinsam die Abendnachrichten.
Die Serie war in der Lage, auf aktuelle Ereignisse einzugehen, weil die 45-minütigen Folgen erst am Tag vor der Ausstrahlung aufgezeichnet wurden, was tatsächlich ein Freitag war. Die Handlung spielte sich ausschließlich am Freitagabend ab und endete mit den Abendnachrichten. Sendeplatz war samstags nach den Abendnachrichten.
Am Tag nach dem Start der Serie begann im Sonntagmorgenprogramm der ARD die Familienserie *Hoffmanns Geschichten,* die vom Sonntagmorgen einer Familie erzählte.

GESTOHLENES LEBEN – AUF DER SUCHE NACH VERMISSTEN RTL
→ Missing Persons – Auf der Suche nach Vermissten

GESTRANDET RTL 2
2001. Abenteuerspielshow mit Pierre Geisensetter. Sieben Männer und sieben Frauen werden für zwei

Gestatten, mein Name ist Cox: Günter Pfitzmann als Paul Cox.

Monate auf einer einsamen Insel ausgesetzt, wo sie in der freien Natur überleben und Aufgaben bewältigen müssen. Als Belohnung für gelöste Aufgaben gibt es für einzelne Kandidaten mal was zu essen, mal ein Werkzeug und mal Immunität, denn jede Woche wird per Abstimmung ein Kandidat rausgewählt und nach Hause geschickt. Der Sieger gewinnt am Ende 100 000 DM und eine Uhr.

Bereits ein Jahr zuvor war die fast identische RTL-2-Show *Expedition Robinson* gefloppt und *Das Inselduell* in Sat.1 nur mäßig erfolgreich. Inzwischen war die sehr ähnliche Show »Survivor« im US-Fernsehen aber zum Straßenfeger geworden, und so versuchte es RTL 2 noch einmal mit neuem Moderator, anderem Namen und jetzt einer Insel in Panama. 27 einstündige Zusammenschnitte liefen sonntags und dienstags um 21.10 Uhr. Die RTL-Show *Outback* verlagerte die gleiche Idee später nach Australien.

GESUCHT UND GEFUNDEN   DFF
1960–1962. Familien-Spielshow mit Wolfgang Brandenstein.

Sechs Kandidaten stellen sich in verschiedenen Spielrunden dem Publikum vor. Jeweils zwei von ihnen sind miteinander verwandt. Mal sind es drei Väter und drei Töchter, mal Großmütter und Enkel, mal Brüder und Schwestern. Das Publikum im Kulturpalast Bitterfeld und zu Hause soll erraten, wer zu wem gehört.

Acht Sendungen liefen immer samstags.

GESUCHT WIRD …   ARD
1964–1965. 26-tlg. US-Krimiserie (»Manhunt«; 1959–1961).

Howard Finucane (Victor Jory) klärt für die Polizei von San Diego Kriminalfälle auf. An seiner Seite sind wechselnde junge Polizisten; ständiger Partner bei der Arbeit ist der Polizeireporter Ben Andrews (Patrick McVey). Finucane ist ein altbewährter, hartnäckiger Ermittler, wenn es darum geht, Mörder, Brandstifter und Entführer zu finden. Er verlässt niemals das Büro, ohne sich vorher seinen Fedora-Hut auf den Kopf zu setzen und mühevoll in die akkurate Position zu bringen.

26 halbstündige Schwarz-Weiß-Folgen liefen im regionalen Vorabendprogramm. 78 Folgen hatte die Serie im Original. Die Episodentitel begannen immer mit »Der Fall …«.

GESUCHT WIRD …   ZDF
1976–1978. 26-tlg. dt. Krimiserie von Hans-Georg Thiemt und Hans Dieter Schreeb, Regie: Peter Meincke.

Die beiden Hamburger Polizeiobermeister Felix Brauer (Moritz Milar) und Hans Grothe (Alexander Welbat) suchen vermisste Personen: Grothe vom Schreibtisch aus, Brauer auch im Einsatz auf der Straße.

Die Titelmusik stammte von Siegfried Franz. Am Anfang sagte immer ein Sprecher: »Tag für Tag verschwinden aus unserem Alltag Menschen. Allein in der Bundesrepublik Deutschland sind es in jedem Jahr über 20 000 Menschen, die, so lautet die polizeiliche Formulierung, ›ohne erkennbaren Grund ihren Lebenskreis verlassen‹. Sie gelten als vermisst.«

Zwei Staffeln mit 25-Minuten-Folgen liefen im Vorabendprogramm. Hinter der Serie standen viele Macher von *Percy Stuart,* wo Hans-Georg Thiemt Regie führte. In der zweiten Staffel schrieb Regisseur Meincke auch die meisten Drehbücher. Alexander Welbat war Mitbegründer der Berliner Stachelschweine. Er starb noch vor dem Ausstrahlungsende der Serie am 14. November 1977 im Alter von 50 Jahren.

GESUCHT WIRD …   ARD
1984–2000. Reportagereihe des WDR, die sich vor allem dem Enthüllungsjournalismus verschrieb.

Der Titel der von Werner Filmer verantworteten Reihe war Programm: Ein Journalist nahm die Zuschauer bei seiner Recherche mit, während er möglichen Skandalen nachging, und ließ sie Schritt für Schritt an der Aufdeckung teilhaben. Entsprechend brisant waren die Themen, entsprechend heftig die Konflikte, entsprechend häufig die juristischen Auseinandersetzungen. Das Thema der Sendung war immer Teil ihres Titels, z. B. »Gesucht wird … eine Todesursache«.

Gleich fünfmal erhielten Reportagen der Reihe einen Grimme-Preis: 1986 Felix Kuballa (Silber) für »Gesucht wird … Josef Mengele« über das unbeschwerte Nachkriegsleben des ehemaligen Lagerarztes von Auschwitz, 1987 Gert Monheim (Gold) für »… eine Todesursache« über ein Medikament, dessen tödliche Gefahr in Deutschland ignoriert wurde, 1989 Gert Monheim (Silber) für »… Gift am Arbeitsplatz« über grob fahrlässigen Umgang mit Umweltgiften, 1989 Felix Kuballa (Bronze) für »… eine Absturzursache« über die wahren Hintergründe eines Flugzeugunglücks und 1998 Wilfried Huismann für »… das Geheimnis um das Olympia-Attentat 1972«.

Sendeplatz war mal nachmittags, mal spät abends und mal zur Primetme. Die Tradition von *Gesucht wird …* setzte der WDR in der Reihe *Die Story* fort.

GESUCHT WIRD MÖRDER X   ARD
1959. 4-tlg. dt. Krimi von Harald Vock, Regie: Volker von Collande.

Die beiden Zeitungsredakteure Heinz Helten (Harald Maresch) und Werner Barkmann (Dieter Ranspach) werden verdächtigt, ihren Kollegen Wenner umgebracht zu haben. Sie suchen den Mörder auf eigene Faust.

GESUND MIT WELLNESS   ARD
2004. Halbstündiges Wohlfühlmagazin am Samstagnachmittag mit Bärbel Schäfer. Nachfolgesendung von *Wellness TV,* jetzt »mit noch höherem Informationsgehalt« und der Zielsetzung, noch mehr Tipps zur Erhaltung und Verbesserung der Gesundheit zu geben. Halbprominente Gäste unterstreichen, dass

Drei Jahrzehnte lang warnte Hans Mohl im *Gesundheitsmagazin Praxis* vor Krankheiten, hier zum Beispiel vor gefährlichen Schlangenbissen.

auch sie es total wichtig finden, gesund zu sein. Nach nur acht Ausgaben wurde die Sendung eingestellt. Sie krankte an mangelndem Zuschauerinteresse.

GESUNDHEIT! ZDF
1996–2000. Tägliches Gesundheitsmagazin mit Dr. Günter Gerhardt, der mit Fachleuten und Betroffenen redet und über Krankheiten und Behandlungsmöglichkeiten informiert.
Dr. Gerhardt hatte im Gegensatz zu den meisten Fernsehärzten noch eine traditionelle Sprechstunde, praktizierte als Allgemeinmediziner und Psychotherapeut. Er bewies mit einer Mischung aus Hausrezepten, Küchentischphilosophie und Voyeurismus bei »Tabuthemen« aber auch, dass das kein Qualitätsmerkmal sein muss.
Ungewollt ins Gespräch kamen er und die Sendung, als der »Spiegel« enthüllte, dass viele Pharmafirmen jeweils mehrere 10 000 DM dafür zahlten, dass ihre Produkte oder Heilmethoden in der Sendung vorkamen. Manche solcher »Kooperationspartner« seien aktiv akquiriert worden: Beispielsweise sei bei einem Brillenhersteller angefragt worden, ob er für 30 000 DM zum Thema »Die Leichtigkeit des Sehens« Neuigkeiten aus seinem Haus präsentieren wolle. Zu den in der Sendung freundlich vorgestellten Methoden gehörten auch durchaus dubiose Therapien. Das ZDF bestritt zunächst jeden Verstoß gegen das Schleichwerbungsverbot, reagierte aber doch Jahre später: Intendant Markus Schächter kündigte an, dass es ab 2004 keine Programmkooperationen mit Unternehmen der Pharmaindustrie mehr geben werde. Er versprach »neue Sensibilität und Rigidität« und bezeichnete die bisherige Praxis als »Irrweg« und »Sackgasse«. Als eine Konsequenz wurde *Praxis täglich* geschlossen, das Nachfolgemagazin von *Gesundheit!*.
Die Sendung mit einer Länge von 15 bis 25 Minuten lief zunächst werktags am frühen Nachmittag, ab Mai 2000 schon um 11.35 Uhr.

GESUNDHEITSMAGAZIN PRAXIS ZDF
1964–2004. Monatliches Servicemagazin zu den Themen Gesundheit und Medizin, dessen Gründer Hans Mohl es drei Jahrzehnte lang moderierte und zum meistvertrauten Mediziner Deutschlands wurde.
Dabei war er nicht einmal Arzt. Mohl legte besonderen Wert auf Vorsorge und Früherkennung von Krankheiten, schilderte immer wieder eindringlich Symptome, die man am nächsten Morgen sogleich an sich selbst entdeckte. »Morbus Mohl« nannten das die Ärzte, deren Wartezimmer am Tag nach der Sendung auffallend voller waren als gewöhnlich, oft sogar voller als montags. Mohl brachte seinen Zuschauern erste Hilfe nach Unfällen bei, bei Bedarf verpackt in ein Quiz, und animierte sie, regelmäßige Vorsorgeuntersuchungen gegen Krebs machen zu lassen. Aktionen wie »I. d. R. – Iss das Richtige« und »Fit in 30 Tagen« forderten zur aktiven Teilnahme auf. Er erläuterte die Folgen falscher Ernährung und des Rauchens und kurz vor den Sommerferien die Gefahren im Reiseverkehr und von Badeschäden. Natürlich hatte anschließend niemand mehr Lust auf Ferien. Bei allen Warnungen blieb Mohl selbst immer ruhig und besonnen. Nach der Reaktorkatastrophe von Tschernobyl musste er sich deshalb Beschwichtigung vorwerfen lassen. Neben der praktischen Medizin zum Selbstanwenden packte *Praxis* auch brisante Themen an. Ein Apothekentest deckte 1972 unzählige Fälle schlechter Beratung auf. Ein neuer Test Jahre später zeigte deutliche Verbesserun-

gen. Im Folgejahr prangerte eine Reportage Missstände in psychiatrischen Anstalten an. Die damalige Bundesregierung gründete zur Behebung dieser Zustände eine Kommission.

Der Sendeplatz war über viele Jahre ein verlässlicher Termin. Das 45-minütige Magazin lief im ersten Jahr freitags gegen 21.30 Uhr, dann für jeweils 18 Jahre montags um 20.15 Uhr und mittwochs um 21.00 Uhr.

Mohl, der auch Mitgründer und Vorsitzender der *Aktion Sorgenkind* war, erhielt für seine Leistungen etliche Auszeichnungen, darunter 1974 den Grimme-Preis mit Bronze und das Bundesverdienstkreuz 1. Klasse. 1980 verlieh ihm die Universität Erlangen-Nürnberg als erstem Journalisten den Ehrendoktortitel. Nach 375 Sendungen und 30 vollen Jahren ging Mohl im Dezember 1993 in den Ruhestand. Dr. Christian Floto übernahm. Ende der 90er-Jahre wurde die Sendung umbenannt in *Praxis – Das Gesundheitsmagazin*. So hatte sie bereits kurz nach Sendestart geheißen. Unter diesem Namen lief sie ab 2001 nur noch halbstündig und um 22.15 Uhr, Moderatorin war jetzt Sabine Helmbold. Ihr folgte im September 2002 Sascha Rusch. Die Themen und ihre Aufmachung passten sich der Zeit an; mit 3D-Grafiken und Animationen wurden nun auch Themen wie Fett wegspritzen, Impotenz und Schönheitschirurgie behandelt, die klassischen Informationen zu Rücken- und Zahnschmerzen waren aber ebenfalls weiterhin Bestandteil. Gelegentliche »Praxis extra«-Sendungen im Nachtprogramm gingen auf einzelne Themenschwerpunkte besonders ausführlich ein.

Im Januar 2004 feierte das ZDF mit einer Sonderausgabe den 40. Geburtstag der Sendung, neun Monate später setzte es sie ab.

GEWAGTES SPIEL   ARD

1964–1965. 26-tlg. dt. Krimiserie von Per Schwenzen und Erich Paetzmann, Regie: Eugen York.

Menschen sterben, die zufällig gerade ihre Lebensversicherung aufgestockt haben. Es wird ausgerechnet in solche Läden eingebrochen, deren Versicherungsprämie gerade erhöht wurde. Just jenes Zuchttier wird vom Blitz erschlagen, das an Milzbrand erkrankt war. Und wertvolle Kunstgegenstände werden immer nur bei Menschen gestohlen, die hoch verschuldet sind. Der Versicherungsdetektiv Dr. Severin (Alexander Kerst) und seine Assistentin Babette Bollmann (Maria Sebaldt) klären nicht nur diese, sondern auch weniger offensichtliche Fälle auf und können sogar manchen Versicherungsbetrug im Vorfeld vereiteln. So verhindern sie noch rechtzeitig den Mord an einem Ehemann, dessen Gattin gern eine reiche Witwe geworden wäre. Dr. Severin zeigt aber auch Herz und rückt für zwei arme Studenten einen Betrug an der KFZ-Versicherung zurecht, damit die beiden nicht ins Gefängnis kommen.

Die halbstündigen Folgen liefen im regionalen Vorabendprogramm.

GEWISSEN IN AUFRUHR   DFF

1961. 5-tlg. DDR-Fernsehroman nach dem gleichnamigen autobiografischen Buch von Rudolf Petershagen, einem ehemaligen Oberst der Wehrmacht; Drehbuch: Hans Oliva, Regie: Günter Reisch, Hans-Joachim Kasprzik.

Rudolf Petershagen (Erwin Geschonneck) wandelt sich vom Ritterkreuzträger, Regimentskommandeur vor Stalingrad, Kampfkommandanten der Stadt Greifswald zu einem bewussten Bürger der DDR. Gegen den Wehrmachtsbefehl hatte Petershagen 1945 Greifswald kampflos der sowjetischen Armee übergeben, war dafür von den Nazis zum Tode verurteilt, aber von den Sowjets gerettet worden. Er kehrt erst in den Osten zurück, geht dann in den Westen, um gegen die Remilitarisierung zu kämpfen, wird verhaftet, misshandelt, erpresst, verurteilt, für vier Jahre erst ins Kriegsverbrechergefängnis Landsberg gebracht, dann ins Zuchthaus Straubing. Ihm wird angeboten, freizukommen, wenn er Aggressionsabsichten der DDR nachzuweisen hilft, um die Aufrüstung der Bundesrepublik zu legitimieren. Er lehnt ab. Nach seiner Entlassung kehrt er gesundheitlich geschädigt in die DDR zurück.

Das Buch war 1957 veröffentlicht worden und sehr erfolgreich. Der Film lief – zufällig – wenige Tage nach dem Mauerbau und bekam dadurch besondere Brisanz. *Gewissen in Aufruhr* etablierte in der DDR außerdem die später häufig verwendete Form des »Fernsehromans«. In der ARD liefen wenig später nur drei der fünf Folgen – die beiden, die in der Bundesrepublik spielten, wurden weggelassen.

GEWUSST WO   ARD, ARD 2

1959–1960 (ARD); 1961 (ARD 2). »Ein Spiel zum Kombinieren und Konzentrieren«. Halbstündige Gameshow.

Nach dem »Memory«-Prinzip dürfen zwei Kandidaten abwechselnd immer zwei Felder auf einer Wand mit 30 nummerierten Spielfeldern aufdecken. Dahinter verbergen sich Bilderpaare, die Gewinne symbolisieren. Ziel ist es, zwei gleiche Bilder aufzudecken. Wer das Spiel zuerst löst, gewinnt die entsprechenden Preise.

Lief zunächst montags zur Primetime im Ersten, mit weiteren Folgen im neuen zweiten Programm der ARD. Moderator war Guido Baumann, ab Sommer 1960 Karl-Heinz Bender. Basierte auf der US-Show »Concentration«.

GEZEITEN DER LIEBE   ZDF

1995. 13-tlg. dt. Familienserie von Jochen Greve, Betina Heyne und Ben Wohle, Regie: Klaus Gendries.

Liebe, Eifersucht und Krabbenpulen in Bölting an der Nordseeküste: Von der Ehe von Uwe Tönnjes (Rüdiger Joswig) und seiner Frau Lisa (Susanne Bentzien) ist nach Jahren, in denen Uwe in der Ferne als Kapitän auf einem Luxusschiff gearbeitet hat, nicht mehr viel übrig. Nur ihre 15-jährige Tochter Heike (Marlene Meyer-Dunker) hält sie zusammen. An Uwe ist Cora Felbert (Angela Roy) interessiert, an

Lisa der Landrat Harald Hinrichs (Hartmut Becker). Mit seinem Kumpel Wilhelm Wellenbrink (Gerhard Olschewski) will Uwe wieder als Krabbenfischer arbeiten. Doch wie für seine Kollegen, die nur noch durch Subventionen vom Staat überleben können, setzt dies anstrengende Kämpfe gegen Spekulanten, Lizenzhändler und Umweltverschmutzer voraus.
Die Vorabendserie mit ungewöhnlichem Themenhintergrund wurde in Tönning gedreht. In einer Gastrolle trat Chris Howland als amerikanischer Tourist auf, der das Krabbenpulen lernen will.
Die 50-minütigen Folgen liefen erst freitags, dann donnerstags um 19.25 Uhr.

GHOSTBUSTERS TELE 5
1989. 65-tlg. US-Zeichentrickserie (»Filmation's Ghostbusters«; 1986–1987).
Jake Kong, Eddie Spencer und der Affe Tracy leben in einer unheimlichen Villa und jagen Geister.
Die Serie hatte außer der Grundidee der Geisterjagd nichts mit den bekannten Kinofilmen zu tun, sondern basierte auf der 70er-Jahre-Realserie »The Ghost Busters«, die in Deutschland nicht gezeigt wurde. Der Kinofilm »Ghostbusters« war allerdings der Anlass dafür, dass aus dieser Real- ausgerechnet zu jenem Zeitpunkt eine Zeichentrickserie geschaffen wurde. Da jedoch zeitgleich zudem eine Trickserie mit den Figuren aus dem Film entstand, kam es zum Streit um den Namen. Beigelegt wurde er wie folgt: Diese Serie nannte sich in den USA fortan nach ihrer Produktionsfirma »Filmation's Ghostbusters«, die andere *Real Ghostbusters*.

GIBT'S DOCH GAR NICHT RTL
2004. Halbstündiges Ratespiel mit Dieter Nuhr. Ein Panel aus sechs Prominenten muss skurrile Geschichten erraten, die mit einem Gegenstand zu tun haben, den Moderator Nuhr zeigt.
Einfallslose Variante des Sat.1-Erfolgs *Genial daneben,* teilweise mit dem gleichen Personal. Zwei Ausgaben liefen freitags um 22.15 Uhr.

GIDEON OLIVER RTL
1991. 5-tlg. US-Krimireihe nach den Romanen von Aaron J. Elkins (»Gideon Oliver«; 1989).
Der Wissenschaftler Prof. Gideon Oliver (Louis Gosset, Jr.) klärt dank seines Intellekts, seiner Spürnase und seiner Kickboxfähigkeiten Verbrechen auf. Zina (Shari Headley) ist seine Tochter.
Die Folgen hatten Spielfilmlänge und liefen dienstags zur Primetime.

GILLIGANS INSEL ARD
1966. 13-tlg. US-Sitcom von Sherwood Schwartz (»Gilligan's Island«; 1964–1967).
Nach einem Schiffbruch stranden Bootsmann Gilligan (Bob Denver), der Skipper (Alan Hale, Jr.), der Professor (Russell Johnsson), der Filmstar Ginger (Tina Louise), das Mädchen vom Land Mary Ann (Dawn Wells), der Millionär Thurston Howell III. (Jim Backus) und seine Frau Lovey (Natalie Schafer) auf einer einsamen Insel, die sie fortan nicht mehr verlassen können, weil jeder Rettungsversuch an Gilligans Ungeschicklichkeit scheitert.
Obwohl die Serie in den USA nur drei Jahre lief, wurde sie eine der erfolgreichsten Serien überhaupt. Von den 98 Folgen zeigte die ARD im regionalen Vorabendprogramm gerade mal 13. Deutschen Zuschauern dürfte die Serie daher eher aus unzähligen Parodien und Erwähnungen in anderen – auch in Deutschland erfolgreichen – US-Serien bekannt sein, u. a. *ALF* und *Baywatch,* wo die jeweiligen Hauptdarsteller der gesamten Sippe aus *Gilligans Insel* im Traum begegnen, jeweils dargestellt von der tatsächlichen Crew aus *Gilligans Insel*. Von der Serie gibt es auch zwei Zeichentrickversionen: »Gilligans Insel« und die nicht in Deutschland gezeigte Serie »Gilligan's Planet« (1982).

GILMORE GIRLS VOX
Seit 2004. US-Familienserie von Amy Sherman-Palladino (»Gilmore Girls«; seit 2000).
Lorelai Gilmore (Lauren Graham) ist mit 16 Jahren Mutter geworden und hat ihre jetzt 16 Jahre alte Tochter Rory (Alexis Bledel), die eigentlich auch Lorelai heißt, seitdem allein aufgezogen. Die beiden pflegen ein sehr freundschaftliches Verhältnis, haben die gleichen Interessen, mögen die gleiche Musik und stehen auf den gleichen Typ Mann. Sie leben in dem malerischen Örtchen Stars Hollow in Connecticut. Zu Lorelais Eltern Emily (Kelly Bishop) und Richard (Edward Herrmann) war der Kontakt lange abgebrochen, doch als sie sich bei ihnen Geld leiht, um Rory den Besuch der Chilton-Privatschule zu ermöglichen, bestehen Emily und Richard auf einem gemeinsamen wöchentlichen Abendessen mit den beiden. Das läuft dann wahlweise eisig oder peinlich ab.
Lorelai ist Managerin eines kleinen Hotels. Dort arbeitet sie zusammen mit ihrer besten Freundin, der hervorragenden, aber furchtbar ungeschickten Köchin Sookie St. James (Melissa McCarthy), mit der sie eines Tages ihr eigenes Hotel eröffnen möchte, und dem Rezeptionisten Michel Gerard (Yanic Truesdale), einem griesgrämigen Franzosen, dessen hervorstechendste Eigenschaft eine ausgeprägte Verachtung gegenüber etwa 99 Prozent der Menschheit ist. Ein guter Freund ist Luke Danes (Scott Patterson), dem ein kleines Café gehört und der ständig der Meinung ist, dass Lorelai viel zu viel Kaffee trinke (Luke: »Wie viele Tassen hattest du heute schon?« Lorelai: »Keine.« Luke: »Abgesehen von ...?« Lorelai: »Fünf.«). Wenn er sich nicht um Lorelais Kaffeekonsum sorgt, streitet Luke sich mit Taylor Doose (Michael Winters), dem Ortsvorsteher, der ihn ständig mit Vorschlägen zur Verschönerung des Lokals nervt. Die stets turbulenten Ortsversammlungen unter Taylors Leitung gehören zu Lorelais und Rorys liebster Unterhaltung in Stars Hollow.
Rorys beste Freundin ist Lane Kim (Keiko Agena). Musterschülerin Paris Geller (Liza Weil) und Rory

»Sieh mal, man hat mir gerade dieses Drehbuch für eine Serie namens *Nikola* geschickt, willst du da nicht auch mitspielen?« Mariele Millowitsch und Walter Sittler in *girl friends*.

können sich anfangs auf den Tod nicht ausstehen. Auf der männlichen Seite kommt sie zuerst mit Dean (Jared Padalecki) zusammen, später mit Lukes Neffen Jess (Milo Ventimiglia), der in Staffel 2 von seiner Mutter zu Luke geschickt wurde, damit der ihn wieder auf den rechten Weg bringe. Die vorlaute Tanzlehrerin Miss Patty (Liz Torres) kennt alles und jeden, steht meistens rauchend in der offenen Tür ihrer Tanzschule und macht ihre Bemerkungen über alles und jeden, der vorbeikommt.

Außer durch den liebevollen Respekt, den das Drehbuch dem kompletten Serienpersonal entgegenbringt, besticht die Serie vor allem durch ihre (auch in der deutschen Synchronisation) außergewöhnlich schlagfertigen, scharfsinnigen Dialoge sowie durch eine – nicht nur für US-Verhältnisse – bemerkenswert liberale Grundhaltung. Bisher vier Staffeln mit 87 einstündigen Folgen liefen mit großem Erfolg werktagnachmittags und wurden mit ebensolchem schon zweimal wiederholt.

DIE GIMMICKS ARD

1978–1979. Dt. Comedyshow von Michael Pfleghar.

Schon vor dem Ende seiner Klamaukshow *Klimbim* brachte Pfleghar eine ähnlich alberne Show ins Fernsehen: Die Gimmicks sind eine Showtruppe in einem Nachtclub, die komische Gesichter machen, kunstvoll hinfallen, sich Torten ins Gesicht klatschen und den Clubmanager und das Personal in den Wahnsinn treiben.

Das Ensemble bestand aus Peer Augustinski, Monika Sorice, Monica Teuber, Jean Louis Bogner, Karel Otto, Peter Grötzsch, Werner Schulze-Erdel, Wolfgang Mascher, Maggie Mae, Anne May, Joe Luga und Gottfried Mehlhorn. Mit Augustinski hatte Pfleghar bereits in *Klimbim* zusammengearbeitet. Der spätere *Familienduell*-Moderator Werner Schulze-Erdel hatte hier seinen ersten Fernsehauftritt.

Die sechs Folgen liefen zunächst im Block mit Pfleghars anderer Serie *Zwei himmlische Töchter* und später auf sich allein gestellt.

GIPFELTREFFEN ZDF

2001. Interviewreihe am späten Sonntagabend mit Roger Willemsen.

Willemsen führt die Gespräche nicht selbst, sondern erfüllt Prominenten den Wunsch, einen anderen Prominenten zu treffen und mit ihm zu talken. Für die Schauspielerin Marie Bäumer arrangiert er ein Treffen mit dem »Pferdeflüsterer« Monty Roberts, Hermes Phettberg bringt er mit Helge Schneider zusammen, und Herbert Grönemeyer führt er zu Paul Spiegel.

Eigentlich hätte Willemsen neun Gipfeltreffen veranstalten sollen, aber nach drei Ausgaben stellte das ZDF fest, dass nicht nur die Quoten peinlich waren, sondern auch die Gespräche und die Selbstinszenierung ihres Vermittlers. Grönemeyer fragte er u. a. nach dem Tod seiner Frau: »In welcher Phase deiner Trauer um Anna bist du gerade?« Und: »Hast du das Gefühl, dass in der politischen Diskussion das Wort Kultur zur Zeit der Wiedervereinigung überhaupt 'ne Rolle gespielt hat?«

GIRL FRIENDS ZDF

Seit 1995. »Freundschaft mit Herz«. Dt. Familienserie von Christian Pfannenschmidt.

Marie Malek (Mariele Millowitsch) bekommt einen Job als Schreibkraft im »Hansson-Hotel«, in dem ihre beste Freundin Ilka Frowein (Tamara Roloff) als Chefsekretärin für den stellvertretenden Hoteldirektor Ronaldo Schäfer (Walter Sittler) arbeitet. Gudrun Stade (Andrea Bürgin) leitet den Schreibpool. Zum weiteren Freundeskreis der beiden gehören Nicole Bast (Nele Müller-Stöfen), die im März 1996 ermordet wird, Daniela Holm (Bettina Kupfer), Vera Klingenberg (Nina Sonja Peterson) und die schrille Sekretärin Elfie Gerdes (Manon Straché) sowie später Renée Broschek (Anette Hellwig), die alle im Hotel arbeiten. Hieronymus Schmollke, genannt »Schmolli« (Harald Maack) ist der Portier, Dr. Begemann (Arnfried Lerche) der intrigante Personalchef. Marie und Ilka buhlen um Ronaldo, Marie macht nach dessen Scheidung schließlich das Rennen. Als Ronaldos Tochter Heike (Christina Grosse) ein Kind bekommt, ist Marie mit Mitte 30 Großmutter. Sie heiratet Ronaldo und arbeitet jetzt als Gästemanagerin. Ilka verlobt sich mit Sebastian Beck (Josef Bilous).

Die 50-minütigen Folgen liefen zunächst dienstags um 19.25 Uhr. Einvernehmlich endete die Serie mit Folge 49 Ende 1998. Schreibkraft Elfie Gerdes alias Manon Straché erhielt danach ihre eigene Serie *Hotel Elfie,* die Anfang 2000 auf dem gleichen Sendeplatz lief. Im Januar 2002 kamen die *girl friends* dann überraschend zurück. Christian Pfannenschmidts Bücher hatten einige der Hauptdarsteller, aber bei weitem nicht alle zu neuen Folgen überredet. Sie rückten jetzt in die Primetime und liefen mittwochs um 20.15 Uhr. Der Untertitel »Freundschaft mit Herz« wurde nicht mehr erwähnt.

Ilka ist Anfang 2002 nicht mehr da, sie ist nach Südamerika ausgewandert und hat ein neues Leben begonnen; auch Elfie, die ja ihr eigenes Hotel hat, Daniela sowie Renée, die in einem Fahrstuhlschacht gestorben ist, sind weg. Der Konzernchef ist ebenfalls gestorben; seine Witwe Gudrun Stade-Hansson übernimmt den Laden, mischt sich überall ein und alle auf. Sie macht Ronaldo das Leben schwer und setzt ihm auch noch ihren neuen Stellvertreter Christian Dolbien (Philippe Brenninkmeyer) vor die Nase, der sich allerdings auf die Seite der Angestellten schlägt. Ihre neue Referentin Iris Sandberg (Franziska Stavjanik), die gerade mitten in einer Scheidung steckt, wird allmählich Maries neue Freundin. Marie lernt ihre Halbschwester Barbara Malek (Susanne Hoss) aus Vater Martins (Klausjürgen Wussow) zweiter Ehe kennen, die im Februar 2002 im Business-Center des Hotels anfängt.

Im März verlassen auch Schmolli und Vera das Hotel. Schmolli kommt zur nächsten Staffel zwei Jahre später zurück, auch Elfie ist wieder da (die Serie *Hotel Elfie,* in der beide mitspielten, wurde inzwischen eingestellt), und Marie und Ronaldo ziehen nach Südafrika, um gemeinsam ein neues Leben zu beginnen. Iris und Christian übernehmen die Hotelleitung, Christian und Barbara werden ein Paar. Dr. Begemann (Arnfried Lerche) wird entlassen und der wesentlich nettere Conrad Jäger (Kai Scheve) sein Nachfolger.

Noch größeren Erfolg als mit *girl friends* hatten die Hauptdarsteller Millowitsch und Sittler in ihrer anderen gemeinsamen Serie *Nikola*.
Bisher liefen 74 Folgen.

GIRL POWER   RTL 2
→ Full House

GIRLSCAMP   SAT.1
2001. Reality-Show. *Girlscamp* ist *Big Brother* ohne Männer, dafür komfortabler. Acht Wochen lang sind zehn Frauen in einer Luxusvilla am Meer mit Zugang zum Strand unter ständiger Kamerabeobachtung eingesperrt; jede Woche wird eine rausgewählt, für die eine Neue nachrückt. Interessierte Männer können sich per Videobotschaft um ein Rendezvous im Haus bewerben. Am Ende wählen die Fernsehzuschauer die Siegerin, die 100 000 € erhält.
Einstündige Studioshows liefen anfangs montags und freitags um 20.15 Uhr, halbstündige Zusammenschnitte dienstags bis donnerstags um 0.15 Uhr. Kena Amoa moderierte vor Ort, Barbara Schöneberger im Studio.
Girlscamp war aber auch *Big Brother* ohne Quote. Die Zuschauerzahlen waren katastrophal (gerade eine Million zur besten Sendezeit, während im anderen Programm zur gleichen Zeit *Wer wird Millionär?* locker das Elffache holte), und nach wenigen Wochen wurde »optimiert« und auf die Studioshows und damit auch auf Barbara Schöneberger verzichtet. Die Montagsshow wurde auf 22.15 Uhr verlegt und die Freitagsausgabe gestrichen. Kaum jemand hat's bemerkt.

GISBERT   WDR
1999. 6-tlg. dt. Comedyserie von Hape Kerkeling. Gisbert (Hape Kerkeling) ist ein tollpatschiger Pechvogel, der jeden Job durch seine Trotteligkeit vermasselt. Seine Arbeitsvermittlerin Frau Schlacke (Hella von Sinnen) hat ihre liebe Not mit ihm.
Die Reihe lief montagabends im WDR-Fernsehen; von August bis Oktober 2000 wurden fünf 25-minütige Folgen dienstags um 21.05 Uhr in der ARD wiederholt.

GIULIA   ZDF
1990. »Aus dem Leben einer Schriftstellerin«. 11-tlg. ital. Familiensaga von Ennio de Concini und Enrico Maria Solerno nach dem Roman von Sveva Casati Modignani, Regie: Enrico Maria Solerno (»Disperatamente Giulia«; 1989).
Die erfolgreiche Journalistin Giulia de Blasco (Tahnee Welch, als Erwachsene: Giuditta de Vecchio) blickt auf ihr Leben zurück. Sie ist ein uneheliches Kind von Carmen (Laura Antonelli), der Tochter des Hundezüchters Ubaldo Milkovich (Enrico Maria Salerno), der sich im Zweiten Weltkrieg dem antifaschistischen Widerstand anschloss. Ihre erste Liebe ist der Student Hermes Corsini (Timothy Schnellenberger; als Erwachsener: Fabio Testi), der später Arzt wird und Marta Montini (Dalila di Lazzaro) heiratet. Giulia heiratet den Journalisten Leo Rovelli (Stephane Ferrara). Sie erleidet eine Fehlgeburt und konzentriert sich ganz auf ihre Karriere als Journalistin, doch ihr beruflicher Erfolg belastet die Beziehung zu Leo, der ein Verhältnis mit Marta beginnt.

Giulia und Leo lassen sich scheiden, Hermes und Giulia kommen wieder zusammen. Er operiert ihren Gehirntumor. Sehr spät erst kommt er hinter die diversen Intrigen von Marta und lässt sich endlich von ihr scheiden, um Giulia zu heiraten.
Die Folgen waren 45 Minuten lang und liefen fast täglich am Vorabend. Das ZDF wiederholte die Serie ein Jahr später als Sechsteiler mit spielfilmlangen Folgen.

GLÄNZENDER ASPHALT   RTL
1990. 11-tlg. US-Krimiserie von Anthony Yerkovich (»Private Eye«; 1987–1988).
Los Angeles in den 50er-Jahren. Ex-Bulle Jack Cleary (Michael Woods) wurde zu Unrecht von der Polizei gefeuert und arbeitet nun als Privatdetektiv in der Detektei von Jacks ermordetem Bruder. Sein Partner ist der coole Johnny Betts (Josh Brolin), ein Rocker in Lederjacke und mit zurückgelegten Haaren. Sie beschäftigen Sekretärin Dottie Dworski (Lisa Jane Persky), ermitteln ein wenig, ballern aber vor allem herum oder rasen irgendwem hinterher. Jacks Ex-Kollege Lieutenant Charlie Fontana (William Sadler) dient als Kontaktmann.
Die Serie lief zum Start am Donnerstag, dann freitagabends zur Primetime. Jede Folge dauerte knapp eine Stunde. Anthony Yerkovich war auch an der Entstehung der Serien *Miami Vice* und *Crime Story* beteiligt, die die 80er bzw. 60er ähnlich sorgfältig in Ausstattung und Musikauswahl stilisierten wie *Glänzender Asphalt* die 50er.

DIE GLÄSERNE FACKEL   DFF
1989. 7-tlg. DDR-Familienepos, Regie: Joachim Kunert.
Der Aufstieg der Zeiss-Werke in Jena über mehr als eineinhalb Jahrhunderte, vom kleinen Handwerksbetrieb zum internationalen Großbetrieb, erzählt aus der Sicht der Familie Steinhüter, deren Mitglieder – angefangen von Franz Steinhüter (Hanns-Jörn Weber) – fast alle dort arbeiten.
Die Serie wurde zum 40. Jahrestag der DDR produziert. Die Folgen hatten Spielfilmlänge.

GLASHAUS – TV INTERN   ARD
1972–1983. Diskussionsrunde mit dem Fernsehkritiker Ludwig Metzger, in der das Fernsehen sich selbst thematisierte.
Programmverantwortliche debattierten u. a. über Themen wie »Wie politisch sind die politischen Magazine?«, »Vergreist das Fernsehen?« und »Öffentlichkeitsfeindliche Unternehmen oder unternehmerfeindliches Fernsehen?«. In der ersten Folge erläuterte Erich Helmensdorfer seine Show *Ente gut – alles gut*, zwölf Zuschauer aus dem Studio diskutierten die Frage, ob es ein »Altenprogramm« geben solle, und man setzte sich mit Zuschauerpost auseinander. Natürlich hatte die Fernsehkritik im Fernsehen Grenzen: Am 5. Dezember 1976 wurde eine Folge zum Thema »Strukturreform der ARD 1978« und »Was Arbeiter vom Fernsehen erwarten« abgesetzt. Am 25. Oktober 1977 wurde der *Glashaus*-Redakteur Ludwig Brundeir von WDR-Intendant Friedrich-Wilhelm von Sell fristlos entlassen. Es folgten heftige Proteste.
Die 45-minütigen Sendungen der Reihe liefen in den ersten Jahren in unregelmäßigen Abständen sonntags um 14.00 Uhr, danach am späten Sonntagabend.

GLAUBENS TREND   RTL
→ Trend

GLEICHNISSE   ZDF
1973. 3-tlg. dt. Episodenreihe, in der Gleichnisse aus der Bibel zeitgenössisch verfilmt wurden.
Im ersten Teil z. B. setzte Siegfried W. Braun das Gleichnis vom barmherzigen Samariter (Lukas 10,30) unter dem Titel »Ümran, du nicht Feierabend machen« um. Die halbstündigen Folgen liefen sonntags um 19.15 Uhr.

GLEITBOOT PATROUILLE   ARD
1972. 13-tlg. US-Abenteuerserie (»Everglades«; 1961–1962).
Lincoln Vail (Ron Hayes) arbeitet für die Polizei von Florida und patrouilliert mit seinem Gleitboot in den Everglades. Er klärt Verbrechen auf und rettet Menschen, die in den Sümpfen in Not geraten. Sein Vorgesetzter ist Chief Anderson (Gordon Cosell).
Ivan Tors produzierte die Serie. Die halbstündigen Folgen liefen im regionalen Vorabendprogramm. Im Original gibt es 38 davon.

DER GLETSCHERCLAN   PRO SIEBEN
1994. 10-tlg. dt. Soap von Fritz Müller-Scherz, Regie: Nikolai Müllerschön.
Ruprecht Jauffenberger (Dietmar Schönherr) ist Oberhaupt eines Sportartikelimperiums. Leider verliert er langsam die Kontrolle über das Unternehmen. Nicht nur durch böse, wortbrüchige Geschäftspartner in der Karibik, sondern auch durch den Leichtsinn seines Sohnes Andi (Michael Brandner). In der Familie, zu der u. a. noch Ruprechts Bruder Florian (Helmut Lohner) und Andis Schwester Clara (Caroline Redl) gehören, sind sich natürlich alle nicht grün. Kira von Mayenbrink (Ulrike Folkerts) ist die taffe Hauptkonkurrentin in Deutschland, Johanna Härtlein (Petra Zieser) eine Kellnerin, die Ruprecht aus Übersee mitbringt, nachdem er sich in sie verliebt hat.
Die Serie war ein Phänomen, das Kritiker, Zuschauer und Programmplaner gleichermaßen verwirrte. Letztlich ungeklärt blieb, ob die über 13 Millionen DM teure Serie eine ernstgemeinte Hochglanz-Soap mit merkwürdigen Schwächen und Fehlern war oder eine geniale Satire auf *Dallas* und *Denver* sein sollte – viele ironische Effekte und Verfremdungen sprechen eher für die zweite These. Während die Kritik davon angetan war und den *Gletscherclan* sogar für einen Grimme-Preis nominierte, schalteten

die Zuschauer ab, was auch an der Entscheidung gelegen haben könnte, die Serie nicht wöchentlich, sondern wie eine Daily Soap täglich um 19.00 Uhr auszustrahlen. Nach zehn von 13 einstündigen Folgen mit katastrophalen Quoten zog Pro Sieben die Notbremse. Ein zweiter Anlauf, die Serie bei Kabel 1 zu zeigen, wurde sogar nach nur zwei Folgen mit kaum messbarer Zuschauerbeteiligung abgebrochen. Vollständig gezeigt wurde die Serie schließlich nur im Lokalfernsehen.
Der damalige Pro-Sieben-Chef Georg Kofler hatte in der Serie einen kurzen Gastauftritt: Der gelernte Skilehrer aus Bruneck wedelte einmal die Piste hinunter.

DIE GLOBETROTTER ZDF
1968–1969. 39-tlg. frz. Abenteuerserie von Claude Boissol (»Les globe-trotters«; 1966–1968).
Die beiden Journalisten Bob (Edward Meeks) und Pierre (Yves Rénier) trampen um die Welt und schlagen sich mit Gelegenheitsjobs durch, um für ihre Zeitung darüber zu berichten.
Die halbstündigen Schwarz-Weiß-Folgen liefen am Vorabend.

GLOBUS ARD
1981–2002. Umwelt- und Wissenschaftsmagazin mit wechselnden Moderatoren zu immer anderen Themenbereichen.
Die Reihe wurde von verschiedenen ARD-Anstalten im Wechsel produziert, und jede Anstalt hatte ihren eigenen Bildschirmauftritt, ihre eigenen Moderatoren und ihr eigenes Konzept (der Schwerpunkt des BR etwa war Natur und Umweltschutz, der des WDR populäre Technik und Erklärung von Phänomenen). Entsprechend schwer hatte es die Reihe bei den Zuschauern und auch ARD-intern.
Bis 1993 lief *Globus* am späten Sonntagnachmittag, bekam dann – nun ganz ohne Moderation – im Hauptabendprogramm 14-täglich dienstags um 21.30 Uhr einen Sendeplatz. Ab April 2000 moderierten nur noch Hartmut Stumpf und Ranga Yogeshwar abwechselnd, nun immer mittwochabends. *Globus* wurde schließlich eingestellt und durch das deutlich stromlinienförmiger auf breites Zuschauerinteresse getrimmte *W wie Wissen* ersetzt.

DIE GLORREICHEN SIEBEN KABEL 1
2001. 23-tlg. US-Westernserie (»The Magnificent Seven: The Series«; 1998–1999).
Die sieben Desperados Chris Larrabee (Michael Biehn), Vin Tanner (Eric Close), John »J. D.« Dunne (Andrew Kavovitt), Buck Wilmington (Dale Midkiff), Josiah Sanchez (Ron Perlman), Ezra Standish (Anthony Starke) und Nathan Jackson (Rick Worthy) kämpfen kurz nach dem Bürgerkrieg für das Gute und setzen sich für die Schwachen ein. Mary Travis (Laurie Holden) von der örtlichen Zeitung macht Anführer Chris schöne Augen. Ihr Vater ist der Richter Orin Travis (Robert Vaughn). J. D. interessiert sich für die schöne Casey (Dana Barron).

Die Serie basierte natürlich auf dem gleichnamigen Film von John Sturges, entstand aber erst 38 Jahre danach. Robert Vaughn hatte bereits im Film mitgespielt, jedoch in einer anderen Rolle. Die einstündigen Folgen liefen sonntagmittags.

DIE GLORREICHEN ZWEI RTL
1989–1990. 31-tlg. US-Krimiserie von Michael Butler und Jay Bernstein (»Houston Knights«; 1987–1988).
Weil im streng geheimen Handbuch für Krimiserienautoren wohl gleich auf Seite 3 steht, dass zwei Polizisten immer total gegensätzlich sein müssen, sind die Polizisten Joey LaFiamma (Michael Pare) und Levon Lundy (Michael Beck) total gegensätzlich. Joey ist ungeduldig und aggressiv, Levon entspannt und zurückhaltend. Sie arbeiten als Team in Houston, leisten natürlich trotz ihrer unterschiedlichen Dienstauffassungen großartige Arbeit und freunden sich sogar an. Lieutenant Joanne Beaumont (Robyn Douglass) ist ihre Chefin, Carol (Nacy Everhard), Annie Hartung (Madlyn Rhue), Joe-Bill McCandless (James Crittenden), Nat Holliday (Brian Mitchell) und Estaban Gutierrez (Efrain Figueroa) bilden das Kollegium. In ihrer Freizeit hocken Joey und Levon im Lokal von Clarence (John Hancock) rum, was aber immer auch den dienstlichen Aspekt hat, dass ihnen Clarence heiße Tipps gibt.
Die einstündigen Episoden liefen freitags um 19.15 Uhr. Wiederholungen der Serie trugen den Titel *Houston Knights*.

GLORY DAYS RTL 2
1995. 6-tlg. US-Teenieserie (»Glory Days«; 1990).
Die vier Freunde Dave Rutecki (Spike Alexander), Fopiano (Evan Mirand), Peter »T-Bone« Trigg (Nicholas Kallsen) und Walker Lovejoy (Brad Pitt) machen nach der Schule erste Schritte im Berufsleben.
Jede Folge dauerte eine Stunde. Es war eine der ersten größeren Rollen des späteren Weltstars Brad Pitt. Drei Jahre zuvor hatte er bereits einen kurzen Gastauftritt in der Daily Soap »Another World«.

GLÜCK AM DRÜCKER RTL
1992–1993. Zehnminütige Gameshow mit Al Munteanu, in der Kandidaten schnell sein, den Buzzer drücken und Fragen beantworten müssen.
Munteanu machte normalerweise kurze Radiosendungen, die bei Privatsendern in ganz Deutschland unter dem Titel »HollywoodaAffairs« zu hören waren. Darin »traf er die Stars«, indem er kurze Originaltöne zu belanglosen Allerweltsthemen einspielte. Unter den »Hollywoodstars«, die zu hören waren, befanden sich u. a. Til Schweiger und Hans-Dietrich Genscher.
Die Gameshow lief werktags um 17.45 Uhr.

GLÜCK AUF! DFF
1957–1968. Bunte Veranstaltung zum Tag des Bergmanns.
Jeweils am ersten Sonntag im Juli oder am Vortag

wurden die Bergleute in vielen Jahren mit einem Programm aus Operette, Schlager, Conférence und Orchestermusik gewürdigt und ihre Arbeit und ihr Leben in Gesprächen vorgestellt. Verschiedene Moderatoren, darunter Wolfgang Reichardt und O. F. Weidling, führten durch die Sendung.

Neun Folgen liefen, die ersten beiden am Abend, die restlichen meistens nachmittags.

DAS GLÜCK DER FAMILIE ROUGON ARD
1981. 5-tlg. frz. Familiensaga nach den Romanen von Emile Zola. Drehbuch: Emmanuel Roblès, Regie: Yves-André Hubert (»La Fortune des Rougon«; 1980).

Zwei Zweige einer Familie streiten Mitte des 19. Jh. in der Provence ums Geld. Pierre Rougon (als junger Mann: Charles Nedec; später: Christian Barbier) ist der Sohn von Adélaïde (Madeleine Robinson), genannt Tante Dide, und dem Bauern Rougon. Nach dessen Tod bekam Dide noch zwei Kinder von dem Taugenichts Macquart (Pierre Mayrand): Antoine (als junger Mann: Daniel Russo; später: Philippe Lemaire) und Ursule (Nathalie Guérin). Pierre heiratet Félicité Puech (Jacqueline Gauthier). Die beiden bringen es mit Ölhandel zu einem gewissen Wohlstand. Doch streben auch Ursule und Antoine, der inzwischen seinem Vater nacheifert und Trinker geworden ist, nach dem gesamten Vermögen der Mutter, das ihnen aber nur in Teilen zustünde. Während der Aufstieg des Rougon-Zweigs weitergeht und der Sohn von Pierre und Félicité, Eugène (Michel Ruhl), zu einem der engsten Mitarbeiter des späteren Kaisers Napoleon III. wird, kämpft die arme Arbeiterfamilie Macquart ständig ums Überleben. Ursules Sohn Sylvère Mouret (Gilles Roussel) heiratet Miette Chantegreil (Christine Deschaumes), und die beiden kämpfen für die Oppositionellen.

Zola mochte seine beiden Familien sehr. Im Lauf von 22 Jahren schwoll sein Rougon-Macquart-Zyklus auf 20 Romane an. Dagegen wirkten die fünf einstündigen Folgen der Fernsehfassung richtig putzig. Sie liefen montags um 20.15 Uhr.

GLÜCK HABEN ZDF
1983. Sendereihe über die »erfreulichen Seiten unseres Daseins«. Diese reichten offenbar gerade aus, um drei halbstündige Folgen zu füllen. Sie liefen sonntags am frühen Nachmittag.

GLÜCK MUSS MAN HABEN DFF, MDR
1985–1991 (DFF); 1992–1994 (MDR). Große Samstagabend-Spielshow mit einem Trabi als Hauptpreis und der Gewinnchance für alle Zuschauer, die ein Los der Lottogesellschaft VEB Vereinigte Wettspielbetriebe gekauft hatten.

Die Show startete erfolgreich im DDR-Fernsehen und überlebte sogar die DDR. Moderator war zunächst Bernd Martin, doch es war sein Nachfolger Wolfgang Lippert, der mit der Show große Aufmerksamkeit erregte und den Grundstein für seine Fernsehkarriere auch in Westdeutschland legte. Zuerst wurde er als Gast in westliche Samstagabendshows eingeladen, dann erhielt er noch vor der Wende seine eigene ARD-Show *Stimmt's?*. Nach der Wiedervereinigung wurde er Moderator von *Wetten, dass …?*, präsentierte aber weiterhin im MDR *Glück muss man haben*. Auch die Karriere von Carmen Nebel begann in dieser Show: Sie fungierte als Außenreporterin. Die Gewinnautos wurden nach der Wende gesponsert.

GLÜCK UND GLAS DFF 2
1988. 13-tlg. tschechoslowak. Familiensaga von Jaroslav Dietl und Jaroslav Homuta, Regie: Jaroslav Dudek (»Synové a dcery Jakuba skláře«, 1985).

Der angehende Glasbläser Jakub Cirkl (Luděk Munzar) findet 1899 seine erste Anstellung als Geselle beim Glashüttenbesitzer Krahulik (Radovan Lavansky) im nordböhmischen Ort Albrechtice. Er wird einer seiner besten Arbeiter und zum Hüttenmeister befördert. Mit seiner Frau Terezka (Eva Jakoubková), der Tochter des Schmelzers Heralec (Jaroslav Moučka), bekommt Jakub sieben Kinder, von denen nur einige den Berufsweg des Vaters einschlagen. Kubik (Petr Kostka) wird Briefträger und heiratet Milada (Jaroslava Obermaierová), Pepik (Jiří Krampol) wird Hilfskellner, wandert 1924 nach Amerika aus und kommt reich zurück, Terezka (Jana Preissová) heiratet den Glasbläser Hugo Hamrsmid (Ladislav Frej), Milenka (Daniela Kolarová) heiratet den Bauern Krupka (Petr Čepek), Tonik (Svatopluk Skopal) wird Betriebsrat der Albrechticer Hütte, Vojta (Jaromír Hanzlík) lernt Glasbläser bei Meister Florian (Zdeněk Martínek) und heiratet Lisa (Hana Maciuchová), und Nanynka (Marta Vancurová) wird Glasmalerin.

1914 werden die erwachsenen Männer in den Krieg beordert. Zunächst übernimmt Frau Krahuliková (Jana Stepánková) das Werk, später ihr Sohn Emil Krahulik (Bronislav Poloczek). Im Zweiten Weltkrieg flüchtet Familie Cirkl auf Milenkas Bauernhof, der hinter der Demarkationslinie liegt, nachdem sie Albrechtice verlassen mussten. 1947 geht Jakub in den Ruhestand. Glashüttenbesitzer Emil Krahulík brennt nach Deutschland durch. Vojta wird vom neuen, kommunistischen Direktor Rudolf Hajnyk (Radoslav Brzobohatý) zum Produktionsleiter ernannt, steigt einige Jahre später selbst zum Direktor auf, muss das Amt aber auf Druck des Industrieministeriums an seinen Kollegen Bošek (Petr Haničinec) abtreten, der schon seit Jahren intrigante Machenschaften betreibt und im Krieg Jakubs Söhne denunzierte, wie sich später herausstellt. 1957 kann Jakub deshalb die Verhaftung und Verurteilung Bošeks erwirken. Kurz darauf schläft er friedlich ein.

Jede Folge war eine Stunde lang. Lief ab Herbst 1988 in den Dritten Programmen in Westdeutschland und hieß dort *Jakub, der Glasmacher*.

GLÜCKLICH GESCHIEDEN ZDF
1985. 6-tlg. dt. Familienserie von Michael Baier, Regie: Rolf von Sydow.

Als sie noch verheiratet waren, haben sie sich nur ge-

»Himmel, hilf, wo soll ich nur hin mit all dem Glück?« Maria Schell (links, glücklich), Siegfried Rauch und Susanna Wellenbrink sind *Die glückliche Familie*.

nervt. Dann ließen sich Eva (Beatrice Kessler) und Martin Bärwald (Robert Atzorn) scheiden und entdeckten wieder, was sie aneinander mögen. Die Kinder Tom (Claudio Toscani) und Kati (Karolin Keilbar) freut's auch.

Die 45-minütigen Folgen liefen sonntags um 19.30 Uhr.

GLÜCKLICH GESCHIEDEN   SAT.1

1992. Partnershow mit Jörg Draeger.

Ein »glücklich Geschiedener« trifft auf seinen Ex-Ehepartner, seinen neuen Partner und einen Kollegen oder Freund: die »drei Geschworenen«. Die sagen nacheinander, was sie an ihm lieben oder hassen, und das Publikum muss raten, wer von ihnen der Ex-Partner ist – daraufhin kann der Freund oder Kollege schon gehen. Danach wird in alten Familienfotos geblättert, Intimes verraten, schmutzige Wäsche gewaschen, die Schuldfrage diskutiert. Es folgen mehrere Übereinstimmungsspiele. Am Schluss muss der »glücklich Geschiedene« sechs Situationen seinem alten oder neuen Partner zuordnen. Macht er mehr als einen Fehler, gibt es den Hauptpreis nicht: Reisen für je zwei Personen für den alten und den neuen Partner.

Die Show schwankte zwischen dem Versuch, möglichst Heikles rauszukitzeln, und dem Bemühen, die brenzlige Situation nicht zu sehr eskalieren zu lassen – und scheiterte erwartungsgemäß. Nach sechs von 13 geplanten Folgen beendete Sat.1 den Versuch. RTL zeigte seine unter dem Arbeitstitel »Ehekrieg« produzierte Variante gar nicht erst. Die harmlosere Variante, bei der Konflikte einer grundsätzlich noch funktionierenden Ehe thematisiert wurden, lief im ZDF als *Das ist Liebe*. Die fünfte Ausgabe von *Glücklich geschieden* war etwas Besonderes, weil es um eine geschiedene Frau ging, die nun mit einer Frau zusammenlebte – entsprechend drehte sich alles um das Thema Hetero-/Homosexualität.

Die halbstündige Sendung lief mittwochs gegen 22.30 Uhr.

DIE GLÜCKLICHE FAMILIE   ARD

1987–1991. 52-tlg. dt. Familienserie von Jörg Grünler und Eckhart Schmidt.

Die glückliche Familie Behringer wohnt in München. Maria (Maria Schell) ist Hausfrau und nebenberufliche Journalistin, Ehemann Florian (Siegfried Rauch) Diplomingenieur. Das Paar hat drei Töchter: Katja (Maria Furtwängler) studiert bereits, Nesthäkchen Tami (Susanna Wellenbrink) geht noch zur Schule, Teenager Alex (Julia Heinemann) anfangs auch, dann macht sie eine Lehre bei einem Modellschneider und eröffnet eine Boutique, mit der sie jedoch baden geht. Michael (Thomas Ohrner) ist ihr erster Freund. Erna (Elisabeth Welz) ist die Haushälterin der glücklichen Familie. Opa Behringer (Fritz Strassner) heiratet seine Freundin Ilse (Mady Rahl), und Katja heiratet im Frühjahr 1990 James (Jonathan Ryan). Kurz danach wird Alex von Richy (Sönke Wortmann) schwanger und bringt Titian zur Welt. Von Richy trennt sie sich nach einiger Zeit wieder, und der Modeschöpfer Wolfi (Peter Kraus) wird ihr neuer Freund. Im selben Sommer nehmen die Behringers ein Angebot aus Amerika an und wandern aus. Ein halbes Jahr später kommt die glückliche Familie enttäuscht zurück. Maria beginnt ein Buch über die Familie zu schreiben. Katja lässt sich scheiden, Ilse verfällt einer Sekte, Alex trennt sich von Wolfi, Wolfi kommt wegen Brandstiftung und betrügerischen Konkurses ins Gefängnis, Maria erkrankt an einem Hirntumor und stirbt. Die glückliche Familie muss ohne sie auskommen.

Die einstündigen Folgen liefen mittwochs im Vorabendprogramm.

GLÜCKLICHE REISE   PRO SIEBEN, KABEL 1

1992–1993 (Pro Sieben); 1995 (Kabel 1). 27-tlg. deutsche Urlaubsserie von Peter Weissflog.

Variante des *Traumschiffs* mit Urlaubern, die nicht das Boot, sondern das Flugzeug (von Singapore Airlines) nehmen, um sich an exotischen Orten zu verlieben, zu verwechseln und zu versöhnen. Um die üblichen kleinen und großen Nöte (und darum, dass sie überhaupt ankommen) kümmern sich Kapitän Viktor Nemetz (Juraj Kukura), Co-Pilot Rolf Erhardt (Volker Brandt), Chefstewardess Sabine Möhl (Alexa Wiegandt), die Stewardessen Alexandra Peters (Claudine Wilde), Eva Fabian (Sandra Krolik), Monika Glaser (Rebecca Winter) und Sandra Bühler (Susanne Huber) sowie die Reiseleiter Andreas von Romberg (Thomas Fritsch) und Silvia Baretti (Conny Glogger). Später kommt die neue Purserette Verena Bernsdorf (Anja Kruse) hinzu. Und sie alle haben natürlich überall, wo sie hinfliegen, alte Bekannte, die sie in neue Geschichten verwickeln.

»Trinken wir auf bessere Drehbücher!« Versuch einer Urlaubsserie mit typischen ZDF-Geschichten und typischen ZDF-Stars auf Pro Sieben: Juraj Kukura (Mitte) und Alexa Wiegandt in *Glückliche Reise* mit Gaststar Costa Cordalis.

Glückliche Reise war die erste eigenproduzierte Serie von Pro Sieben. Eigentlich war sie für Sat.1 hergestellt worden – der Sender lehnte sie jedoch wegen »mangelnder Qualität« ab. Kabel 1 zeigte später zwei Folgen, die auf Pro Sieben nicht gelaufen waren. Im Werbeblock erfuhr der Zuschauer übrigens, dass er auch selbst die »glückliche Reise« buchen konnte: bei Karstadt. Nach dem Pilotfilm um 20.15 Uhr liefen die Folgen dienstags um 19.05 Uhr. Hauptdarsteller Juraj Kukura hatte seinen Urlaubsserientauglichkeitstest zuvor in einer Nebenrolle in *Hotel Paradies* absolviert.

DIE GLÜCKLICHEN VIER   ARD

1957–1958. Quizshow mit Hans-Joachim Kulenkampff.
Jeweils drei Familien aus Deutschland oder dem restlichen Europa spielen gegeneinander. Jede Familie tritt mit vier Personen an, Vater, Mutter sowie Sohn und Tochter im Teenageralter. In fünf Spielrunden müssen die Kandidaten Wissensfragen beantworten, die sich in der fünften Runde auf kurze Einspielfilme beziehen, in denen »Kuli« selbst in verschiedene Rollen schlüpft. Eine Jury bewertet im Zweifelsfall die Richtigkeit der Antworten. Die »Jury« besteht einzig aus Hans-Otto Grünefeld. Uschi Siebert ist Kulenkampffs Assistentin. Die Musik kommt vom Hausorchester des HR unter Leitung von Willy Berking.
Die Shows bauten aufeinander auf. Die ersten sieben Sendungen waren Ausscheidungsrunden, die achte und letzte Sendung war das große Finale mit drei übrig gebliebenen Familien, in dem der Sieger als Hauptpreis eine große Kompaktanlage mit Fernseher, Plattenspieler und Radio gewann. Alle Shows wurden live im Abendprogramm ausgestrahlt.

DIE GLÜCKSBÄRCHIS   VOX, RTL 2
→ *Die himmlischen Teddybären*

DIE GLÜCKSKAROSSE   ARD
→ *Ein Platz an der Sonne*

GLÜCKSRAD   SAT.1, KABEL 1
1988–1998 (Sat.1); 1998–2002 (Kabel 1). Dauerwerbesendung als tägliche Spielshow, in der Kandidaten Begriffe erraten müssen.
Jeder der Kandidaten darf am Glücksrad drehen, auf dem verschiedene Geldbeträge stehen. Dann nennt er einen Konsonanten, und so oft dieser Konsonant im Lösungsbegriff enthalten ist, wird ihm der erdrehte Betrag gutgeschrieben. Ist der Buchstabe nicht enthalten, kommt der nächste Kandidat an die Reihe. Wer genug Geld hat, kann, statt einen Konsonanten zu nennen, einen Vokal kaufen. Nach und nach erscheinen auf diese Weise immer mehr Buchstaben an der Ratewand. Wer den Begriff errät, gewinnt die Runde. Gesamtsieger ist, wer über alle Runden das meiste Geld erspielt hat.
Der Rundensieger durfte für die erdrehte Summe Preise aus einer von drei verschiedenfarbigen Gewinnpaletten auswählen, die ausführlichst beschrieben und damit beworben wurden. Gelegentlich kam es vor, dass ein Kandidat mehr Geld erdreht hatte, als Gegenwert in Gewinnen in einer Palette vorhanden war. Dann fielen Sätze wie: »Ich nehme die grüne Gewinnpalette, die blaue Gewinnpalette und aus der gelben alles außer dem Toaster.« Zeitweise gab es auch Bargeld anstelle von Sachpreisen. Die Länge der Sendung änderte sich im Lauf der Jahre mehrfach und schwankte zwischen 30 und 60 Minuten, Sendeplatz war immer nach 19.00 Uhr. Je nach Länge gab es Sonder- oder Bonusrunden. Der Gesamtsieger der drei Vorrunden spielte in einer Finalrunde allein um den Hauptpreis, dazwischen gab es lange Zeit eine Kreuzworträtselrunde, in der die drei Kandidaten zusammen spielten. In diesen beiden Runden durften die Kandidaten zuvor pauschal fünf Konsonanten und einen Vokal wählen.

Dabei wurde so oft die Kombination »ERNSTL« gewählt, dass sie irgendwann als Regelfall vorgegeben wurde. Später, als die Kandidaten dümmer und alles simpler wurde, durften zum »ERNSTL« noch weitere Buchstaben gewählt werden.
In der Zeit bei Sat.1 wechselten sich Frederic Meisner und Peter Bond (der eigentlich Peter Kielbassa heißt) als Moderatoren im Wochenrhythmus ab, Maren Gilzer drehte an der Ratewand die gewählten Buchstaben um. Peter Bond hatte in früheren Jahren die Pornos »Lauras Gelüste« und »Worksex« gedreht. Anfangs wurde die Show noch nicht als »Dauerwerbesendung« gekennzeichnet, im April 1991 entschied das Verwaltungsgericht Neustadt aber, dass Sat.1 nicht drum herumkommt.
Bei Kabel 1 war Frederic Meisner alleiniger Moderator, Sonya Kraus drehte die Buchstaben um. 2002 wurde Thomas Ohrner neuer Moderator, wenig später die amtierende Miss Germany Katrin Wrobel neue Buchstabenfee, die die leuchtenden Felder inzwischen nur noch berühren und nicht mehr umdrehen musste. Beide konnten die sinkenden Marktanteile nicht aufhalten, und so wurde der Klassiker noch im selben Jahr eingestellt. Das US-Vorbild »Wheel Of Fortune«, das sich bereits seit 1975 drehte, war zu diesem Zeitpunkt noch immer die mit Abstand erfolgreichste Sendung im amerikanischen Vorabendprogramm.
Im März 2004 exhumierte der Kleinstsender 9 Live das *Glücksrad* noch einmal und engagierte wieder Frederic Meisner als Moderator, diesmal mit Ramona Drews, der Ehefrau des »Bett im Kornfeld«-Sängers Jürgen, als Buchstabenfee. Die Sendung lief auch hier täglich am Vorabend.
Ab Mai 1992 zeigte Sat.1 ein Jahr lang sporadisch Sonderausgaben unter dem Titel *Kinder-Glücksrad,* in denen minderjährige Kandidaten antraten.

GLÜCKSRAD-GALA SAT.1

1993–1996. Spin-off von *Glücksrad* als Samstagabendshow.
Peter Bond und Frederic Meisner moderierten gemeinsam, unterstützt von Maren Gilzer und Gundis Zámbó. Zwischen den Glücksrad-Runden gab es Showblöcke, außerdem wurden die Gewinnzahlen der Süddeutschen Klassenlotterie verlesen.
Die 100-minütige Gala lief etwa alle vier Wochen ab 19.30 Uhr.

DER GLÜCKSRITTER ARD

1984. »Die Abenteuer des Robert Curwich«. 8-tlg. dt. Abenteuerserie von Heinz Oskar Wuttig, Regie: Hans-Jürgen Tögel.
Der Eisenbahningenieur Robert Curwich (Christian Kohlund) genießt in erster Linie das Leben. Nebenbei bringt er im frühen 19. Jh. die Eisenbahn mit auf den Weg. Zunächst verliert er bei Börsenspekulationen sein gesamtes Vermögen – und das anderer – und flüchtet auf Rat seines Freundes David Thurber (Rolf Henniger) aus England nach Deutschland, wo er bei seinem Vetter Ferdinand von Reppen (Wolfgang Wahl) unterkommt. Sogleich verliebt er sich in dessen Frau Bettina (Claudia Rieschel), und kurz darauf stirbt Ferdinand auch schon bei einem Bergwerksunglück. Während Robert wegen seiner dubiosen Geldgeschäfte auf der Flucht vor den englischen Behörden ist, arbeitet er im Auftrag der deutschen Regierung an Plänen für eine Eisenbahnlinie. Er versteckt sich mal hier, mal da, beginnt eine Affäre mit einer Frau und erschießt im Duell deren Verlobten, legt sich den falschen Namen Cliff Warrick zu, baut eine Lokomotive und kommt schließlich wieder mit Bettina zusammen, die ihn eine Weile vergeblich gesucht hatte und inzwischen mit Roedern (Hartmut Becker) verlobt ist. Macht ja nichts. Robert und Bettina heiraten also, seine Eisenbahn feiert Einwei-

Die einzige Sendung, in der Sie auch nach Ladenschluss noch ein E kaufen konnten: das *Glücksrad* mit Peter Bond (2. v. l.), Buchstabenfee Maren Gilzer (links) und Kandidaten vor den Gewinnpaletten.

hung, bei einer leichten Sprengung wird er verletzt und verdrückt sich.

Hauptdarsteller Kohlund stand in dieser Serie erstmals gemeinsam mit seinem Vater Erwin Kohlund vor der Kamera, der eine Gastrolle übernahm.

Die einstündigen Folgen liefen montags um 20.15 Uhr.

GLÜCKSRITTER RTL

1996–1997. Samstagabend-Spielshow mit Ulla Kock am Brink, die im Prinzip wie *Die 100.000 Mark Show* war – nur härter.

Drei Kandidaten quälen sich durch aufreibende Aufgaben und Spiele, damit RTL ihnen am Ende einen Traum ermöglicht, mit dem sie sich bereits für die Show beworben haben. Wer ausscheidet, wird mit den warmen Worten »Sie sind weg vom Fenster« verabschiedet oder in ein Schleimbad geworfen. Der Sieger muss in der Finalrunde eine bestimmte Punktzahl am Glücksrad erdrehen, um zu gewinnen. Zwischendurch zockt Kock am Brink mit Zufallskandidaten aus dem Saalpublikum um Geld und Sachpreise. So können Kandidaten ihre Autos oder Motorräder einsetzen, um dann entweder ein nagelneues Gefährt zu gewinnen und sich zu freuen oder mit einer alten Rostlaube abgespeist zu werden und sich hämisches Gelächter anzuhören.

Diese Show brachte Ulla Kock am Brink endgültig den Ruf der TV-Domina ein – und einen Riesenskandal, als Kandidaten mit Pfeilen auf den Rücken eines Fakirs werfen mussten. In der ersten Sendung konnten Kandidaten außerdem ihr bisher erspieltes Geld an 200 Spielautomaten vervielfachen oder verlieren. Dieses Element wurde danach gestrichen, weil es Kritik gab, es fördere die Spielsucht.

Produziert wurde die Show von Ulla Kock am Brinks eigener Firma Cameo. Drei Folgen lang war Klaus-Peter Grap Außenreporter. Nach elf Folgen war Schluss.

GLÜCKSSPIRALE ARD, ZDF

1970–1995. Fernsehlotterie.

Die *Glücksspirale* war die dritte Fernsehlotterie neben dem *Platz an der Sonne* und der *Aktion Sorgenkind*. Eigentlich hätte es das ja gar nicht geben dürfen, denn ARD und ZDF sollten nach dem Willen der Bundesländer nur je eine Lotterie veranstalten. Aber dann brauchte man dringend Geld, um die Olympischen Spiele 1972 in München zu bezahlen, und plötzlich war man flexibel. Die *Glücksspirale* lockte mit bis dahin ungeahnten Geld- und Sachpreisen, Lose gab es bei Toto und Lotto für fünf DM. Aus einer einmaligen Einrichtung wurde eine Ausnahmegenehmigung für drei Jahre (bis 1972). Dann gab es eine weitere Ausnahme für die Fußball-WM 1974: Das Geld floss in den Stadionbau, aber ein kleinerer Teil auch in den Breitensport. Und nach einem Übergangsjahr 1975 ohne die Lotterie wurde aus der *Glücksspirale* eine Dauereinrichtung, die Geld für »Gesundheit und Sport« ausschüttete.

Lange Zeit drehte sich die *Glücksspirale* nur über einen begrenzten Zeitraum von zehn Wochen im Jahr. Jeweils zum Auftakt und zum Ende gab es begleitende große Abendshows unter variierenden Titeln (darunter mehrfach *Start ins Glück* bzw. *Endspurt ins Glück*), die abwechselnd in ARD und ZDF und von verschiedenen Moderatoren präsentiert wurden. Erst ab 1991 fand die Lotterie das ganze Jahr über statt und bot immer mehr Preise. Schon seit 1987 lockte besonders der Preis eines lebenslangen zweiten Monatsgehalts von zunächst 3000, später 6000 DM. Zu Sport und Wohlfahrtspflege kam der Denkmalschutz als dritter guter Zweck hinzu.

Mit dem Übergang zur Dauereinrichtung wurden auch regelmäßige Shows in Verbindung mit der Glücksspirale veranstaltet, darunter *Ein Kessel Buntes* und *Nimm dir Zeit*. 1993 ließ Karsten Speck in einer ARD-Abendshow unter dem Titel *Glücksspirale* vier Teams gegeneinander spielen, die Fragen beantworten, Scherzfragen begreifen und Glück haben mussten. In einer gleichnamigen ZDF-Version lauerte Fritz Egner nichts ahnenden Kandidaten zu Hause oder auf dem Weg zur Arbeit auf (diese »Kandidaten« waren von Bekannten oder Verwandten »angemeldet« worden), lockte sie in die Show und konfrontierte sie mit Mutproben, in denen sie ihre Phobien überwinden mussten. Dieses von Endemol entwickelte Konzept lief genau zweimal, wurde aber in der Neuauflage beibehalten, als die Spirale 1996 zu Sat.1 hüpfte.

GLÜCKSSPIRALE SAT.1

1996–2001. Monatliche Sonntagabendshow mit Kai Pflaume.

In der Sat.1-Version der Show in Zusammenarbeit mit der Lotterie Glücksspirale kann einer von sieben Kandidaten 77 777 DM gewinnen, wenn er vor laufenden Kameras seine Ängste überwindet. Dieses Format hatte bereits das ZDF kurzzeitig ausprobiert.

Pflaume brachte Kandidaten dazu, in ein Terrarium voller Spinnen zu fassen, Würmer zu essen oder trotz Höhenangst mit dem Fallschirm aus einem Flugzeug zu springen. Freiwillig hatte sich niemand gemeldet. Es waren Angehörige oder Freunde, die die Opfer angemeldet hatten. Die meisten Opfer waren unter einem Vorwand ins Studio gelockt worden und wurden überraschend aus dem Publikum auf die Bühne gebeten, andere überfiel Pflaume zu Hause. Dies zeigte er in der Show als Filmeinspielung. Wer seine Phobie überwand, gewann einen Sachpreis, den er sofort wieder für die Chance auf den Geldpreis setzen konnte, der unter diesen Kandidaten ausgelost wurde. Alle bis auf den Sieger hatten umsonst gelitten und sich zum Affen gemacht. Sie gewannen zum Trost ein Los der Glücksspirale, das keinen wesentlich höheren Wert hatte als z. B. der grüne Kleister, in dem sie gerade gebadet hatten, oder die große Menge Styropor, deren Quietschen sie eben noch ertragen mussten.

Im Januar 2000 übernahm Christian Clerici als neuer Moderator die Ekelshow. Um das Konzept familienfreundlicher zu gestalten, wurde die Show unter diesem Namen Ende 2001 eingestellt. Eine neue Show in Zusammenarbeit mit der Glücksspirale startete 2002 unter dem Namen *Kleine ganz groß,* wieder mit Clerici. Im September 2002 gab Sat.1 das Ende der Zusammenarbeit mit der Glücksspirale bekannt.

GLÜHENDER HIMMEL SAT.1
1991. 4-tlg. ital.-frz.-dt. Abenteuerfilm nach dem Roman von Wilbur Smith, Regie: Jeannot Szwarc (»The Burning Shore«; 1991).
Die lebenslustige Comtesse Centaine de Thiry (Isabelle Gélinas) verliert Anfang des 20. Jh. ihren Verlobten Michael Courteney (Jason Connery). Die schwangere Centaine macht sich auf den Weg von Frankreich in sein Heimatland Südafrika, um das Kind dort zur Welt zu bringen. Unterwegs erleidet sie Schiffbruch, wird an Land gespült und von den Eingeborenen Hani (Jenny Alpha) und Owi (Marius Yelolo) aufgenommen. Sohn Shasa (Andrea Prodan) kommt zur Welt. Centaine verliebt sich in den Rebellen Lothar de la Rey (Derek de Lint) und bekommt auch von ihm einen Sohn, Manfred (Lorenzo Flaherty). Certaine entdeckt, dass Lothar ein Verbrecher ist, als er Hani und Owi tötet, und verlässt ihn und Manfred. Durch den Kauf einer Diamantenmine wird sie zur reichsten Frau Afrikas. Lothar sinnt auf Rache und die Zerstörung ihres Imperiums. In einem dramatischen Finale kommt es zum Kampf zwischen Certaine und Shasa und Lothar und Manfred, ohne dass Manfred oder Shasa wissen, dass sich gerade alles innerhalb der Familie abspielt.
Die einzelnen Teile hatten Spielfilmlänge und liefen sonntags und montags.

GNADENLOS FRÖHLICH HR
→ Allein oder Fröhlich.

GNADENLOSE STADT NDR, KABEL 1
1976–1977 (NDR); 1992–1999 (Kabel 1). US-Krimiserie von Sterling Silliphant (»Naked City«; 1958–1963).
Ein Team der Polizei bekämpft Mord und Raub in der Acht-Millionen-Stadt New York. Mike Parker (Horace McMahon) ist ein erfahrener, hartgesottener Veteran, der junge Adam Flint (Paul Burke) und der ehemalige Streifenpolizist Frank Acaro (Harry Bellaver) sind seine Partner. Libby (Nancy Malone) ist Flints Freundin.
Eine Off-Stimme erklärte in jeder Folge, dass die Stadt New York »acht Millionen Geschichten« beherberge. Demnach waren die Storys noch nicht auserzählt, als die Serie abgesetzt wurde. Kabel 1 zeigte 99 einstündige, tägliche Folgen, 39 Folgen hatte das Dritte Programm des NDR bereits 15 Jahre zuvor unter dem Titel *65. Revier New York* gezeigt. Eine erste Staffel mit halbstündigen Folgen der eigentlich 138-tlg. Serie hatte mit Ausnahme von Harry Bellaver eine komplett andere Besetzung. Die Serie basierte auf dem Film »Stadt ohne Maske« von 1948.

GO WEST RTL 2
1994–1995. 15-tlg. US-Westernserie von Robert Moloney (»Harts Of The West«; 1993–1994).
Nach einem Herzanfall ändert der Unterwäscheverkäufer Dave Hart (Beau Bridges) sein Leben schlagartig: Er beschließt, Cowboy zu werden, kauft kurzerhand die völlig heruntergekommene »Flying Tumbleweed Ranch« in einem Nichts namens Sholo in der Wüste Nevadas und zieht mitsamt seiner widerwilligen Familie, Frau Alison (Harley Jane Kozak), Teenagertochter L'Amour (Meghann Haldeman) und den Söhnen Zane Grey (Sean Murray) und John Wayne, genannt Duke (Nathan Watt), dort ein. Der alte Haudegen Jake Tyrell (Lloyd Bridges), der bisher auf der Ranch gerarbeitet hat, nimmt den Neurancher unter seine Fittiche. In dem Kaff Sholo wohnen tatsächlich noch andere Menschen, darunter die Ladenbesitzerin Auggie (Saginaw Grant), deren Enkelin Cassie (Talisa Soto), Sheriff R. O. Moon (Stephen Root), Kellnerin Rose McLaughlin (O-Lan Jones), der Anwalt und Möchtegerncowboy Marcus St. Cloud (Sterling Macer, Jr.), und Garral (Dennis Fimple).
Jede Folge dauerte eine Stunde. Den Titelsong »In A Laid Back Way« sang Clint Black.

GODZILLA, DER RETTER DER ERDE PRO SIEBEN
1995–1996. 26-tlg. US-Zeichentrickserie (»Godzilla, King Of The Monsters«; 1978–1980). Die Riesenechse Godzilla ist zwar ein aggressiv auftretendes Monster, beschützt aber die Menschen und die Erde.
Die 20 Minuten langen Folgen liefen samstagvormittags.

DAS GOLD AM KRÄHENBERG ZDF
1971. 6-tlg. schwed. Jugendserie von Leiff Krantz und Olle Mattson, Regie: Leif Krantz (»Kråkguldet«; 1969).
In der ehemaligen Bergwerksstadt Granhyttan bricht der Goldrausch aus, als der kleine Staffan (Staffan Hallerstam) ein Goldstück findet. Die zwielichtigen Signe (Tore Lindwall) und Orvar (Tommy Johnson), Maria (Maria Lindberg) und Åke (Stefan Feierbach), der Krämer Lagerström (Åke Grönberg) und andere machen sich auch auf die Suche.
Jede Folge dauerte eine halbe Stunde.

DAS GOLD DER WÜSTE ARD
1979. 12-tlg. dt.-austral. Abenteuerserie von Peter Yeldham nach dem Roman von Hammond Innes, Regie: Henri Safran (»Golden Soak«; 1977).
Der Bergingenieur Alec Hamilton (Ray Barrett) wandert aus England nach Australien aus, um ein neues Leben zu beginnen. Er stößt auf die verlassene Goldmine »Golden Soak«, die Ed Garrety (Heinz Schimmelpfennig) gehört, der eine Tochter, Janet (Elizabeth Alexander) hat. Die Mine verspricht großen Reichtum, aber noch größere Gefahren und wird für viele zur Obsession.
Die ARD zeigte die Serie im regionalen Vorabendprogramm; zunächst mit halbstündigen Folgen, später auch als Sechsteiler mit doppelt so langen Folgen.

GOLD IN ALASKA ZDF

1963. 12-tlg. US-Abenteuerserie (»The Alaskans«; 1959–1960).

Die Abenteurer Silky Harris (Roger Moore) und Reno McKee (Jeff York) erleben im Kaff Skagway in Alaska den Goldrausch des Jahres 1898 mit, lassen sich aber kaum davon anstecken, denn die Suche nach Gold ist viel zu anstrengend. Reich werden wollen sie trotzdem. Also hauen sie die echten Goldgräber übers Ohr. Sie sind mit der Sängerin Rocky Shaw (Dorothy Provine) befreundet, die im Saloon von Nifty Cronin (Ray Danton) arbeitet. Silky und Reno fügen ihren Opfern keinen nennenswerten Schaden zu. Nifty schon.

Die halbstündigen Episoden liefen montags um 19.00 Uhr. Im Original hatte die Serie 37 Folgen.

GOLDEN GIRLS ARD

1990–1994. 180-tlg. US-Sitcom von Susan Harris (»The Golden Girls«, 1985–1992).

Vier Frauen über 50 leben in einer Wohngemeinschaft in Miami: Die sexbesessene Blanche Devereaux (Rue McClanahan), das naive Landei Rose Nylund (Betty White), die Vertretungslehrerin Dorothy Zbornak (Bea Arthur) und Dorothys über 80-jährige Mutter Sophia Petrillo (Estelle Getty).

Die vier leben in dem Haus der Museumsangestellten Blanche. Sie kommt aus den Südstaaten, ist Witwe, war mit George verheiratet, ist unglaublich eitel und beharrt darauf, 39 zu sein. Sie hat permanent wechselnde Freunde, bewundert aber keinen Mann so sehr wie ihren »Big Daddy«, von dem sie oft erzählt (sein Tod ist das Thema einer Folge der fünften Staffel).

Rose, ebenfalls Witwe, arbeitet zunächst in einem Beratungszentrum und wird später Producerin beim Fernsehen. Sie war mit Charly verheiratet, steht permanent auf der Leitung (Rose: »Das verstehe ich nicht!« – Sophia: »Das solltest du dir aufs T-Shirt drucken lassen!«), nervt alle mit den Geschichten aus ihrem Heimatdorf St. Olaf in Minnesota und kocht skandinavische Gerichte mit Namen wie Geflakenkaken. Rose ist ab der fünften Staffel mit Miles Webber (Harold Gould) liiert, der jedoch eine Staffel später als Mitglied eines Zeugenschutzprogramms enttarnt wird und verschwinden muss.

Dorothy ist von dem Scherzartikelverkäufer Stan (Herb Edelman) geschieden, einem Toupettträger, der sie mit einer Jüngeren betrogen hat. Stan hat sich seitdem zwar nicht gebessert, hätte Dorothy aber trotzdem gern zurück und ist entsprechend lästig. Dorothy ist sehr groß, hat eine tiefe Stimme, fast nie eine Verabredung mit einem Mann und muss sich aus all diesen Gründen von den anderen aufziehen lassen.

Sophia, deren Mann Salvatore schon lange tot ist, ist Italienerin und stolz darauf. Sie wohnte im Altersheim »Schattige Pinie«, bevor sie zu der Frauen-WG stieß. Ihrem »Kätzchen«, wie sie Dorothy zärtlich nennt, wirft sie heute noch vor, dass sie sie dort untergebracht hatte. Zum Glück brannte das Heim ab.

Golden Girls: Vorn: Bea Arthur, hinten von links: Estelle Getty, Rue McClanahan, Betty White.

Sophia ist vorlaut, griesgrämig und hat eine scharfe Zunge (Blanche: »Mel und ich sind dafür bestimmt, zusammen zu sein!« – Sophia: »Schön, wenn ich das auch über deine Schenkel sagen könnte.«) Trotzdem ist sie die alte weise Frau, die die anderen um Rat fragen. Sophia erzählt dann eine Geschichte, die beginnt mit: »Stell dir vor, Sizilien, 1927 ...«

Gemeinsam wälzen die Damen Probleme, reden über Männer und essen Käsekuchen. In der vierten Staffel heiratet Sophia Max Weinstock (Jack Gilford), den Witwer ihrer verstorbenen langjährigen Freundin Esther, der schon ein Freund ihres Mannes war. Dann entdecken beide, dass sie nur um der alten Zeiten willen geheiratet haben, und lassen es auf sich beruhen. Max taucht in keiner weiteren Folge auf, formal ist Sophia aber ab diesem Zeitpunkt verheiratet. In der letzten Folge heiratet Dorothy Blanches Onkel Lucas (Leslie Nielsen) und zieht mit ihm zusammen.

Der trockene Witz aus dem Mund älterer Frauen machte die Serie zu einer der originellsten und spritzigsten ihrer Zeit. Sie war eine der wenigen erfolgreichen US-Serien, die auch in Deutschland viele Zuschauer erreichten. Die ARD sendete sie zunächst freitags um 23.00 Uhr, wegen des großen Erfolgs später dienstags bereits um 22.00 Uhr. Wiederholungen liefen in der ARD und bei Vox am Vorabend und bei RTL mittags und nachts. Selbst die zehnte Wiederholung erreichte noch passable Einschaltquoten. Der Titelsong war »Thank You For Being A Friend«, im Original ein Hit für Andrew Gold, jetzt gesungen von Cynthia Fee.

Bea Arthur stieg 1992 aus der Serie aus. Die *Golden Girls* wurden daraufhin zwar beendet, mit den drei verbliebenen Hauptdarstellerinnen wurde aber die neue Serie *Golden Place* gedreht. Nach deren Ende spielte Estelle Getty die Rolle der vorlauten Sophia in *Harrys Nest* weiter.

GOLDEN PALACE ARD
1995. 24-tlg. US-Sitcom von Susan Harris (»The Golden Palace«, 1992–1993).
Fortsetzung der *Golden Girls:* Nachdem Dorothy nach ihrer Hochzeit nach Atlanta gezogen ist, kauft der in Miami verbliebene Rest des Quartetts das Hotel »Golden Palace«. Gemeinsam mit dem Hotelmanager Roland Wilson (Don Cheadle), Koch Chuy Castillos (Cheech Marin) und dem Straßenjungen Oliver Webb (Billy L. Sullivan) bringen Blanche (Rue McClanahan), Rose (Betty White) und Sophia (Estelle Getty) es auf Vordermann.
Die Nachfolgeserie hatte zwar viele bewährte Gags, aber weder die Originalität und den Charme des Vorgängers noch dessen Erfolg. In der Doppelfolge »Nicht ganz wie in alten Zeiten« tauchte Bea Arthur als Gaststar auf und spielte ihre Rolle der Dorothy dann doch noch einmal.
Neuer Sendeplatz war dienstags um Mitternacht.

GOLDEN SILENTS ARD
1972–1976. »Als die Bilder laufen lernten«. 26-tlg. Nostalgiereihe.
Der britische Komiker Michael Bentine präsentiert Ausschnitte aus Stummfilmklassikern von und mit Buster Keaton, Stan Laurel und Oliver Hardy, Charlie Chaplin u. a. Die halbstündigen Teile liefen samstagnachmittags.

GOLDENE BERGE – GOLDENE LIEDER ZDF
1994–1995. Volksmusikshow mit Carolin Reiber, die es auf drei goldene Ausgaben brachte.

DAS GOLDENE EI SAT.1
1995–1996. Spielshow.
In verschiedenen Geschicklichkeits-, Aktions- und Ausdauerrunden müssen Kandidaten möglichst viele goldene Eier sammeln, die z. B. auf einem wackligen Gerüst liegen. Die acht Kandidaten der ersten Runde werden aus dem Studiopublikum ausgelost und spielen in Zweierteams. Wer nur wenige Eier sammelt, wird etwa durch ein spontanes Schlammbad bestraft. Nach jeder Runde scheidet das Paar mit den wenigsten Eiern aus, bis die letzten beiden Teilnehmer gegeneinander antreten. Der Verlierer fällt in einen Pool, der Sieger darf sich einen von zwei Schlüsseln aussuchen, der dann im Idealfall in ein Riesenei passt, in dem sich der Geldgewinn in Höhe von 65 000 DM verbirgt.
Mit *Das Goldene Ei* versuchte Sat.1, die erfolgreiche *100.000 Mark Show* von RTL zu kopieren. Die Show war anfangs eine Stunde lang und wurde von Michael Tasche moderiert. Zwei Staffeln liefen samstags um 22.00 Uhr. Im Sommer 1996 rückte sie für drei Ausgaben und mit leichten Konzeptänderungen als große Samstagabendshow auf 20.00 Uhr vor und wurde jetzt von Jörg Pilawa präsentiert. Danach wurde *Das Goldene Ei* eingestellt.

DIE GOLDENE EINS ARD
1985–1991. Mehrstündige große Nachmittagsshow, die alle zwei Jahre während der Internationalen Funkausstellung in Berlin täglich gesendet wurde. Moderatoren waren u. a. Michael Schanze, Sigi Harreis, Max Schautzer, Hape Kerkeling, Carmen Nebel, Karl Moik, Jürgen von der Lippe und Harald Schmidt.
Unter demselben Titel startete im Januar 1989 die monatliche Sendung zur ARD-Fernsehlotterie.

DIE GOLDENE EINS ARD
1989–1997. Show zur ARD-Fernsehlotterie, die zuvor den Titel *Ein Platz an der Sonne* trug. Unter dem neuen Titel wurde die Lotterie das ganze Jahr über veranstaltet (bis dahin nur wöchentlich über einen Zeitraum von vier Monaten pro Jahr).
Die dreiviertelstündige Show bestand aus Spielen, Musik, prominenten Gästen und der monatlichen Ziehung der Glückszahl für die Lotterie. Der Lospreis betrug fünf DM, der Slogan »Mit fünf Mark sind Sie dabei« wurde übernommen. Moderator war Max Schautzer, ab Januar 1997 Ingo Dubinski. Unter Dubinski wurde die Show später noch mehr auf Musik ausgerichtet und in *Die Goldene Eins – Hitparade* umbenannt, 2001 hielt der alte Name *Ein Platz an der Sonne* Wiedereinzug.
Lief alle sechs Wochen zunächst dienstags, später montags um 20.15 Uhr.

DIE GOLDENE EINS – HITPARADE ARD
1998–2001. Show zur ARD-Fernsehlotterie mit Ingo Dubinski und vielen musikalischen Gästen, in der alle sechs Wochen montags um 20.15 Uhr die Hauptziehung zur ARD-Fernsehlotterie *Die Goldene Eins* stattfand.
1999 wurde der Lospreis im Zuge der Umstellung auf die neue europäische Währung Euro erstmals in der Geschichte der ARD-Fernsehlotterie erhöht. Statt fünf DM kostete das Los jetzt fünf Euro. Ein Euro war rund zwei DM wert, also wurde der Lospreis etwa verdoppelt, aber auch der mögliche Gewinn erhöht. Neuer Slogan war »Mit fünf Euro sind Sie dabei«. 2001 bekam die Lotterie einen Namen, den sie bis Ende 1988 schon einmal gehabt hatte: *Ein Platz an der Sonne*.

DIE GOLDENE EUROPA ARD
1981–2002. Show zur Verleihung der Goldenen Europa.
Der Preis wird seit 1968 jährlich in Saarbrücken vom Saarländischen Rundfunk und seiner Europawelle Saar verliehen. Ursprünglich sollte er helfen, deutsche Künstler und Produzenten mit ihrer Musik gegen die Konkurrenz aus den USA und England zu unterstützen – und wer es nach dieser Beschreibung

nicht gleich errät: Sein Erfinder ist Dieter Thomas Heck. Er hatte ein Jahr zuvor begonnen, die »Deutsche Schlagerparade« bei der Europawelle Saar zu moderieren. 1973 erhielt Heck die von ihm erfundene Auszeichnung übrigens selbst.
1981 wurde die Übertragung erstmals mit einer eigenen Fernsehshow verbunden. Es moderierte nun bis 1991 Manfred Sexauer. Ab 1992 übernahmen verschiedene Moderatoren die Sendung, darunter Karsten Speck, Jan Hofer und Hape Kerkeling – den dramatischen Quotenrückgang von über elf Millionen 1987 auf am Ende nicht einmal drei Millionen konnte keiner von ihnen stoppen. Vermutlich lag es daran, dass auch die Zuschauer nicht wussten, wofür genau es eine Goldene Europa gab. Das Konzept wurde 1987 und 1992 geändert, blieb aber schwammig: Zuletzt sollten Künstler, deren Tätigkeit »im weitesten Sinne massenattraktive Unterhaltung darstellt«, ausgezeichnet werden. Seit 2003 hat die Goldene Europa nicht einmal mehr eine eigene Fernsehsendung, sondern wird im Rahmen des *Festivals des Deutschen Schlagers* verliehen. In jenem Jahr wurden ausgezeichnet: Paul Kuhn (für sein Lebenswerk), die Puhdys (für »jahrzehntelange Erfolge im Deutschrock«) und Otto Waalkes (für »20 Jahre Comedyerfolg«). Falls 2004 eine Verleihung stattgefunden haben sollte, so drang über sie nichts an die Öffentlichkeit.

GOLDENE HITPARADE DER VOLKSMUSIK   SAT.1
1992–1993. Volksmusikshow mit Ramona Leiß.

DER GOLDENE LÖWE   RTL
1996–1998. Übertragung der Verleihung des neu geschaffenen RTL-Fernsehpreises, der – bis auf zwei Nachwuchsförderpreise – nicht dotiert ist.
Der Goldene Löwe war ursprünglich ein Preis von Radio Luxemburg, aus dem RTL einen Fernsehpreis machte, um dem öffentlich-rechtlich dominierten *Telestar* etwas entgegenzusetzen. Für Gewicht sollte auch der Termin der Preisverleihung sorgen: jeweils am Tag der Deutschen Einheit. Schließlich aber sahen alle Beteiligten ein, wie albern die jeweilige Bevorzugung der eigenen Sendungen war, und gründeten gemeinsam den *Deutschen Fernsehpreis*.

DIE GOLDENE SCHLAGERPARADE   SAT.1
1992–1994. Dreiviertelstündige Schlagersendung mit Peter Bond und Frederic Meisner, die ihre Popularität als *Glücksrad*-Moderatoren schamlos für weitere Sendungen ausnutzten. Diese lief montags um 21.15 Uhr.

DER GOLDENE SCHUSS   ZDF
1964–1970. Große Samstagabend-Spielshow mit Lou van Burg.
Mittelpunkt der Sendung ist das immer wiederkehrende Schießspiel mit der Armbrust. Nach dem Kommando »Kimme, Korn, ran!« müssen Kandidaten im Saal oder Telefonkandidaten zu Hause die Mitte einer Zielscheibe treffen. Dazu hat das ZDF die Kamera so auf der Armbrust montiert, dass die Linie Kimme-Korn-Ziel vom Zuschauer im genau gleichen Winkel gesehen wird wie vom Kameramann. Dem Kameramann werden jedoch die Augen verbunden, und der Telefonkandidat gibt ihm innerhalb einer vorgegebenen Zeit mit »Links – rechts – hoch – runter – Schuss!« Anweisungen, was er tun soll. Auf diese Weise können sich die Telefonkandidaten für die nächste Sendung als Studiokandidat qualifizieren.
Im Studio spielen vier Kandidaten in zwei Zweiergruppen zunächst in der Ausscheidungsrunde gegeneinander. Darin haben sie verschiedene Aktions-

Vico Torriani und Assistentinnen bei *Der goldene Schuss*. Wer dieses Monstrum von einem Gerät bedienen kann, lacht über jeden Schützenverein.

und Geschicklichkeitsspiele zu bewältigen. Unter den beiden Gruppensiegern wird der Schützenkönig ermittelt und gekrönt, der dann im Schlussspiel einen Beutel mit Gold gewinnen kann. Dieser Beutel hängt an einer Schnur vor der Zielscheibe und muss von dem Kandidaten mit der Armbrust abgeschossen werden; nur so kann er ihn gewinnen. Die Sendung runden Showblöcke mit prominenten Gästen und Lou van Burg selbst ab.

Aus *Der goldene Schuss* stammt das geflügelte Fernsehwort »Der Kandidat hat 99 Punkte«. Diesen Satz sagte die Assistentin, wenn ein Kandidat erfolgreich traf.

Der Niederländer Lou van Burg kokettierte gern mit seinem Akzent, wozu ihm angeblich ein Werbestratege geraten hatte. In Wirklichkeit sprach er sauberes Hochdeutsch. Dieser Werbestratege soll ihm auch empfohlen haben, sich eine Wampe anzufressen, das mache ihn gemütlicher und sympathischer. Der als »Onkel Lou« oder »Mr. Wunnebar!« bekannte Showmaster war der Star für die ganze Familie. Zu Beginn der Sendung sang er immer: »Der goldene Schuss heißt unser Spiel. Dass Sie sich freuen, ist mein Ziel.«

Das Konzept zur Sendung hatten die Schweizer Hannes und Werner Schmid gemeinsam mit van Burg entwickelt. Es war die erste deutsche Gameshow, die in viele Länder ins Ausland verkauft wurde.

1967 wurde der überaus beliebte Moderator wegen seines »unseriösen Privatlebens« vom ZDF gefeuert: Er hatte ein Verhältnis mit seiner Assistentin Marianne; beide waren verheiratet, jedoch nicht miteinander. Am 15. Juni 1967 moderierte er – trotz hervorragender Quoten – seine 24. und letzte Sendung. ZDF-Intendant Karl Holzamer sagte damals: »Die Visitenkarte des ZDF wurde beschmutzt. Sie muss und soll sauber bleiben.« Van Burg bekam für den Rauswurf immerhin eine finanzielle Entschädigung; außergerichtlich einigte man sich auf 120 000 DM. Sein Ruf war aber ruiniert – und Fernsehangebote bekam er auch nicht, nachdem er die Assistentin 1969 geheiratet hatte. Ans Licht gekommen war die Affäre, als van Burgs frühere Freundin, die er wegen Marianne verlassen hatte, geplaudert hatte.

Als Nachfolger im Gespräch war Rudi Carrell, es wurde dann aber Vico Torriani, dessen erste Show am 25. August 1967 gleichzeitig die erste in Farbe ausgestrahlte Sendung im deutschen Fernsehen war. Das Farbfernsehen war an diesem Tag eingeführt worden. Am Konzept der Sendung blieb alles unverändert, und auch Torriani als Sänger bestritt wie sein Vorgänger einen Teil der Showblöcke selbst. Lediglich das Schusskommando änderte er in »Achtung, fertig, los!«, auf das Krönungszeremoniell wurde verzichtet, das Titellied geändert. Und hatte Lou van Burg seinen Ausruf »Wunnebar« zum geflügelten Wort gemacht, tat es Torriani mit der immer mer gleichen Aufforderung vor den Schießspielen: »Bruno, den Bolzen!«, »Ralf, den Bolzen!« bzw. »Peter, den Bolzen!«. Obwohl Torrianis Moderation oft als hölzern kritisiert wurde, moderierte er die Show mit gleichbleibendem Erfolg 26-mal. Insgesamt erlebte die Reihe also 50 Sendungen.

Sendetermin von *Der goldene Schuss* war etwa alle sechs Wochen um 20.15 Uhr.

DIE GOLDENE STIMMGABEL   ARD, ZDF

Seit 1990. Einmal im Jahr verleiht Dieter Thomas Heck den Musikpreis Goldene Stimmgabel an erfolgreiche deutsche Schlagerinterpreten.

ARD oder ZDF zeigten die Verleihung in unregelmäßigem Wechsel in ihrem Abendprogramm, seit 2001 läuft sie nur noch im ZDF. Dieter Thomas Hecks Firma Dito Multimedia produzierte die Sendung. Die Goldene Stimmgabel wurde bereits seit 1981 jährlich verliehen, damals im Rahmen der Sendung *Tag des deutschen Schlagers*.

1995 sorgte Stefan Raab für einen Skandal, als er seine Lippen nicht zum Vollplayback bewegte.

DIE GOLDENE ZEIT   ARD

1956–1958. Geschichtsquiz mit Professor Hans Gebhart.

In jeder Sendung referiert Gebhart ausführlich über eine historische Epoche, erläutert sie anhand von Bildern, Filmausschnitten, Liedern, Forschungsergebnissen und im Studio gespielten Szenen. Zwischendurch stellt er »nur zu unserer Belustigung« fünf Wissensfragen, deren Antworten die Zuschauer auf Postkarten einsenden können. Für jede Frage gibt er drei Antwortmöglichkeiten vor. Als Gewinne winken Antiquitäten und Goldmünzen aus der vorgestellten Zeit, Bücher über die Zeit, aber keine Reisen in die Zeit.

Hans Gebhart war Kunstkenner, Literaturwissenschaftler, Schauspieler und Universitätsdozent. Während der Sendung saß er vor seinem Bücherschrank am Schreibtisch und erzählte. Es passierte eigentlich nichts, doch seine lockere Art machte es kurzweilig. Lehrreich war es ohnehin. Zu Beginn jeder Sendung wurden die Auflösungen vom letzten Mal bekannt gegeben und die Gewinner gezogen. Damit alles seine Richtigkeit hatte, war zu diesem Zweck Herr Assessor Karl anwesend, »ein sehr ernster Mann«, der die Ziehung, die er selbst durchführte, überwachte.

Die Sendung war etwa eine Dreiviertelstunde lang und lief an wechselnden Sendeplätzen im Abendprogramm. Sie brachte es auf 18 Ausgaben.

GOLDENE ZEITEN   ARD

1981–1984. »Die Geschichte einer Bürgersfamilie«. 20 tlg. dt. Familiensaga, Regie: Michael Braun.

Zwei Jahre nach dem Ende des Ersten Weltkriegs kehrt die Krankenschwester Victoria Vollmer (Ilona Grübel) mit dem letzten Verwundetentransport aus Frankreich in ihre Heimatstadt Baden-Baden zurück. Nach wie vor betreibt ihr Vater Fritz (Peter Schiff) dort einen Friseursalon. Victoria heiratet ihre Jugendliebe Walter Bielstock (Alexander Radszun), den Sohn der Generalin Bielstock (Gisela Trowe), und zieht mit ihm auf einen Bauernhof. Im Sommer

1921 zerbricht die Ehe an Walters Verwicklung in das Attentat auf Matthias Erzberger, der den Versailler Vertrag unterschrieben hatte. Ausgerechnet der Zeitungsreporter Dr. Robert Wolff (Wolf Roth), der ans Licht brachte, dass Walter auf dem Hof die Tatwaffen versteckt hatte, macht Victoria vier Jahre später einen Heiratsantrag, den sie annimmt.
Derweil arbeitet Victorias Schwester Susanne (Jocelyne Boisseau) zunächst als Zimmermädchen, dann in der Hotelverwaltung. Sie hat eine Affäre mit einem französischen Betrüger, von dem sie schwanger wird. Sie heiratet den Gastwirt Werner Bombach (Gernot Endemann), der den jungen Friedrich als seinen Sohn akzeptiert. Zwei Jahre später, 1932, wird auch Victoria schwanger. Ihr Mann Robert verliert seinen Job, weil er Jude ist. Am Tag des Reichstagsbrands im Februar 1933 soll Robert verhaftet werden. Er und Victoria emigrieren nach Frankreich, wo Tochter Friederike zur Welt kommt. Walter, inzwischen Sturmführer der Nazis, hatte die beiden gewarnt.
Fritz Vollmer, der durch den Konkurs des Bankhauses Rodeweil seinen Salon verloren hat, findet eine Anstellung als Friseur im »Parkhotel« und steigt zum Chef des dortigen Salons auf. Sein Bemühen um eine Mitgliedschaft in der NSDAP scheitert an der Emigration des jüdischen Schwiegersohns. Er heiratet 1935 Anette Seidelmann (Margot Léonard), die er schon vor Jahren kennen gelernt hatte, als sie Hausdame im »Parkhotel« war. Später wird sie Krankenschwester. Familie Wolff zieht nach Wien und Robert von dort zwei Jahre später weiter nach Prag, um für ein Filmdrehbuch zu recherchieren, das er schreiben soll. Er kann nicht nach Wien zurück, weil die Deutschen inzwischen dort einmarschiert sind. Robert und Victoria trennen sich, und erst 1941 wird die Familie in Marseille wiedervereint. Robert tritt eine Stelle als Rundfunksprecher an. Vater Vollmer ist mittlerweile im Ruhestand.
Im Herbst 1944 wird Werner Bombach zum Wehrdienst eingezogen, Susannes Sohn Friedrich (Pascal Breuer) kehrt im Alter von 19 Jahren als Versehrter und überzeugter Soldat in den Schwarzwald zurück. Er hat im Krieg einen Arm verloren. Er verliebt sich in eine Frau (Elisabeth Volkmann), die mit einem Nazibonzen verheiratet ist, doch die Liebe wird nicht erwidert. Als sein Vater desertiert, nimmt sich Friedrich das Leben.
Die einstündigen Folgen liefen im regionalen Vorabendprogramm. Die elf Episoden der ersten Staffel nannten sich Kapitel und waren in je zwei Akte unterteilt. Die zweite Staffel, die während des Kriegs spielte, trug den Titel *Goldene Zeiten – Bittere Zeiten*.

GOLDENE ZEITEN – BITTERE ZEITEN ARD
→ Goldene Zeiten

DIE GOLDENEN FÜNFZIGER ZDF
1987. Nostalgie-Musikshow mit Petra Schürmann. Große deutsche Schlagerparade mit Liedern aus den Jahren 1950 bis 1959. Sechs halbstündige Folgen liefen samstags am Vorabend, zum Abschluss wurde noch eine große Show zur Primetime ausgestrahlt.

DIE GOLDENEN SCHUHE ARD
1983–1984. 5-tlg. dt.-frz.-ital. Biografiefilm nach dem gleichnamigen Roman von Vicki Baum. Drehbuch: Helmut Pigge, Regie: Dietrich Haugk.
Mit Mitte 40 kann die Karriere der Primaballerina Katja Milenkaja (Claudine Auger) eigentlich nur noch bergab gehen. Noch läuft es aber gut, und solange nutzt sie das aus. Sie arbeitet viel und reist weit und zerstört durch die intensiven Vorbereitungen auf ein Engagement in New York beinahe ihre Ehe mit dem Arzt und Wissenschaftler Dr. Ted Marshall (Klaus Barner). Mit ihm und dem kleinen Guy (Sascha Böhme) lebt sie in Princeton. In Rückblenden wird ihre Lebensgeschichte erzählt: Ihre Kindheit, die sie unter ihrem bürgerlichen Namen Kati Milenz (Lucie Sochurkova; als junge Frau: Nicole Kunz) verbrachte und in der sie bereits mit ihrem Jugendfreund Grischa Kuprin (Jacques Breuer) Ballett tanzte, der später ihr Bühnenpartner wurde; ihre Beziehung zu dem Choreographen Mirko Bagoryan (Klaus Löwitsch), der sie betrog und in einen Selbstmordversuch trieb; ihre erste Ehe mit dem Torero Miguel (Agostin Vargas); der tragische Unfalltod Grischas während einer Aufführung, in dessen Folge Katja einen erneuten Selbstversuch unternahm und von dem jungen Assistenzarzt Ted Marshall gerettet wurde. Am Ende erkennt Katja, wie wichtig ihr Ted ist, und der vernachlässigte Ted erkennt, wie viel Katja ihr Beruf bedeutet.
Die Schauspielerin Claudine Auger, Darstellerin der älteren Katja, wurde in der deutschen Fassung von Nicole Kunz synchronisiert, der Darstellerin der jungen Kati. Dadurch wurde der realistische Effekt erzeugt, dass die Hauptfigur in jeder Phase ihres Lebens die gleiche Stimme hatte.
Die einstündigen Folgen liefen im Rahmen der Filmreihe »Die Welt der Vicki Baum« montags um 20.15 Uhr.

GOLDENER SONNTAG ARD
1976–1978. »Eine Familiengeschichte mit Musik«. 18-tlg. dt. Familienserie von Karl Hoche, Uwe Gardein und Frank Ekkes, Regie: Bruno Voges und Werner Schretzmeier.
Die Familie verbringt den Sonntagvormittag, kurz vor dem Mittagessen, gemeinsam vor dem Fernseher und spricht dabei über aktuelle Themen. Vater Hans-Dieter (Hanns Dieter Hüsch) ist Bauzeichner, Mutter Ingeburg (Ingeburg Kanstein) ist Hausfrau und war früher Arzthelferin. Die älteste Tochter Magda (Magdalena Thora) ist 23 und studiert Pädagogik, Sohn Bengt (Bengt Oberhof), 21, ist Elektroinstallateur, und die 16-jährige Nora (Nora Barner) geht noch zur Realschule. Im Fernsehen schauen sie sich das Magazin »Sonntagswecker« mit Albrecht Metzger an, in dem jede Woche eine international besetzte Jazzband Musik macht.
So langweilig das Konzept »Menschen sehen fern

und werden dabei im Fernsehen gezeigt« klingt, so innovativ war es. Die Serie spielte in Echtzeit zur Sendezeit am Sonntagvormittag. Die ersten Folgen waren eine halbe Stunde lang und begannen um 11.30 Uhr, ab Folge 4 dauerte jede Folge 45 Minuten und begann eine Viertelstunde früher. Der eingeschaltete »Sonntagswecker« war fiktiv, der Moderator echt (zumindest trat er unter seinem echten Namen auf, wie aber auch alle anderen Charaktere zumindest ihre Vornamen behielten; ein Familienname wurde nie genannt).

Zur namenlosen Band gehörten Wolfgang Dauner (Piano), Albert Mangelsdorff, Jiggs Wigham (beide Posaune), Barbara Thompson, Charlie Mariano (beide Saxophon), Kenny Wheeler, Ian Carr, Ack van Rooyen (alle Trompete), Eberhard Weber (Bass), Volker Kriegel (Gitarre), Jon Hiseman und Alex Riel (beide Schlagzeug). Die Gruppe war zuvor bereits im Magazin *Elf $^{1}/_{2}$* aufgetreten. Durch ihre wöchentlich fünf- bis zehnminütigen Einlagen in *Goldener Sonntag* wurde sie bekannt genug, um ihre Musik anschließend auf einem eigenen Plattenlabel unter dem Bandnamen United Jazz & Rock Ensemble zu veröffentlichen, erfolgreich zu verkaufen und für Jahrzehnte zu touren. 2002 ging sie auf Abschiedstournee.

Die Serienerfinder Hoche, Gardein und Ekkes schrieben die komplette erste Staffel, Autoren der zweiten Staffel waren Peter Maiwald und Gerd Wollschon.

GOLDMILLION ZDF

1994–1995. Abendshow mit Wolfgang Lippert zugunsten der ZDF-Fernsehlotterie *Aktion Sorgenkind* und Nachfolgesendung des eingestellten *Der Große Preis*.

In verschiedenen Runden spielen drei Kandidaten gegeneinander, die am Ende eine Menge Goldmünzen gewinnen können. Anders als beim *Großen Preis* geht es eher um Alltags- als um Fachwissen, zusätzlich gibt es Aktionsspiele. Der Gewinner stellt sich am Ende blind in ein Labyrinth, durch das er von einem Zuschauer zu Hause per Telefon gelotst wird. Erreicht er das Ziel, gewinnt der Fernsehzuschauer ein Auto und der Studiokandidat die von allen erspielten Goldmünzen, von denen jede 200 DM wert ist.

In der ersten Sendung gab es einen bemerkenswerten Auftritt von Wim Thoelke, der in einer wirbelwindgefüllten Acrylpyramide die Gewinnerlose aus der Luft greifen musste und dort sehr deplatziert aussah. Durchgängig irritierend waren die Einspielungen, in denen offensichtlich wirklich ahnungslose Empfänger live erfuhren, dass sie gerade Millionär geworden waren.

Kurt Felix hatte die Show entwickelt; Moderator Lippert wurde wegen eines Skiunfalls einmal durch Günther Jauch vertreten. *Goldmillion* startete als 105-minütige Samstagabendshow, wurde aber wegen mangelnden Erfolgs nach zehn Monaten auf Donnerstag verlegt, um 45 Minuten gekürzt und nach weiteren zehn Monaten eingestellt. Die Quoten waren in dieser Zeit von anfangs über zehn Millionen auf 1,7 Millionen Zuschauer zurückgegangen. Bis das Elend endlich vorbei war, gab es mehrere Konzeptänderungen und vor allem lautstarke öffentliche Debatten und Schuldzuweisungen. Dennoch hätten eigentlich noch vier weitere Shows produziert werden sollen. Lippert lehnte es aber ab, trotz der schon beschlossenen Einstellung der Sendung noch diese vier Ausgaben zu präsentieren: »Mir ist die Aktion Sorgenkind zu wichtig, als dass ich weiterhin eine Sendung moderieren möchte, deren Konzeption offensichtlich nicht stimmt. Ich will für und nicht gegen das Publikum arbeiten.« Kurt Felix nannte Lippert »faul« und seine Arbeit »unprofessionell und fahrlässig«. Und ZDF-Intendant Dieter Stolte sagte bissig, das ZDF teile den Misserfolg mit dem Programmchef von Sat.1, Fred Kogel, unter dessen Leitung als Unterhaltungschef die *Goldmillion* ins ZDF-Programm gekommen war und der sich gerade in Richtung Sat.1 verabschiedet hatte. Für einen Tiefpunkt in der ZDF-Unterhaltung wurde die *Goldmillion* allerdings nur gehalten, bis die Nachfolgesendung *Wunder-Bar* auf den Bildschirm kam.

GOLDREGEN ARD

1992. 7-tlg. dän. Jugendserie nach dem Buch von Anders Bodelsen, Regie: Søren Kragh-Jacobsen (»Guldregn«; 1988).

Die Kinder Nanna (Nanna Bøndergaard), Lasse (Ken Vedsegaard), Karen (Tania Frydenberg) und Jørn (Ricki Rasmussen) finden im Wald einen vergrabenen Schatz: 800 000 Dänische Kronen, versteckt in einer Keksdose. Während sie herausfinden, dass das Geld aus einem Postraub stammt, sind die Räuber ihnen schon auf den Fersen.

Die ARD zeigte die 25-minütigen Folgen innerhalb von zwei Wochen im Nachmittagsprogramm. Die Geschichte lief später auch als Einzelfilm.

GOLGOWSKY ARD

→ Fritz Golgowsky

GOLO MANN IM GESPRÄCH MIT ... ARD

1974. Gesprächsreihe mit Golo Mann und je einem politischen Gast. Der erste war Richard von Weizsäcker. Die Sendung war Nachfolger von *Zu Protokoll* mit Günter Gaus.

DIE GONG-SHOW NDR, RTL, SAT.1

1981 (NDR); 1992–1993 (RTL); 2003 (Sat.1). Comedy-Variety-Show, in der unbekannte Nachwuchstalente auftreten und zum Besten geben, was sie zu können glaubten.

Eine Jury aus Prominenten befindet darüber, wie gut das wirklich ist, und wenn sie die Nase voll haben, schlägt einer auf einen scheppernden Gong, um die Darbietung abzubrechen. Alle Auftritte, die zu Ende gebracht werden können, werden mit eins bis zehn Punkten benotet. Wer am Ende einer Show die meisten hat, bekommt eine Trophäe zum Andenken. Paul Kuhn war der Moderator der ersten Version der Show, die es nur auf vier Ausgaben brachte. Sie liefen samstags am frühen Abend auf N 3. In der Jury saßen Karl Dall, Elisabeth Volkmann und Carlo von Tiedemann. Vorbild war die gleichnamige US-«Gong Show« mit Chuck Barris als Autor, Produzent und Moderator.

1992 legte RTL die Show als Halbstünder im Spätprogramm am Montagabend neu auf; Moderator war jetzt Götz Alsmann, die Jury bestand in der ersten Staffel aus Ingolf Lück, Peter Nottmeier und Isabell Trimborn, in der zweiten aus Lück, Anja Zink und Wigald Boning. Die Fernsehzeitschrift »Gong« ließ im Abspann darauf hinweisen, dass sie mit der Show nichts zu tun habe.

Weitere zehn Jahre später reanimierte Sat.1 die Sendung mit Marco Ströhlein am frühen Samstagabend; in der Jury saßen Mirja Boes, Guido Cantz und Bürger Lars Dietrich. Die Fernsehzeitschrift »Gong« war jetzt der Sponsor.

GOOFY UND MAX   RTL

1994–1995. 78 tlg. Disney-Zeichentrickserie (»Goof Troop«; 1992).

Der herzensgute Tollpatsch Goofy ist Vater eines Sohnes namens Max und gibt sich große Mühe, ihn unfallfrei aufzuziehen. Nach vielen klassischen Goofy-Cartoons bekam der Antiheld in den 90er-Jahren eine eigene Serie und einen Sohn.

DER GORILLA   SAT.1

1991. 13-tlg. frz. Krimiserie nach den Romanen von Dominique Ponchadier (»Le Gorille«; 1990).

Géo Paquet (Karim Allaoui) ist der »Gorilla«, der Top-Agent des französischen Geheimdiensts. Auf der ganzen Welt ist er im Auftrag von Berthomieu, dem »Alten« (François Perier), in brisanten Fällen gegen Mörder und Entführer im Einsatz. Er ermittelt oft undercover und zerschlägt von innen Schmugglerbanden, Menschenhändlerringe und Hackerorganisationen. Wird er enttarnt, gelingt ihm auch aus scheinbar ausweglosen Situationen die Flucht. Zwischendurch nimmt sich der Frauenheld die Zeit für den einen oder anderen Flirt und genießt das Leben.

Der erste »Gorilla«-Roman enstand 1954, die erste Verfilmung vier Jahre später mit Lino Ventura in der Titelrolle (»Der Gorilla lässt schön grüßen«). An der modernisierten Serienversion beteiligte sich Sat.1 finanziell als Koproduzent, was etliche deutsche Gaststars in die Serie brachte, darunter Armin Mueller-Stahl, Ralf Wolter, Katharina Abt und Peter Maffay. Jede Folge hatte Spielfilmlänge.

GOTT UND DIE WELT   WDR, ARD

Seit 1967 (WDR); seit 1984 (ARD). Reihe zu kirchlichen und gesellschaftlichen Themen.

Gott und die Welt lief zunächst als viertelstündige Gesprächssendung im WDR, später mit anderen und dann abwechselnden Formaten: 1969 wurde aus der Reihe zunächst ein monothematisches Feature, 1974 gesellte sich die Magazinform hinzu, 1993 die Reportage und ab 1997 noch einmal vorübergehend der Talk. Ab 1984 übernahm die ARD die Reihe alle zwei Wochen freitags in ihr erstes Programm. Inzwischen wechseln sich hauptsächlich Reportagen und Magazinform ab; Sendeplatz im WDR ist sonntags am Vorabend. Ebenfalls sonntags zeigt auch die ARD sporadisch weiterhin neue Sendungen.

GÖTTER DER KÖNIGE –
EMIRE DES PROPHETEN   ARD

1963. 4-tlg. dt. Doku-Reihe von Klaus Stephan über die Entwicklung Westafrikas, von der Besiedlung Nigerias durch das Volk der Yoruba im ersten Jahrtausend bis zur Erforschung des Nigers durch Europäer in der Gegenwart und deren Einfluss auf das Land. Jede Folge dauerte 45 Minuten. Zur Premiere erhielt die Reihe den prestigeträchtigen Sendeplatz am Sonntag um 20.15 Uhr, die weiteren Teile liefen in loser Folge an Werktagen um 21.45 Uhr.

DEN GOTTLOSEN DIE HÖLLE   ZDF

1991. 3-tlg. Reportagereihe von Peter Scholl-Latour.

Er bereiste den Kaukasus, Tatarstan, Usbekistan und Tadschikistan, entdeckte dort eine Renaissance des »militanten Islam« und empfahl uns, uns schon einmal warm anzuziehen. Scholl-Latour setzte damit im Grunde seine Reihe *Das Schwert des Islam* fort. Die einzelnen Teile waren 45 Minuten lang und liefen montags am späten Abend.

GOTTSCHALK   RTL

1990–1992. Einstündige Personalityshow mit Thomas Gottschalk.

Prominente Gäste nehmen auf Gottschalks rotem Sofa Platz und plaudern mit dem Moderator, Gottschalk liefert kleinere, auch vorproduzierte Gags, und bei einem Zuschauergewinnspiel gibt es in jeder Sendung ein Auto zu gewinnen. Die Studioband von Christoph Pauly spielt live zwischen zwei Programmpunkten und während der Werbepausen für das Studiopublikum.

Gottschalks Engagement bei RTL war 1990 *die* Mediensensation. Die ZDF-Show *Wetten, dass ...?* hatte ihn zum beliebtesten Fernsehmoderator in Deutschland gemacht. Mit einer Rekordgage von geschätzten zwei Millionen DM konnte RTL-Chef Helmut Thoma Thomas Gottschalk für sich gewinnen. Doch auch dem ZDF war Gottschalks Popularität so wichtig, dass es erstmals nichts dagegen hatte, als einer seiner Moderatoren gleichzeitig bei einem Privatsender arbeitete. So war Gottschalk damals der erste große Fernsehstar, der gleichzeitig im privaten und im öffentlich-rechtlichen Fernsehen Shows moderierte.

Und hat es sich gelohnt? Seine RTL-Show lief zunächst jeden Mittwoch um 20.15 Uhr und erhielt nur schlechte bis durchschnittliche Kritiken; die Einschaltquoten waren auch nicht berauschend, die Zuschauerzahl lag oft unter drei Millionen. Nach einer Verlegung auf 21.15 Uhr ging es langsam aufwärts, schließlich schalteten vereinzelt mal fünf Millionen Zuschauer ein. Selbst das entsprach zwar nur etwa einem Viertel seiner *Wetten, dass ...?*-Quote, war aber für RTL ein großer Erfolg. Im Mai 1992 gab er die Show auf, um ab Herbst des Jahres eine tägliche Show namens *Gottschalk Late Night* zu moderieren, ebenfalls bei RTL.

GOTTSCHALK AMERICA ZDF
2002–2004. 10-tlg. Reportagereihe von und mit Thomas Gottschalk.

Der Showmaster zeigt das Land, in dem er lebt, wie er es sieht: Gottschalk bereist die USA und berichtet pro Sendung in vielen kurzen Beiträgen von Eigentümlichkeiten, Traditionen und Gegenden und interviewt vor allem immer wieder Prominente an wechselnden Schauplätzen.

Die skurrilen Geschichten waren hochinteressant, doch Gottschalks Kommentare machten viel kaputt. Er nutzte viele Beiträge überwiegend zur Selbstdarstellung und hatte in dieser Reihe nichts von der flapsigen Spontanität, für die er beliebt ist. Die ausformulierten, von Gottschalk selbst gelesenen Off-Texte waren vor allem in der ersten Staffel bemüht witzig, platt, unqualifiziert und oft peinlich (eine Aussage eines Interviewpartners kommentierte er im Off mit »Sehe ich anders, aber ich hab' ja auch nicht so ein hässliches Hemd wie er.«). Es besserte sich später geringfügig.

Die 50-minütigen Folgen liefen in Blöcken von jeweils zwei bis drei Folgen samstags um 19.25 Uhr oder sonntags um 22.00 Uhr.

GOTTSCHALK & FRIENDS ZDF
2005. Einstündige Late-Night-Show mit Thomas Gottschalk.

In der Sommerpause von *Johannes B. Kerner* kehrte Gottschalk noch einmal zurück ins tägliche Late-Night-Format, das er mit *Gottschalk Late Night* 13 Jahre zuvor in Deutschland eingeführt hatte. Zwei Wochen lang plauderte er in insgesamt acht Shows mit Gästen. Um bloß kein Risiko einzugehen, hatte das ZDF der Sendung sogar ganz offiziell ein Thema gegeben, das Gottschalk liegt: Gottschalk selbst. Er selbst war der Schwerpunkt, ein Rückblick auf sein bisheriges Leben das Thema, persönliche Ereignisse und Vorlieben der Gesprächsinhalt. Gäste waren dieselben nationalen und internationalen Prominenten, die schon öfter bei Gottschalk aufgetreten waren, sowie Bekannte und Verwandte aus Gottschalks persönlichem Umfeld. Natürlich gab es für all das einen konkreten festlichen Anlass: Gottschalk war sechs Wochen vorher 55 Jahre alt geworden.

GOTTSCHALK KOMMT SAT.1
1998–2000. Einstündige Sonderwerbeform mit Thomas Gottschalk, die wöchentlich am Samstag um 17.00 Uhr lief und mit der Süddeutschen Klassenlotterie SKL kooperierte.

Gottschalk sendete aus verschiedenen Städten und bot eine Mischung aus Spielen, Musik und Personalityshow. Wie schon in *Gottschalk Late Night* hatte er eine Studioband, und wie schon in der *Late Night*-Show wurde diese von Christoph Pauly geleitet. Warm-Upper und Off-Sprecher war der aus dem ZDF-Ferienprogramm bekannte Benny Schnier.

GOTTSCHALK LATE NIGHT RTL
1992–1995. 45-minütige tägliche Late-Night-Show mit Thomas Gottschalk.

Gottschalks tägliche Sendung, zunächst jeden Werktag um 23.15 Uhr, ab Januar 1993 nur noch dienstags bis freitags, war heiß erwartet worden, hatte er doch dafür das erfolgreiche *Wetten, dass ...?* aufgegeben. Er führte mit ihr das Late-Night-Format in Deutschland ein und wollte sich an den US-Vorbildern Johnny Carson und David Letterman orientieren, machte dann aber doch vieles anders. Zu Beginn jeder Ausgabe hielt er einen zehnminütigen Monolog mit Gags zum aktuellen Tagesgeschehen. Danach empfing er mehrere prominente Gäste zur Plauderrunde. Zwischendurch gab es kurze Comedyeinspielfilme, in denen Gottschalk in verschiedene Rollen schlüpfte, z. B. die der tratschenden Hausfrau beim Frisör. Jede Woche schaltete Gottschalk außerdem in das Wohnzimmer einer Zuschauerfamilie, wo für die Show eine Kamera aufgebaut worden war. Studioband, die kurze Tuschs und für das Studiopublikum Songs während der Werbepause spielte, war Christoph Pauly und seine Band.

Gottschalks Hauptakzente lagen im Unterschied zu den US-Originalen mehr beim Talk mit den Promis und beim Infotainment als bei der Comedy. Zwar ließ Gottschalk viele spontane Gags einfließen, doch die wirkliche Late-Night-Comedyshow, wie Carson und Letterman sie seit Jahrzehnten machten, kupferten erst die *RTL Nachtshow mit Thomas Koschwitz* und *Die Harald Schmidt Show* haargenau bei den beiden Amerikanern ab. Gottschalk saß nicht hinter einem Schreibtisch, sondern mit den Gästen auf einem Sofa, und er machte alles vor allem eine viel größere Nummer, indem er z. B. über eine lange Showtreppe ins Studio kam. Er veranstaltete einen Modelwettbewerb, hatte einen Schoßhund als Maskottchen und begrüßte als Gäste viele Models und ausländische Stars mit Knopf im Ohr. Gottschalk stellte die üblichen belanglosen Fragen, und die »Frankfurter Allgemeine Zeitung« schrieb: »Es ist schon seltsam: Obwohl er alles wie immer macht, macht er doch – mit einem Mal – alles falsch. Der Witz ist schal geworden, der Charme zotig, das Tempo nur oberflächliche Dynamik.« Sie lag jedoch völlig daneben mit der Einschätzung, dies sei nun das Ende von Gottschalks Karriere und der Moderator zu bemitleiden.

Am 26. November 1992 dachte Gottschalk, es sei eine gute Idee, sich Franz Schönhuber in die Show einzuladen, den Vorsitzenden der Partei Die Republikaner. Schönhuber saß 14 Minuten in der Glitzerdeko auf dem Sofa, wo sich sonst Chris de Burgh, Nena, Sophia Loren, Willy Bogner, Hildegard Hamm-Brücher oder Lothar Matthäus fläzten. Er tat dort nichts

Schlimmes, Gottschalk aber auch nichts Journalistisches. Gottschalk sagte hinterher, der Wolf habe wie ein Schaf geredet, was ihn überrascht habe, und verstand den Grund für die anschließende Aufregung nicht: dass er in Zeiten von Angriffen auf Ausländer den Rechtsaußen mit der Einladung salonfähig gemacht hatte (drei Tage vorher hatten Rechtsradikale in Mölln einen Brandanschlag auf von Türken bewohnte Häuser verübt). »Bild« titelte: »Schönhuber redete Gottschalk platt«, die Berliner »B. Z.« schrieb: »Das war zum Kotzen, Thomas.« Als Reaktion auf Schönhubers Auftritt sagte Hardy Krüger seine für wenige Tage später vorgesehene Teilnahme ab und empörte sich über die »Verantwortungslosigkeit« des Moderators, »einem solchen Mann, einem Nazi« ein Forum zu geben. Gottschalk rechtfertigte sich später, er habe Schönhuber »auf der Gefühlsebene packen wollen«. Das sei »vielleicht naiv« gewesen. RTL sprach von einem »einmaligen Ausrutscher« und betonte, man habe keinen Einfluss auf die Gästeauswahl.

Die Einschaltquoten waren zu Beginn moderat, weshalb das Konzept mehrfach geändert wurde. Zuerst kam zu den roten Sofas dann doch ein Schreibtisch ins Studio, hinter dem Gottschalk von nun an Post vorlas oder Zuschauer mit Anrufen überraschte. Dann wurde, parallel zu einem Wechsel im Redaktionsteam (Ex-»Bild«-Chef Hans-Hermann Tiedje hatte von Holm Dressler übernommen), die Zahl der Gäste auf fünf erhöht, die nicht mehr zwingend prominent waren, sondern etwas zu erzählen haben mussten. Auch der Sendetitel wurde zwischenzeitlich in *Gottschalk täglich* geändert. Die Quoten pendelten sich nun bei knapp zwei Millionen Zuschauern ein. Jedoch war weder RTL mit diesen Zahlen noch Gottschalk mit der Sendung besonders glücklich.

Im Februar 1995 wurde bekannt, dass Gottschalk ab 1996, wie auch sein Kollege Harald Schmidt, für den Konkurrenten Sat.1 arbeiten würde. Daraufhin kündigte RTL im April 1995 Gottschalks eigentlich bis Dezember laufenden Vertrag mit Hinweis auf die Marktanteile, die die vereinbarten 17 % unterschritten hätten. Begleitet wurde der angekündigte Senderwechsel der beiden Stars von einer Medienschlammschlacht (RTL-Chef Helmut Thoma sprach vom »Parasit, der den Wirt gewechselt« habe), die auch deren finanzielle Verhältnisse ans Licht der Öffentlichkeit brachte. Nach knapp drei Jahren war also für Gottschalk Schluss, doch die Late-Night-Show in Deutschland etabliert. Thomas Koschwitz übernahm, später wurde *Die Harald Schmidt Show* in Sat.1 zum Dauerbrenner. Im Nachhinein hatte RTL jedoch die Erfahrung gemacht, dass nie wieder eine Late-Night-Show so hohe Einschaltquoten erreichte wie die von Thomas Gottschalk.

GOTTSCHALK TÄGLICH RTL
→ Gottschalk Late Night

GOTTSCHALK ZIEHT EIN ZDF
2004–2005. Realityshow, in der Thomas Gottschalk für jeweils eine Woche bei fremden Familien einzieht und den Platz des Ehemanns einnimmt – außer im Bett natürlich.

Die Ereignisse waren in einstündigen Folgen (eine Folge pro Familie) in loser Folge donnerstags um 20.15 Uhr zu sehen. Gottschalk hatte zuvor jahrelang bei jeder Gelegenheit seine Verachtung für Realityshows deutlich gemacht. Trotzdem war es lustig, ihn z. B. morgens vor dem Aufstehen zu sehen. Den Blick in den Spiegel kommentierte er treffend mit den Worten: »Ich seh' aus wie Hilde Knef in ihren schlimmsten Tagen.« Im Supermarkt erwies sich Gottschalk nicht wirklich als Hilfe, weil die Traube von Schaulustigen, Autogrammjägern und Einfachmal-anfassen-Wollenden ein zügiges Einkaufen verhinderte.

Eine weniger unterhaltsame Variante des Konzepts lief in der ARD unter dem Titel *Hausbesuch – Stars unter Druck*.

GOTTSCHALKS HAUS-PARTY SAT.1
1995–1997. Abendshow mit Thomas Gottschalk. In »seinem Haus in Klein-Grünwald«, einem als Wohnzimmerkulisse gestalteten Studio, empfängt Gottschalk prominente und unprominente Gäste zu Talk und Spielen.

Die Spiele zogen sich nicht mit den gleichen Kandidaten durch den Abend, an jedem Element nahmen andere Mitspieler teil. Es gab Übereinstimmungsspiele zwischen Kindern und Eltern, »Helden des Alltags« wurden unter einem Vorwand ins Studio gelockt und dort mit einer Ehrung überrascht, in »Schalk TV« wurde live und überraschend in das Wohnzimmer einer Zuschauerfamilie geschaltet, und in »Schein oder Schleim« konnten Kandidaten für richtige Antworten auf Quizfragen Geldscheine sammeln oder wurden mit grünem Schleim übergossen. Neben diesem optischen Comedyeffekt gab es weitere Sketche und Gags zum aktuellen Tagesgeschehen, über das die fiktive Zeitung »Klein-Grünwalder Bote« berichtete.

Vorbild war das britische Format »Noels House-Party«. Es war Gottschalks erste Show nach seinem Wechsel zu Sat.1. Sie war zunächst 90 Minuten lang und lief fast jeden Samstag gegen 22.00 Uhr, ab August 1996 alle 14 Tage sonntags zur Primetime, jetzt noch etwas länger, ab 1997 nur noch monatlich. Einer der Stargäste in der Premiere war wie üblich Roberto Blanco. Ein roter Faden zog sich nicht durch die Sendung; es war eher eine Revue aus vielen kleinen Nummern, die in der Summe noch lange keine große Show ergaben. Wo Gottschalk in *Wetten, dass …?* ein starkes Konzept mit saloppen Sprüchen und Smalltalk auflockerte, passierte hier nichts anderes als Sprüche und belangloser Smalltalk. Die *Haus-Party* erreichte nie die erwarteten Zuschauerzahlen. Die Produktionsfirma versicherte zwar, mit 6,5 Millionen Zuschauern sei die letzte Sendung die erfolgreichste Unterhaltungsshow gewesen, die je auf Sat.1 lief, doch da war die Party schon beendet.

GOTTSCHALKS TV-WELT ZDF
2000. Nostalgieshow mit Thomas Gottschalk, der auf die großen und prägenden Fernsehshows der vorangegangenen 40 Jahre zurückblickte. Neben Ausschnitten aus alten Sendungen gab es Musik und Comedy. Vier 90-minütige Ausgaben der Live-Show liefen über das Jahr verteilt donnerstags um 20.15 Uhr.

GOXX RTL
2004. Irre Comedyshow mit Oliver Welke und kuriosen Gästen, darunter Menschen, die mit Hunden tanzen oder Espressomaschinen imitieren. Beim Nagelspiel beantworten Prominente Fragen zu Fernsehsendungen und schlagen dabei mit einem großen Hammer Nägel in ein Brett.
Goxx war die deutsche Adaption des außerordentlich populären und einflussreichen niederländischen Kabarett- und Satiremagazins »Kopspijkers«. Der Titel bedeutet so viel wie »Den Nagel auf den Kopf«, was auch das Nagelspiel erklärt, das in der deutschen Version, wie so einiges andere, plötzlich jeden Sinn verloren hatte.
Drei einstündige Ausgaben liefen dienstags um 22.15 Uhr. Auf diesem Sendeplatz hatte RTL zuvor zehn Jahre lang die betuliche 70er-Jahre-Serie *Quincy* gezeigt. Deren etwas gesetzteres Publikum bekam einen enormen Schreck und schaltete hurtig ab. Nach nur drei Wochen hatte es sich ausgegoxxt. Zwei weitere schon produzierte Folgen verschwanden im Giftschrank. Eine davon wurde – rekordverdächtig – erst am selben Tag, wenige Stunden vor der Ausstrahlung, in einem Anfall von akuter Quotenpanik durch einen Spielfilm ersetzt.

GOYA DFF 2
1987. 3-tlg. span.-ital. Historienserie, Regie: José Ramon Larraz (»Goya«; 1985).
Das Leben des Malers und Graphikers Francisco de Goya (Enric Majó), 1746 bis 1828, von seiner Kindheit im kleinen Dorf Fuentetodos bis zu seinem Exil in Burdeos, seine Liebe zur Herzogin von Alba (Laura Morante) und seine Freundschaft zu dem Priester Duaso (Raf Vallone), der ihn vor politischer Verfolgung schützt.
Bei der Erstausstrahlung in der DDR hatte jede Folge Spielfilmlänge, auf Pro Sieben lief die Serie im Oktober 1989 in sechs Folgen.

GQ GENTLEMEN'S WORLD PRO SIEBEN
Seit 2005. 45-minütiges Lifestyle-Magazin für Männer mit Aiman Abdallah in Zusammenarbeit mit der Zeitschrift »GQ – Gentlemen's Quarterly«. Läuft donnerstags um 23.15 Uhr.

GRACE PRO SIEBEN
1995–2001. 112-tlg. US-Sitcom von Chuck Lorre (»Grace Under Fire«; 1993–1998).
Grace Kelly (Brett Butler) lebt von ihrem Mann Jimmy (Geoff Piesron), einem Alkoholiker, getrennt und zieht die Kinder Quentin (in Folge 1: Noah Sagan; dann: Jon Paul Steuer; ab Staffel 4: Sam Horrigan), Libby (Kaitlin Cullum) und Patrick (Dylan und Cole Sprouse) allein auf. Um das zu finanzieren, arbeitet sie halbtags in einer Ölraffinerie. Dort ist sie die einzige Frau in einem Haufen von Neandertalern, doch sie passt ganz gut rein: Auch Grace kann rüde und vorlaut sein, weiß sich durchzusetzen und allein zurechtzufinden. Ihre beste Freundin ist Nadine Swoboda (Julie White), die mit Wade (Casey Sander) verheiratet ist, ihr bester Freund der ebenfalls frisch geschiedene Apotheker Russell Norton (Dave Thomas).
98 Folgen liefen täglich am Vormittag, der Rest später mittags. Der Titelsong war eine Coverversion des Beatles-Hits »Lady Madonna«, gesungen von Aretha Franklin.

GRAF DUCKULA – GESCHICHTEN MIT BISS ARD, KABEL 1
1990–1991 (ARD); 1997 (Kabel 1). 65-tlg. brit. Zeichentrickserie (»Count Duckula«; 1988–1993).
Graf Duckula ist eine Vampirente und wohnt in einem düsteren Schloss. Was ihn von den anderen seines alten Geschlechts unterscheidet: Er hasst Blut! Weil beim Erwecken des untoten Duckulas ein Fehler passierte, ist er jetzt nämlich Vegetarier. Das macht sein Leben nicht leichter und hält ihm ungerechterweise nicht mal den sächsischen Vampirjäger Dr. von Gänseklein vom Leib. Der traditionsbewusste Butler Igor ist mit den Entwicklungen selten glücklich, und die dicke Köchin Emma macht sich nur Sorgen um ihr »Duckiputz«.
Hintergründiger Cartoon, der nicht nur Kinder bestens unterhielt und bei dem sich die deutsche Synchronisation viel Mühe gab und die Figuren fröhlich einheimische Dialekte sprechen ließ. Die Figuren hatten prominente Sprecher: Ilja Richter synchronisierte Graf Duckula, Jochen Busse den Dr. von Gänseklein, Hartmut Neugebauer die Emma und Donald Arthur den Igor. Erzähler war zunächst Eddie Arent, ab Folge 53 Horst Sachtleben. Seine Geschichten endeten immer mit den Worten: »Gute Nacht da draußen, was immer du sein magst.«
Die ARD zeigte 52 Folgen samstags am Vorabend, den Rest strahlte Kabel 1 erst Jahre später aus. Graf Duckula war bereits in mehreren Folgen der britischen Zeichentrickserie »Danger Mouse« aufgetreten und hatte dort unverblümt seine eigene Show gefordert. Hat geklappt.

GRAF LUCKNER ARD
1971–1974. »Seeteufels Weltreisen und Abenteuer«. 39-tlg. frz.-dt. Abenteuerserie von Alain Page nach der Autobiografie von Felix Graf von Luckner, Regie: François Villiers (»Les aventures du capitaine Lückner«; 1971).
Graf Luckner (Heinz Weiss), genannt Seeteufel, kämpft auf seinem Segelschiff unter neutraler Flagge mit seinen Besatzungsmitgliedern Hein (Ulli Kinalzik), Teetje (Reent Reins) und Lieuville (Yves Lefèbvre) gegen Piraten und andere Bösewichter.

Diese schüchtert er schon allein dadurch ein, dass er Telefonbücher mit der Hand zerreißen kann. Außerdem übernimmt er Fracht- und andere Aufträge. Seine Frau (Anne-Marie Blanc) ließ er an Land zurück.

Die Serie basierte zwar auf den Erinnerungen des echten Graf Luckner, nahm aber den Krieg aus der Handlung heraus. Luckner war im Ersten Weltkrieg berühmt geworden, weil seine Kaperfahrten komplett ohne Blutvergießen abliefen.

Drei Staffeln mit halbstündigen Folgen liefen im regionalen Vorabendprogramm.

DER GRAF VON HESSELBACH ARD
→ Herr Hesselbach und ...

DER GRAF VON MONTE CHRISTO ARD
1980. 6-tlg. frz.-ital.-span.-dt.-schweiz. Abenteuerserie nach dem Roman von Alexandre Dumas, Regie: Denys de La Patellière (»Le Comte de Monte Christo«; 1976).

Edmont Dantès (Jacques Weber), junger Kapitän aus Marseille, gerät zu Unrecht in das berüchtigte Gefängnis Chateau d'If, wo ihm aufgrund eines Komplotts lebenslange Haft droht. Von seinem Mitgefangenen Abbé Faria (Henri Virlojeux) erfährt er von einem Schatz, den er bei seiner Flucht aus dem Gefängnis heben kann. Mit dem erlangten Reichtum übt er späte Rache an seinen Peinigern und belohnt jene, die ihm die Treue hielten.

Der Stoff basiert auf Alexandre Dumas' gleichnamiger Abenteuergeschichte, die zwischen 1844 und 1846 als Fortsetzungsroman in der französischen Zeitschrift »Journal des débats« erschien. Neben zahlreichen internationalen Verfilmungen, darunter der frühesten aus dem Jahr 1908, sendete der spanische Sender TVE eine 15-teilige Umsetzung des Stoffs im Jahr 1969, die im deutschen Fernsehen jedoch nie gezeigt wurde. 1999 spielte Gérard Depardieu in einer gleichnamigen Neuauflage den Grafen.

Die sechs einstündigen Teile waren 1982 auch bei DFF 2 zu sehen.

DER GRAF VON MONTE CHRISTO SAT.1
1999. 4-tlg. frz.-dt.-ital. Neuverfilmung des vielfach verfilmten Romans von Alexandre Dumas, Regie: José Dayan (»Le comte de Monte Christo«; 1998).

Nach 18 Jahren Kerker schwört Edmond Dantès (Gérard Depardieu) Rache an seinen Feinden Mondego (Jean Rochefort) und Danglars (Michel Aumont). Er tarnt sich in der feinen Pariser Gesellschaft als reicher Graf von Monte Christo, und nicht einmal seine frühere Verlobte Mercédès (Ornella Muti) erkennt ihn zunächst.

Der Vierteiler, die erste von mehreren Sat.1-Koproduktionen mit Depardieu, erreichte mit acht Millionen Zuschauern hervorragende Einschaltquoten.

GRAF YOSTER GIBT SICH DIE EHRE ARD
1967–1976. 62-tlg. dt. Krimiserie.
Graf Yoster (Lukas Ammann) ist Schriftsteller und

Graf Yoster gibt sich die Ehre: Wolfgang Völz (links), Lukas Ammann.

schreibt Kriminalromane. Nebenbei löst er selbst Kriminalfälle. Dabei wird er von dem charmant-ruppigen Chauffeur Johann (Wolfgang Völz) unterstützt, der Yosters Rolls-Royce fährt. Darin gibt es eine kleine Bar, die immer mit ausreichend Cognac gefüllt ist, falls man mal in einem Stau stecken bleibt. Der Graf ist ein vornehmer Mann, stets korrekt gekleidet, mit Melone und Regenschirm, der mit einem Naserümpfen die Einfallslosigkeit heutiger Verbrecher bedauert. Er unterhält gute Beziehungen zur Polizei und erfährt, egal wo er ist, fast alles, was er wissen will.

Johann hat schon zwei Karrieren hinter sich. Eigentlich heißt er Gotthold Weinhofer, war erst Konditor und dann Ganove. Die Kontakte aus dieser Zeit verhelfen zu den restlichen Informationen. Die Fälle, aus denen der Graf im Anschluss neue Bücher macht, führen in etliche Städte überall in Europa. Fast jede Folge beginnt damit, dass Johann vor dem Rolls-Royce im Innenhof von Yosters Schloss steht und der Graf erscheint. »Wohin, Herr Graf?«, fragt Johann, und der Graf antwort z. B.: »Nach Cannes, Johann.« Nach dem erfolgreichen Abschluss eines Falls befiehlt Yoster stets: »Nach Hause, Johann.«

Die Frage nach Täter oder Motiv stand selten im Mittelpunkt, viel wichtiger war, auf welch kunstvollen Umwegen der Graf die Schuldigen dazu bringen würde, sich selbst zu entlarven. Oft genug hätte er ebensogut schon nach fünf Minuten den Bösewicht verhaften lassen können, aber das hätte ihn vermutlich noch mehr gelangweilt als das Publikum. Liebevoll und manchmal selbstironisch brachten die Autoren den Grafen in abwegige Situationen, um ihn seine grenzenlose Contenance beweisen zu lassen. Johann, Chauffeur, Bodyguard und Mann fürs Grobe, war eine Traumrolle für Wolfgang Völz. Der

Mann war ein Schlägertyp, der formvollendete Manieren gelernt hatte und sie jedem einprügelte, der sie vermissen ließ.

Die ARD sendete fünf Staffeln der humorvollen Krimiserie im regionalen Vorabendprogramm. Die Episoden waren anfangs 25 Minuten lang und schwarz-weiß, ab Folge 25 in Farbe. Die 14 Episoden der vierten Staffel hatten doppelte Länge und wurden in einigen Regionalprogrammen in jeweils zwei Folgen gezeigt.

GRAND PRIX ZDF
→ Sein Traum vom Grand Prix

GRAND PRIX DER VOLKSMUSIK ARD, ZDF
Seit 1986. Große Volksmusik-Abendshow, in der einmal im Jahr nach einer nationalen Vorentscheidung je fünf volkstümliche Interpreten aus Deutschland, Österreich und der Schweiz im Liederwettstreit gegeneinander antreten.

Carolin Reiber moderierte die Veranstaltung, ab 1992 gemeinsam mit Karl Moik und Sepp Trütsch. Die nationale Vorentscheidung machte sie weiter allein. 2003 übernahm der Ex-Kinderstar Thomas Ohrner beide Shows und war damit nach Kinderserien, Hitparaden und Familienshows im Alter von 38 Jahren bei der Alte-Leute-Unterhaltung angekommen.

GRAND PRIX EUROVISION DE LA CHANSON ARD
→ Eurovision Song Contest

DIE GRASHÜPFER ARD
1974–1982. 31 tlg. frz.-dt. Historien-Abenteuerserie von Jean-Louis Lignerat, Jean Vermorel und René Wheeler (»Les Faucheurs de Marguerites«; 1974–1977). Die Serie mischt die historischen Eckpunkte in der Geschichte der Fliegerei von 1896 bis 1938 mit Spielhandlung. Jede Staffel hatte einen eigenen Untertitel.

Erste Staffel: »Pioniere der Fliegerei«; Regie: Marcel Camus. Der französische Fabrikantensohn Edouard Dabert (Bruno Pradal) wird durch Otto von Lilienthal inspiriert und von ihm persönlich ermuntert, sich der Fliegerei zu widmen. Außer Lilienthal reist er auch den Brüdern Gabriel und Charles Voisin, den Brüdern Orville und Wilbur Wright und Graf Zeppelin nach, um bei ihren jeweiligen Flugversuchen dabei zu sein. Auslöser des Interesses war Edouards Freund Jules Joly (Clément Michu), der im Auftrag der Brüder Auguste und Louis Lumière Lilienthals Experimente filmen sollte und Edouard mitnahm. Lilienthals tödlicher Unfall schreckt Edouard nicht ab, und so gehen er, Gabriel Voisin (Jean-Jacques Moreau) und Lilienthals Mechaniker Hans Meister (Gernot Endemann) selbst unter die Flugmaschinenbauer. Zur Finanzierung heiratet Edouard die reiche Perrier-Erbin Jeanne (Christine Wodetzky), deren Onkel Pouderou (Alexander May) sich auch gleich beteiligt. Aus der Ehe geht Sohn Julien (Fabrice Boterel; später gespielt von Georges Caudron und Daniel Rivière) hervor, doch dann zerbricht sie. Nach einigen Intrigen, Fehlschlägen und Unglücken stellen sich schließlich Erfolge ein. Eine Flugdemonstration von Wilbur Wright glückt, und am Ende überquert Louis Blériot als Erster den Ärmelkanal. Dank der Flugzeuge, so die Überzeugung, seien Kriege nun nicht mehr durchführbar.

Zweite Staffel: »Ritter der Lüfte«; Regie: Claude Boissol. Die neuen Folgen lehren unsere Protagonisten, was wir heute wissen: Kriege waren sehr wohl weiterhin durchführbar. Als der Erste Weltkrieg ausbricht, müssen die Freunde Edouard Dabert und Hans Meister voneinander Abschied nehmen, um im Krieg auf verschiedenen Seiten zu kämpfen. Edouards Ex-Frau Jeanne stirbt, was ihn sehr belastet. In Etienne Leroux (Jean-Claude Dauphin) findet er einen neuen Partner, und nach dem Ende des Krieges rüsten sich die Flugpioniere zu neuen Tests.

Dritte Staffel: »Eroberer des Himmels«; Regie: Jean-Claude Bonnardot. Die ersten Fluggesellschaften entstehen, erste Linienflüge heben ab, und Edouard und seine deutschen Freunde Meister, Fechter (Ekkehardt Belle), Helmut Lutz (Amadeus August) und »Professor« Sohlke (Franz Rudnick) mischen wieder mit. Auch Julien ist unter die Flieger gegangen, fällt aber durch riskante Kunststückchen auf. Er heiratet Louise Derblay (Anne-Marie Besse) und findet einen Job als Linienpilot. Hans Meister verursacht einen Skandal, als er kurzfristig für den verhinderten Julien einspringt und nach Paris fliegt, was für Deutsche verboten ist. Er und Edouard werden entlassen, Julien kündigt aus Solidarität und geht zur Konkurrenz.

Vierte Staffel: »Bezwinger der Kontinente«; Regie: Jean-Pierre Decourt. Die Entwicklung schreitet fort. Hans Meister macht einen Probeflug mit Raketenschubkraft, ein Lebensmittelhändler fliegt mit einem selbst gebastelten Flugzeug, der Konkurrenzkampf zwischen immer mehr Fluggesellschaften wird härter, und Sohlke testet 1937 den ersten Hubschrauber. Das ist eine Sensation, denn das Ding hat ja gar keine Flügel.

Die Serie lief im regionalen Vorabendprogramm. Die 13 Folgen der ersten Staffel waren 25 Minuten lang, die jeweils sechs Folgen der weiteren Staffeln hatten die doppelte Länge.

DIE GRASLÖWEN KI.KA
2003. 7-tlg. dt. Kinderserie von Jürgen Weber und Wiebke Jaspersen, Regie: Jürgen Weber.

Anfangs Gegner, tun sich Svenja (Joy Stenwald), Margret (Ticha Matting), Simon (Kai Mößner), Murat (Arman Inci) und Cilly (Cara Wiedke) zusammen, nennen sich »Die Graslöwen« und berichten in ihrer Fernsehshow »Mobil TV« auf einem lokalen Fernsehsender über Umweltthemen. Ökosünder müssen sich vor ihnen in Acht nehmen. Ihr Maskottchen ist die Trickfigur Schäbomann, und in der Freizeit spielen die Kinder auf einem Platz, der »der große Schlonz« heißt.

Lief im Juni 2004 auch im ZDF. Die Serie war Teil

der Initiative »Graslöwen TV«, die das Interesse von Kindern an ökologischen Themen und ihrer Umwelt wecken sollte und in Zusammenarbeit mit der Deutschen Bundesstiftung Umwelt entstand. Zu den Programmen gab es pädagogisches Begleitmaterial, die Monatszeitung »Graslöwe & Co«, eine Internetseite und über 70 Graslöwen-Clubs für Kinder. Ausgewählte Jugendherbergen konnten sich mit dem Prädikat »graslöwengeprüft« schmücken. Weitere »Graslöwen TV«-Serien waren *Die Hydronauten* und *Die Hollies.*

GREENPEACE-TV   RTL
1997. Umweltmagazin mit Sandra Maischberger.
Die halbstündige Sendung wurde von Greenpeace selbst in Auftrag gegeben, die Organisation hatte weitgehende Freiheit bei der Gestaltung – die Warnung »Dauerwerbesendung« musste trotzdem nicht eingeblendet werden. Die Sendung berichtete reißerisch über die zu erwartenden Themen wie radioaktive Verseuchung durch Wiederaufbereitungsanlagen und brutale Praktiken bei der Haifischjagd und warb nebenbei für ein von Greenpeace mit entwickeltes Auto.
Dass ein Sender und eine Umweltschutzorganisation gemeinsam Programm machten, gab es noch nie. Es war aber wohl auch nicht die ideale Kombination: Nach einer Staffel mit sechs Ausgaben und mäßigem Zuschauerinteresse ließ RTL die mit viel PR gestartete Sendung unauffällig einschlafen. »Zu hausbacken und zu wenig professionell«, nannte sie RTL-Chefredakteur Hans Mahr hinterher.
Das Magazin lief 14-täglich sonntags um 23.00 Uhr.

GRENZFÄLLE – ES GESCHAH ÜBERMORGEN   RTL
→ Es geschah übermorgen

GRENZSTATIONEN   ARD
1972–1975. Dokumentarfilmreihe über Menschen in Grenzsituationen.
Die Filme zeigten Menschen bei der Besteigung des Matterhorns, unheilbar Krebskranke, Wallfahrer in Lourdes oder Ruderer im Hochleistungstraining auf dem Silvretta-See.
Neun 45-minütige bis einstündige Filme liefen in loser Folge im Abendprogramm, ein weiterer im März 1976 in Südwest 3. Zwei ursprünglich geplante Grenzstationen Kloster und Bordell wurden nicht gezeigt.

EIN GRIECHE EROBERT CHICAGO   PRO SIEBEN, SUPER RTL
1990–1991 (Pro Sieben); 1995–1996 (Super RTL). 150-tlg. US-Sitcom (»Perfect Strangers«; 1986–1993).
Balki Bartokomous (Bronson Pinchot) kommt aus Griechenland in die USA und zieht bei seinem Cousin Larry Appleton (Mark Linn-Baker) ein. Das bringt dessen bisher so geordnetes Leben gehörig durcheinander, denn der Neuankömmling lernt mit großen Augen das neue Land kennen, begreift es aber nicht immer sofort. Ihre neuen Nachbarinnen sind Mary Anne (Rebecca Arthur) und Jennifer Lyon (Melanie Wilson). Die Cousins finden bald Jobs bei der Zeitung »Chicago Chronicle«, Larry als Reporter und Balki in der Poststelle. Bei der Zeitung arbeiten ferner Mr. Gorpley (Sam Anderson), Balkis Boss, Hariette Winslow (JoMarie Payton-France), die den Fahrstuhl bedient, sowie die Lebensberaterin Lydia Markham (Belita Moreno).
Belita Moreno spielte ihre Rolle als Lydia erst ab der zweiten Staffel, in der ersten hatte sie bereits eine andere Rolle gespielt. JoMarie Payton-France stieg vorzeitig aus und wechselte in die Serie *Alle unter einem Dach,* spielte dort aber weiter die Rolle der Harriette Winslow. Die Serie lief zunächst im Mittagsprogramm von Pro Sieben und wechselte nach Folge 60 zu Super RTL.

GRIFF NACH DEN STERNEN   ARD
1980–1981. 8-tlg. US-Aussteigerdrama von Eric Bercovici nach einem Buch von Irwin Shaw (»Top Of The Hill«; 1980).
Der erfolgreiche Manager Michael Stone (Wayne Rogers) steigt aus, lässt sich scheiden und eröffnet eine Skihütte in Lake Placid. Dort trifft er seine Jugendfreundin Norma (Paula Prentiss) wieder und verliebt sich in die Skilehrerin Eva Heggener (Elke Sommer), die mit Andreas (Mel Ferrer) verheiratet ist.
Diese drei Stunden hätten der Auftakt zu einer Serie werden sollen, die aber nie das Licht der Bildschirme erblickte. Die ARD stückelte die zwei Pilotfolgen in acht Teile.

DIE GRIPS-SHOW   RTL
Seit 2002. Jährliche Event-Show mit Günther Jauch, der Höchstleistungen von Gedächtnischampions präsentiert. Dazu treten Prominente in Grips-Wettkämpfen gegeneinander an. Bisher drei Ausgaben.

GRISU, DER KLEINE DRACHE   ZDF
1977–1986. 28-tlg. ital. Zeichentrickserie von Nino und Toni Pagot (»Draghetto Grisù«; 1975).
In einem Tal in Schottland schlägt sich der kleine Drache Tizzone Grisu, Sohn des großen Drachen Fumé, mehr oder weniger erfolgreich durch die verschiedensten Jobs, u. a. als Matrose, Atomphysiker und Wissenschaftler. Dabei löst er das Geheimnis um das Bermudadreieck, besiegt Monster und bereist den Weltraum. Leider schafft er das fast immer nur dadurch, dass er Feuer speit, dabei hasst er das. Denn zur Verzweiflung seines Vaters hat er einen Traumjob: Er will Feuerwehrmann werden, was er in regelmäßigen Abständen dezent durch die Worte »Ich will Feuerwehrmann werden!!!« andeutet. Welch Schande für die Familie! Fumé selbst steht im Dienst der örtlichen Touristikorganisation und ist als Feuer speiende Drache eine Attraktion für Urlauber. Grisus Mentor Sir Cedric und Lady Rowena versorgen den Kleinen mit immer neuen Tätigkeitsfeldern.

»Ich will Feuerwehrmann werden!« Sorgenkind *Grisu, der kleine Drache.*

Die deutschen Stimmen von Grisu und Fumé waren Oliver Rohrbeck und Arnold Marquis. Die 25 Minuten langen Folgen liefen an verschiedenen Wochentagen nachmittags. Mehrere Folgen sind auf DVD erschienen.

DAS GROSCHENSPIEL ARD

1971. Samstagabendshow mit Reinhard Münchenhagen, Regie: Günther Hassert, Autor: Marcus Scholz. Die Show setzt auf den Einfallsreichtum und die Teilnahmebereitschaft der Zuschauer: Wer zu einem vorgegebenen Thema mitdenkt und mitgestaltet, erhält pro guter Idee einen Groschen. Die Umsetzung erfolgt in Spielszenen, Straßenbefragungen und Showelementen.
Das Thema der ersten Sendung war »Gleichberechtigung«, in der zweiten ging es um »Mode«, und dann durften die Zuschauer sogar das Thema vorschlagen. Die Mehrheit wünschte sich »Bildung«, und so kam es. Was eine noch größere Mehrheit nicht wünschte, war die Show als solche, und so verschwand sie nach sechs Ausgaben.

DAS GROSSE ABENTEUER ARD

1965–1966. 8-tlg. US-Geschichtsreihe (»The Great Adventure«; 1963–1964).
Jede Folge erzählt mit wechselnden Darstellern historisch genau ein wichtiges Ereignis aus der amerikanischen Geschichte nach. In einer Doppelfolge porträtierte sie den Häuptling Sitting Bull. Die 45 Minuten langen Folgen liefen sonntags um 15.15 Uhr.

DER GROSSE BELLHEIM ZDF

1993. 4-tlg. dt. Fernsehfilm von Dieter Wedel.
Vier alte Männer wollen es den Jungen noch einmal zeigen. Als sein Kaufhauskonzern vor dem Bankrott steht, kehrt der 60-jährige Peter Bellheim (Mario Adorf) ins Geschäftsleben zurück. Eigentlich hat er sich die vergangenen drei Jahre im Ruhestand in Spanien mit seiner Frau Maria (Krystyna Janda) ganz wohl gefühlt, doch insgeheim befriedigt ihn an der unschönen Situation die Tatsache, dass er wieder gebraucht wird. Drei weitere ältere Herren holt er aus dem Ruhestand zurück: seinen früheren Konkurrenten Herbert Sachs (Will Quadflieg), der schon 75 ist, den ehemaligen Wirtschaftsberater Dr. Erich Fink (Heinz Schubert) und den Ex-Gewerkschafter Max Reuter (Hans Korte), der neuer Personalchef wird. Gemeinsam stellen sie ein Sanierungskonzept auf die Beine, das im Wesentlichen Expansion statt Sparmaßnahmen vorsieht.
Ihr Gegenspieler ist der skrupellose Karl-Heinz Rottmann (Heinz Hoenig), Besitzer eine Kette von Billig-Supermärkten, der den Bellheim-Konzern übernehmen möchte und mit dessen Aktien spekuliert. Er streut gezielt Falschinformationen, um den Kurs zu beeinflussen. Die Anlageberaterin Gudrun Lange (Leslie Malton) unterstützt ihn. Sie hat ein Verhältnis mit dem Großaktionär Konsul Tötter (Marcello Tusco).
Derweil wandern bei Bellheim die Mitarbeiter ab: Die Verkäufer Charly (Dominique Horwitz) und Mona (Ingrid Steeger) machen ihren eigenen Laden auf. Doch Bellheim lässt sich nicht entmutigen. Der neue Elan weitet sich auch auf sein Privatleben aus, und er beginnt ein Verhältnis mit der jungen Dekorateurin Andrea (Renan Demirkan). Dann wachsen ihm die Probleme jedoch allmählich über den Kopf. Bellheims Frau Maria erfährt von der Affäre, der Konzern scheint doch nicht mehr zu retten und Rottmann am Ziel. Schließlich aber weisen die Alten ihm krumme Geschäfte nach und sind ihrerseits die Gewinner.
Aufwändiger und teurer Vierteiler, bei dem sich Mühe und Kosten gelohnt haben. Die Geschichte der alten Haudegen, die es dem Nachwuchs noch mal zeigen, war unterhaltsam und zugleich sorgfältig recherchiert. Sie erklärte ganz nebenbei, wie Aktienspekulationen funktionieren und was bei Bankgeschäften und in Chefetagen von Unternehmen so abläuft.
Die Folgen waren rund zwei Stunden lang und liefen innerhalb einer Woche zur Primetime. Mit durchschnittlich 9,4 Millionen Zuschauern gelang Wedel einer der größten Quotenerfolge des Jahres. 1994 erhielt er den Grimme-Preis mit Gold.
Der Vierteiler ist auf DVD erschienen.

DIE GROSSE BLAUE MURMEL ZDF

1976–1978. »Mit Reportagen rund um die Welt«. Halbstündiges Reportagemagazin für Kinder und Jugendliche.
Auf allen Kontinenten werden Berufe von Erwachsenen und Hobbys von Kindern vorgestellt, außerdem geht es um interessante Ereignisse, Einrichtungen, Eigenarten und Bräuche. Bei der großen blauen Mur-

mel handelte es sich um die Erde. Das Magazin lief im Nachmittagsprogramm.

DIE GROSSE CHANCE   DFF
1960–1961. Heitere Quizshow mit Wolfgang Reichhardt, die aus verschiedenen Klubhäusern live übertragen wurde.
In mehreren Raterunden gibt es bis zu 2000 DM zu gewinnen; die Fragen können teilweise die Fernsehzuschauer beitragen. Zwischendurch treten Schlagersänger und Varietékünstler auf.
Sieben Sendungen liefen, fast alle samstags. Dann gab das DDR-Fernsehen den Versuch auf, die von Pannen und Verwirrungen geplagte Show, die eigentlich lange hätte laufen sollen, zu reparieren. Zuschauer und Macher waren sich einig: »Die vertane Chance« wäre als Titel treffender gewesen.

DIE GROSSE CHANCE NR. 100 000   ARD
→ Ein Platz an der Sonne

DER GROSSE DEUTSCH-TEST   RTL
→ Der große Test

GROSSE DEUTSCHE   ARD
1973–1974. 7-tlg. historische Filmessay-Reihe über sechs große Deutsche: Otto von Bismarck, Richard Wagner, Friedrich Nietzsche, Sigmund Freud, Albert Einstein und Karl Marx. Sechs Deutsche in sieben Teilen? Jawohl: Karl Marx passte offensichtlich nicht in eine Sendung und bekam zwei.
Zu den Autoren gehörten Sebastian Haffner (Bismarck), Rainer C. M. Wagner (Einstein) sowie Urs Jaeggi und Artur Müller (Marx).

DER GROSSE DEUTSCHE PROMINENTEN-BUCHSTABIER-TEST   SAT.1
2004. Einstündige Show mit Barbara Eligmann, in der jeweils zwölf Prominente schwierige Wörter buchstabieren müssen. So aufregend kann Fernsehen sein. Der Wochensieger gewinnt 25 000 €, die er seiner ehemaligen Schule spendet. Der Gesamtsieger nach sechs Sendungen gewinnt die doppelte Summe für einen guten Zweck seiner Wahl und kann damit z. B. Buchstabensuppe für die Dritte Welt oder im *Glücksrad* jede Menge Vokale kaufen.
Sechs Sendungen liefen mit mäßigem Erfolg samstags um 20.15 Uhr.

GROSSE ENTDECKER   ARD
→ Entdecker

GROSSE ERWARTUNGEN   ZDF
1992. 6-tlg. US-brit. Literaturverfilmung nach dem Roman von Charles Dickens, Regie: Kevin Connor (»Great Expectations«; 1991).
Der Waisenjunge Pip (Martin Harvey) hilft dem entkommenen Sträfling Magwitch (Anthony Hopkins), der ihm unerkannt seine Dankbarkeit beweist und Reichtum verschafft, was aber nicht gleichbedeutend mit Glück ist, wie Pip lernen muss.

Der Film wurde von Disney für die BBC produziert. Eine andere Verfilmung des Romans lief unter dem Titel *Pip und sein geheimnisvoller Gönner*. Die Folgen waren 45 Minuten lang und liefen sonntags am frühen Nachmittag.

DIE GROSSE FLATTER   ARD
1979. 3-tlg. dt. Jugendfilm von Leonie Ossowski nach ihrem gleichnamigen Roman, Regie: Marianne Lüdcke.
Die Geschichte der Freundschaft zweier Halbwüchsiger, Richy (Hans-Jürgen Müller) und Schocker (Jochen Schroeder), die in einem Berliner Obdachlosenasyl in zerrütteten Familienverhältnissen aufwachsen und von dort ausreißen.
Für Hans-Jürgen Müller, der hier den Richy spielte, war dies die erste große Rolle. Er wurde später unter dem Namen Richy Müller bekannt.
Die drei Teile hatten Spielfilmlänge. *Die Große Flatter* erhielt den Grimme-Preis mit Silber 1980.

DIE GROSSE FLUCHT   ZDF
2001. 5-tlg. Doku-Reihe über den Leidensweg der Menschen im Osten Deutschlands am Ende des Zweiten Weltkriegs.
Begleitend zu der von Guido Knopp konzipierten Reihe wurde zusammen mit Hilfsorganisationen versucht, auch über 50 Jahre nach Ende des Zweiten Weltkriegs noch Familien mit ihren vermissten Angehörigen zusammenzuführen.
Die Reihe lief sehr erfolgreich auf dem Sendeplatz für Zeitgeschichte dienstags um 20.15 Uhr.

DIE GROSSE FREIHEIT   RTL
1992–1993. 8-tlg. dt. Abenteuerserie von Rolf René Schneider, Regie: Rolf Olsen, zweite Staffel: Ulrich König.
Frisch im Ruhestand wird der pensionierte Arzt Dr. Jochen Lenz (Hans-Joachim Kulenkampff) erst richtig aktiv. Er mischt sich in die Diagnosen seiner Tochter Sabine (Eva Freese) ein, die ebenfalls Ärztin ist, und kauft von Jutta van Straaten (Karin Dor) ein Segelschiff, auf dem er es sich fortan gut gehen lässt.
Die große Freiheit war nicht der Grund, warum Kulenkampff einer der beliebtesten deutschen Fernsehstars war. Sie war aber immerhin früh genug wieder zu Ende, um seinen Ruf nicht zu zerstören. Die erste Staffel mit vier einstündigen Folgen lief donnerstags um 21.15 Uhr, die zweite freitags zur gleichen Zeit.

GROSSE FREIHEIT   ZDF
1997. 8-tlg. dt. Krimiserie von Christian Görlitz.
Leo Kollberg (Peter Striebeck) meistert sein verkorkstes Leben als Bulle in St. Pauli. Gemeinsam mit dem jungen Max Kaminski (Dominique Horwitz) löst er Kriminalfälle. Für Max ist das nur eine Freizeitbeschäftigung. Er hat einen Buchladen, liebt Krimis und spielt nebenbei Akkordeon für die Heilsarmee. Und für Leo ist das nur zur Überbrückung, bis er

frühpensioniert wird. Das hat er seinen Rückenschmerzen zu verdanken. Er ist seit vielen Jahren rund um die Reeperbahn und die Große Freiheit im Dienst, kennt jeden Gauner und Zuhälter, jede Wirtin und Prostituierte persönlich, und so werden die beiden in die meisten Fälle zufällig hineingezogen, weil irgendwer irgendwen kennt, der irgendwas will. Leos bester Freund ist der Krankenhaus-Chefarzt Dr. Frank Feiler (Edwin Noçl). Er ist zugleich der Geliebte von Leos Frau Henni (Erika Skrotzki), die als Krankenschwester in der gleichen Klinik arbeitet. Leo weiß von dem Verhältnis, und so ist das nun einmal. Stefan Reimann (Simon Licht) ist Kollbergs Vorgesetzter, Klara (Hanna Rudolph) Max' Freundin und Ernst Seidel (Joost Siedhoff) ihr Vater.

Namensgeber der Serie ist die berühmte Hamburger Straße, was offensichtlich kein Grund war, sie in jeder Folge auftauchen zu lassen. Die dreiviertelstündigen Folgen waren dienstags um 22.45 Uhr zu sehen. Im Juni 1996 war bereits ein einzelner Pilotfilm gelaufen.

DAS GROSSE GEHEIMNIS ARD

1989. 6-tlg. frz.-dt. Mysteryserie nach dem Roman von René Barjavel, Regie: Jacques Trébouta (»Le grand secret«; 1989).

Der indische Krebsforscher Shri Bahanba (Richard Münch) macht eine sensationelle Entdeckung, die nun alle haben wollen. Doch wer davon erfährt, verschwindet spurlos. So geschieht es mit Bahanba selbst und mit dem französischen Forscher Roland Fournier (Peter Sattmann). Beide gelten als tot, sind aber in Wirklichkeit auf eine Insel verschleppt worden. Rolands Freundin Jeanne Corbet (Louise Marleau), der US-Diplomat Samuel Frend (Claude Rich) und dessen Frau Suzan (Claude Jade) machen sich auf eine viele Jahre dauernde Suche nach den Verschwundenen und dem großen Geheimnis.

Verwirrende Serie, deren größtes Geheimnis die Handlung war. Bis zum Ende der ersten Folge hatte man als Zuschauer keine Chance herauszufinden, worum es überhaupt ging. Hauptdarsteller Richard Münch spielte hier seine letzte Rolle, er starb noch während der Dreharbeiten. Und es ging übrigens um ein ansteckendes Serum, das ewige Jugend bewirkt.

Die einstündigen Folgen liefen montags um 20.15 Uhr.

DAS GROSSE HANSI HINTERSEER OPEN AIR ARD

Seit 2003. Großes jährliches Hansi-Hinterseer-Open-Air im Sommer mit Hansi Hinterseer und Gästen aus der Schlager- und Volksmusik.

DIE GROSSE HEIN-BLÖD-SHOW ARD

→ Käpt'n Blaubär Club

DIE GROSSE HILFE ZDF

1976–1995. Zehnminütige Berichte über die Taten der *Aktion Sorgenkind*. Lief zunächst immer nach Wim Thoelkes Quiz *Der große Preis,* das im Dienst dieser gemeinnützigen Organisation stand, und wanderte 1992 auf den Samstagvorabend.

DER GROSSE IQ-TEST RTL

→ Der große Test

DIE GROSSE KAPRIOLE ARD

1992. 7-tlg. frz. Historienserie von Nina Companéez (»La grande cabriole«; 1989).

Seit ihrer Kindheit sind der adelige Alexandre de Nocé (Robin Renucci), der Schriftsteller Armand Galois (Francis Huster) und der angehende Priester Augustin Bardou (Bernard Giraudeau) miteinander befreundet. Alexandres Schwester Laure Adélaïde (Fanny Ardant) ist mit Graf Jules de Chabrillant (Philippe Laudenbach) verheiratet, hat aber schon seit zehn Jahren ein heimliches Verhältnis mit Armand. Augustin nimmt nur auf Wunsch seines Vaters am Priesterseminar teil, lieber wäre er Soldat. Während der Revolution ergreift er 1789 die Gelegenheit. Und es gibt noch eine positive Entwicklung für ihn: Der Adelsstand wird abgeschafft. So ist er mit Laure Adélaïde ebenbürtig, die er schon lange begehrt.

Die einstündigen Folgen liefen im regionalen Vorabendprogramm.

DIE GROSSE KNOFF-HOFF-SHOW ZDF

2002–2004. Dreieinhalb Jahre nach dem Ende der erfolgreichen *Knoff-hoff-Show* kehrte Joachim Bublath mit der Show zurück, jetzt als einstündige Gala unter vergrößertem Titel.

Die Neuauflage lief in loser Folge am Donnerstagabend um 20.15 Uhr. Das Konzept blieb im Prinzip gleich, neu waren Prominente, die als Versuchskaninchen fungierten und Co-Moderatorin Monica Lierhaus, die im März 2004 durch Kim Fisher ersetzt wurde.

Am Ende der Show fahren Bublath und seine jeweilige Co-Moderatorin auf einem Tandem weg, auf dem sie Rücken an Rücken sitzen und in die entgegengesetzte Richtung strampeln. Das Fahrrad fährt immer nur in Bublaths Richtung.

DIE GROSSE LIEBE DES HERRN BALZAC DFF 2

→ Die große Liebe von Balzac

DIE GROSSE LIEBE VON BALZAC ZDF

1974–1975. 7-tlg. frz.-poln. Historienserie von Yves Jamiaque, Regie: Wojciech Solarz, Jacqueline Audry (»Le grand amour de Balzac«; 1973).

Der französische Schriftsteller Honoré Balzac (Pierre Meyrand), der sich selbst Honoré de Balzac nennt, wird von der verheirateten ukrainischen Gräfin Evelina Hanska (Beata Tyszkiewicz) bewundert. Sie schreibt ihm Briefe, und 1833 lernen sie sich kennen. Die Bewunderung wird zu einer gegenseitigen Liebe, doch die Beziehung wird die nächsten 15 Jahre fast ausschließlich durch Briefe aufrecht erhalten, während sie in ihrer Heimat und er in Paris weilt. Schon Balzacs vorherige Liebe zur Marquise de Castries (Anouk Ferjac) war unglücklich, wurde sie doch nicht erwidert. Mit Evelina wird der Schriftsteller schließlich doch noch glücklich, wenn auch nicht sehr lange. Die beiden heiraten 1850, noch im gleichen Jahr stirbt Balzac.

Die Folgen waren 50 Minuten lang und liefen ab März 1976 auch mehrmals in DFF 2 unter dem Titel *Die große Liebe des Herrn Balzac*.

DAS GROSSE LOS ZDF

1996–2000. Einstündige Spielshow mit Dieter Thomas Heck zugunsten der ZDF-Fernsehlotterie *Aktion Sorgenkind*.

In einem Quiz treten drei Kandidatenpaare, die sich jeweils für einen bestimmten sozialen Zweck engagieren, gegeneinander an und versuchen möglichst viel Geld für ihr Projekt zu erspielen. Jede Sendung befasst sich mit einem bestimmten Jahr, auf das sich Fragen, Sketche und ein Musikquiz beziehen: Drei Interpreten präsentieren einen Ausschnitt aus einem ihrer großen Hits. Die Kandidaten müssen erraten, welches Lied aus dem jeweiligen Spieljahr stammt. Daneben finden in der Show die monatlichen Auslosungen für die Fernsehlotterie statt.

Das große Los lief einmal im Monat live donnerstags um 20.15 Uhr. Es folgte als Aktion-Sorgenkind-Sendung auf die schrecklich gefloppten Shows *Goldmillion* und *Wunder-Bar,* setzte in jeder Hinsicht auf Altbewährtes und brachte es damit immerhin auf fast vier Jahre Lebensdauer. Sie wurde eingestellt, als die *Aktion Sorgenkind* in *Aktion Mensch* umbenannt wurde. Der Nachfolger war dann wieder kurzlebig. Er hieß *Jede Sekunde zählt*.

EINE GROSSE NACHTMUSIK ZDF

Seit 2005. 75-minütige Musikshow mit Götz Alsmann.

Es treten überwiegend Gäste aus dem Bereich der klassischen Musik auf, aber auch Popstars, die ihre Hits in ungewohnten Orchesterversionen präsentieren. Die Reihe läuft freitags um 22.15 Uhr. Ein sehr ähnliches Format hatte das ZDF kurz zuvor unter dem Titel *Sunday Night Classics* im Programm.

DER GROSSE PREIS ZDF

1974–1993. »Ein heiteres Spiel für gescheite Leute«. Wissensquiz mit Wim Thoelke, das zu einem der größten Erfolge im deutschen Fernsehen und einem Dauerbrenner wurde.

Drei Kandidaten müssen in drei Spielrunden ihr Allgemein- und Fachwissen unter Beweis stellen. In der ersten Runde spielt jeder Kandidat allein und beantwortet Fragen zu einem selbst gewählten Fachgebiet, mit dem er sich bei der Sendung beworben hat. Eine Frage bestimmt er vorab als so genannte Masterfrage, für deren Beantwortung ein erhöhter Geldbetrag ausbezahlt wird.

Ab der zweiten Runde sitzen die Kandidaten bis zum Ende der Sendung in futuristisch anmutenden Kapseln, die von einer Schweizer Hubschrauberfirma hergestellt wurden. Sie spielen nun gegeneinander und beantworten Fragen zum Allgemeinwissen. Diese verbergen sich hinter Feldern mit Buchstaben oder Zahlen an einer Ratewand, die schon 1974 »Multivisionswand« genannt wurde. Meistens gibt es zu den Fragen eine kurze filmische oder akustische Zuspielung. Wer eine Frage richtig beantwortet hat, wählt das nächste Feld an der Wand. Antworten darf, wer sich dann per Knopfdruck schneller zu Wort meldet. Außerdem verbergen sich hinter der Wand noch »Glücksfragen«, die 500 DM wert sind, und Joker, für die es ohne Gegenleistung 100 DM gibt. Wer ein Feld wählt, hinter dem sich eine »Risiko«-Frage verbirgt, darf diese auf jeden Fall beantworten – die anderen Kandidaten können sich nicht

Der große Preis: Wim Thoelke mit Assistentinnen Silvia Brettschneider, Marianne Prill, Beate Hopf und Janita Kühne (von links).

Wum (links) und Wendelin.

melden. Bei diesen Fragen bestimmt der Kandidat die Gewinnsumme selbst, indem er von seinem bisher erspielten Geld einen Teil oder alles setzt.
In der Finalrunde spielt wieder jeder Kandidat allein in seinem Fachgebiet – nun mit Kopfhörer in der geschlossenen Kapsel, damit niemand vorsagen kann. Nur wer die dreiteilige Frage komplett beantwortet, verdoppelt seinen Gewinn, andernfalls verliert er alles bis auf die erspielte Summe aus der ersten Runde. Der Champion ist beim nächsten Mal wieder dabei.
Die Aufteilung auf der Multivisionswand veränderte sich im Lauf der Jahre. Lange Zeit gab es sechs Themenspalten mit Feldern von 20 bis 100 DM und entsprechendem Schwierigkeitsgrad. Vorübergehend war eine Spalte als »Aktuell«-Spalte mit Buchstaben statt mit Geldbeträgen beschriftet. Später verbargen sich die Fragen hinter Buchstaben, das Thema war vorher nicht zu erkennen, und jede Antwort war 100 DM wert. Dauerhaft war das Feld mit dem Fragezeichen auf der Wand. Es durfte erst als Letztes gewählt werden, weil sich ihm ein Show-Act anschloss, der die zweite Runde beendete.
Für jedes Fachgebiet war während der gesamten Sendung ein Experte anwesend, der im Zweifelsfall vor allem in der dritten Runde entschied, ob die gegebene Antwort richtig oder falsch war. Die Regeln waren streng, nie wurde bei einer falschen Antwort ein Auge zugedrückt. Die zuerst gegebene Antwort war verbindlich; selbst wenn sich der Kandidat sofort danach korrigierte, galt das nicht mehr. Über den korrekten Ablauf wachte außer den Experten und nicht weniger als vier Assistentinnen ständig ein »Oberschiedsrichter«, bis 1984 der Notar Eberhard Gläser, danach der Jurist Niels Klemm. Einmal antwortete ein Kandidat auf eine Frage: »Da muss ich raten, Goethe oder Schiller. Ich sag' mal Schiller.« Thoelke: »Das tut mir Leid, Goethe wäre richtig gewesen ...« Oberschiedsrichter Klemm: »Das tut mir gar nicht Leid. Die zuerst gegebene Antwort gilt, und die war Goethe ...«
Der Große Preis war die Sendung zur ZDF-Fernsehlotterie *Aktion Sorgenkind*. Wenn Kandidaten am Ende ihr Geld verloren, floss es ihr zu. Die Ziehung der Gewinnzahl für die Lose der Fernsehlotterie wurde immer einige Tage vorher aufgezeichnet und in der Sendung eingespielt. Während der Sendung wurden aus einer Lostrommel die Gewinner der höchsten Preise gezogen und verlesen, meist mit Unterstützung eines prominenten Gasts. Thoelkes Assistentin Beate Hopf verlas mehrfach während der Sendung neu gezogene Gewinner. Ihre Nachfolgerin wurde nach 14 Jahren die deutlich frechere Karoline Reinhardt. Als Glücksbringer trat in den ersten Jahren Walter Spahrbier in immer anderen historischen Postuniformen auf, der diese Rolle bereits in den Sendungen von Peter Frankenfeld und bei *Drei mal neun* übernommen hatte.
Zum beliebtesten Element der Sendung wurde der Dialog Wim Thoelkes mit den Zeichentrickfiguren Wum und Wendelin. Thoelke stand vor einer Blue Box und führte hölzern einen Dialog mit dem Hund Wum, der bereits in Thoelkes Sendung *Drei mal neun* mit von der Partie war, und dem Elefanten Wendelin. Sie stammten beide aus der Feder von Loriot, der ihnen auch die Stimme lieh. Ab 1983 sprach Jörg Knör auf Loriots Bitte die Figuren, zu denen sich manchmal auch der – ebenfalls gezeichnete – blaue Klaus mit seiner Untertasse gesellte. Es ging um alles Mögliche, aber am Ende des Gesprächs immer um den Einzahlungstermin für die *Aktion Sorgenkind*. Der Abschlusssatz »Stichtag: Samstag in acht Tagen« wurde zum geflügelten Wort. Wum und Wendelin als Maskottchen des *Großen Preises* und der Fernsehlotterie leiteten auch den Beginn jeder Sendung ein und kündigten den Moderator mit einem von Wum gebrüllten »Thooooooeeeeeeelke!« an.
Im Showblock bot Thoelke vor allem jungen, unbekannten Künstlern ein Forum, die oft mit klassischer Musik auftraten. Dauergast war der Kabarettist Wolfgang Gruner, der als Berliner Taxifahrer Fritze Flink aktuelle Ereignisse kommentierte, an die sich eine Frage für die Kandidaten anschloss.
Die ersten Alterserscheinungen tauchten bereits nach weniger als sechs Jahren auf: Die Wand fiel aus. Der Vorfall war im Fernsehen aber nicht zu sehen, weil die Sendung aufgezeichnet wurde. Erst ab der 150. Ausgabe am 12. Februar 1987 war *Der Große Preis* eine Live-Sendung. Über 18 Jahre lang moderierte Wim Thoelke das Quiz. Er war kompetent, souverän, akribisch vorbereitet (die Fachfragen in der ersten Runde stellte er auswendig) und humorfrei. Er wurde oft als langweilig gescholten, war aber dennoch einer der großen Sympathieträger des deutschen Fernsehens. Nur im April 1991 war er einmal krank und musste sich von Wolfgang Lippert vertreten lassen.
Sendeplatz der 80 Minuten langen Quizshow war fast immer donnerstags um 19.30 Uhr, erst in den letzten Jahren rückte sie auf 20.00 Uhr.

Am 10. Dezember 1992 moderierte Wim Thoelke den Großen Preis zum 220. und letzten Mal. Mit angeblich rückläufigen Zuschauerzahlen habe diese Entscheidung nichts zu tun, ließ Thoelke kurz zuvor in den »Stuttgarter Nachrichten« wissen, während die »Süddeutsche Zeitung« ihn eine Woche später mit den Worten zitierte, das Fernsehen, wie es heute ist, sei nicht mehr sein Fall. Hinterher rechnete er in einem Buch wüst mit dem ZDF ab und warf u. a. namentlich nicht genannten Redakteuren Korruption vor.

Das ZDF verpflichtete den sechs Jahre älteren Hans-Joachim Kulenkampff als neuen Moderator und verlegte die Sendung auf den großen Samstagabendtermin um 20.15 Uhr, was vielversprechend begann: Kuli nahm in seiner Premiere sich selbst wegen seines Alters und des neuen Sendeplatzes auf den Arm, humpelte am Stock auf die Bühne und faselte: »Wo ist *Wetten, dass ...??*« Dennoch moderierte er nur sechs Sendungen, sanken doch im Lauf dieses halben Jahres die Einschaltquoten rapide. Vom ursprünglichen Quizcharakter war durch Kulis lange Monologe viel verloren gegangen. So übernahm im Sommer 1993 Carolin Reiber. Allerdings konnte auch sie die Show nicht mehr retten, die nach nur weiteren sechs Sendungen endgültig eingestellt wurde. Missglückter Nachfolger wurde die *Goldmillion*. Acht Jahre später beschloss das ZDF nach einer Reihe von Flops am Donnerstagabend, dass diese Absetzung doch nicht so endgültig war, und legte *Der Große Preis* neu auf.

Das Format beruhte auf dem italienischen »Riscia Tutto« und dem Schweizer »Wer gwünnt«, hatte aber auch Ähnlichkeiten mit dem US-Format »Jeopardy!«, das seit 1964 auf Sendung war und Deutschland erst mit einigen Jahrzehnten Verspätung erreichte.

DER GROSSE PREIS   ZDF

2002–2003. Neuauflage des gleichnamigen Quizklassikers.

Wieder am Donnerstag (20.15 Uhr) und wieder in Verbindung mit der *Aktion Mensch*, wie die *Aktion Sorgenkind* inzwischen hieß, jetzt aber nur noch eine Stunde lang. Neuer Moderator war Marco Schreyl, neue Assistentin Daniela Noack. Die Fragenwand und die Kapseln waren noch da, fast alles andere war weg: die Fachgebiete, die prominenten Gäste, die Showblöcke, Wum und Wendelin – und der Erfolg. Mit der Einstellung nach 13 Sendungen wurde auch die *Aktion Mensch* heimatlos. Eine Art Asyl fand sie in *Wetten, dass ...?*, wo Thomas Gottschalk regelmäßig für sie warb.

DER GROSSE REIBACH   ZDF

1992–1993. 8-tlg. europ. Satire von Malcolm Bradbury, Regie: David Tucker (»The Gravy Train«; 1990–1991).

Als der junge, aufrechte Beamte Hans-Joachim Dorfmann (Christoph Waltz) in die Brüsseler EG-Zentrale kommt, tun sich Abgründe vor ihm auf. Und Berge. Abgründe an Betrug und Korruption und Berge von subventionierten Pflaumen. Erst allmählich durchschaut er die Pläne des risikofreudigen Milcic (Alexei Sayle) und seines Chefs Michael Spearpoint (Ian Richardson) – und die Rolle, die er selbst darin spielen soll.

Herausragende, schnelle, böse Satire auf die Brüsseler Bürokratie, die aus zwei Vierteilern mit 50-minütigen Folgen besteht. Der erste lief dienstags zur Primetime, der zweite innerhalb einer Woche, aber erst nach Mitternacht.

DIE GROSSE REISE   ARD

1968. Halbstündiges Nachmittagsquiz mit Jürgen Graf.

Zwei Rateteams aus verschiedenen Ländern müssen Fragen zum Thema Reisen beantworten, z. B. »Welche ist die kürzeste Verbindung von Frankfurt am Main nach Israel?«. Das Gewinnerteam darf ins Land des Gegners reisen.

DAS GROSSE RENNEN   ARD

1959–1960. »In acht Etappen durch Europa«. Quiz mit Robert Lembke. Die Reise basierte auf dem gleichnamigen Schweizer Hörfunkquiz von Guido Baumann.

DIE GROSSE SHOW DER SIEGER   ZDF

2000–2001. Abendshow mit Kim Fisher.

Auf Abstimmungspostkarten konnten die Fernsehzuschauer im Vorfeld ihre Lieblinge vorschlagen: Sänger, Gruppen, Sportler, Schauspieler oder auch völlig unbekannte Personen. Unter den Einsendern wurden Preise verlost, die »Sieger der Nation« präsentierte Kim Fisher in der einstündigen Show viermal im Jahr donnerstags um 20.15 Uhr.

DAS GROSSE SOMMER-HIT-FESTIVAL   ZDF

Seit 2000. Musikshow. Jedes Jahr im Sommer präsentiert Dieter Thomas Heck in mehreren einstündigen Donnerstagabendshows Stars mit ihren Sommerhits der vergangenen Jahrzehnte. Ab 2002 hieß die Sendung *Das ZDF Sommerhitfestival*, 2003 fand innerhalb der Sendung die Ziehung der Lose der Fernsehlotterie *Aktion Mensch* statt. 2001 gab es zusätzlich ein Silvester-Hit-Festival.

DAS GROSSE SPIEL   DFF

1963. Große sportliche Samstagabend-Spielshow mit Heinz Florian Oertel und prominenten Künstlern und Sportlern.

Die hochkarätigen Gäste müssen sich in verschiedenen Quizrunden und Aufgaben messen, auch das Publikum spielt mit. Jede Sendung widmet sich einer bestimmten Sportart, überhaupt ist alles ganz schrecklich sportlich: Oertel ist der »Tele-Stadionreporter«, Dietlinde Greiff die »Stadionsprecherin«, und das Orchester »Fips Fleischer« ist was? Richtig: das »Stadionorchester«. Trotz des eigentlich erfolgssicheren Konzepts und der sportlichen Moderations-Allzweckwaffe Oertel stieß die Sendung auf viel Kritik und brachte es nur auf vier Folgen.

DER GROSSE SPURT DFF
1959–1960. Unterhaltungsshow mit politischem Hintergrund.

Auf einer »ökonomischen Etappenrundfahrt« durch verschiedene Städte und Bezirke werden die örtliche Warenproduktion und »Planübererfüllungen« präsentiert, dazu gibt es Schlager und Conférencen.

Durch das Programm führte zunächst O. F. Weidling, ab März 1960 Wolfgang Lippert (nicht zu verwechseln mit dem gleichnamigen späteren Moderator von *Wetten, dass …?*). Die Sendung – verpackt in einen bunten Abend – wollte die DDR-Bürger motivieren, ihren Beitrag zur Erfüllung des Konsumgüterprogramms zu leisten. Anhand der Beispiele stetigen Wirtschaftswachstums und fortwährend verbesserter Alltagsgegenstände sollte die Ostvariante des Wirtschaftswundergedankens illustriert werden. Zuschauer machten praktische Vorschläge oder texteten für einen Schlager zum Thema »1000 kleine Dinge« und konnten Preise gewinnen. Kabarettistische Einlagen lieferten die aus der »Wochenpost« bekannten Figuren Herr Murks und Fräulein Güte, die je nach Bedarf lobten oder kritisierten.

Insgesamt liefen 18 Folgen; die meisten waren eine Stunde lang, es gab aber auch viel kürzere »Streckenberichte« von der »Rundfahrt«.

DER GROSSE TEST RTL
Seit 2001. Einzelne stundenlange Event-Shows im Abendprogramm, in denen Prominente im Studio ihr Wissen und ihre Fähigkeiten in verschiedenen Bereichen demonstrieren müssen.

Das Saalpublikum ist in Gruppen unterteilt, die nach Beruf oder Bundesländern sortiert sind, und macht ebenfalls mit, am Ende wird aufgelöst, welche Gruppe am besten abschnitt. Auch Zuschauer zu Hause können bei den gestellten Aufgaben mitmachen und zum Schluss für sich selbst überprüfen, wie gut sie dabei waren.

Alles begann im September 2001 mit dem »Großen IQ-Test«, moderiert von Günther Jauch. Die ersten zwei Stunden der Show bestanden aus Aufgabenstellungen, danach wurde noch einmal genauso ausführlich alles aufgelöst. Dieses Experiment war so erfolgreich, dass Jauch 2002 und 2004 weitere Male den IQ der RTL-Zuschauer testete und zusätzlich weitere Teststoffe erarbeitet wurden. Sonja Zietlow (die beim ersten IQ-Test den höchsten Intelligenzquotienten vorweisen konnte) moderierte 2003 den »Großen Führerschein-Test« und fragte Verkehrsregeln ab, Hape Kerkeling ließ 2004 und 2005 im »Großen Deutsch-Test« ein ellenlanges Diktat schreiben und fragte im »Deutschland-Test« Geografiekenntnisse ab, Oliver Geissen testete Ende 2004 und 2005 das Wissen um die Ereignisse des zurückliegenden Jahres.

Die Shows basierten auf dem britischen Format »Test The Nation«. Die ARD variierte das Konzept in ihrer Show *Pisa*.

DER GROSSE VERDACHT ARD
1991. 3-tlg. brit. Krimi nach dem Roman von Josephine Tey, Regie: Leonard Lewis (»The Franchise Affair«; 1988).

Die kleine englische Stadt Milford wird 1947 von einem Skandal erschüttert: Die Teenagerin Betty Kane (Kate Emma Davies) beschuldigt Mrs. Sharpe (Rosalie Crutchley) und ihre Tochter Marion (Joanna McCallum), sie entführt zu haben. Der Vorwurf erscheint völlig absurd. Der Anwalt Robert Blair (Patrick Malahide) verteidigt die beiden Angeklagten.

Die knapp einstündigen Teile liefen am Vorabend.

DER GROSSE WURF ARD
1959–1960. Große Samstagabendshow mit Hans-Joachim Kulenkampff, in der zwei Generationen gegeneinander antreten und Wissensfragen beantworten müssen – »Quizschau« nannte sich das damals. Kulenkampffs »reizende Assistentin« war Uschi Siebert. Einen mittleren Skandal löste Kulenkampff in der ersten Sendung aus, als er auch »die Zuschauer in der DDR«, begrüßte und im Lauf der Sendung eine Landkarte zeigte, auf der die DDR unter diesem Namen eingetragen war. Offizielle Bezeichnung für dieses Gebiet im Osten war damals »Sowjetische Besatzungszone«, die DDR war als solche noch nicht anerkannt. Kulenkampff tat die Diskussion als »Krampf um Worte« ab.

Diese erste Sendung war noch unter dem Namen »Quiz ohne Titel« gelaufen, schon für die zweite hatte irgendjemand wohl doch eine Idee. Acht Ausgaben wurden ausgestrahlt.

DIE GROSSEN GEHEIMNISSE DES ORSON WELLES DFF 2
→ *Orson Welles erzählt*

DIE GROSSEN KRIMINALFÄLLE ARD
Seit 2000. Reportagereihe, die berühmte Prozesse noch einmal beleuchtet und über Justizskandale und Fehlurteile in der Vergangenheit berichtet. Mehrere Staffeln mit 45-minütigen Folgen liefen an wechselnden Wochentagen, meist um 21.45 Uhr.

DIE GROSSEN UND DIE KLEINEN ZDF
1980–1984. Kinder interviewen Prominente. Erstmals zum »Tag der Kinder« trafen »die Kleinen« auf »Große« wie Ephraim Kishon, Loriot und Lilli Palmer. Weder die einen noch die anderen wussten vorher, mit wem sie es zu tun bekommen. Mehrere Ausgaben jährlich liefen mal am Nachmittag, mal am späteren Abend.

GROSSER ADLER – HÄUPTLING DER CHEYENNE ARD
1967–1970. 26-tlg. US-Westernserie (»Brave Eagle«; 1955–1956).

Eine der wenigen US-Westernserien, die aus der Sicht der Indianer erzählt wurde. Cheyenne-Häuptling Großer Adler (Keith Larsen), sein mutiger Adoptivsohn Keena (Keena Nomkeena), Tochter Morgenröte (Kim Winona) und der Pfeife rauchende Smokey Joe (Bert Wheeler) setzen sich den Gefahren der

Wildnis und dem Kampf gegen andere Stämme und den weißen Mann aus.
Die Folgen liefen nachmittags und waren 25 Minuten lang.

GROSSER MANN, WAS NUN?   ARD
1967–1968. »Eine Familiengeschichte«. 8-tlg. dt. Familienserie von Horst Pillau und Hans Erman, Regie: Eugen York.
Heinrich König (Gustav Knuth), Chef eines großen Familienunternehmens, einer Feinkostfirma, hat es zu einigem Reichtum gebracht, ist aber im Grunde seines Herzens bodenständig geblieben. Er liebt die heimische Küche, vor allem den Bohneneintopf seiner Frau Marie (Camilla Spira), und ist mit den Repräsentationspflichten, die von ihm erwartet werden, gelegentlich überfordert. Zur Familie gehören noch Sohn Dieter (Ralph Persson), Adoptivsohn Jürgen (Folker Bohnet) und Tochter Helga (Barbara Stanek), die eine wechselvolle Beziehung zu Peter Rehbein (Günther Schramm) hat, der sich zwischenzeitlich mit der Sängerin Dunja Radoja (Dunja Rajter) einlässt. Am Ende heiraten Helga und Peter, und Heinrichs mittlerweile hoch verschuldete Firma muss durch den Bankier Lohmann (Willy Birgel) gerettet werden.
Die einstündigen Folgen liefen mittwochs und erhielten fast einstimmig vernichtende Kritiken. Die Zuschauerresonanz war dagegen gut und zahlreich, und so wurde die Serie etliche Male wiederholt.

GROSSSTADTREVIER   ARD
Seit 1986. Dt. Polizeiserie von Jürgen Roland.
Die Beamten des 14. Reviers der Hamburger Polizei befassen sich mit kleineren Delikten. Sie arbeiten alle im uniformierten Dienst und gehen auf Streife alltäglichen Fällen wie Ruhestörung, Schlägereien, Diebstählen, Prostitution und entflogenen Kanarienvögeln nach, bei Bedarf aber auch größeren Verbrechen wie Einbruch oder Raub. Ellen Wegener (Mareike Carrière), die gerade erst die Polizeischule abgeschlossen hat, ist die junge Partnerin des altgedienten, grimmigen Polizisten Richard Block (Arthur Brauss) im Streifenwagen 14/2. Block hat anfangs enorme Vorurteile gegen Frauen im Polizeidienst. Er wird bald befördert und verlässt das Revier, und Dirk Matthies (Jan Fedder) wird ab Folge 37 im Oktober 1992 Ellens neuer Kollege auf Streife. Dirk ist ein echter Hamburger Kiezjunge und Kumpeltyp, der viele Prostituierte und Kleinganoven, mit denen er im Dienst zu tun hat, persönlich kennt. Er ist vorlaut und mimt gern den Miesepeter, ist aber eigentlich ein herzensguter Mensch mit einem ausgeprägten Sinn für Gerechtigkeit. Mit Ellen bildet er lange Zeit ein gutes Team, und zwischen beiden knistert es.
Rolf Bogner (Peter Neusser) ist der Leiter des 14. Reviers, andere Kollegen dort sind Neithard Köhler (Kay Sabban), der dicke und gemütliche Dietmar Steiner (Edgar Hoppe) und Lothar Krüger (Mischa Neutze; ab Folge 85: Peter Heinrich Brix). Iversen (Lutz Mackensy) ist der Polizeichef. Köhler verlässt das Revier, und Ellen stirbt Anfang 1994, kurz nachdem Dirk ihr einen Heiratsantrag gemacht hatte. Mit ihrer Nachfolgerin Maike Bethmann (Britta Schmeling) kommen zwei weitere junge Neue ins Team: Hariklia Möller, genannt Harry (Maria Ketikidou), die sich anfangs etwas zu wichtig nimmt und in Zivil ermitteln will, und Henning Schulz (Till Demtröder). Die beiden werden ein Team – auf Zivilstreife. Dirk bekommt mehrfach neue Partnerinnen im Peterwagen. Maike geht schon nach kurzer Zeit wieder (sie blieb nur für zehn Folgen), und Tanja König (Andrea Lüdke) sitzt ab Januar 1995 neben ihm. Auch diese beiden werden schnell ein gutes Team und gute Freunde, aber dann verliebt sich Tanja und verlässt das Revier. Im März 1999 bekommt Dirk Anna Bergmann (Dorothea Schenck) zugeteilt.
Nach 17 Jahren verlassen Bogner und Steiner das Revier im Mai 2003, auch Bergmann geht. Bernd Voss (Wilfried Dziallas) wird in Folge 193 im Januar 2004 der neue Chef, Svenja Menzel (Ann-Cathrin Sudhoff) Dirks neue Partnerin, und Philip Caspersen (Matthias Walter) versucht, Steiners großen Stuhl würdig zu füllen. Ein Jahr später nimmt schon wieder eine Neue neben Dirk im Streifenwagen 14/2 Platz: Katja Metz (Anja Nejarri).
Auffallend unspektakuläre Serie, die eine der beliebtesten und langlebigsten im ARD-Vorabendprogramm wurde. Trotz einiger Wechsel behielt sie lange Zeit eine beständige Stammmannschaft, die aus den Polizisten Bogner, Steiner (beide von Anfang an in 192 Folgen bis 2003), Krüger, Matthies, Möller und Schulz bestand. Auch der Sendetermin blieb über viele Jahre am Dienstag um 18.55 Uhr und wechselte im Januar 2002 auf Montag zur gleichen Zeit. Der Versuch der ARD, auf diesem Sendeplatz jeweils nach dem Ende einer Staffel neue Serien zu zeigen, scheiterte oft, weshalb ab 2002 der Montag ganzjährig mit dem *Großstadtrevier* besetzt war, in der zweiten Jahreshälfte mit Wiederholungen. Jan Fedder und Maria Ketikidou wurden im April 2005 für ihren »großen Anteil am Bild des Polizisten als sympathischem Freund und Helfer« zu Ehrenkommissaren ausgerechnet der Bayerischen Polizei ernannt. Die Zeremonie fand in Rosenheim statt, dem Schauplatz der ZDF-Serie *Die Rosenheim-Cops*.
Den Titelsong »Große Haie, kleine Fische, viel Schatten viel Licht … hier im Großstadtrevier …« sang die deutsche Countryband Truck Stop. Serienmacher und Krimiveteran Jürgen Roland *(Stahlnetz, Dem Täter auf der Spur)* spielte in einzelnen Folgen Gastrollen.

GROSSSTADTTRÄUME   RTL
2000. 7-tlg. dt. Soap.
Tina Zimmermann (Ulrike Frank) ist Herausgeberin, Eric Palmer (Zsolt Bács) Chefredakteur des Lifestyle-Magazins »Pool«. Milla Engel (Victoria Sturm) und Philip Krüger (Laurent Daniels) fangen dort als Reporter an. Friedrich Jansen (Herb Andress) ist der Verleger. Die Redaktion ist in einer alten Feuerwache in Berlin untergebracht.

Die wöchentliche Soap war der erste Spin-off der Erfolgsserie *Gute Zeiten, schlechte Zeiten* und ein großes Quotenfiasko. Die einstündigen Folgen liefen montags um 20.15 Uhr, aber nur siebenmal. Geplant waren ursprünglich mindestens 26 Folgen.

DIE GRÖSSTEN WELTREKORDE – GUINNESS WORLD RECORDS   RTL
2004. Zweistündige Abendshow mit Oliver Welke. Kandidaten mit kuriosen Vorhaben versuchen, einen Eintrag ins »Guinness-Buch der Rekorde« zu erreichen. Teilweise treten zwei Kandidaten mit der gleichen Idee im Duell gegeneinander an. Prominente Gäste stellen außerdem andere skurrile Rekorde aus dem »Guinness-Buch« vor – nach wäre sicher lustiger gewesen.
RTL hatte die Guinness-Rechte gerade frisch erworben. Bis 2003 waren die Rekordversuche unter den Titeln *Guinness – Die Show der Rekorde* und *Rekordfieber* samstags abends in der ARD gelaufen. Dennoch blieb es bei einer einzigen Ausgabe.

GROWN UPS – ENDLICH ERWACHSEN?!   PRO SIEBEN
2001. 22-tlg. US-Sitcom von Matthew Miller (»Grown Ups«; 1999–2000).
J. Calvin Frazier (Jaleel White) hat sein Studium beendet und schlägt sich so durchs Leben, erst bei einer Internetfirma, dann bei einem Hersteller von Computerspielen. Melissa Daniels (Tammy Townshend) ist seine Freundin, meistens, Gordon Hammel (Dave Ruby) sein bester Freund, Shari (Marissa Ribisi) dessen Frau und Marcus Wentworth (Bumper Robinson) ein arroganter Kollege Gordons.
Lief samstagmittags und blieb kurzlebig. Jaleel White hatte zuvor viele Jahre lang den Steve Urkel in *Alle unter einem Dach* gespielt. Offenbar wollten wenige sehen, wie er endlich erwachsen wird.

GRUEY – DER HELD, DER IMMER FÄLLT   ZDF
1989. 6-tlg. brit. Kinder-Comedyserie von Martin Riley, Regie: Roger Singleton-Turner (»Gruey«; 1988–1989).
Stephen »Gruey« Grucock (Kieran O'Brien) ist ein Schüler, der immer irgendwelche verrückten Pläne ausheckt, und jedes Mal bringt er sich und seine Freunde Peter »Wooly« Wollsmith (Danny Collier) und die Asiatin Quidsia »Quidsy« Rahim (Ayesha Hussain) damit in Schwierigkeiten. Ihr Dauergegner ist »Nidgey« Jackson (Scott Fletcher).
Die 25-Minuten-Folgen liefen sonntagmittags.

GRÜEZI, VICO   ARD
1959–1960. Personalityshow mit Vico Torriani.
Nach einigen Einzelshows in den Jahren zuvor, in denen Torriani bereits im Mittelpunkt gestanden hatte, war dies seine erste eigene Showreihe. In drei Ausgaben sang er und spielte Sketche und wurde damit einer der frühen Fernsehstars. Ein Porträt Torrianis zu seinem 65. Geburtstag lief am 21. September 1985 unter dem gleichen Titel bei RTL.

GRÜN & BUNT   ZDF
1991–2000. Zunächst und bis 1993 ein 15-minütiges Gartenmagazin am Freitagnachmittag mit Gabriele Vocke. Nach vier Jahren Pause kehrte die Sendung 1997 ins Programm zurück, jetzt eine halbe Stunde lang am Sonntagnachmittag, moderiert von Diana Eichhorn und mit dem Titelzusatz »Das Gartenmagazin«.

DAS GRÜNE UNGEHEUER   DFF
1962. 5-tlg. DDR-Politkrimi von Paul Herbert Freyer nach dem Roman von Wolfgang Schreyer, Regie: Rudi Kurz.
Der deutsche Abenteurer und ehemalige Wehrmachtssoldat Antonio Morena (Jürgen Frohriep) wird Anfang der 50er-Jahre in Guatemala in den Bürgerkrieg verwickelt, den der Obstkonzern United Fruit Company gegen die demokratische Regierung anzettelt. Für seinen Freund Steve Baxter (Erik S. Klein) soll er den Journalisten Guerra (Werner Dissel) und dessen Tochter Chabelita (Kati Szekely) entführen.
Schreyers Romane waren Bestseller, diese Verfilmung ein Straßenfeger. Die Bücher prägten das Bild vieler DDR-Bürger von Lateinamerika. »Das grüne Ungeheuer« war ein »Tatsachenroman«: Durch die Augen der fiktiven Hauptfiguren um Antonio Morena erzählt er die wahre Geschichte der Machenschaften der United Fruit Company und des Sturzes des Reform-Präsidenten Arbenz, an dem die USA maßgeblich beteiligt waren.
Die einzelnen Teile waren 75 Minuten lang.

GRÜNSCHNÄBEL   ARD
1996. Wöchentliche Familienvariante des damals explodierenden Kuppelshow-Genres mit Werner Schmidbauer.
Zwei Kinder von allein erziehenden Müttern oder Vätern suchen für diese einen Partner und für sich nebenbei einen neuen Vater bzw. eine neue Mutter. Sie stellen drei Kandidaten Fragen oder Aufgaben – z. B. zu tanzen. Der allein Erziehende, der auf »Wolke 7« sitzt, kann nicht eingreifen und nur zuhören, aber nichts sehen, darf aber immerhin seinen Wunschpartner nennen. Entscheidend ist aber die vorher getroffene Wahl der Kinder. Die neue Familie geht gemeinsam essen – ob mit oder ohne Kinder, muss sie selbst entscheiden. Preise gibt es nicht, und die Familienmitglieder werden auch in der Woche darauf nicht getrennt voneinander befragt, sondern gar nicht.
Zehn halbstündige Folgen liefen dienstags um 21.05 Uhr.

GRÜSSE AUS DEM JENSEITS   RTL 2
1994. 20-tlg. US-Krimiserie von William Bleich (»Shades Of L.A.«; 1990–1991).
Seit einer Nahtoderfahrung, als er von einer Kugel getroffen wurde, kann der Polizist Michael Burton (John D'Aquino) Schatten sehen. Also, nicht irgendwelche Schatten, sondern die von traurigen Seelen,

die zwischen dem Diesseits und dem Jenseits gefangen sind, weil irgendjemand noch ein paar Dinge für sie auf der Erde klären muss, z. B. die Frage, wer sie umgebracht hat. Burton übernimmt diesen Job und ermöglicht in jeder Folge einem Schatten, endlich in den Himmel zu kommen. Oder in die Hölle. Oder wohin auch immer.
Die Folgen dauerten jeweils 60 Minuten.

THE GUARDIAN – RETTER MIT HERZ   SAT.1, VOX
2004 (Sat.1); seit 2005 (Vox). US-Anwaltsserie von David Hollander (»The Guardian«; 2001–2004).
Nick Fallin (Simon Baker) ist ein abgebrühter Wirtschaftsanwalt, ebenso erfolgreich wie aufgeblasen. In der Kanzlei seines Vaters Burton (Dabney Coleman) wickelt er Millionengeschäfte ab. Wegen Drogenbesitzes zu einer Bewährungsstrafe verurteilt, leistet er nebenbei Sozialdienst bei der Jugendrechtshilfe. Dort lernt Nick seine soziale Seite kennen und dass er irgendwo tief drinnen doch ein Herz hat. Alvin Masterson (Alan Rosenberg) leitet die Einrichtung. Sechs der eigentlich 67 einstündigen Folgen liefen samstags am Vorabend, dann machte Sat.1 vorzeitig Schluss. Im Herbst 2005 startete die Serie werktags nachmittags bei Vox.

GUCKKASTEN FÜR KLEINE LEUTE   DFF
1968–1981. Monatliches Magazin für Kinder.
Hauptfiguren waren die beliebten Figuren aus *Unser Sandmännchen* wie Pittiplatsch, Fuchs und Elster, Mauz und Hoppel und Meister Nadelöhr, die Beiträge gingen hier etwas tiefer als bei ihren gewohnten Gutenachtgeschichten. Sie behandelten Themen aus dem schulischen und elterlichen Bereich und Bildungsthemen, beschäftigten sich z. B. mit Kultur, Literatur oder Mähdreschern.

GUINNESS – DIE SHOW DER REKORDE   ARD
1998–2002. Samstagabendshow mit Reinhold Beckmann.
Guinness-Rekordhalter müssen ihre Titel gegen Herausforderer verteidigen. Es geht z. B. um den Rekord im Bierflaschenöffnen, Frisurenhochstecken, Kaugummiblasen, Motorwechseln oder Schuh-Memorieren. Eine Jury aus Prominenten überwacht, dass alles mit rechten Dingen zugeht. Außerdem dabei: Franziska Schenk als Außenreporterin und das Playmate Gitta Sack als Beckmanns Assistentin, die 2001 offenbar bemerkte, wie sie heißt, und sich in Gitta Saxx umbenannte.
Großes, teures Prestigeprojekt der ARD, die sich jede Show rund zwei Millionen DM kosten ließ. Auch für ihren neuen Starmoderator Beckmann hatte die ARD gerade viel Geld ausgegeben und ihn von Sat.1 abgeworben. Die erste Sendung lief noch an einem Freitagabend, um nicht gegen *Wetten dass ...?* antreten zu müssen, eine Sendung, in der ja irgendwie zufällig auch Kandidaten antreten, um erstaunliche Dinge vorzuführen. Franziska Schenk moderierte auch eine »Nacht der Rekorde« am 25. November 2000, das einmalige Magazin »Guinness Mag – Die Welt der Rekorde« am 17. Dezember 2001 und ein abschließendes *Best-of* am 7. September 2002. Nach 15 Ausgaben wurde *Rekordfieber* die Nachfolgesendung, jetzt mit Jörg Pilawa, für den die ARD gerade viel Geld ausgegeben und ihn von Sat.1 ...

DAS GUINNESS-BUCH DER REKORDE   ARD
1982. 6-tlg. brit. Doku-Reihe, in der David Frost Höchstleistungen präsentierte.
Der WDR setzte die Reihe in Eigenproduktion und mit Chris Howland als Moderator unter dem Titel *Chris Howland präsentiert Höchstleistungen aus dem Guinness-Buch der Rekorde* im August 1982 fort. Das Original mit dreiviertelstündigen Folgen lief 14-täglich dienstags um 23.00 Uhr.

GULLIVERS REISEN   ZDF
1975. 9-tlg. belg. Abenteuerserie nach dem Roman von Jonathan Swift (»Gulliver au pays de la folie douce«; 1974).
Gulliver (Bernard Faure) besucht merkwürdige Orte mit merkwürdigen Völkern.
Verfilmung des berühmten Stoffs als Realserie mit Trickelementen. Die halbstündigen Folgen liefen am Sonntagnachmittag.

GUMMIBÄRENBANDE   ARD
→ Disneys Gummibärenbande

GUN – KALIBER 45   SAT.1
2000. 6-tlg. US-Krimireihe von Robert Altman (»Gun«; 1997).
Hollywood-Starregisseur Altman (»M*A*S*H«, »Short Cuts«, »The Player«) produzierte 1997 sechs in sich abgeschlossene einstündige Kurzkrimis für das amerikanische Fernsehen. Im Mittelpunkt stand immer die gleiche Kaliber-45-Pistole, die für jede Folge den Besitzer wechselte und diesem jeweiligen Besitzer meist Unheil bescherte. Wechselnde Stars spielten die Hauptrollen in jeweils einer Episode, darunter James Gandolfini, Daryl Hannah, Martin Sheen und Randy Quaid.
Sat.1 zeigte die Folgen während der Sommerpause der *Harald Schmidt Show* auf deren Sendeplatz montags bis donnerstags um 23.15 Uhr.

GÜNSTLING DER HÖLLE   ARD
1990. 3-tlg. US-Politkrimi von Steve Sohmer nach seinem Buch »Der Kandidat«, Regie: Jeff Bleckner (»Favorite Son«; 1988).
Der texanische Senator Terry Fallon (Harry Hamlin) fängt bei einem Attentat in Washington eine Kugel ab und wird zum Nationalhelden. Seine Pressesprecherin Sally Cain (Linda Kozlowski) nutzt die Gelegenheit, um ihn als Kandidaten für das Weiße Haus ins Gespräch zu bringen. Der zynische FBI-Agent Nick Mancuso (Robert Loggia) untersucht die Umstände des Attentats, findet aber weder bei Fallon und seinen Leuten noch im Umfeld von Präsident Dan Baker (James Whitmore, Jr.) große Unterstützung.

Die Teile hatten Spielfilmlänge. Robert Loggia bekam als Nick Mancuso wenig später seine eigene Serie *Einer gegen alle – Mancuso, FBI*.

GÜNTER STRACK IN: HESSISCHE GESCHICHTEN ZDF
→ Hessische Geschichten

GUNTHER UND DRÜBER ZDF
1992. Einstündige Sonntagabend-Personalityshow mit Gunther Emmerlich mit Sketchen, Liedern, Gesprächen und Klischees zu Oberthemen. Nach vier Ausgaben war Schluss.

GUSTL BAYRHAMMER IN »WEISSBLAUE GESCHICHTEN« ZDF
→ Weißblaue Geschichten.

GUT DRAUF SAT.1
1994–1995. Tägliches 10- bis 15-minütiges Fitness- und Wellnessmagazin, konzipiert und moderiert von Susanne Holst.

GUT GEBRÜLLT, LÖWE ARD
1967. 4-tlg. Marionettenspiel aus der *Augsburger Puppenkiste* von Manfred Jenning nach dem Buch von Max Kruse, Regie: Harald Schäfer.
Fortsetzung von *Der Löwe ist los* und *Kommt ein Löwe geflogen:* Löwe, Kamel und Sultan helfen diesmal Prinz Panja von Nekaragien, dem sein Onkel Rao und der Affe Gibbon die Herrschaft streitig machen. Der Flamingo und die Schildkröte Kolossalis sind auf der Seite Panjas, aber auch der Blechbüchsengeneral und der Kondor laufen schließlich zu ihm über.
Die Serie ist auf DVD erhältlich.

GUT GEFRAGT IST HALB GEWONNEN ZDF
1965–1970. 25-minütiges Ratespiel mit Hans Rosenthal.
Zwei aus jeweils drei Prominenten bestehende Mannschaften müssen durch Fragen möglichst schnell Begriffe erraten. Die Fragen müssen mit Ja oder Nein zu beantworten sein. Die Begriffe – für das Publikum durch Zeichnungen des Karikaturisten Oskar zu sehen – sind von einem Zuschauer eingesandt worden, der damit der Gegner der Prominenten ist. In den ersten beiden Runden erhält der Einsender für jede gestellte Frage, in Runde drei und vier für jede verstrichene Sekunde 2,50 DM. Neben Rosenthal, Oskar und den Gästen wirkt Monika Sundermann als Assistentin mit, und Heinrich Riethmüller sorgt mit seinem Orchester für die musikalische Untermalung.
Die Reihe war eine Adaption von Rosenthals außerordentlich erfolgreichem Radioquiz »Wer fragt, gewinnt«, das wiederum auf dem amerikanischen Quiz »Twenty Questions« basierte. Im Fernsehen war er mit dieser Reihe zum ersten Mal zu sehen. Sundermann, Riethmüller und Oskar waren auch später in *Dalli Dalli* an seiner Seite. Zwischendurch verkrachte sich Rosenthal aber noch mit dem damaligen ZDF-Programmdirektor und wechselte zur ARD, um die *Quiz-Party* zu moderieren. Das beendete die Reihe nach 67 Folgen. Die letzten fünf vorproduzierten Folgen wurden ausgestrahlt, als Rosenthal bereits bei der ARD war. Der Aufruf des Quizmasters am Ende der Show, weitere Begriffe einzusenden, die erraten werden sollten, war also wertlos. In der letzten Ausgabe wurde dieser mitsamt seiner Verabschiedung herausgeschnitten.
Das Ratespiel lief zunächst samstags im Vorabendprogramm, ab Januar 1970 montags.

DER GUTE ENGEL ARD
1985. 8-tlg. österr. Comedyserie von Fritz Eckhardt, Regie: Kurt Junek (»Der gute Engel«; 1983).
Herr Engel (Fritz Eckhardt) tut für die Gäste des Restaurants »Zum guten Engel« alles: Er erfüllt Sonderwünsche, steht mit Rat und Tat zur Seite, liefert Entscheidungshilfe für Heiratswillige, und wenn noch Zeit bleibt, bewirtet er sie sogar. Nebenbei muss er das Personal auf Trab halten und den Verkauf des Restaurants an eine große Kette verhindern. Eigentlich hat der Waisenjunge Peter (Hademar Bankhofer jun.) das Lokal geerbt, doch solange er noch nicht volljährig ist, schmeißt eben der gute Herr Engel den Laden.
Die 45-minütigen Episoden liefen samstagnachmittags.

GUTE LAUNE MIT MUSIK ARD
1974–1987. Monatliche Musikdokumentation am Vorabend. Wechselnde Moderatoren präsentieren 25-minütige Porträts von Einzelkünstlern oder Bands und deren Lieder.
Die Bandbreite der Vorgestellten reichte von den Beatles über Theo Mackeben und Friedrich Hollaender bis zu Paola. Zwischendurch gab es »Schlagerolympiaden« mit den größten Hits eines Zeitraums, der immer einige Jahre umfasste. Ab 1981 verschwanden die Einzelporträts weitgehend, stattdessen stand jede Sendung nun unter einem anderen Motto, z. B. »Lieder zum Jahreswechsel«, »Oscar-Melodien«, »Rund um den Walzer«, »Südamerikanische Melodien«, »Solo für Damen«.
Die Reihe brachte es auf 128 Ausgaben.

GUTE NACHBARN – SCHLECHTE NACHBARN SAT.1
→ Liebe Nachbarn, böse Nachbarn

DIE GUTE SIEBEN DFF
1958–1959. »Kleines Spiel um einen großen Plan«. Quiz mit Wolfgang Reichardt, der den Fernsehzuschauern sieben Aufgaben zum Siebenjahresplan der KPdSU (1958–1965) stellt.
Zu beantworten sind spannende, meist von kurzen Filmen illustrierte Fragen wie: »Um das Wievielfache wird bis 1965 die Diamantenförderung in der Sowjetunion gestiegen sein – dreifach, 14fach oder 66fach?« Oder: »Wie lange könnten die Menschen der Erde (ca. zwei Milliarden) von der SU-Jahrespro-

duktion Milch trinken (ca. 100 Millionen Tonnen), wenn jeder täglich 1/4 Liter Milch trinken würde: einen Monat, drei Monate oder fünf Monate?« Die Zuschauer antworten per Post, in der nächsten Ausgabe werden unter notarieller Aufsicht die Gewinner gezogen. Zwischendurch spielt – natürlich – das Harry-Seegher-Septett.

Die Hoffnung, mit dem spielerischen Mittel eines Quiz Menschenmassen für den Siebenjahresplan zu begeistern, ging nicht auf. Nach vier Sendungen war Schluss. Das DFF versuchte es wenig später trotzdem noch einmal mit einem ähnlichen Konzept namens $1 \times 7 = 65$.

GUTE ZEITEN, SCHLECHTE ZEITEN RTL
Seit 1992. Dt. Daily Soap.

Alles beginnt mit der Entscheidung einer Clique, kurz vor dem Abitur die Schule hinzuschmeißen, erwachsen zu sein und endlich richtig ins Leben zu starten. Zu den Abbrechern gehören: Peter Becker (Matthias Hinze), der vor seinem alkoholkranken Vater aus seinem Elternhaus flüchtet; Heiko Richter (Andreas Elsholz), bei dem Peter unterkommt und der unter der Scheidung seiner Eltern leidet; Heikos Freundin Tina Ullrich (Sandra Keller), die Model werden will; Elke Opitz (Claudia Weiske), die eine Affäre mit einem Lehrer hat, der sie später vergewaltigt und kurz danach von seiner Frau umgebracht wird; Julia Backhoff (Marie-Christine Herriger), die als Hostess arbeitet und in Peter verliebt ist; und die chaotische Marina Geppert (Natascha Pfeiffer). Die Lehrerin der Clique war Elisabeth Meinhart (Lisa Riecken).

Wie das so ist in diesen Jahren, wenn die Kindheit vorbei ist: Es ist ein dauerndes Kommen und Gehen, man verliert sich aus den Augen, verliebt sich, trennt sich wieder, zieht weg. Entsprechend wenige Konstanten gibt es in *Gute Zeiten, schlechte Zeiten* oder kurz: *GZSZ*. Zwölf Jahre später sind nur noch wenige Figuren vom Anfang dabei: Elisabeth Meinhart, Clemens Richter (Frank-Thomas Mende), der Vater von Heiko, der auch den ersten Satz in der ersten Folge sagt (»Was ist denn?«), Agamemnon Rufus Daniel, genannt »A. R.« (Hans Christiani), der anfangs eine Affäre mit Clemens' Frau Vera (Angela Neumann) hat, und Dr. Hans-Joachim »Jo« Gerner (Wolfgang Bahro), der am 3. November 1993 zum ersten Mal auftaucht, aber seitdem alle Hände voll zu tun hat, das Leben seiner wechselnden Gegenüber zu ruinieren. Lehrerin Meinhart sucht jahrelang nach ihrem unfreiwillig zur Adoption freigegebenen Sohn, bis sie herausfindet, dass es Peter ist, bekommt Brustkrebs und wird mehrfach entführt. Sie heiratet A. R., dem »Daniels Bar« gehört, die vorher »Siggis Bar« war und später nichts mehr, weil sie in der 2500. Folge in die Luft fliegt. In Jubiläumsfolgen muss es ordentlich krachen. Soap-Gesetz.

Orte des Geschehens sind außer den Wohnungen jeweils für eine Weile der Jugendtreff »Domizil«, die Agentur Sisters, die Werkstatt, in der die Firma Nyumba sitzt, die Fluggesellschaft GernAir von Jo Gerner, die Bar »Bluebird« und die »Mocca-Bar«. Besonders dauerhaft als Schauplatz ist das luxuriöse Restaurant »Fasan«, das ebenfalls Gerner gehört und seit 1994 existiert.

Die mutige Entscheidung, als erster deutscher Sender eine Daily Soap in Auftrag zu geben, war vermutlich die weitreichendste und beste Entscheidung, die in der Geschichte von RTL überhaupt getroffen wurde. Nach kurzen Anlaufschwierigkeiten wurde sie zu einem dauerhaften Quotenerfolg, dem der Sender mehr Werbeeinnahmen verdankt als jeder anderen Sendung. Schon nach einem Jahr sahen regelmäßig vier Millionen Menschen die Sendung, in der Spitze wurden es weit über sieben Millionen. Wichtiger noch ist der hohe Anteil junger Zuschauer: *Gute Zeiten, schlechte Zeiten* ist an fast jedem normalen Sendetag die meistgesehene Sendung bei den 14- bis 49-Jährigen. Hinzu kommen gewaltige Einnahmen durch vielfältige Merchandisingprodukte, CDs, Romane, Zeitschriften und kostenpflichtige Online- und SMS-Dienste zur Serie. Ein Flop wurde allerdings der Versuch, mit dem Spin-off namens *Großstadtträume* ältere Zuschauer und die Primetime zu erobern. RTL gelang es trotzdem, immer wieder rechtzeitig auf wechselnde Vorlieben des Publikums und Moden zu reagieren und die Einschaltquoten relativ konstant zu halten. Für viele Fernsehkritiker blieb der Erfolg ein Faszinosum: Als *GZSZ* begann, war das deutsche Publikum eigentlich noch gar nicht daran gewöhnt, dass im Fernsehen dauernd Leute schauspielern, die dazu offensichtlich weder das Talent noch die Ausbildung haben. Einer der Regisseure sagte vor Beginn der Serie: »Wir machen *Dallas* in Entenhausen. Das niedrigste Niveau auf bestmögliche Weise.«

Die Serie basierte auf der australischen Serie »The Restless Years« von Reg Watson, die zuvor bereits erfolgreich in den Niederlanden adaptiert wurde. Ihre Handlung wurde für die ersten 230 Folgen schlicht übernommen und von einem Autorenteam unter der Leitung von Felix Huby auf deutsche Verhältnisse übertragen. Anschließend wurden die Geschichten unabhängig weiterentwickelt. Spätestens damit begann die eigentliche Erfolgsgeschichte. Der Titelsong blieb zwar dauerhaft der gleiche, wurde aber immer wieder neu aufgenommen und modernisiert. Er enthält den Refrain: »Ich seh' in dein Herz, sehe gute Zeiten, schlechte Zeiten, ein Leben, das neu beginnt.«

Gedreht wurde anfangs in Berlin-Tempelhof, ab 1995 in Potsdam-Babelsberg, was einen kompletten Kulissenwechsel bedeutete, die *GZSZ*-Fans aber nicht weiter schockierte, denen die Drehbuchschreiber regelmäßig Handlungsstränge vorsetzten, die schwerer nachzuvollziehen waren als die Tatsache, dass sich von einem Tag auf den anderen der Grundriss aller Wohnungen verändert hat. Obwohl die Serie nicht in einer Luxuswelt wie *Verbotene Liebe* spielt, leiden ihre Bewohner unter der wahrscheinlich höchsten Kriminalität und Absurdität aller deutschen Soaps. Entführungen, Autobomben, Flugzeugabstürze erschüttern regelmäßig ihre

»Na komm, eine Woche haben wir doch schon hinter uns!« Heiko Richter (Andreas Elsholz) mit Clemens' Sekretärin Claudia Wedemeier (Andrea Höhne) in Folge 6 von *Gute Zeiten, schlechte Zeiten*.

Welt – sogar ein Strumpfhosenmörder brachte erst mehrere Soap-Darsteller um ihren Job, bevor er sich selbst richtete.

Entsprechend aufmerksam verfolgten alle Beteiligten einen jahrelangen Rechtsstreit. Stefanie Julia Möller, die Darstellerin der Charlotte Bohlstädt, klagte gegen den Produzenten Grundy Ufa. Die Firma hatte Charlotte aus der Serie herausgeschrieben. Nachdem sie u. a. ihr Augenlicht verloren und wiedergefunden, unter dem Verschwinden ihres Freundes im Busch gelitten, mit einem Erpresser geschlafen und sich ihre Brüste vergrößern lassen hatte, zog sie nach Südfrankreich, weil sie nicht verkraftete, dass ihr Bruder von einer Wahnsinnigen erschossen wurde. Die Marktforschung hatte nämlich ergeben, dass Charlotte Bohlstädt von den Zuschauern als »problembeladen und insgesamt als Jammertante« empfunden werde und glaubte an bessere Quoten ohne sie. Weil in den Verträgen aller Darsteller stand, dass ihr Arbeitsverhältnis automatisch endet, »falls die Rolle des Darstellers nicht mehr in der Serie enthalten ist«, war Stefanie Julia Möller damit arbeitslos. Sie klagte 2001 gegen den Passus, bekam zunächst auch Recht, verlor aber im Juli 2003 endgültig vor dem Bundesarbeitsgericht.

Viele Fernseh- und Gesangskarrieren begannen in *Gute Zeiten, schlechte Zeiten*. Die prominentesten sind die von Andreas Elsholz, Oliver Petszokat (Oli. P), Jeannette Biedermann (die kurz zuvor von »Bild« entdeckt wurde) und Yvonne Catterfeld. Die Serie brachte ferner die Popbands Caught In The Act und Just Friends hervor. Insbesondere für Politiker war die Anziehungskraft einer Serie, die von so vielen jungen Menschen gesehen wurde, unwiderstehlich. Unter anderem hatten Eberhard Diepgen (1995), Gerhard Schröder (1998) und Klaus Wowereit (2002) Gastauftritte in der Serie. Aber auch RTL-Chef Helmut Thoma, Thomas Gottschalk, Herbert Feuerstein und viele etablierte Schauspieler nutzten die Gelegenheit, für eine kurze Zeit bei *GZSZ* mitzuspielen.

GZSZ läuft werktäglich um 19.40 Uhr und dauert eine halbe Stunde. Zu besonderen Anlässen, überwiegend Jubiläen, gönnte sich die Serie eine ganze Stunde oder sogar drei Folgen am Stück. Hinzu kommen tägliche Wiederholungen am Morgen und seit Frühjahr 2002 die Wiederholung aller fünf Folgen der abgelaufenen Woche hintereinander am Samstagvormittag (*GZSZ Brunch*). Eine um etwa zweieinhalb Jahre versetzte Wiederholung auf Vox flog inzwischen wieder aus dem Programm. Außerdem sendete RTL mehrmals einen Gameshow-Ableger namens *Gute Zeiten, schlechte Zeiten – Super Cup*. Im Juni 2004 lief die 3000. Folge von *GZSZ* (auf mehr Folgen brachte es im deutschen Fernsehen nur die US-Soap *Reich und schön*).

Dass auch andere Sender sich an dem erfolgreichen Genre und idealen Werbeumfeld versuchen würden, war nur eine Frage der Zeit. Doch selbst bei der Kopie war RTL der Schnellste: Auch die zweite deutsche Daily Soap, *Unter uns*, startete dort Ende 1994, wenige Wochen später folgten *Verbotene Liebe* und *Marienhof* in der ARD. Diese ersten vier konnten sich als einzige etablieren. Versuche von ZDF (*Jede Menge Leben*), Sat.1 (*So ist das Leben – Die Wagenfelds; Geliebte Schwestern*), RTL 2 (*Alle zusammen – jeder für sich*) und Pro Sieben (*Mallorca – Suche nach dem Paradies*) scheiterten.

GUTE ZEITEN, SCHLECHTE ZEITEN – SUPER CUP   RTL

1999. Samstagabend-Spielshow mit Marco Ströhlein, in der Schauspieler aus verschiedenen Daily Soaps in nach Serien geordneten Teams gegeneinander antreten. Nach zwei Ausgaben war erst mal Schluss, die Sendung kehrte jedoch nach acht Monaten Pause unter dem Titel *Die RTL Soap Show* zurück.

GUTEN ABEND! — ARD

1960–1961. »Das kleine Fernseh-Spielmagazin mit Peter Frankenfeld«.
Live-Show vor Saalpublikum mit Peter Frankenfeld und seiner Frau Lonny Kellner. Sie war die Nachfolgeshow von *Heute abend Peter Frankenfeld* und eine typische Frankenfeld-Show mit Spielen, Sketchen und Musik. Die Kritik maulte, dass sich seit *1:0 für Sie* nichts am Konzept geändert habe.

GUTEN ABEND – DAS LÄNDERMAGAZIN — RTL

→ Guten Abend RTL

GUTEN ABEND, DEUTSCHLAND — SAT.1

1991–1992. 20-minütige werktägliche Hauptnachrichtenausgabe um 18.45 Uhr mit Dieter Kronzucker und Brigitte Weirich, gelegentlich auch mit Hans-Hermann Gockel, der bereits die Vorgängersendung *Sat.1 Blick* moderiert hatte.
Kronzucker war damals ein teurer Hoffnungsträger (angeblich zahlte Sat.1 eine halbe Million DM, um ihn vom ZDF wegzukaufen) und der erste einer ganzen Reihe von Moderatoren, von denen sich Sat.1 im Lauf der Jahrzehnte »Newskompetenz« erhoffte (Ulrich Meyer, Astrid Frohloff, Thomas Kausch). Kronzucker war auch der Erste, der diese Hoffnung gründlich enttäuschte. Seine erste Sendung begann er mit den Worten: »Der Nachrichtentag und unsere Redaktion bieten Ihnen heute: Golfkrieg, Genscher vor seiner Nahostreise, Karneval.«
In der Branche wurde *Guten Abend, Deutschland* auch »Gute Nacht, Sat.1« genannt. 1992 hängt Kronzucker die News-Show wegen schwacher Quoten an den Nagel. Die Sendung hieß dann eine Weile *Sat.1 News*, bevor sie zum *Sat.1 Newsmagazin* wurde. Es blieb nicht die letzte Umbenennung.

GUTEN ABEND, NACHBARN — ARD

1971–1972. Samstagabendquiz mit Hans-Joachim Kulenkampff.
Kulenkampff hatte zwei Jahre vor Beginn dieser Reihe das erfolgreiche *Einer wird gewinnen* aufgegeben, mit dem das neue Format gewisse Ähnlichkeiten aufwies: Fünf Kandidaten aus fünf Ländern müssen Fragen zu je einem Schwerpunktland beantworten, in der Premiere z. B. zu Frankreich. Zwischendurch gibt es Showblöcke und einen Auftritt von Martin Jente, der diesmal keinen Butler, sondern einen Autohändler spielt. Am Ende der Sendung werden bereits die Kandidaten der nächsten Sendung vorgestellt. Fernsehzuschauer zu Hause können dann per Postkarte auf den Sieger und seine Punktzahl tippen und eines von drei Autos gewinnen.
Um das Zuschauer-Gewinnspiel schon für die Premiere zu ermöglichen, wurden die Kandidaten einen Monat vorher in einer zehnminütigen Sondersendung vorgestellt. Maximal konnten die Kandidaten im Studio 70 Punkte erspielen und 7000 DM gewinnen, doch schon im Vorfeld spekulierte der Hessische Rundfunk, dass dies angesichts der kniffligen Fragen wohl niemandem gelingen werde. Kulenkampff überzog die erste Sendung um 33 Minuten. Wäre die damals bereits geplante Strafregelung für überzogene Minuten schon in Kraft gewesen, hätte dies den Hessischen Rundfunk 72 000 DM gekostet. Die zweite Sendung zum Thema Italien wurde deshalb schon im Vorfeld auf 105 statt 90 Minuten angesetzt.
Martin Jente wurde nach wenigen Sendungen wegen eines unkonzentrierten Haspelauftritts zum Sketchpartner am Telefon degradiert und dann ganz abgeschafft. Die gesamte Sendung ereilte letzteres Schicksal nach nur sieben Ausgaben, von denen Kulenkampff die letzte mit Vollbart moderierte. Vorher produzierte sie aber noch einen echten Skandal: Als Kulenkampff am 18. Dezember 1971 einen rumänischen Kandidaten raten ließ, wie viele Deutsche laut einer eigens angefertigten Emnid-Umfrage die Ostpolitik der Regierung begrüßten, kommentierte er die richtige Zahl (63 %) mit dem Satz: »Das Umfrageergebnis ist ein Weihnachtsgeschenk für den Bundeskanzler.« CDU/CSU und konservative Presse entrüsteten sich, der hessische Oppositionsführer Alfred Dregger sagte: »Das ist der bisherige Höhepunkt der hessischen Fernsehkampagne gegen die CDU«. CSU-Politiker Richard Stücklen empörte sich in »Bild«, Kulenkampff habe »seine Sendung zu einer Regierungspropaganda benutzt«, »Bild« selbst sprach von »Stimmungsmache für die SPD« und »Schleichwerbung«. In einem »Hörzu«-Interview vor der ersten Sendung hatte Kulenkampff bereits prognostiziert: »Ich kann ja meinen Mund nicht halten. Sicher werde ich wieder vielen Leuten auf die Füße treten.«

GUTEN ABEND RTL — RTL

Seit 1995. Boulevardmagazin.
Die Reihe war als *Guten Abend – Das Ländermagazin* gestartet und wurde im Oktober 1997 umbenannt. Als Moderatoren wechselten sich u. a. Markus Lanz, Harriet Heise und Kristina Lüdke ab. Ab März 1998 moderierte noch Laura Lange, ab April 2001 zusätzlich Insa Müller, ab Januar 2002 nur noch Laura Lange und Tina Schüttrumpf. Ein halbes Jahr später ersetzte Mareile Höppner Laura Lange.
Wegen der Verpflichtung, Regionalprogramme auszustrahlen, teilt sich RTL am frühen Abend immer in Programmfenster aus Hamburg, Köln und Frankfurt auf. Der Rest der Republik sieht dieses Magazin mit vielen Berichten aus den Bundesländern.
Das halbstündige Magazin läuft werktags um 18.00 Uhr.

GUTEN MORGEN DEUTSCHLAND — RTL

1987–1994. Mehrstündiges Frühstücksfernsehen.
Mit einem PR-Coup startete das morgendliche Fernsehen in Deutschland. Sat.1 hatte den Start seines Frühstücksfernsehens *Guten Morgen mit Sat.1* für den 1. Oktober 1987 angekündigt, und RTL beschloss kurzerhand, schon eine Woche früher zu beginnen, um dieses »medienhistorische Ereignis« für sich verbuchen zu können. Nicht nur die Presse,

auch die meisten Mitarbeiter erfuhren erst am Tag zuvor, dass es schon am 23. September losgehen würde. Zum Team der ersten Stunde gehörten Sexberaterin Ruth Westheimer, der Zisterzienserabt Thomas (der »Knüller in der Kutte«) und Karl Lagerfeld, der einen »chic schnack« veranstaltete. Die erste Sendung wurde von Olaf Pressler moderiert, die Wettervorhersage präsentierte Gottfried Mehlhorn, der seinen Hund Otto als Maskottchen mitbrachte, und für die Nachrichten war Karl-Heinz Kaul zuständig.

1988 übernahm Rainer Holbe die Morgenmoderation. Dessen Karriere bei RTL endete abrupt, als ein »Stern«-Redakteur 1990 den Fehler machte, ein Buch von Holbe zu lesen, in dem dieser seine Kommunikation mit Geistwesen beschrieb. Holbe zufolge hätten ihm zwei Geistwesen verraten, dass das Krebsleiden des verstorbenen Hans Rosenthal die Strafe dafür gewesen sei, dass er in einem früheren Leben Dieb und Mörder gewesen sei. Außerdem habe Rosenthal nun auch für sein jüdisches Volk mitgebüßt. 1991 moderierte erstmals Wolfram Kons, der zum dauerhaftesten Frühaufsteher im deutschen Fernsehen wurde.

Guten Morgen Deutschland war auch der Titel der Radio-Frühstückssendung von RTL. Die Fernsehversion trug von 1989 bis 1991 den längeren Namen *Hallo Europa – Guten Morgen Deutschland*. 1994 stellte RTL die Sendung zugunsten von Serien ein und reduzierte das Infotainment auf 30 Minuten (*Punkt 7*).

GUTEN MORGEN DEUTSCHLAND   RTL

1997–2002. Morgensendung.
Wolfram Kons hatte bereits zu den Moderatoren des gleichnamigen zweistündigen Frühstücksfernsehens gehört, das RTL 1994 abgesetzt hatte. Jetzt tauchte der Titel samt Kons wieder als halbstündiges werktägliches Magazin um 6.30 Uhr auf – zwischen den beiden ebenfalls von Wolfram Kons moderierten Sendungen *Punkt 6* und *Punkt 7*. Als RTL das merkte, legte der Sender das Ganze unter dem Namen *Punkt 6* zusammen.

GUTEN MORGEN, MALLORCA!   RTL

1996. 9-tlg. dt. Familienserie.
Radiomoderator Peter Ostermann (Werner Schulze-Erdel) arbeitet bei einem deutschsprachigen Sender auf Mallorca. In seiner Finca nimmt er Alexandra Starck (Ute Willing) und ihre Tochter Natalie (Vanessa Schober) auf, die überraschend und ohne Geld spontan auf Mallorca bleiben, weil Alexandras Mann wegen Steuerbetrug verhaftet wurde und die beiden in seiner Nähe sein wollen.
Hätte RTL vor dem Serienstart 100 Leute gefragt, ob sie *Familienduell*-Moderator Werner Schulze-Erdel in einer Serie sehen wollten, hätte der Sender vielleicht nicht einmal diese eine Staffel produziert. Eine zweite gab es jedenfalls nicht. Die einstündigen Folgen liefen freitags um 21.15 Uhr.

GUTEN MORGEN MIT SAT.1   SAT.1

1987–1993. Tägliches Frühstücksfernsehen mit Information, Unterhaltung, Nachrichten, Sport, Spielen und Service. Erster Moderator war Wolf-Dieter Herrmann, seine Nachfolgerin wurde 1990 Susanne Holst.
Die Sendung lief zwischen 6.00 und 9.00 Uhr und wurde später in *Deutschland heute morgen* umbenannt.

GUTEN MORGEN SONNTAG   RTL

1994–1996. Fünfminütiges Magazin, das sonntags um 9.55 Uhr zeigte, was verschiedene prominente und nichtprominente Menschen am Sonntag so tun. Die Reihe entstand zusammen mit der katholischen und evangelischen Kirche und versuchte, den religiösen Auftrag in moderne Videoclips zu verpacken.

GUTER RAT IST TEUER   RTL 2

1995. 19-tlg. US-Sitcom von Norma Safford Vela und Danny Jacobson (»Good Advice«; 1993–1994).
Die Eheberaterin Susan DeRuzza (Shelley Long) und der Scheidungsanwalt Jack Harold (Treat Williams) teilen sich eine Kanzlei. Wie praktisch. Ach, und der Arzt Artie Cohen (George Wyner) praktiziert auch da. Seine Mutter Ronnie (Estelle Harris) ist die Rezeptionistin, Sean (Lightfield Lewis) der Bürobote. Die Gemeinschaftskanzlei zeigt Wirkung: Susan schickt schon nach kurzer Zeit ihren Mann Joey (Chris McDonald) in die Wüste und stellt Haushälterin Henriette Campbell (Henriette Mantel) an, die sich um Susans Sohn Michael (Ross Malinger) kümmert. Susans Schwester Paige Turner (Teri Garr) ersetzt Arties Mutter am Empfang.
Die 25-minütigen Folgen liefen sonntagnachmittags.

EIN GUTES LOS FÜR ALLE   ARD

Seit 1999. Fünfminütige Bekanntgabe der Gewinner der ARD-Fernsehlotterie am Sonntag vor der *Lindenstraße*.

GZSZ BRUNCH   RTL

Seit 2003. Man könnte doch alle fünf Folgen einer Daily Soap, die unter der Woche schon liefen, am Wochenende noch einmal und am Stück zeigen. Auf diese Idee kam RTL im Frühjahr 2002. Oder hatte es in England gesehen. Dort nennen die Sender das »Omnibus«. So zeigte RTL also seitdem jeden Samstagvormittag fünf Wiederholungen von *Gute Zeiten, schlechte Zeiten* und steigerte damit seine Marktanteile auf diesen Sendeplätzen. Ab November 2003 erhielt das Ding den Oberbegriff *GZSZ Brunch* und wurde angereichert mit Gewinnspielen, Starnews und Moderationen von Pierre Geisensetter.

HAARE HOCH! — DFF
1958–1959. Interaktive heitere Krimireihe von Werner Bernhardy und Günter Kunert.
Zwei Detektive (Herbert Köfer und Gerhard Wollner) und ihre Assistentin (Angela Brunner) untersuchen einen Fall mit vielen Verdächtigen, aber kurz vor der Lösung ist Schluss. Die Zuschauer haben nun die Aufgabe, den Täter zu finden oder das Ende der Folge zu schreiben. Die nächste Folge beginnt dann mit der Lösung der letzten.
Die Reihe war sehr beliebt, die Zuschauerbeteiligung riesig. Trotzdem gab es nur sieben Ausgaben – die Autoren kamen einfach nicht so schnell mit dem Schreiben neuer Fälle nach, wie es für eine Serie nötig gewesen wäre.

HÄBERLE UND PFLEIDERER — ARD, SWR
1957–1986. Gemächliche Szenen mit den schwäbischen Originalen Häberle (Oscar Heiler) und Pfleiderer (Willy Reichert).
Sie liefen in loser Folge, oft als Bestandteil anderer Sendungen, gelegentlich unter eigenem Reihentitel, und waren meist etwa zehn Minuten lang. Im Nachhinein hatte man immer den Eindruck, die Sendung habe aus nichts anderem als lang gezogenen Vokalen und Umlauten bestanden. »Ja, der Herr Häääääberleee ... – »Jaaaa ...« – »Sosoooooo ... – »Jajaaaaaaaaaaa ...«

HABICHTE UND FALKEN — ARD
1974. 6-tlg. schwed. Jugendserie nach dem Buch von Sven Wernström, Regie: Jan Halldoff (»De hemligas ö«; 1973).
Geplant war alles ganz anders, das Ergebnis war das gleiche. Jugendgruppen aus verschiedenen sozialen Schichten sollten einige Wochen gemeinsam in einem Ferienlager auf einer Insel verbringen und den Umgang miteinander lernen. Dann treibt jedoch das Boot mit den Kindern ab, und die Jugendleiter (Ann-Sofie Kylin und Leif Möller) bleiben an Land zurück. Die Kinder stranden auf einer unbewohnten Insel und müssen für einige Tage allein dort überleben – und lernen, miteinander umzugehen. Nach anfänglichen Anfeindungen gelingt ihnen das. Schließlich werden sie gerettet.
Die Rollen der Kinder waren mit Laiendarstellern besetzt. Die halbstündigen Folgen liefen dienstags um 17.05 Uhr.

HACKIS YELLOW CAB — RTL
1998. Kindersendung mit Thomas Hackenberg.
In einem gelben Taxi fährt »Hacki« Kinder durch die Stadt und hilft bei der Erfüllung von Herzenswünschen und der Lösung von Problemen. 14 Folgen liefen sonntagvormittags.

HAFENDETEKTIV — ARD
1987–1991. 24-tlg. dt. Krimiserie von Felix Huby.
Der grimmige Detektiv Bruno Stepanek (Klaus Löwitsch) arbeitet im Duisburger Binnenhafen. Wann immer Kriminaloberrat Toffer (Hellmut Lange) Hilfe braucht, sei es bei Verbrechen im Zusammenhang mit der Seefahrt, sei es bei anderen Fällen, ist Stepanek zur Stelle.
Bis eine Woche vor dem Sendestart hatte Löwitsch auf dem gleichen Sendeplatz in der Serie *Detektivbüro Roth* ebenfalls einen Detektiv gespielt. Die einstündigen Folgen liefen im Vorabendprogramm.

HAFENKRANKENHAUS — ARD
1968. 13-tlg. dt. Krankenhausserie von Georg Hurdalek, Michael Bünte und Fred und Alexander Ignor, Regie: Erich Neureuther.
Die herzensgute Krankenschwester Inge (Anneli Granget) kümert sich um alle Sorgen und Nöte der Patienten eines Krankenhauses im Hamburger Hafen. Die halbstündigen Folgen liefen in allen regionalen Vorabendprogrammen. Es war die erste Krankenhausserie im deutschen Fernsehen. Im Vorjahr war bereits die erste Arztserie, *Landarzt Dr. Brock*, gestartet.

HAFENPOLIZEI — ARD
1963–1966. 39-tlg. dt. Polizeiserie von Klaus-Dieter Klingberg, Buch: Erich Engels, Gustav Kampendonk und Günter Dönges, Regie: John Olden, Hermann Leitner.
Im Hamburger Hafen sorgen Kommissar Peters (Til Kiwe), Obersekretär Zink (Jochen Blume), Polizeimeister Lühr (Herbert A. E. Boehme), Obersekretär Koldehoff (Joseph Dahmen) und Hauptwachtmeister Ahlmann (Peter Herzog) für Recht und Ordnung.
Die halbstündigen Folgen liefen im regionalen Vorabendprogramm.

HAGEDORNS TOCHTER — ZDF
1994. 12-tlg. dt. Familienserie.
Die 25-jährige Studentin Helke Hagedorn (Anja Kling) kämpft für den Erhalt der Gewürzhandlung ihres verwitweten Vaters Paul (Hansjörg Felmy). Ihre Tante Ria (Carola Regnier) schaut eifersüchtig zu, wie Helke erste Erfolge hat. Der Konkurrent Neithard Butenschön (Rainer Goernemann) will Hagedorns Laden übernehmen und schreckt vor nichts zurück. So versucht er, Rias Sohn Martin (Ingo Hülsmann) zu erpressen. Helke verhandelt derweil mit Geschäftspartnern, darunter Karl-Georg Balinger (Günther Maria Halmer), genannt KGB, und nach dessen Tod mit Leo Lansky (Hanno Pöschl). Lilo Grothe (Eva Christian) ist die treue Buchhalterin der Firma, Viktor Siemer (August Zirner) ist Helkes

Freund, Dr. Edith Elling (Claudia Wedekind), Doris Roth (Petra Zieser) und Frieda Ackermann (Tana Schanzara) sind gute Freundinnen von Helke.
Die 50-Minuten-Folgen liefen im Vorabendprogramm um 19.25 Uhr.

HAGEN ARD
1980–1981. 6-tlg. US-Krimiserie von Frank Glicksman und Charles Larson (»Hagen«; 1980).
Paul Hagen (Chad Everett) und Carl Palmer (Arthur Hill) ergänzen sich prima bei ihren Ermittlungen gegen Verbrecher und ihrem Einsatz für Unschuldige. Carl ist ein gewiefter Großstadtanwalt, Paul ein Jäger, Sammler und Spurenleser aus der Provinz, der Natur und Wildnis liebt. Jody (Aldine King) ist seine Sekretärin und Mrs. Chavez (Carmen Zapata) seine Haushälterin.
Die Folgen dauerten 45 Minuten und liefen dienstags um 21.45 Uhr.

HAIFISCHBAR ARD
1963–1979. »Geschichten und Lieder von der Wasserkante«. Abendshow aus Hamburg in der Kulisse einer Hafenwirtschaft.
Die »Gastwirte« Hilde Sicks und Ernst Grabbe und der »Kellner« Günter Lüdke begrüßen viele norddeutsche Musiker und Schauspieler, die Lieder und Sketche präsentieren.
Die *Haifischbar* lief zunächst samstags um 20.15 Uhr und war zwischen 60 und 90 Minuten lang. In den 70er-Jahren wurden die nunmehr 45-minütigen Folgen montags um 21.00 Uhr ausgestrahlt, später liefen sie im Nachmittagsprogramm. Trotz großen Zuschauerinteresses lief die Show seit Mitte der 70er-Jahre nur einmal jährlich.

DER HAISSE STUHL RTL
1993–1994. Talkshow für Kinder mit Ingo Nommsen.
Die Show parodiert den Titel der kindischen Talkshow für Erwachsene und kopiert deren Konzept: Ein Erwachsener setzt sich auf den Stuhl, der die Form eines Haifischrachens hat, und lässt sich von fünf Kindern und Jugendlichen in die Mangel nehmen. Dann wird gebrüllt, und es kommt nichts dabei raus – warum sollen das nur die Großen dürfen?
Sat.1 hatte kurz vorher eine nicht ganz so krawallige Kindertalkshow namens *Zoff* gestartet. *Der haisse Stuhl* war 15 Minuten lang und lief samstagmorgens.

HALB 12 ZDF
Seit 1993. »Eser und Gäste«. Halbstündige Interviewsendung mit Ruprecht Eser und meist ein bis zwei Gästen.
Anfangs mischte Eser die Gäste aus Politik und Unterhaltung, nahm aber bald von diesem »Budenzauber«, wie er es selbst nannte, Abstand und konzentrierte sich allein auf die Politik. Nach zehn Jahren und 327 Ausgaben gab Eser die Sendung ab, weil er ZDF-Studioleiter in London wurde. Am 23. November 2003 moderierte er zum letzten Mal. Neue Moderatorin wurde, nach kurzer Winterpause, ab Februar 2004 Bettina Schausten, die Leiterin der ZDF-Hauptredaktion Innenpolitik.
Die Sendung lief am Sonntagvormittag um 11.30 Uhr.

HALBZEIT ARD
1977. 10-tlg. dt. Episodenreihe von Dieter Wedel (Buch und Regie) über Frauen Mitte 30, mit wechselnden Schauspielern und in sich abgeschlossenen Geschichten. Der Titel bezieht sich auf den 35. Geburtstag.
Die 45-minütigen Folgen lief im regionalen Vorabendprogramm.

HALBZEIT DFF 1
1978–1990. »Intermezzo zwischen zwei Sport-Sonntagen«. Wöchentliches Sportmagazin mit Angela Köhler und Harri Schulz.
Das »Kaleidoskop aus Information, Spannung und Unterhaltung« brachte es auf etwa 1000 Folgen. *Halbzeit* war der Nachfolger von »Sportreporter« und wurde nach der Wende durch *Speed* abgelöst. Lief mittwochs von 17.15 bis 18.45 Uhr.

HALIFAX VOX
1995–1998. 12-tlg. austral. Krimiserie (»Halifax«; 1994–1997).
Die Gerichtspsychologin Jane Halifax (Rebecca Gibney) hilft der Polizei bei der Aufklärung von Verbrechen. Jede Folge hatte Spielfilmlänge.

HALLERVORDENS SPOTT-LIGHT ARD
1994–2002. Halbstündige Satireshow mit Dieter Hallervorden.
Nach seinem Rauswurf bei Sat.1 brachte Hallervorden das Grundkonzept seiner dortigen *Spottschau* mit zurück zur ARD und legte es unter anderem Namen neu auf. Er präsentierte Satire, politisches Kabarett und gespielte Sketche.
Die Serie lief dienstags gegen 22.00 Uhr, ab 2002 freitags.

HALLI GALLI SAT.1
1993. Einstündige Nonsensshow mit Detlef Simon alias Desimo.
Desimo spielt alberne Spielchen mit Kandidaten, schickt Verlierer eine Wasserrutsche hinunter, führt kleine Zaubertricks vor und zeigt Einspielfilme, in denen Menschen mit versteckter Kamera hereingelegt werden. Diese Streiche sind weniger die absurden, sich steigernden Situationen ähnlicher Shows, mit denen die Opfer minutenlang klarkommen müssen, sondern kurze, visuelle Gags, bei denen es hauptsächlich auf die erste Reaktion der Gefoppten – oder oft Geschockten – ankommt.
So saß der Schweizer Komiker Stan George ständig in irgendwelchen Geräten rum, in denen man ihn nicht erwartete, z. B. einem Kopierer oder einer Tiefkühltruhe. Wer das Gerät aufmachte, sah

riesige Glubschaugen und eine fiese Fratze, hatte selbst aber nur noch den Schrecken im Gesicht. Ein wiederkehrendes Element der Sendung war das »geheime Training«, in dem ein Kandidat heimlich in Karate oder im Fallschirmspringen ausgebildet wird und diese Fähigkeiten zur Überraschung seiner Umwelt plötzlich in Extremsituationen einsetzt. Neben George gehörten der Gnom Muamer und Gloria Grey zum Ensemble.
Zwölf Folgen liefen donnerstags um 21.15 Uhr.

HALLO BERLIN   SAT.1
1987–1991. Halbstündiges Magazin mit Ursela Monn.
Wanderte vom Sonntag- über den Samstag- auf den Mittwochabend und rückte dabei immer später in die Nacht vor.

HALLO COCKPIT   VOX
1998. 21-tlg. US-Sitcom (»The Crew«; 1995–1996).
Jess Jameson (Rose Jackson) und ihre Freundin Maggie Reynolds (Kristin Bauer) haben eine gemeinsame Wohnung und sind Kolleginnen. Sie arbeiten bei der Fluggesellschaft Regency Airlines zusammen mit ihren Kollegen Paul Steadman (David Burke), Randy Anderson (Charles Esten), Lenora Zwick (Christine Estabrook) und dem Piloten Captain Rex Parker (Lane Davies). Mac (Dondre T. Whitfield) arbeitet im »Mambo Lambo«, dem Stammlokal der Crew.

HALLO DEUTSCHLAND   ZDF
Seit 1997. Boulevardmagazin mit Berichten aus den Bundesländern und über Prominente.
hallo deutschland ist die Nachfolgesendung des ZDF-abendmagazins, das wiederum die tele-illustrierte abgelöst hatte. Die Moderation übernahmen zunächst im Wechsel Redaktionsleiter Steffen Seibert, Marina Ruperti und Jan Schulte-Kellinghaus. Im Herbst 2000 wurde die Moderatorenriege ausgetauscht, fortan wechselten sich Marco Schreyl und Susanne Stichler ab. Stichler wurde 2004 von Yvonne Ransbach abgelöst. Markenzeichen des Magazins war anfangs ein 25 Meter hoher Heißluftballon, der bei Außenübertragungen eingesetzt wurde.
Die halbstündigen Ausgaben laufen werktags um 17.15 Uhr.

HALLO DOC   ZDF
1975–1976. 26-tlg. US-Sitcom (»The Brian Keith Show«; 1973–1974).
Fortsetzung der Serie Der Nächste bitte!: Dr. Sean Jamison (Brian Keith) und seine Tochter Dr. Anne Jamison (Shelley Fabares) nehmen in ihre Gemeinschaftspraxis zusätzlich Dr. Austin Chaffee (Roger Bowen) auf. Mrs. Millard Gruber (Nancy Kulp) ist die Besitzerin der Klinik, in der die Jamisons außerdem praktizieren. Schwester Puni (Victoria Young) arbeitet weiterhin in der Praxis; Ronnie ist nicht mehr da.
Auch in den USA war der Serientitel zu Beginn der zweiten Staffel geändert worden. Bei späteren Wiederholungen im Privatfernsehen liefen jedoch alle Folgen als Der Nächste bitte!. Die Serie lief samstags nachmittags.

HALLO EUROPA – GUTEN MORGEN DEUTSCHLAND   RTL
→ Guten Morgen Deutschland

HALLO FREUNDE!   ZDF
1965–1971. »Unser Studio für junge Zuschauer«.
Wolfgang Ohm rät und spielt mit Kindern, und der Komponist Klaus Wüsthoff zaubert ab und zu aus dem Stegreif ein »Lied aus dem Hut«. Unter den weiteren Mitwirkenden waren Suntka Haneburger, Reinhold Brandes und Henning Venske.
Hallo Freunde lief halbstündig am Sonntagnachmittag und war eines der letzten hausbacken-biederen Kinderprogramme, bevor das ZDF flächendeckend auf Flipper, Lassie und ähnliche Serien setzte.

HALLO, HIER IST RUDI!   ZDF
1997–2000. Kinder-Rahmenprogramm am Sonntagvormittag mit dem Raben Rudi aus Siebenstein.

HALLO – HOTEL SACHER ... PORTIER!   ZDF
1973–1975. 26-tlg. dt.-österr. Hotelserie von Fritz Eckhardt, Regie: Hermann Kugelstadt.
Oswald Huber (Fritz Eckhardt) ist der Portier des noblen Wiener »Hotel Sacher«. Zu den Dauergästen gehört der Maler Kerzl (Ossy Kolmann), der permanent angetrunken ist. Huber wohnt mit seiner Schwester Resi (Elfriede Ott) zusammen; deren Freund ist erst der Amtsrat Hrdlicka (Joseph Hendrichs), später ein Installateur (Fritz Muliar).
Die einstündigen Folgen liefen sonntags um 20.15 Uhr.

HALLO, KÄPT'N BAILEY   DFF 1
→ Schiff ahoi!

HALLO LARRY   ARD
1983. 20-tlg. US-Sitcom von George Tibbles, Perry Grant, Richard Bensfield, Regie: Doug Rogers (»Hello Larry«; 1979–1980).
Nach der Scheidung von seiner Frau zieht der Radiotalkmaster Larry Alder (McLean Stevenson) mit seinen pubertierenden Töchtern Diane (Donna Wilkes; später: Krista Errickson) und Ruthie (Kim Richards) von Los Angeles nach Portland, Oregon, um ein neues Leben zu beginnen. Im wahren Leben ist er nicht halb so selbstsicher wie im Radio. Die Lehrerin Leona Wilson (Ruth Brown), die nebenan wohnt, versucht zu helfen.
Die halbstündigen Folgen liefen am Vorabend.

HALLO MÄDELS   KABEL 1
1996. 72-tlg. brit. Sitcom von Laurence Marks und Maurice Gran (»Birds Of A Feather«; 1989–1998).
Die Schwestern Sharon (Pauline Quirke) und Tracey (Linda Robson) haben sehr unterschiedliche Lebensstandards, warum auch immer, denn ihre Ehemän-

ner verdienen ihr Geld auf die gleiche Weise und sogar gemeinsam. Auf welche Weise genau erfahren Sharon und Tracey erst, als die Männer wegen bewaffneten Raubüberfalls ins Gefängnis kommen. Die Mädels ziehen zusammen, freunden sich mit der sex- und luxussüchtigen Nachbarin Dorien (Lesley Joseph) an und versuchen, mit der Situation zurecht zu kommen.

Kabel 1 zeigte die halbstündigen Folgen zunächst werktags mittags, gab den Versuch aber nach wenigen Wochen auf und versendete die Serie danach im Morgengrauen. In Großbritannien wurden später noch drei weitere Staffeln gedreht.

HALLO NACHBARN   ARD

1963–1966. »Televisionen eines Untertanen«. Monatliche Satirereihe von Joachim Roering mit Richard Münch.

Die Reihe hatte die Form eines Magazins, sie mischte Nachrichten, Filmszenen, Fotos und aktuelle Chansons. Sie brach ein Tabu, weil sie politische und tagesaktuelle Satire auf der Basis von authentischem Nachrichtenmaterial wie von einem *Tagesschau*-Sprecher präsentieren ließ, und bekam Ärger für Bilder eines Natomanövers, die im Stil einer Heinz-Maegerlein-Sportreportage kommentiert wurden. Roering übte mit seiner Satire harsche Kritik und flocht immer wieder ernst gemeinte böse Kommentare ein. Die Programmverantwortlichen fühlten sich oft angegriffen und reagierten entsprechend empfindlich. Ein erster Versuch Ende 1965, die Reihe abzusetzen, war wegen massiver Zuschauerproteste gescheitert, ein halbes Jahr später war dann doch plötzlich von einem Tag auf den anderen Schluss. Eine Folge wurde einen Tag vor dem Ausstrahlungstermin vom Vize-Intendanten des NDR, Ludwig von Hammerstein, abgesetzt: Seiner Meinung nach gehörte ein solches Satireprogramm bestenfalls in ein Kellertheater, nicht aber in eine öffentlich-rechtliche Sendeanstalt. Er nannte die abgesetzte Sendung »zu 50 Prozent unsendbar, zu 50 Prozent schwach«.

Das Satiremagazin basierte auf der Hörfunkreihe »Adrian und Alexander«, die Roering seit 1962 machte. Auch das englische Format »That Was The Week That Was« gilt als Vorbild. Roering, von dem das Konzept und die meisten Texte stammten, arbeitete zudem für das Kabarett und den Rundfunk und im Fernsehen auch für *Panorama* und *Bilanz*.

HALLO OMA   ARD

1985. 7-tlg. dt. Comedyserie von Ingo Mörs, Regie: Manfred Seide.

Li Trewitz (Barbara Rütting), Mitarbeiterin in einem Seniorenheim, und der Zivi Klaus Moser (Andreas Perez) betreiben einen Oma-Opa-Verleih für großelternlose Kinder. Direktor Kleiner (Siegfried W. Kernen) ist wenig begeistert, aber die Omas Schmitz (Ruth Brück), Beecken (Gerda Maria Jürgens) und Zielow (Gisela Trowe) und Opa Lütjohann (Karl-Heinz Kreienbaum) haben Spaß daran.

Die einstündigen Folgen liefen am Vorabend.

HALLO, ONKEL DOC!   SAT.1

1994–2000. 82-tlg. dt. Familienserie von Michael Bergmann und Douglas Welbat.

Nach seiner Rückkehr aus Amerika zieht Dr. Markus Kampmann (Ulrich Reinthaller) nach Heidelberg, wo sein Vater Albert (Walter Schultheiß) wohnt. Markus wird Chefarzt der dortigen Kinderklinik von Prof. Hermann Lüders (Ulrich Matschoss). Dessen Sohn Gregor (Ralf Lindermann) arbeitet ebenfalls in der Klinik und ist Kampmanns ärgster Konkurrent. Zum Klinikpersonal gehören ferner Oberschwester Horn (Eva Maria Bauer), Schwester Hilde (Heike Jonca) und die Kinderpsychologin Corinna Halver (Svenja Pages), in die sich Kampmann verliebt. Corinna wird aber nach kurzer Zeit von einem Auto überfahren und stirbt, als gerade ein gemeinsames Baby unterwegs ist. Später entwickelt sich zwischen Markus und der neuen Kollegin Dr. Charlotte Weiß (Maria Furtwängler) eine Beziehung, seine nächste Freundin wird Dr. Anne Herzog (Anne von Linstow). Markus Kampmanns Tochter Manuela (Christiane Graeske) lebt noch in New York. Mit der Zeit wird Gregor Lüders zu einem guten Freund für Markus. In Folge 68 am 21. Oktober 1998 sind beide für einen Hilfseinsatz in Namibia. Gregor stirbt während dieser Reise an den Folgen eines Schlangenbisses. Markus hört als Kinderarzt auf und kehrt zurück in die USA.

Streng genommen endete die Serie an dieser Stelle. Mit Folge 69 begann ein Jahr später quasi eine neue Serie, die jedoch unter gleichem Titel fortgeführt wurde. Fast alle Darsteller und selbst der Ort der Handlung wurden geändert: Die neue Hauptfigur Dr. Christian Ritter (Andreas Maria Schwaiger) ist neuer Oberarzt der Geldorf-Klinik in Düsseldorf, die der reichen Marlene Geldorf (Elisabeth Wiedemann) gehört. Hilde arbeitet inzwischen auch dort und ist jetzt Oberschwester. Ritter legt sich regelmäßig mit dem Klinikchef Prof. Beckmann (Michele Oliveri) an, der oft eine andere Auffassung hat, was das Wohl der jungen Patienten angeht. Andere Ärzte sind Dr. Max Goldorf (Karsten Dörr) und Dr. Johanna Kaminski (Iris Böhm). Ritter ist Single und wohnt mit seinem 16-jährigen Neffen Simon (Lucas Lerch) zusammen, der regelmäßig die Wohnung auf den Kopf stellt, weshalb sie auch als »Villa Chaos« bekannt ist.

Der Sendetag der einstündigen Episoden wechselte mehrfach, die Serie lief jedoch immer erfolgreich an einem Werktag zur Primetime.

HALLO PETER   ZDF

1974–1982. Einstündige Musikshow im Abendprogramm mit Peter Kraus und Gästen.

HALLO ROBBIE   ZDF

Seit 2001. Dt. Familienserie von Christine Rohls, Regie: Monika Zinnenberg, Christoph Klünker.

Der geschiedene Meeresbiologe Dr. Jens Lennart (Karsten Speck) leitet auf Rügen eine Aufzuchtstation für Seehunde. Mit seiner zehnjährigen Tochter Laura (Laura Lehnhardt) wohnt er auf dem Bauernhof der Landwirte Frauke (Marion Kracht) und Uwe Marten (Till Demtröder), die Ferienwohnungen an Gäste vermieten. Laura ist mit Kai (Tim Braeutigam), dem Sohn der Martens, befreundet, ihre beste Freundin aber ist die eigenwillige Seelöwin Robbie (gespielt von »Chico«). Carla Dux (Karina Kraushaar) ist Lennarts Assistentin, und die beiden werden natürlich ein Paar. Der Fischer Räucheroskar (Gerhard Olschewski), der eigentlich Oskar Peters heißt, ist die gute Seele der Insel. Lennarts Ex-Frau Ulli (Inka Victoria Barel) arbeitet als Arzthelferin in Berlin; sie zieht im März 2003 mit ihrem Freund Dr. Carsten Reuter (Martin Halm) ganz in die Nähe nach Stralsund, wo Reuter eine Praxis eröffnet. Zur gleichen Zeit bringt Frauke Marten Tochter Lisa zur Welt. Anfang 2004 geht Carla für einige Wochen ans Meeresaquarium nach Vancouver und wird in der Seehundstation derweil von Heike Collmann (Tina Bordiehn) vertreten. Als sie im nächsten Jahr zurückkehrt, will sie ein Kind. Ulli heiratet Carsten und will auch ein Kind, nämlich ihr eigenes, und versucht Jens das Sorgerecht für Laura streitig zu machen.

Die Serie war ein Spin-off von *Unser Charly*. Bisher 36 Folgen liefen auf dessen Sendeplatz samstags um 19.25 Uhr. In der Charly-Folge »Charly und Robbie« Weihnachten 2001 wurde die Seelöwin eingeführt.

Ende 2004 wurde Hauptdarsteller Karsten Speck wegen Immobilienbetrugs zu einer Gefängnisstrafe von zwei Jahren und zehn Monaten verurteilt. Gerade rechtzeitig war vorher noch eine weitere Staffel von *Hallo Robbie* abgedreht worden. Und weil er als Hauptdarsteller der Serie einen festen Job vorweisen konnte, hatte er die Aussicht, in den offenen Strafvollzug zu kommen und auch für weitere Dreharbeiten zur Verfügung zu stehen.

Mehrere Episoden sind auf DVD erhältlich.

HALLO RTL RTL
1984–1988. »Der Radio- und Fernsehclub aus Luxemburg« mit Iff Bennett.

Immer vor dem Start des Hauptabendprogramms gab es ein paar Minuten lang Infos, die Fans von RTL interessieren könnten. »Hallo RTL« hieß auch das Clubmagazin, das RTL an seine Clubmitglieder verschickte.

HALLO SCHRÖDER ARD
1999. 25-minütige Sketchshow mit Wichart von Roëll als Herr Schröder sowie Eva Mähl, Lutz Reichert, Günter Grünwald und Klaus Stiglmeier.

Roëll hatte den Schröder bereits lange Zeit in *Kanal fatal* gespielt. Hier spielte er ihn nur für ein paar Wochen am Dienstagabend.

HALLO SCHWESTER ARD
1993–1996. 68-tlg. US-Sitcom von Susan Harris (»Nurses«; 1991–1994).

Klinikstress und -alltag unter den Schwestern und Pflegern auf der dritten Etage eines Krankenhauses in Miami. Zum Personal gehören: Oberschwester Annie Roland (Arnetia Walker), eine allein erziehende Mutter, die zynische Sandy Miller (Stephanie Hodge), der engagierte Greg Vincent (Jeff Altman), die manchmal etwas ängstliche und naive Julie Milbury (Mary Jo Keenen), die Lateinamerikanerin Gina Cuevas (Ada Maris), der vorwitzige Paco Ortiz (Carlos LaCamara), der Einzelgänger Luke Fitzgerald (Markus Flanagan) und der Gauner Jack Trenton (David Rasche). Jack ist wegen Betrugs dazu verurteilt, sozialen Dienst im Krankenhaus zu leisten, und tut dies widerwillig. Der einzige Arzt im Dunstkreis der Schwestern und Pfleger ist Dr. Hank Kaplan (Kip Gilman). Er ist nett, oft etwas schusselig und meist in Geldnot. Gina ist von Anfang an in ihn verliebt, nach einiger Zeit finden beide zusammen, und Gina bekommt ein Kind von Hank. Klinikchefin ist anfangs Dr. Riskin (Florence Stanley), später Casey MacAfee (Loni Anderson).

Serienerfinderin Susan Harris hatte auch die *Golden Girls* erschaffen, die ebenfalls in Miami wohnten und mit ihren Wehwehchen gelegentlich bei den Schwestern zur Behandlung vorbeischauten.

In Deutschland erbten die Schwestern zunächst den Sendeplatz der *Golden Girls* dienstags um 22.05 Uhr und wurden dann etwas weiter Richtung Nacht verschoben.

HALLO SPENCER! NDR, KI.KA
1979–1997 (NDR); 1998–2001 (KI.KA). Halbstündige Puppen-Kindersendung von Peter Podehl und Winfried Debertin.

Spencer, stets kariert gekleidet und mit Schiebermütze, ist der aufgedrehte, wortgewandte und immer fröhliche Moderator einer eigenen Fernsehsendung und der Boss in seinem Dorf. Er muss nur mit dem Finger schnippen, um zu einer beliebigen Stelle im Ort zu schalten. Zu Beginn jeder Sendung begrüßt er alle »Leute von A bis Z, von 1 bis 100, von Norden bis Süden und von Osten bis Westen!«. Sein Studio ist mit Monitor, Telefon und Rohrpost ausgestattet. Damit es auf dem neuesten Stand bleibt, wird es im Lauf der Jahre immer wieder modernisiert; später moderiert Spencer aus seinem schicken Wohnzimmer in der Hallerstraße.

Die Dorfbewohner sind Spencers blauer Assistent Elvis, der schüchterne Chef des Einwohnermeldeamts, der Kakteen züchtet, und dessen goldhaarige Liebe Lulu, mit der er im Eisenbahnwaggon »Traumexpress« wohnt, der hungrige Jungdrache Poldi mit Grammatikschwäche (»Ich will dir fressen!« – »Dich.« – »Mich?«), der unendlich hilfsbereite Kasimir, der in einem Baumhaus mit einem unzuverlässigen Fahrstuhl wohnt und mit seinem Bollerwagen das Dorf sauber macht, die Zwillinge Mona und Lisa in ihrem Hausboot, der orange-grün geringelte Bücherwurm Lexi, ein Professor, der im Pilzhaus wohnt und an seiner Lexiklopädie schreibt, sowie der Bildhauer Nepomuk. Er lebt im Schloss und ist ein griesgrämiger Einzelgänger, der es hasst, »Nepi« genannt zu werden – was natürlich alle tun (»Wie heiß ich?« – »-omuk!«).

Straßenfeger *Das Halstuch* mit Albert Lieven (links) und Eva Pflug als Opfer (vorn rechts).

Karl-Heinz, Karl-Otto und Karl-Gustav bilden gemeinsam die Dorfband Quietschbeus. Die gute Fee Galaktika, kurz Galy, wohnt nicht im Dorf, sondern auf dem Planeten Andromeda, lässt sich aber bei Problemen jederzeit herbeirufen. Anfangs ist außerdem noch der teuflische schwarze Bösewicht Nero dabei, er verschwindet jedoch nach einigen Jahren. Mitte der 80er-Jahre stehen Max und Molly im Mittelpunkt einiger Folgen, und mit der Zeit kommen noch einige andere neue Figuren, oft nur vorübergehend, dazu, darunter Ende der 80er-Jahre Zacharias Zuckerguss und Susanne Sonnenschein und Ende der 90er-Jahre der rasende Reporter Moritz.

Die Reihe lief in fast allen Dritten Programmen staffelweise auf dem Sendeplatz der *Sesamstraße,* die sie langfristig ersetzen sollte. Dazu kam es nicht, stattdessen existierten beide Reihen lange Zeit parallel. Die bunten Knubbelnasenpuppen hätten optisch zwar ebenso gut in die *Sesamstraße* gepasst, doch sonst unterschied sich *Hallo Spencer* in etlichen Punkten: Es gab eine durchgehende Handlung (nicht nur eine Rahmenhandlung mit Filmzuspielungen), und die Puppen waren in der Regel unter sich. Nur in Einzelfällen traten menschliche Gaststars auf, darunter Jochen Busse, der außerdem für einige Folgen als Autor arbeitete. Auch wirkte Spencer erwachsener als die meisten Puppen in der *Sesamstraße*. Doch in beiden Serien brachen die Figuren regelmäßig unvermittelt in Gesang aus. Spencers Sprecher war Joachim Hall. Der langjährige Vorspann mit Knetmännchen wich 1995 einem Zeichentrickvorspann.

Viele Folgen wurden von der ARD übernommen. Dennoch überlebte die *Sesamstraße* Spencer am Ende, dessen Sendung nach 275 Folgen eingestellt wurde.

HALS ÜBER KOPF ZDF
1987–1992. 34-tlg. dt. Kinderserie.

»Oh Schreck, oh Schreck, das Kind ist weg«, heißt es bereits im Titelsong. Polizeioberwachtmeister Hund, kurz POM Hund (Wolfgang Gruner), dessen Streifenwagen ein 2CV ist, auf dem »Polente« steht, muss immer wieder Kinder zurückbeschaffen, die ihren Eltern davongelaufen sind, von denen sie vernachlässigt wurden. Dabei läuft ihm permanent das merkwürdige Ehepaar Wurzel (Michael Schönborn und Charlotte Matthiesen) über den Weg, das sich gegenseitig »Wurzelchen« nennt.

Die Geschichten hatten immer den gleichen Aufbau, und die gezeigten Eltern waren immer gleich abweisend: Sie ignorierten die störenden Kinder, schickten sie weg, die Kinder liefen tatsächlich davon, und die Eltern bemerkten es zunächst gar nicht. Dann bereuten sie ihr Verhalten und entschuldigten sich beim Wiedersehen.

Das zitierte Titellied plärrte Isabell Varell und war dabei im Vorspann zu sehen. Die halbstündigen Folgen liefen am Sonntagnachmittag und wurden unter der Woche wiederholt. Der Serie war ein paar Tage vor dem Start im Dezember 1987 ein gleichnamiger Spielfilm vorausgegangen.

DAS HALSTUCH ARD
1962. 6-tlg. dt. Krimi von Francis Durbridge, Regie: Hans Quest.

Kriminalinspektor Harry Yates (Heinz Drache) von Scotland Yard, sein Kollege Sergeant Jeffreys (Eckart Dux) und Police Officer Kent (Gerhard Becker) suchen einen Mörder, der mehrere Frauen mit einem Halstuch erwürgt hat. Das erste Opfer war das Model Fay Collins, die Schwester des gehbehinderten Musiklehrers Edward Collins (Hellmut Lange). Später stirbt auch Diana Winston (Eva Pflug). Hinterbliebene, Zeugen oder Verdächtige sind u. a. der Zeitschriftenverleger Clifton Morris (Albert Lieven), Mariann Hastings (Margot Trooger) und ihr Mann, der Gutsbesitzer Alistair Goddman (Erwin Lindner),

Gerald Quincey (Christian Doermer), Vikar Nigel Matthews (Horst Tappert), der Maler John Hopedean (Dieter Borsche) und die Tänzerin Kim Marshall (Erika Beer).

Das Halstuch war eine Neuauflage des britischen Sechsteilers »The Scarf« (1959). Der Krimi war in Deutschland ein phänomenaler Erfolg und einer der ersten wirklichen Straßenfeger. Das ganze Land fieberte mit und rätselte, wer wohl der Halstuch-Mörder sein könnte. Die Einschaltquote betrug im Schnitt noch nie und nie wieder da gewesene 89 %! Einen Skandal verursachte der Kabarettist Wolfgang Neuss, als er einen Tag vor der letzten Folge die Nation per Zeitungsanzeige wissen ließ: »Ratschlag für morgen: Nicht zu Hause bleiben, denn was soll's: Der Halstuch-Mörder ist Dieter Borsche. Also: Mittwochabend ins Kino. Ein Kinofan.« Bei späteren Durbridge-Krimis wurden deshalb gelegentlich mehrere Schlussszenen gedreht. Es gab auch die Überlegung, für die ja meist schon im Ausland gelaufenen Krimis einen neuen deutschen Schluss mit anderem Mörder zu schreiben.

Dass der Krimi, wie bei Durbridge üblich, eine nicht einmal halbwegs realistische Märchengeschichte aus dem fernen England war, schreckte Nachahmungstäter nicht ab: In der Woche nach der Ausstrahlung meldete die deutsche Polizei zwei vollendete Morde mit einem Halstuch und einen Versuch. Nicht nur deshalb löste *Das Halstuch* eine heftige Diskussion aus, ob das deutsche öffentlich-rechtliche Fernsehen solch rein auf Sensation angelegte Unterhaltung zeigen sollte. Der nächste Durbridge in Deutschland, *Tim Frazer,* wurde weniger spektakulär inszeniert.

Die Folgen waren jeweils ca. 40 Minuten lang; später wurde der Schwarz-Weiß-Krimi auch als Drei- oder Zweiteiler wiederholt.

HALT DURCH, PAUL ZDF

2004–2005. 28-tlg. dt. Comedyserie von Lars Albaum und Dietmar Jacobs.

Der hyperaktive Rechtsanwalt Paul Wagner (Horst Schroth) ist ein liebenswerter Chaot, der sich in der Kanzlei für Gerechtigkeit einsetzt und zu Hause für den Haushalt. Oder wie das ZDF es ausdrückt: Paul löst Probleme, die es ohne ihn nicht gäbe. Zumindest zu Hause hat seine Frau Marlene (Mignon Remé) den Laden fest im Griff und zudem noch einen eigenen Laden im Haus, einen Kosmetiksalon. Die Kinder Dennis (Michael Krabbe) und Sarah (Michelle Barthel) vervollständigen die Familie. Dennis ist Jurastudent und hat es bei Mama so schön bequem, seine Schwester ist zehn und frech, wie es sich für Zehnjährige gehört. In der Kanzlei arbeitet Paul mit seinem Sozius Dieter Warnke (Krystian Martinek) und Assistentin Alexandra Heinze (Aline Hochscheid) zusammen.

Sechs Wochen lang zeigte das ZDF dienstags um 19.25 Uhr je zwei Folgen eher aus Verlegenheit hintereinander, weil ein zweites Format für die anderen 25 Minuten bis 20.15 Uhr fehlte. Dann wurde die Serie vorzeitig abgesetzt. (Den nahe liegenden Witz angesichts des Serientitels machen Sie bitte selbst. Danke.) Übrig blieben sechs ungesendete 25-minütige Folgen sowie das Versprechen, sogar noch weitere zu produzieren. Diese sollten dann an einem anderen Sendeplatz zur Ausstrahlung kommen. Fünf neue Folgen liefen Ende 2004 auf dem gleichen Sendeplatz (aber einzeln) unter dem Titel *Papa ist der Boss,* wieder ohne großen Erfolg. Der Rest wurde im Sommer 2005 nachts versendet.

HAMBURG TRANSIT ARD

1970–1974. 52-tlg. dt. Krimiserie.

Die Kommissare Schlüter (Eckart Dux), Hartmann (Karl-Heinz Hess) und Castorp (Heinz Gerhard Lück) klären vielfältige Kriminalfälle im Hamburger Hafen auf. Sie hatten zuvor bereits in *Polizeifunk ruft* mitgespielt und wechselten sich mit anderen Ermittlern ab. Die 25 Minuten langen Folgen liefen in allen regionalen Vorabendprogrammen.

HAMBURGER HAFEN ZDF

2002. 5-tlg. dt. Doku-Soap von Ulli Rothaus und Bodo Witzke über und rund um die Mitarbeiter des Hamburger Hafens.

Die 45-Minuten-Folgen liefen sonntags am frühen Abend. Vorher hatten sich die beiden Autoren schon am *Frankfurt Airport* umgesehen, zwei Jahre später besuchten sie das *Bahnhofsviertel.*

DER HAMMER RTL

1988–1989. 41-tlg. US-Comedyserie von Alan Spencer (»Sledge Hammer«; 1986–1988).

Der hartgesottene Cop Sledge Hammer (David Rasche) lebt allein mit seiner 44er Magnum. Mit ihr schläft er in einem Bett, und er nimmt sie auch beim Duschen nicht ab. Ihr Name ist Susi. Im Dienst schießt er, bevor er denkt, denn das Denken soll ruhig seine Partnerin Dori Doreau (Anne-Marie Martin) übernehmen. Hammers geplagter Chef Captain Trunk (Harrison Page) charakterisiert ihn zu Recht als sadistisch, barbarisch, verdorben und blutrünstig.

In der letzten Folge der ersten Staffel wurde Sledge Hammer bei einer Nuklearexplosion in die Luft gesprengt. Die Autoren hatten nicht damit gerechnet, dass diese Persiflage auf Actionkrimis ein Erfolg und fortgesetzt werden könnte. Sie wurde beides, und so war Hammer zu Beginn der zweiten Staffel wieder quietschlebendig im Einsatz. Die Waffe Susi trug im Original den Namen Gun. Jede Folge begann im Vorspann mit dem gleichen Satz Hammers: »Vertrauen Sie mir, ich weiß, was ich tue!« – natürlich in Verbindung mit einem Schuss.

Die halbstündigen Folgen liefen freitags um 19.25 Uhr, ab der zweiten Staffel montags um 19.50 Uhr. Wiederholungen der Serie trugen später den Titel *Sledge Hammer.*

DIE HAMMER-SOAP – HEIMWERKER IM GLÜCK RTL 2

2003–2004. 29-tlg. dt. Doku-Soap, die Menschen

bei dem Versuch filmt, irgendwas zu bauen, zu reparieren oder zu gestalten. Die einstündigen Folgen liefen donnerstags um 21.15 Uhr.

EIN HAMSTER IM NACHTHEMD   ARD
1989. 6-tlg. tschechoslowak. Jugendserie von Miloš Macourek und Václav Vorliček (»Kreček v noční košili«; 1988).
Die Geschwister Karl (Ondrej Regazzo) und Radim Berka (Marek Brodsky) und Radims Freundin Alice Hamster (Monika Effenbergerová) versuchen, die Erfindung eines Ökoautos zurückzugewinnen. Urgroßvater Berka (Jiří Sovák) hatte die Originalpläne des sich selbst antreibenden Autos vor langer Zeit angefertigt, Alice' Bruder Thomas (Martin Mejzlik) und Vater Hamster (Julius Satinsky), der Ingenieur, haben sie gestohlen und das Auto gebaut. Karl reist in Träume, in die Vergangenheit und in das Gehirn von Herrn Hamster. Das Abenteuer nahm seinen Anfang in einer Nacht, die Karl in Uropas Nachthemd verbrachte, wobei der ihm prompt im Traum begegnete.
Die 45 Minuten langen Folgen wurden sonntags ausgestrahlt und montags wiederholt. Später lief die Serie, anders geschnitten, auch in zehn Teilen.

HAMSTER-TV   SAT.1
1996. Tiershow mit Thomas Koschwitz.
Haustierbesitzer bringen ihre Tiere in die Show, damit sie dort Kunststückchen vorführen. Koschwitz interviewt die Herrchen und Frauchen (Koschwitz: »Was isst Ihre Maus?« Kandidatin: »Futter.«) und ruft zu kuriosen Aktionen auf (»Schreiben Sie uns, wenn Sie eine Ähnlichkeit mit Ihrem Tier haben.«). Oliver Kalkofe spottete in *Kalkofes Mattscheibe:* »Die Sendung ist Betrug! Außer Koschwitz kommt gar kein Hamster darin vor!«
Nach sechs Ausgaben sonntags um 18.00 Uhr stoppte Sat.1 den Tierversuch.

HAND AUFS HERZ   ARD
1961–1968. Interviewreihe mit Lovis H. Lorenz und »namhaften Persönlichkeiten unserer Zeit«.
Gesprächspartner waren z. B. der Direktor einer psychiatrischen Anstalt, der Chef einer Sektkellerei, Louis Ferdinand Prinz von Preußen und Robert Lembke. Die Reihe lief in loser Folge, meistens am Samstagnachmittag.

HAND AUFS HERZ   ZDF
1975. 9-tlg. Reihe mit Verkehrtipps im Vorabendprogramm. Joachim Fuchsberger moderierte.

HÄNDE – WERKE – KÜNSTE   ARD
1985–1992. Halbstündige Reportagereihe über Handwerk und Kunst.
Jede Folge befasste sich mit einem Schwerpunkthema, z. B. Kürschnerei, Teppichknüpfen, naive Malerei, geflochtenes Holz oder slowakische Hirtenkunst. 22 Folgen liefen in mehreren Staffeln sonntagmittags.

HANDELSBLATT TV   VOX
2000. Wöchentliches Finanzmagazin der gleichnamigen Wirtschaftszeitung mit Kerstin Graf. Die Sendung lief am späten Mittwochabend.

EINE HANDVOLL GOLD   ARD
1986. 8-tlg. austral.-frz. Kinder-Abenteuerserie von Graeme Farmer, Regie: Oscar Whitbread (»Golden Pennies«; 1986).
Die Einwanderer Luke (Bryan Marshall) und Rebecca Greenwood (Carol Drinkwater) ziehen Mitte des 19. Jh. mit ihren Kindern Lucy (Michaela Abay) und Jack (Tibi Kaman) aus England nach Australien, um im Goldgräberort Jericho ihr Glück zu machen. Die halbstündigen Folgen liefen am frühen Sonntagnachmittag.

HANK   ARD
1967–1969. 17-tlg. US-Comedyserie (»Hank«; 1965–1966).
Die Eltern von Hank Dearborn (Dick Kallman) sind bei einem Unfall ums Leben gekommen. Nun muss sich der Student Hank um seine kleine Schwester Tina (Katie Sweet) kümmern. Mit unterschiedlichen Ideen verdient Hank Geld, das Studium kann er sich jetzt nicht mehr leisten. Er schleicht sich jedoch immer wieder in verschiedenen Verkleidungen in die Uni und andere offizielle Veranstaltungen ein, wo er den Platz fehlender Studenten einnimmt. Dabei muss er aufpassen, dass ihm der Universitätsdirektor Dr. Lewis Royal (Howard St. John) nicht auf die Schliche kommt. Dessen Tochter Doris (Linda Foster) ist Hanks Freundin und Verbündete. An der Uni unterrichten noch Prof. McKillup (Lloyd Corrigan), Ossie Weiss (Dabbs Greer) und Miss Mittleman (Dorothy Neumann), die alle in Hanks Geheimnis eingeweiht sind.
Jede Folge war eine halbe Stunde lang.

HANNA BARBERA PARTY   RTL
1992–1994. Show für Kinder mit Metty Krings und Nicole Bierhoff.
Die Reihe entsprach zum größten Teil der US-Version »The Funtastic World Of Hanna-Barbera« (1985–1986). Darin wurden pro Show mehrere Zeichentrickserien aus den Studios von William Hanna und Joseph Barbera gezeigt, den Erfindern der *Familie Feuerstein.* Die Feuersteins persönlich kamen hier nicht vor, aber immerhin *Die Flintstone Kids,* außerdem z. B. *Jonny Quest, Yogi Bär* und *Spürnase Scooby-Doo.* Zwischen den Cartoons gab es Musik, Spiele, Nonsens oder Spiele mit Nonsens. Es traten Kinder gegen Erwachsene an, die Erwachsenen verloren, und einer von ihnen wurde auf dem Glibberstuhl mit Schleim überschüttet.

HANNI UND NANNI   KI.KA
2002. 26-tlg. jap. Zeichentrickserie (»Ochame na Futago/Twins of St. Claire's«; 1991–1995). Die Zwillinge Hanni und Nanni O'Sullivan müssen sich in ihrem neuen Internat St. Claire zurechtfinden.

Wenn *Hans Meiser* (rechts) eines Tages ein Denkmal bekommt, dann wird es ihn in dieser Pose zeigen. Und fragen Sie nicht, warum Hans Meiser ein Denkmal bekommen sollte.

HANS IM GLÜCK ARD

1987. 8-tlg. dt. Liebesserie, Regie: Frank Strecker. Hans Kroll (Horst Kummeth) hat Glück: Der Realschüler liebt die 25-jährige Bettina Steindl (Michaela May), sie ihn auch, und ihre getrennt lebenden Eltern Karl-Heinz (Dieter Kirchlechner) und Silvia (Ruth Maria Kubitschek) sind zudem reich. Nur Bettinas Ex-Verlobter Wilfried Peters (Sigmar Solbach) mag Hans nicht, aber egal. Hans schmeißt nach der Schule zum Missfallen seiner Eltern Werner (Edwin Marian) und Hilde (Luise Deschauer) zwei Jobs und übernimmt dann ein Bodybuildingstudio. Welch ein Glück. Toni (Udo Wachtveitl) ist Hans' bester Freund.

Das Ensemble war das genaue Gegenteil einer Schülertheatergruppe. Nicht weil alle so toll spielten. Aber im Schülertheater müssen die Darsteller glaubhaft Erwachsene mimen. In dieser Serie musste der Zuschauer glauben, der 30-jährige Horst Kummeth ginge noch zur Schule.

Die einstündigen Folgen liefen im regionalen Vorabendprogramm.

HANS IM GLÜCK AUS HERNE ZWEI ZDF

1983. 7-tlg. Problemserie von Renke Korn, Regie: Roland Gall. Der 16-jährige Hans Kolekta (Peter Danneberg) ist arbeitslos und findet keine Lehrstelle. Dieses Schicksal teilt er mit vielen anderen Jugendlichen im Ruhrgebiet.

Die Reihe aus der evangelischen Redaktion wurde mit vielen Laien gedreht. Die einzelnen Folgen waren 45 Minuten lang und liefen sonntags um 18.15 Uhr.

HANS MEISER RTL

1992–2001. Einstündige werktägliche Nachmittagstalkshow.

Hans Meiser, der sich als Anchorman der RTL-Nachrichten einen Namen als lockerer, aber halbwegs seriöser Moderator gemacht hatte, wagte als Erster in Deutschland eine tägliche Talkshow nach amerikanischen Vorbildern. Pate standen vor allem Phil Donahue und Oprah Winfrey. Fast alles an dem Format war für deutsche Fernsehzuschauer neu: die Platzierung am Nachmittag (16.00 Uhr), die tägliche Ausstrahlung, die Besetzung mit nichtprominenten Gästen, die Beteiligung des Publikums an der Diskussion – anfangs taten sich die Zuschauer sichtlich schwer damit, den wildfremden Menschen auf der Bühne ihre Meinung zu sagen. RTL selbst beschrieb *Hans Meiser* 1994 so: »Eine Sendung, in der Menschen zu Wort kommen, über die man sonst nicht redet.« So durften z. B. Klofrauen ihre schönsten Anekdoten erzählen.

Anders als seine sämtlichen Kollegen stand Meiser weder im Publikum, noch saß er bei den Gästen. Sein Platz war in einem Gang, der beide Gruppen voneinander trennte. Von dort eilte er gelegentlich ins Publikum, um Stimmen einzuholen. Der Moderator trat dabei betont schnoddrig auf (»Ja, nun sind wir also zum ersten Mal da«, sagte er zu Beginn der Premierensendung) und verlor häufiger den Faden, womit er gern kokettierte. Themen mit sexuellem Bezug kamen von Anfang an vor, dominierten aber nicht. Meiser betonte dabei häufig, dass man am Nachmittag natürlich nicht schlüpfrig sein dürfe, und tat das so oft, bis die Schlüpfrigkeit sich nicht mehr steigern ließ. Das einfache Verb »stehen« wurde in solchen Sendungen zu seinem beliebtesten Wort.

Andererseits besprach *Hans Meiser* viele ernsthafte Themen und führte Diskussionen, denen man den Anspruch anmerkte, zu informieren oder gar aufzuklären. Thema der ersten Sendung waren Partneragenturen; in den folgenden Tagen ging es u. a. um die Homo-Ehe, Wunderkinder, Überschuldung und minderjährige Mütter. Besondere Themen waren im Lauf der Jahre etwa 1992 »Stumme Schreie – Gewalt gegen Kinder«, 1997 »Ihr lasst uns doch verrecken – Obdachlos in Deutschland« und 2000 »Unbelehrbar?

NPD-Anhänger im Kreuzverhör«. Am 4. September 2000 sollte es in einer Ausgabe unter dem Titel »Albtraum Schönheit – Ausgenutzt und Abgezockt« um die Machenschaften des Schönheitschirurgen Dr. Spahn gehen. Obwohl diesem in Deutschland die Approbation entzogen worden war, schnippelte er im Ausland weiter. Im Publikum erwarteten ihn Kriminalbeamte, die ihn eine halbe Stunde vor der Live-Sendung verhafteten.

In der Sendung am 29. September 1999 mit dem Thema »Hans macht dich zum VIVA-Star« wurde Oliver Pocher entdeckt und erstaunlicherweise zum VIVA-Star gemacht.

Hans Meiser entwickelte sich mit bis zu 4,8 Millionen Zuschauern zu einem Riesenerfolg, den viele in den nachfolgenden Jahren vergeblich zu kopieren versuchten. Die hauptsächlich auf Sex und Streit ausgerichtete Konkurrenz hatte jedoch auch Einfluss auf Meisers Themenauswahl, was sich besonders beim Wettstreit um jüngeres Publikum auswirkte. Meiser konnte zwar auch noch mit zehn weiteren täglichen Talkshows als direkter oder indirekter Konkurrenz die höchsten Einschaltquoten verzeichnen, hatte aber leider auch mit die ältesten Zuschauer. In der 850. Sendung liefen in den Werbepausen Spots für Lefax (gegen Blähungen), Fagorotin (für bessere Durchblutung), Cystofink (gegen Reizblasen), ABC-Pflaster und Biovital. Gegen den Trend sollten Sendungen wie »Ich rede nicht viel, ich schlag gleich zu« und »Du bist doch bloß ein Flittchen« wirken. Später bereute Meiser öffentlich, den Weg der »Schmuddeltalkshows« mitgegangen zu sein.

1999 lieferte er sich allerdings noch eine öffentliche Diskussion, die ungefähr auf dem Niveau seiner damaligen Talkshows lag. Die Sendung »Großmaul trifft Gewitterhexe« war von der Bayerischen Landesmedienanstalt u. a. beanstandet worden, weil ein F-Wort nicht überpiepst worden war. Der Vorsitzende des Medienrats, Klaus Kopka, sagte öffentlich: »Was bei Hans Meiser läuft, ist unter aller Sau.« Meiser schrieb ihm einen Brief und warf ihm vor, sein Amt »zur Instrumentalisierung seiner ganz persönlichen geschmäcklerischen Moralvorstellungen« genutzt zu haben, und provozierte ihn u. a. mit einem Kopka-Button, den er in seiner Sendung am Revers trug. Als in einer Sendung ein Gast zu einer dicken Frau sagte, er könne sich nicht vorstellen, »mit einem so dicken Pansen ins Bett zu gehen«, griff Meiser ironisch ein: »... sonst muss ich ins Abendprogramm.«

Seiner Zeit voraus war *Hans Meiser* auch, als er zwei Sendungen mit erfundenen, von Laiendarstellern nachgespielten Geschichten ausstrahlte: Die eine wurde als Aprilscherz produziert, lief aber verwirrenderweise schon am 31. März 1999 (»Heute rechne ich mit Dir ab«), die andere wurde sechs Wochen später zum Muttertag gesendet. Das Thema lautete: »Mami, mit dir hab ich noch eine Rechnung offen«. In immer extremeren Situationen prügelten sich in diesen Sendungen Menschen auf der Bühne, Mütter gaben zu, mit ihren Schwiegersöhnen geschlafen zu haben und bewiesen dies durch Kenntnis des Intimschmucks. Erst am Schluss verriet Meiser, dass es sich um »Märchen« handelte. Die Quoten der beiden Fake-Sendungen waren bombig.

Anfang 2000 begannen die Quoten aller Daily Talks im Fernsehen zu bröckeln. RTL reduzierte die Zahl seiner fünf täglichen Talks und setzte *Birte Karalus* und *Sabrina* im Herbst 2000 ab. Nach acht Jahren auf dem Sendeplatz um 16.00 Uhr talkte Meiser ab jetzt bereits eine Stunde früher. Inzwischen waren auch seine Quoten drastisch zurückgegangen, und er sagte: »Ich bin nicht traurig, wenn ich diesen Job nicht mehr mache.« Es folgten noch Rettungsversuche durch mehr Live-Shows, die Zuschauern die Möglichkeit boten, direkt in der Sendung anzurufen (in den ersten Jahren war die Show noch regelmäßig live ausgestrahlt worden), sowie durch Versteckte-Kamera-Aktionen und allerlei halbgare Experimente. Doch ein halbes Jahr später war auch für Hans Meiser nach 1700 Talks Schluss. Die letzte Live-Sendung vom 17. Januar 2001 hatte das Thema »Was ist typisch deutsch?«. Als merkwürdiger Gag waren nur der Moderator und das Team angezogen, Gäste und Publikum trugen nichts als Unterwäsche. Die Diskussion war aber brav und sachlich.

HANS MEISER PRÄSENTIERT RTL

1993–1996. In loser Folge präsentierte Hans Meiser, meist an Feiertagen, meistens im Vorabendprogramm um 19.10 Uhr, Sondersendungen zu bestimmten Themen: Reportagen und Hintergrundberichte, darunter eine mehrteilige Reihe über den Magier David Copperfield und seine Tricks.

HANS ROSENTHAL STELLT VOR ZDF

1982–1983. Viermalige Talentshow, die Hans Rosenthal mit wechselnden Partnern moderierte.

In jeder Sendung debütierte ein anderer Prominenter als Quizmaster, auch die Kandidaten waren Prominente. In der dritten Folge z. B. versuchte sich Bernhard Brink als Moderator, in der vierten die Schlagersängerin Ingrid Peters. Die zu moderierende Show war immer ein anderes Quiz.

DIE HANSE ZDF

1982. 3-tlg. Historienreihe von Horst Günter Koch. Hans-Joachim Kulenkampff führt in unterhaltsamer Form durch die Geschichte der Handelsmacht des Mittelalters. Er ist dabei, wie schon aus *Einer wird gewinnen* bekannt, u. a. verkleidet in Spielszenen zu sehen.

Die einzelnen Teile waren 30 bis 45 Minuten lang und liefen an wechselnden Sendeplätzen.

HAPE TRIFFT RTL

Seit 2005. 90-minütige Samstagabendshow mit Hape Kerkeling und Gästen.

Kerkeling empfängt Prominente zum Plausch, lässt Musiker ihre Lieder singen, singt dabei aber mit und tritt in Einspielfilmen und im Studio in der Rolle verschiedener Kunstfiguren auf: als niederländische

Sextherapeutin Elfje van Dampen, als Grevenbroicher Enthüllungsjournalist Horst Schlämmer und als verklemmter Schwabe Siegfried Schwäbli mit übertrieben dicker Brille.
Im Prinzip übernahm die Show die Talk-, Musik- und Comedyelemente aus der *70er Show* und die Verkleidungsfilme seiner früheren Sendungen, jedoch ohne Hape Kerkeling dabei in ein enges Korsett zu zwängen.

HAPES HALBE STUNDE   SAT.1
2001. Halbstündige Comedyshow von und mit Hape Kerkeling.
Hape zeigte noch einmal seine berühmt gewordenen Klassiker wie seinen Auftritt als Königin Beatrix. Dazu kamen neues bzw. bisher nicht gezeigtes Material und als ständiger Studiogast Medienexpertin Frau Usenburger (Karin Schiek), die in Hapes früheren Sendungen gelegentlich eine Kaffeemaschine gewonnen hatte.
Die halbstündige Show lief sonntags nach 22.00 Uhr.

HAPPINESS   RTL
1997–1998. Comedyshow mit Markus Maria Profitlich, Dorkas Kiefer, Ralf Betz, Witta Krüger, Toks Körner und Thomas Nicolai in vielen kurzen Sketchen.
Ab Beginn der zweiten Staffel waren Betz, Körner und Nicolai nicht mehr dabei, Thorsten Feller kam neu hinzu. Die von Hugo Egon Balder produzierte Show sollte an den Erfolg von *RTL Samstag Nacht* anknüpfen. Weil das misslang, war nach 25 Folgen Schluss. Profitlich wurde wenig später als Star der *Wochenshow* und in seiner eigenen Sketchreihe *Mensch Markus* bekannt.
Die 45-Minuten-Show lief freitags um 23.15 Uhr.

HAPPY BIRTHDAY   ARD
1997–2001. 39-tlg. dt. Familienserie nach einer Idee von Witta Pohl.
Die verwitwete Marie Linnebrink (Witta Pohl) arbeitet im Krankenhaus Hambrück als Hebamme. Sie und Klinikchef Dr. Matthias Greese (Wolf Roth) werden ein Paar. Privat schlägt sie sich mit den Problemen ihres Sohnes Hannes (Olaf Hensel-Kirsch) herum, um dessen unehelichen Sohn Jupp (Maya Friedrichs; später: Oliver Kindler) sie sich mit der Hilfe ihres Schwagers Lorenz (Manfred Lehmann) und dessen Frau Barbara (Andrea Kathrin Loewig) kümmert. Als Tessy (Franziska Petri; ab Folge 14: Christiane Heinrich), die Mutter des Kindes, zu Hannes zurückkehrt, nehmen sie das Baby wieder bei sich auf. Gemeindepfarrer Martin Bramstedt (Gerhard Olschewski) tauft die Kinder, deren Geburt Marie betreut.
Zum Klinikpersonal gehören ferner Schwester Erika Holbruck (Daniela Hoffmann) und der intrigante Dr. Michael Wirtz (Chajim Koenigshofen), später kommt Verwaltungsdirektor Cürten (Hans Peter Korff) dazu. Greese stirbt, und Marie verwirklicht kurz darauf eine schon lange gehegte Idee: Sie eröffnet ihr eigenes Geburtshaus. Dort arbeiten fortan auch Erika und außerdem Dr. Caspar Lentz (Hans Peter Hallwachs). Erikas Kind Fiddi (Friederike Schülski) ist das erste Kind, das in Maries neuem Geburtshaus zur Welt gebracht wird. Der Vater des Kindes ist der Rettungssanitäter Hilmar (Jochen Schroeder), der Erika heiratet. Tessy wird später selbst Hebamme und verliebt sich in Bramstedts Sohn Berko (Sebastian Mirow).
Sagenhaft rührselige Kitschserie, in der Witta Pohl das Kunststück gelingt, noch aufopferungsvoller zu sein als Mutter Vera in *Diese Drombuschs*.
Drei Staffeln mit 50-Minuten-Episoden liefen erfolgreich dienstags um 20.15 Uhr.

HAPPY DAYS   SAT.1, KABEL 1
1985–1990 (Sat.1); 1992–1993 (Kabel 1). 246-tlg. US-Sitcom von Garry Marshall (»Happy Days«; 1974–1984).
Es sind die 50er-Jahre, die Ära des Rock 'n' Roll. Die Teenager Richie Cunningham (Ron Howard), Arthur »Fonzie« Fonzarelli (Henry Winkler), Warren »Potie« Weber (Anson Williams) und Ralph Malph (Danny Most) sind dicke Freunde. Der schüchterne Richie wohnt mit seiner Schwester Joanie (Erin Morgan) bei den Eltern Howard (Tom Bosley) und Marion (Marion Ross). Der obercoole Fonzie ist nicht nur Richies bester Freund, sondern auch sein Vorbild. Er zeigt Richie vor allem im Umgang mit Frauen, wo's langgeht. Joanie liiert sich mit Fonzies Cousin Chachi (Scott Baio), Richie kommt mit Lori Beth Allen (Lynda Goodfriend) zusammen. Später gehen Richie und Ralph zum Militär und verlassen die Stadt. Zur gleichen Zeit zieht Marions Neffe Roger Phillips (Ted McGinley) zu und wird Lehrer an der örtlichen High School.
Hauptdarsteller Ron Howard machte später Karriere als Regisseur erfolgreicher Kinofilme, darunter »Cocoon« (1985), »Willow« (1988), »Apollo 13« (1995) und »A Beautiful Mind« (2001). Co-Star Henry Winkler wurde Produzent etlicher Fernsehserien, darunter *MacGyver*. Ebenfalls im Kino erfolgreich wurde der Gastdarsteller Robin Williams, der seinen Durchbruch mit der Fernsehserie *Mork vom Ork* schaffte, einem Spin-off von *Happy Days*.
Die ersten 80 Folgen liefen über sechs Jahre verteilt auf Sat.1; Kabel 1 zeigte die restlichen 166 Folgen hintereinander weg täglich.

HAPPY FRIDAY   SAT.1
2004. Comedyshow mit Sketchen, Gästen und Musik und den Nachwuchskomikern Martina Hill, Jana Ibing, Martin Klempnow, Eray Egilmez, Frank Streffing und Mathias Schlung.
Mit der einstündigen Show verlängerte Sat.1 seinen recht erfolgreichen Comedy-Freitag, der bis dato um 21.15 Uhr mit halbstündigen Formaten begonnen hatte, um eine Stunde und ließ ihn jetzt schon um 20.15 Uhr anfangen. Sat.1 nannte *Happy Friday* deshalb »Deutschlands erste Primetime-Comedy«,

tatsächlich handelte es sich aber nur um einen verspäteten, dünnen Aufguss von *RTL Samstag Nacht.* Das ging verdientermaßen schief. Kurz nach dem ersten Durchlauf startete eine Wiederholung der 13 Folgen um 23.15 Uhr.

HAPPY HOLIDAY ARD
1993–1994. 26-tlg. dt. Urlaubsserie.
Tizia (Silvia Reize) leitet einen Ferienclub auf der griechischen Insel Kos. Ihre Kollegen sind Animateur Giancarlo (Claudio Caramaschi), Rezeptionistin Sylvia (Julia Heinemann), Sportlehrer Toni (Gregor Bloéb) und ihre eigene Tochter Babs (Christiane Schulz), die im Club jobbt. Tizia ist mit Nikos (Spiros Focas) befreundet, Sylvias Freund ist Gene (Bernhard Bettermann).
Die Sommer-Sonne-Strand-Show machte nach 13 Folgen nur ein halbes Jahr Pause, bevor es mit 13 neuen Folgen weiterging – in denen aber nichts mehr so war wie vorher. Der Club war nicht mehr auf Kos, und von den bisherigen Gesichtern war niemand mehr dabei. Ab Dezember 1993 befindet sich der Club auf Mallorca, und Markus (Gerd Silberbauer) ist der Chef. Seine Assistentin Vicky (Nicola Tiggeler) ist gleichzeitig seine Freundin. Auch seine Tochter Susi (Dorothea Schenck) arbeitet im Club. Die anderen Kollegen sind Tanja (Constanze Wetzel) und Oliver (Michael Fitz). Der Bildhauer Henrik (Winfried Glatzeder) umgarnt Vicky.
Die Serie lief im Vorabendprogramm.

HAPS DFF 1
1983–1990. »HAPS« steht für »Haushalts-Allerlei praktisch serviert«.
Das 25-minütige Ratgebermagazin mit Elke Bendin und Bernd Freitag bot Tipps, Tricks und Kniffe rund um Küche und Haushalt. Eine feste Rubrik darin: »Prominente kochen bei HAPS«. *HAPS* war der Nachfolger von *Unser Fernsehkoch empfiehlt.*
In einer Sendung kurz nach der Wende und kurz vor der Einstellung des Magazins war Max Inzinger zu Gast, um die Wiedervereinigung auch im Kochtopf nachzuvollziehen. Er erklärte den DFF-Zuschauern, wie man Kiwis isst.
HAPS lief insgesamt 89-mal einmal im Monat montags um 19.00 Uhr.

HARALD JUHNKE IN:
LEUTE WIE DU UND ICH ZDF
→ Leute wie du und ich

HARALD SCHMIDT ARD
Seit 2004. Comedyshow mit Harald Schmidt.
Was man an jemandem hat, merkt man erst, wenn er weg ist. Auf den Tag genau ein Jahr nach seiner letzten Sendung in Sat.1, ein Jahr, in dem die Medien nach seiner Rückkehr schrien, kehrte Harald Schmidt ins Fernsehen zurück und erreichte zur Premiere mit fünf Millionen Zuschauern die vierfache Einschaltquote seines alten Durchschnitts bei Sat.1. Selbst die bisherige Spitze (inklusive Primetime-Specials) verdoppelte er locker. Inhaltlich ist im Wesentlichen alles wie gehabt: Schmidt sitzt hinter einem Schreibtisch und redet gezielt unstrukturiert über aktuelle Ereignisse; Manuel Andrack sitzt hinter seinem eigenen Schreibtisch am Bühnenrand und gibt Stichworte. Es fehlen Bandleader Helmut Zerlett (die restliche Band ist noch dieselbe), Suzana, Werbepausen, der Begriff »Show« im Sendetitel und Talkgäste.
Schmidts teure Rückkehr zur ARD hatte wochenlang die Zeitungen beschäftigt. Nach jahrelangen Debatten um Sparzwang und Gebührenerhöhungen hatte die ARD angekündigt, fortan auf UEFA-Cup-Übertragungen zu verzichten, um sich Schmidt leisten zu können.
Zum Start lief die Sendung einmalig 45 Minuten lang an einem Donnerstag um 21.45 Uhr; seit Januar 2005 wird sie immer halbstündig mittwochs und donnerstags um 23.00 Uhr ausgestrahlt.

DIE HARALD SCHMIDT SHOW SAT.1
1995–2003. Late-Night-Show mit Harald Schmidt.
Die Harald Schmidt Show war anfangs eine noch perfektere Kopie der amerikanischen *Late Show with David Letterman* als die *RTL-Nachtshow mit Thomas Koschwitz,* entwickelte aber nach einiger Zeit ein erstaunliches Eigenleben. Jede Sendung begann mit einem Monolog und Einspielfilmen mit Gags zum aktuellen Tagesgeschehen. In der zweiten Hälfte der Show saß Schmidt hinter einem Schreibtisch und empfing prominente Gäste. Wie in jeder klassischen Late-Night-Show gab es auch eine Live-Band im Studio, die die Gags mit kurzen Tuschs begleitete und die Titelmusik spielte. Bandleader und gelegentlicher Comedyspielpartner war Helmut Zerlett.
Nach schwachem Start wurde die *Harald Schmidt Show* trotz weiterhin nur durchwachsener Einschaltquoten schon bald zur Institution. Highlights der frühen Jahre waren Comedyrubriken wie »Die dicken Kinder von Landau« oder »Die Weisheiten des Konfuzius«. In Letzterer gaben zwei asiatische Kellner deutsche Sprichwörter oder Schlagertexte zum Besten. Herr Li und Herr Wang arbeiteten in einem Restaurant neben dem Kölner Capitol, wo die Show bis Mitte 1998 aufgezeichnet wurde.
Weitere wiederkehrende Figuren waren der angeberische Reporter Kai Edel (Chefautor Peter Rütten), Schmidts Fahrer Üzgür, Frau Asenbaum, Vatta Theresa, die Handpuppen Bimmel und Bommel, die Begriffe zu einem Buchstaben aus dem »Alfabet« demonstrierten, am Ende aber immer beim »guten A« landeten, der imaginäre Co-Moderator Horst und der »Politiker« Dr. Udo Brömme (Gagautor Ralf Kabelka), der auf der Straße seine Botschaft »Zukunft ist gut für alle!« verkündete und sich sogar bis in den echten Bundestag einschleichen konnte. Die meisten dieser Figuren verschwanden nach einiger Zeit wieder, und neue kamen hinzu. Ein Glas Wasser auf seinem Tisch blieb, der dazugehörige Spruch »Ich sage Ja zu deutschem Wasser!« verschwand wie-

der, nicht ohne zuvor zum geflügelten Wort und auf T-Shirts gedruckt zu werden. Jeden Monat bestimmte Schmidt einen Prominenten als »Liebling des Monats«, dessen Foto dann seinen Schreibtisch zierte und als Witzvorlage diente.

Für Aufsehen sorgte in den ersten Jahren vor allem Schmidts Lust am kalkulierten Tabubruch. Jahrelang profilierte er sich mit Polenwitzen, gegen die u. a. deutsche Journalisten und Kulturschaffende in Polen protestierten. Genussvoll und zynisch spielte er im Kampf gegen sinkende Quoten den »Dirty Harry«, der Zoten reißt und frauenfeindliche Witze erzählt. Im Dezember 1995 zeigte er eine Ausgabe der Frauenzeitschrift »Emma«, Eierlikör, eine Kloschüssel und Bettina Böttinger und fragte: »Was haben diese vier Dinge gemeinsam? Das sind die vier Dinge, die kein Mann freiwillig anfassen würde.« In der Folge machte er immer neue gehässige Anspielungen auf die Homosexualität der Moderatorin. Sie kam schließlich in seine Show, sagte, dass sie das »sehr verletzt« habe, und ging vorzeitig wieder. Andererseits spielte Schmidt großartig mit Selbstironie, ließ z. B. die Post von einem »Letter-Man« bringen und den Weg vom Anfangs-Stand-up zu seinem Schreibtisch, während dessen große Teile der Zuschauer immer abschalteten, von einer Sat.1-Ansagerin mit der Bitte moderieren, nun nicht abzuschalten.

1998 trennte sich Schmidt im Streit von der bisherigen Produktionsfirma Brainpool (die schon die *RTL-Nachtshow mit Thomas Koschwitz* hergestellt hatte) und ließ die Show ab Sommer desselben Jahres von seiner Firma Bonito TV herstellen. Damit verbunden war der Umzug vom Capitol ins Studio 449 in Köln-Mülheim.

Ab 2000 stand auf der Bühne ein zweiter Schreibtisch, hinter dem Redaktionsleiter Manuel Andrack saß, mit dem sich Schmidt während der Sendung über Nietzsche, Kant, den Expressionismus und andere Bildungsbürgerthemen unterhielt. Oder auch über Fußball. Die Show hatte nach und nach eine neue Richtung bekommen, als Schmidt den »Dirty Harry« immer mehr durch einen konservativen Bildungsbürger ersetzte, aber den Klamauk fortführte. In einem Interview mit »TV Today« beschrieb er Anfang 2001 seine Sendung so: »Da erklärt einer Max Planck, und hinterher rennt einer nackt über die Bühne und wird mit Gummibärchen beworfen. Das ist etwas, worauf ich stolz bin, dass ich Stimmungsmacher Fips Asmussen und Schriftsteller Karl Ignaz Hennetmair in der Sendung haben kann.« Auch andere Mitglieder des Teams wurden vermehrt ins Bild gerückt, vor allem die Rezeptionistin Natalie Licard, die schon seit Jahren mit französischem Akzent den Vorspann sprach, und Suzana Novinscak, die eigentlich dafür zuständig war, die Papptafeln mit Schmidts Moderationstexten hochzuhalten.

Schmidt hatte am Revers seines Anzugs eine »Rinder-gegen-den-Wahnsinn-Schleife« in Form eines Kuhschwanzes angesteckt, um die Hysterie um BSE in Großbritannien zu karikieren. Die Schleife wurde im Fanshop verkauft und einer CD mit Musik aus der Show beigelegt. Schmidt trug sie über Jahre jeden Abend und machte auch kein großes Aufhebens um sie, als die BSE-Krise Anfang 2001 Deutschland erreichte. Im Herbst des gleichen Jahres erschien er plötzlich ohne die Schleife und verkündete: »BSE ist geheilt!«

Nach den Terroranschlägen in den USA am 11. September 2001 nahm Schmidt eine zweiwöchige Auszeit. Danach begannen seine Einschaltquoten stetig zu steigen. Im Lauf der nächsten zwei Jahre verbesserten sie sich von ca. einer auf eineinhalb Millionen Zuschauer, der Marktanteil bei den 14- bis 49-jährigen Zuschauern stieg auf für Sat.1 hervorragende 18 %. Harald Schmidt heimste nun unzählige Fernsehpreise ein, in manchen Monaten fast jede Woche einen. Zu den Auszeichnungen der Show gehörten der Grimme-Preis 1997 und der Deutsche Fernsehpreis 2000 (Beste Comedysendung/Beste Moderation Unterhaltung), 2001 (Beste Unterhaltungssendung/Beste Moderation Unterhaltung) und 2003 (Beste Comedysendung).

Die einstündige Late-Night-Show lief in der Anfangsphase für kurze Zeit fünfmal pro Woche, dienstags bis samstags nach 23.00 Uhr, dann sieben Jahre lang dienstags bis freitags (die Donnerstagsshow kam bis Ende 1996 eine Stunde später, weil Margarethe Schreinemakers für *Schreinemakers Live* einen Vertrag über eine dreistündige Sendezeit bis Mitternacht hatte).

Auf dem Höhepunkt seines Erfolgs führte Schmidt im Juni 2003 wieder eine fünfte wöchentliche Sendung ein, diesmal montags zur gewohnten Zeit um 23.15 Uhr. Am 18. September 2003 sendete *Die Harald Schmidt Show* um 20.15 Uhr ihr erstes Primetime-Special »Zu Gast auf Vater Rhein« vier Stunden lang vom Deck des Schiffs »MS Loreley«. Die Sendung floppte in jeder Hinsicht – aber egal: Schmidt hatte seit geraumer Zeit Narrenfreiheit genossen und konnte tun und lassen, was er wollte.

Am 4. Dezember 2003 wurde Sat.1-Chef Martin Hoffmann gefeuert, ein Freund und Förderer Schmidts, der ihm über Jahre diese Narrenfreiheit gewährt hatte. Schmidt bedauerte den Rauswurf am gleichen Abend in seiner Sendung, erklärte jedoch, er sei ja eine Mediennutte (»Wes Brot ich ess, des Lied ich sing«) und werde jetzt eben dem neuen Chef dienen. Vier Tage später zeigte sich, dass Schmidt nichts ferner liegt als das: Er gab bekannt, er werde seine Show im neuen Jahr nicht fortsetzen und wolle eine »kreative Pause« einlegen (auch dieser Ausdruck wurde zum geflügelten Wort). Die letzte reguläre Show am 23. Dezember 2003 (Folge 1374) erreichte die bis dahin höchste Einschaltquote. Sechs Tage später lief noch ein zweistündiges (schon lange vorher geplantes und aufgezeichnetes) Primetime-Special, das aufs Jahr zurückblickte, im Januar 2004 außerdem noch die im November aufgezeichnete Show »20 Jahre Sat.1«, die Schmidt und Andrack moderierten. Anfang 2004 wiederholte Sat.1 vier Wochen lang »die legendären Sendungen«.

Als Nachfolgerin von Schmidt präsentierte Sat.1 einige Wochen nach dessen Abschied Anke Engelke, die im Mai 2005 erstmals mit *Anke Late Night* auf Sendung ging und an der unerfüllbaren Aufgabe scheiterte. Schmidt trat mehrmals mit Bühnenversionen seiner Show auf und kehrte Ende des Jahres zurück zur ARD, wo seine Sendung schlicht *Harald Schmidt* heißt.

HARALD UND EDDI ARD
1987–1990. Comedyshow mit Harald Juhnke und Eddi Arent.
In der Show wurden ohne Unterbrechung viele kurze gedrehte Sketche gezeigt, in denen Harald und Eddi in verschiedenen Verkleidungen die Hauptrollen spielten und unterschiedliche Gastschauspieler mitwirkten.
Die halbstündige Reihe lief staffelweise montags um 21.00 Uhr und brachte es insgesamt auf 24 Folgen. 2002 wurden einige Folgen unter dem Reihentitel *Comedy Classics* wiederholt.

HARD'N'HEAVY TELE 5
1986–1990. Musikshow mit Annette Hopfenmüller.
Ihr Name klang nach Volksmusik und *Im Krug zum grünen Kranze,* doch Frau Hopfenmüller präsentierte jeden Mittwochnachmittag Heavy-Metal-Hits.

HARDBALL SAT.1
1990–1991. 18-tlg. US-Actionserie (»Hardball«; 1989–1990).
Charlie Battles (John Ashton) ist ein schlecht gelaunter Einzelgänger, der kurz genug vor der Pensionierung steht, um nun überhaupt keine Kompromisse mehr einzugehen. Joe »Kaz« Kaczierowski (Richard Tyson) ist ein cooler, entspannter junger Modeltyp mit Motorrad, der das Leben zu genießen weiß. Natürlich hassen sie sich, als sie sich das erste Mal treffen, um zusammen ein Team bei der Polizei von Los Angeles zu bilden. Und natürlich lernen sie sich nach und nach schätzen, würden das jedoch nie zugeben.
Die x-te Variation des Themas Zwei-Bullen-die-nicht-zueinander-passen, nicht ohne Witz, aber deutlich sichtbar nach Schema F konzipiert.
Sat.1 zeigte 17 einstündige Folgen freitags zur Primetime, eine einzelne ausgelassene Folge lief drei Jahre später auf Pro Sieben nach der Wiederholung der anderen Folgen.

HARDCASTLE & MCCORMICK SAT.1, PRO SIEBEN
1988–1989 (Sat.1); 1990 (Pro Sieben). 67-tlg. US-Krimiserie von Stephen J. Cannell und Patrick Hasburgh (*Hardcastle & McCormick;* 1983–1986).
Milton C. Hardcastle (Brian Keith) war ein harter, aber gerechter Richter, der nun im Ruhestand ist. Trotzdem kämpft er noch immer für Gerechtigkeit und jagt Verbrecher, die ihrer gerechten Strafe bisher entgehen konnten. Dazu hat er sich mit dem ehemaligen Rennfahrer Mark McCormick (Daniel Hugh-Kelly) zusammengetan, der kurz vor Hardcastles Pensionierung als Angeklagter vor Gericht stand und von Hardcastle freigesprochen wurde.
Die ersten 43 Folgen zeigte Sat.1 zur Primetime, die weiteren Episoden waren auf Pro Sieben zu sehen. Jede Folge war eine Stunde lang.

HARDY BOYS SUPER RTL
1996. 13-tlg. kanad. Jugendserie (»The Hardy Boys«; 1995). Die Brüder Joe (Paul Popowich) und Frank Hardy (Colin Gray) klären geheimnisvolle Kriminalfälle auf.
Die Serie basierte auf einer erfolgreichen Jugendbuchreihe von Edward Stratemeyer, die er seit 1927 unter dem Pseudonym Franklin W. Dixon geschrieben hatte. Sie war bereits mehrfach verfilmt worden. Unter dem Pseudonym Carolyn Keene hatte Stratemeyer auch *Nancy Drew* geschaffen.
Jede Folge dauerte 25 Minuten.

HARLEM HIP-HOP ARD
1995. 21-tlg. US-Sitcom (»Where I Live«; 1993).
Der 17-jährige Doug St. Martin (Doug E. Doug) hängt mit seinen Freunden Reggie Coltrane (Flex) und Malcolm (Shaun Baker) auf einer Treppe in Harlem rum und quatscht über das Leben. Doug wohnt mit seiner Schwester Sharon (Yunoka Doyle) bei seinen Eltern James (Sullivan Walker) und Marie (Lorraine Toussaint). Kwanzie (Jason Bose Smith) wohnt in der Nachbarschaft.
Lief erst donnerstags, dann freitags um Mitternacht.

HARRIGAN UND SOHN ARD
1967. 13-tlg. US-Sitcom (»Harrigan And Son«; 1960–1961).
James Harrigan Senior (Pat O'Brien) weiß, wie man als Anwalt arbeitet. Schließlich übt er diesen Beruf seit Jahrzehnten mit allen dazugehörenden Tricks und Kniffen aus. Sein Sohn James Harrigan Junior (Roger Perry) weiß ebenfalls, wie man als Anwalt arbeitet. Schließlich hat er's gerade auf der Uni gelernt, und zwar mit allen Regeln, die man streng einhalten soll. Als der Alte den Jungen in seine Kanzlei aufnimmt, prallen nicht nur ihre unterschiedlichen Herangehensweisen aufeinander, sondern auch die ihrer Sekretärinnen. Die des Vaters heißt Gipsy (Gerogine Darcy) und ist wild und aufbrausend, die des Sohnes heißt Miss Claridge (Helen Kleeb) und ist unauffällig und korrekt.
Die halbstündigen Folgen liefen im regionalen Vorabendprogramm.

HARRY-O BR, PRO SIEBEN, KABEL 1
1978 (BR); 1990 (Pro Sieben); 1994 (Kabel 1). 44-tlg. US-Krimiserie von Howard Rodman (»Harry O«; 1974–1976).
Nachdem er bei einem Einsatz angeschossen wurde, beendet der Polizist Harry Orwell (David Janssen) den Dienst und wird Privatdetektiv. Er arbeitet jedoch noch oft mit den Polizisten Manny Quinlan (Henry Darrow), K. C. Trench (Anthony Zerbe) und Don Roberts (Paul Tulley) zusammen.

Die bundesweite Erstausstrahlung der einstündigen Folgen fand überwiegend bei Pro Sieben statt, ein paar Episoden reichte Kabel 1 später nach. Zwölf Jahre vor der Pro-Sieben-Ausstrahlung waren 26 Folgen bereits regional in mehreren Dritten Programmen gelaufen. Der Serie waren zwei Fernsehfilme vorausgegangen, einer davon lief 1994 im ZDF.

HARRY UND DIE HENDERSONS   RTL
1992–1994. 72-tlg. US-Sitcom von Lin Oliver und Alan Moskowitz (»Harry And The Hendersons«; 1991–1993).

Ein Hauch von *ALF* weht durch das Leben der Familie Henderson, als sie im Wald einen mehr als zwei Meter großen Bigfoot anfahren und mit nach Hause nehmen. Denn natürlich darf niemand wissen, dass Harry, wie sie das haarige Fabelwesen taufen, bei ihnen lebt. Sonst nähmen ihn nämlich die Behörden in Gewahrsam. So weihen George (Bruce Davison), seine Frau Nancy (Molly Cheek), Sohn Ernie (Zachary Bostrom), der sich sofort mit Harry anfreundet, und Tochter Sarah (Carol-Ann Plante) lediglich den Biologen Walter Potter (David Coburn) und die Fernsehreporterin Samantha Glick (Gigi Rice) in das Geheimnis ein. Sie wohnt mit ihrer Tochter Tiffany (Cassie Cole) gleich nebenan und muss versprechen, es für sich zu behalten. (Diese drei sind nur in der ersten Staffel dabei.) In der zweiten Staffel zieht Nancys Bruder Bret Douglas (Noah Blake) bei den Hendersons ein. Harry spricht nicht, benimmt sich aber sonst in vielerlei Hinsicht ziemlich menschlich. In der dritten Staffel wird seine Existenz plötzlich bekannt und Harry eine Berühmtheit, aus der Bret fortan Kapital zu schlagen versucht.

Die Serie basierte auf dem rührenden Kinofilm »Bigfoot und die Hendersons« von 1987. Wie im Film steckte auch in der Serie zunächst der 2,18 Meter große Schauspieler Kevin Peter Hall im Harry-Kostüm. Hall starb im April 1991, nachdem er sich bei einer Bluttransfusion mit HIV infiziert hatte. Dawan Scott übernahm den Part, ihn ersetzte in der dritten Staffel Brian Steele.

Die Serie lief samstags mittags.

HARRY UND SUNNY   ARD
1993. 13-tlg. dt. Familienserie von Krystian Martinek und Neithardt Riedel, Regie: Dietrich Haugk.

Harry Waldeck (Harald Juhnke) ist ein heruntergekommener Reporter, der mal für so etwas wie den »Stern« gearbeitet hat und nun für das Boulevardblatt »Berliner Telegraf« schreiben muss. Er freundet sich mit der Straßengöre Sunny (Nadja Goldhorn) an, die in einem Kinderheim wohnt und ihn bestiehlt. Er bemüht sich sehr, sie zu adoptieren. Auch Sunny wünscht sich das und reißt regelmäßig aus dem Heim aus, um bei Harry zu sein, der in einem Hotel wohnt. Harrys Freundin Lilly (Anita Kupsch) und seine Ex-Freundin Rita (Hannelore Elsner), die jetzt mit Hellmuth Brentler (Ezard Haußmann) verheiratet ist, unterstützen das Vorhaben. Bei seinen dienstlichen Einsätzen ist Harry stets mit dem Fotografen Gottlieb Schneider (Guntbert Warns) unterwegs. Walter Budkowski (Eberhard Feik) ist der Chefredakteur. Immer mal wieder muss Harry Spielschulden seiner Tante Alwine Waldeck (Eva-Maria Meinecke) bezahlen, die in einer Villa lebt. Frau Koller (Dagmar Biener) ist die Leiterin des Kinderheims, Herr Bachmann (Veit Stübner) Sunnys Vormund und Steffi (Corinna Landgraf) ihre Freundin.

Die Serie hatte Humor, litt aber unter den seit Chaplins »Kid« dutzendfach gesehenen Klischees, wenn ein gestandener Mann sein Herz an ein armes Straßenkind verliert.

Die Folgen waren 45 Minuten lang und liefen dienstags um 20.15 Uhr.

HARRYS GIRLS   ARD
1966. 12-tlg. US-Sitcom (»Harry's Girls«; 1963–1964).

Harry Burns (Larry Blyden) ist ein Varietékünstler, dessen Show zu lahm ist, um in den USA zu funktionieren. Für Europa ist sie aber offenbar gut genug. Auf seiner Tournee begleiten ihn drei Tänzerinnen, die zu seinem Programm gehören: die naive Lois (Dawn Nickerson), die gutgläubige Rusti (Susan Silo) und die anspruchsvolle Terry (Diahn Williams). Harry muss die Auftritte organisieren und sich um die Mädels kümmern.

Die halbstündigen Folgen der Serie, die lose auf dem Film »Die Girls« mit Gene Kelly basierte, liefen im regionalen Vorabendprogramm.

HARRYS NEST   ARD, SUPER RTL
1993 (ARD); 1995–1997 (Super RTL). 146-tlg. US-Sitcom von Susan Harris (»Empty Nest«; 1988–1995).

Der Witwer Harry Weston (Richard Mulligan) arbeitet als Kinderarzt in einer Klinik in Miami, die resolute LaVerne Todd (Park Overall) ist seine Sprechstundenhilfe. Harry lebt mit seinem Hund Dreyfuss zusammen, seine erwachsenen Töchter Carol (Dinah Manoff), die geschiedenen ist, und die Polizistin Barbara (Kristy McNichol) hängen auch noch an Papas Rockzipfel. Harrys Nachbar ist der aufdringliche Charley Dietz (David Leisure).

Die nette Familiencomedy war ein Ableger der *Golden Girls*, deren Nachbar Harry Weston war. Nach dem Ende der *Golden Girls* spielte Estelle Getty ihre Rolle als Sophia Petrillo in *Harrys Nest* weiter.

Die ARD zeigte drei Folgen erfolglos montags um 21.45 Uhr und 43 weitere später zweimal wöchentlich um 17.15 Uhr. Die restlichen 100 Folgen liefen im Abendprogramm auf Super RTL.

HARRYS WUNDERSAMES
STRAFGERICHT   SAT.1, PRO SIEBEN, KABEL 1
1988 (Sat.1); 1989–1992 (Pro Sieben); 1992–1993 (Kabel 1). 193-tlg. US-Sitcom (»Night Court«; 1984–1992).

Ein Nachtgericht in Manhattan urteilt über Angeklagte und zieht pro Nacht mehrere Fälle durch.

Zum durchweg etwas merkwürdigen Personal gehören Richter Harry T. Stone (Harry Anderson), Staatsanwalt Dan Fielding (John Larroquette), ein Frauenheld, der bullige Gerichtsdiener Nostradamus »Bull« Shannon (Richard Moll), Mac Robinson (Charles Robinson) und Roz Russell (Marsha Warfield), beide ebenfalls Gerichtsdiener, die Pflichtverteidigerin Christine Sullivan (Markie Post) sowie der unglückliche Sicherheitsbeamte Art (Mike Finneran).
27 Folgen liefen in Sat.1 am Vorabend. 127 neue Folgen zeigte Pro Sieben auf verschiedenen Sendeplätzen, lange Zeit samstags um 19.45 Uhr. Die letzten 39 Folgen liefen bei Kabel 1.

HART ABER FAIR – DAS REIZTHEMA   WDR
Seit 2001. Wöchentliches Talkmagazin mit Frank Plasberg und prominenten Gästen.
Eingeladen werden hauptsächlich Politiker, die über aktuelle Themen diskutieren. Einspielfilme und Reportagen erklären Hintergründe, Zuschauer können per Telefon Fragen stellen.
Die Sendung erwarb sich innerhalb kurzer Zeit den guten Ruf, nicht nur die üblichen Sprechblasen zu produzieren, und wurde 2003 mit dem Deutschen Fernsehpreis als beste Informationssendung ausgezeichnet.
Das 90-minütige Magazin wird am Mittwochabend zur Primetime ausgestrahlt.

HART ABER HERZLICH   ARD
1983–1985 (ARD); 1990–1991 (Pro Sieben). 110-tlg. US-Krimiserie von Sidney Sheldon (»Hart To Hart«; 1979–1984).
»Das ist mein Boss. Jonathan Hart. Ein Selfmade-Millionär. Der hat Nerven. Das ist Mrs. Hart. Eine traumhafte Frau. Einfach toll. Übrigens: Ich heiße Max. Ich kümmere mich um die beiden, und das ist gar nicht so einfach, denn ihr Hobby ist mörderisch.«
Der reiche Industrielle Jonathan Hart (Robert Wagner) ist Chef von Hart Industries, seine Frau Jennifer Hart (Stefanie Powers) arbeitet als Journalistin. Das merkt man den beiden aber nicht an, denn die meiste Zeit stecken sie ihre Nasen in mysteriöse Verbrechen, in die sie durch Zufall hineinstolpern. Jennifer: »Sollten wir diese Sache nicht dem Mann von der Regierung überlassen?« Jonathan: »Es gefällt mir nicht, wie der das macht.« So schnüffeln sie im Nobelviertel Beverly Hills oder sonst wo auf der Welt herum. Es kommt bei jedem Fall zu mindestens einer Schlägerei, außerdem zu einer Verfolgung, bei der auf die Harts geschossen, aber nie jemand getroffen wird, und am Ende weiß man zwar nicht immer ganz genau, worum es eigentlich ging, aber die Bösen werden immer gestellt. Ihr Butler und Chauffeur Max (Lionel Stander), dessen tiefe, raue Stimme den Vorspann spricht, umsorgt die Harts, bewirtet sie mit dem, was Jennifer kocht, hilft bei Bedarf bei den Ermittlungen aus oder recherchiert am Telefon und kümmert sich um den kleinen Hund Friedwart. Jonathan und Jennifer sind noch immer ineinander verliebt und flirten wie am ersten Tag. Sicherlich eine der unspannendsten Krimiserien überhaupt, denn die meisten potenziell spannenden Momente wurden gezielt durch Komik oder Slapstick ihrer Dramatik beraubt. *Hart aber herzlich* war witzig, romantisch, kurios und eine der wenigen US-Serien, von denen die ARD nicht nur die sonst üblichen 13, sondern immerhin ganze 90 Folgen zeigte. Sie waren jeweils eine Stunde lang und liefen erfolgreich am Vorabend. Lediglich 20 Folgen wurden ausgelassen, diese wurden später von Pro Sieben ausgestrahlt. Ab 1993 entstanden mehrere Fernsehfilme von *Hart aber herzlich*, die in Deutschland von RTL und Pro Sieben gezeigt wurden. Im US-Original hieß der Hund nach der Straße, an der die Harts ihn gefunden hatten, »Freeway«.
Ausführende Produzenten waren Aaron Spelling und Leonard Goldberg.

HART AN DER GRENZE   ARD
1996. 7-tlg. dt. Problemserie.
Die Teenager Michael (Julian Wagner), Alexandra (Christina Dier) und François (Loïc Colin) machen Ferien auf dem Bauernhof und müssen sich in den wenigen Wochen mit verschuldeten Eltern, hochgiftigem Industriemüll, Fischsterben und einer Lebensmittelvergiftung auseinander setzen, aber wenigstens auch mit für Teenager ganz normalen Problemen: Liebe, Eifersucht und dämliche Mutproben. Den Umweltskandal decken sie natürlich auf.
Die halbstündigen Folgen liefen sonntags mittags. Der Sendetitel bezog sich vermutlich auf die Glaubwürdigkeit der Serie.

HART AUF HART   ARD
1958. Monatliches Ratespiel mit Guido Baumann.
Kandidaten müssen einen geheimnisvollen Gegenstand erraten. Und mehr passiert auch wirklich nicht. Der Gegenstand wird gezeigt, dann steht ein Kandidat nach dem anderen auf und gibt einen Tipp ab. Das geht so lange weiter, bis jemand das Rätsel geknackt hat. Und wenn nicht, dann wird es eben am Ende der Sendung auch nicht aufgelöst, sondern beim nächsten Mal weitergeraten. Wann und wo diese Sendung stattfindet, wird natürlich nicht verraten. Der Moderator redet und redet und trägt eine dunkle Sonnenbrille, um zusätzlich geheimnisvoll zu wirken.
Dieser Moderator hatte nichts mit dem gleichnamigen Ratefuchs aus *Was bin ich?* zu tun. Das Geheimnisvollste an der Show war, dass dieser langweilige Quatsch ganze sechs Sendungen überlebte, bevor er mangels Interesse und nach Beschwerden des Programmbeirats abgesetzt wurde.

HART AUF HART   ARD
1982. 8-tlg. US-Sitcom von Arne Sultan und Chris Hayward (»Nobody's Perfect«; 1980).
Durch ein Austauschprogramm kommt der englische, sehr englische Scotland-Yard-Polizist Roger Hart (Ron Moody) zur Polizei nach San Francisco –

ein Außerirdischer hätte nicht fremder gewirkt. Er beeindruckt die Kollegen außer durch die fremde Kultur vor allem durch ungeahnte Grade an Ungeschicklichkeit und schafft es, einen Selbstmörder, den er von der Golden-Gate-Brücke retten soll, so zu überraschen, dass er versehentlich springt. Seine Partnerin ist die junge Polizistin Jennifer Dempsey (Cassie Yates), sein Vorgesetzter Lieutenant Vince DeGennaro (Michael Durrell).

Die halbstündigen Folgen der erfolglosen Sitcom liefen im regionalen Vorabendprogramm. RTL wiederholte sie unter dem Titel *Niemand ist perfekt*.

HART & HEFTIG SAT.1
2002. Comedyshow mit Jürgen von der Lippe, in der er die Grenzen des guten Geschmacks neu definieren wollte. Dazu lud er Komiker ein, die durch ihren provokanten Humor aufgefallen waren.

Zwei Folgen liefen in größerem Abstand, dann wurde das Ende der Reihe neu definiert.

HARTE FÄLLE IN ZARTEN HÄNDEN DFF
1986. 7-tlg. brit. Krimiserie nach den Romanen von Antonia Fraser (»Jemima Shore Investigates«; 1983).

Die adlige Fernsehmoderatorin Jemima Shore (Patricia Hodge) klärt Kriminalfälle in der englischen Oberschicht auf. Die Folgen dauerten 50 Minuten.

DIE HARTE SCHULE DER 50ER JAHRE ZDF
2005. 4-tlg. Reality-Doku-Soap.

24 Schülerinnen und Schüler werden wie in den 50er-Jahren unterrichtet, als Ordnung, Disziplin, Drill und Notendruck herrschten und schwache Pisa-Ergebnisse noch kein Thema waren.

Die Serie basierte auf dem britischen Format »That'll Teach 'Em«. Die 50-minütigen Folgen liefen donnerstags um 19.25 Uhr.

HÄRTE 10 ARD
1974–1975. 5-tlg. dt. Diamantensaga von Peter Berneis und Karl Heinz Willschrei, Regie: Gordon Flemyng.

Die Diamantenschmugglerin Nadine Mercier (Olga Georges-Picot) wird von ihrem Freund Abdul Carraco (Arthur Brauss) verraten und möchte daraufhin aus dem schmutzigen Geschäft aussteigen. Sie verliebt sich in den Industriellen Martin Melchior (Wolfgang Kieling), geht mit ihm von Südafrika nach Deutschland und heiratet ihn. Sie stellt jedoch bald fest, dass auch er krumme Geschäfte mit Diamanten macht, und zieht zurück nach Südafrika. Dort lernt sie den Diamantenmogul Sir Harold Ames (Jeremy Kemp) kennen, findet in Piet van Straaten (Horst Janson) eine neue Liebe und legt sich eine eigene Diamantenminc zu.

Jeder Teil hatte Spielfilmlänge.

DER HASE CÄSAR ARD
1966–1967. Sendereihe für Kinder mit dem Hasen Cäsar.

Cäsar ist eine braune Klappmaulpuppe mit weißem Bauch, großen Augen, langen Nagezähnen und noch längeren schlappernden Schlappohren. Cäsar ist frech, laut Selbstauskunft »muuuuutig!« und extrem neugierig. In jeder Folge will Cäsar einen neuen Beruf ergreifen oder etwas erleben und informiert sich, was man denn dafür tun muss. Profis zeigen ihm, wie's geht. So geht er zur Schule, wird Fernsehansager oder lernt den Schlager »Eine Lederhose braucht keine Hosenträger«.

Die Cäsar-Puppe wurde von Anni Arndt vom Puppentheater Hohnsteiner in Hamburg gebaut und von Wolfgang Buresch gesprochen. Eigentlich war sie für ein Puppenspiel für Erwachsene, »Undine«, entstanden. Ihren ersten Auftritt im Kinderprogramm hatte sie in einer Ausgabe der Reihe *Märchenraten mit Kasper und René*. Der Hase Cäsar wurde eine der bekanntesten Figuren im Kinderprogramm und tauchte über Jahrzehnte auch in etlichen anderen Sendungen auf, so in *Schlager für Schlappohren, Spaß muss sein, Spaß am Dienstag* und *Zwei alte Hasen entdecken Neues*. Zwischendurch legte er sich einen Ehrendoktortitel zu und wurde *Dr. h.c. Cäsar*.

Sechs halbstündige Folgen dieser ersten Reihe wurden in loser Folge ausgestrahlt.

HAST DU TÖNE? VOX
1999–2001. »Das schnellste Musikquiz der Welt«. Tägliche Gameshow mit Matthias Opdenhövel nach der Idee von *Erkennen Sie die Melodie?*.

Die Studioband Sox Machine (später: die Band Tönlein brillant) spielt Hits an, die die drei Kandidaten erkennen müssen. Basiert, wie auch schon die frühere deutsche Version, auf dem Format »Name that Tune«, das 1953 zum ersten Mal in den USA lief. Das Spiel dauerte anfangs eine halbe Stunde und begann um 19.40 Uhr. Anfang April 2000 wurde die Sendezeit verdoppelt und der Beginn auf 19.10 Uhr vorgezogen.

HAST DU WORTE ARD
1992. Einstündige Vorabendspielshow mit Jürgen von der Lippe.

Jeweils vier Kandidatenpaare treten in drei Spielrunden gegeneinander an. In Pantomimen und Improvisationen müssen sie schlagfertig sein und kombinieren können, außerdem bei der »Wortmaschine« aus einem Buchstabenwirrwarr sinnvolle Wörter und Sätze bilden. Die Gewinner reisen nach Las Vegas. 20 Folgen liefen freitags um 18.45 Uhr.

HAST DU WORTE SAT.1
1996–1999. Halbstündige Vormittagsgameshow mit Jörg Pilawa, ab Januar 1998 mit Thomas Koschwitz.

Das Format beruhte, wie Dieter Thomas Hecks frühere ZDF-Show *Die Pyramide*, auf dem amerikanischen Format »The $10.000 Pyramid«: Vier Kandidaten spielen in zwei Zweierteams gegeneinander. Einer aus dem Team muss dem anderen möglichst viele Begriffe in einer vorgegeben Zeit mit Worten und

Heinz Maegerlein in *Hätten Sie's gewusst*. Heute ganz klar zu beantworten: Nein. Hohe Intelligenz und eine enorme Auffassungsgabe waren schon erforderlich, um überhaupt die Spielregeln zu verstehen. Von der Beantwortung der Fragen ganz zu schweigen.

Gesten umschreiben, ohne Teile des Begriffs zu nennen. In der Schlussrunde darf man nicht einmal mit Gesten nachhelfen und wird deshalb angegurtet.
Hast du Worte war eine der ersten Shows in Deutschland, die konsequent industriell hergestellt wurden, d. h. kostengünstig am Fließband. Sechs Sendungen wurden täglich aufgezeichnet: ein Rekord.

HAT SQUAD   RTL 2
1994. 13-tlg. US-Krimiserie von Stephen J. Cannell (»Hat Squad«; 1992–1993).
Die »Hut-Truppe«? In Deutschland würde schon wegen des albernen Namens keiner auf die Idee kommen, sich durch das Tragen von Filzhüten, Anzügen und langen Mänteln von anderen Polizisten zu unterscheiden, aber »Hat Squad« klingt natürlich supercool. Und wenn man den Hintergrund kennt, ist es auch kein bisschen abwegig, dass drei junge Männer, die als Kinder von dem Polizisten Mike Ragland (James Tolkan) und seiner Frau Kitty (Shirley Douglas) adoptiert wurden, allesamt Polizisten in Los Angeles werden, gemeinsam eine von – genau! – ihrem Adoptivvater geführte Sondertruppe formen und die schlimmsten Verbrecher gnadenlos in exakt der Verkleidung jagen, die eine reale Eliteeinheit der Polizei dort ein halbes Jahrhundert vorher trug. Und seitdem sind der unbeherrschte Latino Rafael »Raffi« Martinez (Nestor Serrano), der mit ihm um Ruhm und Frauen rivalisierende Buddy Capatosa (Don Michael Paul) und der vergleichsweise schüchterne Matt Matheson (Billy Warlock) bekannt als die taffen Polizeibrüder mit den Filzhüten.
Nach einem Pilotfilm am Sonntag zur Primetime liefen die einstündigen Folgen am späten Montagabend.

HÄTTEN SIE HEUT' ZEIT FÜR MICH?   ZDF
1972–1978. Personalityshow mit Michael Schanze.

Die Show mischte Musik und Sketche, und an fast allem nahm Schanze teil. Er moderierte, sang und spielte mit prominenten Gästen lustige Szenen. Meist stand die jeweilige Sendung unter einem bestimmten Oberthema, mit dem alle Lieder und Comedyeinlagen zu tun hatten. Neben Schanze wirkten regelmäßig Ernst H. Hilbich und Christiane Rücker mit, die in parodistischen Werbespots zu sehen waren, sowie das ZDF-Ballett und eine Bigband. Am 23. November 1978 zeigte das ZDF einen Zusammenschnitt aus den zwölf Sendungen unter dem Titel »Viele hatten Zeit für mich«.
Eigentlich war Roy Black als Gastgeber für diese neue Show vorgesehen, sagte jedoch kurzfristig ab. Der spontan eingebrachte Schanze konnte deshalb gleich in seiner ersten großen Fernsehsendung die ganze Bandbreite seines Talents zeigen und wurde auf Anhieb zum Star.
Die 90-minütige Show lief zweimal jährlich samstags um 20.15 Uhr.

HÄTTEN SIE HEUT' ZEIT FÜR UNS?   ZDF
1979–1984. Große Abendshow mit Michael Schanze, in der Nachwuchskünstler auftraten.
Der Titel war an Schanzes vorangegangene Erfolgsshow *Hätten Sie heut' Zeit für mich?* angelehnt. Die neue Reihe brachte es auf fünf Ausgaben, die einmal im Jahr liefen.

HÄTTEN SIE'S GEWUSST?   ARD
1958–1969. Quiz mit Heinz Maegerlein.
Zwei Kandidaten spielen gegeneinander. Wie beim Kartenspiel »17 und 4« bzw. »Blackjack« ist das Ziel, als Erster 21 Punkte zu erreichen. Dazu müssen Wissensfragen beantwortet werden, die je nach Schwierigkeitsgrad minimal einen, maximal elf Punkte wert sind. Aus den verschiedenen Kategorien (Pflanzenkunde, Oper, Fremdwörter, Geflügelte Worte,

Was man weiß – was man wissen sollte, Spielfilm, Geschichte, Malerei, Tierleben, Sagen der Völker) darf zunächst jeder Kandidat eine Kategorie wählen, zu der dann beide eine Frage gestellt bekommen. Anschließend werden die anderen Kategorien durchgefragt. Jeder Kandidat erfährt vor jeder Frage die Kategorie und wählt einen Schwierigkeitsgrad und damit eine Punktzahl, die bei richtiger Antwort gutgeschrieben und bei falscher abgezogen wird. Assistenten kommen dann und wechseln die Anzeigetäfelchen mit dem Punktestand aus.

Die Kandidaten dürfen um Bedenkzeit bitten, jedoch nicht, wenn es zur Frage bereits eine Film- oder Toneinspielung gegeben hat, denn das musste dann als Bedenkzeit wirklich reichen. Wählen beide in der gleichen Kategorie den gleichen Schwierigkeitsgrad, wird dieselbe Frage zweimal gestellt. Die Kandidaten sitzen in schalldichten Kabinen, werden nur vom Moderator zugeschaltet, wenn sie an der Reihe sind, und kennen daher die Antworten und auch den Punktestand ihres Gegners nicht.

Wer 21 Punkte erreicht hat, ist Sieger. Sind die Kategorien bereits aufgebraucht, ohne dass jemand 21 Punkte gesammelt hat, gewinnt der Kandidat mit der höheren Punktzahl. Die tatsächlichen, für die Zuordnung eines Gewinns relevanten Punkte ergeben sich aus der Differenz zwischen der eigenen Punktzahl und der des Gegners. Maegerlein schlägt dann ein Büchlein auf, in dem den verschiedenen Punktzahlen Gewinne zugeordnet sind: ein Radio, ein Fotoapparat, ein Wochenende in Paris, zwei Wochen am Wörthersee oder im Höchstfall eine BMW Isetta. Sieger des Spiels dürfen wiederkommen; die Punkte werden dann weiter addiert. Bevor die Kandidaten in den Kabinen Platz nehmen, müssen sie Nummernkarten ziehen. Wer die höhere Zahl hat, darf sich eine der völlig gleichen Kabinen aussuchen.

Schulmeisterlich fragte Maegerlein die Bildung der Kandidaten ab. Aus heutiger Sicht ist schon die Unbeantwortbarkeit der Fragen mit dem geringsten Schwierigkeitsgrad faszinierend. Während des Vorspanns und wenn die Kandidaten um Bedenkzeit baten, war schwungvolle bzw. spannungsgeladene Elektroorgelmusik zu hören, und dazu wurden »die wie immer lustigen Zeichnungen« von *Nick Knatterton*-Erfinder Manfred Schmidt eingeblendet. Maegerlein wurde als biederer Oberlehrer ein Star, erlangte aber außerdem als Sportreporter Berühmtheit, weil er bei den Olympischen Winterspielen 1964 in Innsbruck beim Kommentar eines Skiwettbewerbs den oft zitierten Satz sagte: »Tausende standen an den Hängen und Pisten« – ein Satz, der höchst zweideutig wird, wenn man ihn ausspricht.

Hätten Sie's gewusst? war die deutsche Adaption der US-Show »Twenty-One«. Diese wurde 1958 Mittelpunkt eines riesigen Skandals, als aufflog, dass die Kandidaten die Antworten bereits vor der Sendung erhalten hatten. Sie wurde daraufhin abgesetzt. Die überkorrekte deutsche Ausgabe bekam davon nichts ab und lief noch über ein Jahrzehnt weiter. Sigi Harreis hatte in der Show ihren ersten Fernsehauftritt als Kandidatin. Sie gewann zwar nicht den Hauptpreis, aber die Aufmerksamkeit von Robert Lembke, der sie zum Vorsprechen einlud. Im letzten Jahr kamen die Kandidaten, die in den elf Jahren zuvor die höchsten Punktzahlen erspielt hatten, noch einmal zu neuen Spielrunden zurück. Rudolf Steiner aus München, laut eigener Aussage »Handelsvertreter in Damenoberbekleidung« (er meinte sicher »für«, denn er trug gar keine), war mit 171 Punkten ewiger Spitzenreiter und sechs Jahre zuvor durch seine enormen Kenntnisse im Bereich Oper aufgefallen. Diesmal ging er allerdings mit null Punkten nach Hause.

Sendeplatz war anfangs montags um 21.10 Uhr, später auch mal am Samstagnachmittag.

Das Spiel dauerte zwischen 40 Minuten und einer Stunde und erreichte eine enorme Popularität. Schon 1960 erschien ein Buch zur Sendung, 1965 ein Brettspiel. Im Sommer 2000 brachte RTL eine Neuauflage auf den Bildschirm und nannte sie wie das US-Original *Einundzwanzig*.

EIN HAUCH VON HIMMEL   RTL 2, VOX

1995–2000 (RTL 2); seit 2002 (Vox). 212-tlg. US-Fantasyserie von John Masius (»Touched By An Angel«; 1994–2003).

Nach ihrer Beförderung vom Schutzengel zur himmlischen Sozialarbeiterin auf Erden freut sich Engel Monica (Roma Downey), dass sie endlich von Sterblichen gesehen werden kann. Mit ihrer Vorgesetzten Tess (Della Reese), die ebenfalls ein Engel ist, zieht sie durch die Gegend und hilft Menschen dabei, ihre Probleme zu lösen und sich selbst zu verwirklichen. Unterstützt werden die beiden außerdem vom Todesengel Andrew (John Dye). Er ist eigentlich dafür zuständig, Verstorbene in den Himmel zu geleiten, hilft aber gern auch auf Erden aus. Weitere Kollegen sind Spezialagent-Engel Sam (Paul Winfield) und zeitweise auch der Engel Rafael (Alexis Cruz).

Unfassbar besinnlich-harmonische Heile-Welt-Serie, wie man sie bei RTL 2 nur selten zu sehen bekam. Immer wenn den Menschen ein Licht aufging, wer Monica war und was sie tun mussten, um glücklich zu werden, knipste irgendwer einen roten Scheinwerfer an und ließ die rotbraunen Haare der Frau in einem engelhaften Schimmer erscheinen.

Den Titelsong »Walk With You« sang Tess-Darstellerin Della Reese. Die einstündigen Folgen liefen nachmittags, ab Folge 92 bei Vox. Ab 1996 entstand der Serienableger *Ein Wink des Himmels*, den ebenfalls Vox zeigte.

HAUPTBAHNHOF MÜNCHEN   ZDF

1970. 6-tlg. dt. Problemserie von Heiner Michel, Regie: Peter Schubert.

Inspektor Kaminski (Alfred Balthoff) von der Bahnpolizei ist längst pensioniert, kümmert sich aber weiter im Münchner Hauptbahnhof um verschiedene Fälle. Der Schuldige ist dabei natürlich nie der Übeltäter, sondern immer die Gesellschaft. Es geht um Gastarbeiter, Alkoholismus, Jugendkriminalität und Eltern, die ihre Kinder vernachlässigen.

Jede Folge war eine halbe Stunde lang und lief im Vorabendprogramm.

DER HAUPTFILM HAT NOCH
NICHT BEGONNEN   ARD
1954–1956. »Neue Filme – ferngesehen, nah betrachtet«. Etwa halbstündiger Vorbericht über aktuelle Kinofilme mit Interviews mit Filmemachern und Schauspielern. »Berichterstatter« war Jürgen Roland.

HAUPTSACHE, DIE KOHLEN STIMMEN   ZDF
1974. Servicereihe für Jugendliche zu berufskundlichen Themen.
In halbstündigen Spielszenen werden Geschichten über Jugendliche geschildert, die Probleme während ihrer Ausbildung haben. Experten aus Wirtschaft und Politik geben Ratschläge und zeigen Lösungsansätze. Die Reihe entstand in Zusammenarbeit mit der Bundesanstalt für Arbeit und lief samstags nachmittags.

HAUPTSTRASSE GLÜCK   ZDF
1968. »Eine kleine große Liebesgeschichte«. 13-tlg. dt. Familienserie von Rolf und Alexandra Becker, Regie: Franz Marischka.
Die jungen Liebenden Biggi (Viktoria Brams) und Gustav (Michael Hinz) scheinen einfach füreinander bestimmt zu sein. Denn immer wieder kommt etwas in ihrer Beziehung dazwischen, doch jedes Mal finden sie zueinander zurück. Entsprechend heißt es am Ende: »Heirate sich, wer kann!«
Eine der frühen Fernsehproduktionen in Farbe. Die halbstündigen Folgen liefen freitags um 18.50 Uhr.

DAS HAUS AM EATON PLACE   ZDF
1975–1977. 52-tlg. brit. Familiensaga von Jean Marsh und Eileen Atkins (»Upstairs, Downstairs«; 1971–1975).
Zu Beginn des 20. Jh. wohnt die wohlhabende Familie Bellamy mit ihren Dienstboten im Haus Nr. 165 am Eaton Place in London. Lord Richard Bellamy (David Langton) ist ein gutmütiger Abgeordneter des Oberhauses, Lady Marjorie (Rachel Gurney) seine elegante Frau, Elizabeth (Nicola Pagett) und James (Simon Williams) sind ihre Kinder. Der korrekte und standesbewusste Butler Mr. Hudson (Gordon Jackson) achtet stets darauf, dass die gesellschaftlichen Grenzen zwischen Personal und der Familie von beiden Seiten eingehalten werden. Zum Personal gehören außerdem die resolute Köchin Mrs. Bridges (Angela Baddeley), die Zimmermädchen Rose (Jean Marsh) und Sarah (Pauline Collins) und der Hausdiener Edward (Christopher Beeny). Später kommt noch der Chauffeur Thomas (John Alderton) dazu.
Viel geschieht innerhalb von knapp 30 Jahren: Elizabeth heiratet den Poeten Lawrence Kirbridge (Ian Ogilvy). Lady Marjorie nimmt an der Jungfernfahrt der »Titanic« teil und ertrinkt. James heiratet die Sekretärin Hazel (Meg Wynn Owen). Elizabeth zieht nach Amerika, und Richards Mündel Georgina Worsley (Lesley-Anne Down) zieht neu ins Haus. Etwas später heiratet Richard die Offizierswitwe Virginia Hamilton (Hannah Gordon). Hazel stirbt, und James verliert an der Börse sein ganzes Geld. Als auch er kurz darauf stirbt, muss das Haus am Eaton Place verkauft werden, damit die Schulden bezahlt werden können.
Von 1903 bis 1930 erstreckte sich die Handlung dieser in England fünf Jahre laufenden Serie. Viele historische Ereignisse und Originalbilder aus dieser Zeit wurden eingebaut. Ursprünglicher Mittelpunkt der Serie waren die beiden Hausmädchen Rose und Sarah, die die beiden Erfinderinnen der Saga, Marsh und Atkins, selbst spielen sollten. In der Serie wirkte letztlich jedoch nur Marsh tatsächlich mit. Das Haus am Eaton Place 165 gibt es wirklich. Es steht im Londoner Stadtteil Belgravia und trägt eigentlich die Hausnummer 65. 1977, als die Serie in England bereits abgesetzt war, in Deutschland aber mit großem Erfolg ausgestrahlt wurde, lebte dort die 72-jährige Lady Alexandra Metcalf. Die Tochter des ehemaligen britischen Außenministers und indischen Vizekönigs Lord Curzon bewohnte allerdings »nur« die Beletage. Ausgesucht wurde das Haus für die TV-Serie, weil der Produzent John Hawkesworth ein guter Freund von Lady Metcalf war. Schräg gegenüber in Hausnummer 74 wohnte übrigens der Lord-Bellamy-Darsteller David Langston.
Mit 300 Millionen Zuschauern in 50 Ländern wurde

Das Haus am Eaton Place: Butler Mr. Hudson (Gordon Jackson).

Das Haus am Eaton Place zu einer der erfolgreichsten Serien aller Zeiten. In Deutschland löste sie Familienkrisen aus, weil das ZDF sie samstags am Vorabend sendete – während in der ARD die *Sportschau* lief. 16 der 68 Folgen strahlte das ZDF nicht aus.

HAUS AM SEE   ARD
1992. 12-tlg. dt. Familienserie von Peter Märthesheimer und Pea Fröhlich, Regie: Ilse Hofmann und Maria-Theresia Wagner.
Der patente Günter Diefenbach (Ulrich Pleitgen) und Frau Allescher (Ursela Monn) leiten gemeinsam das exklusive Seniorenheim »Haus am See«. Zu den Bewohnern gehören Elfie (Hansi Jochmann) und Willy Töpfer (Ronald Nitschke), Lilly Tüllmann (Hildegard Knef) und ihr fremdgehender Ehemann Hans (Fritz Bachschmidt), Lore (Rosemarie Fendel) und Kurt Lüttich (Hans Korte), die Schwestern Isabella (Ingrid van Bergen) und Isadora Mylius (Anneliese Römer), Elisabeth Böttcher (Alice Treff) und der Hochstapler Benno Schättle (Ernst Stankovski), der sich nachts in einem Sexshop seine Rente aufbessert.
Statt tristem Altersheimalltag gab es für schon fast ausgemusterte Schauspieler Luxus und Pointen und Rollen, die sie schon immer gespielt hatten. Gedreht wurde die Serie im Schloss Dammsmühle bei Berlin, wo der Stasigeneral wichtige Besucher einquartierte – und abhören ließ. Trotz der Publikumslieblinge, schlichter Stoffe und hoher Produktionskosten stellte sich der große Publikumserfolg nicht ein, und so blieb es bei einer Staffel.
Der spielfilmlange Pilotfilm lief am Sonntag um 20.15 Uhr, die 45-minütigen Folgen dienstags zur gleichen Zeit.

DAS HAUS DER KROKODILE   ARD
1976. 6-tlg. dt. Jugendserie von Wilm ten Haaf.
Während seine Eltern im Urlaub sind, will der zwölfjährige Victor Laroche (Thomas Ohrner) das Geheimnis um den Tod eines Mädchens lüften, das 20 Jahre zuvor im gleichen Haus über ein Treppengeländer stürzte. Seine Schwestern Cora (Caroline Ohrner) und Louise (Evelyn Palek) helfen ihm. Durch Geschichten eines alten Onkels (Oskar von Schwab), dem Vater des Mädchens namens Cäcilie, stoßen sie auf einen früheren Freund Cäcilies, Friedrich Mörlin (Robert Naegele).
Der Serientitel bezieht sich auf ein kleines Lederkrokodil, das Victor bei seinen Nachforschungen im Haus findet.

DAS HAUS DER SCHLANGEN   ARD
1964. 6-tlg. dt. Krimiserie.
Sergeant John Harlow (Adrian Hoven) von Scotland Yard wird von Chefinspektor Wyler (Fritz Tillmann) beauftragt, auf den Schlangenzüchter Philipp Perkins (Werner Hinz) aufzupassen, der sich bedroht fühlt. Zu Recht. Die halbstündigen Folgen liefen im regionalen Vorabendprogramm.

DAS HAUS DES MAGIERS   ZDF
2002. 6-tlg. brit.-kanad. Gruselserie für Kinder von William Corlett (»The Magician's House«; 1999).
Die Geschwister William (Steven Webb) und Alice Constant (Olivia Coles) erleben mit ihrer Cousine Mary Green (Katie Stuart) mysteriöse Dinge im alten Landhaus von Marys Vater Jack (Neil Pearson). Dort lebt bereits seit 400 Jahren unbemerkt der Magier Stephen Tyler (Ian Richardson). Er bittet die Kinder um Hilfe, weil der Frieden im Tal bedroht ist und seine Kräfte allein nicht mehr ausreichen.
Die Folgen waren 20 Minuten lang und liefen samstags mittags.

EIN HAUS FÜR UNS   ARD
1975–1977. »Ein Jugenderholungsheim«. 21-tlg. dt. Problemserie.
Wolfgang Grohme (Nicolas Brieger) leitet ein Jugendheim und kümmert sich um die Probleme seiner Schützlinge. In jeder Folge stehen andere Jugendliche und ihre Geschichten im Mittelpunkt.
Die Doppelfolge »Aus der Familie der Panzerechsen« und »Die Insel« erzählt die Geschichte der Ausreißerin Ute (Katja Wulff), die ihre Zeit viel lieber im Zoo bei den Tieren verbringt. Die Sozialarbeiterin Monika Brehm (Lisa Kreuzer) nimmt sich ihrer an. Wim Wenders führte bei diesen beiden halbstündigen Folgen Regie. Ab der elften Folge waren die Episoden doppelt so lang.
Die Serie lief im regionalen Vorabendprogramm.

EIN HAUS IN DER TOSCANA   ARD
1991–1994. 23-tlg. dt. Familienserie von Sylvia Ullrich.
Die deutsche Familie Donner kauft sich ein Haus in der Toscana und verbringt fortan jede freie Minute dort. Vater Julius (Stefan Wigger) ist Oberstudienrat für Latein und Mutter Rosl (Renate Schroeter) Beraterin in einem Einrichtungshaus; ihre Kinder Markus (Oliver Clemens) und Bea (Muriel Baumeister) sind Teenager. Bea verliebt sich erst in den Automechaniker Neveo (Claudio Insegno) und ist später mit dem jungen Grafen Tiziano (Giovanni Guidelli) zusammen. Markus verliebt sich ausgerechnet in die wesentlich ältere Maria (Anna Lutz-Pastré), die Mutter seines alten Schulfreunds Benne Zurgassen (Andreas Schreyer). Die ist jedoch mit dem Sänger Maurizio (Ernst Theo Richter) verheiratet. Andere Dorfbewohner sind die deutsche Nachbarin Daphne (Cornelia Niemann), eine üppige Grüne, der österreichische Aussteiger Hermann (Hanno Pöschl), die Bäckerstochter Rosanna (Lisa Bernardini), ihr Bruder, der Carabiniere Fausto (Alessandro Simonini), Lebenskünstler Sigi (Gerd Lohmeyer), Wirt Giorgio (Franco Angrisano) und der alte Stefano (Eitel Mammi).
Die Ehe von Julius und Rosl bröckelt; beide gehen neue Beziehungen ein: Julius mit seiner ehemaligen Schülerin Nora (Susanne von Medvey), die jetzt Journalistin und Autorin ist, und Rosl mit dem Baulöwen Knoll (Arnulf Schumacher), der mit seiner

Tochter Daniela (Andrea Legenstein) in einer Villa wohnt. Am Ende heiratet Daphne den Weinbauern Salvatore (Pupo de Luca), und Rosl und Julius scheinen wieder zueinander zu finden.
Die einstündigen Folgen liefen im Vorabendprogramm.

DAS HAUS MIT DER NUMMER 30 ARD
→ Das feuerrote Spielmobil

EIN HAUS MIT TAUSEND GESICHTERN DFF 1
1985. 13-tlg. tschechoslowak. Familienserie von Markéta Zinnerová, Regie: Ludvík Raža (»My všichni školou povinni«; 1984).
Alltag an einer tschechoslowakischen Schule. Michal Karfík (Miroslav Vladyka) ist ein junger, noch unerfahrener Lehrer. Er verliebt sich in seine Kollegin Jana Vychodilová (Veronika Žilková). Jirka (Milan Šimáček) ist ein Schulanfänger, der seinen Eltern Helena Olivová (Jana Šulcová) und Jiří Oliva (Jiří Bartoška) und der Lehrerin Hedvika Hajská (Gabriela Vránová) Sorgen bereitet. Aber auch Hajskás Tochter Alena (Monika Kvasnicková), eigentlich Klassenbeste, ist gelegentlich auf Abwegen.
Die Folgen hatten eine Länge von 60 Minuten.

HAUS-PARTY SAT.1
→ Gottschalks Haus-Party

HAUS VATERLAND ARD
1983–1984. »Eine sehr deutsche Revue« von Peter Glaser, Horst Königstein, Walter Thielsch und Karsten Witte.
Deutsche Altstars aus den 20er-, 30er- und 40er-Jahren treffen auf junge Künstler, die die Alten zitieren, imitieren oder auch parodieren. Hans Albers' Schlager »Goodbye Johnny« z. B. ist einmal in einem Originalfilmausschnitt zu sehen und einmal in einer Comicversion der Hamburger Gruppe Palais Schaumburg. Entsprechend breit ist das Spektrum der Gäste: Es reicht von Anette Humpe bis Ilse Werner. Wenn sie nicht miteinander singen, plaudern sie vor der Kulisse eines Luxusdampfers von vergangenen Tagen und heutiger Zeit.
Drei gut einstündige Sendungen liefen montags nachmittags.

DIE HAUSBAU-PROMIS PRO SIEBEN
2004. Bauschau mit Barbara Schöneberger.
Eine Gruppe von Prominenten baut ein Traumhaus in Plaue bei Brandenburg. Mit dabei sind u. a. Enie van de Meiklokjes, Giulia Siegel, René Weller, Mathieu Carrière und Norbert Blüm. Das Haus wird für den guten Zweck des *Red Nose Day* versteigert; die sieben 50-minütigen Folgen zeigen vorher, wie die Promis zwei Monate lang schuften.

HAUSBESUCH – STARS UNTER DRUCK ARD
Seit 2004. Halbstündige Reality-Spielshow mit Jörg Pilawa.
Prominente ziehen vorübergehend bei ganz normalen Familien ein und müssen im Haus mithelfen. Wenn sie zudem noch obskure Zusatzaufgaben erfüllen, gewinnt die Familie weniger obskure Preise.
Die Show war offensichtlich von *Gottschalk zieht ein* inspiriert, hatte aber nicht den gleichen Erfolg. Sechs Sendungen liefen freitags am Vorabend, drei weitere im Sommer 2005 samstags.

HAUSER & KIENZLE UND DIE MEINUNGSMACHER ZDF
1997. Monatliches Magazin mit Bodo H. Hauser und Ulrich Kienzle.
Jeweils drei Kommentatorenpaare treten zu aktuellen Themen mit pointierten Stellungnahmen gegeneinander an. Ihre Köpfe werden dazu in einem virtuellen Studio auf antike Säulen projiziert. Regelmäßige Rubrik ist der »Hofbericht«, eine Glosse über Politereignisse in Bonn.
Mit grenzenlosem Schnickschnack versuchte das ZDF, den Dauerstreit zwischen Hauser und Kienzle aus *Frontal* zu potenzieren. Hauser und Kienzle verulkten sich als »Deoroller« (Hauser) und »Saddam« (Kienzle) und rappten und sangen zusammen bzw. gegeneinander. In der ersten Sendung traten u. a. Uwe Zimmer (»Abendzeitung«) und Peter Boenisch (»Bild«) zur Frage an, ob Kohl 1998 noch einmal als Kanzlerkandidat antreten solle. Hanjo Seißler und Marcel Reich-Ranicki (oder genauer: ihre digital ausgeschnittenen Köpfe) stellten ihre Standpunkte zu der wichtigen Frage in den Raum, ob man Texte von Hand oder mit dem Computer schreiben soll. Der Versuch, Hauser & Kienzle ein Leben jenseits von *Frontal* zu ermöglichen, scheiterte. Nach elf Ausgaben räumten sie mitsamt den Köpfen der Meinungsmacher ihren Sendeplatz wieder.
Das Magazin lief am Mittwoch um 22.15 Uhr.

HAUSFIEBER RTL
1998–1999. Samstagabendshow mit Linda de Mol.
Zwei Kandidatenpaare spielen gegeneinander. Wenn das eine das andere ausgestochen hat, kämpft es in harten Ausdauerspielen um den Gewinn eines Traumhauses. Die Show brachte es auf elf Ausgaben.

EINE HAUSFRAU ZUM KNUTSCHEN RTL 2
1999–2000. 22-tlg. US-Sitcom von Don Reo (»Pearl«; 1996–1997).
Die verwitwete Arbeiterin Pearl Caraldo (Rhea Perlman) beschließt plötzlich zu studieren. Ihr 20-jähriger Sohn Joey (Dash Mihok) und ihre Schwägerin Annie Carmen (Carol Kane) sind dagegen. Pearl wird von Prof. Stephen Pynchon (Malcolm McDowell) unterrichtet; zu den Studenten in der Klasse gehören Frankie Spivak (Kevin Corrigan), Amy Li (Lucy Alexis Liu) und Margaret Woodrow (Nikki Cox).
Im US-Fernsehen wurde für die Episode »Die Küchenschlacht« mit einem Spot geworben, in dem die aus *Cheers* bekannte Hauptdarstellerin Rhea Perlman vor neutralem Hintergrund stehend direkt in die Kamera sprach und dem Zuschauer erklärte,

in dieser Folge wirke ein ganz besonderer Gaststar mit, dessen Namen sie allerdings noch nicht preisgeben könne. Während dieser Ansage stand die ganze Zeit schweigend Perlmans Ehemann Danny DeVito neben ihr und guckte sie an.
Die Serie lief am Vormittag.

DER HAUSGEIST ZDF
1991–1993. 21-tlg. dt. Comedyserie.
Freifrau Henriette von Sydeck (Susanne Uhlen), seit 1918 tot und als Geist unterwegs, quartiert sich bei dem geizigen Werbetexter Benedict von Weber (Stefan Behrens) ein und mischt dessen Leben auf. Ihr eigenes Leben wird auch aufgemischt, denn die vorangegangenen 70 Jahre hat Henriette in einem Turmzimmer einer alten Villa verbracht und neuzeitliches Leben war ihr bis jetzt unbekannt. Carla (Ursela Monn) ist Bens Ex-Frau.
Die 25-Minuten-Folgen liefen zunächst im Vorabendprogramm, ab 1993 nachmittags.

HAUSMEISTER KRAUSE – ORDNUNG MUSS SEIN SAT.1
Seit 1999. Dt. Sitcom von Tom Gerhardt und Herman Weigel.
Dieter Krause (Tom Gerhardt), Hausmeister in Köln-Kalk, ist ein Oberspießer. Er trägt stets einen grauen Kittel und einen Cordhut. Die Hausordnung ist ihm heilig, und seinen Dackel Bodo liebt er mehr als seine biedere Frau Lisbeth (Irene Schwarz), die Männer aufreißende Tochter Carmen (Janine Kunze), die eine Frisörlehre macht, und den verfressenen Sohn Tommie (Axel Stein). Herbert (Detlev Redinger) ist Dieters trotteliger Freund aus dem Dackel-Verein, Herr Makielski (Jürgen Tonkel) der Hausverwalter.
Die Serie basiert fast ausschließlich auf längst überholt geglaubten Klischees über den Deutschen: seine Liebe zum Dackel und zu Vereinen etwa. Sie wurde trotz gröbster Überzeichnung und ewiger Wiederholung des gleichen Prinzips zu einem großen Erfolg. Oder deswegen natürlich. Der Leitspruch des Dackel-Vereins lautet: »Alle für einen, einer für alle, alles für den Dackel, alles für den Club, unser Leben für den Hund«. Der videosüchtige Proll Tommie war eine junge Version der Rolle, mit der Tom Gerhardt berühmt wurde; Axel Stein kopierte sie (»eeh, suuuper!«) perfekt bis in die Pudelmütze.
Wurde zunächst montags um 21.15 Uhr, ab der zweiten Staffel freitags um 21.45 Uhr gezeigt. Bis 2004 liefen 44 Folgen.

HAUSMEISTER STUBBS RTL
2004. 13-tlg. US-Knettrick-Comedyserie von Eddie Murphy, Steve Tompkins und Larry Wilmore (»The PJs«; 1999–2001).
Thurgood Stubbs ist der Hausmeister eines Gebäudekomplexes, in dem Sozialwohnungen untergebracht sind. Er selbst wohnt darin mit seiner Frau Muriel. Zu den Mietern gehören der Crackraucher Smokey, der kleine Calvin, der Stubbs bewundert, der verrückte Koreaner Jimmy Ho, die haitianische Voodoo-Lady Garcelle und weitere Verrückte und Kleinkriminelle.
In der amerikanischen Originalversion (die aus 41 Folgen bestand) spielte Serienerfinder Eddie Murphy als Stimme von Thurgood Stubbs selbst die Hauptrolle.
Die 25-minütigen Folgen liefen sonntags morgens.

DIE HAUSMEISTERIN ARD
1987–1992. 23-tlg. dt. Familienserie von Cornelia Willinger.
Martha Haslbeck (Veronika Fitz) lässt sich nach 25 Jahren Ehe von ihrem ebenso bequemen wie untreuen Gatten Josef (Helmut Fischer) scheiden und übernimmt in dem Mietshaus im Münchner Stadtteil Haidhausen, um das sie sich ohnehin schon die ganze Zeit kümmerte, nun auch offiziell die Hausmeisterstelle. Josef heiratet seine schnippische Geliebte Ilse Kugler (Ilse Neubauer), Martha bandelt mit dem griechischen Schlosser Costa Doganis (Janis Kyriakidis) an, und Marthas und Josefs Tochter Christa (Bettina Redlich) ist mit Bertl Gruber (Ernst Cohen) zusammen und heiratet ihn später. Zwar verkrachen sie sich regelmäßig, versöhnen sich aber immer wieder. Gleiches gilt für »Josef-Bärli« und »Ilse-Hasi«.
Ilses größtes Problem ist, dass Josef noch immer an Martha hängt und an allem, was mit ihr zu tun hat. So versucht er zu verhindern, dass Martha das alte Ehebett ausrangiert. An so einem Bett hängen schließlich tausend Erinnerungen, z. B. seine Nierenbeckenentzündung 1964. Um zusätzliches Geld zu verdienen, nimmt Martha mehrere Nebenjobs an, arbeitet erst in einer Tankstelle, dann im Frisörsalon und schließlich im Bürgerbüro. Hauptsächlich kümmert sie sich weiterhin um die Familie und die Hausbewohner: die Ehepaare Ostermeier (Sarah Camp und Hans Stadlbauer) und Merkel (Toni Netzle und Gerd Lohmeyer), die Witwe Mooseder (Maria Singer), Herrn Wegmann (Gert Burkhard) und den Rheinländer Rüdiger Münchwieler (Jochen Busse). Das Haus gehört Frau Winter (Erika Wackernagel); ihr Neffe Gerhard Eggerer (Gerhard Zemann) erbt es im Herbst 1989. Giancarlo (Aurelio Ferrara) ist der Wirt von Marthas Stammkneipe, Angerer (Willy Harlander) der Postbote.
Auch Josef schlägt sich mit verschiedenen Jobs durch, fühlt sich aber nur wohl, wenn er gar nichts tun muss, und legt sich bei Bedarf ein Leiden zu. Ins Geschäft kommt er mit seinem alten Freund, dem Antiquitätenhändler Schorschi Gruber (Hans Brenner), dem er fortan irgendwelches Gerümpel ankarrt, das Schorschi dann versteigert. Ilse leitet eine Bankfiliale. Christa und Bertl bringen in der letzten Staffel Sohn Seppi (Christoph Dirscherl) zur Welt. Costa und Martha erfüllen sich einen Traum und kaufen sich ein beschauliches Häuschen auf dem Land, vermissen dann aber den gewohnten Trubel und ziehen zurück in das Mietshaus.
Helmut Fischer spielte im Wesentlichen wieder die Rolle, die ihn als *Monaco Franze* berühmt gemacht hatte. Die einstündigen Serienfolgen liefen im regi-

onalen Vorabendprogramm. 1990 erhielt die Serie den Grimme-Preis mit Bronze. Sie ist komplett auf DVD erhältlich.

HAUTNAH   PRO SIEBEN
1994–1995. »Das Montagsmagazin«. Magazin mit Gästen, Show und Kerstin Graf, »Mix aus aktuellen Reportagen und bunten Talks« (Eigenwerbung).
Handelsübliches Infotainmentformat mit Sex, Crime und Lifestyle (und Beiträgen zum Thema Aids, die mit »Spiel mir das Lied vom Tod« unterlegt wurden), das sich von Dutzenden ähnlicher Versuche durch seine Moderatorin unterschied. Kerstin Graf, die vom RTL-*Frühstücksfernsehen* kam, schien eher versehentlich in die Sendung geraten zu sein und stand staunend, treuherzig und unbedarft an den Abgründen, die sich in den Beiträgen auftaten. »Noch immer wird es Kinderpornoproduzenten zu leicht gemacht. Ich hoffe, das ändert sich bald«, war eine typische Abmoderation zu einem einschlägigen Thema.
War zunächst eine Stunde, später zwei Stunden lang und lief montags gegen 22.00 Uhr.

HAUTNAH – DIE METHODE HILL   ZDF
2003–2004. 7-tlg. brit. Krimireihe nach den Romanen von Val McDermid (»Wire In The Blood«; 2002–2004).
Der Polizeipsychologe Dr. Tony Hill (Robson Green) unterstützt Detective Inspector Carol Jordan (Hermione Norris) bei der Aufklärung von Verbrechen. Er geht sensibel vor, erstellt Täterprofile, spricht intensiv mit Verdächtigen und bereits Inhaftierten und kommt ihnen dabei in jeder Hinsicht oft so nah, dass Kollegen skeptisch werden. Jordan vertraut ihm dennoch voll und ganz.
Jede Folge hatte Spielfilmlänge und lief sonntags um 22.00 Uhr.

DER HAVELKAISER   ARD
1994–2000. 11-tlg. dt. Familienserie von Knut Boeser, Regie: Herbert Ballmann.
Richard Kaiser (Günter Pfitzmann) ist der dickköpfige Patriarch und Besitzer der Kaiserwerft an der Havel. Am liebsten kommandiert er Belegschaft und Großfamilie barsch herum, doch eigentlich hat er ein gutes Herz. Die Großfamilie besteht aus der ältesten Tochter Vera (Hansi Jochmann) und ihrem Mann, dem Trinker und Spieler Ecki Plache (Rolf Zacher), der jüngsten Tochter Jette (Marion Kracht), dem ältesten Sohn Max (Gunter Berger) sowie Sohn Ulrich (Rainer Rudolph; ab Folge 10: Peter Sattmann) und seiner Frau Hillary (Helen Schneider). Dazu kommen Enkelkinder sowie Bruder Bruno (Herbert Stass), dessen Betrieb in Schwierigkeiten ist, und dessen Frau Magda (Rosemarie Fendel), die sich unter dem Vorwand des Hilfsangebots seinen Besitz und den seines Bruders unter den Nagel reißen möchte. Die ganze Meute findet man aber nur selten auf einem Haufen.
Uli und Hillary werden geschieden, Hillary geht nach New York, Max nach Portugal, Uli in den Knast.

Lotte Kuckuck (Renate Richter) ist zunächst Richards Vertraute auf der Werft und wird später seine Lebensgefährtin. Vorher folgt noch ein Intermezzo mit Therese Becker (Franziska Bronnen). In der zehnten Folge heiraten Richard und Lotte schließlich. Richard hatte eigentlich schon beschlossen, sich zur Ruhe zu setzen und seiner Tochter Jette das Unternehmen zu übertragen, als seine Tochter Vera ertrinkt und die Bootshalle abbrennt. Da bleibt Richard seiner Werft weiterhin treu. In der Kommunalpolitik hat er sich bereits zur Ruhe gesetzt (er war mal Abgeordneter), mischt sich aber auch dort weiterhin ein.
Die Folgen hatten Spielfilmlänge. Die ARD zeigte etwa alle zwei Jahre jeweils zwei oder drei neue Folgen an wechselnden Wochentagen um 20.15 Uhr.

HAWAII FÜNF-NULL   ARD, PRO SIEBEN, KABEL 1

1971–1972 (ARD); 1989–1993 (Pro Sieben); 1993–1994 (Kabel 1). 281-tlg. US-Krimiserie von Leonard Freeman (»Hawaii Five-0«; 1968–1980).
Detective Steve McGarrett (Jack Lord) leitet die Polizeispezialeinheit 5-0, die das Verbrechen auf Hawaii bekämpft und nur dem Gouverneur Philip Grey (Richard Denning) unterstellt ist. Das macht ihn relativ frei in der Wahl seiner Mittel, und die liegen oft in seiner Waffe oder direkt in den Fäusten. McGarrett nutzt seine Macht, bleibt aber meistens innerhalb der Grenzen des Gesetzes. Die kann man ja gegebenenfalls ein wenig dehnen. Der kraushaarige Danny »Dano« Williams (James MacArthur) ist McGarretts erster Assistent, zum Team gehören ferner der Chinese Chin Ho Kelly (Kam Fong) und der Hawaiianer Kono Kalakaua (Zulu), dessen Nachfolger ab der fünften Staffel Ben Kokua (Al Harringston) wird. Die Fälle sind keine gewöhnlichen Mordfälle, sonst müsste man ja nicht die Spezialeinheit bemühen. Es geht um organisierte Kriminalität, internationale Spionage, geheime Atomwaffenpläne und politisch motivierte Attentate.
Steves Sekretärin ist für kurze Zeit May (Maggi Parker), dann über viele Jahre Jenny Sherman (Peggy Ryan). Der gefährlichste Gegner McGarretts und seiner Spezialeinheit ist der oberste Verbrecherchef Wo Fat (Khigh Dhiegh), der immer wieder entkommt und erst in der allerletzten Folge verhaftet werden kann. Jede Verhaftung der überführten Verdächtigen beschließt den Fall mit dem gleichen Satz von Steve McGarrett an Danny Williams: »Nimm sie fest, Dano!« Die Zusammensetzung der Einheit ändert sich noch ein paar Mal: Ben geht wieder, Chin Ho wird ermordet und Duke Lukela (Herman Wedemeyer) rückt nach. Schließlich steigt auch Dano aus, und so ist in der letzten Staffel nur noch McGarrett von der ursprünglichen Mannschaft übrig. Neu an seiner Seite sind jetzt Frank Kemana (Douglas Mossmann), James »Kino« Carew (William Smith), Truck Kealoha (Moe Keale) und mit Lori Wilson (Sharon Farrell) sogar erstmals eine Frau.
Hawaii Fünf-Null war die bis dahin teuerste Serie. Dies lag hauptsächlich daran, dass sie nicht wie alle anderen Serien in Los Angeles gedreht wurde

(ganz gleich, wo sie spielten), sondern tatsächlich an Originalschauplätzen auf Hawaii. An allem anderen wurde – teilweise als zwingende Konsequenz daraus – gespart: Die einzigen professionellen Schauspieler waren zu Beginn der Serie Lord, MacArthur und der jeweilige Gaststar. Der Rest rekrutierte sich aus Hawaiianern, die eigentlich einen anderen Beruf hatten. Auch bei Kulissen und Requisiten konnte dank freundlicher Unterstützung aus Honolulu gespart werden: Die benutzten Streifenwagen der Polizei waren echte Streifenwagen, die Polizisten darin Polizisten, und Szenen, die im Büro des Gouverneurs spielten, wurden selbstverständlich im Büro des Gouveneurs gedreht. Die berühmte Titelmelodie stammt von Morton Stevens.

Hawaii Fünf-Null lief zwölf Jahre und blieb für mehrere Jahrzehnte die langlebigste US-Krimiserie (der Rekord wurde erst 2002 gebrochen, als *Law & Order* ins 13. Jahr ging). Die Produktionsstätten auf Hawaii dürften sich dadurch zwar amortisiert haben, dennoch suchte man nach dem Serienende einen Weg, sie weiterhin zu nutzen. So entstand *Magnum*. Hauptdarsteller Jack Lord wurde auf Hawaii zum Nationalhelden, dem zu Ehren alljährlich der »Jack Lord Day« begangen wird.

Die ARD zeigte gerade mal 27 dreiviertelstündige Folgen im Zwei-Wochen-Rhythmus. Etwa 20 Jahre später brachten Pro Sieben und Kabel 1 jeweils mehr als 100 weitere Folgen in deutscher Erstausstrahlung.

HAWK   SAT.1
1990. 13-tlg. US-Actionserie (»A Man Called Hawk«; 1989).
Der Privatdetektiv Hawk (Avery Brooks) ermittelt im Alleingang in heiklen Fällen. Der geheimnisvolle alte Mann (Moses Gunn) dient ihm manchmal als Informant.
Ableger von *Spenser,* wo Avery Brooks bereits die Rolle von Spensers Partner Hawk gespielt hatte. Die dreiviertelstündigen Folgen liefen sonntags am Vorabend.

HAWKINS   ARD
1988. 8-tlg. US-Krimiserie von David Karp und Norman Felton (»Hawkins«; 1973–1974).
Der Anwalt Billy Jim Hawkins (James Stewart) verteidigt Menschen, die wegen Mordes angeklagt sind, und sucht die wahren Mörder. Er hat seine Kanzlei in dem kleinen Kaff Beauville in West Virginia, doch sein Ruf eilt ihm voraus, und so kommen seine Klienten von weit her angereist. Das wiederum bedeutet, dass er selbst weit reisen muss, um in den Fällen zu ermitteln. Sein Cousin R. J. Hawkins (Strother Martin) begleitet ihn und hilft bei der Aufklärungsarbeit.
Die Serie war eine der letzten Fernseharbeiten des Hollywoodstars Stewart. Er verabschiedete sich vom Fernsehen, nachdem *Hawkins* gefloppt war.
Die Folgen waren 75 Minuten lang und liefen mittwochs um 23.00 Uhr.

HE DU   DFF
1981–1989. »Auf der Treppe um die Wette«. Spielshow für Kinder mit Wolfgang Lippert.
Die Show wurde in der DDR zur beliebtesten Sendung ihrer Art und erreichte Rekordeinschaltquoten. Weitere Moderatoren waren Arndt Bause, Wolfgang Brandenstein, Arnold Fritzsch (Leiter der Popgruppe Kreis), der Diskjockey Ingo Kiwitz, Schlagersänger Thomas Lück und Schauspieler Jürgen Mai. Kindermannschaften mussten verschiedene Spielrunden mit Wissens- und Zuordnungsspielen meistern, dazwischen gab es Musikauftritte.
Die rund 70 einstündigen Folgen wurden einmal im Monat am Sonntagvormittag ausgestrahlt und am Dienstagnachmittag wiederholt.

HE-MAN – MASTERS OF THE UNIVERSE   RTL 2
2003–2004. 39-tlg. US-Zeichentrickserie (»He-Man – The Masters Of The Universe«; 2002).
Neuauflage von *He-Man – Tal der Macht:* Prinz Adam alias He-Man und seine Freunde kämpfen wieder gegen den bösen Skeletor.

HE-MAN – TAL DER MACHT   TELE 5
1988–1992. 130-tlg. US-Zeichentrickserie (»He-Man And The Masters Of The Universe«; 1983–1985).
Der Held He-Man vom Planeten Eternia kämpft für das Gute im Universum. Sein gefährlichster Feind ist der böse Hexenmeister Skeletor. Eigentlich verbirgt sich hinter He-Man der faule Prinz Adam, der Sohn von König Randor, der sich dank eines Zauberschwerts in den Superhelden verwandeln kann. Das Schwert hat er von der mächtigen Zauberin vom Schloss Grayskull erhalten, das es nun ebenfalls zu verteidigen gilt. An He-Mans Seite kämpfen sein bzw. Adams an sich schüchterner Tiger Cringer, der sich analog zum Herrchen in eine furchtlose Kampfkatze verwandelt, der kleine Zauberer Orko, der Waffenschmied Man-At-Arms, Stratos, der fliegen kann, der wendige Sy-Klone und andere.
Die »Masters Of The Universe« waren Anfang der 80er-Jahre als Actionspielfiguren von Mattel auf den Markt gekommen. Mattel hatte daraufhin die Serie in Auftrag gegeben, die eigentlich nur als Werbung für die Figuren dienen sollte (später wurde normalerweise der umgekehrte Weg praktiziert, und Trickserien zogen Armeen von Spielfiguren nach sich). Die Strategie funktionierte, die Serie löste einen Boom aus. 1985 entstand die Spin-off-Serie *She-Ra – Prinzessin der Macht,* 1990 und 2002 die Neuauflagen *Die neuen Abenteuer des He-Man* bzw. *He-Man – Masters Of The Universe.* Zur zweiten Neuauflage kam auch das längst eingemottete Spielzeug zurück auf den Markt.

HEADNUT.TV   PRO SIEBEN
2002–2003. Halbstündige Comedy-Bildungsshow mit dem Ghettokids-Duo Erkan & Stefan.
Erkan & Stefan tun aus einer Studiogarage heraus so, als betrieben sie einen Piratensender. Motto: »Bildung, Döner und korrekt Titten«. Ausgerüstet mit

dem Wortschatz, den Goldketten, den Sporthosen und der Schlagfertigkeit, die man in den Vorstädten braucht, lassen sie sich die Welt von Experten erklären. Denen ist anzusehen, dass sie sich bis zuletzt nie sicher sind, ob es sich um einen Witz handelt oder um die verstörende heutige Art junger Menschen aus irgendeiner Subkultur, miteinander zu kommunizieren. Sie fragen einen Biobauern »Wie viele Titten hat die Kuh?«, einen Kunsthistoriker »Macht Kunst schwul?« und »Koksen – hilft das beim Malen?«, einen Feuerwehrmann »Darf der Feuerwehrmann überall abspritzen oder muss er vorher fragen?« und einen Astrophysiker aus der DDR: »Warum heißt der Mond Trabant? Man könnte ihn ja auch BMW nennen!«

Das Konzept war bei der erfolgreichen britischen »Da Ali G. Show« abgekupfert, in der sich Ali G. u. a. als Reporter vom Schulfunk ausgab, um Experten zu irritieren.

Zwei Staffeln liefen montags um 23.15 Uhr.

HEART ATTACK   TM3, RTL 2

1995–1996 (tm3); 1997 (RTL 2). Teenie-Talkshow für Mädchen mit Kuppelspielen und Popvideos. Moderatorinnen waren anfangs Katharina Schwarz, Sandra Delasauce und Jasmin Gerat, später außerdem Blümchen (Jasmin Wagner) und Franklin (Frank Schmidt).

HEARTBREAK HIGH   ZDF, SAT.1

1994–1995 (ZDF); 1996–1999 (Sat.1). 170-tlg. austral. Jugendserie (»Heartbreak High«; 1993–1999). Hartley High ist eine (fiktive) Schule in einem Vorort von Sydney, deren Schüler der Oberstufe sich mit den zeitlosen Problemen von Jugendlichen wie Beziehungsstress, Ärger mit Eltern und Lehrern und den nervigen Nebeneffekten der Pubertät auseinander setzen, aber auch mit Themen wie Rassismus, ungewollter Schwangerschaft von Minderjährigen, Alkoholmissbrauch oder Schwulenfeindlichkeit konfrontiert werden. Im Mittelpunkt der Geschichten stehen anfangs Nick Poulos (Alex Dimitriades), ein junger Herzensbrecher aus einer griechischen Familie, dessen Mutter bei einem Autounfall ums Leben kommt; seine Freundin, die Sängerin Jodie Cooper (Abi Tucker), deren Eltern geschieden sind; der rebellische Peter Rivers (Scott Major); der Klassenclown Con Bordino (Salvatore Coco), der eigentlich Costa heißt; Steve Wiley (Corey Page), der herausfindet, dass er adoptiert wurde und sich auf die Suche nach seiner Mutter begibt; und Danielle Miller (Emma Roche), die nach Jodie mit Nick zusammen ist. Zum Lehrkörper gehören die Vertrauenslehrerin Yola Futoush (Doris Younane), Bill Southgate (Tony Martin), ein autoritärer Lehrer alter Schule, der Medienkundelehrer Vic Morris (Ernie Dingo), ein Aborigine, und die Afroamerikanerin Ronnie Brooks (Deni Gordon), die in New York gelernt hat, offen ihre Meinung zu sagen. Schulleiter ist zunächst Jim Deloraine (Stephen O'Rourke), ihm folgen June Dyson (Diane Craig) und Diana Barnett (Andrea Moor). Helen (Barbara Gouskos) und Roberto (Ivor Kants) sind die Eltern von Con. Die Zusammensetzung der Schülerschaft ändert sich naturgemäß jährlich. Spätere Neuzugänge, die über längere Zeit bleiben, sind der ambitionierte Computerfreak Charlie Byrd (Sebastian Goldspink) und seine Freundin Katarina Ioannou (Ada Nicodemou), die sich über das Internet kennen gelernt haben, weshalb Charlie überhaupt erst an die Hartley High wechselte, die schöne Blondine Anita Scheppers (Lara Cox) und die Asiatin Mai Hem (Nina Liu), die ihre nachlässige Familie verlassen hat und aus diesem Grund ihren eigentlichen Namen Stephanie Tan ablegte.

Die Serie mischte in schnellem Tempo Soap-Plots mit härteren Jugendthemen und war dabei gleichermaßen populär und relevant. Für das australische Fernsehen war die realistische, nicht beschönigende Darstellung des Lebens verschiedener Kulturen in der Großstadt ein Novum und ein großer Verkaufserfolg im Ausland. Die Serie basierte auf dem Spielfilm »The Heartbreak Kid«, der im Oktober 1995 im ZDF lief.

Das ZDF zeigte 52 der einstündigen Folgen, erreichte aber nicht die erwartete Resonanz. Sat.1 wiederholte sie und setzte die Serie mit neuen Folgen am Samstagmittag fort. 50 Folgen blieben in Deutschland ungesendet.

HECHT & HAIE   ARD

1993–1994. 26-tlg. dt. Krimiserie von Johannes Dräxler und Remy Eyssen, Regie: Michael Meyer-Werlin, Martin Gies.

Wolfgang Hecht (Walter Kreye) ist Beamter im Ordnungsamt der Stadt Frankfurt. Gemeinsam mit seinem Kollegen Christian Schneider (Friedrich-Karl Praetorius) und der Sekretärin Vera Busch (Barbara Wussow) kämpft er gegen große und kleine Betrüger. Die Palette reicht vom Schutzgeld zahlenden Pizzabäcker über den Metzgermeister mit dem Fleisch aus ominösen Quellen bis zum Hütchenspieler und dealenden Drogenbesitzer. Zum Büro gehört noch das Faktotum Grabowski (Alfred Edel) und ab der zweiten Staffel, in der Vera Busch zur Ermittlerin aufsteigt, ihre Nachfolgerin Roswitha Löffler (Natalie Lauter). Hechts Frau Sylvia (Silvia Reize), mit der er die Tochter Sabine (Kerstin Presber) hat, will sich von ihm scheiden lassen, doch er verpasst immer wieder den Termin.

Ordentlich gemachte Serienkonfektionsware mit realem Hintergrund: Beim Frankfurter Ordnungsamt gibt es tatsächlich eine Abteilung für besondere Aufgaben wie die, bei der Hecht und seine Kollegen arbeiten.

Die 50-minütigen Folgen liefen im regionalen Vorabendprogramm.

HEI-WI-TIP-TOP   ZDF

1971. »Heitere Geschichten mit Heidi Kabel und Willy Millowitsch«. 3-tlg. dt. Comedyserie von Detlef Müller, Regie: Herbert Ballmann, Idee: Helmut Höfling.

Das Ehepaar Willy (Willy Millowitsch) und Heidi (Heidi Kabel) führt die Reinigungsfirma Hei-Wi-Tip-Top – der Name entsteht durch die Anfänge ihrer Vornamen. Die beiden haben zwei Kinder, Bernhard (Ilja Richter) und Gaby (Michaela May); ebenfalls dabei ist die Oma (Inge Schmidt).

Trotz der Top-Besetzung war die Serie ein totaler Flop. Schon nach der ersten Folge brach ein Sturm der Entrüstung von Zuschauern und Kritikern über das ZDF herein, nach zwei einstündigen Folgen am Sonntagabend und einem letzten Aufbäumen am Montagabend gab das ZDF auf und mottete die Geschichten ein. Die insgesamt sechs Folgen schnitt der Sender zu einstündigen Fernsehspielen zusammen und versendete sie 1973 unauffällig und mit wechselnden Titeln samstags nachmittags, wo sie erstaunlich gut ankamen.

HEIA SAFARI   ARD

1966–1967. Eigentlich 2-tlg. Dokumentation von Ralph Giordano über die »deutsche Kolonialidylle«.

Die beiden Teile liefen an aufeinanderfolgenden Tagen. Fünf Monate später gab es dann aber ein Nachspiel: An einem späten Donnerstagabend wurde eine zweistündige öffentliche Diskussion (»Heia Safari – Für und Wider«) über die Reihe ausgestrahlt, die sich kritisch mit der Kolonialzeit auseinander setzte, weil man glaubte, den Zuschauer nicht damit allein lassen zu können. Es diskutierten allerlei Historiker und natürlich Giordano. Zu guter Letzt sprach WDR-Intendant Klaus von Bismarck noch ein Schlusswort.

HEIDI   ZDF

1977–1978. 52-tlg. jap. Zeichentrickserie von Marty Murphy nach dem Roman von Johanna Spyri, Regie: Isao Takahata (»Arupusu No Shoujo Haiji«; 1974).

Das fünfjährige Waisenkind Heidi zieht aus der Stadt, wo sie bisher bei ihrer Tante Dete lebte, zu ihrem Großvater auf die Alm. Der kauzige Alm-Öhi ist bei den Bewohnern des Dörfli nicht sehr beliebt. Heidi freundet sich schnell mit dem Hirtenjungen Peter an, der mit seinem Hund Josef die Ziegen hütet. Mit acht Jahren geht Heidi für eine Weile mit Tante Dete nach Frankfurt, die dort bei dem reichen Herrn Stresemann arbeitet. Mit der Hausdame Fräulein Rottenmeier kommt Heidi zwar nicht so gut klar, aber Stresemanns Tochter Clara, die im Rollstuhl sitzt, wird sofort Heidis neue Freundin und besucht sie auch später, als Heidi wieder zurück in den Bergen ist. Die Zeit dort bekommt Clara so gut, dass sie wieder laufen lernt.

Lange bevor es RTL 2 überhaupt gab, war die Serie eines der ersten Animés im deutschen Fernsehen – aber damals nannte man das natürlich nicht so. Hinter der Serie stand der ehemalige Disney-Zeichner Marty Murphy. Von ihm ist auch *Biene Maja*. Nicht alle Figuren aus der Serie stammen aus Johanna Spyris Bestseller: Der Bernhardiner Josef, die Ziege Schnucki und der Vogel Piep wurden fürs Fernsehen erfunden. Das berühmte Titellied »Heidi, Heidi, deine Welt sind die Berge« sangen Gitti & Erika.

Die Serie ist komplett auf DVD erhältlich. Von der Serie gibt es auch eine neu synchronisierte Fassung, die aus zwei Spielfilmen besteht.

HEIDI   ARD

1979. 26-tlg. dt.-schweizer Jugendserie nach dem Roman von Johanna Spyri.

Das Waisenmädchen Heidi (Katia Polletin) lebt glücklich mit ihrem menschenscheuen Großvater, dem Alp-Öhi (René Deltgen), auf einer Alm in den Schweizer Alpen, genießt die Natur und tobt mit dem Geißenpeter (Stefan Arpagaus) herum, der die Ziegen hütet. Die Idylle wird zerstört, als sie nach Frankfurt ins Haus von Herrn Sesemann (Joachim Hansen) muss, dessen Tochter Klara (Kathi Böhm) im Rollstuhl sitzt. Heidi leidet unter der Großstadt

Heidi und Peter.

und der strengen Erziehung von Fräulein Rottenmeier (Sonja Sutter). Schließlich darf sie zurück in ihre geliebten Berge, wo auch Klara gesund wird. Ohne japanische Zeichnungen und das gejodelte Titellied wurde diese Realverfilmung des Romans nur halb so berühmt wie die Zeichentrickserie. Sie ist dennoch komplett auf DVD erhältlich.

Die halbstündigen Folgen liefen im regionalen Vorabendprogramm.

HEIDI UND ERNI   ARD

1992–1993. 36-tlg. dt. Familienserie von Peter Weissflog.

Die Hamburgerin Heidi (Heidi Kabel) und die Bayerin Erni (Erni Singerl) waren nacheinander – ohne voneinander zu wissen – mit Georg Käslinger verheiratet, also dem Schorsch. Als er stirbt, vermacht er beiden Frauen sein Landhaus mit dazugehörigem Campingplatz am See in Deuttlfing. Die beiden gegensätzlichen Frauen müssen sein Erbe nun gemeinsam verwalten. Franz Josef Ramsauer (Gerhart Lippert), der mit seinem Vater Josef (Hans Stadtmüller) das örtliche Hotel führt, hofft, selbst in den Besitz des Anwesens zu kommen, und versucht immer wieder, die gegenseitige Abneigung der beiden noch zu verstärken. Erst nach heftigen Streits schaffen es Heidi und Erni, sich einigermaßen zusammenzuraufen – doch von Dauer ist die Eintracht nie. Am Kiosk des Campingplatzes arbeitet die junge Rosi (Petra Welteroth), um deren uneheliches Kind sich Heidi und Erni wie Großmütter kümmern. Als Rosi abreist, um nach ihrem kranken Vater zu sehen, übernimmt die Nachtclubbedienung Jenny (Mariele Millowitsch) den Kiosk. Als Manager des Campingparks betätigt sich Lukas (Werner Asam). Später wird Ernis und Heidis Schwager Ludwig (Fritz Strassner) neuer Besitzer des Campingparks.
Die halbstündigen Folgen liefen im regionalen Vorabendprogramm.

HEIDUCKEN DFF 2
1972. 9-tlg. rumän. Abenteuerserie (»Haiducii«; 1966–1968).
Im 18. Jh. kämpfen die Heiducken in Rumänien gegen Osmanen und Bojaren, die Besatzer und Unterdrücker. Heiducken-Hauptmann Amza (Ion Bessoiu; später: Emanoil Petru) und seine Geliebte Anitza (Marga Barbu) setzen sich für die Bauern und die kleinen Leute gegen die Fürsten zur Wehr.
Drei Kinofilme wurden hier zur Fernsehserie verarbeitet: »Amza, der Schrecken der Bojaren« (»Haiducii«; 1966), »Der Raub der Jungfrauen« (»Rapirea fecioarelor«; 1968) und »Die Rache der Heiducken« (»Razbunarea haiducilor«; 1968). Das geschah später noch einmal bei der Serie *Mädchen, Schätze und Heiducken,* in der Marga Barbu wieder die Anitza spielte.
Ähnlichen Inhalts waren auch die Serien *Dämon der Paschas und Bojaren* und *Kapitän Tenkes,* in denen jeweils ein Held gegen Unterdrücker kämpfte.

THE HEIGHTS RTL
1993–1994. 13-tlg. US-Musikserie von Tony Spiridakis und Eric Roth (»The Heights«; 1992).
Junge Musiker aus einem Arbeiterviertel gründen die Rockband The Heights und träumen vom Durchbruch. Der Automechaniker J. T. Banks (Shaw David Thompson) singt, Bierhändlerin Rita MacDougal (Cheryl Pollak) spielt Saxophon, Hope Linden (Charlotte Ross) Gitarre. Sie stammt als Einzige aus einer reichen Familie. Stan Lee (Alex Désert) betreibt mit seinem Vater eine Billardhalle und spielt in der Band Bass, Lenny Wieckowski (Zachary Throne), der in einem Restaurant arbeitet, Keyboard und Klempner-Assi Arthur »Dizzy« Mazelli (Ken Garito) Schlagzeug. Alex O'Brien (Jamie Walters) arbeitet im Supermarkt und stößt neu zur Band. Er schreibt die Songs und singt ebenfalls, was J. T. gar nicht passt. Alex ist in Rita verliebt. Mr. Mike (Ray Aranha) gehört die Kneipe, in der die Band ihre Freizeit verbringt.
Serienerfinder Spiridakis verarbeitete eigene Erfahrungen aus seiner Jugendzeit in einer Garagenband in den Drehbüchern. Unter dem Namen The Heights hatte die Fernsehcombo mit dem Titelsong »How Do You Talk To An Angel« einen Nummer-eins-Hit in den US-Charts. Leadsänger Jamie Walters stieg danach bei *Beverly Hills, 90210* ein und schaffte mit »Hold On« noch einen Solohit. Produzent der Serie war Aaron Spelling.
Die einstündigen Folgen liefen samstags um 17.45 Uhr.

HEIKE MAKATSCH – DIE SHOW RTL 2
1997. Wöchentliche Late-Night-Personalityshow mit Heike Makatsch und Gästen.
An der Konzeption hatte die frühere VIVA-Moderatorin selbst mitgewirkt; sie nannte die Sendung eine »Mischung aus Popshow und Live-Musik-Sendung mit Clubatmosphäre« und warb für sie mit dem Slogan »Die Nacht gehört mir«. Als Barkeeper in ihrem »Club« wirkte Lotto King Karl mit. Die Sendung fiel bei Publikum und Kritik durch und brachte es nur auf acht Ausgaben, die jeweils am Donnerstagabend liefen.

EIN HEIKLER FALL ARD
1986–1988. 33-tlg. dt. Anwaltsserie von Ottokar Runze und Helmut Christian Görlitz (Buch und Regie).
Irgendwie kommen immer die skurrilsten Fälle in die Hamburger Kanzlei von Vater Dr. Wolff (Henning Schlüter) und Sohn Dr. Wolff (Yves Jansen). Sie müssen klären lassen, welche der beiden Frauen, die sich als große Schlagersängerin ausgeben, die echte ist, wem ein gefundenes Gebiss gehört und ob ein Mann das Recht hat, auf der Aussichtsplattform eines Flughafens zu stehen und (scheinbar als Provokation) mit einem Fernrohr in die falsche Richtung zu schauen – in der Erwartung von Ufos.
Die Serie lief im regionalen Vorabendprogramm.

HEILAND AUF DEM EILAND RTL
Seit 2004. Dt. Comedyserie von Rainer Kaufmann und Peter Körting, Regie: Felix Dünnemann.
Der katholische Pfarrer Karl-Heinz Erdmann (Jürgen von der Lippe) wird vom Bischof (Rainer Basedow) auf die abgelegene Insel Soonderney in der Nordsee strafversetzt. Der dortige Bürgermeister Frieder Fredericksen (Frank Leo Schröder), der es bislang gewohnt war, die einzige Autorität zu sein, macht ihm das Leben schwer – und umgekehrt. Aus dem skurrilen Inselvolk dienen dem Pfarrer Frauke Hansen (Astrid Kohrs) als Haushälterin und Hinner Hinnersen (Uwe Rohde) als Küster.

»Don Camillo und Peppone«-Variante, die das uralte Thema allerdings mit merkwürdigem norddeutschen Humor würzt: »Ich bin Pfarrer Erdmann.« – »Jo, macht ja nichts.« – »Sie sind also Krabbenfischer. Hat das denn Zukunft?« – »Für die Krabben nicht.« Die Serie ist der erste Auftritt von Jürgen von der Lippe als Schauspieler seit seiner Rolle als Priester in der Komödie »Nich' mit Leo« von 1994. Die war zwar im Kino ein Flop, in mehreren Ausstrahlungen bei RTL allerdings ein Erfolg, was den Sender zu dieser Serie animierte. Sie ist im Vergleich zu anderen RTL-Sitcoms bieder, war aber erfolgreich genug, um in einer zweiten Staffel fortgesetzt zu werden. Gedreht wurde auf der Nordseeinsel Pellworm.
Bisher 14 halbstündige Folgen liefen mittwochs um 21.45 Uhr.

EIN HEIM FÜR TIERE ZDF
1985–1992. 80-tlg. dt. Familienserie von Ted Willis.
Der kauzige Tierarzt Dr. Willi Bayer (Siegfried Wischnewski) führt eine eigene Praxis auf einem Hof in Adelsheim, auf dem viele herrenlose Tiere leben, die Willi bei sich aufgenommen hat. Er wohnt und arbeitet mit seiner Tochter Lisa (Marion Kracht), die den Haushalt schmeißt. Willi ist ein gutmütiger Kerl, der reichen Herrchen seiner Patienten gern mal etwas mehr Geld abnimmt, um den Armen eine günstigere Behandlung zu ermöglichen. Er hasst alle Motorfahrzeuge und fährt mit einer kleinen Kutsche durch die Stadt, die von seinem Pony Blondie gezogen wird. Sein junger Assistent, der begeisterte Motorradfahrer Dr. Horst Nenner (Michael Lesch), macht deshalb anfangs ein dummes Gesicht. In der fünften Folge zieht Willis resolute Schwester Martha (Angela Pschigode) ein und übernimmt die Haushaltsführung.
Willi lernt die junge Ärztin Ingrid Probst (Loni von Friedl) kennen und freundet sich mit ihr an. Lisa und Horst verlieben sich und heiraten noch im Frühjahr 1985. Alwin Bunte (Kurt Schmidtchen) verehrt Tante Martha, sie erwidert seine Bemühungen aber nicht so sehr, wie er es gern hätte. Im Herbst 1988 wird Lisa von einem Auto angefahren und geht zum Auskurieren nach Kanada, bleibt aber länger dort als erwartet. Willi erleidet Ende des Jahres einen Herzinfarkt; auf Marthas Initiative reist ihr Bruder Dr. Hannes Bayer (Hans Heinz Moser) an und übernimmt die Praxis. Er ist ebenfalls Tierarzt und hat die letzten Jahre in Brasilien gelebt. Stefanie Sommer (Bettina Spier) wird seine Sprechstundenhilfe. Dr. Erich Dinter (Tobias Meister) vertritt Horst gelegentlich und eröffnet später eine eigene Praxis. Er und Stefanie werden ein Paar. Edith Sommer (Almut Eggert) ist Stefanies Mutter.
Im Herbst 1989 lassen sich Horst und Lisa scheiden. Christina Dudek (Kristina Böhm) wird Hannes' neue Sprechstundenhilfe. Sie ist die Tochter von Hanna (Beate Hasenau), einer alten Bekannten von Hannes, die die Kneipe »Hannas kleine Stube« führt. Hannes' Freundin ist die Anwältin Julia Gessner (Vera Tschechowa). Im Juli 1991 verlässt Christina die Praxis, und Julia zieht nach Italien. Gudrun Reichert (Eleonore Weisgerber) und ihre zehnjährige Tochter Claudia Reichert (Sabine Martin) ziehen ins Nachbarhaus ein, und Gudrun wird Hannes' neue Freundin. Neue Sprechstundenhilfe wird Sabine Kupfer (Jeannine Burch), die sich in Horst verliebt. Im Februar 1992 heiraten die beiden. Hannes hat natürlich auch einen besten Freund: seinen Hund Limbo.
In der ersten Staffel trugen die Episoden jeweils den Namen des Tieres, dessen Behandlung und Geschichte im Mittelpunkt stand. Die einstündigen Folgen liefen erfolgreich im Vorabendprogramm. Die ersten beiden Staffeln sind auf DVD erhältlich.

HEIMAT ARD
1984. »Eine Chronik in elf Teilen«. 11-tlg. dt. Familiensaga von Edgar Reitz, Regie: Edgar Reitz und Peter Steinbach.
Paul Simon (als junger Mann: Michael Lesch; später: Dieter Schaad) kehrt nach dem Ende des Ersten Weltkriegs 1919 aus der Kriegsgefangenschaft in Frankreich in sein Heimatdorf Schabbach im Hunsrück zurück und sieht seine Familie wieder: Mutter Katharina (Gertrud Bredel) und Vater Mathias (Willi Burger), den Dorfschmied, Schwester Pauline (Karin Kienzer, Eva Maria Bayerwaltes) und den draufgängerischen Bruder Eduard (Rüdiger Weigang), außerdem Katharinas Schwester Marie-Goot Schirmer (Eva-Maria Schneider) und ihren Sohn Karl Glasisch (Kurt Wagner).
Im Auftrag des reichen Bauern Alois Wiegand (Johannes Lobewein) baut Paul Schabbachs erstes Radio. Wiegand findet großen Gefallen am Fortschritt und besitzt bereits ein Motorrad. Paul heiratet dessen Tochter Maria (Marita Breuer) und bekommt mit ihr zwei Kinder: Anton (als Kind: Rolf Roth; als junger Mann: Markus Reiter; später: Mathias Kniesbeck) und Ernst (Ingo Hoffmann, Roland Bongard, Michael Kausch). Pauline heiratet den Uhrmacher Robert Kröber (Arno Lang). Eduard zieht sich bei der Goldsuche im Fluss eine Lungenentzündung zu, die er nie völlig auskuriert.
1928 lässt Paul seine Familie sitzen und wandert heimlich nach Amerika aus. Es gibt kein Lebenszeichen von ihm. Weil er spurlos verschwunden bleibt, hält die Familie ihn für tot. Eduard lernt in Berlin die Bordellchefin Lucie (Karin Rasenack) kennen. Sie heiratet ihn, weil sie ihn für einen Großgrundbesitzer hält. Als die Nazis die Macht übernehmen, tritt er auf Drängen seiner Frau in die Partei ein und wird Bürgermeister im Nachbarort Rhaunen. Ihr gemeinsamer Sohn Horst (Andreas Mertens) kommt später ums Leben, als er im Wald eine Tellermine findet.
1938 findet Maria in Otto Wohlleben (Jörg Hube) eine neue Liebe. Er ist Bauingenieur und arbeitet an der neuen Autobahn. Ausgerechnet jetzt meldet sich Paul, der es inzwischen zu einer eigenen Firma gebracht hat, aus Amerika. Er reist mit dem Schiff zum Besuch nach Deutschland, darf jedoch nicht von Bord gehen, weil er keinen Ariernachweis er-

Heimat: Hermännchen (Jörg Richter) und Klärchen (Gudrun Landgrebe).

bringen kann, und muss die Rückreise antreten. Otto wird nach Trier versetzt. Mathias erblindet allmählich.
Der Zweite Weltkrieg bricht aus. Marias Bruder Wilfried Wiegand (Hans-Jürgen Schatz), inzwischen Mitglied der SS, kämpft an der Heimatfront und wird zum skrupellosen Parteisoldaten, während Anton und Ernst die Heimat verlassen, um in den Kampf zu ziehen. Sie sind ebenfalls überzeugt von der Politik der NSDAP. Anton geht zu einer Propagandakompanie, Ernst wird Flieger. In Abwesenheit heiratet Anton per Ferntrauung die schwangere Martha (Sabine Wagner), die in den nächsten Jahren fünf Kinder bekommt.
Maria bringt Sohn Hermann, genannt Hermännchen (Frank Kleid, Jörg Richter, Peter Harting), zur Welt. Dessen Vater Otto ist zum Entschärfen von Bomben abkommandiert und erfährt erst bei seiner Rückkehr von der Existenz seines Sohnes. Am nächsten Tag kommt er bei einem misslungenen Entschärfungsversuch ums Leben.
Im Winter 1945 stirbt Mathias. Kurz darauf wird Schabbach von den Amerikanern besetzt. Nach Kriegsende steht plötzlich Klärchen (Gudrun Landgrebe) vor der Tür, ihr Freund Ernst habe sie schon mal vorgeschickt. Kurz darauf kehren die Söhne nach Hause zurück. Robert ist im Krieg gefallen. Auch Paul besucht zum ersten Mal seine Familie und wird von allen außer Maria freudig empfangen. Durch den Verkauf seines Betriebs hat er für immer ausgesorgt. Katharina stirbt.
Mitte der 50er-Jahre: Hermännchen ist 15, seine Brüder Ernst und Anton haben sich eigene Unternehmen aufgebaut. Im Bett mit Antons Chefsekretärin Lotti (Andrea Koloschinski, Anke Jendrychowski) und Klärchen lernt Hermännchen die Liebe kennen. Das doppelt so alte Klärchen wird von ihm schwanger, treibt ab und wird von der Familie verstoßen. Sie verlässt Schabbach und Hermann für immer. Auch Hermann geht fort und wendet sich der Musik zu. Zehn Jahre später ist er dadurch berühmt geworden und lebt in München. Er gibt sein erstes Rundfunkkonzert, in Schabbach kann mit seiner neumodischen elektronischen Musik jedoch niemand etwas anfangen. Anton lehnt das Angebot ab, seinen Betrieb für 60 Millionen DM zu verkaufen.
Die Serie endet mit einem Zeitsprung. In der letzten Folge »Das Fest der Lebenden und der Toten« sind 15 Jahre vergangen, es ist 1982. Maria wird beerdigt, und in einer bizarren Szene in einem erleuchteten Festsaal sind noch einmal alle Verstorbenen gemeinsam zu sehen, darunter auch Eduard, Pauline, Wilfried und Marie-Goot. Glasisch stößt im Lauf der Folge zu ihnen. Marias lebende Söhne Hermann, Ernst und Anton erinnern sich an die Vergangenheit und feiern.
Eigentlich sollte die Serie »Made In Germany« heißen. Das stand auch auf einem großen Findling auf einer Wiese, der zu Beginn jeder Folge zu sehen war. Ab der dritten Folge begann jede Folge zudem mit Fotoimpressionen der früheren Ereignisse, zu denen Glasisch erzählte, was bisher geschah.
Die ersten beiden und die letzten vier Folgen hatten Spielfilmlänge, die Folgen dazwischen waren jeweils eine Stunde lang. Sie liefen sonntags und mittwochs um 20.15 Uhr und waren ein Fernsehgroßereignis. Im Durchschnitt sahen neun Millionen Menschen zu, insgesamt haben 25 Millionen eine oder mehrere Folgen gesehen. Uraufführung war bereits am 30. Juni und 1. Juli 1984 beim Münchner Filmfest. Dort wurden – unterbrochen durch Ruhe- und Essenspausen – alle elf Filme am Stück gezeigt. Die Serie erhielt etliche Auszeichnungen, darunter den Preis der Internationalen Filmkritik auf der Biennale

in Venedig 1984, den Adolf-Grimme-Preis mit Gold, die Goldene Kamera, den Preis der deutschen Kritiker und in London die Auszeichnung »Outstanding Film of the Year«, alle 1985. Fernsehstationen auf allen Kontinenten zeigten die Saga, die BBC-Ausstrahlung in England wurde zu einer der erfolgreichsten Fernsehsendungen des Jahres 1986. Sie erfolgte im Originalton mit Untertiteln. Die deutsche Version hatte keine Untertitel, obwohl in weiten Teilen tiefster Hunsrücker Dialekt gesprochen wurde.

Mehrere Sendungen informierten über die Dreharbeiten. Sie fanden an Originalschauplätzen im Hunsrück statt. Das Dorf Schabbach selbst war frei erfunden, die Aufnahmen entstanden u. a. in den Ortschaften Gehlweiler, Rohrbach und Woppenroth. Die 13,4 Millionen DM teure Produktion, deren Dreharbeiten allein 18 Monate dauerten, war eine der aufwendigsten in der Geschichte des WDR.

Neun Jahre später brachte Edgar Reitz mit *Die zweite Heimat* eine Fortsetzung ins Fernsehen, die Hermännchens Leben beleuchtete, nachdem er Schabbach verlassen hat. 2004 folgte *Heimat 3*, das zur Zeit des Mauerfalls spielte.

HEIMAT 3   ARD

2004. 6-tlg. Familiensaga von Edgar Reitz und Thomas Brussig, Regie: Edgar Reitz.

Fortsetzung von *Heimat* und *Die zweite Heimat*, die in sechs 90-minütigen Filmen nach insgesamt 30 Folgen in 20 Jahren die Familiengeschichte der Simons zum Ende bringt. Sie schließt den Kreis, indem sie (wie am Ende der Original-*Heimat*) zum Schluss in einer Traumsequenz noch einmal alle Verstorbenen zeigt.

Der Reihe nach: Diese letzten Folgen umfassen die Jahre 1989 bis 2000. Der Dirigent Hermann Simon (Henry Arnold) und die Sängerin Clarissa Lichtblau (Salome Kammer) treffen sich in der Nacht der deutschen Wiedervereinigung nach langer Zeit wieder. Früher waren die beiden ein Paar, jetzt entdecken sie ihre Liebe neu. Gemeinsam kaufen sie ein Fachwerkhaus am Rhein, das Günderode-Haus, ganz in der Nähe von Hermanns altem Heimatdorf Schabbach. Sie lassen es von den ostdeutschen Handwerkern Gunnar (Uwe Steimle) und Udo (Tom Quass) renovieren, die Clarissa bei einer Konzertreise kennen gelernt hat. Das Haus wird ihre neue Heimat, und Freunde und Bekannte gehen darin ein und aus.

Es folgen Tragödien im ganz großen Stil: Gunnars Frau Petra (Karen Hempel) verliebt sich in Hermanns Agenten Dr. Reinhold Loewe (Peter Götz). Hermanns Bruder Ernst Simon (Michael Kausch) fliegt mit seiner Privat-Cessna nach Russland und kehrt erst nach Jahren der Ungewissheit zurück. Hermanns Tochter Lulu (Frank Wünsche) kann sich nicht zwischen ihren Freunden Lutz (Frank Wünsche) und Roland (Caspar Arnhold) entscheiden. Sie wählt dann Lutz, der später bei einem Autounfall ums Leben kommt. Roland infiziert sich mit HIV. Hermanns anderer Bruder Anton (Mathias Kniesbeck), Chef der Optischen Werke Simon und des Fußballvereins SV Schabbach, stirbt. Mara (Constanze Wetzel), die Frau seines Sohns Hartmut (Christian Leonard), ist schwanger, aber Hartmut hat ein Verhältnis mit der russischen Aussiedlerin Galina (Larissa Iwlewa).

Hermann bricht sich den Fuß und komponiert eine große Sinfonie. Clarissa erkrankt an Krebs. Die Simon-Werke gehen bankrott. Ernst zerschellt mit seinem Flugzeug an der Loreley. Sein Ziehsohn Matko (Patrick Mayer) zerbricht an der Last des möglichen Erbes und stürzt sich von derselben. Roland hat Aids. Gunnar muss ins Gefängnis. Ein Erdbeben verschluckt Ernsts Kunstsammlung, aus der ein Museum werden sollte. Am Silvesterabend 1999 feiern alle Verbliebenen im Günderode-Haus und begrüßen das neue Jahrtausend, denn wenigstens hat Lulus Sohn Lukas (Maximilian Kreuz) das musikalische Talent seines Opas geerbt.

Die ARD zeigte das lebensfrohe Werk rund um Weihnachten. Wie *Die zweite Heimat* war es alles andere als beliebt beim Publikum, erreichte aber im Schnitt immerhin knapp drei Millionen Zuschauer zur Primetime.

HEIMAT, DEINE LIEDER   ZDF

1987. Halbstündige Volksmusikshow mit Carolin Reiber, die sechsmal samstags am Vorabend lief.

HEIMATFRONT   ARD

2000. 6-tlg. Geschichts-Doku über den deutschen Alltag im Dritten Reich.

Hunderte von Zeitzeugen schilderten aus ihrer individuellen Perspektive das Leben unter dem Naziregime.

HEIMATGESCHICHTEN   ARD, NDR

1994–1998 (ARD); seit 1996 (NDR). Dt. Episodenreihe.

Abgeschlossene Kurzfilme mit Geschichten aus verschiedenen deutschen Regionen, oft mehrere Episoden pro Folge, besetzt mit mit wechselnden einheimischen Schauspielern.

Die Reihe hieß zuvor elf Jahre lang *Geschichten aus der Heimat*. Nach 1998 wurde die Heimat komplett nach Norddeutschland verlegt; neue Episoden liefen ab jetzt nur noch im dortigen Dritten Programm. Heinz Reincke, schon in der Vorgängerserie einer der Hauptdarsteller, spielte nun wieder in den meisten Folgen mit. Mehrfach waren auch Inge Meysel und Jan Fedder in Hauptrollen zu sehen.

Die 45 Minuten langen Teile liefen in loser Folge im Abendprogramm.

HEIMATLOS   ZDF

1982. 6-tlg. frz. Jugenddrama von Jacques Ertaud nach dem Roman von Hector Malot (»Sans Famille«; 1981).

Rémi (Fabrice Josso) muss erfahren, dass seine Mutter Barberin (Yvette Etiévant) nicht seine wahre Mutter ist, als ihr Mann Jerôme Barberin (Gérard Darrieu) nach Jahren zurückkommt und ihn an den fahrenden Gaukler Vitalis (Jean Franval) ver-

kauft, weil er sich den Unterhalt nicht mehr leisten kann. Nach einer Odyssee durch Frankreich trifft er schließlich Lady Milligan (Petula Clark), seine leibliche Mutter, und ihren anderen Sohn Arthur (Alexandre van Rooy).
Die 50-minütigen Folgen liefen samstags um 15.10 Uhr.

HEIMATMELODIE   RTL
1984–1994. Einstündige Schunkelshow mit Stars der Volksmusik und ihren Liedern.
Die Show moderierte anfänglich das Volksmusikduo Margot Hellwig und ihre Mutter Maria Hellwig. Auch spätere Moderatorenteams standen in Beziehungen zueinander: Das Volksmusikduo Marianne und Michael (ab Januar 1991) war miteinander verheiratet, im November 1992 übernahmen Peter Steiner sen. und seine Tochter Gerda Steiner jun. Inhaltlich kamen zu der volkstümlichen Musik nun auch volkstümelnde Sketche dazu, die Vater und Tochter Steiner gemeinsam spielten. Beide hatten bereits mit dem Bauerntheater aus *Peter Steiners Theaterstadl* bei RTL Erfolg.
Heimatmelodie lief eine Weile erst vierzehntägig, dann wöchentlich sonntags um 17.45 Uhr, später freitags um 20.15 Uhr.

HEIMATMUSEUM   ARD
1988. 3-tlg. dt. Fernsehspiel von Egon Günther (Buch und Regie) nach dem Roman von Siegfried Lenz.
Die zwei Weltkriege überdauernde Geschichte der Freundschaft zwischen Zygmunt Rogalla (als Kind: Jiří Strach; als Erwachsener: Helmut Zierl) und den Geschwistern Conny (Jan Novák; Rüdiger Kirschstein) und Edith (Dana Moraková; Dolly Dollar) in Lucknow – und die zerrissene Geschichte Masurens. Zygmunts Vater Jan (Nikolaus Paryla) stellt fragwürdige Wunderdrogen her. Als er versucht, sie den russischen Truppen anzudrehen, die nach dem Ausbruch des Ersten Weltkriegs Masuren besetzen, wird er als Geisel genommen und stirbt wenig später. Der tyrannische Großvater Alfons Rogalla (Mario Adorf) ist mit dem Rest der Familie verfeindet und ein Krüppel, seit er vom Knecht Eugen Lawrenz (Michael Gempart) zusammengeschlagen wurde, weil er ein Verhältnis mit dessen Tochter hatte.
Zygmunt himmelt Edith an und hält zu ihr, als sie einen Polen fälschlicherweise der Vergewaltigung bezichtigt und damit eine Racheaktion Deutschnationaler gegen eine polnische Siedlung auslöst. Edith wird als hoffnungsloser Fall in eine Ziegelei abgeschoben. Zygmunt fängt als Lehrling bei der Teppichweberin Sonja Turk (Libuse Geprtová) an. Die nächsten Jahre schreiben sie einander Briefe und verlieben sich. Als sie sich endlich wiedersehen, heiraten sie und ziehen ins Heimatmuseum von Zygmunts Großonkel Adam Rogalla (Jürgen Holtz). Dort leben auch der inzwischen aus dem Gefängnis entlassene Lawrenz und Zygmunts Mutter Ida (Mila Mysliková).

Die Idylle endet mit dem Ausbruch des Zweiten Weltkrieges. Zygmunt kommt im Winter 1942/43 verwundet aus Russland zurück. Großvater Rogalla wird unehrenhaft aus seinem Pachtvertrag für die Domäne entlassen, flüchtet ins Heimatmuseum und bittet seine Familie um Entschuldigung, die ihn aber abweist. 1945, auf dem Flüchtlingstreck in Richtung Westen, verliert Zygmunt alle Freunde und Angehörigen. Jahre später hat er in Schleswig-Holstein aus mühsam geretteten Resten des alten ein neues masurisches Heimatmuseum gebaut. Als Heimatverbandsfunktionäre daraus eine revanchistische Gedenkstätte machen wollen, zündet er sich und das Museum an.
Ursprünglich sollte Peter Beauvais, der schon die »Deutschstunde« von Lenz verfilmt hatte, Regie führen, doch er starb Ende 1986. Statt seiner übernahm der DEFA-Regisseur Egon Günther. Der ostdeutsche Regisseur drehte nicht in Masuren, sondern in Böhmen – angeblich weil das Masuren, das er in Masuren fand, nicht mehr genug nach dem alten Masuren aussah. Das gerade erlassene Kriegsrecht in Polen erschwerte zusätzlich mögliche Dreharbeiten in dem Land. Günthers sieben Millionen DM teure Verfilmung wurde wegen ihrer starken Simplifizierung des Stoffes viel kritisiert. Umstritten war nicht zuletzt auch der Schluss: Während Zygmunt in Lenz' Buch nur das Heimatmuseum abfackelt, um die wahrhaftige Erinnerung für die Zukunft zu bewahren, verbrennt er sich im Film gleich mit, gibt also die Zukunft auf.
Die ARD zeigte die spielfilmlangen Teile innerhalb einer Woche um 20.15 Uhr.

DER HEIMWERKER   ARD
→ Der Dünnbrettbohrer; Hör mal, wer da hämmert

HEINRICH, DER GUTE KÖNIG   ARD
1980. 12-tlg. dt.-frz.-schweiz. Historiendrama von Claude Brulé nach den Romanen »Die Jugend des Königs Henri Quatre« und »Die Vollendung des Königs Henri Quatre« von Heinrich Mann.
Der Aufstieg des Prinzen von Navarra, Heinrich von Bourbon (als junger Mann: Jean Barney; als älterer Mann: Henri Virlojeux), im 16. Jh. zum »guten König« Heinrich IV. von Frankreich, der mit dem Edikt von Nantes das Land einigt.
Die halbstündigen Folgen liefen im regionalen Vorabendprogramm.

HEINRICH HARRER BERICHTET   ARD
1965–1983. Reisereportagen mit dem österreichischen Bergsteiger Heinrich Harrer.
Harrer bestieg Berge in der Schweiz, in Nepal, Südamerika und im Sudan, porträtierte Völker und ihre Bräuche und lebte z. B. mehrere Monate mit den »Buschnegern in Surinam« zusammen. Die Berichte waren oft mehrteilig. So z. B. »Nepal – Land der Götter und Berge« (1965), »Geisterfallen und Dämonen« (1969), »Fuzzi Wuzzi – Stamm in den nubischen Bergen« (1972) und »Wiedersehen mit Tibet« (1983).

Harrer war 1944 aus der Kriegsgefangenschaft nach Tibet geflohen, wo er sich mit dem jungen Dalai Lama anfreundete und bis 1951 blieb. Über seine Erlebnisse schrieb er zwei Jahre später das Buch »Sieben Jahre in Tibet«, das 1997 unter gleichem Titel verfilmt wurde. Die Rolle des Heinrich Harrer spielte Brad Pitt.

Die 45-minütigen Reportagen liefen in loser Folge an wechselnden Sendeplätzen, meist zur Primetime.

HEINZ BLEIBT HEINZ ARD
1993. 6-tlg. dt. Sketchreihe.

Der Fernsehbriefkastenonkel oder »Ratologe« Heinz (Heinz Rennack) beantwortet Zuschauerpost. Seine Tipps werden in Form kurzer Filme gezeigt, in denen Rennhack in verschiedenen Rollen mit Kollegen wie Anita Kupsch, Rolf Zacher und Wolfgang Völz auftritt.

Der produzierende MDR nannte die Sendung eine »Schmunzelshow«, die Kritiker sahen in ihr nur eine Sketchparade, die den vermeintlichen »Osthumor« in ganz üblem Licht erscheinen ließe.

Die Folgen waren 25 Minuten lang und liefen dienstags um 21.05 Uhr.

HEINZ ERHARDT FESTIVAL ARD, ARD 2
1961 (ARD); 1962–1963 (ARD 2). 6-tlg. Reihe. Gezeigt wurden verschiedene Geschichten, in denen Heinz Erhardt die Hauptrolle spielte, u. a. als unvergessener Finanzbeamter Willi Winzig.

Ab Folge 2 liefen alle Folgen bei der Erstausstrahlung im damaligen Zweiten Programm der ARD. Sie waren meist 40 Minuten lang.

DER HEINZ-SIELMANN-REPORT SAT.1
1993–1994. Umweltmagazin mit Heinz Sielmann.

Der Naturfilmer zeigt, wie schön die Natur und die Tierwelt sind, wie sehr wir sie schon zerstört haben und was wir dafür tun können, um zu retten, was noch zu retten ist. Obwohl Sielmann inzwischen ziemlich durch die Sender tingelte (zuvor machte er bei RTL *Sielmann 2000*), waren seine Filme immer noch eindrucksvoll und aufrüttelnd.

Das Magazin war eine Koproduktion mit dem World Wildlife Fund und lief dienstags zur Primetime.

HEISS ODER KALT ARD
1973. Dreiviertelstündiges Zuschauerquiz mit Hans-Dieter Reichert.

Drei logische Nüsse sind zu knacken. Die Zuschauer schicken ihre Lösungen auf Postkarten ein. Pro richtiger Antwort gibt es 500 DM zu gewinnen; es werden so lange Postkarten gezogen, bis 5000 DM ausgespielt wurden. Außerdem gibt es ein Telefonspiel, für das man sich vorher beim SDR anmelden muss. In 60 Sekunden muss ein Begriff erraten werden; ein »springender Punkt« auf dem Bildschirm zeigt an, wie nahe man der Lösung ist – ob die Antwort also »heiß« oder »kalt« ist. Errät der Telefonkandidat das Wort, bekommt er 200 DM, wenn nicht, kann der nächste Mitspieler 400 DM gewinnen. Theoretisch kann der letzte Telefonkandidat in der letzten Sendung 9800 DM kassieren. Für Entspannung sorgt zwischen den Rateaufgaben ein Unterhaltungsteil.

Sieben Ausgaben liefen mittwochs um 21.15 Uhr. Zweieinhalb Wochen nach der letzten Sendung wurden noch die richtige Lösung und die Gewinner des Postkartenspiels bekannt gegeben.

HEISS UND KALT ZDF
1997. 4-tlg. dt. Krimi von Petra Hammesfahr, Regie: Rolf von Sydow.

Die Schmuckdesignerin Judith Schwaiger (Marijam Agischewa) fühlt sich von ihrem Mann Bernd (Peter Sattmann) ungeliebt und beginnt eine Beziehung mit Martin Keil (Patrick Winczewski). Währenddessen muss sie feststellen, dass Bernd und ihre beste Freundin Sandra Testroff (Ann-Kathrin Kramer) sie ermorden wollen.

Die Folgen waren 45 Minuten lang.

DER HEISSE DRAHT ARD
1973–1975. »Gespräche und Spiele mit ausländischen Nachbarn«.

Große Samstagabendshow mit Joachim Fuchsberger und Gästen, die aus Deutschland und jeweils einem anderen Land in Europa stammen. Das Gastland bildet den Mittelpunkt der Talks und Spiele, Künstler aus beiden Ländern singen Lieder von dort. Zweimal pro Show werden Fernsehzuschauer, die sich zuvor postalisch angemeldet haben, vom Sender zurückgerufen und dürfen per Telefon den prominenten Gästen Fragen stellen.

Die Show brachte es auf acht Ausgaben. Regisseur war Peter Behle, der auch bei *Wünsch dir was* Regie geführt hatte.

DAS HEISSE EISEN RTL
→ Explosiv – Das heiße Eisen

HEISSE SPUREN ARD
1970–1971. 21-tlg. US-Krimiserie (»N.Y.P.D.«; 1967–1969).

Die New Yorker Polizisten Mike Haines (Jack Warden), ein altgedienter, erfahrener Detective Lieutenant, sein jüngerer Kollege Johnny Corso (Frank Converse) und der afroamerikanische Officer Jeff Ward (Robert Hooks) kämpfen gemeinsam gegen die Verbrecher der Stadt.

Die Episoden basierten auf tatsächlichen Fällen der New Yorker Polizei NYPD, mit der die Serie in enger Zusammenarbeit produziert wurde. Die halbstündigen Folgen liefen in den regionalen Vorabendprogrammen.

HEISSE SPUREN IN RIO ARD
1982. 11-tlg. brasilian. Krimiserie (»Plantão de Policia«; 1979–1981). Der Journalist Waldomiro Pena (Hugo Carvana) kommt während seiner Recherchen Verbrechern auf die Spur und hilft der Polizei

auf diese Weise bei der Aufklärung von Drogendelikten.
Die einstündigen Folgen liefen im regionalen Vorabendprogramm.

DER HEISSE STUHL RTL
→ Explosiv – Der heiße Stuhl

HEISSE TAGE – WILDE NÄCHTE: SEXY URLAUB 2000 RTL 2
2000. 6-tlg. Doku-Soap. Junge Urlauber werden bei ihren Urlaubstrips nach Mykonos, in die griechische Ägäis, nach Lloret de Mar und Ibiza begleitet.
Die Reihe lief sonntags um 22.15 Uhr.

HEISSE WETTE – BEI DR. SPENCER AUF DER COUCH SAT.1
1993. 5-tlg. ital. Erotikserie (»Hot Bet«; 1991).
Michael Cassidy (Marc Gellard) will seine Freundin Loretta (Cristina Rinaldi) betrügen. Aber nur wegen einer Wette. Die Auserwählte ist die Psychologin Dr. Susan Spencer (Christine Angelheart), also schleicht er sich als Patient bei ihr ein.
Die halbstündigen Folgen liefen dienstags gegen Mitternacht.

HEISSE WICKEL – KALTE GÜSSE ZDF
1984. 13-tlg. dt. Kurserie von Georg Lohmeier, Regie: Franz Josef Gottlieb.
In einem bayerischen Kurort versuchen Dr. Leopold Knapp (Willy Harlander), Dr. Manfred Bronnengießer (Henner Quest) und ihre Kollegen, das regelmäßig von neuen Kurgästen ausgelöste Chaos in Bahnen zu lenken, die ein Happyend ermöglichen.
Die einzelnen Folgen waren 25 Minuten lang.

HEISSER DRAHT INS JENSEITS DFF
1974. 13-tlg. ungar. Zeichentrickserie von József Romhányi und József Nepp (»Üzenet A Jövöböl«; 1968–1969).
Adolar, Sohn der Budapester Familie Mézga, hat zufällig etwas sehr Praktisches entdeckt: eine Verbindung in die Zukunft. Mit Hilfe eines Radios, eines Regenschirms und des Ohrs von Hund Schnuffi kann die Familie Kontakt zu einem Nachfahren aufnehmen, der im Alter von 186 Jahren im 30. Jh. lebt. In der Zukunft sind viele Dinge erfunden worden, von denen man heute noch träumt, und wenn es in der Gegenwart mal wieder hakt, lässt sich Familie Mézga etwas per Lichtpost aus jener Zeit schicken. Das materialisiert sich dann auf dem Fensterbrett (was tragisch ist, wenn wieder keiner daran gedacht hat, das Fenster vorher aufzumachen). Die Hilfen aus der Zukunft erscheinen immer nur anfangs als Lösung für Probleme, auf Dauer aber als Verursacher von unendlichem Chaos. So wie der futuristische Ersatz für das kaputte Fernsehgerät: Durch den kommen Fernsehstars leibhaftig ins Wohnzimmer – aber bei einer Sendung über Bewässerungstechnik eben auch das Wasser ...
Die Serie lief auch im regionalen Vorabendprogramm der ARD. Eine Fortsetzung bei Tele 5 trug den Titel *Die Abenteuer der Familie Metzger*. Die Familie und besonders ihr Sohn und Hund standen auch im Mittelpunkt der Serie *Adolars phantastische Abenteuer*.

HEISSER VERDACHT ARD, DRITTE PROGRAMME, ZDF
1992–1998 (ARD, Dritte Programme); 2004 (ZDF).
13-tlg. brit. Krimireihe von Lynda La Plante (»Prime Suspect«; 1991–2003).
Jane Tennison (Helen Mirren) ist eine schroffe, ehrgeizige Kommissarin der Londoner Polizei. Sie kämpft darum, sich als Leiterin der Sonderkommissionen bei den härtesten und heikelsten Fällen beweisen zu dürfen – gegen den Widerstand ihrer männlichen Vorgesetzten und Untergebenen. Regelmäßig tauchen u. a. Detective Sergeant Bill Otley (Tom Bell) und Detective Chief Superintendent Mike Kernan (John Benfield) auf. Aber Tennison stößt in den eigenen Reihen nicht nur auf Sexismus, sondern auch auf Korruption, faule Kompromisse und weit reichende Verschwörungen, gegen die sie ohne Rücksicht auf eigene Verluste ankämpft. Fast immer schafft sie es nur gegen den Willen ihrer Chefs, die Fälle am Ende zu lösen. Auf diese Art macht sie dann doch Karriere, schafft sich aber keine Freunde. Ihr Privatleben bleibt völlig auf der Strecke – die anfängliche Beziehung zu ihrem Freund George Marlow (John Bowe) ist nicht die einzige, die daran zerbricht. Die Fälle sind meist äußerst brutale Morde; nach dem Auftakt mit einem Serienmord an Prostituierten geht es um Pädophilie, Rassismus und Drogenhandel.
Herausragende Krimireihe, die die mühsame Ermittlungsarbeit der Polizei realistisch und schonungslos zeigt und dabei alle Register zieht. Schlüsselszenen sind immer die Verhöre von Verdächtigen in klaustrophobisch kleinen Räumen. Helen Mirren bekam für ihre Rolle 1996 einen Emmy.
Heißer Verdacht war ursprünglich ein Zweiteiler, dem nach dessen großem Erfolg zunächst zwei weitere Fälle folgten, die ebenfalls je zweimal 90 Minuten lang waren. Weitere drei Fälle bildeten eine Miniserie, danach folgte erneut ein Zweiteiler. Alle diese Folgen liefen in der ARD, teilweise auch nur in den Dritten Programmen. Einen neuen Zweiteiler mit dem Untertitel »Die letzten Zeugen« zeigte sechs Jahre nach dem letzten Fall 2004 das ZDF.

HEISSES PFLASTER HAWAII VOX
1995–1996. 13-tlg. US-Krimiserie von Stephen J. Cannell (»Marker«; 1995).
Der Zimmermann Richard DeMorra (Richard Grieco; als Kind: Nicolas Ramos) kommt zur Beerdigung seines Vaters Joe Rose nach Hawaii. Dort entdeckt er, dass der Mann, der ihn und seine Mutter verlassen und den er nur als kalt erlebt hat, eine andere Seite hatte: Er hat vielen Inselbewohnern Pokerchips mit eingravierter Rose und einer Nummer gegeben, die sie bei ihm einlösen konnten, wenn sie Hilfe benötigten. Richard übernimmt – gegen den Willen seiner

Stiefmutter Kimba Hills (Gates McFadden) – diese Verpflichtung und bekommt dafür ein Haus und Einkommen auf Hawaii, aber auch viel ungewohnte Detektivarbeit. Der hawaiianische Hochstapler Danny »Pipeline« Kahala (Andy Bumatai) und Taki »Moch« Mochadomi (Keone Young), der Anwalt der Familie, helfen ihm.
Die einstündigen Folgen liefen sonntags um 21.15 Uhr.

HEITER BIS WOLKIG   ZDF
1978. 7-tlg. dt. Patchworkfamilienserie von Gerd Oelschlegel, Regie: Werner Reinhold.
Herr Bangemann (Hans-Werner Bussinger) ist Werbetexter, Witwer und Vater zweier Kinder: Michael (Andrej Schüssler-Brandt) und Daniela (Judith Schüssler-Brandt). Seine Lebensgefährtin Frau Ücker (Ursula Heyer) ist geschieden und allein erziehende Mutter von Thorsten (Nicolaus Mesterharm). Gemeinsam ziehen sie nach Berlin. Die Boxerhündin der Familie heißt Mini.
Die halbstündigen Folgen liefen montags um 17.10 Uhr.

HEITER WEITER   SAT.1
1990. Halbstündiges Ratespiel um Geheimnisse. Guido Baumann moderierte, Hans Sachs, Anneliese Fleyenschmidt und Annette von Aretin bildeten das Rateteam.
Nach Robert Lembkes Tod hatte die ARD sehr lange gezögert, ob *Was bin ich?* fortgesetzt werden sollte. Das Rateteam war über dieses Zaudern verärgert und wechselte geschlossen zu Sat.1, wo es seine eigene Sendung präsentierte. Diese wurde vom Kaffee- und Schokoladenriesen Jacobs-Suchard produziert, der dafür kostenlos Werbezeit von Sat.1 bekam.
26 Ausgaben liefen alle zwei Wochen dienstags um 20.00 Uhr, also fast genau auf dem *Was bin ich?*-Sendeplatz, auf dem kurz darauf auch die ungleich erfolgreichere ARD-Nachfolgeshow *Ja oder Nein* startete.

HELDEN DES ALLTAGS   RTL
Seit 1999. Dt. Doku-Soap. Vertreter verschiedener Berufe werden jeweils über mehrere Wochen mit der Kamera in ihrem Alltag begleitet: Gerichtsvollzieher, Hausmeister, Notärzte, Feuerwehrleute, Bestattungsunternehmer.
Jedes Berufsporträt umfasste in der Regel zwei, manchmal mehr Folgen. Neben den Berufen ging es vereinzelt auch um bevorstehende Hochzeiten oder Geburten. Als die Welle der Polizei-Doku-Soaps auf ihrem Höhepunkt war, wurden in mehreren Folgen Streifenpolizisten oder Sicherheitsbeamte bei ihren Einsätzen gefilmt.
Die Reihe lief am späten Sonntagabend und war eine Produktion des Drittanbieters AZ Media.

HELGA UND DIE NORDLICHTER   ZDF
1984. 13-tlg. norddeutsche Serie von Helga Feddersen, Regie: Marcus Scholz.
Helga Boysen (Helga Feddersen) hält mit ihren spleenigen Ideen ihre Eltern Christl (Gerda Gmelin) und Hans-Daniel (Ernst Fritz Fürbringer) auf Trab, die eine Buchhandlung in Husum besitzen. Um den Umsatz anzutreiben, stellt sie sich z. B. nackt ins Schaufenster, was für entsprechendes Aufsehen sorgt.
Die halbstündigen Folgen liefen samstags am Vorabend.

HELGAS TOP(P)-MUSIKE   DFF
1980–1985. Personalityshow mit Helga Hahnemann.
Die Sendung war bereits 1978 im DDR-Hörfunk gestartet und wurde 1980 als 90-Minuten-Abendshow ins Fernsehen übernommen. Hahnemann selbst stand im Mittelpunkt und schlüpfte in verschiedene komische Rollen, mit denen sie zu einem der beliebtesten Stars in der DDR geworden war. Sie tanzte, sang, führte artistische Kunststücke vor und spielte Sketche, die oft aufeinander aufbauten. Dazwischen gab es immer wieder Musik von und mit Helga Hahnemann und ihren Gästen. Sie selbst hatte die Show gemeinsam mit ihrer Autorin Angela Gentzmer entwickelt. Hahnemanns Bühnenpartnerin Dagmar Gelbke war auch in der Fernsehshow als Sketchpartnerin dabei.
Nur drei Shows liefen innerhalb von fünf Jahren, sie machten Hahnemann jedoch in der DDR noch beliebter.

HELICOPS – EINSATZ ÜBER BERLIN   SAT.1
1998–2001. 35-tlg. dt. Actionserie.
Die Berliner Polizei geht mit Hilfe des Hightech-Hubschraubers AK1 neue Wege bei der Verbrechensbekämpfung. Charly von Schumann (Christoph M. Ohrt) fliegt die Maschine, Kommissarin Jenny Harland (Doreen Jacobi) leitet den Einsatz. Zum Team gehören der Navigator Stephan Rubelli (Matthias Matz), Hagen Dahlberg (Peter Simonischek), Dr. Claudia Jokostra (Brigitte Karner) und der Mechaniker Thorwald (Christoph Grunert). Im März 2000 kommt Gina Holland (Iris Junik) dazu. Ein Jahr später übernimmt Robert »Bob« Becker (Joachim Kretzer) das Steuer von Charly. Zum Team gehört neben Gina und Stephan jetzt außerdem Dr. Koch (Dietrich Hollinderbäumer).
Das Tolle an AK1? Er hat Infrarotsensoren, Superrichtmikrofone, eine Impulskanone und sogar Tangentialstabilisatoren. Jaha! *HeliCops* war die Reaktion von Sat.1 auf den Erfolg der RTL-Serie *Alarm für Cobra 11*. Statt auf echte Stunts setzte der Sender auf modernste Computertechnik, noch haarsträubendere Plots und noch spektakulärere Explosionen: In der ersten Staffel gingen der Palast der Republik und der Berliner Fernsehturm bei Kollisionen zu Schrott. Die Serie war mit Abstand das Teuerste, was Sat.1 je produziert hatte; mit ihr wollte der Sender auch vom Image des »Kuschelsenders« (Harald Schmidt) wegkommen. Doch die Zuschauerresonanz entsprach nicht den Erwartungen und Kosten.

Die einstündigen Folgen liefen montags um 20.15 Uhr. Mehrere Episoden sind auf DVD erhältlich.

HELL UND SCHNELL ARD
1953–1954. Halbstündiges Quiz mit Fragen der Zuschauer. In der Frühzeit des Fernsehens musste alles mit rechten Dingen zugehen: Die Leitung hatten wechselnde Rechtsanwälte.
Vier Ausgaben liefen in loser Folge abends.

HELLA & DIRK RTL
2004–2005. Halbstündige Comedyshow mit Hella von Sinnen und Dirk Bach in vielen schrillen Sketchen, Kostümen und Tonlagen.
Die beiden Hauptdarsteller und ihre Maskenbildner hatten sichtlich Spaß, die Zuschauer weniger: *Hella & Dirk* warf die Entwicklung des RTL-Humors unerwartet um Jahrzehnte zurück in eine Zeit, in der man dachte, dass gute Witze sich von selbst inszenieren, dass gute Witze noch besser werden, wenn man sie endlos streckt, und dass gute Witze alte Witze sind.
Fünf Ausgaben liefen vor immer weniger gutwilligen Zuschauern mittwochs um 21.45 Uhr; eine verbliebene wurde im Sommer nachgereicht.

HELMUT UND HELMUTH – DIE ZWEIERKETTE SAT.1
2001. Halbstündige Comedyshow von und mit Oliver Welke und Lou Richter. Welke und Richter kommentieren als schräge Fußballfans Helmut und Helmuth vor dem Fernseher das aktuelle Bundesligageschehen.
Die Reihe lief zweimal samstags um 18.00 Uhr unmittelbar vor der Fußballshow *ran*, die sowohl Welke als auch Richter selbst moderierten.

H.E.L.P. – DAS RETTUNGSTEAM IM EINSATZ VOX
1995. 7-tlg. US-Actionserie von Dick Wolf und Christopher Crowe (»H.E.L.P.«; 1990).
Patrick Meacham (John Mahoney) leitet das »Harlem Eastside Lifesavings Program«. Zu dieser Einheit der New Yorker Polizei gehören der Feuerwehrmann Jimmy Ryan (Tom Breznahan), die Polizisten Lou Barton (Wesley Snipes) und Frank Sordoni (David Caruso) sowie die Ärzte Mike Pappas (Lance Edwards) und Danny Tran (Kay Tong Lim).
Vox versendete die einstündigen Folgen inklusive je einer Wiederholung werktags nachmittags.

HEMINGWAY ZDF
1989. »Die Geschichte eines abenteuerlichen Lebens«. 4-tlg. US-brit.-frz.-ital.-dt. Fernsehfilm von Bernhard Sinkel (Buch und Regie).
Das Leben und die Karriere des amerikanischen Literatur-Nobelpreisträgers Ernest Hemingway (Stacy Keach). Hemingway arbeitet als Auslandskorrespondent in Paris, trennt sich von seiner Frau Hadley (Josephine Chaplin), heiratet die Modejournalistin Pauline Pfeiffer (Marisa Berenson), ist Berichterstatter im Spanischen Bürgerkrieg, beginnt eine Beziehung mit der Journalistin Martha Gellhorn (Lisa Banes), heiratet aber später die Kriegsberichterstatterin Mary Welsh (Pamela Reed), schreibt zwischendurch den einen oder anderen Bestseller, erhält den Nobelpreis, wird depressiv und erschießt sich. Aber man kann die Geschichte natürlich auch in vier abendfüllenden Filmen erzählen.
Die 30 Millionen DM teure internationale Koproduktion wurde von einem deutschen Team in englischer Sprache gedreht. Das durfte dafür die Schweiz, Paris, Venedig, Kenia, Spanien, Puerto Rico und die USA bereisen, so dass die konventionell erzählte Lebensgeschichte mit ihren langen Dialogen wenigstens äußerst attraktive Hintergründe bekam. Das Ergebnis lief auch im US-Fernsehen, allerdings von 400 auf 285 Minuten gekürzt.
Das ZDF zeigte die vier Teile (mit jeweils genau einer Ehe pro Folge) innerhalb einer guten Woche zur Primetime.

DIE HEMMUNGSLOSEN SECHS SAT.1
1992. Sketchreihe mit Susanne Czepl, Karen Friesicke, Eva-Maria Kerkhoff, Emilio Castoldi, Axel Olsson und Michael Schönborn.
Zehn halbstündige Folgen liefen am späten Sonntagabend.

DER HENGST KARINO DFF 1
→ Karino – Die Geschichte eines Pferdes

HENRY UND EIN LINKES BEIN ARD
1987. 6-tlg. brit. Jugendserie von Ray Russell, Regie: Michael Kerrigan (»Henry's Leg«; 1986).
Seitdem sein Vater seine Mutter (Jane Wood) verlassen hat, sammelt der zwölfjährige Henry Hooper (Courtney Roper-Knight) merkwürdige Dinge, die keiner mehr haben will. Das linke Bein einer Schaufensterpuppe, das er im Müll gefunden hat, entpuppt sich als doch nicht so wertlos, aber auch als nicht so ungefährlich, wie es scheint – es geht, wie Henry herausfindet, um einen Juwelenraub.
Die 25-minütigen Folgen wurden im regionalen Vorabendprogramm ausgestrahlt.

HERA LIND & LEUTE ZDF
1995–1997. Einstündige Talkshow mit Hera Lind und Gästen zu jeweils einem Thema. In der ersten Sendung ging es um die Frage: »Wie viel Mutter braucht ein Kind?« Mit den täglichen Talkshows der Privaten hatte diese wenig gemein, sie wollte eine Talkshow »für die ganze Familie« sein.
Der Talk lief samstags um 16.00 Uhr. Nachfolger wurde *Conrad & Co*.

HERBERT IST HERRMANN ZDF
1985. 3-tlg. Special mit Herbert Herrmann. Der Schauspieler tritt mit Kollegen in Sketchen und Szenen auf. Er präsentiert die Sendung mit seinem ebenfalls von ihm dargestellten »Zwillingsbruder« Herrmann, der versucht, ihm die Schau zu stehlen.
Die einzelnen Folgen dauerten 60 Minuten.

HERBERT UND SCHNIPSI BR

Seit 1994. Dt. Comedyserie von Claudia Schlenger und Hanns Meilhamer.

Das durchschnittlich tollpatschige Kleinbürgerehepaar Herbert (Hanns Meilhamer) und Schnipsi Haberkorn (Claudia Schlenger) bemüht sich, die Alltagsprobleme zu umschiffen – oder wenigstens schnell hinter sich zu bringen. Beide gehen gelegentlich aus sich heraus, Schnipsi eher wegen ihres Temperaments und Herbert eher aus Verzweiflung. Herbert arbeitet im Möbelhaus bei Willi Brauchle (Bruno Hetzendorfer); Berta (Saskia Vester) ist Schnipsis Chefin im Friseursalon.

Schlenger und Meilhamer sind auch im wirklichen Leben ein Ehepaar. Ihr Sohn Simon Meilhamer war in einer Gastrolle zu sehen. Die erste Staffel mit sechs Folgen wurde ab April 1996 in der ARD und mehrfach im Bayerischen Fernsehen wiederholt. Erst elf Jahre nach der Erstausstrahlung zeigte der BR Anfang 2005 eine zweite Staffel mit fünf weiteren Folgen. Dazwischen waren die Charaktere in mehreren Folgen der Reihe *Sketche mit Herbert und Schnipsi* zu sehen.

HERBSTFEST DER VOLKSMUSIK ARD
→ Sommerfest der Volksmusik

HERCULE POIROT VOX
→ Agatha Christies Poirot

HERCULES RTL

1995–2000. 115-tlg. US-Fantasyserie von Christian Williams (»Hercules – The Legendary Journeys«; 1995–1999).

Der Halbgott Hercules (Kevin Sorbo), Sohn des Göttervaters Zeus (Anthony Quinn), beschützt die Menschen vor den Schandtaten der bösen Göttermutter Hera. Zur Seite stehen ihm dabei sein Freund und Neffe Iolaus (Michael Hurst) und anfangs Xena (Lucy Lawless). Iolaus stirbt eines Tages, von bösen Mächten besessen. In einer Nebenwelt lernt Hercules später Iolaus II. (wieder Michael Hurst) kennen und nimmt ihn mit auf die Erde. Der Neue ist ein Angsthase und verschwindet bald wieder, um mit der Göttin der Meere im Ozean zu leben. Kurz darauf erlauben die Götter dem verstorbenen ersten Iolaus, auf die Erde zurückzukehren, um Hercules wieder auf seinen Reisen zu begleiten.

Der Serie waren seit Oktober 1994 fünf Fernsehfilme vorausgegangen (ebenfalls bei RTL), die wie die Serie auf der griechischen Mythologie basierten. Gedreht wurde *Hercules* in Neuseeland. Nach der ersten Staffel bekam Lucy Lawless ihre eigene Serie *Xena*.

Die einstündigen Folgen liefen bei uns zunächst am Freitag zur Primetime, ab Oktober 1996 sonntags nachmittags, in der Regel im Block mit *Xena* unter der Dachmarke »Helden am Sonntag«.

HERKULES UND DIE ZWÖLF ABENTEUER ARD
→ Plumpaquatsch

HERR HESSELBACH UND … ARD

1966–1967. 9-tlg. dt. Familienserie von Wolf Schmidt, Regie: Harald Schäfer. Fortsetzung von *Die Firma Hesselbach* und *Die Familie Hesselbach*.

Weil Babba Hesselbach (Wolf Schmidt) für einen Moment nicht aufgepasst hat, nimmt er versehentlich die Wahl zum Stadtrat von Steintal an. Fortan muss er sich mit kulturellen Werbefilmen, Vormundschaften und Bauvorhaben auseinander setzen und wird sogar Polizeidezernent. In der Familie und der Ehe mit Mamma (Liesel Christ) bleibt alles beim Alten.

Eigentlich hatte Wolf Schmidt nach den insgesamt 42 Folgen der ersten beiden Serien die Hesselbachs beenden wollen, beugte sich dann aber den massiven Forderungen der Zuschauer nach einer Fortsetzung. Zu Beginn der ersten neuen Folge »Herr Hesselbach und der Film« wurde eingeblendet: »Die Familie Hesselbach kann ihr Ruhestandsdasein nicht länger fortsetzen. Ernste kommunalpolitische Ereignisse erfordern Rechenschaft.« Dennoch konnte diese dritte Inkarnation der Hesselbachs den Erfolg der ersten beiden nicht wiederholen und wurde nach neun Folgen vorzeitig eingestellt.

Die einstündigen Folgen liefen am Mittwochabend.

DER HERR KOTTNIK ZDF

1974. 13-tlg. dt. Familienserie von Hans-Georg Thiemt und Hans Dieter Schreeb, Regie: Rudolf Jugert.

Alfred Kottnik (Walter Sedlmayr) hat von seinem verstorbenen Vater die Familiendruckerei geerbt. Oder sagen wir mal so: Irgendwie hat er es geschafft, das Testament so hinzubiegen, dass sie ihm jetzt gehört. Das Ergebnis ist das gleiche: Der Haussegen hängt schief. Schwägerin Wally (Margot Trooger) und Dr. Kranzeder (Reinhard Kolldehoff) lehnen sich auf, Neffe Klaus (Michael Schwarzmaier) und Edith (Susanne Beck) werden mit hineinzogen. Alfred hält nicht viel von seinem Neffen und macht ihn aus genau diesem Grund später zum Geschäftsführer. Die Familie hatte eine Besetzung dieses Postens verlangt, damit Alfred nicht länger allein machen kann, was er will, und Alfred besetzt den Posten mit dem vermeintlich harmlosen Klaus, damit er weiter machen kann, was er will.

Walter Sedlmayr hatte die Rolle des Herrn Kottnik bereits im Vorjahr in *Drei Partner* gespielt. Jede Folge dauerte 25 Minuten.

HERR ROGLER UND HERR BUSSE ARD

1992–1993. Halbstündige kabarettistische Show von und mit Richard Rogler und Jochen Busse.

Rogler und Busse stellen in jeder Folge Angehörige einer Berufsgruppe dar: zwei Außendienstmitarbeiter, zwei Unterhaltungschefs (einer öffentlich-rechtlich, einer privat), zwei Chauffeure usw. Die Herren nehmen sich gewaltig wichtig und reden im Gespräch teils höflich, teils bösartig aneinander vorbei.

Sechs Ausgaben liefen am Dienstagabend.

HERR ROSSI SUCHT DAS GLÜCK ARD
1976. 4-tlg. ital. Zeichentrickserie von Bruno Bozzetto (»Il Signor Rossi cerca la felicità«; 1976–1977).
Herr Rossi fühlt sich in der Wirklichkeit unwohl und flüchtet mit dem sprechenden Hund Gastone ins Abenteuer. Mit Hilfe einer Trillerpfeife, die Herr Rossi von einer Fee bekommen hat, reisen die beiden durch die Zeit und finden sich bei historischen Ereignissen oder in Märchen wieder. Sie treffen auf tyrannische Könige, Cowboys im Wilden Westen, Robin Hood oder auch Schneewittchen. Sobald Herr Rossi pfeift, landen sie woanders. Hauptsache, sie sind nicht zu Hause, wo Rossi in einer Fischkonservenfabrik arbeitet und sein Chef gleich nebenan wohnt. Wünsche, die Herr Rossi gern erfüllt bekäme, sind laut Titellied: »Eis vom Nordpol, flambiert mit Punsch, eine Schokoladenburg, dreimal Kuchen, sechs Kaffee, 20 Törtchen, dazu Tee«, denn »andere können alles haben, können sich an Feinstem laben, und von eben diesen Gaben möcht' Herr Rossi auch was haben«.
Dieser bekanntesten Serie mit Herrn Rossi waren in Italien seit 1960 diverse Kurzfilme ohne Reihentitel vorausgegangen, in denen Herr Rossi durch die Welt reist oder zu Hause Probleme des Alltags bewältigt. Hier und da wurden sie auch mal in Deutschland gezeigt, die meisten erst später. Diesem Vierteiler folgten zwei weitere Vierteiler: *Herr Rossi träumt* und *Die Ferien des Herrn Rossi*. Jede Folge dauerte 20 Minuten. Eine elfteilige Reihe mit fünfminütigen Kurzepisoden lief 1999 als *Rossi Sports* innerhalb der Sendung *Late Lounge* im Hessen Fernsehen. Friedrich W. Bauschulte war die deutsche Stimme von Herrn Rossi, Edgar Ott die von Gastone.

HERR ROSSI TRÄUMT ARD
1977. 4-tlg. ital. Zeichentrickserie (»I sogni del Signor Rossi«; 1976–1977). Fortsetzung von *Herr Rossi sucht das Glück*.
Herr Rossi hat nun keine Pfeife mehr und entflieht dem Alltag auf anderem Weg: Er träumt sich samt Gastone in eine Fantasiewelt. Darin findet er sich in der Rolle verschiedener bekannter Figuren wie Tarzan, Sherlock Holmes oder Frankenstein wieder.

HERR SCHROTT VERWERTET SICH ZDF
1967. 4-tlg. dt. Comedyserie von Werner Finck, Regie: Wolfgang Schleif.
Der Zeitungsjournalist Wilhelm Schrott (Werner Finck) berichtet in seiner täglichen Kolumne von seinen skurrilen Alltagserlebnissen, seinem Engagement in Bürgerinitiativen und gegen eine rechtsradikale Partei, von seinen Fahrstunden und einer unglücklichen Kettenreaktion, die ihn ins Krankenhaus brachte.
Die halbstündigen Folgen liefen einmal im Monat freitags nach 21.00 Uhr.

HERR UND MEISTER VOX
1993–1995. 23-tlg. brit. Comedyserie von Clive Exton nach den Geschichten von P. G. Wodehouse (»Jeeves And Wooster«; 1990–1993).
Die Serie spielt in den 30er-Jahren: Bertie Wooster (Hugh Laurie) ist ein reicher Gentleman, allerdings auch ein unfassbar ungeschickter Idiot. Zum Glück hat er seinen Diener Jeeves (Stephen Fry), der mit großem Geschick die absurdesten Situationen meistert und seinen Herrn nach diversen Missverständnissen und ausufernden Notlügengeflechten auch aus den tiefsten Fettnäpfen wieder heraushOLT.
Die meisten der einstündigen Folgen waren im England der 30er-Jahre angesiedelt, sechs im New York der gleichen Zeit. Die BBC hatte aus Wodehouse' Büchern schon ein Vierteljahrhundert zuvor die Serie »The World Of Wooster« mit Ian Carmichael und Dennis Price gemacht. Das Komikerduo Fry & Laurie war eine gewagte, geniale, in Großbritannien außerordentlich erfolgreiche Besetzung.
Die Folgen waren eine Stunde lang.

DIE HERREN DES STRANDES ARD
1992. 11-tlg. brasilian. Problemserie nach dem Roman von Jorge Amado, Regie: Walter Lima jun. (»Capitães de Areia«; 1989).
Der Vater von Pedro Bala (Leandro Reis Souza) ist bei einem Gewerkschaftsstreik getötet worden. Der 15-Jährige driftet in die Straßenszene von Salvador da Bahia ab und wird Anführer einer Jugendgang, der »Herren des Strandes«.
Die Serie schilderte im Rahmen der fiktiven Handlung die realen Probleme, mit denen Straßenkinder in Brasilien zu kämpfen haben: Gewalt, Drogen, Kriminalität. Beschönigt wurde nichts, Gewalt gezeigt, jedoch vom WDR für die Ausstrahlung am Sonntagnachmittag teilweise wieder herausgeschnitten.
Die Folgen waren 25 Minuten lang.

EIN HERRLICHES LEBEN ARD
1973. 13-tlg. US-Sitcom (»The Good Life«; 1971–1972).
Gelangweilt und genervt von ihrem durchschnittlichen Leben, beschließen Albert (Larry Hagman) und Jane Miller (Donna Mills), die soziale Leiter hinaufzuklettern. Er gibt seinen Job als Börsenmakler auf, sie verkaufen Haus und Auto und geben sich als erfahrenes Diener-Ehepaar aus. Sie bieten ihre Dienste dem superreichen Charles Dutton (David Wayne) an, um in den Genuss seines herrlichen Lebens mit Pool, Tennisplatz und Bentley zu kommen. Natürlich haben sie keine Ahnung davon, was sich gehört, und Charles' Schwester Grace (Hermione Baddeley) tut deshalb alles, um sie wieder loszuwerden. Aber nur Charles' Sohn Nick (Danny Goodman) durchschaut die wahre Herkunft der beiden Millers, hat als Hippie aber Spaß daran, ihr Spiel mitzuspielen.
So, so, um ein »herrliches Leben« zu führen, beschließen die beiden also, ausgerechnet Diener zu werden? Schon die Grundprämisse dieser Sitcom ist schief; sie wurde ein entsprechender Flop. Immerhin schadete er der Karriere von Larry Hagman und Donna Mills nicht. Der ausführende Produzent Lee

Rich produzierte später auch *Dallas* und *Unter der Sonne Kaliforniens* und verhalf den beiden dort zu größerem Ruhm.
Die halbstündigen Folgen liefen im regionalen Vorabendprogramm.

HERRMANN SAT.1
1993. »Die Talkshow für Sie«. Halbstündige Talkshow mit einem Mann als Moderator und Frauen als Zielgruppe.
Wolf-Dieter Herrmann lässt fünf bis sechs Betroffene, einen Experten und das Publikum über Beziehung, Erziehung, Haushalt und Beruf plaudern. Es geht um brisante Themen wie: »Sind Mollige in?«, »Der Frauenberuf Stewardess«, »Heiraten: Ja oder nein?« oder auch: »Frauen, die sich für die Kamera ausziehen«.
Die Sendung lief kurz vor dem Mittagessen.

HERRSCHER EINER VERLORENEN WELT DFF 1
→ Die geheimnisvolle Insel

DAS HERZ ALLER DINGE ZDF
1983. 4-tlg. dt. Drama nach dem Roman von Graham Greene, Buch: Marco Leto und Gerald Savory; Regie: Marco Leto.
Der bisher grundgute Scobie (Jack Hedley) arbeitet während des Krieges als Polizist in Westafrika. Weil er seiner Frau Louisa (Erica Rogers) eine Reise nach Südafrika ermöglichen möchte, lässt er sich auf Geldgeschäfte mit dem Diamantenschmuggler Yusef (Wolfgang Kieling) ein. Und dann betrügt er seine Frau mit Helen (Christiane Jean). Weil er ein gläubiger Katholik ist, machen ihm diese Sünden zu schaffen.
Das ZDF zeigte den Vierteiler an drei aufeinander folgenden Sonntagen, indem es Teil eins und zwei an einem Abend zeigte, nur unterbrochen durch *heute* und »Sport am Sonntag«.

HERZ AUS STEIN ARD
1988. 4-tlg. ital. Krimimelodram von Lucio de Caro und Steno, Regie: Steno (»Cuore di pietra«; 1987).
Die Mafiabosse Don Peppe Carita (Carlo Giuffré) und Gaetano Bonanno (Marcel Bozzuffi) bekämpfen sich. Ihre Kinder Toni (Massimo Ranieri) und Nenella (Sophie Duez) lieben sich. Und Commissario Greco (Nunzio Gallo) soll die beiden Mafiabosse bekämpfen.

HERZ IST TRUMPF SAT.1
1992–1993. Halbstündige Kuppelshow mit Stephan Lehmann.
Aus drei Kandidaten des einen Geschlechts und neun des anderen soll ein Traumpaar gefunden werden. Die Neunergruppe stellt den drei Kandidaten Fragen und wählt den attraktivsten Bewerber. Dieser bleibt im Spiel und wählt wiederum aus der Neunergruppe die drei, die ihm am nettesten erscheinen. Diese drei treten nun gegeneinander an, indem sie die einzelnen Bewerber möglichst gut einschätzen müssen. Das Siegerpaar muss, wie üblich, einen weiteren Übereinstimmungstest bestehen. Der entscheidet, wie wertvoll die gemeinsame Reise wird, die es gewinnt. Das Praktische daran: Die beiden können sich die Reise auch in einer gleichwertigen Summe auszahlen lassen, und es gibt kein Zurückkommen in der nächsten Show, in der man erzählen muss, wie es denn war. Eine Kandidatin war Sonja Zietlow, die damals noch Pilotin war, danach aber Fernsehkarriere machte.
83 Folgen liefen erst samstags, ab Anfang 1993 mittwochs und ab Juli 1993 freitags jeweils am Vorabend. Vorbild war die US-Show »Bachelor Party«.

EIN HERZ UND EINE SEELE WDR, ARD
1973 (WDR); 1973–1976 (ARD). 25-tlg. dt. Sitcom von Wolfgang Menge. Regie: Jürgen Preen (in zwei Folgen der zweiten Staffel: Jürgen Flimm).
Der körperlich nicht gerade mit Überlänge gesegnete Alfred Tetzlaff (Heinz Schubert) aus Bochum ist ein Griesgram und ewiger Nörgler, dem nichts recht zu machen ist. Oder mal ehrlich: Er ist ein verlogener, reaktionärer Spießer. Er mag keine Ausländer, niemanden aus der »Ostzone«, schon gar nicht die rote Regierung und nichts, was neu ist (»Pizza! Weiß doch kein Mensch, woraus die besteht. Da wird so ein Stück Kuhfladen ausgerollt, dann kommt ein Klecks Tomatensoße drauf, und das Ganze kostet dann fünf Mark. Und schmecken tut's wie toter Frisör.«). Seinen Schwiegersohn Michael Graf (Diether Krebs; ab Folge 22: Klaus Dahlen) mag er auch nicht, denn der ist SPD-Anhänger, und seine Frau Else (Elisabeth Wiedemann; ab Folge 22: Helga Feddersen) ist eine »dusselige Kuh«, die in die Küche gehört, wie Frauen im Allgemeinen. Seine Wut lässt er ferner an seiner Tochter und Michaels Frau Rita (Hildegard Krekel) aus.
Ein Herz und eine Seele lief zunächst im WDR und später in einigen anderen Dritten Programmen. Bundesweite Premiere in der ARD war am 31. Dezember 1973 mit der zwölften Folge, »Silvesterpunsch«. Die Episode ist inzwischen ebenso fester Bestandteil jedes Silvesterprogramms wie *Dinner for one*. Seitdem wurde in Farbe produziert.
Basis für Wolfgang Menges Serie war die britische Comedy »Till Death Do Us Part« von Johnny Speight, von der Menge sogar die Rollennamen übernahm. Alf, Else, Rita und Mike hießen die Charaktere des Originals, das von 1966 bis 1975 erfolgreich bei der BBC lief und 1971 bereits als »All In The Family« vom US-Sender CBS adaptiert wurde. Auch die deutsche Fassung wurde innerhalb nur eines einzigen Jahres bundesweiter Ausstrahlung ein Riesenerfolg und Hauptdarsteller Heinz Schubert als »Ekel Alfred« zum Star.
Ihren Erfolg verdankte die Serie ihrem Gesprächswert. Jeder sprach über das Ekel, viele empörte Zuschauer schrieben Protestbriefe, nicht nur wegen des Inhalts, sondern auch weil Schubert als Ekel Alfred Worte wie »Scheiße« oder »Arschloch« in den Mund nahm – damals eine Ungeheuerlichkeit. In vie-

Ein Herz und eine Seele: Ekel Alfred mit Familie samt dusseliger Kuh: Elisabeth Wiedemann, Heinz Schubert, Hildegard Krekel und Diether Krebs (von links) in der Folge »Silberne Hochzeit«, die Alfred natürlich vergessen hat.

len Folgen ließ sich Alfred über tagesaktuelle Ereignisse aus. Autor Menge konnte sie kurzfristig in die Drehbücher einflechten, da die einzelnen Episoden erst am Tag ihrer Ausstrahlung vor Live-Publikum aufgezeichnet wurden. Als 21. und eigentlich letzte Folge lief im November 1974 eine Farbfassung der Episode »Der Sittenstrolch«, die bereits ein Jahr zuvor im WDR in Schwarz-Weiß gelaufen war. Zuvor waren bereits drei andere Schwarz-Weiß-Folgen in Farbe neu gedreht und zum Teil inhaltlich etwas aktualisiert worden.

Sieben Wochen nach der vermeintlich letzten Folge würdigte das Fernsehen die Serie am 27. Dezember 1974 zum Abschied mit dem Special »Requiem für ein Ekel«, in dem Politiker, Sozialwissenschaftler und Literaten todernst, hinter enormen Rauchschwaden ihrer Zigaretten versteckt, über die Bedeutung von Ekel Alfred für die Gesellschaft diskutierten.

18 Monate später ging es dann doch noch einmal weiter. In diesen letzten vier Folgen der Serie spielte Klaus Dahlen anstelle von Diether Krebs die Rolle des Michael. Krebs war ausgestiegen, weil der WDR begonnen hatte, die Drehbücher auf Wunsch der SPD zu entschärfen. Als Else wurde Elisabeth Wiedemann durch Helga Feddersen ersetzt. Eine spätere Neuauflage scheiterte ebenfalls aus politischen Gründen. Der WDR wollte nicht vor einer Bundestagswahl mit der Ausstrahlung neuer Folgen beginnen, da wollte Menge gar nicht mehr.

Sendeplatz war im Dritten wie im Ersten Programm etwa einmal im Monat montags um 20.15 Uhr. Jede Episode war 45 Minuten lang.

Primetime-Wiederholungen im Jahr 1996, die eigentlich nur kurzfristig als Lückenfüller gesendet wurden, wurden überraschend von mehr als sechs Millionen Zuschauern gesehen. Die über 20 Jahre alte Serie versammelte damit mehr Zuschauer als die meisten Erstausstrahlungen neuer Serien und war sogar in den 90er-Jahren noch einer der größten Erfolge des deutschen Fernsehens.

21 Folgen sind auf DVD erschienen.

HERZ & SCHMERZ ARD

2000. Halbstündige Versöhnungsshow mit Andrea Wieser.

Zwei Ex-Paare bekommen die Gelegenheit, wieder zusammenzufinden. Wieser kramt mit den gescheiterten Paaren in guten und schlechten Erinnerungen. Paare, die sich tatsächlich versöhnten, gewannen ein romantisches Wochenende in einem Schloss.

Lief freitags um 19.25 Uhr während der Sommerpause von *Herzblatt*.

HERZBLATT ARD, BR

1987–2004 (ARD); seit 2005 (BR). Vorabend-Kuppelshow.

Ein Single (der »Picker«) stellt drei Singles anderen Geschlechts, die gemeinsam auf der anderen Seite einer Trennwand sitzen, Fragen und entscheidet sich aufgrund der Antworten für einen, mit dem er am folgenden Tag eine Reise unternimmt. Das Ganze geschieht zweimal pro Sendung: Einmal wählt eine Frau unter drei Männern, einmal ein Mann unter drei Frauen. Mindestens eines der Gewinnerpaare erzählt in der folgenden Sendung, wie es ihm ergangen ist und ob es gefunkt hat. Erst ab Folge 300 gab es allerdings bewegte Bilder von ihrer Reise, vorher nur Standfotos.

Moderator der Show war zu Beginn Rudi Carrell, der das Format für Deutschland aus Großbritannien adaptiert hatte. Er präsentierte die Show 128-mal. Im September 1993 übernahm Rainhard Fendrich die Moderation, im Herbst 1997 Hera Lind. Nur ein Jahr später kam Christian Clerici (der im Streit die

ARD verließ, die ihm vorwarf, parallel zur Sendung am Wechsel zu Sat.1 gearbeitet zu haben) und nach einem weiteren Pierre Geisenseter. Er durfte zur Abwechslung mal zwei Jahre bleiben, ab Herbst 2001 wurde Jörg Pilawa neuer Moderator. Immer mit dabei war ferner als Off-Stimme Susi Müller, die die Aussagen der Kandidaten zusammenfasste und als erotischste Stimme Deutschlands gilt.

Spontan an der Sendung ist eigentlich nur ein einziger Moment: Wenn sich die Wand öffnet und sich die beiden Kandidaten, die einander gefunden haben, zum ersten Mal sehen. Die Fragen dagegen kennen die Bewerber schon vorher, und die Antworten darauf müssen sie sich nicht einmal allein ausdenken: Professionelle Autoren helfen ihnen beim Formulieren »schlagfertiger« Sätze. Diese Tatsache war vermutlich das am schlechtesten gehütete Geheimnis im deutschen Fernsehen und wurde bald und dann immer wieder von anderen Medien »enthüllt«. Doch tat dies dem Reiz und dem Erfolg von *Herzblatt* keinen Abbruch. Nicht Spontaneität, sondern Rituale machten die Sendung aus – vor allem zu Carrells Zeiten, der sich nicht einmal Mühe gab, zu verbergen, dass er die Fragen zur Person der Singles von Pappkartons ablas. Es ergaben sich Dialoge wie: »Und haben Sie mal was Spannendes mit einem Känguru erlebt?« – »Ja, Rudi, und zwar war ich damals in Australien ...« Weitere immer wiederkehrende Elemente waren der Satz »Und hier ist ihr Herzblatt«, bevor sich die Trennwand öffnet, die Reisen mit dem HBH genannten Herzblatthubschrauber in irgendwelche bayerischen Käffer und der Satz: »Und nach ihrer Rückkehr haben wir die beiden getrennt voneinander befragt«, nachdem Ausschnitte von der Reise gezeigt worden waren.

Anfang 2003 wurde erstmals ein *Herzblatt* mit schwulen Kandidaten ausgestrahlt, was leider vorher niemand dem Bürgermeister von Bad Alexanderbad in Oberfranken gesagt hatte, wohin das Gewinnerpärchen fuhr. Er weigerte sich, beide zu begrüßen, was einen erheblichen Medienrummel zur Folge hatte.

Herzblatt war die erste einer riesigen Welle von Dating-Shows im deutschen Fernsehen. Es ist weltweit die erfolgreichste Beziehungsshow. Sie wurde staffelweise im Wochenrhythmus ausgestrahlt, mit je ca. 26 Folgen von Herbst bis Frühjahr, und lief zunächst nur im regionalen Vorabendprogramm des BR, ab 1988 in mehreren Anstalten, ab 1993 in der gesamten ARD. Vorbild war die britische Sendung »Blind Date« (seit 1985), die ihrerseits auf die in den USA bereits 1965 gestartete Show »The Dating Game« zurückgeht. Die Sendezeit betrug zwölf Jahre lang eine halbe Stunde, Anfang 1999 wurde sie auf eine ganze Stunde verdoppelt. Bis dahin war der feste Sendeplatz freitags um 19.25 Uhr, die zusätzliche halbe Stunde wurde vorn angehängt, und neuer Sendebeginn war seitdem bereits 18.55 Uhr. Im Herbst 2001 lief die Reihe vorübergehend samstags am Vorabend. Ab diesem Zeitpunkt waren die Staffeln deutlich kürzer, um dem neuen Moderator Jörg Pilawa die Zeit zu geben, auch seine anderen drei regelmäßigen Sendungen in den Programmen der ARD zu moderieren.

Wichtig war *Herzblatt* auch als Talentshow: Aus einigen Kandidaten wurden später selbst Moderatoren, darunter Kai Pflaume *(Nur die Liebe zählt)* und Franziska Rubin *(Luft und Liebe)*. Nach 430 Folgen stellte die ARD die Reihe ein, doch der produzierende Bayerische Rundfunk führte sie in seinem Dritten Programm fort. Neuer Moderator wurde ab Juni 2005 Alexander Mazza.

HERZBUBE MIT ZWEI DAMEN KABEL 1, PRO SIEBEN

1992 (Kabel 1); 1993 (Pro Sieben). 169-tlg. US-Sitcom von Don Nicholl, Michael Ross und Bernie West. (»Three's Company«, 1977–1984)

Die beiden jungen Frauen Janet Wood (Joyce DeWitt) und Chrissy Snow (Suzanne Somers) teilen sich ihre Wohnung mit einem Mann: Jack Tripper (John Ritter). Vor allem weil er gut kochen kann, und nicht wegen was alle anderen denken. Es gibt jede Menge nahe liegender Missverständnisse, nicht zuletzt mit dem Vermieter Stanley Roper (Norman Fell), der dem Arrangement nur zustimmt, weil er Jack für schwul hält, und mit dessen Ehefrau Helen (Audra Lindley), die – frustriert von ihrem Mann – vor allem Sex sucht. Als die Ropers nach zwei Staffeln ihre eigene Serie *Zwei schräge Vögel* bekommen, wird Ralph Furley (Don Knotts) der neue Vermieter. Später wird Chrissy durch ihre Cousine Cindy (Jenilee Harrison) ersetzt – Chrissys Darstellerin Suzanne Somers hatte vergeblich versucht, von dem großen Erfolg der Serie auch finanziell zu profitieren: Sie forderte fünfmal mehr Gage und wurde zur Strafe herausgeschrieben. Nach nur einer Staffel zieht Terri Alden (Priscilla Barnes) anstelle von Cindy ein. Larry Dallas (Richard Kline) ist Jacks bester Freund.

Herzbube mit zwei Damen war die weniger subtile, aber noch erfolgreichere amerikanische Adaption der britischen Sitcom *Ein Mann im Haus*. Wie das Original produzierte sie zwei Spin-offs: *Zwei schräge Vögel* sowie das erfolglose *Jacks Bistro* (»Three's A Crowd«; 1984–1985), in dem Jack die Wohngemeinschaft verlässt und mit seiner Freundin zusammenzieht. Diese Serie war in Deutschland nur im Lokalfernsehen zu sehen.

Kabel 1 zeigte 31 Folgen, Pro Sieben auch den Rest.

HERZKLOPFEN BR

1993–1995. »Spiel um Liebe und Sympathie«. Halbstündige Show mit Thomas Ohrner.

Aus drei jugendlichen Kandidaten des einen Geschlechts und sechs des anderen wird ein Traumpaar ermittelt. Die drei aus der ersten Gruppe suchen sich zunächst nach einer ersten Fragerunde je einen Spielpartner aus. Diese drei Paare treten in verschiedenen Übereinstimmungs- und Einschätzungsspielen gegeneinander an. In der Endrunde versuchen die beiden besten Paare, erst eine Salzstange besonders innig gemeinsam zu essen und dann ihre hörbar gemachten Herzschläge einander möglichst

genau auszugleichen, während sie sich in die Augen schauen. Das Siegerpaar wird noch einmal am »Liebesbarometer« getestet und verbringt dann, wenn es will, einen Urlaubstag gemeinsam. Davon ist in der nächsten Ausgabe ein Foto zu sehen.
Toll, ein Foto! Was täten wir nur ohne die unbegrenzten Möglichkeiten des Fernsehens?
Die insgesamt 152 Folgen liefen erst wöchentlich am späten Freitagnachmittag, ab April 1995 täglich am früheren Nachmittag. Wiederholungen strahlten die ARD und der MDR aus.

HERZKLOPFEN KOSTENLOS   DFF
1959–1973. Talentshow mit Heinz Quermann.
Die Show war kein Wettbewerb, sondern eine reine Nummernrevue, in der Nachwuchskünstler ihre Fähigkeiten als Sänger, Musiker oder Entertainer unter Beweis stellen konnten. Sie kam live von verschiedenen Veranstaltungsorten, die erste Folge aus dem »National-Café« in Rostock. Die ursprünglich nur auf vier Ausgaben angelegte Show wurde schnell eine der beliebtesten Sendungen des DDR-Fernsehens, so dass eine Einstellung gar nicht mehr in Frage kam. Die Zuschauer fieberten mit, wenn eine Siebenjährige am Flügel Brahms spielte, LPG-Lehrlinge jonglierten und HO-Verkäuferinnen Schlager sangen. Das war ganz im Sinn der DDR-Führung, die kurz vor dem Sendestart auf der »Bitterfelder Konferenz« beschlossen hatte, dass aus »Werktätigen« »Kulturschaffende« werden sollten. Im ganzen Land suchten hauptamtliche DDR-Kulturarbeiter nach Kandidaten; es gab Kreisausscheide, deren Sieger sich für Bezirksausscheide qualifizierten, deren Sieger schließlich ins Fernsehen durften.
In *Herzklopfen kostenlos* wurde die halbe DDR-Schlagerszene entdeckt, darunter Dagmar Frederic, Nina Hagen, Petra Kusch-Lück und Frank Schöbel. In Extrashows wie »Sieh mal an, was aus uns geworden ist«, »Heiteres Finale« oder »Das Meisterwerk der jungen Talente« feierte das DDR-Fernsehen den Aufstieg seiner Entdeckungen.
Die einstündige Show lief bis 1964 meist sonntagvormittags, danach auf wechselnden Sendeplätzen.

HERZLICHEN GLÜCKWUNSCH
ZUM GEBURTSTAG   ARD
1982. 4-tlg. dt. Familienserie über die Probleme einer »typischen« Berliner Familie.
Mutter Martina (Renate Küster) kehrt nach 17 Jahren in ihren Beruf zurück, Vater Peter (Hans H. Müller) wird Hausmann, Sohn Pit (Max Wigger) liebt eine Türkin, und Tochter Ramona (Adriane Rimscha) »rebelliert gegen den Konsumzwang«, wie es damals hieß. Nur Oma Lotte (Tilly Lauenstein) ist vor allem eines: tolerant.
In jeder Folge hat ein Familienmitglied Geburtstag. Und auch wenn zwischendurch alle miteinander streiten, heißt es am Schluss: »Herzlichen Glückwunsch zum Geburtstag!«
Die Folgen waren 25 Minuten lang und liefen nachmittags.

HERZLICHST HANSI HINTERSEER   ZDF
2000–2002. Einstündige Volksmusikshow mit Hansi Hinterseer und Gästen.
Der Österreicher Hinterseer war in den 70er-Jahren Profiskifahrer und gewann etliche Weltcuprennen. Der Musikproduzent Jack White trägt die Verantwortung dafür, dass Hinterseer eines Tages anfing zu singen. Sein Erfolg in der Schlager- und Volksmusikszene führte unweigerlich zu einer eigenen Fernsehshow, die zuerst im ORF und ab 2000 auch in Deutschland lief. Im gleichen Jahr übernahm Hinterseer auch die Hauptrolle in den *Da wo die*-Fernsehfilmen. Ab 2004 hatte er eine ähnliche Show in der ARD unter dem Titel *Servus Hansi Hinterseer*.
Das ZDF zeigte zwei bis drei Ausgaben pro Jahr donnerstags um 20.15 Uhr und ein paar Specials.

HERZSCHLAG – DAS ÄRZTETEAM NORD   ZDF
1999–2003. 85-tlg. dt. Arztserie.

Das Personal einer Husumer Klinik unter der Leitung von Prof. Roland Wagner (Christoph Quest) kämpft um das Leben der Patienten. Zum Personal gehören die Ärzte Anja Hainbach (Margrit Sartorius), Dr. Tilman Behrens (Silvan-Pierre Leirich), Wagners Tochter Dr. Susanne Vahrenholt (Maike Bollow), Dr. Sören Sörensen (Christoph Mory), Dr. Dr. Markus Schumacher (Frank Behnke), Oberschwester Hella Ostermann (Judith von Radetzky), Pfleger Kalle Jensen (Oliver Betke) und Schwester Ly (Ly Châu). Später kommen der Internist Dr. Andreas Neuhaus (Andreas Herder) sowie die beiden Krankenschwestern Lydia (Nadine Brandt) und Imke (Aline Hochscheid) dazu; Prof. Wagner wird zwischenzeitlich eine Weile von dem unbeliebten Dr. Buschhagen (Dieter Matthes) vertreten.
Wagner verlässt die Klinik Anfang 2002 ganz, seine Tochter Susanne übernimmt seine Nachfolge als Klinikchefin. Auch Anja und Heike sind jetzt weg, und die Assistenzärztin Dr. Kluge (Gerit Kling) und der Chirurg Dr. Schneider (René Schoenenberger) kommen neu in das Team. In der letzten Staffel tauchen noch Assistenzärztin Dr. Paola Sturm (Astrid M. Fünderich) und der junge Notarzt Dr. Mike Reimers (Dirk Mierau) auf. Susanne verlässt die Klinik, um ihrer großen Liebe zu folgen. Dr. Sörensen kommt bei einem Rettungsversuch auf See ums Leben. Helge Brantrup (Alexander Hauff) ist der Verwaltungsdirektor.
Die übliche Mischung aus Medizin und Mull mit Liebe und Lull. Die einstündigen Folgen liefen dienstags um 18.00 Uhr, ab der vierten Staffel um 19.25 Uhr mit dem neuen Titel *Herzschlag – Die Retter*.

HERZSCHLAG – DIE RETTER   ZDF
→ Herzschlag – Das Ärzteteam Nord

HERZSCHLAG DES LEBENS   PRO SIEBEN
1990–1991. 18-tlg. US-Krankenhausserie (»Heartbeat«; 1988–1989).
Halbgötter in Weiß? Nicht im Woman-Medical-Arts-Krankenhaus. Erstens Halbgött*innen*, bitteschön, und

zweitens nicht mal das, denn hier heißt es nicht: »Guten Morgen, Frau Doktor«, sondern: »Hallo, Joanne«! Die Gynäkologin Dr. Joanne Springsteen (Kate Mulgrew) hat das fortschrittliche Frauenkrankenhaus mit der Chirurgin Dr. Eve Autrey (Laura Johnson) gegründet, um der patriarchalischen konventionellen Medizin zu entkommen, wie sie im Bay General Hospital noch gepflegt wird, mit dem sie leider verbunden sind. Zum Personal gehören die junge Afroamerikanerin Dr. Cory Banks (Lynn Whitfield), die lesbische Krankenschwester Marilyn McGrath (Gail Strickland), aber zum Glück – u. a. für das Liebesleben der heterosexuellen Ärztinnen – auch Männer wie der schöne Kinderarzt Dr. Leo Rosetti (Ben Masters) und der neurotische Psychiater Dr. Stan Gorshak (Ray Baker).

In späteren Folgen trug Joanne plötzlich den Nachnamen Halloran und Eve hieß hinten Calvert, aber da sich ja eh alle mit Vornamen ansprachen, machte das nicht viel aus.

Pro Sieben zeigte die einstündigen Folgen freitags im Vorabendprogramm.

HESSELBACHS ARD
→ Die Familie Hesselbach; Die Firma Hesselbach; Herr Hesselbach und ...

HESSISCHE GESCHICHTEN ZDF
1986–1990. 10-tlg. dt. Episodenreihe.
Jede 45- oder 60-minütige Folge enthielt drei bis vier kurze, in sich abgeschlossene Geschichten, die in Hessen spielten. Die Hauptrollen spielte immer Günter Strack. Lief in loser Folge meist zur Hauptsendezeit.

HEUREKA VOX
1993–1994. Erfindermagazin, das ernste naturwissenschaftliche Forschungsergebnisse, aber auch lustige Patente vorstellte. Die einzelnen Ausgaben waren 45 Minuten lang und liefen samstags am Vorabend

HEUT' ABEND BR, ARD
1980–1983 (BR); 1983–1991 (ARD). Wöchentliche 45-minütige Talkshow mit Joachim Fuchsberger am späten Abend gegen 23.00 Uhr.
Fuchsberger hatte stets nur einen Gast, der während der Sendung ausgiebig über sich sprach. Fuchsberger gab die entsprechenden Stichworte zu Karrierestationen des Gasts, setzte seine Brille auf und ab, spielte mit seiner Pfeife und stellte freundliche Fragen zum Leben des Gasts.
Eine der erfolgreichsten Talkshows der 80er-Jahre. In den insgesamt 300 Sendungen war fast jeder, der zu den ganz großen Prominenten in Deutschland zählte, einmal zu Gast. Die Reihe startete im Dritten Programm des BR, und schon ab Juni 1981 wurden einzelne Ausgaben in die ARD übernommen. Ab Mai 1983 liefen dort die Erstausstrahlungen, in den ersten Monaten immer dienstags, dann über Jahre freitags und zum Schluss mittwochs.

Zuvor hatte das Bayerische Fernsehen schon einige andere Sendungen unter demselben Titel ausgestrahlt. Nach dem Ende der Show wurden bis September 1995 noch drei einzelne Sondersendungen gezeigt.

HEUTE ZDF
Seit 1963. Die Nachrichten des Zweiten Deutschen Fernsehens. Sie wurden erstmals an dem Tag ausgestrahlt, an dem das ZDF seinen Sendebetrieb aufnahm (1. April 1963).

heute war als Konkurrenz und Kontrast zur *Tagesschau* konzipiert. Das ZDF griff die ARD einerseits über eine deutlich veränderte Präsentation an, andererseits durch den Beginn der Sendung: Die Menschen sollten schon vor der *Tagesschau* informiert sein, und das unterhaltsamer. Es gab weniger Textmeldungen und mehr Beiträge – insgesamt ähnelte *heute* im Vergleich zur *Tagesschau* eher einem Magazin. Die Sendung wurde nicht von einem Sprecher präsentiert, sondern von einem Redakteur, der größere Freiheiten hatte und nach angelsächsischem Modell locker moderieren sollte – das hielten Kritiker nicht nur am Anfang für nicht immer gelungen, auch drei Jahrzehnte später entzündete sich an der Person des Dauerlächlers Peter Hahne noch eine Diskussion über die Grenzen dieser Präsentationsform.

Von Beginn an wurden täglich mehrere *heute*-Ausgaben gesendet. Die halbstündige Hauptausgabe lief zunächst um 19.30 Uhr und war rund 25 Minuten lang. Von 1969 an begann die Sendung um 19.45 Uhr, war 30 Minuten lang und sendete damit teilweise direkt gegen die *Tagesschau* der ARD um 20.00 Uhr. Seinen dann jahrzehntelang festen Platz um 19.00 Uhr fand *heute* am 1. Oktober 1973. Mit der Vorverlegung, verbunden mit einer um acht Minuten kürzeren Sendezeit, reagierte das ZDF auf die veränderten Lebensgewohnheiten: Die Menschen kamen früher von der Arbeit nach Hause.

Trotz dieser Modernität und Flexibilität schaffte es *heute* nie dauerhaft, die Zuschauerzahlen der *Tagesschau* zu erreichen. In den ersten Jahren hatte das ZDF auch noch das Handicap, dass es nur von der Hälfte der Fernsehgeräte überhaupt empfangen werden konnte. In den 70er- und 80er-Jahren schrumpfte dann der Vorsprung der *Tagesschau*; im Oktober 1973 lag *heute* in einer Woche erstmals vor der *Tagesschau* – das blieb allerdings die Ausnahme.

Auch in der Form veränderte sich *heute*. 1965 wurde die Sendung in einen Nachrichten- und einen Magazinteil namens »themen des tages« getrennt. Diese strikte Trennung wurde 1969 wieder gelockert, die Sendung hatte aber weiterhin zwei Präsentatoren: einen für den Nachrichtenblock, einen für die »themen des tages«. Der glatten *Tagesschau*-Welt setzte *heute* ein revolutionäres Studiodesign entgegen: Schreibtische vor einer Backsteinmauer sollten den Charakter einer »Nachrichtenwerkstatt« mit »echter Arbeitsatmosphäre« vermitteln. Im Herbst 1976 gab

es Aufregung um die Kleidung der Kameramänner, die in jeder Sendung kurz ins Bild kamen. Laut »Hörzu« war der Jeans- und Lederjackenlook der Kameramänner »den ZDF-Bossen zu lässig«. ZDF-Intendant Karl Holzamer wollte »den Zuschauern die wenig reizvollen Rückansichten seiner Kameraleute ersparen«. Als Reaktion kamen daraufhin einige Kameramänner aus Jux mit Anzug und Krawatte zum Dienst.
Am 12. Mai 1971 geschah das Ungeheuerliche: Die aktuellen Ereignisse der Welt wurden erstmals von einer Frau zusammengefasst: Wibke Bruhns. Zu den ersten *heute*-Redakteuren im Studio gehörte Erich Helmensdorfer. Weitere Präsentatoren der Hauptausgabe waren: Werner Stratenschulte, Gustav Trampe, Fritz Schenk (alle bis 1968), Rudolf Radke, Karl-Heinz Schwab (beide bis 1971), Hanns Joachim Friedrichs, Karl Günther Renz (beide 1969–1973), Karlheinz Rudolph (1971–1977), Horst Schättle (1972–1977), Dieter Zimmer (1973–1977), Otto Diepholz (1973–1991), Claus Seibel (1973–2003), Günther von Lojewski (1974), Karl-Heinz Wilsing (1974), Ekkehardt Gahntz (1975–1978), Ulrike von Möllendorff (1978–1990), Klaus-Henning Arfert (1978–1980), Rut Speer (1979–1987; ab 1984 Rut von Wuthenau), Rainer Uebel (1980–1984), Axel Rückert (1981–1982), Volker Jelaffke (1984–1990), Brigitte Bastgen (1990–1997), Klaus Walther (1991), Peter Hahne (1991–1999), Katrin Müller (1993–1998), Klaus-Peter Siegloch (1999–2002), Petra Gerster (seit 1998), Caroline Hamann (seit 2002), Steffen Seibert (seit 2003). In die Schlagzeilen geriet 1998 Brigitte Bastgen, als sie – vergeblich – vor Gericht gegen ihre Versetzung ins Nachmittagsprogramm klagte.
Im Lauf der Jahre differenzierte sich die Nachrichtenfamilie des ZDF mit den Ablegern *heute-journal*, *heute nacht*, *heute aus den Ländern*, *heute Mittag*, *heute – in Europa* und *heute – in Deutschland*.

HEUTE ABEND – ANNELIESE ROTHENBERGER   ARD
1967–1970. Musiksendung mit Anneliese Rothenberger.
Rothenberger präsentiert Ausschnitte aus Opern, ist dabei aber als Moderatorin nie zu sehen, sondern kommentiert aus dem Off.
Zu sehen bekamen die Zuschauer die Kammersängerin in ihrer Rolle als Fernsehmoderatorin erstmals in der Reihe *Anneliese Rothenberger gibt sich die Ehre*. Drei Ausgaben liefen in unregelmäßigen Abständen im Abendprogramm.

HEUTE ABEND DICK POWELL   ZDF
1963–1964. 24-tlg. US-Episodenreihe (»The Dick Powell Show«; 1961–1963).
Die Serienfolgen zeigten in sich abgeschlossene Kurzdramen mit wechselnden Hauptdarstellern. Dick Powell führte als Moderator in die Geschichten ein. Einer der Autoren war Aaron Spelling. Die einstündigen Folgen der Reihe liefen an wechselnden Tagen im Abendprogramm gegen 21.00 Uhr.

HEUTE ABEND PETER FRANKENFELD   ARD
1959–1960. Spielshow mit Peter Frankenfeld über Herzensangelegenheiten. Sie war die Nachfolgesendung von *Viel Vergnügen*, blieb aber ein Intermezzo. Noch im gleichen Jahr moderierte Frankenfeld *Guten Abend!*.

HEUTE AUS DEN LÄNDERN   ZDF
1983–1992. Nachrichten aus den Bundesländern, die die Nachrichtenleiste in der *tele-illustrierte* ablösten. Die Sendung lief montags bis freitags kurz nach 17.00 Uhr.

HEUTE – IN DEUTSCHLAND   ZDF
Seit 2000. Viertelstündige 14.00-Uhr-Ausgabe von *heute* mit einem Schwerpunkt auf Berichten aus den Bundesländern.

HEUTE IN EINEM HAUS   DFF 1
1981. 9-tlg. tschechoslowak. Familienserie von Jan Otcenášek und Oldřich Danek, Regie: František Filip (»Dnes v jednom dome«; 1980).
Ein frisch bezogenes neues Haus bringt immer ein paar Anfangsschwierigkeiten mit sich. Diese Erfahrung machen die Familien, die kurz vor dem Jahreswechsel in das neue Mietshaus in der Ulica Brixino 5 in Prag ziehen. So stehen schon erste Reparaturen an, und man muss sich ja sowieso erst einmal einrichten und mit den neuen Nachbarn anfreunden. Zu den Hausbewohnern gehören das Rentnerehepaar Petrbok (Martin Růžek und Dana Medrická), die Ehepaare Pilich (Vladimír Menšík und Jana Hlavacová), Krejza (Václav Postránecký und Hana Maciuchová), Panc (Josef Vinklář und Libuše Švormová), Klimt (Josef Somr und Daniela Kolarová), Strachota (Jiří Adamira und Jana Šulcová) und Zezula (Eduard Cupák und Alena Vránová), Slavek Kerfurt (Jaromir Hanzlik) mit Frau (Jaroslava Adamová), Tochter Myska (Ivana Andrlová) und Oma (Marie Rosulková) sowie Herr Danda (Radovan Lukavský) und sein Sohn (Josef Abrhám). Herr Pilich nimmt an der Fernsehshow »Zehn Stufen zum Gold« mit Zuzana Neubauerová und Přemek Podlaha teil. Die gab es wirklich im tschechischen Fernsehen.

HEUTE – IN EUROPA   ZDF
Seit 1999. Viertelstündige 16.00-Uhr-Ausgabe von *heute* mit den Ereignissen des Tages, Blicken in die Nachbarländer und Europapolitik.

HEUTE-JOURNAL   ZDF
Seit 1978. Nachrichtenjournal mit Nachrichten des Tages, Hintergründen und Analysen.
Gleichzeitig mit der ARD führte das ZDF am 2. Januar 1978 eine ausführliche Nachrichtensendung am Abend ein. Im ZDF wurde dazu die 21.00-Uhr-Ausgabe der *heute*-Sendung ausgebaut. Der spätere Redaktionsleiter Wolf von Lojewski erklärte das Konzept so: »Die *heute*-Ausgabe um 19.00 Uhr meldet: Politiker XY wirft das Handtuch – wir sagen,

wohin!« Erster Leiter und Moderator war Dieter Kronzucker. Am 25. Juli 1980 wurde er selbst zur Nachricht: Seine Töchter Sabine und Susanne (Letztere wurde später später RTL-Moderatorin) wurden zusammen mit einem Neffen Kronzuckers in Italien entführt und erst 68 Tage später nach der Zahlung von Lösegeld freigelassen.

Die Moderatoren im Überblick: Dieter Kronzucker (1978–1980, 1986–1988), Klaus Bresser (1978–1983), Karlheinz Rudolph (1978–1983), Jochen Schweizer (1978–1982), Dr. Gustav Trampe (1978–1979), Ingeborg Wurster (1979–1984), Hans Scheicher (1981–1985), Peter Voß (1981–1992), Ernst Elitz (1983–1985), Gerd Helbig (1985), Ruprecht Eser (1986–1992), Sigmund Gottlieb (1988–1991), Alexander Niemetz (1991–2000), Wolf von Lojewski (1992–2003), Eberhard Piltz (1993–1997), Helmut Reitze (1997–2001), Marietta Slomka (seit 2001), Klaus-Peter Siegloch (seit 2003), Claus Kleber (seit 2003). Neben diesen Präsentatoren waren Sprecher für den Nachrichtenblock im Studio, die nie den gleichen Bekanntheitsgrad erreichten – offenbar auch hausintern nicht: Alexander Niemetz blamierte sich in einer Sendung, weil ihm sekundenlang nicht einfiel, wie die nette blonde Nachrichtenfrau neben ihm hieß (Gundula Gause).

Das *heute-journal* lief zunächst in 25 Minuten Länge werktags um 21.00 Uhr. 1984 wurde es auf 21.45 Uhr verschoben und 1992 um fünf Minuten verlängert – so sollte insbesondere Raum für Kulturberichterstattung geschaffen werden. Seit 1992 gibt es auch samstags ein *heute-journal,* seit 2000 zudem eine verkürzte Sonntagsausgabe.

HEUTE MITTAG ZDF

Seit 1998. Viertelstündige 12.00-Uhr-Ausgabe von *heute*, die in ARD und ZDF gleichzeitig läuft und sich wochenweise mit der 12.00-Uhr-*Tagesschau* abwechselt. Erste Moderatoren waren im Wechsel Barbara Hahlweg und Christian Sievers.

HEUTE NACHT ZDF

Seit 1994. 15-minütiges Nachrichtenmagazin. Nach dem Vorbild des *RTL-Nachtjournal* peppte das ZDF seine vorher kargen Spätnachrichten auf und bereitete werktags gegen Mitternacht das Wichtigste vom Tage zusammen mit bunten, kulturellen und kuriosen Meldungen auf.

Erste Moderatorin war Nina Ruge (1994–1997), die sich immer mit einem »Träumen Sie gut« von den Zuschauern verabschiedete. Außerdem moderierten: Susanne Conrad (1996–1997), Günther Neufeldt (1997–2000), Marietta Slomka (2000–2001), Thomas Kausch (2001–2004), Anja Charlet (2001–2003), Caroline Hamann (2003–2005), Thorsten Schaubrenner (2004–2005), Annika de Buhr (seit 2005) und Normen Odenthal (seit 2005).

HEXANA KABEL 1

1997. 10-minütige interaktive Spielshow.
Spin-off der Computerspielshow *Hugo* mit Julia Haacke in der Rolle der bösen Schlosshexe Hexana, die sie bereits in *Hugo* gespielt hatte. Drei Monate lang werden Nintendo-64-Spiele gespielt, drei weitere Monate nach der Sommerpause Play Station-Spiele.

HEY ARNOLD! RTL

1998–2001. 80-tlg. US-Zeichentrickserie (»Hey Arnold!«; 1996–1997).

Gemeinsam mit seinen Großeltern, Wildschwein und Hund wächst der neunjährige Arnold in der Großstadt auf. In seiner Fantasie verwandeln sich die Straßenschluchten in einen riesigen Abenteuerspielplatz. Die Serie lief im Kinderprogramm am Samstagvormittag.

HEY BISS-KIDS ARD

1992–1994. Ambitioniertes Jugendmagazin am Nachmittag.

Behandelte Themen waren beispielsweise Ausländer, Fernsehen, Waldsterben etc. Politiker stellten sich den bissigen Fragen von Kindern. Der größte Behördenschwachsinn wurde zur »Sauerei des Monats« gekürt. In der ersten Sendung fragten die Kinder den Berliner Senator Herwig Haase: »Muss der Schulweg lebensgefährlich sein?«

HEY DAD! ARD, KABEL 1

1990–1994 (ARD); 1996–1997 (Kabel 1). 291-tlg. austral. Sitcom von Gary Reilly und John Flanagan, Regie: Sally Brady (»Hey Dad!«; 1987–1994).

Der Witwer Martin Kelly (Robert Hughes) ist Architekt und arbeitet zu Hause, um bei seinen Kindern, sprich: den Teenagern Simon (Paul Smith; ab Folge 40: Christopher Mayer) und Debbie (Simone Buchanan) und der kleinen Jenny (Sarah Monahan; ab Folge 268: Angela Keep), sein zu können. Betty Wilson (Julie McGregor), eine entfernte Cousine, ist Martins Sekretärin. Sie kann weder stenografieren noch tippen, meldet sich am Telefon mit »Martin Kelly, Artichekt«, ist langsam und naiv, aber liebenswert. Ebenfalls nicht der Allerhellste ist Nudge (Christopher Truswell). Er ist Simons bester Freund und frisst permanent den Kühlschrank der Kellys leer. Doch gelegentlich hat er einen lichten Moment. Als die Kinder feststellen, dass ihr Vater eine größere Menge Geld angespart hat, und rätseln, was er damit vorhat, folgert Nudge blitzgescheit: »Bestimmt will er sich davon irgendetwas kaufen!«

Hey Dad! war der Beweis, dass nicht nur die Amerikaner gute Sitcoms produzieren. Vor allem bei Jugendlichen kam die Sitcom hervorragend an; die »Bravo«-Leser wählten sie über Monate auf Platz eins ihrer beliebtesten Serien.

147 Folgen der witzigen Serie liefen zunächst zweimal, später viermal pro Woche im werktäglichen Nachmittagsprogramm der ARD. Zwei Folgen aus der zweiten Staffel, die in der ARD ausgefallen waren, sowie alle weiteren Folgen liefen später im täglichen Vormittagsprogramm auf Kabel 1. In diesen

Folgen zerbröckelt die Besetzung jedoch allmählich: Erst geht Debbie ins Ausland (Folge 165), dann verschwindet plötzlich Nudge (Folge 174), schließlich geht auch Dad ins Ausland. Nach Debbies Auszug kommen die Jugendlichen Samantha (Rachel Beck), Martins Nichte, und Ben (Ben Oxenbould) ins Haus, später übernimmt Greg Russel (Mark Owen-Taylor) das Architekturbüro (ab Folge 263) und zieht mit seiner Tochter Tracy (Belinda Emmett) ein. Von den ursprünglichen Darstellern ist zum Schluss als Einzige Julie McGregor als Betty übrig. In einigen Folgen spielte Simone Buchanans Schwester Beth in der Rolle der Elaine Kelly mit. Die beiden hatten bereits in der Serie *Auf und davon* gemeinsam gespielt.

HIER GESCHIEHT'S – JEDER SIEHT'S   ARD
1953–1954. »Fernseh-Kameras unterwegs«. Die halbstündige Reportagereihe im Abendprogramm mit Hugo Murero und Dagmar Spaeth lief meist freitags.

HIER INTERPOL – INSPEKTOR DUVAL   ZDF
1964. 13-tlg. brit. Krimiserie (»Interpol Calling«; 1959–1960).
Inspektor Paul Duval (Charles Korvin) und sein Kollege Mornay (Edwin Richfield) arbeiten für die internationale Polizeibehörde Interpol in Paris. Ihre Fälle führen sie in alle Welt. Sie haben es mit Mördern, Räubern, Schmugglern, Erpressern und Terroristen zu tun.
Jede Folge war 25 Minuten lang. Im Original hatte die Serie 39 Episoden.

HIER IST KÖLN   ARD
1976–1979. Anspruchsvolles Nachmittagsmagazin für Kinder mit dem »Lokalreporter Rudolf Rastlos« (Rudolf Debiel) und Beiträgen über kuriose, interessante und ernste Themen. Regisseur war Armin Maiwald, einer der Macher der *Sendung mit der Maus*.

HIER KOMMT BUSH!   RTL 2
2003. 8-tlg. US-Sitcom von Trey Parker und Matt Stone (»That's My Bush!«; 2001).
US-Präsident George Walker Bush (Timothy Bottoms) ist ein Volltrottel, mit dem seine Frau Laura (Carrie Quinn Dolin), seine rechte Hand Karl Rove (Kurt Fuller) und Haushälterin Maggie Hawley (Marcia Wallace) ihre liebe Not haben. Von der Nation ganz zu schweigen.
Die *South Park*-Macher Parker und Stone hatten für den US-Kabelsender Comedy Central in jedem Fall eine Parodie auf den neuen Präsidenten geplant, ganz gleich, ob Al Gore oder George W. Bush die Wahl gewinnen würde. Aufgrund des Wahlchaos in den USA im November 2000, dessentwegen noch Wochen nach der Wahl der Sieger nicht feststand, geriet die Produktion in Verzug – schließlich war ja nicht klar, wem der gesuchte Hauptdarsteller nun ähnlich sehen solle. Letztlich ging die platte Sitcom auf Sendung und überlebte gerade mal sechs Wochen.
In Deutschland zeigte RTL 2 die Sitcom mit Doppelfolgen sonntags um 20.15 Uhr, als der Irakkrieg Bushs Ansehen in Deutschland gerade auf einen Tiefpunkt gebracht hatte. Die deutschen Synchronbücher stammten von Oliver Kalkofe. Ein großer Erfolg wurde die Draufhaue trotzdem auch bei uns nicht.

HIER KOMMT PETTER   ZDF
1966. 13-tlg. schwed. Jugendserie von Hans Peterson, Regie: Kaege Gustafsson (»Här kommer Petter«; 1963).
Widerwillig fährt der Stadtjunge Petter (Christian Peters) in die Ferien aufs Land, freundet sich aber auf dem Bauernhof mit den Kindern Anders (Jonas Arnell) und Anna-Maja (Britt Wendlund) an, wird auch von Onkel Johan (John Elfstroem), Tante Selma (Birgit Rosengren) und der Großmutter (Brita Oeberg) freundlich aufgenommen und verbringt eine schöne Zeit.
Die halbstündigen Folgen liefen am Vorabend.

HIER UND JETZT   ZDF
1992. 5-tlg. dt. Kinderfilmreihe.
Namhafte Macher des früheren DEFA-Kinderfilms aus der DDR drehten 25-minütige Filme darüber, wie Kinder in den neuen Bundesländern die Wende und ihre Folgen erleben: Es geht um abgehauene Väter, ausgerissene Kinder, Überfälle von Skinheads auf Ausländer oder den Traum von der bunten Konsumwelt.

HIGH CHAPARRAL   ZDF, SAT.1, KABEL 1
1969–1972 (ZDF); 1984–1988 (Sat.1); 1996 (Kabel 1). 97-tlg. US-Westernserie von David Dortort (»The High Chaparral«; 1967–1971).
Der Sturkopf Big John Cannon (Leif Erickson) ist der Besitzer der Ranch mit dem Namen »High Chaparral«, auf der er zusammen mit seinem Sohn Billy Blue (Mark Slade), seinem trinkfesten Bruder Buck (Cameron Mitchell) und etlichen Rindern lebt. Billy Blue stammt aus der Verbindung mit Johns erster Frau, die gleich in der ersten Folge von Indianern umgebracht wird. John heiratet die junge Victoria (Linda Cristal), die Tochter des Mexikaners Don Sebastian Montoya (Frank Silvera), der die Montoya Ranch bewohnt. Ihr Bruder Manolito (Henry Darrow) zieht mit ihr nach High Chaparral. Beide Familien verteidigen gemeinsam ihren Besitz gegen weitere Angriffe von Indianern und Räubern. Der Vormann Sam Butler (Don Collier) und die Helfer Reno (Ted Markland), Pedro (Roberto Contreras) und Joe (Robert Hoy) arbeiten außerdem auf der Ranch. In der letzten Staffel ist Don Sebastian gestorben, Billy Blue wohnt nicht mehr zu Hause, und die Cannons nehmen den Jugendlichen Wind (Rudy Ramos) auf.
44 Folgen liefen jeweils dienstags um 21.00 Uhr mit Erfolg im ZDF, die restlichen Folgen erst viel später

in deutscher Erstausstrahlung in Sat.1 und Kabel 1. Produzent David Dortort war auch der Schöpfer von *Bonanza*.

HIGH INCIDENT – DIE COPS VON EL CAMINO KABEL 1
1997–1998. 32-tlg. US-Krimiserie von Steven Spielberg (»High Incident«; 1996–1997).

Eine Riege von Polizisten klärt Verbrechen im kleinen Ort El Camino auf. Sergeant Jim Marsh (David Keith) ist ein grimmiger, zäher Bursche. Der junge Officer Randy Willitz (Cole Hauser), dessen Vater schon Polizist war, hat das Pech, Marshs Partner sein zu müssen. Die anderen Polizisten sind Sergeant Helen Sullivan (Lindsay Frost), Sergeant Crispo (Titus Welliver) und die Officer Gayle Van Camp (Catherine Kellner), Terry Hagar (Matthew Beck), Len Gayer (Matt Craven), Leslie Joyner (Aunjanue Ellis), Richie Fernandez (Julio Oscar Mechoso), Russell Topps (Louis Mustillo), Michael Rhoades (Blair Underwood), Jessica Helgado (Lisa Vidal), Andy Lightner (Dylan Bruno) und Anne Bonner (Lucinda Jenney).

Die einstündigen Folgen liefen dienstags abends.

HIGH MOUNTAIN RANGERS RTL
1989–1990. 19-tlg. US-Abenteuerserie von Robert Conrad (»High Mountain Rangers«; 1987–1988).

Die High Mountain Rangers sind ein Rettungsteam in der Sierra Nevada, das sich um in Gefahr geratene wilde Tiere, Einheimische und Touristen kümmert, notfalls aber auch schon mal Verbrecher jagt. Gegründet hat das Team in den 50er-Jahren Jesse Hawkes (Robert Conrad), der heute, 30 Jahre später, mit seinem jugendlichen Sohn Cody (Shane Conrad) in einer Hütte weit oben in den Bergen wohnt. Über Funk gibt er seinem älteren Sohn Matt (Christian Conrad) Ratschläge. Dieser hat die Leitung der inzwischen mit modernster Technik ausgestatteten Rangers übernommen, zu denen Robin Kelly (P. A. Christian), Cutler (Russell Todd), Hart (Eric Eugene Williams), der Schoschone Weißer Adler alias Frank Avila (Tony Acierto) sowie der Nachwuchsranger Izzy Flowers (Timothy Erwin) gehören.

Hinter der Serie stand die halbe Familie Conrad. Außer dem Vater und seinen zwei Söhnen war Tochter Joan als Executive Producer beteiligt, die Rolle des Izzy Flowers spielte ihr Mann. Hawkes und seine Söhne (und Conrad und seine Söhne) bekamen in den USA kurz darauf noch ein Spin-off namens »Jesse Hawkes«, in dem sie aus den Bergen nach San Francisco ziehen. Und selbst nach dem Aus dieser Reihe kam Conrad noch nicht von dem Thema los und erfand die *High Mountain Rangers*-Variante *High Sierra Rettungsteam*.

In Deutschland wurden die einstündigen Folgen viele Male auf diversen Sendern wiederholt.

HIGH SIERRA RETTUNGSTEAM PRO SIEBEN
1996. 7-tlg. US-Abenteuerserie von Robert Conrad (»High Sierra: Search and Rescue«; 1994–1995).

Der Hubschrauberpilot Griffin »Tooter« Campbell (Robert Conrad) leitet eine Gruppe von ehrenamtlichen Bergwächtern in der Sierra Nevada. Zum *High Sierra Rettungsteam* gehören die Ladenbesitzerin Morgan Duffy (Dee Wallace Stone), die Tankstellenwärterin Lisa Peterson (LaVelda Fann), der junge Lehrer Enrique Cruz (Ramon Franco), der schneidige Sheriff Ty Cooper (Alistar MacDougall), die Verkäuferin Kaja Wilson (Brittney Powell), der langhaarige Skilehrer Flynn Norstedt (Jason Lewis) und der coole schwarze Hubschrauber (Bell 206B3).

Robert Conrad variierte mit der Serie das Konzept seiner *High Mountain Rangers,* die ebenfalls in den Bergen der Sierra Nevada arbeiteten. Und wieder besorgte er seiner Familie Jobs: LaVelda Fann ist Conrads Ehefrau.

Die einstündigen Folgen liefen samstags mittags.

HIGH SOCIETY RTL
1999. 8-tlg. US-Sitcom (»High Society«; 1995–1996).

Die Schriftstellerin Ellie Walker (Jean Smart) und ihre beste Freundin Dott Emerson (Mary McDonnell) führen in New York ein Luxusleben zwischen Männern, teuren Klamotten und Alkohol. Dott ist Ellies Verlegerin. Die Arbeit machen aber ihr Partner Peter Thomas (David Rasche) und der schwule Assistent Stephano (Luigi Amodeo), denn Dott selbst hat von dem Job keine Ahnung. Sie wohnt in ihrem Penthouse mit ihrer Mutter Alice (Jayne Meadows) und ihrem Sohn Brendan (Dan O'Donahue) zusammen; bei Ellie wohnt die bodenständige Valerie Brumberg (Faith Prince), für die die beiden Schickimicki-Snobs kein Verständnis haben.

Nach acht Folgen im Sonntagnachtprogramm wurde die Serie vorzeitig abgesetzt, es hätte aber ohnehin nur noch fünf weitere gegeben, da die Serie auch in den USA ein Flop war.

HIGH TIDE – EIN COOLES DUO PRO SIEBEN, VOX
1996–1997 (Pro Sieben); 1999 (Vox). 72-tlg. US-Krimiserie von Jeff Franklin und Steve Waterman (»High Tide«; 1994–1997).

Der abgebrannte Ex-Polizist Mick Barrett (Rick Springfield) und sein jüngerer Bruder Joey (Yannick Bisson), ein spaßorientierter Surfer, arbeiten gemeinsam als Privatdetektive in der Agentur von Gordon (George Segal) und dessen Sekretärin Fritz (Cay Helmich; ab Folge 5: Diana Frank). Ihre Aufträge führen sie an traumhafte Urlaubsorte und Strände, wo beide immer genug Zeit zum Surfen und Flirten finden. In der zweiten Staffel haben Mick und Joey den Dienst für Gordon quittiert und einen eigenen Surfshop eröffnet, schnüffeln bei Bedarf aber weiter. Samantha Harrold (Paula Trickey) ist ihre Kontaktfrau bei der Polizei. In der dritten Staffel (jetzt bei Vox) sind sie wieder Vollzeitermittler mit eigener Detektei und wohnen im Gästehaus der reichen Witwe Grace Warner (Deborah Shelton).

Pro Sieben zeigte die ersten 48 Folgen samstags nachmittags, der Rest lief täglich am Vorabend bei Vox.

HIGHER GROUND — PRO SIEBEN

2005. 22-tlg. US-Problemserie von Michael Braverman und Matthew Hastings (»Higher Ground«; 2000).

Auf der Mount Horizon High School haben alle mit Problemen zu kämpfen. Das geht schon beim Schulleiter Peter Scarbrow (Joe Lando) und seiner Stellvertreterin Sophie Becker (Anne Marie Loder) los: Die beiden haben sich in der Drogenentziehungskur kennen gelernt. Den Kindern geht's nicht besser. Der alte Frank Markasian (Jim Byrnes) hat die Schule für Problemkinder gegründet, nachdem sein eigener Sohn an einer Überdosis gestorben war. Die Teenager Scott (Hayden Christensen), Shelby (A. J. Cook) und Daisy (Jewel Staite) wurden von ihren jeweiligen Eltern missbraucht, Auggie (Jorgito D. Vargas) ist straffällig geworden, Jules (Meghan Ory) hat Bulimie, Ezra (Kyle Downes) nimmt Drogen, und Kat (Kandyse McClure) leidet unter mangelndem Selbstbewusstsein, lebt also im Vergleich zu den anderen weitgehend sorgenfrei.

Die 50-minütigen Folgen liefen sonntags vormittags.

HIGHLANDER — RTL

1993–1995 (RTL); 1996–1998 (Vox). 119-tlg. US-Fantasyserie (»Highlander«; 1992–1998).

Duncan MacLeod (Adrian Paul) stammt aus dem Clan der schottischen MacLeods, die über Jahrhunderte das Böse bekämpften. Er selbst ist 400 Jahre alt, unsterblich und betreibt jetzt einen Antiquitätenladen in Vancouver. Wie alle Unsterblichen kann er dennoch auf eine bestimmte Art getötet werden: durch die Enthauptung seitens eines anderen Unsterblichen, der dann all seine Energie aufnimmt. Es kann nur einen geben! Deshalb wird irgendwann der vorletzte Unsterbliche vom letzten getötet werden, und der letzte verbliebene Unsterbliche wird die Macht über die Welt haben. Immer wieder begegnet Duncan MacLeod anderen Unsterblichen, die ihm nach dem Leben trachten, doch am Ende siegt stets der gute MacLeod. Mit Duncan arbeitet der junge Richie Ryan (Stan Kirsch) im Laden, der nach einiger Zeit feststellt, dass auch er unsterblich ist, und Duncans Freundin Tessa Noel (Alexandra Vandernoot). Sie ist sterblich und stirbt auch, als sie erschossen wird.

Duncan ist eine Weile mit der Chirurgin Dr. Anne Lindsay (Lisa Howard) zusammen, die seine Tochter Mary zur Welt bringt. Anschließend hat er eine Beziehung mit der ehemaligen Diebin Amanda Darieux (Elizabeth Gracen). Er hat inzwischen einen Martial-Arts-Laden von Charlie DeSalvo (Philip Akin) gekauft und verbringt immer mal wieder einige Zeit in Paris, wo Joe Dawson (Jim Byrnes) die »Le Blues Bar« betreibt. Methos (Peter Wingfield), der älteste Mann der Welt, ist ebenfalls ein Unsterblicher. Eines Tages schlägt Duncan, von bösen Dämonen besessen, seinem Freund Richie den Kopf ab. Er tötet später den dafür verantwortlichen Dämon und beschließt, nie wieder jemandem zu enthaupten.

»Es kann nur einen geben« war bereits das Motto der erfolgreichen »Highlander«-Kinofilme mit Christopher Lambert in der Rolle des Connor MacLeod (ab 1986). Im Pilotfilm zur Serie spielte Lambert diese Rolle noch einmal. Ein vierter »Highlander«-Film kam Anfang 2001 ins Kino, darin spielten Lambert und Paul Seite an Seite. Jede Serienfolge begann mit Duncan MacLeods erklärenden Worten: »Mein Name ist Duncan MacLeod. Ich wurde vor 400 Jahren in den schottischen Highlands geboren. Ich bin unsterblich – und ich bin nicht allein.« Ab der zweiten Staffel wurde die fast gleiche Erklärung in der dritten Person von einer Off-Stimme gesprochen. Als Titelmusik wurde der Song »Princes Of The Universe« von Queen verwendet, der schon in den Kinofilmen zu hören war.

RTL zeigte 42 einstündige Folgen dienstags um 20.15 Uhr, bevor die Serie mit den restlichen Folgen zu Vox wechselte. Elizabeth Gracen spielte ihre Rolle der Amanda später in ihrer eigenen Serie *Raven – Die Unsterbliche* weiter.

HIGHLANDER — PRO SIEBEN

2000–2001. 36-tlg. frz. Zeichentrickserie (»Highlander«; 1994–1996) nach der gleichnamigen Filmreihe und Fernsehserie.

HIGHSCHOOL BLUES — RTL 2

2000. 7-tlg. US-Teenieserie (»Matt Waters«; 1996).

Der ehemalige Vietnamkämpfer Matt Waters (Montel Williams) kommt als Lehrer an seine frühere Highschool. Seine Kollegen Nicole Moore (Kristen Wilson) und Charlie Sweet (Sam McMurray) beraten ihn. Zu seinen Schülern gehören Jack (Nathaniel Marston), Flea (Richard Chevolleau), Angela (Cyndi Cartagena), Russ (Felix A. Pire) und Chloe (Amy Hargreaves).

Die Serie lief nachts.

HIGHSPEED – DIE LEDERCOPS — RTL

2002. 4-tlg. dt. Actionserie, Regie: Stefan Bartmann.

In Zivil und auf Motorrädern ermitteln die jungen Mitglieder einer Sondereinheit der nordrhein-westfälischen Polizei, mit anderen Worten: Sie sind zuständig für die richtig geilen Verfolgungsjagden. Zack Hauswald (Tom Mikulla) fährt eine BMW K 1200 RS und wohnt in einer chaotischen WG mit seinem Kollegen Ronnie Bischoff (Christoph Grunert), der eine Triumph 900 als Dienstmotorrad hat. Neben ihnen sind die Deutschchinesin Tao Li Lempert (Tao Li Ma, Ducati Monster) und Helmut Scholl (Andreas Arnstedt, Harley Davidson Sportster) im Team, das von der Einsatzleiterin Barbara Werner (Susanne Hoss) geleitet wird. Der oberste Chef ist Polizeidirektor Dr. Johannes Rubenthal (Leonard Lansink). Um die Maschinen kümmert sich Werkstattmeister Oskar Kaldeweit (Dieter Montag).

Die Serie lag vor der Ausstrahlung fast fünf Jahre fertig, aber ungesendet bei RTL herum. Die Folgen liefen dienstags um 21.15 Uhr.

HIGHWAY TO HELL – 18 RÄDER AUS STAHL   RTL 2

2002–2003. 44-tlg. US-Actionserie von Richard C. Okie (»18 Wheels Of Justice«; 2000–2001).

Durch ein Racheattentat wegen einer Zeugenaussage verliert der FBI-Agent Michael Cates (Lucky Vanous) Frau und Kind. Sein Chef Burton Hardesty (Billy Dee Williams) nimmt ihn in ein neuartiges Zeugenschutzprogramm auf und gibt ihm den Decknamen Chance Bowman. Getarnt als Trucker fährt Michael alias Chance fortan mit seinem 15-Tonner auf 18 Rädern durchs Land. So hat er keinen festen Wohnsitz, an dem man ihn finden könnte. Unterwegs ist er weiterhin für die Regierung im Einsatz und bekämpft das Verbrechen. Per Satellitenüberwachung ist er in ständigem Kontakt mit der Ermittlungsleiterin Cie Baxter (Lisa Thornhill). In Michaels Hinterkopf keimt aber weiter der Gedanke, sich am verantwortlichen Gangsterboss Jacob Calder (G. Gordon Liddy) für den Verlust seiner Familie zu rächen. Ende 2002 wird mit Beginn der zweiten Staffel Jonathan Snow (Bobby Hosea) Chances und Cies neuer Boss.

Hauptdarsteller Lucky Vanous war zwar nicht namentlich, aber äußerlich bereits bekannt. Er hatte zuvor in einem Werbespot für Cola Light einen gut aussehenden Bauarbeiter gespielt.

Die 50-Minuten-Folgen liefen zunächst donnerstags um 20.15 Uhr, ab Folge 13 samstags um 19.00 Uhr.

HIGHWAYMAN   PRO SIEBEN

1992. 9-tlg. US-Actionserie von Glen A. Larson (»The Highwayman«; 1988).

Der »Highwayman« (Sam Jones) und sein Partner Jetto (Jacko) arbeiten für die Regierung. Ihr Einsatzfahrzeug ist ein gigantischer Hightech-Truck mit 18 Rädern. D. C. Montana (Tim Russ) ist der Mechaniker, der die Technik des Trucks immer auf den neuesten Stand bringt, Tania Winthrop (Jane Badler) die Chefin im Hintergrund. Der Darsteller des Jetto, Jacko, trat nur unter diesem Namen auf. Sein wirklicher Name ist Mark Jackson.

Die Folgen waren eine Stunde lang und liefen mittwochs am frühen Abend. Im Januar 1991 hatte Pro Sieben bereits einen Pilotfilm gezeigt.

HILF, POLY, HILF   ARD

1970. 6-tlg. frz. Kinderserie von Cécile Aubry, Regie: Henri Toulout (»Au secours Poly, au secours!«; 1966–1967).

Weitere Nachfolgeserie von *Poly:* Des Ponys neuer kleiner Freund ist Filipe (Stéphane Di Napoli), der in der letzten Serie, *Poly in Portugal,* noch Yvon hieß. Und in der nächsten, *Poly und der schwarze Diamant,* auch wieder.

HILFE, MEINE FAMILIE SPINNT   RTL

1993. 26-tlg. dt. Sitcom.

Jupp Strunk (Lutz Reichert) ist Schuhverkäufer und hat keine Lust, Sex mit seiner Frau Roswitha (Christiane Zeiske) zu haben oder sich um die Kinder Tim (Christoph Scheermann) und Biggi (Kathrin Lippisch) zu kümmern.

Die Serie war eine wörtliche Übersetzung von *Eine schrecklich nette Familie,* lediglich die Namen wurden eingedeutscht und dann die übersetzten Originaltexte mit deutschen Schauspielern noch einmal gedreht. Dieser Versuch, damit an den Erfolg des US-Originals anzuknüpfen, lief donnerstags zur Primetime und ging verdientermaßen gründlich daneben. Auch der unmittelbar vorher laufende Versuch einer Eindeutschung von *Wer ist hier der Boss?* namens *Ein Job fürs Leben* floppte.

HILFE! SCHWIEGERMUTTER KOMMT!   RTL 2

2004. 6-tlg. dt. Doku-Soap. RTL 2 bietet Ehefrauen und Familienmüttern die Chance auf einsame Ent-

Hilfe, meine Familie spinnt: Lutz Reichert (Mitte) kann fast so toll auf der Couch sitzen wie Al Bundy. Und Kathrin Lippisch (links), Christiane Zeiske und Christoph Scheermann können auch fast so gut die gleichen Drehbücher aufsagen wie *Eine schrecklich nette Familie.* Fast hätte es sich jemand angeschaut.

spannung auf einer Beautyfarm und hetzt den Strohwitwern derweil die Schwiegermutter auf den Hals, die das Kommando übernimmt. Kameras filmen den Lauf der Ereignisse.
Die einstündigen Folgen liefen erst donnerstags, dann montags um 20.15 Uhr.

HILFE, WIR WERDEN ERWACHSEN   ZDF
1984. US-Sitcom (»Family Ties«; 1982–1989).
Das ZDF zeigte 13 Folgen, deutlich mehr Episoden liefen auf Pro Sieben und Kabel 1 unter dem Titel *Jede Menge Familie* und bei RTL als *Familienbande*. Die ZDF-Folgen liefen am Samstagnachmittag.

HIMMEL ÜBER AFRIKA   PRO SIEBEN, KABEL 1
1994 (Pro Sieben). 1995–2001 (Kabel 1). 52-tlg. kanad.-dt.-US-Abenteuerserie (»African Skies«; 1992). Die junge Witwe Margo Dutton (Catherine Bach) zieht mit ihrem Sohn Rory (Simon James) aus der Großstadt Toronto auf die Freedom Ranch in Afrika. Die gehört der im Besitz ihres Vaters Sam (Robert Mitchum) befindlichen Firma Acano. Der deutsche Verwalter Raimund (Raimund Harmstorf) hilft ihr, diverse Herausforderungen zu bestehen.
Pro Sieben zeigte 26 Folgen der Serie, Kabel 1 nach einer Wiederholung den Rest. Einige Folgen waren vorab im Pay-TV gelaufen.

HIMMEL UND ERDE – EIN GÖTTLICHES TEAM   ARD
2000–2001. 13-tlg. dt. Familienserie von Hannah Hollinger.
Leon Marx (Henning Vogt) ist der unkonventionelle Kaplan der katholischen Pfarrei St. Thomas in Köln. Er steht auf Fußball und Popmusik. Buddy Haller (Dirk Plönissen) ist ein guter Kumpel. Leons jüngere Schwester Clara Marx (Katharina Eckerfeld) arbeitet als Haushälterin im Pfarrhaus, in dem auch Pfarrer Klatt (Wolff Lindner) wohnt. Diakon Elias Essig (Lars Gärtner) steht Leon anfangs skeptisch gegenüber, wird dann aber wie alle anderen ein Teil der Familie.
Die einstündigen Folgen liefen dienstags um 18.55 Uhr.

DIE HIMMELHUNDE VON BORAGORA   RTL
1990–1991. 20-tlg. US-Abenteuerserie von Donald P. Bellisario (»Tales of the Gold Monkey«; 1982–1983).
Der Cargo-Pilot Jake Cutter (Stephen Collins) lebt im Jahr 1938 mit seinem Terrier Jack (Leo) auf der Südpazifikinsel Boragora. Corky (Jeff MacKay) ist sein Mechaniker. Auf der Insel tummeln sich Spione und Gauner, die hinter einem sagenumwobenen Relikt her sind, dem »Gold Monkey«. Darunter sind die US-Spionin Sarah Stickney White (Caitlin O'Heaney), die sich als Sängerin tarnt, der deutsche Spion Willie Tenboom (John Calvin) in der Tarnung eines holländischen Priesters, die böse Prinzessin Kogi (Marta DuBois) und ihr Armeeführer Todo (John Fujioka). Man trifft sich in der »Monkey Bar«, die Bon Chance Louie (Ron Moody; ab Folge 2:

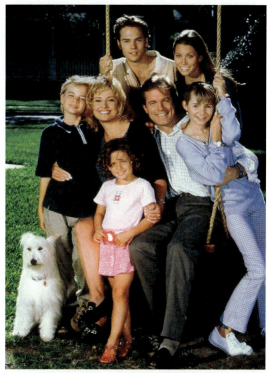

So viel Glück und so viel Herz! *Eine himmlische Familie:* Matt und Mary (hinten), Simon, Eltern Annie und Eric, Lucy (mittlere Reihe von links), Ruthie (vorn).

Roddy McDowall) leitet. Dessen Partner ist Gushie (Les Jankey).

EINE HIMMLISCHE FAMILIE   VOX
Seit 1999. US-Familienserie von Branda Hampton (»7th Heaven«; seit 1996).
Der Gemeindepfarrer Eric Camden (Stephen Collins) und seine Frau Annie (Catherine Hicks), eine Hausfrau, führen mit ihren fünf Kindern – Matt (Barry Watson), Mary (Jessica Biel), Lucy (Beverly Mitchell), Simon (David Gallagher) und Ruthie (Mackenzie Rosman) – sowie Hund Happy ein ganz normales Familienleben voller Wärme und Harmonie in der romantischen Kleinstadt Glen Oak. Matt, der Älteste, ist zu Beginn der Serie 16, Ruthie ist mit fünf Jahren die Jüngste. In der dritten Staffel werden noch die Zwillinge David (Nikolas Prino) und Samuel (Lorenzo Prino) als Kinder Nummer sechs und sieben geboren.
Als Pfarrer und vielfacher Familienvater kommt Eric ständig mit den Problemen von Jugendlichen in Berührung: Gewalt, Verbrechen, Drogen, Alkoholismus, Freunde, Freundinnen und Schwangerschaften. Eine solche führt am Ende der achten Staffel zu einem weiteren Familienzuwachs: Mary, inzwischen Stewardess, heiratet Carlos (Carlos Ponce) und bekommt ein Baby. Außerdem quartiert sich der Fremde Martin (Tyler Hoechlin), dessen Vater mit der Marine im Irak ist, kurzerhand bei den Cam-

dens ein. Matt hat vorher schon spontan die Jüdin Sarah Glass (Sarah Danielle Madison) geheiratet. Er geht vorübergehend nach New York, um Medizin zu studieren. Lucy tritt ebenfalls in den Kirchendienst ein. Ihr Freund ist Kevin Kinkurk (George Stults), den sie später heiratet. Und Simon hat als erstes Familienmitglied schon vor der Ehe Sex, was in dieser Familie wirklich ein dicker Hund ist.
Produzent der Serie war Aaron Spelling, in dessen vorherigen Serien (z. B. *Beverly Hills, 90210*) es um wenig anderes als voreheliche Sex ging.
Die einstündigen Folgen liefen werktags nachmittags mit großem Erfolg, weshalb Vox die vierte Staffel im Herbst 2000 in die Primetime am Dienstag um 20.15 Uhr verlegte. Das glückte aber nicht wie gewollt, und so lief schon die fünfte Staffel wieder nachmittags. Der dortige Erfolg hielt noch etliche Jahre an. Mittlerweile wurden rund 200 Folgen gedreht.

DIE HIMMLISCHE JOAN — PRO SIEBEN
Seit 2004. 45-tlg. US-Familienserie von Barbara Hall (»Joan Of Arcadia«; 2003–2005).
Vater Will Girardi (Joe Mantegna) ist der örtliche Polizeichef in Arcadia, Mutter Helen (Mary Steenburgen) arbeitet im Büro des Schuldirektors, und Tochter Joan (Amber Tamblyn) spricht mit Gott. In immer anderer, aber stets menschlicher Form erscheint Gott der 16-Jährigen und erteilt ihr Aufträge. Mal ist er ein gut aussehender Teenager, mal ein Müllmann und mal die Dame von der Essensausgabe in der Schulkantine. Gott legt ihr nahe, sich einen Job als Aushilfe in einem Buchladen zu suchen oder sich einfach in der Schule mehr anzustrengen. Was das soll, wird zunächst nicht klar. Doch eine Verkettung von Umständen führt immer zu einer positiven Entwicklung, durch die Will einen gesuchten Mörder festnehmen kann oder Joans älterer Bruder Kevin (Jason Ritter) den Lebensmut zurückgewinnt. Dieser sitzt seit einem Autounfall im Rollstuhl und tut sich anfangs schwer, nicht aufzugeben. Joans jüngerer Bruder Luke (Michael Welch) ist ein sarkastischer Wissenschaftsfreak, der für alles eine logische Erklärung findet.
Mary Steenburgen ist die Ehefrau von Ted Danson *(Cheers; Becker),* Jason Ritter der Sohn von John Ritter *(Herzbube mit zwei Damen; Meine wilden Töchter).*
Die einstündigen Folgen liefen samstagnachmittags.

DIE HIMMLISCHEN TEDDYBÄREN — RTL
1987–1992. 62-tlg. US-Zeichentrickserie für Kinder (»The Care Bears«; 1985–1988).
Der böse Professor Kaltherz macht Kindern das Leben schwer. Die Glücksbärchis, bunte Bären mit Hosenträgern, halten ihn und andere üble Gestalten vom Wolkenland aus mit ihren zauberhaften Glücksstrahlen in Schach. Die Bärchis heißen Sonnenscheinbärchi, Geburtstagsbärchi, Glücksbärchi, Hurra-Bärchi, Schmusebärchi, Wunschbärchi, Freundschaftsbärchi, Lieb-dich-Bärchi, Siegerbärchi und Brummbärchi. Leider ist auch Kaltherz nicht allein, er hat z. B. eine fiese Nichte namens Schreihals.
Die Erstausstrahlung fand am Samstagnachmittag statt. Bei späteren Ausstrahlungen hieß die Serie fast immer *Die Glücksbärchis*. Unter diesem Titel sind auch mehrere Folgen auf DVD erschienen.

EIN HIMMLISCHES VERGNÜGEN — ZDF
1979–1985. US-Kurzfilme mit Harold Lloyd und Bébé Daniels.
Die Filme waren in den Jahren 1913 bis 1919 für das Kino entstanden und wurden freitags abends vom ZDF unter dem Reihentitel gezeigt, wenn Zeit übrig war. Sie füllten die Lücke zwischen dem Ende des 20.15-Uhr-Films und dem Beginn des *heute-journals* um 22.00 Uhr und waren dementsprechend zwischen sieben und 25 Minuten lang.

EIN HIMMLISCHES VERGNÜGEN — ZDF
→ Geliebter Toni

HINTER DEN KULISSEN — ARD
1954–1972. Halbstündige Reportagereihe, die in sehr loser Folge Blicke hinter die Kulissen verschiedener Einrichtungen wie Theater, Spielbank, Zirkus, Hotel oder Flughafen gewährte. Lief zum Start in der Primetime, später am Vorabend.

HINTER GITTERN – DER FRAUENKNAST — RTL
Seit 1997. Dt. Soap. Geschichten über die Insassen und Mitarbeiter des Frauengefängnisses Reutlitz.
Es gibt ständig Reibereien und Intrigen unter den Gefangenen, Hass, Eifersucht, Gewalt, Kungelei, Liebe und Affären. Die an sich friedliebende Uschi König (Barbara Freier) und die Kampflesbe »Walter« (Katy Karrenbauer), die eigentlich Christine Walter heißt, legen sich immer wieder aufs Neue miteinander an und verursachen Ärger im Knast, weil sie rivalisierende Cliquen um sich versammeln. Nicht nur Walter hat einen Spitznamen, die anderen heißen beispielsweise »Kalle«, »Lollo«, »Blondie«, »Mutz« oder »Pissnelke«.
Weitere Insassen sind seit Beginn Ilse Brahms (Christiane Reiff), die später heiratet und dann Ilse Wünsche heißt, und Jeanette Bergdorfer (Christine Schuberth), die ihre Mitinsassinnen im Auftrag der Anstaltsleitung auspioniert. Anfangs gehören außerdem Lollo Kühne (Isabella Schmid), Vivi Andraschek (Annette Frier), Mutz Korsch (Brigitte Renner), Dagmar Friese (Kristiane Kupfer) und Susanne Teubner (Cheryl Shepard) dazu. Fluktuation ergibt sich durch Entlassungen, Verlegungen, Ausbrüche und Morde, und Neuzugänge rücken nach, darunter Mona Suttner (Anja B. Dukas), Conny Starck (Kristin Lenhardt) und Blondie Koschinski (Victoria Madincea).
Susanne, die zu lebenslänglich verurteilt war, wird nach zwei Jahren ermordet. Ihre Mörderin ist die äußerst brutale Melanie Schmidt (Sigrid M. Schnückel), die ab Herbst 1999 ebenfalls in Reutlitz einsitzt und

Hinter Gittern: Annette Frier, Barbara Freier, Katy Karrenbauer und Kristiane Kupfer (vordere Reihe von links). Mehr als zehn Millionen Menschen haben schon oft den Vorspann gesehen, weil sie nach *Wer wird Millionär?* nicht schnell genug ausgeschaltet haben.

gehasst wird. Für Susannes Tochter Nina (Marie Ernestine Worch) wird nun Walter die Bezugsperson im Knast – Nina sitzt ebenfalls ein. Erst 2004 wird sie entlassen. Weitere Mordopfer sind beispielsweise Lollo und Mona, deren Tochter Jule Neumann (Anke Rähm) ebenfalls im Gefängnis sitzt und sich wenig später erhängt. Auch bei anderen geht es familiär zu: Die Schwestern Martina (Judith Sehrbrock) und Mareike Vattke (Sanna Englund), die gemeinsam ihren Vater umgebracht haben, sitzen ebenso gemeinsam im selben Knast wie Kathleen Konnopke (Isabelle Höpfner) und ihre Cousine Nancy (Livia S. Reinhardt). Auch Mareike wird ermordet.

Zum Personal gehören die wegen ihrer harten Gangart »Geier« genannte Aufseherin Jutta Adler (Claudia Loerding), die Direktorin Dr. Evelyn Kaltenbach (Franziska Matthus), die Vollzugsbeamten Silke Jacoby (Judith von Radetzky), die ebenfalls ermordet wird, Peter Kittler (Egon Hofmann), Horst Dahnke (Thomas Engel), Birgit Schnoor (Uta Prelle) und Frank Gitting (Karl-Heinz von Liebezeit), später noch Aufseher Tom Weber (Marcus Grüsser), der Psychologe Matthias Goran (Dieter Bach), Pfarrer Maximilian Ahrens (Franz Mey) und der Anstaltsarzt Dr. Bernd Beck (Dirk Mierau). Dessen Nachfolger wird Dr. Christoph C. Stein (Atto Suttarp), der wiederum durch Dr. Lorenz Strauß (Rainer Goernemann) ersetzt wird. Sekretärin der Anstaltsleitung ist Sibylle »Möhrchen« Mohr (Heidi Weigelt).

Auch unter dem Personal gibt es jede Menge Halunken; einige machen gemeinsame Sache mit den Gefangenen, andere booten sich nur gegenseitig aus, und so werden auch sie entweder ermordet, verhaftet oder versetzt. Kaltenbach wird 1998 als Staatssekretärin ins Ministerium befördert und ist fortan dort für die JVA Reutlitz zuständig. Jutta Adler wird Direktorin, Birgit Schnoor ihre Stellvertreterin. Jutta erbt im Sommer 2001 von ihrer tyrannischen Mutter Elisabeth (Hannelore Minkus) ein Vermögen und setzt sich nach 200 Folgen zur Ruhe, verliert das Geld jedoch und muss 2004 von neuem als Schließerin anfangen. Zwischendurch wird die strenge Eva Baal (Karen Böhme) zurückgeholt und neue Leiterin. Sie war zuvor von Jutta Adler entlassen worden, weil sie Jule Neumann in den Selbstmord getrieben hatte. Der fiese Jörg Baumann (Armin Dallapiccola) wird ihr Stellvertreter. Er war für einige Zeit mit Jutta verheiratet. 2004 übernimmt Miriam Overberg (Cornelia Schindler) die Anstaltsleitung.

Neues Personal kommt nach und nach dazu, so die Schließer Andy Wagner (Stefan Puntigam), Hendrik Jansen (Ulrich Drewes), Trude Schiller (Karin Oehme), Edgar Brock (Leon Boden), David Wilborn (Jost Pieper) und die Auszubildende Annika Jeske (Sylwia von Wildburg). Weitere vorübergehende Insassen sind Anna Talberg (Bettina Kramer), Simone Bach (Susanne Schlenzig), Lizzy Michalke (Katja Schmitz) sowie Sascha Mehring (Barbara Sotelsek) und Kerstin Herzog (Meike Schlüter), die gemeinsam ausbrechen. Auch Walter gelingt es ein paar Mal, den Knast zu verlassen. Sie kehrt aber wieder zurück, um sich als Schließerin zu tarnen, verschwindet wieder und wird erneut gefasst. Uschi wird wegen einer Nierenkrankheit vorzeitig entlassen und engagiert sich fortan sozial: Für andere Entlassene eröffnet sie das Übergangszentrum »Zweite Chance«.

Die Idee zu *Hinter Gittern – der Frauenknast* basierte auf der australischen Knast-Soap »Cell Block H«. So weit wollte man in Deutschland nicht gehen, die Reutlitzer Geschichten spielen überwiegend im Block B. Die Serie war ursprünglich auf 26 Folgen angelegt, deren Quoten durchwachsen waren. Dennoch wurde sie ohne Unterbrechung fortgesetzt und in dem Moment zum Erfolg, als die Produzenten den Versuch aufgaben, wenigstens halbwegs realistische Geschichten zu erzählen. Die Quoten stiegen nun stetig und erreichten Anfang 2001 erstmals über sechs Millionen Zuschauer, begannen jedoch zu bröckeln, als die direkt vorangehende, erfolgreiche Quizsendung *Wer wird Millionär?* sinkende Zuschauerzahlen verzeichnete.

Die einstündigen Folgen werden montags um 21.15 Uhr gesendet; im Frühjahr 2005 wurde bereits die 350. Episode ausgestrahlt. Die erste Staffel ist auf DVD erschienen.

DIE HINTERBÄNKLER SAT.1
2002. 6-tlg. dt. Sitcom.

Die parlamentarische Wohnungsvermittlung hat einen Fehler gemacht. Deshalb müssen sich der altgediente CDU-Abgeordnete Gerhard Husselmann (Jochen Busse) aus dem westdeutschen Hückeswagen und der SPD-Nachwuchspolitiker Eduard von Griebenstein (Uwe Steimle) aus Radebeul im Osten, zwei Hinterbänkler im Bundestag, eine Wohnung in Berlin teilen.

Die Serie war eigentlich im Auftrag des ZDF entstanden, das dann aber offenbar Bedenken hatte, im Wahljahr Witze über die großen Volksparteien zu machen. Sat.1 sah darin kein Problem und strahlte die Serie kurz vor der Bundestagswahl im September 2002 aus, immer freitags um 22.15 Uhr.

HINTERM MOND GLEICH LINKS ZDF, RTL
1996 (ZDF); 1999–2004 (RTL);. 139-tlg. US-Sitcom von Bonnie und Terry Turner (»3rd Rock From The Sun«; 1996–2001).

Hinter den Geschwistern Dick (John Lithgow), Sally (Kristen Johnston), Harry (French Stewart) und Tommy Solomon (Joseph Gordon-Levitt) stecken in Wirklichkeit vier Außerirdische, die menschliche Gestalt angenommen haben, um das Leben auf einem unwichtigen Planeten namens Erde unerkannt zu erforschen. Sie stolpern ungeschickt in Missverständnisse, weil sie die irdischen Redewendungen und Gepflogenheiten nicht kennen. Dick arbeitet als Universitätsprofessor und ist sehr an seiner Kollegin Dr. Mary Albright (Jane Curtin) interessiert. Der Polizist Don (Wayne Knight) wird Sallys Freund. Sally ist auf ihrem Heimatplaneten ein Kerl, musste aber für die Reise auf die Erde die Gestalt einer großen Frau annehmen.

Das ZDF zeigte nur sechs Folgen des überdrehten Klamauks samstagnachts, bei RTL liefen 108 weitere am Samstagnachmittag, der Rest ist im Orbit verschwunden.

HIRAM HOLLIDAY ARD
→ Die Abenteuer des Hiram Holliday

HIRE OR FIRE – DER BESTE JOB DER WELT PRO SIEBEN
2004. Realityshow.

Zehn Kandidaten sollten um einen Job bei John de Mol kämpfen. Jede Woche hätten die Bewerber Aufgaben bewältigen und am Ende der Schwächste gefeuert werden sollen. Der Gesamtsieger sollte einen Top-Job und 300 000 € Jahresgehalt erhalten. Das Vorbild war die US-Show *The Apprentice*. RTL hatte die Rechte erworben und daraus *Big Boss* gemacht. Der Pro-Sieben-Abklatsch war schneller auf Sendung, dafür aber noch schneller wieder weg. Nicht einmal eine Million Menschen sahen um 20.15 Uhr zu, und so wurde nach der Premiere als erstes Opfer John de Mol samt Sendung gefeuert.

Bei einer früheren vorzeitig abgesetzten Realityshow, *To Club,* wurde das ausgesetzte Preisgeld unter den Kandidaten aufgeteilt. Es ist nicht bekannt, ob hier anstelle eines Spitzenpostens an den Sieger an alle Teilnehmer je ein Job in der Poststelle vergeben wurde.

HISTORY PRO SIEBEN
1999–2000. Halbstündiges Geschichtsmagazin, das am späten Montagabend jeweils ein Ereignis der Vergangenheit genauer betrachtete.

HISTORY ZDF
2000–2002. Halbstündiges Geschichtsmagazin mit Guido Knopp, das staffelweise am späten Sonntagabend in mehreren Beiträgen über spannende Ereignisse der Weltgeschichte berichtete.

HIT CLIP WDR, ARD
1993–1997. Halbstündige werktägliche Nachmittags-Musikshow mit Thomas Germann, in der jeweils fünf aktuelle Videoclips gezeigt wurden. In der ersten Sendung waren das »All that she wants« von Ace of Base, »Jump They Say« von David Bowie, »Black Or White« von Badesalz, »Mrs. Robinson« von den Lemonheads und »I'm Every Woman« von Whitney Houston.

1995 lief die Show für einige Zeit in der ARD.

DIE HIT GIGANTEN SAT.1
Seit 2003. Zweistündige Event-Musikshow mit Hugo Egon Balder, der in loser Folge Hits zu jeweils einem Schwerpunktthema präsentiert, teils als Videoeinspielung, teils durch Live-Auftritte der Stars im Studio.

Die Show war die Antwort auf *Die ultimative Chart Show* von RTL und erreichte zwar nicht deren, aber dennoch gute Einschaltquoten.

HIT-JOURNAL ARD
1973–1976. »Schlager und Schlagzeilen«. Nostalgieshow mit Hits und Ereignissen aus vergangenen Jahren.

Moderatoren der Revue waren Manfred Sexauer und die Schauspielerin Rose Renée Roth, die beim Start der Reihe 66 Jahre alt und damit nicht alt genug war, um sich an alle thematisierten Ereignisse persönlich zu erinnern. Die erste Ausgabe befasste sich mit der Zeit von 1850 bis 1900, die weiteren insgesamt 14 Folgen gingen chronologisch vor. Mit der zunehmenden Anzahl populärer Schlager wurde der vorgestellte Zeitraum pro Sendung jedoch kürzer. Die 45-minütige Show lief montags um 21.00 Uhr.

HIT-KWISS ARD
1976–1978. 45-minütiges Musikquiz mit Pierre Franckh.
Drei Kandidaten müssen Fragen zur Popmusik aus den internationalen Hitparaden beantworten und Lieder erkennen, die verfremdet, z. B. zu schnell, abgespielt werden. Musikvideos und Auftritte von Bands im Studio untermauern das Spiel.
Sieben Ausgaben liefen im Nachmittagsprogramm, meist samstags. Ein einzelnes *Hit-Kwiss* war bereits im Dezember 1975 innerhalb der Reihe »Phonzeit« gelaufen.

HITCHHIKER PRO SIEBEN
1989–1992. 65-tlg. US-Gruselserie (»The Hitchhiker«; 1983–1993).
In der Serie werden in sich abgeschlossene unheimliche Geschichten erzählt, in die der mysteriöse Hitchhiker (Nicholas Campbell, auch gespielt von Page Fletcher) zu Beginn einführt und die er am Schluss kommentiert. Wechselnde Darsteller spielten die Hauptrollen.
Die Episoden waren je eine halbe Stunde lang und liefen freitags um 22.45 Uhr.

HITLER – EINE BILANZ ZDF
1995. 6-tlg. Hitlerreihe von Guido Knopp – die erste ihrer Art.
In Zusammenarbeit mit Experten wie dem Stuttgarter Professor Eberhard Jäckel und dem Briten Ian Kershaw versuchte Knopp mit sechs Autoren ein Porträt Hitlers zu erstellen. »Das Fernsehen hat sich bisher um ein umfassendes Porträt dieses Mannes, der für die furchtbarsten Erfahrungen des 20. Jahrhunderts steht, herumgedrückt«, sagte Knopp. Die Idee dazu habe er seit 1977 im Kopf gehabt, als er den Hitler-Film von Joachim Fest gesehen habe.
In jeweils 55-minütigen Folgen wird chronologisch Aufstieg und Fall Hitlers geschildert, unter den Kapitelüberschriften: »Der Privatmann«, »Der Verführer«, »Der Erpresser«, »Der Diktator«, »Der Kriegsherr« und »Der Verbrecher«. »Das geschlossene Bild entsteht für die Zuschauer nur, wenn sie wirklich alle Folgen sehen«, betonte Knopp und fügte den entlarvenden Satz hinzu: »Und das sage ich bestimmt nicht wegen der Quoten.«
An Quoten gemessen war der Erfolg von *Hitler – eine Bilanz* und ihrer Nachfolgeserien unbestreitbar; die Reihen verkauften sich auch in viele andere Länder. Knopp schaffte es, gerade auch jüngere Menschen zu erreichen und für die dunkelsten Seiten der deutschen Geschichte zu interessieren. Andererseits stieß die plakative Machart der Filme, der suggestive Einsatz von Musik und Sprache, die totale Personalisierung, die ungenaue Trennung zwischen Originalmaterial und nachgestellten Aufnahmen und die Verstümmelung der Erzählungen von Tausenden von Zeitzeugen zu kürzesten Tonschnipseln auf massive Kritik. Im Lauf der Jahre erschienen Knopps Reihen allmählich wie eine Karikatur ihrer selbst: die immer gleichen Stilmittel (z. B. die Aufnahme der Zeitzeugen vor schwarzem Hintergrund mit einzelnem diagonalen Lichtschein), die Besessenheit vom Nationalsozialismus sowie die offensichtlich quotensteigernde Pflicht, das Wort »Hitler« im Titel unterzubringen.
Nach dieser ersten Reihe, die sonntags am späteren Abend im Schnitt fünf Millionen Zuschauer und Marktanteile bis knapp 30 % erreichte, liefen die weiteren Hitlerreihen zur Primetime. In chronologischer Reihenfolge waren dies: *Hitlers Helfer, Hitlers Krieger, Hitlers Kinder, Hitlers Frauen* und *Hitlers Manager*.

HITLERS ELITEN NACH 1945 ARD
2002. 5-tlg. Geschichts-Doku über ehemalige Nationalsozialisten, die auch nach Kriegsende noch in führenden Positionen waren. Es ging um Journalisten, Unternehmer, Mediziner, Militärs und Politiker. Verschiedene Autoren steuerten die Beiträge bei.
Die 45-minütigen Filme liefen montags, ab Folge 3 mittwochs um 21.45 Uhr.

HITLERS FRAUEN ZDF
2001. 6-tlg. Hitlerreihe von Guido Knopp.
Die Fortsetzung von *Hitlers Kinder* verstand unter »Hitlers Frau« ebenso seine Lebensgefährtin Eva Braun wie Marlene Dietrich, die sich nicht von den Nazis vereinnahmen ließ. Außerdem ging es um Magda Goebbels, Winifred Wagner, Leni Riefenstahl und Zarah Leander. Gezeigt wurde vor allem Privates: Über Eva Braun erfuhr der staunende Zuschauer beispielsweise, dass sie in Kriegszeiten Schildkrötensuppe aß, eine gute Figur hatte und ein Mittel nahm, das ihre Regel verschob, wenn Adolf bei ihr auf dem Obersalzberg war. Die »Süddeutsche Zeitung« erwartete als konsequente Fortsetzung dieser Reihe nun »Hitlers Hunde«. Es wurden stattdessen *Hitlers Manager*.

HITLERS HELFER ARTE, ZDF
1996 (arte); 1998 (ZDF). 12-tlg. Hitlerreihe von Guido Knopp.
Die Fortsetzung von *Hitler – eine Bilanz* porträtierte die Hintermänner des Nationalsozialismus: Hermann Göring, Joseph Goebbels, Heinrich Himmler, Albert Speer, Rudolf Hess, Karl Dönitz, Adolf Eichmann, Joachim von Ribbentrop, Roland Freisler, Martin Bormann, Baldur von Schirach und Josef Mengele war jeweils eine Folge gewidmet.
Knopp und seine Autoren perfektionierten bei *Hitlers Helfer* ihre Methode, Geschichte in laute Videoclipporträts zu verwandeln, in denen Fiktion und Dokumentation nicht mehr zu trennen sind. Die Sendungen hatten wieder beste Quoten und ließen sich hervorragend ins Ausland exportieren; das Urteil der Kritiker aber war verheerend. Die »Süddeutsche Zeitung« schrieb: »Man verließ festen Boden und forcierte künstliche Aufregungen, vermischte vermeintlich spekulative (Film-)Funde mit einem drängenden, investigativen ›Hier-genau-ist-es-gewesen‹-Naturalismus, umschnipselt von zumeist unerheblich schwadronierenden ›Zeitzeugen‹. Knopp

und sein Stab haben sich von allem verabschiedet, was rings um den Begriff Zeitgeschichte *auch* einmal anzutreffen war: Aufklärung. Geduldiges, stringentes, nachvollziehbares, Lücken füllendes, provozierendes Erzählen. Was wir sehen, ist der Untergang eines Genres.« Frank Schirrmacher urteilte in der »Frankfurter Allgemeinen Zeitung«: »Es ist der bislang auffälligste Versuch, historisches Bewusstsein durch kollektive Nervenreizung zu vernichten.« Er konstatierte einen »fast rauschhaften Steigerungs- und Überbietungswillen, der in der gegenwärtigen Staffel von ›Hitlers Helfern‹ einen Zug ins Irrwitzige bekommen hat.«

Zwei Staffeln mit je sechs dreiviertelstündigen Folgen zeigte das ZDF ab Januar 1997 dienstags um 20.15 Uhr, die erste Staffel war zuvor bereits bei arte gelaufen. Als Nächstes kamen *Hitlers Krieger* an die Reihe.

HITLERS KINDER ZDF

2000. 5-tlg. Hitlerreihe von Guido Knopp über das Schicksal der Jugend in der Zeit des Nationalsozialismus.

Hitlers Kinder schloss an *Hitlers Krieger* an und ging *Hitlers Frauen* voraus. Das ZDF war auf der Suche nach Zeitzeugen im Spätsommer 1999 mit einem »Jahrhundertbus« durch verschiedene Großstädte Deutschlands getourt. In dem zum Studio umgebauten Fahrzeug konnten die Interviews direkt aufgenommen werden, was die Produktion deutlich beschleunigte.

Die 45-Minuten-Folgen liefen dienstags um 20.15 Uhr.

HITLERS KRIEG IM OSTEN ARD

2000. 4-tlg. dt.-brit. Hitlerreihe von Laurence Rees. Die Reihe behandelt den Überfall der deutschen Wehrmacht 1941 auf die Sowjetunion und seine Hintergründe. Chronologisch erzählt Rees die Geschichte vom Hitler-Stalin-Pakt über die ersten deutschen Blitzkriegserfolge und Stalingrad bis zur sowjetischen Siegesparade auf dem Roten Platz in Moskau.

Rees war Leiter der BBC-Fernsehredaktion für Zeitgeschichte, also der Guido Knopp der BBC. Seine Dokumentation, die in Koproduktion mit dem NDR entstand, bediente sich der gleichen umstrittenen filmischen Mittel wie der ZDF-Mann. Im bekannten Stil wurden die Aussagen von Zeitzeugen abgefilmt und mit Originalfilmdokumenten illustriert. Kritiker warfen der Reihe vor, zu banalisieren, zu personalisieren und unzulässig zu spekulieren. Deutsche Verbrechen würden mit denen der Sowjets verrechnet. Immerhin hatte nun endlich die ARD eine Reihe, die mit dem Quoten versprechenden Namen begann. Die dreiviertelstündigen Folgen liefen donnerstags um 21.45 Uhr.

HITLERS KRIEGER ZDF

1998. 6-tlg. Hitlerreihe von Guido Knopp. Knopp berichtete über die Männer, die mit Hitler den Zweiten Weltkrieg führten: Erwin Rommel, Wilhelm Keitel, Erich von Manstein, Friedrich Paulus, Ernst Udet und Wilhelm Canaris. *Hitlers Krieger* war der Nachfolger von *Hitlers Helfer* und der Vorgänger von *Hitlers Kinder*.

Die 45-Minuten-Folgen liefen dienstags um 20.15 Uhr.

HITLERS MANAGER ZDF

2004. 5-tlg. Hitler-Reihe von Stefan Brauburger. Die Reihe berichtete über Männer, die im Schatten der Hitler-Diktatur Karriere machten und halfen, sie zu organisieren: der Architekt und Rüstungsminister Albert Speer, der Raketenkonstrukteur Wernher von Braun, der Ingenieur Ferdinand Porsche, der Chef des Wehrmachtsführungsstabs, Alfred Jodl, und die Rüstungsindustriellen Gustav und Alfried Krupp.

Autor Brauburger war Stellvertreter von Guido Knopp in der ZDF-Redaktion Zeitgeschichte und drehte die Porträts im bewährten Stil seines Chefs mit Zeitzeugeninterviews, Originalaufnahmen und Rekonstruktionen. Ebenso umstritten war die Reihe auch, vor allem wegen ihrer starken Personalisierung: Der Zuschauer erfuhr zum Beispiel, dass die »Liebe« zwischen Hitler und Speer »nie erotisch, nie homosexuell« war, und diverse andere private Details über die Porträtierten. Die Reihe zeigte zudem, dass Knopps Leuten allmählich Schwierigkeiten bekamen, immer neue Titel mit »Hitlers ...« zu erfinden: Mit Managern im eigentlichen Sinn beschäftigten sich nur zwei der fünf Folgen. Albert Speer hatte außerdem bereits eine eigene Episode in *Hitlers Helfer* bekommen.

Die Auftaktfolge lief an einem Dienstag zur Primetime, der Rest um 22.15 Uhr.

HITPARADE IM ZDF ZDF
→ ZDF-Hitparade

HITS MIT DÉSIRÉE ZDF
→ Musicbox

HITS VON DER SCHULBANK ZDF

1980. Musikshow mit Désirée Nosbusch, die es nur auf eine einzige Ausgabe brachte.

Aufsehen erregte die 15-jährige Nosbusch, weil sie ein Mädchen zu Gast hatte, das wegen seines Übergewichts in Bayern nicht Beamtin werden durfte. Sie telefonierte in der Live-Sendung mit Franz Josef Strauß und sagte: »Schauen Sie sie sich an. Sie sind ja nun auch nicht gerade der Schlankste.« Danach musste sie von Sicherheitsbeamten aus dem Studio geführt werden und bekam massenhaft Morddrohungen.

Im folgenden Jahr startete ihre neue Musiksendung *Musicbox*.

HOBBY. SEHEN – ERLEBEN – GESTALTEN DFF 1

1972–1973. 45-minütiges monatliches Freizeitmagazin, das verschiedene Hobbys vorstellte und

Menschen, die skurrile Dinge in ihrer Freizeit tun. Moderatoren waren Peter Bosse, Heike Lebe und Rolf Rippberger.
Lief rund 20-mal dienstags am Vorabend und mittwochs am Abend.

HOBBYTHEK   DRITTE PROGRAMME
Seit 1974. Monatliche Sendung mit Tipps zur aktiven Freizeitgestaltung.
Wie bastelt man einen Taubenschlag aus Zuckerrüben und Brom? Wie bekommt man Wäsche blütenweiß, nur mit einem Sack Braunkohle? Und wie macht man aus Kohlrouladen und einem Staubsauger Seifenblasen? Okay, Jean Pütz wusste auch nicht alles, aber fast, und außerdem hatte er ja einen lustigen Schnauzbart und eine Fliege. Seine Bastelanleitungen waren immer interessant, die nützlichen Haushaltshinweise zeigten, wie man preiswert und umweltschonend teure Chemie ersetzen kann, und zwischendurch erklärte Pütz wissenschaftliche Themen anschaulich und lebensnah. Jede Sendung stand unter einem bestimmten Thema, zu dem die Zuschauer die Broschüre »Hobbytipp« anfordern konnten.
Die verschiedenen Moderatoren der Sendung kamen aus der jeweils produzierenden ARD-Anstalt, doch nur der Rheinländer Pütz mit der WDR-Version wurde prominent und sorgte für ihren unverwechselbaren Charme. Ende 2004 trat Pütz nach 30 Jahren ab.

HOCHHAUSGESCHICHTEN   DFF 1
1981. 7-tlg. DDR-Familienserie von Gert Billing, Regie: Hans Knötzsch.
Der Baumonteur Frank Blumhagen (Jürgen Trott) arbeitet auf einer Berliner Großbaustelle und wohnt in einem Hochhaus. Zu den anderen Einwohnern, deren Geschichten den Inhalt der Serie bilden, gehört sein geschiedener Vater Dr. Tilman Blumhagen (Horst Schulze).
Die Folgen waren rund eine Stunde lang und liefen am Freitag um 20.00 Uhr.

HOCHSPANNUNG – HAUTE TENSION   RTL
1992. 10-tlg. frz. Actionreihe (»Haute Tension«; 1988–1990), mit spannenden Fernsehfilmen, oft Romanverfilmungen. Die Folgen waren in sich abgeschlossen, voneinander unabhängig, mit wechselnden Charakteren und Hauptdarstellern.
RTL versendete sie innerhalb von zwei Wochen tief in der Nacht.

HÖCHSTPERSÖNLICH   ARD
Seit 1994. Halbstündige Reihe, in der nachmittags Prominente porträtiert werden.
Die ersten Folgen liefen noch mittwochs, dann rückte die Reihe auf den Freitag. Zum zehnjährigen Jubiläum waren bereits über 400 Sendungen zusammengekommen.

HOCHZEITSFEST DER VOLKSMUSIK   ARD
→ Sommerfest der Volksmusik

DER HOCHZEITSPLAN   RTL
2001. Einstündige Samstagabendshow um 21.15 Uhr mit Markus Lanz.
Ein nichts ahnender Bräutigam wird von seiner Zukünftigen im Studio mit einem Heiratsantrag überrascht. Sagt er Ja, werden die beiden noch in der Sendung von der Euskirchener Standesbeamtin Hildegard Poensgen verheiratet.
Quasi die gleiche Show war unter dem Namen *Sag ja! – Willkommen zu Deiner Hochzeit* schon zwei Monate zuvor in Sat.1 gefloppt. So ging es auch dieser Version, die nach (ebenfalls) zwei von vier geplanten Ausgaben kurzfristig gekippt wurde.

»Daraus machen wir eine Stinkbombe!« Jean Pütz und Christine Niklas in der *Hobbythek* zum Thema »Betörende Düfte selbst gemacht«.

HOFFMANNS GESCHICHTEN — ARD
1983–1985. »Der Sonntagmorgen einer Familie«. 16-tlg. dt. Familienserie von Peter Grohmann, Regie: Werner Schretzmeier.
Der Alltag in der Familie Hoffmann am Sonntagmorgen. Die Eltern Martin (Martin Schleker) und Elfriede (Elfriede Irrall) beginnen den Tag gemeinsam mit den Kindern Bernhard (Bernhard Hurm), Irene (Irene Rindje) und Uwe (Uwe Vollmer) am Frühstückstisch und reden darüber, was sie gerade bewegt. Es geht um kleine Sorgen wie verstauchte Knöchel und große Probleme wie Martins Arbeitslosigkeit, die ihn in der dritten Folge plötzlich trifft. Die Familie leidet einige Zeit sehr darunter, dann ergreift Elfriede die Initiative und eröffnet eine eigene Gaststätte. Dort beschäftigt sie den Koch Wiesel (Günther Brombacher) und die Bedienung Moni (Patrizia Moresco). Frau Nagel (Erika Wackernagel) ist die neugierige Nachbarin, die in einer Bürgerinitiative engagiert ist, Herr Heinrich (Heinrich Pachl) der gerissene und geldgierige Hausbesitzer. Bernhard, der zu Beginn der Serie noch in eine ausländerfeindliche Aktion verwickelt war, freundet sich später mit der Türkin Özay (Özay Riek) an. Am Ende stirbt ein reicher Onkel aus Amerika und hinterlässt den Hoffmanns ein Vermögen. Neue Zeiten brechen an, und die Kneipe wird veredelt.
Hoffmanns Geschichten starteten am Tag nach dem Start von *Gestern bei Müllers* im ZDF, die den Freitagabend einer Familie thematisierte. Wie schon in der Sonntagmorgenserie *Goldener Sonntag* durften alle Darsteller einen Teil ihres Namens als Rollennamen behalten.
Lief einmal im Monat sonntags um 11.15 Uhr und dauerte 45 Minuten.

HOFFNUNGSSPUREN — ZDF
1985–1986. 6-tlg. Fernsehspielreihe im Auftrag der Kirchenredaktion. Sie zeigt an exemplarischen Lebensgeschichten, wie Menschen in moralischen Grenzsituationen reagieren.

HOFTHEATER — ZDF
1975. 13-tlg. dt. Theaterserie von Curd Hanno Gutbrod und Gerd Anbermann, Regie: Herbert Ballmann.
Ende des 19. Jh. führt Baron von Krombholz (Theo Lingen) als Direktor ein Theater am Hof des Herzogs (Wolfgang Arps). Zum Ensemble gehören Charlotte Peroni (Johanna von Koczian), Karolin Kruse (Ursela Monn), die mit Ewald Benning (Stefan Behrens) zusammen ist, und der jugendliche Liebhaber Angelo Eisner (Thomas Fritsch). Der Spielplan bringt immer wieder den örtlichen Sittlichkeitsverein unter dem Apotheker Habermann (Kurt A. Jung) gegen das Theater auf.
Die halbstündigen Folgen liefen donnerstags um 18.20 Uhr.

HOFTHEATER MIT KASPER UND RENÉ — ARD
→ Kasperle und René

DER HOGAN-CLAN — RTL
1998–1999. 110-tlg. US-Sitcom (»Valerie«; 1986–1987; »Valerie's Family«; 1987–1988; »The Hogan Family«; 1986–1991).
Weil Vater Michael (Josh Taylor) Pilot und selten zu Hause ist, kümmert sich Mutter Valerie Hogan (Valerie Harper) allein um die Kinder David (Jason Bateman), Willie (Danny Ponce) und Mark (Jeremy Licht). Als Valerie nach kurzer Zeit stirbt, versorgt Tante Sandy (Sandy Duncan) fortan die Familie, später zieht auch Großvater Lloyd (John Hillerman) ins Haus.
In den USA wurde der Serientitel zweimal geändert, in Deutschland liefen alle drei Serien unter dem Titel *Der Hogan-Clan* werktags am Morgen und in der jeweils folgenden Nacht als Wiederholung.

DIE HÖHLENKINDER — ARD
1962–1963. 10-tlg. dt. Jugendserie nach den Büchern von Alois Th. Sonnleitner, Regie: Peter Podehl.
Die Waisenkinder Peter (Götz Burger) und Eva (Claudia Podehl) fliehen vor dem Zweiten Weltkrieg. Sie wollen in einer Höhle in den Bergen, im »Heimlichen Grund«, das Kriegsende abwarten. Für den Großvater (Erik Jelde) ist der Weg zu beschwerlich: Er stirbt. Doch vorher hat er den Kindern den Weg aufgezeichnet. Sie finden die Höhle und richten sich darin ein, doch den Winter zu überleben wird hart. Im Herbst 1944 verirrt sich Soldat Max (K. E. Ludwig) in den »Heimlichen Grund«. Die Kinder nehmen ihn auf. Als sie vom Ende des Krieges erfahren, machen sich die drei auf den Rückweg.
Die einzelnen, schwarz-weiß ausgestrahlten Folgen dauerten 50 Minuten. Die gleiche Geschichte wurde gut 20 Jahre später erneut unter demselben Titel verfilmt.

DIE HÖHLENKINDER — ZDF
1985. 10-tlg. ital.-dt. Neuauflage der gleichnamigen Jugendserie, Regie: Marcello Aliprandi (»I ragazzi della valle misteriosa«; 1984).
Auf der Flucht vor Plünderern bringt die Großmutter (Bianca Doria) die Waisenkinder Eva (Veronica Logan) und Peter (Kim Rossi) in eine Höhle in den Bergen, wo die Kinder erst mal wohnen bleiben.
Die 25-minütigen Folgen liefen donnerstags.

HOLGER KOMMT! — ZDF
1996. Porträtreihe mit Holger Weinert.
Weinert besucht prominente Menschen zu Hause und zeigt, wie sie so leben. In der ersten Sendung kam er zum sächsischen Ministerpräsidenten Kurt Biedenkopf.
Zwölf halbstündige Sendungen liefen freitags nachmittags.

HOLGERS TANKSTELLE — ZDF
1997. Dreiviertelstündige Comedytalkshow mit Holger Weinert.
Weinert drängt seine Gäste in der Kulisse einer Tankstelle zu lustig gemeinten Aktionen. Ihm assistieren

die Würstchenverkäuferin Silke (Silke Vennemann) und der Tankwart Hermann van Gestern (Reinier Groustra).

Fernsehstudios, die nach Fernsehstudios aussahen, waren nichts für Holger Weinert. In den Dritten Programmen der ARD hatte er bereits in einem Waschsalon getalkt, was als Ort für Gespräche irgendwie noch Sinn hatte – im Gegensatz zu den Gartenmöbeln zwischen Zapfsäulen und Imbissstand, auf denen er nun im ZDF plaudern ließ. Seine Gäste überraschte er mit verschiedensten Ideen. So konfrontierte er etwa den führerscheinlosen Dirk Bach mit seinem ehemaligen Fahrlehrer und ließ ihn auf einem Parcours Tretroller fahren. Den Moderator von *Der Preis ist heiß*, Harry Wijnvoord, fragte Weinert, wie das eigentlich sei, so dick zu sein, während Assistentin Silke an ihrem Imbissstand »Gour-Mett-Wochen« ausrief, woraufhin sich die Gäste mit Buletten voll stopfen mussten.

Nach sechs weitgehend ungesehenen Sendungen donnerstags um 22.15 Uhr, die im Titel natürlich einen falschen Apostroph trugen, fand auch das ZDF, dass Weinert genügend Gäste und Zuschauer beleidigt hatte, und drehte ihm den Zapfhahn zu.

HOLIDATE ZDF

1995. Urlaubsshow mit Kai Böcking.

Zwei Teams aus je drei gut aussehenden jungen Frauen präsentieren sich den Männern im Studiopublikum in Spielrunden mit selbstgedrehten Videos vom gemeinsam verbrachten Urlaub und Sätzen wie »Jungs, die mit uns zusammen sein wollen, müssen auch gut drauf sein«. Die Männer stimmen dann ab, mit welchen dreien sie lieber in den Urlaub fahren würden. Die Gewinnerinnen dürfen sich auf einer Fotowand je einen Herrn aus dem Publikum als Begleitung für eine Fortsetzung des Urlaubs am gleichen Ort auf ZDF-Kosten aussuchen.

Das ZDF hatte große Hoffnungen mit dieser dreiviertelstündigen Show verbunden, zeigte die Premiere am Dienstag zur Primetime, sah auf die Quoten und ließ alle Hoffnung fahren. Unglücklicherweise hatten die Zuschauer zu Hause entdeckt, mit welchem Knopf an ihrer Fernbedienung sie die ganze Veranstaltung samt Animateur Böcking nach Sibirien schicken konnten. Die restlichen fünf Ausgaben versteckte das ZDF an verschiedenen Werktagen am Nachmittag.

HOLIDAY ISLAND – DIE TRAUMINSEL SAT.1

1985. 13-tlg. austral. Urlaubsserie (»Holiday Island«; 1981).

Neil Scott (Nick Tate) und seine Frau Angela (Caz Lederman) führen ein exklusives Hotel auf Holiday Island, einer Insel im Great Barrier Reef vor Australien. Nicks Bruder Jason (Steven Grives) sorgt für Ärger und kommt regelmäßig mit dem Gesetz in Konflikt. Emily Muldoon (Patricia Kennedy) gehört das Hotel, dort arbeiten Dusty Davis (Marilyn Mayo), Zack Zachorakis (Peter Mochrie), Banjo (Frank Wilson), Lisa Kendall (Alyson Best) sowie Wally Simmons (Tom Oliver) und begrüßen jede Woche neue Gäste.

Australische Billigvariante von *Traumschiff* und *Love Boat*, die jede Menge Hohn und Spott ertragen musste, nicht zuletzt, weil sie im kühlen Melbourne gedreht wurde. In einigen Szenen sieht man den Atemhauch der Schauspieler in der kühlen Luft, wo laut Drehbuch tropische Hitze herrschen soll.

RTL machte in den Wiederholungen aus jeder der 13 Folgen zwei Episoden. Der Pay-TV-Sender DF 1 synchonisierte sie neu und zeigte ab 1996 insgesamt 60 Folgen.

DIE HOLIDAYS AUS ROM RTL

1989. 13-tlg. US-Zeichentrickserie von William Hanna und Joseph Barbera (»The Roman Holidays«; 1972–1973). Familie Holiday – Vater Gus, Mutter Laurie, Tochter Precocia, Sohn Happius und Hauslöwe Brutus – lebt im alten Rom und hat ständig Ärger mit ihrem Vermieter Mr. Evictus.

Die Serie entstand im Gefolge der erfolgreichen Hanna-Barbera-Serien *Familie Feuerstein* und *Die Jetsons* und bediente sich wieder der Idee, eine »normale« Familie in eine andere Zeit zu versetzen. Ein vergleichbarer Erfolg blieb diesmal aber aus.

HÖLLENFAHRTEN ZDF

1998–2000. Reportagereihe über Abenteurer, die in den vergangenen Jahrhunderten ihr Leben riskiert haben, um unerforschte Regionen zu entdecken.

Zu den Porträtierten gehören David Livingstone, der das südliche Afrika erforschte, Salomin Andrée, der den Nordpol mit dem Ballon erreichen wollte, und der deutsche Polarforscher Arved Fuchs. Meist drehen sich die Dokumentationen um den Moment, in dem den Reisenden die Kontrolle engleitet und das Chaos ausbricht. Es geht u. a. um die Suche nach den Quellen des Nils, die letzte Fahrt der »Hindenburg« und das Drama in der Eigernordwand.

14 dreiviertelstündige Sendungen liefen staffelweise auf dem Dokumentationsplatz am Sonntag um 19.30 Uhr.

DIE HOLLIES KI.KA

2003. 3-tlg. dt. Umweltfilm für Kinder von Anna Knigge, Regie: Matthias Steurer.

Vor dem elfjährigen Sven (Willi Gerk) steht mit einem Mal sein Schlafhase – als lebendiges Hologramm. Seine Mitschülerin Lisa (Dilan Sina Balhan) hat plötzlich auch so ein außerirdisches Wesen. Sie müssen umweltfreundliche Energie für die Hollies finden und ihnen helfen, die Erde zu verlassen.

Die halbstündigen Folgen waren Teil des Projekts »Graslöwen TV« (siehe *Die Graslöwen*).

HÖLLISCHE NACHBARN RTL

1998–2000. Halbstündige Realsatire über absurde Nachbarschaftsstreitigkeiten. Pro Folge wurden zwei Fälle nachgestellt; Thomas Lang moderierte.

Die Reihe lief freitags nach 21.00 Uhr. Im Dezember 1998 und im April 2000 strahlte RTL zwei Fernsehfilme unter gleichem Titel aus, die sich in fiktiven Geschichten mit dem Nachbarschaftsstreit zweier Familien befassten.

HOLLYWOOD, HOLLYWOOD ZDF
1988. 6-tlg. Bildungsreihe von und mit Dieter Prokop in Zusammenarbeit mit der Fernuniversität Hagen.
Prokop referiert mit trockenen Vorträgen und kurzen Filmausschnitten die Geschichte Hollywoods. Die halbstündigen Folgen liefen samstagnachmittags.

HOLLYWOOD-MELODIE ARD
1953–1958. »Im Wirbel der Stars und Synkopen«.
Halbstündige Musiksendung mit bekannten Filmmelodien, die in loser Folge, aber oft im Abendprogramm lief.

HOLLYWOOD SAFARI VOX
2003. 22-tlg. US-Abenteuerserie (»Hollywood Safari«; 1998).
Familie Johnson, bestehend aus Park-Ranger Troy (Sam J. Jones), Tierärztin Jayne (Caryn Richman), den Söhnen Josh (David Lago) und Peter (Tommy Devers) sowie Hund Muddy und Affe Plato, lebt auf einer Ranch in Kalifornien und trainiert exotische Tiere für Filmproduktionen. Greg Nickels (Joe Michael Burke) hilft.
Die Serie des US-Senders Animal Planet lag wohl schon eine Weile herum und wollte auch endlich weggesendet werden. Vox tat das innerhalb einer einzigen Woche, mit einigen Folgen am frühen Morgen und anderen mitten in der Nacht.

HOLMES & YOYO ARD
1978. 13-tlg. US-Sitcom von Jack Sher und Lee Hewitt (»Holmes & Yoyo«; 1976).
Irgendwann war der Verschleiß an Polizisten zu hoch, die immer im Krankenhaus landeten, wenn sie mit Alexander Holmes (Richard B. Shull) auf Streife waren – ungerechterweise hatte dessen Ungeschicklichkeit nie schmerzhafte Folgen für ihn selbst. Wer auf Dauer mit Holmes ermitteln wollte, müsste unverwundbar sein. Zum Glück hat der Wissenschaftler Gregory Yoyonovich genau so etwas gerade erfunden: einen Roboter in Menschengestalt (John Schuck), der nach seinem Schöpfer »Yoyo« genannt wird und natürlich höchst geheim und offiziell einfach ein Mensch mit überdurchschnittlicher Haltbarkeit und Erinnerungsgabe ist. Holmes ist glücklich, die Kollegen, die nicht mehr mit ihm losziehen müssen, sind glücklich, und nur die Polizistin Maxine Moon (Andrea Howard), die mit Yoyo flirtet, wird wohl auf Dauer nicht glücklich werden.
Die Macher dachten, sie hätten einen Riesencoup gelandet, doch das Publikum sprang nicht darauf an. Die Grundidee wurde später in *RoboCop* – ungleich brutaler – wieder aufgegriffen.
Die halbstündigen Folgen liefen im regionalen Vorabendprogramm und später mehrfach bei RTL.

HOLOCAUST DRITTE PROGRAMME
1979. 4-tlg. US-Historienserie von Gerald Green, Regie: Marvin J. Chomsky (»Holocaust«; 1978).
Die Geschichte der Judenverfolgung im Dritten Reich, erzählt anhand der Geschichten einer Opfer- und einer Täterfamilie. Der Berliner Jude Dr. Josef Weiss (Fritz Weaver) ist seit vielen Jahren Hausarzt des arbeitslosen Juristen Erik Dorf (Michael Moriarty). Dorf geht auf Druck seiner Frau Marta (Deborah Norton) zur SS und macht Karriere als Referent von Reinhard Heydrich (David Warner). Er rät Weiss 1935, mit seiner Familie zu fliehen, aber dessen Frau Berta Palitz-Weiss (Rosemary Harris) will Deutschland nicht verlassen. In der Reichspogromnacht 1938 geht die Buchhandlung ihres Vaters Heinrich Palitz (Marius Goring) in Flammen auf. Seine Enkel Rudi (Joseph Bottoms) und Anna (Blanche Baker) können zunächst das Schlimmste verhindern, doch Dr. Weiss wird nach dem Pogrom nach Polen ausgewiesen, Heinrich Palitz und seine Frau (Nora Minor) nehmen sich das Leben. Anna wird von Nazis vergewaltigt, kommt in eine Heilanstalt und fällt der Euthanasie zum Opfer. Der älteste Sohn von Dr. Weiss, Karl (James Woods), kommt erst ins KZ Buchenwald, dann ins KZ Theresienstadt, seine nichtjüdische Frau Inga Helm (Meryl Streep) kümmert sich um Berta. Inga muss dem KZ-Aufseher Müller (Anthony Haygard) sexuell dienen.
Rudi flieht nach Prag und wird von der tschechischen Jüdin Helena Slomová (Tovah Feldshuh) aufgenommen. Die beiden fliehen weiter nach Kiew, wo sie erst Unterschlupf bei Ingas Bruder Hans (Michael Beck) finden, dann aber festgenommen werden. Sie schließen sich einer Gruppe von Partisanen an und heiraten. Erik Dorf hat unterdessen Karriere gemacht und die industrielle Ermordung der Juden organisiert, seine Familie hat sich den Besitz der Familie Weiss angeeignet. Berta und Josef Weiss treffen sich im Warschauer Ghetto wieder, bevor sie nach Auschwitz verschleppt und dort beide vergast werden. Auch Karl landet in Auschwitz und stirbt an Entkräftung. Nachdem Helena bei einem Partisanenangriff ums Leben gekommen ist, ist Rudi bei Kriegsende der einzige Überlebende der Familie. Erik Dorf nimmt sich das Leben, wird von seiner Familie aber trotz seiner Verbrechen verehrt.
Der Judenmord als rührselige Seifenoper im Hollywoodstil, mit einer fiktionalen Geschichte und vielen historischen Ungenauigkeiten? Der Aufschrei der Bedenkenträger gegen den Sechs-Stunden-Film war groß und heuchlerisch. Dahinter standen nicht nur Bedenken gegen die Emotionalisierung und Simplifizierung des Themas, sondern in vielen Fällen schlicht die Weigerung, sich endlich in einer massenwirksamen Form der eigenen Geschichte zu stellen – schon der Begriff »Holocaust« war bis dahin für viele ein Fremdwort. Der Bayerische Rundfunk setzte durch, dass die Serie in den Dritten Programmen versteckt wurde. Sie lief zeitgleich an vier Abenden in einer Woche, hinterher gab es Diskussionssendungen, an denen sich die Zuschauer telefo-

Holocaust:
Rudi (Joseph Bottoms),
Helena (Tovah Feldshuh).

nisch beteiligen konnten. Die Resonanz war riesig: Die Einschaltquoten lagen bei 20 bis 40 %; allein beim WDR gingen 23 000 Anrufe ein. Die Familie Weiss wurde zum Gesicht der vielen namenlosen Opfer, *Holocaust* zur ersten breiten Auseinandersetzung der deutschen Zuschauer mit der eigenen Geschichte, die viele weitere Erforschungen des Dritten Reichs auslöste und nach über drei Jahrzehnten endlich die Mauer des Schweigens brach.
Im Frühjahr 1982 zeigte die ARD den Vierteiler endlich auch im Ersten.

HOLOKAUST ZDF
2000. 6-tlg. Doku-Reihe von Guido Knopp, Maurice Philip Remy und Stefan Brauburger.
Nach zahllosen *Hitler*-Serien befasste sich Knopp einmal mehr mit dem »Dritten Reich«. Mit der üblichen Methode von Zeitzeugen, die kurze Stichworte geben, und historischen Aufnahmen wird der Völkermord an den Juden in der Zeit vom Überfall Deutschlands auf die Sowjetunion 1941 bis zur Befreiung der Konzentrationslager durch die Alliierten 1945 dargestellt.
Der Begriff »Holocaust« stammt ursprünglich aus dem Griechischen, wurde aber vor allem im englischen Sprachraum benutzt und in Deutschland erst gebräuchlich, nachdem die ARD 1979 die Serie *Holocaust* gezeigt hatte. Entsprechend war die Schreibweise mit »c« üblich. Die Eindeutschung des Namens und der Ersatz des »c« durch ein »k« im Reihentitel sollte nach Angaben des ZDF verdeutlichen, »dass wir Deutschen uns der eigenen Geschichte stellen«. Die Zeitung »Die Woche« kommentierte: »Ganz nah mit dem K – sehr intim, ein gerader, bekennender Buchstabe, klar und deutsch wie Knopp und Kloßbrühe.«
Die 45 Minuten langen Folgen liefen dienstags um 20.15 Uhr.

HOLSTEINER KOMÖDIANTEN RTL
1994. Volkstheaterschwänke mit Heidi Kabel. Sie liefen samstags um 20.15 Uhr.

HOMICIDE VOX
1998–1999. 55-tlg. US-Krimiserie von Paul Attanasio nach dem Buch von David Simon (»Homicide: Life On The Street«; 1993–1999).
Auf den Straßen von Baltimore kämpfen mehrere Zweierteams der Polizei gegen das Verbrechen. Die ursprünglichen Teams sind Stanley Bolander (Ned Beatty) und John Munch (Richard Belzer), Beau Felton (Daniel Baldwin) und Kay Howard (Melissa Leo), Meldrick Lewis (Clark Johnson) und Steve Crosetti (Jon Polito) sowie Frank Pembleton (Andre Braugher) und Tim Bayliss (Kyle Secor). Al Giardello (Yaphet Kotto) und Megan Russert (Isabella Hofmann) haben das Kommando über die Truppe. Eine Tafel in ihrem Dienstraum kennzeichnet alle aktuellen Fälle, gelöste in schwarzer, ungelöste in roter Farbe. Felton und Bolander werden später suspendiert.
Die US-Kritik rühmte die Serie stets als realistisch, wegweisend und schlicht hervorragend, dennoch wurde sie nie der ganz große Publikumserfolg. Auch in Deutschland fiel sie kaum auf.
Vox zeigte die einstündigen Folgen im Nachtprogramm und stellte die Ausstrahlung nach knapp der Hälfte der eigentlich 122 Folgen ein.

HONDO ZDF
1971. 10-tlg. US-Westernserie (»Hondo«; 1967).
Um 1870 kümmert sich Hondo Lane (Ralph Taeger) im Dienst der Armee um die Sicherheit in Arizona. Er jagt und verjagt Räuber und Banditen und sorgt für Frieden zwischen Weißen und Indianern. Daran ist ihm besonders gelegen, seit seine Verlobte, die Tochter eines Indianerhäuptlings, von der Armee ermordet wurde. An Hondos Seite sind sein Hund

Sam und sein Freund Buffalo Baker (Noah Beery jr.). Captain Richards (Gary Clark) ist sein Kommandant. In Angie Dow (Kathie Browne) hat Hondo eine neue Liebe gefunden. Sie hat einen neunjährigen Sohn namens Johnny (Buddy Foster).
Die Serie basierte auf dem Film »Man nennt mich Hondo« mit John Wayne, dessen Grundlage wiederum das gleichnamige Buch von Louis L'Amour war. Wayne war einer der Produzenten der Serienfassung.
Die 50-minütigen Folgen liefen vierzehntägig dienstags um 21.00 Uhr.

HONG KONG PFUI   ZDF
→ Fenn – Hong Kong Pfui

HOPP ODER TOP   TELE 5, DSF
1990–1992 (Tele 5); 1993 (DSF). Tägliche halbstündige Vorabendgameshow. Moderatoren waren Andreas Similia (bis März 1991), Thommy Aigner (bis Dezember 1992) und Hermann Toelcke (im DSF).
Im Grunde ein simples Buzzer-Quiz, allerdings mit ein paar Besonderheiten für Zocker. Drei Kandidaten werden Fragen gestellt. Wer am schnellsten drückt, darf antworten und bekommt (oder verliert) Punkte. In Sonderrunden können Kandidaten einen Teil ihrer Punkte in Sachpreise umtauschen, die ausführlich vorgestellt werden (es handelt sich um eine Dauerwerbesendung). Dabei muss doppelt gezockt werden: Thommy Aigner lässt mit sich handeln, wie viele Punkte ein Preis kosten soll, und legt schon mal ein paar hundert Mark drauf – aber irgendwann ist seine Geduld am Ende. Und am Ende gewinnt nur der Kandidat mit den meisten Punkten. Wer hier einen kleinen Preis mitnimmt, kommt vielleicht deshalb nicht ins Finale, andererseits hat er so wenigstens einen kleinen Preis sicher. Der Gewinner kann sich entscheiden, ob er einen großen Preis mitnimmt oder am folgenden Tag wiederkommt und um einen noch größeren Preis spielt – falls er dann nicht ins Finale kommt, geht er allerdings ganz leer aus. Halt, nicht ganz: Alle »Verlierer« bekommen die exklusive Hopp-oder-Top-Geldscheinklammer »aus 0,25-Sterling-Silber mit 24 Karat Goldverzierung«.
Nach vielen Tagen geht es für wiederkehrende Champions um Autos und 100 000 DM schwere Jackpots – und beim allerletzten Mal um alles, was es überhaupt zu gewinnen gab, plus Auto plus Jackpot. So kamen für eine kleine Vorabendshow auf einem kleinen Sender erstaunlich große Gewinne zusammen. Andererseits war der Reiz der Show gerade das muffige kleine 80er-Jahre-Ambiente: das Studio in Türkisgrün, der Österreicher mit tollpatschigem Möchtegern-Wiener-Schmäh (Aigner), die Assistentin Angelika Petersen merkwürdig affektiert. Höhepunkt jeder Sendung: die zehn Sekunden Bedenkzeit, in der sich der Kandidat entscheiden muss, ob er den Preis nimmt oder wiederkommt. Zehn Sekunden in Großaufnahme angestrengt nachdenkend gucken – eine entsetzlich lange Zeit, für den Kandidaten und die Zuschauer.

tm3 wiederholte die Sendereihe von 1996 bis 1999 insgesamt fünfmal. Thommy Aigner konnte man später in *Big Brother* sehen. Er vermeldete dort die Ergebnisse der Telefonabstimmung. Zu seiner Verteidigung: Ihm gehörte die Firma, die diese Abstimmung organisierte.

HOPPLA   DFF 1
1976–1990. Monatliches Vorschulmagazin für Vier- bis Sechsjährige.
Wolfgang Hosfeldt und Günter Richter spielen die Clownsfiguren »Hoppla«. 125 halbstündige Folgen liefen erst donnerstagnachmittags, ab 1982 montags und ab 1984 samstagvormittags.

HOPPLA, LUCY   ZDF
1964–1972. 32-tlg. US-Sitcom (»The Lucy Show«; 1962–1968).
Die Witwe Lucy Carmichael (Lucille Ball) arbeitet als Sekretärin bei einer Bank. Das tut sie eigentlich nur, um Männer kennen zu lernen. Vor allem auf ihren Boss Theodore J. Mooney (Gale Gordon) hat sie es abgesehen. Zu Hause hat sie die Kinder Jerry (Jimmy Garrett) und Chris (Candy Noore) zu versorgen und wohnt mit ihrer geschiedenen Freundin Vivian Bagley (Vivian Vance) und deren Sohn Sherman (Ralph Hart) zusammen. Dauernd hat Lucy verrückte Pläne und Ideen, die immer im Chaos enden, worunter Mr. Mooney am meisten zu leiden hat. Nach etwa der Häfte der Serie zieht Lucy von der amerikanischen Ostküste nach San Francisco. Tochter Chris und Freundin Vivian sind nicht mitgekommen, wohl aber Mr. Mooney! Er ist jetzt Vizepräsident einer dortigen Bank, Präsident ist Harrison Cheever (Roy Roberts). Lucys neue beste Freundin ist Mary Jane Lewis (Mary Jane Croft).
Die Serie »I Love Lucy« (1951–1957) mit Lucille Ball war die erste und bis heute erfolgreichste Sitcom überhaupt. Noch immer gilt sie in den USA als Vorbild für alle späteren Sitcoms und hat auch nach mehr als 50 Jahren dank nie endender Wiederholungen auf irgendwelchen Kanälen noch eine große Fangemeinde und einen Bekanntheitsgrad, der der meisten wichtigen Politiker übersteigt. Ende des Jahres 1999, als überall Bestenlisten des Jahrtausends veröffentlicht wurden, kam »I Love Lucy« unangefochten in diversen Listen auf Platz eins, und Lucille Ball wurde bei jeder Gelegenheit als größter Fernsehstar aller Zeiten gefeiert. In den USA kam sogar eine Briefmarke zu »I Love Lucy« auf den Markt. In Deutschland wurde die Serie nie ausgestrahlt.
Von den 156 halbstündigen Folgen von »The Lucy Show«, einer späteren Serie Balls, zeigte das ZDF bis Oktober 1964 zunächst sechs unter dem Titel *Bei uns zu Haus, da tut sich was*, ab 1971 weitere 26 als *Hoppla, Lucy*. Die Folgen wurden beliebig und nicht zusammenhängend oder in Blöcken aus allen Staffeln der Serie entnommen. Aus den späteren Staffeln pickte sich das ZDF hauptsächlich die Episoden heraus, in denen berühmte Gaststars mitwirkten, darunter Kirk Douglas, John Wayne und Dean Martin.

HÖR MAL, WER DA HÄMMERT   RTL
1996–2000. 204-tlg. US-Sitcom von Matt Williams (»Home Improvement«; 1991–1999).
Tim Taylor (Tim Allen) hat zwar keine handwerkliche Begabung, glaubt dies aber und moderiert im Fernsehen die Heimwerkersendung »Tool Time«, zusammen mit seinem Co-Moderator Al Borland (Richard Karn). Ihre Assistentin ist erst Lisa (Pamela Anderson), später Heidi (Debbe Dunning). Zu Hause bemüht sich Tim um die Erledigung anfallender Reparaturen, indem er möglichst viel Strom verbraucht und möglichst großes Werkzeug benutzt. Das dadurch eintretende Chaos bekämpft seine Frau Jill (Patricia Richardson) so gut sie kann. In Wirklichkeit ist natürlich sie es, die den Haushalt managt. Nebenbei arbeitet sie halbtags. Tim und Jill haben drei Söhne: Brad (Zachary Ty Bryan), der Älteste, Randy (Jonathan Taylor Thomas) und Mark (Taran Smith), der Jüngste. Nachbar Wilson (Earl Hindman) hilft mit seinem guten Rat von der anderen Seite des Gartenzauns.
Die Serie basierte auf dem Stand-up-Comedy-Bühnenprogramm von Hauptdarsteller Allen. Als Running Gag war das Gesicht des Nachbarn Wilson nie ganz, sondern immer nur von der Nase an aufwärts zu sehen. In der Regel lugte er nur mit den Augen über den Gartenzaun, aber selbst in anderen Szenen wurde sein Mund immer von irgendeinem Gegenstand verborgen. Pamela Anderson wurde durch die Serie bekannt, kündigte aber dann, um in *Baywatch* noch bekannter zu werden. *Hör mal, wer da hämmert* war eine der erfolgreichsten Serien der 90er-Jahre in den USA.

Hör mal wer da hämmert: Zwei männliche Männer mit männlichen Profiwerkzeugen, wie üblich von der Firma Binford: Tim (rechts) und Al.

RTL sendete die Episoden am Samstagnachmittag sowie nachts, ab 2002 ferner in der Dauerwiederholungsschleife werktags nachmittags und machte die Serie bekannt. Das hatte die ARD zuvor erfolglos mit mehreren Folgen unter den Titeln *Der Dünnbrettbohrer* und *Der Heimwerker* im Abend- und Vorabendprogramm versucht.

HORACE & TINA   KI.KA
2001. 26-tlg. austral. Jugendserie (»Horace & Tina«; 1999–2000).
Horace und Tina sind 200 Jahre alte Nelfen, Helfer des Weihnachtsmanns. Sie sind auf der Erde gestrandet und müssen nun ein Jahr lang bleiben. Die 13-jährige Lauren Parker (Jasmine Ellis) kann die Fabelwesen als Einzige sehen. Dadurch machen sie ihr das Leben schwer. Max Tate (Jordan White) ist Laurens Stiefbruder.
Die Nelfen waren Puppentrickfiguren. Die Serie lief Ende des gleichen Jahres auch im Vormittagsprogramm des ZDF.

DAS HORROR-HOSPITAL   RTL
1997. 26-tlg. austral. Sitcom, Regie: Ian McFazden und John Thomson (»Let The Blood Run Free«; 1990–1994).
Die Beziehungsverhältnisse im St.-Christopher-Krankenhaus sind, sagen wir, etwas unübersichtlich. Die freundliche Krankenschwester Pam Sandwich (Jean Kittson) findet sich, wie ihr Name andeutet, zwischen zwei Männern wieder, die sie begehren: dem guten Dr. Raymond Good (Brian Nakervis), mit dem sie einmal verheiratet war, und dem egoistischen Dr. Richard Lovechild (David Swann), der seinerseits von der bösen Oberschwester Dorothy Conniving-Bitch (Lynda Gibson) verfolgt wird, aber auch von seiner ehemaligen Bettgefährtin, der Krankenschwester Effie Shunt (Helen Knight), auf die es wiederum der fiese Pfleger Warren »Wozza« Cronkshonk (Peter Rowsthorn) abgesehen hat. Bleibt noch Zeit übrig, kümmert sich das Personal um die Patienten und kann in Einzelfällen sogar deren Tod verhindern. Es kommt allerdings auch vor, dass Dr. Good versehentlich seinen Sohn Julio in einen Patienten einnäht. Diese Patienten kommen aus allen Schichten der Gesellschaft, sind also beispielsweise Vampire oder Axtmörder.
Die Serie ist eine schrille Parodie auf melodramatische Ärzteserien, die kein Klischee unverhöhnt lässt. Sie basiert auf einem Theaterstück der Truppe Blood Group, die auch die Fernsehfassung schrieb und spielte. In der deutschen Ausgabe wurden die australischen Rollennamen, die in englischer Sprache den Charakter bereits beschreiben, beibehalten. »Conniving bitch« heißt z. B. »hinterhältige Schlampe«.
RTL zeigte am Wochenende nachts jeweils vier halbstündige Folgen am Stück.

HORTONS BISTRO   ZDF
1990–1991. Einstündige Talkshow mit Peter Horton und prominenten Gästen am späten Montagabend.

HORTONS KLEINE NACHTMUSIK ZDF
1987–1989. »Ein Abend mit Peter Horton und seinen Gästen«. Talkshow. Sie wurde 1990 als *Hortons Bistro* fortgesetzt.

HOT JOKES RTL 2
1999–2000. »Die Late-Night-Witze-Show« mit Sandra Steffl. Drei Comedians erzählen versaute Witze, das Publikum bestimmt den Sieger.
Die halbstündige Show lief zunächst samstags gegen 23.00 Uhr, dann am späten Donnerstagabend und schließlich sonntags um Mitternacht.

HOTEL ZDF, SAT.1
1985 (ZDF); 1987–1989 (Sat.1). 105-tlg. US-Hotelserie von John Furia und Barry Oringer (»Hotel«; 1983–1988).
Geschichten über die ständig wechselnden Gäste und die Angestellten des »St. Gregory Hotel« in San Francisco. Zum Personal des Luxushotels gehören: Peter McDermott (James Brolin), der Hotelmanager, dessen Assistentin und zugleich Geliebte Christine Francis (Connie Sellecca), Mark Danning (Shea Farrell) aus der Direktion, der Sicherheitschef Billy Griffin (Nathan Cook), der Page Dave Kendall (Michael Spound) und dessen frischgebackene Ehefrau Megan (Heidi Bohay), die an der Rezeption arbeitet, und Julie Gilette (Shari Belafonte-Harper) von der Hotelinformation. Victoria Cabot (Anne Baxter) leitet das Hotel. Nach ihrem Tod übernimmt McDermott ihren Posten und macht Christine zur Managerin und Megan zu deren Assistentin. Die Rezeptionistinnen Cheryl Dolan (Valerie Landsburg) und Ryan Thomas (Susan Walters) sowie der Page Eric Lloyd (Ty Miller) kommen dazu.
Die Serie basierte auf dem gleichnamigen Roman von Arthur Hailey und wurde von Aaron Spelling und Douglas S. Cramer produziert. Im Pilotfilm hatte Bette Davis die Rolle der Hotelbesitzerin Laura Trent gespielt, die sie eigentlich über die Dauer der Serie hätte fortsetzen sollen. Davis musste jedoch wegen Krankheit ausscheiden und wurde ab der zweiten Folge durch Anne Baxter ersetzt, die in der Rolle der Victoria Cabot die Schwägerin der Besitzerin spielte, die während deren Abwesenheit das Hotel leitete. Als Baxter im Dezember 1985 starb, wurde die Rolle nicht neu besetzt. In der Serie überschrieb Cabot das Hotel zu Teilen an McDermott und ihre Familie.
Die ersten 25 Folgen, je 45 Minuten lang, liefen sonntags um 19.30 Uhr im ZDF, ab der nächsten Staffel wechselte die Serie zu Sat.1.

HOTEL ELFIE ZDF
2000. 13-tlg. dt. Familienserie von Christian Pfannenschmidt.
Die ehemalige Sekretärin Elfie Gerdes (Manon Straché) ist jetzt Chefin ihres eigenen Hotels. Ihre Mitarbeiter sind Fatima Bürgenstock (Jennifer Steffens), Cora Blitz (Sandra Borgmann) und Rita Schnabel (Doris Kunstmann), der das Hotel früher gehörte. Zu Elfies Freunden zählen der schwule Bernd Bosch (Thomas Limpinsel) und die Buchhalterin Alrun Schmidt (Annette Kreft), die einen zehnjährigen Sohn namens Melvin (Mark Horstmann) hat. Tom Claasen (Andreas Herder) ist der Getränkelieferant des Hotels, Hajü Konopke (Christopher Novak) der junge Gemüsehändler von gegenüber und Hieronymus »Schmolli« Schmolke (Harald Maack) Elfies heimlicher Verehrer. Die stellvertretende Sparkassenleiterin Frau Goldy (Barbara Magdalena Ahren) möchte Elfie am liebsten den Geldhahn zudrehen, doch Sparkassenchef Birkner (Jean-Pierre Cornu) hält Elfie den Rücken frei.
Spin-off von *girl friends – Freundschaft mit Herz*, wo Manon Straché bereits die Rolle der Elfie gespielt hatte, die damals noch im Schreibpool arbeitete. Auch »Schmolli« war schon in der Originalserie dabei. Beide kehrten in diese zurück, nachdem das *Hotel Elfie* geschlossen wurde.
Die 45-minütigen Episoden liefen dienstags um 19.25 Uhr.

DAS HOTEL IN DER DUKE STREET ARD
1978. 11-tlg. brit. Hotelserie von John Hawkesworth (»The Duchess of Duke Street«; 1976–1977).
Louisa Leyton (Gemma Jones) steigt vom Küchenmädchen zur besten Köchin Englands auf und führt schließlich das Hotel »Bendinck« in London, in dem sich die feine Gesellschaft Anfang des 20. Jh. trifft. Sie heiratet den Butler Arthur Trotter (Martin Shaw), ist von der Pleite bedroht und wird von Charlie Haslemere (Christopher Cazenove), dem in sie verliebten Neffen des Hotelbesitzers, gerettet. Joseph Starr (John Cater) ist der Portier des Hauses.
Die Serie basiert auf der wahren Geschichte von Rosa Lewis, die das »Cavendish Hotel« führte. Die einstündigen Folgen liefen im regionalen Vorabendprogramm.

HOTEL PARADIES ZDF
1990. 26-tlg. dt. Urlaubsserie von Herbert Lichtenfeld, Regie: Claus Peter Witt und Michael Günther.
Das Hotel »Paradies« auf Mallorca ist ein Familienbetrieb. Max (Klaus Wildbolz) und Lisa Lindemann (Grit Boettcher) sind die Besitzer, die Söhne Frank (Axel Malzacher) und Michael (Patrick Winczewski) arbeiten mit, wo sie gebraucht werden. Beide sind Anfang zwanzig, Frank sitzt seit einem Unfall im Rollstuhl. Auch Opa (Friedrich W. Bauschulte) und Oma Lindemann (Jane Tilden) leisten ihren Beitrag. Als Einziger in einer wichtigen Position des Hotels gehört Geschäftsführer Philip Jasny (Juraj Kukura) nicht zur Familie. Er ist ein Charmeur, der ein Auge auf Lisa geworfen hat. Hotelbesitzer Kroll (Wolfgang Wahl) ist der größte Konkurrent der Lindemanns. Ihm gehört das »Parkhotel«, und er würde Max auch gern das Hotel »Paradies« abkaufen. Der Versicherungsbetrüger Harald Kuhn (Eike Domroes) hat seinen Tod vorgetäuscht und betreibt nun mit operativ verändertem Gesicht eine Autowerkstatt auf Mallorca. Seine Frau Renate Feller (Andrea L'Arronge), die die Lebensversicherung kassiert hat, und

ihr Begleiter Jens Hartmann (Krystian Martinek) sind Dauergäste im Hotel. Schließlich (in der letzten Folge) ziehen die Lindemanns in eine neue Villa, Kroll pachtet das »Paradies«. Max wird mit 40 % am Umsatz beteiligt und bleibt in der Geschäftsleitung, Jasny wird Direktor.

Schlichte Heile-Welt-Serie von Produzent Wolfgang Rademann und Autor Lichtenfeld, die irgendwann festgestellt haben müssen, dass das *Traumschiff* werktags auch ohne teures Schiff funktionieren würde.

Die einstündigen Folgen liefen dienstags und donnerstags um 17.50 Uhr.

HOTEL VICTORIA ARD

1959–1968. Einstündige Musikshow von Klaus Munro.

Wechselnde Geschichten an ebenso wechselnden Schauplätzen wurden mit viel musikalischer Untermalung vorgeführt. Im Mittelpunkt der Handlung stand das immer an einem anderen Ort befindliche »Hotel Victoria«, in dem stets Vico Torriani der Direktor war. Die Hotelgäste – und damit die Fernsehzuschauer – wurden mit einem umfangreichen Showprogramm aus Musik, Sketchen und sonstigen Kunststücken unterhalten – im Prinzip war es ein Musical. Zum Schluss jeder Folge gab Torriani den »singenden Koch«: Mit Schürze und Mütze verriet er dabei in ein Lied eingebettet ein Rezept. Neben Torriani spielten prominente Gäste die verschiedenen Rollen.

Die Reihe brachte es auf elf Ausgaben, die in loser Folge samstags um 20.15 Uhr gesendet wurden.

HOTEL »ZUR SCHÖNEN MARIANNE« ARD

1978. 14-tlg. dt. Hotelserie von Angelika Mechtel, Regie: Peter Schulze-Rohr.

Fortsetzung von *Die schöne Marianne*. Die Hotelbetreiber Marianne Schindler (Nadja Tiller) und ihr Mann Robert (Kurt Buecheler) kämpfen jede Woche mit neuen Wirren, die die wechselnden Gäste mitbringen, und dauerhaft gegen ihre Schulden. Am Ende lässt sich Robert von Marianne scheiden und flieht vor den Gläubigern nach Übersee.

Die halbstündigen Folgen liefen am Vorabend.

DER HOTELBOY RTL 2

1999–2002. 64-tlg. US-Sitcom von Jamie Foxx und Bentley Kyle Evans (»The Jamie Foxx Show«; 1996–2001).

Jamie King (Jamie Foxx) wohnt und arbeitet im heruntergekommenen Hotel seines Onkels Junior (Garrett Morris) und seiner Tante Helen (Ellia English), will aber eigentlich Showstar werden. Seine Hotelkollegen sind die Rezeptionistin Fancy Monroe (Garcelle Beauvais), auf die Jamie ein Auge geworfen hat, der Buchhalter Braxton T. Hartnabrig (Christopher B. Duncan) und der Page Dennis (Andy Berman).

In der ersten Staffel spielte Jamie Foxx zeitweise eine Doppelrolle und trat auch als arroganter Nachrichtensprecher Tyrone Koppel auf.

Diese erste Staffel lief täglich nachmittags, zwei weitere ab Ende 2001 morgens. Die letzten beiden Staffeln der eigentlich 100-teiligen Serie wurden in Deutschland bisher nicht gezeigt.

HOTZPOTZ RTL 2

1995–1998. Einstündige Sonntagnachmittagsshow mit witzigen Werbespots aus aller Welt.

Moderatorin war zunächst Andrea Kempter, ab 1996 Sonja Zietlow, ab 1997 Sabrina Staubitz. Der Titel war ein Wortwitz und bedeutete »Hot Spots«. Die Reihe wurde später unter dem Titel *Die dicksten Dinger* weitergeführt.

HOUR OF POWER VOX

Seit 2004. Fernsehgottesdienst am Sonntagmorgen mit Dr. Robert H. Schuller.

Wenn ein Privatsender komplette Gottesdienste zeigt, dann ist das entweder ein Wunder Gottes oder bezahlt. In diesem Fall ist es kein Wunder Gottes. In jedem Gottesdienst gibt es Interviews mit lebensbejahenden Menschen, die »positives Möglichkeitsdenken« propagieren. Die *Hour of Power* des Predigers Schuller war schon seit vielen Jahren im US-Fernsehen übertragen worden und Schuller bereits 76 Jahre alt, als Vox einstieg.

HOUSE OF LOVE RTL

2001. Reality-Flirtshow mit Aleksandra Bechtel.

Sechs Singles werden für eine Woche in ein Luxus-Penthouse eingeschlossen. Ein Kandidat und fünf Bewerber des anderen Geschlechts machen, was sie wollen (überwiegend im Bett liegen, kuscheln und fernsehen), und werden dabei natürlich von Kameras gefilmt. Der Kandidat wirft regelmäßig einen Bewerber raus und muss sich am Ende der Woche für einen entscheiden.

45-minütige Zusammenschnitte des merkwürdig obszönen Treibens, bei dem es dauernd um Sex ging, aber natürlich nie dazu kam, liefen viermal pro Woche um 23.15 Uhr. Nach zwei Wochen und acht Folgen war Schluss.

HOUSTON KNIGHTS RTL

→ Die glorreichen Zwei

HOW MUCH? ARD

1992. Halbstündige Wirtschaftsshow mit Hubertus Meyer-Burckhardt.

Meyer-Burckhardt lässt sich in schnellem Tempo von Unternehmern das Geschäft erklären, trifft einen Managertrainer, der Abenteuerseminare für Firmenbosse anbietet, prämiert in einem Wettbewerb einen Existenzgründer für die »Geschäftsidee des Monats« oder geht auch einfach mit dem Steuertrick-Autor Franz Konz Weihnachtsgeschenke kaufen.

Hinter *How much?* stand der BR-Redakteur Stephan Reichenberger, der vorher *Leo's* erfunden hatte. Entsprechend bunt und oberflächlich war auch diese Show, die wegen mäßigen Zuschauerinteresses nach nur acht Ausgaben eingestellt wurde.

Die Folgen liefen monatlich dienstags um 22.00 Uhr.

HUBSCHRAUBER-RETTUNGSDIENST ARD
1979–1981. 19-tlg. austral. Actionserie (»Chopper Squad«; 1978–1979).
Am Strand in der Nähe von Sydney zeigen die Rettungssanitäter Jeb (Dennis Grosvenor), Phil (Eric Oldfield) und Georgia (Jeanie Drynham), wie gut trainierte Körper in knapper Badebekleidung selbst in heiklen Situationen zur Geltung kommen. Barry (Robert Coleby) fliegt den Helikopter des Teams.
Ein früher Vorläufer von *Baywatch* plus Wasserhubschrauber minus David Hasselhoff. Die ARD brachte die einstündigen Folgen auf halbe Länge und zeigte sie im regionalen Vorabendprogramm.

HUCKY UND SEINE FREUNDE ARD
1961–1968. US-Zeichentrickserie von William Hanna und Joseph Barbera (»The Huckleberry Hound Show«; 1958–1962).
Namensgeber der Reihe aus kurzen Cartoons mit verschiedenen Hauptfiguren ist der gutmütige blaue Bluthund Hucky, der aufrecht geht und in immer andere Rollen schlüpft. Als Cowboy, Ritter, Polizist, Großwildjäger oder Matador ist er stets der Antiheld, der trotzdem die Oberhand über die Schurken behält. Und Schurken gibt es viele, darunter Powerful Pierre, Löwe Leroy, Häuptling Crazy Coyote, Dinky Dalton, außerdem Wölfe, Krähen und Termiten. Trotzdem hat Hucky immer ein fröhliches Lied auf den Lippen. Und immer das gleiche: »Oh My Darling Clementine«. Weitere Figuren in eigenen Kurzcartoons sind die Mäuse Pixie und Dixie und ihr Erzfeind Kater Jinks sowie Yogi Bär und sein kleiner Freund Boo-Boo, später außerdem das Küken Yakky Doodle und die Bulldogge Chopper.
Die Serie war der Vorreiter für spätere Trickserien, die nach dem gleichen Prinzip mehrere Kurzepisoden mit verschiedenen Charakteren zu einer Halbstundenfolge verbanden (z. B. *Mein Name ist Hase*). Sie war zugleich der erste große Fernseherfolg für die Trickfilmproduzenten Hanna und Barbera, die zuvor bereits *Tom und Jerry* ins Kino gebracht hatten und später für das Fernsehen die *Familie Feuerstein* schufen. *Hucky und seine Freunde* wurde 1960 mit dem Emmy als Bestes Kinderprogramm ausgezeichnet. Die Serie lief in den regionalen Vorabendprogrammen.
Begleitend erschienen Bücher und Comichefte. Neben Hucky wurde vor allem Yogi Bär zum Publikumsliebling, der deshalb seine eigene Serie *Yogi Bär* bekam.

HUCKY UND YOGI ARD
→ Hucky und seine Freunde

HUGO KABEL 1
1994–1997. Interaktive Gameshow.
Kandidaten zu Hause spielen über ihre Telefontastatur Computerspiele im Fernsehen. Hauptfigur der

Hugo

Spiele ist der Troll Hugo, ein kleines Männlein mit spitzen Ohren, großem Kopf und einer Riesenlücke um den einen Zahn herum. Hugo, der über die Telefontastentöne gesteuert werden kann, muss den Weg durch ein Labyrinth finden, beim Ballonfahren oder Fallschirmspringen Hindernissen ausweichen, Obst sammeln oder seine Familie aus den Fängen seiner Erzfeindin, der bösen Hexe Hexana, befreien. Nach drei Leben ist Schluss.
Jeder Kandidat spielte für sich allein, jedes Spiel dauerte ein paar Minuten, und so kamen so viele Spieler an die Reihe, wie die Sendezeit hergab. Zur Auswahl standen mehr als zwei Dutzend verschiedene Spiele. Eine Altersbeschränkung für die Teilnahme gab es nicht, gelegentlich waren sogar Erwachsene am Telefon zu hören. Als Gewinn winkten Sachpreise, die dem jeweiligen Alter der Mitspieler angemessen waren. Am Ende wurde unter allen während der Sendung registrierten Anrufern ein Tagespreis ausgelost.
Moderatorinnen waren im wöchentlichen Wechsel Judith Hildebrandt, Minh-Khai Phan-Thi und Sonja Zietlow. Letztere verließ die Show nach einem Jahr, ihre Nachfolgerin wurde Yvette Dankou. Minh-Khai Phan-Thi stieg Ende 1995 aus und wurde wenig später durch Tania Schleef ersetzt. Für fast alle begann bei *Hugo* eine größere Fernsehkarriere. Ab Herbst 1995 hatten die jeweiligen Damen Gesellschaft. Nachdem schon seit Mai aus einem komplett virtuellen Studio gesendet wurde, kam nun der virtuelle Moderator dazu. Es war Hugo höchstselbst, der jetzt in doppelter Funktion auftrat.

Vor dem deutschen Sendestart waren die Hugo-Spiele schon in elf anderen Ländern auf Sendung, begonnen hatte es 1990 in Dänemark. Die Show lief jeden Werktag, war zunächst eine halbe, ab Mai 1995 eine ganze Stunde lang; samstags gab es *Die Hugo-Show* mit dem *Best-of* der Woche. Neben zusätzlichen Spielen wurde die längere Sendezeit mit dem Hugo-Mobil gefüllt, in dem Guido Kellermann durch Deutschland fuhr und Kandidaten vor Ort zum Spielen einlud. Ende 1996 endete die tägliche Ausstrahlung. Ein Jahr lang lief die Show noch samstags als Rahmenprogramm für diverse Zeichentrickserien, zwischen denen mehrfach am Tag für jeweils zehn Minuten gespielt werden durfte. Moderatorin war nun Julia Haacke in der Rolle der Hexana.

DIE HUGO-SHOW KABEL 1
→ Hugo

HULK RTL
1987–1988. 82-tlg. US-Actionserie (»The Incredible Hulk«; 1978–1982).
Bei einem Unfall im Labor hat der Wissenschaftler Dr. David Banner (Bill Bixby) eine Überdosis Gammastrahlen abbekommen. Seitdem verwandelt er sich in Stresssituationen jedes Mal in das muskulöse Monster Hulk (Lou Ferrigno), ein Wesen mit grüner Haut, grünen Haaren und weißen Augen, das nicht spricht. Banner gilt als tot und ist auf der Flucht vor der Gesellschaft und seinem anderen Ich, dem Monster, gegen das er ein Gegenmittel sucht. Freilich hilft ihm die Verwandlung oft, lästige Verbrecher zu überwältigen. Banner muss auch vor dem Reporter Jack McGee (Jack Colvin) flüchten, der seine wahre Identität zu kennen glaubt und Hulk für einen Mörder hält.
Die Serie basierte auf den Comics von Stan Lee und Jack Kirby und wurde auch als Zeichentrickserie verfilmt. Immer wiederkehrendes Element während der Verwandlung Banners war das Aufreißen seines Hemds, in das die enormen Hulk-Muskeln nicht hineinpassten. Der Gewichtheber und ehemalige »Mr. Universum« Lou Ferrigno war für die Monster-Rolle verpflichtet worden. Sechs Jahre nach dem Ende der Serie entstanden noch drei »Hulk«-Fernsehfilme mit Bixby und Ferrigno, der letzte 1990 mit dem Titel »Der Tod des unheimlichen Hulk« (»The Death of the Incredible Hulk«). Alle drei Filme liefen im August 1991 bei RTL. Am 20. Juni 2004, einem Sonntag, zeigte RTL am Vormittag schließlich auch den bis dahin nie gesendeten Pilotfilm zum ersten Mal im deutschen Fernsehen. Im Vorjahr hatte Hulk bereits mit Eric Bana in grüner und weißer Hauptrolle das Kino erobert.

HULK RTL
2001. 21-tlg. US-Zeichentrickserie nach den Comics von Stan Lee und Jack Kirby (»The Incredible Hulk: The Animated Series«; 1996–1998).
Bei einem Arbeitsunfall bekommt der Atomphysiker Dr. Bruce Banner eine Überdosis Gammastrahlen ab und verwandelt sich von nun an immer, wenn er sich aufregt, in den übermächtigen, riesengroßen, grünen Hulk.
Die Comicreihe erschien erstmals 1962, eine Realverfilmung des Stoffs hatte RTL bereits in den 80er-Jahren gezeigt.

HUMBOLDTS ERBEN ZDF
2001–2003. 45-minütiges Wissenschaftsmagazin von Gisela Graichen.
In insgesamt acht Folgen begleitet Graichen Wissenschaftler der verschiedensten Disziplinen rund um die Welt auf den Spuren von Alexander von Humboldt, in der ersten Folge z. B. einen Regensburger Professor auf einer abenteuerlichen Expedition in die chilenischen Anden auf der Suche nach erstaunlich widerstandsfähigen Mikroben, den »Archäen«. Graichen hatte schon die populäre Reihe *Schliemanns Erben* verantwortet. *Humboldts Erben* entstand in Zusammenarbeit mit der Deutschen Forschungsgemeinschaft (DFG). Das Magazin lief am frühen Sonntagabend.

HUMBOLDTSCHULE ARD
1963–1964. 18-tlg. dt. Schulserie, Regie: Theo Mezger.
Erlebnisse und Probleme im ganz normalen Schulalltag der 8. Klasse der Humboldtschule: Es geht um Klassenarbeiten, Streiche, Sitzenbleiben, Differenzen zwischen Schülern und Lehrern und Schülerwettbewerbe. Zum Lehrerkollegium gehören Direktor Berlin (Theo Frisch-Gerlach), Oberstudienrat Gamnitzer (Heinz Beck), Studienrat Häussermann (Eduard Loibner) und die Assessoren Kraus (Marie-Louise Hengherr) und Vohwinkel (Dieter Geissler), zu den Schülern Hans-Georg Schradeck (Ulf Söhmisch), Helmut Gröschel (Hans-Jürgen Tögel), Lutz Schneider (Jürgen Clausen), Erich Kammhöfer (Werner Enke) und Sylvester Wöhler (Ulrich Hölscher). Die halbstündigen Folgen liefen im regionalen Vorabendprogramm.

HUMOR IST TRUMPF ZDF
→ Peter Frankenfeld: Humor ist Trumpf

HUND MIT FAMILIE PRO SIEBEN
1996. 10-tlg. US-Zeichentrickserie von Steven Spielberg und Tim Burton (»Family Dog«; 1993), die das menschliche Familienleben aus der Sicht des Familienhundes schildert. Lief sonntags vormittags.

HUNDE UNTERM HAMMER ARD
1955. »Herrenlose Vierbeiner bellen um Hilfe« – kein Wunder bei dem Titel! Lil Dagover half Tieren in in dieser 45-minütigen Sendung, ein neues Zuhause zu finden.

100 DEUTSCHE JAHRE ARD
1998–1999. 52-tlg. Geschichtsdoku-Reihe über das Leben in Deutschland von 1900 bis 1999. Es geht um das öffentliche Leben, technische Entwicklun-

gen und ihren Einfluss auf die Gesellschaft und vor allem um den Wandel des Alltags, das private Leben der Deutschen im Lauf dieser 100 Jahre.
Die halbstündigen Folgen liefen nachmittags.

100 JAHRE – DER COUNTDOWN ZDF
1999. 100-tlg. Rückblick auf das 20. Jh..
Autor der Reihe war Guido Knopp. Die zehnminütigen Folgen liefen täglich nach dem *heute-journal*.

100 KARAT ARD
1986. 9-tlg. US-Familiensaga (»Master Of The Game«; 1984).
In den 1880er-Jahren kommt Jamie McGregor (Ian Charleson) nach Südafrika und wird dank einer Diamantmine und trotz des intriganten Gegenspielers Salomon van der Merwe (Donald Pleasence) reich. Seine Tochter Kate Blackwell (Dyan Cannon) führt das Familienunternehmen in den nächsten Jahren. Sie ist mit David Blackwell (David Birney) verheiratet, ihre gemeinsamen Kinder sind Tony (Harry Hamlin) und die Zwillinge Eve und Alexandra (beide Liane Langland). Brad Rogers (Cliff de Young) ist ihr Assistent.
Die Serie basierte auf dem Roman von Sidney Sheldon und begleitete die Höhen und Tiefen der Blackwells über einen Handlungszeitraum von 70 Jahren.

100 MEISTERWERKE ARD
1981–1994. Kunstreihe, die in jeder Sendung ein Gemälde ausführlich vorstellte.
Ein unsichtbarer Sprecher erläuterte, während die Kamera über die Leinwand fuhr, die Entstehungsgeschichte und Hintergründe des Kunstwerks und stellte seinen Schöpfer vor.
Die Reihe entstand nach einer Idee des britischen Kunstkritikers Edwin Mullins und des deutschen Regisseurs und Produzenten Rainer E. Moritz in deutsch-britischer Koproduktion. In der BBC-Version »Hundred Great Paintings« war allerdings der Bildinterpret auch selbst zu sehen. Die Sendung hatte den Anspruch, auch Menschen zu erreichen, die sich eigentlich nicht besonders für Kunst interessieren. Weil das nicht immer und immer weniger ohne Quotenverlust ging, soll ARD-Programmdirektor Günter Struve die Sendung abfällig einen »Showstopper« genannt haben.
Der Vorspann bestand aus einem Zoom auf die große Treppe im Daru-Pavillon des Louvre, die zur Skulptur der »Nike von Samothrake« hinaufführt. Die markante Titelmusik wurde von Wolf Siebert geschrieben; Sprecher war der Schauspieler Rudolf Jürgen Bartsch. Die erste Sendung behandelte Bruegels »Rückkehr der Jäger«.
Als die Zahl von 100 Gemälden überschritten wurde, erhielt die Reihe den neuen Titel *1000 Meisterwerke*. Insgesamt brachte sie es aber nur auf rund 270. Rainer E. Moritz klagte, dass die Reihe, die in über 70 Ländern gezeigt wurde, von der ARD zunehmend stiefmütterlich behandelt worden sei.

Die zehnminütigen Sendungen liefen meistens sonntags gegen 23.00 Uhr, Anfang 1992 für einige Wochen am Montag nach den *Tagesthemen* und zuletzt nur noch im Vormittagsprogramm.

DIE 100 MILLIONEN MARK SHOW RTL
1998–2000. Persiflage auf Gameshows von und mit Michael Wirbitzky und Sascha Zeus. Die halbstündigen Folgen liefen sonntags nachts.

HUNDERT MINUTEN FERIEN ZDF
2001. 5-tlg. poln.-dt. Jugendserie von Andrzej Maleszka (1999).
Die Schauspielerin Danuta Milej (Jolanta Fraszyńska) macht mit ihrer Tochter Tonia (Kamila Natkaniec) Ferien in Italien. Dabei wird sie heimlich von Patrick (Piotr Budzowski) und seinem Vater (Andrzej Zieliński) beobachtet, weil der Vater einen Film über die Oscar-nominierte Schauspielerin drehen möchte. Unterwegs treffen sie auf den kleinen Jan (Tomasz Wroński) und eine Zauberkuh.
Die Folgen liefen morgens und dauerten 25 Minuten.

DIE 100 NERVIGSTEN ... PRO SIEBEN
Seit 2004. Abendshow, die das Ergebnis von Publikumsabstimmungen auf zweieinhalb Stunden ausdehnt.
Erst ging es um die nervigsten Deutschen (Daniel Küblböck gewann), dann um die nervigsten Popsongs, VIPs weltweit, Sommerhits, deutsche Hits usw. Ingolf Lück ner ... ähm, moderiert; ein Panel an Komikern lästert.

DIE 100.000 MARK SHOW RTL
1993–2000. Abendfüllende Spielshow mit Ulla Kock am Brink.
Action und Thrill sind die Hauptbestandteile dieser Show. Die Kandidaten müssen körperlich fit sein und alles geben, um in dieser Show gewinnen zu können, denn die meisten Spiele sind Aktionsspiele, die Ausdauer erfordern. Es gibt jedoch auch Frage- und Rechenrunden. Jawohl, Rechenaufgaben. Wie in der Schule. Doch wenn im Hintergrund die spannungsgeladene Musik läuft, gewinnt man den Eindruck, selbst das sei große Unterhaltung.
Aus einem ersten Schnelligkeitsspiel zu Beginn der Show gehen drei Paare hervor, die dann gegeneinander spielen. Das Siegerpaar kann im Idealfall 100 000 DM gewinnen (eine bis dahin als Gameshowgewinn unerreichte Summe), wenn es im Schlussspiel die Zahlenkombination für den Tresor knackt. Diese befindet sich in einem von zehn verschlossenen zylindrischen Gefäßen. Für jede richtig beantwortete Frage verschwindet mit einem Knall ein Zylinder mit einer falschen Kombination im Tisch, und unter den am Ende übrig gebliebenen Zylindern wählt das Paar einen aus und gibt die Kombination ein. Dann tickt es eine Weile, als sei der Computer 100 Jahre alt und brauche seine Zeit, und schließlich sagt eine unheimliche, monotone

Computerstimme: »Der von Ihnen eingegebene Zahlencode ist ...« Pause. Pause. Pause. »... richtig.« Oder eben falsch.

Die Show lief zunächst am Freitag, dann sonntags und schließlich als große Samstagabendshow und gehörte mit bis zu zehn Millionen Zuschauern zu den erfolgreichsten Sendungen von RTL. Als Ulla Kock am Brink den Sender 1998 nach 56 Folgen verließ, übernahm Franklin Schmidt die Moderation. Um die inzwischen stark zurückgegangene Einschaltquote wieder anzuheben, wurde unter Franklin, wie er sich lediglich nannte, ein Jackpot eingeführt, d. h., gewann ein Paar die 100 000 DM nicht, gab es in der nächsten Sendung 200 000 DM zu gewinnen. Vorbild war die »Staatsloterijshow/De 100.000 Gulden-Show«, die seit 1989 in den Niederlanden lief. John de Mol war der Produzent.

HUNDKATZEMAUS VOX

Seit 2001. »Das Haustiermagazin«. Halbstündiges Tiermagazin mit Diana Eichhorn und dem Tierarzt Dr. Wolf. Läuft wöchentlich samstags am Vorabend.

HUNTER SAT.1

1985–1987. 13-tlg. US-Abenteuerserie von William Blinn (»Hunter«; 1977).

Der Buchverkäufer James Hunter (James Franciscus) wird von der Regierung auserwählt, einem Team anzugehören, dass sich mit Spezialaufträgen befasst. Marty Shaw (Linda Evans) ist seine Partnerin, Mr. Baker (Ralph Bellamy) sein Boss.

Acht Monate nach dem Ende der Serie startete ebenfalls in Sat.1 eine andere Serie, die auch den Titel *Hunter* trug.

HUNTER SAT.1

1988–1996. 126-tlg. US-Krimiserie von Stephen J. Cannell (»Hunter«; 1984–1991).

Sergeant Rick Hunter (Fred Dryer) und Sergeant Dee Dee McCall (Stefanie Kramer) sind Partner bei der Polizei von Los Angeles. Mit harten Methoden bekämpfen sie das Verbrechen. Ihr Chef wechselt anfangs in kurzen Abständen, ist später aber über mehrere Jahre hinweg Captain Charlie Devane (Charles Hallahan). Sporty James (Garrett Morris) ist Ricks und Dee Dees Informant auf der Straße. Als Dee Dee nach sechs Jahren heiratet und Hunter versetzt wird, arbeitet er nacheinander für jeweils kurze Zeit mit Joanne Malinski (Darlanne Flugel) und Chris Novak (Lauren Lane) zusammen.

Die einstündigen Folgen liefen zur Primetime. Die Titelmusik stammte von Mike Post.

Kurz zuvor hatte Sat.1 bereits eine andere Serie gezeigt, die ebenfalls *Hunter* hieß. 1995 entstand ein *Hunter*-Fernsehfilm mit Dryer und Hallahan, den Sat.1 1997 zeigte. Nach acht Jahren Pause wurden in den USA ab 2002 zwei weitere Filme und fünf neue einstündige Folgen gedreht.

DIE HUPE ARD

1969. »Eine Schülerzeitung«. 13-tlg. dt. Schulserie. Die Schülerzeitungsredakteure Konni (Thomas Fritsch), Herbert (Bernd Herzsprung) und Olaf (Jürgen Flimm) engagieren sich in ihrer Zeitung »Die Hupe« für relevante Themen und prangern Missstände nicht nur in der Schule, sondern auch im Umfeld an.

Die halbstündigen Folgen liefen in allen regionalen Vorabendprogrammen. Jede Episode entsprach einer Nummer der Zeitung.

HUPKONZERT ARD

1977. Verkehrsquiz mit Horst Jüssen und je einem prominenten Gast.

Jüssen war einer der Stars von *Klimbim*. Warum ausgerechnet ihm jemand Verkehrsregeln glauben sollte, blieb offen.

HURRA DEUTSCHLAND ARD, RTL 2

1989–1991 (ARD); 2003 (RTL 2). Viertelstündige wöchentliche Comedyshow, in der das aktuelle Geschehen in Politik und Gesellschaft aufs Korn genommen wird.

In den Hauptrollen: die deutsche Prominenz als Gummipuppen, ihre Stimmen gesprochen von Stephan Wald und Thomas Freitag, später von Hans-Jürgen Schlupp. Zum Personal gehören Kanzler Helmut Kohl und diverse Minister, aber auch Unterhaltungs-

Der Originalbundeskanzler durfte in *Hurra Deutschland* den Titelsong anstimmen: »Heute bleibt keiner zu Haus / Heute nacht gehen wir aus / Heute feiern wir ganz groß / Denn im Hurra-Club ist was los! Ja, im Hurra-Club ist was los! Künstler und Showtalente, Politiker und Prominente, ja, sind alle da!«

stars wie Alfred Biolek, Heino, Rudi Carrell und Harald Juhnke sowie Journalisten wie Ernst-Dieter Lueg. Alle treffen sich regelmäßig im »Hurra-Club«, wo sie auch fröhliche Lieder anstimmen.

Hurra Deutschland war die deutsche Variante der legendären britischen Puppenshow »Spitting Image« (1984–1996), von der 3sat von 1988 bis 1991 einige Folgen zeigte. Die Gummipuppen waren ähnlich aufwendig gestaltet, der Humor allerdings auf deutsche Verhältnisse heruntergebrochen. Schon zum Start kündigte der WDR an, nicht so gnaden- und tabulos mit den Parodierten umgehen zu wollen. Es werde eher ein »Kasperltheater für Erwachsene«, entwarnte der Sender vorab. Die meisten Witze waren eher harmlos und klamaukig als böse oder gar politisch scharf. Der »Spiegel« nannte die Premierensendung »Bissig wie ein Gummibärchen, witzig wie eine Autopsie und spritzig wie ein Ölteppich auf dem Toten Meer«.

Die Show lief zunächst montags im Hauptabendprogramm, ab 1991 freitags um 23.00 Uhr. Nach dem Ende der regulären Reihe schickte die ARD am 17. Mai und 26. September 1992 noch zwei Specials hinterher.

2003 startete eine Neuauflage bei RTL 2 mit dem Untertitel »Jetzt erst recht!«, die knapp zehn Minuten lang war und nun täglich um 19.50 Uhr lief. Neuer Sprecher war Elmar Brandt. Das Publikum selbst konnte nach einem »Wahlk(r)ampf« entscheiden, wer die Sendung moderieren sollte; Dieter Bohlen mit Assistent Daniel Küblböck machte das Rennen. Das Gummipersonal wurde um weitere zielgruppenaffine Persönlichkeiten wie etwa Verona Feldbusch erweitert, die Bandbreite der Sketche reduziert: Die Sendung bestand nun ausschließlich aus einfältigen Zoten und Running Gags wie einer jedes Mal als Pferd dargestellten Kanzler-Schröder-Gattin Doris. Feste Rubriken waren u. a. »Yoda Kohl«, »Günthers Jauchladen« und die »Warme Küche« von Alfred Biolek und Rudolph Moshammer. Die Quoten der Sendung waren überdurchschnittlich; 50 Folgen liefen.

Die Puppen traten häufig auch bei anderen Gelegenheiten auf, z. B. in den ARD-Magazinen *Fakt* und *ZAK* und in den Videos zu Elmar Brandts Kanzlerparodien; Ende 2002 landete dessen »Steuersong« auf Platz eins der Charts.

Zwölf Folgen aus dem Jahr 1991 sind auf DVD erhältlich.

HUT AB ZDF

1990–1992. Talentshow mit Ingolf Lück, in der Nachwuchskünstler aus den Bereichen Musik, Comedy, Kunst, Kuriosität etc. auftraten und ihr Können zeigten.

Die dreiviertelstündige Sendung lief meistens mittwochs in der Primetime, außerdem täglich nachmittags von der Internationalen Funkausstellung 1991.

DIE HÜTTE AM SEE ZDF

1992–1994. 8-tlg. dt. Familienserie von Franz-Xaver Wendleder, Regie: Georg Tressler.

Der Pariser Tierarzt und -psychologe Michel Camus (Pierre Brice) kommt an den Chiemsee, um sich um das Gut seines Schwagers Viktor Gottinger (Sabi Dorr) zu kümmern, der seit dem tödlichen Reitunfall seiner Frau depressiv ist. Das beteiligte Pferd, einen Schimmel namens Ramboso, hat er auf dem Hof des Bauern Jakob Niemeier (Rolf Illig) untergebracht. Camus kümmert sich um Gut, Schwager und Tier und lernt dabei Niemeiers Tochter Sylvia (Gudrun Landgrebe) kennen. Er heiratet Sylvia, und sie bekommen eine Tochter: Marie-Fleur. Kurz danach sterben Sylvia und ihr Enkel Berthold (Dominik Henz) bei einem Autounfall, und Michel macht sich auf die Suche nach dem Schuldigen.

Die erste Staffel lief dienstags, die zweite samstags zur Primetime. Beide bestanden aus je vier dreiviertelstündigen Folgen.

HÜTTENZAUBER ZDF

2004. Zweistündige Winter-Stimmungsshow mit Musik, Gästen und Themen rund um den Skiurlaub. Moderation: Thomas Ohrner und Inka.

Inka ist die Tochter des DDR-Schlagerkomponisten Arndt Bause und braucht deshalb keinen Nachnamen. Sie moderierte auch das *Sonntagskonzert*. Der Versuch, so etwas Ähnliches wie den *ZDF-Fernsehgarten* auch zu einer anderen Jahreszeit zu etablieren, währte nur zwei Ausgaben. Sie wurden am Sonntagmorgen um 10.45 Uhr gezeigt.

DIE HYDRONAUTEN KI.KA

2003. 13-tlg. dt.-frz. Zeichentrickserie.

Die Außerirdische Neptuna, der gutmütige Seehund Balty, der behinderte Seemöwerich Ponto und die charmante Tintenfischdame Oktavia erleben Abenteuer in den Weltmeeren und lernen Wichtiges über das Ökosystem.

Die 15-minütigen Folgen waren Teil des Umweltprojekts »Graslöwen TV«, das in Zusammenarbeit mit der Deutschen Bundesstiftung Umwelt entstand (siehe *Die Graslöwen*).

HYPNO PRO SIEBEN

1995. Halbstündige Show mit Manfred Knoke.

Knoke ist Hypnotiseur. Therapieren darf er nicht, aber dafür ist er Weltrekordhalter im Massenhypnotisieren (1811 Hypnosen in sechs Tagen) und hat ungezählte betrunkene Angestellte auf Betriebsfeiern unterhalten. Was er dort gelernt hat, zeigt er im Fernsehen: Zwei langhaarige junge Männer lässt er im rosa Röckchen Ballett tanzen, einen anderen macht er zum Vierjährigen, wieder anderen gibt er eine Zigarette, redet ihnen aber ein, dass sie sie nicht erreichen können. Hinterher erzählen die Beteiligten in die Kamera, wie toll das war.

15 Ausgaben liefen sonntags gegen 19.20 Uhr.

I

IBIZA '99 – GUTE ZEITEN, SEXY ZEITEN RTL 2
1999. 6-tlg. dt. Doku-Soap über Billigurlauber auf der Partyinsel Ibiza.

ICH – AXEL CÄSAR SPRINGER DFF
1968–1970. 5-tlg. DDR-Biografiefilm von Karl Georg Egel und Harri Czepuk, Regie: Helmut Krätzig, Ingrid Sander, Achim Hübner.
Axel Springer (Horst Drinda) macht mithilfe von Altnazis, die einen echten Neuanfang nach dem Krieg verhindern wollen, Karriere als Zeitungsverleger, nutzt sein Zeitungsmonopol, um gegen die anständige DDR zu kämpfen, kann von jungen Frauen nicht lassen, führt sich im Betrieb als Tyrann auf und ist Teil eines gewaltigen Komplotts, an dem auch Franz Josef Strauß und Herbert Wehner beteiligt sind.
Der Film verband Dokumentarisches mit viel Fantasie und bösem Willen, um Springer zu diskreditieren. Selbst SED-Genossen sollen das Werk ideologisch zu grobschlächtig gefunden haben. Der echte Axel Cäsar Springer kommentierte trocken: »Ich habe gestaunt, dass die für meine Rolle einen so gut aussehenden Schauspieler genommen haben.«
Obwohl der Film von Anfang an als Fünfteiler angelegt war, liefen die letzten beiden Teile erst im März 1970. Das Thema hatte durch die Studentenunruhen 1968 eine so große Aktualität bekommen, dass die ersten drei Teile besonders schnell fertig gestellt und früher als geplant gezeigt wurden. Die späteren Folgen wurden nach den 68er-Ereignissen überarbeitet und aktualisiert.
Die einzelnen Teile hatten Spielfilmlänge.

ICH BEKENNE SAT.1
1993. Psychotalkshow mit Sibylle Storkebaum.
Die Psychologin sitzt einem anonymen Gast gegenüber, der sich hinter einer Milchglasscheibe verbirgt und von seinen dunklen Geheimnissen, tragischen Schicksalen und schockierenden Perversionen erzählt. Dass Hitler nicht zu Gast war, lag nur daran, dass er schon tot war. Es plauderten hier nicht nur eine Trinkerin, ein Exhibitionist, eine Masochistin, sondern auch ein Kinderpornoproduzent, ein flüchtiger Todesfahrer und ein Fremdenlegionär, der mehr als 1500 Vietnamesen umgebracht haben will.
Die Sendung basiert auf dem italienischen Format »Io confesso« und war eine Art *Verzeih mir* ultra. Sie war knapp 30 Minuten lang und lief sonntagnachts.

ICH BIN EIN STAR – HOLT MICH HIER RAUS! RTL
Seit 2004. Realityshow mit Sonja Zietlow und Dirk Bach.
Zehn »Prominente«, deren Karrieren ein bisschen PR gebrauchen können, werden im australischen Dschungel ausgesetzt und müssen zwei Wochen gemeinsam durchstehen – in freier Natur, mit diversem Krabbelgetier und nur rudimentären sanitären Standards. Die Nahrung ist spärlich, kann aber durch Dschungelprüfungen aufgestockt werden, in denen die Kandidaten z. B. einem Käfer den Kopf abbeißen, sich Maden, Käfer und Spinnen in die Hose schütten oder in einem Tümpel voller Gülle nach Gegenständen tauchen müssen. Die Fernsehzuschauer stimmen zunächst darüber ab, welcher Star zu den Herausforderungen antreten soll, ab der zweiten Woche können sie Prominente herauswählen (streng genommen stimmen sie *für* ihren Favoriten, und wer die wenigsten Stimmen hat, fliegt raus). Am Ende wird unter den verbliebenen drei Kandidaten der »Dschungelkönig« gekürt. Jeder Promi spielt für einen wohltätigen Zweck.
Kameras filmten rund um die Uhr, Zusammenschnitte wurden im Rahmen der Live-Sendung gezeigt, die an 13 aufeinander folgenden Tagen um 22.15 Uhr oder 21.15 Uhr lief und mal eine, mal zwei Stunden lang war. Die »Stars«, die sich für die erste Staffel zur Verfügung stellten, waren Daniel Küblböck, Costa Cordalis, Dustin Semmelrogge, Lisa Fitz, Susan Stahnke, Mariella Ahrens, Antonia Langsdorf, Caroline Beil, Carlo Thränhardt und Gottlieb Wendehals. Schon damit machte RTL sich von vornherein viele Freunde, denn wer hatte nicht schon immer davon geträumt, diese Menschen einfach irgendwo aussetzen zu können.
Kritiker und Politiker geißelten die Realityshow als »Trash« und übersahen dabei, dass sie erstaunlich aufwendig, liebevoll und handwerklich perfekt produziert war. Durch gekonnte Schnitte, geschickt ausgewählte Musik und ein ideales Moderatorenpaar wurde die Show zur Comedy. Bach und Zietlow legten die sonst übliche Heuchelei in solchen Shows ab und ersetzten sie durch herrliche Schadenfreude; sie kommentierten die Ereignisse mit beißendem Sarkasmus und ließen sich anmerken, dass sie diese Art von Trashfernsehen nicht ernst nahmen. Zwei Wochen lang war die Show *das* Gesprächsthema in Deutschland (und fast täglich der Aufmacher in der »Bild«-Zeitung). Sie wurde mit im Schnitt mehr als sieben Millionen Zuschauern und Zielgruppenmarktanteilen bis über 50 % der erste Sensationserfolg des Jahres 2004. Dschungelkönig der ersten Staffel wurde Costa vor Lisa und Daniel.
In der zweiten Staffel im Herbst des gleichen Jahres schickte RTL Carsten Spengemann, Désirée Nick, Dolly Buster, Jimmy Hartwig, Willi Herren, Harry Wijnvoord, Isabell Varell, Fabrice Morvan, Heydi Nunez-Gomez und Nadja Ab Del Farrag in den Dschungel und erreichte nur unwesentlich weniger Zuschauer als beim ersten Mal. Désirée Nick wurde

im Finale im November 2004 zur Dschungelkönigin gewählt. Am nächsten Abend folgte das Primetime-Special »Die große Aussprache«. Das war von vornherein so geplant. Den Krach, der für die Aussprache nötig war, gab es zum Glück tatsächlich.
Schon in England war das Format »I'm A Celebrity, Get Me Out Of Here!« ein großer Erfolg, und schon dort musste man lange überlegen, woher die so genannten Prominenten denn nun prominent sein sollten. Gedreht wurden alle internationalen Versionen im selben australischen Studiodschungel der Produktionsfirma Granada.

ICH, CHRISTIAN HAHN   ARD
1985–1986. »Geschichten aus der Pfalz des 18. Jahrhunderts«. 13-tlg. dt. Historienserie von Hans-Georg Thiemt und Hans Dieter Schreeb. Regie: Detlef Rönfeldt.
In der pfälzischen Grafschaft Grehweiler arbeitet Christian (Jürgen Biesinger), der zwölfjährige Sohn des Schneidermeisters Hahn (Hans Jürgen Diedrich) und seiner Frau (Nikola Weisse), als Küchenjunge. Er verliebt sich mitten im Siebenjährigen Krieg in Therese (Julia Martinek), die Tochter des korrupten Grafen (Heinz Baumann).
Die Geschichte wurde aus der Sicht des Jungen geschildert. Der SWF hatte die Serie in Frankreich gedreht. Jede Folge war 25 Minuten lang und lief im regionalen Vorabendprogramm.

ICH, CLAUDIUS, KAISER UND GOTT   BR
1978. 13-tlg. brit. Historienserie von Jack Pulman nach dem Roman von Robert Graves, Regie: Herbert Wise (»I, Claudius«; 1976).
Kaiser Claudius (Derek Jacobi) erzählt in Rückblicken seine Lebensgeschichte, beginnend im Jahr 24 v. Chr. beim damaligen Kaiser Augustus (Brian Blessed), über Tiberius (George Baker) und Caligula (John Hurt) bis hin zu Claudius' eigener Herrschaftszeit. Der Erzählstrang ist mit Mord, Intrigen und einer bösen Großmutter, Augustus' Frau Livia (Siân Phillips), gespickt.
Die 45-minütigen Folgen liefen in den meisten Dritten Programmen. Die Besetzung bestand aus einigen der bekanntesten Shakespeare-Schauspielern Englands. In einer Nebenrolle wirkte Patrick Stewart als Präfekt Sejanus mit.

ICH DENK' AN DEUTSCHLAND ...   ARD
1960. 4-tlg. Geschichtsmagazin von Edmund Ringling. Rückblick auf fünf Jahrzehnte deutsche Geschichte. Jedes der vier Kapitel war 50 Minuten lang und lief montags um 20.20 Uhr.

ICH DENKE OFT AN KROTTENBRUNN   SWR
1982. »Schwäbische Erinnerungen«. 6-tlg. dt. Heimatserie von Fritz Eckhardt, Regie: Bruno Voges.
Nach 18 Jahren kehrt Alfred Diggelmann (Fritz Eckhardt) in das Städtchen Krottenbrunn zurück, um im Auftrag seiner Firma ein Grundstück zu erwerben. Seine Nichte Liesl (Christiane Timerding), Pfisterer (Oscar Heiler) und Bullinger (Oskar Müller) sind gemeinsame Eigentümer des Grundstücks, doch nicht alle sind zum Verkauf bereit. Diggelmann trifft auf weitere alte Bekannte, z. B. Schmälzle (Werner Veidt), Hägele (Walter Schultheiß) und Frau Immel (Ilse Künkele), und so wie manche alte Bande für sein Geschäft von Vorteil sind, behindern es andere. Kommt er nicht weiter, erinnert er sich an die gerissenen Methoden seines inzwischen verstorbenen Schwagers Gottfried Gscheidle, des früheren Bürgermeisters, und findet einen Weg.
Die Serie war eine Fortsetzung von Fritz Eckhardts früherer Serie *Schwäbische Geschichten*. Sie führte viele Charaktere wieder zusammen und rückte eine Nebenfigur von damals in den Mittelpunkt. Der zwischenzeitlich verstorbene Willy Reichert war in vielen Rückblenden noch einmal als Bürgermeister Gscheidle zu sehen.
1986 wurde die Serie in drei Folgen zusammengefasst in der ARD wiederholt.

ICH FÜHL' MICH AN DIE WAND GEDRÜCKT   ARD
1978. 7-tlg. Psychoreihe von Franz Bogner unter Mitwirkung des Heidelberger Therapeuten Prof. Helm Stierlin und seiner Mitarbeiter Dr. Ingeborg Rücker-Embden und Dr. Michael Wirsching, in der Familien vor der Kamera über alltägliche Probleme und Konflikte sprechen.
Die Therapiestunde war 45 Minuten lang und fand nachmittags statt.

ICH HEIRATE EINE FAMILIE   ZDF
1983–1986. 14-tlg. dt. Familienserie von Curth Flatow, Regie: Peter Weck.
Nach einer kurzen Phase des Kennenlernens heiratet der Grafiker Werner Schumann (Peter Weck) die geschiedene Boutiquebesitzerin Angelika »Angi« Graf (Thekla Carola Wied). Während dieser Phase hat sie ihm schonend und eins nach dem anderen beigebracht, wie viele Kinder sie hat. Drei. Teenagerin Tanja (Julia Biedermann) ist die egoistische Erstgeborene, Sohn Markus (Timmo Niesner) ist zu Beginn der Geschichte zehn und Nesthäkchen Tom (Tarek Helmy) drei Jahre jünger. Das volle Haus überfordert anfangs nicht nur Werner, sondern vor allem dessen Haushälterin Frau Rabe (Bruni Löbel), die große Schwierigkeiten damit hat, plötzlich für eine Großfamilie da sein zu müssen. Ganz zu schweigen von Hund Lulu und Meerschweinchen Bommel. Dann bekommen Werner und Angi auch noch ein gemeinsames Baby namens Franziska (als Baby: Patrick Poddig; dann: Frauke Tholen).
Das Ehepaar Sybille, genannt Bille (Maria Sebaldt), und Alfons Vonhoff (Herbert Bötticher) hat Angi und Werner verkuppelt. Alfons ist etwas tatterig, Bille etepetete und Angis beste Freundin. Werners bester Freund und Auftraggeber ist Wolfgang Frank (Herbert Herrmann). Bernie Graf (Heinz Baumann) ist Angis Ex-Mann. Werner arbeitet zu Hause und beschäftigt mit Doris Niemeyer (Gabi Heinecke) noch eine Angestellte. Sie kündigt später, um zu heiraten,

Ich heirate eine Familie: Herrje! noch ein Kind! Werner (2. v. l.) mit den angeheirateten Tom (links), Markus, Angi und Tanja (rechts vorn) und seinem ersten eigenen Baby Franziska (Patrick Poddig).

und ihre Nachfolgerin wird Martina Hambach (Ute Christensen), die Wolfgangs Freundin wird. Als die beiden heiraten, hört Martina auf zu arbeiten, und Doris, deren Ehe mittlerweile zerbrochen ist, kommt zurück. Frau Hofmann (Christine Biniasch) ist inzwischen die neue Haushälterin der Schumanns. Angi wird berufstätig, hat große Erfolge in der Kindermodenbranche und ist kaum noch zu Hause. Werner passt das gar nicht. Als Werner eines Tages umkippt und im Krankenhaus landet, beschließt Angi, die Karriere an den Nagel zu hängen und sich wieder um ihren Mann und die Kinder zu kümmern.

Amüsante Serie mit ausgefeilten Charakteren bis in die Nebenrollen, allen voran der wunderbar verwirrte Herbert Bötticher. Der ursprüngliche Vierteiler kam sehr gut an und wurde noch mehrfach mit neuen Staffeln fortgesetzt. Trotz des Erfolgs und der Laufzeit von mehr als drei Jahren entstanden nur 14 Folgen. Sie waren meist eine Stunde lang und liefen zur Primetime, einzelne Folgen hatten Spielfilmlänge. Hauptdarsteller Peter Weck war zugleich Regisseur der Serie.

Ich heirate eine Familie war eine der ersten von wenigen Serien, die das ZDF an den Privatsender RTL 2 auslieh, der sie 1993 zur Primetime wiederholte. Die Serie ist komplett auf DVD erhältlich.

ICH HEIRATE EINEN MILLIONÄR!   RTL

2001. Zweistündiges Show-Special, das für große Aufregung sorgte. In den USA hatte knapp ein Jahr zuvor eine Show mit dem Titel »Who Wants To Marry A Multi-Millionaire?« einen Skandal verursacht. 50 »Kandidatinnen« waren willig, einen Millionär zu heiraten, den sie weder kannten noch jemals gesehen hatten und den sie auch bis zum Ende der Sendung nur als Schattenumriss zu sehen bekamen. Der Millionär suchte sich über mehrere Ausscheidungsrunden eine Frau aus und heiratete sie auf der Stelle, noch in der Show. Der Herr entpuppte sich anschließend als Betrüger, und die Ehe wurde annulliert.

Die deutschen Privatsender ließen sich von diesen Erfahrungen nicht abschrecken und machten ihre eigenen Versionen. Sat.1 kündigte *Wer heiratet den Millionär?* schon Monate vorher groß an und hoffte auf den großen Wurf. RTL war jedoch mal wieder schneller und überlistete den Konkurrenten. Die eigene Show *Ich heirate einen Millionär!*, moderiert vom nicht ganz nüchtern wirkenden Werner Schulze-Erdel, wurde kurzfristig ins Programm genommen und erst eineinhalb Tage vorher angekündigt. Sie übernahm den kompletten Ablauf der US-Show. Ungewollt sogar inklusive des Nachspiels, denn nur einen Tag nach der Ausstrahlung hatte RTL seinen eigenen Skandal. Auch dieser Millionär hatte den Sender betrogen: Thomas Tepe (der Millionär) suchte sich aus 45 Kandidatinnen (fünf hatten kurz vor der Show noch abgesagt) Gerti Friedrichs aus. Dann kam heraus, dass die beiden sich bereits seit einer ganzen Weile kannten, und alle waren empört. Geschichte wiederholt sich eben doch.

ICH HEIRATE (K)EINEN MILLIONÄR   ZDF

1968. 14-tlg. frz. Comedyserie nach dem Roman von Luisa Maria de Linares, Regie: Lazare Iglesis (»Comment ne pas épouser un milliardaire«; 1966). Myriam Barlett (Marie-France Boyer), Tochter eines New Yorker Konservenmillionärs, soll den Geldaristokraten Archibald Canfield (Jacques Sereys) heiraten. Die Hochzeit soll zum größten Fest des Jahres werden, doch Myriam hat keine Lust, brennt durch, schleicht sich als blinder Passagier auf einer Yacht ein, wird entdeckt und tarnt sich als Schiffsjunge. Dabei lernt sie den Wissenschaftler Jean (Jean-Claude Pascal) kennen, dem die Yacht gehört. Am Ende werden alle glücklich, sogar Papa, denn Myriams Schwester Aline (Yori Bertin) heiratet den frei gewordenen Archibald.

Die halbstündigen Folgen liefen im Vorabendprogramm.

ICH LASS MICH SCHEIDEN ZDF

2002. Einstündige Gerichtsshow, in der fiktive Ehepartner ihre Streitigkeiten ausbreiten durften. Zwölf Folgen liefen werktäglich nachmittags auf dem Sendeplatz der Gerichtsshow *Streit um drei*.

ICH SEH' ETWAS, WAS DU NICHT SIEHST ARD

1953–1955. Halbstündige Spielshow am Montagabend um 20.15 Uhr. Die Zuschauer zu Hause (es gibt keine Kandidaten im Studio) können Preise gewinnen, wenn sie optische Rätsel lösen. Zum Beispiel wird ein Musiktitel präsentiert und dann gefragt, wie viele Pedale die gesehene Harfe hatte.

Moderiert wurde die Sendung von der Berliner Journalistin Dagmar Späth, die Idee stammte von Ruprecht Essberger, der auch Regie führte. Zuschauer mussten die Antworten damals natürlich per Postkarte einsenden, eine Woche nach der Sendung wurden die Gewinner bekannt gegeben.

War ein riesiger Erfolg beim Publikum und kam auch bei der Kritik gut an. Es war die erste deutsche Gameshow, die fürs Fernsehen erfunden war und von den Möglichkeiten des Fernsehens Gebrauch machte – die meisten anderen Spielsendungen zu der Zeit waren Übernahmen von Radioquizsendungen und eigentlich nur abgefilmt.

ICH STELLE MICH WDR

1980–1993. 90-minütige Interviewreihe mit Claus Hinrich Casdorff.

Casdorff begrüßte Politiker, Schlagersänger, Karnevalsprinzen, Gewerkschaftsfunktionäre, Schauspieler und Wirtschaftsbosse, immer nur einen pro Sendung, hatte also Zeit, in die Tiefe zu gehen. Die beiden saßen sich gegenüber, und Casdorff nuschelte kritische Fragen. Bisweilen sah er für seine Gäste auch besondere Aufgaben vor. Den Bahnchef Heinz Dürr schickte er ohne vorherige Absprache mit dem Taxi in Begleitung eines Reporters zum Kölner Hauptbahnhof und gab ihm dort fünf Minuten Zeit, eine Familienfahrkarte zu lösen. Es gelang ihm nicht.

Die Reihe lief zur besten Sendezeit im WDR, einzelne Ausgaben wurden von der ARD übernommen. Nach dem Ende der Reihe gab es noch ein Special mit den Höhepunkten.

ICH TAUSCHE MEINE FAMILIE RTL

2004. Doku-Soap. Zwei Frauen tauschen für eine Woche ihre Familien und übernehmen den Haushalt und auch den Job der anderen.

Klingt genauso wie *Frauentausch* des Schwestersenders RTL 2, doch RTL legte zu großen Wert darauf, das Original im Programm zu haben, offiziell adaptiert von der britischen Show »Wife Swap«. Die ein ganzes Jahr zuvor gestartete RTL-2-Version sei nur ein billiger Abklatsch.

Sieben einstündige Folgen liefen freitags um 20.15 Uhr.

ICH TRAGE EINEN GROSSEN NAMEN SWR

Seit 1977. Quiz, in dem ein dreiköpfiges Rateteam die Namen von Gästen erraten soll, die Nachfahren berühmter Persönlichkeiten sind. Kommen sie mal völlig von der Fährte ab, gibt ein »Lotse« Hinweise. Moderator war 16 Jahre und 108 Ausgaben lang Hans Gmür, ihm folgten Hansjürgen Rosenbauer (1993–1998) und Wieland Backes (seit 1999).

Nach inzwischen 300 Sendungen ist die Show weiter ein Dauerbrenner im Südwestfernsehen und anderen Dritten Programmen. Ab 1978 wurden mehrere Folgen in der ARD wiederholt.

ICH UND MEINE JUNGS RTL 2

1998. 19-tlg. US-Sitcom (»Me And The Boys«; 1994–1995).

Der Witwer Steve Tower (Steve Harvey), Besitzer eines Videoladens, wohnt mit seinen Teenager-Söhnen William (Wayne Collins), Andrew (Benjamin LeVert) und Artis (Chaz Lamar) und seiner Schwiegermutter Mary (Madge Sinclair) zusammen. Seine Freundin ist Amelia (Wendy Raquel Robinson).

Lief täglich am Vormittag.

ICH UND PARIS ZDF

1969–1970. 26-tlg. frz. Familienserie von Hélène Misserly, Regie: Robert Guez (»Seule à Paris«; 1965).

Cécile Ferac (Sophie Agacinski) kommt aus der französischen Provinz, die sie natürlich satt hat. Sie will Dekorateurin werden, was sie nicht darf, und sie soll heiraten, was sie nicht will. Also verlässt sie eines Tages ihr Elternhaus und geht nach Paris, wo sie diverse Abenteuer erlebt. Sie arbeitet erst für den Marktforscher Monsieur Paul (Pierre Tornade) und dann für die Modehausbesitzerin Bertha (Martine Ferrière).

Die halbstündigen Schwarz-Weiß-Folgen liefen donnerstags um 18.40 Uhr.

ICH WILL MANHATTAN RTL

1989. 8-tlg. US-Drama nach dem Roman von Judith Krantz (»I'll Take Manhattan«; 1987).

Nach dem Tod ihres Vaters Zachary (Barry Bostwick) will Maxi Amberville (Valerie Bertinelli) den Modezeitschriftenverlag der Familie übernehmen. Ihre Mutter Lily (Francesca Annis) aber heiratet Zacharys Bruder Cutter (Perry King) und überträgt ihm die Leitung des Unternehmens. Nina Stern (Jane Kaczmarek) ist die Geliebte von Zachary, Rocco Cipriani (Jack Scalia) der Artdirector, den Maxi heiratet.

RTL machte aus dem Vierteiler acht einstündige Folgen und zeigte sie sonntags um 19.00 Uhr.

ICH WOLLT ICH WÄR ... ARD

1982–1984. »Was sich Zeitgenossen wünschen«. Große Nachmittagsshow mit Susanne Offenbach, in der Zuschauerwünsche erfüllt wurden. Es konnte sich dabei um ein Lieblingslied handeln, das der

Interpret dann im Studio spielte, um ein lang ersehntes Treffen mit einem Idol, um den Wunsch, einmal auf einem Pferd zu sitzen, ein Tonstudio oder einen Filmdrehort zu besuchen, in einer Dampflok zu fahren oder schlicht einmal im Fernsehen zu sein. Durch die unterschiedlichen Interessen entstand eine bunte Mischung aus Musik, Sketchen, Filmbeiträgen und Talk. Zwischendurch gab es Kommentare der »Schwäbischen Oma«, einer Marionette, die von Albrecht Roser gespielt wurde und bereits in der Sendung *Schaukelstuhl* mitgewirkt hatte.

Nach einer 100-minütigen Pilotfolge von der Berliner Funkausstellung 1981 lief die Reihe ab Januar 1982 monatlich montags um 16.15 Uhr und brachte es auf weitere 23 Ausgaben, anfangs 90, am Ende 70 Minuten lang.

ICH WÜNSCH' MIR WAS   ARD

1968–1971. Kindersendung.
Hilde Nocker erfüllte gemeinsam mit Kater Mikesch Wünsche der kleinen Fernsehzuschauer. Allerdings nur Programmwünsche. Dafür musste man an den HR schreiben. Besonders häufig wurden angeblich Stummfilme, Trickfilme, Tierfilme und Abenteuerserien gewünscht, die schon mal liefen. Neben Mikesch waren auch noch der Hase Amadeus Wurzelbürst und der Studiobiber Schlurf von der *Augsburger Puppenkiste* dabei. Die Redaktion erreichten im Durchschnitt über 10 000 Zuschriften pro Sendung, bei Preisausschreiben sogar über 100 000 Postkarten, Briefe, Päckchen und Pakete – darunter ungezählte Mohrrüben für Amadeus Wurzelbürst und Mäuse für den Kater Mikesch. Der Versuch, innerhalb der Sendung eigene Nachrichten für Kinder zu etablieren, wurde mangels Personal, Quellen und Agenturmaterial rasch wieder aufgegeben.
Die Sendungen waren 30 bis 60 Minuten lang und liefen nachmittags.

IDA ROGALSKI   ARD

1969–1970. »Mutter von fünf Söhnen«. 13-tlg. dt. Familienserie von Curth Flatow, Regie: Tom Toelle. Manche Leute muss man einfach zu ihrem Glück zwingen. Also mischt sich Ida Rogalski (Inge Meysel) hartnäckig in das Privatleben ihrer fünf Söhne Werner (Rolf Schimpf), Thomas (Andreas Mannkopff), Michael (Claus Ringer), Stefan (Walter Ambrock) und Dieter (Jochen Schmidt) ein, die alle längst erwachsen und teilweise nicht einmal mehr die Jüngsten sind.
Die halbstündigen Folgen liefen in zwei Staffeln in allen regionalen Vorabendprogrammen. Die Titel der ersten fünf Episoden trugen die Namen jeweils eines Sohns, als die Söhne ausgingen, griff man auf schon damals abgedroschene Phrasen wie »Aus dem Verkehr gezogen« zurück. Eine ähnliche Rolle hatte Meysel kurz zuvor als *Gertrud Stranitzki* und in jedem anderen ihrer Filme gespielt.

DAS IDEALE BRAUTPAAR   ARD

1959. Hochzeitsshow mit dem beliebten Karnevalisten Jacques Königstein, der als Showmoderator durchfiel. Seine Spiele mit Brautpaaren sollten eigentlich eine Reihe werden, brachten es aber nach verheerenden Zuschauerreaktionen nur auf eine einzige Ausstrahlung. Michael Schanzes *Flitterabend* wurde später mit einem ähnlichen Konzept ein Erfolg.

DER IDEALE FERNSEHZUSCHAUER   ARD

1953. Der ideale Fernsehzuschauer ist zwischen 14 und 49, besser noch unter 29 Jahre alt, schaltet während der Werbung nicht um und kauft danach alle Produkte, die er gesehen hat. Das wusste man 1953 freilich noch nicht, weshalb das Fernsehen ihn an vier Nachmittagen im Rahmen dieser halbstündigen Quizshow auf der Düsseldorfer Funkausstellung suchte.

IDOLE   ZDF

2003–2004. 45-minütige Porträtreihe. Nach einer einzelnen Ausgabe über Herbert Grönemeyer folgten im April 2004 drei weitere Folgen dienstags um 20.15 Uhr, die sich mit Romy Schneider, Uschi Glas und Harald Juhnke befassten.

IGNAZ DER GERECHTE   ARD

1988. 13-tlg. dt. Krimiserie, Regie: Karin Hercher. Ignaz Sand (Rüdiger Weigang) ist ein junger Mister Marple. Er ist Frührentner und löst in seiner vielen Freizeit aufregende Kriminalfälle, wobei er Kommissar Kuschnigg (Hubert Suschka) ins Handwerk pfuscht.
Die halbstündigen Folgen des Schmunzelkrimis liefen im regionalen Vorabendprogramm.

IHR AUFTRITT, AL MUNDY   ZDF, RTL

1969–1970 (ZDF), 1989–1991 (RTL). 63-tlg. US-Krimi-Comedy-Serie von Collier Young (»It Takes A Thief«; 1968–1970).
Der Dieb Alexander Mundy (Robert Wagner) wird geschnappt, muss aber nicht ins Gefängnis. Stattdessen verpflichtet ihn Noah Bain (Malachi Throne) von der Spionageabteilung der Regierung dazu, seine Fähigkeiten als Dieb künftig dem Staat zur Verfügung zu stellen. Diese Fähigkeiten hat Mundy von seinem Vater Alister Mundy (Fred Astaire) gelernt.
Rainer Brandt synchronisierte die Serie für das deutsche Fernsehen und reicherte sie mit lockeren Sprüchen an, für die er später in *Die 2* berühmt wurde. Das ZDF zeigte nur 19 Folgen der Serie um 21.00 Uhr, jeweils 45 Minuten lang. Die restlichen 44 liefen erst 20 Jahre später im Vorabendprogramm bei RTL in deutscher Erstausstrahlung.

IHR EINSATZ BITTE ...   ZDF

1987–1990. 90-minütige Spielshow mit Dieter Thomas Heck. Jeweils zwei Kandidatenteams spielen gegeneinander; die Kandidaten eines Teams gehören immer einem deutschen Club oder Verein an, unter dessen Namen sie antreten.
Alle Spiele drehten sich um das Thema »Made in

Germany«. Auch die Musik in den Showblöcken war immer »Made in Germany«. Hecks Assistentin war Monika Sundermann. Der erspielte Erlös ging an die neu gegründete »Hans-Rosenthal-Stiftung – Schnelle Hilfe in akuter Not«.

Die Reihe löste die erfolglose *Show & Co. mit Carlo* ab und brachte es auf 18 Ausgaben. Sie liefen im Wechsel mit anderen Shows donnerstags um 19.30 Uhr.

IHR MUSIKWUNSCH   ZDF
1969–1991. Musikshow am Wochenende.
Zu den Moderatoren gehörten Elfie von Kalckreuth, Erika Köth, Monika Maynert, Trudeliese Schmidt, Norbert Ely und Christian Boesch. Die erfüllten Zuschauerwünsche standen meistens unter einem Oberthema, z. B. »Frühlingslieder« oder »Opernfilme«.
Die Sendung war während ihrer langen Laufzeit immer mal wieder Bestandteil von *Das Sonntagskonzert* am Sonntagmittag, lief aber oft auch als eigene Reihe am Sonntag- bzw. Samstagnachmittag und war erst 60, später 45 Minuten lang.

IHR SEID WOHL WAHNSINNIG   RTL
2000. »Die gefährlichste Show der Welt«. Große Abendshow, in der Kandidaten wahnwitzige Vorhaben und eigene Stunts wagten, oft das »Abenteuer ihres Lebens«. Die spannenden Vorführungen präsentierten die beiden Moderatoren Kalle Pohl und Bärbel Schäfer im Wettstreit; die Zuschauer entschieden, welcher Moderator die interessanteren Geschichten zu bieten hatte, z. B. ein Balanceakt zwischen zwei Heißluftballons. Der Verlierer musste sich seinerseits selbst in ein waghalsiges Abenteuer stürzen. Bärbel Schäfer ließ sich von einem Güterzug überrollen, was der Show Kritik der Jugendschützer einbrachte.
Die Show lief zunächst in loser Folge zweimal samstags um 20.15 Uhr, dann einmal sonntags, dann wurde sie vorzeitig abgesetzt. Die vierte und letzte (bereits aufgezeichnete) Folge wurde an Allerheiligen am Nachmittag versendet.

IHR WUNSCH – UNSER PROGRAMM   ARD
1981. Nachfolgesendung des Rentnerklassikers *Schaukelstuhl*, in der der BR jeweils ältere Bürger einer Stadt mit ihrem Wunschprogramm vorstellt. In Folge 1 haben sich die Seniorinnen Therese Schimi, Centa Scherm, Klara Conrad und Marcel Oberneder aus Straubing u. a. das Fiaker-Lied von Paul Hörbiger sowie Szenen aus »Der verkaufte Großvater« und »Othello« gewünscht. Es moderierte Wolfgang Priester.
Die 45-minütigen Folgen liefen monatlich montags um 16.15 Uhr.

IHRE EXZELLENZ, DIE BOTSCHAFTERIN   ZDF
1994. 14-tlg. dt. Familienserie.
Cornelia Sommer (Gaby Dohm) wird zur deutschen Botschafterin in Ungarn ernannt. Durch die Versetzung nach Budapest fällt der geplante Nachholtermin für die Hochzeitsreise mit Alex (Friedhelm Ptok) aus, doch das erledigt sich ohnehin bald, weil der Gatte ums Leben kommt. Zum Glück gibt es da den Kollegen Clemens Langhoff (Klaus Wildbolz). Klischeebeladene Serie über eine starke Frau, die sich, wie immer im Fernsehen, in der mächtigen Männerwelt behauptet, dabei aber noch genug Zeit hat, Ungarn anhand von Gulasch und Zigeunern zu porträtieren. Die 50-minütigen Folgen liefen donnerstags um 19.25 Uhr.

IHRE HEIMAT – UNSERE HEIMAT   WDR
1965–1993. Seinerzeit die einzige muttersprachliche Fernsehsendung für Ausländer in Deutschland. Wandte sich werktäglich abwechselnd in der jeweiligen Landessprache an Griechen, Italiener, Kroaten, Serben und Türken. Wurde 1993 von *Babylon* abgelöst.

IHRE VERMÄHLUNG GEBEN BEKANNT   ZDF
1963. Abendfüllende Spielshow mit Hans-Joachim Kulenkampff.
Wie später in der *Traumhochzeit* kommt ein Brautpaar samt Hochzeitsgesellschaft ins Studio, um dort live kirchlich getraut zu werden. Hinterher wird die Geschichte des Paares erzählt, man veranstaltet diverse Quiz- und Übereinstimmungsspiele, Prominente kommen mit Geschenken und Showeinlagen und gratulieren.
Die eigentlich als monatliche Show geplante Sendung wurde nach nur zwei Ausgaben eingestellt, weil sich keine Kandidaten fanden. Für die erste Show bewarben sich 21 Paare, für die zweite gerade noch zwei.

DER ILLEGALE   ZDF
1972. »Biographie eines Spions«. 3-tlg. dt. Spionagethriller von Henry Kolarz, Regie: Günter Gräwert.
Nikolai Grunwaldt (Götz George) heuert 1952 beim sowjetischen Geheimdienst an. Mit Freundin Katharina Feldmann (Vera Tschechowa) pachtet er zur Tarnung eine Wurstbude und spioniert im Auftrag von General Alexander Korotkow (Gustav Knuth) die Deutschen aus. Das kapitalistische Leben gefällt Grunwaldt jedoch, und so läuft er schließlich über. Lief in Spielfilmlänge im Abendprogramm.

ILLUSTRIERTE EXTRABLÄTTER   DFF
1961–1964. Große Veranstaltung zur Eröffnung des jährlichen Pressefestes des »Neuen Deutschland«. Heinz Quermann führt mit wechselnden Frauen an seiner Seite durch einen bunten Abend. Quermann hatte bereits 1959 und 1960 Shows zum Pressefest moderiert, die allerdings noch keinen festen Reihentitel trugen. Später wurde aus Anlass der Veranstaltung der bunte Abend – dann ohne Quermann – verstärkt mit Grüßen der »befreundeten Zentralorgane« und anderen politischen Botschaften vermischt, was die Sendung nicht beliebter machte.

ILONA CHRISTEN   RTL
1993–1999. Einstündige werktägliche Talkshow mit Ilona Christen.

Ein Jahr nach *Hans Meiser* startete RTL die zweite werktägliche Talkshow eine Stunde vor Meiser, ersetzte das Altherrenhafte durch das Tantige, beließ aber im Kern das Konzept: eine monothematische Gesprächsrunde mit unbekannten Gästen. Christen saß in einer Reihe mit ihren Gästen, immer ganz rechts außen, die Beine übereinander geschlagen. Die Gäste waren immer schon alle vom Anfang der Sendung an da. In der ersten Reihe des Publikums saßen ihnen häufig noch Experten zum Thema gegenüber. Ilona Christen wandte sich vor allem an weibliche Zuschauer.

Die Gesprächsrunden fielen selten durch Skandale, aber häufig durch Wirrheit auf; das Aufregendste war oft das extravagante Brillengestell der Moderatorin. Trotzdem ging es auch hier gelegentlich um drängende Fragen des Alltags wie »Warum lieben Frauen einen Mörder?«, »Wann macht es Angst? Und wann wird's erotisch?«. Häufige Themen waren der Kampf gegen Fettleibigkeit und Bürokratie, außerdem ging es z. B. um das »Abenteuer Kaffeefahrt«, die These »Deutsche Frauen bringen's nicht« und das Bekenntnis »Ich will nicht länger schwul sein«. Die Moderatorin legte Wert auf die Feststellung, dass sich bei ihrer Sendung im Gegensatz zu anderen Talks hinter dem Titel »Ich bin 30 und impotent« ein Medizin- und kein Sexthema verborgen habe.

Direktes Vorbild für Christen in den USA war wohl Sally Jessy Raphael, die ähnlich schroff und burschikos an Gäste und Themen heranging und ebenfalls auffällige Brillen trug. (Angeblich stellte eine Ansage Christens im November 1973 im Regionalprogramm des Saarländischen Rundfunks den ersten Auftritt einer Fernsehansagerin mit Brille dar, weshalb sie sie zu ihrem Markenzeichen gemacht habe.) Vor den Werbepausen sagte Christen gern: »Wir reden drüber« oder, verwirrenderweise, zu den Fernsehzuschauern: »Wir sehn uns.«

Die Sendung wurde im Doppelpack mit Meiser ein Erfolg und ließ RTL den Nachmittag locker gewinnen. Allerdings war auch das Publikum von *Ilona Christen* auf Dauer zu alt; im Frühjahr 1999 verlegte RTL die Show von 15.00 auf 13.00 Uhr, wodurch die Quoten rapide sanken, da zur gleichen Zeit bereits Sonja Zietlow erfolgreich auf Sat.1 talkte. Bereits zur 1000. Sendung 1998 hatte Christen angekündigt, im Sommer 1999 aufhören zu wollen, weil sie die Eskalation und zunehmende Provokation in den Talkshows nicht mehr mitmachen wolle. Nach der letzten Erstausstrahlung Ende Juni 1999 zeigte RTL noch zwei Monate lang Wiederholungen. Nachfolger auf dem Sendeplatz um 13.00 Uhr wurde *Die Oliver Geissen Show*.

DIE ILSE IST WEG ARD

1976. 3-tlg. dt. Jugendfilm von Martin Gies, Hajo Gies und Ilse Hofmann nach dem Buch »Ilse Janda, 14« von Christine Nöstlinger, Regie: Ilse Hofmann.
Die 14-jährige Ilse (Marion Heister) läuft nach einem Streit mit ihrer geschiedenen Mutter (Renate Küster) von zu Hause weg. Ilses kleine Schwester Erika (Susanne Werner) macht sich auf die Suche; ihr Schulfreund Alibaba (Klaus Grätzer) und die Großmutter (Lina Carstens) helfen ihr.

Der Film lief zunächst als Dreiteiler im Nachmittagsprogramm und knapp einen Monat später noch einmal in einem Rutsch im Abendprogramm. Es war die erste Kinderproduktion, die gemeinsam mit der Fernsehspielabteilung umgesetzt wurde.

IM AUFTRAG VON MADAME ZDF

1972–1975. 39-tlg. dt. Krimiserie von C. M. Sharland, Regie: Ulrich Beiger, Paul May, Peter Meinecke.
Der Wissenschaftler Homer Halfpenny (Horst Keitel), Professor für tibetanische Dialekte, fängt mit seinem Freund Peter Proud (Roger Herbst) im Auftrag der mysteriösen »Madame« Verbrecher und erledigt gewitzt andere knifflige Aufgaben. Madame ist nie zu sehen, ihre Aufträge erhalten Halfpenny und Proud in einer Telefonzelle. Die beiden kommen viel herum und reisen mit dem Auto. Sein eigentliches Gefährt, ein Fahrrad, verstaut Halfpenny während seiner Abwesenheit in einem Baum. Bei den Fällen selbst kommt immer ein Rolls-Royce zum Einsatz, über den der gut aussehende und mit besonders gleitenden Arbeitszeiten versehene Autoverkäufer Proud gottlob jederzeit frei verfügen darf.

Drei Staffeln mit halbstündigen Folgen liefen mittwochs am Vorabend. Keitel war zuvor der heimliche Star in *Percy Stuart*, hier war er der eigentliche.

IM BANN DER STERNE ARD

1996–1997. 26-tlg. austral. Kinder-Wissenschaftsserie (»Sky Trackers«; 1994).
Die Teenager Nikki (Petra Jared), Mike (Zbych Trofimiuk) und Maggie (Emily-Jane Romig) leben in der Nähe einer großen Satellitenstation in Australien. Dort arbeiten die Mutter von Nikki und Maggie, Marie Colbert (Anna-Maria Monticelli), und Mikes verwitweter Vater Tony Masters (Steve Jacobs) und erforschen mit anderen Wissenschaftlern den Weltraum. Die Kinder streiten und versöhnen sich und erleben Abenteuer, bei denen sie eine Menge lernen.

Preisgekrönte Kinderserie, die Wissen schuf. Die 25-minütigen Folgen liefen am frühen Samstagmorgen.

IM BILDE DFF 2, DFF

1983–1991. Monatliches Magazin für Hörgeschädigte mit Dorit Watzinger als Gebärdendolmetscherin. 103 halbstündige Folgen liefen samstags nachmittags.

IM BLICKFELD ARD

→ Im Blickfeld der Kirchen

IM BLICKFELD DER KIRCHEN ARD

1964–1984. Magazin mit Berichten und kirchlichen Kommentaren zu kirchenpolitischen, allgemeinpolitischen und gesellschaftlichen Belangen aus christlicher Sicht. Erster Moderator und Leiter war Ulrich Stockmann.

Die Reihe lief zunächst halbstündig viermal im Jahr sonntags um 11.30 Uhr und hieß ab 1965 nur noch *Im Blickfeld*, mit dem Untertitel »Aktuelle Berichte – Kirchliche Kommentare«, ab 1971 vorübergehend nur noch *Blickfeld*. Neuer Sendeplatz war jetzt der späte Samstagnachmittag.

IM BRENNPUNKT ARD
→ ARD-Brennpunkt

IM EINSATZ – DIE SPEKTAKULÄRSTEN POLIZEIVIDEOS DER WELT RTL
Seit 1999. Realityreihe mit viel kaputtem Blech. Heiko Augustin moderierte bis Sommer 2001 in unregelmäßigen Abständen 14 Folgen, nach mehr als drei Jahren Unterbrechung folgte ab Oktober 2004 eine neue Staffel mit zwölf Folgen am späten Samstagabend, jetzt moderiert von Heinz-Werner Kraehkamp.

IM FADENKREUZ ZDF
2000–2001. 3-tlg. dt. Krimiserie von Uwe Erichsen und Thomas Kubisch.
Anna Brinck (Esther Schweins) ist Chefin einer Firma in Hamburg, die Personen des öffentlichen Lebens schützt, die sich bedroht fühlen. Zu ihrem Team gehören der Ex-Polizist Knut Bär (Oliver Stritzel) und der Fitnesstrainer Heiner Schlesinger (Michael Lott), Ursula Kranz (Marion Breckwoldt) ist die schnoddrige Sekretärin.
Die Folgen hatten Spielfilmlänge und liefen im Wechsel mit anderen ZDF-*Samstagskrimis* am Samstag um 20.15 Uhr.

IM FERNSEH-ZOO ARD
1953–1959. »Was weiß man schon von Tieren«.
Die Macher dieses Tiermagazins schienen sich Woche für Woche einen Wettbewerb zu liefern, wer ein noch kleineres Tier auftreiben kann: Es ging um den Waldkauz, den Iltis, den Axolotl, um Möwen, Molche, Kröten, Quallen, Spinnen, Schmetterlinge, Mücken, den Wasserfloh oder das Plankton. Mikroskope waren im Dauereinsatz. Oft genug hatte man auch den Eindruck, die Macher hätten sich das aktuelle Thema beim Mittagessen ausgedacht, wenn über Krabben, Hummer, Langusten und Fasane berichtet wurde. Dass es mal über monströse Riesentiere wie Bernhardiner oder Löwen ging, blieb die Ausnahme. Autoren waren u. a. Hans Thiel, Friedrich Fehse, Helmut Andersen, Peter Kuhlemann, Sebastian Mühlegger, Ernst Laage, Friedrich Carl Wobbe und Bernhard Grzimek.
Das 15-minütige Magazin lief am Samstagnachmittag.

IM GLASHAUS – DAS PHILOSOPHISCHE QUARTETT ZDF
Seit 2002. Sechsmal im Jahr treffen sich die Philosophen Peter Sloterdijk und Rüdiger Safranski am späten Sonntagabend mit zwei wechselnden Gästen in der Gläsernen Manufaktur von VW in Dresden, um eine Stunde lang über aktuelle und zeitlose Grundsatzfragen zu diskutieren und philosophieren.
Nachdem sich *Das literarische Quartett* im Vormonat nach 13 Jahren verabschiedet hatte, hoffte das ZDF mit dieser Sendung auf einen ähnlichen kulturellen Imageträger.

IM HOBBYKELLER ZDF
1970–1974. Halbstündiges Servicemagazin mit Helmut Scheuer, der Basteltipps für Spielsachen (z. B. Papierdrachen oder Holzflugzeug) und Deko (z. B. Koalabär aus Kokusnuss) gibt.
Die Reihe lief nachmittags in loser Folge und wurde von Scheuers stummen Vorführungen in *Zugeschaut und mitgebaut* abgelöst.

IM KREUZFEUER ARD
1953–1955. Monatliche Diskussionssendung.
Bekannte Journalisten befragten Personen des öffentlichen Lebens. Erster Gast war Bundeswirtschaftsminister Ludwig Erhard. Die Show dauerte anfangs nur 15 Minuten und wurde später auf eine Dreiviertelstunde verlängert. Sie lief an wechselnden Sendeplätzen im Abendprogramm.

IM KREUZFEUER RTL
1996–2002. Einstündige Streitshow, in der Gäste aus der Politik am späten Sonntagabend kontrovers über aktuelle Themen diskutierten. Moderatoren waren bis 1997 Heinz Klaus Mertes und der SPD-Politiker Peter Glotz, die in der Sendung ihre gegensätzlichen Ansichten vertraten. Dann wurde die Reihe für fünf Jahre eingemottet und kurz vor der Bundestagswahl 2002 mit sechs neuen Ausgaben am gleichen Sendeplatz wiederbelebt. Moderatoren waren jetzt Peter Kloeppel und Sandra Maischberger.

IM KRUG ZUM GRÜNEN KRANZE ARD
1969–1989. Volksmusikshow mit Ruth Mönch und Willy Seiler.
Wenn in Schneizlreuth die »Musi« spielte, dann erfuhr man es hier zuerst. Zwei Jahrzehnte lang wünschte das Ehepaar Mönch und Seiler »Ihnen und Ihnen und Ihnen ein frohes Stelldichein«, damit das Versmaß auf die vorherige Zeile des Titellieds passte, und begrüßte Gäste aus ganz Deutschland, aber immer schön nach Regionen sortiert. Jede Sendung stand unter einem geografischen Oberthema. Ab und an waren Stargäste dabei, doch in der Regel war die Show eine Chance für lokale Kapellen und Gesangvereine, sich überregional im Fernsehen zu präsentieren und für ihre Gegend typische Lieder zum Besten zu geben. »Im Krug zum grünen Kranze« ist ein deutsches Volkslied, das Wilhelm Müller 1821 zu einer Melodie aus dem 18. Jh. dichtete.
Die Show lief über viele Jahre halbstündig im regionalen Vorabendprogramm, zeitweise einstündig am Samstagnachmittag. Kurz vor Schluss schaffte sie sogar noch den Sprung in die Primetime und lief dann etwa viermal jährlich 90 Minuten lang donnerstags um 21.03 Uhr.

IM LAND DER FANTASTISCHEN DRACHEN RTL

1991–1992. 27-tlg. US-Zeichentrickserie (»Dungeons And Dragons«; 1983–1984).

Eine verunglückte Vergnügungsfahrt in einem Freizeitpark katapultiert die Jugendlichen Hank, Presto, Eric, Diana und Sheila sowie Sheilas jüngeren Bruder Bobby direkt in die fantastische Welt der Drachen. Dort werden sie zu Ranger, Magier, Kavalier, Seiltänzerin, Diebin und Barbar und müssen das Böse bekämpfen, während sie den Weg nach Hause suchen. Mehrere Episoden sind unter dem Originaltitel »Dungeons And Dragons« auf DVD erhältlich.

IM LAND DER SAURIER RTL

1990–1991. 43-tlg. US-Abenteuerserie von Sid und Marty Krofft (»Land Of The Lost«; 1974–1976).

Der Wildhüter Rick Marshall (Spencer Milligan) gerät während einer Flussfahrt mit seinen Kindern Will (Wesley Eure) und Holly (Kathy Coleman) in einen Zeitstrudel und landet in einer prähistorischen Zeit. Dort treffen die drei auf feindlich gesinnte Dinosaurier, die affenartigen Pakunis und die echsenartigen Sleestacks (Jon Locke, John Lambert, Bill Laimbeer, Dave Greenwood u. a.). Zumindest mit dem jungen Pakuni Cha-ka (Phillip Paley) freunden sich die Marshalls an. Dessen ältere Geschwister Sa (Sharon Baird) und Ta (Joe Giamalva; ab der zweiten Staffel: Scutter McKay) sind jedoch schon deutlich weniger vertrauenswürdig. Der freundliche Sleestack Erik (Walker Edmiston) weist die Gestrandeten in die örtlichen Gegebenheiten ein, mit denen sie sich so gut wie möglich abzufinden versuchen. In einer verborgenen Kammer erscheinen in unregelmäßigen Abständen goldene Pylonen, die den Zugang zu anderen Zeitdimensionen ermöglichen. Dadurch gelingt es Rick eines Tages, einen Weg in die Heimat zu finden, jedoch ohne die Kinder. Glücklicherweise war gerade ihr Onkel Jack (Ron Harper) auf der Suche nach den Vermissten und geriet dabei auch in den Zeitstrudel, weshalb er ab der dritten Staffel mit Will und Holly bei den Sauriern festsitzt.

Die Kostüme der Urzeitwesen wirken aus heutiger Sicht wie billiger Karneval, doch angesichts des Budgets der Serie, die für das Kinderprogramm produziert wurde, waren die Bemühungen bemerkenswert. Die 25-minütigen Folgen liefen morgens am Wochenende. 17 Jahre später entstand eine gleichnamige Neuauflage, die nur zwei Jahre nach dem Original ebenfalls bei RTL gezeigt wurde.

IM LAND DER SAURIER RTL

1993–1994. 13-tlg. US-Abenteuerserie (»New Land Of The Lost«; 1991–1992).

Neuauflage der gleichnamigen Serie. Diesmal gerät Familie Porter mit Vater Tom (Timothy Bottoms), Tochter Annie (Jennifer Drugan) und Sohn Kevin (Robert Gavin) in einen Zeitstrudel, durch den sie u. a. den Dino Tasha (Ed Gale) finden, den sie zu ihrem Haustier machen, das Dschungelmädchen Christa (Shannon Day) und die Affenjungen Shung (Tom Allard) und Stink (Bobby Porter) kennen lernen. Die 25-minütigen Folgen liefen wiederum morgens am Wochenende.

IM LAND DES ZAUBERERS VON OZ RTL 2

1996. 52-tlg. jap. Zeichentrickserie für Kinder nach dem Buch »Der Zauberer von Oz« von Lyman Frank Baum (»Oz no Mahoutsukai«; 1984–1985).

Ein Wirbelsturm weht die kleine Dorothy in das Märchenland Oz. Der örtliche Zauberer soll sie wieder nach Hause zaubern, entpuppt sich aber als Scharlatan. Dank der Hexe Glenda kommt Dorothy trotzdem nach Hause. Weil die Serie aber noch nicht zu Ende ist, kehrt sie noch ein paar Mal für neue Abenteuer zurück.

IM LETZTEN AUGENBLICK ARD

1961–1963. 13-tlg. US-Abenteuerserie (»Troubleshooters«; 1959–1960).

Wenn es Probleme gibt beim Bau von Staudämmen, Wolkenkratzern, Autobahnen oder Atomkraftwerken, ruft die Firma Stenrud ihren erfahrensten Mann, den raubeinigen Kodiak (Keenan Wynn), zu Hilfe. Seit kurzem arbeitet der einen Assistenten ein, der sein Nachfolger werden soll: Frank Dugan (Bob Mathias), jung, freundlich, wohlerzogen und naiv – das Gegenteil von Kodiak. Beide reisen mit ihren Kollegen Scotty (Bob Fortier), Skinner (Carey Loftin), Jim (Bob Harris) und Slats (Chet Allen) um die Welt, verhindern Katastrophen im letzten Augenblick und gewöhnen sich langsam aneinander.

Bob Mathias hatte 1948 im Alter von 17 Jahren den olympischen Zehnkampf gewonnen und schaffte den Erfolg vier Jahre später erneut. Die halbstündigen Folgen liefen im regionalen Vorabendprogramm.

IM NAMEN DES FORTSCHRITTS ARD

1974–1984. Dokumentarreihe über die Probleme der Entwicklungsländer.

Die Filme befassten sich z. B. mit der Industrialisierung Algeriens, dem Schulsystem in Togo, dem Bildungssystem in Tansania oder der Exportwirtschaft von Gabun. In loser Folge brachte es die Reihe auf 22 Sendungen.

IM NAMEN DES GESETZES RTL

Seit 1994. Dt. Krimiserie von Harald Vock.

Keine halben Sachen, und immer schön der Reihe nach: Hier werden Verbrechen begangen, aufgeklärt, verhandelt und schließlich geahndet. Die Kommissare Stefan Kehler (Wolfgang Bathke) und Mike Eschenbach (Matthias Bullach) ermitteln für die Berliner Polizei. In ihren Fällen geht es meistens um Gewaltverbrechen, hauptsächlich um Mord, aber gelegentlich auch um Raub, Entführung, Erpressung oder Betrug. Kehler hat langjährige Diensterfahrung und die nötige Besonnenheit, um auch in schwierigen Situationen klar denken zu können. Er ist Familienvater, aber eigentlich rund um die Uhr im Dienst und findet dadurch viel zu selten Zeit, seinen Garten umzugraben. Eschenbach ist Kampfsportler, impulsiv und emotional. Wenn ihr Job getan und der Täter gefasst ist, beginnt die Arbeit für die Staatsanwälte Dr. Gerhard Lotze (Henry van Lyck) und Charlotte Glaser (Britta Schmeling), die Anklage erheben. Glaser leitet das Ermittlungsverfahren, Oberstaatsanwalt Lotze führt die Aufsicht, greift aber ab und zu selbst ein. Lotze und Glaser haben ein gutes Verhältnis zu-, aber nicht miteinander, obwohl die beiden gern mal einen Rotwein trinken. Gelegentlich ergibt sich vor Gericht eine neue Faktenlage, die bisherigen Beweise entpuppen sich als zu dünn oder der mutmaßliche Täter als unschuldig, dann müssen Kehler und Eschenbach die Ermittlungen noch einmal aufnehmen.

Als Eschenbach im April 1996 stirbt, übernimmt Kommissar Peter Wolniak (Uwe Fellensiek) für ihn. Dessen Nachfolger wird im Herbst 1998 Ralf Bongartz (Max Gertsch), der zwei Jahre später wiederum durch Alex Bonhoff (Wolfgang Krewe) abgelöst wird. Bonhoff ist noch jung, voller Ehrgeiz und Energie und muss sich den Respekt seines älteren Partners Kehler erst noch erarbeiten. Es gelingt ihm, die beiden werden ein gutes Team und sogar Freunde. Anfang 2005 kommt es auch bei der Staatsanwaltschaft zu einem Personalwechsel. Oberstaatsanwalt Lotze übergibt das Amt an seinen Nachfolger Dr. Max Brunner (Michael Fitz), wenig später löst Lisa Sturm (Mariella Ahrens) Glaser ab.

In der Pilotfolge gehörte noch eine andere Staatsanwältin zum Team: Dr. Karin Kerstin (Magdalena Ritter); erst ab Folge 2 spielte Britta Schmeling mit.

Die Handlung dieser Serie umfasst die komplette Geschichte eines Kriminalfalls, beginnend mit der Tat, über die Aufklärung des Verbrechens bis hin zur Gerichtsverhandlung und dem Urteil. Auf Werbedeutsch heißt das: Die Serie beginnt »dort, wo andere Krimiserien enden«. Das ist natürlich nicht ganz wahr, denn dort, wo die meisten Krimiserien enden, also bei der Festnahme, ist hier auch schon eine halbe Episode vorbei. Und dann sind da ja noch die vielen Anwaltsserien, die bereits mit der Verhandlung beginnen. Dass aber die ganze Geschichte gezeigt wird, ist in der Tat ungewöhnlich. Vorbild war die US-Serie *Law & Order*.

Die Episodeninhalte basieren angeblich auf wahren Fällen. Der juristische Berater Detlef Wittenberg durchsucht dafür die Zeitungen nach Geschichten. Die einstündigen Folgen laufen dienstags um 21.15 Uhr. Die Serie war am gleichen Tag gestartet wie *Doppelter Einsatz* und lief lange Zeit mit dieser im Doppelpack. In der Kritik zum Sendestart beklagte die »Frankfurter Allgemeine Zeitung« eine hanebüchene Handlung, langweilige Gerichtsszenen, uncharismatische Charaktere und überhaupt mangelnde Qualität. Kein Wunder, dass *Im Namen des Gesetzes* eine der langlebigsten und erfolgreichsten Krimiserien des Privatfernsehens wurde. Bisher wurden mehr als 130 Folgen ausgestrahlt.

IM NETZ DER MORDKOMMISSION ZDF
2001. 6-tlg. Kriminalpolizei-Doku-Soap von Michael Heuer und Heiner Gatzemeier.

Vier Jahre lang hatte ein ZDF-Team die Mordkommission Peine begleitet und gefilmt, die Reihe zeigte die Arbeit der Ermittler anhand exemplarischer Fälle. Die halbstündigen Folgen liefen freitags um 21.15 Uhr.

IM QUIZQUARTETT DURCH UNSERE WELT DFF
1968–1969. Große Samstagabendshow zum Thema Reisen mit Wolfgang Roeder. Vier Kandidaten aus vier Ländern treten in drei Spiel- und Raterunden, die sich jeweils um ein Land drehen, gegeneinander an.

»Reisen Sie jetzt in Gesellschaft von Künstlern und Mitspielern aus Polen, Schweden, der Sowjetunion und der DDR«, hieß es in der Programmansage zur ersten Sendung. Das Quizquartett sollte Weltoffenheit demonstrieren und schwärmte von Reisezielen vor allem im sozialistischen Ausland. Erstaunlicherweise nahmen aber auch im selbstverständlich Kandidaten aus Ländern wie Italien, Frankreich oder den Vereinigten Arabischen Emiraten teil. Die beschworene Freiheit stand in einem starken Kontrast zur Realität in der DDR nach dem niedergeschlagenen »Prager Frühling« 1968.

Die Live-Sendung, die aus großen Hallen übertragen wurde, brachte es auf sechs Ausgaben.

IM REICH DER WILDEN TIERE ZDF
1973–1988. Halbstündige US-Tier-Doku-Reihe von und mit Marlin Perkins (»Mutual of Omaha's Wild Kingdom«; 1963–1988).

Perkins war das amerikanische Gegenstück zu Bernhard Grzimek. Im Hauptberuf war er Zoodirektor in St. Louis, nebenbei wurde er zum Aushängeschild einer langlebigen Tierfilmreihe. Perkins moderierte im Studio die Filme an, in denen er ebenfalls zu sehen war. Mit seinem Partner Jim Fowler und später mit Stan Brock bereiste er die Kontinente, filmte überwiegend in Afrika und Südamerika und zeigte die Lebensweise wilder Tiere in ihrer natürlichen Umgebung, den Umgang verschiedener Arten miteinander und notfalls auch den eigenen Umgang mit den Tieren: Als eine große Boa constrictor sich mehrfach um Perkins schlang, rangen die beiden zuerst eine Weile miteinander, bevor es Fowler gelang, ihr einen Sack über den Kopf zu stülpen, woraufhin die Schlange dachte, es sei Nacht, und umgehend einschlief.

Später gab es Berichte, dass nicht alle Filme auf natürlichem Weg in der vertrauten Umgebung der Tiere entstanden und Begegnungen feindlicher Arten mit zuvor eingefangenen Tieren in einem abgesperrten Gebiet inszeniert worden seien.

Auch im deutschen Fernsehen wurde die Reihe ein populärer Dauerbrenner und der engagiert, enthusiastisch und freundlich auftretende Marlin Perkins ein Sympathieträger. Friedrich Schoenfelder war in 140 Folgen seine deutsche Synchronstimme. 1985 trat Perkins im Alter von 80 Jahren aus gesundheitlichen Gründen ab, im Folgejahr starb er. Jim Fowler übernahm die Moderation, Peter Eros wurde sein Assistent.

Sendeplatz der Reihe war zunächst der frühe Sonntagmittag, in den 80er-Jahren erst samstags, dann meistens montags nachmittags. Perkins' frühere Sendereihe »Zoo Parade«, die 1949 bis 1957 im US-Fernsehen lief, war das Vorbild für Bernhard Grzimeks Reihe *Ein Platz für Tiere*.

IM SCHATTEN DER BERGE   ZDF
1998. 11-tlg. schweiz. Familienserie von Martin Suter, Regie: Wolfgang Panzer (»Die Direktorin«; 1994–1995).
Alice Winter (Sabina Schneebeli) wird die neue Verkehrsdirektorin des Schweizer Bergdorfs Madruns. Sie soll den Tourismus ankurbeln und muss sich gegenüber Bürgermeister Ernst Hug (Walo Lüönd) behaupten, der lieber seinen Sohn Bruno (Andrea Zogg) auf den Posten gesetzt hätte.
Die Serie lief erst vormittags, dann tief in der Nacht. Ebenfalls im Dunkeln blieb, warum das ZDF den Originaltitel »übersetzte«.

IM SCHATTEN DER EULE   ARD
1982. 13-tlg. brit. Jugendserie nach dem Roman von Denys J. Watkins-Pitchford (»Brendon Chase«; 1980).
Eigentlich sollen die Hensman-Brüder Robin (Craig McFarlane), John (Howard Taylor) und Harold (Paul Erangey) die Sommerferien im Haus ihrer Tante Ellen (Rosalie Crutchley) verbringen. Die nervt sie jedoch so sehr, dass sie ausreißen und im Wald in einer hohlen Eiche wohnen, wo eine Eule haust, die sie Oskar nennen.
Die halbstündigen Folgen liefen am Sonntagnachmittag.

IM SCHATTEN DER GIPFEL   ARD
1992. 12-tlg. dt.-österr. Familienserie von Franz Xaver Sengmüller, Regie: Erwin Keusch.
In dem Bergdorf Mühlbach betreiben Vinzenz Kerschbaumer (Karl Merkatz) und seine Frau Maria (Johanna Baumann) den Gasthof »Hirschbergalm«. Tochter Annelies (Gundi Ellert) ist mit dem Münchner Horst Brandner (Erwin Ebenbauer) verheiratet, der die Alm vergrößern und durch den Wald nebenan eine Schneise für eine Skipiste schlagen will. Vinzenz wehrt sich mit aller Macht gegen die Zerstörung der Natur, es kommt zum Dauerkonflikt zwischen Umwelt und Tourismus, Tradition und Fortschritt. Der sorgt auch für Zwietracht bei den Brandners, wenn es um die Zukunft der Kinder Anderl (Tobias Anner) und Sonja (Karin Thaler) geht. Sonja fährt erfolgreich Skirennen und ist erst in den Playboy Gerhard Windegger (Michael Roll), dann in Jan Zebisch (Martin May) verliebt.
Die einstündigen Folgen liefen im regionalen Vorabendprogramm.

IM SCHATTEN DES SIEGES   ARD
1983. 10-tlg. austral. Reporterserie von Peter Yeldham (»Sporting Chance«; 1980).
Der zynische Journalist Robbo Robinson (Ray Barrett) recherchiert auf etwas ungehobelte Art in der rauen Welt des Sports, an seiner Seite ist, nicht immer ganz glücklich, Liddy Clark (Jo Tevinska). In jeder Folge geht es um eine andere Sportart, und das Thema ist fast immer kontrovers.
Die einstündigen Folgen liefen im regionalen Vorabendprogramm.

IM STADION   DFF 2
1973–1977. Wöchentliches Sportmagazin mit Berichten aus dem befreundeten Ausland, Moderator war Wolfram Böhme. Die dreiviertelstündige Sendung lief montags um 20.00 Uhr und brachte es auf rund 250 Folgen.

IM TAL DER SONNE   ZDF
1996–1997. 6-tlg. austral.-dt. Abenteuerserie von Noel Robinson (»Sun On The Stubble«; 1996).
Die deutsche Einwandererfamilie Gunther lebt um 1930 auf einer Farm in Australien. Die Familienmitglieder sind Marcus (Christian Kohlund), seine Frau Ellie (Susan Lyons) und die Kinder Bruno (Jamie Croft), Emma (Caroline Winnell), Anna (Mignon Kent) und Lottie (Sophie Heathcote). Als einziger Sohn soll natürlich Bruno später die Farm übernehmen.
ZDF-Weihnachtsserie 1996. Bei der Erstausstrahlung lief sie in sechs Folgen zu je 45 Minuten, sie wurde später auch in vier längeren bzw. zwölf kürzeren Folgen wiederholt.

IM VISIER DER ZIELFAHNDER   SAT.1
2002. 12-tlg. dt. Krimiserie von Wolfgang Limmer.
Franka Bischoff (Ina Weisse) leitet eine Spezialeinheit des Bundeskriminalamts, zu der außer ihr noch Silvio Kreutzer (Giulio Ricciarelli) und Lukas Hansen (Jophi Ries) gehören. Sie sind Zielfahnder und spüren Verbrecher auf, deren Identität bereits bekannt ist, die aber noch nicht gefasst werden konnten. Dabei sind sie selten einer Meinung. Oberstaatsanwalt Matthias Passauer (Peter Sattmann) und Staatssekretärin Katharina Krüger-Warschowski (Jenny Gröllmann) sind die Vorgesetzten der Einheit, wobei Krüger-Warschowski ihr etwas besser gesonnen ist als Passauer, der sich nur schwer mit der Idee einer Frau in einer verantwortlichen Position anfreunden will.
Die Serie wurde bereits 1998/1999 im Auftrag von Pro Sieben produziert, dort aber nie ausgestrahlt. Der Schwestersender Sat.1 versendete die einstündigen Folgen drei Jahre später im Sommerloch mittwochs um 21.15 Uhr, teils mit Doppelfolgen.

IM WILDEN WESTEN   ARD, TELE 5
1973–1985 (ARD); 1992 (Tele 5). 89-tlg. Western-Episodenreihe von Ruth Woodman (»Death Valley Days«; 1952–1974).
Abgeschlossene, angeblich wahre Geschichten aus dem Wilden Westen. Nicht zufällig spielten sie alle im Death Valley und wurden dort gedreht, wo Borax abgebaut wird, aus dem das Waschmittel des amerikanischen Sponsors der Serie hergestellt wird.

In jeder Folge spielten andere Darsteller; nur die Präsentatoren, die in die Geschichten einführten, blieben über Jahre gleich; darunter war auch Ronald Reagan.
74 halbstündige Folgen liefen im regionalen Vorabendprogramm, Tele 5 zeigte noch 15 mehr. Insgesamt wurden 558 Folgen hergestellt.

IM WIRBEL DER STARS UND SYNKOPEN ARD
→ Hollywood-Melodie

IM ZEICHEN DER STERNE ARD
2002. 3-tlg. Fernsehfilmreihe. Unter diesem Oberbegriff liefen drei abgeschlossene Filme mit unterschiedlichen Hauptfiguren, die sich am Ende immer gegenseitig heirateten.

IM ZEICHEN DES MERKUR DFF 1
1979. 5-tlg. tschechoslowak. Krimiserie von Ivan Gariš, Regie: František Filip (»Ve znamení Merkura«; 1978). Der Zollbeamte Karlik Hradilák (Jaromír Hanzlik) ermittelt gegen Schmuggler und andere Verbrecher. Jede Folge dauerte 75 Minuten.

IMBISS MIT BISS PRO SIEBEN
1990–1991. 73-tlg. US-Sitcom von Robert Getchell (»Alice«; 1976–1985).
Die Witwe Alice Hyatt (Linda Lavin) arbeitet als Bedienung in »Mel's Diner«, den Mel Sharples (Mel Tayback) führt. Eigentlich möchte sie Sängerin werden. Sie hat einen zwölfjährigen Sohn namens Tommy (Philip McKeon). Im Diner bedienen außerdem Vera (Beth Howland) und Flo (Polly Holliday). Zu den Stammgästen gehört Henry Beesmyer (Marvin Kaplan).
Die Serie basiert auf dem US-Film »Alice lebt hier nicht mehr« aus dem Jahr 1974. Die 25-Minuten-Folgen liefen dienstags am Vorabend. Im Original gab es davon 202.

IMMENHOF ZDF
1994–1995. 19-tlg. dt. Heimatserie von Brigitte Blobel.
Stefan (Erich Hallhuber) und Hanna Christiansen (Claudia Rieschel) lassen sich auf dem Gestüt Immenhof in Schleswig-Holstein nieder, das zuvor Gräfin Bantz (Anneliese Uhlig) gehört hat, die weiterhin dort lebt. Peter »PS« Stahl (Heinz Weiss) ist ein alter Freund, der in der Nähe wohnt.
Das ZDF bediente sich bei dem Namen eines Reiterhofs, der in fünf deutschen Heimatfilmen aus den 50er- und 70er-Jahren die Hauptrolle spielte (»Die Mädels vom Immenhof« etc.). Außer dem gleichnamigen Reiterhof hatte die Serie mit den Filmen nichts zu tun, war aber ähnlich kitschig und nur mit ein paar neuzeitlichen Gesellschaftsthemen wie Tierquälerei und Umweltschutz aufgemotzt. Umwelt gab es ja in den 50er-Jahren noch gar nicht.
Nach einem Pilotfilm an Neujahr liefen die 50-minütigen Folgen donnerstags, in der zweiten Staffel dienstags um 19.25 Uhr.

IMMER ÄRGER MIT DAVE RTL 2
1995–1997. 74-tlg. US-Sitcom von Fred Barron (»Dave's World«; 1993–1997).
Der Zeitungskolumnist Dave Barry (Harry Anderson) hat Probleme mit der Erziehung seiner Söhne Tommy (Zane Carney) und Willie (Andrew Ducote), weil er am liebsten selbst noch ein Kind wäre. Seine Frau Beth (DeLane Matthews) übernimmt deshalb den Hauptteil der Erziehung. Daves liebstes Hobby ist seine Gitarre. Seine besten Freunde sind Nachbar Sheldon Baylor (Meshach Taylor), der eine kleine Tochter namens Carly (Shannon Sharp; ab der zweiten Staffel: Angell Conwell) hat, und sein Kollege Kenny Beckett (Shadoe Stevens), ein egozentrischer Frauenheld. Mia (J. C. Wendel) ist Kennys Sekretärin und Eric (Patrick Warburton) deren Freund.
Die Serie basierte auf den Kolumnen des Zeitungsjournalisten Dave Barry, der dafür mit dem Pulitzer-Preis ausgezeichnet wurde. RTL 2 zeigte sie sonntags nachts, später auch im Vormittagsprogramm.

IMMER ÄRGER MIT DER WIRTIN ARD
1964. 7-tlg. dt. Comedyserie.
Studienrat Dr. Herbert Specht (Gunnar Möller) hat sich prellen lassen und kann sich den Traum vom eigenen Haus nicht mehr erfüllen. Doch selbst das Wohnen zur Untermiete ist nicht so einfach: Dauernd gibt es Ärger mit der Zimmerwirtin und der Hausordnung, und so wohnt er in jeder Folge woanders. Seine Sekretärin Renate Freilich (Sabine Eggerth) hilft bei der Zimmersuche.
Die 25-Minuten-Folgen liefen in allen regionalen Vorabendprogrammen. Die Serie wurde als *Ohne Ärger geht es nicht* fortgesetzt.

IMMER ÄRGER MIT NEWTON SUPER RTL
1999–2000. 39-tlg. kanad.-dt. Zeichentrickserie (»Ned's Newt«; 1997–1998) über Ned und seinen Wundermolch Dr. Newton. Mehrere Folgen sind auf DVD erhältlich.

IMMER ÄRGER MIT POP ZDF
1982–1983. »Spaß für Spaßvögel«. 25-minütige Show für Kinder mit dem Komponisten Prof. Dr. h.c. Paul Popwitz (Werner Böhm), kurz »Pop«, der kurze Zeichentrickfilme zeigte, u. a. mit Popeye, kurz »Pop«, Little Lulu, einer kleinen Zwiebel, einem ehrgeizigen Löwen, einem kleinen Lokführer, einem hochmütigen Geizhals, einem Katzenbrautpaar und einer grünen Hand.
Die Show lief donnerstags um 16.35 Uhr. Der Untertitel »Spaß für Spaßvögel« wurde sowohl von der Nachfolgereihe *Mickys Trickparade* wie auch von den »Popeye«-Cartoons benutzt.

IMMER ÄRGER MIT TOM ARD
1985. 12-tlg. brit. Comedyserie von John C. Mortimer und Brian Cooke, Regie: Michael Mills (»Tom, Dick And Harriet«; 1982–1983).
Nach dem Tod seiner Frau quittiert Witwer Tom (Lionel Jeffries) sein ruhiges Leben auf dem Land,

»Seine große Stunde kam – *Immer wenn er Pillen nahm*«: Super-Tankwart Stanley Beamish (Stephen Strimpell, Mitte) mit Mr. Trent (Paul Smith, links) und Mr. Reed (John McGiver).

quartiert sich kurzerhand bei seinem Sohn Richard (Ian Ogilvy) in London ein – und bleibt. Während er das neue Stadtleben kennen und genießen lernt, sind Richard und vor allem dessen Frau Harriet (Brigit Forsyth) von Toms Anwesenheit extrem genervt und versuchen ihn loszuwerden.
Die halbstündigen Folgen liefen im regionalen Vorabendprogramm.

IMMER DIESER MICHEL ARD
→ Michel aus Lönneberga

IMMER DIESES FERNSEHEN ... ZDF
1983. »Familie Bergers Erfahrungen aus zweiter Hand«. 6-tlg. dt. Bildungsserie von Silke Schwinger und Werner Hadorn.
Wären alle Fernsehsendungen wie diese, hätte es diese nie geben können. Vater Berger (Wolfgang Weiser) redet mit Mutter (Waltraut Haas), Sohn (Rainer Weiss), Töchtern (Patricia Fitzgerald und Angelika Reißner) und Opa (Emil Stöhr) darüber, was sie im Fernsehen gesehen haben, wie man damit umgeht und was es bedeutet.
Die halbstündigen Folgen liefen am frühen Sonntagnachmittag.

IMMER IM EINSATZ – DIE NOTÄRZTIN PRO SIEBEN, KABEL 1
1994 (Pro Sieben); 1996 (Kabel 1). 15-tlg. dt. Arztserie. Die Notärztin Dr. Christina Berthold (Marita Marschall) kämpft – oft erfolgreich – um Menschenleben und – meist vergeblich – um ein Privatleben mit ihrem Freund Ralf (Oliver Stritzel).
Die Episoden waren eine Stunde lang und liefen sonntags am Vorabend. Die Serie erlebte nur eine Staffel. Kabel 1 zeigte sie mit drei übrig gebliebenen Folgen unter dem Titel *Die Notärztin*.

IMMER KATHI ARD
1979. 6-tlg. brit. Jugendserie nach den Büchern von Susan Coolidge (»Katy«; 1962)
Die Jugendliche Kathi Carr (Clare Walker) ist zerstreut, verträumt und unordentlich, findet Jungs doof, Mädchen eigentlich auch, ihre Lehrer sowieso, und ist es selbst. Eines Tages setzt sie sich trotz Verbots auf eine kaputte Schaukel, stürzt schlimm und kann für eine lange Zeit nicht mehr gehen. Nach weiteren Schicksalsschlägen kommt Kathi ins Internat, wo sie lernt, sich durchzusetzen.
Die 25 Minuten langen Folgen liefen nachmittags.

IMMER WENN ER PILLEN NAHM ZDF, RTL
1970 (ZDF); 1992 (RTL). 17-tlg. US-Comedyserie von Budd Grossmann und Jack Arnold (»Mr. Terrific«; 1967).
Parodie auf diverse Superhelden-Geschichten. Stanley Beamish (Stephen Strimpell) ist klein, schwächlich und nicht gerade der Hellste. Er arbeitet mit seinem Kollegen Hal Walters (Dick Gautier) in einer Tankstelle. Gelegentlich ist Beamish jedoch in geheimer Mission für die Regierung unterwegs. Die Einnahme einer von Wissenschaftlern entwickelten Pille macht ihn zum kraftstrotzenden Superhelden »Mr. Fabelhaft«, der fliegen kann. Außer den Regierungsbeamten Barton J. Reed (John McGiver) und Harley Trent (Paul Smith), in deren Auftrag Beamish handelt, weiß niemand von diesem Geheimnis. Das Problem bei Beamishs Missionen: Nach etwas mehr als einer Stunde lässt die Wirkung der Pille unwiderruflich nach.
In den USA war nach nur einer Staffel Schluss; in Deutschland eroberte die Serie die Herzen einer treuen Fangemeinde. Während des Zeichentrickvorspanns erklärte eine Off-Stimme in gequälten Reimen die Ausgangssituation. Im Wortlaut: »Ein Chemiker,

um die Natur zu verbiegen, / wollte schlichtweg den Schnupfen besiegen. / Er quirlte, rührte und mixte / und fand eine Pille, doch eine verflixte. / Denn ein Schäfchen, das sie zufällig schluckte, / sich kurz darauf als Löwe entpuppte. / Der Schwerkraft es ein Schnippchen schlug / und startete zum Höhenflug. / Kein Stahlgerüst hielt seiner Schlagkraft stand. / Das war der Tag, da man die Superpille fand. / Doch Menschen schienen nicht empfänglich, / die Pille machte sie eher kränklich. / Mit vielen Computern, mächtig und klug, / suchte man einen, der sie vertrug. / Man brauchte tagelang, bis man ihn endlich fand: / Tankwart Stanley Beamish war der Einzige im Land. / Stanley, ein zarter und schwacher Gnom, / die Pille machte ihn zum Phantom. / Er konnte wie ein Adler fliegen / und jeden Bösewicht besiegen. / Denn seine große Stunde kam – / immer wenn er Pillen nahm.« In der ersten Folge hatte der letzte Satz noch gelautet: »Kurzum: Stanley Beamish, sonst schlapp und lahm, / wurde Mr. Fabelhaft – immer wenn er Pillen nahm.«

Das ZDF zeigte 13 halbstündige Folgen dienstags am Vorabend, RTL fand gut 20 Jahre später vier weitere und sendete sie in deutscher Erstausstrahlung.

IMMER WENN SIE KRIMIS SCHRIEB   ARD
1988. US-Krimiserie (»Murder, She Wrote«; 1984–1996) über die Krimiautorin Jessica Fletcher (Angela Lansbury), die immer wieder selbst Kriminalfälle aufklärt.

23 einstündige Folgen liefen im regionalen Vorabendprogramm. Unter dem Titel *Mord ist ihr Hobby* (siehe dort) liefen später alle 263 Folgen der Serie bei RTL.

IMMER WIEDER FITZ   SAT.1
1998–2005. US-Krimiserie (»Cracker«; 1997–1999). Neuauflage der britischen Erfolgsserie *Für alle Fälle Fitz*. Der spielsüchtige Alkoholiker Gerry Fitzgerald (Robert Pastorelli) trägt für die Kripo als Psychologe zur Aufklärung von Kriminalfällen bei. Dort arbeitet er mit den Polizisten Hannah Tyler (Angela Featherstone), Danny Watlington (Robert Wisdom) und Lieutenant Fry (R. Lee Ermey) zusammen. Das Verhältnis zu Fitz' Frau Judith (Carolyn McCormick) und Sohn Michael (Josh Hartnett) ist ziemlich kaputt.

Fünf einstündige Folgen liefen freitags um 21.15 Uhr, diese noch einmal und weitere erst Jahre danach am späten Abend und nachts. Komplett war die Serie mit allen 15 Folgen zwischenzeitlich im Pay-TV zu sehen. Die Handlung war vom britischen Original übernommen worden, Erfolg und Niveau waren es nicht.

IMMER WIEDER SAMSTAGS   ARD
2002. 90-minütige Unterhaltungsshow mit Max Schautzer, der alljährlich im Sommer die gleiche Show unter dem Namen *Immer wieder sonntags* am Sonntagvormittag präsentierte. Die Winterausgabe lief im Advent dreimal am Samstagnachmittag.

IMMER WIEDER SONNTAG   ZDF
1993–1996. 31-tlg. dt. Familienserie.

Franz Sonntag (Gerhard Olschewski) ist Busfahrer in Berlin und lebt mit seiner Frau Hilde (Grit Boettcher), den erwachsenen Kindern Karin (Susanna Wellenbrink) und Knut (Mark Bellinghaus) sowie Oma Mathilde Kretschmar (Eva Maria Bauer) in einem Haus. Elmar Schindler (Heinz Rennhack) ist ihr Untermieter. Franz' Bruder Waldi (Wolfgang Winkler), ein alter DDR-Kriminaler, spekuliert permanent darauf, auch mit im Haus unterzukommen, doch Franz will das ganz und gar nicht. Hilde hat wechselnde Jobs und Hobbys, mal schmeißt sie eine Schneiderei, mal eine Boutique zusammen mit Vera (Anita Kupsch), der Frau von Hildes Bruder Oskar (Andreas Mannkopff), und schließlich macht sie in der Partnervermittlung von Schindlers Freundin Monika (Simone Rethel) mit. Knut ist Automechaniker, der ständig zwischen den Frauen Nora (Svenja Pages) und Bea (Britta Schmeling) steht. Er verunglückt im November 1993 und stirbt. Kurz danach ziehen die Sonntags in ein neues Haus, Schindler zieht mit. Der Student Andy (Till Demtröder) wird von Franz als Busfahrer angelernt. Karin hat wechselnde Freunde, einer davon ist der Student Hans-Hermann (Patrick Bach), der Schindlers Zimmer übernimmt, als der im Mai 1996 doch auszieht. Dummerweise ist Hans-Hermann bereits mit Felicitas (Floriane Daniel) verlobt.

Herkömmliche Familienserie nach bewährtem Muster: Alltagsgeschichten mit ein paar unrealistischen Handlungsspitzen und etwas Humor zur Abwendung zu großer Langeweile. Und dem hauptberuflichen Nebendarsteller Gerhard Olschewski in einer seltenen Hauptrolle. Die 50-Minuten-Folgen liefen im Vorabendprogramm.

IMMER WIEDER SONNTAGS   ARD
Seit 1998. Das ARD-Gegenstück zum *ZDF-Fernsehgarten*, live aus dem Europa-Park in Rust.

Max Schautzer moderierte anfänglich die Openair-Show mit Musik, Talk, Service, Comedy, Astro-Ecke, Spielen und Gekochtem. Gast der ersten Sendung war u. a. wie gewohnt Roberto Blanco. Die Show wirkte wie die leblose Plastikvariante des ZDF-Originals, was nicht nur an Schautzer lag: Alle Acts durften höchstens drei Minuten lang sein; wer ein längeres Lied mitbrachte, musste es auf eigene Kosten kürzen lassen. Am Anfang jeder Saison wurden alle Positionen für alle Rubriken einmalig festgelegt und geprobt und blieben dann für alle kommenden Sendungen unverändert. Die 90-minütige Show lief immer im Sommer am Sonntagvormittag, meist ca. zehn Wochen hintereinander. Nur 1999 setzte sie aus. 2002 lief zusätzlich eine Winterausgabe, *Immer wieder samstags*. 2004 wurde Sebastian Deyle neuer Moderator, unter dem die Quoten bröckelten, 2005 der Volksmusikant Stefan Mross.

IMMORTAL – DER UNSTERBLICHE   RTL 2
2002–2005. 22-tlg. kanad. Fantasyserie (»The Immortal«; 2000–2001).

Der unsterbliche Schwertkämpfer Raphael »Rafe« Cain (Lorenzo Lamas), sein Assistent Goodwin (Steve Braun) und die sterbliche Parapsychologin Dr. Sara Beckman (April Telek) kämpfen gemeinsam gegen böse Dämonen. Sein Schwert schmiedete Rafe sich selbst, den Umgang damit lehrte ihn sein Mentor Yashiro (Robert Ito), der ihm auch die Unsterblichkeit schenkte. Hauptfeinde des Trios sind die Dämonen Mallos (Dominic Keating) und Vashista (Kira Clavell), die vor Jahrhunderten Rafes Familie zerstörten. Der Dämon Dorian (Scott Heindl) verfolgt für die beiden das Dreierteam auf der Erde.

Die 55-minütigen Folgen liefen ein paar Wochen lang donnerstags um 21.10 Uhr, einige weitere Folgen wurden erst drei Jahre später samstags nachmittags und der Rest nachts gezeigt.

IMPERIUM ZDF

2004. 45-minütiges Geschichtsmagazin mit Maximilian Schell, das den Aufstieg und Fall großer Reiche zeigte. Vier Folgen liefen sonntags um 19.30 Uhr.

IMPULSE ZDF

1968–1982. Bildungsmagazin zu Themen rund um die Schule.

Es ging um Unterrichtsmethoden, Versetzungsschwierigkeiten und Fortbildung für Lehrer. Zu den Moderatoren gehörten Klaus Meynersen und Wilfried Hoffer. Das halbstündige Magazin lief am Sonntagabend gegen 22.00 Uhr, zeitweise im Wechsel mit *aspekte*.

IN ARD

1969–1972. Monatliches Magazin »von jungen Leuten für junge Leute« mit einer Mischung aus sozialkritischen, politischen und unterhaltenden Elementen. So wurde in Folge 1 über einen Streik an der Seefahrtshochschule berichtet, über Rauschgiftkonsum und über den Modemacher Paco Rabanne. Außerdem gab es ein Interview mit Udo Jürgens, der über Geld, Politik, Rauschgift und Idole sprach.

Die Reihe lief auf wechselnden Sendeplätzen, meist am Nachmittag, trug Monat und Jahreszahl im Titel (*In – 10/69*) und brachte es auf 24 Folgen.

IN 80 TAGEN UM DIE WELT ZDF

1989. 3-tlg. US-ital.-dt. Abenteuerfilm nach dem Roman von Jules Verne, Regie: Buzz Kulik (»Around The World In 80 Days«; 1989).

Um eine Wette zu gewinnen, macht sich der britische Aristokrat Phileas Fogg (Pierce Brosnan) auf, in 80 Tagen die Welt zu umrunden. Dabei wird er von seinem Diener Jean Passepartout (Eric Idle) begleitet und von Detective Wilbur Fix (Peter Ustinov) gejagt, der ihn verdächtigt, eine Bank überfallen zu haben.

IN 80 TAGEN UM DIE WELT WDR

1991. 7-tlg. brit. Abenteuer-Doku (»Around The World In 80 Days«; 1989).

Der Schauspieler und Komiker Michael Palin (bekannt als Mitglied von Monty Python) tritt in die Fußstapfen des Abenteurers Phileas Fogg aus dem Roman von Jules Verne. Beginnend in London, reist auch er einmal um die Welt, ohne Flugzeuge zu benutzen. Wegen der literarischen Vorlage ist seine Reisezeit auf 80 Tage begrenzt. In der ersten Folge stellt Palin fest: »Phileas Fogg zog los, erhobenen Hauptes, mit klarem Kopf, nie in Hast, immer ruhig. Nun war er aber frei erfunden. Ich muss es wirklich machen.« Die Reihe zeigt unterhaltsam und humorvoll seine Erlebnisse und Schwierigkeiten während des Experiments.

Palins Monty-Python-Kollegen Terry Gilliam und Terry Jones waren in einigen Szenen der Serie ebenfalls zugegen. Ein weiterer, Eric Idle, hatte im gleichen Jahr unter dem gleichen Titel in einer Verfilmung des Originalstoffs von Jules Verne mitgewirkt.

Für Palin sollte die Reise eigentlich ein einmaliges Abenteuer werden, doch fand er so großen Gefallen daran, dass er mit *Von Pol zu Pol* und *Rund um den Pazifik* zwei noch wesentlich aufwendigere Reisedokumentationen drehte.

IN ALLER FREUNDSCHAFT ARD

Seit 1998. Dt. Ärzte-Soap.

Freundschaften, Affären, Intrigen und Schicksalsschläge bestimmen das Leben des Personals in der Leipziger Sachsenklinik. Die Ärzte Roland Heilmann (Thomas Rühmann), Achim Kreutzer (Joachim Kretzer; ab 1999: Holger Daemgen; ab 2002: Johannes Steck) und Maia Dietz (Ina Rudolph) waren bereits Studienkollegen, sind aber auch auf einer anderen Ebene verbunden: Roland ist mit Pia (Hendrikje Fitz) verheiratet und hat zwei Kinder namens Alina (Alissa Jung) und Jakob (Karsten Kühn). Pias Vater ist Friedrich Steinbach (Fred Delmare). Dessen Ehefrau Charlotte Gauss (Ursula Karusseit) war früher die Haushälterin von Achims Vater und ist für Achim deshalb wie eine Mutter. Bei ihr und Friedrich wohnt Achim. Charlotte betreibt die Kantine in der Sachsenklinik. Der Pianist Nicolas Claasen (Martin Halm) ist Maias Freund. Ende 1999 verliert die schwangere Maia nach einem Unfall ihr Baby und nimmt sich das Leben. Alina bringt etwas später Rolands Enkel Jonas zur Welt. Vater des Kindes ist der Pfleger Vladi (Stephen Dürr). Als Alina ihn verlässt und wegzieht, erhält er das Sorgerecht und wohnt nun mit Jonas bei den Heilmanns. Nebenbei studiert er Medizin. Die Anästhesistin Kathrin Globisch (Andrea Kathrin Loewig) wird die neue beste Freundin für Roland und Achim. Ihr Sohn Lukas (Nick Uhlmann; Jan Draeger) durchläuft gerade die Pubertät.

Das weitere Klinikpersonal besteht aus dem geschäftsführenden Direktor Prof. Dr. Gernot Simoni (Dieter Bellmann), ein fürsorglicher Chef, Oberschwester Ingrid (Jutta Kammann) – Simoni und sie sind zeitweise ein Paar –, der lebenslustigen Schwester Yvonne (Maren Gilzer), der intriganten Verwaltungschefin Sarah Marquardt (Alexa Maria Surholt) und Chefsekretärin Barbara Grigoleit (Uta

Schorn). Anfang 2002 wird Roland zum Chefarzt befördert. Es kommen noch der junge Arzt Dr. Philip Brentano (Thomas Koch), die Radiologin Dr. Elena Eichhorn (Cheryl Shepard), Schwester Arzu (Arzu Bazman) und der Hausmeister Ottmar Wolf (Tom Pauls) dazu.

Während die Ärzte im Job Leben retten, bemühen sie sich zu Hause, die privaten Probleme in den Griff zu bekommen: Die Ehefrau fühlt sich vernachlässigt, weil der Mann zu viel arbeitet (Heilmanns), der Teenagersohn experimentiert mit Drogen (Globischs), und die Frauen fahren einfach nicht mehr so auf ihn ab wie früher (Kreutzer). Die Liebe ist natürlich sowieso wie immer eines der Hauptprobleme aller Beteiligten.

Die Serie startete montags um 21.45 Uhr recht verhalten. Nichts deutete darauf hin, dass dies eine neue Endlosserie werden könnte. *In aller Freundschaft* war die erste regelmäßige Rolle für die Ex-*Glücksrad*-Buchstabenfee Maren Gilzer. Wie gesagt: Nichts deutete auf einen Erfolg hin. Doch die Einschaltquoten entwickelten sich kontinuierlich positiv. Noch weiter ging es nach oben, als die ARD die Serie im Januar 2002 auf dienstags um 21.05 Uhr verlegte und so einen Block mit zwei Familienserien hintereinander bildete. Um 20.15 Uhr liefen Hits wie *Julia – eine ungewöhnliche Frau, Adelheid und ihre Mörder* und *Um Himmels Willen*.

In aller Freundschaft läuft nicht staffelweise, sondern dauernd und setzt allenfalls mal im Sommer für ein paar Wochen aus. Gedreht werden Kosten sparend immer drei Folgen gleichzeitig, mit jeweils einer Woche Außenaufnahmen und zwei Wochen Studiodreh. Als im Januar 2005 die 250. Folge erreicht wurde, hatte sich die Zuschauerzahl im Vergleich zum Anfang mit sechs Millionen bereits mehr als verdoppelt. Zum letzten Jubiläum 50 Folgen vorher hatte sich ARD-Programmdirektor Günter Struve dramaturgische Varianten gewünscht; der brave Dr. Heilmann solle doch z. B. mal fremdgehen. Das sei durchaus im Etat drin. Produzent Hans-Werner Honert wies darauf hin, dass Heilmann immerhin schon einmal im Puff gewesen sei.

IN ALLERLETZTER MINUTE ARD

1973. 12-tlg. ital. Actionserie (»All'ultimo minuto«; 1971).

In den in sich abgeschlossenen Episoden mit wechselnden Hauptdarstellern können Menschen gerade noch rechtzeitig aus brenzligen Situationen gerettet werden. Das war teilweise sehr spannend, doch der Serientitel suggerierte ja bereits den glimpflichen Ausgang. Die 25-minütigen Folgen liefen im regionalen Vorabendprogramm.

IN BESTER GESELLSCHAFT DRITTE PROGRAMME

1986–1987. 18-tlg. europ. Soap von Cesare Ferrario, Regie: Jean-Pierre Desagnat (»Symphonie«; 1986–1987).

Constance Dussault (Giselle Pascal) ist die Seniorchefin eines traditionsreichen Schweizer Uhrenherstellers und damit an der Spitze eines Familienunternehmens, das von Affären und Intrigen bestimmt wird. Ihr Schwiegersohn Jean-Claude Fontaine (Pierre Michaël) ist Geschäftsführer des Betriebs. Um das inzwischen marode Unternehmen zu sanieren, setzt Constance auf eine Luxuskollektion, die mit Diamanten besetzt ist, während Jean-Claude eine Umstellung auf billige Fließbandproduktion vorantreibt und seine Schwiegermutter entmachten möchte. Sein Bruder und Mitarbeiter Marcel (Alain Chevallier) und Constances Hausdame Sophie Bernham (Ilona Grübel) stehlen die Uhren und die Diamanten. Jean-Claudes Assistent Pierre Savagnier (François Duval) hat eine Affäre mit Jean-Claudes Frau Nicole (Josephine Chaplin). Constances andere Tochter Jacqueline (Rachel Cathoud) ist mit dem Dirigenten Bruno Steinberg (Wolf Roth) verheiratet. Der betrügt sie mit der ebenfalls verheirateten Alessandra (Paola Onofri), der Tochter des Intendanten Giovanni Ferrari (Franco Fabrizi). Aus Rache beginnt Jacqueline eine Affäre mit Alessandras Mann Giorgio Thesis (Vanni Corbellini). Kurz darauf wird sie tot aus dem Comer See gefischt, wo sie sich umgebracht haben soll. Constance entpuppt sich als Alessandras Mutter, Thesis erpresst Constance mit diesem Wissen. Außerdem stellt sich heraus, dass Sophie die Tochter eines früheren Geschäftspartners von Constance ist, den diese in den Ruin trieb, und Sophie eigentlich nur Rache nehmen möchte.

Mit vereinten Kräften gelang es dieser Koproduktion von Sendern in Frankreich, Belgien, der Schweiz, Italien, Österreich und Deutschland, ähnlich verworrene Handlungsstränge zu erfinden wie in den US-Hochglanz-Soaps *Dallas* und *Der Denver-Clan*, die eindeutig die Vorbilder waren, doch fehlte vor allen Dingen der lange Atem. Die 45-minütigen Folgen liefen im gleichen Zeitraum in mehreren Dritten Programmen und wurden 1989 im Ersten wiederholt.

IN DEN FÄNGEN DER MAFIA PREMIERE

→ Solange es Liebe gibt

IN DER HITZE DER NACHT ARD

1992–1997. 141-tlg. US-Krimiserie (»In The Heat Of The Night«; 1988–1994).

Der Schwarze Virgil Tibbs (Howard Rollins) kommt zurück in seine Heimatstadt Sparta im US-Bundesstaat Mississippi und wird dort Chief Detective bei der Polizei. Sein neuer Partner, der Weiße Chief Bill Gillespie (Carroll O'Connor), ein alter Hase, steht Tibbs anfangs skeptisch gegenüber. Tibbs ist ein kühl kalkulierender Aufsteiger, Gillespie ein bodenständiger Bauchtyp. Gemeinsam lösen sie Mordfälle. Zu ihren Kollegen auf dem Revier gehören Bubba Skinner (Alan Autry), Parker Williams (David Hart), Junior Abernathy (Christian Le Blanc), Lonnie Jamison (Hugh O'Connor), Willson Sweet (Geoffrey Thorne), LuAnn Corbin (Crystal Fox), Harriet DeLong (Denise Nicholas), Randy Goode (Randall Franks) und Dee Shephard (Dee Shaw). Tom

Dugan (Joe Don Baker) vertritt Gillespie für eine Weile. Gillespie wird zu Beginn der letzten Staffel gefeuert, arbeitet als neuer Sheriff von Newman County aber weiter mit seinen Ex-Kollegen zusammen. Sein Nachfolger bei der Polizei wird Hampton Forbes (Carl Weathers). Gillespie vertieft derweil seine Beziehung mit Harriet DeLong und heiratet sie am Ende. Tibbs ist mit Althea (Anne-Marie Johnson) verheiratet.
Die Serie basierte auf dem gleichnamigen Film von 1967 mit Sidney Poitier und Rod Steiger nach dem Roman von John Ball. Jede Folge war 45 Minuten lang. Die Serie lief anfangs um 21.45 Uhr und später im Nachtprogramm.

IN DER MITTE EINES LEBENS ZDF
2003. 3-tlg. dt. Melodram von Bernd Fischerauer (Buch und Regie).
Der erfolgreiche Musiker und Komponist Andreas Ambach (Heiner Lauterbach) stürzt aus einem geregelten Luxusleben ins Nichts, als seine Frau Constanze (Katja Flint), die ihn verlassen wollte, bei einem Autounfall ums Leben kommt. Er verliert alles: sein Haus, seine Existenz, vor allem aber seinen Sohn Florian (Simon Beckord), der zu den Schwiegereltern Karlheinz (Michael Degen) und Christine Legler (Rita Russek) zieht, als Legler das Sorgerecht für ihn bekommt. Auch beruflich geht es bergab. Als Ambach sich von einer neuen Liebe, der Opernsängerin Laura Orlandini (Elena Arvigo), betrogen fühlt, greift der trockene Alkoholiker zur Flasche und stürzt noch weiter ab; auch mit seinem besten Freund Tom (Konstantin Wecker) überwirft er sich. Kurz vor der völligen Selbstaufgabe holen ihn Ernst Esche (Vadim Glowna) und dessen Frau Miriam (Heidelinde Weis) in ihr Haus in der Toskana und helfen ihm auf die Beine; alles fügt sich, und schließlich klappt es natürlich auch noch mit Laura.
Die drei Teile liefen an den Osterfeiertagen zur Primetime. Die Musik schrieb Konstantin Wecker.

IN DER NEUEN WELT ARD
1976–1977. 13-tlg. US-Abenteuerserie (»The New Land«; 1974).
Die Larsons kommen 1858 aus Skandinavien nach Solna in Minnesota und versuchen, sich in der Wildnis eine neue Existenz aufzubauen. Zur Familie gehören die Eltern Anna (Bonnie Bedelia) und Christian (Scott Thomas), ihre Kinder, der neunjährige Tuliff (Todd Lookinland) und die achtjährige Anneliese (Debbie Lytton), sowie Christians Bruder Bo (Kurt Russel). Pfarrer Lundstrom (Donald Moffat) und seine Frau Molly (Gwen Arner) sowie der Ladenbesitzer Murdock (Lou Frizzel) kümmern sich um die Neuankömmlinge.
Die Serie war von den schwedischen Kinofilmen »Emigranten« und »Das Neue Land« mit Max von Sydow und Liv Ullmann inspiriert. In den USA war sie so erfolglos, dass nur sechs Episoden ausgestrahlt wurden. In Deutschland liefen alle 13 einstündigen Folgen im regionalen Vorabendprogramm.

IN DER WÜSTE VON ATACAMA ZDF
1972. 3-tlg. Reportage für Kinder von Harold Mantell über die beiden Jungen Steve und Mike, die im Urlaub den Norden Chiles entdecken. Bei den beiden Jungen handelt es sich um zwei von drei Brüdern, die, ebenfalls gefilmt von Harold Mantell, bereits in der Reportagereihe *Bummel durch Taiwan* zu sehen waren. In der Wüste von Atacama tragen sie wie schon zuvor identische Kleidung, diesmal dunkelgraue Strickpullis über grauen Oberhemden und schwarze lange Hosen. Später entdeckten sie in *Kinder sehen Afrika* auch noch diesen Kontinent.
Die 25-minütigen Folgen liefen im frühen Sonntagnachmittagsprogramm.

IN DIESEN TAGEN ZDF
1963–1964. »Zeitgeschehen – nah gesehen«. Politisches Magazin von Heinz von Metlitzky.
Die einstündige Sendung lief alle 14 Tage mittwochs um 20.00 Uhr, ab Herbst 1963 eine Viertelstunde später und um eine ebensolche kürzer.
Der Untertitel war offensichtlich von dem des ARD-Vorgängers *Panorama* inspiriert, der »Zeitgeschehen – ferngesehen« hieß. Ihn benutzte auch das ZDF-Magazin *Blickpunkt*. Nach etwa einem Jahr wurde das Magazin schon wieder eingestellt. Danach gab es erst 1966 wieder ein politisches Magazin im ZDF: *drüben*.

IN EINEM JAHR SIEHT ALLES ANDERS AUS ARD
1981. 6-tlg. dt. Dokumentation von Adolf Bollmann über fünf Schüler aus der Abschlussklasse einer Realschule.
Der Film begleitet sie bei ihrer Berufswahl und Konflikten mit Schule, Eltern und Freunden. Die sechste Folge wurde genau ein Jahr nach der ersten Folge gedreht. Sie zeigt die unterschiedlichen Wege der Jugendlichen: Kathrin besucht ein Fachgymnasium, weil sie nicht wusste, was sie sonst machen sollte, Jutta ist Volontärin bei der Zeitung, Ulrich lernt in seinem Traumberuf Schiffbauer, Jens hat den Job auf einem Küstenmotorschiff hingeschmissen, bei dem er etwas von der Welt sehen wollte, und Paul gammelt rum.
Die dreiviertelstündigen Folgen liefen nachmittags im Rahmen von *Joker*.

IN EINER STUNDE BIN ICH WIEDER DA DFF 1, DFF 2
1975 (DFF 1); 1978 (DFF 2). 13-tlg. ungar. Abenteuerserie von József Pintér, Regie: Károly Wiedermann (»Egy óra múlva itt vagyok«; 1973).
Vince Lang (Gábor Harsányi) arbeitet in den 30er-Jahren für die ungarische Müllabfuhr. Das ist sicher nicht der angenehmste Job, wäre aber im Vergleich harmlos, wenn Vince nicht diesen Doppelgänger hätte, der seinen Lebensunterhalt als Geheimagent mit Attentaten verdient, die dann auf die Kommunisten geschoben werden. Die äußerliche Ähnlichkeit zwischen den beiden grundverschiedenen Menschen verhindert auch für Vince ein ruhiges Leben.

Jede Folge endete mit dem Satz »In einer Stunde bin ich wieder da«. Das war natürlich gelogen, denn es ging erst am folgenden Sonntagnachmittag weiter. DFF 1 zeigte acht 50-minütige Folgen, der Rest lief drei Jahre später auf DFF 2.

IN GEHEIMER MISSION   ARD, PRO SIEBEN
1991–1992 (ARD); 1995–1996 (Pro Sieben). 34-tlg. US-Actionserie (»Mission: Impossible«; 1988–1990).
Neuauflage der Erfolgsserie *Kobra, übernehmen Sie!:* Jim Phelps (Peter Graves) ist wieder Kopf der IMF, der Impossible Missions Force, die im geheimen Auftrag für die Regierung arbeitet. Sein Team besteht jetzt aus Grant Collier (Phil Morris), Max Harte (Tony Hamilton), Nicholas Black (Thaao Penghlis), Casey Randall (Terry Markwell) und Shannon Reed (Jane Badler). Die Aufträge kommen nicht mehr vom Band, sondern von einer Laserdisc, die sich jedoch weiterhin nach Auftragserteilung selbst zerstört.
IMF-Mitglied Grant Collier war in der Serie der Sohn von Barney Collier, der in *Kobra, übernehmen Sie!* bei der IMF gearbeitet hatte. Das Verwandtschaftsverhältnis spiegelte sich im wirklichen Leben: Phil Morris, der Darsteller des Sohnes, war der Sohn von Greg Morris, dem Darsteller des Vaters. Während im Deutschen ein völlig neuer Titel für die Neuauflage der Serie benutzt wurde, unterschieden sich in den USA die Sendetitel von Original und Neuauflage nur durch den Doppelpunkt zwischen den beiden Wörtern. Die ARD zeigte 27 Folgen dienstags im Vorabendprogramm und übersprang dabei sieben Folgen, die Pro Sieben später nachreichte. Eine Wiederholung in Sat.1 lief ab Sommer 2000 unter dem Originaltitel *Mission: Impossible,* der mittlerweile durch zwei Kinofilme auch in Deutschland geläufiger war als die ursprünglichen deutschen Serientitel.

IN GUTEN WIE IN SCHLECHTEN TAGEN   VOX
2000. 13-tlg. US-Familienserie (»To Have And To Hold«; 1998).
Der ruhige, konservative Polizist Sean McGrail (Jason Beghe) und die schrille Feministin Annie Cornell (Moira Kelly), eine Anwältin, sind zwar selten einer Meinung, aber frisch verheiratet. Zur Familie gehören Seans Eltern Robert (John Cullum) und Fiona (Fionnula Flanagan) und seine Brüder Michael (Jason Wiles), Tommy (Stephen Largay) und Patrick (Stephen Lee), der mit Annies Schwester Carolyn (Colleen Flynn) verheiratet ist.
Lief in einstündigen Folgen werktags mittags.

IN SACHEN ADAM UND AMANDA   ARD
1982–1983. 13-tlg. US-Sitcom von Ruth Gordon und Garson Kanin, Regie: Peter Hunt (»Adam's Rib«; 1973).
Der Staatsanwalt Adam Bonner (Ken Howard) und die Rechtsanwältin Amanda Bonner (Blythe Danner) sind frisch verheiratet, stehen vor Gericht aber fast immer auf gegnerischen Seiten. Jeder Prozess wird so zum Geschlechterkrieg – auch, weil es in den Fällen häufig um die Rechte der Frauen geht. Kip Kipple (Edward Winter) ist Amandas Partner in der Kanzlei, Gracie (Dena Dietrich) ihre Sekretärin; die Staatsanwälte Donahue (Norman Bartold) und Mendelsohn (Ron Rifkin) sind Adams Kollegen.
Neuauflage des US-Spielfilmklassikers »Ehekrieg« von 1949 mit Spencer Tracy und Katharine Hepburn. Die halbstündigen Folgen liefen im regionalen Vorabendprogramm.

IN SACHEN MORD   VOX
1998–1999. 36-tlg. austral. Krimiserie von Jennifer Rowe (»Murder Call«; 1997–1999).
Tessa Vance (Lucy Bell) und Steve Hayden (Peter Mochrie) arbeiten im Morddezernat von Sydney. Sie ergänzen sich gut: Tessa ist rasant und instinktiv, Steve korrekt und logisch. Zusammen lösen sie Mordfälle, die meistens bizarr sind. Ihre Kollegen sind die Polizeifotografin Dee Suzeraine (Jennifer Kent), die Pathologin Dr. Imogen »Tootsie« Soamses (Glenda Linscott) und der exzentrische Senior Sergeant Lance Fisk (Geoff Morrell), Chef der Truppe ist Detective Inspector Malcolm Thorne (Gary Day).
Die 60-minütigen Folgen liefen mittwochs um 20.15 Uhr.

INA & LEO   ARD
2004. 26-tlg. dt. Familienserie von Angelika Bertram, Regine Bielefeld und Nicholas Hause.
Die 18-jährige Ina (Susanne Gärtner) und ihr allein erziehender Vater Leo (Leonard Lansink) führen ein gleichberechtigtes Leben. Seit Leo sein Leben nach einem Herzinfarkt radikal geändert hat, erziehen sich beide gegenseitig. Früher war er Lehrer. Jetzt führt er das Bistro »MEX«, hat aber eigentlich keinen Durchblick, wie das geht, und muss sich von Ina helfen lassen. So ist Ina zu Hause oft die Erwachsene, in der Schule aber weiter die typische Jugendliche. Zu ihrer Clique gehören ihr jüngerer Bruder Tillmann (Götz Behrendt), Partygirl Susanne (Ulrike Tscharre), Steffen (Daniel Fehlow) und der amerikanische Austauschschüler Jefferson (Toks Körner). Elena Speidel (Maren Schumacher) ist die Schuldirektorin und Leos Freundin, der Lehrer Achim Wiemers (Christof Wackernagel) ist sein bester Freund.
Die Serie wurde schon 1999 produziert (schon damals war die Darstellerin der 18-jährigen Ina fast 30) und lag dann ein paar Jahre herum, weil bei der ARD offenbar niemand so genau wusste, was man damit machen sollte. Im Sommer 2004 wurde sie werktags um 18.50 Uhr, aufgeteilt in halbstündige Folgen, weggesendet.

INDIAN RIVER   DFF, ZDF
1968–1969 (DFF); 1970–1973 (ZDF). »Bei den Forest Rangers in Kanada«. 57-tlg. kanad. Abenteuerserie von Lindsay Galloway (»The Forest Rangers«; 1963–1965).
Peter Keeley (Rex Hagon) führt eine Gruppe jugendlicher Waldhüter in Indian River an, die gegen Wind

und Wasser und Bedrohungen der Umwelt, aber auch gegen Diebe, Spione und sonstige Ganoven kämpfen. Diese »Junior Forest Rangers« sind: der Waisenjunge Chub Stanley (Ralph Endersby), Mike Forbes (Peter Tully), Zeke (Ronald Cohoon), Johnny O'Reilly (Michael Tully) und Gaby La Roche (Syme Jago), das einzige Mädchen in der Gruppe. Gaby wird später ersetzt durch Kathy (Susan Conway). Joe Two Rivers (Michael Zenon) hilft den Kindern mit seiner Indianer-Erfahrung. George Keeley (Graydon Gould), der große Bruder von Peter und Chef der erwachsenen Forest Rangers, und sein Vorgesetzter Sergeant Scott (Gordon Pinsent), ein Mountie, ermahnen die Kinder ebenso regelmäßig wie vergeblich, nichts auf eigene Faust zu unternehmen, aber am Ende geht alles gut.

52 halbstündige Folgen liefen sonntags im ZDF. Es war die erste kanadische Fernsehserie in Farbe und die erste, die in weltweiter Erfolg wurde. Im Original gibt es 104 Folgen. Im DFF waren bereits 14 Folgen in anderer Synchronisation unter dem Titel *Waldläufer* gelaufen, darunter fünf, die das ZDF später nicht zeigte.

DER INDIANER-CLUB   ARD
1964–1966. Wir basteln uns eine Indianerausrüstung mit Erhard Reis. 17 halbstündige Anleitungen liefen in loser Folge dienstags in der Kinderstunde am Vorabend.

INDIZIEN, GESTÄNDNISSE, BEWEISE   DFF
1962. 5-tlg. DDR-Ratekrimi-Reihe. Die gezeigten Fälle werden kurz vor Schluss jeder Folge ausgeblendet, und die Zuschauer dürfen raten, wie es weitergeht. Immer erst einige Tage später wurde die Auflösung des »Kriminalrätselspiels« gesendet. Natürlich gab es außerdem Gelegenheit, die Verrohung und Korruption im Westen anzuprangern.

INDUSTRIESENDUNG: DIA MIT MUSIK   ARD
1953–1954. Eine Art Testbild. Genauer gesagt: ein Testbild. War nachmittags in der Zeit zu sehen, in der sowieso kein Programm lief. Aber nicht die ganze Zeit. Zum gezeigten Bild erklang anfangs ein Messton, ab 1954 freundlicherweise Musik. War dennoch keine Sendung, die normale Zuschauer gezielt einschalteten. Das erklärt auch den Begriff »Industriesendung«.

INFO-SHOW   ARD
1974–1979. »Musik – Unterhaltung – Information«. Jugendmagazin mit Jörg Pfennig und Rainer Buck, das besonderen Wert auf attraktive Visualisierung legte und Information und Showelemente mischte (den Begriff »Infotainment« kannte man damals noch nicht).

Lief nach einer Pilotsendung im November 1974 ab Februar 1975 monatlich am Sonntagmorgen. Ab Herbst 1976 wurde die Sendezeit von 30 auf 45 Minuten verlängert. Spätere Moderatoren waren Henning Venske und Karin Howard.

INGA LINDSTRÖM   ZDF
Seit 2004. Verfilmungen der Bücher von Inga Lindström.

Das ZDF hatte schon seit zehn Jahren Erfolg mit *Rosamunde Pilcher*-Filmen und startete davon beflügelt sonntags um 20.15 Uhr auch noch eine eigenproduzierte Reihe mit Schweden-Schnulzen.

Inga Lindström? Der Name ist ein Pseudonym. Hinter der vermeintlich schwedischen Erfolgsautorin steckt die Deutsche Christiane Sadlo, die bereits für viele Pilcher- und Danella-Verfilmungen die Drehbücher geschrieben hatte.

DIE INGO APPELT SHOW   PRO SIEBEN
2000. 50-minütige Comedyshow mit Ingo Appelt und einer Mischung aus Stand-up-Comedy und Filmgags.

Appelt, der sich als Erkennungszeichen eine Art Mickey-Mouse-Frisur mit in der Mitte der Stirn zusammengeklebten Haaren zugelegt hatte, war vorher in Sendungen wie *RTL Samstag Nacht*, *Sieben Tage – sieben Köpfe* und *Quatsch Comedy Club* aufgetreten. In seiner eigenen Show arbeitete er weiter an seinem Ruf als fiesester deutscher Comedian, dessen brachialer Humor meist mit Sex oder Körperausscheidungen zu tun hatte. Pro Sieben hatte vorsorglich zunächst nur eine einzelne Pilotfolge auf dem *TV Total*-Sendeplatz am Montag ausgestrahlt, um Appelts Massentauglichkeit beim Fernsehpublikum zu testen. Appelt bestand die Prüfung, wurde mit dem Piloten sogar für den Grimme-Preis nominiert und ging ab September 2000 in Serie, jetzt immer donnerstags um 22.15 Uhr. Im Studiopublikum waren die Fronten klar getrennt: Frauen saßen auf der linken Seite, Männer rechts. Appelts Markenzeichen wurde das Wort »Ficken«. Damit das niemand vergaß, hielt Appelt oft genug das »Ficken-Schild« ins Publikum, auf dem schlicht das Wort zu lesen war.

Elf Folgen liefen mit nur mäßigem Erfolg, dann setzte Pro Sieben die Show wegen »geschmacklicher Entgleisungen« mit sofortiger Wirkung ab. Anlass (oder genauer: Vorwand) war eine Aktion in der letzten Show, bei der mit Puppen, die Kinder darstellen sollten, auf eine Torwand geschossen wurde, was die zu erwartende öffentliche Aufregung produzierte. Die Trauer über Appelts Absetzung hielt sich selbst bei seinen Kollegen in Grenzen: Appelt setze »Pointe mit Tabubruch gleich«, schrieb Oliver Welke in einem Artikel, dabei seien »Tabubrüche an sich überhaupt nicht lustig. Kurz gesagt: Irgendwann ist die letzte Körperflüssigkeit ausgereizt.«

INGOLF LÜCKS SKETCHSALAT   ZDF
1992. 6-tlg. dt. Sketchreihe, für die Nachwuchsautoren witzige Szenen zu je einem Thema schrieben, die dann von Ingolf Lück und mehreren Partnern gespielt wurden. Die erste Folge trug den Oberbegriff »Schlaflose Nächte«.

Die halbstündigen Sendungen liefen freitags gegen 22.20 Uhr.

INKLUSIVE FRÜHSTÜCK   SWR
1982. 6-tlg. frz. Familienserie von Danièle Thompson (»Petit déjeuner compris«; 1979). Gauthier Leroux (Pierre Mondy) und seine Frau Marie-Louise (Marie-Christine Barrault) führen ein kleines Hotel in Paris, das sie überraschend geerbt haben. Gauthier ist ein durchschnittlicher Nörgler, von seiner Frau gehen Zwistigkeiten und Abenteuer aus.

In einer Episode hatte der Rockstar Brian Ferry einen Gastauftritt. Er war gerade in Paris, um ein Konzert zu geben, und einverstanden, sich in der Serie selbst zu spielen. Die einstündigen Folgen liefen 1985 auch im Ersten.

DIE INSEL   ARD
1987. 6-tlg. dt. Mysteryserie von W. G. Larsen, Regie: Eberhard Piper.
Der draufgängerische Geschäftsmann Christian Hanstein (Christian Kohlund) schmeißt die Führung des Familienkonzerns hin, um ein Mittel gegen seine rätselhafte Krankheit zu finden. Dazu besucht er den Wunderheiler Dr. Wabra (Walter Buschhoff) auf dessen Insel.

Die einstündigen Folgen liefen montags um 20.15 Uhr. W. G. Larsen, das Pseudonym des Autors Rolf Honold, hatte auch die Serie *Raumpatrouille* geschaffen, die zwar nur auf eine Folge mehr kam, aber deutlich länger in Erinnerung blieb.

INSEL DER TRÄUME   ZDF
1991. 21-tlg. dt. Fantasyserie von Anita Mally, Regie: Hans-Jürgen Tögel.
Auf der Insel der Träume ist es dank eines magischen Wasserfalls möglich, seine Träume zu leben und danach geläutert und glücklich die richtigen Entscheidungen zu treffen. Der weise Privatgelehrte und Forscher Gregor Sartorius (Rolf Henninger) und seine Tochter Sandra (Andrea Heuer) nehmen sich der wechselnden Inselgäste an und befreien sie mit Hilfe des Wasserfalls von ihren Sorgen und Problemen. Julian Cortese (Walther Reyer) führt ab November 1991 (Folge 13, Beginn der zweiten Staffel) die Geschäfte des plötzlich verstorbenen Gregor Sartorius weiter.

Die *Insel der Träume* drehte die Schwemme von Geistlichen dieser Zeit (*Oh Gott, Herr Pfarrer, Pfarrerin Lenau, Mit Leib und Seele*) weiter in Richtung Esoterik mit allwissenden New-Age-Priestern als Hauptfiguren und gab ihr damit eine neue Qualität – und die Optik eines Raffaelo-Werbespots: Sartorius wandelt im weißen Anzug mit weißem Haar und weißem Bart um seine weiße Villa herum, assistiert von seiner weiß gekleideten Tochter. Angesichts der farbenfrohen Natur auf der Trauminsel wirkte es lediglich, als habe man die Raffaelo-Leute in eine etwas zu bunte Kulisse gestellt.

Produzent der Serie war Wolfgang Rademann, der für das ZDF bereits erfolgreich die US-Urlaubsserie *Love Boat* abgekupfert und daraus *Das Traumschiff* gemacht hatte. Für diese neue Serie ließ er sich von *Fantasy Island* inspirieren.

Die Folgen waren 45 Minuten lang und liefen samstags um 19.30 Uhr.

DAS INSELDUELL   SAT.1
2000. Psycho-Reality-Doku-Soap-Spielshow.
Das Inselduell war quasi *Big Brother* unter Palmen. Nach dem großen Erfolg von *Big Brother* brach im deutschen Fernsehen ein Boom von Reality- und Psychospielshows aus. Diese neue Show gab es gleich zweimal. *Big Brother*-Sender RTL 2 nannte sie *Expedition Robinson* und Sat.1 eben *Das Inselduell*. 13 grundverschiedene Kandidaten wurden auf der unbewohnten malaysischen Insel Simbang ausgesetzt und mussten wochenlang ohne Hilfsmittel aus der Zivilisation überleben. Sie hatten weder Essen noch alltägliche Gebrauchsgegenstände wie Zahnbürsten oder Seife zur Verfügung. Das Essen mussten sie sich irgendwie selbst beschaffen, außerdem Hütten bauen, um einen Schlafplatz zu haben, und dabei stets mit der Hitze von 40 Grad und 85 Prozent Luftfeuchtigkeit klarkommen und gegen Regen, Stechmücken und Flöhe kämpfen. Außerdem stellte die Redaktion Aufgaben für Wettkämpfe, für die es zwischendurch kleinere Preise zu gewinnen gab. Jede Woche stimmten die Gestrandeten offen darüber ab, wer am wenigsten in die Gruppe passte und die Insel verlassen solle – Werbeslogan: »Nur einer kommt durch!« Unter den Letzten wählte schließlich das Publikum per Telefon den Sieger, der 250 000 Mark gewann. Ein bayerisches Kraftpaket namens Michael war der Glückliche. Kameras filmten die Kandidaten bei ihrem Überlebenskampf, jeden Montag um 20.15 Uhr lief ein einstündiger Zusammenschnitt. Holger Speckhahn moderierte die insgesamt neun Folgen.

RTL 2 drehte seine Version zur gleichen Zeit auf der Nachbarinsel Tengah, sendete sie aber – zeitgleich mit dem ORF und deshalb unflexibel – erst einige Monate später. Immerhin hatte der Sat.1-Titel so doch noch seine Berechtigung: Ein »Inselduell« ist schließlich nichts anderes als ein Kampf zwischen zwei Inseln.

INSELN UNTER DEM WIND   ZDF
1995–1998. 13-tlg. dt. Urlaubsserie.
Normalerweise werden Erfolgskonzepte von der Konkurrenz abgekupfert, diesmal klaute das ZDF bei sich selbst und ergänzte *Das Traumschiff* um ein weiteres Schiff mit Urlaubern und ihren Geschichten. Dieses Schiff hieß »Lilli Marleen«, und an Bord waren Kapitän Kamphagen (Jan Fedder), der 1. Offizier Julian Westkamp (Bruno Eyron), Koch Lukas (Andreas Schmidt) und Matrosin Mischa (Katja Woywood). Philipp Harms (Marcus Grüsser) und Andrea (Judith Klein) ersetzen ab Folge 6 im Januar 1998 Julian und Mischa.

Drei kurze Staffeln mit 45-minütigen Folgen liefen zur Primetime.

INSIDE BUNTE   RTL
1990–1992. Halbstündiges Boulevardmagazin. Mit

schnellen Schnitten, bunten Bildern und wenig Inhalt werden Prominente vorgestellt, junge Frauen in knapper Mode gezeigt, neue Trends behauptet und Werbung für eine große Münchner People-Zeitschrift gemacht. *Inside Bunte* war einer von mehreren gescheiterten Versuchen, die Illustrierte »BUNTE« dauerhaft ins Fernsehen zu hieven (andere waren die *BUNTE Talkshow* und *BUNTE TV*).
Lief 14-täglich samstags um 17.45 Uhr.

INSIDE USA KABEL 1
Seit 2003. Vorabend-Doku-Reihe, die in jeder der 50-minütigen Folgen eine andere Gegend der USA vorstellt. Vinko Bicanic bereiste die neun Gegenden der ersten Staffel, wechselnde Autoren diejenigen der zweiten.

INSIDERS RTL
1986. 13-tlg. US-Krimiserie von Michael Ahnemann (»The Insiders«; 1985–1986).
Der Weiße Nick Fox (Nicholas Campbell) und der Schwarze James Mackey (Stoney Jackson) arbeiten als investigative Reporter für das »Newspoint«-Magazin. Dabei entlarven sie Gangster, mit denen sie sich wilde Verfolgungsjagden liefern – begleitet von wilder Rockmusik.
Die Serie erlebte nur eine Staffel, vermutlich merkte dann jemand, dass es sie bereits gab und sie *Miami Vice* hieß.

INSPECTOR BARNABY ZDF
Seit 2005. Brit. Krimiserie nach Romanen von Caroline Graham (»Midsomer Murders«; seit 1997).
Der altgediente Inspector Tom Barnaby (John Nettles), eine charmante Superspürnase, und sein junger Partner Sergeant Gavin Troy (Daniel Casey) klären Mordfälle in der englischen Grafschaft Midsomer auf, in der es von skurrilen Gestalten nur so wimmelt.
Die spielfilmlangen Folgen laufen sonntags um 22.00 Uhr.

INSPECTOR CAMERON, TORONTO DFF 1
1983–1984. 13-tlg. kanad. Krimiserie, Regie: William Hayes (»The Great Detective«; 1979–1982).
Inspector Alistair Cameron (Douglas Campbell) löst im 19. Jh. Kriminalfälle in der kanadischen Provinz Ontario. Die Serie basierte auf den Erinnerungen des Polizisten John Wilson Murray. Sie war preiswert auf Video gedreht und hatte deshalb ein für das 19. Jh. viel zu klares Bild. Das DDR-Fernsehen zeigte sie unter der Dachmarke »Fahndung«. Eine einzelne weitere Folge lief im November 1986 bei DFF 2.

INSPEKTION LAUENSTADT ARD
1975–1976. 13-tlg. dt. Krimiserie von Theodor Schübel.
Kriminalamtsrat Zapf (Joachim Wichmann) leitet die Polizeiinspektion im fränkischen Lauenstadt. Zusammen mit den Kollegen Jung (Michael Schwarzmaier), Kriminalmeister Seidel (Bernd Ander) und Inspektor Holzmüller (Maxl Graf) ermittelt er hauptsächlich bei Morddelikten und bei Vermisstenfällen, die nach Mord aussehen.
Die einstündigen Folgen liefen im regionalen Vorabendprogramm.

INSPEKTOR FOWLER – HÄRTER ALS DIE POLIZEI ERLAUBT PRO SIEBEN
1996–1998. 14-tlg. brit. Comedyserie von Ben Elton. Regie: John Birkin (»The Thin Blue Line«; 1994–1996).
Inspektor Raymond Fowler (Rowan Atkinson) leitet ein Polizeirevier in einem Londoner Vorort. Er ist penibel und verzweifelt oft über seine Mitarbeiter Bob Kray (Kevin Allen), Maggie Habib (Minar Anwar), Frank Gladstone (Rudolph Walker), Kevin Goody (James Dreyfus), Derek Grim (David Haig) und Patricia Dawkins (Serena Evans). Patricia ist zugleich Fowlers Freundin, die manchmal ihre liebe Not mit ihm hat.
Zwei Staffeln mit je sieben halbstündigen Folgen liefen anfangs mittwochs gegen 22.00 Uhr, ab der zweiten Staffel montags gegen 23.15 Uhr.

INSPEKTOR GADGET RTL
1988–1990. 85-tlg. US-frz. Zeichentrickserie (»Inspector Gadget«; 1983–1985).
Der unerschrockene Inspektor Gadget ist ein Verwandlungskünstler und löst dadurch selbst die schwierigsten Fälle. Er wurde bionisch verändert und mit besonderen Fähigkeiten ausgestattet, ist aber auch etwas schusselig und verwechselt manchmal seine eigenen Tricks. Seine kleine blonde Nichte Sophie und der treue Hund Fino helfen ihm dann. Chief Quimbly von Interpol erteilt Gadget die Aufträge, Hauptgegner ist der böse Dr. Kralle, der die Weltherrschaft erlangen will.
Shuki Levy und Haim Saban waren die Komponisten der Titelmusik. Der amerikanisch-israelische Medienunternehmer Saban wurde 2003 Besitzer von ProSiebenSat.1. 1999 und 2003 entstanden zwei »Inspector Gadget«-Kinofilme mit Matthew Broderick bzw. French Stewart in der Titelrolle.
Mehrere Folgen der Serie sind auf DVD erhältlich.

INSPEKTOR HOOPERMAN ZDF
1989–1993. 42-tlg. US-Krimiserie von Steven Bochco und Terry Louise Fisher (»Hooperman«; 1987–1989).
Inspektor Harry Hooperman (John Ritter) arbeitet bei der Polizei von San Francisco. Captain C. Z. Stern (Barbara Bosson) ist seine strenge Vorgesetzte. Die Kollegen auf dem Revier sind Inspektor Bobo Pritzger (Clarence Felder), Inspektor Clarence McNeil (Felton Perry), der schwule Rick Silardi (Joseph Gian), Officer Mo DeMott (Sydney Walsh), die Silardi gern umpolen würde, und Betty Bushkin (Alix Elias), die stets Funkkontakt mit allen Polizisten hält. Hooperman ermittelt in verschiedenen Fällen und wird gern zu Hilfe gerufen, wenn mal wieder

ein Selbstmörder vom Dach springen will. In seiner Freizeit muss er sich um sein Apartmenthaus und den Hund Bijoux kümmern. Beides hat er von der alten Dame geerbt, der das Haus früher gehörte und die ermordet wurde. Er stellt Susan Smith (Debrah Farentino) als Hausmeisterin ein. Sie beginnen eine Beziehung, und Susan wird schwanger, erleidet jedoch eine Fehlgeburt und verlässt die Stadt.

Harmlos-amüsanter Schmunzelkrimi, dessen halbstündige Folgen das ZDF freitags im Vorabendprogramm zeigte, zeitweise gepaart mit *ALF*. Die Titelmusik stammte von Mike Post.

INSPEKTOR HORNLEIGH GREIFT EIN   ARD
1961. 4-tlg. dt. Krimi-Rateserie von John P. Wynn, Regie: Hermann Pfeiffer. Der Kriminalbeamte Hornleigh (Helmut Peine) ermittelt in Großbritannien in Mordfällen. Bevor er die Tat aufklärt, fordert er die Zuschauer auf, selbst nach dem Täter zu suchen.

Die Serie basierte auf einer Hörfunkreihe. Sie war kurzlebig, das Konzept wurde später aber von *Dem Täter auf der Spur* aufgenommen. Die Folgen waren ungefähr eine Stunde lang und liefen vierzehntäglich freitags gegen 20.40 Uhr.

INSPEKTOR JANEK   RTL 2
1994-1995. US-Krimireihe von William Bayer (1985-1994). Der desillusionierte New Yorker Bulle Frank Janek (Richard Crenna) ermittelt in Mordfällen.

Die Figur des Inspektors Janek war zunächst in Büchern von William Bayer aufgetaucht, ab 1985 wurden sieben Romane in neun abendfüllenden Filmen (darunter zwei Zweiteiler) fürs Fernsehen aufbereitet. Sie hatten keinen Reihentitel, aber immer Richard Crenna in der Hauptrolle.

Den ersten Zweiteiler »Kill Hero – Im Dschungel des Bösen« zeigte Sat.1 bereits 1988, den anderen, »Cops im Zwielicht« RTL 2 1993. In den beiden Folgejahren gab RTL 2 drei neuen Filmen den Oberbegriff *Inspektor Janek*. Die letzten beiden Filme, wieder ohne Reihentitel, liefen 1997 auf Vox.

INSPEKTOR LAVARDIN   DFF 1, ARD, ORB, MDR
1986-1994. 5-tlg. frz. Krimireihe von Dominique Roulet und Claude Chabrol (»Inspecteur Lavardin«; 1985-1988).

Inspektor Lavardin (Jean Poiret) ist ein exzentrischer Zyniker mit einer ganzen Menge Marotten; z. B. benutzt er sieben verschiedene Zahncremes. Er klärt in der französischen Provinz Mordfälle auf.

Der Reihe war 1985 Chabrols Film »Hühnchen in Essig« vorausgegangen, in dem Poiret erstmals den Inspektor Lavardin spielte. Ein Jahr später wurde daraus eine lose Reihe. Jede Folge hatte Spielfilmlänge. Zwei Filme hatten ihre deutsche Erstausstrahlung in der ARD, die übrigen jeweils auf einem anderen Kanal.

INSPEKTOR MORSE   DFF 2
1989-1990. 7-tlg. brit. Krimiserie nach den Büchern von Colin Dexter (»Inspector Morse«; 1987-2000).

Chief Inspector Endeavour Morse (John Thaw) ist Junggeselle, liebt Wagner, Bier und schwere Kreuzworträtsel und ermittelt mürrisch, gemächlich und häufig auf Umwegen in Mordfällen. In seinem roten 1960er-Mark-2-Jaguar fährt er mit seinem gegensätzlichen Partner Robbie Lewis (Kevin Whately) durch die Straßen von Oxford. Ihr Chef ist Chief Superintendent Strange (James Grout), als Pathologen dienen Max (Peter Woodthorpe) und Dr. Grayling Russell (Amanda Hilwood).

In Großbritannien war *Inspektor Morse* ein großer Erfolg und brachte es auf über 33 zweistündige Folgen, bis Morse schließlich 2000 starb. Autor Colin Dexter, der die Hobbys seines Helden teilte, tauchte wie Hitchcock in seinen Filmen in jeder Folge kurz auf. Die Titelmelodie basiert auf dem Morsecode für MORSE.

INSPEKTOR ROLLE   SAT.1
Seit 2002. Dt. Krimireihe. Ein Wessi, ein Ossi und ein Türke gehen auf Verbrecherjagd. Was klingt wie der Anfang eines schlechten Witzes, war der Versuch, neben dem *Bullen von Tölz* eine weitere Reihe mit zweistündigen Schmunzelkrimis am Mittwoch um 21.15 Uhr aufzubauen.

Der Wessi, Wahlberliner Ringo Rolle (Rufus Beck), leitet das Polizeitrio, der ostdeutsche Frauenheld Karsten Schmidt (Thorsten Feller) und der Türke Orkan Orsey (Aykut Kayacik), der einzige echte Berliner, ermitteln mit. Das geht zum Teil recht chaotisch zu und lässt Kriminaldirektorin Dr. Elisabeth von Stein (Eleonore Weisgerber) verzweifeln. Sie schreibt in ihrer Freizeit Krimis.

Die ersten drei Folgen im April 2002 verfehlten zwar die *Bullen*-Quoten deutlich, dennoch wurden in loser Folge weitere Filme gezeigt, insgesamt bisher sieben.

INSPEKTOR SARTI   NDR
1995. 6-tlg. ital. Krimireihe (»L'inspettore Sarti«; 1993). Inspektor Sarti (Gianni Cavina) und seine Kollegin Ilaria (Daniela Poggi) ermitteln in Kriminalfällen.

Die Folgen hatten Spielfilmlänge und liefen in allen Dritten Programmen.

INSPEKTOR WEXFORD ERMITTELT   VOX
1994. 10-tlg. brit. Krimiserie nach den Büchern von Ruth Rendell (»The Ruth Rendell Mysteries«; 1987-2000).

Kingsmarkham ist ein kleines Städtchen im Süden Englands, aber anscheinend passieren gerade hier auf dem Land die heftigsten Mordfälle. Der ältere Inspektor Wexford (George Baker), der nur wie ein träger Hinterwäldler wirkt, ermittelt dann den Täter, unterstützt von seinem trüben verwitweten Kollegen Mike Burden (Christopher Ravenscroft). Wexford ist mit Dora (Louie Ramsay) verheiratet.

Bakers Rollenfrau ist auch im wahren Leben seine Gattin. Vox zeigte zehn der eigentlich 23 Folgen mit George Baker samstags zur Primetime. Etliche

»Man sieht Sie ja noch alle, kann vielleicht mal jemand anfangen zu rauchen?« *Der Internationale Frühschoppen* mit Werner Höfer (3. v. r.). Die weiteren fünf Journalisten aus fünf Ländern, darunter doch tatsächlich eine Frau, von links: Otto Frei, Schweiz; Derrick Winter, Schweden; Eva Husen, Deutschland; Leon Davico, Jugoslawien; Molvin Lasky, USA.

weitere Filme mit anderen Darstellern entstanden in Großbritannien ebenfalls unter der Dachmarke »The Ruth Rendell Mysteries«.

INSTERBURG & CO. NDR

1972–1976. Musik-Comedyshow mit Ingo Insterburg, Peter Ehlebracht, Jürgen Barz und Karl Dall. Das Quartett gab Sketche und Blödellieder zum Besten (einer ihrer Songs, »Ich liebte ein Mädchen«, wurde später ein Hit). Besondere Attraktion waren die abseitigen, von Ingo Insterburg selbst gebauten Instrumente, auf denen das Quartett seine Songs spielte, darunter eine Stuhlbein-Klarinette, eine Melkeimer-Gitarre und eine Tannenbaum-Geige. Letztere wurde mit den Füßen gespielt. Die Karriere von Karl Dall begann bei dieser Kuriositätencombo.
Die 45-minütige Show lief insgesamt viermal in loser Reihe.

DER INTERNATIONALE FRÜHSCHOPPEN ARD

1953–1987. Wöchentliche politische Diskussion mit sechs Journalisten aus fünf Ländern unter der Leitung von Werner Höfer.
Jeden Sonntag gegen Mittag versammelten sich um Höfer herum weitere Journalisten, die wöchentlich wechselten, und redeten über aktuelle Weltpolitik. Zu den deutschen Stammgästen gehörten u. a. Rudolf Augstein, Henri Nannen, Marion Gräfin Dönhoff, Günter Gaus, Peter Scholl-Latour, Julia Dingwort-Nusseck und Theo Sommer. Höfer selbst jedoch sprach von allen Anwesenden die meiste Zeit, durchschnittlich 18 von 45 Minuten. Er war der Diskussionsleiter, der die Runde im Griff hatte und bei Bedarf zur Ordnung rief, blieb aber nicht neutral, sondern diskutierte mit, sagte seine Meinung und wurde ab und zu ungehalten, wenn jemand partout anderer Meinung war. Schon 1959 nannte der »Spiegel« den *Frühschoppen* die »Werner-Höfer-Schau«.

Er war jedoch nicht immer eine biedere Sendung zur Selbstdarstellung des Moderators, sondern sprach auch heikle Themen an: 1962 thematisierte Höfer die »Spiegel-Affäre« im Sinne des zu Unrecht verfolgten Nachrichtenmagazins; 1968 setzte er gegen massiven Druck aus der Politik durch, dass »Stern«-Chefredakteur Henri Nannen auftreten durfte, der gerade Bundespräsident Lübke »kleinkariert« und eine »bedauernswerte Figur« genannt hatte. Allerdings soll Höfer ein Zeichen ausgemacht haben, auf das hin die Sendung abgebrochen würde, falls Nannen nachlegen sollte. Nannen legte nach, wurde von Höfer zurechtgewiesen, doch die Sendung ging weiter.
Die Reihe war bereits 1952 im Radio gestartet und wurde während der Funkausstellung 1953 in Düsseldorf zum ersten Mal schlicht abgefilmt. Nach diesem Procedere lief die Sendung weiterhin zeitgleich im Hörfunk und im Fernsehen. Zuhörer verpassten nichts, da man auch im Fernsehen lediglich ein paar Leute um einen Tisch herumsitzen und Wein trinken sah. Eine Bedienung schenkte regelmäßig nach. Manchmal sah man sie auch nicht, weil sie hinter den Rauchschwaden der Zigarillos verschwunden waren. Mag sein, dass der Wein die hitzigen Diskussionen noch weiter angeheizt hat. Genau das war Höfers Ziel, der weniger die Atmosphäre einer trockenen Redaktionssitzung, sondern die eines Stammtischs haben wollte. Das wurde selbst in seinen Ordnungsrufen deutlich: »Hier geht es zu wie in einer polnischen Kneipe, wo schwarz gebrannter Wodka gereicht wird. Aber hier ist ein Weinlokal.« Bei dem Wein handelte es sich um »Maikämmerer Heiligenberg«, eine Riesling-Spätlese aus der WDR-Kantine. Wer keinen Wein wollte, bekam Apfelsaft. Das war jedoch eine Seltenheit.
Ursprünglicher Titel war bis Ende 1953 *Der Internationale Journalisten-Frühschoppen*. Anfangs wurde

von den Düsseldorfer Rheinterrassen, später aus dem Studio des WDR gesendet, manchmal auch von irgendwo: Für die Live-Sendung war ein Übertragungswagen der Technik nötig, der WDR hatte aber damals nur einen, und der war oft bereits für Sportübertragungen am Nachmittag gebucht und hätte nicht rechtzeitig umgebaut werden können. Also veranstaltete Höfer seinen Frühschoppen dann einfach in irgendeinem Raum in unmittelbarer Nähe der Sportstätte, wodurch die Übertragung beider Veranstaltungen möglich wurde.

Im Lauf von dreieinhalb Jahrzehnten gab es nur wenige Veränderungen. Die Zahl der Journalisten und Länder änderte sich manchmal, wenn jemand fehlte. Hatte ein Journalist kurzfristig oder gar nicht abgesagt, fiel er umso mehr in der Sendung auf, weil dort dann ein leerer Stuhl stand und ein herrenloses Namensschild auf dem Tisch. Einmal fehlte Höfer selbst. Wegen einer Sturmflut saß er auf Sylt fest, wo er Urlaub gemacht hatte. Er war seinem Frühschoppen an diesem Tag nur telefonisch zugeschaltet. Der Tisch, an dem die Runde tagte, war anfangs ein gewöhnlicher Wohnzimmertisch, später ein nierenförmiger. Eines Tages geschah das Unfassbare: Frauen diskutierten mit. Höfer nahm sie bei der Hand, erklärte ihnen, wie sie sich gegen die »rüde europäische Horde« durchsetzen müssten, änderte aber nichts an seiner Standardanrede »Meine Herren« und wandte sich unter Umständen danach noch direkt an die anwesende Dame: »Sie spielen im Moment gar keine Rolle.« Dann beschränkte Höfer seine Runde doch wieder auf Männer (»Es geht schließlich um Politik«).

Der *Frühschoppen* genoss lange Zeit eine Monopolstellung im politischen Meinungsbildungsprozess, war Pflichtprogramm am frühen Sonntagmittag. Bis 1970 begann er um 11.30 Uhr. Seine Verlegung auf 12.00 Uhr löste Zuschauerproteste vor allem von Frauen aus, die sich beklagten, die Sendung nun nicht mehr sehen zu können, da sie zu dieser Zeit kochen und den Tisch decken müssten. Zur 1000. Sendung kam ein Politiker ins Studio: Bundeskanzler Willy Brandt gratulierte persönlich. 1967 erhielt Höfer einen Adolf-Grimme-Preis mit Silber. Die Jury begründete die Auszeichnung damit, dass die »Spontaneität der Beiträge der Gesprächsteilnehmer« den Zuschauer »zu aufmerksamem und konzentriertem Mitdenken« zwinge.

Die erfolgreiche Reihe brachte es auf 1874 Sendungen. Am Morgen des ersten Weihnachtstags 1953 moderierte Höfer außerdem den »Internationalen Kindergarten« (kein Witz) und an Neujahr 1954 den »Internationalen Politiker-Frühschoppen«. Die berühmte Anfangsansage »... mit sechs Journalisten aus fünf Ländern« machte Egon Hoegen. 1987 fand die Sendung ein plötzliches Ende. Der »Spiegel« enthüllte, dass der junge Höfer 1943 im Zweiten Weltkrieg in einem Artikel die Hinrichtung des Pianisten Karlrobert Kreiten wegen Wehrkraftzersetzung positiv kommentiert hatte. Der WDR trennte sich daraufhin sofort von seinem Starjournalisten und stellte die Reihe ein. Auf dem Sendeplatz startete nur eine Woche später eine fast identische Sendung unter dem Namen *Presseclub*.

Im Oktober 2002 begann im öffentlich-rechtlichen Ereignis- und Dokumentationskanal Phoenix eine Neuauflage unter dem Originaltitel, die seither immer dann ausgestrahlt wird, wenn der *Presseclub* im Ersten wegen Sportübertragungen ausfallen muss.

DER INTERNATIONALE JOURNALISTEN-FRÜHSCHOPPEN ARD

→ Der Internationale Frühschoppen

INTERVIEW MIT DER GESCHICHTE ARD

1964–1970. Geschichtsreihe, in der historische, von Schauspielern dargestellte Figuren von Wissenschaftlern, Journalisten und Schriftstellern ins Kreuzverhör genommen und mit Fragen aus unserer Zeit konfrontiert wurden.

So musste sich die Suffragette Emmeline Pankhurst gegenüber Elisabeth Noelle-Neumann, Irene Koss, Wolfgang Neuss und Max Bense für ihren Anfang des 20. Jh. zum Teil brutal geführten Kampf für die Gleichberechtigung der Frau rechtfertigen. Gaius Julius Caesar sah sich plötzlich kritischen Fragen von Lore Lorentz, Hans Erich Stier, Rudolf Walter Leonhardt und Peter von Zahn gegenüber. Und auch Lenin, Casanova, Ferdinand Lassalle, Rosa Luxemburg, Fürst Bismarck und Abraham Lincoln wurden richtig in die Zange genommen.

16 Sendungen liefen im Abendprogramm, sie waren 30 bis 45 Minuten lang.

INTIME BEKENNTNISSE SAT.1

2003. 6-tlg. US-Erotikserie (»Erotic Confessions«; 1995). Bestsellerautorin Jacqueline Stone (Ava Fabian), Verfasserin erotischer Romane, bekommt unentwegt Post von Fans, die ihrerseits erotische Erlebnisse schildern.

Lief am späten Sonntagabend.

INUYASHA RTL 2

2003. 52-tlg. jap. Zeichentrickserie nach den Büchern von Rumiko Takahashi (»Inu Yasha«; 2000). Das Mädchen Kagome fällt in einen Brunnen und landet im mittelalterlichen Japan. Vom Halbdämon Inuyasha erhält sie den mysteriösen »Juwel der vier Seelen«, auf den es allerlei Gestalten abgesehen haben, die nun Jagd auf Kagome machen.

INVASION VON DER WEGA ZDF

1970–1971. 20-tlg. US-Science-Fiction-Serie von Larry Cohen (»The Invaders«; 1967–1968).

Als der Architekt David Vincent (Roy Thinnes) sich auf einer einsamen Landstraße verfährt, wird er zufällig Zeuge der Landung eines Raumschiffs. Er bekommt mit, dass Außerirdische vom Planeten Wega neue Planeten suchen, um sie zu kolonisieren. Die Aliens können menschliche Gestalt annehmen, sich also unbemerkt unter die Bevölkerung mischen. Fortan verbringt David seine Zeit damit, die Menschen von der Existenz Außerirdischer auf der Erde zu überzeugen. Er reist überall dorthin, wo es zu merkwürdigen Todesfällen kam, angebliche UFOs gesichtet wurden oder andere unerklärliche Ereignisse vorkamen. Er selbst lernt, die Invasoren anhand winziger Merkmale zu erkennen: Manche haben leicht verkrümmte kleine Finger. Die Aliens müssen sich regelmäßig unter einer Glaskuppel regenerieren, um ihre menschliche Hülle zu erhalten, andernfalls drohen sie zu verglühen. Das markanteste Merkmal ist freilich, dass diese Außerirdischen kein Herz und somit auch keinen Herzschlag haben, doch es ist ja nicht so einfach, sein Gegenüber mal eben unauffällig an der Brust abzuhorchen.

Immer wieder gelingt es David, einen Gegner gefangen zu nehmen und zu töten, doch einen Beweis bekommt er damit nicht. Nach ihrem Tod zerfallen die Aliens zu rotem Staub. Etwaige weitere Zeugen der Geschehnisse werden von den Aliens getötet. Mit Edgar Scoville (Kent Smith) findet David aber schließlich einen Partner, der ebenfalls von der drohenden Invasion weiß und mit ihm den Kampf gegen die Invasoren aufnimmt. Er besitzt eine Elektronikfirma und steht nebenbei an der Spitze einer mehrköpfigen Gruppe von Gleichgesinnten, die ebenfalls an die Existenz der Außerirdischen glauben und der Colonel Archie Harmon (Lin McCarthy), der Computerspezialist Lou Carver (John Milford), Bob Torin (Anthony Eisley) und Elyse Reynold (Carol Lynley) angehören.

Die einstündigen Folgen liefen alle zwei Wochen dienstags um 21.05 Uhr. Obwohl die Serie in Deutschland enorme Zuschauerresonanz hervorrief, war sie eine der wenigen Serien, die nie wiederholt wurden. Auch die noch übrigen 23 Folgen aus den USA wurden bei uns nie gezeigt. Der Planet Wega war eine deutsche Erfindung. In der Originalversion kam nie heraus, woher die Eindringlinge stammten. 1995 entstand eine zweiteilige Neuauflage mit Scott Bakula, die Pro Sieben 1997 unter dem Titel »The Invaders – Invasion aus dem All« zeigte.

I.O.B. SPEZIALAUFTRAG ZDF

1980–1981. 26-tlg. dt. Krimiserie von Rainer Horbelt, Ulrich Stark, Herbert Lichtenfeld und Arne Elsholtz, Regie: Hans-Jürgen Tögel und Wolfgang Schleif; zweite Staffel: Peter Meincke.

Der Deutsch-Amerikaner Mike Jackson (Claus Wilcke), der bereits für das FBI gearbeitet hat, ist der Top-Agent im Hamburger Büro der internationalen Organisation I.O.B., für die er heikle Kriminalfälle aufklärt. Er fährt einen grünen Porsche, der mit modernster Technik inklusive Bildtelefon ausgerüstet ist. Zu Beginn jeder Folge steuert er den Wagen in die Tiefgarage und fährt mit dem Fahrstuhl ins Büro. Seine Kollegin und Partnerin bei den Ermittlungen ist die charmante Österreicherin Catherine Burger (Gerlinde Doeberl). Bernhard Horn (Hans Wyprächtiger) leitet das Büro, Eva Kehrer (Karin Eckhold) ist seine Sekretärin.

Arne Elsholtz, einer der Autoren, wurde ab Mitte der 80er-Jahre ein gefragter Synchronautor und -sprecher für Kinofilme und TV-Serien. Seine Stimme wurde in Deutschland als die von Tom Hanks berühmt.

Die 25-Minuten-Folgen liefen montags am Vorabend.

IQ-DENKSPORT ZDF

1996. Kurzlebiges Quiz mit Björn-Hergen Schimpf. Drei Kandidaten werden nicht nur auf Allgemeinbildung und Spezialwissen getestet, sondern vor allem auf logisches und schnelles Denken.

Sechs halbstündige Sendungen liefen donnerstags abends.

IRGENDWIE L.A. PRO SIEBEN

2001. 26-tlg. US-Sitcom von Andy Ackerman und Peter Mehlman (»It's Like, You Know«; 1999).

Der New Yorker Autor Arthur Garment (Chris Eigeman) hasst Los Angeles und will ein Buch darüber schreiben. Um seinen Hass auszuloten, zieht er nach L.A. Er wohnt bei seinem alten Kumpel Robbie Graham (Steven Eckholt), der es zum Millionär gebracht hat. Der faule, aber stinkreiche Shrug (Evan Handler) ist ihr Vermieter, Lauren Woods (A. J. Langer) eine Freundin und Hollywood-Star Jennifer Grey (Jennifer Grey) ihre Nachbarin.

»Dirty Dancing«-Star Jennifer Grey spielte sich mit viel Humor selbst und machte in dieser Rolle Witze über ihre Nasenoperation und auch über ihr Dasein als gewesener Star. Lief montags im Spätprogramm.

IRGENDWIE UND SOWIESO ARD

1986. 12-tlg. dt. Comedyserie von Franz Xaver Bogner.

Die Auswirkungen der 68er-Bewegung sind auch in einem kleinen Dorf in Niederbayern zu spüren. Dort versucht Alfons (Ottfried Fischer) – wegen seines »NSU-Quickly«-Mopeds »Sir Quickly« genannt, aber auch »Sowieso«, meistens jedoch nur »Sir« –, Sohn des Kerschbaumer-Bauern (Karl Merkatz) und der Kerschbaumerin (Enzi Fuchs), moderne Methoden in die Tierhaltung einfließen zu lassen. So spielt er seinem Ochsen Ringo Hits der Beatles vor, um ihn zu besseren Leistungen zu bringen. Tatsächlich gewinnt er ein Ochsenrennen. Benannt hat er ihn ohnehin nach Ringo Starr. Sein Vater ist mit diesen Methoden gar nicht einverstanden, es gibt Krach, und der Sir verlässt den Hof, um »auf Wanderschaft« zu gehen.

Zu Sirs Freunden gehören der wortgewandte Gymnasiast »Effendi« (Robert Giggenbach), eigentlich Gerhard Tauber, weiterer Spitzname »Irgendwie«, und der verschlossene Kfz-Mechaniker Josef Gruber (Elmar Wepper), ein armer Kerl, weil er sich nur mit einem einzigen Spitznamen begnügen muss, der nicht einmal sonderlich weit hergeholt ist: Sepp. Der Sepp ist der uneheliche Sohn des alten Holzhändlers Martin Binser (Toni Berger), den er für ein »Unternehmerschwein« hält. Sirs weitere

Irgendwie und Sowieso: Elmar Wepper (links), Ottfried Fischer. Man sollte meinen, gerade beim Essen sähe Fischer etwas glücklicher aus.

große Leidenschaften neben Moped und Musik sind Himbeerjoghurt und sein Schwarm Christl (Olivia Pascal), die nicht wegen seines dicken Bauchs keine Beziehung mit ihm anfangen will, sondern weil sie sich dafür schon viel zu lange kennen. Schließlich kommt er mit der Gräfin (Barbara Rudnik) zusammen, die er nach einem Bärenkampf kennen gelernt hat. Eine Nacht mit ihr war der erste Preis. Effendis Freundin ist Marlene (Michaela May).

Am Ende, ein Jahr ist vergangen, trennen sich die Wege der Freunde. Der Effendi schmeißt kurz vor dem Abi die Schule (der Darsteller Robert Giggenbach ist zu diesem Zeitpunkt erkennbar über 30), Sepp überwirft sich mit dem Binser und verschwindet nach der Beerdigung ihres Freundes Tango-Fredy (Bruno Jonas) mit seiner Freundin Charly (Hannelore Elsner) ins Ungewisse. Der Sir kehrt auf den elterlichen Hof zurück.

Irgendwie und Sowieso zeigte das Lebensgefühl junger Leute auf dem Land im Jahr 1968, die so gern unbeschwert leben wollen, aber dauernd mit Problemen zu kämpfen haben. Sie war unterlegt mit vielen Hits der Beatles und anderer Stars der 60er-Jahre. Die Titelmusik stammte von Haindling.

Die einstündigen Folgen liefen im Vorabendprogramm. Die Serie ist komplett auf DVD erhältlich.

IRIS & VIOLETTA ZDF

1994–1995. 11-tlg. dt. Familienserie.

Georg (Fritz von Friedl) betrügt seine Frau Iris (Jenny Gröllmann) mit seiner Sekretärin Margot (Elisabeth Osterberger). Iris gibt ihm daraufhin den Laufpass, hat aber nach 22 Jahren als Ehefrau und Mutter Probleme, mit der neuen Rolle zurechtzukommen. Gemeinsam mit ihrer Tochter Violetta (Ann-Cathrin Sudhoff), die mit Kurti (Heinz Wustinger) zusammen ist, kämpft sie gegen das Schlechte im Mann.

Die 50-minütigen Folgen liefen dienstags um 19.25 Uhr.

IS' WAS TRAINER? ZDF

1997. 25-tlg. dt. Comedyserie.

Der geschiedene Hardy Fuchs (Klaus Wennemann) ist Trainer der Fußballmannschaft FC Victoria 05, die in der 2. Liga spielt. Er arbeitet mit seinen Trainer-Assistenten Luggi Schwarzenberg (Stefan Wigger) und Kalle Dubinski (Maximilian Wigger) zusammen. Seine Tochter Tanja (Sharon Brauner) und seine Freundin Christine Klasing (Susanne Huber) sind die beiden Frauen in seinem Leben; Daniel Birkenstock (Gregor Weber) ist Tanjas Freund. Hardys Kollegin Vera Wagner (Juliane Schmitz) trainiert die Damenmannschaft.

Inhalt und sogar Dialoge wurden aus der US-Sitcom *Mit Herz und Scherz* übernommen, auch die Namen größtenteils schlicht ins Deutsche übertragen. Aus Hayden Fox wurde z. B. Hardy Fuchs. Dem auffallend gleichen Inhalt tragen wir durch auffallend gleiche Texte zu beiden Serien in diesem Buch Rechnung. Die deutsche Fassung war schon 1994 im Auftrag von RTL entstanden. Als der Sender dann jedoch die fertigen Folgen sah, verzichtete er dankend auf eine Ausstrahlung. Drei Jahre lang verschwand das ungesendete Material im Archiv, dann hatte die Serie offenbar lange genug gezogen, um gut genug fürs ZDF zu sein. Dort lief sie schließlich im Spätprogramm.

ISNOGUD ARD

2000–2001. 26-tlg. US-frz.-Zeichentrickserie von René Goscinny nach den Comicbüchern von René Goscinny und Jean Tabary (»Iznogoud The Infamous«; 1995–1996).

Mit allen Mitteln will der hinterlistige Großwesir

Isnogud den gutmütigen Haroun al Placid stürzen und »Kalif anstelle des Kalifen sein«. Mit tatkräftiger Unterstützung seines Helfers Tunichgud geht das jedes Mal schief, und der Kalif hält Isnogud für seinen besten Freund.
Die ARD zeigte nur 36 der eigentlich 52 Folgen im Kinderprogramm am Samstagvormittag. RTL 2 zeigte 26 Folgen zwei Jahre später unter dem Titel *Iznogoud*.

IT'S COUNTRY TIME MIT FREDDY QUINN ZDF
→ Country Time mit Freddy Quinn

ITSY BITSY – EINER SPINNT IMMER RTL 2
1995. 26-tlg. US-Zeichentrickserie (»Itsy Bitsy Spider«; 1993–1994).
Die Walküre Adrienne und Kater Langston können ihren Lebensabend nicht genießen, weil Adrienne Angst vor der Hausspinne Itsy hat.

DIE IVAN-REBROFF-SHOW ARD
1972–1975. Große Samstagabend-Musikshow mit Ivan Rebroff und Gästen. Die musikalische Bandbreite der Show war deutlich kleiner als Rebroffs Stimmumfang. Stars der Premiere waren der Original-Don-Kosaken-Chor Serge Jaroff, die Kuban-Cossaks, das Balalaika-Ensemble Mar de Loutcek, Cindy und Bert, Dagmar Koller und Karel Gott. Sechs Ausgaben liefen in loser Folge.

IVANHOE ARD
1962–1963. »Ein treuer Ritter seines Königs«. 13-tlg. brit. Abenteuerserie nach dem Roman von Sir Walter Scott (»Ivanhoe«; 1958).
Der tapfere edle Ritter Ivanhoe (Roger Moore) kämpft zusammen mit seinem getreuen Schildknappen Gurth (Robert Brown) gegen Willkür und Unterdrückung der Armen, die von Prinz John, dem Bruder des Königs, geknechtet werden. Ivanhoe steht immer auf der Seite des verschollenen Königs Richard. Er verletzt seine Kampfgegner fast nie, setzt sie mit seinem Schwert höchstens außer Gefecht.
Die Serie war die erste Fernsehrolle für Roger Moore. Alle Stunts, meist zu Pferd, übernahm er selbst. Die einzelnen Episoden waren 25 Minuten lang, 39 gab es im Original. arte zeigte 1995 die meisten dieser Folgen in eben diesem Original mit deutschen Untertiteln.

IVO UND DIE »BLAUE MÖWE« DFF 1
→ Sinji Galeb, die Blaue Möwe

IZNOGOUD RTL 2
→ Isnogud

J

J-GAME   KABEL 1

2004. Einstündige Spielshow, die unter dem Titel *Judas Game* angekündigt war.

Sechs Kandidaten kämpfen um 40 000 Euro. Jeder hat einen guten Grund, warum gerade er das Geld besonders gut gebrauchen kann: eine teure Schönheitsoperation, die Pflege der verunglückten Mutter, die Wiedergutmachung an einem mit dem Auto angefahrenen Kind. Einer von ihnen allerdings hat sich seine Geschichte nur ausgedacht (der »Judas« nach ursprünglicher Titelplanung). In vier Runden wählen die Kandidaten je einen raus, den sie nicht für bedürftig halten oder von dem sie glauben, dass sie ihm im Finale nicht trauen können: Dann müssen sich die beiden verbliebenen Kandidaten nämlich entscheiden, ob sie das Preisgeld miteinander teilen. Nur wenn beide sich unabhängig voneinander dafür entscheiden, bekommt jeder 20 000 Euro. Will einer teilen, der andere nicht, hat der Ehrliche das Nachsehen, und der Egoistische bekommt 40 000 Euro. Wollen beide nicht teilen, gehen beide leer aus.

Ab der zweiten Runde dürfen die Teilnehmer »Beweise« vorlegen, dass sie nicht lügen. So kam es gleich in der ersten Folge zum zuvor in Gameshows ungehörten Satz: »Ich hab da mal ein paar Bilder von meinem Hodenkrebs mitgebracht.« Mit dem gezielten Tabubruch der ansonsten sichtbar preisgünstigen Produktion unternahm Kabel 1 einen ersten Versuch, sich aus der Ecke des Nostalgiesenders zu entfernen und krawallig und jung wie RTL 2 zu werden. Das mit dem Krawall klappte: Der Zentralrat der Juden in Deutschland protestierte gegen das aus »Stürmer«-Zeiten antisemitisch besetzte Wort »Judas«, und die Bayerische Landesmedienanstalt untersagte kurzfristig den Titel, der notdürftig und in großer Eile in der ersten Folge unkenntlich gemacht wurde (ohnehin wurde ja weniger verraten als gelogen; »Pinocchio Game« wäre der treffendere Titel gewesen). Gute Quoten bei jungen (oder alten) Zuschauern brachte der Versuch nicht.

Nach drei Ausgaben donnerstags um 20.15 Uhr wurden die restlichen drei auf Samstag, 19.15 Uhr, verlegt.

J. ROBERT OPPENHEIMER – ATOMPHYSIKER   ARD

1983. 7-tlg. brit. Historiendrama von Peter Prince, Regie: Barry Davis (»Oppenheimer«; 1981).

J. Robert Oppenheimer (Sam Waterston) ist einer der Wissenschaftler, die unter der Leitung von Leslie Groves (Manning Redwood) im Zweiten Weltkrieg am streng geheimen »Manhattan Project« mitarbeiten und die Entwicklung der Atombombe vorantreiben. Maßgeblich beteiligt ist auch Enrico Fermi (Edward Hardwicke). Oppenheimer, ein wenig naiv und trinkfreudig, ist davon überzeugt, dass dank dieser Erfindung Frieden geschaffen werden könne. Die erste Testexplosion in Los Alamos führt ihm die vernichtende Wirkung vor Augen, und obwohl er sogar noch den Bombenabwurf über Japan empfiehlt, stellt er nach dem Krieg sein Leben in den Dienst des Friedens. Er setzt sich vehement gegen die Verwendung von Nuklearwaffen ein. Durch diese Kehrtwende wird er zum Sicherheitsrisiko für die Regierung, die ihm 1954 das Vertrauen und seine Kompetenzen entzieht, ihm »unamerikanische Umtriebe« vorwirft und den McCarthy-Untersuchungsausschuss auf ihn ansetzt. Erst die Kennedy-Regierung rehabilitiert ihn später, und 1963 verleiht ihm Präsident Lyndon B. Johnson den Enrico-Fermi-Preis der Atomenergiekommission. Oppenheimer ist mit Kitty Harrison (Jana Shelden) verheiratet und hat zwei Kinder.

Das Erste zeigte alle sieben einstündigen Folgen innerhalb eines Monats zur Primetime.

JA ODER NEIN   ARD

1955. »Ein psychologisches Extemporale mit sieben unbekannten Größen« war der Untertitel dieser Quizsendung mit Robert Lembke, die bereits zur zweiten Sendung zweieinhalb Monate nach der Premiere in *Was bin ich?* umbenannt wurde. Ein vierköpfiges Rateteam musste die Berufe von sieben Gästen erraten. Das Rateteam bestand aus Hans Sachs, Inge Sandtner, Anja Golz und Dr. Peter Mauch.

JA ODER NEIN   ARD

1990–1994. 45-Minuten-Quiz mit Joachim Fuchsberger.

In vier Runden muss ein vierköpfiges Rateteam Geheimnisse von Gästen herausfinden, beispielsweise ihren Beruf, ein bestimmtes Erlebnis oder in welcher Beziehung eine Gruppe von Gästen zueinander steht. Für jedes Geheimnis gibt Fuchsberger als Hinweis eine um die Ecke gedachte Beschreibung. In der vierten Runde ist mit verbundenen Augen ein prominenter Gast zu erraten. Jeder aus dem Team darf so lange mit Ja oder Nein beantwortbare Fragen stellen, bis ein Nein kommt, dann ist der Sitznachbar an der Reihe. Für das erste Nein gewinnt der Gast fünf Mark, bei jedem weiteren wird die bisher gewonnene Summe verdoppelt, bis hin zu maximal 2560 Mark beim zehnten Nein. Ist dann das Geheimnis noch nicht erraten, wird es aufgelöst.

Ja oder Nein war die Nachfolgesendung von *Was bin ich?*, das 1955 ebenfalls unter dem Titel *Ja oder Nein* begonnen hatte und nach dem Tod seines Moderators Robert Lembke im Januar 1989 nicht weitergeführt worden war. Das Konzept wurde in modernisierter Form weitestgehend übernommen. Das Rateteam bestand von links nach rechts sitzend aus

Jack Holborn (Patrick Bach, unten rechts) mit Kapitän Sharingham (Matthias Habich, links) und Vronsky (Andreas Mannkopff, Mitte).

Alice Schwarzer, Gerhard Konzelmann, Vera Russwurm und Emil Steinberger. 1991 wurde Steinberger durch Thomas Hegemann ersetzt, ein Jahr später Konzelmann durch Sepp Maier. Es gab 50 Folgen, die zunächst dienstags um 20.15 Uhr, später donnerstags um 21.45 Uhr ausgestrahlt wurden.

Schneller war nach dem Tod Lembkes die *Was bin ich?*-Variante *Heiter weiter* mit Guido Baumann auf Sat.1 auf den Bildschirm gekommen; sie verschwand aber noch schneller wieder. Noch dichter am Original als *Ja oder Nein* blieb später die Kabel-1-Version, die auch den Originaltitel behielt.

JABBERJAW   PRO SIEBEN
1995. 16-tlg. US-Zeichentrickserie (»Jabberjaw«; 1976–1978).
Im Jahr 2076 spielt der Riesenhai Jabberjaw Schlagzeug in der Rockband The Neptunes, zusammen mit Biff, Bubbles, Clam-Head und Shelly.

JACK CLEMENTI – ANRUF GENÜGT   ZDF
1991. 12-tlg. ital.-frz.-dt. Krimiserie von Lucio de Caro, Steno und Bud Spencer, Regie: Maurizio Ponzi und Steno (»Il professore«; 1989).
Der Ex-Polizeibeamte Jack Clementi (Bud Spencer) ermittelt jetzt als Privatdetektiv im Auftrag des Versicherungsunternehmens Lloyd's gegen Versicherungsbetrug im großen Stil. Er arbeitet dabei oft mit Kommissar Caruso (Raymond Pellegrin) zusammen. Fans alter Bud-Spencer-Filme wird aufgefallen sein, dass er sich in dieser Serie extrem selten prügelt. Das ZDF zeigte die eigentlich sechs Filme in zwölf einstündigen Folgen am Vorabend.

JACK, DIE NERVENSÄGE   RTL 2
1995–1998. 16-tlg. US-Sitcom von Stu Kreisman und Chris Cluess (»Madman Of The People«; 1994–1995).
Der jähzornige Zeitungskolumnist Jack Buckner (Dabney Coleman) bekommt ausgerechnet seine Tochter Meg (Cynthia Gibb) als neue Vorgesetzte. Sein Berufsleben ändert sich radikal, denn sie krempelt das Magazin völlig um und wirft langjährige Mitarbeiter raus. Neu hinzu kommen B. J. Cooper (Craig Bierko) und Sasha Danziger (Amy Aquino). Jack und seine Frau Delia (Concetta Tomei) haben mit Dylan (John Ales) und Caroline (Ashley Gardner) noch zwei weitere erwachsene Kinder, Caroline ist mit Kenny (Robert Pierce) verheiratet.
RTL 2 zeigte die halbstündigen Folgen werktäglich morgens.

JACK HIGGINS   RTL 2
1996–1998. 4-tlg. brit. Krimireihe nach den Romanen von Jack Higgins, Regie: Lawrence Gordon Clark (»Eye Of The Storm«; »On Dangerous Ground«; 1995). Top-Agent Sean Dillon (Rob Lowe) und sein Chef Charles Ferguson (Kenneth Cranham) verhindern Terroranschläge.
Zwei Zweiteiler liefen unter dem Reihentitel, im ersten spielte ferner Hannes Jaenicke, im zweiten Jürgen Prochnow eine der Hauptrollen.

JACK HOLBORN   ZDF
1982. 6-tlg. dt. Abenteuerserie von Justus Pfaue und Sigi Rothemund nach dem Roman »Unter den Freibeutern« von Leon Garfield.
Der 14-jährige Waisenjunge Jack Holborn (Patrick Bach) reißt vom Ehepaar Arrows (Dragan Lakovic und Ljiljana Krstic) aus, dem er von Richter Sharingham (Matthias Habich) zugesprochen wurde. Er schmuggelt sich auf das Freibeuterschiff »Charming Molly«, auf dem Kapitän Sharingham (auch Matthias Habich), der Bruder des Richters, das Kommando übernimmt. Morris (Terence Cooper), Trumpet (Monte Markham) und Vronsky (Andreas Mannkopff) sind Besatzungsmitglieder. Jack ist sich sicher, als Kind schon einmal auf dem Schiff gewesen zu sein. Er be-

gleitet die Piraten überall hin, um die Wahrheit über seine Eltern herauszufinden, über deren Verbleib er nichts weiß, und rettet Kapitän Sharingham sogar das Leben. Schließlich offenbart der Kapitän ihm, dass Jacks Vater an illegalen Waffengeschäften beteiligt war und eines Nachts auf dem Schiff von Soldaten gestellt und erschossen wurde.

Die sechs einstündigen Folgen bildeten die ZDF-Weihnachtsserie 1982 und liefen täglich am Vorabend. Für Hauptdarsteller Patrick Bach war es nach *Silas* die zweite Weihnachtsserie in Folge, in der er die Titelrolle spielte.

JACK LONDON: ABENTEUER SÜDSEE   SUPER RTL
2000. 22-tlg. austral.-frz.-luxemburg. Abenteuerserie nach dem Roman von Jack London (»Tales Of The South Seas«; 1998).

Der Abenteurer David Grief (William Snow) lebt auf Tahiti. Bei seinen Erlebnissen sind meist seine Freundin Lavinia (Rowena King) und sein Geschäftspartner Mauriri (Rene Naufahu) dabei.

JACKIE CHAN   PRO SIEBEN
→ Jackie Chan Adventures

JACKIE CHAN ADVENTURES   PRO SIEBEN
2001–2003. 52-tlg. US-Zeichentrickserie (»Jackie Chan Adventures«; 2000).

Der Archäologe Jackie Chan und seine Nichte Jade sind in geheimer Mission unterwegs. Lief samstags vormittags, zeitweise auch nur unter dem Titel *Jackie Chan*.

JACKS BISTRO   TV.MÜNCHEN
→ Herzbube mit zwei Damen

JACQUES OFFENBACH   ARD
1980. 6-tlg. frz. Historiendrama, Regie: Michel Boisrond (»Les folies Offenbach«; 1977).

Das Leben des Komponisten Jacques Offenbach (Michel Serrault): Er ist mit Herminie (Claudia Morin) verheiratet, leitet das Orchester der »Comédie Française«, gründet 1855 die »Bouffes Parisiens« auf den Champs-Élysées, stellt die Sängerin Hortense Schneider (Catherine Samie) ein, schreibt u. a. »Orpheus in der Unterwelt« und »Hoffmanns Erzählungen« und ist bei seinem Tod 1880 ein berühmter Mann.

Die einstündigen Teile liefen montags um 20.15 Uhr. Anlass war der 100. Todestag Offenbachs.

JACQUOU, DER REBELL   ZDF
1976. 17-tlg. frz. Abenteuerserie nach dem Roman von Eugène le Roy, Drehbuch und Regie: Stellio Lorenzi (»Jacquou le croquant«; 1976).

Der Bauer Martin Féral (Fred Ulysse) findet Anfang des 19. Jh. eine prima Methode gegen Steuererhöhungen: Er bringt einfach den Steuereintreiber Laborie (Charles Moulin) um. Das bringt ihn ins Gefängnis, wo er stirbt. Seine Frau Marie (Simone Rieutor) und sein Sohn Jacquou (als Kind: Eric Damain; als Erwachsener: Daniel Leroy) sind gezwungen, das Haus zu verlassen und eine karge Hütte zu beziehen, in der Marie stirbt. Jacquou schwört dem Grafen von Nansac (Claude Cerval) und dem König Rache und zettelt eine Rebellion an.

Im DDR-Fernsehen lief die Serie später in acht Teilen.

J.A.G. – IM AUFTRAG DER EHRE   SAT.1
Seit 1996. 227-tlg. US-Anwaltsserie von Donald P. Bellisario (»JAG«; 1995–2005).

Lieutenant Harmon Rabb, Jr. (David James Elliott), genannt »Harm«, ist Militäranwalt und kämpft im Auftrag des »Judge Advocate General«-Corps der Navy, und natürlich der Ehre, für die Einhaltung des Seerechts. Sein eigentlicher Job findet vor Gericht statt – das vergisst man leicht, weil er dauernd in irgendwelchen U-Booten und auf Flugzeugträgern herumturnt. Er war Kampfpilot, ist jedoch seit einem Unfall nachtblind. Seine Partnerin bei den Ermittlungen ist anfangs Lieutenant Meg Austin (Tracey Needham), ab der zweiten Staffel Major Sarah MacKenzie (Catherine Bell), schlicht »Mac« genannt. Außerdem helfen Harms Assistent Bud Roberts (Patrick Labyorteaux), der zunächst noch Jura studiert und später selbst Anwalt wird, und bei manchen Fällen der Agent Clayton Webb (Steven Culp). Harm, Mac und Bud werden im Laufe der Zeit befördert und rücken einen Dienstgrad nach oben. Admiral A. J. Chegwidden (John M. Jackson) leitet das J.A.G.-Hauptquartier in Washington. Weitere Kollegen sind die Staatsanwältin Allison Krennick (Andrea Thompson), Harriet Simms (Karri Turner) von der Abteilung Öffentlichkeitsarbeit des Flugzeugträgers »Seahawk« und Commander Teddy Lindsey (W. K. Stratton), später kommen noch Lieutenant Loren Singer (Nanci Chambers) und Commander Sturgis Turner (Scott Lawrence) dazu.

Zwischendurch haben alle Zeit für ein Privatleben: Harm sucht noch immer nach seinem Vater, der seit dem Vietnamkrieg vermisst wird und von dem er glaubt, er könnte noch leben. Bud heiratet Harriet, und die beiden bekommen am Ende der vierten Staffel ein Baby. Mac verlobt sich mit dem australischen Anwalt Mic Brumby (Trevor Goddard). Mic und Mac. Die Hochzeit bläst Mic aber ab, weil Mac Gefühle für Harm hat. Trotzdem werden Mac und Harm kein Paar. Harm erlangt seine Nachtsicht zurück, und Mac hat plötzlich Visionen, die ihr Informationen über Vermisste verschaffen. Am Ende der siebten Staffel verliert Bud durch eine Mine ein Bein und ist fortan nur noch begrenzt einsatzfähig. Kurz vor dem Ende der achten Staffel wird Loren Singer in Folge 178 (»Eisige Zeiten«) ermordet aufgefunden und Teddy Lindsey wenig später als ihr Mörder verhaftet. Am Ende der neunten Staffel kommt Webb bei einer Rettungsaktion ums Leben, und Chegwidden nimmt seinen Hut.

Die Doppelfolge »Eisige Zeiten«, die Sat.1 im Januar 2005 ausstrahlte, diente als Pilotfilm für die neue Serie *Navy CIS*. Dessen Hauptfigur Leroy Gibbs (Mark Harmon) wurde in dieser Folge eingeführt.

Die einstündigen Folgen von *J.A.G.* liefen zunächst freitags zur Primetime, zeitweise an fußballfreien Samstagen um 18.30 Uhr und werktäglich um 16.00 Uhr und seit Sommer 2000 nur noch nachmittags am Wochenende.

DIE JAGD NACH DEM MAGISCHEN WASSERRAD ARD
1997. 7-tlg. schwed. Jugend-Abenteuerserie von Bjarne Reuter (»Den biskop korsikanske«; 1993).
Max (David Fornander) und Kalle (Oliver Loftéen) stoßen im Urlaub auf eine Videobotschaft von Max' verstorbenem Vater. Er war dem Geheimnis des »Korsischen Bischofs« auf der Spur, einem magischen Wasserrad. Gemeinsam mit Hasse Brandin (Ake Lindmann), einem Freund des Vaters, machen sie sich auf die Spur und geraten in gefährliche Situationen.
Die ARD zeigte die halbstündigen Folgen samstags morgens.

JAGD NACH GOLD DFF 2
1981. 13-tlg. austral.-frz. Abenteuerserie (»Rush«; 1974–1976).
In der Mitte des 19. Jh. wird die australische Stadt Turon Springs vom Goldrausch erfasst. Es kommt zu Übereifer, Neid und Feindschaften, und die Polizisten Robert McKellar (John Waters), Emile Bizard (Alain Doutey), James Kendall (Vincent Ball) und Captain Richard Farrar (Paul Mason) bemühen sich, die Schatzsucher zu bändigen.
Die Serie hatte im Original 13 vorausgehende Folgen, die mit zum Teil anderer Besetzung in der Stadt Crocker's Creek spielten, doch im DFF wurde nur die zweite Staffel gezeigt.

JAGD UM DIE WELT – SCHNAPPT CARMEN SANDIEGO ARD
1994. Nachmittags-Spielshow für Kinder mit Stefan Pinnow.
Drei Kandidaten müssen die Meisterdiebin Carmen Sandiego aufspüren, die irgendwo auf der Welt Dinge stiehlt. Sie befindet sich immer an markanten Orten oder bei bekannten Sehenswürdigkeiten, wodurch den Kindern während des Spiels Allgemeinbildung und Geografiekenntnisse vermittelt werden sollen. Stehen sie auf dem Schlauch, bekommen sie weitere Hinweise von der Chefin der »Top-Job-Detektei« (Brigitte Böttrich).
Der MDR hatte die Rechte von der Disney-Tochter Buena Vista erworben, die die US-Version »Where In The World Is Carmen Sandiego« produzierte. Vorlage für das Quiz war ein auch in Deutschland erhältliches Computerspiel. Damit das auch jeder wusste, wurde es hinreichend oft erwähnt. Die Meisterdiebin war später in der RTL-Zeichentrickserie *Wo steckt Carmen Sandiego?* noch einmal die Gejagte.

JAGDGESCHWADER JUNGE ADLER RTL
Seit 1995. 3-tlg. ital. Militärfilm (»Aquile«; 1987).
Der flugbegeisterte Mauro Rosetti (Alessandro Piccinini) lässt sich zum Piloten ausbilden und fliegt als Offizier der Luftwaffe die modernsten Militärmaschinen. Darunter leidet vorübergehend die Beziehung zu seiner Freundin Adriana (Frederica Moro).

JAGDSZENEN IN HOLLYWOOD ZDF
→ Tom und Jerry

JÄGER VERLORENER SCHÄTZE ZDF
Seit 2001. Reportagereihe über spektakuläre archäologische Entdeckungen, z. B. das Gold der Reichsbank oder das Grab von Pharao Tutanchamun.
Bisher zehn Folgen liefen staffelweise sonntags um 19.30 Uhr.

DAS JAHR DANACH ARD
1977–1982. Doku-Reihe. In Langzeitbeobachtungen werden Menschen durch eine schwierige Phase ihres Lebens begleitet, z. B. eine Krankheit, bis diese überwunden ist.
16 Folgen liefen in unregelmäßigen Abständen nachmittags, sie waren jeweils 45 Minuten lang.

EIN JAHR MIT SONNTAG ARD
1970. 7-tlg. dt. Familienserie, Regie: Claus Peter Witt.
Fortsetzung von *Ein Jahr ohne Sonntag:* Familie Sonntag hat ihren Vater wieder, aber die Konflikte zwischen Berufs- und Privatleben gehen weiter: Robert (Götz George), Ina (Karin Baal) und die Kinder Nicky (Nicky Makulis) und Mathias (Florian Halm) leben nun in dem Ort Bottenstedt, wo gegen den Widerstand der Bewohner ein Atomkraftwerk gebaut werden soll – ausgerechnet mit Hilfe von Robert.
Die halbstündigen Folgen liefen im regionalen Vorabendprogramm.

EIN JAHR OHNE SONNTAG ARD
1970. 6-tlg. dt. Familienserie, Regie: Claus Peter Witt.
Der Ingenieur Robert Sonntag (Götz George) ist auf Montage. Während er in der Dritten Welt ein Kraftwerk baut, kümmert sich seine Frau Ina (Karin Baal) alleine um die Kinder Nicky (Nicky Makulis) und Mathias (Florian Halm).
Wurde unter dem Titel *Ein Jahr mit Sonntag* fortgesetzt. Die halbstündigen Folgen liefen im regionalen Vorabendprogramm.

JAHRESTAGE ARD
2000. 4-tlg. dt. Literaturverfilmung von Christoph Busch und Peter Steinbach nach dem gleichnamigen Buch von Uwe Johnson, Regie: Margarethe von Trotta.
Die 35-jährige Gesine Cresspahl (Suzanne von Borsody; als Kind und Jugendliche: Maura Kolbe, Stephanie Charlotta Kötz, Anna von Berg) lebt 1967 mit ihrer zehnjährigen Tochter Marie (Marie Helen Dehorn) in New York. Sie wird von ihrem Chef De Rosny (Hanns Zischler) und dem wohlhabenden Physiker Dietrich Erichson (Axel Milberg), genannt D. E., umworben.

Als Marie in der Schule wegen ihres Engagements gegen den Vietnamkrieg aneckt, erzählt Gesine ihr auf ihr Drängen hin die Lebensgeschichte der Cresspahls: 1931 lernen sich Gesines Eltern Heinrich Cresspahl (Matthias Habich) und Lisbeth Papenbrock (Susanna Simon) in dem mecklenburgischen Dorf Jerichow kennen, wo schon bald die Nationalsozialisten das Sagen haben. Nach einem Pogrom gegen eine jüdische Händlersfamilie nimmt sich Lisbeth das Leben. Heinrich spioniert für die Engländer. Nach dem Krieg machen sie ihn zum Bürgermeister. Doch schnell übernehmen die Sowjets das Kommando. Heinrich gerät, nachdem eine Flüchtlingsfrau vergewaltigt wurde, mit ihnen aneinander und wird verhaftet. Bei Cresspahls sind Frau Abs (Jutta Wachowiak) und ihr 17-jähriger Sohn Jakob (Kai Scheve) untergebracht, in den Gesine sich verliebt, doch er verlässt das Dorf.
Das DDR-System fordert von Gesine Anpassung – einer ihrer Mitschüler zahlt für seine Auflehnung mit 15 Jahren Gefängnis. Die Staatssicherheit verhört Gesine und ihre Mitschülerin Anita Gantlik (Nina Hoger). Die beiden werden Freundinnen und fliehen 1951 in den Westen. Doch Rohlfs (Edgar Selge), der Mann von der Staatssicherheit, erpresst Gesine. Sie besucht Jakob in Magdeburg, beide wollen zusammenleben, können sich aber nicht entscheiden, ob im Osten oder im Westen. Jakob, der Vater von Marie, stirbt 1956 mysteriös bei einem Zugunglück. Und auch die Beziehung zu D. E., gut zehn Jahre später in New York, endet tragisch.
Der Film erzählt das eigentlich unverfilmbare 2000-Seiten-Werk Johnsons mit dem New York der Jahre 1967/68 und dem Vietnamkrieg, der Bürgerrechtsbewegung, dem Tod von John F. Kennedy als Gegenwart. Die Zeit von 1930 bis 1956 in Deutschland ist in Rückblenden zu sehen. Ursprünglich sollte Frank Beyer Regie führen, doch der verkrachte sich nach sechs Jahren mit der ARD und der Produktionsfirma. Im Herbst 1998 sprang Margarethe von Trotta für ihn ein, offenbar nachdem zahlreiche andere namhafte Regisseure das schwierige Projekt abgesagt hatten. Der Druck war enorm: In Zeiten, in denen der ARD eine so genannte »Süßstoff-Offensive« unterstellt wurde, die systematische Verflachung der Fernsehfilme, sollten die *Jahrestage* das Gegenteil beweisen. Sie kosteten insgesamt 16 Millionen Mark; etwa 100 Schauspieler und 1300 Statisten kamen an über 100 Drehtagen zum Einsatz. 2001 erhielt Matthias Habich den Deutschen Fernsehpreis (Bester Schauspieler Hauptrolle Fernsehfilm).

DAS JAHRHUNDERT DER CHIRURGEN ARD

1972. 19-tlg. dt. Arztreihe von Werner Schneider, Helmut Dietl und Thomas Pluch nach dem Buch von Jürgen Thorwald, Regie: Wolf Dietrich und Dieter Lemmel.
In jeder Folge wird ein Mediziner porträtiert, der im 19. Jh. die Medizin durch neue Erkenntnisse oder Operationsmethoden vorantrieb, darunter die Pioniere, die Lachgas und Äther als Narkosemittel entdeckten, den ersten Kaiserschnitt ausführten und erste Versuche der Gesichtschirurgie unternahmen. Die Geschichten sind informativ, aber nicht rein dokumentarisch: Die Höhepunkte der Medizingeschichte sind authentisch, das Leben der Chirurgen wird eher spannend, teils fiktiv dargestellt. Zu den wechselnden Hauptdarstellern gehörten Michael Degen, Wolfgang Kieling, Susanne Uhlen, Paul Verhoeven, Siegfried Wischnewski, Günter Pfitzmann, Gerd Baltus, Bernhard Wicki und Gila von Weitershausen.
Die halbstündigen Folgen liefen in allen regionalen Vorabendprogrammen.

DAS JAHRHUNDERT DER DETEKTIVE ZDF

1992. 8-tlg. dt. Kriminalreihe nach dem Buch von Jürgen Thorwald, Regie: Erwin Keusch.
Die halbdokumentarische Serie stellt mit abgeschlossenen Folgen und wechselnden Hauptdarstellern bemerkenswerte Fälle der Kriminalgeschichte nach. Trotz populärer und bewährter Serienhauptdarsteller hielt das ZDF die Serie nicht für das Vorabendprogramm geeignet, für das sie eigentlich konzipiert worden war. Sie reduzierte die Zahl der halbstündigen Folgen von ursprünglich 26 auf acht, ließ die insgesamt rund sieben Millionen DM teuren Filme ein paar Jahre im Keller liegen und versendete sie dann zügig um Mitternacht und sonntagmittags in der *ZDF-Matinee*. Die erste Folge lief einzeln, die nächsten drei und die letzten vier Folgen wurden jeweils am Stück gezeigt.

DER JAHRHUNDERTKRIEG ZDF

2002. 9-tlg. dt. Geschichtsdoku von Guido Knopp, die sich aus der Sicht aller beteiligten Kriegsparteien mit den Ereignissen des Zweiten Weltkriegs befasste.
Die Reihe lief dienstags um 20.15 Uhr.

DIE JAHRZEHNTESHOW ZDF

2002. Einstündige Nostalgieshow mit Johannes B. Kerner, der in jeder Sendung mit nahe liegenden Gästen auf ein Jahrzehnt der letzten 50 Jahre zurückblickte. Lief eine Woche lang täglich auf dem Sendeplatz der *Johannes B. Kerner Show*.
Die Sendung war das Geburtstagsgeschenk des ZDF für die »Bild«-Zeitung, die 2002 50 Jahre alt wurde. »Bild« trommelte seinerseits für die Sendung und stiftete für jede Ausgabe einen Opel zur Verlosung. Kerner und »Bild« waren ohnehin freundschaftlich verbunden: Der Redaktionsleiter der *Johannes B. Kerner Show* war der Bruder des Unterhaltungschefs von »Bild«; wenn es bei Kerner einen Skandal gab, wurde oft schon nach der Aufzeichnung das Blatt informiert, um frühzeitig berichten zu können. Vor diesem Hintergrund gab es auch kritische Stimmen über die enge Kooperation von ZDF und »Bild«.

JAKE UND MCCABE – DURCH DICK UND DÜNN ZDF, SAT.1, PRO SIEBEN

1988–1989 (ZDF); 1990 (Sat.1); 1992–1994 (Pro Sieben). 101-tlg. US-Krimiserie von Dean Hargrove,

Jakob und Adele: Carl-Heinz Schroth und Brigitte Horney.

Joel Steiger und Douglas Stefen Borghi (»Jake And The Fatman«; 1987–1992).
Der dicke Staatsanwalt J. L. McCabe (William Conrad) und sein Privatdetektiv Jake Styles (Joe Penny) ermitteln gemeinsam in diversen Fällen. J. L.s Vornamen lauten komplett Jason Lochinvar. Er ist bei seiner Arbeit nicht sehr feinfühlig, aber erfolgreich. Jake ist sein Ziehsohn und ein Draufgänger, der oft undercover ermittelt. Mit seinem Assistenten Derek Mitchell (Alan Campbell) und der Sekretärin Gertrude (Lu Leonard) hat J. L. noch zwei weitere Mitarbeiter. Nach einem Jahr, mit Beginn der zweiten Staffel, zieht J. L. von der Großstadt nach Hawaii, und außer Gertrude kommen alle mit. Lisbeth Berkeley-Smythe (Olga Russell) wird seine neue Sekretärin. Nach einem weiteren Jahr lässt sich J. L. zu einer Rückkehr in die Stadt überreden und bringt wieder seine komplette Belegschaft mit, diesmal inklusive Sekretärin.
Die erste Staffel mit 21 Folgen lief mittwochs um 21.00 Uhr im ZDF und trug den Titel *Fatman oder Der Dicke und ich*. Als Sat.1 ein Jahr später mit 33 neuen Folgen startete, hatte die Serie den neuen Titel erhalten, den sie auch auf Pro Sieben behielt. Jede Folge war 45 Minuten lang (ZDF) bzw. eine Stunde, inklusive Werbung in Sat.1 und Pro Sieben. In der *Matlock*-Folge »Auf Ehre und Gewissen« hatten Conrad und Penny kurz zuvor gemeinsam mitgespielt. Aus diesem Auftritt entstand ihre eigene Serie.

JAKOB UND ADELE ZDF
1982–1989. »Geschichten von zwei Leuten, die nicht einsehen wollen, dass ab 65 alles vorbei sein soll«. 10-tlg. dt. Episodenreihe von Herbert Reinecker.
Jakob (Carl-Heinz Schroth) und Adele (Brigitte Horney) sind zwei alte Leute, die sich listig gegen jeden Versuch ihrer Familien und der Umwelt wehren, sie aufs Altenteil abzuschieben. Es wirkt zuweilen, als seien sie die einzigen normalen Menschen auf der Welt und um sie herum herrsche nur Kälte, Leere und Kapitalismus (»Jakob, ich freue mich, Sie zu sehen. Endlich jemand, der alle Tassen im Schrank hat«) und als sei das Leben als solches eine Frage des Geburtsdatums. Während Adele bei der wiederkehrenden Frage nach ihrem Alter die Gesichtszüge entgleiten, nimmt Jakob sie mit konsequenter Gleichgültigkeit und gelangweiltem Blick hin (»Wie alt sind Sie?« – »Methusalem ist mein Sohn«). Trotz aller Romantik und Verliebtheit siezen sich Jakob und Adele. Sie machen sich Geschenke, unternehmen Reisen und genießen das Leben. Adeles Familie sind Tochter Lisbeth (Almut Eggert), Schwiegersohn Rudolf (Jürgen Thormann) und Enkelin Marion (Judith Brandt).
Die Folgen waren 45 bis 60 Minuten lang, meistens gab es nur eine oder zwei pro Jahr. Anfangs bestand jede Folge aus drei bis vier kurzen, abgeschlossenen Episoden, ab 1986 füllte jede Episode eine ganze Folge. Brigitte Horney starb 1988, und ein letzter Film wurde nur mit Carl-Heinz Schroth gedreht: »Jakob oder: Liebe hört nicht auf«. Als er am 26. November 1989 ausgestrahlt wurde, war auch Schroth bereits verstorben.

JAKUB, DER GLASMACHER DRITTE PROGRAMME
→ Glück und Glas

JAMES CAMERONS DARK ANGEL VOX
→ Dark Angel

JAMES CLAVELLS NOBLE HOUSE ZDF
→ Noble House

JAMES' TIERLEBEN ARD
1965–1966. Liedersendung von und mit James Krüss.
Weitere Mitwirkende bei diesem Gedicht- und Liederzyklus mit Texten von James Krüss zu verschiedenen Oberthemen waren Hans Clarin als Erzähler, Suzanne Doucet als Sängerin und Christian Bruhn als Komponist. Die Reihe lief am Samstagnachmittag im Kinderprogramm.

JAMIE OLIVER HAPPY DAYS LIVE RTL 2
2004. Nach mehreren Serien, die sein Leben und Kochen begleiteten, ging Starkoch Jamie Oliver (*The Naked Chef*) auf Tour und bekochte Fans in wechselnden Städten. Natürlich ließ er sich auch dabei filmen.
Vier Folgen wurden an zwei Tagen gesendet.

JAMIE'S KITCHEN RTL 2
2003. 7-tlg. brit. Doku-Soap mit Jamie Oliver.
Der britische Starkoch bringt seine Künste einer Gruppe aus 15 jungen Arbeitslosen bei, um mit ih-

nen ein neues Restaurant in London zu eröffnen, das zwar keinen Gewinn abwerfen, den jungen Leuten aber eine neue Perspektive geben soll. Die Reihe dokumentiert die Bemühungen.

Auf gleichem Sendeplatz am Samstagvormittag hatte RTL 2 unmittelbar zuvor die Reihen *The Naked Chef* und *Oliver's Twist* mit Jamie Oliver gezeigt.

JAN BILLBUSCH ARD

1972. 18-tlg. dt. Abenteuerserie von Rainer Erler. Jan Billbusch (Gernot Endemann) erlebt seine erste große Seereise und damit ein großes Abenteuer. Er hat als Decksjunge auf dem Frachter »Galata« angeheuert und ist als Neuling für die Seeleute natürlich noch eine Landratte, die sich zu bewähren hat. Jan erlebt den Alltag an Bord mit und muss auch einige Krisen durchstehen, z. B. als das Schiff plötzlich einen Maschinenschaden erleidet und manövrierunfähig wird. Robinson (Dieter Augustin) ist sein Kumpel.

Die 25-Minuten-Folgen liefen im regionalen Vorabendprogramm.

JAN VOM GOLDENEN STERN ARD

1980. 3-tlg. Jugendfilm nach dem Roman »The Forgotten Door« von Alexander Key, Regie: Peter Podehl.

Ein Außerirdischer (Balthasar Lindauer) fällt durch eine defekte Raumstation vom goldenen Stern auf die Erde. Familie Kaufmann, Vater Thomas (Lutz Hochstraate), Mutter Hilda (Thekla Carola Wied) und Tochter Julie (Natascha Kilbinger), findet den Jungen, nennt ihn Jan und nimmt ihn bei sich auf. Er spricht nicht, kann Gedanken lesen und 20 Meter weit springen – den Kaufmanns dämmert langsam, welches besondere Wesen sie da gefunden haben. Doch Jan ist in Gefahr, denn an einem solchen Wunderkerl ist natürlich jeder interessiert.

Die halbstündigen Folgen liefen nachmittags. Außer der Miniserie wurde der Film auch in einer Spielfilmfassung gezeigt.

JANE UND KATHLEEN PRO SIEBEN

1991–1992. »Schicksalswege zweier Freundinnen«. 53-tlg. austral. Familienserie (»Possession«; 1985).

Jane Andrews (Tamasin Ramsay) und Kathleen Dawson (Tracey Callander) sind Freundinnen. So weit, so einfach. Aber jetzt: Jane ist adoptiert und erfährt erst kurz vor dessen Tod, dass der Tycoon David Macarthur (Bruce Barry) ihr Vater ist, aber ihre Mutter nicht dessen Frau Elizabeth (Anne Charleston), sondern seine Geliebte Louise (Darien Takle), die sich gerade frisch hat liften lassen und überhaupt nicht einsieht, sich zu einer unehelichen Tochter in den Zwanzigern zu bekennen. Elizabeth, nun verwitwet, verbreitet das Gerücht, dass Jane nicht Davids Tochter, sondern seine Geliebte gewesen sei. Wenn David Janes wahrer Vater ist, dann ist Kathleen bald Janes Schwägerin, denn sie will Davids Sohn Greg (Lloyd Morris) heiraten, allerdings nur, bis sie den Polizisten Detective Vince Bailey (David Reyne) kennen lernt, der die diversen Verbrechen im Ort aufklären soll.

Mit *Jane und Kathleen* versuchte der erfolgreiche Soap-Produzent Grundy (*Unter uns; Gute Zeiten, schlechte Zeiten),* so etwas wie den *Denver-Clan* zu kreieren – und scheiterte grandios. Die meisten der einstündigen Folgen wurden in Australien nachts unauffällig versendet. Pro Sieben tat dasselbe morgens.

JANE WYMAN SHOW ARD

1962–1963. 13-tlg. US-Episodenreihe (»The Jane Wyman Show«; 1955–1958). In sich abgeschlossene dramatische Kurzfilme ohne wiederkehrende Rollen. Die amerikanische Schauspielerin Jane Wyman führt zu Beginn jeder Folge in die Handlung ein. Einige Male spielt sie in der anschließenden Geschichte mit.

Vor Wyman hatten bereits andere Moderatoren die Reihe unter dem Namen »Fireside Theatre« präsentiert. Diese Episoden wurden in Deutschland nicht gezeigt. Auch von den 93 Episoden mit Wyman zeigte das deutsche Fernsehen nur einen kleinen Teil. Sie waren 25 Minuten lang und liefen im regionalen Vorabendprogramm. Jane Wyman war später der Star in *Falcon Crest*.

JANINE ARD

1965. 52-tlg. frz. Soap von Paul Vandor und Jacques Siclier, Regie: Jean-Pierre Desagnat (»Janique Aimée«; 1963–1964). Die junge Krankenschwester Janine (Janine Vila) wird von ihrem Verlobten verlassen. Es folgen neue Liebschaften und Intrigen.

Die Serie war ihrer Zeit weit voraus. Sie lief im regionalen Vorabendprogramm mit meist mehreren Folgen pro Woche und war somit der Vorläufer der späteren Daily Soaps. Auch inhaltlich: Es passierte im Grunde nichts. Das Fortschreiten der spärlichen Handlung wurde auch dadurch erschwert, dass jede Episode nur 13 Minuten lang war. In Frankreich war die Serie dennoch ein großer Erfolg. Jeder kannte die Krankenschwester mit dem Haarband, durch das sie eine neue Mode auslöste, und ihr Fahrrad mit dem Hilfsmotor. Manche Unternehmen gingen sogar so weit, die Arbeitszeiten für ihre Angestellten zu verschieben, damit sie diese Vorabendserie nicht verpassten.

JANNA ARD

1989. 15-tlg. dt.-poln. Abenteuerserie (»Janna«; 1987).

Janna Nowak (Agnieszka Kruk) erbt von einer Tante einen Zauberring, der Wünsche erfüllen kann. Diese Eigenschaft nützt ihr und ihrer Bande, den »Adlern«, die gegen die verfeindeten »Wölfe« mit ihrem Anführer Julian Bromski (Tadeusz Horvath) kämpfen. Janna hat Mühe, gut auf den Ring aufzupassen. Sie wohnt mit ihrer Mutter Martha (Joanna Żółkowska), dem Großvater (Krzysztof Kowalewski) und Haushälterin Adele (Zofia Merle) zusammen. Die Mutter ist mit Julians Onkel Jakob Bromski (Grzegorz Wons) befreundet, einem verrückten Erfinder. Und auch Janna und Julian sind eigentlich eher Freunde als Feinde und verbringen ihre Freizeit miteinander und nicht gegeneinander.

Jede Folge war 25 Minuten lang und lief sonntags mittags. Anders geschnitten und gekürzt lief die Serie später auch in zwei spielfilmlangen Folgen. Eigentlich wollte sie das Konzept der erfolgreichen Telenovelas für das Kinderprogramm adaptieren und sollte noch 54 weitere Folgen haben, doch daraus wurde nichts.

JANOSCHS TRAUMSTUNDE ARD

1986–1990. 26-tlg. dt. Zeichentrickserie nach den Kinderbüchern von Janosch. Wechselnde Janosch-Figuren standen im Mittelpunkt der abgeschlossenen Geschichten, vor allem Tiere wie der kleine Bär und der Tiger, der Waldbär oder der Frosch. Hansjoachim Krietsch war der Erzähler. Die Filme waren außergewöhnlich bedächtig und gemächlich erzählt – im größtmöglichen Kontrast zu amerikanischen Cartoons.

Die halbstündigen Folgen liefen am frühen Sonntagnachmittag. Janoschs Figuren spielten später auch eine Hauptrolle im *Tigerenten-Club*.

JASON KING ZDF

1973. 13-tlg. brit. Krimiserie von Monty Berman und Dennis Spooner (»Jason King«; 1971–1972). Spin-off von *Department S:* Der Krimiautor Jason King (Peter Wyngarde) ermittelt jetzt allein in geheimer Mission in verschiedenen Fällen. Er ist extravagant und etwas snobistisch. Zwischendurch schreibt er weiterhin die Geschichten über seinen Krimihelden »Mark Caine«, die seine Verlegerin Nicola Harvester (Ann Sharp) herausgibt. Der Regierungsbeamte Sir Brian (Dennis Price) und sein Assistent Ryland (Ronald Lacey) erpressen King gelegentlich, wegen seiner Steuerschulden für die Regierung zu arbeiten. Die Serie zeichnete sich durch noch absurdere und psychedelischere Plots als *Department S* aus, die aber King eine umso breitere Bühne für seinen »way of elegance« gaben.

Die Folgen waren 45 Minuten lang und liefen dienstags um 21.00 Uhr.

JAUCHE UND LEVKOJEN ARD

1978–1979. 17-tlg. dt. Familiensaga nach dem Roman von Christine Brückner, Regie: Günter Gräwert.

Maximiliane von Quindt (als Kind: Annika Fröhlich; als Jugendliche: Anne Mätzig; als Erwachsene: Ulrike Bliefert) kommt 1918, kurz vor Ende des Ersten Weltkriegs, auf Gut Poenichen in Hinterpommern zur Welt. Ihre Mutter Vera (Franziska Bronnen) zieht nach Berlin, ihr Vater fällt in den letzten Wochen des Kriegs. Maximiliane wächst bei ihren Großeltern Sophie Charlotte (Edda Seippel) und Joachim (Arno Assmann) auf. Sie ist ein wenig naiv, völlig unpolitisch, aber von Grund auf fröhlich und Mitglied beim Bund Deutscher Mädel. Maximiliane geht aufs Internat, heiratet später den entfernten schlesischen Verwandten Viktor Quint (Wilfried Klaus), und die beiden ziehen zurück auf das heimatliche Gut. Viktor ist zwar fast nie zu Hause, zeugt jedoch mit Maximiliane einige Kinder und beschützt seine Familie während der NS-Diktatur dadurch, dass er Parteimitglied ist. Er fällt kurz vor Ende des Krieges, und die Großeltern nehmen sich das Leben. Maximiliane macht sich mit ihren Kindern auf den Weg in den Westen.

Die 25-minütigen Folgen liefen im regionalen Vorabendprogramm. In den Dritten Programmen wurden sie später in 45- oder 90-minütigen Folgen wiederholt. Die Geschichte von Maximiliane Quint wurde in der Nachfolgeserie *Nirgendwo ist Poenichen* fortgesetzt.

JBK ZDF

→ Die Johannes B. Kerner Show

JE SPÄTER DER ABEND WDR, ARD

1973 (WDR); 1973–1978 (ARD). Einstündige Talkshow mit je drei prominenten Gästen.

Erster Gastgeber war Dietmar Schönherr, der zuvor als Schauspieler in *Raumpatrouille* und als Moderator in der Skandalshow *Wünsch dir was* aufgefallen war. Gemeinsam mit dem Filmjournalisten Peter Hajek hatte er die Idee, das Format Talkshow aus Amerika zu importieren. Vorbild war vor allem die »Dick Cavett Show«, die ein intellektuelles Image, aber kaum Zuschauer hatte. Schönherr galt nun als erster deutscher Talkmaster. In der Premiere musste er noch erklären, was das eigentlich war, was er da veranstaltete: »Wir machen heute eine so genannte Talkshow. Was sie ist, das wissen Sie nicht – und wir auch nicht so genau. Denken Sie nicht, dass eine Talkshow das Gegenteil einer Nachtshow ist; ›Talk‹ kommt von *to talk,* reden, das Ganze ist also eine Rederei.«

Die neue Reihe lief neunmal im Dritten Programm des WDR und wurde ab Silvester 1973 in die ARD übernommen. Zu diesem Zeitpunkt hatte sie noch immer keinen Skandal verursacht. 1974 trat die 64-jährige Inge Meysel auf und teilte mit: »Den Ausdruck Talkshow finde ich schrecklich«, was sie jedoch nicht daran hinderte, wenig später von ihrer Entjungferung Anfang der 30er-Jahre zu berichten. Einige Sendungen später legte Romy Schneider dem vorbestraften Bankräuber Burkhard Driest die Hand aufs Knie und schwärmte: »Sie gefallen mir. Sie gefallen mir sogar sehr.« Perfekt. Genau so hatte sich der zuständige WDR-Redakteur Hans-Joachim Hüttenrauch das vorgestellt. Er hatte 1973 erklärt, Ziel sei es, Gäste »möglichst bis an die Grenze des seelischen Striptease zu entblättern«.

Die Show kam auf den Prestigesendeplatz am Samstagabend gegen 22.00 Uhr. Schönherr kündigte jedoch bald, weil er sich wegen der Gästeauswahl mit dem Redakteur Kay-Dietrich Wulffen zerstritten hatte. Stattdessen moderierten ab 1975 Hansjürgen Rosenbauer und ab 1976 Reinhard Münchenhagen

(der zweite Moderatorenwechsel geschah angeblich aus dem gleichen Grund). Auch ohne Schönherr sorgte die Show weiter für Schlagzeilen, z. B. durch den Auftritt von Leni Riefenstahl 1976.
Der Titel stammte vom WDR-Fernsehdirektor Werner Höfer, zugleich Moderator des *Internationalen Frühschoppens*. Er selbst hatte bereits in den 50er-Jahren die Plaudersendung *Rhein-Ruhr-Clübchen* moderiert, ohne zu wissen, dass es sich dabei um eine Talkshow handelte.

JEANNE, DIE KAMIKAZE-DIEBIN RTL 2
2001. 44-tlg. jap. Zeichentrickserie (»Kamikaze Kaito Jeanne«; 1999).
Die 16-jährige Maron ist die Reinkarnation von Jeanne d'Arc und soll die Erde vor bösen Dämonen schützen. Deshalb stiehlt sie als Kamikaze-Diebin Kunstwerke, in denen sich die Dämonen verstecken. Die 20-Minuten-Folgen liefen nachmittags.

JEANNIE RTL 2
2000. 52-tlg. jap. Zeichentrickserie (»Kaze No Naka No Shoujo Kinpatsu No Jenii«; 1992). Die kleine Jeannie muss sich im 19. Jh. in einem Internat zurechtfinden.
RTL 2 zeigte die 20-minütigen Folgen werktags vor dem Aufstehen.

JEDE MENGE FAMILIE PRO SIEBEN, KABEL 1
1990 (Pro Sieben); 1992–1993 (Kabel 1); 2001–2002 (Pro Sieben). US-Sitcom (»Family Ties«; 1982–1989), die zuvor bereits teilweise im ZDF unter dem Titel *Hilfe, wir werden erwachsen* gelaufen war und zwischendurch bei RTL als *Familienbande* lief (siehe *Familienbande*).

JEDE MENGE LEBEN ZDF
1995–1996. 313-tlg. dt. Soap.
An ihrem 40. Geburtstag erfährt die Ärztin Dorothee Berger (Olivia Silhavy), dass ihr Mann, der Architekt Clemens (Béla Erny), ein Verhältnis mit der Boutiquenbesitzerin Sue Schneider (Jana Hora), der Freundin von Sohn Julian (Markus Pfeiffer), hat. Dorothee zieht daraufhin in die Penthouse-Wohnung ihrer Freundin Hanna Hassencamp (Myriam Stark), die mit Matthias (Hermann Giefer) verheiratet ist, der aus erster Ehe einen Sohn Mike (Oliver Deska) hat. Julian zieht ebenfalls ein, weil er sich von seinen beiden weiblichen WG-Genossinnen Rebecca (Johanna-Christine Gehlen) und Laura (Aglaia Szyszkowitz) bedrängt fühlt, und der jüngere Bruder Niko (Matthias Schloo) folgt kurz danach. Hanna und Dorothee haben beide ein Verhältnis mit Dr. Paul Steiner (Udo Thies, später: Nikolaus Gröbe), Mike verliebt sich in Nicole Fuchs (Angelika Reißner), Hanna in Julian, John Winslow (Matthias Schlüter) ebenfalls, Niko in die Ballettschülerin Jenny Wischnewski (Petra Csecsei). Deren Bruder heißt Klaus (Giuseppe Michael Mautone), ihre Eltern sind Gregor (Martin Bruhn) und Gisela (Karyn von Ostholt), die erst viel trinkt und sich dann mit Hanna anfreundet. Auch der Anwalt Marius Grasshoff (Michael Schwarzmaier), dem seine Tochter Mia (Mareike Fell) Sorgen macht, kümmert sich um Dorothee. Später nistet sich noch ihr Bruder Achim (Rudi Knauss) in die WG ein.
Gleich in der ersten Folge kommentierte Dorothee das Geschehen mit dem Satz »Das möchte ich nicht einmal in einem Kitschroman lesen«, dem Kritiker und Zuschauer hinzufügten: »… und auch nicht im Fernsehen sehen.« Nach einem Pilotfilm zeigte das ZDF die knapp halbstündigen Folgen dienstags bis donnerstags um 18.30 Uhr, samstags nachts waren die »Wochenhöhepunkte« zu sehen. Innerhalb des ersten halben Jahres rückte der Sendeplatz zunächst eine und dann eine weitere Stunde Richtung Nachmittagsprogramm, lief dann um 16.30 Uhr fünfmal pro Woche. Weihnachten 1995 durften die Bergers noch mit den Serienfamilien aus *Freunde fürs Leben*, *Forsthaus Falkenau* und *Unser Lehrer Doktor Specht* in einem Special »Das größte Fest des Jahres« verbringen, aber das nächste Weihnachtsfest erlebten sie nicht mehr.

JEDE SEKUNDE EIN SCHILLING ARD
1959–1961. Erfolgreiche Spielshow mit Lou van Burg.
Mehrere Kandidaten treten gegeneinander an und bekommen Fragen gestellt, deren Nichtbeantwortung zum wesentlichen Teil der Show führt: den Prüfungen. Kandidaten müssen eine auf den ersten Blick einfache Aufgabe erfüllen, die jedoch einen Haken hat. Beispielsweise muss ein Mitspieler ein Lied singen und dabei unter einem Fenster stehen, aus dem Wasser geschüttet wird. Geht auch mit Mehl oder anderen Sauereien. Für jede Sekunde, die er das Spielchen tapfer durchsteht, gewinnt er einen Schilling. Die Show, die Lou van Burg gemeinsam mit dem Gameshow-Produzenten Jean-Paul Blondeau entwickelt hatte, wurde vom österreichischen Fernsehen ORF produziert. Dort war die Sendung schon ein halbes Jahr vor dem deutschen Start zu sehen, die ARD hatte eine Ausstrahlung abgelehnt. Erst nachdem die Quizreihe *Das ideale Brautpaar* vorzeitig aus dem Programm geflogen war, wurde *Jede Sekunde ein Schilling* von der ARD übernommen.
Beim Publikum war die Show ein Erfolg, Kritiker bemängelten den Klamaukcharakter und die geschmacklosen Strapazen, die die Kandidaten erdulden mussten. Selbst ein Vierteljahrhundert später wurden Shows wie *Donnerlippchen* und *Vier gegen Willi* noch aus den gleichen Gründen kritisiert. Es war van Burgs erste eigene Show. Hier sang er erstmals sein berühmt gewordenes Begrüßungslied »Guten Abend«, das stets mit »Hallo Freunde!« und der Publikumsantwort »Hallo Lou!« endete. Das Lied sang van Burg auch noch in seinen späteren Sendungen wie *Der goldene Schuss*. Mit diesem ersten Quiz *Jede Sekunde ein Schilling* wurde er in Österreich und Deutschland zum Fernsehstar.
Die 20 Ausgaben der Reihe liefen monatlich im Abendprogramm.

JEDE SEKUNDE ZÄHLT   ZDF
2000–2001. Einstündige Spielshow mit Andrea Kiewel.
Zwei Familien aus je zwei Generationen treten gegeneinander in verschiedenen Spielen an. Die Eltern müssen Aufgaben lösen, die aus dem Interessenkreis der Kinder stammen, die Kinder im Gegenzug Aufgaben aus der Berufswelt oder zu den Hobbys der Eltern erfüllen. Mit gelösten Aufgaben werden Sekunden von einem Zeitkonto abgebaut. Ziel des Spiels ist, dieses Konto zu löschen. Als Hauptgewinn lockt ein Traumhaus.
Ein psychologisch interessantes Finalspiel stand am Ende der Sendung: Auf einem »Monsterseil« musste die gesamte Familie gleichzeitig seilspringen. Wenn auch nur ein Mitglied stolperte, musste die ganze Familie auf ihren Gewinn verzichten. Was für eine Botschaft: Jede Familie ist nur so gut wie ihr schwächstes Glied, und sei es ein aufgeregtes siebenjähriges Mädchen.
Die Show warb zugleich für die ZDF-Fernsehlotterie in Verbindung mit der wohltätigen *Aktion Mensch* und war damit die Nachfolgesendung von *Das große Los*. Sie lief einmal im Monat donnerstags um 20.15 Uhr, überlebte aber nur ein halbes Jahr. Danach versuchte es das ZDF mit einer Neuauflage von *Der große Preis*.

JEDE WOCHE HAT NUR EINEN SONNTAG   ARD
1977. 13-tlg. dt. Familienserie von Peter M. Thouet, Regie: Claus Peter Witt.
Beruflich leitet Herbert Winter (Stephan Orlac) die Druckerei Kühn & Laube, privat versucht er, als alleinerziehender Vater seine Kinder Ilka (Ute Willing) und Martin (Thomas Goritzki) zu bändigen.
Ungewöhnlich für Familienserien im Fernsehen war, dass dieser Vater nicht Witwer war, sondern geschieden. Die halbstündigen Folgen liefen im regionalen Vorabendprogramm.

JEDER GEGEN JEDEN   SAT.1
1996–2001. Halbstündiges Wissensquiz, in dem zwölf Kandidaten gegeneinander antreten. Jeder muss Fragen beantworten, die nicht ganz einfach sind, und darf nach richtiger Antwort entscheiden, wer als Nächster dran ist. Das kann eine wichtige Waffe gegen die anderen Kandidaten sein, denn wer dreimal falsch geantwortet hat, scheidet aus. Das letzte von drei Lichtern auf seinem Pult erlischt dann. Am Ende bleibt ein Tagessieger übrig.
Moderator war zunächst Hans-Hermann Gockel, der bei Sat.1 außer dieser Gameshow auch die Nachrichten moderierte. Im Januar 2000 wurde die Zahl der Kandidaten auf zehn gesenkt, das Niveau der Fragen auf null und das des Moderators auf Holger Speckhahn. Vorbild war das britische Format »15 to 1« von Channel 4, das genauso funktionierte, aber 15 Kandidaten hatte. Die größte Action lief bei *Jeder gegen jeden* immer dann ab, wenn das Licht ausging oder Gockel, wenn er ganz crazy drauf war, mal den Kopf drehte.
Das Spiel lief täglich um 17.00 Uhr. Nachfolgesendung wurde das wesentlich actionreichere, aber auch deutlich kurzlebigere *Quizfire*.

JEDER HAT SEIN NEST IM KOPF   ARD
1983. 4-tlg. Reihe mit Städteporträts, für die Filmemacher ihren Heimatort besuchten. In der ersten Folge z. B. traf Beate Rose in Landshut nach 24 Jahren ihre Jugendliebe, ihre Lehrerin und eine ehemalige Freundin wieder. Und in der dritten kehrte Eckhard Garczyk nach 21 Jahren zurück nach Dorsten, über das er sagte: »Soweit ich mich erinnere, hat mich die Stadt immer unentwegt zum Abhauen ermuntert.«

JEDERMANNSTRASSE 11   ARD
1962–1965. 26-tlg. dt. Familienserie von Iwa Wanja, Regie: Ralph Lothar.
Der Hausmeister Hermännchen Jeschke (Willi Rose), ein ehemaliger Seemann, und seine Frau Tinchen (Berta Drews) müssen sich mit fälligen Reparaturen bei den Hausbewohnern auseinander setzen. Da Hermännchen aber beliebt ist, kommen die Leute auch mit ihren privaten Problemen zum »Käpt'n« und sind für seine Ratschläge dankbar, die er seinerseits von seinem Admiral erhalten hat. Zu den Bewohnern gehören das neureiche Rentnerehepaar Lehmann (Brigitte Mira und Paul Westermeier) und Dr. Metzler (Kurd Pieritz).
Die Folgen dauerten 25 Minuten und liefen im regionalen Vorabendprogramm. Vorbild war die britische Serie »Coronation Street«, die zwei Jahre vorher gestartet war und nie wieder aufhörte. An

»Warte erst, bis die unser Konzept in der *Lindenstraße* verhunzen!« *Jedermannstraße 11* mit Berta Drews und Willi Rose.

ihr orientierte sich gut 20 Jahre später auch die *Lindenstraße,* die im Vergleich zur *Jedermannstraße 11* wesentlich langlebiger und schwermütiger war.

JEFF CORWINS TIERISCHE ABENTEUER   RTL 2
2003. 13-tlg. US-Wildlife-Serie (»The Jeff Corwin Experience«; seit 2001).
Die Dokumentationen begleiten den Abenteurer Jeff Corwin in die Urwälder verschiedener Kontinente und zeigen seine Erlebnisse in der Natur und mit wilden Tieren. Die Reihe lief sonntags nachmittags.

JELLABIES   SUPER RTL
2000. 78-tlg. US-brit. 3D-Animationsserie für Kinder (»Jellikins«; 1999). Die sechs bunten glibbrigen Bärchen Strum, Bouncy, Amber, Denny, Pepper und Coral schaffen mit einer Jellymaschine bunte Naturwunder und entdecken ihre Welt.
Die *Teletubbies* basierten auf der Annahme, dass zweijährige Zuschauer bereits eigene Sendungen brauchen. Auch die *Jellabies* basierten auf dieser schrecklichen Vermutung. Immerhin waren hier die Folgen nur ein paar Minuten lang.

JENNIFERS ABENTEUERLICHE REISE   ZDF
1981. »Geschichten aus Florida«. 7-tlg. US-Jugendserie (»Jennifer's Journey«; 1979).
Seit ihre Mutter gestorben ist, leben die 14-jährige Jennifer (Denise Miller) und ihr Bruder Michael (Anthony Michael Hall) bei ihrer Tante Gloria (Eda Seasongood) auf einem Hausboot in Florida. Nach einem Unfall mit Michael will Gloria mit den Kindern zurück in die Heimat, doch die Kinder sind dagegen. Sie versuchen zu verhindern, dass das Haus verkauft wird. Terry (David Elliott), der sie erst bestehlen wollte, hilft ihnen. Doch die Reise der drei Ausreißer wird zu einem gefährlichen Abenteuer.
Die Geschichten waren 30 Minuten lang und liefen dienstags um 17.10 Uhr.

JENNY BERLIN   ZDF
→ Einsatz in Hamburg

JENNY, LADY CHURCHILL   ZDF
1978. 7-tlg. brit. Historiendrama von Julian Mitchell, Regie: James Cellan Jones (»Jennie, Lady Randolph Churchill«; 1974).
Die Amerikanerin Jenny Jerome (Lee Remick) trifft 1873 Lord Randolph Churchill (Ronald Pickup), flirtet mit ihm, heiratet ihn, unterstützt seine Politik und bekommt einen Sohn: Winston (Warren Clarke). Später macht sie selbst Karriere als Herausgeberin eines Literaturmagazins.
Die Verfilmung des Lebens von Winston Churchills Mutter wurde zu dessen 100. Geburtstag in Auftrag gegeben. Warren Clarke alterte in den sieben Teilen um nicht weniger als 31 Jahre: von 16 auf 47. Jede Folge dauerte eine Dreiviertelstunde.

JENNY & CO.   ZDF
2001. 12-tlg. dt. Familienserie von Barbara Piazza.
Die junge Wissenschaftlerin Dr. Jenny Holl (Eva Meier), Abteilungsleiterin im Institut für Zukunftsforschung, muss sich nach dem Tod ihrer Mutter um ihre 13 Jahre alten Geschwister kümmern, die Zwillinge Melanie (Laura Merforth) und Peter (Cedric Fingler). Ihren Freund, den Psychologen Dr. Arne Faber (Harry Blank), mit dem sie eine Fernbeziehung führt, vernachlässigt sie dadurch noch mehr. Tante Ellen (Witta Pohl), eine energische Lehrerin, und Oma Charlotte (Bruni Löbel) stehen Jenny mit Rat und Tat zur Seite. Ihr Chef im Institut ist Prof. Dr. Clemens Schaller (Stephan Benson), der auch ein Auge auf sie geworfen hat. Dr. Jacko Geiger (Andreas Nickl) ist ein Kollege.
Die 50-Minuten-Folgen liefen dienstags um 19.25 Uhr.

JENS CLAASEN UND SEINE TIERE   ARD
1966. 7-tlg. dt. Tierserie, Regie: Jürgen Goslar.
Der Rheinschiffer Jens Claasen (Gerd Simoneit) ergreift nacheinander zwei Berufe, bei denen er mehr mit Tieren zu tun hat. Erst wird er Trabrennfahrer, dann Dompteur. Fortan reist er umher, um neue Tiere zu finden.
Die halbstündigen Folgen liefen im regionalen Vorabendprogramm. Die Serie wurde später unter dem Titel *Die afrikanischen Abenteuer des Jens Claasen* fortgesetzt.

JENSEITS DER MORGENRÖTE   ARD
1985. 6-tlg. internat. Abenteuerserie von Klaus Gröper, Regie: Sigi Rothemund.
1648 brechen Kilian von Roggenburg (Julian Glover) und der Jesuitenpater Pereira (Charles Brauer) auf, um – u. a. für die Fugger – einen Landweg nach China zu erschließen. Sie bestehen gefährliche Kämpfe gegen wilde Völker. Kilians Sohn Wolff (Thomas Ohrner) verliebt sich in das sibirische Mädchen Nadja (Ritza Brown). Die Gruppe kommt nie ans Ziel.
Die Serie war eine deutsche Koproduktion mit Finnland, den Niederlanden, den USA und Jugoslawien. Die Folgen waren 55 Minuten lang und liefen montags um 20.15 Uhr.

JENSEITS VON EDEN   ZDF
1983. 6-tlg. US-Familiensaga von Richard Shapiro nach dem Roman »East of Eden« von John Steinbeck, Regie: Harvey Hart (»East of Eden«; 1981).
Connecticut nach dem Bürgerkrieg: Die beiden Söhne von Cyrus Trask (Warren Oates) sind unterschiedlich wie Tag und Nacht. Adam (Timothy Bottoms) ist sanft, Charles (Bruce Boxleitner) ein Draufgänger. Die bösartige Cathy Ames (Jane Seymour) verdreht beiden den Kopf und lässt sie erbitterte Feinde werden. Schließlich heiratet sie Adam, und die beiden werden Farmer in Kalifornien. Doch Cathy hält das Einsiedlerleben nicht aus: Sie läuft weg in ein Bordell. Adam zieht die Zwillinge allein auf, die wie er und sein Bruder bittere Rivalen werden: Cal Trask (Sam Bottoms) kann in den Augen seines

Vaters nie mit seinem Bruder Aron (Hart Bochner) mithalten. Am Ende verrät Cal aus Verzweiflung das Geheimnis ihrer Mutter.
Anders als im ungleich berühmteren Film mit James Dean als Cal Trask, der nur das letzte Drittel der Geschichte enthielt, wurde in dieser Miniserie das ganze Buch von Steinbeck verfilmt. Das ZDF zeigte die einstündigen Folgen sonntags um 20.15 Uhr.

JEOPARDY! RTL, TM3

1994–1998 (RTL); 1999–2001 (tm3). Erfolgreiches halbstündiges Nachmittagsquiz mit Frank Elstner, in dem drei Kandidaten die Fragen auf vorgegebene Antworten formulieren müssen – nein, nicht umgekehrt. Wenn die Antwort lautet: »Erster Bundeskanzler«, muss der Kandidat formulieren: »Wer war Konrad Adenauer?«; nur »Konrad Adenauer« wäre falsch. Die Themenpalette reicht von Sport bis zu Dadaismus. Von einer großen Ratewand wählen die Kandidaten vor jeder einzelnen Antwort aufs Neue das nächste Thema und die zu erspielenden Punkte aus – ganz am Ende werden diese in D-Mark umgewandelt. Bei richtiger Antwort werden die Punkte gutgeschrieben, andernfalls abgezogen. Dadurch kam es gelegentlich vor, dass Kandidaten ins Minus gerieten. Trotzdem musste nie jemand Frank Elstner Geld geben. In der Finalrunde, in der alle schriftlich die gleiche Frage beantworten müssen, setzen die Kandidaten vorab einen frei wählbaren Anteil ihrer Punkte, der je nach Antwort wiederum gutgeschrieben oder abgezogen wird. Wer danach den höchsten Kontostand hat, ist Champion des Tages und in der nächsten Sendung wieder dabei, maximal fünfmal hintereinander. Elstner, der bis kurz zuvor große Abendshows moderiert hatte, sagte über seinen neuen Job am Gameshow-Fließband: »Sie können sich gar nicht vorstellen, wie viel Spaß mir das macht.« Stimmt.

Das Konzept stammte von einer noch erfolgreicheren Show in den USA und hatte es schon einmal bei RTL gegeben. Unter dem Titel *Riskant* hatte Hans-Jürgen Bäumler das Spiel von 1990 bis 1993 moderiert. Zur Neuauflage am gleichen Sendeplatz, werktags gegen 17.00 Uhr, entschied man sich für den amerikanischen Originaltitel *Jeopardy!* und übernahm auch gleich Titelmusik und Kulisse eins zu eins vom Original. Es gab diverse *Jeopardy*-Spezialausgaben, die jeweils als Fünferblock eine Woche lang am Stück ausgestrahlt wurden, z. B. »Star-Jeopardy«, »Junior-Jeopardy«, »Soap-Jeopardy« und der »Jeopardy-Champions-Cup«, bei dem mehrfache Tagessieger vorangegangener Sendungen gegeneinander antraten.

Ende 1998 nahm RTL das beliebte Quiz aus dem Programm, weil ihm die Zuschauer zu alt waren. Neun Monate später startete *Jeopardy!* erneut bei tm3, jetzt moderiert von Gerriet Danz, täglich am Vorabend. Das Niveau der Fragen war bei der neuen Version nicht mehr mit dem der RTL-Version vergleichbar, eine gute Allgemeinbildung war jetzt nicht zwingend notwendig, um hohe Beträge zu erspielen.

JÉRÔME UND ISABELLE ZDF

1974. 13-tlg. frz. Jugendserie von Cécile Aubry (»Le jeune Fabre«; 1973).
Der 15-jährige Jérôme Fabre (Mehdi El Glaoui) muss lernen, auf eigenen Füßen zu stehen. Seine Mutter kennt er gar nicht, und sein Vater Daniel (Paul Guers) liebt jetzt Julia (Michèle Grellier) und hat nicht das geringste Verständnis für Jérômes große Liebe, die Malerei. Schließlich fliegt er auch noch aus dem Internat. Doch dann lernt er eine weitere große Liebe kennen: Isabelle (Véronique Jeannot). Die 25-minütigen Folgen liefen montags um 17.10 Uhr. Den Titelsong sang Demis Roussos. Hauptdarsteller Mehdi El Glaoui ist der Sohn der Autorin Cécile Aubry. Er hatte bereits in ihrer Serie *Belle und Sebastian* die Hauptrolle gespielt.

JERUSALEM, JERUSALEM ARD

1979. 6-tlg. dt. Drama von Berengar Pfahl.
Hubert (Hinnerk Jensen) und Susanne (Dagmar Kreutzfeld) sind ein junges Ehepaar, das schon einen dreijährigen Sohn, Patrick (Alexander Lutz), hat, wofür sie eigentlich noch gar nicht reif sind. Sie fahren zu zweit in den Urlaub nach Jerusalem, wo Hubert die Israelin Nira (Tine Seebohm) kennen lernt. Die beiden sind extrem unterschiedlich: Hubert ist naiv und unpolitisch, Nira eine starke Frau, die sich der Geschichte und Gegenwart ihres Volkes sehr bewusst ist. Nira überrascht Hubert später gemeinsam mit ihrer Freundin Moni (Jannah Rowenius) bei ihm zu Hause in Schleswig. Huberts Vater (Franz-Josef Steffens) und Mutter (Eva Kramer) reagieren abweisend. Hubert reist mit Nira nach Israel, wo er erstens feststellen muss, dass Nira einen Freund, Jossi (Itzig Aloni), hat, und zweitens, dass die deutsche Geschichte hier viel präsenter ist. Niras Onkel (Heinz Bernard) und Tante (Ursula von Reibnitz) reagieren entsetzt, als sie erfahren, dass Hubert Deutscher ist. Später erfährt Hubert von ihnen einiges darüber, was sie im Dritten Reich durchgemacht haben. Nira kehrt zurück zu Jossi, Hubert nach Deutschland zu Susanne, aber inzwischen haben sich beide sehr verändert.
Pfahl knüpfte mit der Geschichte des Mannes, der eigentlich viel zu jung Vater wird, an die Serie *Britta* an, wollte aber mit *Jerusalem, Jerusalem* vor allem »Anregungen und Gedanken zu einer deutschen Vergangenheitsbewältigung« liefern. Die Teile waren 45 Minuten lang und liefen sonntags um 11.15 Uhr. Der Film wurde später auch mehrfach als Dreiteiler wiederholt.

JESSE PRO SIEBEN

2000. 42-tlg. US-Sitcom von Ira Ungerleider (»Jesse«; 1998–2000).
Jesse Warner (Christina Applegate) jobbt als Bedienung im bayerischen Biergarten ihres Vaters John, Sr. (George Dzundza) in Buffalo, New York, um sich und ihren zehnjährigen Sohn Little John (Eric Lloyd) ernähren zu können. Ihre Brüder John, Jr. (John Lehr) und Darren (David DeLuise) hängen viel bei ihr rum. In der ersten Staffel spricht Junior

nicht, weil er nicht daran glaubt. Jesses Nachbar ist der attraktive Chilene Diego Vasquez (Bruno Campos). Carrie (Jennifer Milmore) und Linda (Liza Snyder) sind Jesses Kolleginnen im Biergarten. Eigentlich möchte Jesse Krankenschwester werden und bekommt nach einer Weile auch eine Stelle in einer Schwesternschule. Dort arbeitet sie mit Dr. Danny Kozak (Kevin Rahm) und Kurt (Darryl Theirse) zusammen. Zwischen Diego und Jesse knistert es permanent; sie sind auch immer wieder zusammen, lehnen jedoch mehrfach gegenseitige Heiratsanträge ab. Als Diego die endgültige Ausweisung nach Chile droht, heiratet er schließlich Linda.

Christina Applegate, bekannt geworden als Dumpfbacke in *Eine schrecklich nette Familie,* zeigte hier, dass sie über deutlich größeres Schauspieltalent verfügt als weithin erwartet. Die Serie lief am Samstagnachmittag und wurde unmittelbar nach ihrem Ende werktäglich um 17.30 Uhr wiederholt.

JESSE JAMES REITET WIEDER ZDF
→ Western von gestern

JESSICA NOVAK ZDF
1984. 7-tlg. US-Reporterserie (»Jessica Novak«; 1981).

Die Fernsehreporterin Jessica Novak (Helen Shaver) hat keine Lust auf die harmlosen Boulevardgeschichten, die sie eigentlich für den Nachrichtenchef Max Kenyon (David Spielberg) des fiktiven Senders KLA-TV in Los Angeles drehen soll, und stößt immer wieder auf ernste Themen, zu denen sie dann recherchiert, bis sie eine echte Enthüllungsgeschichte vorzeigen kann. Ihr Team besteht aus Kameramann Phil Bonelli (Andrew Rubin), Tontechniker Ricky Duran (Eric Kilpatrick) und Cutterin Audrey Stiles (Nina Wilcox). Sie ist mit Katie Robbins (Lara Parker) und dem Rechtsanwalt Vince Halloran (Kenneth Gilman) befreundet.

Das ZDF zeigte die dreiviertelstündigen Folgen sonntags um 18.10 Uhr.

JESUS VON NAZARETH ZDF
1978. 4-tlg. ital. Bibeldrama von Anthony Burgess, Suso Cecchi D'Amico und Franco Zeffirelli, Regie: Franco Zeffirelli (»Gesù di Nazareth«; 1977).

Die Beziehung des jungen Liebespaares Maria (Olivia Hussey) und Josef (Yorgo Voyagis) wird auf eine harte Probe gestellt, als Maria von einem angeblichen »Heiligen Geist« schwanger wird und das uneheliche Kind Jesus (Robert Powell) zur Welt bringt. Tiere, Hirten und Könige halten den Kleinen für den Heiland, aber auch der Herrscher von Judäa, Herodes der Große (Peter Ustinov), hat einen bösen Verdacht. Gemeinsam mit Johannes dem Täufer (Michael York), Simon Petrus (James Farentino), Maria Magdalena (Anne Bancroft) und anderen erlebt Jesus 33 Jahre lang viele Abenteuer. Immer wieder beeindruckt er Menschen, die er trifft, wie den Pharisäer Nikodemus (Laurence Olivier), durch sein freundliches, einnehmendes Wesen und eine Reihe Zaubertricks, doch dann küsst ihn sein Freund Judas (Ian McShane), was nicht nur die Freundschaft schwer belastet, sondern schließlich, nach einer unangenehmen Begegnung mit Pontius Pilatus (Rod Steiger) und dem Hohepriester Kaiphas (Anthony Quinn) sowie der Niederlage in einem Popularitätswettbewerb gegen Barabas (Stacy Keach), tödlich endet. Doch drei Tage nach Jesu Tod erleben alle eine große Überraschung ...

Die Miniserie mit Starbesetzung machte aus dem Neuen Testament eine Sechs-Stunden-Geschichte und konnte sich so relativ viel Zeit lassen: Eine Stunde ging allein für die Geschichte um Jesu Geburt drauf, auch die gesellschaftlichen Hintergründe, die zur großen Jüngerschaft führten, wurden erläutert. Viele Bibelpassagen wurden wörtlich zitiert.

JETS – LEBEN AM LIMIT PRO SIEBEN
1999–2001. 12-tlg. dt. Actionserie von Ecki Ziedrich und Michael Kennedy.

Frank Jäger (Jim Boeven), Robin Amberg (Andreas Elsholz), Philip Klein (Frank Jordan) und Ben Bremer (Gunther Gillian) machen ihre Pilotenausbildung in der Fliegerschule Fürstenfeldbruck und auf einem Luftwaffenstützpunkt in Texas. Sie werden von Oberstleutnant Dirk Heinrich (Martin Umbach) hart trainiert. Katharina Renz (Sandra Nedeleff) und Michaela von Stetten (Ursula Buschhorn) sind die Stabsärztinnen.

Zehn einstündigen Folgen liefen wöchentlich dienstags um 20.15 Uhr, zwei weitere erst zweieinhalb Jahre später sonntags vormittags.

DIE JETSONS ARD, RTL
1970–1971 (ARD); 1989–1990 (RTL). 75-tlg. US-Science-Fiction-Zeichentrickserie von William Hanna und Joseph Barbera (»The Jetsons«; 1962–1987).

Familie Jetson ist im Raumfahrtzeitalter zu Hause: Vater George, Mutter Jane, Tochter Judy, Sohn Elroy und Familienhund Astro leben und arbeiten in einer ultramodernen Welt im 21. Jh. und haben einen Roboter namens Rosie. Georges Chef ist Mr. Spacely.

Die Produzenten Hanna und Barbera schufen mit den *Jetsons* das Science-Fiction-Gegenstück zu ihrer Steinzeit-*Familie Feuerstein.* Nach nur einer Staffel war zunächst Schluss; 21 Jahre später wurden jedoch weitere 51 Folgen gedreht, was die Reihe auf dem Papier zu einer der langlebigsten Comedyserien macht. 1990 entstand außerdem ein »Jetsons«-Kinofilm.

Die erste Staffel mit halbstündigen Folgen lief in den regionalen Vorabendprogrammen, der Rest am Wochenende bei RTL.

JETZT ERST RECHT ZDF
Seit 2005. Dt. Krimiserie.

Eigentlich ist Rike Horak (Petra Kleinert) ja nur Schöffin am Lübecker Landgericht, und anfangs auch noch widerwillig. Dann entdeckt sie aber ihr Interesse an den verhandelten Fällen und beginnt auf eigene Faust neue Ermittlungen. Der Vorsit-

Andreas Elsholz (links) und Gunther Gillian spielen »Top Gun« in *Jets – Leben am Limit*.

zende Richter Dr. Heribert Koch (Gerd Baltus) und Staatsanwalt Dr. Matthias Schaller (Pierre Besson) sind genervt, können aber nichts tun und müssen regelmäßig feststellen, dass Rikes Nachforschungen sogar dem Sieg der Gerechtigkeit dienen. Rike hat zwei Kinder, den achtjährigen Sohn Max (Dominik Jahn) und die 14-jährige Tochter Nina (Marie-Christine Nissen).
Die 50-minütigen Folgen liefen donnerstags um 19.25 Uhr.

JETZT GEHT DIE PARTY RICHTIG LOS   ZDF
1976–1980. Alljährliche Silvester-Stimmungsshow zur Primetime. Später ging die Party im ZDF auch an Karneval und an anderen Tagen richtig los, dann immer mit Tony Marshall.

JETZT GEHT DIE PARTY RICHTIG LOS   ZDF
1995–1997. »Die Tony Marshall Show«. Stimmungsshow mit Tony Marshall und musikalischen Gästen, die Klatsch- und Schunkellieder singen. Lief in unregelmäßigen Abständen und an Karneval zur Primetime.

JETZT KANNST DU WAS ERLEBEN   ZDF
1996–1999. 45-minütige Erlebnisshow mit Kai Böcking. Böcking lauert Menschen irgendwo in Deutschland auf, um ihnen eine Reise zu schenken. Einzige Voraussetzung: Die Angesprochenen müssen sich auf der Stelle entscheiden und mitkommen, denn es geht sofort los.
Das gleiche Format zeigten einige Ballungsraumsender unter dem Titel »Die Zeit läuft«. Die ZDF-Version lief zunächst mit einer einzelnen Pilotfolge an einem Dienstag zur Primetime. Im Mai 1997 ging die Show in Serie, zwei Staffeln liefen samstags um 19.25 Uhr, weitere Folgen 1999 an Feiertagen und schließlich freitags nachmittags. Nach 17 Ausgaben erlebte die Show keine weiteren Folgen.

JETZT KOMMT BOGUS!   KABEL 1
1994. 42-tlg. US-Zeichentrickserie (»Mr. Bogus«; 1993–1994). Mr. Bogus ist ein kleines gelbes Monster, das sich im Haus des Schuljungen Tommy Jedermann und seiner Familie eingenistet hat. Bogus kann durch Wände gehen, wohnt de facto sogar in den Wänden, und obwohl er ein gutmütiges, hilfsbereites Kerlchen ist, stolpert er immer wieder in Ärger hinein.

JETZT ODER NIE   ARD
1992–1993. Benefiz-Spielshow mit Ingo Dubinski. Dubinski bekommt am Anfang jeder Sendung in der Art von *Kobra, übernehmen Sie* die Aufgabe gestellt, eine gute Tat zu vollbringen, für die eigentlich die Mittel fehlen, z. B. einen Spielplatz oder ein Bärengehege zu bauen oder einem Kinderzirkus zu helfen, dem sein altes Zelt davongeflogen ist. Geld hat er keines zur Verfügung, und auch die Zeit ist streng auf wenige Tage begrenzt – er ist darauf angewiesen, Freiwillige und Unternehmen zur kostenlosen guten Tat zu überreden.
Lange vor der Welle der Doku-Soaps und Heimwerkersendungen verband *Jetzt oder nie* deren Elemente mit einem Wettlauf gegen die Zeit, einem sozialen Hintergrund und der Herausforderung, Menschen zu überreden, sich in den Dienst einer guten Sache zu stellen. Manchmal ging es auf ganz ungeplante Weise schief: In der Pilotfolge soll in Pfaffenhofen eine Skateboard-Bahn gebaut worden sein, die niemand wollte und kurz darauf konsequenterweise wieder verschwand. Auf Kritik stieß die Art, wie die Firmen präsentiert wurden, die mithalfen, das Unmögliche möglich zu machen. Denn auch die ARD machte das eigentlich Unmögliche möglich und versprach den Sponsoren, nicht nur, wie eigentlich vorgeschrieben, im Abspann aufgelistet, sondern »in Wort und Bild« genannt zu werden. Dies sei ein »Ausnahmefall der öffentlich-rechtlichen Werbe-

richtlinien«, versprach die Produktionsfirma G.A.T. in einer Ausschreibung: »Dieses TV-Engagement liefert hohe Sympathiewerte mit garantierten Kontakten und vielseitigen, zusätzlichen Auswertungsmöglichkeiten.« Andererseits widersprach es zumindest dem Geist des Rundfunkstaatsvertrages, der gerade diese Art des Sponsorings verbot.

Jetzt oder nie brachte es auf 17 Folgen von 45 Minuten, die erst im Vorabendprogramm, ab 1993 montags um 20.15 Uhr liefen. Das Format stammte aus Großbritannien und hieß dort »Challenge Anneka«. Anneka Rice war die Moderatorin.

JETZT REICHT'S   SAT.1

1997–1999. Verbrauchershow mit Vera Int-Veen. »Sind Sie betrogen und verarscht worden?«, fragte die Produktionsfirma filmpool schlicht und versprach: »Wir bringen Ihren Fall ins Studio und versuchen mit Ihren Kontrahenten eine Lösung des Problems.« Bürger, die sich von Behörden, Nachbarn oder Unternehmen schlecht behandelt fühlten, kamen ins Studio, klagten ihr Leid und bekamen, wenn schon nicht Recht, wenigstens einen öffentlichen Auftritt und die lautstarke Unterstützung von Moderatorin und Publikumsmob: »Euch sollte man doch alle einsperren«, brüllte ein Studiogast in der ersten Sendung einer Gruppe bezichtigter Autohändler und Anwälte zu, und Int-Veen antwortete nicht: »Jetzt reicht's«, sondern: »Sie haben Recht.«

Jetzt oder nie: Ingo Dubinskis Aufgabe in dieser Folge: eine Frisur herstellen, die bei jedem Wetter hält.

Die Sendung hat angeblich Schuld an der Laiendarstellerschwemme einige Jahre später: Produzentin Gisela Marx bemerkte hierzu, die Proben mit Laien anstelle der tatsächlichen Protagonisten seien oft viel überzeugender gewesen als die »echten« Auseinandersetzungen in der Ausstrahlung – das habe sie auf die Idee gebracht, in anderen Formaten mit Laiendarstellern zu arbeiten, zuerst in *Richterin Barbara Salesch*.

Jetzt reicht's war die Sat.1-Variante von *Wie bitte?* und *Mit mir nicht,* in seiner lösungsorientierten Sachlichkeit aber näher an *Einspruch!* und *Der heiße Stuhl*. Lief zunächst mittwochs gegen 22.00 Uhr, ab 1998 dienstags um 19.15 Uhr.

JETZT SCHLÄGT'S RICHLING   ARD, SWR

1989–1990 (ARD); 1990–1996 (SWR). »Die 5-Minuten-Satire« mit Mathias Richling, immer mittwochs um 23.00 Uhr nach den *Tagesthemen*. Der Stuttgarter Kabarettist räkelte sich in einem großen, ungemachten Bett und kommentierte schwäbelnd und schonungslos die aktuellen Nachrichten der Woche und des Tages.

Schon nach kurzer Zeit regte sich von konservativer Seite Widerstand gegen die ätzende Satire, aber nicht nur von Politikern, sondern auch von ARD-Verantwortlichen, allen voran der NDR-Chefredakteurin Ulrike Wolf, die es grundsätzlich »geschmacklos« fand, das Zeitgeschehen aus einem Bett heraus zu verreißen. Besonderen Anstoß erregte eine Sendung, in der Richling im Zusammenhang mit der Ausbreitung von Aids den Papst und die katholische Kirche wegen ihrer Ablehnung von Kondomen scharf angriff und währenddessen an einem Kondom herumknabberte. CSU-Hardliner Edmund Stoiber schäumte und sprach von einer »Beleidigung der religiösen Gefühle der Gläubigen«. Dass Richling im allgemeinen Mauerfall-Freudentaumel Unbequemes und Unkorrektes sagte und sich immer wieder über den Kanzler lustig machte (»Kohl war in Polen, um sich an der Vergangenheit zu labern«), verschlimmerte nur noch die Sache für die mutlosen und zerstrittenen ARD-Programmverantwortlichen.

Nach nur 16 Folgen musste die Sendung ins Dritte Programm. Offiziell hieß es nur, man wolle auch andere Kabarettisten zu Wort kommen lassen. Richling lehnte es aber als verlogen ab, dies innerhalb der von ihm entwickelten Sendung geschehen zu lassen, und hörte abrupt auf. Die ARD verwirklichte das Kabarettisten-Rotationskonzept ein Jahr später unter dem Titel *Nachschlag*. Richling selbst führte sein Format noch knapp sieben Jahre lang in Südwest 3 weiter. Dort hatte er auch begonnen und bereits seit 1981 im Anschluss an die »Abendschau« drei bis vier Minuten lang als »schwäbischer Dauerglotzer« das Zeitgeschehen kommentiert.

JETZT SCHLÄGT'S THEO   ZDF

2002–2003. Zehnminütige Überraschungsshow für Geburtstagskinder am frühen Samstagmorgen mit Bernd Nieschalk und der außerirdischen Trickfigur Theo. Theo lost den »Glückspilz der Woche« aus, der von Nieschalk zu Hause besucht wird und die

Preise gewinnt, die er sich merken kann, nachdem sie auf einer Spielzeugeisenbahn an ihm vorbeigefahren sind. Dieses Procedere hatte es für Erwachsene schon in *Am laufenden Band* gegeben.

Theo hatte bereits seit 1993 als »außerirdischer Glückwunschbote« das Kinderprogramm unterbrochen, Briefe von Eltern vorgelesen und unscharfe Fotos ihrer Geburtstag feiernden Kinder gezeigt.

JETZT SIND SIE DRAN! SAT.1

1996–1997. Einstündige Abend-Spielshow mit Thomas Koschwitz. Menschen, die glauben, dass sie etwas können oder zu erzählen haben, treten so lange auf, bis das Saalpublikum entscheidet, dass genau das nicht der Fall ist. Wenn mehr als die Hälfte der 180 Gäste genervt sind, wird der Kandidat samt Stuhl hinter die Kulissen gezogen. Wer seine Darbietung oder seinen Vortrag bis zum Ende bringen kann, bekommt einen Preis.

In der ersten Folge zeigten Bernd und Thorsten einen Männerstrip, Gitti pflegte Brieffreundschaften im Jenseits, Andrea hatte acht Schönheitsoperationen hinter sich, Beate führte ihre Dildosammlung vor. Zwölf Ausgaben dieser Variante der *Gong-Show* liefen freitags um 22.00 Uhr.

JIM BERGERAC ERMITTELT DFF

1985–1991. 77-tlg.-brit.-austral. Krimiserie von Robert Banks Stewart (»Bergerac«; 1981–1991).

Sergeant Jim Bergerac (John Nettles) ermittelt auf der zwischen England und Frankreich in der Nähe des französischen Festlands gelegenen Kanalinsel Jersey. Er ist Mitarbeiter der Tourismusbehörde und hilft Besuchern bei Problemen, vor allem aber ermittelt er, falls sie auf der Insel straffällig geworden sind. Dabei geht es meistens um Mord. Er scheint als Polizist völlig ungeeignet, denn er hinkt und hat auch noch ein Alkoholproblem, arbeitet aber dennoch so effektiv wie kein anderer auf den Kanalinseln, und notfalls eben mit Gewalt. Ex-Schwiegervater Charlie Hungerford (Terence Alexander) kann fast immer helfen und weiß irgendwas, denn er ist selbst nicht ganz astrein. Seinem Vorgesetzten, Chief Inspector Barney Crozier (Sean Arnold), sind diese Methoden zu Recht etwas suspekt.

Bergeracs Frau Deborah (Deborah Grant) hat ihren Mann verlassen, Tochter Kim (Lindsay Heath) lebt jetzt bei ihr, und Bergerac liebt nur noch sein Auto, einen Triumph-Sportwagen von 1947. Und wechselnde Freundinnen. Anfangs ist das Francine Leland (Cecile Paoli) von der Tourismusbehörde, in Staffel 2 die Anwältin Marianne Bellshade (Celia Imrie) und schließlich für eine ganze Weile die Maklerin Susan Young (Louise Jameson), bis sie in der siebten Staffel ermordet wird. Zwischendurch knistert es immer wieder zwischen Bergerac und der Juwelendiebin Phillipa Vale (Liza Goddard), genannt »die Eisjungfrau«. Seiner Liebe zu der Französin Danielle Aubry (Thérèse Liotard) wegen quittiert Bergerac am Ende der achten Staffel sogar den Dienst, um mit ihr in die Provence zu ziehen. (Er kommt zwar wieder zurück, doch diese neunte und letzte Staffel war in Deutschland nie zu sehen.)

Obwohl in dieser Serie auf der Insel Jersey so viel gemordet wurde, dass die Insel längst ausgestorben sein müsste und kein normal denkender Mensch jemals auch nur in die Nähe reisen würde, profitierte der Tourismus vor Ort sogar davon, und Hauptdarsteller John Nettles verlegte seinen Wohnsitz dorthin.

Jede Folge war 45 Minuten lang. RTL und Vox wiederholten die Serie später unter dem Titel *Bergerac*.

JIM, DER REGENWURM RTL

1997–1999. US-Zeichentrickserie (»Earthworm Jim«; 1995). Der Durchschnittswurm Jim wird dank eines Superanzugs zum Superhelden. Schon hat er viele

Jetzt schlägt's Richling: Fünf Minuten durfte Mathias Richling immer noch aufbleiben, bevor er ins Bett musste.

Gegner, die er mit seinem Partner Peter Puppy bekämpfen muss.
Lief im Kinderprogramm am Samstagmorgen und basierte auf einem Computerspiel.

JIM HENSONS ANIMAL SHOW   RTL
1995–1999. 26-tlg. US-Puppenserie (»Jim Henson's Animal Show With Stinky And Jake«; 1995).
Der Eisbär Jake und das Stinktier Stinky moderieren ihre eigene Talkshow. Sie interviewen verschiedene Tiere, die als Muppets zu ihnen kommen, aber auch Aufnahmen von ihren echten Artgenossen mitbringen. Die Serie lief im Kinderprogramm am Samstagmorgen.

JIM HENSONS BESTE GESCHICHTEN   ZDF
1989. 9-tlg. brit. Märchenserie (»Jim Hensons' The Storyteller«; 1987).
Ein Geschichtenerzähler (John Hurt) und sein Hund erzählen Märchen aus aller Welt. Jede in sich abgeschlossene Geschichte war 25 Minuten lang und mit wechselnden Schauspielern und Puppen aus Jim Hensons Muppet-Fabrik besetzt.

JIM HENSONS DOG CITY   SUPER RTL
→ Dog City

JIM HENSONS MUPPET-BABIES   ZDF
→ Muppet-Babies

JIM KNOPF   ARD
2000–2002. 52-tlg. dt.-frz. Zeichentrickserie von Theo Kerp und Heribert Schulmeyer nach dem Kinderbuchklassiker von Michael Ende. Jim Knopf und Lukas, der Lokomotivführer, erleben mit Lokomotive Emma Abenteuer auf Lummerland, wo Alfons der Viertelvorzwölfte König ist.
Jim Knopf und Lukas hatten ihre Abenteuer bereits zigmal in Aufführungen der *Augsburger Puppenkiste* im Fernsehen erlebt. Für 20 Millionen Dollar realisierte die ARD 40 Jahre nach Erscheinen des Kinderbuchs das bekannte Material auch nochmals als Zeichentrickserie. Sie blieb dicht am Original: Emma war immer noch eine Dampflok und kein ICE, Alfons hatte für seine Lieblingsbeschäftigung kein Handy, sondern ein klobiges goldenes Telefon. Auch die alten Freunde und Widersacher waren dabei, teils mit prominenten Synchronsprechern: Ladenbesitzerin Frau Waas (Marie-Luise Marjan), Mies Fies Lang (Ilja Richter), Lukas (Thomas Fritsch), Alfons (Wolfgang Gruner). Jim Knopf wurde von dem Berliner Schüler Konrad Bösherz gesprochen. Als Zugeständnis an die Moderne (und die Befindlichkeiten im Ausland, wohin die Serie verkauft werden sollte) durfte allerdings Lukas nicht mehr seine Pfeife schmauchen – im Originalbuch hatte er sich rituell fast auf jeder Seite die Pfeife angezündet, gestopft oder geputzt. Auch die Piraten der »Wilden Dreizehn« durften keinen Rum mehr trinken.
Die Titelmusik wurde nun von den Prinzen gesungen und begann mit den Worten: »Jim Knopf, hu,

Jim Knopf und Lukas, der Lokomotivführer in Wunderlok Emma, die sogar in Plastikfolie schwimmt.

huhu, bam, bam, wer kennt viele Abenteuer, Drachen, Prinzen, Ungeheuer?« Die 25-minütigen Folgen liefen im Sommer 2000 täglich vormittags, ab Herbst 2001 wöchentlich samstags morgens.

JIM KNOPF UND DIE WILDE 13   ARD
1962. 5-tlg. Puppenspiel aus der *Augsburger Puppenkiste* von Manfred Jenning, Regie: Harald Schäfer.
Nach der Befreiung von Prinzessin Li Si aus der Drachenstadt machen sich Jim und Lukas mit der Lok Emma auf, den Scheinriesen Turtur zu überreden, als Leuchtturm auf der Insel anzuheuern. Sie bekommen es wieder mit der gefährlichen Seeräuberbande »Die Wilde 13« zu tun, finden das Land Jambala und lösen das Geheimnis um Jim Knopfs Herkunft: Er heißt eigentlich Prinz Myrrhen und war von seinen Eltern in einem Binsenkörbchen ausgesetzt worden. Jim wird König von Jamballa und macht Li Si zu seiner Königin.
Wie schon die Vorgängerserie *Jim Knopf und Lukas, der Lokomotivführer* wurde auch diese zweimal gedreht: die erste Fassung in Schwarz-Weiß, die zweite, auf vier Folgen gekürzt, in Farbe. Diese Version lief ab November 1978 und noch viele Male danach.

JIM KNOPF UND LUKAS, DER LOKOMOTIVFÜHRER   ARD
1961. 5-tlg. Puppenspiel aus der *Augsburger Puppenkiste* von Manfred Jenning nach dem Buch von Michael Ende.

Jim Knopf ist ein schwarzer Junge mit krausen Locken und einem großen roten Wollpullover, der in einem falsch zugestellten Paket auf der kleinen Insel Lummerland angekommen war. Seinen Namen verdankt er einem Loch in der Hose, das mit einem Knopf verschlossen werden kann. Er lebt bei Frau Waas, die einen Kaufladen betreibt. Sein bester Freund ist Lukas, der Lokomotivführer, der mit seiner Lok Emma auf der Insel im Kreis fährt. Außerdem ist da noch Herr Ärmel, der nichts lieber tut als fotografieren. Und natürlich König Alfons der Viertelvorzwölfte, der den ganzen Tag telefoniert und irgendwann, als Jim Knopf größer geworden ist, beschließt, dass die Insel überbevölkert ist und Emma verschwinden muss. Emma heult, und Lukas beschließt, gemeinsam mit ihr Lummerland zu verlassen. Jim kann Lukas überreden, ihn mitzunehmen. Sie reisen durch die Welt und erfahren in China, dass Li Si, die Tochter des Kaisers, geraubt wurde. Um sie zu befreien, fahren sie durchs Tal der Dämmerung und durch die Wüste, aus der sie Tur-Tur, der Scheinriese, rettet. Im Land der kleinen Vulkane treffen sie auf den traurigen Halbdrachen Nepomuk, der ihnen den Weg zur gefährlichen Drachenstadt verrät, wo die böse Lehrerin Frau Malzahn Li Si und andere Kinder mit Rechenaufgaben quält. Sie befreien alle und müssen am Ende noch die Seeräuberbande »Die wilde 13« besiegen.

Die Serie über die »Insel mit zwei Bergen, und im tiefen weiten Meer, mit viel Tunnels und Geleisen und dem Eisenbahnverkehr« war nicht nur für Kinder bezaubernd, sondern hatte viele kleine Details, die auch Erwachsenen gefielen: So berichteten Fernsehsender aus aller Welt, dass Jim Knopf und Lukas vermisst waren, u. a. auch der hr, der »Häsische Rundfunk«. In der Telefonzelle von Alfons dem Viertelvorzwölften hing ein Schild mit der Aufschrift: »Fasse dich lang.« Und im bekannten Titellied heißt es in der dritten Strophe: »Eine Insel mit zwei Bergen und dem Fotoatelier, in den Letzt'ren macht man Bilder, auf den Erst'ren Dullijö.« Unvergesslich war für alle, die es gesehen haben, auch das anscheinend von einem Fön bewegte Meer aus Plastikfolie.

Die fünf Teile wurden in Schwarz-Weiß gedreht. Erst in den 70er-Jahren entstand die farbige und auf vier Teile gekürzte Version, deren Ausstrahlung im Februar 1977 begann und die bis heute wiederholt wird. Die Serie wurde mit *Jim Knopf und die Wilde 13* fortgesetzt. 2000 entstand eine Zeichentrickversion unter dem Namen *Jim Knopf*. Die Serie ist auf DVD erhältlich.

JIM PROFIT – EIN MANN GEHT ÜBER LEICHEN   SAT.1

1997–1998. 8-tlg. US-Krimiserie von John McNamara und David Greenwalt (»Profit«; 1996).

Jim Profit (Adrian Pasdar) ist ein gewissenloser Psychopath, der vor nichts zurückschreckt, wenn es darum geht, in der Firma Gracen & Gracen nach oben zu kommen. Er erpresst, hintergeht, betrügt, verleumdet und verführt, um seine Ziele zu erreichen. Zur Firma gehören Sicherheitschefin Joanne Meltzer (Lisa Zane), Jack Walters (Scott Paulin), Chaz Gracen (Keith Szarabajka) und die Sekretärin Gail Koner (Lisa Darr). Pete (Jack Gwaltney) und Nora Gracen (Allison Hossack) gehören zur Familie des Chefs. Bobbi Stakowski (Lisa Blount) ist Jims Mutter und Jeffrey Sykes (Sherman Augustus) sein Anwalt.

Nach zwei Folgen nahm Sat.1 die Serie aus dem Programm und startete eine Zuschauerbefragung, ob die Serie zurückkommen solle. Sie sollte, war das Ergebnis, und so wurden die anderen sechs Folgen gut ein Jahr später eben auch noch gezeigt. Mehr waren ohnehin nicht vorhanden, da die Serie auch in den USA ein Riesenflop war.

JIN JIN UND DIE PANDA-PATROUILLE   RTL

1997. 26-tlg. US-Zeichentrickserie (»Jin Jin«; 1992).

Der Panda Jin Jin sucht das sagenhafte Pandaland, in dem es Bambus für alle gibt und ewiger Friede herrschen soll. Er freundet sich mit dem Affen Benjie, dem Papageien Squawk, dem Hund Rudy und der Schildkröte Professor Ying-Yang an. Der verrückte Dr. Mania will Jin Jin das Geheimnis der speziellen Pandakräfte entreißen.

JOACHIM BUBLATH   ZDF

Seit 2004. Monatliches Naturwissenschaftsmagazin von und mit Joachim Bublath, das an die Stelle von *Abenteuer Forschung* trat. Auch hier geht es um Themen aus Forschung, Technik, Erde, Weltall und Raumfahrt und die Auswirkungen neuer Entwicklungen auf den Alltag.

Läuft wieder am Mittwochabend um 22.15 Uhr.

JOACHIM GAUCK   ARD

2001. Halbstündige Gesprächssendung mit Joachim Gauck.

Gauck, der zehn Jahre lang als Bundesbeauftragter für die Stasiunterlagen die »Gauck-Behörde« geleitet hatte, sprach in seiner Fernsehsendung jeweils mit einem politischen Gast eher über Grundsätzliches als über Aktuelles. Er fragte leise und bedächtig und erreichte damit nur ein kleines Publikum.

Die Talkshow lief 14-täglich mittwochs um 23.00 Uhr, im Wechsel mit *Friedman*. Nach 20 Sendungen wurde sie von *Gabi Bauer* abgelöst.

JOAN UND HARRY   ARD

1980–1981. »Eine Familiengeschichte aus England«. 13-tlg. brit. Seniorenserie von Richard Bates und Julian Bond (»Intimate Strangers«; 1974).

Nach einem Herzinfarkt ändert sich das Leben des älteren Managers Harry Paynter (Anthony Bate). Gemeinsam mit seiner Frau Joan (Patricia Lawrence) genießt er das Leben wieder, die beiden unternehmen Reisen und suchen neue Herausforderungen.

Die Folgen waren 45 Minuten lang und liefen auf dem Sendeplatz für Seniorenmagazine am Montag um 16.15 Uhr.

DER JOB　　　　　　　　　　　　　　　　ARD
2003. 19-tlg. US-Comedyserie von Peter Tolan und Denis Leary (»The Job«; 2001–2002).
Der New Yorker Polizist Mike McNeil (Denis Leary) ist alles andere als ein Vorbild. Er raucht, nimmt Medikamente und hat neben seiner Ehefrau Karen (Wendy McKenna) noch eine Geliebte namens Toni (Karyn Parsons). Sein Job ist für ihn eben ein Job, dennoch setzt er viel daran, ihn effektiv auszuüben. Dafür überschreitet er dann auch mal Grenzen. Der grundsolide Terrence »Pip« Phillips (Bill Nunn) ist sein Partner, Kollegen auf dem Revier sind der alte Frank Harrigan (Lenny Clarke) und dessen junger Partner Tommy Manetti (Adam Ferrara), außerdem Jan Fendrich (Diane Farr), die einzige Frau auf dem Revier, die Neulinge Ruben Sommariba (John Ortiz) und Al Rodriguez (Julian Acosta) und der Vorgesetzte Lieutenant Williams (Keith David).
Witzige und ehrliche Comedy, in der Polizisten bei einer Verfolgungsjagd auch mal außer Atem gerieten – in welcher Polizeiserie sah man das sonst? Lief dienstags um Mitternacht. Nach viel zu kurzer Zeit wurde die Serie abgesetzt. Serienerfinder und Hauptdarsteller Denis Leary griff das Konzept leicht abgewandelt später noch einmal auf. 2004 startete in den USA »Rescue Me«, eine Serie über einen New Yorker Feuerwehrmann.

EIN JOB FÜRS LEBEN　　　　　　　　　　RTL
1993. 26-tlg. dt. Sitcom.
Der verwitwete Ex-Profisportler Vito Castelli (René Hofschneider) zieht mit seiner Tochter Alexandra (Melanie Nanke) bei der Karrierefrau Barbara Hoffmann (Irmelin Beringer) und ihrem Sohn Daniel (Phillip Seipelt) ein und arbeitet fortan als deren Haushälter.
Die Serie war eine wörtliche Übersetzung von *Wer ist hier der Boss?*, die Originaltexte wurden einfach mit deutschen Schauspielern und Namen noch einmal gedreht. *Wer ist hier der Boss?* lief damals nachmittags im Doppelpack mit *Eine schrecklich nette Familie*. *Ein Job fürs Leben* lief donnerstags um 20.15 Uhr im Doppelpack mit *Hilfe, meine Familie spinnt!*, einer wörtlich abgeschriebenen Version von *Eine schrecklich nette Familie*. Beide deutschen Kopien floppten.

JOB NACH NOTEN　　　　　　　　　　　ZDF
1972–1973. 6-tlg. dt. Comedyserie von Jürgen Knop und Peter Wortmann, Regie: Ralph Lothar.
Der Nachwuchskomponist Jo Herschel (Stefan Behrens) sollte eigentlich komponieren, muss aber natürlich erst Geld verdienen. Dafür schlägt er sich durch diverse Jobs, die er ebenfalls sofort vernachlässigt, wenn er ein Mädchen trifft, das ihn interessiert.
Die halbstündigen Folgen liefen alle 14 Tage dienstags am Vorabend.

JOCHEN BUSSE IN ZUM LETZTEN KLIFF　　RTL
2001. Pilot zur Sitcom.
Viktor Stein (Jochen Busse) führt schlecht gelaunt ein heruntergekommenes Hotel in Hornum auf Sylt. Seine Frau Helga (Claudia Rieschel) hat in Wahrheit das Sagen, der unfähige Kellner Igor (Dmitry Alexandrov) sorgt für Chaos, und nur das Zimmermädchen Anne (Saskia von Winterfeld) schafft es manchmal, praktischen Verstand zu beweisen.
Deutsche Version der britischen Serie *Fawltys Hotel* von und mit John Cleese. Die erste fremdsprachige Adaption des Klassikers entstand im Auftrag der BBC und wurde angeblich von Cleese selbst beaufsichtigt. Das Ergebnis aber war so traurig, dass selbst der Sender RTL, der das Ereignis groß angekündigt hatte, es für besser befand, es beim Piloten zu belassen. Vielen Dank!

JOCKEI MONIKA　　　　　　　　　　　DFF 1
1981. 9-tlg. DDR-Familienserie von Rolf Gumlich, Regie: Thomas Jacob.
Teenagerin Monika (Miroslava Šafránková) lässt ihren Vater (Wilfried Pucher) und Jonny (Siegfried Seibt), einen ihrer besten Freunde, in ihrem Heimatdorf zurück, um – gegen alle Widerstände – in Berlin-Hoppegarten Jockei zu werden. Ihre Liebe zu Pferden, wegen der sie »Pferdefloh« genannt wird, teilt sie mit ihrem anderen besten Freund Hannes (Hans-Georg Körbel), mit dem sie in Berlin zusammenzieht. Zwischen den beiden entwickelt sich eine Beziehung. Wettkämpfe bestreitet Monika mit ihrem Pferd »Zauberwind«.
Die Geschichte einer Außenseiterin war bei den Offiziellen eher weniger gern gesehen, kam aber bei Jugendlichen sehr gut an und bekam sogar den Zuschauerpreis der Jugendzeitschrift »Neues Leben«. Die Folgen waren jeweils knapp eine Stunde lang und liefen freitags um 20.00 Uhr.

JOHANN LAFERS CULINARIUM　　　　　3SAT
Seit 2002. Halbstündige Kochshow mit Johann Lafer. Nach *Genießen auf gut deutsch* kochte er diesmal südländisch. Die Sendungen wurden meist ein paar Tage später im ZDF wiederholt.

JOHANN UND PEEWIT
IN SCHLUMPFHAUSEN　　　　　　PRO SIEBEN
1995–1996. 16-tlg. US-Zeichentrickserie für Kinder.
Eigentlich war es nicht einmal eine eigene Serie, sondern schlicht ein paar Folgen der Serie *Die Schlümpfe* (»The Smurfs«; 1981–1990), die Pro Sieben unter anderem Titel zeigte. Der Ritter Johann und sein Knappe Peewit erleben Abenteuer bei ihren Freunden in Schlumpfhausen. Lief samstags vormittags.

JOHANNA　　　　　　　　　　　　　　DFF 1
1989. 7-tlg. dt. Alltagsserie von Ellen und Herbert Wege, Regie: Peter Hagen.
Die Berliner Straßenbahnfahrerin Johanna Rothermund (Ute Lubosch) ist der »Vertrauensmann« des Arbeitskollektivs der Verkehrsbetriebe. Ihre Chefin ist Heidi (Cornelia Lippert), zu den Kollegen gehören

Christel (Karin Düwel), Walli (Viola Schweizer) und Helmut Berger (Hanns-Michael Schmidt), ein Neuer, der sich in Johanna verliebt.

Die 60-Minuten-Folgen liefen freitags um 20.00 Uhr.

JOHANNES ARD

1980. »Eine Familiengeschichte vor hundert Jahren«. 14-tlg. dt. Jugendserie von Hans-Georg Thiemt, Hans Dieter Schreeb und Martin Gies, Regie: Hajo Gies und Ilse Hofmann. Der zwölfjährige Johannes Selzer (Michal Dlouhý) lebt 1880 mit seinen Eltern Julius (Herbert Stass) und Marie (Brigitte Janner) in einem Dorf im Hunsrück.

Die halbstündigen Folgen liefen im regionalen Vorabendprogramm. Die ARD wiederholte die Serie später auch als Siebenteiler.

JOHANNES B. KERNER SAT.1

1996–1998. Tägliche Vormittags-Talkshow mit Johannes B. Kerner und nicht prominenten Gästen zu täglich wechselnden Themen.

In seiner täglichen Talkshow probte Kerner schon seine Haltung, die er später in diversen Formaten perfektionierte: »Man wird doch noch mal fragen dürfen« war das Motto der Show, das er auch später in der ZDF-Talkshow *JBK* häufig wieder aufnahm und umsetzte. Typisch für Kerner war eine Sendung mit einer Miss Bad Segeberg. Er hatte sie mit den Worten angekündigt, sie sei der Meinung, dass es in dem Geschäft nicht »mit rechten Dingen« zugehe. Als sie dann einen Manager neben ihr anklagte, dass es in diesem Geschäft nicht »mit rechten Dingen« zugehe, war Kerner scheinbar ganz erschrocken: »Nicht mit rechten Dingen«, fragte er nach, rief »Oh Gott«, hielt sich die Hand vor den Mund und sagte: »Wir wollten gar keinen Ärger!«

Kerners Talkshow war vergleichsweise wenig skandalträchtig. Er redete über »Alltägliches« wie »Wenn Frauen boxen und Männer maniküren« oder »Dein Aberglaube geht mir auf den Geist«, aber auch zu Themen wie »Nacktfotos – ich schäme mich für meine Tochter«, »Mit einer Lüge in die Ehe« und »Tratsch – und plötzlich bist du eine Hure«. Am 22. März 1996 lautete das Thema: »Ich hasse Talkshows«. In der ersten Reihe saß ein Mann, der sagte: »Ich hasse eigentlich auch Talkshows. Deswegen bin ich hier.«

»Jeder Mensch ist verschieden«, war eine klassische Zusammenfassung von Kerner am Ende einer Sendung – ein Satz, der angesichts der Daily-Talk-Schwemme jener Zeit nicht auf die Gestaltung der Tagesprogramme zutraf. *Johannes B. Kerner* war die erste tägliche Talkshow von Sat.1. Zu dieser Zeit talkten bei RTL schon *Bärbel Schäfer, Ilona Christen* und *Hans Meiser* und auf Pro Sieben *Arabella*.

Ende 1997 wechselte Kerner zum ZDF, um dort u. a. *Menschen, Das aktuelle Sport-Studio* und *Die Johannes B. Kerner Show* zu moderieren. Sein Nachfolger auf dem morgendlichen Talk-Sendeplatz bei Sat.1 wurde *Jörg Pilawa*.

DIE JOHANNES B. KERNER SHOW ZDF

Seit 1998. Late-Night-Talkshow mit Johannes B. Kerner, der mit prominenten Gästen über ihr Privatleben spricht und mit nichtprominenten über ihre Schicksalsschläge.

Das ZDF bewarb den von Sat.1 eingekauften Moderator in Anlehnung an JFK (John F. Kennedy) als »JBK«. Das war sowohl für seine Bedeutung als Hoffnungsträger des Senders als auch für seine Selbsteinschätzung ganz bezeichnend. Zunächst empfing Kerner wöchentlich Gäste zu einem Oberthema. Die erste Sendung war bereits typisch für das Profil der nächsten Jahre: Zum Thema »Ganz oben« waren der Astronaut Ullrich Walter, die Schauspielerin Julia Stemberger, der Musikproduzent Dieter Bohlen und Moderator Thomas Ohrner zu Gast. Zwischen

Die Johannes B. Kerner Show: Johannes B. Kerner mit Brigitte Seebacher-Brandt am 20. Mai 2004.

Stemberger, die gerade im *König von St. Pauli* zu sehen war, und Walter schaffte Kerner eine Verbindung durch den Satz: »Ich würde gern mal einen Strip in der Schwerelosigkeit sehen.«

Mit Start der Polittalkshow *Berlin Mitte* im Oktober 1999 wurde die Kerner-Show auf den späteren Abend verlegt und um eine Viertelstunde verlängert. Die Sendung profilierte sich mit Boulevardthemen in einer Art, wie sie bis dahin für das öffentlich-rechtliche Fernsehen undenkbar gewesen war. Im Oktober 2001 war Verona Feldbusch einziger Gast in einer Sonderausgabe, die auf ihren besonderen Wunsch zustande gekommen war. Darin berichtete sie ausführlich über die Abgründe ihrer Kürzestehe mit Dieter Bohlen und darüber, dass er sie damals, vor fünf Jahren, geschlagen habe. Das veranlasste sie zu einem heftigen Tränenausbruch, den Kerner zurückgelehnt hinter seinem Schreibtisch verfolgte. Obwohl die Sendung als Aufzeichnung ausgestrahlt wurde, wurden diese Szenen auf ausdrücklichen Wunsch Feldbuschs, die gerade eine neue Show auf Sat.1 startete, nicht herausgeschnitten. Fotos davon erschienen vorab in der »Bild«-Zeitung, deren Unterhaltungschef der Bruder des Redaktionsleiters der *Johannes B. Kerner Show* war. (Feldbuschs Ex-Ehemann Bohlen ist übrigens der Komponist der Titelmusik der Sendung.) ZDF-Unterhaltungschef Manfred Teubner sagte hinterher über die PR- und Heulshow Feldbuschs: »Das ist eine Lautstärke, die man beim ZDF nicht kannte. Aber es ist eine, die man vielleicht auch mal anschlagen sollte. Das ist doch das, was die Leute sehen wollen.«

Wenig später gab das ZDF bekannt, Kerners Sendung werde nun fast täglich ausgestrahlt. Ab Januar 2002 wurde sie viermal wöchentlich gezeigt. Verona kam jetzt öfter und brachte immer ein paar zusätzliche Fernsehzuschauer mit. Inzwischen versuchte man auch nicht mehr, mit einem Oberbegriff eine Verbindung zwischen den Gästen herzustellen. Kerner schaffte es an den meisten Tagen, akzeptable Zuschauerzahlen zu erreichen, erreichte jedoch nicht das angepeilte Ziel einer Verjüngung des ZDF-Publikums. Seine Art, sich von jeder Frage gleich wieder zu distanzieren und sich auch nach den schmutzigsten Intimgeschichten zu erkundigen, ohne dabei selbst schmutzig zu werden, prägte die Sendung. Sein Bemühen, nie eine eigene Meinung kundzutun und immer korrekt zu sein, führte häufig zu absurd komplizierten Formulierungen wie folgender Verabschiedung von der schwangeren Schriftstellerin Alexa Hennig von Lange: »Ich bedanke mich sehr herzlich für das offene Gespräch und freue mich, wenn wir uns alsbald wiedersehen. Wichtig ist allerdings, dass Sie unsere Wünsche entgegennehmen, nämlich dass wir Ihnen alles Gute wünschen für die bevorstehende Geburt Ihres zweiten Kindes.«

Am 26. April 2002 stand Kerner plötzlich in Erfurt nicht weit von dem Ort entfernt, wo gerade ein Schüler ein Blutbad angerichtet hatte, und fragte einen kleinen Jungen, der Zeuge war, wörtlich: »Nun bist du elf Jahre alt, und wir wollen von einem Elfjährigen nicht verlangen, dass man sich sozusagen große Gedanken in einem großen Zusammenhang macht, aber wenn du sagst, du hast dir Gedanken gemacht, welche waren das?« Kerner reduzierte in Gesprächen mit Psychologen, Politikern und Augenzeugen die ZDF-Berichterstattung über den Amoklauf auf das Niveau einer »Bild«-Zeitungsschlagzeile, was in den Augen vieler Beobachter ein größerer Skandal war als die Veronafeldbuschisierung des ZDF durch die Sendung. Ende des gleichen Jahres prahlte er gegenüber der »Hörzu«: »Wissen Sie, wie viel Geld ich verdiene? Es ist unglaublich, wie viel Geld ich mit diesem Image machen kann. Besser geht's nicht. Ich habe alles richtig gemacht!«

Mitte Januar 2003 strich das ZDF die Show, aber nur aus dem Titel, und die Sendung hieß nun nur noch *Johannes B. Kerner*. Im November 2003 war eine ganze Woche lang Boris Becker, der gerade seine Autobiografie verkaufen wollte, Gast bei Kerner. Jeden Tag. Im Februar 2005 lud Kerner den Schiedsrichter Robert Hoyzer ein, den Hauptbeschuldigten in einem gerade publik gewordenen gewaltigen Schiebungsskandal im deutschen Fußball. Dass der geständige Betrüger auf diese Weise ein Forum bekam (während die Schlagersängerin Michelle und die Schauspielerinnen Marion Kracht und Barbara Schöne stumm daneben saßen), sorgte für heftige Kritik und war einer der Gründe dafür, warum Hoyzer wenig später verhaftet wurde. Kerner betonte, dass entgegen anders lautender Gerüchte Hoyzer nur das Standardhonorar erhalten habe, das alle Gäste bekämen: 500 €. Später wurde bekannt, dass Hoyzer darüber hinaus der Produktionsfirma a+i u. a. auch die Kosten für seinen Anwalt und einen Bodyguard in Rechnung gestellt hatte, sodass er insgesamt exakt 7451,21 € für seinen Auftritt erhielt. a+i ist eine hundertprozentige Tochter des »Spiegel«, mit dem Kerner auf diese Weise ebenfalls verbunden ist.

Die Show lief anfangs wöchentlich donnerstags um 22.15 Uhr, ab Oktober 1999 um 23.00 Uhr. Seit Januar 2002 wird sie viermal wöchentlich ausgestrahlt, dienstags bis freitags immer gegen 23.00 Uhr.

JOHN KLINGS ABENTEUER ZDF

1965–1970. 26-tlg. dt. Abenteuerserie von C. M. Sharland, Rolf Honold und B. Gosman, Regie: Hans-Georg Thiemt, Kurt Ullrich, Franz Marischka.

Privatdetektiv John Kling (Hellmut Lange) und seine rechte Hand Jones Burthe (Uwe Friedrichsen) kämpfen für die Gerechtigkeit. Kling ist ein gut aussehender, sportlicher, intelligenter Alleskönner wie James Bond. Gemeinsam reisen die beiden im Auftrag eines Geheimdienstes rund um die Welt, spüren Vermisste auf, lösen mysteriöse Mordfälle und überführen Räuber, Fälscher, Entführer und Betrüger.

Die Serie basierte auf einer Groschenromanreihe aus den 20er-Jahren. Gedreht wurden die teils an exotischen Schauplätzen angesiedelten Geschichten komplett im deutschen Studio. Manche der Orte wurden gar nicht erst genannt oder waren frei erfunden, z. B. das Land Sabrien, dessen König John

John Klings Abenteuer: Hellmut Lange mit Gaststar Barbara Valentin.

Kling beschützen muss. Die halbstündigen Episoden liefen im Vorabendprogramm mittwochs gegen 19.00 Uhr.

JOHN RALLING – ABENTEUER UM DIAMANTEN   ZDF
1975. 13-tlg. dt. Abenteuerserie von Heinz Bothe-Pelzer, Regie: Erich Neureuther.
John Ralling (Hartmut Becker) wird Mitte des 19. Jh. in Südafrika vom Diamantenrausch erfasst. Der Mineraloge Dr. Kisch (Patrick Mynhardt) hat ihn auf den Geschmack gebracht. Er wird Diamantensucher, verlässt seine Frau Cordelia (Susanne Schaefer) und hat zu seiner Familie nur noch über den Postkutscher Andries (Hans Wyprächtiger) Kontakt.
Die 25-Minuten-Folgen liefen dienstags um 17.10 Uhr.

JOHN ROSS   SAT.1
1992. »Ein afrikanisches Abenteuer«. 12-tlg. südafrik. Jugend-Abenteuerserie (»John Ross – An African Adventure«; 1988).
Im Oktober 1925 erleidet das britische Segelschiff »Mary« Schiffbruch vor der südafrikanischen Küste. Unter den Überlebenden ist der 13-jährige John Ross (Darryl Robertson). Während die anderen Gestrandeten aus dem Wrack ein neues Schiff bauen, geht er zu Fuß Hunderte von Meilen durch die gefährliche Wildnis, um Medizin und andere überlebenswichtige Güter zu holen.
Sat.1 zeigte die halbstündigen Folgen morgens gegen 9.00 Uhr.

JOHNNY BAGO   RTL
1996. 8-tlg. US-Comedy-Actionserie von Robert Zemeckis, Jeffrey Price und Peter S. Seaman (»Johnny Bago«; 1993).
Johnny Tenuti (Peter Dobson), ein kleiner Gauner und nicht der Klügste, ist auf der Flucht. Vor dem Mafiaboss Don Roselli (Michael Gazzo) und seinen Männern, die glauben, dass er Dons Sohn Chico umgebracht hat. Vor der Polizei. Und vor seiner schrecklichen Ex-Frau Beverly Florio (Rose Abdoo), die gleichzeitig seine Bewährungshelferin ist. Eingebrockt hat ihm das alles sein Cousin Vinnie (Richard Romanus), der Johnny schon einmal unschuldig in den Knast gebracht hat. In einem Wohnwagen, nach dessen Marke Winnebago er sich »Johnny Bago« nennt, reist er quer durch die USA und schreibt seiner Mutter (Anna Berger), dass er noch lebt.
Die halbstündigen Folgen liefen samstags nachmittags.

JOHNNY BRAVO   PRO SIEBEN
2001–2002. 52-tlg. US-Zeichentrickserie (»Johnny Bravo«; 1997).
Johnny ist ein muskulöser Macho, der permanent Frauen anmacht und dauernd Körbe bekommt. Und Johnny wohnt noch bei Mama. Die 25-Minuten-Folgen bestanden aus jeweils mehreren Kurzepisoden und liefen im Nachtprogramm.

JOKER   ARD
1974–1982. Jugendmagazin.
Das Magazin beschäftigte sich mit aus dem Leben gegriffenen Themen und gab Jugendlichen eine Plattform, sich zu artikulieren: »Warum verstehen meine Eltern mich nicht?«, »Warum muss ich immer so früh zu Hause sein?« oder »Wetten, dass du dich nicht traust?«.
Der komplette Sendetitel beinhaltete immer die aktuelle zweistellige Jahreszahl, z. B. *Joker 74.* Ab 1978 hieß die Reihe *Jokerclub,* 1980 erhielt sie den Titel *Tips für junge Leute.* Innerhalb von *Joker* wurde

auch die Serie *In einem Jahr sieht alles anders aus* gezeigt. Die Reihe lief am Freitagnachmittag.

JOKERCLUB ARD
→ Joker

JOLLY JOKER ARD
1991–1992. 21-tlg. dt. Krimiserie von Thomas Kubisch, Regie: Marco Serafini.
James Bond aus niederen Beweggründen: Sein Name ist Borg, Christian Borg (Stefan Fleming), und er jettet im Auftrag seines reichen Onkels Arthur Brecht (Paul Hubschmid) um die Welt, um gefährliche Verbrecher und Gegner des Onkels auszuschalten, die bei seinen zwielichtigen Geschäften stören könnten. Im Gegenzug finanziert der Onkel Christian weiterhin seinen luxuriösen Lebenswandel mit schnellen Autos und schönen Frauen. Wie Bond und sein Onkel zu Hause ist Christian unterwegs mit modernsten Waffen ausgestattet, die in den abwegigsten Gebrauchsgegenständen versteckt sind (und manchmal viel zu clever sind, um praktisch zu sein, dadurch aber für Witz sorgen). Über Annette (Maja Maranow) hält er den Kontakt zur Basis.
Jede Folge spielte in einem anderen Land. Trotzdem, auch trotz der Actionszenen, technischen Geräte und attraktiven Frauen, hielten sich die Produktionskosten im ARD-Vorabendrahmen. Nach einer Pilotfolge um 21.45 Uhr liefen die einstündigen Folgen dort. Das Titellied sang Chris Thompson.

JONAS ARD
1986–1992. Politisches Kabarett, aktuelle Satire, Sketche zu verschiedenen Oberthemen des Alltags und Parodien mit Bruno Jonas. Wechselnde Spielpartner unterstützten Jonas, häufiger dabei waren Maren Kroymann und Ottfried Fischer.
25 halbstündige Ausgaben liefen, zunächst im Abstand von mehreren Monaten, meist montags, ab 1992 donnerstags um 22.00 Uhr.

JONAS' CHECK-UP ARD
1995. Halbstündige Kabarettsendung mit Bruno Jonas, die fünfmal am späten Samstagabend lief.

JOOS UND IYAMBO ARD, NDR
1992 (ARD); 1994 (NDR). 13-tlg. dt. Jugendserie.
Der zehnjährige weiße Farmersohn Joss (Matthew Jackman) und der gleichaltrige schwarze Arbeitersohn Iyambo (Jean-Michael Tjirare) werden in Namibia Freunde.
Die ARD zeigte beide Staffeln, die zweite wurde vorab im Dritten Programm des NDR erstausgestrahlt. Die Folgen waren 25 Minuten lang und liefen nachmittags.

DIE JÖRG KNÖR SHOW ZDF
1990–1991. Halbstündige Comedyshow mit Jörg Knör in zahllosen Rollen. Entsprechend maskiert parodiert Knör die deutsche und internationale Prominenz, darunter einfache Opfer, die jeder Stimmenimitator im Programm hat (Marcel Reich-Ranicki, Boris Becker), aber auch Stars, die endlich mal parodiert werden mussten: Frank Elstner, Phil Collins, Sean Connery, Erika Berger, Alice Schwarzer und die Kessler-Zwillinge (dazu kam ihm sein eigener Zwillingsbruder Jens Knör zu Hilfe). Einige »originale« Prominente wirkten als Studiogäste mit, blieben deshalb jedoch nicht vor Parodien verschont.
Zehn Ausgaben liefen donnerstags zur Primetime, im April 1992 gab es noch einmal ein Special.

JÖRG PILAWA SAT.1
1998–2000. Tägliche Vormittagstalkshow mit nicht prominenten Gästen zu wechselnden Themen.
Moderator Jörg Pilawa trat die Nachfolge von *Johannes B. Kerner* an, der zum ZDF gewechselt war. Wie sein Vorgänger und im größtmöglichen Kontrast etwa zu Andreas Türck moderierte er mit großer Gelassenheit und eher versöhnlich als provokant. Vor allem deshalb fiel *Jörg Pilawa* im Vergleich zu anderen Daily Talks nicht negativ auf, obwohl sich seine Themen kaum von ihnen unterschieden: »Mein Kind ist fett – Ich schäme mich so«, lautete das Motto der ersten Sendung. Es folgten u. a. »Frauen sind dümmer als Männer – Ich weiß es genau«, »Mein Kind schlägt mich«, »Oma und Opa, ich kann's nicht glauben: Ihr habt noch Sex« sowie »Sex ist alles, was ich von dir will«.
Die einstündigen Sendungen liefen um 11.00 Uhr. Nach zweieinhalb Jahren gab er seine Talkshow wieder auf, um fortan täglich – und jetzt live – *Die Quiz Show* zu moderieren. Seinen Talkplatz übernahm *Franklin – Deine Chance um 11*.

JÖRG PREDA ARD
1966–1980. 39-tlg. dt. Abenteuerserie.
Der abenteuerlustige Reisejournalist Jörg Preda (Pinkas Braun) soll bei seinen Besuchen exotischer Länder eigentlich über diese als solche schreiben, wird aber immer wieder in die verschiedensten Kriminalfälle verwickelt und kümmert sich persönlich um deren Aufklärung. Natürlich lässt sich später darüber ganz hübsch schreiben.
Die Folgen waren 25 Minuten lang. Die ersten 13 liefen ab 1966 in allen regionalen Vorabendprogrammen, zum Teil unter den Titeln *Unterwegs mit Jörg Preda* und *Jörg Preda reist um die Welt*. Nach zwölf Jahren Pause entstanden zwei neue Staffeln mit insgesamt 26 weiteren Folgen, die jetzt *Jörg Preda berichtet* hießen. Die Musik stammte von Klaus Doldinger.

JÖRG PREDA BERICHTET ARD
→ Jörg Preda

JÖRG PREDA REIST UM DIE WELT ARD
→ Jörg Preda

JÖRN DRESCHER, 19 JAHRE ARD
1972. 3-tlg. dt. Problemfilm von Fritz Raab, Regie: Udo Langhoff.

Der Oberschüler Jörn Drescher (Volker Eckstein) kommt mit den autoritären Erwachsenen in seinem Leben nicht zurecht und gerät auf die schiefe Bahn. Auf einer Haschparty des Dealers Ralph (Gunter Berger) lernt er Doris (Christine Golling) kennen, die seine Freundin wird. Ralph verwickelt Jörn in Rauschgiftgeschäfte.
Die Folgen waren 60 bis 90 Minuten lang und liefen freitags nachmittags.

JOSÉ CARRERAS GALA ARD
Seit 1995. Jährliche Benefizgala aus der Leipziger Messehalle mit José Carreras und musikalischen Gästen. Jedes Jahr kurz vor Weihnachten bittet der Startenor, seit 1996 mit Co-Moderator Axel Bulthaupt, um Spenden für die José-Carreras-Leukämiestiftung.
Carreras selbst war 1987 an Leukämie erkrankt und hatte es geschafft, die Krankheit zu überwinden. Die Gala stand jedes Mal unter einem anderen Motto, z. B. »Gib nicht auf« oder »Gemeinsam stark sein«. Insgesamt wurden durch die Show seit 1995 Spenden in Höhe von mehr als 50 Millionen Euro gesammelt.

JOSEF FILSER ARD
1991. »Geschichten aus dem Leben eines Königl. Bayerischen Landtagsabgeordneten«. 13-tlg. dt. Historienserie nach dem »Briefwexel« von Ludwig Thoma, Regie: Rüdiger Nüchtern.
Der schlitzohrige bayerische Abgeordnete Josef Filser (Gerd Anthoff) führt die Regierung hinters Licht und setzt sich für seine Mitbürger ein. Die halbstündigen Folgen liefen im regionalen Vorabendprogramm. Die Rolle des Filser war auch in mehreren Kinoverfilmungen von Thomas »Lausbubengeschichten« aufgetaucht.

JOSEPH GOEBBELS ARD
2004. 3-tlg. dt. Geschichts-Doku von Andrea Morgenthaler über Hitlers Propagandaminister.

JOSH ZDF
1979–1980 (ZDF); 1991–1992 (Pro Sieben). 94-tlg. US-Westernserie (»Wanted: Dead Or Alive«; 1958–1961).
Josh Randall (Steve McQueen) ist ein Kopfgeldjäger im Wilden Westen. Er redet nicht viel, schießt schnell und freut sich, dass ihm die Regel »Dead or Alive« das Geldverdienen erleichtert. Eine Weile hilft ihm ein jüngerer Sheriff namens Jason Nichols (Wright King).
Josh war die erste größere Rolle für Steve McQueen. Die in Schwarz-Weiß gedrehte Serie lief in Deutschland nachkoloriert. Das ZDF zeigte immer zwei Episoden am Stück, 26 insgesamt. Der Rest lief zuerst bei Pro Sieben und die Serie überhaupt fast immer gerade auf irgendeinem Sender, teilweise unter dem Titel *Der Kopfgeldjäger*.
Die Serie hätte eigentlich Ende Juli 1978 starten sollen, doch das ZDF nahm sie kurzfristig aus dem Programm, nachdem die Serienredaktion ihren Einkauf der Programmredaktion vorgeführt hatte. Der Grund: zu brutal. Dr. Fritz Hufen, ZDF-Pressechef, gegenüber »Hörzu«: »Die schlimmsten gewalttätigen Szenen sind zwar schon der Schere zum Opfer gefallen. Aber die brutale Gesamttendenz ist geblieben, und so ist die Serie für den vorgesehenen Termin, nachmittags um 17.10 Uhr, nicht geeignet.«

JOURNAL 1870/71 ARD
1970–1971. 7-tlg. dt. Doku-Spiel-Reihe von Helmuth Rompa, Regie: Hans-Joachim Kurz.
Die Reihe über die Zeit des Deutsch-Französischen Krieges bereitete die damals 100 Jahre zurückliegenden Ereignisse so auf, als fänden sie aktuell statt und als hätte es damals schon Fernsehen gegeben. Journalisten wie Peter Scholl-Latour, Gerd Ruge, Heiko Engelkes, Ernst-Dieter Lueg, Friedrich Nowottny und Emil Obermann übernahmen die Rollen von Kriegsbeobachtern, Reportern und Kommentatoren.
Die Reihe mit 45-minütigen Folgen wurde in loser Folge im Abendprogramm ausgestrahlt.

JOURNAL FÜR SIE DFF 1
1964–1965. Ratgeber für Frauen zu Fragen der Familienpolitik und Erziehung mit Gerda Brasch und Gisela Matzke. 16 halbstündige Folgen liefen monatlich mittwochs abends, ab Juni 1965 wurde die Reihe nur noch unregelmäßig auf verschiedenen Sendeplätzen ausgestrahlt.

JOURNALISTEN FRAGEN – POLITIKER ANTWORTEN ZDF
1963–1991. Politische Interviewsendung mit Reinhard Appel und wechselnden Gastjournalisten, die Politikern Fragen stellten.
Appel war Vorsitzender der Bundespressekonferenz und Bonner Korrespondent der »Stuttgarter Zeitung«. Wegen seiner guten Kontakte engagierte ihn das junge ZDF, nebenberuflich ungefähr einmal im Monat die Fernsehsendung zu moderieren. Als Appel Intendant des Deutschlandfunks wurde, übernahm nach etwa 120 Sendungen Jürgen Lorenz die Gesprächsführung. Appel wurde 1976 Chefredakteur des ZDF. Im September des gleichen Jahres rief er die Variante *Bürger fragen – Politiker antworten* ins Leben. Die Variante mit professionellen Fragestellern trug von 1977 an den Titel *Bonner Runde* und wurde von Johannes Gross moderiert.
1986 stellte das ZDF die Bürgerfrageversion ein und nahm den alten Reihentitel wieder auf. Appel moderierte sowohl Sendungen, in denen sich einzelne Politiker stellten, als auch Runden mit Politikern aller Parteien. Nach fast 250 Sendungen lief die Reihe 1991 aus. In der letzten Sendung war bei Appel Richard von Weizsäcker zu Gast – es war bereits das zwölfte Mal, dass sich ein Bundespräsident in der Reihe den Fragen der Journalisten stellte. Der kurzlebige Nachfolger hieß *Streitfall*.

DIE JOURNALISTIN ZDF
1970–1971. »Erlebtes – Getipptes – Gedrucktes«. 13-tlg. Reporterserie von Stefan Wolf, Regie: Georg Tressler.
Die Hamburger Journalistin Renate Albrecht (Marianne Koch) arbeitet mit dem Fotografen Pit Schaffer (Horst Frank) für die Zeitschrift »Prisma« und trifft dabei auf interessante Menschen und Geschichten. Schmitt-Hansen (Bruce Low) ist ein Redakteurskollege, Petersen (Wolfram Schaerf) der Chefredakteur.
Die Musik zur Serie schrieb Martin Böttcher. Die Folgen waren 45 Minuten lang und liefen sonntags zur Primetime.

JUDAS GAME KABEL 1
→ J-Game

JUGEND IM GESPRÄCH ZDF
→ Sonntags um elf

EINE JUGEND IN CHICAGO SAT.1
→ Studs Lonigan

JUGEND IN DEUTSCHLAND ZDF
1968. 5-tlg. dt. Doku-Reihe von Heinz Hemming über vier Generationen Jugend in Deutschland.
Die ersten zwei Folgen beschäftigten sich mit den Großvätern als Wandervögeln und den Vätern als Hitlerjungen (weibliche Personen durchlebten damals offenbar keine Jugend), Folge 3 (»Subventionierte Rebellen«) behandelte die »Trau keinem über 30«-Jugend der 68er, Folge 4 (»Streiter für den Sozialismus«) die Jugend in der DDR, und in Folge 5 ging es um die unpolitischen Jugendlichen, die aber eigentlich doch gegen das Establishment protestierten, denn sie tanzten ja zu Beatmusik und trugen Miniröcke. Inzwischen durften offenbar auch Frauen ihre Jugend erleben.
Die halbstündigen Folgen liefen dienstags um 20.30 Uhr.

DIE JUGENDBERATERIN PRO SIEBEN
2002–2003. Einstündige Pseudo-Beratungsshow mit der Diplomsozialpädagogin Margit Tetz, die pro Sendung in zwei bis drei Fällen Jugendlichen konkrete Lebenshilfe bietet. Eine Schweigepflicht gilt hier nicht, da die Probleme von Laiendarstellern vorgetragen werden.
Tetz war jahrelang Mitglied des »Dr. Sommer«-Beratungsteams der Jugendzeitschrift »Bravo« und als solche auch regelmäßig in deren Fernsehableger Bravo TV aufgetreten. Ihre eigene Show dümpelte in den Quoten vor sich hin, der vergleichsweise lange Atem des Senders reichte für genau ein Jahr, während dessen die Fälle immer konstruierter und extremer wurden. Dann verschwand Frau Tetz in eine »kreative Pause«, und Die Streetworker nahmen ihren Platz ein, eine Doku-Soap über die Arbeit von Sozialpädagogen (natürlich auch anhand erfundener und nachgestellter Fälle), die schon seit Monaten immer wieder bei der Jugendberaterin als längere Einspielfilme aufgetaucht waren.

DAS JUGENDGERICHT RTL
Seit 2001. Tägliche einstündige Gerichtsshow um 16.00 Uhr, die sich mit Straftaten jugendlicher Täter zwischen 14 und 21 Jahren beschäftigt. Die Fälle sind frei erfunden und die Täter nur Laiendarsteller. Erste Richterin war Dr. Ruth Herz, die, bevor sie über die schauspielerischen Leistungen von sonst unbescholtenen Jugendlichen im Fernsehen urteilte, eine der profiliertesten Jugendrichterinnen in Deutschland war. Sie förderte in den 80er-Jahren maßgeblich das Konzept des Täter-Opfer-Ausgleichs und wurde für ein Projekt auf diesem Gebiet 1998 mit dem Bundesverdienstkreuz ausgezeichnet. 2005 folgte sie einem Ruf der Universität Oxford. Ihre Nachfolgerin bei RTL wurde Kirsten Erl
Das Jugendgericht war die erste Antwort von RTL auf den Erfolg von Richterin Barbara Salesch bei Sat.1. Produzentin beider Sendungen war Gisela Marx.

JUGENDKLUB TV 2 DFF 2
1978–1982. Politisches Unterhaltungsmagazin für Jugendliche mit Gästen, Musik und Einspielfilmen, moderiert von Martina Klemz und Alexander Lehmberg.
Die Show füllte einmal im Monat zwei Stunden der Hauptsendezeit am Dienstagabend. Im Oktober 1979 wurde sie als Teil der Rubrik »Für junge Leute im 2.« auf Montag verlegt. Sie brachte es auf 61 Ausgaben.

DER JUGENDRICHTER ARD
1984. 6-tlg. dt. Krimiserie von Heinz-Werner John und Werner Schulz, Regie: Bruno Jantoss. Der Jugendrichter (Dr. Werner Schulz) urteilt über straffällig gewordene Jugendliche.
Die einstündigen Folgen liefen im regionalen Vorabendprogramm, unterbrochen von Werbung und vom Sandmännchen.

JUGENDSTUNDE ARD
1954–1972. Sendung für Jugendliche.
Moderatoren waren u. a. Helmut Andersen, Hermann Terjung, Peter Brühls und Elisabeth Leithaeuser. Fester Bestandteil waren Ratespiele, darunter »Wo steckt der Fehler?«, und die Turnübungen in Zehn Minuten mit Adalbert Dickhut. Wie auch bei der Kinderstunde wurde der Sendetitel nach und nach nur noch ein Obertitel für Jugendprogramme und verschwand irgendwann komplett.
Die halbstündige Reihe lief an wechselnden Wochentagen nachmittags auf dem Sendeplatz der Kinderstunde.

JUHNKE & CO. ARD
1991. Halbstündige Sketchreihe mit Harald Juhnke. Häufige Partnerin war Barbara Schöne. Sechs Folgen liefen dienstags um 21.05 Uhr. Unter demselben Reihentitel lief ein Jahr später auch Der Forstarzt.

Julia – eine ungewöhnliche Frau: Peter Bongartz und Christiane Hörbiger.

JULIA ARD

1970–1973. 52-tlg. US-Sitcom von Hal Kanter (»Julia«; 1968–1971).
Seit ihr Mann im Vietnamkrieg ums Leben kam, muss die Krankenschwester Julia Baker (Diahann Carroll) ihren sechsjährigen Sohn Corey (Marc Copage) allein erziehen. Sie arbeitet in einem Raumfahrtzentrum als Assistentin des bissigen Dr. Morton Chegley (Lloyd Nolan). Ihre Kollegen sind Hannah Yarby (Lurene Tuttle) und Eddie Edson (Eddie Quillan). Coreys bester Freund ist Earl Waggedorn (Michael Link), bei ihm und seinen Eltern Marie (Betty Beaird) und Leonard (Hank Brandt) verbringt er viel Zeit. Paul Cameron (Paul Winfield) ist Julias Freund, Sol Cooper (Ned Glass) ihr Vermieter und Carol Deering (Allsion Mills) ihre Aushilfe. Dr. Chegley ist mit Melba (Mary Wickes) verheiratet.
Julia war eine der ersten Serien mit schwarzen Hauptdarstellern. In Deutschland liefen die halbstündigen Folgen im regionalen Vorabendprogramm.

JULIA – EINE UNGEWÖHNLICHE FRAU ARD

1999–2003. 65-tlg. österr. Familienserie von Peter Mazzuchelli.
Nach dem Tod ihrer Tochter Maria verlässt Dr. Julia Laubach (Christiane Hörbiger) ihren untreuen Mann Arthur (Peter Bongartz) und wird Bezirksrichterin in der niederösterreichischen Kleinstadt Retz. Dort kümmert sie sich außerdem um die Erziehung ihrer verwaisten Enkelkinder Elisabeth (Paula Polak) und Wolfgang (Philipp Fleischmann), mit denen sie auf dem Jenbacherhof lebt. Dem schlitzohrigen Bürgermeister Martin Reidinger (Franz Buchrieser) ist die Richterin ein Dorn im Auge. Reidinger führt einen gut gehenden Baubetrieb in Retz, in dem auch sein erwachsener Sohn Sebastian (Fritz Carl) arbeitet. Mit ihm hat die deutlich ältere Julia einen kurzen Flirt, weshalb Julias Sekretärin und Sebastians Langzeitfreundin Helga Schuster (Kristina Bangert) kündigt. Sebastian und Helga versöhnen sich wieder, ebenso Julia und Arthur. Da er weiterhin seine Anwaltskanzlei in Wien führt, haben die beiden gelegentlich auch beruflich miteinander zu tun. Barbara Demmerlein (Johanna Mertinz) ist Arthurs Sekretärin. Erst spät erfährt Julia, dass Arthur aus seiner Affäre mit der Journalistin Elke Torberg (Marion Mitterhammer) ein Baby namens Maria-Anna hat, und noch später erfahren beide, dass Maria-Anna gar nicht sein Baby ist. Neue Büroleiterin bei Julia wird Regina Beranek (Hertha Schell).
Andere Einwohner von Retz sind Gendarm Heinz Strubreiter (Michael König), Gattin Erna (Sissy Höfferer) und Teenagertochter Susanne (Katrin Griesser); der Sägewerksbesitzer und Vizebürgermeister Hans Sonnleitner (Wolfram Berger) und Gattin Adelheid (Ulrike Beimpold); Heidi Mähr (Monika Finotti), Gatte Max (August Schmölzer) und Sohn Willy (Raffael Weninger), der in Wirklichkeit Martin Reidingers Sohn ist; Willys Oma Herta Mähr (Bibiana Zeller), die den Haushalt auf dem Jenbacherhof führt; und Martin Reidingers rechte Hand und spätere Ehefrau Lena Kamper (Konstanze Breitebner). Elisabeths und Wolfgangs Vater Carlos Opermann (Michele Oliveri) wohnt ab Frühjahr 2000 immer mal wieder für einige Zeit in Retz und sonst in Argentinien. Max verlässt seine Frau, und sie beginnt erneut eine Affäre mit Reidinger.
Im Mai 2000 kommt Max bei einem »Jagdunfall« ums Leben. Heidi zieht nach Wien, Willy will bei Oma Herta bleiben. Im Frühjahr 2001 kommt Magister Anton Altmann (Alexander Pschill) als Richteramtsanwärter in Julias Kanzlei und macht in Retz

Karriere bis zum Richter. Arthur verliert sein gesamtes Hab und Gut und die Kanzlei, als ein Mitarbeiter mit dem Firmenvermögen durchbrennt. Doch er eröffnet eine neue Kanzlei, die schnell floriert. Herta stirbt. Das Bezirksgericht in Retz wird geschlossen und Julia mitsamt ihrer Sekretärin Frau Beranek nach Wien-Hietzing versetzt, wo außerdem die Kanzleikraft Ilse Hutter (Beatrice Frey) arbeitet. Die Laubachs ziehen in Wien zusammen und stellen die ungarische Haushaltshilfe Anita (Susa Juhasz) ein. Bürgermeister Reidinger wird Landeshauptmann und Julia Bürgermeisterin von Retz. Im September 2002 (in der nächsten Folge) übergibt Julia ihr Amt sofort wieder an Gendarm Strubreiter. Der braucht nämlich dringend Geld und hat als Bürgermeister ja ein viel höheres Gehalt. Sie selbst wird Gerichtsvorsteherin am neuen Landesgericht in Retz, natürlich mit Beranek und Dr. Altmann im Schlepptau. Ein Pferd, das er seiner Tochter Elisabeth geschenkt hat, wirft Carlos ab, der querschnittsgelähmt bleibt. Sonnleitner sitzt inzwischen als Betrüger im Knast. Ein Misstrauensvotum stürzt Strubreiter, und Lena Kamper wird Bürgermeisterin. Ann Miller (Bibiana Zeller), Hertas unbekannte Zwillingsschwester aus Amerika, taucht plötzlich auf. Altmann verlässt Retz.

Im November 2002 eröffnet Wolfgang seinen Großeltern, dass er und seine Freundin Susi Strubreiter ein Kind bekommen, und Arthur erkrankt an Leberkrebs. Mehrere Ärzte bestätigen die Diagnose. Sie stellt sich kurz darauf als Verwechslung heraus. Im Frühjahr 2003 schließlich zieht Julia als Volksanwältin ins Wiener Palais Rottal ein. Carlos Opermann kommt beim Brand seines neuen Reiterhofs ums Leben, beim Rettungsversuch stirbt auch Martin Reidinger. Julia übernimmt die Vormundschaft für Willy. Arthur, zwischenzeitlich im Ruhestand und Hobbypilot, packt der Tatendrang: Er eröffnet wieder eine Kanzlei.

Ziemlich kriminelles Dorf, in dem diese ungewöhnliche Julia da arbeitet. Im Lauf der Serie, die gegen Ende immer unrealistischer wurde, stand fast jeder Einwohner mal bei ihr vor Gericht; Diebstahl oder Betrug lautete in der Regel die Anklage. Die Richterin wurde dann immer selbst tätig und ermittelte in den Fällen.

Die einstündigen Folgen liefen dienstags um 20.15 Uhr. Die in Österreich überaus erfolgreiche Serie erreichte in Deutschland anfangs nur mittelmäßige Marktanteile, entwickelte sich jedoch nach kurzer Zeit zum Quotenerfolg mit durchschnittlich mehr als fünf Millionen Zuschauern. 2003 erhielt Christiane Hörbiger den Deutschen Fernsehpreis (Beste Schauspielerin Serie).

JULIA – KÄMPFE FÜR DEINE TRÄUME   RTL
1998. 3-tlg. dt. TV-Schmonzette von Gabi Kubach. Die Lehrerin Julia Wilkins (Carol Campbell) kämpft für ihre Träume und wird am Ende Fitnesstrainerin. Lief an drei aufeinander folgenden Tagen zur Primetime.

JULIA UND DER NACHTPAPA   ZDF
1973. 8-tlg. dt. Familienserie von Maria Gripe und Stellan Olsson.
Der Student Peter (Peter Schildt) ist der »Nachtpapa« der zehnjährigen Julia (Mona Eng). Er passt auf sie auf, wenn ihre Mutter (Siv Sommelius), eine allein stehende Krankenschwester, Nachtdienst hat. Die halbstündigen Folgen liefen dienstags um 17.10 Uhr.

JULIA VON MOGADOR   ARD
1975–1976. 12-tlg. frz.-dt. Historiendrama nach den Romanen von Elisabeth Barbier, Regie: Robert Mazoyer (»Les gens de Mogador«; 1972).
Mitte des 19. Jh. ziehen Julia (Marie-José Nat) und ihr frisch angetrauter Gatte Rodolphe (Jean-Claude Drouot) auf das Gut Mogador. Damit beginnt eine Familiengeschichte über mehrere Generationen, in deren Mittelpunkt später die Tochter Ludvine (Marie-France Pisier) und dann die Enkelin Dominique (Brigitte Fossey) stehen.
Zwei Staffeln mit je sechs einstündigen Folgen liefen im regionalen Vorabendprogramm, die zweite trug den neuen Titel *Die Leute von Mogador*.

JULIANE & ANDREA   ARD
1996. Nachmittagstalkshow mit Juliane Hielscher-Laudamus und Andrea Beckmanns.
Lief montags bis donnerstags um 15.00 Uhr und war Teil einer Talk-Offensive mit drei Stunden Talk am Stück: *Rehmsen, Juliane & Andrea, Fliege*. Die Damen überlebten Herrn Rehmsen knapp – ab dem Spätherbst liefen auf dem Sendeplatz Spielfilme für die Familie.

JULIE LESCAUT   ARD, VOX
1995 (ARD); 1995–2003 (Vox). 24-tlg. frz. Krimiserie (»Julie Lescaut«; seit 1992).
Julie Lescaut (Véronique Genest) leitet das Kommissariat im kleinen französischen Ort Clairières. Zu ihren Mitarbeitern gehören Jean-Marie Trémois (Jérôme Anger), Justin N'Guma (Mouss Diouff), David Kaplan (Renaud Marx), Motta (Alexis Desseaux) und Zora (Samia Sassi). Insgesamt sind Julie 33 Kollegen unterstellt, 24 uniformierte und neun Beamte in Zivil. Julie ist geschieden, aus ihrer Ehe mit Paul (François Marthouret) hat sie zwei Töchter: Sarah (Jennifer Lauret) und Babou (Joséphine Serre).
Die Folgen hatten Spielfilmlänge. Der WDR produzierte eine Folge, die in Köln spielte, im Auftrag des französischen Fernsehens. Diese war die einzige, die die ARD ausstrahlte, der Rest lief kurz darauf bei Vox.

JULIEN FONTANES, UNTERSUCHUNGSRICHTER   DFF 2
1984. 7-tlg. frz. Krimiserie (»Julien Fontanes, magistrat«; 1980). Der Untersuchungsrichter Julien Fontanes (Jacques Morel) reist an, um einzugreifen, wenn ein Fall neu aufgerollt werden muss oder die örtliche Justiz überfordert ist.
Die einzelnen Folgen hatten Spielfilmlänge.

JUMANJI   SAT.1
1999–2000. 40-tlg. US-Zeichentrickserie für Kinder (»Jumanji«; 1996).
Die Kinder Peter und Judy lassen sich nichts ahnend auf das Brettspiel »Jumanji« ein und werden in eine merkwürdige, gefährliche Dschungelwelt gezogen, in der sie Alan Parrish treffen, dem das schon vor ein paar Jahren passiert ist. Gemeinsam suchen sie einen Weg hinaus.
Die Serie basierte auf dem erfolgreichen gleichnamigen Kinofilm aus dem Jahr 1995 mit Robin Williams. Die 25-minütigen Folgen liefen samstags im Kinderprogramm.

JUMP RAN   SAT.1
1994–1995. Basketballschwester von *ran* mit Moderator Lou Richter, die über die amerikanische NBA-Liga berichtete. Als Sat.1 später die deutsche Basketballliga präsentierte, durfte wieder Richter moderieren, die Sendung hieß nun aber *ran – Sat.1-Basketball*.

JUNG, LEDIG, SUCHT   KABEL 1
1996. Einstündige Kuppelshow mit Mike Nöcker und Tom Lehel. Eine Variante von *Rehmsen* und *Heart Attack*, bei der sich drei Singles vorstellen, denen man faxen, schreiben, e-mailen kann. Oder sie im Studio anrufen, auf die Gefahr hin, dass die Welt das Gespräch live in der Sendung mithört.
23 Ausgaben liefen samstags um 19.00 Uhr.

JUNG UND LEIDENSCHAFTLICH   RTL
1992–1993. »Wie das Leben so spielt«. 194-tlg. US-Soap von Irna Phillips (»As The World Turns«; seit 1956).
Leben, Lieben und Totgeglaubte-Zwillingsschwestern-Wiederfinden in der Stadt Oakdale im Mittleren Westen der USA.
»As the World Turns« ist eine der langlebigsten Soaps der Welt und war für Schauspieler wie Martin Sheen und Meg Ryan der Beginn ihrer Karrieren. RTL tat alles, um deutschen Zuschauern den Einstieg in die Geschichten – die ohnehin verwirrend genug waren – extra schwer zu machen. Der Sender zeigte erst diverse nicht immer zusammenhängende einstündige Folgen von 1987, bevor er ins Jahr 1990 sprang. Richtig entscheiden konnte sich der Sender auch bei der Titelwahl nicht und nannte die Serie erst *Wie das Leben so spielt*, dann *Jung und verdorben* und schließlich *Jung und leidenschaftlich – Wie das Leben so spielt*.

JUNG UND VERDORBEN   RTL
→ Jung und leidenschaftlich

JUNGE HERZEN –
AUF GROSSER FAHRT INS LEBEN   ZDF
2002. 12-tlg. Reportage nach einem Konzept von Stefan Hermes, Regie: Torsten Truscheit.
Sieben Monate lang begleitet ein Kamerateam 22 Jugendliche und fünf Lehrer auf einer siebenmonatigen Weltreise auf dem Segelschiff »Thor Heyerdahl«. Sie reisen von Kiel zu den Kanarischen Inseln, nach Guatemala, Kuba und in die USA. Es ist kein reiner Abenteuerurlaub, sondern ein erlebnispädagogisches Projekt: »High Seas High School«, das seit 1993 von der Hermann-Lietz-Schule auf Spiekeroog veranstaltet wird. Lief samstags nachmittags.

JUNGE LIEBE   WDR
→ Andiamo Ragazzi

DER JUNGE MIT DEN GOLDHOSEN   ARD
1977. 6-tlg. schwed. Jugendserie nach dem Buch von Max Lundgren (»Pojken med guldbyxorna«; 1975).
Der 13-jährige Mats Nilsson (Harald Hamrell) stellt eines Tages fest, dass in den Taschen seiner alten Hose Geld ist, das nie zu Ende geht. Mats und sein Vater (Anders Nyström) kaufen sich fortan alles, was sie wollen, spenden aber auch viel für gute Zwecke. Doch natürlich sehen sie bald ein, dass Geld allein nicht glücklich macht.
Die halbstündigen Folgen liefen dienstags nachmittags.

DER JUNGE VOM ANDEREN STERN   PRO SIEBEN
1989–1990. 22-tlg. US-Science-Fiction-Serie (»The Powers Of Matthew Star«; 1982–1983).
Der Außerirdische Matthew Star (Peter Barton) vom Planeten Quadris verfügt über besondere Fähigkeiten wie Astralprojektion und Telekinese. Anfangs schlägt er sich mit seinem Beschützer und Mentor Walt Shepherd (Louis Gossett, Jr.) an der Highschool durch, später arbeiten beide für die Regierung, und Matthew setzt seine Fähigkeiten ein, um für das Gute zu kämpfen.

DIE JUNGEN ANWÄLTE   ARD
1972–1985. 22-tlg. US-Anwaltsserie (»The Young Lawyers«; 1970–1971).
Unter der Leitung von David Barrett (Lee J. Cobb) betreiben mehrere Jurastudenten in Boston eine Kanzlei, die unterprivilegierten Bürgern kostenlose Hilfe anbietet. Zum bunt gemischten Team gehören Aaron Silverman (Zalman King), Chris Blake (Philip Clark) und Pat Walters (Judy Pace).
Über zehn Jahre nach der Ausstrahlung von 14 einstündigen Folgen sendete die ARD unter dem Titel *Nicht schuldig, Euer Ehren* weitere acht im regionalen Vorabendprogramm.

DIE JUNGEN JAKOBITER   ARD
1963. 3-tlg. brit. Abenteuerfilm nach dem Roman von Kenneth MacFarlane, Regie: John Reeve (»Young Jacobites«; 1959).
Die Kinder Jean (Francesca Annis) und Hamish (Jeremy Bullock) sind Cousine und Cousin. Sie entdecken einen Geheimgang, der sie in eine andere Welt in einer anderen Zeit führt, die etwa 200 Jahre vor der Gegenwart liegt. Sie kommen in ein altes Schloss und werden in eine Verschwörung verwi-

ckelt, gründen mit Freunden den Geheimbund der Jakobiter, entlarven Verräter, beschützen einen Prinzen, werden gefangen genommen, flüchten durch den Geheimgang und werden in die Gegenwart zurückversetzt, ohne sich an die vergangenen Ereignisse erinnern zu können.
Jede Folge dauerte 45 Minuten.

JUNGER HERR AUF ALTEM HOF ZDF
1969–1970. 13-tlg. dt. Familienserie von Heinz Pauck, Regie: Hermann Kugelstadt.
Helmut Grothe (Paul Neuhaus) und seine Verlobte Brigitte (Simone Rethel) wollten eigentlich in Kanada leben und Karriere machen, übernehmen dann aber spontan in Deutschland den Bauernhof von Helmuts Eltern Christian Grothe (Heinz Engelmann) und Else (Ursula von Bose), die sich zur Ruhe setzen wollen. Die neue Aufgabe ist gewöhnungsbedürftig.
Die 25-Minuten-Folgen liefen montags um 19.10 Uhr.

JUNGES GLÜCK SAT.1
1997. Große Sonntagabendshow mit Britta von Lojewski, in der junge Eltern Gewinne für ihre Kinder erspielen können. Kandidaten müssen sich an und auf diversen Klettergerüsten, Laufbändern und Spielkisten verausgaben. Hauptpreis ist ein Bausparvertrag über 100 000 Mark, die für die Kinder in 20 Jahren zu 200 000 Mark geworden sein sollen. Wurde nach nur zwei Ausgaben abgesetzt.

DAS JUNGGESELLEN-QUARTETT ARD
1958. Dt. Comedyserie von Karl von Till und Ingeborg Richter, Drehbuch: Heinz Bruck, Regie: Hans Richter.
Vier Junggesellen bilden ein Streichquartett und wollen in ihrer Freizeit gemeinsam musizieren. Der Antiquitätenhändler Josef Höchst (Joseph Offenbach), der Staatsanwalt Dr. Ulrich Maantzel (Ulrich Haupt), der Oberapotheker Hans Stampfer (Hans Richter) und der Versicherungsmakler Peter Ehrlich (Hans Irle) treffen sich bei Josef zu Hause. Die Probe kann dann aber doch nicht stattfinden, weil immer etwas dazwischenkommt: Entweder hat Josefs Tochter Nicolette (Heidi Leupolt) Liebeskummer, eine Saite reißt oder die Männer finden eine Leiche.
Witzige und innovative Serie, die schon früh ein interaktives Element integrierte: Am Ende der Episoden wurde im Rahmen der regulären Handlung plötzlich eine Frage aufgeworfen, z. B. nach einem Komponisten oder einem Schriftsteller. Immer ein anderer der Akteure trat vor die Kamera und gab die Frage als Preisrätsel an die Fernsehzuschauer weiter.

JÜRGEN FLIEGE ANTWORTET ARD
1995–1996. Fünf-Minuten-Sendung, in der Jürgen Fliege an einem unaufgeräumten Schreibtisch sitzt, aus Zuschauerbriefen zu seiner Talkshow *Fliege* vorliest und seine eigene Empfehlung ignoriert: »Lassen Sie nie eine gute Gelegenheit vorbeiziehen, wo Sie den Mund halten können.«
Lief exakt 152-mal am Nachmittag.

JUST KIDDING RTL
1998. »Die Mirco Nontschew Show«. Eine der ungezählten Shows, in denen Streiche mit versteckter Kamera gezeigt wurden. Diese wurde von Mirco Nontschew moderiert und drei Jahre nach ihrer Aufzeichnung unauffällig im Nachtprogramm versendet.

JUST SHOOT ME – REDAKTION DURCHGEKNIPST PRO SIEBEN
2001. 31-tlg. US-Sitcom von Steven Levitan (»Just Shoot Me«; 1997–2003).
Weil sie keinen anderen Job findet, nimmt die Journalistin Maya Gallo (Laura San Giacomo) eine Stelle bei dem erfolgreichen, aber nicht sehr anspruchsvollen Frauenmagazin ihres Vaters Jack Gallo (George Segal) an. Die Themen des Magazins »Blush« beschränken sich auf Mode und Sex. Vergeblich versucht Maya, etwas mehr Niveau ins Heft zu bringen. Ihre Kollegen sind das alternde Ex-Model Nina Van Horn (Wendie Malick), der Fotograf Elliott DiMauro (Enrico Colantoni) und Jacks Assistent, der kindische und stets unbefriedigte Dennis Finch (David Spade).
Die Serie lief donnerstags gegen Mitternacht. Im Pay-TV war sie zuvor bereits unter dem Titel »Shooting Stars« gelaufen. Im Original hat sie 148 Folgen.

JUSTITIAS KLEINE FISCHE SAT.1
1988–1990. 52-tlg. dt. Justizserie von Mischa Mleinek nach den Büchern von Horst Cornelsen.
Dr. Klaus Milde (Ezard Haußmann) ist der schrullige Vorsitzende Richter am Berliner Amtsgericht, der sich bemüht, den kleinen Ganoven und Sündern, mit denen er es zu tun hat, gutmütig und menschlich zu begegnen. Gnadenlos streng ist dagegen der Staatsanwalt Dr. Armin Müller-Soden (Peter Matic), in der zweiten Staffel Dr. Robert Pless (Gerhard Friedrich). Wally Seibecke (Barbara Schöne) ist die Protokollantin.
Justitias kleine Fische war eine der ersten eigenproduzierten Serien im deutschen Privatfernsehen. Die halbstündigen Folgen liefen erst samstags um 17.00 Uhr, dann dienstags um 20.30 Uhr.

JUSTIZIRRTUM ARD
Seit 2005. Doku-Reihe über spektakuläre Kriminalfälle, in denen Menschen zu Unrecht verurteilt wurden.

DAS JUWEL DER KRONE DFF
1986. 8-tlg. brit. Kolonialdrama von Ken Taylor nach den »Raj Quartet«-Romanen von Paul Scott, Regie: Christopher Morahan und Jim O'Brien (»The Jewel In The Crown«; 1984).
Indien, 1942: Die Bevölkerung rebelliert gegen die

britische Kolonialherrschaft. Die junge Engländerin Daphne Manners (Susan Woolridge), die in Indien ihre Tante Lady Ethel Manners (Rachel Kempson) besucht, verliebt sich in den jungen Inder Hari Kumar (Art Malik). Als Daphne von jungen Burschen in einem Park vergewaltigt wird, lässt der rassistische britische Polizeioffizier Ronald Merrick (Tim Pigott-Smith), der selbst ein Auge auf Daphne geworfen hat, Hari verhaften und jahrelang einkerkern. Daphne bringt ein Mischlingskind zur Welt, stirbt aber nach der Geburt. Das Kind wird von Lady Manners großgezogen. Merrick kommt später zur Armee und versucht, über die Bekanntschaft zu Susan (Geraldine James) und Sarah (Wendy Morgan), den Töchtern des britischen Oberst John Layton (Frederick Traves), aufzusteigen. Zu dessen Familie gehören noch seine Frau Mildred (Judy Parfitt) und seine Stiefmutter Mabel (Fabia Drake), bei der die ältere Missionarin Barbie Batchelor (Peggy Ashcroft) lebt. Das Drama, das mit vielen Handlungssträngen und Personen – der böse Ronald Merrick war die einzige durchgehende Rolle – die Konflikte zwischen Briten und Indern, aber auch zwischen Hindus und Muslimen zeigt, war in Großbritannien außerordentlich erfolgreich und lief auch in vielen anderen Ländern. In den USA wurde es als beste Miniserie mit dem Emmy ausgezeichnet.

Das Juwel der Krone lief ab 1987 auch in den westdeutschen Dritten Programmen, dort, wie im britischen Original, als Serie mit zweistündigem Pilotfilm und 13 einstündigen Folgen. Die DDR-Fassung hatte acht spielfilmlange Folgen.

JUX UND DALLEREI   SAT.1

1992–1994. Fortführung der RTL-Show *Dall-As* unter neuem Namen. Der Sendeplatz vierzehntäglich samstags um 22.00 Uhr wurde ebenso beibehalten wie das Konzept: Karl Dall talkte auf seine eigene, unkonventionelle Art mit prominenten Gästen. Dafür gab's Riesenwirbel und Prozesse – und vermutlich viel Geld für Dall: Von zehn Millionen Mark für den Wechsel war die Rede.

Unter dem gleichen Titel lief schon im Januar 1980 eine Aufzeichnung aus dem Hamburger »Theater im Zimmer« in der ARD. Als die Sat.1-Show startete, klagte RTL wegen der großen Verwechselbarkeit zur bisherigen Show und erwirkte vorübergehend sogar eine einstweilige Verfügung (siehe *Dall-As*). Sat.1 änderte daraufhin am Inhalt gar nichts, nannte die Sendung aber vorübergehend *Karl Dall Show*.

K – VERBRECHEN IM FADENKREUZ — SAT.1
1992–1994. Kriminalmagazin mit Rolf-Dieter Lorenz.
Die Sendung stellt Verbrechen, Überfälle und andere Kriminalfälle vor und nach, berichtet über Hintergründe und gibt Tipps zur Vermeidung. Außerdem lockt ein Gewinnspiel: Die Zuschauer sollen ihre Erfahrungen mit Kriminalität schildern, die »eindrucksvollsten Fotos oder Filme eines Einbruchs werden von einer Jury prämiert«. Der glückliche Sieger bekommt sein Haus einbruchsicher gemacht.
Hinter der Sendung stand die Produktionsfirma von Eduard Zimmermann, der auch gelegentlich als Kommentator auftrat. Zimmermann moderierte parallel aber auch seine ZDF-Sendungen *Aktenzeichen XY ...* und *Vorsicht, Falle!* weiter. *K – Verbrechen im Fadenkreuz* war deutlich plakativer als *XY* und löste die Fälle natürlich immer erst *nach* der Werbung auf. Hinter dem Moderator liefen fünf Uhren, die während der Sendung die Morde, Vergewaltigungen, Raubüberfälle, Einbrüche und Betrugsfälle zählte, die statistisch gesehen während der einstündigen Sendezeit in Deutschland passierten. »Keine Angst«, sagte Lorenz, »wir wollen Sie nicht verunsichern.«
Lief alle 14 Tage zunächst montags um 22.00 Uhr, später dienstags um 21.15 Uhr.

K1 DAS MAGAZIN — KABEL 1
Seit 1997. Einstündiges Magazin am Donnerstagabend mit aktuellen Themen und Reportagen. Moderatorin war zunächst Sonja Nowara, ihr folgte Britta Sander.

K1 DIE REPORTAGE — KABEL 1
Seit 1998. Einstündiges Reportagemagazin donnerstags gegen 22.10 Uhr.

K1 DISCOVERY — KABEL 1
Seit 2005. Einstündige Reihe mit Dokumentation am Sonntagnachmittag. Zum Start gab es ein echtes Aufreger-Thema: »Die verrücktesten Achterbahnen der Welt«.

K1 EXTRA — KABEL 1
Seit 1999. Einstündiges Reportagemagazin mit Christian Mürau zu den Themen Technik, Wissenschaft und Geschichte.

K1 JOURNAL — KABEL 1
Seit 2003. Werktägliches 20-minütiges Vorabendmagazin mit Nicole Noevers. Anfang 2005 wurde von fünf auf sechs Sendungen pro Woche aufgestockt und die 45-minütige Samstagsausgabe »K1 Journal Weekend« eingeführt.

K1 NACHRICHTEN — KABEL 1
Seit 1997. Nachrichten bei Kabel 1. Als der Sender beschloss, weiter zu wachsen und vom Spartensender für Serien und Spielfilme zum Vollprogramm zu werden, gehörten dazu natürlich auch tägliche Nachrichten. Zugeliefert wurden sie vom großen Bruder Pro Sieben. Kabel 1 versuchte es auf etlichen Sendeplätzen, anfangs eine Weile mit einer 15-Minuten-Ausgabe um 20.00 Uhr gegen die *Tagesschau*. Die ersten Moderatoren waren im wöchentlichen Wechsel Cordula Senfft und Robert Biegert. Es stellte sich jedoch heraus, dass Nachrichten gar nicht gut waren für den *Audience Flow,* und so verzichtete man schließlich auf Nachrichten zur Primetime und verteilte dafür mehrere Kurzausgaben über den Tag.

K3 – KRIPO HAMBURG — ARD
Seit 2003. Dt. Krimireihe von Norbert Ehry. Die Nachfolger der *Männer vom K3* unter geändertem Titel.
Das neue Team wird von Matthias Sander (Ulrich Pleitgen) geleitet. Seine Mitarbeiter sind der junge türkisch-deutsche Oberkommissar Murat Alpay (Oliver K. Wnuk), der sensibel, frech und ambitioniert ist, die bayerische Frohnatur Paul Reisinger (Jürgen Tonkel) und der verschlossene Oliver Noll (Oliver Bäßler). Gemeinsam klären sie Mordfälle in Hamburg auf.
Die spielfilmlangen Folgen liefen genau wie die Vorgängerreihe in sehr loser Folge mit etwa zwei Filmen im Jahr auf dem traditionsreichen Krimisendeplatz am Sonntag um 20.15 Uhr.

K11 – KOMMISSARE IM EINSATZ — SAT.1
Seit 2003. Pseudodokumentarische dt. Krimireihe.
Echte Kommissare ermitteln in fiktiven Fällen, die jede Krimiserie wegen mangelnder Plausibilität ablehnen würde. Das hatte in *Lenßen & Partner* schon geklappt, ebenso in *Niedrig und Kuhnt – Kommissare ermitteln,* da konnte Sat.1 sein Vorabendprogramm auch noch mit einer dritten »Dokutainment-Ermittler-Soap« überschwemmen. Diesmal im Einsatz: zwei Teams, bestehend aus den Kommissaren Alexandra Rietz und Michael Naseband sowie Nicole Drawer und Jens Loors, außerdem der Staatsanwalt Sewarion Kirkidadse.
Die halbstündigen Folgen liefen werktags um 19.15 Uhr.

KAFFEE ODER TEE? — ARD
1981–1985. 45-minütige Talkshow für Teenager mit Andreas Ernst und Felix Parbs zu teils provozierenden Schwerpunktthemen aus dem Interessenbereich Jugendlicher. Vier bis sechs Ausgaben pro

»Nein, ist das aufregend, und der Prinz Charles hat tatsächlich auch ein Stück Kuchen gegessen? Hach, das steht dem ja gar nicht. GAR nicht, sag ich euch!« *Kaffeeklatsch* mit Ralph Morgenstern (Mitte) und Klatschtanten.

Jahr liefen sonntagvormittags um 11.15 Uhr. Die Reihe brachte es auf 32 Sendungen und eine knapp dreistündige Sonderausgabe zum Thema »ARD im ICC – Live aus Berlin«.

Ab Januar 2000 fand der Sendetitel Verwendung für eine tägliche zweistündige Nachmittagsshow im SWR mit Verbrauchertipps, Rezepten, Gewinnspielen und Interviews für das gesetztere Publikum. Der damalige SWF hatte auch den Teenietalk produziert.

KAFFEEKLATSCH ZDF

1995–2002. »Die freche Läster-Runde«. Halbstündige Show, in der Ralph Morgenstern und vier dauergewellte Hausfrauen samstagnachmittags bei Kaffee und Kuchen über die Reichen und Schönen tratschten – also quasi die Übertragung einer Tupperparty. Wer nicht zum Frisör geht, erfährt hier Neues.

Noch vor Ende der Reihe startete Morgensterns zweite Show *Blond am Sonntag,* in der im Prinzip das Gleiche passierte, die Gäste aber prominent waren.

EIN KÄFIG VOLLER HELDEN SAT.1, KABEL 1

1992 (Sat.1); 1994–1995 (Kabel 1). 168-tlg. US-Sitcom von Bernard Fein und Albert S. Ruddy (»Hogan's Heroes«; 1965–1971).

Im deutschen Kriegsgefangenenlager Stalag 13 bei Hammelburg sitzt während des Zweiten Weltkriegs eine Gruppe Alliierter ein, die ihren Scherz mit den Nazis treiben und deren Autorität und im Wortsinn sogar die Baracke untergraben. Im eigentlich kargen Lager haben sie sich heimlich unterirdisch ein Dampfbad, Werkstätten, einen Friseursalon und anderen Luxus eingerichtet. Der amerikanische Colonel Robert Hogan (Bob Crane), Koch und Allroundtalent Corporal Louis LeBeau (Robert Clary), der Dieb Corporal Peter Newkirk (Richard Dawson), der Elektriker Sergeant James »Kinch« Kinchloe (Ivan Dixon) und der Sprengstoffexperte Sergeant Andrew J. Carter (Larry Hovis) sind dem Lagerkommandanten Wilhelm Klink (Werner Klemperer), dem tumben Feldwebel Hans Schultz (John Banner) sowie Luftwaffengeneral Burkhalter (Leon Askin) und Major Hochstetter (Howard Caine) haushoch überlegen.

So verhelfen sie Gefangenen zur Flucht und geben Informationen an die alliierten Verbündeten weiter. Deshalb verlassen sie das Lager auch nicht, was sie jederzeit könnten. Nur Finch geht eines Tages, und Sergeant Richard Baker (Kenneth Washington) kommt neu hinein. Klinks Sekretärin ist anfangs Helga (Cynthia Lynn) und dann Hilda (Sigrid Valdis).

Die Autoren Fein und Ruddy wollten ihre Serie ursprünglich in einem normalen Gefängnis spielen lassen, das US-Fernsehen hatte jedoch Bedenken, Kriminelle als Sympathieträger zu zeigen, und verlegte die Comedy in den Zweiten Weltkrieg. Das wiederum fand das deutsche Fernsehen in den 60er-Jahren noch nicht lustig, und so musste erst das Privatfernsehen kommen, das die Sitcom 30 Jahre später auch den Deutschen gönnte. Kabel 1 zeigte alle Folgen der Serie; 24 Folgen hatte Sat.1 zwei Jahre zuvor bereits in anderer Synchronisation unter dem Titel *Stacheldraht und Fersengeld* gesendet.

Einer der zunächst für die Rolle des Hogan vorgesehenen Kandidaten war Walter Matthau, der jedoch nach Ansicht des Produktionsleiters für komische Rollen völlig ungeeignet war. Bob Crane, der die Rolle stattdessen bekam, machte einige Jahre später durch seine Sexsucht Schlagzeilen und vor allem dadurch, dass er seine Eskapaden auf Video festhielt und wohl in diesem Zusammenhang 1978 in einem Motel ermordet wurde. Der Fall wurde nie aufgeklärt, aber 2002 verfilmt. Greg Kinnear spielte in »Auto Focus« die Rolle des Bob Crane.

KALENDERGESCHICHTEN   ARD

1983. 12-tlg. Episodenreihe mit Hans-Joachim Kulenkampff, Regie: Wolfgang Glück.
Kuli führte als Erzähler in verschiedene abgeschlossene Episodengeschichten ein, in denen er anschließend in der jeweiligen Hauptrolle zu sehen war, die jedes Mal eine andere war. Wechselnde Darsteller spielten an seiner Seite. Die Reihe lief im regionalen Vorabendprogramm.

KALKOFE!   ARD

2001. »Die wunderbare Welt des Sports«. 25-minütige Comedyshow von und mit Oliver Kalkofe.
Ausgerechnet in der ARD bekam der böse Kalkofe drei Jahre nach dem Ende von *Kalkofes Mattscheibe* auf Premiere eine neue Show. Diesmal parodierte er Sportler und Sportreporter, spielte natürlich wieder alle Rollen selbst.
Drei Folgen liefen dienstags um 21.35 Uhr, dann erschrak die ARD, dass sie plötzlich die 14- bis 49-jährigen Zuschauer hatte, die sie immer haben wollte, und setzte die Sendung ab.

KALKOFES MATTSCHEIBE   PREMIERE, PRO SIEBEN

1994–1998 (Premiere); seit 2003 (Pro Sieben). Comedyshow von und mit Oliver Kalkofe, der das Fernsehen parodiert und darüber lästert.
Kalkofe präsentiert Ausschnitte aus diversen Fernsehsendungen, dringt per Tricktechnik in die Szenen ein und kommentiert sie satirisch über boshaft bis zersetzend und entlarvt sie als das, was sie sind: dumm und peinlich. Dabei trägt er Kostüme, in denen er aussieht wie der Mensch im gezeigten Ausschnitt. Kalkofe spielt Peter Maffay, Barbara Eligmann, die Kelly Family, Modern Talking, Dolly Buster, Verona Feldbusch oder Achim Mentzel. Wenn er nur kommentierend ohne Rollenspiel auftaucht, tritt er im Smoking vor das Fernsehbild, das im Hintergrund in einer Dauerschleife weiterläuft. Oft boxt er den eben gesehenen Fernsehstar aus dem Bild, zieht ihm eins mit einer Keule über oder sprengt ihn in die Luft.
Volksmusikshows waren lange Zeit Kalkofes Lieblingsopfer, eine im Besonderen: *Achims Hitparade* im MDR mit Achim Mentzel, den er als Kreuzung zwischen Tony Marshall, dem Yeti und einem überfahrenen Hamster beschrieb. Die zehnminütige Show lief sonntags gegen 20.00 Uhr unverschlüsselt im Pay-TV-Kanal Premiere, erreichte trotzdem einen enormen Bekanntheitsgrad und wurde 1996 mit dem Grimme-Preis ausgezeichnet. Weil die Show so erfolgreich war, gab es mehrere Silvester-Specials und zwei stundenlange Kalkofe-Nächte. Als Co-Moderator für die erste gewann Kalkofe dafür ausgerechnet Achim Mentzel, der jeden Unsinn mitmachte. In der zweiten unter dem Titel »Die Olli Kalk und Brink Show« war Ulla Kock am Brink an seiner Seite.
Nach einem kurzen Intermezzo bei der ARD mit der Sendung *Kalkofe! – Die wunderbare Welt des Sports* kam Oliver Kalkofe im Frühjahr 2003 mit seinem ursprünglichen Format zurück zum Fernsehen. Pro Sieben zeigte zunächst drei einstündige Ausgaben montags um 20.15 Uhr, später weitere halbstündige Folgen am späteren Montagabend, darunter ein zweiteiliges DDR-Special im Oktober 2003, wieder mit Achim Mentzel.
Die ersten beiden Staffeln der Pro-Sieben-Ausstrahlung sind auf DVD erhältlich.

KALLE BLOMQUIST   ARD, ZDF

1954–1967. 4-tlg. schwed. Spielfilmreihe nach den Büchern von Astrid Lindgren (»Mästerdetektiven Blomkvist«; 1947–1957).
Der junge Meisterdetektiv Kalle Blomquist und seine Freunde Eva-Lotte und Rasmus lösen Fälle. Die Rollen waren in jedem Film neu besetzt.

KALLE KOCHT   RTL

2003. 6-tlg. dt. Comedyserie von Gerd Lurz, Regie: Ulli Baumann.
Der allein erziehende Vater Kalle Kamrath (Kalle Pohl) lebt mit seinen Töchtern Kim (Renata Do Rego) und Laura (Jessica Richter) und seiner Mutter Mechthild (Gunthilde Bürgen) im selben Haus. Darin wohnt auch Lisa Struck (Susanne Czepl), die neue Chefin des Restaurants, in dem Kalle der Chefkoch ist. Die Kollegen im Lokal sind Kalles bester Freund Claude (Jürg Löw), ein völlig ahnungsloser französischer Koch, der tollpatschige Azubi Toni (Oliver Grober), und – keine platte Comedy ohne Klischeeschwulen – der sehr homosexuelle Kellner Bodo Wagner (Michael Fleddermann). Der Nachbarsjunge Philipp (Jan Philipp Giffel) ist Kims Klassenkamerad und bester Freund.
Die Reihe lief auf dem erfolgreich etablierten Comedysendeplatz am Freitag um 21.15 Uhr, auf dem schon andere Ensemblemitglieder aus der RTL-Show *Sieben Tage – sieben Köpfe* hohe Einschaltquoten mit ihren eigenen Comedys erreicht hatten *(Ritas Welt, Das Amt, Bernds Hexe)*. Nie zuvor war eine RTL-Comedy hier gefloppt. Pohl schaffte es. Wegen mäßiger Quoten wurde die letzte der sieben gedrehten Folgen nicht mehr ausgestrahlt.

KALLE SCHWOBBEL PRÄSENTIERT ...   ZDF

1972–1973. Unterhaltungsmagazin für Kinder.
Das Zeichentrickmurmeltier Kalle Schwobbel sitzt mit blaugestreifter Pudelmütze und dazu passenden Hosen hinter einem Schreibtisch mit einem Mikrofon und präsentiert Kinderfilme und Serien. Die wöchentliche halbstündige Nachmittagsreihe war das Rahmenprogramm für Wiederholungen, aber auch für neue Serien wie *Calimero*.

DAS KALTE HERZ   ZDF

1978–1979. 6-tlg. dt. Märchen nach der Erzählung von Wilhelm Hauff.
Der Köhlerjunge Peter Munk (Thomas Ahrens) verlässt seine Mutter (Inge Herbrecht) und tauscht sein Herz beim Holländermichel (Reinhard Kolldehoff) gegen Reichtum und ein steinernes Herz. Das Glas-

männlein (Egon Schäfer) hilft ihm, als er seine Entscheidung bereut.
Die Folgen waren jeweils 30 Minuten lang und liefen montags um 17.10 Uhr.

KAMPF DEM TERROR – KAMPF DEM ISLAM? ZDF
2003. 4-tlg. Reportagereihe von Peter Scholl-Latour, der die politische Situation in Krisengebieten des Nahen Ostens analysierte.

KAMPF GEGEN DIE MAFIA RTL
1990–1992. 66-tlg. US-Krimiserie von Frank Lupo und Stephen J. Cannell (»Wiseguy«; 1987–1990).
Der Italoamerikaner Vinnie Terranova (Ken Wahl), Anfang 30, gilt bei seiner Familie und seinen engsten Bekannten als Verbrecher. In Wirklichkeit arbeitet er für das FBI und schleust sich als Undercoveragent in gefährliche Verbrecherorganisationen ein, um sie zu unterwandern. Die Einzigen, die von Vinnies Doppelleben wissen, sind sein Chef Frank McPike (Jonathan Banks), der Rollstuhlfahrer »Schutzengel« (Jim Byrnes), der als Vinnies geheimer Kontakt zur Zentrale fungiert, und Vinnies Bruder Peter (Gerald Anthony), ein Priester. Vinnies Mutter Carlotta (Elsa Raven) hat keine Ahnung.
Intelligente Krimiserie, deren Episoden nicht in sich abgeschlossen waren: Die Fälle zogen sich über bis zu 13 Folgen hin. Entsprechend sorgfältig, komplex und differenziert behandelten die Geschichten das Thema, die Unterwanderung der amerikanischen Wirtschaft durch illegales Kapital. Auch die Charaktere waren vielschichtig, angefangen bei der schillernden Hauptfigur Terranova: Er steht zwar auf der »richtigen« Seite, es gehört aber zu seinem Job, sich immer wieder Freundschaften zu erschleichen und dann zu verraten – nicht gerade der typische freundliche Serienermittler.
Produzent Cannell kehrte mit dieser Serie zu seinen Wurzeln als Krimierfinder mit Niveau zurück: Er hatte ebenso clevere wie erfolgreiche Serien wie *Detektiv Rockford* kreiert. Nachdem die hoch gelobte Privatdetektivparodie *Die Schnüffler* beim Publikum durchgefallen war, verzichtete er zugunsten des Massenerfolges konsequent auf Niveau und entwickelte Serien wie *Trio mit vier Fäusten, Hunter* und *Das A-Team*. Erst mit *Kampf gegen die Mafia* versuchte er wieder, auf Anspruch, gute Dialoge und klischeefreie Charaktere zu setzen, und landete damit (trotzdem) einen Erfolg in den USA.
Dass die Serie in Deutschland kaum Beachtung fand, lag nicht nur am einfältigen deutschen Titel, sondern auch daran, dass RTL sie stiefmütterlich durchs Programm schob und die einstündigen Folgen nicht immer in regelmäßiger Folge und meist spätnachts ausstrahlte.

KÄMPF UM DEINE FRAU! SAT.1
2004. Realityshow.
Zwölf Männer, deren Beziehungen ohnehin schon kaum noch zu retten sind, werden zehn Wochen lang in einem Camp getrennt von ihren Frauen untergebracht. Der Sender verkauft das als Chance und bringt den Herren Manieren bei, lehrt sie Konfliktbewältigung, gewöhnt ihnen gegebenenfalls das Rauchen oder Trinken ab und lässt sie Sport treiben, um ihre Figur zu verbessern. Das Publikum kann nach dem Prinzip von *Big Brother* Kandidaten herauswählen. Am Ende gibt es einen Camp-Gewinner, doch ob seine Frau ihn dann noch will, liegt außerhalb der Macht von Sat.1.
Halbstündige Zusammenfassungen des Tagesgeschehens liefen werktags um 19.45 Uhr, eine große Show sonntags um 20.15 Uhr. Andrea Kiewel moderierte. Zusätzlich gab es eine halbstündige tägliche Vormittagsausgabe mit Kai Doose. Das Zuschauerinteresse ging gegen null, und so wurde zunächst aus der großen Sonntagsshow eine kleine Donnerstagsshow und dann die Vormittagsausgabe gestrichen. Schließlich verlor Sat.1 den Kampf um die Quote. Es war einer der ganz großen Flops des Jahres 2004.
Am Ende phantasierte Andrea Kiewel: »Gewonnen haben alle, aber wer wird Sieger?« Es wurde Wolfgang aus Montabaur, genannt Wolle.

KAMPF UM YELLOW ROSE SAT.1
1987–1988. 22-tlg. US-Soap (»The Yellow Rose«; 1983–1984).
Yellow Rose ist der Name einer gewaltigen Ranch im Westen von Texas – heute, nicht zu Zeiten des Wilden Westens. Geführt wird sie nach dem Tod von Wade Champion von dessen junger Witwe Colleen (Cybill Shepherd) und seinen Söhnen Quisto (Edward Albert) und Roy (David Soul), der seinerseits einen Sohn hat, Whit (Tom Schanley). Colleen hat als Teenagerin »Love Child« L. C. (Michelle Bennett) zur Welt gebracht. Der Hauptfeind der Familie ist Jeb Hollister (Chuck Connors), der die Ranch früher besaß und wieder übernehmen will; seine Tochter heißt Juliette (Deborah Shelton). Colleen verliebt sich in Chance McKenzie (Sam Elliott), der sich später als unehelicher Sohn ihres verstorbenen Mannes entpuppt. Auf der Ranch arbeiten die Haushälterin Grace (Susan Anspach) und die Cowboys Luther Dillard (Noah Beery, Jr.) und Hoyt Coryell (Ken Curtis). Nach einer Weile taucht die verschollen geglaubte Mutter von Chance auf, die zudem Jebs Schwester ist: Rose Hollister (Jane Russell), nach der die Ranch benannt wurde.
Die einstündigen Folgen liefen montags um 20.15 Uhr.

KAMPFSTERN GALACTICA ARD, RTL
1981–1985 (ARD); 1989 (RTL). 32-tlg. US-Science-Fiction-Serie von Glen A. Larson (»Battlestar Galactica«; 1978–1979; »Galactica 1980«; 1980).
Mit einer großen Raumschiffflotte fliegen die Bewohner von Galactica Richtung Erde, um die drohende Vernichtung durch die Cylons zu verhindern. Die Cylons sind eine mechanische Rasse, die jedes menschliche Leben auslöschen wollen. Zu den Galactica-Kämpfern gehören Commander Adama (Lorne Greene), sein Sohn Captain Apollo

(Richard L. Hatch), seine Freundin Athena (Maren Jensen), Lieutenant Starbuck (Dirk Benedict), Lieutenant Boomer (Herb Jefferson, Jr.), Colonel Tigh (Terry Carter), Boxey (Noah Hathaway), Adar (Lew Ayer), Lieutenant Jolly (Tony Swartz) und Sandell (David Tress). Ihr Gegenspieler und Anführer der Cylons ist Graf Baltar (John Colicos). Als die Galactica-Flotte 30 Jahre später in der zweiten Staffel die Erde erreicht, sind nur noch Adama und Boomer von der Originalbesatzung dabei, neu sind Captain Troy (Kent McCord), Lieutenant Dillon (Barry van Dyke), Nachrichtenoffizier Jamie Hamilton (Robyn Douglass), Colonel Sydell (Allan Miller) und das junge Genie Dr. Zee (Robbie Risk; später gespielt von Patrick Stuart).

Mit Produktionskosten von einer Million US-Dollar pro Folge war *Kampfstern Galactica* die bis dahin teuerste Fernsehserie überhaupt. Für die Spezialeffekte war John Dykstra verantwortlich, von dem auch die Special Effects in der Kinotrilogie »Krieg der Sterne« stammten. Auch sonst war die Serie den Kinofilmen so ähnlich, dass die »Krieg der Sterne«-Produzenten den US-Fernsehsender ABC wegen Diebstahls ihres Films verklagten.

Jede Serienfolge war eine Stunde lang. Drei Doppelfolgen zeigte die ARD in loser Folge zusammengefasst als Spielfilme, der Rest der Serie lief später bei RTL in deutscher Erstausstrahlung. Unklar bleibt, warum Captain Apollo in der deutschen Synchronisation einen bayerischen Akzent hat. Im Herbst 2003 entstand eine Neuauflage als Zweiteiler, deren Erfolg ab Oktober 2004 im britischen und ab Januar 2005 im amerikanischen Fernsehen auch wieder eine Serie nach sich zog.

A-Team trifft *Bonanza:* Dirk Benedict (hinten Mitte) und Lorne Greene (rechts) in *Kampfstern Galactica* mit Maren Jensen und Richard L. Hatch.

KANADISCHE TRÄUME – EINE FAMILIE WANDERT AUS ZDF

1999–2000. 3-tlg. Familienreihe von Barbara Piazza, Regie: Karola Zeisberg.

Der Speditionskaufmann Stefan Beckmann (Harald Krassnitzer), seine Frau Petra (Michaela May) und die Teenagerkinder Andreas (Patrick Wolff) und Silke (Janina Flieger) wandern gemeinsam nach Kanada aus. Das neue Leben ist nicht so einfach wie erhofft. Stefan schlägt sich mit mehreren Jobs durch, und Petra fühlt sich so unwohl, dass sie nach einer Weile nach Deutschland zurückkehren möchte.

Dem ursprünglichen Zweiteiler folgte ein Jahr später ein dritter Teil. Alle liefen in Spielfilmlänge zur Primetime.

KANAL FATAL BR

Seit 1986. Schrille Comedyshow mit Sketchen, Slapstick, Parodien, Satiren, Kalauern und Running Gags.

Von Anfang an dabei ist Veronika von Quast als »Fräulein Vroni«, und ebenfalls seit Beginn ist meist das Fernsehen Anlass und Thema der Szenen: Die Komiker von *Kanal fatal* persiflieren Krimi- und Familienserien, Seifenopern, Bauerntheater, Fernsehspiele und Shows. Quasts fester Sketchpartner in den ersten sieben Folgen war Dieter Pfaff, es folgten Erwin Steinhauer als »Herr Erwin« und dann für mehr als 100 Folgen Wichart von Roëll als »Herr Schröder«. Mit dieser Rolle empfahl sich Roëll 1999 für seine eigene ARD-Show *Hallo Schröder*. In *Kanal fatal* folgten auf ihn Gerd Wiedenhofen, Bruno Hetzendorfer, Markus Neumaier, Markus Eberhard und Wolfgang Freundorfer. Zu den weiteren Mitwirkenden gehörte das Paar Claudia Schlenger und Hanns Meilhamer, das als Herbert und Schnipsi eine eigene Show bekam. Daneben traten immer wieder Nachwuchstalente – Hape Kerkeling und April Hailer hatten hier frühe Auftritte – und Prominente auf: Tommi Piper spielte in der Krimiparodie »Der ganz, ganz Alte«, die Brüder Fritz und Elmar Wepper waren »Zwei Bayern im Weltall«. Nur Kathi Leitner als Chefsekretärin »Frau Mayrhöfer« ist neben Veronika von Quast seit 1986 dabei.

Die langlebige Show lief staffelweise am Freitagabend. Im März 2004 feierte sie ihre 250. Folge. Die Titelmusik schrieb Klaus Doldinger.

KANGOOS – FIT FÜR BASKETBALL RTL 2

1997–2002. 65-tlg. frz. Zeichentrickserie (»Kangoo«; 1995).

Fünf Basketball spielende Kängurus ziehen mit ihrem Trainer Sammy und dessen Tochter Tiffany um die Welt. Napo ist der Anführer des Teams, zu dem auch das nette Großmaul Kevin, der handwerklich begabte Nelson, das kurzsichtige Mathegenie Archie und der freche Junior gehören. Ihre Heimat ist die unentdeckte Insel Sierra Kangoo, die der böse Mr. D. gerne einnehmen würde.

KÄNGURU — ARD

1985–1986. Musik- und Nonsensshow mit Hape Kerkeling und einem Känguru. Natürlich keinem echten, das wäre als Sketchpartner vielleicht nicht so berechenbar gewesen.

Känguru war die Nachfolgesendung von *Bananas* und mischte in dessen Tradition weiterhin Musik und Sketche. Neben Kerkeling und dem Kerl im Kängurukostüm, der dauernd Eukalyptusbonbons haben wollte, wirkten auch die Musiker, die in der Show auftraten, in den Sketchen mit. Regisseur war Rolf Spinrads.

Die Show war jeweils 45 Minuten lang und lief donnerstags um 21.45 Uhr.

KANZLEI BÜRGER — ARD

1995. 13-tlg. dt. Anwaltsserie, Regie: Heiner Carow.

Die Anwältin Cornelia Bürger (Anke Sevenich) verzichtet nach dem Tod ihres Vaters kurzerhand auf ihre Karriere und die Berufung zur Richterin am Landgericht Berlin. Sie übernimmt zum Entsetzen ihres 16-jährigen Sohnes Kay (Sebastian Reznicek) die Kanzlei ihres Vaters im (fiktiven) Ort Wildow in Brandenburg und kümmert sich lieber um die vielen Nöte der kleinen Leute im Osten. Die Vorzimmerdame Annegret Nelken (Helga Piur) und ihre Tochter Reni (Cathlen Gawlich) helfen Mutter und Sohn beim Einleben. Cornelias Jugendfreund Peter Markgraf (Peter Zimmermann) ist ebenfalls mit seiner Familie aufs Land gezogen und führt die örtliche Bankfiliale.

Die Folgen waren 45 Minuten lang und liefen montags um 21.40 Uhr.

KANZLER — ZDF

→ Die Bundeskanzler

KANZLER, KRISEN, KOALITIONEN — RTL

2002. 4-tlg. Doku-Reihe von Peter Kloeppel und Andre Zalbertus über die politische Geschichte der Bundesrepublik Deutschland. Kloeppel wandert wichtig über historische Schauplätze und lässt Prominente zu Wort kommen – nicht nur Politiker, sondern auch Showgrößen und Fernsehstars.

Die Reihe lief dienstags um 22.15 Uhr.

DAS KANZLERAMT — ARTE

2004. 5-tlg. Doku-Soap von Mechthild Gessner und Thomas Schadt über die Menschen hinter den Kulissen des Berliner Bundeskanzleramts: Putzfrauen, Köche, Ministerialräte, Redenschreiber, Hausmeister. Der Kanzler selbst spielte keine Rolle.

Arte zeigte die 25-minütigen Folgen täglich, die ARD wiederholte sie zum Jahreswechsel 2004/2005.

KANZLERAMT — ZDF

2005. 12-tlg. dt. Politserie von Hans-Christoph Blumenberg und Martin E. Süskind.

Hinter den Kulissen der großen Politik: Wer berät den Kanzler, schreibt die Gesetze, formuliert seine Reden? Und wie gut kann man das Privatleben vom politischen Alltag abgrenzen? Die engsten Mitarbeiter von Kanzler Andreas Weyer (Klaus J. Behrendt) sind sein Kanzleramtschef Norbert Kraft (Robert Atzorn), Büroleiterin Birte Schmitz (Rita Russek), Regierungssprecher Conny Bergmann (Herbert Knaup), die Leiterin der Abteilung Außenpolitik Edith Lambert (Claudia Michelsen) und der Redenschreiber Alexander Nachtweih (Heikko Deutschmann). Der Kanzler ist Witwer und hat eine 16-jährige Tochter, Nina (Karoline Teska).

Das ZDF schwärmte: »Zum ersten Mal spielt eine Fernsehserie im Zentrum der politischen Macht.« Wenn man in Betracht zieht, dass den deutschen Zuschauern die herausragende US-Serie »The West Wing«, die das gleiche Konzept im Weißen Haus ansiedelte, vorenthalten wurde, war das sicherlich nicht ganz falsch. Leider war die deutsche Version klischeehaft und harmlos und nahm sich im Gegensatz zum amerikanischen Vorbild viel zu ernst. Die erste Folge hatte noch fast fünf Millionen Zuschauer, doch von denen kam nur ein Bruchteil wieder, um sich auch die weiteren Sendungen anzusehen.

Die 45-Minuten-Folgen liefen mittwochs um 20.15 Uhr.

KAP DER GUTEN HOFFNUNG — ZDF

1997–1999. 6-tlg. dt. Abenteuerserie von Brigitte Blobel.

Der Arzt Mattes Jacobi (Christian Wolff) möchte in Afrika ein Krankenhaus errichten. Um das notwendige Geld zu beschaffen, arbeitet er als Leibarzt auf der Yacht von Jan Richter (Friedrich von Thun). Dessen Freundin ist Mattes' Ex-Frau Ann-Sophie (Andrea L'Arronge). Die Nachbarin Nicky de Villiers (Maria Furtwängler) und Mattes verlieben sich ineinander. Eigentlich hasst Mattes den Job als Leibarzt und behandelt deshalb auch andere Patienten. So lernt er den 15-jährigen Jeremy (Antonio Summerton) kennen, mit dem er verschwindet und eine Weile in einem Zelt wohnt.

Die ersten vier Folgen liefen an aufeinander folgenden Tagen nach Weihnachten 1997; eineinhalb Jahre später schloss das ZDF die Geschichte an zwei Tagen in Folge ab.

DER KAPITÄN — ZDF

1997–2000. 7-tlg. dt. Familienserie von Christian Frei, Regie: Erhard Riedlsperger.

Frank Harmsen (Robert Atzorn) ist Kapitän mehrerer Frachtschiffe, so der »Pegonia« und der »Cartagena«. Mit ihm an Bord sind Chefingenieur Fritz Kaiser (Jophi Ries) und Maschinist Wysocki (Jürgen Tarrach). Gemeinsam transportieren sie Gefahr- und andere Güter. Unter dem aufreibenden Beruf leidet die Ehe mit Elke (Angelika Hartung). Auf einer Seereise kommt ihr Sohn Thomas (Alexander Eisenfeld) ums Leben.

Die Episoden liefen in zwei kurzen Staffeln im Hauptabendprogramm und hatten Spielfilmlänge. Die Quoten waren hervorragend, die Kritiken entsetzlich.

KAPITÄN HARMSEN ZDF

1969–1970. 13-tlg. dt. Familienserie von Werner Bruhns, Per Schwenzen, Rainer Avenarius, Wolfgang Kirchner und Helga Feddersen, Regie: Claus Peter Witt.

Anstatt auf großen Pötten um die Welt zu fahren, ist Kapitän Wilhelm Harmsen (Hans Musäus) seiner Familie zuliebe auf einem Schlepperkapitän auf der Elbe geblieben. Als er in den Ruhestand geht und die Familie in eine geerbte Villa im vornehmen Hamburger Stadtteil Blankenese zieht, sind seine Frau Anna (Marianne Lindner), die Kinder Karl, genannt »Kuddel« (Gerhard Borman), und Ulla (Brigitte Rohkohl) sowie Opa (Rudolf Beiswanger) Feuer und Flamme, nur Wilhelm muss sich umgewöhnen.

Nach Auftakt der Serie echauffierte sich der Autor Werner Bruhns, dass von seinem Drehbuch quasi nichts übrig geblieben sei, außer dass die Familie ein Haus erbt. Das war freilich eine Reaktion auf die recht vernichtende Kritik der Zeitungen, die Serie sei bieder und allzu klischeehaft. Laut Bruhns seien alle zeitkritischen und sozialkritischen Inhalte rausgestrichen worden. Eine Schlägerei z. B. wurde in seinem Drehbuch von »farbentragenden« Studenten angefangen, mit der Begründung: »Eine Frau geht mit keinem Farbigen.« In der Serie seien jedoch Betrunkene die Unruhestifter gewesen. Der Regisseur Claus Peter Witt bestritt jedoch, wesentliche Änderungen vorgenommen zu haben: »Sozialkritische Züge waren in den Büchern nie drin. Ich halte sie auch für verfehlt in einer unterhaltenden Serie.«

Die 45 Minuten langen Folgen liefen sonntags um 20.15 Uhr.

KAPITÄN TENKES DFF

1965. 13-tlg. ungar. Abenteuerserie von Ferenc Örsi, Regie: Tamás Fejér (»A Tenkes kapitánya«; 1964).

Der ungarische Kapitän vom Tenkesberg (Ferenc Zenthe) kämpft im 18. Jh. gegen die Besetzung durch die kaiserlich-österreichische Armee und setzt sich für die unterdrückten Bauern ein.

Jede Folge war 25 Minuten lang. Ähnlichen Inhalts waren auch die Serien *Dämon der Paschas und Bojaren* und *Heiducken,* in denen jeweils ein Held gegen Unterdrücker kämpfte.

EIN KAPITEL FÜR SICH ZDF

1979–1980. 3-tlg. dt. Historienfilm von Eberhard Fechner (Buch und Regie) nach dem autobiografischen Roman von Walter Kempowski.

Mit dem Ende des Zweiten Weltkriegs sind in Rostock die Probleme für Margarethe Kempowski (Edda Seippel), ihren Sohn Walter (Stephan Schwarz) und Großvater de Bonsac (Ernst von Klipstein) nicht gelöst. Zwar kehrt der ältere Sohn Robert (Jens Weisser) nach Hause zurück, doch Vater Karl ist im Krieg gefallen. Tochter Ulla lebt jetzt in Dänemark. 1947 flieht Walter in den Westen, kommt aber im nächsten Jahr zurück nach Rostock und wird wegen Spionage verhaftet. Im Gefängnis trifft er Robert wieder. Beide kommen ins Arbeitslager, und auch Margarethe wird verhaftet. Davon erfahren ihre Söhne jedoch zunächst nichts, weil der Kontakt unter den Gefangenen verboten ist.

Der Dreiteiler setzte die filmische Umsetzung der Geschichte der deutschen Bürgerfamilie aus Walter Kempowskis Romanen fort, die mit *Tadellöser & Wolff* begonnen wurde. Er lief zum Jahreswechsel und wurde schon im folgenden Herbst wiederholt, weil bei der Erstausstrahlung das Konkurrenzprogramm so stark war: eine Operette und eine Kleist-Verfilmung. *Ein Kapitel für sich* ist auf DVD erhältlich.

KAPPATOO – DER DOPPELGÄNGER AUS DEM ALL ZDF

1992. 14-tlg. brit. Kinder-Science-Fiction-Comedy-Serie von Andrew O'Conner und Ray Marshall nach den Büchern von Ben Steed (»Kappatoo/Kappatoo II«; 1990–1992).

Der 16-jährige Simon Cashmere (Simon Nash) muss feststellen, dass er einen Doppelgänger hat, als der eines Tages auf seinem Kleiderschrank landet: Kappa 29643, genannt Kappatoo (auch Simon Nash), ebenfalls 16 Jahre alt, aber aus dem Jahr 2270. Beide tauschen die Leben. Simon darf sich nun mit dem bösen Sigmasix (Felipe Izquierdo) und später mit Kappatoos Kunst raubender Tante Zeta (Rula Lenska) herumschlagen, Kappatoo dagegen muss auf der Erde Dinge lernen wie Fußball spielen, was ihm mit Hilfe eines Zauberarmbands verdächtig gut gelingt. Kappatoo hat einen Computer in Menschengestalt (Andrew O'Connor), der gut angezogen, aber ziemlich nutzlos ist.

Die 25-Minuten-Folgen liefen dienstagnachmittags.

KÄPT'N BLAUBÄR CLUB ARD

1993–2001. Show für Kinder am Samstagmorgen mit Figuren von Walter Moers.

Käpt'n Blaubär ist ein alter Seemann, der sich zur Ruhe gesetzt hat. Er lebt zusammen mit der unterbelichteten Schiffsratte Hein Blöd und seinen kleinen Enkeln Gelb, Grün und Rosa auf dem Kutter »Elvira« und spinnt Seemannsgarn. Wenn die Enkel Gutenachtgeschichten fordern, lügt der blaue Bär das Blaue vom Himmel herunter. Und genau daher kommt die Farbe seines Fells: In seiner Kindheit war er mal weiß, doch dann ergoss sich das Blau des Himmels über ihn, als er eine seiner Lügengeschichten erzählte. Erzählt er zumindest. Seine Enkel sind aber zu schlau, um auf die Ammenmärchen hereinzufallen. 1995 machen sie eine Weltreise und bringen bei ihrer Rückkehr zum Jahresende zwei neue Bordgenossen mit: die Fleisch fressende Blume Karin, die Vegetarierin wird, und Flöt, ein Haustier vom Amazonas, das Flötentöne von sich gibt. Zu Blaubärs Leibgerichten aus der Bordkombüse gehören Ekelburger, Fleischfisch und Blödfisch à la Maison.

Die Hauptfiguren waren Puppen, lediglich ein echter Mensch war als Untermieterin und eine Art Moderatorin mit an Bord: Bis Ende 1995 war dies die Leichtmatrosin Bille (Sybille Waury), danach Anke (Mirjam Köfer). Die Sprecher der Figuren waren prominent: Käpt'n Blaubärs markante Stimme gehörte Wolfgang Völz, Hein Blöd wurde von Edgar Hoppe und die Blume Karin von Edith Hancke gesprochen. Die Geschichten, die Blaubär erzählte, wurden in Zeichentrick gezeigt.

Die Figur des Käpt'n Blaubär war zum ersten Mal im Herbst 1991 in der *Sendung mit der Maus* mit seinen Seemannsgarn-Kurzfilmen aufgetaucht und wurde schnell so beliebt, dass sie nur zwei Jahre später eine eigene Show bekam. Der »Club« war ein Rahmenprogramm mit Trick- oder Puppenserien wie *Ernest, der Vampir* (mit einem von furchtbaren Albträumen geplagten Trickvampir) oder *Die Dinos* mit der Dinosaurierfamilie Sinclair. Den Rahmen bildeten der Käpt'n, seine Geschichten und seine Crew. Käpt'n Blaubär wurde zur festen Größe im Kinderprogramm von ARD, WDR und KI.KA und trat in diversen anderen Sendeformen auf. Beispielsweise wurden die Fünf-Minuten-Filme aus der *Sendung mit der Maus* oft einzeln wiederholt. 1994 erhielt Blaubär-Erfinder Walter Moers den Adolf-Grimme-Preis. (Zu seinen anderen bekannten Comicfiguren gehören »Das kleine Arschloch« und »Adolf, die Nazi-Sau«.)

Obwohl die Sendung im Gegensatz zur *Sendung mit der Maus* gar nicht lehrreich sein wollte, machte Hein Blöd 1997 einen interessanten Abstecher ins All und begleitete den Astronauten Reinhold Ewald zur Raumstation »Mir«. Ab 1998 traten etliche Gaststars auf, darunter Bastian Pastewka, Anke Engelke, Dirk Bach und Guildo Horn. 1999 erschien Moers' Roman »Die 13 1/2 Leben des Käpt'n Blaubär«, im gleichen Jahr kam »Käpt'n Blaubär – Der Film« ins Kino, der als bester Kinder- und Jugendfilm mit dem Deutschen Filmpreis ausgezeichnet wurde.

2001 wurde der *Club* geschlossen. Zu Silvester des gleichen Jahres bekam Hein einmalig seine eigene halbstündige »Große Hein-Blöd-Show«, ab dem folgenden Herbst traten die Hauptfiguren in der neuen Serie *Blaubär und Blöd* auf. Darüber hinaus gab es nun im WDR und im später im KI.KA den »Käpt'n Blaubär Mini-Club«.

Mehrere Blaubär-Geschichten sind auf DVD erhältlich.

KÄPT'N SENKSTAKES ABENTEUER ARD

1974. 3-tlg. dt. Abenteuerkömodie von Rolf Olsen. Der Seemann Käpt'n Senkstake (Hans-Joachim Kulenkampff), ein echter Brummbär, und sein Maat Bruno (Frithjof Vierock) bereisen die sieben Meere, jagen Banditen und Seeräuber und treiben allerlei Unfug.

Die Quoten waren bestens, Kulenkampff selbst bezeichnete die Reihe später als »Schwachsinn«. Die Teile waren jeweils 75 Minuten lang und liefen samstags um 20.15 Uhr.

KARA BEN NEMSI EFFENDI ZDF

1973–1975. 26-tlg. dt. Abenteuerserie von Günter Gräwert nach den Romanen von Karl May.

Kara Ben Nemsi (Karl-Michael Vogler) und sein treuer Diener Hadschi Halef Omar (Heinz Schubert) erleben Abenteuer im Orient, genauer gesagt, sie kommen durch die Wüste ins wilde Kurdistan, reisen von Bagdad nach Stambul, landen in den Schluchten des Balkan, bevor sie ins Land der Skipetaren gelangen – bei der Verfolgung der Bande des Schuts.

Die Kara-Ben-Nemsi- und Hadschi-Halef-Omar-Romane von Karl May waren 1964 und 1965 bereits mit Lex Barker und Ralf Wolter verfilmt worden. Wie auch zu den Karl-May-Filmen schrieb Martin Böttcher die Musik.

Die halbstündigen Folgen liefen montags um 17.10 Uhr.

KARFUNKEL ZDF

1991–1995. 39-tlg. dt. Kinderserie.

Die multikulturellen Berliner Autoren wollten pädagogisch davon erzählen, dass und wie Andersartigkeit das Leben bereichert. Die abgeschlossenen Episoden über wechselnde Kinder ausländischer Herkunft, die jetzt in Deutschland leben, beschäftigen sich mit den Gründen ihrer Einwanderung (Kriege, politische oder religiöse Verfolgung), Fremdenhass, Toleranz, Integration und Kommunikation. Es gibt keine durchgehenden und nur zwei sporadisch wiederkehrende Rollen: der Rentner Schimmelpfennig (Hannes Stelzer), der Fremden mit großer Skepsis begegnet und immer von seinem Hund Klopstock begleitet wird, und der weltoffene Mexikaner Mario (Mario Vazquez).

Die 25 Minuten langen Folgen liefen nachmittags.

KARIBU AFRIKA ARD

1973. Reise- und Tierreportagereihe mit Dietmar Schönherr und Vivi Bach in Afrika. Die halbstündigen Folgen liefen in den regionalen Vorabendprogrammen.

KARINO – DIE GESCHICHTE EINES PFERDES ARD

1975. 13-tlg. poln. Kinderserie von Jan Batory (»Karino«; 1974).

Die junge Grazyna (Claudia Rieschel), die zur Tierärztin ausgebildet wird, kümmert sich um die Aufzucht des Hengstes Karino, der auf dem Gestüt Iwno bei Posen zu einem Rennpferd ausgebildet werden soll, und freundet sich mit dem Tier an.

Die halbstündigen Folgen liefen im regionalen Vorabendprogramm. DFF 1 zeigte die Serie 1976 unter dem Titel *Der Hengst Karino*.

DIE KARL DALL SHOW RTL

1999–2000. Wöchentliche Comedy-Talkshow mit Karl Dall und prominenten Gästen, die zunächst freitags um 23.15 Uhr gezeigt wurde.

Nach seiner eher harmlosen Bierrunde *Karls Kneipe* war Dall hier wieder indiskret und boshaft wie in *Dall-As*. Die Show war einigermaßen erfolgreich und schaffte es immerhin in eine zweite Staffel, für die Dall sogar seinen früheren *Dall-As*-Sendeplatz am Samstag um 22.00 Uhr zurückbekam, wo die Show von 45 auf 60 Minuten verlängert wurde. Nach dieser zweiten Staffel war dann aber auch hier Schluss.

Unter dem gleichen Titel hatte Sat.1 zuvor vorübergehend seine Show *Jux und Dallerei* gezeigt, nachdem Dalls damaliger Ex-Sender RTL gegen diesen eigentlichen Titel geklagt hatte.

KARL, DER GERECHTE ARD

1976–1979. 11-tlg. dt. Familienserie von Wolfdietrich Schnurre, Regie: Joachim Hess.

Schrott-Serie: Karl Pelzig (Fritz Muliar) wird unversehens Besitzer eines Schrottplatzes und zieht mit seiner Tochter Linda (Sabine von Maydell) sogleich dort ein. Sie wohnen in einer alten Baracke auf dem Gelände. Gemeinsam mit seinen Kumpels Erwin Schigulla (Michael Kausch) und Otto Martschinske (Hans Richter) will Karl den Schrottplatz auf Vordermann bringen. Einen Schrottplatz. Auf Vordermann bringen. Das kann ja nichts werden. Auch der Verkauf des Schrotts läuft schleppend. Offenbar ist Schrott kein so attraktives Produkt wie erwartet. Und so nutzt der gute Karl seine Zeit viel lieber, indem er sich für Menschen einsetzt, die Hilfe benötigen, für die Betrogenen und Übervorteilten. Er gründet z. B. den »Verein für Spielplatzbeschaffung e. V.«, um Kindern aus der Siedlung zu mehr Platz zu verhelfen, und setzt sich für die Erhaltung der Pension von Else (Maria Sebaldt) ein, indem er eine Mieterinitiative ins Leben ruft, die den geplanten Abriss zugunsten eines Kaufhausneubaus verhindern soll.

Die einstündigen Folgen liefen in zwei Staffeln im regionalen Vorabendprogramm.

KARL MARX – DIE JUNGEN JAHRE DFF 1

1981. 7-tlg. DDR-sowjet. Historiendrama, Regie: Lew Kulidschanow und Manfred Krause.

Geschichten aus dem Leben von Karl Marx (Wenzeslaw Kissjow) aus den Jahren 1835 bis 1848: Marx studiert, heiratet Jenny von Westphalen (Renate Blume), geht mit ihr nach Paris und verfasst mit Friedrich Engels (Alexander Safronow) das »Kommunistische Manifest«. Die Folgen waren 60 Minuten lang.

KARL MAY ZDF

1992. 6-tlg. dt. Historienserie von Manfred Stahnke und Klaus Überall.

Das Leben von Karl May (als Kind: Florian Knom; als Jugendlicher: André Wiedner; als Erwachsener: Henry Hübchen), der in großer Armut aufwächst, bis zu seinem 15. Lebensjahr blind ist und viele Rückschläge hinnehmen muss, bis er seinen ersten Abenteuerroman veröffentlicht. Zu seiner Familie gehören sein Vater Heinrich August (Hanns-Jörn Weber), seine Mutter Christiane Wilhelmine (Petra Kelling) und die Großmutter (Evamaria Barth).

Emma (Ulrike Mai) ist Karls erste Frau, nach der Scheidung heiratet er ihre Freundin Klara (Anne Kathrein Kretzschmar).

Die Serie mit dreiviertelstündigen Folgen wurde anlässlich des 150. Geburtstags des Dichters gedreht. Sie lief samstags am Vorabend.

KARL VALENTINS LACHPARADE ZDF

1971–1972. 6-tlg. halbstündige Reihe mit Sketchen und Couplets des bayerischen Komikers. Sie wurden u. a. interpretiert von Erni Singerl, Enzi Fuchs, Maxl Graf, Gustl Bayrhammer, Eva Vaitl, Josef Fröhlich, Max Grießer, Ursula Reit und Egbert Greifeneder. Die Reihe lief im Vorabendprogramm.

KARLCHEN RTL

1984–1991. Eineinhalbminütige Puppensatire.

Karlchen ist eine rosafarbene Handpuppe mit norddeutschem Schnodderdialekt, Schlafzimmerblick, wirren weißen Haaren, gewaltigen Ohren und einer langen spitzen Nase. Direkt nach *7 vor 7* bzw. *RTL aktuell* gibt er live und ungefragt Kommentare zum Weltgeschehen ab – oder auch nur zu der Art, wie es gerade in den Nachrichten präsentiert worden ist. Bundesverteidigungsminister Stoltenberg nennt er einen »Schnullermund«, amerikanische Politiker »Laberheinis« und Helmut Kohls Entwicklung vom Gegner der Ostverträge zum Wiedervereiniger einen »Treppenwitz«.

Stimme und Hände lieh der Figur Björn-Hergen Schimpf. Er beschrieb Karlchens Charakter so: »Frech, besserwisserisch gegenüber vor allen Dingen Prominenten, opportunistisch, immer scharf auf Mädels, aber typisch Maulhuber: Immer wenn sie in seine Nähe kommen, wird er ohnmächtig.« Mal war er albern, mal sagte er zu aktuellen Entwicklungen die Sätze, die gesagt werden mussten, die sich aber kein Fernsehmensch zu sagen traute. Nach sieben Jahren und 2500 Folgen musste Karlchen seinen Platz räumen. Schimpf führte das später darauf zurück, dass RTL bei seinem Bemühen, terrestrische Frequenzen zu bekommen, auf das Wohlwollen der Politiker angewiesen war, die sich regelmäßig über Karlchens Respektlosigkeiten beklagt hatten. Auch der zunehmenden Entwicklung vom Spaßsender zum Marktführer mit Informationskompetenz stand die Puppe vermutlich im Weg, die manchmal sekundenlang nichts tat, als vorwurfsvoll in die Kamera zu schauen und mit der einzigen Hand auf die Tischplatte zu klopfen.

Dennoch tauchte Karlchen immer wieder im Fernsehen auf, u. a. als ARD-Olympia-Kommentator 1996, RTL-Fußball-EM-Kommentator 2000 und inzwischen wieder regelmäßig bei RTL im Frühmagazin *Punkt 6*.

KARLI KURBELS FLIMMERKISTE DFF

→ Flimmerstunde

KARLS KNEIPE RTL

1997. Talkshow in Kneipenkulisse mit Karl Dall und

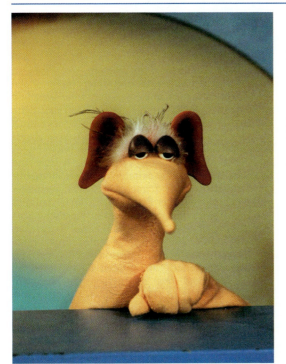

Hier weiß die eine Hand nicht, wo die andere ist: Das RTL-Maskottchen *Karlchen* ging zwischendurch bei der ARD fremd, darf aber mittlerweile wieder beim Heimatsender frech sein.

prominenten Gästen, die freitags um 23.15 Uhr ausgestrahlt wurde.
In dieser Show wollte Dall endlich wieder so böse und gemein sein wie zehn Jahre zuvor in *Dall-As*, war aber letztlich weder so böse noch so erfolgreich und deswegen nach sechs Sendungen im Sommerloch wieder verschwunden. RTL schenkte ihm jedoch zwei Jahre später *Die Karl Dall Show* und damit eine neue Chance.

KARLSSON AUF DEM DACH ZDF
1976. 4-tlg. schwed. Kinderserie nach den Büchern von Astrid Lindgren, Regie: Olle Hellbom (»Karlsson på taket«; 1974).
Der achtjährige Lillebror (Lars Söderdahl) freundet sich mit dem Sonderling Karlsson (Mats Wikström) an, der in einer Hütte auf dem Dach lebt und mit Hilfe eines Propellers, den er auf dem Rücken trägt, fliegen kann. Lillebror wohnt mit seinem Bruder Birger (Staffan Hallerstam) und seiner Schwester Betty (Britt Marie Näsholm) bei den Eltern (Catrin Westerlund und Stig Ossien Ericson).
Die vier halbstündigen Episoden wurden hierzulande zeitweise am Stück als einzelner Spielfilm wiederholt.

KARNEVALISSIMO ZDF
Seit 2000. »Lachen am laufenden Band«. Große jährliche Karnevalsshow zur Primetime, präsentiert von Isabel Varell und Guido Cantz.

KARNEVALSSITZUNGEN DIVERSE PROGRAMME
Seit 1953. Die erste war die »Rheinische Sitzung« in der Ernst-Merck-Halle in Hamburg. Rheinisch. In Hamburg. Warum das so war, weiß heute niemand mehr.

KARSCHUNKE & SOHN ARD
1978. 6-tlg. dt. Familienserie von Peter Stripp und Rolf Defrank, Regie: Imo Moszkowicz.
Der über 80-jährige Albert Kaschunke (Carl-Heinz Schroth) und sein Sohn Harald (Walter Giller) sind Altwarenhändler in Berlin. Ihr altes Pferd Tante Hilde hilft ihnen, bis es in der letzten Folge an einer Kreuzung tot zusammenbricht. Herzinfarkt!
Die einstündigen Folgen liefen montags um 20.15 Uhr.

DIE KARTAUSE VON PARMA ZDF
1982. 6-tlg. ital.-frz.-dt. Historienepos von Jean Gruault, Enrico Medioli und Tatina Demby nach dem gleichnamigen Roman von Stendhal, Regie: Mauro Bolognini (»La certosa di Parma«; 1977).
Fabrizio del Dongo (Andrea Occhipinti) wurde von seiner Tante, der Herzogin Gina von Sanseverina (Marthe Keller), erzogen und ist auf diese Weise zu einem Bewunderer Napoleons geworden – entgegen den Ansichten seines Vaters. Doch Fabrizio und Gina verbindet mehr als als nur ihre politische Meinung.
Jede Folge dauerte eine Stunde. Die Serie lief im gleichen Jahr auch in vier spielfilmlangen Teilen auf DFF 1. Stendhals Roman war 1948 schon einmal fürs Kino verfilmt worden.

DIE KARTE MIT DEM LUCHSKOPF ZDF
1963–1965. 13-tlg. dt. Krimiserie von Wolf Neumeister, Regie: Hermann Kugelstadt.
Die junge Kai Fröhlich (Kai Fischer) führt ihr eigenes Detektivbüro in der Wohnung ihrer alten Tante Viktoria von Broschwitz (Ursula Herking). Sie hat gerade erst ihre Ausbildung zur Detektivin hinter sich, möchte aber Erfahrung und Kompetenz vermitteln. Ihren Kunden gegenüber täuscht sie deshalb vor, sie sei nur die Sekretärin, und ihr Chef übernähme die Fälle. In Wirklichkeit löst sie sie natürlich selbst, indem sie sich in immer neuen Identitäten in das betreffende Umfeld einschleicht. Ihre Detektei nennt sie »Luchs«, auf ihrer Visitenkarte ist deshalb ein Luchskopf abgebildet. Der Pilot Stefan Wrede (Peter Parten) ist Kais Freund.
Die Karte mit dem Luchskopf war die erste Serie des neuen Senders ZDF, der erst zwei Tage vor dem Serienstart seinen Sendebetrieb aufgenommen hatte. Sie war natürlich noch schwarz-weiß; jede Folge dauerte 25 Minuten. Die ersten vier Folgen liefen alle zwei Wochen mittwochs um 18.45 Uhr, nach einer längeren Pause kehrte die Serie ab Dezember 1964 wöchentlich ins Programm zurück.

KARTOFFELN MIT STIPPE ZDF
1990. 3-tlg. dt. Familienfilm nach dem Roman von

Ilse Gräfin von Bredow, Regie: Franz Josef Gottlieb.
Die Familie von Retzlow wohnt in den 20er-Jahren in einem einfachen Forsthaus in der Mark Brandenburg und lebt von den Erträgen des Waldes: Graf Alfred (Friedhelm Ptok), Gräfin Gertrud (Jutta Speidel) und die Kinder Billi (Benjamin Zobrys), Vera (Katrin Mersch) und Ilse (Pamela Großer) sowie Ilses Bernhardiner Möpschen. Plötzlich überkommt sie ein warmer Geldregen: Aus einem Brief erfahren sie, dass eine entfernte Tante ihnen 4000 Reichsmark vererbt hat. Die Familie macht sich Gedanken, was sie mit dem Geld tun könnte, dennoch geht das Leben normal weiter.
Kartoffeln mit Stippe war das Gericht, das die Familie gerade aß, als der Brief eintraf.

KARUSSELL   ARD
1963–1971. Jährlicher Fernsehfaschingskostümball am Samstagabend aus dem Fernsehstudio 1 des Hessischen Rundfunks mit hessischen Prominenten wie Heinz Schenk, Otto Höpfner und Lia Wöhr, aber auch bundesweiten Stars. Einer der Premierengäste war wie üblich Roberto Blanco. Musikalischer Leiter war Willy Berking, die Gesamtleitung hatte Martin Jente.

KARUSSELL DER PUPPEN   ARD
1986. 14-tlg. US-Soap (»Paper Dolls«; 1984).
Mode- und Kosmetikmogul Grant Harper (Lloyd Bridges) ist der Kopf eines großen Imperiums. Sein Sohn Wesley (Dack Rambo) ist Präsident des Kosmetikzweigs. Tochter Blair (Mimi Rogers) ist Model und mit David Fenton (Richard Beymer) verheiratet, der ein Sportgeschäft hat. Er und Wesley engagieren ihre jeweiligen Models in der Modelagentur von Racine (Morgan Fairchild), in der die 16-jährige Taryn Blake (Nicollette Sheridan) lange der Star war, die aber den Höhepunkt ihrer Karriere jetzt überschritten hat. Ihre karrieresüchtige Mutter Julia (Brenda Vaccaro) ist ihre Managerin. Neuer Star der Agentur wird die ebenfalls 16-jährige Laurie Caswell (Terry Farrell), deren Eltern Michael (John Bennett Perry) und Dinah (Jennifer Warren) anfangs gegen diese Karriere sind. Marjorie Harper (Nancy Olsen) ist Grants Frau, Colette Ferrier (Lauren Hutton) seine Hauptkonkurrentin in der Kosmetikbranche. Sara Frank (Anne Schedeen) ist die Bezirksstaatsanwältin. Sie ist mit dem untreuen Journalisten Mark Bailey (Roscoe Born) verheiratet.
Die einstündigen Folgen liefen im regionalen Vorabendprogramm und wurden häufig wiederholt.

KASPER LARIS ABENTEUER   ARD
1979. 6-tlg. Jugendserie von Armin Maiwald nach den Kinderbüchern von Max Kruse.
Ein Zauberer hat aus einer Holzpuppe den Menschen Kasper Lari (Folker Bohnet) gemacht. Der Wissenschaftler Dr. Kognitor (Heinz Balk) will ihm jeglichen Spaß austreiben und das Lachen verbieten. Das lässt sich der Menschgewordene aber nicht mit sich machen. Die 25-minütigen Folgen liefen zweimal pro Woche nachmittags.

KASPERLE UND RENÉ   ARD
1964–1970. Kindershow mit Puppen.
In immer neuen Varianten und unter immer neuen Titeln reisten Kasper und René durch die Welt und stellten den Kindern immer eine Quizfrage. Beim Kasper, der im Titel meistens zum »Kasperle« wurde, handelte es sich um eine klassische hölzerne Handpuppe der Hohnsteiner Bühne. Deren Inhaber Friedrich Arndt konzipierte die Sendungen, textete und lieh Kasper auch seine Stimme. Kaspers menschlicher Freund war der Schauspieler, Schlagersänger und Rundfunksprecher Peter René Körner. Anfangs streiften Kasper und René durch ausländische Studios und beobachteten, wie anderswo Fernsehen gemacht wurde. 1965 luden sie zum *Märchenraten mit Kasperle und René,* 1966 zum »Liederraten mit Kasperle und René«. 1967 gingen sie auf *Ratereise mit Kasperle und René* zu Orten, an denen Sagen und Märchen spielen. 1968 machten sie eine *Ratereise um die Welt,* die darin bestand, dass sie Märchen fremder Völker erzählten und die Kinder erraten mussten, mit welchem deutschen Märchen die Geschichten identisch waren. 1969 veranstalteten sie *Märchenraten auf dem Dachboden,* 1970 ein *Hoftheater mit Kasper und René.*
Über 60-mal ließen die beiden Freunde in der einen oder anderen Form raten. *Kasperle und René* waren außerordentlich populär und gaben auch in den 70er-Jahren noch gelegentlich Gastspiele im Fernsehen, z. B. in *Mischmasch* und im Dritten Programm des WDR in »Spaß mit Kasper und René«. Regelmäßig gesellten sich zu ihnen andere Puppen wie die Großmutter oder der Hund Wuschel. Andere Figuren wie der *Hase Cäsar* und *Der Spatz vom Wallrafplatz* hatten bei *Kasperle und René* ihre ersten Auftritte, bevor sie eigene Fernsehsendungen bekamen. *Kasperle und René* gilt mit seinen Quiz- und Showelementen als erste Kinder-Gameshow-Reihe – obwohl man das damals natürlich nicht so genannt hätte.

KASSE HOCH!   RTL
1988. 25-minütige Gameshow mit Axel Fitzke, Ottfried Fischer und Patrick Zimmermann.
Zwei Familien mit jeweils drei Personen liefern sich ein Wettrennen durch einen Supermarkt. Sie sind an einen Einkaufswagen gekettet, mit dem sie einen Parcours bewältigen müssen, während sie möglichst viele Produkte in den Wagen legen. Wer den teuersten Einkauf hat, gewinnt genau den.
Die Show lief 19-mal sonntags im Vorabendprogramm.

KATE MCSHANE – RECHTSANWÄLTIN   ARD
1982. 9-tlg. US-Krimiserie von E. Jack Neuman (»Kate McShane«; 1975).
Die Rechtsanwältin Kate McShane (Anne Meara) führt ihre Kanzlei als Familienunternehmen. Ihre Mitarbeiter sind ihr Vater Pat (Sean McClory), ein

Ex-Polizist, der für sie ermittelt, und ihr Bruder Edmond (Charles Haid), ein Jesuitenpriester und Rechtsprofessor.

Die einstündigen Folgen liefen im regionalen Vorabendprogramm. Der Pilotfilm zur Serie wurde erst zwei Jahre später als deutsche Erstausstrahlung im ZDF gezeigt.

KATER MIKESCH ARD

1964. 6-tlg. Marionettenspiel aus der *Augsburger Puppenkiste* nach dem Buch von Josef Lada und Otfried Preußler, Regie: Sepp Strubel.

Mikesch ist der vorbildliche Nachwuchs. Er ist klug, anständig und brav, nur eben ein Kater. Er wohnt in dem kleinen Dorf Holleschitz bei Schuster Pepik, der ihm das Sprechen beigebracht hat. Mikesch bringt nun seinerseits dem Schweinchen Paschik das Sprechen bei, und die beiden werden dicke Freunde. Dann zerschlägt Mikesch dummerweise den Rahmtopf von Schusters Großmutter und zieht, vom schlechten Gewissen geplagt, mit Paschik hinaus in die Welt, um Geld für Ersatz zu verdienen. Unterwegs lesen sie weitere Tiere auf, die sie sprechen lehren, den Ziegenbock Bobesch und das Kätzchen Maunzerle. Sie müssen sich gegen ein paar böse Gestalten zur Wehr setzen, dabei wird Mikesch von Zigeunern gefangen genommen. Die anderen Tiere ziehen zurück nach Holleschitz, ohne zu wissen, was aus Mikesch geworden ist. Der ist inzwischen wieder frei und lässt sich unter dem Künstlernamen Don Miko de la Maukando von einem fahrenden Zirkus anwerben. Doch eines Tages bekommt er Heimweh, kündigt in Holleschitz seine Rückkehr an und wird freudig empfangen.

Die Stimme des Katers gehörte Max Bößl, der später auch das *Urmel aus dem Eis* sprach. Mikesch erreichte eine enorme Popularität und musste fortan auch in anderen Sendungen Dienst schieben, so z. B. in *Ich wünsch' mir was* mit Hilde Nocker. Im Dezember 1985 zeigte die ARD eine vierteilige Neuverfilmung von *Kater Mikesch*, wieder aus der *Augsburger Puppenkiste*.

KATJA UND DIE GESPENSTER ARD

1992. 8-tlg. dt.-tschechoslowak.-österr.-schweizer. Jugendserie von Jindřich Polák und Václav Šašek, Regie: Jindřich Polák.

Die achtjährige Katja (Helena Vitovská) erbt von Franz Swoboda (Lubomír Kostelka) eine Geisterbahn im Wiener Prater. Sie entdeckt, dass in dem Schloss keine normalen Puppen sind, sondern echte Gespenster: der geheimnisumwitterte Dr. Caligari (Svatopluk Beneš), sein Medium Elvira (Eva Vejmělková) und die ängstliche Hexe Berta (Jiřina Bohdalová). Katjas Vater (Jiří Schmitzer) und ihre Mutter (Jana Krausová) sind natürlich alles andere als begeistert. Aber gemeinsam mit den Gespenstern kann Katja die Geisterbahn retten.

Die Musik ist von Karel Svoboda, die Idee stammt von *Pan Tau*-Erfinder Ota Hofman. Die halbstündigen Folgen liefen im regionalen Vorabendprogramm. Die Serie erhielt 1993 den Adolf-Grimme-Preis mit Silber.

KATRIN IST DIE BESTE SAT.1

1997. 30-tlg. dt. Familienserie von Barbara Piazza, Regie: Hermann Leitner.

Nachdem die Restauratorin Katrin Volz (Michaela Merten) von ihrem Mann Martin (Heinrich Schafmeister) geschieden worden ist, zieht sie zu ihrem Vater Prof. Friedrich Naumann (Hans Korte) nach Tübingen. Auf dem Weg dorthin lernt sie den 15-jährigen Ausreißer Robby (Götz Behrendt) kennen und nimmt ihn bei sich auf. Sie setzt durch, dass er nicht ins Heim muss. Mit seinem Amtsvormund Dieter Breuer (Stefan Hunstein) entwickelt sich bald ein nicht nur professionelles Verhältnis. Katrins Vater bandelt unterdessen mit Gisela Wörle (Ruth Maria Kubitschek) an, der Frau des Prälaten (Karl-Michael Vogler). Die Zahl der Kinder im Haushalt wächst: Nach einem Streit findet auch die Tochter von Martins neuer Freundin Evelyn (Susanne Czepl) Unterschlupf bei den Naumanns. Als Katrins Schwester Hella dann auch noch bei einem Unfall ums Leben kommt, zieht deren Mann Ulf (Miroslav Nemec) mit seinen zwei Kindern ein, und die Zahl der Hausbewohner (und das Ausmaß des Beziehungschaos) wächst noch weiter.

Die einstündigen Folgen liefen montags um 21.15 Uhr.

DIE KATRIN WIRD SOLDAT ARD

1988. 14-tlg. dt. Kriegsserie von Wolfgang Kirchner und Helmut Christian Görlitz nach dem gleichnamigen Roman von Adrienne Thomas, Regie: Peter Deutsch.

Metz, 1911. Die 14-jährige Katrin Lentz (Claudia Brunnert) führt ein Tagebuch über ihr Leben, das von der gesellschaftlichen Ausgrenzung ihrer Familie geprägt ist: Ihre Mutter (Renate Schroeter) wird von den Franzosen gemieden, weil sie Berlinerin ist, ihr Vater (Wolfgang Weiser) von den Deutschen, weil er Jude ist. Jeanne (Sabine Biber) ist Katrins Schwester. Katrin bekommt Klavierunterricht von Mademoiselle (Monika Bielenstein) und spielt Theater. Beim Ballett lernt sie Lucien (Jens Daniel Herzog) kennen und verliebt sich in ihn. Nachdem der Krieg ausgebrochen ist, wartet Katrin lange auf ein Lebenszeichen von ihm. Er kommt für einen Tag auf Heimaturlaub, verschwindet aber, ohne sich zu verabschieden, und fällt im Krieg. Katrins Eltern trennen sich; sie hilft in der Rotkreuzküche am Bahnhof, wo die Züge halten, die mit den Soldaten in den Krieg fahren und mit den Verwundeten von dort zurückkommen. Als die Schlacht um Metz beginnt, arbeitet Katrin im Lazarett. Dort trifft sie ihren schwer verwundeten Schulfreund Gaston (Oliver Rohrbeck). Inmitten all des Grauens wird Katrin 18 – und Gaston überrascht sie mit einem Blumenstrauß.

Adrienne Thomas wurde als Agnes Strauch in Lothringen geboren und schrieb über den Beginn des Ersten Weltkriegs ein Tagebuch, auf dem die Serie beruhte. Die halbstündigen Folgen liefen im regionalen Vorabendprogramm.

KÄTSCHAP ARD

1973–1974. 90-minütiges Jugendmagazin am Samstagnachmittag mit unterhaltsam aufbereiteten Informationen (»nicht nur für Jugendliche«) zu verschiedenen Oberthemen, z. B. »Mut, Heldentum – heute?«. Eine einzelne Ausgabe war bereits 1971 gelaufen.

KATTS & DOG – EIN HERZ UND EINE SCHNAUZE RTL

1990–1998. 106-tlg. kanad. Krimiserie (»Katts And Dog«; 1987–1993).
Der deutsche Schäferhund Rinty hat einen festen Job bei der Hundestaffel der Polizei. Gemeinsam mit seinem Herrchen, Officer Hank Katts (Jesse Collins), ist Rinty im Einsatz, wenn Fälle gelöst werden müssen. Auch Hanks Neffe Stevie (Andrew Bednarski), ein Teenager, kümmert sich gern um den Hund. Nach dem Tod von Stevies Mutter Maggie Davenport (Cali Timmins) adoptiert Hank den Jungen. Zu Hanks Kollegen gehört Officer Ron Nakamura (Dennis Akayama), der eines Tages angeschossen wird und von nun an im Rollstuhl sitzt, außerdem die Französin Renée Daumier (Denise Virieux), Dennis Brian (Brian Kaulback), anfangs noch Sergeant Callahan (Peter MacNeill) und später Sergeant O. C. Phillips (Phil Jarrett).
Der volle Name des Hundes Rinty lautete Rin Tin Tin. Der Hund, der ihn spielte, war ein Nachfahre des Originalfilm-Rin-Tin-Tins, der die Hunderolle bereits 1922 im Kino gespielt hatte. Frühere Nachfahren waren die Hauptakteure in der ARD-Serie *Rin-Tin-Tin*. In den USA lief die kanadische Serie unter dem Titel »Rin Tin Tin K-9 Cop«. Die Folgen waren eine halbe Stunde lang.

KATY ARD

1966–1968. 35-tlg. US-Sitcom (»The Farmer's Daughter«; 1963–1966).
Katy Holstrum (Inger Stevens), ein attraktives und etwas naives Mädchen vom Land, arbeitet in Washington als Hausmädchen des Kongressabgeordneten Glen Morley (William Windom). Morley ist Witwer und hat zwei Söhne, den Teenager Steve (Mickey Sholdar) und den achtjährigen Danny (Rory O'Brien). Agatha (Cathleen Nesbitt) ist Glens Mutter. Papa (Walter Sande) und Mama Holstrum (Alice Frost) wohnen weiterhin auf dem Land in Minnesota. Zwischen Katy und Glen knistert es, und schließlich heiraten sie.
Die Serie basiert auf dem Spielfilm »Die Farmerstochter« von 1947; damals spielte Loretta Young die Katy. Die halbstündigen Folgen liefen im regionalen Vorabendprogramm.

KATZE MIT HUT ARD

1982. 4-tlg. Marionettenspiel von Sepp Strubel aus der *Augsburger Puppenkiste* nach dem Buch von Simon und Desi Ruge.
Die Katze mit Hut will eigentlich nach Hamburg, bleibt dann aber in Stackeln an der Stuke. Sie zieht in das unbewohnte Haus Nummer 17 in der Backpflaumenallee. Nach und nach folgen ihr eine Menge merkwürdiger neuer Bewohner: das Dudelhuhn Marianne, das jeden Morgen ein Ei legt; Kapitän Knaak, ein Hund, der früher zur See gefahren ist; ein Zappergeck, der ungezogen ist; eine Puddingbrumsel, die brav ist; ein Lama, das meistens schläft und rückwärts geht, weil sein Hinterteil klüger als das Vorderteil ist; ein Hundertfuß, der Glühbirnen sammelt, aber nur ausgebrannte, weil er lichtscheu ist; das Wildschwein Baby Hübner, das glaubt, Klavier spielen zu können und zur Oper will; und der Stolpervogel, der ... wie der Name schon sagt. In den Keller ziehen zwei Erfinder, die Gebrüder Erbsenstein, die sich nützlich machen. Der Hausbesitzer Direktor Egon Maulwisch gibt bald den Versuch auf, von der Katze mit Hut Miete zu bekommen – obwohl sie als Werbe-Häklerin arbeitet, reicht das Geld einfach nicht.
Zauberhafte Kinderserie, die gemächlich erzählt ist und fast ohne aufregende Geschichten auskommt: Die liebevoll gestalteten skurrilen Hausbewohner allein reichen völlig aus. Für einige Bedenkenträger waren allerdings gerade die Besorgnis erregend: Sie protestierten, weil die Serie anscheinend klammheimlich mit der anarchischen Hausbesetzerszene sympathisiere.
Die Folgen waren 30 Minuten lang und wurden im folgenden Jahr unter dem Namen *Neues von der Katze mit Hut* fortgesetzt. Die Serie ist auf DVD erschienen.

KAUM ZU GLAUBEN ZDF

1986–1991. »Die Crazy Show im ZDF«. Halbstündige Show mit Pit Weyrich, der vor allem Filme zeigt, in denen er mit Geld oder sonstigen Argumenten versucht, Passanten auf der Straße zu verrückten Dingen zu überreden. Zwei prominente Studiogäste müssen ihre Menschenkenntnis unter Beweis stellen, indem sie tippen, ob ein Passant aus dem gerade gesehenen Film das Angebot annimmt oder nicht.
Die Sendung beruhte auf der US-Show »Anything For Money«, aus der auch Ausschnitte gezeigt wurden. Weyrich hatte zuvor bereits in zahlreichen Sendungen Regie geführt, z. B. in der *ZDF-Hitparade* und im *Show-Express*. In dieser Sendung trat er erstmals als Moderator auf. Sie lief erst sonntags um 19.30 Uhr, ab 1988 donnerstags um 19.25 Uhr. Im Dezember 1991 zeigte das ZDF noch ein Best-of.

KAZ & CO. ARD

1979. 18-tlg. US-Anwaltsserie von Ron Leibman und Don Carlos Dunaway (»Kaz«; 1978–1979).
Der Betrüger Martin »Kaz« Kazinsky (Ron Leibman) hat im Gefängnis seinen Abschluss als Anwalt gemacht. Das erschwert ihm Gehaltsverhandlungen, erleichtert ihm aber das Verständnis, was im Kopf von Kriminellen vorgeht. Er arbeitet in der Kanzlei von Samuel Bennett (Patrick O'Neal) an der Seite

von Peter Colcourt (Mark Withers); die Chefsekretärin der Firma ist Illsa Fogel (Edith Atwater). Kaz' Freundin ist die Zeitungsreporterin Katie McKenna (Linda Carlson). Er lebt in einer kleinen Wohnung über dem Nachtclub »Starting Gate« seiner Bekannten Mary Parnell (Gloria Le Roy), wo er regelmäßig herumhängt und gelegentlich Schlagzeug spielt.
Die ARD zeigte die 45-minütigen Folgen 14-täglich dienstags um 21.45 Uhr.

KEIN BLATT VOR DEM MUND ARD
1969–1970. Jugend-Diskussionssendung.
Jugendliche aus verschiedenen europäischen Ländern diskutieren pro Sendung über ein Schwerpunktthema, z. B. »Jugend und Glaube« oder »Sex ohne Liebe«.
Die Reihe war eine Gemeinschaftsproduktion des WDR mit dem Jugendprogramm des holländischen Fernsehens AVRO Hilversum. Sie lief in loser Folge an wechselnden Sendeplätzen im Nachmittagsprogramm; die einzelnen Sendungen dauerten ca. 40 Minuten.

KEIN FALL FÜR FBI ZDF
1967–1970. 60-tlg. US-Krimiserie von Julius Levy (»The Detectives Starring Robert Taylor«; 1959–1961).
Wir lernen vom ZDF, dass es doch tatsächlich Kriminalfälle gibt, deren Bearbeitung nicht der amerikanischen Bundespolizei FBI obliegt, sondern hundsgewöhnlichen städtischen Polizeidienststellen. Captain Matt Holbrook (Robert Taylor) ist ein hundsgewöhnlicher Großstadtpolizist und darf deshalb eine Polizeieinheit in New York leiten, die ebendiese Fälle aufklärt. Es handelt sich um unterschiedliche Delikte, und jeder im Team hat seinen eigenen Zuständigkeitsbereich. Lieutenant Johnny Russo (Tige Andrews) kümmert sich um Einbruch, Lieutenant Jim Conway (Lee Farr) um Mord und Lieutenant Otto Lindstrom (Russell Thorsen) um Betrug. Jim und Otto verlassen das Team nach einer Weile, und die Sergeants Chris Ballard (Mark Goddard) und Steve Nelson (Adam West) kommen dazu. Holbrook selbst ist ein humorloser Bursche, der seit dem Tod seiner Frau nur noch für den Job lebt, den er mit großer Effizienz ausübt. Zwischendurch lässt er sich mal für kurze Zeit zu einer Affäre mit der Polizeireporterin Lisa Bonay (Ursula Thiess) hinreißen.
Die halbstündigen Folgen liefen in drei Staffeln dienstags am Vorabend. Auch im Original erlebte die Serie drei Staffeln, jedoch anders gestückelt und 97 Folgen lang. Die in Deutschland gezeigten Folgen stammten nur aus den ersten beiden. Die dritte Staffel bestand in den USA aus einstündigen Folgen und trug den geänderten Originaltitel »Robert Taylor's Detectives« (1961–1962). Es konnte also keinen Zweifel geben, dass der Hollywoodschauspieler Robert Taylor (»Quo Vadis«; *Hondo*) der Star der Serie war. Durch die aufgeteilten Zuständigkeiten seiner Serienmitarbeiter konnten die Nebendarsteller je nach Fall abwechselnd in den Vordergrund gerückt werden, immer vorn blieb nur Taylor. Die einzige Frau in der Serie war die Deutsche Ursula Thiess, im wahren Leben Taylors Gattin.

KEIN GELD DER WELT ZDF
1998. 90-minütige Sonntagabendshow mit Johannes B. Kerner um ausgefallene Zuschauerwünsche und Herzensträume.
Gegeneinander spielen jeweils drei Kandidaten mit dem gleichen Traum, z. B. einen Star zu treffen, mal auf dem Traumschiff zu arbeiten oder als Elvis-Imitator in Las Vegas zu singen. Dem Sieger wird der Wunsch erfüllt. Die Spiele mit den drei Bewerbern ziehen sich jedoch nicht durch die ganze Show, sondern werden im Zehn-Minuten-Takt abgehandelt, dann kommen auch schon die nächsten drei mit dem nächsten Traum. Außenreporterin ist Kim Fisher.
Nach fünf Ausgaben mit schwachen Einschaltquoten fand die Show ihr Ende. Kerner selbst sagte später: »Die Sendung hatte keinen Fluss. Es war mehr ein Nummernprogramm.«

KEIN HAHN IM KORB ZDF
1981. 6-tlg. frz. Freundeserie von Nadine Cortal, Regie: François Chatel (»Il y a plusieurs locataires à l'adresse indiquée«; 1979).
Die vier Frauen Agnès (Rachel Boulenger), Pierrette (Agnès van Verbeck), Sonia (Patricia Lesieur) und Camille (Catherine Carrel) teilen sich in Paris eine WG mit dem Mann Yves (Franck Bertrand).
Die Folgen waren 45 Minuten lang und liefen sonntags um 19.30 Uhr.

KEIN KOMMENTAR ARD
1974–1977. »Geschichten – Schau – Geschäfte«. Unmoderiertes Unterhaltungsmagazin mit mehreren Beiträgen rund ums Thema Show, zwischen denen Musikauftritte zu sehen sind.
In der ersten Sendung beantwortet Horst Jankowski exakt sieben Fragen über seine beruflichen Pläne, Hildegard Knef redet in einem Ausschnitt aus einer holländischen Talkshow über Kindererziehung und das Altern, Margot Werner ist als Schauspielerin zu sehen, und zwischendurch spielt Dave Brubeck.
Die Sendungen waren jeweils 45 Minuten lang und liefen um 20.15 Uhr.

KEIN PARDON FÜR SCHUTZENGEL ZDF, SAT.1
1977 (ZDF); 1986 (Sat.1). 46-tlg. brit. Krimiserie von Terence Feely (»The Protectors«; 1972–1974).
Drei Edeldetektive kämpfen gegen das internationale Verbrechen. Lady Caroline Ogilvy (Nyree Dawn Porter), genannt Contessa di Contini, ist eine englische Witwe und Kunstexpertin, die in der Villa ihres verstorbenen Mannes in Rom residiert und von Karatekämpfer Chino (Anthony Chinn) chauffiert wird. Paul Buchet (Tony Anholt) ist ein französischer Charmeur, der in Paris lebt. Harry Rule (Robert Vaughn), der Chef, ist ein entspannter Amerikaner, der von einem mit technischen Gimmicks vollgestopften

Londoner Büro aus arbeitet und der die Kampfsportlerin Suki (Yasuko Nagazumi) als Aupair bei sich beschäftigt. Für viel Geld reisen sie an die exklusivsten Orte Europas, um ihren Auftraggebern zu helfen. Wenn sich die Ganoven nicht von der teuren Ausrüstung und den schnellen Autos beeindrucken lassen, scheuen die drei »Schutzengel« natürlich nicht davor zurück, Gewalt anzuwenden.

James Bond lässt grüßen – aber der braucht für solche Fälle locker eineinhalb Stunden; die Schutzengel waren fast immer nach einer guten halben Stunde fertig! Koproduzent der Serie war Gerry Anderson, Erfinder der *Thunderbirds*. Den Titelsong sang Tony Christie. 26 Folgen liefen mittwochs um 18.20 Uhr im ZDF, 20 neue später in Sat.1 und weitere sechs gar nicht im Deutschen Fernsehen.

KEIN REZEPT FÜR DIE LIEBE   ZDF
1994–1996. 12-tlg. dt. Familienserie, Regie: Dieter Kehler.

Lisa Kern (Marie-Luise Marjan) hat einen Mann, zwei Kinder und eine Apotheke. Ihr Mann Wolf (Friedhelm Ptok) und die Kinder Pia (Stephanie Philipp) und Volker (Konstantin Graudus) sind anfangs gegen eine eigene Apotheke, geben den Widerstand aber rasch auf. Zur Familie gehören Oma Marie (Gerda Maria Jürgens) und Opa Erwin (Ferdinand Dux).

Zwei Staffeln mit je vier 50-minütigen Folgen liefen samstags um 19.25 Uhr, die dritte Staffel freitags um 18.00 Uhr.

KEIN SCHÖNER LAND   ARD
Seit 1989. 45-minütige Musiksendung mit Kammersänger Günter Wewel.

Wewel stellt in jeder Sendung eine Region in Deutschland oder Europa vor, ihre Landschaft, Kultur und typische Musik, vom Volkslied bis zur populären Klassik. Die Reihe lief zunächst donnerstags nach 21.00 Uhr, dann einmal im Monat montags um 20.15 Uhr und auf diesem Sendeplatz ab 2003 nur noch im Sommer.

KEINE AHNUNG?   PRO SIEBEN
Seit 2003. Comedyshow mit Mario Barth.

Barth schlüpft in verschiedene Rollen und lauert (gefilmt von einer versteckten Kamera) Passanten auf, die er in Gespräche über Gott und die Welt verwickelt und denen er dabei beiläufig ein paar Fragen stellt, für deren Beantwortung seine Opfer Bargeld gewinnen können. Dass sie Kandidaten bei einem Quiz sind, erfahren die Gewinner aber erst hinterher. Zwischen den Filmen, in denen manchmal auch Prominente als zusätzliche Lockvögel mitwirken, moderiert Barth vor Studiopublikum.

Die leeren Gesichter der Kandidaten waren immer ein schöner Anblick, wenn sie auch nach der Auflösung ganz offensichtlich immer noch nicht begriffen, was eigentlich gerade passiert war. Dass Barth seine Gags selbst am witzigsten fand, störte das originelle Format nur wenig. Es war eine Adaption der englischen Show »Oblivious«.

Barth hatte im Mai 2003 den *Comedy Cup 2003* bei RTL mit Stand-up-Comedy gewonnen. Sechs einstündige Folgen liefen noch im gleichen Jahr montags um 20.15 Uhr, weitere halbstündige 2005 um 21.45 Uhr.

KEINE GNADE FÜR DAD   PRO SIEBEN
Seit 2002. 91-tlg. US-Sitcom von Bill Martin und Mike Schiff (»Grounded For Life«; seit 2001–2005).

Sean Finnerty (Donal Logue) und seine Frau Claudia (Megyn Price) sind Anfang 30, also selbst noch jung, und versuchen, ihre drei Kinder unter Kontrolle zu bekommen und dabei cool rüberzukommen. Teenager Lily (Lynsey Bartilson) und ihre jüngeren Geschwister Jimmy (Griffin Frazen) und Henry (Jake Burbage) machen natürlich Probleme, pubertieren wild vor sich hin, sind hyperaktiv oder verlangen schlicht Aufmerksamkeit. Das ist manchmal schwierig, da Sean und Claudia ja auch noch arbeiten müssen, er bei der U-Bahn und sie im Restaurant. Deshalb hilft Seans Vater Walt (Richard Riehle) aus, der als Einziger Disziplin predigt. Eddie (Kevin Corrigan) ist Seans jüngerer Bruder, von dem man lieber gar nicht so genau wissen möchte, womit er sein Geld verdient.

Jede Folge beginnt mit Rückblicken auf einen Streit aus der Sicht verschiedener Figuren, die sich teilweise widersprechen. Nach und nach erfährt der Zuschauer, was wirklich passierte – im Gegensatz zu dem, was die Familienmitglieder glauben oder uns glauben machen wollen. Die Sitcom hat außerdem eine religiöse Komponente: Die Finnertys sind Katholiken und setzen sich immer wieder mit den Themen Schuld und Verantwortung auseinander.

Lief samstags am späten Nachmittag, ab 2005 schon morgens.

KEINE ZEIT FÜR ABENTEUER   ZDF
1970. 13-tlg. dt. Abenteuerserie von Rolf Schulz, Regie: Karl-Heinz Deickert.

Am Rio São Francisco arbeiten unter der Anleitung von Berneck (Harald Dietl) deutsche Entwicklungshelfer: die Krankenschwester Gaby (Wiebke Gröndahl), die Sozialpflegerin Inge (Kathrin Fehlhaber), die Kindergärtnerin Jutta (Elga Sorbas), der Kfz-Mechaniker Bernd (Peer Brensing) und der Installateur Wolfgang (Peter Kappner). Ihr brasilianischer Ansprechpartner, der die Cooperative leitet, ist Ribeiro (Paulo Porto); Pele (Grande Otelo) hilft.

Die 30-minütigen Folgen liefen montags um 19.10 Uhr.

KEINER KRIEGT DIE KURVE   RTL 2
1996–1998. 18-tlg. US-Sitcom (»The Boys Are Back«; 1994–1995).

Aus dem ruhigen Lebensabend wird für Fred (Hal Linden) und Jackie Hansen (Suzanne Pleshette) nichts, als plötzlich die längst erwachsenen, aber erfolglosen Söhne Mike (George Newbern) und Rick (Kevin Crowley) wieder einziehen. Mike bringt gleich seine Frau Judy (Bess Meyer) und die drei Kinder Peter

(Ryan O'Donohue), Sarah (Kelsey Mulrooney) und Nicky (Justin Cooper) mit.
Die halbstündigen Folgen liefen werktags im Vormittagsprogramm.

## KELLY	RTL 2
1994. 26-tlg. austral. Familienserie (»Kelly«; 1991–1992).
Nach einem Unfall muss der superclevere Polizeihund Kelly, ein Deutscher Schäferhund, der mit Sergeant Mike Patterson (Anthony Hawkins) Dienst tat, nicht mehr arbeiten, sondern darf der beste Freund von dessen Enkelin Jo (Charmaine Gorman) werden. Er jagt aber natürlich trotzdem Diebe und rettet Leben. Jos Freund Danny (Alexander Kemp) und ihr Bruder Chris (Matthew Ketteringham) sind meistens mit dabei. Tierärztin Robyn (Katy Brinson) versorgt Kelly.
RTL 2 zeigte zunächst nur eine Folge am Sonntagnachmittag und begann im September 1994 mit der werktäglichen Ausstrahlung der halbstündigen Folgen am Vorabend.

KENN' ICH –
## DIE WITZIGSTE SERIENSHOW	KABEL 1
Seit 2004. Nostalgieshow mit Guido Cantz und einem Panel aus Komikern, die über ihre alten Lieblingsfernsehserien lamentieren und Quizfragen dazu beantworten. Immer im Team sind Oliver Kalkofe und Hennes Bender.
Von zwölf produzierten einstündigen Folgen wurden bisher sechs gezeigt, sonntags um 19.10 Uhr.

## DIE KENNEDYS	VOX
1993. 6-tlg. US-Familiensaga nach dem Buch »The Fitzgeralds And The Kennedys« von Doris Kearns Goodwin, Regie: Lamont Johnson (»The Kennedys Of Massachusetts«; 1990).
Die historische Geschichte des Kennedy-Clans vom Anfang des 20. Jh., als Joseph »Joe« P. Kennedy (William Petersen) um die Gunst von Rose Fitzgerald (Annette O'Toole) wirbt, über ihre Heirat und das Verhältnis Joes mit der Schauspielerin Gloria Swanson (Madolyn Smith-Osborne) bis hin zur Präsidentschaft John F. Kennedys (Steven Weber).
Vox zeigte die dreiviertelstündigen Teile mittwochs am späten Abend.

## KENNEN SIE DEN?	RTL
1997. Einstündige Witzeshow mit Mike Krüger.
Vier Kandidaten erzählten Witze um die Wette, müssen Witzpointen ergänzen und »optische Witze« spielen und bekommen dafür Witz-Punkte oder auch nicht und werden vielleicht Witz-Champion. Zwischendurch erzählen Prominente Witze. Und der Moderator. Wenn keiner lacht, sagt er: »Ha ha ha« und lacht selbst.
Die Idee zur Sendung, die elfmal samstags gegen 22.00 Uhr lief, hatte Rudi Carrell. Das heißt, er hat sie vermutlich (wie seine Witze) von irgendwo »adaptiert«. Vielleicht schlicht bei *Gaudimax*.

## KENNEN SIE DIE LINDEMANNS?	ZDF
1977. »Spielserie über eine ganz normale Familie«. 7-tlg. dt. Familienserie von Barbara Enders und Maria Fuss, Regie: Hartmut Griesmayr.
Wenn sie es erst einmal geschafft haben, ein eigenes Haus zu besitzen, wird alles gut werden – dachten sich die Eheleute Gerda (Barbara Rütting) und Gerhard Lindemann (Günter Lamprecht). Nun ist es so weit, und natürlich ist nichts wie erhofft. Das Familienleben verändert sich, weil Mutter Gerda nun auch arbeiten muss, um die Schulden zu bezahlen, Tochter Monika (Ute Willing) zieht aus, um in einer WG zu leben, der Sohn Stephan (Hans-Georg Panczak) schmeißt die Schule, und auch der jüngste Sohn Micki (Ralf Weiss) hat Probleme. Zur Familie gehört natürlich noch die Oma (Tilli Breidenbach).
Die Spielhandlung war nicht streng realistisch, sondern wurde gelegentlich durch Szenen unterbrochen, die die Wunschvorstellungen einzelner Familienmitglieder zeigten, wie das Zusammenleben funktionieren könnte. Am Ende jeder Folge interpretierte die Psychologin Gisela Schmeer das Geschehen und gab den Zuschauern Tipps fürs eigene Familienleben.
Die Folgen waren 45 Minuten lang und liefen mittwochs um 19.30 Uhr.

## KENNEN SIE KINO?	NDR, ARD
1968–1970 (NDR); 1970–1984 (ARD). Quiz rund um das Thema Film.
Kandidaten müssen in fünf Runden mit je sieben Fragen Ausschnitte erkennen, Filmtitel, Regisseure oder Darsteller erraten. Zu gewinnen gibt es mehrere tausend Mark. Außerdem kommen Schauspieler oder Regisseure zum Gespräch ins Studio, und es werden Filme vorgestellt, die neu im Kino anlaufen. Die Fernsehzuschauer können Kinogutscheine gewinnen.
Die Sendung startete in den Dritten Programmen der Nordkette mit Werner Schwier als Moderator. 1970 kam sie ins Erste mit Hellmut Lange als neuem Moderator. 1981 übernahm Rainer Brandt, und die Show erhielt den Untertitel »Rainer Brandt informiert über neue Filme«. Reportagen und Interviews zu aktuellen Filmen traten jetzt mehr in den Vordergrund.
Das 45-minütige Quiz lief zunächst am Mittwoch um 21.00 Uhr, ab 1972 am Samstagnachmittag, später viele Jahre lang dienstags um 20.15 Uhr.

## KENNY ROGERS	PRO SIEBEN, ARD
1993 (Pro Sieben); 1996 (ARD). US-Westernreihe (»Kenny Rogers As The Gambler«; 1980–1994).
Fernsehfilme mit dem Pokerass Brady Hawkes (Kenny Rogers), die von Rogers' Countrysong »The Gambler« inspiriert waren. Bis auf den ersten bestanden alle Filme aus zwei spielfilmlangen Teilen. Pro Sieben zeigte vier, einen weiteren die ARD.

## KENNZEICHEN D	ZDF
1971–2001. »Deutsches aus Ost und West«. 45-minütiges deutsch-deutsches Politmagazin.
Anders als die Vorgängersendung *drüben* berichtete

Ein Kessel Buntes mit den drei »Dialektikern« Horst Köbbert, Manfred Uhlig und Lutz Stückrath (von links).

Kennzeichen D nicht nur über aktuelle Ereignisse und Beunruhigendes aus der DDR, sondern auch aus der Bundesrepublik. Ziel war, Interesse für das jeweils andere Deutschland zu wecken und ein realistisches Bild vom Leben auf der jeweiligen anderen Seite der innerdeutschen Grenze zu vermitteln. Die Sendung sollte laut Senderrichtlinien ferner »vor allem auch der Wiedervereinigung in Frieden und Freiheit« dienen, was aber eine eher irreführende Formulierung war. Die Sendung kam passend zur neuen Entspannungspolitik unter Bundeskanzler Willy Brandt, die sie – im krassen Gegensatz zum *ZDF-Magazin* – unterstützte. Im Geiste dieser Politik berichtete *Kennzeichen D* weniger revanchistisch über die DDR und besonders kritisch über die Missstände im eigenen System. »Nachbarn kann nur kritisieren, wer selbstkritisch bei sich anfängt«, formulierte der Gründer des Magazins, Hanns Werner Schwarze. *Kennzeichen D* schaffte es, von Politikern sowohl im Osten als auch im Westen angefeindet zu werden. DDR-Staatschef Erich Honecker nannte die Sendung »Pflichtlektüre für jeden DDR-Bürger: damit man weiß, was der Klassenfeind denkt.« Wilfried Scharnagl, der mächtige CSU-Vertreter im ZDF-Fernsehrat, sagte 2000: »Ich bewundere die mit aller Konsequenz durchgehaltene politische Einseitigkeit des Magazins, das politisch links orientierte Zuschauer noch nie enttäuscht hat.«

1987 kam eine Ausgabe von *Kennzeichen D* als erste Westsendung live aus Ostberlin: Als Honecker in Bonn zu Besuch war, sendete *Kennzeichen D* aus dem Palast der Republik. Auch nach der Wiedervereinigung im Jahr 1990 wurde die Reihe fortgesetzt mit dem Anspruch, gerade jetzt das gegenseitige Interesse für die Belange in Ost und West zu wecken und ein Anwalt der »Neuen Länder« zu sein. Im Laufe der Zeit wurde *Kennzeichen D* jedoch mehr und mehr zu einem linksliberalen Politmagazin, das im Vergleich zu anderen politischen Magazinen kein besonderes eigenes Profil hatte.

Schlagzeilen machte die Sendung u. a. mit der erfolgreichen Suche nach dem untergetauchten Naziverbrecher Kurt Lischka und dem Besuch des ausgebürgerten Wolf Biermann am Sterbebett Robert Havemanns in Ostberlin. Besonders eindrücklich war nach der Wende eine *Kennzeichen D*-Reportage 1992 aus dem Vietnamesen-Wohnheim in Rostock-Lichtenhagen, als es von rechtsradikalen Jugendlichen angegriffen wurde.

Gründer Hanns Werner Schwarze, der damalige Leiter des ZDF-Studios Berlin, war zugleich der erste Moderator (1971–1982). Nach ihm wurde die Sendung geleitet von Joachim Jauer (1982–1984; 1990–1995), Dirk Sager (1984–1990) und Olaf Buhl (1995–2001). Zu den Moderatoren gehörten u. a. auch Lea Rosh, Ernst Elitz, Gustav Trampe und Ralf Zimmermann von Siefart.

Die Sendung, bis 1984 donnerstags um 21.20 Uhr ausgestrahlt, dann immer mittwochs um 20.15 Uhr, wanderte nach mehreren Jahren der deutschen Einheit ins spätere Abendprogramm und wurde gut zehn Jahre nach der Wiedervereinigung endgültig eingestellt. Trotz erheblicher Proteste aus der Redaktion und von prominenten Fürsprechern bis hin zu Bundestagspräsident Wolfgang Thierse (»Nun verschwindet ein Sendeplatz für Ostdeutschland ersatzlos«) ging es in *Frontal 21* auf.

KENNZEICHEN: ROSA NELKE   ZDF

1971. 6-tlg. dt. Familienserie von Reinhold Brandes und Rolf Ulrich, Regie: Eugen York.

Die Heiratswilligen, die sich an das Vermittlungsinstitut Rosa Nelke von Claudia von Bernburg (Loni Häuser) wenden, hätten mehr Chancen auf Zweisamkeit, wenn dort nicht Stephan (Hansjörg Hack) arbeiten würde, der für Chaos sorgt. Willibald (Benno

Hoffmann), der in seinem Restaurant »Zur rosa Nelke« kellnert, versucht zu retten, was zu retten ist.
Die Folgen dauerten jeweils 25 Minuten. Sie liefen 14-täglich dienstags um 18.40 Uhr.

KENNZIFFER 01   ZDF
1963–1964. 26-tlg. brit. Krimiserie (»Zero One«; 1962–1965).
Als Inspektor bei der Flugsicherheitsbehörde in London überwacht und regelt Allan Garnett (Nigel Patrick) den Flugverkehr und ermittelt im Falle eines Verbrechens oder eines Verstoßes gegen die Flugsicherheit. Unterstützt wird er von seinem Assistenten Jimmy Delaney (Bill Smith) und der Sekretärin Maya (Katya Douglas). Intern wird Flugsicherheit mit der Kennziffer 01 bezeichnet.
Die Episoden waren 25 Minuten lang und liefen alle 14 Tage mittwochs um 18.45 Uhr, im Wechsel mit *Die Karte mit dem Luchskopf*. Das DFF zeigte 1970 elf Folgen der Serie.

KENTUCKY JONES   ARD
1965–1968. 21-tlg. US-Familienserie (»Kentucky Jones«; 1964–1965).
Der verwitwete Tierarzt Kenneth Yarborough Jones, genannt »Kentucky« (Dennis Weaver), führt mit seinem neunjährigen Adoptivsohn, dem chinesischen Waisenjungen Dwight Eisenhower Wong, genannt Ike (Ricky Der), und dem alten Arbeiter Seldom Jackson (Harry Morgan) einen Männerhaushalt auf einer Ranch in Südkalifornien. Außerdem kümmert sich die Sozialarbeiterin Edith Thorncroft (Nancy Rennick) um Ike. Ikes Freundin Annie (Cherylene Lee), ihr Vater Mr. Ng (Arthur Wong) und Mr. Wong (Keye Luke) sind Mitglieder der örtlichen chinesischen Gemeinschaft.
Den Spitznamen »Kentucky« hatte Kenneth Yarborough Jones von seiner Unterschrift »K. Y. Jones«. KY ist in den USA das offizielle Kürzel für den Bundesstaat Kentucky.
Die halbstündigen Folgen liefen im regionalen Vorabendprogramm.

KERNBEISSER   ARD
1983–1985. »Magazin nicht nur für junge Leute« mit Georg von Rönn. 45-minütiges Naturmagazin für Jugendliche, das Tiere und Pflanzen erklärte. Und nach zweieinhalb Jahren behandelte es sogar den Kernbeißer, einen Vogel aus der Familie der Finken.
Lief erst freitags, dann donnerstags nachmittags

EIN KESSEL BUNTES   DFF, ARD
1972–1990 (DFF); 1991–1992 (ARD). Große Live-Samstagabendshow mit Musik, Comedy, Tanz, Artistik und Talk.
Die Show war der klassische bunte Abend mit einer Mischung aus verschiedenen Shownummern und Zwischenansagen. Sie war eine der erfolgreichsten Sendungen in der DDR und kam im Lauf der Jahre aus verschiedenen großen Hallen, erst aus dem Berliner Friedrichstadt-Palast, ab 1977 auch aus dem Palast der Republik, später ferner aus der Stadthalle Cottbus, dem Kulturhaus in Gera und anderen Orten. Von Anfang an wurden bekannte (und teure) Musikstars aus Ost und West als Gäste eingeladen. Zunächst moderierten die drei »Dialektiker«: Horst Köbbert aus Rostock auf Plattdeutsch, Lutz Stückrath aus Berlin auf Berlinerisch und Manfred Uhlig aus Leipzig auf Sächsisch. Damit griff die Sendung die Idee aus *Da lacht der Bär* auf, in der drei »Mikrophonisten« aus drei deutschen Regionen auftraten – nun allerdings nicht mehr, wie damals, gesamtdeutsch. Die satirischen Spitzen der »Dialektiker« waren relativ harmlos, und trotzdem zu viel für die DDR-Führung: Sie ließ erst die Witze entschärfen, dann die »Dialektiker« insgesamt verschwinden. Stattdessen wurde die Show ab September 1977 von wechselnden Moderatoren präsentiert, die meist auch mit eigenen Auftritten zur Sendung beitrugen. Die ersten waren die Schauspieler vom *Polizeiruf 110*. Helga Hahnemann, einer der beliebtesten Stars in der DDR, moderierte am häufigsten: fünfmal. Zu mehreren Einsätzen kamen auch Dagmar Frederic, Petra Kusch-Lück, Dorit Gäbler, Heinz Rennhack, Wolfgang Lippert, Gunther Emmerlich und Karsten Speck. Die häufigsten Gaststars waren Katja Ebstein und Costa Cordalis mit je sechs Auftritten. Dass *Ein Kessel Buntes* durfte, was kaum einer anderen Sendung gestattet war, nämlich Künstler aus dem Westen einzuladen, machte einen Teil des Erfolgs aus. Auch internationale Stars traten auf, z. B. Abba und Samantha Fox.
Noch in der 100. Sendung am 23. September 1989, kurz vor dem Mauerfall, wurden politische Schnitte für die Wiederholung gemacht. Die Bemerkung der Moderatoren Hahnemann und Emmerlich, sie seien nicht die einzigen Fehlbesetzungen im Land, fehlte bei der erneuten Ausstrahlung, ebenso Frank Schöbels Lied »Wir brauchen keine Lügen mehr«.
Nach der Wende wurde die Sendung mit der Lotterie *Glücksspirale* kombiniert und als Samstagabendshow in die ARD übernommen, nun ständig von Karsten Speck moderiert. Sie brachte es noch auf zehn Ausgaben.

DIE KETCHUP-VAMPIRE   ZDF
1992–1994. 26-tlg. dt. Zeichentrickserie von Bettina Matthaei und Alexander Zapletal.
Die Ketchup-Vampire haben Transsilvanien verlassen und leben nun auf der Burg Rabenstein, wo sie statt von Blut von Tomatensaft leben, den eine Fabrik in der Nähe produziert. Sie sind friedfertig und Vegetarier, aber nicht nur ihre altmodischen Verwandten machen ihnen das Leben schwer.
Die halbstündigen Folgen liefen nachmittags.

DIE KETTE   ARD
1977. 2-tlg. dt. Krimi von Francis Durbridge, Regie: Rolf von Sydow.
Inspektor Harry Dawson (Harald Leipnitz) muss den Mord an seinem Vater aufklären. Letzter Mehrteiler

DIE KIDS VON BERLIN   ZDF
1997–1998. 11-tlg. dt. Krimiserie von Felix Huby und Rift Fournier.

Die »Operative Gruppe Jugendkriminalität«, eine Spezialeinheit der Berliner Polizei unter der Leitung von Hauptkommissarin Romy Herzog (Susanne Schäfer), kümmert sich um jugendliche Straftäter. Es geht um Aufklärung bereits begangener Verbrechen, aber auch um Vorbeugung. Zur Einheit gehören der ehemalige Psychologiestudent Christoph Schlömer (Dominik Castell), Rudi Schmattke (Veit Stübner), Katja Goldbach (Barbara Philipp), Michael Stein (Andreas Elsholz) und der Computerexperte Marc Riedle (Matthias Matz), der Jüngste im Team. Kriminaloberrat Leo Grabowski (Hans Teuscher) ist ihr väterlicher Vorgesetzter.

Das ZDF hatte sich von den *SK Babies* inspirieren lassen, den RTL-Soap-Star Andreas Elsholz engagiert, die »Kids« in coole Klamotten gesteckt und viel Action eingebaut, aber genützt hat es nichts: Die jungen Zuschauer, die so umworben wurden, schalteten nicht ein. Vielleicht reichte schon der eine väterliche Vorgesetzte mit seinen alten ZDF-Vorabendserienweisheiten (»Mädchen, die pfeifen, und Hühnern, die krähen, sollte man beizeiten die Hälse umdrehen«), um sie abzuschrecken.

Die 50-Minuten-Folgen liefen mittwochs um 19.25 Uhr.

KIK   ARD
1996–2001. »Kinder-Info-Kiste«. Halbstündiges Reportagemagazin für Kinder.

Wie entsteht ein Stau? Hier gibt es die Antwort. Es geht um Themen, die für Kinder von Natur aus interessant sind, z. B. Tamagotchis, Zahnspangen, »Wie entsteht ein Videoclip?« und »Wie geht es Mola Adebisi?«, aber auch um ernste und komplizierte Themen, die für Kinder gut verständlich erklärt werden, z. B. Lohnfortzahlung, Tarifverhandlungen, Opposition oder Kindesmissbrauch.

Die ARD zeigte die Reihe einmal im Monat am Samstagvormittag und wiederholte sie später im Kinderkanal. Moderator war zunächst Matthias Ebel, ab Februar 1998 Stefan Hoyer.

KILLER INSTINCT   RTL 2
Seit 2003. Austral. Naturserie von Rob Bredl (»Killer Instinct«; seit 2001).

Rob Bredl, der immer barfuß unterwegs ist, betreibt mit seinem Bruder Joe den »Barefoot Bushman Wildlife Park« in Airlie Beach in der australischen Provinz Northern Queensland. Er zeigt die Tiere seiner Heimat: Salzwasserkrokodile (auf denen er reitet und die er küsst), Kängurus, Koalas, Dingos, Pythons, Warane, Geparden und andere.

Die einstündigen Folgen liefen sonntagnachmittags.

KILOMETER 330   RTL, MDR
1989–1992 (RTL); 1998–1999 (MDR). Einstündige Musikshow mit Johnny Hill und Gästen, die sonntags am frühen Abend deutsche Country- und Truckermusik von Möchtegerncowboys wie Truck Stop, Gunter Gabriel und Nancy Wood präsentierten. Johnny Hill selbst schuf mit »Ruf Teddybär 1-4« einen der meistgewünschten Truckersongs im Radio.

Ab 1998 liefen neue Ausgaben im Dritten Programm des MDR. Es war der seltene Fall, dass eine Show eines Privatsenders später im öffentlich-rechtlichen Fernsehen neu aufgelegt wurde.

KIM POSSIBLE   PRO SIEBEN
2004. 21-tlg. US-Disney-Zeichentrickserie (»Kim Possible«; 2002).

Schülerin Kim Possible gehört zu den Cheerleadern ihrer Schule. Gemeinsam mit ihrem tollpatschigen Freund Ron Stoppable kämpft sie nebenbei als Geheimagentin gegen die Bösen. Lief samstagmorgens. Im Pay-TV waren zuvor bereits 52 Folgen der Serie gezeigt worden.

KIM & CO.   ZDF
1975–1977. 26-tlg. österr.-brit.-dt. Jugendserie nach den »Detektiv Kim«-Büchern von Jens K. Holm (»Kim & Co.«; 1975).

Die Kopenhagener Schulfreunde Kim (Simon Turner), Erik (Christopher Lofthouse), Brillo (David Friedman) und Katja (Georgina Kean) reisen quer durch Europa und klären den einen oder anderen mysteriösen Kriminalfall auf. Ihr erwachsener Bekannter Karl Rasmussen (Thomas Astan), ein Jugendbuchredakteur, bringt Kims Geschichten als Bücher heraus.

Die Folgen dauerten jeweils 25 Minuten.

KIMBA, DER WEISSE LÖWE   ZDF
1977. 39-tlg. jap. Zeichentrickserie (»Jungle Taitei«; 1965–1966).

Der weiße Löwe Caesar ist der König der Tiere und befreit gern mal die Tiere, die Menschen auf Farmen halten. Er wird von Jägern getötet, sein Weibchen Snowine stirbt auch. Sohn Kimba kann aus der Gefangenschaft fliehen, kehrt in seine Heimat zurück und versucht nun, den Platz seines Vaters einzunehmen und die Tierwelt nach dem Vorbild der menschlichen Stadt, die er gesehen hat, zu modernisieren. Erst mal soll das gegenseitige Fressen aufhören; es wird eine Farm gegründet, Futter angebaut, eine Reihe von vegetarischen Restaurants eröffnet, Spielplätze werden eingerichtet, und die Sprache der Menschen soll auch erlernt und gelehrt werden. Natürlich gibt es immer ein paar Ewiggestrige, die dagegen sind, z. B. der Wasserbüffel Samson, der braune Löwe Klaue, der Nashornboss Rhino, der Mandrillaffe Bigot, der Adler Kralle, der Elefant Nero und die Wildkatze Willie. Aber auch Menschen wollen Kimba ans Fell, vor allem die Großwildjägerin Tonga. Zu Kimbas Freunden gehören Pavian Daniel, Papagei Pauly und Antilope Bucky.

Wie gefährdet Kimbas Reich war, zeigt die Ankündigung der Folge vom 12. April 1977 in der »Hörzu«: »Neues Unheil droht den armen Tieren: Erdbeben, Rauchpilz, radioaktive Bestrahlung. Eine Heuschrecke trifft's besonders hart. Sie verwandelt sich unter dem Einfluss der Radioaktivität in ein Riesenmonstrum. Eine Gefahr für Kimbas Gefährten. Doch der kleine weiße Löwe weiß auch diesmal Rat!«

Die fröhliche Titelmusik geht so: »Kleiner weißer Löwe, wir sind stolz auf dich! Alle Tiere schenken dir Vertrau'n. Keinen deiner Freunde lässt du je im Stich. Und auf deine Klugheit kann man bau'n. Wenn den Tieren tief im Dschungel Unheil droht, Kimba ist der Kämpfer, der sich stellt. Seinen Freunden hilft er aus Gefahr und Not. Kimba, unser kleiner, großer Held!« Und zum Abspann: »Und gespannt, wie wird es weitergeh'n? Komm bald wieder, lass uns nicht im Stich! Denn wir freu'n uns auf ein Wiederseh'n!«

Die Serie beruht auf dem Manga »Jungle Taitai« von Osama Tezuka. Im Original hieß der Löwe Leo – für die amerikanische (und deutsche) Fassung wurde der Name in Kimba geändert. Eigentlich gab es 52 Folgen der Serie, 13 wurden aber nie in Deutschland gezeigt. Auch eine Fortsetzung mit 26 Folgen, in der Kimba erwachsen ist und eigene Kinder hat (»Leo the Lion«), lief nie im deutschen Fernsehen. 1989 entstand »The New Adventures of Kimba the White Lion«.

EIN KIND MIT NAMEN JESUS ZDF
1989. 4-tlg. ital. Bibeldrama von Franco Rossi (»Un bambino di nome Gesù«; 1987).

Sieben Jahre nach dem Kindermord in Bethlehem will der Soldat Sefir (Pierre Clémenti) endlich das Kind Jesus (Matteo Bellina; als Erwachsener: Allessandro Gassmann) töten. Josef (Bekim Fehmiu) und Maria (Carmen Sanmartin) flüchten nach Ägypten. Dort wird Josef bei einem Brandanschlag schwer verletzt, Maria und Jesus schließen sich einer Karawane an und werden Sefir ausgeliefert, der jedoch in dem Kind den Messias erkennt.

Die Erzählung über die Kindheit Jesu ist einerseits fiktiv, schildert andererseits aber historisch genau, wie das Leben für ein Kind wie ihn damals ausgesehen haben dürfte. Lief zunächst in vier Teilen nachmittags rund um Ostern, 1993 auch in sechs Teilen.

DIE KINDER AUS DEM HASENBERGL ARD
1972. 5-tlg. Magazinreihe von Gloria Behrens für Kinder.

Kinder aus der Münchner Trabantenstadt Hasenbergl filmen unter Anleitung von Gloria Behrens kleine Fortsetzungsgeschichten, Interviews und Reportagen, die sich mit ihrem Alltag im Problembezirk befassen. Anschließend diskutieren sie über ihre Beiträge und fordern die Zuschauer auf, es ihnen nachzutun.

Die 50 Minuten langen Folgen liefen mittwochs um 17.05 Uhr.

KINDER BEI SINNEN RTL
2002. Halbstündige Kinder-Talkshow mit Hella von Sinnen.

Die Moderatorin sitzt mit drei Kindern zwischen sechs und elf Jahren im Studio und plaudert mit ihnen über Erwachsenenthemen: Eifersucht, Liebe, Geld, Schönheit, Kunst. Sie stellt ihnen so grundsätzliche Fragen wie die, warum die Bösen im Film eigentlich immer hässlich sind, und nimmt ihre Antworten ernst.

Das erstaunlich leise Konzept, das sich Gisela Marx ausgedacht hatte und das fatalerweise an *Kinderquatsch mit Michael* erinnerte, kam bei den Zuschauern nicht sofort an, und RTL zeigte keine Geduld: Nach acht von elf gedrehten Sendungen wurde *Kinder bei Sinnen* abgesetzt. Die Folgen waren 30 Minuten lang und liefen werktags um 17.00 Uhr.

DIE KINDER DER ANDEREN ARD
1981. 10-tlg. frz. Problemserie von Alain Quercy, Regie: Louis Grospierre (»Les enfants des autres«; 1974).

Das Lehrerehepaar Lise (Françoise Dorner) und Pierre (Paul Barge) möchte ein Kind adoptieren, muss aber feststellen, dass das nicht so einfach ist. Die ARD fasste die 30 zehnminütigen Originalfolgen zu zehn halbstündigen zusammen und zeigte sie im regionalen Vorabendprogramm.

KINDER DER WELT ARD
1987–1999. Doku-Reihe von Gordian Troeller.

Nach der Reihe *Frauen der Welt* ergriff Troeller nun Partei für Kinder und zeigte das Elend der Dritten Welt, aber auch die Verantwortung, die die westliche Welt hierfür trägt. Die Kinder würden »so lange dem Diktat der herrschenden Konventionen unterworfen, bis sie auch ihre eigenen Kinder ganz selbstverständlich in dieser Form erziehen«, formulierte er. Für den ersten Film besuchte er die Tieflandindianer in Bolivien (»... denn ihrer ist das Himmelreich«), in den folgenden Jahren bereiste er u. a. den Iran, Eritrea, Nepal, Japan, die Türkei, Palästina, den Jemen, Nicaragua und Angola. Der letzte Film der Reihe war gleichzeitig Troellers letzter Dokumentarfilm überhaupt: »Wenn die Irrtümer verbraucht sind«.

KINDER ENTDECKEN GESCHICHTE ZDF
1983. 3-tlg. Kinderreihe, in der jeweils ein Junge und ein Mädchen in einer Spielhandlung ein weit zurückliegendes historisches Ereignis in einer europäischen Stadt erforschen. Regie: Armin Dahlen.

In Folge 1 (»Die Netti aus der Stallburggasse« nach einer Idee von Christine Nöstlinger) erfahren Gabi (Consuelo Miller-Aichholz) und Xandi (Jérôme Denis Del Picchia) etwas über die Wiener Revolution von 1848. In Teil 2 (»Servus Gespenst«) lernen die Österreicherin Mona (Inga Schlögl) und der türkischstämmige Metin (Rujan Stanicic) etwas über die Belagerung Wiens durch die Türken 1683. In Folge 3 (»Dem Fälscher auf den Fersen«) bekommen Ute (Ute Heinlein) und Oliver (Oliver Schmidt) Wissenswertes über Nürnberg um das Jahr 1500 heraus. Jede der drei Geschichten nimmt ihren Anfang im Museum.

KINDER-GLÜCKSRAD — SAT.1
→ *Glücksrad*

KINDER IM VERKEHR — ZDF
1976–1977. 10-tlg. Ratgebermagazin für Kinder mit Oliver Spiecker.
Kinder sollen das richtige Verhalten im Straßenverkehr lernen. Die Lehrinhalte werden in Quizspiele sowie in Szenen mit dem Fabelwesen Dolli verpackt, das aus dem Wald in die Großstadt kommt und sich jetzt erstmals im Straßenverkehr zurechtfinden muss. Im Dolli-Kostüm steckte ein Kleinwüchsiger. Zehn halbstündige Folgen liefen sonntags.

KINDER KINDER — ZDF
1973–1991. Erziehungsmagazin für Eltern, Erzieher »und alle, die Kinder ernst nehmen«. Es moderierten Ingo Hermann, ab 1980 Wilfried Hoffer und Gabriele Röthemeyer, ab September 1983 Rainer Haake, ab 1987 Michael Albus. 108 dreiviertelstündige Sendungen liefen im Abendprogramm.

KINDER, KINDER! – LEBEN IN DER GROSSFAMILIE — VOX
2004. 7-tlg. dt. Doku-Soap, die ein Jahr lang acht Großfamilien in ihrem Leben begleitet. Die einstündigen Folgen liefen zur Primetime.

KINDER RUCK ZUCK — TELE 5
1992. Kinderversion von *Ruck Zuck*, mit Désirée Nosbusch. Lief auf dessen Sendeplatz am Vorabend.

KINDER SEHEN AFRIKA — ZDF
1972. 3-tlg. Reportagereihe für Kinder von Harold Mantell.
Die Kinder Mike und Steve reisen nach Kenia. Weil ihr Vater keine Zeit für sie hat, vertraut er sie dem einheimischen Wildhüter Johannes an. Mike und Steve werden von Michael und Steven Mantell dargestellt, den Kindern von Harold Mantell, der mit ihnen schon einen *Bummel durch Taiwan* machte und sie *In der Wüste von Atacama* zeigte, die in Afrika aber endlich nicht mehr im Partnerlook auftreten mussten.
Die 25-minütigen Folgen liefen samstagnachmittags.

KINDER UNSERER ZEIT — VOX
Seit 2003. Brit. Langzeitdokumentation von Prof. Robert Winston (»Child Of Our Time«; seit 2000).
Aufwendiges Experiment der BBC: 25 Babys aus allen sozialen Schichten, alle im Jahr 2000 geboren, werden 20 Jahre lang begleitet und in allen wichtigen Stadien ihres Lebens gefilmt. Es soll gezeigt werden, wie sich die Menschen entwickeln und ob ihre späteren Eigenschaften angeboren sind oder anerzogen werden.

Vox zeigte im Rahmen von »BBC Exklusiv« samstags am Vorabend bisher zehn Folgen, die die ersten vier Jahre schilderten.

KINDER-VERKEHRS-CLUB — ARD
1977–1978. Fünfminütige Lernsendung mit Philipp Sonntag, der Vorschulkindern das Verhalten im Straßenverkehr erklärte. 21 Folgen liefen nachmittags.

DIE KINDER VOM ALSTERTAL — KI.KA
Seit 1998. Dt. Jugendserie von Marlies Kerremans, Horst Peter Lommer und Jörn Schröder.
Eine Gruppe von Kindern erlebt auf dem Landgut Alstertal Abenteuer. Der 14-jährige Timo (Marco Soumikh) ist der Älteste in der Clique. Tobias (Tim Küchler) und die kleine Vietnamesin Kim-Vi, genannt Kiki (Thuy-Anh Cao), sind seine Adoptivgeschwister. Julia (Marleen Lohse), die wegen ihrer roten Haare »Hexe« genannt wird, und Lisa (Katharina Wäschenbach) sind Schwestern. Die Geschwister Niklas (Niklas Pries) und Merle (Elisa Pries) leben eigentlich in der Stadt, verbringen aber oft ihre Ferien bei Oma Ami (Ursula Hinrichs) auf Gut Alstertal. Bekannte kümmern sich um Rose (Féréba Kroné), deren Vater auf einer Bohrinsel arbeitet und deren Mutter verschollen ist. Moritz (Alexander Löffler) ist mit fünf Jahren der Jüngste. Carla Sommerland (Simone Ritscher-Krüger) ist Timos geschiedene Mutter, deren neuer Freund der Meeresbiologe Jan Kruse (Reinhard Krökel) wird, Susanne (Kerstin Draeger) und Uwe Clement (Lennardt Krüger) sind Hexes und Lisas Eltern. Und Tiere gibt es auf dem Gut natürlich auch, darunter Hund Oskar, Huhn Einstein und Pony Justus.
Lief auch im *Tigerenten-Club* und auf eigenem Sendeplatz am Samstagnachmittag in der ARD. Bis Herbst 2004 wurden 52 Folgen gezeigt. Zu der Serie wird kostenlos medienpädagogisches Begleitmaterial angeboten.

DIE KINDER VOM BERGHOF — RTL 2
1994. 48-tlg. jap. Zeichentrickserie (»Alps Monogatari Watashi No Annette«; 1983).
Die Freunde Annette und Lucien verbringen Anfang des 20. Jh. ihre Kindheit in den Alpen.

DIE KINDER VOM MÜHLENTAL — ARD
1986. 12-tlg. poln.-dt. Jugendserie von Janusz Łęski (»Urwisy z Doliny Mlynów«; 1985).
Die Kinder Stanni (Tadeusz Horvath), Wazek (Arkadiusz Wojnarowski), Jazek (Piotr Jankowski), Anja (Agnieszka Kruk), Bärbel (Monika Sapilak) und Martha (Olga Piotrowska) erleben Abenteuer im Mühlental. Ihre Freunde sind die Gänse Klemens und Klementinchen und der Storch Jacki, von dem keiner weiß, dass er sprechen kann.
Die aufwendig gemachte und pädagogisch hochwertige Serie wurde später unter dem Namen *Klemens und Klementinchen – Die Gänse vom Mühlental* fortgesetzt. Die halbstündigen Folgen liefen donnerstagnachmittags.

DIE KINDER VON BULLERBÜ — ARD
1961–1962. 13-tlg. schwed. Kinderserie nach den Büchern von Astrid Lindgren, Regie: Olle Hellbom (»Alla vi barn i Bullerbyn; 1960–1961).
Die Geschwister Bosse (Kaj Andersson), Lasse (Tomas Johansson) und Lisa (Lena Wixell), ihre Freunde Anna (Elisabeth Nordkvist), Britta (Kim Asberg) und Olle (Jan-Erik Husbom) sowie dessen kleine Schwester Kerstin (Tove Hellbom) erleben zu jeder Jahreszeit aufregende Ferien in ihrem kleinen Heimatdorf Bullerbü. Das besteht nur aus den drei Bauernhöfen Südhof, Mittelhof und Nordhof. Im Winter toben die Kinder im Schnee, im Sommer laufen sie barfuß durch die Natur. Sie spielen Verstecken oder mit dem Hund, füttern Tiere, raufen, klettern über Zäune und spielen einander und anderen Streiche.
Idyllische Serie, die trotz der ausschließlichen Heile-Welt-Geschichten eine realistisch erscheinende Kinderwelt zeigte, in der Erwachsene kaum eine Rolle spielen, weil man in den Ferien einfach machen darf, wozu man Lust hat. Und so durften auch die jungen Laiendarsteller nach Herzenslust herumtollen, ohne sich lange Texte merken zu müssen. Die Dialoge wurden aus dem Off in der dritten Person gelesen.
Die 25-minütigen Folgen wurden Dutzende Male, vor allem im ZDF, wiederholt. Die 13 Folgen waren fürs Fernsehen gedreht worden, wurden aber in Schweden zunächst in Form von zwei Kinofilmen veröffentlicht, die 1979 erstmals auch im ZDF zu sehen waren. 1987 zeigte das ZDF eine Neuverfilmung als Serie.

DIE KINDER VON BULLERBÜ — ZDF
1987. 7-tlg. schwed. Kinderserie nach den Büchern von Astrid Lindgren (»Alla vi barn i Bullerbyn«; 1986).
Neuverfilmung der Abenteuer von Bosse (Henrik Larsson), Ole (Harald Lönnbro), Lasse (Crispin Dickson Wendenius), Inga (Anna Sahlin), Lisa (Linda Bergström), Britta (Ellen Demerus), Kerstin (Tove Edfeldt), Oskar (Peter Dywik), Nordhof-Erik (Sören Svensson), Mittelhof-Anders (Ingwar Svensson) und Südhof-Nisse (Bill Jonsson).
Auch von dieser zweiten Serie gibt es eine Fassung aus zwei Spielfilmen, die später ebenfalls im Fernsehen gezeigt wurden.

KINDER WETTEN, DASS ...? — ZDF
1996–2000. Jährliche Spezialausgabe von *Wetten, dass ...?* mit Thomas Gottschalk im Nachmittagsprogramm. Ging im Prinzip genauso wie die große Show, nur dass ausschließlich Kinder als Wettkandidaten auftraten und die prominenten Gäste Stars der aktuellen Teenie-, Pop-, Soap- oder TV-Szene waren.

KINDERÄRZTIN ANGELA — ORF
→ Die Kinderklinik

KINDERÄRZTIN LEAH — ARD
→ Ärzte

KINDERHEIM SASENER CHAUSSEE — ARD
1973. 6-tlg. dt. Familienserie von Curth Flatow, Regie: Gerd Oelschlegel.
Irene König (Inge Meysel), die beherzte Leiterin eines Kinderheims, kümmert sich um die Heimkinder und versucht geeignete Adoptiveltern für sie zu finden. Die halbstündigen Folgen liefen im regionalen Vorabendprogramm.

DIE KINDERKLINIK — ARD
1995–1999. 14-tlg. ital.-dt. Familienmelodram nach dem Roman von Enzo Martinelli, Regie: Paolo Poeti (»Amico mio«; 1993–1998).
Angela Mancinelli (Katharina Böhm; ab Folge neun: Desirée Nosbusch) ist die neue Oberärztin einer Kinderklinik in Rom. Sie verliebt sich in ihren Kollegen Paolo Magri (Massimo Dapporto), der sich die Stelle eigentlich erhofft hatte. Die beiden nehmen den kleinen Spillo (Adriano Pantaleo) als Pflegesohn auf. Zum Klinikpersonal gehören außerdem die Leiterin der Kinderstation, Oberschwester Platania (Billie Zöckler), und Schwester Susanna (Claudia Pandolfi), die Ärzte Dr. Montebovi (Paolo Maria Scalondro) und Beppe (Pierfrancesco Favino) sowie der Pfleger Mimmo (Salvatore Marino). Nach einigen Jahren der Familienidylle taucht plötzlich Tony (Piero Natoli) auf, der leibliche Vater Spillos, und will das Sorgerecht für sein Kind. Doch Paolo und Angela setzen sich durch.
Zwei Staffeln liefen zur Primetime, die Folgen hatte Spielfilmlänge. In Österreich lief die Serie unter dem Titel *Kinderärztin Angela*.

KINDERKLINIK — ZDF
2003. 6-tlg. Doku-Reihe von Susanne Wieseler und Heiner Gatzemeier, die Geschichten von acht kranken Kindern und ihren Eltern erzählen. Die halbstündigen Folgen liefen mittwochs um 22.45 Uhr.

DIE KINDERKLINIK – HOFFNUNG FÜR KLEINE PATIENTEN — RTL 2
2003. 5-tlg. Doku-Reihe über das Children's Memorial Hospital in Chicago, eine der größten Kinderkliniken der USA. Lief donnerstags um 20.15 Uhr.

KINDERQUATSCH MIT MICHAEL — ARD
1991–2003. Unterhaltungsshow für Kinder mit Michael Schanze.
Schanze unterhält sich mit Kindern zwischen vier und sechs Jahren, stellt sie auf ein kleines Podest, schwitzt, lässt sie Kinderlieder vorsingen, begleitet von einem Pianisten am Flügel, und spielt mit ihnen. Nebenbei bringt Schanze ihnen wichtige Verkehrsregeln bei, und zwischendurch treten auch richtige Sängerinnen und Sänger mit richtigen Liedern auf. Die Show adaptierte das französische Format »L'école des fans«, weshalb es 2003 zur Verhandlung einer Plagiatsklage vor dem Bundesgerichtshof kam, weil niemand gefragt hatte, ob er das Konzept überhaupt haben dürfe. Der BGH urteilte, das Format als solches sei »kein schutzfähiges Werk«,

und die deutschen Sendungen unterschieden sich ausreichend vom Original, denn sie »würden von einem anderen Moderator geleitet und hätten ein nach Anordnung, Ausstattung und farblicher Gestaltung anderes Bühnenbild. (...) Die für den Erfolg der Sendung maßgebende schöpferische Leistung liege in der ganz eigenen, spontanen Einfällen folgenden Gesprächsführung des Moderators.« Schanze stellte Fragen wie: »Wo kommst du her?«, »Was sind deine Hobbys?« und »Was macht Papi?«.
Die Reihe lief erfolgreich am Samstagnachmittag, erst 45 Minuten, ab Herbst 1993 eine halbe Stunde lang, und blieb auch im Programm, nachdem Schanze hauptberuflich wieder zum ZDF gewechselt war.

KINDERSTATION   SWR
1991–1996. 37-tlg. brit. Jugend-Krankenhausserie (»Children's Ward«; 1989–2000).
Alltag auf der Kinderstation im South-Park-Krankenhaus. Es geht um kleine Wehwehchen, schlimme Verletzungen, lustige Streiche, ernste Themen wie frühe Schwangerschaften, Rassismus, Fahrerflucht und Aids und die persönlichen Sorgen der Patienten und Angestellten. Zum Personal gehören Dr. McKeown (Ian McCulloch), Dr. Charlotte Woods (Carol Harvey), Pfleger Dave Spencer (Andrew Hall), Schwester Jan Stevens (Nina Baden-Semper), die Pflegeschüler Diane Meadows (Janette Beverly) und Gary Miller (Tim Stanley), Hilfsschwester Mags (Rita May), Süßwarenverkäufer Jack (Ken Parry) und Sozialarbeiter Steven Bailey (Michael Bray).
Die 30-minütigen Folgen waren ab 1993 auch im Ersten zu sehen. In Großbritannien lief die Serie erfolgreich über elf Jahre lang und war für viele junge Schauspieler Startpunkt ihrer Fernsehkarrieren.

KINDERSTUNDE   ARD
1951–1972. Halbstündige Sendung für Kinder von Dr. Ilse Obrig. Vor einer Schar Kinder werden Bücher vorgelesen, Kurzfilme gezeigt, Sketche vorgeführt und vom Kinderchor »Zwitscherlinge« fröhliche Lieder gesungen; es wird Lehrreiches erzählt, Watte über den Tisch geblasen, gezaubert, geturnt und immer wieder gebastelt, gefaltet und geklebt.
Wer nicht bastelte, faltete oder klebte, war faul. Die *Kinderstunde* erzog die Kinder zu einer hyperaktiven Freizeit, geprägt von Scherenschnitten, Kartoffelmännchen und Nussschalenwägelchen, zu hochdeutscher Sprache, geraden Linien und Respekt vor dem Alter, solange man dabei nur fröhlich und bescheiden blieb. Zu Spontaneität wurde niemand erzogen, die Reaktionen der anwesenden Kinder waren einstudiert. Wiederkehrende Ratespiele innerhalb der *Kinderstunde* waren »Ri-Ra-Rate« mit Paula Walendy, »Wer weiß es?« mit Rosemarie Schwerin und »Was machen wir wenn?« mit Irene Koss.
Ab 1963 wurden unter dem Motto »Was Kindern anderer Länder Freude macht« regelmäßig ausländische Märchen von Johanna Schüppel als Puppenspiel inszeniert. Gleich im ersten Jahr gab es bereits des erste Product-Placement im Fernsehen: Nachdem Frau Obrig im Oktober 1951 die Kinder zu Hause und im Studio begrüßt hatte, packten sie gemeinsam ein Geschenkpaket aus. Heraus kam ein Stofftier: Mecki, das Maskottchen der Programmzeitschrift »Hörzu«, das nun werbewirksam auf dem Flügel saß. »Hörzu«-Chefredakteur Eduard Rhein war mit Obrig befreundet und hatte es gespendet.
Dr. Obrig hatte die Sendung gegründet und über Jahre moderiert. Zuvor hatte sie bereits 20 Jahre lang Kinderfunk im Radio und Fernsehen veranstaltet, auch im Dritten Reich. Sie wechselte sich mit Koss, Walendy und Schwerin, Editha-Maria Baum, Rudi Stark u. a. ab. Die Sendung lief erst einmal, dann an mehreren Tagen in der Woche nachmittags. Als die Reihe startete, gab es das Fernsehen in der Bundesrepublik offiziell noch gar nicht. Die *Kinderstunde* war Bestandteil eines Versuchsprogramms des Nordwestdeutschen Rundfunks. Erst am 25. Dezember 1952 startete das Fernsehen offiziell, und die *Kinderstunde* blieb noch lange im Programm, ausgestrahlt im Wechsel aus Hamburg und Köln.
Richtete sich die Sendung anfangs noch an Kinder ab vier Jahren, wurde das Mindestalter 1957 auf sechs erhöht. Vorausgegangen war eine Diskussion über die katastrophalen Auswirkungen des Fernsehens, von Haltungs- bis Strahlenschäden, als deren Folge auch der Kinobesuch für Kinder unter sechs verboten wurde. Ab Mitte der 60er-Jahre war *Kinderstunde* nur noch der Oberbegriff für das Kinderprogramm, irgendwann verschwand auch der Begriff.

KINDERWELTSPIEGEL   ARD
1996–2001. Auslandsmagazin für Kinder.
Die Korrespondenten der ARD schildern speziell für jüngere Zuschauer Ereignisse und Alltagsgeschichten aus ihren Ländern. In der ersten Ausgabe ging es z. B. um Straßenkinder in Bolivien, Glücks- und Unglückszahlen auf der Welt und den Transport des Filmwals »Willy« in seine Heimat. Am Ende jeder Sendung präsentiert Jörg Kachelmann das »Kinderwetter« und gibt Tipps, was man anziehen soll, wenn man in den nächsten Tagen im Freien spielen will.
Die Reihe knüpfte an *Links und rechts vom Äquator* an und wurde abwechselnd von Wolfgang Klein und Marika Liebsch moderiert. Die halbstündigen Sendungen liefen alle vier Wochen am Samstagvormittag.

KING   ARD
1979. 5-tlg. US-Historiendrama von Abby Mann (»King«; 1978).
Das Leben und der Traum eines Bürgerrechtlers: Dr. Martin Luther King, Jr. (Paul Winfield), Sohn des Priesters Martin Luther King, Sr. (Ossie Davis), heiratet Coretta Scott (Tyson Cicely) und wird Baptistenpfarrer im Süden. Er kämpft gewaltfrei für die Gleichberechtigung der Schwarzen, kommt mehrmals ins Gefängnis und erhält Unterstützung vom Präsidentschaftskandidaten John F. Kennedy (William Jordan). 1964 erhält King. den Friedensnobelpreis. 1968 wird er in Memphis ermordet.

Hoch gelobter und gut besetzter Mehrteiler, der der Person und dem Einfluss Kings. gerecht wurde. Die einstündigen Folgen liefen montagabends.

KING OF QUEENS RTL 2, KABEL 1
2001–2003 (RTL 2); seit 2004 (Kabel 1). US-Sitcom von Michael J. Weithorn und David Litt (»The King Of Queens«; seit 1998).

Eigentlich fühlen sich der gemütliche Kurierfahrer Doug Heffernan (Kevin James) und seine attraktive Frau, die Anwaltssekretärin Carrie (Leah Remini), ganz wohl, so allein zu zweit in ihrem Haus im New Yorker Stadtteil Queens. Doug liebt seine Frau und seinen Breitbildfernseher. Dann müssen sie jedoch Carries Vater Arthur Spooner (Jerry Stiller) bei sich aufnehmen, und der zerstört nicht nur die Zweisamkeit und die gelegentliche Stille, sondern zieht auch noch zum Fernseher in den Keller. In den ersten paar Folgen der Serie wohnt auch Carries Schwester Sara (Lisa Rieffel) bei den Heffernans, doch dann ist sie mit einem Mal ohne Angabe von Gründen verschwunden. Spence (Patton Oswalt), Richie (Larry Romano) und Deacon (Victor Williams) sind Dougs Freunde, mit denen er oft Bier trinkend vor dem Fernseher abhängt – notgedrungen in der Garage. Um den nervenden Arthur wenigstens vorübergehend loszuwerden, engagiert Doug in der vierten Staffel Holly Shumpert (Nicole Sullivan), die eigentlich Hunde ausführt und nun dreimal die Woche mit Arthur Gassi geht. Arthur hat keine Ahnung, dass Holly dafür Geld bekommt, findet es aber auch völlig normal, dass sie so großes Interesse an seinen Weltkriegsgeschichten hat.

Solide, gut geschriebene Sitcom mit originellen, nur dezent überzeichneten Alltagsgeschichten und Charakteren, die vom Talent der Komiker Kevin James und Jerry Stiller und den scharfzüngigen Spitzen der Schauspielerin Leah Remini lebt. In Folge 100 (»Psycho-Kisten«) spielt Jerry Stillers Sohn Ben Stiller eine Gastrolle. Er ist in einer Rückblende als Arthurs Vater zu sehen.

King Of Queens lief werktags im Vorabendprogramm und war aus Sicht von RTL 2 so erfolgreich, dass die Serie nicht nur in Dauerschleife gezeigt wurde, sondern ab Herbst 2002 sogar mit täglich vier Folgen hintereinander. Die bis dahin vorhandenen vier Staffeln mit 100 Folgen begannen also exakt alle fünf Wochen von vorn. Jeden Vormittag wurden zudem die vier Folgen vom Vortag wiederholt. Im Sommer 2003 zeigte RTL 2 sonntags um 20.15 Uhr für einige Wochen jeweils zwei neue Folgen der fünften Staffel am Stück. Nur wenige andere Serien standen so sehr für das Programm von RTL 2 wie diese, und keine andere hatte je so viel Sendezeit. Umso überraschender kam im Sommer 2004 das plötzliche völlige Verschwinden aus dem RTL-2-Programm und kurz darauf die Nachricht, dass der Konkurrenzsender Kabel 1 nicht nur die weiteren Wiederholungsrechte an den ersten fünf Staffeln mit 125 Folgen erworben hatte, sondern außerdem die Erstausstrahlungsrechte an Staffel sechs. Kabel 1 zeigte zunächst zwei Folgen hintereinander, jeden Werktag ab 19.15 Uhr, erhöhte aber ebenfalls vorübergehend auf drei und begann eine halbe Stunde früher.

KING OF THE HILL MTV
2002. US-Zeichentrickcomedy von Mike Judge und Greg Daniels (»King of the Hill«; seit 1997).

Der Propangasverkäufer Hank Hill führt ein durchschnittliches Spießerleben in einer texanischen Vorstadt mit seiner Frau Peggy und seinem Sohn Bobby. Er liebt seine Familie, seinen Job, aber auch Bier. Das trinkt er büchsenweise mit seinen Freunden Dale, Boomhauer und Bill im Garten stehend und löst dabei die Probleme der Welt. Oder glaubt zumindest zu wissen, wie das geht.

Die beiden Serienerfinder hatten die Hölle des Alltags schon in anderen Cartoons geschildert. Judge war der Schöpfer der MTV-Maskottchen *Beavis & Butt-Head*, Daniels hatte für *Die Simpsons* gearbeitet. Im Gegensatz dazu hätte man *King of the Hill* eigentlich gar nicht zeichnen müssen. Die Serie machte keinen Gebrauch von Effekten, die nur im Cartoon möglich sind, und zeigte die Figuren in menschlichen Farben und Proportionen, frei von Knubbelnasen und sogar mit fünf Fingern an jeder Hand ausgestattet (Comicfiguren haben gewöhnlich nur vier).

MTV strahlte die in den USA mehrfach ausgezeichnete Serie als erster deutscher Free-TV-Sender aus, ab Herbst 2003 waren mehrere Folgen bei RTL 2 zu sehen. Die meisten der bisher rund 200 produzierten Folgen wurden hierzulande noch nicht gezeigt.

KINKERLITZCHEN DFF 1
1986–1989. »Sachen zum Lachen und Machen«. Knapp halbstündiges Ferienprogramm des DDR-Fernsehens mit Hans-Otto Rieck und Anregungen zur Freizeitgestaltung. Lief etwa 30-mal, in den Sommerferien donnerstags, in den Winterferien samstagnachmittags.

KINO-HITPARADE ZDF
1984–1991. Halbstündiges Filmmagazin mit Sabine Sauer, die Berichte über aktuelle Kinoproduktionen zeigt, die aktuellen Kinocharts vorstellt und Interviews mit Schauspielern führt. In einer »Oldie-Ecke« sind Ausschnitte aus drei alten Filmen zu sehen, aus denen die Zuschauer einen auswählen können. Den darf ein Gewinner dann in seinem Kino um die Ecke in einer Sondervorstellung mit Freunden anschauen.

Die Sendung war nicht in irgendeiner Weise journalistisch oder kreativ ambitioniert, zu sehen waren oft einfach die Originaltrailer der Filme und als Vorschau die Blockbuster aus den USA. Sie lief anfangs zweimonatlich, später monatlich freitags um 21.15 Uhr.

KINO KINO ZDF
1975–1977. Kinomagazin von Martin Büttner am Freitagabend und Nachfolger von *Neues vom Film*.

Unter dem gleichen Titel sendete auch das Bayerische Fernsehen viele Jahre lang ein Kinomagazin.

KINO NEWS SAT.1
1989–1992. Halbstündiges Kino-Werbemagazin. Lief alle 14 Tage samstags, zunächst um 19.00 Uhr, ab 1990 schon um 16.40 Uhr, ab 1991 sonntagmittags. Wurde von McDonald's gesponsert, in dessen Lokalen die gleichnamige Zeitschrift auslag.

KINOPARADE RTL
1984–1988. Wunschfilm am Freitagabend. Zuschauer konnten von zwei vorgestellten Filmen telefonisch einen auswählen.

KINTOPP-KINTOPP ARD
1981. 13-tlg. dt. Historienserie.
In den 20er-Jahren steigt Tommy (Georg Thomalla) als Finanzier ins Filmgeschäft ein, erlebt Höhen und Tiefen und historische Entwicklungen wie Ton und Farbe. Die halbstündigen Folgen liefen im regionalen Vorabendprogramm.

KIR ROYAL ARD
1986. »Aus dem Leben eines Klatschreporters«. 6-tlg. dt. Satireserie von Helmut Dietl und Patrick Süskind.
Baby Schimmerlos (Franz Xaver Kroetz) ist Klatschkolumnist bei der »Münchner Allgemeinen Tageszeitung«, kurz MATZ, und gemeinsam mit dem Fotografen Herbie Fried (Dieter Hildebrandt) immer auf der Suche nach Geschichten, Gerüchten und Skandalen in der Münchner Bussi-Schickeria. Er bestimmt, wer in und out ist, entsprechend schmeicheln sich die Möchtegernprominenten regelmäßig bei ihm ein. Die Frauen in Babys Leben sind seine Freundin Mona (Senta Berger), die sich vernachlässigt fühlt und nicht immer nur das Anhängsel sein möchte, Sekretärin Edda Pfaff (Billie Zöckler), seine Mutter (Erni Singerl), die sich um seine Wohnung und die Wäsche kümmert, und Verlegerin Friederike von Unruh (Ruth Maria Kubitschek). Und eigentlich wartet der mächtige, aber etwas einfältige Baby nur darauf, dass er endlich den Boulevard hinter sich lassen kann und ganz groß rauskommt.
Die einstündigen Folgen liefen zur Primetime. Vorbild für die Figur des Baby Schimmerlos war der bekannte Klatschreporter der Münchner Boulevardzeitung »tz«, Michael Graeter. Die originalgetreue Karikatur der Schickimicki-Gesellschaft machte die Serie zu einem der größten Erfolge des Jahres. Aber wie schon bei seiner anderen Erfolgsserie *Monaco Franze – Der ewige Stenz* sah Autor und Regisseur Dietl keinen Anlass zu einer Fortsetzung.
Die Musik war von Konstantin Wecker. In jeder Folge trat ein Gaststar auf, darunter Mario Adorf. Und natürlich war es im richtigen Fernsehleben so wie in der Serie: Wer dabei sein durfte, war etwas. Wer etwas sein wollte, musste mitspielen dürfen. Die Serie erhielt den Adolf-Grimme-Preis mit Gold 1987 und 1988. Sie ist auf DVD erhältlich.

KIRCHENJOURNAL DFF 1, DFF
1990–1991. Halbstündiges Magazin mit Volker von der Heydt zu den Themen Religion, Staat und Politik, Gesellschaft, Kunst und Kultur. Lief monatlich erst am späten Donnerstagabend, ab Dezember 1990 am späten Freitagabend, insgesamt 18-mal.

KIRK UND DIE CHAOS-KIDS RTL 2
1999. 32-tlg. US-Sitcom von Ross Brown (»Kirk«; 1995–1996).
Kirk Hartman (Kirk Cameron) muss in seiner Studentenbude seine drei jüngeren Geschwister aufnehmen und Daddy spielen. Die Eltern waren fünf Jahre zuvor gestorben, und Tante Zelda, die die drei seitdem aufgezogen hatte, will jetzt nicht mehr und zieht um. Jetzt hat Kirk also die Teenager Cory (Will Estes) und Phoebe (Taylor Fry) sowie den siebenjährigen Russell (Courtland Mead) am Hals. Seine Freundin ist Elizabeth Waters (Chelsea Noble), die er später heiratet, sein bester Kumpel Eddie Balducci (Louis Vanaria). Vermieterin Sally (Debra Mooney) gibt Ratschläge und hilft auch mal beim Kinderhüten.

DIE KIRSCHENKÖNIGIN ARTE
2004. 3-tlg. dt. Historienfilm von Justus Pfaue nach seinem eigenen Roman, Regie: Rainer Kaufmann.
Die Lebensgeschichte von Ruth Goldfisch (Johanna Wokalek), die 1913 als 18-jährige Tochter eines jüdischen Bankiers ihren Vater Samuel (August Zirner) düpiert, weil sie nicht reich heiraten will. Stattdessen nimmt sie den verarmten christlichen Gutsherrn Albert von Roll (Marc Hosemann) zum Mann, verlässt Berlin und wird Landfrau im kleinen Dorf Bleichrode im Harz. Albert stirbt früh, und sie bringt es in den folgenden Jahrzehnten zu Ruhm und Ansehen, weil sie aus einer ordinären Sauerkirsche die edle Schattenmorelle macht.
Der Dreiteiler lief eine Woche später auch im ZDF.

KIWI – ABENTEUER
IN NEUSEELAND ZDF, PRO SIEBEN
1983 (ZDF); 1990 (Pro Sieben). 26-tlg. austral.-neuseeländ. Kinderserie (»The Flying Kiwi«; 1979–1980).
Nach dem Tod seiner Frau kehren Professor Larry Fischer (Siegfried Rauch), seine Kinder Deborah (Estelle Woods) und Peter (Peter Nicoll) und ihr weißer Oldtimer »Kiwi« nach Neuseeland zurück. Während sie sich an die dortige Lebensweise gewöhnen, werden Familie und Auto in mysteriöse Gaunereien verwickelt, und so heften sie sich an die Fersen von Räubern, Schmugglern und Geldfälschern.
Jede Folge war 25 Minuten lang. Das ZDF zeigte die erste Staffel, Pro Sieben auch die zweite.

KLACK RTL
1989–1992. 45-minütige Samstagmorgen-Spielshow für Kinder mit Nicole Bierhoff.
Jeweils zwei Teams treten über mehrere Runden vor allem in Geschicklichkeitsspielen gegeneinander an. Wer einen Punkt holt, darf durch einen

Aufkleber eine Schublade reservieren und am Ende öffnen. Darin verbergen sich meist Brett- und Gesellschaftsspiele, die die Kinder dann gewinnen. Nicole Bierhoff ist die Schwester des Fußballers Oliver Bierhoff.

KLÄGER UND BEKLAGTE ZDF
1978–1979. 13-tlg. dt. Gerichtsreihe von Ann Ladiges, Friedhelm Werremeier und Irene Rodrian, Regie: Michael Lähn.
In sich abgeschlossene Episoden über Zivilprozesse mit wechselnden Darstellern. Die fiktiven Geschichten basierten auf wahren Fällen. Die halbstündigen Folgen liefen donnerstags um 18.20 Uhr.

KLAMOTTENKISTE BR
1981–1985. US-Slapstickreihe. Das ARD-Gegenstück zu erfolgreichen ZDF-Serien wie *Dick und Doof* oder *Väter der Klamotte*.
Die 15-minütigen Episoden bestanden aus Versatzstücken alter Filme des amerikanischen Stummfilmkinos der 20er-Jahre und wurden durch eine Synchronisation ergänzt. Hauptdarsteller war meistens Charlie Chaplin, auch Larry Semon, Billy Bevan, Snub Pollard und die »Fat Men« kamen oft zum Einsatz; weitere Stummfilmveteranen waren u. a. Fatty Arbuckle, Lee Moran, Bobby Vernon, Harold Lloyd, Harry Langdon, Mickey Rooney und Jack Cooper. In einigen Episoden wirkte Oliver Hardy an der Seite von Larry Semon mit, in einer Stan Laurel. Gemeinsam traten Laurel und Hardy hier nicht auf. Deutscher Erzähler war Hartmut Neugebauer.
Die Reihe brachte es auf weit über 100 Folgen, die alle zuerst im Bayerischen Fernsehen und später nachmittags im Ersten gezeigt wurden. 1994 lief noch eine einzelne, bis dahin nicht ausgestrahlte Folge.

KLAR DOCH! RTL
→ Lexikothek

KLARER FALL?! – ENTSCHEIDUNG BEI RADKA VOX
1999. Einstündige Streitshow mit Radka Kaspar.
Wirkliche Streitfälle wurden wie im Gericht verhandelt, eine fünfköpfige Jury aus dem Publikum fällte das Urteil. Das war aber natürlich folgenlos: Es ging eher um gesunden Menschenverstand als um Recht. *Klarer Fall?!* war eine Mischung aus Talk- und Gerichtsshow und ein unausgereifter, harmloser Vorläufer der Welle, die kurz darauf mit *Richterin Barbara Salesch* begann. Thema der ersten Sendung war der verkaufsoffene Sonntag.
Die Moderatorin, ein Fernsehstar in Tschechien, war von der Produktionsfirma Ufa eigentlich für ein anderes Konzept gecastet worden: Ihre Show sollte unter dem nahe liegenden Titel »Radka« die deutsche Version der US-Krawall- und Prügelshow »Jerry Springer« werden und auf RTL 2 laufen, doch der Gesellschafter Bertelsmann legte ein Veto ein. Gestritten wurde werktags um 19.15 Uhr, nach nur 15 Ausgaben war mangels Quote Schluss.

KLARER FALL FÜR CLAIRE PRO SIEBEN
1992. 10-tlg. US-Krimiserie von Frank Abatemarco (»Leg Work«; 1987).
Die junge New Yorkerin Claire McCarron (Margaret Colin) hat ihren Job als Staatsanwältin aufgegeben, um Privatdetektivin zu werden, was ihr viel mehr Möglichkeiten gibt, in knappen Kleidungsstücken und schnellen Autos hinter Ganoven herzufahren und sich Schießereien mit ihnen zu liefern. Ihre beste Freundin Willie Pipal (Frances McDormand) arbeitet praktischerweise im Büro des Staatsanwalts, ihr Bruder Fred (Patrick James Clarke) bei der Polizei.
Die einstündigen Folgen liefen dienstags um 19.00 Uhr.

KLARGESTELLT TELE 5
1992. »Menschen, Medien, Machenschaften«. Halbstündige Talkshow mit Amelie Fried.
Jeweils ein Mensch, der in den Schlagzeilen ist, bekommt die Möglichkeit, klarzustellen, was über ihn geschrieben wurde, muss sich aber auch kritisches Nachfragen gefallen lassen. Erster Gast war Erika Berger. Lief 14-täglich zunächst donnerstags, dann freitags gegen 21.00 Uhr.

KLASSE! RTL
1988–1989. Schülerquiz mit Uwe Hübner, das vorher *Klar doch* und ganz am Anfang *Lexikothek* hieß. Die Kandidaten müssen in sechs Spielrunden möglichst schnell Bilder und Begriffe erkennen.

EINE KLASSE FÜR SICH ZDF
1984–1985. »Geschichten aus einem Internat«. 26-tlg. dt. Schulserie von Peter M. Thouet, Regie: Frank Strecker.
Geschichten um Schüler, Schule und Familie. Frau Dr. Sollinger (Eva-Katharina Schultz) und Studienrat Bruhns (Volker Eckstein) kümmern sich um ihre Schüler Irmgard (Christina Plate), Benni (Bernd Riedel), Boris (Oliver Rohrbeck), Tommy (Andreas Fröhlich), Felix (Oliver Korittke) und den jungen »Hokus« (Timmo Niesner).
Die Serie lief dienstags am frühen Abend erst nach, dann vor *Mein Name ist Hase*.

KLASSE KLASSIK ZDF
1999–2003. In der Sendung über klassische Musik wurden wechselnde Künstler vorgestellt. Die Reihe lief ungefähr einmal jährlich, bei der Premiere am Sonntagmittag, dann im Spätprogramm am Sonntag.

KLASSENTREFFEN ZDF
1987–1994. 45-minütige wöchentliche Nachmittagsshow, in der Prominente mit ihren früheren Klassenkameraden zusammengeführt werden und miteinander über ihre Schulzeit plaudern.
Moderator war zunächst Dieter Kronzucker, ab November 1989 Elke Heidenreich, ab November 1990 Wim Thoelke und ab Februar 1994 Fritz Egner. Erster Gast war Oskar Lafontaine. Vor allem Politiker

kamen gern, weil sie sich hier so nett von ihrer menschlichen, privaten Seite zeigen konnten. Für den Gast Harald Schmidt wurde eigens das Bühnenbild verkleinert: Es kamen nämlich nur sieben von 30 ehemaligen Mitschülern – beliebt war der kleine Harald nicht gewesen.

KLASSISCH! ZDF
Seit 2001. Einstündige Klassikmusiksendung mit Senta Berger und prominenten Gästen. *Klassisch!* war der Nachfolger der Reihe *Achtung! Klassik* und lief wie diese in loser Folge an Feiertagen.

KLATSCH TV SAT.1
2004. Halbstündiges werktägliches Klatsch- und Tratschmagazin mit Jenny Elvers-Elbertzhagen, Sibylle Weischenberg und zwei weiteren Klatschtanten, die vormittags um 11.30 Uhr mit Gästen über das Privatleben Prominenter plaudern.
Dass Elvers über Jahre ihr eigenes in allen Boulevardmedien ausgebreitet hatte, veranlasste sie wohl zur Annahme, das der anderen ginge die Menschheit auch etwas an. Nach drei wenig erfolgreichen Monaten wurde das Konzept geändert, das nun mehr Tipps und Themenbeiträge und weniger Talk vorsah und für Weischenberg nur noch in besonderen Fällen Platz bot. Nach weiteren drei Monaten war Schluss. Die Quoten rettete nicht einmal mehr Gastlästerin Désirée Nick, die engagiert wurde, sich abfällig über Harald Juhnkes Frau Susanne äußerte, rausgeworfen wurde, wieder engagiert wurde, sich abfällig über Jenny Elvers-Elbertzhagen äußerte und wieder rausgeworfen wurde.

KLATSCHMOHN ARD
1973–1974. »Eine Sendung für Blumenfreunde«. Monatliches Jugendmagazin von Hans-Gerd Wiegand, Elke Baur, Hanno Brühl und Wim van der Linden, das sich um Probleme von Schülern, Studenten und Lehrlingen kümmerte.
24 Ausgaben des 90-minütigen Magazins liefen am Samstagnachmittag im Wechsel mit *Zwei rechts – zwei links*. Die meisten Mitarbeiter hatten vorher bereits für das Jugendmagazin *Baff* gearbeitet.

KLEIN, ABER CHARLOTTE DFF 1
1990. 7-tlg. DDR-Familienserie von Günter Stahnke und Andreas Knaup.
Charlotte Klein (Helga Piur) lebt allein mit ihrer Tochter Antja (Diana Urbank), die im Teenageralter ist, und schlägt sich mit den vielfältigen Problemen einer allein erziehenden Mutter herum. Die Bibliothekarin lässt sich zur Versicherungsvertreterin umschulen und sucht natürlich auch nach dem Mann fürs Leben.
Die rund einstündigen Folgen liefen freitags um 20.00 Uhr.

DAS KLEINE ARTISTENHOTEL ARD
1958. 6-tlg. dt. Variety-Hotelserie von Werner Cylian, Regie: Klaus Überall.
Eine Hotelbesitzerin (Ursula Herking) und ein Hoteldiener (Ralf Wolter) beherbergen Clowns, Jongleure, Akrobaten, Zauberer, Pantomimen, Musiker und Komiker. In der zweiten Folge heiraten die Chefin und der Hoteldiener.
Die spärliche Rahmenhandlung diente dazu, Künstler und ihre Nummern vorzustellen. Manchmal spielten sie schlicht Gäste; wenn es sich anbot, übernahmen sie auch Aufgaben im Hotel. So ließ sich aus Arbeiten wie Kellnern oder Renovieren ohne große Umstände eine Slapsticknummer machen.
Die 20-minütigen Folgen liefen etwa einmal im Monat im regionalen Vorabendprogramm.

DER KLEINE BÄR ZDF
1997–2002. 65-tlg. kanad. Zeichentrickserie nach den Büchern von Maurice Sendak (»Little Bear«; 1996–2001).
Der kleine Bär lebt mit Mutter Bär im Wald. Vater Bär ist fast immer auf See. Da bleibt viel Zeit, um mit seinen Freunden – Ente, Eule, Kater und Henne – die Welt zu erkunden. Lief zunächst samstagmorgens im ZDF und seitdem immer wieder dort und im KI.KA.

DER KLEINE BEN UND SEINE DREI VÄTER ARD
1971. 4-tlg. Bildergeschichte von Barbara Götz, gezeichnet von Kolle Schuldt. Die drei Seeräuber Flick, Mick und Jojo sind Bens Ziehväter, ihr Schiff heißt »Ehrlich währt am längsten«.
Die Folgen waren 25 Minuten lang und liefen nachmittags.

DER KLEINE BIBELFUCHS SAT.1
1996–1997. 26-tlg. jap. Zeichentrickserie für Kinder (»Tezuka Osamu no Kyûyaku Seisho Monogatari«; 1997). Ein kleiner Fuchs beobachtet die Ereignisse, die in der Bibel geschildert werden.
Die 25-minütigen Folgen liefen am frühen Samstagmorgen.

DER KLEINE DICKE RITTER ARD
1963. 6-tlg. Marionettenspiel aus der *Augsburger Puppenkiste* nach dem Buch von Robert Bolt, Drehbuch: Manfred Jenning, Regie: Harald Schäfer.
Der dicke Ritter Sir Oblong-Fitz-Oblong wird seiner Tafelrunde wegen seiner Tierliebe lästig. Sie schicken ihn auf Ritterfahrt auf die Bolligru-Insel. Dort soll er den bösen Baron Bolligru und seinen Verbündeten Ritter Schwarzherz besiegen. Unterstützt von der Dohle Dollfus, dem Dachs Willy und dem Eiermaler Obidiah gelingt ihm dies – und dazu besiegt er noch einen Feuer speienden Drachen.
Die Serie ist auf DVD erhältlich.

DER KLEINE DOKTOR ZDF
1974. 13-tlg. dt. Krimiserie nach den Büchern von Georges Simenon.
Eigentlich ist der nette Dr. Jean Dollent (Peer Schmidt) Arzt in einer kleinen Stadt. Immer wieder wird er dort aber in Kriminalfälle verwickelt und bemüht sich selbst um deren Aufklärung. Dabei arbei-

tet er mal mit, mal gegen den örtlichen Kommissar (Max Mairich).
Die einstündigen Folgen liefen 14-täglich zur Primetime.

DER KLEINE EISBÄR ARD, KI.KA
2002 (ARD); 2003 (KI.KA). 13-tlg. dt. Trickfilmreihe von Hans de Beer über die Abenteuer des Eisbären Lars am Nordpol mit seinen Freunden Greta und Robbi.
Seit 1992 waren Szenen mit Lars fester Bestandteil der *Sendung mit der Maus*. Im Januar 2003 startete eine eigene Serie im KI.KA, vorab zeigte die ARD ein dreiteiliges Special am Vormittag.

DAS KLEINE FERNSEHSPIEL ZDF
Seit 1963. Reihentitel für eigenproduzierte deutsche Filme, mit denen die Redaktion junge Talente entdecken und fördern will, mit geringem Etat, aber großem kreativen Freiraum und ohne Quotendruck.
Das Wort »klein« im Titel bezog sich zunächst vor allem auf die Länge der Fernsehfilme: Sie waren anfangs 25 Minuten kurz und liefen im Vorabendprogramm. Ab 1973 wanderten sie ins Hauptabendprogramm, wurden von dort aber durchgereicht bis in die frühen Nachtstunden. Erster Redaktionsleiter war Hajo Schedlich. Ihm folgte 1975 Eckart Stein. Er prägte die Reihe 25 Jahre lang und verteidigte sie immer wieder, oft mit Müh und Not, gegen die Kürzung des ohnehin überschaubaren Etats. Fünf Millionen Euro hat die Redaktion derzeit zur Verfügung, um 26 neue Produktionen jährlich herzustellen. Steins Nachfolgerin wurde 2000 Heike Hempel. Sie setzte neue Akzente, indem sie dokumentarische Formen forcierte. Es entstanden u. a. die Reihen »Gefühlsecht« und »Absolute Beginner«.
Zu den Regisseuren und Autoren, deren Karrieren im *Kleinen Fernsehspiel* begannen, gehören Jutta Brückner, Tom Tykwer, Fatih Akin, Jim Jarmush, Edgar Reitz, Rainer Werner Fassbinder, Wolfgang Petersen, Christian Petzold und Michael Klier.
1978 erhielt die Redaktion eine »Besondere Ehrung« in Form eines Adolf-Grimme-Preises. Die Jury lobte, dass es ihr gelungen sei, »schwierige Talente und ausländische Filmemacher zu entdecken«. Die Filme böten »Ungewöhnliches, Überraschendes und nicht Angepasstes«.

KLEINE FISCHE – GROSSE FISCHE ARD
1972–1974. 15-minütige kindgerechte Reportagen im Nachmittagsprogramm über Fische und alles, was sich sonst noch im Wasser tummelt, z. B. Wale, anderes Getier, Rennboote und Schlepper.

DIE KLEINE FUSSBALL-ELF UND IHRE NÖTE DFF 1
1982. 6-tlg. tschechoslowak. Jugendserie (»Jedno malé sidlisko-bicykel«; 1980).
Die Kinder Mischka (Jiří Strnad), Martin (Daniel Švábik) und Vlado (Marek Šikula) spielen zusammen, nicht nur Fußball. Opa Zajko (Ludovít Greššo) hilft ihnen immer, wenn es etwas zu reparieren gibt. Die halbstündigen Folgen liefen später auch in den westdeutschen Dritten Programmen.

KLEINE GANZ GROSS SAT.1
2002–2003. Show mit Christian Clerici, zunächst in Verbindung mit der Lotterie *Glücksspirale* und dem entsprechenden Untertitel »Die Show der Glücksspirale«. Clerici erfüllt Kinderwünsche und gibt talentierten Kindern die Chance, ihr Können im Fernsehen zu zeigen.
Die Sendung trat die Nachfolge der alten *Glücksspirale*-Show an, die Ende 2001 wegen geringer Quoten abgesetzt wurde. Die neue Show lief in loser Folge ca. alle sechs Wochen an wechselnden Wochentagen um 19.00 Uhr und war meistens 75 Minuten lang. Große Quotenerfolge konnte jedoch auch sie nicht erzielen. Ende 2002 beendete Sat.1 die 1996 begonnene Zusammenarbeit mit der Glücksspirale, führte die Sendung jedoch noch ein paar Monate fort.

DIE KLEINE HEIMAT ARD
1979–1980. »Bundesdeutsches Familientheater«. 9-tlg. dt. Familienserie von Hanns Dieter Hüsch und Werner Schretzmeier.
Die Familie Paritz betreibt ein kleines Theater, in dem engagierte, anspruchsvolle Stücke aufgeführt werden. Hinter den Kulissen kämpft sie gegen Subventionskürzungen und den Abriss ihres Theatergebäudes, muss Geld auftreiben und geht sogar so weit, kurzeitig zu erwägen, ein populäres Stück zu spielen. Hanns Dieter Paritz (Hanns Dieter Hüsch), ein verschlossener Individualist, leitet das Theater, zum Ensemble gehören sein Sohn Roland (Roland Reber), seine Tochter Susi (Susanne Tremper), Heide Heesch (Heidemarie Rohweder), Bengt Pohlmann (Bengt Oberhof), der ferner für die Technik zuständig und außerdem Susis Freund ist, und Mathias Michel (Mathias Richling), der in seine Kollegin Silvia (Silvia Jost) verliebt ist. In Folge 6 ziehen Roland und Susi wegen künstlerischer Differenzen aus Papas Wohnung aus und verlassen das Theater. Heide bezieht mit ihrer Tochter Anja (Anja Franke) die frei gewordenen Zimmer, um Hanns Dieter näher zu kommen.
In Folge 4 wirkten prominente Musiker als Gäste einer Sonderveranstaltung mit, deren Erlös dem Familientheater zugute kommen sollte: Konstantin Wecker, Wolfgang Dauner, Albert Mangelsdorff und Peter Maiwald.
Die 45-Minuten-Folgen liefen einmal im Monat sonntags um 11.15 Uhr. Wie schon in Hanns Dieter Hüschs vorangegangener Sonntagvormittagsserie *Goldener Sonntag* durften alle Schauspieler ihren Vornamen als Rollennamen behalten.

DIE KLEINE HEXE ARD
1985. 3-tlg. dt.-tschechoslowak. Zeichentrickserie von Zdeněk Smetana nach dem Buch von Otfried Preußler.
Die kleine Hexe tanzt verbotenerweise in der Wal-

purgisnacht auf dem Blocksberg. Als sie erwischt wird, muss sie ein Jahr lang beweisen, dass sie gut hexen kann. Sie nimmt mit ihrem Freund, dem Raben Abraxas, die Prüfung an – vergisst nur leider, dass eine »gute Hexe« eine böse Hexe ist.

DER KLEINE HORRORSHOP RTL 2
1998. 13-tlg. US-Zeichentrickserie (»Little Shop«; 1991).
In Mr. Mushnicks Blumengeschäft sorgt die Fleisch fressende Pflanze Junior für mächtig Ärger und Chaos. Der Teenager Seymour ist Juniors bester Freund. Zeichentrickversion des Kinoerfolgs »Der kleine Horrorladen« (1986). Die 20-minütigen Folgen liefen samstagvormittags.

KLEINE LEUTE, GROSSE REISE ARD
→ Ein Platz an der Sonne

DIE KLEINE MEERJUNGFRAU MARINA RTL
1994. 26-tlg. jap. Zeichentrickserie (»Ningyo Hime Marina no Daiboken«; 1991).
Die kleine Meerjungfrau Marina rettet Prinz Justin das Leben und verliebt sich in ihn. Sie kann sich in einen Menschen verwandeln, muss aber gegen die böse Hexe Hedwig kämpfen.

DER KLEINE MÖNCH ZDF
2002–2003. 16-tlg. dt. Krimi-Comedy-Serie von Marie Reiners.
Der Franziskanerpater Laurentius (Dirk Bach) ist ein neugieriger Hobbydetektiv. Dauernd wittert er irgendwelche Verbrechen, hat damit sogar Recht und klärt sie auch noch auf. Damit nervt er seine Klosterbrüder Johannes (Hansjoachim Krietsch) und Ludwig (Johannes Rotter) und Guardian Liborius (Peter Schiff), vor allem aber Kommissarin Ursula »Ufo« Foges (Christina Plate). Die kennt Laurentius schon seit ihrer Schulzeit, er hat sie damals in Latein unterrichtet. Unterstützung findet Laurentius bei seiner Haushälterin Frau Ciupka (Sabine Orléans) und dem Novizen Daniel (Oliver Petszokat alias Oli. P), statt seiner ab Herbst 2003 beim Neuling Bruder Sebastian (Jochen Schropp).
Hauptdarsteller Bach war zugleich Produzent der Serie, Autorin Reiners hatte bereits für seine vorherige Erfolgsserie *Lukas* gearbeitet und Hansjoachim Krietsch darin Dirk Bachs Vater gespielt. Die Serie lief dienstags um 19.25 Uhr; die Folgen waren 50 Minuten lang.

DIE KLEINE PRINZESSIN ARD
1980. 6-tlg. brit. Jugenddrama von Jeremy Paul nach dem Roman von Frances Hodgson Burnett, Regie: Derek Martinus (»A Little Princess«; 1978).
Die kleine Sara (Deborah Makepeace) wird aus ihrem Paradies im wilden Indien gerissen, als ihr Vater, Captain Crewe (Donald Pickering), sie aufs Internat nach London schickt. Dort erwartet sie die strenge Miss Minchin (Ruth Dunning).
Die Folgen waren 30 Minuten lang. Eine spätere Verfilmung der Geschichte lief im ZDF unter dem Titel *Sara, die kleine Prinzessin*.

DIE KLEINE PRINZESSIN SARA RTL 2
1993. 46-tlg. jap. Zeichentrickserie nach dem Roman von Frances Hodgson Burnett (»Shoukoujo Sara«; 1985).
London im 19. Jh.: Die kleine Sara lebt von Dienstboten umgeben im Luxus und geht auf ein Internat, ihr Vater arbeitet als Geschäftsmann in Indien. Nachdem er in einer Diamantenmine, die er gekauft hatte, ums Leben gekommen ist, steht sie plötzlich mittellos da. Internatsleiterin Minchin stellt sie als Dienstmädchen ein. Gemeinsam mit Becky arbeitet sie nun in der Küche.

DAS KLEINE SANDBIEST DFF 1
1988. 7-tlg. tschechoslowak. Kinderserie von Josef Platz nach Motiven eines Buchs von Edith Nesbit (»Piesočna potvŭrka«, 1985).
Die Kinder Branko (Jan Novák), Cyril (Pavel Zajíc) und Jana (Lucie Vojtěchová) entdecken beim Buddeln ein Sandbiest namens Brontofusi, das ihnen Wünsche erfüllt. Das geht oft schief, zum Glück endet jede Wunscherfüllung aber, wenn die Sonne untergeht.
Lief ab 1997 auch im KI.KA und in den Dritten Programmen.

DER KLEINE SIR NICHOLAS ZDF
1992. 6-tlg. brit. Jugendserie nach dem Roman von C. A. Jones, Regie: Andrew Morgen (»Little Sir Nicholas«; 1990).
Im 19. Jh. kommen bei einem Schiffsunglück die Eltern des kleinen Sir Nicholas Tremaine (Max Beesley) ums Leben. Seine einzige Verwandte ist seine Großmutter Lady Tremaine (Rachel Gurney), die ihn nicht mag.
Die Folgen waren 25 Minuten lang und liefen dienstagnachmittags.

KLEINE STADT GANZ GROSS ARD
1961. Städtequiz mit Hans-Joachim Kulenkampff, in der jeweils eine Kleinstadt aus Norddeutschland und eine aus Süddeutschland gegeneinander spielten. Nach sechs Sendungen verkündete Kulenkampff seinen Abschied vom Fernsehquiz, was er bis 1987 noch x-mal tat. Auslöser war ein dramatischer Zuschauerschwund: Die Einschaltquoten waren von 90 auf 86 % gesunken.

DER KLEINE VAGABUND ARD
1967–1968. 25-tlg. kanad. Abenteuerserie (»The Littlest Hobo«; 1963–1965).
Der Schäferhund »Vagabund« streunt durch die Lande, lernt verschiedene Menschen kennen, hilft ihnen und verschwindet wieder, um in der nächsten Folge anderen zu helfen.
Im Grunde war diese Serie der Vorläufer von »Boomer, der Streuner«. Beide Serien hatten den gleichen Inhalt und keine durchgehenden menschli-

Die goldenen 20er-Jahre, als Würste noch Räder hatten: *Die kleinen Strolche* mit Mickey Daniels, Allen Hoskins, Robert Hutchins, Joe Cobb, Jay R. Smith, Jackie Condon (von links) und Hund Pete.

chen Hauptdarsteller. Alle Menschen spielten lediglich Gastrollen. Knapp 20 Jahre später entstand eine Neuauflage, die bei uns unter dem Titel *Der Vagabund* lief. Eigentlich hatte die Serie 65 Folgen.

DER KLEINE VAMPIR ARD
1986–1987. 13-tlg. kanad.-dt. Jugendserie nach den Büchern von Angela Sommer-Bodenburg, Regie: René Bonnière (»The Little Vampire«; 1986).
Als eines Abends der Vampir Rüdiger (Joel Dacks) am Fenster des kleinen Anton Bohnsack (Christopher Stanton) erscheint, beginnt eine ungewöhnliche Freundschaft. Fortan verbringen beide viel Zeit miteinander und sind dabei stets auf der Flucht vor dem Vampirjäger Geiermeier (Gert Fröbe). Durch Rüdiger lernt Anton auch die Vampirin Anna (Marsha Moreau) und Tante Dorothee (Lynn Seymour) kennen. Antons Eltern (Susan Hogan und Robert Hogan) kennen zwar Rüdiger, wissen aber nicht, dass er ein echter Vampir und nicht nur verkleidet ist.
Die Serie war erfolgreich und wurde eine der berühmtesten im Kinderprogramm. 1992 entstand eine Neuauflage namens *Der kleine Vampir – Neue Abenteuer* mit neuer Besetzung, 2000 außerdem ein Spielfilm, wiederum mit neuen Darstellern. Den Titelsong »They Can See In The Dark« sang Jim Gray. Die halbstündigen Folgen liefen sonntagnachmittags.

DER KLEINE VAMPIR – NEUE ABENTEUER ARD
1993–1994. 13-tlg. dt. Jugendserie. Neuauflage der bekannten Verfilmung nach den Büchern von Angela Sommer-Bodenburg, Regie: Christian Görlitz. Neue Abenteuer mit neuen Darstellern: Vampir Rüdiger (Jan Steilen), Vampirmädchen Anna (Lena Beyer), ihr menschlicher Freund Anton (Matthias Ruschke), in den Anna sich verliebt, Vampirjäger Geiermeier (Marian Labuda), Tante Dorothee (Angelika Milster), Antons Eltern (Peter Lohmeyer und Nadja Engelbrecht).
Die Musik kam diesmal von Achim Hagemann und den Prinzen. Die Produktion kostete zehn Millionen Euro und war damit eine der aufwendigsten Kinderserien, die je in Deutschland gedreht wurde. Weil die jungen Schauspieler nur tagsüber arbeiten durften, die Geschichten aber natürlich vor allem nachts spielten, wurde eine besondere Technik eingesetzt, die sonnendurchflutete Friedhöfe nach Dämmerlicht aussehen lassen.
Auch diese halbstündigen Folgen liefen nachmittags, konnten aber nicht an den großen Erfolg des Originals anknüpfen. Die Serie wurde 1994 mit dem Grimme-Preis ausgezeichnet.

DIE KLEINE WELT DES DON CAMILLO ARD
1983. 13-tlg. brit. Comedyserie von Hugh Leonard nach den Büchern von Giovanni Guareschi, Regie: Peter Hammond (»The Little World Of Don Camillo«; 1980).
BBC-Verfilmung der klassischen Geschichten des Pfarrers Don Camillo (Mario Adorf) und des kommunistischen Bürgermeisters Peppone (Brian Blessed), die in einem kleinen italienischen Dorf in der Po-Ebene in ewigem Streit miteinander verbunden sind. Die halbstündigen Folgen liefen im regionalen Vorabendprogramm.

DIE KLEINEN GESPENSTER ARD
→ Plumpaquatsch

DIE KLEINEN STROLCHE ZDF, ARD, PRO SIEBEN
1967–1998. US-Slapstickreihe (»Our Gang«/»The Little Rascals«/»The Mischief Makers«; 1922–1944). Eine Gruppe von rotzfrechen Nachbarskindern spielt Erwachsenen Streiche, gerät in haarsträubende Situationen, stellt die gefährlichsten Dinge

an – und muss am Ende schlimmstenfalls mit einer Tracht Prügel rechnen, die das Abenteuer unbedingt wert war.
Die ersten Mitglieder der Knirpsbande waren der dicke Joe Cobb, die hübsche Mary Kornman, der schwarze Allen Hoskins, genannt Farina, der sommersprossige Mickey Daniels, der reiche Jackie Condon, der freche Ernie und der Hund Pete mit dem unverwechselbaren eingekringelten linken Auge. Produzent Hal Roach, der auch Stan Laurel und Oliver Hardy entdeckte, rief die Serie 1922 ins Leben. Mit verschiedenen Darstellern produzierte er bis 1944 insgesamt 221 Episoden unter den Titeln »Our Gang« und »The Little Rascals«. Die meisten der knapp viertelstündigen Episoden waren Stummfilme. Ihren Weg nach Deutschland fanden sie über die Version »The Mischief Makers«, die ideal für den internationalen Vertrieb war, weil die Texttafeln herausgeschnitten und die Filme mit neuer Musik und Geräuschen vertont worden waren. Der Schauspieler und Kabarettist Jürgen Scheller textete deutsche Kommentare dazu, die er selbst sprach.
Das ZDF zeigte ab 1967 in unregelmäßigen Abständen mehrere Staffeln mit großem Erfolg am Sonntagnachmittag. Die Erkennungsmelodie begann so: »Auf die Plätze, fertig, los! Omas Stiefel sind zu groß! Hip hip juche hurra, jetzt sind wir wieder da, hip hip juche hurra, das ist doch sonnenklar!«
In den 70er-Jahren liefen mehrere synchronisierte Tonfilme aus der Reihe in Erstausstrahlung sowohl in der ARD als auch beim ZDF. 20 Jahre später zeigte Pro Sieben unter dem gleichen Titel eine kolorierte Version mit insgesamt 53 neu synchronisierten Tonfilmen aus der Reihe. 1982 entstand zudem eine 17-teilige US-Zeichentrickserie.
Etliche Folgen sind auf DVD erhältlich.

DIE KLEINEN UND DIE FEINEN LEUTE　　　ARD
1984. 13-tlg. brit. Sitcom von Terence Howard (»The Other 'Arf«; 1980–1984).
Das Foto- und Werbemodell Lorraine Watts (Lorraine Chase), eine sehr gewöhnliche Blondine, und der Parlamentsabgeordnete Charles Latimer (John Standing), ein Konservativer aus gutem Haus, treffen sich zufällig und können trotz aller Gegensätze nicht mehr voneinander lassen. Und das, obwohl beide eigentlich schon mit Partnern aus ihren jeweiligen sozialen Schichten versorgt waren: Charles war mit Sybilla Howarth (Patricia Hodge) verlobt, Lorraine ging mit dem Fußballfan Brian Sweeney (Steve Alder). Fortan bringt Lorraine Charles in peinliche Situationen, sobald sie den Mund aufmacht.
Die halbstündigen Folgen liefen im regionalen Vorabendprogramm.

KLEINER BRUDER JOHN WILLIE　　　ARD
1983. 3-tlg. brit. Fernsehfilm von Kathrin Cookson (»Our John Willie«; 1980) über Menschenschicksale zur Zeit der Industrialisierung Englands am Beispiel des taubstummen Vollwaisen John Willie (David Burke) in einem englischen Kohlerevier und seinem Bruder Davie (Anthony Manuel) und Hund Snuffy. Die 50-minütigen Folgen liefen donnerstags um 17.00 Uhr.

KLEINER KÖNIG KALLE WIRSCH　　　ARD
1970. 4-tlg. Marionettenspiel aus der *Augsburger Puppenkiste* von Manfred Jenning nach dem Buch von Tilde Michels.
Kalle Wirsch, der kleine König der Erdmännchen, wird vom bösen Trump Zoppo zum Duell gefordert. Wenn Kalle nicht pünktlich erscheint, hat er seinen Thron verloren. Dummerweise legen ihm seine Gegner aber Steine in den Weg und verwandeln ihn in einen Gartenzwerg, der von den Kindern Max und Jenny erworben wird. Kalle klagt ihnen sein Leid, und die beiden begleiten ihn auf dem langen Weg in die Festung der Erdmännchen. Unterwegs unterstützen sie ihn gegen Verschwörer, den Feuerwurm, den Drachen Murrumesch und andere Finsterlinge und helfen ihm, noch termingerecht anzukommen. Ihnen fliegt Tatulla voraus, eine Fledermaus mit schweizerischem Akzent, die außerdem als Erzählerin der Geschichte fungiert.

KLEINER MANN IM OHR　　　ARD
1976–1977. 23-tlg. dt. Ratgeberserie für Kinder.
Eines Morgens hört Michael (Michael Weckler) plötzlich eine Stimme im Ohr. Es ist der kleine Mio, der zu ihm spricht, und Michael antwortet. Außer ihm kann aber niemand Mio hören, was zu Missverständnissen führt. Zunächst würde Michael den lästigen kleinen Mann, der in seinem Kopf wohnt und sich dort komfortabel bewegen kann, gern loswerden, doch dann gewöhnt er sich an ihn und vermisst ihn später sogar, als er weg ist.
Die Geschichten um Michael und das Zeichentrickmännchen Mio bildeten die Rahmenhandlung für Filmbeiträge, die Kinder vor Gefahren im Alltag warnten. Mio übernahm in der Rahmenhandlung die Rolle des erhobenen Zeigefingers.
Die 20-minütigen Folgen liefen im Nachmittagsprogramm als Nachfolgesendung von *Plumpaquatsch*.

KLEINES AUTO-ABC　　　ZDF
1968–1971. Das halbstündige Automagazin von und mit Dieter Korp und Werner Stratenschulte gab Ratschläge für jedermann und zeigte ab 1970 die wöchentliche »Frühjahrskur« fürs Auto. Die Reihe lief staffelweise am Nachmittag.

KLEINSTADTBAHNHOF　　　ARD
1972–1973. 26-tlg. dt. Familienserie von Christa Stern, Regie: Jochen Wiedermann.
Gustav Henning (Gustav Knuth) und seine Frau Hanne (Heidi Kabel) betreiben eine kleine Bahnhofsgaststätte in Lüttin. »Soßen-Gustav« ist Koch und hat früher im Speisewagen der Bahn gearbeitet. Die Hennings haben zwei erwachsene Kinder: Wolfgang (Gunther Beth), der sein Medizinstudium in Hamburg aufgibt und nach Lüttin zurückkehrt, und Uschi (Karin Buchholz), die ein Kind von dem

Lokführer Rolf Franke (Karl Josef Cramer) erwartet. Trudchen Dörfer (Käte Jaenicke) ist die Serviererin und muss sich »Suppenhuhn« nennen lassen.

Die zweite Staffel trug den Titel *Neues vom Kleinstadtbahnhof*. Die halbstündigen Folgen liefen in allen regionalen Vorabendprogrammen.

KLEINSTADTGESCHICHTEN ZDF

1991. 5-tlg. dt. Episodenreihe mit wechselnden Protagonisten über Begegnungen zwischen Ost- und Westdeutschen nach der Einheit. Die Episoden waren jeweils eine Dreiviertelstunde lang und liefen samstags um 19.30 Uhr.

KLEMENS UND KLEMENTINCHEN – DIE GÄNSE VOM MÜHLENTAL WDR

1987. 13-tlg. Fortsetzung der poln.-dt. Jugendserie *Die Kinder vom Mühlental*.

Die Kinder Stanni (Tadeusz Horvath), Wazek (Arkadiusz Wojnarowski), Jazek (Piotr Jankowski), Anja (Agnieszka Kruk), Bärbel (Monika Sapilak) und Martha (Olga Piotrowska) erleben neue Abenteuer mit den Gänsen Klemens und Klementinchen.

KLEMPERER – EIN LEBEN IN DEUTSCHLAND ARD

1999. 12-tlg. dt. Historiendrama von Peter Steinbach nach den Tagebüchern von Victor Klemperer, Regie: Kai Wessel; ab Folge 7: Andreas Kleinert.

Der jüdische Romanistikprofessor Victor Klemperer (Matthias Habich) lehrt an der Technischen Hochschule in Dresden. Nach Hitlers Machtergreifung 1933 leidet er unter der Judenverfolgung, bleibt aber im Land, weil er Deutscher ist. Mit seiner nichtjüdischen Frau Eva (Dagmar Manzel) baut er sich mit Hilfe eines Darlehens des Freundes Heinrich Feller (Hans Peter Korff) ein Häuschen im Grünen und findet familiäres Glück, während die Zustände im Land immer schlimmer werden. Die Menschen wenden sich von ihm ab oder flüchten – wie das befreundete Ehepaar Harry (Helmut Stauss) und Agnes Dember (Teresa Harder) – aus dem Land. Die junge Sonja (Esther Esche) wird Dienstmädchen bei den Klemperers; sie hat einen Sohn, Benno (Roman Remer).

Klemperer wird schließlich entlassen. Die Klemperers helfen Lore Libeskind (Kathrin Angerer), einer Studentin Victors und Tochter seines Zahnarzts, die sich in den Volksschullehrer Eberhard Klingler (Anian Zollner) verliebt hat und von ihm schwanger ist. Lore muss aus dem Land fliehen. Gefahr droht immer wieder von SS-Mann Müller (Michael Kind). Einen Vertrauten finden die Klemperers in Dorfpfarrer Dost (Gerhard Olschewski). Kurz vor Ausbruch des Kriegs bricht Victor zusammen, die Ärztin Dr. Annemarie Euler (Nicole Heesters) versteckt ihn im Krankenhaus. Später kommt er ins Gefängnis, seine Frau verliert das Haus, gemeinsam gehen sie in das »Judenhaus«, das Hermine Kraithaim (Katrin Saß) und ihrem Mann (Peter Prager) gehört.

Eva beginnt ein Verhältnis mit Eberhard Klingler, Victors einziger Freund im Haus wird Friedhelm Pichelott (Fabian Busch). Klemperer wird zur Zwangsarbeit im Stellwerk des Dresdener Güterbahnhofs verpflichtet, wo er mit Leidensgenossen wie Weinstein (Tilo Prückner) und Treuhänder (Karl Kranzkowski) die nächtlichen Transporte in den Osten beobachtet. Robert Stauffer (Gerd Preusche) und seine Frau Carlotta (Julia Jäger) sind die Ersten aus dem »Judenhaus«, die auf einen solchen Transport verbracht werden. Das Haus wird 1944 für Ostflüchtlinge beschlagnahmt. Eva und schließlich auch Victor kommen in ein Lager, bis im Februar 1945 die Bomben auf Dresden fallen. Beide schaffen es, sich bis zum Kriegsende durchzuschlagen, Victor findet sogar seine Tagebücher unversehrt, die er seit 1933 geschrieben und bei Dr. Euler versteckt hatte.

Peter Steinbach schrieb das Drehbuch sehr frei nach den Tagebüchern von Klemperer, was für viel Kritik an den oft banalen, klischeehaften oder auch schlicht unnötig erfundenen Episoden sorgte. Die prestigeträchtige Verfilmung, die die ARD als »Jahrhundertbilanz« und »High-Quality-Fernsehen« anpries, kostete rund 20 Millionen DM. Die Zuschauerresonanz blieb hinter den Erwartungen zurück: 2,7 Millionen Menschen schauten im Schnitt zu, was nicht ganz schlecht ist; die ARD aber hatte ausdrücklich ein Massenpublikum mit der Serie erreichen wollen. Sie zeigte die zwölf Folgen, die, abgesehen von der spielfilmlangen Pilotfolge, 50 Minuten dauerten, dienstags und donnerstags um 20.15 Uhr.

Dagmar Manzel erhielt für ihre Darstellung der Eva Klemperer den Deutschen Fernsehpreis 2000 in der Kategorie Beste Schauspielerin/Serie.

KLI-KLA-KLAWITTER ZDF

1974–1976. 52-tlg. dt. Kinderserie.

Der Hase Klicker, die dauerstrickende Schildkröte Elvira Klawitter und der eifrige Erfinder Klamotte fahren in einem knallroten Autobus durch die Welt. Er hält an verschiedenen Orten, Kinder spielen und toben darin, und die drei Freunde machen interessante Alltagserfahrungen.

Die Hauptfiguren und Namensgeber der beliebten Vorschulsendung waren Marionetten aus der *Augsburger Puppenkiste*. Im Vor- und Abspann waren sie auch als Zeichentrick zu sehen. Klicker fuhr dann den Bus voller Kinder, Klawitter saß hinten oben drauf und strickte, und Klamotte hing auf Rollschuhen hinten am Bus und wurde immer wieder in die Höhe gewirbelt, wenn zu einem Paukenschlag eine dicke Rauchwolke aus dem Auspuff kam. Im Titelsong von Christian Bruhn hieß es stets: »Fahrt mit im Kli-Kla-Klawitter-Bus, wir haben sehr viel Platz für Hund und Katz und Spatz, bei uns passt jeder rein, ob groß ob klein. Wir wollen lachen, lernen, lesen, schreiben, rechnen fast bis zehn. Wir wollen Straßen, Städte, Länder, Menschen ganz genau beseh'n.«

Die Marionettenszenen und Realgeschichten mit Kindern und Erwachsenen wie Schraube (Wolfgang Jansen; ab der dritten Staffel: Peter Millowitsch) oder August dem Clown (Herbert Mensching) bil-

Kli-Kla-Klawitter: Schraube (Wolfgang Jansen) mit Hund Klamotte (Mitte) und Hase Klicker.

deten die Rahmenhandlung. Zwischendurch gab es Szenen mit Knetfiguren wie den Zwillingen Teddy und Freddy oder den »wilden Kerlen«, die sich einem durchgehenden Themenschwerpunkt pro Sendung widmeten, Zeichentrickfilme, die zeigten, wie man die Dinge, um die es ging, buchstabiert oder durchzählt, und Szenen mit Fingerfiguren.

Kli-Kla-Klawitter sollte die deutsche *Sesamstraße* werden und war an vielen Stellen deutlich vom amerikanischen Original inspiriert, kam aber betulicher und harmloser daher. Die Sendung war ein deutlicher Gegenentwurf zur schmuddeligen *Rappelkiste* mit ihrem Schwerpunkt auf sozialem Lernen. Kritiker warfen ihr »Kindertümelei«, »Plüsch- und Puppenstubenatmosphäre« und überzogenes Intelligenztraining vor. Dass nach vier Staffeln und insgesamt 52 Folgen Schluss war, soll vor allem daran gelegen haben, dass die aufwendige Produktion zu teuer war. Die Sendung war eine Koproduktion mit dem österreichischen Fernsehen, wo sie *Der knallrote Autobus* hieß und das Anfangslied entsprechend anders ging. Jede Folge war eine halbe Stunde lang.

DER KLIENT KABEL 1

1996–1997. 21-tlg. US-Anwaltsserie nach dem gleichnamigen Roman von John Grisham (»The Client«; 1995–1996).

Die Rechtsanwältin Reggie Love (JoBeth Williams) kämpft vor Gericht für junge Leute, die in große Schwierigkeiten geraten sind, und darum, ihr eigenes Privatleben in den Griff zu bekommen. Als Alkoholikerin hat sie nach der Scheidung von Dr. Gus Cardoini (William Converse-Roberts) das Sorgerecht für ihre Kinder verloren – umso entschiedener setzt sie sich für ihre jungen Klienten ein. Sie lebt bei ihrer Mutter (Polly Holliday), die auch den Jugendlichen gelegentlich Unterschlupf gewährt. Clint McGuire (David Barry Gray) ist ihr Mädchen für alles. Im Gericht hat sie einen Unterstützer in Richter Harry Roosevelt (Ossie Davis), die andere Seite vertritt meistens Staatsanwalt Roy Foltrigg (John Heard), mit dem sie sich trotzdem gut versteht.

Als Film, in dem Davis ebenfalls mitspielte, kam Grishams Bestseller 1994 ins Kino. Die einstündigen Serienfolgen liefen mittwochs zur Primetime.

KLIK DFF 1

1986–1989. »Das Jugendmagazin« für 13- bis 17-Jährige, Moderation: Martina (»Tina«) Herrmann, Victoria (»Vicky«) Herrmann und Nora Kaminiczny.

»Klik« steht für »Klasse im Klub« und war die Ostvariante von *Bravo TV:* ein buntes Jugendfreizeitmagazin. In einem Jugendklub (den Anfang machte der Magdeburger FDJ-Jugendklub »Klosterwuhne«) saßen Schüler zusammen und redeten über Musik, Mopeds und Mode. Zwischendurch liefen selbst gedrehte Videoclips von DDR-Popgruppen, es gab Rubriken wie das »Sexikolon«, Prominente wurden interviewt.

Mit *Klik* versuchte das DDR-Fernsehen ausnahmsweise ein Programm zu machen, das den Jugendlichen gefallen sollte – und war ziemlich erfolgreich. Die Moderatorinnen waren selbst noch Teenager, nur Martina Herrmann studierte an der Babelsberger Hochschule für Film und Fernsehen und war schon in *Mach mit, mach's nach, mach's besser* aufgetreten. Alle drei redeten verblüffend ungebremst und wurden zu Stars. Ein bisschen Politik musste natürlich trotzdem sein, sie wurde aber eher dezent eingestreut. Das Hauptzugeständnis an die Funktionäre war, dass die Sendung nicht live ausgestrahlt, sondern aufgezeichnet (und notfalls zensiert) wurde. Am Ende ging die Sendung in *elf 99* auf, Victoria Herrmann blieb als Moderatorin dabei.

Lief einmal im Monat montags um 18.00 Uhr und wurde zweimal pro Woche wiederholt. Insgesamt gab es 37 dreiviertelstündige Folgen.

KLIMBIM ARD

1973–1979. Comedyshow von Hans-Joachim Hüttenrauch und Michael Pfleghar.

»Klimbim ist unser Leben, Klimbim hat montags zu, Klimbim schmeckt nach Vanille und spielt gern Blindekuh. Klimbim ist unser Leben, und ist es mal nicht wahr, dann mach ich mir 'nen Schlitz ins Kleid und find' es wunderbar.«

So sinnfrei wie das Titellied war die gesamte Show: Sketche, Nonsens, Gags, Klamauk, Brüste, Sprüche und alberne Lieder reihten sich aneinander, einige davon viele Minuten lang, andere nach einer Zeile vorbei (»Viele Köche verfärben den Brei«), einige gefilmt, andere vor Publikum gespielt. Zum ständigen Ensemble gehörten Wichart von Roëll, Elisabeth Volkmann, Ingrid Steeger und Horst Jüssen. Diese vier waren es auch, die zu Beginn der Show das Publikum mit dem ausschweifenden Hinweis begrüßten, dass sie jetzt wieder wie immer »Guten Abend« sagen, obwohl sie doch wie immer eigentlich gar nicht »Guten Abend« sagen wollen, und das oben zitierte »Klimbim«-Lied sangen. Die Zeile mit dem Schlitz im Kleid gehörte natürlich Ingrid Steeger. Ab Staffel 2 war Helmut Holger dauerhaft dabei, dessen wesentliche Aufgabe darin bestand, zu Beginn der Show stumm vom Barhocker zu fallen, ab Staffel 3 ferner Peer Augustinski. Dieter Augustin und Manfred Jester wirkten nur in der ersten Staffel mit, Franz Muxeneder nur in der zweiten, Klaus Dahlen und Gundolf Willer nur in der fünften.

Die Show war wie eine Nummernrevue aufgebaut, und das Nummerngirl war natürlich Ingrid Steeger, die ohnehin schon spärlich bekleidet war, für die sich aber in fast jeder Folge ein Anlass fand, die Bluse zu lüpfen. Sexuelle Anspielungen wurden haufenweise gemacht. In jeder Folge gab es etliche Running Gags. Über die Dauer der gesamten Serie beinhaltete jede Folge mehrere Episoden der Klimbim-Familie, einer Art Sitcom in der Show mit völlig überdrehten Charakteren: der militante Opa (von Roëll), der unterdrückte Papa (Augustin), die verwegene Mama Jolanthe (Volkmann), das Horrorkind Gaby (Steeger) und Onkel Poldi (Manfred Jester). Opas schlecht sitzende Glatzenperücke und Tochters auffallend aufgemalte Zahnlücke stellten sicher, dass die lustigen Verkleidungen auch als solche erkannt wurden.

Nach jeder Staffel gab es bei den Klimbims Veränderungen, denn nach jeder sechsten Folge verschwinden sie auf unterschiedliche Weise. Beim ersten Mal lassen sie sich einfrieren, um im Folgejahr aufgetaut zu werden, Opa stellt jedoch den Wecker auf 1000 Jahre zu spät, wodurch sie erst im Jahr 2975 wieder zu sich kommen. Poldi hat die Zeitreise nicht überlebt, und der Originalvater ist gar nicht erst mitgekommen, weil Mama vorher den impotenten Onkel Poldi (Muxeneder) geheiratet hat. Ein späterer Liebhaber wird Adolar (Jüssen). Zum Ende weiterer Staffeln werden sie in den Weltraum geschossen, flüchten in die Familiengruft und ziehen ins Jahr 4000 und auf den Planeten Yxta, wo Gundolf (Willer) Mamas neuer Liebhaber wird.

Mindestens zwei prominente Gäste waren pro Folge als Spielpartner des Ensembles dabei, darunter deutsche und internationale Stars wie Theo Lingen, Willy Millowitsch, Horst Buchholz, Gilbert Bécaud und Jerry Lewis (der gleich mehrmals mitmachte).

Klimbim läutete eine neue Ära der Fernsehcomedy ein. In einer Zeit, als im Vorfeld noch der Hinweis erscheinen musste: »Es darf gelacht werden«, löste Regisseur Pfleghar mit seinen frivolen Albernhei-

Sehen Sie den Vanillegeschmack? Wenn nicht, ist vielleicht gerade Montag. Wichart von Roëll, Horst Jüssen, Ingrid Steeger, Elisabeth Volkmann und Dieter Augustin (von links) singen das Titellied in *Klimbim*.

ten den beabsichtigten Aufschrei aus. Er setzte Maßstäbe, was das Tempo anging, und benutzte schon früh die Bluescreen-Technik, die Darsteller vor gar nicht vorhandene Hintergründe projizierte. Ausgerechnet die Jury des altehrwürdigen Adolf-Grimme-Preises erkannte die Qualitäten und zeichnete Pfleghar mit einem Preis mit Silber aus.

Jede Folge dauerte 45 Minuten; jedes Jahr lief eine neue Staffel mit sechs Folgen, die im Abstand mehrerer Wochen dienstags um 20.15 Uhr gesendet wurden. Das Experiment wurde ein großer Erfolg. Aus den Hauptakteuren wurden Stars, deren Klimbim-Klamauk-Image noch Jahrzehnte an ihnen kleben blieb, wogegen einige von ihnen lange Zeit anzukämpfen versuchten. 2004 gaben Jüssen, Volkmann, Steeger, von Roëll und Augustinski auf und gingen mit dem Theaterstück »Die Klimbim-Familie lebt« auf eine zweijährige Bühnentournee.

KLINIK UNTER PALMEN ARD
1996–2003. 23-tlg. dt. Exotikserie von Rolf René Schneider, Regie: Otto W. Retzer.

Der angesehene deutsche Arzt Dr. Frank Hofmann (Klausjürgen Wussow) reist in ferne Länder, errichtet dort kleine Bretterverschläge, nennt sie »Tropenklinik« und erklärt sich zu ihrem Leiter. Zu seinem Personal gehören deutsche Schauspieler, die für eine angenehme Auszeit unter südlicher Sonne auch Imageschäden in Kauf nehmen. Einheimische werden im Rollstuhl durchs Bild geschoben. Zunächst arbeitet Hofmann auf der Philippineninsel Boracay, zieht dann nach Thailand weiter, bleibt eine Weile in der Dominikanischen Republik, eröffnet die »Clinica Maya« in Tulum in Mexiko und landet dann eher versehentlich auf Kuba. Wo er ist, hilft er den Patienten und den einheimischen Ärzten. Überall sind auch deutsche Kollegen dabei, die jedoch nicht mit Hofmann umziehen. Auf Kuba schließlich stirbt Hofmann.

Jede Folge hatte Spielfilmlänge; eine Staffel mit jeweils drei neuen Folgen lief ungefähr einmal im Jahr, meist freitags um 20.15 Uhr. In fast jeder Staffel war Hofmann in einem anderen Land tätig. Deutschlands bekanntester Fernseharzt Klausjürgen Wussow *(Die Schwarzwaldklinik)* war der einzige durchgehende Hauptdarsteller in der Serie, die von Otto W. Retzer produziert wurde. In den letzten beiden Folgen wurde er mit seiner *Schwarzwaldklinik*-Gattin Gaby Dohm wiedervereint, die auch hier seine große Liebe spielte. Am Ende starb Professor Hofmann – Diagnose: chronischer Quotenmangel. Die »Bild«-Zeitung ließ vorher abstimmen, ob Wussow den Fernsehtod sterben solle. Zuvor hatte sich Uschi Glas, die in einigen Folgen die Klinikchefin Dr. Helen Berger gab, mit der Produktionsfirma wegen eines Streits um die Drehbücher überworfen und war unter großer öffentlicher Anteilnahme ausgestiegen. Vermutlich war ihr, wie vielen Zuschauern, inzwischen aufgefallen, dass die Serie nicht einmal mehr wegen ihrer unfreiwilligen Komik attraktiv war.

Die *Klinik unter Palmen* beschäftigte sogar den Bundestag: Das Bundesministerium für wirtschaftliche Zusammenarbeit unterstützte die Serie mit 276 000 DM, dafür wurde in drei Folgen insgesamt zehn Minuten lang das Thema Entwicklungshilfe behandelt. Die SPD-Opposition schrie: Verschwendung von Steuergeldern! Das Ministerium erwiderte: Im Gegenteil! Sonst kostet Werbung noch viel mehr! Eine Studie habe ergeben, dass diese »moderne Art der Öffentlichkeitsarbeit« die erhofften Wirkungen »noch übertroffen« habe, sagte Minister Carl-Dieter Spranger. Ein Marktforschungsunternehmen habe ermittelt, dass zwei Drittel der 9,5 Millionen Zuschauer, die mindestens eine Folge der Serie gesehen hätten, meinten, dass dieser Film zeige, wie wichtig Entwicklungshilfe sei.

Ob in der Dritten Welt nach dem Anschauen dieser Serie für das Deutsche Fernsehen gesammelt wurde, ist nicht bekannt.

KLINIKUM BERLIN MITTE – LEBEN IN BEREITSCHAFT PRO SIEBEN, SAT.1
2000–2001 (Pro Sieben); 2002 (Sat.1). 39-tlg. dt. Arztserie von Axel Witte und Marcus Leonhardt.

Medizinische und private Probleme eines jungen Teams in einer Notaufnahme. Dazu gehören die Assistenzärztin Claudia Jungblut (Anke Sevenich), die Ärzte Dr. Jens Leyendecker (Francis Fulton-Smith), Dr. Andreas Hauff (Thomas Balou Martin), Dr. Karim Busch (Boris Aljinovic), Dr. Marcel Plenzdorf (Dirk Martens), Dr. Julia Ritter (Denise Virieux), Prof. Dr. Ulrich Bischoff (Hans Martin Stier), Dr. Barbara Wendlandt (Rita Lengyel) und Dr. Angelika von Thum (Feo Schenk) sowie Oberschwester Yvonne Hoyer (Dorkas Kiefer), Dieter Bach (Michael Schiller) und Lisa Wolf (Katharina Schell). Daniel Thies (Peter Ketnath) kommt neu an die Klinik. Hauff ist mit Susanne (Cecilia Kunz) verheiratet, ihre Tochter heißt Anna (Jamie Schuricht). Luisa (Anna Bertheau) ist Claudia Jungbluts Tochter.

Neben den Patientengeschichten stehen vor allem private Affären des Personals im Vordergrund: Marcel mit Julia (Julia wird schwanger, Marcel weigert sich, die Vaterschaft anzuerkennen), Jens mit Yvonne, Jens mit Angelika ... Im März 2001 wird das Klinikum mit der Marienklinik zusammengelegt, was den neuen Assistenzarzt Dr. Ho-An Lee (Maverick Quek) und die neue Oberschwester Ayfer Sükür (Sükriye Dönmez) ins Kollegium bringt. Hauff ist ab 2002 nicht mehr dabei.

Autor Dr. Marcus Leonhardt ist selbst Arzt und arbeitete fünf Jahre lang in einer Unfallklinik in London. Die einstündigen Folgen liefen dienstags um 21.15 Uhr – direkt nach dem US-Vorbild *Emergency Room*. Nur eine Woche nach der letzten Folge der zweiten Staffel begann im Juni 2001 eine Komplettwiederholung der Serie donnerstags um 20.15 Uhr in Sat.1; auf diesem Sendeplatz lief später auch eine neue dritte Staffel.

KLIPP-KLAPP – DER CLIP-CLUB SAT.1
1992–1993. 25-Minuten-Show mit Dieter Hallervor-

den, in der lustige Amateurvideos gezeigt und prämiert wurden. Die Reihe lief erst am frühen Samstag-, dann am Dienstagabend.

KLOCK 8, ACHTERN STROM   DFF
1966–1990. »Die Hafenbar aus Rostock«. Abendshow mit Songs und Shantys von der Ostseeküste. Als Moderator stand Horst Köbbert hinter dem Tresen der Hafenbar, die in Wahrheit nur eine Kulisse im Rostocker Studio des DDR-Fernsehens war. Zu den regelmäßigen Gästen gehörten Peter Borgelt als Seemann, Heinz Draehn vom Berliner Kabarett »Distel« als reimender Witzbold Kuddeldaddeldu und die Schlagersängerin Rica Déus als Hausdame.
Die Show war beliebt, aber eine Gratwanderung: Weil Seeleute fast die einzigen DDR-Bürger waren, die in der weiten Welt herumkamen, durfte sie es mit der Seefahrerromantik nicht übertreiben. Für jede Sendung wurden eigens moderne Shantys geschrieben (die eher die Verbundenheit mit dem Heimathafen priesen als die exotischen Frauen in der Ferne). Als Rostock nach der Wende nur einer von vielen Häfen war, schloss die Hafenbar nach 120 Ausgaben. Köbbert ging später für den NDR auf Tour.
Lief abends um acht (»Klock 8«). Kurz vor dem Start gab es bereits eine Ausgabe, die eine Stunde später begann und entsprechend *Klock 9, achtern Strom* hieß.

KLOCK 9, ACHTERN STROM   DFF
→ Klock 8, achtern Strom.

KLÖNSNACK AUS ROSTOCK   DFF
1987–1991. Erste Talkshow der DDR.
Monika Schepeler und Horst Düsterhöft plaudern mit Gästen. Zuerst waren dies vor allem Seeleute, und auch bei Landratten ging es in der »maritimen Gesprächssendung« ums Meer und alles, was damit zu tun hat. Später wurde das Thema breiter, die Sendung zog vom Studio ins Warnemünder Café »Atlantic«, es gab Musik in den Gesprächspausen, und das Publikum konnte mitreden. Die Show war erst 60, dann 75 Minuten lang.

DER KNABE MIT DEN 13 VÄTERN   ZDF
1976. 13-tlg. dt.-tschechoslowak. Serie von Sibylle Rausch und Alf Tamin nach dem Roman von Alexander Roda Roda, Regie: Thomas Fantl.
Ein uneheliches Kind? Die Dorfbevölkerung ist entsetzt. Und die männlichen Dorfbewohner fragen sich, wer der Vater ist: Pope Pera (Vladimír Menšík), Schulze (Josef Somr), Krämer (Lubomír Kostelka), Schreiber (Vladimir Salax), Radoje (Jiří Cisler), Rista (Zdeněk Kryzánek), oder wer? Das Baby wird rumgereicht, und jeder nennt es, wie er will.
Die einzelnen Folgen dauerten 60 Minuten.

KNALL COPS   ARD
1994. 13-tlg. US-Sitcom von Barry Fanaro, Mort Nathan, Kathy Speer und Terry Grossman, Regie: James Burrows (»Pacific Station«; 1991).
Wie oft ist eine ordentliche ausländische Serie durch einen schrecklichen deutschen Titel verhunzt worden? Hier weckt die deutsche Version ausnahmsweise genau die richtigen Assoziationen: Rob Ballard (Robert Guillaume) ist der einzige zurechnungsfähige Polizist auf der Wache in Venice, Kalifornien. Frisch gebackener Chef ist das unfähige Muttersöhnchen Kenny Epstein (Joel Murray), sein neuer Partner wird Richard Capparelli (Richard Libertini), der gerade aus einer psychiatrischen Behandlung zurückgekehrt ist; weitere Fehlbesetzungen sind der Lustmolch Al Burkhardt (Ron Leibman) und der fette Vizepolizeipräsident Hank Bishop (John Hancock). Was an Verrückten nicht auf der Wache arbeitet, landet bestimmt bald als Inhaftierter darin.
Die Folgen waren 30 Minuten lang; die ARD zeigte sie donnerstags gegen Mitternacht.

DIE KNALLHARTEN FÜNF   PRO SIEBEN
1992–1993. 35-tlg. US-Actionserie von Robert Hamner (»S.W.A.T.«; 1975–1976).
Eine Sondereinheit der Polizei löst Fälle, indem sie den Bösen zeigt, dass ihre Waffen größer und tödlicher sind und sie weniger lange zögert, sie einzusetzen. Das S.W.A.T.-Team (»Special Weapons And Tactics«) wird von Lieutenant Dan »Hondo« Harrelson (Steve Forrest) geleitet, seine Männer sind Sergeant David »Deacon« Kay (Rod Perry), Officer T. J. McCabe (James Coleman), Officer Jim Street (Robert Ulrich) und Officer Dominic Luca (Mark Shera). Die ehemaligen Soldaten haben die Front in Vietnam mit der in den kalifornischen Großstädten getauscht und sich in blaue Overalls geworfen. Sie fahren in einem speziell ausgerüsteten Kleinbus herum und freuen sich auf jede Gelegenheit, irgendetwas umzuballern, am liebsten ganz, ganz böse Psychofreaks und Ultrakriminelle.
Die Serie war wegen ihrer für eine TV-Produktion damals beispiellosen Brutalität in den USA heftig umstritten. Eher deshalb als wegen mangelnder Einschaltquoten überlebte sie nicht sehr lange. *Die knallharten Fünf* ist ein Spin-off der Serie *Neu im Einsatz,* beide stammen vom Serienfließband von Aaron Spelling und Leonard Goldberg. Die funkige Titelmelodie schrieb Barry DeVorzon. Im Jahr 2003 erschien der Kinofilm »S.W.A.T.«, der das Thema ähnlich subtil wieder aufnahm.
Pro Sieben zeigte die einstündigen Folgen meistens werktags um 19.00 Uhr und wiederholte sie mittags.

DIE KNAPP-FAMILIE   ARD
1981–1983. 5-tlg. dt. Serie von Stephan Meyer, Eckhard Henscheid und Maria Neocleous, Regie: Stephan Meyer.
Im Haushalt Knapp stehen einige Feste an: Elfriede (Rosel Zech) und Paul (Eberhard Fechner) feiern Silberhochzeit, und sie meinen, auch ihre Töchter Roswitha (Verena Reichardt) und Dietlinde (Christiane Leuchtmann) müssten allmählich mal unter die Haube kommen. Doch nicht alles ist eitel Sonnen-

schein: Dem Haus wie dem ganzen Viertel droht der Abriss, Paul verliebt sich anderweitig, und Elfriede versucht ihr Glück beim Pferderennen.

Zunächst liefen drei, zwei Jahre später weitere zwei spielfilmlange Folgen zur Primetime. Für die beiden neuen Folgen wurde *Die Knapp-Familie* mit einem Grimme-Preis mit Silber geehrt. Sie sei »eine neue Form intelligenter Samstagabendunterhaltung. Unter Verwendung von Komik und Slapstick werden Konflikte zwischenmenschlicher Beziehungen nicht verharmlost, sondern durch die handelnden Personen ausgetragen. Mit Witz und Ironie, in prallen Rollen, wird dem Zuschauer eine temporeiche, lebendige Unterhaltung geboten, die Lernerfahrungen vermittelt statt zu emotionalisieren.«

KNASTMUSIK ARD

1991–1992. 32-tlg. dt. Comedyserie, Regie: Ulrich Stark.

Die Justizvollzugsanstalt Finkenhain ist ein besonderes Gefängnis: Sie hat ein eigenes Kammerorchester. Die Mitglieder des Quintetts sind: an der Geige der Wirtschaftskriminelle Erich (Peter Bongartz), am Kontrabass der Kleinstadtmafioso Bruno (Diether Krebs), am Klavier Fred (Rolf Zacher), an der Bratsche der Dieb Dietrich, genannt Didi (Dominique Horwitz), und am Cello der zu lebenslanger Haft verurteilte Wilhelm (Werner Eichhorn). Ihnen geht es gut im Knast, denn Gefängnisdirektor Fleck (Klaus Berner) versorgt sie mit Champagner und Kaviar. Für Erich und Didi kommen in der zweiten Staffel Max (Eckhard Preuß) und »Beton-Kaiser« (Karl Heinz Vosgerau) in den Knast.

Die halbstündigen Folgen liefen am Vorabend.

DIE KNICKERBOCKERBANDE PRO SIEBEN

1997–1998. 14-tlg. österr. Jugendserie.

Die beiden Mädchen Lilo (Janette Kössler) und Poppi (Christina Karnicnik) und die beiden Jungs Axel (Michael Steinocher) und Dominik (Daniel Lehner), alle zwischen neun und 13 Jahren alt, sind die Knickerbockerbande. Gemeinsam betätigen sie sich als Detektive oder werden in wilde Abenteuergeschichten verwickelt, die sie um die halbe Welt führen und z. B. ein Schneemonster jagen oder gegen ein »Zombie-Schwert« kämpfen lassen.

Die Serie beruhte auf dem gleichnamigen Film aus dem Jahr 1995 (mit anderen Schauspielern), und der wiederum auf der gleichnamigen Jugendbuchreihe von Thomas Brezina. Ihn konnten deutsche Zuschauer als Moderator der *Spielegalaxie* kennen.

Die 25-minütigen Folgen liefen samstagmittags.

**KNIGHT & DAYE –
ZWEI HERRLICHE CHAOTEN** RTL

1990–1991. 7-tlg. US-Sitcom (»Knight And Daye«; 1989).

Die uralten Freunde Hank Knight (Jack Warden) und Everett Daye (Mason Adams) moderieren eine gemeinsame Radioshow. Sie besteht aus Seitenhieben, Sticheleien und Witzen auf Kosten des anderen. Es sind Nachwirkungen aus einer vergangenen Zeit, in der beide in dieselbe Frau verliebt waren, Gloria (Hope Lange), mit der Daye heute verheiratet ist. Ellie (Lela Ivey) ist ihre Tochter, Cito Escobar (Joe Lala) der Schwiegersohn und Chris (Emily Schulman), Amy (Shiri Appleby), Dougie (Glenn Walker Harris, Jr.) und Laurie (Brittany Thornton) die Enkelkinder. Janet Glickman (Julia Campbell) ist die Senderchefin.

Die 25-minütigen Folgen liefen mittwochnachmittags.

KNIGHT RIDER RTL

1985–1986. 90-tlg. US-Actionserie von Glen A. Larson (»Knight Rider«; 1982–1986). »Er kommt. Ein Auto, ein Computer, ein Mann. Knight Rider. Ein Mann und sein Auto kämpfen gegen das Unrecht.« Der Polizist Michael Long wird von einer Kugel im Kopf getroffen und gilt als tot. Tatsächlich überlebt er dank einer Metallplatte im Kopf, einem Relikt des Vietnamkriegs, die die Kugel abgefangen hat. Als er wieder aufwacht, hat er ein neues Gesicht und eine neue Identität: Michael Knight (David Hasselhoff). Der todkranke Millionär Wilton Knight, Gründer der Foundation für Recht und Verfassung, hat in Michael den idealen Mann für die ihm zugedachte Aufgabe gefunden: den Kampf gegen das Unrecht. Fortan ist Michael im Auftrag der Foundation von Fall zu Fall unterwegs, unterstützt durch das sprechende Wunderauto KITT, kurz für »Knight Industries Two Thousand«. Kitt, ein schwarzer Pontiac Trans Am, ist ein Supercomputer, der von allein fährt, denkt, Dinge analysiert oder abhört und Michael immer wieder aus brenzligen Situationen rettet. Zu diesem Zweck spricht Michael mit seinem Handgelenk, denn die Armbanduhr stellt den Kontakt zu Kitt her.

Besonders nützlich bei Verfolgungsjagden (und die gibt es oft) ist der Turbo Boost, der Kitt per Knopfdruck über alle erdenklichen Hindernisse springen lässt. Kitt ist zwar bedingt verwundbar, aber quasi unzerstörbar. Die Technikerin Bonnie Barstow (Patricia McPherson) und zwischenzeitlich April Curtis (Rebecca Holden) bringen Kitt stets auf den neuesten technischen Stand und reparieren ihn gegebenenfalls. Der reservierte und besorgte Devon Miles (Edward Mulhare) leitet seit Wilton Knights Tod im Pilotfilm die Foundation und erteilt Michael von der Zentrale aus die Aufträge, die meist damit zu tun haben, dass der coole Michael schönen Frauen aus der Patsche helfen muss, und die natürlich immer dann kommen, wenn Michael und Kitt gerade mal für ein paar Tage ausspannen wollten. Später bekommt die Foundation einen großen Truck als rollende Zentrale. Der überschwängliche Reginald Cornelius III., genannt R. C. (Peter Parros), fährt ihn und verstärkt Michael gelegentlich als Partner.

Etliche komische Momente bezog die Serie aus den Gesprächen zwischen Michael und seinem Auto, wenn gerade mal nichts Dramatisches passierte und die beiden über Belanglosigkeiten plauderten, und aus den wiederkehrenden Versuchen wechselnder Kleinkrimineller, Kitt zu knacken, die sich meist durch die gesamte Folge zogen.

Kitt wurde im Original von Williams Daniels *(Chefarzt Dr. Westphall)* gesprochen, in der deutschen Fassung von Gottfried Kramer, der auch Oskar aus der *Sesamstraße* und Lorne Greene seine Stimme gab.

Knight Rider war die erste Erfolgsserie für RTL und wurde noch bis in die 90er-Jahre in Dauerschleife auf dem Stammsendeplatz dienstags um 19.20 Uhr wiederholt, die einstündigen Folgen der vier Staffeln liefen dabei zum Teil in lustig willkürlicher Reihenfolge. David Hasselhoff wurde mit ihr vor allem in Deutschland ein Star, was ihm eine Karriere als Sänger ermöglichte, worüber seine Landsleute in den USA herzlich lachten. »Looking For Freedom« wurde ein Nummer-eins-Hit. Noch heute hat Deutschland in den USA das Image des Landes, das gutes Bier braut, schnelle Autos baut und David Hasselhoff liebt. Die Serie lief zeitweise auch im regionalen ARD-Vorabendprogramm des DFF.

1991 entstand ein zweistündiger Fernsehfilm, »Knight Rider 2000«, mit Hasselhoff in einem neuen Wagen. RTL zeigte ihn 1993. 1997 wurde die kurzlebige Neuauflage *Team Knight Rider* mit neuen Darstellern gedreht.

Ausgewählte Episoden sind auf DVD erhältlich.

KNOFF-HOFF-SHOW ZDF

1986–1999. 45-Minuten-Wissenschaftsshow von und mit dem Diplomphysiker, Mathematiker und Chemiker Joachim Bublath. Interessante Experimente mit ungewöhnlichen Ergebnissen werden vorgeführt und erklärt …

… oder genauer: Bublath löst irgendwie eine Explosion aus, und bevor man eine Ahnung hat, was passiert ist und warum, spielen mittelalte Männer auf ihren Instrumenten, und man sieht die Explosion noch einmal in Zeitlupe und hat gerade noch Zeit, sich zu fragen, ob das nächste Experiment nicht vielleicht näher an der Band veranstaltet werden könnte, bevor Bublath schon wieder zündelt.

Bublaths Co-Moderatorin war zunächst Ramona Leiß, ab Herbst 1992 Babette Einstmann. Fester Bestandteil war diese Dixieland-Band, die zwischendurch spielte und deren Musiker manchmal auch als Statisten oder Versuchskaninchen bei Experimenten herhalten mussten. Markant war der in der Titelmusik wiederkehrende Ruf »Knoff Hoff!«. Der Song hieß »Ain't She Sweet«.

Der Titel leitete sich von dem englischen Begriff »Know-how« ab. Die Reihe wurde in über 40 Länder exportiert und in neun Sprachen, von Arabisch bis Chinesisch, synchronisiert. Bei uns lief sie in loser Folge sonntags um 19.30 Uhr, zunächst live. Nach 79 Folgen wurde sie im März 1999 beendet. Dreieinhalb Jahre später kehrte sie mit leichten Veränderungen unter dem neuen Titel *Die große Knoff-hoff-Show* zurück. Ein ähnliches Format, aber mit mehr Witz *und* mehr Erklärungen, war *Clever*.

KNOP'S SPÄTSHOW SAT.1

2002. Halbstündige Comedyshow mit Matze Knop. Knop, der zuvor als Prollfigur »Supa-Richie« bekannt geworden war, gibt diesen Proll auch hier, ist aber auch in anderen Rollen in verschiedenen Sketchen, Talks und schrägen Straßenaktionen zu sehen und begrüßt Gäste.

Die Show lief Ende 2002 samstags um 22.45 Uhr. Die Schreibweise des Titels wäre in richtigem Deutsch eigentlich »Knops Spätshow«, doch dem Deppen Richie war das Dummdeutsch natürlich angemessen. Und da wir gerade dabei sind: Eine Wiederholung 2003 lief bereits um 18.00 Uhr. Das war gar nicht spät, aber … ach, was soll's.

K. O. – O. K. ZDF

1977–1980. Vorabendquiz mit Hans Rosenthal, das wie viele seiner Sendungen eine Adaption einer seiner Radioshows war. Diesmal brachte er die RIAS-Sendung »Da ist man sprachlos« ins Fernsehen und moderierte sie dort 33-mal.

Zwei Teams aus je drei Prominenten, die beruflich oder landsmannschaftlich verbunden sind, treten gegeneinander an. Der Reihe nach muss jeder eine Minute lang zu einem vorgegebenen Thema eine Geschichte erzählen. Der Erste, der ein vorgegebenes, aber allen Kandidaten unbekanntes Wort benutzt, bekommt ein »O. K.« und einen Punkt. Von nun an darf dieses Wort nicht mehr benutzt werden – was sich häufig als fast unmöglich herausstellt. Tut er es doch, wird er »K. O.-gehupt«, und das andere Team bekommt Punkte und ist an der Reihe. Das Team, das nicht an der Reihe ist, darf auch Einspruch einlegen, wenn es beim Sprecher »Abweichung vom Thema« oder Verzögerung vermutet. Eine dreiköpfige Jury, bestehend aus Dagmar Bergmeister, Martin Jente und Uwe Seeler, entscheidet dann, ob der Einspruch berechtigt war oder nicht – mit entsprechenden Punkten für das eine oder das andere Team. Sind alle sechs Kandidaten drangewesen, geht es von vorn los, mit einem neuen Thema, über das zu reden ist. Rosenthal hatte gleich drei Assistentinnen am »Präsidiumstisch« an seiner Seite, die auf Uhr und Punkte achteten, darunter Monika Sundermann. Als sei das alles noch nicht kompliziert genug, wurden ganze Turniere der Mannschaften gegeneinander ausgespielt, was zum langen Verlesen von Punktetafeln durch Martin Jente führte. Trotzdem: Weil die Prominenten unter extremem Druck standen, das »K. O.-Wort« nicht zu gebrauchen, konnten sie sich häufig genug nicht wie sonst auf die Inhalte konzentrieren und redeten sich entlarvend um Kopf und Kragen – was äußerst unterhaltsam war.

Die halbstündige Show lief mittwochs am Vorabend.

KOALAS UND ANDERE VERWANDTE ARD

2004. 26-tlg. austral. Comedyserie (»Don't Blame The Koalas«; 2002–2003).

Die Großtante der Geschwister Chris (Henry Nixon), Mark (Shaun Loseby) und Kate (Basia A'Hern) ist

gestorben. Den Wallaby-Tierpark in Australien, in dem sie leben, erbt Familie King, Verwandte aus England. Bankrott und deshalb ohne Alternative, reist Mutter Gabriella (Fiona Terry) mit ihren verwöhnten Großstadtkindern Jemma (Hollie Chapman) und Greg (Liam Hess) an, um ein neues Leben zu beginnen, an das sich alle nicht so leicht gewöhnen können. Vinnie (Anh Do) ist Tierpfleger.
Die Serie lief samstagvormittags.

KÖBERLE KOMMT ARD
1983. 12-tlg. dt. Krimiserie von Felix Huby, Regie: Hans-Jürgen Tögel und Dominik Graf.
Der Schwabe Eugen Köberle (Walter Schultheiß) ist Archivar bei der Polizei in Stuttgart. Bei seiner Arbeit stößt er immer wieder auf Akten, die ihm merkwürdig erscheinen. Diesen Fällen geht er dann persönlich nach und pfuscht Kommissarin Annegret Herbig (Witta Pohl) in ihre Ermittlungen hinein. Natürlich trägt er auf diese Weise maßgeblich zur Aufklärung bei, ob sie will oder nicht.
Die halbstündigen Folgen liefen im regionalen Vorabendprogramm.

DIE KOBLANKS ARD
1979. 13-tlg. dt. Familienserie von Rolf Schulz nach dem Roman von Erdmann Graeser, Regie: Wolfgang Schleif.
Ferdinand Koblank (Günter Pfitzmann) und sein Kumpel Erwin Neumann (Wolfgang Völz) sind um 1880 Bierfahrer in Berlin. Koblank weiß, wie er sich nach oben arbeitet: indem er die Frau aus den richtigen Verhältnissen heiratet. Leider finden die Väter von Frauen aus den richtigen Verhältnissen oft, dass ihre Töchter nicht jemanden wie Koblank heiraten sollten. Deshalb tut sich Koblank schwer, die Hand von Röschen Schmidt (Edeltraud Elsner) zu gewinnen, als deren Vater zu Geld kommt. Als Ersatz bietet sich Auguste Zibulke (Anemone Poland) an, deren Vater Töpfermeister und Hausbesitzer ist.
Die halbstündigen Folgen liefen im regionalen Vorabendprogramm. Die ARD zeigte auch eine Fassung als einzelnen Spielfilm.

KOBRA, ÜBERNEHMEN SIE! ARD, PRO SIEBEN, KABEL 1
1967–1969 (ARD); 1990–1992 (Pro Sieben); 1993 (Kabel 1). 169-tlg. US-Krimiserie von Bruce Geller (»Mission: Impossible«; 1966–1973).
Die Spezialeinheit IMF, kurz für »Impossible Missions Force«, handelt in geheimer Mission im Auftrag der Regierung. Meist geht es darum, einen gewaltsamen Putsch in einem befreundeten Staat oder terroristische Aktivitäten kommunistisch unterwanderter Länder zu verhindern. Kopf des Teams ist zunächst Dan Briggs (Steven Hill), nach sehr kurzer Zeit wird aber schon Jim Phelps (Peter Graves) der neue erste Mann der Einheit. Den Auftrag erhält Phelps stets von einer Stimme von einem Tonbandgerät, das immer an einem anderen geheimen Ort gemeinsam mit einem Umschlag voller Fotos hinter-

Noch einmal schnell draufschauen – dieses Bild wird sich in fünf Sekunden selbst zerstören! *Kobra, übernehmen Sie!* mit dem ursprünglichen Chef Dan Briggs (Steven Hill, links) und Willie Armitage (Peter Lupus).

legt ist. Dabei weist die Stimme auf Folgendes hin: »Sollten Sie oder ein Mitglied Ihrer Mannschaft gefangen genommen oder getötet werden – der Minister weiß von nichts. Wie immer.« Und abschließend: »Diese Botschaft wird sich in fünf Sekunden selbst vernichten.« Dann löst sich das Tonband mit einem Zischen in nichts auf.
Zur IMF gehören neben Phelps das Model Cinnamon Carter (Barbara Bain), der Verwandlungskünstler Rollin Hand (Martin Landau), das Technikgenie Barney Collier (Greg Morris) und der muskulöse Willie Armitage (Peter Lupus) – obwohl am Anfang jeder Folge aus einer Reihe von Profilen die Spezialisten für den betreffenden Job eigens herausgesucht werden. Da sich Qualität bewährt, sind es zufälligerweise fast immer diese vier, bis auf ganz seltene Ausnahmen, in denen ein Gaststar die zu besetzende Funktion übernimmt. Als Hand und Carter die Einheit verlassen, wird der neue Verwandlungskünstler Paris (Leonard Nimoy) engagiert, der das Team ebenfalls später wieder verlässt. Außerdem kommen Doug (Sam Elliot), Dana Lambert (Lesley Ann Warren), Lisa Casey (Lynda Day George) und Mimi Davis (Barbara Anderson) dazu.
Steven Hill als ursprünglicher Kopf des Teams wurde nach nur neun Folgen von Peter Graves als Jim Phelps ersetzt (in Deutschland ab Juni 1969). Graves war bis zum Ende der Serie dabei und spielte auch 20 Jahre später in einer Neuauflage wieder die Rolle des Jim Phelps. Diese lief in Deutschland unter

dem Titel *In geheimer Mission*. Weitere Neuauflagen kamen 1996 und 2000 als Spielfilme mit Tom Cruise ins Kino, die auch in Deutschland unter den Originaltiteln »Mission: Impossible« und »M: I 2« gezeigt wurden.

Die ARD zeigte 22 Folgen der Originalserie, deren weltberühmte Titelmusik von Lalo Schifrin stammt, unter dem Titel *Kobra, übernehmen Sie!* freitags gegen 21.00 Uhr. 28 neue Folgen wurden ab 1976 im regionalen ARD-Vorabendprogramm unter dem Titel *Unmöglicher Auftrag* ausgestrahlt. Unter dem ursprünglichen Titel liefen von 1990 bis 1993 noch einmal 119 weitere Folgen in deutscher Erstausstrahlung bei Pro Sieben und Kabel 1.

KOCHDUELL VOX
1997–2005. Spielshow mit Britta von Lojewski.
Zwei Kandidaten müssen mit einem begrenzten Budget Zutaten einkaufen und damit um die Wette kochen. Sie werden von je einem Koch unterstützt und bilden mit diesen gemeinsam die Teams Paprika und Tomate. Lojewskis Startkommando ist stets: »An die Töpfe, fertig, los!«

Die Sendung basiert auf dem britischen Format »Ready Steady Cook« und lief über viele Jahre jeden Werktag am Vorabend. Sie war anfangs eine halbe Stunde lang, dann kam der Erfolg, und die Sendezeit wurde verdoppelt. Eine Weile traten jeden Freitag im *Promi-Kochduell* Prominente gegeneinander an. Der Erfolg ging wieder, die Sendezeit wurde wieder halbiert und die gesamte Show Anfang März 2004 auf den Samstagvormittag verfrachtet, wo sie jetzt nur noch einmal wöchentlich läuft. Den etablierten Koch-Platz am Vorabend nahm *Schmeckt nicht – gibt's nicht* ein.

KOCHKUNST FÜR EILIGE FEINSCHMECKER ARD
→ Bitte in 10 Minuten zu Tisch

KOCHKUNST FÜR MODERNE FEINSCHMECKER ARD
→ Bitte in 10 Minuten zu Tisch

KOCHMOS ZDF
1989. 10-tlg. Informationsreihe für Kinder von und mit Volker Arzt über die Natur und wie man ihre Gesetze auch zu Hause nachvollziehen kann.

DIE KOCHPROFIS – EINSATZ AM HERD RTL 2
2005. Docutainment-Show mit den Köchen Ralf Zacherl, Martin Baudrexel und Mario Kotaska.
In einer Mischung aus Kochshow und den Rat- und-Tat-Doku-Soaps eilen die Herren herbei, wenn Restaurants oder Imbissbuden einen akuten Speisekartennotfall haben. Gegessen wird dienstags um 20.15 Uhr.

KOERBERS AKTE ZDF
1997–1998. 3-tlg. dt. Krimireihe, Regie: Bernd Böhlich.
Staatsanwalt Max Koerber (Martin Lüttge) geht oft unkonventionelle Wege – zum Ärger seiner Vorgesetzten. Kurzlebiger *Samstagskrimi*.

DER KOFFER AUS HAMBURG ZDF
1974. 9-tlg. frz. Soap von Bernard Hecht und Jean Queval, Regie: Bernard Hecht (»La malle de Hambourg«; 1971).
Die Familie Lassenave führt eine Familienbrauerei: die Brüder Julien (Jacques Monod) und Paul (Paul Le Person), Juliens Frau Marthe (Sylvie Deniau) und Sohn Germain (Julien Thomas). Es gibt die üblichen Intrigen und Querelen, und dann bringt auch noch ein Koffer aus Hamburg eine deutsche Affäre ans Licht.
Die Folgen waren 45 Minuten lang und liefen 14-täglich samstags um 19.30 Uhr.

KOFFER HOFFER TELE 5, DSF
1991–1992 (Tele 5); 1993 (DSF). Einstündige Abendshow mit Karl Dall und seinem Butler Enno von Schwerin, in der Koffer versteigert werden, die an Flughäfen verloren gegangen sind oder deren Besitzer nicht mehr ausfindig gemacht werden können. Die Teilnehmer der Show müssen blind mitbieten, da der Inhalt der Koffer vorher nicht preisgegeben wird. Gemeinsam mit dem Gewinner diskutiert Dall dann den Inhalt und die sich daraus ergebende Frage, ob der Gewinner sich wirklich als solcher fühlt.

Frank Elstner hatte die Sendung entwickelt, die sogar ihren ausstrahlenden Sender überlebte, wenn auch nicht lange. Mit Einstellung von Tele 5 übernahm das Deutsche Sportfernsehen DSF die Show ins Nachmittagsprogramm, doch nach einigen Wochen merkte wohl ein Verantwortlicher, dass die Sendung rein gar nichts mit Sport zu tun hatte. Insgesamt liefen rund 100 Folgen.

KOJAK RTL
1991. Fünf neue Folgen der erfolgreichen US-Krimiserie von Abby Mann (»Kojak«; 1989–1990), die in den 70er-Jahren in der ARD als *Einsatz in Manhattan* (siehe dort) und später als »Kojak – Einsatz in Manhattan« gelaufen war.
Das neue Team um den zum Inspector beförderten Theo Kojak (Telly Savalas) besteht aus den Detectives Winston Blake (Andre Braugher) und Paco Montana (Kario Salem) sowie Sekretärin Pamela (Candace Savalas) und Chief George »Fitz« Morris (Charles Cioffi). Kojak lutscht jetzt keinen Lolli mehr.
Die neuen Filme waren nach elf Jahren Pause entstanden und hatten jetzt Spielfilmlänge. RTL sendete sie überwiegend dienstags um 20.15 Uhr. Unter dem schlichten Titel *Kojak* liefen auch 20 weitere Folgen aus den 70er-Jahren bei RTL 2, die die ARD ausgelassen hatte.

KOLLEGEN, KOLLEGEN RTL
1992–1993. Einstündige Überraschungsshow mit Linda de Mol.

Die Moderatorin besucht Firmen, Büros, Betriebe und überrascht Angestellte dort mit der Erfüllung eines Wunschs. Ein Kollege hatte zuvor an die Sendung geschrieben und die betreffende Person samt Wunsch beschrieben. Ingo Schmoll war in der zweiten Staffel Co-Moderator.

Lief zunächst dienstags, dann montags zur Primetime.

KÖLNER TREFF — WDR
1976–1982. Talkshow mit Dieter Thoma und Alfred Biolek und prominenten und nicht prominenten Gästen. In der Show ging es um Alltagsgeschichten und das Aufbrechen von Klischees; es gab aber auch Raum für Albernes: Diskutiert wurde z. B. über die Frage »Brauchen Schizophrene zwei Steuerkarten?«. Dazwischen gab es Musikblöcke.

Die außerordentlich unterhaltsame Show lief einmal im Monat sonntags um 21.45 Uhr im WDR und wurde von anderen Dritten Programmen übernommen. Sie war die erste Sendung, in der Alfred Biolek, zuvor erfolgreicher Produzent von *Am laufenden Band*, im Fernsehen zu sehen war. Schon damals pflegte er jenen Gesprächsstil, den er dann über Jahrzehnte beibehielt. Ein »Playboy«-Playmate begrüßte er als »Spielgefährtin des Jahres in einem großen deutschen Herrenmagazin«. Biolek moderierte bis 1980. Elke Heidenreich übernahm und fiel sofort durch ihr loses Mundwerk auf.

Im September 1992 zeigte der WDR noch einmal ein Special mit Höhepunkten aus der Show. Anlass war die Pensionierung des Chefredakteurs des WDR-Hörfunks. Das allein wäre noch kein Grund, doch es handelte sich dabei um Dieter Thoma. Zu sehen waren u. a. noch einmal die Auftritte von Herbert Wehner, Lilli Palmer, Marcel Reich-Ranicki, Gert Fröbe, einem Braunbären und Richard von Weizsäcker.

KOMISCHE GESCHICHTEN MIT GEORG THOMALLA — ARD
1961–1971. 12-tlg. dt. Comedy-Episodenreihe von Alan Simpson, Ray Galton und Korbinian Köberle. Georg Thomalla stand als Durchschnittsbürger im Mittelpunkt jeder in sich abgeschlossenen Episode. Die Folgen beschäftigten sich mit dem Alltag des kleinen Mannes, der ganz normale Ängste und Probleme hat und überwinden muss, z. B. damit protzt, Blut zu spenden, dann aber Angst vor der Nadel hat.

Die Reihe lief bis Sommer 1962 in vier halbstündigen Schwarz-Weiß-Folgen als *Komische Geschichten*. Sie war eine Adaption der britischen Serie »Hancock« (1961) von Alan Simpson und Ray Galton. Korbinian Köberle hatte sie ins Deutsche übersetzt und führte zugleich Regie. Knapp neun Jahre später kam die Reihe zurück in die ARD, mit ergänztem Titel, jeweils 45 bis 60 Minuten lang, in Farbe, und mit wechselnden Regisseuren. Thomalla spielte jetzt die durchgehende Rolle des Tommi, weiterhin ein Durchschnittsbürger, und hatte mit Leo (Walter Kohut) einen Freund zur Seite.

KOMIX — ARD
2000. Halbstündige Sketchreihe, in der altes Material von Jürgen von der Lippe, Hella von Sinnen, Jutta Wübbe, Piet Klocke, Gerd Dudenhöffer und anderen deutschen Komikern aneinander gereiht wiederholt wurde – und das nicht einmal erfolgreich. Zehn Folgen waren geplant, fünf liefen dienstags um 21.30 Uhr, dann wurde der Flop abgesetzt.

KOMM DOCH MAL IN DIE KÜCHE — RTL
1984–1988. Zehnminütige Vorabend-Kochshow mit Friederun Köhnen und Horst Tempel.

KOMM PUTER! — ZDF
1989–1990. Einer der entsetzlichsten Titelkalauer der Fernsehgeschichte: Dies war tatsächlich ein Computermagazin für Kinder. Moderatoren waren Klaus Möller und der Computer Max Babbelnase. Zehn Folgen von rund 15 Minuten Länge liefen nachmittags.

KOMM ZURÜCK, LUCY — ARD
1981. 4-tlg. brit. Jugendserie nach dem Roman von Pamela Sykes (»Come Back, Lucy«; 1980).

Auf dem Speicher ihrer Pflegefamilie findet die zwölfjährige Lucy (Emma Bakhle) in der geheimnisvollen Alice (Bernadette Windsor) eine Freundin. Alice erscheint wie ein Geist und lebt in der Vergangenheit. Lucy begleitet sie dorthin und übersteht gruselige Erlebnisse.

DER KOMMISSAR — ZDF
1969–1976. 97-tlg. dt. Krimiserie von Herbert Reinecker.

Kommissar Keller (Erik Ode) ist ein ruhiger, humorvoller Mann um die 60, der in Mordfällen in München und Umgebung ermittelt. Zu seiner Mannschaft gehören Walter Grabert (Günther Schramm), der ebenfalls eher ruhig und gefühlsbetont agiert, Robert Heines (Reinhard Glemnitz), ein sachlicher, kühler Rechner, sowie Harry Klein (Fritz Wepper), der Jüngste im Team und – mit einem Flokatiparka versehen – die universelle Schnittstelle zu allen Jugendszenen. Die Kollegen arbeiten und halten eng zusammen, verbringen auch mal ihre Freizeit zusammen und essen gemeinsam in ihrer Stammkneipe. Aber auch ein Bier im Dienst war damals noch keine Sünde. Vor Keller haben die jüngeren Kollegen Respekt und siezen ihn selbstverständlich, während Keller seine Mannschaft genauso selbstverständlich duzt. Fräulein Käthe Rehbein, genannt Rehbeinchen (Helma Seitz), ist Kellers treue, ewig Kaffee kochende Sekretärin. Als Harry Klein im Sommer 1974 das Team verlässt und zum Kollegen *Derrick* versetzt wird, kommt ab Folge 75 sein Bruder Erwin Klein (Elmar Wepper) neu dazu. Kommissar Keller hat sogar ein Privatleben und ist gelegentlich zu Hause bei seiner Frau (Rosemarie Fendel), die ihm die Regengaloschen nachträgt. Wegen Odes paternalistischer Art – vor und hinter der Kamera – verlässt sie die Serie jedoch nach einiger Zeit.

»Wo waren Sie gestern gegen 21 Uhr?« – »Ich, gestern?« – »Ja, Sie, gestern, gegen 21 Uhr.« – »Gestern? Am Abend?« – »Ja, am Abend. Wo waren Sie?« – »Wo ich war?« – »Ja, gestern. Gegen 21 Uhr.« – »Wo war ich denn gestern ...« Standardsituation in *Der Kommissar:* Erik Ode (2. v. r.) und Reinhard Glemnitz mit Gaststars Iwy Becker (links) und Dorothea Wieck in der ersten Folge: »Toter Herr im Regen«. »Ein Herr?« – »Ja, ein Herr. Im Regen.« – »Im Regen?«

Der Kommissar lief monatlich freitags um 20.15 Uhr und wurde ein Dauerbrenner, Erik Ode (der eigentlich Odemar hieß) ein Fernsehstar. Das junge Publikum ließ sich jedoch schon damals durch Odes betuliche, schleppende Beamtenart abschrecken. *Der Kommissar* kam ohne reißerische Action aus und setzte auf Psychologie und Gespräche. Viele, lange, redundante Gespräche. Eine Waffe gebrauchte der Kommissar selten. Seine letzten Worte an sein Team nach einem abgeschlossenen Fall waren schlicht: »Ich danke euch.«

Jede Folge war eine Stunde lang, und alle Folgen waren in Schwarz-Weiß gedreht, obwohl das Farbfernsehen schon vor Beginn der Serie längst eingeführt war – ein Symbol dafür, dass die Serie zwar der Begründer der Tradition des klassischen deutschen Serienkrimis wurde, aber nicht eigentlich für Modernität stand. Auch Kommissar Keller beobachtete die sich im wahren Leben abspielenden gesellschaftlichen Umbrüche aus der Warte des konservativen Kopfschüttlers. Oft genug zeigten die Folgen warnend, wohin so viel Freizügigkeit führen kann. Kritiker warfen der Serie nicht von ungefähr »anti-aufklärerisches und antidemokratisches Wirkungspotential« vor. Durch die große Zahl verschiedener Regisseure und Kameraleute war *Der Kommissar* andererseits eines der abwechslungsreichsten Spielfelder in Sachen Bildgestaltung, Montage und Erzähltechnik, die das deutsche Fernsehen bis dahin hervorgebracht hatte, und karikierte in der Rückschau den beamtenhaften Gestus des Inhalts. Ebenso ungewöhnlich war der expressive Musikeinsatz, mit dem die Serie manche Stücke in den Hitparaden hochkatapultierte.

Entwickelt wurde die Serie von Herbert Reinecker, der sämtliche Drehbücher schrieb, und dem Produzenten Helmut Ringelmann, der schon die ZDF-Krimireihen *Das Kriminalmuseum* und *Die fünfte Kolonne* erfunden hatte. Mit dem *Kommissar* befreite er sich von dem vorher in deutschen Krimis scheinbar herrschenden Zwang, sich auf echte Fälle zu beziehen, verzichtete aber auch auf Action und Gewalt, wie sie die amerikanischen Krimiserien im deutschen Fernsehen zeigten.

Fritz Wepper stieg 1974 aus der Serie aus und spielte die Rolle des Harry Klein fortan in der neuen Serie *Derrick,* die ebenfalls Reinecker erfunden hatte. Es war das erste Mal im Deutschen Fernsehen, dass eine Figur von der einen in eine andere Serie transferiert wurde; somit war *Derrick* streng genommen das erste deutsche Serien-Spin-off. Nachfolger des *Kommissars* wurde *Der Alte.*

KOMMISSAR BECK RTL, ARD, ZDF

1994–1995 (RTL); 1998 (ARD); 2003 (ZDF). 22-tlg. schwed.-dt. Krimireihe nach den Büchern von Per Wahlöö und Maj Sjöwall (»Beck«; 1993–2002).

Kommissar Martin Beck (Gösta Ekman; ab Folge 7: Peter Haber) ermittelt für die Kriminalpolizei in Stockholm, vor allem in Mordfällen. Er ist ein hartnäckiger Eigenbrötler, der sich nicht mit der erstbesten Lösung zufrieden gibt und auch die letzte Ungereimtheit aufklären will. Zu seinem Team gehören Gunvald Larsson (Rolf Lassgård; ab Folge 7: Mikael Persbrandt), Benny Skacke (Niklas Hjulström) und Lennart Kollberg (Kjell Bergqvist). Ab Folge 7 sind Skacke und Kollberg nicht mehr dabei, stattdessen unterstützen jetzt Lena Klingström (Stina Rautelin) und der Gerichtsmediziner Oljelund (Ottfried Fischer; ab Folge 15: Peter Hüttner) Beck und Larsson.

Obwohl das deutsche Fernsehen immer an den Filmen beteiligt war, wechselte der ausstrahlende Sender (und damit der Koproduzent) nach jeder Staffel. Zwischen 1965 und 1975 hatten Wahlöö und seine Frau Sjöwall zehn Beck-Romane veröffentlicht, die zu Bestsellern wurden. Sie waren die Grundlage für die ersten Filme der Reihe, bei denen Sjöwall am Drehbuch mitarbeitete (Wahlöö war 1975 verstorben). Als die Romane ausgingen, wurden um die vorhandenen Charaktere neue Geschichten gestrickt, die nun auf moderne Verhältnisse übertragen wurden und den Fällen mehr soziale Sprengkraft verliehen. So ging es nun um Kindesmissbrauch in Belgien, den Kampf gegen ein Drogenkartell und eine Korruptionsaffäre bei der Polizei.

Jede Folge hatte Spielfilmlänge. Sechs Filme der als aktuell und realistisch gelobten Reihe liefen dienstags um 20.15 Uhr bei RTL; in einem davon spielte Thomas Anders eine Gastrolle. Acht weitere Filme in der ARD mit komplett neuer Besetzung trugen den vollständigen Titel »Kommissar Beck – Die neuen Fälle«, sie wurden am späten Samstagabend gezeigt. Das ZDF sendete fünf Jahre später die nächsten acht Filme sonntags gegen 22.00 Uhr und verzichtete auf Titelzusätze wie »Die noch neueren Fälle«.

Schon vor dem Start der Reihe waren mehrere Beck-Romane mit unterschiedlichen Hauptdarstellern verfilmt und die meisten auch in Deutschland gezeigt worden.

Maj Sjöwall und Gösta Ekman wurden 1996 mit dem Grimme-Preis ausgezeichnet.

KOMMISSAR BRAHM ZDF
1967. 13-tlg. dt. Krimiserie von Karl Heinz Zeitler, Regie: Hans-Georg Thiemt.

Kommissar Brahm (Paul Klinger) ist wie sein Sohn Peter (Manfred Seibold) im Polizeidienst. Sie ermitteln gemeinsam in verschiedenen Fällen. Vater ist ein alter Hase, routiniert und erfahren, der Sohn lernt seine Sache gerade erst, ist aber grundsätzlich anderer Meinung. Inspektor Lenz (Otto Stern) ist ihr Kollege.

Die Episoden waren 25 Minuten lang und liefen mittwochs um 18.55 Uhr.

KOMMISSAR CABROL ERMITTELT DFF 2
→ Die Fälle des Monsieur Cabrol

KOMMISSAR FREYTAG ARD
1963–1966. 39-tlg. dt. Krimiserie von Bruno Hampel, Regie: Michael Braun und Hans Stumpf.

Kommissar Werner Freytag (Konrad Georg) und sein Assistent Peters (Willy Krüger), der immer eine Fliege trägt, lösen gemeinsam Kriminalfälle. Sie befassen sich mit verschiedenen Delikten von Raub bis Mord. Weitere Kollegen im Münchner Polizeipräsidium sind die Inspektoren Junkermann (Dieter Möbius) und Steinauer (Manfred Spies). Im Polizeilabor arbeitet der Chemiker Dr. Kamberger (Helmuth Schneider), auf ihn folgt Ende 1965 Dr. Stephan (Ralf Gregan). Freytag ist mit Hilde (Ursula Traun) verheiratet und hat eine kleine Tochter namens Franziska.

Die halbstündigen Folgen liefen im regionalen Vorabendprogramm. Braun und Stumpf wechselten sich als Regisseure ab. Nach drei Staffeln wurde die Erfolgsserie auf Wunsch des Hauptdarstellers Georg beendet. Er war der erste deutsche Schauspieler, der fürchtete, zu sehr auf eine bestimmte Rolle festgelegt zu werden. Die meisten anderen deutschen Seriendarsteller fürchteten das später auch.

KOMMISSAR KLEFISCH ARD
1990–1996. 6-tlg. dt. Krimireihe von Hans Werner Kettenbach. Der pensionierte Kommissar Klefisch (Willy Millowitsch) wird von Kommissar Mike Döpper (Dietmar Bär) immer wieder um Mithilfe gebeten.

Der Film »Ein Fall für Onkel« mit Millowitsch als Klefisch war von der ARD als Geschenk zu Millowitschs 80. Geburtstag gedacht, der schon immer mal einen Kommissar spielen wollte. Wegen des Erfolgs gab es in den darauf folgenden Jahren (außer

»Wie heißen doch gleich diese Geschäfte, die Wurstsemmeln verkaufen ...?« *Kommissar Rex* mit Stockinger (Karl Markovics) und Richie Moser (Tobias Moretti, rechts).

1994) jeweils einen weiteren Klefisch-Krimi. Die 90-Minuten-Filme hatten zunächst keinen Oberbegriff. Den Serientitel *Kommissar Klefisch* gab man der Reihe erst später und bei Wiederholungen von Beginn an.

KOMMISSAR MAIGRET   ZDF
1965–1966. 52-tlg. brit. Krimiserie von Andrew Osborn und Giles Cooper nach den Romanen von Georges Simenon (»Maigret«; 1960–1963).
Kriminalkommissar Maigret (Rupert Davies) ermittelt in Mordfällen in Paris. Maigret ist Pfeifenraucher und strahlt die Gemächlichkeit eines solchen aus. Er geht mit unendlicher Geduld an die Fälle heran, verlässt sich auf seine Intuition, hakt nach und nach seine Liste der Verdächtigen ab und leistet es sich auch mal zu warten, bis jemand einen Fehler oder ein Geständnis macht. Sein Assistent Lucas (Ewen Solon) unterstützt Maigret bei der Aufklärung der Fälle. Eine wichtige Rolle in Maigrets Leben spielt seine Frau, Madame Maigret (Helen Shingler).
Die einstündigen Episoden liefen in Deutschland mit sehr großem Erfolg dienstags um 22.15 Uhr. Jede Folge begann mit der Aufnahme eines Streichholzes, das sich Maigret an einer Wand anzündete, um sich ein Pfeifchen anzustecken. Die Sequenz war mit französisch anmutender Akkordeonmusik unterlegt. Die Titelmusik stammte von Ron Grainer. Weder Maigret noch seine Frau hatten in der Serie einen Vornamen. Es war die erste TV-Serienverfilmung der Maigret-Romane (vorher gab es bereits Kinofilme), und Georges Simenon hatte der britischen BBC exklusiv die Genehmigung dafür erteilt. Mit der Besetzung des Maigret durch Rupert Davies soll Simenon hochzufrieden gewesen sein.
Später entstanden fürs Kino und Fernsehen diverse Neuauflagen in vielen Ländern, darunter Italien, Japan und natürlich Frankreich. Zwei dieser Remakes liefen unter dem Titel »Maigret« in Deutschland; in der zweiten Serie hatte Maigret erstmals einen Vornamen und hieß Jules. Insgesamt spielten in Film und Fernsehen mehr als 20 verschiedene Darsteller den Maigret, darunter (im Kino) Jean Gabin und Heinz Rühmann.

KOMMISSAR MOULIN   DFF 1, DFF 2, VOX
1980–1983 (DFF); 1993–1995 (Vox). 31-tlg. frz. Krimiserie von Claude Boissol und Paul Andréota (»Commissaire Moulin ... Police judiciaire«; 1976–1983; »Commissaire Moulin«; 1989–1992).
Kommissar Jean-Paul Moulin (Yves Rénier) ist ein vorbildlicher Polizist, der, stets mit Krawatte, Verbrecher aufspürt und Kriminalfälle löst, bei denen es nicht immer um Mord geht. Seine Kollegen sind Inspecteur Guyomard (Guy Montagné), Rocard (Jean-Pierre Kérien) und Galland (Clément Michu).
Hauptdarsteller Rénier war mit der von ihm porträtierten Figur nach eigenen Worten unzufrieden: Ihm gefiel der korrekt gekleidete, konventionelle Polizist nicht. Als nach sechs Jahren Pause ab 1989 neue Folgen entstanden, verlangte er von den Produzenten mehr Mitspracherecht. So wurde er zunächst mal einer von ihnen, schrieb außerdem Drehbücher und veränderte die Figur. Als Folge wurde die Serie deutlich actionreicher, die Fälle erhielten größere soziale Sprengkraft und wurden dadurch komplizierter. Moulin fährt jetzt Motorrad, trägt Jeans, Turnschuhe und Lederjacke (Rénier wollte sich wohl für die Dreharbeiten nicht mehr umziehen müssen). Er ist geschieden und hat aus seiner Ehe mit Béatrice (Pauline Larrieu) Sohn Frédéric (Boris Roatta), der bei der Mutter lebt. Moulins Kollegen sind seine neue Assistentin Poupette (Diane Simenon) und wie bisher Inspecteur Guyomard, der nun jedoch von Clément Michu, dem früheren Darsteller des Galland, gespielt wird.
15 der alten Folgen liefen im Fernsehen der DDR unter der Dachmarke *Fahndung,* Vox zeigte später die zwölf neuen und vier verbliebene alte Folgen. Alle hatten Spielfilmlänge. Im Krisenjahr 1994, als der kleine Sender Vox kurz vor der Pleite stand, war *Kommissar Moulin* einer seiner wenigen großen Erfolge.

KOMMISSAR NAVARRO   PRO SIEBEN, KABEL 1
1992 (Pro Sieben); 1995–1996 (Kabel 1). 26-tlg. frz. Krimiserie (»Navarro«; seit 1989).
Kommissar Navarro (Roger Hanin) liebt das Leben, das Essen, den Wein und mehr als alles seine junge Tochter Yolande (Emmanuelle Boidron), mit der er zusammenlebt. Navarro ermittelt in verschiedenen Kriminalfällen, gibt alles für die Gerechtigkeit, hat jedoch keine Illusionen mehr, was seinen Job betrifft. Seine Mitarbeiter sind die Inspektoren Barrada (Sam Karmann), Borelli (Jean-Claude Caron), der untreue Ehemann René Auquelin (Christian Rauth), der schüchterne Joseph Blomet (Daniel Rialet), der noch bei seiner Mutter lebt, und der Familienvater Bain-Marie (Jacques Martial). Waltz (Maurice Vaudaux) ist der Abteilungsleiter, Ginou (Catherine Allégret) eine Freundin von Navarro und die Betreiberin des Cafés, in dem er gern seine Freizeit verbringt und gleich seine Kollegen zum Essen mitbringt.
Jede Folge der Hochglanzserie hatte Spielfilmlänge. Bei neun Folgen beteiligte sich die deutsche Kirch-Gruppe als Koproduzent. In Frankreich läuft die erfolgreiche Reihe noch immer.

KOMMISSAR REX   SAT.1
1994–2004. 115-tlg. österr.-dt. Krimiserie von Peter Hajek und Peter Moser.
Kommissar Richard »Richie« Moser (Tobias Moretti) klärt bei der Kriminalpolizei Wien Mordfälle auf. Immer an seiner Seite ist der Polizeischäferhund Rex, der maßgeblich zur Lösung der Fälle beiträgt. Richie hat den Hund in seine Obhut genommen, nachdem dessen eigentliches Herrchen bei einem Einsatz (im Pilotfilm) gestorben war. Richie ist einfühlsam und fürsorglich, und Rex revanchiert sich, indem er sein Herrchen regelmäßig aus brenzligen Situationen rettet. Rex liebt Wurstsemmeln. Die erste schnappt er

sich immer schon im Vorspann, weitere bekommt er in jeder Folge als Belohnung – oder holt sie sich eben selbst. Weil er nicht nur mit Richie zusammenarbeitet, sondern auch bei ihm wohnt, bringt er regelmäßig dessen Privat- und Liebesleben durcheinander.

Zum Kripoteam gehören noch der pedantische Kommissar Ernst Stockinger (Karl Markovics), der Rex mit einer gewissen Angst begegnet und dauernd irritiert und überfordert wirkt, und Peter Höllerer (Wolf Bachofner). Außerdem an der Aufklärung der Fälle beteiligt sind der Gerichtsmediziner Dr. Graf (Gerhard Zemann) und Max Koch (Fritz Muliar), ein pensionierter Kripobeamter, der Moser in den Anfangsjahren regelmäßig Ratschläge gibt. Nach Stockingers Weggang im Februar 1996 wird Christian Böck (Heinz Weixelbraun) im Herbst Mosers neuer Assistent. Rex muss sich noch mehrfach mit Veränderungen in seinem menschlichen Umfeld abfinden.

Anfang 1998 bekommt er ein neues Herrchen. Moser will Ende Januar in einer zweistündigen Folge eine Frauenmordserie aufklären und wird während der Ermittlungen von einem Geisteskranken erschossen. Nur eine Woche später wird der entschlossene Alexander Brandtner (Gedeon Burkhard) der neue Kommissar an Rex' Seite. Er hat gerade selbst seinen Polizeihund verloren, und so raufen sich die beiden Trauernden zusammen und werden nun ebenfalls ein erfolgreiches Gespann. Fritz Kunz (Martin Weinek) ersetzt Höllerer. Im Herbst 2002 muss sich der Hund plötzlich und ohne Erklärung schon wieder umgewöhnen, und jetzt an gleich zwei neue Kommissare an seiner Seite. Der Chaot und Frauenheld Marc Hoffmann (Alexander Pschill) und die Kampfsportlerin Niki Herzog (Elke Winkens) beerben Brandtner und Böck.

Nach Folge 29 stieg Karl Markovics als Stockinger aus und bekam seine eigene Serie *Stockinger*. Mit dem Wechsel der Hauptdarsteller in den Folgen 46 und 90 wurde die Serie beide Male actionorientierter, um ein jüngeres Publikum anzusprechen, was beim ersten Mal noch funktionierte. Der Original-Rex wurde laut Senderangabe von dem Schäferhund Reginald von Ravenhorst gespielt, ab Folge 62 im März 1999 übernahm die Rolle der Hund Rhett Butler. Tiertrainerin war Therese Ann Miller. Gerüchteweise war aber auch von einem ganzen Rudel Schäferhunde zu hören, die Rex darstellten.

Die Serie war ein Exportschlager, etwa 100 Länder kauften sie. Und der Erfolg ließ sich natürlich auch mit tonnenweise Fanartikeln ausschlachten: Sat.1 verkaufte unter dem Label »Kommissar Rex« nicht nur Plüschtiere, Hundehütten, Feuerzeuge, Schlüsselanhänger, Tassen, Hausschuhe und Fußmatten, sondern auch Hundetrainingvideos und sogar Hundekrankenversicherungen.

Kommissar Rex lief in einstündigen Episoden donnerstags, ab Anfang 2000 mittwochs um 20.15 Uhr. Wegen des großen Erfolgs der Serie gab es mehrere Specials in Spielfilmlänge, darunter einen, in dem er als »Baby Rex« schon als achtwöchiger Welpe ermittelt.

KOMMISSAR SCHIMPANSKI   RTL
1997. 9-tlg. dt. Familienserie.
Der Affe Schimpanski (Chubs) unterstützt die Kölner Polizisten Anna Berger (Claudine Wilde) und Christian Hartmann (Thure Riefenstein) bei ihren Ermittlungen. Weil Annas Wohnung durch eine Gasexplosion zerstört wurde, wohnt sie bei Christian, seiner Mutter Tamara (Anaid Iplicjian) und seinen Kindern Carla (Estella Masur) und Tobias (Marc-Oliver Moser). Christian ist Witwer, die Mutter hilft ihm bei der Erziehung. Weil der Schimpanse dort einzieht, tun es auch chaotische Zustände. Bevor er zur Polizei ging, war der Affe selbst auf der falschen Seite des Gesetzes: Er arbeitete als Diamantendieb, den Anna mitnahm, als er bei einer Schießerei verletzt wurde.

Die Serie, eine einfältige Variante des ungleich erfolgreicheren *Kommissar Rex*, wurde von Hans Meisers Firma creatv produziert und lief dienstags um 20.15 Uhr.

KOMMISSAR ZUFALL   ARD
1987. 12-tlg. dt. Vorabend-Krimireihe mit in sich abgeschlossenen und voneinander unabhängigen Geschichten, besetzt mit wechselnden Hauptdarstellern. Die einstündigen Folgen brauchten keinen regelmäßigen Ermittler, denn die Lösung der Fälle ergab sich immer durch Zufall. Also quasi wie bei *Derrick*, nur dass man es hier zugab.

KOMMISSARIAT 9   ARD
1973–1979. 40-tlg. dt. Krimiserie von Uwe Otto, Horst Otto Oskar Bosetzky (»-ky«) und Rolf Schulz, Regie: Wolfgang Staudte (erste Staffel), Wolfgang Schleif (zweite Staffel) und Michael Mackenroth (dritte Staffel).
Die Kriminalbeamten des »K9« ermitteln im Bereich der Wirtschaftskriminalität. Kriminalrat Roth (Herbert Steinmetz), Hauptkommissar Dingelein (Edgar Ott) und Oberkommissar Tuncik (Walter Riss) versuchen Versicherungsbetrügern, Steuerhinterziehern und Dokumentenfälschern auf die Spur zu kommen.

Die halbstündigen Folgen liefen im regionalen Vorabendprogramm.

DIE KOMMISSARIN   ARD
Seit 1994. Dt. Krimiserie von Klaus Sammer.
Kommissarin Lea Sommer (Hannelore Elsner) klärt Mordfälle in Frankfurt am Main auf. Unter ihrer Lederjacke ist sie eine elegante Dame. Sie ist sensibel, hasst Gewalt und liebt Whisky, geht selbstbewusst und intuitiv vor. Ihre Kollegen sind Nick Siegel (Til Schweiger) und Henning Burre (Karlheinz Lemken), nach Nicks Tod bekommt Lea 1999 mit Jan Orlop (Thomas Scharff) einen neuen Partner. Burre ist noch bis 2004 dabei, danach vervollständigt Ingo Esser (Walter Renneisen) die Mannschaft.

Die Serie begann mit einer Anspielung auf *Ein Fall für zwei*. In der ersten Folge versucht ein Mann an einer Bar, mit Lea Sommer zu flirten. Dieser Mann wurde von Claus Theo Gärtner gespielt, sein Rollenname war Josef. Es passierte nicht wieder. Danach wurde *Die Kommissarin* ein ganz normaler Krimi nach bewährtem Muster, war aber mit *Rosa Roth* und *Bella Block* einer der ersten der neuen Generation, die die starke Frau als Ermittlerin in den Mittelpunkt stellten. Til Schweiger, der nach 26 Folgen keine Lust mehr hatte, durfte sich aussuchen, auf welche Weise er aus der Serie scheiden würde. Er ließ sich erschießen. Später ärgerte er sich über diesen endgültigen Abschied und meinte, er hätte sich besser in eine andere Stadt versetzen lassen sollen. Die ARD zeigte die einstündigen Episoden erfolgreich im Vorabendprogramm. Zwei 90-minütige Fälle der *Kommissarin* liefen 1997 innerhalb der Reihe *Tatort* sonntags zur Primetime. Ab Herbst 2003 wurden alte Folgen montags um 20.15 Uhr wiederholt, nachdem die ARD ihre Volksmusikshows abgesetzt hatte. Im Februar 2004 starteten auf diesem Sendeplatz neue Folgen, die bereits 2001 gedreht worden waren. Deren Erfolg führte dazu, dass nun sogar weitere gedreht wurden. 59 Folgen wurden bisher gezeigt.

KOMMISSARIN GOEDEKE — ARD
1990. 13-tlg. dt. Krimiserie, Regie: Ute Wieland.
Kommissarin Anna Goedeke (Nina Hoger) ist jung und neu und wird im Kommissariat mit Skepsis empfangen. Und dann bewährt sie sich, zeigt was sie kann, klärt erfolgreich Fälle auf, und schließlich respektieren die anderen sie doch. Standardstrickmuster mit halbstündigen Folgen im regionalen Vorabendprogramm.

KOMMISSARIN LUCAS — ZDF
Seit 2003. Dt. Krimireihe.
Kommissarin Ellen Lucas (Ulrike Kriener) ermittelt mit ihrem Kollegen Boris (Michael Roll), der sie als Konkurrentin sieht. Eigentlich ist Ellen nach Regensburg gegangen, um in aller Ruhe die Heilung ihres im Koma liegenden Mannes Paul abzuwarten. Trotzdem wird sie in Mordfälle eingespannt.
Läuft in loser Folge in Spielfilmlänge als *Samstagskrimi* zur Primetime.

KOMMT EIN LÖWE GEFLOGEN — ARD
1966. 4-tlg. Marionettenspiel aus der *Augsburger Puppenkiste* von Manfred Jenning nach dem Buch von Max Kruse, Regie: Harald Schäfer.
Totokapiti hat von seinem Onkel das Kaufhaus in Irgendwo geerbt. Während er sich auf die lange Reise dorthin macht, nutzt der böse Mister Knister die Chance, sich nach diversen anderen Dingen, die ihm nicht gehören, auch noch das Kaufhaus anzueignen. Mit dem Krozeppon, einem Zeppelinballon mit Krokodil, fliegt er hin und gibt sich als Totokapiti aus. Sultan, Löwe und das ängstliche Kamel sind mit einem fliegenden Teppich ebenfalls auf dem Weg nach Irgendwo, unterwegs gerät Löwe auf einem Rummelplatz jedoch in eine Falle und wird in den Zoo gebracht. Dort landen nach und nach auch alle anderen Tiere und bleiben eine Zeit lang, bis endlich das Krokodil die lang ersehnte Krokodildame in seine Vorderbeine schließen kann. Polizist Poch und Kakadu Ka tragen ihren Teil zur Verwirrung bei, die schließlich nach unendlichen Verwechslungen erst von Doc gelöst wird. Der Löwe, der bis dahin kaum etwas zu tun hatte und von den Kindern Kim und Pips aus dem Zoo befreit wurde, verhindert ganz zum Schluss noch die Flucht von Mister Knister.
Kommt ein Löwe geflogen war die zweite der Löwengeschichten. Die erste hieß *Der Löwe ist los*, die dritte *Gut gebrüllt, Löwe*. Die Serie ist auf DVD erhältlich.

KOMÖDIENSTADEL — ARD, BR
1959–1996 (ARD). In loser Folge zeigte die ARD bayerische Volkstheaterschwänke aus dem »Komödienstadel« mit vielen Verwechslungen, Romanzen und Hochzeiten. 1996 hörte sie damit auf, das Bayerische Fernsehen tut das heute noch.

KOMPASS — DFF 2
1969–1971. Aktuelle politische Sendereihe für Teilnehmer am FDJ-Studienjahr zur Unterstützung des Studiums der Werke des Marxismus-Leninismus und zu gesellschaftswissenschaftlichen Fragen. Es moderierte Prof. Dr. Dieter Klein. Rund 20 knapp halbstündige Folgen liefen donnerstags, ab Januar 1971 freitags am Vorabend.

KOMPASS — ARD
1973–1974. Auslandsmagazin.
Kompass sollte die Berichterstattung zwischen dem sehr aktuellen *Weltspiegel* und den sehr langfristigen Dokumentationen ergänzen. Es wurden Filmbeiträge gezeigt und Gespräche mit Studiogästen zu den einzelnen Beiträgen geführt. Moderatoren waren Ulrich Kienzle, Dagobert Lindlau und Kurt Stenzel. Die Reihe wurde nach zwei Jahren in den *Weltspiegel* integriert.

KOMPASS — ZDF
1981. »Ein Lexikon mit Bildern und Berichten«. US-Wissenschaftsmagazin für Jugendliche (»3-2-1 Contact«; 1980–1992).
Spielerisch und leicht verständlich geht es um essenzielle Themen aus Natur, Wissenschaft und Technik: Schwerkraft, Sonne, Pflanzen, Vulkane, Satelliten, Mikroskope, Flugzeuge, der Mensch, Körperfunktionen, Wachstum, Reifenwechsel. Im Titelsong hieß es: »Kompass zeigt die Lösung, zeigt die Richtung, wohin wir auch sehen. Kompass will uns helfen, will uns sagen, wie manches geschieht.«
Die 25 Minuten langen Folgen liefen nachmittags. Die Serie war eine Produktion des Children's Television Workshop, der auch die *Sesamstraße* ins Fernsehen brachte. In den USA erreichte die Reihe eine Laufzeit von zwölf Jahren und über 200 Folgen.

KONFRONTIERT MIT DEM BÜRGER   SWR, ARD
1969–1973 (SWR); 1970–1972 (ARD). Diskussionsreihe, in der Prominente, meist Politiker, Fragen des Publikums beantworten und mit ihm über aktuelle Themen sprechen.
Zeitweilig wird vor der Diskussion noch eine Reportage gezeigt, die ein Oberthema veranschaulicht. Moderator war in der Regel Emil Bottlinger, zwischendurch vertreten durch Franz Alt. Unter den Gästen: Weihbischof Tenhumberg, Norbert Blüm, Hanns Martin Schleyer und Helmut Kohl.
Die Reihe brachte es auf 15 Ausgaben, die mindestens eine Stunde lang waren. Fünf davon liefen im Ersten.

DER KÖNIG   SAT.1
1994–1996. 30-tlg. dt. Krimiserie von Michael Baier.
Der pensionierte Kommissar Hannes König (Günter Strack) wird immer wieder von seinem jungen Nachfolger Axel Hübner (Michael Roll) um Hilfe bei schwierigen Fällen gebeten. Seine ehemalige Sekretärin Ingrid Dorn (Renate Schroeter) mag ihren alten Chef lieber als den neuen und schleust Informationen an Hübner vorbei direkt an König, der die Fälle dank dieser Hilfe und dank der des Gerichtsmediziners Dr. Eugen Pröttel (Wilfried Klaus) und dessen Assistentin Gisela Hellwig (Petra Berndt) aufklärt. Der Zeitungsreporter Horst Gierke (Dieter Brandecker) ist immer auf der Suche nach einer Story und König deshalb oft auf den Fersen. Seine noch übrige Freizeit verbringt der Rentner König in seinen Weinbergen oder im Weinlokal »Traube«, wo Karl Schober (Walter Renneisen) der Wirt ist. König ist stets mit dem Bus unterwegs und kennt den Busfahrer Pichler (Volker Prechtel) daher gut.
Die Serie, für die Sat.1 Günter Strack teuer vom ZDF weggekauft hatte, kam beim Publikum gut an, aber leider nicht beim jungen Publikum, an dem die Werbeindustrie interessiert war. Da sie damit für das Sat.1-Programm typisch war, mussten erst die Verantwortlichen gehen und dann die Serien – es sei denn, sie ließen sich verjüngen, was etwa bei *Der Bergdoktor*, *Wolffs Revier* und *Kommissar Rex* versucht wurde.
Die einstündigen Folgen liefen dienstags, ab 1996 mittwochs um 20.15 Uhr. Nach dem Ende der Serie waren ab September 1997 in loser Folge drei übrig gebliebene *Der König*-Fernsehfilme zu sehen.

KÖNIG ARTHUR   ZDF
1974. 23-tlg. brit. Abenteuerserie (»Arthur Of The Britons«; 1972–1973).
Im 6. Jh. kämpfen die Kelten unter König Arthur (Oliver Tobias) gegen die sächsischen Eindringlinge aus dem Osten, die von Cerdig (Rupert Davies) angeführt werden. Arthur will mit Hilfe seines Adoptivvaters Llud (Jack Watson) und seines sächsischen Stiefbruders Kai (Michael Gothard) die Briten vereinen und gemeinsam gegen die Sachsen führen. Arthurs Erzfeind ist Mark von Cornwall (Brian Blessed). Statt als verklärende mittelalterliche Legende um Camelot und die Tafelrunde zeigte die Serie König Arthur realistisch als Kriegsherrn eines kleinen keltischen Volks und versuchte sich an einer ernsthaften Darstellung der möglichen Ereignisse jener Zeit, über die nur wenige Tatsachen bekannt sind.
Die halbstündigen Folgen liefen montagnachmittags.

DER KÖNIG DER KATAKOMBEN   ARD
1992. 4-tlg. frz. Abenteuerserie von Marcel Julian nach dem Roman von Gaston Leroux, Regie: Paul Planchon (»Le Roi Mystère«; 1991).
Robert Pascal (Christopher Bowen) ist der mysteriöse König der Katakomben, der Herrscher der Pariser Unterwelt. In Wirklichkeit ist er ein junger Adliger, der sich an Sinnamari (Philippe Bouclet), dem Staatsanwalt des Kaisers, für seine verkorkste Kindheit rächen will. Sinnamari trägt die Schuld am Tod seiner Mutter. Jetzt hilft der König den Geknechteten, ungerecht Behandelten und Unterdrückten im Kampf gegen die Staatsgewalt. Dabei scheint er selbst Kontakte zu den höchsten Kreisen zu haben.
Die spielfilmlangen Folgen liefen am Vorabend und wurden später auch in zwölf Teile kleingehackt gezeigt.

DER KÖNIG VON BÄRENBACH   ARD
1992. 13-tlg. dt. Comedyserie von Felix Huby und Marielies Brommund, Regie: Wolfgang Panzer.
Seit 25 Jahren regiert Bürgermeister Willi Holzwarth (Walter Schultheiß) das schwäbische Städtchen Bärenbach. Zwar nach Gutsherrenart und im Prinzip aus Gewohnheitsrecht, doch zum Wohl der Gemeinde. So versetzt er eigenhändig bei Nacht und Nebel einen Grenzstein zum Nachbarort, damit eine Heilquelle noch auf der Bärenbacher Gemarkung liegt. Kein Wunder, dass er mit Bürgermeister Neubert (Walo Lüönd) aus Bad Beisingen im Clinch liegt. Doch trotz seiner großen Beliebtheit hat Willi auch im eigenen Ort Gegner, darunter den Bauunternehmer Gottfried Lederle (Dieter Eppler) und seine eigene Tochter Martha (Sabine Bräuning), die in der Opposition und in der lokalen Zeitung »Bärenbacher Anzeiger«, deren Chefredakteurin sie ist, schon mal politisch Stimmung gegen Papa macht.
Wegen irgendeiner blöden Affäre muss Willi dann plötzlich zurücktreten und inthronisiert in Folge 4 seinen politischen Ziehsohn, den bisherigen Stadtinspektor Manfred Schnell (Christoph Hofrichter) als Nachfolger, um in Wirklichkeit selbst im Hintergrund weiterregieren zu können, denn »mir isch egal, wer mir Bürgermeischter isch«. Doch dann hat der Bengel plötzlich eine eigene Meinung. Das hält Willi aber nicht davon ab, sich auch in Zukunft regelmäßig einzumischen, und oft ist das auch nötig. Willi wohnt in einer Villa, die zur Hälfte ihm gehört und zur anderen Hälfte seinem Bruder Herbert (Robert Nägele), einem gewitzten Tüftler. Rathauspförtner Motzer (Martin Schleker) ist und bleibt Willis Verbündeter.

Sugar kümmert sich schon.
Der König von St. Pauli mit Heinz Hoenig.

Die Folgen hatten eine Nettolänge von etwa 45 Minuten und liefen im regionalen Vorabendprogramm, zwei Jahre später wurden sie montags um 21.45 Uhr wiederholt.

KÖNIG VON KREUZBERG SAT.1

2005. 8-tlg. dt. Comedyserie.
Der Macho Attila Mellek (Fahri Ogün Yardim) ist der König von Kreuzberg, denn er ist 27 Jahre alt und Juniorchef einer Dönerbude. Logisch, dass er die Clique anführt, auch wenn er nicht immer alles im Griff hat. Zur Clique gehören seine hübsche Freundin Nina (Diana Staehly), sein bester Freund, der Kurierfahrer Hakan (Navid Akhavan), der unbedingt berühmt werden will, der naive deutsche Dönerverkäufer Ron (Stefan Mocker) und Ninas launische beste Freundin Heidi (Melanie Blocksdorf), für die Ron heimlich schwärmt. Heidis Vater ist der typische Berliner Hausmeister Klaus Kowollek (Reinhard Krökel). Attilas Eltern sind Dursun (Ünal Silver) und Fatma (Lilay Huser), Fehzi (George Inci) ist Attilas Cousin.
Ein Hauch von *Alles Atze* wehte nach Kreuzberg, als Sat.1 diese Serie am Freitag um 21.45 Uhr startete und den Konkurrenten RTL in so große Panik versetzte, dass er den zeitgleichen *Atze* vorsichtshalber pausieren ließ, um eine Doppelfolge von *Wer wird Millionär?* zu zeigen. Wäre egal gewesen, weil die Serie kaum Zuschauer hatte, deshalb nach drei Folgen aus der Primetime verschwand und ein paar Wochen später auf den Sendeplatz um 23.15 Uhr rückte.

DER KÖNIG VON NARNIA ZDF

1990–1992. 17-tlg. Kinder-Fantasyserie nach den »Chroniken von Narnia« von C. S. Lewis (»The Chronicles Of Narnia«; 1988–1989).
Während der deutschen Bombenangriffe auf London 1940 werden die vier Kinder Lucy (Sophie Wilcox), Edmund (Jonathan R. Scott), Susan (Sophie Cook) und Peter (Richard Dempsey) aufs Land zu Professor Kirke (Michael Aldridge) verschickt. Lucy entdeckt dort hinter einem Schrank einen Zugang zum fantastischen Land Narnia. Dort müssen sie Aslar, dem König der Löwen, und seinen Freunden im Kampf gegen die böse Hexe (Barbara Kellermann) beistehen.
In einer Mischung aus billigen Tierkostümen, schlechten Bluebox-Effekten und Cartooncharakteren hat die BBC drei der Kinderbücher von Lewis verfilmt. Sie liefen staffelweise nachmittags als Fünf- oder Sechsteiler; jede Folge war 25 Minuten lang.

DER KÖNIG VON ST. PAULI SAT.1

1998. 6-tlg. dt. Reeperbahnsaga von Dieter Wedel.
Der Kiez-Pate Graf (Hans Korte) will Rudi (Hilmar Thate) das Grundstück abknöpfen, auf dem dessen Stripschuppen »Die blaue Banane« steht, um sein eigenes Eros-Center auszubauen. Weil Graf vor nichts zurückschreckt, kümmern sich Sugar (Heinz Hoenig) und Rudis Sohn Robert (Oliver Hasenfratz) während Rudis Krankenhausaufenthalt um das Lokal. Nach dem Tod von Stripperin Lajana (Sonja Kirchberger) übernimmt deren Schwester Julia (Julia Stemberger) deren Job.
Dieter Wedels erste Regiearbeit für Sat.1 war mit 4,5 Millionen DM pro Folge sauteuer und bescherte dem Sender immerhin Traumeinschaltquoten von neun Millionen Zuschauern, jedoch keine sonderlich guten Kritiken. Jede Folge war ca. 100 Minuten lang. Nach der ersten Ausstrahlung kürzte Wedel selbst die Folgen für die späteren Wiederholungen stark ein. Und weil er plötzlich bemerkt hatte, »Huch! Die senden ja Werbung!«, kehrte er danach zum ZDF zurück. *Der König von St. Pauli* wurde in der gekürzten Fassung später in der ARD wiederholt. Die Kulissen recycelte Sat.1 für seine Serie *Die rote Meile*.

KÖNIGLICH BAYERISCHES AMTSGERICHT ZDF

1969–1972. 53-tlg. dt. Gerichtsserie von Georg Lohmeier, Regie: Ernst Schmucker; ab der zweiten Staffel: Paul May.

»Es war eine liebe Zeit, die gute alte Zeit vor anno '14. In Bayern gleich gar. Damals hat noch seine Königliche Hoheit, der Herr Prinzregent, regiert. Ein kunstsinniger Monarch. Denn der König war schwermütig. Das Bier war noch dunkel, und die Menschen waren typisch. Die Burschen schneidig, die Dirndl sittsam und die Honoratioren ein bisserl vornehm und ein bisserl leger. Es war halt noch vieles in Ordnung damals, denn für Ordnung und Ruhe sorgte die Gendarmerie und für die Gerechtigkeit das Königliche Amtsgericht.« So weit der Vorspann, gesprochen von Gustl Bayrhammer.

Vor dem Königlich Bayerischen Amtsgericht im fiktiven Ort Geisbach werden hauptsächlich kleine Delikte und zivile Streitigkeiten verhandelt, Raufereien, kleine Diebstähle oder Beleidigungen. Ein Bauer klagt gegen zwei Burschen, die ihm einen Mistwagen aufs Dach gestellt und den Kamin verstopft haben. Es kommt zu Sachbeschädigung in Gasthäusern bei einer Revolte, weil der Preis für die Maß Bier um zwei auf 22 Pfennig angehoben wurde. Der kirchliche Jungfrauenverein zerrt einen Trompetendieb vor Gericht, wobei das Problem weniger der eigentliche Diebstahl ist, sondern dass der Bazi es wagte, mit der geweihten Trompete *Tanzmusik* zu spielen!

Der weise und gewitzte Amtsgerichtsrat Stierhammer (Hans Baur) entscheidet über Recht und Unrecht. Er lässt sich zwar manchmal kurzzeitig aus der Ruhe bringen, wenn die streitenden Hitzköpfe einfach keine Vernunft annehmen wollen, und ruft sie genervt zur Ordnung, bleibt aber immer besonnen und urteilt gerecht. Größere Strafen gibt es selten, in Einzelfällen verurteilt er die Beklagten sogar lediglich dazu, endlich ihren Mund zu halten. Während der Verhandlung wird ordentlich gezetert, geflucht und Tabak geschnupft. Der kauzige Wachtmeister (Georg Blädel) fungiert als Gerichtsdiener, dessen ohnehin schon debiler Gesichtsausdruck zur Vollendung gelangt, wenn er die Anweisung des Richters wiederholt, einen Zeugen in den Saal zu bitten: »Den Zeugen Vinzenz Wastlhuber, jawohl!« Beim »jawohl« stößt er ruckartig seinen Kopf nach vorn.

Geht es doch einmal um größere Vergehen, ist auch der Staatsanwalt (Peter Brand) zugegen. Dem Urteil fügt sich schließlich jeder Beteiligte, denn eigentlich ist man ja eine eingeschworene Dorfgemeinschaft, aber, mei, manchmal gibt's halt Streit. Am Ende sitzen der Amtsgerichtsrat und andere Dorfbewohner immer gemeinsam bestens gelaunt im Wirtshaus.

Urige Mundartserie, für die Nichtbayern zwar stellenweise Untertitel benötigt hätten, die aber dennoch sehr unterhaltsam war. In den Gastrollen war die bekannte Riege bayerischer Volksschauspieler zu sehen, darunter Maxl Graf, Max Grießer, Gustl Bayrhammer, Willy Schultes und Erni Singerl. Teuerster Posten der Produktion dürfte der Vorspann gewesen sein, der die einzigen Außenaufnahmen zeigte, gedreht in den oberbayerischen Ortschaften Laufen und Tittmoning. In diesem Vorspann spaziert übrigens für einen kurzen Moment Autor Georg Lohmeier ins Bild, kostümiert als Dorfpfarrer. Alle anderen Szenen spielten sich im Gerichtssaal oder dem Wartebereich davor ab und wurden im Studio in Unterföhring gedreht, ebenso die abschließende Wirtshausszene. In den hinteren Reihen des Gerichtssaals saßen stets Prozessbesucher, die mit Ausrufen und Gelächter auf das Geschehen reagierten, was der Serie eine Anmutung von Volkstheater vor Publikum verlieh.

Die knapp halbstündigen Folgen liefen zunächst montags, ab der zweiten Staffel freitags um 19.10 Uhr. Die zweite Staffel endete mit Folge 52 im April 1971. Knapp neun Monate später lief noch einmal eine einzelne, zehn Minuten längere Folge namens »Der Böllerer« am Sonntagnachmittag.

Zum Schluss noch einmal Gustl Bayrhammer: »Das Leben geht weiter, ob Freispruch oder Zuchthaus. Und auf die Guillotine hat unser Herr Rat eh niemanden geschickt.«

DES KÖNIGS VAGABUND ARD

1967–1968. 13-tlg. brit. Abenteuerserie (»The Gay Cavalier«; 1957).

Captain Claude Duval (Christian Marquand) kämpft mit seinem Freund Dinny O'Toole (Larry Burns) auf der Seite des vertriebenen Königs Charles Stuart gegen die Armee von Cromwell und seinen Nachrichtenoffizier Mould (Ivan Craig). Die halbstündigen Folgen liefen im regionalen Vorabendprogramm.

KÖNNEN WIR ENDLICH FORTFAHREN, BITTE! ARD

1982. 6-tlg. brit. Sitcom von Dennis Woolf (»Can we get on now, please«; 1980).

Mr. Pettigrew (Hugh Paddick) ist der Gerichtsdiener an einem Gericht, an dem sich die Verhandlungen zuweilen zäh dahinziehen, weil die Friedensrichter Mrs. Prior (Sheila Steafel), Mr. Skinner (Michael Barrington) und Mr. Butterfield (Robert Dorning) sich über den Fall partout nicht einigen können.

Die halbstündigen Folgen liefen im regionalen Vorabendprogramm.

KONNY UND SEINE DREI FREUNDE ZDF

1974. 13-tlg. dt. Jugendserie von Jürgen Knop und Helmut Meewes.

Der Jugendliche Konny (Thies Lüders) und seine Freunde Jörn (Dieter Meyer), Ralf (Peer Kock) und Katja (Angelika Braut) mit ihrem Hund Peggy erleben in den Ferien auf der Insel Vogelsand die üblichen Abenteuer, bekommen es aber auch mit pädagogischen Themen wie Umweltverschmutzung und Rauschgiftsucht zu tun.

Die Folgen waren jeweils 30 Minuten lang und liefen dienstags um 17.10 Uhr.

KONSUL MÖLLERS ERBEN ZDF

1983. 7-tlg. dt. Familienserie von Herbert Asmodi

nach dem Roman von Adolph Wittmaack, Regie: Claus Peter Witt.
Nach dem Tod des Hamburger Kaufmanns Konsul Möller (Ernst Fritz Fürbringer) müssen dessen Erben miteinander klarkommen: Das Handelshaus gehört nun zu gleichen Teilen seinem Sohn Harry Möller (Alexander Radszun) und dem bisherigen Prokuristen John Schmidt (Manfred Krug). Doch die bei den können sich nicht leiden. Auch Harry und seine Gattin Gertrud (Barbara Freier) mögen sich nur vorübergehend.
Die 45-minütigen Folgen liefen mittwochs um 19.30 Uhr.

KONTAKT BITTE ... ARD
1983–1987. 52-tlg. Episodenreihe von Sylvia Hoffmann und Ulrich del Mestre.
Heitere, abgeschlossene Geschichten mit verschiedenen Darstellern über Menschen, die sich über Kontaktanzeigen treffen. Die halbstündigen Folgen liefen im regionalen Vorabendprogramm.

KONTAKTE ZDF
1973–1994. 45-minütiges »Magazin für Lebensfragen«.
In der langlebigen Ratgebersendung der beiden großen Kirchen mit Lebenshilfe für Alltagsprobleme ging es um Mitmenschlichkeit, Neuanfang, die zweite Ehe, die Beziehung zwischen Eltern und Kindern, Alkoholismus, Sterbehilfe, Gott und den Sinn des Lebens. Erster Moderator war Prof. Guido Groeger.
Die Reihe lief anfangs im Abstand von mehreren Wochen sonntags um 20.15 Uhr und wanderte im Lauf von zwei Jahrzehnten über diverse Sendeplätze, blieb aber fast immer im Hauptabendprogramm und wurde zeitweise bis zu zweimal im Monat ausgestrahlt.

KONTEXT ZDF
1988–1994. Magazinreihe aus den Kirchenredaktionen, in der mittwochs um 22.10 Uhr jeweils halbstündige Reportagen verschiedener Autoren zu gesellschaftlichen Themen gezeigt wurden. Nachfolgesendung von *Tagebuch*.

KONTRASTE ARD
Seit 1968. Politmagazin vom SFB.
Der Untertitel von *Kontraste* hieß ursprünglich »Ein Ost-West-Magazin«. Anfangs konzentrierte sich das Magazin vor allem auf die Entwicklungen in den Ländern des Ostblocks und schaute dabei auch bis nach China oder in die sozialistischen Länder Lateinamerikas. Ab 1986 ging es verstärkt um innerdeutsche Themen.
Nach der Wiedervereinigung unterschied sich der Themenkreis nicht mehr sehr von denen der Schwestermagazine wie *Monitor* und *Panorama*, mit denen es sich abwechselte, und es beschrieb sich selbst als »zeitkritisches Hintergrundmagazin« – allerdings, natürlich, mit dem besonderen Schwerpunkt Berlin.
Der Untertitel lautete nun: »Magazin aus Berlin«. Erster Moderator war Peter Pechel. Ihm folgten 1984 Jürgen Engert und 1999 Petra Lidschreiber.
Kontraste lief zunächst vierwöchentlich donnerstags von 21.45 bis 22.30 Uhr. Später reihte es sich in die anderen ARD-Magazine ein und lief im Wechsel mit diesen um 21.00 Uhr, erst dienstags, ab 1992 montags, ab Ende 1994 donnerstags. Nach einer längeren Experimentierphase mit einem auf 20.15 Uhr vorgezogenen Sendebeginn landete das Magazin schließlich wieder bei 21.45 Uhr.

KONTROVERS ZDF
1973–1977. »Meinungen im Test«. Gesellschaftsmagazin, das gezielt Themen aufgriff, die sich filmisch schlecht realisieren ließen, und darüber diskutierte: Radikalismus, Parteiprogramme, Mitbestimmung, Forschungs- und Medienpolitik oder plakative Überschriften wie »Schnitzel oder Auto? Der Pkw frisst das Haushaltsgeld«. Wechselnde Journalisten leiteten die Sendung, darunter Hans-Heiner Boelte, Volker von Hagen, Dieter Balkhausen und Gerd Jauch.
Kontrovers war der Nachfolger von *Zur Sache* und schluckte auch *Recht im Gespräch*.
Sendeplatz der 45-minütigen Ausgaben war donnerstags um 21.15 Uhr.

KONTUR DFF 1, DFF
1990–1991. Kulturmagazin, das den Kulturbetrieb in der Nachwendezeit konfliktfreudig und aktuell kritisch beleuchten wollte.
Moderatoren waren Gabriele Conrad, Dr. Carla Kalkbrenner und Detlef Schrader. Das Magazin lief wöchentlich, ab Dezember 1990 nur noch monatlich, erst am Dienstag-, dann am Mittwoch-, schließlich am Freitagabend, insgesamt 48-mal. Die Sendezeit schrumpfte unterdessen von 30 auf 20 Minuten.

KOPF UM KOPF WDR, ARD
1973–1991. »Ein Spiel um Wissenschaft«. 90-minütige wissenschaftliche Spielshow.
Lehrer und Schüler von zwei Schulen oder zwei Teams von Universitäten treten gegeneinander an und müssen naturwissenschaftliche Phänomene und Experimente erklären. Um Chancengleichheit herzustellen, sind die Schüler Mitglieder von naturwissenschaftlichen Leistungskursen, die Lehrer aber Geisteswissenschaftler. Beim Zuschauerspiel können Fernsehzuschauer die Lösung einer komplizierten Aufgabe einsenden und einen Preis gewinnen.
Kopf um Kopf verband den trockenen Bildungsauftrag mit dem unterhaltenden Element des Quiz. Es war mehr als ein Ratespiel, denn erraten konnte man die Lösungen kaum, deren Aufgabenstellung allein oft schon eine halbe Schulheftseite eingenommen hätte. Und wissen konnte man die Lösung andererseits auch nur, wenn man vom Fach war. Zu den Moderatoren gehörten Hans Ahlborn, Joachim Bublath, Rüdiger Hoffmann, David Jones, Thomas von Randow und Alexander von Cube.
Während ihrer langen Lebensdauer wechselte die

Kottan ermittelt: Peter Vogel spielte den ersten Kottan. In Folge 4 war er als Gaststar in der Rolle des Vorgesetzten Horeis dabei. Wenig später wurden die Ungereimtheiten Methode.

Show mehrfach den Sendeplatz, lief mal am Montagnachmittag, meistens aber zur Primetime. Sie wurde von allen Dritten Programmen übernommen und zeitweise auch von der ARD.

KOPFBALL ARD

Seit 1989. Halbstündiges Wissenschaftsquiz. Die Fragen beziehen sich meist auf physikalische Experimente, die im Studio vorgeführt und erklärt werden müssen, oft auch auf geschichtliche Hintergründe zu bekannten Erfindungen.

Kopfball lief zweimal im Monat sonntagvormittags um 10.30 Uhr, zwischenzeitlich auch mal nachmittags um 14.00 Uhr. 14 Jahre lang konnten Fernsehzuschauer mit der richtigen Lösung auf die gestellten Fragen live im Studio anrufen und kleinere Preise gewinnen. Ranga Yogeshwar hatte die Sendung mit entwickelt und von Beginn an moderiert. Weitere Moderatoren waren – jeweils zu zweit – Cherno Jobatey, Jean Pütz, Sven Kuntze, Martina Esser, Renate Müller, Ines Jacob, Helge Haas und Evi Seibert. Wegen des großen Erfolgs gab es Ende der 90er-Jahre mehrere stundenlange *Kopfball*-Nächte mit Yogeshwar, Jacob, Haas und Seibert als Moderatoren im WDR-Fernsehen. Nach zehn Jahren trat Ranga Yogeshwar ab, und Karsten Schwanke wurde sein Nachfolger.

Im Oktober 2003 kam *Kopfball* mit neuem Konzept aus der Sommerpause zurück – und ohne die Möglichkeit der Live-Interaktion per Telefon. Stattdessen spielen zwei aus jeweils zwei Personen bestehende Kandidatenteams im Studio gegeneinander, Zuschauer zu Hause können sich nun noch über die Internetseite an der Sendung beteiligen. Über ein Quiz auf dieser Seite müssen sich die Studiokandidaten im Vorfeld fürs Fernsehen qualifizieren. Geldpreise gibt es nicht, nur eine Trophäe, denn »Hauptpreis ist die Erkenntnis«. Helge Haas, schon seit 1990 dabei, ist jetzt alleiniger Moderator.

KÖPFE ZDF

1992. Porträtreihe von und mit Wolfgang Herles. Herles stellt im Gespräch außergewöhnliche Menschen aus allen Bereichen des gesellschaftlichen Lebens vor, die noch nicht in jeder Talkshow waren. In der ersten Sendung waren dies der damalige Leiter der New Yorker Philharmoniker, Kurt Masur, und der exzentrische Unternehmensberater Gerd Gerken.

Die dreiviertelstündige Sendung lief sechsmal mittwochs um 22.15 Uhr.

DER KOPFGELDJÄGER KABEL 1
→ Josh

KÖRNER UND KÖTER SAT.1

2003. 8-tlg. dt. Hundeserie von Sarah Schnier und Michael Fürch.

Familie Körner, bestehend aus Produkttester Georg (Max Tidof), seiner Frau Karin (Nina Franoszek) und den Töchtern Luise (Nina Gummich) und Larissa (Alissa Jung), hat von Großtante Emilie eine Villa in Potsdam geerbt und zieht dort ein. Damit vergrößert sich auch die Familie, denn an die Erbschaft ist die Bedingung geknüpft, dass die fette, sabbernde Dogge Paulchen lebenslang dort wohnen bleiben darf. Es beginnt das zu erwartende (und in mindestens drei Dutzend Serien und Filmen vorher schon gesehene) Chaos.

Im September 2002 hatte Sat.1 mit einem zweistündigen Pilotfilm die Akzeptanz des Stoffs getestet. Die war dann aber weit geringer, als ein Jahr später donnerstags um 20.15 Uhr die einstündigen Serienfolgen liefen.

KOTTAN ERMITTELT   **DRITTE PROGRAMME, ZDF**
1980–1981 (Dritte Programme); 1982–1985 (ZDF). 19-tlg. österr. Diffamierung eines ganzen Berufsstands und Entwürdigung der Kriminalpolizei von Helmut Zenker, Regie: Peter Patzak (1976–1983).
Major Adolf Kottan (Folgen 1 und 2: Peter Vogel; Folgen 3 bis 5: Franz Buchrieser; ab Folge 6: Lukas Resetarits) ermittelt für das Sicherheitsbüro der österreichischen Polizei in Wien in Mordfällen. Kottan ist mal dröge, mal überdreht und mal tollpatschig, aber immer barsch zu seinem unterbelichteten Assistenten Alfred Schrammel (C. A. Tichy). Schrammel ist deutlich älter als Kottan, doch Kottan duzt ihn, lässt sich im Gegenzug aber siezen. Der einbeinige Paul Schremser (Walter Davy) ist der Dezernatsleiter, doch Kottan missbraucht auch ihn als Assistenten, ist zu ihm jedoch deutlich netter als zu Schrammel. In der Freizeit machen die drei gemeinsam Musik. Der frühere Dezernatsleiter Heribert Pilch (Harald von Koeppelle; ab Folge 7: Kurt Weinzierl) ist jetzt Polizeipräsident und immer um das Ansehen der Polizei besorgt.
Grund für die schlechte Presse ist natürlich nie Kottans Morddezernat, das jeden Fall aufklärt. Wenn doch was schief gelaufen ist, dann war's immer der Schrammel. Pilchs größter Feind und unüberwindbarer Gegner ist der Kaffeeautomat auf dem Gang. Die Leichen findet meistens der Obdachlose Erwin Drballa (Carlo Böhm), der dann auf unterschiedliche Weise zu Kottan sofort Kontakt aufnimmt, z. B. macht er den Mund auf, und es ertönt eine Sirene, oder es liegt zufällig gerade ein Funkgerät mit Direktverbindung parat. Kottan: »Kennst du den Mann?« – Drballa: »Ich kenn meine Leichen nie.«
Zu Hause warten Kottans Frau Ilse (Bibiana Zeller) und seine Mutter (Gusti Wolf). Und obwohl vor allem Mutter mit ihren kriminalistischen Eingebungen und Ideen für den perfekten Mord nervt, halten sie und Ilse es immer für eine Ausrede, wenn Kottan behauptet, aus dienstlichen Gründen erst so spät nach Hause zu kommen. Kottan hat auch zwei Kinder; Tochter Sissy (Birgit Machalissa) spielt jedoch nur zu Anfang mit und Sohn Walter (Florian Böhm) vor allem gegen Ende.
Die Dritten Programme zeigten sieben spielfilmlange Folgen mit verschiedenen Kottan-Darstellern, sie liefen jeweils in fast allen Dritten Programmen gleichzeitig sonntags um 20.15 Uhr. Schon diese Folgen wichen vom gängigen Krimischema ab, überzeichneten und parodierten und lösten in Österreich Proteste aus: »Diffamierung eines ganzen Berufsstandes und Entwürdigung der Kriminalpolizei«, waren die Worte des Landesvorsitzenden der öffentlich Bediensteten Oberösterreichs, Stefan Haiden; der stellvertretende Salzburger Polizeidirektor, Hofrat Dr. Johann Feldbacher, nannte die Serie schlicht »eine ausgemachte Sauerei«. Die Einschaltquoten waren hervorragend. Trotz komischer Elemente ging es in diesen Folgen jedoch noch überwiegend um die Arbeit Kottans, der als unkonventioneller Ermittler dargestellt wurde, ähnlich dem späteren Schimanski.

Mit Folge 8 stieg das ZDF als Koproduzent ein. Spätestens jetzt fand die Serie ihren eigenen Stil und nahm nichts und niemanden mehr ernst – weder die Polizei noch das Genre Krimi, noch das Medium Fernsehen. Kottan singt ein Duett mit der TV-Ansagerin Chris Lohner, die im Hintergrund im Fernsehgerät zu sehen ist (sie spricht auch mit ihm oder klingelt an der Tür, wenn er sie vorzeitig ausschaltet). Wird Kottans Kapelle bei der Probe gestört, sagt Schremser: »Wir probieren's weiter, in der nächsten Folge.« Und der Penner Drballa fleht den soeben Erstochenen an: »Sagen S' was! Irgendeinen Hinweis auf den Täter! Wie in einem *ordentlichen* Film!«
In Kottans Wohnung stehen Ehefotos seiner Frau mit den früheren Kottan-Darstellern, und Autor Zenker und Regisseur Patzak (der selbst oft in der Rolle eines Polizisten mitspielte) trieben Spaß mit Vor- und Abspann (»Das Buch ohne Ideen war von Helmut Zenker. Die einfallslose Regie von Peter Patzak.« – »Sollten Sie einen Fehler im folgenden Film entdecken, dürfen Sie ihn behalten«). Außerdem blendeten sie Laufschriften ein, die auf den ersten Blick keinen Bezug zum Programm hatten. Während der Folge »Kansas City« am 3. Dezember 1982 wies eine Textschleife auf die anschließende Sondersendung zur Landung eines unbekannten Flugobjekts bei Duisburg hin. Natürlich gab es weder das Ereignis noch die Sendung, doch viele besorgte Zuschauer nahmen die Einblendung ernst und riefen beim ZDF oder der Polizei an. Eine Programmmoderatorin erklärte nach der Sendung etwas mürrisch, es sei ein Spaß gewesen, und es müsse jetzt wirklich niemand mehr anrufen, und das ZDF gelobte, fortan auf Jux-Einblendungen zu verzichten (diese spezielle ist jedoch bei Wiederholungen der Folge weiterhin enthalten).
Das Hauptproblem der Serie war der Sendeplatz: Das ZDF zeigte die jetzt einstündigen Folgen auf seinem Krimiplatz am Freitag um 20.15 Uhr. Dort war das Publikum jedoch Langweiler wie *Derrick* und *Der Alte* gewohnt, folglich erschrak es, weshalb weitere Folgen ab Mitte 1984 sonntags nach dem Hauptabendprogramm liefen. Die Serie wurde 1985 mit dem Adolf-Grimme-Preis mit Bronze ausgezeichnet.
1981 kam in Österreich der Film »Den Tüchtigen gehört die Welt« ins Kino, in dem Franz Buchrieser als Kottan ermittelt. Diesen Film zeigte Pro Sieben 1990.

KOZURE OKAMI   **VOX**
2004–2005. 26-tlg. jap. Actionserie (»Kozure Okami«; 1973–1977).
Der oberste Scharfrichter Itto Ogami (Kinnosuke Nakamura) wird Opfer einer Verschwörung und verliert seinen Job. Attentäter töten seine Familie, nur sein Sohn Daigoro (Katzataka Nishikawa; später: Takumi Satô) überlebt. Itto schwört Rache, lernt die Samurai-Kunst und flüchtet vor seinem Gegner Retsudo Yagyu (Koji Takahashi; später: Akira Nishimura; Kei Sato).
Vox zeigte nachts je fünf Folgen am Stück.

KRACH IN TOURLEZANNE DFF
→ Eine zuviel in Tourlezanne

DIE KRAMER ARD
1969. 6-tlg. dt. Schulserie von Paul Hans Rameau und Günter Dönges, Regie: Hans Müller.
Die junge Lehrerin Frau Dr. Kramer (Bettina Rütting) ist neu am Carolus-Gymnasium und wird zunächst mit Skepsis empfangen. Schnell zeigt sich jedoch, dass sie eine gute Pädagogin ist, die sich für ihre Schüler einsetzt und ihre Probleme löst. Dazu mischt sie sich manchmal ins Familienleben der Kinder ein und stößt bei einigen Eltern auf Widerstand. Wenn es sein muss, widersetzt sie sich auch dem Schuldirektor Dr. Berwig (Herbert Tiede), wenn der z. B. die Schülerzeitung verbieten will.
Die 25-Minuten-Folgen liefen in allen regionalen Vorabendprogrammen.

DAS KRANKENHAUS AM RANDE DER STADT DFF 1, ARD, MDR
1979 (DFF 1); 1981–1982 (ARD); 2004 (MDR). 29-tlg. tschechoslowak. bzw. tschech. Krankenhausserie von Jaroslav Dietl, Regie: Jaroslav Dudek (»Nemocnice na kraji města«, 1978–1981; 2003).
Dr. Karel Sova (Ladislav Chudík) ist Chefarzt in einem Krankenhaus in einer tschechischen Provinzstadt. Zum Personal gehören sein Sohn Karel jun. (Ladislav Frej), Dr. Cvach (Josef Vinklář), Dr. Štrosmajer (Miloš Kopecký), die Anästhesistin Dr. Dana Králová (Jana Štěpánková), die Assistenzärztin Dr. Alžběta Čenková (Eliška Balzerová) und Dr. Arnošt Blažej (Josef Abrhám), die Schwestern Ina Galuška (Andrea Čunderliková), Marta Hunková-Penkavová (Iva Janžurová), genannt Täubchen, und Oberschwester Jachymová (Nina Popeliková). Direktor des Krankenhauses ist Dr. Pekář (Josef Somr). Als Dr. Sova geht, wird erst Štrosmajer, dann Blažej der neue Chefarzt.
Realistische Alltagsgeschichten und lebensnahe Figuren mit Ecken und Kanten machten die Serie äußerst beliebt und inspirierten wahrscheinlich viele weitere Serien, darunter die *Schwarzwaldklinik*. Die ersten neun einstündigen Folgen waren eine Koproduktion mit dem DDR-Fernsehen, das sie in 13 Teilen à 45 Minuten zeigte. Die Serie lief in der DDR-Synchronisation 1980 auch in der ARD, montags um 20.15 Uhr, und war ein so großer Erfolg, dass sich der NDR als Koproduzent an einer zweiten Staffel mit sieben Folgen beteiligte.
Im Jahr 2003 setzte das tschechische Fernsehen die Serie fort, unter größter Aufmerksamkeit der Medien und mit besten Einschaltquoten. Von der alten Besetzung waren noch Chefarzt Dr. Blažej und Schwester Ina dabei, die nun miteinander verheiratet sind und erwachsene Kinder haben, außerdem Dr. Čenková, Dr. Králová und auch wieder der ehemalige Chefarzt Dr. Sova. Die 13 neuen Folgen liefen mit dem Untertitel »20 Jahre später« im Sommer 2004 im Dritten Programm des MDR.

KRANKENHAUS LICHTENBERG SAT.1
2001. 60-tlg. Real-Life-Daily-Doku-Soap. Kameras begleiteten den Alltag auf einer Station des Krankenhauses Lichtenberg in Berlin.
In dieser Serie waren keine Schauspieler zu sehen; es wurden echte Ärzte und Pfleger und echte Patienten bei ihrem Alltag beobachtet. Sat.1 platzierte die Reihe mutig um 18.00 Uhr werktags im Vorabendprogramm, wo zuvor mit *So ist das Leben – Die Wagenfelds* und *Geliebte Schwestern* bereits zwei andere Daily Soaps gefloppt waren. Aber das hier war ja weniger eine Daily Soap als ein Real-Life-Format, dessen Boom allerdings ein halbes Jahr zuvor vorerst kläglich zu Ende gegangen war. Und so verschwand auch diese Reihe nach nicht einmal zwei Monaten sang- und klanglos.

KRAUSE UND KRUPP DFF
→ Krupp und Krause

KRAUT & RÜBEN ARD
1979. Unterhaltungsshow mit Franca Magnani und Reinhard Münchenhagen, die gleich nach der Premiere wieder abgesetzt wurde.

KREISBRANDMEISTER FELIX MARTIN ZDF
1982. 10-tlg. dt. Actionserie von Harald Philipp, Gerd Nickstadt und Lutz Schaarwächter, Regie: Harald Philipp.
Felix Martin (Wolfgang Kieling) ist als Kreisbrand-

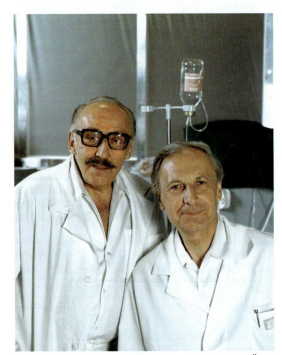

Gutes Personal war schon vor 20 Jahren rar, das galt für Ärzte ebenso wie für Optiker: Chefarzt Karel Sova (Ladislav Chudík, rechts) mit Dr. Štrosmajer (Miloš Kopecký) im *Krankenhaus am Rande der Stadt*.

meister der Freiwilligen Feuerwehr im Dauereinsatz. Er löscht Brände, evakuiert Menschen, verhindert Selbstmorde und rettet Kinder, die in Löcher gefallen sind. Im Hauptberuf führt Felix den Gasthof »Zur alten Feuerwehr« und ist dort der Chefkoch. Das Wirtshaus ist zugleich Treffpunkt für das Feuerwehrkollegium.
Keine beschauliche Heile-Welt-, sondern eine auffallend laute und actionreiche Serie mit Explosionen und Schießereien. Die 25-minütigen Folgen liefen erst montags, dann dienstags am frühen Abend.

KRELLING ARD
→ Bahnstation Krelling

KREML-RUNDE ZDF
1964–1966. Politische Diskussionsrunde zu sowjetischen Themen. Gesprächsleiter war zunächst Bernd Nielsen-Stokkeby, dann Wolf Dietrich. Die Runde lief alle zwei Monate donnerstags im Wechsel mit *Deutschland-Gespräch, Zur Person, Zur Sache* und *Journalisten fragen – Politiker antworten.*

KREMPOLI – EIN PLATZ FÜR WILDE KINDER ARD
1975. 10-tlg. dt. Jugendserie von Claus Landsittel, Regie: Michael Verhoeven.
Die Kinder Branko (Ivo Vrzal), Claudia (Sandra Olvedi), Joe (Harald Fendt), Mirko (Vedran Mudronja), Monika (Gaby Wild), Peter (Albert Urdl) und Wolfgang (Michael Fischer) richten sich auf dem Gelände des Schutt- und Gerümpelfahrers Opa Krempel (Hannes Gromball) einen Abenteuerspielplatz ein, weil sie nicht wissen, wo sie sonst spielen sollen. Dank seines hippiesken Linksdralls erlaubt Opa Krempel diese antiautoritären Umtriebe. Er ist übrigens etwa Mitte 30 – mit Kinderaugen gesehen also ein Opa. Vicky (Monika Madras) ist die Lehrerin der Kinder. Die Folgen waren 50 Minuten lang und liefen sonntagnachmittags.

KREUZ UND QUER DURCH DIE WELT ZDF
1963–1964. 25-tlg. brit. Natur-Doku-Reihe (»On Safari«; 1957–1959).
Das Tierfilmerehepaar Michaela und Armand Denis lebt in Nairobi in einem Haus am Busch direkt an einem Fluss. Der Garten ihrer Villa ist eine Kinderstube für allerlei Getier, das der Zuschauer auf diese Weise bestens kennen lernt. Die beiden gehen aber auch etwas weiter hinaus und zeigen, was dort so lebt. Michaela und Armand kommen den Tieren dabei sehr nahe, Armand filmt, und Michaela schminkt sich. Außerdem spricht Armand erklärende Texte, erzählt Wissenswertes über die gezeigten Tiere, und Michaela richtet ihr Haar. Die unfreiwillige Komik in Michaela Denis' zur Schau gestellter Eitelkeit und Dialoge wie »Schau mal, Michaela!« – »Was denn, Denis?« verliehen der Reihe eine besondere Note.
Die Doku-Reihe wurde bereits ab dem zweiten Sendetag des neuen ZDF dort ausgestrahlt. Jede Folge dauerte 25 Minuten. Weitere Reiseberichte des Ehepaars Denis hießen ab 1968 *Auf Safari*.

KREUZFAHRTEN EINES GLOBETROTTERS ZDF
1980–1981. 26-tlg. dt. Episodenreihe nach Erzählungen von William Somerset Maugham, Regie: Claus Peter Witt.
Abgeschlossene Geschichten mit den Reiseerlebnissen wechselnder Figuren und Hauptdarsteller, darunter Karin Anselm, Hans-Helmut Dickow, Uwe Friedrichsen, Harald Juhnke, Alexander Kerst, Wolfgang Kieling, Liselotte Pulver, Walter Richter, Sigmar Solbach und Christian Wolff. Die halbstündigen Folgen liefen donnerstags um 18.20 Uhr.

KREUZFEUER AM PETERSBERG RTL
1998. Einstündige Polittalkshow mit Johannes Gross und Alice Schwarzer.
Die beiden Moderatoren wären gern so etwas wie Hauser und Kienzle gewesen und hätten vermutlich am liebsten gar keine Gäste gehabt, um selbst mehr Zeit im Vordergrund verbringen zu können. Um immerhin einen Gast pro Sendung kamen sie dann aber doch nicht herum. In der Premiere war es Oskar Lafontaine.
Sechs Sendungen liefen sonntags gegen 23.00 Uhr.

DAS KREUZWORTRÄTSELSPIEL ZDF

1971. 90-minütige Spielshow mit Dieter Thomas Heck.
Zwei Kandidatenteams treten im Rätsellösen gegeneinander an, z. B. Bäcker gegen Schornsteinfeger oder Schuhmacher gegen Frisöre. Jedes Team besteht aus 204 Mitgliedern (jawohl, zweihundertundvier Personen pro Team) und hat immer ein paar Minuten Zeit, Kreuzwort-, Silben-, Bilder- und Musikrätsel zu lösen. Die musikalischen Rätsel geben Stargäste auf. Es tanzt das Irene-Mann-Ballett und formt zu Beginn der Show aus kleinen braunen Sitzwürfeln mit weißen Buchstaben das Wort »Kreuzworträtselspiel«.
Die Idee zur Sendung hatte Mischa Mleinek, Regisseur war Truck Branss. Gerade mal 816 Kandidaten bekamen die Chance zur Teilnahme, dann wurde Hecks erstes Quiz nach nur zwei am Donnerstag um 20.15 Uhr gesendeten Ausgaben abgesetzt. Im folgenden Jahr startete das sehr ähnliche Spiel *4 gegen 4*.

KRIEG DER BOMBER ARD
1985. 5-tlg. dt. Dokumentation von Jochen von Lang und Peter Latzel über die Entwicklungen, die zum Bombenkrieg gegen englische und deutsche Städte in den Jahren 1940 bis 1945 führten. Die Luftangriffe auf Köln, Hamburg, Essen, Berlin und Dresden wurden näher betrachtet.

KRIEG DER WELTEN PRO SIEBEN
1992. 42-tlg. US-Science-Fiction-Serie von Greg Strangis (»War Of The Worlds«; 1988–1990).
Die Serie basiert auf dem Roman von H. G. Wells, der bereits 1953 für das Kino adaptiert wurde, und knüpft an die Filmhandlung an. Im Film wurden die außerirdischen Invasoren am Ende durch Bakte-

rien neutralisiert. Zu Beginn der Serie erwachen sie und können sich aus den Vorratstanks befreien, in denen sie gehalten wurden. Sie haben nun die Fähigkeit, in menschliche Körper zu schlüpfen und Macht über sie zu übernehmen. Dr. Harrison Blackwood (Jared Martin), der Computerwissenschaftler Norton Drake (Philip Akin), die Mikrobiologin Suzanne McCullough (Lynda Mason Green) und Lieutenant Colonel Paul Ironhorse (Richard Chaves) bekämpfen die Aliens; in der zweiten Staffel werden Drake und Ironhorse durch John Kincaid (Adrian Paul) ersetzt. Schwieriger wird die Situation durch eine zweite Invasion neuer Außerirdischer, die von Mana (Catherine Disher) und Malzor (Denis Forest) angeführt werden. Die elfjährige Debi (Rachel Blanchard) ist Suzannes Tochter.

Pro Sieben zeigte die knapp einstündigen Folgen samstagnachts.

KRIEG UND FRIEDEN ARD

1974–1975. 20-tlg. brit. Historiendrama nach dem Roman von Leo Tolstoi, Regie: John Howard Davies (»War and Peace«; 1972).

Die Geschichte Russlands zur Zeit von Napoleons Einmarsch im frühen 19. Jh., verknüpft mit der Geschichte mehrerer Adelsfamilien: Der unbekümmerte Pierre Besuchow (Anthony Hopkins), der uneheliche Sohn eines reichen Grafen, wird nach dessen plötzlichem Tod der neue Graf und muss sich den Gepflogenheiten der besseren Gesellschaft anpassen. Wider besseres Wissen heiratet er die hinterhältige Helene (Fiona Gaunt), die Tochter des Fürsten Wassili Kuragin (Basil Henson) und seiner Frau Aline (Margaret Ward).

Natascha Rostowa (Morag Hood) ist die jüngste Tochter des Grafen Ilja Andrejewitsch Rostow (Rupert Davies) und der Gräfin Natalie (Faith Brook), die außerdem zwei Söhne haben: Nikolai (als Kind: Toby Bridge; dann: Christopher Moran) und den jüngeren Petja (als Kind: Barnaby Shaw; dann: Rufus Frampton). Fürst Andrej Bolkonski (Alan Dobie) ist mit Lisa (Alison Frazer) verheiratet, die aber bei der Geburt des gemeinsamen Kindes stirbt. Er verliebt sich in Natascha, doch sein Vater, der alte Fürst Nikolai Andrejewitsch Bolkonski (Anthony Jacobs), verlangt eine einjährige Trennung, bevor er einer Hochzeit zustimmt. Während dieser Zeit wird Natascha von Helenes ebenso hinterhältigem Bruder Anatol (Colin Baker) verführt. Pierre Besuchow befreit sie aus dessen Fängen und verliebt sich in sie.

Dann jedoch marschiert Napoleon (David Swift) ein, und Pierre zieht in den Krieg. Nach einem missglückten Attentatsversuch auf Napoleon gerät er in Kriegsgefangenschaft, wird aber von den später siegreichen russischen Truppen befreit. Helene ist in der Zwischenzeit unter mysteriösen Umständen gestorben, und während die Russen den Wiederaufbau Moskaus vorantreiben, finden Pierre und Natascha zueinander, heiraten und werden glücklich. Für Nataschas verarmte Familie ist diese Heirat auch ein finanzieller Segen.

Von Tolstois Roman hatte es bereits eine amerikanische und eine vierteilige russische Kinoverfilmung gegeben. Die Fernsehfolgen waren eine knappe Stunde lang und liefen im regionalen Vorabendprogramm. Später wurde die Verfilmung auch in zehn doppelt so langen Folgen wiederholt.

DIE KRIMINALERZÄHLUNG ARD

1970–1976. 26-tlg. dt. Krimiserie von Martin Duschat und Günther Swars. Privatdetektiv Carlis (Eric Pohlmann), in der ersten Staffel außerdem Inspektor Parkinson (Walter Jokisch), ermitteln in Kriminalfällen.

Die Fälle der ersten Staffel basierten auf literarischen Vorlagen von Julian Symons, in der zweiten Staffel lieferten verschiedene Autoren die Drehbücher. Die 25 Minuten langen Folgen liefen im regionalen Vorabendprogramm. In der Nachfolgeserie *Mr. Carlis und seine abenteuerlichen Geschichten* spielte Eric Pohlmann die Rolle weiter.

DIE KRIMINALFÄLLE DES MAJORS ZEMAN DFF 1

1976–1980. 30-tlg. tschechoslowak. Krimiserie von Jan Kovář, Regie: Jiří Sequens (»30 případů majora Zemana«; 1974–1979).

Die Handlung der Serie erstreckt sich über fast 30 Jahre und verfolgt die Karriere von Jan Zeman (Vladimír Brabec), der nach dem Zweiten Weltkrieg seinen Dienst als Kriminalassistent bei den tschechoslowakischen Sicherheitsorganen beginnt und mit der Zeit zunächst zum Oberleutnant und dann zum Major befördert wird. Kompromisslos geht er gegen Mörder und Spione vor. Ein Widersacher ist der Verräter Pavel Bláha (Radoslav Brzobohatýý), dem es lange Zeit erfolgreich gelingt, sich vor Zeman und seinen Kollegen Jiří Hradec (Rudolf Jelínek), Václav Kalina (Miloš Willig), Oberst Pavlásek (Josef Větrovec) und Oberst Žitný (František Němec) zu verstecken.

Der Kommunismus hatte nur gute Seiten in dieser von der tschechoslowakischen Regierung initiierten Serie, deren deutsches Begleitbuch beim Militärverlag der DDR erschien. Mit einer Wiederholung ist deshalb kaum zu rechnen.

KRIMINALFÄLLE OHNE BEISPIEL DFF

1967–1975. 8-tlg. semidokumentarische DDR-Kriminalreihe von Günter Prodöhl.

Geschildert werden Fälle aus der Bundesrepublik, die international Aufsehen erregten, bei denen die Behörden versagten, vertuschten, Täter laufen ließen oder korrupt waren – u. a. die Fälle »Timo Rinnelt«, »Dominas-Bande«, »Brühne-Ferbach«. Teilweise nennt ein Sprecher während des Krimis Hintergründe, Daten und Fakten und betont so den realistischen Hintergrund der spannenden Geschichten, die so spannend für das DDR-Publikum dann doch nicht waren. Die Reihe war wenig erfolgreich und brachte es in acht Jahren auf nur acht Folgen. Sie liefen dienstags um 20.00 Uhr. Der Gerichtsreporter Prodöhl hatte bereits für die ungleich erfolgreichere

Serie *Blaulicht* geschrieben, die politisch einen ähnlichen Anspruch hatte, nämlich »typische Erscheinungsformen der kapitalistischen Gesellschaft kritisch zu analysieren« (Prodöhl). Kurz gesagt: In der Bundesrepublik sind Verbrechen an der Tagesordnung, Polizei und Justiz faschistisch unterwandert, Kriegsverbrecher wieder in Amt und Würden.

KRIMINALHUND MURMEL ... BITTE KOMMEN! ZDF
1982. 8-tlg. US-Zeichentrickserie (»The Mumbly Cartoon Show«; 1976).
Spürhund Murmel hilft Inspektor Schnuffel bei bei der Jagd nach Gaunern. Die Folgen waren 20 Minuten lang und liefen freitags um 18.00 Uhr.

DAS KRIMINALMUSEUM ZDF
1963–1970. 42-tlg. dt. Krimireihe. Jede Folge beginnt im Kriminalmuseum, wo Beweisstücke aus unterschiedlichen Verbrechen, hauptsächlich Mord und Betrug, zu begutachten sind. Zu einem Beweisstück wird anschließend im Film die Geschichte erzählt.
In jeder Folge spielten andere Schauspieler die Hauptrollen; es gab auch keine festen Ermittlerfiguren, sodass die Reihe eigentlich aus vielen einzelnen Fernsehspielen bestand, die lediglich unter einem gemeinsamen Titel gesendet wurden. Zu den Hauptdarstellern gehörten u. a. Wolfgang Völz, Günther Ungeheuer, Claus Wilcke, René Deltgen und Erik Ode, der in der Nachfolgeserie zum *Kriminalmuseum* den *Kommissar* spielte. Die letzte Folge war als »Die Wäscheleine« produziert worden, wurde aber unabhängig von der Serie unter dem Titel »Wer klingelt schon zur Fernsehzeit« gezeigt.
Dies war die erste Krimireihe des ZDF. Die ersten drei Folgen liefen noch unter dem Titel »Das Kriminalmuseum erzählt«. Das Konzept stammte von Produzent Helmut Ringelmann, der in den nächsten Jahrzehnten fast ein Monopol auf Krimiserien im ZDF haben sollte. Es orientierte sich deutlich an Jürgen Rolands *Stahlnetz* und behauptete ebenfalls, authentische Fälle nachzuerzählen – dafür stand auch das Vorzeigen eines Beweisstücks am Anfang und der Untertitel »Nach Polizeiakten dargestellt«, der später relativiert wurde zu »Nach Unterlagen der Kriminalpolizei frei gestaltet«. Kommentare aus dem Off gab es, anders als bei *Stahlnetz,* allerdings nur im Vorspann, während des Besuchs im Kriminalmuseum.
Die Filme waren 60 bis 75 Minuten lang. Sie liefen in loser Folge, meist fünf bis sieben Folgen pro Jahr. Sendeplatz war anfangs donnerstags um 21.00 Uhr, ab 1965 dienstags und ab 1966 schließlich freitags um 20.00 Uhr. Damit begann das ZDF die Freitagsprimetime zum festen Krimitermin zu machen – sie ist es bis heute.

DIE KRIMINALPOLIZEI RÄT ARD
1970–2000. In fünfminütigen Filmbeiträgen wird nach dem Muster vom *7. Sinn* vor Ganoven und deren Tricks gewarnt. Lief zunächst einmal im Monat freitags um 21.15 Uhr, immer vor der Krimiserie, und tingelte später durch diverse Sendeplätze.

DIE KRIMINALPSYCHOLOGIN ZDF
→ Lea Katz – Die Kriminalpsychologin

KRIMINALTANGO SAT.1
1995–1996. 14-tlg. dt. Krimiserie.
Der bayerische Kommissar Max Haller (Erich Hallhuber) und die preußische Staatsanwältin Dr. Katharina Mohndorff (Nicole A. Spiekermann) müssen dienstlich miteinander auskommen und tun sich damit schwer. Wegen ihrer grundverschiedenen Dienstansichten – sie ist bierernst und hält sich strikt an Vorschriften, er ist lebenslustig und arbeitet lieber mit unkonventionellen Methoden – liegen die beiden oft im Clinch, gleichzeitig knistert es aber zwischen ihnen. Klaus Hähnel (Gilbert von Sohlern) ist Hallers Kollege im Büro.
Die einstündigen Folgen liefen am Mittwochabend. Konstantin Wecker sang den Titelsong.

DIE KRIMISTUNDE ARD
1982–1988. »Geschichten für Kenner«. 30-tlg. dt. Episodenreihe.
In den einzelnen Folgen werden jeweils mehrere kurze, in sich abgeschlossene Krimiepisoden gezeigt. Die meisten beruhen auf Kurzgeschichten des amerikanischen Autors Henry Slesar, der Rest auf britischen und deutschen Kurzgeschichten. Wechselnde Darsteller spielen die Hauptrollen.
Die einstündigen Teile liefen in loser Folge zur Primetime.

KRISTA RTL
2003. 7-tlg. dt. Comedyserie von Jurgen Wolff.
Singlefrau Krista (Julia Stinshoff) ist Redakteurin bei der Frauenzeitschrift »Rouge« und schreibt ihre Artikel über das, was sie auch privat bewegt: Sex und ihre Suche nach dem Traummann. Den sucht sie gemeinsam mit ihrem besten Freund und Kollegen Michael (Arndt Schwering-Sohnrey), denn der ist, wie es sich für eine deutsche Sitcom gehört, selbstverständlich schwul. Zur Redaktion gehören ferner der Fotograf und Frauenheld Simon (Roman Rossa), die abgebrühte Kolumnistin Beate (Konstanze Breitebner) und der Chefredakteur Heribert Schotte (Jochen Senf). Kristas beste Freundin ist ihre naive Nachbarin Lotte (Fiona Coors).
Munter zusammengeklaut aus den US-Comedys *Sex And The City* und *Just Shoot Me – Redaktion durchgeknipst,* doch dafür, dass es dauernd um Sex ging, war die Serie erstaunlich frei von Höhepunkten. Selbst im direkten Anschluss an das Quotenzugpferd *Deutschland sucht den Superstar* erreichte sie mittwochs zur Primetime nur mittelmäßige Einschaltquoten und wurde zwei Folgen vor Schluss vorzeitig abgesetzt.

KRONE DER VOLKSMUSIK ARD
→ Sommerfest der Volksmusik

KRONZUCKER UNTERWEGS   SAT.1
1992–1993. Reisereportage von und mit Dieter Kronzucker, der unbekannte Geschichten an verschiedenen Reisezielen suchte. Sechs Folgen wurden ausgestrahlt.

KRÜGER SIEHT ALLES   RTL
Seit 2002. Halbstündige Comedyshow mit Mike Krüger, der Fernsehausschnitte aus aller Welt zeigt und kommentiert. Dabei sitzt er in einem Sessel, und das aus unerfindlichen Gründen vor Studiopublikum. Vorbild ist die englische Show »Tarrant On TV« mit Chris Tarrant, der zugleich Moderator der Originalversion von *Wer wird Millionär?* war.
Die Reihe läuft samstags nach 22.00 Uhr.

KRÜGERS NATIONALQUARK   RTL
1984–1985. Blödel-Talkshow mit Mike Krüger, der im Kino, in den Charts und beim ZDF schon ein Star und ein Millionenpublikum gewohnt war und in den Anfangstagen des neuen Senders RTL die Gunst der Stunde nutzte, um vor nur ein paar tausend Zuschauern tun und lassen zu können, was er wollte. Nun wurde also beim neuen, kleinen Sender RTL munter herumexperimentiert, und so wurde die Show aus einer Kneipe gesendet, und der Geräuschpegel im Hintergrund war entsprechend hoch.

KRUPP UND KRAUSE   DFF
1969. 5-tlg. DDR-Familiensaga von Gerhard Bengsch, Teil 1 nach dem gleichnamigen Roman von Karl Heinrich Helms-Liesenhoff, Regie: Horst E. Brandt und Heinz Thiel.
Fred Krause (als Kind: Uwe Baumgart; als Jugendlicher: Jaecki Schwarz; als Erwachsener: Günther Simon) lebt mit seinen Eltern Fritz (Gerd Ehlers) und Frieda (Helga Göring) in der DDR; sie sind eine Krupp-Arbeiterfamilie. Der Fünfteiler schildert über annähernd 60 Jahre das Leben Freds, der alle Formen kapitalistischer Ausbeutung erleidet. Er beginnt als Lehrling und Arbeiter in der Kanonenschmiede Krupps. Mit 17 schwängert er Guste Keuben (Angelica Domröse), später heiratet er Hanna Jordan (Lissy Tempelhof). Er geht im Ersten Weltkrieg an die Front, erlebt anschließend Inflation und Arbeitslosigkeit und wird im Zweiten Weltkrieg Häftling eines Konzentrationslagers – wieder als Zwangsarbeiter in einem Rüstungsbetrieb der Krupps. Verwundet und ausgehungert beginnt er 1945 mit Freunden den Wiederaufbau und wird am Ende Hauptdirektor des ehemaligen Krupp-Werks in Magdeburg, das nunmehr »Schwermaschinen-Kombinat Ernst Thälmann« (SKET) heißt. In einem zehnminütigen »Epilog 68« trifft er als Werksdirektor auf der Leipziger Messe mit dem jetzigen Direktor von Krupp zusammen.
Jeder der ersten drei Teile begann im Konferenzsaal der Krupps. Diese Teile hießen *Krupp und Krause*, die letzten beiden *Krause und Krupp*. Helms-Liesenhoffs Romanvorlage schilderte die Geschichte nur bis 1933, den Rest schrieb Drehbuchautor Gerhard Bengsch dazu.

KRYPTON FAKTOR   SAT.1
1991. Einstündige Spielshow mit Jörg Draeger.
Vier Kandidaten nehmen an Gedächtnis-, Reflex-, Wissens- und Ausdauerspielen teil, müssen sich in einem Flugsimulator als Pilot bewähren und können Geld gewinnen. Der »Krypton Faktor« ist der jeweilige Punktestand eines Kandidaten.
Die Show basierte auf dem britischen Format »Krypton Factor«, das dort erstmals 1977 zu sehen war. Sie lief donnerstags um 20.00 Uhr. Krypton ist der Heimatplanet von Superman.

KULINADE   ARD
1972–1974. Recyclingshow mit Hans-Joachim Kulenkampff.
Kuli zegte vor Publikum noch einmal die alten Kurzfilme, die in *Einer wird gewinnen* zum Anlass für Quizfragen genommen wurden und in denen er selbst immer die Hauptrolle spielte, indem er historische Figuren oder klassische Theaterrollen parodierte.

KULIS BUCHCLUB   RTL
1990–1991. Monatliches Literaturmagazin mit Hans-Joachim Kulenkampff.
Durch seinen neuen Starmoderator fühlte sich RTL beflügelt, eine Literatursendung in der Primetime unterbringen zu können, und hoffte auf viele Zuschauer, die wegen Kuli einschalteten. Das war nicht der Fall. Was vielleicht Kuli selbst am wenigsten überraschte, der in der Sendung über sich staunte: »Der hat karierte Socken an, keine Krawatte um und tut so, als ob Bücher was ganz Normales wären.« Er plauderte ein wenig mit Studiogästen, las Auszüge vor und zeigte gelegentlich einen Filmausschnitt. Er wollte nur etwas neugierig machen auf gute Bücher. Eineinhalb Jahrzehnte später war das gleiche Konzept mit Elke Heidenreich und dem Titel *Lesen!* plötzlich ein Knaller.
Nach dem Start auf einem Sendeplatz am Samstagabend um 21.05 Uhr wurde die Reihe zunächst auf nach 22.00 Uhr verlegt und nach zehn Sendungen abgesetzt.

DIE KULMBACHER FILMNACHT   SAT.1
→ Die lange Kulmbacher Filmnacht.

KULTURBERICHT   ZDF
→ Aspekte

KULTURMAGAZIN   DFF 1, DFF 2
1973–1990. Berichte aus Literatur, Kunst, Theater, Film, Musik und Kulturpolitik.
Das Magazin hatte keinen elitären Kulturbegriff, sondern orientierte sich an der Alltagskultur und war relativ kritisch, kein reines Sprachrohr für die offizielle Kulturpolitik der SED. Moderatoren der insgesamt 378 Ausgaben waren Klaus Hilbig, Gabriele Conrad, Reinhard Griebner, Klaus Reichelt und Detlef Schrader.
Die Sendungen waren 30 bis 45 Minuten lang und

liefen monatlich, ab 1977 14-täglich, an unterschiedlichen Tagen gegen 21.00 Uhr. Im Dezember 1983 wechselte das *Kulturmagazin* von DFF 1 zu DFF 2.

KULTURREPORT ARD
Seit 1991. Halbstündiges Kulturmagazin mit aktuellen Berichten über Hochkultur und Alltagsphänomene.
Die Sendung wird im Wechsel von NDR, MDR, BR und SFB (später: RBB) gestaltet. Das Design ist einheitlich, aber jede Anstalt hat ein eigenes inhaltliches Konzept; manche Sendungen sind moderiert, manche unmoderiert. Das Pendant des WDR heißt *Kulturweltspiegel,* der HR produziert das traditionsreiche *Titel, Thesen, Temperamente.*
Jährlich laufen 26 Ausgaben am Sonntagabend. Der Sendeplatz rutschte allmählich immer weiter in Richtung Mitternacht: Anfangs kam der *Kulturreport* um 21.45 Uhr, 1998 schob sich *Sabine Christiansen* davor, seit Ende 2003 auch noch die *Tagesthemen.*

KULTURWELTSPIEGEL ARD
Seit 1983. Kulturmagazin.
Ursprüngliche Idee war, das Auslandskorrespondentennetz der ARD nicht nur für die aktuelle politische, sondern auch für die kulturelle Berichterstattung zu nutzen. Der *Kulturweltspiegel* berichtete später aber nicht nur über die Kulturmetropolen des Auslands und die kulturelle Szene der Entwicklungsländer, sondern auch über die kulturpolitische Entwicklung in Deutschland. Moderatoren waren Hansjürgen Rosenbauer (1983–1991), Gabriele Krone-Schmalz (1992–1997), Michael Schmid-Ospach (1998–2001) und Michaela Maxwell (seit Herbst 2001). Eine einzige Sendung im Juli 2001 wurde von der Pro-Sieben-Wetterfee und Buchautorin Else Buschheuer moderiert. Die Personalie war von einem gewaltigen PR-Rummel begleitet, aber Buschheuers Engagement letztlich glücklos. Nach der abrupten Trennung beschäftigte die Personalie die Anwälte.
Das Magazin lief zunächst mit 45 Minuten Länge monatlich dienstags um 23.00 Uhr, wanderte Ende 1987 auf den späten Sonntagabend und reihte sich 1991, auf eine halbe Stunde gekürzt, in die verschiedenen *Kulturreport*-Ausgaben ein.

KÜMO HENRIETTE ARD
1979–1981. 28-tlg. dt. Familienserie von Helga Feddersen, Regie: Wilfried Dotzel, Peter Harlos.
Die »Henriette« ist das Küstenmotorschiff (»Kümo«) der Familie Petermann, die damit Fracht transportiert. Zur Besatzung gehören Kapitän Hinrich Petermann (Uwe Dallmeier) und seine Frau Margot (Elke Twiesselmann), Oma (Else Quecke) und Opa (Rudolf Beiswanger), der ebenfalls ein Kapitänspatent besitzt, und Schiffsjunge Harald (Gernot Kleinkämper; später: Marco Kröger). Die Petermann-Töchter Gerda (Uta Stammer) und Karin (Bettina Dörner) haben andere Berufe ergriffen, aber noch regelmäßigen Kontakt zur Familie. Gerda ist die Freundin des Werftmechanikers Uwe Schmidt (Dieter Ohlendiek), und die beiden heiraten nach kurzer Zeit. Der Makler und Frachtvermittler der Petermanns ist Hans Meier (Joachim Wolff). Herr und Frau Mewes (Günter Kütemeyer und Helga Feddersen) sind Haralds Eltern. Harald wird später Matrose und Uwe Kapitän. Er kauft die »Henriette«, während Petermann auf der »Henriette II.« weiterfährt, aber später das Kommando komplett an seinen Schwiegersohn Uwe übergibt.
Die halbstündigen Folgen liefen im regionalen Vorabendprogramm.

DIE KUMPEL SAT.1
2001–2002. 14-tlg. dt. Krimiserie.
Die gegensätzlichen Polizisten Timo Laboga (Frank Stieren) und Manni Tenckhoff (Axel Häfner) fahren im Ruhrpott gemeinsam Streife. Rica Severin (Katharina Abt) ist die Staatsanwältin.
Die einstündigen Folgen liefen zunächst mittwochs um 20.15 Uhr, wurden wegen unbefriedigender Quoten aber nach ein paar Wochen auf Montag, 21.15 Uhr, verlegt.

KUMPEL MIT CHAUFFEUR ARD
1981. 13-tlg. dt. Familienserie von Nikolai Zink, Regie: Erich Neureuther.
Fahrer Bruno Jaedecke (Achim Strietzel) kutschiert die Belegschaft einer Schachtanlage im Ruhrgebiet.
Die halbstündigen Folgen liefen im regionalen Vorabendprogramm.

KUNDEN UND ANDERE KATASTROPHEN ZDF
2003. 10-tlg. dt. Familienserie von Ulrich König.
Das traditionsreiche Kaufhaus »Hamburger Hof« ist der Arbeitsplatz der ungleichen Stiefschwestern Lisa Fischer (Natascha Bub) und Hannah Franke (Sophie Schütt). Lisa ist Verkäuferin für Damenoberbekleidung unter der schwierigen Abteilungsleiterin Vera Schuster (Brigitte Janner), Hannah Assistentin des Geschäftsführers Udo Mannheimer (Uwe Rathsam). Auch Lisas Mutter und Hannahs Adoptivmutter Charlotte Franke (Barbara Focke) arbeitet im Haus: Sie leitet die Änderungsschneiderei. Der Sohn von Lisa und ihrem Mann Karsten (Heinz Keller), Jojo (Jaime Krsto), verbringt häufig die Nachmittage bei ihr und bringt den Betrieb durcheinander.
Udo Mannheimers Eltern hatten das Kaufhaus aufgebaut, seine Mutter Ada (Karin Rasenack) hat die Mehrheit der Anteile nach dem Tod ihres Mannes aber an einen Konzern verkauft, der von Udos intrigantem Vorgänger Hannes von Oertzen (Peer Jäger) geführt wird und das Kaufhaus mit Hilfe des Wirtschaftsanwalts Andreas von Thiede (Matthias Zahlbaum), einem Sportfreund Udos, in ein Hotel umwandeln will. Mannheimer zur Seite steht seine erfahrene Sekretärin Heike Sleis (Mona Seefried). Mirko Neuhaus (Oliver Petszokat) ist ein Schuhverkäufer im Kaufhaus.
War der vergebliche Versuch, den Erfolg der *girl friends* zu wiederholen. Gedreht wurde in der Hamburger Kaufhof-Hauptfiliale. Junge Zuschauer wur-

den mit der Mitwirkung des Teeniestars Oliver Petszokat (alias Oli. P) geködert, der im Zusammenhang mit der Sendung in fast jeder Programmzeitschrift abgebildet war, aber keine wirklich tragende Rolle spielte.
Die Folgen dauerten 50 Minuten und liefen donnerstags um 19.25 Uhr, die letzte Folge wurde an einem Freitagnachmittag versendet.

KUNG FU ZDF, PRO SIEBEN, KABEL 1
1975–1976 (ZDF); 1993–1994 (Pro Sieben); 1995–1996 (Kabel 1). 60-tlg. US-Westernserie von Ed Spielman und Herman Miller (»Kung Fu«; 1972–1975).
Der Halbchinese Kwai Chang Caine (David Carradine) zieht durch den Westen der USA, auf der Flucht vor dem Kaiser von China, der ihn wegen Mordes sucht. Er ist eigentlich gegen Gewalt, hat aber bei den Shaolin-Mönchen in China deren Kampfkunst gelernt und setzt sie notfalls ein.
Die Serie spielte anhand vieler Rückblenden in Caines Zeit in China, die er mit Master Po (Keye Luke) und Master Kan (Philip Ahn) verbrachte. Radames Pera spielte den jungen Caine.
39 einstündige Folgen zeigte das ZDF samstags am Vorabend, die restlichen Folgen liefen erst knapp 20 Jahre später in deutscher Erstausstrahlung bei Pro Sieben und Kabel 1. Titelsong war »Kung Fu Fighting« von Carl Douglas. 1993 enstand eine Neuauflage unter dem Titel: *Kung Fu – Im Zeichen des Drachen*, wieder mit David Carradine in der Hauptrolle, nun als Caines Enkel.

KUNG FU – IM ZEICHEN DES DRACHEN PRO SIEBEN, KABEL 1
1994–1995 (Pro Sieben); 1996–1997 (Kabel 1). 87-tlg. US-Action-Serie (»Kung Fu: The Legend Continues«; 1993–1996).
Nach 15 Jahren findet Kwai Chang Caine (David Carradine) seinen totgeglaubten Sohn Peter (Chris Potter) wieder, der inzwischen Polizist ist. Fortan bekämpfen beide gemeinsam das Verbrechen, wobei Kwang Chai auf die Kampfkunst der Shaolin-Mönche vertraut und Gewalt eigentlich ablehnt.
David Carradine hatte bereits 20 Jahre zuvor in *Kung Fu* die Hauptrolle gespielt. Die Hauptfigur in dieser Fortsetzung war der Enkel des damaligen Caine. Auch hier gab es Rückblenden in die Zeit, bevor sich Vater und Sohn aus den Augen verloren. Nathaniel Moreau spielte darin den jungen Peter Caine.

KUNST UND BOTSCHAFT RTL
1989–1993. Betrachtung von Bildern und bildhauerischen Werken, die meistens die Thematik des Sonntagsevangeliums aufnehmen.
Kunst und Botschaft war die Nachfolgesendung von *Das Bild als Botschaft*. Wie beim Vorgänger handelte es sich um eine Gemeinschaftsproduktion von RTL mit der evangelischen und katholischen Kirche, mit der der Sender seiner Verpflichtung zu religiösen Sendungen nachkam. Die fünfminütigen Betrachtungen liefen zunächst noch auf dem alten Sendeplatz am Sonntagabend, rückten im September 1989 aber auf den Nachmittag, dann auf den Mittag und schließlich in die Morgenstunden vor.
In der 300. Folge am 13. Dezember 1992 trat der damalige Bundesarbeitsminister Norbert Blüm auf und interpretierte »Arbeiter mit Speisbütte« des Malers Hellmuth Eichner.

KUNST UND FLICKWERK ARD
1992. 5-tlg. niederl. Jugendserie von Karst van der Meulen und Piet Geelhoed, Regie: Karst van der Meulen (»Kunst en Vliegwerk«; 1989).
Die Kinder des chaotischen Künstlerehepaars Drost (Saskia van Basten-Batenburg und Herman van Veen) begeistern sich für Technik. Chantal (Inge Alkema), Jeroen (Maurice Beeke), Nicky (Sandy van der Brink) und Rogier (Arjan Roodenburg) nerven den Nachbarn Veldhuis (Andre van der Heuvel), weil ihre selbst gebastelten Raketen immer in sein Gewächshaus fliegen. Der ruft auch prompt die Polizei, als in der Rakete ein geheimnisvoller Fremder (Toon Agterberg) auftaucht, der sein Gedächtnis verloren hat. Die Kinder nennen ihn UFO und verstecken ihn.
Die Serie mit halbstündigen Folgen ist die veränderte Langfassung eines Kinderfilms, der in den Niederlanden im Kino lief. Den Titelsong sang Hauptdarsteller Herman van Veen.

KUNTERBUNT ZDF
1970–1973. »Ein Magazin für Kinder«. Lehrreiche Sendereihe für Schulanfänger mit Suntka Haneburger und Ingeborg Becker sowie Bildergeschichten mit Oswin, einem Malwettbewerb, der Frage, wo eigentlich links ist, Verkehrserziehung und dem gelegentlichen Verkehrsquiz »Der Kreisel«.
Sendeplatz war nachmittags. Die Reihe mit dem Titel *Kunterbunt* wurde anfangs in der Regel noch in Schwarz-Weiß ausgestrahlt.

DAS KURHEIM ARD
1971–1972. 13-tlg. dt. Familienserie von Arno Alexander, Regie: Dieter Wedel.
Henriette Below (Tilly Lauenstein) ist die Leiterin des Kurheims Medebach, Marion Mohn (Christine Wodetzky) ihre Assistentin. Gemeinsam kümmern sie sich um die Belange der Kurgäste. Eigentlich hat Marion die Stelle nur angenommen, um während eines Krankenhausaufenthalts ihres Mannes Peter (Jürgen Thormann) die Familie versorgen zu können, doch dann fühlt sie sich wohl und bekommt sogar die Chance, Heimleiterin zu werden. Ein Angebot für Peter, aus beruflichen Gründen nach Nürnberg zu gehen, kommt deshalb sehr ungelegen.
Die halbstündigen Folgen liefen im regionalen Vorabendprogramm. Wiederholungen im NDR trugen den Titel *Kurheim Medebach*.

KURHEIM MEDEBACH NDR
→ Das Kurheim

DER KURIER DER KAISERIN ZDF

1970–1971. 26-tlg. dt. Kostümserie von Hans Dieter Schreeb und Hans-Georg Thiemt, Regie: Hermann Leitner.

Im Siebenjährigen Krieg zwischen Österreich und Preußen im 18. Jh. ist Leutnant Karl von Rotteck (Klausjürgen Wussow) als Kurier der österreichischen Kaiserin Maria Theresia (Marianne Schönauer) unterwegs. Gemeinsam mit seinem Burschen Padua (Matthias Grimm) gerät er in abenteuerliche Situationen, in denen er die geheimen Schreiben, die er transportiert, vor Wegelagerern und feindlichen Truppen schützen muss und sich selbst vor trinkfreudigen Falschspielern und willigen Hofdamen. Rottecks preußischer Widersacher ist Rittmeister von Buckow (Volkert Kraeft).

Die halbstündigen Folgen liefen montags um 19.10 Uhr. Es war die erste große Serienrolle für Klaus-Jürgen Wussow.

KURIER IN DEN BERGEN DFF 1

1979–1980. 8-tlg. poln.-ungar. Abenteuerserie nach dem Roman von Adam Bahdaj, Regie: Lech Lorentowicz (»Trzecia granica«; 1976).

Der polnische Soldat Andrzej Bukowian (Andrzej Wasilewicz) arbeitet im Zweiten Weltkrieg als Kurier der polnischen Widerstandbewegung in den slowakischen Bergen, befördert Geheimpost und Waffen. Er spürt Vermisste auf, wird aber auch selbst verfolgt. Beim slowakischen Aufstand wird er Mitglied der Partisanen. Die erzählte Handlung beginnt mit dem Einmarsch der Deutschen in Polen und erstreckt sich über die gesamte Kriegszeit.

Die Folgen waren 50 Minuten lang.

KURKLINIK ROSENAU SAT.1

1996–2005. 40-tlg. dt. Krankenhausserie.

Prof. Dr. Gerd Bernhardt (Karl Michael Vogler) und Oberarzt Dr. Klaus Tannert (Stefan Gubser) leiten die Kurklinik Rosenau in Mürrenberg. Sie müssen sich oft gegen den neuen Marketingleiter der Kosmopharm AG, Dr. Harald Cramm (Maximilian Malcsiner), durchsetzen, der ganz andere Ansichten über die Klinik hat. Privat muss Tannert Micha (Sebastian Stehling) und Niki (Melanie Lachner) erziehen, die Kinder seiner Schwester, die bei einem Autounfall ums Leben gekommen ist. Seine Freundin Marion Dieckhoff (Angelika Perdelwitz), zugleich Verwaltungschefin der Klinik, ist bei der Erziehung eine große und notwendige Hilfe. Ihre Beziehung geht aber bald in die Brüche. Prof. Bernhardt ist mit Gisela (Brigitte Goebel) verheiratet, deren Sohn André Larisch (Josef Baum) ebenfalls Arzt an der Klinik ist. Der Ökobauer Gernot Warburg (Hermann Giefer) ist ein Freund Tannerts und in die Sportlehrerin Renan Sahim (Maria von Blumencron) verliebt. Weiteres Personal sind Oberschwester Kathi Gutschke (Petra Kelling) und Schwester Lindi Birnbaum (Katja Strobel). Gernots Schwester Gaby (Wookie Mayer) hat politische Ambitionen in Mürrenberg.

27 einstündige Folgen liefen 1996 und 1997 montags um 20.15 Uhr, acht Jahre später wurden weitere 13 samstags morgens gezeigt.

KURS FÜR EHEGLÜCK ARD

1965–1966. 12-tlg. frz. Familienserie nach dem Roman von André Maurois, Regie: Jacqueline Audry (»Cours de bonheur conjugal«; 1965).

Die Studentin Colette (Colette Castel) und der Ingenieur Dominique (Dominique Paturel) heiraten schon kurz nach ihrem Kennenlernen. Das hat zur Folge, dass sie viele Macken des Partners erst nach der Hochzeit entdecken und sich nicht nur an die Ehe als solche, sondern auch aneinander erst noch gewöhnen müssen. Das gilt auch für die Familien: Colettes Eltern (Denise Provence und Bernhard Lavalette) und die von Dominique (Gisèle Grandpré und Marcel Charvey).

Die halbstündigen Folgen liefen im regionalen Vorabendprogramm. In Frankreich brachte es die beliebte Serie auf 113 Episoden.

KUSCHELBÄREN ZDF

1984. 13-tlg. poln. Puppentrickserie nach dem Buch von Margarete Thiele (»Trzy misie«; 1983).

Die drei Teddybären Plüschohr, Knopfauge und Samtpfötchen gehen bei einem Ausflug mit den Kindern, denen sie gehören, im Wald verloren und müssen gefährliche Abenteuer bestehen, bis sie zurückfinden. Die halbstündigen Folgen liefen donnerstagnachmittags.

KÜSS MICH, JOHN TM3

→ Staatsaffären

KÜSS MICH, KLEINER PRO SIEBEN

1994. 22-tlg. US-Sitcom von Richard Rosenstock (»Flying Blind«; 1992–1993).

Das Leben des Langweilers Neil Barash (Corey Parker) gerät durcheinander, als ihm die abenteuerlustige und sexbesessene Alicia (Tea Leoni) über den Weg läuft und sich beide ineinander verlieben. Neil arbeitet in der Firma seines Vaters, Jeremy (Michael Tucci), wo Ted (Marcus Giamatti) sein ehrgeiziger Kollege ist. Neil wohnt auch noch bei seinen Eltern, zieht aber später bei Alicia und ihren Mitbewohnern Jordan (Robert Bauer) und Megan (Clea Lewis) ein. Beim Filmproduzenten Dennis Lake (Charles Rocket) nimmt er einen neuen Job an.

Als Titelsong wurde »And She Was« von den Talking Heads verwendet. Pro Sieben zeigte die halbstündigen Folgen erst samstags im Vorabendprogramm, ab April donnerstags nach Mitternacht.

DIE KÜSTE DER GANOVEN ZDF, PRO SIEBEN

1978 (ZDF); 1990 (Pro Sieben). 13-tlg. US-Westernserie von Harold Livingston (»The Barbary Coast«; 1975–1976).

Jeff Cable (William Shatner) schlüpft in verschiedene Rollen, um als Undercover-Agent des Gouverneurs von Kalifornien Ende des 19. Jh. diverse Betrüger im Vergnügungsviertel von San Francisco zu bekämpfen. Ihm zur Seite steht Cash Conover (Doug McClure), der das »Golden Gate Casino« beim Pokerspiel gewonnen hat. Dort arbeiten der riesige Moose Moran (Richard Kiel) und der Klavierspieler Thumbs (Dave Turner).

Im ZDF liefen samstags um 18.00 Uhr sechs der einstündigen Folgen, Pro Sieben zeigte auch die restlichen sieben.

DIE KÜSTENPILOTEN   ZDF
1981–1982. 26-tlg. dt-kanad. Abenteuerserie von Lyal und Barbara Brown (»Ritter's Cove«; 1980-1981).

Der deutsche Auswanderer Karl Ritter (Hans Caninenberg) führt in British Columbia, Kanada, mit einem Wasserflugzeug seine eigene kleine Gesellschaft, Ritters Flugdienst. Seit der alte Herr es versäumt hat, sich rechtzeitig einem Gesundheits-Check zu unterziehen, muss er die junge Kate Ashcroft (Susan Hogan) als Pilotin beschäftigen, was ihm eigentlich widerstrebt. Jede Folge dauerte 25 Minuten.

KÜSTENWACHE   ZDF
Seit 1997. Dt. Krimiserie.

Hauptkommissar Holger Ehlers (Rüdiger Joswig) ist der Kapitän des Polizeischiffs »Albatros«, mit dem er und seine Mannschaft an der Ostseeküste Patrouille fahren. Er ist unkonventionell, konsequent, gerecht, und er steht immer zu seiner Mannschaft. Merkwürdigerweise herrscht dennoch eine enorme Fluktuation, was das Personal angeht, abgesehen vom leitenden Maschinisten Wolfgang Unterbauer (Elmar Gehlen) und Smutje und Sanitäter Kalle Schneidewind (Rainer Basedow).

Über diese dreiköpfige Stammbesetzung hinaus kommen und gehen: Kommissarin Friederike Hansen (Julia Bremermann, bis Juli 1997), sie wird auf einen Kapitänsposten befördert; Bootsfrau Rita Friesen (Lena Lessing, bis Juli 1997); Funker Rolf Hohmann (Gregor Weber, bis Juni 1999); Wachhabender Offizier Britta Larsen (Christina Greb, April 1999 bis Februar 2000), sie wird bei einem Undercover-Einsatz erschossen; Bootsfrau Anke Diekmann (Anke Kortemeier, April bis Juni 1999); Funker und Waffenwart Paul Kramer (Pascal Lalo, Januar bis März 2000); die quirlige Bootsfrau Simone von Ahlbeck (Miriam Smolka, Januar bis März 2000); Wachoffizier Heike Schenk (Ursula Buschhorn; Februar 2000 bis Mai 2001), sie fällt nach einem Tauchunfall ins Koma; Funker und Waffenwart Erik Lorenzen (Jan Sosniok, April bis Juni 2001); Bootsfrau Julia Sandhoff (Katja Frenzel-Röhl, April 2001 bis November 2003); die taffe Wachoffizierin Rike Claasen (Nele Woydt, Mai 2001 bis Oktober 2003); Funker und Waffenwart Jan Kamp (Patrick Gräser, ab September 2002); Wachoffizier Mona Jürgens (Jasmin Gerat, ab Oktober 2003); der freche Sanitäter Kai Norge (Andreas Arnstedt, ab November 2003); Bootsfrau Lili Carlson (Sandra Leonhard, ab November 2003); Wachoffizier Jana Deisenroth (Stefanie Schmid, ab Januar 2005); der chaotische Kommunikationstechniker Niels Krüger (Ralph Kretschmar, ab Januar 2005).

Hauptkommissar Hermann Gruber (Michael Kind, ab April 1999) ist der Leiter der Einsatzzentrale. Kapitän Ehlers' erwachsener Sohn Erik (erste Staffel: Sebastian Reznicek; sechste Staffel: Max Urlacher) ertrinkt im November 2003 an Bord eines gesunkenen Ausflugsdampfers. Im Januar 2005 bekommt die Küstenwache ein neues, größeres und schnelleres Schiff, die »Albatros II«. Kalle ist jetzt kein Besatzungsmitglied mehr und betreibt stattdessen eine Kneipe. Kai übernimmt die Stelle als Smutje. Später kommt die neue Bootsfrau Alex Johansson (Aline Hochscheid) dazu.

Action- und erfolgreiche Serie, die sich im Lauf der Jahre immer aufwendigere Produktionen leistete. Für die Episode »Götterdämmerung« im Herbst 2003 wurde zum ersten Mal in einer deutschen Serie auf einem Original-U-Boot der Bundesmarine gedreht. Die Abenteuer sollten den realen Alltag der echten Küstenwache an Nord- und Ostsee widerspiegeln, und offenbar taten sie es: Im August 2001 ernannte der Bundesgrenzschutz im Rahmen einer öffentlichen Veranstaltung in Neustadt/Holstein, wo die Serie auch gedreht wurde, die Hauptdarsteller Joswig, Gehlen und Basedow zu Ehrenpolizeibeamten. Die »Albatros« heißt in Wirklichkeit »Duderstadt«. Jan Sosniok, Darsteller des Erik Lorenzen in der vierten Staffel, hatte bereits in der ersten Staffel mitgespielt, damals in der Rolle des Detlef »Dette« Müller.

Rund 100 einstündige Folgen liefen bisher mittwochs um 19.25 Uhr.

KWATSCHNICH   ARD
1971–1972. Halbstündige Kindersendung am Sonntagvormittag von Wolfgang Kraesze und Michael Strauven für Vier- bis Sechsjährige. Der SFB gab sie schon nach kurzer Zeit wieder auf, um sich am *Feuerroten Spielmobil* zu beteiligen.

L

L. A. AFFAIRS SAT.1
1999. 13-tlg. US-Soap von James Stanley und Dianne Messina Stanley (»Pacific Palisades«; 1997). Die Paare Nick (Jarrod Emick) und Joanna Hadley (Michelle Stafford) sowie Robert (Greg Evigan) und Kate Russo (Finola Hughes) sind Nachbarn im Nobelort Pacific Palisades bei Los Angeles. Liebe und Intrigen bestimmen ihr Leben und das der anderen Einwohner: Laura Sinclair (Kimberly Davies), Michael Caras (Trevor Edmond), Dr. Cory Robbins (Joel Wyner; später: Dylan Neal), Beth Hooper (Brittney Powell), Jessica Mitchell (Jocelyn Seagrave), Matt Dumming (Lucky Vanous), John Graham, Jr. (Paul Satterfield) und Frank Nichols (Gianni Russo). Christina Hobson (Joan Collins) ist Lauras Mutter, die es auf alle Männer abgesehen hat. Joannas jüngere Schwester Rachel Whittaker (Natalia Cigliuti) entpuppt sich in Wahrheit als ihre Tochter aus einer Vergewaltigung im Alter von 14 Jahren.
Aaron Spelling war der Produzent dieser kurzlebigen Standardsoap, die Sat.1 am Samstagnachmittag zeigte.

L. A. DOCS SAT.1
2001. 24-tlg. US-Arztserie von John Lee Hancock (»L. A. Doctors«; 1998–1999).
Die befreundeten Internisten Dr. Roger Cattan (Ken Olin), Dr. Tim Lonner (Matt Craven) und Dr. Evan Newman (Rick Roberts), drei Idealisten, führen zusammen mit der Gynäkologin Dr. Sarah Church (Sheryl Lee) eine Gemeinschaftspraxis in Los Angeles. Die Krankenschwestern Felicity (Melora Walters) und Susann (Deirdre O'Connell), der Labortechniker Patrick Owen (Coby Bell) und Empfangsdame Nina Morris (Judith Scott) komplettieren das Praxisteam. Tim und seine Frau Julie (Talia Balsam) sind Adoptiveltern der Zwillinge Eva und Christine (Erica und Vanessa Jimenez-Alvarado), müssen sie aber eines Tages der leiblichen Mutter zurückgeben. Roger ist ein Playboy. Evan hat noch guten Kontakt zu seiner Ex-Frau Kelly (Rebecca Rigg) und Sohn Nick (Joseph Ashton). Er beginnt eine Beziehung mit Sarah, die jedoch am Ende bei einem Autounfall stirbt.
Die einstündigen Folgen liefen samstags nachmittags.

L. A. HEAT RTL 2, VOX
1997 (RTL 2); 1999 (Vox). 48-tlg. US-Actionserie von Joseph Merhi und Richard Pepin (»L. A. Heat«; 1996–1998).
Der weiße Millionär Chase McDonald (Wolf Larsen) und der schwarze ehemalige Boxer August Brooks (Steven Williams) ermitteln als Polizisten gemeinsam in verschiedenen Fällen. Brooks geht ruhig und besonnen an die Fälle heran, während McDonald den ständigen Adrenalinschub braucht. Captain Jensen (Kenneth Tigar) ist ihr Vorgesetzter, Cragmeyer (Christopher Boyer) und Annie (Jessica Cushman) sind die Gerichtsmediziner. Jody Miller (Dawn Radenbaugh) ist Chase' Freundin, August ist mit Kendra (Renée Tenison) verheiratet. Samantha Morecroft (Debbie James) kommt später als neue Pathologin aufs Revier.
Die ersten 26 Folgen liefen bei RTL 2, danach wechselte die Serie zu Vox und lief dort montags um 21.15 Uhr.

L. A. LAW – STARANWÄLTE, TRICKS, PROZESSE RTL, SAT.1
1988–1993 (RTL); 1996 (Sat.1). 171-tlg. US-Anwaltsserie von Steven Bochco und Terry Louise Fisher (»L. A. Law«; 1986–1994).
Die Anwälte der Kanzlei McKenzie, Brackman, Chaney & Kuzak übernehmen für ihre meist wohlhabenden Mandanten in Los Angeles knifflige, oft langwierige Fälle. Leland McKenzie (Richard Dysart) ist der väterliche Seniorchef, Douglas Brackman, Jr. (Alan Rachins) der knickerige Geldzähler und Michael Kuzak (Harry Hamlin) der ehrgeizige und engagierte Staranwalt. Gemeinsam führen sie die Kanzlei. Unter ihnen arbeiten der Frauenheld und Scheidungsanwalt Arnie Becker (Corbin Bernsen), der kleine Steuerexperte Stuart Markowitz (Michael Tucker), die idealistische Ann Kelsey (Jill Eikenberry), der verpennte Spanier Victor Sifuentes (Jimmy Smits), die unsichere Abby Perkins (Michele Greene) und Beckers Sekretärin Roxanne Melman (Susan Ruttan), die ihn anbetet, mit der er aber erst nach Jahren eine Affäre hat. Grace Van Owen (Susan Dey) ist die Bezirksstaatsanwältin.
Im Lauf der Zeit entwickeln sich mehrere Beziehungen am Arbeitsplatz. Kuzak und Van Owen werden ein Paar, Markowitz und Kelsey heiraten und bekommen einen Sohn. Nach und nach kommen der Anwalt Jonathan Rollins (Blair Underwood), der geistig behinderte Bote Benny Stulwicz (Larry Drake) und die Anwältin Rosalind Shays (Diana Muldaur) zur Firma. Shays übernimmt in Rekordzeit das Kommando, macht sich dabei entsprechend unbeliebt und wird schließlich gegen viel Geld aus der Firma vertrieben, bevor sie versehentlich in einen leeren Fahrstuhlschacht stürzt und stirbt. Kuzak verlässt das Team. Van Owen wird Richterin, ist damit aber unglücklich, wechselt die Seiten und wird Rechtsanwältin in der Kanzlei, die inzwischen McKenzie, Breckman, Chaney & Becker heißt. Weitere Aussteiger sind Sifuentes, Perkins, Melman und nach kurzem Gastspiel auch Van Owen, neu dazu kommen C. J. Lamb (Amanda Donohoe), Tommy Mullaney (John Spencer), dessen Ex-Frau Zoey Clemmons

(Cecil Hoffman), die neue Bezirksstaatsanwältin wird, Frank Kittredge (Michael Cumpsty), Susan Bloom (Conchata Ferrell), Billy Castroverti (Tom Verica), Alex DePalma (Anthony DeSando), Gwen Taylor (Sheila Kelley), Daniel Morales (A Martinez) und Melina Paros (Lisa Zane). Schließlich komplettieren die letzten Neuzugänge Eli Levinson (Alan Rosenberg), Jane Halliday (Alexandra Powers) und Sekretärin Denise Iannello (Debi Mazar) die Kanzlei, und Benny heiratet Rosalie (Kathleen Wilhoite). Die Kanzlei trägt jetzt den Namen McKenzie, Brackman, Kelsey, Markowitz & Morales.

Chaney, der ursprünglich vierte namensgebende Partner der Kanzlei, wurde in der ersten Szene des Pilotfilms tot aufgefunden. Er wurde mit einem Gesetzbuch erschlagen. Ähnlich wie *Polizeirevier Hill Street,* das ebenfalls von Steven Bocho erfunden wurde, griff *L. A. Law* viele brisante Themen und ethische Grenzfragen auf, und auch die Staranwälte gewannen trotz aller Tricks nicht alle ihre Prozesse. Der spanischstämmige Anwalt Sifuentes litt darunter, dass er seinen Job allein einer Quotenregelung für ethnische Minderheiten verdankte, und setzte sich viele Folgen lang damit auseinander. Andere Themen waren Aids, Rassismus und die moralischen und rechtlichen Fragen, die etwa das Tourette-Syndrom, das Outing von Homosexuellen und Zwergenweitwurf aufwerfen. Nachdem Leland in der letzten Folge wegen einer Krebserkrankung in den Ruhestand ging, übernahm offensichtlich die Kanzlei von *Ally McBeal* diese Fälle. *L. A. Law*-Miterfinderin Terry Louise Fisher, die auch *Cagney & Lacey* produziert hatte, hatte früher selbst als Staatsanwältin gearbeitet.

Die ebenso relevante wie spannende, unterhaltsame und humorvolle Serie bekam bereits für die erste Staffel fünf Emmy-Auszeichnungen, insgesamt wurden es 15. Die Titelmusik stammte von Mike Post. 127 Folgen liefen erfolgreich staffelweise im Abendprogramm von RTL, die restlichen 44 Folgen sendete Sat.1 angehängt an Wiederholungen der alten Folgen nachmittags an Werktagen.

L. A. MACHINE · RTL
1995. 9-tlg. US-Fantasyserie (»Mann And Machine«; 1992).
Der Polizist Bobby Mann (David Andrews) bekommt Sergeant Eve Edison (Yancy Butler) als Partnerin zur Seite. Das Besondere: Sie ist ein auf Verbrechensbekämpfung programmierter Roboter. Lieutenant Margaret Claghorn (S. Epatha Merkerson) ist die Vorgesetzte des Teams.
Die einstündigen Folgen liefen mittags am Wochenende.

LACH- UND SACHGESCHICHTEN · ARD
1971–1972. Halbstündiges Magazin für Kinder mit erklärenden Filmbeiträgen über Fragen des Alltags sowie unterhaltenden Trick- und Realfilmelementen.
Die Reihe wurde am Sonntagvormittag ausgestrahlt

L. A. Law: Vordere Reihe von links: Blair Underwood, Susan Dey, Michael Tucker; Mitte links: Harry Hamlin; Mitte rechts: Jill Eikenberry; hinten von links: Susan Ruttan, Corbin Bernsen, Alan Rachins, Jimmy Smits.

und im Januar 1972 in *Die Sendung mit der Maus* umbenannt.

LACH- UND SCHIESSGESELLSCHAFT · ARD
1957–1989. Politisches Kabarett.
In unregelmäßigen Abständen übertrug die ARD abends die Programme des Münchner Kabaretts Lach- und Schießgesellschaft. Die Gruppe bestand anfangs aus Dieter Hildebrandt, Hans Jürgen Diedrich, Klaus Havenstein und Ursula Herking. 1959 wurde Herking durch Ursula Noack ersetzt, 1962 kam Jürgen Scheller dazu. 1970 schieden Havenstein und Diedrich aus, Horst Jüssen und Achim Strietzel kamen dazu. Regisseur war stets Sammy Drechsel. 1972 löste sich die Gruppe auf, 1976 wurde mit neuer Besetzung die Neue Lach- und Schießgesellschaft gegründet. Dieter Hildebrandt schrieb weiterhin die Texte. Insgesamt 19 Programme gab es von der originalen Lach- und Schießgesellschaft, alle wurden von der ARD übertragen; alles in allem waren etwa 35 Programme zu sehen – darunter auch der Rückblick *Schimpf vor zwölf,* der als eigene Reihe mehrfach zu Silvester lief.
Aus einem Reise-Special, in dem die Lach- und Schießgesellschaft mit Jürgen von Manger in der Rolle des Adolf Tegtmeier nach Tokio reiste, ging die Reihe *Tegtmeiers Reisen* hervor.

Die für den 13. Januar 1973 vorgesehene Ausstrahlung der Abschiedsvorstellung wurde vom BR abgelehnt. Programmdirektor Helmut Oeller glaubte die Ausstrahlung wegen »qualitativer Mängel« nicht mit seinem »künstlerischen Gewissen vereinbaren zu können«. Sammy Drechsel dagegen sah darin eine politisch motivierte Entscheidung. Stattdessen zeigte die ARD den *Komödienstadl* »Die drei Dorfheiligen«.

LACHEN AUF REZEPT ARD
1980–1981. 20-tlg. US-Sitcom (»The Practice«; 1976–1977).
Vater und Sohn sind Ärzte in Manhattan, aber ihr Berufsverständnis ist so verschieden wie nur möglich. Der Vater, Dr. Jules Bedford (Danny Thomas), kann zwar ein Schussel und ein Griesgram sein, hat aber ein großes Herz und freut sich, wenn er den Menschen helfen kann. Der Sohn, Dr. David Bedford (David Spielberg), ist kein Idealist, sondern freut sich, wenn die Kasse klingelt. Seine Praxis liegt an der exklusiven Park Avenue, wo nach seinem Willen auch der Vater einziehen sollte. Doch der bleibt seiner alten Praxis treu. Dort arbeiten die ältere Schwester Molly Gibbons (Dena Dietrich), die ihn anhimmelt, und die nicht so helle Sprechstundenhilfe Helen (Didi Conn). Davids Frau heißt Jenny (Shelley Fabares), die Kinder Paul (Alan Price) und Tony (Damon Raskin).
Die halbstündigen Folgen liefen im regionalen Vorabendprogramm.

LACHEN SIE MIT STAN UND OLLIE ZDF
1975–1980. 21-tlg. Reihe mit Filmen von Stan Laurel und Oliver Hardy.
Nachdem das ZDF seit Jahren aus den Filmen der beiden fernsehgerechte Häppchen geschnitten hatte, zeigte es nun die langen Filme in einer Form, die ihnen einigermaßen gerecht wurde. Bewusst wurde auf die Namen »Dick« und »Doof« im Titel verzichtet. Präsentiert wurden die Filme von Theo Lingen, der ein paar einführende Worte sprach und gelegentlich auch scheinbar Dialoge mit Laurel und Hardy führte.

LACHEN TUT GUT – COMEDY FÜR UNICEF ZDF
1999–2003. Alljährliche große Gala, in der bekannte Komiker auftreten und um Spenden für das Kinderhilfswerk UNICEF werben.
Jeweils zweimal moderierten in Folge Thomas Ohrner und Dirk Bach. 2003 hieß die Show nur noch *Comedy für UNICEF*, und Barbara Schöneberger moderierte.

DER LADEN ARD, ARTE
1998. 3-tlg. dt. Familienchronik von Ulrich Plenzdorf und Jo Baier nach dem Roman von Erwin Strittmatter, Regie: Jo Baier.
Esau Matt (Otto Sander) erzählt als alter Mann die Geschichte seiner Familie Matt über drei Generationen. 1919 zieht er als Neunjähriger (Otto Brandmeyer) mit seinen Eltern (Dagmar Manzel und Jörg Schüttauf) und Großeltern (Carmen-Maja Antoni und Martin Benrath) nach Bossdom in der Niederlausitz. Dort macht der Vater einen Kaufmannsladen mit Bäckerei auf. Darin arbeitet der jähzornige Müller Sastupeit (Hermann Beyer). Dessen alkoholkranke Frau (Nina Petri) erhängt sich. Der sensible Esau leidet unter dem gewalttätigen Lehrer Rumposch (Horst Krause) und schwärmt für sein Kindermädchen Hanka (Sabrina Rattey). Im zweiten Teil ist Esau im Jahr 1927 Gymnasiast (jetzt gespielt von Bastian Trost) und verliebt sich in die Jüdin Ilonka Spadi (Cosma Shiva Hagen); im dritten Teil kommt er (gespielt von Arnd Klawitter) 1946 als Deserteur der Wehrmacht in sein Heimatdorf zurück, verliebt sich in die Gemeindeschwester Christine (Deborah Kaufmann) und beginnt zu schreiben. Otto Sander ist in der Verfilmung nur der Erzähler – er ist selbst nie zu sehen.
Die autobiografisch geprägte Familiensaga galt als ein Fernsehhighlight des Jahres 1998. *Der Laden* erzählte mit großer Ruhe und Zärtlichkeit die Geschichte von Esau, der immer staunend auf die Dinge schaut und mühsam die Liebe zur Literatur entdeckt. Durch den Dreiteiler wurde Strittmatter, der in der DDR ein Bestsellerautor war, vier Jahre nach seinem Tod auch im Westen einem breiteren Publikum bekannt. Eine heftige öffentliche Diskussion entspann sich um den Sendeplatz. Ursprünglich sollte *Der Laden* um 20.15 Uhr im Ersten laufen. Dann hatten einige Fernsehdirektoren und vor allem ARD-Programmdirektor Günter Struve plötzlich Bedenken, dass eine solch hochwertige Literaturverfilmung ein Quotenkiller wäre und kurz vor Jahresschluss noch den Zuschauerschnitt versauen würde. Sie wollten sie deshalb – trotz Produktionskosten von zehn Millionen DM – erst nach 23.00 Uhr ausstrahlen. Am Ende gab es auf öffentlichen Druck und Beharren der produzierenden ARD-Anstalten einen Kompromiss: Die Familiensaga lief vom 25. November bis 2. Dezember 1998 um 21.00 Uhr, jeweils nach einer dreiteiligen Dokumentation über die Waffen-SS. Dieses Thema galt offenbar als massenattraktiv genug, um auch dem *Laden* Zuschauer zuzuführen. Am Ende war nicht nur die Kritik überschwänglich, sondern auch die Quote ordentlich. Wenige Tage zuvor hatte arte den letzten Teil von *Der Laden* im Rahmen eines Themenabends über Strittmatter bereits gezeigt.
Die Serie erhielt den Bayerischen Fernsehpreis 1999, den Grimme-Preis mit Gold 1999 und den Deutschen Fernsehpreis 1999 für Martin Benrath (Bester Schauspieler in einer Nebenrolle).

LADIES CLUB RTL
1992. Erotik-Spielshow mit Antje Garden.
Mischung aus *Mann-O-Mann* und *Tutti Frutti*: Sechs Männer kämpfen um die Gunst einer Jury aus drei Frauen. Zwei werden sofort ausgemustert, die anderen müssen sich bei einer erotischen Massage und verschiedenen Spielrunden beweisen. Wer

ausscheidet, legt einen Strip hin, für den er dann, wenn er dem Publikum gefällt, 1000 bis 4000 DM bekommt – je nachdem, wie weit er gekommen ist. Zwischendurch gibt es weitere erotische Acts von Männern.

Nach nur einer einzigen einstündigen Sendung am Sonntag, kurz vor Mitternacht, schloss der *Ladies Club* für immer seine Pforten.

LADY COPS — ARD
1996–1999. 22-tlg. US-Krimiserie (»Sirens«; 1993–1995).

Drei Frauen arbeiten für die Polizei von Pittsburgh. Alle sind gerade frisch dabei und werden von erfahrenen Partnern angelernt. Lynn Stanton (Adrienne-Joi Johnson) ist Amy Shapiro (Ellen Cohen) zugeteilt, Molly Whelan (Liza Snyder) lernt bei Richard Stiles (D. Christopher Judge) und Jessie Jaworski (Jayne Heitmeyer), die Witwe eines Polizisten, bei Dan Kelly (Claude Genest). Buddy Zunder (Tim Thomerson) arbeitet im Inndendienst. Er wird kurz vor Ende der Serie erschossen. Lynns bisherige Ausbilderin Amy übernimmt seine Stelle, und Lynn und Jessie werden ein Team. Molly bekommt mit Lyle Springer (Joel Wyner) ebenfalls einen neuen Partner.

Die 45-minütigen Episoden liefen erst am späten Mittwoch-, dann am späten Donnerstagabend. Die erste Staffel der eigentlich 35-teiligen Serie wurde in Deutschland nicht gezeigt.

LADY COPS – KNALLHART WEIBLICH — SAT.1
2004–2005. 22-tlg. US-Polizeiserie von Debra Jo LeVine (»The Division«; 2001–2004).

Fünf Frauen und ein Mann klären Kriminalfälle in Kalifornien auf: Chefin Kate McCafferty (Bonnie Bedelia), Jinny Exstead (Nancy McKeon), Stacy Newland (Amy Jo Johnson), Magda Ramirez (Lisa Vidal), Raina Washington (Taraji P. Henson) und Nate Russo (Jon Hamm). Nebenbei haben die meisten auch noch private Probleme mit Ex-Freunden oder Alkohol. Sat.1 zeigte die einstündigen Folgen sonntags mittags und begann erst bei der vierten Staffel der eigentlich 88-teiligen Serie.

DIE LADY MIT DEM COLT — SWR
1990–1991. 13-tlg. US-Krimiserie von Robert Vincent O'Neil (»Lady Blue«; 1985–1986).

Katy Mahoney (Jamie Rose) gilt in Chicago als erfolgreiche Polizistin, obwohl sie selten einen Verbrecher ins Gefängnis bringt. Die meisten erschießt sie nämlich vorher mit ihrer 357er Magnum. Ihr Chef Terry McNichols (Danny Aiello) duldet das. Auf dem Revier arbeiten außerdem Sergeant. Gianelli (Ron Dean) und Cassady (Bruce A. Young).

Hirnlose Ballerserie, in der Gewalt eine angemessene Vergeltung darstellt. Mit durchschnittlich einer gewaltsamen Handlung pro Minute war dies die brutalste Serie im aktuellen Fernsehen. Allein in der ersten Folge erschießt Katy einen Verbrecher, stößt einen anderen von einem Hochhaus und ersticht einen Dritten mit einem großen Küchenmesser. Es ist leicht verständlich, dass sich für diese Rolle keine talentierte Schauspielerin finden ließ.

1988 hatte die ARD bereits einen einzelnen Pilotfilm gesendet, nach der Ausstrahlung in Südwest 3 zeigte das Erste im Spätsommer 1991 auch die 45-minütigen Serienfolgen. Sie liefen mittwochs um Mitternacht und wurden danach noch ein Dutzend Mal in öffentlich-rechtlichen Programmen wiederholt, darunter mehrfach im Ersten.

LADYKRACHER — SAT.1
2002–2004. Halbstündige Sketchcomedy von Tommy Jaud und Chris Geletneky mit Anke Engelke.

Zum Ensemble gehörten Thomas Gimbel, Dana Golombek, Guido Hammesfahr, Christoph Maria Herbst, Bettina Lamprecht, Kai Lentrodt, Katja Liebing, Peter Nottmeier und Julia Stinshoff sowie in der dritten Staffel Diana Greenwood und Angela Sandritter.

Die Mutter hat Geburtstag und hat voller Erwartung das Geschenk von ihrer kleinen Tochter aufgerissen. Umso größer die Enttäuschung: »Ist das alles? Ist ja selbst gebastelt! Sarah, du weißt, dass die Mama sich die Freisprecheinrichtung gewünscht hatte, hm? Was soll das überhaupt sein?« – »Eine Ente.« – »Eine Ente. Kann die Mama damit telefonieren? Hm? So, du gehst jetzt rein. Die Mama ist sehr enttäuscht.«

Die Sketche in *Ladykracher* nahmen alltägliche Situationen und drehten sie einen Tick (oder auch einen gewaltigen Schwung) ins Absurde. Anke Engelke trat in Hunderten von Rollen und Verkleidungen auf und bewies ihr Verwandlungstalent. *Ladykracher* war in vielerlei Hinsicht das Gegenteil von *SketchUp:* Die Figuren waren keine Lachnummern mit absurd dicken Brillengläsern und fiesen Zähnen, sondern hatten selbst in der Karikatur eine ernsthafte, menschliche Tiefe. Und am Ende eines Sketches stand nicht die Knaller-Pointe mit dem schrägen Blick in die Kamera, im Gegenteil: Meistens schwenkte die Kamera einfach langsam weg, während die Szene scheinbar weiterging. Ebenso wie *SketchUp* setzte *Ladykracher* aber Standards und löste nach Jahren, in denen die Sketchcomedy im deutschen Fernsehen kaum eine Rolle gespielt hatte, eine Welle von Nachahmern aus. Die Serie selbst war offensichtlich von Stil und Themen der britischen Comedyserie *Smack The Pony* inspiriert; in vielen Geschichten ging es um das Spiel mit Frauen- und Männerklischees, häufig (trotz der männlichen Chefautoren) aus weiblicher Sicht.

Mit *Ladykracher* etablierte sich Engelke nach ihrer enttäuschend erfolglosen Sitcom *Anke* wieder als mit Abstand populärste deutsche Komikerin; für Christoph Maria Herbst, der die meisten Männerrollen spielte, bedeutete die Serie den Durchbruch. Am Anfang und am Ende jeder Sendung trat Engelke mit einem Stand-up vor Publikum auf, was der mit Abstand schwächste Teil der Show war. Deshalb verblüffte die Entscheidung, ihr als Nachfolgerin von Harald Schmidt eine Late-Night-Show zu geben, die im Wesentlichen genau darauf aufbaute. Mit

Der Landarzt, das Ursprungsensemble: Hendrik Martz, Antje Weisgerber, Gila von Weitershausen, Christian Quadflieg, Katharina Lehmann (von links).

zu *Anke Late Night* nahm sie aus *Ladykracher* die schwarz-weiß gedrehten Szenen mit Frauentypen, die direkt in die Kamera sprachen und später »die Engelkes« genannt wurden.

40 Folgen liefen in drei Staffeln freitags um 22.15 Uhr. Der Erfolg war enorm, zumal die direkte Konkurrenz das sonst übermächtige *Sieben Tage, sieben Köpfe* war. Nur sechs Monate nach dem Ende der ersten startete bereits eine zweite Staffel. Wegen *Anke Late Night* wurde die Produktion trotz anhaltenden Erfolgs eingestellt.

Erhielt den Deutschen Fernsehpreis 2002 (Beste Comedy).

LANCELOT LINK   RTL 2
1994. 17-tlg. US-Comedyserie (»Lancelot Link, Secret Chimp«; 1970–1972) mit dem Schimpansen Lancelot, der als Geheimagent für die Organisation C.H.U.M.P. arbeitet.

LANCER   ARD
1971–1972. 26-tlg. US-Westernserie von Samuel Peeples (»Lancer«; 1968–1970).

Murdoch Lancer (Andrew Duggan) ist zweifach verwitwet und lebt jetzt allein mit seinen beiden Söhnen auf seiner Ranch. Sohn Johnny (James Stacy) ist ein Raufbold, sein Halbbruder Scott (Wayne Maunder) ein ruhiger, kluger Kopf, der am College studiert hat. Die beiden mögen sich nicht besonders. Außer ihnen wohnt auf der Ranch Lancers Pflegekind Teresa (Elizabeth Baur).

Die 45-minütigen Folgen liefen sonntags nachmittags.

LANCIER, DER SÖLDNER   ARD
1977. 6-tlg. frz.-dt. Krimiserie von Jean-Michel Charlier und Pierre Nivollet, Regie: Claude Boissol (»Les diamants du président«; 1977).

Aus dem stressfreien Ruhestand wird für den ehemaligen Söldner Georges Lancier (Michel Constantin) nichts, als er im afrikanischen Staat Boutaïre in eine Intrige verwickelt wird, in der auch seine Freunde, der Söldner Pierre Vidal (Götz George) und der oppositionelle Präsidentschaftskandidat Diwo (Dennis Maraba), sowie Diwos Diamantenmine eine Rolle spielen. Drahtzieher sind der Finanzmanager Dr. Straker (Ferdy Mayne) und Staatsoberhaupt Oberst Mamba (Ken Gampu).

Die Serie lief im regionalen Vorabendprogramm.

DAS LAND DER FANTASTISCHEN DRACHEN   RTL
→ Im Land der fantastischen Drachen

LAND DES FEUERBAUMS   ZDF
1982. 7-tlg. brit. Abenteuerserie von John Hawkesworth nach dem Roman von Elspeth Huxley, Regie: Roy Ward Baker (»The Flame Trees Of Thika«; 1981).

Die Engländer Tilly (Hayley Mills) und Robin Grant (David Robb) und ihre Tochter Elspeth (Holly Aird) kehren Anfang des 20. Jh. ihrer Heimat den Rücken und bauen sich in Kenia ein neues Leben mit einer Kaffeeplantage auf. Den Kenianer Njombo (Mick Chege) stellen sie als Vorarbeiter an. Die Grants sind mit Lettice (Sharon Maughan) und Hereward Palmer (Nicholas Jones) befreundet, die ebenfalls Briten sind. In deren Ehe kriselt es, vor allem als ihr Nachbar, der Besserwisser Ian Crawfurd (Ben Cross), sich in Lettice verliebt. Die wirklich großen Probleme kommen, als der Erste Weltkrieg ausbricht.

Lief in einstündigen Folgen mittwochs um 18.00 Uhr.

DER LANDARZT   ZDF
Seit 1987. Dt. Familienserie von Herbert Lichtenfeld.

Dr. Karsten Mattiesen (Christian Quadflieg) praktiziert als Arzt im kleinen Örtchen Deekelsen in Schleswig-Holstein. Seine Mutter Olga (Antje Weisgerber) arbeitet als Sprechstundenhilfe in seiner Praxis, die im Landarzthaus auf einem alten Hof untergebracht ist. Die Kinder Eike (Hendrik Martz) und Kerstin (Katharina Lehmann) leben bei Mattiesens Ex-Frau, der Lehrerin Annemarie (Gila von Weitershausen), die er jedoch ein zweites Mal heiratet, und so zieht die Familie wieder in Deekelsen zusammen. Mattiesens alternative Konkurrenz im Ort ist der Naturheilkundler Alfred Hinnerksen (Gerhard Olschewski). Zu den Einwohnern gehören ferner Pfarrer Albert Eckholm (Heinz Reincke) und dessen Tochter Inken (Andrea Schober), Eckholms Frau Ina (Renate Reger), der Hotelier Mark Bohm (Hans-Georg Panczak), der Inken später heiratet, die alten Tratschweiber Thea (Evelyn Hamann), Berta (Gerda Gmelin) und Frau Sellmann (Eva Maria Bauer) sowie das Ehepaar Bruno (Gert Haucke) und Barbara Hanusch (Angelika Milster), ebenfalls Hoteliers. Sabine Buschmann-Ratjen (Regine Lamster) ist Eikes junge Lehrerin, die er bewundert. Sie und Karsten Mattiesen kommen sich in der Zeit näher, während er geschieden ist.

Als Mattiesen eines Tages ein Kind retten will und dabei tödlich verunglückt, übernimmt ab Folge 40 im Januar 1992 Dr. Ulrich Teschner (Walter Plathe) die Praxis und zieht mit Sohn Wanja (Till Demtröder) nach Deekelsen. Seine Tochter Yvonne (Julia Biedermann) kommt nach, geht aber einige Jahre später nach Frankreich, um ihr Klavierspiel zu perfektionieren. Olga bleibt Sprechstundenhilfe und Annemarie auch in der Nähe, weil sie sich in den neuen Arzt verliebt. Paula Huber (Katja Woywood) ist Wanjas Freundin und wird später Teschners Sprechstundenhilfe. Eike wandert Anfang 1993 nach Neuseeland aus. Eckholm setzt sich zur Ruhe, und Pastor Engel (Jürgen Reuter) wird sein Nachfolger; Eckholm freundet sich immer enger mit Olga an und zieht auf den Mattiesen-Hof. Elke (Katerina Jacob) wird die Frau von Hinnerksen. Ende 1995 trennen sich Uli und Annemarie, Uli heiratet im folgenden Jahr Dr. Lilli Schwarzenberg (Karin Düwel). Auch sie ist Ärztin und auf Akupunktur spezialisiert, seit einiger Zeit führen die beiden bereits eine Gemeinschaftspraxis. Von 1996 bis 2001 amtiert Eckholm als Bürgermeister. Kerstin Mattiesen ist inzwischen mit Uwe Kuss (Patrick Winczewski) zusammen, von dem sie schwanger wird und Anfang 1999 Baby Olga-Diana zur Welt bringt. Die beiden heiraten. Auch Lilli ist schwanger, erleidet aber eine Fehlgeburt. Sie kommt nicht darüber hinweg, geht beruflich nach Hamburg und lässt sich von Uli Teschner scheiden. Die neue Sprechstundenhilfe Jutta (Karina Thayenthal) wird Ulis neue Freundin, Dr. Jens Kasperski (Timothy Peach) neuer Partner in der Gemeinschaftspraxis. Auch Inken und Mark Bohm trennen sich 1999, und Inken heiratet etwas später Pastor Engel. Wanja, am Anfang einer Karriere als Anwalt stehend, beginnt eine Beziehung mit Hinnerksens Halbschwester Floriane (Victoria Sturm), im weiteren Verlauf ist er mit der Masseurin Tina Krumel (Stefanie Mensing) zusammen.

Mit Beginn der achten Staffel im Herbst 2001 ist Olga Mattiesen plötzlich gestorben. Dr. Kasperski verlässt Deekelsen wieder, er wird später der Landarzt im Nachbarort. Seine Stelle in der Praxis übernimmt Dr. Moritz Roßwein (Christian Schmidt); Gertrud (Franziska Troegner) fängt als neue Sprechstundenhilfe an. Moritz' Vater, Prof. Herbert Roßwein (Gerd Silberbauer), ist ein guter Freund Ulis. Uwe, jetzt Bürgermeister, und Kerstin trennen sich, auch die Hanuschs werden Anfang 2002 geschieden, und Hanusch wird Immobilienmakler. Immerhin ist die Beziehung zwischen Uli und Jutta glücklich und fruchtbar. Zuerst kommt Baby Benjamin, genannt Benni, zur Welt, dann adoptiert Jutta ihre Nichte Jeanette (Frederike Euler). Als wäre das Haus mit der vierköpfigen Familie und Eckholm in der Opa-Rolle noch nicht voll genug, nehmen die Teschners auch noch das dänische Aupairmädchen Gitte (Nynne Bugat) auf. Sven Olsen (Thorsten Nindel) wird der neue Polizist in Deekelsen und Renate Sabel (Claudine Wilde) die neue Pfarrerin, nachdem Pastor Engel einem Herzinfarkt erliegt. Im Frühjahr 2004 heiraten Hinnerksen und Gertrud.

Solide Arzt- und Familiengeschichten nach bewährtem Strickmuster machten die Serie von Anfang an zum Erfolg. *Der Landarzt* ist heute die dienstälteste ZDF-Vorabendserie und erreicht nach mehr als 160 Folgen noch immer gute Einschaltquoten. Der Ort Deekelsen ist eine Erfindung, Drehort waren das schleswig-holsteinische Kappeln und Umgebung.

Der Landarzt lief zunächst mittwochs um 17.50 Uhr, ab 1992 freitags um 19.25 Uhr.

LANDARZT DR. BROCK ARD

1967–1968. 26-tlg. dt. Arztserie von Rolf Schulz, Regie: Ralph Lothar.

Dr. Brock (Rudolf Prack) zieht aus der Großstadt in das Dorf Wingenfeld, um dort eine Landarztpraxis zu übernehmen. Das etwas rückständige Landvolk ist natürlich zunächst skeptisch, was den Neuen angeht, dann aber schnell beeindruckt, weil er ihnen nicht nur bei medizinischen, sondern auch bei sozialen Problemen hilft. Die patente Helene (Erna Sellmer) ist Brocks resolute Sprechstundenhilfe. Zwischen Brock und Dr. Erika Wallner (Gardy Granass), der Apothekerin im Dorf, bahnt sich eine Liebesgeschichte an.

Landarzt Dr. Brock war die erste deutsche Fernsehserie mit einem Humanmediziner (vorher gab es schon den Tierarzt in *Alle meine Tiere*). Sie orientierte sich nicht an amerikanischen Vorbildern, sondern an den deutschen Arztromanen am Kiosk und den deutschen Arztfilmen der 50er-Jahre. Prack hatte 1959 schon im Kino in »Aus dem Tagebuch eines Frauenarztes« die Hauptrolle gespielt. *Landarzt Dr. Brock* war der Prototyp der deutschen Arztserie, die im Grunde eine Kombination aus Heimat-, Familien- und Arztserie war – eine Tradition, die sich bis hin zum *Landarzt* oder zum *Bergdoktor* fortsetzte. Und auch das Klischee der taffen Sprechstundenhilfe, die für den nötigen Humor sorgt, wurde hier begründet.

Die halbstündigen Schwarz-Weiß-Folgen liefen im regionalen Vorabendprogramm.

LANDÄRZTIN IN DEN PYRENÄEN: EINE ZUVIEL IN TOURLEZANNE ZDF
→ Eine zuviel in Tourlezanne

LÄNDER LIFE DFF 2
1990. Halbstündiges Regionalmagazin.
Länder life wurde abwechselnd von den Studios in den gerade erst zu gründenden Ländern Brandenburg, Mecklenburg-Vorpommern, Sachsen, Sachsen-Anhalt und Thüringen gestaltet. Die Reihe lief jeden Sonntag um 18.30 Uhr.

LÄNDER, MENSCHEN, ABENTEUER SWR, ARD
Seit 1972. 45-minütige Reportage- und Dokumentarreihe.
Mit Berichten aus aller Welt wurde die Serie in mehreren Dritten Programmen zum langlebigen Dauerbrenner und war ab Ende der 70er-Jahre mit etlichen Folgen auch sonntags vormittags um 10.00 Uhr im Ersten zu sehen.

LÄNDERJOURNAL ZDF
1991–1996. Halbstündiges Nachmittags-Infotainmentmagazin.
Im Wechsel präsentierten mehrere Moderatoren vor Studiopublikum eine Mischung aus Berichten, Service, Talk und Musik. Die Sendung war eigentlich nur eine Weiterführung der *Tele-Illustrierte* unter neuem Namen, thematisch wurde jetzt jedoch größerer Wert auf Berichte aus allen deutschen Bundesländern gelegt. Wurde später abgelöst durch *Hallo Deutschland*.
Das *Länderjournal* lief werktags um 17.15 Uhr.

LÄNDERSPIEGEL ZDF
Seit 1969. Wöchentliches Politmagazin mit Berichten aus den Bundesländern.
Themen des *Länderspiegels* sind landespolitische Entscheidungen und Entwicklungen, die Arbeit des Bundesrates, Ereignisse in Regionen und Gemeinden. Daneben gibt es aber immer auch »leichte Kost«. Seit 1985 fällt in einer regelmäßigen Rubrik »der Hammer« unter sprühenden Funken auf einen Amboss. Darin wird unsinnige, schleppende und fehlerhafte Bürokratie angeprangert.
Das Magazin lief zwar eher unauffällig am frühen Samstagabend, wurde aber ein Dauerbrenner und setzte gelegentlich Maßstäbe. So zeigte es 1984 den ersten gesundheitspolitischen Beitrag zum Thema Aids und 1987 die ersten Vorwürfe, die zur Barschel-Affäre führten und zu denen der Schleswigholsteinische Ministerpräsident Uwe Barschel ebenfalls im *Länderspiegel* erstmals Stellung nahm.
Erster Redaktionsleiter und Moderator war Karlheinz Rudolph (1969–1971), in der Folgezeit wechselten sich meistens mehrere Moderatoren ab: Jochen Müthel (1972–1978), Günter Rupp (1972–1978), Norbert Harlinghausen (1974–1975), Hans-Heiner Boelte (1977–1981), Horst Schättle (1977–1983), Ute Reichert-Flögel (1978–1979), Werner Doyé (1978–1988), Helmut Schimanski (1981–1988 und 1992–2000), Klemens Mosmann (1982–1986 und 1988–1992), Klaus Bresser (1983–1988), Wolfgang Herles (1984–1987), Klaus-Peter Siegloch (1988–1991), Peter van Loyen (1988–1992), Kristina Hansen (1991–1992), Gaby Dietzen (1992–1998), Ralf Zimmermann von Siefart (1997–2000), Antje Maren Pieper (seit 2000), Ralph Schumacher (seit 2000) und Isabella Tümena (seit 2004).
Meistgesehener Moderator war mit Abstand Helmut Schimanski, der das Magazin mit einer Unterbrechung zwei Jahrzehnte lang präsentierte. Die ausführliche Berichterstattung aus dem Bundesrat begann im Oktober 1978 mit dem ersten *Länderspiegel*-Bundesratsreporter Bodo H. Hauser. 1996 wurde der *Länderspiegel* mit dem erstmalig vergebenen Medienpreis des Bundesrats und dem Deutschen Preis für Denkmalschutz ausgezeichnet.
Der *Länderspiegel* begann anfangs samstags um 17.15 Uhr und dauerte eine halbe Stunde. 1973 wurde er auf 45 Minuten ausgedehnt. Von kleinen Abweichungen abgesehen, blieben Sendeplatz und Sendelänge seither unverändert. Seit 1979 wird live gesendet.

LANDKRANKENHAUS WANDIN VALLEY SAT.1
→ Das Buschkrankenhaus

LANDLUFT ARD
1983–1984. 13-tlg. dt. Familienserie von Helmut Pigge, Regie: Thomas Nikel.
Familie Lippert mit Papa Heinz (Klaus Wennemann), Mama Käthe (Nate Seids), den Kindern Charlotte (Anja Jaenicke) und Tommy (Oliver Linnow) und Oma (Dagmar Altrichter) kommen aus dem Urlaub zurück, stehen im Stau, sind genervt, fahren aufs Land, finden es toll, kaufen dem Gräberbauern (Hans Teichler) einen renovierungsbedürftigen Bauernhof in Tropfingen ab, haben fortan etwas zu tun, und das nächste Urlaubsziel steht damit auch schon fest. Schließlich wird sogar noch mehr daraus, und die Familie zieht gleich komplett nach Tropfingen. Ihr neuer Nachbar ist Bauer Lämmle (Kurt Hepperlin), Emma (Elisabeth Welz) ist die Postbotin. Heinz arbeitet in einem Versicherungsunternehmen in Stuttgart. Der Bezirksvertreter Reisbach (Heinz Weiss) ist für Tropfingen zuständig und wird Omas Freund. Eines Tages bekommt Heinz die Möglichkeit, einen besseren Posten in Düsseldorf anzunehmen, was einen erneuten Umzug bedeuten würde. Doch er entscheidet sich für Tropfingen und wird Nachfolger von Reisbach, der in den Ruhestand geht.
Die halbstündigen Folgen liefen im regionalen Vorabendprogramm.

DER LANDPOLIZIST ARD
1980. 13-tlg. austral. Krimiserie (»Solo One«; 1976). Gary Hogan (Paul Cronin) ist der Leiter einer Polizei-

station im australischen Outback ... genauer gesagt: Er *ist* die Polizeistation. Mit seinem Motorrad mit der Funkkennung »Solo-1« kümmert er sich um die kleinen und größeren Sorgen der Gemeinde.
Die halbstündigen Folgen liefen im regionalen Vorabendprogramm.

LAND'S END – EIN HEISSES TEAM FÜR MEXIKO   KABEL 1
1997. 22-tlg. US-Krimiserie von Fred Dryer (»Land's End«; 1995–1996).
Mike Land (Fred Dryer) hat den Dienst bei der Polizei in Los Angeles frustriert quittiert. Er geht nach Cabo San Lucas in Mexiko, um seinem alten Freund Willis P. Dunleevy (Geoffrey Lewis) aus der Patsche zu helfen, und arbeitet fortan mit ihm zwischen knapp bekleideten Strandschönheiten als Privatdetektiv. Der Bootsverleiher Dave »Thunder« Thornton (Tim Thomerson) hilft ihnen. Im »Westin Regina Resort«, wo er wohnt, arbeitet Mike zudem als Sicherheitschef für Courtney Saunders (Pamela Bowen).
Die einstündigen Folgen liefen mittwochs um 21.15 Uhr.

DIE LANGE KULMBACHER FILMNACHT   SAT.1
1997–1998. Unter diesem Oberbegriff zeigte der Privatsender Sat.1 viermal am Samstagabend jeweils drei Kinofilme hintereinander, allesamt ohne Werbeunterbrechung. Die Kulmbacher Brauerei als Sponsor machte es möglich. Einzige Werbung war deren 90 Sekunden langer Spot, der jeweils vor und nach einem Film gesendet wurde. Der gebürtige Kulmbacher Thomas Gottschalk führte durch den Abend und begrüßte jeweils einen prominenten Gast. Die innovative Werbeform galt als erfolgreich, dennoch wurde das Experiment nicht wiederholt.

DER LANGE TRECK   ZDF
1982. 16-tlg. US-Westernsoap von David Dortort (»The Chisholms«; 1979–1980).
Die Familie Chisholm, fleißig, aber von Schicksalsschlägen verfolgt, hat nun in einem Rechtsstreit auch noch ihr Land in Virginia verloren. Sie bricht deshalb Mitte des 19. Jh. nach Westen auf, um in Kalifornien ihr Glück zu suchen. An der Spitze der Familie stehen der trink- und bibelfeste Vater Hadley (Robert Preston) und seine Frau Minerva (Rosemary Harris). Auf dem Weg nach Fort Laramie wird die Tochter Annabel (Susan Swift) von Indianern getötet, Tochter Bonnie Sue (Stacey Nelkin; später: Brett Cullen) bekommt ein uneheliches Kind von dem Ganoven Lester Hackett (Charles Frank, später: Reid Smith), und Sohn Will (Ben Murphy), dessen Frau und Kind zu Beginn der Serie gestorben sind, heiratet die Squaw Kewedinok (Victoria Racimo) – erst nachdem sie dem Vater bewiesen hat, dass sie nicht ist wie die *anderen* Indianer, natürlich. Die Chisholms schließen sich einem Treck an, der von Cooper Hawkins (Mitchell Ryan) geführt wird. Unterwegs stirbt Hadley. Dafür hat sich eine junge Frau dem Zug angeschlossen, die der toten Tochter Annabel verdammt ähnlich sieht: Schauspielerin Susan Swift spielte nun eine gewisse Mercy Hopwell.
Das ZDF zeigte die 45-minütigen Folgen samstags um 19.30 Uhr.

DER LANGE WEG DES LUKAS B.   ZDF
1992–1993. 6-tlg. dt.-kanad. Jugend-Abenteuerdrama von Marlene Matthews nach dem Roman von Willi Fährmann, Regie: Allan King (»By Way Of The Stars«; 1992).
Preußen, Mitte des 19. Jh. Nach dem Tod seiner Mutter muss der 13-jährige Lukas Bienmann (Zachary Bennett) um sein Überleben und das seiner Familie kämpfen. Er wird Zeuge, wie Otto Graf von Lebrecht (Hannes Jaenicke) einen Mord begeht, und wird von ihm zum Schweigen gezwungen; seinen Vater Karl (Christian Kohlund) lässt der Graf zu Unrecht ins Gefängnis werfen. Lukas kommt zur Familie von Heinrich, dem Baron von Knabig (Günther Maria Halmer), der mit Ottos Schwester Christina (Dominique Sanda) verheiratet ist. Lukas freundet sich mit deren 15-jähriger Tochter Ursula (Gema Zamprogna) an und rettet ihr das Leben. Mit der Hilfe seines alten Freundes Nathan (Jan Rubes) gelingt es Lukas, seinen Vater aus dem Gefängnis zu befreien. Beide machen sich unabhängig voneinander auf den Weg über den Atlantik nach Amerika, wo Lukas' Großvater Friedrich Brunneck (Dietmar Schönherr) lebt. Dort geraten sie zwischen alle Fronten: Lukas kämpft mit und gegen Indianer und rettet diversen Menschen das Leben. Erst nach unendlichen Wirren wird Otto, der auch längst in Amerika eingetroffen ist und krumme Geschäfte macht, getötet, und Lukas wird mit seinem Vater und Großvater und Ursula mit ihrer Familie vereint. Die erlaubt ihr sogar, ihren Geliebten Ben Davis (Michael Mahonen) zu heiraten.
Aufwendig produzierte und opulente ZDF-Weihnachtsserie 1992, die für 15 Millionen DM an Originalschauplätzen in Kanada und Böhmen gedreht wurde. Die deutschen Schauspieler sprachen im Original englisch und synchronisierten sich selbst für die ZDF-Version.
Die knapp einstündigen Folgen liefen, wie üblich, (fast) täglich zwischen den Feiertagen.

DER LANGE WEG NACH ALICE SPRINGS   ZDF
1984. 6-tlg. austral. Kriegsdrama von Tom Hegarty und Rosemarie Ann Sisson nach dem Roman von Nevil Shute, Regie: David Stevens (»A Town Like Alice«; 1981).
Die Engländerin Jean Paget (Helen Morse) wird im Zweiten Weltkrieg mit einer Gruppe von Frauen und Kindern im damaligen Malaya von den Japanern gefangen genommen und viele Kilometer durch den Dschungel getrieben. Sie verliebt sich in den australischen Kriegsgefangenen Joe Harmon (Bryan Brown), der ihr zu helfen versucht. Als sie sich aus den Augen verlieren, glaubt sie, dass er getötet wurde. Viele Jahre später findet er sie aber, und sie beginnen ein neues Leben in der australischen Wildnis.
Der erste Teil von Shutes Roman wurde bereits 1956

als »Marsch durch die Hölle« mit Virginia McKenna und Peter Finch fürs Kino verfilmt. Die 50-minütigen Serienfolgen liefen sonntags um 18.10 Uhr.

LARGO WINCH – GEFÄHRLICHES ERBE   PRO SIEBEN
2001. 21-tlg. US-Actionserie (»Largo Winch«; 2000).
Nach dem mysteriösen Tod seines Vaters wird der junge Largo Winch (Paolo Seganti) durch die Erbschaft des Wirtschaftsimperiums »Group W« zum reichsten Mann der Welt. Largo findet heraus, dass »Group W« die Geldwäscherei der New Yorker Mafia ist, und kämpft fortan mit seinem besten Freund Simon Ovronnaz (Diego Wallraff) gegen das Böse.
Die Serie basierte auf der in Belgien und Frankreich sehr erfolgreichen gleichnamigen Comicreihe von Jean Van Hamme. Ihre einstündigen Folgen liefen sonntags mittags.

DIE LARRY SANDERS SHOW   RTL
1998–2000. 77-tlg. US-Comedyserie von Garry Shandling und Dennis Klein (»The Larry Sanders Show«; 1992–1997).
Der selbstgefällige Larry Sanders (Garry Shandling) moderiert seine eigene Late-Night-Show im amerikanischen Fernsehen, sein profilneurotischer Sidekick Hank Kingsley (Jeffrey Tambor) sagt ihn an und sitzt während der TV-Show dauernd neben ihm. Artie (Rip Torn) ist der unerschütterliche Produzent und wichtige Mann im Hintergrund. Zum Redaktionsteam gehören Paula (Janeane Garofalo), die die Gäste bucht, die Autoren Jerry (Jeremy Piven) und Phil (Wallace Langham) sowie Larrys Assistentin Beverly (Penny Johnson). Hanks Assistentin ist anfangs Darlene (Linda Doucette), später übernimmt der homosexuelle Brian (Scott Thompson) den Job. Francine (Kathryn Harrold) ist Larrys Ex-Frau.
Die Satire nahm das Genre der Late-Night-Shows aufs Korn und spielte hauptsächlich hinter den Kulissen. Immer wieder gab es Anspielungen auf die real existieren Late-Night-Stars Johnny Carson, David Letterman und Jay Leno. Die prominenten Stargäste spielten sich selbst.
RTL zeigte die Serie ab der zweiten Staffel im täglichen Nachtprogramm. Die 13 Folgen der ersten Staffel blieben den deutschen Zuschauern vorenthalten.

LARRY'S SHOWTIME   ZDF
1975–1981. Einstündige Clipshow mit der Zeichentrickkatze Larry, die Ausschnitte aus amerikanischen Unterhaltungsshows präsentierte, viele davon mit Jerry Lewis und Dean Martin. Klaus Henke stellte die Ausschnitte zusammen. Lief insgesamt 29-mal am Samstagnachmittag. Die ARD hatte bereits 1972 zwei komplette Ausgaben der »Jerry-Lewis-Show« im Abendprogramm ausgestrahlt.

LASS DAS MAL DEN TONY MACHEN   ZDF
1981–1999. »Die Tony-Marshall-Show«.
Stimmungsshow, in der prominente Musiker gemeinsam mit Herbert Anton Hilger, besser bekannt als Tony Marshall, Klatsch- und Schunkellieder singen.

LASS DICH ÜBERRASCHEN   ZDF
1996–2001. Große Sonntagabendshow mit Thomas Ohrner, die sich des Titels einer Fernsehshow bediente, den es nie gegeben hatte.
In der *Rudi-Carrell-Show* (ARD) hatte Carrell Menschen überrascht und ihnen Wünsche erfüllt. Weil er zu Beginn jeder Sendung »Lass dich überraschen, schnell kann es geschehen ...« gesungen hatte, ordneten viele der Show diesen Titel zu. Vier Jahre nach dem Ende von Carrells Show kam nun das ZDF mit dem gleichen Konzept und eben diesem Titel. Auch hier wurden Menschen überrascht, die lang gehegte Wünsche erfüllt bekamen oder lang vermisste Freunde wiedertrafen. Um Carrells Show dann auch wirklich komplett zu kopieren, gab es zwischen den Überraschungen einen Gesangswettbewerb mit jungen Nachwuchsstimmen.
Im September 2001 wurde die Show dann um den Gesangswettbewerb auf eine Stunde gekürzt und auf Donnerstag um 20.15 Uhr verlegt – aber in dieser Form liefen dann auch nur noch zwei Sendungen.

LASSIE   ARD, ZDF, PRO SIEBEN
1958–1966 (ARD); 1967–1977 (ZDF); 1991–1994 (Pro Sieben). US-Abenteuerserie (»Lassie«; 1954–1974).
Die Collie-Hündin Lassie ist eine echte Heldin. Sie rettet Menschen aus brenzligen Situationen und hilft ihrem jeweiligen Herrchen und Frauchen, wo sie kann. Lassies Herrchen ist anfangs der Junge Jeff Miller (Tommy Rettig), der bei seiner verwitweten Mutter Ellen (Jan Clayton) und seinem Großvater George (George Cleveland) in Calverton lebt. Lassie ist natürlich Jeffs bester Freund, sein zweitbester ist Porky Brockway (Donald Keeler), der bei seinem Vater Matt (Paul Maxay) lebt. Als die Millers nach ein paar Jahren in die Stadt ziehen, geben sie Lassie in die Hände des Waisenjungen Timmy (Jon Provost), der von Ruth (Cloris Leachman; später: June Lockhart) und Paul Martin (Jon Sheppod; später: Hugh Reilly) adoptiert wurde und bei ihnen und Onkel Petrie (George Chandler) lebt. Timmys Freunde sind Boomer Bates (Todd Ferrell) und der alte Cully Wilson (Andy Clyde).
Nach einiger Zeit ziehen die Martins nach Australien, wo Hunde nach der Einreise für sechs Monate in Quarantäne kommen. Weil sie das Lassie nicht zumuten wollen, zieht sie zu dem Wald-Ranger Corey Stewart (Robert Bray) und später zu den Rangern Scott Turner (Jed Allen) und Bob Erickson (Jack de Mave). Lassie, die nun erstmals nicht mehr auf einer Farm lebt, sondern mit den Rangern im Wald, nutzt diesen Umstand für viele Abenteuer in freier Wildbahn, die sie oft auch ohne ihre beiden Herrchen erlebt. Das führt dann dazu, dass in manchen Folgen für eine Viertelstunde kein Text gesprochen wird oder sich der Gesamtdialog in einer Folge auf

gerade einmal zehn Sätze summiert. Nachdem Lassie viel Zeit allein unterwegs verbracht hat, lebt sie schließlich noch einmal auf einer Ranch, deren Besitzer Keith Holden (Larry Wilcox) ihr neues Herrchen wird.
Lassie war das Musterbeispiel aller Serien, in denen schlaue Tiere Kinder aus Löchern oder brennenden Häusern retteten, Ganoven fingen und andere Tiere vor dem Verbluten bewahrten, indem sie schlicht angelaufen kamen und bellten (oder wieherten, schnatterten etc.), was ihr bester Freund, meist ein kleiner Junge, sofort richtig deutete. Es folgten u. a. *Fury, Flipper* und *Black Beauty.* Vorher hatte es zwar bereits *Rin-Tin-Tin* gegeben, davon hatte die ARD aber nur ein paar Folgen gezeigt, und das zu einer Zeit, als die meisten Deutschen noch keinen Fernseher hatten.
Die Serie startete in loser Reihe in der ARD, teilweise innerhalb der Sendung *Samstagnachmittag zu Hause.* In den folgenden zehn Jahren zeigte das ZDF insgesamt mehr als 300 Folgen unter vier verschiedenen Titeln: Alle Folgen mit Jeff und Timmy hießen *Lassie,* die Folgen mit Corey Stewart *Lassies Abenteuer,* die mit Scott und Bob *Lassies neue Freunde* und die mit Lassie allein *Lassie unterwegs.* Die deutsche Synchronstimme des kleinen Timmy war die Schauspielerin und spätere *Tatort*-Kommissarin Eva Mattes, die auch *Pippi Langstrumpf* sprach. Ab 1991 grub Pro Sieben noch über 100 bis dahin ungesendete Folgen aus.
15 Jahre nach dem Ende der Serie entstand eine Neuauflage, die RTL wieder unter dem ursprünglichen deutschen Titel *Lassie* zeigte. Genauso hieß auch eine weitere Version im KI.KA.
Lassie selbst wurde im Laufe der Jahrzehnte von vielen verschiedenen Hunden gespielt, die im Gegensatz zur Rolle alle männlich waren und ein bisschen künstliches Fell über den Geschlechtsteilen trugen. Rudd Weathermax trainierte Lassie. Insgesamt wurden fast 600 halbstündige Folgen produziert, fast alle waren in Deutschland zu sehen. Darüber hinaus wurden mehr als zehn Spielfilme gedreht, auf dem ersten mit dem Titel »Heimweh« (»Lassie Come Home«; 1943), eine Verfilmung des Romans von Eric Knight, basierte die Serie. In den USA entstand Mitte der 70er-Jahre außerdem eine *Lassie*-Zeichentrickserie. *Lassie* war eine der langlebigsten und erfolgreichsten Fernsehserien der Welt. Mehrere Episoden sind auf DVD erhältlich.

LASSIE   RTL
1990–1992. 48-tlg. US-Abenteuerserie (»The New Lassie«; 1989–1991).
Neuauflage des gleichnamigen Klassikers. Collie Lassie lebt jetzt in der Vorstadt bei dem zehnjährigen Will McCulloch (Will Nipper), dessen Eltern Chris (Christopher Stone) und Dee (Dee Wallace Stone), seiner Schwester Megan (Wendy Cox) und seinem Onkel Steve (Jon Provost).
Steve-Darsteller Provost hatte viele Jahre vorher in der Originalserie den kleinen Timmy gespielt.

Zum Glück war der kleine Timmy noch zu jung, um *Lassie*s Geschichte von dem Storch, der die kleinen Hunde gebracht habe, in Frage zu stellen.

LASSIE   KI.KA
2001. 52-tlg. kanad. Abenteuerserie (»Lassie«; 1997–1998).
Weitere Neuauflage der berühmten Abenteuer eines Collies: Lassie macht mit dem Jungen Timmy (Corey Sevier) Bekanntschaft, und die beiden werden dicke Freunde. Weitere Freunde sind Dr. Donald Stewart (Walter Massey), Ethan Bennet (Tim Post) aus dem Anglerladen und Jeff Mackenzie (Tod Fennell). Timmys Mutter Dr. Karen Cabot (Susan Almgren) ist Tierärztin.

LASSIE UNTERWEGS   ZDF
→ Lassie

LASSIES ABENTEUER   ZDF
→ Lassie

LASSIES NEUE FREUNDE   ZDF
→ Lassie

LATE LOUNGE   HR
Seit 1999. Late-Night-Show mit Roberto Cappelluti.
Cappelluti versprach dem HR, extrem kostengünstig das Spätprogramm des Hessen-Fernsehens zu füllen, und erhielt auf diese Weise seine eigene Sendung. Sie wurde zum Pflichtprogramm für Fernsehnostalgiker, denn Cappelluti nutzte die Gelegenheit, uralte Filme und Serien mal wieder abzuspielen, die

seit Ewigkeiten nicht mehr im Fernsehen gelaufen waren – und deren Rechte wohl günstig waren. Er nutzte die Gelegenheit zwar auch für holpernde Comedy und gequälte Talks mit dem »Frankfurter Original« Michi Herl, doch das sei ihm verziehen. Unter den gezeigten Serien waren z. B. *Dezernat M, Immer wenn er Pillen nahm* und *Die Mädchen aus dem Weltraum*. Jeder Wochentag stand unter einem anderen Motto. Das kostete im Jahr 400 000 Euro, so viel wie ein halber *Tatort*. Laut Cappelluti war die *Late Lounge* damit die günstigste Sendung im Free-TV. Ende 2004 wurde das dem Hessischen Rundfunk zu teuer, und der Sender kürzte die Reihe von fünf Ausgaben pro Woche auf eine.

LATE SHOW WITH DAVID LETTERMAN RTL 2
1995–1996. Erfolgreiche Late-Night-Show aus den USA mit David Letterman.
Von diesem Vorbild aller deutschen Late-Night-Talker wurde hierzulande gnadenlos abgekupfert. RTL 2 zeigte das Original jeweils einen Tag nach der US-Ausstrahlung im amerikanischen Originalton, teilweise mit deutschen Untertiteln. Zuvor war die Show bereits bei Premiere gelaufen. In den USA startete Lettermans tägliche Sendung 1982; sie läuft noch immer. Lettermans Bandleader und Sidekick ist schon immer Paul Shaffer.

LATELINE SAT.1
2002. 19-tlg. US-Comedyserie von Al Franken und John Markus (»Lateline«; 1998–1999).
Eine chaotische Fernsehredaktion in Washington bereitet ein nächtliches Nachrichtenmagazin vor. Al Freundlich (Al Franken) ist Reporter und gegebenenfalls Vertreter des langjährigen Moderators Pearce McKenzie (Robert Foxworth). Vic Karp (Miguel Ferrer) arbeitet als Produktionsleiter mit, Gale Ingersoll (Megyn Price) als Producer, Raji (Ajay Naidu) als Praktikant. Mona (Catherine Lloyd Burns) ist Pearce' Assistentin und Briana (Sanaa Lathan) verantwortlich für die gebuchten Gäste.
Als Gaststars traten mehrere echte Politiker auf, darunter die früheren bzw. späteren US-Präsidentschaftskandidaten Michael Dukakis, Ralph Nader und John Kerry.
Lateline lief nachts gegen 0.30 Uhr.

LATIMER GEGEN LATIMER ARD
1987. 26-tlg. brit. Sitcom von George Layton (»Don't Wait Up«; 1983–1990).
Nach der Scheidung von seiner Frau Helen (Jane How) verliert Tom Latimer (Nigel Havers) das Haus. Er muss in eine kleine Wohnung ziehen und sich die auch noch mit seinem Vater Toby (Tony Britton) teilen, der sich ebenfalls gerade von seiner Frau Angela (Dinah Sheridan) getrennt hat. Vater und Sohn sind das Gegenteil eines idealen WG-Paares: Tom ist ein viel beschäftigter Allgemeinmediziner mit eigener Praxis im früheren gemeinsamen Haus, für das er seiner Frau nun Miete zahlen muss, Toby ein Dermatologe für bessere Leute, der sich gerne bedienen lässt. Tom versucht, seine Eltern wieder zusammenzubringen. Er selbst verliebt sich in die Sekretärin seines Vaters, Madeleine Forbes (Susan Skipper), die er später heiratet. Die Praxis teilt er sich mit dem Arzt Charles Cartwright (Richard Heffer, ab Folge 14: Simon Williams).
Die halbstündigen Folgen liefen im regionalen Vorabendprogramm. Die Serie hatte im Original 39 Folgen.

LAURA UND LUIS ZDF
1989. »Die Irrwege verlorener Kinder«. 6-tlg. dt.-österr.-schweiz.-frz. Jugendserie nach dem Roman von Justus Pfaue.
Die zehnjährige Laura (Coco Winkelmann) und ihr 14-jähriger Bruder Luis (Jan Andres) sowie ihr Freund Therry Bibi (Damien Lechevrel) sind geschickte Trickdiebe. Sie gehören zu einer internationalen Bande von Kindern, die von Verbrechern gekauft oder gekidnappt und zu Dieben und Betrügern ausgebildet wurden. Als Strafunmündige können sie nicht belangt werden. Laura und Luis werden von den rücksichtslosen Ganoven Cuozzo (Claude-Oliver Rudolph), Poissonnier (Roger Dumas) und Viscida (Macha Méril) brutal festgehalten. Als sie vor dem Mailänder Hauptbahnhof den Theologiestudenten Sebastian Crass (Patrick Bach) ausrauben, wecken sie sein Interesse: Er versucht sie zu retten, bringt dabei aber die Kinder und sich in Gefahr – Cuozzo verstümmelt als Warnung einen seiner Finger. Nur mühsam gewinnt der Student das Vertrauen der Kinder, wird aber von Poissonnier erpresst und kehrt enttäuscht in seine Heimatstadt München zurück. Aber die Kinder folgen ihm. Schließlich gelingt es Sebastian, den Luis den »kleinen Priester« nennt, sie aus den Fängen der Verbrecher zu befreien. Bei einer Pressekonferenz erkennt die Mutter von Luis, der eigentlich Maximilian heißt, ihren Sohn wieder – doch beide bleiben einander fremd.
Die Serie unterschied sich von üblichen ZDF-Weihnachtsserien, indem sie ein aktuelles Problem aufgriff: den Missbrauch von Kindern für Straftaten. Sie glich den üblichen ZDF-Weihnachtsserien, indem auch hier Patrick Bach mitspielte.

LAURAS STERN KI.KA
2002. 13-tlg. dt. Zeichentrickserie nach den Kinderbüchern von Klaus Baumgart.
Das kleine Mädchen Laura findet vor dem Haus ihrer Eltern einen Stern, der vom Himmel gefallen ist. Ihre Erlebnisse mit dem Sternchen, das ihr hilft, die Schwierigkeiten des Lebens zu überwinden, bilden den Inhalt dieser Gutenachtgeschichten.
Die Serie lief später auch im ZDF, ist komplett auf DVD erhältlich und zog einen Kinofilm nach sich.

DIE LAURENTS ARD
1981–1982. »Geschichte einer Berliner Hugenottenfamilie«. 10-tlg. dt. Familiensaga von Uwe Otto und Joachim Nottke, Regie: Erich Neureuther.
Ende des 17. Jh. kommen die Hugenotten Charles

(Hellmut Lange) und Anne Laurent (Maria Körber) nach Berlin, um einen Neuanfang zu wagen. Nach anfänglichen Schwierigkeiten leben sie sich ein. Ihre Familiengeschichte erstreckt sich über sechs Generationen.
Die ARD zeigte die einstündigen Folgen der liebevoll umgesetzten Historienserie anlässlich des Preußenjahres 1981 im regionalen Vorabendprogramm.

EINE LAUSIGE HEXE KI.KA
2000–2002. 52-tlg. kanad.-brit. Jugendserie nach den Büchern von Jill Murphy (»The Worst Witch«; 1998–2002).
Die ungeschickte junge Hexe Mildred Hoppelt (Georgina Sharrington) und ihre Mitschülerinnen Mona Mondschein (Emma Jayne Brown), Jadu Wali (Harshna Brahmbhatt), Edith Nachtschatten (Jessica Fox) und Rubi Kirschenkern (Joanna Dyce) bemühen sich um eine ordentliche Ausbildung auf der Hexenakademie. Miss Harschmann (Kate Duchêne) ist ihre geplagte Lehrerin, Miss Graustein (Clare Coulter) die Direktorin.
Lief auch innerhalb von *Tabaluga tivi* im ZDF.

LAUTER GLÜCKSPILZE ARD
1986. 15-tlg. dt. Episodenreihe.
In sich abgeschlossene, voneinander unabhängige Geschichten über Menschen, die Glück im Leben, in der Liebe oder im Spiel haben, denen es manchmal aber wieder durch die Hände rinnt. Aber zum Glück sind wir ja alle gesund.
Die 25-minütigen Episoden liefen im Vorabendprogramm und waren mit wechselnden Hauptdarstellern besetzt. Zu den Autoren gehörten u. a. Elke Heidenreich und Rudi Carrell.

LAUTER LEUTE ARD
1999. 45-minütiges Promimagazin.
Axel Bulthaupt besucht jeweils mehrere Prominente wie Wolfgang Joop und Prinz Albert von Monaco an ihren Lieblingsplätzen. Wurde nach nur zwei Folgen eingestellt.

LAUTER NETTE NACHBARN ARD
1990. 12-tlg. dt. Familienserie.
Mamma Leoni (Alina De Simone) und ihr Mann Alfredo (Camillo D'Ancona) betreiben die Pizzeria »Palermo«, Margot Döbert (Diana Körner) und ihr Mann Alfred (Andreas Mannkopff) die Kneipe »Hesseneck« gleich um die Ecke. Sie sind sich in inniger Feindschaft verbunden, was leichter wäre, wenn sich ihre Kinder Giancarlo (Antonio Putignano) und Julia (Katharina Schubert) nicht ineinander verliebt hätten.
Die halbstündigen Folgen liefen im regionalen Vorabendprogramm.

LAUTLOSE JAGD ARD
1966–1970. »Abenteuer eines Revierförsters«. 26-tlg. dt. Abenteuerserie.
Instinktsicher jagt Förster Poelzig (Joachim Rake) in seinem Revier Wilderer, Brandstifter und Umweltverschmutzer. Die halbstündigen Folgen liefen im regionalen Vorabendprogramm.

LAW & ORDER RTL, VOX, RTL 2
1992–1997 (RTL); 1997 (Vox); 1998–1999 (RTL 2); seit 2000 (RTL). US-Krimiserie von Dick Wolf (»Law & Order«; seit 1990).
Der Vorspann: »Das Rechtssystem kennt zwei wichtige, voneinander unabhängige Behörden, die dem Schutz der Bürger dienen: die Polizei, die begangene Straftaten aufklärt, und die Staatsanwaltschaft, die die Täter anklagt. Dies sind ihre Geschichten.«
Die New Yorker Polizei klärt Kriminalfälle auf, oft sind dies brutale Kapitalverbrechen. In der ersten Hälfte jeder Folge ermitteln die Polizisten die Täter. Wenn ihr Job getan ist, bringen in der zweiten Hälfte die Staatsanwälte diese Täter vor Gericht und sorgen dafür, dass sie ihre gerechte Strafe bekommen. Und beide Gruppen verzweifeln regelmäßig daran, dass das in einem modernen Rechtssystem nicht immer ganz einfach ist. Bei beiden Teams wechselt die Zusammensetzung mehrfach. Anfangs ermitteln für die Polizei Mike Logan (Christopher Noth), Max Greevey (George Dzundza) und Phil Cerreta (Paul Sorvino). Captain Donald Cragen (Dann Florek) ist ihr Boss und Dr. Elizabeth Olivet (Carolyn McCormick) die Polizeipsychologin. Später besteht das Team aus Lennie Briscoe (Jerry Orbach), Anita van Buren (S. Epatha Merkerson) und Reynaldo Curtis (Benjamin Bratt). Oberstaatsanwalt Adam Schiff (Steven Hill) ist als Einziger durchgehend mit dabei. Andere Vertreter der Staatsanwaltschaft sind zunächst Ben Stone (Michael Moriarty) und Paul Robinette (Richard Brooks), zwischenzeitlich auch Claire Kindcaide (Jill Hennessy) und später Jack McCoy (Sam Waterston) und Jamie Ross (Carey Lowell).
Harte, realistische Krimiserie, in der das Privatleben der Ermittler keine Rolle spielte. Das innovative Konzept, Polizei- und Gerichtsserie in einem zu machen, war das Vorbild für die deutsche RTL-Serie *Im Namen des Gesetzes*.
Die ersten 66 Folgen, davon 60 bei RTL und sechs bei Vox, trugen auch in Deutschland den US-Originaltitel *Law & Order*. Danach wurde die Serie umbenannt in »Die Aufrechten – Aus den Akten der Straße«. Mit Folge 166 im Herbst 2004 erhielt sie auch in Deutschland ihren ursprünglichen Titel zurück. Bis auf die sechs Folgen bei Vox und 31 Erstausstrahlungen bei RTL 2 waren alle Folgen bei RTL zu sehen (im Pay-TV liefen weitere). Der Sendeplatz änderte sich mehrfach.
Gleich drei Spin-offs entstanden in den USA: »Law & Order: Special Victims Unit«, »Law & Order: Criminal Intent« und »Law & Order: Trial By Jury«. Die ersten beiden erhielten die deutschen Titel *Law & Order: New York* und *Criminal Intent – Verbrechen im Visier*.

LAW & ORDER: NEW YORK RTL 2
Seit 2005. US-Krimiserie von Dick Wolf (»Law & Order: Special Victims Unit«; seit 1999).

Eine Einheit der New Yorker Polizei klärt Sexualverbrechen auf: der ruhige, erfahrene Elliot Stabler (Christopher Meloni), die emotionale Olivia Benson (Mariska Hargitay), die selbst einmal vergewaltigt wurde, und der verbitterte John Munch (Richard Belzer). Ihr Boss ist Captain Donald Cragen (Dann Florek).
Die Serie war ein Ableger von *Law & Order,* der deutsche Titel deshalb extrem albern, weil auch die Originalserie in New York spielte. Er erinnerte auffallend an die Benennung der *CSI*-Spin-offs mit *CSI: Miami* und *CSI: NY.* Im Unterschied zum Original standen weniger die Strafverfolgung und der Prozess im Vordergrund, sondern die Motive der Täter und die Situation der Opfer. Der zweite Spin-off von *Law & Order, Criminal Intent,* lief bereits seit einiger Zeit auf Vox.
RTL 2 zeigte donnerstags zur Primetime je zwei Folgen hintereinander.

LAWINENPATROUILLE SWR
1973. 7-tlg. dt.-schweiz. Abenteuerserie von Theo Mezger.
Lawinen, Schneestürme und unpassierbare Pisten sind die natürlichen Feinde von Wintersporttouristen in den Bergen. Die Mitarbeiter beim eidgenössischen Institut für Schnee- und Lawinenforschung am Weißfluhjoch und beim Parsenn-Rettungsdienst müssen deshalb permanent dafür sorgen, dass Skifahrer nicht verschütt gehen. Dr. Bandi (Siegfried Rauch), Uli Florineth (Aldo Huwyler), sein zweiter Assistent (Alfred Bernhard), Grämiger (Franziskus Abgottspon), Danuser (Paul Fopp), Franz (Konrad Anhorn) und Paul (Fred Haltiner) sind mit Hunden und Helikoptern im Dauereinsatz.
Die Serie sollte besonders authentisch wirken und wurde deshalb in einem halbdokumentarischen Stil gedreht. Originaltöne in Schweizerdeutsch wurden von Off-Stimmen übersetzt, und neben den aufregenden Rettungsaktionen ging es auch um ein paar trockene Maßnahmen, die die Arbeitsbedingungen verbessern: Studien, Messungen, Sitzungen, Versuche, Training. Vielleicht schwankte deshalb auch die Episodenlänge zwischen 45 und 65 Minuten. Es dauert eben nicht immer gleich lang, bis eine Rettung oder Bergung vollzogen ist.
Nach einigen Durchläufen im Dritten Programm wurde die Serie ab November 1986 schließlich auch im Ersten wiederholt.

LAWLESS SAT.1
1998. 6-tlg. US-Actionserie (»Lawless«; 1997).
John Lawless (Brian Bosworth) arbeitet als Privatdetektiv in Miami. Auf seinem Motorrad fährt er herum und löst Fälle mit Hilfe seines Freundes Reggie Hayes (Glenn Plummer), der einen Hubschrauberservice betreibt. Reggies Mutter Esther (Janet Hubert) hat ein Café, in dem die beiden ihre Freizeit verbringen.
Hätten US-Zuschauer alle sechs gedrehten Folgen sehen wollen, hätten sie nach Deutschland kommen müssen. Halt: Hätte sie irgendwer sehen wollen, wäre die Serie in den USA ja nicht nach einer einzigen Folge abgesetzt worden.
Sat.1 zeigte die einstündigen Folgen samstags nachmittags.

LEA KATZ – DIE KRIMINALPSYCHOLOGIN ZDF
1997–1999. 2-tlg. dt. Krimireihe von Steve Brown, Regie: Konrad Sabrautzky.
Lea Katz (Martina Gedeck) ist Dozentin für Kriminalpsychologie und hilft auf Anfrage der Berliner Polizei. Jochen Kosmala (Thomas Anzenhofer) leitet die Ermittlungen. Der Anwalt Nicolas Dorn (Benedict Freitag) ist Leas ungeliebter Ex-Mann.
Die *Samstagskrimi*-Folgen hatte Spielfilmlänge. Nach zwei dieser Folgen wurde die Reihe aber schon wieder abgesetzt.

LEAGUE OF GENTLEMEN PRO SIEBEN
2002–2004. 19-tlg. brit. Comedyserie von Jeremy Dyson, Steve Pemberton, Mark Gatiss und Reece Shearsmith (»The League Of Gentlemen«; 1999–2000).
Im ausladenden englischen Örtchen Royston Vasey tummeln sich die psychotischen Ladenbesitzer und Fremdenhasser Tubbs und Edwards, der transsexuelle Taxifahrer Barbara, die Jobberaterin Pauline, die verhindert, dass ihre Kursbesucher Arbeit bekommen, damit sie ihren Job nicht verliert, der glücklose Veterinär Dr. Chinery, dem jedes ihm anvertraute Tier wegstirbt, und viele andere grausam überalltägliche Zwangscharaktere.
Alles, was man vorher »schwarzen Humor« nannte, wirkte nur noch hellgrau gegen die makabere Wollust, mit der *League Of Gentlemen* Inzest, Mord, Kannibalismus und jede Form seelischer Grausamkeit in Szene setzte und als Dorfalltag ausgab. Genussvoll brach die Serie jedes denkbare Tabu und beeindruckte durch Masken und Schauspielkunst, die ein endloses Monstrositätenkabinett entstehen ließ, obwohl sämtliche Rollen von Pemberton, Gatiss und Shearsmith gespielt wurden.
League of Gentlemen war ursprünglich eine Sketchshow auf der Bühne, die erst ins Radio und dann ins Fernsehen kam – und nach dem großen Erfolg dort ging sie wieder auf Bühnentournee. Die Dorfszenen wurden in Hadfield in Derbyshire gedreht. Der Titel hat keinen konkreten Bezug zum Inhalt der Serie; »League of Gentlemen« ist der Name der vierköpfigen Gruppe der Komiker und Schöpfer der Serie, der einer britischen Kriminalkomödie von 1959 entlehnt ist.
Pro Sieben zeigte verdienstvollerweise alle drei Staffeln und ein Weihnachtsspecial. Die halbstündigen Folgen liefen am späten Donnerstagabend.

EIN LEBEN IM ¾-TAKT DFF 2
1976. 8-tlg. brit. Historiendrama von David Butler, Anthony Skene und David Reid (»The Strauss Family«; 1972).
Erzählt wird aus dem Leben der Komponisten Jo-

hann Strauß Vater (Eric Woolfe) und Sohn (Alistair McKenzie; später: Stuart Wilson). Der Senior führt eine turbulente Ehe mit Anna (Anne Stallybrass), der Junior ist erst mit Jetty (Margaret Whiting), später mit Adele (Lynn Farleigh) verheiratet. Johann Sohn hat noch einen jüngeren Bruder, Eduard Strauß (Gary Miller, später: Tony Anholt).
Jede Folge dauerte 50 Minuten. Das Leben der Komponistenfamilie wurde auch als *Die Strauß Dynastie* verfilmt.

LEBEN, LIEBEN – MANN UND FRAU   ARD
1966–1967. »Von der Bedeutung der Geschlechter«. 6-tlg. Aufklärungsreihe am Freitagnachmittag mit Dr. Martin Goldstein, der mit Jugendlichen über Sexualität redet und redet und redet.

LEBEN MACHT LAUNE   VOX
2002–2003. Insgesamt vier Doku-Soaps mit einstündigen Folgen liefen unter diesem Oberbegriff am Montagabend. Darin wurden jeweils Menschen begleitet, die ihr Leben verbessern wollten. Die einzelnen Soaps waren: *Operation Schönheit* (vier Teile), »Kampf den Kilos« (zwei), *Tanzschule* (drei) und *18 – Deine Geschichte zählt* (sechs).

DAS LEBEN UND ICH   RTL
1996–2002. 158-tlg. US-Sitcom (»Boy Meets World«; 1993–2000).
Der elfjährige Cory Matthews (Ben Savage) entdeckt allmählich das Leben und die Welt. Leider wohnt sein Lehrer Mr. Feeny (William Daniels) gleich nebenan, und der sähe es gerne, wenn der Junge etwas mehr für die Schule täte. Dem schließen sich Coreys Eltern Alan (William Russ) und Amy (Betsy Randle) an. Cory hat noch einen coolen älteren Bruder Eric (Will Friedle) und eine kleine Schwester Morgan (Lily Nicksay; ab Staffel 3: Lindsay Ridgeway). Cory wird älter, kommt ins Teenager-Alter und wird langsam erwachsen.
Die Serie lief am Samstagmittag. Einer Eigenproduktion mit anderem Inhalt gab RTL den sehr ähnlichen Titel *Mein Leben & ich*.

DES LEBENS BITTERE SÜSSE   ZDF
1986–1990. 5-tlg. brit. Drama von Lee Langley nach einem Roman von Barbara Taylor Bradford, Regie: Don Sharp (»A Woman Of Substance«; 1983/»Hold The Dream«; 1986).
Emma Harte (als jüngere Frau: Jenny Seagrove; als ältere Frau: Deborah Kerr) hat es Anfang des 20. Jh. aus ärmlichsten Verhältnissen in Yorkshire zu einer der wohlhabendsten Geschäftsfrauen der Welt in Amerika gebracht. Als alte Frau kehrt sie mit ihrer Enkelin Paula (Miranda Richardson) in ihre Heimat zurück und erinnert sich, wie alles begann. In der Gegenwart muss sie kämpfen, um ihr Kaufhausimperium zu verteidigen und es Paula vermachen zu können.
Der ursprüngliche Dreiteiler wurde einige Jahre später mit zwei neuen Filmen fortgesetzt.

LEBENSERFAHRUNGEN   ZDF
1980–1991. Dokumentarfilmreihe von Hans-Dieter Grabe.
Grabe machte sich einen Namen durch außerordentlich intensive, oft unerträglich realistische Filme über Menschen, die er teilweise über Jahrzehnte immer wieder besuchte. Er begleitete u. a. die Familie mit einem schwerstbehinderten Kind (»Jens und seine Eltern«), berichtete immer wieder über Opfer des Vietnamkriegs und ließ Opfer der beiden Atombombenabwürfe zu Wort kommen. Für »Hiroshima – Nagasaki«, nach Ansicht der Jury eine »lange, quälende Dokumentation«, die den Zuschauer »existenziell betroffen« zurücklässt, wurde er 1986 mit einem Grimme-Preis mit Gold ausgezeichnet.
Die Filme liefen in loser, seltener Folge am späten Abend.

LEBENSLÄUFE   ARD
1971–1974. 10-tlg. Porträtreihe, die Vertreter verschiedener Berufe vorstellt.
Anders als in der späteren ARD-Reihe *Typisch! Typisch?* ging es diesen Dokumentationen darum, jeweils einen tatsächlich typischen Vertreter darzustellen. Die erste Folge befasste sich mit dem »Kaufmann an der Ecke« Erich Kaschner (49) aus Uelzen. In weiteren Folgen ging es u. a. um einen Arzt, einen Pfarrer, einen Künstler, einen Polizisten auf dem Land, eine Frau in der Politik und einen deutschen Bauern aus Unterfranken. Am 9. August 1971 allerdings war der typische Vertreter seiner Berufsgruppe der »König von St. Pauli« Willi Bartels.
Die dreiviertelstündigen Porträts liefen im Abendprogramm.

LEBENSLINIEN   ZDF
1984–1988. 5-tlg. österr. Familiensaga von Käthe Kratz (Buch und Regie).
Die Reihe beleuchtet die Geschichte einer Wiener Familie über mehrere Generationen. Jede der spielfilmlangen Folgen stellt eine Protagonistin einer neuen Generation in den Mittelpunkt. Im ersten Teil geht es um Augustine, genannt Gusti (Gerline Csekits), die Ende des 19. Jh. als Dienstmädchen in Wien arbeitet, es folgen Marianne (Linde Prelog) zur Zeit des Ersten und Elisabeth, genannt Liesi (Eva Linder), während des Zweiten Weltkriegs.
Vier Jahre nach der ursprünglichen Filmtrilogie, die das ZDF innerhalb von acht Tagen im Abendprogramm zeigte, folgten zwei neue Filme, die sich mit Liesis Tochter Marlene (Teil 4: Huberta Haubmann; Teil 5: Lore Seichter) befassten.

LEDERSTRUMPF   ZDF
1969. 4-tlg. dt.-frz. Abenteuerfilm von Pierre Gaspard-Huit und Walter Ulbrich nach den Romanen von James Fenimore Cooper, Regie: Jean Dréville.
Der weiße Natty Bumppo (Hellmut Lange), wegen seiner Kleidung »Lederstrumpf« genannt, schließt sich einer Gruppe von Mohikanern an. Er und der junge Chingachgook (Pierre Massimi) werden gute

Lederstrumpf (Hellmut Lange) mit Chingachgook (Pierre Massimi).

Freunde, und gemeinsam bekämpfen sie feindliche Indianer. 18 Jahre später ist Lederstrumpf kurzzeitig Kundschafter im Dienst der britischen Krone. Chingachgook ist der letzte Mohikaner, nachdem alle anderen Mitglieder seines Stammes umgebracht wurden. Die beiden Freunde werden sesshaft, handeln mit Hirschhäuten und jagen selbst. Sie verteidigen andere Indianer gegen die Weißen, die immer weiter in deren Land vordringen und es besiedeln. Am Ende ziehen Nat und Chingachgook immer wieder der Sonne entgegen, weiter auf der Suche nach neuen Abenteuern.

Drehbuchautor Walter Ulbrich machte aus fünf Cooper-Romanen vier Fernsehfilme. Dabei übernahm er »Der Wildtöter«, »Der letzte Mohikaner« und »Die Prärie«, die Romane 3 und 4 (»Die Ansiedler« und »Die Pfadfinder«) fasste er zum dritten Teil »Das Fort am Biberfluss« zusammen. Die spielfilmlangen Folgen liefen an den Weihnachtstagen und am anschließenden Wochenende nachmittags mit großem Erfolg. Die Hauptdarsteller Lange und Massimi wurden zu Stars.

LEDERSTRUMPF RTL 2

1996. 22-tlg. US-kanad. Abenteuerserie (»Hawkeye«; 1994–1995) nach dem Buch von James Fenimore Cooper.

1755 im Hudson-Tal. Der Kaufmann William Shields (Michael Berry) ist von bösen Huron-Indianern entführt worden. Der noble Naturbursche Nathaniel »Hawkeye« Bumppo (Lee Horsley) und sein indianischer Freund Chingachgook (Rodney A. Grant) helfen seiner Frau Elizabeth (Lynda Carter), ihn zu finden – und zu überleben. Sie geraten zwischen die Kämpfe der britischen und französischen Truppen und der Indianer; zudem stellt sich auch Captain Taylor Shields (Garwin Sanford), der korrupte Bruder des Entführten und Befehlshaber im englischen Fort Bennington, gegen sie. Die beiden Jugendlichen McKinney (Lochlyn Munro) und Peevey (Jed Rees) arbeiten für Elizabeth im Fort.

Die Folgen waren eine Stunde lang und liefen zunächst samstags, dann werktäglich am Vorabend.

LEE EVANS – SO WHAT NOW? ARD

2003. 8-tlg. brit Comedyserie von Lee Evans, Stuart Silver und Peter Tilbury Regie: Tony Dow (»Lee Evans – So What Now«; 2001).

Der Tollpatsch Lee (Lee Evans) wird von seiner Frau vor die Tür gesetzt. Er zieht bei seinem Kumpel Stuart (Steven O'Donell) ein und brennt dessen Wohnung nieder. Die beiden kommen gemeinsam bei Singlefrau Heather (Sophie Thomson) unter, die so gern noch immer in und neureich wäre. In der WG bricht das Chaos aus, und alles geht schief.

Gerade als man in Deutschland so einigermaßen bemerkt hatte, dass Menschen, die hinfallen, und Gegenstände, die zerbrechen, gar nicht lustig sind, kam diese gefloppte Serie des an sich talentierten Komikers Lee Evans aus England daher und machte einiges kaputt.

Die 25-minütigen Folgen liefen an mehreren Werktagen am Vorabend.

DIE LEGENDÄRE CONNY SHOW RTL 2

1995. 5-tlg. dt. Comedyserie von Thomas Hermanns.

Ex-Schlagerstar Conny (Stefan Jakob) präsentiert nun im eigenen Theater eine bunte Nummernrevue. Im Hintergrund huschen rum: Maskenbildnerin Mona Uhura (Sandy Beach), der musikalische Leiter Dietrich Darling (Gerd Thumser), das Mädchen für alles Chris (Bubi Bordell) und Choreographin Zilli (Sheree Foster).

Dietrich Darling. Bubi Bordell. Sandy Beach. Man ist sich nicht sicher, ob die Rollennamen oder die Künstlernamen der Darsteller mehr gaga waren. Wahrscheinlich war es doch die Handlung.
Die 45-Minuten-Folgen liefen am späten Sonntagabend.

DER LEGENDÄRE HOWARD HUGHES ARD

1980. 8-tlg. US-Drama nach der Biografie von Noah Dietrich und Bob Thomas, Regie: William A. Graham (»The Amazing Howard Hughes«; 1977).
Die Reihe schildert das Leben des exzentrischen amerikanischen Tycoons Howard Hughes (Tommy Lee Jones): Hughes' Anfänge als jugendlicher Erbe des väterlichen Vermögens, seine Flugleidenschaft, seinen gigantischen Erfolg als Filmproduzent bis zu seinem einsamen Ende.
Die ARD sendete den Fernsehfilm in acht halbstündigen Teilen im regionalen Vorabendprogramm; tm3 zeigte eine gekürzte Version als zweistündigen Spielfilm »Howard Hughes – Eine Legende«.

LEGENDEN ARD

Seit 1998. Porträtreihe.
Jede Folge befasst sich mit einer berühmten Person der Zeitgeschichte, darunter so unterschiedliche Persönlichkeiten wie Evita Peron, Diego Maradona, Elvis Presley, Franz Beckenbauer, Bhagwan und Pablo Picasso.
Die 45-minütigen Folgen laufen staffelweise im Abendprogramm. Bisher wurden 35 Folgen ausgestrahlt.

DIE LEHMANNS ZDF

1984. 13-tlg. dt. Familienserie.
Herzlichen Glückwunsch! Gartenmöbelverkäufer Karl Lehmann (Gerd Baltus) ist soeben 45 geworden und stellt entsetzt fest, dass er gerade erst in der Mitte seines langweiligen Berufslebens steht. Schon wird er entlassen. So war das nun auch nicht gedacht. Nach einem kurzen Drang zum Glas überkommt ihn der Tatendrang. Er scheucht Frau Inge (Witta Pohl), Tochter Katja (Andreina de Martin), Sohn Rudi (Gerald Schuster) und sogar Opa (Uwe Dallmeier) umher, findet für jeden etwas zu tun und kümmert sich selbst um den Haushalt. Schlimme Sache. Vor allem für die anderen. Dabei meint er es doch nur gut.
Die halbstündigen Folgen liefen dienstags um 18.20 Uhr.

LEHRJAHRE DES HERZENS HR

1973. 5-tlg. frz. Liebessaga nach dem Roman von Gustave Flaubert (»L'éducation sentimentale«; 1973).
Der Rechtsstudent Frédéric Moreau (Jean-Pierre Léaud) lernt Mitte des 19. Jh. in Paris Marie (Françoise Fabian) kennen und verliebt sich in sie. Sie ist mit dem Kunsthändler Arnoux (Michel de Ré) verheiratet. Frédéric freundet sich mit ihm an, nur um Marie nah zu sein. Er scheitert jedoch bei dem Versuch, Maries Liebe zu gewinnen, und tröstet sich deshalb mit Arnoux' Geliebter Rosanette (Catherine Rouvel) und mit Madame Dambreuse (Edmonda Aldini). Die hat natürlich auch einen Gatten (Ernst Fritz Fürbringer). Madame ist Mitglied der gehobenen Gesellschaft, was Frédéric durch eine Erbschaft ebenfalls wird. Trotz aller Liebschaften gehört sein Herz weiter Marie. Deslauriers (Philippe Bouclet) ist ein Schulfreund Frédérics und hat politische Ambitionen.
Lehrjahre des Herzens wurde in mehreren Dritten Programmen und ab Juli 1975 im Ersten wiederholt. Jede Folge dauerte knapp eine Stunde.

DIE LEIHMUTTER ARD

1995–1996. 79-tlg. brasilian. Telenovela (»Barriga de Aluguel«; 1990–1991).
Weil Ana (Cassis Kiss) kein Kind bekommen kann, bezahlt sie die arme Clara (Claudia Abreu) dafür, Leihmutter für ihr Baby zu werden. Laut Vertrag darf Clara das Kind nie wieder sehen, doch nach der Geburt kann sich Clara nicht von dem Baby, das sie ausgetragen hat, trennen. Mit allen Mitteln kämpfen beide Frauen um das Kind.
Die Folgen, die das kontroverse Thema in Brasilien auf die Tagesordnung brachten (der Originaltitel bedeutet »Bauch zu mieten«), waren eine Stunde lang und liefen auf dem Telenovela-Platz am Nachmittag. Die Serie wurde in den Dritten Programmen auch in 180 halbstündigen Folgen wiederholt.

LEINEN LOS FÜR »MS KÖNIGSTEIN« MDR

1997–1998. 13-tlg. dt. Familienserie von Joachim Nestler und Peter Schreibler, Regie: Frank Strecker, Hans Werner.
Der brummelige Heinrich Starke (Dietmar Schönherr) ist – wie viele seiner Vorfahren – Elbschiffkapitän. Ein Leben ohne sein Boot, die »MS Königstein«, kann er sich nicht vorstellen, doch genau das droht kurz nach seinem 65. Geburtstag: Um die Schulden bezahlen zu können, soll das Schiff zwangsversteigert werden. Die Familie freut sich schon auf das Geld. Die standesbewusste Schwester Charlotte (Rosemarie Fendel) lebt in Dresden in einer Villa. Sohn Alfred (Andreas Schmidt-Schaller), auch ein gelernter Kapitän, betreibt mit seiner ehrgeizigen Frau Anneliese (Erika Skrotzki) in der Nähe von Rudolstadt eine Porzellanfabrik. Tochter Christine (Marina Krogull) wohnt in Quedlinburg und lässt ihre Unzufriedenheit an Ehemann Gernot (Günter Schubert) und Tochter Conny (Antonia Dalchau) aus. Heinrich zur Seite steht sein bester Freund Wenzel Jindrich (Herbert Köfer). Im Fährhaus lebt noch Heinrichs Enkel Ulrich (Nikolaus Gröbe), der Sohn von Alfred und Anneliese. Als Opa Heinrich sich in die junge Toni Lichtenauer (Roswitha Schreiner) verliebt, glaubt die Familie, dass er jetzt komplett durchgedreht ist. Auch Tonis Mutter Paula (Karin Schröder) ist gegen die Verbindung. Als nichts anderes hilft, bietet ihm die Familie an, ihm sein Boot zurückzukaufen, wenn er nur die Finger von der Frau lässt.

Übel berechenbares und belangloses, aber erfolgreiches Serieneinerlei, das im Sommer 1998 im Ersten wiederholt wurde. Die einzelnen Folgen dauerten 45 Minuten.

LEMMI UND DIE SCHMÖKER ARD
1973–1983. Bücherwerbesendung für Kinder von Friedrich Arndt und Peter Podehl.
Der Bücherwurm Lemmi, eine etwas altkluge und manchmal griesgrämige Stricksocke mit Gesicht, die eigentlich Balduin Percy Hannibal Lehmann heißt und darauf besteht, »Herr Lehmann« genannt zu werden, lebt in einer Bücherei. Dort fallen regelmäßig die Hauptfiguren aus Büchern heraus und lassen die Zuschauer ihre Geschichten erleben. Fräulein Sabine (Barbara Capell) ist die Leiterin der Abteilung, Herr Willibald (Hannes Kaetner) das Faktotum. Durch die Räume schlängelt sich die Schienenbahn »Telelift«, auf der Kisten transportiert werden. Und in den Kisten stecken gelegentlich Tücher, auf denen Szenen aus den Büchern erscheinen, wenn Herr Willibald sie hochhält.
In jeder Sendung wurde ein Buch vorgestellt. Dies geschah teils durch die Gespräche zwischen Lemmi und den anderen in der Bücherei, teils durch Spielszenen. Unverzichtbarer Bestandteil war der ausgiebige Einsatz der damals noch recht kruden Bluebox-Technik, durch die die Figuren aus den Büchern in wenigen Zentimetern Größe auftauchten und die Spielszenen auf den Tüchern erschienen. Die erste Folge stellte »Nils Holgersson« und »Karlsson vom Dach« vor und erzählte, wie immer, nicht die ganze Geschichte nach, sondern warb dafür, das Buch zu lesen.
Bis 1979 liefen 32 Sendungen, 1983 gab es 13 neue Folgen. Diesmal lebte Bücherwurm Lemmi auf einem Dachboden, wo er gelegentlich von seinem Freund Andreas (Andreas Kaufmann) besucht wurde. Lemmi wurde nun nicht mehr von einer sympathischen Stricksocke dargestellt, sondern von einer hässlichen orangefarbenen Schaumstoffpuppe. Auch das Konzept war verändert worden. Statt der Tücher und des Telelifts gab es einen Computer. Und das Buch »Der Tag, an dem der Sandmann erwachte« wurde z. B. unter Mitwirkung von Samson aus der *Sesamstraße* verfilmt.
Die 40-minütigen Folgen liefen an verschiedenen Sendeplätzen. Im Anschluss an die letzte Folge zeigte die ARD im November 1983 noch zwei kurze Making-ofs.

LENNY HENRY IN PIECES PRO SIEBEN
2002–2003. Halbstündige brit. Comedyshow (»Lenny Henry In Pieces«; 2000–2002) mit dem jamaikanischen Komiker Lenny Henry, in der kurze Sketche aneinander gereiht werden.
Acht Folgen liefen am späten Donnerstagabend.

LENSSEN & PARTNER SAT.1
Seit 2003. Pseudodokumentarische dt. Krimiserie.
Der echte Rechtsanwalt Ingo Lenßen ermittelt mit einem Team privater Ermittler in einem frei erfundenen Fall pro halbstündiger Folge. Das Team sind Christian Storm und Katja Hansen sowie Sandra Nitka und Tekin Kurtulus.
Der Anwalt Ingo Lenßen, über viele Jahre Sozius in der Kanzlei Müller, Lenßen & Beck in Meersburg am Bodensee, hatte bereits bei *Richter Alexander Hold* mitgewirkt und besaß dank eines markanten Zwirbelbarts einen Wiedererkennungswert. Mit diesem Spin-off löste Sat.1 sein jahrelanges Quotenproblem am Vorabend. Geschickt eingeführt durch einmalige Ausstrahlung um 17.00 Uhr, direkt im Anschluss an *Richter Hold,* rückte die Sendung noch am gleichen Tag auf den regelmäßigen Ausstrahlungstermin werktags um 18.00 Uhr und verbesserte die dort bisher erzielten Quoten auf Anhieb. Der Erfolg zog innerhalb des nächsten halben Jahres die ähnlichen Formate *Niedrig und Kuhnt* und *K11 – Kommissare im Einsatz* nach sich. Alle drei haben gemein, was auch die Richtershows am Nachmittag bereits auszeichnete: Die Hauptakteure spielen in absurd unrealistischen Fällen sich selbst, umgeben von weiteren Laiendarstellern in den Gastrollen, gedreht mit billigster Videotechnik, die nicht nur Kosten spart, sondern dem Ganzen auch noch einen realistischen Anstrich verleiht.

LENZ ODER DIE FREIHEIT ARD
1986. 4-tlg. dt. Historiendrama nach dem Roman von Stefan Heym, Regie: Dieter Berner.
Während der Badischen Revolution von 1848/49 beteiligt sich der Student Andreas Lenz (Peter Simonischek) am Aufstand und steht zwischen zwei Frauen: Lenore Einstein (Brigitte Karner), die Tochter eines einflussreichen Juden, und Josepha Wundt (Annette Uhlen), die Mätresse eines Kommandanten. Später wandert Lenz in die USA aus und fällt 1863 in der Schlacht von Gettysburg, dem Höhepunkt des amerikanischen Bürgerkriegs.
Jeder Teil hatte Spielfilmlänge.

LEO UND CHARLOTTE WDR
1991. 6-tlg. dt. Ruhrpottserie von Jost Krüger und Friedemann Schulz, Regie: Kaspar Heidelbach.
Leo (Klaus J. Behrendt) und Charlotte (Katja Flint) sind ein Paar und arbeiten beide in der gleichen Firma im Ruhrgebiet: er als Turbinenschlosser, sie als Fremdsprachensekretärin. Doch Leo wird arbeitslos, und nach einem Streit, in dem er Charlotte wieder einmal verdächtigt, etwas mit dem Chef Dr. Rüggeberg (Rolf Becker) zu haben, ist er auch die Freundin los. Er bandelt mit der von Drogendealern verfolgten Nelly (Karina Marmann) an und wird durch seinen Freund Harry Korke (Leonard Lansink) zu krummen Geschäften angestiftet. Am Ende wird Nelly umgebracht, und Leo und Charlotte kommen wieder zusammen. Die Musik schrieb Wolf Maahn.
Die Folgen waren 45 Minuten lang und liefen auch in anderen Dritten Programmen und im Ersten, umgeschnitten auch in zwei spielfilmlangen Teilen.

LEONIE LÖWENHERZ   ARD

1991–1992. 44-tlg. dt. Kinderserie.

Das Löwenmädchen Leonie, eine sprechende Klappmaulpuppe mit großen Kulleraugen und goldigen Wimpern, lebt bei ihren Freunden Tina (Maria Ketikidou), Eddy (Hans-Joachim Millies) und dem zerstreuten Professor Laurenz C. Lehmann (Henning Schlüter). Sie hat noch zwei Brüder namens Ludwig und Lambert Löwenherz. In der zweiten Staffel ziehen Ernst Damgart (Ernst H. Hilbich) und Karen (Stephanie Kindermann) noch bei Lehmann ein.

Die halbstündigen Folgen liefen nachmittags.

LEO'S   BR, ARD

1988–1989 (BR); 1989–1991 (ARD). »Klatsch, Tratsch und Korkenknall«. Halbstündiges Szenemagazin mit Andreas Lukoschik alias Leo, der als Klatschreporter auf Partys unterwegs ist und halb ernst, halb ironisch über die Highsociety berichtet.

Die Reihe war mit Berichten über die Münchner Schickeria im Februar 1988 im Dritten Programm des BR gestartet und wurde wegen des großen Erfolgs im Herbst 1989 in die ARD übernommen. Dort lief sie fortan alle zwei Wochen montags um 22.00 Uhr, und nun berichtete man auch über die Reichen auf der ganzen Welt. »Leo«, dessen Markenzeichen eine rote Brille mit runden Gläsern war, mischte den Klatsch mit Satire, Talk und Blödsinn. Eigentlicher Macher war aber der Redakteur Stephan Reichenberger, vom dem auch die Texte stammten. Er steckte später auch hinter Hauser & Kienzle bei der ZDF-Sendung *Frontal*. Fester Bestandteil von *Leo's* war der »ultimativ subjektive« In-&-out-Führer. Die Reihe brachte es auf 80 Folgen, dann sagte Lukoschik: »Nach 500 Festen und vier Jahren im Hotel bzw. im Flugzeug fällt einem zu der Szene nichts mehr ein.«

1989 erhielten Lukoschik und Reichenberger einen Adolf-Grimme-Preis mit Bronze für die Sendung, die die Jury als »an sich überflüssig« bezeichnete: »Zu einer Zeit allerdings, in der so vieles im Fernsehprogramm so überflüssig geworden ist, ist es die erste Sendung, die daraus Schlüsse gezogen hat und dem Zuschauer auch gar nichts anderes mehr vormachen will.«

LERCHENPARK   ARD

1971–1975. »Moderne Geschichten aus einer Satellitenstadt«. 39-tlg. dt. Episodenreihe über die Bewohner der Münchner Lerchenpark-Siedlung und ihre Probleme.

In jeder abgeschlossenen Folge standen andere Charaktere im Mittelpunkt. In der ersten ging es um Uschi Braun (Erika Remberg), deren Ex-Mann (Hans Walter Clasen) plötzlich zu ihr zurückwill. Die halbstündigen Folgen liefen im regionalen Vorabendprogramm.

LESEN!   ZDF

Seit 2003. Halbstündiges Büchermagazin mit Elke Heidenreich!

Heidenreich sitzt hinter einem Schreibtisch auf der Bühne der Kölner Kinderoper und erzählt, welche Bücher ihr im Moment gut gefallen – vor einem Live-Publikum im Studio! Pro Sendung begrüßt sie außerdem einen prominenten Gast, mit dem sie für ein paar Minuten plaudert und der verrät, welche Bücher *ihm* im Moment gut gefallen. Harald Schmidt, Joschka Fischer und Literaturpapst Marcel Reich-Ranicki gehörten zu den ersten Gästen!

Die schlichte Form und das Konzept, ausschließlich Empfehlungen und niemals Verrisse in die Sendung aufzunehmen, bescherten der Reihe gleich bei der Premiere mehr als zwei Millionen Zuschauer – eine sensationelle Quote für eine Literatursendung im Fernsehen! Alle empfohlenen Bücher stehen nach

Leo's:
Andreas Lukoschik.

der Sendung ganz oben auf den Bestsellerlisten, und die Literaturwelt rätselt, was das Geheimnis des Erfolgs ist! Es muss an Frau Heidenreich liegen: Das kurz vorher gestartete, viel aufwendigere Büchermagazin *Druckfrisch* mit Denis Scheck, mit dem Heidenreich eine kleine öffentliche Schlammschlacht anfing, schaffte ebenso wenig eine ähnliche Aufmerksamkeit wie Hans-Joachim Kulenkampff, der Heidenreichs schlichtes Konzept bereits Anfang der 90er-Jahre als *Kulis Buchclub* ausprobiert hatte.
Lesen! läuft etwa sechsmal im Jahr dienstags um 22.15 Uhr!

LET'S HAVE A PARTY ZDF
1992–1997. Sommer-Openair-Show mit vielen Gästen und Musik.
Oldies und Evergreens wurden hier von den Originalinterpreten präsentiert. Moderator war Thomas Gottschalk, zeitweise auch Wolfgang Lippert.

LET'S TALK ABOUT SEX
... AND THE CITY PRO SIEBEN
2004. Total aufregende einstündige Show, in der mehr oder weniger prominente Menschen viermal dienstags um 20.15 Uhr erzählen durften, wie toll sie die Pro-Sieben-Serie *Sex And The City* fanden, die überraschend immer sofort im Anschluss lief.

DAS LETZTE AUS »DR. MUFFELS TELEBRAUSE« HR
→ Dr. Muffels Telebrause

DIE LETZTE HOFFNUNG ARD
1964–1965. 13-tlg. US-Krimiserie (»The Court Of Last Resort«; 1957–1958).
Die »Letzte Hoffnung« ist eine Gruppe von sieben Mitgliedern, die Fälle aufnehmen, in denen Menschen möglicherweise zu Unrecht verurteilt wurden. Gegründet von dem Schriftsteller Erle Stanley Gardner (Paul Birch), gehören ihr Dr. LeMoyne Snyder (Charles Meredith), Raymond Schindler (Robert H. Harris), Harry Steeger (Carleton Young), Marshall Houts (John Launer), Alex Gregory (John Maxwell) und Park Street, Jr. (Robert Anderson) an. Der Ermittler Sam Larsen (Lyle Bettger) arbeitet für sie und hilft ihnen, Beweise dafür zu finden, dass der Verurteilte ein Verbrechen nicht begangen haben kann.
Den »Court Of Last Resort« gab es wirklich, die geschilderten Fälle waren real, nur die Namen der Beteiligten wurden verändert. Dem Schriftsteller Erle Stanley Gardner verdankt das Fernsehpublikum außerdem den Rechtsanwalt *Perry Mason*.
Die halbstündigen Folgen liefen im regionalen Vorabendprogramm, im Original gab es doppelt so viele.

DAS LETZTE JAHR DER SOWJETUNION ARD
1992. 4-tlg. dt. Dokumentarfilmreihe von Jens Meurer.
Meurer schildert den Alltag der Menschen in der zerfallenden Sowjetunion und in den vorangegangenen Jahrzehnten: Die Bandbreite reicht von den Obdachlosen in Moskau bis zum Fischer am Schwarzen Meer, der nur noch vergiftete Fische angelt. Fast zwei Jahre lang drehte er in allen Winkeln des Riesenreiches. Als erstes westliches Filmteam durften die Reporter des BR an Orten wie den Lagern des Archipel Gulag oder in Wladiwostock drehen.

DER LETZTE MOHIKANER ARD
1972. 8-tlg. brit. Abenteuerserie von Harry Green nach dem Roman von James Fenimore Cooper, Regie: David Maloney (»The Last Of The Mohicans«; 1971).
Cora (Patricia Maynard) und Alice Munro (Joanna David) machen sich Mitte des 18. Jh. auf den Weg durch Nordamerika, ihren Vater (Andrew Crawford) zu treffen, einen in Fort William stationierten Colonel. Sie werden von dem hinterlistigen Huron-Indianer Magua (Philip Madoc) geführt, vor dem sie Falkenauge (Kenneth Ives) und die beiden Mohikaner Chingachgook (John Abineri) und Uncas (Richard Warwick) retten.
Die Serie wurde in Schottland gedreht. Die Folgen waren 45 Minuten lang und liefen nachmittags.

DER LETZTE PATE SAT.1
1998. 3-tlg. US-Krimi nach dem Roman von Mario Puzo, Regie: Graeme Clifford (»The Last Don«; 1997).
Hundertmal gesehen: Die Mafiapaten Don Domenico Clericuzio (Danny Aiello) und Pippi De Lena (Joe Mantegna) bekämpfen einander, während ihre Kinder sich lieben. Also lässt der Don den frisch Angetrauten von Rose Marie (Kirstie Alley) ermorden, und sie schwört Rache.

DIE LETZTE WEINRUNDE ARD
→ Die fröhliche Weinrunde

DER LETZTE ZEUGE ZDF
Seit 1998. Dt. Krimiserie von Gregor Edelmann.
Der Gerichtsmediziner Dr. Robert Kolmaar (Ulrich Mühe) hilft durch seine Obduktionen Kommissar Johannes »Joe« Hoffer (Jörg Gudzuhn), dem Chef der 2. Mordkommission, bei der Aufklärung von Verbrechen. Wolfgang Hölzermann (Andreas Maria Schwaiger) arbeitet ebenfalls bei der Mordkommission. Anna (Theresa Scholze) ist Kolmaars Tochter, seine Freundin ist seine Kollegin Dr. Judith Sommer (Gesine Cukrowski). Zwischendurch ist er auch mal mit der Staatsanwältin Dr. Tanja Rose (Claudia Messner) zusammen, die die Nachfolgerin von Dr. Sänger (Leonard Lansink) wird. Prof. Dr. Bondzio (Dieter Mann) ist der Institutsleiter und somit Kolmaars und Sommers Chef, Ulla Grünbein (Renate Schroeter) seine Sekretärin. Im Frühjahr 2002 kommt die neue Kollegin Dr. Leilah Berg (Julia Jäger) ans Institut.
1999 erhielt *Der letzte Zeuge* den Deutschen Fernsehpreis als bestes Buch und als beste Serie. Die Serie startete mit sechs Folgen an verschiedenen Sendeplätzen zur Primetime, ab der zweiten Staffel lief sie mittwochs um 20.15 Uhr und ab der vierten im

Frühjahr 2003 freitags eine Stunde später, direkt nach den etablierten Freitagskrimis. Bisher wurden rund fünfzig 45-minütige Folgen gezeigt.

DIE LETZTEN PARADIESE   ARD
2004. 8-tlg. Naturdoku von Hans Jöchler.
Die 45-minütigen Reportagen zeigen unberührte und exotische Naturparadiese über und unter Wasser und die Tiere, die dort leben. Sie liefen dienstags um 23.00 Uhr während der Sommerpause von *Menschen bei Maischberger*.

DIE LETZTEN TAGE VON POMPEJI   DFF 1
1985. US-brit.-ital. Historiendrama von Carmen Culver nach dem Roman von Edward George Bulwer-Lytton, Regie: Peter Hunt (»The Last Days Of Pompeii«; 1984).
Das Leben im Jahr 79 n. Chr. am Fuße des Vesuv unterscheidet sich nicht groß von dem Alltag, sagen wir, 1900 Jahre später in Denver. Pompeji ist eine reiche Stadt, in der die Verbreitung des christlichen Glaubens und die grausame Verfolgung seiner Anhänger die Nachrichten beherrschen. Der muskulöse Gladiator Lydon (Duncan Regehr) will seinen Job aufgeben und liebt Nydia (Linda Purl), eine blinde Sklavin, die jeden Winkel in der Stadt kennt. Die bauchtanzende Prostituierte Chloe (Lesley-Anne Down) ist heimlich Christin. Der Grieche Glaucus (Nicholas Clay) umschwärmt die edle Ione (Olivia Hussey), die Priesterin wird, weshalb ihn der böse und fanatische religiöse Ägypter Arbaces (Franco Nero) hasst. Geschäftsmann Diomedes (Ned Beatty) hat zwar Geld, aber kein Ansehen, und will seine Tochter Julia (Catriona MacColl) mit Glaucus verheiraten. Und kurz bevor alle miteinander ins Bett gestiegen sind oder sich umgebracht haben, bricht der Vesuv aus und macht dem Elend ein Ende.
Dies war mit 19 Millionen Dollar die teuerste Verfilmung von Bulwer-Lyttons Roman. Sie verwandelte das Drama in eine hochkarätig besetzte Seifenoper mit reichlich unfreiwilligem Humor. Das US-Fernsehen machte aus den gefühlten 245 Stunden, jedoch tatsächlichen 245 Minuten, drei Teile. Das DDR-Fernsehen und 1987 die ARD zeigten sie zunächst als Fünfteiler, später liefen auch Fassungen in sechs und drei Teilen.

LEUTE GIBT'S   ARD
2000. »Der heitere Alltag in unserer schönen Republik«. Halbstündige Kabarettreihe mit Gunter Böhnke und Bernd-Lutz Lange. Vier Ausgaben liefen dienstags gegen 21.30 Uhr.

LEUTE HEUTE   ZDF
Seit 1997. Tägliches zehnminütiges Klatschmagazin mit Nina Ruge, das über Prominente, Entertainment, Society und Lifestyle berichtet.
Die Sendung ist das ZDF-Pendant zu *Exclusiv – Das Starmagazin* auf RTL. Ruges Markenzeichen wurde ihre immer gleiche Verabschiedung am Ende der Sendung, bei der man nie weiß, ob sie sie augenzwinkernd oder rundweg ernst meint: »Alles wird gut.« Nach der Tsunami-Katastrophe im Dezember 2004 verzichtete Ruge aus Pietät auf diese Verabschiedung, ließ aber wissen, dass sie sie wieder benutzen würde, wenn sie spürte, dass alles gut werde.
Außer Nina Ruge moderierten u. a. Barbara Hahlweg, Sibylle Nicolai, Kai Böcking und Cherno Jobatey. ZDF-intern gab es einigen Ärger um die Verwendung des Namens »Heute« für ein Boulevardmagazin.
Lief anfangs werktags um 18.45 Uhr, direkt vor *heute,* ab September 1997 um 17.40 Uhr. Ab Januar 2003 kam eine sechste Ausgabe am frühen Samstagabend dazu, die eine halbe Stunde lang ist.

DIE LEUTE VOM DOMPLATZ   ARD
1980. 13-tlg. dt. Kinderserie von Leonhard Reinirkens, Regie: Harald Schäfer.
Der Alltag in einer mittelalterlichen Kleinstadt am Rhein um 1220. Der Zimmermann Joseph (Joost Siedhoff) rebelliert mit anderen Kaufleuten dagegen, dass der Bischof von ihnen Zollgebühren für die Rheinfähre verlangt. Er jagt ihn aus der Stadt und fackelt den Dom ab. Die Einwohner tun sich zusammen und bauen einen neuen Dom. Auch Josephs Söhne, der Steinmetz Arndt (Andreas Schulz) und der Kaufmann Norbert (Reinhart von Stolzmann), helfen mit. Der Bau dauert Jahrzehnte, und jeder Beteiligte weiß, dass er die Vollendung womöglich nicht mehr erleben wird. Währenddessen werden die Stadtbewohner von Hunger und Krieg geplagt. Norbert wird später Bürgermeister.
Die Serie wurde in der Bluebox gedreht, die mittelalterlichen Kulissen kopierte man nachträglich vergrößert ins Bild. Sie wurden aus Kostengründen im kleineren Maßstab gebaut. Dennoch war die Serie für die damaligen Verhältnisse teuer und aufwendig.
Die halbstündigen Folgen liefen dienstags und mittwochs nachmittags.

DIE LEUTE VON DER SHILOH RANCH   ZDF
1970–1980. 171-tlg. US-Westernserie von Charles Marquis Warren nach dem Roman von Owen Wister (»The Virginian«; 1962–1970; »The Men From Shiloh«; 1970–1971).
Der mysteriöse Virginian (James Drury), dessen wirklichen Namen niemand kennt, ist der Vorarbeiter auf der Shiloh Ranch. Er ist ein schweigsamer Kerl, der sich mit der örtlichen Kultur und Technologie erst noch anfreunden muss. Gemeinsam mit dem Cowboy Trampas (Doug McClure) sorgt er im späten 19. Jh. für Recht und Ordnung im amerikanischen Bundesstaat Wyoming. Die Shiloh Ranch gehört anfangs dem bärbeißigen Richter Henry Garth (Lee J. Cobb). Betsy (Roberta Shore) ist seine Tochter, Randy (Randy Boone) sein Sohn und Jennifer (Diane Roter) seine Nichte. Zu den Arbeitern gehören Steve (Gary Clarke), Belden (L. Q. Jones) und Starr (John Dehner). Neuer Besitzer wird später der nachgiebige John Grainger (Charles Bickford), der mit seinen Enkeln Stacy (Don Quine) und Eli-

Die Leute von der Shiloh Ranch: der Virginian (James Drury).

zabeth (Sara Lane) auf der Ranch wohnt. Johns Bruder Clay (John McIntire) wird der dritte Besitzer, er ist mit Holly (Jeanette Nolan) verheiratet. Jim Horn (Tim Matheson) und David Sutton (David Hartman) sind mittlerweile die neuen Arbeiter auf der Shiloh Ranch. Diese wechselt noch einmal den Besitzer und gehört schließlich dem Colonel Alan MacKenzie (Stewart Granger). Zur gleichen Zeit stößt auch Roy Tate (Lee Majors) zu den Arbeitern. Molly Wood (Pippa Scott) gibt in den Anfangsjahren eine Zeitung heraus. Sheriff Brannon (Harlan Warde) und Deputy Ryker (Clu Gulager) sind die örtlichen Gesetzeshüter, Sheriff Mark Abott (Ross Elliott) wird später Brannons Nachfolger.
Von den 250 Folgen zeigte das ZDF immerhin 171 auf wechselnden Sendeplätzen. Viele Episoden waren auf 60 Minuten gekürzt, zugleich von einigen brutalen Szenen befreit und liefen sonntags am späten Nachmittag. Viele wurden aber auch in der Originallänge von 75 Minuten am späten Abend ausgestrahlt. Dabei liefen Folgen aus allen Staffeln, zwischendurch wurden jedoch immer wieder einzelne Episoden übersprungen. Das Privatfernsehen beschränkte sich später auf Wiederholungen der ZDF-Folgen, sodass die restlichen 79 Folgen nie in Deutschland gezeigt wurden. In den USA wurde zur letzten Staffel der Serientitel geändert, bei uns blieb man bei einem Titel für die gesamte Serie.

DIE LEUTE VON KORSBAEK ARD

1981–1984. 26-tlg. dän. Familiensaga von Lise Nørgaard, Regie: Erik Balling (»Matador«; 1978–1982)

Die Serie handelt vom Aufstieg eines reisenden Kaufmanns zum wohlhabenden Geschäftsmann in einem Zeitraum von 26 Jahren. 1919 lässt sich Mads Andersen-Skjern (Jørgen Buckhøj) mit seinem fünfjährigen Sohn Daniel (Kristian Steen Rem; in späteren Lebensjahren: Jacob Dalgård, Jim Erichsen und Niels Martin Carlsen) in Korsbaek nieder, wo ihm die Einheimischen anfangs wenig wohl gesonnen sind. Der Bankier Hans Christian Varnaes (Holger Juul Hansen) verweigert ihm einen Kredit, doch der freundliche Schweinehändler Oluf Larsen (Buster Larsen) und seine Frau Katrine (Lily Broberg) helfen ihm. Mads kann sein Geschäft für Damenmode eröffnen, und Larsens Tochter Ingeborg (Ghita Nørby) wird seine Verkäuferin und 1930 seine Frau. Sie bringt Tochter Ellen (als Kind: Helle Nielsen; in späteren Lebensjahren: Nynne Ubbe, Christine Hermansen und Benedikte Dahl) mit in die Ehe, die in Daniels Alter ist. Das Geschäft hat sich längst zum Erfolg entwickelt und Mads zum wohlhabenden Mann gemacht, der nun auch in der Bevölkerung hohes Ansehen genießt. 1937, mit Beginn der zweiten Staffel, zieht die Familie in ein größeres Haus. Das bisherige lassen sie zu einem großen Warenhaus umbauen. Und selbst während des Zweiten Weltkriegs floriert Mads' Geschäft weiterhin.
Die Handlung war erfunden, doch einige historische Ereignisse dienten als Eckpunkte. In Dänemark gehörte die Familiensaga zu den erfolgreichsten Fernsehserien überhaupt.
Die einstündigen Folgen liefen im regionalen Vorabendprogramm.

DIE LEUTE VON MOGADOR ARD

→ Julia von Mogador

DIE LEUTE VON ST. BENEDIKT ZDF

1993. 13-tlg. dt. Familienserie von Paul Kaufmann und Alexander Vedernjak.
Nach fünf Jahren in Italien und einer gescheiterten Ehe kommt Sylvia Prantner (Barbara Wussow) zusammen mit ihrem Sohn Marcello (Thomas Bakos) nach St. Benedikt zurück, wo sie von den Einwohnern zunächst skeptisch empfangen wird. Ihr Vater Toni (Toni Sailer) betreibt dort zusammen mit seiner zweiten Frau Henriette (Hilke Ruthner) die Gaststätte »Mohren«. Sylvia macht daraus ein nobles Hotel. Ihr Ex-Mann Stefano (Walter Sachers) eröffnet eine Pizzeria in St. Benedikt. Für Sylvia interessieren sich der Lehrer Georg Radentheimer (Heinz Wustinger) und Walter Lehner (Wilfried Scheutz), sie heiratet aber schließlich Hubert Buchegger (Albert Fortell), der Tochter Annerl (Ingrid Palli) mit in die Ehe bringt. Hubert ist der Sohn des Bürgermeisters Franz Xaver Buchegger (Anton Pointecker). Der muss nach einigen dunklen Machenschaften zurücktreten, und Sylvia selbst wird seine Nachfolgerin. Andere Einwohner von St. Benedikt sind der Fröschlbauer (Helfried Edlinger), seine Frau Maria (Elisabeth Wondrak) und die Fröschlbauer-Kinder Martin (Hakon Hirzenberger) und Mirli (Sibylle Wil-

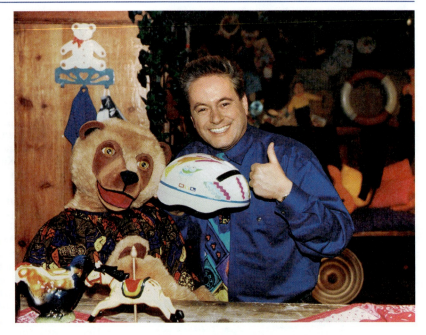

Hinterher wünschte sich der *Li-La-Launebär*, er hätte sich von Metty nicht überreden lassen, einen Pullover passend zu dessen Helm und Krawatte anzuziehen.

dauer), die im »Mohren« in der Küche arbeitet, sowie der Pfarrer (Erhard Koren) und die Originale Blasl (Sepp Trummer) und Bertl (Peter Strauss).
Die einstündigen Folgen liefen mittwochs im Vorabendprogramm.

LEUTE WIE DU UND ICH ZDF
1980–1984. Dt. Episodenreihe mit Harald Juhnke, der in mehreren heiteren Kurzgeschichten pro Folge verschiedene Rollen spielte. Die Bücher stammten fast alle von Herbert Reinecker.
Sieben einstündige Folgen liefen unregelmäßig im Abendprogramm.
Juhnke war im ZDF auch Moderator der Show *Musik ist Trumpf*. Als eine Ausgabe dieser Show im Herbst 1981 wegen plötzlicher »Erkrankung« Juhnkes ausfallen musste, feuerte ihn das ZDF, stellte die Show ein und verzichtete auch in dieser Reihe zunächst auf seine Mitwirkung, engagierte stattdessen populäre Theaterschauspieler und *Columbo*-Synchronsprecher wie Klaus Schwarzkopf und Claus Biederstaedt. Schließlich durfte Juhnke doch weiterdrehen. 1984 trennte sich das ZDF endgültig von ihm.

LEVIN UND GUTMAN ARD
1985. 13-tlg. dt. Familienserie von Wolfdietrich Schnurre, Regie: Peter Deutsch.
Die Serie schildert das Leben zweier Westberliner jüdischer Familien in der Gegenwart: die Levins Sammy (Shmuel Rodensky), Max (Jack Geula), Hanna (Corny Collins), Benno (Volker Brandt), Ruth (Claudia Arnold) und Jossel (Edwin Marian) und die Gutmans Elsbeth (Karin Hardt), Harry (Gerd Baltus), Jakob (Werner Hinz) und Leo (Benjamin Völz). Der alte Sammy Levin wird allmählich zu einer Last für seine Familie und zieht in ein jüdisches Altersheim, wo er für die Mitbewohner zum oft konsultierten Ratgeber wird.
Die halbstündigen Folgen liefen im regionalen Vorabendprogramm.

LEXIKOTHEK RTL
1987. Quiz, bei dem Rategegenstand und Gewinn die »Lexikothek« von RTL-Mutter Bertelsmann war, zu der auch der Verlag dieses Buchs gehörte. Clever, was? Hieß später *Klar doch,* noch später *Klasse!*.

LEXX – THE DARK ZONE VOX, RTL 2
1997 (Vox); 1999–2002 (RTL 2). 24-tlg. kanad.-dt. Science-Fiction-Serie (»Lexx – The Dark Zone«; 1996–2002).
Die »Lexx« ist das größte und gefährlichste Raumschiff in der Galaxis, das von dem Imperator »Sein Schatten« beherrscht wird. Der untote Kai (Michael McManus), die Liebessklavin Zev (Eva Habermann), die später zu Xev (Xenia Seeberg) wird, der tumbe Stanley Tweedle (Brian Downey) und der Roboter 790 rebellieren gegen den Imperator.
Den 20 einstündigen Serienfolgen waren vier Fernsehfilme unter gleichem Titel vorausgegangen. Die Filme hatte Vox gezeigt, die Serie lief bei RTL 2.

LI-LA-LAUNEBÄR RTL
1989–1994. Erfolgreiche Show für Kinder mit Spiel, Spaß und Tipps, moderiert von Matthias »Metty« Krings und dem menschengroßen Launebären im gestreiften Hemd.
Schauplatz ist der gerümpelige Launespeicher, wo Metty und der Bär anhand von Spielszenen und Filmbeiträgen Wissenswertes zu verschiedenen Schwerpunktthemen erklären. Nebenbei frühstücken sie Markenprodukte, weshalb es seitens der zuständigen

Landesmedienanstalt Ermahnungen wegen Schleichwerbung hagelte. In einer Sendung hatte der Bär betont, dass er nicht nur Gartenzwerge, sondern auch »Fruchtzwerge« möge, während beim Öffnen der Kühlschranktür die »Fruchtzwerge«-Werbemelodie zu hören war. Später wurde ein Bericht über die Herstellung des Brettspiels »Der Bär muss her« als unerlaubte Werbung beanstandet. Es handelte sich um ein Begleitprodukt zur Sendung. Als solche erschienen außerdem Bücher und CDs.

Im August 1988 war bereits eine Pilotsendung gezeigt worden, im folgenden Februar ging die Show in Serie. Sie war 90 Minuten lang, lief am Sonntagmorgen und beheimatete neben der Rahmenhandlung mit Bär und Metty mehrere Zeichentrickserien und Bildergeschichten. 1992 wurden die Serien ausgegliedert, die Show auf eine halbe Stunde gekürzt, zugleich aber im Vorprogramm die Dachmarke *Li-La-Launeland* eingeführt, unter der die Serien nun liefen. Ende 1994 wurde die Reihe eingestellt, und Wigald Boning und Olli Dittrich sangen als »Die Doofen« in *RTL Samstag Nacht* das Lästerlied: »Der Li-La-Launebär hat keine Sendung mehr«. Super RTL wiederholte die Kindershow noch viele Jahre lang.

LI-LA-LAUNELAND RTL
→ Li-La-Launebär

LIBERTY SREET RTL 2
2000. 26-tlg. kanad. Problemserie (»Liberty Street«; 1994).
Der Ex-Häftling Mack (Joel Bissonnette) ist der Hausmeister in einem heruntergekommenen Haus, in dem sich Frank (Pat Mastroianni), Tina (Henriette Ivanans), Chris (Melissa Daniel) und Chris' Mutter (Kimberly Huie) mit den Widrigkeiten des Lebens herumschlagen. Das Haus gehört Dave (Reiner Schwarz).
Die halbstündigen Folgen liefen nachts.

LIEBE AN DER MACHT ARD
Seit 2004. Porträtreihe über Politikerehepaare.
Die drei Folgen der ersten Staffel beschäftigten sich mit den Gorbatschows, Honeckers und Clintons, in der zweiten Staffel im Februar 2005 ging es um die Ehepaare Strauß, Thatcher und Reagan.

LIEBE AUF BEWÄHRUNG ARD
1992. 7-tlg. dt. Familienserie von Felix Huby.
Wie so viele Paare haben sich Peter Brocker (Sascha Hehn) und Dr. Sabine Ingwersen (Gila von Weitershausen) bei der Arbeit kennen gelernt. Bei *ihrer* Arbeit in diesem Fall, denn sie ist Staatsanwältin und hat dafür gesorgt, dass er – noch dazu unschuldig – in den Knast kommt. So dringend müsste er sich dann nicht in sie verlieben, sollte man denken, aber irgendwie stellen sie zuerst fest, dass sie einander nützlich sein können, und dann, dass die Liebe seltsame Wege geht. Es gibt allerdings noch das Problem, dass er sich in der Gegenwart ihrer feinen Freunde und sie sich in Gegenwart seiner prolligen Rockerkumpel nicht wohl fühlt. Ach, und Peters aktuelle Freundin Jeanette (Alexa Wiegand) ist natürlich auch ein Problem. Dass Peters Kumpel Jerry (Jophi Ries) zur räuberischen »Viererbande« gehört, ist der Beziehung auch eher nicht zuträglich. Zwischendurch muss Peter sich noch um seine Kfz-Werkstatt kümmern, wo sich der neue Mitarbeiter Kalle Hansen (Heinz Schubert) mit Ismail Götken (Selçuk Sazak) anlegt. Aber der pensionierte Richter Dr. Korbinian (Heinz Reincke) kann in vielen Fällen helfen. Als Peter und Sabine schließlich Urlaub machen, er in Tirol, sie auf Mallorca, merken beide, dass sie ohne einander nicht sein wollen, und er fährt einfach zu ihr. Und weil es sich zum Glück nicht um einen 13-, sondern nur um einen Siebenteiler handelt, ist sie nicht gleichzeitig auf dieselbe Idee gekommen, was das Happyend »auf Bewährung« nur unnötig aufgeschoben hätte.

Die einstündigen Folgen liefen im regionalen Vorabendprogramm. Und Felix Huby ist zu sehr Wiederholungstäter, als dass er mit Bewährung davonkommen würde.

LIEBE AUF DEN ERSTEN BLICK ZDF
1992–1993. Halbstündige Kuppelshow mit Elmar Hörig.
Eine der zahllosen Shows, in denen Singles spielerisch miteinander verkuppelt werden und am Ende eine Reise gewinnen. Je drei Männer und Frauen treten an, beantworten Fragen und geben – geheim – an, welcher der potenziellen Partner ihnen am besten gefällt. Der Computer »Arno« enthüllt dann, ob es Übereinstimmungen, also »Liebe auf den ersten Blick«, gibt. Die bis zu drei Paare gewinnen eine kleine Reise, über die sie in einer späteren Show berichten. Diese Berichte bilden den zweiten Teil der Show. Die Paare müssen dann in Übereinstimmungsspielen beweisen, ob sie einander gut kennen gelernt haben. Sie gewinnen entsprechend viele oder wenig Schüsse mit einer Laserarmbrust auf Herzen, in denen sich öde Sachpreise und eine tolle Traumreise verstecken.
Der gleichnamige Titelsong war ausgerechnet von der Münchener Freiheit, einer Band, zu der Hörig in seinen Radioshows bei SWF3 eine offensive Abneigung pflegte. Für die Fernsehshow wurde eine Instrumentalversion verwendet. Alexandra Freund war Elmar Hörigs Assistentin.
Das Vorbild von *Liebe auf den ersten Blick* war die US-Show »Love At First Sight«. Die deutsche Version lief 14-täglich am Donnerstagabend, startete dort überaus erfolgreich, ließ dann aber nach. Nach gut einem Jahr landeten die letzten bereits aufgezeichneten der insgesamt 26 Folgen im Sonntagnachmittags-Programm.

DER LIEBE AUF DER SPUR SWR
1989. 8-tlg. dt. Jugendserie.
In abgeschlossenen halbstündigen Episoden werden wechselnde Jugendliche in verschiedenen Formen mit dem Thema Sexualität konfrontiert. Während

sie die Freuden des Kennenlernens und Schmetterlinge im Bauch erleben, setzen sie sich auch mit Problemen wie ungewollter Schwangerschaft und Aids auseinander.
Lief auch in anderen Dritten Programmen und im DFF.

EINE LIEBE AUF MALLORCA ZDF
1999–2001. 3-tlg. dt. Liebesschnulze.
Der Arzt Dr. Nicolas Sander (Sascha Hehn) eröffnet auf Mallorca seine eigene Praxis und verliebt sich in die Hotelchefin Anna Wagner (Anja Kruse), die für Nicolas ihren Mann Rolf (Krystian Martinek) verlässt.
Die 90-Minuten-Filme liefen in loser Folge zur Primetime. Sascha Hehn hatte Anja Kruse bereits in der *Schwarzwaldklinik* geliebt.

DER LIEBE ENTGEGEN ZDF
2002. 3-tlg. dt. Auswanderersaga.
Ende der 50er-Jahre beschließen die Freundinnen Lisa (Esther Zimmering), Karin (Katja Studt) und Angelika (Anna Loos), ihr Glück in Neuseeland zu suchen. Vor Ort entpuppt sich das Vorhaben als schwieriger als erwartet.
Um die Entwicklung der Bevölkerungszahlen zu verbessern, versprach die Regierung von Neuseeland in den 50er-Jahren jedem Einwanderer einen Arbeitsplatz. Darauf beruht der Dreiteiler.

LIEBE IST DOOF ARD
1980–1981. 9-tlg. dt. Comedyserie nach Carla Lane, Regie: Rolf von Sydow.
Fortsetzung von *So 'ne und so 'ne:* Die neue Mitbewohnerin von Elfie (Simone Rethel) in der Zweier-Frauen-WG ist Anni (Petra Verena Milchert), die Männer abgeschrieben hat und Liebe doof findet.
Die halbstündigen Folgen liefen wieder 14-täglich montags um 22.00 Uhr. Autor der deutschen Bücher war Wolfgang Menge.

LIEBE IST PRIVATSACHE PRO SIEBEN
1993–1994. 13-tlg. dt. Familienserie, Regie: Sigi Rothemund.
Die Hostessen Simone Pelletier (Barbara May), Elke Engel (Angela Roy) und Caroline Bachmayr (Petra Berndt) wohnen zusammen mit Hund Hasselhof und dem vornehmen, aber einigermaßen verarmten Freiherrn Carolus von Krippenreither (Ernst Stankovski) in einer ungewöhnlichen WG. Ihr Beruf stellt sie in jeder Folge vor neue Herausforderungen, z. B., wenn ein cholerischer Pianist besänftigt oder eine afrikanische Delegation, die die bayerische Viehzucht kennen lernen will, betreut werden soll. Die drei Damen sind lebenslustig und versuchen immer, den richtigen Mann zu finden, während der Freiherr den Damen endlich ordentliches Benehmen beibringen will. Als Simone ein Kind bekommt und auszieht, übernimmt ihre Stiefschwester Anna Neumann (Ann-Kathrin Kramer) ihr WG-Zimmer. Auch sie ist eine Hostess und übernimmt Simones Job gleich mit.

Die Kostüme der Hostessen wurden von Wolfgang Joop entworfen. *Liebe ist Privatsache* war nach *Glückliche Reise* die zweite eigenproduzierte Serie von Pro Sieben. Sie sollte flott und modern sein, atmete aber den Geist der 50er-Jahre. Die bereits produzierten einstündigen Folgen 14 und 15 wurden nicht mehr ausgestrahlt.

LIEBE, LÜGE, LEIDENSCHAFT PRO SIEBEN
1989. 99-tlg. US-Daily-Soap von Agnes Nixon (»One Life To Live«; seit 1968).
Das unüberschaubare Leben in der fiktiven amerikanischen Kleinstadt Llanview. Von anderen Soaps unterscheidet sich diese durch das Auftreten verschiedener ethnischer Gruppen von Anfang an und dadurch, dass in ihr jeder Charakter damit rechnen musste, dass ihm nicht nur Unglaubliches, sondern auch Übersinnliches passiert – Zeitreisen inklusive. In den USA läuft die Soap seit 1968; manche Rollen werden inzwischen vom zehnten Schauspieler dargestellt.
Weitere der einstündigen Folgen liefen im Pay-TV.

LIEBE, LÜGEN, LEIDENSCHAFTEN ARD
2002–2003. 6-tlg. dt.-österr. Liebeslügenleidenschaftsdrama von Christiane Sadlo, Susanne Hertel und Marco Serafini, Regie: Marco Serafini.
Der unheilbar kranke Modeunternehmer Franz Steininger (Maximilian Schell) brennt mit seiner Geliebten, der Journalistin Barbara Kandau (Barbara Sukowa), nach Italien durch, um dort mit ihr die letzten Tage seines Lebens zu verbringen. Seine Frau Elisabeth (Rosemarie Fendel) weiß von nichts. Schwiegertochter Alpha (Barbara Wussow) und ihr Schwager Albert (Christian Kohlund) kämpfen um die Herrschaft im Unternehmen »Aphrodite«. Nach Steiningers Tod geht der Kampf weiter, Erzrivale Maximilian Fox (Helmut Griem) und sein Sohn Robert (Philippe Brenninkmeyer) spekulieren auf Mehrheitsanteile.
Zwei Staffeln mit jeweils drei spielfilmlangen Folgen liefen zur Primetime.

DIE LIEBE MUSS VERRÜCKT SEIN! RTL
2000. 19-tlg. US-Sitcom von Gina Wendkos (»Can't Hurry Love«; 1995–1996).
Die Headhunterin Annie O'Donnell (Nancy McKeon) und ihre drei Freunde haben ständig Pech in der Liebe. Roger Carlucci (Louis Mandylor) und Elliot Tenney (David Pressman; ab Folge 2: Kevin Crowley) arbeiten in der gleichen Agentur wie Annie, Didi Edelstein (Mariska Hargitay) ist Annies Nachbarin.
Die Reihe lief samstags nach Mitternacht.

LIEBE NACHBARN, BÖSE NACHBARN SAT.1
1999–2000. Halbstündige Realsatire-Show mit Tommy Wosch, in der reale Nachbarschaftsstreitfälle gezeigt wurden.
Gestartet war die Reihe unter dem Titel *Gute Nachbarn, schlechte Nachbarn*. Dem Inhalt der Show

zum Trotz klagte RTL wegen seiner ähnlich betitelten Daily Soap *Gute Zeiten, schlechte Zeiten* gegen den Sendetitel und gewann. Die Worte »gute« und »schlechte« wurden daraufhin zunächst von schwarzen Balken verdeckt, kurz darauf bekam die Reihe den neuen Titel *Liebe Nachbarn, böse Nachbarn*. Jede Folge war eine halbe Stunde lang. Eine erste Staffel mit sechs Folgen lief montags um 21.45 Uhr, fünf neue Folgen wurden ein Jahr später sonntags um 22.15 Uhr gezeigt.

LIEBE SÜNDE   VOX, PRO SIEBEN

1993–1994 (Vox); 1994–2000 (Pro Sieben). Einstündiges Aufklärungsmagazin, das sich in Gesprächen und Beiträgen mit erotischen Themen befasst, ohne dabei voyeuristisch zu werden. Es geht mal ernst, mal ironisch, aber vergleichsweise journalistisch um Prostitution, Gruppensex oder Voyeurismus.
Erster Moderator war Matthias Frings, der das Magazin auch entwickelt hatte. Es wurde zur erfolgreichsten Sendung des jungen Senders Vox. Als der vorübergehend vor dem Konkurs stand, wechselte das Magazin mitsamt Moderator Frings zu Pro Sieben. Im Juli 1995 übernahm Andrea Thilo die Moderation, im Oktober 1997 Mo Asumang. Es wurde allmählich dann doch voyeuristisch.
Im April 1995 beanstandete die zuständige Landesmedienanstalt zwei Sendungen des Vorjahres. Es ging zum einen um einen Verstoß gegen den Jugendschutz: Mehrere Beiträge hätten nicht vor 22.00 Uhr gezeigt werden dürfen. Gewichtiger noch war die Kritik an einem Beitrag über Aids bei Pornodarstellern. *Liebe Sünde* habe Ausschnitte aus Pornos »nicht nur als sinnvoll veranschaulichende Ergänzung der Wortbeiträge« eingesetzt, sondern den ganzen Beitrag »pornografisch unterlegt« und damit gegen das Pornografieverbot im Rundfunk verstoßen. Die Aufseher forderten Pro Sieben auf, *Liebe Sünde* erst ab 23.00 Uhr zu zeigen – der Sender ignorierte dies. Bis zur Einstellung der Sendung blieb Mittwoch, 22.15 Uhr, der reguläre Termin. 1996 kam es zu einem Strafprozess wegen verschiedener angeblich pornografischer Szenen, der gegen die Zahlung eines Bußgelds eingestellt wurde.

LIEBE, TOD UND LEIDENSCHAFT   ARD

1992. 4-tlg. Opernreihe von Swantje Ehrentreich und Dietmar N. Schmidt.
Eine Art bebildertes Programmheft über Inhalte, Hintergründe, Schauplätze und Abgründe der Opernklassiker »Rigoletto«, »Don Giovanni«, »Tosca« und »Aida«. Die jeweils 30 Minuten langen Folgen liefen sonntags mittags.

LIEBE UND WEITERE KATASTROPHEN   ARD

1999. 4-tlg. dt.-österr. Familienfilm von Gabriela Sperl, Regie: Bernd Fischerauer.
Die Witwe Franziska Ackermann (Senta Berger) schlägt sich als allein erziehende Mutter durchs Leben. Sie wohnt mit ihren erwachsenen Söhnen David (Matthias Schloo) und Bobby (Bobby Brederlow), der unter dem Downsyndrom leidet, in einer heruntergekommenen Villa und hat massive Geldprobleme. Nebenan ziehen der Psychologe Professor Maximilian Weiss (Friedrich von Thun) und seine Frau, die Anwältin Mechthild (Suzanne von Borsody), ein, die eine offene Beziehung leben. Max schließt schnell Freundschaft mit Bobby, und zwischen ihm und Franziska funkt es. Mechthild erspart David, der beim Graffitisprühen ertappt wird, das Gefängnis, er verliebt sich in sie, und die beiden landen im Bett. Doch weder ihre Beziehung noch die zwischen Max und Franziska stehen unter einem guten Stern. Franziska wehrt sich dagegen, dass Max sich zu sehr helfend in ihr Leben mischt. Das Beziehungschaos wird zum Albtraum, als Bobby plötzlich verschwindet.
Die einzelnen Folgen hatten Spielfilmlänge.

LIEBE ZU LYDIA   ARD

1978–1979. 13-tlg. brit. Liebessaga von Julian Bond nach dem Roman von H. E. Bates, Regie: John Glenister (»Love For Lydia«; 1977).
Die schüchterne Lydia Aspen (Mel Martin) wächst in den 20er-Jahren bei ihren Tanten Juliana (Rachel Kempson) und Bertie (Beatrix Lehmann) und deren Bruder Rollo (Michael Aldridge) auf einem britischen Landsitz auf. Gleich vier Männer lieben sie: der ambitionierte junge Journalist Edward Richardson (Christopher Blake), in den wiederum die Bauerstochter Nancy (Sherrie Hewson) verliebt ist, Nancys Bruder Tom (Peter Davison), Edwards bester Freund Alex (Jeremy Irons) und der Taxifahrer Blackie (Ralph Arliss). Nach einigem Hin und Her, währenddessen Lydia selbstsicherer und -bezogener wird und die Umgarnung der Männer genießt und schamlos ausnutzt, entscheidet sie sich für Edward und klettert mit seiner Hilfe die soziale Leiter hinauf.
Drehbuchautor Julian Bond hatte genügend Zeit für die Adaption der Romanvorlage. Jede Folge war 50 Minuten lang. Umgerechnet standen ihm also 50 Minuten Sendezeit für jeweils 17 Seiten des Buches zur Verfügung, was genügend Raum nicht nur für die komplette Handlung ließ, sondern auch für ausführliche Ansichten des ländlichen Englands, der damaligen Kleider und der Musik und Tänze der 20er-Jahre.
Die Serie lief montags um 20.15 Uhr.

DIE LIEBEN HAUSTIERE   ZDF

1974–1975. »Über Haltung und Pflege«. 12-tlg. dt. Familienserie.
Alles fängt mit einem Boxer an. Der Hund läuft den Emrichs (Günter Glaser und Edith Elsholtz) zu, und Tochter Juliane (Anita Ridez) schließt ihn sofort ins Herz. Die entdeckte Tierliebe führt zur Aufnahme weiterer Tiere – darunter ein Papagei, ein Hase und Mäuse – und damit zu Freude, Schmutz und Knabberschäden.
Die halbstündigen Folgen liefen 14-täglich und wurden erst mittwochs, ab der zweiten Staffel freitags ausgestrahlt.

DIE LIEBEN KOLLEGEN ARD

1999–2000. 39-tlg. US-Sitcom von Michael Davidoff und Bill Rosenthal (»Working«; 1997–1999).
Nach dem College beginnt für Matt Peyser (Fred Savage) der Arbeitsalltag in der Firma Upton/Webber. Sein Chef ist der inkompetente Tim Deale (Maurice Godin), und simple Vorgänge sind unnötig kompliziert (»Bei Upton/Webber ist die kürzeste Verbindung zwischen zwei Punkten ein Pentagramm«). Zu den Kollegen gehören Jimmy Clarke (Dana Gould), John Delaney (Steve Hytner), Abby Cosgrove (Arden Myrin) und die Bürovorsteherin Evelyn Smalley (Yvette Freeman). Chefsekretärin ist zunächst die unterforderte Hal (Sarah Knowlton), ihre Nachfolgerin wird später Val (Rebecca McFarland). Außerdem kommt Liz Tricolli (Debi Mazar) neu in die Firma. In der gesamten Serie gibt es nicht einen einzigen Hinweis darauf, was die Firma Upton/Webber eigentlich macht.
Die ARD zeigte die Serie dienstags um Mitternacht.

DEN LIEBEN LANGEN TAG ZDF

1976–1977. 13-tlg. dt. Fernsehspielreihe.
Die in sich abgeschlossenen Episoden, die u. a. Ann Ladiges und Peter M. Thouet schrieben, handelten von Problemen berufstätiger Frauen. Zu den Darstellern der wechselnden Rollen gehörten Monica Bleibtreu, Renate Küster und Brigitte Grothum.
Die halbstündigen Folgen liefen donnerstags im Vorabendprogramm.

DIE LIEBEN VERWANDTEN SWR

1991. 26-tlg. dt. Sitcom von Felix Huby und Gunther Scheutle, Regie: Michael Pfleghar.
Aus schlechtem Gewissen nehmen der spießige Beamte Dr. Friedhelm Postelei (Uwe Müller) und seine Frau Irene (Daniela Ziegler) die missratene Familie von Friedhelms Schwester Lissy (Christiane Krüger) auf. Deren Ehemann Otto (Horst Jüssen) ist ein Kleinkrimineller, und die Kinder Juan Carlos (Harald Kempe), Roswitha (Tina Ruland) und Manuel (Jan Kleinenbrands) kommen ganz nach den Eltern: Sie sind kleine, aggressive Scheusale, Schmarotzer und Taugenichtse. Gemeinsam nehmen sie erst die gepflegte Wohnung der Posteleis und dann deren ganzes geordnetes Spießerleben mit Literaturzirkel, Streichquartett und Hibiskus auseinander. Als Irene entnervt ausziehen will, bieten sie ein Geschäft an: »200 Mark, und wir entschuldigen uns wie die Weltmeister.«
Südwest 3 zeigte jede Woche vier knapp halbstündige Folgen in Erstausstrahlung. Ab September 1991 lief die Serie freitags um 23.00 Uhr im Ersten; jede Folge war jetzt etwa drei Minuten kürzer.

LIEBEN WIE GEDRUCKT ZDF

1996. 12-tlg. österr. Soap.
In Graz: Der Buchhändler Franz Furländer (Manfred Lukas-Luderer) liebt die Kinderärztin Dr. Carla Pavese (Daniela Dadieu). Die lebt mit dem Kaffeehausbesitzer Konrad (Ludwig Hirsch) zusammen, mit dem sie Tochter Michi (Stefanie Euller) hat. Konrad wiederum hatte früher ein Verhältnis mit Hanna (Sylvia Eisenberger), die die Ehefrau von Franz ist – womit sich der Kreis schließt, aber die Verwicklungen erst beginnen.
Die dreiviertelstündigen Folgen liefen werktäglich um 16.15 Uhr.

LIEBER ONKEL BILL ARD, RTL

1968–1972 (ARD); 1988–1992 (RTL). 138-tlg. US-Sitcom von Don Fedderson und Edmund Hartmann (»Family Affair«; 1966–1971).
Bill Davis (Brian Keith) ist ein reicher Junggeselle und könnte das Leben in seinem teuren Apartment in der New Yorker 5th Avenue richtig genießen, müsste er nicht seinen Neffen und seine beiden Nichten bei sich zu Hause aufziehen. Teenager Cissy (Kathy Garver) und die sechs Jahre alten Zwillinge Jody (Johnny Whitaker) und Buffy (Anissa Jones) waren nach dem Tod ihrer Eltern zunächst in getrennten Familien untergekommen, doch die Verwandten waren der Meinung, Bill könne doch am besten gleich für alle drei sorgen. Nun wachsen die Kinder also bei zwei Männern auf. Auch Bills bärtiger britischer Butler Giles French (Sebastian Cabot) interessiert sich nicht im Geringsten für Kinder, sie sind nur eine Störung in seinem Bestreben nach beständiger Ordnung und Sauberkeit. Und wenn Bill gelegentlich auf Geschäftsreise ist, hat er sie auch noch allein am Hals. Dennoch lernen Onkel Bill und Mr. French schnell, wie man weise Ratschläge gibt, und so lösen sie mit guten Worten alle Probleme, die die Kinder haben, also verschwundene Plüschtiere und gebrochene Beine. Buffys beste Freundin ist ihre Puppe Mrs. Beasley. Mr. French wird in einigen Folgen der ersten Staffel von seinem Bruder Nigel (John Williams) vertreten (Sebastian Cabot war erkrankt; in der Serie wurde erklärt, er sei zum Dienst für die Königin nach England berufen worden). In der letzten Staffel kümmert sich zusätzlich Haushälterin Emily Turner (Nancy Walker) um das Apartment.
Harmlose Familienserie, die zwar in ihrer Weltanschauung schon bei der Erstausstrahlung recht altmodisch daherkam, aber mit liebenswerten Figuren und Geschichten eine große Fangemeinde gewann. Die ersten 72 Folgen zeigte die ARD im regionalen Vorabendprogramm, etwa 20 Jahre später lief die Serie komplett bei RTL, inklusive der noch fehlenden 66 Episoden.
2002 wurde in den USA eine Neuauflage mit neuen Darstellern gedreht, die bisher nicht in Deutschland gezeigt wurde. Drei der Hauptdarsteller von damals waren zu diesem Zeitpunkt bereits tot: Die erst 18 Jahre alte Anissa Jones starb 1976 an einer Überdosis Drogen, Cabot erlag 1977 einem Schlaganfall, und der schwerkranke Keith nahm sich 1997 das Leben.

LIEBESAU – DIE ANDERE HEIMAT ZDF

2002. 4-tlg. dt. Heimatsaga von Peter Steinbach, Regie: Wolfgang Panzer.

Lieber Onkel Bill: Anissa Jones, Brian Keith, Johnny Whitaker, Kathy Garver, Sebastian Cabot (von links).

Juni 1953. Ein Jahr nach seiner Flucht in den Westen kehrt der Bauer Schorsch Schönstein (Martin Wuttke) zurück in sein DDR-Heimatdorf Liebesau zu seiner Frau Gerlinde (Nadja Engel; ab Teil 3: Petra Kelling) und Sohn Karli (Michael Wiesner; ab Teil 2: Matthias Koeberlin; Teil 4: Jörg Schüttauf). Er wird Vorsitzender der LPG »Einheit«. Karli verliebt sich in Greti Fechner (Anna Thalbach; Teil 4: Katharina Thalbach), die Tochter des Großbauern Hinz Fechner (Hilmar Eichhorn), der sich weigert, seinen Hof der Genossenschaft zur Verfügung zu stellen. Opa Schönstein (Herbert Köfer) und Tante Hulda (Helga Göring), die den Gasthof »Zur lieben Sau« betreibt, sind die beiden knorrigen Alten im Dorf. Über Nacht flüchtet Fechner und nimmt die 14-jährige Greti mit. Von nun an kommt sie nur noch kurz auf Besuch nach Liebesau. 1979 stirbt Schorsch an einem Herzinfarkt. Doch seine Leiche wird von Bürgermeister Severitz (Dieter Wien) und Kreissekretär Hammer (Klaus-Peter Thiele) in der Kühlkammer versteckt – die Beerdigung soll die Feierlichkeiten zum 30. Jahrestag der DDR nicht trüben, die Stasimann Hedderbogge (Michael Gwisdek) organisiert.
1989 fährt Greti mit ihrer Tochter Georgia (Dennenesch Zoudé), die aus einer kurzen Affäre mit einem Afroamerikaner stammt, gegen den Strom all derer, die den Westen erkunden, nach Liebesau. Greti fordert den Hof ihres Vaters zurück, Karli tritt als Vorsitzender der LPG zurück. Pichler (Sven Philipp) wird der neue Pfarrer in der Gemeinde. Und auch Greti bleibt – nach fast 40 Jahren sind sie und Karli wieder vereint. Als Karli die Hühner vom Hof weglaufen, ruft er ihnen bedeutungsschwanger hinterher: »Ihr seid die Freiheit doch gar nicht gewöhnt, werdet frieren in der Kälte!«
Das fiktive Dorf Liebesau (von den Bewohnern »Liebe-Sau« ausgesprochen) liegt südlich von Berlin am Rande des Flämings. Jeder der vier spielfilmlangen Teile spielt zur Zeit eines historischen Ereignisses in der DDR-Geschichte: der erste zur Zeit des Aufstandes 1953, der zweite zum Mauerbau 1961, der dritte während des 30. Jahrestages der DDR und der vierte zur Wendezeit 1989. Steinbach hatte auch die Bücher für das Epos *Heimat* geschrieben. Der Untertitel »andere Heimat« spielte darauf an und auf die Absicht, nun die Geschichten der Deutschen im Osten zu erzählen. Ursprünglich war auch der Titel »Heimat Ost« im Gespräch gewesen.

LIEBESGESCHICHTEN ARD

1967. »Sonja Ziemann stellt vor«. 7-tlg. dt. Reihe mit in sich abgeschlossenen und mit wechselnden Schauspielern besetzten Fernsehspielen rund um das Thema Liebe.
Die Episoden waren mehr als nur eine Aneinanderreihung der üblichen Mann-trifft-Frau-Geschichten, und sie gingen nicht immer glücklich aus. Eine Frau betrügt ihren Gatten mit dem jungen Untermieter und will mit ihm durchbrennen, doch der Junge, ein Student, petzt dem Gatten; ein alter Gärtner entdeckt sein Herz für die alte Hausbesitzerin, doch sie ihres nicht für ihn; nach zwölf Jahren kehrt eine Frau aus den USA nach Schweden zurück, um ihre große Liebe zurückzugewinnen, die damals verheiratet war und inzwischen verwitwet ist.
Die literarischen Vorlagen stammten von verschiedenen, überwiegend ausländischen Autoren. Gleich zwei Werke waren von Tim Aspinall. Sonja Ziemann führte als Moderatorin zu Beginn in jede Geschichte ein. In der Folge »Nach all den Jahren« spielte sie außerdem die Hauptrolle. Zu den weiteren Hauptdarstellern gehörten u. a. Hansjoachim Krietsch, Immy Schell, Martin Lüttge, Udo Vioff und Charles Reg-

nier. Regisseure waren u. a. Rolf von Sydow, Erik Ode und Theo Mezger.
Die Reihe lief monatlich. Jeder Film war zwischen 45 und 60 Minuten lang.

LIEBESGESCHICHTEN   ARD
1990. 33-tlg. dt. Episodenreihe mit abgeschlossenen Geschichten über zwischenmenschliche Beziehungen.
Nicht immer ging es dabei um die Liebe zwischen Mann und Frau, sondern auch mal zwischen einem Opa und seinem Enkelkind. Verschiedene, oft sehr prominente Darsteller spielten die Hauptrollen, darunter Marianne Sägebrecht, Peer Augustinski, Katja Riemann, Jan Fedder, Walter Sittler, Iris Berben, Karl Lieffen, Joachim Król, Mathias Herrmann und Charles Regnier. Regnier hatte bereits in der gleichnamigen Episodenreihe von 1967 eine Hauptrolle gespielt.
Die teils halbstündigen, teils einstündigen Folgen liefen in den regionalen Vorabendprogrammen. Jede ARD-Anstalt steuerte ihre eigenen Episoden bei und zeigte auch die Folgen der anderen Sender, aber nicht immer alle Episoden.

LIEBLING, ICH HABE
DIE KINDER GESCHRUMPFT   SUPER RTL
→ Disneys Liebling, ich habe die Kinder geschrumpft

LIEBLING – KREUZBERG   ARD
1986–1998. 58-tlg. dt. Familienserie von Jurek Becker, Regie: Heinz Schirk.
Robert Liebling (Manfred Krug) ist ein liebenswerter Brummbär. Er fährt meist mit dem Fahrrad oder Mofa, isst am liebsten Wackelpudding und trägt hässliche bunte Krawatten, die nicht zu seinen Anzügen passen. Liebling hat eine eigene Rechtsanwaltskanzlei in Berlin-Kreuzberg, legt aber lieber die Füße hoch als zu arbeiten und beschäftigt deshalb Herrn Arnold (Michael Kausch) als Sozius, der sich gern nur »G. Arnold« nennt, weil ihm sein Vorname Giselmund peinlich ist. Wenn Liebling doch einmal einen Fall übernimmt, geht er zwar mit seinen Mandanten ruppig um, gewinnt aber in der Regel den Fall für sie. Die alte Sekretärin Paula (Corinna Genest) und die junge Sekretärin Senta (Anja Franke) sind die guten Seelen der Kanzlei. Liebling ist geschieden und wechselt seine Frauen in schöner Regelmäßigkeit, denn er hält es bei keiner lange aus. Ausgerechnet mit der Staatsanwältin Rosemarie Monk (Diana Körner) ist er längere Zeit zusammen (Folge 7 bis 27). Als sie sich im April 1990 von ihm trennt und auch noch Herr Arnold kündigt, möchte sich Liebling zur Ruhe setzen und schließt seine Kanzlei.
Aus Geldnot muss er jedoch Anfang 1994 (Folge 28) als Sozius der Rechtsanwältin Isolde »Issy« Isenthal (Jenny Gröllmann) im Ostteil der Stadt anfangen. Ebenfalls aus Geldnot wohnt er dort auch gleich in der Kanzlei. Sekretärin Senta folgt ihm an den neuen Arbeitsplatz, nimmt die Walkman-Kopfhörer

Robert Liebling (Manfred Krug, rechts) und sein Sozius G. Arnold (Michael Kausch) wechselten sich in *Liebling – Kreuzberg* ab: Mal machte Arnold die Arbeit, dann wieder durfte Liebling sich ausruhen.

aber weiterhin nur in Ausnahmefällen von den Ohren. Lieblings eigenwillige Tochter Sarah (Roswitha Schreiner) geht anfangs noch zur Schule und bringt Anfang 1994 Enkelsohn Robertchen (Adrian Schröck) zur Welt, den sie allein erziehen will. Issy hat eine Tochter namens Barbara (Liesa Schober). Im Innenhof des Gebäudes, in dem die Kanzlei untergebracht ist, treiben sich oft zwei merkwürdige, aber gutmütige Cowboys (Günter Schubert und Jörg Gudzuhn) herum, die den Anwälten immer mal wieder aushelfen. Ihr Traum ist es, mit ihrem Cadillac nach Kanada auszuwandern. Im Oktober 1997 (Folge 41) eröffnet Liebling wieder eine eigene Kanzlei mitsamt dem bewährten Sekretariat und macht Bruno Pelzer (Stefan Reck) zu seinem neuen Partner. Er und Sarah Liebling verlieben sich, die beiden halten ihre Beziehung aber noch eine Weile vor ihrem Vater geheim. Schließlich erfährt er es doch, und die beiden entschließen sich zu heiraten.
Der Schriftsteller Jurek Becker trat in einigen Folgen selbst auf, er spielte Rosemarie Monks Ex-Mann. Becker, der die Serie erfunden und die ersten drei Staffeln seinem Freund Manfred Krug auf den Leib geschrieben hatte, stieg nach Folge 27 aus. Erst nach fast vier Jahren Pause starteten die 13 Folgen der vierten Staffel, die im Ostteil Berlins spielten und die der Autor Ulrich Plenzdorf geschrieben hatte. Für die fünfte Staffel kehrte Becker zurück und schrieb noch einmal 18 neue Folgen. Es wurde seine letzte Arbeit, kurz nach Beendigung der Bücher starb er.

Später wurde beschlossen, die Serie nicht fortzusetzen, auch weil Manfred Krugs Gesundheitszustand nicht mehr der beste war. Produzent war Otto Meissner. Die 45-Minuten-Folgen liefen mit großem Erfolg zunächst montags, später dienstags um 20.15 Uhr. *Liebling – Kreuzberg* erhielt den Grimme-Preis mit Gold 1987, Grimme-Preis mit Silber 1988, TeleStar 1988 und den Grimme-Preis 1995.

LIEBT DIESE ERDE ZDF
1984. 6-tlg. dt.-österr. Familienserie.
20 Jahre nach dem Ende ihrer Karriere ist die Schlagersängerin Elsa Gabriel (Margot Werner), die mit bürgerlichem Namen Irma Mühl heißt, zu einem Comeback gezwungen: Ihr Vermögensverwalter hat sich verspekuliert, das Geld ist weg. Sie muss wieder arbeiten und entdeckt, gemeinsam mit dem erfolglosen Pianisten und Komponisten Bobby (Hans-Georg Panczak), kämpferische Lieder gegen Krieg, Umweltverschmutzung, Tiermord und Atomkraft als Marktlücke. Sie reist um die Welt, singt Titel wie »Wasser ist Leben, es fließt durch die Adern der Natur« und setzt sich überall für die gute Sache ein. Damit geht sie manchem auf den Keks und tritt anderen auf die Schlips, sodass ihr Manager Alberti (Walter Buschhoff) gelegentlich die Dinge geradebiegen muss. Am Ende stellt sich leider heraus, dass ihre Plattenfirma zu einem Chemiekonzern gehört, der fröhlich das Wasser verschmutzt hat. Damit ist ihre Gutmenschen-Karriere abrupt beendet.
Die gut gemeinte Reihe aus der katholischen Kirchenredaktion sollte die Zuschauer auf unterhaltsame Weise für Themen des Umweltschutzes sensibilisieren und packte die dreiviertelstündigen Folgen randvoll mit den Problemen der Welt. Zu den Autoren der Reihe, die sonntags um 18.15 Uhr lief, gehörte u. a. Oliver Storz.

EIN LIED FÜR … ARD
→ Eurovision Song Contest

EIN LIED GING UM DIE WELT ARD
1982. 12-tlg. Musikreihe.
Bekannte Interpreten präsentieren ihre Hits von einst. Am Ende wird der Favorit unter den Titeln gewählt. Die 25-minütigen Folgen liefen im regionalen Vorabendprogramm.

DAS LIED MEINES LEBENS ARD
1956–1957. Großes Samstagabend-Wunschkonzert mit Axel von Ambesser und dem Orchester Harry Hermann, Regie: John Olden.
Zuschauer können sich Lieder wünschen, die einen besonderen Bezug zu ihrem Leben haben. Einige von ihnen dürfen auch ihre Geschichte(n) dazu erzählen.
Die Show – in Zusammenarbeit mit dem ORF – war ein großer Publikumserfolg. Bereits vor der ersten Sendung meldeten sich über 6000 Interessenten. *Melodien für Millionen* führte Jahrzehnte später ein ähnliches Konzept zum Erfolg.

DAS LIED ZUM GLÜCK ARD
→ Musik zum Glück

DAS LIED ZUM SONNTAG ARD
1998. 12-tlg. dt. Comedyserie von Wolfgang Menge, Regie: Thomas Nennstiel.
Einmal in der Woche trifft sich hinten in der Kneipe des Deutschrussen Boris (Murat Yeginer) der Laienchor »Die singenden Nordlichter« zur Probe. Am Tresen sitzen Arnold Tetzlaff (Jaecki Schwarz) und seine geschiedene Frau Edith (Rotraud Schindler) und diskutieren in Stammtischmanier mit wechselnden Gästen über die Themen der Woche: Massentourismus, Euro, Ausländer oder das Gesundheitssystem.
Mit dem Namen »Tetzlaff« stellte Menge auf Wunsch des produzierenden NDR einen überdeutlichen Bezug zu *Ein Herz und eine Seele* her, in dem fast 30 Jahre zuvor die damaligen brisanten Themen behandelt wurden. Heinz Schubert und Elisabeth Wiedemann wollten zwar nicht mehr mitspielen. Aber dann hieß es eben »Ekel Arnold« statt »Ekel Alfred« und auch »Edith, die dusselige Kuh« statt »Else, die dusselige Kuh«.
Das Lied zum Sonntag konnte in keiner Hinsicht an die Erfolgsserie anknüpfen. Die Sendung war nur zwölf Minuten kurz und sollte eine »wöchentliche Kolumne« freitags gleich nach den *Tagesthemen* sein, war allerdings nicht aktuell, sondern vorproduziert. Jede Folge begann und endete mit dem »Lied zum Sonntag« des Chores, das den nörgelnden Biedermännern immer das Thema vorgab.

LIEDER DER VIER JAHRESZEITEN ARD
1985–1989. Musikshow.
Carolin Reiber präsentierte alle drei Monate Musik zur jeweiligen Jahreszeit. Innerhalb des ersten Jahres liefen entsprechend vier Ausgaben; eine weitere Einzelausgabe war erst drei Jahre später, im Juli 1989 zu sehen.

LIEDER, DIE VON HERZEN KOMMEN ZDF
1986–1989. Volksmusikshow mit Carolin Reiber.
Lief einmal im Jahr, insgesamt viermal.

LIEDER & LEUTE SWR, ARD
1980–1983 (SWR); 1980–1983 (ARD). Popshow mit mehreren Gästen, Musik und Gesprächen, die jeweils unter einem Schwerpunktthema stand.
Volker Lechtenbrink war der erste Moderator, ab der zehnten Ausgabe im Februar 1981 übernahm Bill Ramsey. *Lieder & Leute* war die Nachfolgesendung von *Pop* und wurde später von *Ohne Filter* abgelöst. Sie brachte es auf 28 Ausgaben. Unter dem Titel »Lieder & Leute extra« wurden 1980 bis 1984 in noch einmal genauso vielen Sendungen zudem Best-ofs und Schwerpunkt-Specials mit einzelnen Bands gezeigt. Diese Folgen moderierte der jeweilige Gastgeber der regulären Sendung.
Die Show lief etwa achtmal im Jahr, überwiegend in Südwest 3. Viele Folgen wurden – meist am späteren Abend – in der ARD wiederholt, später auch

im Nachmittagsprogramm. Im Ersten wurden auch einige Folgen erstausgestrahlt.

LIEDERCIRCUS   ZDF
1976–1988. Musikshow mit Michael Heltau. Sänger, Chansonniers und Kabarettisten präsentieren ihre Lieder.

Heltau selbst war ein erfolgreicher Sänger und Schauspieler, der immer wieder Engaments an renommierten Theatern hatte und seine eigene Sendung dann nicht wahrnehmen konnte. 1978 sprang Margot Werner ein, danach mehrfach Helga Guitton. Im August 1980 kam die Show einmal komplett ohne Moderator aus, und die Künstler stellten sich selbst vor.

Der *Liedercircus* lief etwa sechsmal im Jahr an wechselnden Sendeplätzen im Abendprogramm und dauerte meist 45 Minuten. 1983 wurde ihm die Ehre zuteil, im Rahmen einer 90-minütigen Gala die Internationale Funkausstellung in Berlin zu eröffnen.

LIEDER-LICHES   ARD
1968–1970. Musiksendung am späten Abend, in der jeweils ein Künstler eine halbe Stunde lang seine Lieder vorstellte, meistens Protestsongs oder zeit- und gesellschaftskritische Lieder. Den Anfang machte Franz Josef Degenhardt, der u. a. dazu aufforderte, nicht mit den Schmuddelkindern zu spielen.

LIFE! DIE LUST ZU LEBEN   RTL
1995–2004. Etwa einstündiges Fun- und Lifestyle-Magazin von wechselnden Schauplätzen.

Ursprüngliche Moderatorin war Birgit Schrowange. Vor Ort spürte sie Trends auf und sprach mit interessanten und prominenten Menschen.

Während Schrowanges Schwangerschaftspause moderierte im Sommer 2000 Katja Burkard. Damit Schrowange mehr Zeit mit ihrer Familie verbringen konnte, wurde die Riege der Moderatorinnen ab Januar 2003 erweitert. Sechs Frauen wechselten sich fortan ab oder tauchten aus verschiedenen Städten gemeinsam in einer Sendung auf. Die »6 for Life«, die sich durch die Szene und das Nachtleben der Welt tummelten, waren neben Schrowange und Burkard noch Susanne Kronzucker, Petra Schweers, Tamara Gräfin von Nayhauß und Frauke Ludowig, Letztere wiederum im Sommer 2003 vertreten durch Nazan Eckes.

Die Sendungen liefen zunächst meist donnerstags oder freitags um 22.15 Uhr oder 23.15 Uhr, später nur noch freitags während der Winter- und Sommerpause von *Sieben Tage – sieben Köpfe*.

LIFE! DUMM GELAUFEN   RTL
Seit 1998. Einstündige Show.

Hans Meiser und Birgit Schrowange präsentieren Pannen und Missgeschicke aus dem Fernsehen. Die Show hatte anfangs schlicht *Dumm gelaufen* geheißen. Sie läuft im Vorabendprogramm an Feiertagen, meist zu Neujahr.

LIFE! TOTAL VERRÜCKT   RTL
1999–2000. Einstündige Comedyshow mit Birgit Schrowange und Dirk Penkwitz. Staffelweise wurden freitags um 20.15 Uhr verrückte Rekorde, skurrile Menschen und Streiche mit versteckter Kamera gezeigt.

LIGHTNING FORCE – UNTERNEHMEN FEUERSTURM   KABEL 1
→ Unternehmen Feuersturm

LILALU IM SCHEPPERLAND   KI.KA, ARD
2000 (KI.KA); 2001 (ARD). 13-tlg. dt. Marionettenspiel von Peter Scheerbaum und Mario Giordano, Regie: Axel Schulz, aus der *Augsburger Puppenkiste*. Die böse Hexe Synkopia, die über das düstere

Anders als andere Moderatoren von Daily-Talkshows war Michael *Lindenau* »seriöser Journalist«. Die Schlange fand das Gespräch trotzdem ein bisschen flach.

Schepperland herrscht, will auch die Macht über das schöne Melodanien erringen. Ihr fehlt dazu nur noch eine Zutat für eine Zauberessenz: Sie muss ein reines »hohes C« singen. Das soll ihr Prinzessin Lilalu beibringen, die Tochter von König Laudato und Königin Kantate von Melodanien. Synkopia entführt Lilalu. Der Küchenwichtel Pimpernell und die Hofkrähe Lukulla müssen viele merkwürdige Länder durchqueren, bis sie es schaffen, Lilalu zurückzubringen. In der zweiten Staffel helfen die Kröte Ulox und der rote Kobold der zu Blech erstarrten Synkopia zu entkommen, und wieder müssen Pimpernell und Lukulla Melodanien retten. Es gelingt, und Pimpernell darf Lilalu nun sogar heiraten.

Die Serie war die erste Fernsehproduktion der *Augsburger Puppenkiste* nach fünf Jahren Pause. Sie entstand erstmals nicht im Foyer des Marionettentheaters, sondern in einem modernen Fernsehstudio, was ihr mehr Raum und technische Möglichkeiten gab. Die Hofkrähe Lukulla wurde von Marianne Sägebrecht gesprochen.

Die erste Staffel zeigte der Kinderkanal wenige Tage vor der ARD, die zweite Staffel mit dem Untertitel »Hokuspokus um Lilalu« lief zuerst im Ersten. Weihnachten 2000 zeigte die ARD eine auf 90 Minuten gekürzte Spielfilmversion. Die Serie basierte auf Motiven aus »Browny Tales« von Enid Blyton.

LILLI LOTTOFEE ZDF

1992. 6-tlg. dt. Familienserie von Michael Verhoeven.

Elisabeth »Lilli« Schattenfroh (Senta Berger) ist zweimal geschieden und frisch von ihrem Freund, dem dubiosen Veranstalter Harry Wrtschk (Heinz Hoenig), getrennt. Früher war sie mal die Lottofee im Fernsehen, jetzt schlägt sie sich als Sängerin und Zauberassistentin ihres Freundes Leo Fall (Herbert Bötticher) mit Auftritten auf Kaffeefahrten und kleineren Festen durch. Lilli hat einen sechsten Sinn, durch den sie gelegentlich die Lottozahlen vorhersieht und auch tippt, hat aber ebenso die Gabe, das gewonnene Geld sofort wieder sinnlos zu verjubeln. Hanni (Gundi Ellert) ist Lillis esoterische Freundin. Nach zwei abgelehnten Heiratsanträgen von Leo nimmt Lilli den dritten an und heiratet ihn schließlich.

Heiter-melancholische Serie um die naive Lilli, die nicht weiß, wo sie hingehört. Jede Folge begann damit, dass sie – wie Karin Tietze-Ludwig – die Ziehung der Lottozahlen ansagte.

Die Folgen waren 50 Minuten lang und liefen dienstags in der Primetime.

LIMIT ZDF

2004. Sportmagazin für Kinder und Jugendliche mit Sven Voss. Es zeigte Porträts, Interviews, Trends, Comics. Acht Ausgaben liefen samstags mittags.

LINDENAU PRO SIEBEN

1994. Tägliche Nachmittagstalkshow mit Michael Lindenau.

Nach dem großen Erfolg von *Hans Meiser* und *Ilona Christen* hatte Pro Sieben ebenfalls eine Talkshow mit ähnlichem Konzept geplant, Moderatorin sollte Arabella Kiesbauer sein. Die jedoch erkrankte – sie verlor ausgerechnet ihre Stimme. Bis zu ihrer Genesung wollte der Sender nicht auf Daily Talk verzichten und schickte ersatzweise jeden Werktag um 15.00 Uhr Michael Lindenau ins Rennen, der als »seriöser Journalist« angepriesen wurde, aber nur durch die üblichen Themen stolperte. In der ersten Sendung ging es um »verrückte Fans« wie eine 50-jährige Elvis-Fanatikerin mit angemalten Koteletten, die im Glitzerkostüm zum »Jailhouse Rock« auf die Bühne kam.

Schon kurz bevor im Juni *Arabella* letztendlich startete, verschwand Lindenaus quotenschwache Sendung (gerade mal 300 000 Zuschauer) Anfang Mai 1994 zunächst im Vormittagsprogramm (9.00 Uhr sei »sicher der bessere Sendeplatz« für einen »erfahrenen Journalisten« mit seinen »härteren Themen«, log Pro-Sieben-Chefredakteur Jörg Van Hooven) und dann ganz. Immerhin einmal war Lindenau mit seiner Show in die Schlagzeilen geraten: Als ein Exhibitionist am gleichen Tag bei ihm und bei *Fliege* zu sehen war. Lindenau wurde später Programmdirektor des regionalen Fernsehsenders B.TV und gab sich eine eigene Talkshow mit nahe liegendem Namen.

LINDENSTRASSE ARD

Seit 1985. Dt. Soap von Hans W. Geißendörfer.

Geschichten über den Alltag und die Probleme der Bewohner in der Münchner Lindenstraße 3. Die Familien, die in den Mittelpunkt rücken, wechseln von Folge zu Folge oder geraten im Lauf von Wochen oder Monaten in den Vorder- oder Hintergrund. Wenn es dennoch eine zentrale Familie gibt, dann die Familie Beimer. Sie besteht anfangs aus Helga (Marie-Luise Marjan) und ihrem Mann, dem Sozialpädagogen Hans »Hansemann« Beimer (Joachim Hermann Luger), der Helga »Taube« nennt, den Kindern Benny (Christian Kahrmann), Marion (Ina Bleiweiß; ab Folge 810: Ulrike Tscharre) und Klausi (Moritz A. Sachs) sowie Helgas Onkel Franz Wittich (Martin Rickelt). Der ist ein Altnazi und verbringt viel Zeit mit dem zeitweiligen Jungnazi Olli Klatt (Willi Herren).

Helga und Hans Beimer lassen sich 1991 scheiden. Helga heiratet Erich Schiller (Bill Mockridge), der eine Tochter Patricia (Dana Carlsen; ab Folge 489: Giada Gray) hat. Hans heiratet den Scheidungsgrund Anna Ziegler (Irene Fischer), mit der er bereits Sohn Tom (Johannes Scheit) bekommen hat und noch Tochter Sophie (Verena Reichertz) bekommt. Zuvor war Anna mit dem gewalttätigen Friedhelm Ziegler (Arnfried Lerche) verheiratet, mit dem sie Tochter Sarah (Julia Stark) hat. Annas Cousine ist Gabi Zenker (Andrea Spatzek), die von dem zwielichtigen Phil Seegers (Marcus Off) ihren Sohn Max (Moritz Hein) hat. Gabi ist mit Benno Zimmermann (Bernd Tauber) verheiratet. Nach dessen Aids-Tod heiratet sie den Taxifahrer Andy Zenker (Jo Bolling), der die

Kinder Iphigenie, genannt Iffi (Rebecca Siemoneit-Barum), Valerie (Nadine Spruß), genannt »Walze« und im dünneren Zustand später »Valle«, Jo (Til Schweiger) und Timo (Michael Laricchia) in die Ehe mitbringt. Gabis Mutter ist Rosi (Margret van Munster), die mit Hubert Koch (Robert Zimmerling) verheiratet ist. Gabis leiblicher Vater gilt als verschollen, taucht aber 2003 plötzlich auf: Es ist Bruno Skabowski (Heinz Marecek).
Unten im Haus lebt das alte Hausmeisterehepaar: die grantige Else (Annemarie Wendl) und der brummelige Egon Kling (Wolfgang Grönebaum). Sie haben einen Sohn Olaf (Franz Rampelmann), der die Ostdeutsche Claudia Rantzow (Manon Straché) heiratet. Ihre Eltern heißen Margot (Käthe Koch) und Günther (Fred Delmare), ihr Bruder Dieter (Steffen Gräbner). Olaf geht nach Claudias Unfalltod eine Scheinehe mit der Nigerianerin Mary Dankor (Elizabeth Baffoe) ein, die ihn Jahre später bei einem Vergewaltigungsversuch mit einer Geflügelschere entmannt. Olaf hat nacheinander Verhältnisse mit der Prostituierten Pia Lorenz (Natascha Bonnermann) und der Kellnerin Ines Reitmaier (Birgitta Weizenegger). Mary heiratet Vasily Sarikakis (Hermes Hodolides), den Sohn von Elena (Domna Adamopoulou) und Panaiotis (Kostas Papanastasiou), die das griechische Restaurant »Akropolis« betreiben, in dem sämtliche Familienfeiern der *Lindenstraße* stattfinden. Zuvor war Vasily mit Beate Flöter (Susanne Gannott) verheiratet. Beates Mutter Elisabeth (Dagmar Hessenland) ist die Frau von Dr. Ludwig Dressler (Ludwig Haas), in dessen Praxis sie schon zuvor als Sprechstundenhilfe gearbeitet hat. Dressler wird von Vasily versehentlich mit dem Lieferwagen überfahren und so schwer verletzt, dass er fortan im Rollstuhl sitzt. Dressler hat mit seiner Ex-Frau Nina Winter (Krista Stadler) einen gemeinsamen Sohn Frank (Daniel Hajdu; ab Folge 57: Christoph Wortberg), der drogensüchtig ist. Dressler heiratet nach dem Tod von Elisabeth die junge Tanja Schildknecht. Beates homosexueller Sohn Carsten Flöter (Georg Uecker) übernimmt später Dresslers Praxis. Er zieht mit Georg »Käthe« Eschweiler (Claus Vincon) zusammen und heiratet ihn schließlich. Beide nehmen den Jungen Felix (Marc-Oliver Moro) bei sich auf, dessen Mutter an Aids stirbt. Felix kommt mit dem Straßenmädchen Jacqueline »Jack« Aichinger (Viola Cosima) zusammen und wird von Carsten adoptiert.
Berta (Ute Mora) und Gottlieb Griese (Fritz Bachschmidt) adoptieren den kleinen Manoel (Marcel Kommissin). Ebenfalls im Haus leben Gottliebs Tochter Henny (Monika Woytowicz) und ihr Mann Franz Schildknecht (Raimund Gensel) mit den Töchtern Tanja (Sybille Waury) und Meike (Selma Baldursson) und Bertas Mutter Lydia Nolte (Tilli Breidenbach; ab Folge 410: Ursula Ludwig). Nachdem Gottlieb verschwindet, kommt Berta mit dem stotternden Hajo Scholz (Knut Hinz) zusammen, dessen nervige Mutter Hildegard (Giselle Vesco) schließlich auch einzieht.

Eine weitere Familie im Haus ist die von Dr. Eva-Maria (Inga Abel) und Kurt Sperling (Michael Marwitz) mit den Söhnen Momo (Moritz Zielke) und Flip (Philipp Neubauer). Flip gründet eine WG mit Klaus Beimer und Dani Schmitz (Clelia Sarto); später ziehen die beiden Jungs nach Dresden in eine WG mit der Polizistin Nina Zöllig (Jacqueline Svilarov), die Klaus 2003 heiratet, und der Studentin Suzanne Richter (Susanne Evers), mit der Flip eine Weile zusammen ist. Momo Sperling und Iffi Zenker bekommen Sohn Nicolai (Julian Schwarz; ab Folge 588: Tobias Beyer). Iffi hat ein Verhältnis mit Momos Vater Kurt, worauf Momo ihn erst fast und ein paar Jahre später ganz ersticht.
Urszula Winicki (Anna Nowak) ist die Tochter von Jaruszlaw (Ryszard Wojtyllo) und Wanda Winicki (Maria Wachiwiak). Sie hat eine Tochter Irina (Geraldine Schüssler) und betreibt einen Friseursalon. Nach vielen Jahren ohne feste Beziehung verliebt sie sich in Christian Brenner (Klaus Nierhoff), den Vater von Franzi (Ines Lutz). Der hat seine Tochter aus dem Haus geworfen, nachdem sie sich in Urszulas WG-Bewohnerin Tanja verliebt hatte.
Ebenfalls zeitweise im Haus ansässig oder zu Gast sind u. a.: Zollhauptsekretär Siegfried Kronmayr (Franz Braunshausen) und seine Frau Elfie (Claudia Pielmann), die in der ersten Szene der ersten Folge als neue Mieter einziehen und von Egon Kling ihren Schlüssel erhalten, danach aber keine große Rolle mehr spielen, das ältere Ehepaar Joschi (Herbert Steinmetz) und Philo Bennarsch (Johanna Bassermann), Isolde (Marianne Rogée) und Enrico Pavarotti (Guido Gagliardi), der das italienische Restaurant führt, und nach dessen Tod sein Bruder Natale (ebenfalls Guido Gagliardi) in die Stadt zieht, Gung Pham Kein (Amorn Surangkanjanajai), Gina (Maria Grazia Kinsky) und Paolo Varese (Sigo Lorfeo), Ernst-Hugo von Salen-Priesnitz (Carlos Werner) und Amélie von der Marwitz (Anna Teluren), Amélies Enkelin Julia von der Marwitz (Tanja Schmitz), Wolf Drewitz (Dirk Simplizius Triebel), Dagmar Hoffmeister (Tatjana Blacher) und Tochter Lisa (Sontje Peplow), Celin Kern (Joosten Mindrup), Vera Schildknecht-Sash (Ria Schindler), Stefan Nossek (Dietrich Siegl), David Motibe (Ronald Mkwanazi), Alfredo (Moreno Perna) und Francesco (Fabio Sarno), zwei Ex-Angestellte von Isolde Pavarotti, Sonia Besirsky (Nika von Altenstadt), Corinna Marx (Petra Vieten), Marlene Schmitt (Renate Köhler), Giancarlo Battisti (Marco di Marco), Theo Klages (David Wilms), Robert Engel (Martin Armknecht), Franz-Josef »Zorro« Pichelsteiner (Thorsten Nindel), Chris Barnsteg (Silke Wülfing; ab Folge 100: Stefanie Mühle), der katholische Priester Matthias Steinbrück (Manfred Schwabe), der zeitweise ein Verhältnis mit Marion Beimer hat, Christoph Bogner (Michael Dillschnitter), der im Rollstuhl sitzt und von Benny Beimer als Zivi betreut wird, sowie der Hausverwalter Hans-Wilhelm Hülsch (Horst D. Scheel) und der Obdachlose Harry (Harry Rowohlt).
Folgende Bewohner sterben in der *Lindenstraße*:

»Ja, Til, wir träumen alle davon, es einmal von der *Lindenstraße* bis nach Hollywood zu schaffen, aber das kannste dir echt abschminken!« Gaby Zenker (Andrea Spatzek) und Stiefsohn Jo (Til Schweiger).

Joschi Bennarsch (1986, nach einem Herzinfarkt), Henny Schildknecht (1987, Selbstmord), Meike Schildknecht (1987, Leukämie), Stefan Nossek (1988, Autounfall), Benno Zimmermann (1988, Aids), Elisabeth Dressler (1990, Autounfall), Friedhelm Ziegler (1991, Selbstmord), Franz Schildknecht (1992, erfriert an Heiligabend im Alkoholrausch), Claudia Rantzow (1994, auf der Flucht vor dem gewalttätigen Olaf vom Auto überfahren), Lydia Nolte (1995, Herzversagen), Jaruszlav Winicki (1994, Sekunden-Herztod), Günther Rantzow (1994, Staublunge), Matthias Steinbrück (1995, von Lisa mit der Bratpfanne erschlagen, als er versucht, Olli zu erwürgen), Benny Beimer (1995, Busunglück auf dem Weg zur Hochzeit seiner Mutter), Dieter Rantzow (1995, Busunglück), Hubert Koch (1996, Embolie als Spätfolge des Busunglücks), Enrico Pavarotti (1996, Koma nach Busunglück; seine Frau Isolde lässt die lebenserhaltenden Maschinen abstellen), Julia von der Marwitz (1996, Tollwut), Amélie von der Marwitz und Ernst-Hugo von Salen-Priesnitz (1997, Selbstmord), Giancarlo Battisti (1997, Mafiaopfer), Egon Kling (1998, Verkehrsunglück: vom Mofa überfahren), Philo Bennarsch (1998, Altersschwäche), Max Zenker (1998, Mord), Sonia Besirsky (1998, Medikamentenvergiftung), Kurt Sperling (2000, von Momo erstochen), Berta Griese (2003, schwerer Sturz beim Versuch, einer überfallenen Frau zu helfen), Franz Wittich (2003, Alzheimer, Altersschwäche) und Maja Starck (2004, Krebs).

Auch in der *Lindenstraße* gibt es wie in jeder Soap Intrigen, Ehebruch und plötzlich auftauchende verschollen geglaubte Menschen. Vor allem aber geht es um gesellschaftlich relevante, aktuelle oder latente Themen. Wie kaum eine andere Serie ihrer Zeit folgt sie der Ideologie, dass Fernsehen seine Zuschauer sozialpolitisch bilden solle. Einige der markantesten Handlungsstränge in diesem Zusammenhang waren: die HIV-Infektion und der Aids-Tod von Benno Zimmermann, die Behinderung des spastisch gelähmten Christoph Bogner, die KZ-Vergangenheit von Enrico Pavarotti, die Valerie Zenker dazu bringt, sich aus Solidarität die Haare abzurasieren, der Freitod von Amélie von der Marwitz und Ernst-Hugo von Salen-Priesnitz, die Kindesmisshandlung von Lisa Hoffmeister durch ihre Mutter, die Potenzstörungen von Panaiotis Sarikakis, die Folter ebenfalls von Sarikakis durch türkisches Militär, die drohende und später vorübergehend vollzogene Abschiebung der Nigerianerin Mary, SM-Praktiken in der Beziehung zwischen Klaus Beimer und Nina Zölling, die Heroinabhängigkeit von Frank Dressler und Sonia Besirsky, die Tablettenabhängigkeit von Berta Griese, die homosexuelle Prostitution von Momo Sperling, die Problematik der Sterbehilfe bei Meike Schildknecht und Enrico Pavarotti, Homosexualität überhaupt und die Homoehe am Beispiel u. a. von Carsten Flöter, Theo Klage und Georg »Käthe« Eschweiler, das Downsyndrom von Annas und Hans' Sohn Martin und die Frage einer möglichen Abtreibung, die Übertragung von HIV von Müttern auf ihre Kinder bei Felix, die Gefahren radioaktiver Verseuchung bei

Andy Zenker, lesbische Beziehungen am Beispiel von Tanja Schildknecht, Sonia Besirsky und Franziska Brenner, die Bulimie von Sarah Ziegler, das plötzliches Taubsein von Gabi Zenker etc.

Gelegentlich überschreitet die *Lindenstraße* bewusst die Grenze von der Fiktion zur Realität der Zuschauer, z. B. wenn sie zum Stromwechsel weg von Atomkraft aufruft oder Plakate für den aus einer Laune heraus für den Bundestag kandidierenden Gung auch im »wahren Leben« aufhängt. Gelegentlich löst sie damit heftige Reaktionen aus, etwa als die fiktive Figur der Chris Barnsteg den echten bayerischen CSU-Staatssekretär Peter Gauweiler als »Faschisten« bezeichnete, der daraufhin Strafantrag gegen die Verantwortlichen der Serie stellte. Am eindeutigsten ist die Rolle des tabubrechenden und aufklärenden Vorreiters wohl in Bezug auf Homosexualität und Aids zu sehen: Ein Kuss zwischen Carsten und Theo 1991 gilt als erster homosexueller Kuss im deutschen Fernsehen. Eigentlich hätte er schon 1990 und zwischen Carsten und Robert stattfinden sollen. Die ARD schnitt ihn jedoch heraus, angeblich, weil die Folge wegen der Fußballweltmeisterschaft schon um 16.00 Uhr lief und möglicherweise besonders viele Kinder zusahen.

Die *Lindenstraße* läuft jeden Sonntag. Fester Sendeplatz war fast 20 Jahre lang 18.40 Uhr, seit März 2005 beginnt sie zehn Minuten später. Bei Sportübertragungen, Wahlen etc. wird sie verschoben, läuft z. B. schon am Nachmittag oder erst um 20.15 Uhr. *Sie fällt aber nie aus.* Bei besonderen Ereignissen werden einzelne Szenen erst kurz vor der Sendung gedreht, sodass die Darsteller das Weltgeschehen in ihren Rollen kommentieren können. An Wahltagen spielt die *Lindenstraße* am Tag der Sendung – irgendwo läuft dann ein Fernseher, auf dem die Hochrechnungen oder Interviews zu sehen sind, die tatsächlich gerade erst stattfinden. Weil vorher mehrere Fassungen gedreht werden, können die Bewohner je nach politischer Gesinnung jubeln oder fluchen. Reguläre Folgen spielen dagegen immer am vorausgehenden Donnerstag; entsprechend finden fast alle Katastrophen, Glücks- und Todesfälle an diesem Wochentag statt (das Leben in der *Lindenstraße* von Freitag bis Mittwoch mag man sich in seiner ereignisarmen Ödnis gar nicht vorstellen). Diese Regel der *Lindenstraßen*-Macher führt auch dazu, dass – anders als sonst bei Seifenopern üblich – keine Folge unmittelbar den Cliffhanger am Ende der vorigen Folge auflösen kann. Seit dem dramatischen Finale sind immer schon sechs Tage vergangen; es ist der nächste Donnerstagmorgen, und was immer das nächste dramatisch offen bleibende Ereignis auch sein mag: Es wird am Abend desselben Tages stattfinden.

Obwohl sie in München spielt, wird die *Lindenstraße* in Köln gedreht (während der *Marienhof* in Köln spielt, aber in München gedreht wird). Von Anfang an war die *Lindenstraße* als Endlosseifenoper angelegt. Vorbild war die britische Soap »Coronation Street«, die seit 1960 wöchentlich auf ITV zu sehen ist. Die Figuren entwarf Geißendörfer anfangs zusammen mit der Autorin Barbara Piazza. Die ersten Kritiken waren einhellig verheerend. »Bild« urteilte: »Wirklich Spaß machen wird diese miefigmürrische Sendung nur den Leuten vom ZDF«, die »Hörzu« sah »Selbstherrlichkeit und schlichte Überforderung«, die »Süddeutsche Zeitung« eine »unbeabsichtigte Volksstückkarikatur«, und die »Frankfurter Allgemeine Zeitung« meinte: »Nein, so schlecht muss das Leben nicht spielen.« Viel besser wurden die Kritiken nicht, dafür aber die Quoten (wobei angesichts der möchtegern-realistischen Geschichten und mäßigen Schauspieler vermutlich eine gewisse Konträrfaszination bei vielen eine Rolle spielte). Zu ihren besten Zeiten 1988 sahen über 13 Millionen Menschen die *Lindenstraße,* seit 2002 sind es nur selten mehr als fünf Millionen. Obwohl Geißendörfer angekündigt hatte aufzuhören, wenn die Zuschauerzahl im Schnitt weit unter sechs Millionen sinke, verlängerte er im Jahr 2004 den Vertrag mit der ARD bis mindestens 2008. Für den Sender zählt die Serie nach wie vor zu den von jungen Leuten am meisten gesehenen Programmen. Im Januar 2005 lief die 1000. Folge.

Eine Vielzahl von Merchandisingprodukten begleitet die Serie, darunter *Lindenstraße*-Videos und Fanbücher. Im November 1990 zeigte die ARD unter dem Titel »Die Beimers« einen Zusammenschnitt der Handlungssequenzen, die sich mit der Familie Beimer befassten. Zum zehnten Geburtstag der Serie zeigte die ARD im Dezember 1995 den Film »Entführung aus der Lindenstraße«. Darin protestiert der Chefprogrammierer der Gebühreneinzugszentrale GEZ, Detlef Hase (Herbert Feuerstein), gegen die drohende Absetzung seiner Lieblingsserie, indem er Helga Beimer entführt, die Löschung aller GEZ-Daten androht und sich erst von einer Erklärung von WDR-Intendant Fritz Pleitgen (Fritz Pleitgen), die *Lindenstraße* fortzusetzen, stoppen lässt.

DIE LINDSTEDTS DFF 1

1976. 7-tlg. DDR-Familienserie von Kurt Kylian und Klaus Dieter Müller, Regie: Norbert Büchner.

Die Familie Lindstedt arbeitet auf einem Genossenschaftsbauernhof. Sie erlebt den Umbruch in der Landwirtschaft und die Konflikte zwischen Tradition und Moderne, die dieser mit sich bringt. Zu den Lindstedts gehören der Großvater (Adolf Peter Hoffmann), Vater Otto (Günther Grabbert), Mutter Anna (Helga Raumer), Tante Hede (Gertrud Brendler) und die Kinder Elisabeth, genannt »Pitti« (Ursula Rotzsche), und Hannes (Frank Ciazynski).

Die jeweils einstündigen Folgen liefen freitags um 20.00 Uhr.

LINKS UND RECHTS DER AUTOBAHN ARD

1963–1975. Reportagereihe.

Was in den 90er-Jahren zum Lückenfüller im Nachtprogramm wurde, füllte ab 1963 zwölf Jahre lang einen 25-minütigen Sendeplatz im Werbeumfeld des regionalen Vorabendprogramms. Man fuhr halt so rum, und die auf dem Weg liegenden Orte, ihre Besonderheiten, Veranstaltungen, Sehenswürdigkeiten und Menschen wurden ausführlich porträtiert. Die Reihe lief in loser Folge und brachte es auf 70 Ausgaben.

LINKS UND RECHTS VOM ÄQUATOR ARD
1985–1989. Halbstündiges Auslandsmagazin für Kinder im Nachmittagsprogramm mit Korrespondentenberichten aus aller Welt. Moderatoren waren abwechselnd Jacqueline Stuhler und Ulrich Wickert.

LINKS VON DEN PINGUINEN ARD
1983–1984. 20-tlg. dt. Tierarztserie, Regie: Stefan Rinser.
Mitten im Zoo, gleich links von den Pinguinen, wohnt Tierarzt Dr. Harry Thom (Giovanni Früh) mit seiner Frau Katharina (Heidrun Polack), genannt »Kater«, dem zehnjährigen Sohn Dany (Andreas Zappe) und Oma Hedwig (Heli Finkenzeller).
Die halbstündigen Folgen liefen im regionalen Vorabendprogramm.

LIPPE BLÖFFT ARD
2004. Samstagabendshow mit Jürgen von der Lippe.
Der Moderator erzählt Geschichten, und die Kandidaten müssen herausfinden, ob diese stimmen oder nicht. Ab der zweiten Sendung waren die Ratekandidaten Prominente.
Mit der betulichen, aber unterhaltsamen Show versuchte von der Lippe, nach seinem erfolglosen Ausflug zu Sat.1 *(Blind Dinner)* an den ähnlich leisen Erfolg von *Geld oder Liebe* anzuknüpfen. Leise will man aber heute nicht mehr. Nach drei Sendungen entzog die ARD ihm die Lizenz zum Blöffen.

LIPPES LACHMIX ARD
1992–1993. Halbstündige Comedyshow.
Jürgen von der Lippe zeigt Ausschnitte aus dem Comedyfestival in Montreux. Bei seinen Anmoderationen sitzt er gemütlich auf einem großen Bett und lässt es sich gut gehen. Lief auch in den Dritten Programmen.

LIRUM LARUM LÖFFELSTIEL ZDF
1974. 13-tlg. Kinderkochkurs von Ingeborg Becker und Franz-Josef Koch.
In der ersten Folge lernen die Kinder Doris (Daniela Köhnke), Heidi (Kerstin von Koss) und Axel (Christoph Gries), wie man Spiegeleier und andere Eierspeisen oder Frikadellen und andere Fleischgerichte zubereitet.
Die halbstündigen Folgen liefen freitags um 17.10 Uhr. Zur Serie erschien ein Kochbuch.

LISA FALK – EINE FRAU FÜR ALLE FÄLLE ZDF
1998. 13-tlg. dt. Krimiserie von Benedikt Röskau.
Lisa Falk (Ulrike Kriener) ist Rechtsanwältin und allein erziehende Mutter ihrer 15-jährigen Tochter Jessica (Kathy von Keller). Von deren Vater Alexander Hollstein (Max Volkert Martens) ist Lisa geschieden; beide laufen sich jedoch privat wie beruflich noch oft über den Weg, da auch er Anwalt ist. Ihr ehemaliger Universitätsprofessor Peter Voss (Peter Striebeck) unterstützt Lisa bis Folge 5. Die Sekretärin Ute Fischer (Brigitte Janner) ist die gute Seele des Büros, in dem auch Marcus Kleinhans (Kai Lentrodt) arbeitet, der permanent vor dem zweiten juristischen Staatsexamen steht. Zu Lisas Freunden gehören der chinesische Koch und Imbissbudenbesitzer Ding Dong (Maverick Quek), die schrille Zeitungsredakteurin Waltraud (Hansi Jochmann) und der Archäologe und Autor Christoph Kraft (Neithardt Riedel), in den sie sich verliebt.
Die 50-minütigen Folgen liefen mittwochs um 19.25 Uhr. Den Titelsong sang Gitte Haenning.

DAS LITERARISCHE COLLOQUIUM ZDF
1969–1976. Diskussionsreihe, in der – im Gegensatz zum späteren *Literarischen Quartett* – nicht Kritiker über Literatur diskutierten, sondern Schriftsteller über kulturelle und gesellschaftliche Themen, z. B. über die Situation des Berliner Kulturlebens oder die Frage, ob Tagebücher noch zeitgemäß sind. Die Sendung lief etwa viermal im Jahr nach 22.00 Uhr.

DAS LITERARISCHE QUARTETT ZDF
1988–2001. Live-Sendung, in der Marcel Reich-Ranicki und drei weitere Literaturkritiker sich über neue belletristische Bücher streiten.
Als die Redakteure Johannes Willms und Dieter Schwarzenau den »FAZ«-Literaturchef Reich-Ranicki für ihre Idee einer neuen Literatursendung gewinnen wollten, stellte der Forderungen, von denen er glaubte, dass sie unerfüllbar seien: Es dürfe keine Filmeinspielungen oder Showauftritte geben, sondern nur ein Gespräch gesendet werden. Zu seiner eigenen Überraschung wurden ihm seine Forderungen erfüllt. Fortan leitete er die Sendung; neben ihm waren zunächst Sigrid Löffler (»Profil«), Hellmuth Karasek (»Spiegel«) und Jürgen Busche (»Hamburger Morgenpost«) ständige Gäste. 1989 schied Busche aus, an seiner Stelle nahm in jeder Ausgabe ein anderer Gast in einem der schwarzen Ledersessel Platz – nur Reich-Ranicki durfte sich auf einem mindestens doppelt so breiten Sofa breit machen.
Das Literarische Quartett war ursprünglich ein Ableger des Kulturmagazins *aspekte* und Nachfolger von *aspekte-Literatur* und lief in einer Länge von 75 Minuten zunächst vier-, später bis zu sechsmal im Jahr am späten Donnerstag- oder Freitagabend. Ihren enormen Unterhaltungswert gewann die Reihe vor allem durch den streitbaren Reich-Ranicki, der seine Kollegen anfauchte, wenn sie sich erdreisteten, von dem besprochenen Buch eine andere Meinung zu haben als er. Die Sendung hatte bis zu eineinhalb Millionen Zuschauer und auch in schlechteren Phasen selten weniger als eine halbe Million (eine einzelne Sendung an einem Sonntagabend erreichte sogar vier Millionen), was für ein solch puristisches Lite-

Marcel Reich-Ranicki ließ Sigrid Löffler erst von seinem Sofa und später aus dem *Literarischen Quartett* entfernen, und Hellmuth Karasek (rechts) war froh, dass er immer brav in seinem kleinen Sessel geblieben war.

raturforum unerhört war. Entsprechend enorm war die Bedeutung der Sendung für den Buchhandel. Ein Lob im »Quartett« konnte anspruchsvolle Schriftsteller wie Cees Nooteboom, Ruth Klüger oder Javier Marias über Nacht zu Bestsellerautoren werden lassen, doch auch ein Verriss wie der von Günter Grass' Roman »Ein weites Feld« vermochte es, die Verkaufszahlen in die Höhe zu treiben.

Bereits die zweite Sendung sorgte für Aufregung, weil »Lust« von Elfriede Jelinek besprochen wurde, und, wie Reich-Ranicki später erzählte, »vor allem die Repräsentanten des Katholischen im Fernsehrat noch gar nicht wussten, dass Frauen onanieren, weswegen sie die Sendung sofort schließen wollten«.

Zum Eklat kam es in der Sendung vom 30. Juni 2000: Löffler bezeichnete den Roman »Gefährliche Geliebte« von Haruki Murakami wegen der vielen »hirnerweichenden Vögelns« darin als »literarisches Fastfood«. Reich-Ranicki warf ihr daraufhin vor, jedes hocherotische Buch total abzulehnen, und beschimpfte sie als prüde. Der Streit wurde persönlich und füllte einige Wochen lang die Zeitungen, ließ dabei zugleich die Zukunft der Sendung im Ungewissen. Karasek und Reich-Ranicki betonten eine Weile, sollte Frau Löffler aussteigen, bedeute dies das Ende der Sendung. Als Löffler kurz darauf tatsächlich ihren Ausstieg erklärte, wurde nach wenigen Tagen Iris Radisch von der »Zeit« als ihre Nachfolgerin vorgestellt, die bereits ab der nächsten Sendung am 18. August 2000 dabei war.

In der Premiere sagte Reich-Ranicki am Anfang: »Was wir zu bieten haben, ist nichts anderes als Worte, Worte, Worte, 75 Minuten lang Worte, und wenn's gut geht, vielleicht auch Gedanken.« Später erklärte er das Konzept so: »Gibt es im Quartett ordentliche Analysen literarischer Werke? Nein, niemals. Wird hier vereinfacht? Unentwegt. Ist das Ergebnis oberflächlich? Es ist sogar sehr oberflächlich.« Jede Ausgabe beendete der Kritiker, der durch die Sendung endgültig zum deutschen Literaturpapst wurde, mit dem Zitat von Brecht: »Wir sehen betroffen den Vorhang zu und alle Fragen offen.«

Die erste Sendung wurde noch in einer minimalistischen Dekoration in einem Studio ohne Publikum aufgezeichnet. Später kam das *Literarische Quartett* mit Publikum aus verschiedenen Orten der Kultur, die 77. und letzte Sendung aus dem Schloss Bellevue als Gast des Bundespräsidenten Johannes Rau. Marcel Reich-Ranicki wollte danach nicht mehr nur über Bücher reden und sich von niemandem dazwischenquatschen lassen müssen: Seine Nachfolgesendung hieß *Reich-Ranicki Solo*.

Dreieinhalb Jahre später kam *Das Literarische Quartett* noch zweimal zu Sonderausgaben zusammen: Kurz vor dem 200. Todestag von Friedrich Schiller setzten sich Reich-Ranicki, Karasek und Radisch am 29. April 2005 mit dessen Klassikern auseinander. »Gast« war an diesem Abend Elke Heidenreich, die inzwischen ihre eigene erfolgreiche Büchersendung *Lesen!* im ZDF moderierte. Vier Monate später trafen sie sich anlässlich des 50. Todestags von Thomas Mann erneut, Gast war Robert Gernhardt.

LITERA-TOUR ZDF

1976–1982. »Musik, Gespräche, Szenen, neue Bücher«. Einstündiges Kulturmagazin von Reinhart Hoffmeister.

Die Reihe war Teil eines Versuchs des ZDF, Kultursendungen populärer zu machen – z. B. durch Gesangseinlagen von Milva.

LIVE ZDF

1987–1996. Talkshow aus dem Foyer der Alten Oper in Frankfurt am Main.

In 75 Minuten wurden vier bis fünf Gäste begrüßt, zwischen deren Befragungen eine Band spielte. Entwickelt wurde die Sendung vom ZDF-Politikredakteur Trutz Beckert, der als Konzept angab, in der Sendung »den tollen Unbekannten« zu präsentieren, der »irgendetwas gemacht hat, was nicht in den Nachrichten vorkommt«. Es gab aber natürlich auch Platz für Prominente, sogar als Moderatoren. Altbundespräsident Walter Scheel durfte die Sendung gemeinsam mit Beckert und Amelie Fried moderieren, was für reichlich Aufmerksamkeit vorher und beispiellosen Spott hinterher sorgte. »Verquaste Weitschweifigkeit«, diagnostizierte der »Spiegel« – Scheels erste Frage war 300 Wörter lang. Scheel entschuldigte sich hinterher damit, dass er schlecht höre, was er keinem gesagt habe, und versprach, nicht wieder zu moderieren. ZDF-Intendant Dieter Stolte behauptete, das zu bedauern: Er habe die Gesprächsfähigkeit, Lebenserfahrung und Weltläufigkeit Scheels als eine besondere Programmchance empfunden.

Nach dem Tod Beckerts moderierte Amelie Fried ab Juli 1988 mit Harry Valérien. 1990 übernahmen Elke Heidenreich und Rudolf Radke im Wechsel mit Petra Gerster und Hans Scheicher, 1993 folgte Wolfgang Herles mit Barbara Stöckl, die im September 1993 schon wieder durch Christa Schulze-Rohr abgelöst wurde.

Die Sendung lief zunächst monatlich, später 14-täglich am Donnerstagabend um 22.15 Uhr. *Live* wurde nach neun Jahren wegen dramatisch zurückgehender Quoten eingestellt; Nachfolger wurde *Tacheles*.

LIVE AUS DEM ALABAMA BR
1984–1997. Populäre Jugendsendung aus der Alabama-Halle in München mit Diskussionen und Popmusik.

Die Diskussionen drehten sich um brisante Themen wie Drogen, Arbeitslosigkeit, Tschernobyl und Rechtsradikalismus und sorgten bei bayerischen Politikern für gespitzte Ohren und Proteste; der Konzertteil am Ende bot vielen unbekannten Bands die Möglichkeit, sich einem größeren Publikum zu präsentieren. Darüber hinaus galt die Sendung als Talentschmiede für Nachwuchsmoderatoren. Immer zwei moderierten zusammen. Zum Team der ersten Stunde gehörten Amelie Fried und Werner Schmidbauer, weitere Moderatoren, die später bekannt wurden, waren Giovanni di Lorenzo, Günther Jauch, Sandra Maischberger, Sabine Noethen und Georg Holzach.

Für eine Ausgabe zum Thema Aids erhielt das Team 1986 den Adolf-Grimme-Preis. Die geplante Diskussion über Neofaschismus unter dem Titel »Der Tote von Spandau mobilisiert die Szene« nach dem Tod von Rudolf Heß musste 1987 ausfallen, weil der empörte Alabama-Halle-Besitzer Wilfried Albrecht die Halle zugesperrt hatte. Im selben Jahr zog die Band Die Ärzte über Uwe Barschel her, den gerade verstorbenen Ministerpräsidenten von Schleswig-Holstein, was Zuschauerproteste auslöste und eine Entschuldigung des BR folgen ließ. Der vom BR verhängte »Ärzte«-Boykott wurde später wieder aufgehoben.

Im Lauf der Jahre wurde die Sendung vorsichtiger und braver. Die Moderatorin Michaela Haas, die 1996 ausschied, beklagte öffentlich, die Redaktion sei zu feige geworden. Man könne »doch nicht jedes Mal den Chefredakteur anrufen, wenn jemand in die Sendung eingeladen werden soll, der links von der CDU/CSU ist«. Ende 1997 wurde die Reihe eingestellt. Vorher machte sie noch zwei Namenswechsel durch, einhergehend mit dem Umzug zu neuen Veranstaltungsorten: Erst wurde sie zu *Live aus dem Nachtwerk,* dann zu *Live aus dem Schlachthof.*

LIVE AUS DER LACH- UND SCHIESSGESELLSCHAFT ARD
→ Lach- und Schießgesellschaft

LIVE-GESCHICHTEN ARD
1973. »Klamödien«-Reihe von und mit Dieter Hildebrandt in live gespielten satirischen Episodengeschichten aus dem Alltag.

Der Begriff »Klamödie« sollte eine Mischung aus Klamotte und Komödie bezeichnen, die mit satirischen und kabarettistischen Elementen verbunden wurde, »sodass eine unterhaltsame und zugleich anspruchsvolle Sendeform entstehen sollte«, wie die ARD formulierte. Die Kritiker fanden das missglückt. Nach drei einstündigen Sendungen samstagabends um 20.15 Uhr war schon wieder Schluss.

LIVE RAN SAT.1
→ ran

LIVING SINGLE RTL
1997–2001. 118-tlg. US-Sitcom von Yvette Lee Bowser (»Living Single«; 1993–1998).

Die vier Afroamerikanerinnen Khadijah James (Queen Latifah), Synclaire James (Kim Coles), Maxine Shaw (Erika Alexander) und Regine Hunter (Kim Fields) leben gemeinsam in einer WG. Khadijah ist Herausgeberin der Frauenzeitschrift »Flavour«. Ihr und ihrer Cousine Synclaire gehört das Haus, in dem die vier wohnen. Auch bei »Flavour« arbeiten beide zusammen. Regine ist Verkäuferin in einer Boutique und Maxine Anwältin. Ihre Nachbarn, die in der Etage über ihnen wohnen, sind der Geschäftsmann Kyle Barker (T. C. Carson) und der naive Handwerker Overton Jones (John Henton).

Die bekannte Rapperin Queen Latifah (mit bürgerlichem Namen Dana Owens) schrieb und interpretierte den Titelsong selbst.

Die ersten 42 Folgen liefen am Samstagnachmittag. Nach fast zweijähriger Pause begannen die restlichen Episoden im werktäglichen Vormittagsprogramm um 8.30 Uhr.

LIZZIE MCGUIRE KI.KA
Seit 2003. 65-tlg. US-Teenieserie von Terri Minsky (»Lizzie McGuire«; 2001–2003).

Teenager Lizzie McGuire (Hilary Duff) erlebt mit ihren besten Freunden Miranda (Lalaine) und Gordo (Adam Lamberg) ihre Schulzeit, schwärmt für den gut aussehenden Ethan (Clayton Snyder), ärgert sich über ihren nervenden Bruder Matt (Jake Thomas) und manchmal über ihre an sich so verständnisvollen Eltern Sam (Robert Carradine) und Jo (Hallie Todd). Lizzies Gedanken sind für den Zuschauer durch Lizzie als Zeichentrickfigur sichtbar, die sich regelmäßig einschaltet.

Die Serie war im amerikanischen Disney Channel ein großer Erfolg, wurde aber nach knapp drei Jahren eingestellt, weil der Sender dogmatisch an seinem Grundsatz festhielt, jede Serie müsse spätestens nach 65 Folgen enden. Ein Lizzie-McGuire-Film kam daraufhin 2003 ins Kino. Ende 2003 startete Hilary Duff ihre Karriere als Popstar mit einem Hit in den US-Charts.

Ab 2004 zeigte das auch ZDF einige Folgen samstags mittags; insgesamt liefen im Free-TV bisher 43 Folgen. Mehrere Episoden sind auf DVD erhältlich.

LOBÓN – WILDERER DER SIERRA KABEL 1

1992. 5-tlg. span. Abenteuerserie nach dem Roman von Luis Berenguer; Regie: Enrique Brasó (»El mundo de Juan Lobón«; 1988).

Ende der 30er-Jahre beginnt in Südspanien die sich über drei Jahrzehnte erstreckende Geschichte des Juan Lobón (Luis Fernando Alvés), der unter dem Franco-Regime in der kargen Landschaft der Wilderei nachgeht.

LOBSTER ARD

1976. 6-tlg. dt. Krimiserie von Hans W. Geißendörfer.

Privatdetektiv Lobster (Heinz Baumann) ist ein mürrischer Kerl, der nur, wenn's wirklich unbedingt sein muss, aus dem Bett aufsteht, um seiner Arbeit nachzugehen. Dann ermittelt er mit ausgefallenen Methoden in Fällen, die die Polizei nichts angehen oder überfordern. Ellen (Leonie Thelen) ist Lobsters Tochter, Kommissar Korn (Max Mairich) sein Kontaktmann bei der Polizei.

Geißendörfer, der spätere Erfinder der *Lindenstraße*, hatte die Idee zur Serie und führte bei allen Folgen Regie. Er benannte seinen Helden mit dem englischen Wort für Hummer, weil er auf dessen harte Schale und den weichen Kern anspielen wollte. Im Vorspann war stets ein gezeichneter Hummer zu sehen. Peter Berneis und Karl Heinz Willschrei verfassten fast alle Bücher.

EIN LOCH IN DER GRENZE ARD

1986. 5-tlg. niederländ. Jugendserie von Froukje Bos, Karel Eykman und Ruud Schuitemaker, Regie: Froukje Bos und Ruud Schuitemaker, nach dem Roman »Een Gat in de Grens« von Guus Kuijer (»Een Gat in de Grens«; 1983).

Sie nennen sich die »Front der Enttäuschten« und reißen von zu Hause aus, weil sie von ihren Eltern vernachlässigt oder misshandelt wurden oder es im Erziehungsheim nicht mehr aushielten. Leider fehlt den Jugendlichen Luudwien (Nicky Schuitemaker), Jéjé (Marcel Kunst) und Arnold (Daan Dillo) das Geld für ein besseres Leben im Süden. Das wollen

sie von dem Boulevardjournalisten Huib Hollemann (Arnold Gelderman) bekommen und verkaufen ihm ihre Geschichte, aber der hat natürlich seine eigenen Pläne.

Die ARD zeigte den realitätsnahen Film in 25 Minuten langen Folgen donnerstags nachmittags.

LOCKER VOM HOCKER ZDF

1979–1987. »Oder: Es bleibt schwierig«. Comedyreihe von Gerhard Schmidt mit Walter Giller in vielen kurzen Episoden und Sketchen.

Die meist halbstündigen, manchmal 45-minütigen Folgen liefen als lose Reihe auf wechselnden Sendeplätzen im Hauptabendprogramm.

LOCKRUF DES GOLDES ZDF

1975. 4-tlg. dt.-frz. Abenteuerfilm von Walter Ulbrich, Regie: Wolfgang Staudte.

Ende des 19. Jh. beginnt in Dawson City am kleinen Fluss Klondike in Alaska der Goldrausch. Einer der Goldgräber ist der Anwalt Elam Harnish (Rüdiger Bahr) aus San Francisco. Er kommt zwischenzeitlich zu großem Reichtum, Gegner trachten ihm nach Geld und Leben. Das Geld verliert er teilweise wieder, doch er gibt nicht auf und folgt dem Lockruf des Goldes in den Ort Nome, von wo Funde gemeldet werden.

Die Serie basierte in Teilen auf Romanen von Jack London und auf Originaldokumenten aus der damaligen Zeit.

Jede Folge hatte Spielfilmlänge und lief mit großem Erfolg zur Primetime.

LOGGERHEADS –
BJÖRN UND DIE WILDEN WIKINGER PRO SIEBEN

1997. 26-tlg. dt. Zeichentrickserie von Ralph Christians.

Wikinger einmal von ihrer privaten Seite: In dieser Zeichentrickserie werden die nordischen Dickschädel nicht als Beherrscher der Weltmeere präsentiert, sondern als Rauf- und Trunkenbolde in ihrem Heimatdorf Loggerheads, wo sie sich mit persönlichen Kleinkriegen bei Laune halten. Im Mittelpunkt der witzigen Serie stehen der rothaarige Häuptling Björn und sein intriganter Rivale Gissur. Und natürlich machen auch Wikingern der Alltag, der Haushalt und die Familie zu schaffen.

LOGO ARD

1977–1978. »Montags-Magazin für Kinder« am Nachmittag mit Eva Curtis.

Ein Magazin mit Tipps, Berichten, Reportagen, Cartoons und einem Preisrätsel sowie wiederkehrenden Rubriken wie Sepp Maiers »Torwart-Unterricht« und der »Beinahe-Mini-Krimi-Serie« namens »Tatörtchen« mit Fernsehkommissaren aus dem großen *Tatort*.

Von Beginn an war die Sendung bemüht, sich mit Inhalten und Themen zu befassen, die die jungen Zuschauer tatsächlich interessierten. Diese waren aufgefordert, sich mit Kritik und Ideen aktiv in die

Gestaltung einzumischen. Nach dem Ende des Magazins wurde die Dachmarke *Logo* bis in die 80er-Jahre weiterhin für kurze Reportagen verwendet.

LOGO   DFF 1, DFF 2
1987–1990. »Technik, Musik, Abenteuer«. Wissenschaftsmagazin für 13- bis 17-Jährige mit Michael Glatte, Peter Mohrdieck und Myriam Stark.
Die monothematische Sendung wollte Jugendliche unterhaltsam an Wissenschaft und Technik heranführen. Lief monatlich erst montags von 18.00 bis 18.45 Uhr, ab Dezember 1989 eine Stunde später auf DFF 2.

LOGO   ZDF, KI.KA
Seit 1988 (ZDF); seit 1998 (KI.KA). »Neues von hier und anderswo«. Zehnminütige Nachrichtensendung für Kinder, in denen die wichtigsten aktuellen Ereignisse verständlich erklärt werden.
Logo läuft werktags nachmittags und wurde von verschiedenen Moderatoren präsentiert; zu den ersten gehörten Peter Hahne und Dirk Chatelain, später moderierten u. a. Ulrike Angermann, Frank Beckmann, Isabel Schayani und Alexander Antoiadis.
Von Januar bis März 1988 lief *logo* testweise, ab Januar 1989 regelmäßig montags bis donnerstags am Nachmittag. Im neuen Kinderkanal von ARD und ZDF wurden die Sendungen wiederholt, die reguläre Ausgabe seit 1998 nur noch dort gezeigt. Das ZDF zeigte am Wochenende aber weiterhin Wochenrückblicke und »logo-extra«-Ausgaben zu besonderen Anlässen. Ein Magazinableger war *logomobil*.
Bereits ab Dezember 1981 hatte der SFB nach dem Vorbild der US-amerikanischen »Kids News« (1980) einmal wöchentlich für Kinder die 15-minütige Nachrichtensendung »Dran« gezeigt.

LOGOMOBIL   ZDF
1989–2000. Ableger von *logo:* Magazin für Kinder, in dem ein *logo*-Reporter von unterwegs über aktuelle Themen der Woche berichten.
Logomobil war zunächst 15 Minuten lang und lief werktäglich am Nachmittag. Nach einer Pause 1990 wurde es nur noch wöchentlich mit teils jahrelangen Unterbrechungen und ab Ende November 1999 samstags vormittags, inzwischen auf knapp zehn Minuten geschrumpft, ausgestrahlt.

LOKALSEITE UNTEN LINKS   ARD
1975–1977. 56-tlg. dt. Episodenreihe mit abgeschlossenen Kurzgeschichten über Kleinstadtereignisse, die es immerhin in das untere Eck einer örtlichen Tageszeitungsseite geschafft haben. Die halbstündigen Folgen liefen im regionalen Vorabendprogramm.

LOKALTERMIN   ZDF
1973. »Altberliner Gerichtsgeschichten«. 13-tlg. dt. Gerichtsserie von Werner E. Hintz, Regie: Heinz Schirk.
Amtsrichter Schröter (Hans Söhnker) arbeitet an einem Berliner Amtsgericht um 1900 und muss in kleineren Streitigkeiten und einzelnen größeren Fällen Recht sprechen. Und weil draußen die Luft besser ist, findet sich immer ein Grund für eine Ortsbesichtigung, den Lokaltermin. Immer mit dabei ist der Gerichtssekretär Wutzke (Dieter Kursawe).
Die halbstündige Serie war die Berliner Antwort auf *Königlich Bayerisches Amtsgericht* und lief dienstags um 18.35 Uhr. Sie wurde später unter dem Titel *Beschlossen und verkündet* fortgesetzt.

LOLEK UND BOLEK   ARD
1968–1980. Poln. Zeichentrickserie (Bolek i Lolek; 1964–1986).
Die Jungen Lolek und Bolek lernen das Leben kennen, haben immer neue Hobbys und Pläne und bemühen sich um die Durchsetzung ihrer Vorhaben. Oft träumen oder fantasieren sie sich in ungewöhnliche Situationen hinein, auch in der Vergangenheit, und lernen dabei Wissenswertes über Persönlichkeiten und Geschichte.
Lange vor ihrem Start als Filmstars waren Bolek und Lolek bereits in den Comics von Władysław Nehrebecki und Leszek Mech erschienen, die auch in der DDR sehr populär waren. Die fünf bis zehn Minuten kurzen Folgen waren meistens Bestandteil verschiedener Kindersendungen wie *Mischmasch, Spaß muss sein, Spaß am Montag* und *Spaß am Dienstag,* liefen gelegentlich aber auch als eigene Serie im Nachmittagsprogramm. 1977 und 1986 entstanden die Spielfilme »Die große Reise von Bolek und Lolek« und »Bolek und Lolek im Wilden Westen«, die ebenfalls im Fernsehen gezeigt wurden. Mehrere Episoden sind auf DVD erhältlich.

LOLLO ROSSO   WDR
1995–1996. Live-Jugendmagazin.
Rebecca Siemoneit-Barum begrüßt deutsche und internationale musikalische Gäste und deutsche Entertainer wie Hella von Sinnen, Herbert Feuerstein, Heintje, Helmut Zerlett, Erich von Däniken und Jürgen Drews. Die Zuschauer können anrufen zu Themen wie Körperkult, Mode für Egozentriker, Sekten oder – mehrfach – »Das erste Mal«. Außenreporter sind Tamina Kallert, Michael Schmidt, Hannah Dietz, Stefan Planck und Jim Reeves; eine feste Rubrik ist der Wochenrückblick »WICHTIG« mit Alexander von Eisenhart Rothe sowie Mona Sharma und Bastian Pastewka.
Die einstündigen Sendungen liefen zunächst freitags nachmittags. Ab 1996 wurde Rebecca Siemoneit-Barum von Kena Amoa abgelöst, und die Sendung wanderte auf den Donnerstag um 17.00 Uhr und wurde abends um 21.15 Uhr noch einmal in einer halben Stunde zusammengefasst. Sechs Folgen wurden Anfang 1996 im Nachtprogramm der ARD wiederholt.

LONDON 999   ARD
1959–1961. 13-tlg. brit. Krimiserie (»Dial« 999; 1958–1959).
Wie Jahrzehnte später in *Ein Mountie in Chicago*

kommt schon hier ein Mitarbeiter der berittenen Polizei Kanadas in die Großstadt, um dort seinen Dienst zu leisten. Inspector Mike Maguire (Robert Beatty) von der Royal Canadian Mounted Police wird zu Scotland Yard abgeordnet, um sich ein Bild von der dortigen Arbeitsweise zu machen. Gemeinsam mit Inspector Winter (Duncan Lamont) und Sergeant West (John Witty) ermittelt er in aktuellen Fällen.
Die halbstündigen Schwarz-Weiß-Folgen liefen im regionalen Vorabendprogramm. Ab 1961 zeigte die ARD sie auch zur Primetime. Im Original gab es 39 Folgen.

DER LONE RANGER   DF1
→ Die Texas Rangers

EIN LORD FÜR ALLE FÄLLE   ARD
1989–1991. 12-tlg. dt.-frz. Krimi-Comedy-Serie von Jacques Besnard, Albert Kantof und Jean Amadou, Regie: Jacques Besnard (»La belle Anglaise«; 1988–1990).
Julien Duvernois (Daniel Ceccaldi) hat unfassbares Glück: Sein Arbeitgeber feuert ihn. Er bekommt eine satte Abfindung und erfüllt sich davon endlich einen Traum: Er kauft sich einen Rolls-Royce. Ab jetzt verdient er seinen Lebensunterhalt als Chauffeur für die gehobene Gesellschaft, hat dabei großen Spaß und wird in deren Affären und Geschäfte verwickelt. Julien ist mit Anne (Catherine Rich) verheiratet, ihre gemeinsame Tochter heißt Nathalie (Amélie Pick). Eine Ex-Frau hat Julien auch, das ist sehr praktisch, denn Françoise (Nicole Croisille) ist Rechtsanwältin und hilft ihrem Ex, wenn er sie braucht. Und natürlich hat er auch einen Mechaniker, Raoul (Pierre Tornade), denn Gott bewahre, dass dem Rolls-Royce etwas zustoße.
Die einstündigen Folgen liefen im regionalen Vorabendprogramm.

LORD PETER WIMSEY   DRITTE PROGRAMME
1977–1981. 21-tlg. brit. Krimiserie nach den Romanen von Dorothy L. Sayers (»Lord Peter Wimsey«; 1972–1975).
Der wohlhabende Aristokrat Lord Peter Wimsey (Ian Carmichael) löst in den 20er-Jahren Kriminalfälle in der Londoner Oberschicht. Sein Butler Bunter (Glyn Houston), den er aus der Armee kennt, hilft ihm und verschafft ihm Informationen aus Kreisen, in denen ein Gentleman nichts zu suchen hat. Wimseys Schwager ist Polizist: Inspector Charles Parker (Mark Eden).
Vier bis fünf Folgen à 45 Minuten brauchte der Snob für einen Fall, fünf Geschichten von Dorothy L. Sayers Bestsellerbüchern wurden verfilmt. Der erste Vierteiler *Die neun Schneider* lief noch ohne Reihentitel 1977 im Bayerischen Fernsehen, die anderen Fälle »Ärger im Bellona Club«, »Diskrete Zeugen«, »Mord braucht Reklame« und »Fünf falsche Fährten« als *Lord Peter Wimsey* ab 1980 in mehreren Dritten Programmen und 1982 im Ersten. In »Ärger im Bellona Club« spielt ausnahmsweise Derek Neward die Rolle des Butlers. Drei weitere Geschichten wurden in Großbritannien 1987 verfilmt.

LORD SCHMETTERHEMD   ARD
1979. 4-tlg. dt. Marionettenspiel der *Augsburger Puppenkiste* von Manfred Jenning nach dem Buch von Max Kruse.
Lord Schmetterhemd verlässt Ende des 19. Jh. sein Schloss Bloodywood Castle im Norden von Schottland, um in den Wilden Westen zu reisen und dort den Schatz des legendären Indianerhäuptlings Großer Büffel zu heben. Sein Butler Cookie Pott ist dagegen, Schmetterhemds verstorbene Ahnen dafür. Sie erscheinen ihm eines Tages als Geister in Tiergestalt: ein Bernhardiner, ein Kaninchen und eine Truthenne. Gemeinsam brechen sie auf und erleben gefährliche Abenteuer im Wilden Westen.
Die erstaunliche Kombination aus Western und Spukgeschichten war die letzte Arbeit des Hausautoren der *Puppenkiste*, Manfred Jenning, vor seinem Tod.

LORENTZ & SÖHNE   ZDF
1988. 11-tlg. dt. Familienserie von Peter M. Thouet und Arno Wolff, Regie: Claus Peter Witt.
Lauritz Lorentz (Ernst Schröder) bewirtschaftet mit seinem ältesten Sohn Gerhard (Gerd Baltus) ein großes Weingut im Markgräfler Land zwischen Freiburg und Basel. Er ist Ende 60 und ein launischer alter Mann; Gerhard leidet darunter, dass sein Vater ihm nichts zutraut. Gerhards Frau Elisabeth (Christine Wodetzky) ist viel energischer, und als Lorentz für eine Weile ins Gefängnis kommt, übernimmt sie das

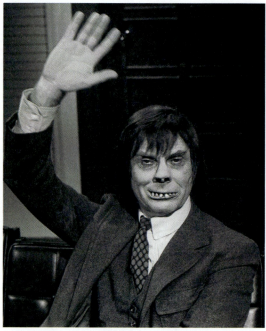

Loriot als der Mann, der die Kunst der Täuschung beherrscht und eine starke menschliche Ausstrahlung hat: Vic Dorn (»Maske? Welche Maske?«).

»Sie machen mich ganz verrückt, Herr Melzer!« – »Es muss gehen, andere tun es doch auch.« *Loriot* und Evelyn Hamann.

Regiment. Später trennt sie sich von ihrem Mann und versucht, Lauritz nach Kräften zu schaden. Die anderen Kinder von Lorentz sind der Europaabgeordnete Stephan (Volkert Kraeft), der mit seiner Frau Silvia (Lisa Kreuzer) und der Adoptivtochter Yati (Silvia Wirth) in der Oberpfalz lebt, die einzige Tochter Katharina Haltermann (Hannelore Elsner) und der jüngste Sohn Christian (Peter Buchholz). Auf dem Gut leben noch Lauritz jun. (Michael Roll), der Sohn von Gerhard und Elisabeth und Lieblingsenkel des Opas, sowie Lauritz' unverheiratete Schwester Amelie (Heli Finkenzeller), die eine Haushälterin hat, Frau Abramski (Bruni Löbel). Diesen beiden macht regelmäßig Erwin Hornburger (Hans-Helmut Dickow) seine Aufwartung, ein Freund von Lauritz Lorentz und ehemaliger Bürgermeister.
Gegenspieler von Lorentz ist Alexander Reckroth (Christoph Moosbrugger), der junge Geschäftsführer der örtlichen Winzergenossenschaft. Mit ihm macht Lauritz' Bruder Guy (Hans Korte) gemeinsame Sache. Allein als Familienbetrieb versuchen sich Gertrud Bienger (Gila von Weitershausen) und ihr ältester Sohn Jochen (Martin May) durchzuschlagen – er gibt Lauritz die Mitschuld am Tod seines Vaters bei einem Unfall. Das ist dann auch der Grund, warum Lauritz ins Gefängnis musste. Es blieb aber bei einer Untersuchungshaft. Frau Hegarth (Gesa Ferck) ist Lauritz' Sekretärin, Pfarrer des Ortes ist Simon Grandeit (Jochen Schroeder).
Nach einem 90-minütigen Pilotfilm am Donnerstag liefen die 45-minütigen Folgen samstags um 19.30 Uhr.

LORIOT   ARD

1976–1978. 6-tlg. Comedyreihe von und mit Vicco von Bülow alias Loriot.
Wie lange hat das Ei denn gekocht? Die Herrenboutique in Wuppertal. Herr Müller-Lüdenscheid. Zwei Erwachsene und ein Riesenschnauzer. Zweites Futur bei Sonnenaufgang. Ein Klavier, ein Klavier! Es saugt und bläst der Heinzelmann. Dann macht es puff, alle Bäume und Kühe fallen um, und das ist immer ein großes Hallo. Ich lasse mir von einem kaputten Fernseher nicht vorschreiben, wann ich ins Bett zu gehen habe. Schmeckt's?
Die meisten bekannten Loriot-Sketche hatten in dieser Senderreihe Premiere: Der Lottogewinner, Herren im Bad, Die Steinlaus, Die Jodelschule, Die Hoppenstedts, Die Nudel, Der Kosakenzipfel usw. Zweimal im Jahr produzierte Loriot für Radio Bremen eine 45-minütige Sendung mit Real- und Zeichentrickszenen, die hauptsächlich den Alltag karikierten, teilweise auch Medien und Politik. Dabei wurden weniger einzelne Personen als vielmehr auffällige Verhaltensweisen parodiert: Bundestagsreden mit vielen Halbsätzen, die nie zu Ende geführt werden und in der Summe ohnehin keinen Inhalt ergeben, und Reporter, die durch unvorhergesehene Antworten ihrer Interviewpartner aus dem Konzept gebracht werden, aber trotzdem hartnäckig an demselben festhalten. Dennoch kamen auch reale Politiker vor: Helmut Schmidt, Franz Josef Strauß und Herbert Wehner waren mal als Zeichentrickfiguren zum Originalton zu sehen, mal umgekehrt mit realen Bildern, aber neu synchronisiert. Die Alltagsszenen versetzten Menschen in peinliche Situationen, lebten von der gnadenlosen Überzeichnung von Eigenarten und der Absurdität des Augenblicks. Eine Besonderheit an Loriots Sketchen war, dass sie in vielen Fällen ohne Schlusspointe auskamen.
Die männliche Hauptrolle spielte Loriot meistens selbst, in unterschiedlichster Maskierung. Ständige Sketchpartnerin war Evelyn Hamann in allen weiblichen Hauptrollen. Unvergessen ist ihr Solo, in

dem sie als Fernsehansagerin den Inhalt einer englischen Serie zusammenfassen soll und über die Namen Gwyneth Molesworth, Lady Hesketh-Fortescue und Nether Addlethorpe stolpert. Loriot hatte als Partnerin ursprünglich eine kleine, untersetzte Frau gesucht. Niemand nahm ihm je übel, nicht an dieser Vorstellung festgehalten zu haben. Ebenfalls regelmäßig dabei war Heinz Meier. Ihm überließ Loriot die Rolle des Lottogewinners Erwin Lindemann (»Ich heiße Erwin Lottemann ...« – »Wie heißen Sie?«) und spielte selbst den Regisseur, der ihn interviewte. Weitere Sketchpartner: Rudolf Kowalski (z. B. als Heinzelmann-Staubsaugervetreter), Edgar Hoppe (als Anzug- und Bettenverkäufer), Ingeborg Heydorn, Bruno W. Pantel u. a. In den Zeichentrickszenen mit den Knollennasenmännchen synchronisierte Loriot alle Rollen selbst. Zwischendurch saß er auf einem Sofa und sagte die Sketche an.

Loriots Steinlaus, auf deren Nahrungsbedarf der Einsturz ganzer Häuser zurückzuführen ist, und die er als Bernhard Grzimek in der zweiten Sendung porträtierte, schaffte es bis ins klinische Wörterbuch »Pschyrembel«. Der Eintrag war 1983 zunächst ein Scherz und verschwand in der nächsten Auflage wieder. Nach Protesten wurde die »Petrophaga lorioti« später wieder verzeichnet. Der halbseitige Artikel beinhaltet ein Foto ihrer Auswirkungen (zu sehen ist eine Schuttzerkleinerungsmaschine auf einer Großbaustelle) und die Loriot-Zeichnung des Tieres.

Die Sendungen dauerten 45 Minuten und waren mit römischen Zahlen von Loriot I bis VI durchnummeriert. Die erste Sendung trug zudem den Titel »Loriots sauberer Bildschirm«.

LORIOT ARD
1997. 14-tlg. Comedyreihe. Das Beste von Loriot, die gesammelten Werke.

In 25-minütigen Folgen, von Loriot neu zusammengestellt und thematisch sortiert, zeigte er hier noch einmal die besten Sketche aus seinen früheren Sendungen. Enthalten waren alle zeitlosen Real- und Zeichentrickklassiker, die vor allem aus der gleichnamigen Reihe aus den 70er-Jahren stammten, aber auch aus *Cartoon, Loriots Telecabinet*, seinen Geburtstagsspecials und *Report*, inklusive eines Sketches, der zwar für *Report* produziert, aber nie ausgestrahlt worden war. Einige Szenen mit politischem Hintergrund, die sich auf Politiker und Themen der 70er-Jahre bezogen, wurden nicht mehr gezeigt. Zwischen den Sketchen machte Loriot wieder Ansagen auf seinem berühmten Sofa und alterte dabei in Rekordgeschwindigkeit – einige der Ansagen entstammten der 20 Jahre alten *Loriot*-Reihe, andere wurden neu aufgenommen.

Sendeplatz war dienstags um 22.05 Uhr. Seither wurden anstelle der bisherigen Sendungen nur noch diese 14 Folgen wiederholt.

LORIOTS GEBURTSTAG ARD
Seit 1983. Specials zu runden Geburtstagen des großen Loriot.

Bei diesen Specials musste man keine Angst haben, dass sie zu einer schleimtriefenden und sturzlangweiligen Huldigungsgala ausarten würden, denn Loriot schrieb die Sendungen selbst. Erstmals zum 60., dann wieder zum 65. und 70. und zuletzt zum 80. Geburtstag (mit einem Tag Verspätung am 13. November 2003) wurden viele bekannte klassische Sketche wiederholt, eingebettet in eine eigens für den Anlass produzierte Rahmenhandlung und neue Szenen.

LORIOTS TELECABINET ARD
1974. Einmaliges einstündiges Special mit von und mit Loriot.

Loriot mit neuen Sketchen, darunter Die Benimmschule. Dafür hatten wir im Mai drei schöne Tage.

LORNAC IST ÜBERALL ARD
1988. 13-tlg. frz.-dt.-schweiz. Politserie nach dem Roman von Otto Steiger, Regie: Tony Flaadt (»L'or noir de Lornac«; 1987).

Die örtliche Politik übt Druck auf den Hotelier Jos Kerjean (Pierre Mondy) aus, sein Hotel wie alle anderen an eine amerikanische Ölgesellschaft zu verkaufen. Dann verliert die große böse Gesellschaft auch die letzten Sympathien, als nach einem Öltankerunglück das Meer verseucht wird.

Der Roman zur Serie basierte auf der Umweltkatastrophe von 1978, als der Öltanker »Amoco Cadiz« vor dem bretonischen Küstenort Lornac auf Grund lief. Der provokative Titel suggerierte, dass solche Ereignisse überall passieren können.

Die halbstündigen Folgen liefen im regionalen Vorabendprogramm, hätten aber auch überall laufen können.

LOS ANGELES 1937 ARD
1974–1975. 13-tlg. US-Krimiserie von Ed Adamson (»Banyon«; 1972–1973).

Mit 20 Dollar kam man in den 30er-Jahren schon ordentlich weit. Dieser Betrag ist der Tagessatz, für den der Privatdetektiv Miles C. Banyon (Robert Forster) im Los Angeles des Jahres 1937 jeden Fall annimmt. Er ermittelt Mörder und Diebe, beschattet Verdächtige und spürt Vermisste auf. Jede Woche hat er eine neue Sekretärin, denn Peggy Revere (Joan Blondell), die gleich gegenüber eine Schule für Sekretärinnen leitet, schickt dauernd neue zum Anlernen vorbei. Miles' Freundin bleibt konstant die Sängerin Abby Graham (Julie Gregg).

Jede Folge dauerte 45 Minuten; Sendeplatz war donnerstags um 21.00 Uhr.

LOSBERG ARD
1986–1988. 51-tlg. dt. Soap von Michael Arnál und Xao Seffcheque.

Der Stahlunternehmer Hubert Losberg (Alexander Leuschen) ist der älteste von drei Brüdern aus der gehobenen Gesellschaft. Der mittlere Bruder Lucas (Horst Frank) ist Jesuitenpater, der jüngste Bruder Hartmut (Klaus Mikoleit) Erfinder. Eigentlich müssten sie um den Familienbesitz gar nicht streiten, da

das meiste ohnehin für ihren verschwenderischen Lebensstil draufgeht.
Die halbstündigen Folgen liefen im regionalen Vorabendprogramm.

LOST PRO SIEBEN
Seit 2005. US-Mystery-Abenteuerserie von J. J. Abrams und Damon Lindelof (»Lost«; seit 2004).
48 Überlebende finden sich nach dem Absturz von Flug 815 auf einer einsamen Insel wieder. Der Pilot ist tot, und Rettung kommt nicht. Gemeinsam kämpfen sie ums Überleben, doch das »gemeinsam« ist nicht so einfach. Es gibt Anfeindungen, Eifersüchteleien, Neid, Geheimnisse und Intrigen. Und dann ist da noch etwas, das niemand kennt. Irgendwer oder irgendwas scheint noch auf der Insel zu wohnen. Die wichtigsten Neuinsulaner sind: der Arzt Jack (Matthew Fox), die hübsche, starke und nüchterne Kate (Evangeline Lilly), der frühere Rockstar Charlie (Dominic Monaghan), die schwangere Claire (Emilie de Ravin), der Scherzkeks Hurley (Jorge Garcia), der misstrauische Sawyer (Josh Holloway), die egozentrische Shannon (Maggie Grace) und ihr Bruder Boone (Ian Somerhalder), Sayid (Naveen Andrews), der allein erziehende Vater Michael (Harold Perrineau, Jr.) und sein neunjähriger Sohn Walt (Malcolm David Kelley), der geheimnisvolle Locke (Terry O'Quinn) und das koreanische Paar Jin (Daniel Dae Kim) und Sun (Yunjin Kim), das sich nur schwer verständlich machen kann.
Amerikanische Version der RTL-Serie *Verschollen*, aber mit ausgefeilteren Charakteren, besseren Geschichten, authentischerem Schauplatz (gedreht auf Hawaii statt im Studio), einem zusätzlichen Mysteryfaktor und einem Urwaldmonster. Jede Folge konzentrierte sich auf eine der Hauptfiguren. In Rückblenden wurde ihr Vorleben erzählt. Die 24 Folgen der ersten Staffel schilderten die ersten 40 Tage auf der Insel. Serienerfinder J. J. Abrams erklärte, im Erfolgsfall habe er Geschichten für eine mindestens sechsjährige Serienlaufzeit in der Hinterhand. Die erste Staffel war in den USA außerordentlich erfolgreich.
Die einstündigen Folgen laufen montags um 20.15 Uhr; der Pilotfilm hatte doppelte Länge.

LOST IN MUSIC 3SAT
1992–1998. Ambitioniertes Musikmagazin von Christoph Dreher, Rolf Wolkenstein und Rotraut Pape, das neue Musik und Künstler, aber auch ihre Wurzeln vorstellte. Erhielt 1994 den Grimme-Preis dafür, dass es »mit einer gerade in diesem Genre unüblichen Sorgfalt und Liebe fürs Detail innovative Fernsehtechnik gezielt so einsetzt, dass der Bildschirm zum Musikinstrument wird«.
Die Folgen wurden im ZDF und auf arte wiederholt.

LOTTA ZDF
1994–1996. 7-tlg. schwed. Jugendserie nach dem Buch von Astrid Lindgren (»Lotta«; 1992).

Lotta (Grete Havnesköld) wohnt mit ihren Geschwistern Mia (Linn Gloppestad) und Jonas (Martin Andersson) und Mama (Beatrice Järas) und Papa (Claes Malmberg) in der Krachmacherstraße. Sie erlebt viele Abenteuer und hilft gern im Laden von Tante Berg (Margreth Weivers).
Die 25-Minuten-Episoden liefen in loser Folge. Im April 1998 wurden außerdem zwei Lotta-Spielfilme gesendet. Die Serie ist komplett auf DVD erhältlich.

LOTTERIE SAT.1
1987. 16-tlg. US-Glücksserie von Rick Rosner (»Lottery$«; 1983–1984).
Der Bankangestellte Patrick Sean Flaherty (Ben Murphy) hat die schöne Aufgabe, die Gewinner von Millionengewinnen in der Lotterie zu finden und sicherzustellen, dass alles seine Richtigkeit hat – was sich meist als größeres Problem herausstellt, etwa: Wo ist denn nun das verdammte Ticket? Doch doch, das *ist* mein Ehemann, mit dem Sie mich da gerade im Bett erwischt haben! Oh, als Minderjähriger darf ich gar nicht spielen? An Flahertys Seite ist der Finanzbeamte Eric Rush (Marshall Colt), der dafür sorgt, dass die Millionäre ein ganz klein bisschen weniger reich werden. In jeder Folge suchen sie drei Gewinner; am Ende wird gezeigt, was aus ihnen ein Jahr danach geworden ist.
Sat.1 zeigte die einstündigen Folgen donnerstags um 18.45 Uhr, sie wurden später diverse Male auch auf Kabel 1 und Pro Sieben wiederholt.

LOTTO AM MITTWOCH ZDF
Seit 1982. Mittwochsausgabe der *Ziehung der Lottozahlen*.
Begann unter dem Titel *Mittwochslotto* mit der Spielformel »7 aus 38«, wechselte 1986 aber zum klassischen, auch beim Samstagslotto praktizierten Prinzip »6 aus 49«. Anders als samstags gab es zwei Ziehungen, A und B, was die Chance auf einen Gewinn erhöhte, der jedoch niedriger ausfiel als samstags. Auch der Spieleinsatz war geringer. Ende 2000 wurde die Ziehung B abgeschafft, und die Veranstaltungen am Mittwoch und Samstag wurden zu einem gemeinsamen Lotto mit zwei wöchentlichen Ziehungen zusammengelegt. Mit demselben Spielschein kann man seitdem an beiden Ziehungen teilnehmen.
Übertragen wurde die Mittwochsziehung vom ZDF zunächst in der Werbepause seiner Vorabendserien gegen 18.25 Uhr, später wurde der Sendetermin auf 18.50 Uhr vor den *heute*-Nachrichten verlegt.

LOTTO AM SAMSTAG ARD
→ Ziehung der Lottozahlen

DIE LOTTOSHOW ARD
1998–2001. Große Samstagabend-Spielshow mit Ulla Kock am Brink.
Zu Beginn treten 49 Kandidaten an, die in einer Lotto-Sonderauslosung ermittelt wurden. Von diesen bleiben später sechs Bewerber und am Ende nur noch ein Tagessieger übrig, der Millionär wird. Weil

das Lotterieprinzip gilt, also reines Glück unabhängig von Fähigkeiten oder Kenntnissen entscheiden soll, bestreiten die Kandidaten selbst keine Spiele. Für sie sind »TopJobber« im Einsatz, Mitglieder jeweils einer bestimmten Berufsgruppe, die zum Beruf passende Spiele absolvieren. Die eigentlichen Kandidaten sind darauf angewiesen, dass ihr Spieler gut abschneidet. Die sechs Kandidaten der Schlussrunde werfen jeweils drei verschlossene Kugeln in einen Pott, die dann gemischt und reihum abwechselnd wieder gezogen werden. Wer zuerst seine eigenen drei Kugeln zurückhat, ist der Sieger. Die Fernsehzuschauer können per Telefon mitspielen und dabei maximal 100 000 DM gewinnen. Zwischendurch gibt es Showblöcke.

Die Show entstand in Zusammenarbeit mit dem Deutschen Lottoblock, weshalb beim Spiel diverse Parallelen zum Samstagslotto eingebaut waren, vor allem die Reduzierung der Kandidaten auf sechs aus ursprünglich 49. Nach zwei Jahren wurde diese Idee verworfen und die unübersichtliche Zahl schon vor Beginn der Sendung per Los auf sechs reduziert. Nach 18 Ausgaben war Schluss. Rudi Carrell hatte bereits gelästert, die Show habe nur deshalb »etwas Quote, weil Ulla Kock am Brink 40 Minuten überzieht, bis auf den anderen Sendern nichts mehr läuft«.

Die ausgespielten Gewinnsummen setzten sich aus nicht abgeholten Lottogewinnen zusammen, die vor allem aus dem Spiel 77 stammten, das Lottospieler wohl nicht ernst genug nahmen, um die Gewinnzahlen zu vergleichen.

Unter dem Spagat, dass die Gewinner nur durch Glück zum großen Geld kommen durften, die Zuschauer aber natürlich spannende Wettkämpfe irgendeiner Art sehen wollten, litten auf ähnliche Weise auch die Lotterieshows *Einfach Millionär* und *Millionär gesucht*.

LOTTOZAHLEN   ARD
→ Ziehung der Lottozahlen

LOU GRANT   ZDF, VOX
1979–1982 (ZDF); 1993–1995 (Vox). 113-tlg. US-Dramaserie (»Lou Grant«; 1977–1982).
Lou Grant (Edward Asner) ist Redaktionsleiter der Tageszeitung »Los Angeles Tribune«. Sie gehört Margaret Pynchon (Nancy Marchand), mit der er regelmäßig aneinander rasselt. Zu Grants Team zählen sein Assistent Art Donovan (Jack Bannon), der Reporter Joe Rossi (Robert Walden), die Journalistin Billie Newman (Linda Kelsey) und der Fotograf Herb »Bestie« Herbert (Daryl Anderson). Charles Hume (Mason Adams) ist ein alter Freund von Lou.
Die Serie entsprang der »Mary Tyler Moore Show«, die bei uns unter den Titeln *Oh Mary* und *Mary Tyler Moore* lief. Darin ist Lou Grant, ebenfalls gespielt von Ed Asner, der grummelige Chef der Fernsehabendnachrichten und wird am Ende der Serie gefeuert. Mit dem neuen Job wechselt die Figur nicht nur vom Fernsehen zur Zeitung, sondern auch von der Sitcom zum Drama.

52 einstündige Folgen zeigte bei uns das ZDF samstags um 18.00 Uhr, der Rest lief zehn Jahre später in Erstausstrahlung bei Vox.

LOUIS MANDRIN, DER REBELL   ARD
1972. 6-tlg. frz.-jugoslaw. Abenteuerserie von Philippe Fourastié, Jean-Dominique de la Rochefoucauld und Albert Vidalie, Regie: Philippe Fourastié (»Mandrin«; 1972).
Der Rebell Louis Mandrin (Pierre Fabre) führt im Frankreich des 18. Jh. einen Schmugglerring an, um die Steuern von König Ludwig, die Generalpacht, zu umgehen. Er verteilt das auf diesem Weg erwirtschaftete Geld unter den Armen und avanciert so zum Volkshelden. Letztendlich wird aber doch geschnappt und 1755 hingerichtet.
Die Serie lief im regionalen Vorabendprogramm, ab September 1973 auch im DFF 2 unter dem Titel *Abenteurer und Rebell*.

LOUIS PASTEUR   DFF 1
1982. 3-tlg. tschechoslowak. Drama von Jaroslav Dietl nach einem Roman von František Gel, Regie: Igor Ciel (»Louis Pasteur«, 1977).
Der Film schildert den Lebensweg des genialen französischen Chemikers Louis Pasteur (Daniel Michaelli), der im 19. Jh. Medizin, Hygiene und Landwirtschaft große Fortschritte bescherte.

LOUISIANA   ARD
1985. 6-tlg. frz.-kanad. Historiendrama nach dem Roman von Maurice Denuzière, Regie: Philippe de Broca (»Louisiana«; 1984).
Die Geschichte von Louisiana durch die Augen von Virginia Tregan (Margot Kidder), die Mitte des 19. Jh. von ihrem Studium in Paris in ihre Heimat zurückkehrt und feststellt, dass sie nach dem Tod ihres Vaters mittellos ist. Sie ist entschlossen, den Besitz der Familie zurückzuerobern und zu behalten. Sie heiratet deshalb den reichen Plantagenbesitzer Adrien Damvillier (Lloyd Bochner), liebt aber eigentlich Dandridge (Ian Charleson). Über viele Jahrzehnte heiratet sie immer wieder, bekommt Kinder, erlebt Dramen und kämpft.
Möchtegern-»Vom Winde verweht« mit einstündigen Folgen am Montagabend um 20.15 Uhr.

LOVE & WAR   RTL
1996–1997. 68-tlg. US-Sitcom von Diane English (»Love & War«; 1992–1995).
Der Zeitungskolumnist Jack Stein (Jay Thomas) verbringt viel Zeit in der Kneipe »Blue Shamrock«, in deren neue Besitzerin Wally (Susan Dey) er sich verliebt. Nach deren Weggang verliebt er sich in die neue Besitzerin Dana Palladino (Annie Potts). Barkeeper ist zunächst Ike (John Hancock), später Abe (Charlie Robinson). Nadine (Joanna Gleason) ist Kellnerin, zu den Stammgästen gehören u. a. Ray (Joel Murray) und dessen Ex-Freundin Meg (Suzie Plakson).
Die Reihe lief im täglichen Nachtprogramm.

LOVE BOAT   SAT.1

1985–1994. 200-tlg. US-Familienserie (»The Love Boat«; 1977–1986).

Das Luxusschiff »Pacific Princess« befördert Urlauber zu den unterschiedlichsten Reisezielen. Stets zu ihren Diensten sind Captain Merrill Stubing (Gavin MacLeod), Schiffsarzt Adam Bricker (Bernie Kopell), Zahlmeister Burl »Gopher« Smith (Fred Grandy) und Barkeeper Isaac Washington (Ted Lange). Julie McCoy (Lauren Tewes) ist die Kreuzfahrtmanagerin, Vicki Stubing (Jill Whelan) die uneheliche Tochter des Captains. Nach vielen Jahren wird Judy McCoy (Pat Klous) neue Kreuzfahrtmanagerin und damit die Nachfolgerin ihrer Schwester Julie. Der Fotograf Ashley Covington Evans, genannt »Ace« (Ted McGinley), ist jetzt außerdem ständig mit an Bord.

Viele berühmte Gaststars wirkten in den Rollen der Urlauber mit. Ihre Geschichten rund um Liebe, Affären und Verhältnisse standen im Mittelpunkt; meist drei oder vier dieser Geschichten wurden pro Folge erzählt und miteinander verwoben. Die letzte Folge endet mit der Hochzeit von Captain Stubing und seiner Freundin Emily Haywood (Marion Ross). Den Titelsong »Love Boat« sang die meiste Zeit Jack Jones, nur in der letzten Staffel Dionne Warwick.

Im amerikanischen Original war *Love Boat* tatsächlich eine Comedyserie, sogar das Gelächter des Publikums war wie in Sitcoms zu hören. In der Synchronisation ging der Comedycharakter großenteils, im deutschen Abklatsch *Das Traumschiff* komplett verloren. Produzenten des Originals waren Aaron Spelling und Douglas S. Cramer

Sat.1 zeigte die einstündigen Folgen zunächst mittwochs zur Primetime, später auf allen erdenklichen Sendeplätzen im Vorabend- und Tagesprogramm.

LOVE BOAT – AUF ZU NEUEN UFERN   KABEL 1

2002. 25-tlg. US-Urlaubsserie (»Love Boat – The Next Wave«; 1998–1999).

Neuauflage der Serie *Love Boat* aus den 80er-Jahren: Der geschiedene Jim Kennedy (Robert Urich) ist der neue Kapitän, sein Teenagersohn Danny (Kyle Howard) wohnt mit an Bord. Zur Crew gehören Sicherheitschefin Camille Hunter (Joan Severance), der seekranke Doktor John Morgan (Corey Parker), Barkeeper Paolo Kaire (Randy Vasquez), Proviantmeister Will Sanders (Phil Morris) und die Kreuzfahrtdirektorin Suzanne Zimmerman (Stacey Travis), die nach kurzer Zeit durch Nicole Jordan (Heidi Mark) ersetzt wird.

Die einstündigen Folgen liefen sonntags mittags.

LOVE TREND   RTL
→ Trend

LOVESTORIES MIT ANDREAS TÜRCK   PRO SIEBEN
→ Andreas Türck *Lovestories*

Wer sich als blinder Passagier so kostümiert, kann im Zweifelsfall immer so tun, als sei er eine Geburtstagsüberraschung. *Love Boat* mit Schiffsarzt Bricker (Bernie Kopell, links), Captain Stubing (Gavin MacLeod, 2. v. r.) und den Gaststars Bruce Penkal und Irene Mandrell.

DER LÖWE IST LOS ARD

1965. 5-tlg. Marionettenspiel aus der *Augsburger Puppenkiste* von Manfred Jenning nach den Büchern von Max Kruse, Regie: Harald Schäfer.

Eigentlich ist der Löwe ein netter Kerl, den nur Bösewichter fürchten müssen. Aber das wissen die Menschen natürlich nicht, und so ist die Aufregung groß, als der Löwe aus seinem Käfig im Zoo von Irgendwo ausbricht, weil es ihm zu langweilig wird. Auf der Papageienfresserinsel hilft er, den flugunfähigen Kakadu Ka vor den Einheimischen Nenemama und Nenepapa zu retten, die ihn an ihre kranke Tochter Nenekiki verfüttern wollen. Der böse Großwesir verschätzt sich, als er glaubt, mit Hilfe des Löwen seine Verschwörung in Sultanien endgültig zum Erfolg bringen zu können. Löwe und Sultan freunden sich an, und der Tierarzt Doc und die Kinder Wibitte und Komitte sowie Pips und Kim und ihr Hund Wu leisten ihren Teil, dass am Ende die Bösen im Knast sind und die Guten Freunde.

Die Serie beruhte außer auf dem gleichnamigen Buch von Max Kruse auf den Fortsetzungen »Sultan in der Grube« und »Kakadu in Nöten«. Der Löwe kehrte zurück in den Marionettenspielen *Kommt ein Löwe geflogen* und *Gut gebrüllt, Löwe*. Er war das erste Stück, das in Farbe gedreht wurde.

DIE LÖWEN DER ALHAMBRA ZDF

1992. 6-tlg. span.-ital.-dt. Abenteuerserie; Regie: Vicente Escrivá (»Réquiem por Granada«; 1991).

Nach seiner Flucht ins Exil erinnert sich Boabdil (Manuel Bandera), der letzte Emir des südspanischen Granada, der Geschichte seines Reiches, während die arabische Herrschaft in Spanien gerade ihr Ende findet. Während sein Großvater Yusuf in seiner Funktion als Emir noch Frieden mit den spanischen Christen schließen wollte, stehen seine Söhne Muley Hassan (Horst Buchholz) und El Zagal (Oleg Fedorov) den Andersgläubigen feindlich gegenüber. Nach Yusufs Tod erbt Muley Hassan die Herrschaft und torpediert die verbotene Liebe seines Sohnes Boabdil mit der katholischen Isabel de Solís (Gioia Maria Scola). Als Isabel den Horden Zagals in die Hände fällt, kauft Muley Hassan sie frei, steckt sie als Sklavin in einen Harem und verliebt sich selbst in sie.

Aufwendige internationale Koproduktion mit mehr als 5500 Statisten und 1000 Pferden. Das ZDF zeigte sie an aufeinander folgenden Tagen im Vorabendprogramm.

DIE LÖWENGRUBE ARD

1989–1992. 32-tlg. dt. Familiensaga von Willy Purucker, Regie: Rainer Wolffhardt.

Die Geschichte der Kleinbürgerfamilie Grandauer von 1897 bis 1954. Der Dorfpolizist Ludwig Grandauer (Jörg Hube) zieht mit seiner Frau Agnes (Sandra White) in den Münchner Stadtteil Haidhausen. Die beiden haben drei Kinder: Karl (ebenfalls Jörg Hube), Luise (Sandra White) und Adolf, genannt Adi (Alexander Duda). Agnes stirbt an Tuberkolose. 1914 bezieht Ludwig sein Büro in der neuen Polizeidirektion, die – wegen der zwei steinernen Löwen vor dem Haus – »Löwengrube« genannt wird. Karl zieht in den Ersten Weltkrieg, wo sein Kumpel Biwi Lichtl (Peter Weiß), der Freund von Luise, schon am ersten Tag umkommt. Ludwig stirbt, Luise heiratet den Bäckermeister Max Kreitmeier (Werner Rom), in dessen Haus zunächst auch Karl und Adolf unterkommen. Karl findet dank der Vermittlung von Rudolf Grüner (Gerd Fitz), dem früheren Chef seines Vaters, einen Job bei der Polizei, wo die Delikte nun zunehmend politisch gefärbt sind und Ermittlungen schon mal von oben gestoppt werden. Er verliebt sich in Traudl (Christine Neubauer). Sie ist die Tochter von Adelgunde Soleder (Franziska Stömmer), einer herzensguten, aber schrecklich naiven Frau, und ihrem Mann (Walter Fitz). Sie heiraten und bekommen zwei Söhne: Rudi (als Kind: Florian Büse-Böhm; später: Timothy Peach) und Maxi (als Kind: Florian Reinheimer; als junger Mann: Thomas Darchinger).

Traudl hat einen Bruder Kurt (Michael Lerchenberg), der als Radiomoderator gegen den Aufstieg der Nazis stichelt und später die Jüdin Sara Kampensi (Gisela Freudenberg) heiratet. Nach der Machtergreifung der Nazis bekommt Kurt Ärger mit seinem Kollegen Hampel (Stefan Reck) und wird eingesperrt, Sara wird mit ihrem Kind Gerti (Stefanie Boos) durch den NS-Blockwart Uhl (Peter Pius Irl) aus der Wohnung vertrieben. Karl macht Karriere. Seine Schwester Luise stirbt an den Folgen eines Beinbruchs. Max führt den Betrieb mit Hilfe von Kathi Lipp (Mona Freiberg) und Kurt, der nun als sein Geselle arbeiten muss, weiter. Grandauers Kollege Schäfer (Tilo Prückner) wird aus politischen Gründen zur Verkehrspolizei versetzt. Deinlein (Gerd Anthoff) ist sein neuer Vorgesetzter bei der Polizei. Adi ist strammer Nazi, Rudi macht Karriere in der Hitlerjugend. Max und Kathi heiraten. Anfang 1945 liegt München in Trümmern, auch die Wohnung der Grandauers ist zerstört. Sie finden Unterschlupf bei Max, wo auch Adis Sohn Hermann (Florian Boos) lebt, dessen Mutter und Geschwister bei einem Luftangriff ums Leben gekommen sind. Nach Kriegsende stirbt Grüner. Rudi wurde als Deserteur hingerichtet, Maxi aber kommt Ende 1945 aus der Kriegsgefangenschaft zurück. Er heiratet seine Jugendliebe Hildegard (Patrizia Schwöbel). 1948 kehrt Adi aus russischer Gefangenschaft zurück, 1951 taucht auch der totgeglaubte Rudi wieder auf. 1954 wird Karl pensioniert.

Die Serie beruht auf der beliebten 28-teiligen Hörspielserie »Die Grandauers und ihre Zeit«, die Autor Purucker für den BR geschrieben hatte. Sie schildert authentisch und lebensnah anhand des Alltags der durchschnittlichen Familie Grandauer, wie sich die große Weltpolitik auf ihr Leben auswirkte: Die politischen Entwicklungen prägten private Beziehungen und natürlich die Polizeiarbeit, wurden andererseits aber auch einfach ignoriert oder verharmlost. *Die Löwengrube* zeigt die vielen Kompromisse, die auch die eigentlich aufrechten Menschen aus Bequemlichkeit

Löwenzahn:
Sprechende Gitarre
»Klaus-Dieter«, Lustig.

oder Gedankenlosigkeit machten, und die Tatsache, dass ihnen private Sorgen oft einfach näher waren als die Besorgnis erregenden Enwicklungen in ihrer Umgebung: Wenn Karl Grandauer Zahnschmerzen plagten, kümmerte ihn das einfach mehr, als dass der kommunistische Bäckergeselle plötzlich verhaftet oder Hitler Reichskanzler wurde.

Die Löwengrube lief zunächst im regionalen Vorabendprogramm in Bayern und erst allmählich in einigen anderen Sendern. Bundesweit war die Serie erstmals 1997 zu sehen, als die ARD sie montags um 21.40 Uhr wiederholte. Sie ist auch auf acht VHS-Kassetten erschienen. Die Serie erhielt 1992 den Adolf-Grimme-Preis mit Gold.

LÖWENJAGD   RTL
1984–1987. Die RTL-Hitparade, moderiert im Wechsel von Viktor Worms und Birgit Lechtermann. Die einstündige Sendung lief zunächst donnerstags, später samstags im Vorabendprogramm.

LÖWENZAHN   ZDF
Seit 1981. »Geschichten aus Natur, Umwelt und Technik«. Halbstündiges Wissensmagazin für Kinder mit Peter Lustig.
In kurzen Einspielfilmen werden Dinge des Alltags erklärt und beschrieben. Die Rahmenhandlung bilden kurze Szenen mit Moderator Peter Lustig und seinen Bekannten und Verwandten, darunter Nachbar Paschulke (Helmut Krauss), Tante Elli (Inge Wolffberg) und Trude (Ute Fitz-Kaska). Der Bastler Lustig wohnt in der Sendung in einem alten Bauwagen und trägt stets eine Latzhose.
Löwenzahn war die Nachfolgesendung von *Pusteblume* und wurde zum Dauerbrenner. Ohne sich anzubiedern, vermittelte Peter Lustig Kindern Wissen und interessante Fakten, indem er mit kindlicher Neugier Wasserwerke, Fabriken, Druckereien, Bergwerke, Zoos, Gewächshäuser und Forschungseinrichtungen besuchte und Fragen stellte, die sich die meisten Erwachsenen nicht zu fragen trauen. Dennoch war das Gezeigte, wie bei der *Sendung mit der Maus,* auch für viele Erwachsene interessant oder sogar neu. Lustig erklärte komplexe Zusammenhänge für jedermann verständlich. Am Ende der Episoden forderte er die Kinder zum Abschalten auf. »Ihr seid ja immer noch da! Abschalten!« Eigentlich wollte er das nur ein- oder zweimal tun, doch dann erwarteten es die Zuschauer von ihm, und er fuhr damit fort. Beim ZDF löste das Unmut aus, weil man dort der Meinung war, er könne doch nicht allen Ernstes die eigenen Zuschauer auffordern, den Fernseher auszuschalten. Schon viel früher wäre Lustig gar nicht erst auf Sendung gegangen, hätte er auf den Rat eines »Fachmanns« gehört. Ein Produzent war der Ansicht, den stoppelbärtigen Mann mit Halbglatze würde sich doch kein Kind ansehen, und hatte ihm empfohlen, sich eine Perücke zu kaufen. Mit Lustig und ohne Haare lief die Sendung viele Jahre mit großem Erfolg.
Die Umbenennung von *Pusteblume* in *Löwenzahn* war nötig, weil die ursprüngliche Produktionsfirma, die nach Streitigkeiten mit dem ZDF ausschied, die Rechte an dem alten Namen beanspruchte.
Der Bauwagen stand in Wahrheit in Berlin, in der Serie aber in dem fiktiven Ort Bärstadt. Das echte Bärstadt im Taunus ist der Heimatort von Anne Voss, einer der Erfinderinnen der Sendung. Peter Lustig war von Anfang an auch als Autor dabei. Weitere bekannte Autoren waren Walter Kempowski und Elfie Donnelly.
1982 erhielt das Team einen Adolf-Grimme-Preis mit Silber.
Löwenzahn lief lange Jahre am Sonntagnachmittag mit Wiederholungen am Mittwoch und Freitag. Später wurde die Sendung auf den Sonntagvormittag

verlegt (mit Wiederholung am Samstagmorgen) und zusätzlich im neuen Kinderkanal gezeigt. Im Mai 2000 sendete das ZDF eine lange *Löwenzahn*-Nacht mit mehreren Folgen hintereinander. Nach rund 200 Folgen wurde das Jubiläum 2005 mit einer spielfilmlangen Extraepisode gefeiert. Im gleichen Jahr zog sich Lustig nach einem Vierteljahrhundert zurück. Mehrere Folgen sind auf DVD erhältlich.

LUCKY LETTERS   RTL 2
1999–2000. Halbstündige Gameshow mit Franklin. Kandidaten bekommen für richtige Antworten Buchstaben, aus denen sie dann ein Lösungswort erraten müssen.
Lief werktags um 17.00 Uhr.

LUCKY LINDA   ZDF
1971. 9-tlg. US-Sitcom von Larry Gelbart, Regie: Bruce Bilson (»The Tim Conway Show«; 1970).
Spud Barrett (Tim Conway) ist ein miserabler Pilot. Joe Kenworth (Joe Flynn) leidet unter Flugangst. Zusammen betreiben sie eine Fluggesellschaft. Na toll. Gesellschaft ist eigentlich übertrieben, denn sie besteht nur aus einem einzigen Flugzeug. Das ist schon extrem alt und heißt Lucky Linda. Mrs. Crawford (Anne Seymor) gehört der örtliche Flughafen und eine eigene kleine Chartergesellschaft, die wesentlich profitabler ist. Merkwürdig. Ronnie (Johnnie Collins III.) ist ihr Sohn, Becky Parks (Emily Banks) ihre Angestellte. Harry Wetzel (Fabian Dean) betreibt die Imbissbude am Flughafen.
Eine der vielen Serien, bei denen das ZDF einen amerikanischen Rollennamen änderte. Joe hieß eigentlich Herbert. Die halbstündigen Folgen liefen montags um 19.10 Uhr.

LUCKY LUKE   ARD, RTL
1985 (ARD); 1992 (RTL). 52-tlg. US-frz. Zeichentrickserie von Morris und René Goscinny (»Lucky Luke«; 1983–1990).
Der tapfere Cowboy Lucky Luke ist flink im Umgang mit dem Colt, er zieht sogar schneller als sein Schatten. Mit seinem sprechenden Pferd Jolly Jumper und dem dummen Hund Rantanplan jagt er als Sheriff von Daisy Town Verbrecher im Wilden Westen, vor allem die vier Dalton-Brüder Joe, Averell, Jack und William.
Lucky Luke war seit Jahrzehnten eine beliebte Comicfigur und auch in der Fernsehserie erfolgreich. Die erste Staffel lief im regionalen Vorabendprogramm der ARD, die zweite (die erst sieben Jahre später produziert und ausgestrahlt wurde) samstagmorgens bei RTL. Ab 2002 zeigte Super RTL eine Neuauflage.
Terence Hill wagte sich an eine gleichnamige Realverfilmung, in der er selbst die Hauptrolle spielte.

LUCKY LUKE   ZDF
1993–1994. 8-tlg. US-ital. Westernserie nach den Comics von Morris und René Goscinny (»Lucky Luke«; 1992).
Sheriff Lucky Luke (Terence Hill) und sein Pferd Jolly Jumper jagen die Dalton-Brüder Joe (Ron Carey), Averell (Fritz Sperberg), Jack (Bo Gray) und William (Dominic Barto). Lotta Legs (Nancy Morgan) führt den Saloon von Daisy Town.
1991 wagte Terence Hill die Realfilmversion des Kultcomics. Im Kinofilm führte er selbst Regie und spielte die Hauptrolle. Dem Film folgten acht 45-minütige Serienfolgen fürs Fernsehen, die das ZDF zwischen den Feiertagen täglich nachmittags zeigte. Zwei Tage vor dem Serienstart hatte es bereits den Film ausgestrahlt. Die Trickeffekte, z. B. wenn Luke mal wieder schneller als sein Schatten seine Waffe zog, wirkten im Realfilm extrem billig, und Terence Hill erinnerte auch nicht ansatzweise an den Luke aus den Comics oder Zeichentrickfolgen. Ein cooler Westernheld war er trotzdem. Das hatte er aber auch in Dutzenden von Prügelfilmen geübt.

LUCKY LUKE – DIE NEUEN ABENTEUER   SUPER RTL
2002–2004. 50-tlg. kanad.-frz. Zeichentrickserie (»The New Adventures Of Lucky Luke«; 2001). Neuauflage der Cowboygeschichten mit Lucky Luke.

LUFT HAT KEINE BALKEN   ARD
1982. 5-tlg. Doku-Reihe von Peter Fera über die Geschichte der Fliegerei, beginnend bei der Ballonfahrt über Luftschiffe, bis zu Segel-, Motor- und Düsenflugzeugen. Die 20-minütigen Folgen liefen dienstags um 17.30 Uhr.

LUFT UND LIEBE   RTL 2
1994–1995. Flirtshow mit Franziska Rubin.
Bei Pro Sieben lief das Format vorher unter dem Namen *Straßenflirt*. Die einzige Änderung, die RTL 2 vornahm, war, die Moderatorin auch an Urlaubsorten auf Singlesuche gehen zu lassen. Franziska Rubin wurde übrigens passenderweise (wie Kai Pflaume) als Kandidatin bei *Herzblatt* entdeckt.
26 Ausgaben liefen zunächst sonntags um 17.30 Uhr, dann an wechselnden Werktagen.

LUFTSPRÜNGE   ZDF
1969–1970. 13-tlg. dt.-österr. Hotelserie von Heinz Bothe-Pelzer, Regie: Hermann Leitner, Ernst Schmucker.
Die wesentlichen Informationen enthielt bereits der Titelsong: »Sporthotel, man spricht davon / ist der Schlager der Saison. / Es wird bunt und aktuell / im Sporthotel.« Die weiteren: Hannes Kogler (Luis Trenker) ist der Chef des Sporthotels »Alphof«, in dem sich jedes Jahr im Winter viele Gäste einquartieren, die in der örtlichen Skischule beim feschen Skilehrer Toni (Toni Sailer) etwas lernen wollen. Vor allem Frauen. Unter ihnen ist die skandinavische Prinzessin Britta (Vivi Bach), die jedoch nicht das geringste Talent hat und alle zur Verzweiflung bringt. Alois (Franz Muxeneder) ist der kauzige Portier.
Die halbstündigen Folgen liefen freitags um 19.10 Uhr. Trenker war der Star zahlreicher Bergfilme und spielte hier im Alter von 77 Jahren seine einzige

Serienhauptrolle. Obwohl er erst 1990 starb, sollte dies seine letzte große Rolle sein. Skistar Sailer hatte zwar auch schon ein paar Filme gedreht, war aber vor allem als mehrfacher Goldmedaillengewinner bei Olympischen Winterspielen bekannt geworden. Bach begann nur einen Tag nach dem Start der Serie mit ihrer großen Samstagabendshow *Wünsch dir was* an der Seite ihres Gatten Dietmar Schönherr, der in dieser Serie ebenfalls eine Nebenrolle spielte. Muxeneder spielte Nebenrollen in den Kinokrachern »Unterm Dirndl wird gejodelt«, »Auch Ninotschka zieht ihr Höschen aus« und »Frau Wirtin hat auch einen Grafen«. Noch drei Beispiele? Gern: »Jagdrevier der scharfen Gemsen«, »Urlaubsgrüße aus dem Unterhöschen« und »Lass jucken Kumpel 6«.

LUIS TRENKER ERZÄHLT   ARD

1959–1973. Kindersendung. Bergfilmstar Luis Trenker erzählt spannende Geschichten aus seinem Leben. Anders als Ilse Obrig in ihrer *Kinderstunde,* erzählt Trenker in die Kamera, nicht Kindern, die um ihn herum sitzen.
Lief in loser Folge nachmittags.

LUKAS   ZDF

1996–2001. 64-tlg. dt. Sitcom von Jurgen Wolff.
Lukas Lenz (Dirk Bach) ist ein mäßig erfolgreicher Schauspieler, der sein Geld mit der Rolle als Fledermaus Flora in einer Kindersendung verdient. Zwischendurch ergattert er immer mal wieder andere, kleinere Rollen, hauptsächlich im Kindertheater. Lukas, klein, rundlich, immer gut gelaunt, laut und schrill, ist Witwer mit wechselnden Freundinnen und bewohnt mit seiner Teenagertochter Lisa (Maria de Bragança; ab der vierten Staffel: Charlotte Bohning) eine Altbauwohnung in Köln. Die Situation ist immer etwas merkwürdig und ruft fragende Gesichter hervor, wenn Lisa mal wieder mit einem neuen Freund in der Tür steht und Papa gerade in einem seiner ausladenden bunten Kostüme in der Wohnung herumläuft. Sein geschiedener Vater Ludwig Lenz (Hansjoachim Krietsch) lebt mit im Haus. Er ist im Ruhestand, kümmert sich um seinen Schachclub und hat viel Zeit, Lukas auf die Nerven zu fallen, indem er merkwürdige Dinge anschleppt, z. B. eine riesige Strickmaschine, einen alten Industriestaubsauger oder eine Kartoffel, von der er überzeugt ist, dass sie aussieht wie Maria Schell. Die lesbische Fotografin Coco Weber (Katja Bellinghausen) ist Lukas' Nachbarin und schon seit der gemeinsamen Zeit in der Grundschule seine beste Freundin. Schrille Vorhaben und absurde Situationen sind an der Tagesordnung.

Im zweiteiligen Serienfinale beschließt Lisa, inzwischen volljährig, im Ausland zu studieren. Ludwig möchte in eine Senioren-WG ziehen, und so verlassen beide den Kölner Altbau. Ein Zeitsprung von einem Jahr zeigt, dass sowohl Lukas als auch Coco inzwischen in festen Händen sind und mit ihren jeweiligen Partnern zu viert in der alten Wohnung leben. Doch dann wollen auch Ludwig und Lisa zurückkommen. Die letzte Folge ist eine »Clip-Show« mit Ausschnitten aus den vorangegangenen fünf Jahren.

Serienerfinder Jurgen Wolff zeichnet sich durch eine besondere Vielseitigkeit seiner Arbeit aus. Neben dieser Sitcom erfand er auch die Zeichentrickserie »Norman Normal« und schrieb etliche Folgen

Ludwig hat schon wieder ein merkwürdiges Ding angeschleppt, von dem keiner weiß, was es kann. *Lukas* mit Dirk Bach (links), Katja Bellinghausen und Hansjoachim Krietsch.

der kanadischen Serie *Relic Hunter – Die Schatzjägerin*.
Nach dem Erfolg mit der *Dirk Bach Show* wurde ursprünglich auch diese Serie für RTL produziert; der Sender zögerte jedoch mit der Abnahme, und das ZDF griff schnell zu. Die halbstündigen Folgen liefen dort mit großem Erfolg sonntags gegen 22.00 Uhr.

LUKAS & SOHN   ZDF
1989. 12-tlg. dt. Krimiserie von Walter Kempley, Regie: Michael Günther.
Oberkommissar Lukas (Herbert Herrmann) ermittelt für die Kriminalpolizei hauptsächlich in Mordfällen. Zu Hause bei Freundin Christine (Christine Schild), einer Zeitungsfotografin, und seinem Sohn Peter (Thomas Thouet) klagt Lukas sein Leid, wenn er mal wieder nicht weiterweiß. Der zwölfjährige Peter hat dann meist die rettende Idee, die zur Aufklärung des Falles führt. Perschke (Edgar Bessen) ist Lukas' Chef.
Völlig unrealistische Serie, die dennoch sehr unterhaltsam war. Zum einen Teil wollte sie durch ihren leichten Tonfall wohl eine klassische Familienserie sein, zum anderen, vor allem wenn Herbert Herrmann im wehenden Trenchcoat doch noch einmal nachhakte, *Columbo*.
Die einstündigen Folgen liefen montags um 17.45 Uhr.

LUPO ALBERTO   PRO SIEBEN
1999. 13-tlg. ital. Zeichentrickserie für Kinder nach den Comics von Guido Silvestri (»Lupo Alberto«; 1997). Im Mittelpunkt stehen die Abenteuer des Wolfs Alberto, der Henne Martha und ihrer Freunde, die auf einem Bauernhof leben.
Jede Folge enthielt vier kurze Episoden. Sie liefen am Wochenende morgens und wurden später im KI.KA und in der ARD wiederholt.

LUST AUF LIEBE   ZDF
→ Die Geliebte

LUSTIGE MUSIKANTEN   ZDF
Seit 1971. Musikshow mit vielen bekannten Gästen aus dem Bereich der Volksmusik und des deutschen Schlagers, die ihre Lieder singen.
Die erste Sendung moderierten Peter Puder und Udo Schröder. Ihnen folgten Maxl Graf und die österreichische Schlagersängerin Lolita. Am 8. April 1978 übernahm Carolin Reiber für Lolita – es war ihre erste Volksmusiksendung und ihre erste bundesweite Moderation. Sie war außerdem die erste Festangestellte des Bayerischen Rundfunks, die eine Genehmigung erhielt, nebenbei für ein anderes Programm tätig zu sein. Sieben Sendungen moderierte Reiber gemeinsam mit Maxl Graf und von 1980 bis 1984 weitere zwölf mit Elmar Gunsch.
Erst nach neun Jahren Pause kehrten die Musikanten 1993 auf den Bildschirm zurück, nun moderierte das Volksmusikduo Marianne und Michael. Im Sommer sind die beiden oft mit Openair-Veranstaltungen in verschiedenen Städten unterwegs. Diese Shows heißen ab 1999 »Lustige Musikanten on tour«.

LUTZ & HARDY   ZDF
1994–1995. 17-tlg. dt. Krimiserie, Regie: Lutz Büscher.
Es mag Ermittler in Bayern geben, die Wert darauf legen, auch bei der Aufklärung von Verbrechen sorgfältig darauf zu achten, das Gesetz nicht zu brechen und sensibel mit Verdächtigen und Betroffenen umzugehen. Der pensionierte Kommissar Robert Lutz (Hans Korte) und sein Ganovenfreund Hardy von Bellen (Karl Lieffen) aus dem Hamburger Rotlichtmilieu gehören nicht dazu. Zusammen gehen die beiden Schlitzohren auf Verbrecherjagd, und praktischerweise hat Lutz seine Nichte Nora Sommer (Karin Thaler) zu seiner Nachfolgerin bei der Polizei gemacht.
Nach dem Pilotfilm liefen die 50-minütigen Folgen donnerstags am Vorabend.

LUZIE, DER SCHRECKEN DER STRASSE   ARD
1980. 6-tlg. tschech.-dt. Jugendserie von Ota Hofman und Jindřich Polák (»Lucie, postrach ulice«; 1980).
Weil sich die sechsjährige Luzie Krause (Janeta Fuchsová) bei Vati (Jaromír Hanzlík), Mutti (Dana Kolarová) und Opa (Jiří Pleskot) in den Ferien langweilt, will sie sich dem älteren Nachbarsjungen Oswald (Michael Hofbauer) und seiner Bande anschließen. Oswald erklärt sich scheinheilig bereit, auf Luzie aufzupassen, schikaniert sie dann aber und will sie loswerden. Im Rahmen einer Mutprobe soll Luzie etwas aus einem Kaufhaus stehlen. Dabei versteckt sich Knetmasse in ihrer Mütze. Wieder draußen werden daraus zwei lebende Knetmännchen, ein großes orangefarbenes und ein kleines grünes. Luzie nennt sie Friedrich und Friedrich und hat viel Spaß mit ihnen: Sie verwandeln sich dauernd in neue Formen, setzen die Wohnung unter Wasser, beschmieren das Bad und lassen es in der Küche schneien. Eltern und Opa treiben sie dadurch fast in den Wahnsinn, denn Erwachsenen bleibt die Existenz der Knetmännchen verborgen. Am Ende der Ferien bringt Opa die Knetmasse zurück ins Kaufhaus, wo sie ja unerlaubt, wenn auch unfreiwillig, entfernt wurde, und kauft sie. Und so bleiben Friedrich und Friedrich, und Luzie hat endlich ihren ersten Schultag.
Als eine der Ersten setzte die Serie Knetfiguren ausgiebig ein und machte sie populär. Bettina Matthaei war für die Figuren verantwortlich. Hauptdarstellerin Janeta Fuchsová war sechs Jahre später in *Die Tintenfische aus dem zweiten Stock* noch einmal der Co-Star von Knetmasse. Die meisten Außenaufnahmen entstanden im Raum Köln. Alle gezeigten Schriftzüge, Verkehrs- und Nummernschilder sind deutsch. Jindřich Polák und der Tricktechniker Alexander Zapletal erhielten für die Serie den Grimme-Preis mit Bronze. Lief am frühen Sonntagnachmittag; jede Folge dauerte 25 Minuten.

M

»M« – MÄNNERMAGAZIN SAT.1, RTL
1985–1986 (Sat.1); 1988–1992 (RTL). Magazin über »alles, was Männer anmacht«, zumindest alles mit M: Manager, Muskeln, Motoren, Mut, Mannschaftssport und natürlich Mädchen. Oder fast alles. Wer auf Berichte über Mathematik, Malerei, Mohrrüben, Mähdrescher oder Muh-Kühe hoffte, wartete vergeblich. Moderatoren waren in den ersten beiden Jahren wechselnde Prominente, überwiegend aus der Welt des Sports, darunter Franz Beckenbauer, Rosi Mittermeier, Christian Neureuther, Paul Breitner und Walter Röhrl, aber auch der Bergsteiger Reinhold Messner und die Schauspielerin Christiane Krüger. Die meisten dieser Menschen waren für den Start eines neuen Sportfernsehsenders verpflichtet worden, zu dem es jedoch nie kam. Der Burda-Verlag, der die Reihe zunächst für Sat.1 herstellte, übernahm die Verträge.

Erster fester Sendeplatz war freitags um 20.30 Uhr eine Stunde lang im Hauptabendprogramm. Evangelische und katholische Frauenverbände regten sich über die viel zu leicht bekleideten Mädchen auf und ahnten zu diesem Zeitpunkt noch nicht, was auf sie zukommen sollte. Im zweiten Jahr lief das Magazin bereits um 22.00 Uhr, wurde jedoch am Ende des Jahres eingestellt. Etwas mehr als ein Jahr später begann RTL dort, wo Sat.1 aufgehört hatte: um 22.00 Uhr. Rasch rückte die jetzt halbstündige Sendung jedoch ins spätere Abendprogramm, und je später der Abend, desto nackter die Mädchen und vielseitiger die Gegenstände, an denen sie sich rieben. Auch bei der Verteilung der Themen wurde eine neue Gewichtung deutlich. Eine typische Sendung befasste sich nun mit Mädchen, Motoren, Mädchen, Mut, mutigen Mädchen und mehr Mädchen.

Der genaue Sendeplatz und der Sendetitel wechselten mehrfach. Zeitweise hieß die Sendung auch umgekehrt *Männermagazin »M«*.

MACGRUDER & LOUD SAT.1
1990. 14-tlg. US-Krimiserie (»MacGruder & Loud«; 1985).

Die Polizisten Malcolm MacGruder (John Getz) und Jenny Loud (Kathryn Harrold) sind im Dienst ein Team und im Privatleben ein Paar. Das sieht ihr Arbeitgeber nicht gern, weshalb sie geheim halten, dass sie verheiratet sind. Ihre Kollegen sind Sergeant Myhrum (Frank McCarthy), Detective Don Debbin (Ted Ross) und Sergeant Hanson (Lee de Broux); Naomi (Gail Grate) ist eine Freundin.

Aaron Spelling und Douglas Cramer waren die Produzenten. Die einstündigen Folgen liefen samstags gegen 21.00 Uhr.

MACGYVER SAT.1
1987–1995. 137-tlg. US-Abenteuerserie von Lee David Zlotoff (»MacGyver«; 1985–1992).

Der technisch versierte MacGyver (Richard Dean Anderson) arbeitet im Auftrag der Phoenix Foundation, die wiederum für die Regierung und andere Auftraggeber friedensstiftend wirkt. MacGyver weigert sich seit einem Unfall in seiner Jugend, eine Waffe bei sich zu tragen, und baut stattdessen notfalls als Waffen einsetzbare Dinge aus was immer gerade rumliegt. Dank seiner Physik- und Chemiekenntnisse gelingt es ihm, sich auch aus den brenzligsten Situationen zu befreien. Peter Thornton (Dana Elcar) ist MacGyvers Boss, mit dem sich MacGyver später von der Phoenix Foundation trennt und selbständig macht. Zur Foundation gehören noch die Anwältin Nikki Carpenter (Elyssa Davalos) und der Agent Jack Dalton (Bruce McGill).

Die Plots der einzelnen Folgen unterschieden sich nur minimal voneinander. Irgendwann fand sich MacGyver fast immer in einer ausweglosen Situation, ganz auf sich allein gestellt, ohne technisches Werkzeug, nur mit einem Kaugummi und einer Büroklammer in der Hosentasche. Zum Glück fand

»So. Daraus bau ich mir jetzt 'ne Yacht.« *MacGyver* (Richard Dean Anderson), die amerikanische Ausgabe der *Hobbythek*.

er dann, sagen wir, ein halbes Stück Käsekuchen, sodass er aus den drei Gegenständen schnell eine Atombombe basteln konnte, mit der er exakt zwei Zehntelsekunden, bevor irgendein Ultimatum ablief, die Welt rettete. Fans nannten diese Tricks »MacGyverismen«. Aus Zucker, Salz, Unkrautvertilgungsmittel und einer Batterie baute MacGyver eine Bombe mit Zeitverzögerung, aus einem Wecker und einem Blutdruckmesser einen Lügendetektor, und mit Hilfe von Pfeffer, Essig, Backpulver und einer Wärmflasche konnte er Tränengas herstellen. Angeblich funktionierte all dies theoretisch, nur bei größeren Bombenbastelanleitungen hätten die Autoren einen Bestandteil weggelassen, um Teenagern und Terroristen die Sprengstoffproduktion nicht zu leicht zu machen, hieß es.

Unterschiedliche Ansichten gibt es über MacGyvers Vornamen, der so gut wie nie erwähnt wurde. Im Pilotfilm hatte ihn sein Großvater »Stace« genannt, aber auch »Bud«; in einer Episode der letzten beiden Staffeln ging aus einem Traum MacGyvers hervor, dass sein Vorname »Angus« sei. Die Figur des Peter Thornton erblindete im Laufe der Serie allmählich, weil auch ihr Darsteller Dana Elcar wegen einer Krankheit langsam das Augenlicht verlor.

Die beiden größten Fans von *MacGyver* sind Patti und Selma, die Schwestern von Marge bei den *Simpsons*. Im wirklichen Leben ist es vielleicht auch Fonzie aus der Serie *Happy Days*. Der ist zwar auch erfunden, doch sein Darsteller Henry Winkler war einer der Produzenten von *MacGyver*.

Sat.1 sendet die einstündigen Folgen zur Primetime. Nach dem Ende der Serie entstanden noch zwei »MacGyver«-Fernsehfilme, die ebenfalls in Sat.1 liefen.

MACH MIT   ZDF

1994–2002. Zehnminütiges Magazin über die Arbeit der *Aktion Sorgenkind,* die in Verbindung mit der ZDF-Fernsehlotterie stand und durch Sendungen wie *Der große Preis* bekannt wurde. *Mach mit* berichtete über Behinderte, informierte über Projekte, die die *Aktion Sorgenkind* förderte, und gab die Gewinner der ZDF-Fernsehlotterie bekannt, durch deren Einnahmen die Aktion maßgeblich gefördert wurde. Zu den Moderatoren gehörten Babette Einstmann, Marion Matschoss und Stephan Greulich. 2000 erhielt die Organisation den neuen Namen *Aktion Mensch,* und *Mach mit* wurde wenig später von *Menschen – das Magazin* abgelöst.

Lief erst sonntags, ab 1995 samstagnachmittags, und war seinerseits der Nachfolger von *Die große Hilfe*.

MACH MIT – BLEIB FIT!   DFF

1969. Trimmsendung, in der Künstler mit Sportlern auftreten und gemeinsam Übungen vorturnen, die man im Wohnzimmer oder am Arbeitsplatz mitmachen kann. In einem Wettbewerb treten ganze Betriebsmannschaften gegeneinander an; in der dritten und letzten Ausgabe wird der Sieger aus den Vorrunden gekürt.

Im Mansfeld-Kombinat beteiligten sich laut Fernsehzeitschrift »8000 Werktätige in Schächten und Hütten, in Labors und Institutionen«. »Mach mit – bleib fit!« war der Name des Volkssportprogramms der DDR.

MACH MIT – MACH'S NACH – MACH'S BESSER!   DFF

1964–1991. Einstündige Spielshow für Kinder mit Adi. Schulklassen aus verschiedenen Städten treten in sportlichen Wettkämpfen gegeneinander an. Die Reihe ist wie ein Turnier aufgezogen, die Sieger kommen in die nächste Runde, und alle zwei Jahre werden die Besten der bisherigen Sieger ermittelt, die einen Wanderpokal des Nationalen Olympischen Komitees erhalten.

Die Show sollte den Spaß am Leistungspsort wecken und den olympischen Gedanken fördern. Prominente Sportler traten als Gäste auf. Der Moderator Adi (Gerhard Adolph), immer im braunen Ballonseidenanzug, war selber ein ernst zu nehmender Sportler: DDR-Meister im Gehen. Unterstützt wurde er von wechselnden Kinder-Assistentinnen. Die Wettkämpfe fanden in verschiedenen Schulturnhallen statt, und als Requisiten und Sportgerät wurde verwendet, was man dort fand, wie etwa Bälle und Kästen. Ähnlich wie bei *Spiel ohne Grenzen* gab es aber auch planschige Wasserspiele. Die Spiele wurden von scharfen Kampfrichtern überwacht, die mit herrischer Geste jeden Ball, der Millisekunden nach dem Abpfiff im Ziel landete, zu disqualifizieren wussten. Das westliche Laisser-faire eines »Woll'n wir den noch gelten lassen?!« gab es hier nicht.

Die Show lief anfangs und später noch einmal am Nachmittag, sonst die meiste Zeit sonntags morgens um 10.00 Uhr. Sie war jahrzehntelang, bis zum Ende der DDR, ein Straßenfeger. Nach der Wende gab es ein paar verzweifelte Versuche, das Format in Metamorphosen am Leben zu erhalten. Unter anderem stellte Adi im DFF den Vergnügungspark Phantasialand in Brühl vor. Dazu musste er – immer noch im selben Ballonseidenanzug – mit dem bärenartigen Maskottchen auf der Bimmelbahn durch den Park fahren. Auch traten nun zusätzlich Schulklassen aus dem Westen an. Doch die Zeit der Show war abgelaufen, und nach 333 Ausgaben wurde sie eingestellt.

MACH ZWEI   RTL 2

2001–2002. Wöchentliches Reportagemagazin mit Nazan Eckes. Lief dienstags gegen 23.00 Uhr und brachte es auf sechs Ausgaben.

MACHT DER LEIDENSCHAFT   ZDF

1994–1995. 181-tlg. kanad.-dt. Daily Soap von Jörn Winther (»Family Passions«; 1993).

Die deutsche Familie Haller aus Hamburg und die kanadische Familie Langer aus Woodland sind durch ihr Engagement im Autogeschäft, diverse Affären und eine innige Feindschaft miteinander verbunden. Konkret geht es um die Entwicklung eines neuen Prototyps namens »Genesis«. Der verhasste Konzernchef Jürgen Haller (Dietmar Schönherr), auf den ein Mordanschlag verübt wurde, sinnt auf Rache. Er hält Sebastian Langer (Anders Hove), der ein Verhältnis mit Hallers Frau Camilla (Patricia Gage) hatte, für den Auftraggeber. Der Rest sind die üblichen Verstrickungen, Liebschaften und Intrigen, nur eben diesmal über zwei Kontinente verteilt.

Die kanadisch-deutsche Koproduktion sollte ein Novum im Programm des ZDF sein, erzählte aber auch nur die bekannten Geschichten. Neu war lediglich, dass mit Dietmar Schönherr und einigen weiteren deutschen Darstellern (Adelheid Arndt, Tina Ruland) in einer Daily Soap Menschen mitspielten, die man vorher schon mal irgendwo gesehen haben konnte. Die Serie wurde überwiegend in Toronto in englischer Sprache gedreht und für die ZDF-Ausstrahlung synchronisiert. (Ein Autor der Serie stöhnte, die deutschen Darsteller hätten kaum die Wörter aussprechen können.)

79 dreiviertelstündige Folgen liefen montags bis freitags um 16.00 Uhr, die restlichen eigentlich 51 Folgen zerteilte das ZDF in doppelt so viele halb so lange.

DIE MACHT DER MÄCHTIGEN   RTL
1987. 8-tlg. US-Liebes- und Karrieredrama von Robert L. Joseph nach dem Roman von Sidney Sheldon, Regie: Buzz Kulik und Paul Wendkos (»Rage Of Angels«; 1982).

Die vielversprechende Karriere der jungen Anwältin Jennifer Parker (Jaclyn Smith) findet ein plötzliches Ende, als der Mafiaanwalt Michael Moretti (Armand Assante) sie dazu zwingt, einen Mandanten rauszupauken. Jennifer verliert ihren Job, den sie gerade erst im Büro des Staatsanwalts Robert Di Salva (Ron Hunter) angetreten hat. Während sie um den erneuten Aufstieg kämpft und ihn schafft, ist sie zwischen zwei Männern hin- und hergerissen: ausgerechnet zwischen dem intriganten Moretti und dem integren, aber verheirateten Politiker Adam Warner (Ken Howard).

DIE MACHT DES GELDES   ARD
1972–1974. 15-tlg. US-Hochglanzsoap von Harold Robbins (»The Survivors«; 1969-1970).

Der wohlhabende Investor Baylor Carlyle (Ralph Bellamy) hat einen Sohn, den Playboy Duncan (George Hamilton), und eine Tochter, Tracy (Lana Turner). Sie ist mit dem untreuen Philip Hastings (Kevin McCarthy) verheiratet und bemuttert ihren Sohn Jeffrey (Jan-Michael Vincent). Dessen Vater ist, wie sich später herausstellt, Tracys Ex-Freund Antaneus Riakos (Rossano Brazzi). Für Aufregung sorgen des Weiteren der südamerikanische Revolutionär Miguel Santerra (Robert Viharo) und natürlich der gnadenlose Kampf der Familienmitglieder um das Erbe des im Sterben liegenden Baylor.

Die Serie war höchstkarätig besetzt und für viel Geld an Schauplätzen rund um die Welt produziert worden, fiel beim amerikanischen Publikum aber dennoch grandios durch. Es war die erste Fernsehserie mit Hollywoodstar Lana Turner.

Die 50-Minuten-Folgen liefen im regionalen Vorabendprogramm.

DIE MACHT DES SCHWERTES   ZDF
1997. 4-tlg. dt.-span.-brit. Abenteuerserie von Roy Clarke (»The Wanderer«; 1995).

Adam (Bryan Brown) und Zachary (ebenfalls Bryan Brown) sind Zwillinge, und wie das Leben so spielt, ist einer gut (Adam), einer böse (Zachary). Zur Jahrtausendwende müssen sie um die Oberherrschaft über die Welt kämpfen; das ist eine blutige Angelegenheit, zur Unterstützung kommen diverse Gestalten aus der Vergangenheit, die das Ganze vor tausend Jahren schon mal durchgemacht haben, darunter Beatrice (Kim Thomson), Clare (Deborah Moore) und der Mönch Gobold (Tony Haygarth).

Bis sie die entscheidende Schlacht in England schlagen durften, mussten die Zwillinge durch halb Europa reisen, damit dortige Fernsehstationen auch einen Beitrag zu den Produktionskosten leisteten. So weit kam es aber in Deutschland nicht: Nach nur vier der 13 Folgen setzte das ZDF das Spektakel ab.

DIE MACHT DES ZAUBERSTEINS   RTL 2
1996. 39-tlg. jap. Zeichentrickserie (»Fushigi no Umi no Nadia«; 1990).

Der Nachwuchsingenieur Jean und das Zirkusmädchen Nadia sind auf der Flucht, um Nadias blauen Zauberstein »Blue Water« zu schützen, auf den es – warum auch immer – mehrere Verfolger abgesehen haben.

MACHTSPIELE   ZDF
1996–1998. 12-tlg. Doku-Reihe von Wolfgang Herles, in der er Weltkonzerne und die Männer an ihrer Spitze porträtierte, darunter Siemens und Heinrich von Pierer sowie die Allianz und Henning Schulte-Noelle.

Vier Staffeln zu je drei Folgen liefen sonntags nach 22.00 Uhr.

MACINTYRE UNDERCOVER   VOX, KABEL 1
2004 (Vox); 2004 (Kabel 1). Reportagereihe des britischen Enthüllungsjournalisten Donal MacIntyre (»MacIntyre Undercover«; seit 1999).

MacIntyre ist der bekannteste Undercover-Journalist Großbritanniens. Für seine Reportagen für die BBC ermittelte er bis zu einem Jahr, tarnte sich als Modefotograf, um den Missbrauch minderjähriger Models zu entlarven, arbeitete drei Monate lang in einem Heim für Behinderte, um die skandalösen Zustände dort zu dokumentieren, und ließ sich tätowieren, um in die Hooliganszene einzudringen. Seine Enthüllungen, die schockieren, aber auch viele unterhaltsame Momente haben, sorgten immer für erhebliches Aufsehen. Die Folge war, dass Donal MacIntyre wegen Morddrohungen auch im Alltag häufig untertauchen musste.

Drei Reportagen liefen auf Vox als »BBC Exklusiv«-

Reportagen, drei bei Kabel 1 als *K1 Extra*. Weitere Folgen zeigte der Sender XXP.

MACIUS ARD
2002–2003. 26-tlg. dt.-frz.-poln. Zeichentrickserie für Kinder nach dem Buch von Janusz Korczak (»Macius«; 2002).
Kinder an die Macht: Der neunjährige kleine König Macius bekommt nach dem Tod seines Vaters die Chance, sein Reich nach seinen eigenen Vorstellungen zu gestalten, und wird damit ein Vorbild für alle Kinder. Jede Folge war zehn Minuten lang.

MACKY PANCAKE ARD 2
1961. »Die Abenteuer eines Unwahrscheinlichen«. 3-tlg. dt. Krimi-Comedy-Serie von Wolfram Simon, Regie: Jochen Wiedermann. Macky Pancake (Wolfgang Neuss) und Timotheus Wumme (Jo Herbst) ermitteln.

MAD TV RTL
1998–2001. 50-minütige US-Comedyshow (»Mad TV«; seit 1995) mit Sketchen, Parodien auf Film und Fernsehen und animierten Gags. Neben »Mad«-Frontfigur Alfred E. Neumann wirkten u. a. Bryan Callan, David Herman, Orlando Jones, Phil Lamarr, Artie Lange, Mary Scheer, Nicole Sullivan und Debra Wilson mit.
Selten, aber diesmal geschehen: *Mad TV* lief in Deutschland auf dem gleichen Sendeplatz wie in den USA, am späten Samstagabend. Für die deutsche Fassung wurden jedoch die Stand-up-Monologe der amerikanischen Comedians herausgeschnitten. Wegen des Erfolgs beim jungen Publikum wurde sogar das Jahre zuvor eingestellte Printmagazin »Mad« mit Comics und Satire wieder neu aufgelegt.
Die Show war noch oft im Nachtprogramm zu sehen, nach 2001 jedoch nur noch in Wiederholungen, obwohl in den USA weiterhin jedes Jahr 25 neue Folgen produziert werden.

MADAME'S PRO SIEBEN, KABEL 1
1990–1994 (Pro Sieben); 1992–1998 (Kabel 1). 74-tlg. US-Comedyserie von Wayland Flowers (»Madame's«; 1982–1983).
Holzpuppe mit eigener Talkshow: Die Puppe ist ein alternder Star, der Prototyp der zigmal geschiedenen Hollywooddiva. Ihre Show kommt aus einer Villa, in der sie zusammen mit ihrer Nichte Sara Joy (Judy Landers) wohnt und wo sie Butler Pinkerton (Johnny Haymar) und Sekretärin Bernadette (Susan Tolsky) beschäftigt. Buzzy St. James (Corey Feldman) ist der aufdringliche Nachbarsjunge.
Wayland Flowers, der Erfinder der Puppe, lieh ihr in der Originalversion auch die Stimme. Im Deutschen war Ingrid van Bergen als Madame zu hören.
Kabel 1 zeigte seine ersten neuen Folgen in einer Staffelpause von Pro Sieben, bevor die Serie komplett den Sender wechselte, weshalb sich die Ausstrahlungszeiträume überschneiden. 76 weitere Episoden waren in Deutschland nicht zu sehen.

DIE MÄDCHEN AUS DEM WELTRAUM ARD
1977. 13-tlg. brit.-dt. Science-Fiction-Comedy-Serie von Graf und Gräfin von Hardenberg (»Star Maidens«; 1976).
Als Mann hat man auf dem Planeten Medora nichts zu lachen. Männer sind auf dem Planeten, der nach einer Reise durchs halbe Weltall in unserem Sonnensystem gelandet ist, nur Sklaven, die den Frauen ein Leben in Luxus ermöglichen. Die beiden Männer Akam (Pierre Brice) und Schemm (Gareth Thomas) haben genug davon, klauen ein Raumschiff und flüchten zur Erde. Akams Gebieterin Brisba (Judy Geeson) und ihre Assistentin Ossrawa (Christine Krüger) verfolgen sie. Der Wissenschaftler Professor Evans (Derek Farr) bemerkt die Ankunft der Außerirdischen, doch seine beiden jungen Kollegen Richard Smith (Christian Quadflieg) und Dr. Liz Barry (Lisa Harrow) werden von ihnen entführt. Sie kämpfen auf Medora, die außerirdischen Männer auf der Erde gegen die Macht der Mädchen aus dem Weltraum.
Eine der obskursten Science-Fiction-Serien und ein großes deutsch-englisches Missverständnis: Offenbar wollten die deutschen Produzenten vor allem einen komischen Vorwand, männerfressende Frauen auf Plateausohlen und in Fantasieuniformen mit interessanten Stofflöchern zu zeigen, die Briten dagegen dachten an eine intelligente Science-Fiction-Serie, die mit dem Rollentausch der Geschlechter spielt. Manchmal wechselte das Genre von Szene zu Szene, was zwar für den langfristigen Kultfaktor, nicht aber für den Erfolg gut war. Die Idee einer zweiten Staffel wurde schnell wieder begraben.
Das bemerkenswerte Design hatte große Ähnlichkeit mit dem von *Mondbasis Alpha 1,* für beide war der Designer Keith Wilson verantwortlich, und *Mondbasis*-Erfinderin Sylvia Anderson war diesmal die zuständige Redakteurin bei der BBC. Ähnlich wie bei *Raumpatrouille* wimmelte es in der Zukunft von Alltagsgegenständen der Gegenwart. Eine Totale von einer Stadt auf Medora bestand aus Tischtennisbällen, Strohhalmen und einem kompletten Eierkarton – was auch im Fernsehen unschwer zu erkennen war.
Die 25-minütigen Folgen liefen im regionalen Vorabendprogramm. 1999 wiederholte der HR die Reihe in seiner *Late Lounge* und verkaufte sie als »Trash«-Serie auf Videokassetten.

DAS MÄDCHEN AUS DER ZUKUNFT ARD
1992–1997. 24-tlg. austral. Kinder-Science-Fiction-Serie von John J. Thomson und Mark Shirreffs, Regie: Kathy Mueller; zweite Staffel: Noel Price (»The Girl From Tomorrow«; 1992/«The Girl From Tomorrow Part 2: Tomorrow's End«; 1993).
Wie das so ist mit Zeitreisen: Meistens geht was schief. Deshalb steckt das Mädchen Alana (Katharine Cullen), das eigentlich im Jahr 3000 lebt, jetzt um 1990 in Australien fest, wo Silverthorn (John Howard), ein Bösewicht, der ebenfalls aus der Zukunft stammt, aber der um 2500, verhindert, dass

sie zurückkehrt. Jetzt ist sie auf die Hilfe der Menschen aus der Gegenwart angewiesen, was im Fall von Petey Kelly (James Findlay) tragisch ist, im Fall seiner Schwester Jenny (Melissa Marshall) ein Glücksfall. Auch Jennys Lehrer James (Andrew Clarke) hilft. In der Fortsetzung muss Alana noch einmal aus ihrer Zeit in die des bösen Silverthorn reisen, um die Welt zu retten.

Die erste Staffel lief am Sonntagnachmittag, die zweite am Samstagmorgen. Die Folgen waren 30 Minuten lang.

MÄDCHEN IN DEN WOLKEN   ARD
1971. 12-tlg. US-brit. Sitcom (»From A Bird's Eye View«; 1971).

Die britische Stewardess Millie (Millicent Martin) ist ebenso nett wie unfähig: Sie hilft gern Menschen, die ein Problem haben, und hinterher wünschen sich alle Beteiligten, sie hätte es nicht getan. In das entstehende Chaos ist ihre amerikanische Kollegin Maggie (Pat Finley) verwickelt, mit der Millie bei International Airlines die Route von London in die USA fliegt. Der Chef der beiden, Clyde Beauchamp (Peter Jones), darf dann mit dem Schlamassel fertig werden.

Wenig später produzierte dasselbe Autoren- und Produzententeam eine ähnliche Weltreise mit Hindernissen: *Shirley*.

Die halbstündigen Folgen liefen im regionalen Vorabendprogramm.

DAS MÄDCHEN IN DER GROSSEN STADT   ARD
1962. »Eine Reise durch das Ruhrgebiet«. 6-tlg. dt. Abenteuerserie.

Plötzlich ist das Boot kaputt und die Fahrt auf dem Rhein kann nicht fortgesetzt werden. Zum Glück ist ja auch das Ruhrgebiet eine ganz reizende Urlaubsgegend, und so verbringt die junge Monika Esser (Isabell Stumpf) kurzerhand zwei Wochen bei ihrer Tante Billa (Trude Schneider). Sie ist gerade zur richtigen Zeit da, als sich Billa mit dem Schokoladenhändler Seidenspinner (Paul Heidemann) verlobt.

Die halbstündigen Folgen liefen im regionalen Vorabendprogramm.

DAS MÄDCHEN MAIKA   DFF 1
1978. 9-tlg. poln. Problemserie, Regie: Stanisław Jędryka (»Szaleństwo Majki skowron«; 1976).

Die 15-jährige Maika (Zuzanna Antoszkiewicz) wird vermisst. Die Polizei sucht nach ihr, erst im näheren Umkreis, dann in ganz Polen. Maika ist von zu Hause abgehauen, weil sie Probleme mit ihrem Vater hatte. Sie trifft auf den Jungen Ariel (Marek Sikora), dem sie zwar den Grund für ihre Flucht verschweigt, der ihr aber hilft, sich in verschiedenen Behausungen zu verstecken. Die beiden freunden sich an. Ariels Vater (Czesław Jaroszyński), dem die Miliz untersteht, sucht mittlerweile ebenfalls nach Maika. Am Ende kehrt sie zu ihrem Vater zurück.

Die Folgen waren 25 Minuten lang und liefen abends.

MÄDCHEN, SCHÄTZE UND HEIDUCKEN   DFF 1
1975. 5-tlg. frz.-rumän. Abenteuerserie, Regie: Dinu Cocea und Claude Vernick (»La Révolte des Haîdouks«; 1971–1973).

Im 18. Jh. kämpfen die Heiducken in Rumänien gegen Osmanen und Bojaren. Heiducken-Hauptmann Angel Siebenpferd (Florian Piersic) ist ein Draufgänger, versiert im Umgang mit Säbel und Pistole, der es auf den Juwelenschatz der Prinzessin Ralu (Aimée Jacobescu) abgesehen hat. Gemeinsam mit seiner Frau Anitza (Marga Barbu) jagt er Prinzessin und Schmuck und schleicht sich mit verschiedenen Tricks und Tarnungen bei ihr ein.

Lief schon zwischen 1971 und 1973 in drei Teilen als »Heiduckenabenteuer« im Kino. Die Verfilmung basierte auf historischen Begebenheiten, hielt sich aber nicht sonderlich an Fakten. Die Serie *Heiducken* hatte bereits drei Kinofilme zu einer Fernsehserie umgearbeitet; auch darin hatte Marga Barbu die Rolle der Anitza gespielt.

DAS MÄDCHEN STÖRTEBEKER   DFF 1
1980. 5-tlg. DDR-Jugendserie von Hans Dramphähl, Regie: Karl-Heinz Bahls.

Die junge Antje (Violetta Sudmann) lebt für einige Zeit bei ihrem Opa Warning (Werner Dissel) in Südermünde. Sie ist vom Segeln begeistert und will unbedingt auf dem Pionierschiff »Immer bereit« unter Kapitän Martens (Hans-Peter Reinecke) mitsegeln. Ihr großes Vorbild ist Klaus Störtebeker, der ihr in ihren Träumen Tipps gibt, wie sie das schaffen kann. Der Brückenwärter Klaus (Uwe Kockisch) hilft ihr. Und dann ist da noch Tante Paula (Lotte Loebinger).

Die Folgen waren 30 Minuten lang. Sie liefen sonntags um 15.00 Uhr.

EIN MÄDCHEN UND SECHS MANN   ARD
1967–1969. Halbstündige Musikshow, in der wechselnde Sängerinnen auftraten. Drei Ausgaben liefen in loser Folge am späteren Abend. In der ersten Sendung sang Gitte Haenning, in der zweiten Tonia und in der dritten Suzanne Doucet. Die sechs Mann waren immer das Jochen-Brauer-Sextett, das die Begleitmusik beisteuerte und in Comedyeinlagen mitwirkte.

DAS MÄDCHEN VON AVIGNON   ARD
1979. 12-tlg. frz. Liebesserie von Frédérique Hébrard und Louis Velle, Regie: Michel Wyn (»La demoiselle d'Avignon«; 1972).

Jedes Jahr macht eine Gruppe junger Mädchen aus dem skandinavischen Königreich Kurlande eine Wallfahrt nach Avignon. Prinzessin Christiania (Marthe Keller), von ihren Freunden »Koba Lye-Lye« genannt, lernt dabei den französischen Diplomaten François Fonsalette (Louis Velle) kennen. Die beiden verlieben sich und beschließen nach ihrer Trennung kurzerhand und jeder für sich, dem anderen in dessen Land zu folgen. Und so sitzt François als neuer Botschafter in Kurlande fest und Koba Lye-Lye als Aupairmädchen in Frankreich, denn sie musste ihrem Vater, dem König (Frederick Ledebur), schwören, vor Ablauf eines Jahres nicht wieder nach Kurlande zurückzukehren. Die beiden haben's also nicht leicht, aber das macht das Märchen ja umso romantischer.

Die halbstündigen Folgen liefen im regionalen Vorabendprogramm.

MADE IN EUROPE   ARD

2002. Showmagazin mit Desiree Nosbusch und sechs Kolleginnen und Kollegen aus ebenso vielen Ländern, die über Trends und Themen in Europa plaudern und spannende oder skurrile Menschen aus ihrer Heimat vorstellen. Dazu gibt es Auftritte von Künstlern. Die Juniormoderatoren waren Anna Clara Blixt (Schweden), Shona Fraser (Großbritannien), Marilena Katsimi (Griechenland), Jochem Roozemond (Niederlande), Mirko Luccarelli (Italien) und Daniel Amard (Frankreich).

Das Originalformat »Union Libre« lief in Frankreich jahrelang außerordentlich erfolgreich, die weniger spritzige deutsche Version erlitt schon nach einer einzigen 90-Minuten-Sendung am Donnerstagabend Schiffbruch – eigentlich hatte die ARD mindestens vier Sendungen geplant, die vor allem für junge Leute gedacht waren.

Ursprünglich hätte Ulla Kock am Brink die Sendung moderieren sollen. Dass sie kurzfristig gegen Nosbusch ausgetauscht wurde – was angeblich nichts damit zu tun hatte, dass sie vorher Sabine Christiansen den Ehemann ausgespannt hatte –, wird ihr im Nachhinein nur recht sein.

DIE MÄDELS VOM 9. BEZIRK   RTL

1991–1992. 9-tlg. frz. Krimiserie von Paul Andréota (»Marie-Pervenche«; 1984–1988).

Die Politesse Marie Lorieux (Danielle Evenou) stellt Strafzettel für Falschparker aus. Natürlich klärt sie nebenbei spannende Kriminalfälle auf, denn sie stößt unentwegt auf Fälle von Kunstfälschung, Schmuggel oder Diebstahl. Eigentlich ist Komissar Ladevant (Christian Alers) mit der Bearbeitung dieser Fälle betraut, aber ohne Marie wäre er wohl aufgeschmissen. Marie ist mit Hervé (Xavier Saint-Macary) verheiratet.

Die Folgen waren 40 Minuten lang und liefen morgens vor dem Aufstehen.

MADITA   ZDF

1980. 10-tlg. schwed. Jugendserie nach dem Buch von Astrid Lindgren (»Du är inte klok Madicken«; 1979).

Die Schülerin Madita (Jonna Liljendahl) und ihre kleine Schwester Lisabet (Liv Alsterlund) erleben zusammen viele Abenteuer. Die Engströms (Monica Nordquist und Björn Granath) sind ihre Eltern, die Nilssons (Allan Edwall und Brigitta Andersson) Onkel und Tante. Deren Sohn Abbe (Sebastian Hakansson) ist bei den Erlebnissen oft mit dabei. Zur Familie gehört noch Alva (Lis Nilheim).

Jede Episode war 25 Minuten lang. Die Serie lief nach Tradition der Weihnachtsserien des ZDF zwischen Weihnachten und Neujahr täglich nachmittags.

MAGAZIN INTERNATIONAL   DFF 2, DFF 1

1973–1979. Auslandsjournal mit Hans Victor Kreipe.

Lief zunächst monatlich eine Viertelstunde lang mittwochs um 20.00 Uhr auf DFF 2, nach einjähriger Pause ab 1978 14-täglich freitags um 19.00 Uhr auf DFF 1, dann 25 Minuten lang. Insgesamt gab es rund 90 Ausgaben.

MAGAZIN MARITIM   DFF 1

1973–1976. »Begegnungen entlang der Ostseeküste«. Monatliches Ostseemagazin mit Maria Kühne.

Es ging um Hafen- und Schiffsverkehr, Seeleute und Küstenbewohner an der DDR-Küste sowie im befreundeten und weniger befreundeten Ausland. Lief erst montags mittags, ab Juni 1973 sonntags mittags und samstags abends. Die Reihe brachte es auf über 30 halbstündige Folgen.

MAGERE ZEITEN   ARD

1978. 16-tlg. dt. Historienserie von Heinz Pauck, Helmut Pigge und Michael Braun, Regie: Michael Braun.

Kurz vor Ende des Zweiten Weltkriegs überleben Bettina Basdorf (Karin Anselm), Conny Finkbein (Ilse Pagé) und Walter Burger (Johannes Grossmann), der sich Hans Lukas nennt, einen Fliegerangriff. Alle drei waren Mitglieder einer Kabaretttruppe. In der Kleinstadt Degenbach wollen sie ein neues, ruhiges Leben nach dem Krieg beginnen. Andere Einwohner sind Hanna (Margot Léonard) und Hubertus Hergenrath (Peter Arens), das Ehepaar Kohlwitz (Gisela Zülch und Walter Buschhoff), Sigbert (Christian Hanft), Atze Müller (Wolfgang Völz) und Josef Bepper (Wolfried Lier). Der Alltag normalisiert sich nur sehr langsam, und die Aufarbeitung des Geschehenen ist schwierig. So werden ehemalige NSDAP-Mitglieder von ihrer Vergangenheit eingeholt, andererseits darf das Thema Nationalsozialismus auf Geheiß der Amerikaner im Unterricht des Degenbacher Gymnasiums nicht behandelt werden.

Die 25-minütigen Folgen liefen im regionalen Vorabendprogramm.

DIE MAGERMILCHBANDE   ARD

1979. 7-tlg. dt.-tschechoslowak. historische Jugendserie von Oliver Storz, Dieter Hildebrandt, Barbara König und Frank Baer nach dem gleichnamigen Buch von Frank Baer, Regie: Thomas Fantl.

Die Berliner Kinder Max Milch (Richard Knotek), genannt Magermilch, Peter Reuther (Thomas Vacek) und Adolf Zeesen (Sidon Sirový) sind gegen Ende des Zweiten Weltkriegs auf dem Weg zurück vom Land, wohin sie wie viele andere Kinder evakuiert worden waren, nach Hause. Sie flüchten vor der heranrückenden Front von Böhmen nach Bayern. Der Lehrer Karrer (Ernst Fritz Fürbringer), der sie begleitet, stirbt bei einem Fliegerangriff. Sie müssen sich allein durchschlagen. Als sie die Waise Tilli (Gabriele Hiermann) finden, nehmen sie sie in ihre Gruppe auf. Später kommt noch die Schülerin Bille (Ditta Kaplan) dazu. Sie treffen zwei desertierte Wehrmachtssoldaten (Wolfgang Kieling und Manfred Seipold) und schlagen sich nach Bayern durch. Auch nach Kriegsende dürfen sie noch nicht sofort zurück nach Berlin und werden bei dem mürrischen Bauern Lederer (Harald Dietl) einquartiert. Sie versuchen ihren amerikanischen Bewachern zu entkommen und bringen sich dabei in große Gefahr. In Schwandorf kümmert sich die junge Flüchtlingsfrau Sophie Scherdel (Katharina Lopinski) um sie.

Die Kinder lernen den fremden Lebensstil der siegreichen amerikanischen Soldaten kennen. Peter freundet sich mit King (Rüdiger Friedrichs) an, der für die Amerikaner arbeitet. Dessen Freundin, die Sängerin Helga (Lenka Korinek), flirtet mit dem amerikanischen Offizier Captain Rushing (Radoslav Brzobohatý), um an Transportgenehmigungen heranzukommen. Rushings Sekretärin (Nadja Urbanek) hilft den Kindern, bis Marktredwitz in der Oberpfalz zu kommen, wo Adolfs reiche Großtante Doda Merz (Marianne Hoppe) sie in ihrer Villa aufnimmt. Adolf erfährt, dass seine Eltern umgekommen sind. Sophie Scherdel nimmt ihn und Tilli bei sich zu Hause in Hof auf. Die drei älteren Mitglieder der Magermilchbande schaffen es endlich, sich durch die sowjetische Zone nach Berlin durchzuschlagen. Ob ihre Familien überlebt haben, bleibt aber offen.

Frank Baer schrieb das Buch, auf dem die Reihe beruht, auf der Grundlage von Berichten von 400 erwachsenen Berlinern, die als Jugendliche in NS-Kinder-Landverschickungslagern waren und deren Rückkehr in die Heimat von traumatischen Erlebnissen begleitet war. Der direkte Weg zurück nach Berlin war abgeschnitten, viele Kinder wurden von ihren Klassen getrennt oder von ihren Lehrern allein gelassen, und die Bewohner im Bayerischen Wald waren von der Ankunft Zehntausender erschöpfter und verängstigter Kinder überfordert.

Die Serie wurde mit erheblichem Aufwand an verschiedenen Orten in der Tschechoslowakei gedreht. Die 50-minütigen Folgen liefen im regionalen Vorabendprogramm. 2005 brachte der Bayerische Rundfunk die Serie technisch auf Hochglanz und zeigte sie in 14 halbstündigen Folgen.

MAGGIE — PRO SIEBEN

2001–2002. 22-tlg. US-Sitcom von Dan O'Shannon (»Maggie«; 1998–1999).

Mit 40 beschließt Maggie Day (Ann Cusack), Ehefrau des Kardiologen Arthur (John Getz) und Mutter des typischen Teenagers Amanda (Morgan Nagler), der Midlife-Krise zu entkommen. Sie beginnt ein Studium der Tiermedizin in der Klinik von Dr. Richard Meyers (John Slattery), in den sie sich prompt verliebt. Amy Sherwood (Melissa Samuels) arbeitet dort am Empfang und wird eine gute Freundin; wegen ihres neuen Ehe- und Beziehungsproblems geht Maggie zur Therapeutin Dr. Kimberly Reed (Francesca P. Roberts). Reg (Todd Giebenhain) ist Amandas Freund, der gern ein Künstler wäre.

Die Serie lief werktags mittags.

MAGHREBINISCHE GESCHICHTEN — ARD

1975. 3-tlg. dt. Fernsehspiel von und mit Gregor von Rezzori, Regie: Walter Davy.

Wundersame und pfiffige Geschichten aus dem Fantasieland Maghrebinien, das sich der aus der k. u. k.-Donaumonarchie stammende Rezzori ursprünglich für seine 1953 erschienene Sammlung balkanischer, jiddischer und vorderorientalischer Erzählungen ausgedacht hatte. In der TV-Version seiner Geschichten gab der Autor selbst den Erzähler. Die Hauptfigur, Onkel Kantakukuruz, spielte Fritz Muliar. Der erste Teil wurde auf Rhodos gedreht, der zweite in der Toskana und der dritte in Wien.

MAGIC LAS VEGAS — ZDF

1995–1996. »Die größten Zauberer der Welt«. 6-tlg. Reihe, in der Dieter Moor durch Las Vegas läuft, Zauberer zum Interview trifft und zufällig im Casino von Schönheiten entführt wird, die ihm weitere Geheimnisse über die Zauberei verraten. Zum Glück laufen zwischendurch einfach Ausschnitte aus den Programmen großer Illusionisten und Magier.

Die dreiviertelstündigen Sendungen liefen erfolglos dienstags um 20.15 Uhr.

DIE MAGIE DES DAVID COPPERFIELD — ARD

1990. 4-tlg. US-Show über die großen Tricks des Illusionisten, z. B. seine Flucht aus Alcatraz oder sein Gang durch die Chinesische Mauer (»The Magic World Of David Copperfield«; 1985). Die 45-minütigen Folgen liefen samstagnachmittags.

DER MAGIER — ZDF

1977–1980. 21-tlg. US-Krimiserie von Laurence Heath (»The Magician«; 1973–1974).

Der wohlhabende Nachtclubzauberer Anthony Blake (Bill Bixby) wohnt in einem Flugzeug und löst mit seinen magischen Fähigkeiten Kriminalfälle. Da er selbst einmal unschuldig im Gefängnis gesessen hat, kämpft er vor allem für Menschen, die er für unschuldig hält. Dabei helfen ihm sein Manager Max Pomeroy (Keene Curtis), sein Sohn Dennis (Todd Crespi), der im Rollstuhl sitzt, und Jerry Anderson (Jim Watkins), der Pilot des Flugzeugs.

Anders als damals üblich hatte das ZDF nicht erst einmal 13 Folgen eingekauft, sondern 21 der insgesamt 26 Folgen. Das war im Prinzip löblich, im konkreten Fall aber doch übereilt. In den USA war die Serie nämlich schon 1974 abgesetzt worden, und die »Los Angeles Times« hielt sie für »die schlechteste Serie in der Geschichte des Fernsehens«.

Die 45-minütigen Folgen liefen freitags um 22.30 Uhr.

DER MAGIER — PRO SIEBEN

1999–2000. 39-tlg. US-Science-Fiction-Zeichentrickserie (»The Magician«; 1997).

Der Zauberer Ace Cooper, genannt »Der Magier«, nutzt in Electro City im Jahr 2029 die Magie nicht nur, um das Publikum seiner Shows zu beeindrucken, sondern auch um Verbrecher zu jagen. Ihm helfen das junge Elektronikgenie Cosmo, der weibliche Supercomputer Angel, der Panther Zima und Kommissar Vega.

DIE MAGISCHE MÜNZE KI.KA, ARD

1998–2001. 24-tlg. brit. Jugendserie von Steve Attridge nach dem Buch von Dick King-Smith (»Queen's Nose«; 1995–2002).

Das Mädchen Harmony Parker (Victoria Shalet) bekommt von ihrem Onkel Ginger (Donald Sumpter) aus Indien ein 50-Pence-Stück, das ihre Wünsche erfüllt, wenn sie die Nase der Königin darauf reibt. Die kleine Münze bekommt viel zu tun, funktioniert aber nicht immer wie erwartet, wie Harmony, ihr bester Freund Tom (Anthony Hamblin), ihr Vater Arthur (Stephen Moore), die furchtbare Großmutter (Liz Smith) und die nervige Schwester Melody (Heather-Jay Jones) erfahren müssen. Als Mutter Audrey (Paula Wilcox) die Münze nichts ahnend ausgibt, beginnt Harmony eine große Suchaktion. In Folge 19 eröffnen Harmonys Eltern ein Heim, und Sam (Ella Jones), eines der Kinder, wird die neue Besitzerin der Münze.

Die halbstündigen Folgen liefen meistens zunächst im KI.KA und später in der ARD; eine knappe Hand voll Folgen wurde zwischendurch im Ersten erstausgestrahlt.

MAGNUM ARD, RTL

1984–1991 (ARD); 1996–1999 (RTL). 161-tlg. US-Krimiserie von Donald P. Bellisario und Glen A. Larson (»Magnum, P.I.«; 1980–1988).

Der schnauzbärtige Draufgänger Thomas Sullivan Magnum (Tom Selleck) arbeitet als Privatdetektiv auf Hawaii und ist außerdem der Sicherheitsbeauftragte von Robin Masters, einem reichen, mysteriösen Schriftsteller, der nie zu sehen (aber gelegentlich zu hören) ist. Magnum wohnt auf Masters' Anwesen und darf dankenswerterweise dessen roten Ferrari fahren. Insgesamt überanstrengt sich Magnum in seinem Privatdetektivjob kaum; er genießt lieber das Playboydasein im schmucken Haus im schönen Hawaii, angemessen uniformiert in Shorts und buntem Hemd.

Auf dem Anwesen wohnt auch Masters' Vertreter Jonathan Quale Higgins III. (John Hillerman), ein spießiger kleiner Brite, der alles besser weiß und den Magnums Anwesenheit wenig erfreut. Higgins kümmert sich um die Hunde von Robin Masters, die Dobermänner Zeus und Apollo. Aus seiner Zeit bei der Navy hat Magnum zwei alte Freunde, die ebenfalls inzwischen auf Hawaii leben: Der gutmütige Theodore »T. C.« Calvin (Roger E. Mosley) betreibt die Helikopter-Charterfirma Island Hoppers und nennt Higgins immer »Higgy Baby«; Orville »Rick« Wright (Larry Manetti) ist Geschäftsführer des »King Kamehameha Beach Club«. Beide müssen Magnum

Higgins konnte sich nie entscheiden, was er an *Magnum* (links) mehr ablehnte: seinen Hang zu Blumen oder den Urwald darunter.

oft zu Hilfe eilen, wenn der mal wieder von seinen Gegnern verprügelt wird.

Auch Ricks Unterweltkontakte sind nützlich, vor allem die Infos von seinem halbseidenen Bekannten »Ice Pick« (Elisha Cook, Jr.). Lt. Tanaka (Kwan Hi Lim) leitet oft die polizeilichen Ermittlungen in den Fällen, die auch Magnum untersucht. Regelmäßig lässt sich Magnum überreden, unentgeltlich zu ermitteln, z. B. als Freundschaftsdienst für Carol Baldwin (Kathleen Lloyd) von der Staatsanwaltschaft. Macht ja nix, dafür kann er ja dann woanders wieder schnorren. Agatha Chumley (Gillian Dobb) ist mit Higgins befreundet.

Der 90-minütige Pilot und 143 Folgen zu je 45 Minuten liefen staffelweise in der ARD. Sendeplatz war zunächst montags um 20.15 Uhr, ab Ende 1984 dienstags um 21.45 Uhr. RTL synchronisierte diese Folgen später neu und strahlte sie erstmals in voller Länge aus (die ARD hatte ca. drei Minuten aus jeder Folge herausgeschnitten); außerdem zeigte RTL im Frühjahr 1997 weitere 16 Folgen in deutscher Erstausstrahlung. Erst jetzt merkten auch die deutschen Zuschauer, dass Magnum eine Vietnamvergangenheit hatte, über die er noch oft grübelte. Diese Folgen und Passagen hatte die ARD ausgelassen oder bei der Synchronisation verfremdet.

Die letzte noch übrige Folge, die bis dahin noch nicht in Deutschland gezeigt worden war (Folge 45), lief erstmals am 25. Februar 1999 als Auftakt zu einer Reihe von Wiederholungen bei RTL. In der ursprünglich letzten Folge der Serie war Magnum bei einer Schießerei ums Leben gekommen. Als die Produzenten selbst davon überrascht wurden, dass eine weitere Staffel gedreht werden sollte, entschieden sie, Magnum habe seinen Tod nur geträumt – ähnlich wie in der legendären *Dallas*-Folge, als sich die Handlung eines ganzen Jahres als Traum entpuppte, damit Patrick Duffy alias Bobby Ewing nicht mehr tot sein musste. Das kannten die Zuschauer also schon, denn *Dallas* und *Magnum* liefen in der ARD sogar auf dem gleichen Sendeplatz.

In der endgültig letzten Folge überlebte Magnum dann, ging aber zurück zur Navy. Oft wurde spekuliert, ob der unsichtbare Robin Masters in Wirklichkeit Higgins sei; diese Frage wurde jedoch nie geklärt. Im amerikanischen Original zumindest war seine Stimme nicht die von Higgins-Darsteller Hillerman, sondern die von Orson Welles!

Gedreht wurde an Originalschauplätzen auf Hawaii unter Verwendung der Produktionsstätten, die *Hawaii Fünf-Null* hinterlassen hatte und die auf diese Weise nur kurze Zeit ungenutzt blieben: *Hawaii Fünf-Null* war gerade mal ein halbes Jahr vor dem Start von *Magnum* zu Ende gegangen. Die Komponisten der berühmten Titelmusik waren Mike Post und Pete Carpenter.

Hätte es *Magnum* nicht gegeben, wäre Tom Selleck Indiana Jones geworden. Er war der Wunschkandidat für die Hauptrolle in dem Film »Indiana Jones und der Jäger des verlorenen Schatzes«, musste aber wegen seiner Verpflichtungen für *Magnum* absagen.

Ausgewählte Episoden sind auf DVD erhältlich.

MAID MARIAN AND HER MERRY MEN WDR

1991. »Die Wahrheit über Robin Hood«. 6-tlg. brit. Kinder-Comedyserie von Tony Robinson, Regie: David Bell (»Maid Marian And Her Merry Men«; 1989).

Die Wahrheit über Robin Hood? Er heißt Robin von Kensington (Wayne Morris) und ist gar kein Held, sondern ein leicht überforderter Designer für königliche Unterwäsche. Das Sagen über die Diebe hat in Wirklichkeit eine Frau, die taffe Maid Marian (Kate Lonergan). Zu ihrer merkwürdigen Truppe gehören Little Ron (Mike Edmonds), Barrington (Danny John-Jules) und Rabies (Howard Lew Lewis). Sie kämpfen gegen den bösen und ebenfalls überforderten König John (Forbes Collins), vor allem aber gegen dessen Sheriff von Nottingham (Tony Robinson).

Tony Robinson, Autor dieser Parodie, ist vor allem als begriffsstutziger Baldrick aus *Black Adder* bekannt. Im Original brachte es die Serie auf vier Staffeln mit insgesamt 26 Episoden. Die sechs deutschen Folgen liefen 1992 auch im Ersten. Sie waren jeweils eine halbe Stunde lang.

MAIGRET ARD, ZDF, DFF 2

1972 (ARD); 1979–1982 (ZDF); 1987–1988 (DFF 2). Frz. Krimiserie nach den Romanen von Georges Simenon (»Les enquêtes du commissaire Maigret«; 1965–1986).

Neuauflage der Serie *Kommissar Maigret:* Maigret (Jean Richard) ermittelt wieder, mit dabei sind sein Assistent Lucas (François Cadet), Janvier (Jean-François Deveaux) und seine Ehefrau (Annick Tanguy). Alle Folgen dieser Neuverfilmung hatten Spielfilmlänge. Die ARD zeigte neun, das ZDF 25 und DFF 2 zwölf Folgen.

MAIGRET VOX

1993–1995. 19-tlg. frz. Krimiserie nach den Romanen von Georges Simenon (»Maigret«; 1991–1993). Weitere Neuauflage der Maigret-Krimis, diesmal mit Bruno Cremer als Kommissar Jules Maigret, der in dieser Serie erstmals einen Vornamen hatte. Die spielfilmlangen Folgen liefen zur Primetime.

MAINZ BLEIBT MAINZ ZDF

1964–1972. Fernsehsitzung der Mainzer Fastnacht vom Karneval-Club Kastel (KCK) und dem Gonsenheimer Carneval-Verein (GCV).

Die Sitzung des neuen Senders ZDF trat in Konkurrenz zur ARD-Sitzung *Mainz wie es singt und lacht*. Sitzungspräsident war Rolf Braun. An der Konkurrenzsituation wurde bundesweit Kritik geäußert, doch neun Jahre lang sendeten ARD und ZDF stur ihre eigenen Sitzungen. Karneval ist eben kein Spaß. Erst 1973 verschmolzen beide zu *Mainz bleibt Mainz, wie es singt und lacht*.

MAINZ BLEIBT MAINZ, WIE ES SINGT UND LACHT ZDF, ARD

Seit 1973 (ZDF); seit 1974 (ARD). Traditionelle Gemeinschaftssitzung des Mainzer Carneval-Vereins, des Mainzer Carneval Clubs, des Gonsenheimer Carneval-Vereins und des Karneval-Clubs Kastel mit »Wollemernreinlasse«, Narrhallamarsch und Helau. Schon seit 1955 hatte die ARD jedes Jahr die Fernsehsitzung *Mainz wie es singt und lacht* übertragen. 1964 folgte das ZDF mit seiner eigenen Sendung, *Mainz bleibt Mainz*. Darauf folgte Konkurrenzdenken – und bundesweite Kritik. Die ersten Bestrebungen, die beiden Fernsehsitzungen zusammenzulegen, verliefen 1969 im Sande. Erst nach einer missglückten ARD-Sendung von 1972 schien die Zeit reif. Ab 1973 verschmolzen die Sitzungen inhaltlich und namentlich zu *Mainz bleibt Mainz, wie es singt und lacht*. ARD und ZDF übertrugen fortan im Wechsel, immer am Freitag vor Rosenmontag, rund vier Stunden lang.

Rolf Braun, schon in der ZDF-Version dabei, blieb über viele Jahre als Sitzungspräsident eines der Aushängeschilder, ebenso Herbert Bonewitz, der aus der anderen Richtung dazustieß und als »Prinz Bibi«, »Hofmatz mit dem Dippche«, »Professor Knickebein« oder Bestandteil der »quicklebendigen Dippelbrüder« auftrat. Er war schon bei der allerersten Sitzung dabei gewesen und schrieb ein weiteres Mal Fastnachtsgeschichte, als er zeigte, dass es durchaus möglich war, bei den Auftritten auf Reimform und Bütt zu verzichten.

Weitere Stars waren über viele Jahre die »Galionsfigur« Margit Sponheimer (»Am Rosenmontag bin ich geboren«), Ernst Neger (»Heile heile Gänsje«), Otto Dürr und Schorsch Berresheim (als Putzfrauenduo »Frau Babbisch und Frau Struwwelisch«), Jürgen Dietz (als Bote aus dem Bundestag) und die Mainzer Hofsänger (»So ein Tag, so wunderschön wie heute«). Gleich in der ersten gemeinsamen Sitzung nutzte Rolf Braun seinen Vortrag, um gegen Otto Höpfner zu stänkern, der allgemein für die missglückte Vorjahressitzung verantwortlich gemacht wurde.

2004 kam es zu einem Eklat, als das ZDF (das Fernsehen hatte sich im Lauf der Jahre immer mehr Mitspracherecht bei der Gestaltung der Sitzung herausgenommen) noch nach der Generalprobe die Lokalgrößen Adi Guckelsberger und Norbert Roth aus dem Programm warf, weil es sie als zu langweilig empfand. Karneval ist eben kein Spaß.

MAINZ WIE ES SINGT UND LACHT ARD

1955–1972. Fernsehsitzung der Mainzer Fastnacht vom Mainzer Carneval-Verein (MCV) und dem Mainzer Carneval Club (MCC).

Der SWF-Redakteur Dr. Wolfgang Brobeil hatte die Idee zur Fernsehfastnacht. Sitzungspräsidenten waren in der Premiere Werner Mundo vom MCV und Jakob Wucher vom MCC. Ein Mann der ersten Stunde war auch schon Herbert Bonewitz, der über viele Jahre in etlichen Rollen eine der prominentesten Mainzer Fastnachtspersönlichkeiten blieb. Die Sitzung im Jahr 1955 begann um 19.11 Uhr, das Fernsehen schaltete sich jedoch erst nach zwei Stunden dazu. Die Einschaltquote betrug geschätzte 90 % (gemessen wurde damals noch nicht). Das entsprach etwa 100 000 eingeschalteten Fernsehgeräten (jawohl: Wesentlich mehr gab es damals noch nicht). Eine der höchsten je gemessenen Quoten erreichte die Sendung im Jahr 1964 mit 89 %. Damals wurde noch nicht in Marktanteilen gerechnet, das bedeutet, dass in diesem Fall nicht 89 % aller eingeschalteten Geräte diese Sendung zeigten, sondern dass auf 89 % aller existierenden Fernsehgeräte diese Sendung lief. Es war just das Jahr, in dem das ZDF seine eigene Sitzung *Mainz bleibt Mainz* an den Start schickte.

Der Auslöser dafür, dass die beiden Sitzungen 1973 fusionierten, war Tony Marshall. Otto Höpfner führte durch Teile der später als rundum misslungen angesehenen Sitzung des Jahres 1972; Sitzungspräsidenten waren Karl Müller vom MCV und Bernd Mühl vom MCC. Höpfner hielt einen kompletten Vortrag über den Begriff »Scheiße« (»Scheißvortrag«), Ernst Neger sang »Humba Humba Tätärä« und war sichtlich verärgert, dass sein Lied im allgemeinen Gewühl des Finales unterging. Vor allen Dingen aber trat Tony Marshall auf. Und Tony Marshall ist kein Mainzer. Karneval ist eben kein Spaß. Nur zwei Wochen nach der Ausstrahlung beschlossen SWF und ZDF, ab dem Folgejahr eine gemeinsame Veranstaltung abwechselnd zu übertragen. Die Sitzungen verschmolzen zu *Mainz bleibt Mainz, wie es singt und lacht.*

MAINZELMÄNNCHEN ZDF

Seit 1963. Sechs Zeichentrickfiguren, die in kurzen Szenen zwischen den Werbespots im ZDF-Vorabendprogramm zu sehen sind. Sie heißen Anton (der gemütliche Liebe), Berti (der Fleißige), Conni (der schüchterne Musische), Det (der Schlaue), Edi (der Schelm) und Fritzchen (der Sportler) und tragen bunte Zipfelmützen. Zu Beginn begrüßen sie die Zuschauer stets mit einem schrillen »Gudn Aaaaaaaamd!«

Die Mainzelmännchen waren witzig, aber nicht anspruchsvoll und frech, sondern freundlich. Wolf Gerlach hatte die Figuren geschaffen, deren Name den Begriff »Heinzelmännchen« mit dem ZDF-Standort Mainz verband. Über Jahrzehnte blieben die Mainzelmännchen die Identifikationsfiguren des ZDF. Sie machten immer mal wieder kleine, aber nie wesentliche Veränderungen durch. Bis 1967 waren sie schwarz-weiß, mit der Farbe wurden sie besser unterscheidbar. 1977 unternahm Wolf Gerlach einen ersten Versuch, die Männerdomäne zu durchbrechen und Mainzelmädchen einzuschmuggeln. Er nannte sie zwar nicht so, doch waren die beiden lockigen neuen Figuren, die plötzlich in den Szenen auftraten, eindeutig als solche erkennbar. Sie blieben nicht lange. Schon zur Einführung der Mainzelmännchen hatte der damalige ZDF-Intendant Karl Holzamer auf die Frage nach Mainzelmädchen erklärt: »Das ist nicht erforderlich.« 2003 kamen sie doch, und zwar ganz offiziell: Im Rahmen einer gewöhnungsbedürftigen Generalüberholung, die auch das Aussehen der Figuren erstmals auffallend veränderte, sie kindlicher und vermeintlich moderner machte, wurden Edi und Fritzchen die Mützen entfernt, Berti wurde zum Kommunikationsprofi, zum Webmaster und Hacker, Conni ein Rapper und Edi ein schöngeistiger Romantiker. Ferner kamen die Zwillingsmädchen Zara und Lea dazu.

Neben Zehntausenden Spots, die jeweils nur ein paar Sekunden dauerten, entstanden vor allem in den 70er-Jahren auch einige mehrminütige Trickfilme, darunter die »Kapriolen«, »Gewusst wie« und die »Minikrimis«. Die Kurzgags wurden auch nach Korea, Taiwan und Südafrika exportiert. Ab Herbst 2003, mit Ankunft der beiden Mainzelmädchen, zeigte das ZDF zudem die 24-tlg. Zeichentrickserie *Die Mainzels* sonntags im Kinderprogramm.

1990 verlieh der WDR den ZDF-Mainzelmännchen den »Fernseh-Mythos-Preis«.

DIE MAINZELS ZDF

2003–2004. 24-tlg. dt. Zeichentrickserie mit den Mainzelmännchen Anton, Berti, Conni, Det, Edi und Fritzchen sowie den Zwillings-Mainzelmädchen Zara und Lea und ihrem Hund Guudnberg.

Wie seit 40 Jahren trieben sich die Mainzelmännchen auch weiterhin in kurzen Szenen zwischen den Werbespots im werktäglichen Vorabend herum. Ergänzt um die neuen Mainzelmädchen, waren sie zusätzlich nun auch sonntagvormittags in diesen fünfminütigen Serienfolgen zu sehen.

Nichts schweißt eine Familie so sehr zusammen wie regelmäßige gemeinsame Mahlzeiten. Bei Familie Wilkerson aus *Malcolm mittendrin* wird diese schöne Tradition noch gepflegt: Jane Kaczmarek, Christopher Kennedy Masterson, Bryan Cranston, Justin Berfield, Frankie Muniz, Erik Per Sullivan (von links im Uhrzeigersinn)

MAISCHBERGER N-TV

Seit 2000. 45-minütige Polittalkshow mit Sandra Maischberger. Maischberger begrüßt Gäste des aktuellen Zeitgeschehens in einem winzigen Studio ohne Publikum und führt ein intensives Gespräch mit ihnen.
Maischberger hatte unverkennbar die amerikanische Talklegende Larry King als Vorbild und schaffte das Kunststück, an diesem Vergleich nicht zu scheitern. Sandra Maischberger nahm ihre Gegenüber fest ins Visier, hörte aufmerksam zu und schaffte es häufig, einzigartig kluge und kritische Interviews mit ihnen zu führen. Nachdem sie Jahre zuvor im *Talk im Turm* noch als Dummchen gescholten worden war, erlangte sie hier große Anerkennung und wurde mit dem Deutschen Fernsehpreis 2000 für die Beste Informationssendung und Beste Moderation Information ausgezeichnet. Als Reaktion auf den Erfolg bekam sie 2003 eine Talkshow in der ARD: *Menschen bei Maischberger*.
Die n-tv-Sendung lief mehrmals wöchentlich am Nachmittag und wurde abends wiederholt. Ihr Produzent war Friedrich Küppersbusch. Anfang 2005 lief die 1000. Sendung; Gast war Bundeskanzler Gerhard Schröder.

MAJESTY ARD

2002. 5-tlg. Porträtreihe von István Bury und Rolf Seelmann-Eggebert zum Thronjubiläum der englischen Königin Elisabeth II., die zum Ausstrahlungszeitpunkt seit 50 Jahren im Amt war. Lief montags um 21.45 Uhr.

MAKE-UP UND PISTOLEN SAT.1, KABEL 1

1988–1991 (Sat.1); 1992–2000 (Kabel 1). 89-tlg. US-Krimiserie (»Police Woman«; 1974–1978).
Sergeant Pepper Anderson (Angie Dickinson) und ihr privater wie beruflicher Partner Bill Crowley (Earl Holliman) ermitteln verdeckt für das Sittendezernat der Polizei von Los Angeles. Zu ihren Kollegen gehören die Detectives Pete Royster (Charles Dierkop) und Joe Styles (Ed Bernard).
Die Serie war ein Ableger von *Police Story – Immer im Einsatz*. In der Folge »Der Lockvogel« wurde Angie Dickinson als Polizistin eingeführt, bevor sie ihre eigene Serie bekam. Diese lief zunächst in Sat.1, später in Kabel 1 wöchentlich zur Primetime und endete nach 81 Folgen im Dezember 1993. Acht weitere Folgen waren zunächst nur im Pay-TV zu sehen; sie liefen als Free-TV-Premiere erst im Sommer 2000 im werktäglichen Nachmittagsprogramm von Kabel 1.

MALCOLM MITTENDRIN PRO SIEBEN

Seit 2001. US-Comedyserie von Linwood Boomer (»Malcolm In The Middle«; seit 2000).
Der elfjährige Malcolm Wilkerson (Frankie Muniz) weiß, was das Beste an der Kindheit ist: Dass sie irgendwann vorbei ist. Bis es endlich so weit ist, wünscht er sich nur, nicht allzu viele Erniedrigungen aushalten zu müssen – ein Wunsch, der ihm nicht erfüllt wird. Das verhindert zum einen seine chaotische und peinliche Familie mit der übermächtigen Mutter Lois (Jane Caczmarek), dem schwächlichen Vater Hal (Bryan Cranston), Malcolms älterem Bruder Reese (Justin Berfield), dessen Fäuste genau doppelt so schnell arbeiten wie sein Gehirn, und Malcolms jüngerem Bruder Dewey (Erik Per Sullivan), einem bemitleidenswert doofen Schlafanzugkind. Cool ist eigentlich nur der älteste Bruder, Francis (Christopher Kennedy Masterson), ein ewiger Rebell, mit Hang zu mörderischen und selbstmörderischen Aktionen, den die Eltern konsequenterweise irgendwann in eine Militärschule abgeschoben haben.
Als ob all das nicht schlimm genug wäre, stellt sich bei einem Test heraus, dass Malcolm überdurchschnittlich intelligent ist, weshalb er in die Hochbegabtenklasse wechselt, was ihn bei allen respektablen Gleichaltrigen natürlich völlig diskreditiert. Da ist es dann auch fast egal, dass Malcolms bester Freund der schwarze Rollstuhlfahrer Stevie Kenarban (Craig Lamar Traylor) aus der Hochbegabtenklasse ist, der jeden Satz ermüdend langsam Wort für Wort aushaucht. Francis verlässt die Militärschule bei der nächsten Gelegenheit und zieht nach Alaska, wo er Piama Tananahaakna (Emy Co-

ligado) kennen lernt, die indianischer Abstammung ist. Die beiden heiraten in der dritten Staffel. Am Anfang der vierten Staffel im Herbst 2003 wechselt Malcolm zur Highschool und hofft vergeblich, seine Außenseiterexistenz als Hochbegabter aufgeben zu können; Francis fängt als Arbeiter auf der Ranch des Dänen Otto (Kenneth Mars) an, und am Ende der Staffel bringt Lois ein weiteres Kind zur Welt, Jaime. Es ist schon wieder ein Junge, was jedoch erst zu Beginn der fünften Staffel ein halbes Jahr später aufgelöst wird. In der Zwischenzeit entwickelt sich Dewey unerwartet zum Wunderkind.

Mittelkind Malcolm ist zugleich Erzähler der Serie. Immer wieder dreht er sich in den Szenen zur Kamera und teilt seine Verzweiflung an der Welt und seinem Schicksal den Zuschauern direkt mit. Der Aspekt des Hochbegabten, der sich gegen sein Anderssein wehrt, rückte jedoch schon nach kurzer Zeit in den Hintergrund, und das Hauptaugenmerk der Serie lag auf dem chaotischen Familienleben.

Malcolm mittendrin ist eine der schnellsten Comedyserien der Welt: In netto 22 Minuten werden häufig bis zu vier Handlungsstränge parallel erzählt, alle Szenen, die sich der erfahrene Serienzuschauer ausmalen kann, fehlen. Ohnehin ist *Malcolm mittendrin* eine Familienserie für Leute, die schon zu viele Familienserien gesehen haben, und spielt mit den Gesetzen des Genres. Einzelne Folgen erzählen z. B. parallel mehrere Möglichkeiten, wie sich ein Geschichte hätte weiterentwickeln können. Trotz des Tempos, der Pointendichte und der Überzeichnungen sind die Charaktere bis in die Nebenfiguren hinein warmherzig und komplex gezeichnet. Regie, Drehbuch und Schauspieler sind herausragend – dennoch blieb die Serie in Deutschland, anders als in den USA, eher ein Geheimtipp, und das trotz erstaunlich gelungener Synchronisation. 13 halbstündige Folgen liefen montags um 21.45 Uhr mit wenig Erfolg, dann wurde die Serie auf den späten Samstagnachmittag verlegt, wo seitdem rund 100 weitere Folgen gezeigt wurden.

Serienerfinder Linwood Boomer, in dieser Serie nur im Hintergrund aktiv und nie zu sehen, war früher selbst als Schauspieler tätig. Etwa 20 Jahre zuvor hatte er in *Unsere kleine Farm* den Adam Kendall gespielt. Der tollpatschige Rancher Otto ist im Original kein Däne, sondern Deutscher. Der Titelsong »Boss of Me« stammt von They Might Be Giants.

MALIBU BEACH PRO SIEBEN
1998. 10-tlg. US-Soap (»Malibu Shores«; 1996).
Liebe, Konflikte und Intrigen in einer Clique am Strand von Malibu. Ihr gehören an: Chloe Walker (Keri Russell), ihr Bruder Josh (Greg Vaughan), Zack Morrison (Tony Lucca), Teddy (Christian Campbell), Nina (Katie Wright), Kacey (Tia Texada), Ashley (Charisma Carpenter), Benny (Jacob Vargas), Flipper (Randy Spelling), Mouse (Walter Jones), Brie (Susan Ward) und Julie (Essence Atkins). Marc (Ian Ogilvy) ist Teddys Vater, Suki (Michelle Phillips) Chloes und Joshs Mutter. Zwischen Chloe und Zack entwickelt sich eine Beziehung, die dadurch erschwert wird, dass beide aus unterschiedlichen Gesellschaftsschichten stammen.

Produzent war Aaron Spelling. Die einstündigen Folgen liefen am Samstagnachmittag.

MALICAN & SOHN, DETEKTIVE ZDF
1968. 9-tlg. frz. Krimiserie (»Malican père et fils«; 1967).
Der erfahrene Ex-Kommissar Albert Malican (Claude Dauphin) und sein stürmischer Sohn Patrick (Michel Bedetti) lösen gemeinsam als Detektive Kriminalfälle. Von den angekündigten 13 halbstündigen Folgen wurden nur neun ausgestrahlt, alle in Schwarz-Weiß.

MALLORCA –
SUCHE NACH DEM PARADIES PRO SIEBEN
1999–2000. 200-tlg. dt. Daily Soap über das Leben deutscher Inselbewohner auf Mallorca und die Erlebnisse von Makler Rolf Stein (Klaus Smorek), seinem Bruder Volker (Matthias Haase) und dessen Frau Christine (Jenny Jürgens), die das Hotel »Son Vent« führen, Ricardo Velázquez (Gaspar Cano) und Julia Breuer (Ulrike Frank), die im Hafen einen Marineshop hat.

Täglich um 19.00 Uhr lief diese Serie, jedoch fast unter Ausschluss der Öffentlichkeit. Die Zuschauerzahlen waren anfangs peinlich, steigerten sich aber innerhalb der ersten Monate nicht miserabel. An mangelnden Investitionen und fehlendem Ehrgeiz kann es nicht gelegen haben: Die Serie war teuer und einen Tick komplexer und ambitionierter als andere Daily Soaps. Vielleicht war genau das der Fehler. Die Soap, und was an ihr nicht stimmte, war ein halbes Jahr lang ein heißes Thema in der Branche, bis hin zum öffentlich diskutierten Verdacht, sie sehe zu sehr nach einer Serie und zu wenig nach einer Soap aus. RTL-Chef Gerhard Zeiler philosophierte: »Soaps müssen auch soapig aussehen.« Angesichts der vielen düsteren Aufnahmen, weil die Bewohner *Mallorcas* sich meist in abgedunkelten Innenräumen auf- und unterhielten, formulierte Pro-Sieben-Chef Borris Brandt im Sommer 1999 als ersten Wunsch: »Mehr Licht!« Aber da war die Soap, wie seinerzeit Goethe, fast schon tot.

Nach neun Monaten gab Pro Sieben auf. Die letzte 19.00-Uhr-Folge lief im Januar 2000; die bereits gedrehten weiteren Folgen wurden im Vormittagsprogramm versendet.

MALLORCA LIVE ARD
1995. Einstündige Infotainmentshow mit Björn-Hergen Schimpf und Jörg Hafkemeyer mit der typischen Sommermischung aus Sonne, Strand und Spaß, mit Gewinnspielen, prominenten Gästen und ein paar Infos über Land und Leute.

Drei Wochen lang lief die Show im Sommer 1995 direkt aus Mallorca jeden Werktagnachmittag; eine Woche zuvor hatte sich das Team bereits täglich im Morgenmagazin gemeldet.

MALU
WDR

1982. 8-tlg. bras. Telenovela (»Malu Mulher«; 1978–1980).

Die junge Brasilianerin Maria Lucia Fonseca Lisboa (Regina Duarte), genannt Malu, beschließt, sich nicht mehr alles gefallen zu lassen. Sie setzt ihren Mann Pedro Henrique (Denis Carvalho) vor die Tür, lässt sich scheiden und beschließt, die zwölfjährige Tochter Elisa (Narjara Turetta) allein aufzuziehen. Sie muss gegen viele Widerstände für ihre Emanzipation kämpfen.

Die Serie brachte in Brasilien auf populäre Art erstmals das Thema Feminismus auf die Tagesordnung – Scheidung war gerade erst legalisiert worden. *Malu* lief über mehrere Jahre und wurde zur populärsten Serie in Brasilien. Nachdem sie in einigen Dritten Programmen gelaufen war, zeigte sie das Erste 1991 erstmals unter dem Originaltitel *Malu Mulher* – »Mulher« bedeutet »Frau«. Dabei wurden aus den acht Folgen 16, die nur noch eine halbe Stunde lang waren.

MALU MULHER
ARD

→ Malu

MAMA IST UNMÖGLICH
KI.KA

1997–1999. 26-tlg. dt. Comedyserie.

Familie Voss führt ein chaotisches Leben. Mama Viktoria (Franziska Troegner; ab Folge 20: Angelika Milster), eine Schriftstellerin, ist ihren Töchtern Milli (Marie-Luise Schramm) und Caroline (Anne-Sophie Briest; ab Folge 20: Dörte Freundt) manchmal peinlich. Großvater Henry (Wolfgang Greese) lebt mit im Haus, ebenso Hund Alfred. Gundula (Karin Gregorek) und Alfred Wawczinek (Eberhard Esche) sind die vorwitzigen Nachbarn, Tessa (Uschi Staak) ist Viktorias Schwester und damit Millis und Caros Tante.

Die drei Staffeln liefen wenig später auch vormittags in der ARD.

MAMA MALONE
ARD

1985. 10-tlg. US-Sitcom von Terrence McNally (»Mama Malone«; 1984).

Live aus ihrer Wohnung in Brooklyn gibt Mama Renate Malone (Lila Kaye) ihre besten Rezepte an die Zuschauer ihrer Fernsehshow »Kochen mit Mama Malone« weiter. Zum Leidwesen ihres Regisseurs Austin (Raymond Singer) artet das regelmäßig in Diskussionen mit Freunden und Familienangehörigen über das Leben an sich aus. Zur Sippe gehören Tochter Connie Karamakopoulos (Randee Heller), seit der Scheidung von ihrem griechischen Mann allein erziehende Mutter von Frankie (Evan Richards), und ihr jüngerer Bruder Dino Forresti (Ron Amendolia).

Im Original gab es 13 halbstündige Folgen. Bei uns lief die Serie im regionalen Vorabendprogramm.

MAMA MIA – DIE ERSTEN BABYJAHRE
RTL 2

2005. 6-tlg. dt. Doku-Soap über neun junge Elternpaare und ihre Babys. Die einstündigen Folgen liefen zur Primetime.

MAMA UND ICH
SAT.1

2003–2005. 13-tlg. dt. Sitcom von Norbert Behr, Rüdiger Bertram und Ralf Leuther, Regie: Matthias Lehmann.

Nach dem Tod seines Vaters übernimmt Phillip Block (Ulrich Bähnk) dessen psychiatrische Praxis im Haus seiner Eltern – und zieht wieder zu Hause ein. Der stoffelige Phillip ist nicht besonders durchsetzungfähig, was sich perfekt mit seiner Mutter (Gertrud Roll) ergänzt, die ganz außerordentlich durchsetzungfähig ist und keine Gelegenheit versäumt, sich ins Leben ihres Sohnes einzumischen. Was Phillip an Selbstbewusstsein fehlt, hat sein bester Freund Dr. Varell (Henry Arnold) zu viel. Doch trotz Porsche kann der Herzensbrecher bei Phillips türkischer Haushaltshilfe Aische (Sotiria Loucopoulus) nicht gleich landen.

Brav und uninspiriert war die Serie, das Publikum schaltete ab, Sat.1 gab nach nur vier von 13 gedrehten Folgen die Hoffnung auf einen überraschenden Therapieerfolg auf. Diese liefen sonntags um 22.15 Uhr, die restlichen bereits gedrehten Folgen wurden knapp zwei Jahre später nachts versendet.

MAMMUTLAND – DIE INSEL DER ERFINDER
KI.KA

2004. »... präsentiert von Peter Lustig«. 26-tlg. brit.-frz. Zeichentrickserie für Kinder (»The Way Things Work«; 2003).

Auf einer einsamen Insel leben trickreiche Erfinder, die Alltagsprobleme und physikalische Zusammenhänge erforschen und auf diese Weise den Zuschauern die Geheimnisse von Licht und Wind erklären. *Löwenzahn*-Erfinder Peter Lustig bearbeitete die Serie für das deutsche Fernsehen und war zugleich eine der Synchronstimmen.

MANCUSO, FBI
SAT.1

→ Einer gegen alle – Mancuso, FBI

MANDARA
ZDF

1983. 13-tlg. dt. Mystery-Jugendserie von Justus Pfaue.

Eines Tages strandet Prinz Shabu (Stefan Ernst) aus einem fernen Land in Breemster. Er hat eine geraubte Statue der Göttin Mandara dabei und wird von den Kindern Eltje (Christina Kubinek), der Tochter des Apothekers Timm (Gernot Endemann), und ihrem Freund Hendrik Söhnkensen (Florian Jentsch) entdeckt und vor den Strandpiraten in Sicherheit gebracht. Die Götterstatue wird jedoch von einem bösen Dämon (Horst Frank) begleitet, der in wechselnder Gestalt einen Sieg des Hasses erreichen will. Eltje wird in den Bann des Bösen gezogen, und Hendrik verunglückt. Um den Fluch abzuwenden, wird Shabu von Pastor Petersen (Hellmut Lange) und den anderen Dorfbewohnern geopfert. Die Mandara-Statue versenkt er im Meer, bevor das Dorf unter einer mächtigen Sanddüne verschüttet wird. 150 Jahre

später kommen ein neuer Prinz Shabu und ein neuer Dämon, die Geschichte beginnt von vorn, und Eltje kämpft wieder dagegen an.
Die Folgen waren eine halbe Stunde lang und liefen dienstags und donnerstags.

... MANIA   RTL
Seit 2004. Musikshow mit Dirk Bach und Barbara Schöneberger.
Stars der aktuellen Show- und Musikszene singen Hits von früher. Jede Show steht unter einem Motto, und entsprechend heißt die Show »Dancing Mania«, »Elvis Mania« oder »Grease Mania«. Bach und Schöneberger singen ebenfalls.
Gerade mal drei einstündige Folgen und dann schon ein Best-of liefen im Frühjahr 2004 dienstags um 20.15 Uhr. Eine Fortsetzung ist geplant.

DIE MANIONS IN AMERIKA   ARD
1984. 6-tlg. brit.-US-Abenteuerdrama (»The Manions Of America«; 1981).
Wie viele andere Iren flüchten die Manions Mitte des 19. Jh. vor der großen Hungersnot in die USA. Familienoberhaupt ist der stürmische Rory Manion (Pierce Brosnan), der sich in der irischen Heimat in Rachel Clement (Kate Mulgrew), die Tochter des örtlichen britischen Landsbesitzers, verliebt hat und nach einigen Wirren im Kampf gegen die Engländer mit ihr in die USA flieht. Sie lassen später auch Rorys Schwester Deidre (Linda Perl) nachkommen.
In der ARD lief die Miniserie als Dreiviertelstünder im regionalen Vorabendprogramm, tm3 zeigte sie später in drei spielfilmlangen Teilen.

MANIPULATION –
UND WIE MAN IHR ENTKOMMT   ZDF
1979. 6-tlg. Reihe von Hellmuth Benesch über die Möglichkeiten, Ziele und Abwehrmaßnahmen psychologischer Beeinflussung, etwa von Hypnose, Massensuggestion oder Kaufhausmusik. Die halbstündigen Folgen liefen sonntags nachmittags.

EIN MANN AM ZUG   ZDF
1993. 16-tlg. dt. Familienserie von Werner Waldhoff.
Viktor Reimann (Eberhard Feik) leitet den Hamburger Hauptbahnhof. Er kämpft gegen Schwarzfahrer, für Kollegen, gegen Pannen, für Drogenopfer. Die Eisenbahn ist sein Leben, worunter seine Frau, Buchhändlerin Margot (Loni von Friedl), leidet. Am Imbiss von Ruth Gehrke (Marlen Diekhoff) kann sich Viktor aussprechen.
Die 50-minütigen Folgen liefen donnerstags um 19.25 Uhr.

DER MANN AN SICH   RTL
2001. 35-tlg. US-Sitcom (»Men Behaving Badly«; 1996–1997).
Die Junggesellen Jamie Coleman (Rob Schneider) und Kevin Murphy (Ron Eldard) wohnen gemeinsam in einer WG. Ihr Leben ist geprägt von Bier und Frauen. Das Bier trinken sie wirklich, über Frauen reden sie nur permanent. Nur Kevin hat eine Freundin, die Krankenschwester Sarah (Justine Bateman). Cherie Miller (Julia Campbell) ist die Nachbarin und Zielobjekt übler Scherze. Als Kevin Sarah zu Beginn der zweiten Staffel heiratet, ziehen die beiden weg, und Steve Cochran (Ken Marino) wird Jamies neuer Wohngenosse. Seine Freundin ist Katie Hubble (Jenica Bergere), Krankenschwester Brenda Mikowski (Dina Spybey) die neue Zielscheibe.
Wenig erfolgreiche amerikanische Adaption des sehr erfolgreichen britischen Originals. Jeweils zwei Folgen liefen donnerstags ab 23.10 Uhr, nach nur vier Wochen verschwand die Serie ins noch spätere tägliche Nachtprogramm. Die deutsche Serie *Die Couchcowboys* bediente sich später der gleichen Idee. Das britische Original zeigte niemand.

DER MANN AUS ATLANTIS   RTL
→ Der Mann aus dem Meer

DER MANN AUS DEM MEER   ARD, RTL
1982–1983 (ARD); 1988–1989 (RTL). 20-tlg. US-Fantasyserie von Mayo Simon (»The Man From Atlantis«; 1977–1978).
Der Amphibienmensch Mark Harris (Patrick Duffy) ist der letzte Überlebende des versunkenen Kontinents Atlantis. Er kann maximal zwölf Stunden an Land bleiben, dann muss er zum »Atmen« zurück ins Meer. Im Wasser bewegt er sich dank seiner Schwimmhäute schneller als Fische, und seine Sinne sind schärfer als die eines Menschen. Die Wissenschaftlerin Dr. Elizabeth Merrill (Belinda Montgomery) fand ihn eines Tages bewusstlos am Strand angespült. Sie pflegte ihn gesund, und seitdem arbeitet er mit ihr und anderen Meeresforschern zusammen an der Erkundung des Ozeans. C. W. Crawford (Alan Fudge) ist der Direktor ihres Instituts. Ihre Gegner sind der böse Wissenschaftler Mr. Schubert (Victor Buono) und sein Assistent Brent (Robert Lussier).
Patrick Duffy wurde mit dieser Rolle entdeckt. Die Schwimmhäute zwischen den Fingern wurden von demselben Mann täglich neu angepasst, der auch die Ohren von Spock aus *Raumschiff Enterprise* erfunden hatte. In den USA gab es vor der Serie schon vier Fernsehfilme. Duffy sagte laut »Hörzu«: »Als aber eine Serie daraus wurde, hatten wir bald die Nase voll, weil die Ideen knapp und die Handlungen immer lächerlicher wurden.« Von den wenigen produzierten Folgen zeigte die ARD dennoch nur gut die Hälfte (angeblich »nur die besten«). Die elf Folgen waren jeweils 45 Minuten lang und liefen sonntags nachmittags. Als RTL diese später wiederholte und die übrigen neun Folgen erstmals ausstrahlte, hieß die komplette Serie *Der Mann aus Atlantis*. Es war die erste US-Produktion, die auch im chinesischen Fernsehen zu sehen war.

DER MANN, DEN ES NICHT GIBT   ARD
1969. 13-tlg. US-Krimi-Serie (»The Man Who Never Was«; 1966–1967).

Peter Murphy (Robert Lansing) ist ein amerikanischer Spion, der aus Ostberlin flüchten konnte. Der Multimillionär Mark Wainwright sieht Murphy zum Verwechseln ähnlich. Als Wainwright deshalb irrtümlich von Ostagenten ermordet wird, schlüpft Murphy in dessen Rolle und kann in dieser Tarnung ungehindert seinen Job als Geheimagent fortsetzen. Dabei wird er von Wainwrights Witwe Eve (Dana Wynter) gedeckt.

Die Serie wurde in Deutschland gedreht. Die ARD strahlte die Folgen im regionalen Vorabendprogramm aus.

DER MANN, DER KEINE AUTOS MOCHTE   ZDF

1984. 6-tlg. dt. Familienserie von Dieter Wedel (Buch und Regie).
Der Kraftfahrzeughaftpflichtschadenssachbearbeiter Willi Buschmann (Ralf Schermuly) muss bei Fahrlehrer Merkel (Karl Obermayr) dummerweise selbst den Führerschein machen, obwohl er Autos doch hasst. Seine Frau, die ihn über Jahre herumkutschierte, hat ihn verlassen.

Die 45-Minuten-Folgen liefen samstags um 19.30 Uhr.

MANN DER TRÄUME   KABEL 1

1992. 17-tlg. US-Sitcom von Susan Seeger und Gary David Goldberg (»American Dreamer«; 1990–1991).
Nach dem Tod seiner Frau lebt der Journalist Tom Nash (Robert Urich) allein mit seinen Kindern Rachel (Chay Lentin) und Danny (Johnny Galecki). Lillian Abernathy (Carol Kane) ist Toms Assistentin, Joe Baines (Jeffrey Tambor) sein Chef. Holly Baker (Margaret Welsh) betreibt ein Café in der Stadt, in dem Tom regelmäßig verkehrt.

DER MANN FÜR ALLE FÄLLE   ZDF

1998–1999. 2-tlg. dt. Krimireihe.
Hauptkommissar Jakob Jakobson (Axel Milberg) und sein Kollege Kommissar Richard Endress (Detlef Bothe) ermitteln bei der Münchner Mordkommission. Die Folgen hatten Spielfilmlänge und liefen als *Samstagskrimi* um 20.15 Uhr. Nach nur zwei Folgen war der Fall erledigt.

EIN MANN FÜR ALLE FÄLLE   ZDF

1978–1979. 3-tlg. dt. Komödienreihe von Curth Flatow, Regie: Wolfgang Liebeneiner.
Frank Engelmann (Harald Juhnke) ist der Mann für alle Fälle. Das ist der Name und das Angebot einer Firma, die eine Lösung für jede erdenkliche Situation verspricht, in der ein ganz spezieller Mann gebraucht wird. Anfangs ist Engelmann mit seiner Sekretärin (Barbara Schöne) allein, später wird daraus ein internationales Großunternehmen (»Filialen in allen Weltstädten« steht auf dem Schild am Eingang zur »Generaldirektion«). In Rückblicken erzählt er seine tollsten Fälle: Wie er wertvollen Schmuck hüten musste, einen italienischen Dressman bei einer Modenschau vertrat oder einen Mann im Auftrag seiner Ex-Verlobten eifersüchtig machen sollte.

Frau Wolter (Johanna von Koczian) engagiert ihn schließlich fürs Leben. Als Ehemann.
Die Specials mit vielen prominenten Schauspielern in Gastrollen waren je eine Stunde lang.

MANN, HALT DIE LUFT AN   ZDF

1983–1984. 20-tlg. brit. Comedyserie von Ronnie Taylor, Regie: Les Chatfield, Stuart Allen (»A Sharp Intake Of Breath«; 1977–1981).
Peter Barsch (David Jason) ist ein kleiner Mann, der gegen die große Bürokratie kämpft. Leider ist er schon mit Alltagsdingen komplett überfordert. Seine Frau Sheila (Jacqueline Clarke) ist nicht zu beneiden. Ihre Gegenspieler sind in jeder Folge, deren Ereignisse Jason in die Kamera erzählt, Richard Wilson und Alun Armstrong – immer in anderen Rollen.

Die halbstündigen Folgen der im Original 22-teiligen Serie liefen donnerstags um 18.20 Uhr.

EIN MANN IM HAUS   ARD

1977–1978. 13-tlg. brit. Sitcom von Johnnie Mortimer und Brian Cooke (»Man About The House«; 1973–1976).
Um die Miete bezahlen zu können, teilen sich die beiden jungen Frauen Chrissy Plummer (Paula Wilcox) und Jo (Sally Thomsett) ihre Wohnung in London mit dem Studenten Robin Tripp (Richard O'Sullivan) – weil er zufällig verkatert in ihrem Bad herumlag, als die Entscheidung anstand, und als Koch unbestreitbare WG-Qualitäten mitbringt. Das unten im Haus lebende Vermieterehepaar George (Brian Murphy) und Mildred Roper (Yootha Joyce) schreit Sodom & Gomorrha, obwohl der Dreier, abgesehen von ein paar unglücklichen Zusammentreffen im Bad, harmlos bleibt. Aber wie das so ist: Ein Missverständnis genügt, und alle denken alles Mögliche voneinander – und wenn es in *Ein Mann im Haus* an etwas nicht mangelt, sind es Missverständnisse. Die schlichte Konstellation war ein Hit: In Großbritannien war die Serie ein Riesenerfolg und brachte es auf sechs Staffeln mit insgesamt 39 Folgen. Der Spin-off *Robins Nest* wurde in Deutschland ebenfalls gezeigt, in England bekamen außerdem die ewig streitenden Vermieter eine eigene Sitcom namens »George And Mildred«. Die noch erfolgreichere amerikanische Adaption der Serie, die ebenfalls eigene Spin-offs produzierte, lief in Deutschland unter dem Titel *Herzbube mit zwei Damen*. 1974 entstand in Großbritannien mit denselben Hauptdarstellern auch noch ein Kinofilm zur Serie: »A Man About The House«.

Die halbstündigen Folgen liefen im regionalen Vorabendprogramm.

DER MANN IM RATHAUS   DFF 2

1979. 10-tlg. tschechoslowak. Familienserie von Jaroslav Dietl, Regie: Evžen Sokolovskýý (»Muž na radnici«; 1976).
Der Angestellte František Bavor (Zdeněk Buchvaldek) ist im Nebenberuf Kommunalpolitiker und

kümmert sich um die Anliegen der Bevölkerung. Sein Aufgabenbereich wird größer, als er auch noch zum Bürgermeister gewählt wird. Hlavica (Josef Bláha) ist sein politischer Gegner.
Jede Folge dauerte 50 Minuten. Im Original gab es eine mehr.

DER MANN IN DEN BERGEN ARD, PRO SIEBEN
1979–1981 (ARD); 1990 (Pro Sieben). 37-tlg. US-Abenteuerserie (»The Life and Times of Grizzly Adams«; 1977–1978).
Ein Mann, ein Bart, ein Bär und Berge. Weil er eines Verbrechens beschuldigt wird, das er nicht begangen hat, flieht James »Grizzly« Adams (Dan Haggerty) im 19. Jh. in die Berge, um fortan versteckt in der Wildnis zu leben. Er baut sich eine Hütte und nimmt einen jungen Bären auf, den er Ben nennt und aufzieht. Es dauert nicht lange, bis Grizzly Adams merkt, dass ihm das ruhige Leben in der Natur wesentlich besser gefällt als das in der Stadt, und so beschließt er, für immer in den Bergen zu bleiben. Er rettet die Natur vor bösen Menschen und Menschen vor den Gefahren der Natur, nimmt kranke Tiere bei sich auf und pflegt sie gesund und kümmert sich um andere Ausreißer, die es in die Berge verschlagen hat. Seine Freunde sind neben dem Bären Ben der Trapper Mad Jack (Denver Pyle), der Indianer Nakoma (Don Shanks) und der junge Robbie Cartman (John Bishop), der Sohn eines Bauern aus der Gegend.
Die Serie basierte auf dem Leben des tatsächlichen Grizzly Adams im 19. Jh. und war eine der vielen US-Serien, die in ihrer Heimat nicht lange überlebten, aber in Deutschland ein großer Erfolg wurden. Die ARD zeigte die 45-minütigen Folgen in zwei Staffeln sonntags nachmittags, ließ aber 13 Folgen aus, die später Pro Sieben erstmals zeigte, ebenfalls sonntags. Den eigentlichen Pilotfilm strahlte die ARD erst 1981 aus, vor Beginn ihrer zweiten Staffel. Der Titelsong »Maybe« von Thom Pace wurde ein Welthit.
Nach dem Ende der Serie entstanden noch mehrere Fernsehfilme über den Mann in den Bergen, die auch in Deutschland gezeigt wurden. In den ersten beiden, »Weihnachten in den Bergen« (1978) und »Die Abenteuer des Grizzly Adams« (1982), spielte Haggerty die Rolle noch einmal. Spätere Filme waren neu besetzt.

EIN MANN KAM IM AUGUST ZDF
1977. 6-tlg. dt. Mysteryserie von Justus Pfaue.
Der mysteriöse Gaukler Iglody (Günther Stoll) kommt im August in eine Kleinstadt und versucht, den Menschen Pendel gegen Blitzschlag anzudrehen. Die beiden Freunde Rudi (Max Wigger) und Maurus (Jordan Kronfeld) trauen ihm, doch die anderen Einwohner nicht. Das rächt sich. Auch nachdem Iglody den Ort von einer Rattenplage befreit hat, betrügen sie ihn wieder und verweisen ihn – entgegen ihrem Versprechen – der Stadt. Jetzt färbt sich das Leitungswasser rot. Anschließend verwandelt er noch den Stadtverordneten Klose (Gert Burkard) in einen Raben und lässt die Zeit stehen bleiben.
Die Folgen dauerten 25 Minuten, basierten auf einer galizischen Legende und liefen sonntagnachmittags.

EIN MANN MACHT KLAR SCHIFF ARD
1985–1986. »Ägäisgeschichten«. 10-tlg. dt. Abenteuerserie von Horst Pillau, Regie: Wolfgang Glück.
Der Verleger Martin Olden (Hans-Joachim Kulenkampff) ist zwar noch nicht ganz im Rentenalter, hat aber auf seinen Betrieb keine Lust mehr und steigt aus. An Bord seiner Yacht »Christine 2« bricht er in die Ägäis auf und macht u. a. in Bodrum Halt.
Hans-Joachim Kulenkampff fühlte sich offenbar nur in einem Fernsehstudio nach Ablauf der regulären Sendezeit oder auf einem Boot so richtig wohl. Neben seinen Unterhaltungsshows hatte er 1961 mit Heinz Erhardt und Walter Giller bereits den Film »Drei Mann in einem Boot« gedreht; später ging er in der RTL-Serie Die große Freiheit erneut an Bord. Zwei Staffeln mit jeweils fünf halbstündigen Folgen liefen montags um 22.00 Uhr.

DER MANN MIT DEM KOFFER ARD
1968–1971. 26-tlg. brit. Krimiserie von Richard Harris und Dennis Spooner (»Man In A Suitcase«; 1968).
Der amerikanische Agent McGill (Richard Bradford) wurde aus dem Geheimdienst entlassen, weil man fälschlicherweise ihm anlastete, dass ein angesehener Wissenschaftler zu den Russen übergelaufen war. McGill zieht nun als Privatdetektiv durch Europa und Afrika und sucht nach dem Beweis seiner Unschuld. Er hält sich mit kleineren Aufträgen über Wasser, um seine Finanznot zu lindern. Außerdem braucht er Geld für die Zigaretten, die er dauernd im Mund hat. In die USA kann er nicht zurück, dort würde er sofort verhaftet. So trägt er seinen gesamten verbliebenen Besitz in einem Koffer mit sich herum. Als sei das nicht schon schlimm genug, bekommt er bei seinen Fällen oft genug eins auf die Nase und muss ins Krankenhaus.
Die ersten 13 Folgen liefen alle zwei Wochen am Freitagabend, der Rest im regionalen Vorabendprogramm. Jede Folge war 50 Minuten lang.

DER MANN MIT DER KAMERA ARD 2, ARD
1961–1962 (ARD 2); 1964–1965 (ARD). 13-tlg. US-Krimiserie (»The Man With A Camera«; 1958–1960).
Der Fotograf Mike Kovac (Charles Bronson) lässt sich von Zeitungen, Versicherungen und Privatleuten anheuern. Bei seinen Aufträgen in aller Welt wird er oft in Kriminalfälle hineingezogen, was praktisch ist, denn Krimiserien sind ja so populär. Er unterstützt die New Yorker Polizei bei ihren Ermittlungen; sein Kontaktmann ist Lieutenant Donovan (James Flavin). Seinen Vater, Anton Kovac (Ludwig Stossel), kann er jederzeit um Rat fragen.
Die meisten der 25-minütigen Folgen liefen abends

Moderator Peer Augustinski erklärt anhand des *Mann-O-Mann*-Logos, womit Männer wirklich denken.

im Zweiten Programm der ARD, nur die drei letzten waren im Ersten zu sehen.

MANN MUSS NICHT SEIN? SUPER RTL
1995–1996. 163-tlg. US-Sitcom von Harry Thomason und Linda Bloodworth-Thomason (»Designing Women«; 1986–1993).
Die Freundinnen Julia Sugarbaker (Dixie Carter), ihre Schwester Suzanne Sugarbaker (Delta Burke), Mary Jo Shively (Annie Potts) und Charlene Frazier (Jean Smart) betreiben gemeinsam das Designstudio »Sugarbaker's«. Ihr Assistent ist Anthony Bouvier (Meshach Taylor). Als Charlene und Suzanne das Studio verlassen, kommen Alison (Julia Duffy) und Carlene (Jan Hooks) dazu; Anthony wird neuer Partner.
Lief im Abendprogramm. 38 Folgen der Serie waren zuvor bereits unter dem Titel *Sugarbaker's* von Sat.1 ausgestrahlt worden.

EIN MANN NAMENS HARRY BRENT ARD
1968. 3-tlg. dt. Krimi von Francis Durbridge, Regie: Peter Beauvais.
Sam Fielding (Paul Verhoeven) wird in seinem Büro von Barbara Smith (Barbara Frey), die seine Sekretärin werden sollte, erschossen. In der Haft bringt sie sich um, ruft aber, bevor sie stirbt, immer wieder »Harry Brent«. Das ist der Name des Verlobten (Günther Ungeheuer) von Fieldings Nochsekretärin Jane Conway (Brigitte Grothum). Inspektor James Wallace (Peter Ehrlich) ermittelt, kann aber nicht verhindern, dass Philis Brother (Christiane Nielsen), nachdem sie bei ihm war, ebenfalls umgebracht wird.
Einer der besten Durbridge-Krimis; eine Neuauflage des britischen Sechsteilers »A Man Called Harry Brent«. Drei namhafte Regisseure tauchen in Nebenrollen auf: Paul Verhoeven, Helmut Käutner und Niklaus Schilling. Die einzelnen Folgen waren rund eine Stunde lang.

MANN-O-MANN SAT.1
1992–1995. Spielshow für Frauen mit Peer Augustinski.
Zehn Männer aus einer Stadt treten in Spielen, in denen sie ihre Männlichkeit körperlich, geistig oder schlicht strippend beweisen müssen, gegeneinander an. Das komplett weibliche Studiopublikum stimmt nach jeder Runde ab, und der schlechteste Kandidat wird bekleidet in das Schwimmbecken in der Mitte des Studios gestoßen. Der Sieger gewinnt einen von drei Preisen, aus denen er die Auswahl hat. Meistens entscheidet er sich für die Reise. Peer Augustinski spielt eine Art Nachtclubbesitzer, bei dem die »Limited Girls«, die zu Musik die Verlierer ins Wasser schubsen und am Ende den Gewinner küssen, quasi angestellt sind.
Friedrich-Wilhelm Spieker und Frank Elstner hatten sich die erfolgreiche Sendung ausgedacht, die dann u. a. nach Spanien verkauft und dort unter dem Titel »Elles & Ellos« gezeigt wurde.
Mann-O-Mann lief alle 14 Tage samstags gegen 22.00 Uhr im Wechsel mit *Jux und Dallerei* und brachte es auf 89 einstündige Ausgaben. Sat.1 riss damit diesen Samstagabendsendeplatz für schrille Comedy an sich, den eigentlich Konkurrent RTL jahrelang mit den nun auslaufenden Shows *Alles Nichts Oder?!* und *Dall-As* etabliert hatte.

DER MANN OHNE COLT ZDF
1966. 13-tlg. US-Westernserie von Peter Packer (»Man Without A Gun«; 1959).
Adam MacLean (Rex Reason) ist ein guter Mensch und glaubt an das Gute in anderen Menschen. Er gibt Ende des 19. Jh. im kleinen Ort Yellowstone eine Zeitung heraus und versucht auf diese Weise,

Nach Hause telefonieren ... Halt, falscher Außerirdischer. *Der Mann vom anderen Stern* (Robert Hays, rechts) mit Erdensohn (C. B. Barnes).

die Probleme des Orts mit Worten und ohne Waffen zu lösen. Allenfalls seine Fäuste setzt er gelegentlich ein. Im Fall der Fälle kann immer noch Marshall Frank Tallman (Mort Mills) eingreifen. Den Kindern des Orts stellt McLean sein Büro als Schulraum zur Verfügung. George Dixon (Harry Harvey, Sr.) ist der Bürgermeister von Yellowstone und Doc Brannon (Forrest Taylor) der örtliche Arzt.
Die halbstündigen Episoden liefen dienstags um 18.55 Uhr.

DER MANN OHNE NAMEN ZDF
1967–1968. 26-tlg. US-Westernserie von E. Jack Neuman (»A Man Called Shenandoah«; 1965–1966).
Nachdem Shenandoah (Robert Horton) einen Kopfschuss überlebt, aber dabei sein Gedächtnis verloren hat, zieht er durch den Wilden Westen und versucht, seine Erinnerung wiederzufinden. Natürlich heißt er nicht wirklich Shenandoah, aber woher soll er es denn wissen.
Jede Folge war 25 Minuten lang. Es war die erste Serie, in der sich ein Mann auf die Suche nach seiner Identität machte. Später folgten *Das Geheimnis der blauen Krone, Nowhere Man – Ohne Identität* und *Der Fall John Doe!*.

DER MANN OHNE SCHATTEN RTL
1996. 14-tlg. dt. Krimiserie.
Der Kopfgeldjäger Igor Kuhlin (Gerd Böckmann) befasst sich mit besonders schwer wiegenden Fällen des organisierten Verbrechens. Seine Frau Irina (Evelyn Opela) und sein Bruder Bruno (Christian Berkel) unterstützen ihn. Auftraggeber ist »Ikarus«, hinter dem sich Dr. Friedrichsen (Hans Peter Hallwachs) verbirgt. Mit seinem Assistenten Roland Meyer (Pierre Franckh) leitet Ikarus die Zentrale.
Die Folgen liefen montags um 20.15 Uhr und hatten die ungewöhnliche Länge von gut 95 Minuten brutto, d. h. abzüglich Werbung war jede Folge noch etwa 75 Minuten lang. RTL tat sich für diese Serie mit dem Produzenten Helmut Ringelmann zusammen, der u. a. für die ZDF-Krimis *Der Alte* und *Derrick* verantwortlich war. Die Drehbücher schrieben u. a. Volker Vogeler und Herbert Reinecker, die durch eben diese Serien bekannt geworden waren. Und das halbe Personal aus den Freitagskrimis tummelte sich auch im *Mann ohne Schatten,* neben Evelyn Opela etwa Christiane Krüger und Volker Lechtenbrink. Trotz der scheinbaren Erfolgsgarantie erreichte die neue Serie bei weitem nicht die gewünschten Einschaltquoten.

EIN MANN STEHT SEINE FRAU SAT.1
1997–2000. 10-tlg. dt. Familienserie.
Mit 43 Jahren möchte sich der Produktmanager Kristian Schilling (Helmut Zierl) beruflich verändern, findet aber keine Stelle. Mit Lippenstift, Kleid, Stöckelschuhen und Gummibusen verkleidet er sich als Frau und wird Chefsekretärin bei der Firma »Spiele König«. Dazu leiht er sich den Namen seiner Schwester Christiane Maiwald (Karin Rasenack) aus. Firmenchef König (Edgar Bessen) merkt nichts, und »Kristiane« macht ihren Job ausgezeichnet. Kristians Frau Susanne (Tatjana Blacher) und die Kinder Felicitas (Anna Bertheau) und Florian (Ivo Möller) sind allerdings von Papas Doppelleben genervt. Und auch er selbst hat damit gelegentlich Probleme, z. B. als er als Kristian ein Vorstellungsgespräch bei König hat, sich aber selbst gleichzeitig als Chefsekretärin zu diesem vorlassen muss.
Wer die Komödie »Wenn die tollen Tanten kommen« mit Rudi Carrell und Ilja Richter für einen Klassiker hält, wird auch diese Serie gemocht haben. Sechs Folgen zeigte Sat.1 freitags um 21.00 Uhr, die restlichen vier Folgen waren erst dreieinhalb Jahre später zu sehen.

DER MANN VOM ANDEREN STERN ZDF
1990. 20-tlg. US-Science-Fiction-Serie von Bruce A. Evans und Raynold Gideon (»Starman«; 1986–1987).
Nach 14 Jahren kommt ein Außerirdischer zurück auf die Erde und schlüpft in den menschlichen Körper des verunglückten Fotografen Paul Forrester (Robert Hays). Er findet seinen Sohn Scott Hayden (C. B. Barnes), den er bei seinem ersten Aufenthalt auf der Erde gezeugt hatte. Gemeinsam machen sie sich auf die Suche nach Scotts Mutter Jenny. Dabei sind die beiden ständig auf der Flucht vor dem FBI-Agenten George Fox (Michael Cavanaugh). Unterwegs erklärt der Teenager seinem Vater die Welt, denn der kennt sich mit allem, was menschlich ist, nicht aus (»Meine Nase ist gerade explodiert.« – »Du musstest niesen«). Im zweiteiligen Serienfinale kommt es endlich zur Begegnung mit Jenny Hayden.
Die Serie basierte auf dem Kinofilm »Starman« (1984) von John Carpenter, der die Romanze des Manns vom anderen Stern mit Jenny Hayden 14 Jahre zuvor zeigte. Er war damals in den Körper ihres verstorbenen Mannes geschlüpft und von Jeff Bridges gespielt worden. Einer der ausführenden Produzenten des Films und der Serie war Hollywoodstar Michael Douglas.
Das ZDF sendete die einstündigen Serienfolgen samstags um 17.05 Uhr und ließ dabei zwei der eigentlich 22 Folgen aus.

DER MANN VOM EATON PLACE ZDF
1994–1995. 12-tlg. dt.-österr.-brit. Krimiserie nach Motiven von Edgar Wallace (»The Mixer«; 1992).
In den 30er-Jahren spielt der finanzschwache Aristokrat Sir Anthony Rose (Simon Williams) eine Art Robin Hood: Er nennt sich »The Mixer« und löst mit seinem Butler Paul (Jeremy Clyde) auf eigene Faust Kriminalfälle, bei denen die Beute wertvoll ist, die er – nach Abzug einer angemessenen Provision – an den Besitzer zurückschickt. Inspector Bradley (Peter Jones) von Scotland Yard ist »not amused«.
Mit dem *Haus am Eaton Place* hat Sir Anthony Rose nichts zu tun, wohl aber sein Darsteller Williams, den die deutschen Zuschauer daher als Butler kannten, was zu der gewagten deutschen Titelgebung führte. Die Folgen waren 45 Minuten lang und liefen samstags nachmittags.

DER MANN VON BUTTON WILLOW ARD
1980. 5-tlg. US-Zeichentrick-Kinderwestern (»The Man From Button Willow«; 1965).
Justin Eagle, der Mann von Button Willow, ist ein Rancher, der undercover für die Regierung arbeitet. Er versucht Bösewichter davon abzuhalten, rechtmäßige Siedler von ihrem Land zu vertreiben, und kümmert sich um das vierjährige Mädchen Stormy.

DER MANN VON GESTERN ARD
1969–1970. 13-tlg. US-Sitcom (»The Second Hundred Years«; 1967–1968).
Luke Carpenter (Monte Markham) war um 1900 von einer Schneelawine begraben worden. 67 Jahre später wird er gefunden und kann wieder aufgetaut und zum Leben erweckt werden. Colonel Frank Garroway (Frank Maxwell) von der US-Army übergibt den Mann, der immer noch Mitte 30 ist, der Obhut von dessen Sohn Edwin (Arthur O'Connell) und Edwins 33-jährigem Sohn Ken (ebenfalls gespielt von Monte Markham). So ist der Vater – der die Lebensverhältnisse zur Jahrhundertwende gewohnt ist – mehr als 30 Jahre jünger als sein eigener Sohn, aber dafür mit seinem eigenen Enkel etwa gleichaltrig. Zudem sehen sich diese beiden zum Verwechseln ähnlich. Die Krankenschwester Anderson (Bridget Hanley) kümmert sich um das medizinische Wunder.
Die halbstündigen Folgen liefen in den regionalen Vorabendprogrammen.

DER MANN VON INTERPOL ZDF
1966. 13-tlg. US-Krimiserie (»Man From Interpol«; 1960).
Spezialagent Anthony Burns (Richard Wyler) löst im Auftrag von Interpol besonders komplizierte Kriminalfälle. Er jagt die Verbrecher grenzüberschreitend und kreuzt deshalb quer durch Europa.
Im Original hieß die Hauptfigur Anthony Smith. Obwohl die Serie eine US-Produktion war, wurde sie in Großbritannien gedreht. Die halbstündigen Folgen liefen dienstags am Vorabend.

DER MANN VON SUEZ ZDF
1983. 4-tlg. frz.-dt. Abenteuerfilm von Jacques Robert, Regie: Christian-Jaque (»L'homme de Suez«; 1983).
Der französische Diplomat Ferdinand de Lesseps (Guy Marchand) kommt 1832 nach Alexandrien und hat die Idee, eine Meeresverbindung vom Mittelmeer zum Roten Meer zu bauen und so einen neuen Seeweg nach Indien zu eröffnen. Er bespricht sich mit Minister Linant-Bey (Horst Frank) und Vizekönig Mohammed Ali (Eduardo Fajardo) und wird Ziehvater von dessen Sohn Mohammed-Said (Ricardo Palacios; als Kind: Hugo Alarcon). Lesseps heiratet Agathe (Constanze Engelbrecht), die jedoch bald stirbt. Said wird neuer Vizekönig und stimmt dem Kanalbau zu, doch bis das Werk vollendet ist, muss Lesseps noch gewaltige Widerstände überwinden und gefährliche Abenteuer bestehen.
Mit dieser Reihe (jede Folge hatte Spielfilmlänge) endete die Tradition der ZDF-Adventsvierteiler, die 1964 mit *Robinson Crusoe* begonnen hatte. Mit Serien wie *Timm Thaler* (1979) und *Nesthäkchen* (ebenfalls 1983) hatte aber parallel bereits eine neue Tradition begonnen: die sechs- oder zwölfteiligen Jugendserien zu Weihnachten im Vorabendprogramm.

EIN MANN WILL NACH OBEN ZDF
1978. 13-tlg. dt. Karrieresaga von Karl Wittlinger nach dem Roman von Hans Fallada, Regie: Herbert Ballmann.
Karl Siebrecht (Mathieu Carrière) zieht im Jahr 1909

Ein Mann will nach oben:
Karl Siebrecht
(Mathieu Carrière).

nach dem Tod seines Vaters aus einem kleinen Dorf in der Uckermark nach Berlin, um dort Karriere zu machen. In der Bahn lernt er die freche Rieke Busch (Ursela Monn) kennen, die ihn bei sich und ihrem Vater (Walter Buschhoff) aufnimmt. Später kommt der abgemusterte Matrose Kalli Flau (Rainer Hunold) hinzu. Karl, Kalli und Rieke werden beste Freunde und probieren viele hochfliegende Geschäftsideen aus, landen aber immer wieder auf der Nase. Nur Karls Bemühungen im Transportgewerbe zahlen sich allmählich aus. Er beginnt mit der Reformierung des Gepäcktransports zwischen den beiden Berliner Kopfbahnhöfen. Bisher wurde der von lizenzierten Gepäckträgern mit einem Handkarren übernommen, Karl stellt auf moderne Pferdewagen um. Sein Widersacher Kiesow (Gert Haucke) will das Unterfangen verhindern, weil Karl keine Lizenz hat, doch nach anfänglichem Widerstand schlagen sich die anderen Gepäckträger auf Karls Seite. Fräulein Palude (Edith Hancke) wird seine Buchhalterin. Dennoch gelingt es dem Fuhrunternehmer Franz Wagenseil (Harald Juhnke), Karl aus dem Geschäft zu drängen, der daraufhin erst mal eine Kneipe kauft: »Die Funzel«. Die Rückkehr ins Transportgeschäft gelingt ihm mit Unterstützung des Automobilfabrikanten Gollmer (Günter Strack), und Karl stellt erneut um, diesmal von Pferden auf fünf gelbe Lastwagen, die bald »Kanalljenvögel« genannt werden. Die Kneipe in Wedding pachten Kalli und Rieke. Dann beginnt der Krieg. Bevor Kalli und Karl eingezogen und an unterschiedlichen Fronten stationiert werden, verbringen Karl und Rieke eine Liebesnacht.
Nach dem Ersten Weltkrieg gilt Karl als verschollen, kehrt aber just in dem Moment aus französischer Gefangenschaft zurück, als Rieke und Kalli heiraten wollen. Stattdessen heiraten nun Rieke und Karl. Ein Kind haben sie schon, aus ihrer Liebesnacht war Karlchen hervorgegangen. Kalli hat jetzt ein Taxi, das er mit Karl abwechselnd fährt. Den Händler Engelbrecht (Alexander Welbat) sucht sich Karl als neuen Geschäftspartner aus und legt im Keller der »Funzel« ein Warenlager an. Wenig später trennt sich Karl von seiner Jugendliebe Rieke wegen einer anderen Frau: Ilse (Ulli Philipp), die Tochter von Gollmer, mit dem Karl wieder zusammenarbeitet. Nun heiratet Rieke doch noch Kalli, und Karl schenkt den beiden zur Hochzeit die »Funzel«, mit der sie glücklich werden. Gollmer hat jetzt eine Flugzeugfabrik. Die Fabrik erbt Karl, als Gollmer stirbt, aber Ilse bekommt er nicht.

Die Serie war ein Höhepunkt des Fernsehjahres 1978 und brachte für die Hauptdarsteller Ursela Monn, Mathieu Carrière und Rainer Hunold den Durchbruch. Auch die Nebenrollen waren überwiegend mit Stars besetzt, die noch über Jahrzehnte im Fernsehen große Rollen spielten. Der Stettiner Bahnhof in Berlin-Mitte (1876–1965), Dreh- und Angelpunkt der Serie, war mit großem Aufwand im Westberliner Bezirk Rudow nachgebaut worden.

Die einstündigen Folgen liefen sonntags um 20.15 Uhr.

MÄNNER OHNE NERVEN   ZDF

1975–1979. 73-tlg. US-Comedyfilmreihe.
Auf dem Sendeplatz für Schwarz-Weiß-Slapstick freitags am Vorabend, wo das ZDF *Dick und Doof* oder *Väter der Klamotte* zeigte, lief auch diese Reihe mit fürs Kino gedrehten amerikanischen Kurzfilmen aus den 20er-Jahren. Mehrere Komiker der Ära standen im Mittelpunkt abgeschlossener Geschichten, in denen sie wechselnde Rollen spielten. Zu den Stars gehörten u. a. Snub Pollard, Jack Duffy, Dorothy De-

vore, Billy Bevan und Stan Laurel. Die deutsche Bearbeitung besorgten im bewährten Stil von *Dick und Doof* meist Hanns Dieter Hüsch und Heinz Caloué. Der Vorspann bestand aus kurzen, irrwitzigen Stummfilmszenen mit den Schrifttafeln »Drama«, »Liebe«, und »Wahnsinn« dazwischen. Die Folgen waren 15 Minuten lang und liefen häufig im Doppelpack mit den ebenso kurzen *Zwei Herren dick und doof*.

Mit einer späteren Serie gleichen Titels auf Vox hatte diese nichts zu tun.

MÄNNER OHNE NERVEN VOX

2000–2001. 22-tlg. US-Sitcom von Steven Levitan (»Stark Raving Mad«; 1999–2000).

Zwei gegensätzliche Männer, die sich anfangs nicht leiden können, wohnen zusammen in einer WG. Henry McNeely (Neil Patrick Harris) arbeitet bei einem Verlag. Er ist ein Ordnungsfanatiker, ängstlich und schreckhaft. Sein Wohnungsgenosse Ian Stark (Tony Shalhoub) ist Autor von Horrorromanen und mag makabre Scherze. Jake Donovan (Eddie McClintock) ist Ians Assistent, Audrey Radford (Harriet Sansom Harris) Henrys Chefin.

Neil Patrick Harris hatte früher den jungen Arzt *Doogie Howser* gespielt. Tony Shalhoub, der hier den Gegenpart zu dem ängstlichen Ordnungsfanatiker gab, spielte später in *Monk* einen ängstlichen Ordnungsfanatiker.

Die ersten sechs Folgen liefen im Vorabendprogramm, alle weiteren samstags vormittags. Diese Serie hatte nichts mit der gleichnamigen Schwarz-Weiß-Reihe im ZDF zu tun.

MÄNNER SIND WAS WUNDERBARES ZDF

1996–2003. Episodenreihe.

Jede 45-minütige Folge beinhaltete eine oder zwei in sich geschlossene Episoden. Wechselnde Hauptdarsteller spielten die Hauptrollen; oft gab es ein Special mit einem Schauspieler, der dann in beiden Episoden der Folge die unterschiedlichen Hauptrollen spielte. Lief in sehr loser Folge.

DIE MÄNNER VOM CUMBERLAND DFF 2

1973. 18-tlg. brit. Abenteuerserie von Bill Craig (»The Borderers«; 1968–1970).

Mitte des 16. Jh.: Offiziell herrscht Frieden zwischen England und Schottland, doch in Cumberland entlang der Grenze gibt es einige Gebiete, in denen keine Königin, egal welcher Seite, herrscht, und entsprechend gesetzlos geht es zu. Hier lebt der Clan der Kers, eine alte, aber nicht wohlhabende Familie. Oberhaupt ist Gavin Ker (Michael Gambon), Jamie (Ross Campbell) ist sein jüngerer Bruder, Margaret (Edith MacArthur) die Mutter. Ihr Gegner ist Sir Walter Ker von Cessford (Ian Cuthbertson), ein reicher Verwandter, der als Landvogt für Ordnung in der Gegend sorgen soll, aber mit Intrigen und Gewalt nicht zuletzt seinen eigenen Vorteil sucht.

Jede Folge der im Original 26-teiligen Serie dauerte 50 Minuten.

DIE MÄNNER VOM K3 ARD

1988–2003. 38-tlg. dt. Krimiserie von Harald Vock.

Die Kriminalbeamten Feldmann (Harald Dietl), Schöller (Hartmut Reck), Beyer (Wolfgang Müller) und Kirchhoff (Alexander Pelz) vom Kommissariat K3 ermitteln in Hamburg in verschiedenen Fällen, die nicht immer mit Mord zu tun haben.

Jede Folge hatte Spielfilmlänge. Trotz ihrer Langlebigkeit blieb die Reihe im Vergleich zu *Tatort* oder *Polizeiruf 110* eher unauffällig. Das gehörte zum Konzept: Im Vordergrund sollten nicht die Kommissare, sondern vergleichsweise realistische Fälle, Täter und Motive stehen. Entsprechend farblos, spröde und ohne Privatleben blieben die Hauptrollen. Zudem wurden jedes Jahr gerade mal zwei bis drei neue Folgen gezeigt, die viele Jahre lang über wechselnde Sendeplätze verteilt wurden, zu Beginn oft donnerstags um 21.00 Uhr, später zweimal jährlich auf dem *Tatort*-Platz sonntags um 20.15 Uhr. Dazwischen liefen mehrere Folgen gar nicht im Ersten, sondern nur im Dritten Programm N3.

Im Januar 2001 starb der Schauspieler Hartmut Reck. Erst gut zwei Jahre später, im April 2003, zeigte die ARD den letzten Film der Reihe, in dem er mitwirkte. Es war zugleich der Abschied für das seit 15 Jahren unveränderte Team. Vier Monate später traten vier neue Männer vom K3 an und ermitteln seitdem unter dem Titel *K3 – Kripo Hamburg*.

DIE MÄNNER VON SAINT MALO DFF 1

1975–1976. 13-tlg. frz. historische Abenteuerserie (»Corsaires et flibustiers«; 1966).

Die französische Hafenstadt Saint-Malo ist die Hauptstadt der Korsaren – Piraten, die im Auftrag der Regierung feindliche Schiffe aufbringen. Sie ist der Ausgangspunkt für gefährliche Abenteuer des Kapitäns Nicolas de Coursic (Michel le Royer) und seines Freundes Louba (Christian Barbier), die es u. a. mit den beiden englischen Piratinnen Mary Brown (Geneviève Page) und Anne (Nancy Holloway) aufnehmen müssen. Nicolas' Schiff ist die »Sémillante«.

Die Folgen hatten eine Länge von 25 Minuten.

DIE MÄNNERKOCHSCHULE RTL

2004. 6-tlg. dt. Doku-Soap, in der Männer mit Hilfe von Sternekoch Franz Buchholz lernen, dass es noch kompliziertere Gerichte gibt als Rührei. Zehn Kochmuffel sollen nach zwei Wochen in der Lage sein, ein Sterne-Menü zuzubereiten. Die Kamera begleitet ihren Leidensweg.

MÄNNERMAGAZIN »M« RTL

→ »M« – Männermagazin

MÄNNERWIRTSCHAFT ZDF, PRO SIEBEN, SAT.1

1972–1975 (ZDF); 1989–1990 (Pro Sieben); 1992–1999 (Sat.1). 111-tlg. US-Sitcom von Garry Marshall und Jerry Belson nach dem Bühnenstück von Neil Simon (»The Odd Couple«; 1970–1975).

Der Fotograf Felix Unger (Tony Randall) wurde aufgefordert, aus seiner Wohnung auszuziehen. Die

Aufforderung kam von seiner Frau. Er tut sich mit seinem alten Freund, dem geschiedenen Zeitungssportreporter Oscar Madison (Jack Klugman) zusammen, weil sich keiner allein die teure New Yorker Wohnung leisten kann. Der stets korrekt gekleidete Felix ist ein Hypochonder und krankhafter Sauberkeitsfanatiker, Oscar hinterlässt Chaos, wo auch immer er ist. Sein Zimmer sieht aus wie nach einem Bombeneinschlag, in jedem Winkel stößt man auf schmutzige Wäsche, die natürlich noch nicht zu schmutzig ist, um sie noch mal anzuziehen. Sein müffelndes Hemd hängt aus der Hose, und die Baseballkappe sitzt verkehrt herum auf dem Kopf. Die beiden treiben sich gegenseitig in den Wahnsinn, der große Krach und pointierte verbale Tiefschläge sind an der Tagesordnung.

Oscars Sekretärin bei der Zeitung, Myrna Turner (Penny Marshall), verliert ebenfalls ständig die Übersicht, weshalb sie für Oscar die Idealbesetzung im Sekretariat ist. Als richte Oscar nicht schon allein genug Unheil an, fallen auch noch regelmäßig die Pokerkumpels ein: der Polizist Murray Greshner (Al Molinaro), Speed (Garry Walberg) und Vinnie (Larry Gelman). Felix spielt aber mit. Gloria Unger (Janis Hansen) und Blanche Madison (Brett Somers) sind die jeweiligen Ex-Frauen. Am Ende kommen Felix und Gloria wieder zusammen, Felix zieht aus, und Oscar kann sein Chaos endlich ohne störendes Nörgeln ertragen.

1968 hatte es bereits einen (in den USA gleichnamigen) Kinofilm gegeben, der ebenfalls auf Neil Simons Stück basierte. In »Ein seltsames Paar« hatten Walter Matthau und Jack Lemmon die Hauptrollen gespielt. Klugmann und Randall waren eine ähnliche Traumbesetzung. 1982 entstand in den USA eine Neuauflage mit schwarzen Hauptdarstellern, für die größtenteils die Originaldrehbücher verwendet wurden. Diese Serie floppte jedoch und wurde in Deutschland nie gezeigt. 1993 zogen Klugman und Randall für den zweistündigen Fernsehfilm »The Odd Couple – Together Again« noch einmal in ihre WG. Auch dieser Film wurde in Deutschland nie gezeigt.

Das ZDF strahlte zunächst 52 Folgen der Serie donnerstags am Vorabend aus. Rainer Brandt war für die deutsche Synchronisation verantwortlich (er lieh auch Tony Randall die deutsche Stimme; Arnold Marquis sprach Klugman). Etwa 20 Jahre später liefen weitere Folgen dienstags am frühen Abend auf Pro Sieben und später nachts in Sat.1. Das ZDF zeigte ferner eine deutsche Kopie der Serie unter dem Titel *Felix und Oskar*.

MANNGOLD   TM3, ZDF

1995–1996 (tm3); 1999 (ZDF). 22-tlg. Comedyshow mit Cordula Stratmann als Moderatorin Melanie. Melanie ist eine redselige Rheinländerin mit Doris-Day-Frisur, die irgendwie versehentlich Präsentatorin einer großen Fernsehshow mit Gästen geworden ist und ihre Ansagen mit Szenen aus ihrem Privatleben mischt. Als Bühnenbild dienen mehrere goldene Männertorsos, denn irgendwie geht es immer um Männer und Frauen und ihre Probleme miteinander.

MannGold war die erste Fernsehsendung von Cordula Stratmann, die zuvor schon Auftritte auf Kabarettbühnen hatte. Der Frauensender tm3 zeigte 16 Folgen, das ZDF produzierte noch sechs weitere. Melanie tauchte auch noch als Gastgeberin in *Sonst gerne* auf.

MANNI, DER LIBERO   ZDF

1982. 13-tlg. dt. Jugendserie von Justus Pfaue nach einem Roman von Peter Conradi.

»2,2 Millionen Jungen spielen in den Vereinen der Bundesrepublik Deutschland Fußball. Sie alle träumen davon, zu jenen elf Auserwählten zu zählen, die das Trikot der Jugendnationalelf tragen. Einer davon ist Manni, der Libero.«

Der junge Fußballspieler Manni Bessauer (Sascha Gerlach; ab dem Ende von Folge 1: Tommi Ohrner) soll zwar wegen eines Rückenproblems eigentlich nicht spielen, aber sein Vater Sten (Klaus Kindler), selbst früher Bundesligaprofi, unterstützt ihn und bringt ihn bei der Heimatmannschaft Blau-Gelb im Ruhrgebiet unter. Mutter Herta (Heide Keller) erfährt erst später davon. Trainer von Blau-Gelb ist Fritsche (Bruno Dietrich), Hohmann (Peer Schmidt) der Präsident. Dessen Tochter Bettina (Christina Plate) wird Mannis Freundin. Manni wird immer besser, spielt sich nach oben. Präsident Wehmeier (Hellmut Lange) holt ihn zu Arminia Berlin, wo er unter Trainer Ziervogel (Gernot Endemann) spielt. Dort weht ein anderer Wind: Die Anforderungen sind deutlich härter, es wird Geld über den Tisch geschoben, und ein anderer ist Mannschaftskapitän: Hein Bellow (Tobias Lehmann). Manni boxt sich weiter durch, muss gegen seine Ex-Mannschaft Blau-Gelb antreten und wird schließlich vom Bundestrainer in die Jugendnationalmannschaft berufen.

Folge 1 spielte zum größten Teil Jahre vor Mannis eigentlicher Karriere, und Tommi Ohrner als Manni im Teenageralter tauchte in dieser ersten Folge nur in den letzten Minuten auf. Auch hatte Manni zu Beginn noch nicht die Liberoposition, sondern spielte als Stürmer. Mannis Berliner Verein Arminia Berlin wurde dargestellt von der B-Jugend des Berliner Fußballclubs Hertha 03 Zehlendorf. Ohrner übernahm die Rolle des damaligen Hertha-03-Liberos Jörg Riedel. Jugendtrainer Michael Klement über Thomas Ohrner: »Tommi ist ein prima Junge, aber ein großer Fußballer ist er nicht.«

Christian Bruhn komponierte die Titelmusik. Die 25-Minuten-Folgen liefen dienstags nachmittags. Die Serie ist auf DVD erhältlich.

MANNIX   ARD, PRO SIEBEN, KABEL 1

1969–1973 (ARD); 1989–1991 (Pro Sieben); 1992–1993 (Kabel 1); 1995 (Pro Sieben). 194-tlg. US-Krimiserie von William Link und Richard Levinson (»Mannix«; 1967–1975).

Joe Mannix (Mike Connors) arbeitet als Privat-

Manni, der Libero:
Manni sollte zwar wegen eines Haarproblems eigentlich nicht spielen, aber sein Vater, selbst früher Mattenträger, unterstützte ihn.

detektiv in Los Angeles, zunächst für die Firma Intertect, bei der Lew Wickersham (Joe Campanella) sein Boss ist. Intertect stellt Hightech-Computer her, doch von Computern hält Mannix ebenso wenig wie von freundlicher Konversation. Die Fälle lassen sich schließlich auch durch Schlägereien lösen. In der zweiten Staffel ab Juli 1971 ist Mannix selbständig mit eigener Detektei und Sekretärin Peggy Fair (Gail Fisher), prügelt sich aber unvermindert weiter. Lieutenant Adam Tobias (Robert Reed) und Lieutenant Art Malcolm (Ward Wood) werden seine neuen Kontaktmänner bei der Polizei.

Die Autoren Link und Levinson waren auch die Erfinder von *Columbo,* was man der äußerst brutalen Leichenschauserie *Mannix* jedoch nie angemerkt hätte. Wie zu vielen Krimiserien der 70er-Jahre *(Columbo, Cannon, Detektiv Rockford)* erschien auch zu *Mannix* eine Romanheftserie.

Die ARD zeigte 47 dreiviertelstündige Folgen im Abendprogramm, zunächst alle 14 Tage freitags, ab Mitte 1972 im gleichen Rhythmus donnerstags um 21.00 Uhr. Die restlichen 147 Folgen waren erst etwa 20 Jahre später bei Pro Sieben und Kabel 1 erstmals in Deutschland zu sehen.

MAN(N)OMETER   DFF 1
1987–1990. Monatliches Wissenschaftsmagazin mit Peter Thomsen für Zehn- bis 13-Jährige. »Bestaunenswertes, Phänomenales, Kurioses und Neues« zu je einem Thema. Die Ausgaben waren 30 Minuten lang und liefen sonntags vormittags.

DIE MANNS – EIN JAHRHUNDERTROMAN   ARTE
2001. 3-tlg. dt. Familiensaga von Horst Königstein und Heinrich Breloer.
Der Schriftsteller Thomas Mann (Armin Mueller-Stahl) ist zu Ruhm und Wohlstand gekommen. Seine Frau Katia (Monica Bleibtreu) versucht die Turbulenzen des Familienlebens von ihm fern zu halten, damit er in strenger Disziplin seiner Arbeit nachgehen kann. Beide haben sechs Kinder: Die ältesten sind Erika (Sophie Rois) und Klaus (Sebastian Koch), beide hochbegabte, mehr oder weniger homosexuelle Künstler, die sich bemühen, dem alles überragenden Schatten ihres Vaters zu entkommen. Die jüngeren Kinder sind Golo (Philipp Hochmair), Monika (Stefanie Stappenbeck), Michael (Rüdiger Klink) und Elisabeth (Katharina Eckerfeld), das Nesthäkchen. Thomas' Bruder Heinrich (Jürgen Hentsch) ist ebenfalls Schriftsteller, aber in vielerlei Hinsicht das Gegenteil seines Bruders. Er ist überzeugter Kommunist und heiratet die schlichte, viel jüngere Amüsierdame Nelly (Veronica Ferres). Im Februar 1933 verlässt Thomas Mann München, um mit seiner Frau Katia auf Lesereise zu gehen, und kehrt nach Anfeindungen durch die Nazis nicht mehr zurück. Er lebt zunächst in der Schweiz, ringt sich schließlich zu einer öffentlichen Stellungnahme gegen die Nationalsozialisten durch und wird 1936 ausgebürgert. 1938 siedelt er nach Amerika über, wo Klaus und Erika bereits leben, Heinrich und Nelly folgen nach. Nelly nimmt sich 1944 das Leben. Klaus bewirbt sich bei der Army und kommt als Reporter zurück nach Deutschland. 1949 begeht auch er, nach mehreren früheren Versuchen, Selbstmord. Thomas und Katia fliehen vor McCarthy in die Schweiz.

Die drei spielfilmlangen Folgen schildern das Leben Thomas Manns und seiner Familie von 1923 bis zu seinem Tod 1955. Breloer mischte die Spielszenen mit Interviews vor allem mit Manns jüngster Tochter Elisabeth Mann-Borgese, die er an die zentralen Orte ihrer Jugend und des Lebens ihres Vaters begleitete. Breloer und Königstein hatten die von ihnen entwickelte Technik, Geschichte durch eine Montage von

Spiel- und Dokumentarszenen lebendig zu machen (u. a. »Todesspiel« über die Ermordung Schleyers, »Die Staatskanzlei« über die Barschel-Affäre), hier perfektioniert. Der Film wurde als »Fernsehereignis des Jahres« 2001 mit dem Deutschen Fernsehpreis 2002 ausgezeichnet und erhielt den Grimme-Preis mit Gold 2002. Die schauspielerischen Leistungen waren herausragend, die Filme lebten aber nicht zuletzt von der einnehmenden Persönlichkeit der damals 83-jährigen Elisabeth Mann-Borgese, die sich erstmals über ihre Familie äußerte. Breloer zeigte zwar auch die Schattenseiten der Person Thomas Manns, setzte ihm aber vor allem ein filmisches Denkmal.

Die drei Teile liefen zunächst bei arte und zwei Wochen später innerhalb von fünf Tagen zur Primetime in der ARD. Die Quote während der ARD-Ausstrahlung sank von 4,7 auf 3,2 Millionen Zuschauer. Wenige Tage später zeigten mehrere Dritte Programme unter dem Titel »Unterwegs zur Familie Mann« eine dreiteilige Dokumentation Breloers mit weiteren Interviews mit Zeitzeugen. *Die Manns* ist auf DVD erhältlich; außerdem sind zwei Bücher zur Reihe erschienen.

M.A.N.T.I.S. RTL

1996. 23-tlg. US-Science-Fiction-Serie von Sam Raimi und Sam Hamm (»M.A.N.T.I.S.«; 1994–1995).
Seit einem Mordanschlag ist der Biophysiker Dr. Miles Hawkins (Carl Lumbly) querschnittsgelähmt. Ein mechanisch-elektronischer Anzug namens M.A.N.T.I.S. (»Mechanical Augmented Neuro Transmitter Interactive System«) hilft ihm jedoch nicht nur, sich wieder bewegen zu können, sondern verleiht ihm auch Superkräfte, mit deren Hilfe er in Ocean City gegen das Verbrechen kämpft. Hawkins' alter Freund John Stonebrake (Roger Rees) hat M.A.N.T.I.S. mit ihm zusammen entwickelt. Der junge Fahrradkurier Taylor Savidge (Christopher Russell Gartin) unterstützt die beiden bei ihren Fällen. Lieutenant Leora Maxwell (Galyn Görg) arbeitet bei der Polizei, Lynette (Lorena Gale) ist Hawkins' Haushälterin.
Die einstündigen Folgen liefen am Sonntagnachmittag.

MÄRCHEN DER WELT KI.KA

2004. 13-tlg. internationale Trickserie.
13 Länder steuerten jeweils ein verfilmtes Märchen ihres Landes bei. Jedes war eine Viertelstunde lang und mit einer anderen Tricktechnik produziert, mal gezeichnet, mal als 3D-, Computer- oder Knetanimation.

DIE MÄRCHENBRAUT ARD

1981. 13-tlg. dt.-tschechoslowak. Jugendserie von Miloš Macourek und Václav Vorliček (»Arabela«; 1980).
Die Königstochter Arabella (Jana Nagyová) aus dem Märchenreich verliebt sich in Peter Meyer (Vladimír Dlouhý) aus dem Menschenreich. Peter ist der Sohn des Märchenerzählers Meyer (Vladimír Menšík) und dessen Frau (Stella Zazvorková). Der böse Zauberer Rumburak (Jiří Lábus), der Arabella heiraten will, möchte die Fantasie vernichten und verleitet Meyer dazu, falsche Märchen zu erzählen. Märchenkönig Hyazinth (Vlastimil Brodský), seine Töchter Arabella und Xenia (Dagmar Patrasová) sowie Hofzauberer Vigo (Jiří Sovák) kämpfen dagegen an. Am Ende siegt natürlich das Gute, und Peter und Arabella heiraten.

Zauberhafte Kinderserie, die die klassischen Märchen auf den Kopf stellte: Weil Meyer z. B. in der Märchenwelt versehentlich den Wolf erschießt, soll Rotkäppchen den Jäger und die Großmutter fressen. Nach den magischen Gegenständen wie dem fliegenden Koffer, dem Zaubermantel, den zwei Wunschringen und der magischen Glaskugel, die in der Serie häufig die Besitzer wechselten, sehnten sich hinterher alle Kinder.

Mit *Die Rückkehr der Märchenbraut* wurde die Geschichte später fortgesetzt. Die halbstündigen Folgen liefen sonntags nachmittags. In der DDR trug die Serie den Titel *Die schöne Arabella und der Zauberer*.

MÄRCHENRATEN AUF DEM DACHBODEN ARD
→ Kasperle und René

MÄRCHENRATEN MIT KASPERLE UND RENÉ ARD
→ Kasperle und René

MARCO SWR

1980–1981. 52-tlg. jap. Zeichentrickserie nach dem Buch von Edmondo de Amicis (»Haha wo tazunete sanzenri«; 1976).
Marco und Tonio bleiben mit ihrem Vater in der Heimat zurück, als ihre Mutter nach Argentinien auswandert, um Geld für die Familie zu verdienen. Nach einer Zeit der Sehnsucht beschließt Marco, seine Mutter zu suchen, und begibt sich auf eine lange und beschwerliche Reise.
Lief später auch in anderen Dritten Programmen und in Sat.1. Die Geschichte um den Jungen Marco ist eine von mehreren in Edmondo de Amicis Buch »Cuore«, dem nach »Pinocchio« meistgelesenen Kinderbuch Italiens. Der Stoff wurde später auch in einer gleichnamigen ZDF-Weihnachtsserie verfilmt.

MARCO ZDF

1991. 6-tlg. ital. Jugend-Abenteuerserie nach dem Buch von Edmondo de Amicis, Regie: Pino Passalacqua (»Dagli Appennini alle Ande«; 1990).
Der junge Teenager Marco Vigano (Umberto Caglini) und sein Freund Antonio Godoy (Luis Brandoni) suchen in Argentinien nach Marcos verschwundener Mutter, die er nur von Fotos kennt, weil sie bereits verschwand, als er ein Baby war.
Vorlage für die Serie ist die Erzählung »Vom Apennin zu den Anden« aus dem Buch »Cuore« von Edmondo de Amicis, das nach »Pinocchio« das meistgelesene Kinderbuch Italiens ist und außer dieser noch weitere Geschichten enthält. Der Stoff wurde

auch schon in einer gleichnamigen Zeichentrickserie verarbeitet und war später Thema einer Episode der Serie *Geheim – oder was?*. Diese Version war die ZDF-Weihnachtsserie 1991, ihre 45-minütigen Folgen liefen an aufeinanderfolgenden Werktagen am Vorabend. Eine weitere Geschichte aus dem gleichen Buch war Inhalt der Serie *Cuore*.

MARCO POLO ARD

1983–1984. 4-tlg. ital. Abenteuerfilm von David Butler, Vincenzo Labella und Giuliano Montaldo (»Marco Polo«; 1982).

Der 17-jährige Marco Polo (Ken Marshall) wächst als Sohn eines venezianischen Kaufmanns weitgehend ohne Vater (Burt Lancaster) auf, weil der meist jahrelang im Orient unterwegs ist. Doch auch Marco will die Welt kennen lernen. Ein Unterfangen, das Mitte des 13. Jh. einige Schwierigkeiten mit sich bringt. Die Geschichte im 20. Jh. an Originalschauplätzen zu verfilmen stellte sich allerdings als noch schwieriger heraus – und teurer: 60 Millionen DM.

MARESCIALLO ZDF

1972. 6-tlg. ital. Krimiserie (»Maresciallo«; 1971).

Der Maresciallo (Turi Ferro) kümmert sich um Kleinstadtdelikte (»Maresciallo« heißt so viel wie Dienststellenleiter oder Wachtmeister). Die einstündigen Folgen liefen alle vier Wochen samstagnachmittags.

MARGA ENGEL ... ARD

Seit 2001. Dt. Filmreihe nach Geschichten von Knut Boeser.

Die resolute Köchin Marga Engel (Marianne Sägebrecht) liegt im Dauerclinch mit ihrem Chef, dem Baulöwen Siegfried Ohrmann (Gunter Berger), und verbündet sich mit dessen Tochter Olga (Ina Paule Klink).

Sägebrecht war die Rolle auf den Leib geschrieben – kein Zufall: Sie hatte am Drehbuch mitgewirkt. Der erste Film, »Marga Engel schlägt zurück«, kam beim Publikum gut an, Anfang 2003 folgte die Fortsetzung »Marga Engel kocht vor Wut« und knapp zwei Jahre später »Marga Engel gibt nicht auf«.

MARGIE ARD

1964–1965. 13-tlg. US-Sitcom (»Margie«; 1961–1962).

Margie Clayton (Cynthia Pepper) wächst in den 20er-Jahren in den USA bei ihrer Familie auf: Mutter Nora (Wesley Marie Tackitt), Vater Harvey (Dave Willock), der kleine Bruder Cornell (Johnny Bangert) und Tante Phoebe (Hollis Irving). Maybelle Jackson (Penney Parker) ist ihre beste Freundin, Heybood Botts (Tommy Ivo) und Johnny Green (Richard Gering) sind zwei Jungs, die hinter Margie her sind.

Die halbstündigen Folgen liefen im regionalen Vorabendprogramm.

MARGRET THURSDAY ARD

1974. »Das Mädchen, das an einem Donnerstag gefunden wurde«. 6-tlg. brit. Jugendserie nach einem Roman von Noel Streatfield (»Thursday's Child«; 1973).

England, Anfang des 20. Jh.: Das Findelkind Margret Thursday (Clare Walker) kommt in ein Waisenhaus, das von einer grausamen Vorsteherin (Althea Parker) geleitet wird. Margret freundet sich mit Lavinia Beresford (Gillian Bailey) an und kümmert sich um deren kleine Brüder Peter (Simon Gipps-Kent) und Horatio (David Tully), mit denen ihr schließlich die Flucht gelingt.

Die halbstündigen Folgen liefen sonntags.

MARIENHOF ARD

Seit 1992. Dt. Daily Soap.

Alltag im fiktiven Kölner Stadtteil Marienhof. Die Handlung spielt zunächst vor allem im Umfeld der Gärtnerei Busch, geführt von der resoluten Inge Busch (Viktoria Brams), die heute als Einzige seit der ersten Folge dabei ist. Außerdem treffen sich die Marienhof-Bewohner von Beginn an in der Gaststätte »Wilder Mann«, dem Café »Ortrud's« und der Diskothek »Foxy«.

Nach Inbetriebnahme einer mittelständischen Einkaufspassage im April 2002 wird diese zum Zentrum der Serie – zumal dort ein Großteil des *Marienhof*-Personals arbeitet: Der Installateur Frank Töppers (Wolfgang Seidenberg) beispielsweise, ein gutherziger Rheinländer, hat dort sein Lager und Büro, Gärtnerin Inge Busch ein Lädchen für Blumen und Dessous.

Der durchtriebene Thorsten Fechner (Christian Buse) besitzt die Drogerie »M & P«, in der Susi Schäfer (Nermina Kukic) als Kassiererin arbeitet. Die bisexuelle Andrea Süsskind (Leonore Capell) leitet ein Reisebüro, in dem ihr die Abiturientin Kati Fuchs (Rebecca Goldblat) zur Hand geht. Carlos Garcia (Alfonso Losa) betreibt das »Café Latte«, seine Freundin Luna-Marie Seelig (Jana Voosen) ein Fitnessstudio, sein Bruder Raul Garcia (Mirko Wallraf) das Restaurant »Daily's«, der schwerbehinderte Frederik Neuhaus (Erwin Aljukic) ein Internetcafé.

Ebenso in unmittelbarer Nähe der Einkaufspassage befinden sich: die Kfz-Werkstatt von Charly Kolbe (Sven Thiemann), der bei Frank Töppers eine Installateursausbildung gemacht hat; der Obst- und Gemüseladen »Möhre« des Vorzeigetürken Sülo Özgentürk (Giovanni Arvaneh); eine allgemeinmedizinische Praxis, die anfangs von Robert Eschenbach (Cyrus David), dann von Jochen Berger (Andreas Jung) und anschließend von Lisa Busch (Isabella Hübner) geführt wird und in der Trixi von der Looh (Carolin Gralla) als Sprechstundenhilfe arbeitet; und nicht zuletzt die zunächst von Heinz (Claus-Dieter Reents) und Hilde Poppel (Margit Geissler) geführte und von Stefano Maldini (Antonio Putignano) und seiner Ehefrau Tanja (Heike Ulrich) als italienisches Restaurant übernommene Gaststätte »Wilder Mann«.

Gleich nebenan ist das Erich-Kästner-Gymnasium, auf das viele der jüngeren Marienhof-Bewohner

Ricardo Eche wurde zum Verhängnis, dass Crisaide Mendes ihn für den Mann hielt, der für ihre Rolle im *Marienhof* den Namen Paula Poppel ausgesucht hatte.

gehen. Inge Buschs Ex-Freund Friedrich Dettmer (Gerd Udo Feller), Trixis Freund und Andrea Süsskinds Bruder Kai (Michael Meziani), Sandra Behrens (Nicole Belstler-Böttcher) sowie Matthias Kruse (Michael Jäger) unterrichten dort als Lehrer. Kruses Ehefrau Regina Zirkowski (Susanne Steidle) arbeitet als freischaffende Künstlerin im heimischen Wohnzimmer. Und eine WG gibt es natürlich auch. Einer ihrer Bewohner ist der Herzensbrecher Nik Schubert (Sebastian Deyle).

Marienhof ist die wohl biederste oder öffentlich-rechtlichste deutsche Seifenoper. Vor allem im Gegensatz zum luxuriösen und intriganten Umfeld von *Verbotene Liebe* hat *Marienhof* den Anspruch, vergleichsweise bodenständig zu sein und Alltagsgeschichten zu erzählen, und verfolgt dabei oft auch einen pädagogischen Ansatz. Themen sind neben Liebe, Tod, Untreue, Eifersucht, Nachbarschaftshilfe und Nächstenliebe auch Aids- und Krebserkrankung, Homosexualität, Existenzgründung, Ausländerfeindlichkeit, Wehrdienst und -verweigerung, Kleptomanie, Zivilcourage, Drogen-, Alkohol-, Tabletten- und Kindesmissbrauch, Adoptions-, Scheidungs-, und Sorgerecht und Behinderung. Der glasknochenkranke Erwin Aljukic etwa gehört seit 1999 zum Stammensemble. Daneben gibt es zahlreiche, heiter gemeinte Nebenplots auf Schülerstreichniveau. Man müsste die Mischung gewagt nennen, wenn das Wort nicht so gar nicht zum *Marienhof* passen würde.

Marienhof war 1999 für einen hohen sechsstelligen DM-Betrag einer der Hauptsponsoren der Loveparade, die konsequenterweise zu diesem Zeitpunkt ihren Zenit überschritten hatte. Jörg Pilawa, Jürgen Fliege und der bekennende *Marienhof*-Fan und Ex-Bundespräsident Roman Herzog hatten Gastauftritte. Sebastian Deyle, der bereits in *Unter uns* gespielt hatte, versuchte sich nach seinen drei Jahren in *Marienhof* als Moderator (u. a. *Quizfire*).

Mit 20 Häuserfassaden, weiteren zum Teil bespielbaren Dekos (Apotheke, Boutique, Bäckerei, Buchhandlung, Frisör, Zeitungsladen, Kiosk, Stadtcafé, Polizei-, Radiostation) und mit einer Grundfläche von 4500 Quadratmetern ist die *Marienhof*-Kulisse in der Bavaria-Filmstadt in München weltweit eine der größten Außendekorationen für eine tägliche Familienserie. Nach *Gute Zeiten, schlechte Zeiten* erhielt *Marienhof* 2004 von der Deutschen Krebshilfe und dem Aktionsbündnis Nichtrauchen das »Rauchfrei-Siegel«, weil in der Serie nur noch »negativ ausgerichtete Identifikationsrollen« mit kurzfristigen Auftritten rauchen.

Marienhof war zunächst gar keine Daily Soap, sondern lief dienstags und donnerstags mit einstündigen Folgen im ARD-Vorabendprogramm. Im Januar 1995 wurde auf die werktägliche 25-Minuten-Ausstrahlung umgestellt, immer im Anschluss an *Verbotene Liebe*. Der Titelsong, zunächst von S.O.S., ab 1999 in einer Fassung von Kismet, geht: »Es wird viel passier'n, nichts bleibt mehr gleich, nichts bleibt beim Alten wie geha-habt.« Im Herbst 2004 lief die 2500. Folge.

MARIMAR   RTL

1997–1998. 149-tlg. mexikan. Telenovela (»Marimar«; 1994).

Marimar (Thalia) ist ein armes Mädchen, das in Mexiko bei seinen Großeltern Don Pancho (Tito Guizar) und Doña Cruz (Ada Carrasco) aufwächst. Sie trifft den reichen Sergio Santibañez (Eduardo Capetillo), der mit seinem Vater Renato (Alfonso Ituralde) eine Hacienda betreibt. Eigentlich wollte sie dort Gemüse und Eier stehlen, ließ sich jedoch erwischen. Marimar verliebt sich in Sergio, und auch er will sie heiraten – allerdings nur, um seine Familie bloßzustellen, die ihm nicht das Erbe geben will, das ihm seiner Meinung nach zusteht. Vor allem seine Stiefmutter

Angelica (Chantal Andere) geht sogar über Leichen, um Marimar zu demütigen. Die Ehe scheitert, weil Marimar herausfindet, dass Sergios Gefühle nur vorgetäuscht waren. Während Sergio anschließend überraschenderweise doch seine Liebe zu Marimar entdeckt, trifft die arme Marimar in Mexiko City zufällig Gustavo Aldama (Miguel Palmer), der sich nicht nur als ihr Vater, sondern – hurra! – auch als reich herausstellt.

Die Handlung ist im Prinzip die gleiche wie einige Jahre zuvor in *Die wilde Rose*. RTL zeigte auch diese halbstündigen Folgen werktags vormittags.

MARINA – DIE KLEINE MEERJUNGFRAU   RTL
→ Die kleine Meerjungfrau Marina

MARIO   ARD
1963–1965. 12-tlg. österr.-dt. Abenteuerserie von Günter Preis, Regie: O. A. Eder.

Der Junge Mario (Mario Rom) erlebt mit seinem Hund Truxi und seiner Freundin Monika (Gertraud Fait) Abenteuer in den Tiroler Bergen. Er lebt dort mit seinen Eltern Dagmar (Dagmar Rom) und Schorsch Brandtner (Georg Moser). Mario ist ein Ass auf Skiern und macht mit seinen Künsten jeden Skilehrer neidisch. Seine Schnelligkeit ermöglicht es ihm auch, im Fall von Gefahr zügig Hilfe zu holen und im Fall flüchtender Verbrecher diese schnell zu fangen. Oder eben ein Wettrennen zu gewinnen.

Die halbstündigen Folgen liefen in zwei Staffeln im regionalen Vorabendprogramm. Hauptdarsteller Mario Rom war der Sohn der österreichischen Skiweltmeisterin und Olympiasiegerin Dagmar Rom, die hier seine Mutter spielte. Der Vorspann jeder Folge wirkte wie eine Abwandlung des *Fury*-Vorspanns, in dem Joe nach Fury rief und Fury angelaufen kam. Hier trat immer Mutter Brandtner vors Haus, rief laut »Mario!«, und Mario kam sogleich auf seinen Skiern angefahren. Der Junge war also ähnlich gut dressiert wie das Pferd.

MARION   ARD
1984. 6-tlg. frz. Krimiserie von Alain Franck (»Marion«; 1981).

Versicherungsagentin Marion Tréguier (Mylène Demongeot) ermittelt. Die einstündigen Folgen liefen im regionalen Vorabendprogramm.

MARKT   ARD
→ Der Markt – Wirtschaft für jedermann

DER MARKT –
WIRTSCHAFT FÜR JEDERMANN   ARD
1963–1974. Wirtschaftsmagazin – das erste in Deutschland. Es lief dreimal im Monat samstags gegen 17.00 Uhr und war eine Koproduktion aller ARD-Anstalten. Die Leitung für die verschiedenen Sender hatten Manfred Trebess, Friedrich Nowottny, Wolfgang Schröder, Wolf Feller, Friedhelm Porck und Julia Dingwort-Nusseck. Anfang 1975 trat das neue Wirtschaftsmagazin *Plusminus* die Nachfolge an.

MARKTPLATZ DER SENSATIONEN ...   ARD
1985. »... des Egon Erwin Kisch«. 5-tlg. dt. Reporterserie nach dem Buch von Egon Erwin Kisch, Drehbuch: Kamil Pixa und Jaroslav Vokral, Regie: Martin Holly.

Egon Erwin Kisch (Josef Laufer) arbeitet als Lokalreporter für die Prager Zeitung »Bohemia«. Für seine brisanten Reportagen schleust er sich verdeckt in verschiedene Milieus ein, außerdem mischt er sich in kriminalistische Ermittlungen ein und klärt Mordfälle auf, womit er seinen Chefredakteur (Alf Marholm) um eine Sensation reicher macht und Inspektor Binder (Wolfried Lier) die Arbeit abnimmt.

Der deutschsprachige Tscheche Egon Erwin Kisch (1885–1948) war der Prototyp des »rasenden Reporters«. Der Begriff stammt von ihm selbst; unter diesem Titel erschien 1925 ein Buch mit einer Sammlung seiner Reportagen. Seine authentischen Berichte von allen Kontinenten machten Kisch berühmt. Seit 1977 wird jährlich der Egon-Erwin-Kisch-Preis vergeben, eine der wichtigsten deutschen Journalistenauszeichnungen.

Jede Folge war eine Stunde lang.

MARKTWERT   SAT.1
1991. Monatliches halbstündiges Verbrauchermagazin am Sonntagvormittag mit Kurt Lotz.

MARKTWIRTSCHAFT KONKRET   DFF 1
1990. 10-tlg. Sendereihe mit Siegwart Kluge, die den DDR-Bürgern erklärte, was Marktwirtschaft ist, und westdeutsche Wirtschaftsführer und Experten nahmen Stellung. Die Sendung entstand in Zusammenarbeit mit dem Bundesverband der Deutschen Industrie und dem Unternehmerverband der DDR.

Die Teile waren 45 Minuten lang und liefen sonntagvormittags.

MARKUS MARIA ...   SAT.1
Seit 2003. Comedyshow mit Markus Maria Profitlich, der pro Folge verschiedene Sketche spielt, die sich alle um ein Oberthema drehen.

Es begann mit »Markus Maria feiert Weihnachten«, eine Woche später Silvester, und als er im folgenden Frühsommer umzieht und Fußball gucken will, ist nun auch sein Nachname im Sendetitel enthalten: »Markus Maria Profitlich will Fußball gucken«.

Die halbstündige Show lief in loser Folge.

MARS ODER VENUS   PRO SIEBEN
2002. »Männer, Frauen, Vorurteile«. Halbstündige Show mit Arabella Kiesbauer und Holger Speckhahn, in der uralte Klischees über den Kampf der Geschlechter mit je drei weiblichen und männlichen Studiogästen diskutiert wurden. Das Moderatorenpaar versuchte, die jeweiligen Geschlechtsgenossen anzuheizen.

Zehn Folgen liefen erfolglos am frühen Samstagabend, drei restliche wurden unauffällig montagmorgens versendet.

DER MARSHAL SAT.1
1996. 25-tlg. US-Krimiserie von John Mankiewicz und Daniel Pyne (»The Marshal«; 1995).
Marshal Winston MacBride (Jeff Fahey) spürt Flüchtlinge in den ganzen USA auf. Seine Vorgehensweise erinnert an die Geschichte vom Hasen und dem Igel. Wie der Igel ist auch MacBride selbst an den abwegigsten Orten immer schon da, und man weiß nie so genau, wie er das gemacht hat. Entkommen lässt er jedenfalls niemanden. Dabei ist er Einzelgänger und verlässt sich nur auf seine Intuition. Zu Hause führt er jedoch ein harmonisches Familienleben mit seinen Töchtern und seiner Frau Sally (Patricia Harras).
Die einstündigen Folgen liefen mittwochs um 22.00 Uhr.

DER MARSHAL VON CIMARRON ZDF
1978. 20-tlg. US-Westernserie (»Cimarron Strip«; 1967–1968).
Marshal Jim Crown (Stuart Whitman) ist im späten 19. Jh. der Ordnungshüter im Cimarron Strip, einem Gebietsstreifen im Grenzbereich von Kansas und Oklahoma. Er kümmert sich um Wilderer, wild gewordene Cowboys und Gauner aller Art. Seine Hilfssheriffs sind abwechselnd der Schotte Mac Gregor (Percy Herbert) und der Fotograf Francis Wilde (Randy Boone), keiner der beiden macht das aber hauptberuflich. Die zugezogene Dulcey Coopersmith (Jill Townsend) führt die örtliche Pension, die sie von ihrem verstorbenen Vater übernommen hat.
Humorvoller Western, der mit Erfolg lief und eine eigene Heftserie aus dem Bastei-Verlag hervorbrachte. Marshal-Darsteller Stuart Whitman wurde in den USA mal zum »schönsten Junggesellen Hollywoods« gekürt, soll sich selbst aber über die Rolle geärgert haben, weil er für den *Marshal von Cimarron* die Titelrolle in *Mannix* ausgeschlagen hatte.
Die Folgen waren 75 Minuten lang und liefen am späten Samstagabend.

MARSIANER MIT PFIFF PREMIERE
→ Mein Onkel vom Mars

MARSUPILAMI RTL
1995. US-Zeichentrickserie nach den Comics von André Franquin (»Marsupilami«; 1993).
Das Fabeltier Marsupilami und sein Freund Marrice erleben Abenteuer im Dschungel und müssen sich gegen Erzfeind Norman behaupten.
Jede Episode bestand aus drei Kurzgeschichten, wobei die Figur Marsupilami meist nur in zweien vorkam. Die Krabbe Sebastian und Shnookums & Meat spielten in den anderen Geschichten mit.
2000 und 2004 zeigten Super RTL und Pro Sieben die Fortsetzungen *Marsupilami: Die neuen Abenteuer* und *Mein Freund Marsupilami*.

MARSUPILAMI: DIE NEUEN ABENTEUER SUPER RTL
2000–2001. 26-tlg. frz. Trickserie für Kinder (»Marsupilami«; 1999) mit neuen Geschichten über das Marsupilami.

MARTIAL LAW VOX
1999–2000. 44-tlg. US-Krimiserie von Sammo Hung (»Martial Law«; 1998–2000).
Der chinesische Polizist Captain Sammo Law (Sammo Hung) ist in Los Angeles im Einsatz. Law ist zwar dick, aber trotzdem firm und fix in asiatischer Kampftechnik. Anfangs arbeitet er mit Detective Dana Doyle (Tammy Lauren) zusammen, weitere Kollegen sind Det. Louis Malone (Louis Mandylor), Captain Benjamin Winship (Tom Wright), Grace Chen (Kelly Hu) und Terrell Parker (Arsenio Hall), der Sammos fester Partner wird.
Vox zeigte die einstündigen Folgen montags, ab der zweiten Staffel mittwochs zur Primetime.

MARTIN BERG RTL
→ Anwalt Martin Berg

MARTY FELDMAN COMEDY MACHINE ARD
1973–1974. Brit. Comedyshow (»The Marty Feldman Comedy Machine«; 1971–1972). Sketche, Szenen und Pointen mit Marty Feldman in der Hauptrolle, der zwischendurch auch moderiert. Prominente Gäste komplettieren das Programm.
Lief etwa monatlich am Abend. 1972 hatte der NDR die Reihe im Dritten Programm bereits im Originalton mit Untertiteln gezeigt. Der animierte Vorspann stammte von Terry Gilliam, der auch die Animation für *Monty Python's Flying Circus* machte.

MARVIN DAS STEPPENDE PFERD SUPER RTL
2001. 26-tlg. kanad.-chines. Zeichentrickserie (»Marvin The Tap-Dancing Horse«; 2000).
Das Pferd Marvin arbeitet als Stepptänzer im Vergnügungspark. Seine Kollegen sind der Elefant Diamond, das Schwein Elizabeth und der Tiger Stripes. Sie freunden sich mit dem neunjährigen Jungen Eddy an. Jack ist ihr Chef.

MARY ARD
1991–1992. Halbstündige Personalityshow mit Travestiekünstler Georg Preusse als Mary Morgan, der/die zuvor als eine Hälfte des Duos *Mary & Gordy* bekannt geworden war. Mary tritt in erstaunlichen Kostümen auf, erzählt Witze, spielt Sketche, singt Lieder und begrüßt jeweils einen prominenten Gast.
Den nachhaltigsten Eindruck hinterließ ein Auftritt von Max Schautzer bei Mary, die ihn in ihrer Rolle als freche Göre auf überdimensionalen Stühlen begrüßte, die sie und ihren Gast scheinbar auf Kindergröße schrumpfen ließen.
Die Soloshow brachte es auf 13 Folgen. Die erste Staffel lief montags um 22.00 Uhr, die zweite samstags etwas später.

MARY TYLER MOORE RTL
1998–1999. 168-tlg. US-Sitcom (»The Mary Tyler Moore Show«; 1970–1977).

M.A.S.H.: Hawkeye Pierce (Alan Alda, links) und Radar O'Reilly (Gary Burghoff).

Neue Ausstrahlung der früheren ARD-Serie *Oh Mary* unter neuem Titel in neuer Synchronisation. RTL zeigte diverse von der ARD nicht ausgestrahlte Folgen täglich im Nachtprogramm. Zuvor hatte sich RTL bereits an einer deutschen Version der Serie versucht, die jedoch ungesendet im Giftschrank verschwand. Schon der Titel »Alles prima Nina« lässt erahnen, dass das eine gute Idee war.

MARY & GORDY   ARD
1981–1986. Vier einstündige Specials mit dem Travestieduo Mary Morgan (Georg Preusse) und Gordy Blanche (Reiner Kohler) mit vielen Liedern. Preusse bekam als *Mary* später seine eigene Reihe.

MARY'S MUSIC   ARD
1971–1973. 45-minütige Musikshow mit Mary Roos, musikalischen Gästen und dem Tanzorchester des Saarländischen Rundfunks. Lief montags um 21.00 Uhr.

M.A.S.H.   PRO SIEBEN, KABEL 1
1990–1993 (Pro Sieben); 1992–1993 (Kabel 1). 251-tlg. US-Sitcom von Larry Gelbart (»M*A*S*H«; 1972–1983).
Während des Koreakriegs zwischen 1950 und 1953 versorgen die Ärzte und Helfer des Feldlazaretts M.A.S.H., kurz für »Mobile Army Surgery Hospital«, die Verwundeten. Zum Team gehören »Hawkeye« Benjamin Franklin Pierce (Alan Alda), Captain »Trapper« John McIntyre (Wayne Rogers), Major »Hot Lips« Margaret Houlihan (Loretta Swit), Corporal Maxwell Klinger (Jamie Farr), Lieutenant Colonel Henry Blake (McLean Stevenson), Major Frank Burns (Larry Linville), Captain B. J. Hunnicutt (Mike Farrell), Corporal Walter »Radar« O'Reilly (Gary Burghoff), Major Charles Emerson Winchester III. (David Ogden Stiers), Colonel Sherman Potter (Harry Morgan) und Pater Francis Mulcahy (William Christopher).
Die Serie basierte auf dem Kinofilm von Robert Altman und wurde eine der erfolgreichsten und langlebigsten Serien im US-Fernsehen. Der Koreakrieg, in dem *M.A.S.H.* spielte, dauerte drei Jahre, die Serie lief elf Jahre lang. Die letzte Folge, »Goodbye, Farewell and Amen«, erreichte mit 106 Millionen Zuschauern in den USA die höchste Einschaltquote aller Zeiten. Der Titelsong »M*A*S*H* Theme (Suicide Is Painless)« von Johnny Mandel und Robert Altmans Sohn Mark Altman, die sich den Bandnamen The MASH gaben, wurde 1980 ein Nummer-eins-Hit. Die Figur des Trapper John McIntyre bekam eine eigene Serie mit dem Titel *Trapper John, M. D.*
Pro Sieben zeigte die Serie zunächst im Vorabend-, später im Nachtprogramm. Im gleichen Zeitraum liefen auch bei Kabel 1 Erstausstrahlungen anderer Folgen der Serie, die kurz darauf bei Pro Sieben im Anschluss an die dortigen Erstausstrahlungen gezeigt wurden.

DIE MASKE   KABEL 1
1995. 8-tlg. US-Actionserie (»Human Target«; 1992).
Hach, ist das nicht ein Traumjob? Wer wollte nicht immer schon einmal von Mord bedrohte Mitmenschen dadurch schützen, dass er sich eine perfekte Maske anlegt und ihren Platz einnimmt? Der Vietnamveteran Christopher Chance (Rick Springfield) verdient damit sein Geld. Sein Maskenbildner ist Philo Marsden (Kirk Baltz), am Steuer seines Hightech-Flugzeugs »Blackwing« sitzt Jeff Carlyle (SaMi Chester), außerdem hilft ihm Libby Page (Signy Coleman).
Die Maske basiert auf einem Charakter aus den »Action Comics«, wo auch Superman erscheint. Die Frage, wie sich Chance bei aller fortgeschrittenen

Howard Carpendale hinterließ seine Spuren im Sandplatz als alternder Tennisprofi in *Matchball*.

Schminktechnik in Klienten verwandelt, die eine andere Figur haben als er selbst, blieb unbeantwortet. Die knapp einstündigen Folgen liefen mittwochs um 20.15 Uhr.

DIE MASKE   SAT.1
2000–2003. 54-tlg. US-Zeichentrickserie (»The Mask«; 1995). Trickversion des gleichnamigen Kinofilms mit Jim Carrey. Die Serie lief samstagmittags.

MASKE DES BÖSEN   ZDF
2005. »Sexualstraftätern auf der Spur«. 3-tlg. Dokumentation von Gunther Scholz über Mörder und Vergewaltiger, ihre Motive und Chancen zur Therapie. In einer Mischung aus Originalaufnahmen vom Tatort, nachgestellten Szenen und Interviews mit Polizisten, Wissenschaftlern und Opfern werden mehrere Fälle geschildert. Aber auch die Täter kommen ausführlich zu Wort, die ambitionierte und oft verstörende Dokumentation zeigt ihre Gespräche mit Therapeuten und dem erfolgreichen österreichischen Kriminalpsychologen Thomas Müller.

MASKED RIDER   RTL
1996–2001. 40-tlg. US-Kinder-Fantasyserie (»Masked Rider«; 1995–1996).
Der Teenager Dex (T. J. Roberts) ist ein Außerirdischer vom Planeten Edenoi, der auf der Erde gelandet ist, um sie zu retten und seinen bösen Onkel Graf Dregan (Ken Ring) zu vernichten. Er findet Unterschlupf bei der Familie Stewart. Sie besteht aus den Adoptivkindern Molly (Rheannon J. Slover) und Albee (Ashton J. McArn II), Mutter Barbara (Candace Camillie Bender) und Vater Hal (David Stenstrom), der gegen das Fell von Dex' Zotteltier Ferbus allergisch ist. Dex verwandelt sich regelmäßig in eine blaue Riesenameise namens Masked Rider, die schon in den *Power Rangers* kämpfte.

RTL zeigte die halbstündigen Folgen sonntags vormittags, die zweite Staffel samstags vor dem Aufstehen.

MATCH   RTL
1988. Spielshow mit Björn-Hergen Schimpf, der den »härtesten Mann Deutschlands« suchte.
2000 Kandidaten bewarben sich, von denen 64 dann die Ehre hatten, über Schlammpisten fahren, sich in Kiesgruben stürzen und in löchrigen Kanus einen Baggersee überqueren zu dürfen. In jeder Sendung wurden die Schwächlinge eliminiert; die Sieger durften erst gemeinsam ein Bier trinken und später gegen Gewinner der anderen Runden kämpfen, bis endlich der härteste Mann Deutschlands feststand. Lief nachmittags.

MATCH   DFF 2
1990. Berichte vom Sportgeschehen des Wochenendes mit Studiogästen und Gewinnspielen. In Doppelmoderationen traten an: Thomas Gulski, Maybrit Illner, Andrea Krüger, Thomas Schwarz.
Lief ungefähr 25-mal sonntags von 19.00 bis 20.00 Uhr. *Match* war die Nachfolgesendung von »Sport am Sonntag«.

MATCHBALL   RTL
1994. 13-tlg. dt. Familienserie von Karlheinz Freynik, Regie: Ralf Gregan.
Der frühere Weltklassetennisprofi Johnny Storm (Howard Carpendale) will sich nicht damit abfinden, dass seine Karriere fast zu Ende ist, und kämpft verbissen um ein Comeback. Gleichzeitig bemüht er sich redlich, ein Verhältnis zu seinem Teenagersohn Daniel (Friedrich Detering) aufzubauen, der bisher bei seiner Mutter Heidi List (Eva Scheurer) lebte, die jetzt im Knast sitzt. Daniel wusste zwar, wer sein Vater ist, kannte ihn aber nicht persönlich. Und

Johnny hatte mit allem gerechnet, aber nicht mit einem plötzlichen Sprung in die Vaterrolle. Die beiden fremdeln entsprechend. Archibald Bronski (Joachim Kemmer) ist Johnnys ausgebuffter Manager. Erst Roy Black *(Ein Schloss am Wörthersee)*, dann Chris Roberts *(Almenrausch und Pulverschnee)*, und nun Howard Carpendale: RTL wurde zum Altenheim ehemaliger Schlagerstars. Die einstündigen Folgen liefen mit mäßigem Erfolg am Montagabend zur Primetime.

MATCHGAME   SWR
→ Schnickschnack

MATHIAS SANDORF   ZDF
1979. 4-tlg. frz.-ungar.-dt. Abenteuerfilm von Claude Desailly nach dem Roman von Jules Verne, Regie: Jean-Pierre Decourt.
Graf Mathias Sandorf (Istvan Bujtor), der eine besondere hypnotische Begabung hat, und seine Verbündeten Ladislaus Zathmar (Ivan Desny) und Stefan Bathory (Amadeus August) bilden im Jahr 1859 den Kopf einer Verschwörung, die die Loslösung Ungarns von der österreichischen Herrschaft zum Ziel hat. Durch Verrat des Bankiers Silas Thoronthal (Claude Giraud) und des Abenteurers Sarcany (Giuseppe Pambieri) landen alle drei im Kerker und werden zum Tode verurteilt, Sandorf gelingt jedoch die Flucht. Er muss feststellen, dass er enteignet und seine zweijährige Tochter Sava entführt wurde. Sandorf wird abermals festgenommen, flüchtet erneut, stürzt dabei ins Meer und gilt als tot.
15 Jahre später taucht ein mysteriöser Dr. Antekirrt (Istvan Bujtor) auf, ein im Orient angesehener Wissenschaftler, und sinnt auf eine Belohnung für Sandorfs Freunde und auf Rache für seine Gegner. Antekirrt, der in Wirklichkeit Sandorf ist, findet heraus, dass seine Tochter Sava (Sissy Höfferer) damals vom Verräter Thoronthal adoptiert wurde. Jetzt ist sie mit Bathorys Sohn Peter (Jacques Breuer) zusammen, doch Sarcany will sie um jeden Preis heiraten. Sandorf bringt schließlich Freunde und Verräter auf seine geheimnisvolle Insel Antekirrta und hält ein Strafgericht ab.
Klassischer Adventsvierteiler, wie sie das ZDF jedes Jahr vor Weihnachten zeigte.

MATINEE   ZDF
→ ZDF-Matinee

MATLOCK   ZDF, PRO SIEBEN, KABEL 1
1988–1991 (ZDF); 1992–1998 (Pro Sieben); 1995 (Kabel 1). 194-tlg. US-Anwaltsserie von Dean Hargrove (»Matlock«; 1986–1995).
Ben Matlock (Andy Griffith) ist ein gerissener Rechtsanwalt in Atlanta. Er wirkt bieder und manchmal schusselig, hat weißes Haar und trägt einen hellgrauen Anzug. Immer. Wenn er seinen Schrank öffnet, hängt dort nichts anderes als gleiche, hellgraue Anzüge. Seine Klienten sind wegen Mordes angeklagt, und alle Beweise sprechen gegen sie. Doch Matlock schafft es, vor Gericht den wahren Mörder zu entlarven und so einen Freispruch für seinen Klienten zu erwirken. Zu diesem Zweck schnüffelt er selbst herum, lässt dies aber vor allem seine Mitarbeiter tun, die mehrfach wechseln.
Juniorpartnerin in Matlocks Kanzlei ist anfangs seine Tochter Charlene (Pilotfilm: Lori Lethin; dann: Linda Purl), später die junge Anwältin Michelle Thomas (Nancy Stafford) und zum Schluss seine andere Tochter Leanne MacIntyre (Brynn Thayer). Der Privatdetektiv Tyler Hudson (Kene Holliday) führt für Matlock Ermittlungen durch, diesen Job übernimmt später Conrad McMasters (Clarence Gilyard, Jr.) und dann Cliff Lewis (Daniel Roebuck). Mit der Staatsanwältin Julie Marsh (Julie Sommars) flirtet Matlock von Zeit zu Zeit; zu Hause wird der Junggeselle oft von seinem schrulligen Nachbarn Les Calhoun (Don Knotts) belagert.
Das ZDF zeigte 79 Folgen. Die Serie begann mit einem 90-minütigen Pilotfilm zur Primetime am Dienstag, die erste Staffel lief bis Mitte 1988 donnerstags am Vorabend, weitere Folgen mittwochs um 21.00 Uhr, jeweils 45 Minuten lang. Fast der komplette Rest war auf verschiedenen Sendeplätzen auf Pro Sieben zu sehen. Keine andere Serie produzierte so viele Doppelfolgen wie *Matlock*, nämlich 32. Viele wurden am Stück als Spielfilm zur Primetime gezeigt. Drei Doppelfolgen liefen darüber hinaus als Filme in deutscher Erstausstrahlung auf Kabel 1. Obwohl der weißhaarige Andy Griffith lange vor *Matlock* in

Andy Griffith als *Matlock* (Mitte, im hellgrauen Anzug), mit Linda Purl und Kene Holliday.

den USA als Komiker bekannt geworden war und die Zielgruppe der 14- bis 49-Jährigen schon um ca. 15 Jahre überschritten hatte, kam die Figur Matlock vor allem bei ihnen besonders gut an. Die Serie wurde ein großer Erfolg und erreichte auch noch in Wiederholungen im täglichen Mittagsprogramm Spitzeneinschaltquoten.

In Folge 4 spielten William Conrad und Joe Penny Gastrollen und bekamen daraufhin ihre eigene Serie: *Jake und McCabe – Durch dick und dünn*.

MATO, DER INDIANER   ARD

1965–1966. 26-tlg. frz. Abenteuerserie, Regie: Pierre Viallet (»Les Indiens«; 1964).

Mato (Alain Emery), Wany (Rosenda Monteros) und Pako (Paco Camarero) sind Indianer des friedlichen Tanka-Stammes, Tanka (Robert Mottura) ist ihr Häuptling. Ihre Gegner sind die angriffslustigen Wapras und der Häuptling Wapaka (Jean Sandras). Die Folgen waren nur knapp eine Viertelstunde lang und liefen am späten Nachmittag.

MATT HOUSTON   SAT.1, VOX

1984–1991 (Sat.1); 1996 (Vox). 67-tlg. US-Krimiserie von Lawrence Gordon (»Matt Houston«; 1982–1985).

Der Texaner Matt Houston (Lee Horsley) überwacht in Kalifornien die Ölbohrungen, die das Unternehmen seines steinreichen Vaters dort durchführt. Nebenbei arbeitet er als Privatdetektiv. Sein Partner ist Murray Chase (George Wyner), der sich um ein ausreichendes Einkommen sorgt, während der reiche Matt das Leben mit schönen Frauen in schnellen Autos oder seinem eigenen Hubschrauber genießt. Die Anwältin C. J. Parsons (Pamela Hensley) ist stets an seiner Seite. Ihr Hightech-Computer »Baby« versorgt sie mit notwendigen Informationen. Auf Seiten der Polizei haben es Matt und C. J. anfangs mit Lieutenant Novelli (John Aprea) zu tun, der Matt oft zu Mama Novelli (Penny Santon) zum Essen einlädt, und später mit dem weit weniger kooperativen Lieutenant Hoyt (Lincoln Kilpatrick).

Erste Serie des neuen Senders Sat.1, der damals noch PKS hieß. *Matt Houston* startete gleich am ersten Sendetag um 20.15 Uhr. Jede Folge war eine Stunde lang. Die Erstausstrahlung fand fast komplett in Sat.1 statt, lediglich vier nicht gesendete Folgen reichte Vox später nach.

MATT UND JENNY   ARD

1981. 26-tlg. kanad. Jugendserie (»Matt And Jenny On The Wilderness Trail 1850«; 1979).

Im Jahr 1850 machen sich die jungen Geschwister Matt (Derrick Jones) und Jenny Tanner (Megan Follows) auf die Suche nach Verwandten in Kanada. Ihre Mutter ist während der Überfahrt auf dem Schiff gestorben, und der weit gereiste Mr. Adam Cardston (Neil Deinard) und der junge Trapper Kit (Duncan Regehr) begleiten die Kinder auf ihrer beschwerlichen Suche.

Die 25-minütigen Folgen liefen sonntags.

DIE MAULTROMMEL   ZDF

1986. »Musik und Poesie«. Wöchentliche 25-minütige Musikshow für Kinder und Jugendliche, bei der Popgruppen im Studio ihre aktuellen Hits spielten. Anke Engelke und Benny Schnier moderierten und hatten stets ihren Hund Wuschel dabei, mit dem die beiden bereits das ZDF-*Ferienprogramm für Kinder* präsentiert hatten.

22 Folgen liefen am Montagnachmittag.

DER MAULWURF   PRO SIEBEN

2000–2001. Einstündige Abenteuer-Spielshow.

Zehn Kandidaten, je fünf Frauen und Männer, die sich zuvor nicht kannten, sind auf einer Expedition zu einem ihnen unbekannten Ziel unterwegs. In verschiedenen Missionen, die sie nur gemeinsam erfüllen können, versuchen sie möglichst viel Geld zu erspielen, das am Ende der Gewinner bekommt. Unter ihnen ist ein Verräter – »der Maulwurf« –, der versucht, die Aufgaben zu sabotieren. Die Kandidaten sollen herausfinden, wer es ist. Am Ende jeder Folge muss jeder 20 Fragen zum Maulwurf beantworten. Wer am weitesten danebenliegt, fliegt raus – sofort und ohne jeden Gewinn. In der letzten Folge sind dann nur noch zwei Kandidaten (und der Maulwurf) übrig und spielen um das Geld.

Die Spielidee – nicht zufällig im *Big Brother*-Fieber entstanden – ist clever: Einerseits ist der psychische Druck auf die Mitspieler gewaltig, wenn sich die Gewinnsumme z. B. nur dann erhöht, wenn alle einen Bungee-Sprung wagen. Andererseits wächst die Paranoia von Tag zu Tag mit der kleiner werdenden Zahl der echten Kandidaten: Da wagt man nach langer Überwindung die Mutprobe, und dann gibt es doch kein Geld, weil ein nachfolgender Mitspieler sich nicht traut?!

Der Stress war sichtbar extrem. In Belgien war das Originalformat »De Mol«, das mit der Goldenen Rose von Montreux ausgezeichnet wurde, ein Straßenfeger. In Deutschland war der Erfolg nur mäßig, was daran liegen könnte, dass ein Off-Sprecher alles, was man sah, noch einmal wortreich beschrieb und künstlich dramatisierte. Pro Sieben traute sich nicht, die Show in die Primetime zu setzen und zeigte die acht Folgen der ersten Staffel samstags und sonntags um 18.00 Uhr (die zweite Staffel lief nur noch sonntags). Vorher lag die Sendung monatelang ungesendet herum, eine Zeit, in der die Finalkandidaten nicht wussten, ob sie nun Gewinner waren oder nicht, und der »Maulwurf« schweigen musste. Den Ex-Tennisprofi Michael Stich als Spielleiter einzusetzen war mindestens so erstaunlich wie die Wahl seiner damaligen Frau Jessica Stockmann als Moderatorin von *Talk Talk Talk*. In der zweiten Staffel wurde Stich durch Steven Gätjen ersetzt, der im Gegensatz zu Stich nicht unangenehm auffiel.

MAUS-CLUB   WDR, ARD

1996–1997 (WDR), 1998–2000 (ARD). Halbstündiges Magazin für Kinder, das sich als Maskottchen

der erfolgreichen Maus aus der *Sendung mit der Maus* bediente und Fragen der Zuschauer beantwortete. Moderatoren waren Randi Crott, Ralph Caspers, Shary Reeves und Tina Halverscheidt.
Startete im Dritten Programm des WDR und lief später auch am Samstagmorgen im Ersten.

MAUS REISS AUS   RTL
1992–1993. Actionspielshow für Kinder mit Michael Harkämper.
Auf einem quadratischen Spielfeld müssen die Kandidaten vor einer riesigen Mausefalle in Form einer roten Glocke flüchten, unter der sie auf keinen Fall gefangen werden dürfen. Die Show basiert auf dem gleichnamigen Gesellschaftsspiel, das dank der Sendung häufig verkauft wurde. Die Firma Hasbro steigerte den Umsatz ihres MB-Spiels um 150 %.
52 Folgen liefen samstagmorgens. In England trug die Show den Titel »Mouse Trap«. In deren Originalkulissen wurde auch die deutsche Version gedreht. Im Gegensatz zu *Tutti Frutti,* für das die erwachsenen Kandidaten in die Kulissen nach Italien gekarrt wurden, wurden hier die Kulissen zu den Kindern nach Deutschland gebracht.

MÄUSE AN DER MACHT   PRO SIEBEN
1993. 13-tlg. US-Zeichentrickserie (»Capitol Critters«; 1992).
Feldmaus Max und seine Cousine Berkeley wohnen im Keller des Weißen Hauses in Washington. Ihre Macht dort wird von den beiden Katern des amerikanischen Präsidenten bedroht.
Produzenten der Serie waren die Hanna-Barbera-Studios *(Tom und Jerry, Familie Feuerstein)* und Steven Bochco, der sonst für Real-Erfolge wie *Polizeirevier Hill Street* oder *L. A. Law* verantwortlich war.

MAUSEENGEL   ZDF
2001–2002. 26-tlg. brit. Zeichentrickserie (»Angelmouse«; 1999).
Mauseengel ist ein junger Engel. In Gestalt eines kleinen Mädchens muss der Engel göttliche Aufträge ausführen. Die Folgen waren fünf Minuten lang und liefen sonntags morgens.

MAUSI – ABENTEUER
EINER KLEINEN MAUS   ZDF, KI.KA
2000–2001 (ZDF); 2002 (KI.KA). 52-tlg. brit. Zeichentrickserie für Kinder (»Maisy«; 1998–1999).
Maus Mausi erlebt mit ihren Freunden Susi und Olaf total aufregende Dinge: Sie geht segeln, fährt Bus, trinkt Limonade, backt Lebkuchen, geht schlafen oder tut sich weh.

MAVERICK   ARD 2, ARD
1961–1963 (ARD 2); 1962–1968 (ARD). 20-tlg. US-Westernserie von Roy Huggins (»Maverick«; 1957–1962).
Bret Maverick (James Garner) und Bart Maverick (Jack Kelly) sind Brüder – und einander sehr ähnlich. Beide ziehen – unabhängig voneinander – durch die Gegend und verdienen ihr Geld beim Kartenspiel in diversen Saloons, meistens sogar auf ehrliche Weise. Vor allem Bret hat zwar eine große Klappe, scheut aber Duelle und macht sich lieber schnell aus dem Staub, denn mit seiner Waffe kann er nun wirklich nicht sonderlich gut umgehen.
Für die damalige Zeit ungewöhnliche Westernserie, weil sie sich selbst nicht so ernst nahm. Sie hatte zwar als klassischer Standardwestern begonnen, doch schon bald schrieben die Autoren komische Momente in die Bücher, die Garner mit dem größten Vergnügen spielte. Ohnehin war seine Rolle die des Antihelden. Mehrere Episoden parodierten ferner andere Serien oder typische Westernklischees. So enthielt die Folge »Die Tage mit Diana« Seitenhiebe auf *Rauchende Colts*.
In den meisten der Episoden spielte nur jeweils einer der beiden Mavericks mit und war damit die zentrale Figur. Ursprünglich sollte James Garner alleiniger Hauptdarsteller sein, doch die Produktion war so weit in Verzug, dass die Sendetermine nur eingehalten werden konnten, indem eine zweite *Maverick*-Serie separat gedreht wurde – mit Jack Kelly als Brets Bruder Bart. Beide wurden vermischt und unregelmäßig abwechselnd ausgestrahlt. Gelegentlich wirkten beide in derselben Episode mit. In den USA kam in der vierten Staffel sogar noch ein dritter einzelner Maverick dazu: Cousin Beau (Roger Moore), außerdem für zwei Gastauftritte an Kellys Seite Bruder Brent Maverick (Robert Colbert).
In Deutschland liefen einige der ersten Folgen bei der Erstausstrahlung in ARD 2, alle weiteren in der ARD. Die erste bei uns gezeigte Folge war mit Jack Kelly besetzt, etwa zwei Drittel der folgenden mit Garner. Zwei Folgen waren in der ARD zu sehen, in denen beide mitspielten, außerdem eine Folge mit Kelly und Moore. Die Reihenfolge der Ausstrahlung war extrem chaotisch. Die lediglich 20 gesendeten Folgen der eigentlich 124-tlg. Serie stammten aus allen vier Staffeln und liefen munter durcheinander. Ab 1984 zeigte das ZDF die Serie *Bret Maverick,* in der Garner seine alte Rolle noch einmal spielte. Zehn Jahre später entstand der Kinofilm »Maverick« mit Mel Gibson als Maverick und Garner in einer Nebenrolle.

MAX – DAS STARMAGAZIN   PRO SIEBEN
→ Max TV

MAX H. REHBEIN: ACTION   ZDF
→ Action

MAX HEADROOM   SAT.1
1989. 14-tlg. US-Science-Fiction-Serie von Peter Wagg (»Max Headroom«; 1987).
Max Headroom ist der virtuelle Starmoderator und -reporter des Fernsehsenders Channel 23, irgendwann in der Zukunft, in der das Fernsehen die Welt beherrscht und niemals ausgeschaltet werden darf. Er ist blond, trägt oft eine Sonnenbrille, bewegt sich ruckartig, stottert, ist sarkastisch und beleidigt die

Zuschauer, hat aber hervorragende Einschaltquoten, die sekündlich neu erfasst werden können.
Der verunglückte Reporter Edison Carter (Matt Frewer) stand Pate für Max Headroom, der von Bryce Lynch (Chris Young) entwickelt wurde. Lynch ist noch ein Kind, aber bereits Forschungschef des Fernsehsenders. Carter/Headroom hetzt von Story zu Story und kann von überall sofort live auf Sendung gehen. Theora Jones (Amanda Pays) ist seine Assistentin, Murray (Jeffrey Tambor) der Nachrichtenproduzent und Ben Cheviot (George Coe) der Senderchef. Ihre schärfsten Rivalen sind Blank Reg (William Morgan Sheppard) und Dominique (Concetta Tomei), die einen aggressiven Konkurrenzsender betreiben.
»Max. headroom« heißt »maximale Durchfahrtshöhe« und war das Letzte, was Edison Carter sah, bevor er gegen eine Parkhausschranke knallte. Carter war dem Geheimnis der Fernsehleute auf der Spur, die lebensgefährliche Psychowerbespots sendeten.
Der virtuelle Max Headroom war 1984 bereits Hauptfigur eines britischen Fernsehfilms (der erst im November 1991 in zwei Teilen in der ARD lief) und hatte danach im britischen Fernsehen Musikvideos angesagt und Prominente interviewt. Darauf basierte diese US-Serie, die in den Vereinigten Staaten zwar als besonders innovativ galt, aber floppte. Dennoch war in Deutschland der Hype um *Max Headroom* groß. Dank Jugendzeitschriften wie »Bravo« wurde die Figur zum Star bei Teenies, die die zarte Medienkritik zwar nicht verstanden, aber die coole Figur geil fanden.
Jede Folge war eine Stunde lang und lief montags um 19.30 Uhr.

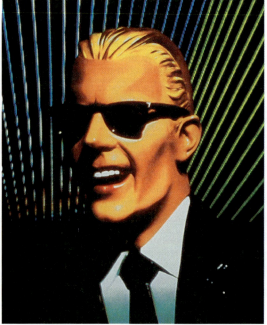

Ein Bild aus glücklichen Tagen. Später musste *Max Headroom* seinen Kopf als Robert T-Online hinhalten.

MAX MONROE – WEHE, WENN ER LOSGELASSEN   SAT.1
1991. 7-tlg. US-Actionserie von Dean Hargrove und Joel Steiger (»Max Monroe: Loose Cannon«; 1990). Zwei gegensätzliche Polizisten ermitteln in Los Angeles. Der weiße Max Monroe (Shadoe Stevens) ist exzentrisch, unkonventionell und effizient, sein schwarzer Partner Charlie Ivers (Bruce A. Young) konservativ und den Vorschriften treu. Bedenkt man Monroes hohen Autoverschleiß durch aufreibende Verfolgungsjagden, wundert man sich, dass er nebenbei ein Schachgenie ist. Charlie ist mit Loretta (Arnetia Walker) verheiratet.
Fernsehflop des erfolgreichen Radiomoderators Shadoe Stevens. Eine etwas länger währende Rolle spielte er später nur noch in der Sitcom *Immer Ärger mit Dave*. Vorbild für die Serie waren die Kinofilme »Lethal Weapon«, in denen Mel Gibson und Danny Glover die nicht nur von der Hautfarbe her gegensätzlichen Hauptrollen spielen. Der Originaltitel »Loose Cannon« deutet die Verwandschaft zum Kinovorbild »Lethal Weapon« an.
Sat.1 zeigte die einstündigen Folgen nach dem Pilotfilm immer dienstags um 20.00 Uhr.

MAX TV   PRO SIEBEN
1998–2001. Wöchentliches halbstündiges Star- und Lifestylemagazin mit Susann Atwell, die Interviews mit und Berichte über Promis präsentierte.
Der Fernsehableger der Illustrierten aus der Verlagsgruppe Milchstraße startete samstags im Vorabendprogramm unter dem Titel *MAX TV* und wurde im Juni 1999 auf den Sonntag verlegt. Im Oktober 1999 stieg Susann Atwell aus, und *MAX TV* wurde von wechselnden Prominenten präsentiert. Im April 2000 kam Atwell als ständige Moderatorin zurück und bekam ihren Sendeplatz am Samstag um 19.30 Uhr wieder. Der Sendetitel lautete inzwischen *MAX – Das Starmagazin*. Im Spätsommer 2000 gab es eine weitere Namensänderung, die Sendung hieß jetzt »MAX – Das ganze Leben!«; die Buchstaben »TV« kamen aber auch bald wieder dazu.

MAX & LISA   ZDF
2000. 10-tlg. dt. Sitcom, Regie: Ralf Gregan.
Max (Marco Rima), ein erfolgloser Schriftsteller, und Lisa (Johanna-Christine Gehlen), eine erfolgreiche Innenarchitektin, sind ein modernes Paar und leben in Berlin. Ihre besten Freunde Regina (Nicola Ransom) und Paul (Nicolas König) helfen ihnen bei der Bewältigung von Beziehungsproblemen und Alltagsstress.
Die halbstündigen Folgen liefen sonntags um 22.00 Uhr.

MAX UND MORITZ   ZDF
2000. »Eine böse Buben-Geschichte in 39 Streichen«. 39-tlg. dt. Zeichentrickserie nach den Kinderbüchern von Wilhelm Busch. Die fünfminütigen Streiche liefen am Samstagmittag.

MAX WOLKENSTEIN SAT.1
1996–2001. 22-tlg. dt. Krimiserie.
Max Wolkenstein (Helmut Zierl) ist Jugendanwalt in Berlin und hat eine eigene Kanzlei. Steffi Buch (Dolly Dollar) ist seine überforderte Sekretärin, ihre Nachfolgerin wird später Kathrin Neumann (Eva Blum). Bei der Suche nach Unschuldsbeweisen für seine minderjährigen Mandanten helfen ihm die Streetworker René Halbritter (Mathias Noack) und Christian Brandt (Benjamin Sadler). Mit Staatsanwalt Bertram Glahn (Charles Brauer) und Richterin Sylvia Wöhrmann (Ursula Karven) hat Max beruflich oft zu tun, mit der Richterin hätte er aber auch privat gern mehr zu tun.
Die ersten 16 Folgen liefen mittwochs um 20.00 Uhr. Im Anschluss an eine Wiederholung viereinhalb Jahre später sonntags um 12.00 Uhr liefen dort auch noch sechs neue Folgen, jetzt nur noch unter dem Titel *Wolkenstein*. Den Titelsong »Ich steh dir bei« sang Heinz Rudolf Kunze.

MAXE BAUMANN DFF 1
1976–1982. 7-tlg. DDR-Lustspielreihe von Goetz Jäger, Regie: Peter Hill.
Nach 50 Jahren Berufsleben geht der schrullige Max Baumann (Gerd E. Schäfer) in Rente und hat nun viel zu viel Zeit. Unter seinen Versuchen, diese sinnvoll zu nutzen und sein Leben und das anderer Leute mal richtig auf Vordermann zu bringen, leiden seine Familie und die ganze Umgebung, insbesondere Ehefrau Herta (Traute Sense). Statt Ordnung schafft Maxe natürlich nur Chaos.
Die abendfüllenden Teile liefen jährlich zu Silvester. Am 1. Mai 1987 wurde zum 750. Geburtstag der Stadt Berlin das 70-minütige Musical-Special »Maxe Baumann aus Berlin« gesendet, in dem Schäfer Max und seinen Bruder Fritze spielt. Die Figur des Maxe Baumann tauchte auch im *Kessel Buntes* häufiger auf.

MAXI UND MINI ARD
→ Maxifant und Minifant.

MAXIFANT UND MINIFANT ARD
1972–1975. Halbstündige Kindersendung für Fünf- bis Siebenjährige.
Maxifant und Minifant, die keinerlei Ähnlichkeit mit Elefanten haben und regelmäßig darauf hinweisen, dass sie Puppen sind, reden über Alltagsthemen. Dazwischen gehen Filmbeiträge näher auf diese Themen ein. Die Sendungen waren monothematisch. Die Ausgabe zum Thema »Leben« zeigte u. a. in allen Einzelheiten eine menschliche Geburt und befasste sich am Beispiel eines Kaninchens mit dem Tod.
Minifant klang genauso wie Meikel Kratzengreis aus *Emm wie Meikel* und so ähnlich wie der *Hase Cäsar*. Puppenspieler und Sprecher all dieser Figuren war Wolfgang Buresch. Rudolf Fischer war Maxifant, er hatte zuvor bereits den *Spatz vom Wallrafplatz* gespielt. Wortwechsel der beiden klangen in der Regel so: »Du, koch du doch mal Pudding, du.« – »Du, hier war doch eben noch ein Topf. Hast du den gesehen, du?« Damit waren sie Vorreiter für Professor Brinkmann aus der Schwarzwaldklinik, dessen Sätze normalerweise ebenfalls mit »du« begannen, aber mit »nicht?« endeten (»Du, ich war das nicht, Christa, nicht?«). Wiederkehrende Figuren der Reihe waren die Zeichentrickfiguren Wumi und Franzi und der wortlose Bildergeschichtenhund Schlappi. Die beiden Fanten waren zuvor bereits im *Feuerroten Spielmobil* aufgetreten. 1975 hieß die Reihe nur noch *Maxi und Mini*. Sie brachte es auf 84 Folgen. Puppenbauer war Franta Tvredeck.

MAXIMUM EXPOSURE VOX
→ Den Mörder im Visier

MAXWELL SMART RTL
1996. 7-tlg. US-Sitcom (»Get Smart«; 1995).
Neuauflage von *Mini-Max:* Der ehemalige Agent 86 Maxwell Smart (Don Adams) ist zum Agent 68 befördert worden und jetzt Chef von C.O.N.T.R.O.L. Seine Frau, Agent 99 (Barbara Feldon), ist mittlerweile Politikerin. Ihr gemeinsamer Sohn Zach (Andy Dick) ist in die Fußstapfen der Eltern getreten und arbeitet ebenfalls als Agent für C.O.N.T.R.O.L. Seine Partnerin ist Agentin 66 (Elaine Hendrix).
Obwohl die Hauptdarsteller von damals wieder ihre Rollen spielten, floppte die Neuauflage der 30 Jahre zuvor erfolgreichen Serie und verschwand nach nur sieben Folgen vom Bildschirm.

MAYA ZDF, RTL
1970 (ZDF); 1987 (RTL). 18-tlg. US-Abenteuerserie (»Maya«; 1967–1968).
Der amerikanische Teenager Terry Bowen (Jay North) sucht in Indien seinen Vater. Der gleichaltrige Waisenjunge Raji (Sajid Khan) und sein Elefant Maya helfen ihm. Aber sie finden ihn nie.
Im ZDF liefen 13 einstündige Folgen samstags um 17.45 Uhr; RTL synchronisierte sie neu und zeigte insgesamt 18.

EIN MAYER KOMMT SELTEN ALLEIN ARD
1980–1981. 13-tlg. dt. Familienserie von Rüdiger Nüchtern, Regie: Maria Neocleous.
Familie Mayer lebt in einem Mietshaus in der Saarbrücker Vorstadt. Der Vater (Wolfgang Schenck) arbeitet als Maschinenschlosser und nebenbei als Hausmeister, die Mutter (Antje Hagen) ist Hausfrau, Tochter Sylvia (Marion Reuter) arbeitet im Kaufhaus, ihr Bruder Rolly (Martin Lösing) und ihre Schwester Anne (Judith Berweiler) gehen noch zur Schule. Zur Familie gehört außerdem die Oma (Else Quecke), die gern mit den Kindern gemeinsame Sache gegen die Eltern macht.
Das Familienleben gerät aus dem Gleis, als der Arbeitgeber des Vaters Konkurs macht. Die einzige Arbeit, die er finden kann, ist eine Monteursstelle in Saudi-Arabien. Er muss sie sofort antreten, die Familie bleibt vorerst zurück. Plötzlich verändern sich die Rollen: Erst bricht eine Art Anarchie aus, dann

sucht sich Mutter Mayer einen Job und nach ihrer Kündigung einen zweiten; auch Sylvia kündigt und will sich selbständig machen, und sowohl Oma als auch Mutter Mayer lernen interessante Männer kennen. Als Vater Mayer auf Urlaub nach Hause kommt, erkennt er seine Familie nicht wieder.
Die halbstündigen Folgen liefen im regionalen Vorabendprogramm.

MAZ AB! WDR, ARD

1988–1989 (WDR); 1989–1992 (ARD). 45-minütige Spielshow mit Harald Schmidt.
Zwei Teams aus je zwei Prominenten beantworten Fragen, die im allerweitesten Sinne etwas mit Ausschnitten aus Fernsehsendungen zu tun haben, die vor den Fragen gezeigt werden. Die Promis spielen stellvertretend für zwei Vereine, die auf getrennten Seiten im Publikum sitzen und für jeden Punkt ihres Teams 100 DM erhalten. Das Startkommando für jeden Ausschnitt lautet: »MAZ ab!«
Die Show startete im Dritten Programm des WDR und wurde nach 14 Folgen ins Hauptabendprogramm der ARD übernommen; dort lief sie etwa einmal im Monat dienstags um 20.15 Uhr. Das Konzept war innovativ. Es sollte durch die Ausschnitte vor allem eine Werbeplattform für die eigenen Programme der ARD sein, gab Harald Schmidt dazwischen aber schon in seiner ersten eigenen Fernsehsendung die Gelegenheit zur Anarchie. Die Punkte vergab er nach Lust und Laune, achtete aber meist darauf, dass es auf einen Gleichstand hinauslief. Antwortzurufe aus dem Publikum ließ er gelten, was dazu führte, dass die Prominenten über längere Strecken nur rumsaßen, ohne etwas zu sagen zu haben. Wenn er sich mal verquatscht hatte und Zeit aufholen musste, las er einfach schnell Quizfrage und Antwort in einem Atemzug vor, gab jeder Mannschaft einen Punkt und fuhr fort.
Ausschnitte aus älteren Filmen, die mal wieder im Programm waren, pries er mit: »Es werden ja viel zu selten Wiederholungen gezeigt. Das hört man immer wieder.« Den Schauspieler Uwe Ochsenknecht, der gerade Bismarck gespielt hatte, fragte Schmidt nach dem Ausschnitt eines Sketchs, in dem Didi Hallervorden einen Betrunkenen gespielt hatte, mit todernstem Gesicht: »Ist das eine Sache, die Sie anspricht als Schauspieler?«
Beim postalischen Zuschauerspiel konnten die Teilnehmer z. B. »eine Weltreise nach Paris« gewinnen und mussten sich dafür Glückwunschbotschaften zum 60. Geburtstag des Bundeskanzlers ausdenken, zeigen, wie sie sich MAZ ab! zu Hause anschauen, oder beantworten, auf welches Datum in diesem Jahr der Dreikönigstag fällt. Bei Helmut Kohls Geburtstagsfeier überreichte der damals noch unbekannte Schmidt dem Kanzler die eingesandten Glückwunschbotschaften persönlich, verpackt in eine große rote Schachtel. Schmidt wies den Kanzler darauf hin, dass das Rot gezielt etwas provozierend sein solle, und Kohl antwortete gönnerhaft mit den Worten: »Rot ist bei Damen und Schachteln sehr gut.«
In der 33. und letzten Sendung ließ Schmidt eine Zuschauerin aus dem Studio das Gästesofa aus der Bühnendeko gewinnen, das noch mitten in der Sendung abgebaut wurde, was die Prominenten zwang, auf klapprigen Stühlen Platz zu nehmen.

MCCALLUM – TOTE SCHWEIGEN NICHT VOX

1998. 8-tlg. schott. Krimireihe (»McCallum«; 1995–1997).
Der Gerichtsmediziner Dr. Iain McCallum (John Hannah) unterstützt Inspector Bracken (Gerard Murphy) von der Polizei und klärt mit ihm Mordfälle auf.
Die Folgen hatten Spielfilmlänge und liefen samstags zur Primetime.

MECKI UND SEINE FREUNDE ARD

1995–1996. 13-tlg. dt. Zeichentrickserie von Irene Rodrian über die Erlebnisse des Igels Mecki mit Frau Gretchen, den Kindern Max und Susi und weiteren Freunden.
Der Igel Mecki war bereits seit Jahrzehnten das Maskottchen der Fernsehzeitschrift »Hörzu«, als er endlich seine eigene Serie bekam. Die Figur war 1937 erstmals in dem Puppentrickfilm »Wettlauf zwischen Hase und Igel« aufgetaucht.

MEDICAL DETECTIVES – GEHEIMNISSE DER GERICHTSMEDIZIN VOX

Seit 2002. US-Kriminaldoku-Reihe (»Medical Detectives«; seit 1996).
Gerichtsmedizinern, Ballistikern und Forensikern sieht der Zuschauer in dieser Reihe über die Schulter. Pro Folge wird in verschiedenen Fällen die Herangehensweise näher beleuchtet, mit der die Ermittler nach einem Mord den Tathergang rekonstruieren, um den Täter zu finden. Die Fälle stammen ausschließlich aus den USA und werden mit Schauspielern nachgestellt, zwischendurch erklären überwiegend deutsche Experten das Procedere.
Produzent der Serie war der US-Bildungssender TLC (The Learning Channel). Vox zeigt die einstündigen Folgen immer mittwochs um 21.10 Uhr, unmittelbar nach der Krimiserie CSI. Wer dranbleibt, um die echten Forensiker zu sehen, ahnt erst, wie realistisch die fiktiven vorgehen. Die Synchronstimme von CSI-Ermittler Grissom, Hubertus Bengsch, ist auch der Off-Erzähler in dieser Reihe.

MEDICOPTER 117 – JEDES LEBEN ZÄHLT RTL

Seit 1998. Dt. Actionserie.
Zwei Rettungsteams unter Leitung der Notärzte Dr. Michael Lüdwitz (Rainer Grenkowitz) und Dr. Gabriele Kollmann (Anja Freese) retten aus der Luft mit rot-gelbem Hubschrauber Leben – einmal sogar in der Luft, als die Crew einen Mann auffängt, der ohne Fallschirm aus einem Flugzeug gesprungen war. Sonst geht es um Auto-, Bus-, Zug- oder Schiffsunglücke wo auch immer. Zu den Teams gehören die Sanitäter Ralf Steller (Wolfgang Krewe) und Peter Berger (Serge Falck), die Piloten Biggi Schwerin (Sabine Petzl) und Thomas Wächter (Man-

Harald Schmidt

fred Stücklschwaiger), der Mechaniker Max (Hanno Pöschl) und der Hund Gonzo, ein Golden Retriever. Frank Ebelsieder (Axel Pape) leitet den Stützpunkt, Heidi Oberhuber (Barbara Demmer) ist seine Sekretärin und die gute Seele des Teams. Peter Bergers Ehefrau wird Stella (Edita Malovcic).

Ab 2000 kommt es zu diversen Umbesetzungen, bis von der ursprünglichen Truppe nur noch Max übrig ist. Gunnar E. Höppler (Gilbert von Sohlern) wird neuer Stützpunktleiter. Dr. Kollmann verunglückt bei einem Einsatz und stirbt wenig später an den Unfallfolgen, die junge Notärztin Dr. Karin Thaler (Roswitha Meyer) übernimmt ihre Stelle. Weitere Neue kommen: Sanitäter Enrico Cortini (Tom Mikulla), Dr. Mark Harland (Urs Remond), die Piloten Jens Köster (Hans Heller) und Gina Aigner (Julia Cencig) sowie Sanitäter Florian Lenz (Jo Weil).

Bewährte Actionware, die in den späten 90ern zusammen mit Serien wie *Alarm für Cobra 11* und *Der Clown* das Bild von RTL prägte. Die einstündigen Folgen liefen erst montags, später dienstags um 20.15 Uhr. 2003 stellte RTL die Produktion ein, ließ die bereits gedrehten Folgen aber noch ziemlich lange im Archiv rumliegen.

MEDIENKLINIK ARD
1978–1979. 8-tlg. dt. Comedyserie, Regie: Stefan Bartmann.

In der Medienklinik liegen Opfer von Funk, Film, Fernsehen, Presse, Buch oder Musik. Wer am gedruckten oder gesendeten Wort erkrankt ist, wird hier behandelt und manchmal sogar geheilt. Die Medizin ist auf dem neuesten Stand: Gleich in der ersten Folge bekommt ein Patient das bildschirmfreie Fernsehen eingepflanzt. Es kümmern sich: der Chefarzt (Konrad Georg), der Oberarzt (Karl Heinz Vosgerau), der Assistenzarzt (Jochen Busse), die Oberschwester (Gisela Trowe), die Stationsschwester (Tana Schanzara), der Pfleger (Erich Uhland) und der Pförtner (Benno Hoffmann). Letzterer kümmert sich vor allem darum, dass prominente Anrufer abgewimmelt werden. Die Oberschwester ihrerseits muss einen Beerdigungsunternehmer abwimmeln, der sie am Umsatz beteiligen will. Und der Oberarzt schreibt nebenbei an einem Buch über Pfusch am Patienten – und führt dafür seinen Verleger durch die eigene Klinik.

Die halbstündigen Folgen liefen in loser Folge am Montagabend um 22.00 Uhr.

MEDISCH CENTRUM WEST, AMSTERDAM ARD
1990–1993. 79-tlg. niederländ. Krankenhausserie von Hans Galesloot (»Medisch Centrum West«, 1988–1994).

Arzt- und Patientengeschichten im Amsterdamer Medisch Centrum West mit Chefarzt Paul van der Voort (Erik van Ingen), den Ärzten Jan van de Wouden (Mark Klein Essink), Eric Koning (Rob van Hulst), Eva van den Berg (Wivineke van Groningen) und Dick van Lennep (Klaas Hofstra) sowie den Krankenschwestern Reini Hermans (Margreet Blanken) und Ingrid van der Linden (Annemieke Verdoorn). Jan hat diverse Liebschaften, u. a. mit Eva, heiratet aber schließlich Ingrid. Auch Dick und Reini heiraten.

Die Serie wurde in einer leer stehenden Etage eines Krankenhauses in Lelystad gedreht. Wie alle Arzt- und Krankenhausserien vermischte sie die Leidensgeschichten der Patienten mit den privaten Schicksalen, Affären und Intrigen des Personals. Im Gegensatz zu anderen Serien des Genres kamen jedoch noch eine ordentliche Portion Realismus, ernste Botschaften und sogar nützliche Informationen hinzu, die in die Handlung eingebaut wurden und das Publikum für Gesundheitsthemen sensibilisieren sollten. Die Serie arbeitete zu diesem Zweck mit der niederländischen Herzstiftung zusammen.

Produzent von *Medisch Centrum West, Amsterdam* war John de Mol. Es war seine einzige Produktion, die im Original in Deutschland lief. Seine Adaptionen holländischer Shows zeigte in den ersten Jahren ausschließlich RTL. Die deutsche Adaption dieser Serie hieß *Stadtklinik*.

Die ARD zeigte werktags nachmittags jeweils eine halbe der eigentlich 45-minütigen Episoden. In Holland brachte es die Serie auf mehr als 100 Folgen. Titelsong war »Melodie d'amour« von Robert Strating.

DIE MEDIZIN ZDF
1973. 8-tlg. Reihe von Dr. Hedda Heuser, Dr. Georg Schreiber und Dr. Rolf Ballmann über Heilwissenschaften und ihre Berufe, Regie: Ekkehard Beyer. Lief nachmittags. Die Wartezeit betrug eine halbe Stunde.

MEDIZIN IM GESPRÄCH ZDF
→ Sonntags um elf

MEEGO – EIN ALIEN ALS KINDERMÄDCHEN RTL
2002. 13-tlg. US-Sitcom (»Meego«; 1997–1998).
Der 9000 Jahre alte, menschlich aussehende Außerirdische Meego (Bronson Pinchot) vom Planeten Marmazon 4.0 landet mit seinem Raumschiff auf der Erde, im Garten der Familie Parker. Er wird das Kindermädchen der Parker-Kinder Alex (Jonathan Lipnicki), Trip (Will Estes) und Maggie (Michelle Trachtenberg), die bei ihrem verwitweten Vater Dr. Edward Parker (Ed Begley, Jr.) leben.
Die Folgen wurden samstagvormittags ausgestrahlt.

MEGA MAN PRO SIEBEN
1996. 25-tlg. US-Zeichentrickserie (»Mega Man«; 1995).
Mega Man ist ein Superheld-Roboter, der von einem Wissenschaftler erschaffen wurde, um die böse Roboterarmee eines Konkurrenten zu bekämpfen. Die Serie lief im Kinderprogramm.

MEGAMAN RTL 2
2001–2002. Actionshow, in der RTL 2 sonntags um 22.00 Uhr den stärksten Mann Deutschlands suchte. Sieben Wochen lang mussten die Anwärter ihre Kraft in verschiedenen sportlichen Ausscheidungswettkämpfen unter Beweis stellen. Der Sieger gewann am Ende ein 344-PS-Auto und 100 000 DM. Simone Angel und der Ex-Profiboxer Axel Schulz moderierten; als »Experte« war Joey Kelly von der Musikerfamilie Kelly Family dabei, der zugleich Marathonläufer und Ironman war. Die zweite Staffel im Sommer 2002 moderierte Axel Schulz zusammen mit der Popsängerin Nicci Juice (»Rollergirl«); sie lief bereits um 20.15 Uhr.

MEGAMAN NT WARRIOR RTL 2
Seit 2004. Jap. Zeichentrickserie (»MegaMan NT Warrior«; seit 2002).

Irgendwann in der Zukunft, während der Cyber-Revolution, sind alle Einwohner von DenTech City an ein zentrales Computersystem angeschlossen und besitzen eine zweite Identität im Cyberspace, ihren jeweiligen »NetNavi«, kurz für »Netzwerk-Navigator«. Nun will die kriminelle Organisation World Three das Internet unter ihre Kontrolle bringen und die Welt ins Chaos stürzen, und der junge Computerfreak Lan nimmt mit seinem NetNavi den Kampf gegen die Bösen auf.

MEHR SCHEIN ALS SEIN – UNSERE BUCKLIGE VERWANDSCHAFT ZDF
1996. 6-tlg. brit. Comedyserie von Roy Clarke, Regie: Harold Snoad (»Keeping Up Appearances«; 1990–1995).
Hyacinth Bucket (Patricia Routledge) weiß, was sich gehört, wenn man was Besseres ist. Die Erscheinung, das Auftreten, das Haus, alles muss perfekt sein, und bei ihrem schrecklichen Nachnamen legt sie Wert darauf, dass man ihn »Bouquet« ausspricht. Man will sich ja von den gewöhnlichen Leuten absetzen. Leider hat sie davon in ihrer Verwandschaft ein paar besonders peinliche Exemplare: ihre Schwestern, die männermordende Rose (Shirley Stelfox) und die hoffnungslos romantische, aber schlampige Daisy (Judy Cornwell) sowie deren Mann Onslow (Geoffrey Hughes), der seine Tage im verschwitzten Unterhemd mit Bierdose vor dem Fernseher verbringt.
Die drei tauchen todsicher immer dann bei Hyacinth auf, wenn sie gerade sorgfältig ein Candlelight-Dinner für den Pastor organisiert hat oder mit großem Einsatz versucht, die Nachbarn zu beeindrucken. Hyacinths Ehemann Richard (Clive Swift) erträgt die ewigen Vorwürfe seiner Frau augenrollend, die unsichere Nachbarin Liz (Josephine Tewson) wird von dem snobistischen Drachen terrorisiert, bis sie nur noch ein Nervenbündel ist.
In Großbritannien war die Serie, obwohl sie immer nur die gleichen Situationen variiert und Running Gags zitiert (in jeder Folge verschüttet Nachbarin Liz vor Aufregung Hyacinths Kaffee), ein langjähriger Erfolg: 40 Folgen und mehrere Specials wurden produziert. Auch in den USA kam die Frau gut an, die auch noch dem amerikanischen Klischee vom Engländer entsprach. In Deutschland verlor sich der Witz naturgemäß mit der Übersetzung.
Das ZDF zeigte die halbstündigen Folgen am späten Freitagabend.

MEIN BABY RTL
Seit 2002. Dt. Doku-Soap. Jeweils eine Woche lang werden Paare begleitet, die sich erst auf und dann über ihr Kind freuen.
Nach der Doku-Soap *Meine Hochzeit,* die über Monate auf demselben Sendeplatz werktags am Vormittag lief, war dies also nur logisch (die Sendung stammte auch von derselben Produktionsfirma AZ Media). Zusammenschnitte liefen zur Primetime bei Vox unter dem Titel »Hallo Baby«. Eine Sat.1-Kopie des Formats hieß *Wir machen ein Baby.*

MEIN BRUDER, DER HERR DR. BERGER ZDF
1972. 13-tlg. dt. Familienserie von Karl Michael Heinze, Regie: Wolfgang Schleif.
Die beiden Brüder Heinrich (Franz Schafheitlin) und Wolfgang Berger (Rolf Schimpf) leben in einer süddeutschen Kleinstadt. Beide haben promoviert, Heinrich ist Arzt, Wolfgang Rechtsanwalt, beide sind moralische Autoritäten und deshalb immer im Einsatz, wenn es um ethische Zweifelsfälle geht.
Die äußerst pädagogische und moralische Serie entstand mit Zuschüssen der Bundesanstalt für Arbeit. Die halbstündigen Folgen liefen donnerstags am Vorabend.

MEIN BUTLER UND ICH ZDF
1989–1993. Fünf-Minuten-Serie mit einem entspannten Hausherrn (Volker Brandt) und seinem klugen Butler (Günther Jerschke), die in den Werbepausen der ZDF-Vorabendserien am Donnerstag lief.

MEIN CHEF UND ICH SAT.1
2004. Dt. Comedyserie von David Ungureit.
Carlo Stelling (Stefan Jürgens) leitet die Redaktion der Hamburger Tageszeitung »Hansa-Kurier« und gerät ständig mit der jungen Redakteurin Annika Renner (Susanne Gärtner) aneinander. Beruflich wie privat. Beruflich ist er ihr Chef, privat ihr Nachbar (Hallo, *Nikola?*). Carlo ist ein zynischer, cholerischer und desillusionierter Großstadtmacho, Annika ein motiviertes, idealistisches und lebensfrohes Landei. Bevor sie ihn kennen lernte, war Carlo ihr Vorbild; sein Buch »Wie werde ich Journalist« hat ihr den Weg gewiesen.
Die Kollegen sind die Lifestyle-Redakteurin Vanessa (Bianca Hein), der selbstverliebte Sportreporter Kai (Alfonso Losa-Eßers), die beide der Neuen abgeneigt gegenüberstehen, und der Alt-68er Rudi (Claus Dieter Clausnitzer), genannt »Che«. Jade Hardenberg (Sabine Vitua) ist die Herausgeberin. Zu Hause mischt sich Annika permanent in Carlos Privatleben und die Erziehung seiner pubertierenden Kinder Ernest (Camilo Lopez Guevara) und Leonie (Theresa Schwierske) ein, mit denen sie sich prima versteht.
Fünf halbstündige Folgen liefen montags um 21.45 Uhr, dann hatte Sat.1 begriffen, dass die Zuschauer begriffen hatten, dass es wenig Gründe gab, die Fernsehabende mit dieser uninspirierten Sitcom zu verbringen. Drei weitere Folgen blieben fürs Erste ungesendet.

MEIN COOLER ONKEL CHARLIE PRO SIEBEN
Seit 2005. US-Sitcom von Chuck Lorre und Lee Aronsohn (»Two And A Half Men«; seit 2003).
Charlie Harper (Charlie Sheen) verdient sein Geld mit der Komposition von Werbejingles, führt ein lässiges Singleleben mit ständig wechselnden Partnerinnen und wohnt in einem komfortablen Strandhaus in Malibu. Sein Bruder, der Chiropraktiker Alan (Jon Cryer), ist ein biederer Familienvater, der sehr an seiner Frau Judith (Marin Hinkle) hängt. Die hat ihn jedoch rausgeworfen, weil sie nun selbst auf Frauen steht. Seitdem wohnen Alan und sein zehnjähriger Sohn Jake (Angus T. Jones) bei Charlie, und ständig prallen ihre Welten aufeinander. Obwohl Charlie das Leben Alans fremd ist, freundet er sich schnell mit Jake an und entdeckt seinen Sinn fürs Familiäre. Das geht jedoch nicht so weit, dass er nun auch mit seiner Mutter Evelyn (Holland Taylor) klarkäme, die viel zu oft zu Besuch kommt. Rose (Melanie Lynskey) ist eine aufdringliche Ex-Affäre Charlies, die er nicht mehr los wird und als gegeben akzeptiert, Berta (Conchata Ferrell) ist die resolute Haushälterin.
Die Serie erweiterte das Konzept von *Männerwirtschaft* um viele neue Ideen und ein Kind, das jedoch kaum störte. Der gelangweilte Playboy, dem alles egal ist, war eine Paraderolle für Charlie Sheen; Jon Cryer spielte den perfekten Gegenpol.
Lief samstags am Vorabend.

MEIN FREUND BEN ARD, PRO SIEBEN, SAT.1
1969–1970 (ARD); 1993 (Pro Sieben); 1998 (Sat.1). 56-tlg. US-Abenteuerserie (»Gentle Ben«; 1967–1969).
Der siebenjährige Mark Wedloe (Clint Howard) erlebt in den Everglades von Florida viele Abenteuer mit seinem besten Freund, dem Bären Ben. Marks Eltern sind der Naturschutzwärter Tom (Dennis Weaver) und Ellen Wedloe (Beth Brickell). Toms bester Freund ist Spencer (Jack Morley), Marks Freund ist Willie (Angelo Rutherford).
Der Bär wurde von dem Bären Bruno gespielt, dessen Trainer Monty Cox war. Die ersten 38 Folgen liefen im regionalen Vorabendprogramm der ARD, die restlichen erst Jahrzehnte später in Pro Sieben und Sat.1. Jede Folge war eine halbe Stunde lang.

MEIN FREUND MARSUPILAMI PRO SIEBEN
2004. 26-tlg. frz. Zeichentrickserie (»My Friend Marsupilami«; 2002). Neue Abenteuer des Fabeltiers Marsupilami.

MEIN FREUND TAFFDI ZDF
1977. 13-tlg. US-Sitcom von Jerry Davis (»The Cop And The Kid«; 1975–1976).
Der übergewichtige, unverheiratete Polizist Frank »Taffdi« Murphy (Charles Durning) wird Pflegevater des zwölfjährigen schwarzen Straßenjungen Lucas Adams (Tierre Turner), den er eigentlich verhaften wollte. Franks Mutter Brigid (Patsy Kelly) hilft. Lucas' Hund heißt Killer. Die halbstündigen Folgen liefen samstags nachmittags.

MEIN FREUND WINNETOU ARD
1980. 14-tlg. dt.-frz.-schweiz. Abenteuerserie von Jean-Claude Deret nach den Romanen von Karl May, Regie: Marcel Camus (»Winnetou le mescalero«; 1980).
Bei einem Kampf mit Weißen wird der Indianer Winnetou (Pierre Brice), der Häuptling der Apachen, schwer verletzt und von Charbonneau (Jean-Claude Deret) gesund gepflegt. Noch einmal widerfährt Winnetou Unschönes, doch mit angenehmen

Folgen: Ein junger Komantschenkrieger (Eric Do Hieu) stiehlt sein Pferd, doch durch den Vorfall lernen sich beide näher kennen und werden Freunde, was ungewöhnlich ist, da die Stämme der Komantschen und Apachen verfeindet sind. Winnetou gibt ihm den Namen Tashunko, was »Schwarzes Pferd« heißt. Die beiden haben viele gemeinsame Erlebnisse, kämpfen gegen die Unterdrückung durch die Weißen, und gelegentlich tauchen auch Winnetous andere Freunde Sam Hawkins (Ralf Wolter) und Old Shatterhand (Siegfried Rauch) auf.

Die Serie ging auf ein Exposé von Pierre Brice zurück, aus dem er eigentlich einen Kinofilm machen wollte, der Winnetou und die Geschichte und Kultur der Indianer in einem realistischeren Licht darstellen sollte. Pierre Brice war in der Rolle des Winnetou berühmt geworden und hatte sie in elf Filmen gespielt. Er spielte sie auch bei den Karl-May-Festspielen und noch einmal im ZDF-Zweiteiler »Winnetous Rückkehr«, 1998. Den Anspruch, auf die wahren Probleme der Indianer aufmerksam machen zu wollen, hatte natürlich niemand erwartet, wenn Winnetou draufstand und Pierre Brice drin war, weshalb die Serie nur mäßig erfolgreich war. Sie lief im regionalen Vorabendprogramm. Aus im Original sieben einstündigen Folgen wurden 14 halbstündige.

MEIN GARTEN   RTL
Seit 2004. Vorher-Nachher-Show mit der Gartenexpertin Andrea Göpel, dem Landschaftsarchitekten Bernd Franzen und dem Handwerker Michael Penners, die die Gärten unbedarfter Besitzer aufmöbeln.
Nachdem das englische Format »Home Invaders« bereits Vorbild für einige Einrichtungsshows gewesen war *(Do it yourself – S.O.S.; Einsatz in vier Wänden)*, war es nur eine Frage der Zeit, bis auch das Schwesterformat »Garden Invaders« einen Nachahmer fand. Die Show läuft am Sonntagnachmittag.

MEIN GEHEIMER SOMMER   ZDF
1995. 14-tlg. dt. Kinder-Abenteuerserie.
Die Eltern von Alex (Camilla Power) aus Berlin, Sanna (Laura Valtonen) aus Helsinki, Jelena (Star Acri) aus Jalta, Marco (Nitzan Sharron) aus Belgrad und Nick (Tim Matthews) aus Los Angeles werden entführt. Sie haben gemeinsam an einem geheimen Forschungsprojekt gearbeitet, das Madros (Peter Mark Richman) in seine Macht bringen will. Die Kinder müssen durch viele Länder reisen, um die geheimnisvollen Steine, die dort versteckt wurden, zu sammeln.
Das ZDF zeigte die Serie nicht nur mit halbstündigen Folgen am Sonntagmorgen, sondern später auch als Fünfteiler mit spielfilmlangen Folgen.

MEIN GROSSER DICKER PEINLICHER VERLOBTER   SAT.1
2004. Realityshow.
Eine Kandidatin (Mareike) glaubt, sie nehme an einer Kuppelshow teil, bei der sie sich einen hübschen Mann aussuchen kann. Das ist nicht der Fall. Sie erfährt dies von der affektierten Moderatorin Jessica Witte-Winter aber erst bei Drehbeginn und bekommt den für sie Auserwählten (Gunnar) sogleich präsentiert: Er ist, nun ja, groß, dick und peinlich. Ihre Familie glaubt, die beiden liebten sich und wollten einander innerhalb der nächsten zwei Wochen heiraten.
Die Aufgabe der Kandidatin ist es, innerhalb dieser Zeit der Familie den fetten Kerl und seine ebenso ungehobelte Familie schönzureden (natürlich ohne die Wahrheit zu verraten) und alle zur Hochzeit zu versammeln. Gelingt ihr das, gewinnt sie 500 000 €. Ach ja, und dann glaubt die Kandidatin noch, der Dicke habe die gleiche Aufgabe zu erfüllen. Er und seine Familie sind aber Schauspieler und geben sich alle Mühe, ihr die Aufgabe so schwer wie möglich zu machen.
Tetje Mierendorf spielte Gunnar, und die Show wirkte wie sein Bewerbungsvideo für richtige Rollen. Etwa alle fünf Minuten war er in einer Interviewsituation zu sehen, in der er seine eigenen Streiche rühmte und betonte, dass er ja *Schauspieler* sei! Am Ende ging alles glatt, und die Kandidatin gewann das Geld.
Es war eine witzige Idee, doch wirkte die Show gelegentlich wie ein etwa fünf Stunden zu langer Streich aus *Verstehen Sie Spaß?*. Sat.1 hatte das Projekt unter strenger Geheimhaltung im Sommer produziert und nicht einmal seine Werbekunden darüber informiert, um nicht Gefahr zu laufen, dass Kandidatin oder Angehörige das Konzept der Show erführen. Sie hätten es kennen können, wenn sie Anfang desselben Jahres durch irgendeinen blöden Zufall die US-Show »My Big Fat Obnoxious Fiancé« gesehen hätten. Dieses Original zeigte Kabel 1 wenig später als *Mein schrecklicher Verlobter*. Spätestens seit *El, der Millionär* von RTL 2 hätten Kandidaten ohnehin gewarnt sein können, dass Fernsehmachern bei Kuppelshows nicht immer zu trauen ist.
Sechs einstündige Zusammenschnitte der Ereignisse liefen unter wachsendem Zuschauerinteresse donnerstags um 20.15 Uhr.

MEIN HAUS – DEIN HAUS   RTL 2
2003. Doku-Show, in der sieben Ehepaare in Duisburg-Baerl gemeinsam ein Haus bauen. Sie haben drei Monate Zeit und den Architekten Arnd Blömer und Bauleiter Herbert Nothaas als Helfer. Die beiden Mitspieler, die sich in den Augen der Zuschauer am besten dabei anstellen, dürfen in das Haus einziehen.
15 einstündige Folgen liefen dienstags um 21.15 Uhr. Das Konzept wurde leicht abgewandelt im folgenden Jahr für die Show *Mission: Traumhaus – Deutschlands verrückteste Baustelle* aufgewärmt.

MEIN LEBEN & ICH   RTL
Seit 2001. Dt. Comedyserie von Paula Roth.
Alex Degenhardt (Wolke Hegenbarth) ist 16 Jahre alt und wäre eigentlich glücklich – wenn nur die

Welt nicht wäre. Leider sind die Momente rar, in denen sie allein mit ihrem Tagebuch oder in ihrer Dunkelkammer sein kann, meistens nervt irgendein gut gelaunter Idiot: ihre Eltern Anke (Maren Kroymann) und Hendrik (Gottfried Vollmer), ihr kleiner Bruder Sebastian (Frederik Hunschede), ihre penetrante Mitschülerin Claudia (Nora Binder), die sich für ihre beste Freundin hält. Alex ist eine sarkastische Einzelgängerin – oder wäre es wenigstens gerne, wenn man sie nur ließe. Als Claudia Ende 2003 endlich einen Freund hat und ihre Zeit mit ihm, also nicht mit Alex verbringt, ist Alex endlich mal richtig gut gelaunt, und ihr Vater stellt fest: »Als du das letzte Mal gelächelt hast, trugst du noch Windeln. Und damals hattest du Blähungen. Hast du Blähungen, Alex?« Wenn Alex allein in ihrem Zimmer ist, führt sie Tagebuch und hält darin mit beißender Intelligenz und düsterem Scharfsinn ihre Sicht auf ihr Leben fest, in dem sie keiner versteht, und in dem sie aber auch eigentlich von keinem verstanden werden will. Was sie schreibt, hört der Zuschauer als Off-Stimme.

Intelligente Sitcom, die auf dem Erfolg von *Ritas Welt* aufbaute und dem Genre eine bislang in Deutschland nicht gekannte Tiefe gab. Geprägt wurde die Serie nicht nur von der schroffen und im Grunde zutiefst einsamen Figur der Alex, sondern auch von einer Umkehrung des üblichen Eltern-Kind-Verhältnisses: Alex' Eltern sind überzeugte Alt-68er, und anstatt gegen Regeln und Spießertum rebelliert Alex gegen die schreckliche Liberalität, das ewige Ausdiskutieren und dieses unerträgliche Für-alles-Verständnis-haben.

Nicht zu verwechseln mit der US-Sitcom *Das Leben und ich,* die im gleichen Zeitraum samstags mittags beim selben Sender lief. Diese hier lief freitags um 21.15 Uhr mit großem Erfolg bei jungen Zuschauern, zu Beginn der dritten Staffel Anfang 2004 wanderte die Serie auf Mittwoch. Bis Mitte 2004 wurden rund 50 Folgen gezeigt.

MEIN LIEBER BIBER   PRO SIEBEN, KABEL 1, SUPER RTL

1991 (Pro Sieben); 1994 (Kabel 1); 1996 (Super RTL). 100-tlg. US-Sitcom (»Still The Beaver«/«The New Leave It To Beaver«; 1985–1989).

Der geschiedene Theodore Cleaver (Jerry Mathers), genannt Biber, lebt mit seinen Kindern Kip (Kipp Marcus) und Oliver (John Snee) bei seiner verwitweten Mutter June (Barbara Billingsley). Gleich nebenan wohnt Theodores älterer Bruder Wally (Tony Dow) mit seiner Frau Mary Ellen (Janice Kent), Tochter Kelly (Kaleena Kiff) und Sohn Kevin (Troy Davidson). Freund Eddie Haskell (Ken Osmond), der den Cleavers schon im Kindesalter das Leben schwer gemacht hat, lebt ebenfalls in der Nachbarschaft; seine Jungs heißen Freddy (Eric Osmond) und Eddie, Jr. (Christian Osmond).

Fortsetzung der Familiensitcom *Erwachsen müsste man sein ...,* knapp 30 Jahre später, mit den Originaldarstellern von Biber, seiner Mutter und Eddie. Die Kinder von damals sind nun erwachsen und haben eigene Familien. Ihre Kinder übernehmen nun die Rollen, die ihre Väter früher gespielt haben: Der kleine Kip bringt sich regelmäßig in die unmöglichsten Situationen, die Kinder von Eddie sind so falsch wie Eddie damals. Zur neuen Serie kam es, nachdem das TV-Movie »Still The Beaver« in den USA 1983 sehr erfolgreich die Biber-Geschichten wieder aufgenommen hatte. Die zugehörige Serie trug in den USA zuerst den Titel des Films, wurde ab der zweiten Staffel aber in »The New Leave It To Beaver« umbenannt.

MEIN LIEBER JOHN   ZDF

1990–1994. 52-tlg. US-Sitcom (»Dear John«; 1988–1992).

Nachdem seine Frau ihn bei Nacht und Nebel verlassen und nur einen Abschiedsbrief hinterlassen hat, tritt der frustrierte John Lacey (Judd Hirsch) einer Selbsthilfegruppe für Geschiedene bei, die die sexbesessene Louise (Jane Carr) leitet. Der Gruppe gehören außerdem der Macho Kirk Morris (Jere Burns), der schüchterne Ralph Drang (Harry Groener), Kate McCarron (Isabella Hofmann) und Mrs. Margie Philbert (Billie Bird) an. Später stößt noch Mary Beth Sutton (Susan Walters) dazu.

Die 52 Folgen wurden zunächst an verschiedenen Tagen zur Primetime, später mittwochnachts gesendet. Der Rest der eigentlich 90-tlg. Serie lief nur im Regional- oder Pay-TV.

MEIN LIEBER MANN   ARD

1978. 6-tlg. dt. Comedyserie von Peter Märthesheimer nach Raymond Allen, Regie: Günter Gräwert.

Paul (Ulrich Faulhaber) ist ein Albtraum. Alles, was er anfasst, geht schief, und seine Frau Betty (Elke Aberle) und seine Schwiegermutter (Eva Brumby) sind meist diejenigen, die am meisten unter den irrwitzigen Katastrophen leiden müssen.

Mein lieber Mann war eine Adaption der britischen Serie »Some Mothers Do 'ave 'em«. Die halbstündigen Folgen liefen 14-täglich montags um 22.00 Uhr.

MEIN MORGEN   RTL

1999–2000. Tägliches 90-Minuten-Live-Magazin mit Tipps, Unterhaltung, Service und der Möglichkeit für Zuschauer, sich durch Anrufe zu beteiligen.

Die Show begann morgens um 9.00 Uhr und wurde von Anne Gesthuysen und Tanja Paidar moderiert. Sie war mit großen Erwartungen gestartet worden, erreichte aber trotz (oder wegen) eines auf Seriosität bedachten, nicht billigen Konzepts nie die erhofften Quoten.

MEIN NAME IST DROPS   ZDF

1982–1984 12-tlg. US-Zeichentrickserie (»Droopy Dog«; 1976).

Der kleine weiße Hund Drops strotzt vor Lethargie. Er bewegt sich langsam, schon seine Stimme ist extrem tranütig. Doch irgendwie ist er immer schon da, wo sein Gegner, oft der große Hund Spike, gerade erst ankommt, was diesen natürlich völlig in den Wahnsinn treibt. Wenn der träge Drops mal wütend wird, verdrischt er in einem Anfall von Energie sein Gegenüber.

Cartoonklassiker auf dem hohen Niveau von Bugs Bunny & Co., der teilweise in den 40er-Jahren schon im Kino gezeigt wurde. Zwei Staffeln liefen am Vorabend.

MEIN NAME IST HASE   ZDF

1983–1987. »Trickreiches mit Bugs Bunny«. 142-tlg. US-Zeichentrickserie von Chuck Jones und Tex Avery (»Looney Tunes«; 1938–1964; »The Bugs Bunny Show«; 1960–1986)

»Jubel, Trubel, Heiterkeit, seid zur Heiterkeit bereit. Mein Name ist Hase, ich weiß Bescheid! Wer eine schöne Stunde verschenkt, weil er an Ärger von gestern denkt oder an Sorgen von morgen, der tut mir Leid. Mein Name ist Hase, ich weiß Bescheid.« Mit diesen Worten schließt sich die Klappe wieder, aus der der Hase Bugs Bunny gerade herausgeschaut hat, und die Show beginnt. Die Trickfiguren aus den Warner-Brothers-Studios treten in einer Reihe auf die Bühne und singen das Titellied: »Das ist die große bunte Bunny-Show, die alles froh und farbig macht. Sie macht sogar den grauen Himmel blau, damit die Sonne mit uns lacht ...«

Es folgen kurze Cartoons, immer mehrere pro Folge. Hauptfiguren sind der Hase Bugs Bunny und die Ente Daffy Duck, die jedoch nicht in jedem Cartoon selbst mitwirken. Meistens ist es die klassische Konstellation aus Jäger und Gejagtem, wobei der Jäger am Ende immer als Verlierer dasteht. Bugs Bunnys Widersacher sind vor allem der Jäger Elmer Fudd mit seiner Flinte und der Revolverheld Yosemite Sam mit seinen zwei Colts. Beide sind nicht die Allerhellsten, und der freche und altkluge Bunny trickst sie immer wieder aus, indem er sich verkleidet, falsche Fährten legt oder die Dynamitschnur umdreht.

In anderen Szenen wird der kleine gelbe Vogel Tweety vom schwarz-weißen Kater Silvester gejagt und der Roadrunner von Karl, dem Kojoten. Weitere wiederkehrende Figuren sind der Südstaatenhahn Foghorn, das Stinktier Pepe, Marvin, der Marsianer, und der tasmanische Teufel, vereinzelt auch *Schweinchen Dick* und *Speedy Gonzales* alias *Die schnellste Maus von Mexiko*, die ihre eigenen Serien hatten.

Die gezeigten Cartoons waren seit 1940 fürs Kino gedreht und ab 1960 in der amerikanischen TV-Serie zusammengefasst worden. Die 25-minütigen Folgen liefen meist dienstags im Vorabendprogramm. Einige Folgen waren neue Zusammenschnitte, die zum Teil schon einmal gesendete Cartoons abermals verwendeten. Zwischen den Cartoons gab es jeweils eine kurze Überleitung, in der Bugs Bunny, teils gemeinsam mit Daffy Duck, in weise daherkommenden Worten in die Handlung der nun folgenden Episode einführte. Leider standen dafür offenbar nur eine Hand voll Filmsequenzen zur Verfügung, weshalb

»Hier kommt ein Superknüller-Knallbonbon, da sprüht der Witz, da geht es rund, da steigt die Stimmung wie ein Luftballon, ja, Freunde, Lachen ist gesund.« Daffy Duck und Bugs Bunny in *Mein Name ist Hase*.

immer wieder die gleichen bewegten Bilder zu sehen waren, die aber jedes Mal anders synchronisiert waren. Von sich selbst sprach Bunny stets als »Meiner einer«. Gerd Vespermann war seine deutsche Stimme. Im Abspann saßen Bugs Bunny und Daffy Duck an Klavieren und sangen das Schlusslied: »Das Publikum war heute wieder wundervoll, und traurig klingt der Schlussakkord in Moll ...«

MEIN NEUER FREUND   PRO SIEBEN

2005. Einstündige Reality-Comedyshow mit Christian Ulmen.

Ein Kandidat muss seine unwissenden Freunde und Verwandten davon überzeugen, dass der unausstehliche Bekloppte, der vom verkleideten Ulmen gespielt wird, sein Freund ist. Hält er 48 Stunden durch, gewinnt er 10 000 €.

Die schlechten Quoten einer einzigen Sendung am Montag um 21.15 Uhr reichten Pro Sieben, um den Versuch sofort abzubrechen. Im Gegensatz zu *Hire Or Fire*, dem kurz zuvor das gleiche Schicksal widerfahren war, wurden die weiteren produzierten Folgen aber noch gesendet, einige Wochen später donnerstags um 23.15 Uhr.

MEIN ONKEL THEODOR   ARD

1977–1978. »... oder Wie man sein Geld im Schlaf verdient«. 6-tlg. dt. Kinderfilm von Gustav Ehmck und Günther Spang, Regie: Gustav Ehmck.

Die beiden Brüder Traugott (Gert Fröbe) und Theodor

Wurster (ebenfalls Gert Fröbe) verblüffen und verwirren ihre Familie. Hausmann Traugott wird, ausgerechnet, als er in einen merkwürdigen Tiefschlaf fällt, zur lukrativen Einnahmequelle für seine kinderreiche Familie, Onkel Theodor in der gleichen Zeit vom Spießer zum kompromisslosen Kinderfreund.
Die Fernsehversion des gleichnamigen Kinofilms aus dem Jahr 1975 lief in halbstündigen Teilen immer sonntags.

MEIN ONKEL VOM MARS ZDF
1976–1977. 32-tlg. US-Sitcom von John L. Greene (»My Favorite Martian«; 1963–1966).
Der Zeitungsreporter Tim O'Hara (Bill Bixby) wird Zeuge, wie ein Raumschiff auf der Erde landet. Nun ja, es ist eher eine Bruchlandung, das Ding ist hin, aber der Außerirdische, der herauskrabbelt, scheint einigermaßen heil. Es handelt sich um einen Marsmenschen im besten Alter (450 Jahre), einen Anthropologen namens X-Idgius 12 1/2. Tim nimmt den Fremden, der sich äußerlich nicht groß von einem Erdenmenschen unterscheidet, in seinem Apartment in Los Angeles auf und stellt das Raumschiff in der Garage unter, bis es repariert ist, was sich natürlich, wie das immer so ist, ganz schön hinzieht.
Der Außerirdische nimmt den Namen Martin O'Hara (Ray Walston) an und gibt sich fortan als Tims Onkel aus. Tim verzichtet auf die sensationelle Story für die Zeitung und versucht, Martins Identität vor den Nachbarn und Behörden zu verheimlichen, was häufig nur unter größten Mühen gelingt. Onkel Martin kann sich selbst unsichtbar machen; er beherrscht Telekinese, Gedankenlesen und Levitation, wofür er kleine Antennen auf seinem Kopf ausfährt. Die entstehenden unerklärlichen Situationen lassen Tims Vermieterin Lorelei Brown (Pamela Britton) immer wieder an ihrem Verstand zweifeln und den Polizisten Bill Brennan (Alan Hewitt) Verdacht schöpfen. Beide Hauptdarsteller der charmanten und witzigen Serie fielen später in sehr anderen Serienrollen auf: Aus Bill Bixby wurde *Hulk,* Ray Walston gab den schrägen Richter Henry Bone in *Picket Fences.* Für eine Halloween-Folge tauchte er darin einmal kurz als Onkel Martin mitsamt seinen Antennen auf. Die Serie diente auch als Vorlage für eine wenig inspirierte Zeichentrickreihe gleichen Namens sowie 1999 für den Kinofilm »Der Onkel vom Mars« mit Christopher Lloyd und Jeff Daniels.
Das ZDF zeigte nur die in Farbe gedrehten halbstündigen Folgen der Serie. Die ersten 75 Episoden waren in Deutschland nicht zu sehen.

MEIN ONKEL VOM MARS ZDF
1977–1978. 16-tlg. US-Zeichentrickserie (»My Favourite Martians«; 1973).
Cartoonvariante der beliebten Serie. Die Folgen dauerten jeweils 20 Minuten.

MEIN PARTNER AUF VIER PFOTEN SAT.1
2000–2001. 8-tlg. ital.-dt. Krimireihe (»Turbo«; 2000).
Kommissar Luca Sepe (Roberto Farnesi) und sein Mischlingsrüde Turbo ermitteln in Mordfällen. Sepes Assistentin (ab Folge 4) ist Giovanna (Ursula Buschhorn). Die spielfilmlangen Folgen liefen mittwochs um 21.15 Uhr.

MEIN RENDEZVOUS ZDF
1987. Societymagazin von und mit Beate Wedekind.
Die Münchner Gesellschaftsreporterin und Kolumnistin stellt das gesellschaftliche und kulturelle Leben interessanter Städte vor. Den Anfang machte Monte Carlo. Nach nur drei 25-minütigen Ausgaben, die sonntags am Vorabend liefen, sagte das ZDF Wedekind Adieu.

MEIN SCHRECKLICHER VERLOBTER KABEL 1
2004. US-Realityshow (»My Big Fat Obnoxious Fiancé«; 2004).
Vorlage für das Sat.1-Format *Mein großer dicker peinlicher Verlobter.* Kurz nach deren Ausstrahlung mit passablen Quoten auf Sat.1 zeigte Kabel 1 sonntags am Vorabend das amerikanische Original mit der Moderatorin Claudia DiFolco.

MEIN SOHN ARD
1973. 13-tlg. frz. Abenteuerserie von François Martin und Michel Andrieu, Regie: François Martin (»Mon Fils«; 1971).
Weil das Jugendamt dem in keinem festen Arbeitsverhältnis stehenden Holzfäller Henri Deschaud (Henri Serre) seinen Sohn Martin (Martin Serre) wegnehmen will, flüchten die beiden quer durch Europa und bleiben nirgendwo lange.
Die Hauptdarsteller waren auch im wirklichen Leben Vater und Sohn. Die halbstündigen Folgen liefen im regionalen Vorabendprogramm.

MEIN UNMÖGLICHER ENGEL ZDF
1963. 12-tlg. US-Sitcom (»Angel«; 1960–1961).
Der Architekt Johnny Smith (Marshall Thompson) heiratet die Französin Angel (Annie Farge). Beide wohnen in den USA, und Angel tritt beim Versuch, den amerikanischen Lebensstil zu leben, immer wieder in Fettnäpfe. Susie (Doris Singleton) und George (Don Keefer) sind die Nachbarn der Smiths.
Die halbstündigen Folgen liefen freitags um 19.00 Uhr.

MEIN VATER IST EIN AUSSERIRDISCHER RTL
1989–1993. 96-tlg. US-Sitcom (»Out Of This World«; 1987–1990).
Die 13-jährige Evie (Maureen Flannigan) hat ungewöhnliche Fähigkeiten, weil sie die Tochter des Außerirdischen Troy vom Planeten Antareus ist. So kann sie die Zeit anhalten und Dinge und Menschen herbeizaubern. Nur ihre Mutter Donna Garland (Donna Pescow), die von der Erde stammt, und deren Bruder Beano (Joe Asaskey) wissen von Evies Begabung; die Freunde Buzz (Buzz Belmondo) und Bürgermeister Kyle Applegate (Doug McClure) ha-

ben keine Ahnung und sind mit den entstehenden seltsamen Situationen entsprechend überfordert. Troy selbst ist wieder auf seinem Heimatplaneten. Durch einen magischen Würfel kann Evie mit ihm sprechen, ihn aber nicht sehen.
Lief sonntags mittags. Troys Stimme gehörte im US-Original Burt Reynolds.

MEIN VATER WOHNT IN RIO ZDF
1991. 5-tlg. niederländ. Jugendfilm von Burny Bos, Regie: Ben Sombogaart (»Mijn vader woont in Rio«; 1988).
Die neunjährige Lisa (Wenneke Janssen) wächst bei ihrer allein erziehenden Mutter (Geert de Jong) auf und versteht sich nicht mit deren Freund Fritz (Theu Boermans). Die Mutter hat Lisa erzählt, dass ihr Vater (Peter Faber) in Rio sei. Als der Großvater (Hans Veerman) stirbt, macht sich Lisa auf, ihren Vater zu finden – doch der sitzt in Wahrheit im Gefängnis.
Fernsehfassung des gleichnamigen preisgekrönten Kinofilms mit knapp halbstündigen Folgen.

MEINE BESSERE HÄLFTE ARD
1960. 13-tlg. US-Sitcom von Harry Kurnitz, Regie: Sheldon Reynolds (»Dick And The Duchess«; 1957–1958).
Dick Starrett (Patrick O'Neal) ist ein amerikanischer Versicherungsdetektiv, der in London lebt und arbeitet. Er ist mit der sehr englischen, sehr aristokratischen Jane (Hazel Court) verheiratet, die er »Gräfin« nennt. Deren adlige Familie hält wenig von Janes amerikanischem Gatten und macht ihm das Leben schwer, indem sie sich immer in seine Fälle einmischt. Peter Jamison (Richard Wattis) ist Dicks Arbeitskollege, Inspector Stark (Michael Shepley) ein Ermittler bei Scotland Yard, mit dem er oft zusammenarbeitet.
Die halbstündigen Schwarz-Weiß-Folgen liefen im regionalen Vorabendprogramm.

MEINE DREI SÖHNE ARD
1962–1966. 65-tlg. US-Sitcom (»My Three Sons«; 1960–1972).
Der verwitwete Flugingenieur Steve Douglas (Fred McMurray) führt mit seinen drei Söhnen Mike (Tim Considine), Robbie (Don Grady) und Chip (Stanley Livingston) einen reinen Männerhaushalt. Außerdem lebt im Haus zunächst Steves griesgrämiger pensionierter Schwiegervater »Bub« (William Frawley), der die Truppe bekocht und zu dominieren versucht, später Onkel Charley (William Demarest).
Mit fast 400 Folgen war die Serie in Amerika eine der langlebigsten. In Deutschland liefen einige 25-Minuten-Episoden im regionalen Vorabendprogramm.

MEINE FAMILIE ... UND ANDERE TIERE ARD
1989. 10-tlg. brit. Abenteuerserie nach dem Roman von Gerald Durrell (»My Family And Other Animals«; 1987).
Familie Durrell zieht aus England nach Korfu. Mrs. Durrell (Hannah Gordon) und ihre Kinder Gerry (Darren Redmayne), Larry (Anthony Calf) und Leslie (Guy Scantlebury) freunden sich schnell mit dem Taxifahrer Spiro (Brian Blessed) an.

MEINE FRAU, IHR VATER UND ICH PRO SIEBEN
2004. 15-tlg. US-Sitcom von Mark Reisman (»In-Laws«; 2002–2003).
Um Geld zu sparen, zieht der angehende Koch Matt Landis (Elon Gold) mit seiner frisch Angetrauten Alex (Bonnie Somerville) zu deren wohlhabenden Eltern Marlene (Jean Smart) und Victor Pellet (Dennis Farina). Die Schwierigkeiten kommen von selbst, da Matt ständig mit den Schwiegereltern, insbesondere Victor, aneinander gerät.
Serienerfinder Mark Reisman produzierte gemeinsam mit Kelsey Grammer, dem Star der Serie *Frasier,* an der Reisman zuvor gearbeitet hatte. Lief erst samstags mittags, dann morgens.

MEINE FRAU SUSANNE ZDF
1963. 20-tlg. dt. Familienserie von Hans H. König, Regie: Erik Ode.
Das frisch verheiratete Ehepaar Martin (Claus Biederstaedt) und Susanne Koldewey (Heidelinde Weis) hat mit den Problemen von Neuvermählten zu kämpfen. Er ist Vertreter für Kosmetikartikel. Das weiß sie natürlich. Sie kann nicht kochen. Das weiß er natürlich nicht. Lange lässt es sich jedoch nicht verheimlichen. Macht nichts, sie lieben sich ja. Und so sieht Martin auch über die weiteren Flausen seiner Frau hinweg, die entweder Geld einbringen sollen oder Geld kosten. So vermietet sie die Wohnung für Fotoaufnahmen, nimmt einen Nebenjob als Sprechstundenhilfe an, bringt Martins Briefmarkensammlung zum Pfandleiher, lernt Akkordeon und will den Führerschein machen. Immerhin ein Klischee wird nicht erfüllt: Susannes Verhältnis zur Schwiegermutter (Lia Eibenschütz) ist gut.
Die erste Serie im damals neuen Sender ZDF. Die halbstündigen Folgen liefen freitags um 18.45 Uhr unter der Rubrik »Unsere Fernsehfamilie«. In einer Gastrolle als Fahrlehrer war Regisseur Erik Ode zu sehen, der später als *Der Kommissar* selbst zum ZDF-Star wurde.

MEINE HOCHZEIT RTL
Seit 2000. Dt. Doku-Soap.
Jede Woche werden drei Paare, die kurz vor der Trauung stehen, von den Hochzeitsvorbereitungen bis zur Eheschließung begleitet. Es geht um Stress und Vorfreude, verlegte Ringe, den letzten Streit vor der Ehe und schließlich den schönsten Tag im Leben.
Die Serie lief jeden Werktag am Vormittag mit so akzeptablen Marktanteilen, dass die logische Folge aus Inhalt und Resonanz die Addition der Doku-Soap *Mein Baby* nach der gleichen Machart war. Die Firma AZ Media produzierte beide Serien.

MEINE KLEINE ROBBE LAURA ARD
1987. 6-tlg. brit. Familienserie nach der Autobiografie von Rowena Farre (»Seal Morning«; 1985).

Norfolk, England, in den 30er-Jahren: Das Waisenkind Rowena (Holly Aird) lebt unglücklich bei seiner strengen Tante Miriam (Jane Lapotaire). Als der Naturwissenschaftler Dr. Bernard Lacy (David Birney) sie und einen Heuler aus dem Watt rettet, freunden sich die beiden elternlosen Wesen an, und sogar Tante Miriam taut auf.
Die Folgen dauerten 30 Minuten.

MEINE MELODIE ARD
1965–1970. 45-minütiges Wunschkonzert mit vielen musikalischen Gaststars. Radiohörer und Fernsehzuschauer konnten sich im Vorfeld Melodien für die Sendung wünschen. Verschiedene Diskjockeis, Showstars, Schauspieler oder Schlagersänger wechselten sich in der Moderation der Show ab, darunter Charlie Hickman, Udo Jürgens, Thomas Fritsch und ab Sommer 1968 mehrfach Marianne Koch, die wenig später vorübergehend ihren Platz bei *Was bin ich?* räumen musste, weil nicht gewünscht war, dass sie in zwei Unterhaltungsshows parallel auftrat. Regisseur war Truck Branss.
Die Reihe lief in loser Folge im Hauptabendprogramm montags gegen 21.00 Uhr und brachte es auf 18 Ausgaben.

MEINE MIETER SIND DIE BESTEN ARD
1977–1978. »Eine Familienserie nach Ihren Wünschen«. 6-tlg. dt. interaktive Comedyserie von Fritz Eckhardt, Regie: Bruno Voges.
Wendelin Hufnagel (Fritz Eckhardt) ist Hausbesitzer und Hausmeister in einer Person und kümmert sich um die Anliegen seiner Mieter. Im Haus wohnen Regina (Doris Denzel) und Theo Stummer (Oskar Müller) mit ihrer heiratsfähigen Tochter Inge (Andrea L'Arronge), Karl Pfitzenmeier (Oscar Heiler), Romy Kellermann (Irmgard Riessen), Elisabeth Schaible (Erika Wackernagel) und die Lehrerin Mathilde Schlotterbeck (Ilse Künkele).
Wie sich das Leben der Hauptfiguren entwickelte, hing von den Wünschen der Fernsehzuschauer ab, die in jeder Folge aufgefordert wurden, per Postkarte über drei mögliche Fortführungen der Handlung abzustimmen und so das Geschehen zu beeinflussen. Um ausreichend Zeit zur Umsetzung zu haben, liefen die 40-minütigen Folgen nur einmal im Monat, zunächst mittwochs, ab 1978 donnerstags um 21.00 Uhr.

MEINE MUTTER, DEINE MUTTER ZDF
1985. 10-tlg. US-Sitcom (»A New Kind Of Family«; 1979–1980).
Die Witwe Kit Flanagan (Eileen Brennan) zieht mit ihren Kindern Andy (David Hollander), Hillary (Lauri Hendler) und Tony (Rob Lowe) in ein großes Haus in Los Angeles. Dort lebt schon eine andere Alleinerziehende: die geschiedene Abby Stone (Gwynne Gilford) mit ihrer Tochter Jill (Connie Ann Hearn). Die moderne Kit und die konservative Abby sind selten einer Meinung. Harold Zimmerman (Chuck McCann) ist der Vermieter.

Die US-Zuschauer begannen auch dann nicht, die Serie zur Kenntnis zu nehmen, als die Stones durch die Ashtons – Mutter Jess (Thelma Hopkins) und Tochter Jojo (Janet Jackson) – ausgetauscht wurden.

MEINE SCHÖNSTEN JAHRE RTL
2004. 8-tlg. dt. Nostalgieserie von Christoph Silber, Regie: Ulli Baumann und Edzard Onneken.
Der 13-jährige Karl Treschanke (Christoph Emanuel Oehme) lebt in den 80er-Jahren mit seinen Eltern (Guntbert Warns und Ulrike Mai) und seinen Geschwistern Janine (Madleine Telge) und Raiko (Michael Wisner) in Ostberlin. Erzählt wird das Erwachsenwerden in der DDR und die Annäherungsversuche an die erste Liebe, Clara (Anne Hausburg), rückblickend vom inzwischen erwachsenen Karl.
Anstatt unverbrauchte Geschichten vom ganz normalen Alltag in einem nicht ganz so normalen Land zu erzählen, benutzte RTL das ungewöhnliche Thema nur, um DDR-Devotionalien und -Klischees über unterdurchschnittlich inspirierte Standard-Seriensituationen zu streuen. Das Konzept war, wie schon der Titel andeutete, bei der ungleich liebevoller gemachten US-Serie *Wunderbare Jahre* abgeguckt, in der der erwachsene Protagonistin nicht auf die 80er-Jahre in der DDR, sondern auf die 68er-Zeit in einer amerikanischen Vorstadt zurückblickt. Statt Joe Cocker ertönte am Anfang und Ende »Boys Don't Cry« von The Cure. Was auch immer das mit irgendwas zu tun hatte.
Die halbstündigen Folgen liefen freitags um 21.15 Uhr. Im Osten hatten sie halbwegs akzeptable Zuschauerzahlen, im Westen nicht.

MEINE SHOW ARD
1993–1994. 90-minütige Musikshow mit Dagmar Frederic.
Stars singen die Hits, die sich das Publikum wünscht. Über Videotext und Postkarten können Zuschauer im Vorfeld aus einer Auswahl von 13 Interpreten ihre Lieblinge aussuchen, derer sieben dann in der Show auftreten, wo für all jene ein Traum in Erfüllung geht, die schon immer mal Roland Kaiser oder David Hasselhoff im Fernsehen sehen wollten.
Meine Show kam live aus wechselnden Städten und beinhaltete zwischen den Showblöcken Vor-Ort-Aktionen mit überrumpelten Zuschauern oder Menschenansammlungen, die für einen guten Zweck eine ungewöhnliche Aufgabe erfüllten. Sie lief donnerstags um 21.03 Uhr und brachte es auf acht Ausgaben.

MEINE TOCHTER – UNSER FRÄULEIN DOKTOR ZDF
1970. 13-tlg. dt. Familienserie von Karl Michael Heinze, Regie: Wolfgang F. Henschel und Wolfgang Schleif.
Dr. Karin Keller (Diana Körner) arbeitet als Psychologin in einer Berufsberatungsstelle des Arbeitsamts. Sie wohnt bei ihrem Vater Jonathan (Franz Schafheitlin), einem eifrigen, aber nicht sehr erfolgrei-

chen Erfinder, und ihrem jüngeren Bruder Michael (Holger Ungerer), der noch zur Schule geht.
Die halbstündigen Folgen liefen freitags im Vorabendprogramm.

MEINE WILDEN TÖCHTER — PRO SIEBEN
Seit 2004. 76-tlg. US-Sitcom von Tracy Gamble (»8 Simple Rules for Dating My Teenage Daughter«; 2002–2005).
Paul Hennessy (John Ritter) hat ein ernstes Problem: Seine Töchter werden erwachsen und interessieren sich für Jungs. Schlimmer hätte es nun wirklich nicht kommen können. Bridget (Kaley Cuoco), die Ältere, und ihre Schwester Kerry (Amy Davidson) sind Teenager und hassen ihre Familie, das machen Teenager nun einmal so, und vor allem ihren jüngeren Bruder Rory (Martin Spanjers). Mutter Cate (Katey Sagal) kümmert die im Haus umgehende Pubertät weit weniger als ihren an sich so rationalen Mann Paul, dem die Nervosität anzusehen ist, sobald ein Junge Bridget, dem Schwarm der ganzen Schule, zu nahe kommt.
Die Idee zur Serie stammte vom Buch »8 Simple Rules for Dating My Teenage Daughter and Other Tips from a Beleaguered Father« (Not That Any of Them Work), von W. Bruce Cameron, das in Deutschland bisher nicht erschienen ist. Sie wurde die letzte Arbeit des Hauptdarstellers John Ritter, der während der Arbeiten an Folge 32 am 11. September 2003 völlig überraschend am Set zusammenbrach und starb. Die Serie wurde ohne ihn fortgesetzt und Paul Hennessy ein Serientod angedichtet, mit dem die Fernsehfamilie umzugehen hatte (diese Folge zeigte Pro Sieben im Januar 2005).
Katey Sagal übernahm nun die tragende Hauptrolle und zeigte spätestens jetzt, dass sie deutlich mehr konnte, als Peggy Bundy aus *Eine schrecklich nette Familie* zu sein. Der besondere Charme der Serie war jedoch verschwunden, der Star und Sympathieträger Ritter, dem die Serie auf den Leib geschrieben schien, war immer das witzigste Element der Serie gewesen und nicht zu ersetzen.
Lief erst samstags nachmittags und wurde dann auf sonntags vormittags verlegt.

MEINER FRAU BLEIBT NICHTS VERBORGEN — ARD
1975–1976. 13-tlg. US-Sitcom von Bernard Slade (»The Girl With Something Extra«; 1973–1974).
John (John Davidson) und Sally Burton (Sally Field) sind frisch verheiratet. Erst am Tag der Hochzeit war Sally so frei, John die Kleinigkeit zu berichten, dass sie Gedanken lesen kann. Seine. Und alle anderen auch. John ließ sich darauf ein, und das hat er nun davon: Sie weiß einfach alles, und das führt zu Peinlichkeiten und Chaos. John ist Anwalt und arbeitet für die Kanzlei von Owen Metcalf (Henry Jones) und Stuart Kline (William Windom). Jerry (Jack Sheldon) ist Johns Bruder und Anne (Zohra Lampert) Sallys beste Freundin.
Die halbstündigen Folgen liefen im Vorabendprogramm. Im Original hat die Serie 22 Folgen.

DER MEINUNGSPINSEL — ARD
→ Aktuelles aus Berlin

MEISTER EDER UND SEIN PUMUCKL — ARD
1982–1989. 52-tlg. dt. Kinderserie nach den Büchern von Ellis Kaut, Regie: Ulrich König.
Der kleine, rothaarige Kobold Pumuckl ist ein Klabautermann und für alle Menschen unsichtbar, außer für den Schreinermeister Eder (Gustl Bayrhammer), weil Pumuckl einmal in dessen Werkstatt an einem Leimtopf kleben geblieben ist. Seitdem lebt Pumuckl bei Meister Eder und heckt, ohne gesehen zu werden, allerlei Streiche aus, während der arme Eder Mühe hat, seinen Kunden zu erklären, warum in seiner Werkstatt so merkwürdige Dinge passieren. Und warum da ein Puppenbett steht. Darin schläft Pumuckl. Die Kunden betrachten Eder immer mehr als merkwürdigen Kauz. Auch Eder kann Pumuckl nur sehen, wenn Pumuckl das will – oder wenn er wieder irgendwo kleben bleibt.
Die Serie mischte Real- und Zeichentrickfilm. Alles war echt, nur Pumuckl war gezeichnet: mit rotem Haar, grüner Hose und gelbem T-Shirt. Seine berühmte krächzende Stimme lieh ihm Hans Clarin. Fünf Jahre hatte die Arbeit an der ersten Staffel gedauert, 8,5 Millionen DM hatte sie gekostet. Nach ihrem Ende erhielt die ARD tausende Protestbriefe, die eine Fortsetzung forderten. Bis zu deren Ausstrahlung dauerte es weitere fünf Jahre. Zu Beginn jeder Folge sah man Pumuckl über die Dächer der Nachbarschaft hüpfen und die Buchstaben des Vorspanns durcheinander bringen. Dazu lief der Titelsong, der mit Pumuckls Vers begann: »Pumuckl neckt, Pumuckl versteckt, und niemand was meckt! Oh, das reimt sich ja, und was sich reimt, ist gut, hahahaha!« Dann sang der Kinderchor: »Hurra, hurra, der Kobold mit dem roten Haar, hurra, hurra, der Pumuckl ist da! Am liebsten macht er Schabernack: Leute ärgern nicht zu knapp, schwupp, schon ist die Feile weg, wer hat die wohl wegversteckt?«
Schon lange vor dieser Fassung waren Meister Eder und sein Pumuckl, beide als Trickfiguren, innerhalb der Kindersendung *Plumpaquatsch* aufgetreten. Pumuckl wurde über Jahrzehnte eine der erfolgreichsten Figuren des Kinderfernsehens und mit entsprechendem Merchandisingmaterial vermarktet, u. a. mit erfolgreichen Hörspielkassetten – inzwischen sind etliche Folgen auf DVD erhältlich. Neben den halbstündigen Serienfolgen, die mal sonntagmittags und mal im Vorabendprogramm liefen, entstanden zwei Spielfilme. 1995 startete die Show *Pumuckl TV*, 1999 die Nachfolgeserie *Pumuckls Abenteuer* mit Towje Kleiner als Pumuckls neuer Meister, nachdem Gustl Bayrhammer mittlerweile verstorben war.

MEISTER NADELÖHR ERZÄHLT — DFF
→ Zu Besuch im Märchenland

MEISTERSZENEN DER KLAMOTTE — ZDF
1979–1983. »Unvergessliche Kostbarkeiten«. 49-tlg.

Meister Eder und sein Pumuckl in Eders Werkstatt. Wieder macht Eder den Fehler, Pumuckl eine Standpauke zu halten und zu glauben, sie zeige Wirkung.

Reihe mit Ausschnitten aus Stummfilmklassikern verschiedener Künstler.

MEISTERSZENEN MIT STAN LAUREL UND OLIVER HARDY   ZDF

1979–1980. 40-tlg. Reihe mit Ausschnitten aus Tonfilmen mit Stan Laurel und Oliver Hardy.
Heinz Caloué verwertete noch einmal Szenen, die meist bereits im Rahmen von *Dick und Doof* zu sehen waren, kommentiert von Hanns Dieter Hüsch. Den Rahmen bildete ein mit »Meisterszenen« beschriftetes Buch, das aufgeblättert wurde, in das scheinbar Fotos von Stan und Ollie eingeklebt waren. Am Ende jeder Folge wurde das Buch zugeschlagen. Dann erschienen beide Komiker sehr zerzaust und beschwerten sich. Hardy: »Wie sehen wir jetzt aus? Müssen sie uns in son kleines Buch reinquetschen?« Stan: »Sie wollen uns doch nur ein Denkmal setzen.« Hardy: »Denkmal setzen? Ich pfeif' drauf!« Die Szene stammt ursprünglich aus dem Film »Laughing Gravy«.
Die halbstündigen Folgen liefen da, wo man sie erwartete: am Freitag um 18.20 Uhr.

DIE MELCHIORS   ARD

1972–1973. »Eine Kaufmannsfamilie«. 26-tlg. dt. historische Serie von Heinz-Werner John, Regie: Hermann Leitner.
Lübeck im 15. Jh.: Knut Melchior (Hans Putz) ist das Oberhaupt einer Kaufsmannsfamilie und hat mit seiner Frau Svea (Evelyn Balser) acht Kinder. Dazu gehören: Eric (Wolfgang Schneider), der sich mit der Französin Lucienne (Françoise Dorner) verlobt, Richard (Thomas Stroux), Karl (Stephan Stroux), Agathe (Ulrike Blume), Felicitas (Hansi Jochmann) und der kleine Stig (Andreas Poliza). Sie bekommen es mit Seeräubern zu tun, machen Geschäfte mit Machthabern in aller Welt, fürchten den Aussatz und kämpfen um die Macht in der Hanse.
Die halbstündigen Folgen liefen in allen regionalen Vorabendprogrammen, teilweise ab 1976 auch im DFF 1.

MELISSA   ARD

1966. 3-tlg. dt. Krimi von Francis Durbridge, Regie: Paul May.
Guy Foster (Günther Stoll) gerät in Verdacht, seine reiche Frau Melissa (Ruth Maria Kubitschek) umgebracht zu haben. Beide waren zu einer Party des Rennfahrers Don Page (Erik Schumann) eingeladen. Inspektor Cameron (Siegfried Wischnewski) ermittelt. Der Psychiater Dr. Swanson (Albert Bessler) behauptet, Foster sei bei ihm in Behandlung gewesen, was dieser vehement abstreitet. Doch Foster verwickelt sich in Widersprüche und glaubt allmählich, tatsächlich den Verstand zu verlieren. Die vermeintlich tote Melissa ruft ihn an und ist schuld daran, dass er erneut des Mordes verdächtigt wird: an der drogenabhängigen Mary Antrobus (Christine Uhde). Deren Vater George (E. O. Fuhrmann) versucht daraufhin anscheinend, Foster zu töten. Weitere dubiose Figuren sind das Ehepaar Felix (Hubert Schuschka) und Paula Hepburn (Hanne Wieder).
Neuauflage des gleichnamigen britischen Sechsteilers von 1964. Neben dem *Halstuch* einer der herausragenden Durbridge-Klassiker. Die Schwarz-Weiß-Folgen waren gut eine Stunde lang.

MELODIEN FÜR MILLIONEN   ZDF

Seit 1985. Große Abendshow mit Dieter Thomas Heck.
Heck begrüßt als Gäste mehrere Zuschauer, die an einer Art Caféhaustisch sitzen. Sie erzählen persönliche Geschichten, mit denen sie ein bestimmtes Lied verbinden. Der Interpret dieses Liedes tritt im An-

schluss an das Gespräch auf und singt es – meist handelt es sich um einen Schlager, volkstümliche Klassik oder Operette. Zuschauer können sich selbst bewerben und ihre Geschichten beschreiben und Lieder wünschen. Oft führt die Sendung Menschen zusammen, die sich aus den Augen verloren haben. Die Redaktion hat im Vorfeld der Sendung recherchiert und nach den Menschen gesucht, die in der Show dann als Überraschungsgast präsentiert werden. Dann heult mindestens einer von beiden, meistens alle bis auf Heck.

Seit 1994 engagiert sich die Sendung für die Deutsche Krebshilfe, bat die Zuschauer um Spenden und gab vom Erlös jeder verkauften CD zur Sendung einen Kleinstbetrag an die Krebshilfe ab. Die Show lief meist zweimal im Jahr samstags oder sonntags um 20.15 Uhr, bisher rund 40-mal.

MELROSE PLACE RTL

1993–2000. 227-tlg. US-Soap von Darren Star (»Melrose Place«; 1992–1999).

Liebe, Laster, Affären und Intrigen in einer Clique von 20- bis 30-Jährigen, die am Melrose Place in Los Angeles leben. Dazu gehören Dr. Michael Mancini (Thomas Calabro), ein junger Arzt, der nebenbei den Job des Hausmeisters macht und so die Miete spart; Michaels Frau Jane (Josie Bissett); Rhonda Blair (Vanessa Williams), Janes Freundin, eine Aerobic-Lehrerin; Sydney Andrews (Laura Leighton), Janes Schwester; der Bauarbeiter und Frauenschwarm Jake Hanson (Grant Show); Alison Parker (Courtney Thorne-Smith), die von der Rezeptionistin zur Werbestrategin aufsteigt; die intrigante Amanda Woodward (Heather Locklear), Alisons Chefin, bis diese sich selbständig macht; Billy Campbell (Andrew Shue), Alisons Verlobter, der Taxi fährt, gern Schriftsteller wäre und später ebenfalls in der Werbeagentur arbeitet; der schwule Sozialarbeiter Matt Fielding (Doug Savant) und Sandy Louise Harling (Amy Locane), die in einer Kneipe jobbt.

Sandy will Schauspielerin werden und verlässt den Melrose Place, als sie eine Rolle angeboten bekommt. Auch Rhonda geht weg. Michael hat eine Affäre mit Dr. Kimberly Shaw (Marcia Cross), lässt sich von Jane scheiden und heiratet erst ihre Schwester Sydney und später Megan Lewis (Kelly Rutherford), eine ehemalige Prostituierte. Billy ehelicht zunächst Brooke Armstrong (Kristin Davis), dann Samantha Reilly (Brooke Langton), lässt sich aber auch von Letzterer wieder scheiden. Neu an den Melrose Place kommen im Lauf der nächsten Zeit auch die Fotografin Jo Reynolds (Daphne Zuniga); Dr. Peter Burns (Jack Wagner), Michaels Erzfeind, der nach einer Affäre mit Amanda die Ex-Kriminelle Eve (Rena Sofer) heiratet; Kyle McBride (Rob Estes), der ein Restaurant betreibt, und seine Frau Taylor (Lisa Rinna); Craig Field (David Charvet); Jennifer Mancini (Alyssa Milano), Michaels Schwester; Dr. Brett »Coop« Cooper (Linden Ashby) und seine Ex-Frau, die intrigante Lexi Sterling (Jamie Luner).

Matt stirbt später bei einem Autounfall. Samantha und Coop verlassen die Stadt, ebenso Billy, der mit Jennifer nach Rom auswandert. Kyle und Amanda heiraten. Kyles Bruder Ryan (John Haymes-Newton) kommt in die Stadt und verliebt sich in Megan. Die beiden heiraten am Ende. Michael und Jane werden wieder ein Paar, und auch Peter und Amanda kommen wieder zusammen. Eve möchte beide umbringen, und so täuschen sie schließlich ihren Tod vor, um auf einer Südseeinsel ein ungestörtes neues Leben beginnen zu können.

Spin-off von *Beverly Hills, 90210*. Das Pärchenwechsle-dich-Spiel war das gleiche, nur dass die Leute hier immer gleich geheiratet haben. In einigen der ersten Folgen spielte Jennie Garth ihre Rolle als Kelly Taylor. Aaron Spelling war auch der Produzent dieser Serie, die RTL im Doppelpack mit *Beverly Hills, 90210* am Samstagnachmittag zeigte.

MEMBERS ONLY RTL 2

1998–1999. Musik-Szenemagazin, jedesmal aus einem anderen Club in einer anderen Stadt. Weil die junge Zielgruppe dann doch nicht so heiß darauf war, Mitglied in diesem Club zu werden (oder sonn-

Melrose Place mit Heather Locklear und Rob Estes. Heather kommt grundsätzlich später. Heather Locklear stieg in die meisten ihrer Serien erst nachträglich ein, und diese entwickelten sich dann zu großen Erfolgen: *Der Denver-Clan, T. J. Hooker, Melrose Place, Chaos City*. Die Serien, bei denen sie von Anfang an dabei war (»Going Places«, »LAX«), waren Flops und wurden in Deutschland gar nicht erst gezeigt.

tags um 18.00 Uhr noch nicht wieder in Partystimmung war), lief die Veranstaltung nur dreimal.

MEMORY   ZDF
1993. Familien-Gameshow mit Cherno Jobatey.
Geht genauso wie das gleichnamige Gesellschaftsspiel: Jugendliche und erwachsene Kandidaten decken Bilder auf. Jeweils zwei gleiche sind versteckt, und wer eins findet, sollte wissen, wo das andere ist.
26-mal wurde je 20 Minuten lang am Sonntagmittag gespielt – mit freundlicher Unterstützung von Ravensburger natürlich.

MEN IN BLACK – DIE SERIE   SAT.1
1999–2001. 53-tlg. US-Zeichentrickserie nach dem gleichnamigen Kinofilm (»Men In Black«; 1999–2001). Die Agenten Jay und Kay und ihre Kollegin Elle bekämpfen die bösen Außerirdischen, die sich heimlich unter die Erdbevölkerung gemischt haben.
Ein kurzer Versuch freitags um 19.45 Uhr brachte nicht den gewünschten Erfolg und wurde nach fünf Wochen beendet, die Serie wanderte dann auf den traditionellen Zeichentricksendeplatz am Samstagvormittag.

MENSCH ÄRGER DICH NICHT   ZDF
1966–1967. »Beobachtungen mit versteckter Kamera«.
Eine besonders harmlose Variante von *Vorsicht Kamera!* mit Helli Pagel, der zuvor als Lockvogel des Originals bekannt geworden war. Seine eigene Show brachte es auf zehn Sendungen.

MENSCH ÄRGERE DICH NICHT   ARD
1979. Kinderspielshow. Vier aus je einem Kind und einem Prominenten bestehende Mannschaften spielen das bekannte Würfelspiel und lösen andere Aufgaben. Spielleiter ist Bauchredner Pierre mit seiner Puppe.
Prominenter Gast einer Premierensendung ist normalerweise Roberto Blanco; der konnte wohl nicht, also kamen Mary Roos, Hanni Vanhaiden, Bill Ramsey und Berti Vogts. Roberto Blanco kam dann in der zweiten Ausgabe.
Die Sendung war 50 Minuten lang und lief mittwochs um 17.00 Uhr.

MENSCH ÄRGERE DICH NICHT!   ZDF
→ So ein Zoff!

MENSCH BACHMANN   ZDF
1984. »Geschichten um vier Töchter und einen Vater«. 6 tlg. dt. Familienserie von Herbert Reinecker, Regie: Wolfgang Becker.
Rudolf Bachmann (Rolf Schimpf) wird an seinem 50. Geburtstag gekündigt. Erst verheimlicht er das seinen Töchtern Renate (Bettina Redlich), Brigitte (Verena Peter), Lola (Caroline Ohrner) und »Häschen« Carola (Anja Jaenicke), dann geht er in die Offensive und gründet seine eigene Firma, ein Transportunternehmen mit dem Namen Ruck Zuck.
Der Soundtrack stammte von Frank Duval. Autor Reinecker und Produzent Helmut Ringelmann engagierten Hauptdarsteller Schimpf einige Jahre später für den deutlich längeren Job als *Der Alte*.
Die 45-Minuten-Folgen liefen um 19.30 Uhr. *Mensch Bachmann* gehörte zu dem Paket, das das ZDF 1993 für ein Jahr an RTL 2 verlieh, wo die Serie 1994 wiederholt wurde.

MENSCH, BLEIB GESUND!   DFF 1, DFF
1987–1991. »Guter Rat für Leibe und Seele«. Ratgeberreihe für gesunde Lebensführung. Dieter Hunziger, Vera Sandberg und Marion Sauer moderierten Gesprächsrunden mit Fachleuten und Prominenten, gaben Tipps und veranstalteten Aktionen zum Mitmachen, zwischendurch gab es Musik.
Die Sendung kam immer aus einem Berliner Terrassencafé. Sie lief sonntags abends und war 30 bis 45 Minuten lang.

MENSCH BLEIBEN, SAGT TEGTMEIER   ZDF
1970. Halbstündige Comedyshow mit Jürgen von Manger, Regie: Otto Brandes.
In der Rolle des Ruhrgebietlers Adolf Tegtmeier steht von Manger auf der Bühne und referiert pro Show über ein Thema des Alltags, z. B. Fahrschule, Heiratsvermittlung (»Jo sicher, Charakter. Wär' zu begrüßen, wenn se einen hätte«), Betriebsfest, das Ruhrgebiet als solches, aber auch Bildungsthemen wie Goethes Faust (»Ich will Ihnen sagen, wat Goethes Faust is, Sie: der Abgrund inne deutsche Bildung!«).
Die gezeigten Szenen waren überwiegend Ausschnitte aus Jürgen von Mangers Bühnenprogrammen. Als Moderator führte Hans Clarin durch die Sendung. Acht Folgen liefen 14-täglich dienstags um 18.40 Uhr. Spätere erfolgreiche TV-Reihen waren *Tegtmeiers Reisen*, *Tegtmeier klärt auf* und *Tegtmeier*.

MENSCH MARKUS   SAT.1
Seit 2002. Halbstündige Comedyshow mit Markus Maria Profitlich in diversen Rollen und Sketchen. Partnerin ist seine Ehefrau Ingrid Einfeldt.
14 Folgen liefen sonntags nach 22.00 Uhr, weitere Staffeln freitags um 21.45 Uhr. Die Einschaltquoten waren ganz passabel, die von Wiederholungen am späten Samstagabend hingegen hervorragend. Vorbild war das britische Format »Hale & Pace«.

MENSCH MEIER   ARD
1985–1991. Große Spielshow mit Alfred Biolek.
Im Mittelpunkt stehen vier, ab 1986 drei Kandidaten, die etwas Außergewöhnliches können oder zu erzählen haben. In verschiedenen Spielrunden treten sie gegeneinander an und haben dabei Wort-, Sprach- oder Geschicklichkeitsspiele zu bewältigen, in denen sie Allgemeinkenntnisse, Improvisationstalent und Schlagfertigkeit beweisen müssen. Der Tagessieger gewinnt den »Goldenen Meier« sowie

einen besonderen Preis, der speziell auf ihn und seine Interessen zugeschnitten ist. Zwischen den Spielen gibt es Showblöcke mit prominenten Künstlern, die live auftreten.

Es war Bioleks erste Spielshow, in der er jedoch nicht auf ausführliche Talkelemente mit Kandidaten und Gästen verzichtete. Ohnehin wollte Bio mehr als nur ein paar Spiele spielen: Er brachte immer wieder gesellschaftliche Probleme zur Sprache und präsentierte bewusst Künstler und Kunstformen, die sonst höchstens nachts ins Fernsehen kommen.

Die 90-minütige Show lief siebenmal im Jahr donnerstags um 21.03 Uhr, insgesamt 42-mal. Die Quoten sanken allerdings kontinuierlich: von elf Millionen 1985 auf sechs im Jahr 1990.

MENSCH OHRNER! ZDF

1998–1999. Nachmittagstalkshow mit Thomas Ohrner.

Mensch Ohrner! sollte eine saubere öffentlich-rechtliche Konkurrenz zu den privaten Daily Talks werden, also versuchte Produzent Frank Elstner einfach, Schmuddel und Krawall aus dem üblichen Format herauszunehmen, musste aber feststellen, dass dann nichts mehr drin ist. »Nette Menschen plaudern in mittlerer Zimmerlautstärke über mehr oder weniger belanglose Themen«, beschrieb die »Berliner Zeitung« das Konzept, »von derart wohlig gedämpftem Unterhaltungswert, dass man sogar ungestört ein Buch lesen oder auch ein Nickerchen machen kann.« »Glück gehabt« hieß das Thema der ersten Sendung, zu Gast war, unter anderem, ein netter Schornsteinfeger. Pech gehabt, nach nicht einmal einem Jahr war Schluss.

MENSCH, PIA! ZDF

1996. 10-tlg. dt. Jugendserie von Brigitte Blobel, Regie: Karola Hattop.

Als Sohn »Bommel« an einem Gehirntumor stirbt, droht die Familie Mangold an dem Schicksalsschlag zu zerbrechen. Das behütete Leben der 16-jährigen Pia (Alexandra Maria Lara) ist abrupt vorbei. Mutter Charlotte (Brigitte Karner) zieht sich zurück, Vater Frederic (Henry Hübchen), ein berühmter Pianist, misst Pia immer wieder an ihrem verstorbenen Bruder, der musikalisch begabter war als sie. Die Eltern leben sich auseinander. Pia sucht Halt bei ihrem Freund Noah (Robert Glatzeder) und der Haushälterin Rosa (Gudrun Okras). Als ihre Leistungen in der Schule nachlassen, schicken die Eltern sie gegen ihren Willen in ein Internat. Immerhin versteht sie sich dort gut mit den Lehrern Dr. Friedhelm »Buddha« Pflüger (Glenn Goltz), Herrn »Diefie« Diefenbach (Winfried Glatzeder) und Beatrice »Zitty« Zittelmann (Nina Hoger). Die Probleme der Internatsschüler mit Drogen oder ungewollten Schwangerschaften halten Direktor Dr. Schubmeier (Rolf Becker) und den Schulpsychologen Dr. Förster (Ulli Lothmanns) auf Trab.

Die Folgen waren 50 Minuten lang und liefen dienstags um 19.25 Uhr.

»Sagen Sie, Nina, aröchm, braucht man für so ein Make-up eigentlich viele Farben?« Alfred Biolek und Nina Hagen 1987 in *Mensch Meier*.

MENSCH UND GESTALT ARD

1954. 3-tlg. Reportagereihe von Sven Kluwe über Filmemacher und, wie schon in Kluwes Reihe *Mensch und Werk*, Bildhauer.

DER MENSCH UND SEINE SACHEN ARD

1991–1996. 3-tlg. Dokumentarfilmreihe von Claus Strigel und Bertram Verhaag, bestehend aus den Filmen »Mama Papa Auto (Ein Nachruf auf das Automobil)«, »Bleiben Sie dran (Der Film zum Fernsehen)« und »Beziehungskiste (Der Computer und sein Mensch)«. Die Autoren bekamen für ihre Trilogie den Grimme-Preis 1997.

MENSCH UND WERK ARD

1954. 3-tlg. Reportagereihe von Sven Kluwe, die Bildhauer bei der Arbeit beobachtet.

MENSCHEN ZDF

Seit 1982. Jahresrückblick in Form einer großen Abendshow.

Prominente und nichtprominente Menschen, die im abgelaufenen Jahr Schlagzeilen gemacht oder Bewegendes erlebt haben, werden zum Talk eingeladen: der Sportler, der einen wichtigen Wettbewerb gewann, die Hausfrau, die Zivilcourage bewies, das Opfer, das auf wundersame Weise eine Katastrophe überlebte, der Politiker, der wegen einer Affäre zurücktreten musste, der Nachwuchsschauspieler, der durch eine ZDF-Serie berühmt wurde. Dazwischen gibt es Showblöcke mit Künstlern und Musikern, die große Hits hatten.

Der Sendetitel beinhaltete stets das entsprechende Jahr, z. B. *Menschen '87*. Der erste Rückblick galt dem Jahr 1981 und wurde im Januar 1982 gesendet, als das zu berückblickende Jahr tatsächlich schon vorbei war. Mit dem zunehmenden Konkurrenzkampf verschiedener Jahresrückblicke auf allen Kanälen und dem Bestreben, lieber der Erste als der Beste zu sein, rückte die Sendung immer weiter bis Anfang Dezember nach vorn und konnte seitdem nur noch ein Rückblick auf elf Monate sein. Frank Elstner hatte die Show entwickelt und bis einschließlich *Menschen '88* moderiert. Die Ausgaben 1989 bis 1995 moderierte Günther Jauch, der danach zu RTL wechselte und dort fortan den baugleichen Rückblick *Menschen, Bilder, Emotionen* präsentierte, der nun in der Regel die Einschaltquoten der ZDF-Version übertraf. *Menschen '96* wurde in Doppelmoderation von Wolf von Lojewski und Holger Weinert präsentiert (eigentlich hätte Margarethe Schreinemakers moderieren sollen, die aber nach Protesten von renommierten ZDF-Moderatoren absagte), ab 1997 übernahm Johannes B. Kerner.

MENSCHEN ZDF
1993. Versuch des ZDF, das erfolgreiche Konzept des jährlichen Rückblicks *Menschen* als monatliche Sendung zu etablieren. Prominente und unprominente Menschen, die im abgelaufenen Monat in den Schlagzeilen waren, eine besondere Leistung erbracht hatten oder einfach als Gäste zur Verfügung standen, wurden interviewt. Zwischendurch gab es Showblöcke, Moderatorin war Susanne Holst.
Die 45-minütige Sendung lief im Wechsel mit anderen Shows donnerstags um 20.15 Uhr. Der Versuch ging schief und überstand nur zehn Sendungen.

MENSCHEN BEI MAISCHBERGER ARD
Seit 2003. Einstündige wöchentliche Talkshow mit Sandra Maischberger und Menschen.
Maischberger hatte sich mit ihrer täglichen Polittalkshow *Maischberger* bei n-tv etabliert, wo sie zwar nur wenige Zuschauer hatte, sich aber einen hervorragenden Ruf als aufmerksame Interviewerin erarbeitete. Entsprechend groß waren die Erwartungen an ihre wöchentliche ARD-Talkshow, insbesondere da sie die Nachfolge des erfolgreichen *Boulevard Bio* antrat – Alfred Biolek selbst hatte es sich so gewünscht. Ihre Sendung sollte Politisches und Unterhaltendes, prominente und nichtprominente Gäste mischen und fand lange nicht ihre Form. Anfangs kam die Sendung live aus dem Berliner »Tränenpalast«, dem ehemaligen DDR-Grenzdurchgang am Bahnhof Friedrichstraße, und die Gäste setzten sich einzeln nacheinander zu ihr an einen riesigen Holztisch. Später wurde das Publikum entfernt, die schon befragten Gäste durften sitzen bleiben, wenn neue hinzukamen, und statt der versprochenen unbekannten Gesichter saßen die da, die überall saßen, oder sogar die, die woanders keiner mehr sehen wollte.
Nach einem Jahr zog die Sendung aus dem Tränenpalast ins Studio nach Köln um und bekam ein neues Ambiente: Eher kuschelig mit Sofas und Sesseln, auf denen alle Gäste nun schon von Anfang an saßen. Die Gespräche waren jetzt entspannter, aber die Zuschauerzahlen blieben hinter den Erwartungen zurück. Maischberger musste ihre Quoten immer wieder mit denen der männlichen Psychotalker *Beckmann* und *Johannes B. Kerner* vergleichen lassen und wurde 2005 auch noch Zielscheibe für den von der ARD gerade für viel Geld zurückgeholten *Harald Schmidt*.
Die Sendung lief dienstags um 23.00 Uhr und war zunächst 60 Minuten, ab März 2004 dann 75 Minuten lang.

MENSCHEN, BILDER, EMOTIONEN RTL
Seit 1996. Jahresrückblick mit Günther Jauch.
In Konkurrenz zur ZDF-Sendung *Menschen* veranstaltet Jauch nun die fast gleiche Sendung bei seinem neuen Arbeitgeber. Einmal jährlich im Dezember, sonntags live zur Primetime, begrüßt er in einer großen dreistündigen Show prominente und nichtprominente Menschen, die im abgelaufenen Jahr Schlagzeilen gemacht haben, und Musiker, die mit ihren Hits erfolgreich waren. Der Sendetitel beginnt stets mit der entsprechenden Jahreszahl, heißt also z. B. »1996! Menschen, Bilder, Emotionen«.

MENSCHEN – DAS MAGAZIN ZDF
Seit 2003. Magazin zur Fernsehlotterie *Aktion Mensch* mit Stephan Greulich.
Anders als die Vorgängersendung *mach mit* beschäftigt sich *Menschen – das Magazin* nicht mehr ausschließlich mit Themen aus dem Alltag behinderter Menschen, sondern auch mit Jugendlichen. Das Magazin zeigt beispielhafte Projekte, die Probleme wie die Gewaltbereitschaft an Schulen oder Drogenmissbrauch angehen. Außerdem werden, wie bisher, die Lotteriegewinner bekannt gegeben.
Die 15-minütigen Beiträge werden am frühen Samstagabend ausgestrahlt.

DIE MENSCHEN HINTER DEN SCHLAGZEILEN SAT.1
1995. Wöchentliche einstündige Talkshow mit Ulrich Meyer, in der er nichtprominente Menschen begrüßte, die plötzlich in die Schlagzeilen geraten waren, meist in die der »Bild«-Zeitung. Wie die 18-jährige Christiane, die angeblich die neue Geliebte von Harald Juhnke war, oder der siebenjährige Phillipp, der an Silvester von einem Baugerüst begraben worden war. Meist stellte sich heraus, dass die Menschen *hinter* den Schlagzeilen mit denen *in* den Schlagzeilen identisch waren. Gebrüllt wurde zur Abwechslung *(Ulrich Meyer: Einspruch!)* mal nicht, spannend war es aber auch nicht.
25 Ausgaben liefen dienstags um 22.10 Uhr.

MENSCHEN IM WELTRAUM — ARD
1960–1961. 13-tlg. US-Science-Fiction-Serie (»Men Into Space«; 1959–1960).
Der amerikanische Colonel Edward McCauley (William Lundigan) reist mit einem Raumschiff auf den Mond, zu Weltraumstationen und diversen Planeten. Gelegentlich tauchen seine Frau Mary (Joyce Taylor) und General Norgath (Tyler McVey) auf.
Keine grünen Männchen, Klingonen oder Super-Phaser: *Menschen im Weltraum* entstand kurz nach dem Sputnik-Schock in enger Zusammenarbeit mit dem US-Verteidigungsministerium und nutzte das plötzliche Interesse des Publikums an Raumfahrt für einen halbwegs realistischen Ausblick in eine nicht ganz so ferne Zukunft. Es war die erste Science-Fiction-Serie im deutschen Fernsehen. Sie lief mit halbstündigen Folgen im Vorabendprogramm.

MENSCHEN IN MANHATTAN — ZDF
1978–1979. 8-tlg. US-Familiendrama von Naomi Foner (»The Best of Families«; 1977).
Die Serie zeigt das Leben von drei Familien verschiedener Schichten in New York zwischen 1880 und 1900: die wohlhabenden Wheelers – Robert (William Prince), Laura (Sigourney Weaver) und Teddy (Peter Burnell) –, die armen irischen Einwanderer Patrick (Miro O'Shea) und Aline Rafferty (Pauline Flanagan) mit ihren Söhnen Stephen (Guy Boyd) und John Patrick (Sean Griffin) sowie die Mittelschichtfamilie des Architekten James Lathrop (William Hurt) und seiner Ehefrau Sarah (Jill Eikenberry). Ereignisse wie der Bankrott der Eisenbahngesellschaft, die Fertigstellung der Brooklyn Bridge oder die Rezession von 1893 betreffen sie alle, haben aber ganz unterschiedliche Auswirkungen auf ihr Leben. In der letzten Folge sind Nachfahren der Familien aus dem 20. Jh. zu sehen, die in ganz anderer Zeit vor ganz ähnlichen Herausforderungen stehen.
Das ZDF zeigte die 45 Minuten langen Folgen 14-täglich mittwochs um 19.30 Uhr.

MENSCHEN MIT HERZ — ARD
1993. Show mit Gerhard Schmitt-Thiel, der zeigen wollte, dass es auch gute Nachrichten in die Schlagzeilen bringen konnten. Er begrüßte am Donnerstag gegen 22.00 Uhr Gäste, die eine gute Tat vollbracht und anderen Menschen geholfen hatten.

MENSCHENSKINDER! — ZDF
1975–1992. 45-minütiges »Magazin zur Unterhaltung und Freizeitgestaltung« von Wolfgang M. Ebert mit Infos, Sketchen, Musik, Kurzporträts und -reportagen.
Der Zuschauer sollte angeregt werden, allein oder mit anderen seine Freizeit sinnvoll zu verbringen. Aber dann würde er doch jetzt nicht fernsehen …

MERKWÜRDIGE GESCHICHTEN — ARD
1970–1971. »Dreizehn übersinnliche Vorfälle«. 13-tlg. dt. Episodenreihe von Jan Lester, Regie: Fritz Umgelter.
Abgeschlossene Episoden ohne wiederkehrende Figuren mit Geschichten von unerklärlichen Vorfällen und übersinnlichen Wahrnehmungen. Tote melden sich plötzlich per Telefon oder erscheinen im Traum; ein Bahnwärter verhindert noch nach seinem Tod einen Zugunfall; eine Frau sieht das Gesicht ihres Mannes, das sich im Wasser spiegelt, er ist aber zur gleichen Zeit weit weg, sie sucht ihn und kann ihn gerade noch vor dem Ertrinken retten; Menschen lösen sich in Luft auf, sobald sie angesprochen werden; Ereignisse aus einem Roman werden plötzlich Wirklichkeit. Unter den Episodenhauptdarstellern waren Viktoria Brams, Helmut Schneider, Heidi Leupolt, Karl-Walter Diess, Claudia Wedekind, Achim Strietzel und Konrad Georg.
Die halbstündigen Folgen liefen im regionalen Vorabendprogramm.

DIE MERKWÜRDIGE LEBENSGESCHICHTE DES FRIEDRICH FREIHERRN VON DER TRENCK — ZDF
1973. 6-tlg. dt. Historienserie von Leopold Ahlsen, Regie: Fritz Umgelter.
Im 18. Jh. geht Friedrich von der Trenck (Matthias Habich) auf Drängen des preußischen Königs Friedrich II. (Rolf Becker) zur Armee. Er fällt in Ungnade, weil er sich in Amalie (Nicoletta Machiavelli) verliebt, die Schwester des Königs. Er wird verhaftet und kann erst nach knapp einem Jahr entkommen. Fortan reist er durch Österreich, Russland und Frankreich, immer auf der Flucht vor dem König. In Frankreich kommt er erst zu Ruhm, weil sein merkwürdiges Leben zu einem Theaterstück wird, und während der Revolution ums Leben.
Szenen von einer Reiterschlacht wurden so gedreht, dass den Pferden – anders als sonst üblich – Elektroschocks verpasst wurden, um sie zum Zusammenbrechen zu bringen. Die Fernsehleute erklärten hinterher, dieses Verfahren sei »völlig unproblematisch«. Alwin Schockemöhle sagte: »Wer Pferde liebt, der macht so etwas nicht.« Andererseits werden Pferde sonst mit Stolperdrähten zu Fall gebracht.
Die Folgen hatten Spielfilmlänge und liefen sonn- und feiertags um 20.15 Uhr. Anfang 2003 zeigten arte und das ZDF eine zweiteilige Neuverfilmung unter dem Titel »Trenck – Zwei Herzen gegen die Krone« mit Ben Becker in der Titelrolle.

MERLIN — ZDF
1980. »Das geheimnisvolle Leben eines Magiers«. 13-tlg. dt. Jugendserie von Justus Pfaue.
Im fünften Jh. wird dem kleinen Jungen Merlin (Thomas Ohrner; ab Folge 4: Ekkehardt Belle) im keltischen Britannien geweissagt, er werde der größte Magier seiner Zeit. Er ist der Sohn Alvigas (Britta Fischer) und des Teufels, der oft in Gestalt des Ritters Rufus (Franz Günther Heider) auftritt. Merlin lebt am Hof seines Großvaters, König Ostar (Dieter Brammer), der Merlin zum Thronfolger bestimmt, als sein Sohn ermordet wird. Merlins intriganter Onkel Hamor (Achim Geisler) will Merlin töten und selbst auf den Thron.

Die 25-minütigen Folgen liefen samstags nachmittags.

DAS MESSER ARD
1971. 3-tlg. dt. Krimi nach dem Roman »Tim Frazer weiß Bescheid« von Francis Durbridge, Regie: Rolf von Sydow.
Der Geheimagent Jim Ellis (Hardy Krüger) wird von seinem Chef George Baker (Charles Regnier) mit den Ermittlungen zum Fall einer ermordeten Agentin beauftragt. Die Tatwaffe, das Messer, gehört Philip Cooper (René Deltgen), außerdem verdächtig machen sich u. a. die Journalistin Julie Andrew (Eva Renzi), der Immobilienmakler Tom Clifford (Kurt Beck) und Frank Batman (Klaus Löwitsch). Inspektor Bird (Heinz Schubert) tappt im Dunkeln.
Das Messer ist eigentlich der dritte Film der Tim-Frazer-Reihe, aber die Hauptdarsteller bekamen andere Namen. Durbridge änderte das Drehbuch gegenüber seiner Romanfassung (und dem britischen Sechsteiler »Tim Frazer: The Mellin Forrest Mystery«): Der Täter ist nun ein anderer. Niemand sollte, wie beim *Halstuch*, die Auflösung vorher verraten können, deshalb wurden auch mehrere Schlussszenen gedreht.
Die Titelmusik (»Spoon«) stammte von der Kölner Popgruppe Can.

MESSESTAND DER GUTEN LAUNE DFF
1958–1962. Live-Unterhaltungssendung zur Leipziger Messe. Brachte es auf sechs Ausgaben.

MESSIAS ZDF
Seit 2003. Brit. Krimireihe von Lizzy Mickery, Boris Starling und Robert Cooper (»Messiah«; seit 2001). Chief Inspector Red Metcalfe (Ken Stott) ermittelt in merkwürdigen Mordfällen. Derweil hat er privat mit eigenen Problemen zu kämpfen. Sein Bruder Eric (Kieran O'Brien) ist ein Mörder, und Red hat noch immer daran zu knabbern, dass er ihn vor Jahren ins Gefängnis brachte. Reds Frau Susan (Michelle Forbes) ist taub und leidet darunter, dass Red so viel arbeitet. Eric wird im dritten Teil ermordet.
Jeder Fall umspannte einen Zweiteiler, wobei jeder Teil Spielfilmlänge hatte. Bisher zeigte das ZDF vier Folgen sonntags und montags gegen 22.00 Uhr.

MET VOX
1993. 40-minütiges Berlin-Magazin mit David Wilms, das alle 14 Tage »anreißen, aufreißen und einreißen« wollte. Es ging um aktuelle und kulturelle Themen, und das Innovativste war die Einblendung der Namen von Interviewpartnern und Infohäppchen nicht am unteren, sondern am oberen Bildrand.
Die Sendung wurde von der Elf 99 Medienproduktions GmbH produziert und hatte sich die öffentlich-rechtlichen Magazine *ZAK* und *Extra Drei* als Vorbilder auserkoren, wirkte dagegen aber recht bieder. Ausgerechnet in Berlin war der junge Sender Vox damals noch nicht einmal im Kabel empfangbar.

METRO – DAS SCHNELLE MAGAZIN ARD
1994. Überdrehtes 25-minütiges Jugendmagazin mit Beiträgen über Alltagsgeschichten. Moderation: Nena.
Die Popsängerin Nena machte ein paar Witzchen und überraschte mit Erkenntnissen wie: »Briefeschreiben wird ja immer seltener«, sagte aber nie mehr als ein paar Sätze zwischen den Beiträgen über »Menschen und Macher, Liebe und Lust, Witz und Wahnsinn«. Für Letzteren sorgte der »Reporter des Wahnsinns« Ken Jebsen mit verrückten Straßenaktionen. Die Beiträge mühten sich erkennbar, keine Relevanz aufkommen zu lassen; im Film über den Polittalker Erich Böhme ging es z. B. um seine Figurprobleme.
Die Sendung lief zunächst montags bis donnerstags um 15.03 Uhr, zum Schluss nur noch samstags. Nach 40 Ausgaben war sie wieder weg. Die Karriere der Sängerin Nena als Moderatorin war damit gescheitert, aber vielleicht versucht sie es ja irgendwie, irgendwo, irgendwann noch mal.

MEYER & SCHULZ – DIE ULTIMATIVE OST-SHOW SAT.1
2003. Zweistündige Nostalgieshow am Samstagabend mit Ulrich Meyer und dem Ex-Boxprofi Axel Schulz, die gemeinsam mit prominenten Gästen an die DDR erinnern.
Ausnahmsweise war Sat.1 mal schneller. Konkurrent RTL hatte zwar wie üblich die Idee zuerst und *Die DDR-Show* im Zuge seiner Nostalgiewelle schon seit langem für den September 2003 angekündigt, doch Sat.1 stampfte kurz vorher zwei große Abendshows aus dem Boden und hievte sie überstürzt ins Programm, die aussahen, als seien sie kurzfristig aus dem Boden gestampft und überstürzt ins Programm gehievt worden.
Bereits eine Woche zuvor hatte jedoch das ZDF in einer einmaligen Eventshow das Gleiche veranstaltet. Natürlich heißt so etwas im ZDF nicht Eventshow.

MIAMI FUN SAT.1
Seit 1998. 22-tlg. US-Jugendserie von Matthew Hastings (»Out Of The Blue«; 1996).
Eine Gruppe Jugendlicher genießt den Sommer in Florida und jobbt währenddessen im dortigen Freizeitpark »Sea World«: Maria (Maite Arnedo), Max (Paulo Benedeti), Veronica (Veronica Blume), Peg (Brooke Burns), José (Jose Capote) und Charlie (Carlos Conde). Bleibt noch Freizeit, sitzen sie in Timmys (Timothy Martinez) Kneipe.
Die Serie war in vielerlei Hinsicht sehr innovativ: Es war die erste US-Produktion, in der ausschließlich Latino-Schauspieler mitwirkten. Jede Folge wurde gleich zweimal gedreht, einmal in englischer und einmal in spanischer Sprache, auf diese Weise konnte sie in etlichen Ländern unsynchronisiert gesendet werden. Und zum Ende jeder Folge lief ein Musikvideo eines Songs, den die Darsteller sangen. Sat.1 zeigte jeweils zwei halbstündige Folgen hintereinander am Samstagvormittag. Die Serie war

»Kannst du das glauben? Die ganze Welt trägt plötzlich unsere Klamotten!« *Miami Vice* mit Don Johnson (links) und Philip Michael Thomas.

zuvor schon im Pay-TV unter dem Titel *Out Of The Blue – Sommer, Sonne, Florida* gelaufen.

MIAMI VICE ARD, RTL, RTL 2

1986–1992 (ARD); 1996–1997 (RTL); 1998 (RTL 2). 112-tlg. US-Krimiserie von Anthony Yerkovich (»Miami Vice«; 1984–1989).
James »Sonny« Crockett (Don Johnson) fährt einen Ferrari und lebt zusammen mit seinem Alligator Elvis auf dem Boot »St. Vitus' Dance«. Er kommt aus der Kleinstadt, ist ein bodenständiges Raubein und cooler Frauenheld, ist geschieden und hat einen Sohn, trägt meistens helle Jacketts zu T-Shirts und Baggy Pants, Sonnenbrille und keine Socken. Zusammen mit dem intellektuellen Großstädter Ricardo Tubbs (Philip Michael Thomas) arbeitet er als Undercover-Polizist in Miami. Tubbs fährt einen Cadillac, trägt Krawatte und Seidenhemden. Ihre Decknamen sind Sonny Burnett und Rico Cooper.
Gemeinsam ermitteln sie vor allem in der Drogenszene, schaffen es aber immer nur, Einzeltäter und -fälle zu bekämpfen, während im Großen der Sumpf des Verbrechens allgegenwärtig ist. Auch die vermeintlich Guten, die Crockett und Tubbs vorgesetzten Regierungsorganisationen, entpuppen sich immer wieder als korrupte Handlanger der Rauschgiftkartelle.
Zum Team ihrer Einheit gehören ihr Boss Lieutenant Martin Castillo (Edward James Olmos), die Undercover-Polizistinnen Gina Calabrese (Saundra Santiago) und Trudy Joplin (Olivia Brown) sowie Stanley Switek (Michael Talbott) und Larry Zito (John Diehl). Zito stirbt später. Das tun in der Regel auch die Frauen, mit denen Crockett ernsthaftere Beziehungen eingeht. Die Sängerin Caitlin Davies (Sheena Easton) heiratet er sogar, doch auch sie überlebt das nicht sehr lange. In der letzten Staffel verliert Sonny vorübergehend sein Gedächtnis und hält sich für den gemeinen Drogendealer, den er sonst undercover nur spielt. In der letzten Folge verlassen Crockett und Tubbs desillusioniert die Einheit.
Viele Bilder in der Serie erinnerten an Videoclips. Schnelle Verfolgungsjagden wurden mit schönen, bunten Bildern von Miami und treibender Musik angereichert. Das Styling war eine Kunst für sich: Gebäude etwa sollten pastellfarben sein, braune und rote Häuser durften nicht ins Bild kommen. Der ausführende Produzent Michael Mann machte kein Geheimnis daraus, dass die Handlung zweitrangig war. Die coole Kleidung der Hauptakteure machte sie zu Idolen bei der Jugend.
Jan Hammer war der Komponist der berühmten Musik. Sein Titelthema »Miami Vice Theme« wurde ein internationaler Top-Ten-Hit, erreichte in den USA sogar Platz eins. Auch »Crockett's Theme« kam in Deutschland und Großbritannien in die Top Ten. Viele bekannte Musiker steuerten zusätzlich Songs zur Serie bei und spielten oft sogar mit, darunter Phil Collins, Glenn Frey, Leonard Cohen, Little Richard, James Brown und Miles Davis.
Miami Vice war in den USA außerordentlich erfolgreich, die Erstausstrahlung hatte fast so viele

Zuschauer wie *Dallas*. Die direkte Konkurrenz war trotzdem zu stark: Als NBC *Miami Vice* gegen den CBS-Knaller *Dallas* programmierte, begann der Abstieg der Serie.

In Deutschland liefen beide Serien mit großem Erfolg in der ARD und wechselten sich zunächst sogar auf dem gleichen Sendeplatz ab, dienstags um 21.45 Uhr. Später zog *Miami Vice* auf samstags nach dem *Wort zum Sonntag* um. Fast alle der jeweils 45-minütigen Folgen liefen in der ARD, lediglich zwei Folgen wurden später von RTL und sechs von RTL 2 in deutscher Erstausstrahlung nachgereicht.

MICH LAUST DER AFFE ARD, BR
1988–1994 (ARD); 1995 (BR). Halbstündiges Tierquiz mit Christoph Deumling und prominenten Kandidaten. Fast 150 Sendungen liefen samstags im regionalen Vorabendprogramm, ein paar Nachzügler zeigte das Bayerische Fernsehen noch.

MICHAEL LINDENAU PRO SIEBEN
→ Lindenau

DIE MICHAEL-SCHANZE-SHOW ARD
1984–1985. 45-minütige Personalityshow mit Michael Schanze.
Wie schon in seiner früheren ZDF-Show *Hätten Sie heut' Zeit für mich?* zeigte Schanze sein Allroundtalent: Er moderierte, spielte in Sketchen und sang mit seinen prominenten Gästen. Die Show lief in loser Folge zur Primetime. 1980 war im ZDF bereits eine einmalige Abendshow unter gleichem Titel gelaufen.

MICHAEL STROGOFF ZDF
1976–1977. 4-tlg. dt.-frz. Abenteuerfilm nach dem Roman »Der Kurier des Zaren« von Jules Verne, Regie: Jean-Pierre Decourt.
Michael Strogoff (Raimund Harmstorf) muss als Kurier des Zaren (Tibor Tanczos) eine weite Reise nach Irkutsk zurücklegen, um dem dortigen Gouverneur eine Nachricht zu überbringen. Unterwegs tut er sich mit der jungen Nadia Fedor (Lorenza Guerrieri) zusammen, die denselben Weg hat. Während der gefährlichen und abenteuerlichen Reise begegnen sie dem russischen Verräter Iwan Ogareff (Valerio Popesco) und der Zigeunerin Sangarre (Rada Rassimov), dem Tatarenführer Feofar-Khan (Josef Madaras) und den Journalisten Blount (Vernon Dobtcheff) und Jovilet (Pierre Vernier), werden gefangen genommen und schaffen es schließlich ans Ziel.
Das ZDF strich das Happy End des Vierteilers (eine große Ballszene am Petersburger Zarenhof, in der Strogoff seine geliebte Nadia endlich in die Arme schließen kann und vom Zaren persönlich gelobt wird) – aus ideologischen Gründen: »Das Menschliche der Geschichte sollte erhalten bleiben«, sagte der ZDF-Redakteur Alfred Nathan der »Hörzu«. »Ein glorreicher Zar, dem der tapfere Strogoff die Welt wieder in Ordnung gebracht hat – das wäre doch rosaroter Zuckerguss gewesen. Mit der glanzvollen

Michael Strogoff (Raimund Harmstorff) hatte nie Probleme mit widerspenstigen Pferden. Die Tiere wussten, dass er sie zerquetschen könnte wie eine rohe Kartoffel.

Ballszene am Ende hätte man doch so getan, als sei das ganze Unheil nicht geschehen.« Stattdessen ließ das ZDF Strogoff in Irkutsk zurück. Ohnehin sei die im Buch erwähnte Hochzeit gar nicht erst gedreht worden, man habe also nur die Ballszene abgeschnitten. Das französische Fernsehen zeigte den kompletten Film inklusive Ball als Sechsteiler.

MICHEL AUS LÖNNEBERGA ARD
1973. 13-tlg. schwed. Kinderserie nach den Büchern von Astrid Lindgren, Regie: Olle Hellbom (»Emil i Lönneberga«; 1971).
Der kleine Michel (Jan Ohlsson) hat nur Unsinn im Kopf und treibt seine Eltern Anton (Allan Edwall) und Alma Svensson (Emy Storm) zur Weißglut. Mal bleibt er mit dem Kopf in einer Suppenschüssel stecken, mal zieht er seine Schwester Klein-Ida (Lena Wisborg) an einer Fahnenstange hoch. Immer, wenn Michel etwas angestellt hat, sperrt ihn der Vater in den Schuppen, wo Michel seine Zeit damit verbringt, Holzfiguren zu schnitzen. Mit Familie Svensson wohnen noch Krösa-Maja (Carsta Löck), die Magd Lina (Maud Hansson) und der Knecht Alfred (Björn Gustafson), der Michels bester Freund ist, auf dem Katthult-Hof in Lönneberga.
Neben 13 Serienfolgen à 25 Minuten gab es drei 90-minütige Spielfilme jeweils unter dem Titel »Immer dieser Michel«, die 1978 im ZDF liefen. Die Serie wurde eines der erfolgreichsten Kinderprogramme, Michel eine der beliebtesten Figuren bei Kindern

und bekannt im ganzen Land. Sing dudeldei, sing dudeldei. Im schwedischen Original hieß er Emil. Die Serie ist komplett auf DVD erhältlich.

MICHEL VAILLANT — ARD
1968. 13-tlg. frz. Actionserie nach den Comics von Jean Graton, Regie: Charles Bretoneiche, Nicole Osso (»Les aventures de Michel Vaillant«; 1967).
Der junge Michel Vaillant (Henri Grandsire) ist ein leidenschaftlicher Rennfahrer, dessen Vater Henri (Yves Brainville) und Bruder Jean-Pierre (Alain Leguellec) ebenfalls vom Rennsport besessen sind. Henri besitzt praktischerweise einen eigenen Rennstall. Die Fotografin Valérie Oupensky (Claudine Coster) unterstützt Michel auf dem Weg zum Erfolg, und nebenbei verlieben sich beide ineinander.
Rasante Serie, deren Rennszenen aus tatsächlichen Rennen stammten. Hauptdarsteller Grandsire war in Frankreich ein erfolgreicher Formel-3-Pilot.
Die 25-Minuten-Folgen liefen im regionalen Vorabendprogramm. Später entstand eine gleichnamige Zeichentrickversion.

MICHEL VAILLANT — RTL
1992–1993. 52-tlg. frz. Zeichentrickserie nach den Comics von Jean Graton (»Michel Vaillant«; 1988).
Der Rennfahrer Michel Vaillant und sein Team trainieren für die großen Erfolge.
Trickverfilmung der Comics, die es bereits als gleichnamige Realserie ins Fernsehen geschafft hatten. Die 25-minütigen Folgen liefen samstags mittags.

MICK'S TOUR — ARD
1990–1993. Halbstündiges Magazin für Kinder am Dienstagnachmittag mit Daniela Lentin. Maskottchen war das Zeichentrickschweinchen Mick. Der Titel war ein Wortspiel und klang ausgesprochen wie Mixtur.

MICKYS TRICKPARADE — ZDF
1983–1985. »Spaß für Spaßvögel«. 25-minütiges Rahmenprogramm für Trickfilme am Donnerstagnachmittag.
Wer beim Titel aus nachvollziehbaren Gründen Filme mit Mickymaus erwartete, lag weit daneben. Micky war die kulleräugige, flokatiartige Pudelpuppe des Bauchredners Fred Roby, und die von ihnen präsentierten Filme waren vor allem Cartoons mit *Popeye*.

MICRONAUTS — ARD
1999–2000. 26-tlg. jap. Zeichentrickserie für Kinder (»Micronauts«; 1992).
Im Jahr 2053 verkleinern sich Wissenschaftler und jagen innerhalb des menschlichen Körpers Außerirdische, die das Gleiche getan haben. Lief mit jeweils 20 Minuten Länge samstagfrüh.

MIDNIGHT RUN — RTL
1994. 3-tlg. US-Krimireihe (»Midnight Run«; 1993–1994).
Der gutmütige Kopfgeldjäger Jack Walsh (Christopher McDonald) spürt Flüchtige auf. Jede Folge hatte Spielfilmlänge. Vorlage für die Reihe war der Kinofilm »Midnight Run – Fünf Tage bis Mitternacht« (1988) mit Robert De Niro.

MIKADO — ARD
1974–1976. »Kritik am Fernsehen – im Fernsehen«. Medienkritische Sendung, die erst am Nachmittag

Michel aus Lönneberga (Jan Ohlsson) mit Mutter (Emy Storm) auf dem Weg zu den Holzköpfen in den Schuppen.

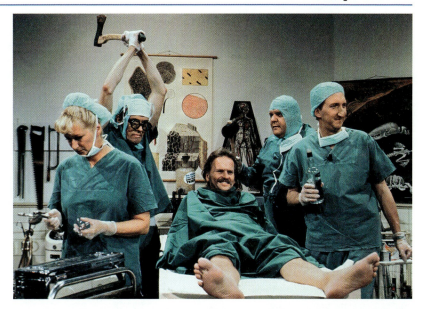

Im Nachhinein wusste Frank Zander (Mitte), dass er sich vor der Operation nach der Qualifikation des Anästhesisten hätte erkundigen sollen. Im Ärzteteam der *Mike Krüger Show* (von links): Gaby Decker, Hans Werner Olm, Heinz Meller und Mike Krüger.

lief und dann auf den späten Abend verlegt wurde, außerdem um eine Stunde auf 45 Minuten gekürzt wurde. So viele Menschen sollten die Kritik dann wohl doch nicht im Fernsehen sehen. Und nicht so lange. Diskussionsleiter war zunächst Dr. Klaus Simon, noch im gleichen Jahr übernahm Gustav Adolf Bähr. Zuvor hatte es Medienkritik bereits in der Sendung *Nachspiel* gegeben.

MIKE ANDROS – REPORTER DER GROSSSTADT ARD
1978–1979. 12-tlg. US-Reporterserie von Jerome Coopersmith (»The Andros Targets«; 1977).
Der investigative Reporter Mike Andros (James Sutoris) deckt für die Tageszeitung »New York Forum« Skandale und Korruption in New York City auf. Seine Kollegen sind seine Assistentin Sandi Farrell (Pamela Reed), die Redakteure Chet Reynolds (Roy Poole), Norman Kale (Alan Mixon) und Ted Bergmann (Jordan Charney) und der Reporter Wayne Hillman (Ted Beniades).
Die einstündigen Folgen liefen im regionalen Vorabendprogramm.

MIKE HAMMER SAT.1
1987–1990. 49-tlg. US-Actionserie von Larry Brody, nach den Romanen von Mickey Spillane (»Mickey Spillane's Mike Hammer«; 1984–1985; »The New Mike Hammer«; 1986–1987).
Privatdetektiv Mike Hammer (Stacy Keach) und seine beste Freundin Betsy – es handelt sich dabei um eine Kaliber-45-Pistole – raufen, prügeln und schießen sich, graben sexy Frauen an, und irgendwie lösen sich dabei verzwickte Kriminalfälle. Velda (Lindsay Bloom) ist Hammers sexy Sekretärin und trägt tief ausgeschnittene Kleider. Seine Informanten sind Ozzie »Die Antwort« (Danny Goldman), sein Kontaktmann auf der Straße, sowie sein Kumpel, der Polizist Pat Chambers (Don Stroud). Lawrence D. Barrington (Kent Williams) ist der Staatsanwalt und Jenny (Lee Benton) die sexy Bedienung in Hammers Stammlokal, die übrigens tief ausgeschnittene Kleider trägt. Regelmäßig begegnet Hammer auf der Straße der mysteriösen sexy Frau, die er nur »Das Gesicht« (Donna Denton) nennt (von der überraschenderweise auch nicht mehr zu sehen ist), ohne zu wissen, was es mit ihr auf sich hat. Erst am Ende der Serie erfährt er, dass sie seine Ermittlungen verfolgt, um darüber Romane zu schreiben. Pah! Das hat Mickey Spillane doch längst getan.
Die Spillane-Hammer-Krimis waren bereits 1957 als Fernsehserie verfilmt worden (mit Darren McGavin in der Titelrolle) und wurden es 1997 noch einmal (wieder mit Keach). Nie konnten sich die amerikanischen Zuschauer dauerhaft mit dem unsympathischen, äußerst brutalen Kettenraucher Hammer anfreunden. In Deutschland lief nur diese mittlere Version, ihrem Inhalt gemäß im Spätprogramm, wurde dafür aber seit der Erstausstrahlung fast immer auf irgendeinem Privatsender gerade wiederholt.
Ab Januar 1985 wurde die Serie in den USA für mehr als eineinhalb Jahre unterbrochen, bevor sie mit einer neuen Staffel fortgesetzt wurde. Das ist ungewöhnlich. Aber es war ja auch ungewöhnlich, dass Stacy Keach wegen Kokainbesitzes in England im Gefängnis saß.

MIKE KRÜGER SHOW SAT.1
1991–1993. Einstündige Comedyshow von und mit Mike Krüger.
Gags und Sketche reihten sich aneinander. Zum ständigen Team gehörten außer Krüger noch Hans Werner Olm und Gabi Decker, dazu kamen wechselnde prominente Gäste. Jede Sendung begann mit einer Parodie von Heinz Meller auf Helmut Kohl, der die »Zuschauer und Zuschauerinnen vor den

Fernsehern und Fernseherinnen« begrüßte; zum Ende sangen alle auf die Melodie von »Knockin' On Heaven's Door« das Blödellied »Nackig an der Himmelstür«. Zwischendurch predigte Olm ein wenig als Reverend.

RTL hatte kurz zuvor Thomas Gottschalk verpflichtet, Sat.1 versuchte mit dessen »Supernasen«-Filmpartner Krüger den Gegenschlag. Die Kritiker hassten die Show, weil sie platt und schwachsinnig sei, wer aber ohne Bildungsanspruch einfach nur nett eine Stunde unterhalten werden wollte, war hier genau richtig. Sowohl Krüger als auch Olm gingen später selbst zu RTL. Ihre Shows *Krüger sieht alles* und *Olm!* liefen dort direkt hintereinander.

Die Ausgaben wurden zunächst donnerstags um 20.00 Uhr gezeigt, ab 1993 eine zweite Staffel samstags gegen 18.30 Uhr an fußballfreien Tagen auf dem Sendeplatz von *ran*.

MILA SUPERSTAR — RTL 2
1993–1994. 101-tlg. jap. Zeichentrickserie (»Attack No.1«; 1969).

Die junge Mila kämpft verbissen darum, die beste Volleyballspielerin der Welt zu werden. Lief im Kinderprogramm.

MILKA ON TOUR – BE A STAR — RTL 2
2001. 15-minütige Dauerwerbesendung.

Zu seinem 100-jährigen Jubiläum fuhr der Schokoladenhersteller Milka mit einem Showtruck durch die Gegend und suchte Nachwuchsmoderatoren und einen Schatz. RTL 2 zeigte das sonntags nachmittags, 20-mal. Moderatorin war, logisch, Milka Loff Fernandez vom Musiksender VIVA.

MILLENNIUM — SAT.1, PRO SIEBEN
1997–1998 (Sat.1); 2000–2001 (Pro Sieben). 67-tlg. US-Mysteryserie von Chris Carter (»Millennium«; 1996–1999).

Frank Black (Lance Henriksen) hat die Gabe, sich in die Psyche krankhafter Serienkiller hineinversetzen zu können. Diese Fähigkeit, die der Ergreifung der Täter dient, stellt er der geheimen Millennium-Gruppe zur Verfügung, die glaubt, düstere Prophezeiungen zur Jahrtausendwende spornten die Killer an. Dort arbeitet er eng mit Peter Watts (Terry O'Quinn) zusammen. Blacks Frau Catherine (Megan Gallagher) stirbt an einem mysteriösen Virus. Als Black Zweifel an den guten Absichten der Millennium-Gruppe kommen, zieht er mit seiner Tochter Jordan (Brittany Tiplady) wieder nach Washington und kehrt zum FBI zurück, für das er früher schon einmal gearbeitet hatte. Dort wird er von Emma Hollis (Clea Scott) unterstützt.

Trotz eines gewaltigen Werberummels erreichte die Erstausstrahlung der ersten 35 Folgen im Freitagabendprogramm von Sat.1 nur mäßige Einschaltquoten, weshalb die Serie gleich für die erste Wiederholung an Pro Sieben weitergegeben wurde. Dort liefen auch die restlichen Folgen an mehr oder (meist) weniger prominenten Sendeplätzen.

MILLENNIUM MANN — RTL
2003. 4-tlg. dt. Fantasyserie.

Der Hamburger Polizeikommissar Nikolas Beyer (Markus Knüfken) wird im Dienst Opfer eines Attentats, bei dem er lebensgefährlich verletzt wird und für drei Monate ins Koma fällt. Die Wissenschaftler Dr. Kathrin Stern (Andrea Lüdke) und Gregor Tanneberg (Rainer Grenkowitz) stellen ihn nicht nur wieder her, sondern statten ihn zudem mit bionischen Hightech-Körperteilen aus, die ihm übernatürliche Kräfte verleihen. Trotzdem bleibt er ein Mensch mit Fehlern und Schwächen. Im Rahmen eines geheimen Projekts der European Task Force (ETF) nutzt der Millennium Mann seine neuen Kräfte, um gegen das Verbrechen zu kämpfen.

Zwar hatte es im Kino und in US-Serien schon zahlreiche Helden mit übermenschlichen Kräften gegeben, im deutschen Serienfernsehen war dies jedoch eine Neuheit. RTL hatte im Oktober 2001 mit einem zweistündigen Pilotfilm getestet, ob der Stoff ankommt. Trotzdem floppten die einstündigen Serienfolgen zwei Jahre später im Dienstagabendprogramm.

MILLENNIUM TREND — RTL
→ Trend

DER MILLIONÄR — ZDF
1993. 26-tlg. dt. Familienserie.

Michael Anthony (Ivan Desny) ist der persönliche Assistent des Multimillionärs John Alexander Straton (Albert Rickal). Der etwas seltsame Straton verschenkt ab und zu einfach mal eben so eine Million an gute Menschen, die gerade Geld brauchen. Anthony muss das Geld überbringen und genauestens über das weitere Verhalten der frisch gebackenen Millionäre Buch führen.

Die halbstündigen Epioden liefen montags bis donnerstags nachmittags.

MILLIONÄR GESUCHT — RTL
1998–2002. »Die SKL-Show«. Große Samstagabend-Spielshow mit Günther Jauch, bei der am Ende immer jemand garantiert Millionär wird. Als Kandidat kommt in Frage, wer ein Los der Süddeutschen Klassenlotterie gekauft hat. Aus 42 Anwesenden ermitteln prominente Paten durch Würfe von Bowlingkugeln zunächst acht Kandidaten, die in vier Zweierteams antreten. Über mehrere Spielrunden reduziert sich die Anzahl der Teilnehmer allmählich. Gespielt wird auf einem Boden aus sechs Reihen mit je sieben Videomonitoren. Die Kandidaten müssen u. a. vorhersagen, welches der sieben Gesichter einem Menschen gehört, der eine bestimmte Eigenschaft hat, oder wer von ihnen sich in einer mit versteckter Kamera gefilmten Situation wie verhalten hat.

Der Videomonitor-Boden dient in der nächsten Runde auch als Spielfeld, auf dem es dann gilt, als Erster eine Insel in der Mitte zu erreichen. Wer einen Schritt machen darf, wird wie folgt ermittelt: Ein Rauhaardackel namens Firlefanz zerbeißt bunte Luftballons. Jawohl! Jedem Kandidaten ist eine Farbe zugeordnet. Bleibt ein Luftballon seiner Farbe als letzter übrig, schreitet der entsprechende Kandidat Richtung Ziel. Die ersten beiden spielen im Finale um die Million. Das Spielfeld ist jetzt eine ovale Bowlingbahn mit 42 Feldern. Wieder sind den Kandidaten Farben zugeordnet. Fällt die Kugel auf ein entsprechendes Farbfeld, machen sie einen Schritt Richtung Million. Je nach getroffenem Feld wandert aber auch die Million umher. Wenn nach fünf Kugeln beide gleich nah an der Million sind, wird eine sechste geworfen, die dann entscheidet, wer die Million bekommt. Die anderen 40 Kandidaten haben eine Chance auf kleinere Geldbeträge, wenn die Kugel ein ihnen zugeordnetes Feld trifft. Ferner können Fernsehzuschauer gewinnen, die bei einer Jokerrunde per Telefon die Studiokandidaten unterstützen.

Mit großem Aufwand und abwegigen Spielideen versuchte die Show der Pflicht nachzukommen, dass der Gewinner allein durch Zufall ermittelt werden durfte. *Millionär gesucht* war eine der wenigen RTL-Shows, die live gesendet wurden. Außer durch Werbung wurden die Spielrunden durch Showblöcke unterbrochen. In den insgesamt 23 Ausgaben gewannen 19 Kandidaten jeweils eine Million Deutsche Mark, die letzten vier wurden Euro-Millionäre, also fast doppelt so reich. Holm Dressler war der Produzent der Show.

DER MILLIONENBAUER ARD

1980–1988. 13-tlg. dt. Familienserie von Franz Geiger, Regie: Georg Tressler.

Der bayerische Landwirt Josef Hartinger (Walter Sedlmayr) verkauft seine Ländereien und wird dadurch ein reicher Mann. Fortan genießt er sein Leben mal als Waschsalonbesitzer, mal als Politiker. Rosa (Veronika Fitz), seine zweite Frau, und die erwachsenen Kinder Martin (Werner Asam) und Monika (Monika Baumgartner) sowie Tante Theres (Irene Kohl) stehen hinter seiner Entscheidung; nur der älteste Sohn, Andreas (Elmar Wepper), hat Angst um seine Zukunft, da er nur Bauer gelernt hat und ihm mit der Aufgabe des Landwirtschaftsbetriebs seine Existenzgrundlage entzogen wird. Er wandert deshalb mit seiner Freundin Martha (Veronika Faber) nach Kanada aus. Frisörin Monika heiratet ihren Kollegen Giovanni (Jo Bolling), von dem sie ein Kind bekommt. Tante Theres stirbt und vermacht dem ersten männlichen Hartinger-Enkel ein Vermögen. Den gibt's aber noch nicht, also macht sich Josef auf die Suche nach einem geeigneten Vater.

Eigentlich sollte Günther Maria Halmer die Titelrolle spielen, aber er lehnte ab, weil er nach den *Münchner Geschichten* und dem *Lord vom Rummelplatz* nicht noch einmal auf ein Serienimage festgelegt werden wollte.

Die 45-Minuten-Folgen liefen im regionalen Vorabendprogramm. Nach der ersten Staffel (sieben Folgen) machte die Serie acht Jahre Pause, bevor noch mal sechs neue Folgen gezeigt wurden. Neue Autoren waren jetzt Helmut Pigge, Elisabeth Aslan und Peter Weissflog, Letzterer zugleich neuer Regisseur.

DER MILLIONENDEAL SAT.1

2004. Einstündige Zockershow mit Linda de Mol.

Ein Kandidat entscheidet sich zu Beginn des Spiels für einen von 26 verschlossenen Koffern, in denen Gewinne von einem Cent bis zu zwei Millionen Euro stecken. Die Show besteht daraus, dass er nach und nach alle anderen Koffer öffnet, die er nicht gewählt hat. Die Bank bietet ihm zwischendurch immer wieder Geld, wenn er aussteigt. Je höher die Schecks, die bereits aus dem Spiel sind, desto geringer das Angebot. Der Kandidat muss zocken und den richtigen Zeitpunkt erwischen auszusteigen – oder auf einen hohen Gewinn im gewählten Koffer hoffen. 25 Zuschauer im Saal können ebenfalls an Geld kommen: Sie halten die anderen Koffer in den Händen und tippen vor dem Öffnen, wie viel Geld drin ist. Liegen sie richtig, bekommen sie zwischen 1000 und 26 000 € – je nachdem, wie viele verschlossene Koffer noch im Spiel sind.

Die Sendung beruhte auf dem Format »Deal Or No Deal«, das international sehr erfolgreich war. In Deutschland hingegen hinterließ es keinen besonderen Eindruck – sechs Ausgaben liefen samstags um 21.15 Uhr. Auf dem gleichen Sendeplatz hatte de Mol zuletzt das Quiz *Einer gegen 100* bei RTL moderiert, wo sie mehr als zehn Jahre lang eines der Zugpferde war. Mit diesem in Sat.1 neu geschaffenen Sendeplatz (vorher liefen samstags ab 20.15 Uhr Filme) setzte Sat.1 auf Zuschauer, die nach dem RTL-Erfolg *Wer wird Millionär?* zu einem weiteren Quiz umschalteten. De Mol moderierte auch die niederländische Version »Miljoenenjacht««. Ein Jahr später sendete Sat.1 im Sommerloch eine Neuauflage unter dem Titel *Deal Or No Deal*, moderiert von Guido Cantz.

DER MILLIONENERBE ZDF

1990–1993. 12-tlg. dt. Familienserie.

Johannes Redlich (Günter Pfitzmann) erbt von der reichen Tante aus Amerika ein Millionenvermögen. Er lässt seine Schwester Katharina (Gisela Trowe) zu Hause zurück und erfüllt sich einen Traum, indem er auf Reisen geht. Unterwegs tut er mit dem Geld auch Gutes. Er lernt Irene Rimbach (Evelyn Hamann) und ihren Vater Ludwig (Hans Hessling), einen Juwelier, kennen. Schon am Ende der ersten Staffel wird Johannes dann doch enterbt, was bei einigen im Heimatdorf für Aufruhr sorgt, jedoch nicht bei Irene, die er heiratet. Anderen verschweigt er, dass er gar keine Millionen besitzt, und lässt sich weiter hofieren. In der dritten Staffel übernimmt er Ludwigs Juweliergeschäft.

Drei Staffeln mit je vier einstündigen Folgen liefen auf verschiedenen Sendeplätzen in der Primetime.

DAS MILLIONENQUIZ SAT.1

2000. Einstündiges Wissensquiz mit Milena Preradovic.

Zwölf Kandidaten spielen in Runde eins in zwei Sechsergruppen gegeneinander, nach jeder Frage scheidet ein Kandidat aus. Die beiden Gruppensieger spielen gemeinsam mit jeweils einem Freund zur Unterstützung in der zweiten Runde gegeneinander, der Sieger kommt ins Finale und kämpft dort um den Jackpot.

Das Millionenquiz war eine der vielen Quizshows, die nach dem Riesenerfolg von *Wer wird Millionär?* das Fernsehen überschwemmten. Diese lief kurze Zeit montags, dann freitags um 21.15 Uhr.

DAS MILLIONENSPIEL   ARD
1970. Hellseherischer Fernsehfilm von Wolfgang Menge nach einer Science-Fiction-Kurzgeschichte von Robert Sheckley, in dem eine fiktive Spielshow gezeigt wird, bei der der Kandidat Bernhard Lotz (Jörg Pleva) Millionär werden kann, wenn er eine Hetzjagd durch Profikiller, angeführt von Köhler (Dieter Hallervorden), lebend übersteht. Der Moderator (Dieter Thomas Heck) ruft: »Toi, toi, toi den Killern und alles Gute dem Gehetzten!«

Viele Zuschauer missverstanden die Sendung als tatsächliche Spielshow und bewarben sich als Kandidaten. Erst nach 32 Jahren im Giftschrank wurde das Fernsehspiel 2002 im WDR wiederholt.

MILLOWITSCH-THEATER   ARD, WDR
Seit 1953. Aufzeichnungen oder Live-Übertragungen von Volkstheaterkomödien aus dem Millowitsch-Theater in Köln.

Die erste Sendung, im Oktober 1953 live gesendet und auf vielfachen Wunsch des Publikums schon im November noch einmal ausgestrahlt – nicht als Wiederholung, sondern als erneute Übertragung einer Aufführung –, war das Stück »Der Etappenhase« von Karl Bunje, in dem Willy Millowitsch, wie in fast allen Stücken der folgenden Jahrzehnte, die Hauptrolle spielte. Meistens lautete sein Rollenname Anton. Zum Ensemble gehörten außerdem Lucie Millowitsch, Wilhelm Millowitsch, Jakob Kauhausen, Harald Landt und Franz Schneider. Später übernahm Willys Sohn Peter Millowitsch auf der Bühne und hinter den Kulissen die tragende Rolle. Heute sind Aufführungen aus dem Millowitsch-Theater nur noch sehr sporadisch im WDR zu sehen.

MINI-GÖTTINNEN   RTL 2
2003. 16-tlg. jap. Zeichentrickserie (»Aa! Megami-sama«; 1998).

Die drei göttlichen Schwestern Urd, die Göttin der Vergangenheit, Skuld, die Göttin der Zukunft, und Belldandy, die Göttin der Gegenwart, können sich auf Miniaturgröße schrumpfen. Sie leben gemeinsam mit dem Studenten Keiichi und der Ratte Gan-Chan in einem Tempel. Weil Keiichi mal einen Wunsch frei hatte und sich wünschte, die Göttinen sollten für immer bei ihm bleiben, müssen sie ihm jetzt jeden Wunsch erfüllen.

Die Serie basierte auf Comics von Kosuke Fujishima. Jede Folge bestand aus drei Kurzgeschichten.

Mini-Max mit Don Adams und Barbara Feldon. Agent 86 (links) wäre Ihnen sehr verbunden, wenn Sie das fällige Wortspiel mit dem Adjektiv »fesselnd« bitte selbst machen könnten. Vielen Dank.

MINI-MAX   ARD, ZDF, SAT.1, KABEL 1
1967–1968 (ARD); 1971–1972 (ZDF); 1990 (Sat.1); 1994–1995 (Kabel 1). »... oder Die unglaublichen Abenteuer des Maxwell Smart«. 137-tlg. US-Sitcom von Mel Brooks und Buck Henry (»Get Smart«; 1965–1970).

Parodie auf Agentenfilme, vor allem auf »James Bond«: Maxwell Smart (Don Adams) ist Agent 86 und als solcher im Auftrag des US-Nachrichtendienstes C.O.N.T.R.O.L. im Einsatz gegen die Untergrundorganisation K.A.O.S., die die Welt zerstören will. Obwohl er ein total vertrottelter Tollpatsch ist, rettet Maxwell Smart mit originellen und undurchschaubaren Geheimwaffen immer wieder die Welt, wenn auch oft aus Versehen. Häufig benutzte technische Finessen sind ein in den Schuh integriertes Minitelefon, zu dessen Benutzung er jedoch den Schuh ausziehen muss, was eine eventuelle Flucht erschwert, sowie die weit effektiveren Achselrevolver, die im Ernstfall den Gegner durchlöchern, der ihn gerade dazu aufgefordert hat, die Hände zu heben. Die attraktive Agentin 99 (Barbara Feldon) ist stets an Maxwells Seite und achtet darauf, dass er mit seiner Unbeholfenheit nicht selbst ins Chaos stürzt. Sie benutzt einmal auch den Namen Susan Hilton. Beide heiraten später und bekommen Zwillinge. Zum Arbeitsumfeld gehört der Chef (Edward Platt), dessen Name Thaddeus eigentlich nie benutzt wird, Agent 13 (Dave Ketchum), der C.O.N.T.R.O.L.-Roboter Hymie (Dick Gautier) und Professor Carlson (Stacy Keach). Conrad Siegfried (Bernie Kopell) und sein Assistent Starker (King Moody) leiten die feindliche K.A.O.S.-Organisation.

Mit Smarts Unbeholfenheit schloss jede Folge: Während er im Vorspann noch selbstbewusst durch Dutzende Türen schritt, die sich vor ihm öffneten, und anschließend in einer Telefonzelle, die eigentlich ein Aufzug war, nach unten verschwand, schlägt im Abspann die letzte Tür vor ihm zu und klemmt seine Nase ein. Diese Schlusseinstellung, in der sich Smart die Nase hält, wurde jedoch seit der ZDF-Ausstrahlung nicht mehr gezeigt, da die Privatsender den Abspann vorzeitig beendeten oder wie so oft komplett wegließen. Serienerfinder Mel Brooks blieb dem Genre der Parodie auch nach der Serie treu, wechselte aber zum Kino und schuf Erfolge wie »Is' was Sheriff?« (auch bekannt als »Der wilde wilde Westen«), »Frankenstein Junior«, »Spaceballs« oder »Robin Hood – Helden in Strumpfhosen«.

Die ersten 13 Folgen der Serie zeigte die ARD im regionalen Vorabendprogramm noch unter dem Titel *Supermax, der Meisterspion*. Alle weiteren Folgen hießen *Mini-Max*. 45 davon liefen dienstags um 19.10 Uhr im ZDF, 24 freitags in Sat.1, den Rest zeigte Kabel 1 mehr als ein Vierteljahrhundert nach dem Start der Serie. 1979 entstand mit Adams und Feldon in ihren Serienrollen der Kinofilm »Die nackte Bombe«, zehn Jahre später der Fernsehfilm »Die nackte Bombe 2«. Eine kurzlebige Neuauflage als Serie namens *Maxwell Smart* lief 1996 bei RTL.

MINI PLAYBACK SHOW RTL

1990–1998. Einstündige Abendshow, in der Kinder zu Musikplaybacks die Lippen bewegen und dabei angezogen und geschminkt sind wie der Star, dessen Song sie imitieren. Eine mit drei Prominenten besetzte Jury bewertet die Auftritte der Kinder und kürt am Ende einen Sieger.

Die Holländerin Marijke Amado moderierte die erfolgreiche Show jahrelang, gab die nette Tante, plauderte mit den Kleinen, ließ sie in ihrem »Minilädchen« die richtige Garderobe für den nachfolgenden Auftritt aussuchen und schickte sie dann durch die »Zaubertür«, aus der sie im gleichen Moment unter Puff und Rauch wieder kostümiert heraustraten – das Wunder der Aufzeichnung machte den Trick möglich.

Kein Prominenter in der Jury gab nach dem Auftritt eine wirkliche Bewertung ab, alle schwärmten nur, wie toll und professionell das gerade war und dass aus dem Kind bestimmt mal ein großer Star werde. Am Ende mussten sie aber dennoch urteilen, wer nun der Beste war. Die Zusammensetzung der Jury wechselte, viele kamen jedoch regelmäßig. In der Anfangsphase waren das vor allem Roberto Blanco, Heidi Brühl und Hansi Kraus, später Menschen wie DJ Bobo und Ingo Schmoll.

Als Marijke Amado hörte, dass sie die Show an eine jüngere Moderatorin abgeben müsse, habe sie »sehr geweint«, sagte sie der Presse. Ab September 1998 wurde die Popsängerin Blümchen (Jasmin Wagner) als Moderatorin eingesetzt, hatte aber keinen Erfolg. RTL setzte die Sendung nach 126 Ausgaben mit der Begründung ab, sie entspreche nicht mehr dem Zeitgeist.

In den Anfangsjahren war die Show arg in der Kritik. Vor allem der Kinderschutzbund beanstandete die »aufreizende Darstellung« der Kinder und bezeichnete die Show als eine »Mischung aus Kindertümelei und Schlüpfrigkeit«. Kritisiert wurde auch, die Kinder würden durch lange Proben überfordert und der kindliche Charme durch den Drang zur Perfektion zerstört. Dies war jedoch der Faktor, der die Show zumindest für Menschen, die selbst keine kleinen Kinder sind oder haben, ansehbarer machte als beispielsweise *Kinderquatsch mit Michael*.

Die Show lief an wechselnden Sendeplätzen zur Primetime, erst montags und dann donnerstags jeweils um 20.15 Uhr, dann sonntags um 19.10 Uhr und ab 1995 freitags um 20.15 Uhr

MINI-ROBOS KI.KA

2004. 26-tlg. brit. Puppentrickserie (»Little Robots«; 2002).

Die lustigen Roboter Winz, Rabatz, Schrecker, Rosti,

Die Kindheit der kleinen Kristina endete jäh am 6. September 1991, als Marijke Amado sie in der *Mini Playback Show* als Mariah Carey vorstellte.

Pünktchen, Schlamper, Turner, Ringel und Biege leben auf einem Schrottplatz, bauen sich aus dem rumliegenden Kram ihre eigene mechanische Welt und machen Musik.

DIE MINIKINS   ZDF
1982. »Im Land der Riesen«. 12-tlg. brit. Jugendserie von Peter Graham und Wolfram Tichy (»The Minikins«; 1981).
Auf der Insel Bilbo lernt der Architekt Paul Herman (Ty Haller) die Minikins Pincus (Ted Stidder), Albi (Ian Tracey) und Dido (Jan Riddell) kennen, die eigentlich ganz normale Menschen, aber zehnmal kleiner sind. Auch Paul und seine Frau Anna (Cathryn Balk) schrumpfen zu Winzlingen, einzig Tochter Trudi (Fiona Brodie) behält ihre normale Größe. Gemeinsam versuchen sie, Dick Foster (Tom Heaton) von seinen Bauvorhaben auf Bilbo abzubringen, denn nur dann wollen die Minikins den Hermans ihre normale Größe zurückgeben.
Die 25-Minuten-Folgen liefen donnerstagnachmittags.

MINO   ZDF
1986. »Ein Junge zwischen zwei Fronten«. 6-tlg. ital. Jugendserie nach dem Roman von Salvatore Gotta (»Il piccolo alpino«; 1986).
Italien im Ersten Weltkrieg: Nach einem Lawinenunglück wird der Junge Mino Rasi (Guido Cella) von seinen Eltern Michele (Ray Lovelock) und Enrica (Ottavia Piccolo) getrennt. Der Schmuggler Rico (Pierre Cosso) kümmert sich um ihn. Gemeinsam ziehen sie mit den »Alpini« in den Krieg, wo Rico umkommt. Major Lupo (Mario Adorf) kümmert sich um den Jungen. Minos Mutter kommt in die Nervenheilanstalt. Um seinen Vater wiederzusehen, schlägt sich Mino bis auf die österreichische Seite durch und gibt sich zu diesem Zweck als Neffe des Obersts Karl Stolz (Michael Heltau) aus. Der Oberst und seine Frau (Barbara May) nehmen ihn auf und helfen ihm. Mino mag die Familie Stolz, ist aber innerlich weiter auf der Seite der Italiener und gerät so zwischen die Fronten. Minos Vater fällt im Krieg, doch immerhin wird seine Mutter wieder gesund. Mino sieht sie nach Kriegsende wieder.
ZDF-Weihnachtsserie 1986. Im Vorjahr hatte *Oliver Maass* Geige gespielt, im Folgejahr tanzte *Anna*. Und zwischendurch war eben Krieg. Die einstündigen Folgen liefen täglich im Vorabendprogramm.

MINTY   KI.KA
2000. 13-tlg. austral.-brit. Comedyserie (»Minty«; 1998).
Minty Sullivan (Angela Kelly) ist 17 und ein Teeniestar im australischen Fernsehen. Als sie durch Zufall auf ihre Doppelgängerin Melanie Hobson (ebenfalls Angela Kelly) trifft, tauschen die beiden die Rollen, und die Turbulenzen beginnen.
Lief im folgenden Jahr samstags vormittags im ZDF.

MINTY IN DER MONDZEIT   ZDF
1990. 6-tlg. brit. Kinder-Fantasyserie nach dem Roman von Helen Cresswell (»Moondial«; 1990).
Nach dem Tod ihres Vaters fährt Minty (Siri Neal) mit ihrer Mutter (Joanna Dunham) zu ihrer Tante Mary (Valerie Lush). Im Garten von deren Landhaus entdeckt sie eine Sonnenuhr (genauer: eine Monduhr!), mit der sie 100 Jahre in die Vergangenheit reist. Damals wird das Mädchen Sarah (Helena Avellano) in dem Haus gefangen gehalten, weil sie ein Muttermal hat, das ein Zeichen des Teufels sein soll. Mit Hilfe des jungen Dieners Tom (Tony Sands) rettet Minty Sarah davor, geopfert zu werden.
Die Folgen waren 25 Minuten lang. Sie liefen dienstagnachmittags.

MINUTEN DER ENTSCHEIDUNG   VOX
2004. 3-tlg. brit.-kanad. Doku-Reihe, die die letzten 60 Minuten vor dramatischen Ereignissen der jüngeren Geschichte rekonstruiert, z. B. vor den Terroranschlägen des 11. September 2001, vor dem Reaktorunfall in Tschernobyl und dem Giftgasanschlag auf die Tokioter U-Bahn.
Mit dieser Reihe startete Vox den Versuch, sonntags zur Primetime Dokumentationen statt Spielfilme zu zeigen.

MIR SAN DIE BRANDLS   ZDF
1993. 7-tlg. bayerische Volkstheaterserie von Peter Weissflog, Inszenierung: Werner Asam.
Krachlederne Späße mit Familie Brandl: Hubert Brandl (Franz Buchrieser; ab Folge 3: Udo Thomer) führt das familiäre Bauglasgeschäft. Er ist mit Elli (Ilse Neubauer; ab Folge 3: Veronika von Quast) verheiratet, der Tochter der resoluten Oma Sofie Lechner (Maria Singer), des Familienoberhaupts. Hubert und Elli haben einen 18-jährigen Sohn Berti (Michael Jamak) und dieser eine Freundin, Roxy (Claudia Zöhrer). Luise Wimmer (Heide Ackermann) ist Huberts Sekretärin und Benedikt Mader (Willy Harlander) der Nachbar, der Oma Sofie verehrt.
Das ZDF zeigte zunächst zwei abendfüllende Aufführungen aus dem Schlierseer Bauerntheater; weitere fünf klischeehafte Folgen samstags am Vorabend dauerten 45 Minuten und wurden mit teils neuer Besetzung im Tegernseer Bauerntheater aufgezeichnet, wiederum angeblich als Theaterstück vor Publikum, was schon in der ersten Kurzfolge »Die Erbschaft« unglaubwürdig war, weil Willy Harlander eine Doppelrolle spielte und mit sich selbst reden musste.

MIRANDA   SAT.1
1990. 8-tlg. US-Sitcom von Martha Williamson und Jane Anderson (»Raising Miranda«; 1988).
Nachdem ihn seine Frau Bonnie verlassen hat, muss der Bauunternehmer Donald Marshack (James Naughton) seine 15-jährige Tochter Miranda (Royana Black) allein großziehen. Dabei stehen ihm seine Freunde Joan (Miriam Flynn) und Bob Hoodenpyle (Steve Vinovich) zur Seite. Miranada findet Unterstützung bei ihrer Freundin Marcine Lundquist

(Amy Lynne), ihrem neuen Mitschüler Jack Miller (Michael Manasseri) und Donalds Schwager Russel (Bryan Cranston), der in einem Wohnwagen in der Einfahrt der Familie lebt.
Die 25-minütigen Folgen liefen nachmittags.

MIRCOMANIA SAT.1
2001. Halbstündige Comedyshow von und mit Mirco Nontschew, die so etwas war wie eine Real-Life-Comicreihe. Nontschew gab im Rahmenprogramm den lebensgroßen Comichelden à la Superman und trat dazwischen in schnellen Sketchen in verschiedensten Rollen auf, so als kleiner Diktator Mobasha, Las-Vegas-Entertainer Johnny Johnnie und als Mafiaboss und Friedensaktivist Don Pantonelli.
13 Folgen liefen freitags um 22.15 Uhr. Schon vor der Ausstrahlung gewann die Reihe die Silberne Rose beim Festival von Montreux.

MIRJAM UND DER LORD VOM RUMMELPLATZ ZDF
1978. 13-tlg. dt. Serie von Dieter Gasper und Detlef Müller, Regie: Hans Jürgen-Tögel und Wolfgang Liebeneiner.
Mirjam (Susanne Werner) und »Lord« (Günther Maria Halmer) lernen sich an der Autobahn kennen und gaukeln sich gegenseitig unwahre Geschichten vor. Mirjam ist 13 Jahre alt und in Wirklichkeit von zu Hause abgehauen, und Lord heißt in Wahrheit Tom, ist Anfang 30 und Gelegenheitsarbeiter. Die Geschichte, er sei Zauberkünstler auf dem Rummelplatz, stimmt zwar nicht, doch dann verschlägt es die beiden dennoch auf den Rummel. Dort arbeiten auch der Schausteller Peets (Johannes Schauer), seine Tochter Almut (Cornelia Köndgen) und der Riesenradbesitzer (S. Giesecke).
Günther Maria Halmer war froh, durch die Rolle des Lords das Image des Tscharlie aus den *Münchner Geschichten* loszuwerden, eine Rolle, die ihn gut drei Jahre zuvor berühmt gemacht hatte. Star der Serie war aber die 13-jährige Hauptdarstellerin, die mehr Zuschauerpost als ihr erwachsener Co-Star erhielt.
Die halbstündigen Folgen liefen donnerstags um 18.20 Uhr.

MISCHA UND BIRGIT ARD
→ Auf den Spuren der Staufer

MISCHMASCH ARD
1972–1978. 45-minütige Kindersendung am Montagnachmittag mit Tricks, Gags, Zeichentrickabenteuern, kleinen Filmchen und dem Quiz-Masch, bei dem ein Gegenstand zu erraten ist. Wurde abgelöst von *Spaß muss sein* und später *Spaß am Montag*.

MISS MARPLE TM3
→ Agatha Christies Miss Marple

MISS MOLLY MILL ZDF
1970. 13-tlg. dt. Krimiserie von Andreas Fuchs, Regie: Thomas Engel.
Haushälterin Molly Mill (Inge Brück) löst in ihrer Freizeit Kriminalfälle, in die sie durch Zufall hineingezogen wird. Dadurch mischt sie ihre Umgebung jedoch so sehr auf, dass sie dauernd gefeuert wird. Am Anfang wie am Ende jeder Folge sitzt sie mal wieder bei der Stellenvermittlung. Ihr Haustier, eine Schildkröte, bringt sie zu jedem neuen Arbeitgeber mit. In der letzten Folge findet sie endlich eine dauerhafte Anstellung – bei der Stellenvermittlung.
Hauptdarstellerin Inge Brück, die in den 50er-Jahren kleinere Erfolge als Schlagersängerin hatte, sang auch das Titellied. Die 25-Minuten-Folgen liefen donnerstags um 18.40 Uhr.

MISSING – VERZWEIFELT GESUCHT KABEL 1
Seit 2005. US-Krimiserie von Glenn Davis und William Laurin (»1-800-Missing«; seit 2003).
Die erfahrene und vorschriftsgemäß arbeitende FBI-Agentin Brooke Haslett (Gloria Reuben) und die junge Sonderberaterin Jess Mastriani (Caterina Scorsone) suchen gemeinsam Vermisste. Nützliche Hinweise bekommt Jess in ihren Träumen. Sie verfügt über diese Gabe, seit sie vom Blitz getroffen wurde. Die Computerexpertin Sunny Estrada (Justina Machado) und ihr Boss Alan Coyle (Dean McDermott) stehen im Zweifelsfall aber auch zur Mitarbeit zur Verfügung.
Die einstündigen Folgen liefen freitags um 22.15 Uhr, direkt nach *Spurlos verschwunden – Without A Trace*, wo ebenfalls Vermisste, aber mit ganz normalen Methoden und auf höherem Niveau, gesucht wurden.

MISSING PERSONS – AUF DER SUCHE NACH VERMISSTEN RTL
1998. 18-tlg. US-Krimiserie von Peter Lance (»Missing Persons«; 1993–1994).
Eine Einheit der Polizei von Chicago spürt verschwundene Personen auf. Lieutenant Ray McAuliffe (Daniel J. Travanti) leitet die Abteilung und vergibt die Aufträge an seine Mitarbeiter Johnny Sandowski (Fred Weller), Bobby Davison (Erik King), Carlos Marrone (Juan Ramirez) und Connie Karadzic (Jorjan Fox).
Standardkrimiserie, die in keiner Hinsicht auffiel (schon gar nicht sonntagnachts bei RTL). Jorjan Fox spielte später Hauptrollen in zwei der erfolgreichsten US-Serien überhaupt: *Emergency Room* und *CSI*. Bei Letzterer hatte sie sich vom »n« in ihrem Vornamen getrennt.

MISSION ERDE: SIE SIND UNTER UNS VOX
1999–2002. 82-tlg. US-Science-Fiction-Serie von Gene Roddenberry (»Gene Roddenberry's Earth: Final Conflict«; 1997–2002).
Im Jahr 2008 landen die außerirdischen Taelons unter ihrer Führerin Da'an (Leni Parker) auf der Erde und tun Gutes. Der Ex-Polizist William Boone (Kevin Kilner) misstraut den Aliens und gründet eine Untergrundorganisation gegen sie. An dieser sind außerdem Jonathan Doors (David Hemblen) sowie

die Taelons Capt. Lili Marquette (Lisa Howard) und Augur (Richard Chevolleau) beteiligt, die als Geheimagenten gegen ihre eigene Rasse spionieren. Nach kurzer Zeit wird der mysteriöse Liam Kincaid (Robert Leeshock) Nachfolger von Boone. Kincaid wurde nach nur neun Stunden Schwangerschaft geboren und war nach weniger als einem Tag erwachsen.

Star Trek-Erfinder Gene Roddenberry hatte diese Serie schon 1976 entwickelt. Nach seinem Tod 1991 stellte seine Witwe das Material zur Verfügung.

Die einstündigen Folgen liefen erst donnerstags um 21.10 Uhr, dann dienstags um 20.15 Uhr. Eine Hand voll weiterer Folgen war im Pay-TV zu sehen, die komplette fünfte Staffel wurde noch gar nicht in Deutschland gezeigt.

MISSION EUREKA   ZDF

1989. 6-tlg. europ. Politthriller von Ian Curtis, Peter Märtesheimer und Terence Feely, Regie: Klaus Emmerich und Franz Peter Wirth.

Trotz beunruhigender Testergebnisse lässt Projektchef Thomas Altenburg (Peter Bongartz) die europäische Raumfähre »Magellan I« starten, weil er von Politik und Wirtschaft, vor allem von dem skrupellosen Grafen Leo Waldegg (im Pilotfilm Karl-Michael Vogler; dann: Michael Degen), unter Druck gesetzt wird. Nach dem katastrophalen Absturz der Raumfähre versucht Altenburg die Besatzung zu retten. Der einflussreiche Graf und seine Frau Giovanna (Delia Boccardo) wollen ihn ausschalten, weil sie auch auf einen schnellen Start der nächsten Raumfähren bestehen. Waldegg zieht die Journalistin Maike Beck (Agnes Dünneisen) auf seine Seite.

Als Titelmusik wurde eine aufgepoppte Version von Bachs d-moll-Toccata verwendet. Die Serie war eine Gemeinschaftsproduktion des ZDF mit Sendern aus ganz Europa, die sich bereits für *Eurocops* zusammengetan hatten. Als Maskottchen hatte sich die Europäische Produktionsgemeinschaft ein weißes Einhorn ausgedacht, das auch bei dieser Serie vor jeder Folge eindrucksvoll ins Bild galoppierte. Es war das letzte Einhorn, danach produzierte wieder jeder Sender für sich, weil das erfolgversprechender war. Im Vierteiler *Das Sahara-Projekt* versuchte Thomas Altenburg später noch einmal, Gutes zu tun, während Graf Waldegg nur ans Geld dachte.

Nach dem Pilotfilm an einem Montag liefen die einstündigen Folgen sonntags zur Primetime.

MISSION: GERMANY   PRO SIEBEN

2002. »Agenten für 30 Tage«. Reality-Gameshow mit Miriam Pielhau und Sky Dumont als Spielleiter »Mr. X«.

Drei Kandidaten müssen kreuz und quer durch Deutschland reisen, sich gegenseitig filmen und jeden Tag eine Aufgabe, nein: »Mission« erfüllen, ohne erkannt zu werden. Gelingt es ihnen, bekommen sie 5000 €; werden sie von einem Zuschauer gefilmt, bekommt er das Geld.

»Verstecken 2002« wäre der treffendere Titel gewesen, hätte sich aber natürlich nicht so spannend angehört. Pro Sieben gab sich alle Mühe, das Konzept aufregend klingen zu lassen, und schickte die drei Kandidaten zum Survival-Training bei Rüdiger Nehberg, wo sie diverse Techniken übten – wobei unklar blieb, an welcher Stelle das Verspeisen von Maden und gegrillten Ratten spielentscheidend sein könnte. Andererseits sei die Idee *so* aufregend auch wieder nicht, beteuerte Pro Sieben, um den prompt geäußerten Vorwurf einer »Menschenjagd« im Stil von *Millionenspiel* abzuwehren. Tatsächlich war das Spiel trotz Live-Übertragung im Internet nur für die Kandidaten selbst aufregend (und für den Sponsor I-Mode natürlich, für dessen drahtlose Technik mit der Sendung dauergeworben wurde). Das Publikum fand's eher fad.

Lief täglich um 18.00 Uhr und war 30 Minuten, sonntags doppelt so lang.

MISSION: IMPOSSIBLE   DIVERSE PROGRAMME
→ Kobra, übernehmen Sie!; In geheimer Mission

MISSION SEAVIEW   PRO SIEBEN, KABEL 1

1994–1995 (Pro Sieben); 1999–2000 (Kabel 1). 77-tlg. US-Science-Fiction-Serie von Irwin Allen (»Voyage To The Bottom Of The Sea«; 1964–1968). Das Forschungs-U-Boot »Seaview« ist unter der Meeresoberfläche im Einsatz und kämpft gegen Monster, Verrückte und Außerirdische. Der frühere Admiral Harriman Nelson (Richard Basehart) führt die Besatzung an, zu der Commander Lee Crane (David Hedison) gehört, der später zum Captain befördert wird, außerdem Lieutenant Commander Chip Morton (Robert Dowdell), Chief Curly Jones (Henry Kulky), Kowalsky (Del Monroe), Patterson (Paul Trinka) und Sparks (Arch Whiting). Jones verlässt die »Seaview« nach einiger Zeit, Chief Sharkey (Terry Becker) und Stu Riley (Allan Hunt) kommen neu dazu.

Die Serie basierte auf Irwin Allens Film »Unternehmen Feuergürtel« (»Voyage To The Bottom Of The Sea«; 1961) und wurde zum Teil in denselben Kulissen gedreht.

46 Folgen liefen am Wochenende auf Pro Sieben, 31 weitere später unter dem Titel *Die Seaview – In geheimer Mission* auf Kabel 1. Die 32 in Schwarz-Weiß gedrehten Folgen der ersten Staffel wurden in Deutschland nie gezeigt.

MISSION TERRA   ARD

1985–1989. 25-tlg. dt. naturwissenschaftliche Spielserie für Kinder.

Vermutlich hätten sie gar nicht mit »Metamor 5«, der alten Schrottkarre von einem Raumschiff, fliegen sollen, und nun ist es passiert: Der erfahrene Commander Ro (Dieter Eppler) und die Wissenschaftlerin Dr. Kyra (Nina Danzeisen) hängen auf der Erde fest. Verlassen können die beiden Außerirdischen die »Metamor« nicht, wie Ro schnell schmerzhaft feststellt: Sie können mit Erdenluft nicht arbeiten.

Trotzdem haben sie Möglichkeiten, das Leben auf

diesem merkwürdigen Planeten zu erkunden. Vor allem mit Hilfe des Roboters Mikrolino, einem klobig wirkenden Teil mit Schlaucharmen und Werkzeughänden, der allerdings nie das tut, was man ihm sagt. Oder mit Zoom, einer Art fliegendem Auge, das große Strecken in Sekunden überwinden, in Vulkane abtauchen oder bis zur Stratosphäre emporsteigen kann. Auch Mox, der Zentralcomputer, hilft mit Informationen und Filmen, hat aber offensichtlich bei der Havarie einen Knacks abbekommen: Wenn er einen Waldbrand zeigen soll, kann es sein, dass stattdessen ein Ball der Feuerwehrmänner zu sehen ist. Das Raumschiff selbst kann alle möglichen Formen annehmen, um sich zu tarnen.

Aus der Sicht der Außerirdischen, die alles hinterfragen, was für uns selbstverständlich ist, informierten die halbstündigen Folgen lehrreich und witzig über so unterschiedliche Themen wie Wohnungsbau, Spinnen und die Angst vor ihnen, Solarenergie, Zahlen und Buchstaben, Verkehr oder das Sonnensystem. Sie liefen meistens donnerstags nachmittags.

MISSION: TRAUMHAUS – DEUTSCHLANDS VERRÜCKTESTE BAUSTELLE   RTL 2

2004. Doku-Show. Sechs Teams sollten gemeinsam einen maroden Berliner Altbau sanieren und dafür richtig schuften, ein Team hätte am Ende eine der fertigen Wohnungen gewonnen.

Nach drei Wochen setzte RTL 2 die Show wegen schlechter Quoten ab und schickte die Kandidaten unverrichteter Dinge zurück in ihr bisheriges Zuhause. Das Haus stand noch ein Jahr später halb saniert und leer in der Gegend herum, nur das große Werbeplakat von RTL 2 war verschwunden.

MISSION X   ZDF

Seit 2002. 45-minütige Geschichtsdokumentationen über Erfindungen, Entdeckungen und Durchbrüche in der Forschung. Bisher liefen zwei Staffeln mit insgesamt neun Folgen sonntags um 19.30 Uhr unter der Dachmarke *ZDF Expedition*.

MISSISSIPPI   SAT.1

1989–1990. 14-tlg. US-Krimiserie von Daryl Ponicsan (»The Mississippi«; 1983–1984).

Der ehemalige Staranwalt Ben Walker (Ralph Waite) hat sich mit seinem eigenen Boot auf den Mississippi zurückgezogen und mit seiner Ex-Klientin Stella McMullen (Linda G. Miller) und dem Vietnamveteranen Lafayette »Lafe« Tate (Stan Shaw) eine zweiköpfige Besatzung angeheuert. Aus dem ruhigen Leben wird jedoch nichts, denn immer wieder wird Ben in Kriminalfälle hineingezogen, bei denen Menschen um seine Hilfe bitten und er Stella und Lafe für die Ermittlungen einspannt. Das ist den beiden aber sowieso lieber als die Arbeit an Bord, denn beide wären auch gern erfolgreiche Anwälte.

Ralph Waite hatte als Vater der *Waltons* familäre Probleme gelöst, bevor er sich auf das Lösen von Kriminalfällen verlegte. Neun weitere einstündige Folgen liefen nur im Pay-TV.

MISTER ED   ARD, SAT.1, KABEL 1

1962–1964 (ARD); 1989–1990 (Sat.1); 1992–1993 (Kabel 1). 143-tlg. US-Sitcom von Arthur Lubin und Al Simon (»Mister Ed«; 1961–1966).

Mister Ed ist ein Palomino-Pferd, das der Architekt Wilbur Post (Alan Young) im Stall seines neuen Hauses entdeckt. Das Pferd spricht. Außer mit Wilbur spricht es aber mit niemandem. Wilburs Frau Carol (Connie Hines) glaubt ihrem Mann deshalb kein Wort, wenn er beteuert, das Pferd könne sprechen. Streitigkeiten darüber gefährden zuweilen die Ehe der Posts. Ed triezt seinen Besitzer und beklagt sich über die Lebensumstände in seinem Stall, der für einen Stall eigentlich schon luxuriös eingerichtet ist. Dort steht ein Fernseher, denn Mister Ed sieht gern fern, er liest außerdem viel, spielt Schach, Tischtennis und Bowling und schreibt seine Memoiren mit dem Titel »Das ledige Pferd und die Liebe«. Die Nachbarn der Posts sind erst Roger (Larry Keating) und Kay Addison (Edna Skinner), später Gordon (Leon Ames) und Winnie Kirkwood (Florence MacMichael). Gordon versucht mehrfach, Wilbur zum Verkauf des Pferdes zu überreden, doch der will das Familienmitglied natürlich behalten.

Das Titelpferd Mister Ed trug eigentlich den Namen Bamboo Harvester, Tiertrainer war Les Hilton. Entgegen hartnäckigen Gerüchten wurde Bamboo nicht dadurch zum Bewegen seiner Lippen gebracht, dass man ihm eine Karotte in den Hintern schob, auch nicht durch Erdnussbutter auf seinen Nüstern, sondern dadurch, dass er einen Nylonfaden unter die Lippe bekam, den er loszuwerden versuchte. (Den gleichen Trick wandte RTL vermutlich an, um Heiner Bremer zum »Sprechen« zu bringen.) Später fing das kluge Tier einfach von sich aus an, den Mund zu bewegen, wenn sein Partner Alan Young zu reden aufhörte.

Regelmäßig schauten Gaststars vorbei, darunter Zsa Zsa Gabor und Clint Eastwood. Der Regisseur und Produzent der Serie, Arthur Lubin, hatte in den 50er-Jahren schon mehrere Filme über einen sprechenden Esel namens Francis gedreht, brauchte aber zahlreiche Anläufe, bis er es schaffte, die Idee ins Fernsehen zu bringen. Die Kritiker fanden die Serie erwartungsgemäß furchtbar, das Publikum liebte sie. Die Titelmusik komponierte Jay Livingston, der auch die Erkennungsmelodie für *Bonanza* schrieb. Die ARD zeigte in den 60er-Jahren nur drei Hand voll halbstündige Episoden in unregelmäßigen Abständen, oft an Feiertagen nachmittags. Der Rest war erst etwa 30 Jahre später in Sat.1 und Kabel 1 als Erstausstrahlung zu sehen.

MIT BASS UND BOGEN   ARD

1977. 13-tlg. US-Sitcom von James L. Brooks und Allan Burns (»Friends & Lovers«; 1974–1975).

Der Kontrabassist Robert Dreyfuss (Paul Sand) ergattert ein Engagement im Bostoner Symphonieorchester. Außer Musik sind sein Hauptthema die Frauen, in die er sich regelmäßig verliebt und die er wegen seiner Unbeholfenheit genauso regelmäßig nicht zu

erobern weiß. Sein draufgängerischer Bruder Charlie (Michael Pataki), der mit Janice (Penny Marshall) verheiratet ist, macht sich darüber lustig. Jack Riordan (Dick Wesson) leitet das Orchester, das von dem jungen Mason Woodruff (Craig Richard Nelson) dirigiert wird und in dem Roberts bester Freund Fred Meyerbach (Steve Landesberg) Geige spielt.
Die halbstündigen Folgen liefen im regionalen Vorabendprogramm.

MIT DEM HERZEN DABEI   DFF
1964–1968. Große Überraschungsshow mit Hans-Georg Ponesky.
Der Moderator überrascht einfache Arbeiter und belohnt sie für ihren Einsatz. Eine Art frühe sozialistische Variante der *Rudi-Carrell-Show:* Ein Mann findet bei der Rückkehr von einer Dienstreise sein Haus fertig renoviert vor. Eine Verkehrspolizistin wird an der Kreuzung, wo sie den Verkehr regelt, von Hunderten Autos eingekreist und mit einem Hupkonzert gefeiert, bevor sie im Saal einen polnischen Jungen wiedertrifft, den sie nach dem Krieg aufgenommen und jahrelang nicht gesehen hatte. Ein Eisenbahner, der nach einer langen Schicht im Bett liegt, wird dort mit versteckter Kamera gefilmt und vom Moderator aus dem Friedrichstadtpalast angesprochen, dass er vorbeikommen soll – und könne dabei auch im Bett bleiben. Der Gute wird dann mit einem motorisierten Bett, das vor seiner Haustür steht, durch die Karl-Marx-Allee zur Veranstaltung gefahren. Zwischendurch gibt es Auftritte populärer Künstler.
Die Show wurde mit gewaltigem Aufwand in Szene gesetzt. Alles war möglich: In die Wände der Lokführerwohnung waren Löcher gebohrt worden, um Mikrofone und Kameras darin unterzubringen. Die Sendung lief erstmals am 15. Jahrestag der Gründung der DDR und dann häufig an wichtigen Festtagen. Sie sollte alles Dagewesene in den Schatten stellen und hatte einen klaren politischen Auftrag: Die Mitglieder staatstragender Institutionen der DDR sollten als Menschen wie du und ich gezeigt, aber auch gefeiert werden. In einer Sendung am 11. April 1966 fand sogar eine öffentliche Aussöhnung zwischen Walter Ulbricht und Max Fechner statt, dem zeitweise inhaftierten ersten Justizminister der DDR. Wegen der oft überwältigenden, rührenden (um nicht zu sagen: peinlichen) Momente bekam Ponesky den Spitznamen »Seelen-Hitchcock«. Ponesky hatte vorher bereits seit 1962 eine ähnliche Rundfunkshow auf Radio DDR moderiert. Er erhielt 1965 für seine Sendungen den Vaterländischen Verdienstorden in Bronze.
Mit dem Herzen dabei lief achtmal und war in der DDR eine der beliebtesten Unterhaltungsshows in den 60er-Jahren.

MIT DEM KOPF DURCH DIE WAND   ZDF
1986–1987. Halbstündige Live-Show mit Birgit Lechtermann.
Jeweils drei Generationen zweier Familien treten als Gegner in Rate- und Geschicklichkeitsspielen gegeneinander an. Lief im Vorabendprogramm.

MIT DEN AUGEN DER KINDER   ZDF
1968. 3-tlg. Wissenschaftsreihe von Prof. Dr. Robert Heiß und Luitbert Haebler. Die 30-minütigen Sendungen liefen im Nachmittagsprogramm.

MIT DEN CLOWNS KAMEN DIE TRÄNEN   ARD
1990. 3-tlg. dt.-ital.-span.-frz. Gentechnikdrama von Horst Vock und Thomas Wittenburg nach dem Roman von Johannes Mario Simmel, Regie: Reinhard Hauff.
Ein brisanter Impfstoff sorgt für Aufruhr in einem Forschungsinstitut. Es wird spioniert, intrigiert und entführt, denn alle sind hinter dem Mittel her. Alwin Westen (Hans Christian Blech) und Norma Desmond (Sunnyi Melles) stecken mittendrin und bemühen sich um Klarheit.

MIT DER KAMERA AUF REISEN   ARD
1953. 15-minütige Reisereportage mit wechselnden Reportern an verschiedenen Schauplätzen.
Jede Sendung umfasste eine Reise. Dabei wurde manchmal mehr als ein Ort gezeigt, indem Start- und Zielort sowie etwaige Zwischenstopps Bestandteile der Sendung waren. 14 Folgen liefen am Dienstagabend.

MIT EINEM BEIN IM GRAB   ARD
1996–1998. 19-tlg. dt. Sitcom von Wolfgang Menge, Regie: Frank Strecker.
Die Firma, bei der Viktor Bölkoff (Heinz Schubert) als Pförtner arbeitet, streicht Stellen und macht den 64-Jährigen abrupt zum Rentner. Statt Bölkoff begrüßt jetzt ein Roboter die Besucher und wiederholt ununterbrochen: »Geben Sie Ihre persönliche Identifikationsnummer ein.« Zu Hause bei seiner Frau Margret (Brigitte Böttrich) erwartet Bölkoff plötzlich ein neuer Alltag, an den er sich nur schwer gewöhnt. Er sieht fern, durchwühlt den Abfall, der in seinem Vorgarten landet, und spricht mit den Goldfischen. Lisbeth Albermann (Irm Hermann) ist Margrets beste Freundin, Klaus (Heinrich Schafmeister) und Katrin (Ilka Teichmüller) sind die Nachbarn. Zivi Markus (Thomas Schmelzer) sorgt dafür, dass Viktor sich wie ein echter Rentner fühlt.
Menge klaute die Grundidee nicht von Loriots Film »Pappa ante portas«, sondern bediente sich samt Titel bei der englischen Serie »One Foot In The Grave«. Die Adaption wiedervereinte nach fast einem Vierteljahrhundert Autor Menge mit Hauptdarsteller Schubert, der in Menges Erfolgsserie *Ein Herz und eine Seele* das Ekel Alfred gegeben hatte. In der ersten Folge schimpft Bölkoff, als er sich durchs Vormittagsprogramm zappt: »Ich kann keine Wiederholungen mehr sehen und den Typ schon gar nicht.« Auf dem Bildschirm war Ekel Alfred zu sehen.
Die Titelmusik »Wenn ich 64 bin« war Udo Lindenbergs Version des Beatles-Klassikers »When I'm 64«. Lief dienstags um 22.05 Uhr.

MIT FRAGOLIN ENTDECKT DFF 1
1982–1986. Halbstündiges Kindermagazin für 9- bis 13-Jährige mit Martina Klemz und Fragolin. Letzterer ist eine Trickfigur, die Fragen von Kindern formuliert, die im Laufe der Sendung durch Spiel- und Trickfilmausschnitte und Spielszenen beantwortet werden. Es geht um populärwissenschaftliche Probleme aus dem Spektrum Mensch und Technik. Die Sendung hieß zunächst *Fragt wie Fragolin* und lief donnerstags um 17.15 Uhr. 1983 gab es einen neuen Namen und einen neuen Sendeplatz dienstags zur selben Zeit. Insgesamt liefen 51 Folgen.

MIT 15 HAT MAN NOCH TRÄUME KABEL 1
1992. 21-tlg. US-Jugendserie von Dan Wakefield (»James At 15«; 1977–1978; »James At 16«; 1978).
James Hunter (Lance Kerwin), seine Eltern Paul (Linden Chiles) und Joan (Lynn Carlin) sowie seine Schwestern Sandy (Kim Richards) und Kathy (Deirdre Berthrong) sind neu nach Boston gezogen, wo sein Vater als Lehrer arbeitet und sich der 15-jährige James an ein neues Leben gewöhnen muss, ausgerechnet in einem Alter, in dem doch sowieso alles so kompliziert ist. An der Bunker Hill High School schließt er Freundschaft mit Sly Hazeltine (David Hubbard) und Marlene Mahoney (Susan Myers). James ist leidenschaftlicher Fotograf und Tagträumer – wie er sich das Leben manchmal wünscht, ist in Traumsequenzen zu sehen.
Realistische Serie, die mit dem Thema Pubertät sensibel umging. Der Sender NBC hätte es jedoch gern noch sensibler gehabt, und so quittierte Serienerfinder Wakefield seinen Job als Produzent im Streit um die Episode, in der James, gerade 16 geworden, seine Jungfräulichkeit an die schwedische Austauschschülerin Christina (Kirsten Baker) verliert. Anstelle von »Verhütung« wurde in der Folge von »Verantwortung« gesprochen. Das war dem Sender schon zu direkt.
Jede Folge war eine Stunde lang.

MIT HAMMER UND HOBEL KABEL 1
2004. 3-tlg. Reportagereihe über Familien, die ihr Haus aufmöbeln. Ersetzte donnerstagabends kurzfristig das gefloppte *Opas letzter Wille*.

MIT HANS HASS UNTERWEGS ARD
1971–1972. »Hans Hass berichtet«. 5-tlg. Reportagereihe von und mit Hans Hass, der u. a. die ehemalige Pirateninsel Jamaika, die ehemaligen Strafkolonien vor der Küste von Französisch-Guyana und die australische Cheviot Bay besucht. Anders als bei seinen anderen Reihen ging es nicht nur ums Tauchen und die Natur und Tierwelt, sondern auch um Geschichte und Politik der besuchten Regionen.

MIT HERZ UND HANDSCHELLEN SAT.1
Seit 2003. Dt. Krimiserie.
Die Kommissare Leo Kraft (Henning Baum) und Nina Metz (Elena Uhlig) ermitteln gemeinsam in Mordfällen. Wie in der Stellenbeschreibung für Fernsehermittlerteams zu stehen scheint, sind die beiden natürlich sehr gegensätzlich: Er ist charmant, sensibel, selbstbewusst und handelt überlegt, sie ehrgeizig, launisch, lustig und chaotisch. Gemeinsam haben sie, dass beide auf Männer stehen. Leo lebt seit Jahren mit dem Musiker Thorsten (Martin Rapold) zusammen, Nina ist noch auf der Suche nach ihrem Traummann. In der zweiten Staffel Anfang 2005 verliebt sie sich in den Staatsanwalt Dr. Florian Gassner (Christian Kahrmann).
Im Oktober 2002 hatte Sat.1 bereits einen zweistündigen Pilotfilm gezeigt, um die Akzeptanz der Serie zu testen. Sie war ausreichend vorhanden, und so startete nicht einmal ein Jahr später die Serie mit einstündigen Folgen montags um 20.15 Uhr.

MIT HERZ UND ROBE DFF
1991. 7-tlg. dt. Familienserie von Christina Wilkening, Regie: Klaus Grabowsky.
Petra Selig (Uta Schorn) ist Richterin. In jeder Folge ist sie mit einem neuen Fall konfrontiert, aber über mehrere Episoden erstrecken sich ihre privaten Verwicklungen: Die geschiedene Frau hat eine Tochter, Jana (Christine Kaubisch), und überlegt, ob sie mit Dr. Klaus Wilhelm (Peter Reusse), der sich ebenfalls gerade scheiden lässt, eine feste Beziehung eingehen soll.
Die knapp einstündigen Folgen liefen mittwochs um 20.00 Uhr.

MIT HERZ UND SCHERZ RTL, RTL 2
1989–1990 (RTL); 1993–1996 (RTL 2). 150-tlg. US-Sitcom von Barry Kemp (»Coach«; 1989–1997). Der geschiedene Hayden Fox (Craig T. Nelson) ist Trainer der Footballmannschaft Screaming Eagles. Er arbeitet mit seinen Trainerassistenten Luther Van Dam (Jerry van Dyke) und Dauber Dybinski (Bill Fagerbakke) zusamen. Seine Tochter Kelly (Clare Carey) und seine Freundin und spätere Ehefrau Christine Armstrong (Shelley Fabares) sind die beiden Frauen in seinem Leben; Stuart Rosebrock (Kris Kamm) ist Kellys Freund und zeitweiliger Ehemann. Haydens Kollegin Judy Watkins (Pam Stone) trainiert die Basketball-Damenmannschaft.
Die ersten 13 Folgen liefen bei RTL unter dem Titel *Coach*, RTL 2 zeigte später 137 weitere Folgen mit neuem Titel. 50 Folgen wurden in Deutschland nie gezeigt. Inhalt und Dialoge wurden später für die deutsche Serie *Is' was Trainer?* übernommen.

MIT LEIB UND SEELE ZDF
1989–1993. 51-tlg. dt. Familienserie von Michael Baier.
Dr. Dr. Adam Kempfert (Günter Strack) wird der neue Pfarrer der Gemeinde St. Augustin im kleinen hessischen Ort Eberfeld. Anfangs empfangen ihn die Dorfbewohner mit Skepsis, dann beginnen sie ihn zu mögen. Zur Gemeinde gehören die herzensgute, neugierige Küsterin Agnes Bebel (Liesel Christ); der streitlustige und erzgläubige Frisör Theo Stutz (Buddy Elias), der dem Kirchengemeinderat

Mit Leib und Seele: Pfarrer Kempfert (Günter Strack, rechts) nervt Fahrlehrer Metzger (Ralf Wolter).

macht dann doch den Führerschein und plagt mit diesem Vorhaben seinen Fahrlehrer Horst Metzger (Ralf Wolter). Bischof Johannes Neubauer (Hans Korte) ist ein alter Freund Kempferts, der nach einiger Zeit schwer erkrankt und Kempfert zu seinem Nachfolger aufbaut.

Nicht einmal ein Jahr nach dem ARD-Erfolg *Oh Gott, Herr Pfarrer* begann das ZDF mit seiner eigenen Pfarrerserie, mit ebensolchem Erfolg. Abgesehen von Körpergewicht und Konfession waren die Pfarrer einander sehr ähnlich: lebensfroh, verständnisvoll, unbequem, weise, aber nicht unfehlbar. Auch die Themen glichen sich: Es ging um menschliche Konflikte und gesellschaftliche Probleme, inklusive vermeintlicher Tabuthemen wie Sterbehilfe und Schwangerschaftsabbruch. Die 50-Minuten-Folgen liefen samstags um 19.25 Uhr. Doch auch nach 50 Folgen hatte Günter Strack noch immer nicht gelernt, dass da doch diese Pfütze ist, in die er deshalb weiterhin in jedem Vorspann trat.

Nachdem Strack seinen Haussender ZDF verlassen und bei Sat.1 einen millionenschweren Exklusivvertrag über drei Jahre unterschrieben hatte *(Der König, Schwurgericht)*, verkaufte das ZDF die Wiederholungsrechte von *Mit Leib und Seele* demonstrativ schon ab 1995 an RTL 2, was es sonst nicht tat.

MIT LIST UND KRÜCKE   ARD
→ Warten auf Gott

MIT MIR NICHT!   ZDF
1997–2000. »Welsers Fälle«. Dreiviertelstündiges Live-Verbrauchermagazin mit Maria von Welser, das Missstände anprangert und versucht, Menschen zu ihrem Recht zu verhelfen.

Die Zielgruppe definierte von Welser vage und weit: Menschen, die »belogen, betrogen, über den Tisch gezogen werden und jede Menge Ärger haben«. Das Konzept der RTL-Verbrauchershow *Wie bitte?!* habe man in eine »andere Programmfarbe« getaucht und in ein »gesellschaftspolitisches Magazin« verwandelt. In der ersten Sendung ging es u. a. um PCB-verseuchte Schulen, einen Gärtner, der seine Stelle verlor, weil sein Arbeitgeber unfaire Konkurrenz von einem kommunalen Unternehmen bekommen habe, und ein Mädchen, das auf dem Schulweg von einem Mann verfolgt wurde, wobei die Polizei nach Ansicht der Mutter untätig blieb. Die Schulweggeschichte wurde plakativ nachgestellt, und von Welser moderierte den Beitrag ab mit der Botschaft, dass zwar nichts passiert sei, dass aber »so ... ein Kindsraub oder ein Missbrauch beginnen« könne.

Im Laufe der Zeit entfernte sich *Mit mir nicht!* eher von den Realityvorbildern der Privaten, deckte Probleme auf und konfrontierte Verantwortliche und Betroffene in der Sendung miteinander. Die Sendung griff den Fall einer jungen Polizistin auf, die von ihrem Ausbilder schikaniert und sexuell belästigt worden war und sich danach das Leben genommen hatte. Dessen Vorgesetzter musste einräumen, dass der Verantwortliche zwar versetzt worden sei, aber

vorsteht; die Gemeindereferentin Annemarie Bieler (Barbara Auer), für die sich der Unternehmensberater Leo Busche (Siemen Rühaak) interessiert; der Industrielle Wilhelm Dannecker (Ulrich Matschoss), der ein eigenes Werk in Eberfeld besitzt, und dessen Tochter Jutta (Despina Pajanou); der Journalist Klaus Bardusch (Gerd Baltus) und seine Frau (Loni von Friedl); Bürgermeister Rösner (Dieter Eppler); Kurt Maiwald (Gerhard Olschewski) und seine Frau Trude (Karin Heym), die gemeinsam das örtliche Lokal »Eberburg« führen, und ihre Kinder Marion (Claudia Knichel) und Hans-Peter (Peer-Levin Kröger), ein besonders eifriger Messdiener.

Gleich nach seiner Ankunft in Eberfeld zieht Kempferts Schwester Else (Liselotte Pulver) bei ihm ein und schmeißt im Pfarrhaus eine Weile den Haushalt. Später entwickelt sich Gemeindeschwester Sophie Liebermann (Hannelore Elsner) zum Mädchen für alles für den Pfarrer. Sie beginnt eine Affäre mit Pfarrer Manfred Stehlin (Christian Quadflieg), als der Kempfert vertritt. Der Landstreicher August Hähnlein (Nikolaus Paryla) eröffnet in der Kirche eine Suppenküche für andere Nichtsesshafte.

Kempfert kann nicht Auto fahren und macht gern von den Botendiensten und Mitfahrgelegenheiten des Motorradfreaks Charly Strecker (Martin May) Gebrauch, sähe es aber trotzdem lieber, wenn Charly einer geregelten Arbeit nachginge. Die findet er, als er gemeinsam mit Jo von der Heide (Michael Lott) und Herrn Bardusch Radio Augustin gründet, einen Sender, den sie unter dem Kirchendach einquartieren und von dort für Eberfeld senden. Kempfert

immer noch junge Polizistinnen ausbilde – nach der Sendung war das nicht mehr der Fall.

Sich selbst zum Thema machte die Sendung, als – wie zuvor schon bei *Wie bitte?!* – eine Abmahnung von einem Anwalt eintraf, weil gegen das Gesetz verstoßen worden sei, dass nur Rechtsanwälte Menschen juristisch beraten dürften. Von Welser lud daraufhin Bundesjustizministerin Herta Däubler-Gmelin, *Wie bitte?!*-Moderator Geert Müller-Gerbes und zwei Anwälte ein und sagte, natürlich: *Mit mir nicht!*

Die Sendung lief immer mittwochs anfangs monatlich um 21.00 Uhr, ab März 1998 zweiwöchentlich um 22.15 Uhr im Wechsel mit *Kennzeichen D,* insgesamt fast 70-mal.

MIT OFFENEN KARTEN ARD

1954. »Die Antwort der Mönche«. Halbstündige Fernsehdiskussion mit Patern und Pfarrern unter der Leitung von Rüdiger Proske (»Die Diskussion ohne Politik«). Lief viermal abends.

MIT ROSE UND REVOLVER ARD

1976–1977. 13-tlg. frz.-dt.-schweiz. Krimiserie von Claude Desailly, Regie: Victor Vicas (»Les brigades du tigre«; 1974–1983).

Der französische Innenminister George Clémenceau (Spitzname: »Tiger«) will die Kriminalität effektiver bekämpfen und gründet die »Tiger-Brigaden«, eine neue Spezialeinheit der Polizei, die mit hochmoderner Technik ausgestattet wird. Unter anderem bekommt sie ein Auto – das 20. Jh. hat gerade erst begonnen, da ist das eine Seltenheit. Dementsprechend kommt es auch nicht so oft zu Verfolgungsjagden. Commissaire Paul Valentin (Jean-Claude Bouillon) leitet die neue Einheit; gemeinsam mit den Inspektoren Pujol (Jean-Paul Tribout) und Terrasson (Pierre Maguelon) ermittelt er in verschiedenen Kriminalfällen. Direktor Faivre (François Maistre) ist ihr Vorgesetzter.

Die Fälle beruhten auf alten Akten der Pariser Polizei. Jede Folge war eine knappe Stunde lang, Sendeplatz war etwa einmal im Monat donnerstags. Obwohl der Bayerische Rundfunk anfangs Koproduzent war, endete die Serie im deutschen Fernsehen nach 13 Folgen. Bis 1983 wurden in Frankreich noch 26 weitere gezeigt; in den späteren kam noch Pinkas Braun als Commissaire Gabrielli dazu.

MIT SCHIRM, CHARME UND MELONE ZDF, ARD, TELE 5, SAT.1

1966–1970 (ZDF); 1978 (ARD); 1991 (Tele 5); 1993–1999 (Sat.1). 109-tlg. brit. Krimiserie von Sydney Newman und Leonard White (»The Avengers«; 1961–1969; »The New Avengers«; 1977–1978).

John Steed (Patrick Macnee) ist Geheimagent im Auftrag Ihrer Majestät und mit besonders schwierigen Aufgaben der Verbrechensbekämpfung betraut. Ein simpler Mord ist das Geringste, was ihn beschäftigt, eher geht es um größenwahnsinnige Wissenschaftler, exzentrische Verschwörer, wirre Fanatiker und generell das Streben nach Weltherrschaft. Zur Seite steht ihm Emma Peel (Diana Rigg), eine Karate-Lady, die ihre Kunst im Kampf gegen Ganoven regelmäßig einsetzt. Steed selbst benutzt seinen Regenschirm als Waffe, in dem ein Degen versteckt ist, und macht selbst in diesen Fällen eine elegante Figur. Er fährt einen Bentley, trägt stets einen maßgeschneiderten dunklen Anzug und eine meist mit Eisen gefütterte Melone und legt Wert darauf, dass sein Kaffee nur gegen den Uhrzeigersinn

Herr Steed? Sie haben da was am Bein! *Mit Schirm, Charme und Melone* mit Patrick Macnee und Diana Rigg.

umgerührt wird. Emma Peel fährt einen Lotus Elan, trägt außergewöhnliche, eng anliegende, figurbetonende Kleider und kniehohe Lederstiefel. Auch ihre Arbeitsweise ist eher unkonventionell. Als eines Tages Emmas totgeglaubter Ehemann wieder auf der Bildfläche erscheint, wird Tara King (Linda Thorson) Steeds neue Partnerin; später sind seine Partner Purdey (Joanna Lumley) und Mike Gambit (Gareth Hunt). Ihr Vorgesetzter ist in dieser Staffel der eigenartige »Mutter« (Patrick Newell).

Die Fälle waren bizarr und im wahrsten Wortsinne fantastisch. In höchst abwegigen Situationen zelebrierte *Mit Schirm, Charme und Melone* die Lust am Skurrilen und Surrealen, Stil war in jedem Fall wichtiger als Plausibilität. Die Geschichten waren gleichzeitig eine anspielungsreiche Parodie auf das Genre des Agentenfilms, voller Klischees von vermeintlich typisch englischen Traditionen, Institutionen und Tugenden einerseits sowie Träume von einer modernen, aufgeklärten Zukunft im Weltraumzeitalter andererseits. Viele Kleinigkeiten trugen zum großen internationalen Erfolg der Serie bei: die Gegensätze zwischen Steed und Emma Peel, Emma Peels Kleidung, die eine ganze Lack-und-Leder-Modebewegung in den 60er-Jahren nach sich zog, der trockene Humor, mit dem Steed und Peel aufgefundenen Leichen begegneten, und vor allem die Figur der Emma Peel an sich. Obwohl Steed alias Patrick Macnee auch andere Partner hatte, blieb Emma Peel alias Diana Rigg der Inbegriff der Serie und als einzige Partnerin Steeds den Zuschauern langfristig in Erinnerung (ihr Name war bewusst an »Man Appeal« angelehnt).

36 Folgen mit Diana Rigg liefen alle 14 Tage dienstags um 21.15 Uhr im ZDF, ebenso nach zwei Jahren Pause die zehn Folgen mit Linda Thorson. Die Serie lockte bis zu 16 Millionen Zuschauer vor die Fernseher. Sat.1 kramte etwa 25 Jahre später noch eine Handvoll Folgen mit Rigg aus, die bisher nicht gelaufen waren, weil das ZDF Riggs Kleidung in diesen Episoden in den 60er-Jahren als zu frivol oder die Storys als zu gewalttätig empfunden hatte, und zeigte später auch die bisher nicht gesendeten weiteren Folgen mit Linda Thorson. Die Folgen mit Joanna Lumley und Gareth Hunt, nach acht Jahren Pause unter dem Originaltitel »The New Avengers« gedreht, liefen zur Hälfte in der ARD (eine einzelne ausgelassene Folge wurde später im Rahmen einer Wiederholung im Bayerischen Fernsehen erstmals gezeigt), zur anderen Hälfte 13 Jahre später bei Tele 5. Die letzte noch übrige Peel-Folge »Das Mörderinstitut« zeigte Kabel 1 im Jahre 2003 als Free-TV-Premiere.

Alle Folgen waren ca. 50 Minuten lang. Schon vor Emma Peel hatte John Steed verschiedene Partnerinnen, die längste Zeit Cathy Gale (Honor Blackman). Sein ursprünglicher Partner war ein Mann, Dr. David Keel (Ian Hendry). Hendry hatte eine sehr ähnliche Rolle zuvor bereits in der Serie »Police Surgeon« gespielt. Die ersten 78 Folgen, die 1961 bis 1964 entstanden, also alle mit Hendry und Blackman, wurden jedoch nie in Deutschland ausgestrahlt. Die bekannte Titelmusik schrieb Laurie Johnson.

MIT SCHRAUBSTOCK UND GEIGE ARD
1981–1983. 45-minütige Varietyshow mit Jochen Pützenbacher und Musik, Nonsens und Studiogästen, die ihre kuriosen Erfindungen vorführen, z. B. einen vollautomatischen Eiererkenner, -kocher und -bemaler oder eine »Urlaub-daheim-Maschine«.

Lief einmal im Monat dienstags um 20.15 Uhr, insgesamt zwölfmal. Die Zuschauer hatten fast 1000 originelle Gerätschaften für die Reihe gebastelt und Hunderttausende Limericks eingesandt. Jochen Pützenbacher war damals Unterhaltungschef von Radio Luxemburg.

MIT VOLLEN SEGELN DFF 2
→ Bis ans Ende der Welt

MIT WILLY FOG ZUM MITTELPUNKT DER ERDE RTL 2
1995. 26-tlg. span. Zeichentrickserie (»Willy Fog II«; 1994). Weitere freie Adaption eines Jules-Verne-Klassikers mit den Tieren aus *Rund um die Welt mit Willy Fog*, allerdings ohne den Charme und den Erfolg der ersten Serie.

MITGEDACHT – MITGEMACHT ARD
→ Aufgepasst – Mitgemacht

MITTEN IN EUROPA – DEUTSCHE GESCHICHTE SAT.1
1989. 18-tlg. Doku-Reihe von Rüdiger Proske, die in halbstündigen Folgen die Geschichte Deutschlands vom Beginn der Frühkulturen im Jahr 50 v. Chr. bis zur Gründung zweier deutscher Staaten nach dem Zweiten Weltkrieg schildert. Eine 19. Folge über die Ereignisse vom Mauerbau bis zum Mauerfall erschien 1990 auf Video.

MITTENDRIN ZDF
1989–1997. Umweltmagazin für Kinder mit Peter Lustig.

Mit seinem Multifunktionsschreibtisch bezieht Lustig überall dort Quartier, wo sich Fragen zu Natur und Umwelt aufdrängen: mal im Wald, mal in einer Braunkohlengrube, mal in einem Wasserkraftwerk. Anders als *Löwenzahn* widmet sich die neue Sendung nicht nur Umweltthemen aus dem Umfeld der Kinder, sondern erklärt auch Probleme der Ökologie, mit denen sie eigentlich noch nichts am Hut haben. Anschaulich und leicht verständlich erläutert Lustig den Treibhauseffekt und was man dagegen tun könnte, oder wie Erdöl gewonnen und eingesetzt wird.

Viele Folgen der Reihe wurden später von Schulen und anderen Bildungseinrichtungen genutzt. Entwickelt wurde die Sendung auch, weil es zeitweise Überlegungen gab, das vermeintlich altmodische *Löwenzahn* durch ein moderneres Magazin zu ersetzen – dazu kam es aber nicht.

Maria von Welser, Gründerin und erste Moderatorin des Frauenmagazins *ML Mona Lisa*.

MITTERMEIERS SATURDAY NIGHT LIVE — RTL

2004. Halbstündige Comedy-Recyclingshow mit Michael Mittermeier, Thomas Hermanns, Atze Schröder und je einem Gastkomiker, die gemeinsam Ausschnitte aus der US-Comedyshow »Saturday Night Live« zeigen und kommentieren.

»Saturday Night Live« ist in den USA seit 1975 erfolgreich am späten Samstagabend auf Sendung und war das Vorbild für *RTL Samstag Nacht*. Das Original war Sprungbrett für etliche junge Komiker, darunter Dan Aykroyd, John Belushi, Eddie Murphy, Bull Murray, Mike Myers und Adam Sandler. Mittermeier und seine Freunde hatten Zugriff auf das komplette Archiv. Ihre Show mit den Ausschnitten lief samstags nach 22.00 Uhr.

MITTERNACHTSSTRIP — RTL

1991–1992. RTL lud die Zuschauer ein, sich gegen ein Honorar von 1000 DM nachts am Wochenende vor der Fernsehnation auszuziehen. Es taten all die, die es nicht hätten tun sollen.

MITTWOCH, 20.00 UHR — DFF

1967–1968. Unterhaltungssendung rund um die bunte Warenwelt der DDR.

Auf großer Bühne vor großem Publikum führt Hans-Georg Ponesky (oder vertretungsweise Wolfgang Strobel) durch verschiedene Spiele, bei denen Kandidaten im Saal oder zu Hause attraktive Preise gewinnen können. Markantestes wiederkehrendes Element ist das »Telehopp«-Spiel: Prominente springen auf eine Wippe und schießen dadurch einen Ball in Richtung einer Wand. Trifft er in eines von vier Löchern, gewinnt der Kandidat je nach getroffenem Ziel z. B. einen Kühlschrank, Bodenstaubsauger, Teppichschaumreiniger, Schnellkochtopf oder ein Heizkissen. Kandidaten aus dem Saal oder per Telefon können sich einen Prominenten aussuchen und den Winkel, in dem die Wippe zur Gewinnwand steht, vorgeben. Auch per Postkarte kann man mitspielen und vorher die gewünschten Koordinaten vorgeben. Auch in anderen Spielen gibt es etwas zu gewinnen, zwischendurch laufen verschiedene Shownummern.

Mittwoch, 20.00 Uhr war ein früher Vorläufer des *Glücksrads*: Die Spiele waren eigentlich nur ein Vorwand, um Werbung für einheimische Konsumprodukte zu machen, die teilweise sogar von einer blonden Assistentin entsprechend vorgeführt wurden. Die Preise stammten von IKA-Elektrik und dem Zentralen Warenkontor für Haushaltswaren. In vielen DDR-Shows wurden einheimische Produkte und Industrien in ein positives Licht gerückt, aber in kaum einer so unverstellt wie in dieser. Für Unmut bei den Zuschauern sorgte die große Bedeutung der Teilnahme per Telefon – kaum ein Normalbürger hatte einen Anschluss.

Fünf Sendungen liefen zur titelgebenden Zeit, die beiden letzten Sendungen trugen die Titel »Mittwochabend, 20.00 Uhr« und »Sonnabend, 20.00 Uhr«.

MITTWOCHSLOTTO — ZDF

→ Lotto am Mittwoch

MIXED PICKLES — ARD

1993. Vier halbstündige Zusammenschnitte alter Comedy-Highlights aus *Nonstop Nonsens*.

ML – MONA LISA — ZDF

Seit 1988. Halbstündiges Frauenmagazin am frühen Sonntagabend, das etwas Zeit brauchte, um Fuß zu fassen (die erste Sendung befasste sich mit Küchen- und Kosmetikthemen und hätte prima beim Friseur gezeigt werden können), dann aber politisch wurde, sich engagierte und Einfluss nahm. *ML – Mona Lisa* packte heiße Eisen wie den Abtreibungsparagrafen 218 an, prangerte an und deckte Missstände auf. Berichte über Kinderpornografie und das Schicksal vergewaltigter und vertriebener Frauen im ehemaligen Jugoslawien bewirkten, dass sich auch der Bundestag mit diesen Themen befasste. Sendungen wie die über die Beschneidung von Mädchen in Afrika lösten Wellen der Hilfs- und Spendenbereitschaft aus und ermöglichten Hilfsorganisationen in der Folge, Hilfsprojekte und Aufklärungsprogramme zu finanzieren.

Gründerin und erste Moderatorin war Maria von Welser, ab 1989 im Wechsel mit Petra Gerster. Welsers Nachfolgerin als Moderatorin und Redaktionsleiterin wurde Anfang 1997 Conny Hermann, die bis Herbst 2003 blieb. Neben ihr moderierten weiterhin Gerster (bis 1999), dann Sibylle Nicolai (1999–2000) und Marina Ruperti (ab 2000). Ab September 2003 wechselte sich Karen Webb mit Ruperti ab.

Die Sendung dauerte im ersten Jahr 50 Minuten und wurde 1989 auf 30 gekürzt. Sie war über viele Jahre monothematisch und wurde im Mai 2002 in eine Magazinform mit mehreren Beiträgen pro Sendung umgewandelt.

MM MONTAGS-MARKT ARD

1982–1984. »Show, Spot(t) und Spiele«. Multifunktionsshow am Montagnachmittag mit Petra Schürmann: Spiele, Diskussionen, Reportagen, Verbraucherinformationen und Sketche, alles in hübsch bunter Kulisse.

Schürmann ist Spielleiterin in der MM-Spielhölle, verkauft im MM-Zauberladen »Rosa Satiren« und spricht unter dem MM-Klönbaum mit Zuschauern über Belangloses. Im Showblock singen Liedermacher ihre Songs, und in einer wiederkehrenden Rubrik spielt Brigitte Mira einen Sketch im Tante-Emma-Laden.

Die Show war 70 bis 90 Minuten lang und lief etwa monatlich, insgesamt 21-mal.

MOBBING GIRLS ARD

1998. 13-tlg. dt. Sitcom.

Vier fidele Frauen arbeiten gemeinsam im Versandhaus Quickborn: die intellektuelle Chefin Viviane Nebeling-Witt (Astrid M. Fünderich), die fiese Erika Schnabel (Hansi Jochmann), die raubeinige Betriebsrätin Marianne Leiser (Ingrid van Bergen) und die naive Eva Bell (Nele Woydt), Erikas Nichte. Zur Firma gehören außerdem der gut aussehende Dr. Dr. Stefan Caspari (Oliver Sauer) aus der Verwaltung und der Bürobote Markus Lachmann (Michael Klich).

Die halbstündigen Folgen liefen am Vorabend.

MOBILE ARD

1971–1972. Wochenendjournal von Fritz Westermeier und Heinz Lindner über Freizeit, Hobbys, Bücher, Schallplatten und Filme. »Anmerker und Beobachter« war Michael Schanze, der hier seine ersten Moderationserfahrungen machte.

Lief gelegentlich am Samstagnachmittag und dauerte 75 Minuten.

MODE HÖCHST-PERSÖNLICH ZDF

1989–1990. Modemagazin.

Helene-Marie Kurbjeweit-Rose guckt Prominenten in den Kleiderschrank und stellt Verblüffendes fest. Ira Prinzessin von Fürstenberg z. B. sagt: »Eleganz bedeutet für mich, das richtige Kleid im richtigen Moment am richtigen Platz zu tragen« und kauft in Mailand, Paris und Rom, sportliche Kleidung indes lieber in Biarritz. Im Alltag trägt sie übrigens besonders gern Cashmere-Ensembles.

Und in der nächsten Szene beißt sie ihm den Kopf ab: *Das Model* (links) *und der Schnüffler* (rechts).

MODE, MÄDCHEN UND MONETEN   ARD
1975. 6-tlg. US-Sitcom, Regie: Hy Averback (»Needles And Pins«; 1973).
Nathan Davidson (Norman Fell) und sein dilettantischer Schwager Harry Karp (Louis Nye) sind die Chefs des New Yorker Modehauses »Lorelei Fashions«. Wendy Nelson (Deirdre Lenihan) kommt vom Land und hat gerade dort als Designerin angefangen; weitere Mitarbeiter sind Buchhalterin Sonia Baker (Sandra Deel), Schneider Max Popkin (Larry Gelman), Designer Myron Russo (Alex Henteloff) und Verkaufsleiter Charlie Miller (Bernie Kopell). Der große Rivale ist Julius Singer (Milton Seltzer); ihm gehört das Konkurrenzunternehmen.
Die halbstündigen Folgen liefen am Vorabend.

MODE, MODELS UND INTRIGEN   RTL, RTL 2
1991 (RTL); 1993 (RTL 2). 21-tlg. US-Krimiserie von Glen A. Larson (»Cover Up«; 1984–1985).
Dani Reynolds (Jennifer O'Neill) und Mac Harper (Jon-Erik Hexum) reisen als Geheimagenten im Auftrag von Henry Towler (Richard Anderson) um die Welt. Um nicht aufzufallen, tarnen sie sich als Model und Fotograf. Nach kurzer Zeit wird Jack Striker (Antony Hamilton) Danis neuer Partner.
Die Neubesetzung von Danis Partner war nötig geworden, nachdem sich Hauptdarsteller Jon-Erik Hexum bei den Dreharbeiten versehentlich erschossen hatte.
Die Serie lief bei uns sonntags um 17.45 Uhr. RTL zeigte elf Folgen, RTL 2 noch zehn weitere – und alles unter dem den Titel *Cover up – Mode, Models und Intrigen*.

MODEKISTE   DFF 1
1984–1989. Modemagazin.
Monika Unterfehrt stellte die neuen DDR-Kollektionen vor und zeigte gemeinsam mit Eberhard Wagner, dem Chefgarderobier des DDR-Fernsehens, wie man Bekleidung vielseitig selbst gestalten und Material wiederverwenden kann. 24 Folgen à 25 Minuten liefen zwei- bis dreimonatlich mittwochs um 19.00 Uhr.

DAS MODEL UND DER SCHNÜFFLER   RTL
1990–1991. 62-tlg. US-Krimi-Comedy-Serie von Glenn Gordon Caron (»Moonlighting«; 1985–1989).
Das Ex-Model Maddie Hayes (Cybill Shepherd) besitzt die Detektei »City of Angels«, in der sich der erfolglose David Addison (Bruce Willis) als Detektiv versucht. Agnes Dipesto (Allyce Beasley) arbeitet als Sekretärin. David hat sie in die Detektei geholt. Vorher, so erklärt er im Pilotfilm, war sie nur ein armes, kleines »Straßenkind, das auf der Straße saß und kinderte«. Für Maddie war die Detektei eigentlich nur ein Abschreibungsobjekt. Dieser Plan ging auf, denn es wurde noch kein einziger Fall gelöst.

Der andere Plan geht nicht auf: Ihr Versuch, den Laden dichtzumachen, als ihre Modelkarriere den Bach runtergeht und das Geld alle ist, wird von David vereitelt, der sich trotz aller Misserfolge für den Größten hält. Nun packen sie die Fälle gemeinsam an und lösen sie sogar. Dabei knistert es zwischen den beiden, meistens streiten sie sich jedoch. Allerdings fährt Maddie deutlich schneller aus der Haut als der coole Macho David. Wenn sie ihn als »widerliches, zurückgebliebenes Schwein« beschimpft, ist das für ihn ein Kompliment, denn »das Männchen der Spezies vereinigt sich geschlechtlich nicht weniger als 46 503-mal« während seines Lebens. Erst nach langer Zeit kommen sie dann doch zusammen.
Neben den aufzuklärenden Fällen, die als Rahmenhandlung dienten, parodierte die Serie sich selbst und das ganze Fernsehen. Als »die Show, die weiß, dass sie im Fernsehen ist« beschrieb Erfinder Caron seine Serie. Sie begann zwar noch eher traditionell, in späteren Folgen sprachen Willis und Shepherd mitunter aber direkt in die Kamera zu den Zuschauern, verließen bei Verfolgungsjagden auch mal die Kulissen und liefen über das Filmgelände oder machten Anspielungen auf eigene Einschaltquoten und nicht gewonnene Fernsehpreise. Dennoch erhielt Willis 1987 den Emmy als bester Schauspieler in einer Dramaserie.
Die Episode »Atomic Shakespeare« war im Duktus alter Theaterstücke geschrieben, streckenweise im Jambus. Über die Dauer der ganzen Serie wurde als Running Gag immer wieder der ominöse »Anselmo-Fall« erwähnt, der dem Zuschauer jedoch nie erklärt wurde. In der letzten Folge schlossen die beiden Hauptakteure ihre Detektei und bauten eigenhändig die Kulissen ab. In einer Einblendung erfuhr man: »Der Anselmo-Fall wurde niemals geklärt.«
Es war schwer zu entscheiden, ob sich Hayes und Addison weniger mochten oder Shepherd und Willis. Die Animosität zwischen beiden machte die Serie reizvoll, gefährdete aber auch immer wieder die Produktion und füllte die Klatschblätter. Oft wurden Fristen versäumt, und der Sender ABC musste kurzfristig Wiederholungen ansetzen, weil die eingeplante Episode noch nicht fertig gestellt war. In keiner Fernsehsaison, die in den USA von September bis Mai dauert und üblicherweise 22 bis 24 Episoden umfasst, wurden mehr als 18 Episoden produziert. Angeblich ging ein Aufatmen durch Hollywood, als die Serie nach vier Jahren eingestellt wurde.
Die Serie startete mittwochs gegen 22.00 Uhr, im Herbst 1990 bekam sie den Primetime-Sendeplatz um 21.15 Uhr direkt nach *Gottschalk*. Jede Folge dauerte eine Stunde. Vier Folgen wurden in Deutschland ausgelassen. Den Titelsong »Moonlighting« sang Al Jarreau.

MODELLE FÜR DIE ZUKUNFT   ARD
1968–1971. Zukunftsmagazin.
Die Sendung stellte Versuchsprojekte, Experimente und Zukunftsideen vor, von denen man damals annahm, dass sie die Welt maßgeblich verändern wür-

den. Man versuchte etwa 20 bis 30 Jahre in die Zukunft zu blicken. In der ersten Folge ging es um das Wohnen der Zukunft, später z. B. um das Bildungssystem und neue Ausbildungsmethoden.
Die Sendungen dauerten 45 Minuten und liefen auf verschiedenen Sendeplätzen.

MODELS INC. RTL
1997. 29-tlg. US-Soap von Darren Star (»Models Inc.«; 1994–1995).
Hillary Michaels (Linda Gray) ist die Besitzerin einer Modelagentur. Ihr Sohn David (Brian Gaskill) ist der stellvertretende Leiter. Außerdem arbeiten dort der Fotograf Brian Peterson (Cameron Daddo), die Models Linda Holden (Teresa Hill), Carrie Spencer (Carrie-Anne Moss), Sarah Owens (Cassidy Rae), Julie Dante (Kylie Travis) und Cynthia Nichols (Garcelle Beauvais) sowie die Rezeptionistin Stephanie Smith (Heather Medway). Eric Dearborn (David Goldsmith) ist Lindas Freund.
Carries Schwester Terri Spencer (Stephanie Romanov), ebenfalls Model, wird gleich zu Beginn ermordet. Lieutenant Louis Soto (Robert Beltran) untersucht den Fall. Monique Duran (ebenfalls Stephanie Romanov) kommt neu zur Agentur. Stephanie wird nach Monaten als Terris Mörderin überführt. David eröffnet seine eigene Agentur, zieht aber bald nach Europa. Adam Louder (James Wilder) führt das »Stage 99«, einen Club, in dem die Models ihre Freizeit verbringen. Grayson (Emma Samms) ist seine skrupellose Frau.
Models Inc. war ein Spin-off von *Melrose Place* (Hillary Michaels ist die Mutter von Amanda Woodward), das seinerseits bereits ein Spin-off von *Beverly Hills, 90210* war. Alle drei Serien liefen im Block am Samstagnachmittag.

MOESHA RTL
1998–2000. 61-tlg. US-Sitcom von Ralph R. Farquhar (»Moesha«; 1996–2001).
Moesha Mitchell (Brandy Norwood) ist zwar erst 16, hat aber bisher den Haushalt für sich, ihren Vater Frank (William Allen Young) und ihren Bruder Miles (Marcus T. Paulik) geschmissen. Das ändert sich, als Frank Dee (Sheryl Lee Ralph) heiratet und Dee Moeshas Stiefmutter wird, auf die Moesha zunächst eifersüchtig ist.
Brandy Norwood selbst sang den Titelsong zur Serie. Zwei Jahre nach dem US-Serienstart wurde sie unter dem Namen Brandy ein weltweit erfolgreicher Popstar und schaffte auch einen Top-Ten-Hit in Deutschland. RTL kaufte daraufhin die Serie und sendete sie am Samstagnachmittag. Gut die Hälfte der 127-teiligen Serie wurde jedoch nicht mehr gezeigt.

MOLIÈRE ZDF
1980. 5-tlg. frz. Biografie von Ariane Mnouchkine (»Molière«; 1978).
Das Leben des Komödiendichters Molière (Philippe Caubère), der 1622 als Jean-Baptiste Poquelin, Sohn des königlichen Hoftapezierers Poquelin (Armand Delcampe) und seiner Frau Marie Cressé (Odile Cointepas), geboren wird. Gemeinsam mit Madeleine (Joséphine Derenne) und Armande Béjart (Brigitte Catillon), die er später heiratet, gründet er die Schauspieltruppe L'Illustre Théâtre. Später spielt er in den Theatergesellschaften von Monsieur Charles Dufresne (Serge Coursan) mit. Er wird eine Weile vom Prinzen de Conti (Yves Gourvil) protegiert. Madame du Parc (Lucia Bensasson), genannt La Marquise, schließt sich der Gesellschaft an. 1661 schreibt Molière Komödien zu Ehren König Ludwigs XIV. (Jean-Claude Penchat), woraufhin Jean-Baptiste Colbert (Roger Planchon) seine Verhaftung wegen Verschwendung öffentlicher Gelder fordert. Zwei Jahre hatten die Dreharbeiten für das zehn Millionen DM teure Vier-Stunden-Epos gedauert. Die Hauptakteure waren Mitglieder des Théâtre du Soleil, das 1964 von Ariane Mnouchkine gegründet wurde. Trotz überschwänglichen Kritikerlobs schaute nach der ersten Folge kaum noch jemand zu. 1987 zeigte DFF 2 den Film als Zweiteiler.

MOLLE MIT KORN ARD
1989. 10-tlg. dt. Historienserie nach dem gleichnamigen Roman sowie dem Roman »Muckefuck« von Georg Lentz, Regie: Uwe Frießner.
Familie Kaiser erlebt das letzte Kriegsjahr in Berlin. Der junge Karl (Roger Hübner) lebt mit seiner Mutter Minnamartha (Evelyn Meyka) zusammen, verbringt aber viel Zeit in der Laubenkolonie »Tausendschön« mit Großmutter (Ruth Hoffmann), Onkel Hubert (Claus Jurichs), Cousine Mathilde (Katja Nottke) und seinem Schwarm Gigi (Angela Schmid-Burgk). Das eigene Haus wird bei einem Bombenangriff zerstört, und die Laubenkolonie wird in den schwierigen Nachkriegsjahren Karls Zuhause.
»Molle mit Korn« ist das Gedeck, das der Berliner am liebsten am Abend bestellt: Bier mit Korn. Nach dem Pilotfilm am Sonntag liefen die 50-minütigen Folgen mittwochs im regionalen Vorabendprogramm. Nicht verfilmt wurde der dritte Roman der Trilogie, »Weiße mit Schuss«, der die 50er-Jahre behandelte.

DIE MOLLY-WOPSY-BANDE ZDF
1978. 6-tlg. brit. Kinderserie von Ron Smith, Regie: Stan Woodward (»The Molly Wopsies«; 1976).
In dem englischen Dorf Heathcote in der Nähe von Oxford vertreiben sich Kinder im Jahr 1940 die Zeit mit Streichen. Dinky Dunkley (Ben Forster) führt die Bande an, zu der Alan Musgrove (Phil Daniels), Dotty Minton (Julie Taylor) und Norman Yates (Matthew Whiteman) gehören. Ihr Lieblingsopfer ist der Dorfpolizist Berry (Aubrey Morris).
Die Titelmusik »Run, Rabbit, Run« ist von Arthur Askey. Die Folgen waren 25 Minuten lang und liefen dienstags um 17.10 Uhr.

MOLONEY TM3
2000. 21-tlg. US-Krimiserie (»Moloney«; 1996–1997).
Der Polizist Nick Moloney (Peter Strauss) ist zu-

»Geh, Spatzl, des is jetz net so, wie du denkst, Spatzl, die Frau auf dem Foto, Spatzl, des is ja meine ... meine, also, des is ja meine Kosmetikfachverkäuferin, weißt, Spatzl?« Helmut Fischer, Ruth-Maria Kubitschek und Erni Singerl in *Monaco Franze – Der ewige Stenz*.

gleich Psychologe. Wegen seiner Kenntnisse wird er deshalb bei den unterschiedlichsten Fällen eingesetzt. Sein Kollege ist Matty Navarro (Nestor Sarrano), sein Freund Calvin Patterson (Wendell Pierce) ist Staatsanwalt und gibt Nick nützliche Tipps. Zu seiner Ex-Frau Sarah Bateman (Cherie Lunghi) hat Nick ein gutes Verhältnis, ebenso zur gemeinsamen elfjährigen Tochter Kate (Ashley Johnson).
Die Serie lief donnerstags um 20.15 Uhr.

MOMO   KI.KA
2003. 26-tlg. dt.-ital. Zeichentrickserie nach dem Roman von Michael Ende, der bereits für das Kino erfolgreich verfilmt wurde. Waisenmädchen Momo kämpft gegen die bösen Zeitdiebe.

MONA DER VAMPIR   ZDF
Seit 2000. Kanad. Zeichentrickserie für Kinder (»Mona The Vampire«; 1999–2001).
Der Titel ist eigentlich Betrug: Mona ist gar kein Vampir. Sie wäre aber gern einer. Mona ist ein zehnjähriges Mädchen, das zu viele Vampirgeschichten liest und ihre Katze deshalb als Fledermaus verkleidet. Überall sieht sie mit ihren »Vampirsinnen« Gefahren aus der Welt des Übersinnlichen, die sie mit zwei Schulfreunden jeweils erfolgreich bekämpft.

MONA M. – MIT DEN WAFFEN EINER FRAU   ZDF
1996. 14-tlg. dt. Krimiserie von Felix Huby, -ky und Klaus Dieter Remus, Regie: Gunter Friedrich und Franz Josef Gottlieb.
Die Staatsanwältin Mona Morena (Simone Thomalla) lebt ohne Partner mit ihrer Tochter Eva (Maja Oehme) ein ruhiges Leben. Doch dann wird schon im Pilotfilm ihr Vater Peter (Hartmut Reck) ermordet, und fortan arbeitet sie eng mit dem Detektivbüro von Hans-Karl Meister (Günter Schubert) zusammen, der bisher der Partner ihres Vaters war. Nach drei Folgen überschreitet sie ihre Kompetenzen als Staatsanwältin, quittiert den Dienst und wird hauptberufliche Privatdetektivin bei Meister. Es geht vor allem um brisante Fälle wie Konzernerpressung, Industriespionage und rechtsradikale Attentate. Klara Zerlau, genannt Karate-Klara (Claudine Wilde), arbeitet ebenfalls in der Detektei, Wolf Klopsteg (Alexander Strobele) ist der neue Staatsanwalt. Privat ist Mona hin- und hergerissen zwischen dem schüchternen Gerichtsmediziner Thomas Hagmann (Siemen Rühaak) und dem jungen Lebenskünstler Mike (Sven Martinek), der sich bei ihr eingenistet hat.
Nach einem 90-minütigen Pilotfilm am Montag liefen die 50-minütigen Serienfolgen mittwochs um 19.25 Uhr.

MONA MCCLUSKEY   ARD
1967–1969. 14-tlg. US-Sitcom (»Mona McCluskey«; 1965-1966).
Mike McCluskey (Denny Miller) leidet darunter, dass er als Soldat nur einen Bruchteil dessen verdient, was seine Frau Mona Carroll McCluskey (Juliet Prowse), als Mona Jackson eine berühmte Schauspielerin, nach Hause bringt. Deshalb zieht sie mit ihm in eine kleine Zwei-Zimmer-Wohnung und verspricht ihm, nichts von ihrem Vermögen anzurühren – was natürlich auf Dauer nicht gut geht und dazu führt, dass sie versucht, durch waghalsige Manöver sein Einkommen aufzubessern. Mikes Kollegen und Vorgesetzte sind General Crone (Herbert Rudley), General Somers (Frank Wilcox) und Sergeant Stan Gruzewsky (Robert Strauss), der mit Alice (Elena Verdugo) zusammen ist. Frank Caldwell (Bartlett Robinson) ist Monas Produzent.
Die halbstündigen Folgen, von denen es im Original 26 gibt, liefen im regionalen Vorabendprogramm.

MONACO FRANZE – DER EWIGE STENZ   ARD
1983. 10-tlg. dt. Familienserie von Helmut Dietl, Franz Geiger und Patrick Süskind.

Franz Münchinger (Helmut Fischer), genannt »Monaco Franze«, ist Kriminalkommissar in München und ein Vorstadtcasanova. Er ist mit Annette von Soettingen (Ruth Maria Kubitschek) verheiratet, die er »Spatzl« nennt. Vielmehr ist »Spatzl« für ihn so etwas wie ein natürlicher Satzabschluss, eine Art Punkt. Typisch hierfür ist der Dialog im Krankenhaus, wo Franz nach einem Versuch, seine Midlifecrisis zu überwinden, landete: »Wo bin ich, Spatzl?« – »Im Krankenhaus« – »Warum, Spatzl?« – »Weil er dich voll erwischt hat, der Idiot.« – »Wer, Spatzl? Was für ein Idiot?« – »Du warst drei Tage bewusstlos, Franz.« – »Warum des, Spatzl?« – »Weil du gegen den King Ludwig geboxt hast, Franz.« – »Ich? Gegen den King Ludwig? Des kann net sein, Spatzl. Das ist doch der Boxer, oder?« – »Erinnerst du dich nicht?« – »Nein, überhaupt nicht, Spatzl.« Diesmal ist die Unwissenheit echt, normalerweise ist sie gespielt, wenn er Spatzl gegenüber seinen treuherzigen Dackelblick aufsetzt und die Unschuld vom Lande mimt, nachdem er gerade mit einer jungen Dame die Nacht verbracht hat.

Annette kennt ihren Mann nur allzu gut, weiß mehr, als er glaubt, und lässt ihm mehr durchgehen, als er vermuten würde. Sie stammt aus vornehmen Adelskreisen, betreibt ein Antiquitätengeschäft mit ihrer Mitarbeiterin Olga (Christine Kaufmann), beschäftigt zu Hause Haushälterin Irmgard (Erni Singerl) und umgibt sich ausschließlich mit der besseren Gesellschaft: Dr. Schönferber (Alexander Hegarth), Staatssekretär Dr. Braun (Klaus Guth) und Dr. Hallerstein (Walter Sedlmayr). Gemeinsam gehen sie in die Oper, wohin Annette so gern auch ihren Mann öfter mal mitnehmen möchte, doch der hat fast immer eine Ausrede. »Fahndung« heißt das dann, und sein bester Freund und Kollege Manni Kopfeck (Karl Obermayr) muss das durch ein aufgesagtes »Ja, genau, Fahndung« glaubhaft machen. Diese Fahndung führt in Aufreißerschuppen und italienische Restaurants.

Entsprechend schlimm ist es für Franz, als er am Ende der zweiten Folge durch eine Diagnose von Dr. Hallerstein in den vorzeitigen Ruhestand versetzt wird. Um Ausreden ist er jedoch nie verlegen, bei Bedarf wird er eben krank. Außerdem eröffnet er vorübergehend eine Privatdetektei. Doch es kommt noch dicker: Nachdem Franz seine Midlifecrisis mit Hilfe einiger junger Frauen überwunden hat, will sein Spatzl plötzlich aus steuerlichen Gründen auf die Bermudas auswandern. Franz versucht den Umzug zu verhindern, will nicht mit auf die Bermudas, aber auch nicht ohne sein Spatzl leben. Schweren Herzens beginnt er mit den Vorbereitungen für den Abschied von seinem geliebten München. Er macht eine Liste, von wem er sich verabschieden muss. Auf der Liste stehen 105 Frauennamen. Die aufdringliche Elli (Gisela Schneeberger), die er schon lange kennt, ist nur eine davon.

Schließlich lässt er sein Spatzl doch allein in die Ferne ziehen und stürzt in der Folgezeit ab. Erst wohnt er bei Manni und nervt ihn durch ständige Fürsorge, säuft, fackelt versehentlich dessen Wohnung ab, wird mit sechs Promille am Steuer erwischt, gibt den Führerschein und sein Auto ab und verschwindet. Annette, von der ewigen Sonne genervt, kommt nach München zurück und macht sich auf die lange Suche nach ihrem Mann, der gerade ins kriminelle Milieu abdriftet. In den frühen Morgenstunden findet sie ihn in einer Kneipe, und sie fallen sich in die Arme. Es ist ihr 20. Hochzeitstag. Dann seien sie ja aus dem Gröbsten raus, lallt Franz, und es könne nur noch besser werden.

Die Serie mischte subtilen Humor mit präzisen Milieu- und Charakterstudien. Die letzte Folge »Abgestürzt« zeichnete erschreckend den Verfall eines Menschen nach. *Monaco Franze* klang nicht in

Das in der Mitte ist Maya vom Planeten Psychon. Sie wohnt jetzt in der *Mondbasis Alpha 1*, zusammen mit Commander Koenig (rechts) und Dr. Russell.

einem furiosen Happyend aus, sondern lediglich mit einem leisen Hoffnungsschimmer. So groß war die Bandbreite der Serie, die bis dahin von Unbeschwertheit und Lebensfreude geprägt war. Den Erfolg verdankte sie hauptsächlich dem Charme ihres Hauptdarstellers Helmut Fischer, der das Image des ewigen Stenz fortan nicht mehr ablegte (und es z. B. in *Die Hausmeisterin* weiter forcierte). Den Spitznamen »Monaco« verpasste ihm Regisseur Dietl angeblich wegen seines südländischen Aussehens.

In den Nebenrollen waren viele bayerische Publikumslieblinge zu sehen, darunter Gustl Bayrhammer als Kriminaldirektor Dr. Göberl und Wolfgang Fierek als Kleinganove Tierpark-Toni. In der ersten Folge, betitelt mit Monaco Franzes Motto »A bisserl was geht immer«, qualifizierte sich ferner der junge Thomas Gottschalk in der Gastrolle eines obercoolen Disko-Türstehers für eine große Karriere außerhalb der Schauspielerei.

Die 45-Minuten-Folgen liefen mit großem Erfolg donnerstags zu Primetime, trotzdem sah Regisseur Dietl keinen Anlass für eine Fortsetzung. Die Serie ist komplett auf DVD erhältlich.

MOND MOND MOND ZDF

1977. 10-tlg. dt. Jugendserie nach dem Buch von Ursula Wölfel.

Die achtjährige Pimmi (Natascha Klemp) und ihre 15-jährige Schwester Nauka (Petra Drechsler) sind Zigeunermädchen, die ihre Familie verloren haben. Während sie hoffen, dass ihnen der Mond den Weg zeigt, helfen sie dem wunderlichen alten Panelon (Sigfrit Steiner) auf der Suche nach den roten Felsen.

Die Folgen waren 25 Minuten lang und liefen sonntags im Kinderprogramm.

DER MOND SCHEINT AUCH FÜR UNTERMIETER ZDF

1995–1997. 25-tlg. dt. Familienserie von Christine Rohls nach den Romanen von Martin Niklas, Regie: Dieter Kehler und Peter Vogel.

Stefan Roggenkamp (Heikko Deutschmann) studiert in Heidelberg Germanistik und Literatur, aber nur nebenbei. Hauptsächlich ist er auf Frauen- und Wohnungssuche. Und plötzlich wird er in beiderlei Hinsicht fündig. Die Lehramtsstudentin Christina Lorenz (Inka Victoria Groetschel) nimmt ihn als Untermieter auf, sie verlieben sich und knutschen im Mondschein. Beide müssen die Wohnung wenig später räumen, doch Stefan rettet nun einem dicken Chefredakteur das Leben, der den beiden dafür eine Wohnung überlässt und Stefan später einen Job bei seiner Zeitung verschafft, weil er durch einen Mahnbrief erkannt hat, über welch ungeheures Schreibtalent Stefan verfügt. Stefan und Christina heiraten, und überraschend verstehen sich sogar Christinas Mutter Gisela (Eva Maria Bauer) und Stefans Eltern Helga (Antje Hagen) und Günther (Jürgen Thormann) blendend. Die Zwillinge Stefanie und Katharina (Anna und Lena Frey) kommen zur Welt. In der zweiten Staffel stirbt Christina plötzlich. Zum Glück hat sie eine ältere Schwester, und so kümmert sich fortan Mona (Andrea Kathrin Loewig) um Stefan und die Kinder.

Früher Versuch des ZDF, zwischen Werbespots für Herztropfen und Abführmittel durch junge, hübsche Menschen auf dem Bildschirm junge, hübsche Menschen vor den Fernseher zu locken. Für das Stammpublikum gab es romantische Landschaftsaufnahmen aus Heidelberg und die üblichen unglaubwürdigen Handlungsverstrickungen. Nach einem spielfilmlangen Pilotfilm liefen die 50-minütigen Folgen donnerstags, ab der zweiten Staffel mittwochs am Vorabend.

MOND ÜBER MIAMI RTL

1998. 4-tlg. US-Krimiserie von Harley Peyton (»Moon Over Miami«; 1993).

Der Privatdetektiv Walter Tatum (Bill Campbell), lebensfroh und immer zu einem Scherz aufgelegt, und Gwen Cross (Ally Walker), ein abenteuerlustiges Glamourgirl, ermitteln gemeinsam im sonnigen Miami Beach. Elektronikexperte Billie (Marlo Marron) und der Beschatter Tito Savon (Agustín Rodríguez) helfen dabei.

Die Folgen dauerten jeweils 60 Minuten.

MONDÄN! – WOHNORTE DES WOHLSTANDS ZDF

1998–2000. 50-minütiges Lifestyle-Magazin von Petra Höfer und Freddie Röckenhaus, das über die Highsociety in den Nobelvierteln verschiedener Städte der Welt berichtet. Es liefen 13 Folgen.

MONDBASIS ALPHA 1 ZDF

1977–1978. 30-tlg. brit. Science-Fiction-Serie von Gerry und Sylvia Anderson (»Space«; 1975–1977; 1999).

Das Jahr 1999: Durch die Explosion des auf dem Mond gelagerten Atommülls wird die dort stationierte Mondbasis Alpha 1 ins All geschleudert. Die 311 Bewohner der Station, darunter der Commander John Koenig (Martin Landau), Dr. Helena Russell (Barbara Bain), Prof. Victor Bergman (Barry Morse), Alan Carter (Nick Tate), Paul Morrow (Prentis Hancock), David Kano (Clifton Jones), Sandra Benes (Zienia Merton) und Yasko (Yasuko Nagazumi), landen fortan auf fremden Planeten und lernen deren Bewohner kennen. Maya (Catherine Schell) vom Planeten Psychon wird in die Mondbasis aufgenommen und verliebt sich in den neuen Ersten Offizier, Tony Verdeschi (Tony Anholt). Bergman, Kano und Morrow sterben bei einer weiteren Explosion.

Die Serie war zunächst ein großer Erfolg, doch dann wurde sie wegen sinkender Einschaltquoten in Großbritannien nach zwei Staffeln eingestellt, und die Bewohner der Mondbasis kehrten nie auf die Erde zurück. Das ZDF enthielt den deutschen Zuschauern ferner 18 der eigentlich 48 Folgen vor. Die anderen Folgen liefen sonntags um 18.15 Uhr und dauerten 45 Minuten, was etwa zehn Minuten weniger waren als im englischen Original. Neben Handlungsfetzen

Ken Jebsen, Moderator der *Mondschein-Show*.

kürzte das ZDF Teile des Vorspanns, dem es zudem nach kurzer Zeit eine andere Titelmusik unterlegte: »Oxygene II« von Jean-Michel Jarre. Die letzte gezeigte Folge, »Zorans Schicksal«, strahlte das ZDF an einem Wahlabend aus, unterbrach sie mehrmals für Nachrichten und ließ schließlich die letzten fünf Minuten einfach weg. Massive Zuschauerproteste führten zu einer Ausstrahlung dieses einzelnen Fünf-Minuten-Stücks innerhalb der *Drehscheibe*, was jedoch weitgehend unbemerkt blieb, da dies ohne Ankündigung geschah. Das Versprechen, die Serie bald zu wiederholen, löste das ZDF nie ein. Erst seit dem Start des Privatfernsehens waren die vorliegenden deutschen Fassungen immer mal wieder zu sehen.

Der Bastei-Lübbe-Verlag brachte Heftromane zur Serie heraus und dichtete nach der Verwertung der vorhandenen Geschichten neue dazu, so dass die Mannschaft immerhin in der gedruckten Version am Ende den Rückweg zur Erde fand. Ein siebenminütiger Kurzfilm, der 1999 für eine Fan-Convention gedreht wurde, zeigte ein anderes Ende: Die Bewohner der Station finden einen neuen Planeten, auf dem sie siedeln. Dieser Film wurde nie im Fernsehen gezeigt, erschien aber mit der Serie auf DVD. Inzwischen sind alle Folgen der Serie in neuer Synchronisation und ohne die Fernsehkürzungen auf DVD erschienen, darunter auch die in Deutschland nie gezeigten Folgen.

DIE MONDPRINZESSIN ARD

1996. 6-tlg. brit. Kinder-Fantasyserie von William Corlett nach dem Buch »The Little White Horse« von Elizabeth Goudge (»Moonacre«; 1993).

England, 1842: Auf dem Tal von Moonacre liegt ein jahrhundertealter Fluch, der besagt, dass die Familien Merryweather und Blackheart solange verfeindet sein werden, bis eine Mondprinzessin zurückkehrt, um die Ursache des Mysteriums zu ergründen. Unter der Feindschaft leidet das ganze Dorf, und der Kampf zwischen Lady Blackheart (Polonah Vertrih) und Simon Blackheart (Richard Elfyn) auf der einen und Sir Benjamin Merryweather (Philip Madoc) auf der anderen Seite spitzt sich zu. Da erscheint die Nichte von Sir Benjamin: Maria (Camilla Power), ein 15-jähriges Waisenkind – sie kann alles ändern.

Die Folgen dauerten jeweils 30 Minuten.

DIE MONDSCHEIN-SHOW ZDF

1994. Wöchentliche Late-Night-Show mit Ken Jebsen und Talk, Musik, Comedy und verrückt gemeinten Aktionen. So hielt Jebsen den Menschen bei ulkigen Umfragen ein merkwürdiges Mikrofon unter die Nase.

ZDF-Unterhaltungschef Fred Kogel wollte mit der Show das ZDF-Publikum verjüngen. Dieser Plan ging auf, die meisten Zuschauer der Sendung waren unter 50. Leider sind »die meisten« von »kaum jemand« immer noch nicht viele. Die Gesamtzuschauerzahl lag nie über 900 000, der Marktanteil halbierte sich im Lauf der Serie. 16 Ausgaben liefen am späten Samstagabend, dazu zwei reine Musik-Specials und später noch ein Best-of.

MONEY TREND RTL

→ Trend

MONITOR ARD

Seit 1965. Zeitkritisches Magazin.

1965 beschloss der WDR, aus dem Politmagazin *Report* auszusteigen, das er gemeinsam mit SDR und BR als Gegengewicht zum vermeintlich linken *Panorama* vom NDR gestaltet hatte. Der beim WDR für

Report zuständige Redakteur Claus Hinrich Casdorff beklagte sich darüber, dass es zu oft politische Meinungsverschiedenheiten mit den anderen Sendern, vor allem dem Moderator und späteren SWF-Intendanten Helmut Hammerschmidt, gegeben habe. Außerdem wollte sich die große ARD-Anstalt mit einem eigenen Magazin profilieren, anstatt mit anderen um die Aufnahme ihrer eigenen Beiträge ringen zu müssen. Also erfand Casdorff *Monitor* – der Titel sollte ebenso an das »Kontrollgerät im Studio« erinnern wie auch den Anspruch zum Ausdruck bringen, »Wächter und Mahner« zu sein. Die erste Sendung berichtete über den Besuch der britischen Königin und interviewte Prinz Louis Ferdinand von Preußen. Konzept der Sendung war es, durch aktuelle Hintergrundberichte und Analysen im Film eine Lücke zwischen den Nachrichten und den viel langfristiger angelegten politischen Hintergrunddokumentationen zu schließen.

Schon durch die Entstehungsgeschichte war klar, dass *Monitor* kein konservatives Magazin sein würde. Es definierte sich aber auch in Abgrenzung zu *Panorama*. Casdorff, der 17 Jahre lang Redaktionschef und Moderator blieb, war selbst FDP-Mitglied, die Redaktionsmeinung aber eher links davon angelegt. Entschieden war *Monitor* vor allem in seiner pazifistischen Grundhaltung. Der distanzierte, harte, oft gefürchtete Journalismus löste heftige Gegenreaktionen aus: Vor allem die nordrhein-westfälische CDU attackierte *Monitor* immer wieder als »Rotfunk«. Casdorff betonte noch 1972 den Anspruch, politisches Engagement mit Journalismus zu verbinden, und sagte: »Jawohl, wir wollen diese Gesellschaft verändern. Wir wollen unsere Zuschauer ermutigen, die Zustände zu ändern.« Themen von *Monitor* waren anfangs vor allem die Studentenbewegung, Deutschland- und Ostpolitik und die Parteien in der Bundesrepublik.

Furore machten nicht nur kritische Filmbeiträge, sondern vor allem auch die Rubrik »Im Kreuzverhör«, in der Casdorff und Rudolf Rohlinger Prominente live interviewten und für damalige (und spätere) deutsche Verhältnisse unerhört kritisch nachfragten. Casdorff und Rohlinger spielten die Interviews vorher durch und nahmen meist gegensätzliche Rollen ein: Casdorff gab den sachlichen Nachhaker, Rohlinger den zynischen Spötter. Mehr als 180 Persönlichkeiten des öffentlichen Lebens befragten sie in zwölf Jahren bis 1977. Legendär wurde ein über 20-minütiges Interview mit Franz Josef Strauß am 9. Oktober 1972, in dem dieser seinen offensichtlichen Vorsatz, sich gut gelaunt mit den beiden Gegnern zu streiten, bald aufgab, sich mit ihnen anzickte und bitter über die angeblichen »Fangfragen« beklagte. Casdorff sprach später von einer »Wortbalgerei«. Das Gespräch wurde auf Wunsch der Zuschauer gerne wiederholt.

Ab Mitte der 70er-Jahre ließ Casdorff seine Reporter und Redakteure ihre Beiträge selbst ansagen und war selbst nur noch für die verbindenden Moderationen zuständig. 1974 lief im WDR erstmals *Monitor im Kreuzfeuer* im Anschluss an die ARD-Sendung. Darin konnten Zuschauer anrufen und die Redakteure befragen oder beschimpfen. Dieses Angebot bestand bis 1991.

Nachfolger von Casdorff wurde 1982 nach rund 360 Sendungen der Bonner WDR-Studioleiter Gerd Ruge, der jedoch schon Ende des folgenden Jahres wieder abgelöst wurde. Klaus Bednarz war vorher ARD-Korrespondent in Warschau und Moskau und hatte die *Tagesthemen* moderiert. Er umschrieb das Konzept mit den Worten: »Wir möchten den Mächtigen unbequem sein.« Er verbannte die Redakteure vom Bildschirm und setzte sich stattdessen in immer gleicher Position (und scheinbar immer gleichem roten Wollpullover) vor die Kamera. Bednarz' tro-

»Zu einem anderen Thema« und einem anderen Wollpullover: Klaus Bednarz in *Monitor*.

ckener, monotoner Moderationsstil prägte die Sendung von Januar 1984 an. Überleitungen zwischen Beiträgen bestanden bei Bednarz grundsätzlich aus den drei Worten »Unser nächstes Thema«, und jedes Mal verabschiedete er sich nüchtern, aber sorgfältig schon vor dem letzten (meist satirischen) Stück.

Unter Bednarz setzte die Sendung ökologische Schwerpunkte: 1984 deckte *Monitor* einen Dioxinskandal beim Chemieriesen Boehringer auf. 1986 löste ein Beitrag über Krebs erregende Stoffe in Shampoos erheblichen Wirbel aus. 1991 kam es zum größten Verbraucherboykott in der deutschen Geschichte, nachdem *Monitor* über Wurmlarven in Fisch berichtet hatte. Obwohl es nicht um eine gravierende Gesundheitsgefährdung ging, sondern vor allem um die Ekel erregenden unerwünschten Tierchen, brachte die Sendung fast die ganze deutsche Fischindustrie an den Rande des Ruins. Fast noch größer als bei investigativen Recherchen war die Wirkung einiger Glossen, mit denen *Monitor* unter Klaus Bednarz regelmäßig die Sendung beendete. Ungeahnte Aufregung verursachte eine Satire 1994, in der *Monitor* scheinbar nachwies, dass Finanzminister Theo Waigel die *Ziehung der Lottozahlen* manipulierte, um seine Staatskasse zu sanieren. 1997 hatte ein sommerlicher Bericht über die angeblich von der Bundesregierung geplante Urlaubssteuer ähnliche Wirkung.

2002 wurde Sonia Mikich, die vorher ARD-Korrespondentin in Moskau und Paris war, Bednarz' Nachfolgerin. Unter ihrer Führung wurde auch das erstarrte Erscheinungsbild der Sendung leicht modernisiert.

Monitor war eine Art Kaderschmiede; viele profilierte Fernsehjournalisten begannen hier als Redakteure, darunter Gabriele Krone-Schmalz, Martin Schulze, Klaus Bresser, Ulrich Wickert, Claus Richter und Rüdiger Hoffmann.

Sendeplatz war zunächst vierzehntäglich freitags um 20.15 Uhr, ideal zwischen *Tagesschau* und dem Krimi, im Wechsel mit *Report*. 1968 beschlossen die Intendanten, den Freitagstermin zu streichen: *Monitor* lief nur noch vierwöchentlich, montags um 21.00 Uhr im Wechsel mit den beiden *Report*-Ausgaben und *Panorama*. In dieser Zeit wurden die politischen ARD-Magazine auch »Montagsmagazine« genannt. 1978 wechselten sie auf den Dienstag um 21.00 Uhr. 1991 ging es wieder zurück auf den Montag, inzwischen im fünfwöchentlichen Rhythmus, in den sich auch *Kontraste* einreihte. Als auch der MDR ein eigenes politisches Magazin startete, wurde bald klar, dass ein Sechs-Wochen-Abstand zu groß wäre. Die Magazine wurden im April 1993 deshalb auf zwei Wochentermine aufgeteilt, *Monitor* kam nun donnerstags um 21.00 Uhr. Sendeplatz und -rhythmus blieben auf Dauer umstritten, Nach einer glücklichen Phase mit einem Sendebeginn gleich nach der *Tagesschau* musste *Monitor* hier immer häufiger Unterhaltungssendungen weichen, bis das Magazin ab 2005 immer erst um 21.45 Uhr auf Sendung ging.

Im März 2003 lief die 500. Sendung. Die Titelmusik ist »Lucifer« von Alan Parsons Project, inzwischen in einem modernisierten Remix.

MONITOR IM KREUZFEUER WDR
→ Monitor

MONK RTL
Seit 2004. US-Krimiserie von Andy Breckman (»Monk«; seit 2002).

Der frühere Polizist Adrian Monk (Tony Shalhoub) ist ein Sauberkeits- und Ordnungsfanatiker. Seit dem Tod seiner Frau leidet er unter dieser Besessenheit und seiner Angst vor Schmutz, was ihn bereits seinen Job gekostet hat. Dennoch unterstützt er nun als Freiberufler gemeinsam mit seiner Assistentin Sharona Fleming (Bitty Schram) weiterhin seine Ex-Kollegen Captain Stottlemeyer (Ted Levine) und Lieutenant Disher (Jason Gray-Stanford) bei der Aufklärung von Mordfällen in San Francisco. Beide zweifeln zwar immer wieder an dem kauzigen Monk und sind von ihm genervt, doch dank seines fotografischen Gedächtnisses und seiner messerscharfen Auffassungsgabe ist er es, der letztlich die Fälle aufklärt, auch wenn er sich durch seine Ordnungsbesessenheit selbst oft in Gefahr bringt. In Folge 39 wird Monk von Sharona verlassen, die ihren Ex-Mann erneut heiratet und mit ihm nach New Jersey zieht. Monks neue Assistentin wird Natalie Teeger (Traylor Howard), die er bei Ermittlungen für einen Einbruch kennen lernt – sie war das Einbruchsopfer.

Netter Schmunzelkrimi, der eher auf leichten Humor als atemberaubende Spannung setzt. 2003 trug sich Hauptdarsteller Shalhoub im Vorfeld der Emmy-Verleihung in der Kategorie »Hauptdarsteller in einer Comedyserie« ein, wahrscheinlich aus taktischen Gründen, um sich nicht mit den Stars der angesehenen Dramaserien *24, Six Feet Under* und *Die Sopranos* messen zu müssen. Die Rechnung ging auf: Shalhoub wurde als Bester Darsteller ausgezeichnet, und die Serie war damit offiziell eine Comedy.

Die einstündigen Folgen liefen dienstags um 22.15 Uhr, anfangs direkt nach *Columbo*. Beide Serien passten wunderbar zusammen. Im Herbst 2004 wechselte *Monk* für kurze Zeit auf Donnerstag.

DIE MONKEES ZDF, ARTE
1967–1970 (ZDF); 1997 (arte). 58-tlg. US-Comedyserie von Bob Rafelson und Bert Schneider (»The Monkees«; 1966–1968)

Die Band The Monkees spielt sich selbst: Peter Tork, Mike Nesmith und Davy Jones sind Gitarristen, Mickey Dolenz der Schlagzeuger. The Monkees waren eigens für die Serie von den Produzenten zusammengestellt worden, so wie für jede Serie das Ensemble gecastet wird. Nur Dolenz hatte bereits Schauspielerfahrung; er hatte unter dem Künstlernamen Mickey Braddock die Titelrolle in der Serie *Corky und der Zirkus* gespielt, Tork und Nesmith brachten gewisse musikalische Grundkenntnisse mit. Dann wurden sie jedoch zusätzlich systematisch als Musiker vermarktet. Parallel zur Serie, die

Die Montagsmaler mit Frank Elstner. Die Show war hektisch, doch wer sich zu überdreht gab, wurde von Elstner in die Schranken gewiesen. Zu Roberto Blanco sagte er: »Ganz ruhig bleiben, sonst musst du wieder in den Busch.«

aus vielen schnellen Gags und guter Laune ohne übermäßige Handlungsanstrengungen bestand, erschienen Platten der Monkees, auf denen Studiomusiker spielten, zu denen die TV-Band in der Serie die Bewegungen machte. Jeder neue Song wurde in der Serie vorgestellt und daraufhin in den wirklichen Hitparaden meist ein Erfolg. Zwei der größten Hits waren »Last Train To Clarksville« (geschrieben von Tommy Boyce und Bobby Hart) und »I'm A Believer« (geschrieben von Neil Diamond). Auf späteren Platten spielten die Darsteller selbst.

Für kurze Zeit waren die Monkees Teenie-Idole. Das ZDF zeigte 26 halbstündige Folgen im Vorabendprogramm, 1997 lief die Serie komplett unter dem Titel *The Monkees* bei arte. Inspiration für die Serie war der Beatles-Film »A Hard Day's Night«.

DIE MONROES — ARD

1970–1971. »Eine Familiengeschichte aus Wyoming«. 11-tlg. US-Westernserie (»The Monroes«; 1966–1967)

Auf dem Weg in den Westen ertrinken 1876 die Eltern der fünf Monroe-Kinder. Clayt (Michael Anderson, Jr.) und Kathy (Barbara Hershey), die beiden Ältesten, die Zwillinge Jefferson (Keith Schultz) und Fenimore (Kevin Schultz) sowie das sechsjährige Nesthäkchen Amy (Tammy Locke) beschließen, dennoch auf dem Stück Land in Wyoming, das ihr Vater ausgesucht hatte, ein neues Leben zu beginnen. Der Indianer Jim (Ron Soble) hilft ihnen; Major Mapoy (Liam Sullivan) versucht mit allen Mitteln, an ihr Land zu kommen.

Die einstündigen Folgen, von denen es im Original 26 gibt, liefen monatlich um 16.40 Uhr.

MONSTER RANCHER — RTL 2

2001. 73-tlg. jap. Zeichentrickserie (»Monster Rancher«; 1999).

Der kleine Genki wird in die Welt des Computerspiels »Monster Rancher« gezogen, wo er zusammen mit Holly und Suezo mit Hilfe eines Geheimnissteins den Phönix finden will und sich mit einem kleinen Monster anfreundet. Lief werktags um 15.15 Uhr.

MONSTERS — RTL, RTL 2

1990–19991 (RTL); 1994 (RTL 2). 72-tlg. US-Gruselserie (»Monsters«; 1988–1991). In halbstündigen Folgen wurden in sich abgeschlossene Horrorgeschichten gezeigt. Wechselnde Darsteller spielten die Hauptrollen.

24 Folgen liefen sonntags nachts bei RTL unter dem Titel *Monsters – Nachts, wenn das Blut gefriert,* der Rest werktags am späten Abend bei RTL 2; die Serie hieß jetzt *Monsters – Bis das Blut gefriert.*

DIE MONTAGSFAMILIE — ARD

1986–1987. »Das wird schon werden«. 19-tlg. dt. Familienserie von Jochen Busse (erste Staffel) und Ursula Haucke (zweite Staffel), Regie: Gerhard Schmidt (erste Staffel) und Kaspar Heidelbach (zweite Staffel).

Geschildert wird der Alltag der Durchschnittsfamilie Schröder. Ernst Schröder (Gert Haucke) ist das Familienoberhaupt, seine Gattin Helga (Ingeborg Schöner) Hausfrau und Mutter von Katja (Gabriele Fischer). Später kommt Cousin Danni (Michael Roll) dazu.

Die halbstündigen Folgen liefen montags nachmittags.

DIE MONTAGSMALER — ARD, SWR

1974–1992 (ARD); 1992–1996 (SWR). 45-Minuten-Spielshow am Dienstagabend von und mit Frank Elstner.

Vier Mannschaften treten in jeder Sendung an. Zunächst spielen zwei Kinderteams gegeneinander, anschließend zwei Erwachsenenmannschaften. Jeweils ein Kandidat zeichnet einen Begriff, den die anderen aus seinem Team erraten sollen. Ist das geschafft, kommt der Nächste an den Malbildschirm. Das muss ganz furchtbar schnell gehen, denn die Uhr läuft. Es gewinnt, wer in der vorgegebenen Zeit die meisten Begriffe errät. Im Finale spielen die erwachsenen Sieger gegen das Siegerteam der Kinder. Es gewinnt die Kindermannschaft.

Die Fernsehzuschauer sahen die gesuchten Begriffe ebenso eingeblendet wie die entstehenden Zeichnungen. Der Beginn jedes Rateversuchs für einen neuen Begriff pendelte sich schnell bei »Hund! Katze! Maus! Esel! Elefant!« ein. Die Erwachsenenmannschaften bestanden anfangs aus Prominenten. In der Premiere spielten Kicker des VfB Stuttgart und von Schalke 04 gegeneinander, auch in den nächsten drei Sendungen traten Fußballer gegeneinander an. Danach waren es meist Teams zweier Fernsehsendungen. Die Sendung lebte von einem enormen Tempo, lediglich ein Showblock verschaffte eine Verschnaufpause. Entsprechend groß war der Kontrast, als in einer Sendung 1976 das Zeichengerät ausfiel und Elstner seine Live-Qualitäten bewies: Er überbrückte 18 Minuten – also fast die Hälfte der eigentlichen Sendezeit – durch reines Gespräch.

Weil Elstner zum ZDF wechselte, um dort *Wetten, dass ...?* zu erfinden, moderierte er *Die Montagsmaler* am 8. Dezember 1979 zum 53. und letzten Mal. Nachfolger wurde der Liedermacher Reinhard Mey, eine Fehlbesetzung, die nach nur drei Sendungen korrigiert wurde. Ab August 1980 übernahm Sigi Harreis, die mit der Sendung zum Fernsehstar wurde. Die Erwachsenenteams bestanden jetzt auch aus Nichtprominenten, die einer bestimmten Berufsgruppe angehörten oder andere Gemeinsamkeiten aufwiesen, und Harreis führte weiterhin mit der von Elstner vorgegebenen Hektik durch die Spiele.

Nach vier Jahren am Montagabend wurde die Show ab Januar 1978 auf Dienstag um 20.15 Uhr verlegt, behielt aber trotz des neuen Sendetags – nach langer öffentlicher Diskussion – ihren Titel bei. Anfang 1989 erfolgte nach 121 Folgen zur Primetime eine Verlegung ins regionale Vorabendprogramm (Harreis redete die Degradierung wie folgt schön: »Viele Kinder haben uns geschrieben, ob wir nicht mal früher senden könnten«) und Ende 1992 ins Dritte Programm Südwest 3. Die Show war jetzt nur noch eine halbe Stunde lang, lief aber wesentlich häufiger, staffelweise im Wochentakt, und sogar wieder montags. Nach insgesamt 244 Ausgaben wurde sie eingestellt.

Bereits 1971/72 war die Vorgängershow *Punkt, Punkt, Komma, Strich* in den Dritten Programmen gelaufen, ebenfalls mit Elstner als Moderator.

MONTAGSSPASS ARD

1980–1981. Halbstündige Reihe für Kinder mit Marita Janowski und Heinz-Werner Kraehkamp und Kurzfilmen. Lief am Montagnachmittag im Wechsel mit *Spaß muss sein* und *Spaß am Montag* und brachte es auf 20 Ausgaben.

MONTY PYTHON'S FLIEGENDER ZIRKUS ARD

1971–1972. Zwei in Deutschland produzierte Specials von *Monty Python's Flying Circus*. Alfred Biolek, damals Produzent bei der Bavaria, hatte die Truppe in Großbritannien gesehen und war begeistert, glaubte aber, dass sie hierzulande im Original nicht funktionieren würde. Er lud sie ein, zunächst eine Sendung speziell für das deutsche und österreichische Fernsehen zu produzieren, mit deutschen Themen – und auf Deutsch. Die Pythons lasen die phonetisch geschriebenen Texte von großen Papptafeln ab. Running Gag dieser Folge war der vergebliche Versuch, Albrecht Dürer zu porträtieren (»Nürnberger Maler, der ganz Europa faszinierte mit seinem scharfen Auge, seiner Meisterschaft in Linienführung und Plastizität sowie seiner Leihwagenfirma ...«). Ein Jahr darauf wurde eine weitere Folge in Deutschland produziert, diesmal allerdings auf Englisch mit deutschen Untertiteln. Die deutschsprachige Folge ist bis heute nicht im britischen Fernsehen gelaufen, dort aber auf Video erhältlich.

Beide Specials waren 45 Minuten lang und wurden, im Gegensatz zur britischen Serie, auf hochwertigem Film gedreht. Graham Chapman meinte über die Produktion: »Sie ging vermutlich noch einen Schritt weiter als alle BBC-Fernsehshows, was Absurdität und merkwürdige Anfänge angeht, und ihr fehlte jeder rote Faden, der das Publikum bei Verstand halten könnte.«

John Cleese vom Ministry Of Silly Walks in *Monty Python's Flying Circus*.

MONTY PYTHON'S FLYING CIRCUS
ARD, DRITTE PROGRAMME, NDR, SAT.1

1971–1972 (ARD, Dritte Programme); 1991–1992 (NDR); 1998 (Sat.1). 45-tlg. brit. Comedyshow (»Monty Python's Flying Circus«; 1969–1973; »Monty Python«; 1974).

Die englische Comedytruppe Monty Python, bestehend aus Graham Chapman, John Cleese, Terry Gilliam, Eric Idle, Terry Jones und Michael Palin, blödelte sich durch diese absurde Sketchshow, in der ein Gag an den anderen gereiht war. Nichts war unmöglich, je unmöglicher eine Situation erschien, desto komischer wurde sie. Alberner Slapstick, kalauernde Wortspiele und feinsinnige Satire wurden geschickt vermischt. Als Thema konnte alles herhalten, z. B. Bürokratie oder Historie, auch das Fernsehen wurde regelmäßig parodiert. In manchen Folgen war Carol Cleveland als zusätzliche Darstellerin dabei. Unterbrochen wurden die Sketche oft nur von Cleeses Ansage »Und nun zu etwas völlig anderem« oder von kurzen animierten surrealistischen Einspielern, in denen Monster Blumen oder Köpfe Monster, Blumen oder Köpfe fraßen, Menschen sich zerteilten, von riesigen Füßen plattgetreten wurden etc. Terry Gilliam war für diese Animationen verantwortlich. Die Titelmusik war der »Liberty Bell March« von John Philip Sousa. Einer der bekanntesten Sketche wurde der »Parrot Sketch«, in dem ein Kunde (Cleese) sich beim Verkäufer in einer Tierhandlung (Palin) darüber beklagt, dass der von ihm gekaufte Papagei tot sei. Während beide mit dem durchaus toten Tier hantieren, versucht Palin Cleese davon zu überzeugen, dass der Papagei nur ein Nickerchen mache.

Der BBC-Redakteur Barry Took hatte die Truppe für die Sendung zusammengebracht und damit den Grundstein für einen gigantischen Erfolg und eine der einflussreichsten Shows der Comedygeschichte gelegt. In den letzten sechs Folgen der Serie, die jetzt im Original nur noch »Monty Python« hieß, ist John Cleese nicht mehr dabei. Nach der TV-Serie wurden diverse Monty-Python-Kinofilme gedreht, vor allem »Die Ritter der Kokosnuss« (»Monty Python And The Holy Grail«; 1974) und »Das Leben des Brian« (»Monty Python's Life Of Brian«; 1979) wurden Klassiker. Zusätzlich zu den 45 Folgen der BBC entstanden 1971 und 1972 unter dem Titel *Monty Python's fliegender Zirkus* zwei Folgen in Deutschland, Erstere sogar in deutscher Sprache.

Die ARD zeigte 1971 und 1972 eine Hand voll Folgen im Ersten und in den Dritten Programmen im Original mit deutschen Untertiteln. Komplett war die Reihe in Deutschland erst ab 1991 in N3 zu sehen – ebenfalls im Originalton. Sat.1 wagte sich 1998 erstmals an die Synchronisation des schwierig zu übersetzenden britischen Humors und zeigte alle 45 Folgen im Spätprogramm. Zur Überraschung von Fans und Kritikern war die Serie auch in der deutschen Fassung nach wie vor witzig.

MOONFLEET
RTL

1984. 6-tlg. brit. Abenteuerserie von George Day nach dem Roman von John Meade Falkner, Regie: Colin Cant (»Moonfleet«; 1984).

Der 15-jährige Waise John Trenchard (Adam Godley) entdeckt im Keller unter einer Kirche im Städtchen Moonfleet Hinweise auf den sagenumwobenen Diamanten des Colonel John Mohune, bekannt als »Blackbeard«. Der Keller ist zugleich das Versteck einer Schmugglerbande, und John wird versehentlich darin eingeschlossen. Seine Tante Jane Arnold (Hilary Mason), bei der er bisher gelebt hat, wirft John raus, und der Gastwirt Elzevir Block (David Daker) nimmt den Jungen auf. Sein Sohn wurde von Magistrat Maskew (Ewan Hooper) erschossen, der wiederum von den Schmugglern erschossen wird. Elzevir sagt sich von der Schmugglerbande los. Gemeinsam flüchten Elzevir und John, suchen den Diamanten, finden ihn, lassen ihn sich aber von einem Trickser abnehmen. Beim Versuch, den Diamanten zurückzustehlen, werden sie festgenommen und kommen getrennt ins Gefängnis. Ein Schiff, das sie Jahre später gemeinsam nach Java transportieren soll, gerät in einen Sturm und kentert ausgerechnet in der Bucht von Moonfleet. Ihnen gelingt bei der Gelegenheit die Flucht, Elzevir rettet Johns Leben, ertrinkt aber dabei. John kehrt zurück nach Moonfleet, heiratet Maskews Tochter Grace (Victoria Blake) und gründet mit ihr eine Familie.

MORD BRAUCHT REKLAME
DRITTE PROGRAMME

→ Lord Peter Wimsey

EIN MORD FÜR QUANDT
SAT.1

1997–1998. 18-tlg. dt. Krimiserie von Karl Heinz Willschrei.

Der Berliner Kommissar Martin Quandt (Martin Armknecht) ermittelt in Mordfällen. Die Grundidee stammt von *Columbo:* Auch Quandt zieht eine One-Man-Show ab, läuft in zerknitterten Mänteln herum und täuscht seine Gegner durch scheinbare Schusselig- oder Tollpatschigkeit, mischt diese aber, im Gegensatz zum Original, gelegentlich mit eitler, lässiger Siegesgewissheit. Am Ende findet er den Täter natürlich immer, gern auch im Rahmen eines großen Finales à la Agatha Christie, bei dem sich nochmals alle Verdächtigen versammeln müssen. Der Zuschauer kennt den Täter (wie bei *Columbo*) bereits zu Beginn.

Die einstündigen Folgen liefen mittwochs um 21.15 Uhr.

MORD IST IHR HOBBY
RTL

1990–1998. 263-tlg. US-Krimiserie von Peter S. Fischer, Richard Levinson und William Link (»Murder, She Wrote«; 1984–1996).

Die verwitwete ehemalige Lehrerin Jessica Fletcher (Angela Lansbury) ist seit ihrer Pensionierung eine erfolgreiche Autorin von Kriminalromanen. Sie lebt in Cabot Cove im US-Bundesstaat Maine. Immer wieder wird sie, ob zu Hause in Cabot Cove oder unterwegs auf ihren Reisen, in Mordfälle in ihrem Umfeld verwickelt und von der Polizei um Hilfe gebeten.

Falls Letzteres nicht geschieht, mischt sie sich eben ungefragt ein. Scharfsinnig ist sie dem Täter auf der Spur und der Polizei immer ein Stück voraus. Sie ist es, die schließlich die Fälle aufklärt.

Amos Tupper (Tom Bosley) ist der Sheriff von Cabot Cove, sein Nachfolger wird später Mort Metzger (Ron Masak). Dr. Seth Hazlitt (William Windom) ist der örtliche Arzt. Auch Jessicas Neffe, der Steuerberater Grady Fletcher (Michael Horton), ist oft in die Fälle involviert. Er war auch dafür verantwortlich, dass Jessica überhaupt erst zur Bestsellerautorin wurde, weil er heimlich ihr erstes Manuskript einreichte. Zwischendurch nimmt Jessica einen Lehrauftrag an der Manhattan University an und legt sich einen Zweitwohnsitz in New York zu, wo sie ebenfalls in Mordfälle hineingezogen wird.

Die Erfinder von *Columbo* schufen mit *Mord ist ihr Hobby* einen weiteren erfolgreichen Dauerbrenner und eine der wenigen Krimiserien mit einer Frau als Hauptfigur, die zudem noch über 60 Jahre alt war. Angela Lansbury hatte bereits 1980 eine ähnliche Rolle in dem Film »Mord im Spiegel« gespielt: die weltberühmte Miss Marple von Agatha Christie.

RTL sendete die meisten Folgen an wechselnden Wochentagen zur Primetime, einige spätere Folgen liefen im täglichen Nachmittagsprogramm, wo die Serie auch bis 1998 in Dauerschleife, aber noch immer mit großem Erfolg, wiederholt wurde. 23 Folgen waren bereits 1988 unter dem Titel *Immer wenn sie Krimis schrieb* in der ARD gelaufen. 2001 zeigte Super RTL einen Fernsehfilm, der nach dem Ende der Serie gedreht worden war.

Mord ist ihr Hobby: Zu den weniger bekannten Hobbys von Jessica Fletcher gehörte es, mit ihrer Brille zu telefonieren.

MORD OHNE SPUREN KABEL 1

1994. 16-tlg. US-Krimiserie von David Jacobs und James L. Conway (»Bodies Of Evidence«; 1992–1993).

Lt. Ben Carroll (Lee Horsley) und seine Polizisten klären Mordfälle auf. Das Team besteht aus dem ambitionierten Ryan Walker (George Clooney), Nora Houghton (Kate McNeil), die manchmal an ihren Fähigkeiten zweifelt, dem alten Walt Stratton (Al Fann) und dem Forensiker Lemar Samuels (Leslie Jordan). Sergeant Jimmy Houghton (Francis X. McCarthy) ist Noras Vater und ebenfalls bei der Polizei. Ein Privatleben haben die Polizisten nicht. Das haben sie zwar in den wenigsten Krimis, doch hier war das ein Thema. Der Job fraß eben alle auf. Bens Frau Bonnie (Jennifer Hetrick) ließ sich deshalb von ihm scheiden.

Die einstündigen Folgen liefen zunächst montags, dann donnerstags zur Primetime.

MORDDEZERNAT MELBOURNE DFF 1

1980–1981. 5-tlg. austral. Krimiserie von Hector und Dorothy Crawford (»Homicide«; 1964–1975).

Inspektor Reg Lawson (Charles Tingwell) und seine Kollegen ermitteln in Melbourne in Mord- und anderen Kriminalfällen.

In Australien war die auf einer Radioserie beruhende Serie im Stil von *Polizeibericht* außerordentlich langlebig, erfolgreich und einflussreich: Sie brachte es auf 509 Folgen; im Lauf von über zehn Jahren ermittelten verschiedene Kommissare. Im DFF liefen die 50 Minuten langen Folgen in der Reihe *Fahndung*.

DEN MÖRDER IM VISIER VOX

1997. 4-tlg. ital. Krimi, Regie: Jeannot Szwarc (»Prigioniera di una vendetta«; 1990).

Die Fotografin Laura Monterey (Mireille Darc), Mutter des zehnjährigen Dominique (Damien Morel), sucht gemeinsam mit ihrem Freund Marc (Jean Sorel) vom französischen Geheimdienst den Mörder ihres Mannes, der bei einem »Autounfall« in Afrika ums Leben gekommen ist.

Die vier Folgen hatten Spielfilmlänge; Vox zeigte sie nachmittags im Doppelpack. Trug bei anderen Ausstrahlungen auch den Titel *Maximum Exposure*.

MÖRDERISCHER ALLTAG VOX

1993. 22-tlg. US-Krimireihe (»Scene Of The Crime«; 1991–1992).

Stephen J. Cannell erfand zahlreiche Erfolgsserien, darunter *Detektiv Rockford – Anruf genügt, Das A-Team, Hardcastle & McCormick* und *Renegade – Gnadenlose Jagd*. In Letzterer war er sogar selbst vor die Kamera getreten. Diese neue Serie moderierte er. Nach seiner Einführung wurden in sich abgeschlossene Mordfälle und ihre Aufklärung gezeigt. Es gab keine wiederkehrenden Figuren. Jede Folge dauerte eine Stunde.

MORDKOMMISSION   ZDF

1973–1975. 26-tlg. dt. Krimiserie von Carl Darrow, Regie: Kurt Wilhelm (zweite Staffel: Wolfgang Schleif).

Kriminalrat Georg Wieker (Charles Regnier) und seine Assistenten ermitteln bei der Münchner Kripo in verschiedenen Mordfällen. Zum Team gehören Richard Grimm (Rüdiger Bahr), Hubert Hutzel (Michael Burk) und der junge August Siebenlist (Jochen Busse), der schon alles zu wissen glaubt. Wieker lässt die Verdächtigen der Reihe nach in seinem Büro antanzen und kombiniert überwiegend vom Schreibtisch aus. So geht es am schnellsten (und in der Produktion der Serie am preiswertesten), denn eigentlich ist nur wichtig, dass die Akten im Schrank verschwinden können. So wünscht es sich zumindest Polizeipräsident Beutscher (Carl Lange). Fräulein Bietl (Margot Mahler) ist Wiekers Sekretärin, Dr. Graber (Willy Harlander) der Gerichtsmediziner und Mahlke (Kurt Jaggberg) der Staatsanwalt. Der alte Kommissar Rosskamp (Fritz Strassner) steht dem Team oft mit Ratschlägen zur Seite.

Die halbstündigen Folgen liefen mittwochs am Vorabend. Eine spätere gleichnamige ZDF-Krimiserie hatte mit dieser nichts zu tun.

MORDKOMMISSION   ZDF

1998–2000. 12-tlg. dt. Krimireihe von Eva und Volker A. Zahn.

Lilli Kutschinski (Gunda Ebert) und Ralf Heine (Jophi Ries) sind privat wie beruflich ein Paar. Gemeinsam arbeiten sie bei der Mordkommission der Hamburger Polizei. Meist gelingt es ihnen nicht, sich an den Vorsatz zu halten, Berufliches und Privates zu trennen. In der ersten Folge sagt Heine über ein Mordopfer: »Sie lag seit einem Jahr im Koma.« Seine Kollegin und Freundin erwidert: »Du magst doch Frauen, die nicht widersprechen.« Ihr Kollege in der Mordkommission ist Thomas Lüdecke (Stephan Wolf-Schönburg).

Die einstündigen Folgen liefen im Wechsel mit den anderen ZDF-Freitagskrimis *Siska, Der Alte* und *Ein Fall für zwei* freitags um 20.15 Uhr, konnten sich auf diesem Sendeplatz jedoch nicht durchsetzen. Dabei versuchte man hier die Krimigeschichten deutlich rasanter und weniger behäbig zu erzählen, als dies im klassischen ZDF-Freitagskrimi der Fall war. *Mordkommission* war die Nachfolgeserie für den ebenfalls nicht sehr langlebigen *Faust*. Eine frühere gleichnamige ZDF-Krimiserie hatte mit dieser einzig den Titel gemeinsam.

MORDSLUST   ZDF

1995. 4-tlg. dt. Episodenreihe, Regie: Vera Loebner. Jede 45-minütige Folge enthielt drei kurze, in sich abgeschlossene Kriminalkomödien. Es gab keine durchgehenden Rollen – und wohl auch keinen Darsteller, den man noch nie gesehen hatte. Nachwuchs wartete vergeblich auf eine Chance. Es spielten u. a. Dietrich Mattausch, Walter Giller, Nadja Tiller, Gerd Baltus, Johanna von Koczian, Gila von Weitershausen und selbstverständlich Klausjürgen Wussow.

MORENA CLARA   TM3

1996. 137-tlg. venezolan. Telenovela, Regie: José A. Ferrara und Arquimedes Rivero (»Morena Clara«; 1995).

Die bildschöne Straßenverkäuferin Clara Rosa Guzman (Astrid Carolina Herrera), vaterlos in den Slums von Caracas aufgewachsen, ernährt mit ihrem kargen Einkommen die Verwandtschaft. Als sie bei einer Demonstration den jungen, umschwärmten Anwalt Valentin Andara (Luis José Santander) kennen lernt, geht sie eine Beziehung mit dem verheirateten Mann ein und sieht sich fortan dem Neid ihrer Umgebung ausgesetzt. Clara Rosa ahnt nicht,

Volle Deckung, beruflich wie privat. Lilli Kutschinski (Gunda Ebert) und Ralf Heine (Jophi Ries) von der neuen *Mordkommission*.

»Na nu, na nu!« *Mork vom Ork* und Mindy: Robin Williams, Pam Dawber.

dass der angesehene Politiker Emiliano Andara (Julio Alcazar), der sich ihrer annimmt, ihr eigener Vater ist.

MORGEN SCHON ZDF
1984. »Utopische Geschichten aus einem nahen Land«. 11-tlg. dt. Jugendreihe.
Im Mittelpunkt der in sich abgeschlossenen und voneinander unabhängigen Episoden steht immer ein Kind, das mit seinen Mitmenschen oder einer bestimmten Situation unzufrieden ist und in das sagenhafte Land Morgen Schon flüchtet, eine utopische Welt, in der vieles so ist, wie man es sich wünscht, und die vielleicht gar nicht so weit von unserer Realität entfernt ist.
Die halbstündigen Folgen liefen sonntags mittags.

MORITZ KOWALSKY KABEL 1
1997. 5-tlg. dt. Krimiserie.
Moritz Kowalsky (Towje Kleiner) ist ein chaotischer Privatdetektiv in Wien. Gräfin Schmuck (Krista Stadler) vermittelt ihm Fälle, sein Freund Sämmel (Peter Zilles) hilft ihm, wenn er in Schwierigkeiten gerät. Zwischen Kowalsky und der Staatsanwältin Veronika Jansen (Veronica Ferres) knistert es.
Die Serie wurde schon 1993 produziert und lag einige Jahre herum, bevor man sich einen Ruck gab und sie samstags nachmittags auf Kabel 1 versendete. Jede Folge war eine halbe Stunde lang.

MORK VOM ORK ZDF, PRO SIEBEN, KABEL 1
1979 (ZDF); 1991 (Pro Sieben); 1992–1993 (Kabel 1); 1997 (Pro Sieben). 94-tlg. US-Sitcom von Garry Marshall, Dale McRaven und Joe Glauberg (»Mork and Mindy«; 1978–1982).
Der Außerirdische Mork (Robin Williams) vom Planeten Ork ist auf die Erde strafversetzt worden und in seinem eiförmigen Raumschiff gelandet. Er soll die »primitive Erdenzivilisation« erkunden. Mork zieht bei der Journalistikstudentin Mindy McConnell (Pam Dawber) ein, die ihm allmählich das Erdenleben und menschliche Verhaltensweisen erklärt, damit er nicht als Außerirdischer auffällt. Das ist schwierig, denn Mork trinkt durch seinen Zeigefinger. Kindlich naiv nimmt er auf, was er mitbekommt, und erstattet seinem Vorgesetzten Orson (den man nur hört) Bericht. Dabei sprechen sie sich mit der orkanischen Begrüßungsfloskel »Na nu, na nu« an.
Mindys konservativer Vater Frederick (Conrad Janis) findet es skandalös, dass dieser verrückte fremde Mann mit seiner Tochter unter einem Dach wohnt. Er hat ein Musikgeschäft, in dem auch Mindy jobbt. Der junge Eugene (Jeffrey Jacquet) ist dort Stammkunde. Cora Hudson (Elizabeth Kerr) ist Mindys aufgedrehte Oma. Franklin Bickley (Tom Poston) ist Morks und Mindys Nachbar. Morks Freund Exidor (Robert Donner) ist ein Erdenmensch und fest von einer baldigen Invasion von der Venus überzeugt. Außerdem wohnen in der Nachbarschaft die Geschwister Remo (Jay Thomas), ein Ladenbesitzer, Jean DaVinci (Gina Hecht), eine Medizinstudentin, und Mindys politisch interessierter Cousin Nelson Flavor (Jim Staahl). Mindy bekommt eines Tages einen Job bei einem Fernsehsender, wo Mr. Sternhagen (Foster Brooks) ihr Chef ist. Mork und Mindy heiraten schließlich und bekommen Nachwuchs: Mork legt ein Ei, aus dem der erwachsene Mearth (Jonathan Winters) schlüpft. Er sieht sogar noch älter aus als seine Eltern, denn auf Ork entwickeln sich die Dinge rückwärts.
Der Komiker Robin Williams wurde mit dieser Serie zum Star. Im Original war auch Mindys Name im Serientitel enthalten, doch der deutsche Titel wurde dem Inhalt gerechter. Dies war die Mork-Show. Williams lebte sein ungeheures Improvisationstalent aus, machte ulkige Geräusche, redete ohne Unterlass und ließ jeden neben sich blass aussehen. Dies war im Drehbuch nicht so vorgesehen. Streng genommen war im Drehbuch an diesen Stellen gar nichts vorgesehen. Als die Autoren das Talent von Robin Williams erkannten, hörten sie auf, komplette Episoden auszuformulieren, und ließen Lücken, in denen Williams machen durfte, was er wollte. Pam Dawbers Aufgabe als Mindy war es, währenddessen den groben Handlungsfaden voranzutreiben. Am Ende mussten immer noch etliche Minuten herausgeschnitten werden, um die Episoden auf die Sendelänge von etwa 25 Minuten zu bringen. Oft war etwa ein Drittel dessen, was übrig blieb, improvisiert.
Die Figur des Mork war in zwei Folgen der Serie *Happy Days* bereits eingeführt worden, die in Deutschland jedoch erst viel später lief. Das ZDF zeigte 18 Folgen von *Mork vom Ork* am Samstag-

nachmittag, weitere liefen erst mehr als zehn Jahre später bei Pro Sieben und Kabel 1 in deutscher Erstausstrahlung. Die 1997 ausgestrahlten letzten neuen Folgen waren zuvor bereits im Pay-TV gelaufen.

MORLOCK   ARD
1993–1994. 4-tlg. dt. Politthriller-Reihe.
Der Unternehmensberater Carl Morlock (Götz George) vernachlässigt seine Bestimmung, Firmenbossen in wirren Worten das zu sagen, was sie ohnehin schon wissen, und ermittelt stattdessen gegen Wirtschaftskriminelle, Waffenschmuggler und Umweltsünder.
Die Reihe mit teuren, spielfilmlangen Folgen lief in unregelmäßigen Abständen mittwochs um 20.15 Uhr, hatte aber gegen gleichzeitige Fußballübertragungen keine Chance. So wurde sie abgesetzt, und Götz George sah den Untergang des Abendlands gekommen und erklärte das Publikum für blöd.
Die Figur des Morlock hatte sich George selbst ausgedacht. Außer ihm nahmen vor allem französische Behörden die Serie ernst: Sie erteilten mehrere Drehverbote, weil eine Folge mit dem Titel »Der Tunnel« ihnen angesichts tatsächlicher jahrelanger Auseinandersetzungen um einen Straßentunnel wohl beängstigend realistisch erschien. Das französische und das italienische Fernsehen koproduzierten die Reihe.

MORTAL KOMBAT   RTL 2
2000. 22-tlg. US-Fantasyserie von Ed Boon und John Tobias (»Mortal Combat: Conquest«; 1998–1999).
Der junge Kung Lao (Paulo Montalban) und seine Mitkämpfer Siro (Daniel Bernhardt) und Taja (Kristianna Loken) verteidigen die Erde gegen finstere Dämonen, die nach der Weltherrschaft greifen. Zu diesen gehören Shao Kahn (Jeff Meek), Shang Tsung (Bruce Locke) und dessen Helferin Vorpax (Tracy Douglas). Der Donnergott Rayden (ebenfalls Jeff Meek) beschützt die Erde und erteilt Kung Lao und seinen Kämpfern Ratschläge.
Die Fernsehserie basierte auf dem gleichnamigen Videospiel. RTL 2 sendete die einstündigen Folgen mittwochs um 21.10 Uhr.

MORTON UND HAYES – ZWEI GENIALE KOMIKER   KABEL 1
1992. 6-tlg. US-Comedyserie von Rob Reiner und Phil Mishkin (»Morton And Hayes«; 1991).
Chick Morton (Kevin Pollak) und Eddie Hayes (Bob Amaral) sind zwei Komiker aus der Ära des Schwarz-Weiß-Kinos, deren verschollene Kurzfilme endlich wieder aufgetaucht sind. Rob Reiner zeigt sie und moderiert sie an.
Nichts vom Gezeigten war in Wirklichkeit altes Archivmaterial, alle Filme wurden 1991 für die Serie gedreht und auf alt getrimmt.

MOSAIK   ZDF
1969–1991. »Das Magazin für die ältere Generation«.
Bevor das ZDF der *Sender* für die ältere Generation wurde, musste es noch einzelne *Sendungen* gesondert kennzeichnen. *Mosaik* zeigte alles, was für Senioren interessant sein konnte: die Gymnastikübung der Woche, Stick- und Knüpfarbeiten, Kräutergärtchen, Seniorenausflüge, Spar- und Verbrauchertipps, Geschichtliches, Porträts älterer Menschen, die auf ein ereignisreiches Leben zurückblicken, und Talks mit prominenten Studiogästen. Die Reihe widmete sich aber auch konkreten Problemen des Alters, gab Rat und machte Mut, das Älterwerden gelassen hinzunehmen. Erste Leiterin und Moderatorin war bis Mitte 1975 Erika Engelbrecht, ihr folgte Ingeborg Thomé.
Die halbstündigen Ausgaben liefen erst mittwochs am Vorabend, in den 70ern dienstagnachmittags, und ab Herbst 1984 sonntagvormittags, jetzt 45 Minuten lang. Die Resonanz des Zielpublikums war riesig: 1972 gingen 69 000 Zuschauerbriefe ein, die Erika Engelbrecht angeblich alle beantwortete.
Im März 1990 ging Redaktionsleiterin Thomé in den Ruhestand. Ihr Nachfolger Thomas Bellut nutzte die Gelegenheit, das Magazin für die ältere Generation nach weit über 2000 Folgen einzustellen und durch *FM – Das Familienmagazin* zu ersetzen.

MOSELBRÜCK   ARD
1987–1993. 30-tlg. dt. Familienserie von Hans-Georg Thiemt und Hans Dieter Schreeb, Regie: Michael Braun.
Die Witwe Hanna Zerfass (Liane Hielscher) hat von ihrem Mann Roland das verschuldete Weingut Moselbrück geerbt. Sie selbst hat von Wein nicht viel Ahnung, aber ihr Sohn Gunther (Christoph Engen) und ihr Stiefsohn Martin Zerfass (Bernd Seebacher) kennen sich aus und tragen gemeinsam mit Betriebshelfer Leo Römer (Andreas Schulz) dazu bei, den Laden wieder aufzumöbeln. Martin ist der Sohn aus Rolands erster Ehe mit Elfriede (Margot Léonard), mit der sich Hanna gut versteht und die sich fürsorglich um die ganze Familie und das Weingut kümmert. Hannas hinterlistiger Schwager Ludwig (Hans Putz) sähe es am liebsten, wenn Hanna aufgäbe, denn er würde sich das Weingut gern unter den Nagel reißen. Er intrigiert auch, als sich Hanna und Leo privat näher kommen.
Herr Faber (Gernot Endemann) ist anfangs Ludwigs Mitarbeiter. Er wird aber rausgeworfen, weil Ludwig ihn einer Intrige beschuldigt, für die er in Wirklichkeit selbst verantwortlich war, und Hanna stellt ihn ein. Martin ist mit Michèle (Jocelyne Boisseau) zusammen, der Tochter des reichen Paul Berthier (Giles Segal). Die beiden heiraten und lassen sich gemeinsam auf Moselbrück nieder. Aus seiner Beziehung mit Angelika Rowitz (Claudia Rieschel) hat Martin bereits einen Sohn namens Alexander, gemeinsam mit Michèle bekommt er Tochter Martine. Gunther verlässt Moselbrück, weil er sich von seinem Halbbruder Martin unterdrückt fühlt. Er wechselt zu Ludwig, sieht sich aber durch dessen Sohn Hermann Fabian (Stefan Schneider) einer ähnlichen Konkur-

Liane Hielscher und Andreas Schulz in *Moselbrück*.

renzsituation ausgesetzt. Bei Ludwig arbeitet außerdem Frau Büdinger (Renate Malzacher). Nach ihrer Trennung von Leo wird Dr. Werner Jentsch (Peter Lieck) Hannas neuer Freund. Für eine Bürgerinitiative gegen den Vergnügungspark, den Ludwig aus Moselbrück machen will, kandidiert sie für den Gemeinderat. Und Hermann verlobt sich mit Mathilde Freese (Petra Welteroth).

Drei Staffeln mit je zehn einstündigen Folgen liefen im Vorabendprogramm. Die Aufnahmen entstanden im Moselort Uerzig.

MOSES ARD

1976. 6-tlg. brit.-ital. Bibelserie von Anthony Burgess, Vittorio Bonicelli und Gianfranco DeBosio, Regie: Gianfranco DeBosio (»Moses The Lawgiver«; 1975).

Von Plagen heimgesucht, flüchten die Israeliten nach Ägypten. Pharao Ramses II. (Mario Ferrari) lässt alle Frauen versklaven und alle Männer töten, und nur der kleine Moses (Burt Lancaster; als Kind: William Lancaster) überlebt, versteckt in einem Weidenkörbchen. Die ägyptische Prinzessin Bithia (Mariangela Melato) findet ihn, er wächst heran, heiratet Zipporah (Irene Papas), und Gott erteilt ihm durch einen brennenen Dornbusch den Auftrag, sein Volk aus Ägypten herauszuführen. Natürlich hat Pharao Mernefta (Laurant Terzieff) etwas gegen die Freilassung, und so kommen die zehn Plagen über Ägypten, das Meer wird geteilt, die Israeliten entkommen, Moses erhält die zehn Gebote, sein Volk wird fällt vom Glauben ab, Moses ist enttäuscht und stirbt, bevor er das Gelobte Land erreicht.

Aufwendig und teuer produzierter Monumentalmehrteiler, der in gekürzter Form auch als Einzelfilm gezeigt wurde. In sechs Teilen wurde er 1979 als Bestandteil von *Schaukelstuhl* wiederholt. Die Musik stammte von Ennio Morricone.

MOSH RTL

1988–1989. Heavy-Metal-Magazin mit Sabrina Classen.

MOSKITO ARD

1987–1995. »Nichts sticht besser«. Jugendmagazin von Frauke Klinkers, Juliane Rossius und Meyen Wachholz mit Berichten, Sketchen und selbst gedrehten Videos, jeweils zu einem Thema.

Moskito war eines der profiliertesten Jugendmagazine im deutschen Fernsehen. Es war unmoderiert, ließ vor allem die Jugendlichen selbst zu Wort kommen und mischte bewegende, ernste und aufrüttelnde Beiträge mit Ironie, Slapstick und Provokationen, war relevant, widersprüchlich und unterhaltsam. »Aufmüpfig, aber mit Charme« wollte die Sendung sein.

Ihr Themenspektrum reichte von Akne über erste Liebe, Sexualität, Kunst und Politik bis zum Tod. Zum Thema »Das Geschäft mit der Sexualität« z. B. kamen drei Mädchen zu Wort, die an der Wahl zur »Miss Filmfest« in der Disco »Big Eden« teilnahmen, Jungen und Mädchen philosophierten über die geschlechtsspezifischen Unterschiede beim Umgang mit Pornoheften und -filmen, und die junge Besitzerin eines Kondomladens, ein Stricher und eine ehemals drogensüchtige Prostituierte wurden vorgestellt. Zu vielen Themen wurden eigene Musikvideos gedreht, die – ebenso wie kurze Sketche – einen nicht intellektuellen Zugang zu den Themen ermöglichen sollten.

Moskito wurde u. a. mit dem Prix Jeunesse, dem Robert-Geisendörfer-Preis und dem Grimme-Preis (Letzterer mit Silber für eine Sendung zum Thema »Sexualität« 1990) ausgezeichnet. Das Magazin lief in 45 Minuten Länge zunächst mittwochnachmittags, ab 1990 sonntagnachmittags. Dann entschied die ARD, anstelle des Jugendsendeplatzes um diese

Zeit lieber Spielfilme zu zeigen. Und auch an allen Ausweichterminen.

MOT ARD

1976–1978. »Music On Top – Musik an der Spitze«. Schlagershow.
MOT war die Nachfolgesendung von *Musik aus Studio B,* und nachdem es dort gleich um mehrere Moderatoren Querelen gegeben hatte, verzichtete man hier eben komplett auf Moderation. So reihten sich nur die Auftritte der Schlagerstars aneinander, die lediglich von einer Stimme aus dem Off angekündigt wurden. Diese Stimme gehörte Wolf-Dieter Stubel, der erst in der vorletzten Sendung erstmals auch auf dem Bildschirm zu sehen war. Regie führte Rainer Bertram. Neu war, dass nun auch fremdsprachige Lieder gesungen wurden, die jedoch in der Minderzahl blieben. Das Hamburger Fernsehballett tanzte wieder dazu.
Die Sendung vom 5. September 1977 fiel aus, weil die ARD die Show wegen der Entführung von Hanns Martin Schleyer nicht angemessen fand. Es war die einzige Programmänderung am Entführungstag.
Bei den *Montagsmalern* trat im Januar 1978 als eine der beiden Mannschaften die Sendung *MOT* an, die u. a. durch Stubel und die Sängerinnen Juliane Werding und Dorthe vertreten wurde. Nach elf Sendungen wurde *MOT* eingestellt, weil der ARD damals die »nur noch acht Millionen Schlagerfreunde« zu wenig waren.

MOT RTL 2

2000. 26-tlg. frz. Zeichentrickserie (»MOT«; 1994).
Der Schüler Leo und das anarchische Monster MOT reisen mit Hilfe von MOTs Fähigkeiten durch Raum und Zeit. Die Serie lief morgens im Kinderprogramm.

M.O.T. – MUSIC ON TOP ARD
→ MOT

DIE MOTORRADCOPS – HART AM LIMIT RTL

2000–2001. 23-tlg. dt. Actionserie von Hermann Joha.
Der scharfsinnige Analytiker Tom Geiger (Matthias Paul), der schnell entschlossene und bodenständige Kai Sturm (Jens-Peter Nünemann) und die emotionale Sunny Labonne (Yvonne De Bark) arbeiten als Motorradpolizisten für das LKA. Sie werden bei besonders brisanten Fällen eingesetzt. Ihre Chefin ist Ruth Westendorp (Suzanne Geyer).
Die Musik zur Serie stammte von Hans Zimmer, der für viele Hollywoodfilme bereits die Musik gemacht und für »Der König der Löwen« einen Oscar erhalten hatte. Die einstündigen Folgen liefen donnerstags um 20.15 Uhr.

MOTORWELT – DAS ADAC-MAGAZIN SAT.1

2002. Halbstündiges Autofahrermagazin mit Kurt Lotz samstags am Vorabend.
Die Sendung behandelte die gleichen Themen wie das Printmagazin »ADAC motorwelt«, die Mitgliederzeitschrift des Automobilclubs. Sie testete Autos, befasste sich mit aktuellen Entwicklungen auf dem Automobilsektor und stellte Reiseziele vor.
Anfang August 2002 wollte Sat.1 die Sendung auf den Sonntag verlegen, woraufhin der ADAC empört den Kooperationsvertrag kündigte. Daher gab es ab 11. August 2002 *Das Sat.1 Automagazin*.

MOTZKI ARD

1993. 13-tlg. dt. Satire von Wolfgang Menge.
Der ehemalige Fahrschullehrer Friedhelm Motzki (Jürgen Holtz) ist Frührentner und gerade Witwer geworden. Er lebt in kleinbürgerlichen Verhältnis-

Das Bild täuscht.
So richtig den Kopf gewaschen hat Edith ihrem Schwager *Motzki* nie.

sen im Wedding, im Westteil Berlins (in der Linsenstraße!), und die Folgen der deutschen Einheit gehen ihm gewaltig gegen den Strich, weil alles von Ossis überschwemmt wird. Vor allem darüber motzt und nörgelt er, aber auch über alles andere. Nur der türkische Gemüsehändler Gülüsan Ükzknürz (Albert Kitzl), der versucht, deutscher als die Deutschen zu sein, mag ihn. Um den Nachlass von Motzkis verstorbener Frau zu regeln, zieht Schwägerin Edith Rosenthal (Jutta Hoffmann) bei Motzki ein. Sie kommt aus dem Osten und ist deshalb natürlich eine prima Zielscheibe. Für acht Mark Stundenlohn darf die ehemalige Erzieherin im Kindergarten der Stasi seinen Haushalt führen und seine Sprüche ertragen.

Für Motzki ist der Tag der deutschen Einheit ein »Katastrophentag« und das Gerede von den blühenden Landschaften im Osten »Idiotengeschwätz«. Über ostdeutsche Autofahrer sagt er: »Für die Zonendödels sind Autos Nahkampfwaffen«, über ostdeutsche Mode: »Das waren doch gefärbte Zuckersäcke aus Kuba« und über die Probleme der Ostdeutschen: »Ihr seid jetzt schon fast drei Jahre Deutsche, wie lang soll das noch dauern, bis ihr alles kapiert habt?«

Wolfgang Menge schuf mit *Motzki* einen würdigen Nachfolger für seine Figur des Ekel Alfred aus *Ein Herz und eine Seele* und löste eine ähnliche Empörung wie damals aus: Die Serie spalte das gerade zusammenwachsende deutsche Volk noch mehr und sei einfach niveaulos, so der Vorwurf. »Motzki ein Kotzki – oder?«, fragte die »Bild«-Zeitung.

Die Aufregung kam für Menge nicht überraschend: Sogar der koproduzierende WDR hatte im Vorfeld versucht, aus dem bitterbösen cholerischen Kleinbürger eine überzeichnete Witzfigur zu machen. Bei Sätzen wie Motzkis Kommentar zu den Maueropfern (»Habt euch doch nicht so – die paar, die bei der Flucht draufgegangen sind, die bringt ihr doch heute an einem Tag mit euren Autos um!«) war der kollektive Aufschrei programmiert. Wobei nicht ganz klar war, wer sich mehr angegriffen fühlen sollte: die Ossis als Zielscheibe von Motzkis Spott oder die Wessis, die als cholerische Motzkis dargestellt wurden. Ein Bürger aus Bayern stellte beim Hamburger Verwaltungsgericht vergeblich Antrag auf eine einstweilige Anordnung, die Ausstrahlung zu verbieten, weil sie die ostdeutsche Bevölkerung verhöhne. Zur auch von Politikern geforderten Absetzung kam es nicht, jedoch blieb es trotz beachtlicher Quoten von sechs bis zehn Millionen Zuschauern bei einer Staffel. Der MDR antwortete auf *Motzki* mit der Serie *Die Trotzkis*. Albert Kitzl, Darsteller des türkischen Gemüsehändlers, ist übrigens gebürtiger Rumäne.

Die 25-Minuten-Folgen liefen dienstags um 21.05 Uhr.

EIN MOUNTIE IN CHICAGO   PRO SIEBEN

1995 (RTL 2); 1997–2001 (Pro Sieben). 67-tlg. US-kanad. Krimi-Comedyserie von Paul Haggis (»Due South«; 1994–1998).

Der naturverbundene Benton Fraser (Paul Gross) war eigentlich Polizist in den kanadischen Bergen. Dann kam er nach Chicago, um den Mörder seines Vaters zu suchen. Seitdem arbeitet er mit dem zynischen Großstadtpolizisten Ray Vecchio (David Marciano) zusammen. Gemeinsam bekämpft das ungleiche Paar das Verbrechen und wird dabei stets von Frasers altersschwachem und taubem Wolfshund Diefenbaker begleitet. Auf dem Polizeirevier arbeiten noch Captain Welsh (Beau Starr), Louis Guardino (Daniel Kash), Jack Huey (Tony Craig) und Elaine Besbriss (Catherine Bruhier). Der Geist seines toten Vaters Robert (Gordon Pinsent) erscheint Fraser immer wieder und gibt ihm Ratschläge. In der zweiten Staffel wird Margaret Thatcher (Camilla Scott) die neue Chefin auf dem Revier. Eines Tages verschwindet Ray spurlos, und Stanley »Ray« Kowalski (Callum Keith Rennier) wird ab der dritten Staffel Frasers neuer Partner.

Die Serie erreichte in Deutschland nie die Popularität, die sie verdient hätte. Sie spielt nicht nur mit dem Kontrast zwischen den nüchternen Großstadtpolizisten und dem Mountie, der vom Land kommt, über erstaunliche Fähigkeiten und Instinkte verfügt sowie von einem Hund begleitet wird, der ein Wolf sein soll. Sie ist in weiten Teilen auch eher eine Parodie auf das Krimigenre als ein echter Krimi. Vielleicht war auch der Humor, z. B. einer taffen, karrieregeilen Chefin den Rollennamen Margaret Thatcher zu geben, zu subtil.

RTL 2 zeigte die 23 Folgen der ersten Staffel immer am Sonntagabend unter dem Titel *Ausgerechnet*

Ein Mountie in Chicago: Paul Gross, Wolfshund Diefenbaker, David Marciano (von links).

Chicago. Die anderen beiden Staffeln liefen später unter dem neuen Titel am Sonntagnachmittag auf Pro Sieben.

MOZART ARD
1982–1983. 5-tlg. frz. Historienfilm von Marcel Bluwal (»Mozart«; 1982) .
Das Leben von Wolfgang Amadeus Mozart (als Kind: Karol Zuber; dann: Jean-François Dichamp; als Erwachsener: Christoph Bantzer). Er ist der Sohn von Leopold (Michel Bouquet) und Anna Maria (Louise Martini) und hat eine Schwester, Nannerl (Anne-Marie Kuster). Schon als Kind wird Wolfgangs musikalisches Talent entdeckt, und der Rest ist Geschichte. Die fünf Folgen wurden über die Feiertage zum Jahreswechsel gezeigt. Sie hatten Spielfilmlänge, Teil 1 dauerte gut zwei Stunden. Als Filmmusik wurden überraschenderweise Werke von Wolfgang Amadeus Mozart verwendet.

MOZART UND MEISEL ARD
1988. 6-tlg. österr.-dt. Comedyserie von Peter Hajek und Peter Moser, Regie: Peter Hajek.
Harry Meisel (Götz Kauffmann) ist kein glücklicher Mensch. Irgendwann ist er das ganze Elend leid und springt in die Donau, doch Axel Mozart (Andreas Vitasek) rettet ihn. Er hilft ihm, sein Gasthaus »Zur Zukunft« wieder zu eröffnen, und geht wieder seinem Job als Geldeintreiber nach. Das mit dem Gasthaus ist problematisch, das mit dem Job auch, und mit den Frauen wird es problematisch, als Harry sich in Krista (Julia Stemberger) verliebt, aber eigentlich irgendwie noch mit Lucy (Beatrix Wipperich) zusammen ist. Nur dass er ins Krankenhaus muss, stellt sich dann doch als Glücksfall heraus. Er wird plötzlich berühmt, und als Folge herrscht in seinem Lokal Hochbetrieb. Zumindest vorübergehend.
Die 45-minütigen Folgen liefen im regionalen Vorabendprogramm.

MR. BEAN ARD, ARTE
1992–2002 (ARD); 1994 (arte). 14-tlg. brit. Comedyserie von und mit Rowan Atkinson (»Mr. Bean«; 1990–1994).
Der Tollpatsch Mr. Bean (Rowan Atkinson) wird im Alltag immer wieder vor schier unüberwindbare Fallen gestellt, die er dennoch mit absurden Ideen oder seinem Mini-Cooper umschifft. Regelmäßige Gäste sind Beans geliebter Teddy und ein dreirädriges Gefährt, ein Reliant Regal, den Bean mehr oder weniger versehentlich von der Straße schubst.
Die Reihe kam fast komplett ohne Text aus und lebte hauptsächlich vom Gummigesicht Atkinsons. Die Kunstfigur Mr. Bean wurde in Deutschland berühmter als Atkinson selbst. Dessen Namen kannten wenige, doch Mr. Bean war ein Begriff. Auf dem deutschen Filmplakat zu »Vier Hochzeiten und ein Todesfall« (»Four Weddings And A Funeral«; 1994), in dem Atkinson eine Nebenrolle spielte, wurde er deshalb als Mr. Bean angekündigt. In Großbritannien war *Mr. Bean* weit weniger erfolgreich. Dort

Es fing damit an, dass *Mr. Bean* eine Briefmarke verlor und deshalb einem Fremden anbot, einen Brief für ihn einzuwerfen, dann dessen Briefmarke klaute, dabei fast erwischt wurde, sich im Briefkasten verstecken musste, darin gefangen wurde und sein Schlips noch heraussschaute, in den sich dann ein Hund verbiss.

brachte bereits die Vorgängerserie *Black Adder* in den 80er-Jahren Atkinson Starstatus ein. Diese lief bei uns erst viel später und ging weitgehend unter, obwohl RTL ihr den umständlichen, doch unmissverständlich erklärenden Titel *Rowan Atkinson alias Mr. Bean ist »Black Adder«* gab.
Die halbstündigen *Mr. Bean*-Folgen liefen zunächst dienstags um 22.05 Uhr, später freitags um 18.55 Uhr. Eine einzelne Folge hatte das Südwestfernsehen bereits im Jahr vor dem ARD-Start gezeigt, fünf Folgen liefen 1994 noch vor der ARD-Ausstrahlung bei arte. Innerhalb von fast fünf Jahren waren nur 13 Folgen zu sehen, nach fast sechs Jahren, in denen nur Wiederholungen liefen, kam noch eine neue dazu. Wiederholungen tauchten über viele Jahre immer wieder werktags am Vorabend auf. 1997 schlüpfte Atkinson noch einmal in die Rolle des Mr. Bean, als »Bean – Der ultimative Katastrophenfilm« (»Bean«) ins Kino kam. Dieser Film war im April 2000 auf Pro Sieben zu sehen.

MR. BEAN – DIE CARTOON-SERIE SUPER RTL
2002–2003. 26-tlg. brit. Zeichentrickserie (»Mr. Bean – The Animated Series«; 2002–2003).
Cartoonversion der berühmten *Mr. Bean*-Sketche, die noch etwas grotesker sein sollte. Rowan Atkin-

son selbst überwachte die Produktion und synchronisierte das Grummeln. Mehrere Folgen sind auf DVD erhältlich.

MR. BELVEDERE SAT.1, PRO SIEBEN
1991 (Sat.1); 1993 (Pro Sieben). 117-tlg. US-Sitcom nach dem Roman von Gwen Leys Davenport (»Mr. Belvedere«; 1985–1990).
Der weit gereiste englische Butler Mr. Lynn Belvedere (Christopher Hewett) hat früher in hohen Häusern für Politiker gearbeitet, jetzt kümmert er sich um die Kinder des Sportjournalisten George Owens (Bob Uecker) und seiner Frau, der angehenden Anwältin Marsha (Ilene Graff). Die Kinder sind die Teenager Kevin (Rob Stone) und Heather (Tracy Wells) sowie Nesthäkchen Wesley (Brice Beckham). Die Lektionen, die Mr. Belvedere sie lehrt, schreibt er später stets in sein Tagebuch.
Sat.1 zeigte die ersten 37 Episoden werktags um 17.50 Uhr, der Rest lief auf Pro Sieben, ebenfalls werktags.

MR. CARLIS UND SEINE ABENTEUERLICHEN GESCHICHTEN ARD
1977–1978. 13-tlg. dt. Krimiserie. Weitere Fälle mit der Hauptfigur aus *Die Kriminalerzählung:* Mr. Carlis (Eric Pohlmann) klärt neue Fälle auf.
Die 30-Minuten-Folgen liefen im regionalen Vorabendprogramm.

MR. ED ARD, SAT.1, KABEL 1
→ Mister Ed

MR. MAGOO ZDF
1975. 24-tlg. US-Zeichentrickserie von Millard Kaufman (»The Famous Adventures of Mr. Magoo«; 1964–1965).
Mr. Magoo ist ein gebrechlicher alter Mann, fast blind und tollpatschig. Er schlüpft in verschiedene Rollen und ist mal eine Figur aus einem bekannten Märchen und mal eine historische Persönlichkeit. So lässt er weder als Cyrano de Bergerac oder Paul Revere noch als Sherlock Holmes oder Schneewittchens sieben Zwerge (jawohl, alle sieben) einen Fettnapf aus.
Der Serie waren bereits Kurzcartoons vorausgegangen. Die deutsche Ausstrahlung fand zunächst im Rahmen der *Trickfilmzeit mit Adelheid* am Vorabend statt, in Wiederholungen auch als eigenständige Serie. 1997 kam ein Mr.-Magoo-Realfilm ins Kino, in dem Leslie Nielsen die Titelrolle spielte.

MR. MERLIN ARD
1983–1984. 20-tlg. US-Sitcom (»Mr. Merlin«; 1981–1982).
Der 1600 Jahre alte Zauberer Merlin, der schon für König Artus gearbeitet hat, nennt sich nun Max Merlin (Barnard Hughes) und betreibt eine Autowerkstatt mit Tankstelle in San Francisco. Der Teenager Zachary Rogers (Clark Brandon) ist sein Zauberschüler, der auch in der Tanke arbeitet. Leo Samuels (Jonathan Prince) ist Zacs bester Freund, die mysteriöse Alexandra (Elaine Joyce) Merlins Freundin und seine Verbindung zu den allmächtigen Zaubergeistern.
Die halbstündigen Folgen liefen im regionalen Vorabendprogramm.

MR. SMITH – EINE AFFENSTEILE KARRIERE PRO SIEBEN
1989. 13-tlg. US-Sitcom von Ed. Weinberger und Stan Daniels (»Mr. Smith«; 1983).
Dank eines Unfalls und seiner Vorliebe für Alkohol ist der dressierte Orang-Utan Chacha der klügste Kopf Washingtons, kein Politiker hat einen höheren IQ. Der Affe heißt nun Mr. Smith und arbeitet akkurat eingekleidet in einem Forschungslabor in Washington. Seine Kollegen dort sind Raymond Holyoke (Leonard Frey), Dr. July Tyson (Terri Garber) und deren Chef Dr. Klein (Stuart Margolin). Trotz seines IQ wohnt Mr. Smith noch bei seinem dümmlichen Besitzer Tommy Atwood (Tim Dunigan) und dessen jüngerer und klügerer Schwester Ellie (Laura Jacoby). Dort lebt auch noch sein Orang-Utan-Bruder Bobo.
Mr. Smith wurde von dem Orang-Utan C. J. gespielt; Serienerfinder und Regisseur Ed. Weinberger selbst lieh dem Affen im US-Original seine Stimme.

MR. T RTL 2
1993. 30-tlg. US-Zeichentrickserie (»Mr. T«; 1983–1984).
Der auffällige Schauspieler Mr. T war durch *Das A-Team* bekannt geworden und bekam in der Folge seine eigene Zeichentrickserie. Mr. T führt die Aufsicht in einer Sporthalle und kümmert sich um die jungen Turner Kim, Woody, Jeff, Sky, Vinnie, Courtney, Garcia, und Robin. Irgendwer gerät immer in Schwierigkeiten, und dann lösen Mr. T, Miss Bisby und die Dogge von Mr. T das Problem. Dabei zeigt sich, dass sich Hund und Herrchen tatsächlich in vielen Fällen ähnlich sehen.
In der amerikanischen Originalversion lieh Mr. T seinem gezeichneten Ich die Stimme. Am Anfang und Ende jeder Folge erschien er außerdem real und persönlich, um eine moralische Lektion zu erteilen, die mit dem Thema der jeweiligen Folge zu tun hatte.

MRS. HARRIS ARD
1982–1991. 6-tlg. dt. Filmreihe mit Inge Meysel nach den Büchern von Paul Gallico.
Ada Harris (Inge Meysel) ist eine einfache Londoner Putzfrau, die sich nicht damit abfindet, dass Dinge unmöglich sein sollen. Sie träumt von einem Kleid von Dior und gelangt auf den abenteuerlichsten Wegen ins Parlament, nach Moskau, Monte Carlo und Mallorca. An ihrer Seite ist meist ihre Freundin Edith Butterfield (Edith Volkmann).
Die ersten Filme hießen »Ein Kleid von Dior«, »Freund mit Rolls Royce« und »Der geschmuggelte Henry«. Erst die Titel der letzten drei Filme begannen einheitlich mit »Mrs. Harris fährt nach ...«

MS FRANZISKA　　　　　　　　　　　　ARD
1978. 8-tlg. dt. Familienserie von Heinz Oskar Wuttig, Regie: Wolfgang Staudte.
Das Motorschiff »Franziska« ist fest in Familienhand. Wie ihr Besitzer Jakob Wilde (Paul Dahlke) ist die »Franziska« schon etwas in die Jahre gekommen, die beiden transportieren aber weiterhin wacker Güter über den Rhein. Die Besatzung besteht aus Jakob und seinem Sohn Paul (Ulrich von Dobschütz), Schwiegertochter Aavje (Femke Boersma) und den Enkeln Niko (Jochen Schroeder) und Christa (Evelyn Bartsch). Die Familie ist aber noch größer, zu ihr gehören außerdem Jakobs andere Söhne Bruno (Bruno Dietrich) und Ernst (Klaus Knuth), Schwiegertochter Ruth (Liane Hielscher), Tante Martha (Ellen Mahlke) und Brunos Freundin Petra (Susanne Schaefer). Schließlich gibt die »Franziska« doch ihren Geist auf, und Jakob versucht, das Schiff wenigstens noch so lukrativ wie möglich auszuschlachten.
Gespielt wurde die »MS Franziska« von der »MS Barbara Krüger«, einem 180 m langen, 1262 Tonnen schweren und 660 PS starken Schiff, das nach der Frau des Schiffseigners und Rheinschiffers Paul Krüger benannt war.
Die einstündigen Folgen liefen am Montagabend.

MUCHA LUCHA　　　　　　　　　　　　RTL 2
2004. 26-tlg. US-Zeichentrickserie (»¡Mucha Lucha!«; 2002).
Die Freunde Rikochet, Flea und Buena Girl machen ihre Ausbildung an der internationalen Wrestling-Schule von Lucha. Da sie noch zu schmächtig sind, um gute Wrestler zu sein, fressen sie Donuts bis zum Umfallen und hoffen, endlich fett zu werden. Dieses Telekolleg »Gesunde Ernährung« lief werktags mittags.

MUGGSY　　　　　　　　　　　　　　　　ZDF
1981. »Spannende Geschichten aus einer großen Stadt«. 12-tlg. US-Jugendserie (»Muggsy«; 1976–1977).
Die 13-jährige Margaret »Muggsy« Malloy (Sarah MacDonell) lebt mit ihrem älteren Bruder Nick (Ben Masters) in einem möblierten Truck hinter der Tankstelle von Gus (Paul Michael). Clytemnestra (Star Shemah) ist Muggsys Freundin. Gemeinsam erleben sie die Probleme von Teenagern in einer amerikanischen Vorstadt, werden Zeuge von Verbrechen, jagen Gauner und helfen bei Drogenproblemen anderer.
Lief dienstags um 17.10 Uhr und dauerte 30 Minuten.

MÜLLER UND MILLER　　　　　　　　　　ARD
1991. 6-tlg. dt. Krimiserie von Barbara Gotthardt, Regie: Christian Görlitz.
Jack (Michael Crabtree), der Ehemann von Agentin Kim Müller (Desirée Nosbusch), wird von der Drogenmafia erschossen. Kim und Bonnie Miller (Suzanne Savoy) schwören Rache und bekämpfen die Drogenbosse fortan.
Die Serie wurde mit einem teilweise deutschen Team in Texas mit amerikanischen B-Serien-Schauspielern gedreht. Die einstündigen Folgen liefen dienstags im Vorabendprogramm.

MÜLLERMAX　　　　　　　　　　　　　　ARD
1997–1998. Halbstündige Comedyshow von und mit Andreas Müller in allen Rollen gleichzeitig.
Der grandiose Parodist Müller zeigt sich akustisch und optisch von allen Seiten: Er schlüpft in die Masken von u. a. Helmut Kohl, Gerhard Schröder, Loriot, Marcel Reich-Ranicki, Peter Maffay und imitiert ihre Stimmen; seine Paraderollen sind Alfred Biolek, Rudolf Scharping, Berti Vogts und Pur-Sänger Hartmut Engler. Neben ihm verkörpert er weitere Sänger und parodiert ihre Lieder (Müller spielt hierbei auch die Instrumente selbst). In einigen Szenen wirkt zusätzlich Heike Greis mit; meistens ist außer Müller kein weiterer Darsteller dabei, und so sieht man ihn in manchen Gags drei- oder viermal nebeneinander auf dem Bildschirm.
Wiederkehrende Rubriken waren »Heute im Parlament« und Bioleks Programmhinweise (»Unser Thema heute: ›Ich kann das nicht.‹ Eingeladen habe ich Helmut Kohl und Sabine Christiansen«). In der ersten Staffel mit sechs Folgen dienstagabends waren die Sketche hart aneinander gereiht, in der zweiten Staffel am Freitagabend moderierte Müller vor Studiopublikum die Gags an, was ein wenig die Luft rausnahm.

DIE MULLIGANS – ODER: ZUM GLÜCK GEHÖREN NEUN　　ARD
1986. 8-tlg. US-Familienserie (»Mulligan's Stew«; 1977).
Michael (Lawrence Pressman) und Jane Mulligan (Elinor Donahue) haben sieben Kinder, aber nur zwei Badezimmer. Michael hat als Lehrer auch ein ganz ordentliches Einkommen, aber eben – richtig – sieben Kinder. Mark (Johnny Doran), Melinda (Julie Anne Haddock) und Jimmy (K. C. Martel) sind die eigenen, Adam (Chris Ciampa), Stevie (Suzanne Crough) und Polly (Lory Kochheim) die seiner Schwester, die mit ihrem Mann bei einem Flugzeugabsturz ums Leben gekommen ist, und Kimmy (Sunshine Lee) ein vietnamesisches Waisenmädchen, das die Schwester und ihr Mann kurz zuvor adoptiert hatten.
Die einstündigen Folgen liefen im regionalen Vorabendprogramm.

MULTI MILLIONÄR　　　　　　　　　　　RTL 2
2001. Einstündige Quizshow mit Phil Daub, live am Sonntagabend.
Aus 36 Kandidaten wird per Roulettekugel ein Mitspieler ermittelt, der nun zunächst in einer Minute möglichst viele Fragen beantworten muss. So erspielt er sich einen Grundbetrag, von dem er bei den nächsten 13 Fragen Beträge setzen muss, die er bei einer richtigen Antwort dazubekommt. Bei einer falschen Antwort verliert er alles und fliegt raus. Fernsehzuschauer können live in die Sendung anrufen und Telefonjoker werden, bei richtiger Ant-

wort werden sie mit 10 % am Gewinn beteiligt, der für den Studiokandidaten bei (theoretisch) maximal zehn Millionen DM liegen kann, wenn er richtig pokert und alles weiß. Was natürlich nie geschah.

DIE MUMINFAMILIE   ARD
1959–1960. 12-tlg. Marionettenspiel aus der *Augsburger Puppenkiste* von Harald Schäfer nach den Kinderbüchern der finnischen Autorin und Illustratorin Tove Jansson.

Die Mumins, verschiedenfarbige Trolle mit großen Nasen, erleben Abenteuer im Muminland. Außer Muminvater, Muminmutter und dem kleinen Mumin leben dort die Snorks, Hemul, Schnüferl, der Bisam und der kleine Wanderer Schnupferich.

Es war die erste Serie der *Augsburger Puppenkiste*, die bereits seit 1953 abgeschlossene Stücke für Erwachsene im Fernsehen gezeigt hatte. Hilde Nocker führte als Moderatorin durch die sechs Folgen der ersten Staffel (zusammen mit der Mumin-Marionette Snorki), die damals noch live (von der Funkausstellung) übertragen wurden. Die zweite Staffel lief ein Jahr später als Aufzeichnung. Weil die technischen Möglichkeiten des Mitschnitts einer Live-Sendung Ende der 50er-Jahre noch so unzureichend waren, dass eine Wiederholung zwar möglich, aber den Zuschauern nicht zumutbar gewesen wäre, wurden die ersten sechs Folgen später noch einmal aufgezeichnet, diesmal ohne Hilde Nocker, und in dieser neuen Version im Februar und März 1961 erstmals im Fernsehen gezeigt.

Die erste Staffel beruhte auf Janssons Buch »Eine drollige Gesellschaft«, die zweite auf der Fortsetzung »Sturm im Mumintal«. Der Stoff kam später unter dem Namen *Mumins* noch einmal als Puppentrick- und einmal als Zeichentrickserie ins Fernsehen.

MUMINS   ZDF
1980–1983. 26-tlg. poln. Puppentrickserie für Kinder nach den Büchern von Tove Jansson.

Die Mumins sind Trolle mit großen Nasen, die im Mumintal die verschiedenen Jahreszeiten durchleben und dabei manche Abenteuer bestehen. Zu den Mumins gehören Mumin, Mumrik, Mumin-Mama, Mumin-Papa, Snorkfräulein, Snuffkin, Sniff, Hemul, Tooticky und die kleine My.

Die 25-minütigen Folgen liefen am Donnerstagnachmittag. Erzähler aller Folgen war Hans Clarin. Später entstand eine Zeichentrickversion der Serie. Schon 1959 hatte sich die *Augsburger Puppenkiste* des Plots angenommen *(Die Muminfamilie)*. Die beliebten Geschichten wurden seit 1945 in 33 Sprachen übersetzt und für Fernsehen, Radio, Kino und Theater umgesetzt.

Die Serie ist auf DVD erhältlich.

MUMINS   ZDF
1992–2002. 52-tlg. jap.-niederl. Zeichentrickversion der gleichnamigen Puppentrickserie (»Tanoshi Moomin Ikka«; 1990–1992). Vier Folgen vor Schluss machte das ZDF fast zehn Jahre Pause.

MUMMIES ALIVE –
DIE HÜTER DES PHARAOS   SUPER RTL
1998. 42-tlg. US-Zeichentrickserie (»Mummies Alive«; 1997).

Vier erwachte Mumien aus dem alten Ägypten beschützen im San Francisco der Gegenwart den wiedergeborenen Prinz Rapses. Er heißt jetzt Presley und ist zwölf Jahre alt. Und die Mumien haben Probleme mit der Neuzeit.

MÜNCHNER GESCHICHTEN   ARD
1974–1975. 9-tlg. dt. Milieuserie von Helmut Dietl.

Charly, Verzeihung: Tscharlie Häusler (Günther Maria Halmer), aus dem Münchner Stadtteil Lehel ist Ende 20 und stinkfaul, wäre aber gern stinkreich. Um sich seinen Traum zu finanzieren, als Cowboy nach Sacramento zu reiten, steigert er sich in absurde Geschäftsideen hinein, von denen er sich das große Geld verspricht. Er kurbelt die Tourismusbranche mit Negativwerbung an, entwickelt ein todsicheres System für Pferdewetten, zieht eine Kleinkunstbühne auf und eröffnet einen Jeansladen (»Tscharlies Tschiens«).

Natürlich funktioniert nichts davon. Geregelter Arbeit geht Tscharlie immer nur für kurze Zeit nach, bevor er entweder hinausgeworfen wird oder selbst kündigt, um frei zu sein. Potenzielle Zukünftige fragt der Hallodri, ob sie ihn denn finanzieren könnten. Auch das geht dementsprechend nie lange gut, und so lässt er sich von seiner Oma, Anna Häusler (Therese Giehse), aushalten. Sie lebt seit 30 Jahren in ihrer Wohnung, hatte dort früher einen Weißwarenladen, und außer ihr und Tscharlie wohnt jetzt noch ihr Untermieter Leopold Heinrich (Karl-Maria Schley) darin. Das Haus, das Herrn Fischhuber (Gustl Bayrhammer) gehört, ist wie viele Häuser des Viertels vom Abriss bedroht, doch Oma Häusler begegnet diesem Problem genauso kühl und gelassen wie dem Lotterleben ihres dreiviertelreifen Enkels und dem nervenden Geigenspiel ihres Untermieters.

Tscharlies Freunde sind Gustl (Frithjof Vierock), Achmed (Towje Kleiner) und Max (Hans Brenner); auf weiblicher Seite hält nur Dauerfreundin Susi (Michaela May) nun schon seit Jahren zu ihm, sehr zum Missfallen ihrer Eltern Ruth (Ruth Drexel) und Erwin Hillermeier (Karl Obermayr), die das Wirtshaus »Sankt Anna Eck« betreiben und denen Tscharlie zu unsolide ist. Gustl hat einen geregelten und langweiligen Bürojob, bewundert seinen Freund und ist natürlich bei jeder Riesensache, die Tscharlie plant, sofort dabei. Ebenso Achmed, auch wenn er etwas schwer von Begriff ist, und der halbseidene Max, der nie ein Problem in Problemen sieht und sie mit »Ois Chicago!« (»Alles Chicago«, im Sinne von »Alles klar!«) abtut (ein Spruch, der dank der Serie in den Sprachgebrauch einging, ebenso wie Tscharlies viel gebrauchtes »Logisch!«).

Mit nur neun Folgen schuf der damals völlig unbekannte Autor und Regisseur Helmut Dietl einen Dauerbrenner, der im Lauf der folgenden zehn Jahre fünfmal wiederholt wurde. Das werden Serien zwar inzwischen oft innerhalb eines Jahres, damals war es aber außergewöhnlich. Dietl drehte später weitere Fernsehklassiker wie *Monaco Franze – Der ewige Stenz* und *Kir Royal* sowie Kinohits wie »Schtonk!« und »Rossini oder Die mörderische Frage, wer mit wem schlief«.

Der ebenfalls unbekannte Günther Maria Halmer wurde zum Star und bemühte sich danach viele Jahre lang, das Tscharlie-Image loszuwerden.

Die einstündigen Folgen liefen im Vorabendprogramm. Die Serie ist komplett auf DVD erhältlich.

THE MUNSTERS –
EINE FAMILIE MIT BISS   ARD, HR

1987 (ARD); 1991–1993 (HR). 70-tlg. US-Sitcom von John Connelly und Bob Mosher (»The Munsters«; 1964–1966).

In einem alten, pseudogotischen Haus in der Mockingbird Lane lebt die Familie Munster, die sich für eine typisch amerikanische Familie hält, aber von sonst niemandem als solche angesehen wird. Vater Herman (Fred Gwynne) ist ein riesiges Monster mit eckigem Kopf und arbeitet bei einem Beerdigungsinstitut. Frau Lily (Yvonne DeCarlo) gleicht einem Vampir, Sohn Edward »Eddie« Wolfgang (Butch Patrick) einem Werwolf, und Opa (Al Lewis) ist einfach nur uralt. Tochter Marilyn (Beverley Owen; ab Folge 14: Pat Priest) ist das schwarze Schaf der Familie, da sie völlig normal aussieht.

Intelligente Parodie auf die klassische Familiensitcom, die die herkömmlichen Werte einfach umdrehte. Die ARD zeigte im regionalen Vorabendprogramm zwölf Folgen im Original mit deutschen Untertiteln; alle 70 Folgen waren später synchronisiert in den Dritten Programmen und ab 1992 im Nachmittagsprogramm des Ersten zu sehen. Eine Neuauflage unter dem Titel *Familie Munster* lief später bei RTL.

MUPPET-BABIES   ZDF

1987–1994. 81-tlg. US-Zeichentrickserie (»Muppet Babies«; 1984–1990). *Die Muppet Show* war die Grundlage für diese halbstündige Serie, die die Erlebnisse von Jim Hensons berühmten Puppen Kermit, Piggy, Gonzo & Co. als Babys in gezeichneter Form zeigte. Der uninspirierte Spin-off hatte aber nichts von dem Charme des Originals und richtete sich im Gegensatz zur großen *Muppet Show* an Kinder.

Die Serie lief nachmittags. Die 26 letzten Folgen wurden in Deutschland nicht gezeigt.

DIE MUPPET SHOW   ZDF

1977–1982. 120-tlg. brit. Comedyshow von Jim Henson und Frank Oz (»The Muppet Show«; 1976–1981).

Den Sprung vom Kinderfernsehen zur eigenen großen Gala mit internationalen Gaststars haben nur zwei geschafft: Michael Schanze und Kermit, der Frosch. Wobei Kermit zwar im Zweifel die größeren Stars hatte, aber auch die unfähigeren Mitarbeiter, sodass nicht sicher ist, ob er sich nicht gelegentlich nach seinem alten Job als *Sesamstraße*-Reporter zurückgesehnt hat. Woche für Woche versucht er, in einem alten Musicaltheater den halbwegs reibungslosen Ablauf einer Varietyshow sicherzustellen, die er selbst präsentiert.

Im Weg stehen ihm dabei u. a.: Fozzie-Bär, der schlechteste Witzeerzähler der Welt; Gonzo, der Große, ein hakennasiges, hühnerliebendes Etwas, das sich für einen Stuntman hält und jedes Mal daran scheitert, eine große Anfangsfanfare auszustoßen; der wahnsinnige Erfinder Dr. Honigtau-Bunsenbrenner und sein unverständlicher Assistent und Versuchskaninchen Beeker; der klavierspielende Hund Rolf; der Laufbursche Scooter, dessen Onkel das Theater gehört; ein dänischer Koch (»Smörebröd, Smörebröd, römmpömmpömmpömm ...«); der vergeblich um Anstand und Anspruch kämpfende Adler Sam; Kermits kleiner Neffe Robin und natürlich die Schweinediva Miss Piggy Lee, unsterblich in Kermit verliebt, aber auch jedes andere männliche Wesen vernaschend, die mit Karateschlägen jeden, der sich ihr in den Weg stellt, kampfunfähig macht. Für Musik sorgen außer dem Orchester die Band von Doktor Goldzahn mit Sergeant Floyd Pepper am Bass, dem Tier am Schlagzeug, der ultrablonden Gitarristin Janice sowie dem Saxophonisten Zoot, dessen tiefster Ton auch den Abspann jeder Episode beschließt. In der Loge sitzen die alten Nörgler Statler und Waldorf, die sich jedes Mal fragen, warum sie wieder gekommen sind, sich diesen Mist anzusehen.

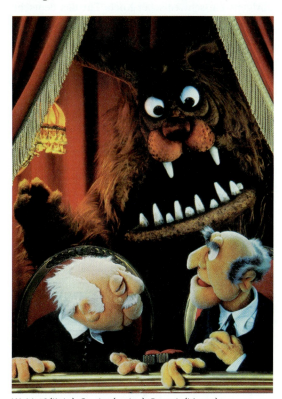

Waldorf (links), Statler (rechts), Besuch (hinten).

Der einzige Frosch, der immer Schwein hat: Kermit (links) und Miss Piggy in der *Muppet Show*.

Zwei Soaps hatten feste Plätze in den Shows: »Schweine im Weltall«, eine Parodie auf *Raumschiff Enterprise* mit Miss Piggy, Captain Link Ringelschwanz und Dr. Speckschwarte, sowie die »Tierklinik«, die »Geschichte eines Quacksalbers, der vor die Hunde ging«, mit Rolf, Piggy und Janice, die jedes Mal mit der Stimme aus dem Off endet: »Schalten Sie auch nächste Woche ein, wenn Sie Dr. Bob sagen hören ...«

Im Mittelpunkt jeder Show stand aber natürlich ein Gaststar, der mit den Muppets auftrat, Sketche spielte und sang. Rudolf Nurejew tanzte mit Piggy den Pas de Deux aus Schwanen-, nein: Schweinensee, Elton John spielte seinen »Crocodile Rock« natürlich vor einem Chor von Krokodilen. Mary Roos war die erste Deutsche, die mit den Muppets auftreten durfte – allerdings war sie nur in einigen für das deutsche Fernsehen produzierten Szenen zu sehen, die englische Version dieser Folge hatte das Model Twiggy als Gaststar. Elke Sommer hingegen war später Gaststar auch in der internationalen Version. Weitere prominente Gäste waren u. a. Peter Ustinov, Peter Sellers, Bob Hope, Charles Aznavour, Steve Martin, John Cleese, Alice Cooper, Sylvester Stallone, Harry Belafonte, Diana Ross, Paul Simon, Shirley Bassey, James Coburn, Brooke Shields, Gene Kelly, Marty Feldman und Liza Minelli.

Die deutsche Stimme von Kermit ist Horst Gentzen (der auch Jerry Lewis synchronisiert); in der *Sesamstraße* synchronisierte ihn Andreas von der Meden. Miss Piggys Stimme gehört Marianne Wischmann (die auch die Ameisenbärdame Blaue Elise im *Rosaroten Panther* ist). Der dänische Koch ist im Original übrigens ein schwedischer Koch. Für das deutsche Fernsehen wurden eigens Szenen mit Kermit und Gonzo für den Beginn der Show gedreht, in denen sie aus dem Logo »Die Muppet Show« (statt »The Muppet Show«) herausgucken.

Die Muppets waren eine der weltweit erfolgreichsten Comedyserien und Ende der 70er-Jahre die international erfolgreichste Fernsehserie überhaupt. Sie wurde in über 100 Länder verkauft und von 235 Millionen Zuschauern gesehen. Dabei hatten die amerikanischen Fernsehverantwortlichen nicht geglaubt, dass Jim Hensons Puppen aus der *Sesamstraße* auch für eine für Erwachsene produzierte Sendung taugen würden. Sie lehnten nach einer Pilotfolge und Muppet-Auftritten in »Saturday Night Live« ab.

Die *Muppet Show* wurde deshalb in London gedreht und mit britischem Geld produziert; sie lief in den USA auf keinem der großen Networks. Den Namen »Muppet« hatte sich Jim Henson ausgedacht, weil die Figuren halb »Marionette«, halb »Puppet«, also Handpuppe, sind. Die Figuren erfand er in den 50ern. Sie hatten, bis sie regelmäßig in der *Sesamstraße* zu sehen waren, schon Gastauftritte in diversen US-Shows, darunter »The Tonight Show«, »Jimmy Dean« (wo Rolf Klavier spielte) und der »Perry Como Show«. Henson selbst spielte Kermit, Waldorf, Rolf, den dänischen Koch und viele andere, Frank Oz steckte u. a. hinter Miss Piggy, Fozzie und dem Tier. Jede Folge begann mit dem Lied: »Jetzt tanzen alle Puppen, macht auf der Bühne Licht, macht Musik, bis der Schuppen wackelt und zusammenbricht!«

Wegen des großen Erfolgs wurden etliche Muppets-Filme und -Specials produziert; fünf davon liefen unter dem Titel *Die Muppets* auf RTL 2. 1996 entstand in den USA eine Nachfolgeserie *Muppets Tonight!*. Einige Muppet-Lieder wurden Hits, Robins Version des von »Pu, der Bär«-Erfinder A. A. Milne geschriebenen »Halfway Down The Stairs« schaffte es 1977 in Großbritannien in die Top Ten. Das ZDF zeigte die halbstündigen Folgen der insgesamt fünf Staffeln samstagnachmittags. Unter dem Titel »Schmankerln am Abend« zeigte das ZDF außerdem gelegentlich abends um 21.45 Uhr eine Viertelstunde lang Ausschnitte aus der *Muppet Show*. Applaus, Applaus, Applaus!

DIE MUPPETS   RTL 2
1995–1996. Fünf Specials mit den Puppen aus der *Muppet Show*.

MUPPETS TONIGHT!   RTL
1998. 13-tlg. US-Comedyshow (»Muppets Tonight!«; 1996).
Neuauflage der erfolgreichen *Muppet-Show* von Jim Henson: 20 Jahre nach ihrer Varietyshow im Theater haben die Muppets ihren eigenen Fernsehsender K-MUP und machen eine tägliche Late-Night-Show. Neuer Moderator ist Clifford, ein violetter Muppet mit Rastalocken. Außer vielen aus der alten Muppet-Crew sind u. a. dabei: Miss Piggys dumme Neffen Randy und Andy, der Sicherheitsbär Bobo, die Ratte Rizzo, der Schnulzensänger Johnny Fiama und sein Bodyguard-Affe Sal sowie Seymour und Pepe, ein Elefant und eine Garnele, die den Fahrstuhl bedienen. Ständige Rubrik ist die Serie »Schweine-Baywatch« mit dem Star Spamela Hamderson. Waldorf und Statler sind mittlerweile im Altersheim und kommentieren die Show vor dem Fernseher.
Wie in der Originalserie war in jeder Show ein menschlicher Gaststar dabei, darunter Michelle Pfeiffer, John Goodman, Cindy Crawford, Pierce Brosnan, Whoopi Goldberg und Billy Crystal. Im Gegensatz zur Originalserie floppte diese Neuauflage jedoch, sowohl in den USA als auch bei uns. Kermit wie auch Miss Piggy hatten neue deutsche Stimmen: Kermit sprach jetzt wie in der *Sesamstraße* mit der Stimme von Andreas von der Meden, Miss Piggy wurde jetzt erkennbar von einem Mann gesprochen, der seine Stimme quietschen ließ (was im Original schon bei der *Muppet Show* der Fall war). RTL setzte die Serie nach nur zwei Folgen am Sonntagnachmittag ab und versendete den Rest im samstäglichen Vormittagsprogramm.

MURDER ONE   VOX, PRO SIEBEN
1996 (Vox); 2000 (Pro Sieben). 41-tlg. US-Krimiserie von Steven Bochco (»Murder One«; 1995–1997).
Der Anwalt Theodore »Teddy« Hoffman (Daniel Benzali) hat mit Fällen zu tun, in die die Reichen und Schönen verstrickt sind. Zu seinem Team gehören die jungen Verteidiger Chris Docknovich (Michael Hayden), Arnold Spivak (J. C. MacKenzie), Justine Appleton (Mary McCormack) und Lisa Gillespie (Grace Phillips). Die mit den Fällen betrauten Staatsanwälte sind Miriam Grasso (Barbara Bosson) und Roger Garfield (Gregory Itzin). Teddy ist mit Ann (Patricia Clarkson) verheiratet. Sein Klient ist der Schauspieler Neil Avedon (Jason Gedrick), der ein Mädchen umgebracht haben soll. Die komplette erste Staffel der Serie, 23 einstündige Folgen, die Vox unter dem vollständigen Titel »Murder One – Der Fall Jessica« mittwochs um 20.00 Uhr zeigte, beschäftigte sich nur mit diesem einen einzigen Fall, was die Serie zu etwas Besonderem machte.
In der zweiten Staffel waren die Produzenten leider nicht mehr so mutig: Die neuen 18 Folgen, mit neuem Hauptdarsteller, hatten immerhin drei Fälle, waren nicht mehr so düster und insgesamt deutlich konventioneller. Der neue Anwalt James Wyler (Anthony LaPaglia) übernimmt darin die Kanzlei und damit die Fälle. Mit Teddy hat auch Lisa das Team verlassen, Aaron Mosely (David Bryan Woodside) ist ihr Nachfolger. Wyler verteidigt nacheinander Sharon Rooney (Missy Crider), den Basketballer Rickey Latrell (Rick Worthy) und den Killer Clifford Banks (Pruitt Taylor Vince), die alle wegen Mordes angeklagt sind. Diese Staffel lief dienstags um 23.40 Uhr auf Pro Sieben unter dem Titel »Murder One – Die andere Wahrheit«.
Vox bewarb 1996 die neue Serie in ganz großem Stil und verschickte »Kokstütchen« an die Presse. Obwohl sich nur Traubenzucker darin befand, ermittelte die Staatsanwaltschaft. Man einigte sich schließlich außergerichtlich. Ein Erfolg wurde die Serie in Deutschland auch nicht.

MURPHY BROWN   PRO SIEBEN, KABEL 1
1990–1991 (Pro Sieben); 1992–1994 (Kabel 1). US-Sitcom von Diane English (»Murphy Brown«; 1988–1998).
Murphy Brown (Candice Bergen) ist die sarkastische Starreporterin beim Fernsehnachrichtenmagazin F.Y.I. Ihre Kollegen sind der junge, neurotische Producer Miles Silverberg (Grant Shaud), die unfähige, aber hübsche Reporterin Corky Sherwood (Faith Ford) und der Reporter Frank Fontana (Joe Regalbuto), der Fernsehen hasst, sich aber ein Toupet aufsetzt, wenn er im Bild ist. Jim Dial (Charles Kimbrough) ist der humorlose Anchorman. Eine Sekretärin findet Murphy partout nicht, in jeder Folge probiert sie eine neue aus. Stammtreff nach Feierabend ist die Bar von Phil (Pat Corley). Murphys Wohnung wird von Eldin Bernecky (Robert Pastorelli) belagert, dem wohl langsamsten Maler der Welt, der dort über Jahre hinweg anstreicht und später auch Murphys Baby hütet, das aus einer kurzem Affäre mit ihrem Ex-Mann entstand.
Zehn Jahre und 247 Folgen lang lief die Serie erfolgreich in den USA. Fünfmal erhielt Hauptdarstellerin Candice Bergen den Emmy als beste Hauptdarstellerin in einer Comedyserie (niemand wurde häufiger und nur Mary Tyler Moore ebenso oft mit diesem Preis ausgezeichnet), dann verzichtete sie auf eine

weitere Nominierung. Den Emmy als beste Comedyserie erhielt *Murphy Brown* zweimal. Pro Sieben (46 Folgen) und Kabel 1 zeigten zusammen 125 Folgen, weitere liefen im Pay-TV-Sender DF 1.

MURPHYS GESETZ   RTL
→ Murphy's Law

MURPHY'S LAW   RTL
1990. 13-tlg. US-Krimiserie von Lee Zlotoff (»Murphy's Law«; 1988–1989).
Der verantwortungslose Alkoholiker Daedalus Patrick Murphy (George Segal) muss sich als Versicherungsagent mit lästigen Fällen herumschlagen, die er auf wundersame Weise doch irgendwie korrekt zum Abschluss bringt. Wesley Harden (Josh Mostel) ist der großkotzige und rückgratlose Boss, Victor Beaudine (Charles Rocket) ein Kollege. Murphys damals schwangere Frau Marissa Danforth (Kim Lankford) hat ihn längst verlassen und Tochter Kathleen (Sarah Sawataky) allein zur Welt gebracht. Er hat sie noch nie gesehen, würde jedoch gern und ist gewillt, sein Leben zu ändern. Immerhin ist er inzwischen trocken und lebt in halbwegs geordneten Verhältnissen mit dem asiatischen Model Kimiko Fannuchi (Maggie Han) in einer Art WG. Am Ende der kurzlebigen Serie lernt Murphy endlich seine Tochter kennen.
Jede Folge war eine Stunde lang. Tele 5 wiederholte die Serie unter dem Titel *Murphys Gesetz,* unter dem auch ein Teil der RTL-Folgen liefen.

DIE MUSEUMSRATTEN   ARD
1967–1972. 9-tlg. dt. Marionetten-Reisereihe aus der *Augsburger Puppenkiste* von Harald Schäfer und Manfred Jenning.
Vater Friedrich-Wilhelm und seine Söhne Karl-Theodor und Franz-Josef sind Museumsratten. Ihnen geht es vor allem um Wissen, nicht ums Fressen. Theoretisch jedenfalls. Natürlich haben die beiden Jungratten auch beim Besuch von Museen vor allem Leckereien im Kopf. Auf ihrer ersten Station, dem deutschen Lederwarenmuseum Offenbach, finden sie ein paar Stangenreiterstiefel, die sich als Siebenmeilenstiefel herausstellen. Darin können die Ratten nun sehr bequem z. B. nach Nürnberg (Verkehrsmuseum), Hannover (Till-Eulenspiegel-Museum) oder gar nach Wien (Heeresgeschichtliches Museum) reisen. Wie von Zauberhand bewegt schieben sich die Stiefel durch die Straßen, in einem sitzt der Papa, im anderen die beiden Jungs. Gelegentlich reisen sie auch auf noch abenteuerlicheren Wegen: Von Wien aus reiten sie auf Kanonenkugeln nach Berlin, und das nur, um dort von der Leseratte Johann-Wolfgang durchs Musikinstrumentenmuseum geführt zu werden. Johann Wolfgang ist der Vater der Ballettratte Mizzerl. Außerdem begegnen sie noch der Wasserratte Fietje.
Die pädagogische Idee war ebenso schlicht wie wirksam: Mit Hilfe der äußerst sympathischen und niedlichen Ratten machten die jungen Fernsehzuschauer lehrreiche Rundgänge durch jeweils ein Museum. Als Identifikationsfiguren und Kontrast zum dozierenden Papa dienten die beiden Jungs, die eigentlich gar nicht so dringend lernen wollten und dauernd Schabernack trieben. Schon im Titellied singt der Alte: »Euch fehlt nur eins, das ist der Wissensdurst«, und die frechen Kleinen singen zurück: »Viel lieber wäre uns 'ne dicke Wurst.« Es beginnt mit den Worten: »Franz-Josef und Karl-Theodor und Friedrich-Wilhelm, der Papa. Die stellen sich heut' gerne vor als Museumsrattenchor.« Die Reihe war keine typische Produktion der *Puppenkiste*. Der Vorspann mit Kiste und Vorhang fehlte, und die Marionetten bewegten sich nicht auf der Bühne, sondern in der realen Welt. Mehrere menschliche Rollen wurden von den beiden Autoren der Reihe, Harald Schäfer und Manfred Jenning, gespielt.
In den letzten beiden Folgen sind die beiden Rattenkinder nicht nur sichtbar älter geworden, sondern auch erstmals in Farbe zu sehen.

MUSIC NEWS   SAT.1
1990–1991. 25-minütiges Musikmagazin mit Alan Bangs.
Nach seinem Flop mit *Rock-TL* präsentierte der Musikjournalist fundierte Interviews, Konzertberichte und Plattentipps, die noch ein bisschen seriöser gewirkt hätten, wenn nicht in jedem Beitrag eine Cola-Flasche unauffällig im Bild herumgestanden hätte, was bestimmt nichts damit zu tun hatte, dass die Sendung von Pepsi gesponsert wurde.
Lief einmal im Monat samstagnachmittags, u. a. im Wechsel mit *Kino News*.

MUSICBOX   ZDF
1981–1982. »Popstars, Songs und Souvenirs«. Musiksendung, präsentiert von Désirée Nosbusch.
Ab Mai 1981 hieß die *Musicbox* deshalb genauer: *Musicbox mit Désirée.* Die zum Sendestart 16-Jährige hatte bereits im Vorjahr bei *Hits von der Schulbank* für Aufruhr gesorgt, und auch diesmal trat sie selbstbewusst und frech auf. Fernsehzuschauer hatten die Gelegenheit, Fanartikel und Souvenirs der Stars zu gewinnen, wenn sie eine Kritik zur Sendung einschickten. Nosbusch las die sie selbst betreffenden Verrisse dann gnadenlos vor.
Die Show lief etwa alle zwei Monate und überlebte immerhin deutlich über ein Jahr, brachte es in dieser Zeit auf sieben Ausgaben. Wiederholungen zeigte das ZDF 1985 unter dem Titel »Hits mit Désirée«.

MUSIK AUS STUDIO B   ARD
1961–1976. 45-minütige Musikshow, in der neue Schlager vorgestellt werden.
Es war die erste schnelle und unbeschwerte Musikshow, die sich vor allem an ein junges Publikum richtete. Erster und berühmtester Moderator im »Studio B« war Chris Howland aus England, der ein Publikumsliebling wurde. Er gab sich selbst den Spitznamen »Mr. Heinrich Pumpernickel«, begrüßte die Zuschauer mit »Hallo, meinar Freundar! – Boing!«,

kokettierte mit seinem britischen Akzent und seiner Unbeholfenheit als Moderator, riss Witze, juxte mit ulkigen Requisiten herum und verbreitete gute Laune. Howland war von Haus aus Discjockey und spielte zwischen den Studioauftritten der Schlagerstars am »Kommandopult« herkömmliche Schallplatten vor. Das Hamburger Fernsehballett tanzte dazu.

Die präsentierten Hits waren größtenteils in deutscher Sprache, was den Akzent des ausländischen Moderators jedoch eher noch kaschierte als herausstellte, denn die »deutschen« Schlagerstars waren damals Leute wie Rocco Granata, Adamo, Angele Durand, Jack van Doorn, Vivi Bach, Petula Clark, Billy Mo, Gitte, Vicky Leandros und Bill Ramsey.

Die Show erlebte einige musikalische Premieren, doch nicht alle der Sänger machten auch später noch als Sänger von sich reden. So stellte 1964 das Eiskunstlauf-Traumpaar Marika Kilius und Hans-Jürgen Bäumler seine erste Platte vor: »Honeymoon in St. Tropez«. 1968 begann mit dem ersten Fernsehauftritt von Costa Cordalis eine deutlich längere Schlagerkarriere. Er sang damals gemeinsam mit seiner Landsfrau Vicky Leandros, die sich angeblich erst weigerte, mit ihm aufzutreten, weil sie offenbar um ihre Griechennische fürchtete. Auch Howland selbst nahm im Lauf der Jahre einige Platten auf, darunter die »Hämmerchen-Polka« und »Superkalifragilistischexpiallegorisch«.

1969 verabschiedete sich Howland von seiner Sendung. Er hatte schon seit einer Weile eher lustlos gewirkt und ging im Streit mit dem damaligen NDR-Unterhaltungschef; alle Bänder der Show (mit Ausnahme der 50. Sendung) wurden gelöscht. Im September 1969 moderierte erstmals Peter Fröhlich aus Österreich, von dem sich der NDR nach fünf Sendungen in acht Monaten wieder trennte, weil man sich über die inhaltliche Gestaltung der Show uneins war. »Gong« berichtete damals, es habe vor allem Ärger zwischen Fröhlich und dem Regisseur Sigmar Börner gegeben, und Fröhlich habe Börner als »indiskutabel in seiner Selbstherrlichkeit« bezeichnet. Weitere geplante Shows fielen aus, und nach 18 Monaten Pause wurde die Reihe im Oktober 1971 mit Henning Venske aus Pommerland wieder belebt, der sich wie einst Howland zwei Jahre lang durchs Programm kalauerte. Danach übernahmen wechselnde Gastmoderatoren, darunter der erst 34-jährige Max Schautzer, Lisa Fitz, Katja Ebstein und Hanni Vanhaiden. Die Erkennungsmelodie war »Melody Fair« von Robert Farnon.

Die Show lief zu Beginn an wechselnden Sendeplätzen im Abendprogramm, fand aber rasch einen Stammplatz ca. alle sechs Wochen montags um 21.00 Uhr.

DIE MUSIK DES MENSCHEN   SWR

1981. 8-tlg. musikwissenschaftliche Reportagereihe von und mit Yehudi Menuhin.

Die Reihe geht dem Phänomen Musik als solchem nach, spürt auf allen Kontinenten ihre Ursprünge auf, verfolgt ihre Entwicklung und analysiert ihre Aufspaltung in verschiedene Formen und Genres. Sie war vom kanadischen Fernsehen produziert worden. Für die deutsche Version nahm der Weltklassegeiger Menuhin seine Moderationen und Texte noch einmal in deutscher Sprache auf.

Die einstündigen Folgen liefen 1983 auch sonntagvormittags in der ARD.

MUSIK GROSCHENWEISE   ZDF

1990. 6-tlg. dt. Jugendserie.

Biggi (Birgit Bockmann) sucht eine Lehrstelle und jobbt an einem Eisstand in der Fußgängerzone. Dort lernt sie den jungen Punkmusiker Atze (Till Demtröder) kennen. Er träumt von einer großen Zukunft mit seiner Band.

MUSIK IST TRUMPF   ZDF

1975–1981. »Das große Fernseh-Wunschkonzert«. Große Eurovisions-Samstagabendshow mit Peter Frankenfeld. Bekannte, meist deutsche Künstler treten auf und singen ihre großen Hits.

Fünf Jahre lang, seit der Absetzung von *Vergissmeinnicht*, hatte Peter Frankenfeld keine große Show mehr moderiert. Mit einer ersten einzelnen Sendung namens »Musik ist Trumpf – Melodien, die man nie vergisst« am Donnerstag, dem 2. Januar 1975, hatte das ZDF testen wollen, wie gut Frankenfeld noch ankam. Der Erfolg war auch nach der langen Pause ungebrochen, und die Show ging als »Das große Fernseh-Wunschkonzert« ab Februar 1975 in Serie. Vor der Show wurden in den Fernsehzeitschriften Stimmzettel mit verschiedenen Vorschlägen abgedruckt, unter denen die Zuschauer wählen konnten. Aus den meistgewünschten Songs und Interpreten setzte sich das Programm der Show zusammen. Unter den Einsendern der Stimmzettel, auf denen die letztlich Auserwählten angekreuzt waren, wurden Preise verlost.

Zwischen den Auftritten der Stars hielt Frankenfeld witzige Monologe, parodierte Dialekte, machte kleine Spielchen mit dem Publikum und spielte Sketche mit verschiedenen Gästen. Als feste Partnerin war seine Frau Lonny Kellner regelmäßig dabei. Später oft wiederholte Sketche, die hier erstmals aufgeführt wurden, waren die Biertisch-Gespräche mit Walter Giller, die Liebesszene mit Caterina Valente, in der beide Kurzsichtige spielen, aus Eitelkeit aber auf ihre Brillen verzichten und hilflos umherirren, und die Zubereitung der Bowle, bei der Frankenfeld abschweift und nach und nach alles hineinwirft, was rumsteht, inklusive eines Telefonhörers.

Peter Frankenfeld moderierte die Show 23-mal. Als er im Herbst 1978 erkrankte, sprangen gleich mehrere Kollegen für ihn ein. Im Oktober moderierten Anneliese Rothenberger, Frank Elstner, Hans Rosenthal, Michael Schanze und Peter Alexander gemeinsam, im Dezember Elmar Gunsch, Dieter Thomas Heck, Robert Lembke, Ilja Richter und Wim Thoelke. Frankenfeld kehrte nicht mehr in seine Sendung zurück, er starb am 4. Januar 1979. *Musik ist Trumpf*

Musik ist Trumpf: Peter Frankenfeld erzählt gerade einen seiner berühmten Treppenwitze.

war seine letzte Show. Ab März 1979 wurde Harald Juhnke neuer fester Moderator. Zweieinhalb Jahre lief alles gut. Als dann die geplante Live-Sendung am 17. Oktober 1981 wegen »Erkrankung« von Juhnke kurzfristig abgesagt werden musste, beschlossen ZDF, ORF und SRG, die Sendung einzustellen. Die letzte Sendung vom 5. September 1981 von der Internationalen Funkausstellung in Berlin hatte noch eine akustische Revolution gebracht: Es war die erste Fernsehsendung, die in Stereoton ausgestrahlt wurde.

Ein Serie mit Zusammenschnitten der Sketche aus den Frankenfeld-Shows lief acht Jahre später unter dem Titel *Peter Frankenfeld: Humor ist Trumpf* im ZDF.

MUSIK IST, WENN MAN'S TROTZDEM MACHT ARD

1980. 5-tlg. Doku-Reihe, die Zuschauer zu eigener Kreativität ermutigen soll. Die pädagogische Botschaft: Auch Amateure können Musik machen, ohne dass die Komponisten im Grabe rotieren. Die halbstündigen Folgen liefen donnerstags um 17.30 Uhr.

MUSIK KENNT KEINE GRENZEN ZDF

1977–1985. Folkloreshow, in der Vico Torriani Evergreens präsentierte und natürlich auch selbst sang. Er moderierte bis 1980 vier Folgen, die in großen Abständen im Abendprogramm liefen. 1983 moderierte Hans-Jürgen Bäumler einmal die Show, 1985 Freddy Breck.

DIE MUSIK KOMMT ... ZDF

1973–1983. Einstündiger volkstümlicher Nachmittag mit Maria Hellwig, die vor Ort Musik, Land und Leute vorstellt. Es war Hellwigs erste eigene Show. Sie war vorher als Moderatorin von vier »Musik macht Laune«-Sendungen positiv aufgefallen. Die erste Sendung kam aus Aschau im Chiemgau.

MUSIK LIEGT IN DER LUFT ZDF

1991–1998. Großes Wunschkonzert mit Dieter Thomas Heck, das bis zu achtmal jährlich samstags oder sonntags um 20.15 Uhr stattfand. In mehreren Städten ließ man vorher Tausende Luftballons mit Postkarten aufsteigen. Wer eine fand, konnte sich Titel für die Sendung wünschen und an einer Verlosung teilnehmen.

MUSIK MACHT SPASS ZDF

1983–1984. »Punktspiele von und mit Hans Rosenthal«. Halbstündiges Musikquiz am Vorabend. Acht Folgen liefen vierzehntägig freitags im Wechsel mit *Rate mal mit Rosenthal*. Die Reihe setzte die Idee des Quiz *Alles mit Musik* fort.

MUSIK UND LANDSCHAFT ZDF

1998–2001. Festivalreihe, in der hauptsächlich klassische Konzertveranstaltungen vorgestellt wurden. Jedes Jahr im Sommer liefen mehrere Folgen am späten Sonntagabend.

MUSIK UND SNACKS (VORM HAFEN) DFF 1

1973–1990. Unterhaltungsmagazin aus Warnemünde und Rostock, das die Tradition des Hafenkonzerts fortsetze, anfangs live.

Informationen aus der Seewirtschaft wurden mit maritimer Musik und künstlerischen Darbietungen verknüpft. Zu den Moderatoren gehörten Horst Düsterhöft, Marita Gerasch, Ekkehard Hahn, Horst Köbbert, Gert Peters und Gerhard Siebholz. Sie sprachen u. a. mit Kapitänen, Schiffbauern, Hafenarbeitern, Fischern etc. 1987 verschwand »vorm Hafen« aus dem Titel, und die Themenpalette wurde breiter. Die Gespräche vor Ort wurden stärker durch Magazinbeiträge abgelöst.

Die einstündige Sendung lief insgesamt 197-mal sonntags vormittags, ab 1975 samstags nachmittags.

MUSIK ZUM GLÜCK ARD
2002. Monatliche Sendung der ARD-Fernsehlotterie mit Ingo Dubinski. Hieß vorher auch schon *Ein Platz an der Sonne* und *Die Goldene Eins*. Diesmal ging es darum, einen unbekannten Prominenten zu erraten. Fünf Sendungen liefen, eine sechste folgte im Dezember unter dem Titel *Das Lied zum Glück* mit Alida Gundlach, dann wurde auch dieser erfolglose Versuch eingestellt.

MUSIKALEUM ARD
1956–1959. »Plaudereien um Musik«. Gesprächsreihe von und mit Ludwig Kusche über Musik verschiedener Epochen mit jeweils passender Orchesterbegleitung.
Regelmäßige Gesprächspartner waren Kurt Wilhelm und Prof. Hans Gebhart. Kusches Ziel war es, klassische Musik von ihrem Image des Bildungsanspruchs zu befreien und durch ausgewählte Klangbeispiele bei der Masse populär zu machen.
Seit 1950 war die Reihe bereits erfolgreich im Radioprogramm des Bayerischen Rundfunks gelaufen. Auch im Fernsehen erreichte sie eine treue Zuschauergemeinde, deren Interesse in jedem Fall befriedigt werden sollte: Am 28. Mai 1959 überzog die vorausgehende Übertragung des Fernsehspiels »Land, das meine Sprache spricht« die vorgesehene Sendezeit und verschob das *Musikaleum* in den späten Abend. Um die Fans der Sendung glücklich zu machen, wiederholte die ARD diese Sendung zwei Monate später noch einmal zur besten Sendezeit.
Regulärer Sendeplatz der etwa 40-minütigen Show war 20.15 Uhr. Weitere Wiederholungen zeigte die ARD etwa zehn Jahre nach dem Ende der Reihe im Nachmittagsprogramm.

MUSIKALISCHES INTERMEZZO ARD
1953. 20-minütige Musikshow im Abendprogramm mit wechselnden Gastgebern und jeweils mehreren Gästen, darunter Heinrich Riethmüller und Rudolf Schock.

MUSIKANTENDAMPFER ARD
Seit 2003. Volkstümliche Samstagabendshow mit Patrick Lindner. Eigentlich war Petra Kusch-Lück als Moderatorin vorgesehen, die nach dem Aus ihrer *Musikantenscheune* jedoch plötzlich pausieren wollte. Lief zweimal im Jahr.

MUSIKANTENSCHEUNE ARD
1996–2003. 45-minütige Volksmusiksendung mit Petra Kusch-Lück und Gästen.
Die ersten beiden Sendungen liefen unter dem Titel »Weihnachten in der Musikantenscheune« 1996 und 1997 zu Weihnachten am Nachmittag; ab April 1998 wurde daraus eine regelmäßige Sendung, die sich mit anderen auf dem Sendeplatz montags um 20.15 Uhr abwechselte.

MUSIKANTENSTADL ARD
Seit 1983. Große Samstagabendshow mit Karl Moik und zahlreichen Gästen aus der Volksmusik, die ihre Lieder vortragen, während das Publikum schunkelt und mitklatscht.
Karl Moik gastierte mit dem *Stadl* in wechselnden Städten in Österreich und Deutschland. Die Reihe war bereits 1981 im Österreichischen Fernsehen ORF gestartet. Ab 1983 übernahm die ARD die Live-Show (anfangs noch samstagnachmittags) und hatte damit jahrzehntelang Erfolg. Eine Ausgabe jedes Jahr produzierte nun der NDR.
Bis 1991 war Hias (Erich Mathias Mayer) als Maskottchen und ständiger Lustigkeitspartner Moiks dabei. Dann gab es Knatsch, weil Hias angeblich als Nachfolger Moiks im Gespräch war, während dieser Krach mit dem Unterhaltungschef des ORF hatte, und die beiden trennten sich. Hias' eigene BR-Show »Hofbräuhaus« wurde nach nur drei Folgen abgesetzt. Erstmals 1989 und ab 1992 jährlich wurde am 31. Dezember der stundenlange *Silvesterstadl* bis kurz nach Mitternacht gezeigt. Im Rahmen des *Silvesterstadl*s 1999 wurde Dagmar Berghoff auf dem Hamburger Rathausmarkt als *Tagesschau*-Sprecherin verabschiedet.
1988 machte der Stadl erstmals eine größere Reise und gastierte als erste westliche Fernsehshow in Moskau. Ab 1994 folgten weitere Gastspiele auf allen Kontinenten, u. a. 1994 in Kanada, 1995 in Australien, 1996 in Südafrika (Moik überreichte Nelson Mandela eine Sachertorte), 1998 in Florida und 1999 in China. Die Sendung wurde auf dem Platz vor dem Mittagstor in Peking aufgezeichnet und erreichte bei der Ausstrahlung im Chinesischen Fernsehen 600 Millionen Zuschauer, was nicht verwunderlich ist, denn die Chinesen hatten ja keine Ahnung, wer Stefanie Hertel und Stefan Mross sind.
Die Sendung aus Dubai kurz nach dem 11. September 2001 wollten ORF und ARD zunächst nicht ausstrahlen, und Moik drohte mit Rücktritt. Die Verantwortlichen ließen diese Gelegenheit verstreichen. Beim Gastspiel in Rostock sorgte Moik noch für Völkerverständigung und brachte alpenländische Blaskapellen mit norddeutschen Heimatsängern zusammen. Im April 2004 geriet er dann nach einem Wutanfall in die Schlagzeilen. Patrick Lindner hatte im *Musikantenstadl* sein Lied »Bella Italia« in italienischer Sprache gesungen. Moik polterte scheinbar erzürnt: »Ich lad' dich ein nach Wien, und was singst du? Von den Spaghettifressern!« Lindner grinste verlegen und entschuldigte sich beim Publikum für den Moderator, während Moik weiterzeterte. In der Beichte bei *Beckmann* führte er diesen Aussetzer später auf die starke Medikamentierung in der Nachsorge seiner Not-Bypass-Operation zurück, die während des Karnevals in Köln durchgeführt werden musste. Beckmann schenkte ihm daraufhin einen Korb mit italienischen Spezialitäten.
Nie ein Freund unnötiger Bescheidenheit, schätzte Moik seinen Einfluss so ein: »Volksmusik hat's vor mir gegeben und wird's nach mir geben. Aber ich habe den Stil verändert. Ich habe die Volksmusik aus dem so genannten Bierzeltmief herausgebracht.« Zur

MUSIKLADEN — ARD

1972–1984. 45-minütige Popmusikshow mit Uschi Nerke und Manfred Sexauer, Regie: Mike Leckebusch.

Die Show war die Nachfolgesendung des *Beat-Club* und präsentierte aktuelle Bands und kommende Hits. Zu den Auftritten internationaler Musiker tanzten im Studio leicht bekleidete Go-go-Girls. Viele spätere Weltstars hatten im *Musikladen* ihren ersten Fernsehauftritt in Deutschland, die meisten Titel gingen nach dem Auftritt gleich in die deutschen Charts. Am Beginn ihrer Karriere standen z. B. Bananarama, Blondie, O.M.D. und Kim Wilde. Rod Stewart war bereits ein Weltstar, kam aber trotzdem fünfmal.

In den ersten Jahren hatte außer Rock und Pop auch Jazz einen festen Platz in der Sendung; es gab Cartoons von Heiner H. Hoier und schräge Witze von Insterburg & Co. samt Karl Dall, später von Schobert und Black. Erst Mitte der 70er-Jahre wurde der Humoranteil reduziert (just als allmählich eine Welle anderer Shows aufkam, die Musik und Gags mischte, z. B. die *Plattenküche*).

1977 gab sich der *Musikladen* den Untertitel »TV discotheque international«. Feste Rubrik war der »Oldie nach Wahl«, den sich die Zuschauer aus vier Vorschlägen aussuchen konnten und der dann in voller Länge gespielt wurde. Meistens waren das alte Ausschnitte aus dem *Beat-Club*.

Uschi Nerke wurde 1979 von dem Discjockey AUWA alias August-Walter Thiemann abgelöst. In den 80ern sackte die Quote der einst sehr erfolgreichen Show rapide ab, vermutlich waren die Go-go-Girls in die Jahre gekommen, jedenfalls war nach 90 Folgen Schluss. Kurz zuvor wurde noch Christine Röthig Sexauers neue Co-Moderatorin. Als letztes Lied lief das Video »Do They Know It's Christmas« von Band Aid.

Viele internationale Künstler kamen immer wieder in den *Musikladen:* Boney M. gehörte mit 15 Auftritten fast zum festen Inventar, Showaddywaddy war mit zehn Songs zu sehen. Amanda Lear und ABBA wurden für treues wiederholtes Erscheinen sogar mit je einem Special belohnt. Zusätzlich zur regulären Sendung liefen ab 1974 etliche Ausgaben namens »Musikladen extra«, die sich jeweils nur einer Band widmeten. Die markante Titelmusik wurde erst ab 1977 benutzt. Es war »A Touch Of Velvet, A Sting Of Brass« von Mood Mosaic, das ab 1968 bereits der Vorgänger *Beat-Club* benutzt hatte.

Die Show wanderte über verschiedene Sendeplätze, fast alle zur Primetime. Am häufigsten war sie mittwochs um 21.00 Uhr und später donnerstags um 21.45 Uhr zu sehen.

MUSIKLADEN EUROTOPS — ARD

1985–1992. Popmusikshow mit Ulli Harraß und Carlo von Tiedemann, die außer dem Namen nichts mit dem bis kurz zuvor gelaufenen *Musikladen* zu tun hatte. Hier wurden hauptsächlich Musikvideos gezeigt, oft gerade mal drei Stück im Rahmen einer zehnminütigen Sendung am Samstagnachmittag. Sendelänge und Sendeplatz variierten je nach Bedarf.

Der Sendetitel versprach die Spitzenreiter der europäischen Hitparaden, gezeigt wurden tatsächlich Hits von Kylie Minogue und Mandy Smith, aber auch von G. G. Anderson und Truck Stop. Bis 1994 liefen außer der Reihe noch ein paar Specials.

MUSIKREVUE — RTL

1989–1991. 55-minütige Musikshow mit Frank Papke, in der Schlagersänger mit ihren aktuellen Liedern auftreten.

Lief sonntags um 17.50 Uhr. Morgens wurden außerdem kurze Ausschnitte unter dem Titel »Hits aus der Musikrevue« gezeigt. 1991 konnte RTL den 60er-Jahre-Schlagerstar Peter Kraus als Moderator verpflichten und warf Papke raus. Er moderierte später diverse Schlagersendungen auf Super RTL. Die neue Sendung hieß *Peters Musikrevue*.

DIE MUSTERKNABEN — ZDF

1999–2003. 3-tlg. Krimi-Comedy-Reihe von Ralf Huettner und Dominic Raacke. Regie: Ralf Huettner.

Docker (Jürgen Tarrach) und Dretzke (Oliver Korittke) sind zwei kleine Beamte der Kölner Polizei. Sie haben miese Jobs, was sie nicht daran hindert, mit ihnen anzugeben. Sie lieben die Frauen, haben aber keine. Sie sind auch nicht die Allerhellsten, was ihre Ermittlungen manchmal erschwert. Eigentlich sind sie Verlierer, letztlich aber ehrliche Häute, die es schaffen, den korrupten hohen Tieren das Handwerk zu legen.

Kurzweilige Krimis über sympathische Loser. Der erste Teil kam im März 1998 ins Kino und wurde ein Jahr später im Fernsehen gezeigt. Die Fortsetzung eine Woche später war ein originärer Fernsehfilm, ebenso der dritte Teil »1000 und eine Nacht« vier Jahre später. Raacke, Huettner und Tarrach hatten sich bei der Serie *Um die 30* gefunden. Diesmal spielte Autor Raacke selbst nicht mit.

MUTANT X — RTL 2

2003. US-Science-Fiction-Serie von Avi Arad (»Mutant X«; 2001–2004).

Bei einem missglückten Genexperiment sind Hunderte menschlicher Mutanten entstanden. Adam Kane (John Shea) hatte in der dafür verantwortlichen Firma Genom X unter Mason Eckhart (Tom McCamus) gearbeitet, dann gekündigt und »Mutant X« gegründet, eine Hilfsorganisation für die Mutanten. Einige von ihnen, Shalimar Fox alias Shadowfox (Victoria Pratt), Brennan Mulwray alias Fuse (Victor Webster), Jesse Kilmartin alias Synergy (Forbes March) und Emma deLauro alias Rapport (Lauren Lee Smith), engagieren sich gemeinsam mit Adam

im Kampf gegen Eckhart, der damals wie heute die Mutanten für seine eigenen zweifelhaften Zwecke ausnutzen will. Bei ihrer Mission helfen den Mutanten ihre übernatürlichen Fähigkeiten, über die sie durch das fehlgeschlagene Experiment verfügen.
Zehn einstündige Folgen zeigte RTL 2 mittwochs um 20.15 Uhr, dann setzte der Sender die Serie vorzeitig ab. Der Pay-TV-Kanal Sci Fi zeigte die beiden ersten Staffeln mit 44 Folgen; im Original gab es insgesamt 66 Folgen.

MUTTER IST DIE ALLERBESTE   ARD
1961–1965. 52-tlg. US-Sitcom (»The Donna Reed Show«; 1958–1966).
Eine glückliche Familie sind die Stones in dem kleinen Ort Hilldale. Alex (Carl Betz) ist Kinderarzt, Donna (Donna Reed) Hausfrau und Mutter, ihre Kinder sind Mary (Shelley Fabares) und Jeff (Paul Petersen). Als Mary das Haus verlässt, um zu studieren, nehmen die Stones das Waisenmädchen Trisha (Patty Petersen) in die Familie auf.
Die halbstündigen Folgen liefen im regionalen Vorabendprogramm.

MUTTER UND SOHN   ARD
1992 (ARD); 1996 (SWR). 35-tlg. austral. Sitcom von Geoffrey Atherden (»Mother And Son«; 1983–1993).
Nach seiner Scheidung lebt der 40-jährige Journalist Arthur Beare (Garry McDonald) wieder bei seiner senilen Mutter Maggie (Ruth Cracknell). Er kümmert sich um sie, obwohl sie ihn in jeder Hinsicht wahnsinnig macht und seinen Bruder Robert (Henri Szeps) viel lieber mag. Der ist Zahnarzt und kümmert sich überhaupt nicht um die Mutter, er möchte sie lieber ins Altenheim abschieben. Er ist mit Liz (Judy Morris) verheiratet.
28 Folgen liefen zunächst dienstags bis donnerstags, in Wiederholungen später auf dem *Golden Girls*-Comedysendeplatz am späten Freitagabend. Sieben weitere Folgen wurden in mehreren Dritten Programmen gezeigt.

MUUH – DAS TIERMAGAZIN   SUPER RTL
1995–1997. Magazin für Kinder, das in Zusammenarbeit mit dem WWF aus der Welt der Tiere berichtete. Ralph Caspers moderierte, die Sendung lief sonntags um 17.00 Uhr und wurde danach noch über Jahre am Wochenende im Morgenprogramm wiederholt.

MYSTERIES   RTL
1997. Einstündiges Esoterikmagazin mit Jörg Draeger.
Auf dem Höhepunkt der von *Akte X* ausgelösten Mysterywelle gab nach Pro Sieben *(Talk X)* auch RTL Frauen einen Platz im Fernsehen, die von Außerirdischen entführt wurden oder den Selbstmord ihres Mannes gesehen hatten, obwohl sie viele Kilometer entfernt waren, als es geschah. Als Haltung empfahl Draeger: »Bitte ernst nehmen, aber nicht unbedingt dran glauben.«
Eine Sendung, in der der »Reinkarnationstherapeut« Trutz Hardo den Moderator und zwölf Zuschauer hypnotisierte und drei angeblich in deren früheres Leben begleitete, wurde hinterher von Wissenschaftlern als »unverantwortlich« kritisiert.
Eine Probesendung war am Ostermontag um 19.10 Uhr gelaufen, ab Juli 1997 zeigte RTL acht weitere Sendungen donnerstags um 22.15 Uhr.

MYSTERIOUS WAYS   SAT.1
2002–2003. 44-tlg. US-Mysteryserie von Peter O'Fallon (»Mysterious Ways«; 2000–2002).
Der Universitätsanthropologe Declan Dunn (Adrian Pasdar) beschäftigt sich in seiner Freizeit mit scheinbar unerklärlichen Phänomenen. Er selbst hat einst auf wundersame Weise überlebt, als er unter einer Lawine begraben wurde, jetzt geht er ähnlichen Wundern auf den Grund. Die Psychologin Peggy Fowler (Rae Dawn Chong) glaubt zwar nicht an Wunder, hilft Declan aber bei seinen Nachforschungen; das tut auch die Studentin Miranda Finkelstein (Alison Down).
Die Folgen liefen mit 60 Minuten Dauer samstags mittags.

MYSTIC KNIGHTS –
DIE LEGENDE VON TIR NA NOG   SUPER RTL
1999. 50-tlg. US-irische Fantasyserie (»Mystic Knights Of Tir Na Nog«; 1998–1999) über die Friedensmission der drei edlen Ritter Rohan (Lochlann O'Mearain), Angus (Vincent Walsh) und Ivar (Justin Pierre) und der Prinzessin Deirdre (Lisa Dwan).
Die halbstündigen Folgen liefen am Nachmittag. Den Titelsong sang die Kelly Family.

MYTHBUSTERS – DIE WISSENSJÄGER   RTL 2
2005. US-Wissenschaftsmagazin (»Mythbusters«; seit 2003).
Kann man sich selbst mit Raketen am Stuhl ins All schießen? Kann man wirklich wahnsinnig werden, wenn Wasser auf den Kopf tropft? Explodiert eine Tankstelle, wenn das Handy eingeschaltet ist? Und wie schwer ist es tatsächlich, eine Nadel im Heuhaufen zu finden? Adam Savage und Jamie Hyneman sind Experten für Spezialeffekte und überprüfen bekannte Mythen auf ihren Wahrheitsgehalt. Jawohl, sie überprüfen: Sie erklären nicht nur, wie sich die Sachlage wirklich verhält, sondern probieren es aus. Streng wissenschaftlich.
Die Reihe stammt vom amerikanischen Discovery Channel und lief bei RTL 2 am Sonntagnachmittag.

MYTHOS ROMMEL   ARD
2002. 3-tlg. Zeitgeschichtsdoku von Maurice Philip Remy über Hitlers General Erwin Rommel.

N

NA ALSO! RTL 2
1995. Wöchentliche Live-Show mit Musik, Talk und Gästen, die kuriose Dinge konnten, z. B. ihre Hand um 360 Grad drehen oder eine Flamme mit dem Ohr auspusten. Dieter Moor moderierte diesen Abklatsch von *Na sowas!* im Studio; Gundis Zámbó war draußen unterwegs und leitete »die Jagd nach dem Handy«, bei der die Zuschauer ein von einem freundlichen Sponsor zur Verfügung gestelltes Mobiltelefon finden mussten, das irgendwo in einer deutschen Stadt versteckt war.
Die Show lief erfolglos am frühen Samstagabend.

NA SIEHSTE ZDF
1987–1989. Personalityshow mit Günther Jauch, Musik, Gästen und Kuriosem.
Nachdem sein Freund und Kollege Thomas Gottschalk die erfolgreiche *Na sowas!* aufgegeben hatte, um *Wetten, dass ...?* zu moderieren, übernahm Jauch einfach das Sendungskonzept, das sich als beliebig genug entpuppte, um sich dem neuen Moderator perfekt anzupassen. Unter Jauch wurde die Show ein wenig journalistischer und nahm schon einiges von der Art Infotainment vorweg, die Jauch später jahrelang bei *Stern TV* präsentieren würde.
Na siehste war ursprünglich eine tägliche Nachmittagsshow auf der Internationalen Funkausstellung in Berlin, die Gottschalk im Sommer 1987 mit Jauch als Außenreporter moderierte. Ab November 1987 lief die dreiviertelstündige Show meist monatlich mittwochs um 19.30 Uhr mit Jauch. Als Titelmusik diente »Out Of The Darkness« von Little Steven.

NA SOWAS! ZDF
1982–1987. Personalityshow mit Thomas Gottschalk und bunt gemischten Gästen.
In der Sendung traten Musiker auf, prominente Interviewpartner und unbekannte Menschen, die etwas Besonderes konnten. So machten Menschen auf Gießkannen Musik oder führten Tricks mit Tieren vor. Einen Skandal verursachte Gottschalk, als er einer Rentnerin, die gerade artistische Kunststücke in leichter Bekleidung vollführt hatte, hinterher rief, sie solle aufpassen, in dem Alter könne man sich leicht die Eierstöcke erkälten. Später beschrieb Gottschalk das Prinzip der Sendung treffend so: »Da haben die Redakteure irgendeinen Menschen eingeladen, der behauptet hatte, seine Vögel könnten sprechen. Dann kam ein freundlicher, älterer Langweiler, der vier Piepmätze dabeihatte, die überhaupt nichts konnten. Der eine hat mir auf den Finger geschissen, das war der Höhepunkt der Sendung. Aber damit habe ich zwölf Minuten Programm gemacht und unglaubliche Quoten.«
Die erfolgreiche dreiviertelstündige Live-Show lief im Wechsel mit anderen Sendungen insgesamt 75-mal samstags um 19.30 Uhr. Gottschalk wurde mit ihr zum ganz großen Fernsehstar. Und genau das war der Grund für ihre Einstellung im März 1987. Gottschalk war inzwischen so beliebt, dass man ihm die Moderation der erfolgreichsten ZDF-Show *Wetten, dass ...?* zutraute. Um Zeit für die neue Sendung zu haben, gab Gottschalk *Na sowas!* auf. Sein Freund Günther Jauch moderierte kurz darauf eine ähnliche Show unter dem Titel *Na siehste*, RTL 2 versuchte es Jahre später noch einmal unter dem Titel *Na also!*. Die markante Titelmusik »1980-F« kam von After The Fire.

NA SOWAS! – EXTRA ZDF
1989–1990. In fünf Folgen wiederholte Thomas Gottschalk Höhepunkte aus *Na sowas!*-Sendungen.

NA UND ARD
1970–1973. Sendereihe für Kinder und Jugendliche von Rainer Hachfeld, die sich in einer Mischform aus Spielszenen und Information Alltagsthemen und Problemen widmete, z. B. Obdachlosigkeit, Spielplatzmangel, Schulschwierigkeiten und Jugendkriminalität. Mit dabei: das neugierige O-Männchen, eine mondgesichtige Kissenpuppe mit fisseligen roten Haaren.
Rainer Hachfeld, Autor und Regisseur am Kindertheater des Berliner Reichskabaretts, wollte mit seiner Nachmittagssendung, die zwischen 25 und 45 Minuten lang war, das kritische Bewusstsein von Zehn- bis Zwölfjährigen wecken.
In der Folge »Das graue Haus« wollen vier Jungen zusammen Beatmusik machen, finden aber keinen Ort dafür und kein Verständnis bei den Erwachsenen. Sie dürfen schließlich in eine leerstehende Villa ziehen, wenn sie diese aufräumen und in Ordnung halten, doch es gibt immer wieder Ärger mit dem Hausbesitzer, der schließlich die Villa sprengen lässt. Allerdings läuft im Film die Sprengung auch wieder rückwärts, als sei alles nur ein Traum gewesen. Die Folge wurde wegen der gezeigten Aggressionen nie ausgestrahlt. Die Reihe wurde ab Juni 1971 mit neuen Autoren und ohne kontroverse Themen fortgesetzt. Nach insgesamt 13 Ausgaben war Schluss.

NACH ART DES HAUSES ARD
1989. 7-tlg. frz. Karriereserie von Alphonse Boudard (»Le loufiat«; 1988).
Die Serie erzählt die Lebensgeschichte des Hotelfachmanns Laurent Lemercier (Didier Terron). Jede der einstündigen Folgen befasste sich mit einer anderen Station seines Lebens, die sich jeweils in einer anderen Stadt abspielte. Die Episoden liefen im regionalen Vorabendprogramm.

Thomas Gottschalk hatte schon immer eine Vorliebe für Gäste, die wenigstens nicht verstehen, was er redet. *Na sowas* mit Stargast Joan Collins.

NACH LANGER ZEIT ARD
1993. 4-tlg. frz.-dt.-kanad. Rührstück von Jacques Espagne, Regie: Robert Mazoyer (»Maria des Eaux-Vives«; 1993).
Die Karmeliterin Maria (Maria Schell) verlässt nach über 40 Jahren ihr Kloster in Montreal, um den drei Enkeln ihres Bruders Frédéric (Jacques Godin), die bei einem Brand ihre Eltern verloren haben, in Frankreich ein neues Zuhause zu geben. Das ist kein Zuckerschlecken, denn Isabelle (Vanessa Wagner) wird von ihrem Freund verlassen, nachdem er sie geschwängert hat, Mathieu (Caspar Salmon) verstummt nach einem Nervenzusammenbruch und Joël (Stéphane Bierry) soll einen Mord begangen haben und flieht nach Übersee. Aber am Ende wird natürlich alles gut. Dank Maria.
Die Teile waren je 90 Minuten lang und liefen zur Primetime.

NACHBARN ARD
1984–1995. »Skizzen aus Mittel- und Osteuropa«. Reportagereihe am Sonntagmorgen über Deutschlands Nachbarstaaten.

NACHBARN SAT.1
1989–1993. Austral. Daily Soap von Reg Watson (»Neighbours«; seit 1985).
Im Mittelpunkt stehen die Bewohner aus der Ramsey Street, einer ruhigen Sackgasse in der Kleinstadt Erinsborough, die füreinander da sind, was natürlich die üblichen Soap-Affären und Intrigen nicht ausschließt. Die Serie beginnt mit der geplanten Hochzeit von Des Clarke (Paul Keane) und Lorraine Kingham (Antoinette Byron), die jedoch platzt (die Hochzeit, nicht Lorraine). Die populärste spätere Liebesgeschichte ist die von Charlene Mitchell (Kylie Minogue) und Scott Robinson (Darius Perkins; später: Jason Donovan), die ebenfalls heiraten. Charlene ist die Halbschwester von Henry Ramsey (Craig McLachlan) und Cousine von Shane (Peter O'Brian) und Danny Ramsey (David Clencie), die mit ihren Eltern Max (Francis Bell) und Maria (Dasha Blahova) noch immer in der Straße wohnen, deren Namensgeber einer ihrer Vorfahren war. Scott ist der Sohn des Witwers Jim (Alan Dale) und bester Freund von Danny.
Vor allem in Großbritannien war und ist *Nachbarn* sehr erfolgreich. Gleich drei der Hauptdarsteller wurden erst dort, später international Popstars: Kylie Minogue, Jason Donovan und Craig McLachlan. Erst nachdem Minogue und Donovan auch in Deutschland bereits in den Charts standen und Teenie-Idole waren, kam auch die Serie zu uns ins tägliche Nachmittagsprogramm, beginnend am Anfang (während die deutsche Ausstrahlung anderer langlebiger Soaps oft irgendwo mittendrin begann). Statt des freundlichen Titelsongs der Originalversion ließ Sat.1 für die deutsche Version Andy Borg hinschnulzen, dass Nachbarn auch Freunde sein können. Nach 844 Folgen stellte Sat.1 die Ausstrahlung ein. In Australien wurden seitdem rund 4000 weitere Folgen gezeigt und einige weitere Darsteller zu

Kylie Minogue in *Nachbarn*. In jüngerer Zeit wurden auch die *Nachbarn*-Darstellerinnen Natalie Imbruglia, Holly Valance und Delta Goodrem Popstars.

Popstars, darunter Natalie Imbruglia, Holly Valance und Delta Goodrem.

Serienerfinder Reg Watson erdachte 1977 auch die Soap »The Restless Years«, auf der *Gute Zeiten, schlechte Zeiten* basiert.

NACHBARN ZDF

1992–1998. Halbstündiges Magazin für in Deutschland lebende Ausländer und Deutsche. Erster Moderator war Hanns Heinz Röll, Gast in der Premierensendung der ukrainische Schriftsteller Lew Kopelew.

Die Sendung lief alle 14 Tage freitags um 13.45 Uhr und wurde samstags früh wiederholt. Anfang 1994 wurde Wolfgang Kullmann neuer Moderator, ihn löste im Herbst 1995 Angelika Best ab. Die Reihe lief ab jetzt jede Woche am Samstagmittag.

NACHBARN IN EUROPA ZDF

1989–1995. Nachrichtenmagazin in sechs Sprachen für in Deutschland lebende Ausländer, das jeden Samstagmorgen lief. Deutsche Untertitel sollten auch Deutschen die Gelegenheit geben, Informationen aus den Nachbarländern zu bekommen.

Als das ZDF Ende 1993 ankündigte, die Sendung im Zuge von Sparmaßnahmen einzustellen, gab es heftige öffentliche Proteste: Angesichts der zunehmenden Gewalt gegen Ausländer sei es ein fatales Signal, eine Sendung einzustellen, die »jahrelang ein positiver Beitrag zur multikulturellen Entwicklung in Europa gewesen« sei, sagte z. B. die IG Metall. Das ZDF setzte *Nachbarn in Europa* 1994 sogar mit einem größeren Kreis beteiligter Länder fort: Zu Griechenland, Italien, der Türkei, Kroatien und Polen gesellte sich Ungarn. Keine zwei Jahre später war dann doch Sendeschluss.

NACHGETRETEN! ZDF

2004. 45-minütige Comedyshow mit Ingolf Lück, der gemeinsam mit je fünf Gastkomikern das Geschehen der laufenden Fußballeuropameisterschaft zum Anlass für peinliche Witze nahm. Zu den zeitweiligen Mitgliedern der lästernden Stammtischrunde gehörten Hans Werner Olm, Django Asül, Bernhard Hoëcker, Ruth Moschner, Mirja Boes, Ralf Schmitz, Oliver Welke, Guido Cantz und Matze Knop.

Sechs Ausgaben liefen im Umfeld wichtiger Spiele am späten Abend. Sat.1 zeigte eine ganz ähnliche Sendung unter dem Titel *The Big Kick*.

EIN NACHMITTAG IM TELEZIRKUS ARD

→ Telezirkus

NACHMITTALK VOX

1993–1994. Tägliche Nachmittagstalkshow mit Thomas Wilsch.

In 45 Minuten wurden um 17.15 Uhr je drei meist ziemlich staatstragende Themen behandelt. Gleich am Anfang kam es zum Skandal: Ein Rentner aus dem Publikum beschimpfte Asylanten, und der Moderator schritt nicht ein.

NACHRICHTENFIEBER RTL 2

→ Capital News

DAS NACHRICHTENJOURNAL RTL 2

Seit 2002. 50-minütiges wöchentliches Magazin. Die Medienwächter hatten Anfang 2002 gerügt, dass das »Vollprogramm« RTL 2 einen viel zu geringen Informationsanteil habe. RTL 2 erhöhte ihn daraufhin durch eine nächtliche Wiederholung der 20.00-Uhr-News und durch diese neue Sendung, die den fantastischen Sendeplatz in der Nacht zum Montag gegen 0.30 Uhr erhielt. Christian Ehrig und Peter Bohning moderierten. Es funktionierte: Die Lizenz für RTL 2 wurde noch im gleichen Jahr verlängert, mit ausdrücklichem Hinweis auf das Extra an Nachrichten.

NACHSCHLAG ARD
1991–1994. Satire mit vierteljährlich wechselnden Kabarettisten, die mittwochs um 23.00 Uhr nach den *Tagesthemen* das aktuelle Geschehen aufspießten.
Ein Jahr zuvor hatte auf dem gleichen Sendeplatz Mathias Richling in *Jetzt schlägt's Richling* das aktuelle Geschehen knapp drei Monate lang kommentieren dürfen, bis die ARD dem internen und externen Druck von konservativen Kritikern nachgab und ihn absetzte. Als Kompromiss hatte der Sender einen vierteljährlichen Wechsel der Kabarettisten vorgeschlagen, was Richling ablehnte und angeblich auch alle in Frage kommenden Kabarettisten. Nach einem Jahr Karenzzeit fanden sich dann doch etliche, die sich die Chance nicht entgehen lassen wollten. Zu Wort kammen zunächst Matthias Beltz und Hanns Dieter Hüsch, später Richard Rogler, Bruno Jonas, Hans Scheibner, Martin Buchholz und Gabi Lodermeier. Richling verzieh ihnen nicht: »Diesen ausgespuckten Kaugummi hätte ich im umgekehrten Fall nicht aus der Gosse aufgehoben«, sagte er. Gelegentlich provozierten aber auch seine Nachfolger noch die erwünschte Aufregung. So Richard Rogler mit seiner an den damaligen Bundespräsidentenkandidaten Steffen Heitmann gerichtete Äußerung im Herbst 1993: »Auf deinen Berliner Amtssitz, da kommt die Reichskriegsflagge, Auschwitz wird internationales Tagungszentrum«, die im Anschluss den WDR-Rundfunkrat beschäftigte. Für Schlagzeilen sorgte auch eine Bemerkung von Hans Scheibner, der wenig später einen Satz von Heitmann aufgriff, dass er »nicht auf der Welt wäre, hätte meine Mutter so gedacht wie viele Frauen heute«. Scheibners Erwiderung »Ja, schade, Frau Heitmann, den Bundespräsidenten hätten Sie rechtzeitig verhindern können« veranlasste den sächsischen Innenminister Arnold Vaatz, den Rücktritt von NDR-Intendant Jobst Plog zu fordern, weil Scheibner auf die »NS-Ideologie vom unwerten Leben« zurückgegriffen habe.
1993 erhielt Matthias Beltz den Adolf-Grimme-Preis mit Gold.

NACHSPIEL ARD
1972–1974. »Kritik am Fernsehen – im Fernsehen«. Diskussionsreihe mit Erich Bottlinger.
Filmautoren, Betroffene und Experten diskutieren umstrittene Fernsehsendungen, aus denen auch Ausschnitte gezeigt werden. Außerdem darf das Studiopublikum über vier Fragen zur Diskussion per Knopfdruck abstimmen.
Die Reihe war als Nachfolgesendung von *TV intim – Vor der Sendung notiert* im Gespräch. Die Programmkonferenz entschied jedoch, auf diesem Sendeplatz das WDR-Format *Glashaus* auszustrahlen, das im Oktober 1972 startete, und *Nachspiel* landete im Spätprogramm. Vor der ersten Folge wurde kritisiert, dass die Diskussion erst fünf Monate nach Ausstrahlung der diskutierten Sendung gezeigt wurde. Später wurden die Abstände auf wenige Wochen reduziert, in der Sendung vom November 1973 wurde sogar über die *Klimbim*-Folge vom selben Abend debattiert.

DER NÄCHSTE BITTE! ZDF
1974. 13-tlg. US-Sitcom (»The Little People«; 1972–1973).
Dr. Sean Jamison (Brian Keith) und seine Tochter Dr. Anne Jamison (Shelley Fabares), beide Kinderärzte, führen gemeinsam eine Praxis auf Hawaii, in der auch Schwester Puni (Victoria Young) und der Nachwuchsarzt Ronnie Collins (Michael Gray) arbeiten. Der nervtötende zehnjährige Alfred Landis (Steven Hague) ist einer der Patienten, Stewart (Sean Tyler Hall) dessen bester Freund.
Die Serie ging 1975 mit 26 Folgen unter dem Titel *Hallo Doc* weiter. Spätere komplette Wiederholungen im Privatfernsehen liefen als *Der Nächste bitte!*.

DER NÄCHSTE, BITTE! ARD
1983. »Geschichten aus der Praxis des Dr. Waagreiner«. 6-tlg. dt. Arztserie von Wolfgang Mühlbauer und Peter Bradatsch.
Dr. Waagreiner (Walter Sedlmayr) ist ein ebenso freundlicher wie übergewichtiger Hausarzt. Mit seiner Frau Heidi (Christa Berndl) hat er eine erwachsene Tochter namens Franziska (Monika Baumgartner). Die halbstündigen Folgen liefen 14-täglich montags um 22.00 Uhr.

DIE NACHT SAT.1
Seit 2001. Nur sieben Jahre nach RTL und sechs Jahre nach ARD und ZDF installierte auch Sat.1 ein eigenes mitternächtliches Nachrichtenmagazin. Die viertelstündige werktägliche Spätausgabe der Sat.1-Nachrichten traf zwar bis Ende 2003 dank der vorausgegangenen *Harald Schmidt Show* auf das vermutlich intellektuellste Publikum des Privatfernsehens, setzte aber konsequent auf Boulevard statt auf Substanz. Die Moderatoren waren im Wechsel Julia Hacke und Jochen Sattler. Sattler wurde im August 2004 von Anke Gottschalk abgelöst.

NACHT-STREIFE TELE 5
1989–1992. 96-tlg. kanad. Krimiserie von Sunny Grosso und Larry Jacobson (»Night Heat«; 1985–1989).
Der erfahrene Polizist Kevin O'Brian (Scott Hylands) und sein ungestümer junger Partner Frank Giambone (Jeff Wincott) sind Polizisten in einer amerikanischen Großstadt. Ihr Chef ist Lieutenant Jim Hogan (Sean McCann), ihre Kollegen sind Colby Burns (Eugene Clark) und Freddie Carson (Stephen Mendel). O'Brian ist mit Nicole Rimbaud (Susan Hogan) zusammen, der Witwe seines früheren Partners. Sie

führt eine eigene Bar, die Kevin und Frank regelmäßig besuchen. Auf ein Glas Milch kommt dorthin auch der alkoholkranke Journalist Tom Kirkwood (Allan Royal), ein Jugendfreund von Kevin, der in seiner Zeitungskolumne »Nacht-Streife« über die aufregenden Polizeifälle berichtet. Sein Kommentar eröffnet und beschließt jede Episode.

Kabel 1 wiederholte später 56 der einstündigen Folgen, tm3 die ganze Serie.

NACHTÄRZTE ARD

1980–1986. 26-tlg. frz.-dt. Arztserie von Bernard Kouchner (»Médecins de nuit«; 1978–1986).

Der stressige Arbeitsalltag während der Nachtschicht in einem Pariser Krankenhaus. Zum Personal gehören die Ärzte Jean-François Gillot (Rémy Carpentier), Michel Lardieux (Georges Beller), Anne Odiq (Agnès Château), Christophe Rossin (Etienne Chicot), Alpha (Greg Germain), Hélène (Brigitte Rouan) und Patrick (Philippe Rouleau). Léone (Catherine Allégret) ist die Sekretärin, Émile (André Lacombe) betreibt die Kantine. In der zweiten Staffel sind außerdem die Berliner Ärzte Fechner (Rüdiger Kirschstein), Helmstedt (Hans-Werner Bussinger), Stein (Monika Woytowicz), Hagen (Benedict Freitag) und Lieblich (Hellmut Lange) im Einsatz.

Eine erste Staffel hatte das französische Fernsehen allein produziert, von der 14 einstündige Folgen in Deutschland im regionalen Vorabendprogramm gezeigt wurden. Für die zweite Staffel steuerte der SFB sechs Folgen mit eigenem Ärzteteam bei. Später entstanden in Frankreich noch weitere Folgen, die hierzulande nicht mehr ausgestrahlt wurden.

NACHTDUELL ZDF

Seit 1994. Diskussionsrunde, in der kurz vor Bundestagswahlen zwei Spitzenpolitiker am späten Abend über aktuelle Themen streiten. 1994 und 1998 hatten Thomas Bellut und Peter Frey die Gesprächsleitung, 2002 Bodo H. Hauser und Ulrich Kienzle, 2005 Maybrit Illner.

DER NACHTFALKE ZDF, PRO SIEBEN

1990–1991 (ZDF); 1992 (Pro Sieben). 62-tlg. US-Krimiserie von Richard DiLello (»Midnight Caller«; 1988–1991).

Der Ex-Polizist Jack Killian (Gary Cole) moderiert eine nächtliche Radioshow in einem Talksender, bei der Hörer anrufen und ihre Probleme schildern können. Sein Producer ist Billy Po (Dennis Dun), seine Chefin Devon King (Wendy Kilbourne). Deren Nachfolgerin wird später Nicky Molloy (Lisa Eilbacher). Während der Sendung wird Jack, der sich »Der Nachtfalke« nennt, durch die Erzählungen seiner Anrufer regelmäßig in Kriminalfälle verwickelt, die er dann zusammen mit seinem Ex-Kollegen Carl Zymak (Arthur Taxier) aufklärt, denn während so einer Radiosendung hat man ja nun wirklich sonst nichts zu tun. Kilian geht im Studio auf und ab, während er geduldig auf seine Anrufer einredet und ihnen auf diese Weise Informationen aus der Nase

»Hier ist Jack Killian, der Nachtfalke.« Das kriminalistische Talent von Radiomoderatoren wurde seit jeher unterschätzt. Gary Cole, hier mit Wendy Kilbourne, zeigte, wie einfach es ist, eine Radiosendung zu moderieren und währenddessen ganz nebenbei ein paar Morde aufzuklären.

zieht, die er dringend zur Lösung der Fälle braucht. Musik gibt es in seiner Sendung nicht, dafür aber offenbar unbegrenzt Werbung. Immer wenn Killian ohne Zuhörer mit einem Anrufer sprechen will oder wegen eines Falls dringend wegmuss, kündigt er kurzerhand Werbung an. Der Reporter Deacon Bridges (Mykel T. Williamson) berichtet gelegentlich über die Fälle.

Killian wurde Talkshowmaster, nachdem er seinen Streifenkollegen und besten Freund versehentlich erschossen hatte. Das heißt, erst wurde er Alkoholiker, aber dann traf er Devon King. Am Ende jeder Sendung verabschiedet sich Jack mit den Worten: »Gute Nacht, Amerika, wo immer ihr seid.«

Die ersten 29 Folgen, jeweils 45 Minuten lang, liefen mittwochs um 21.00 Uhr im ZDF, die restlichen Folgen im Abendprogramm von Pro Sieben.

NACHTGEDANKEN ARD

1985–1989. Fünfminütige Sendung, in der Hans-Joachim Kulenkampff jede Nacht zum Sendeschluss kurze Texte aus der Weltliteratur vorlas, gemütlich mit Strickjacke und Lesebrille. Kulenkampff präsentierte seine Lesungen 1500-mal. Die ARD trennte sich von ihm nach seinem Engagement bei RTL, zeigte jedoch noch bis zum 31. Dezember 1990 Wiederholungen der Nachtgedanken.

NACHTISCH — ARD

2005. 50-minütiges Live-Nachmittagsmagazin mit Markus Brock und prominenten Gästen, die auf einen Plausch und Spiele hereinschauen.
Das Spiel ist ein altmodisches Computerspiel, das Thomas Gottschalk in *Telespiele* bekannt gemacht hatte, bei dem durch Geräusche Bewegung erzeugt werden muss. Der Prominente spielt gegen einen Anrufer.
Die Sendung kam von der Redaktion, die auch für das *ARD-Buffet* zuständig ist. Der Sendeplatz werktags um 14.10 Uhr war ein schwieriger für die ARD. Zuvor waren auf ihm die Sendungen *Dieter Speck* und *Schreinemakers* sang- und klanglos untergegangen. Sang- und klanglos verschwand nach nur zwei Wochen auch Brocks ursprüngliche Co-Moderatorin Mandana Naderian, und Brock moderierte fortan allein, bis die Sendung im Juni 2005 wegen katastrophaler Quoten abgesetzt wurde.

DER NACHTJÄGER — RTL, RTL 2

1992 (RTL); 1993 (RTL 2). 20-tlg. US-Mysteryserie (»Kolchak: The Night Stalker«, USA 1974–1975).
Bei seinen Recherchen muss der Reporter Carl Kolchak (Darren McGavin) immer wieder gegen Zombies, Vampire, Werwölfe und andere Monster kämpfen, fast jede seiner Storys nimmt eine übernatürliche Wendung. Oft kann er seinen Chef Tony Vincenzo (Simon Oakland) nur mit Mühe überzeugen, die mysteriösen Erlebnisse zu veröffentlichen. Kolchaks Kollegen sind Ron Updyke (Jack Grinnage), Emily Cowles (Ruth McDevitt), Gordy Spangler (John Fiedler) und Monique Marmelstein (Carol Ann Susi).
Der Nachtjäger war als Mysteryserie seiner Zeit weit, weit voraus. Die Serie ist weithin unbekannt, aber Chris Carter, Erfinder von *Akte X*, bekannte sich öffentlich dazu, gerade auch von ihr inspiriert worden zu sein. Darren McGavin bekam auch eine Gastrolle in *Akte X*. »Kolchak« brachte es nur auf zwei Staffeln, obwohl der Debütfilm in den USA mit 75 Millionen Zuschauern sehr erfolgreich war. Einer der Autoren war David Chase, der später *Die Sopranos* erfand und hier schon mal den morbiden Unterton übte.
Die ersten zehn einstündigen Folgen liefen bei RTL, der Rest etwas später bei RTL 2. Zwei Filme, die der Serie vorausgegangen waren, sowie zwei weitere, die ihr nachfolgten, waren in Deutschland nicht zu sehen.

DER NACHTKURIER MELDET — ARD

1964–1966. 42-tlg. dt. Reporterserie, Regie: Erich Neureuther und Michael Braun.
Dem jungen Reporter Wieland (Gig Malzacher) vom »Nachtkurier« ist der Redaktionsalltag nicht aufregend genug. Er möchte nicht immer nur über Ereignisse berichten, sondern ein Teil davon sein. So greift er in Ermittlungen zu Kriminalfällen ein, engagiert sich für politische Flüchtlinge oder einen guten Zweck und deckt Skandale auf. Manchmal greift er daneben und muss es ausbaden, doch in der Regel führt ihn seine Nase zum Erfolg.
In Folge 4, »Polizisten sind auch nur Menschen«, will Wieland eine Reportage über die Arbeit der Polizei schreiben und begleitet deshalb zwei Streifenpolizisten im Dienst. Es sind die Beamten aus der Serie *Funkstreife Isar 12*. Der Schauspieler Gunther Malzacher benutzte in dieser Serie seinen Spitznamen Gig. Er war auch die deutsche Stimme von Larry Hagman in der ZDF-Synchronisation von *Bezaubernde Jeannie*.
Die 25-minütigen Folgen liefen in allen regionalen Vorabendprogrammen.

NACHTMAGAZIN — ARD

Seit 1995. Nachrichtenmagazin.
Nach RTL *(RTL-Nachtjournal)* und ZDF *(heute nacht)* ersetzte schließlich auch die ARD werktags die kurze Spätausgabe der *Tagesschau* durch ein ausführliches Magazin mit eigenem Charakter, Hintergründen, einem Ausblick auf Termine des nächsten Tages und Platz für eine nette, skurrile Geschichte als Betthupferl.
Die 20-minütige Sendung läuft werktags gegen 0.30 Uhr. Katharina Wolkenhauer moderierte zunächst im Wechsel mit Claus-Erich Boetzkes, ab 1997 mit Thomas Bade.

NACHTS — RTL

1994. Halbstündige Call-In-Show mit Britta von Lojewski, die täglich um 0.30 Uhr gesendet wurde. Von Lojewski begrüßte je einen Gast im Studio, mit dem sie über ein Thema sprach, etwa »Ich bin ein Voyeur«, »Ich bin ein Sadomasochist« oder auch »Ich spreche mit Geistern«. Zuschauer konnten live in der Sendung anrufen und ihre Meinung sagen. In der Nacht vom 23. auf den 24. Februar 1994 war zum Thema »Puffmütter« eine Prostituierte zu Gast, die sich damit brüstete, einen hochrangigen FDP-Politiker als Kunden zu haben, und ihn auf einem Foto, das ihr die Moderatorin zeigte, identifizierte: »Der war's.« Lojewski nannte nicht den zugehörigen Namen, aber die »Bild«-Zeitung tat es zwei Tage später. Medien und Politiker waren empört, RTL setzte die Sendung sofort ab und feuerte die Moderatorin.
Gast in der ersten Sendung, wie in fast allen ersten Sendungen, wenn Roberto Blanco nicht kann, war Martin Semmelrogge.

NACHTS IN ... — ZDF

1994–1997. Ungewöhnliches Reisemagazin mit Gregor Steinbrenner, der vom Sonnenuntergang bis zum Morgengrauen durch Metropolen wie Berlin, Barcelona oder Amsterdam streift.
Die Sendung war ein Ableger von *Reiselust*. 16 halbstündige Ausgaben liefen samstags nachts.

NACHTSCHICHT MIT JOHN — KABEL 1, SAT.1

1995 (Kabel 1), 1998–1999 (Sat.1). 83-tlg. US-Sitcom von Don Reo (»The John Larroquette Show«; 1993–1996).

Seinen früheren Job und seine Familie hat der ehemalige Alkoholiker John Hemingway (John Larroquette) verloren. Jetzt leitet er die Nachtschicht an einem heruntergekommenen Busbahnhof in St. Louis. Seine Assistentin Mahalia Sanchez (Liz Torres) hält sich jedoch für besser geeignet und hätte gern seinen Job. Ebenfalls nachts am Bahnhof arbeiten Dexter Walker (Daryl »Chill« Mitchell) in seiner Imbissbude, Hausmeister Heavy Gene (Chi McBride), die Polizisten Adam Hampton (Lenny Clarke) und Eve Eggers (Elizabeth Berridge) sowie die Prostituierte Carly Watkins (Gigi Rice), die Johns beste Freundin wird.

Die erste Staffel mit 23 Episoden lief im Nachtprogramm auf Kabel 1, alle weiteren Folgen wurden, ebenfalls nachts, von Sat.1 ausgestrahlt.

NACHTSCHWESTER KROYMANN ARD

1993–1997. Halbstündige Satiresendung von und mit Maren Kroymann, in der die Kabarettistin Sketche, Monologe, Alltagsbeobachtungen, Parodien und Bosheiten zum Besten gibt.

Etwa ein Drittel der halbstündigen Show bestand aus vorproduzierten Szenen und Sketchen, der Rest wurde immer erst einen Tag vor der Ausstrahlung vor Studiopublikum aufgezeichnet, was die Möglichkeit eröffnete, auf aktuelle Ereignisse einzugehen. Kroymann polarisierte stark, was so aussah: Viele Frauen bogen sich vor Lachen, und viele Männer waren verstört, wenn es um Themen wie die benachteiligte Stellung von Frauen in der Gesellschaft oder Menstruation ging. Kroymann verband intelligente Gesellschaftskritik mitunter mit Vokabular aus der untersten Schublade. Nur kurze Zeit nach dem Tod von Prinzessin Diana thematisierte sie in einer Satire deren mögliche Auferstehung. An Kroymanns Seite spielte in der ersten Staffel Hansi Jochmann, danach Elke Czischek, Peter Freiberg u. a.

Wenn man sich bei der Suche nach Superlativen Mühe gab, wurde man sogar bei dieser Sendung fündig: Sie war demnach im Deutschen Fernsehen die erste Solosatiresendung einer Frau. Leider gibt es diese Kategorie bei Preisverleihungen nicht. Der Titel bezog sich eher auf die Sendezeit als auf eine der gespielten Rollen. 19 Folgen und ein Special liefen erst am späten Freitagabend, ab 1996 samstags und ab Oktober 1996 sonntags, wo sie schließlich einer anderen Satiresendung mit einer das Frauenbild prägenden Hauptdarstellerin weichen musste: *Sabine Christiansen*.

NACHTSTUDIO ZDF

Seit 1997. Diskussionssendung mit Volker Panzer, in der sich Experten mit einem aktuellen Thema, meist aus dem Kulturbereich, auseinander setzen.

Die Sendung war oft eine Stunde lang, manchmal zwei, bei besonderen Anlässen wurde auch mal vier oder fünf Stunden lang diskutiert. Viermal im Jahr gab es solche Themennächte zu herausragenden Ereignissen mit Archivfilmen und Doks. Das erste *Nachtstudio* hatte das Thema »Fernsehen: Kult im Kasten«, Gäste waren die Fernsehkritikerin Barbara Sichtermann, der Kulturhistoriker Wulf Herzogenrath und Filmemacher Edgar Reitz.

Die Sendung lief zunächst dreimal im Monat mittwochs nach Mitternacht, im Februar 2002 wechselte die Reihe auf den späten Sonntagabend.

DIE NACKTE PISTOLE PRO SIEBEN

1994. 6-tlg. US-Comedyserie von Jerry Zucker, Jim Abrahams und David Zucker (»Police Squad«; 1982).

Wenn man ihn bei der Arbeit beobachtet, wundert man sich schon sehr, wie Detective Frank Drebin (Leslie Nielsen) es schafft, mysteriöse Mordfälle aufzuklären. Irgendwie findet er am Ende immer den Mörder, aber vorher richtet er vor allen Dingen großes Chaos an. Sein Vorgesetzter ist Captain Ed Hocken (Alan North). Auf dem Revier arbeiten außerdem Officer Nordberg (Peter Lupus) und Ted Olson (Ed Williams), der im Labor immer wieder Wunderwaffen für den alltäglichen Einsatz erfindet. Der Schuhputzer Johnny (William Duell) versorgt Drebin mit wichtigen Informationen. Er weiß einfach alles, ganz gleich, worum es geht.

Die Serie parodierte die Gaststarepidemie in anderen Serien und ermordete den jeweiligen Gastpromi immer gleich in der ersten Szene: Lorne Greene und William Conrad werden erstochen aus einem fahrenden Auto geworfen, Georg Stanford Brown wird von einem herunterfallenden Safe erschlagen, Florence Henderson beim Kochen erschossen, William Shatner schafft es in einem Restaurant, den Schüssen auszuweichen, trinkt dann aber vergifteten Wein, Robert Goulet wird nach seiner letzten Zigarette in einem mexikanischen Gefängnis erschossen. Eigentlich hätte in der letzten Folge John Belushi (»Blues Brothers«) den Gaststartod sterben sollen – doch leider starb er kurz darauf tatsächlich, und die Szene wurde nie gezeigt. Auch kündigte die Stimme des Ansagers jedes Mal einen anderen Folgentitel an als den, der gleichzeitig eingeblendet wurde. Die Dialoge waren albern und surrealistisch: »Wer sind Sie, und wie sind Sie hier reingekommen?« – »Ich bin ein Schlosser und ... ich bin ein *Schlosser!*« Das konkrete Vorbild war *Dezernat M,* an dem sich Stil, Musik, Vorspann und Ich-Erzähler orientierten.

In den USA floppte die Serie und wurde nach nur sechs Folgen eingestellt – vermutlich waren die Zuschauer überfordert. Die Fülle an Gags und Parodien auf bekannte Serien und Filme, die die Autoren gleichzeitig in Vorder-, Hintergrund und Dialoge einbauten, war einfach zu groß für den kleinen Fernsehbildschirm. Der Sender ABC begründete die Absetzung konsequenterweise damit, dass die Show so gemacht sei, dass sie leider nur funktioniere, wenn die Zuschauer tatsächlich richtig zuschauten, was sie ja, wie man weiß, selten tun. Aus Idee und Handlung machte das Erfindertrio Zucker/Abrahams/Zucker später die drei überaus erfolgreichen »Die nackte Kanone«-Kinofilme, ebenfalls mit Nielsen. Erst nach den Kinoerfolgen wurde die Serie erstmals in Deutschland ausgestrahlt, dabei gab man ihr einen Titel, der an die Filme erinnerte.

NADINE – STERN DER SEINE — RTL 2
1996. 39-tlg. jap. Zeichentrickserie für Kinder (»La Seine no Hoshi«; 1975).
Während der Französischen Revolution lebt Nadine Lorraine als Ziehtochter eines Blumenhändlers in Paris. In Wirklichkeit ist sie jedoch die uneheliche Tochter von Kaiser Franz I. Kostümiert als »Stern der Seine« kämpft sie für die unterdrückten Einwohner von Paris.

NADINE UND DIE OLYMPIADE — ZDF
1971. 13-tlg. frz. Familienserie von Jean Paul Rouland, Claude Olivier und Georges Régnier, Regie: George Régnier (»Nanou«; 1970).
Die junge Schwimmerin Nadine Duchesne (Françoise Laurent) möchte für Frankreich an den Olympischen Spielen teilnehmen. Sie trainiert hart, dafür sorgt schon ihre Schwimmtrainerin Madame Pujol (Paula Dehelly). Nadines Eltern (Jean Vinci und Denise Provence) und eventuelle Liebschaften geraten derweil in den Hintergrund, spielen aber weiterhin eine Rolle.
»Nanu?«, hätte sich vermutlich der deutsche Zuschauer gefragt, wenn das ZDF die Originalrollennamen nicht geändert hätte. Nadine hieß in der französischen Version Nanou.
Die halbstündigen Folgen liefen freitags um 19.10 Uhr.

THE NAKED CHEF — RTL 2
2003. Brit. Kochshow mit Jamie Oliver (»The Naked Chef«; 1999–2001).
Der junge Koch Oliver war mit Mitte 20 durch sein freches Auftreten in England zum Popstar avanciert. Seine eigene Kochshow, die immer wieder Einblicke in sein Leben gewährte, wurde ein Riesenerfolg. Obwohl es eigentlich fast unmöglich war, sein schnoddriges Geplauder zu synchronisieren, gewann auch die deutsche Version eine treue Zuschauerschaft. Der Titel *The Naked Chef* bezog sich auf Olivers »nackte«, sprich: einfache Gerichte. Er selbst war angezogen.
RTL 2 zeigte 23 Folgen zu je 45 Minuten am Samstagvormittag und hinterher auch diverse Serien mit Jamie Oliver: *Oliver's Twist*, *Jamie's Kitchen* und *Jamie Oliver Happy Days Live*.

NAKIA, DER INDIANERSHERIFF — ARD
1975. 8-tlg. US-Krimiserie von Charles Larson und David Gerber (»Nakia«; 1974).
Ein indianischer Hilfssheriff sorgt in New Mexico für Recht und Ordnung. Deputy Nakia Parker (Robert Forster) stammt von den Navajo-Indianern ab und profitiert bei seiner täglichen Arbeit sowohl von seinen indianischen Instinkten als auch von den Methoden moderner Verbrechensbekämpfung. Gleichzeitig ist er hin- und hergerissen zwischen den Welten. Als Dienst-»Fahrzeug« benutzt er abwechselnd einen Jeep und ein Pferd. Sam Jericho (Arthur Kennedy) ist der Sheriff, Irene James (Gloria DeHaven) die Sekretärin und Hubbel Martin (Taylor Lacher) ein weiterer Deputy.
Die Folgen dauerten 45 Minuten. Sie liefen 14-täglich donnerstags um 21.00 Uhr im Wechsel mit *Columbo*.

NAM – DIENST IN VIETNAM — RTL 2
→ Operation Vietnam

DIE NAMENLOSE BURG — DFF 2
1982. 6-tlg. ungar. Abenteuerserie nach dem Roman von Mór Jokai, Regie: Eva Zsurzs (»A névtelen vár«; 1980).
Im 19. Jh., als in Frankreich Napoleon die Macht an sich gerissen hat, rettet der junge Graf Vavel (Gábor Koncz) die zwölfjährige Marie (Vera Pap), die die legitime Thronfolgerin ist, und versteckt sie in einer namenlosen Burg. Doch die französischen Truppen, der Polizeipräfekt und Madame Themire (Teri Tordai), getarnt als Baronin von Landsknechtschild, sind den beiden auf den Fersen. Immerhin: Madame wechselt die Seiten, weil sie sich in Vavel verliebt.

NANCY DREW — SUPER RTL
1996. 13-tlg. kanad. Jugendserie (»The Nancy Drew Mysteries«; 1995).
Austauschstudentin Nancy Drew (Tracy Ryan) klärt geheimnisvolle Kriminalfälle in der Großstadt auf. Die Serie basierte auf einer erfolgreichen Jugendbuchreihe von Edward Stratemeyer, die er seit 1927 unter dem Pseudonym Carolyn Keene geschrieben hatte, und die bereits in den 70er-Jahren verfilmt worden war. Unter dem Pseudonym Franklin W. Dixon hatte Stratemeyer auch die *Hardy Boys* geschaffen.
Die Folgen waren 25 Minuten lang.

DIE NANNY — RTL
1995–2000. 146-tlg. US-Sitcom von Fran Drescher und Peter Marc Jacobson (»The Nanny«; 1993–1999).
Fran Fine (Fran Drescher) findet bei dem verwitweten Broadway-Produzenten Maxwell Sheffield (Charles Shaughnessy) eher versehentlich Arbeit als Kindermädchen für seine Töchter Maggie (Nicholle Tom) und Gracie (Madeline Zima) und seinen Sohn Brighton (Benjamin Salisbury) – eigentlich wollte sie Kosmetik an der Tür verkaufen, doch Sheffield hielt sie für eine Bewerberin auf die freie Stelle. Mit ihrer derben Art und der schrillen Stimme bringt die aufgetakelte Fran den vornehmen Haushalt völlig durcheinander. Sie verliebt sich in Mr. Sheffield und möchte ihn heiraten – oder notfalls irgendwen. Aber auch C. C. Babcock (Lauren Lane) hat es auf ihn abgesehen. Sie ist seine Geschäftspartnerin – und chancenlos.
Sheffields vorlauter und neugieriger Butler Niles (Daniel Davis) mischt sich in alles ein. Das tut auch

Frans jüdische Mischpoke, allen voran die verfressene Mutter Sylvia (Renée Taylor) und Großmutter Yetta (Ann Guilbert). Val Toriello (Rachel Chagall) ist Frans beste, aber dumme Freundin. Niles und C. C. verbindet eine innige Hassliebe. Jedem der beiden fehlt etwas, wenn sie nicht gehässig zueinander sein können (C. C.: »Ich kam einfach nicht aus dem Bett heute Morgen.« – Niles: »Oh, hat wieder jemand einen Felsbrocken auf Ihren Sarg gelegt?«). Zwischen Fran und Mr. Sheffield knistert es mal lauter, mal leiser, zwischendurch sagt er ihr sogar, dass er sie liebt, aber das tut er nur, weil beide in einem Flugzeug sitzen, von dem sie glauben, dass es abstürzt, und als das nicht der Fall ist, nimmt er es zurück. Der Vorfall wird fortan nur als »die Sache« erwähnt. Nach Jahren finden Fran und Maxwell schließlich zueinander und heiraten. Am Ende bekommt Fran von ihm Zwillinge, C. C. und Niles – und die Familie zieht von New York nach Kalifornien, weil Max Fernsehproduzent wird.

Die Serie lief zunächst im Nachmittagsprogramm am Wochenende und ab Januar 1999 werktags um 17.00 Uhr. Dort wurde sie auch nach ihrem Ende weiterhin in Dauerschleife wiederholt. Kurz nachdem *Die Nanny* im Juli 2002 zum neunten Mal von vorn begonnen hatte, ersetzte RTL sie durch Wiederholungen von *Hör mal, wer da hämmert. Die Nanny* wiederholte fortan Vox.

NANNY UND DER PROFESSOR ZDF

1972. 13-tlg. US-Sitcom von Thomas L. Miller und A. J. Carothers (»Nanny And The Professor«; 1970–1971).

Der mutterlose, aber tierreiche Haushalt des verwitweten amerikanischen Matheprofessors Howard Everett (Richard Long) mit seinen Kindern Hal (David Doremus), Butch (Trent Lehman) und Prudence (Kim Richards) hat innerhalb eines Jahres bereits fünf Kindermädchen verschlissen. Aber die junge Engländerin Phoebe Figalilly (Juliet Mills) schafft es, als Nanny das Chaos in den Griff zu bekommen, nicht zuletzt, weil sie mit Schäferhund, Ziegen, Hahn, Meerschweinchen und den anderen Haustieren reden kann und auch sonst ein paar magische Fähigkeiten mitbringt.

Das ZDF zeigte 13 der 54 halbstündigen Folgen montags um 19.10 Uhr.

NAPOLEON ZDF

2003. 4-tlg. frz.-dt.-österr.-ital. Historienfilm nach der Napoleon-Biografie von Max Gallo, Regie: Yves Simoneau (»Napoleon«; 2002).

Gefangen auf Sankt Helena blickt Napoleon Bonaparte (Christian Clavier) 1816 auf sein Leben zurück. Der jungen Engländerin Betzy Balcombe (Tamsin Egerton-Dick) erzählt er von seinem Sieg gegen die Engänder und Österreicher, von seinem Außenminister Charles Talleyrand (John Malkovich) und seinem Polizeiminister Joseph Fouché (Gérard Depardieu), seinem Feldzug gegen Ägypten, weil er Geld brauchte, um seiner Frau Joséphine (Isabella Rossellini) einen hübschen Landsitz zu kaufen, von seiner Schwester Caroline (Marie Bäumer) und ihrem Verlobten Marschall Joachim Murat (Claudio Amendola) und von seiner Wahl zum Ersten Konsul.

Aufwendiges Filmepos, in dem Napoleons Leben beinahe vorzeitig geendet hätte: Hauptfinanzier war die Kirch Media, deren Pleite sich während der Produktion ereignete, wodurch Teil 3 und 4 vorübergehend auf der Kippe standen. Die spielfilmlangen Folgen liefen zur Primetime.

NARBEN ZDF

1981. 3-tlg. Geschichtsdokumentation. Gemeinschaftsproduktion mit dem polnischen Fernsehen, um gemeinsam das Thema der Vertreibung nach dem Zweiten Weltkrieg aufzuarbeiten.

NASE VORN ZDF

1988–1990. Große Samstagabendshow mit Frank Elstner, der unbekannte Menschen begrüßt, die in irgendeiner Form die »Nase vorn« haben: durch gute Aktionen, besondere Leistungen oder kuriose oder nützliche Erfindungen wie ein Bett mit Loch, durch das man einen Arm stecken kann, damit man nicht mehr auf ihm liegen muss, oder ein umweltfreundlicher Rapsölantrieb fürs Auto. Vorgestellt werden aber auch Amerikaner, die Knoblauchshrimps unter der Motorhaube eines Autos braten, und Oma Liesl, die mit 69 Jahren noch Steilwände erklimmt. Die Zuschauer im Saal können mit Taschenlampen abstimmen, wer ihrer Meinung nach wirklich die »Nase vorn« hat. Der Gewinn im Finale richtet sich nach den Beträgen hinter grauen Feldern, die der Kandidat aufrubbelt. Die Post hat im Vorfeld an über 30 Millionen Haushalte Rubbelkarten verschickt, von denen die Zuschauer im Lauf der Sendung bestimmte Felder aufkratzen müssen. Einige von ihnen finden dann eine geheime Nummer, mit der sie in der Sendung anrufen können. Sie werden nach und nach durchgestellt. Immer wenn jemand am Apparat ist, darf der Siegerkandidat im Studio ein weiteres Feld aufkratzen. Danach muss er sich entscheiden, ob er es riskiert, weiterzuspielen. Ist nämlich kein Anrufer mehr in der Leitung, verliert er sein bisher erspieltes Geld.

Nach dem Erfolg mit *Wetten dass ...?* hatte Elstner ein neues Showkonzept entwickelt. Ihm war das Kunststück gelungen, eine Sendung zu entwickeln, die doppelt so kompliziert war wie *Tutti Frutti*, aber nur halb so unterhaltsam. Die wenigsten Zuschauer verstanden die Spielregeln, die im Lauf der insgesamt 13 Sendungen diverse Male geändert wurden. Was blieb, waren nur das Zuschauerspiel mit Rubbelkarten und die gezeichneten Nasenhörnchen, die im Vorspann durch das Eurovisions-Logo galoppierten. Am Ende der Show galoppierten die meiste Zeit echte Tiere. Außenreporter Werner Hansch kommentierte auf der Rennbahn in Dinslaken ein Sulkyrennen mit prominenten Fahrern. Ins Finale kam derjenige Gast oder Kandidat aus dem Publikum, dessen Pferd gewann.

»Die Spielregeln erkläre ich Ihnen in der Sendung. Bitte nicht gleich losrubbeln.«
Nase vorn: Frank Elstner vor einer Rubbelkarte, wie sie die Post im Vorfeld verschickte. Frank Elstner hat einen sehr, sehr großen Briefkasten.

Der »Spiegel« nannte die Premiere »ein fades Nasi-Goreng aus Talk, Spiel und schalem Singsang, geschwätzig, witz- und spannungsfrei«. Über die komplette Laufzeit der Show blieben die Kritiken vernichtend, die Einschaltquote halbierte sich – allerdings von höchstem Niveau: Die erste Show hatte noch 21,8 Millionen Zuschauer, 54 % Einschaltquote. Die Sendung vom 27. Januar 1990 musste kurzfristig abgesagt werden, weil sich die verschickten Rubbelkarten als fehlerhaft herausgestellt hatten. Ohnehin stieß die gemeinsame Aktion der Post mit dem ZDF auf Kritik. Allein für die erste Sendung schickten die Zuschauer 2,9 Millionen Postkarten mit Gewinnabschnitten an das ZDF – eine schöne Zusatzeinnahme für die Bundespost, deren Minister auch gleich in der ersten Sendung saß.
Nach zwei Jahren hatten nicht nur Zuschauer und Kritiker, sondern auch Sender und Moderator die Nase voll und nahmen die teuerste Show des ZDF aus dem Programm.

NASH BRIDGES   RTL 2, VOX
1996–1997 (RTL 2); 1998–2002 (Vox). 124-tlg. US-Krimiserie von Carlton Cuse (»Nash Bridges«; 1996–2001).
Inspector Nash Bridges (Don Johnson) leitet eine Spezialeinheit der Polizei von San Francisco. Sein Partner ist Inspector Joe Dominguez (Cheech Marin), der anfangs als Privatdetektiv arbeitet, dann aber zur Polizei kommt, weil er ohnehin in jeden von Nashs Fällen hineingezogen wird. Eigentlich sucht er aber Wege, schnell reich zu werden. Ihr Vorgesetzter ist zu Beginn Lieutenant A. J. Shimamura (Cary-Hiroyuki Tagawa). Zum Team gehören noch die Inspektoren Evan Cortez (Jaime P. Gomez) und Harvey Leek (Jeff Perry). Beruflich hat Nash Bridges mit seiner sachlichen Art Erfolg, privat weniger. Er hat zwei gescheiterte Ehen hinter sich und lebt mit seinem Vater Nick (James Gammon) zusammen. Nashs Tochter Cassidy (Jodi O'Keefe) stößt Anfang 2002 zum Team ihres Vaters.
Nach *Miami Vice* und einer längeren Pause kehrte Don Johnson mit dieser Rolle erfolgreich ins Serienfernsehen zurück. Die einstündigen Folgen liefen zunächst um 20.15 Uhr bei RTL 2. Ab Folge 25 übernahm Vox die Serie und sendete sie im werktäglichen Nachmittagsprogramm.

NATALIE   SAT.1
1994–2003. Bisher 5-tlg. dt. Filmreihe.
Was als »Großer TV-Film« geplant war, wurde wegen des großen Erfolgs zu einer scheinbar endlosen Film- und Leidensreihe. In »Endstation Babystrich« (1994) driftet Natalie (Anne-Sophie Briest) als 14-jähriges Mädchen nach einem offensichtlich traumatischen Umzug von Berlin nach Frankfurt und vernachlässigt von ihren Eltern Elke (Nina Hoger) und Peter (Udo Schenk) in die Prostitution ab. »Natalie 2 – Die Hölle nach dem Babystrich« (1997) beginnt mit ihrer Entlassung aus der Klinik und dem Satz des Sozialarbeiters: »Auf alle Fälle weiß sie nun, was sie nie wieder tun wird: auf den Strich gehen«, woraufhin Natalie (natürlich nicht sofort, aber rechtzeitig) weiß, was sie zu tun hat: auf den Strich gehen. In »Natalie 3 – Babystrich online« (1998) geht es trotz des Titels nicht ums Internet, sondern um Videos, die den Missbrauch von Kindern zeigen, gegen deren Macher Natalie kämpft. »Natalie 4 – Das Leben nach dem Babystrich« (2001) sollte ursprünglich »Freiwild« heißen, bis jemandem auffiel, dass dann das Wort »Babystrich« fehlen würde. Hier ist Natalie Streetworkerin, verteilt Kondome an Jugendliche und wird schwanger. In »Natalie V – Babystrich Ostblock« (2003) schließlich wird Natalies Freund in Tschechien zusammengeschlagen und für einen Menschenhändler gehalten.

Endstation Quotenstrich: Anne-Sophie Briest verteidigte sich schon nach dem dritten Teil für ihre Rolle, die für sie »keine Herausforderung« mehr sei, mit den Worten: »Ich muss auch essen und Miete zahlen.«

NATUR TREND   RTL
→ Trend

NATUR UND TECHNIK   ARD
1972–1975. Halbstündiges naturwissenschaftliches Magazin für Kinder. Durchs Programm führten die Marionetten »Denk« und »Dachte«. Nach ihnen wurde die Sendung im Juli 1974 dann auch *Denk und Dachte* benannt. Bis dahin hatte sie es in sehr loser Folge auf zehn Ausgaben gebracht.

NATÜRLICH! DAS TIERMAGAZIN   RTL
1995–1998. Magazin mit Désirée Nosbusch mit Berichten über Tiere und ihre (prominenten) Besitzer. Die Sendung diente der Vermittlung herrenloser Haustiere und lief sonntags um 17.45 Uhr.

NATURPARKS DER WELT   VOX
1993. 13-tlg. frz. Naturdoku-Reihe mit beeindruckenden Aufnahmen der großen Naturparks, darunter Corbet, Yellowstone, Everglades, Krüger, Waza, Serengeti, Camargue und Grönland. Lief samstags am Vorabend und wurde oft auf dem gleichen Sendeplatz (und vielen anderen) wiederholt.

NATURZEIT   ZDF
1993–1999. Dachmarke für 45-minütige Natur- und Tierfilme.
Volker Arzt führte als Moderator in die Filme ein, Autoren waren neben Arzt u. a. Reinhard Radke, Kurt Hirschel, Heinz von Matthey, Kurt Mündl, Rudolf Lammers, Ernst Sasse, Thomas Willers und Tina Gerlach-Radke; auch internationale Kaufproduktionen waren Bestandteil der mehrfach preisgekrönten Reihe. Die thematische Bandbreite reichte von Elefanten und Rhinozerossen bis zu Schleimfischen und Glühwürmchen, es ging um Tiere über und unter Wasser, außerdem um wissenschaftliche Expeditionsberichte und neue biologische Forschungsergebnisse.
Naturzeit lief einmal im Monat am Dienstagabend um 20.15 Uhr. Im Herbst 1999 machte das ZDF aus der bisher eigenständigen Reihe *Wunderbare Welt* den neuen Titel für die Dachmarke.

NAVY CIS   SAT.1
Seit 2005. US-Krimiserie von Donald P. Bellisario (»NCIS«; seit 2003).
Special Agent Leroy Gibbs (Mark Harmon) führt die Ermittlungen des kriminalpolizeilichen Diensts der Marine, NCIS (Naval Criminal Investigation Service). Aufgabenbereich sind alle Verbrechen, die bei der Navy geschehen sind oder in irgendeiner Verbindung zu ihr stehen. Seine Mitarbeiter sind der ehemalige Polizist Anthony DiNozzo (Michael Weatherly), die frühere Geheimagentin Kate Todd (Sasha Alexander), die Forensikerin Abby Sciuto (Pauley Perrette) und der Mediziner Donald »Ducky« Mallard (David McCallum).
Die Serie war ein Spin-off von *J.A.G. – Im Auftrag der Ehre,* wo Agent Gibbs in der Folge »Eisige Zeiten« eingeführt wurde.

NED & STACEY   RTL
1997–1998. 46-tlg. US-Sitcom von Michael J. Weithorn (»Ned And Stacey«; 1995–1997).
Ned Dorsey (Thomas Haden Church) und Stacey Colbert (Debra Messing) können sich zwar nicht ausstehen, heiraten aber trotzdem. Der arrogante Ned braucht nämlich dringend eine Frau zum Vorzeigen in seiner Firma, und die Journalistin Stacey braucht ebenso dringend eine Wohnung. Zur gegenseitigen Zweckerfüllung wurden sie von Staceys Schwester Amanda (Nadia Dajani) verkuppelt, deren Mann Eric Moyer (Greg Germann) ein Kollege und guter Freund von Ned ist. Ned und Stacey streiten unentwegt und lassen sich bald wieder scheiden, sie wohnt jedoch weiter bei ihm.
Die Serie lief samstags gegen Mitternacht. Hauptdarstellerin Messing hatte später weit größeren Erfolg in *Will & Grace* und Serienerfinder Weithorn mit *King Of Queens.*

NED KELLY – REBELL WIDER WILLEN   SAT.1
1984. 8-tlg. austral. Auswandererdrama, Regie: Stephen Bisley (»The Last Outlaw«; 1980).
Die Serie schildert den Heldenmythos von Ned Kelly (John Jarratt), der in Australien Ende des 19. Jh. gegen die ungerechte Behandlung der irischen Auswanderer durch die Behörden rebelliert – und der Polizei in aus Farmgeräten selbst gebastelter Rüstung entgegentritt.
Sat.1 sendete *Ned Kelly* in acht einstündigen Folgen sowie später als vierteilige Spielfilmreihe.

DER NELKENKÖNIG   ZDF
1994. 13-tlg. dt. Familienserie, Regie: Franz Josef Gottlieb.
August König (Hans Teuscher) ist ein pfiffiger Geschäftsmann, der z. B. Nelken blau färbt, um sie dann teuer als »amerikanische Züchtung« zu verkaufen. Inzwischen handelt er nicht nur mit Blumen, sondern mit allem und hat das Sagen auf einem Berliner Großmarkt. Die einstündigen Folgen liefen freitags um 19.25 Uhr.

NELLY NET(T)   ZDF
Seit 2001. Interaktive Spielshow, in der Kinder am Telefon mit der animierten Nelly plaudern und an Computerspielen teilnehmen können, die sie über die Telefontastatur steuern. Immer an Nellys Seite: ihr Lieblingskuscheltier Bär.
Die in Echtzeit animierten Trickfiguren Nelly und Bär setzten unmittelbar Sprache und Mimik von Darstellern um, was die Live-Kommunikation mit den Anrufern ermöglichte. Lief samstags morgens.

NEON GENESIS EVANGELION — VOX
2000–2001. 6-tlg. jap. Science-Fiction-Zeichentrickfilm-Reihe (»Shin Seiki Evangelion«; 1995–1996).
Im Jahr 2015, 15 Jahre nach dem verheerenden Meteoriteneinschlag auf der Erde, wird die Bevölkerung von Neo-Tokyo 3 von biomechanischen, »Engel« genannten Kampfmaschinen bedroht. Eine Einrichtung namens NERV soll die Wesen aufhalten. Die eigentlich 26-teilige Serie wurde von Vox zu sechs 90-minütigen Filmen zusammengefasst. Sie liefen dienstags um Mitternacht.

NEON RIDER — SAT.1, KABEL 1
1991 (Sat.1); 1994 (Kabel 1). 39-tlg. kanad. Problemserie von Winston Rekert und Danny Virtue (»Neon Rider«; 1990–1995)
Der Kinderpsychologe Dr. Michael Terry (Winston Rekert) führt eine Ranch in den Rocky Mountains, auf der er sich um gefährdete Jugendliche kümmert. Vic (Samuel Sakar) hilft ihm, C. C. Dechardon (Alex Bruhanski) kocht, Fox Devlin (Antoinette Bower) ist als Cowgirl für die tierischen Belange der Ranch zuständig. Der Polizist John Philip Reed (William S. Taylor) beaufsichtigt das Projekt, gelegentlich sieht die Sozialarbeiterin Rachel Woods (Suzanne Errett-Balcom) nach dem Rechten.
Sat.1 zeigte 25 Folgen, Kabel 1 grub 14 neue aus. Im Lokalfernsehen liefen noch 25 weitere. Jede dauerte eine Stunde.

NEPPER, SCHLEPPER, BAUERNFÄNGER — ZDF
→ Vorsicht, Falle!

NERO WOLFE — ZDF
1983. 13-tlg. US-Krimiserie nach den Romanen von Rex Stout (»Nero Wolfe«; 1980).
Der gemütliche Privatdetektiv Nero Wolfe (William Conrad) ist in der Lage, auch besonders knifflige Fälle zu lösen. Solange er nur nicht seine New Yorker Wohnung verlassen muss. Seinen Assistenten Archie Goodwin (Lee Horsley) und den Detektiv Saul Panzer (George Wyner) missbraucht er als Laufburschen, die vor Ort Fakten zusammentragen müssen. Wolfe selbst lässt sich zu Hause von Butler Fritz Brenner (George Voskovec) bekochen oder züchtet Orchideen und kombiniert nebenbei. Für die Orchideen beschäftigt er natürlich zusätzlich den Gärtner Theodore Horstmann (Robert Coote). Inspector Cramer (Allan Miller) untersucht die Fälle für die New Yorker Polizei, Nero hat die Lösung aber meistens schneller.
Die 45-minütigen Folgen liefen samstags um 19.30 Uhr. Im April 1982 hatte das ZDF bereits einen Pilotfilm innerhalb der Filmreihe *Thriller* gezeigt. Eine fünfteilige deutsche Verfilmung des *Nero Wolfe*-Falls *Zu viele Köche* war 1961 in der ARD gelaufen.

DIE NERVENSÄGE — ZDF
1985–1986. 26-tlg. dt. Comedyserie von Peter Robinson und Peter Vincent, Regie: Ralf Gregan.
Willi Böck (Dieter Hallervorden) wohnt als Untermieter bei Katharina (Rotraud Schindler) und deren Tochter Trixie (Nathalie Hallervorden) und bringt alles durcheinander. Er nervt, macht alles kaputt, wird deshalb permanent von Katharina vor die Tür gesetzt, zieht aber nicht aus und bietet sogar an, die Dinge wieder in Ordnung zu bringen. Das führt natürlich nur zu noch größerem Chaos. Katharina weiß das und wird mit jedem Hilfsangebot gereizter (Willi: »Beschreiben Sie mal das Symptom.« Katharina: »Es ist 1,80 m groß und heißt Willi Böck«). Zu allem Überfluss schaut gelegentlich noch Willis Ex-Frau Edeltraud (Evelyn Gressmann) vorbei.
Die zweite Staffel trug ab September 1986 den Titel *Der Untermieter*. Zeitweise wurden alle 26 Folgen als *Die Nervensäge* wiederholt.

DIE NERVIGSTEN DINGE DER 90ER — PRO SIEBEN
2004. »Der Comedy-Rückblick von A bis Z«. Nervige einstündige Nostalgieshow um 20.15 Uhr, in der nervige Prominente in nervigen Clips erzählen, was sie in den 90er-Jahren nervte. Vier Folgen.

DER NERVTÖTER — ZDF
1973. 6-tlg. dt. Comedyserie von Dieter Werner.
Herr Linderode (Günter Pfitzmann) ist ein netter Mensch, den seine Umgebung allerdings noch netter finden würde, wenn er nicht so nett wäre. Denn leider macht sich Herr Linderode ununterbrochen nützlich und entwickelt sich dank einer gefährlichen Kombination aus Halbwissen und Ungeschicklichkeit für alle zum Nervtöter.
Jede Folge dauerte 25 Minuten.

DAS NEST — ARD
1989–1992. 52-tlg. dt. Freundeserie von Uta Berlet und Sylvia Ulrich.
Vier junge Leute leben zusammen in einer chaotischen WG in der Nibelungenallee in Wiesbaden: der Lebenskünstler Theo Augustin (Christoph M. Ohrt), der nie Geld hat und nur gelegentlich als Kellner jobbt, der gutmütige Handwerker Oskar Wagner (Peter Zilles), die verwöhnte Hotelangestellte Susanne Fuchs (Ulrike Kriener) und die italienische Studentin Pia Lazzaroni (Chiara Caselli).
Oskar zieht am Anfang eigentlich nur ein, weil er die Wohnung renoviert hat, aber Theo ihn nicht bezahlen kann. Theo ist ein Frauenheld und hat meistens mehrere Freundinnen zur gleichen Zeit. Natürlich darf keine von der anderen wissen. Pias Bruder Enzo (Michele Oliveri) hat einen Gemüseladen. Susanne ist noch mit Jochen (August Zirner) verheiratet, hat sich aber von ihm getrennt. Die beiden haben trotzdem regelmäßig Kontakt. Schließlich finden sie wieder zueinander, und Susanne zieht im Januar 1992 in Folge 27 zu ihm zurück. Hanna Schneider (Marita Marschall), die eine kurze Affäre mit Theo hatte, füllt den leeren WG-Platz. Einen Monat später verlässt auch Pia das Nest und geht zurück nach Italien. Die ungarische Schauspielschülerin Katalin Puskas (Judith Földesi) zieht in Folge 33 neu ein. Aus beruflichen Gründen wandert Hanna nach nur

gut zwei Monaten nach Paris aus, und Vivian Schubert (Michaela May) zieht in Folge 43 ins Nest. Die ständigen Besuche des Gerichtsvollziehers im Nest kann keiner der Bewohner abwenden.

Die 25-Minuten-Folgen liefen im Vorabendprogramm, ab der zweiten Staffel in Doppelfolgen.

NESTHÄKCHEN ZDF

1983. 6-tlg. dt. Jugendserie von Justus Pfaue und Klaus Landsittel nach den Romanen von Else Ury, Regie: Gero Erhardt.

Berlin, Anfang des 20. Jh.: Die sechsjährige Annemarie (Kathrin Toboll; in späteren Jahren: Anja Bayer) ist das jüngste Mitglied der Familie Braun und wird von Vater Ernst (Christian Wolff) entsprechend verwöhnt. Er ist Arzt, und die Familie nebst Personal wohnt idyllisch in einem prunkvollen Haus. Es sind dies Mutter Elisabeth (Doris Kunstmann), Annemaries Brüder Klaus (Florian Baier; später: Patrick Janovsky) und Hans (Oliver Schlicht; später: Pascal Breuer), Oma Gerda (Helma Seitz), Kindermädchen Lena (Susanne Uhlen), Köchin Hanne (Hilde Berndt) und Stubenmädchen Frieda (Belle Schupp). Wilhelm (Ekkehardt Belle) ist Lenas Freund.

Der Kleinen fehlt es an nichts, und genau das ist natürlich das Problem. Der Vater lässt ihr jedes vorlaute Wort durchgehen, denn sie ist ja so süß mit ihren Zöpfen und den rosa Schleifchen im blonden Haar. Die meiste Zeit spielt sie mit ihren Puppen, es geht aber auch um viele andere Themen aus dem Leben eines Kindes: Ferien auf dem Land – sie verbringt sie bei Onkel Heinrich (Willy Harlander) und Tante Käthe (Dagmar Hessenland) in Bayern, wo der Onkel Senator ist –, Streiche unter Geschwistern, Freundschaften. Vor allem zu Lena entwickelt Annemarie eine besondere Beziehung. Lena ist es auch, die die Eltern schließlich davon überzeugt, Annemarie in einen Kindergarten zu schicken, den auch Prinz Poldi (Marc Manuel Kunstmann) besucht, damit sie sich mit Gleichaltrigen umgeben kann und nicht immer nur mit Erwachsenen zusammen ist. Annemarie wird langsam älter und selbständiger, kommt in die Schule und wird wenig später schwer krank. Im Krankenhaus kämpft sie gegen Scharlach, anschließend wird sie zur Erholung für längere Zeit in ein Kinderheim nach Amrum geschickt. Sie findet neue Freunde, genießt das Leben. Doch plötzlich muss sie sich mit der harten Realität auseinander setzen, als der Erste Weltkrieg ausbricht.

Insgesamt zehn »Nesthäkchen«-Romane veröffentlichte die Autorin Else Ury. Die erfolgreiche ZDF-Weihnachtsserie verarbeitete nur Inhalte aus den ersten vier Bänden. In den Büchern wurde Nesthäkchen anschließend erwachsen, heiratete, bekam ihrerseits Kinder und Enkelkinder und feierte ihre goldene Hochzeit.

Die sechs einstündigen Folgen liefen zwischen den Feiertagen im Vorabendprogramm und erreichten bis zu zwölf Millionen Zuschauer. Später wurde die Serie auch in zwölf halbstündigen Folgen wiederholt. *Nesthäkchen* war die erste größere Regiearbeit von Gero Erhardt, dem Sohn von Heinz Erhardt. Die Titelmusik stammte von Christian Bruhn. Die Serie ist auf DVD erschienen.

NESTHOCKER – FAMILIE ZU VERSCHENKEN ZDF

2000–2002. 29-tlg. dt. Familienserie.

Für Marianne Brandt (Sabine Postel) wird nach der Scheidung von Theo (Ralph Schicha) nichts aus der erhofften Freiheit. Ihre fast erwachsenen Kinder Nina (Tanja Wedhorn) und Oliver (Christian Wunderlich) hängen noch immer an ihrem Rockzipfel, Olivers Freundin Maja (Felicitas Woll) lebt auch meistens mit im Haus, und zu allem Überfluss quartiert sich auch noch Mariannes Ex-Schwiegermutter Lotte (Margret Homeyer) bei ihr ein. Kurz darauf verliebt sich Marianne in den Anwalt Jan König (Helmut Zierl), der zwei Kinder namens Mäxchen (Marius Theobald) und Paula (Kim Hardt) hat.

Mit ihrer Freundin Ingeborg Hertel (Nina Hoger) führt Marianne ein Reisebüro in Köln. Jennifer Busche (Jana Hora) ist Theos Freundin, Lutz Marquardt (Kai Lentrodt) Ninas intriganter Kollege. Als Nina und ihr Freund Nils Jansen (Andreas Elsholz) einen Sohn, Klein-Anton (Levin Sausen), bekommen und auch noch Oma Lottes neuer Freund bei Marianne einziehen will, wird es ihr zu viel, und sie übersiedelt mit Jan in ein eigenes Haus.

Der Rest der Familie muss sich eigenständig auf andere Wohnungen verteilen. Doch so leicht lassen sie sich nicht abwimmeln. Anfang 2002 ist Oliver nach Australien ausgewandert, und Marianne hat den jungen Lebenskünstler Leo (Luke Wilkins) im Spanienurlaub aufgegabelt und mitgebracht, der nun ihr Ersatzsohn ist. Nina liebt jetzt Alexander Paul (Dirk Mierau), und Mariannes neuer Freund wird der Bauunternehmer Max Assauer (Krystian Martinek). Am Ende unternehmen Max und Marianne mal wieder den Versuch, ohne die Familie ein ruhiges Zuhause zu beziehen, doch das machen die anderen wie immer nicht mit. Lotte stellt sich sogleich als neue Putzfrau vor.

Die einstündigen Folgen liefen dienstags um 19.25 Uhr.

NESTOR BURMAS ABENTEUER IN PARIS ARD, SWR

1993 (ARD); 1994 (SWR). 8-tlg. frz. Krimireihe nach den Romanen von Léo Malet (»Une aventure des Nestor Burma«; 1991–1995).

Privatdetektiv Nestor Burma (Guy Marchand) ermittelt in Paris. Das stört die Polizisten Faroux (Pierre Tornade) und Fabre (Patrick Guillemin) meistens, manchmal hilft es ihnen aber auch. Sekretärin Hélène (Sophie Broustal; ab Folge 3: Natacha Lindinger) hat als Einzige Zugang zum sonst so verschlossenen Burma.

In Frankreich äußerst erfolgreiche und preisgekrönte Fernsehserie, die auf einer ebenso erfolgreichen Romanreihe basierte, die auch schon fürs Kino verfilmt wurde. 85 spielfilmlange Folgen wurden gedreht, nur acht davon waren in Deutschland zu sehen. Gebrauch machte davon kaum jemand. Zwei

Folgen liefen zur Primetime im Ersten, eine weitere am späten Abend, dann wurde die Reihe in die Dritten Programme abgeschoben und bald darauf komplett beendet.

NETNITE ZDF
1996–1997. Halbstündiges Onlinemagazin mit Thomas Aigner. Lief meistens freitags nachts.

NETTO RTL
1988–1991. »Ihre Wirtschaft heute«. Werktägliches Börsenmagazin von der »Frankfurter Allgemeinen Zeitung« mit Cordula Hepp. Insgesamt 119 viertelstündige Ausgaben liefen immer nachmittags.

DAS NETZ – TODESFALLE INTERNET SAT.1
2000. 22-tlg. US-Actionserie (»The Net«; 1998).
Als die Computerspezialistin Angela Bennett (Brooke Langton) versehentlich eine E-Mail sieht, die nicht für sie bestimmt war, ändert sich ihr Leben schlagartig. Ihre beste Freundin wird ermordet und Angelas Identität aus allen Dateien gelöscht. Plötzlich ist sie auf der Flucht vor den skrupellosen Verfassern der E-Mail, einer kriminellen Vereinigung von Computerspezialisten namens Prätorianer, die die Weltherrschaft übernehmen wollen. Deren Kopf ist Sean Trelawney (Joseph Bottoms), Greg Hearney (Mackenzie Gray) sein Handlanger. Vertraute findet Angela in ihrem Freund Jacob Resh (Eric Szmanda) und in Sorcerer. Von ihm kennt sie jedoch lediglich die Stimme. Sorcerer gibt Angela durch ihren Hightech-Laptop wichtige Hinweise für ihren Kampf gegen die Prätorianer, den sie schließlich gewinnt.
Die einstündigen Folgen liefen am Samstagnachmittag. Die Serie basierte auf dem Film mit Sandra Bullock.

NEU IM EINSATZ ARD
1978. 13-tlg. US-Krimiserie von Rita Lakin und William Blinn (»The Rookies«; 1972–1976).
Drei junge Polizisten aus Südkalifornien leisten ihre ersten Jahre im uniformierten Dienst ab: Terry Webster (Georg Stanford Brown), Willi Gillis (Michael Ontkean) und Mike Danko (Sam Melville). Sie sind motiviert, glauben an Gerechtigkeit und die Ermittlungsmethoden, die sie in der Theorie gelernt haben. Ihr erfahrener Mentor Lieutenant Eddie Ryker (Gerald S. O'Loughlin) muss ihnen manchmal noch zeigen, wie die Welt wirklich funktioniert. Mike ist als Einziger des jungen Trios schon verheiratet; seine Frau ist die Krankenschwester Jill (Kate Jackson).
Nur wenige der eigentlich 92 einstündigen Folgen liefen im regionalen Vorabendprogramm. Produzenten waren Aaron Spelling und Leonard Goldberg. Spelling hatte Jahre zuvor auch *Twen-Police* produziert. Damals ermittelten drei junge Polizeibeamte in Zivil.

NEUE ABENTEUER MIT BLACK BEAUTY ZDF
1992. 26-tlg. brit. Fortsetzungsserie von *Black Beauty* (»The New Adventures Of Black Beauty«; 1990–1991).
Dr. James Gordon (William Lucas) und seine inzwischen erwachsene Tochter Jenny (Stacy Dorning) haben ein neues Pferd, das wieder den Namen Black Beauty trägt. Jenny ist inzwischen mit Nigel Denning (Christian Burgess) verheiratet. Mit ihm, seiner Tochter Vicky Denning (Amber McWilliams) und Manfred Grünwald (Gedeon Burkhard) wohnen sie gemeinsam auf der Farm.
Lucas und Dorning spielten erneut die Rollen, die sie bereits in der Originalserie fast 20 Jahre zuvor gespielt hatten. Lediglich die Rolle der Vicky wurde neu besetzt.

NEUE ABENTEUER MIT WINNIE PUUH SUPER RTL
1995. 50-tlg. US-Disney-Zeichentrickserie (»The New Adventures of Winnie the Puuh«; 1988). Wie es schon im Titel heißt: neue Abenteuer mit Winnie Puuh. Der Honigbär hatte bereits 20 Jahre zuvor seine ersten Fernsehauftritte.

DIE NEUE ADDAMS FAMILIE RTL
2004–2005. 65-tlg. kanad. Grusel-Sitcom (»The New Addams Family«; 1998–1999).
Neuauflage der klassischen *Addams Familie*. Vater Gomez (Glenn Taranto), Gattin Morticia (Ellie Harvie), die Kinder Pugsley (Brody Smith) und Wednesday (Nicole Marie Fugere), Onkel Fester (Michael Roberds), das »eiskalte Händchen« (Steven Fox) und der stille Diener Lurch (John DeSantis) führen ihr merkwürdiges Leben im düsteren Familienanwesen.
Nach 16 Folgen wich die Serie im Samstagnachmittagsprogramm den Gerichtsshows, die auch schon werktags liefen, und fand ein Gnadenbrot am Sonntagmorgen.

EINE NEUE CHANCE FÜR DIE LIEBE RTL
1992. Halbstündiges Sexmagazin mit Erika Berger, das eine Weiterführung der erfolglosen Reihe *Der flotte Dreier* unter neuem Namen war. Der Titel bezog sich auf Bergers erste erfolgreiche RTL-Reihe *Eine Chance für die Liebe*, brachte aber auch nicht den erwünschten Erfolg. Unter dem gleichen Titel verkaufte sie ab Juni 2001 im RTL Shop Erotikprodukte.

DIE NEUE – EINE FRAU MIT KALIBER SAT.1
1998–1999. 13-tlg. dt. Krimiserie von Jörg Grünler, Ralph Werner und Nikolaus Schmidt.
Die Neue in Mondsee im Salzkammergut ist Lisa Engel (Doris Schretzmayer), gerade erst Inspektorin geworden und nun von Wien in die österreichische Provinz versetzt. Ihre Kollegen sind Oberst Steiner (Ernst Konarek) und Assistent Sterntaler (Rainer Egger), außerdem wird sie von ihrem pensionierten Vorgänger Rudi Aschenbrenner (Heinz Marecek) und dem Kneipenwirt Eddie (Dirk Martens) unterstützt.
Die einstündigen Folgen liefen montags um 21.15 Uhr.

NEUE FERNSEH-URANIA DFF 1, DFF
1974–1991. 40-minütiges Wissenschaftsmagazin, das gemeinsam mit dem Fernsehen und der Akademie der Wissenschaften der Sowjetunion produziert wurde.
Es ging um Themen wie »Sind wir allein im All?«, »Wie lange reichen die Rohstoffe unserer Erde?« und »Mit dem Steinzeithirn in die Computerwelt«. Dazu nahmen Wissenschaftler Stellung. Zuschauer konnten zur Sendung telefonisch Fragen stellen, die von den Experten in der kurz darauf beginnenden Sendung *Urania-Forum* beantwortet wurden. Zusätzlich gab es Sonderausgaben zu Themen wie Aids, Ozonloch und Drogenkonsum unter dem Titel *Urania-extra*. Moderatoren waren Heinz Lehmbäcker und Gerhard Sieler.
Die Sendungen liefen monatlich donnerstags um 20.00 Uhr; das *Forum* begann um 21.40 Uhr und dauerte eine halbe Stunde. Ab Dezember 1990 wanderte die *Neue Fernseh-Urania* auf den Mittwochabend. Die Reihe war die Nachfolgesendung der *Fernseh-Urania* und brachte es auf 171 Ausgaben.

NEUE GESCHICHTEN VON BILLY WEBB ZDF
1995. 6-tlg. brit. Jugendserie nach dem Buch von Steve Attridge (»Alfonso Bonzo: Billy Webb's Amazing Story«; 1992). Billy Webb (Scott Riley) und sein Reporterfreund Trevor Trotman (Mike Walling), beide bekannt aus *Alfonso Bonzo*, erleben in halbstündigen Folgen weitere merkwürdige Geschichten.

DAS NEUE LAND ZDF
1976–1977. 26-tlg. austral.-brit. Abenteuerserie nach einem Roman von E. V. Timms, Regie: Peter Weir (»Luke's Kingdom«; 1976).
Der Marineoffizier Jason Firbeck (James Condon), seit kurzem Witwer, zieht 1829 mit seiner Tochter Jassy (Elizabeth Crosby) und seinen Söhnen Samuel (Gerard Maguire) und Luke (Oliver Tobias) von Nordengland nach Australien, wo ihnen ein Freund ein Stück Land vermacht hat. Doch wie sich herausstellt, haben andere es schon besetzt. Die Firbecks sind gezwungen, außerhalb der Kolonie zu leben, wo sie Feindseligkeiten von Aborigines, Soldaten, anderen Siedlern und Kriminellen ausgesetzt sind. Sohn Luke sucht verbissen nach einer neuen Heimat.
Aus 13 einstündigen Originalfolgen machte das ZDF 26 halbstündige.

EINE NEUE LIEBE IST WIE EIN NEUES LEBEN SAT.1
2000. 7-tlg. dt. Doku-Soap über neun Singles, die den Partner fürs Leben suchen. Die halbstündigen Folgen liefen sonntags um 22.15 Uhr.

DIE NEUEN ABENTEUER DES HE-MAN RTL
1990–1992. 65-tlg. US-Zeichentrickserie (»The New Adventures Of He-Man«; 1990–1991).
Neuauflage von *He-Man – Tal der Macht* mit neuen Abenteuern von Adam alias He-Man im Kampf gegen Skeletor. Die Serie lief samstags mittags.

DIE NEUEN FERNSEHMACHER RTL 2
2001. Einstündige Show in einer Show mit Aleksandra Bechtel. Im Vorfeld der Sendung hatten RTL 2 und Produzent Frank Elstner die Zuschauer aufgefordert, Ideen für neue Fernsehshows einzuschicken. Aus den Einsendungen wählte eine Jury acht Vorschläge aus, die an aufeinander folgenden Tagen zur Primetime präsentiert wurden. Der Zuschauer mit seiner Idee wurde vorgestellt, sein Konzept wurde von Prominenten realisiert.
Nach Vorstellung der acht Konzepte wählte RTL 2 in einem großen Finale die beste Show und versprach, sie ins Programm aufzunehmen. Es gewann der Offenburger Informatikstudent Jürgen Preuß mit der Idee »Was passiert, wenn ...?«. Dabei sollten durch Experimente Fragen beantwortet werden wie: Was passiert, wenn man im Auto bei voller Fahrt in den Rückwärtsgang schaltet?
RTL 2 nahm die Show nicht wie versprochen auf und distanzierte sich im Nachhinein von der Idee, die nicht ins Programm passe. Preuß dürfte das gefreut haben, denn stattdessen startete *Was passiert, wenn ...?* knapp ein Jahr später als große Samstagabendshow in der ARD.

DIE NEUEN STEUERN DFF 2
1990. 5-tlg. Ratgeberreihe, die den Ostdeutschen kurz nach der Wiedervereinigung das westdeutsche Steuersystem erklärte. Lief wöchentlich samstagmittags und war 45 Minuten lang.

NEUER FALL FÜR ANWALT ABEL ZDF
→ Anwalt Abel

EIN NEUER START ARD
1975–1977. 10-tlg. dt. Problemserie.
In abgeschlossenen Episoden wurden Probleme straffällig gewordener Menschen während der Haft und nach ihrer Entlassung bei der Wiedereingliederung in die Gesellschaft geschildert. Die pädagogische Serie entstand nach authentischen Fällen und wollte auch Wege aufzeigen, die geschilderten Probleme zu überwinden. Rüdiger Proske fungierte als Interviewer und Kommentator.
Die einstündigen Folgen waren mit wechselnden Darstellern besetzt und liefen im regionalen Vorabendprogramm.

NEUES AUS BÜTTENWARDER ARD, NDR
2001 (ARD); seit 2004 (NDR). Dt. Comedyserie von Norbert Eberlein.
Kurt Brakelmann (Jan Fedder) ist Bauer mit eigenem Hof im norddeutschen Büttenwarder. Arthur »Adsche« Tönnsen (Peter Heinrich Brix), ebenfalls Bauer, ist sein Lieblingsfeind, mit dem sich Brakelmann ein Mofa teilt, um das es ständig Streit gibt. Zum engeren Bekanntenkreis gehören noch Bürgermeister Schönbiehl (Günter Kütemeyer), der Wirt Shorty (Axel Olsson) und Stallknecht Kuno (Sven Walser).
Acht halbstündige Folgen liefen dienstags um 21.05

Hans-Peter Korff als Onkel Heini von der Post mit Andreas Martin und Markus Gillert in *Neues aus Uhlenbusch*.

Uhr. Drei Episoden waren zuvor bereits im Rahmen der *Heimatgeschichten* gelaufen. Als eigene Serie in der ARD waren sie nicht sonderlich erfolgreich, doch Wiederholungen im Dritten Programm des NDR erwiesen sich als populär. Ende 2004 zeigte der NDR erstmals zwei neue Folgen.

NEUES AUS UHLENBUSCH ZDF
1978–1982. 40-tlg. dt. Kinderserie.
Verschiedene Kinder im ländlichen Uhlenbusch, keines älter als zehn, viele unter fünf, lernen das Leben kennen und ihre Eltern verstehen, setzen sich mit ihren Erfahrungen und Problemen auseinander. Zu den erwachsenen Bewohnern des Orts gehören der kauzige Briefträger Heini Lüders (Hans-Peter Korff), genannt Onkel Heini, der immer mit dem Fahrrad unterwegs ist, Oma Piepenbrink (Trude Breitschopf), Bauer Brömmelkamp (Uwe Dallmeier) und Tante Appelboom (Hildegard Wensch).
Neues aus Uhlenbusch war die diesseitige Variante von *Anderland*. Statt Traumauslebung in Fantasiewelten ging es hier um den Umgang mit realen Problemen in der realen Welt, und statt eines merkwürdigen Gnoms gab es einen merkwürdigen Briefträger. In jeder Folge standen andere Kinder im Mittelpunkt, ständige Mitwirkende waren nur die vier Erwachsenen. Die behandelten Probleme schöpften die volle Bandbreite aus: Großeltern sterben, Eltern vernachlässigen ihre Kinder, Eltern schlagen ihre Kinder, Eltern sind Alkoholiker, Eltern sind arm, Eltern haben Geheimnisse vor ihren Kindern. Und mittendrin Onkel Heini als Kommentator des Geschehens und oft der einzige Ansprechpartner für die Kinder, der sie versteht.
Die Serie richtete sich vor allem an Kinder auf dem Land. Der Ort Uhlenbusch war fiktiv, gedreht wurde in den Ortschaften Loccum, Münchehagen und Wiedensahl im Weserbergland. Die Kinder, die die wechselnden Hauptrollen spielten, kamen überwiegend aus der Umgebung. Im Vorspann sah man stets einen Zeichentrickhahn aufgeregt mit den Flügeln schlagen und hörte dazu den Titelsong: »Auweia, auweia! Der Hahn legt keine Eier …« Dann fuhr ein Auto viel zu dicht an ihm vorbei und wehte ihm das Federkleid vom Leib. Der Gockel hieß Konstantin.
Eine einzelne Folge war bereits Weihnachten 1977 gelaufen, die regelmäßige Ausstrahlung begann im folgenden April mit 25-Minuten-Folgen am Sonntagnachmittag. Wie schon bei der *Rappelkiste* zeigte auch hier das ZDF die Serie zum Start einmalig im Abendprogramm, um Eltern zu zeigen, was sie ihre Kinder doch bitte sehen lassen sollen. Der abendfüllende Film war ein Zusammenschnitt aus drei regulären Folgen. Zwei Jahre nach dem Ende der Serie wurde ein weiterer Spielfilm gezeigt, der wieder ein Zusammenschnitt war.

NEUES ÜBERN GARTENZAUN DFF 1
→ Geschichten übern Gartenzaun

NEUES VOM FILM ZDF
1966–1975. »Kinobummel« mit Martin Büttner. Magazin mit Berichten über aktuelle Kinofilme und Filmfestivals sowie Interviews.
Die Reihe lief bis 1969 in 30 Minuten Länge im Vorabendprogramm, dann wurde sie auf einen Sendeplatz nach 22.00 Uhr verlegt, weil es so viele Filme mit sexuellem Inhalt vorzustellen gab. Dafür gab es dann auch 15 Minuten mehr Zeit. 1975 wurde die Sendung in *Kino Kino* umbenannt.

NEUES VOM KLEINSTADTBAHNHOF ARD
→ Kleinstadtbahnhof

NEUES VOM SÜDERHOF ARD, KI.KA
1991–1997 (ARD) 1997 (KI.KA). 52-tlg. dt. Jugendserie nach den gleichnamigen Kinderbüchern von Brigitte Blobel.
Bimbo (Singa Gätgens; ab der dritten Staffel: Friederike Hallermann) und Molle (Pamela Grosser; Cora Sabrina Grimm) sind Geschwister; ihre Cousins Dany (Gerrit Hesse; Philipp Huth) und Ben (Niki von der Burg; Tim Küchler) und ihre Cousine Peggy (Yvonne Jungblut; Thea Frank) wohnen mit ihnen, den Eltern Sonja (Katharina Schütz; Sabine Kaack) und Dr. Günther Brendel (Arnfried Lerche; Andreas Klein), Oma (Ursula Hinrichs) und Opa (Horst Breiter; Heinz Lieven) und vielen Tieren auf dem Süderhof.
Die halbstündigen Folgen liefen am Wochenende mittags in der ARD. Mit Start der dritten Staffel wurde mit Ausnahme von Oma Brendel die gesamte Besetzung ausgetauscht. Die jeweils zweitgenannten Darsteller wirkten ab Folge 14 mit. Die letzte Staffel lief erst nach der KI.KA-Ausstrahlung in der ARD.

NEUES VON BRITTA ARD
→ Britta

NEUES VON DER KATZE MIT HUT ARD
1983. 4-tlg. Marionettenspiel aus der *Augsburger Puppenkiste* nach den Büchern von Simon und Desi Ruge. Fortsetzung von *Katze mit Hut*.
Die merkwürdige Hausgemeinschaft in der Backpflaumenallee 17 feiert u. a. Geburtstag und fällt in den Winterschlaf. Die halbstündigen Folgen liefen sonntags.

NEUFUNDLAND ARD
2003. Infomagazin für Kinder mit Ralph Caspers, der mit einem Oldtimer durch die Stadt fährt und weit verbreitete Irrtümer aufdeckt.

NEUJAHRSANSPRACHE MIT JOCHEN BUSSE RTL
Seit 1998. Kurze Sendung mit Jochen Busse an Silvester um Mitternacht, wenn eh keiner guckt, was einiges erklärt. Von der »Neujahrsansprache des Bundeskanzlers« unterscheidet sich diese dadurch, dass sie offenbar in der Kulisse von *Sieben Tage – Sieben Köpfe* aufgenommen wird und nicht so witzig ist.

NEUMANNS GESCHICHTEN DFF 1
→ Familie Neumann

DIE NEUN SCHNEIDER BR
→ Lord Peter Wimsey

DIE 9.00 UHR SHOW RTL
1993. Kurzlebiges Hausfrauenmagazin am Vormittag mit Britta von Lojewski und Birgit Jahnsen.

NEUN ½ ARD
Seit 2004. Knapp zehnminütiges Nachrichtenmagazin für Kinder mit Gesa Dankwerth.
Immer samstags vormittags werden die wichtigsten Ereignisse der vergangenen Woche anhand von Ausschnitten aus der *Tagesschau* erläutert. Wann immer es kompliziert wird, erklärt die Sendung schwierige Begriffe oder komplizierte Zusammenhänge mit Hilfe kurzer Spielszenen, kleiner Gags oder dadurch, dass Dankwerth per technischem Trick in die Nachrichtenszene hineingeschnitten wird. Den Begriff »Generationenvertrag« erklärte sie so: Solange die Alten arbeiten, dürfen die Jungen die Füße unter den Tisch der Alten strecken und bekommen lecker Essen und Taschengeld. Wenn die Jungen älter sind und die Alten ganz alt, dürfen die ganz Alten die Füße unter den Tisch der weniger Alten strecken und bekommen lecker Essen und Taschengeld.
Der Titel bezieht sich nicht auf die Ausstrahlungszeit, sondern auf die Länge der Sendung.

DIE NEUNTE ZDF
1980. 13-tlg. dt. Schulserie von Ramon Gill.
Geschichten um eine Schulklasse. Neuntklässler schlagen sich mit den Problemen von Neuntklässlern herum: Hausaufgaben und Klassenarbeiten, Noten und Versetzung, Liebe und Freizeit und der Frage der späteren Berufswahl. Im Mittelpunkt stehen Olli (Matthias Lutter) und Kerstin (Claudia Lutter) mit ihren Eltern (Wolfgang Schenck und Ursula Hinrichs), Manne (Nikolaus Breiter), Frank (Robert E. Schmitz) und der Klassenlehrer (Karl W. Littmann). Als sie mal beim Fernsehen reinschnuppern dürfen, lernen sie Udo Lindenberg kennen.
Außer Lindenberg spielten sich im Prinzip auch die Schüler der Hemelinger Schule in Bremen selbst. Die 25-minütigen Folgen liefen zweimal pro Woche nachmittags.

199X – DAS JAHR ARD
1990–1999. Zum Beispiel *1990 – Das Jahr, 1991 – Das Jahr* etc. Jahresrückblick, der meist Ende Dezember im Abendprogramm lief.
Immer zwei Moderatoren, meistens ein Journalist und ein Unterhalter, präsentierten die Ereignisse und Menschen der vergangenen zwölf Monate mit Filmen und Gästen. Die Moderatoren waren: Hanns Joachim Friedrichs und Fritz Egner (1990 und 1991), Ulrich Wickert und Egner (ab 1992), Wickert und Gerd Rubenbauer (1994), Wickert und Hannelore Fischer (ab 1995).
Vor 1990 hießen die ARD-Jahresrückblicke jedes Jahr anders und wurden von verschiedenen Moderatoren mit unterschiedlicher Länge an wechselnden Sendeplätzen präsentiert, z. B. nachmittags, weshalb man nie so genau wusste, ob und wann auch die ARD einen eigenen Jahresrückblick hatte. Zu diesem bewährten Konzept kehrte die ARD ab 2000 zurück.

199X – DAS QUIZ RTL
1997–2000. Abendshow mit Peter Kloeppel, in der Prominente um den Titel »Nachrichten-Champion« spielen. Sie müssen dazu Erinnerungsvermögen an die Ereignisse des abgelaufenen Jahres beweisen. Dabei treten Nachrichtenjournalisten gegen Unter-

haltungsleute an. Die zweistündige Sendung lief einmal jährlich im Dezember. Der Sendetitel begann immer mit dem aktuellen Jahr, z. B. »1998 – Das Quiz« etc. Rudi Carrell produzierte die Show.

199X! – MENSCHEN, BILDER, EMOTIONEN   RTL
→ Menschen, Bilder, Emotionen

DIE 90ER SHOW   RTL
2004–2005. Nostalgieshow mit Oliver Geissen. Nach dem Prinzip der erfolgreichen *80er Show* empfängt Geissen samstags um 21.15 Uhr Promis auf dem Sofa, plaudert mit ihnen über ihre Erinnerungen und zeigt alte Fotos und Ausschnitte aus Filmen und Musikvideos. Jede Sendung behandelt ein Jahr des Jahrzehnts.

DIE 90ER – THE POP YEARS   RTL 2
2003–2004. Nostalgieshow mit Lotto King Karl, der auf die Musik der 90er-Jahre zurückblickt und dabei aus Auftritten und Videos zusammengeschnittene Collagen und Prominente, die ihre Lieblingshits ansingen, präsentiert. Zwischendurch geht es auch um die sonstigen Ereignisse des Jahrzehnts.
Vier einstündige Folgen und ein Best-of liefen montags zur Primetime. Die zwei neuen zweistündigen Folgen im nächsten Jahr am Dienstagabend hießen nur *Die 90er*.

NEW LIFE – MEIN NEUES LEBEN   PRO SIEBEN
2004. Einstündige Doku-Soap, in der »Lebenshilfe-Expertin« Barbara Becker, Stylist Eric und Wohnungsdesigner Axel das Leben einsamer Singlefrauen umkrempeln, indem sie ihnen ein neues Aussehen und damit hoffentlich neues Selbstbewusstsein verpassen. Einen Mann für ein Blind Date gibt's gratis dazu.
Sechs Folgen liefen dienstags um 20.15 Uhr.

NEW ORLEANS, BOURBON STREET   ZDF
1966–1969. 20-tlg. US-Krimiserie (»Bourbon Street Beat«; 1959–1960).
Der wohl erzogene, aus einer alten Aristokratenfamilie stammende zugereiste Anwalt Rex Randolph (Richard Long) und der einheimische lässige Ex-Polizist Cal Calhoun (Andrew Duggan) betreiben eine Privatdetektei in New Orleans. Kenny Madison (Van Williams) ist ihr junger Assistent, Melody Lee Mercer (Arlene Howell) ihre Sekretärin.
Die Serie war im Prinzip *77 Sunset Strip* an einem anderen Ort. Nach dem Ende der kurzlebigen Reihe spielte Richard Long seine Rolle des Rex Randolph konsequenterweise in *77 Sunset Strip* weiter. 18 Folgen à 45 Minuten zeigte das ZDF 14-täglich dienstags um 21.15 Uhr. Zwei Jahre später schickte es am späten Samstagabend noch zwei Folgen hinterher, 19 weitere ausgelassene Folgen verrotteten.

THE NEW SCOOBY-DOO MOVIES   RTL
1996. 24-tlg. US-Zeichentrickserie (»The New Scooby-Doo Movies«; 1973–1974).

Fortsetzung von *Scooby-Doo, wo bist du?* mit Gaststars: Shaggy, Daphne, Freddy, Velma und der Hund Scooby-Doo klären Mysteriöses auf und begegnen dabei amerikanischen Prominenten.
Unter den Gaststars waren reale und fiktionale, aber alle als Trickfiguren: Sonny und Cher, Batman und Robin, Laurel und Hardy.

NEW SPIDERMAN   RTL, RTL 2
1995–2000 (RTL); 2002 (RTL 2). 69-tlg. US-Zeichentrickserie (»New Spiderman«; 1995).
Neuauflage von *Spider-Man* mit neuen Abenteuern von Peter Parker als Superheld. Die ersten 33 Folgen liefen bei RTL, der Rest 2002 bei RTL 2 anlässlich des Kinostarts der zweiten »Spider-Man«-Realverfilmung.

THE NEW UNTOUCHABLES   KABEL 1
→ Die Unbestechlichen

NEW YORK COPS – N.Y.P.D. BLUE   PRO SIEBEN
1994–1999. 89-tlg. US-Krimiserie von Steven Bochco und David Milch (»NYPD Blue«; 1993–2005).
Detective Andy Sipowicz (Dennis Franz) ist ein guter Polizist, kämpft aber gelegentlich mit dem Alkohol. Sein Partner bei der New Yorker Polizei ist anfangs der jüngere John Kelly (David Caruso), später Bobby Simone (Jimmy Smits). Lieutenant Arthur Fancy (James McDaniel) ist ihr Boss. Auf dem Revier arbeiten außerdem die Anfänger James Martinez (Nicholas Turturro) und Janice Licalsi (Amy Brenneman), die ein Verhältnis mit Kelly hat. Als er geht, geht auch sie. Laura Hughes Kelly (Sherry Stringfield) ist Kellys Ex-Frau. Sipowicz beginnt eine Beziehung mit der Staatsanwältin Sylvia Costas (Sharon Lawrence), die beiden heiraten später und bekommen einen Sohn namens Theo. Im Laufe der Serie neu ins Revier kommen Greg Medavoy (Gordon Clapp), Donna Abandando (Gail O'Grady), Sharon LaSalle (Wendy Makkena), Adrienne Lesniak (Justine Micelli), Diane Russell (Kim Delaney) und John Irvin (Bill Brochtrup).
Kelly ging in der zweiten Staffel, weil Darsteller David Caruso fand, dass er für einen Superstar unterbezahlt war, und lieber eine große Filmkarriere beginnen wollte. Es dauerte acht Jahre, bis man wieder etwas von ihm hörte. Er wurde wieder Hauptdarsteller in einer Serie: *CSI: Miami*.
Trotz anfänglicher Proteste wegen – für amerikanische Verhältnisse – zahlreicher Nacktszenen, grober Gewalt und derber Sprache wurde die Serie vielfach mit dem wichtigen Fernsehpreis Emmy ausgezeichnet. Die erste Staffel lief bei uns zunächst montags um 21.15 Uhr, später freitags zur gleichen Zeit. Weitere Folgen waren im Spät- oder Nachtprogramm zu sehen, die meisten Folgen der 261-teiligen Serie wurden in Deutschland bisher nicht gezeigt.

NEW YORK FEDS   RTL
2001. 7-tlg. US-Krimiserie (»Feds«; 1997).
Die Staatsanwältin Erica Stanton (Blair Brown) und

ihre Kollegen Oliver Resor (Adrian Pasdar), Jessica Graham (Grace Phillips), Michael Mancini (John Slattery) und Sandra Broome (Regina Taylor) sowie FBI-Agent Jack Gaffney (Dylan Baker) kämpfen für Recht und Ordnung.

Nach vielen Polizei- und Rechtsanwaltsserien produzierte Dick Wolf mit *New York Feds* die erste Serie, in der Staatsanwälte im Mittelpunkt standen. Da das niemand sehen wollte, kamen danach wieder die Polizisten und Anwälte. Die Folgen liefen donnerstags um 23.15 Uhr.

NEW YORK LIFE – ENDLICH IM LEBEN   PRO SIEBEN

2000–2001. 19-tlg. US-Soap von Christopher Keyser und Amy Lippman (»Time Of Your Life«; 1999–2000).

Auf der Suche nach ihrem Vater lernt Sarah Reeves Merrin (Jennifer Love Hewitt) in New York die Schauspielerin Romy Sullivan (Jennifer Garner) kennen, die jetzt in der ehemaligen Wohnung von Sarahs Mutter wohnt. Sarah zieht bei ihr ein, und die beiden werden Wohnungsgenossinnen. Sarah lernt Cecilia Wiznarski (Pauley Perrette) und J. B. (Diego Serrano) kennen, freundet sich mit John Maguire (Johnathon Schaech) vom Musikladen gegenüber an und findet einen Job als Kellnerin in der Bar von Jocelyn »Joss« House (Gina Ravera). Sie gründet eine Agentur, die jedoch bald vor dem Bankrott steht, und schließlich findet sie ihren Vater, der allerdings überhaupt nicht ihren Vorstellungen entspricht.

Spin-off von *Party Of Five*, wo Jennifer Love Hewitt bereits die Rolle der Sarah gespielt hatte. Der Ableger floppte in den USA und wurde dort nach nur zwölf Folgen abgesetzt. Bei uns liefen alle 19 einstündigen Folgen samstags um 16.00 Uhr.

NEW YORK, NEW YORK   ARD

1967–1985. Reportagereihe, in der Werner Baecker aus Amerika berichtete.

Baecker porträtierte Bekannte und Unbekannte, stellte Städte und Szenen vor, berichtete über Kulturelles und Buntes, prägte – ähnlich wie Peter von Zahn – das Bild der Deutschen von Amerika und wurde selbst außerordentlich bekannt.

New York, New York war die Nachfolgesendung von *Treffpunkt New York* und lief mit 45-minütigen Ausgaben im Abendprogramm. Die Reihe brachte es auf 71 Sendungen.

NEW YORK NEWS – JAGD AUF DIE TITELSEITE   KABEL 1

1997. 13-tlg. US-Reporterserie von Michelle Ashford (»New York News«; 1995).

Die autoritäre Louise Falcott (Mary Tyler Moore) führt die New Yorker Boulevardzeitung »New York Reporter« mit harter Hand, unter der nicht nur der Redaktionsleiter Mitch Cotter (Joe Morton) leidet. Ohnehin sind die Zeiten schlecht: Das Blatt soll verkauft werden, die Redaktion kämpft mit sinkenden Budgets. Jack Reilly (Gregory Harrison) ist ein altmodischer investigativer Reporter, dem die Nachwuchsreporterin Angela Villanova (Melina Kanakaredes) nacheifert. Nan Chase (Madeline Kahn) ist eine nervige Klatschkolumnistin, Ellie Milanski (Kelli Williams) eine Praktikantin, Tony Amato (Anthony DeSandro) der Mann für den Sport.

Die einstündigen Folgen liefen sonntags gegen 18.00 Uhr.

NEW YORK UNDERCOVER   RTL, RTL 2

1997 (RTL), 1998 (RTL 2). 76-tlg. US-Krimiserie von Dick Wolf und Kevin Arkadie (»New York Undercover«; 1994–1998).

Der schwarze Detective J. C. Williams (Malik Yoba) und sein puerto-ricanischer Partner Eddie Torres (Michael DeLorenzo) ermitteln undercover im 4. New Yorker Revier zwischen South Bronx, Harlem und Upper West Side. Am Ende jeder Folge entspannen sie sich im Nachtclub von Eddies mütterlicher Freundin Natalie (Gladys Knight), wo außer Natalie auch regelmäßig Gaststars auftreten. Chefin der Polizeieinheit ist die taffe Lieutenant Virginia Cooper (Patti D'Arbanville-Quinn).

Außer dem Beruf setzt den Cops ihr Privatleben zu: Eddies Vater Mike Torres (José Perez) stirbt an Aids. J. C. ist von seiner Frau Chantal (Fatima Faloye) geschieden und versucht, sich um seinen Sohn Gregory »G« (George O. Gore II) zu kümmern. Seine Freundin Sandy Gill (Michael Michele) wird erschossen, und auch J. C. wird schwer verletzt. Ihn ersetzt die puerto-ricanische Polizistin Nina Moreno (Lauren Velez), in die sich Eddie verliebt. Später kommt der arrogante irische Polizist Tommy Macnamara (Jonathan LaPaglia) neu ins Team, der aber bald ermordet wird. Auch Eddie wird umgebracht, kurz nachdem er Nina geheiratet hat.

Die Serie erinnerte in ihrer Videoclipoptik mit schwarzer Musik an *Miami Vice,* schilderte aber im Gegensatz dazu die privaten und beruflichen Probleme der Großstadtpolizisten aus ihren verschiedenen Minderheitenkulturen sehr realistisch. Sie war in den USA relativ erfolgreich, bis in der vierten Staffel von der Ursprungscrew fast niemand mehr übrig war. Diese Staffel wurde in Deutschland nicht gezeigt.

Jede Folge dauerte eine Stunde.

NEWS & STORIES   SAT.1

Seit 1988. Allwöchentliches nächtliches Kulturmagazin von Alexander Kluge, das inhaltlich dessen RTL-Magazin *10 vor 11* ähnelt und aus dem gleichen Grund wie *10 vor 11* gesendet werden muss (siehe dort). *News & Stories* beschäftigt sich vor allem mit zeitgeschichtlichen Themen und der Musikavantgarde. Auch die Porträtreihe *Zur Person* mit Günter Gaus wurde hier zeitweilig ausgestrahlt.

News & Stories kam in die Schlagzeilen, weil in einem Porträt über einen Wiener Pornosammler im Juli 1991 eine 45-sekündige Kopulationsszene zu sehen war und die Sendung fünf Minuten vor der Jugendschutzgrenze von 23.00 Uhr begonnen

NEWS RADIO   RTL 2
1999–2001. 97-tlg. US-Sitcom von Paul Simms (»Newsradio«; 1995–1999).

Dave Nelson (Dave Foley) ist der etwas schüchterne Chefredakteur des New Yorker Nachrichtenradiosenders WNYX. Dort muss er mit dem egozentrischen Nachrichtensprecher Bill McNeal (Phil Hartman), Moderatorin Catherine Duke (Khandi Alexander), dem sensiblen Reporter Matthew Brock (Andy Dick), der Autorin Lisa Miller (Maura Tierney), dem Techniker Joe Garelli (Joe Rogan) und der vorlauten Sekretärin Beth (Vicki Lewis) arbeiten. Der Sender gehört dem stinkreichen Exzentriker Jimmy James (Stephen Root). In der letzten Staffel wird McNeal durch den unsicheren Max Lewis (Jon Lovitz) ersetzt.

Diese Umbesetzung wurde notwendig, weil Darsteller Phil Hartman im Juni 1998 von seiner dritten Frau, von der er sich trennen wollte, erschossen wurde. Seine Serienfigur, so wurde es erklärt, habe beim Fernsehen einen Herzinfarkt erlitten.

Die Serie lief vormittags.

NEWSMAGAZIN   SAT.1
→ Sat.1 Newsmagazin

NEWSMAKER   SAT.1
1999–2000. 45-minütiges Infomagazin.

Der Springer-Verlag, Herausgeber von »Bild« und Mitbesitzer von Sat.1, wollte allen zeigen, dass er auch Fernsehsendungen produzieren kann. Er erfand eine Mischung aus *Monitor* und *Explosiv*, genauer: eine Sendung, die so seriös war wie *Explosiv* und so attraktiv verpackt wie *Monitor*.

Nicht weniger als vier Moderatoren saßen in einer Sitzgruppe und sagten die Beiträge an: Christoph Teuner, Karin Figge, Caroline Hamann und Hans-Jörg Wiedenhaus. Später wechselten sie sich ab; im Oktober 1999 schließlich wurde die bei der *Tagesschau* gegangene Susan Stahnke alleinige Moderatorin. Mit Sätzen wie »Mein Name ist Susan Stahnke, und ich freue mich, dass ich für Sie da sein kann« steigerte sie allerdings auch nur die Peinlichkeit, nicht die Quoten der Sendung. Sat.1 war ohnehin nie scharf gewesen auf die Sendung, sondern zeigte sie nur, weil der Gesellschafter Springer darauf bestand.

Das Magazin lief montags um 22.15 Uhr.

NEWSTIME   PRO SIEBEN
Seit 2004. 15-minütige Hauptnachrichtensendung von Pro Sieben täglich um 20.00 Uhr, die sich vorher schlicht *Pro Sieben Nachrichten* nannte. Der Sender spendierte zum Namenswechsel ein bombastisches neues, virtuelles Studio, das sich anscheinend mindestens im 187. Stock eines ebenso virtuellen Pro-Sieben-Newscenter befand, in das der Zuschauer im Vorspann flog. Mareile Höppner und Michael Marx moderierten gemeinsam, am Wochenende und als Vertretung übernahm Christiane Gerboth.

NIAGARA UND ANDERE FÄLLE   PRO SIEBEN
1998. 13-tlg. kanad. Krimiserie (»Taking The Falls«; 1995).

Die Ex-Polizistin Terry Lane (Cynthia Dale), ihr damaliger Partner Bernie McVicar (Ken James) und dessen Tochter Katherine McVicar (Sandra Nelson), eine erfolgreiche Anwältin, lösen gemeinsam Kriminalfälle in Niagara Falls, dem Ort der berühmten Wasserfälle.

Die 50-minütigen Folgen liefen montags vormittags.

NICHT GLEICH BEIM ERSTEN MAL   KABEL 1
1992. 13-tlg. US-Sitcom von Bill Persky (»Working It Out«; 1990).

Eigentlich leben die reservierte Sarah Marshall (Jane Curtin) und der lebenslustige David Stuart (Stephen Collins) nach gescheiterten Beziehungen glücklich als Singles in Manhattan. Doch dann treffen sie einander bei einem Kochkurs und bekommen Zweifel an ihrem Singledasein. Beide haben allerdings Kinder – Sarah die neunjährige Molly (Kyndra Joy Casper), David zwei ältere Mädchen, die gerade studieren. Und beide haben gute Freunde, Andy (Mary Beth Hurt) und Stan (David Garrison), die ihnen sagen, dass der andere bestimmt nicht an einer Beziehung mit einem Partner interessiert sei, der schon Kinder hat. Und so verzögert sich das mit der Liebe.

NICHT OHNE MARIE   ZDF
1995. 6-tlg. dt.-österr. Kinderserie.

Marie (Elisabeth Kolesaric) erlebt turbulente und alltägliche Geschichten in der Schule und zu Hause. Zu ihrer Familie gehören Papa Fred (Marcus Thill), Mama Frieda (Irene Budischowsky), Tante Olli (Susanne Altweger), Großonkel Albert (Peter Neubauer) und nicht zuletzt Oma (Waltraud Haas), die sich komplett verschuldet, was außer Marie niemand bemerkt, bis es fast zu spät ist. Maries beste Freundin ist Reserl (Julia Korponay), in Konrad (Abraham Thill) ist sie verliebt, aber auch Stefan (Clemens Limberg) mag sie.

Die 25-minütigen Folgen liefen an aufeinander folgen Tagen am frühen Nachmittag.

NICHT OHNE MEINE MUTTER   RTL 2
1994. 26-tlg. US-Sitcom von Rick Kellard und Wendy Goldman (»Room For Two«; 1992–1993).

Die Witwe Edie Kurland (Linda Lavin) aus Ohio will neuen Schwung in ihr Leben bringen. Sie findet ihn in New York, wo ihre Tochter Jill (Patricia Heaton) lebt, und beim Frühstücksfernsehen, wo Jill als Produzentin arbeitet. Edie bekommt dort eine eigene Kolumne und zieht bei Jill ein, und weil sie nicht zu der zurückhaltenden, dezenten Art von Müttern gehört, fliegen regelmäßig die Fetzen. Ken Kazurinsky

(Peter Michael Goetz), der exzentrische Nachbar der beiden, und Jills Freund Matt Daughton (John Putsch) schauen zu. Diahnn Boudreau (Paula Kelly) und Reid Ellis (Andrew Prine) sind die Moderatoren der Show.
Die Serie lief werktags am späten Vormittag.

NICHT OHNE MEINEN ANWALT   ZDF
2003. 11-tlg. dt. Anwaltsserie von Scarlett Kleint und Michael Illner, Regie: Bernhard Stephan und Werner Masten.
Georg Ritter (Björn Casapietra) hätte nach dem Willen seines Vaters Arno (Günter Mack) dessen Autowerkstatt übernehmen sollen. Stattdessen ist er Rechtsanwalt geworden. Die Möglichkeit, in Singapur Karriere in der großen Kanzlei Stoltz & Partner zu machen, lässt er wie seine große Liebe Bianca Holm (Ursula Buschhorn) sausen, um kleinen Leuten zu helfen. Er übernimmt die Berliner Kanzlei von Ignaz Demuth (Stefan Wigger), nachdem der einen Herzinfarkt erlitten hat. Wenn ein Klient nicht bar zahlen kann, nimmt er auch schon mal Naturalien an, was seine Mitarbeiterin Frau Ziesemann (Monika Baumgartner) regelmäßig verzweifeln lässt. Ständige Widersacherinnen sind die Journalistin Katja Krieger (Julia Thurnau) und die Polizistin Silvia Wedekind (Gerit Kling).
In letzter Sekunde änderte das ZDF den Titel der Serie. Eigentlich hätte sie »Georg Ritter – Ohne Furcht und Tadel« heißen sollen. Dagegen hatte sich der Produzent Otto Meissner gewehrt, von dem die Idee zur Serie stammt. Er hatte bereits *Liebling – Kreuzberg* ins Leben gerufen, in dessen Tradition mit heiteren, menschlichen Geschichten er Georg Ritter sah.
Die 45-Minuten-Folgen liefen mittwochs um 20.15 Uhr.

NICHT SCHULDIG, EUER EHREN   ARD
→ Die jungen Anwälte

NICHT ÜBER MEINE LEICHE   ZDF
1995. Dt. Familienfilm nach dem Roman »Das Oma-Projekt« von Anne Fine, Regie: Walter Weber.
Als der Opa stirbt, zieht die Oma (Elisabeth Wiedemann) zu den Lehmanns, die darauf eigentlich gar nicht scharf waren. Doch Vater Gustav (Ulrich Gebauer) konnte sich zum Leidwesen seiner Frau Natascha (Daniela Ziegler) nicht durchringen, sie ins Altersheim abzuschieben. Immerhin gab es die vage Hoffnung, dass sie sich nützlich machen und auf die vier Kinder aufpassen würde – stattdessen lässt sie sich verwöhnen und spielt die anderen Familienmitglieder gegeneinander aus.
Anne Fine wurde als Autorin von »Mrs. Doubtfire« bekannt. Das ZDF zeigte den Film 1995 an Allerheiligen nachmittags und im Dezember 1997 als Vierteiler.

NICHT VERZAGEN – STANGL FRAGEN   ZDF
1964. 6-tlg. dt. Familienserie, Regie: Karl Stanzl.
Herr Stangl (Ernst Waldbrunn) ist seit 35 Jahren Kellner in einem Wiener Kaffeehaus – und eine Institution. Wenn seine Gäste Sorgen haben, steht er ihnen mit seiner Lebenserfahrung bei. Sogar der Kassiererin Susi (Danny Sigel) hilft er, einen Mann fürs Leben zu finden, obwohl er selbst sie anbetet.
Lustig gemeinte Serie, bei der es sich lohnte, sich schon vom einfallslosen Titel abschrecken zu lassen.

NICHT VON SCHLECHTEN ELTERN   ARD
1993–1998. 39-tlg. dt. Familienserie von Christoph Mattner und Rainer Boldt.
Familie Schefer, Schefer mit »e«, wohnt in Bremen. Vater Wolfgang (Ulrich Pleitgen) ist ein hohes Tier bei der Marine, Mutter Sybille (Sabine Postel), von Wolfgang »Gutemine« genannt, ist Musiklehrerin am Gustav-Heinemann-Gymnasium, das die vier Kinder Felix (Patrick Bach), Jenny (Tina Ruland), Moritz (Steven Bennett) und Alexander (Colin Kippenberg) besuchen. Ausgerechnet. Mit ihnen im Haus wohnen Oma Lisbeth (Renate Delfs), die sich um den Haushalt kümmert, und Hund Anton (Whisky Barfuß).
Felix ist der Älteste, ein unauffälliger Typ, aber von seinen Mitschülerinnen umschwärmt, vor allem von Jennys forscher Freundin Julia (Julia Hentschel). Seine Freundin wird am Ende der ersten Staffel für eine Weile Aisha Alkalisi (Jany Tempel). Er jobbt als Portier in einem Hotel und wechselt sich dort mit seinem Klassenkameraden Pascal (Hardy Krüger jun.) ab, der zu Beginn der Serie Jenny bedrängt und ein richtiges Ekel ist, dann aber ganz umgänglich wird. Jenny heißt eigentlich Henrietta. Sie mag Handarbeit und hat in der ersten Staffel ein Verhältnis mit ihrem Lehrer Thomas Brenner (Paul Frielinghaus), von dem sie schwanger wird.
Für Moritz ist das ein Skandal. Er betreibt an der Schule zwei Kondomautomaten, und ausgerechnet seine eigene Schwester wird schwanger! Moritz ist ein schlitzohriges Finanzgenie, dem immer etwas einfällt, womit man Geld verdienen kann. So spekuliert er gemeinsam mit Oma Lisbeth an der Börse, bezieht in andere Geschäfte auch gern Wolfgangs Mitarbeiter Obermaat Wutzky (Andreas Mannkopff) ein, sehr zu Wolfgangs Missfallen, und betreibt eben diese beiden Kondomautomaten auf der Jungen- und Mädchentoilette der Schule, um die er sich gemeinsam mit Hausmeister Luigi (Camillo d'Ancona) kümmert. In der zweiten Staffel besucht Moritz eine Schule in England, und Luigi muss das Automatenmanagement allein übernehmen. Moritz verlangt jedoch regelmäß Bericht. Seine Dauerfreundin ist Benita Hansen (Ann Kristin Leo), die schnell von den Schefers ins Herz geschlossen und als Familienmitglied aufgenommen wird. Alexander ist anfangs zwölf und damit der Jüngste. Anton ist sein Hund. Zum Personal am Gymnasium gehören Deutschlehrerin Heike Schmalz (Marion Breckwoldt) oder, wie Moritz sie nennt, »Schweinchen Schmalz«; der alte Dr. Reckensihl (Karl Lieffen), der zwar streng, aber letztlich doch auf der Seite seiner Schüler ist – er stirbt am Ende der ersten Staffel; Sportlehrerin Rita

Nicht von schlechten Eltern: In der dritten Staffel haben sich Wolfgang und seine Gutemine getrennt. Das lassen die Kinder jedoch nicht auf sich sitzen.

Zell (Diana Körner) und Schulleiter Dr. Wolff (Jochen Senf). Der schüchterne Kollege Dr. Heinz Bockmann (Michael Schönborn) war vor langer Zeit mal mit Sybille zusammen und würde die Beziehung gern wieder aufnehmen, sie aber nicht. Zum größten Vergnügen ihrer Kinder nennt sie ihn »Schnulli«, was diese sofort aufgreifen.

Zwischen der zweiten und der dritten Staffel sind in der Serie fünf Jahre vergangen. Wolfgang und Sybille leben getrennt, Felix wird Pfarrer und Jenny Zahnärztin auf dem Marinestützpunkt ihres Vaters, der inzwischen Admiral ist. Dessen Untergebener Renatus Hölderlich (Konstantin Graudus) ist ihr neuer Freund. Jennys Sohn Philipp (Dirk Plönissen; ab Folge 27: Felix Schmarje) lebt bei Thomas. Moritz studiert in Paris und hat mit Benita einen Softwareladen. Alexander nimmt Anton mit in den Chemieunterricht, wo ihr Hund eine Explosion verursacht und ums Leben kommt. Alexander fliegt von der Schule. Gemeinsam versuchen die Schefer-Kinder nach Kräften, ihre Eltern wieder zusammenzubringen.

Von anderen Familienserien unterschied sich diese darin, dass sie die üblichen Alltagsgeschichten mit absurden Situationen und etwas skurriler Komik würzte. Die erste Staffel lief erfolgreich montags um 18.55 Uhr, die zweite montags und donnerstags, die dritte mittwochs. Wooden Heart sang den Titelsong »We Belong Together«.

NICHTS ALS ÄRGER IM DEPOT   DFF 1

1976. 8-tlg. brit. Comedyserie von Ronald Wolfe und Ronald Chesney (»On The Buses«; 1969).
Stan Butler (Reg Varney) fährt einen grünen Londoner Doppeldeckerbus, sein bester Kumpel ist sein Schaffner Jack Harper (Bob Grant). Ihre Lieblingsbeschäftigungen sind: generelle Arbeitsvermeidung, ihren überkorrekten Chef, Inspektor »Blakey« Blake (Stephen Lewis), in den Wahnsinn treiben und Schaffnerinnen verführen. Stan ist Anfang 50, nicht verheiratet und lebt noch bei seiner Mutter (Cicely Courtneidge; später: Doris Hare), die ihn verwöhnt. Auch seine meist arbeitslose Schwester Olive (Anna Karen) und ihr fauler Mann Arthur (Michael Robbins) hängen hier herum.

In Großbritannien war die Serie mit dem derbem Haudraufhumor unfassbar langlebig: Es liefen 74 halbstündige Episoden, drei Filme kamen ins Kino (der erste namens »On The Buses« war 1971 der erfolgreichste Film in Großbritannien), zwei Spin-off-Serien folgten. Das Format verkaufte sich auch in die USA, wo eine Adaption namens »Lotsa Luck« allerdings relativ erfolglos blieb.

NICHTS FÜR MÄNNER   ARD

1953–1954. 15-minütiges Frauenmagazin mit Eva Baier-Post zu Themen wie Mode und Schmuck und zu Fragen wie »Wie ziehe ich mein Kind an« und »Wie geht der Fleck da raus?«. Die Reihe gab jedoch bereits die Existenz von Frauenberufen zu und stellte einige vor.
13 Ausgaben liefen am Abend, in der Regel freitags, dann wanderte das Magazin ins neu geschaffene Nachmittagsprogramm am Mittwoch.

NICK FRENO – TRAU' KEINEM LEHRER   RTL

1998. 43-tlg. US-Sitcom (»Nick Freno: Licensed Teacher«; 1996–1998).
Der Englischlehrer Nick Freno (Mitch Mullany) gibt sich große Mühe mit einem Haufen missratener Schüler. In seiner Klasse sind Tyler (Ross Malinger), Orlando (Jonathan Hernandez), Sarah (Cara DeLizia), Jared (Arjay Smith) und Davey (Kyle Gibson). Nicks Kollegen sind sein alter Freund Mezz Crosby (Clinton Jackson), Al Yaroker (Charles Cyphers), Kurt Fust (Stuart Pankin) und Elana Lewis (Portia De

Nick Knatterton mit Molly Moll.

Rossi), die seine Freundin wird. Im nächsten Schuljahr hat Elana ihn verlassen, und Nick bekommt eine neue Klasse, der Miles (Giuseppe Andrews), Jordan (Blake Heron), Marco (Andrew Levitas), Sophia (Christina Vidal) und Tasha (Malinda Williams) angehören. Dr. Katherine Emerson (Jane Sibbett) ist die neue Schuldirektorin.
Die Episoden wurden samstags mittags ausgestrahlt.

NICK KNATTERTON ARD
1978–1981. Dt. Zeichentrickserie von Manfred Schmidt.
Nikolaus Kuno Freiherr von Knatter liebte schon als Kind die Kriminalromane seiner Mutter (sie las sogar einen während seiner Geburt), und als Erwachsener wurde aus ihm der berühmte Meisterdetektiv Nick Knatterton. Er ist ein gewiefter Ermittler, der mit bloßem Auge Fingerabdrücke identifizieren kann, eine unglaubliche Auffassungsgabe besitzt (»Kombiniere ...«) und allerlei technischen Schnickschnack als Verstärkung benutzt, darunter einen Werkzeugkasten in der Schuhsohle und einen Fallschirm im Hosenboden, für alle Fälle. Knatterton ist Pazifist und versucht den Einsatz von Gewalt auf ein Minimum zu reduzieren; meist genügt schon sein gefürchteter Kinnhaken, um einen Gegner außer Gefecht zu setzen, oder, bei mehreren Gegnern, sein berüchtigter »Vierfach-K.-o. aus dem Stand«. Knatterton hat ein kantiges Kinn und eine hohe Stirn mit unwesentlich mehr Haaren als Homer Simpson, raucht Pfeife und trägt einen grün karierten Tweedanzug mit Knickerbockern.
Schöne Frauen pflastern seinen Weg. Seine Erzfeindin ist Virginia Peng, die Wirtin der »Alibi-Bar«, in der sich die Unterwelt herumtreibt, beispielsweise der Dieb Klaus Klaut und seine Komplizin Stella Stiehl, die durch den kategorischen Imperativ ihres Namens auf die schiefe Bahn geriet. Überhaupt, die Namen: Der Fotoreporter heißt Benno Blitz, das ehemalige Aktmodell Molly Moll hat unter dem Künstlernamen Dolly Dur eine Karriere als Sängerin begonnen, Paul Protz ist ein schwerreicher Kunstsammler, Lori Zontal eine Filmdiva und Benno Brüh natürlich der Erfinder der berühmten Brühwürfel.
Die Figur des Nick Knatterton war der größte Misserfolg in der Karriere des Zeichners Manfred Schmidt, der Comics angeblich hasste und eigentlich eine kurze, vernichtende Parodie auf diese blöde amerikanische Erfindung im Allgemeinen und die »Superman«-Comics im Besondern schaffen wollte. Das gelang ihm nicht. Seine kurzen Knatterton-Comics, die ab 1950 in der Zeitschrift »Quick« und später in Büchern erschienen, gewannen mit ihrem ironischen Spiel mit dem Genre und den von »Quick« gewünschten halb nackten Frauen rasch eine große Fangemeinde und trugen sogar maßgeblich dazu bei, die Form des Comics in Deutschland zu etablieren.
1978, zehn Jahre nach dem Ende der Reihe in der »Quick«, kam Knatterton ins Fernsehen – auch hier war es ein Spiel mit den Möglichkeiten des Mediums. Die Handlung wurde immer wieder angehalten, um mit Pfeilen, Linien und weggelassenen Wänden zu erklären, was passiert. Gelegentlich verriet der Off-Sprecher, der das Publikum direkt anredete, dass man sich nun nur noch genau zwei Minuten und zehn Sekunden bis zur Lösung des Falls gedulden müsse. Im Fernsehen passten sich die Karos von Mütze, Jacke und Knickerbockerhosen übrigens den Bewegungen an, in gedruckter Form blieben die streng rechenkästchenartigen Linien in jeder Lage exakt rechtwinklig.
Es entstanden eine fünfminütige Einführungsepisode und 14 Episoden, die zwischen 15 und 25 Minuten lang waren. Diese wurden von der ARD in

Häppchen zu zwei bis vier Minuten in der Lücke zwischen zwei anderen Sendungen im regionalen Vorabendprogramm gezeigt, was eine Einzelepisode in bis zu neun Fetzen zerlegte. Erst später wurden die Folgen am Stück gezeigt. Sie sind außerdem auf DVD erschienen.

2002 wurde ein Nick-Knatterton-Realfilm gedreht, der jedoch bisher nicht in die Kinos kam.

NICK KNIGHT   RTL 2

1994–1995. 47-tlg. US-Fantasyserie von James D. Parriott und Barney Cohen (»Forever Knight«; 1992–1996).

Der Polizist Nick Knight (Geraint Wyn Davies) klärt in der Nachtschicht Mordfälle auf. Er hat ein Geheimnis: Eigentlich heißt er Nicholas de Brabant und ist ein 764 Jahre alter Vampir. Daher ist er unsterblich und hat übernatürliche Kräfte. Er würde jedoch lieber wieder ein ganz normales, sterbliches Leben führen. Nur seine Freundin Dr. Natalie Lambert (Catherine Disher) kennt die Hintergründe und sucht nach einer Möglichkeit, Nick wieder zum Menschen zu machen. Nicks Partner im Dienst ist Detective Donald Schanke (John Kapelos); Captain Joe Stonetree (Gary Farmer) ist ihr Boss. Janette Ducharme (Deborah Duchene) führt »The Raven«, ein Lokal, in dem nur Vampire verkehren, darunter Nicks Mentor Lucien LaCroix (Nigel Bennett). Nick und Schanke werden später versetzt, Captain Amanda Cohen (Natsuko Ohama) wird ihre neue Chefin.

RTL 2 zeigte die ersten beiden Staffeln mit insgesamt 47 Folgen. Die restlichen 22 Folgen waren nur im Pay-TV oder auf Regionalsendern zu sehen. Wiederholungen trugen später den Titel »Nick Knight – Der Vampircop«. Die Serie basierte auf dem Fernsehfilm »Midnight Cop« von 1989 mit Rick Springfield als Nick Knight.

NICK LEWIS, CHIEF INSPECTOR   ARD

1981. 12-tlg. brit. Krimiserie von Derek Ingrey (»The Enigma Files«; 1980).

Der neue Chief Inspector Nick Lewis (Tom Adams) widmet sich im Zentralarchiv von Scotland Yard gut abgelagerten Akten und bemüht sich um die Aufklärung lange zurückliegender ungelöster Verbrechen. Seine Mitarbeiter sind die Computerexpertin Kate Burton (Sharon Mughan) und der Laborant Phil Strong (Duggie Brown); Kate wird ab Folge 7 durch Sue Maxwell (Carole Nimmons) ersetzt. Nick hat eine zwölfjährige Tochter namens Liz (Alyson Spiro).

Die ARD zeigte die Episoden dienstags um 21.45 Uhr und kürzte sie jedes Mal um einige Minuten, damit sie auf den 45-minütigen Sendeplatz passten.

NICOLE – ENTSCHEIDUNG
AM NACHMITTAG   PRO SIEBEN

1999–2001. Tägliche Nachmittagstalkshow um 16.00 Uhr mit Nicole Noevers und unprominenten Gästen, die sich in der Öffentlichkeit über Privates stritten.

Die »Entscheidung«, durch die sich *Nicole* von den damals elf anderen täglichen Talkshows unterschied, sah so aus, dass z. B. der Vater sich noch in der Sendung festlegen sollte, ob er seine Tochter noch einmal wiedersehen wollte oder nicht. Oft steckte die Entscheidung auch schon im Sendungstitel: »Ungewollt schwanger. Soll ich das Kind bekommen?«.

Als »Konfliktlösung« bezeichnete Pro Sieben das Drängen zur schnellen Entscheidung. Wo andere Talkshows mit Krawall versuchten, Quote zu machen, setzte *Nicole* auf Emotionalität. In den ersten Sendungen wurde vermutlich mehr geheult als in allen Talksendungen der vorangegangenen Monate zusammen. Eine Mutter stellte fest, dass ihre Kinder öffentlich erzählten, dass sie intrigant sei; eine Tochter berichtete, dass ihr Vater auch nach sechs Jahren keine Lust habe, einen Streit zu vergessen und sie und das Enkelkind zu sehen. Auch nach dem Auftritt blieb häufig die Kamera dabei und verfolgte, wie emotional es hinter der Bühne weiterging. Eine Pro-Sieben-Sprecherin rechtfertigte das Format mit dem Satz, notfalls »besorgen wir den Gästen einen Therapieplatz«.

Nicole hatte zunächst Erfolg, doch als im Herbst 2001 sowohl RTL als auch Sat.1 zeitgleich Gerichtsshows dagegensetzten *(Das Jugendgericht* und *Richter Alexander Hold),* bröckelten die Quoten erheblich. Das Konzept wurde daraufhin geändert: Jetzt traten keine echten Talkgäste mehr auf, Laiendarsteller trugen in der Rolle von Talkgästen den umso heftigeren Streit aus. Nun wurde z. B. verhandelt, ob ein Mann ein junges Mädchen sexuell belästigt habe, und die Moderatorin wedelte mit der Unterhose des vermeintlichen Opfers samt Spermaspuren und kündigte das Ergebnis eines DNA-Tests für nach der Werbung an. Es half alles nichts, die Show starb ein paar Wochen später den Quotentod.

NIE VERGASS ICH SOLEDAD   RTL

1996. 160-tlg. mexikanische Telenovela (»Mi Pequeña Soledad«; 1990).

Soledad ist die kleine Tochter von Isadora (Verónica Castro) und bei einer Vergewaltigung durch Isadoras Ex-Freund gezeugt worden. Nach der Geburt entführt die eifersüchtige Stiefmutter Piedad (Rosa Maria Bianchi) das Kind. Erst 20 Jahre später findet Isadora Soledad (ebenfalls Verónica Castro) wieder. Die Episoden liefen täglich am Vormittag.

NIEDRIG UND KUHNT –
KOMMISSARE ERMITTELN   SAT.1

Seit 2003. Pseudodokumentarische dt. Krimiserie.

Cornelia Niedrig und Bernhard Kuhnt sind Kommissare bei der Polizei, im Fernsehen wie im wirklichen Leben (dort allerdings beurlaubt, um Zeit für die Serie zu haben). Connie und Bernie ermitteln in Kriminalfällen. Wie auch in der kurz zuvor mit Erfolg angelaufenen Serie *Lenßen & Partner* sind die Fälle frei erfunden, die Bösen mit Laiendarstellern besetzt und die Geschichten im Stil einer Dokumentation mit Wackelkamera und grobkörnigen Nachtaufnah-

men gedreht, wahrscheinlich, um von den irrwitzig unlogischen Handlungssträngen und erschütternden Dialogen abzulenken.
Ein vierwöchiger Probelauf ab Mai 2003 mit 19 Folgen erreichte wesentlich bessere Marktanteile als *Quizfire,* das eigentlich den halbstündigen Werktagssendeplatz um 17.00 Uhr innehatte. Im August 2003 lösten die beiden Kommissare das Quiz ab, mit dauerhaftem Erfolg. Der Versuch von RTL, Sat.1 mit seinen eigenen Waffen zu schlagen, scheiterte: Die Kopie *Einsatz für Ellrich* blieb kurzlebig.

NIEMAND IST PERFEKT   RTL
→ Hart auf hart

DER NIGELNAGELNEUE DOUG   RTL
1997–2000. 65-tlg. US-Zeichentrickserie für Kinder von Jim Jinkins (»Brand Spanking New! Doug«/»Disney's Doug«; 1996–1999).
Weitere Geschichten des inzwischen zwölfjährigen *Doug* aus der gleichnamigen Serie. Statt Nickelodeon produzierte Disney die neuen Folgen. Wie in den USA wechselte auch in Deutschland der Titel: Ab Oktober 1998 hieß sie *Disneys Doug.*
Die halbstündigen Folgen liefen am Wochenende. 1999 kam »Doug – Der 1. Film« in die deutschen Kinos.

NIGHT FEVER   RTL
1998. Kurzlebige Karaokeshow mit Holger Speckhahn, in der Prominente erst montags nachts, dann am späten Samstagabend bekannte Hits zum Playback sangen und dafür Punkte bekamen. Männer traten dabei gegen Frauen an und taten so, als ginge es um die Ehre des jeweiligen Geschlechts.
Sechs Ausgaben liefen jeweils am späten Samstagabend.

NIGHTCLUB   ZDF
1968–1972. Einstündige Spätabendshow, also gegen 21.30 Uhr. Gala mit Musik, Tanz, Talk und Anekdoten.
Moderator war Dietmar Schönherr, Köpfe der Sendung waren der damalige stellvertretende ZDF-Unterhaltungschef Alfred Biolek und der Münchner Studioleiter Dietmar Posselt. Die Sendung kam etwa achtmal im Jahr live aus einer Nachtclubkulisse in München, und weil man nie genug Prominente haben kann, saßen etwa 80 bis 100 von ihnen dort herum. Stargäste der Premiere waren u. a. die Kessler-Zwillinge, Georg Kreisler, Topsy Küppers, Vic Dana und Donovan. Als sich die sinkende Zahl der Fernsehzuschauer bedrohlich der Zahl der anwesenden Prominenten näherte, wurde der Moderator ausgetauscht: Für Schönherr kam Carlheinz Hollmann. Biolek schimpfte später in der »Hörzu«: »Der Misserfolg kommt davon, dass sich die deutschen Spießer vor dem Bildschirm unter ›Nightclub‹ etwas anderes vorstellen, vor allem Striptease und Mädchen, die tanzen.« Auch der Regisseur wurde ersetzt: Für Helmut Rost kam Dieter Wendrich. Er ergänzte die Show um Striptease und Mädchen, die tanzen. Außerdem wurde sie internationaler (die strippenden Damen kamen aus dem »Crazy Horse« in Paris; es war der erste Striptease im deutschen Fernsehen), und es gab jetzt zwei vollbusige Barfrauen mit schluchtentiefen Dekolletees. 1971 verließ Hollmann die Sendung, die daraufhin eine Zeit lang ganz ohne Moderator auskam und schlicht eine Nummernrevue wurde.
Bioleks Nachfolger Ulrich Wagandt zeigte den *Nightclub* ab 1972 in Farbe und ließ ihn an Schauplätzen im Ausland gastieren. Das britische und das französische Fernsehen waren Koproduzenten. Die erste Folge kam aus London, die zweite aus Deutschland; gemeinsam führten der Australier Barry Crocker, der Deutsche Gerd Vespermann und der Franzose Albert Raisner durch die Sendung, und jeder moderierte in seiner Landessprache. In der dritten Folge aus dem »Moulin Rouge« in Paris war statt Crocker Francis Matthews dabei, der gerade als *Paul Temple* bekannt wurde. Es folgten noch ein paar Ausgaben, doch Ende 1972 war Schluss. Im Februar 1973 zeigte das ZDF abschließend einen Zusammenschnitt aus den 28 regulären Sendungen.

NIGHTMAN   PRO SIEBEN
2001. 18-tlg. US-Fantasyserie (»Nightman«; 1997–1999).
Eines Tages wird der Jazzsaxophonist Johnny Domino (Matt McColm) vom Blitz getroffen und verfügt von nun an über übernatürliche Fähigkeiten, z. B. die des Gedankenlesens. Er nutzt sie dazu, als NightMan gegen das Böse zu kämpfen und Verbrechen zu verhindern. Dabei helfen ihm sein Vater Frank (Earl Holliman) und Raleigh Jordan (Derek Webster). Jessica Rogers (Felecia Bell) gehört der Club, in dem Johnny als Musiker auftritt.
Die Serie basierte auf den Comics von Steve Englehart und lief samstagvormittags. Vier Folgen der ersten Staffel liefen nur im Pay-TV, die zweite Staffel wurde bisher nicht gezeigt.

NIGHTWASH   WDR, ARD
Seit 2001 (WDR); 2003–2004 (ARD). Halbstündige Comedyshow mit Knacki Deuser und unbekannten Komikern an einem ungewöhnlichen Ort. In einem Kölner Waschsalon treten junge und neue Künstler mit Stand-up-Comedy und Gags auf, während das Publikum mit selbst mitgebrachten Getränken vor den Waschmaschinen sitzt und gegebenenfalls sogar wäscht.
Knacki Deuser, dessen echter Vorname Klaus Jürgen ist, hatte die Veranstaltung im Juni 2000 ins Leben gerufen. 14 Monate später begann der WDR mit der Übertragung in seinem Dritten Programm, noch einmal zwei Jahre später schaffte die Show den Sprung ins Erste. Dort liefen 23 Folgen dienstags um Mitternacht, dann kehrte die Reihe in den WDR zurück. Den Comedysendeplatz am späten Dienstagabend, den es mehr als zehn Jahre gegeben hatte, schaffte die ARD ab und verlängerte die Talkshow *Menschen bei Maischberger,* was fast genauso lustig war.

NIKITA RTL 2

1999–2001. 66-tlg. US-Actionserie (»La Femme Nikita«; 1997–2001).

Die junge Nikita (Peta Wilson) wurde wegen eines Mords verurteilt, den sie nicht begangen hat. Um nicht ins Gefängnis zu müssen, arbeitet sie fortan als Geheimagentin für die Regierungsorganisation »Sektion Eins«. Auflage ist, ohne Nachfragen jeden Auftrag auszuführen, auch zu töten. Nikitas Mentor ist der attraktive Michael Samuelle (Roy Dupuis). Zwischen beiden scheint es zu knistern. Zur Sektion Eins gehören außerdem der skrupellose und einflussreiche Chef Paul »Operations« (Eugene Robert Glazer), Madeline (Alberta Watson), Seymour Birkoff (Matthew Ferguson) und Walter (Don Francks).

Die Serie basierte auf dem Film von Luc Besson aus dem Jahr 1990 mit Anne Parillaud in der Titelrolle. RTL 2 zeigte montags ab 20.15 Uhr jeweils zwei einstündige Folgen im Block; die zweite Staffel lief ab Anfang 2001 erst samstags um 20.15 Uhr und wechselte dann auf mittwochs 22.10 Uhr.

NIKLAAS, EIN JUNGE AUS FLANDERN SAT.1

1985. 52-tlg. jap. Zeichentrickserie nach dem Roman von Marie Luisa de la Ramée, Regie: Yoshiro Kuroda (»Flanders No Inu«; 1975).

Die Abenteuer des Waisenjungen Niklaas, seines Hundes Patrasch und seiner besten Freundin Aneka. Niklaas wohnt bei seinem Großvater Jehan in Flandern, und er muss viel arbeiten, um den Opa zu unterstützen. In Folge 44 stirbt schließlich auch Jehan, und Niklaas ist auf sich allein gestellt.

Eine der japanischen Kinderserien, in denen alle Figuren aussahen wie *Heidi*. Diese hatte das ZDF ausgelassen, Sat.1 zeigte sie täglich nachmittags.

NIKOLA RTL

Seit 1997. Dt. Comedyserie von Karen Wengrod und Ken Cinnamon.

Die geschiedene Krankenschwester Nikola Vollendorf (Mariele Millowitsch) aus der Rheintalklinik gerät beruflich wie privat regelmäßig mit dem selbstverliebten Arzt Dr. Robert Schmidt (Walter Sittler) aneinander: Beruflich ist er ihr Chef, privat ihr Nachbar und auch noch Vermieter. Er ist in ihren Augen arrogant, chauvinistisch und beziehungsgestört. Sie hingegen ist für ihn vorlaut, streitsüchtig und feministisch. Sie hat Ideen, er ist dagegen. Es kracht jedoch nicht nur, es knistert auch.

Nikola lebt mit ihren Kindern Peter (Eric Benz) und Stephanie (Friederike Grasshoff) zusammen. Im Haus wohnen auch zwei Kollegen von Nikola: der schwule Pfleger Tim Schenk (Oliver Reinhard) und bis Dezember 1999 die blonde Schwester Elke Pflüger (Jenny Elvers). Zur Krankenhausbelegschaft gehören die Assistenzärztin Dr. Borstel (Kerstin Thielemann), Dr. Brummel (Roland Jankowsky) und Dr. Pfund (Alexander Schottky), später außerdem die Schwestern Ela (Charlotte Bohning) und Sylke (Hannah Braun). Im Herbst 2000 wird Erik Berg (Guntbert Warns) der neue Krankenhausdirektor und vorübergehend Nikolas Freund. Ein Jahr später nimmt sie seinen Heiratsantrag an, lässt die Hochzeit dann aber platzen. Er verlässt die Klinik wieder, und Direktorin Springer (Petra Zieser) übernimmt seine Stelle.

Ende 2003 kündigt Nikola vorübergehend und hinterlässt einen hilflosen Schmidt, bei dem es keine andere Schwester aushält. Während der dienstlichen Eskapade geschieht eine private, und Nikola und Schmidt verbringen eine gemeinsame Liebesnacht, die sie aber schon am nächsten Morgen als Versehen ansehen möchten, und schon ist wieder alles beim Alten. Trotzdem passiert es wieder: Ein Jahr später wachen beide nach einer Party mit dickem Schädel auf, nackt und im selben Bett. Dieses Mal hat Folgen: Nikola ist schwanger.

Eine der spritzigsten modernen deutschen Comedys,

Nikola mit Walter Sittler und Mariele Millowitsch.

die vom Wortwitz und den Charakteren lebte und dabei fast komplett auf Plattheiten und alte Klischees verzichtete und die Kriegen-sie-sich-oder-kriegen-sie-sich-nicht-Frage herrlich auf die Spitze trieb. Das Duo Millowitsch und Sittler hatte bereits in *girl friends* überzeugt und übertraf sich hier noch. Die »SchreibWaisen« Peter Freiberg, Thomas Koch und Michael Gantenberg, die auch die RTL-Sitcoms *Ritas Welt* und *Alles Atze* erdachten, schrieben etliche der Drehbücher.

Nikola lief über Jahre mit großem Erfolg freitags um 21.15 Uhr. Im November 2003 verlegte RTL die Serie als Zugpferd auf Mittwoch um 20.15 Uhr, um dort nach Jahren der Fußballübertragungen einen Comedyabend zu etablieren, und nach einem Jahr wieder zurück auf Freitag. Für Ende 2005 ist die neunte und letzte Staffel angekündigt, womit es die Serie auf 110 Folgen brächte.

Die Serie erhielt einige wichtige Preise: die Goldene Rose von Montreux 1997, den Adolf-Grimme-Preis 1998 sowie den Deutschen Fernsehpreis 2003 für Millowitsch und Sittler als jeweils beste Sitcomdarsteller.

NILS HOLGERSSON ARD

1981–1982. 52-tlg. jap. Zeichentrickserie nach dem Roman von Selma Lagerlöf (»Nils no Fushigi na Tabi«; 1979).

Ein Wichtel verzaubert den kleinen Nils Holgersson und seinen Hamster Krümel in winzige Zwerge. Dafür versteht Nils jetzt die Sprache der Tiere. Vor den Tieren auf dem Hof seiner Eltern, die er immer geärgert hat, muss er plötzlich Angst haben, weil sie nun größer sind als er. Er nutzt die Chance zur Flucht, als sich der Gänserich Martin einer Schar Wildgänse anschließt. Martin war von den Wildgänsen gehänselt worden, weil er als ordinäre Hausgans nicht fliegen konnte, biss er allen Mut und alle Energie zusammennahm und abhob. Auf Martins Rücken reiten Nils und Krümel fortan durch die Welt und erleben viele Abenteuer.

Die halbstündigen Folgen liefen im regionalen Vorabendprogramm, oft unter dem kompletten Titel *Die wunderbare Reise des kleinen Nils Holgersson mit den Wildgänsen*. Mehrere Episoden sind auf DVD erhältlich.

NILS KARLSSON DÄUMLING ZDF

2000. 3-tlg. schwed. Kinderserie nach Astrid Lindgren (»Nils Karlsson Pyssling«; 1990). Der kleine Bertil (Oskar Löfkvist) freundet sich mit dem Däumling Nils Karlsson, genannt Nisse (Jonatan Lindoff), an.

NIMM DIR ZEIT ZDF, ARD

1991–1992 (ZDF); 1991 (ARD). Große Samstagabendshow mit Gunther Emmerlich, in Verbindung mit der Lotterie Glücksspirale. Kandidaten treten in mehreren Spielrunden an und können Zeit gewinnen – in Form von zusätzlichem bezahlten Urlaub. Die Siegprämie besteht also nicht, wie in anderen Shows, aus Geld, Sachpreisen oder Reisen, sondern eben nur in Zeit für eine Reise.

Die Spiele an sich waren dabei gar nicht so wichtig. Im Vordergrund stand der Zweck der Show – ihr Erlös wurde für den Erhalt und die Restaurierung von Baudenkmälern in Ostdeutschland verwendet. Um diesem Zweck noch größere Bedeutung zu verleihen, wurde *Nimm dir Zeit* als erste große Samstagabendshow abwechselnd von ZDF und ARD ausgestrahlt (das ZDF zeigte im Sommer zwei Ausgaben hintereinander und dadurch insgesamt zwei mehr als die ARD). Als Moderator schien niemand besser geeignet als Emmerlich, der eine starke Persönlichkeit besaß und in der DDR ein Star war. Neben ihm trat in jeder Sendung Wolfgang Stumph auf, der schon in Emmerlichs DDR-Sendung *Showkolade* regelmäßiger Gast war. »Stumpy« platzte mit Plastiktüten in die Sendung und gab seinen Senf zu allem und jedem dazu.

Während Stumph später ein gesamtdeutscher Star wurde, gelang es Emmerlich nicht, bundesweit die Massen zu faszinieren. Nach acht Sendungen war die Zeit um.

DIE NINJA-COPS RTL

1992. 13-tlg. US-Actionserie (»Nasty Boys«; 1990) Eine anonyme Polizeieinheit ermittelt auch unter Einsatz von Gewalt undercover gegen Drogenkriminalität. Nur der kluge Zuschauer weiß, dass die Herren Paul Morrissey (Jeff Kaake), Eduardo Cruz (Benjamin Bratt), Alex Wheeler (Don Franklin), Danny Larsen (Craig Hurley) und Jimmy Kee (James Pax) heißen, und natürlich ihr Chef, Lieutenant Stan Krieger (Dennis Franz). Damit sie auch sonst niemand erkennt, tragen sie Tarnmasken und schwarze Ninja-Anzüge. Auf denen steht allerdings in großen Buchstaben POLICE. Zur größeren Motivation dürfen die Jungs die Hälfte dessen behalten, was sie bei Razzien sicherstellen.

Und jetzt kommt's: Der Blödsinn basierte auf einer tatsächlich existierenden Polizeitruppe aus Las Vegas, sagte Produzent Dick Wolf.

DER NINJA-MEISTER PRO SIEBEN

1992. 13-tlg. US-Actionserie von Michael Sloan (»The Master«; 1984).

In Japan wurde der Amerikaner John Peter McAllister (Lee Van Cleef) zum einzigen westlichen Ninja-Meister ausgebildet. Jetzt ist er zurück in den USA und bringt dem jungen Lebenskünstler Max Keller (Timothy Van Patten) seine Künste bei. Gemeinsam suchen sie McAllisters Tochter. Dabei müssen sie sich vor Okasa (Sho Kosugi) und anderen Ninja-Kämpfern hüten, die hinter McAllister her sind. Sie gehören jener Sekte an, die er trotz seines Treueschwurs verlassen hat, als er bemerkte, dass sie böse waren. Die einstündigen Folgen liefen montags am Vorabend.

DIE NINJA TURTLES RTL

1998–1999. 26-tlg. US-Jugend-Actionserie nach den

Comics von Kevin Eastman und Peter Laird (»Ninja Turtles – The Next Mutation«; 1997–1998).
Realverfilmung der Zeichentrickserie *Teenage Mutant Hero Turtles:* Vier zu sprechenden Intelligenzbestien mutierte Riesenschildkröten kämpfen für das Gute: Donatello (Richard Yee), Leonardo (Gabe Khouth), Raphael (Mitchell A. Lee Yeun) und Michelangelo (Jarred Blancard). Sie leben in der Kanalisation von New York und ernähren sich vor allem von Pizza. Ihre bisher verschollene Schwester Venus de Milo (Nicole Parker) unterstützt sie, die Riesenratte Splinter (Fiona Scott) ist ihr Mentor.
Zwischen dieser Kostümserie und der Trickversion hatte es bereits drei erfolgreiche »Turtles«-Realfilme im Kino gegeben.

NIP/TUCK – SCHÖNHEIT HAT IHREN PREIS   PRO SIEBEN
Seit 2004. US-Arztserie von Ryan Murphy (»Nip/Tuck«; seit 2003).
Die Schönheitschirurgen Christian Troy (Julian McMahon) und Sean McNamara (Dylan Walsh) betreiben eine gemeinsame Privatklinik in Miami. Christian ist ein Draufgänger und Frauenheld, und das nutzt er oft, um potenzielle Patientinnen anzulocken. Wenn es um seinen beruflichen Erfolg geht, ist er skrupellos. Sean ist das zuwider. Er ist ein bodenständiger Familienvater und ehrenwerter Arzt, nimmt den Job ernst und sieht auch die Schattenseiten. In seiner Familie mit Frau Julia (Joely Richardson) und Sohn Matt (John Hensley) kriselt es allerdings.
Blutrünstige Serie, die dem Genre der Arztserie eine neue Dimension gab und den Kalauer liebte. Die Korrektur eines falsch eingesetzten Po-Implantats in letzter Minute wird mit den Worten kommentiert: »Da hast du mir ja gerade noch den Arsch gerettet.«
Noch bevor die Serie in Deutschland startete, ging der uninspirierte deutsche Abklatsch *Beauty Queen* bei RTL auf Sendung und floppte. Das Original lief wenig später nicht ganz so erfolglos mit einstündigen Folgen dienstags um 21.15 Uhr.

NIRGENDWO IST POENICHEN   ARD
1979–1980. 19-tlg. dt. Familiensaga nach dem Roman von Christine Brückner. Fortsetzung von *Jauche und Levkojen.*
1945 verlässt Maximiliane Quint (Ulrike Bliefert) mit ihren Kindern Golo (als Kind: Sascha Mieke; später: Marcus Helis), Edda (als Kind: Eva Wehner; später: Eva Behrmann), Viktoria (als Kind: Cornelia Rosenfeld; später: Ute Christensen) und Mirka (als Kind: Angelika Riess; später: Bettina Friedrich) das pommersche Poenichen und macht sich auf den Weg nach Westen. Sie kommen nach Kalifornien und verteilen sich schließlich in alle Himmelsrichtungen. Rastlos besucht Maximiliane ihre Kinder, wird eigentlich nie sesshaft, kommt aber letztendlich ins inzwischen polnische Poenichen zurück und zur Ruhe.

Wie schon bei der Vorgängerserie liefen die 25-minütigen Folgen im regionalen Vorabendprogramm und wurden später in den Dritten Programmen in 45- oder 90-minütigen Folgen wiederholt.

NO SEX   RTL 2
2002. Infotainmentmagazin mit Jasmin Wiegand.
Irgendwann lohnte sich der mit »Ballermann«-Reportagen schwer erarbeitete Ruf als »Tittensender« für RTL 2 nicht mehr, und der Sender beschloss, sich wenn schon, dann radikal von Erotik im Programm zu verabschieden. *No Sex* entstand als neues Lifestyle- und Partnerschaftsmagazin, das tatsächlich – abgesehen von Baggertests der blonden Berliner Radiomoderatorin Gerlinde – fast vollständig auf das Thema verzichtete und im Titel den neuen Senderkurs fast ironisch kommentierte.
Fester Bestandteil der Sendung war der Bernhardiner Joseph, der an der Seite der Moderatorin einen attraktiven Bettvorleger spielte. Ab August moderierte Antje Diedrichs statt Jasmin Wiegand. 14 Ausgaben liefen donnerstags um 21.20 Uhr.

NO SPORTS   SAT.1
1994. Wöchentliche Late-Night-Show mit Reinhold Beckmann – nach Ansicht führender Sat.1-Mitarbeiter die peinlichste Show in der Sendergeschichte und nach Ansicht Beckmanns die peinlichste Show in seiner eigenen Geschichte.
Angekündigt wurde sie als »schnelle, freche Party«. Im Kölner Cinedom begrüßte Beckmann mehr oder weniger prominente Gäste. In der ersten Sendung fragte er die Gattinnen der SPD-Troika, Hillu Schröder, Jutta Scharping und Christa Müller, wie es sich mit der öffentlichen Kritik an der immer »falschen Kleidung, dem falschen Wein, der falschen Sehhilfe« lebe. Wie ein richtiger Late-Night-Talker hatte Beckmann eine eigene Live-Band und setzte sich zeitweise hinter den Schreibtisch, um einen »frechen Wochenrückblick« zu veranstalten. Der Titel *No Sports* war irgendwie augenzwinkernd gemeint (die Sendung lief direkt nach der Freitagsausgabe von *ran,* deren Chef Beckmann war), traf aber nicht ganz zu: Premierengast war u. a. die Vizeweltmeisterin der Fahrradboten.
Versuche, die Quote mit Tabubrüchen in die Höhe zu treiben, gingen in jeder Hinsicht schief. Beckmann schickte Stefan Raab, damals noch bei VIVA, als Reporter auf den Bundespresseball, wo er Besucherinnen auf der Damentoilette zu Live-Interviews drängte und Bundespräsident Roman Herzog aufforderte, »Backe, backe, Kuchen« zu singen. Die Veranstalter formulierten hinterher, sie sähen sich »gerne gezwungen«, künftig auf Sat.1-Teams zu verzichten; Beckmann entschuldigte sich bei Herzog. Die »Bild am Sonntag« nannte *No Sports* eine »Schmuddel-Show«, die »wirklich keine Verletzung zivilisierter Umgangsformen« auslasse; die »Berliner Zeitung« schrieb, die Interviews reichten »von plumper Anmache bis hin zu widerlichen Schnüffeleien im Liebesleben der Gesprächspartner«.

Der Redaktionsleiter erklärte öffentlich, *No Sports* sei ein »gewöhnungsbedürftiges Produkt«. Zur Erleichterung aller Beteiligten entschied sich Sat.1 nach zehn Ausgaben, nicht auf einen hypothetischen Gewöhnungseffekt zu warten – offiziell, weil Beckmann sich durch die Doppelbelastung als Sportchef und Moderator überfordert sah. Mit der Show wollte Beckmann seine große Unterhaltungskarriere starten. Nach dem Flop lag die bis zu seinem Senderwechsel auf Eis. In der ARD funktionierten (unter dem Namen *Beckmann*) dann auch plumpe Anmache und widerliche Schnüffeleien.

NOBLE HOUSE — ZDF
1988–1989. 4-tlg. US-Drama von Eric Bercovici nach dem Bestseller von James Dumaresq Clavell, Regie: Gary Nelson (»Noble House«; 1988).

Alastair Struan (Denholm Elliott) hat Ian Dunross (Pierce Brosnan) zum »Tai-Pan«, zum mächtigen Chef seines Exportunternehmens Struan & Co. gemacht. Es ist das »Noble House«, das größte Handelsunternehmen in der britischen Kronkolonie Hongkong. Doch das Unternehmen gerät in Schwierigkeiten. Dunross' größter Konkurrent, Quillan Gornt (John Rhys-Davies), versucht alles, das Noble House in den Ruin zu treiben. Der Amerikaner Lincoln Bartlett (Ben Masters), dem das Unternehmen Par-Con-Industries gehört, soll Dunross helfen. Er kommt mit seiner Vizepräsidentin Casey Tcholok (Deborah Raffin) nach Hongkong und versucht selbst, eine Vormachtstellung auf dem Markt zu erringen, taktiert mit Gornt und gerät zwischen die Fronten.

Die vier Teile hatten Spielfilmlänge.

NOCH MAL MIT GEFÜHL — VOX
2000–2005. 63-tlg. US-Familienserie von Marshall Herskovitz und Edward Zwick (»Once And Again«; 1999–2002).

Lily Manning (Sela Ward) und Rick Sammler (Billy Campbell) verlieben sich ineinander. Für beide ist das überraschend, denn beide sind Anfang 40, von ihren Ex-Partnern getrennt und haben nicht mehr daran geglaubt, sich noch mal wie Teenager zu verknallen. Leider können sich weder Lilys Töchter Grace (Julia Whelen) und Zoe (Meredith Deane), 14 und neun Jahre alt, noch Ricks 16- und neunjährige Kinder Eli (Shane West) und Jessie (Evan Rachel Wood) mit der Beziehung ihrer Eltern anfreunden. Ricks geschiedene Frau Karen (Susanna Thompson) und Lilys Nochehemann Jake (Jeffrey Nordling) sorgen für zusätzliche Probleme.

Jede Episode dauerte eine Stunde. 22 Folgen wurden zunächst angekündigt und 13 dienstags um 21.10 Uhr gezeigt, die restlichen 50 Folgen wurden erst vier Jahre später werktags kurz nach 13.00 Uhr erstausgestrahlt.

NONNI UND MANNI — ZDF
1988–1989. 6-tlg. isländische Abenteuerserie nach dem Buch von Jón Svensson, Regie: Ágúst Guðmundsson (»Nonni & Manni«; 1988).

Island im 19. Jh.: Nach dem Tod ihres Vaters kümmert sich dessen Freund Harald (Luc Meranda) um die zwölf und acht Jahre alten Brüder Nonni (Gardar Thor Cortes) und Manni (Einar Örn Einarsson), die mit ihrer Mutter Sigrid Jonsdottir (Lisa Harrow) und der Großmutter (Concha Hidalgo) auf einem Bauernhof leben. Als Harald unter Mordverdacht gerät, flüchtet er. Nur Nonni und Manni glauben an Haralds Unschuld und helfen ihm, diese zu beweisen.

In der Tradition der ZDF-Weihnachtsserien liefen auch diese sechs einstündigen Folgen zwischen Weihnachten und Neujahr täglich am Vorabend.

NONSTOP NONSENS — ARD
1975–1980. Erfolgreiche Slapstick-Comedy-Show von und mit Dieter Hallervorden, Regie: Heinz Liesendahl.

Jede Folge hatte eine Rahmenhandlung mit Hallervorden in der Hauptrolle, der Tücken des Alltags überwinden muss (Rendezvous, Hochzeit, Urlaub, Umzug, Preisausschreiben) oder verschiedene Jobs durchprobiert (Torwart, Taxifahrer, Polizist, Kellner). Hallervordens Spielpartner waren vor allem Kurt Schmidtchen, Rotraud Schindler und Gerhard Wollner. Die Rahmenhandlung wurde meist in vier Teile zerstückelt und von abgeschlossenen Sketchen unterbrochen, die im Wesentlichen daraus bestanden, dass Hallervorden mit Hut, schriller Stimme, schrägen Grimassen und absurden Anliegen Kurt Schmidtchen in den Wahnsinn trieb, sei es als Opernzuschauer, der nicht den blassesten Schimmer vom Geschehen hat, oder als Kunde einer Zoohandlung, der unbedingt ein Zirpelschwein kaufen will. Am Anfang und Ende moderierte Hallervorden in einem Studio vor Live-Publikum. Immer am Ende der Sendung, nach dem Abspann, führten die Darsteller den »gespielten Witz« vor. Interessant war die Kameraeinstellung bei der Ansage des Witzes: Während der Abspann über den Bildschirm lief, stand Hallervorden mit dem Rücken zu Kamera, die die Reaktionen des Publikums einfing.

Berühmt wurde der Witz mit der Flasche Pommes frites aus Folge 3 (»Palim, palim!«). Weitere Klassiker wurden u. a. der Sketch mit Didi auf einer belebten Kreuzung, der den gesamten Verkehr aufhält, weil er alle Autofahrer befragt, wie doch gleich die Titelmelodie aus »Doktor Schiwago« ging (»Schneuf-schneuf-di-schneuf ...«), sowie der Sketch mit Didi als Butler, der seinem Herrn mitteilt, die Kuh Elsa sei gestorben, und erst allmählich und beiläufig damit rausrückt, dass dies die Folge eines Scheunenbrands war, ausgelöst durch den Funkenflug des abgebrannten Landsitzes, der durch den Sturz seines Sohnes entfacht wurde, der sich dabei beide Arme brach und den Kerzenleuchter fallen ließ, nur weil er es ein wenig nett machen wollte zur Beerdigung der Ehefrau.

1975 und 1976 lief jeweils nur eine Folge. Die Hauptfigur der Rahmenhandlung hieß damals noch Herr Slap (angelehnt an Slapstick). Als regelmäßige Serie startete *Nonstop Nonsens* erst 1977, und jetzt wurde Hallervorden zu Didi. Drei Staffeln mit je sechs Folgen liefen monatlich jeweils dienstags zur Primetime. Jede Folge dauerte 45 Minuten, was mutig war, da die Frequenz von Hallervordens Didi-Stimme schon nach zehn Minuten Kopfschmerzen verursachte.

Im Februar 1980 folgte eine Spezialausgabe mit dem Titel »Nonsens nach Noten«, die Didis beste Lieder beinhaltete, durch eigens produzierte Stummfilmszenen unterstützt, darunter »Larry Stiletti vom Syndikat«, »Doof bleibt doof, da helfen keine Pillen« und »Freibier (Gratis saufen kostet nix)«. Im April 1980 gab es noch ein weiteres Best-of. Über die Jahrzehnte folgten mehrere Reinkarnationen desselben Materials. 1993 schnitt die ARD aus der alten Serie 20 halbstündige Folgen zusammen; vier Zusammenschnitte wurden als *Mixed Pickles* gesendet. Zwei Jahre später wurde wiederum neu gemischt und das bisherige Material auf 24 Folgen verteilt, die jetzt noch einmal fünf Minuten kürzer waren und im Vorabendprogramm gezeigt wurden.

DIE NORDLICHTER ZDF
1988. 12-tlg. dt. Jugendserie.
Herbert Krützmann (Horst Janson) hat seinen Job als Werftarbeiter in Bremerhaven verloren. Mit Ehefrau Hannelore (Herlinde Latzko) und den Kindern Kerstin (Anne-Kristin Missal), Anna (Tanja Zielke) und Markus (Simon Jacombs) zieht er von der Nordseeküste an den Bodensee, wo Hannelores Vater Otto Gassner (Fritz Bachschmidt) früher eine Autowerkstatt hatte, die Herbert neu eröffnen kann. Doch der Neustart ist für alle mit Hindernissen verbunden, die Kinder fühlen sich in der fremden Umgebung nicht wohl, und die einheimischen Schwaben begegnen den Nordlichtern mit Argwohn.
Die 25-minütigen Folgen liefen samstags nachmittags. Der KI.KA zeigte die Serie später auch als Sechsteiler.

DER NOTARZT – RETTUNGSEINSATZ IN ROM DF1
→ Der Notarzt von der Tiberinsel

DER NOTARZT VON DER TIBERINSEL KABEL 1
1994. 8-tlg. ital. Arztserie von Ennio De Concini (»Pronto Soccorso«; 1989). Dr. Aiace (Ferruccio Amendola) führt die Erste-Hilfe-Station einer Klinik in Rom und liebt Giovanna (Barbara De Rossi).
Die Folgen hatten Spielfilmlänge. Kabel 1 zeigte sie samstags am Vorabend. Im Pay-TV DF 1 lief die Serie unter dem Titel *Der Notarzt – Rettungseinsatz in Rom*.

DIE NOTÄRZTIN KABEL 1
→ Immer im Einsatz – die Notärztin

NOTARZTWAGEN 7 ARD
1976–1977. 13-tlg. dt. Arztserie von Bruno Hampel, Regie: Helmut Ashley.
Dr. Barbara Kersten (Emely Reuer) und Dr. Brandenberg (Joachim Bliese) retten im Notarztwagen mit der Nummer 7 Menschenleben. Die halbstündigen Folgen liefen im regionalen Vorabendprogramm.

NOTAUFNAHME RTL
1995. 13-tlg. dt. Krankenhausserie.
Alltag in der Notaufnahme: Die Ärzte Dr. Herzog (Henner Quest), Dr. Pia Mewes (Kerstin Reimann) und Dr. Schmidt (Olaf Ploetz) und die Pfleger und Schwestern Niko (Matthias Haase), Hanna (Lisa Kreuzer), Biggi (Anna Böttcher) und Elvis (Nikolaus Schlieper) versuchen, Leben zu retten.
Die einstündigen Folgen liefen donnerstags gegen 22.00 Uhr und waren originalgetreue Adaptionen der BBC-Serie »Casualty«.

NOTIZEN AUS DER PROVINZ ZDF
1973–1979. Halbstündige politische Satirereihe von und mit Dieter Hildebrandt. Die Sendung parodierte Politmagazine, der Kabarettist Hildebrandt moderierte in einem entsprechenden Stil am Schreibtisch Beiträge an. Die Reihe lief sehr erfolgreich einmal im Monat am Sonntag um 21.00 Uhr.
Das ZDF hatte offenbar ein eher harmloses, lustiges Magazin erwartet und kündigte *Notizen aus der Provinz* als »amüsanten Reflex auf Zeiterscheinungen« an, doch Hildebrandt wurde zunehmend schärfer. Immer wieder protestierten vor allem konservative Politiker gegen die satirisch-kritischen Inhalte, z. B. 1978 der medienpolitische Sprecher der CDU, Christian Schwarz-Schilling, der sich in einem Brief an den Intendanten beschwerte, Hildebrandt habe ihn in »übler, journalistisch unqualifizierter Weise« diffamiert, als er einen von Schwarz-Schilling nachträglich gestrichenen Satz aus einem *heute-journal*-Interview verwendete. 1975 setzte das ZDF eine Ausgabe zum Thema Abtreibung ab, 1977 eine über Terrorismus. Im Jahr dazwischen wurde Hildebrandt für die Reihe mit dem Grimme-Preis mit Bronze geehrt.
Ab Januar 1978 gab es beim ZDF eine Dienstanweisung, dass dokumentarisches Material, das die *Notizen* immer wieder in die neu gedrehten Beiträge eingebaut hatten, nicht mehr für solche Zwecke verwendet werden dürfe – dadurch verlor die Sendung an Schärfe. Ein Jahr später verlor sie den Schreibtisch. Hildebrandt hatte eine neue Studiodekoration und die Sendung nicht mehr den Zusatz »Magazin« sondern »Satirische Randbemerkungen«, weil man, so Hildebrandt, beim ZDF der Meinung sei, »dass Schreibtisch und Magazincharakter das Publikum verleiten könnten, die Sendung ernst zu nehmen«. Für das Wahljahr 1980 verordnete Programmdirektor Dieter Stolte der Reihe nach 66 Folgen eine »Denkpause« – vermutlich, um sich bei den Politikern beliebt zu machen: Er musste schließlich von Politikern zum Intendanten gewählt werden. Die Pause endete nie, Hildebrandt wechselte zur ARD, wo er ein halbes Jahr später mit *Scheibenwischer* auf Sendung ging.

NOTIZEN VOM NACHBARN ARD
1969–1971. 13-tlg. Doku-Reihe mit Sozialreportagen von Elmar Hügler.

Die Filme zeigen normale Leute bei mehr oder weniger besonderen Anlässen wie Hochzeit, Examen oder Tanzstunde. In der ersten Folge heiraten eine Sekretärin und ein Starfighter-Pilot, mehrere andere Menschen bringen Kinder zur Welt, ein Dockmeister wird pensioniert, und in der letzten Folge zieht ein älteres Ehepaar aus gesundheitlichen Gründen ins Altersheim.

Hügler verzichtete dabei – was damals sehr ungewöhnlich war – auf jeden Kommentar und blendete allenfalls gelegentliche Zwischentitel ein, ansonsten war der Originalton zu hören. Die 45-Minuten-Filme liefen in loser Folge zur Primetime.

NOTRUF RTL
Seit 1992. Reality-TV-Magazin. Hans Meiser präsentiert spektakuläre Unfälle und dramatische Rettungsaktionen, die sich wirklich zugetragen haben, für die Sendung jedoch nachgestellt werden.

Vorbild war die US-Reihe »Rescue 911«. Von dieser Sendung wurden zunächst auch alle Beiträge übernommen und synchronisiert. Im Lauf der Zeit produzierte RTL immer mehr eigene Clips, bis man schließlich ganz auf die eingekaufte Ware verzichtete. Obwohl es nicht die erste Reihe des Genres war (Tele 5 war bereits ein Jahr zuvor mit *Polizeireport Deutschland* gestartet), begann mit *Notruf* eine ganze Welle der so genannten Reality-TV-Shows, die in die Kritik gerieten, weil in anderen Sendungen zum Teil keine nachgestellten Filme gezeigt wurden, sondern Kameraleute wirkliche Retter bei ihren Einsätzen begleiteten und damit die Rettungsarbeiten behindert haben sollen. *Notruf* selbst konnte man allenfalls Voyeurismus vorwerfen. (Und unterirdische Schauspielerei und Moderation natürlich.) Andererseits will eine Studie herausgefunden haben, dass nach dem Anschauen der Sendung mitunter der Wille zur Hilfsbereitschaft stieg.

Notruf ist die mit Abstand erfolgreichste und langlebigste Reihe des neuen Genres und lief sogar weiter, als längst eine neue Welle das Fernsehen erreichte, die wieder »Reality« genannt wurde, aber etwas völlig anderes war (seit *Big Brother* wurden Sendungen so bezeichnet, die Kandidaten in künstlich herbeigeführte Situationen versetzten).

Jede Sendung ist eine Stunde lang. Sendeplatz war anfangs donnerstags, 21.15 Uhr. Die Reihe wanderte später über verschiedene andere Sendeplätze und fand letztlich einen neuen Stammplatz am Sonntag um 19.10 Uhr. Zusätzliche halbstündige Ausgaben namens *Notruf täglich* liefen 1998 bis 1999 werktags mittags und 2001 werktags vormittags. Im Herbst 2000 kam außerdem ein Printmagazin zur Sendung auf den Markt, das über Rettungseinsätze berichtete.

NOTRUF CALIFORNIA RTL
1993. 89-tlg. US-Actionserie (»Emergency!«; 1972–1977).

Die Einheit 51 der Feuerwehr von Los Angeles arbeitet eng mit dem örtlichen Rampart-Hospital zusam-

Das Feuer ist bestimmt nur nachgestellt. Hans Meiser in *Notruf*.

men. Die Ärzte Dr. Kelly Brackett (Robert Fuller), Dr. Joe Early (Bobby Troup) und Dr. Mike Morton (Ron Pinkard) sowie Oberschwester Dixie McCall (Julie London) versorgen die Brandopfer, die die Feuerwehrleute John Gage (Randolph Mantooth) und Roy DeSoto (Kevin Tighe) ins Krankenhaus bringen. Feuerwehrchef ist anfangs Captain Hammer (Dick Hammer), dann Captain Hank Stanley (Michael Norell). Chester »Chet« B. Kelly (Tim Donnelly), Marco Lopez (Marco Lopez) und Mike Stoker (Mike Stoker) sind weitere Feuerwehrmänner.

Produzent der Serie war Jack Webb, der bereits mit *Polizeibericht* für seinen halbdokumentarischen Erzählstil berühmt geworden war, den er auch hier wieder praktizierte. Die einstündigen Folgen liefen werktags am frühen Nachmittag.

NOTRUF TÄGLICH RTL
→ Notruf

NOTSIGNALE ZDF
1976–1986. 9-tlg. Fernsehspielreihe, die eine größere Sensibilität für Signale wecken wollte, die Ausgestoßene, psychisch Kranke oder Süchtige aussenden, und den Betroffenen konkrete Hilfen und Behandlungsmöglichkeiten eröffnete. Die erste Sendung schilderte die Leidensgeschichte von Barbara (Helga Kraus), die langsam dem Alkohol verfällt. Die spielfilmlangen Folgen entstanden nach Fällen

des Max-Planck-Instituts für Psychiatrie. Bis 1978 zeigte das ZDF sechs Filme, bis 1986 in loser Folge weitere drei.

NOVAK ARD
1991–1992. 18-tlg. dt. Krimiserie von Felix Huby.
Kommissar Kurt Novak (Klausjürgen Wussow) lässt sich nicht so leicht abschieben. Er ist Alkoholiker (aber inzwischen trocken) und deshalb auf einen Posten in einem Kellerbüro versetzt worden, auf dem er nichts anrichten kann. Mit den Ermittlungen ist jetzt sein unsympathischer Nachfolger Karl Kammerlocher (Wilfried Baasner) betraut. Novak soll nur noch die Berichte schreiben. Doch er hat weiterhin einen scharfen Verstand und entdeckt immer wieder Ungereimtheiten. Denen geht er nach, und so führt er doch wieder selbst Ermittlungen durch. Die Polizeireporterin Eva Larek (Ilona Grübel) und Laborleiter Manfred Lause (Hermann van Ulzen) unterstützen ihn. Novak wohnt in einer Pension, die von Franz (Jörg Pleva) geführt wird.

Die einstündigen Folgen dieser billig auf Video gedrehten Serie liefen im regionalen Vorabendprogramm.

NOWHERE MAN – OHNE IDENTITÄT RTL
1997–1998. 25-tlg. US-Mysteryserie von Lawrence Hertzog (»Nowhere Man«; 1995–1996).
Weil er ein brisantes Foto gemacht hat, wird der Fotograf Thomas Veil (Bruce Greenwood) in einer gigantischen Verschwörung seiner Identität beraubt. Er geht in einem Restaurant nur kurz zur Toilette, danach kennt ihn seine Frau Alyson (Megan Gallagher) nicht mehr und ist plötzlich mit einem anderen verheiratet. Seine Kreditkarte funktioniert nicht mehr, seine Schlüssel passen nicht mehr, sein bester Freund ist ermordet worden, und Thomas selbst will niemand je zuvor gesehen haben. Ohne Identität flüchtet er quer durch die USA und macht sich auf die Suche nach dem Beweis dafür, dass es ihn gibt.

Die einstündigen Folgen liefen dienstags gegen 23.10 Uhr. Die Serie wurde nach einer Staffel abgesetzt und das Rätsel nie aufgelöst. Sie teilte dieses Schicksal mit den Serien *Das Geheimnis der blauen Krone* und *Der Fall John Doe!*, in denen ebenfalls die Suche von Männern nach ihrer Identität durch die Einstellung der Serie torpediert wurde.

NUDNIK ARD
1984. »Flops pflastern seinen Weg«. 6-tlg. US-Zeichentrickserie von Gene Deitch (»The Nudnik Show«; 1965).
Der kleine Chaot Nudnik schlittert von einer Alltagskatastrophe in die nächste. Die zehnminütigen Folgen liefen im Nachmittagsprogramm.

NULL-ACHT-13 ARD
2001–2003. »TV für Neugierige«. Halbstündiges Reportagemagazin für Kinder am Samstagvormittag. Moderator war zunächst Mike Hager, im Januar 2003 übernahm der als Popsänger Oli. P bekannt gewordene Soap-Darsteller Oliver Petszokat.

0137 PREMIERE
1991–1993. Puristische Interviewsendung mit Roger Willemsen.
In einem schlichten Studio empfing Willemsen an einem einfachen Tisch nacheinander drei Gesprächspartner. Es waren oft außergewöhnliche Gespräche mit außergewöhnlichen Menschen. Willemsen sprach mit drei jugendlichen Autoknackern, einem Bankräuber mit Berufsethos, einer Ex-Geliebten Fidel Castros, die ihn für die CIA vergiften sollte, einem Inzestopfer sowie der Mutter eines Mauerschützen und der eines Mauerschützenopfers. Vielleicht außergewöhnlichster Gast war Roland Wedlich, der wegen eines Bankraubs zu 15 Jahren Haft verurteilt worden war, ausbrach, sich aber nicht über die Grenze absetzte, sondern nach Öffentlichkeit suchte, um die Haftbedingungen anzuprangern, und schließlich Kontakt mit der Redaktion von *0137* aufnahm. Noch während der Sendung riegelte ein Einsatzkommando der Polizei das Studiogelände ab, stürmte den Sender, überwältigte Wedlich und führte ihn ab.

Die Reihe schrieb Fernsehgeschichte und begründete Willemsens Ruf als hervorragender Interviewer. Er wurde für sie 1993 mit dem Bayerischen Fernsehpreis und dem Adolf-Grimme-Preis mit Gold ausgezeichnet.

Als Vertretung für Willemsen führte Sandra Maischberger die Gespräche. Im Februar 1993 wurden Margret Deckenbrock und Hubert Winkels die neuen Moderatoren. Die Sendung lief werktags unverschlüsselt zwischen 19.30 Uhr und 20.15 Uhr im sonst codierten Pay-TV. »0137« war die Vorwahl des Ted-Computers, mit dem die Zuschauer aus mehreren Vorschlägen einen Gast auswählen konnten. Ab Mai 1993 gab es ferner den »0137 Night Talk«, eine Call-In-Show mit Bettina Rust.

NULL IST SPITZE ARD
1982. 6-tlg. brit. Comedy-Fantasy-Serie für Kinder von James Andrew Hall nach den Büchern von Helen Cresswell (»The Bagthorpe-Saga«; 1981).
Eine fast normale britische Familie, diese Bagthorpes: Mutter Laura (Angela Vorne) ist eine unfähige Briefkastenoma, Vater Henry (Edward Hardwicke) ein neurotischer Comedyautor, die Oma klaut beim »Scrabble«-Spielen immer das Q, die Nichte Daisy (Rebecca Lalonde) zündelt bei jeder Gelegenheit. Nur der kleine Jack (Richard Orme) scheint wirklich normal zu sein – außer dass er in die Zukunft sehen kann, natürlich. Sein Hund Null dagegen kann nichts, wird aber trotzdem ein Star, als ein Fernsehteam über die Familie herfällt.

Die halbstündigen Folgen liefen sonntagnachmittags.

NUMB3RS PRO SIEBEN
Seit 2005. US-Krimiserie von Cheryl Heuton und Nicolas Falacci (»Numb3rs«; seit 2005).

Bei besonders schwierigen Fällen lässt sich FBI-Agent Don Eppes (Rob Morrow) von seinem jüngeren Bruder Charlie (David Krumholtz) helfen. Der ist Uniprofessor und ein Mathematikgenie und kann durch logisches Denken wesentlich mehr zur Lösung der Fälle beitragen, als nur festzustellen, dass, wenn nach der ersten Leiche noch eine weitere gefunden wird, das dann wohl zwei sind. Dons richtige Kollegen sind der junge David Sinclair (Alimi Ballard) und, allerdings nur in den ersten Folgen, die hübsche Terry Lake (Sabrina Lloyd). Charlies Unikollege Dr. Larry Fleinhardt (Peter MacNicol) sähe es gern, wenn Charlie sich etwas mehr um die Universität und weniger um das FBI kümmern würde. Und Dons und Charlies Vater Alan (Judd Hirsch) freut sich über die gute Zusammenarbeit seiner Söhne, weiß aber um das Konfliktpotenzial im Konkurrenzdenken der beiden.

Produzenten waren die Brüder und Filmregisseure Tony (»Top Gun«, »Staatsfeind Nr. 1«) und Ridley Scott (»Thelma & Louise«, »Gladiator«). Es war ihre erste Fernsehserie.

NUMMER SECHS ZDF

1969–1970. 13-tlg. brit. Mysteryserie von Patrick McGoohan (»The Prisoner«; 1967–1968).

Ein Geheimagent (Patrick McGoohan) wird von einer namenlosen Organisation entführt, weil er seinen Job an den Nagel gehängt hat. Er wacht in einem Ort namens »The Village« auf. Er trägt ein blaues Sakko mit weißer Paspel und einem Button am Revers – darauf ein Hochrad mit einem Sonnenschirm und die Zahl 6. Er ist jetzt nur noch eine Nummer, wie alle anderen in diesem mysteriösen Ort auch. Niemand weiß, wer die Gefangenen sind und wer die Wärter. Ein total überwachter Ort, der einen abgeschlossenen Kosmos aus reiner Paranoia darstellt.

Sein Gegenspieler ist Nummer 2. In jeder Folge versucht Nummer 2 erneut herauszubekommen, warum Nummer 6 den Dienst quittiert hat. Wenn er dieses Geheimnis preisgibt, wird er auch alles andere erzählen. Dabei werden alle Register gezogen: Täuschung durch eine falsche Liebhaberin, Drogen, Hypnose, Amnesie, Konfrontation mit einem Doppelgänger, der seinen Platz einnimmt, um ihn wahnsinnig zu machen, bis hin zu einem Körpertausch! Doch man hat die Rechnung ohne Nummer 6 gemacht – die Inkarnation des freien Willens. Nummer 6 widersteht allen Versuchen, und Nummer 2 muss jeweils gehen, weil er oder sie versagt hat. In der letzten Folge gelingt es Nummer 6, das System zur Implosion zu bringen und sogar Nummer 1 zu enttarnen. Es ist: Nummer 6.

Der verwegene Schluss, der den Zuschauergewohnheiten nicht entsprach, indem er keinen »bösen Oberschurken« lieferte, rief in England bei der Erstausstrahlung einen solchen Sturm der Entrüstung hervor, dass McGoohan Morddrohungen erhielt und mit seiner Familie auswanderte.

Gedreht wurde die Serie – außer im Studio – in dem walisischen Küstenort Portmeirion. Hier hatte sich der reiche Architekt Sir Clough Williams-Ellis im 19. Jh. eine künstliche Kleinstadt bauen lassen, die aus bizarren architektonischen Versatzstücken verschiedener Gegenden und Jahrhunderte besteht. Die zeit- und ortlose Atmosphäre war der perfekte Hintergrund für Nummer 6. Noch heute pilgern jährlich Tausende von Fans hierher, halten die jährlichen »Prisoner Conventions« ab und decken sich im Andenkengeschäft mit Fanartikeln jeder Art ein.

Viele Spekulationen gab es darüber, ob McGoohan die Rolle des Agenten aus *Geheimauftrag für John Drake*, die er zuvor gespielt hatte, hier fortsetzte. Immerhin war auch Nummer 6 ein früherer Geheimagent, und sein Name wurde nie genannt. McGoohan selbst bestritt, dass es sich um Drake handle. Zumindest das Geheimnis um das Hochrad mit Sonnenschirm lüftete er in einem seiner wenigen Interviews – es sei eine tragische Karikatur darauf, dass der Mensch mit all seinem Streben nach Fortschritt und der Entdeckung des Unbekannten immer auch Sicherheit garantiert haben will. Einer von vielen menschlichen Widersprüchen und Abgründen in den Klüften zwischen Denken und Fühlen, die den Stoff für die Serie darstellten. Für viele Fernsehkritiker gilt *Nummer sechs* als eine der größten Leistungen des Mediums, die mit ihrer Rätselhaftigkeit und Originalität ein Phänomen produzierte, das höchstens noch mit *Das Geheimnis von Twin Peaks* vergleichbar ist. Vier besonders verstörende Folgen wurden in Deutschland nicht gezeigt.

Jede Folge war eine Stunde lang. Das ZDF strahlte sie im Abstand von jeweils mehreren Wochen samstags gegen 23.00 Uhr aus.

NUR DIE LIEBE ZÄHLT RTL, SAT.1

1993–1994 (RTL); seit 1995 (Sat.1). Beziehungsshow mit Kai Pflaume.

Pflaume verkuppelt Menschen, meist indem er einen irgendwo überrumpelt und ihm vor Ort in einem Wohnmobil eine Videokassette des heimlichen Verehrers vorführt. Im Studio spielt Pflaume auch den Vermittler für Paare, die sich zerstritten haben. Derjenige, der um Verzeihung bittet, beweist dann gern, dass seine Liebe größer ist als sein Schamgefühl und sein Gesangstalent, und trägt live einen Schlager mit neuem Text vor, in dem er sich konkret für seine Fehler entschuldigt oder einfach die schöne Zeit besingt, die beide hatten, auch als er ins Gefängnis musste und die Schulden den beiden über den Kopf wuchsen und sie nicht mehr wussten, wohin.

Am Ende heulen dann alle, bis auf Kai Pflaume, der sachte die Kleenex rüberschiebt. Und wenn z. B. eine Frau den Kerl trotz aller Bettelei doch nicht zurück will, bekommt der meist so viel Post von mitleidigen Zuschauerinnen, dass er in der nächsten Sendung wiederkommt, eine von ihnen trifft und einen Gutschein für ein romantisches Abendessen erhält. Die Show bietet aber auch Platz für Liebeserklärungen aller Art bei glücklichen Paaren und sorgt – ähnlich wie *Die Rudi Carrell Show* Ende der 80er-Jahre – für ungeahnte Wiedersehen von Paaren oder Familien, die aus irgendeinem Grund weit auseinander leben.

Adaption der niederländischen Show »All You Need Is Love«. RTL zeigte 16 einstündige Ausgaben, zunächst sonntags, dann samstags jeweils um 19.10 Uhr.

Als der Sender die Show 1994 absetzte, kaufte Sat.1 die Rechte bei Produzent John de Mol und nahm die Sendung auf, mit gleichem Konzept (die Versöhnungsversuche gab es bei RTL noch nicht, dafür fiel bei Sat.1 die Möglichkeit weg, per Videokontaktanzeige zehn Bewerber zu treffen, unter denen man während der Show einen auswählen durfte), gleichem Moderator und sogar wieder dem ursprünglichen Sendeplatz, sonntags gegen 19.00 Uhr. Dort lief sie staffelweise, jetzt 75 Minuten lang, meist im Sommer und Winter in den Spielpausen der Fußballbundesliga, wenn *ran* aussetzte. Titelsong war jetzt der Beatles-Hit »All You Need Is Love« (RTL hatte eine Eigenkomposition verwendet), der der Show bereits im Original als Titelsong und Namensgeber diente.

In Sat.1 wurde die Show zum Dauerbrenner. Vereinzelt wurden sonntags um 20.15 Uhr zweistündige Primetime-Specials gezeigt, u. a. zum zehnjährigen Jubiläum am 2. Februar 2003.

NUR EINE KLEINE AFFÄRE ZDF

1994. 5-tlg. dt. Liebesserie nach dem Roman von Annemarie Schoenle, Regie: Detlef Rönfeldt.

Die junge Designerin Teresa Gärtner (Jennifer Nitsch) macht Karriere beim Modeschöpfer Valentin Thalhoff (Michael Greiling) und betrügt derweil ihren Mann Heiner (Siemen Rühaak) mit Victor (Mathieu Carrière).

Die Folgen dauerten 45 Minuten und wurden 1995 mit dem Adolf-Grimme-Preis ausgezeichnet.

NUR FÜR BUSSE ARD

1986–1990. »Zweischneidiges und Eindeutiges«. Halbstündige Comedyshow von und mit Jochen Busse mit Sketchen, Satiren und Parodien. Einige Szenen spielt Busse live vor Publikum; darin sitzt er meist am Telefon, spricht mit irgendwem über irgendwas und erzählt anschließend dem Publikum aus seinem Leben.

Erste eigene Reihe von Jochen Busse, die ihn einem breiten Publikum bekannt machte. Nach einer 45-minütigen Pilotsendung ging sie ab August 1987 mit halbstündigen Folgen in Serie, brachte es auf zwei Staffeln mit je sechs Folgen montags gegen 22.00 Uhr sowie zu einigen weiteren Einzelsendungen im Jahr 1990. Für die Sendung vom 21. September 1987 erhielt Busse den Frauenfeindlichkeitspreis »Saure Gurke«, insbesondere für den Sketch »Nachts im Park«. Darin spielt Busse einen Vergewaltiger, dessen Opfer von ihren verstorbenen Männern erzählt und plötzlich ihn verführen möchte, woraufhin er die Flucht ergreift.

NUR KEINE HEMMUNGEN SWR, ARD

1983–1986 (SWR); 1986–1992 (ARD). »Scharaden mit Michael Schanze«. 45-minütige Spielshow, in der sich Kandidaten gegenseitig pantomimisch Begriffe und Redewendungen vorspielen, die sie dann erraten müssen. Prominente und nichtprominente Kandidaten spielen in Teams zusammen. Zwischendurch gab es immer einen Showblock, den Schanze gelegentlich einfach selbst singend am Klavier bestritt. Die Jürgen-Franke-Band lieferte die Begleitmusik.

Die Show war im Dritten Programm gestartet, wurde nach drei Jahren ins Vorabendprogramm des Ersten befördert und schaffte ab November 1990 den Sprung in die Primetime. Sie lief nun monatlich dienstags um 20.15 Uhr. Insgesamt brachte sie es auf 85 Ausgaben.

NUR NICHT NERVÖS WERDEN ARD

1960–1961. »Verzwickte Spiele für geschickte Leute«. Spielshow mit Joachim Fuchsberger.

Kandidaten müssen in einer vorgegebenen Zeit Geschicklichkeitsspiele absolvieren, etwa Luftballons mit Boxhandschuhen zum Platzen bringen oder Tennisbälle mit einem Ofenrohr auffangen. Also Kinderspiele für Erwachsene, und das ist ja immer unterhaltsam.

Die US-Show »Beat The Clock« war das Vorbild für diese Sendung, in der Fuchsberger erstmals als Showmaster fungierte.

NUR ÜBER MEINE LEICHE RTL 2

1993–1995. 11-tlg. US-Krimiserie von William Link und David Chisholm (»Over My Dead Body«; 1990–1991).

Maxwell Beckett (Edward Woodward) war früher bei Scotland Yard, dann schrieb er einige erfolgreiche Kriminalromane, derzeit produziert er nur noch Flops. Nikki Page (Jessica Lundy) schreibt auch, aber lediglich Nachrufe für eine Zeitung in San Francisco. In ihrer Freizeit lösen die beiden Kriminalfälle. Dabei arbeiten sie mit den Polizisten Mueller (Peter Looney) und Ritter (Rick Fitts) zusammen. Wendy (Jill Tracy) und Cosby (Gregory Itzin) sind Nikkis Kollegen bei der Zeitung.

Wie in *Mord ist ihr Hobby* stolperte auch hier ein alternder Schriftsteller in echte Kriminalfälle hinein. Beide Serien hatten einen ähnlich leichten Tonfall, und beide wurden von William Link erdacht.

NUSSKNACKER – EIN FALL FÜR DREI ARD

1989–1991. Detektivspiel für Jugendliche.

Schüler sehen sich die Vorgeschichte eines Kriminalfalls auf Film an. Dann ermitteln sie selbst an den Originalschauplätzen und versuchen, durch Befragen von »Zeugen« und »Verdächtigen« den Fall zu lösen. Die 25-minütigen Folgen liefen im Kinderprogramm.

NYPD BLUE PRO SIEBEN, KABEL 1

→ New York Cops – N.Y.P.D. Blue

O

DIE OASE ARD
1993. 6-tlg. dt. Jugend-Krimiserie.
Die »Oase« ist ein Grundstück am Rande Saarbrückens, auf dem Erich Becker (Jürgen Haug) mit seiner Tochter Julia (Atossa Akbar) lebt. Becker hat das Computerprogramm »DX 745« erfunden, einen »Traumator«, der den Benutzer fiktive Welten als real erleben lässt. Als Julia das Gerät an ihrem 13. Geburtstag ausprobiert, merkt ihr Vater, dass es eine Nebenwirkung hat: Es macht süchtig. Becker beschließt, seine Erfindung nicht zu verkaufen. Um trotzdem an die Pläne zu kommen, entführen Unbekannte Julia. Becker engagiert den niederländischen Detektiv Jan Spoor (Chiem van Howeninge) und dessen Assistenten Dieter Krause (Harald Krassnitzer).
Jede Folge war 25 Minuten lang.

OB DAS WAS WIRD? DFF
1959–1960. Show mit Horst Lehn, Gerlind Ahnert und Zuschauerbeteiligung. Das Programm wird größtenteils von den Bürgern der Stadt gestaltet, in der die Veranstaltung zu Gast ist.
Am Tag der ersten Sendung in Magdeburg meldete sich anderthalb Stunden vor Beginn der Moderator Horst Lehn und forderte die Zuschauer auf, sich mit künstlerischen Beiträgen oder handwerklichen Leistungen an der Sendung zu beteiligen. Es wurden auch keine Eintrittskarten verkauft, vielmehr sollte jeder, der als Zuschauer kommen wollte, einen Blumentopf mitbringen, womit dann das äußerst karge Bühnenbild dekoriert wurde. Es gab nur wenige Profinummern als Notprogramm, sonst wurde die Show tatsächlich von Magdeburger Bürgern gestaltet.
Die Sendung mischte den Reiz einer Live-Sendung mit der Lust an der Improvisation und einem kulturpolitischen Auftrag. Auf diese Art kam Neubrandenburg z. B. zu einer Bibliothek: Die Leute brachten nach dem ensprechenden Aufruf der Sendung ihre Bücher mit.
Die Show brachte es auf sechs Ausgaben.

OBEN UND UNTEN ARD
1960–1961. 11-tlg. dt. Familienserie, Regie: S. O. Wagner.
Im Haus des Gemüsegroßhändlers Max Bertram (Otto Braml) und seiner Frau Dora (Lilly Towska) ist eine Wohnung frei. Hier ziehen der junge Grafiker Willi Oberbeck (Hans Irle) und Anni (Ursula Dartsch) ein. Bald schon gibt es Krach zwischen den verschiedenen Generationen und Lebenseinstellungen. Tante Paula (Paula Knüpffer), die das junge Paar bemuttert, vermittelt.
Die 50-minütigen Folgen liefen samstags nachmittags und waren nur mäßig erfolgreich.

OBLONG FITZ OBLONG ARD
→ Der kleine dicke Ritter

O.C., CALIFORNIA PRO SIEBEN
Seit 2005. US-Soap von Josh Schwartz (»The O.C.«; seit 2003).
Die Welt der Reichen und Schönen im kalifornischen Nobelort Newport in Orange County wird durch einen Neuzugang aus dem weit weniger betuchten Chino gestört: Der Pflichtverteidiger Sandy Cohen (Peter Gallagher) nimmt Ryan Atwood (Benjamin McKenzie) bei sich zu Hause auf. Der Teenager war in Schwierigkeiten geraten, als sein Bruder ihn in einen Autoklau hineinzog, und dann brannte auch noch seine alkoholkranke Mutter durch. Nun wohnt Ryan bei den Cohens. Natürlich stört der grundgute Junge nicht wirklich, doch die stinkreichen Schnepfen aus der Nachbarschaft, deren Tagesinhalt darin besteht, ein Loch in die Welt zu leben und das Geld ihrer Männer zu verplempern, mögen ihn nicht, denn er kommt ja aus Chino. Schön ist er selbstverständlich trotzdem.
Bei den Cohens ist Anwalt Sandy das Familienmitglied mit dem geringeren Einkommen. Seine Frau Kirsten (Kelly Rowan) ist die Tochter des Baumoguls Caleb Nichol (Alan Dale), der mindestens den halben Ort erbaut hat, und sie arbeitet in Vaters Unternehmen. Sohn Seth (Adam Brody), in Ryans Alter, freut sich über den Familienzuwachs und hat endlich einen Freund gefunden.
Ryan verliebt sich sogleich in die schöne Nachbarstochter Marissa Cooper (Mischa Barton), die aber mit dem Kapitän des Schulfußballteams, Luke Ward (Chris Carmack), zusammen ist, was eine Überraschung ist, denn normalerweise sind die Mädchen in Soaps immer mit dem Kapitän des American-Football-Teams zusammen. Auch Luke mag Ryan nicht, verprügelt ihn doch Ryan wehrt sich. Marissas Vater Jimmy (Tate Donovan), ein Anlageberater, hat gerade das Vermögen all seiner Klienten verschleudert und muss nun ganz von vorn anfangen. Seine Frau Julie (Melinda Clarke) lässt sich deshalb von ihm scheiden – sie hatte ihn nur wegen seines Geldes geheiratet.
Jimmy ist eng mit Kirsten befreundet. Nicht nur sind sie Nachbarn, auch waren die beiden vor Jahren mal liiert, bevor Kirsten Sandy heiratete. Marissas beste Freundin ist die aufgedrehte Summer Roberts (Rachel Bilson), für die sich Seth schon seit Jahren interessiert, die ihn aber bisher nie eines Blickes würdigte. Das ändert sich alles, als der coole Ryan plötzlich dazugehört. Wahrscheinlich allein durch seine Aura. Er und Marissa werden ein Paar, als Marissa Luke mit einem anderen Mädchen erwischt.
Endlich eine Soap, die man als legitime Nachfolgerin von *Beverly Hills, 90210* betrachten konnte, und

das völlig ohne Beteiligung von Aaron Spelling! Produzent war neben Serienerfinder Schwartz der Musikvideoregisseur McG, der auch die »Charlie's Angels«-Kinofilme und die Serie *Fastlane* gedreht hatte. Nach einem zweistündigen Pilotfilm liefen die einstündigen Folgen mittwochs um 21.15 Uhr.

OCEAN-GIRL   ZDF, KI.KA

1996–1998 (ZDF); 1997 (KI.KA). 78-tlg. austral. Fantasyserie von Jonathan M. Shiff (»Ocean Girl«; 1994–1997).
Das Mädchen Neri (Marzena Godecki) gehört zu den Meeresbewohnern. Sie lebt auf einer einsamen Insel und bewegt sich wie ein Fisch im Wasser. Auf der Meeresplattform ORCA leben viele Wissenschaftler mit ihren Familien, die an einem Forschungsprojekt über Buckelwale arbeiten. In der Meeresbiologin Dr. Dianne Bates (Kerry Armstrong; ab Folge 27: Liz Burch) und ihren Söhnen Jason (David Hoflin) und Brett (Jeffrey Walker) findet Neri Freunde. Dr. Winston Seth (Alex Pinder) ist Dr. Bates' Assistent. Neris Fähigkeiten kommen den Wissenschaftlern zupass, sie lässt sich jedoch nicht ausbeuten.
52 halbstündige Folgen liefen im ZDF, weitere 26 Folgen zwischendurch in Erstausstrahlung im KI.KA. Eine Zeichentrickversion namens »Ocean Girl – Prinzessin der Meere« war bei Super RTL zu sehen.

OCEAN GIRL – PRINZESSIN DER MEERE   SUPER RTL

2001. 26-tlg. austral. Zeichentrickversion der ZDF-Jugendserie (»The New Adventures of Ocean Girl«; 1999).

OCH JOH   ARD

1990. Halbstündige Comedyshow mit Gerd Knebel und Henni Nachtsheim in Rollen und Masken, z. B. als Punks, Yuppies, Popstars, Vater und Sohn, Boxer, Verkäuferinnen oder Hausfrauen, in kurzen Sketchen, Gags und Musikparodien.
Knebel und Nachtsheim wurden wenig später als Comedyduo Badesalz berühmt und von Fans vergöttert, die in Sätzen wie »Mir ist ein Waschlappen vom Haken gefallen« großartige Pointen zu erkennen glaubten. Als diese erste Fernsehsendung mit den beiden ausgestrahlt wurde, war die Zeit aber noch nicht reif. Zu ungewohnt war der Humor, der oft nur von der Absurdität der überzeichneten Situation lebte und ohne Schlusspointe auskam. Dabei wurden vor allem die Parodien auf aktuelle Videoclips mit viel Liebe zum Detail von Regisseur Roland Willaert und Kameramann Armin Alker in Szene gesetzt, was die recht platten Textverälberungen übertünchte. Erst die CDs von Badesalz wurden große Erfolge, in deren Sog erfolgreiche Gastauftritte in anderen Fernsehsendungen folgten. Die weitere eigene Reihe *Badesalz Comedy Stories* erreichte allerdings auch kein großes Publikum.
Fünf Folgen liefen montags um 21.05 Uhr, im gleichen Jahr folgte ein Silvester-Special in Hessen 3 und fünf Jahre später ein einzelnes Best-of.

DER OCHSENKRIEG   ARD

1987. 6-tlg. dt. Historienserie von Jaroslav Dietl nach dem Roman von Ludwig Ganghofer, Regie: Sigi Rothemund.
Bayern im frühen 15. Jh.: Die Kuhhirtin Jula (Denise Virieux) rettet Lampert Someier (Christian Spatzek), dem Sohn des Amtmanns von Berchtesgaden (Massimo Girotti), das Leben, und sie verlieben sich ineinander. Zwischen ihren Familien bricht jedoch ein Kampf um Weiderechte aus. In diese Feindseligkeiten werden auch der Ritter Malimmes (Rolf Zacher) und sein Bruder Marimpfel (Alexander Strobele), der Stadthauptmann, verwickelt. Die Bauern flüchten nach Reichenhall, die Ereignisse lösen einen Krieg aus, und Jula und Lampert kämpfen um ihre Liebe.
Ganghofers Roman war bereits 1942 erstmals verfilmt worden. Die einstündigen Serienfolgen liefen im regionalen Vorabendprogramm.

DIE ODYSSEE   ZDF

1969. 4-tlg. ital.-frz. Abenteuerfilm nach Homer, Regie: Franco Rossi (»L'odissea«; 1968).
Sieben Jahre wurde Odysseus (Bekim Fehmiu) von der Nymphe Kalypso (Kira Bester) auf der Insel Ogygia festgehalten, nun lässt sie ihn auf Drängen der Götter die Heimreise nach Ithaka antreten. Währenddessen macht sich Odysseus' Sohn Telemachos (Renaud Verley) auf die Suche nach dem seit langem vermissten Vater. Odysseus' Frau Penelope (Irene Papas) wird im heimischen Palast von Freiern gedrängt, endlich zu heiraten, ihr Gatte sei ja ohnehin tot.
Jener erleidet unterwegs Schiffbruch und wird an den Strand der Phaiaken gespült, wo er von deren König Alkinoos (Roy Purcell) aufgenommen wird, dem er von seinen Irrfahrten erzählt: von der Eroberung Trojas mit seinem Mitstreiter Agamemnon (Rolf Boysen), dessen späterer Ermordung, dem Kampf mit dem einäugigen Zyklopen Polyphem (Sam Burke) und den Gesängen der Sirenen. Odysseus gelingt die Rückkehr nach Ithaka, wo er sich als Bettler getarnt unter das Volk mischt und zunächst nur von Telemachos und der alten Amme Eurykleia (Marcella Valeri) erkannt wird. Im Palast hält er ein Strafgericht ab und tötet die Freier.
Die Serie mischte aufwendige Spielszenen mit vorgelesenem Originaltext. Sprecher war Leonhard Steckel. Die spielfilmlangen Folgen liefen sonntags um 20.15 Uhr. Im Original bestand die Serie aus acht knapp einstündigen Folgen.

ODYSSEE 3000   ZDF

1997–1998. 9-tlg. Doku-Reihe von und mit Gero von Boehm, der politische und technische Zukunftsszenarien vorstellt und in Beziehung setzt zu früheren Träumen von der Zukunft.

ODYSSEE INS TRAUMLAND   KABEL 1

1995. 26-tlg. kanad. Jugend-Fantasyserie von Paul Vitols und Warren Easton (»The Odyssey«; 1992–1994).

Nach einem Unfall fällt der elfjährige Jan Ziegler (Illya Woloshyn) in ein Koma. Während er ohne Bewusstsein ist und seine Mutter Vera (Janet Hodgkinson) nach Therapiemöglichkeiten sucht, erlebt er eine andere, albtraumartige Welt, in der es keine Erwachsenen gibt, und sucht verzweifelt nach einem Ausweg. Doch die Geschehnisse in beiden Welten beeinflussen sich. Seine Freundin Lisa (Ashley Rogers) begegnet ihm als Alpha, der Rivale Oskar (Tony Sampson), der für Jans Sturz verantwortlich war, heißt hier Zack.

Die Serie spielte u. a. mit Motiven aus Homers »Odyssee«. Eine dritte Staffel mit 13 weiteren Folgen lief nur im Pay-TV. Jede Folge war 25 Minuten lang.

ODYSSEY 5 — SAT.1

2004. 20-tlg. kanad. Science-Fiction-Serie (»Odyssey 5«; 2002).

Eine gigantische Feuersbrunst hat die Erde zerstört, und nur Menschen, die gerade an Bord des NASA-Spaceshuttles »Odyssey 5« im All waren, haben überlebt. Mit Hilfe des Außerirdischen Seeker (John Neville) reisen NASA-Kommandant Chuck Taggart (Peter Weller), sein Sohn Neil (Christopher Gorham), die Fernsehjournalistin Sarah Forbes (Leslie Silva), der Wissenschaftler Dr. Kurt Mendel (Sebastian Roche) und die Pilotin Angela Perry (Tamara Craig Thomas) fünf Jahre zurück in die Vergangenheit, um in der verbleibenden Zeit die Katastrophe zu verhindern. Chucks Frau Paige (Gina Clayton) glaubt ihrem Mann kein Wort, was die Sache erschwert.

Die Episoden liefen sonntags mittags.

DIE OFF-SHOW — WDR

1990–1991. Anarchische Comedyshow mit Helge Schneider und Reinhold Beckmann. Beckmanns Platz übernahm in den letzten beiden der insgesamt neun Sendungen Evi Seibert.

OFFEN GESAGT — DFF 1

→ Antworten

DER OFFENE HIMMEL — ZDF

1969. 12-tlg. populärwissenschaftliche Sendereihe von Heinz Haber, die sich mit Gott und der Welt oder vielmehr mit den Menschen und dem Universum beschäftigte. Die halbstündigen Folgen liefen sonntags nachmittags.

EIN OFFENES HAUS — DFF 1

1979. 7-tlg. DDR-Familienserie von Heinz Hall, Ulrich Waldner, Hans-Georg Lietz, Helmut Grosz und Heinz Kufferath, Regie: Werner Röwekamp.

Betty (Ingeborg Krabbe) und Heinrich Matthes (Ulrich Voss) übernehmen im Auftrag von Kombinatsdirektor Dammerow (Wilfried Ortmann) die Führung eines neu eröffneten Betriebsgästehauses. Zur Familie gehören die erwachsenen Kinder Thomas (Michael Schweighöfer) und Ingeborg (Christiane Ziehl) sowie Opa Hempel (Siegfried Seibt). Konrad Mehlkorn (Horst Weinheimer) ist der Koch.

Die einstündigen Folgen liefen am Freitag um 20.00 Uhr.

OFFICE GIRL — PRO SIEBEN

Seit 2003. US-Sitcom von Terri Minsky (»Less Than Perfect«; seit 2002).

Claudia »Claude« Casey (Sara Rue), bisher als Aushilfe beim Fernsehsender GBN, wird überraschend zur Assistentin des Nachrichtenmoderators Will Butler (Eric Roberts) befördert. Ihre neuen Kollegen Kipp (Zachary Levi) und Lydia (Andrea Parker) sind eifersüchtig und versuchen, Claude wieder loszuwerden. Sie halten das für kein großes Problem, denn Claude ist ein wenig moppelig und wirkt zunächst unsicher. Mit der Hilfe ihrer Ex-Kollegen Ramona (Sherri Shepherd) und Owen (Andy Dick) aus der alten Abteilung kann sie sich aber durchsetzen. Ihr Nachbar Carl (William Sasso) arbeitet in der Kantine des Senders.

Die Folgen liefen samstags mittags. Serienerfinderin Terri Minsky brachte ein breites Spektrum an Fernseherfahrung mit, alles im Bereich Comedy. Sie hatte zuvor die Kinderserie *Lizzie McGuire* erdacht und für die Reife-Frauen-reden-über-Sex-und-nichts-anderes-Serie *Sex And The City* geschrieben.

OFFIZIERE GEGEN HITLER — ARD

2004. 3-tlg. Geschichtsdokumentation über die Offiziere Hans Oster, Henning von Tresckow und Graf von Stauffenberg, die versuchten, Hitler zu stürzen.

OFFROAD.TV — ARD

2001. 10-tlg. dt. Abenteuerserie von Berengar Pfahl.

Ein Team des kleinen Fernsehsenders Offroad.TV reist durch die Welt und die Wildnis auf der Suche nach spannenden Reportagen. Die Gruppe besteht aus Teamchef Mike Uhlenburg (Dirk Plönissen), Moderatorin Nadine Reuter (Loretta Stern), Kameramann Diego Mittermaier (Patrick Rapold), Techniker und Koch Paul Ludwig (Rolf Becker) und Praktikantin Laura Kielmann (Daniela Preuß), Tochter des Geschäftsführers. Diego wird in Folge 9 von Jens Rademacher (Thomas Lehmann) abgelöst. Unterwegs kämpfen sie gegen die Widrigkeiten der Natur, aber auch mal gegen Gangster. Dr. Volker Kielmann (Gerd Wameling) ist der quotenfixierte Senderchef, Gudrun Bauer (Gerit Kling) die gutherzige Chefredakteurin. Computerfreak Markus Spielberg (Robert Glatzeder) stellt in der Medienzentrale die Verbindung zum Team her.

Für Moderatorinnen-Darstellerin Loretta Stern war dies der erste Versuch als Schauspielerin. Zuvor hatte sie unter dem Namen Lori Stern *Bravo TV* moderiert.

Die einstündigen Folgen liefen montags am Vorabend. Begleitend zur Serie wurde das Internetportal www.offroad.tv eingerichtet, auf dem Fans selbst Reporter spielen und die Storys aus der Serie weiterspinnen konnten.

OGGY & DIE KAKERLAKEN   PRO SIEBEN, SUPER RTL
1999–2000 (Pro Sieben); 2001 (Super RTL). Dt.-frz. Zeichentrickserie (»Oggy & The Cockroaches«; 1998).
Die nervtötenden Kakerlaken Joey, Deedee und Marky verderben Kater Oggy den Spaß am Leben.
Pro Sieben zeigte die nur wenige Minuten langen Episoden sonntags morgens. Super RTL fasste ab der zweiten Staffel jeweils drei Kurzepisoden zu einer Folge zusammen und sendete sie werktäglich. Auf diese Weise wurden 52 Folgen daraus.

OH BABY   PRO SIEBEN
2000–2001. 44-tlg. US-Sitcom von Susan Beavers (»Oh Baby«; 1998–2000).
Die 35-jährige Tracy Calloway (Cynthia Stevenson) lässt sich künstlich befruchten, um endlich ein Kind zu bekommen. Tracys bevormundende Mutter Celia (Jessica Walter) war zwar gegen die künstliche Befruchtung, bekommt jetzt aber immerhin das lang ersehnte Enkelkind. Charlotte St. John (Joanna Gleason) ist Tracys beste Freundin, die ihr hilft, das Schwangerschaftschaos zu bewältigen. Ernie (Matt Champagne) ist Tracys neurotischer Bruder, Shelly (Dina Spybey) dessen Frau.
Hauptfigur Tracy »moderierte« die Serie. Sie sprach direkt in die Kamera, führte in Szenen ein und startete diese dann per Fernbedienung. Sie ist auch im richtigen Leben nach einer künstlichen Befruchtung eine allein erziehende, berufstätige Mutter und wollte mit der Serie für mehr Akzeptanz sorgen.
Die Serie lief werktags mittags um 12.30 Uhr.

OH, DIESE BELLS   ARD
1964–1965. 13-tlg. US-Sitcom (»Oh, Those Bells!«; 1962).
Herbie (Herbert Wiere), Harry (Harry Wiere) und Sylvie Bell (Sylvester Wiere) sind Brüder, die in Hollywood Theaterrequisiten herstellen. Was immer sie anfangen, endet im Chaos und bietet dem Geschäftsbesitzer Henry Slocum (Henry Norrell) eine weitere Gelegenheit für einen Wutausbruch. Kitty Matthews (Carol Byron) ist seine freundliche Sekretärin.
Die drei Hauptdarsteller waren als »Wiere Brothers« international bekannte Slapstickkomiker, und auf der Kunst, akrobatisch hinzufallen, beruhten auch fast alle Witze in ihrer Serie. Die halbstündigen Folgen liefen im regionalen Vorabendprogramm.

OH, DIESE MÄNNER   RTL 2
1993. 8-tlg. US-Familienserie (»Men«; 1989).
Der Chirurg Dr. Steven Ratajkowski (Ted Wass), der Journalist Paul Armas (Saul Rubinek) und der Rechtsanwalt Charlie Hazard (Ving Rhames) haben sich seit Jahren Woche für Woche zum Pokerspielen getroffen. Nach dem Tod ihres vierten Manns, des Polizisten Tom McDaniel, nehmen sie dessen jüngeren Bruder Danny (Tom O'Brien), der ebenfalls Polizist ist, in ihre Runde auf und reden über das Männerleben, das Universum und den ganzen Rest.
Die einstündigen Folgen liefen sonntags am späten Abend.

OH, DIESE MIETER   DFF 1
1975–1982. 48-tlg. dän. Comedyserie von Erik Balling (»Huset på Christianshavn«; 1970–1977).
Hauswart Meyer (Arthur Jensen), ein kauziges Original, kümmert sich um ein Altbaumietshaus am Christianshafen in Kopenhagen, das von einer Ansammlung weiterer kauziger Originale bewohnt wird: dem Kleinkriminellen Larsen (Ove Sprogø), dem Tierhändler Clausen (Paul Hagen) und seiner Frau (Lis Løwert), Egon (Willy Rathnov), Karla (Kirsten Walther) sowie Möbelpacker Olsen (Poul Reichhardt) mit Frau (Helle Virkner) und Sohn William (Jes Holtsø). Emma (Bodil Udsen) ist die Wirtin des »Rattenlochs«, der Stammkneipe der Hausbewohner.
Fast alle Stars der »Olsenbande«-Kinofilme spielten hier mit, auch der entsprechende Humor war klar wiedererkennbar.
In Westdeutschland war die Serie nie zu sehen; in der DDR liefen immerhin 48 halbstündige Folgen der eigentlich 84-teiligen Serie samstags um 19.00 Uhr.

OH, DIESER VATER   ARD
1978–1981. 26-tlg. dt. Familienserie, Regie: Peter Weck und Ralf Gregan.
Willy Schönborn (Willy Millowitsch) kommt nicht zur Ruhe, weil seine Töchter Anna (Evelyn Palek) und Karin (Petra Drechsler) zwar schon erwachsen sind, mit ihren Problemen aber immer noch zum Vater gerannt kommen.
Deutsche Adaption der britischen Sitcom *Aber, aber Vater*. Die halbstündigen Folgen liefen in zwei Staffeln im regionalen Vorabendprogramm. Die Musik schrieb Konstantin Wecker.

OH GOTT, HERR PFARRER   ARD
1988–1989. 13-tlg. dt. Familienserie von Felix Huby, Regie: Theo Mezger.
Der neue evangelische Gemeindepfarrer Hermann Wiegandt (Robert Atzorn) zieht mit seiner Frau Claudia (Maren Kroymann) und den Kindern Anke (Stella Adorf) und Lutz (Sven Wisser), beide im Teenageralter, ins Pfarrhaus im schwäbischen Talberg. Dort wohnen sie mit Wiegandts Schwiegervater Merkle (Walter Schultheiß), der bisher der Pfarrer im Ort war, zusammen in einem Haus. Die neugierige Klara Heimreich (Ilse Künkele) ist die Gemeindedienerin, Isolde Neidthardt (Rotraut Rieger) die Organistin.
Wiegandt wird von der Gemeinde zunächst skeptisch aufgenommen. Dazu trägt auch bei, dass seine Frau nicht die Musterpfarrersgattin ist, sondern als Lehrerin arbeitet und anfangs nicht einmal im Pfarrhaus wohnt. In Folge 3 zieht sie aber doch ein und bemüht sich, etwas repräsentativer aufzutreten. Die Gemeindemitglieder gewöhnen sich an die fortschrittliche Familie und lieben letztendlich ihren neuen Pfarrer, der sich für Familien und Schwache einsetzt, für Obdachlose und Misshandelte, sich um die Jugendarbeit und Seelsorge kümmert und mit Kirchenaustritten und Kriminalität konfrontiert wird, wenn z. B. ein Gangster sich dem Geistlichen anvertrauen

Robert Atzorn hielt auch die andere Wange hin, sein ganzes Gesicht aber nur für eine einzige Staffel der Erfolgsserie *Oh Gott, Herr Pfarrer*.

will und Wiegandt auf diesem Weg Informationen erhält, die zur Aufklärung eines Raubüberfalls führen könnten. Wiegandt tut selbstverständlich immer das Richtige.

Die 45-Minuten-Folgen liefen montags um 20.15 Uhr. Alle Episodentitel waren Zitate aus der Bibel, wie »Du sollst kein falsch Zeugnis reden« oder »Liebe deinen Nächsten wie dich selbst«. Nach nur einer Staffel stieg Robert Atzorn aus der erfolgreichen Serie aus, weil er nicht auf eine Figur festgelegt werden wollte, und spielte fortan siebeneinhalb Jahre lang die Hauptrolle in *Unser Lehrer Doktor Specht*. Die ARD setzte das Muster der Serie in *Pfarrerin Lenau* fort.

OH MARY ARD
1974–1977. 110-tlg. US-Sitcom von James L. Brooks und Allan Burns (»The Mary Tyler Moore Show«; 1970–1977).

Mary Richards (Mary Tyler Moore) arbeitet als Co-Producerin für die Abendnachrichten des erfolglosen Fernsehsenders WJM-TV in Minneapolis, die der eitle Ted Baxter (Ted Knight) auf dem Bildschirm präsentiert. Murray Slaughter (Gavin MacLeod) schreibt die Meldungen, Lou Grant (Edward Asner) ist der grimmige Chef. Gordy Howard (John Amos) ist der Wettermann. Er verlässt den Sender später. Etwa zu dieser Zeit kommt Sue Ann Nivens (Betty White) dazu, die eine Kochshow für Hausfrauen moderiert. Mary ist Single und lebt allein; ihre Couch wird aber meist von ihrer Nachbarin Rhoda Morgenstern (Valerie Harper) belagert. Auch ihre neugierige Vermieterin Phyllis Lindstrom (Cloris Leachman) schaut regelmäßig rein.

Warmherzige, realistische, erfolgreiche und einflussreiche Sitcom der 70er-Jahre, die ihre Hauptdarstellerin zum Star machte. Zwar hatte es vorher Serien gegeben, deren Hauptfiguren Frauen waren (der Prototyp aller Sitcoms, das in Deutschland nie gezeigte »I Love Lucy« aus den 50ern, war bereits um eine Frau herum gestrickt), doch erstmals drehte sich eine Sitcom um eine Singlefrau, die auf eigenen Beinen steht und erfolgreich im Beruf ist. Wie sehr sie das Leben genießt, zeigte bereits der Vorspann, in dem sie sich zum Titelsong »Love Is All Around« von Sonny Curtis fröhlich im Kreis dreht und ihren Hut in die Luft wirft.

Mit dem wichtigen Fernsehpreis Emmy wurde *Oh Mary* dreimal in der Kategorie Beste Comedyserie und insgesamt 29-mal ausgezeichnet, so oft wie keine Serie bis dahin. Der Rekord wurde erst ein Vierteljahrhundert später von *Frasier* gebrochen. Mary Tyler Moore produzierte die Serie mit ihrer eigenen Firma.

In der ARD lief die Serie im regionalen Vorabendprogramm. Etwa 20 Jahre später zeigte RTL sie unter dem Titel *Mary Tyler Moore* täglich im Nachtprogramm. Neben den Wiederholungen liefen dort 58 Folgen in deutscher Erstausstrahlung. Edward Asner bekam nach dem Ende der »Mary Tyler Moore Show« seine eigene Serie als Titelheld *Lou Grant*, der nach seinem Rauswurf bei WJM-TV Chefredakteur einer Zeitung wird. 2000 entstand der zweistündige Fernsehfilm »Mary & Rhoda«, der die beiden Freundinnen wiedervereinte. Er lief im Dezember 2002 auf Vox.

OH MATHILDE ARD
1990. 14-tlg. dt. Familienserie von Horst Pillau, Regie: Dieter Lemmel.

Mathilde von Preetz (Ruth Hoffmann) ist eine umtriebige alte Berlinerin. Sie engagiert sich für den Umweltschutz und hilft anderen. Ihre Freunde Leo Graf (Hans Holt) und Norbert Peschek (Ralf Wolter) helfen mit. Die halbstündigen Folgen liefen im regionalen Vorabendprogramm.

OHARA ZDF
1990–1991. 27-tlg. US-Krimiserie von Richard Danus (»Ohara«; 1987–1988).
Der japanisch-amerikanische Polizist Ohara (Pat Morita), dessen Vorname nie genannt wird, verabscheut Waffengewalt und löst seine Fälle mit Ruhe, Besonnenheit und fernöstlichen Sprichworten. Täglich meditiert er. Im gleichen Revier wie er arbeiten Detective Jesse Guerrera (Richard Yniguez), Captain Lloyd Hamilton (Kevin Conroy), Lieutenant Cricket Sideris (Catherine Keener) und Captain Ross (Jon Polito). Ohara ist Witwer, und seine Kollegen und Gussie Lemmons (Madge Sinclair), die Wirtin seines Stammlokals, sind seine Ersatzfamilie.
Später arbeitet Ohara mit seinem neuen Partner Lieutenant George Shaver (Robert Clohessy) für die Federal Crime Task Force, deren Chefin die Staatsanwältin Teresa Storm (Rachel Ticotin) ist. Nach kurzer Zeit machen sich Ohara und Shaver jedoch als Privatdetektive selbständig.
Wenn innerhalb eines einzigen Jahres zweimal das Konzept geändert wird, zeugt das nicht vom Erfolg einer Serie. So wurde aus der anfangs originellen Idee am Ende ein Standardkrimi. Jede Folge war netto 45 Minuten lang. Die erste Staffel lief freitags im Vorabendprogramm, die zweite am späten Samstagabend. Mehr gab's nicht.

OHNE ÄRGER GEHT ES NICHT ARD
1965. 6-tlg. dt. Comedyserie.
Fortsetzung von *Immer Ärger mit der Wirtin:* Studienrat Dr. Herbert Specht (Gunnar Möller) und seine Sekretärin Renate Freilich (Sabine Eggerth) haben geheiratet und endlich eine ständige Bleibe gefunden. Doch auch im neuen Zuhause geht es turbulent zu. Die 25-Minuten-Folgen liefen in allen regionalen Vorabendprogrammen.

OHNE FILTER SWR, ARD
1983–2000 (SWR); 1984–1997 (ARD). »Musik pur«. Musiksendung, in der Pop-, Rock- und Jazzbands live im Fernsehstudio spielten. Wie schon beim Vorgänger *Lieder & Leute* traten in der regulären Sendung, die meist 60, zeitweise auch 45 Minuten lang war, immer mehrere Bands auf, die jeweils mehrere Songs spielten. Diese reguläre Reihe, die es auf 54 Ausgaben brachte, startete und endete in Südwest 3, lief aber von Ausgabe 2 bis 46 erfolgreich im Spätprogramm des Ersten.
Darüber hinaus widmeten sich rund 200 Spezialausgaben »Ohne Filter extra« im Dritten Programm (1984–2001) immer nur einer Band, deren Studiokonzert die gesamte Sendelänge füllte. Die Bandbreite reichte von Topstars wie Chris Rea und Joe Cocker bis zu hervorragenden, aber recht unbekannten Künstlern wie Ezio und Keb'Mo.
Erster Moderator war Frank Laufenberg, ihm folgten 1987 Felix Parbs, 1991 Fritz Egner und 1994 Alan Bangs. Nachdem die Sendung zu Südwest 3 zurückgekehrt war, präsentierten Heinz Rudolf Kunze, Uwe Ochsenknecht, Smudo und Götz Alsmann jeweils eine reguläre und mehrere »Extra«-Ausgaben. 1999 übernahm Cherno Jobatey als fester Moderator; mit ihm wurde die langlebige Reihe schließlich eingestellt.

OHNE FURCHT UND SATTEL RTL 2
1993–1995. 13-tlg. US-Abenteuerserie von Douglas Heyes (»Bearcats«; 1971).
Die Abenteurer Hank Brackett (Rod Taylor) und Johnny Reach (Dennis Cole) ziehen Anfang des 20. Jh. durch die Lande und halten sich mit Auftragsjobs wie Gauner fangen oder Verbrechen aufklären über Wasser. Für deren Erledigung verlangen sie im Voraus einen Blankoscheck, nach getaner Ar-

Oh Mary:
Mary Tyler Moore.

beit tragen sie dort einen ihrer Ansicht nach angemessenen Betrag ein. Ihr Fahrzeug ist ein damals hochmoderner Stutz Bearcat, der mit allerlei technischem Schnickschnack ausgestattet ist, z. B. einem Maschinengewehr.
Die einstündigen Folgen liefen zu jeder erdenklichen Sendezeit außerhalb der Primetime.

OHNE KAMPF KEIN SIEG   DFF
1966. 5-tlg. DDR-Historiendrama nach dem gleichnamigen Buch von Manfred von Brauchitsch.
Der unbekannte Nachwuchsfahrer Manfred von Brauchitsch (Jürgen Frohriep) gewinnt im Mercedes 1932 ein Rennen auf der Berliner Avus. Er interessiert sich nicht für die militärischen Traditionen in seiner Familie und die politische Entwicklung und wählt 1933 die Nationalsozialisten. Später entdeckt der inzwischen berühmte Rennfahrer sein Interesse für Politik und rettet seinem kommunistischen Freund Theo Hempel (Rudolf Ullrich) das Leben. Nach dem Krieg baut er den deutschen Automobilsport wieder auf, verzweifelt aber daran, dass im Westen die alten Seilschaften wieder an der Macht sind. Schließlich wandert er mit seiner Frau Gisela (Dietlinde Greiff) in die DDR aus, sie wählt jedoch den Freitod.
Die Biografie ergänzt die Spielszenen durch dokumentarische Aufnahmen, verklärt das Leben von Brauchitschs aber konsequent bis zu seiner Entscheidung für ein Leben in der »friedliebenden DDR«. Jede Folge dauerte 70 Minuten.

OHNE MAMA GEHT ES NICHT   ARD
1998. 6-tlg. dt. Comedyserie, Regie: Helge Ott.
Die geschiedene Anneliese Meyerdierks-Ohlendiek (Elisabeth Volkmann) würde gern etwas aus ihrem Leben machen, aber die lästigen, längst erwachsenen Kinder Karl-Heinz (Friedrich-Karl Praetorius) und Nadine (Karina Schieck), er ein fauler Sack und sie eine Polizistin, stören immer und liegen ihr auf der Tasche.
Es handelte sich hierbei um eine lustige Serie. Das merkte man am Nachnamen Meyerdierks-Ohlendiek. Solche Nachnamen gehören entweder zu einer Ministerin des kleineren Koalitionspartners oder werden für eine deutsche Comedyserie erfunden. Die Folgen waren 25 Minuten lang und liefen dienstags um 22.05 Uhr.

OHNE SCHEIN LÄUFT NICHTS   ZDF
1994–1995. 12-tlg. dt. Familienserie.
In der kleinen Stadt Leichlingen im Bergischen Land betreibt die Familie Kampmann eine Fahrschule: Gerd (Miroslav Nemec) und seine Mutter Elfriede (Lissy Tempelhof) sind Fahrlehrer, Ehefrau Susanne (Sabine Postel) führt den Betrieb. Tochter Barbara (Bojana Golenac) geht noch zur Schule und verliebt sich in Conny Bark (Tom Mikulla), den Sohn des Hauptkonkurrenten der Kampmanns, Konrad Bark (Rolf Becker).
Das Thema der Serie war kein Zufall: Produzent war Alfred Noells Cine Relation, von der auch der 7. Sinn kommt. Die Folgen waren 50 Minuten lang und liefen dienstags im Vorabendprogramm.

OHNE WORTE   RTL
2003–2004. Halbstündige Comedyshow mit Bastian Pastewka in verschiedenen Sketchen. Pastewka verließ sich ganz auf sein Talent für Mimik, Gestik und Slapstick – denn er sprach in allen Rollen kein einziges Wort.
RTL testete die ambitionierte Idee mit einer einzelnen Pilotsendung. Sie kam gut an, und ab September 2004 ging die Show freitags um 21.45 Uhr in Serie, die zwar immer noch genauso lustig war, aber nicht mehr so gut ankam.

OHNSORG-THEATER   ARD, NDR
Seit 1953. Volkstheaterschwänke aus dem Hamburger Ohnsorg-Theater. Viele Menschen laufen rum und reden laut, es kommt permanent zu Verwechslungen, irgendwann versteckt sich jemand im Schrank oder unter dem Tisch, einer hat immer eine Flasche Schnaps in der Hand, und am Ende gibt es mindestens eine Doppelhochzeit.
Trotz des absehbaren Endes wurden die Sendungen aus dem Ohnsorg-Theater (wie auch die aus dem *Millowitsch-Theater* und dem *Komödienstadl*), die in loser Folge im Abendprogramm liefen, ein großer Erfolg und ihre Darsteller zu Stars, allen voran Heidi Kabel und Henry Vahl (bis 1972). Kabel spielte über Jahrzehnte und, in späteren Jahren meist in der Rolle älterer tratschender Putzfrauen. Weitere Ensemblemitglieder waren u. a. Werner Riepel, Karl-Heinz Kreienbaum, Hilde Sicks, Otto Lüthke, Heinz Lanker, Gisela Wessel und Heidi Mahler. Heute werden die Aufführungen aus dem Ohnsorg-Theater nur noch im NDR gezeigt.
Zum ersten Mal tauchte das Ohnsorg-Theater 1953 in der halbstündigen Jubiläumssendung »Hamborg blifft Hamborg!« zum 50-jährigen Bestehen des Theaters auf. Das erste komplette Stück im Fernsehen war ein Jahr später »Bunter Hamburger Abend«. Für »Zwei Kisten Rum« erhielt das Ohnsorg-Theater 1958 den Deutschen Fernsehpreis. Ein fairer Tausch.

DIE OHNSORGS   NDR, ARD
1996–1999 (NDR); 1998 (ARD). 11-tlg. dt. Comedyserie.
Familie Ohnsorg lebt in Hamburg. Richard (Jens Scheiblich) und Almuth (Ursula Hinrichs) haben zwei Kinder namens Tobias (Erkki Hopf) und Pamela (Sandra Keck). Ihre Nachbarn sind Trude Wrangel (Uta Stammer), Inga Potofski (Beate Kiupel) und Gernot Pauls (Oskar Ketelhut). Almuths unerschrockene Mutter Frieda Mählmann (Heidi Kabel) gibt gefragt und ungefragt gern Rat.
Die 45-minütigen Folgen wurden mit dem Ensemble des Hamburger Ohnsorg-Theaters vor Publikum in ebendiesem Theater aufgezeichnet. Sie waren überwiegend im NDR zu sehen, sechs Folgen (davon drei Erstausstrahlungen) liefen im Sommer 1998 auch donnerstags um 21.45 Uhr im Ersten.

Ohnsorg-Theater: »Frau Pieper lebt gefährlich«. Heidi Kabel findet 1975 als Putzfrau Erna Pieper eine Leiche, die ihr dann abhanden kommt.

OISKI! POISKI!   ARD
2000–2001. 39-tlg. frz.-brit. Zeichentrickserie für Kinder (»Oiski! Poiski!«; 1996–1998). Eine schwimmende Insel nimmt heimatlose Tiere auf. Die Folgen liefen vormittags.

O.K. SIR   ARD
→ Okay S.I.R.

OKAVANGO – ABENTEUER IN AFRIKA   ARD, SUPER RTL
1993 (ARD); 1995 (Super RTL). 26-tlg. US-Abenteuerserie (»Okavango – The Wild Frontier«; 1992).
Die Familie MacKenzie – der unkonventionelle Rechtsanwalt Jack (Wayne Crawford), Ehefrau Jessica (Michele Scarabelli), Teenagersohn Kyle (Lance Scott) und die kleine Nealy (Sandor Smit) – tauschen den Dschungel der Großstadt gegen den Afrikas. Sie ziehen von Los Angeles nach Okavango in Botswana und erfüllen damit den letzten Wunsch von Jessicas Onkel Bill (Eddie Albert): Sie sollen sein Lebenswerk fortsetzen und die bedrohte Wildnis schützen. Doch vor Ort müssen sie nicht nur gegen gefährliche Tiere und die üblichen Familienprobleme kämpfen, sondern auch gegen den Jäger J. D. Helms (Steve Kanaly), der es auf die Ranch abgesehen hat. Der Eingeborene Joshua (Fats Bookholane), der als Verwalter bei ihnen arbeitet, hilft ihnen.
Die ARD zeigte die jeweils einstündige Mischung aus *Unsere kleine Farm* und *Frei geboren* im regionalen Vorabendprogramm. Die zweite Hälfte der Serie lief auf Super RTL.

OKAY S.I.R.   ARD
1972–1974. 32-tlg. dt. Krimiserie, Regie: Michael Braun.
Conny (Monika Peitsch) und Biggi (Anita Kupsch) sind zwei modebewusste junge Detektivinnen der internationalen Polizeibehörde Europol, Büro München, die internationale Verbrechen aufklären. Es geht um mehr als einfache Mordfälle: Industriespionage, Bombenattentate auf Kinder reicher Eltern, Rauschgiftsyndikate, illegales Kampfgas. Gangster sind hinter einem chemischen Wundermittel her, das Menschen für 24 Stunden willenlos machen kann, Diebe stehlen ein komplettes Tiefseelabor, ein Wissenschaftler wird von künstlichen Händen erwürgt. Ihre Aufträge erhalten Conny und Biggi von der strengen Chefin (Anneliese Uhlig), die nur »S.I.R.« genannt wird. Zur Lösung der Fälle reisen sie um die Welt in die exotischsten Länder und nehmen Tarnungen an, um sich ins Umfeld der Verbrecher einzuschleusen: Sie spielen Bardamen, Mannequins, Stewardessen, kesse Töchter, vereinzelt aber auch in hochgeschlossener Kleidung Köchinnen oder Nonnen. Und wenn mal eine ältere Frau als Lockvogel gebraucht wird, muss sogar S.I.R. mit in den Außeneinsatz.
Im Nachhinein wurde die Serie zum Zeitzeugnis, weil die Kleidung der Hauptdarstellerinnen für damalige Verhältnisse im Fernsehen wirklich ungewöhnlich war. Die US-Serie *Drei Engel für Charlie* hatte Jahre später enorme Ähnlichkeit mit dieser deutschen Produktion: gut aussehende, selbständige, mutige junge Frauen bekämpfen undercover in sexy Outfits hauptsächlich männliche Verbrecher. Ein Themenabend des deutschen Fernsehmuseums beschäftigte sich 2001 mit Sendungen, die wohl unter Drogeneinfluss entstanden sein müssen, und zeigte dabei auch eine Folge aus dieser Serie.
Die halbstündigen Folgen liefen im regionalen Vorabendprogramm.

ÖKOWELT   ZDF
1992. Umweltmagazin für Schulkinder von Klaus Ahrens.

Moderatorin Adisat Semenitsch und der Ökogei, eine Puppe mit grünen Haaren, großen Augen und roter Krawatte, erklären ökologische Zusammenhänge, stellen Aktionen zum Mitmachen vor und bringen Nachrichten (»Ökonews«) über Umweltpolitik und Erfindungen. Zwischendurch sorgen Videoclips mit Prominenten und Cartoons von Manfred Bofinger für Abwechslung.
Sieben Ausgaben liefen montags um 16.35 Uhr.

DIE OLIVER GEISSEN SHOW   RTL
Seit 1999. Tägliche Mittagstalkshow mit Oliver Geissen und nichtprominenten jungen Gästen, die über die Probleme in ihren Beziehungen oder Familien reden und bei der Gelegenheit versuchen herauszufinden, wer die Väter ihrer Kinder sind.
Oliver Geissen nahm den Platz von *Ilona Christen* ein, die nicht mehr wollte und die man nicht mehr wollte, und kam eigentlich viel zu spät, um noch Erfolg zu haben. Die Daily-Talk-Welle hatte ihren Höhepunkt längst überschritten; der am gleichen Tag startende *Ricky!* überlebte nur ein halbes Jahr. *Die Oliver Geissen Show* setzte gegen den Trend nicht auf Kuriositäten, sondern auf den schnoddrigen Charme des Moderators. Der trat als freundlicher Schluffi auf, der weder sich und die Show noch seine Gäste ernst nahm, sich aber auch nicht konsequent über sie lustig machte wie sein Konkurrent *Andreas Türck*.
Vor dem Start kündigte Geissen an, vor allem »gute Laune verbreiten« zu wollen, was erwartungsgemäß nicht immer gelang. Auf Kritik bei Jugendschützern stieß eine Sendung zum Thema »Nimm ab, oder ich verlasse dich«. Darin wurde u. a. eine mit Bikini bekleidete stark übergewichtige Frau präsentiert, die mit zahlreichen Buffethäppchen dekoriert wurde und während der gesamten Sendung bewegungslos auf einem Sofa liegen musste. Die zuständige Landesmedienanstalt sah von einem Verfahren nur ab, weil RTL versprach, die Sendung nicht zu wiederholen.
Geissen holte über die Jahre beständig gute Quoten, ließ es aber an Themenvielfalt gelegentlich etwas mangeln. Wie der »Spiegel« Anfang 2005 bilanzierte, hatte die Sendung zuvor innerhalb weniger Monate folgende Themen behandelt: »Wer ist der Vater meines Kindes?«, »Vaterfrage – Wer hat mich bloß geschwängert?«, »Vaterschaftstest – Heute erfährst du die Wahrheit!«, »Bin ich tatsächlich der Vater deines Kindes?« und »Vaterfreuden – Ist dieses Kind mein Fleisch und Blut?«.
Am 4. September 2003 hatte Geissen ein junges Paar zu Gast. Nachdem sie ihm einen One-Night-Stand gebeichtet hatte, zweifelte er daran, dass die Tochter von ihm sei. Geissen konnte ihm mit Hilfe eines Vaterschaftstests die Zweifel nehmen, aber offenbar nicht die Eifersucht: Am 23. Februar 2004 erwürgte der junge Mann seine Frau. Er sei nach dem TV-Geständnis ununterbrochen eifersüchtig gewesen, hieß es.
Die Sendung wurde anfangs von Hans Meiser produziert, Mitte 2004 übernahm Geissen selbst die Produktion.

OLIVER MAASS   ZDF
1985. »Das Spiel mit der Zaubergeige«. 6-tlg. dt. Mysteryserie nach dem Roman von Justus Pfaue, Regie: Gero Erhardt.
Der 15-jährige Oliver Maass (Josef Gröbmayr) bekommt von dem geheimnisvollen Graf Esteban (Hans Clarin) eine Zaubergeige geschenkt, die früher Paganini gehört hat. Wenn Oliver eine bestimmte »Endlosmelodie« spielt, kann er mit ihrer Hilfe einen Tag in die Zukunft sehen. Oliver benutzt diese Fähigkeit, um Gutes zu tun, wie er glaubt.
Seit dem Tod der Mutter lebt Oliver bei seiner Großmutter Louise (Jane Tilden), einer spleenigen alten Frau, die mit ihrem Freund, dem Bestatter Eickelberg (Karl Lieffen), in ihrem maroden Haus zu Unterhaltungszwecken Séancen abhält. Olivers ältere Schwester Julia (Anja Schüte) ist deshalb bereits ausgezogen. Sein Vater Dr. Michael Maass (Robert Atzorn) ist Archäologe und viel unterwegs. Derzeit sucht er auf dem Anwesen von Graf Esteban in Neapel nach einem verborgenen Grab.
Der Graf hätte gern, dass Oliver seine Gabe nutzt, um Elend in der Welt zu verhindern, doch Oliver wird immer eigensinniger und sagt lieber Lottozahlen vorher. Zwar bewahrt er auch Menschen vor Unglücken, doch realisiert er nicht, dass stattdessen

Wenn er doch wenigstens nicht permanent dasselbe Stück gespielt hätte. Josef Gröbmayr als *Oliver Maass*.

immer ein neues geschieht: Bei der Rettung eines vermissten Mädchens werden Menschen durch die Vollbremsung eines Zuges verletzt. Er verhilft einem armen Mann zum Gewinn beim Pferderennen, und der Mann erleidet vor Glück einen Herzinfarkt und stirbt. Er warnt rechtzeitig vor einem schweren Unwetter, doch sein Vater stürzt derweil in ein Ausgrabungsloch und ringt fortan mit dem Tod.
Alle um ihn herum bemerken die Zusammenhänge und wollen Oliver die Geige wegnehmen, doch es stellt sich heraus, dass nur er selbst sie zerstören kann. Der Graf, dessen Diener Marek (Andreas Mannkopff), sein Vater, Oma, Julia und sein Mathelehrer, Herr Welter (Horst Kummeth), zugleich Julias Freund, versuchen ihn zur Vernunft zu bringen, doch Oliver bricht immer wieder sein Versprechen, die Endlosmelodie nicht mehr zu spielen. Am Ende werden ihm die Augen geöffnet, er erkennt, dass die Hoffnung stirbt, wenn man schon alles weiß, und zerstört die Geige. Mit einem Mal geht es seinem Vater wieder besser, und Graf Esteban entpuppt sich als Geist.
Klassische ZDF-Weihnachtsserie, die der Mystik von *Timm Thaler* nahe kam. Der Hauptdarsteller war ähnlich talentiert, und auch hier gab es wieder eine mysteriöse und überaus mächtige Figur, deren Identität nie ganz klar wurde. Die Musik kam wieder von Christian Bruhn, den Titelsong sang, wie schon im Vorjahr bei *Patrik Pacard*, seine Frau unter dem Künstlernamen Lady Lili. Die Geige spielte Josef Gröbmayr selbst. Als Schauspieler hörte man danach nie wieder etwas von ihm, aber als Musiker: Seit 1999 spielt er als Mitglied des Münchner Rundfunkorchesters die Zweite Geige.
Die Folgen waren eine knappe Stunde lang und liefen zwischen Weihnachten und Silvester im täglichen Vorabendprogramm. Die Serie ist auf DVD erhältlich.

OLIVER'S TWIST   RTL 2
2003–2004. Koch- und Personalityshow mit dem jungen Starkoch Jamie Oliver.
Oliver wurde in Großbritannien als *The Naked Chef* mit der gleichnamigen Kochshow berühmt, die in Deutschland samstags mittags auf RTL 2 zu sehen war. Auf dem gleichen Sendeplatz folgte nahtlos diese neue Show von Oliver, in der er außer leckeren Gerichten auch noch interessante Menschen vorstellte. Weitere der insgesamt 52 Folgen liefen werktags.

OLLI, TIERE, SENSATIONEN   ZDF
2000–2001. Halbstündige Comedyshow von und mit Olli Dittrich.
In den unterschiedlichsten Verkleidungen parodiert der Verwandlungskünstler Prominente und kreiert eigene Figuren, darunter den prolligen St.-Pauli-Zuhälter Mike Hansen, den superdämlichen Boxer Butsche Roni und den Arbeitslosen Dittsche, der in einer Imbissbude vor sich hin philosophiert. Dittrichs Partnerin in vielen Szenen war Mona Sharma, zu den Gaststars gehörten Inge Meysel und Anke Engelke, in Musikeinlagen traten Susi Frese und Ralf Rüdiger Maria Hartmann als Die Affen auf.
Olli, Tiere, Sensationen war keine 08/15-Sketchcomedy, sondern eine ambitionierte und polarisierende Personalityshow. Sie setzte vor allem auf das fast beängstigende Talent Dittrichs, sich in andere Menschen zu verwandeln, das er vorher im Fernsehen vor allem in den »Zwei Stühle, eine Meinung«-Sketchen mit Wigald Boning in *RTL Samstag Nacht* gezeigt hatte. Viele Szenen waren improvisiert, entstanden ohne Drehbuch und verzichteten zugunsten der genauen Alltagsbeobachtung auch mal auf jede Pointe, andere waren schlicht von unfassbarer Albernheit – keine war auf den Massenerfolg hin kalkuliert, der entsprechend ausblieb. Das ZDF gab trotzdem immerhin eine zweite Staffel in Auftrag. Danach war Schluss; zwei Elemente der Sendung überlebten jedoch in eigenen Reihen: *Blind Date* und *Dittsche*.
Die Reihe lief sonntags gegen 22.00 Uhr.

OLLIES TOTAL VERRÜCKTE FARM   SAT.1
1991–1992. 44-tlg. jap. Zeichentrickserie für Kinder von Wil Raymakers und Thijs Wilms, Regie: Hiroshi Sasagawa (»Oraa Guzura Dado«; 1987–1988).
Der Ochse Ollie und die Schildkröte Hans leben mit vielen weiteren Tieren, darunter Haus- und Dschungeltiere, auf einer Farm. Ollie ist ein Tollpatsch voller Tatendrang und nervt mit seinen Ideen die anderen Tiere ganz ordentlich.
Lief am frühen Mittwochnachmittag.

OLM!   RTL
2002–2004. Halbstündige Comedyshow mit Hans Werner Olm und Sketchen, Stand-up-Comedy und prominenten Gästen.

Zwischendurch erobern Olms Figuren zum Schrecken von Unbeteiligten die Welt: die männlich-rabiate Frau Luise Koschinsky (»die sprechende Pumpgun aus Meppen«), der sich für einen weltgewandten Playboy haltende Unternehmer Paul Schrader (Gemüse Im- und Export, Paderborn), der Schwätzer Günni Schwagalla und der nervige Musiker Iff.
Drei Staffeln liefen samstags um 22.45 Uhr, direkt nach der neuen Sendung *Krüger sieht alles* mit Mike Krüger. Durch dessen frühere *Mike Krüger Show* war Olm bekannt geworden. Das war jedoch schon über zehn Jahre her und außerdem bei Sat.1; die Sendeplätze waren wohl eher Zufall als beabsichtigtes Mittel zum gezielten »audience flow«. Vor allem dank der Platzierung vor der Bekanntgabe des Ergebnisses von *Deutschland sucht den Superstar* hatte *Olm!* zeitweise sensationelle Quoten und erreichte auch Zuschauer, für die sein abseitiger Humor sonst wohl zu abseitig gewesen wäre. Zur Serie sind zwei Best-of-DVDs erschienen.

OMA IST NOCH BESSER   ZDF
1965. »Familiengeschichten – nicht ganz ernst gemeint«. 11-tlg. dt. Familienserie, Regie: Hermann Kugelstadt.

Oma Haberkorn (Iska Geri) wird 70. Zum alten Eisen gehört sie damit noch lange nicht. Sie feiert ihren Geburtstag in einer Bar, macht den Führerschein, lernt Selbstverteidigung, legt Ganoven aufs Kreuz und springt überall ein, wo Not am Mann ist. Zur Familie Haberkorn gehören noch Vater (Hans Hardt) und Mutter (Ilse Petri), Peter (Jochen Genscher) und Inge (Margitta Sonke).

Die Serie bezog ihren Unterhaltungwert vor allem daraus, dass Oma dauernd Dinge tat, die Omas normalerweise nicht tun, weil alte Leute ja eigentlich gar nichts mehr tun. Erst später gehörten rüstige, lebensfrohe ältere Damen zum Standardrepertoire deutscher Familienserien.

Die halbstündigen Folgen liefen freitags am Vorabend.

OMARURU ARD
1976–1977. 26-tlg. dt. Historienserie.

Die Farmer Karl Pellgries (Manfred Seipold) und Hans Moll (Walter Giller) lassen sich Ende des 19. Jh. in Omaruru im Südwesten des afrikanischen Kontinents nieder, in der deutschen Kolonie, aus der später Namibia wird. Sie freunden sich mit dem Herero Hosea (Cocky Tlhotlhalemaje) an, akklimatisieren sich, arbeiten hart, erleben die Jahrhundertwende und vier Jahre später den Aufstand der Herero.

Die halbstündigen Folgen liefen im regionalen Vorabendprogramm.

OMER PASCHA ZDF
1971. 13-tlg. frz.-dt.-österr. Abenteuerserie von Peter Kostic, Regie: Christian-Jaque (»Omer Pacha«; 1970).

Der kaiserliche und königliche Leutnant Michael Latas (Mihael Baloh) muss im 19. Jh. nach einem Duell seinem Heimatland Österreich den Rücken kehren. Die Flucht, zu der ihm Elisa Radakovics (Jutta Heinz), die Tochter eines Obersts, verhilft, führt ihn ins Osmanische Reich, wo er zum Islam übertritt und den Namen Omer annimmt. Nach einigen Wirren macht er Karriere beim Militär und rückt schließlich auf den höchsten militärischen Posten, wird Pascha. Als solcher führt er nun Friedensgespräche mit seiner alten Heimat und sieht am Ende seine Freunde von früher wieder.

Die Serie beruhte auf tatsächlichen Begebenheiten. Die halbstündigen Folgen liefen mittwochs am Vorabend.

ON THE AIR – VOLL AUF SENDUNG RTL 2
1995. 7-tlg. US-Sitcom von David Lynch und Mark Frost (»On The Air«; 1992).

Der erfolglose Schauspieler Lester Guy (Ian Buchanan) und das blonde Dummchen Betty Hudson (Marla Jeanette Rubinoff) moderieren in den Anfangsjahren des Fernsehens gemeinsam die »Lester Guy Show«. Es ist jene Zeit, in der es noch keine Magnetbandaufzeichnung gibt – alles wird live eingespielt. Diesem Umstand ist es auch zu verdanken, dass trotz des Namens der Show Betty deren eigentlicher Star wird. Mitarbeiter des Senders ZBC sind Programmchef Bud Budwaller (Miguel Ferrer), Regisseur Vladja (David L. Lander), Bühnenmanagerin Ruth (Nancye Ferguson), Bert (Gary Grossman), Produzent Dwight (Marvin Kaplan), Helfer Shorty (Irwin Keyes), die Toningenieure Mickey (Mel Johnson, Jr.) und Blinky (Tracey Walter) sowie Assistentin Nicole (Kim McGuire).

Die Plots der einzelnen Sendungen ranken sich um Lesters erfolglose Versuche, Star zu sein, und Bettys unaufhaltsamen Aufstieg zum Publikumsliebling – gewürzt mit den typischen Zutaten aus Lynchs Kosmos des Seltsamen und Übernatürlichen. Bizzarste Figur ist wohl Vladja, der Regisseur der Show, ein Neffe des Senderbesitzers Zoblotnik, der ein vollkommen verdrehtes syldavisches Englisch spricht und immer eine Dolmetscherin braucht, was selbst in der Synchronisation einzigartig ist (»Ig will dassde kriesche, Batty!« – »Was?!?« – »Er sagt, Sie sollen kreischen, Betty«).

Fast alle Darsteller waren bereits in *Das Geheimnis von Twin Peaks* aufgetreten. Auch David Lynch und Mark Frost wollten mit *On the Air* ihre erfolgreiche Zusammenarbeit fortsetzen, woraus aber keine weitere Fortführung ihrer Arbeitsbeziehung resultierte. Die Comedy floppte in den USA und lief bei uns freitags im Nachtprogramm.

ONE PIECE RTL 2
Seit 2003. Jap. Abenteuertrickserie von Eiichiro Oda (»One Piece«; seit 1999).

Der junge Monkey D. Ruffy kann, seitdem er mal eine Gum-Gum-Frucht gegessen hat, sich selbst wie Gummi dehnen und verknoten, dafür aber nicht mehr schwimmen. Blöd für einen angehenden Piraten. Mit seiner Mannschaft, die aus der Diebin Nami, dem Piratenjäger Lorenor Zorro, dem Lügner Lysop, dem Koch Sanji und dem Rentier Chopper besteht, bereist er die Meere und sucht »One Piece«, das Versteck der Schätze des Piratenkönigs Gold Roger.

Bisher wurden mehr als 200 Folgen produziert.

ONE WEST WAIKIKI VOX
1995–1996. 19-tlg. US-Krimiserie von Glen A. Larson (»One West Waikiki«; 1994–1996).

Dr. Dawn »Holli« Holliday (Cheryl Ladd), die als Gerichtsmedizinerin in Los Angeles Karriere gemacht hat, arbeitet nun als Polizeipathologin in Honolulu mit dem Mordkommissar Lieutenant Mack Wolfe (Richard Burgi) zusammen. Sie ist äußerst analytisch, er wird gern handgreiflich und ist immer an der Grenze zum Rauswurf, sie sind also, obwohl es gelegentlich zwischen ihnen knistert, nicht das ideale Paar. Sein Vorgesetzter ist Captain Dave Herzog (Paul Gleason), Kimo (Ogie Zulueta) ist Macks Partner, Nui Shqw (Elsie Sniffen) Hollis Assistentin.

Jede Folge dauerte eine Stunde.

DIE ONEDIN-LINIE ARD
1972–1981. 84-tlg. brit. Abenteuersaga nach den

Die Onedin-Linie: Ohne sein Xylophon stach James Onedin (Peter Gilmore) nie in See.

Romanen von Cyril Abraham (»The Onedin Line«; 1971–1980).

Liverpool, 1860. Der junge Seefahrer James Onedin (Peter Gilmore) erbt von seinem Vater zwar nur 25 Pfund, legt damit jedoch den Grundstein für die Erfüllung eines Traums: die eigene Frachtschifflinie. Er kauft den Dreimastschoner »Charlotte Rhodes« von Captain Webster (James Hayter) und bekommt als Mitgift dessen Tochter Anne (Pilotfilm: Sheila Allen; dann: Anne Stallybrass). Nein, nicht andersherum. Webster macht es zur Bedingung für den Verkauf, dass James Anne heiratet. Der weit größere Teil des väterlichen Erbes fiel James' Geschwistern Robert (Brian Rawlinson; nur in der dritten Staffel: James Garbutt) und Isabel (Jessica Benton) zu. Robert, der mit Sarah (Mary Webster) verheiratet ist, beteiligt sich an der Onedin-Linie, die Frachtaufträge in alle Welt ausführt.

Mit an Bord ist der erfahrene Maat Baines (Howard Lang), den James Onedin zum Kapitän befördert, obwohl er ihm dauernd widerspricht. Sie kämpfen gegen Wind und Wellen, Fristen und Krankheiten. Isabel ist ausgerechnet mit James' ärgstem Konkurrenten, Daniel Fogarty (Michael Billington; ab 5. Staffel: Tom Adams), verlobt, heiratet dann aber Elmer Frazer (Philip Bond), und Daniel heiratet Emma (Pamela Salem; ab der zweiten Staffel: Jane Seymour), die Tochter des Reeders Callon (Edward Chapman), James' früherem Chef.

Später wird Isabel doch noch Lady Fogarty. Die Zweckehe zwischen James und Anne entwickelt sich zu echter Liebe, und zugleich wird Anne eine gewiefte Geschäftsfrau, die dem Unternehmen ihres Mannes wertvolle Dienste leistet. Sie bringt am Ende der zweiten Staffel Tochter Charlotte (Laura Hartong, später: Victoria Thomas) zur Welt, stirbt aber selbst bei der Geburt. Das Familienunternehmen wird dank der Cleverness, Hartnäckigkeit und Rücksichtslosigkeit von James immer größer. Er heiratet in der sechsten Staffel Charlottes Erzieherin Letty Gaunt (Jill Gascoine), die später ebenfalls stirbt, und nimmt in der letzten Staffel die spanische Witwe Margarita Juarez (Roberta Iger) zur Frau.

Das Kostümdrama war eine der erfolgreichsten BBC-Produktionen der 70er Jahre. Es mischte das Abenteuer auf hoher See und in fernen Ländern mit Soap-Elementen des Konkurrenzkampfs und der Familienfehden. Nur die Optik wies stärkere Schwankungen als der Seegang auf: Außenaufnahmen wurden grobkörnig auf Film gedreht, innen war alles scharf und klar wie Video. Auch machte sich die Serie nicht die Mühe, den 26 Jahre umfassenden Handlungszeitraum durch optische Veränderungen zu verdeutlichen. Hauptdarsteller Gilmores Koteletten wucherten in immer gleicher Dichte, und schon zu Beginn der Serie, als er einen 28-Jährigen verkörperte, sah er exakt so alt aus, wie er in Wirklichkeit war: 40. Hätten alle in der Serie gezeigten Schiffsreisen tatsächlich stattgefunden, hätte das etwa 100 Jahre gedauert. Sieben Jahre nach dem Ende der Serie heiratete Gilmore seine erste Serienfrau Anne Stallybrass.

Die Titelmusik stammt aus dem Ballett »Spartakus« von Aram Chatschaturjan. Einige der eigentlich 91 Folgen wurden nicht im deutschen Fernsehen ausgestrahlt. Die anderen liefen im regionalen Vorabendprogramm. Sie dauerten jeweils eine Stunde.

ONKEL BRÄSIG   ARD

1978–1979. 28-tlg. dt. Heimatserie von Eike Barmeyer, Irene Rodrian, Elke Loewe und Arno Alexander nach dem Roman »Ut mine Stromtid« von Fritz Reuter, Regie: Volker Vogeler.

Mitte des 19. Jh. ist Zacharias Bräsig (Fritz Hollenbeck) Inspektor auf dem Gut Warnitz in Mecklenburg. Er hat seinen Neffen Krischan (Olaf Ude) großgezogen, findet für ihn aber keine Lehrstelle, und so wandert Krischan nach Amerika aus. Mehr Erfolg hat Bräsig damit, seinen Freund Karl Hawermann (Robert Zimmerling) und dessen Tochter Luise (Christiane Stolte) nach dem Tod von Hawermanns Frau zu versorgen: Luise kommt zu Frau Behrens (Eva Maria Bauer), Hawermann wird Inspektor auf dem Gut Pümpelhagen, das Axel von Rambow (Alexander Radzun) gehört, der mit Frieda (Marietta Schupp) verheiratet ist. In die Nachbarschaft ziehen auch Zamel Pomuchelskopp (Joachim Wolff) und seine Frau (Helga Feddersen). Pomuchelskopp hatte schon in Pommern versucht, Hawermann in den Ruin zu treiben, und hofft nun auch auf das Gut von Rambow, der hoch verschuldet ist.

Die norddeutschen Geschichten wurden fortgesetzt in *Onkel Bräsig erzählt*. Die halbstündigen Folgen liefen im regionalen Vorabendprogramm.

ONKEL BRÄSIG ERZÄHLT ARD
1980. 14-tlg. dt. Heimatserie nach Fritz Reuter und Fortsetzung von *Onkel Bräsig* mit weiteren Geschichten vom inzwischen pensionierten Gutsinspektor Bräsig (Fritz Hollenbeck) in Mecklenburg. Die halbstündigen Folgen liefen im regionalen Vorabendprogramm.

ONKEL BUCK RTL, RTL 2
1992 (RTL); 1994 (RTL 2). 22-tlg. US-Sitcom (»Uncle Buck«; 1990–1991).
Onkel Buck Russell (Kevin Meaney) ist nicht das, was man sich idealerweise als Rollenvorbild für seine Kinder wünscht: Er raucht, säuft, flucht, spielt. Mit Schrecken muss Großmutter Maggie Hogoboom (Audrey Meadows) feststellen, dass die Zukunft ihrer drei Enkelkinder Tia (Dah-ve Chodan), Miles (Jacob Gelman) und Maizy (Sarah Martineck) nun in den Händen dieses dicken, ungehobelten Klotzes liegt. Nachdem die Eltern der Kinder bei einem Autofall ums Leben gekommen sind, ist er nämlich ihr Vormund geworden und in die feine Wohnung gezogen, in der nun regelmäßig auch seine alten, wenig vorzeigbaren Kumpel Skank (Dennis Cockrum) und Rafer Freeman (Thomas Mikal Ford) auftauchen.
Die Serie war die verschärfte Version des Films »Allein mit Onkel Buck« mit John Candy, in der die Eltern der Kinder wenigstens wieder zurückkamen – sie waren nur in den Urlaub gefahren. Der Humor von *Onkel Buck* war heftig und schockierte die US-Zuschauer, die eine nette Familienserie erwartet hatten. Bei der Kritik fiel die Serie sowieso durch, ein Publikumserfolg wurde sie auch nicht.

OP RUFT DR. BRUCKNER RTL
1996–2001. »Die besten Ärzte Deutschlands«. 49-tlg. dt. Arztserie.
Der junge Arzt Dr. Thomas Bruckner (Bernhard Schir) praktiziert im Medical Center in Berlin, wo ungewöhnliche Krankheitsbilder behandelt werden. Ungewöhnliche Krankheitsbilder? Nun ja, da ist z. B. dieses Fotomodel, dem eine Knabenvorhaut ins Gesicht verpflanzt wird. Oder das haarige Wolfskind, das eine Schweineherzklappe eingesetzt bekommt. Oder die Patientin, die sich beide Brüste amputieren lassen will – als Krebsprophylaxe. Oder die komplette Hockeymannschaft, die sich über eine Dauererektion beschwert. Und natürlich kann einem nichts Besseres passieren, als wenn sich bei einem Notfall außerhalb des Krankenhauses auf die Frage: »Ist ein Arzt hier?« Bruckner meldet: An Bord eines Flugzeugs rammt er einer Frau einen Kleiderbügel in den Brustkorb, um ihre Lunge zu reparieren.
Klinikchef ist Prof. Bergmann (Michael Degen); zum Team gehören die Ärzte Dr. Virginia Moll (Gundula Rapsch), Dr. Tamara Malenka (Olga Konskaja), Dr. Oswald Weinroth (Peter Gavajda), Dr. Ramin Beroz (Ercan Özcelik), Dr. Bernhard Schwemmle (Paul Faßnacht), Dr. Susan Bruckner (Cay Helmich), Dr. Klaus Graf (Klaus Schindler), Dr. Robert Moll (Dirk Martens), Dr. Norbert Nölling (Jan Sosniok), Dr. Arno Seibt (Erwin Leder) und Dr. Martini (Patrick Elias), die Krankenschwestern Martina Kahnweiler (Bêrîvan Kaya), Maria-Inez Samt (Carolin Squella), Susanne Voss (Heike Faber), Eva Neu (Eva Habermann), Pamela Kogge (Susanne Wagner) sowie die Laborantin Claudia Springfeld (Mariella Ahrens). Ab der zweiten Staffel sind Bergmann, Weinroth, Kahnweiler und Malenka nicht mehr dabei.
OP ruft Dr. Bruckner war zumindest in Ansätzen der *Kottan ermittelt* unter den Arztserien. Die Serie pendelte dauernd zwischen strunzblöd und genial clever (mit leider viel Banalem zwischendrin). Wenn der schwule Pathologe Seibt Leichen auseinander sägt, hört er Roy Blacks »Schön ist es, auf der Welt zu sein«. Die Frauenärztin (die natürlich im Gynäkologenstuhl auch den einen oder anderen Geschlechtsverkehr hat) heißt Virginia. Manchmal geht es gut, und die totgeglaubte Kliniksekretärin wird gerade noch rechtzeitig aus dem Kühlschrank der Pathologie gerettet. Manchmal läuft es schief, und die Panzerfaust explodiert leider doch im Körper des Patienten. Die bizarren Fälle waren angeblich alle medizinisch möglich. Es ging, wie der Sender vorab erklärte, um »Krankheiten, von denen die wenigsten Menschen wissen, dass sie überhaupt möglich sind«.
Wie viele Arztserien seinerzeit gab es auch diese als Heftromanreihe: »Dr. Thomas Bruckner« erschien bei Bastei-Lübbe. Andererseits orientierte sich die Ästhetik sehr am Vorbild hektischer, moderner US-Krankenhausserien wie *Emergency Room*. Von denen übernahm man offenbar mehr als nur Ideen für die Kameraführung: Das Krankenhaus heißt »Medical Center«, die Eingangshalle »Lobby« und die Schwesternküche sogar »Pantry«. Gedreht wurde – ungewöhnlich für eine Krankenhausserie – auf dem teureren, aber auch hochwertiger wirkenden 35-mm-Film. *OP ruft Dr. Bruckner* wollte eine Hochglanzserie sein.
Hauptdarsteller Bernhard Schir hat selbst vier Semester Medizin studiert und angeblich alle Operationen in der Serie selbst ausgeführt, damit die Kameras immer ohne Schnitt von seinen Händen auf sein Gesicht schwenken konnte. Das muss man aber nicht glauben.
Die Serie lief zunächst donnerstags, dann montags um 20.15 Uhr und wurde im April 1998 nach 23 Folgen zum ersten Mal abgesetzt. Von den restlichen bereits fertigen Folgen wurden 16 im Sommerloch 2000 zur Primetime und der Rest Anfang 2001 werktags vormittags um 10.30 Uhr versendet.

O.P. – SCHICKSALE IM KLINIKUM ZDF
1998–1999. 10-tlg. dt. Doku-Soap von Heiner Gatzemeier und Ingeborg Jacobs über den Alltag in der Universitätsklinik Heidelberg.
Hauptfigur der Serie ist die an Knochenkrebs er-

krankte elfjährige Lina. Außerdem wird in jeder Folge eine weitere in sich abgeschlossene Patientengeschichte dokumentiert.
Das ZDF pries die Reihe als ein »neues journalistisches Sendeformat«, nämlich »die dokumentarische Filmerzählung«. Die ersten sechs 45-minütigen Folgen wurden mittwochs um 20.15 Uhr ausgestrahlt, eine zweite Staffel mit vier halbstündigen Folgen lief freitags um 21.15 Uhr.

OPAS KINO LEBT   ZDF
1964–1968. »Heitere Dokumente aus der Flimmerkiste«. Klamotten aus der Stummfilmzeit, darunter auch *Dick und Doof*.
Die Reihe war die Antwort des ZDF auf das erfolgreiche ARD-Programm *Es darf gelacht werden*. Hans Clarin kommentierte die Filme mit leichter Ironie und sprach verschiedene Rollen. Die Texte schrieb Hanns Dieter Hüsch, der wenige Jahre später bei *Pat & Patachon* und *Dick und Doof* auch seine eigene Stimme benutzen durfte.
28 halbstündige Folgen liefen im Vorabendprogramm.

OPAS LETZTER WILLE   KABEL 1
2004. Reality-Erbschleichershow für die ganze Familie: Opa lädt seine Verwandtschaft für ein Wochenende in ein Schloss ein. Dort müssen sich alle so lange bei ihm einschleimen, bis er sie in seinem Testament begünstigt. Dabei gilt es listig gestellte Fallen zu überwinden. Da Opa am Ende der Sendung nicht exekutiert wird, verschiebt sich die Übergabe des Gewinns.
Die Show hingegen wurde nach der Hälfte der geplanten sechs Folgen (donnerstags um 20.15 Uhr) vorzeitig eingeschläfert.

OPERATION DUNAREA   ZDF
1994. 6-tlg. dt. Jugend-Abenteuerserie von Josef Koschier und Christian Fuchs.
Die Kinder Bine (Nina Neuner), Udo (Stefan Haberleitner), Max (Alexander Pöll) und Ilja (Nicolae Ionescu) starten in Regensburg und fahren in einem Schlauchboot 2000 km auf der Donau (Rumänisch: »Dunerea«). Ihr Ziel ist Iljas Heimatort Sulina in Rumänien, wo er gern seine Mutter besuchen würde. Unterwegs erleben die Kinder viele Abenteuer.
Die 25-Minuten-Folgen liefen an aufeinander folgenden Tagen nachmittags.

OPERATION MASKERADE   PRO SIEBEN
1991. 13-tlg. US-Krimiserie von Glen A. Larson (»Masquerade«; 1983–1984).
Der amerikanische Geheimdienst N.I.A. (National Intelligence Agency) braucht Leute. Leute mit verschiedensten praktischen Fähigkeiten, vom Klempner bis zum Elektrogenie, die ins Ausland fahren und dort den Gegnern nicht längst als Spione bekannt sind. Zum Glück, denkt sich N.I.A.-Chef Lavender (Rod Taylor), fahren ja regelmäßig Tausende unbelasteter Amerikaner verschiedenster Berufsgruppen ins Ausland, die bestimmt gern aushelfen: Touristen. Gemeinsam mit Casey Collins (Kirstie Alley) und Danny Doyle (Greg Evigan) organisiert er ein Unternehmen, das jede Woche andere Aushilfsagenten auf gefährliche Missionen in alle Welt schickt.
Die Folgen waren 60 Minuten lang und liefen am späten Mittwochabend.

OPERATION MOZART   ZDF
1990. 12-tlg. europ. Jugendserie (»Opération Mozart«; 1988).
Der Teenager Lucas (Edouard Binchet) ist ein Mathegenie, das der amerikanische Journalist Harrington (John Hargreaves) »Mozart der Mathematik« getauft hat. Weil er eine revolutionäre Formel erfunden hat, sind nun diverse Geheimdienste hinter ihm her. Lucas und sein Freund Marco (Alexis Derlon) flüchten quer durch Europa.
Die 25 Minuten langen Folgen liefen montags nachmittags.

OPERATION PETTICOAT   RTL
1994. 33-tlg. US-Sitcom (»Operation Petticoat«; 1977–1979).
Lt. Commander Matthew Sherman (John Astin) hatte es eilig, in die Kampfhandlungen des Zweiten Weltkriegs einzugreifen, aber vermutlich hätte er lieber noch gewartet, bis sein U-Boot vernünftig renoviert worden wäre und seinen endgültigen Anstrich bekommen hätte. Doch da kam ein Bombenalarm dazwischen, und nun ist die »Sea Tiger« das erste rosa U-Boot der Navy.
Auch die Besatzung ist ungewöhnlich: Außer dem geschäftstüchtigen Versorgungsoffizier Nick Holden (Richard Gilliland) sind auch fünf Militärkrankenschwestern an Bord: Dolores Crandall (Melinda Naud), Ruth Colfax (Dorrie Thompson), Barbara Duran (Jamie Lee Curtis), Claire Reid (Bond Gideon) und ihre Vorgesetzte Edna Howard (Yvonne Wilder). In der zweiten Staffel wechselte fast die ganze Mannschaft, neuer Kapitän war nun Commander Haller (Robert Hogan), sein zweiter Mann Mike Bender (Randolph Mantooth), die neue Vorgesetzte der neuen Schwestern Katherine O'Hara (Jo Ann Pflug).
Die Serie basierte auf dem Spielfilm »Unternehmen Petticoat« von 1959 mit Cary Grant und Tony Curtis, war aber, obwohl dessen Tochter Jamie Lee anfangs mitspielte, kein Erfolg. In Deutschland liefen die halbstündigen Folgen sonntags mittags.

OPERATION PHOENIX   RTL
1999. »Jäger zwischen den Welten«. 11-tlg. dt. Mysteryserie von Marco Rossi.
Die »Operation Phoenix« untersucht im Auftrag des Innenministeriums paranormale und übernatürliche Phänomene. Zu der Einheit gehören Mark Pohl (Dirk Martens), der an Übersinnliches glaubt, Kris Mertens (Alana Block), die Psychologin ist und deshalb glaubt, dass das meiste wahrscheinlich nur im Kopf des Betrachters passiert, und Richard Lo-

rentz (Robert Jarczyk), der alles für Humbug hält. Leiter der Gruppe ist Christoph Volz (Hans-Georg Panczak).
Als Programmhighlight war diese »erste deutsche Mysteryserie« angekündigt. Sie übersetzte amerikanische Erfolge wie *Akte X* und *Millennium* fast eins zu eins ins Deutsche, aus dem dort Respekt verschaffenden Ruf »F.B.I.!« wurde hier tatsächlich »BMI«, was für »Bundesministerium des Inneren« steht. Dass das dazu führte, dass Menschen sofort Türen öffneten und zur Seite traten, war für die meisten Deutschen wohl das beeindruckendste paranormale Phänomen.
Die Serie ging davon aus, dass es tatsächlich das unerklärliche Übersinnliche gibt – die Masse der Deutschen glaubt aber im Gegensatz zu den Amerikanern nicht an Ufos oder Reinkarnation. Entsprechend mies war die Quote: Die Serie, die donnerstags zur Primetime lief, wurde schon nach der zweiten Folge abgesetzt. Einige Monate später wurden die restlichen Folgen um 23.15 Uhr versendet. Eine einzelne Pilotsendung hatte RTL bereits im Oktober 1997 gezeigt.

OPERATION SCHÖNHEIT VOX
→ Leben macht Laune

OPERATION VIETNAM RTL
1989–1992. 57-tlg. US-Actionserie (»Tour Of Duty«; 1987–1990).
Die Kompanie Bravo kämpft während des Vietnamkriegs für die Vereinigten Staaten. Zur Truppe gehören Sergeant Zeke Anderson (Terence Knox), Lieutenant Myron Goldman (Stephen Caffrey), Corporal Danny Percell (Tony Becker), Alberto Ruiz (Ramon Franco), Marvin Johnson (Stan Foster), Roger Horn (Joshua Maurer), Captain Rusty Wallace (Kevin Conroy), Marcus Taylor (Miguel A. Nunez, Jr.), der Arzt Doc Randy Matsuda (Steve Akahoshi) und Scott Baker (Eric Bruscotter). Der Stützpunkt der Kompanie wird nach einer Weile ein Stück näher Richtung Saigon verlegt. Horn, Wallace, Matsuda und Baker verlassen die Kompanie, neu dazu kommen der Hubschrauberpilot Lieutenant Johnny McKay (Dan Gauthier), die Reporterin Alex Devlin (Kim Delaney), die Psychologin Jennifer Seymour (Betsy Brentley), später außerdem der neue Arzt Francis »Doc Hock« Hockenbury (John Dye), William Griner (Kyle Chandler), Colonell Carl Brewster (Carl Weathers) sowie der unerschrockene Kriegsveteran Thomas »Pop« Scarlett (Lee Majors).
Als Titelmusik wurde der Rolling-Stones-Song »Paint It Black« verwendet. Ab 1992 lief die Serie unter dem Titel *NAM – Dienst in Vietnam,* den später RTL 2 für Wiederholungen der ganzen Serie benutzte.

DER OPERNFÜHRER ZDF
1967–1977. Halbstündige Show von und mit Prof. Dr. Dr. Marcel Prawy, der klassische Musik vorstellt.

DIE OPODELDOKS ARD
1980. 4-tlg. Marionettenspiel aus der *Augsburger Puppenkiste* von Sepp Strubel nach dem Buch von Paul Maar.
Die Opodeldoks leben im Grasland, auf halber Strecke zwischen Donnerstag und Nordpol, mit ihren Hühnern. Eines Tages gelingt es dem neugierigen kleinen Deldok, mit Hilfe einer Katapult-Drachen-Flugmaschine über die Berge zu fliegen. Seine Freundin, die Henne Helene, die silberne Eier legt, wenn sie erschreckt wird, kommt mit. Auf der anderen Seite liegt das Waldland, wo die Moglifamilie lebt. Der kleine Deldok freundet sich mit Mogla an. Die Leute im Waldland leiden unter Robotern, die ihre Bäume abholzen, damit der Silberdeldock das Silbererz auf einem Feuer schmelzen kann. Opadeldok und die anderen machen sich auf die Suche nach ihrem Jüngsten und entdecken den lang vergessenen Höhlengang zwischen Waldland und Grasland.

OPPEN UND EHRLICH ARD
1992–1993. 16-tlg. dt. Comedyserie von Felix Huby und Michael Ulrich, Regie: Hajo Gies, Franz Peter Wirth.
Die Halbbrüder Heinrich »Hinner« Oppen (Uwe Friedrichsen) und Otwin Ehrlich (Andreas Schmidt-Schaller) sind die mächtigsten Männer im idyllischen Reichenberg. Oppen, ein schlitzohriger Choleriker, ist der Bürgermeister, der nicht minder gewiefte Ehrlich der größte Unternehmer in der Stadt mit eigener Textilfabrik. Dauernd kriegen sie sich in die Haare, streiten über Bürokratie oder Frauen. Wenn allerdings Dritte gegen sie aktiv werden, verbünden sich die halbfeindlichen Halbbrüder. Und auch auf dem Fußballplatz sind sie sich einig. Im Zweifelsfall sagt aber sowieso Mutter Frederike (Hilde Krahl), wo's langgeht. Klara (Katharina Lehmann) ist Oppens Tochter.
Autor Felix Huby gab zu, er habe sich von »Don Camillo & Peppone« inspirieren lassen, kritisierte aber, dass die Produktionsfirma Bavaria und der WDR, ohne ihn zu informieren, das versöhnliche Element aus seinen Büchern entfernt und die Figuren aggressiver gemacht hätten, und forderte – ohne ironischen Bezug auf den Serientitel –, man hätte »offen und ehrlich« miteinander umgehen müssen.
Die Folgen waren 45 Minuten lang und liefen in zwei Staffeln dienstags um 20.15 Uhr.

ORA ET LABORA ZDF
1993. 6-tlg. dt. Comedyserie von Georg Lohmeier über das nur beinahe heilige Leben der Mönche im Kloster, darunter Pater Karl (Gerhart Lippert), Abt Korbinian (Josef Meinrad), die Pater Romuald (Fritz Strassner), Anselm (Wilfried Klaus), Pirmin (Rolf Castell), Ansgar (Stephan Castell) und Aegidius (Walter Schultheiß) und die Brüder Isidor (Maxl Graf), Angelus (Willy Schultes) und Joachim (Georg Einerdinger).
Das ZDF versendete die 25-minütigen Folgen innerhalb von zwei Wochen nachmittags.

ORDEN WIDER DEN TIERISCHEN ERNST   WDR, ARD, RTL
→ Wider den tierischen Ernst

ORIENTEXPRESS   ARD
1982. 6-tlg. europ. Episodenreihe von Claude Barma und Pierre Jean Remy, Regie: Daniele D'Anza.
Sechs in sich abgeschlossene einstündige Liebesgeschichten, die zwischen 1913 und 1939 spielen und in denen dem Orientexpress eine wichtige Rolle zukommt. Die Episoden liefen sonntags um 16.45 Uhr. Das DFF zeigte 1984 fünf Folgen unter dem Titel *Frauen im Orientexpress*.

ORONYA ODER: DIE WÜRDE DES MENSCHEN   ZDF
1980. 6-tlg. dt. Problemserie von Wolfgang Kirchner, Regie: Wolf Dietrich.
In abgeschlossenen Dokumentarspielen, besetzt mit wechselnden Schauspielern, werden Probleme Afrikas behandelt: unzureichende Entwicklungspolitik, erfolglose Landwirtschaft, mangelhafte Ausbildung, Abwanderung junger Leute vom Land in die Städte.
Die 45-minütigen Folgen aus der katholischen Redaktion liefen 14-täglich sonntags um 20.15 Uhr.

ORSON WELLES ERZÄHLT …   ARD, DFF 2
1976 (ARD); 1979 (DFF 2). Brit. Gruselreihe (»Orson Welles' Great Mysteries«; 1973–1974). Orson Welles präsentiert gruselige Geschichten von verschiedenen Autoren wie Wilkie Collins, Sir Arthur Conan Doyle und W. W. Jacobs.
Zehn der 30-minütigen Ausgaben liefen im regionalen Vorabendprogramm; DFF 2 zeigte unter dem Titel *Die großen Geheimnisse des Orson Welles* sechs davon neu synchronisiert und noch acht neue. Weitere neun liefen nicht in Deutschland.

ORTSZEIT   ZDF
1970–1973. Berichte von ZDF-Auslandskorrespondenten, abwechselnd moderiert von einem Korrespondenten und Corona Hepp. Lief zunächst halbstündig sonntags um 11.30 Uhr, ab 5. November 1971 freitags um 19.10 Uhr. Nachfolger wurde das *auslandsjournal*.

ORZOWEI – WEISSER SOHN DES KLEINEN KÖNIGS   ZDF
1977. 13-tlg. ital.-österr.-dt. Abenteuerserie von Alberto Manzi und Andrea Wagner, Regie: Yves Allégret (»Orzowei, il figlio della savana«).
Ein weißer Junge (Peter Marshall) ist bei Swasi-Kriegern aufgewachsen, die ihn Orzowei genannt haben, was Findelkind heißt. Jetzt ist er 15 Jahre alt und muss lernen, auf eigenen Füßen das Leben als Weißer in Schwarzafrika zu meistern, und dies zu einer Zeit, da allmählich die weißen Siedler eintreffen. Orzowei steht zwischen allen Fronten. Seine Freunde sind der Eingeborene Pao (Bonne Lundberg) und der weiße Siedler Paul (Stanley Baker).
Autor Alberto Manzi hatte bereits den gleichnamigen Roman geschrieben. Die politische Seite der Kolonialisierung Afrikas sparte er dort ebenso wie in der Fernsehadaption aus. Der Titelsong stammte von Oliver Onions, die für etliche Filme mit Bud Spencer und Terence Hill die Musik beigesteuert hatten. »Orzowei« wurde kurz nach dem Ende der Serie ein Nummer-eins-Hit in den deutschen Charts.
Die halbstündigen Folgen liefen montags.

THE OSBOURNES   MTV
2002–2005. 50-tlg. US-Doku-Soap (»The Osbournes«; 2002–2005).
Alt-Rocker Ozzy Osbourne, bekannt geworden durch die Heavy-Metal-Band Black Sabbath und dadurch, dass er schon mal einer Taube den Kopf abbiss oder an einer Fledermaus nagte, rettete mit dieser Serie das im Sterben liegende Realitygenre. Als erster Prominenter ließ er es zu, dass Kameras das ganz normale Alltagsleben seiner Familie zu Hause filmten. MTV begleitete Papa Ozzy, Mama Sharon und die Teenagerkinder Jack und Kelly (Tochter Aimée wollte an der Serie nicht teilnehmen) über mehrere Monate; in halbstündigen Zusammenschnitten wurden die Höhepunkte gezeigt. Diese verdeutlichten, dass der Rockstar die gleichen Probleme hat wie andere auch. Er kapierte den Videorekorder nicht, die Haustiere kackten überall hin, und die Kinder waren frech. Lediglich die Wortwahl war etwas ungehaltener. Egal wer sprach, kaum ein Satz verging ohne Mehrfachnennung des Wörtchens »fuck«.
MTV USA durfte mit dieser Reihe den größten Erfolg der Sendergeschichte feiern; während der ersten Staffel war sie das meistgesehene Programm im amerikanischen Kabelfernsehen. MTV Deutschland zeigte die Serie im Originalton mit Untertiteln und überpiepste im Gegensatz zum US-Fernsehen die Schimpfworte nicht.
Titelsong war »Crazy Train«, gesungen von Pat Boone. Er klang wie ein Song aus den 50er-Jahren, als Boone mit Schnulzen wie »April Love« und »Love Letters In The Sand« seine größten Hits hatte. In Wirklichkeit handelte es sich um einen Song von Ozzy Osbourne, den Pat Boone erst 1997 aus einer Metal-Laune heraus neu aufgenommen hatte.
Auf der Suche nach jemandem, mit dem man eine ähnliche Sendung in Deutschland drehen könnte, fand sich nur – Jürgen Drews. Seine Version war entsprechend kurzlebig und hieß *Die Drews – Eine furchtbar nette Familie*.

OSCAR   ARD
1990. Filmmagazin für Leute, denen diese Werbetrailer im Kino zu journalistisch, ausführlich und anspruchsvoll waren. Kurze Schnipsel gaben den Start neuer Filme bekannt und informierten über Wissenswertes wie die Nachricht, dass sich Tom Cruise mit seiner Frau versöhnt habe.
Oscar lief monatlich montags um 22.00 Uhr und wurde nach drei Ausgaben in *Filmpalast* umbenannt.

OSCAR CHARLIE   KI.KA
2002. 13-tlg. brit. Jugendserie (»Oscar Charlie«; 2001).
Der zwölfjährige Charlie Spinner (Eddie Cooper) findet heraus, dass sein scheinbar seniler Opa Oscar (David Swift) in Wirklichkeit ein Geheimagent ist. Lief sonntags morgens in der ARD.

OTTIFANTEN   RTL
1993. 13-tlg. dt. Zeichentrickserie von Otto Waalkes.
Abenteuer der Ottifanten-Familie Bommel: Baby Bruno bringt den Haushalt seines um Autorität bemühten Vaters, der vernünftigen Mutter und des 90 Jahre alten Opas, der aus dem Altersheim ausgerissen ist, durcheinander. Teddy Honk ist sein ständiger Begleiter im Kinderwagen.
Otto Waalkes' Elefanten waren als Zeichnungen schon lange berühmt, bevor sie als Trickserie auf den Bildschirm kamen. Sie tauchten erstmals 1972 auf dem Cover der ersten Otto-Platte auf. Otto selbst lieh Baby Bruno seine Stimme. Die halbstündigen Folgen liefen samstags mittags. 1995 wurden sie zur Primetime wiederholt, immer montags nach *Otto – Die Serie*.

OTTIS OKTOBERFEST   ZDF
2002–2003. Jährliche große Abendshow zur Oktoberfesteröffnung in München mit Ottfried Fischer, prominenten Gästen und Musik, Spielen und Talk. Sie sollte bereits am 21. September 2001 erstmals stattfinden, wurde damals aber wegen der Terroranschläge in den USA abgesagt.
2004 eröffnete Fischer das Oktoberfest in Sat.1: In *Ottis Wiesn Hits* sangen Stimmungsstars um den Prositpokal.

OTTIS WIESN HITS   SAT.1
→ Ottis Oktoberfest

OTTO   ARD, ZDF
1973–1981 (ARD); 1983 (ZDF). Comedyshows von und mit Otto Waalkes.
Durchschnittlich einmal im Jahr produzierte Otto ein etwa 45-minütiges TV-Special. Anfangs bot er die Bühnennummern mit Hocker und Gitarre, die er auch für seine Langspielplatten aufgenommen hatte, ohne besondere visuelle Elemente für das Fernsehen hinzuzufügen: der Englischkurs, Reporter Harry Hirsch, Susi Sorglos im Gespräch mit ihrem verzauberten Fön, der menschliche Körper (»Großhirn an Faust: Ballen!«), dazu jede Menge Kalauer und Blödellieder.
Später betrieb er immer mehr fernsehgerechten Aufwand, machte viele Parodien und setzte sie in gefilmten Sketchen um: Reporter Harry Hirsch jetzt tatsächlich vor Ort, Robin Hood, der Rächer der Enterbten (»Ich bin es! Robin Hood, der Versprecher der Entnervten!«), eine Parodie auf den *Großen Preis* (Liedausschnitt: »... ist so kalt der Winter ...« – Frage: »Welche Jahreszeit wird in diesem Schlager besungen?« – Antwort: »Ägypten?«), Werbeparodien und kurze Zeichentrickspots mit den Ottifanten.
Die Shows liefen unter wechselnden Titeln, trugen teilweise nur seinen Namen, waren durchnummeriert, hießen manchmal *Otto-Show* und manchmal so wie seine Platten. Nach neun Shows in der ARD machte Otto nur noch eine weitere. Sie wurde erstmals im ZDF gezeigt, wo Otto inzwischen *Ronnys Pop-Show* produzierte.

OTTO – DIE SERIE   RTL
1995. Halbstündige Comedyshow mit Otto Waalkes, in der es ein Wiedersehen mit allen Helden aus den Edgar-Wallace-Filmen der 60er-Jahre gab. Otto mogelte sich in die Schwarz-Weiß-Szenen hinein und gab ihnen einen völlig neuen, witzigen Sinn. Im typischen Otto-Stil wurde er damit Gegenspieler von Stars wie Eddi Arent oder Klaus Kinski. Zwischen den Filmszenen gab es weitere kurze Gags mit Otto.
RTL hatte sich einen enormen Erfolg von der Verpflichtung eines der größten deutschen Komiker versprochen, wurde jedoch mit eher durchschnittlichen Einschaltquoten enttäuscht. 13 Folgen liefen montags um 20.15 Uhr; zum Start schauten noch fast acht Millionen Menschen zu, am Ende nur noch etwas mehr als ein Drittel. Die technische Leistung, Otto passgenau in die alten Szenen zu montieren, war beeindruckend, stand aber in keinem Verhältnis zum Witz, der dabei heraussprang. Die Drehbücher schrieben die »Titanic«-Mitarbeiter Pit Knorr, Robert Gernhardt und Bernd Eilert gemeinsam mit Otto Waalkes.

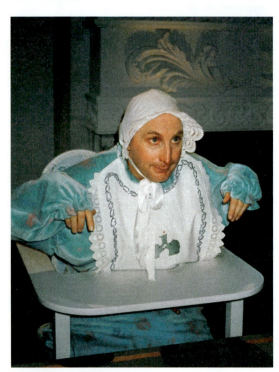

Otto Waalkes in *Otto – Die Serie*.

DIE OTTO-SHOW ARD
→ Otto

OUT OF THE BLUE – SOMMER, SONNE, FLORIDA PREMIERE
→ Miami Fun

OUTBACK RTL
2002. Einstündige Abenteuershow mit Markus Lanz, in der sich 13 Kandidatinnen und Kandidaten sechs Wochen lang durch die australische Wildnis schlagen und dabei noch verschiedene Aufgaben bewältigen müssen. In jeder der zehn Etappen wird ein Kandidat von den Mitspielern rausgewählt, bis ein Sieger feststeht.
Die deutsche Version des amerikanischen Erfolgs »Survivor – The Australian Outback« lief samstags um 23.15 Uhr.

OUTER LIMITS – DIE UNBEKANNTE DIMENSION PRO SIEBEN, KABEL 1
1997–2002 (Pro Sieben); 2004 (Kabel 1). 154-tlg. Mysteryreihe von Leslie Stevens (»The Outer Limits«; 1995–2002).
In voneinander unabhängigen, in sich abgeschlossenen Episoden werden Geschichten geschildert, die sich mit übernatürlichen Phänomenen und außerirdischen Lebensformen befassen. Wechselnde Darsteller spielen die Hauptrollen.
Von 1963 bis 1965 hatte es in den USA schon einmal eine 49-teilige Serie gleichen Inhalts und Titels gegeben, die in Deutschland jedoch nie lief. Pro Sieben zeigte die einstündigen Folgen der Neuauflage montags, später dienstags um 21.15 Uhr, ab Januar 2001 verschob sich der Sendeplatz schrittweise immer weiter Richtung Spät- und Nachtprogramm an wechselnden Wochentagen, bis die letzte Staffel schließlich nach Mitternacht beim Tochtersender Kabel 1 zu sehen war.

OUTRIDERS – ABENTEUER AUSTRALIEN KI.KA
2002. 26-tlg. austral.-dt. Jugendserie (»Outriders«; 2001–2002).
Auf der Outriders-Ranch in Australien halten sich Jugendliche aus verschiedenen Ländern aus unterschiedlichen Gründen auf. Julia (Luise Helm) sucht Ablenkung nach dem Tod ihrer Mutter, Vince (Oliver Ackland) ist ein Nachwuchskrimineller, der zurück auf den rechten Weg soll. Julias Tante Tori (Kate Raison) leitet die Ranch, Jake (Mark Furze) ist ihr Sohn. Die anderen Jugendlichen, die dort leben, sind Reggie (Abbie Cornish) und Shane (Simon Scarlett). Gemeinsam spüren sie Dieben, Kidnappern, Betrügern und Umweltsündern nach.
Jede Serienfolge dauerte 25 Minuten, und jeder Handlungsstrang zog sich über mehrere Folgen. Die Serie bestand aus einer sechs- und fünf vierteiligen Geschichten: »Im Auge des Drachen«, »Geister der Vergangenheit«, »Schmutzige Geschäfte«, »Von Fall zu Fall«, »Fremde Freunde« und »Der Wahrheit auf der Spur«. Sie lief 2003 auch in der ARD.

OUTSIDER ARD
1968–1970. »Eine Mixtur für junge Leute«.
Musiksendung, in der ungewöhnliche, meist weniger bekannte Popgruppen auftreten. Außerdem werden noch weitere »Outsider« präsentiert, wie etwa ein Londoner »Super Pop Friseur«. Die Reihe brachte es auf 13 Ausgaben auf verschiedenen Sendeplätzen.

OVIDE UND SEINE BANDE RTL 2
2001. 65-tlg. kanad. Zeichentrickserie (»La bande à Ovide«; 1987).
Auf einer verzauberten Koralleninsel im Ozean erleben das ulkige Schnabeltier Ovide und seine Freunde aufregende Abenteuer. Die Serie lief werktags morgens.

OWEN MARSHALL, RECHTSANWALT RTL
→ Owen Marshall, Strafverteidiger

OWEN MARSHALL, STRAFVERTEIDIGER ARD, RTL
1978–1979 (ARD); 1992 (RTL). 69-tlg. US-Anwaltsserie von David Victor und Jerry McNeely (»Owen Marshall, Counseler At Law«; 1971–1974).
Rechtsanwalt Owen Marshall (Arthur Hill) nimmt sich mit Hingabe seiner Klienten an, die er gegen alle möglichen Vorwürfe verteidigt, egal ob sie nun ein Mörder sein sollen oder ein Eierdieb. Seine Kanzlei im kalifornischen Santa Barbara teilt er sich mit dem jungen Anwalt Jess Brandon (Lee Majors), der in der dritten Staffel erst durch Danny Paterno (Reni Santoni) und kurz vor Serienende durch Ted Warrick (David Soul) ersetzt wird. Frieda Krause (Joan Darling) ist Owen Marshalls Sekretärin und Melissa (Christine Matchett) seine zwölfjährige Tochter. Marshall ist verwitwet.
Serienerfinder Prof. Jerry McNeely unterrichtete Jura an der Universität von Wisconsin. Sein Co-Autor David Victor hatte auch die Serie *Dr. med. Marcus Welby* geschaffen, mit der sich diese in einigen Folgen überschnitt, d. h. Figuren der einen tauchten auch in der anderen Serie auf.
Die ARD zeigte einen Pilotfilm und 13 Folgen 14-täglich dienstags um 21.45 Uhr, RTL zeigte später die komplette Serie neu synchronisiert und mit dem neuen Titel *Owen Marshall, Rechtsanwalt*.

OZZY & DRIX RTL 2
2004. 13-tlg. US-Zeichentrickserie (»Ozzy & Drix«; 2002).
Das weiße Blutkörperchen Ozzy und die Grippepille Drix bekämpfen Krankheitserreger im Körper des jungen Hector. Die Serie basierte auf dem Kinofilm »Osmonis Jones« und lief mittags.

P

P   ARD
1969–1970. 45-minütiges Jugendmagazin von Werner Schretzmeier und Jürgen Schmidt-Ohm mit Musik, halbsatirischen Beiträgen und Gesellschaftsthemen.
Lief in loser Folge insgesamt viermal am Nachmittag und war durchnummeriert: Ausgabe 1 hieß nur »P«, es folgten »P zwo«, »P3« und »P4«.

PAARWEISE GLÜCKLICH   KABEL 1
1992. 18-tlg. US-Sitcom von Robert Sternin und Prudence Fraser (»Married People«; 1990–1991).
Geschichten um drei Paare, die im selben Haus in Manhattan wohnen. Das Haus gehört dem schwarzen Ehepaar Nick (Ray Aranha) und Olivia Williams (Barbara Montgomery), die schon lange verheiratet sind und im Erdgeschoss wohnen. Über ihnen leben der Autor Russell Meyers (Jay Thomas) und seine Frau, die Anwältin Elizabeth (Beth Armstrong), die Baby Max (Jonathan und Matthew Lester) zur Welt bringt, und ganz oben die Frischvermählten Allen (Chris Young), der noch studiert, und Cindy Campbell (Megan Gallivan), die als Bedienung arbeitet.

PACIFIC BLUE – DIE STRANDPOLIZEI   PRO SIEBEN
1997–2001. 79-tlg. US-Actionserie von Bill Nuss (»Pacific Blue«; 1996–2000).
Baywatch auf Rädern: Ein Team von Fahrradpolizisten sorgt für Ordnung am Strand: Lieutenant Anthony Palermo (Rick Rossovich), T. C. Callaway (Jim Davidson), Chris Kelly (Darlene Vogel), Cory McNamara (Paula Trickey) und anfangs Victor Del Torro (Marcos A. Ferraez) und der Fahrradmechaniker Elvis Kryzewski (David L. Lander). Als diese beiden sowie Palermo das Team verlassen, kommen Bobby Cruz (Mario López), Russ Granger (Jeff Stearns), Monica Harper (Shanna Moakler) und Jamie Strickland (Amy Hunter Cornelius) dazu.
Die einstündigen Folgen liefen am Samstagnachmittag, in den ersten Wochen noch unter dem Titel »Pacific Blue – Die Biker Cops«, der nach kurzer Zeit jedoch geändert wurde. Eigentlich endete die Ausstrahlung der ersten vier Staffeln bereits Ende 1999, eineinhalb Jahre später versendete Pro Sieben jedoch zwei bisher ausgelassene Folgen einzeln im Nachtprogramm. Die fünfte Staffel lief (bisher) nicht in Deutschland.

PACIFIC DRIVE   SAT.1
1997–1998. 36-tlg. austral. Soap (»Pacific Drive«; 1995–1997).
Der Mord an der schönen und reichen Sonia Kingsley bringt Turbulenzen in das Leben im australischen Küstenresort Pacific Drive. Der Hauptverdächtige ist zunächst der Rettungsschwimmer Luke Bowman (Steve J. Harman). Sonias Freund Trey Devlin (Lloyd Morris) lässt sich schnell mit seiner Stieftochter Amber (Christine Stephen-Daly) ein, die das Vermögen der Toten erbt, sehr zum Unwillen von deren jüngerer Schwester Georgina Ellis (Kate Raison), in die sich der Polizist Martin Harris (Joss McWilliam) verliebt. Rick Carlyle (Andre Eikmeier) ist ein zwielichtiger Immobilienhai.
Im Original brachte es die Soap auf 390 halbstündige Folgen, knapp 200 davon liefen im deutschen Pay-TV. Die Sat.1-Folgen liefen erst werktagnachmittags, ab 1998 samstagvormittags.

PACK DIE ZAHNBÜRSTE EIN   SAT.1
1994–1996. Überdrehte Reisespielshow.
In mehreren Spielen, die mit dem Thema Reisen und Urlaub zu tun haben, können Kandidaten eine Fernreise gewinnen. Das Besondere dabei ist, dass sie die Reise sofort antreten müssen: Alle Zuschauer im Studio haben ihre gepackten Koffer mitgebracht und sind abfahrbereit.
Ingolf Lück moderierte die zwei Staffeln mit einstündigen Shows samstags um 22.00 Uhr. Als 1996 Elmar Hörig die Moderation übernahm, wurde die Sendezeit verdoppelt und die Sendung als große Samstagabendshow schon um 20.00 Uhr ausgestrahlt. Seine Assistentinnen hießen Hono und Lulu. Co-Moderatorin für Außenreportagen war Sonja Zietlow. Die Show beruhte auf dem britischen Format »Don't Forget Your Toothbrush«.

DIE PALADINE   ZDF
1973. 13-tlg. dt.-span. historische Abenteuerserie von Juan Garcia und Carlos Buiza nach Erzählungen der klassischen spanischen Literatur.
Spanien im ausgehenden 15. Jh. unter arabischer Herrschaft: Wegen seiner ungewöhnlichen Freundschaft mit dem alten Moslem Mahmud, den der junge Christ Diego (Will Danin) vor der Ermordung gerettet hat, erbt er ein wertvolles Pergament in arabischer Schrift, das der Araber Omar (Julio Morales) Diego übersetzt. Vom Inhalt angestachelt, dienen sich die beiden gemeinsam mit ihrem Freund Nuno (Ricardo Palacios) der Widerstandsgruppe der Paladine an, um fortan für das Gute und die Schwachen zu kämpfen.
Die halbstündigen Folgen liefen mittwochs um 18.35 Uhr.

PALAST DER TAUSEND TRÄUME   ARD
1995. 3-tlg. US-Abenteuerfilm, Regie: Burt Brinckerhoff (»The Maharaja's Daughter«; 1994).
Der kanadische Polizist Patrick O'Reilly (Bruce Boxleitner) hat sich mit der schönen Kinderärztin Messua Shandar (Hunter Tylo) verlobt. Was sie ihm

verschwiegen hat: Sie ist die Tochter eines Maharadschas. Als sie ihren Vater in Indien besucht, gerät sie in große Gefahr; Patrick reist ihr nach, um sie zu retten.
Die ARD zeigte die drei Teile in Spielfilmlänge nachmittags an den Weihnachtstagen.

PALAST DER WINDE ZDF
1985. 3-tlg. brit. Abenteuerfilm von Julian Bond nach dem Roman von Mary Margaret Kaye, Regie: Peter Duffell (»The Far Pavillons«; 1984).
Der britische Offizier Ashton Pelham-Martyn (Ben Cross) und die indische Prinzessin Anjuli (Amy Irving) lieben sich. Das ist in der britischen Kolonie Indien im 19. Jh. jedoch völlig unmöglich, denn die Prinzessin ist bereits Rana von Bhitor (Rossano Brazzi) versprochen. Als der stirbt, soll sie lebendig mit seiner Leiche verbrannt werden. Ashton und Koda Dad (Omar Sharif) eilen zur Rettung.
Wurde an Originalschauplätzen in Indien gedreht. Jede Folge hatte Spielfilmlänge. Eine stark gekürzte Fassung war im September 1984 in den deutschen Kinos zu sehen.

PALÄSTE DER MACHT ARTE
2004. 5-tlg. dt. Reportagereihe von Gero von Boehm über Herrscherresidenzen, die Weltgeschichte schrieben: den Kreml, den Buckingham-Palast, den Vatikan, das Weiße Haus und den Elysée-Palast.
Einen Monat nach der Ausstrahlung auf arte startete die Reihe dienstags um 20.15 Uhr im ZDF; der Vatikan wurde dort ausgelassen.

PALETTE DFF
1960–1961. »Junge Leute – heute«. Monatliche Magazinreihe mit Modetipps, Sportlerporträts, Interviews, Musik, Geschichten ...
Das Magazin wurde von einem Moderatorenpaar geleitet, das vom Theater kam: zunächst Kati Szekely und Hans-Edgar Stecher, ab Oktober 1961 Micaela Kreißler und Klaus Küster.
Die Reihe hieß zunächst *Sendung ohne Titel*. Die Zuschauer durften Titelvorschläge einreichen, der Sieger bekam eine Schmalfilmkamera. Rund 20 knapp halbstündige Folgen liefen am frühen Abend an verschiedenen Tagen.

PALETTE DER JUGEND DFF
1966–1967. Einstündiges Jugendmagazin, das *Basar* ergänzte. Gespräche, Musik, Zuschauertelefon, Informationen und Spielszenen wurden mit einem Quiz und mit Kommentaren von den Journalisten Manfred Engelhardt und Klaus Hilbig zu einem Schwerpunktthema verbunden.
Lief insgesamt 16-mal etwa monatlich zu verschiedenen Zeiten am Samstagnachmittag.

PALM BEACH DUO PRO SIEBEN
1994–1996. 88-tlg. US-Krimiserie von Stephen J. Cannell (»Silk Stalkings«; 1991–1999).

Sergeant Chris Lorenzo (Rob Estes) und Lieutenant Rita Lee Lance (Mitzi Kapture) arbeiten als Team für die Polizei von Palm Beach in Florida und ermitteln in Mordfällen, die sich hauptsächlich in Schickimickikreisen ereignen. Ihr Chef ist anfangs Captain Ben Hutchinson (Ben Vereen), später der Hypochonder Captain Harry Lipschitz (Charlie Brill). Rita leidet unter einer bösartigen Gefäßerweiterung im Gehirn, es ist ihr aber zu gefährlich, das operieren zu lassen. Mit Chris verbindet sie anfangs nur eine platonische Freundschaft, schließlich kommen sie sich aber doch näher und heiraten. Nur eine Woche später kommt Chris bei einer Schießerei ums Leben, und Rita kündigt.
Rita war gleichzeitig die Erzählerin der Serie. In den USA ging die Serie nach dem Ausstieg der beiden Hauptdarsteller noch vier Jahre mit neuen Ermittlern weiter. Diese Folgen wurden in Deutschland nicht gezeigt.

PALMERSTOWN –
EINE KLEINE STADT IM SÜDEN PRO SIEBEN
1991. 3-tlg. US-Familienserie von Alex Haley (»Palmerstown, U.S.A.«; 1980–1981).
Der schwarze Teenager Booker T. Freeman (Jermaine H. Johnson) und der gleichaltrige weiße David Hall (Brian G. Wilson) werden während der Depression im Jahr 1934 in den Südstaaten erwachsen. Bookers Familie sind Vater Luther (Bill Duke), Mutter Bessie (Jonelle Allen) und Schwester Diana (Star-Shemah Bobatoon). Davids Familie besteht aus Vater W. D. (Beeson Carroll), Mutter Coralee (Janice St. John) und Bruder Willie-Joe (Michael Fox). Darsteller Fox wurde später als Michael J. Fox weltberühmt. Pro Sieben setzte die 18-teilige Serie nach nur drei einstündigen Folgen am Vormittag ab.

PAMPERS TV RTL 2
2004. Halbstündiges Magazin mit Dana Schweiger mit Tipps für Eltern von Kleinkindern. Die Themenpalette reichte von Frühgeburt über Babyspielzeug bis zu dem, was man so in Windeln findet.
Wer auch immer der amerikanischen Ehefrau von Til Schweiger diesen Job verschaffte, als er mit seiner Familie zurück nach Deutschland kehrte, hat vermutlich nicht mit ihr persönlich gesprochen oder sie einmal probeweise vor einen Teleprompter gesetzt. Ihre Sprachsicherheit erinnerte an die von Verona Feldbusch, nur nicht so gut. Highlight war ein Interview mit der Expertin Renate Bergmann, das Frau Schweiger mit den Worten eröffnete: »Bei mir zu Gäst ist Doktor Renate Bärgmän, Kinderärztin an der Charity in Berlin, Mitglied der nationalen Stillkommission, Insitutsleiterin des Augstvigngngg-Insituts für präventive Pädiatrie, Leiterin der Elternkollägs der geburtsmedizinische Clinic und last but not least Mutter von drei Kinnern und Omma von zwei Enkeln. Guten Tag, Frau Professor. Was mächt Stillen so wichtig für Sie? Also, nicht für Sie, aber sondern für Frauen und Kinder?«
Zwölf Sendungen liefen am Samstagvormittag.

PAN TAU
ARD

1970–1979; 1997. 34-tlg. tschechoslowak.-dt.-österr. Jugendserie von Ota Hofman, Regie: Jindřich Polák (»Pan Tau«; 1966; 1970–1978).

Pan Tau (Otto Šimánek) ist ein mysteriöser Mann mit einer enormen Anziehungskraft auf Kinder. Er hat ein Raumschiff und kann zaubern. Die Melone, die er neben schwarzem Anzug, Schirm und Nelke im Knopfloch stets trägt, verleiht ihm die Zauberkräfte. Er kann sich selbst zu einer kleinen Puppe schrumpfen lassen oder jeden noch so ausgefallenen Wunsch erfüllen, und so wachsen einem Kaktus plötzlich Haare, oder ein Karpfen beginnt zu sprechen. Pan Tau selbst spricht nie (erst in den letzten sieben Folgen beginnt er damit, einzelne Worte oder halbe Sätze zu sagen). Den Kindern, die sich mit Pan Tau anfreunden, bereitet er eine Menge Spaß. In der ersten Staffel sind dies Emil (Josef Filip) und Claudia (Veronika Renčová), und sie müssen ihn ständig vor Emils Vater (Jiří Sovák) verstecken, weshalb Pan Tau viel Zeit in Aktentaschen verbringt. Claudias Großvater Herr Viola (Jan Werich) ist ein wohlhabender Geschäftsmann; dank des Einflusses von Pan Tau entdeckt er jedoch plötzlich wieder den Lausbuben in sich, lässt seine angesehene Firma sausen und zieht mit Claudia und Pan Tau als Landstreicher umher.

In der zweiten Staffel kommt Pan Tau zufällig zur Familie Urban. Helene (Jiřina Bohdalová), Josef (Vladimír Menšík), die Kinder Katja (Magda Křížková) und Rudi (Gustav Bubnik) sowie Opa (František Filipovský) halten ihn für den verschollenen Onkel Alfons, und so bleibt er erst einmal dort. Pan Tau findet den Verschwundenen und bringt ihn zur Familie zurück, hält sich selbst dann aber versteckt, damit niemand merkt, dass es nun zwei Alfonse gibt. Entsprechend merkwürdige Dinge geschehen, denn so ganz gelingt ihm das Versteckspiel nicht. (Alfons sieht tatsächlich genauso aus und wird ebenfalls von Otto Šimánek gespielt. Alfons kann ganz normal sprechen, und so sind diese Folgen die einzigen, in denen Šimánek ganze Sätze sagt.)

In der dritten Staffel flüchtet Pan Tau vor Fluginspektor Málek (Vlastimil Brodský). Pan Tau hatte ein größeres Chaos verursacht, als er auf der Tragfläche eines Flugzeugs aufgetaucht war. Otto (Michael Hofbauer) ist Máleks Sohn. Gleichzeitig muss Pan Tau seine Melone zurückbekommen, die dem Tierwärter Jan Kalous (Josef Dvořák) in die Hände gefallen ist.

Die halbstündigen Folgen liefen erfolgreich im nachmittäglichen Kinderprogramm. *Pan Tau* war eine der ersten großen originären Unterhaltungsserien für Kinder. Sie sollte ein bewusster Gegenentwurf zu den amerikanischen Produktionen sein, setzte auf eine Mischung aus Slapstick und Sympathie und lebte vor allem von ihrem freundlichen Hauptdarsteller. Allerdings löste die Ausstrahlung in Deutschland anfangs die öffentliche Diskussion aus, ob die Serie Kinder dazu animieren könnte, mit fremden Männern mitzugehen.

Eine erste Folge war bereits 1966 gedreht worden, die Produktion der 33 weiteren Folgen begann erst einige Jahre danach. Folge 1 war 30 Jahre verschollen, bevor sie in den Prager Barrandov-Filmstudios wieder auftauchte. 1997 wurde sie zum ersten Mal in Deutschland gezeigt.

Mit *Pan Tau* begann die langjährige Zusammenarbeit des WDR mit dem tschechoslowakischen Fernsehen, aus der etliche weitere Klassiker des Kinderfernsehens hervorgingen. Regisseur Jindřich Polák steuerte z. B. noch *Die Besucher* und *Luzie, der Schrecken der Straße* bei. Verantwortlicher Redakteur war in allen Fällen Gert K. Müntefering. Der Schauspieler Vladimír Menšík wirkte in vielen dieser Serien mit, z. B. in *Die Märchenbraut* und *Der fliegende Ferdinand*.

1988 kam »Pan Tau – Der Film« ins Kino, weitere Filme waren überwiegend Zusammenschnitte aus den Serienfolgen. Im Fernsehen der DDR hieß die Serie *Die Abenteuer des Herrn Tau*.

Pan Tau gewann Preise auf mehreren Film- und Fernsehfestivals, erhielt außerdem 1974 einen Silbernen Bambi und 1976 den Grimme-Preis.

Die Kinderversion von *Mit Schirm, Charme und Melone*: Otto Šimánek als *Pan Tau*.

PÄNG!
ARD

1970–1972. »Für Erwachsene verboten«. Halbstündiges Kinder- und Jugendmagazin von Inge Suin de Boutemard, das explizit »keine pädagogische Zielsetzung« hatte.

Trotzdem waren unter dem Gezeigten einige informative Beiträge, z. B. über die Herstellung von

Panorama 1984 mit Peter Gatter.

Besteck oder eine Flaschenabfüllerei. Temporeich wurden möglichst viele kurze Filme gezeigt, von Technik über Artistik, ein Bilderrätsel, Zeichnungen aus Asterix-Comics, die mit der Kamera abgefilmt wurden, bis zur musikalischen Groteske. Durch die Sendung führte der PÄNG-Roboter, die Musik kam vom Wolfgang-Dauner-Trio.

19 Ausgaben liefen in unregelmäßiger Folge an wechselnden Sendeplätzen im Nachmittagsprogramm.

PANIC! ARD 2, ARD

1960–1963. 5-tlg. US-Thrillerreihe (»Panic!«; 1957). In abgeschlossenen und voneinander unabhängigen Episoden wurden Geschichten von Menschen gezeigt, die sich aus einer Krisensituation befreien mussten. Wechselnde Darsteller spielten die Hauptrollen, darunter James Mason, Pamela Mason, Portland Mason sowie einige Mitglieder anderer Familien, darunter June Havoc und Darryl Hickman.

Zwei der fünf halbstündigen Folgen liefen in ARD 2.

DIE PANNEN-SHOW SAT.1

1998–2001. Ingolf Lück zeigt witzige Pannen und Missgeschicke und kommentiert sie gemeinsam mit prominenten Gästen. Die Show lief meist nur ein- oder zweimal jährlich zum Jahreswechsel, insgesamt dreimal.

PANORAMA ARD

1957–1958. »Worüber man spricht, worüber man sprechen sollte«. Monatliches Magazin mit Josef Müller-Marein.

Das erste zeitkritische Magazin im deutschen Fernsehen. Der damalige *Tagesschau*-Chef Martin Svoboda hatte die Sendung ins Leben gerufen und sich vom gleichnamigen Magazin der BBC inspirieren lassen. Inhaltlich orientierte sich *Panorama* aber eher an den Feuilletons der Zeitungen; Moderator Müller-Marein war vorher Feuilletonchef der »Zeit« gewesen. Außer tagespolitischen Berichten, Kommentaren und Interviews enthielt allein die erste Sendung: ein Chanson aus dem Düsseldorfer »Kommödchen«, eine Polemik gegen den Medienrummel um die Prinzessin von Monaco und um die Filmstars Marilyn Monroe und Gina Lollobrigida, einen Hinweis auf eine Fotoausstellung und einen Film über Picasso. Revolutionär war an dem Magazin, dass es die neuen technischen Möglichkeiten nutzte und Live-Interviews mit Gesprächspartnern führte, die sich an einem anderen Ort aufhielten. Journalist und Politiker waren beide gleichzeitig auf einem »geteilten Bildschirm« zu sehen.

Nach gut einem Jahr und zwölf Ausgaben, die montags von 20.20 bis 21.00 Uhr liefen, wurde die Sendung abgesetzt. Ein neues Magazin unter dem gleichen Namen startete drei Jahre später und wurde eines der langlebigsten in der Fernsehgeschichte. Unmittelbarer Nachfolger der Sendung wurde das Magazin *Blick in die Zeit*.

Im Quiz *Hätten Sie's gewusst* gab es übrigens eine Fragenkategorie namens »Was man weiß, was man wissen sollte«, aber diese Information gehört vermutlich in keine der beiden Kategorien.

PANORAMA ARD 2, ARD

1961–1962 (ARD 2); seit 1962 (ARD). Zeitkritisches Magazin und eine der langlebigsten, wichtigsten und umstrittensten Sendungen im deutschen Fernsehen.

Panorama griff den kurzlebigen Versuch seines gleichnamigen Vorläufers mit deutlich politischerem und pointierterem Konzept wieder auf. Gründer und erste Moderatoren (im Wechsel) waren Rüdiger Proske und Gert von Paczensky. Von Beginn an war das Magazin investigativ, kritisch und meinungsstark und machte sich in kürzester Zeit vor allem die Regierung, die katholische Kirche und die Vertriebenenverbände zum Feind.

Anders als das andere ARD-Magazin *Anno* (später: *Report*) begriff sich *Panorama* als »Meinungsmagazin« im Sinne einer kritisch-provokanten Berichterstattung und als politische Opposition. Berühmt wurde Paczenskys Anmoderation eines Beitrags mit den Worten: »Nun wollen wir uns noch ein wenig mit der Bundesregierung anlegen.« Immer wiederkehrendes Thema war anfangs neben der Auseinandersetzung mit der CDU/CSU die Kritik an der Kolonialpolitik Frankreichs und Belgiens, über deren Folgen *Panorama* aus der Sicht der betroffenen Menschen berichtete. Zum Berliner Mauerbau brachte die Sendung u. a. ein Statement eines britischen Labour-Abgeordneten, der ein gewisses Verständnis für die DDR-Entscheidung anklingen ließ.

Ende 1962 berichtete *Panorama* ausführlich über die »Spiegel-Affäre«, die zum Rücktritt des damaligen Verteidigungsministers Franz Josef Strauß führte – *Panorama* hatte seinen Rücktritt bereits ein halbes Jahr vorher gefordert. Am 11. Februar 1963 beschäftigte sich das Magazin mit der Pressekonzentration im Allgemeinen und der »Bild«-Zeitung im Besonderen. »Bild« rächte sich durch eine Kampagne und äußerte den Verdacht, Gert von Paczensky sei Ulbricht-Sympathisant – wegen äußerlicher Ähnlichkeiten und Paczenskys charakteristischer Kommentare. »Bild« fragte: »Kam die Sendung aus dem Osten?« und forderte: »Der Spitzbart muss weg!« Im Mai 1963 setzte die CDU die Absetzung Paczenskys durch; nur ein halbes Jahr später lieferte ein Recherchefehler den Vorwand, auch Proske loszuwerden. Nachfolger wurde Eugen Kogon, der nach nur einem Jahr, in dem auch er sich dem Vorwurf der kommunistischen Infiltration ausgesetzt sah, entnervt das Handtuch warf. Nachfolger als Leiter wurde Walter Menningen, Moderator Joachim Fest, der ab April 1966 auch Redaktionsleiter wurde. Zu seiner Zeit setzte sich *Panorama* nicht zuletzt mit der deutschen NS-Vergangenheit, den USA in Vietnam und der Notstandsgesetzgebung auseinander. Fest rief in seiner letzten Sendung Ende 1966 zur Verteidigung des unabhängigen politischen Journalismus auf. Der ehemalige Minister Seebohm hatte über ihn gesagt: »Diesen Mann kann ich nur als Schwein bezeichnen, dem das deutsche Volk alles zurückzahlen sollte, was dieser ihm angetan hat.« Auch ARD-intern hatte es von Anfang an Proteste gegen das Magazin, Rücktrittsforderungen an den NDR-Intendanten und Boykottdrohungen durch den BR gegeben. Mitarbeiter von *Panorama* in den Anfangsjahren waren u. a.: Werner Baecker, Lothar Loewe, Winfried Scharlau, Manfred Bissinger, Albert Krogmann und Ulrike Meinhof.

1967 folgte Peter Merseburger auf Joachim Fest.

Zur Zeit der Studentenbewegung prägte *Panorama* die öffentlichen Diskussionen wie später nie mehr. Anfang der 70er-Jahre, unter dem Eindruck der Aktionen der Baader-Meinhof-Gruppe, machte sich in den politischen Magazinen ein Klima der Anpassung breit. *Panorama* verstand sich als Wegbereiter der Ostpolitik Willy Brandts und wurde nach der Wahl der sozialliberalen Koalition 1972 zum Regierungsmagazin: Merseburger verzichtete auf grundlegende Kritik an der Politik der Bundesregierung. Als der NDR am 1. März 1974 auf Anregung von Julius Kardinal Döpfner und nach Protesten anderer ARD-Anstalten einen Beitrag von Alice Schwarzer zum Thema Abtreibung zurückzog, verweigerten Merseburger und die anderen Autoren daraufhin die Moderation. Ein Ansager verlas ihre Texte in der Sendung.

Das Magazin gilt auch als wesentlicher Grund dafür, dass die CDU-Regierungen in Schleswig-Holstein und Niedersachsen 1978 den NDR-Staatsvertrag kündigten – vor allem wegen der kritischen Berichterstattung über das Kernkraftwerk Brokdorf. Erst nach langwierigen Verhandlungen und mehreren Gerichtsurteilen wurde der NDR als Dreiländeranstalt erhalten. Ebenfalls 1978 enthüllte *Panorama*, dass der damalige baden-württembergische Ministerpräsident Hans Filbinger gegen Ende des Zweiten Weltkrieges entgegen seiner Aussage als Marinerichter zwei Todesurteile gefällt hatte, und trug maßgeblich zu Filbingers Sturz bei. 1982 verschwand ein Film von Stefan Aust über einen Verfassungsschützer, der eine eigene Terrortruppe aufbauen wollte, vor der Sendung spurlos – und ist bis heute nicht wieder aufgetaucht. Die ARD zeigte aus Filmresten in einer Sondersendung am nächsten Tag eine Rekonstruktion. 1993 wollte *Panorama* angebliche Verstrickungen Oskar Lafontaines ins Rotlichtmilieu aufdecken, doch der verhinderte die Ausstrahlung des Beitrags und beschwerte sich später über »Schweinejournalismus« – womit er nicht zuletzt *Panorama* meinte. Merseburger hielt es am längsten auf dem Schleudersitz des Redaktionsleiters aus. Ihm folgten als Redaktionsleiter und Moderatoren: Gerhard Bott (1975–1976), Ulrich Happel (1977), Winfried Scharlau (1978–1981), Peter Gatter (1981–1987), Joachim Wagner (1987–1996). 1997 übernahm Kuno Haberbusch die Leitung, es moderierte Patricia Schlesinger, ab Juli 2001 Anja Reschke. Im Mai 2004 wurde Stephan Wels Redaktionsleiter.

Panorama startete mit dem Untertitel »Zeitgeschehen – ferngesehen« als wöchentliches Magazin im damaligen Zweiten ARD-Programm. Zum 1. Juli 1962 wurde es ins Erste Programm übernommen, bekam nun den Untertitel »Berichte – Analysen – Meinungen« und wurde im Wechsel mit *Report* alle 14 Tage sonntags um 18.45 Uhr ausgestrahlt. 1963 lief *Panorama* erstmals zur Primetime, ab September 1965 am Montag, der ein Stammplatz werden sollte. Hier lief es, anfangs 14-täglich im Wechsel mit *Report,* später in immer größeren Abständen im Wechsel mit immer mehr Politmagazinen. 1978 wechselte *Panorama* auf den Dienstag um 21.00 Uhr,

1993 auf den Donnerstag um 20.15 Uhr, ab 2005 um 21.45 Uhr.

PAPA IST DER BOSS ZDF
→ Halt durch, Paul

PAPA IST DER GRÖSSTE ARD
1986. 12-tlg. frz. Familienserie von Daniel Goldenberg, Regie: Roger Kahane (»Papa Poule«; 1980–1982).
Der Zeichner Bernard Chalette (Sady Rebbot) hat plötzlich das Haus voll. Von zwei Ex-Frauen hat er vier Kinder – und die nun allein am Hals: Teenager Julienne (Corinne Hugnin) sowie Paul (Geoffroy Ville), Eva (Suzanne Legrand) und Claire (Raphaële Schacher) im Alter von zwölf, zehn und neun Jahren. Da ist zwar noch seine Mutter (Madeleine Barbulée), aber auf Dauer hilft wohl nur eine dritte Ehefrau. Also sucht Bernard.
Die einstündigen Folgen liefen im regionalen Vorabendprogramm.

PAPA LÖWE
UND SEINE GLÜCKLICHEN KINDER ARD
→ Tigerenten-Club

PAPERMOON ZDF
1976. 13-tlg. US-Comedyserie (»Paper Moon«; 1974–1975).
Der Gauner Moses Pray (Christopher Connely) und die elfjährige Addie (Jodie Foster), von der beide einfach mal ausgehen, dass sie seine Tochter ist, ziehen in den 30er-Jahren durch den Mittleren Westen der USA und finden immer wieder neue zwielichtige Wege, an Geld zu kommen. Offiziell ist Moses Bibelverkäufer.
Jodie Foster war damals zwölf, hatte aber schon Sitcom-Erfahrung: Vorher trat sie in *Eddies Vater* auf. Die Serie basierte auf dem Roman »Die Geschichte von Addie und Long Boy« von Joe David Brown und dem Kinofilm »Paper Moon« (1973) mit Ryan O'Neal und Tatum O'Neal.

PAPOTIN & CO. ARD
1978. 6-tlg. frz. Puppenserie für Kinder von André Tahon. Die Marotte Papotin und die Raupe Ploom präsentieren Sketche, Lieder, Tänze und klassische Musik.
Die 25-minütigen Folgen von der Pariser Puppenbühne André Tahon liefen dienstagnachmittags. In der Serie *Bei Papotin* hatte die Stabpuppe Papotin bereits durch ihre Heimatstadt Paris geführt.

PAPPERLAPAPP VOX
1993. Viertelstündiges Quiz für Jugendliche mit Tino Eisbrenner. Zwei Kandidaten müssen anhand kurzer Filmeinspielungen Begriffe erraten und in einem Videoaktionsspiel gegeneinander antreten.

PARABEL ARD
1973. Lebenshilfemagazin der Kirchen. Nachfolgesendung von *Aus der christlichen Welt*. Die erste Folge befasste sich mit der Liebe.
Die 15-minütigen Folgen liefen samstags im regionalen Vorabendprogramm.

PARADISE – EIN MANN,
EIN COLT, VIER KINDER SAT.1, KABEL 1

1989–1991 (Sat.1); 1993 (Kabel 1). 57-tlg. US-Westernserie von David Jacobs und Robert Porter (»Paradise«; 1988–1990; »Guns Of Paradise«; 1991).
Die Schwester des Revolverhelden Ethan Allen Cord (Lee Horsley) ist gestorben. Jetzt muss der arme, harte Kerl sich um deren vier Kinder im Alter zwischen fünf und 13 Jahren kümmern. So bezieht er im Städtchen Paradise mit Claire (Jenny Beck), Joseph (Matthew Newmark), Ben (Brian Lando) und George (Michael Patrick Carter) eine Farm. Ihre Vermieterin ist die Bankfrau Amelia Lawson (Sigrid Thornton), die bald Ethans Freundin wird.
Seinen Colt schwingt Ethan weiterhin immer dann, wenn es gilt, die Stadt vor Ganoven zu beschützen. Sein bester Freund John Taylor (Dehl Berti) ist dann an seiner Seite. Und wenn er eher im Haus bei den Kindern gebraucht wird, hilft er auch dort aus. Andere Bewohner von Paradise sind Barkeeper Scotty (Mack Dryden), der Schmied Tiny (John Bloom), Mr. Lee (Benjamin Lum) und Mr. Axelrod (Michael Ensign) vom örtlichen Laden sowie Mr. Dodd (F. William Parker) vom Hotel.
Die 13 Folgen umfassende dritte Staffel erhielt in den USA einen neuen Serientitel. Diese Folgen lie-

Die junge Jodie Foster in *Papermoon*.

fen in Deutschland als Erstausstrahlung bei Kabel 1. Der deutsche Titel änderte sich nicht.

PARADISE BEACH — RTL
1994–1997. 130-tlg. austral. Soap (»Paradise Beach«; 1993–1994).
Drei Teenager verlassen die graue Vorstadt und ziehen an die sonnige Küste von Paradise Beach: Sean Hayden (Ingo Rademacher), sein bester Freund Roy McDermott (John Holding) und seine jüngere Schwester Tori (Megan Connolly). Sie lernen neue Freunde kennen, surfen, verlieben und zerstreiten sich.
RTL zeigte nur die Hälfte der 260 halbstündigen Folgen, werktags erst um 10.30 Uhr, dann gegen 6.00 Uhr morgens.

PARADISE CLUB — RTL 2
1993. 20-tlg. brit. Ganovenserie von Murray Smith (»Paradise Club«; 1989–1990).
Als Ma Kane, die Anführerin der örtlichen Mafia, stirbt, erben ihre beiden Söhne Frank (Don Henderson) und Danny (Leslie Grantham) das Hauptquartier: den heruntergekommenen »Paradise Club« im Londoner East-End. Frank, ein ehemaliger Boxer, Fremdenlegionär und Priester mit Spielsucht, will den Laden aufpolieren und auf anständige Art Geld verdienen, Danny, ein Yuppie mit ansehnlichem Einkommen aus den krummen Geschäften seiner Familie, dagegen die kriminelle Tradition fortführen. Er legt sich mit dem Gauner Peter Noonan (Philip Martin Brown) an. Die Polizistin Rosy Campbell (Kitty Aldridge) versucht, für Recht und Ordnung zu sorgen.
Die einstündigen Folgen liefen werktäglich gegen 19.00 Uhr.

DER PARAGRAPHENWIRT — ZDF
1983. 13-tlg. dt. Gerichtsserie von Peter M. Thouet, Horst Pillau, Vladimir Skutina und Gabriel Laub, Regie: Thomas Fantl.
Friedrich Stroltz (Hans Clarin) führt mit seiner Frau Helga (Lotti Krekel) das Lokal »Zur letzten Instanz«, in dem vor allem Leute verkehren, die im nahen Gericht zu tun haben oder dort arbeiten.
Die halbstündigen Folgen liefen donnerstags um 18.25 Uhr.

PARIS AKTUELL — ZDF
1967–1970. Margret Dünser präsentierte zu jeder neuen Saison Mode aus Paris, und außerdem gab es noch Musik dazu.

PARIS DREIZEHN — ARD
1969–1970. 13-tlg. dt.-frz. Krimiserie (»Allo Police«; 1966–1969).
Im Quartier Latin in Paris ermittelt Kommissar Lambert (Guy Tréjan) mit seinen Kollegen Francis (André Thorent), Mareuil (Bernard Rousselet) und Leblanc (Claude Ruben). Die halbstündigen Folgen liefen im regionalen Vorabendprogramm.

PARIS 7000 — ARD
1977. 6-tlg. US-Krimiserie von John Wilder und Michael Gleason (»Paris 7000«; 1970).
Jack Brennan (George Hamilton) ist Mitarbeiter der amerikanischen Botschaft in Paris. Er hilft US-Bürgern, die in Frankreich in Schwierigkeiten geraten sind. Zu diesem Zweck arbeiten er und sein Partner Robert Stevens (Gene Raymond) oft mit der französischen Polizei zusammen, deren Chef Jules Maurois (Jacques Aubuchon) ist.
Der Serientitel war die Telefonnummer der Botschaft. Die einstündigen Folgen liefen im regionalen Vorabendprogramm.

PARISER GESCHICHTEN — ARD
1976–1980. 27-tlg. dt. Episodenreihe von Franz Geiger, Dieter Wedel, Tom Toelle und Wilfried Dotzel nach Einaktern von Eugène Labiche.
Abgeschlossene amüsante Anekdoten über Menschen in Paris, mit wechselnden Figuren und Darstellern. Die Reihe wurde in Paris gedreht und lief mit halbstündigen Folgen im regionalen Vorabendprogramm.

PARISER JOURNAL — ARD
1962–1971. »Aufgeblättert von Georg Stefan Troller«. Reportagereihe über Neues und Kulturelles aus Paris.
Im Mittelpunkt der Filme standen mal Weltstars, mal Clochards und mal ganze Stadtviertel. Die »Frankfurter Allgemeine Zeitung« schrieb: »Troller zeigte die Stadt nicht als Touristenattraktion, sondern als eine menschliche Schatzkammer, randvoll mit bizarren Berühmtheiten, verblüffenden Karrieren, absurden Schicksalen.«
50 Folgen zu je 45 Minuten liefen im Abendprogramm. Dann ging Troller zum ZDF, wo er die Reihe seiner einzigartigen Porträts unter dem Namen *Personenbeschreibung* fortsetzte.

EIN PARK FÜR ALLE — ZDF
1980. 12-tlg. dt. Jugendserie von Justus Pfaue nach einem Roman von Paul Noack, Regie: Karlheinz Bieber.
Die Kinder Grit (Regina Hoffmann), Heini (Olaf Voss), Patrick (Jörg Wasserberg) und Peter (Christian Bojarski) können in den Ferien keine Reise machen, also bauen sie einen Park mit einem Teich für die Enten. Leider holen sie keine Erlaubnis ein. Dadurch lernen sie die geheimnisvolle Madame Roche (Olga Valery) kennen.
Die Serie lief dienstagnachmittags.

PARK HOTEL STERN — SAT.1
1997–2002. 54-tlg. dt. Familienserie.
Das »Park Hotel Stern« ist ein familienbetriebenes Vier-Sterne-Haus am Rhein, das vor allem die Highsociety beherbergt. Michael Stern (Paul Frielinghaus) ist der Logisdirektor, seine Frau Diane (Eva Scheurer) die PR-Managerin. Michael streitet sich über die Belange des Hotels oft mit seinem Bruder

Dieter (Dieter Okras) und dessen Frau Karla (Kristina van Eyck). Dieter ist der Wirtschaftsdirektor, sie die Personalchefin, und er betrügt sie unentwegt. Stiller Kopf des ganzen Ladens ist noch immer Seniorchef Otto (Adolf Laimböck), sein engster Vertrauter der langjährige Portier Georg Stahl (Stephan Orlac). Zum weiteren Personal gehören der bayerische Hotelkoch Josef (Norbert Wartha), der vorlaute Wagenmeister Max (Sasha Krasnobajew), die rassige Hausdame Nina Heidenreich (Oana Solomonescu) und das attraktive Hausmädchen Edda Wendel (Christina Große).

Elf einstündige Folgen liefen wenig erfolgreich mittwochs um 21.15 Uhr, 43 (!) bereits produzierte Folgen wurden vier Jahre später sonntagmittags versendet.

PARKER LEWIS – DER COOLE VON DER SCHULE PRO SIEBEN

1993–1994. 73-tlg. US-Sitcom von Clyde Phillips und Lon Diamond (»Parker Lewis Can't Lose«; 1990–1993).

Mit seinen Streichen bringt der beliebte Schüler Parker Lewis (Corin Nemec) die Direktorin Grace Musso (Melanie Chartoff) zur Verzweiflung. Parkers Freunde Mikey Randall (William Jayne) und Jerry Steiner (Troy Slaten) helfen ihm bei seinen Taten. Streber Frank Lemmer (Taj Johnson) unterstützt derweil Ms. Musso im Kampf gegen Parker. Shelly (Maia Brewton) ist Parkers kleine Schwester, Judy (Anne Bloom; ab der zweiten Staffel: Mary Ellen Trainor) und Martin (Timothy Stack) sind seine Eltern.

Inspiration für die Serie war der Kinofilm »Ferris macht blau« (»Ferris Bueller's Day Off«; 1986), weshalb *Parker Lewis* wie ein Klon der zeitgleich laufenden Sitcom *Ferris Bueller* wirkte, die direkt auf dem Film basierte. Beide liefen im werktäglichen Vorabendprogramm auf Pro Sieben.

PARKSTRASSE 13 ARD

1960. 4-tlg. dt. Krimi.

Inspektor Marquard (Konrad Georg) muss einen Mord aufklären, der während einer Party in einer Villa geschah. Dazu verhört er u. a. Paul Mielke (Ralf Wolter), Arno Malander (Peter Schütte) und Baronin Bornegg (Hilde Sessak).

Die halbstündigen Folgen liefen in allen regionalen Vorabendprogrammen.

PARLAZZO WDR

1991–1998. »Medienshow« mit prominenten Gästen und mit Berichten über Fernsehen, Hörfunk und Presse.

Die Sendung, die anfangs den Untertitel »Reden über Sehen und Hören« trug, pendelte zwischen kritischem Medienjournalismus, heiter-harmloser Fernsehnostalgie und heikler Eigen-PR, taffen Interviews mit Machern und belanglosem Geplauder mit Stars. Gelegentlich gab es gute Einfälle, die in Erinnerung blieben, wie im Frühjahr 1995, als RTL-Chef Helmut Thoma und Sat.1-Mann Jürgen Doetz an der Torwand ausschossen, wer die Fußballbundesliga als Nächstes übertragen durfte (Thoma gewann).

Moderatorin war zunächst Bettina Böttinger, ab Dezember 1995 Sabine Brandi, ab August 1996 Anne Will. Nach genau 100 Ausgaben, die zwischen 45 und 75 Minuten lang waren, stellte der Sender fest, dass die Zuschauerzahlen ihm nicht reichten, und die Redaktion, dass es »nichts mehr zu entzaubern« gab. Die Sendung wurde eingestellt. Vier Jahre später startete der NDR einen neuen Versuch unter dem Namen *Zapp*.

PAROLE CHICAGO ARD

1979. 13-tlg. dt. Comedyserie von Sven Freiheit und Heiner Schmidt, Regie: Reinhard Schwabenitzky.

Eduard Bredo (Christoph Waltz) und sein Cousin, der Steuerfachgehilfe Harald (Gottfried Vollmer), sind zwei Berliner Kleinganoven, die gern große wären. Sie reden sich mit Ede bzw. Harry an, denn das klingt mehr nach Unterwelt. Während sie also Himbeerbrause mit Strohhalmen trinken und Schoko-Amerikaner essen, beraten sie immer neue Möglichkeiten, auf krummem Weg ans große Geld zu kommen. Harry hat meist die Idee und überredet Ede dann zum Mitmachen. Der ist in der Regel gerade mit einer neuen Flamme zugange, wenn Harrys Anruf kommt. Am Ende geht der Coup natürlich stets schief, weil der trottelige Ede es vermasselt. Durch sein Ungeschick treibt er im legalen Leben auch seinen cholerischen Chef (Joachim Wichmann) in den Wahnsinn. Und die Parole bei den krummen Dingern lautet natürlich »Chicago«.

Die Serie basiert auf dem Roman »Ruby Martinson – Geschichten vom größten erfolglosen Verbrecher der Welt« von Henry Slesar. Die halbstündigen Folgen liefen montags in den meisten regionalen Vorabendprogrammen.

DIE PARTNER ZDF

→ Drei Partner

DIE PARTNER ARD

1995–1996. 26-tlg. dt. Krimiserie, Regie: Josef Russnak und Thomas Jauch.

Philip Casdorff (Jan Josef Liefers) betreibt mit Caro Koslowski (Ann-Kathrin Kramer) eine Privatdetektei in Düsseldorf. Er ist ein cooler, erfolgreicher Macho, sie eine Powerfrau mit Psychologiestudium. Beide lieben schnelle Autos. Sie sind wild entschlossen, sich weder, wie in solchen Konstellationen sonst üblich, ineinander zu verlieben noch dauernd zu streiten. Für den Kontrast zu den hippen Ermittlern sorgt der biedere Hauptkommissar Martin Zobel (Ulrich Noethen), der lieber seine Ruhe hätte, aber von seinem Freund Casdorff immer wieder in Schwung gehalten wird.

Aufregender als die Geschichten war die Art, wie sie verfilmt waren: In nie gekannter Radikalität setzte die ARD im Bemühen, die Unter-20-Jährigen zu erreichen, auf Werbefilmästhetik, ließ die Folgen von

jungen Videoregisseuren inszenieren, tauchte die Bilder in bunte Farben, zog alle Register der Verfremdung, wie sie aus amerikanischen Serien bekannt waren: von der Wackelkamera bis zu extrem grobkörnigen Aufnahmen. Unter den Szenen lag Acid Jazz, die Titelmusik komponierte die Jazzmusikerin Barbara Dennerlein.
Die einstündigen Folgen liefen am Vorabend.

PARTNER-TÜV   VOX
2005. 4-tlg. dt. Doku-Soap mit den »Beziehungsexperten« Dorothe Dörholt und Markus Roscher, die Partnerschaften unter die Lupe nehmen.

DIE PARTRIDGE-FAMILIE   ARD
1972–1976. 43-tlg. US-Sitcom (»The Partridge Family«; 1970–1974).
Die allein erziehende Mutter Shirley Partridge (Shirley Jones) gründet mit ihren Kindern Keith (David Cassidy), Laurie (Susan Dey), Danny (Danny Bonaduce), Tracy (Suzanne Crough) und Christopher (Jeremy Gelbwaks; ab der zweiten Staffel: Brian Forster) eine Familienband und geht auf Tour. Reuben Kincaid (David Madden), der Kinder eigentlich hasst, ist ihr Manager.
David Cassidy war im wirklichen Leben der Stiefsohn von Shirley Jones. Die beiden waren die Einzigen, die selbst sangen. Alle anderen Stimmen gehörten Studiomusikern. Einige Lieder aus der Serie wurden Hits, der größte war »I Think I Love You«. Cassidy wurde ein Teeniestar und hatte später auch als Solokünstler noch einige Erfolge. Die halbstündigen Folgen liefen im regionalen Vorabendprogramm. Mehr als die Hälfte der eigentlich 96-tlg. Serie wurde jedoch nie in Deutschland gezeigt.

PARTY OF FIVE   RTL, VOX
1996–2000 (RTL); 2001 (Vox). 143-tlg. US-Soap von Christopher Keyser und Amy Lippman (»Party Of Five«; 1994–2000).
Nach dem Tod ihrer Eltern kämpfen sich die fünf Kinder der Familie Salinger allein durchs Leben. Charlie (Matthew Fox), anfangs Mitte 20 und damit der Älteste, ist jetzt das Familienoberhaupt und wird der Vormund seiner Geschwister. Er arbeitet tagsüber als Zimmermann und abends als Barkeeper im Restaurant »Salinger's«, das dem verstorbenen Vater gehörte. Bailey (Scott Wolf) und Julia (Neve Campbell) sind Teenager, Claudia (Lacey Chabert) ist anfangs elf und Owen (Brandon und Taylor Porter; ab der fünften Staffel: Jacob Smith) noch ein Baby.
Sie stellen die Kinderpsychologie-Studentin Kirsten Bennett (Paula Devicq) als Kindermädchen ein. Charlie verliebt sich in sie. Am Tag ihrer geplanten Hochzeit bekommt er jedoch kalte Füße und macht Schluss. Bailey ist mit Sarah Reeves (Jennifer Love Hewitt) zusammen, die zuvor schon mit Baileys bestem Freund Will McCorkle (Scott Grimes) befreundet war. Sowohl Charlie als auch Bailey haben danach jeweils mehrere Freundinnen nacheinander, Bailey kommt aber später wieder mit Sarah zusammen. Julia ist jedoch das erste Familienmitglied, das heiratet. In einer Blitzhochzeit in Nevada werden sie und Griffin Holbrook (Jeremy London) getraut. Weil dessen Motorradwerkstatt Bankrott macht, ziehen beide in das Salinger-Haus. Charlie erkrankt an Lymphdrüsenkrebs, kann jedoch geheilt werden. Joe Mangus (Tom Mason), der seit dem Tod der Eltern das Restaurant geleitet hat und Teilhaber war, verkauft seinen Anteil an die Familie, und Bailey wird der Manager vom »Salinger's«. Er leitet das Restaurant zusammen mit Sarah.
Charlie ist inzwischen Lehrer an der Highschool. Er und seine Freundin Daphne Jablonski (Jennifer Aspen) bekommen ein Baby, sie lässt ihn jedoch mit der kleinen Diana sitzen. Kurz darauf macht Charlie Kirsten einen erneuten Heiratsantrag, den sie akzeptiert. Sarah lehnt Baileys Heiratsantrag ab und zieht nach New York.
Jede Folge war eine Stunde lang. Die ersten vier Staffeln liefen am Samstagnachmittag im Block mit den anderen Teenieserien *Beverly Hills, 90210* und *Melrose Place*. Ab der fünften Staffel, die im Februar 2000 startete, wurde die Serie am Sonntagvormittag gegen 10.00 Uhr ausgestrahlt. Die letzte Staffel lief werktäglich mittags auf Vox.
Das Leben von Sarah nach ihrem Umzug nach New York war der Inhalt ihrer eigenen Serie *New York Life – Endlich im Leben*, die auf Pro Sieben zu sehen war.

Die Partridge-Familie: Danny Bonaduce (links), David Cassidy und Shirley Jones (hinten von links), Susan Dey, Suzanne Crough (vorn von links), Brian Forster (rechts).

»Ja, ja, der Lange und der Kleine / runder Bauch und dünne Beine / bringen Spaß und frohe Laune / mit heißem Herzen und viel Diskretion / helfen die Freunde *Pat & Patachon*.« Carl Schenstrøm (links) und Harald Madsen.

PASSWORT ARD
1964–1966. Halbstündiges Ratespiel mit Wolf Mittler.
Zwei Kandidatenpaare spielen gegeneinander. Jedes Team besteht aus einem Prominenten und einem »Normalo«. Einer bekommt Begriffe gezeigt, die sein Partner erraten muss. Als Hilfe nennt er Synonyme oder Hinweise, die aber nur aus einem einzigen Wort bestehen dürfen. Je schneller sein Gegenüber das gesuchte »Passwort« errät, desto mehr Punkte gibt es. Das Gewinnerteam zieht in die Finalrunde ein, in der aus mehreren Einzelbegriffen ein Oberbegriff oder eine Kategorie erschlossen werden muss. 24 Folgen liefen im regionalen Vorabendprogramm. Vorlage war das US-Format »Password«. Ein ähnliches Konzept verwendete später auch *Die Pyramide*.

PASTEWKA IN ... RTL
Seit 2003. Comedy-Reise-Show mit Bastian Pastewka, der ferne Länder bereist und über die fremden Sitten und Gebräuche staunt. Drei Ausgaben über Indien und Japan liefen in loser Folge an wechselnden Sendeplätzen, dann folgte ab Januar 2005 eine komplette Staffel mit halbstündigen Folgen freitags nach 22.00 Uhr.
Einige Folgen sind auf DVD erhältlich.

PAT & PATACHON ZDF
1968–1970. Dän. Slapstickreihe mit dem langen dünnen Pat (Carl Schenstrøm) und dem kurzen dicken Patachon (Harald Madsen).
Schon kurz bevor in den USA die Stummfilmkarriere der zwei Herren begann, die später als *Dick und Doof* in Deutschland bekannt wurden, hatte in Skandinavien die Karriere des in Lumpen gekleideten europäischen Gegenstücks begonnen. Der Regisseur Lau Lauritzen brachte den Schauspieler Schenstrøm und den ehemaligen Zirkusclown Madsen zusammen. Das ZDF hatte einzelne Filme bereits in den 60er-Jahren gezeigt, entschied sich dann aber, sie als Rohmaterial für eine ganz neue Fernsehserie zu benutzen.
Aus den Filmen, die zwischen 1920 und 1940 entstanden, schnitt das ZDF 25-minütige Episoden zusammen, die von Heinz Caloué mit einem deutschen Text versehen und von Hanns Dieter Hüsch vertont wurden. Er erzählte kaum nach, was passierte, sondern versah die Geschichten mit witzigen Kommentaren, ironischen Anmerkungen und neuen Dialogen, die oft nichts mit dem Original zu tun hatten und einen Bezug zur Gegenwart herstellten. Hüsch war quasi Erzähler, Kommentator und Sprecher aller Rollen in einem und wurde für die Deutschen *die* Stimme, die sie mit Stummfilmgrotesken verbanden. Eigentlich hatte sich Caloué als Sprecher Herbert Bötticher gewünscht, das ZDF lehnte den Vorschlag jedoch ab.
Insgesamt entstanden 50 Folgen. Sie liefen zunächst alle 14 Tage samstags im Vorabendprogramm. Mit dem Wechsel auf Freitag im Januar 1969 schuf das ZDF einen festen Sendeplatz für Stummfilmklamotten, der im Laufe der nächsten Jahre vor allem *Dick und Doof* beheimatete, die nach dem gleichen Prinzip von demselben Team eingedeutscht wurden.

DER PATE ZDF
1979. 4-tlg. Mafiafilm nach dem Roman von Mario Puzo, Buch und Regie: Francis Ford Coppola (»The Godfather«; 1979).
Der Kinoklassiker mit Marlon Brando, Robert de Niro, Al Pacino und Diane Keaton wurde für diese

TV-Ausstrahlung neu geschnitten und mit zusätzlichen Szenen aufgemotzt.

DAS PATENKIND   ZDF
1971. 7-tlg. dt. Problemserie von Fritz Puhl, Regie: Stephan Rinser.
Wenn in Deutschland das siebte Kind einer Familie geboren wird, bekommt es einen ganz besonderen Patenonkel: den Bundespräsidenten. Paul Bachmann (Werner Schumacher) und seine Frau (Margrith Nefen) sind solche glücklichen Eltern. Sie haben gerade Zwillinge bekommen. Das mit dem Glück relativiert sich allerdings schnell: Erst verlieren sie die Wohnung, dann der Vater seinen Job, unverschuldet steigt die Familie immer weiter ab.
Die halbstündigen Folgen liefen sonntags um 19.15 Uhr.

DER PATENONKEL   ZDF
1992. 8-tlg. dt. Familienserie von Herbert Lichtenfeld, Regie: Hans-Jürgen Tögel.
Der reiche Bankier Georg Asmann (Klausjürgen Wussow) hat aus Imagegründen die Patenschaft für diverse Kinder übernommen, will aber nicht wirklich etwas mit ihnen zu tun haben. Seine Mutter Agathe (Anneliese Uhlig) zwingt ihn jedoch, sich um »seine« Kinder zu kümmern. Wanda Herbst (Margret Homeyer) ist die Haushälterin, Patricia (Claudia Demarmels) die Kinderbetreuerin, Ilona (Nina Lorck-Schierning) die Küchenhilfe und Paul (Herman van Ulzen) der Chauffeur und Gärtner. Ella Graf (Christine Wodetzky) ist Georgs Freundin. Lu (Nadine Neumann), Robby (Benjamin Zobrys) und Albert (Friedrich Detering) sind drei der lästigen Patenkinder.
Jede Folge dauerte 45 Minuten.

PATER BROWN   ARD
1966–1972. 39-tlg. dt. Krimiserie von Martin Duschat nach den Geschichten von Gilbert Keith Chesterton, Regie: Rainer Wolffhardt.
Pater Brown (Josef Meinrad) klärt nebenbei Kriminalfälle auf und bekommt dadurch ständig Ärger mit seiner Kirche. Dafür hilft er Inspektor Burns (Ernst Fritz Fürbringer).
Fünf Staffeln mit 25-minütigen Folgen liefen in allen regionalen Vorabendprogrammen. Chestertons Geschichten waren schon etliche Male verfilmt und der rastlose Pater Brown schon von Walter Connolly, Alec Guinness und mehrfach von Heinz Rühmann gespielt worden. Ab 2003 wagte sich Ottfried Fischer als *Pfarrer Braun* an die Idee heran.

PATIENTEN GIBT'S!   ZDF
1983. 10-tlg. dt. Arzt-Comedyserie von Hans-Georg Thiemt und Hans Dieter Schreeb, Regie: Ralf Gregan.
Der ehemalige Schiffskoch Brenner (Dirk Dautzenberg) und der Lexikon-Vertreter Heck (Jürgen Schmidt) liegen im Krankenhaus gemeinsam auf Zimmer 101 und schlagen sich mit nörgelnden Mitpatienten, mit dem geldgierigen Chefarzt Dr. Lauritz (Karl-Michael Vogler), mit Dr. Junkers (Hellmut Lange), Frau Dr. Hoffmann (Brigitte Grothum) und der Oberschwester (Andrea Brix) herum.
Die halbstündigen Folgen liefen donnerstags um 18.20 Uhr.

DIE PATRIARCHIN   ZDF
2005. 3-tlg. dt. Firmensaga von Christian Schnalke, Regie: Carlo Rola.
Nina Vandenberg (Iris Berben) muss plötzlich die Kontrolle über das Kaffeeunternehmen ihres verstorbenen Mannes übernehmen. Sie hat zwar keine Ahnung, aber einen eisernen Willen. Also stellt sie die Flasche weg und fängt an. Sie arbeitet mit dem Manager Wolf Sevening (Christoph Waltz) und dem Geschäftspartner Bent Peerson (Ulrich Noethen) zusammen und setzt sich gegen den Finanzermittler Thiede (Jürgen Tarrach) zur Wehr, der ihr Unterschlagung in Millionenhöhe vorwirft. Nina versucht selbst, den Betrug aufzuklären. Dazu muss sie strapaziöse Reisen nach Kenia und nach New York unternehmen. Die Arme. Der schwermütige Nils (Adrian Topol) und die aufgekratzte Finja (Nadja Bobyleva) sind Ninas Kinder.
Die Folgen hatten Spielfilmlänge und liefen mit hervorragenden Einschaltquoten zur Primetime.

PATRIK PACARD   ZDF
1984. »Entscheidung im Fjord«. 6-tlg. dt. Abenteuerserie nach dem Roman von Justus Pfaue, Regie: Gero Erhardt.
Der 15-jährige Patrik Pacard (Hendrik Martz) macht mit seinen Eltern Peter (Peter Bongartz) und Karin (Gila von Weitershausen) Urlaub an einem Fjord in Norwegen. Sein Vater arbeitet in der Nähe auf einer Ölbohrinsel mit seinem Kollegen Harry (Andreas Mannkopff). Patrik lernt Professor Olaf Gunström (Wolfgang Kieling) kennen, der gerade Besuch von seiner Freundin Giovanna Castelli (Agnes Dünneisen) hat.
Gunström hat eine Formel für ein Verfahren entwickelt, das die Erbanlagen von Pflanzen verändern kann und so auch aus unfruchtbarem Boden in enormer Höhe oder in der Wüste Nahrung wachsen lässt. Dadurch könnte der Hunger auf der Erde beendet werden. Wer aber die Formel besitzt, könnte damit die Welt beherrschen. Daher möchte Gunström sie in wenigen Wochen auf der Welternährungskonferenz der ganzen Welt mitteilen, denn er ist der Meinung, dass sie allen Menschen gehöre.
Der Spion Sir Dimitri (Jean-Claude Bouillon) sieht das anders. Er entlockt dem Professor mit einem Wahrheitsserum die Formel und brennt sie dem ahnungslosen Patrik heimlich mit einem Laser auf die Fußsohle. Geheimnisse stehlen ist sein Hauptberuf, er verkauft sie für jeweils eine Million Dollar. Geheimdienste aus aller Welt jagen Patrik fortan. Sie haben herausgefunden, dass er die Formel hat, wissen aber nicht, wo.
Der Amerikaner Mr. Harvey (Karl Heinz Vosgerau)

und der Russe Charkov (Jan Biczycki) arbeiten zwar gegeneinander, verstehen sich privat aber prima und erkundigen sich stets nach dem gegenseitigen Wohlbefinden ihrer Familien (Charkov ist gerade Opa geworden, und Harveys Sohn hat einen Vertrag als Profifußballer unterschrieben). Harvey redet die ganze Zeit in nervenden Fußballmetaphern.

Auch die Araber wollen die Formel haben. Ibrahim (Sabi Dorr) entführt Patriks Mutter, doch Patrik und Giovanna können sie befreien. Und natürlich ist auch Dimitri auf Patrik angewiesen, denn er muss die Formel zurückbekommen, um sie Prinz Ali (Pierre Clémenti) wie vereinbart verkaufen zu können. Bei der geplanten Übergabe werden Patrik, Dimitri und Giovanna nach Arabien verschleppt. Mit Hilfe des Jungen Shafti (Oscar Poveda) und Dr. Achmeds (Edmond Tamiz) gelingt ihnen die Flucht, Prinz Ali wird dabei von Dr. Achmed ermordet. Zurück in Deutschland, tötet Ibrahim Dimitri aus Rache.

Die Pacards fliegen noch einmal nach Norwegen, wo der raffinierte Harry einen Weg gefunden hat, die Formel zu lesen und auszudrucken. Professor Gunström, der als Folge des Anschlags sein Gedächtnis verloren hatte, beginnt allmählich, sich zu erinnern, und ist ebenfalls zurück am Fjord. Patrik übergibt die Formel seinem rechtmäßigen Besitzer. Gunström ist aber inzwischen das Licht aufgegangen, dass es sowieso genug Nahrung auf der Erde gebe, sie jedoch wegen der Macht der Reichen falsch verteilt werde, das Problem des Hungers also auch mit Toleranz und Vernunft gelöst werden könne. Die Formel, die bisher nur Ärger eingebracht hat, wirft er weg. Eine der erfolgreichsten ZDF-Weihnachtsserien. Die einstündigen Folgen liefen zwischen den Feiertagen täglich gegen 18.00 Uhr. Die Musik komponierte Christian Bruhn, den Titelsong sang seine Frau Erika unter dem Namen Lady Lili.

1988 zeigte die britische BBC eine 13-teilige synchronisierte Version unter dem Titel »Patrick Pacard«. Nur wenige andere deutsche Serien schafften es nach England, darunter *Das Boot* sowie die Weihnachtsserien *Timm Thaler* und *Silas*.

Bereits zwei Jahre zuvor hatte es im ZDF-Adventsvierteiler *Der schwarze Bumerang* vor exotischer Kulisse eine abenteuerliche Jagd nach einer Formel gegeben, die am Ende doch niemand bekam.

PATRIK UND PUTRIK   ARD

1968–1969. Puppenserie in der *Kinderstunde*. Die Puppen Patrik und Putrik betätigen sich fortwährend als Handwerker, haben aber dummerweise zusammen gleich vier linke Hände. Es geht also einiges schief.

PAUL BREITNERS FUSSBALLMAGAZIN   ARD

1978. 6-tlg. Trainingsreihe für Kinder von Jürgen Wesche.

Paul Breitner erklärt einer Gruppe von Braunschweiger Schülern das Fußballspielen: Er zeigt ihnen Filmausschnitte von bekannten Teams und übt mit ihnen, wie man Fouls verhindert und die Gegner austrickst. Jede Trainingseinheit dauerte 25 Minuten und begann pünktlich um 17.00 Uhr.

PAUL GREIFT EIN   DFF 1

1981. 6-tlg. tschechoslowak. Jugendserie von Zdeněk Dufek, Regie: Dušan Klein (»Pavel zasahuje«; 1977).

Der 14-jährige Paul (Vlado Takáč) bringt Wirbel in das Leben seiner Familie, zu der sein Vater (Jan Tříska), ein Sportreporter, seine Mutter (Libuše Švormová), Schwester Katka (Bětka Mjartanová) und der Großvater (Bohuš Záhorský) gehören. Jede Folgen dauerte 25 Minuten.

Die begehrte Formel lautet: Bücher von Justus Pfaue + jugendlicher Hauptdarsteller + aufregende Abenteuer = erfolgreiche ZDF-Weihnachtsserie. *Patrik Pacard* mit Hendrik Martz (rechts), Gila von Weitershausen und Peter Bongartz.

PAUL HOGAN SHOW · RTL
→ Da lacht das Känguruh

PAUL KLINGER ERZÄHLT ABENTEUERLICHE GESCHICHTEN · ZDF
1964–1965. 13-tlg. dt. Abenteuerserie von Erich Kettelhut.
Der Schauspieler Paul Klinger führt in abenteuerliche Geschichten ein, die meist im südamerikanischen Dschungel oder in Arizona spielen. In den Hauptrollen traten wechselnde Schauspieler auf. Die einzelnen Filme waren in sich abgeschlossen.
Die halbstündigen Episoden liefen montags um 19.00 Uhr.

PAUL TEMPLE · ZDF
1972–1973. 39-tlg. brit.-dt. Krimiserie von Francis Durbridge (»Paul Temple«; 1969–1971).
Der wohlhabende Schriftsteller Paul Temple (Francis Matthews) schreibt Krimis und löst gemeinsam mit seiner Frau Steve (Ros Drinkwater) Kriminalfälle in der ganzen Welt, nimmt sich aber weiterhin die Zeit, es sich gut gehen zu lassen. Der befreundete Ex-Gauner Sammy Carson (George Sewell) hilft mit Tipps aus der Unterwelt.
Durbridges Paul Temple trat zunächst von 1938 bis 1968 im Radio auf, bevor er zur Romanfigur wurde. Von 1946 bis 1952 waren bereits vier Paul-Temple-Spielfilme mit Anthony Hulme bzw. John Bentley in der Titelrolle gedreht worden. Durbridge, der alle Hörspiele und Filme selbst verfasst hatte, überließ es für die Fernsehserie wechselnden Autoren, neue Fälle auszuhecken. Die Fernsehserie entstand ab der zweiten Staffel als britisch-deutsche Koproduktion und war mit vielen deutschen Stars in Gastrollen besetzt, darunter Dieter Borsche, Wolfgang Völz, Ingeborg Schöner und Ilona Grübel. Die 13 Folgen der ersten Staffel wurden in Deutschland nie gezeigt.
Die 50-minütigen Folgen liefen 14-täglich dienstags um 21.00 Uhr. Im Gegensatz zu Durbridges früheren Mehrteilern behandelte jede Folge einen abgeschlossenen Fall. Die Titelmusik schrieb Ron Grainer.

PAUL UND PAULINCHEN · ZDF
1976. 6-tlg. dt. Kinderserie.
Der kleine Paul (Thomas Hammer) flüchtet mit seiner erfundenen Freundin Paulinchen (Yella Rottländer) in Fantasiewelten. Die Folgen waren jeweils 25 Minuten lang.

PAUL UND VIRGINIE · ARD
1976. 13-tlg. frz. Historiendrama nach dem Roman von Henri Bernardin de Saint-Pierre, Regie: Pierre Gaspard-Huit (»Paul et Virginie«; 1973).
Paul (Pierre-François Pistorio) und Virginie (Véronique Jannot) sind zusammen auf Mauritius aufgewachsen. Ihre Mütter Marguerite Duval (Sara Anders) und Sophie de la Tour (Michèle Grellier) waren 1726 dorthin ausgewandert. Paul setzt sich gegen die Sklaverei ein. Virginie wehrt sich gegen ihre Tante in Frankreich, die möchte, dass sie bei ihr lebt. Denn Paul und Virginie lieben sich. Sie kämpfen gegen die Widerstände, aber ihre Liebe endet tragisch: Ein Schiff, auf dem Virginie zurück nach Mauritius zu ihrem geliebten Paul kommen wollte, gerät in ein Unwetter und sinkt mitsamt Virginie.
Die halbstündigen Folgen liefen im regionalen Vorabendprogramm; DFF 2 zeigte die Serie im Jahr darauf in sechs einstündigen Folgen. In der Serie *Virginie* geht es ebenfalls um einen Paul, eine Virginie und eine Tante, das sind aber die einzigen Gemeinsamkeiten.

PAULS PARTY · ARD
1968–1972. Bunte Abendshow. Musik und Gags mit Paul Kuhn und prominenten Gästen sowie dem SFB-Tanzorchester unter Kuhns Leitung. Regisseur war Dieter Finnern.
Die Gute-Laune-Show lief in größeren Abständen an wechselnden Terminen im Abendprogramm, war meistens eine Stunde lang und brachte es auf acht Ausgaben. Im Finale im Februar 1972 wurden Ausschnitte aus den vorangegangenen Sendungen gezeigt und viele bisher ungesendete Szenen aus den Aufzeichnungen.

DIE PAWLAKS · ZDF
1982. »Eine Geschichte aus dem Ruhrgebiet«. 12-tlg. dt. Historienserie von Otto Jägersberg, Regie: Wolfgang Staudte.
Die verarmte Tagelöhnerfamilie Pawlak wird in Masuren von Baron von Gottberg (Dieter Wagner) ausgebeutet. Vater Johann Pawlak (Hannes Kaetner) sieht eines Tages nur noch die Chance, nach Amerika auszuwandern und dort sein Glück zu suchen. Seine Frau Magdalene Maria (Katharina Tüschen), die Söhne Karl (Dietrich Adam) und Jeremias (Claus Obalski), Tochter Judith (Anemone Poland) und die Großmutter (Johanna Hofer) lässt er in Masuren zurück.
Man schreibt das Jahr 1872, und das Ruhrgebiet hat als Folge des Deutsch-Französischen Kriegs einen enormen Aufschwung genommen. Der Tagebau boomt, die Nachfrage nach Kohle ist groß, doch die Bergarbeiter wollen mehr Lohn und streiken. Der Baron ist an einer Zeche beteiligt, deren Direktor sein Schwiegersohn Alfons Krechting (Wolfgang Höper) ist. In dessen Auftrag wirbt der Steiger Gustav Bollkamp (Ralph-Jürgen Misske) mittellose masurische Familien an, auch die Pawlaks, die für einen Hungerlohn gezielt als Streikbrecher eingesetzt werden sollen. Bevor es dazu kommt, stirbt die Großmutter während einer Geisterbeschwörung, und Karl gibt dem Baron die Schuld, den er deshalb niederschlägt. Horatio (Bobby Prem), der mit seinem Vater verkrachte Sohn des Barons, verhilft Karl zur Flucht und gibt sich als dessen Bruder aus. Gemeinsam kommen sie ausgerechnet in Krechtings Zeche unter, wo sie als Streikbrecher von den Kollegen nicht sonderlich freundlich empfangen werden. Allmählich gewinnt Karl den Durchblick, erkennt die Ausbeutung, freundet sich mit den Ideen der So-

Die Peanuts: Linus, Charlie Brown, Snoopy, Woodstock, Peppermint Patty (von links).

zialdemokraten an und beginnt sich politisch und gesellschaftlich zu engagieren.
Der 90-minütige Pilotfilm lief am Dienstag, die 45-minütigen Folgen samstags um 19.30 Uhr.

PAZIFIKGESCHWADER 214   RTL

1989–1990. 36-tlg. US-Kriegsserie von Stephen J. Cannell nach dem Buch von Gregory Boyington (»Baa Baa Black Sheep«/»Black Sheep Squadron«; 1976–1978).
Das Pazifikgeschwader 214 besteht aus Außenseitern, Nervensägen, Schlägern und sonstwie auffällig gewordenen jungen Piloten, die allerdings eins können: super fliegen. Major Gregory »Pappy« Boyington (Robert Conrad), selbst ein Außenseiter, der nichts von Regeln hält, hat sie vor dem Kriegsgericht bewahrt. Die »schwarzen Schafe« sind im Zweiten Weltkrieg auf der Insel Vella La Cava stationiert. Und weil junge Männer auf Dauer nicht nur Schießen und Fangen spielen wollen, zieht in der zweiten Staffel auf der Insel eine Gruppe von Krankenschwestern ein, geleitet von Captain Dottie Dixon (Katherine Cannon), die meistens nichts Besseres zu tun haben, als Spaß mit den jungen Soldaten zu haben.
Gregory Boyington, auf dessen Buch die Serie beruht, war selbst Flieger im Zweiten Weltkrieg. Er hat in einer Folge einen Gastauftritt.
Die einstündigen Folgen liefen meistens donnerstags um 20.15 Uhr.

PAZIFISCHES TAGEBUCH   ARD

1957. 5-tlg. Doku-Reihe von Rüdiger Proske und Carsten Diercks. Die Aufnahmen waren während der Dreharbeiten für *Auf der Suche nach Frieden und Sicherheit* gemacht worden.

DIE PEANUTS   ZDF

1972–1982 (ZDF); 1991–1993 (Pro Sieben). US-Zeichentrickserie von Charles M. Schulz (1965–2003). Amüsante und sentimentale Erlebnisse einer Kinderclique. Im Mittelpunkt stehen der traurige Pechvogel Charlie Brown, ein sympathischer Versager und Opfer vieler Scherze, der vergeblich auf die Liebe des kleinen rothaarigen Mädchens hofft, und sein Hund Snoopy, ein weltgewandter, zynischer Beagle, der nicht spricht, aber sonst in jeder Hinsicht menschlich ist. Er residiert meist auf dem Rücken liegend auf dem Dach seiner Hundehütte und wartet darauf, dass »dieses Kind mit dem runden Kopf« ihm sein Essen bringt.
Weitere Figuren sind die egozentrische und abgebrühte Lucy van Pelt, für die Charlie Brown das Lieblingsopfer ihrer Scherze ist; ihr kleiner Bruder Linus, auf dessen Schmusedecke Snoopy es oft abgesehen hat; Charlie Browns kleine Schwester Sally; das Klaviergenie Schroeder, der Beethoven liebt und von Lucy geliebt wird, sich ihren Annäherungsversuchen jedoch geschickt widersetzt; die selbstbewusste Peppermint Patty, die Baseball liebt, aber darin viel besser ist als Charlie Brown, den sie »Chuck« nennt; der kleine gelbe Vogel Woodstock, Snoopys bester Freund; außerdem Franklin, Pig Pen, Marcie und Rerun. Erwachsene sind nie ganz zu sehen, allenfalls ihre untere Hälfte bis zur Höhe der Kinder, und zu verstehen sind sie auch nicht, wenn sie sprechen – sie machen nur posaunenähnliche Geräusche.
1950 zeichnete Charles M. Schulz seinen ersten Peanuts-Comic mit vier Bildern, eine Form, in der die kurzen Geschichten um ein paar Kinder und zwei Tiere 50 Jahre lang in Zeitungen weltweit erscheinen sollten. Ab 1965 entstanden in den USA immer wieder Fernsehspecials mit den Hauptfiguren der Peanuts, die ohne Reihentitel etwa einmal im Jahr gezeigt wurden. In Deutschland erhielten diese Specials den Serientitel *Die Peanuts* und wurden in Staffeln ausgestrahlt. Die eigentlich erste Charlie-

Brown-Episode aus dem Jahr 1965 lief in Deutschland erst als Folge 7 am Ende der ersten Staffel im Dezember 1972. Es war ein Weihnachtsspecial (»Fröhliche Weihnachten«).

Die deutsche Ausstrahlung hatte mit der ursprünglich sechsten Folge »Der Sommer war sehr kurz« angemessen im Herbst begonnen. Zum Start einer neuen Staffel zeigte das ZDF im Mai 1979 auf dem regulären Sendeplatz am Nachmittag die 50-minütige Dokumentation »Herzlich willkommen, Charlie Brown« mit Hintergrundberichten und Höhepunkten »aus 25 Jahren«, weitere Specials folgten. Die regulären Folgen waren meistens 20 bis 25 Minuten lang. Im Herbst 1982 gab das ZDF neuen Folgen den Titel *Charlie Brown,* danach zeigte es nur noch Wiederholungen der bisherigen 21 Folgen. Acht weitere sowie etliche Jubiläumsspecials und die bisherigen Episoden wurden in den 90er-Jahren mehrfach von Pro Sieben gezeigt.

Schon zwei Jahre vor dem Deutschlandstart der animierten Serie hatte die ARD im Nachmittagsprogramm unbewegte Bildergeschichten unter dem Titel *Snoopy und Charlie Brown* gezeigt. Später entstanden die regelmäßigen Serien *Die Charlie Brown und Snoopy Show* und *Das ist Amerika, Charlie Brown* sowie vier Spielfilme, die zwischen 1969 und 1980 in die Kinos kamen. Ab 1986 wurden die Abstände zwischen den Produktionen neuer Folgen größer und unregelmäßiger, die zeichnerische Qualität der Folgen verwässerte zusehends.

Anfang 2000 starb Peanuts-Erfinder Charles Schulz und mit ihm auf eigenen Wunsch auch die Comic-Strip-Serie. Sie war eine der bekanntesten und erfolgreichsten aller Zeiten und wird in Wiederholungen in Zeitungen und im Fernsehen wohl präsent bleiben. Für das Fernsehen wurden noch einige weitere Sendungen fertig gestellt. Die letzten waren hierzulande bislang nicht zu sehen.

Die in Deutschland gezeigten Episoden und einige weitere sind auf DVD erhältlich.

PEARL HARBOUR ARD

1982. 6 tlg. US-Kriegsdrama, Regie: Hy Averback (»Pearl«; 1978).

Der Angriff der Japaner im Dezember 1941 hat dramatische Auswirkungen auf das Leben der auf Pearl Harbour stationierten Soldaten und ihrer Angehörigen: Colonel Jason Forest (Dennis Weaver) und seine Frau Midge (Angie Dickinson), Captain Lanford (Robert Wagner), Karen Lang (Lesley Ann Warren), Lieutenant North (Gregg Henry).

Die einstündigen Folgen liefen im regionalen Vorabendprogramm.

PEEP! RTL 2

1995–2000. Wöchentliches einstündiges Erotikmagazin mit Filmbeiträgen und prominenten Gästen, die mit der jeweiligen Moderatorin über Sex plaudern.

Es ging um Swingerclubs, Blicke hinter die Kulissen einer Pornoproduktion, Swingerclubs, FKK-Skiurlaub, Nacktputzen, Swingerclubs, Aktfotografie, erotische Kuriositäten weltweit und Swingerclubs. Aber die Beiträge waren es nicht, die der Sendung einen Ehrenplatz in den Fernsehgeschichtsbüchern sicherten; es waren die Moderatorinnen.

Den Anfang machte die französische Disco-Queen Amanda Lear, deren fremdländischer Akzent den zusätzlichen Charme hatte, dass man kein Wort ihrer Moderationen verstand. Konsequenterweise wurde sie im August 1996 abgelöst durch eine Moderatorin, die offensichtlich selbst kein Wort ihrer Moderationen verstand: Verona Feldbusch. Die »Miss Germany 1993« und »Miss American Dream 1995« hatte sich für den Job qualifiziert, als sie sich unter großer Anteilnahme der Öffentlichkeit und mit Be-

»Halli-hallo-hallöle und herzlich willkommen zu unserem Show.« In *Peep!* mit Verona Feldbusch werden Sie Erotikbeiträge gezeigt.

kanntgabe vieler schmutziger Details im Juni 1996 nach nur einmonatiger Ehe von dem Schlagerproduzenten Dieter Bohlen trennte.
Für die Produktionsfirma war das Engagement mit deutlicher Mehrarbeit verbunden: Sie musste nun jede Szene mehrfach drehen, bis Feldbusch es geschafft hatte, ungewöhnliche oder kompliziertere Sätze (etwa: »Guten Abend, meine Damen und Herren, ich begrüße Sie zu *peep!*«) fehlerfrei vom Teleprompter abzulesen. Andererseits schrieben die Autoren auf diesen Teleprompter auch verblüffend tiefgründige Sätze wie: »Sex unter freiem Himmel ist eine schöne Sache. Man kann dabei in den Himmel schauen« (wobei sich Frau Feldbusch Mühe gab, jedes einzelne Wort besonders zu betonen – man weiß ja nie). Die Mehrarbeit lohnte sich: Die Quoten stiegen deutlich, *peep!* holte Marktanteile von zehn Prozent, das Doppelte des Senderschnitts. Vor den Werbepausen stellte Pornostar Dolly Buster in wiederum ganz eigenem Idiom Multiple-Choice-Quizfragen zum Thema Sex, die nach der Pause aufgelöst wurden und bei denen es nichts zu gewinnen gab.
Irgendwann merkte die Produktionsfirma dann auch, dass das Herausschneiden der peinlichsten Pannen gar nicht nötig, sondern eher kontraproduktiv war, und ließ sie einfach drin. Nach fast drei Jahren allerdings merkte auch Verona Feldbusch etwas, nämlich: was für eine Sendung sie da moderierte. Sie beschwerte sich darüber, dass das alles zu schmuddelig sei. »Abartig« soll sie gesagt haben (nachdem sie auch ohne Dativ, Stimme und Ahnung eine eigene Sendung namens *Veronas Welt* bei RTL bekommen hatte). Im März 1999 trennten sich beide Seiten geräuschvoll.
Für Feldbusch kam das bolivianische Fotomodell Verena Araghi, das schon 1996 einige Sendungen vertretungsweise moderiert hatte. Sie blieb aber nur zehn Sendungen, bevor sie ihrerseits durch die »bildschöne Halbsudanesin« (RTL 2) Nadja Ab Del Farrag ersetzt wurde, bekannter unter ihrem Spitznamen »Naddel« und als langjährige Lebensgefährtin von Dieter Bohlen, genau: dem Ex-Ehemann von Ex-*peep!*-Moderatorin Verona Feldbusch.
Farrag hatte dem »Stern« noch kurz zuvor gesagt, sie würde auf gar keinen Fall eine Sexsendung wie *peep!* moderieren: »Eine Sendung, die früher Verona moderiert hat, kommt für mich nicht in Frage – ich will ihr nicht wieder eine Vorlage geben, über Dieter und mich Lügen zu verbreiten. *Peep!* wäre außerdem unter meinem Niveau.«
Dann allerdings gab es angeblich ein neues Konzept (und, ebenfalls angeblich, mehr Geld von RTL 2) und weniger Schmuddel. Ihre Agentin erklärte der »Berliner Zeitung«: »Die Beiträge bleiben, wie sie waren. Aber Nadja guckt sich vorher alles an.« In ihrer ersten Sendung am 7. September 1999 führte sie ein Interview mit einer Gummipuppe von Bundeskanzler Schröder (gesprochen von Elmar Brandt), der u. a. sagte: »Ich genieße die Kraft meiner Lenden. Ich zeig dir gerne mal, wie das geht, wenn du zwei Minuten Zeit hast.« Die folgende Aufregung war enorm,

Schröder schrieb einen empörten Brief an den Sender, und Naddel sagte, die Entscheidung, den Beitrag zu senden, habe der Redaktionsleiter getroffen, sie selbst habe nur Text abgelesen. Danach überlebte die Sendung immerhin noch ein Dreivierteljahr.
Die Show wurde vor Studiopublikum aufgezeichnet und sonntags kurz nach 22.00 Uhr ausgestrahlt.

PEKING EXPRESS   RTL
2005. Abenteuer-Reality-Spielshow.
Acht Kandidatenpaare müssen die 9000 Kilometer lange Strecke von Moskau nach Peking bewältigen. Dafür haben sie ein Budget von einem Euro pro Tag. Sie sind also darauf angewiesen, dass nette Menschen sie mitnehmen und beherbergen, und darauf, dass sie sich ohne Sprachkenntnisse mit Händen und Füßen verständigen können. Bei Wettbewerben auf dem Weg können sie Vorsprünge erspielen. Wer zuerst ankommt, gewinnt.
Die Show war angelehnt an das US-Format »The Amazing Race«, eine der wenigen Realityshows, die durchweg hervorragende Kritiken einheimsten. Als Moderator verpflichtete RTL den ehemaligen MTV-Ansager Patrice. Zwölf Folgen zu je 75 Minuten zeigten freitags um 21.15 Uhr den Lauf der Ereignisse.

PENGO! STEINZEIT!   KI.KA
2002–2003. 49-tlg. dt. Jugendserie.
Bis eben waren Bruno Roggendorf (Thaddäus Krönert), seine Schwester Johanna (Olivia Klemke), Vater Peter (Wolfram Teufel) und Opa Gustav (Alfred Müller) eine ganz normale Familie, Peter, ein typischer Professor, allenfalls etwas schusselig. Mit dessen Computer öffnet Bruno versehentlich ein Tor in die Vergangenheit und lernt die Steinzeitmenschen Gna (Samira Mousa), Jala (Andrea Solter), Schi (Ulrike Haase), Hulk (Simon Mantei), Johk (Rainer Winkelvoss) und Maam (Veronika Nowag-Jones) kennen. Vor allem mit Gna freundet er sich an. Vater darf von alldem nichts wissen.
Die Serie lief etwas später auch im ZDF.

PENKEFITZ NR. 5   ARD
1982. 6-tlg. dt. Jugendserie von Bernard Fathmann und Udo Wilk.
Geschichten über die Probleme von Heimkindern und die Vorurteile ihnen gegenüber: Als der zwölfjährige Thomas Krause (Thomas Salomon) beim Klauen im Kaufhaus erwischt wird, kommt er ins Kinderheim Penkefitz. Gemeinsam mit dem kleinen Klaus (Klaus-Dieter Schmoock) reißt er aus. Auch der Gymnasiast Oli (Oliver Freitag) ist ein Heimkind. Er ist in die 19-jährige Arzthelferin Karin (Sabine Kaack) verknallt, die er nach einer Prügelei kennen lernt. Bei einem Tanzabend im Jugendzentrum kommt er ihr näher. Michael (Dirk Lindenberg) bekommt Ärger, als die von ihm verwaltete Taschengeldkasse verschwindet, und dass er Karins Bruder das Leben gerettet hat, hilft ihm da auch nicht.
Die halbstündigen Folgen liefen dienstags um 17.00 Uhr.

PENSACOLA – FLÜGEL AUS STAHL PRO SIEBEN
1999. 44-tlg. US-Actionserie von William Blinn und Jacqueline Zambrano (»Pensacola – Wings Of Gold«; 1997–2000).
In Pensacola werden die besten Piloten der Welt zu einer Elitekampfeinheit ausgebildet, die den Terrorismus bekämpfen soll. Der Marineleutnant Bill Kelly (James Brolin) leitet die Truppe, zu seinen Auszubildenden gehören Bobby Griffin (Rod Rowland), Annalisa Lindstrom (Kathryn Morris), Wendell McCray (Rodney Van Johnson) und A. J. Conaway (Salvator Xuereb). Kellys Tochter, die Kellnerin Janine (Kristianna Loken), verliebt sich in Bobby. Bill Kelly selbst ist mit der Physikerin Dr. Valerie West (Leslie Hardy) befreundet.
Die Erstausstrahlung lief am Sonntagnachmittag auf Pro Sieben, nur ein Jahr später zeigte Kabel 1 Wiederholungen im Abendprogramm, und noch ein Jahr später lief die Serie sonntagnachmittags in Sat.1.

PENSION CORONA ZDF
1990. 14-tlg. dt. Familienserie von Heinz-Dieter Ziesing.
Als Karin Börner (Ursela Monn) die kleine Pension Corona in München erbt, verlässt sie ihre Familie und ihre Heimatstadt Berlin und reist hin, um den Laden zu schmeißen. Sie findet sofort zwei mal hilfreiche, mal lästige Verehrer: den Hausbesitzer Eberhard Flick (Ezard Haußmann) und den Zauberkünstler »Sandini«, der eigentlich Karl-Heinz Sandmann (Herbert Bötticher) heißt. Paula (Margot Mahler) und Xaver Griesmayr (Gerd Fitz) sind das Hausmeisterehepaar, das sich ständig streitet. Eines Tages steht auch die 17-jährige Tochter Viola (Katja Woywood) vor der Tür.
Das ZDF zeigte dienstags am Vorabend immer zwei 25-minütige Folgen hintereinander.

PENSION SCHICKSAL ARD
1978. 6-tlg. dt. Comedyserie von Oliver Hassencamp, Regie: Theo Mezger.
In der idyllisch am Waldrand gelegenen Pension residiert die Hellseherin Madame Thekla, die sich mit parapsychologischem Schnickschnack wie Parallelinkarnation, Telekinese und Astralprojektion um die Probleme ihrer Gäste kümmert. Ihr verstorbener Ehemann Charlie ist der Kontrollgeist im Jenseits und besucht seine Thekla gelegentlich in Astralgestalt.
Die Serie lief unter der Seniorendachmarke *Schaukelstuhl*. Beide Hauptfiguren waren Puppen aus der Werkstatt des Puppenspielers Albrecht Roser, der sie selbst führte. Neben den Puppen agierten menschliche Schauspieler, darunter Oscar Heiler, Christiane Timerding und wechselnde Gaststars.

PENSION SPREEWITZ ZDF
1964. »Kleine Geschichten aus dem großen Berlin«. 8-tlg. dt. Familienserie.
Otti Spreewitz (Inge Landgut) hat Glück gehabt: Ihre Berliner Altbauwohnung hat den Krieg überstanden. Sie verwandelt sie in eine Pension, von der sie, ihr Vater (Ewald Wenck) und die Kinder Peter (Frank Glaubrecht) und Gisela (Sylvia Röck) leben können. Allerdings muss sie sich nun auch mit den Sonderwünschen ihrer Gäste herumschlagen.
Die halbstündigen Folgen liefen mal donnerstags, mal freitags um 20.00 Uhr.

PEPPER ANN RTL
→ Disneys Pepper Ann

PEPPINO ZDF
1984. 8-tlg. ital. Jugendserie (»Peppino«; 1983), die auf dem Roman »Komm wieder, Pepino« (ja, im Buch nur mit einem einzelnen »p« in der Mitte) von Eveline Hasler basierte.
Der neunjährige Peppino (Orazio Pulvirenti) zieht mit seinen Eltern (Fernando Jelo und Nellina Lagana) von Elba in die Schweiz, wo er sich zunächst fremd fühlt und mühsam zurechtfinden muss. Die meisten Mitschüler hänseln ihn, nur mit seiner Banknachbarin Moni (Edith Vieli) freundet sich Peppino sofort an. Und auch deren Bruder Andi (Christoph Meyer), der dem Neuen zunächst skeptisch gegenübersteht, wird schließlich Peppinos Freund.
Die Episoden waren 25 Minuten lang und liefen dienstagnachmittags.

PER ANHALTER DURCH DIE GALAXIS ARD
1984. 6-tlg. brit. Science-Fiction-Serie nach den Romanen von Douglas Adams (»The Hitchhiker's Guide To The Galaxy«; 1982).
Arthur Dent (Simon Jones) überlebt dank des Außerirdischen Ford Prefect (David Dixon) als einziger Mensch die Sprengung der Erde durch die Vogonen – es war nicht böse gemeint: Sie war halt einer galaktischen Umgehungsstraße im Weg. Gemeinsam mit Trillian (Sandra Dickinson), Zaphod Beeblebrox (Stephen Moore) und dem depressiven Roboter Marvin machen sie sich per Anhalter durch die Galaxis auf den Weg zum legendären Planeten Margrathea.
Die Folgen waren eine halbe Stunde lang.

PERCY STUART ZDF
1969–1972. 52-tlg. dt. Comedy-Abenteuerserie von Karl Heinz Zeitler, Regie: Ernst Hofbauer, ab Folge 27: Hans-Georg Thiemt.
Um dem elitären britischen »Club der 13« (oder auch »Excentric Club«) beitreten zu dürfen, muss der reiche Amerikaner Percy Stuart (Claus Wilcke) 13 merkwürdige Prüfungen bestehen. Sein verstorbener Vater hat verfügt, dass Percy sich um die Aufnahme in den Club bemühen solle, dessen Mitglieder jedoch eigentlich niemanden mehr aufnehmen wollen.
Sie stellen entsprechend schwierige Aufgaben, die Percy Stuart rund um die Welt führen. So muss er z. B. einen Güterzug stehlen, eine schwarze Tulpe und eine Bärenfellmütze der britischen Königsgarde beschaffen sowie einem mittelamerikanischen Dik-

Eine der merkwürdigen Prüfungen, die Claus Wilcke als *Percy Stuart* bestehen musste, war, zwölf Stunden auf Horst Keitel zu sitzen.

tator für einen Tag seine Manschettenknöpfe abnehmen. Die Aufgaben werden ihm in Briefen gestellt, und Stuart verspricht stets: »Gentlemen, ich werde mein Möglichstes tun.« Der Rechtsanwalt Reginald Prewster (Horst Keitel) überwacht die Durchführung der gestellten Aufgaben. Stuart ist geschickt und gewitzt und kann sie alle erfüllen, bringt mit seinen ungewöhnlichen Methoden auf dem Weg zum Ziel aber seinen schrulligen Begleiter Prewster immer wieder zum Kopfschütteln und zu der Bemerkung: »Wenn ich das in meinem Club erzähle ...«

Wegen des Erfolgs der Serie – bis zu 20 Millionen Menschen schalteten ein – wurden Percy Stuart nach 13 bestandenen Prüfungen noch weitere auferlegt. Erklärt wurde das damit, dass Percy Stuart ein einziges Mal durchfiel und deshalb noch drei weitere Staffeln lang immer neue Aufgaben zu erfüllen hatte. Den gleichen Trick hatte man auch schon in der Groschenromanreihe angewandt, auf der die Fernsehserie basierte. Die literarische Vorlage war vor dem Ersten Weltkrieg gestartet worden und hatte es bis in die 20er-Jahre hinein auf mehr als 500 Ausgaben gebracht. »Percy Stuart, das ist unser Mann, ein Mann, ein Mann, ein Mann, der alles kann«, sang der Chor im Refrain des Titelsongs

von Siegfried Franz, dessen Strophen Claus Wilcke selbst sang.

Die halbstündigen TV-Episoden (bis Folge 26 schwarz-weiß) liefen jeden Mittwoch um 19.10 Uhr. Publikumsliebling Horst Keitel bekam anschließend seine eigene Serie: *Im Auftrag von Madame*.

PERFECT DAY   RTL

1998. Samstagabend-Benefizshow, in der Geld für »Menschen, die unverschuldet in finanzielle Not geraten sind« gesammelt wird.

Wolfram Kons stellt in locker-flockiger Weise das Elend der drei unschuldig in Not geratenen Kandidaten vor, die etwa erzählen, dass sie öfter mal aufs Essen verzichtet haben, »damit die Kinder nichts merken«. Sprich: Die Not der Kandidaten muss so groß sein, dass sie bereit sind, ihre Scham zu überwinden. Die Zuschauer werden animiert, besondere Dinge zu ersteigern, die Prominente und Unternehmen gestiftet haben: eine VIP-Karte für einen Boxkampf, den Besuch einer Stuntschule, den noch nicht im Handel erhältlichen VW-«Beetle«. Das eingenommene Geld geht an die in jeder Hinsicht armen Teilnehmer, die weinen, weil sie, wie Kons flötet, »morgen ohne Schulden aufwachen werden«.

Das holländische Originalformat (natürlich von Endemol) hieß »Make my Day« – eine Formulierung, die jeder Cineast aus dem Clint-Eastwood-Klassiker »Dirty Harry« kennt. Er sagt es, bevor er dem Täter die Ladung seiner Magnum ins Gesicht zu spritzen gedenkt.

DIE PERLE   ARD

1969–1970. »Aus dem Tagebuch einer Hausgehilfin«. Familienserie von Theobald Ziegler und Georges Saprillat, Regie: Lutz Büscher und Michael Kehlmann.

Emilie Knusefranz (Ruth Drexel) gibt ihren Job als Kellnerin auf, um sich als Dienstmädchen zu verdingen. Die ARD zeigte *Die Perle* als Vierteiler in der Primetime, der BR als Elfteiler in seinem regionalen Vorabendprogramm.

PERRINE   SAT.1

1985. 52-tlg. jap. Zeichentrickserie nach dem Buch »Sans Famille« von Hector Malot (»Periinu Monogatari«; 1978–1979).

Nach dem Tod ihres Vaters wandert Perrine Anfang des 19. Jh. mit ihrer Mutter von Jugoslawien nach Frankreich aus, um den Großvater zu suchen und ein neues Leben zu beginnen. Unterwegs stirbt auch die Mutter, und so ist das Kind auf sich allein gestellt.

Auf dem Buch von Malot basierte auch die Realserie *Heimatlos*.

PERRY MASON
ARD, ARD 2, ZDF, PRO SIEBEN, KABEL 1

1959–1962 (ARD); 1962–1963 (ARD 2); 1988 (ZDF); 1990–1994 (Pro Sieben); 1994–1999 (Kabel 1). 301-tlg. US-Krimiserie nach den Romanen von Earle

Stanley Gardner (»Perry Mason«; 1957–1966; 1985–1993).
Perry Mason (Raymond Burr) ist ein hervorragender Rechtsanwalt. Er verteidigt Menschen, die unschuldig unter Mordverdacht geraten sind. Anhand einer aufwendig zusammengetragenen Indizienkette beweist Mason vor Gericht die Unschuld seines Mandanten und entlarvt den wahren Täter, oft indem er ihn im Zeugenstand zum Geständnis bringt. Der Privatdetektiv Paul Drake (William Hopper) und seine Sekretärin Della Street (Barbara Hale) unterstützen Mason bei den Ermittlungen. Als Mason nach fast 20 Jahren Pause seine Arbeit wieder aufnimmt, arbeitet er neben Della Street mit dem neuen Verteidiger Ken Malansky (William R. Moses) zusammen.
Nach 271 einstündigen Folgen in zehn Jahren wurde die Serie 1966 in den USA eingestellt. 1985 kehrte Raymond Burr in die Rolle des Anwalts zurück, die er bis zu seinem Tod 1993 weitere 30-mal spielte. Diese Folgen hatten Spielfilmlänge. Neben Burr war auch Barbara Hale aus der Originalserie wieder mit dabei. Nur Hopper spielte nicht mehr mit und wurde durch Moses ersetzt.
Die ARD zeigte 22 Folgen der Originalserie in loser Folge, sieben davon in ihrem Zweiten Programm. Die ersten vier 90-Minuten-Folgen der Neuauflage liefen im ZDF, die weiteren in Pro Sieben und Kabel 1. Diese beiden Sender zeigten in den 90er-Jahren auch knapp 250 Folgen der Originalserie in deutscher Erstausstrahlung.

PERSONENBESCHREIBUNG ZDF
1972–1994. Halbstündige Porträtreihe von Georg Stefan Troller.
Troller stellte Prominente und anderweitig interessante Persönlichkeiten vor, besuchte sie zu Hause oder am Ort ihres Wirkens. Zum Auftakt am Ostermontag 1972 war eigentlich ein Film über den schwarzen Hippie-Pastor Cecil Williams aus San Francisco geplant, der sich um Behinderte kümmerte und in dessen Kirche eine Rockband spielte. Der Film enthielt Szenen, die deutlich machten, so Troller, »dass auch Querschnittgelähmte zur körperlichen Liebe fähig sind«. Der Film wurde zurückgezogen, stattdessen zeigte das ZDF zunächst Trollers Porträt über die Sängerin Dory Previn, Ex-Frau von Frank Sinatra und André Previn. Die Folge mit dem Pastor lief erst einen Monat später. Für »Sean MacStiofain – Tödliche Träume in Irland«, das Porträt eines IRA-Führers, erhielten Troller und sein Kameramann Carl-Franz Hutterer 1973 den Adolf-Grimme-Preis mit Silber.
Die Porträts waren meistens eine halbe Stunde lang und liefen auf verschiedenen Sendeplätzen im Vorabend-, Abend- und Spätprogramm.

PETER ALEXANDER PRÄSENTIERT SPEZIALITÄTEN ZDF
1969–1978. Große Samstagabendshow mit Peter Alexander.
Allroundtalent Alexander moderierte die Show, sang und spielte in Sketchen, teils live, teils als Filmeinspielung. Dazwischen gab es viel Musik von prominenten deutschen Gaststars verschiedener Genres: Musical, Operette, Volkstümliches und populärer Schlager wechselten sich ab. In vielen Fällen sang Alexander mit seinen Gästen ein Duett oder spielte mit ihnen gemeinsam einen Sketch.
Die Show fand in unregelmäßigen Abständen insgesamt 13-mal statt, 1969 bis 1972 zwei- bis dreimal im Jahr, 1974 bis 1978 nur noch jährlich zur Adventszeit, außer 1976, als es keine Show gab. Acht Jahre nach der letzten Show sendete das ZDF im April 1986 ein neues Spezial unter dem Titel *Peter Alexander präsentiert Spezialitäten: Ein Tag in Wien* mit Peter Alexander und Günter Pfitzmann. Im Jahr darauf wurde das Konzept unter dem schlichten Titel *Die Peter-Alexander-Show* wiederbelebt.

DIE PETER-ALEXANDER-SHOW ZDF
1987–1994. Große Abendgala mit Peter Alexander, die 1987 einmalig und von 1990 bis 1994 jährlich zur Adventszeit veranstaltet wurde.
Peter Alexander machte in der Show, was er am besten konnte: alles. Er moderierte, sang, parodierte und spielte Sketche. In den Sketchen demonstrierte er seine Wandlungsfähigkeit, indem er in unzähligen verschiedenen Masken auftrat, oft verkleidet als ein Prominenter, den er parodierte. Neben Alexander traten bekannte Gesangsstars mit ihren großen Hits oder andere prominente Gäste auf. Oft spielte Alexander mit seinen Gästen Sketche oder sang mit ihnen ein Duett. Eine schöne Tradition, die viel zu schnell wieder zu Ende ging.

PETER FRANKENFELD: HUMOR IST TRUMPF ZDF
1987. 6-tlg. Reihe, in der Sketche mit Peter Frankenfeld aus dessen Show *Musik ist Trumpf* als Zusammenschnitt wiederholt wurden. Die Zwischenmoderationen machte Frankenfelds Frau Lonny Kellner-Frankenfeld.

PETER GUNN RTL
1997. 50-tlg. US-Krimiserie von Blake Edwards (»Peter Gunn«; 1958–1961).
Der Privatdetektiv Peter Gunn (Craig Stevens) hilft seinen Klienten aus der Klemme und löst Kriminalfälle. Sein Freund Lieutenant Jacoby (Herschel Bernadi) von der Polizei hilft dabei – und ihm selbst oft aus gefährlichen Situationen. Gunn ist ein Charmeur, der bei den Frauen ankommt. Die Jazzsängerin Edie Hart (Lola Albright) ist seine Freundin. Sie singt im Jazzclub »Mother's«, dessen Besitzerin »Mother« (Hope Emerson; ab der zweiten Staffel: Minerva Urecal) ebenfalls zu Gunns Freunden zählt.
Der sehr jazzige Soundtrack zu Gunns Streifzügen durch das nächtliche Los Angeles stammte von Henry Mancini, ebenso die berühmte Titelmelodie. Viele andere Interpreten nahmen die Musik später ebenfalls auf und machten sie zu Hits, so z. B. Ray Anthony, Duane Eddy, Emerson, Lake & Palmer, die Blues Brothers und Art of Noise.

Erst 39 Jahre nach der US-Ausstrahlung war die Serie in Deutschland zu sehen. RTL zeigte immerhin 50 der ursprünglich 113 halbstündigen Episoden im werktäglichen Programm. Während die Amerikaner *Peter Gunn* als Schwarz-Weiß-Serie kannten, war zum Zeitpunkt der deutschen Erstausstrahlung das Farbfernsehen längst erfunden, und RTL färbte die Folgen ein.

Serienerfinder Blake Edwards wurde nach der Serie mit Filmen wie »Frühstück bei Tiffany«, »10 – Die Traumfrau« und der Inspektor-Clouseau-Reihe zum erfolgreichen Kinoregisseur.

PETER HASE UND SEINE FREUNDE   ARD

1993–1997. 9-tlg. brit. Zeichentrickserie für Kinder von Dianne Jackson nach den Büchern von Beatrix Potter (»The World Of Peter Rabbit And Friends«; 1992–1995).

Die Serie griff die berühmtem Geschichten von Peter Hase und Benjamin Kaninchen, Schweinchen Schwapp, Frau Igelieschen und Feuchtel Fischer und den anderen auf. Bereits in den 30er-Jahren sollten Potters Zeichnungen animiert werden; ein entsprechendes Angebot von Walt Disney lehnte sie aber ab. 60 Jahre später betreiben die Produzenten großen Aufwand, den Reiz der zarten Aquarelle zu bewahren, und animierten die Geschichten von Hand. In Potters Heimatort Sawrey wurden außerdem einige Realszenen gedreht. *Peter Hase und seine Freunde* wurde eine der teuersten Animationsserien Großbritanniens. Den ursprünglich sechs knapp halbstündigen Teilen folgten drei weitere.

PETER IMHOF   SAT.1

2000–2001. Daily Talk mit Peter Imhof.

Die Sendung war der Nachfolger von *Ricky!* und genauso erfolgreich darin, die Jugendschützer in den Landesmedienanstalten gegen sich aufzubringen. Zitat aus dem Jahr 2000: »Dem Moderator gelingt es nicht, in die emotionalisierte und häufig mit Vulgärausdrücken geführte Diskussion einzugreifen und zur Versachlichung der Gespräche beizutragen.«

Nicht ganz untypisch für Imhofs Gäste war der Mann, der in der Sendung »Mein Mann schlägt mich – was soll ich tun?« relativierte: »Es ist ja nicht so, dass ich sie jeden Tag schlage.« Ein 28-jähriger Mann aus Chemnitz, der im Juni 2000 bei Peter Imhof schrie: »Frauen gehören an die kurze Leine!«, und von Imhof aus der Sendung geworfen wurde, erstach zehn Tage später seine Ehefrau.

In einer Sendung im Januar 2001 kam es beim Thema »Bei uns gibt's ständig Zoff« zu folgendem für die Sendung charakteristischen Wortwechsel: Ein Manfred droht seiner Ex-Freundin Christine: »Halt die Fresse, sonst komme ich da rüber.« Imhof fragt Manfred: »Sie sind also nicht der Vater?« Manfred fragt: »Wieso ich?« Christine fragt: »Wer denn sonst?« Imhof sagt: »Ich würde vorschlagen, wir holen jetzt mal die Gisela dazu.«

Im Juni 2000 quasselte sich Imhof ins »Guinness-Buch der Rekorde«, als er 24 Stunden nonstop moderierte, mit nur zwei viertelstündigen Pausen. Live wurde das nicht gezeigt, und in diesen 24 Stunden ist es auch lediglich gelungen, ganze sechs Sendungen aufzuzeichnen. Die anderen 18 Stunden waren Werbe-, Umbau-, Schmink- oder Klopausen, doch damit der Rekord galt, musste Imhof währenddessen unentwegt weiter vor sich hin moderieren. Diese Passagen wurden nie gesendet. Das wäre sicher auch für die gesamte Show die bessere Lösung gewesen. Auf die Frage, was ihn von den anderen Daily-Talkmastern unterscheide, sagte Imhof: »Ich sehe anders aus als alle anderen Talkmoderatoren. Ich rede anders, ich bin jünger, ich bin ein ganz anderer Typ – genau wie sich alle anderen auch im Prinzip voneinander unterscheiden.«

Als Peter Imhof begann, hatte die Daily-Talk-Welle bereits begonnen abzuklingen. Seine Show konnte zu keiner Zeit als Maßnahme zur Lebensverlängerung des Genres gelten.

Als Titelmusik wurde der Song »Sex Bomb« von Tom Jones verwendet. Die Sendung lief werktags um 14.00 Uhr.

PETER IST DER BOSS   ZDF

1973. 13-tlg. dt. Familienserie von Dieter Werner. Johannes Mock (Joachim Nottke) ist ein brotloser Künstler, der sich mit seiner Frau Luise (Edeltraud Elsner), dem vorlauten Teenager Peter (Andreas Faulstich) und den jüngeren Kindern Susi (Ute Rohrbeck) und Matz (Georg Wondrak) durchschlägt. Tante Clärchen (Ilse Petri) komplettiert die Familie.

Die halbstündigen Folgen liefen sonntagnachmittags.

PETER PAN   RTL

1992. 41-tlg. jap. Zeichentrickserie nach dem Kinderbuch von James Matthew Barrie (»Peter Pan no Booken«; 1989).

Der geheimnisvolle Peter Pan, der fliegen kann und nicht älter wird, bringt die kleine Wendy und ihren Bruder in das geheimnisvolle Nimmerland. Dort kämpfen sie mit den »verlorenen Jungs« gegen den Piraten Captain Hook.

PETER STEINERS THEATERSTADL   SAT.1, RTL, SUPER RTL

1989–1991 (Sat.1); 1992–1994 (RTL); 1995–2000 (Super RTL). Bayerisches Volkstheater.

Die Bauernschwänke setzten sich aus den Grundbausteinen Liebe, Verwechslungen, Schadenfreude und Hochzeiten zusammen und beinhalteten grundsätzlich einen hinterlistigen alten Grantler (Peter Steiner sen.), ein fesches Maderl (typische Besetzung: Manuela Denz), eine vorlaute Resolute (Gerda Steiner jun.) und einen Hausdeppen (Erich Seyfried). Weitere Mitglieder des Ensembles waren Erna Wassmer, Gerda Steiner-Paltzer, Egon Biscan, Rudi Decker, Winfried Frey, Petra Auer, Peter Steiner jun. und Franz Huber.

Peter Steiner sen., ein kleiner Mann mit Bäuchlein, schütterem grauen Haar und Schnauzbart, ließ die

Nicht nur Peter Steiner bekommt davon Kopfschmerzen. *Peter Steiners Theaterstadl:* Steiner mit Gerda Steiner-Paltzer 1993 im Stück »Der Weißwurst-Benni«.

Stücke im hauseigenen Theater aufführen, spielte selbst die Hauptrolle, führte Regie und bearbeitete die Textvorlagen, indem er z. B. alle Probleme herausstrich, denn: »Probleme haben im Volkstheater nichts verloren.«

In früheren Jahren war Steiner sen. bereits im späteren Abendprogramm von Sat.1 und RTL zu sehen gewesen: In 70er-Jahre-Bumsklassikern wie »Liebesgrüße aus der Lederhose«, »Zum Gasthof der spritzigen Mädchen« oder »Lass jucken Kumpel 5« hatte er meist den Bürgermeister, den Wirt oder den Sepp gespielt.

Unter der Dachmarke *Unser kleines Theater* liefen die Stücke des Theaterstadls mit beachtlichem Erfolg montags um 21.00 Uhr in Sat.1, doch erst der Wechsel zu RTL machte Steiner zum Star. RTL zeigte jeden Samstag um 20.15 Uhr eine Aufführung, und zwar einmal im Monat eine neue und dazwischen Wiederholungen. Der Sender erreichte damit bis zu sechs Millionen Zuschauer.

RTL war derart von den Steiners begeistert, dass man mit ihnen weitere Sendungen produzierte. Mit dem kompletten Ensemble wurde die Comedyserie *Zum Stanglwirt* gedreht, die sogar noch höhere Einschaltquoten erreichte. Außerdem wurden Peter Steiner sen. und seine Tochter Gerda Steiner jun. Moderatoren der Volksmusiksendung *Heimatmelodie*. Beigeistert war der Sender auch von den Produktionskosten, die laut RTL-Redakteur Friedemann Beyer »lächerlich niedrig« waren, was sie nach Meinung vieler Kritiker mit dem Niveau der Schwänke gemeinsam hatten. Eine Minute Theaterstadl kostete 3000 DM, eine Minute Fußball beispielsweise 20 000 DM.

Nach knapp drei Jahren setzte RTL alle Sendungen mit den Steiners ab. Die Quoten waren zwar noch gut, aber dem Sender das Publikum zu alt. Der Theaterstadl eröffnete nun im Schwestersender Super RTL.

PETER STROHM   ARD

1989–1996. 63-tlg. dt. Krimiserie.

Hauptkommissar Peter Strohm (Klaus Löwitsch) schmeißt seinen Job bei der Hamburger Polizei hin und wird Privatdetektiv. Er ist ein bärbeißiger Alleingänger mit radikalen Ermittlungsmethoden, oft am Rande des Erlaubten. Außerdem ist er ein Macho, der schöne Frauen und schnelle Autos liebt. Seine Ermittlungen verschlagen ihn in alle Ecken Deutschlands, oft auch ins Ausland.

Mehrere ARD-Anstalten sowie der österreichische ORF und das Schweizer Fernsehen SRG produzierten die Serie gemeinsam; jede Anstalt war dabei für einzelne Episoden verantwortlich und suchte sich dafür den Schauplatz aus, der entsprechend wechselte. Die Handlung war meist abstrus und verließ sich darauf, dass das niemandem auffallen würde, wenn es nur genügend schnelle Autos und große Action gab.

Hauptdarsteller Löwitsch spielte die einzige durchgehende Rolle. Er hatte zuvor schon in etlichen anderen Serien wie *Hafendetektiv* und *Üb immer treu nach Möglichkeit* Hauptrollen gespielt und war sogar einmal *Tatort*-Kommissar, wurde aber erst in der Rolle des Peter Strohm einer der großen deutschen Fernsehstars. Strohm ermittelte sagenhafte fünf Staffeln lang. Schon nach der dritten hatte Löwitsch geklagt, er finde »Action ohne menschlichen Konflikt langweilig«. Die Rolle des Peter Strohm sei spätestens nach der vierten Staffel »abgeflutscht«. In Wahrheit war sie es vermutlich schon vor der ersten.

Die markante Erkennungsmelodie war in dieser Serie immer erst am Ende einer Folge während des Abspanns zu hören. Mandy Winter sang »He's A Man«. Die 50-Minuten-Folgen liefen montags um 20.15 Uhr.

PETER UND PAUL   RTL

1994–1995. 14-tlg. dt. Comedyserie von Corne-

lia Willinger-Zaglmann, Regie: Kai Borsche, ab Folge 11: Heide Pils.
Die beiden Bürgermeister Peter Elfinger (Helmut Fischer) und Paul Schneck (Hans Clarin) liegen miteinander im Dauerclinch. Schneck ist Bürgermeister von Niederwaldau und ausgerechnet mit Elfingers Schwester Elisabeth (Ilse Neubauer) verheiratet. Elfinger ist Bürgermeister des Nachbarorts Hohenwaldau und Wirt des Gasthofs »Zur Post«, den er mit seinem Sohn Wolferl (Ernst Cohen) betreibt. Zu den Anlässen für die Streitereien gehört u. a. der Hohenwaldauer Pfarrer Raimund Brendl (Hans Brenner), den Schneck gern abwerben würde. Die Landrätin Dr. Eva Faltermeier (Gundi Ellert) und ihre Assistentin Dr. Ida Hundhammer (Veronica Ferres) machen mit ihren Verordnungen zusätzlichen Ärger.
Zehn einstündige Folgen liefen montags um 21.15 Uhr, eine zweite Staffel mit vier Folgen donnerstags zur gleichen Zeit.

PETER USTINOVS RUSSLAND ZDF
1989. 6-tlg. Reihe, in der Ustinov 900 Jahre russischer Geschichte auf sehr eigene Weise nacherzählt. Die Folgen dauerten jeweils 45 Minuten und wurden samstagnachmittags ausgestrahlt.

PETER VOSS – DER MILLIONENDIEB ZDF
1977. 13-tlg. dt. Serie von Peter Lodynski, frei nach dem Roman von E. G. Seeliger.
Peter Voss (Wolf Roth) ist ein junger Schweizer Karikaturist. Kurz vor seiner Heirat mit der Industriellentochter Steffi Achermann (Mirjam Dreifuss) versucht er jedoch, den drohenden Bankrott seines Onkels zu verhindern, indem er angeblich dessen (in Wirklichkeit gar nicht vorhandene) Millionen stiehlt und flieht. Der Meisterdetektiv Bobby Dodd (Carlos Werner) nimmt die Verfolgung auf und jagt Voss um die Welt. Stationen der Flucht sind Hamburg, Holland, London, Peru, Hongkong, Bangkok, Nairobi, Rom, Venedig und Tokio.
Gedreht wurde an Originalschauplätzen, und Voss-Darsteller Roth lernte bei dem Dreh in Bangkok seine Frau (die amerikanische Popsängerin Christine Bennett) kennen. Die einstündigen Folgen liefen samstags um 18.00 Uhr.

PETERS MUSIKREVUE RTL
1991–1992. Schlagershow mit Peter Kraus, der selbst mal ein Schlagerstar war (»Sugar Sugar Baby«).
Die Sendung hieß vorher nur *Musikrevue* und wurde von Frank Papke moderiert. Mit der Verpflichtung von Kraus warf RTL Papke raus und gab der Sendung einen neuen Namen. Zusätzlich zum regelmäßigen knapp einstündigen Sendeplatz am Sonntag um 17.50 Uhr wurden jetzt auch einige abendfüllende Shows gezeigt.

PETERS POP-SHOW ZDF
1985–1992. Jährliche Großveranstaltung in der Dortmunder Westfalenhalle, bei der internationale Popmusiker auftraten und ihre Hits spielten. Peter Illmann hatte die Moderation von Thomas Gottschalk übernommen (*Thommys Pop-Show*).
Das ZDF zeigte das Megakonzert meist Anfang Dezember im Nachtprogramm und wiederholte es oft am Silvestermorgen. 1993 moderierte Kristiane Backer die *ZDF Pop-Show*.

PETROCELLI ZDF, PRO SIEBEN
1976–1980 (ZDF); 1989 (Pro Sieben). 45-tlg. US-Krimiserie von Harold Buschman und Sidney J. Furie. (»Petrocelli«; 1974–1976).
Anthony »Tony« Petrocelli (Barry Newman) ist ein gebildeter junger Anwalt, der aus der Großstadt kommt, mit seiner Frau Maggie (Susan Howard) aufs Land gezogen ist und dort seine Kanzlei eröff-

Peter Strohm: Auf Fotos kann man prima erkennen, dass bei Prügeleien im Fernsehen in Wirklichkeit immer vorbeigeschlagen wird. Gaststar Ben Becker verpasst Klaus Löwitsch einen Lufthaken.

net hat. Er vertritt Klienten, die meist wegen Mordes angeklagt sind. Um ihre Unschuld zu beweisen, beschäftigt er den Cowboy Pete Ritter (Albert Salmi) als Privatdetektiv. Die Ermittlungen kreuzen oft die des örtlichen Polizisten Lieutenant John Ponce (David Huddleston), mit dem Tony befreundet ist. Tony und Maggie leben »übergangsweise« in einem Wohnwagen, vielleicht wird ja irgendwann ihr Haus fertig. Ob sie das allerdings bezahlen können, bleibt fraglich, solange Tony immer wieder zahlungsunfähigen Mandanten seine Dienste erweist.

Das Verbrechen des jeweils aktuellen Falls ist in Rückblenden mehrfach zu sehen, immer aus der Perspektive desjenigen, der gerade aussagt. Dabei stimmen die Ereignisse nicht immer überein, denn der Mörder lügt natürlich.

Barry Newman hatte die Rolle des Tony Petrocelli bereits 1970 im Film »Der Strafverteidiger« (»The Lawyer«), gespielt, den das ZDF 1980 zeigte. Der Film basierte auf dem wahren Fall des Dr. Sam Sheppard, der unschuldig angeklagt war, seine Frau ermordet zu haben. Auf demselben Fall basierte die Serie *Dr. Kimble – Auf der Flucht*.

Das ZDF zeigte 32 einstündige Folgen, meist am Freitagabend zur Primetime, der Rest lief später werktags auf Pro Sieben.

PETTERSSON UND FINDUS KI.KA

2000. 13-tlg. schwed.-dt. Zeichentrickserie von Sven Nordqvist (»Pettson och Finuds«; 2000) über einen kleinen Kater und einen skurrilen Alten.

Die Zehn-Minuten-Folgen liefen ab Oktober auch sonntagmorgens im ZDF. Die Serie ist komplett auf einer DVD erhältlich.

PETTICOAT ARD

1989. 6-tlg. dt. Jugendserie.

Ein niedersächsisches Dorf in den 50er-Jahren: Die 17-jährige Katrin (Christiane Heinemann) ist die Tochter von Inge (Dorothea Kaiser) und Claus Hildebrandt (Ulrich Pleitgen) und die Enkelin des sturen Bauern August Hildebrandt (Ferdinand Dux), der sich gegen den anstehenden Generationenwechsel und alles Moderne sträubt. Katrin verliebt sich in Harry Wernitz (Timothy Peach). Die beiden jungen Leute versuchen, trotz der Widrigkeiten in der Provinz etwas von dem frischen Wind zu spüren, der von Amerika ins muffige Deutschland weht und Rock 'n' Roll, Petticoats und enge Jeans mit sich bringt.

Die einstündigen Folgen liefen im regionalen Vorabendprogramm.

PETZI UND SEINE FREUNDE KI.KA

1997–2003. 52-tlg. dt.-dän. Zeichentrickserie für Kinder nach den Comics von Carla und Vilhelm Hansen.

Die Comicbücher um die Abenteuer von Petzi, Pelle, Pingo und Seebär auf ihrem Schiff »Mary« hatten bereits eine ganze Generation von Kindern begleitet, als die Figuren im Auftrag der ARD ins Fernsehen kamen. Die zehnminütigen Folgen liefen auch innerhalb des *Käpt'n Blaubär Clubs* und der *Sendung mit der Maus*.

PEYTON PLACE PRO SIEBEN, KABEL 1

1990–1991 (Pro Sieben); 1992–1993 (Kabel 1). 264-tlg. US-Soap von Paul Monash nach dem gleichnamigen Roman von Grace Metalious (»Peyton Place«; 1964–1969).

Die Kleinstadt Peyton Place in Neuengland wird regiert von Martin Peyton (George Macready, zeitweise auch: Wilfred Hyde-White). Zu seiner weit verzweigten Familie gehören sein Schwiegersohn Leslie Harrington (Paul Langton) und dessen Söhne Rodney (Ryan O'Neal) und Norman (Christopher Connelly). Norman, der Jüngere von beiden, ist mit Rita (Patricia Morrow) verheiratet.

Rodney heiratet zum zweiten Mal Betty Anderson (Barbara Parkins). Sie tötet in einer Auseinandersetzung Adrienne Van Leyden (Gena Rowlands), die den alten Martin Peyton heiraten wollte, um an sein Geld zu kommen. Peyton stirbt einige Zeit später. Zu den wichtigeren Dorfbewohnern gehören noch der Arzt Dr. Michael Rossi (Ed Nelson), der Anwalt Steven Cord (James Douglas), der auch einmal mit Betty verheiratet war, der Pfarrer Tom Winter (Bob Hogan) sowie der schwarze Neurochirurg Dr. Harry Miles (Percy Rodriguez) mit seiner Frau Alma (Ruby Dee) und Sohn Lew (Glynn Turman).

Bevor die Deutschen zum ersten Mal dem Treiben in Peyton Place zuschauen konnten, war ihnen eine Menge erspart geblieben. 268 Folgen lang hatten die Bürger einander abwechselnd geheiratet, sich scheiden lassen und wieder geheiratet, schockierende Geheimnisse ausgetauscht und generell ein aufregendes Leben in Schwarz-Weiß geführt. Mia Farrow hatte schon den Grundstein zu ihrer Karriere gelegt und war wieder ausgestiegen; die von ihr gespielte Allison Mackenzie war plötzlich verschwunden. Erst die späteren, in Farbe gedrehten Folgen wurden in Deutschland gezeigt.

Peyton Place lief in den USA zwei- bis dreimal pro Woche in der Primetime und war die erste Soap dort, die erfolgreich im Hauptabendprogramm lief. Sie war somit eine Art früher Vorgänger von *Dallas* und *Denver-Clan*. Insgesamt brachte sie es auf über 500 Folgen. Vorausgegangen waren schon zwei Spielfilme nach dem Bestseller von Grace Metalious: »Glut unter der Asche« und »Rückkehr nach Peyton Place«, die das ZDF beide im Juli 1997 zeigte.

PFARRER BRAUN ARD

Seit 2003. Dt. Krimi-Comedy-Reihe von Wolfgang Limmer, Regie: Martin Gies.

Pfarrer Guido Braun (Ottfried Fischer) klärt in seiner Freizeit Kriminalfälle auf und ärgert damit Bischof Hemmelrath (Hans-Michael Rehberg). Der versetzt ihn zur Strafe dauernd irgendwohin, und so treibt sich der dicke Bayer Braun mit Haushälterin Margot Roßhauptner (Hansi Jochmann) und Messdiener Armin Knopp (Antonio Wannek) in Norddeutschland

herum. Doch auch dort gibt es Mysteriöses aufzuklären.
»Hübschhässlich« hätte Heinz Rühmann womöglich diese Neuauflage genannt. Er hatte den Pater Brown in den Filmen »Das schwarze Schaf« (1960) und »Er kann's nicht lassen« (1962) verkörpert. Die damalige Titelmusik veränderte Martin Böttcher nur marginal. Neben weiteren Kinoversionen hatte es auch schon die Fernsehserie *Pater Brown* mit Josef Meinrad gegeben.
Diese neuen Folgen hatten Spielfilmlänge, sechs liefen bisher in loser Folge um 20.15 Uhr.

PFARRER IN KREUZBERG   ZDF
1977. 13-tlg. dt. Familienserie von Johannes Hendrich und Detlef Müller, Regie: Hartmut Griesmayr.
Der evangelische Pfarrer Schmiedeck (Lutz Hochstraate) lebt mit Frau Anne (Barbara Stanek) und drei Kindern im Berlin-Kreuzberg der 70er-Jahre und ist sozial stark engagiert.
Berater der Serie war der Kreuzberger Pastor Klaus Duntze. Jede Folge dauerte 30 Minuten.

PFARRER KUHN ANTWORTET   ZDF
1978–1984. Ratgeberreihe mit Johannes Kuhn, evangelischer Landespfarrer des Rundfunks in Stuttgart. Kuhn wurde Nachfolger von Pfarrer Sommerauer als Briefkastenonkel des ZDF. Auch er erreichte Millionen Zuschauer.

PFARRER SOMMERAUER ANTWORTET   ZDF
1963–1978. Ratgebersendung mit Adolf Sommerauer.
In loser Folge beantwortete der evangelische Pfarrer am frühen Sonntagabend Fragen und erteilte Rat bei Problemen, die Zuschauer ihm in Briefen schilderten. Es ging neben Glaubensfragen vor allem um Ehe, Familie und Erziehung. Sommerauer, der auch als »Kummerkasten der Nation« bezeichnet wurde, hatte bis zu sechs Millionen Zuschauer und einen kaum zu übertreffenden Bekanntheitsgrad in der ganzen Bevölkerung.
Die Reihe brachte es auf genau 100 Sendungen, dann hatte Sommerauer keine Lust mehr. Angeblich hörte er u. a. auf, weil das ZDF nichts von seiner Idee hielt, menschliche Probleme mit einem Puppenspiel zu verdeutlichen, und ihm bei der Erledigung der Zuschauerpost (bis zu 15 000 Briefe pro Sendung) nicht behilflich sein wollte. Nachfolgesendung wurde *Pfarrer Kuhn antwortet*.

PFARRERIN LENAU   ARD
1990–1991. 13-tlg. dt. Familienserie von Felix Huby, Regie: Bruno Voges und Heidi Genée.
Katharina Lenau (Irene Clarin) ist evangelische Pfarrerin in der Stuttgarter Melanchthongemeinde. Sie ist jung und neu und stößt zunächst auf Ablehnung, weil sie eine Frau ist. Aber ähnliche Erfahrungen müssen ja alle Fernsehärzte und -pfarrer am Anfang einer Serie machen. Natürlich wird sie ungeheuer beliebt und setzt sich für die Schwachen in der Gemeinde ein, auch bei politischen Themen redet sie ein Wörtchen mit. Aufmüpfig beherbergt sie ein äthiopisches Flüchtlingspaar und verheiratet eine Protestantin mit ihrem islamischen Freund, was ihr Ärger mit dem Dekan (Oscar Müller) einbringt. Das alles muss sie allein bewältigen, denn ihr Mann Marcus (Rainer Grenkowitz) ist Architekt und hat selbst genug zu tun, und ihr Vater, der Verleger Arthur Köstlin (Horst Sachtleben), ist Atheist.
Zur Gemeinde gehören noch Gemeindesekretärin Klara Treutle (Ilse Künkele), der Buchbinder Karl Engstinger (Walter Schultheiß), Kirchendiener Walter Brodbeck (Reinhold Ohngemach), die pensionierte Diakonisse Anna-Lotte Ulmer (Rosemarie Gerstenberg), eine Verwandte Katharinas, der befreundete Pfarrer Peter Kuron (Rüdiger Wandel) und die Krankenschwester Anneliese Niedlich (Sabine Bräuning). In Folge 7 erfährt Katharina, dass sie schwanger ist, drei Folgen später kommt Tochter Anna zur Welt. Engstinger und Frau Treutle freunden sich immer mehr an. Am Ende der Serie stirbt Katharinas atheistischer Vater, was für sie einen seelsorgerischen Konflikt bedeutet.
Die ARD füllte mit der Serie den Sendeplatz am Montag um 20.15 Uhr, den *Oh Gott, Herr Pfarrer* hinterlassen hatte, als Hauptdarsteller Robert Atzorn nach nur einer Staffel keine Lust mehr hatte. Walter Schultheiß und Ilse Künkele hatten auch darin schon mitgespielt, jedoch in anderen Rollen. Um sie klar als Nachfolgeserie kenntlich zu machen, sollte sie eigentlich »Grüß Gott, Frau Pfarrerin« heißen. Der Serientitel wurde doch noch geändert, die Episodentitel blieben wie beim Vorgänger Bibelzitate. Die Folgen waren jeweils 45 Minuten lang.
Zu dieser Zeit gab es einen regelrechten Boom von Pfarrerserien im deutschen Fernsehen, der auch *Mit Leib und Seele* und *Wie gut, dass es Maria gibt* hervorbrachte.

PFARRERS KINDER, MÜLLERS VIEH   ARD
1991. 6-tlg. dt. Familienserie von Elke Loewe, Regie: Sigrun Koeppe.
Ein deutsches Dorf in den 50er-Jahren. Die Pfarrerstochter Amei (Sygun Liewald) wollte eigentlich um keinen Preis auch noch eine Pfarrersfrau werden, aber dann trifft sie beim Tanztee den netten Theologen Manfred Müller (Matthias Brandt) und wird es natürlich doch.
»... geraten selten oder nie« geht der titelgebende Spruch weiter, und angesichts der kuscheligen heilen Welt, zu der die Adenauerzeit in dieser Serie verklärt wurde, befanden viele, dass das auch für Familienserien gelten könne. Die knapp halbstündigen Folgen liefen um 16.03 Uhr.

PFARRERTAUSCH   ARD
→ Fliege

DIE PFEFFERKÖRNER   KI.KA
Seit 1999. Dt. Jugend-Krimiserie von Katharina Mestre.

Die Elfjährigen Fiete (Julian Paeth), Jana (Anna-Elena Herzog), Natascha (Vijessna Ferkic), Cem (Ihsan Ay) und Fietes achtjährige Schwester Vivi (Aglaja Brix) sind die »Pfefferkörner«, eine Clique von Schülern, die gemeinsam Abenteuer erleben, Fälle lösen und Spaß haben. Aber auch Probleme: Jana muss mit der Scheidung ihrer Eltern klarkommen, Cem wächst bei Onkel Kemal auf und schwankt zwischen türkischer und deutscher Identität, Nataschas russisch-lettische Mutter hat Schwierigkeiten mit der neuen deutschen Heimat. Die Pfefferkörner leben auf dem Areal eines Gewürzkontors in der Hamburger Speicherstadt. Außer Nesthäkchen Vivi wachsen alle allmählich aus der Kinderserie hinaus, und so gesellen sich ab Folge 32 nach und nach die neuen Pfefferkörner zu Vivi: Paul (Lukas Decker), Katja (Jana Fomenko), Johanna, genannt Jojo (Carlotta Cornehl), und Xiaomeng, Spitzname »Panda« (Tim Patrick Chan).

Der KI.KA zeigte bisher 52 Folgen, die alle später auch in der ARD zu sehen waren. Zu den pädagogischen Themen der Serie (Drogen, Tierschmuggel, Autodiebstahl, erste Liebe) erschien pädagogisches Begleitmaterial.

PFEIFER   ARD
2000. 6-tlg. dt. Comedyserie.
Der erfolglose Schauspieler Friedemann Pfeifer (Dieter Pfaff) stolpert durch den Alltag. Bernhard »Benno« Bolinsky (Uli Krohm) ist sein Untermieter, Mephisto sein Hund.

Pfeifer war der Versuch, eine leisere Comedyserie zu machen, mit einer Hauptfigur, die nicht nur komisch, sondern fast immer auch ein bisschen tragisch ist. In jeder der sechs halbstündigen Folgen wurden zwei 15-minütige abgeschlossene Episoden gezeigt. Darin spielten Sabine Postel, Peter Heinrich Brix, Klaus Barner, Stefan Viering, Harald Maack und Michael Sideris regelmäßig mit, aber immer in anderen Rollen.

Die Serie lief dienstags um 21.05 Uhr.

PFIFF   ZDF
1977–1994. Sportmagazin für Jugendliche mit prominenten Studiogästen und Reportagen über populäre und Randsportarten: Fußball, Tennis (1984 wurde die 15-jährige Steffi Graf vorgestellt), Volleyball, Bob, Schießen, Kindervergleichsfliegen (1979 ging es um die Europameisterschaften der magnetgesteuerten Hangflugmodelle), Kugelstoßen oder Bumerangwerfen.

Die Show lebte vom Live-Charakter und wurde oft von außerhalb gesendet, kam aus Sportstätten oder Schulen und entstand unter Mitwirkung von Schulklassen, Jugendgruppen oder Sportvereinen. Erster Moderator war Wolfram Esser, weitere u. a. Michael Sauer, Oliver Spiecker, Harry Valérien, Benny Schnier, Klaus Angermann, Dirk Nabersberg, Norbert König und Sabine Noethen. In Anlehnung an *Das aktuelle Sport-Studio* nannte sich die Sendung im Untertitel »Sportstudio für junge Zuschauer«.

Und wie bei den Großen gab es auch hier höchst amüsante Pannen. So wurde 1986 Harry Valériens Interview mit Rosi Mittermaier von deren zweijährigem Sohn Felix gestört, der während der Live-Sendung mit seinem Vater Christian Neureuther im Publikum saß, nun aufstand und lautstark kundtat: »Ich muss mal!«

Sendeplatz war in den ersten fünf Jahren freitags um 16.55 Uhr, lange Zeit abwechselnd mit dem *Schüler-Express*, Sendelänge 45 Minuten. Die Show wechselte dann auf den Dienstag und im Sommer 1988 auf den Donnerstagnachmittag und wurde immer wieder um ein paar Minuten gekürzt, bis sie ab 1991 nur noch 25 Minuten lang war. Die Reihe brachte es auf 350 Ausgaben.

PFIFFIKUS   ZDF
1990–1993. Sommer-Spielshow für Kinder. Mehrere Kandidatenpaare treten im ZDF-Fernsehgarten in Wettkämpfen gegeneinander an. Zu den Moderatoren gehörten Pit Weyrich, Sabine Rieker und Ulrike Angermann.

DER PFUNDSKERL   SAT.1
Seit 2000. Dt. Krimireihe von Rolf René Schneider. Der urbayerische Boulevardreporter Gottfried Engel (Ottfried Fischer) wird aus Landshut nach Hamburg-St. Pauli versetzt und muss fortan in der dortigen Nachtclubszene recherchieren. Seine Kollegen beim »Blitzkurier« sind die Fotografin Claudia (Doreen Dietel), der Chef (Dietrich Mattausch), ab 2001 Lesche (Max Volkert Martens) und ab 2002 Gottfrieds Assistentin Tanja Roloff (Carol Campbell).

Schneider, der die Serie ersonnen hatte, steuerte nur die ersten beiden Bücher bei, die meisten folgenden schrieben Krystian und Hilly Martinek. Regisseur war meist Otto W. Retzer.

Bisher zehn spielfilmlange Folgen liefen mittwochs zur Primetime.

PHANTASTISCHE PHÄNOMENE   SAT.1
1992–1993. Mysterymagazin mit Rainer Holbe.
In Italien rollen Autos von selbst den Berg hoch, in Österreich gibt es einen Wunderheiler mit Röntgenblick, in Russland findet eine Kosmonautin Bruchstücke von mutmaßlichen Ufos, und irgendwo spricht ein Baum. All diese »phantastischen Phänomene« und noch viele mehr präsentierte Holbe und distanzierte sich gleichzeitig von dem ganzen »Esoteriksumpf« und irgendwelchen »Trickspielern und Spinnern«. Holbe hatte schon eine ähnliche Sendung bei RTL moderiert: *Unglaubliche Geschichten*. Es folgten mehrere Nachahmer, darunter *PSI* und *Talk X*.

20 einstündige Sendungen liefen in zwei Staffeln, die erste montags gegen 22.00 Uhr, die zweite donnerstags um 21.20 Uhr.

PHILIP MARLOWE   ARD
1989. 11-tlg. brit.-kanad. Krimiserie nach Kurzgeschichten von Raymond Chandler (»Marlowe – Private Eye«; 1983–1986).

Privatdetektiv Philip Marlowe (Powers Boothe) ermittelt im Amerika der 30er- und 40er-Jahre. An seiner Seite sind Lieutenant Violet Magee (William Kearns) und Annie Riordan (Kathryn Leigh Scott). Die ersten fünf Folgen waren eine britische Produktion, die restlichen sechs eine kanadische. Die einstündigen Folgen liefen im regionalen Vorabendprogramm.

PHILIPP, DER JUNGE HELD ZDF
1966. 4-tlg. brit. Jugendfilm von Sherard Powell und Cathcart Borer nach einer Geschichte von Ian Grundy, Regie: Cecil Musk (»Trapped By The Terror«; 1949).
Frankreich während der Revolution. Der junge Philipp (James Kenney) muss zusehen, wie seine Eltern, Graf (Ian Colin) und Gräfin Dupis (Louise Gainsborough), ins Gefängnis gesteckt werden. Mit der Hilfe der Bäckerskinder Maurice (Colin Simpson) und Marie (Valerie Carlton) und einiger Bediensteter versucht er, sie zu befreien.

PHILIPPS TIERSTUNDE SWR, KI.KA
1996 (SWR) 1997–2002 (KI.KA). Einstündiges Tiermagazin für Kinder mit Berichten über Tiere, einem Tierrätsel, Interviews mit Tierärzten und interessanten Infos. Kinder können direkt in der Live-Sendung anrufen.
Philipp ist eine freundliche hellgraue Mäuserichpuppe mit rotem Halstuch und süß zusammenkneifbaren Knopfaugen. An seiner Seite moderierten mal Georg Holzach, mal Ernst-Marcus Thomas. Hände und Stimme wurden Philipp von Norbert Wöller geliehen.

DAS PHILOSOPHISCHE QUARTETT ZDF
→ Im Glashaus – Das philosophische Quartett

PHON DFF 1
1976–1981. »Eine Musikillustrierte«. Barbara Liebig stellt Interpreten vor, erörtert Genreprobleme und berichtet über das Musikleben der DDR. Dazu gibt es immer ein Rätsel.
Lief am späteren Sonntagabend zunächst zweimonatlich und 45 Minuten lang, ab März 1978 monatlich und nur noch 30 Minuten lang.

PHÖNIX, DER ZAUBERVOGEL ARD
1998. 6-tlg. brit. Kinder-Abenteuerserie von Helen Cresswell nach dem gleichnamigen Roman von Edith Nesbit (»The Phoenix And The Carpet«; 1997).
Die Kinder Robert (Ivan Berry), Jane (Charlotte Chinn), Anthea (Jessica Fox) und Cyril (Ben Simpson) finden Anfang des 20. Jh. in ihrem neuen Teppich ein Ei, aus dem der Phönix schlüpft. Der Zaubervogel fliegt mit ihnen aus London in exotische Länder, wo sie viele Abenteuer erleben, bei denen ihnen der 500 Jahre alte Sandkobold Psammaed (Francis Wright) hilft. Sie müssen sich aber auch mit der Haushälterin Eliza (Lesley Dunlop) und Vater (Ian Keith) und Mutter (Mary Waterhouse) auseinander setzen, die nichts von ihrem aufregenden Leben erfahren dürfen.
Die ARD zeigte die halbstündigen Folgen vormittags an aufeinander folgenden Tagen.

PHYSIOGNOMIE DES VERBRECHENS ARD
1969. 3-tlg. Kriminalreihe von Georg Friedel.
Friedel geht der Frage nach, was Verbrecher vor, während und nach der Tat denken, was sie dazu bewegt, ihre Taten zu begehen. Er will so – im bewussten Gegensatz zu Kriminalromanen und Krimis – das Verbrechen »von seinem romantischen Gehalt entkleiden«. In jeder 45-minütigen Folge schildert ein Verbrecher selbst den eigenen Fall.
Die Teile liefen am Donnerstag um 22.00 Uhr.

PIANO, PIANO ARD
1987. 6-tlg. austral. Jugendserie von John Jones nach seinem eigenen Roman (»Fame And Misfortune«; 1986).
Der 16-jährige Tim Hardy (Myles Collins) will ein berühmter Pianist werden, hat aber kein Klavier. Um sich eines kaufen zu können, entwickelt er schräge Pläne, an Geld zu kommen, die aber natürlich immer schief gehen. Samantha (Kylie Minogue) ist seine Schwester.
Die halbstündigen Folgen liefen im regionalen Vorabendprogramm.

PICKET FENCES – TATORT GARTENZAUN SAT.1
1995–1997. 88-tlg. US-Krimiserie von David E. Kelley (»Picket Fences«; 1992–1996).
Im Städtchen Rome im US-Bundesstaat Wisconsin passieren hinter den unscheinbaren Vorgärten die unglaublichsten Geschichten. Sheriff Jimmy Brock (Tom Skerritt) muss sich immer wieder um höchst abstruse Fälle kümmern. Seine Familie besteht aus seiner Frau Jill (Kathy Baker), der örtlichen Ärztin, Tochter Kimberly (Holly Marie Combs) aus Jimmys erster Ehe und den gemeinsamen Söhnen Matthew (Justin Shenkarow) und Zachary (Adam Wylie). Kenny Lacos (Costas Mandylor) und Maxine Stewart (Lauren Holly) sind Jimmys übereifrige Hilfssheriffs. Richter Henry Bone (Ray Walston) verurteilt die Überführten, sofern Rechtsanwalt Douglas Wambaugh (Fyvush Finkel) das nicht verhindern kann.
Zu den anderen Originalen der Stadt gehören die Polizistin Ginny Weedon (Zelda Rubinstein), der Gerichtsmediziner Carter Pike (Kelly Connell), Reverend Henry Novotny (Dabbs Greer), Staatsanwalt John Littleton (Don Cheadle), Dr. Joey Diamond (Amy Aquino) und Pater Gary Barrett (Roy Dotrice). Die Stadt verschleißt innerhalb auffallend kurzer Zeit mehrere Bürgermeister: Bill Pugen (Michael Keenan) stirbt durch spontane Implosion, Ed Lawson (Richard Masur) wird ermordet in einem Gefrierschrank gefunden. Rachel Harris (Leigh Taylor Young) wird zunächst neue Bürgermeisterin, später Laurie Bey (Marlee Matlin).
Wie auch David E. Kelleys spätere Erfolgsserie *Ally McBeal* konnte man schon *Picket Fences* nicht ein-

deutig in ein Genre einordnen. Zwar wurde sie stets in der »Drama«-Kategorie mit Fernsehpreisen ausgezeichnet und behandelte ernsthafte Themen und moralische Dilemmata des modernen Lebens, doch durch viele skurrile Figuren und absurde Handlungsstränge erhielt sie auch oft Comedycharakter. Sie war warmherzig, klug und liebte alle ihre Figuren – und hatte weder in den USA noch in Deutschland den Erfolg, den sie verdiente.
Sat.1 zeigte die einstündigen Folgen anfangs wöchentlich im Abendprogramm, ab Folge 64 werktags nachmittags.

DIE PIEFKE-SAGA ARD
1991–1994. 4-tlg. dt.-österr. Satire von Felix Mitterer, Regie: Wilfried Dotzel.
Sture, typisch deutsche Urlauber verbringen ihre Ferien bei Tiroler Gastgebern, die aus Geldgier Sympathie für ihre entsetzlichen Gäste vortäuschen. Der Berliner Konzernchef Karl Friedrich Sattmann (Dietrich Mattausch), seine Frau Elsa (Brigitte Grothum), ihre Kinder Gunnar (Ralf Komorr) und Sabine (Sabine Cruso) sowie Opa Heinrich (Ferdinand Dux) sind die deutschen Urlauber, die bei jeder Gelegenheit mit der Abreise drohen. Der Tiroler Hoteldirektor Franz Wechselberger (Kurt Weinzierl), seine Frau Christel (Veronika Faber) und Sohn Stefan (Gregor Bloéb) versuchen immer wieder, das zu verhindern.
Der Drehbuchautor und Schriftsteller Mitterer musste sich für seine bissige Satire von Tiroler Tourismusmanagern als »Nestbeschmutzer« beschimpfen lassen. Selbst die Politik schritt ein: Österreichische Politiker entschuldigten sich bei den Deutschen für ihre böse Darstellung als »Piefkes«. Tatsächlich ging die Zahl deutscher Besucher in Österreich Anfang der 90er-Jahre zurück. Wahrscheinlich war das aber weniger die Folge des Films als vielmehr die Ursache für die besondere Nervosität der österreichischen Tourismusbranche.
Die Satire erhielt 1992 den Adolf-Grimme-Preis mit Silber. Der ursprüngliche Dreiteiler wurde 1994 mit einem vierten Film fortgesetzt.

PIFF UND HERKULES RTL
1991–1994. 130-tlg. frz. Zeichentrickserie (»Pif & Hercule«; 1989).
Der Hund Piff und der Kater Herkules sind beste Freunde. Gemeinsam bestehen sie Abenteuer und schlagen sich in immer wieder anderen Jobs durch. Die Serie basierte auf der gleichnamigen französischen Comicreihe. In Deutschland waren die Geschichten in der Kinderzeitschrift »YPS« erschienen. Die Serienfolgen liefen samstagmorgens.

PIG STY –
MEIN WUNDERBARER SAUSTALL PRO SIEBEN
1998. 13-tlg. US-Sitcom von Rob Long und Dan Staley (»Pig Sty«; 1995).
Die fünf Freunde Randy Fitzgerald (Brian McNamara), P. J. Morris (Timothy Fall), Cal Evans (David Arnott), Johnny Barzano (Matt Borlenghi) und Joe Dantley (Sean O'Bryan) leben gemeinsam in einer kleinen Zwei-Zimmer-Wohnung. Fünf Männer in zwei Zimmern – es herrscht ständig Chaos, die Wohnung sieht wie ein Saustall aus.
Lief montags nach Mitternacht.

PIK SIEBEN KI.KA
1999. 13-tlg. tschech. Jugendserie von Ivo Pelant, Regie: Miroslav Balajka (»Ranč u zelené sedmy«, 1998).
Die Stadtfamilie Kuderna mit Vater (Miroslav Noga), Mutter (Milena Steinmasslová), den Söhnen Stefan (Marián Beník) und Matthias (Pavel Zedníček), Tochter Elisa (Ivana Skarková) und Oma (Jana Štepanková) zieht auf einen geerbten Bauernhof und steht zunächst ziemlich dumm da, denn keiner von ihnen hat auch nur die geringste Ahnung vom Landleben. Jerabek (Lubomír Kostelka) ist der Nachbar.
Die Folgen liefen im Jahr 2000 auch in der ARD.

PINGU ZDF, KI.KA
Seit 1990. Schweiz. Puppentrickserie für Kinder von Otmar Gutmann (»Pingu«; seit 1989).
Der Pinguin Pingu und seine Freunde Pingo und Pinga bestehen Abenteuer. Mehr als 100 fünfminütige Folgen wurden bisher in den Vormittagsprogrammen von ZDF und KI.KA ausgestrahlt.

PINKY, ELMYRA & DER BRAIN PRO SIEBEN
2000. 13-tlg. US-Zeichentrickserie (»Pinky, Elmyra & The Brain«; 1998–1999).
Fortsetzung von *Pinky & der Brain:* Neu hinzugekommen ist Elmyra, die den beiden auf die Nerven geht. Lief am Sonntagmorgen.

PINKY & DER BRAIN PRO SIEBEN
1997–1999. 65-tlg. US-Zeichentrickserie (»Pinky And The Brain«; 1995–1998). Produzent der Serie war Steven Spielberg.
Immer wieder brechen die Mäuse Pinky und Brain aus dem Tierversuchslabor aus, um die Weltherrschaft zu erobern. Pinky ist ein großer Verrückter mit einem derben Wortschatz, Brain ein kleiner Intelligenter, der Pinkys Mängel ausgleicht.
Die 25-Minuten-Folgen liefen zunächst werktags um 17.00 Uhr, später samstag- und dann sonntagvormittags.

PINNWAND ZDF
1982–1987. Informationssendung für Kinder und Jugendliche, die alle 14 Tage im Wechsel die »Schlagzeilen des Monats« und einen Veranstaltungskalender live präsentierte.
Als Moderatoren wechselten sich Frank Laufenberg und Beate Rudolph ab, später auch Ingolf Falkenstein und Susanne Gelhard. Laufenberg war zuständig für die Sendungen über politische Ereignisse, Rudolph kümmerte sich um kulturelle Veranstaltungen. Die 15-minütige Sendung versuchte, aktuelle Themen für Kinder verständlich aufzuarbeiten. Die Nachfolgesendung *logo* tat dies ab 1988 täglich.

PINOCCHIO   ARD
1973. 6-tlg. ital.-frz.-dt. Jugendserie nach den Geschichten von Carlo Collodi (»Le avventure di Pinocchio«; 1972).
Der alte Tischler Geppetto (Nino Manfredi) hat eine Marionette geschnitzt, die von einer guten Fee (Gina Lollobrigida) zum Leben erweckt wurde. Pinocchio (Andrea Ballestri) muss jedoch erst noch lernen, wie man sich benimmt. Er wird noch ein paar Mal vom Jungen zur Puppe hin- und herverwandelt, aber zwischendurch auch in einen Hund und einen Esel verwünscht. Nach langen abenteuerlichen Reisen, bei denen er sich u. a. einem Zirkusdirektor (Mario Adorf) anschließt, begegnen sich Pinocchio und Geppetto im Bauch eines Wals, der sie verschluckt hat. Sie kommen heil heraus, gehen nach Hause, und die Fee verwandelt Pinocchio endgültig in einen richtigen Jungen. Benehmen kann er sich aber immer noch nicht.
Die Serie lief zunächst und später meistens in sechs einstündigen Folgen, noch 1973 wurde sie im regionalen Vorabendprogramm auch in 13 halbstündigen Folgen gezeigt. Als Zeichentrickserie wurde die Geschichte nur ein paar Jahre später ein großer Erfolg für das ZDF und ein Klassiker des Kinderfernsehens.

PINOCCHIO   ZDF
1977–1978. 52-tlg. jap. Zeichentrickserie nach den Kinderbüchern von Carlo Collodi (»Pinocchio Yori Piccolino no Boken«; 1976).
Der alte Holzschnitzer Geppetto schnitzt aus einem besonders schönen Stück Holz die Puppe Pinocchio, die ein Eigenleben entwickelt und sprechen kann. Geppetto ist einerseits froh, endlich so etwas wie einen Sohn zu haben, andererseits muss er immer wieder das Chaos beseitigen, das Pinocchio angerichtet hat. Das Püppchen ist noch ziemlich naiv und meint es oft nur gut, lernt aber allmählich die wesentlichen Dinge des Lebens (»Ach ja, natürlich, in die Schule geht man ja nicht nackt«). Auf Geppettos Hof leben noch der Specht Rocco und die träge Hauskatze Giulietta. Pinocchios ständige Begleiterin wird die Ente Gina, die in der zweiten Folge aus einem Ei schlüpft, das Pinocchio gerade verspeisen wollte. Pinocchio verspricht, ein braver Junge zu werden und zur Schule zu gehen, ist dann aber von einem Marionettentheater so sehr fasziniert, dass er sich stattdessen diesem anschließt. Nach kurzer Zeit besinnt er sich darauf, zu Geppetto zurückzukehren, womit eine lange abenteuerliche Reise beginnt, die viele Umwege beinhaltet.
Immer wieder begegnen Pinocchio und Gina dem hinterlistigen Fuchs und dem räudigen Straßenkater, auf die Pinocchio jedes Mal wieder trotz der mahnenden Worte Ginas hereinfällt, was die Reise weiter verzögert. In Folge 7 wird zum ersten Mal Pinocchios Nase lang. Nun hat jeder seine Eigenart: Immer wenn Pinocchio lügt oder aufschneidet, wächst seine Nase, und immer wenn Gina den Schnabel aufmacht, nervt sie. Schließlich finden die beiden den alten Geppetto wieder. Sie begegnen einander durch Zufall im Bauch eines Wal-»Fischs«, der sie alle verschluckt hat, und werden hinausgeschleudert, als der Wal-»Fisch« niesen muss. Gemeinsam gehen sie nach Hause, Pinocchio ist ab jetzt brav, und eine gute Fee verwandelt die Holzpuppe in einen richtigen Jungen.
Bekannteste Fernsehversion der x-mal verfilmten Geschichten, die Collodi ab 1881 geschrieben hatte. Die erste Kinoversion entstand bereits 1911 als Stummfilm, 1940 wurde Pinocchio als Disney-Zeichentrickfigur berühmt. Das ZDF zeigte die halbstündigen Episoden am Donnerstagnachmittag. Für diese Zeichentrickversion wurden einige Figuren dazuerfunden, die in der eigentlichen Geschichte nicht vorkamen, z. B. Gina und Rocco. Für die deutsche Synchronisation war Eberhard Storeck verantwortlich, der auch *Die Biene Maja* und *Wickie und die starken Männer* ins Deutsche übertrug. Pinocchios Stimme gehörte Helga Anders. Das Titellied »Kleines Püppchen, freches Bübchen, wo hat man dich zuletzt gesehen? Du wolltest doch zur Schule gehen!« sang Mary Roos.
Mehrere Episoden sind auf DVD erhältlich.

PINOCCHIO   RTL
1993–1994. 52-tlg. jap. Zeichentrickserie nach den Kinderbüchern von Carlo Collodi (»Kashi no Ki Mock«; 1990).
Neuauflage der Geschichten um den alten Geppetto und seine lebende Holzpuppe Pinocchio, die am Ende ein Mensch wird.

PIONIERE UND ABENTEURER   ARD
1968–1979. Reportagereihe von Max H. Rehbein.
Die Pioniere und Abenteurer, die Rehbein auf seinen Reisen rund um die Welt bei ihrer Arbeit besuchte, waren Entwicklungshelfer und Drogenfahnder in der Dritten Welt, ebenso wie Wissenschaftler im Labor oder Streetworker in der Süd-Bronx. 25 dreiviertelstündige Folgen liefen in der Primetime.

PIP UND SEIN GEHEIMNISVOLLER GÖNNER   KABEL 1
1992. 6-tlg. austral. Drama von Tim Brustall nach dem Buch »Große Erwartungen« von Charles Dickens (»Great Expectations – The Untold Story«; 1987).
Dickens' Geschichte des Waisenjungen Pip (Todd Boyce) und seines »geheimnisvollen Gönners«, des Gauners Magwitch (John Stanton) – allerdings steht diesmal die Lebensgeschichte von Magwitch im Mittelpunkt.
Im Original bestand die Miniserie aus drei zweistündigen Teilen.

PIPO SCHAFFT ALLE   DFF
→ Ferien mit Silvo

PIPPI LANGSTRUMPF   ARD
1967. Spannender kann Fernsehen kaum sein. Margot Trooger liest eine Viertelstunde lang Astrid-

Lindgren-Bücher vor: Pippi zieht in die Villa Kunterbunt ein, Pippi geht in die Schule, Pippi arrangiert einen Ausflug, Pippi geht in den Zirkus, Pippi geht zum Kaffeekränzchen, Pippi feiert Geburtstag. Macht genau sechs Folgen.

In der weitaus fernsehgerechteren Version spielte Margot Trooger wenig später die Rolle des Fräulein Prüsselius.

PIPPI LANGSTRUMPF ARD
1971–1972. 21-tlg. dt.-schwed. Kinderserie nach den Büchern von Astrid Lindgren, Regie: Olle Hellbom (»Pippi Långstrump«; 1968).

Das Mädchen Pippilotta Viktualia Rollgardina Schokominza Efraimstochter Langstrumpf (Inger Nilsson) lebt mit ihrem Affen Herr Nilsson und ihrem Pferd Kleiner Onkel in der Villa Kunterbunt. Pippi hat Bärenkräfte und besitzt einen Koffer mit einem unerschöpflichen Vorrat an Goldmünzen, den ihr Vater, Kapitän Langstrumpf (Beppe Wolgers), ihr überlassen hat. Kapitän Langstrumpf fährt zur See und sieht seine Tochter Pippi nur selten, wenn er mal anlegt.

Pippis beste Freunde sind die langweiligen Geschwister Tommi (Pär Sundberg) und Annika (Maria Persson), neun und acht Jahre alt, die neben der Villa Kunterbunt mit ihren Eltern wohnen. Pippi heckt den ganzen Tag Streiche aus und setzt sich erfolgreich gegen die Gauner Donner-Carl (Paul Esser) und Blom (Hans Clarin) zur Wehr, die es auf Pippis Goldmünzen abgesehen haben. Weil Pippi allein lebt und nicht zur Schule geht (sie hält nichts von »Plutimikation«), will Fräulein Prüsselius (Margot Trooger) sie ins Heim stecken, was ihr jedoch nicht gelingt.

Eine der erfolgreichsten Kinderserien der Fernsehgeschichte, mit einem der bekanntesten Titelsongs: »Zwei mal drei macht vier / widde widde witt und drei macht neune / ich mach' mir die Welt / widde widde wie sie mir gefällt. / Hey, Pippi Langstrumpf / tralla hi tralla hey tralla hoppsassa / Hey, Pippi Langstrumpf / die macht, was ihr gefällt! / Ich hab ein Haus / ein kunterbuntes Haus / ein Äffchen und ein Pferd / die schauen dort zum Fenster raus. / Ich hab ein Haus / ein Äffchen und ein Pferd / und jeder, der uns mag / kriegt unser Einmaleins gelehrt.«

Bis heute vergeht kaum ein Jahr, in dem *Pippi Langstrumpf* nicht im Fernsehen zu sehen ist. Neben den 21 Folgen à 25 Minuten wurden vier lange Filme gedreht, die ebenfalls regelmäßig im Fernsehen gezeigt wurden und werden – erstmals 1979. Pippis deutsche Synchronstimme war in der Serie Eva Mattes. In den Filmen war es Andrea L'Arronge. Eva Mattes sprach darin den Tommi. Wirklich.

1999 zeigte das ZDF eine Zeichentrickversion unter dem Titel *Astrid Lindgrens Pippi Langstrumpf*.

Die Serie ist komplett auf DVD erhältlich.

DIE PIRATEN DER KARIBIK KABEL 1
2001. 4-tlg. ital.-dt. Abenteuerfilm (»Caraibi«; 1998)

Keine zehn Pferde können *Pippi Langstrumpf* davon abhalten, zumindest ein Pferd zu stemmen. Pippi (unten), Kleiner Onkel (Mitte), Tommi und Annika (oben).

Zehn Jahre haben sich die Brüder Ferrante (Nicholas Rogers) und Ippolito (Paolo Seganti) nicht gesehen, seit sie sich wegen der schönen Livia (Anna Falchi) zerstritten. Heute ist Ferrante Pirat und Ippolito Spion im Auftrag der französischen Krone. Als er beauftragt wird, den Freibeuter Teufelskralle (Mario Adorf) zu jagen, jagt er unwissend zugleich seinen Bruder, der sich Teufelskralle angeschlossen hat.

Die vier spielfilmlangen Folgen liefen sonntagnachmittags. Im Januar 1999 hatte bereits Pro Sieben zur Primetime eine stark gekürzte Fassung als Zweiteiler gezeigt.

PIRATENFAMILIE KI.KA
2000–2001. 26-tlg. frz.-kanad.-dt. Zeichentrickserie (»Famille pirate«; 1998-1999). Der nervige Klabautergeist Omar nistet sich bei dem Seeräuber Victor Mac Limpetund und dessen Familie ein. Lief wenig später auch in der ARD.

PISA ARD
Seit 2003. Eventshow mit Jörg Pilawa.

Gemäß dem Untertitel »Der Ländertest« spielen je 20 Kandidaten und ein Prominenter für ihr Bundesland; alle 16 Bundesländer treten gegeneinander an. Sie müssen hauptsächlich Fragen zur Allgemeinbildung beantworten. In der ersten Show im Oktober 2003 gewann Thüringen. Weil dabei genug Menschen zusahen, gab es ein halbes Jahr später eine

Revanche und ein weiteres halbes Jahr später, mit dem Untertitel »Der Geschlechterkampf«, eine Variante, in der Männer und Frauen bei verschiedenen Logik-, Wissens- und Rätselaufgaben gegeneinander antraten. Die Männer gewannen.

PISTOLEN UND PETTICOATS   ZDF
1967–1968. 17-tlg. US-Comedyserie (»Pistols 'n' Petticoats«; 1966–1967).
Henrietta Hanks (Ann Sheridan) zieht ihre Tochter Lucy (Carole Wells) im Wilden Westen allein auf. Oma (Ruth McDevitt) und Opa (Douglas V. Fowley) unterstützen sie dabei. Weil Sheriff Sikes (Gary Vinson) im Kampf gegen Gesindel regelmäßig versagt, ballern Henrietta und Oma Hanks wild in der Gegend herum.
Eine der ersten Serien, die in Farbe gedreht und gezeigt wurden. Jede Episode war 25 Minuten lang.

P.I.T. – PETER-ILLMANN-TREFF   ZDF
1985–1990. 45-minütige Musikshow mit Peter Illmann. Popstars treten auf und singen ihre aktuellen Hits, Illmann sagt an und führt kurze Interviews.
Die Show lief etwa einmal im Monat mittwochs um 19.30 Uhr, ab 1987 am späten Samstagabend. Zur Premiere kam sie als Aufzeichnung, danach meistens live aus wechselnden Großraumdiskotheken. Unter den vielen internationalen Stars, die sich bei Illmann trafen, waren Frankie Goes To Hollywood, Depeche Mode, Mike Oldfield, Whitney Houston, Gianna Nannini, Eurythmics, Pink Floyd, Bee Gees, Sting und Tina Turner. Mehrere Spezialausgaben kamen aus europäischen Städten mit einem musikalischen Schwerpunkt auf einheimischen Künstlern, auch wenn das Abstriche beim Grad der Aktualität dieser Künstler bedeutete. In Paris trat z. B. Vanessa Paradis auf (ein halbes Jahr nach ihrem Hit »Joe le taxi«), in Wien standen Falco (fünf Jahre nach »Rock Me Amadeus«), Opus (fünf Jahre nach »Live is life«) und die Erste Allgemeine Verunsicherung (vier Jahre nach »Ba-Ba-Banküberfall«) auf der Bühne. Titelmusik war »Sultana« von Tarraco.

PITAVAL DES KAISERREICHS   ARD
→ Fernsehpitaval

PIXI IM WOLKENKUCKUCKSHEIM   KABEL 1
1992. 52-tlg. jap. Zeichentrickserie nach Märchen von Hans Christian Andersen (»Andersen Monogatari«; 1971).
Was der örtliche Metzger, Supermärkte und alle Tankstellen haben, hatte seinen Ursprung im Märchenwald: das Bonuskartensystem. Die kleine Fee Pixi bekommt für jede gute Tat Punkte auf der Belohnungskarte ihrer Zauberschule. Also bemüht sie sich entsprechend. Pixi bildet die Rahmenhandlung zu einer Reihe bekannter Märchen von Hans Christian Andersen, die als meist mehrteilige Trickfilme gezeigt wurden.

PLANET COMEDY   RTL
2000. 45-minütige Comedyshow mit Martin Zuhr sowie Lutz Reichert, Katja Liebing, Guido Cantz, Gamze Hauthaler und »Supa« Richie.
Das Team parodiert wochenaktuelle Nachrichten aus Funk und Fernsehen. Dazu gibt es Interviews mit Medienstars als Gummipuppen. Wie in fast jeder RTL-Comedysendung ist Theo West als rasender Gag-Reporter unterwegs.
Sechs Ausgaben liefen freitags um 23.15 Uhr.

PLANET COOK   ZDF
Seit 2005. Halbstündige Kochshow für Kinder mit Ralf Zacherl.

P.I.T. – Peter-Illmann-Treff.

Dass Zacherl bestens geeignet ist, den Kauf eines Apfels auch für Dreijährige verständlich zu erklären, bewies er bereits in seiner Pro-Sieben-Show *Zacherl: Einfach kochen*. Nur konsequent war daher seine Verpflichtung für diese Show im Kinderprogramm am Samstagmittag, eine Mischung aus Kochsendung, Infomagazin und Comedy: Käpt'n Cook (Zacherl) von der tropischen Insel Planet Cook begleitet jeweils drei Kinder in ein kulinarisches Abenteuer und bringt ihnen bei, wie man einfache, aber originelle Speisen zubereitet und sich dabei gesund ernährt (Kochen!). Nebenbei lernen sie Wissenswertes über Themen, die nicht zwingend direkt mit Kochen zu tun haben. Der Yeti Bouma (Hanno Friedrich) nervt mit entsprechend dummen Fragen (Comedy!), der Supercomputer Roxy (Doris Kunstmann) hat die Antworten (Info!).
Die Show basiert auf dem gleichnamigen BBC-Format mit Kevin Woodford.

PLANET DER AFFEN SAT.1
1989. 14-tlg. US-Science-Fiction-Serie (»Planet Of the Apes«; 1974).
Durch einen Zeitsprung landen die Astronauten Alan Virdon (Ron Harper) und Pete Burke (James Naughton) in der Zukunft auf der Erde, die inzwischen von Affen beherrscht wird, die Menschen als Haustiere halten. Sie freunden sich mit dem Schimpansen Galen (Roddy McDowall) an, finden aber sonst unter den Affen keine Verbündeten. Der Orang-Utan Zaius (Booth Colman), Führer der Affen, und der Gorilla Urko (Mark Lenard), der das Militär leitet, machen Jagd auf die Menschen, weshalb die Astronauten ständig auf der Flucht sind.
Die Serie basierte auf dem erfolgreichen gleichnamigen Kinofilm und dessen vier Fortsetzungen, in denen ebenfalls Roddy McDowall die Hauptrolle gespielt hatte. Die einstündigen Serienfolgen liefen mittwochs um 17.50 Uhr.

PLANET DER GIGANTEN PRO SIEBEN
1992. 51-tlg. US-Science-Fiction-Serie von Irwin Allen (»Land of the Giants«; 1968–1970).
In der Zukunft, genauer: 1983, stürzt das Passagierraumschiff »Spindrift« versehentlich auf einen Planeten, der der Erde ähnelt, leider aber der »Planet der Giganten« ist: Seine Bewohner sind zwölfmal so groß wie die Menschen. Das macht auch Kinder und sogar Insekten zu gefährlichen Riesengegnern.
Zu den Gestrandeten gehören Kapitän Steve Burton (Gary Conway), Kopilot Dan Erickson (Don Marshall), die minirockige Stewardess Betty Hamilton (Heather Young) und ihre Passagiere: der erfahrene Ingenieur Mark Wilson (Don Matheson), die verwöhnte Schauspielerin Valerie Scott (Deanna Lund), der Waisenjunge Barry Lockridge (Stefan Arngrim) mit seinem Hund Chipper sowie der mysteriöse Gauner Alexander Fitzhugh (Kurt Kaznar).
Sie stellen fest, dass die Bewohner zwar größer, aber technisch zurückgeblieben sind und von einer totalitären Regierung beherrscht werden, die die kleinen Wesen zu Sündenböcken für alles macht und um jeden Preis an ihre moderne Technik herankommen will. Hauptgegenspieler der Menschen ist der Geheimagent Inspector Kobick (Kevin Hagen).
Planet der Giganten war, wie viele andere Science-Fiction-Serien der 70er-Jahre, trotz eines für damalige Verhältnisse üppigen Budgets von einer Viertelmillion US-$ pro Folge eine sparsame Serie. Sie sparte an Logik in den Geschichten, an Stoff bei der Kleidung der Darstellerinnen und an aufwendigen Special-Effects. Besonders lächerlich wirkte die Standardriesenhand, die immer wieder zum Einsatz kam, wenn Riesen auf Menschen trafen. Andererseits machte gerade diese rührende Beschränktheit einen großen Teil des Reizes der Serie aus. Irwin Allen schrieb auch die Serien *Verschollen zwischen den Welten* und *Mission Seaview*.
Die Folgen waren 45 Minuten lang und liefen zunächst nachmittags, später morgens.

PLANET E. ZDF
1998–2000. Halbstündiges Umweltmagazin mit Volker Angres am Sonntagmittag über Natur, Service und Politik, mit Freizeit- und Alltagstipps.

PLANETOPIA SAT.1
Seit 1998. Wöchentliches, knapp einstündiges Magazin mit Themen aus den Bereichen Forschung, Technik, Natur und Leben.
Erste Moderatorin war Milena Preradovic, im Juni 1999 übernahm Susanne Kripp und im September 2002 Elke Rosenfeldt. Lief erst montags, später sonntags am späteren Abend.
Neben den Magazinen mit jeweils mehreren Beiträgen läuft in loser Folge an wechselnden Sendeplätzen die »Planetopia-Reportage«, die sich eine ganze Sendung lang mit nur einem Thema befasst.

PLATTENKÜCHE WDR, ARD
1976–1977 (WDR); 1977–1980 (ARD). Musik- und Nonsensshow mit Helga Feddersen und Frank Zander.
Eingebettet in eine beknackte Rahmenhandlung mit Feddersen und Zander, die Kalauer, Grimassen und Slapstickeinlagen beinhaltet und bei der immer irgendwann etwas explodiert, treten internationale Stars mit ihren aktuellen Hits auf.
Chris Howlands *Musik aus Studio B* und Ilja Richters *Disco* hatten bereits damit begonnen, Musik und Comedy zu vermischen, aber diese Ulkshow trieb es auf die Spitze. Sie verließ sich nicht darauf, dass Helga Feddersens Stimme schon lustig genug sei, sondern setzte auf absurde Komik und Knalleffekte und bezog außer einigen Nebenfiguren, darunter der Unterhaltungschef Prof. Moser (Benno Swienty), der Kantinenwirt (Karl Dall) und ab 1980 die Schreibkraft Fräulein Papierkorb (Karin Wolffram), teilweise auch die Musiker mit ein. Die Handlung spielte sich erst in der Küche, dann am Getränke- und Speiseautomaten, in der Kantine und später in einer Portiersloge ab.

Frank Zander und Helga Feddersen. Die *Plattenküche* mit Plattenstars und platten Witzen.

Das Konzept stammte von Bernard Wilkie, Thomas Woitkewitsch, Klaus von Schilling und Rolf Spinrads. Die Show startete im Dritten Programm des WDR und wurde im Herbst 1977 ins Erste übernommen. Die jeweils 45-minütigen Folgen liefen dort dienstags um 20.15 Uhr, in Einzelfällen samstags nach der Primetime.

Wie bei jeder erfolgreichen Sendung gab es ungezählte Kritiker, die sie geschmacklos, platt oder sexistisch fanden, auch Zuschauer protestierten gegen den albernen Wahnsinn der Show. Stärker waren die Proteste jedoch, als sie 1978 abgesetzt werden sollte. Nach einem Dreivierteljahr Pause kam sie zurück und hielt noch zwei Jahre durch. Die Quoten waren zu diesem Zeitpunkt noch immer hervorragend. Als Nachfolgesendung wurde für 1981 die »Josef-Schaschlik-Show« angekündigt, die jedoch nie das Licht des Bildschirms erblickte. Stattdessen startete *Bananas,* das erneut Blödeleien mit aktueller Popmusik verband.

EIN PLATZ AN DER SONNE ARD

1956–1988; 2001–2002. Die ARD-Fernsehlotterie. Schon 1948 war ein Kinderhilfswerk gegründet worden, das für die armen, oft unterernährten Kinder in Berlin Ferien organisierte: einen »Platz an der Sonne«. Um die knappen Mittel aufzustocken, wurde ab 1956 daraus die erste Fernsehlotterie, die offiziell den Namen *Ein Platz an der Sonne* erhielt. Jochen Richert, der Pressesprecher des Hilfswerks, hatte die Idee und Peter Frankenfeld in seiner Show *1:0 für Sie* bereits die Initiative ergriffen. Die Ziehung der Losnummer wurde im Fernsehen übertragen; der Erlös aus dem Verkauf der Lose kam Kindern zugute, die von dem Geld in die Ferien geschickt wurden. Die zugehörigen Fernsehsendungen wechselten ihren Namen anfangs noch jährlich: *Die große Chance Nr. 100 000* (1956), *Die Reise ins Glück* (1957), *Kleine Leute – große Reise* (1958), *Die Glückskarosse* (1959). Erst im Lauf des Jahres 1959 wurde *Ein Platz an der Sonne* auch als Sendetitel eingeführt. Die Shows liefen auf verschiedenen Sendeplätzen im Abendprogramm und wurden aus wechselnden Hallen übertragen. Als Lotteriedirektor fungierte Georg Thomalla.

Getragen wurde die Lotterie vom NWRV-Fernsehen, dem gemeinsamen Verband der frisch getrennten Anstalten NDR und WDR, und dem Hilfswerk. Zu gewinnen gab es Sachpreise wie Fernsehtruhen, Fotoausrüstungen, Reisen, Autos oder Wohnungseinrichtungen, später Geldpreise. Der Lospreis betrug fünf DM, er wurde bis zur Einführung des Euro nie erhöht. Anfangs musste das Geld auf ein Konto mit der Nummer 100 000 eingezahlt werden (daher der Titel *Die große Chance Nummer 100 000*). Schon damals wurde der Werbeslogan »Mit fünf Mark sind Sie dabei« geboren, der zum geflügelten Wort und nie abgelegt wurde (sondern lediglich 1999 in »Mit fünf Euro sind Sie dabei« umgewandelt).

Die Lotterie war sofort ein großer Erfolg: Obwohl zu dieser Zeit nur knapp 400 000 Fernsehgeräte angemeldet waren, kamen schon im ersten Jahr 1,6 Millionen DM zusammen. Fast 56 000 Westberliner Kinder konnten in den Westen fahren und Ferien machen. Die Einnahmen aus der Lotterie stiegen mit der Zeit weiter an, und so wurde die Zielgruppe nach und nach erweitert. Ab 1959 wurde auch älteren Menschen geholfen, ab 1967 wurde der Erlös auf Hilfsbedürftige aller Altersgruppen verteilt. Die begleitende Show im Fernsehen wurde immer umfangreicher. Ab 1971 unterstützten deutsche Städte die Lotterie, indem sie Feste oder Konzerte organisierten. Die Lotterie wurde jedes Jahr über einen Zeitraum von vier Monaten veranstaltet; es gab große Auftakt- und Abschlussshows, moderiert von wechselnden beliebten Fernsehstars. Zusätzlich wurden jede Woche ein paar Minuten lang die neuen Gewinner bekannt gegeben.

1989 wurde die ARD-Fernsehlotterie in *Die goldene Eins* umbenannt und fand jetzt ganzjährig statt, mit einer 45-Minuten-Show einmal im Monat montags um 20.15 Uhr. So ging es auch weiter, als die ARD 2001 den alten Namen wieder einführte. Ingo Dubinski hatte die Show bereits seit 1997 moderiert. Ende August 2001 wurde bekannt, dass er 20 Jahre zuvor in der DDR inoffizieller Stasimitarbeiter gewesen war, und er verschwand kurzzeitig vom Bildschirm. Nach ein paar Wochen kam er mit erteilter ARD-Absolution zurück, Rüdiger Wolff hatte in der Zwischenzeit übernommen.

Ab der theoretischen Einführung des Euro 1999 liefen bis Ende 2001 beide Losvarianten mit Mark und Euro parallel, bei entsprechend unterschiedlichen Gewinnhöhen. Im Frühjahr 2002 wurde der alte neue Name mangels Erfolg wieder abgeschafft und in *Musik zum Glück* geändert (was nur die Show, aber nicht die Lotterie betraf). Seit 2004 ist *Einfach Millionär* die Show zur Fernsehlotterie. Um es restlos verwirrend zu machen, heißt die Bekanntgabe der Wochengewinner schon seit 1999 *Ein gutes Los für alle* und die Fernsehlotterie weiterhin *Ein Platz an der Sonne*.

EIN PLATZ FÜR TIERE ARD

1956–1987. Tierfilmreihe von und mit Prof. Dr. Bernhard Grzimek mit Aufnahmen wilder Tiere und solchen im Studio.

Prof. h. c. Dr. Dr. h. c. Bernhard Grzimek (sprich: Dschimmeck) war Zoodirektor in Frankfurt am Main, als die Reihe startete. Er zeigte Aufnahmen aus verschiedenen Zoos und von Tieren in ihrer Heimat. Grzimek moderierte aus dem Studio hinter einem Tisch sitzend seine Tierfilme an und hatte dabei oft einen Affen auf dem Tisch, einen Geparden im Arm oder eine Schlange um den Hals. Er stellte alle erdenklichen Arten von Tieren vor, berichtete außerdem über fremde Völker, zeigte Filme von Maulwürfen, Zwergmäusen und Vogelspinnen, vor allem aber ging es ihm um große Tiere, wilde Tiere, die von den Menschen als Bedrohung empfunden würden, in Wirklichkeit aber selbst bedroht seien. Durch die Auftritte im Studio führte er ihren grundsätzlich freundlichen Charakter vor. Tiere waren prinzipiell »possierlich«. Da die Sendung live ausgestrahlt wurde, hätte theoretisch alles Mögliche passieren können, doch das Schlimmste, was einmal passierte, war, dass ein Affe seinem Bedürfnis nachging und es auf Grzimeks Jackett hinterließ und allenfalls mal eine Ansagerin, die damals noch mit im gleichen Studio saß, nervös wurde, weil ihr ein Pinselschwein ums Bein strich.

Grzimek vermittelte deutschen Fernsehschauern ein enormes Wissen über Tiere, die sie vorher im besten Fall hätten identifizieren können: Wie ernähren sie sich, wie leben sie? Und wie können sie überleben? Und Grzimek hatte immer ein Anliegen. Er war ein entschlossener Kämpfer für die Umwelt, für den Naturschutz und für den Erhalt bedrohter Arten und damit ein Vorreiter der späteren Umweltschutzbewegungen. Trotz seines einschläfernd ruhigen Tonfalls hielt er ergreifende Plädoyers gegen die Abholzung der Regenwälder, gegen Massentierhaltung, gegen Pelzmäntel (»Der Einzige, der einen Ozelotpelz wirklich braucht, ist ein Ozelot«) und Tierledertaschen, gegen Stierkampf, gegen die Verschmutzung der Luft und der Flüsse, und – zum Unmut der katholischen Kirche – für Familienplanung und Verhütung, denn zu viele Menschen auf der Erde bedeuteten zu wenig Lebensraum für bedrohte Tiere.

Grzimek war es auch, der den Ostafrikatourismus ankurbelte, damit die dortigen Nationalparks das Geld einnähmen, das sie für ihre Erhaltung benötigten. Grzimek erzählte einfach in seiner Sendung, man könne neuerdings Pauschalreisen in diese Gebiete buchen. Das war zwar gelogen, doch weil mehrere Touristikunternehmen daraufhin befürchteten, einen Trend zu verschlafen, den gerade einer ihrer Konkurrenten erkannt habe, boten sie solche Reisen wenig später tatsächlich an.

Grzimek sprach seine Zuschauer als »Freunde« an

Zoodirektor Professor Bernhard Grzimek, berühmt geworden durch *Ein Platz für Tiere*, war 1977 Gast in der Show *Das ist Ihr Leben*, wo Prominente alten Freunden begegnen, im Fall Grzimeks also einem Igel.

(seine Begrüßungsfloskel lautete immer: »Guten Abend, meine lieben Freunde«), und alle wurden es tatsächlich. Es gelang ihm, ein großes Publikum erstmals für Natur und Tiere zu interessieren und es über drei Jahrzehnte zu fesseln. Der Erfolg ließ sich nicht nur an der Einschaltquote messen: Grzimek sammelte über 30 Millionen DM an Spenden für den Naturschutz und ermöglichte u. a. die Umwandlung des kenianischen Meru-Gebiets in einen Nationalpark. Bundeskanzler Willy Brandt ernannte Grzimek 1970 zum Bundesbeauftragten für Naturschutz; Grzimek trat jedoch bald zurück, weil er über wenige Befugnisse verfügte und seine Popularität nicht einer Partei als Werbemaßnahme überlassen wollte.

Grzimek gehörte seinerzeit zu den meistparodierten Prominenten. Am berühmtesten ist Loriots Sketch von 1976, in dem er als Grzimek alles über die Steinlaus verrät. Loriot imitierte den typischen nasalen Tonfall und seine Art zu atmen perfekt. Auch seine Maske war so gut, dass sogar Grzimek ein Bild des verkleideten Loriot für ein Foto von sich selbst gehalten haben soll. Die Steinlaus (Petrophaga lorioti) fand 1983 Eingang in das medizinische Wörterbuch »Pschyrembel«.

Die Premierensendung trug noch den Titel *Ein Platz für wilde Tiere*, angelehnt an den Dokumentarfilm »Kein Platz für wilde Tiere«, den Bernhard Grzimek kurz zuvor gemeinsam mit seinem Sohn Michael gedreht hatte. Michael Grzimek kam drei Jahre später während der Arbeit an dem Kinofilm »Serengeti darf nicht sterben«, für den sein Vater einen Oscar erhielt, bei einem Flugzeugabsturz ums Leben. Die Fernsehreihe lief von Beginn an im Hauptabendprogramm, die Folgen dauerten jedoch anfangs nicht länger als 15 Minuten. Parallel zur Beliebtheit Grzimeks und seiner Reihe wurde die Sendezeit schrittweise auf 45 Minuten ausgedehnt. Sie lief an wechselnden Wochentagen, erst mit Beginn der 70er-Jahre rückte sie fest auf den Dienstag um 20.15 Uhr. Die Reihe brachte es auf 175 Folgen. Ihr Produzent war Martin Jente. Nach Grzimeks Tod wurde sie eingestellt, dafür durfte *Wunder der Erde* vom Hessen Fernsehen ins Erste wechseln.

Vorbild für die Sendung war die US-Reihe »Zoo Parade« mit Marlin Perkins, dessen spätere Reihe *Im Reich der wilden Tiere* auch in Deutschland gezeigt wurde. Schon drei Jahre vor dem Start von *Ein Platz für Tiere* waren Tierfilme von Heinz Sielmann im Fernsehen gelaufen.

EIN PLATZ FÜR WILDE TIERE　　　　　　　ARD
→ Ein Platz für Tiere

PLAYBOY LATE NIGHT　　　　　　　　　　RTL
1990–1995. Bewegte Ausgabe des Print-Männermagazins mit Beiträgen zu Themen, die Männer interessieren, und erotischen Kurzfilmen.
Verglichen mit dem bisherigen RTL-Erotikprogramm (»M« – *Männermagazin, Sexy Folies*) wirkte diese neue Reihe wie ein Qualitätsprodukt. Die erste Staffel mit 26 Folgen à 50 Minuten wurde am späten Montagabend ausgestrahlt, weitere 52 halbstündige Folgen liefen überwiegend sonntags.

PLAYBOY'S LOVE & SEX TEST　　　　　　RTL
1993. Spielshow mit Mike Carl, in der drei Kandidatenpaare erotisches Wissen demonstrieren müssen. Zum Beispiel sollen sie erraten, welches von drei gezeigten »Playmates intim« im Videoclip ihrem Partner am besten gefällt. Das Siegerpaar gewinnt 10 000 DM, wenn es sich an alle Begriffe erinnert, die wahllos in einen Softpornoclip eingeblendet werden.
Die Show war eine Adaption des gleichnamigen US-Formats. 26 halbstündige Folgen liefen am späten Sonntagabend.

PLAYERS　　　　　　　　　　　　　　　　　RTL
1998–1999. 18-tlg. US-Krimiserie von Dick Wolf (»Players«; 1997–1998).
Um nicht ins Gefängnis zu müssen, lassen sich die drei Trickbetrüger Isaac »Ice« Gregory (Ice-T alias Tracy Morrow), Alphonse Royo (Costas Mandylor) und Charlie O'Bannon (Frank John Hughes) überreden, für das FBI zu arbeiten und undercover zu ermitteln. Ihre Vorgesetzte ist Special Agent Christine Kowalski (Mia Korf).
Ein sehr ähnliches Konzept hatten im folgenden Jahr *Drei stahlharte Profis*. Die knapp einstündigen Folgen liefen donnerstags um 23.15 Uhr.

PLAYTIME-TV　　　　　　　　　　　　　　RTL 2
1994. Wöchentliche Gameshow mit Stephan Heller, in der die Kandidaten Videospiele bestritten. Zwischendurch gab es Berichte über neue Computerspiele und die Produkte des Verlages, der die Sendung sponserte.
Lief dreimal sonntagmittags.

PLEITEN, PECH UND PANNEN　　　　ARD, BR
1986–2002 (ARD); seit 2003 (BR). Schon wieder ein Kind von der Schaukel gefallen. Köstlich.
Witzshow mit Max Schautzer. Er präsentiert Pannen und Missgeschicke, die Amateurfilmer mit der Videokamera eingefangen und eingeschickt haben. Am Ende jeder Show wird »Deutschlands lustigster Videofilm« vom Studiopublikum gewählt und mit dem »Goldenen Raben« und mit Geld prämiert. Dazwischen sind immer wieder Missgeschicke von Profis zu sehen, z. B. witzige Versprecher von Nachrichtenmoderatoren oder Schauspielern, die bei Dreharbeiten ihren Text vergessen haben. Der prominente Pechvogel ist im Studio zu Gast.
Pleiten, Pech und Pannen war die erste Show, die amüsante Amateurvideos zeigte, und löste eine Flut weiterer Sendungen aus, die sich der gleichen Idee bedienten. Schautzers Show war die einzige, die sich jahrelang erfolgreich im Hauptabendprogramm hielt. Nach einer einzelnen Pilotfolge ging die Show im Mai 1987 in Serie. Die 25-minütigen Folgen liefen bis Anfang 2002 staffelweise montags bzw.

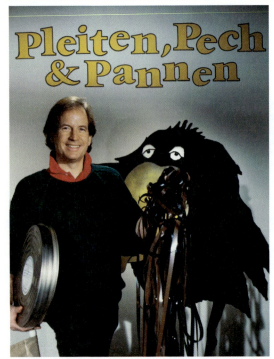

Hahahaha, dem Max Schautzer ist die Filmspule kaputtgegangen! Herzallerliebst!

dienstags um 21.05 Uhr, danach durfte Schautzer noch ein paar Mal im Monatsrhythmus donnerstags um 21.00 Uhr ran, jetzt 45 Minuten lang, bevor die Reihe im Dritten Programm des Bayerischen Fernsehens verschwand.

PLÖTZLICH ERWACHSEN   ARD
→ Powder Park

PLUMPAQUATSCH   ARD
1972–1975. Kindersendung mit Susanne Beck und dem Wassermann Plumpaquatsch, einer grünen Froschpuppe mit hellgrünen Zottelhaaren und dicken roten Lippen.
Die beiden moderieren zusammen, und Plumpaquatsch zaubert, immer begleitet vom magischen Spruch »Hokus Pokus, Glucks und trübes Wasser!«. Zwischendurch gibt es Mal- und Bastelanregungen und Erklärfilme zu verschiedenen Themen, außerdem weitere Kurzfilme und Serien, darunter *Die kleinen Gespenster,* die Zeichentrickserie *Sebastians Geschichten,* die interessante Alltagsthemen erläutert, *Spaß mit Onkel Jdlicka, Herkules und die zwölf Abenteuer, Patrik und Putrik* und *Stoffel und Wolfgang.*
Bei *Plumpaquatsch* hatten auch *Meister Eder und sein Pumuckl* ihre ersten Fernsehauftritte, bevor sie 1982 ihre eigene Serie bekamen. Hier waren noch beide Trickfiguren und der Kobold Pumuckl Eders Lehrling in der Schreinerwerkstatt.
Die Serie wurde mit einem recht geringen Etat hergestellt, was bedeutete, dass für Aufsehen erregende Zwischenteile und Ankäufe das Geld fehlte. Stattdessen füllten viele ältere Eigenproduktionen und Wiederholungen das Programm. Der Prager Puppenbauer Franta Tvredeck hatte die Plumpaquatsch-Puppe hergestellt, Wolfgang Buresch war der Puppenspieler und Sprecher. Er hatte die Idee, sich selbst mit dem Blue-Box-Verfahren unsichtbar zu machen, damit die Puppe sich scheinbar frei im Raum bewegen konnte. Sie wurde dann an waagerechten Stäben von hinten geführt.
75 Episoden mit jeweils 50 Minuten Länge liefen in loser Folge. 1978 wiederholte die ARD jeden Monat eine Folge am Montagnachmittag, baute in das vorhandene Gerüst aber neue Einspielfilme ein.

PLUSMINUS   ARD
Seit 1975. 45-minütiges Wirtschaftsmagazin.
Die einzelnen ARD-Anstalten wechselten sich bei der Produktion ab, jede hatte ihren eigenen Moderator. Darunter waren und sind: Adolf Althen, Joachim Bech, Dirk Bergmann, Otto Deppe, Ulrich Eitel, Wolf Feller, Wolfgang Friedrich, Sabine Gaschütz, Marion von Haaren, Frank Lehmann, Petra Lidschreiber, Katrin Prüfig, Hans-Joachim Rüdel, Jochen Schweizer, Wolf-Dietrich Stahnke, Diether Stolze und Manfred Trebess. Aktuell sind sieben Anstalten an der Produktion beteiligt.
Plusminus gilt als Negativbeispiel für den übertriebenen Föderalismus der ARD: Durch die Vielzahl der Moderatoren fehlt dem Programm Profil, jede einzelne Redaktion kommt nur alle paar Wochen zum Zug. Schlagzeilen machte *Plusminus* durch die Aufdeckung verschiedener Skandale. Es ging um Geldwäsche bei deutschen Banken, gefährliche Holzschutzmittel und Gift in Sportkleidung.
Die Reihe war der Nachfolger des Magazins *Der Markt – Wirtschaft für jedermann.* Sendeplatz des 45-minütigen Magazins war zunächst alle 14 Tage donnerstags um 20.15 Uhr, ab 1978 jeden zweiten Freitag um 21.45 Uhr. 1993 wurde die Reihe auf eine halbe Stunde gekürzt und 14-täglich dienstags um 21.35 Uhr ausgestrahlt, ab Sommer 1997 wöchentlich. Anfang 2000 rückte das Magazin auf 22.00 Uhr am Dienstag.

DIE POGLE-FAMILIE   ARD
1968–1969. 32-tlg. brit. Kinder-Puppenserie von Oliver Postgate (»Pogles' Wood«; 1966–1967).
Die Gnome Herr und Frau Pogle leben mit ihrem Jungen Pippin und einem undefinierbaren Haustier (halb Kaninchen, halb Eichhörnchen) namens Tog tief im Wald in einem Baumstamm. Eine Wunderpflanze im Garten erzählt ihnen viel über Wunder der Natur, und Herr Pogle zeigt Pippin z. B., wie man Weizen erntet, um Brot daraus zu machen. Von den Menschen halten sie sich fern.
Realfilmaufnahmen von der Landschaft und den Aktivitäten auf dem Lande waren zwischen die Puppentrickszenen geschnitten. Die Folgen waren 15 Minuten lang und liefen nachmittags.

POGO 1104 — ARD
1984. 4-tlg. dt. Abenteuerserie, Regie: Wigbert Wicker.
Edgar Mack (Richy Müller), Sohn reicher Eltern, betreibt in seinem VW-Bus einen verbotenen Radiosender und wird von der Polizei verfolgt. Rick Bandora (Ralf Richter) ist ein arbeitsloser Pechvogel, der seiner Freundin Tina Siegel (Anja Schüte) viel Geld schuldet, Ludwig Plocher (Erich Bar) ein Amateurboxer, dessen Autowerkstatt schließen muss. Gemeinsam suchen sie einen Ausweg aus dem Elend: Einen Piratensender, außerhalb der Hoheitsgewässer, wollen sie starten. Sie finden ein Schiff namens »Pirat 2«, ändern den Namen in »Pogo« und bauen es zum Musiksender um. Doch die Küstenwache bringt die »Pogo« auf.

POINTMAN — PRO SIEBEN
1996. 23-tlg. US-Krimiserie von Maurice Hurley und Joel Surnow (»Pointman«; 1994–1995).
Der Börsenmakler Connie Harper (Jack Scalia) hat unschuldig im Gefängnis gesessen. Nach seiner Entlassung hilft er anderen Menschen, die ebenfalls ohne eigenes Verschulden in Schwierigkeiten geraten sind, damit wenigstens sie ihr Recht bekommen. Seine eigene Unschuld ist inzwischen bewiesen, und er hat eine saftige Entschädigung vom Staat bekommen, von der er sich einen Strandclub gekauft hat. Vivian (Sandra Thigpen) managt den Club für ihn, das Ex-Model Jennifer Ellis (Kathy Trageser) arbeitet dort.
Mit *Pointman* erlebte Hauptdarsteller Jack Scalia immerhin eine ganze Staffel, nachdem in den 80er-Jahren gleich fünf seiner Serien gefloppt waren, darunter auch *Wolf,* wo er schon einmal jemanden gespielt hatte, der unschuldig einer Straftat beschuldigt wurde. Serienerfinder Joel Surnow gelang später ein großer Erfolg mit dem Echtzeitthriller *24.*
Die einstündigen Folgen liefen samstagnachmittags und wurden in Deutschland viele Male wiederholt.

POKÉMON — RTL 2
Seit 1999. Jap. Zeichentrickserie für Kinder nach dem Nintendo-Spiel (»Pokémon«; 1997–2003).
Pokémon sind kleine Taschenmonster, knuddelige süße Wesen, die für Kinder rasch zum engsten Vertrauten werden und auch ihre Geheimwaffen einsetzen, um ihre »Trainer« zu beschützen. Der zehnjährige Ash Ketchum hat das Taschenmonster Pikachu gefangen und sammelt nun weitere, um bald ein großer Pokémon-Trainer zu werden.
Die Serie war vor der Ausstrahlung in Deutschland umstritten, nachdem es Ende 1997 während der Ausstrahlung von Folge 38 (»Electric Soldier Porygon«) im japanischen Fernsehen bei den Zuschauern offenbar zu epileptischen Anfällen gekommen war. Mehrere hundert Menschen, überwiegend Kinder, mussten mit Übelkeit und Sehstörungen in Krankenhäuser eingeliefert werden. Auslöser war vermutlich die vier Sekunden lange Sequenz einer »Impfbomben«-Explosion, bei der der Bildschirm verschiedenfarbig flimmerte. Dieser Stroboskopeffekt kann bei dafür veranlagten Menschen Anfälle auslösen. In den USA und Europa wurde die Serie daraufhin entschärft, in Deutschland wurde die entsprechende Folge nie gezeigt.
Die Serie wurde ein sensationeller Erfolg. Bei den 3- bis 13-jährigen Zuschauern erreichte RTL 2 noch nie da gewesene Marktanteile bis zu 68 %. Die halbstündigen Folgen liefen montags bis freitags um 14.40 Uhr. Wegen des sensationellen Erfolgs führte RTL 2 über lange Zeit eine zweite tägliche Ausstrahlung um 16.40 Uhr ein. Diese Folgen wurden von nun an am nächsten Tag um 14.40 Uhr schlicht wiederholt.
Das *Pokémon*-Fieber griff derart um sich, dass in Schulen teilweise das Tauschen von *Pokémon*-Sammelbildern verboten werden musste, da sonst niemand mehr dem Unterricht folgte. Bisher wurden mehr als 300 Folgen ausgestrahlt.
Zur Serie entstand auch ein Kinofilm.

POKITO — RTL 2
Seit 2004. Rahmenprogramm für Jugendliche mit Daniel Lerche, das werktags nachmittags zwischen den Zeichentrickserien lief. Inhalt: Tipps, Trends, Spiele, Experimente, Umfragen und Gespräche. Bei »Movieoke« werden Szenen aus Animé-Serien nachgespielt, beim Serientalk erzählen echte Menschen, wie das Leben in Wirklichkeit aussieht.

POLICE ACADEMY – DIE SERIE — PRO SIEBEN
1999. 26-tlg. US-Comedyserie nach der gleichnamigen Kinofilmreihe (»Police Academy: The Series«; 1997–1998).
Der vertrottelte Sergeant Rusty Ledbetter (Rod Crawford) von der Police Academy hat seine liebe Not mit den dämlichen Rekruten. Zu ihnen gehören Chris Casey (Matt Borlenghi), Dirk (Toby Proctor) und Dana Tackleberry (Jeremiah Birkett), Alicia Conchita Montoya Cervantes (Christine Gonzales), Annie Medford (Heather Campbell), Luke Kackley (Tony Longo) und Lester Shane (P. J. Ochlan). Kommandant Stuart Hefilfinger (Joe Flaherty) leitet die Akademie, in der auch Sergeant Larvelle Jones (Michael Winslow) arbeitet.
Winslow war der einzige Darsteller aus den Kinofilmen, der auch in der Fernsehserie dabei war. Die halbstündigen Folgen liefen samstags am Vorabend, später freitagvormittags.

POLICE ACADEMY – DÜMMER ALS DIE POLIZEI ERLAUBT — SAT.1
1991–1992. 65-tlg. US-Zeichentrickserie (»Police Academy: The Animated Series«; 1988–1989).
Unbeholfene Kadetten richten während ihrer Ausbildung an der Polizeischule das totale Chaos an. Die Serie basierte auf der gleichnamigen Kinofilmreihe und lief nachmittags.

POLICE AFFAIR — PRO SIEBEN
→ MacGruder & Loud

POLICE RESCUE – GEFÄHRLICHER EINSATZ VOX

1995–1999. 62-tlg. austral. Krimiserie (»Police Rescue«; 1990–1996).

Inspector Bill Adams (John Clayton) leitet eine Einheit der Polizei in Sydney, die auf Lebensrettung spezialisiert ist. Er ist hart, aber fair. Sein zweiter Mann ist Senior Sergeant Kevin »Nipper« Harris (Steve Bisley) und später dessen Nachfolger Glenn »Spider« Webb (Frankie J. Holden). Sergeant Steve »Mickey« McClintock (Gary Sweet) ist ein erfahrener Retter, den die ständige Gefahr nicht mehr erschrecken kann. Er dient auch als Ansprechpartner für Teammitglieder, die mit jemandem über ihre Probleme reden wollen.

Andere Mitglieder der Mannschaft sind Mickeys gute Freundin Georgia Rattray (Sonia Todd), Yiannis »Angel« Angelopoulous (Steve Bastoni), Brian Morley (Jeremy Callaghan), Constable Kathy Orland (Tammy McIntosh) und Superintendent Philip Young (Terence Dean).

Anfangs sind auch Peter Ridgeway (Tim McKenzie), Fred »Frog« Catteau (Marshall Napier), Trevor »Sootie« Coledale (Peter Browne) und Percy »Ptomaine« Warren (Doug Scoope) dabei, später kommen Joe Cardillo (Salvatore Coco) und Tracy Davis (Leah Purcell) dazu. Sharyn Elliot (Belinda Cotterill) ist die Sekretärin der Einheit.

Lief zunächst wöchentlich abends und später werktagnachmittags. Einen Fernsehfilm mit dem Titel »Police Rescue – Profis unter Verdacht« zeigte RTL 2.

POLICE STORY – IMMER IM EINSATZ ARD, KABEL 1

1990 (ARD); 1995–1999 (Kabel 1). 98-tlg. US-Krimireihe von Joseph Wambaugh (»Police Story«; 1973–1988).

Abgeschlossene Episoden mit wechselnden Darstellern schildern realistisch den Polizeialltag in den USA, die typischen Probleme der Beamten im Dienst und im Privatleben. Es gibt kaum durchgehende Rollen, allerdings tauchen die Polizisten Tony Calabrese (Tony Lo Bianco) und Bert Jameson (Don Meredith) mehrmals auf.

Für die Authentizität der Fälle bürgte Joseph Wambaugh, der selbst Polizist in Los Angeles war und zwei erfolgreiche Polizeiromane veröffentlicht hatte. Aus einer *Police Story*-Folge entwickelte sich die Serie *Make-Up und Pistolen*.

Die ARD zeigte nur eine Folge, alle anderen liefen bei Kabel 1.

POLITBAROMETER ZDF

Seit 1980. Fünfminütiges Politmagazin, das einmal im Monat aktuelle Umfrageergebnisse präsentiert, darunter die bekannte Sonntagsfrage »Wen würden Sie wählen, wenn am Sonntag Bundestagswahl wäre?« und die Frage nach den populärsten Einzelpolitikern.

Die Mannheimer »Forschungsgruppe Wahlen« führte im Auftrag des ZDF die Umfragen durch, die schon seit 1977 feste Rubrik innerhalb der *Bonner Perspektiven* waren. Moderator war in der Regel der ZDF-Hauptabteilungsleiter Innenpolitik. Als Bestandteil von *Bonner Perspektiven* moderierte zunächst Detlef Sprickmann, noch 1977 übernahm Horst Schättle. Die weiteren Moderatoren waren ab 1983 Klaus Bresser, ab 1988 Klaus-Peter Siegloch, ab 1992 Barbara Groth, ab 1997 Thomas Bellut und seit 2003 Bettina Schausten.

Nach der Vereinigung der beiden deutschen Staaten wurde von 1991 bis 1995 zusätzlich das *Politbarometer Ost* eingerichtet. Seit Januar 1996 gibt es ein gesamtdeutsches *Politbarometer*. In den letzten Wochen vor den tatsächlichen Bundestagswahlen läuft die Sendung jede Woche. Sendeplatz war über längere Zeit montags, dann freitags, immer im Anschluss an das *heute-journal*.

DIE POLIZEI-CHIEFS VON DELANO SAT.1

1988. 3-tlg. US-Krimi nach dem Roman »Die Nachfolger« von Stuart Woods, Regie: Jerry London (»Chiefs«; 1983).

Der Politiker Hugh Holmes (Charlton Heston) ist der mächtigste Mann der Südstaatenkleinstadt Delano. Dort narrt der Serienkiller Foxy Funderburke (Keith Carradine) drei Generationen von Polizeichefs: erst Will Henry Lee (Wayne Rogers), dann den korrupten Sonny Butts (Brad Davis) und schließlich Tyler Watts (Billy Dee Williams), den ersten schwarzen Polizeichef in der Südstaatenstadt. Über Jahrzehnte wird das Problem unter den Teppich gekehrt, erst Watts räumt auf.

POLIZEIARZT DANGERFIELD RTL

1998–2004. 62-tlg. brit. Krimiserie von Don Shaw (»Dangerfield«; 1995–1999).

Paul Dangerfield (Nigel Le Vaillant) führt mit seinen Kollegen Dr. Nick MacKenzie (Bill Wallis), Dr. Shaaban Hamada (Nadim Sawalha) und Joanna Stevens (Amanda Redman) eine Gemeinschaftspraxis. Joanna ist zugleich seine Freundin, die er jedoch beruflich wie privat vernachlässigt, denn immer wieder geht er einer zweiten Tätigkeit nach.

Für die Polizeiwache in Warwickshire arbeitet er als Gerichtsmediziner, recherchiert und klärt so in Zusammenarbeit mit Detective Inspector Ken Jackson (George Irving) und später mit Detective Sergeant Helen Diamond (Nicola Cowper) Mordfälle auf. Durch die Doppelbelastung kommen auch seine Teenagerkinder Marty (Sean Maguire; ab Folge 29: Tim Vincent) und Alison (Lisa Faulkner; ab Folge 29: Tamzin Malleson) zu kurz, die Witwer Paul allein erzieht, wenn er mal dazu kommt. Terri Morgan (Kate Murphy) ist eine Forensikexpertin, mit der Paul sich oft berät.

Ab Herbst 2002 (Folge 39), Alison hat inzwischen geheiratet und Dangerfield hat Warwickshire verlassen, übernimmt Dr. Jonathan Paige (Nigel Havers) dessen Aufgaben. Die Polizistin an seiner Seite ist Detective Inspector Gillian Cramer (Jane Gurnett).

Ab Herbst 2002 wurde die Serie nur noch unter dem Titel *Dangerfield* angekündigt. Ein Wechsel des Sendetitels wäre an dieser Stelle logisch gewesen, dieser spezielle aber war ungewöhnlich. Der »Polizeiarzt« wurde aus dem Titel gestrichen, *Dangerfield* blieb. Der zeitgleiche Wechsel der Hauptfigur war genau andersherum: Der Neue war noch immer Polizeiarzt, aber der titelgebende Dangerfield selbst war weg. Zwischenzeitlich wurde auch noch mal der alte Titel benutzt. Die einstündigen Folgen liefen dienstags um 23.15 Uhr.

POLIZEIARZT SIMON LARK   ZDF
1979–1982. 25-tlg. kanad. Krimiserie (»Police Surgeon«; 1971–1974).
Dr. Simon Lark (Sam Groom) arbeitet als Polizeiarzt in Toronto, sein grummeliger Vorgesetzter ist Lieutenant Jack Gordon (Larry D. Mann).
Eigentlich bestand die Serie aus 78 Folgen in drei Staffeln; die erste lief unter dem Titel »Dr. Simon Locke« (so hieß die Hauptrolle im Original), und Lark/Locke arbeitete noch als junger Arzt in einer Kleinstadt. Sie gilt als eine der billigsten und stümperhaftesten Serien überhaupt. Gedreht wurde in Kanada, einerseits um Geld zu sparen, andererseits konnte sie dadurch als »kanadische Serie« ins Ausland verkauft werden, nachdem Fernsehsender mehrerer Länder begonnen hatten, Obergrenzen für den Anteil an US-Produktionen am Gesamtprogramm festzulegen.
Der Hollywoodschauspieler und ursprüngliche Hauptdarsteller Jack Albertson kündigte, nachdem er die ersten drei Folgen gesehen hatte, um seinen Ruf zu retten. Die ZDF-Folgen stammen jedoch ohnehin alle aus der dritten Staffel.
Die 25 Minuten langen Folgen liefen montags am Vorabend.

POLIZEIBERICHT   ARD, RTL
1968–1969 (ARD); 1989–1991 (RTL). 98-tlg. US-Krimiserie von Jack Webb und Richard Breen (»Dragnet«; 1951–1970).
Nüchtern klärt Police Sergeant Joe Friday (Jack Webb) Kriminalfälle unterschiedlichster Art auf. Beim Zusammentragen der Beweise wird er von Officer Bill Gannon (Harry Morgan) unterstützt.
Die Fälle basierten auf wirklichen Akten der Polizei von Los Angeles, die für die Serie eng mit Produzent, Regisseur, Autor und Hauptdarsteller – Jack Webb in Personalunion – zusammenarbeitete. Webb kommentierte als Off-Sprecher seine Arbeit und informierte nach erfolgreich aufgeklärtem Fall über das später erfolgte Gerichtsurteil.
In den USA lief die Serie ursprünglich 263 Folgen lang von 1951 bis 1959 in Schwarz-Weiß. Schon damals spielte Webb den Joe Friday, jedoch mit anderen Partnern. Ab 1967 kam die Serie mit 98 neuen Folgen, jetzt in Farbe, zurück ins Programm. In Deutschland waren nur die Folgen ab 1967 zu sehen, und auch davon zunächst nur 16 Folgen im regionalen Vorabendprogramm der ARD. Die weiteren Folgen liefen erst 20 Jahre später bei RTL. Dennoch kannten die deutschen Zuschauer das Konzept der nüchternen und halbdokumentarischen Schilderung bereits, da seit 1958 die originalgetreue Kopie *Stahlnetz* lief, die sogar den Originaltitel *Dragnet* übersetzte, weshalb das Original später anders genannt werden musste. Komponist der berühmten Titelmusik (die *Stahlnetz* auch übernommen hatte) war Walter Schumann; das Ray Anthony Orchestra spielte sie und kam damit in die Top 10 der amerikanischen Charts. Nur drei Monate, nachdem RTL die letzte Folge der Serie gezeigt hatte, startete dort eine Neuauflage aus dem Jahr 1990 unter gleichem Titel.
Jede Folge war eine halbe Stunde lang.

POLIZEIBERICHT   RTL
1991–1993. 52-tlg. US-Krimiserie (»The New Dragnet«; 1989–1991). Neuauflage der gleichnamigen Serie aus den 50er- und 60er-Jahren.
Vic Daniels (Jeff Osterhage) und Carl Molina (Bernard White) ermitteln jetzt für die Polizei von Los Angeles, ihre Chefs sind Captain Boltz (Thalmus Rasulala) und Captain Lussen (Don Strout). Jede Folge dauerte 30 Minuten.

DER POLIZEIBERICHT MELDET   ARD
1953–1958. »Eine Sendung über Bekämpfung und Aufklärung von Verbrechen in Zusammenarbeit mit der Kriminalpolizei«. 26-tlg. dt. Kriminalreihe von Jürgen Roland, Regie: Udo Langhoff.
Authentische Fälle aus den Polizeiakten werden von Schauspielern nachgestellt und vom Hamburger Kriminaldirektor Carl Breuer kommentiert. Zunächst bediente sich Roland nur der Akten der Hamburger Polizei, später wurde die Reihe auf andere Städte ausgedehnt.
Viele Folgen wurden von Wolfgang Menge geschrieben. Menge und Roland erfanden auch die Familie Beese, die den Zuschauern demonstrieren sollte, was man als unbescholtener Bürger falsch machen kann. *Der Polizeibericht meldet* war somit auch eine Art Vorläufer von *Aktenzeichen XY ... ungelöst* und *Vorsicht, Falle!*. Als Carl Breuer 1956 in der Sendung um die genaue Personenbeschreibung eines Zeugen bat, bekam der NWDR innerhalb weniger Tage fast 6000 Zuschriften – angesichts der wenigen Fernsehempfänger damals eine gigantische Zahl.
Die Folgen waren 15 bis 45 Minuten lang und liefen auf verschiedenen Sendeplätzen zur Hauptsendezeit. Die letzte Folge diente zugleich als Auftakt für Rolands neue Serie *Stahlnetz*.

DER POLIZEICHEF   PRO SIEBEN, KABEL 1
1994–1997 (Pro Sieben); 1996–1997 (Kabel 1). 88-tlg. US-Krimi-Familien-Serie von Stephen J. Cannell und Stephen Kronish (»The Commish«; 1991–1995).
Tony Scali (Michael Chiklis) ist der unorthodoxe Polizeichef des Reviers Eastbridge in New York. Er ist mit Rachel (Theresa Saldana) verheiratet. Sie haben einen Sohn im Teenageralter, David (Kaj-Erik Eriksen), und bekommen später noch eine Tochter

namens Sarah (Diana und Justine Cornborough). Bei ihnen wohnt außerdem Tonys Schwager Arnie Metzger (David Paymer).
Tonys Kollegen auf dem Revier sind Stan Kelly (Goffrey Nauffts), der später während eines Einsatzes getötet wird, Irv Wallerstein (Alex Bruhanski), Ricky Caruso (Nicholas Lea), Carmela Pagan (Gina Belafonte), William Frawley (Phil Peters), Paulie Pentangeli (John Cygan), Cyd Madison (Melinda McGraw), Ronnie Lopez (Jason Schombing) und Jon Hibbs (Ian Tracey).
Eine der wenigen Polizeiserien, in denen das Familienleben der Hauptfiguren annähernd so viel Platz einnahm wie die Ermittlungsarbeit. Jede Folge war eine Stunde lang. 1997 liefen neue Folgen der Serie parallel sowohl auf Pro Sieben als auch bei Kabel 1.

POLIZEIFUNK RUFT   ARD
1966–1970. 52-tlg. dt. Polizeiserie von Gustav Kampendonk und Günter Dönges, Regie: Hermann Leitner.
»Großstadt ... Menschen ... Technik ... Gefahr!« Hauptwachtmeister Waldemar Hartmann (Karl-Heinz Hess) jagt Verbrecher auf seinem Motorrad. Er ermittelt abwechselnd mit Kommissar Koldehoff (Josef Dahmen). Assistent ist erst Bollmann (Günter Lüdke), ab der zweiten Staffel Schlüter (Eckart Dux). Ihr Chef ist Reviervorsteher Kröger (Karl-Heinz Kreienbaum).
Das Team geht gegen jegliche Art von Kriminalität vor, die in der alltäglichen Arbeit ansteht, sucht Räuber, Diebe, Erpresser und Tierquäler. Einige Fälle in der zweiten Staffel führen die Hamburger Polizisten nach Frankreich, wo sie Brigadier Duval (Jean-Claude Charnay) unterstützen, zwei weitere sogar nach Japan. Hartmann ist mit Ingelein (Karin Lieneweg) verlobt. Am Ende der dritten Staffel heiraten die beiden. Kurz vor dem Ende der Serie wird Hartmann zum Kommissar befördert, und Kommissar Castorp (Heinz Gerhard Lück) wird Nachfolger von Koldehoff.
Die geschilderten Fälle basierten auf wahren Begebenheiten, die Serie entstand in Zusammenarbeit mit der Polizei. Abgesehen von den Darstellern wurden die im Ausland angesiedelten Folgen von Teams aus den Gastländern Frankreich und Japan gedreht. Autoren dieser Folgen waren René Wheeler bzw. Mamoru Sasaki, Regisseure Paul Paviot bzw. Toshihiro Jijima.
Polizeifunk ruft war die Nachfolgeserie von *Hafenpolizei*. Schon darin hatte Josef Dahmen den Kommissar Koldehoff gegeben. In *Hamburg Transit* spielten später Hess, Dux und Lück ihre Rollen aus *Polizeifunk ruft* weiter.
Die 25-Minuten-Folgen liefen im regionalen Vorabendprogramm, ab der zweiten Staffel waren sie in Farbe.

POLIZEIHUND REX   DFF
→ Die Verfolger

POLIZEIINSPEKTION 1   ARD
1977–1988. 130-tlg. dt. Krimiserie.
Auf der Münchner Polizeiinspektion 1 tun drei grantelnde urbayerische Kriminaler ihren Dienst und ermitteln in Fällen verschiedenster Art, was eben gerade anliegt. Franz Josef Schöninger (Walter Sedlmayr), Rufname Franz, ist der Revierleiter, der dicke Robert »Bertl« Moosgruber (Max Grießer) und Helmut Heinl (Elmar Wepper) sind seine beiden Kollegen. Auch privat sind die drei gut befreundet.
Schöninger ist launisch, korrekt, ein Grantler mit einem guten Herz, der durch nichts aus der Ruhe zu bringen ist. Er und seine Frau Elisabeth (Bruni Löbel), die er »Mama« nennt, haben einen Sohn namens Karli (Philipp Seiser), der anfangs noch zur Schule geht und Ende 1982 zur Bundeswehr muss. Nach seiner Rückkehr beschließt er, Berufsmusiker zu werden, sehr zum Ärger seiner Eltern, die ihn gerne bei der Polizei gesehen hätten.
Der hilfsbereite Helmut, der Jüngste im Team, ist mit Ilona (Uschi Glas) verheiratet, die gemeinsame Tochter heißt Susi. Der gutmütige Moosgruber isst gern in Ruhe seine Leberkäsesemmel, lässt sie sich aber bei Aufregung leicht auf den Magen schlagen. Er ist Junggeselle und immer auf der Suche, wagt den großen Schritt aber dann doch nie. Franz und Helmut ziehen ihn mit seinem Hobby, dem Malen, auf. Ihnen allen ist der schwäbische Inspektionschef Heinrich (Dieter Eppler) vorgesetzt.
Stammgast im Revier ist bis Ende 1981 die aufdringliche Frau Gmeinwieser (Rosl Mayr), die dauernd irgendjemanden anzeigen will. Die drei Beamten würden die nervige Frau am liebsten gar nicht beachten. Der Verlierer beim Losen muss sich schließlich um ihr Anliegen kümmern ...
Eine der langlebigsten deutschen Serien, die immer wieder erfolgreich mit neuen Staffeln fortgesetzt wurde. Helmut Ringelmann *(Derrick, Der Alte)* war der Produzent. Es war die erste Serie, in der Glas und Wepper ein Paar spielten. Sie wurden danach in anderen Serien *(Unsere schönsten Jahre, Zwei Münchner in Hamburg)* zum oft gesehenen Dauerpaar.
Die halbstündigen Folgen liefen im Vorabendprogramm.

POLIZEIINSPEKTION LAUENSTADT   ARD
→ Inspektion Lauenstadt

POLIZEIKOMMISSARIAT PARIS   ARD
1990. 6-tlg. frz. Krimiserie von Claude Barma (»Hôtel de Police«; 1985–1990).
Eine Gruppe von Kriminalbeamten klärt gemeinsam Verbrechen für die französische Polizei auf: Muriel Pajols (Corinne Touzet), Robert Versini (Yves Pignot), Lucien (Olivier Granier), Piovert (Pierrick Mescam), Joséphine (Raymond Aquilon), Thiollay (Pierre Frag) und Bruno (Roger Muni).
Im Original brachte es die Serie auf 24 Folgen. Die einstündigen Folgen liefen im regionalen Vorabendprogramm.

POLIZEIREPORT DEUTSCHLAND   TELE 5
1992. »Deutschland hat Angst – Tele 5 zeigt warum«.
Panikmache am frühen Sonntagabend mit Michael Harder, die in reißerischen Filmeinspielungen zeigte, dass Mörder, Vergewaltiger, Entführer und Steinewerfer überall lauern. Zwischendurch gab es Alibifahndungsaufrufe und die Behauptung, man gehe den Ursachen der Verbrechen auf den Grund. Es war die erste Realityreihe im deutschen Fernsehen. Der Boom des neuen Genres begann kurz darauf mit dem Start der RTL-Reihe *Notruf*.

POLIZEIREVIER HILL STREET   ZDF, TELE 5, VOX
1985–1986 (ZDF); 1992–1993 (Tele 5); 1995 (Vox). 146-tlg. US-Krimiserie von Steven Bochco und Michael Kozoll (»Hill Street Blues«; 1981–1987).
Die Polizistinnen und Polizisten des Polizeireviers Hill Street gehen ihrer täglichen Arbeit nach und ermitteln in Kriminalfällen. Captain Frank Furillo (Daniel J. Travanti) ist der Leiter des Reviers, Sergeant Phil Esterhaus (Michael Conrad) leitet die allmorgendliche Dienstbesprechung, und Lieutenant Howard Hunter (James B. Sikking) ist der Leiter des SWAT-Teams, einer Spezialeinheit (»Special Weapons And Tactics«).
Jeweils in Zweierteams arbeiten folgende Officer: Neal Washington (Taurean Blacque) und J. D. LaRue (Kiel Martin), Bobby Hill (Michael Warren) und Andy Renko (Charles Haid), Lucy Bates (Betty Thomas) und Joe Coffey (Ed Marinaro). Zum Revier gehören außerdem die Detectives Mick Belker (Bruce Weitz), Henry Goldblume (Joe Spano) und Lieutenant Ray Calletano (Rene Enriquez) sowie Officer Leo Schnitz (Robert Hirschfield). Fletcher P. Daniels (Jon Cypher) ist der politisch ambitionierte Polizeichef.
Eine der Gangs auf den Straßen der Stadt wird von Jesus Martinez (Trinidad Silva) angeführt. Vor Gericht haben meist Staatsanwalt Irwin Bernstein (George Wyner) und Richter Alan Wachtel (Jeffrey Tambor) mit den Fällen zu tun. Ozzie Cleveland (J. A. Preston) ist der Bürgermeister.
Auch das Privatleben spielt eine Rolle: Furillo heiratet die Strafverteidigerin Joyce Davenport (Veronica Hamel); in erster Ehe war er bereits mit Fay (Barbara Bosson) verheiratet. Belker heiratet die neue Kollegin Robin Tataglia (Lisa Sutton). Neu ist auch Lieutenant Norman Buntz (Dennis Franz), dessen Kontaktmann auf der Straße Sid Thurston (Peter Jurasik) ist. Lucy Bates wird zum Sergeant befördert und nach Esterhaus' Tod dessen Nachfolgerin. Von ihr übernimmt der neue Sergeant Stanislaus Jablonski (Robert Prosky) die Leitung der täglichen Dienstbesprechung.
Polizeirevier Hill Street gehörte zu den ersten Serien, in denen nicht ein oder zwei Hauptfiguren im Vordergrund standen, sondern ein ganzes Ensemble gleichgestellter Akteure. Angeblich fragten die Senderchefs vor dem Start einen Psychologen, wie vielen Handlungssträngen gleichzeitig die Zuschauer folgen könnten. Sie glaubten drei, der Psychologe sagte fünf bis neun. Die Polizisten waren diesmal keine Helden, sondern normale (und realistisch dargestellte) Menschen mit Schwächen und Problemen, die ihren Job machten, darin auch mal versagten und einen Fall ungelöst zu den Akten legen mussten, aber trotzdem ihren Humor behielten.
Zu Beginn jeder Folge waren alle zur Dienstbesprechung versammelt, meist mit wackeliger Kamera gefilmt, und oft redeten alle durcheinander. »... und seid vorsichtig da draußen!«, sagte Phil Esterhaus am Ende jeder Besprechung. Die unüberschaubare Zahl der Akteure und die unkonventionelle Machart im Allgemeinen schreckte die Programmverantwortlichen anfangs ab, ebenso die Zuschauer. Im Laufe der Zeit entwickelte sich die Serie aber doch zum Erfolg und bereitete den Weg für spätere Serien wie *New York Cops – N.Y.P.D. Blue*.
Mike Post war der Komponist der Titelmusik. 26 Folgen à 45 Minuten zeigte das ZDF mittwochs um 21.00 Uhr, 35 neue liefen jeweils wöchentlich bei Tele 5. Den Rest sendet Vox werktäglich.

POLIZEIREVIER 87   ARD
1966–1967. 11-tlg. US-Krimiserie nach den Romanen von Ed McBain (»87th Precinct«; 1961–1962).
Detective Steve Carella (Robert Lansing) und seine Kollegen vom 87. Bezirk in New York bekämpfen die Kriminalität, notfalls auch mit Gewalt. Die Kollegen sind die alteingesessenen Meyer Meyer (Norman Fell) – er heißt wirklich so – und Roger Havilland (Gregory Wolcott) sowie der junge Nachwuchspolizist Bert Kling (Ron Harper). Carella ist mit der taubstummen Teddy (Gena Rowlands) verheiratet.
Brutale Serie, deren Geschichten auf wahren Fällen basierten. Die ARD zeigte die 45-Minuten-Folgen monatlich.

POLIZEIRUF 110   DFF, ARD
1971–1991 (DFF); seit 1993 (ARD). Dt. Krimireihe.
Der väterliche Oberleutnant Peter Fuchs (Peter Borgelt) und die einfühlsame Leutnant Vera Arndt (Sigrid Göhler) sind Mitglieder der »Zentralen Fahndungsgruppe der Volkspolizei« und klären verschiedene kleine und große Verbrechen in der DDR auf. Sie kümmern sich im ganzen Land um alles von Mord bis zur Verkehrserziehung in Grundschulen. Fuchs und Arndt werden ab 1972 ergänzt durch Oberleutnant Jürgen Hübner (Jürgen Frohriep) und Kriminalassistent Lutz Subras (Alfred Rücker), der 1977 wieder aussteigt. 1983 quittiert Arndt den Dienst beim Genossen Fuchs, ihr folgen Oberleutnant Lutz Zimmermann (Lutz Riemann) und Leutnant Thomas Grawe (Andreas Schmidt-Schaller). 1988 kommt Beck (Günter Naumann) dazu.
Oberleutnant Fuchs selbst wird schon 1978 zum Hauptmann befördert, 1990 erhält er nach dem Mauerfall die Amtsbezeichnung Hauptkommissar. 1991 bekommt Fuchs einen Vorgesetzten aus dem Westen vor die Nase gesetzt (»Thanners neuer Job«): Thanner (Eberhard Feik) kommt aus Duisburg, dort war er der Partner von Kommissar Horst

Schimanski *(Tatort)*. Fuchs zieht angesichts dieser Veränderungen die Konsequenzen und nimmt Abschied.

Polizeiruf 110 gehörte zu den erfolgreichsten Produktionen des DDR-Fernsehens und brachte es bis 1991 auf 153 Folgen. Die Sendungen sollten nicht nur der Unterhaltung, sondern auch der Kriminalitätsbekämpfung und Ursachenforschung dienen. Die Staatsmacht sollte so dargestellt werden, dass Staats- und Rechtsbewusstsein gefestigt und Sicherheitsgefühl vermittelt wurde. Die Protagonisten waren ausgesprochen korrekt und gesetzestreu, eben Vorbilder, und sie führten die Täter immer ihrer gerechten Strafe zu. Andererseits war die Serie relativ frei von dem propagandistischen Ballast, der ihre Vorgänger wie *Blaulicht* noch befrachtet hatte, und durfte auch einfach nur spannend sein. Und die Ursachen der Kriminalität lagen nicht im Westen, sondern vor allem in der Unzulänglichkeit der Menschen, auch im Sozialismus.

Ein häufiges Thema im *Polizeiruf* war die Gefahr von Alkoholmissbrauch. Die Folge »Der Teufel hat den Schnaps gemacht« von 1981 erregte besonderes Aufsehen, wurde von Betroffenen und Experten hoch gelobt und sogar in Therapieeinrichtungen gezeigt. Enger Partner der Produktionen war die Hauptabteilung Kriminalpolizei im Ministerium des Innern, die auch ein Mitspracherecht bei der Abnahme der Filme hatte. Einzelne Filme mit als problematisch empfundenen Themen wurden nie gezeigt, andere nur nach gravierenden Schnitten. Trotzdem gab es viele Auseinandersetzungen mit aktuellen beunruhigenden Entwicklungen in der DDR, etwa dem Rechtsextremismus.

Die Kommissare ermittelten nicht in allen Folgen, oft tauchten auch nur einzelne der Standardfiguren auf, manchmal gar keiner. Vera Arndt war der erste weibliche Ermittler in einer DDR-Krimiserie, der junge Thomas Grawe durfte als Erster auch ein Privatleben haben. Im Schnitt wurden sieben bis neun Folgen pro Jahr produziert. Es waren teure, aufwendige Produktionen, doch der Einsatz machte sich bezahlt: Die Quoten waren außergewöhnlich hoch, und die Serie wurde zum Exportschlager des DDR-Fernsehens und verkaufte sich in alle Welt. Auch die ARD zeigte viele *Polizeiruf*-Folgen in ihren Dritten Programmen, wo sie fast so erfolgreich waren wie *Tatort*-Wiederholungen.

Nach der Wende lösten die Duisburger *Tatort*-Kommissare Schimanski und Thanner gemeinsam mit Fuchs und Grawe einen Fall grenzüberschreitender Kriminalität und machten sich über die Probleme der Wiedervereinigung lustig. Die Folge lief am 28. Oktober 1990 gleichzeitig in der ARD und im DFF. Trotz Zusammenarbeit von Ost und West auch hinter den Kulissen wurde besonders Fuchs in dieser Rolle demontiert: Er kam stockbesoffen in Köln an. Die Folge »Thanners neuer Job«, in der Thanner der neue Chef der ehemaligen DDR-Ermittler wird, war am 22. Dezember 1991 der letzte DFF-*Polizeiruf* und der letzte mit Peter Borgelt als Fuchs. Verbittert über die Fremdbestimmung und viele geplatzte Wendeträume tritt der langjährige Ermittler am Schluss ab.

Mit dem Ende der DDR endete auch das Konzept der Reihe, nicht aber die Reihe selbst, sie wurde – als einzige Sendung des DDR-Fernsehens überhaupt – noch viele Jahre im Ersten fortgeführt (weitere Versuche wie *Ein Kessel Buntes* endeten nach kurzer Zeit). Schon 1991 waren zwei Folgen zuerst in der ARD und nicht in der DFF-Länderkette gelaufen und auch beim Westpublikum außerordentlich gut angekommen. Danach wurde die Serie nach dem *Tatort*-Prinzip fortgesetzt: als Koproduktion verschiedener ARD-Anstalten, bei der jede Sendeanstalt ihre eigenen Ermittler auftreten ließ, die fortan unter dem Titel *Polizeiruf 110* abwechselnd Kriminalfälle in verschiedenen Gegenden Deutschlands aufklären. Vom *Tatort* unterschieden sich die *Polizeirufe* nun nur noch dadurch, dass sie öfter auf dem Land spielten als in der Großstadt, es häufiger nicht um Kapitalverbrechen ging und die Psychologie der Täter und ihrer Taten eher im Vordergrund stand als die Frage: Wer war es? Die Grenzen zwischen *Tatort* und *Polizeiruf* verwischten allerdings immer mehr.

Der MDR führte zunächst die vom DFF etablierten Kriminalisten Grawe, Hübner und Beck weiter. Die wichtigsten neuen *Polizeiruf*-Ermittler sind:

In Potsdam: Hauptkommissarin Tanja Voigt (Katrin Saß), in den ersten beiden Jahren mit Assistent Jens Hoffmann (Dirk Schoendon). Ab 1999: Hauptkommissarin Wanda Rosenbaum (Jutta Hoffmann). Sie wird 2002 im Dienst erschossen, ihre Nachfolgerin wird Johanna Herz (Imogen Kogge). Ihr Partner bleibt, wie schon bei Rosenbaum, Revierpolizist Horst Krause (Horst Krause).

In Schwerin: Kommissar Jens Hinrichs (Uwe Steimle), erst mit dem Kollegen Kurt Groth (Kurt Böwe), nach dessen Tod ab 2000 mit Holm Diekmann (Jürgen Schmidt) und ab 2003 mit Tobias Törner (Henry Hübchen). Diese *Polizeirufe* vom NDR betonten den Ost-West-Konflikt am stärksten: Der alte Ossi Groth bekommt den jungen Besserwessi Hinrichs vor die Nase gesetzt, der sich zwar mit der Technik besser auskennt und studiert hat, dessen mangelnde Erfahrung aber regelmäßig zu katastrophalen Fehlern führt.

Im fiktiven Ort Volpe im Bergischen Land: Die Dorfpolizisten Sigi Möller (Martin Lindow) und Kalle Küppers (Oliver Stritzel); seit 1995.

In Halle: Hauptkommissar Herbert Schmücke (Jaeckie Schwarz) und Herbert Schneider (Wolfgang Winkler); seit 1996.

In Bayern: Polizeipsychologin Dr. Silvia Jansen (Gaby Dohm), erst mit Kommissar Ulf Maiwald (Peter von Strombeck), ab 1998 mit Hauptkommisar Tauber (Edgar Selge) und Kripoassistentin Alyin Sücel (Ilknur Bahadir). Seit 2001 ermittelt der einarmige Tauber mit Hauptkommissarin Jo Obermaier (Michaela May). Edgar Selge erhielt 2003 den Deutschen Fernsehpreis als Bester Schauspieler in einem Fernsehfilm.

*Polizeiruf 110:
Peter Borgelt
mit Gaststar
Walter Reudrich.*

In Offenbach: Hauptkommissar Robert Grosche (Oliver Stokowski), Kommissarin Carol Reeding (Chantal de Freitas; ab 2001: Dennenesch Zoudé) und Hauptkommissar Schlosser (Dieter Montag); 1998–2003.
In Bad Homburg: Kommissar Thomas Keller (Jan Gregor Kremp); seit 2004.
Alle Folgen hatten Spielfilmlänge. Sendeplatz war seit jeher sonntags um 20.15 Uhr, zu DDR-Zeiten parallel zum *Tatort* im Westfernsehen, danach im Wechsel mit ebendiesem.

POLIZEISTATION ZDF
1973. 13-tlg. dt. Polizeiserie von Carl Darrow, Regie: Hans-Georg Thiemt.
Till Cassens (Rainer Goernemann) ist 23 Jahre alt und ein aufstrebender Polizist mit großen Plänen. Am liebsten möchte er im Team der Kriminalpolizei mitarbeiten. Stattdessen wird er, auf sich allein gestellt, zum einzigen Posten in der Polizeistation seines Heimatorts Osterkoog ernannt. Und dort auf dem Land passiert eigentlich nur Kleinkram, gelegentlicher Betrug, ein paar Einbrüche oder Diebstähle. Immerhin ist er so in der Nähe seiner Freundin Nancke Frenssen (Susanne Beck), die ihn jedoch bald verlässt, und seines Bruders Heiko (Detlev Eckstein), der manchmal die Ermittlungen unterstützt. Das tut auch der rastlose Wachtmeister Imbeck (Ferdinand Dux), Tills Vorgänger.
Die Serie verzichtete auf die Darstellung von Kapitalverbrechen. Die halbstündigen Folgen liefen mittwochs am Vorabend.

POLIZEISTATION RTL
2000–2001. 7-tlg. dt. Doku-Soap über die Arbeit in einem Polizeirevier.
Die erste Staffel »Polizeistation Berlin Mitte« spielte komplett in Berlin, weitere Folgen hatten wechselnde Schauplätze und hießen nur noch *Polizeistation*. Die 45-Minuten-Folgen liefen erst donnerstags, 2001 samstags nach 23.00 Uhr.

POLTERGEIST RTL 2, VOX
1997 (RTL 2); 1999–2000 (Vox). 87-tlg. US-Mysteryserie von Richard B. Lewis (»Poltergeist: The Legacy«; 1995–1999).
»Das Legat« ist ein Geheimbund, der seit Jahrhunderten die Mächte des Bösen bekämpft. Das Quartier der Zweigstelle San Francisco ist ein altes Schloss, das besonders beeindruckend aussieht, wenn es blitzt und donnert, was bei einer Dämonenjagd ja üblich ist. Leiter ist der Anthropologe und Theologe Prof. Derek Rayne (Derek de Lint), dazu gehören Alexandra Moreau (Robbi Chong), Nick Boyle (Martin Cummins), Rachel Corrigan (Helen Shaver) und Pater Philip Callaghan (Patrick Fitzgerald). Letzterer verlässt das Legat in der zweiten Staffel. Katherine, genannt »Kat« (Alexandra Purvis), ist Rachels Tochter.
Dr. William Sloane (Daniel J. Travanti) leitet die Hauptstelle in London, wird aber am Ende der zweiten Staffel vom Tor der Hölle eingesogen. Kristin Adams (Kristin Lehman) kommt in der dritten Staffel aus Boston dazu. Im Serienfinale opfert sich Derek, indem er sich samt Schloss in die Luft sprengt, um die Welt zu retten. Er hat herausgefunden, dass die Apokalypse bevorsteht und der Antichrist durch ein Portal im Schloss eintreffen soll.
Die erste Staffel mit 21 Folgen bei RTL 2 hatte den Untertitel »Die unheimliche Macht«. Mit Beginn der zweiten Staffel wechselte die Serie zu Vox und hieß fortan nur noch *Poltergeist*. Mit den gleichnamigen Kinofilmen hatte die Serie nur die Geisterjagd gemein.

POLY ARD

1965. »Erlebnisse eines Jungen mit einem Zirkuspferd«. 6-tlg. frz. Abenteuerserie für Kinder von Cécile Aubry, Regie: Cécile Aubry (»Poly«; 1961–1962).

Das Pony Poly ist bisher als Zirkuspferd aufgewachsen und mit einem Wanderzirkus von Ort zu Ort gezogen. Bei einem Zirkusbesuch verguckt sich der vierjährige Pascal (Mehdi El Glaoui) in Poly, und weil das Pferd von den Schaustellern schlecht behandelt wird, stiehlt er es und reitet auf ihm davon. Poly und Pascal erleben einige Abenteuer, müssen sich aber vor den Erwachsenen des Dorfs hüten, die das gestohlene Pferd suchen. Zu Hilfe kommen ausgerechnet deren Kinder, die Poly mit Futter und Verstecken versorgen. Am Ende bekommt Pascal dank glücklicher Umstände eine Schatulle mit Goldmünzen geschenkt und kann Poly sogar rechtmäßig erwerben.

Hauptdarsteller Mehdi El Glaoui machte einige Jahre später als Kinder- und Jugendstar in den Serien *Jérôme und Isabelle* und *Belle und Sebastian* auf sich aufmerksam. Beide Serien wurden wie auch *Poly* von seiner Mutter Cécile Aubry geschrieben. *Poly* basierte auf ihren »Silberschweif«-Kinderbüchern. Die meisten Darsteller in den Nebenrollen waren Laien, darunter viele Bewohner des Dorfs Saint-Cyr-Sous-Dourdan, in dem die Serie gedreht wurde. Poly erlebte in etlichen Fortsetzungen weitere Abenteuer. Die nächste Serie war *Wiedersehen mit Poly*, es folgten *Das Geheimnis der sieben Sterne*, *Poly in Portugal*, *Hilf, Poly hilf* und *Poly und der schwarze Diamant*. Und obwohl Pascal in der letzten Folge der ersten Serie das Pferd kauft, hat es später andere Besitzer.

Im Original hatte jede Serie 13 Folgen à 13 Minuten. Die ARD setzte sie zu jeweils sechs halbstündigen Folgen zusammen. Sendeplatz der ersten Serie war am Samstagnachmittag. In Frankreich entstanden über die in Deutschland gezeigten sechs Staffeln hinaus noch drei Nachfolgeserien, in denen Poly Abenteuer in Venedig, Spanien und Tunesien erlebt.

POLY IN PORTUGAL ARD

1968. 6-tlg. frz. Kinderserie von Cécile Aubry, Regie: Claude Boissol (»Poly au Portugal«; 1965).

Vierte Serie mit dem reise- und abenteuerlustigen Pony Poly. Diesmal trabt es durch Portugal und hat sogar sein ursprüngliches Herrchen Pascal (Michel Naulet) zurück – nur nicht dessen ursprünglichen Darsteller. Später kommt noch Yvon (Stéphane Di Napoli) dazu. Und dann kommt auch schon die nächste Serie: *Hilf, Poly, hilf*.

POLY UND DER SCHWARZE DIAMANT ARD

1971. 6-tlg. frz. Kinderserie von Cécile Aubry, Regie: Henri Toulout (»Poly et le Diamant noir«; 1967–1968). Neue Abenteuer mit Pony Poly und Yvon (Stéphane Di Napoli), diesmal in Saint-Tropez.

POLYLUX ORB, ARD

1997–2000 (ORB); seit 2000 (ARD). Halbstündiges Zeitgeistmagazin mit Tita von Hardenberg, das einen ungewöhnlichen Blick auf die skurrilen und ernsten Dinge des modernen Lebens wirft.

Neben satirischen Beiträgen und Reportagen sind Straßenumfragen von Carsten van Ryssen fester Bestandteil der Sendung. Van Ryssen stiftet mit Vorliebe Rentner auf dem Alexanderplatz zu entlarvenden Monologen an. Währenddessen imitiert er Haltung und Tonfall seiner Gesprächspartner und ruft, wenn einer seine Empörung ins Mikro bellt, auch gern ein »Wuff« dazwischen.

Die Sendung *Polylux* ging aus dem Magazin »Tip TV« im Dritten Programm des SFB hervor. Sie war in ihrer Themenwahl und mit ihren schnell geschnittenen Beiträgen für die ARD ungewöhnlich modern, großstädtisch und jung. Sie lief über mehrere Jahre im ORB und seit April 2000 sehr spät nachts, eigentlich eher früh morgens, auch schon im Ersten. Ab Januar 2001 wurde die Reihe auf montags um Mitternacht vorverlegt und bekam dort den Untertitel »Das Letzte vom Ersten«. Ab Herbst 2004 positionierte sie sich neu als »Hauptstadtbeobachter« mit stärkerem Schwerpunkt auf Berliner Themen. Sendeplatz war jetzt mittwochs um 23.45 Uhr, ab Januar 2005 donnerstags um 23.30 Uhr.

Als Schwangerschaftsvertretungen für Tita von Hardenberg moderierten 2002 ein Vierteljahr lang Steffen Hallaschka und 2004 Jörg Thadeusz. »Polylux« ist das ostdeutsche Wort für »Overheadprojektor«.

POOCHINI PRO SIEBEN

2001–2002. 26-tlg. US-Zeichentrickserie (»Poochini's Yard«; 1999–2001).

Hunde-Prinz Poochini lebt bei der bürgerlichen Familie White und freundet sich mit Sohn Billy, Mutter Wendy und Vater Walter an. Die 20-minütigen Folgen liefen sonntagmorgens und bestanden jeweils aus drei kurzen Episoden.

POP SWR, ARD

1974–1979. Musikshow mit Hits und Bands aus den aktuellen Charts. Um Aktualität zu verdeutlichen, enthielt der Sendetitel jeweils die auf zwei Stellen gekürzte Jahreszahl, von *Pop '74* bis *Pop '79*.

Erster Moderator war vier Jahre lang Hans-Jürgen Kliebenstein, Nachfolger wurde im Januar 1979 Volker Lechtenbrink. 1977 vermeldete Chris Howland in einer wiederkehrenden Rubrik innerhalb der Show aktuelle Pop-News.

Jedes Jahr wurden etwa acht Ausgaben gezeigt. Die meisten der 45-minütigen Folgen liefen als Erstausstrahlung in Südwest 3, einige wurden kurz darauf in der ARD wiederholt, einzelne liefen dort zuerst. Sendeplatz im Ersten war zunächst samstagnachmittags, später, mit Lechtenbrink, im Abendprogramm. Im Februar 1980 folgte noch ein Best-of. Regisseur Dieter Wendrich leistete Pionierarbeit mit den technischen Tricks der Blue-Box.

POP STOP BR

1980–1983. 45-minütige Musikshow mit Hits, Stars

und Pop-News, zunächst moderiert von Thomas Gottschalk und Anthony Powell, später von Evi Seibert und Peter Gorski.
Die Show war eines der Nachfolgeformate des Jugendmagazins *Szene* und richtete sich wieder vor allem an junge Zuschauer (das andere war *Country-Music*). Lief auch in der ARD.

POP 2000   WDR
1999. 12-tlg. Doku-Reihe über 50 Jahre Popmusik und Jugendkultur in Deutschland, mit Musik, Filmausschnitten, alten und neuen Interviews; Sprecher: Otto Sander.
Die aufwendige Reihe wurde wiederholt in allen Dritten Programmen gezeigt, außerdem auf 3sat und 2003 sogar beim Musiksender VIVA, der die Gemeinschaftsproduktion des WDR mit den anderen ARD-Anstalten unterstützt hatte. Jede Folge war 45 Minuten lang. Die Reihe erhielt den Adolf-Grimme-Preis 2000.

POPCLUB   PRO SIEBEN
2002–2003. Halbstündiges Comedyquiz mit Thomas Hermanns und jeweils sechs prominenten Gästen. Zwei Teams treten gegeneinander an und stellen in Frage- und Spielrunden ihr Wissen über die Popmusik von heute und aus den letzten Jahrzehnten unter Beweis. In »Killer-Karaoke« sind spontane deutsche Texte zu englischen Hits gefragt, bei »Charts-Charade« müssen Songtitel pantomimisch dargestellt werden. Der Tagessieger gewinnt die »Goldene Agnetha«.
Die fröhliche Veranstaltung war eher ein alberner Kindergeburtstag als ein ernsthaftes Quiz. Sie lief samstags um 18.30 Uhr und wurde kurz darauf montags um 23.15 Uhr wiederholt, dem angestammten Platz des *Quatsch Comedy Club*s, der anderen Sendung von Thomas Hermanns. Dort kam die Reihe wesentlich besser an und schaffte es doch noch in eine zweite Staffel.

POPEYE   ZDF
1975–1978. US-Zeichentrickserie von Max und Dave Fleischer (»Popeye; The Sailor«; 1958–1963; 1978–1981).
In immer neuen Abenteuern kämpft der Seemann Popeye um seine Geliebte Olivia. Insbesondere vor dem bulligen Riesen Bonzo muss er sie beschützen. Popeye selbst ist ein schmächtiger kleiner Kerl, jedoch mit enormen keulenförmigen Unterarmen, der stets einen Matrosenanzug trägt und am Pfeifchen im Mund hat. All seine Kraft schöpft er aus Spinat, den er sich permanent direkt aus der Dose in den Hals schüttet. Wimpy ist Popeyes verfressener Freund, Popi ist Popeyes Adoptivsohn.
Bonzos Name lautet im US-Original Bluto, später Brutus. Auch in manchen deutschen Fassungen wurde der Name Bluto verwendet, ebenso wie Olivias Originalname Olive Oyl auch in Deutschland manchmal Verwendung fand.
1933 entstand die Comicfigur Popeye, die zunächst in Zeitungen und später im Kino berühmt wurde. Die fürs Kino gedrehten Kurzfilme liefen später als Fernsehserie, zusätzlich wurden neue Episoden gedreht. Sie dauerten immer nur ein paar Minuten, manchmal wurden sie für die Fernsehfolgen zusammengefasst. Diese dauerten aber auch selten länger als eine Viertelstunde. Von 1975 bis 1978 benutzte das ZDF den Titelzusatz »Ein Seemann ohne Furcht und Adel«. Von 1983 bis 1985 liefen weitere Folgen als Bestandteil der Reihen *Immer Ärger mit Pop* und *Mickys Trickparade*. Einzelcartoons waren in der zweiten Hälfte der 80er-Jahre auch bei RTL zu sehen.

POPEYE, EIN SEEMANN OHNE FURCHT UND ADEL   ZDF
→ Popeye

POPI   ARD
1978. 10-tlg. US-Sitcom (»Popi«; 1976).
Abraham Rodriguez, genannt Popi (Hector Elizondo), ist ein armer puerto-ricanischer Einwanderer in New York, der mit Hife von drei Teilzeitjobs versucht, über die Runden zu kommen. Er ist verwitwet und hat zwei Söhne: Luis (Denis Vacquez) und Junior (Anthony Perec). Mit seiner Nachbarin Lupe (Edith Diaz) hat Popi eine Beziehung.
Die Serie basiert auf dem Kinofilm »Leben um jeden Preis« von 1969, mit Alan Arkin und Rita Moreno. Die halbstündigen Folgen liefen im regionalen Vorabendprogramm.

POPSTARS   RTL 2, PRO SIEBEN
2000–2001 (RTL 2); 2003–2004 (Pro Sieben). Doku-Soap und Castingshow, die die Entstehung einer Popgruppe inszeniert und begleitet – vom Casting über Proben und Plattenvertrag bis hin zu Aufnahmen und Auftritten. Eine Jury entscheidet über die Zusammensetzung der Band.
Popstars war in Deutschland der Vorreiter unter den Castingshows, deren Anzahl später durch den Sensationserfolg von *Deutschland sucht den Superstar* überhand nehmen sollte. Eine ähnliche Reihe war bereits ein paar Wochen zuvor beim Muttersender RTL unter dem Namen *Deine Band* gestartet, wurde aber mangels Anteilnahme der Zuschauer schnell wieder begraben. Die RTL-2-Reihe dagegen war auf Anhieb erfolgreich.
Die erste Staffel mit 17 Sendungen suchte eine Girlgroup. Anfang Februar 2001 stand das Produkt: No Angels hieß die Band, »Daylight In Your Eyes« der erste Titel, der erwartungsgemäß eine Woche nach Erscheinen Platz eins der deutschen Charts erreichte. Unerwartet hingegen war, dass die Band eine dauerhafte Größe im Popgeschäft werden konnte, doch es folgten tatsächlich noch drei Jahre lang etliche Top-10- und sogar drei weitere Nr.-1-Hits (»There Must Be An Angel«, »Something About Us« und »No Angel [It's All In Your Mind]«). In der Jury saßen die Sängerin und Moderatorin Simone Angel, der Konzertveranstalter Mario M. Mendrzycki und der Mu-

sikmanager Rainer Moslener; Choreograf war der als »Dee!« bekannte DJ und Tanzlehrer Detlef Soost.

Im Herbst 2001 begann eine zweite Staffel, in der auch Jungs für eine gemischte Band gecastet wurden. Die neuen Folgen liefen jetzt zweimal wöchentlich, dienstags und sonntags um 20.15 Uhr. Auch die neue Band Bro'Sis (kurz für Brothers & Sisters) schaffte mit ihrer ersten Single »I Believe« den Sprung an die Spitze der Charts. Die Jury bestand diesmal aus Soost, der Moderatorin Noah Sow und dem Musikproduzenten Alex Christensen. Der Untertitel der ersten beiden Staffeln lautete »Du bist mein Traum«.

Die dritte Staffel 2003 schnappte sich überraschend der Konkurrent Pro Sieben, der sie »Popstars – Das Duell« nannte und in die Doku-Soap das zusätzliche Element des Zuschauerentscheids einbaute. Wie das eigentliche *Popstars*-Format war auch dieser neue Dreh zuvor bereits im Ausland über die Bühne gegangen (»Popstars – The Battle«). Jetzt wurden zwei Bands parallel gecastet, aufgebaut und dann gegeneinander ins Rennen geschickt. Die Jury, bestehend aus Detlef Soost (dessen Bühnenname jetzt nur noch »D!« lautete), Sängerin Sabrina Setlur und Produzent Uwe Fahrenkrog-Petersen, der zugleich die Songs der Bands produzierte, entschied über die Zusammensetzung der Gruppen.

Die Girlgroup Preluders und die Boygroup Overground nahmen getrennt voneinander CDs auf und tourten durch kleine Clubs. 90-minütige Sendungen am Montag und später auch am Freitag um 20.15 Uhr dokumentierten die Fortschritte und Erlebnisse. Im großen Finale im November (moderiert von Arabella Kiesbauer) entschied eine Kombination aus Zuschauerstimmen, Verkaufszahlen (die beiden CD-Singles waren wochenlang in Fastfood-Läden verkauft worden) und Jurymeinung über die Sieger des Duells. Die Boyband Overground gewann; ihr Song »Schick mir 'nen Engel« stieg drei Wochen später erwartungsgemäß auf Platz eins der deutschen Single-Charts. Natürlich brachten die Preluders eine CD heraus, die ebenfalls erfolgreich wurde.

Im September 2004, als die Zuschauer von Castingshows offensichtlich längst genug hatten, wagte Pro Sieben noch einen weiteren Anlauf. »Popstars – Jetzt oder nie« hieß entsprechend fatalistisch der Titel. Gesucht wurde diesmal – im Rahmen zweistündiger Sendungen mittwochs um 20.15 Uhr – wieder eine gemischte Band, über deren Zusammensetzung am Schluss auch das Publikum mitentscheiden konnte. Das entstandene vierköpfige Produkt nannte sich Nu Pagadi und versuchte, musikalisch und optisch nicht mehr ganz so glatt wie seine Vorgänger zu wirken. Auch die Vorgarten-Rammsteins schafften es auf den ersten Platz der Single-Charts. In der Jury saßen in dieser Staffel Fahrenkrog-Petersen, die No Angels-Sängerin Sandy Mölling und der Sänger und Songschreiber Lukas Hilbert, der die Gelegenheit nutzte, sich selbst in die Charts zu bringen: mit einem Lehrvideo, in dem er alle Fehler, die er bei den anderen anprangerte, konsequent selbst umsetzte.

POPULAR   RTL

2002–2003. 43-tlg. US-Teenieserie von Ryan Murphy und Gina Matthews (»Popular«; 1999–2001).

Zwei rivalisierende Cliquen müssen an der Kennedy High School miteinander auskommen. Brooke McQueen (Leslie Bibb) ist blond und sieht toll aus. Sie ist die Erste Cheerleaderin und die Anführerin der populären Clique. Ihre beste Freundin ist die bösartige Nicole Julian (Tammy Lynn Michaels), ihr Freund Josh Ford (Bryce Johnson) ist der Star des Footballteams. Mary Cherry (Leslie Grossman) und Michael Bernadino, genannt »Sugar Daddy« (Ron Lester), komplettieren die Beliebten. Zur anderen Clique, der unbeliebten, gehören Sam McPherson (Carly Pope), die großen Wert auf Gerechtigkeit legt, Harrison John (Christopher Gorham), der einfach nicht gut genug aussieht, die dicke und herzensgute Carmen Ferrara (Sara Rue) und die jungenhafte Lily DeMarcus (Tamara Mello). Ausgerechnet Sams Mutter Jane (Lisa Darr) und Brookes Vater Mike (Scott Bryce) sind miteinander verheiratet, wodurch die beiden Erzfeindinnen noch häufiger aneinander geraten.

Lief am Samstagvormittag und wurde am Nachmittag wiederholt.

PORTRÄT PER TELEFON   DFF

1969–1990. Interviewsendung.

Moderiert von Heinz Florian Oertel konnten Zuschauer einmal im Monat samstags live eine Stunde lang telefonisch Fragen an einen Gast stellen. Darunter waren so unterschiedliche Persönlichkeiten wie eine Fallschirmsprung-Weltmeisterin, der Leiter des Instituts für Getreideforschung, ein Schriftsteller, der Direktor des Braunkohlekombinats Senftenberg oder berühmte Schauspieler.

Die Sendung war eine große Ausnahme im DDR-Fernsehen: Das Risiko einer Live-Sendung mit Zuschauerbeteiligung ging man sonst nicht ein. Oertel, eigentlich Sportmoderator, war natürlich entsprechend politisch verlässlich, aber auch bei den Zuschauern außerordentlich beliebt: Er wurde 17-mal, so oft wie kein anderer, zum DDR-Fernsehliebling gewählt. Nach der Wende verschwand er abrupt aus den Medien.

Die erste Sendung von *Porträt per Telefon* lief noch unter dem Titel »Porträt ohne Titel«. Für die zweite Sendung im November 1969 war den Verantwortlichen dann doch noch ein nahe liegender Titel eingefallen. Die Reihe war die Fortsetzung von *Guten Abend*, lief über 20 Jahre lang und brachte es auf mehr als 250 Ausgaben.

POST FÜR DICH   SAT.1

2002. Einstündige Kuschelshow mit Franklin (Schmidt).

Franklin und sein Postbote Theo West überbrachten Botschaften an Verliebte, Verflossene und Vermisste und luden sie ins Studio ein, um die Aufgesuchten mit den Suchenden zu vereinen. Lief viermal freitags um 20.15 Uhr.

DIE POST GEHT AB   RTL
1993. Große Abendspielshow mit Rudi Carrell, die an das Konzept seiner alten Show *Am laufenden Band* angelehnt war. Das zeigte schon der Untertitel »Rudi Carrell präsentiert Spiele und Kandidaten am laufenden Band«. Acht Kandidaten spielten in verschiedenen Runden gegeneinander, der Gewinner stand am Schluss wieder vor einem Laufband mit Gegenständen und gewann die Dinge, die er sich merken konnte.

Ziel der Show war es, die neu eingeführten fünfstelligen Postleitzahlen bekannt zu machen. Zu diesem Zweck wurden die neuen Zahlen in die Spiele eingebaut und mit einem Zuschauerspiel verbunden. Wer vor der Finalrunde ausschied, gewann eine Reise innerhalb Deutschlands. Das Ziel wurde blind aus dem Postleitzahlenbuch ausgelost. Wer Pech hatte, blieb also in der Nachbarschaft.

Es war Carrells erste Show nach seinem Wechsel zu RTL. Auf dem Höhepunkt seiner Karriere hatte er die ARD verlassen – und ging bei RTL baden. Seine neue Show blieb weit hinter den Erwartungen zurück und erreichte nicht einmal halb so viele Zuschauer wie seine ARD-Shows nur ein Jahr zuvor. Zehn Ausgaben liefen im Wochenrhythmus sonntags um 20.15 Uhr.

POSTFACH 70   DFF 2
1969–1970. »Briefkasten der Jugend«. Monatliches Magazin für junge Zuschauer mit Hans Sievers. Fachleute beantworten Fragen aller Art von Schülern, Studenten und Berufsanfängern, außerdem werden Musikwünsche erfüllt und Grüße ausgerichtet. Lief erst am Donnerstag, ab 1970 am Freitag um 19.00 Uhr.

POWDER PARK   ARD
2001–2005. 39-tlg. dt. Trendserie.
Die Freunde Max Lindner (Sebastian Ströbel) und Fibbes Breuer (Igor Jeftic) bauen die alte Berghütte von Max' Eltern Anke (Elisabeth Niederer) und Ludwig (Heinz Marecek) um und eröffnen darin gemeinsam den »Powder Park«, einen hippen Snowboarder-Treff. Schorschi (Oliver Clemens), der Sohn des Bürgermeisters Hubertus Sailer (Manfred Lukas-Luderer), steigt mit ein. Auch Max' Schwester Lissy (Tanja Fornaro) hilft. Deren Freundin Vroni Deininger (Miriam Krause) ist heimlich in Max verliebt, doch der kommt mit DJane Emma Karvangs (Li Hagmann) zusammen, Vroni stattdessen mit Schorschi und Fibbes mit Lissy, die einen kleinen Sohn hat. Max' neue Freundin wird in der zweiten Staffel die Arzthelferin Sabine (Ina Paule Klink).

13 einstündige Folgen liefen Anfang 2001 dienstags um 18.55 Uhr. Der Titelsong »President of Boarderland« stammte von Glow. Einen Trend löste die Serie nicht aus. Die zweite Staffel wurde zwar hastig gedreht, dann aber erst einmal irgendwo abgelegt. Mehr als vier Jahre später wurde sie, gestückelt in 26 halbstündige Folgen, werktäglich im Sommerloch versendet. Natürlich konnte man nicht verlangen, dass sich nach so langer Zeit noch jemand erinnerte, wie die Serie eigentlich hieß, weshalb man ihr kurzerhand den neuen Titel »Plötzlich erwachsen« gab.

DIE POWENZBANDE   ARD
1974. 5-tlg. dt. Comedyserie nach dem Roman von Ernst Penzoldt, Regie: Michael Braun.
Niemand kann die Familie Powenz leiden, denn die ist immer so unerträglich gut gelaunt. Und so laut. Und überhaupt sind sie viel zu viele. Und so haben Baltus Powenz (Gustav Knuth) und seine Kinder Sabine (Ruth Maria Kubitschek), Lilith (Helga Anders), Kaspar (Michael Ande), Zeferin (Pierre Franckh), Fabian (Heinz-Werner Kraehkamp) und Heinrich (Peter Kranz) ständig Ärger mit Bürgermeister Dattel (Theo Lingen), Magistratsrat Gockeley (Alf Marholm) und Baurat Emmanuel Knipfel (Wolfgang Büttner), die die Familie gern loswürden.
Jede Folge dauerte 55 Minuten.

POWER RANGERS   RTL, SUPER RTL
1994–2003 (RTL); seit 2003 (Super RTL). US-Actionserie von Saburo Yatsude (»Mighty Morphin Power Rangers«, 1993–1996; »Power Rangers Zeo«, 1996; »Power Rangers Turbo«, 1997; »Power Rangers In Space«, 1998; »Power Rangers Lost Galaxy«, 1999; »Power Rangers Lightspeed Rescue«, 2000; »Power Rangers Time Force«, 2001; »Power Rangers Wild Force«, 2002; »Power Rangers Ninja Storm«, 2003; »Power Rangers Dino Thunder«, 2004).

Weil irgendwer es nicht lassen konnte nachzusehen, was in einer gut verschlossenen Tonne auf einem kleinen Planeten war, der in der Nähe des Mondes auftauchte, wird die Erde nun von der bösen Hexe Rita Repulsa bedroht, die aus gutem Grund darin Tausende Jahre gefangen gehalten wurde. Die einzige Hoffnung gegen ihr Zerstörungswerk sind die fünf Power Rangers, die der gute Zauberer Zordon ernannt hat. Es sind scheinbar ganz normale Teenager, die auf die Angel Grove High School gehen, aber in ihrer Freizeit die Erde retten. Sie verwandeln sich dazu in Superhelden mit Helmen, lustigen Gummistiefeln und traditionell hautengen Kostümen, die aus Gründen besserer Unterscheidbarkeit in verschiedenen Farben gehalten sind.

Die Power Rangers und ihre Farben sind: Jason, rot (Austin St. John); Zack, schwarz (Walter Jones); Billy, blau (David Yost); Kimberly, rosa (Amy Jo Johnson) und Trini, gelb (Thuy Trang). Sie haben alle noch besondere Fähigkeiten und einen eigenen Zord – Kampfmaschinen in Form metallener Dinosaurier. Wenn alle Power Rangers ihre Kräfte zusammentun, können sie ihre Zords in einen gewaltigen Megazord verwandeln. Zu den Monstern, die ihnen das Leben schwer machen, gehören so faszinierende Gesellen wie der Knochenmann, der seinen Kopf vom Körper trennen und sich unsichtbar machen kann, das Fressschwein, das mit Messer und Gabel bewaffnet ist, aber keine scharfen Nahrungsmittel mag, und das Blumenmonster, das aus

harmlosen Pflanzen blutsaugende Vampirblumen machen kann.
In der zweiten Staffel greift Lord Zedd, der Boss von Rita, persönlich ein. Weil Jason, Zack und Trini zu einer Friedenskonferenz in die Schweiz reisen müssen, werden sie ersetzt durch Rocky, rot (Steve Cardenas), Adam, schwarz (Johnny Yong Bosch), und Aisha, gelb (Karan Ashley). Außerdem ist Tommy (Jason David Frank) als weißer Ranger und neuer Anführer hinzugekommen. In der dritten Staffel heiraten Lord Zedd und Rita und zerstören mit Hilfe von Ritas Bruder Rito Revolto die Zords der Power Rangers. Ninjor, der Hüter des Ninja-Tempels, verschafft ihnen neue Heldenkräfte, Waffen und Kostüme – diesmal im Ninja-Look, aber ebenso bunt und mit kompletter Gesichtsverhüllung. Zwischendurch müssen einige Folgen lang auch noch fünf Alien Rangers helfen. In bisher neun weiteren Staffeln (mit verschiedenen Originaltiteln) kämpfen wechselnde Rangers mit wechselnden Bösen, und der Kampf verlagert sich zwischendurch in andere Galaxien oder Zeitdimensionen.
Die Serie beruht auf einer Kinderserie, die in Japan seit 1975 läuft. Haim Saban entdeckte sie dort und importierte sie, neu verpackt, in die USA. Er machte damit ein Vermögen. Die Serie war ein überwältigender Erfolg, nicht nur in den USA, sondern auf der halben Welt. In vielen Ländern löste sie heftige Debatten über ihre Wirkung auf Kinder aus, so auch in Deutschland.
Die *Power Rangers* wurden zum Synonym für kommerzielles Kinderfernsehen, das von Erwachsenen abgelehnt wurde. Sie eigneten sich nicht nur wegen ihres Erfolgs ideal als Projektionsfläche, sondern auch, weil sie alles verbanden, was Pädagogen ablehnten: Die Produktion war äußerst billig und trashig, das Merchandising hatte einen Umfang, das die Serie als Dauerwerbesendung für die Produkte erscheinen ließ, und obwohl kein Tropfen Blut floss, wirkte die Serie mit ihren dauernden Kämpfen äußerst brutal.
Die Landesmedienanstalten befürchteten, dass »die stereotype Darstellung von Gewalt als Mittel der Konfliktlösung vielschichtige negative Auswirkungen auf Kinder und Jugendliche hat«. Zu einem Verbot der Sendung kam es nach langwierigen Prüfungen allerdings nicht. Stattdessen empfahlen die Jugendschützer, die *Power Rangers* nicht mehr werktäglich vor dem (elterlichen) Aufstehen zu zeigen, sondern nur noch einmal pro Woche, und dann nach 9.00 Uhr. Dadurch sollte die Identifikation der Kinder mit den Figuren begrenzt werden. RTL kam dieser Empfehlung ab 1995 nach und wählte den Samstagvormittag.
418 Folgen waren bei RTL zu sehen (alle Staffeln bis »Power Rangers Time Force«), danach übernahm Super RTL, wo im Frühjahr 2005 die Ausstrahlung der Staffel »Dino Thunder« begann. Zur Serie entstanden auch zwei Kinofilme: »Power Rangers – Der Film« (1998 auf Pro Sieben) und »Turbo Power Rangers – Der Film« (2001 auf RTL).

POWER STONE   RTL 2
2001–2002. 26-tlg. jap. Zeichentrickserie (1999).
Der junge Adelige Edward Falcon besitzt einen Power Stone. Findet er auch die weiteren sechs Steine, bekommt er die ultimative Macht. Also macht er sich auf die Suche. Der Power Stone verwandelt ihn in brenzligen Situationen in einen Super-Kampfroboter.

POWERPUFF GIRLS   SUPER RTL
2001. 52-tlg. US-Zeichentrickserie (»The Powerpuff Girls«; 1998–1999).
Die drei Vorschulmädchen Blossom, Bubbles und Buttercup wurden durch ihren Mentor Professor Utonium genetisch verändert und mutierten zu den Powerpuff Girls. Mit ihren neuen Superkräften bekämpfen sie in Townsville das Verbrechen.

PRACTICE – DIE ANWÄLTE   PRO SIEBEN
2000. 79-tlg. US-Anwaltsserie von David E. Kelley (»The Practice«; 1997–2004).
Die Bostoner Anwaltskanzlei Donnell & Partner ist oft in Geldnot und nimmt deshalb auch unspektakuläre und aussichtslose Fälle an. Trotzdem kämpfen die Anwälte stets mit vollem Einsatz für die Wahrheit – und für ihre Klienten, auch wenn diese oft Mörder sind. Bobby Donnell (Dylan McDermott) ist der Chef der Kanzlei, seine Mitarbeiter sind die Anwälte Eugene Young (Steve Harris), Ellenor Frutt (Camryn Manheim) und Lindsay Dole (Kelli Williams) sowie Büromanagerin Rebecca Washington (Lisa Gay Hamilton). Nach kurzer Zeit kommt Lucy Hatcher (Marla Skoloff) als neue Sekretärin dazu. Die Anwälte werden gleichberechtigte Partner und nennen die Kanzlei nun Donnell, Young, Dole & Frutt. Der Anwalt Jimmy Berluti (Michael Badalucco) ist ein streitlustiger kleiner Kerl, der für sich in Fernsehspots wirbt. Staatsanwältin Helen Gamble (Lara Flynn Boyle) ist in vielen Fällen die Gegnerin der Anwälte.
Erfolgreiche und preisgekrönte Serie in den USA. Bei uns lief knapp die Hälfte der eigentlich 168 einstündigen Folgen werktags um 12.00 Uhr, einige davon später noch einmal mittwochs um 22.15 Uhr auf Kabel 1. Der Rest wurde bisher nicht gezeigt.

PRÄRIEINDIANER   ZDF
1981. 8-tlg. US-Westernserie (»Born To The Wind«; 1978).
Um das Jahr 1800 sind die weißen Siedler noch nicht überall in Nordamerika angekommen, und so beschäftigen sich die Indianer dieses Stammes noch mit sich selbst, ihren Moralvorstellungen und ihrer Umgebung. Painted Bear (Will Sampson) ist zwar nicht der ausgewiesene Häuptling, trifft aber die wesentlichen Entscheidungen. Mit seiner Squaw, der Präriefrau (Linda Redfearn), hat er zwei Kinder, Sohn Two Hawks (Guillermo San Juan) und Tochter Star Fire (Rose Portillo). Zum Stamm gehören außerdem Medizinmann One Feather (Dehl Berti) und die Krieger White Bull (Emilio Delgado), Low

Wolf (A. Martinez) und Der-den-Feind-jagt (Edward Franz).
Das ZDF zeigte jeden Mittwoch zwei 25-minütige Folgen.

PRAXIS BÜLOWBOGEN ARD
1987–1996. 107-tlg. dt. Familienserie von Ulrich del Mestre.
In der Praxis von Dr. Peter Brockmann (Günter Pfitzmann) am Bülowbogen in Berlin-Schöneberg stapeln sich die Patienten im Wartezimmer, und da der Herr Doktor es selten beim Schreiben eines Rezeptes bewenden lässt und die meist aus der Arbeiterschicht stammende, bunt gemischte Schar von Kranken sich auch mit persönlichen Problemen an ihren Arzt wendet, wird die Warteliste nie kürzer. Die resolute, aber nur scheinbar taffe Sprechstundenhilfe Gabi Köhler (Anita Kupsch) versucht, das Chaos in Grenzen zu halten und wenigstens hin und wieder selbst einen privaten Termin bei Brockmann zu bekommen.
Ihr zur Seite stehen die Schwestern Irene (Gesine Cukrowski) und Erika (Johanna König). Der Obdachlose »Gleisdreieck« (Klaus Schwarzkopf) schleppt immer wieder Hilfsbedürftige an, ist aber mit seinen guten Verbindungen auf der Straße auch häufig eine Hilfe für den Doktor und seine Patienten. Brockmann ist mit Lore (Johanna von Koczian) verheiratet, die er mit Iris Pauli (Mona Seefried) betrügt. Die Ehe wird geschieden; Lore geht nach Amerika, wo sie schließlich an Krebs stirbt. Brockmann beginnt, erst zögernd, eine lange Beziehung zur Apothekerin Dr. Pia Michaelis (Cornelia Froboess), die einen erwachsenen Sohn Nico (Holger Handtke) hat, doch kurz vor der geplanten Hochzeit trennen sich die beiden.
Brockmanns Tochter Kathrin (Mareike Carrière) ist ebenfalls Ärztin und zieht mit in die Praxis ihres Vaters; sie ist eine Weile mit Pias Bruder Carlos (Wolf Roth) liiert. Nachdem er sich von ihr trennt, fährt sie mit ihrem Wagen gegen einen Baum und sitzt danach im Rollstuhl.
Eine ganz andere Welt als am Bülowbogen trifft Brockmann, wenn er die Familie seiner ehemaligen Frau Lore besucht. Seine schlichten Patienten sind ihm unendlich lieber als die feine Familie Maerker, die die meiste Zeit damit beschäftigt ist, um Macht und die richtige Strategie beim familieneigenen Chemieunternehmen zu kämpfen, und dafür immer wieder die Zustimmung Brockmanns braucht, der die Anteile von seiner Frau geerbt hat.
Matriarchin ist Anna Maerker (Carola Höhn). Ihre Tochter Gisela (Eleonore Weisgerber) ist mit Bernd Saalbach (Dieter Thomas Heck) verheiratet, einem Ehrgeizling, der immer glaubt, zu kurz zu kommen. Nachdem sich Gisela endlich von ihm getrennt und er sich auch beruflich völlig verrannt hat, nimmt er sich das Leben. Die beiden haben eine Tochter Annelie (Julia Biedermann).
Giselas Bruder Georg Maerker (Bruno Dietrich) ist mit Rebecca (Vera Müller) verheiratet. In der Firma arbeitet er mit der intriganten Nadja Bredow (Isa Jank) zusammen, die ein Verhältnis mit Richard Solms (Jürgen Thormann) hat, einem Jugendfreund Brockmanns. Solms' Ehe mit Birgit (Almut Eggert) zerbricht schließlich. Katrin kümmert sich um seinen Adoptivsohn Wolfgang, genannt Wolf (Peter Wilczynski), und dessen Tochter und ist nicht glücklich, als deren Mutter Bettina (Beate Maes) nach zwei Jahren wieder auftaucht.
Nach dem Todesfall eines langjährigen Patienten beschließt Brockmann, endlich der Frau, mit der er die meiste Zeit verbracht hat und die er doch nie als Frau wahrgenommen hat, einen Heiratsantrag zu machen: seiner loyalen Sprechstundenhilfe Gabi. Aus Erfahrung klug geworden, stellt sie die Bedingung, dass er die Praxis aufgeben muss. Brockmann

Pfitze und seine Frauen: *Praxis Bülowbogen* mit Günter Pfitzmann, Anita Kupsch (links) und Mareike Carrière.

stimmt zu und übergibt sie Dr. Peter Sommerfeld (Rainer Hunold), mit dem er kurz zuvor schon einen Selbstmordkandidaten gerettet hat. Sein Kollege praktiziert nun unter dem Titel *Dr. Sommerfeld – Neues vom Bülowbogen* weiter.

Praxis Bülowbogen war der *Liebling Kreuzberg* unter den Arztserien. Rund um Brockmanns Praxis war Westberlin so, wie Westberlin sich immer selbst gern gesehen hat: mit Herz und Schnauze, großstädtisch tolerant, aber mit einer fast dörflichen Nähe zu den Nachbarn im eigenen Kiez. Die »Berliner Zeitung« schrieb, dass Dr. Brockmann »zwangsläufig ganzheitlich diagnostizieren musste, weil er die ganze Familie und die Nachbarschaft parallel mit behandelte«. Pfitzmann selbst hatte sich die Figur gewünscht, weil er gerne einmal einen Serienarzt spielen wollte. Mit den folkloristischen Geschichten wurde er zu einem Wahrzeichen (West-)Berlins.

Die Serie lebte von ihrer Warmherzigkeit und ihrer Freude an schrulligen Nebenfiguren und Typen aus einfachsten Milieus. Im Gegensatz dazu waren die Maerkers draußen am Wannsee furchtbare Gewächse der materialistischen 80er-Jahre, mit der Familie Saalbach (Eleonore Weisgerber! Dieter Thomas Heck! Julia Biedermann!) als abschreckendstem Beispiel.

Ein großer Teil der 107 Folgen bestand aus den immer gleichen Versatzstücken: Brockmann, der eine Frau versetzt, weil er dann doch noch nach Dienstschluss bei einer Patientin vorbeischaut. Gabi, die ihre fortwährenden Verletzungen hinter beißendem Sarkasmus versteckt. Die Praxis, in der das Wartezimmer überquillt und nicht mal alle Patienten einen Sitzplatz finden. Brockmann, der draußen bei den Maerkers in alten Klamotten Unkraut jätet, was doch in den Augen der Verwandtschaft seiner Frau so was von gar nicht standesgemäß ist …

Eine echte »Praxis am Bülowbogen« eröffnete erst 1999 in der Bülowstraße – der Arzt, der sich hier niederließ, versuchte durch das zusätzliche »am« in der Mitte des Namens eventuelle Klagen der ARD zu vermeiden.

Die markante Titelmusik, mutmaßlich eine der langsamsten der Welt, ist von Jürgen Knieper. Nach einer Pilotfolge am Dienstag um 20.15 Uhr liefen die einstündigen Folgen über Jahre erfolgreich mittwochs im regionalen Vorabendprogramm.

PRAXIS – DAS GESUNDHEITSMAGAZIN ZDF
→ Gesundheitsmagazin Praxis

PRAXIS MOBIL ZDF
→ Praxis täglich

PRAXIS TÄGLICH ZDF
2001–2003. Gesundheitsmagazin mit Dr. Günter Gerhardt.

Die 25-minütigen Folgen liefen werktäglich um 11.35 Uhr. Auf dem gleichen Sendeplatz war vorher *Gesundheit!* mit Dr. Gerhardt gelaufen. Kurz vor dem Ende der täglichen Sendung ging Dr. Gerhardt auf Tour und begleitete unter dem Titel *Praxis mobil* »Schicksale in Deutschland«. Nach der letzten Sendung liefen noch eine Woche lang Wiederholungen, dann wurde sie in das verlängerte Verbrauchermagazin *Volle Kanne – Service täglich* integriert.

DER PREIS DER MACHT ARD
1980. 10-tlg. US-Familiensaga nach dem Roman von Taylor Caldwell (»Captains And The Kings«; 1976).

Der arme irische Einwanderer Joseph Armagh (als Jugendlicher: Johnny Doran; später: Richard Jordan) findet im 19. Jh. Ruhm und Reichtum in den Vereinigten Staaten dank glücklicher Ölinvestitionen. Es ist ein von Macht und Geld getriebener Mann, der erst spät seine menschliche Seite entdeckt. Sein

Nicht zu überbieten: *Der Preis ist heiß*. Wenn Sie wissen, was Harry Wijnvoord wert ist, haben Sie ihn jetzt gewonnen.

Sohn Rory (Perry King) schickt sich später an, vom Vater getrieben, als erster Katholik US-Präsident zu werden, fällt jedoch im Wahlkampf einem Attentat zum Opfer.
Die Serie schilderte die Lebensgeschichte Joseph Armaghs und seiner Söhne über mehr als 50 Jahre. Sie lief im regionalen Vorabendprogramm, mal in zehn einstündigen und mal in 20 halbstündigen Folgen.

DER PREIS DES REICHTUMS ARD
1988. 6-tlg. brit.-irischer Krimi von Peter Ransley, Regie: Peter Smith (»The Price«; 1985).
Frances (Harriet Walter), die Ehefrau des in Irland lebenden, reichen englischen Geschäftsmanns Geoffrey Carr (Peter Barkworth), und ihre Tochter Clare (Susanne Reid) werden von der IRA entführt. Die 50-minütigen Folgen liefen montags um 20.15 Uhr.

DER PREIS IST HEISS RTL
1989–1997. Tägliche halbstündige Gameshow und Dauerwerbesendung mit Harry Wijnvoord.
Wer weiß, was eine Packung Reis kostet, hat sie schon gewonnen. Funktioniert auch mit Autos und kompletten Wohnungseinrichtungen. Mehrere aus dem Studiopublikum ausgewählte Kandidaten, jeweils vier zur gleichen Zeit am Ratepult, müssen schätzen, was ein vorgestelltes Produkt kostet. Dabei gilt es, dem gesuchten Betrag am nächsten zu kommen, ihn aber nicht zu überbieten. Wer den Preis am besten geschätzt hat, darf ihn behalten und hat sich für die nächste Spielrunde qualifiziert, in der es um einen deutlich hochwertigeren Gewinn geht. Die Grundidee des Preisratens wird nun in verschiedenen Spielformen umgesetzt, solange das Publikum nur laut genug »höher«, »tiefer« oder etwas Unverständliches brüllt. So müssen Kandidaten aus mehreren Produkten Zweierpaare mit gleichem Ladenpreis finden, den korrekten Preis aus einem schon angegeben Betrag bilden, dessen Ziffern aber jeweils um eins zu hoch oder zu niedrig sind, oder eine Reihe von Produkten nach ihrem Preis sortieren. In wenigen Spielen geht es auch um Geschicklichkeit, so im »Einlochen«, wobei der Kandidat einen Ball mit dem Golfschläger in ein Loch befördern muss. Wenn es ihm beim ersten Mal nicht gelingt, benennt Harry Wijnvoord das Spiel kurzerhand in »Zweilochen« um, und er darf noch mal.
Nach jeder Spielrunde wird ein neuer Teilnehmer aus dem Publikum für die Viererrunde und aus dieser wieder einer für die nächste Spielrunde ermittelt. Im Finale treten zwei Kandidaten an, die ihre Runden zuvor gewonnen haben. Waren dies mehr als zwei, werden die Teilnehmer durch Drehen an einem Glücksrad ermittelt. Die Finalisten müssen dann die Summe einer Reihe von Preisen schätzen, die im Rahmen einer an den Haaren herbeigezogenen Geschichte vorgestellt werden.
Der Preis ist heiß war eine originalgetreue Umsetzung der amerikanischen Gameshow »The Price Is Right« und die konsequenteste aller Dauerwerbesendungen, denn nur dort waren die Produkte gleichzeitig Hauptdarsteller, roter Faden und Wissensgebiet. Die Sendung war stilbildend wie einst *Dalli Dalli*, wo sich ein Kandidat, der in die Kamera gewunken hatte, einmal von Hans Rosenthal ermahnen lassen musste: »Sie sind in einer Großstadt – das macht man nicht!« Die Showrevolution der Privaten bestand darin, die Leute aus den Kleinstädten in Busse zu verladen und ihnen wieder beizubringen, ihrem Drang, zu winken, zu toben und den Showmaster zu knutschen, ungebremst nachzugeben.
Neben Wijnvoord trat Walter Freiwald als Co-Moderator auf, der die möglichen Gewinne beschrieb, während Models sie zärtlich streichelten. Freiwald begrüßte die Zuschauer zu Beginn jeder Sendung mit dem »Großen Hallo«, rief die Kandidaten aus dem Studiopublikum auf und trommelwirbelte das Glücksrad herbei (»Meine Damen und Herren – das Rad!«).
RTL sendete die Show zunächst jeden Werktag gegen 17.00 Uhr und verlegte sie Ende 1992 auf 10.30 Uhr, kurz darauf auf 11.00 Uhr am Vormittag. Nach der letzten, der 1873. Folge im Sommer 1997 zeigte RTL noch zwei Monate lang Wiederholungen, bevor sich die Sendung in die ewigen Schnäppchenjagdgründe verabschiedete. Wijnvoord tauchte auf tm3 noch einmal mit einer Kochshow auf, die konsequenterweise »Der Reis ist heiß« hieß.

PRESSECLUB ARD
Seit 1987. Nachdem *Der Internationale Frühschoppen* mit Werner Höfer eingestellt worden war, rief die ARD eine modernisierte Version auf gleichem Sendeplatz sonntags um 12.00 Uhr ins Leben.
Im Presseclub diskutieren nur noch fünf Journalisten über aktuelle Themen aus der Politik, sie kommen überwiegend aus Deutschland, und es geht vor allem um innenpolitische Themen. Erster Moderator war Rolf Schmidt-Holz, im Wechsel mit Dieter Thoma. Nachfolger von Schmidt-Holz wurde bereits im September 1988 Gerhard Fuchs, im März 1993 löste Fritz Pleitgen Dieter Thoma ab. Fuchs wiederum hörte im Herbst 2001 auf eigenen Wunsch nach 300 Sendungen auf, und Peter Voß moderierte nun im Wechsel mit Pleitgen; im Mai 2002 kam Monika Piel zusätzlich in die Moderationsrotation.
An Tagen, an denen der *Presseclub* wegen Sportübertragungen ausfallen muss, läuft auf Phoenix eine Neuauflage des *Internationalen Frühschoppens*.

PRESTON & PRESTON ARD
1964–1965. 18-tlg. US-Krimiserie von Reginald Rose (»The Defenders«; 1961–1965).
Lawrence Preston (E. G. Marshall) und sein Sohn Kenneth (Robert Reed) arbeiten gemeinsam als Rechtsanwälte in ihrer eigenen Kanzlei. Die Serie war ungewöhnlich: *Preston & Preston* thematisierte heiße Eisen wie Abtreibung und Rassismus. Außerdem verloren die beiden gelegentlich auch mal einen Fall, was sonst im Fernsehen nie vorkam.

Gerade mal 18 der eigentlich 132 einstündigen Folgen bekamen auch die deutschen Zuschauer zu sehen.

PRETENDER VOX
1997–2000. 86-tlg. US-Krimi-Mystery-Serie von Steven Long Mitchell und Craig W. van Sickle (»The Pretender«; 1996–2000).
Der IQ von Jarod Russell (Michael T. Weiss) ist so hoch, dass er nicht mehr messbar ist. Jederzeit kann er jede Identität annehmen und über das entsprechende Fachwissen verfügen. Die kriminelle Organisation »Das Center« hat Jarods Fähigkeiten jahrelang missbraucht. Jetzt ist Jarod auf der Flucht vor Dr. Green (Patrick Bauchau) und Miss Parker (Andrea Parker) vom »Center« und setzt seine Fähigkeiten ein, um Gutes zu tun.
In den USA lief die Serie im Doppelpack mit *Profiler*. In der 63. Folge von *Pretender* verschmolzen die beiden Serien: Jarod und Samantha Waters aus *Profiler* arbeiten gemeinsam an einem Fall, der in *Pretender* begonnen und in der anschließenden *Profiler*-Folge aufgeklärt wird. Vox dachte mit und zeigte die beiden Serien auch in Deutschland als Doppelpack zur Primetime.

PREUSSEN – EIN PROZESS IN FÜNF VERHANDLUNGEN ZDF
1981. 5-tlg. Dokumentationsspiel zum Preußenjahr.
In Form einer Gerichtsverhandlung mit Ankläger (Volkert Kraeft), Verteidiger (Karl-Heinz von Hassel) und Richter (Manfred Heidmann) wird die Geschichte Preußens aufgerollt. Als »Beweise« dienen dokumentarische Bilder, Szenen aus Fernsehproduktionen und Texte preußischer Dichter, die in die Verhandlung eingebaut sind.

PREY – GEFÄHRLICHE SPEZIES! RTL
1999. 13-tlg. US-Mysteryserie von William Schmidt (»Prey«; 1998).
Auf der Erde hat sich ein neuartiger Menschentypus gebildet, der die herkömmlichen Menschen zu vernichten versucht. Die Wissenschaftlerin Dr. Sloan Parker (Debra Messing) findet das heraus und versucht, zusammen mit ihren Kollegen Dr. Ed Tate (Vincent Ventresca) und Dr. Walter Attwood (Larry Drake) die Katastrophe aufzuhalten. Es gelingt ihnen, den Mutanten Tom Daniels (Adam Storke) auf ihre Seite zu ziehen, der nun gegen seine eigene Rasse kämpft. Außer ihnen ist nur der Police Detectice Ray Peterson (Frankie R. Faison) eingeweiht.
Hauptdarstellerin Debra Messing wurde später als Grace Adler in *Will & Grace* berühmt. RTL zeigte die einstündigen Folgen dienstags um 23.15 Uhr.

PRIME TIME, SPÄTAUSGABE RTL
Seit 1990. 15-minütiges Kulturmagazin von Alexander Kluge, das RTL aus den gleichen Gründen ausstrahlen muss wie *10 vor 11* (siehe dort). Lief am zunehmend späteren Sonntagabend.

DER PRINS MUSS HER ARD
1986–1987. 12-tlg. dt. Krimiserie von Wolfgang Franke und Heinz-Dieter Ziesing.
Der Kunstexperte Raffael Prins (Peter Sattmann) verfolgt als Privatdetektiv Kunstfälscher und -diebe. Der Laborexperte Ernst Bornicke (Hans Heinz Moser) und Carla Resch (Franziska Bronnen) unterstützen ihn. Sie hat ein Reisebüro und ist nützlich, wenn Prins die Bösen ins Ausland verfolgen muss, erledigt aber auch jede Menge anderer Aufgaben für ihn.
Die einstündigen Folgen liefen am Vorabend.

PRINZ UND BETTELKNABE DFF 1
1980. 6-tlg. brit. Jugenddrama nach dem Roman von Mark Twain (»The Prince And The Pauper«; 1975).
Prinz Edward und der Bettelknabe Tom Canty (beide: Nicholad Lyndhurst) entdecken, wie ähnlich sie einander sehen, und tauschen die Plätze – ausgerechnet wenige Tage bevor Edwards Vater Henry VIII. stirbt und Edward zum König gekrönt werden soll. Jede Folge dauerte 25 Minuten.

DER PRINZ VON ATLANTIS PRO SIEBEN
2002–2003. 26-tlg. brit. Zeichentrickserie (»Prince Of Atlantis«; 1996).
Prinz Akata, der letzte Bewohner des Unterwasserreiches Atlantis, kämpft allein gegen die kriminelle B.I.G. Corporation, die es auf die versteckten Schätze und die magische Energie von Atlantis abgesehen hat. Lief samstagmorgens.

DER PRINZ VON BEL-AIR RTL
1992–1997. 147-tlg. US-Sitcom von Benny Medina, Jeff Pollack, Susan und Andy Borowitz (»The Fresh Prince Of Bel-Air«; 1990–1996).
Der aus ärmlichen Verhältnissen in Philadelphia stammende Jugendliche Will Smith (Will Smith) wohnt bei seinem reichen Onkel Philip Banks (James Avery) in dessen vornehmer Villa in Bel Air, Beverly Hills. Seine freche Art und seine schrille Kleidung passen jedoch überhaupt nicht in diese Umgebung. Phil ist entsprechend genervt – hätte er noch welche, würde er sich dauernd die Haare raufen. Wills Mutter hatte den Jungen zu ihm geschickt, damit er eine bessere Erziehung bekommt. Diese Rechnung geht nicht ganz auf.
Zum Banks-Haushalt gehören Mutter Vivian (Janet Hubert-Whitten; ab der vierten Staffel: Daphne Maxwell-Reid), der kleinwüchsige Sohn Carlton (Alfonso Ribeiro), mit dem Will eine Hassliebe verbindet, die ältere Tochter, die naive Hillary (Karyn Parsons), die jüngere Ashley (Tatyana M. Ali) und der ebenso vornehme wie vorlaute Butler Geoffrey (Joseph Marcell). Der Rapper Jazz (Jeffrey A. Townes), der von Onkel Phil nicht gern im Haus gesehen ist, ist Wills bester Kumpel. Er stellt zu Beginn der fünften Staffel – ein Jahr nach der Auswechslung der Vivian-Darstellerin – die Frage: »Wer spielt eigentlich dieses Jahr die Mutter?«
Die Serie war eine der erfolgreichsten afroamerika-

nischen Sitcoms in den USA und fuhr auch für RTL über Jahre hohe Marktanteile am Samstagmittag ein. Ihr Produzent war der Musiker Quincy Jones, auf dessen Vorschlag hin der damals 20-jährige unerfahrene Will Smith engagiert wurde. Smith war mit Serienpartner Jeffrey A. Townes auch als Musiker erfolgreich. Unter ihren Rollennamen hatten sie als DJ Jazzy Jeff & The Fresh Prince mehrere Hits wie »Summertime« und »Boom! Shake The Room!« in den Charts. Den Titelsong rappte Smith ebenfalls selbst. Er wurde später als Solomusiker mit den Hits »Men In Black«, »Miami« und »Gettin' Jiggy Wit' It« und den Kinofilmen »Men In Black«, »Independence Day« und »Staatsfeind Nr. 1« weltberühmt.

DER PRINZ VON PUMPELONIEN ARD
1991. 4-tlg. Marionettenspiel der *Augsburger Puppenkiste* von Sepp Strubel nach dem Buch von Katharina Kühl.
Königin Elodie verzweifelt am Zustand des Königreichs Pumpelonien, in dem nichts so ist, wie es sich gehört. Ihr Mann, der König, will nicht regieren, sondern Mensch-ärgere-dich-nicht spielen. Prinz Pumpel von Pumpelonien will nicht die schöne, aber kratzbürstige Prinzessin Pimpinelle aus dem Nachbarkönigreich heiraten, wie es Elodie zur Sanierung des Landes geplant hatte, weil er in Mariechen, die Tochter des Gärtners, verliebt ist. Prinzessin Pimpinelle will ihn auch nicht heiraten. Und der Drache Fidibus schließlich will keine Menschen fressen, wie er soll, sondern Eiscreme.
Das Königreich Pumpelonien war Jahrzehnte vorher bereits der Ausgangspunkt des *Puppenkiste*-Klassikers *Urmel aus dem Eis*.

PRINZESSIN AMINA – DAS GEHEIMNIS EINER LIEBE ARD
1997. 3-tlg. dt.-ital.-frz. Abenteuer-Melodram von Luigi Montefiori, Regie: Enzo Girolami (»Il Deserto di fuoco«; 1997).
Der arabische Kronprinz Ben Duvivier (Anthony Delon) liebt Amina (Mandala Tayde). Sie ist allerdings seine Schwester. Das ist in diesen Kreisen vielleicht nicht ungewöhnlich, aber dennoch verboten. Glücklicherweise erfährt Ben, dass er als Kleinkind der einzige Überlebende eines Flugzeugabsturzes war und danach adoptiert wurde. Amina ist also gar nicht seine Schwester, und so steht der Liebe nichts im Weg. Außer natürlich der intrigante Cousin Tafud (Giuliano Gemma), dem Amina versprochen ist. Derweil macht sich Ben auf die Suche nach seiner leiblichen Mutter Christine (Virna Lisi), die in Frankreich lebt. Unterwegs freundet er sich mit dem Dieb Jacquot (Stéphane Freiss) an, der Ben bei der Suche hilft. Sie finden Bens Mutter und heraus, dass deren zweiter Ehemann François Legrand (Mathieu Carrière) die Schuld am Tod seines leiblichen Vaters trägt. Der war nämlich Geologe und hat in der Sahara wertvolle Rohstoffe entdeckt, an denen François großes Interesse hatte.
Jede Folge hatte Spielfilmlänge.

PRINZESSIN FANTAGHIRÓ SAT.1
1993–1998. 10-tlg. ital. Fantasyserie (»Fantaghirò«; 1991).
Fantaghiró (Alessandra Martines; als Kind: Emanuela Hernandez) ist die dritte Tochter des alten Königs (Mario Adorf), der lieber einen Sohn bekommen hätte, um abdanken zu können. Sein Nachfolger hätte den jahrhundertelangen Krieg mit dem feindlichen Nachbarn beenden sollen. Genau diese Aufgabe übernimmt Fantaghiró und duelliert sich mit Romualdo (Kim Rossi-Stuart). Sie verlieben sich ineinander und heiraten. Ihre Gegenspielerin ist die Schwarze Hexe (Brigitte Nielsen). Fantaghiró und Romualdo können auf die Hilfe der Weißen Hexe (Angela Molina; ab Folge 3: Katarina Kolajova) vertrauen.
Nach den ursprünglichen vier Folgen wurde die Reihe dreimal mit jeweils zwei neuen Folgen fortgesetzt. Jede Folge hatte Spielfilmlänge. Sie liefen meist am Sonntagnachmittag.

PRINZESSINNEN RTL
2004. 8-tlg. US-Sitcom von Mark Ganzel, Barry Kemp und Robin Schiff (»Princesses«; 1991).
Die drei Single-Frauen Tracy Dillon (Julie Hagerty), Melissa Kirshner (Fran Drescher) und Georgy De La Rue (Twiggy Lawson) teilen sich eine Wohnung in New York. Tracy und Melissa sind seit jeher beste Freundinnen, Georgy ist eine englische Prinzessin. Eigentlich war es ein Missverständnis, dass alle drei in dieselbe Wohnung einziehen sollten, doch dann blieben sie einfach da. Lief sonntagmorgens.

PRISMA DFF, DFF 1
1963–1991. »Probleme – Projekte – Personen«. Innenpolitisches Magazin, das auch Forum für Kritik war: Unzulänglichkeiten und Fehlentwicklungen in der DDR wurden problematisiert und Veränderungen später in der bekannten Rubrik »Was geschah danach?« nachgegangen. Auch in der Nachwendezeit setzte sich *Prisma* mit dem Umbruch kritischkonstruktiv auseinander und war sehr populär.
Erster Moderator war Gerhard Scheumann, Chefredakteur der Satirezeitschrift »Frischer Wind«, aus der später der »Eulenspiegel« wurde. Zu den Moderatoren gehörten außerdem Claudia Berlin, Rosemarie »Rosi« Ebner, Karl-Heinz Gerstner, Hans Jacobus und Axel Kaspar.
Lief zur Hauptsendezeit am Donnerstagabend und brachte es auf fast 700 Sendungen.

PRIVATDETEKTIV FRANK KROSS ARD
1972. 13-tlg. dt. Krimiserie von Bruno Hampel, Regie: Erich Neureuther.
Der Privatdetektiv Frank Kross (Siegfried Wischnewski) löst Kriminalfälle in ganz Europa. Die 25-minütigen Folgen liefen in allen regionalen Vorabendprogrammen.

PRIVATDETEKTIV HARRY HOLL ZDF
1963–1964. 7-tlg. dt. Krimiserie von Bruno Hampel, Regie: Jochen Wiedermann.

Der Detektiv Harry Holl (Udo Kämper) ermittelt in Mordfällen und bleibt dabei immer ganz freundlich. An seiner Seite: Inspektor O'Connor (Kurd Pieritz), Signora Calzoni (Burghild Schreiber) und Herr Bertram (Heinz Wenzel).

Wie so viele der frühen deutschen Krimis spielte auch diese Serie in England. Die Folgen waren schwarz-weiß, 25 Minuten lang, und sie liefen mittwochs im Vorabendprogramm.

PRIVATDETEKTIV HARRY MCGRAW ARD

1990–1991. 16-tlg. US-Krimiserie von Peter S. Fischer (»The Law And Harry McGraw«; 1987–1988).

Privatdetektiv Harry McGraw (Jerry Orbach) hat sein leicht heruntergekommes Büro in Boston. Es herrschen Chaos und Unordnung, aber irgendwie findet sich Harry zurecht. Seine Nichte E. J. Brunson (Juliana Donald) arbeitet dort als seine Sekretärin. Gleich gegenüber ist die Anwaltskanzlei Maginnis & Maginnis, die die Witwe Ellie Maginnis (Barbara Babcock) leitet, unterstützt von ihrem Neffen Steve Lacey (Shea Farrell).

Harry ist mit Ellie befreundet, obwohl die beiden nicht viel gemeinsam haben. Er nennt sie liebevoll beim Nachnamen. Harry ermittelt regelmäßig für Maginnis, meistens widerwillig (»Wenn ich nur ein bisschen Verstand hätte, würde ich nach Cleveland ziehen und eine Bowlingbahn aufmachen«). Seine Freizeit verbringt er gern in der Kneipe »Gilhooley's«, in der Cookie (Marty Davis) hinter der Bar steht. Der Steueranwalt Steve Lacey (Shea Farrell) ist Ellies Neffe, Tyler Chase (Peter Haskell) ist der Staatsanwalt, der ebenfalls ein Auge auf Ellie geworfen hat.

Nach dem Pilotfilm am Sonntag zur Primetime liefen die einstündigen Folgen im Vorabendprogramm. Bevor er seine eigene Serie bekam, hatte Orbach die Rolle des Harry McGraw bereits in mehreren Folgen der Serie *Mord ist ihr Hobby* gespielt.

PRIVATDETEKTIV JOE DANCER ZDF

1986. 3-tlg. US-Krimireihe von Michael Butler (»Joe Dancer«; 1981).

Joe Dancer (Robert Blake) ermittelt in drei spielfilmlangen Folgen. Wie schon in *Baretta* spielte auch hier wieder Blakes Frau Sondra an seiner Seite.

PRIVATDETEKTIVIN HONEY WEST ARD

1967. 13-tlg. US-Krimiserie nach den Romanen von G. G. Fickling (»Honey West«; 1965–1966).

Honey West (Anne Francis) führt mit ihrem Partner Sam Bolt (John Ericson) eine Detektei in Los Angeles, die sie mitsamt Sam von ihrem Vater geerbt hat. Ihr Einsatzfahrzeug ist ein Kleinbus, der mit diversem technischen Schnickschnack ausgestattet ist. Honey besitzt eine größere Waffensammlung, beherrscht Judo und Karate und hält sich eine zahme Raubkatze als Haustier, den Ozelot Bruce. Tante Meg (Irene Hervey) arbeitet in der Detektei mit und hält den Betrieb aufrecht, während Honey und Sam im Außeneinsatz sind.

Die halbstündigen Schwarz-Weiß-Folgen liefen im regionalen Vorabendprogramm.

PRIVATE LIFE SHOW ARD

1995. Diese Sendung wurde als spektakuläre neue Showreihe und »hemmungsloser Seelenstriptease« angekündigt, war aber in Wirklichkeit eine einmalige Satire von Michael Seyfried.

In der fiktiven Show gehen Kandidaten mit Messern aufeinander los und prügeln sich, am Ende wird der Moderator (Burkhard Driest) erstochen. Wie schon 25 Jahre zuvor *Das Millionenspiel* kritisierte auch die *Private Life Show* die immer drastischer werdenden Sendeformate im kommerziellen Fernsehen. Und wie damals durchschauten viele die Satire nicht. Einige der entsetzten Zuschauer alarmierten während der Ausstrahlung am späten Samstagabend die Polizei. Am darauf folgenden Montag musste der Saarländische Rundfunk mit der Erklärung an die Presse gehen, dass es sich um einen Fernsehfilm gehandelt habe.

PRIVATFERNSEHEN ARD

1996–1997. Wöchentliches Magazin mit Friedrich Küppersbusch.

Wie schon die Vorgängersendung *ZAK* gab es in *Privatfernsehen* investigative Reportagen und brillante Satire. Die neue Sendung, deren Konzept Küppersbusch »ZAK plus X« nannte, wurde live vor Publikum aus einem Getreidespeicher am Kölner Rheinufer gesendet. Pro Sendung waren zwei bis drei Gäste geladen, die man irgendwoher kannte. Franz Lambert sorgte an der Hammondorgel für die musikalische Untermalung. Zum festen Programm gehörte ein wöchentlicher Bericht vom Fußballsechstligisten Hamborn 07.

Der Lobbyverband der Privatsender (VPRT) klagte gegen den Namen *Privatfernsehen* und verlor, Küppersbusch bedankte sich öffentlich für die kostenlose Werbung.

Lief zunächst jeden Samstag 60 Minuten lang nach dem *Wort zum Sonntag*, später freitags 45 Minuten lang nach dem *Bericht aus Bonn*.

DIE PRO SIEBEN MORNING-SHOW PRO SIEBEN

1999. Tägliche 90-minütige Live-Comedyshow, die morgens um 6.30 Uhr begann.

Steffen Hallaschka und Tommy Wosch moderierten abwechselnd zum Team gehörten Arzu Bazman, Wigald Boning und Ken Jebsen. Zwischen den Comedyelementen gab es Spiele, Musik, Talk und aktuelle Infos.

Die Comedy am frühen Morgen blieb weit unter den erhofften Einschaltquoten und überlebte nur vier Monate.

DIE PRO SIEBEN MORNINGSHOW PRO SIEBEN

2004. 45-minütige Call-In-Show am Sonntagmorgen, die nur den Titel der kurzlebigen Comedyshow von 1999 wiederbelebte und noch kürzer im Programm blieb.

Professor Haber experimentiert und weiß, wie man anhand von Haushaltsgeräten Gesetze der Wissenschaft erklärt.

PRO SIEBEN NACHRICHTEN — PRO SIEBEN
1991–2004. 15-minütige Hauptnachrichtensendung von Pro Sieben, die zunächst täglich um 20.00 Uhr lief, ab Januar 1996 halbstündig um 19.30 Uhr, ab November 1998 20-minütig um 19.55 Uhr und schließlich ab Februar 2003 wieder, wie gehabt, 15 Minuten lang um 20.00 Uhr.
Moderatoren waren u. a. Norbert Anwander, Florian Fischer-Fabian, Jan Fromm, Christiane Gerboth, Percy Hoven, Isabell Jaenecke, Wolfgang Klein, Jeanette Riesch, Carlo Thränhard (für den Sport) und Markus Tychsen.
Pro Sieben wollte die Sendung ursprünglich »Tagesbild« nennen, die ARD hatte jedoch erfolgreich dagegen geklagt (das Urteil fiel am 1. August 1991, zweieinhalb Monate vor Sendestart), weil sie eine Verwechslungsgefahr mit ihrer *Tagesschau* sah. Erst 2001 entschied der Bundesgerichtshof, dass die Zuschauer das eine ganz gut vom anderen unterscheiden könnten – aber da wollte Pro Sieben schon längst nicht mehr.
In einem Punkt eiferte Pro Sieben der ARD nach: Während der *Tagesschau* war Werner Veigel einmal sein Gebiss herausgefallen, während der *Pro Sieben Nachrichten* verlor Christiane Gerboth einen Zahn. Ende 2004 bekam die Sendung wieder einmal ein neues Konzept und Design, diesmal aber auch einen neuen Namen: *Newstime*.

PRO SIEBEN REPORTAGE — PRO SIEBEN
Seit 1999. Wöchentliche Reportagereihe mit halbstündigen Filmberichten. Lief bis Oktober 2000 jeden Dienstag gegen 22.15 Uhr, nach einer Pause ab Januar 2001 mittwochs um 23.10 Uhr.

PRO UND CONTRA — ARD
1968–1998. 45-minütige Diskussionssendung.
Zwei Lager debattieren kontrovers ein brisantes Thema. Jeder Experte hat drei Minuten Redezeit, die von einer Sanduhr gestoppt wird. Die Zuschauer im Studio stimmen vor und nach der Diskussion ab; das Ergebnis wird durch eine Waage optisch umgesetzt, in die eine Kugel nach der anderen fällt.
In der Premiere ging es um die 0,8-Promille-Grenze, später wurde über ein Tempolimit diskutiert, über Benzinpreise, Ausländergesetze, Wehrausgleich, Ladenschluss, Homo-Ehe und in einer der letzten Sendungen über die 0,5-Promille-Grenze. Moderatoren waren Emil Obermann (1968–1985), Ernst Elitz (1985–1994) und Hans-Heiner Boelte (1994–1998). Die Reihe lief einmal im Monat am Donnerstagabend zur Primetime und brachte es auf 219 Sendungen.

PROFESSOR BALTHAZAR — ARD
1972–1978. 59-tlg. jugoslaw. Zeichentrickserie von Zlatko Grgić (»Profesor Balthazar«; 1967–1977).
Der geniale Erfinder Professor Balthazar hat eine Menge Probleme, aber auch eine Menge Ideen. Mit seinem Reagenzglas und einer verrückten Maschine findet er aber meistens einen Ausweg. »Er überlegte ... und überlegte ... und überlegte ... und dann hatte er eine Idee«, schildert eine Stimme aus dem Off den Vorgang.
Die fünfminütigen Folgen liefen im regionalen Vorabendprogramm.

PROFESSOR FLIMMRICH — DFF 1
→ Flimmerstunde

PROFESSOR HABER BERICHTET — ARD
1979–1980. Wissenschaftsreihe mit Professor Heinz Haber und Fortsetzung von *Professor Haber experimentiert*.
Mit anschaulichen Modellen, interessanten Filmen und verblüffenden Experimenten erklärt der Fernsehprofessor wieder komplexe Themen auf unterhaltsame Weise. Es geht u. a. um das Leben auf fremden Planeten, Erdteile auf der Reise, Vulkane und das Wetter.
Zwölf halbstündige Sendungen liefen donnerstags um 17.25 Uhr.

PROFESSOR HABER EXPERIMENTIERT — ZDF
1968–1972. Wissenschaftsreihe für Jugendliche mit Prof. Heinz Haber.
Die Themen umfassen Himmel und Erde, Mensch und Tier, Vergangenheit und Gegenwart. Anschaulich, ohne hochtrabende Fachsprache, salopp und leicht verständlich erzählt Haber z. B. von Tieren

der Urzeit und verdeutlicht, warum ein Raumschiff nicht herunterfällt. Dabei verzichtet er auf Animationen oder technische Tricks und führt stattdessen Funktionsweisen anhand von Gegenständen vor, die man sowieso im Haushalt hat.

34 halbstündige Folgen liefen staffelweise am Samstagnachmittag.

PROFESSOR MULIARS BÖHMISCHSTUNDE   ARD
1982. 3-tlg. Sendereihe mit Fritz Muliar nach einer Idee von Götz Fehr.

Die böhmische Sprache, die böhmische Küche und das böhmische Völkergemisch werden in je einer Folge humorig vorgestellt. Unterstützt von Lore Lorentz schlüpft Muliar u. a. in die Rolle eines jüdischen Maßschneiders, um die Entwicklung der letzten 50 Jahre darzustellen.

PROFESSOR POPPERS ERFINDUNG   ZDF
1978. 6-tlg. brit. Kinder-Fantasyserie von Leo Maguire (»Professor Popper's Problem«; 1974).

Der Chemielehrer Professor Popper (Charlie Drake) experimentiert mit einer Pille, die Dinge schrumpfen lassen soll. Leider funktioniert sie bestens. Aus Professor Popper und den Schülern Terry (Philip DaCosta), Angus (Todd Carty) und Simon (Adam Richens) werden fünf Zentimeter große Zwerge, und wie üblich weiß keiner, wie sie wieder wachsen sollen. Liz (Debra Collins), die sich nicht hat schrumpfen lassen, wendet sich an Professor Crabbit (Milo O'Shea). Zu allem Ärger gibt es böse Konkurrenten, die hinter dem Professor her sind, um ihm die Formel zu klauen.

Die 15-minütigen Folgen liefen freitags um 16.55 Uhr.

PROFIL   DFF 1
1977. Kulturmagazin für Jugendliche mit Jens Buhmann, das über klassische und moderne Musik, Malerei, Theater und Literatur informiert. Die Folgen liefen monatlich am Donnerstagnachmittag und waren 55 Minuten lang.

PROFILER   VOX
1997–2000. 84-tlg. US-Mysteryserie von Cynthia Saunders (»Profiler«; 1996–2000).

Die FBI-Psychologin Dr. Samantha Waters (Ally Walker) kann die Gedanken von Tätern und Opfern »sehen« und überführt so Serienkiller und Psychopathen. Sie unterstützt Agent Bailey Malone (Robert Davi) und dessen Team, das aus John Grant (Julian McMahon), Nathan Brubaker (Michael Whaley), Grace Alvarez (Roma Maffia) und George Fraley (Peter Frechette) besteht. Einen Täter konnte Samantha bisher nicht überführen, und so wohnt sie auf der Flucht vor dem Serienkiller Jack (Dennis Christopher) mit ihrer Tochter Chloe (Caitlin Wachs; ab der dritten Staffel: Evan Rachel Wood) und ihrer besten Freundin Angel Brown (Erica Gimpel) abgelegen auf dem Land. Nach Sams Ausscheiden aus der VCTF (Violent Crime Task Force) übernimmt ab der vierten Staffel Rachel Burke (Jamie Luner) ihre Aufgaben.

Die Serie lief eng verknüpft im Doppelpack mit *Pretender* zur Primetime.

DIE PROFIS   ZDF, SAT.1
1981–1986 (ZDF); 1991 (Sat.1). 57-tlg. brit. Krimiserie von Brian Clemens (»The Professionals«; 1977–1983).

Major George Cowley (Gordon Jackson) ist Kopf der Spezialeinheit CI5, die gegen all diejenigen Terroristen, Spione und Verräter kämpft, die den anderen Sicherheitskräften bisher entwischen konnten, und zwar mit den Methoden, die die anderen aus guten Gründen nicht anwenden dürfen. Cowley, der nur dem Premierminister unterstellt ist, erteilt die Aufträge, die dann der zynische Bodie (Lewis Collins), früher Fallschirmspringer, und der sensible Doyle (Martin Shaw), früher Polizist, ausführen. »CI« steht für »Central Intelligence«, und wie alle guten Agenten sind natürlich auch Bodie und Doyle nummeriert: Sie sind Agent 3.7 bzw. Agent 4.5.

Die Botschaft der *Profis* war klar: Wer gegen das Böse kämpft, darf alles und muss sich nicht blöde kontrollieren lassen. Irgendwelche Grundregeln, wie man mit Gefangenen oder Verdächtigen umzugehen hatte, galten nicht für die CI5, allerdings wollte Doyle im Unterschied zu Bodie manchmal erst Fragen stellen, bevor er schoss oder zuschlug. Wichtig im Kampf gegen den Terrorismus schien aber vor allem die Fähigkeit, im Londoner Straßenverkehr einen Ford Capri mit der Handbremse zur abrupten Kehrtwende bewegen zu können.

In Großbritannien war die Serie die zweiterfolgreichste nach *Dallas* und damit die erfolgreichste britische Serie überhaupt. Auch in Deutschland wurden *Die Profis* ein Klassiker. Die Serie war mit ungewöhnlich vielen Actionszenen, Spezialeffekten und Drehs vor Ort gespickt. Dazu kamen coole Sprüche, die den Krimi auflockerten. Trotz aller Brutalität versuchte die Serie, das aktuelle Weltgeschehen aufzugreifen: Eine Folge (»Terror kennt keine Grenzen«) beschäftigt sich mit der Entführung eines Geschäftsmanns durch deutsche Terroristen, die sich Helmut-Meyer-Gruppe nennt. Manche Drehbücher waren eher seltsam: Eine komplette Folge (»Mein ist die Rache«) träumt Doyle, während er schwer verletzt im Koma liegt und überlegt, ob er lieber überleben oder sterben will. Eine Folge der ersten Staffel (»Rassenhass«), in der der Ku-Klux-Klan daran beteiligt ist, schwarze Mieter aus einem Haus zu werfen, wurde nicht im englischen Fernsehen gezeigt – in ihr wirkt auch Bodie zunächst ziemlich rassistisch.

Weil die Hauptdarsteller Shaw und Collins fast alle Stunts selbst machten, bedeutete ein Drehtag für sie 16 Stunden Arbeit. Keiner der beiden wollte seinen Vierjahresvertrag verlängern, und so wurde die Serie auf dem Höhepunkt ihres Erfolgs eingestellt. Hinzu kam, dass Stimmung und Arbeitsbedingungen offenbar nicht gut waren und Shaw und Collins sich nicht ausstehen konnten – schon seit einer

Folge von *Mit Schirm, Charme und Melone,* bei der sie beide mitgewirkt hatten. Diese Abneigung war durchaus erwünscht: Ursprünglich hätte Anthony Andrews Shaws Partner spielen sollen, aber die beiden waren befreundet, was nicht die beabsichtigte Schärfe auf dem Schirm produziert hätte. Shaw hatte eigentlich sogar schon nach einem Jahr aussteigen wollen, weil er um sein Image als ernst zu nehmender Schauspieler fürchtete. Er sagte später, er habe das Angebot nur angenommen, weil es gerade kein anderes gab, und nicht vermutet, dass die Serie überhaupt lange laufen würde. Aufgrund von Streitigkeiten über die Gage erwirkte er einen Gerichtsbeschluss, dass die Serie ab 1988 in Großbritannien im terrestrischen Fernsehen nicht wiederholt werden durfte.

Autor Brian Clemens hatte vorher *Mit Schirm, Charme und Melone* erfunden. Daraufhin bekam er vom britischen Sender London Weekend Television den Auftrag, eine Serie im Stil der erfolgreichen *Füchse* zu schaffen: *Die Profis.* Andere Produzenten wagten mit anderen Schauspielern den Versuch einer Fortsetzung: *Die Profis - Die nächste Generation.*

Das ZDF zeigte die Serie mittwochs um 21.20 Uhr und ließ etliche Folgen weg, die dem Sender zu brutal waren. Fünf Jahre später liefen sie in deutscher Erstausstrahlung am späteren Samstagabend in Sat.1. Eine einzelne ausgefallene Folge wurde bei einer späteren Wiederholung in Kabel 1 nachgereicht, vorher schon im Lokalfernsehen.

PROFIS CONTRA GANOVEN   KABEL 1
1994. 13-tlg. US-Krimiserie (»Pros And Cons«; 1991–1992).
Fortsetzung von *Chicago Soul.* Darin war die Hauptfigur lustlos und depressiv und die Serie erfolglos. Jetzt sprüht Gabriel Bird (James Earl Jones) plötzlich vor Lebenslust, hat eine neues privates Ermittlerbüro mit seinem Partner Mitch O'Hannon (Richard Crenna) in einer anderen Stadt eröffnet und heiratet seine alte Freundin Josephine (Madge Sinclair). Hach, die Welt kann so schön sein.
Die Vorgängerserie zeigte Kabel 1 übrigens direkt nach dem Ende dieser Serie. Jaja. Nein, fragen Sie nicht.

DIE PROFIS – DIE NÄCHSTE GENERATION   ARD
1999. 13-tlg. brit. Krimiserie (»CI5 - The New Professionals«; 1999).
Erfolglose Neuauflage der Erfolgsserie *Die Profis:* Chris Keel (Kal Weber) und Sam Curtis (Colin Wells) bekämpfen von London aus als Agenten für die Spezialeinheit CI5 das Verbrechen. Zum Team gehören Harry Malone (Edward Woodward) und die Computer- und Kampfsportexpertin Tina Backus (Lexa Doig). Die neuen Profis sind mit allerlei Hightechgeräten ausgestattet, werden auch im Ausland tätig und müssen sich neben den üblichen Kriminellen auch mit Themen wie ethnischen Säuberungen, bedrohten Tierarten und weltweitem Terrorismus auseinander setzen.

Ursprünglich hätte Lewis Collins als Bodie zurückkehren sollen, inzwischen befördert zum Chef der Spezialeinheit, aber die Verhandlungen mit ihm scheiterten. Die 45-Minuten-Folgen liefen samstags nach 22.00 Uhr.

PROGRAMM VON NEBENAN   DFF 1
1974–1977. »Wie man sich in der Welt unterhält«. Wolfgang Niederlein moderierte einmal im Monat, meistens mittwochabends, gelegentlich auch samstags, 45 Minuten lang eine bunte Mischung unterhaltsamer Film- und Musikbeiträge, die von ausländischen Fernsehstationen übernommen waren.

PROJEKT APHRODITE   ARD
1992. 6-tlg. dt. Science-Fiction-Serie, Regie: Stefan Bartmann.
Professor Dr. Günther Hartig (Günther Maria Halmer) und Dr. Andrea Jung (Brigitte Karner) arbeiten mit Kollegen an Möglichkeiten, die Schwerkraft aufzuheben. An den Ergebnissen ihres Projekts »Aphrodite« sind diverse Regierungen interessiert, die auch vor Gewalt nicht zurückschrecken, um sie in ihre Finger zu bekommen. Doch am Ende gelingt es Hartig und Jung, ins Weltall zu entschweben.
Die halbstündigen Folgen liefen im regionalen Vorabendprogramm.

PROJEKT Z   ZDF
1972. 6-tlg. brit. Abenteuerserie für Kinder von Michael Barnes, Regie: Ronald Spencer (»Project Z«; 1968).
Die Schüler Pam (Anabel Littledale), Alan (Michael Howe) und Colin (Michael Crockett) werden während einer Studienfahrt in einer nordafrikanischen Wüstenlandschaft versehentlich in kriminelle Machenschaften verwickelt. Die Ganoven Peters (Michael Murray) und MacNabb (Neil McCarthy) sind hinter einem Lastwagen mit Düsenantrieb her, der im Rahmen streng geheimer Tests in dieser Wüste ausprobiert wird, und entführen das Gefährt und die Gefährten.
Die Serie war eigentlich ein Film, den das ZDF in 15-minütigen Häppchen sonntagmittags zeigte.

PROMI-KOCHDUELL   VOX
→ *Kochduell*

PROMINENTEN PLAYBACK SHOW   RTL
1994–1997. Show mit Rudi Carrell und zeitweise mit Linda de Mol, in der Prominente ihre Lieblingsstars imitierten, d. h., zum Original-Playback der Songs die Lippen bewegten. Die Show war quasi eine mehrmalige Sonderausgabe der *Mini Playback Show.* Sie wurde fünfmal gesendet, in der Regel an Feiertagen und in Verbindung mit einem guten Zweck.

PROMPT   PRO SIEBEN
2004–2005. 25-minütiges Boulevardmagazin mit Birte Karalus um 18.30 Uhr, das die klaffende Informationslücke zwischen dem Boulevardmagazin

Er machte Nussschalen zu Fernsehstars: *Pronto Salvatore* (Franco Campana).

taff eine halbe Stunde vorher und den Nachrichten gut eine Stunde später füllte. Angesichts der schwachen Quoten liegt allerdings der Verdacht nahe, dass diese Lücke nur in den Köpfen der Pro-Sieben-Chefs existierte.

PRONTO SALVATORE   RTL
1988–1991. Kurze Spielshow mit Salvatore (Franco Campana).
Der Italiener, mit dunkler Sonnenbrille im Mafialook, spielt mit den Zuschauern das Hütchenspiel: Unter einer von drei Nussschalen ist eine Kugel, Salvatore vertauscht blitzschnell die Schalen, und die Zuschauer müssen die Kugel finden. Vorher sagt er so etwas wie: »Bin isch heute aufgestanden, habe Hose angezogen und was habe isch gefunden? Viel Geld. Das möschte isch loswerden.« Und hinterher: »Ciao für den Ragazzo.«
Das Zockerspielchen lief bis zu dreimal täglich, nachmittags und abends, und war eigentlich als Lückenfüller gedacht, weil der junge Sender RTL plus noch nicht in ausreichender Zahl Werbekunden hatte. Doch Salvatore hatte oft genug Quoten, die über denen der eigentlichen Sendungen vor oder nach ihm lagen, und wurde eine Art Zockerberühmtheit. Als die Minishow schließlich abgesetzt wurde, zog sich Campana aus dem Fernsehen zurück und arbeitete als Künstler. 2004 tauchte er noch einmal beim Regionalsender tv.nrw auf.

PROST, HELMUT!   ZDF
1985. 13-tlg. US-Sitcom (»Cheers«; 1982–1993).
Durch Synchronisation völlig verunstaltete Version der Serie *Cheers*. Das ZDF benannte die Kneipe von »Cheers« in »Zum fröhlichen Feierabend« um und änderte alle Rollennamen in alberne deutsche Namen: Aus Shelley Longs Rolle wurde Diane Zimmerlinde, Ted Danson spielte nun Hubert Milbe. Von der Originalserie waren nur die Bilder übrig geblieben. Noch schlimmer als dieses Verbrechen war, dass Pro Sieben den Quatsch 1990 auch noch wiederholte. Zehn Jahre später zeigte RTL, dass man die Serie auch ordentlich hätte synchronisieren können, und sendete sie komplett unter dem Originaltitel.

PROTECTOR – DAS RECHT IM VISIER   RTL 2
1998. 13-tlg. US-Serie von Dick Wolf und Richard Albarino (»Swift Justice«; 1996).
Mac Swift (James McCaffrey) war früher Polizist in New York und flog raus, weil er sich beim Kampf für das Gesetz nicht um das Gesetz scherte. Als Privatdetektiv überschreitet er nun weiterhin Grenzen, um Verbrecher zur Strecke zu bringen, aber jetzt kann ihn ja niemand mehr feuern. Sein Vater Al (Len Cariou) und sein Ex-Partner Randall Paterson (Gary Dourdan), beide noch bei der Polizei, helfen bei Bedarf.
Die 50-minütigen Folgen liefen montags um 22.20 Uhr.

DIE PROTOKOLLE DES HERRN M.   ZDF
1979. 13-tlg. dt. Krimiserie von Rolf Schulz, Regie: Harald Philipp.
Walter Mannhardt (Herbert Fleischmann) von der Münchner Bahnpolizei klärt Kriminalfälle auf und kümmert sich um Menschen, die um seine Hilfe

bitten. Bei den Fällen arbeitet er oft mit dem Kriminalpolizisten Jürgen Textor (Horst Janson) von der Mordkommission zusammen. Bei seinem Chef Sepp Lohmeyer (Fritz Strassner) eckt Mannhardt gelegentlich an. Ein weiterer Kollege ist Bahnpolizist Schorsch Paul (Rolf Schimpf).
Die 25-minütigen Folgen liefen montags am Vorabend.

DIE PROUDS PRO SIEBEN
2003–2004. 43-tlg. US-Zeichentrickserie von Bruce W. Smith (»The Proud Family«; 2001–2003). Nur Verrückte um sie herum. Na, wird schon gehen. Die 14-jährige Penny Proud schlägt sich mit ihren Eltern Oscar und Trudy herum, die ihr gegenüber ein deutlich zu großes Liebes- und Schutzbedürfnis haben, außerdem mit ihren Geschwistern Bebe und Cece, Oma Suga Mama und ihren Freunden Dijonay Jones, Zoey, LaCienega, Sticky und den Gross-Schwestern.
Disney-Produktion im Vormittagsprogramm des Wochenendes.

PROVIDENCE RTL, VOX
2000–2001 (RTL); 2003 (Vox). 84-tlg. US-Familienserie von John Masius (»Providence«; 1999–2002).
Die erfolgreiche Schönheitschirurgin Dr. Sydney Hansen (Melina Kanakaredes) hängt, nachdem ihre Mutter Lynda (Concetta Tomei) gestorben ist, ihr Glamourleben in Beverly Hills an den Nagel und kehrt zu ihrer Familie in den kleinen Ort Providence zurück. Dort arbeitet sie im kleinen örtlichen Krankenhaus. Klinikchefin Dr. Helen Reynolds (Leslie Silva) wird eine gute Freundin. Privat kümmert sich Sydney nun um ihren Vater Jim (Mike Farrell). Der eigenwillige Mann betreibt eine Tierarztpraxis, in der Sydneys jüngere Schwester Joanie (Paula Cale), eine allein erziehende Mutter, als Sprechstundenhilfe arbeitet. Ihr jüngerer Bruder Robbie (Seth Peterson) ist ein herzensguter Mensch, der gern ein Frauenheld wäre.
Den Titelsong »You Make Me Home« sang Angelica Hayden. Im amerikanischen Original war das Thema »In My Life« von Chantal Kreviazuk. 26 Folgen liefen sonntag- und samstagnachmittags bei RTL, der Rest werktagnachmittags auf Vox. Die letzte Staffel mit zwölf weiteren Folgen wurde bisher nicht in Deutschland ausgestrahlt.

DER PROZESS DRITTE PROGRAMME
1984. 3-tlg. dt. Dokumentation von Eberhard Fechner über den Majdanek-Prozess.
Fechner verfolgte den fast sechs Jahre dauernden Prozess gegen 15 SS-Leute, der 1981 mit nur einem »Lebenslänglich« endete, führte Interviews mit Angeklagten und Zeugen. Aus der überwältigenden Materialfülle machte er einen fünfstündigen Film in drei Teilen und zeichnete mit den Erzählungen der Zeitzeugen, die er ihnen in langen Gesprächen entlockte, das Leben im Konzentrationslager und die Gedankenwelt der Täter in nie gekannter Akribie nach. Die wieder aufkommende Angst, die die ehemaligen Häftlinge, die für den Prozess oft aus Israel oder den USA angereist waren, beim bloßen Gedanken an ihre Peiniger erfasste, kontrastierte er mit der wehleidigen Furcht der Täter vor ihrer Verurteilung.
Das Ergebnis war ein Meisterwerk, das der ARD aber zu sperrig fürs Massenpublikum erschien. Angeblich wegen der »konsequenten künstlerischen Strenge der Behandlung des Stoffes« versteckte sie den Dreiteiler nachts in den Dritten Programmen. Erst 1991, zehn Jahre nach Prozessende, schaffte es *Der Prozess,* auch im Ersten gezeigt zu werden.

PROZESSE DER WELTGESCHICHTE ARD
1990. 4-tlg. dt. Geschichts-Doku-Reihe.
In jeder Folge wird ein großer historischer Prozess aufgerollt, dessen Urteil heute als schreiendes Unrecht angesehen wird, und die Frage behandelt, was Recht und was Gerechtigkeit ist. In Spielszenen werden einerseits die Prozesse rekonstruiert, andererseits der heutige Stand der Recherche anhand von Fakten und Experten nachgestellt. Es geht um die Verurteilungen von Galileo Galilei, Jesus Christus, Jan Hus und Johanna von Orleans.
Die 45-Minuten-Filme liefen ungefähr monatlich dienstags um 23.00 Uhr.

PS ZDF
1975–1976. »Geschichten ums Auto«. 8-tlg. dt. Familienserie von Robert Stromberger, Regie: Claus Peter Witt.
Jochen Neubert jun. (Günter Pfitzmann) übernimmt die Leitung des familieneigenen Autohauses, als sein Vater Hermann (Wolfgang Engels) krank wird. Er will frischen Wind in den Laden bringen, ersetzt den alten Meister Karl Brensberger (Benno Sterzenbach) durch Ulli Joost (Stephan Schwartz) und legt sich mit der Prokuristin Cornelia Mettler (Liane Hielscher) an. Der neue Meister macht Fehler in Reihe: Er fährt am Tag nach einer Feier mit zu viel Restalkohol im Blut, baut einen Unfall, muss den Führerschein abgeben und fährt dann ohne ihn – wobei er prompt (nach einem Hinweis von Brensberger) erwischt und zu einer so hohen Geldstrafe verurteilt wird, dass ihm keine Wahl bleibt, als ins Gefängnis zu gehen. Brensberger soll für ihn einspringen, was ihm erst gar nicht passt, doch dann stellt sich heraus, dass der alte Neubert in seinem Testament ohnehin verfügt hat, dass sein Sohn, Brensberger und Fräulein Mettler den Betrieb gemeinsam führen müssen.
Während all dessen versuchen Herr Schmitting (Gerd Baltus) und seine Frau (Eva Zionitsky), als Kunden ernst genommen zu werden. Sie haben sich einen Amalfi CS 1800 andrehen lassen, was in jeder Hinsicht eine schlechte Idee war: Eigentlich ist der ohnehin zu teuer, dann kommt er erst in letzter Minute vor dem Urlaub, dann hat er das falsche Schiebedach, schließlich streikt er immer dann, wenn's drauf ankommt.

PS – BRODZINSKI ARD

1978. 4-tlg. dt. Familienserie von Robert Stromberger, Regie: Claus Peter Witt.

Ein scheinbar harmloser Auffahrunfall ruiniert den Gemüsehändler Franz Brodzinski (Hans Putz). Frau Isél (Wega Jahnke), die mit ihrem Wagen in den Gemüsewagen gefahren ist, zieht ihr Schuldeingeständnis zurück, die Reparatur verzögert sich, die Versicherung versucht ihn über den Tisch zu ziehen, er kann sich nach einiger Zeit weder den Leihwagen leisten noch die Reparatur des eigenen Wagens bezahlen. Als auch Prokuristin Cornelia Mettler (Liane Hielscher) vom Autohaus Neubert nicht helfen kann, klaut Brodzinksi kurzerhand sein wichtiges Gefährt. Am Ende steht er vor dem Nichts.

Die einstündigen Folgen liefen montags um 20.15 Uhr. Die Serie hatte nur wenig mit dem Vorgänger PS zu tun und noch viel weniger mit dem Nachfolger PS – Feuerreiter.

PS – FEUERREITER ARD

1979. 4-tlg. dt. Familienserie von Karl Wittlinger, Regie: Claus Peter Witt.

Das Autohaus Neubert von Thomas Dietz (Lutz Mackensy) hat eine Marktlücke entdeckt: Motorräder. Dank der Rockergruppe der »Feuerreiter«, die mit ihren Maschinen die Stadt unsicher macht, gibt es reichlich Aufträge. Der Anführer Hamlet (Willi Kowalj) will sogar die komplette Motorradflotte seiner Männer von Monteur Fritz Bossel (Wolfgang Condrus) und seinem Bruder Harry (Peter Thom) frisieren lassen. Der Plan scheitert am TÜV. Die neuen Kunden bleiben aus, die meisten alten sind ohnehin schon geflüchtet – Harry Bossel sieht nur noch einen Ausweg: Er versichert die Werkstatt, lässt sie dann abbrennen und beschuldigt die »Feuerreiter«. Hamlet, der in der Zwischenzeit in seiner Anführerrolle von dem Neuling Jochen (Jochen Schroeder) herausgefordert wurde, beweist den Betrug, wird aber wegen seiner zweifelhaften Methoden von den anderen Fahrern ausgeschlossen.

Autor dieser weiteren Neuauflage von Geschichten um ein Autohaus war nicht mehr Robert Stromberger, sondern Karl Wittlinger. Die Serie war krude, und die »Hörzu« vermutete, dass sie nur noch gedreht wurde, weil man das »für viel Geld gemietete Autohaus« weiter nutzen wollte.

PSI BR, ARD

1992–1993 (BR); 1993 (ARD). Halbstündiges übersinnliches Magazin mit Thomas Hegemann und Penny McLean.

Die Welt ist voller Künstler, deren Pinsel von verstorbenen Malern geführt werden, Nachbarn, die Ufos gesehen haben, und Uri Gellers, die aus der hohlen Hand Radieschen wachsen lassen können. In dieser Show dürfen sie alle auftreten und erzählen, was sie erlebt haben. Untote, Außerirdische, Wiedergeborene und Hellsichtige bevölkern demnach unsere Welt wie Totenschädel, Kristallkugeln und Raben das PSI-Studio.

PSI war der gutgläubige Versuch der ARD, auf die Esoterikwelle aufzuspringen, die schon Sendungen wie Wahre Wunder, Phantastische Phänomene, Ungelöste Geheimnisse und Unglaubliche Geschichten hervorgebracht hatte. »Phänomene gibt's, die glaubt man gar nicht«, sagte Thomas Hegemann, und viele Kritiker zählten diese Sendung mit dazu. In einer Sendung versuchte PSI, live einen Kontakt zwischen Studiogästen und Toten herzustellen. Doch die Verbindung ins Reich der Toten gelang nicht, zumindest nicht rechtzeitig vor den Tagesthemen. Das lag diesmal nicht wie sonst an Problemen mit Satelliten oder Leitungen, nein: »Die Schwelle zum höheren Bewusstsein ist einfach noch nicht erreicht«, erklärte Penny McLean, die ihre Schwelle zum höheren Bewusstsein vermutlich überschritt, als sie ihren ursprünglichen Namen Gertrud Wirschinger ablegte.

Lief dienstags um 22.00 Uhr im Ersten. Die Serie hatte vorher schon im Dritten Programm des Bayerischen Rundfunks begonnen und endete auch dort.

PSI FACTOR RTL 2, VOX

1997–1998 (RTL 2); 1998–2001 (Vox). »Es geschieht jeden Tag«. 88-tlg. kanad. Mysteryserie (»Psi Factor: Chronicles Of The Paranormal«; 1996–2000).

Connor Doyle (Paul Miller) und Curtis Rollins (Maurice Dean Wint) leiten das Office of Scientific Investigation and Research, kurz OSIR, das in übernatürlichen, paranormalen, wissenschaftlich nicht zu erklärenden Fällen ermittelt. Zum Team gehören Lindsay Donner (Nancy Ann Sakovich), Peter Axon (Barclay Hope) und Dr. Anton Hendricks (Colin Fox). Später verlassen Doyle und Rollins die Mannschaft; Michael Kelly (Michael Moriarty) kommt hinzu. Neuer Leiter wird Matt Praeger (Matt Frewer).

Dan Aykroyd, der die Serie selbst angeregt hatte, führte als Moderator in jede Folge ein und kommentierte sie. Die gezeigten Fälle basierten angeblich auf wirklichen Begebenheiten und Ermittlungen des tatsächlich existierenden OSIR. PSI Factor war ein Versuch, das Erfolgsrezept von Akte X zu kopieren, war in seiner Schlichtheit dabei aber meist unfreiwillig komisch. Die Macher versicherten allerdings, dass sie trotz der an Sherlock Holmes erinnernden Namensgebung Connor Doyle den ganzen Geisterjägerkrams nicht ironisch meinten.

Bei RTL 2 liefen die einstündigen Folgen mittwochs, bei Vox sonntags zur Primetime, später dann auch bei RTL 2 sonntags.

PSSST ... WDR, ARD

1990–1992 (WDR); 1993–1995 (ARD). Halbstündiges Ratespiel um Geheimnisse mit Harald Schmidt. Ingolf Lück, Elke Heidenreich, Mariele Millowitsch und Herbert Feuerstein müssen Geheimnisse von fünf Gästen erraten, darunter meist zwei Prominente, die etwas Ungewöhnliches können, sind oder erlebt haben. Harald Schmidt gibt zu Beginn einen verklausulierten Hinweis auf das Geheimnis. Jeder Rater hat 30 Sekunden Zeit, Fragen an den Gast zu stellen, dann kommt der nächste an die Reihe. Das Ende der Zeit signalisiert ein künstlicher Entenruf. Sind alle durch, dürfen 30 Sekunden lang alle gleichzeitig fragen (was sie meist wörtlich nehmen). Ist das Geheimnis nach den zweieinhalb Minuten noch nicht geraten, wird es gelüftet.

Der winzige Maximalgewinn in Höhe von 50 DM aus dem Ratespiel *Was bin ich?* wurde in dieser Show noch unterboten: Hier gab es gar nichts zu gewinnen, es ging allein um Spaß und Unterhaltung. Die Haltung war das Gegenteil von der bei *Was bin ich?*. Anstatt sorgfältig und exakt zu formulieren, machte das Rateteam Witze, verplemperte Zeit, alle hackten auf Feuerstein rum, der beschwerte sich über mangelnde Zeit, Millowitsch und Heidenreich schwätzten, Lück passte nicht auf, und Schmidt vergab nach Lust und Laune Fantasiepunkte, die eh keine Rolle spielten. Es war, früher undenkbar, eher Kindergeburtstag als »ernst zu nehmendes« Quiz – oder genauer: Erwachsenengeburtstag, nach der dritten Flasche Eierlikör. Vermutlich war das auch mit dem zeitweiligen Untertitel »Das etwas andere Ratespiel« gemeint. Fehlten Lück oder Feuerstein im Rateteam, wurden sie meist durch Konrad Beikircher vertreten. Zeitweise nahm Sissy Perlinger Elke Heidenreichs Platz ein. Schmidt und Feuerstein machten parallel auch die Comedyshow *Schmidteinander*. Die Titelmusik schrieb Thomas Fuchsberger, der Sohn von Joachim.

Pssst ... begann sehr erfolgreich montagabends um 21.00 Uhr im Dritten Fernsehprogramm des WDR, wurde auch von anderen Dritten Programmen übernommen und wanderte im Juni 1993 ins werktägliche Nachmittagsprogramm der ARD um 17.15 Uhr (zunächst mit Wiederholungen, ab Herbst mit neuen Folgen). Die Folgen waren jetzt fünf Minuten kürzer, und es trat ein Gast weniger auf. 1991 waren bereits sechs Folgen von der Internationalen Funkausstellung bundesweit in der ARD gesendet worden. Kurz vor ihrem Ende schaffte es die Reihe sogar noch in die Primetime. Die letzte Staffel lief dienstags um 21.05 Uhr. *Pssst ...* brachte es auf 78 Folgen.

DAS PSYCHO-DEZERNAT　　　　　　PRO SIEBEN

1992. 7-tlg. US-Krimiserie von Stephen J. Cannell und Randall Wallace (»Broken Badges«; 1990–1991).

Drei Polizisten, die einen an der Klatsche haben, stellt Beau Jack Bowman (Miguel Ferrer) zu einer neuen Spezialeinheit zusammen und erlöst deren bisherige Abteilungen damit von einem Problem. Der depressive Kleptomane Toby Baker (Ernie Hudson), die sexbesessene und risikofreudige J. J. »Bullet« Tingreedes (Eileen Davidson) und der kleinwüchsige Bauchredner Stanley Jones (Danny Jay Johnson) sollen gemeinsam Kriminalfälle lösen. Polizeipsychologin Priscilla Mather (Charlotte Lewis) hat alle Hände voll zu tun.

Die einstündigen Folgen liefen mittwochs um 19.00 Uhr.

PUBLIC MORALS – DIE ROTLICHT-COPS　　　SAT.1

1999–2000. 13-tlg. US-Sitcom von Steven Bochco und Jay Tarses (»Public Morals«; 1996).

Im Sittendezernat der New Yorker Polizei arbeiten Ken Schuler (Donal Logue), Corinne O'Boyle (Julianne Christie), Mickey Crawford (Justin Louis), Val Vandergoodt (Jana Marie Hupp), Shag Riggs

Die Handbewegung zum Sendungstitel gab es nur in exakt dieser gespreizten Form: *Pssst...* mit Harald Schmidt.

(Joseph Lattimore), Richie Biondi (Larry Romano) und Neil Fogarty (Peter Gerety).

Erfinder Steven Bochco war über Jahrzehnte einer der erfolgreichsten Krimiproduzenten der USA; er arbeitete z. B. für *Columbo*. Seine erste Sitcom floppte jedoch dermaßen, dass sie in den USA nach nur einer Folge abgesetzt wurde. Sat.1 sendete diese eine und auch die zwölf in Amerika nicht ausgestrahlten Folgen im werktäglichen Nachtprogramm.

PULASKI   RTL

1989. 8-tlg. brit. Krimiserie von Roy Clarke (»Pulaski«; 1987).

Fernsehserie mit einem Privatdetektiv über eine Fernsehserie mit einem Privatdetektiv. Der ungehobelte Trunkenbold Larry Summers (David Andrews) spielt im Fernsehen den liebenswerten Ermittler Pulaski, einen ehemaligen Priester. Auch im wahren Leben wird er in Kriminalfälle hineingezogen, weil ihn die Polizei oder Privatmenschen um Mithilfe bitten und Summers auch dort gerne Pulaski spielt. Die Grenzen zwischen Serienhandlung und Realität verschwimmen. Kate Smith (Caroline Langrishe) spielt seine Fernsehpartnerin Briggsey, ist aber zeitweise auch seine echte Partnerin. Paula Wilson (Kate Harper) ist die Produzentin.

Die knapp einstündigen Folgen liefen donnerstags am Vorabend. Die zahlreichen Stunts in der Serie leistete Alf Joint.

PULS LIMIT   VOX

2003. »Jeder Herzschlag zählt«. Einstündige Quizshow mit Peer Kusmagk.

Jeder Kandidat muss maximal sieben Fragen beantworten und darf dabei bloß nicht nervös werden. Während des Spiels ist er an einen Pulsmesser angeschlossen. Wenn sein Herzschlag eine vorher anhand des Ruhepulses festgelegte Frequenz überschreitet, darf er nicht antworten und verliert wertvolle Zeit. Das Limit wird immer weiter herabgesetzt, der Kandidat immer aufgeregter. Wenn die Zeit abläuft, ohne dass er eine gestellte Frage beantworten kann, ist das erspielte Geld verloren.

Die Show war einer der letzten Ausläufer des großen Quizbooms, den *Wer wird Millionär?* ausgelöst hatte. Sie war eine Adaption der Show »The Chair«, die in den USA und in Großbritannien von dem Ex-Tennisstar John McEnroe moderiert wurde, der für seine Wutausbrüche auf dem Tennisplatz berühmt war und schon durch seine pure Anwesenheit den Puls der Kandidaten nach oben trieb. In der deutschen Version stand über einer gefährlich aussehenden, feuerspeienden Fahrstuhlinstallation der porentiel reine Soapdarsteller Kusmagk. Die Show lief achtmal dienstags um 20.15 Uhr, dann kam jemand auf die Idee, zur Abwechslung dem Publikum den Puls zu fühlen, und zog den Stecker.

DIE PULVERMÄNNER   ZDF

1972. 13-tlg. dt. Jugendserie von Dieter Werner, Regie: Wolfgang Teichert.

Die Schaustellerfamilie Pulvermann zieht mit ihrer mäßig laufenden Schießbude »Freischütz« von Stadt zu Stadt. Vater Phil (Carlos Werner), Mutter Fee (Kitty Mattern) und die Kinder Wim (Dagobert Walter), Do (Angelika Grobe), Tim (Steffen Kreutzer) und Menz (Georg Wondrak) schlagen sich mühsam auf den verschiedenen Rummelplätzen durch.

Die halbstündigen Folgen liefen sonntagnachmittags.

DER PUMA – KÄMPFER MIT HERZ   RTL

2000. 8-tlg. dt. Actionserie.

Eigentlich betreibt Josh Engel (Mickey Hardt) die Kampfsportschule »Puma« in Berlin. Nebenberuflich arbeitet er jedoch eng mit Jackie Winter (Susanne Hoss) und Mehmet Schulz (Ercan Durmaz) von der Kriminalpolizei zusammen. Josh, genannt »Der Puma«, arbeitet als verdeckter Ermittler und setzt seine Martial-Arts-Fähigkeiten ein.

Die einstündigen Folgen liefen donnerstags um 21.15 Uhr; der Serie war bereits ein Pilotfilm im Dezember 1999 vorausgegangen. RTL nannte den *Puma* »Europas erste Martial-Arts-Serie«.

PUMUCKL   ARD

→ Meister Eder und sein Pumuckl

PUMUCKL TV   ARD

Seit 1995. Sonntagmorgenshow für Kinder mit dem Trickkobold Pumuckl.

Moderatorin war zunächst Eva Habermann, später Singa Gätgens zusammen mit Beni Weber. Im Rahmen der einstündigen Show wurden immer zwei Folgen aus Kinderserien gezeigt, eine davon war *Meister Eder und sein Pumuckl*. Zwischen den Serien gab es Spiele. Anfang 2005 lief die 500. Ausgabe.

PUMUCKLS ABENTEUER   KI.KA

1999. 13-tlg. dt. Kinderserie und Nachfolger der Erfolgsserie *Meister Eder und sein Pumuckl*.

Der Schiffskoch Odessi (Towje Kleiner) nimmt den verwaisten Klabautermann Pumuckl auf und steht mit ihm verschiedene Abenteuer durch. Pumuckls Stimme war diesmal auch zu sehen: Hans Clarin synchronisierte den Kobold und spielte den Kapitän des Schiffes. Ende 1999 zeigte auch die ARD die Folgen täglich vormittags, z. T. im Doppelpack.

PUNKT 5 – LÄNDERREPORT   ARD

1991–1993. Werktägliches 15-minütiges Magazin nach der 17.00-Uhr-Tagesschau, in dem Berichte aus allen deutschen Bundesländern, vor allem aus den gerade hinzugekommenen fünf neuen, gezeigt wurden.

PUNKT, PUNKT, KOMMA, STRICH   SWR

1969–1972. Spielshow mit Fred Sackmann, ab 1971 mit Frank Elstner.

Teams aus zwei Städten treten im Zeichenwettstreit gegeneinander an. Aus der Show entstanden später *Die Montagsmaler*.

PUNKT PUNKT PUNKT ARD, SAT.1
1991 (ARD); 1992–1994 (Sat.1). Halbstündige Spielshow mit Mike Krüger.

Krüger gibt Sätze vor, lässt aber ein Wort aus und sagt stattdessen »Punkt Punkt Punkt«. Sechs Prominente müssen aufschreiben, was ihrer Meinung nach in die Lücke gehört, und zwei Kandidaten versuchen zu erraten, was die Prominenten aufgeschrieben haben. Für jede Übereinstimmung gibt es Punkte. In der Spielrunde »Knackpunkt« nennt Krüger eine halbe Minute lang schnell zwei ähnlich klingende Begriffe, der Kandidat entscheidet sich für einen, der Prominente tippt, für welchen.

Zum Team der Prominenten gehörten fast immer Heidrun von Goessel, Ron Williams und Jan Fedder, die anderen wechselten. Fedder schrieb meistens »Rentier« oder »Aquarium« auf, wenn ihm nichts einfiel, und das war der Hauptgrund, warum die Sendung so witzig war. Sie war eine Neuauflage der alten ARD-Show *Schnickschnack,* und beide Shows waren Adaptionen des US-Formats »The Match Game«. Schon *Schnickschnack* war 1975 für seine ausgelassene Albernheit kritisiert worden. Auch die neue Version war eher Comedy als Quiz.

Sie startete im regionalen ARD-Vorabendprogramm in Norddeutschland und zog im Januar 1992 auf den Samstagnachmittag in Sat.1. Es war das erste Mal, dass eine Show nahtlos und unverändert vom öffentlich-rechtlichen ins private Fernsehen wechselte. Ein halbes Jahr zuvor hatte Sat.1 bereits *Vorsicht Kamera!* samt Chris Howland wiederbelebt, seit dem Ende der ARD-Ausstrahlung waren aber 25 Jahre vergangen. Sat.1 nannte *Punkt Punkt Punkt* eine »halbe Stunde Spaß ohne Zwang zu Tiefgang«. Das traf es, und das war auch gut so.

PUNKT 6/PUNKT 7/PUNKT 9 RTL
Seit 1994. Frühstücksfernsehen. Im November 1994 verabschiedete sich RTL von seinem bunten mehrstündigen Frühstücksfernsehen *Guten Morgen Deutschland* und ersetzte es durch Serien. Vom Infotainment blieb zunächst nur das halbstündige Live-Magazin *Punkt 7* um 7.00 Uhr mit Nachrichten, bunten Geschichten, Horoskop und Wetter. Ab September 1997 kam das halbstündige *Punkt 6* hinzu; zwischen beiden lief nun wieder eine halbe Stunde lang *Guten Morgen Deutschland.* Ab Oktober 2002 gab es *Punkt 7* nicht mehr, dafür kam zwei Stunden später eine halbe Stunde *Punkt 9* hinzu. Im April 2002 schließlich wurde *Guten Morgen Deutschland* gestrichen und dafür *Punkt 6* auf eine Stunde verlängert.

Häufigster Moderator war von Anfang an und ist bis heute Wolfram Kons. Außerdem moderierten u. a. Ilka Essmüller, Alexa Iwan, Birgit Kick, Birte Karalus, Petra Schweers, Birgit von Bentzel und Leonard Diepenbrock.

PUNKT 12 RTL
Seit 1992. »Das RTL-Mittagsjournal«. Werktägliches Magazin mit Nachrichten aus aller Welt, Boulevardberichten, Reportagen, Servicetipps, Wetter und Interviews.

Die Sendung war im April 1992 unter dem Titel *12.30* und zur entsprechenden Uhrzeit gestartet und wechselte mit der Verlegung auf 12.00 Uhr zum 1. Juni 1992 zwangsläufig den Namen. Moderatorin des anfangs halbstündigen Magazins war Milena Preradovic, mit der die Sendung zu einem Riesenerfolg wurde und Marktanteile bis zu 35 % erreichte. Als Preradovic 1997 zu Sat.1 wechselte, wurde ihre bisherige Vertreterin Katja Burkard die neue Moderatorin. Burkard, die Lebensgefährtin des damaligen RTL-Informationsdirektors Hans Mahr, lispelte heftig und sagte Dinge wie »Mehr zum Thema ›Plötzlicher Kindstod‹ jetzt gleich in den ›Besser-leben‹-News«, doch der Erfolg hielt an, auch als RTL 1999 die Sendezeit auf eine Stunde verdoppelte. Die zusätzliche Zeit wurde u. a. mit einem dollen Telefonquiz gefüllt. Burkards Vertretung übernahmen Ilka Essmüler und Peter Hilffert.

PUNKTUM ARD
1991. »Nachmittagsgedanken mit Konrad Beikircher«. Viermal die Woche werktags durfte der rheinische Kabarettist direkt nach *Der Doktor und das liebe Vieh* sagen, was er er von der Welt hält.

PUR ZDF
Seit 1994. »Tivi mit Durchblick«. Halbstündiges Magazin für Kinder mit der von Rolf Kutschera gezeichneten Trickfigur Petty und Gregor Steinbrenner, ab März 2001 Jo Hiller.

Wunderbar leichtfüßig, aber nicht leichtgewichtig informiert die Sendung und klärt ohne erhobenen Zeigefinger auf. Die thematische Bandbreite reicht von Toleranz über Umweltschutz, Gewalt an Schulen, schmutzige Toiletten, die Arbeit in der Kanalisation und Haare bis zum Starkult.

Die Reihe läuft am Samstagvormittag. Von 1996 bis 1997 gab es außerdem den Ableger »PuR Sport« mit Antje Maren Pieper alle 14 Tage dienstags nachmittags.

PUSCHEL, DAS EICHHORN ZDF
1984. 26-tlg. jap. Zeichentrickserie nach dem Buch von Ernest Thompson Seton (»Seton Doobutsuki isuno Banaa«; 1979). Das Eichhorn Puschel hat seine Mutter verloren und wurde auf einem Bauernhof von einer Katze aufgezogen. Jetzt zieht Puschel in den Wald und schließt neue Freundschaften. Lief samstags, später zusätzlich donnerstags.

PUSTEBLUME ZDF
1979–1981. Halbstündiges Wissensmagazin für vier- bis achtjährige Kinder mit Peter Lustig, das 1981 in *Löwenzahn* umbenannt und unter dem neuen Titel zum Dauerbrenner wurde. Anders als in *Löwenzahn* wohnte Lustig hier noch nicht in einem Bauwagen, sondern in einem Gartenhäuschen.

Die Sendung erhielt 1980 den Grimme-Preis mit Silber. 20 Folgen liefen am Sonntagnachmittag und wurden mittwochs und freitags wiederholt.

DIE PUTZTEUFEL – DEUTSCHLAND MACHT SAUBER RTL 2

Seit 2003. Vorher-Nachher-Show, die die Hygieneexpertinnen Christel und Rita bei dem Bestreben begleitet, besonders heruntergekommene Wohnungen auf Vordermann zu bringen.

Da die Reihe erfolgreicher und die Wohnungen schmutziger als erwartet waren, bekamen Christel und Rita den ganzen Dreck nicht mehr allein weg, und ab der zweiten Staffel im Januar 2004 kamen Sandra und Alexander als zweites Putzpaar dazu und ab Herbst Ileene und Thomas.

Die einstündigen Folgen liefen erst donnerstags, dann mittwochs um 20.15 Uhr.

PYJAMA FÜR DREI ZDF

1989. 12-tlg. dt. Comedyserie von Peter Vincent und Peter Robinson, Regie: Gabriele Zerhau.

Karrierefrau Ilona (Ulrike Kriener) steht zwischen zwei Männern: Manfred (Klaus Wennemann), von dem sie sich hat scheiden lassen, dessen Herz aber noch an ihr hängt, und Hagen (Robert Giggenbach), ihr Neuer, mit dem es aber noch nicht so richtig klappt. Die entstehenden Missverständnisse, Liebes- und Eifersuchtsdramen werden verschärft durch Manfreds Vater Fritz (Horst Bollmann), der sich dauernd einmischt.

Jede Folge war 25 Minuten lang, das ZDF zeigte freitags ab 17.50 Uhr jeweils zwei Folgen hintereinander.

DIE PYRAMIDE ZDF

1979–1994. Spielshow mit Dieter Thomas Heck.

Zwei Teams aus je einem Prominenten und einem Unbekannten spielen gegeneinander. Abwechselnd können sie sich aus sechs Themen, die pyramidenförmig an einer Ratewand aufgeführt sind, eines auswählen. Zu diesem Thema gehören sieben Begriffe. Es geht darum, diese nacheinander erscheinenden Begriffe seinem Teampartner möglichst schnell mit Worten und Gesten zu umschreiben, ohne Teile des gesuchten Begriffs zu nennen. Gelingt es einem Team, in 30 Sekunden alle Begriffe durchzuspielen, hat es die »Pyramide« geschafft. Das Siegerteam nach insgesamt sechs Spielen einer Runde kann seinen Gewinn verdoppeln. Es spielt dazu eine Bonusrunde. Darin geht es um schwierigere Begriffe oder Redensarten, und der erklärende Prominente darf nicht einmal mit Gesten nachhelfen: Er muss seine Handgelenke deshalb in zwei Gurte am Sitz legen. Die Konzentration in dieser Runde ist besonders hoch: Wenn der Prominente einmal einen Teil des gesuchten Begriffs verrät, ist die Runde sofort zu Ende und der Kandidat um viel Geld gebracht. Nach dieser Bonusrunde beginnt das Spiel mit sechs neuen Themen auf der Ratewand von vorn.

Die Sendung lebte von dem Reiz, Prominente in der ungewohnten Stresssituation zu sehen – und von einer ganzen Reihe Ritualen: Dazu gehörte das »Anschnallen« in der Zwischenrunde, das Heck vor allem bei Frauen immer wieder sanft, aber nachdrücklich und auch körperlich einforderte. Der Countdown vor den Spielen, den Heck mit einem Fingerschnipsen beendete und oft hinauszögerte, um die Spannung zu steigern. Und das regelmäßige Eingreifen des Schiedsrichters bei zweifelhaften Entscheidungen: Dann klingelte bei Heck am Pult das Telefon, und der Jurist Dr. Heindl, den man nie sah, erklärte ihm, warum ein Punkt abgezogen werden musste. Oft feilschte Heck, der mit einer Mischung aus Unterwürfigkeit und Ironie mit der Autorität des Schiedsrichters umging, um einzelne Punkte.

Die Show lief anfangs freitags um 21.15 Uhr, dann auch mal montags und schließlich über Jahre erfolgreich samstags um 19.30 Uhr, meist staffelweise mit 13 Folgen im Wochenrhythmus. 1993 folgte eine Verlegung auf Dienstag um 20.15 Uhr, doch der frühere Erfolg war verflogen. Die letzten Ausgaben, in denen der Gewinn an die Hans-Rosenthal-Stiftung ging und Kinder in der ersten Runde spielten, wurden weitgehend unbeachtet am Nachmittag gezeigt.

Die Pyramide brachte es auf 155 Folgen mit jeweils 45 Minuten Länge. Sie basierte auf einem US-Format, das 1973 als »The $10 000 Pyramid« startete und 1991 als »The $100 000 Pyramid« endete. Ein ähnliches Konzept hatte zuvor bereits die Show *Passwort* verwendet. Zwei Jahre nach dem Ende im ZDF startete Sat.1 eine billige Neuauflage unter dem Titel *Hast Du Worte*.

Q

Q + Q
ARD

1977. 6-tlg. niederländ. Krimiserie für Kinder von Harrie Geelen, Regie: Bram van Erkel (»Q en Q«; 1976).

Die beiden Kinder Wilbur Quant (Martin Perels) und Aristides Quarles van Ispen (Erik van't Wout) werden wegen ihrer Nachnamen »Q + Q« genannt. Als sie Fotos entwickeln, die Aristides im Wald gemacht hat, entdecken sie auf einem Bild einen Mann, der aus einem Gebüsch geschleift wird. Sie versuchen das Geheimnis des Unbekannten zu ergründen und werden von Opa (Bob de Lange) unterstützt. Sie kommen dem Goldschmied Bennebroek (Hans Dagelet) und dem Bauern Zaneck (Fred Hugas) aus dem Dorf bei krummen Geschäften auf die Spur. Die beiden Ganoven schrecken vor nichts zurück.

Kinderkrimi, der ähnlich spannend und nachhaltig gruselig war wie *Das Haus der Krokodile*. Die knapp einstündigen Folgen liefen mittwochs.

Q.E.D.
DFF 2, TELE 5

1986 (DFF 2); 1988 (Tele 5). 6-tlg. brit. Fantasyserie (»Q.E.D.«; 1982).

Der geniale amerikanische Professor mit dem noch genialer abkürzbaren Namen Quentin E. Deverill (Sam Waterston) erfindet Anfang des 20. Jh. in England unglaubliche Maschinen und betätigt sich als Amateurdetektiv im Kampf gegen geniale Bösewichter wie Dr. Stefan Kilkiss (Julian Glover), die die Weltherrschaft erringen wollen. An der Seite des Professors kämpfen sein Chauffeur und Butler Phipps (George Innes), seine Sekretärin Jenny Martin (Caroline Langrishe) und der amerikanische Reporter Charlie Andrews (A. C. Weary).

Britische Variante von *Verrückter Wilder Westen*. Fünf der einstündigen Folgen liefen zuerst im DFF, den Piloten zeigte aber erst Tele 5.

QUACK PACK – ONKEL D. UND DIE BOYS
RTL

1996–1997. 39-tlg. US-Zeichentrickserie aus den Disney-Studios (»Quack Pack«; 1996).

Donald Duck arbeitet als Kameramann für eine Fernsehsendung, die Daisy moderiert. Er hat den Matrosenanzug gegen ein Hawaiihemd getauscht. Seine Neffen Tick, Trick und Track sind zu Teenagern gereift.

Zum ersten Mal wurden Comicfiguren einem Alterungsprozess unterzogen. Das hatte natürlich zur Folge, dass die Trickfiguren mit den bekannten Comicfiguren nicht mehr identisch waren.

QUADRIGA
SAT.1

1991. 40-minütiges innenpolitisches Magazin am frühen Samstagabend, das zunächst Dieter Kronzucker, später Karlo Malmedie moderierte. Mangels Zuschauerinteresses wurde die betuliche Reihe nach knapp einem Jahr wieder abgesetzt.

QUAK!
ARD, SWR

1993 (ARD); 1995 (SWR). »Natur- und Umweltmagazin mit dem Frosch«. Magazin für Kinder. Der Frosch hieß Willi Quak-Quak. Elf Ausgaben liefen donnerstags nachmittags im Ersten, weitere in Südwest 3.

QUAK-SHOW
ARD

1988. »Sachen zum Lachen« oder »Lachprogramm mit Fröschen«. Beim Untertitel war man flexibel. Frz. Comedyshow von Jean-François Kopf, Philippe Ogouz und Gérard Surhugue mit Sketchen und Parodien.

An die Show erinnert sich kaum noch jemand, aber der Witz von dem Patienten mit der Axt im Kopf, der über Kopfschmerzen klagt, ist heute ein Klassiker. Die Sendung lief etwa sechs Wochen montags um 22.00 Uhr. Im Original wurden unter dem Titel »Frog Show« 65 viertelstündige Folgen produziert, die ARD stellte aus dem Material sieben halbstündige Sendungen zusammen.

QUARTETT DER KOMIKER
ZDF

1972. 6-tlg. Episodenreihe von Bernhard Thieme, Regie: Peter Wortmann.

Jede Folge erzählt in einer knappen halben Stunde eine in sich geschlossene, humorige Geschichte mit den Komikern Dieter Hallervorden und Werner Schwier, dem Schauspieler Frithjof Vierock und dem Kabarettisten Hanns Dieter Hüsch. Lief 14-täglich dienstags um 18.35 Uhr.

QUASIMODO
ZDF

1998. 26-tlg. frz. Zeichentrickserie (»Quasimodo«; 1995–1996).

Im Mittelpunkt stehen die Abenteuer des buckligen Waisenjungen Quasimodo, der sich mit dem Zigeunermädchen Esmeralda und ihrem Bruder François anfreundet und versucht, den bösen Frollo davon abzuhalten, die Weltherrschaft zu erringen.

QUATSCH COMEDY CLUB
PRO SIEBEN

Seit 1997. Halbstündige Comedyshow, in der drei Stand-up-Komiker mit Ausschnitten aus ihren Programmen auftreten. Vorher und zwischendurch macht Moderator und Initiator Thomas Hermanns Witze, Aufhänger dafür ist regelmäßig das »Fundstück der Woche«, ein kurioses Produkt, eine missglückte Werbebeilage o. ä.

Michael Mittermeier, Ingo Appelt und Rüdiger Hoffmann waren die Comedians der ersten Sendung und blieben Stammgäste; die Show war aber oft Sprung-

brett für junge Komiker, die hier ihren ersten Fernsehauftritt hatten. Hermanns förderte die Stand-up-Comedy auch außerhalb und bereits in der Zeit vor seiner Fernsehsendung. Schon 1992 hatte er im Hamburger Imperial Theater den Quatsch Comedy Club als Live-Veranstaltung auf wechselnden Bühnen ins Leben gerufen (die Fernsehsendung kam aus München). Seit November 2002 hat der Club auch eine richtige Heimat im Keller des Friedrichstadtpalastes in Berlin. (Werbespruch: »Gehen Sie ab jetzt zum Lachen ruhig in den Keller.«) Ab Herbst 2004 kam auch die TV-Show von dort.
Sie lief lange Zeit montags nach 23.00 Uhr, eher versehentlich geriet sie in die Primetime: Im Frühsommer 2002 nahm Pro Sieben wegen schwacher Quoten die Serie *Futurama* aus dem Programm und ersetzte sie montags um 21.15 Uhr kurzfristig durch Wiederholungen des *Quatsch Comedy Club*, die sich als wesentlich quotenstärker entpuppten. So starteten pünktlich zur 100. Ausgabe im Oktober 2002 auch die neuen Folgen auf diesem Platz. Später musste der Club jedoch die Rückreise ins Spätprogramm antreten.

QUATSCH DICH REICH – KOSLARS COMEDY TALK VOX
1999. Persiflage auf Daily-Talkshows mit Michael Koslar.
Sie wurde zunächst täglich um 17.00 Uhr ausgestrahlt, veschwand aber nach wenigen Wochen im Nachtprogramm und lief fortan nur noch einmal wöchentlich. Koslar tauchte kurz darauf nochmals als Moderator von 9Live auftauchte. Dort führte er leicht verstört, aber charismatisch durch die Zockershow »Alles auf Rot«. Ein anderer Talkparodieversuch lief bei RTL und hieß *T.V. Kaiser*.

QUEEN SAT.1
1993. 3-tlg. US-Südstaatendrama nach dem Roman von Alex Haley, Regie: John Erman (»Queen«; 1993).
Queen Jackson (Halle Berry) ist die Tochter der schwarzen Sklavin Easter (Jasmine Guy) und des weißen Sklavenhalters James Jackson, Jr. (Timothy Daly). Zur Zeit des Amerikanischen Bürgerkriegs gerät sie zwischen alle Fronten.

QUENTIN DURWARD ZDF
1971. 13-tlg. dt.-frz. Historiendrama von Jacques Sommet, Pierre Nivollet und Walter Ulbrich nach dem Roman von Sir Walter Scott, Regie: Gilles Grandier.
Quentin Durward (Amadeus August) ist der letzte Überlebende einer alten schottischen Adelsfamilie. Im 15. Jh. kommt er nach Frankreich, um dort sein Glück zu suchen, beschützt Isabelle de Corye (Marie-France Boyer) und gerät zwischen die Fronten des Kampfes zwischen König Ludwig XI. (Michel Vitold) und Karl, dem Kühnen (William Sabatier).
Die halbstündigen Episoden liefen dienstags um 19.10 Uhr.

QUER DURCH DIE GALAXIE UND DANN LINKS SAT.1
1993–1995. 28-tlg. austral. Science-Fiction-Serie nach dem Kinderbuch von Robin Klein (»Halfway Across The Galaxy And Turn Left«; 1991).
Eine außerirdische Familie vom Planeten Zyrgon kommt in einem alten Raumschiff auf der Erde an und lernt das dortige Leben kennen. Die elfjährige X (Lauren Hewett) ist der Kopf der Familie und nennt sich auf der Erde nun Charlotte, ihre Geschwister Qwrk (Jeffrey Walker) und Dovis (Silvia Seidel) heißen jetzt George und Astrella, die Eltern Mortimer (Bruce Myles) und Renée (Jan Friedl) dürfen ihre Namen behalten.
Die halbstündigen Folgen liefen sonntags morgens.

DER QUERKOPF ARD
1982. 10-tlg. US-Sitcom (»Grandpa Goes To Washington«; 1978–1979).
Der Politikwissenschaftler Joe Kelley (Jack Albertson) wird mit 66 Jahren gegen seinen Willen in Rente geschickt. Als die beiden regulären Senatskandidaten durch einen Skandal diskreditiert werden, springt er ein – und wird prompt gewählt. Im Senat in Washington fällt der Laienpolitiker aus dem Rahmen, nicht nur wegen seiner Schrullen und Bodenständigkeit, sondern auch, weil er tatsächlich Prinzipien hat.
Seine Sekretärin ist Madge (Madge Sinclair); außerdem wird er von ehemaligen Studenten unterstützt, die ihn mit Insiderinformationen versorgen. Opa Joe lebt bei seinem Sohn Kevin Kelley (Larry Linville), einem schlicht gestrickten Armeegeneral, dem das Engagement seines Vaters gar nicht recht ist, dessen Ehefrau Rosie (Sue Ane Langdon) und deren Kindern Cathleen (Michele Tobin) und Kevin, Jr. (Sparky Marcus).
Die einstündigen Folgen liefen im regionalen Vorabendprogramm.

QUERKOPF ZDF
1991–1995. »Kwizz für Kids«. Quiz mit Thomas Hegemann, das an wechselnden Werktagen im Nachmittagsprogramm lief.

DER QUERKOPF VON KIRCHBRUNN ZDF
1992. 12-tlg. dt. Familienserie von Uta Berlet und Sigi Rothemund, Regie: Sigi Rothemund.
Der Buchhändler Kaspar Engasser (Robert Giggenbach) ist der Querkopf von Kirchbrunn, einem idyllischen Dorf in Oberbayern. Er rebelliert gegen den Bau eines Supermarktes, der anstelle des versprochenen Kindergartens auf einem Grundstück, das er der Stadt verkauft hat, errichtet werden soll. Dazu gründet er mit seinem Lehrling Rudi (Rupert Schieche) den Piratensender »Radio Isartal«. Von nun an legen sie sich in diversen Angelegenheiten mit der Obrigkeit an, vor allem mit Bürgermeister Rupprecht (Erich Hallhuber).
Die Musik zu der harmlosen, aber humorvollen Vorabendserie schrieb Christian Bruhn. Die Folgen

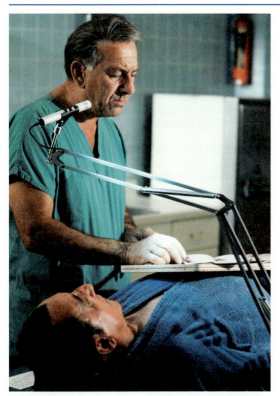

Der instinktsichere und hartnäckige Gerichtsmediziner Quincy (Jack Klugman) kehrt das Innerste nach außen.

waren 45 Minuten lang und liefen dienstags um 19.25 Uhr.

QUERSCHNITT ZDF
→ Querschnitte

QUERSCHNITTE ZDF
1971–1989. Wissenschaftsmagazin von und mit Hoimar von Ditfurth.
Querschnitte war die erste wirklich populärwissenschaftliche Sendereihe im Fernsehen: Bis zu zehn Millionen Zuschauer sahen die Experimente und Modelle, an denen Ditfurth komplexe Zusammenhänge anschaulich machte. Ditfurth verstand es aber auch, dem Zuschauer das Gefühl zu vermitteln, dass die Welt ungleich größer ist als das menschliche Wissen über sie. Vielen Menschen blieb im Gedächtnis, wie er einen eingefrorenen Frosch durch Auftauen zum Leben erweckte.
Ditfurth hatte die Sendung selbst konzipiert, nachdem er bereits in den 60er-Jahren beim WDR einzelne Wissenschaftssendungen gemacht hatte, den Sender aber nicht zu einer regelmäßigen Reihe überreden konnte. Das ZDF erfüllte seinen Wunsch in einem zweimonatlichen Rhythmus. Der Titel war durchaus wörtlich zu verstehen: Jede Sendung widmete sich nur einem Thema, das aber über die Grenzen von Disziplinen hinweg, auch über diejenigen zwischen Geistes- und Naturwissenschaften. Das Spektrum von *Querschnitte* war entsprechend breit: Es ging z. B. um Astronomie, Sinnesorgane, Natur, Hirnforschung, die Verständigung mit Tieren oder um Geologie.
Ein besonderer Schwerpunkt lag auf der kritischen Auseinandersetzung mit Mythen, Aberglauben und Grenz- und Pseudowissenschaften. Ditfurth entlarvte Uri Geller, demontierte Erich von Däniken und warnte vor asiatischen Wunderheilern. Einige Themen lauteten: »Wie wahrscheinlich ist außerirdisches Leben?«, »Warum ich nicht an UFOs glaube«, »Gibt es ein Geheimnis der Pyramiden?« und »Streitgespräch über Astrologie«. Früh warnte Ditfurth in seiner Sendung auch vor der Zerstörung der Natur durch den Menschen. 1983 war sein »Jagdhundeifer«, wie er sagte, erlahmt. Nach 75 Sendungen übernahm 1984 Volker Arzt als Hauptmoderator, der vorher schon Autor und gelegentlich Co-Moderator der Sendung war.
Die Reihe hieß zunächst *Querschnitt,* 1981 wurde sie in *Querschnitte* umbenannt. Damals begann die Sendung auch, mit der Zeitschrift »Geo« zusammenzuarbeiten, die Reportagen zu den Fernsehberichten veröffentlichte. Ditfurth und Arzt publizierten unter dem Titel »Dimensionen des Lebens« auch zwei Bücher zur Sendereihe. Ditfurth und seine Sendung wurden mit vielen Preisen ausgezeichnet, insbesondere für die Verdienste um die Popularisierung der Wissenschaft. Ditfurth schaffte es wie kaum ein anderer Moderator vor oder nach ihm, Neugier für Phänomene des Alltags zu wecken und ihnen dabei fundiert wissenschaftlich auf den Grund zu gehen. Ein Markstein des anspruchsvollen Fernsehens, das trotzdem ein breites Publikum fand.
Die 45-minütige Reihe lief anfangs alle zwei Monate montags um 20.15 Uhr.

QUEST – ABENTEUER IN DER TIEFE VOX
1999–2001. 17-tlg. Doku-Reihe von Michael Caulfield und Andrew Wight über das Leben unter Wasser.
Vox zeigte die einstündigen Folgen samstags um 19.15 Uhr.

QUINCY ARD, RTL
1981–1986 (ARD); 1992–1994 (RTL). 145-tlg. US-Krimiserie von Glen A. Larson und Lou Shaw (»Quincy, M.E.«; 1976–1983).
Im Auftrag der Polizei von Los Angeles arbeitet Dr. Quincy (Jack Klugman) als Gerichtsmediziner. Der erste Eindruck der Todesursache kann täuschen, und weil Quincy neugierig ist, stellt er eigene Ermittlungen an und klärt so immer wieder, trotz vermeintlich natürlicher Todesursachen, Mordfälle auf. Er lässt nicht locker, hakt nach und lässt sich nicht von gezielt gelegten falschen Fährten irritieren.
Lieutenant Frank Monahan (Garry Walberg) und Detective Brill (Joseph Roman) von der Polizei sind dafür dankbar und unterstützen Quincy – vielleicht auch eher umgekehrt – ebenso wie Quincys Assistent Sam Fujiyama (Robert Ito), der immer treu auf

Quincys Seite steht, auch wenn ihr Chef Dr. Robert J. Asten (John S. Ragin) den Fall lieber schon abschließen würde. Der kann ganz schön nerven. Das eine Mal fährt er vor Verzweiflung aus der Haut, weil Quincy dauernd seinen eigenen Kopf durchsetzt, das andere Mal ist er völlig euphorisch vor Glück wegen Quincys sensationeller Ermittlungsergebnisse. Der Gefühlsumschwung kann in Sekundenschnelle geschehen.

Danny Tovo (Val Bisoglio) führt das Lokal, in dem sich alle nach dem Abschluss eines Falles zum Essen treffen. Anfangs ist Lee Potter (Lynette Mettey) Quincys Freundin. Nachdem sie ihn verlassen hat, geht er erst Jahre später wieder eine feste Beziehung ein, mit der Psychologin Dr. Emily Hanover (Anita Gillette), die ihm bei einigen Fällen hilft. Kurz vor Ende der Serie heiraten die beiden.

Solide Krimiserie nach dem Strickmuster, das in den 70er- und 80er-Jahren für etliche Serien benutzt wurde (Ähnlichkeiten mit Glen A. Larsons anderen Erfindungen *Knight Rider* und *Ein Colt für alle Fälle* waren im Ablauf zu erkennen, die Schlägereien fielen beim gutmütigen Quincy jedoch weg). Dass sie nicht auf Humor verzichtete, zeigte schon der Vorspann: Darin verspricht Quincy einer Gruppe von Medizinstudenten Einblicke in den interessantesten Teil der Gerichtsmedizin, zieht ein Leichentuch zur Seite, und die Studenten fallen der Reihe nach um. Quincys Vorname wurde im Laufe der gesamten Serie nicht ein einziges Mal erwähnt. In einer Folge wurde jedoch durch eine Visitenkarte der Anfangsbuchstabe »R« enthüllt.

Die ARD zeigte zunächst nur 13 Folgen dienstags um 21.45 Uhr, später in loser Folge noch drei Filme (darunter im April 1985 den eigentlichen Pilotfilm). Alle weiteren einstündigen Folgen waren bei RTL zu sehen, meist dienstags um 22.15 Uhr (und oft direkt nach *Columbo*). Auf diesem Sendeplatz wiederholte RTL die Serie nach ihrem Ende noch zehn Jahre lang in Dauerschleife, bis sie im Jahr 2004 im sonst so modernen RTL-Programm zwischen eigenproduzierten neuen Actionserien, Sitcoms und Realityshows endgültig wie ein Fremdkörper aus einer anderen Zeit wirkte und an Super RTL weitergereicht wurde.

Die ersten Staffeln sind auf DVD erhältlich.

QUIZ EINUNDZWANZIG   RTL
→ Einundzwanzig

DAS QUIZ MIT JÖRG PILAWA   ARD
Seit 2001. Vorabendquiz für Kandidatenpaare mit Jörg Pilawa.

Zwei Freunde, Kollegen, Verwandte oder Ehepartner spielen gemeinsam um Geld. Pilawa stellt zunächst einem von ihnen eine Frage mit vier Lösungsmöglichkeiten. Nachdem dieser seine Antwort gegeben hat, muss sich sein Partner entscheiden, ob er die Antwort stehen lässt oder ein Veto einlegt. In diesem Fall kann er entweder anders antworten oder um eine neue Frage bitten. Insgesamt haben beide nur viermal diese Einspruchsmöglichkeit. Der Gewinn erhöht sich mit jeder richtigen Antwort und kann bis auf 500 000 Mark, ab Januar 2002 bis auf 300 000 Euro ansteigen. Vor jedem Spiel dürfen die Kandidatenpaare zwei Beträge festlegen, unter die sie, wenn sie diese einmal erreicht haben, bei falschen Antworten nicht zurückfallen.

Pilawa kam von Sat.1, wo er erfolgreich *Die Quiz Show* moderiert hatte. Die ARD gab ihrem Neuzugang also ganz originell eine Quizshow auf einem ähnlichen Sendeplatz mit ähnlicher Optik und hoffte, dass die Zuschauer dem neuen Star folgen würden. Und sie taten es! Die Sat.1-Show büßte drastisch Zuschauer ein, das ARD-Quiz wurde sofort ein Erfolg. Die scheinbar kleine Veränderung, das übliche Multiplechoice-Spiel mit einem Kandidatenpaar zu spielen, brachte tatsächlich einen neuen Reiz in die Sendung: Oft genug verstärkten sich die beiden Spieler nicht; regelmäßig brachte ein dominanter Kandidat, der wenig wusste, aber viel zu wissen glaubte, sich und seinen Partner durch voreilige Vetos um hohe Gewinne.

Das Quiz dauerte zunächst eine Stunde und lief mittwochs bis freitags um 18.55 Uhr. Ab Januar 2002 war die Sendung nur noch halb so lang, kam dafür aber viermal die Woche, dienstags bis freitags um 19.20 Uhr.

QUIZ NACH QUOTEN   ZDF
1989. Einstündiges Ratespiel mit Gregor König. Hätte das ZDF die Quoten vorher erraten, hätte es die Sendung wahrscheinlich gar nicht erst produziert. Die Idee stammte noch von Hans Rosenthal. Elf Ausgaben liefen freitags im Vorabendprogramm. Gregor König wurde anschließend Programmansager und Off-Sprecher bei der Konkurrenz und ist in dieser Funktion noch immer zu hören. Jetzt! Bei R ... T ... L!

QUIZ OHNE TITEL   ARD
1959. Show mit Hans-Joachim Kulenkampff, die ab der zweiten Sendung dann doch einen Titel hatte und *Der große Wurf* hieß.

QUIZ–PARTY   ARD
→ Erinnern Sie sich noch?

DIE QUIZ SHOW   SAT.1
2000–2004. Halbstündige Quizshow mit originellem Titel.

Mit der richtigen Antwort auf die erste Frage gewinnt ein Kandidat den Betrag einer von ihm eingereichten fälligen Rechnung, die dann zerschreddert wird. Für jede weitere Frage kann der Kandidat seinen Einsatz verdoppeln: Er wählt selbst, bevor er die Frage sieht, wie viel seiner bisher erspielten Gewinnsumme er einsetzt und damit bei einer falschen Antwort auch verliert. Maximal können 512 000 Mark gewonnen werden (nach der Währungsumstellung 512 000 Euro, also fast das Doppelte). Zu jeder Frage sind mehrere Antwortmöglichkeiten vorgegeben, deren Zahl sich bei jeder weiteren Frage um 1 erhöht. Scheidet der Kandidat aus, rückt ein neuer aus dem Studiopublikum nach.

Im Sog des RTL-Erfolgs *Wer wird Millionär?* traute sich Sat.1, die tägliche Gameshow im Vorabendprogramm wiederzubeleben. Sie war zwar eine unverhohlene Kopie der RTL-Show (Studiokulisse, Musik, Layout bei den Frageneinblendungen waren fast identisch), entwickelte sich aber zunächst zum Erfolg mit regelmäßig mehr als fünf Millionen Zuschauern. Anfangs wurde live gesendet, und bei einem Telefonspiel konnten Fernsehzuschauer in der Sendung anrufen, dem Studiokandidaten helfen und auch selbst etwas gewinnen.

Jörg Pilawa moderierte und wurde zum Star von Sat.1. Wegen des großen Erfolgs mit der täglichen 19.40-Uhr-Ausgabe kam ab November 2000 eine zweite um 18.00 Uhr dazu, ebenfalls live. In regelmäßigen Abständen gab es außerdem abendfüllende Prominenten-Specials zur Primetime.

Als Pilawa zur ARD wechselte, übernahm Christian Clerici ab Mai 2001 die Moderation; dazwischen moderierte Andreas Franke für eine Woche, der auch meist die Vertretung übernahm, wenn Pilawa krank war. Mit Clerici begannen die Quoten zu bröckeln, wohl auch, weil der Quizboom insgesamt etwas abflaute. Als Konsequenz wurde ab Oktober 2001 die 18.00-Uhr-Ausgabe wieder gestrichen. Weil alle neuen Formate auf diesem Sendeplatz (immerhin vier innerhalb eines halben Jahres) aber konsequent floppten, gab es von Frühjahr bis Herbst 2002 auch wieder diese frühe Ausgabe. Inzwischen wurden die Sendungen aufgezeichnet.

Im Januar 2003 wurde Matthias Opdenhövel neuer Moderator der jetzt einzigen täglichen, aber um zehn Minuten verlängerten Ausgabe, die um 19.30 Uhr begann. Ab September 2003 schrumpfte sie wieder auf 30 Minuten (Beginn: 19.45 Uhr) und wartete nur darauf, dass Sat.1 endlich ein sendefertiges Nachfolgeformat hätte. Der Sender wollte die Show schon eine ganze Weile absetzen, hatte aber keinen Ersatz für den Sendeplatz. Erst ein Jahr später war dann tatsächlich Schluss.

Die Show war zuvor in den USA unter dem Titel »It's Your Chance Of A Lifetime« gelaufen (und hatte gerade mal zwei Wochen überlebt), aber eine Sendung namens *Die Chance Deines Lebens* gab es auf Sat.1 bereits.

QUIZFIRE SAT.1

2001–2003. Halbstündiges werktägliches Quiz um 17.00 Uhr.

Fünf Kandidaten müssen Wissensfragen beantworten, bei drei falschen Antworten fliegt man raus. Das bedeutet konkret: Der Stuhl, auf dem der Kandidat sitzt, rast mit ihm in die Tiefe, vermutlich in die Quizhölle, nach dem Rauch zu urteilen, der von dort aufsteigt. Wer richtig antwortet, bestimmt, wer die nächste Frage gestellt bekommt. Die letzten beiden Verbliebenen entscheiden in einem Duell, wer Tagessieger wird, damit 10 000 Mark erhält und am nächsten Tag wiederkommen darf.

Meinert Krabbe war der erste Moderator, wurde aber schon nach drei Monaten durch *Marienhof*-Star Sebastian Deyle ersetzt, der dann auch nicht mehr Normalos bequizte, sondern Prominente, vor allem aber Medienfiguren, die im *Big Brother*-Container keinen Platz mehr hatten, weil der einfach nicht unterkellert war.

Im Mai 2003 sendete Sat.1 testweise vier Wochen lang auf dem Sendeplatz das Realityformat *Niedrig und Kuhnt – Kommissare ermitteln*, das wesentlich bessere Marktanteile erreichte und deshalb im Herbst den Sendeplatz dauerhaft erbte.

RABE, PILZ & 13 STÜHLE   ZDF
1973. 13-tlg. dt. Comedyserie von Franz Marischka und Per Schwenzen.

Rabe (Helmut Förnbacher) ist reich: Er hat von seiner Tante ein Vermögen geerbt. Leider hat er zu spät erfahren, wo es sich befand: eingenäht in einen von 13 Stühlen, die sie ihm vermacht hat. Die hat Rabe für wertlos gehalten und also sofort verkauft. An den Antiquitätenhändler Pilz (Jean-Pierre Zola), der sie auch nicht mehr hat. Gemeinsam machen sich Rabe und Pilz auf die Suche nach den neuen Besitzern und dem einen Stuhl, der sie wirklich reich macht.

Die Geschichte beruht auf der Gaunerkomödie »12 Stühle« von Ilja Ilf und Jewgeni Petrow, die u. a. 1938 mit Heinz Rühmann unter dem Titel »13 Stühle« verfilmt worden war. Die Serie sollte bereits 1972 laufen, musste aufgrund von Urheberrechtsstreitigkeiten mit der Produktionsfirma Filmedis aber verschoben werden. Das ZDF verzichtete darauf, den Streit vor Gericht auszutragen, und einigte sich stattdessen mit Filmedis darauf, ihr den Spielfilm »12 und eins« mit Orson Welles und Sharon Tate und die Emile-Zola-Verfilmung »Immer, wenn das Licht ausgeht« für rund 180 000 DM abzukaufen.

Die halbstündigen Folgen liefen 14-täglich montags um 17.35 Uhr.

RACHE IST EIN SÜSSES WORT   ZDF
1986. 3-tlg. US-Krimi von Carmen Culver nach einem Roman von Sidney Sheldon, Regie: Jerry London (»If Tomorrow Comes«; 1986).

Durch eine Intrige landet Tracy Whitney (Madolyn Smith) im Gefängnis. Als sie wieder herauskommt, beginnt sie einen Rachefeldzug. Sie tut sich mit dem Trickbetrüger Jeff Stevens (Tom Berenger) zusammen; sie verlieben sich ineinander. Der gemeingefährliche Versicherungsdetektiv Daniel Cooper (David Keith) ist ihnen auf den Fersen.

RACHE IST SÜSS   SAT.1
1998–2001. Große Sonntagabendshow mit Kai Pflaume.

In dieser Show dürfen sich Menschen mit Hilfe von Sat.1 für kleine Gemeinheiten an anderen rächen. Der »Höllentrip« wird mit versteckter Kamera gefilmt.

Ab Sommer 2001 war die Show statt zwei- nur noch einstündig und lief freitags um 21.15 Uhr. Pflaume war jetzt mit dem »Höllenstuhl« auf Tour durch Deutschland, um überall vor Ort zuschlagen zu können. Er hatte seine neuen Vollstrecker Sado und Maso dabei. Das neue Konzept rettete die schwächelnde Show jedoch auch nicht, und so starb sie wenige Wochen später den Quotentod.

RACHE NACH PLAN   PRO SIEBEN
1999–2000. 16-tlg. US-Krimiserie von John McNamara (»Vengeance Unlimited«; 1998–1999).

Der mysteriöse Mr. Chapel (Michael Madsen) taucht immer da auf, wo Menschen zu Unrecht verurteilt wurden. Er hilft ihnen, die wahren Schuldigen zu finden, und ist eine Art moderner Racheengel. Dabei wird er von KC Griffin (Kathleen York) aus dem Büro der Staatsanwaltschaft unterstützt.

Die einstündigen Folgen liefen am späten Dienstagabend.

RÄCHER, RETTER UND RAPIERE   DFF 1
1982. 7-tlg. DDR-Abenteuerserie nach dem Roman von Otto Bonhoff und Herbert Schauer, Regie: Andrzej Konic.

Der Bauernsohn Georg Kresse (Walter Plathe) und seine Freunde widersetzen sich im Dreißigjährigen Krieg den kaiserlichen Truppen, dem Reichenfelser Burgherrn Heinrich von Müffling (Rolf Hoppe) und den schwedischen Soldaten, während sie sich in der Nähe von Müfflings Burg verstecken. Georg, seine Braut Anne (Katrin Klein), der Maler Daniel Fuchs (Jürgen Reuter), Thomas (Michael Narloch) und Veit (Eberhard Kirchberg) machen sich für die anderen Bauern stark, die Georg zu ihrem Bauerngeneral bestimmen.

Der Roman, auf dem die Serie basierte, erschien 1969 im Militärverlag der DDR. Das ZDF zeigte die Serie ab August 1982 unter dem Titel *Der Bauerngeneral*.

Die einstündigen Folgen liefen freitags um 20.00 Uhr.

RACING GAME   SAT.1
1986. 6-tlg. brit. Krimiserie nach Romanen von Dick Francis (»The Racing Game«; 1979–1980).

Bei einem Unfall verliert der Springreiter Sid Halley (Mike Gwilym) eine Hand und muss seinen Beruf aufgeben. Er bleibt jedoch in der Reitsportszene und arbeitet nun mit seinem Assistenten Chico (Mick Ford) als Privatdetektiv, um den zahlreichen dunklen Gestalten am Rand der Rennbahn das Handwerk zu legen.

Der Bestsellerautor Dick Francis, nach dessen Pferdekrimis die einstündigen Folgen entstanden, war früher selbst königlicher Jockey. Die Serie wurde trotzdem ein Flop.

RÄDER   ARD
1981. 10-tlg. US-Firmensaga nach dem Roman von Arthur Hailey (»Wheels«; 1978).

Der Vizepräsident des Autokonzerns National Motors, Adam Trenton (Rock Hudson), arbeitet fieberhaft an der Entwicklung eines modernen Sport-

wagens namens Hawk. Der intrigante Firmenpräsident Hub Hewitson (Tim O'Connor) und Aufsichtsrat Lowell Baxter (Ralph Bellamy), der zugleich Adams Schwiegervater ist, wollen das verhindern. Wegen des Hawk vernachlässigt Adam nicht nur seine eigentlichen Aufgaben im Konzern, sondern auch seine Familie. Gattin Erica (Lee Remick) beginnt eine Affäre, Adam selbst hat längst eine mit Barbara Lipton (Blair Brown). Ausgerechnet in sie verliebt sich sein Sohn Kirk (James Carroll Jordan), während der jüngere Sohn Greg (Howard McGillin) von zu Hause abhaut.
Die einstündigen Folgen liefen im regionalen Vorabendprogramm.

RADUGA DFF 2
1987–1989. Unterhaltsame Berichte, Reportagen und Gespräche über den Alltag in der UdSSR in russischer Sprache, präsentiert in russisch-deutscher Doppelmoderation von Thomas Hailer und Irina Schabowski.
Die knapp einstündige Sendung lief vierteljährlich donnerstags am Vorabend und war Nachfolger der Sendereihe »Für Freunde in russischer Sprache«. »Raduga« heißt übrigens Regenbogen.

RAGAZZI RTL
1989–1991. 45-minütige Musikshow für Jugendliche mit Ingo Schmoll, der Popbands und ihre aktuellen Hits vorstellt.
Ragazzi lief samstags um 13.30 Uhr. Auf dem gleichen Sendeplatz hatte seit Januar 1989 bereits die Vorgängersendung *Rapido*, ebenfalls mit Ingo Schmoll, stattgefunden. Nachfolgesendung wurde *Edelhart*.

RAGAZZI SALVATORE RTL
→ Pronto Salvatore

DIE RAILERS ZDF
1992. 6-tlg. dt. Jugendserie von Urs Eplinius, Regie: Carlo Rola.
Die Jugendlichen Patrick (Thomas Reisinger), Christian (Oliver Clemens), Sandra (Jany Tempel) und Marlene (Beate Kraft) reisen mit der Bahn nach Osten und lernen die Länder hinter dem ehemaligen Eisernen Vorhang kennen. Die Folgen waren 25 Minuten lang und liefen um 16.35 Uhr.

RAISING DAD – WER ERZIEHT WEN? PRO SIEBEN
2004–2005. 22-tlg. US-Sitcom von Jonathan Katz (»Raising Dad«; 2001–2002).
Witwer Matt Stewart (Bob Saget) gibt sich alle Mühe, seine Teenagertöchter Sarah (Kat Dennings) und Emily (Brie Larson) zu erziehen, braucht aber gelegentlich die Hilfe seines eigenen Vaters Sam (Jerry Adler), der bei ihnen lebt. Und als wäre es der 15-jährigen Sarah nicht schon zu viel, dass sie zu Hause dauernd von ihrem Vater bemuttert wird, ist er auch noch ihr Englischlehrer.
Die Serie lief samstags vormittags.

RALLY ZDF
1990. 8-tlg. ital.-dt. Actionserie, Regie: Sergio Martino (»Rally«; 1988).
Der Ex-Rennfahrer Alain Costa (Giuliano Gemma) lässt sich von dem Rennstallbesitzer Friedrich von Walther (Ivan Desny) zu einer Rückkehr zum Astra-Team bewegen. Für die jungen Fahrer Eddy (Vincent Souliac), Bruno (Luca Lionello) und Lorelei (Yvonne Sció), deren Teamchef nun Ryan Hareton (Robert Hoffmann) ist, fungiert er als Trainer. Lorelei ist Walthers Nichte, Giorgia (Lorraine de Selle) Alains Freundin. Die Rennsportler nehmen an verschiedenen Rallyes teil, intrigieren gegeneinander und verunglücken: Bruno ist nach einem Unfall gelähmt, von Walther nach einem anderen Unfall tot.
Lieblos zusammengeklatschte Serie mit miserabler Regie, in der kein Gedanke an korrekte Anschlüsse verschwendet wurde: In derselben Szene herrscht je nach Kameraeinstellung herrlicher Sonnenschein oder graues Regenwetter, und Menschen, die gerade noch auf dem Beifahrersitz saßen, sind nach dem nächsten Schnitt hinter dem Lenkrad zu sehen.
Die 45 Minuten langen Folgen liefen montags zur Primetime.

RAMONA ARD
1989. 10-tlg. kanad. Familienserie nach den Büchern von Beverly Cleary (»Ramona«; 1987).
Ramona Quimby (Sarah Polley) ist acht, und als Achtjährige hat man's schwer. Niemand versteht Ramona. Ihre Eltern Bob (Barry Flatman) und Dory (Lynda Mason Green) nicht, die andere Sorgen haben: das fehlende Geld und ein weiteres Baby, das sich ankündigt. Und ihre große Schwester Beezus (Lori Chodos) schon gar nicht, für die die Kleine nur eine Plage ist. Ramona denkt sich viel aus, um die Dinge zu verbessern. Leider geht das meist schief.
Die halbstündigen Folgen liefen im regionalen Vorabendprogramm.

RAMONAS MUSIKALISCHE JAHRESZEITEN ZDF
2000. Volkstümliche Reise durch Gegenden und Jahreszeiten mit Ramona Leiß.
Viermal im Jahr präsentierte Leiß die 75-minütige Sendung am Sonntagnachmittag. Carolin Reiber hatte so etwas Ähnliches bereits unter dem Titel *Lieder der vier Jahreszeiten* getan.

RAN SAT.1
Seit 1992. Sportsendungen. Bis 2003 vor allem eine Fußballshow am frühen Samstagabend mit Berichten über den Bundesligaspieltag (und dem Untertitel »Sat.1 Fußball«).
Sat.1 revolutionierte die Fußballberichterstattung. Während die ARD in der *Sportschau* stets drei oder vier ausgewählte Spiele gezeigt und von den anderen nur die Ergebnisse verlesen hatte, warb Sat.1 mit dem Slogan »Alle Spiele – alle Tore«. Weil in der Tat von allen Spielen des Tages Filmberichte gezeigt wurden, dauerte *ran* im Unterschied zur *Sportschau* nicht 60, sondern 90 Minuten und wurde später so-

gar auf zwei Stunden verlängert. Sat.1 fing die Spiele mit deutlich mehr Kameras ein als die ARD und bot dadurch mehr Perspektiven, mehr Zeitlupen, mehr Analysen, aber auch mehr Schnickschnack, der die Sendung zusätzlich aufbliess: Gewinnspiele, Statistiken, Interviews, Werbung und Show vor Studiopublikum. Moderatoren waren u. a. Reinhold Beckmann (der in der ersten Sendung Studiogast Udo Lattek mit der hartnäckigen Frage nervte, warum er wie eine Litfaßsäule rumrenne), Jörg Wontorra, Johannes B. Kerner, Jörg Pilawa, Gaby Papenburg, Lou Richter, Monica Lierhaus, Steffen Simon und Oliver Welke. Sat.1 hatte 1992 der ARD die Rechte für die Bundesliga weggeschnappt, ohne dabei den Fehler von RTL zu wiederholen. Während die RTL-Sendung *Anpfiff* nur über einen Teil der Erstverwertungsrechte verfügte, blieb der ARD jetzt nur das Recht zu regionaler Berichterstattung als Zweitverwertung. Zu Beginn verursachte das große Aufregung, weil durch das neue Monopol von Sat.1 viele Leute mit terrestrischem Fernsehempfang von der Bundesliga ausgeschlossen wurden. Sat.1 startete daraufhin eine Wohltätigkeitsaktion und verschenkte 1000 Satellitenreceiver an Altenheime, Krankenhäuser und sozial Schwache. Neben dem bekannten *Sportschau*-Gesicht von Jörg Wontorra warb Sat.1 auch den prominenten Reporter Werner Hansch von der ARD ab.

ran gab es immer, wenn Fußballbundesligaspiele stattfanden. Neben der Samstagsausgabe lief *ran* freitags um 22.00 Uhr und in den so genannten englischen Wochen auch dienstags und mittwochs um 22.00 Uhr. Später wurden in Sendungen namens *ran* neben Fußball auch andere Sportarten gezeigt, mit entsprechend anderem Untertitel. Live-Übertragungen hießen *live ran*, der Sportblock in den täglichen Sat.1-Nachrichten *täglich ran* usw. Die Sonntagsspiele der Bundesliga gab es sonntags in *ranissimo* zu sehen. Zum Start der Saison 1999/2000 wurde der Beginn der Samstagsausgabe von 18.00 Uhr auf 18.30 Uhr verlegt und die Sonntagsshow um 18.45 Uhr ebenfalls in *ran* umgetauft.

Den größten Flop leistete sich die Kirch-Gruppe (u. a. Sat.1 und Premiere World) zwei Jahre später. Gleichzeitig mit einer Abschaffung der Freitagsspiele (und der dazugehörigen Abschaffung von *ran am Freitag*) beendete Sat.1 die 40-jährige Vorabend-Fußball-Tradition und verlegte seine zweistündige Show Ende August 2001 auf 20.15 Uhr, jetzt mit Jörg Wontorra als alleinigem Moderator, um den Decoderverkauf für das Pay-TV von Premiere World endlich anzukurbeln. Dort waren nachmittags alle Bundesligaspiele live zu sehen. Die Entscheidung entpuppte sich als Desaster. Die Zuschauer boykottierten *ran*. Die Einschaltquote sank von fünf auf 1,63 Millionen Zuschauer, der Marktanteil von 30 auf acht %. Nach nur vier Wochen gab Sat.1 auf und verlegte die Fußballshow zurück in den Vorabend, jetzt auf 19.00 Uhr, und kürzte sie auf 75 Minuten.

Im folgenden Jahr wurde der 18.00-Uhr-Beginn wieder eingeführt. Ein weiteres Jahr später verzichtete Sat.1 auf die Bundesligarechte, die im Lauf der Jahre horrend teuer geworden waren; fortan liefen die Berichte wieder in der ARD-*Sportschau*. Schon im ersten Jahr hatten die Rechte 150 Millionen DM gekostet, was schon damals nicht refinanzierbar war. *ran* war für Sat.1 immer ein Verlustgeschäft und diente hauptsächlich als Imageträger und Plattform, um in den Unterbrechungen für andere Sat.1-Sendungen zu werben. Im Mai 2003 lief *ran* zum letzten Mal mit der Fußballbundesliga. Im Herbst des gleichen Jahres begann Sat.1 mit der Live-Übertragung der Fußball-Champions-League am Dienstag- oder Mittwochabend, wodurch der Name *ran* für Fußball, aber auch für andere Sportarten weiterhin erhalten blieb.

ran war die Talentschmiede für öffentlich-rechtliche Showmoderatoren. Beckmann und Kerner machten später in ARD und ZDF jeweils große Abendshows und menschelnde Talkshows, Pilawa vor allem Quiz- und Eventsendungen. Kerner hatte seine Live-Tauglichkeit in einer Ausgabe vom Februar 1996 bewiesen, in der er trotz einer Bombendrohung ruhig und gefasst weitermoderierte. Als die ARD ab 2003 wieder Fußball in der *Sportschau* zeigte, waren die Moderatoren u. a. Reinhold Beckmann und Monica Lierhaus.

2001 wurde Oliver Welke als beste Sportsendung ausgezeichnet. Nein, den Deutschen Fernsehpreis in der Kategorie »Beste Sportsendung« erhielt tatsächlich nicht die Sendung *ran*, sondern explizit der Moderator Oliver Welke.

RAN – SAT.1 FUSSBALL SAT.1
→ ran

RAN FUN SAT.1
1995–1997. Show mit Reinhold Beckmann, der allerlei Pleiten, Pech und Pannen zeigte. Lief zunächst samstags um 19.30 Uhr, ab Juni 1997 samstags um 22.45 Uhr.

RANDALL & HOPKIRK PRO SIEBEN
1990. »Detektei mit Geist«. 26-tlg. brit. Krimiserie von Dennis Spooner (»Randall and Hopkirk [Deceased]«; 1969–1970).

Jeff Randall (Mike Pratt) und Marty Hopkirk (Kenneth Cope) führen gemeinsam eine Privatdetektei, deren Erfolgsquote deutlich steigt, nachdem Hopkirk von einem Auto überfahren wird und stirbt. Um die flüchtigen Täter zu fassen, kehrt Hopkirk nämlich als Geist auf die Erde zurück. Er bricht dabei leider die erste Geisterregel, vor dem Sonnenaufgang wieder zu verschwinden, und muss deshalb zur Strafe die nächsten 100 Jahre im Diesseits im weißen Anzug herumgeistern. Nur Randall kann ihn sehen – was praktisch ist, weil Hopkirk zwar in das Geschehen nicht eingreifen, aber unerkannt herumschnüffeln kann. Noch besser wäre es natürlich, wenn er nicht gar so unzuverlässig wäre und sich nicht in alles einmischen würde. Hopkirks Witwe Jean (Annette Andre) arbeitet als Sekretärin in der

Ratz (rechts) und Rübe aus der *Rappelkiste* nahmen kein Blatt vor den Mund. In einer Folge von 1975 lehrten sie Kinder im Nachmittagsprogramm Synonyme für Geschlechtsteile, zum Beispiel »Pimmel« und »Möse«. Einen Skandal löste das damals nicht aus.

Detektei, Inspektor Large (Ivor Dean) ist der genreübliche grummelige Polizist.
Die Serie hatte viel Humor und wenig Geld zur Verfügung. Die gesamten ersten drei Folgen hindurch soll Hopkirks Toupet verkehrt herum gesessen haben.
In den USA liefen die einstündigen Folgen unter dem Titel »My Partner The Ghost«. Die BBC produzierte 30 Jahre nach dem Original noch eine neue Serienversion mit dem Originaltitel und den Komikern Bob Mortimer und Vic Reeves in den Titelrollen.

RANISSIMO SAT.1
1992–1999. »Sat.1 Fußballshow«.
Sonntagsausgabe von *ran* mit weniger Fußball und mehr Show und den *ran*-Moderatoren, die hier anfangs sogar eine Showtreppe herunterkommen durften. Die etwa einstündige Sendung lief am Vorabend und bequatschte vor allem die Ereignisse der Bundesliga noch einmal ausgiebig. Zum Start der Saison 1999/2000 wurde der Sendetitel abgeschafft und die Sendung hieß nun auch sonntags *ran*.

RANMA ½ RTL 2
2002. 80-tlg. jap. Zeichentrickserie (»Ranma ½«; 1989–1992).
Immer wenn der 16-jährige Kampfsportler Ranma Saotome mit kaltem Wasser in Berührung kommt, verwandelt er sich in ein Mädchen. Das ist natürlich noch gar nichts gegen die Verwandlung, die Brett Matthews in der Serie *Turbo Teen* durchmacht.
Lief am frühen Nachmittag. Im Original sind es 161 Folgen.

RAPIDO RTL
1989. 45-minütige Musikshow mit Ingo Schmoll am Samstagnachmittag. Wurde nach acht Monaten in *Ragazzi* umbenannt.

RAPPELKISTE ZDF
1973–1987. Kindermagazin.
Protagonisten waren die Klappmaulpuppen Ratz und Rübe, regelmäßig tauchten zudem die skurrilen Figuren Oswin (Michael Habeck) und Nickel (Eberhard Peikert) auf, im Zeichentrick die fünf Millis sowie die Knetmännchen namens Ompis.
Wie die *Sesamstraße* richtete sich die *Rappelkiste* vor allem an Kinder im Vorschulalter, wollte ihnen aber nicht Buchstaben und Zahlen, sondern soziales Verhalten näher bringen. Jede Sendung befasste sich mit einem anderen Thema, das sich durch die Szenen mit den regelmäßigen Figuren zog und in Filmgeschichten behandelt wurde, die den Kindern vor allem Mut machen sollten.
Die *Rappelkiste* war die erste Sendung des ZDF für Kinder im Vorschulalter. Sie zeichnete kein rosarotes Bild von der Welt, in der die Kinder lebten, und konzentrierte sich häufig auf Konflikte der Kin-

der mit den Eltern und Erwachsenen überhaupt. Dafür stand schon der Abzählreim zu Beginn jeder Sendung: »Ene mene miste, es rappelt in der Kiste. Machste mal zu Hause Krach, kriegste gleich eins auf das Dach. Willste übern Rasen laufen, musste dir ein Grundstück kaufen. Spielste mal im Treppenhaus, schmeißt dich gleich der Hauswart raus! Ene mene miste, es rappelt in der Kiste. Ene mene meck, und du bist weg!«

Dieser Blickwinkel, der Partei für die Kinder ergriff, und der Mut, sich auch vor Themen wie Sexualität, Ausbeutung am Arbeitsplatz oder Gewalt in der Familie nicht zu drücken, führte natürlich zu Kontroversen und Angriffen von Konservativen, die Sendung sei zu antiautoritär oder sogar aufrührerisch. Trotzdem war sie nicht nur bei Kindern, sondern auch bei Eltern beliebt und hatte beste Einschaltquoten. Regisseur Elmar Maria Lorey erhielt 1975 den Grimme-Preis; 1979 wurde der in der *Rappelkiste* gezeigte vierteilige Film »Metin« über einen türkischen Jugendlichen mit dem Grimme-Preis mit Gold ausgezeichnet.

Der in einer Folge am 19. November 1978 gezeigte Antikriegsfilm »Mein Opa war im Krieg« sorgte für große Aufregung: Er wurde nicht wiederholt, nachdem der Deutsche Bundeswehrverband dagegen protestiert hatte. Der zuständige Hauptredaktionsleiter des ZDF sagte, die »von jedermann zu billigende Antikriegstendenz« des Beitrags sei gegen Ende in eine »tagespolitische Tendenz« umgeschlagen, weil ein Wehrdienstverweigerer auftrete und erläutere, warum er den Dienst mit der Waffe ablehne.

Nach einer Pilotsendung am Abend, bei der die Eltern das Programm kennen lernen sollten, lief die *Rappelkiste* sonntags um 14.00 Uhr und wurde mittwochs nachmittags wiederholt. Ein weiterer Wiederholungstermin am Freitagmorgen war für das gemeinsame Anschauen in Kindergärten gedacht. Insgesamt wurden 160 halbstündige Folgen produziert.

RASCAL DER WASCHBÄR ZDF

1985–1987. 52-tlg. jap. Zeichentrickserie (»Araigumu Rasakaru«; 1977).

Robby lebt zu Beginn des 20. Jh. mit seiner Familie in Wisconsin. Er freundet sich mit der kleinen Waschbärenwaise Rascal an und versorgt sie gemeinsam mit seinen Eltern und seinen Freunden Oscar und Alice. Robbys Schwestern Theodora und Jessica wohnen nicht mehr zu Hause. Als die Mutter stirbt, sind Robby und sein Vater zunächst allein mit den Tieren, nehmen aber nach kurzer Zeit die alte Cilia als neue Großmutter bei sich auf. Auch Rascal hat viele Freunde, darunter den diebischen Raben Poh. Als Rascal erwachsen ist, entlässt ihn Robby schweren Herzens in die Freiheit.

Die 26 Folgen der ersten Staffel trugen den Titel *Der Waschbär Rascal*, zur zweiten Staffel wurde er umgedreht. Auch die Wiederholung der ersten Staffel im Anschluss an die Erstausstrahlung der zweiten Staffel lief wieder unter dem alten Titel.

Die 25-minütigen Folgen liefen mittwochs um 16.35 Uhr.

DER RASENDE LOKALREPORTER ZDF

1969. 5-tlg. dt. Comedyserie von Klaus Peter Schreiner, Regie: Truck Branss.

Walter Giller (Walter Giller) ist Journalist bei einer Provinzzeitung und erlebt merkwürdige Dinge. Die einstündige Sendung lief meistens sonntags um 21.00 Uhr, einmal auch am Dienstagabend.

RASMUS UND DER VAGABUND ZDF

1984. 4-tlg. schwed. Jugendserie von Astrid Lindgren (»Rasmus på luffen«; 1981).

Der elternlose Rasmus (Erik Lindgren) läuft aus dem Waisenhaus davon, um sich eine Familie zu suchen. Unterwegs schließt er sich dem Wanderer Oskar (Allan Edwall) an.

Die Geschichte war bereits 1955 als Spielfilm umgesetzt worden. Die halbstündigen Serienfolgen liefen sonntags.

RASTHAUS ARD, SWR

1961–1974 (ARD); seit 1978 (SWR). Monatliches Auto- und Verkehrsmagazin.

Zur Sendung gehören Tests neuer Fahrzeuge (regelmäßig treten zwei Modelle gegeneinander an), Berichte über technische Neuerungen und Zubehör, Informationen zu Verkehrspolitik und -sicherheit, die »Rasthaus-Fahrschule« und das »Rasthaus-Quiz«. Moderator Günther Jendrich präsentierte die Sendung bis zu seinem Tod 1969, sein Nachfolger wurde Wolf Littmann. Jendrichs Ehefrau Antje Hagen, schon seit 1962 Co-Moderatorin, wurde jetzt Außenreporterin.

Die erst 45-minütige, später halbstündige Reihe startete im Abendprogramm und lief ab 1962 am Samstagnachmittag nach dem Autowaschen. Sie war eine der ersten regelmäßigen Ratgebersendungen im Fernsehen und wurde gelegentlich von Autobahnraststätten gesendet. 1971 startete der *ARD-Ratgeber*, dem später auch das Thema »Auto und Verkehr« eingegliedert wurde. Das *Rasthaus* verschwand aus der ARD, tauchte aber vier Jahre später in Südwest 3 wieder auf und wurde auch hier von Littmann moderiert. Nach einer weiteren fünfjährigen Sendepause ab 1981 wurde die Reihe samt neuem Moderator im Dritten Programm zum Dauerbrenner: Wolf-Dieter Ebersbach moderierte von Juni 1986 bis Juli 2005, daneben seit Ende 2002 Thorsten Link.

RATE MAL MIT ROSENTHAL ZDF

1979–1986. »Heiteres Quizspiel für Leute wie du und ich«. Halbstündiges Quiz mit Hans Rosenthal.

In drei Spielrunden müssen jeweils zwei Kandidaten Wissensfragen beantworten, die sie selbst auf einem Glücksrad erdrehen oder durch Kegeln auslosen. Der Sieger jeder Runde kann sich in einer jeweiligen Zusatzrunde seine Gewinne erspielen, indem er mit Dartpfeilen auf nummerierte Luftballons wirft. Für jeden getroffenen Ballon gewinnt er den zugeordneten Sachpreis. In der »Quickly-Quiz«-Runde gewinnt der Kandidat einen Geldbetrag, der auf dem Glücksrad erdreht wird.

Schnelles, rundum fröhliches Ratespiel, wofür schon der immer gut gelaunte Rosenthal und die im Studio aufgebaute Rummelplatzdeko sorgten. Die Kandidaten kamen aus dem Studiopublikum. Assistentin war Monika Sundermann, für Musik sorgten Heinrich Riethmüller und seine Rhythmusgruppe.

Das Quiz wurde erstmals von der Funkausstellung 1979 gesendet, ab April 1980 liefen 85 Ausgaben erfolgreich erst mittwochs, dann über Jahre dienstags um 18.20 Uhr im Vorabendprogramm, zwischendurch auch mal um 17.50 Uhr oder freitags.

RATE MIT – REISE MIT ZDF
1965–1968. Reisequiz mit Wim Thoelke.
Es war der erste Ausflug des Sportmoderators Thoelke ins Quiz- und Showgenre. Die Reihe lief in loser Folge im Vorabendprogramm und brachte es auf 16 Ausgaben.

RATEREISE MIT KASPERLE UND RENÉ ARD
→ Kasperle und René

RATEREISE UM DIE WELT ARD
→ Kasperle und René

DAS RÄTSEL DER SANDBANK ARD
1985. 10-tlg. dt. Spionageserie nach dem Roman von Erskine Childers; Buch: Christoph Mattner, Regie: Rainer Boldt.
Anfang des 20. Jh. kreuzen die englischen Segler Davies (Burghart Klaußner) und Carruthers (Peter Sattmann) auf ihrer Yacht »Dulcibella« durch die Nordsee. Die beiden gegensätzlichen Freunde geraten in eine Reihe mysteriöser Ereignisse, die mit internationaler Spionage und den zunehmenden Spannungen zwischen Deutschland und Großbritannien zusammenhängen. Beide Länder rüsten gerade ihre Flotten auf. Davies und Carruthers lassen sich unter größter Gefahr von der Yacht »Medusa« des reichen Kaufmanns Dollmann (Gunnar Möller) durch das ostfriesische Watt lotsen, und Davies verliebt sich in dessen Tochter Clara (Isabell Varell).
Die einstündigen Folgen wurden im regionalen Vorabendprogramm ausgestrahlt.
Parallel zur Serie entstand ein über zweistündiger Spielfilm, für den Szenen aus der Serie übernommen, aber auch neue gedreht wurden. Er lief erstmals 1987 im Fernsehen.

RÄTSELBOX ARD
1978–1980. Halbstündiges Quiz für Fernsehzuschauer mit Günter Tolar.
Die Lösung für fünf verschiedene Rätsel sind Zahlen, die zusammen eine Telefonnummer ergeben. Dann nennt der Moderator die passende Vorwahl. Der Zuschauer, der nun als Erstes die richtige Nummer wählt, landet im Studio und gewinnt. Bei einem weiteren Rätsel namens »Harte Nuss« sind die Zuschauer aufgefordert, per Postkarte teilzunehmen. Es geht um Denksportaufgaben oder darum, die gestellte Frage anhand eingespielter Umfrageantworten zu erraten (z. B. »Warum ist es am Rhein so schön?«).

Bei einer Sendung im Frühsommer 1978 hatte der Sender irrtümlich eine falsche Telefonnummer freigeschaltet. Eine Anruferin hatte sich allerdings verwählt und zufällig genau die falsche richtige Nummer angerufen. Sie gewann eine Reise zum Loch Ness.

Das Quiz lief donnerstags, ab 1980 montags gegen 22.00 Uhr und brachte es auf 18 Ausgaben.

RÄTSELFLUG ARD
1982–1983. Actionspiel mit Rudolf Rohlinger als Studioleiter und Günther Jauch und Bernhard Russi als Außenreporter.

Zwei Kandidaten müssen in einer vorgegebenen Zeit drei Schätze finden. Die Kandidaten befinden sich in einem Studio in Paris und haben verschlüsselte Hinweise und Karten, Reiseführer sowie Bücher zur Hilfe. Die eigentliche Schatzsuche unternimmt der Reporter. Der ist mit dem Hubschrauber vor Ort und wird von den Kandidaten dirigiert, was dadurch erschwert wird, dass sie ihn nicht sehen. Geht alles gut, können sie bis zu 6000 DM gewinnen.

Ein wesentlicher Reiz der Show war der Mangel an Satellitentechnik. Die Hälfte der Sendung bestand daraus, dass die Kandidaten den Reporter aufgeregt fragten: »Was sehen Sie?«, und er aufgeregt zurückfragte: »Wo soll ich hin?« Die Schauplätze waren atemberaubend: Es ging nach Dschibuti und Dubrovnik, St. Moritz und Neuschwanstein, zur Loreley und auf eine Ölplattform in der Nordsee.

Der Schweizer Bernhard Russi war Olympiasieger in der Skiabfahrt. Er wechselte sich mit Jauch als Reporter ab, weil das Schweizer Fernsehen als Koproduzent auch einen eigenen Reporter haben wollte. Ärger gab es, weil Jauch bei der Schatzsuche hektisch z. B. durch irgendwelche Heiligtümer raste. Die evangelische Kirche sprach von »Fernseh-Kolonialismus«. Jauch sagte nach der ersten Sendung: »Ich gebe zu: Das Konzept muss für viele Zuschauer verwirrend sein. Es ist doch das erste Mal, dass so unperfektes Fernsehen geboten wird.« Jauch sagt heute zu der Sendung: »Ich war jung und bekam kein Geld.« Als Festangestellter des Bayerischen Rundfunks durfte er für sein Redakteursgehalt sein Leben riskieren. Die ARD lehnte eine Flugunfallversicherung für seine Hubschrauberstunts ab, weil die Prämien zu hoch gewesen wären bzw. sich keine Versicherung fand, die das abdecken wollte. Eigentlich sei die Action viel zu gefährlich gewesen. Aufregend war die Show allemal.

Die Sendung beruhte auf dem französischen Format »La chasse aux trésors« von derselben Produktionsfirma, die auch *Fort Boyard* herstellte und maßgeschneidert in die Welt exportierte. Die Aufgaben, Schauplätze und Piloten wurden vom französischen Original übernommen.

13 Sendungen waren geplant und wurden donnerstags um 21.00 Uhr gesendet. Eine Fortsetzung gab es nicht – wegen des »Gegenwindes«, wie es der damalige BR-Unterhaltungschef Christoph Schmid nannte.

DER RAUB DER MITTERNACHTSSONNE ARD
1995. 4-tlg. Marionettenspiel der *Augsburger Puppenkiste* von Manfred Mohl.

Der böse Giftzwerg hat den Lofotenzwergen ihre Mitternachtssonne gestohlen, weil er sie zur Umwandlung von Müll zu Gold braucht. Doch ohne die Mitternachtssonne können die Lofotenzwerge die kalten Winternächte nicht überleben. Der junge Maulwurf Siegfried versucht, die Sonne wiederzufinden. Das Maulwurf-Mädchen Martha Mari und seine Freunde vom Müllberg helfen ihm dabei.

Aufgrund von Querelen mit dem Hessischen Rundfunk war *Der Raub der Mitternachtssonne* für mehrere Jahre die letzte Fernsehproduktion der *Augsburger Puppenkiste*. Erst 2000 folgte *Lilalu im Schepperland*.

DER RÄUBER HOTZENPLOTZ ZDF
1978. 4-tlg. dt. Märchenfilm von Gustav Ehmck nach dem Buch von Otfried Preußler.

Der Räuber Hotzenplotz (Gert Fröbe) hat der Großmutter (Lina Carstens) die musikalische Kaffeemühle geklaut! Kasperl (David Friedmann) und Seppel (Gerd Acktun) müssen erst den bösen Zauberer Petrosilius Zwackelmann (Josef Meinrad) austricksen, bis Wachtmeister Dimpfelmoser (Rainer Basedow) den Räuber hinter Schloss und Riegel bringen kann.

Fernsehversion des berühmten Kinofilms von 1974 mit halbstündigen Teilen. Die Handlung wird von den Liedern des Film- und Fernsehmusik-Komponisten Eugen Thomass, die von der Münchner Songgruppe gesungen werden, immer wieder unterbrochen und in die Länge gezogen.

DER RÄUBER MIT DER SANFTEN HAND RTL
1995. 3-tlg. dt. Gangsterfilm von Wolfgang Mühlbauer (Drehbuch und Regie).

Siegfried Dennery (Hannes Jaenicke) bekommt von der Bank keinen Kredit, also bedient er sich selbst. Insgesamt erbeutet er bei Überfällen Anfang der 80er-Jahre 1,5 Millionen DM, dann wird er gefasst.

Im Gefängnis schrieb der real existierende Dennery seine Autobiografie, auf der dieser Dreiteiler basierte.

RÄUBER UND GENDARM ZDF
1971–1974. Große Live-Unterhaltungsshow für Jugendliche mit Jürgen Scheller als Spielleiter und Ingeborg Becker als Reporterin, Regie: Georg Ruest.

Kinder treten in zwei Teams in Wettspielen gegeneinander an, aufgeteilt in Räuber und Gendarmen. Die Gendarmen rekrutieren sich aus den Reihen der gastgebenden Schule, die Räuber sind Kinder aus allen möglichen Orten Deutschlands. Zwei Tage vor der Ausstrahlung der Live-Sendung reisten die an ihren großen Hüten mit orangefarbenem Federschmuck erkennbaren Räuber paarweise mit öffentlichen Verkehrsmitteln in den Gastgeberort. Wer sie entdeckte, musste sagen: »Ihr seid Räuber auf dem Weg nach ...!« Dabei wurde er fotografiert und erhielt eine Karte, auf der Ort und Zeit der Entdeckung sowie Name und Anschrift des Entdeckers eingetragen wurden. Die Karte wurde an das ZDF geschickt. In der Sendung wurden aus den Zuschriften die zwölf Räuber für die nächste Sendung gezogen. Interessierte Schulen konnten sich als Gastgeber bewerben, indem sie Vorschläge für neue Showwettspiele machten. Voraussetzung waren geeignete Räumlichkeiten sowie die Bereitschaft, mit eigenen Beträgen (Schülerkabarett, Theaterstück, musikalische Einlage) an der Show mitzuwirken. Für die Fernsehzuschauer gab es zudem die Möglichkeit, etwas zu gewinnen: In der Sendung wurde nach einem prominenten Räuber gefragt.

Räuber und Gendarm lief etwa sechsmal im Jahr und wurde 1975 umgewandelt in *Das Dreiländerspiel*.

RAUCHENDE COLTS ARD, ZDF, SAT.1, KABEL 1
1967–1972 (ARD); 1977–1986 (ZDF); 1989–1991 (Sat.1); 1997 (Kabel 1). 229-tlg. US-Westernserie

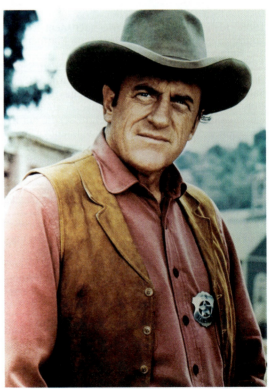

Nun wissen wir, warum Westernserien so lange in Schwarz-Weiß gezeigt wurden. Wer hätte denn einen Wildwesthelden im rosa Hemd ernst genommen? *Rauchende Colts* mit James Arness als Marshal Matt Dillon.

von Norman Macdonnell, John Meston und Charles Marquis Warren (»Gunsmoke«; 1955–1975).
Dodge City im Jahr 1873: Matt Dillon (James Arness) sorgt als Marshal für Recht und Ordnung, kann großmütig und gelassen sein, aber bei Bedarf auch mit den Fäusten oder seinem Colt austeilen. Seine Deputys sind das kauzige Unikum Festus Haggen (Ken Curtis) und der junge Waffenschmied Newly O'Brien (Buck Taylor). Weil der Marshal bei den ständigen Schießereien nicht unverletzt bleibt, operiert ihm Doc Galen Adams (Milburn Stone) regelmäßig Pistolenkugeln aus allen erdenklichen Körperteilen heraus. Man trifft sich im örtlichen Saloon, den Kitty Russell (Amanda Blake) betreibt, mit der Matt Dillon eine platonische Freundschaft verbindet. Der Barmann Sam (Glenn Strange) bedient, und der Säufer Louie Pheeters (James Nusser) trinkt dort.
Rauchende Colts ist die langlebigste Westernserie in der Geschichte des Fernsehens. 20 Jahre lang spielte James Arness den Matt Dillon, überarbeitete sich dabei aber nicht. Viele Episoden waren um andere Bewohner von Dodge City oder durchreisende Ganoven herum gestrickt und im Prinzip in sich abgeschlossene Geschichten. Selbst die Konflikte wurden oft ohne Zutun von außen innerhalb der Familie oder von den Gaunern unter sich gelöst. Arness' Aufgabe in diesen Folgen bestand darin, kurz jemanden mit irgendetwas zu beauftragen oder mal eben in den Saloon zu kommen, um Anwesenheit zu demonstrieren. Im Mittelpunkt standen dann die Gaststars, die zwar vorher nie dabei, aber trotzdem sofort vertraut waren: Die Ganoven sahen immer aus wie Ganoven, waren schmutzig und unrasiert, die liebenden Väter waren fast immer sauber, hell gekleidet und verwitwet, ließen sich aber auf die schiefe Bahn ziehen, um der blinden Tochter ein gutes Leben zu ermöglichen. Dass Festus Haggen für den Comedyfaktor zuständig war, merkte man schon an seiner deutschen Synchronstimme. Er wurde mit Gerd Duwner besetzt, dessen raue Fistelstimme immer dann herhalten musste, wenn's lustig klingen sollte (neben kleinen, kauzigen Westernhelden war er auch die Stimme von Ernie in der *Sesamstraße* und von Barney Geröllheimer in *Familie Feuerstein*).
Für die Rolle des Matt Dillon war ursprünglich John Wayne vorgesehen, der jedoch ablehnte, angeblich, weil er nicht als Cowboy abgestempelt werden wollte. In der vorausgegangenen gleichnamigen Radioserie hatte William Conrad den Matt Dillon gesprochen.
Die deutsche Ausstrahlung begann erst zwölf Jahre nach dem US-Start, und zwar mitten in der Serie. Bis dahin waren in den USA bereits mehr als 400 Folgen gelaufen, die in Deutschland nie gezeigt wurden. In diesen Folgen war die Figur des Festus Haggen, die in Deutschland zum Publikumsliebling wurde, noch nicht dabei, und Dennis Weaver spielte die Rolle des Chester B. Goode, der damals Dillons Deputy war. Drei Jahre lang hatte ferner Burt Reynolds als Hufschmied Quint Asper eine feste Rolle in der Serie. Auch als nach der ARD die Sender ZDF, Sat.1 und Kabel 1 die Serie ins Programm nahmen, liefen nur spätere Folgen in deutscher Erstausstrahlung. Die ARD hatte 74 Folgen gezeigt, die ersten zehn noch in Schwarz-Weiß, 69 neue liefen am Vorabend im ZDF, Sat.1 zeigte 76 weitere, und Kabel 1 kramte noch zehn aus, sodass immerhin mehr als 200 von insgesamt 633 Folgen bei uns zu sehen waren. In den 80er-Jahren bis zehn Jahre nach Ende der Serie wurden in den USA mehrere *Rauchende Colts*-Fernsehfilme mit den Originalschauspielern gedreht, die in Deutschland von verschiedenen Sendern ausgestrahlt wurden.

RAUM IST IN DER KLEINSTEN HÜTTE ZDF
1966–1967. 13-tlg. US-Sitcom (»Room For One More«; 1962).
Bei Familie Rose ist immer volles Haus: George (Andrew Duggan) und Anna (Peggy McCay) haben zwei eigene Kinder, den neunjährigen Flip (Ronnie Dapo) und die zehnjährige Laurie (Carol Nicholson), zwei adoptierte, die 16-jährige Mary (Anna Carri) und den 14-jährigen Jeff (Timmy Rooney), sowie einen Hund namens Tramp.
Jede Folge war eine halbe Stunde lang. Die Serie basierte auf der Autobiografie von Anna Perrott Rose und war bereits 1952 mit Cary Grant unter dem gleichen Originaltitel verfilmt worden. Deutscher Titel des Films war »Vater werden ist nicht schwer«.

RAUMPATROUILLE ARD
1966. »Die phantastischen Abenteuer des Raumschiffes Orion«. 7-tlg. dt. Science-Fiction-Serie von Rolf Honold und W. G. Larsen, Regie: Michael Braun und Theo Mezger.
»Was heute noch wie ein Märchen klingt, kann morgen Wirklichkeit sein. Hier ist ein Märchen von übermorgen: Es gibt keine Nationalstaaten mehr. Es gibt nur noch die Menschheit und ihre Kolonien im Weltraum. Man siedelt auf fernen Sternen. Der Meeresboden ist zur Besiedelung erschlossen. Mit heute noch unvorstellbaren Geschwindigkeiten durcheilen Raumschiffe unser Milchstraßensystem. Eins dieser Raumschiffe ist die »Orion«, winziger Teil eines gigantischen Sicherheitssystems, das die Erde vor Bedrohungen aus dem All schützt. Begleiten wir die »Orion« und ihre Besatzung bei ihrem Patrouillendienst am Rande der Unendlichkeit.«
Commander Major Cliff Allister McLane (Dietmar Schönherr) wird mit seinem schnellen Raumkreuzer »Orion« für drei Jahre zur Verkehrsüberwachung im Sektor 219-33-9 strafversetzt, weil er entgegen der Anordnung auf dem Planeten Rhea gelandet ist, nur um zu demonstrieren, dass eine Landung auf Rhea möglich ist. Sicherheitsoffizier Leutnant Tamara Jagellovsk (Eva Pflug) vom Galaktischen Sicherheitsdienst GSD wird ihm zugeteilt, um zu kontrollieren, ob er seinen Dienst brav nach Vorschrift verrichtet. Anfangs nervt sie durch das hirnlose Beharren auf Paragrafen, ohne sich um die Konsequenzen zu scheren, doch allmählich wird sie ein engagier-

Raumpatrouille mit Claus Holm, Dietmar Schönherr, Eva Pflug, Friedrich G. Beckhaus (von links). An der Decke kleben Plastikbecher.

ter Bestandteil der eingeschworenen Crew, zu der auch Armierungsoffizier Leutnant Mario de Monti (Wolfgang Völz) gehört, ein erfolgloser Frauenheld, Raumüberwachungsoffizier Leutnant Helga Legrelle (Ursula Lillig), Bordingenieur Leutnant Hasso Sigbjörnson (Claus Holm) und Astrogator Leutnant Atan Shubashi (Friedrich Georg Beckhaus).

Gleich beim ersten Routineeinsatz mit der »Orion 7« (sechs Raumschiffe hat McLane schon zu Schrott geflogen, nach der zweiten Folge wird das achte fällig) stoßen sie auf eine bisher unbekannte exoterrestrische Rasse. Diese ist intelligenter als die Menschheit und gegen deren Strahlenwaffen immun, sieht wie glitzernde, glibbrige Silhouetten aus und hat die Vernichtung der Erde im Sinn. Sie nennen die Außerirdischen »Frogs«, weil »Frösche« zu vertraut klingt, und haben es im weiteren Verlauf noch oft mit ihnen zu tun. Zum Glück behält McLane immer einen klaren Kopf und rettet die Erde ein ums andere Mal.

Die Terrestrische Raumaufklärungsbehörde T.R.A.V. und die Oberste Raumbehörde ORB sind dem Raumkreuzer übergeordnet; dort haben es McLane und Co. meist mit Bürokraten zu tun, die McLanes Alleingänge zwar insgeheim wegen ihrer Effektivität bewundern, nach außen aber die Einhaltung vielziffriger Paragrafen der Erhaltung der Welt überordnen. Die Anweisungen, denen sich McLane ja doch widersetzt, kommen von seinem direkten Vorgesetzten, T.R.A.V.-Chef General Winston Woodrov Wamsler (Benno Sterzenbach), dem undurchsichtigen Oberst Henryk Villa (Friedrich Joloff), dem ORB-Vorsitzenden Sir Arthur (Franz Schafheitlin), dem Oberbefehlshaber der Streitkräfte, Marschall Kublai-Krim (Hans Cossy), und dem hochnäsigen bürokratischen Ordonnanz-Leutnant Michael Spring-Brauner (Thomas Reiner). Lydia van Dyke (Charlotte Kerr) ist die Befehlshaberin der Schnellen Raumverbände, denen McLane bis zu seiner Strafversetzung angehörte. Für sie würde McLane durchs Feuer gehen – und tut es auch.

Ihre Freizeit verbringen die Raumfahrer im »Starlight-Casino«, einer Bar auf dem Meeresgrund mit einem großen Fenster, hinter dem merkwürdige, riesige Fische schwimmen. Dort tanzen die Menschen auf eine Weise, wie man in den 60er-Jahren dachte, dass Menschen im Jahr 3000 tanzen würden. Aus dem Meer startet die »Orion« auch zu jedem neuen Flug. In der letzten Folge ergreifen die Frogs Besitz von Villas Gehirn, der daraufhin von oberster Stelle die Machtübernahme auf der Erde vorbereitet. McLane durchschaut es als Einziger und rettet mal wieder die Welt, woraufhin seine Strafversetzung aufgehoben und er zum Oberst befördert wird, und er und Tamara knutschen endlich.

»Orion«-Erfinder Rolf Honold hatte die Schwarz-Weiß-Serie unter dem Pseudonym W. G. Larsen erfunden (das »und« zwischen beiden Namen im Vorspann war also ein Hohn), mehrere Mitarbeiter der Bavaria-Studios, die die Serie produzierten, steuerten unter dem gleichen Pseudonym Drehbücher bei. Die Titelmusik war von Peter Thomas. Die Produktionskosten waren die bis dahin höchsten für eine Serie, was nichts daran ändert, dass die Spezialeffekte heute extrem billig aussehen. Die Kulisse war aus gängigen Haushaltsgegenständen zusammengeschustert, Plastikbecher, Bügeleisen und

Duschköpfe stellten technisches Navigationsgerät dar, und man musste nicht einmal genau hinsehen, um das zu erkennen. Dennoch war die Serie ein Vorreiter, der das Genre der Science-Fiction im Fernsehen populär machte. *Raumschiff Enterprise* war nur neun Tage vorher in den USA gestartet, und es dauerte noch sechs Jahre, bis die Serie nach Deutschland kam. Wegen der hohen Kosten wurde trotz des Erfolgs auf eine Fortsetzung verzichtet (die dann auch noch in Farbe gedreht worden wäre), obwohl Honold die Geschichten für sieben neue Folgen angeblich bereits fertig geschrieben hatte.

Raumpatrouille lief erfolgreich alle zwei Wochen am Samstagabend um 20.15 Uhr; jede Folge war eine Stunde lang.

Nachdem die Serie jahrelang komplett vom Bildschirm verschwunden war, wurde sie Mitte der 80er-Jahre wiederbelebt, wenn auch nur in Wiederholungen. Zunächst liefen die alten Folgen als Kinovorstellungen, danach wurden regelmäßig alle Folgen auf verschiedenen Sendern wiederholt. 2002 kam eine überarbeitete Fassung als Spielfilm ins Kino. Dabei war aus den sieben abgeschlossenen Folgen eine einigermaßen durchgehende Handlung geschnitten worden, deren Lücken von Elke Heidenreich als Nachrichtensprecherin der »Sternenschau« geschlossen wurden. In dieser Rolle schilderte sie Ereignisse, die damals schlicht nicht gedreht worden waren.

Die Serie ist komplett auf DVD erhältlich.

RAUMSCHIFF ENTERPRISE ZDF, SAT.1
1972–1974 (ZDF); 1987–1988 (Sat.1). 79-tlg. US-Science-Fiction-Serie von Gene Roddenberry (»Star Trek«; 1966–1969).

»Der Weltraum. Unendliche Weiten. Wir schreiben das Jahr 2200. Dies sind die Abenteuer des Raumschiffs ›Enterprise‹, das mit seiner 400 Mann starken Besatzung fünf Jahre lang unterwegs ist, um neue Welten zu erforschen, neues Leben und neue Zivilisationen. Viele Lichtjahre von der Erde entfernt dringt die ›Enterprise‹ in Galaxien vor, die nie ein Mensch zuvor gesehen hat.«

Im 23. Jh. wird das Raumschiff »U.S.S. Enterprise« von der Vereinten Planetenföderation auf eine fünfjährige Mission geschickt. Es hat den Auftrag, den Weltraum zu erforschen und neue Zivilisationen zu entdecken. Das Raumschiff ist 289 Meter lang, mit Phasern und Photonentorpedos bewaffnet und verfügt über Warp-Antrieb. Das Kommando führt Captain James T. Kirk (William Shatner), ein kluger Mann mit scharfem Verstand, der sich zur Konfliktbewältigung aber auch gern mal prügelt. (Das »T« steht für »Tiberius«.) Der 1. Offizier Mr. Spock (Leonard Nimoy) ist Halbvulkanier; seine Mutter stammt von der Erde und sein Vater vom Planeten Vulkan. Spock, der keinen Vornamen hat, beherrscht den vulkanischen Todesgriff, mit dem er Gegner ohne Waffen, nur mit der Hand in deren Nacken außer Gefecht setzen kann. Äußerlich unterscheiden ihn seine spitzen Ohren vom Menschen, innerlich das Fehlen von Emotionen. Gelegentlich unterläuft ihm trotzdem eine menschliche Regung (McCoy: »Sie halten doch die Hoffnung für einen menschlichen Fehler, Mr. Spock?« Spock: »Richtig, Doktor. Doch regelmäßiger Kontakt birgt, wie Sie als Arzt wissen sollten, die Gefahr, dass man sich infiziert.«). Dr. Leonard »Pille« McCoy (DeForest Kelley) ist der Schiffsarzt. Er untersucht alle, die umfallen, und stellt in der Regel fest: »Er ist tot, Jim.« Der Inge-

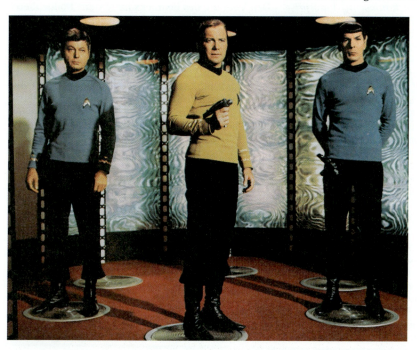

Fertig zum Beamen: DeForest Kelly, William Shatner, Leonard Nimoy in *Raumschiff Enterprise*.

nieur Montgomery Scott, genannt »Scotty« (James Doohan), kümmert sich um die Beförderung der Besatzung auf fremde Planeten und »beamt« sie dorthin, ohne dass das Raumschiff landen muss. Die Körper der zu beamenden Menschen dematerialisieren sich im Transporter-Raum und materialisieren sich wieder am Zielpunkt. Lieutenant Nyota Uhura (Nichelle Nichols) ist die afrikanische Kommunikationsoffizierin, Mr. Hikaru Sulu (George Takei) der japanische Sicherheitsoffizier, Pavel Chekov (Walter Koenig) der russische Navigator und Christine Chapel (Majel Barrett) die Krankenschwester. Insgesamt zählt die Besatzung 431 Personen.

Während ihrer Mission begegnet die Crew der »Enterprise« auf verschiedenen Planeten vielen unterschiedlichen Zivilisationen, deren Erscheinungsform vom gasförmigen Zustand bis zu nahezu menschlichem Aussehen reicht. Die Klingonen und die Romulaner sind die Feinde der Föderation.

Nach dem Vorspann mit den Worten »Der Weltraum – unendliche Weiten ...« begann jede Folge mit einem Logbucheintrag des Captains, der darin u. a. die Sternzeit vermerkte und aus dem Off in die Handlung einführte.

Die Serie war in den USA zunächst nur mäßig erfolgreich. Erst bei den zahlreichen Wiederholungen in den 70er-Jahren bildete sich eine immer größer werdende Fangemeinde, die die Serie letztlich zur erfolgreichsten Science-Fiction-Serie überhaupt machte. Diese »Trekker« oder »Trekkies« genannten Fans hielten Treffen namens »Star Trek Conventions« ab und brachten Unsummen in die Kassen der Hersteller von *Star Trek*-Fanartikeln. Die NASA benannte Ende der 70er-Jahre einen Prototypen für ihre Raumfähren nach dem Fernsehraumschiff.

Auch in Deutschland wurde *Raumschiff Enterprise* ein großer Erfolg und Kulturgut, Spocks Feststellung »faszinierend« und die Aufforderung »Scotty, beam mich hoch!« wurden geflügelte Worte (tatsächlich wurde letzterer Satz in keiner Serienfolge so gesprochen und ist wie der *Derrick*-Satz »Harry, fahr schon mal den Wagen vor« eine Legende). Dennoch zeigte das ZDF samstags am Vorabend nur 39 Folgen, die andere Hälfte sendete Sat.1 etwa 15 Jahre später in deutscher Erstausstrahlung. Jede Folge war eine Stunde lang. Nur eine einzige Folge, »Schablonen der Gewalt«, lief nicht im deutschen Fernsehen, erschien bei uns jedoch auf Video und DVD (und wurde später zumindest im Pay-TV gezeigt). Darin trifft die Crew auf eine Staatsform, die der Nazidiktatur auffallend ähnelt. Ebenfalls vorenthalten wurde deutschen Zuschauern während der ZDF-Ausstrahlung die eigentliche Handlung einiger Folgen, die durchaus gezeigt, aber sehr verfremdet wurden: In der Episode »Weltraumfieber« (»Amok Time«) wird erklärt, dass Vulkanier alle sieben Jahre den Drang haben, sich zu paaren, zu diesem Zweck zum Vulkan zurück müssen und eine aggressive mentale Veränderung erfahren. So kommt es im Original zu einem Duell auf Leben und Tod zwischen Kirk und Spock. Nur in der Synchronfassung werden diese Ereignisse als Fieberalbtraum von Spock ausgelegt. Im ursprünglichen Pilotfilm »Der Käfig« war Kirk alias Shatner noch nicht dabei, die Hauptrolle des Captains Christopher Pike hatte Jeffrey Hunter gespielt. Dieser Film wurde damals jedoch weder in den USA noch bei uns ausgestrahlt und lief erst viel später (1988 in den USA und 1993 in Sat.1) erstmals im Rahmen eines *Star Trek*-Specials. Als *Raumschiff Enterprise* in Serie flog, stand Hunter nicht mehr zur Verfügung und wurde durch Shatner ersetzt.

Im Gegensatz zu vielen dunklen Science-Fiction-Serien, die einen Krieg zwischen Menschen und Außerirdischen zeigten, wurde hier – politisch liberal – die Zusammenarbeit zwischen den Rassen thematisiert (mit dem halbmenschlichen Spock als Bindeglied) und aufgezeigt, dass Fortschritte in Wissenschaft und Technik zu einer besseren Welt führen können. Obwohl es auch hier Feindschaften gab und sich der Kalte Krieg in manchen Folgen spiegelte, überwog der positive Grundton – und ab der zweiten Staffel sorgte der Russe Chekov für eine noch ausgewogenere Mischung der Nationen auf der Brücke. Wie süß und liebreizend Science-Fiction sein kann, zeigte vor allem die Folge »Kennen Sie Tribbles?«, in der Uhura sich während einer Mission einen Tribble kauft, ein kleines pelziges Knuddeltier, von dem sich jedoch herausstellt, dass es sich rasend schnell vermehrt und Unmengen frisst. Politisch relevanter war, dass *Raumschiff Enterprise* den ersten Kuss zwischen einem Weißen und einer Schwarzen im amerikanischen Fernsehen zeigte: Captain Kirk und Lieutenant Uhura waren allerdings, als sie es taten, nicht Herrn ihrer selbst, sondern von Außerirdischen gesteuert.

Den Vorgang des Beamens hatte Gene Roddenberry aus rein praktischen und finanziellen Gründen erfunden. Die Spezialeffekte für die Landung des Raumschiffs wären schlicht zu teuer gewesen. Wegen des späten Erfolgs kam 1979, zehn Jahre nach dem Ende der TV-Serie, ein *Star Trek*-Film mit der Originalbesetzung ins Kino, dem viele weitere folgten. Seit den 80er-Jahren wurden mit *Raumschiff Enterprise – Das nächste Jahrhundert* (deren Besatzung später auch in den Kinofilmen das Schiff übernahm), *Star Trek – Deep Space Nine, Star Trek – Raumschiff Voyager* und *Enterprise* zudem weitere Fernsehserien mit neuen Darstellern gedreht, die an den Erfolg des Originals anknüpften und alle (inklusive des Originals) ohne Unterlass auf diversen Kanälen wiederholt wurden.

Die Serie ist komplett auf DVD erhältlich.

RAUMSCHIFF ENTERPRISE – DAS NÄCHSTE JAHRHUNDERT ZDF, SAT.1

1990–1993 (ZDF); 1994 (Sat.1). 178-tlg. US-Science-Fiction-Serie von Gene Roddenberry (»Star Trek: The Next Generation«; 1987–1994).

78 Jahre nach Captain Kirk ist im 24. Jh. ein neues, größeres Raumschiff »U.S.S. Enterprise« wieder im Auftrag der Föderation im Weltraum unterwegs, um

fremde Zivilisationen zu erkunden. Mehr als 1000 Menschen fasst das neue Schiff, weil wegen der mehrjährigen Mission auch die Familien der Besatzungsmitglieder mit an Bord sein dürfen. Neuer Captain ist der besonnene kahlköpfige Franzose Jean-Luc Picard (Patrick Stewart), ein Hobbyarchäologe und Krimifan. Zur Besatzung gehören der entschlossene, von Picard »Nummer 1« genannte Commander William Riker (Jonathan Frakes), der Androide Data (Brent Spiner), der sich um menschliche Gefühle bemüht, der blinde Lieutenant Geordi LaForge (LeVar Burton), der durch einen Spezialsensor sehen kann, der Klingone Lieutenant Worf (Michael Dorn), dessen Volk mittlerweile Frieden mit der Föderation geschlossen hat, die Beraterin Deanna Troi (Marina Sirtis), die wegen ihrer halbbetazoischen Herkunft telepathische Fähigkeiten hat und deren Mutter Lwaxana (Majel Barrett) mehrmals vorübergehend mit an Bord ist, der Chefingenieur Miles O'Brien (Colm Meaney) sowie die Schiffsärztin Dr. Beverly Crusher (Gates McFadden), deren Teenagersohn Wesley (Will Wheaton) ebenfalls mit an Bord ist und Fähnrich wird. Während einer vorübergehenden Abwesenheit von Dr. Crusher übernimmt Dr. Kate Pulaski (Diana Muldaur) ihren Job. Sicherheitschefin Tasha Yar (Denise Crosby) gehört nur zu Beginn zur Besatzung.

Nachdem die Klingonen mit der Sternenflotte in Frieden leben, sind jetzt die Borg die ärgsten Feinde der »Enterprise«. Für die Crew stehen mehrere Möglichkeiten der Entspannung und Freizeitgestaltung zur Verfügung: Es gibt eine Erholungs-Lounge, die von der 600 Jahre alten Giunan (Whoopi Goldberg) geführt wird, und Holo-Decks, auf denen sich die Besatzungsmitglieder spielerisch in abenteuerliche Situationen hineinversetzen können, die sich enorm real anfühlen (als seien ihre »echten« Missionen noch nicht abenteuerlich genug). Man kann hier aber auch einfach eine nette Partie Tennis spielen. Als Gaststars wirkten in einigen Episoden die Original-*Enterprise*-Darsteller DeForest Kelley, Leonard Nimoy und James Doohan in ihren damaligen Rollen mit. Majel Barrett, hier in der Rolle der Lwaxana, hatte in der Originalserie die Krankenschwester Christine Chapel gespielt. Sie war die Ehefrau von Serienerfinder Gene Roddenberry. Roddenberry selbst starb im Oktober 1991, noch während die Serie lief. Jonathan Frakes, Patrick Stewart, Gates McFadden und LeVar Burton fungierten auch als Regisseure.

Nicht nur die Technik hat sich seit dem vorigen Jahrhundert fortentwickelt, auch die schauspielerische Qualität. Dafür gibt es weniger unfreiwilligen Humor, und nach dem Ende des Kalten Krieges im wahren Leben war auch die Moral der Geschichten oft weniger schlicht.

Das ZDF zeigte die einstündigen Folgen freitags um 17.50 Uhr, ab Folge 84 wechselte sie zu Sat.1 und lief dort werktags um 16.00 Uhr. Deutsche Fans mussten sich damit abfinden, dass die Synchronstimme von Patrick Stewart vorübergehend wechselte (Sprecher waren Rolf Schult und Ernst Meincke). Ab 1997 zeigte Sat.1 die Wiederholungen unter dem Titel *Star Trek – Das nächste Jahrhundert*. Während diese Serie bereits lief, wurden weiterhin Kinofilme mit der Besatzung der Original-»Enterprise« gedreht. Erst ab 1996, nach dem Fernsehende von *Raumschiff Enterprise – Das nächste Jahrhundert,* übernahmen Picard und Co. das Schiff auch im Kino. Im zehnten *Star Trek*-Film »Nemesis«, der 2002 – als letzter Film mit der Crew von »Next Generation« – in die Kinos kam, stirbt der Androide Data.

Die Serie ist komplett auf DVD erhältlich.

RAUMSCHIFF ORION ARD
→ Raumpatrouille

RAUMSCHIFF VOYAGER SAT.1
→ Star Trek – Raumschiff Voyager

RAUMSTATION UNITY VOX
1998–1999. 26-tlg. brit.-dt. Science-Fiction-Serie von Dick Campbell und Andrew Maclear, Regie: Dick Campbell (»Space Island One«; 1998).

Die internationale Besatzung der Raumstation »Unity« erforscht den Weltraum. Commander Kathryn McTiernan (Judy Loe) leitet das Team, Walter B. Shannon (Angus MacInnes) ist ihr zweiter Kommandant. Die anderen Besatzungsmitglieder sind die Biochemiker Henrietta »Harry« Eschenbach (Julia Bremermann) und Paula Hernandez (Indra Ové), Computerspezialist Dusan Kashkavian (Bruno Eyron), der Arzt Dr. Kaveh Homayuni (Kourosh Asad) und der Wissenschaftler und Philosoph Lyle Campbell (William Oliver). Zusätzliche Unterstützung kommt von den Bordrobotern »Roams«. Die Raumstation ist sehr groß und beherbergt sogar Vögel und Frösche. Die wichtigsten Datenbanken der Erde sind für die Besatzungsmitglieder über ihre Computer abrufbar. Die Serie entstand als deutsche Koproduktion mit dem britischen Satellitensender Sky One. Sie lief auf Vox werktags um 16.00 Uhr.

RAUS DAMIT! WEGE AUS DEM CHAOS VOX
2004. 6-tlg. dt. Doku-Soap.

Eine Psychologin und ein Innenausstatter helfen überforderten Familien und Prominenten beim Ausmisten ihrer gerümpeligen Wohnungen. Die einstündigen Folgen liefen dienstags um 20.15 Uhr.

RAVE AROUND THE WORLD VOX
Seit 1997. Die Vox-Testbild-Ersatzvariante zu fahrenden Autos (ZDF), fahrenden Zügen (ARD), knisternden Kaminfeuern (Super RTL): tanzende junge Menschen. »Urlaubsvideos von Raverkreuzfahrten, Paraden u. a.«

RAVEN PRO SIEBEN
1993–1994. 20-tlg. US-Actionserie von Frank Lupo (»Raven«; 1992–1993).

Die Eltern von Jonathan Raven (Jeffrey Meek) wur-

den in Japan vom Schwarzer-Drachen-Clan ermordet. Aus Rache tötete Jonathan deren Anführer und ist seitdem auf der Flucht. Er lebt auf Hawaii und arbeitet in dem Club von Kenny Tanaka (Clyde Kusatsu). Gemeinsam mit dem Privatdetektiv Herman »Ski« Jablonski (Lee Majors) macht er sich auf die Suche nach seinem verschwunden Sohn. Nebenbei helfen sie immer wieder anderen Menschen, die in Not sind. Ihr Assistent ist Big Kahuna (Andy Bumatai).
Die einstündigen Folgen liefen freitags am späteren Abend.

RAVEN – DIE UNSTERBLICHE PRO SIEBEN
1999–2000. 22-tlg. kanad. Fantasyserie (»Highlander: The Raven«; 1998–1999).
In diesem Ableger von *Highlander* verliebt sich die 1200 Jahre alte Diebin Amanda (Elizabeth Gracen) in den Polizisten Nick Wolfe (Paul Johansson). Er bewegt sie zum Seitenwechsel und jagt mit ihr fortan Verbrecher. Amanda ist eine Unsterbliche, die (wie aus *Highlander* bekannt) nur durch Enthauptung von einem anderen Unsterblichen getötet werden kann.
Elizabeth Gracen hatte die Rolle der Amanda bereits in einigen Gastauftritten in der Fernsehserie *Highlander* gespielt. In *Raven – Die Unsterbliche* war Hannes Jaenicke in mehreren Folgen als Ex-Agent Bert Meyers dabei.
Die einstündigen Folgen liefen am Sonntagnachmittag.

RAVIOLI ZDF
1984. 13-tlg. dt. Jugendserie von Franz Josef Gottlieb.
Während Beate (Karin Eickelbaum) und Walter Düwel (Peter Fricke) im Urlaub sind, schmeißen die Kinder Pepe (Gerrit Schmidt-Foss), Branca (Bettina Grühn), Jarl-Kulle (Holger Handtke) und Heide (Daniela Ziemann) allein den Haushalt. Um Geld zu sparen, kaufen sie Unmengen von Dosen-Ravioli und ernähren sich in der Folgezeit ausschließlich davon.
Die 25-minütigen Episoden liefen am Dienstagnachmittag.

RAW TOONAGE RTL
1995. »Kunterbuntes aus der Trickkiste«. 12-tlg. US-Zeichentrickreihe (»Raw Toonage«; 1992).
Pro Folge werden mehrere abgeschlossene Geschichten mit wechselnden Hauptfiguren erzählt, von denen zwei, Bonkers und Marsupilami, auch eigene Serien bekamen.

RAWLEY HIGH – DAS ERSTE SEMESTER PRO SIEBEN
2002. 8-tlg. US-Teenie-Serie (»Young Americans«; 2000).
Will Krudski (Rodney Scott) hat bei der Aufnahmeprüfung betrogen und darf deshalb jetzt das Elite-Internat in New Rawley besuchen. Dort teilt er sich ein Zimmer mit dem reichen Scout Calhoun (Mark Famiglietti). Ihre Kommilitonen sind Hamilton Fleming (Ian Somerhalder), der Sohn des Dekans, Uni-Schwarm und Scouts Halbschwester Bella Banks (Kate Bosworth) sowie die Außenseiterin Jake Pratt (Katherine Moennig), die sich als Junge tarnt. Professor Finn (Ed Quinn) deckt Wills Betrug, weil er ihn für ein Schreibtalent hält.
Lief samstags mittags. Die Figur des Will Krudski war in drei Folgen der Serie *Dawson's Creek* eingeführt worden.

REAL GHOSTBUSTERS SAT.1
1989–1991. 99-tlg. US-Zeichentrickserie (»The Real Ghostbusters«; 1986–1991).
Janine, die Sekretärin der Geisterjägerzentrale, hat das Kommando über die vier jungen Ghostbusters Peter, Ray, Egon und Winston, die Geister aller Art zur Strecke bringen sollen. Das kleine grüne, fliegende Monster Slimer ist ihr Haustier.
Die Serie basierte auf den »Ghostbusters«-Kinofilmen. Kinoregisseur Ivan Reitman war auch Regisseur der Zeichentrickserie. Sie nannte sich *Real Ghostbusters,* weil es zeitgleich eine andere Zeichentrickserie mit dem Titel *Ghostbusters* gab. Die 99 Folgen liefen im Nachmittagsprogramm und wurden später in Pro Sieben und Kabel 1 wiederholt; 35 weitere liefen im Pay-TV.

REBECCA UND DIE JUNGEN VON NEBENAN ARD
1991. 12-tlg. austral. Kinder-Comedyserie von John Rapsey und David Rapsey, Regie: Paul Moloney (»Haydaze«; 1990).
Rebecca (Denise Vose) ist ein Stadtkind, das mit seinen Eltern aufs Land zieht. Nebenan wohnen die Jungen Mark (Daren Kelly) und Sean (Brayden West), die dort groß geworden sind. Zwischen deren konservativen Eltern, den alteingesessenen Farmern John (Bertholomew John) und Annie Carmichael (Annie Mutagh-Monks), die wissen, wie man es immer schon gemacht hat, und Rebeccas modernen Eltern, den frisch gebackenen Farmern Perry (Robert van Macklenberg) und Jill Simmons (Vivienne Garrett), die wissen, wie man alles besser machen kann, gibt es natürlich Spannungen.
Die Folgen waren 25 Minuten lang und liefen sonntags nachmittags.

DER REBELL DES KAUKASUS DFF 2
→ Data, der Rebell

DIE REBELLEN VOM LIANG SHAN PO ARD, WDR
1980–1981 (ARD); 1982 (WDR). 26-tlg. jap. Abenteuerserie nach der chinesischen Volkslegende »Shui Hu Chuan« (»The Water Margin«; 1977).
China vor 1000 Jahren: Der böse Ko Kiou (Kei Sato), Oberbefehlshaber der Kaiserlichen Garde, versucht den Offizier Lin Chung (Atsuo Nakamura) zu vernichten. Er lässt ihn ins Strafgefangenenlager bringen. Kiou wird zum Tyrannen und macht aus immer mehr Helden Gesetzlose, die sich in den Sumpfge-

bieten des Liang Shan Po sammeln und gegen die Kaiserliche Garde kämpfen, darunter Lu Ta (Isamu Nagato), Chu Wu (Ryohei Uchida), Hu Sanjang (Sanae Tsuchida) und Shi Chin (Teruhiko Aoi).

Die ARD dachte, es sei eine gute Idee, die außerordentlich brutale Serie voller niederträchtiger Exzesse am Samstagnachmittag zu zeigen, wenn viele Kinder zuschauen. Es gab massive Proteste von Zuschauern, woraufhin die Gemeinschaftskoordination der ARD schließlich für die Absetzung der Serie aus dem Nachmittagsprogramm plädierte, was nach zehn Folgen geschah. Sie wurde später aber diverse Male in den Dritten Programmen, in der ARD und bei RTL komplett gezeigt und ist inzwischen auf DVD erschienen.

REBELLION DER VERLORENEN ARD

1969. 3-tlg. dt. Krimi von Wolfgang Menge nach dem Roman von Henry Jaeger, Regie: Fritz Umgelter.

Die Brüder David (Martin Lüttge), Alex (Hermann Treusch) und Paul Kühn (Peter Danzeisen) wollen sich nicht mit dem Lebensstandard zufrieden geben, den ihr Vater längst akzeptiert hat. Heinrich Kühn (Joachim Teege) war früher Oberbuchhalter, erlitt im Krieg eine Hirnverletzung und arbeitet seitdem als Klomann, hofft aber, vom Wirtschaftswunder profitieren zu können, und ist von der Garderobenfrau Kitty (Edith Heerdegen) angetan. Dann platzen Alex' Träume von einer großen Sportlerkarriere, und seine Brüder sind ohnehin verbittert. Also überfallen sie eine Bank und töten dabei den Kassierer. Das Geld verstecken sie vorerst. Paul verunglückt tödlich, David und Alex werden verhaftet, ihr Vater nimmt die Schuld auf sich, aber niemand glaubt ihm. Dann verunglückt auch er tödlich, und Alex legt ein Geständnis ab.

Jaegers Roman basierte auf seinem eigenen Leben. Zusammen mit Komplizen hatte er 1955 bei einem Postraub 80 000 DM erbeutet und war dafür ins Gefängnis gekommen, wo er seinen ersten Roman »Die Festung« schrieb. »Rebellion der Verlorenen« folgte nach seiner Begnadigung. Von den Einnahmen aus seinen Büchern zahlte er das geraubte Geld zurück.

Die spielfilmlangen Folgen liefen zur Primetime.

RECHT IM GESPRÄCH ZDF

→ Sonntags um elf

RECHT ODER UNRECHT ARD

1970–1971. 8-tlg. dt. Dokumentarspielreihe von Robert A. Stemmle.

In abgeschlossenen, mit wechselnden Schauspielern besetzten Fällen werden Justizirrtümer geschildert. Es geht immer um einen Mordfall, der schon Jahre zurückliegt und dessen Verhandlung ebenfalls schon vor langer Zeit mit einer Verurteilung abgeschlossen wurde. Aus verschiedenen Gründen werden die Prozesse später neu aufgerollt, und in den hier geschilderten Fällen stellt sich jedes Mal heraus, dass der Verurteilte in Wirklichkeit unschuldig war und zu Unrecht im Gefängnis gesessen hat.

Stemmle prangerte mit seiner Reihe Mängel im Strafrecht an. Die acht Folgen befassten sich mit sechs Fällen, die sich alle tatsächlich seit 1945 ereignet hatten. Zwei Fälle zogen sich jeweils über zwei Sendungen. Diese liefen dann innerhalb der gleichen Woche, davon abgesehen war die Reihe monatlich zur Primetime im Programm.

DAS RECHT ZU LIEBEN ARD

1990. 160-tlg. brasilian. Telenovela (»Direito de amar«; 1987).

Anfang des 20. Jh. lernen sich Adriano de Monserrat (Lauro Corona) und Rosália Medeiros (Glória Pires) in Rio de Janeiro auf einer Party kennen und verlieben sich ineinander. Doch vor ihrem Glück stehen gewaltige Hindernisse: Zunächst einmal müssen sie sich überhaupt wiederfinden, dann ist Rosália, ohne es zu wissen, schon verheiratet – ausgerechnet mit Adrianos Vater Francisco (Carlos Vereza). Rosálias Eltern Augusto (Edney Giovenazzi) und Leonor (Esther Góes) haben ihr einen Ehevertrag untergeschoben, damit ihnen Francisco die Schulden erlässt.

Die ARD zeigte die halbstündigen Folgen montags bis donnerstags um 16.03 Uhr, also auf dem Sendeplatz, auf dem schon die Telenovelas *Sinhá Moça* und *Die Sklavin Isaura* liefen.

RECORD OF LODOSS WAR VOX

2001. Jap. Zeichentrickserie von Nobuteru Yuuki und Yutuka Izabuchi (»Lodoss Tou Senki«; 1990).

König Fawn und die Ritter, Zauberer und Fabelwesen des Inselreichs Lodoss wappnen sich gegen den bösen Beld von der schwarzen Insel Marmo, der einen Eroberungskrieg führen will.

Die Serie basierte auf einem japanischen Rollenspiel und einem Comic von Ryo Mizuno und war für Erwachsene gedacht, weshalb sie ausschließlich nachts gezeigt wurde. Beim ersten Mal verteilte Vox die an sich 13 Folgen noch auf drei Montage, weitere Ausstrahlungen fanden meist komplett am Stück statt.

RED NOSE DAY PRO SIEBEN

Seit 2003. Großer jährlicher Benefiz-Comedytag.

Die vielen Lustigkeiten im ganzen Programm sind schon daran erkennbar, dass alle eine rote Heiterkeitsnase tragen müssen. Diese ist käuflich zu erwerben, und der Erlös wird verguzweckt. Vorbild war die gleichnamige britische Veranstaltung: Die BBC sammelt seit 1988 im Rahmen einer (ungleich witzigeren) mehrstündigen Show Geld für die Benefizorganisation »Comic Relief«. Pro Sieben hat die Lizenz gekauft und muss einen Teil ihrer Erlöse an das Original abgeben.

DIE REDAKTION RTL 2

Seit 1994. Wöchentliches Boulevardmagazin mit Filmberichten verschiedener Reporter.

In der Anfangsphase waren die Moderationen zwischen den Beiträgen wie eine Redaktionssitzung aufgebaut: Der Moderator saß am Kopf eines Tisches und um ihn herum die Reporter, die jeweils ein paar Sätze zu ihrem jeweiligen Thema sagten. Moderator war zunächst Joachim Steinhöfel, im Hauptberuf Rechtsanwalt, der die gespielte Sitzung im harschen Tonfall des Chefs leitete und wo nötig nachfragte: »Wir reden hier also von Leuten, die kleine Kinder vergewaltigen und in schlimmsten Fällen auch in Stücke schneiden?« Er hatte sich zuvor in der RTL-Anrufshow *18.30* bereits einen Ruf als arrogantes Ekel erarbeitet. Umso erstaunlicher war der angebliche Grund seiner Trennung von RTL 2 Ende September 1995: Steinhöfel hatte sich aus ethischen Gründen gegen einen Beitrag über das Sexualleben bein- und armamputierter Menschen gewehrt, den die Redaktion senden wollte. RTL 2 entschied sich für den Beitrag und gegen den Moderator und warf ihn hinaus. Seine Nachfolgerin wurde für die nächsten fünf Jahre Michaela Papke (jetzt wurden die Beiträge wie in jedem anderen Magazin nur noch im Studio angesagt), ihr folgten Ralf Reibiger (2000–2001), Alexandra Klim (2002–2003) und Aline Magnier (ab 2004).

Als »Die Redaktion Spezial« liefen zusätzlich meist sonntags abends vom gleichen Moderator präsentierte einstündige Reportagen über abwechslungsreiche Themen wie »Schönheit, Sex und Super-Busen«, »Spielwiesen der Lust – Von prallen Schenkeln und heißen Kurven«, »Schamlos, scharf und sexbesessen – Unter deutschen Bettdecken« oder »Die Busenwunder – Von Titten, Möpsen und Super-Brüsten« (alle diese Titel liefen innerhalb von nur sechs Wochen im Sommer 2000) – also quasi das Gleiche wie in *exklusiv – die reportage*. Ab Januar 2002 kam noch der Ableger »Die Redaktion Stories« dazu. Jener sollte ursprünglich »Die Redaktion – Report« heißen, doch nach einer Intervention der ARD, Heimat des Magazins *Report,* gab RTL 2 eine Unterlassungserklärung ab.

Nachdem RTL 2 im Herbst 2000 begonnen hatte, sich von seinem hart erarbeiteten Ruf als »Tittensender« zu verabschieden, verschwanden die bislang prägenden Themen weitgehend aus *Die Redaktion*. Das einstündige Magazin lief zunächst donnerstags gegen 22.00 Uhr, ab März 2000 erst um 23.00 Uhr.

REDAKTIONSBESUCH ZDF
1983. Politisches Magazin. Unter der Diskussionsleitung von ZDF-Chefredakteur Reinhard Appel stellten sich Spitzenpolitiker in den Redaktionen bekannter Wochenzeitungen den Fragen von Journalisten. Erster war SPD-Fraktionschef Hans-Jochen Vogel beim »Rheinischen Merkur«. Später besuchten u. a. Otto Schily das »Deutsche Allgemeine Sonntagsblatt« und Franz Josef Strauß »Die Zeit«.
Redaktionsbesuch ersetzte zeitweise die Reihe *Bürger fragen – Politiker antworten*.

REEPERBAHN! RTL 2
1999. 6-tlg. Doku-Soap über den Kiezalltag in Hamburg. Lief mittwochs um 22.15 Uhr und war eine der ersten Doku-Soaps im deutschen Fernsehen.

REFLEKTOR DFF 2, DFF 1
1978–1983. »Wissenschaft populär«.
Das unmoderierte Magazin bestand aus zehnminütigen Beiträgen, die vor allem aus sozialistischen Ländern stammten und wissenschaftliche Erkenntnisse auf populäre Weise vermitteln wollten. Es sollte die Reihe *Umschau* ergänzen.
Reflektor lief 14-täglich (ab 1982 monatlich) am Montag im Hauptabendprogramm, ab 1981 im Rahmen der Jugendsendung »Für junge Leute im 2.«, ab 1982 dienstags von 19.00 bis 19.25 Uhr.

REGINA AUF DEN STUFEN ZDF
1992. 10-tlg. dt. Karrieredrama von Utta Danella und Barbara Piazza, Regie: Bernd Fischerauer.
In der Silvesternacht 1955/56 treffen sich die 22-jährige Regina Thorbeke (Katja Riemann), die illegal aus dem Osten nach München gekommen ist, und Martin Scholz (Mark Kuhn), der gerade aus russischer Gefangenschaft heimgekehrt ist und entsprechenden Nachholbedarf bei Frauen hat. Doch erst der Modefotograf Janos (Serge Avedikian), den sie über den Fotografen Brunnhuber (Jan Biczycki) kennen lernt, schafft es, Reginas Unsicherheit zu überwinden. Jetzt macht sie Karriere und wird zum Starmodell.
Die Serie basierte auf dem gleichnamigen Roman von Utta Danella. Die einzelnen Folgen waren eine Stunde lang und liefen dienstags um 19.20 Uhr. Das ZDF wiederholte die Serie später auch als Fünfteiler.

REHMSEN – ARD KONTAKTSHOW ARD
1995–1996. Einstündige Kontaktshow mit Helmut Rehmsen.
Rehmsen stellt sehr seriös Menschen vor, die für Herz oder Hobby Gefährten suchen. Wer sich angesprochen fühlt, kann faxen, auf Anrufbeantworter sprechen, schreiben oder live in der Sendung anrufen. Einmal pro Woche nimmt ein Prominenter als Studiogast teil. Es gibt auch Studiopublikum, und wer als Zuschauer dort eine interessante Person sieht, kann ihr ein »Liebesfax« schicken, das Rehmsen dann in oder nach der Sendung verteilt und manchmal vorliest.
Die Reihe lief montags bis donnerstags um 14.00 Uhr und war Teil der Talk-Offensive der ARD, in der zudem am Stück *Juliane & Andrea* und *Fliege* gesendet wurden. Sie wurde nach 100 Folgen durch Unterhaltungsserien ersetzt, weil keiner zuguckte.

REICH DES FRIEDENS PRO SIEBEN
1991. 12-tlg. US-Familienserie von Art Monterastelli (»A Peacable Kingdom«; 1989).
Frisch verwitwet zieht Rebecca Cafferty (Lindsay Wagner) mit ihren drei Kindern Dean (Michael Manasseri), Courtney (Melissa Clatyon) und Sam (Victor DiMattia) nach Los Angeles, um den dortigen Zoo zu leiten. Trotz der Nähe zu den vielen Tieren – gelegentlich schloppt Sams Lieblingsrobbe Rover durchs Wohnzimmer – fehlen den Kindern

Zeitlupen-Soap *Reich und schön:* Auf diesem Foto mit John McCook und Susan Flannery wird sich in den nächsten 25 Minuten nicht wesentlich weniger ereignen als in einer regulären Episode.

menschliche Altersgenossen, und Mutter Rebecca ist in ihrem Beruf so eingespannt, dass sie sie auch vernachlässigt. Ihr Bruder Jed McFadden (Tom Wopat) ist im Zoo für die Säugetiere zuständig, weiterhin treten der arrogante Forschungschef Dr. Bartholomew Langley (David Ackroyd) auf, der indianische Hausmeister Sequoya Ridge (David Renan) und Rebeccas Sekretärin Kate Galindo (Conchata Ferrell).

Die einstündigen Folgen liefen dienstags nachmittags.

REICH-RANICKI SOLO ZDF

2002. »Polemische Anmerkungen«. Kultursendung. Marcel Reich-Ranicki, als streitlustiger Literaturpapst in *Das Literarische Quartett* bekannt geworden, sagte ohne Gegenpart seine eigene Meinung zu aktuellen Themen – und nicht nur zu Büchern. Die neun halbstündigen Folgen liefen dienstags um 22.15 Uhr.

REICH UND ARM ARD

1977–1979. 33-tlg. US-Familiensaga nach dem Roman von Irwin Shaw (»Rich Man, Poor Man«; 1976–1977).

Die Karrieren der Brüder Rudy (Peter Strauss) und Tom Jordache (Nick Nolte) verlaufen zwischen 1945 und 1965 sehr unterschiedlich: Rudy kann sich gegen die Probleme, die sich durch seine Einwandererherkunft ergeben, durchsetzen und macht Karriere in Wirtschaft und Politik, Tom bleibt dagegen der ewige Verlierer. Er schlägt sich durch, ist zeitweise Boxer. Die Eltern der beiden sind Axel (Edward Asner) und Mary (Dorothy McGuire). Rudy hat auch im Privatleben Glück: Mit Julie Prescott Abbott (Susan Blakely) heiratet er die Liebe seines Lebens. Tom wird 1965 von Arthur Falconetti (William Smith) umgebracht. Damit endet die erste Staffel.

Rudys Karriere geht weiter bergauf. Er wird Senator, außerdem der Ersatzvater für Toms Sohn Wesley (Gregg Henry) und Julies Sohn aus früherer Ehe, Billy Abbott (James Carroll Jordan). Von Julie hat er sich getrennt. Der böse Falconetti versucht, auch Rudy zu töten. Am Ende stehen sich beide zum Duell gegenüber und schießen sich gegenseitig nieder.

Die einstündigen Folgen mit fortlaufender Handlung liefen in einer Staffel zu elf und einer Staffel zu 22 Folgen im regionalen Vorabendprogramm. Für Wiederholungen auf anderen Sendern wurde der Mehrteiler umgeschnitten und umfasste, je nach Länge der neu bearbeiteten Folgen, auch mal deutlich mehr oder weniger Episoden.

REICH UND SCHÖN RTL, ZDF

1989–2000 (RTL); seit 2002 (ZDF). US-Daily Soap von William Bell und Lee Phillip Bell (»The Bold And The Beautiful«; seit 1987).

Der Modeschöpfer Eric Forrester (John McCook) ist der Chef des erfolgreichen Textilunternehmens Forrester Creations in Los Angeles und mit Stephanie (Susan Flannery) verheiratet. Die Söhne Ridge (Ronn Moss) und Thorne (Clayton Norcross, Jeff Trachta, Winsor Harmon) sind die Juniorchefs, sie mögen sich nicht sonderlich. Ridge ist zweimal geschieden, von Brooke (Katherine Kelly Lang) und von Taylor (Hunter Tylo). Eric und Stephanie haben zwei Töchter, Kristen (Teri Ann Linn) und Felicia (Colleen Dion). Brooke ist die Tochter von Beth Logan (Judith Baldwin; Nancy Burnett), dem Oberhaupt ihres Familienclans, dem außerdem ihr Mann Steve (Robert Pine) und Brookes Geschwister Storm (Ethan Wayne; Brian Patrick Clarke), Donna (Carrie Mitchum) und Katie (Nancy Sloan) angehören. Thornes erste Ehefrau wird Caroline (Joanna Johnson), die Tochter von William Spencer (James Storm).

Die verfeindete Konkurrenzfirma der Forresters ist Spectra Fashion. Sally Spectra (Darlene Conley) ist dort die Chefin, Saul Feinberg (Michael Fox) und Darla Einstein (Schae Harrison) sind ihre wichtigsten Mitarbeiter. Sally hat eine Tochter namens Macy (Bobbie Eakes). Später rücken außerdem Sallys Sohn C. J. Garrison (Mick Cain), Brookes Sohn Rick Forrester (Justin Torkildsen), Amber Moore (Adrienne Frantz) und Kimberly Fairchild (Ashley Lyn Cafagna) in den Mittelpunkt. Kimberly ist Nachwuchsmodel bei Forrester, Amber war früher Ricks Kindermädchen und heiratet ihn nun. Treffpunkt der Protagonisten ist das Café »Insomnia«.

Die Handlung war die gleiche wie in allen Soaps: Verfeindete Familien und verbotene Liebe zwischen einzelnen Mitgliedern der verfeindeten Familien; permanent heiraten Menschen und lassen sich wieder scheiden, dazu gibt es Streitigkeiten, Intrigen und Erpressungen, immer mal wieder Tote (darunter Saul), verlorene Töchter und Söhne, die plötzlich wieder auftauchen und genauso plötzlich wieder verschwinden, und alles, was das Soap-Repertoire eben so hergibt (regelmäßige Darstellerwechsel inklusive) und allein ganze Bücher füllen würde.

Einige Folgen der Serie waren bereits von April 1988 bis Oktober 1990 unter dem Titel *Fashion Affairs* bei Tele 5 noch vor Beginn der RTL-Ausstrahlung gelaufen. Dennoch begann bei RTL die Serie von vorn. Der Sender zeigte erst mittags, später vormittags insgesamt 2449 halbstündige Folgen und setzte die Serie dann plötzlich mittendrin ab. Das ZDF kaufte eineinhalb Jahre später die Rechte und setzte bei Folge 2450 wieder ein. Jeden Vormittag liefen zwei Episoden am Stück, im Sommer 2003 kurzzeitig auch mal nachmittags.

REILLY – SPION DER SPIONE   ARD

1986. 12-tlg. brit. Spionageserie von Troy Kennedy Martin nach dem Buch von Robin Bruce Lockhart, Regie: Martin Campbell und James Goddard (»Reilly: Ace Of Spies«; 1983).

Russland während der Revolution: Sidney Reilly (Sam Neill), der bei einer russischen Adelsfamilie aufgezogen wurde, arbeitet als britischer Agent. Den Namen nimmt er an, als er zu Beginn des 20. Jh. die reiche Witwe Margaret Thomas Reilly (Jeananne Crowley) heiratet, die ihn jedoch schon bald wieder verlässt. Vorher hieß er Sigmund Rosenblum. Sein russischer Gegenspieler ist der Waffenhändler Basil Zaharov (Leo McKern). Reilly versucht das bolschewistische Regime zu stürzen und sich selbst als Chef einer neuen, probritischen Regierung zu installieren. Der Versuch misslingt, und in der letzten Folge, es ist mittlerweile 1925, wird Reilly auf Befehl Stalins (David Burke) exekutiert.

Die Serie basierte auf wahren Begebenheiten. Die einstündigen Folgen liefen im regionalen Vorabendprogramm.

DIE REINSTE HEXEREI   SAT.1

1991. 14-tlg. US-Sitcom (»Free Spirit«; 1989–1990). Thomas J. Harper (Franc Luz) ist Rechtsanwalt und allein erziehender Vater von drei Kindern. Seine Haushaltshilfe Winnie Goodwin (Corinne Bohrer) ist eine Hexe. Das wissen aber nur die Kinder Robb (Paul Scherrer), Jessie (Alyson Hannigan) und Gene (Edan Gross). Thomas hat keine Ahnung, warum es manchmal etwas chaotisch im Haus zugeht.

Die Serie lief werktags.

DIE REISE INS GLÜCK   ARD

→ Ein Platz an der Sonne

REISE NACH JERUSALEM   RTL 2

2005. Call-In-Kinderspiel im Nachtprogramm. Es fehlte immer ein Stuhl, und der von Moderatorin Verena Kerth war schon nach sechs Tagen abgesägt.

DIE REISE VON CHARLES DARWIN   ARD

1979. 7-tlg. brit. Abenteuerdrama von Robert Reid, Regie: Martyn Friend (»The Voyage Of Charles Darwin«; 1978).

Kapitän Fitz Roy (Andrew Burt) nimmt den jungen Naturwissenschaftler Charles Darwin (Malcom Stoddard) 1831 zu einer Expedition um die Welt auf dem kleinen Schiff »HMS Beagle« mit. Aus seinen Beobachtungen jenseits des Atlantiks formuliert Darwin seine Evolutionstheorie, die nicht nur den Kapitän vor den Kopf stößt, der an die biblische Schöpfungsgeschichte glaubt.

Die einzelnen Folgen der aufwendig produzierten und sorgfältig recherchierten Hochglanzminiserie waren 60 Minuten lang.

REISELUST   ZDF

Seit 1991. Reisemagazin mit Berichten und Reportagen von Urlaubszielen in aller Welt.

Angesiedelt in der ZDF-Redaktion »Kinder, Jugend und Familie«, suchte die Reihe die vorgestellten Ziele anfangs nach dem Gesichtspunkt Familienurlaub aus. Aber nur anfangs. Es folgten viele ausführliche und interessante Reisereportagen von Korrespondenten vor Ort immer eine halbe Stunde am Samstagnachmittag, oft auch mehrteilig über drei Samstage. Etliche Ausgaben hießen weitgehend grundlos *Reiselust Extra,* denn die gesamte Reihe war dauerhaft so sehr extra, dass sie ab 1995 in vier aufeinander folgenden Jahren den Prix ITB Berlin der Internationalen Tourismusbörse erhielt, als einzig preiswürdiges Magazin, das auf fundierte Reportagen statt kurzer Häppchen setzte (*Reiselust* erhielt zweimal den »Silbernen Kompass« und dreimal den »Goldenen Kompass«). Die Preisverleihung 1998 (in dem Jahr gab es erstmals gleich Gold und Silber) erlebte das Konzept selbst jedoch nicht mehr: Genau an diesem Tag, dem 8. März 1998, wurde erstmals *Reiselust* (ohne Extra) mit neuem Häppchenkonzept ausgestrahlt.

Auf dem neuen Sendeplatz am Sonntag um 18.30 Uhr liefen mehrere kürzere Beiträge, zwischendurch wurde moderiert. Die ersten beiden Moderatoren waren im Wechsel Oliver Geissen und Mathias Münch, nach gut einem halben Jahr kam Markus Brock für Geissens. Im Sommer 1999 wurden die beiden

Herren durch zwei Damen ausgetauscht, Saskia Valencia und Andrea Rubio-Sanchez, und Ende 2000 wurden die Moderatoren auch schon wieder abgeschafft. Die Sendung lief inzwischen wieder im Nachmittagsprogramm, jetzt freitags und auf 45 Minuten verlängert, und damit kamen die monothematischen Reportagen zurück, die ausführlichen Berichte der Korrespondenten in aller Welt und die Auszeichnungen: 2002 gab es einen weiteren »Goldenen Kompass« des Prix ITB Berlin.

REISELUST EXTRA ZDF
→ Reiselust

DIE REISEN DES PROFESSOR KLECKS ZDF
1988. 4-tlg. poln.-sowjet. Abenteuerserie für Kinder nach dem Buch von Jan Brzechwa, Drehbuch und Regie: Krzysztof Gradowski (»Akademia Pana Kleksa«; 1984).
Herrje!, die Tinte ist alle. Um dem Königreich Fabelonien die Veranstaltung des Märchenschreiberwettbewerbs zu ermöglichen, geht Professor Klecks (Piotr Fronczewski) mit seinem Zauberschiff auf Reisen, um Nachschub zu besorgen.
War im September 1987 schon einmal unter dem Titel *Die Akademie des Herrn Klecks* als Zweiteiler gelaufen.

DIE REITER VON PADOLA ARD
1969–1970. 13-tlg. dt. Abenteuerserie von Alexander May, Regie: Dietrich Haugk.
Das Arbeitsgebiet der berittenen Kuriere Zeno (Michael Ande) und Maximilian (Karl Josef Cramer) sind die Berge von Padola, nahe der italienischen Grenze zu Österreich. Der Transport von Nachrichten oder Gütern ist nicht ungefährlich und geht selten ohne Hindernisse und Abenteuer vonstatten. Das wäre aber auch langweilig.
Die 25-Minuten-Folgen liefen in allen regionalen Vorabendprogrammen.

EINE REIZENDE FAMILIE ZDF
1984–1985. 10-tlg. US-Sitcom (»The Brady Brides«; 1981).
Mucki (Robert Reed) und Carola Brause (Florence Henderson) helfen ihren frisch verheirateten Töchtern Margit (Maureen McCormick) und Julia (Eve Plumb) beim Start in ein eigenes Leben.
Dies war die Fortsetzungsserie von *Drei Mädchen und drei Jungen* (»The Brady Bunch«), was man der völlig entstellenden ZDF-Synchronisation jedoch kaum anmerkte. Rollen und Darsteller waren gleich, jedoch gab man den Charakteren alberne deutsche Namen wie Mucki Brause statt Mike Brady, und damit andere Namen als in der eigenen Synchronisation der Originalserie zehn Jahre zuvor.
Eine reizende Familie lief in der Reihe *Ein himmlisches Vergnügen*.

REKLAMATIONEN ZDF
1973–1982. 45-minütiges Verbrauchermagazin von Felix Tolxdorff und Herbert Hackl über Missstände bei Produzenten und öffentlichen Dienststellen.
Es geht um Themen wie die Fallen beim Bausparen und mit Versicherungen, Tricks mit der Lohnsteuerkarte und das »Schröpfen« der Autofahrer. Anhand konkreter Fälle werden allgemeine Sachverhalte dargestellt und mit den betroffenen Firmen oder Behörden und Sachverständigen im Studio erörtert. An der Live-Diskussion mit Zuschauern nehmen auch hochrangige Gäste aus Politik, Wirtschaft und Wissenschaft teil. Schon die erste Sendung behandelte u. a. einen Dauerbrenner: das Thema Ladenschluss.
Reklamationen lief bis zu viermal jährlich montags um 20.15 Uhr, insgesamt 32-mal. Nachfolgesendung wurde die Verbraucherausgabe *ZDF-info*.

REKLAME! KABEL 1
Seit 2003. »Die Klassiker der Werbung«. Nostalgieshow, die noch einmal alte Werbespots aus den 50er- bis 90er-Jahren zeigt, in jeder Sendung zu einem Oberthema, wie z. B. Waschmittelwerbung. Zwölf halbstündige Folgen liefen im Herbst 2003 sonntags um 19.10 Uhr, Ruth Moschner und Roland Baisch moderierten. Eine neue Staffel auf dem gleichen Sendeplatz ein Jahr später bestand aus sechs einstündigen Folgen, die jetzt von Baisch, Vera Int-Veen, Ingo Oschmann und Guido Cantz präsentiert wurden. In der dritten Staffel mit Roland Baisch im Sommer 2005 konnten Zuschauer über ihre Lieblingsspots aus verschiedenen Rubriken abstimmen. Die Ausgaben dauerten wieder eine halbe Stunde und liefen jetzt mittwochs um 20.45 Uhr, wo *Reklame!* gepaart wurde mit *Werbung! Das Beste aus aller Welt*.

REKORDFIEBER ARD
2002–2003. Samstagabendshow mit Jörg Pilawa. Nachfolgesendung von *Guinness – Die Show der Rekorde*.
Wieder treten Menschen in den abwegigsten Disziplinen an, um Rekorde aufzustellen, teilweise stellen sie sich zum Duell in der gleichen abwegigen Disziplin. Prominente Paten tun es ihnen gleich, allerdings unter vereinfachten Bedingungen. In der Finalrunde am Ende spielen die Duellgewinner schließlich noch einmal um einen Tagessieg.
Nach vier Ausgaben starb die Neuauflage wieder. Das Konzept lief leicht abgeändert, dafür wieder mit »Guinness« im Titel, 2004 bei RTL als *Die größten Weltrekorde – Guinness World Records*.

RELIC HUNTER – DIE SCHATZJÄGERIN PRO SIEBEN
2000–2004. 66-tlg. kanad.-frz.-dt. Abenteuerserie (»Relic Hunter«; 1999–2002).
Die Geschichtsprofessorin Sydney Fox (Tia Carrere) lehrt eigentlich an der Universität Toronto, geht aber immer wieder auf Reisen, um nach verschwundenen Relikten und sagenumwobenen Schätzen zu suchen. Sie ist im Auftrag von Sammlern oder Museen unterwegs und wird auf den Reisen von ihrem jungen Assistenten Nigel Bailey (Christien Anholt) begleitet.

Die Studentin Claudia (Lindy Booth) ist Sydneys Sekretärin, die sich zwar kaum mit Geschichte auskennt, aber die beiden Gebildeten mit Wissen aus der Gegenwart versorgen kann. Nachdem sie ihr Studium beendet hat, übernimmt zu Beginn der dritten Staffel Karen Petrusky (Tanja Reichert) ihren Job.

Jede Folge begann mit einer Szene aus der Vergangenheit, die den Gegenstand einführte, um den es ging. Diese Ereignisse reichten bis ins Jahr 4800 v. Chr. zurück, spielten aber auch mal im schon fast neuzeitlichen 20. Jh. Einer der Autoren der Serie war der Deutsche Jürgen Wolff, der u. a. die Dirk-Bach-Sitcom *Lukas* erfunden hatte.

Die einstündigen Folgen liefen am Sonntagnachmittag.

REMINGTON STEELE   ARD, PRO SIEBEN

1985–1993 (ARD); 1993 (Pro Sieben). 94-tlg. US-Krimiserie von Michael Gleason und Robert Butler (»Remington Steel«; 1982–1987).

Weil die Privatdetektivin Laura Holt (Stephanie Zimbalist) mit einem Detektivbüro unter ihrem Namen keinen Erfolg hat, erfindet sie den Namen »Remington Steele« und benennt ihr Büro nach ihm. Kurz darauf erscheint ein mysteriöser Mann (Pierce Brosnan) bei ihr, der behauptet, Remington Steele zu sein. Die beiden tun sich zusammen und ermitteln gemeinsam. In ihrer Agentur arbeiten anfangs noch Holts Assistent Murphy Michaels (James Read) und die Sekretärin Bernice Fox (Janet DeMay). Nach beider Ausscheiden schließt sich Mildred Krebs (Doris Roberts) an, die eigentlich fürs Finanzamt Remington Steele jagt, dann aber in die Agentur einsteigt. Viel später noch kommt Tony Roselli (Jack Scalia) hinzu. Steele und Holt verlieben sich ineinander und heiraten schließlich. Steeles wirklicher Name und seine Herkunft werden nie enthüllt.

Die einstündigen Folgen liefen im regionalen Vorabendprogramm der ARD; dort wurden jedoch zwölf Folgen ausgelassen, die später auf Pro Sieben in deutscher Erstausstrahlung liefen.

REN & STIMPY   NICKELODEON

1996–1998. 53-tlg. US-Zeichentrickserie von John Kricfalusi (»The Ren & Stimpy Show«; 1991–1994).

Der dürre Chihuahua Ren Höek und die dicke Katze Stimpson J. Cat sind beste Freunde. Am liebsten sind sie primitiv und sarkastisch. Die Folgen waren jeweils 20 Minuten lang.

RENDEZ-VOUS AM RHEIN   ARD

1964–1967. 50-minütige Musikshow mit Albert Raisner aus wechselnden Städten am Rhein. Freddy Quinn war einer der Gäste der Premiere in Montreux und sang »Mein Hamburg«.

Die Show entstand in Zusammenarbeit mit dem französischen und dem Schweizer Fernsehen und lief in loser Folge an wechselnden Sendeplätzen im Abendprogramm. Nach fünf Sendungen wurden ab Herbst 1967 weitere Länder hinzugezogen und die Show in *Europarty* umgetauft.

Remington Steele: Pierce Brosnan, Stephanie Zimbalist (Mitte) und Doris Roberts.

RENDEZVOUS BEI CATERINA VALENTE   ARD

1976–1977. Halbstündige Musikshow mit Caterina Valente, die mit internationalen Gästen musiziert und über heutige und alte Zeiten plaudert.

»Ein Lied für Sie, in alter Sympathie. Ein Wort von Freund zu Freund. Ein ›Weißt du noch‹ und eine Melodie, daraus Erinn'rung scheint«, singt sie im Titellied. Musikalisch begleitet wird Valente von Dieter Reith und seiner Combo.

Die Reihe lief alle vier Wochen am Vorabend und brachte es auf 14 Ausgaben.

RENDEZVOUS MIT DEM TOD   ARD

1982. 6-tlg. frz. Krimi nach dem Roman von William Irish (»Rendez-vous en noir«; 1980).

Ein Jahr lang ist immer Ruhe, doch immer am 31. Mai schlägt ein Serienkiller zu. Inspecteur Camaret (Daniel Auteuil) nimmt die Spur auf und bemüht sich, den nächsten Mord zu verhindern. Die Serie lief im regionalen Vorabendprogramm.

RENDEZVOUS MIT UNBEKANNT   DFF 1

1969. 11-tlg. DDR-Agentenserie von Janos Veiczi und Harry Thürk.

Zwischen 1952 und 1954, kurz nach der Gründung der DDR, kämpfen Major Wendt (Alfred Müller) und Leutnant Faber (Ingolf Gorges) für die gerade aufgebaute Abwehr der DDR gegen westliche Agenten und

Geheimdienste. Die Folgen waren ungefähr 30 Minuten lang und liefen mittwochs um 20.00 Uhr.

RENEGADE – GNADENLOSE JAGD   PRO SIEBEN
1994–1998. 110-tlg. US-Abenteuerserie von Stephen J. Cannell (»Renegade«; 1992–1997).
Weil der Polizist Reno Raines (Lorenzo Lamas) gegen korrupte Kollegen aussagte, hängen diese ihm einen Mord an, den er nicht begangen hat. Reno taucht unter und versucht fortan, seine Unschuld zu beweisen. Gleichzeitig hilft er anderen Menschen, Verbrechen aufzuklären. Der Indianer Bobby Sixkiller (Branscombe Richmond), ein Kopfgeldjäger, und dessen Halbschwester Cheyenne Phillips (Kathleen Kinmont) sind auf Renos Seite und decken ihn bei Bedarf. Zur Tarnung nennt sich Reno zeitweise Vince Black. Mit seiner Harley Davidson ist er ständig auf der Flucht vor dem skrupellosen Polizei-Lieutenant Donald »Dutch« Dickerson (Stephen J. Cannell).
Stephen J. Cannell war u. a. Erfinder und Produzent so erfolgreicher Krimiserien wie *Detektiv Rockford*, *Das A-Team*, *Hardcastle & McCormick*, *21, Jump Street* oder *Trio mit vier Fäusten*. In dieser Serie trat er ausnahmsweise selbst vor die Kamera.
Pro Sieben zeigte die ersten Staffeln donnerstags zur Primetime, die letzten Folgen liefen im Nachmittagsprogramm am Wochenende.

RENN, BUDDY, RENN!   ZDF
1969. 13-tlg. US-Sitcom (»Run, Buddy, Run«; 1966–1967).
Buddy Overstreet (Jack Sheldon) ist auf der Flucht vor einem Gangstersyndikat, weil er zufällig ein Gespräch in einer Sauna mitgehört hat und ihn deshalb der Gangster Mr. Devere (Bruce Gordon), dessen rechte Hand Junior (Jim Connell) und dessen Jungs umbringen wollen. Buddy fürchtet besonders das Codewort »Hühnchen«, das stets einen neuen Coup von Deveres Leuten signalisiert. Was genau es damit auf sich hat, weiß Buddy aber auch nicht, ebenso wenig, wer der »Mann in Chicago« ist, den er ebenfalls aufgeschnappt hat.
Die Serie lief freitags im Vorabendprogramm.

RENO 911!   KABEL 1
2004. 14-tlg. US-Comedyserie von Robert Ben Garant, Kerry Kenney und Thomas Lennon (»Reno 911!«; 2003).
Persiflage auf die Polizei-Realityshows des US-Fernsehens, die mit verwackelter Kamera heiße Verfolgungsjagden und Polizisten im actionreichen Einsatz zeigen. Lieutenant Jim Dangle (Thomas Lennon) und seine Deputys Wiegel (Kerri Kenney), Jones (Cedric Yarbrough), Clementine Johnson (Wendi McLendon-Covey), Raineesha Williams (Niecy Nash), James Garcia (Carlos Alazraqui) und Travis Junior (Ben Garant) sorgen in Reno für Recht und Ordnung. Gleich in der Pilotfolge wird das komplette Team beinahe arbeitslos, als Lieutenant Dangle eine Null-Toleranz-Politik ankündigt und als Konsequenz niemand mehr auch nur die kleinste Ordnungswidrigkeit begeht.
Die Serie wurde ohne festes Drehbuch produziert und war fast komplett improvisiert. Die halbstündigen Folgen liefen dienstags zunächst gegen 22.00 Uhr, nach ein paar Wochen mangels Erfolg erst eine Stunde später.

RENT A POCHER   PRO SIEBEN
Seit 2003. Comedyshow mit Oliver Pocher.
Pocher stellt sich für private Zwecke zur Verfügung, Zuschauer und Prominente können ihn kostenlos mieten. Er wäscht dann Autos, arbeitet als Babysitter, vervollständigt Skatrunden, topft Pflanzen ein, verkauft Brötchen oder isst Kühlschränke leer (warum auch immer das gewünscht wird). Einspielfilme zeigen seine Erlebnisse, vor Studiopublikum plaudert er mit Promis. Die ehrlichsten Rubriken sind »Tagebuch eines B-Promis« (Pocher über sich selbst) und »Olli nervt«, doch weil sich Pocher und die Show nicht so ernst nehmen, ist sein Nerven eigentlich ganz erträglich.
Nach 40 halbstündigen Folgen donnerstags um 23.15 Uhr mietete Pro Sieben Pocher ab der vierten Staffel im Herbst 2004 für eine Viertelstunde länger und gleich für 25 neue Ausgaben. 2005 sorgte eine Langzeitaktion für Aufsehen: Pocher ließ sich von der Fußballnationalmannschaft aus Sansibar als Teamchef mieten, um sie für die Weltmeisterschaft 2006 in Deutschland fit zu machen. Mehrere Specials zeigten in unregelmäßigen Abständen die Fortschritte. Als echter Experte gab Winnie Schäfer Ratschläge aus dem Studio.

RENTNER HABEN NIEMALS ZEIT   DFF 1
1978–1979. 20-tlg. DDR-Familienserie von Ursula Damm-Wendler und Horst Ulrich Wendler, Regie Horst Zaeske.
Anna Schmidt (Helga Göring) und ihr Mann Paul (Herbert Köfer) sind Rentner, was ihnen viel Zeit gibt, sich um Angehörige, Nachbarn, ehemalige Kollegen und völlig Fremde zu kümmern – nicht immer in deren Sinne. Häufig gehen die gut gemeinten Einmischungsversuche von Paul schief, und Anna muss sich um die Opfer seines Übereifers kümmern. Doch Rat und Tat der beiden sind gefragt; sie helfen auch noch im Betrieb aus, kümmern sich um alle, die Hilfe brauchen, und lassen sich Tricks einfallen, um gemächliche Behörden auf Trab zu bringen.
Helga Göring und Herbert Köfer, die im richtigen Leben noch keine 65, sondern erst Ende 50 waren, wurden zum DDR-Fernsehpaar schlechthin. Die Alltagsgeschichten ohne allzu große Probleme waren äußerst beliebt, der Titel wurde zum geflügelten Wort. Die Serie beruhte tatsächlich weitgehend auf Aufzeichnungen eines Rentners, eines pensionierten Lehrers aus dem Erzgebirge.
Die 25-Minuten-Folgen liefen samstags um 19.00 Uhr. In einer Neufassung, die DFF 2 1987 sendete, wurden je zwei Folgen zusammengelegt, sodass die Serie auf zehn Termine schrumpfte.

REPORT ARD

Seit 1962. Politisches Magazin mit Helmut Hammerschmidt, das aus *Anno* hervorgegangen war.
Nachdem *Panorama* vom Zweiten ins Erste ARD-Programm gewechselt war, bekam *Anno* den neuen Namen und lief nun 14-täglich statt monatlich. *Report* war anfangs deutlich bedächtiger, unauffälliger und weniger meinungsstark als Konkurrent *Panorama*. Es war auch deshalb weniger profiliert als das Magazin der Kollegen vom NDR, weil es von den Anstalten BR, SDR und WDR gemeinsam verantwortet wurde. Ab 1964 produzierte jeder der drei Sender seine eigenen Sendungen. Sie wurden von Franz Wördemann (WDR), Emil Obermann (SDR) und Hans Heigert (BR) moderiert. Der WDR zog sich 1965 nach Meinungsverschiedenheiten zurück, um sein eigenes Magazin *Monitor* zu produzieren. Ab 1966 teilte sich der SDR die Produktion seiner Sendung mit SR, HR und dem SWF, der die Sendung ausstrahlte (*Report Baden-Baden*); der BR führte den von ihm verantworteten *Report München* (siehe dort) fort.

REPORT AUS MÜNCHEN ARD
→ Report München

REPORT BADEN-BADEN ARD

1966–1998. 45-minütiges politisches Magazin.
Das von mehreren Anstalten gemeinsam produzierte Magazin *Report* spaltete sich 1966 in *Report München* vom Bayerischen Rundfunk und *Report Baden-Baden,* das von SWF, SDR, SR und HR hergestellt und vom SWF ausgestrahlt wurde. Der HR zog sich jedoch schon 1967 zurück, SDR und SR folgten 1971.
Erster Moderator und Leiter des Magazins war Günter Gaus, der in *Report Baden-Baden,* wie auch in *Zur Person,* gern per Gespräch Porträts zeichnete. Ab 1967 moderierte zwei Jahre lang Peter von Zahn, danach wieder Gaus sowie Dieter Göbel, beide teilweise per Fernschreiber: Bildschirmfüllend war der Ticker zu sehen, der ihre Texte losratterte und Objektivität suggerieren sollte.
1972 bekam die Sendung das Gesicht, das sie prägte wie kein anderes: Franz Alt wurde populärer und umstrittener Moderator und Redaktionsleiter, blieb es 20 Jahre und 230 Sendungen lang und wurde mit seinem journalistischen und politischen Engagement Zielscheibe heftiger Kritik von Politik und Verantwortlichen im Sender. In den ersten Jahren war er noch ein zuverlässiger CDU-Mann; damals galt *Report Baden-Baden* gemeinsam mit *Report München* noch als konservatives Gegengewicht zu *Monitor* und *Panorama*. Ab den späten 70er-Jahren jedoch wurde Alt zunehmend renitent und machte insbesondere seiner eigenen Partei mit seiner Kritik an Nachrüstung, Umweltsünden und Atomenergie das Leben schwer. Er erhielt 1979 eine »besondere Ehrung« in Form eines Adolf-Grimme-Preises und wurde von der konservativen Führung des Südwestfunks in den 80er-Jahren Schritt für Schritt öffentlich demontiert.

1980 zeigte *Report Baden-Baden* einen Beitrag über Flüchtlingskinder in Äthiopien und Somalia und blendete Konten von Hilfsorganisationen ein – das löste heftige Proteste innerhalb der ARD aus. Man warf Alt »Kampagnen-Journalismus« vor. Ein Beitrag im März 1983 mit dem Titel »Widerstand gegen Nachrüstung – Kann Gandhi Vorbild sein?« sorgte ebenfalls für hitzige Diskussionen. Der Fernsehausschuss des SWF hielt ihn im Nachhinein für »nicht sendefähig«, der SWF-Fernsehdirektor Dieter Ertel fühlte sich »an Goebbels erinnert«, der SWF-Intendant Willibald Hilf rügte Franz Alt »wegen der starken Parteinahme für die Friedensbewegung und gegen den Nato-Doppelbeschluss« und setzte ihn zeitweise als Moderator ab. Dagegen regte sich öffentlicher Widerstand, es gab eine Reihe von Solidaritätsbekundungen. Nach einem Arbeitsrechtsprozess schlossen Alt und der SWF einen Vergleich: Alt darf moderieren, aber keine Friedensbewegungsthemen.
Die massivsten Reaktionen lösten kritische Berichte über Atomkraft aus: Am 24. Juni 1986, zwei Monate nach dem Tschernobyl-Unglück, fragte *Report Baden-Baden:* »Wie sicher sind bundesdeutsche Atomkraftwerke?« und kam zu keinem beruhigenden Ergebnis. Die Atomlobby lief daraufhin Sturm und warf Alt »Panikmache« vor. Der Fernsehausschuss des SWF folgte ihr brav: Die Sendung sei »journalistisch mangelhaft« gewesen, urteilte er hinterher. Am 20. Januar 1987, wenige Tage vor der Bundestagswahl, legte *Report* nach und fragte nach einem Zusammenhang zwischen Atomkraft und Missbildungen bei Mensch, Tier und Pflanze. Obwohl der Beitrag ausdrücklich von den SWF-Instanzen genehmigt worden war, wurde sein Autor ins Dritte Programm (straf-) versetzt. Alt protestierte gegen die Einflussnahme der Atomlobby öffentlich: »Erstmals in der Geschichte lässt sich das Deutsche Fernsehen von den Lobbyisten der Atomwirtschaft in die Knie zwingen. Das öffentlich-rechtliche Fernsehen droht zum Sprachrohr wirtschaftlicher Mächte zu verkommen«, sagte er – und wurde wegen Verletzung der Loyalitätspflicht abgemahnt.
Für Alt und gegen die Disziplinierungsversuche gegen *Report* gingen sogar Demonstranten auf die Straße. Die Auseinandersetzung zwischen Alt und Intendant Willibald Hilf, der beste Beziehungen zur Atomlobby unterhielt, gipfelte am 22. September 1987 darin, dass Alt untersagt wurde, die Themen anzukündigen. Er sagte nur »Guten Abend«, die Ansagen mussten die Autoren der einzelnen Beiträge selbst machen – gegen ihren Willen. Alt durfte fortan nur noch einer von mehreren *Report*-Moderatoren sein – einen Prozess gegen diese Regelung verlor er.
Nachdem Alt und sein missionarischer Stil schließlich verschwunden waren, suchte *Report Baden-Baden* ein neues Profil als liberales, politisch unberechenbares Magazin, wurde zwar bunter, aber auch in jeder Hinsicht unauffälliger. Nachfolger Alts wurden Jochen Waldmann (1992–1995), Ulrich Craemer

Franz Alt 1981 im *Report Baden-Baden*.

(1996–1998) und Bernhard Nellessen (1998). Nach der Fusion des SWF mit dem SDR zum SWR zog das Magazin um und bekam den Namen *Report Mainz*.

Das dreiviertelstündige Magazin lief im Wechsel mit den anderen Politikmagazinen der ARD, zunächst freitags, ab 1968 montags um 20.15 Uhr. 1978 wechselte *Report Baden-Baden* auf den Dienstag um 21.00 Uhr, 1990 auf Montag um die gleiche Zeit.

REPORT MAINZ ARD

Seit 1998. Politisches Magazin.
Nach der Fusion von Südwestfunk (SWF) und Süddeutschem Rundfunk (SDR) zum Südwestrundfunk (SWR) zog das ehemalige SWF-Magazin von Baden-Baden nach Mainz und änderte entsprechend seinen Titel. Es moderierte Bernhard Nellessen, ab 2003 Fritz Frey, der bereits von Anfang an Redaktionsleiter war. Frey wollte unberechenbarer sein als der (konservative) *Report München* und das (linke) *Panorama*. Überhaupt musste es nicht immer Politik sein: *Report Mainz* enthüllte auch, dass der volkstümliche Musiker Stefan Mross angeblich gar nicht selbst trompetete, sondern Profimusiker für sich blasen ließ.

Die dreiviertelstündige Sendung läuft montags um 21.00 Uhr im Wechsel mit *Report München* und *Fakt*.

REPORT MÜNCHEN ARD

Seit 1966. 45-minütiges politisches Magazin.
Unter dem Namen *Report München* (zeitweise auch: *Report aus München*) setzte der Bayerische Rundfunk das politische Magazin fort, das vier Jahre zuvor gemeinsam mit anderen ARD-Anstalten gegründet worden war. Erster Leiter der Sendung war Dagobert Lindlau, es moderierte Hans Heigert. Im Juli 1970 wurde Klaus Stephan neuer Leiter und Moderator. *Report München* und *Report Baden-Baden* galten schon in den 60er-Jahren als Pendants zu den vermeintlich linken Magazinen *Panorama* und *Monitor*.

Als 1971 mit sinkenden Quoten der politische Druck auf die Magazine wuchs, verfasste *Report*-Gründer Helmut Hammerschmidt (CSU) einen viel beachteten »Richtlinien-Entwurf für die politische Programmarbeit«: »Alle relevanten Fakten, Indizien, Meinungen und deren Begründungen (sind) in ein und derselben Sendung abzuhandeln«, forderte er. Jedes Magazin müsse in sich ausgewogen sein. Hammerschmidts Vorstoß wurde als Versuch gesehen, *Panorama* und *Monitor* auf die Linie des vergleichsweise zahmen *Report München* zu zwingen. Am Ende stand ein Kompromiss: Die ARD-Intendanten beschlossen, ein »Mindestmaß von inhaltlicher Ausgewogenheit, Sachlichkeit und gegenseitiger Achtung« müsse gewährleistet sein.

In den folgenden Jahren wurde *Report München* immer mehr zu einem berechenbar konservativen Magazin. Günther von Lojewski, der 1978 Moderator und Leiter wurde, sagte zu seinem Amtsantritt öffentlich dem Einfluss der Parteien in den Medien den Kampf an, galt aber schon kurz darauf als besonders stromlinienförmiger CSU-Mann. 1986 versuchte Lojewski in *Report München,* Günter Wallraff zu demontieren, der gerade »Ganz unten« veröffentlicht hatte, und bezichtigte ihn der Fälschung und des Plagiats. Das Magazin lag damit ganz auf der Linie des Senders, der sich am 1. Mai 1986 aus dem ARD-Programm ausblendete, als Wallraffs gleichnamiger Film gezeigt wurde. Der BR übertrug auch nicht das große Anti-Apartheid-Konzert in London

zugunsten von Nelson Mandela – Lojewski behauptete in einem Kommentar stattdessen, Mandela sei ja »nicht schuldlos in Haft«.
1988 wurde Heinz Klaus Mertes neuer Leiter und Moderator. Er polarisierte noch mehr als sein Vorgänger und zog sich u. a. 1989 den Zorn der Gewerkschaften zu, als er die Gründung der IG Medien als »größte Gleichschaltungsaktion in der deutschen Mediengeschichte seit fünfeinhalb Jahrzehnten« bezeichnete. Im Januar 1992 führte er in *Report München* ein Aufsehen erregendes Live-Interview mit Manfred Stolpe, das sich nach Ansicht mehrerer Mitglieder des Rundfunkrats der Methoden der Inquisition bediente. Theatralisch hatte Mertes dem per Monitor zugeschalteten Stolpe »in die Augen gesagt«, er müsse zurücktreten. WDR-Chefredakteur Nikolaus Brender sagte daraufhin in einer ARD-Schaltkonferenz, diese Sendung müsse man jedem Volontär vorführen – als abschreckendes Beispiel für CSU-Parteijournalismus.
Der »Spiegel« urteilte: »Kein anderer Fernsehmoderator gibt so unverfroren wie Mertes das Getöse gegen Andersdenkende, das ihm Beifall und Karrierehilfen bei den Mächtigen im Lande verschafft, als besonders mutigen Journalismus aus.« Er verdanke »seinen steilen Aufstieg vor allem der Ruppigkeit, mit der er Wahlkampfparolen und Angriffsziele der Unionsstrategen in München wie Bonn in bewegte Bilder umsetzt«. In der Folge der Auseinandersetzungen versprach der BR-Intendant Albert Scharf, Mertes werde die Moderation der Sendung in absehbarer Zeit abgeben. Noch im gleichen Jahr wurde Andreas Bönte sein Nachfolger und ist es bis heute.
1984 durchsuchte die Bundesanwaltschaft die Redaktion. *Report München* hatte über einen geheimen »Bundeswehrplan 1985–1997« berichtet, der angebliche Mängel in der Verteidigung aufdeckte. Verteidigungsminister Manfred Wörner sagte, die Akte sei das »Interessanteste, was es für einen potenziellen Gegner« zu wissen gebe, und dürfe nicht in einer öffentlich-rechtlichen Anstalt »unbefugt herumliegen«. 2000 war *Report München* maßgeblich daran beteiligt, Wolfgang Schäuble in der Parteispendenaffäre Widersprüche nachzuweisen. Schäuble trat kurz darauf von seinen Parteiämtern zurück.
Report München lief zunächst 14-täglich montags um 20.15 Uhr im Wechsel mit *Panorama*. 1968 reihten sich auch die beiden anderen Politmagazine ein, sodass jedes der vier nur noch vierwöchentlich kam. 1978 wechselten sie auf den Dienstag um 21.00 Uhr. Seit 1992 läuft *Report München* montags um 21.00 Uhr.

DIE REPORTAGE ZDF
→ ZDF.Reportage

REPORTAGE AM MONTAG ZDF
→ ZDF.Reportage

REPORTER ARD
1989. 9-tlg. dt. Actionserie von Horst Vocks und Thomas Wittenburg, Regie: Klaus Emmerich und Hans Noever.
Azade Celik (Renan Demirkan) und Pit »Piwi« Wilkens (Walter Kreye), arbeiten als Reporterin und Fotograf für die Zeitschrift »TNT« (Themen, Nachrichten, Tendenzen). Mit ihren Recherchen decken sie immer wieder Verbrechen und politische Missstände auf, überführen Mörder und Terroristen. Zur Redaktion gehören noch Struck (Jürgen Holtz) und Herbst (Dietmar Schönherr).
Anders als in den meisten Journalistenserien wurden die Reporter hier nicht zu edlen Gutmenschen verklärt. Die Serie zeigte auch die wenig heldenhaften Hintergründe beim Kampf um Auflage und Schlagzeilen und machte sich über die Unzulänglichkeiten und Absurditäten des Redaktionsalltags lustig.
Die 45-Minuten-Folgen liefen montags um 20.15 Uhr. Die Reihe erhielt 1990 einen Grimme-Preis mit Silber.

DIE REPORTER PRO SIEBEN
1992–1997. Wöchentliches Reportagemagazin.
Pro Sieben versprach den ganz großen Coup: »knallharter, investigativer Journalismus«, eine »neue Ära der wöchentlichen Informationsmagazine in Deutschland«, »gewissenhaft recherchierte, hochbrisante Themen aus Politik, Wirtschaft und Kultur«, die selbst *Spiegel TV* blass aussehen lassen würden. Nun ja. Tatsächlich fiel *Die Reporter* vor allem dadurch auf, dass es als erstes Infomagazin seiner Art ohne Moderator auskam. Die Reporter, die die Filmbeiträge gemacht hatten, moderierten sie nach dem Vorbild des amerikanischen CBS-Klassikers »60 Minutes« selbst an und waren sonst ununterbrochen im Bild. Das sah meist so aus, dass junge Männer in schicken Trenchcoats mit Mikrofon in der Hand auf die Kamera zuliefen und den Satz sagten: »In diesem Haus geschah das Unfassbare!« Offenbar fand auch der Sender das irgendwann peinlich und stellte die Reihe ein. Reporter waren u. a. Georg Holzach und Michael Lindenau.
Die Reporter lief zunächst sonntags um 19.00 Uhr, dann dienstags nach 22.00 Uhr, dann wurde das Magazin zunächst eingestellt. Nach knapp einjähriger Pause startete Pro Sieben einen zweiten Versuch und nannte ihn nach reiflicher Überlegung:

DIE REPORTER PRO SIEBEN
1998–2000. Wöchentliches Magazin.
Im Gegensatz zu seinem gleichnamigen Vorläufer hatte das Magazin einen Untertitel (»Für Sie vor Ort«), einen Moderator (Michael Marx), neue Reporter (darunter Anna Bosch und Toni Fröstl) und den festen Vorsatz, anspruchsvoller als früher zu informieren. Im Juli 2000 übernahm Fröstl die Moderation.
Die neuen Reporter berichteten donnerstags gegen 22.15 Uhr.

DIE REPORTER DER WINDROSE BERICHTEN ARD
1961–1964. Halbstündiges Reportagemagazin von und mit Peter von Zahn.

Sechs Reporter berichteten aus aller Welt über aktuelle Themen aus Politik und Gesellschaft. Peter von Zahn, der zuvor in *Bilder aus der neuen Welt* den deutschen Zuschauern Amerika näher gebracht hatte, wollte mit der neuen Reihe zeigen, dass auch der Rest der Welt zwar groß und kompliziert, aber überschaubar ist.

Jede Sendung befasste sich mit nur einem Thema, das von allen Reportern am Beispiel ihres Einsatzgebiets behandelt wurde. Es ging um soziale und politische Probleme, aber auch um das ganz normale Leben. So konnte es vorkommen, dass es in der einen Woche um Gewerkschaften oder Soldatenverbände ging oder um die Frage, wie sich der Dreierbund aus Ägypten, Syrien und Irak auf Saudi-Arabien und Jordanien auswirken könnte, und in der nächsten Woche um Rezepte oder Eckkneipen. Die Reporter verglichen Schönheitsideale, Bürgerpflichten, Ölvorkommen, Straßenverkehr und Völkerwanderungen. Außer Peter von Zahn (Nordamerika) gehörten zu den Reportern der Windrose Michael Vermehren (Südamerika), Hans Germani (Afrika), Dieter Franck (Vorderer Orient), Hans-Adolf Seeberg (Indien) und Peter Schmid (Ostasien).

Die Sendung war in zweierlei Hinsicht ein Novum: Es war das erste Auslandsmagazin mit Berichten aus aller Welt – diesem Vorbild folgten später u. a. der *Weltspiegel* und das *Auslandsjournal* – und es war das erste Mal, dass ein Fernsehschaffender eine Sendung mit der eigenen Firma selbst produzierte und dem Sender verkaufte. Peter von Zahn hatte die »Reporter der Windrose« gegründet, um mit ihnen für das geplante kommerzielle Zweite Fernsehprogramm in Deutschland tätig zu werden, das so genannte »Adenauer-Fernsehen«, das dann jedoch vom Bundesverfassungsgericht gestoppt wurde. Obwohl von Zahn diese Initiative überhaupt erst nach einem Krach mit der ARD ergriffen hatte, griff der WDR nun zu.

Die Reihe lief zunächst wöchentlich montags um 20.20 Uhr, ab 1963 am frühen Sonntagabend.

REPORTER DES VERBRECHENS   RTL

1989. 13-tlg. US-kanad. Krimiserie von Keith Johnson (»Hot Shots«; 1986–1987).

Sie lieben und sie hassen sich: Amanda Reed (Dorothy Parke) und Jason West (Booth Savage). Die zwei jungen, ehrgeizigen Boulevardreporter werden immer wieder dazu verdonnert, gemeinsam über aufregende Kriminalfälle für die Zeitschrift »Crime World« zu berichten – die sie natürlich, nebenbei, meist selbst aufklären. Chefredakteur der Zeitschrift ist der frühere Polizist Nicholas Broderick (Baul Burke), Al Pendleton (Clark Johnson) macht die Recherche, Cleo (Heather Smith) schmeißt das Sekretariat.

Kurzlebige, im günstigen Kanada für die USA produzierte Serie, die versuchte, die Geschlechterspannung aus *Das Model und der Schnüffler* zu kopieren. Das gleiche Produktionsteam wagte kurz darauf einen neuen, erfolgreicheren Versuch mit *Diamonds*.

Die einstündigen Folgen liefen donnerstags gegen 19.10 Uhr.

RESCHKES GROSSER DREH   ARD

1986. 6-tlg. dt. Comedyserie von Michael Arnál und Xao Seffcheque, Regie: Reinhard Schwabenitzky.

Familie Reschke, bestehend aus Vater Detlef (Jochen Paulmann), Mutter Nelly (Marie-Agnes Reintgen) und den Kindern Peter (Burkhard Ellinghaus) und Esther (Elfi Eschke), sind als Protagonisten einer Realityserie im Fernsehen ausgewählt worden. Also fallen der Regisseur (Hartmut Nolte), die Regieassistentin (Uschi Wolff), der Redakteur (András Fricsay Kali Son) und der Kameramann (Michael Arnál) bei ihnen ein und filmen alles, was passiert, filtern und inszenieren aber auch Ereignisse, denn es muss ja Quote bringen. Nichts läuft so, wie es sich auch nur irgendjemand der Beteiligten vorgestellt hat.

Das Format Reality-TV war in den 80er-Jahren noch völlig unbekannt, die Idee der Autoren Arnál und Seffcheque innovativ, weitsichtig und provokant. Erst fast 15 Jahre später kamen Formate wie das in dieser frühen Satire karikierte tatsächlich ins Fernsehen. Arnál spielte selbst in der Rolle des Kameramanns mit, Seffcheque machte außerdem die Filmmusik.

Die einstündigen Folgen liefen in einigen regionalen Vorabendprogrammen. Den meisten Sendeanstalten war die Serie jedoch zu gewagt, weshalb sie trotz enormer Einschaltquoten nach sechs Folgen nicht fortgesetzt wurde.

RESERVATE   ARD

1975–1978. 12-tlg. Dokumentarreihe über Bereiche des Lebens, die von der fortschreitenden Entwicklung unberührt bleiben, im ersten Beitrag z. B. über »Botschaften vom rechten Ufer – Mutmaßungen über Haute Couture und Mode« von Elmar Hügler.

RETTE MICH, WER KANN   ZDF

1986. 6-tlg. dt. Comedyserie von Franz Geiger (Buch und Regie).

Der fünffach geschiedene Bestattungsunternehmer Oskar Schatz (Helmut Fischer) kann's nicht lassen und hält auch weiterhin Ausschau nach hübschen Mädchen. Immer für ihn da ist sein Freund Hansi Wagenpfeil (Kurt Sowinetz).

Helmut Fischer spielte die Rolle, die er immer spielte *(Der ganz normale Wahnsinn, Monaco Franze, Die Hausmeisterin)*, spielte sie aber wie immer ganz bezaubernd.

RETTER   SAT.1

1992–1994. Einstündiges Reality-TV-Magazin mit Christoph Scheule.

»Nicht gaffen, sondern weitergehen«, riet dieses Magazin Zuschauern, die an einem Unfall vorbeikommen. Wenn alle nur blöd rumstehen, besteht schließlich die Gefahr, dass diejenigen nicht durchkommen, die unbedingt schnell an die Unfallstelle müssen: die Kamerateams von Sat.1. Die Show war offenbar

Die Rettungsflieger aus der ersten Staffel: Ulrich Bähnk, Gerit Kling, Matthias Leja und Frank Stieren (von links).

inspiriert durch den Erfolg von *Notruf,* zeigte im Gegensatz dazu jedoch nicht nachgestellte Aufnahmen echter Notfälle, sondern authentische Videoaufnahmen: noch blutiger, direkter und dichter, als es die Polizei den Gaffern am Schauplatz je erlauben würde. *Retter* zeigte die Retter, wie sie einen schwer verletzten Autofahrer mit Schneidbrennern aus seinem Auto befreien, wie sie sich um die Opfer eines Katastrophen-Segeltörns kümmern oder wie sie zu verhindern versuchen, dass ein Tanklastzug von der Brücke auf die Autobahn stürzt.

Die Reihe geriet arg in die Kritik, weil man ihr nicht nur Voyeurismus vorwarf, sondern auch, dass die Kameraleute die Rettungsarbeiten behinderten. *Retter* verschwand bald wieder, während das Original *Notruf* noch viele Jahre überlebte.

Lief meistens – wie *Notruf* – dienstags um 21.10 Uhr, ab März 1994 montags nach 22.00 Uhr.

DIE RETTUNGSFLIEGER ZDF

Seit 1998. Dt. Actionserie von Rainer Berg.
Ein vierköpfiges Helferteam ist mit dem Hubschrauber SAR 71 in Hamburg im Einsatz, um Verletzte nach Unfällen zu retten. Maren Maibach (Gerit Kling) ist die Rettungsärztin, Alexander Karuhn (Matthias Leja) der Pilot, Max Westphal (Frank Stieren) der Bordmechaniker und Thomas Asmus (Ulrich Bähnk) der Sanitäter. Als Max bei einem Unfall ums Leben kommt, wird Jan Wollcke (Oliver Hörner) Anfang 1999 neuer Bordmechaniker. Er ist mit Iris (Karina Kraushaar) verheiratet. Um bei seiner Familie sein zu können, lässt sich Thomas Ende Mai 2000 nach Ulm versetzen. Der junge Sanitäter Torsten Biedenstädt (Tom Wlaschiha) wird sein Nachfolger, meldet sich aber im Herbst 2001 zu einem Hilfseinsatz in Afrika und verlässt das Land – just als Thomas aus Ulm zurückkommt und jetzt seine Tochter Nina (Katharina Tauck) mitbringt. Etwa zur gleichen Zeit werden Alex und Maren ein Paar, aber nur für kurze Zeit. Marens Schwester kommt bei einem Autounfall ums Leben, und Maren will sich nun um deren Baby kümmern. Sie verlässt Alex, und das Team und wird durch Dr. Ilona Müller (Julia Heinemann) ersetzt, die im Mai 2000 schon einmal Marens Urlaubsvertretung übernommen hatte.

Im Frühjahr 2002 wird Ilona bei einem Einsatz so schwer verletzt, dass sie ihren Beruf aufgeben muss. Dr. Sabine Petersen (Marlene Marlow) verstärkt fortan die Rettungsflieger. Die nächsten Neuen kommen im Frühjahr 2003: Der bärbeißige Hauptmann Jens Blank (Nicolas König) folgt auf Alexander, der seine Freundin Astrid (Vijak Bayani) heiratet und mit ihr nach Alabama in die USA auswandert; der Sanitäter Paul Reinders (Rainer Sellien) ersetzt Thomas, der das Team erneut verlässt. Thomas hatte sich als Zeitsoldat verpflichtet, und seine Zeit ist abgelaufen. Torsten kommt noch einmal zurück, um Paul vorübergehend zu vertreten; als Paul jedoch im Herbst 2004 nach einem Verkehrsunfall seinen Verletzungen erliegt, wird sein dauerhafter Nachfolger der junge Draufgänger Johannes »Jonny« von Storkow (Patrick Wolff). Die Rettungsflieger sind jetzt also Sabine, Jan, Jens und Jonny. Von der Ursprungsmannschaft ist niemand mehr dabei.

Bei dem permanenten Hin und Her im Personal geht etwas unter, dass es durchaus noch andere Handlungsstränge in der Serie gibt: die üblichen Schicksale zu rettender Gaststars sowie die persönlichen Affären, Intrigen, Eifersüchteleien und Tragödien im Leben der Hauptfiguren.

Die bislang über 75 jeweils 50-minütigen Episoden wurden zunächst dienstags, ab der zweiten Staffel mittwochs um 19.25 Uhr gezeigt. Im Februar 1997 war bereits ein Pilotfilm gelaufen.

RHEIN-RUHR-CLÜBCHEN   ARD
1955. Talkshow mit Werner Höfer.
Höfer plaudert im Erdgeschoss der alten Kölner Universität vor ein paar Zuschauern mit Stars und Unbekannten, es gibt Kölsch, Paul Kuhn spielt Überleitungen am Flügel. Der Versuch wurde nach wenigen Folgen wieder aufgegeben.

RHINOZEROS   ARD
1973. »Ein Programm nicht nur für Dickhäuter«. 45-minütiges Magazin für Kinder und Jugendliche, das freitags um 17.10 Uhr lief und Themen aufgriff wie Schulnoten, Berufswahl oder Probleme mit den Eltern. Zwischendurch gab es Comics und Musik, und das »frech-fröhliche« Zeichentrick-Rhinozeros tauchte auf, um seinen Kommentar zu den Beiträgen abzugeben.
Die Reihe ging nach einem Jahr im Magazin *Szene* auf.

RHYTHMISCHE MESSEMUSTER   DFF
1960–1965. Live-Übertragung einer »beschwingten« Veranstaltung aus Leipzig mit Heinz Quermann als Redakteur und teilweise auch als Moderator. Dreimal zur Leipziger Messe lief das Nummernprogramm mit Schlagern, Artistik und Conférencen.

RICHARD DIAMOND – PRIVATDETEKTIV   ARD
1960–1962. US-Krimiserie von Blake Edwards (»Richard Diamond, Private Detective«, 1957–1960).
Richard Diamond (David Janssen) arbeitet als Privatdetektiv. Oft hat er dadurch mit Lieutenant McGough (Regis Toomey) von der Polizei zu tun. Diamonds Freundin ist Karen Wells (Barbara Bain).
Richard Diamond war eine der ersten Figuren im Fernsehen, die über ein Autotelefon verfügten. Darüber sprach er mit seiner Sekretärin Sam, deren Gesicht nie zu sehen war, lediglich ihre Beine kamen ins Bild. Diese Beine gehörten der jungen Schauspielerin Mary Moore, die später als Mary Tyler Moore berühmt wurde.
Von der langen Serie zeigte die ARD in jeweils monatelangen Abständen nur sieben einzelne 25-Minuten-Folgen.

RICHARD LÖWENHERZ   ZDF
1966. 13-tlg. brit. Abenteuerserie, Regie: Ernest Morris (»Richard The Lionheart«; 1962–1963).
Richard Löwenherz (Dermot Walsh) ist der rechtmäßige Thronfolger seines verstorbenen Vaters, König Henry. Sein Bruder, der intrigante Prinz John (Trader Faulkner), trachtet jedoch nach dem Thron und somit Richard nach dem Leben. Richard kämpft gegen John, außerdem gegen seine anderen Feinde, König Philip von Frankreich (ebenfalls Trader Faulkner) und Leopold von Österreich (Francis de Wolfe), heiratet Lady Berengaria (Sheila Whittingham) und behält schließlich die Krone.
Jede Folge war 25 Minuten lang. Das ZDF zeigte nur 13 der eigentlich 39 Episoden.

RICHELIEU   ARD
1978. 6-tlg. frz. Historiendrama (»Richelieu«; 1977).
Im 17. Jh. macht der Kirchenmann Richelieu (Pierre Vernier) Karriere. Er steigt allmählich zum Kardinal auf und wird ein einflussreicher Kirchenpolitiker. Die einstündigen Folgen liefen im regionalen Vorabendprogramm.

RICHLING – KLAPPE, DIE X.TE   ARD
→ Trilogie des Wiederschmähens

RICHMOND HILL   PRO SIEBEN
1990–1992. 92-tlg. austral. Polizeiserie (»Richmond Hill«; 1988).
Dan Costello (Ross Higgins) leitet das Polizeirevier in der Kleinstadt Richmond Hill. Er schlägt sich mit den Machenschaften seiner widerwärtigen Tochter Anne (Emily Symons) und den Problemen der anderen Einwohner und Kollegen herum. Als da wären: Kollege Warren Bryant (Tim Elston) mit seiner depressiven Frau Janet (Paula Duncan) und Teenagersohn Marty (Ashley Paske), die jungen Cops Tim Shannon (Robert Sampson) und Susan Miller (Felicity Soper), die junge Maklerin Jill Warner (Dina Panozzo), die eine Affäre mit Tim beginnt, Makler und Stadtrat Frank Hackett (Robert Alexander), der nach einigen Wochen an einer Vergiftung stirbt, und seine Frau Ivy (Maggie Kirkpatrick), Barfrau Connie Ryan (Amanda Muggleton) und ihr Sohn Andrew (Marc Gray), ebenfalls Teenager, Stammgast Norm (Benjamin Franklin) und die alte Bäuerin Mum Foote (Gwen Plumb), die zu allem eine Meinung hat.

RICHTER ALEXANDER HOLD   SAT.1
Seit 2001. Einstündige Gerichtsshow mit dem Richter Alexander Hold.
Dass die Zeit der Daily Talks vorbei war, bewies spätestens diese neue Sendung. Es war die dritte Streitshow, die Sat.1 jeden Nachmittag am Stück zeigte, werktags um 16.00 Uhr, direkt nach *Zwei bei Kallwass* und *Richterin Barbara Salesch*. Hold erzielte auf Anhieb gute Quoten und schlug auch die kurz zuvor gestartete zeitgleiche RTL-Konkurrenz *Das Jugendgericht*. Wie bei all diesen Formaten waren der Richter und die Staatsanwälte und Verteidiger echt, die Fälle fiktiv und die Betroffenen schlechte Schauspieler. Ingo Lenßen, der häufig die Rolle des Anwalts übernahm, bekam später seine eigene Serie *Lenßen und Partner*.
Wie seine Kollegin Salesch richtete auch Hold im Sommer 2002 zweimal zur besten Sendezeit. Beide Richter erreichten auch im Abendprogramm akzeptable Marktanteile.

DIE RICHTERIN   TM3
1997. 4-tlg. frz. Krimireihe nach den Romanen von Noëlle Loriot (»Le juge est une femme«; seit 1993).
Die junge Richterin Florence Larrieu (Florence Pernel) stellt ausführliche Untersuchungen an, bevor sie in den ihr zugetragenen Fällen Recht spricht.

Jede Folge hatte Spielfilmlänge. In Frankreich läuft die Serie noch immer, seit 2002 mit neuer Richterin.

RICHTERIN BARBARA SALESCH   SAT.1
Seit 1999. Gerichtsshow, in der sich zunächst werktags um 18.00 Uhr Streitende dem Schiedsspruch von Barbara Salesch beugen mussten.

In dieser Show war anfangs nichts nachgestellt: Die Klagenden waren echt, Barbara Salesch tatsächlich Vorsitzende Richterin am Landgericht Hamburg – für den TV-Job hatte sie sich zwei Jahre Urlaub genommen – und ihre im Fernsehen gefällten Urteile rechtskräftig. Nach deutschem Recht durften allerdings keine Strafprozesse im Fernsehen übertragen werden. Barbara Salesch konnte somit nur als Richterin eines privaten Schiedsgerichtes über vergleichsweise harmlose Fälle urteilen. Sie klärte solche Fragen wie die, wer für den Schaden eines Rasenmähers aufkommen muss, den der Nachbar sich ausgeborgt und dabei beschädigt hatte. Streng genommen war das »rechtskräftige Urteil« daher ein Schiedsspruch. Als Reporter befragte Hakim Meziani nach der Verhandlung die Betroffenen.

Vorbild für die Reihe war die in den USA sehr erfolgreiche Gerichtssendung »Judge Judy«. Die deutsche Sendung wurde plötzlich bekannt, als Regina Zindler aus Sachsen gegen ihren Nachbarn Gerd Trommer klagte, weil dessen Knallerbsenstrauch zu nah an ihrem Maschendrahtzaun wuchs, und *TV Total*-Moderator Stefan Raab aus den Sächsisch gesprochenen Wörtern »Maschendrahtzaun« und »Knallerbsenstrauch« einen Nummer-eins-Hit produzierte.

Die Einschaltquoten der deutschen Ausgabe blieben dennoch eher durchschnittlich – zu läppisch und einander ähnlich waren die Fälle, die das deutsche Recht in diesem Rahmen zu verhandeln erlaubte. Sat.1 entschied sich deshalb für ein radikal neues Konzept: Im Oktober 2000 wurde die Show auf 15.00 Uhr verlegt, ihre Sendezeit auf eine Stunde verdoppelt, und nachdem der Sender vorher gebetsmühlenartig betont hatte, dass die Fälle und die Betroffenen echt seien, nahm er jetzt genau davon Abstand. Nun wurden fiktive strafrechtliche Fälle verhandelt; Angeklagte, Nebenkläger und Zeugen wurden von Laiendarstellern gespielt. Das Konzept ging auf: Richterin Salesch erreichte jetzt hervorragende Marktanteile bis über 30 % und war zu ihrer Sendezeit mit Abstand Marktführer. Es stand außer Frage, dass sie ihre zweijährige Beurlaubung wegen des großen Erfolgs verlängerte.

Der Erfolg löste eine Schwemme von Nachahmern aus: *Das Jugendgericht, Richter Alexander Hold, Das Strafgericht, Das Familiengericht*. Auch Sendungen, die nicht im Gerichtssaal spielten, entdeckten, dass sie durch den Verzicht auf echte Gäste viel härtere, absurdere und dramaturgisch genau planbare Geschichten erzählen konnten. Dazu gehörten z. B. *Zwei bei Kallwass, Die Jugendberaterin* und *Das Geständnis*.

Im Sommer 2002 verursachte die Berichterstattung zur Fußballweltmeisterschaft einen offenen Sendeplatz am Dienstagabend um 20.15 Uhr. Dadurch durfte die Richterin zweimal zur besten Sendezeit antreten und erreichte auch dort ordentliche Quoten. Eine regelmäßige Primetime-Version würde nach Ansicht der Produzentin Gisela Marx allerdings nicht funktionieren.

2002 wurde Richterin Barbara Salesch in der etwas obskuren Kategorie »Beste tägliche Sendung« mit dem Deutschen Fernsehpreis ausgezeichnet.

RICKS WOHNWELTEN   ZDF
Seit 2003. 25-minütige Doku-Reality-Reihe.
Der Wohnraumdesigner Rick Mulligan sucht Familien zu Hause auf und richtet auf Wunsch Räume völlig neu ein. Die Reporterin Stephi Schmidt begleitet ihn.

Mulligan hatte bereits im Magazin *Volle Kanne – Service täglich* regelmäßig Wohn- und Einrichtungstipps gegeben. Vier Folgen seiner eigenen Reihe liefen montags am Vormittag, weitere staffelweise am Samstagnachmittag.

RICKY!   SAT.1
1999–2000. Kurzlebige Talkshow mit dem aufgedrehten Amerikaner Ricky Harris, den man noch deutlich schlechter verstand als seine tiefsten Dialekt sprechenden Gäste.

Ricky! startete am gleichen Tag wie Oliver Geissen, was ihm aber auch kein Glück brachte. Sein

Richterin Barbara Salesch wägt ab, ob sie weiterhin zum selben Friseur gehen soll wie Angela Merkel.

Geduldig führt *Rin-Tin-Tin* den kleinen Rusty auch in die Geheimnisse der englischen Rechtschreibung ein.

revolutionäres Versprechen vor dem Start lautete: »Bei *Ricky!* werden Menschen wie Menschen behandelt.« Entdeckt worden war er als Verkäufer beim Einkaufssender H.O.T., wo er Lamadecken nicht wie läppische Lamadecken behandelte, sondern wie attraktive, flauschige, unentbehrliche Wesen.
Bei einer Aufzeichnung von *Ricky!* im Herbst 1999 wurde eine Freiwillige mit einem glühenden Eisen »gebrandet« – sie brach zusammen und musste ärztlich behandelt werden. Die Aufzeichnung wurde abgebrochen und die Sendung nie gezeigt, doch der Fall brachte Sat.1 riesige Schlagzeilen (»Bild« titelte: »Folter-TV«) und eine Ermahnung der Landesmedienanstalten ein: »Es kann nicht sein, dass alles, wofür sich ein Mensch finden lässt, um es vor der Kamera zu tun oder zu ertragen, auch zum Gegenstand von Sendungen werden muss.« Die verantwortliche Redakteurin wurde abgemahnt und versetzt.
Ricky! lief werktags um 14.00 Uhr.

RIN-TIN-TIN ARD

1956–1964. 18-tlg. US-Westernserie (»Rin Tin Tin«; 1954–1959).
Nach dem Tod seiner Eltern adoptiert die 101. Kavallerie von Fort Apache den kleinen Rusty (Lee Aaker) mitsamt seinem deutschen Schäferhund Rin-Tin-Tin. Zur Kavallerie gehören Lieutenant Rip Masters (Jim L. Brown), Sergeant Biff O'Hara (Joe Sawyer) und Corporal Boone (Rand Brooks). Rusty und Rin-Tin-Tin erleben gemeinsam viele Abenteuer.
Rin-Tin-Tin war die erste amerikanische Serie im deutschen Fernsehen. Von den 164 halbstündigen Episoden zeigte die ARD in loser Folge immerhin 18. Die ersten drei Folgen liefen 1956 unter dem Titel *Rintintin*, neue Folgen ab 1961 enthielten Bindestriche.

Die Geschichten um Rin-Tin-Tin waren zuvor ab 1922 mehrfach das Thema von Kinofilmen gewesen. In der Serie spielten drei verschiedene Hunde den Rin-Tin-Tin, darunter zwei Nachkommen des 1932 verstorbenen Originalfilmhunds. Neue Abenteuer von Rin-Tin-Tin kamen etwa 30 Jahre später unter dem Titel *Katts & Dog – Ein Herz und eine Schnauze* ins Fernsehen.
Der Sendeplatz der Serie war ursprünglich 21.25 Uhr. Da sich jedoch viele Eltern beschwerten, die die Serie als Kinderprogramm verstanden, wurde sie auf den Nachmittag verlegt.

RINALDO RINALDINI, DER RÄUBERHAUPTMANN ARD

1968–1969. 13-tlg. frz.-dt. Abenteuerserie nach dem Roman von Vulpius, Regie: Franz Cap (»La Kermesse des Brigands«; 1968).
Rinaldo Rinaldini (Fred Williams) ist ein Bandit, der früher dem Adelskreis angehörte. Gemeinsam mit seiner Truppe zieht er umher. Unterwegs ernähren sie sich meist von Linsensuppe und Wasser und kämpfen gegen Intriganten und Verräter. Ihr ärgster Widersacher ist der Graf von Ticino.
Die halbstündigen Folgen liefen im regionalen Vorabendprogramm und ab 1975 im DFF.

DER RING DER MUSKETIERE RTL

1992. 4-tlg. US-dt. Krimiserie von John Paragon und Joel Surnow (»The Ring Of The Musketeers«; 1992).
Der Popsänger John D'Artagnan-Smith (David Hasselhoff), der Deutschlehrer Peter Porthos (Thomas Gottschalk), die Talkradio-Moderatorin Anne-Marie Athos (Alison Doody) und der Ex-Ganove Burt Aramis (Cheech Marin) sind die Nachkommen der Mus-

Besetzungsbüro mit Humor: David Hasselhoff und Thomas Gottschalk spielten die Hauptrollen in *Der Ring der Musketiere*.

ketiere, denn sie haben ihre Originalringe. Daher fühlen sie sich berufen, auf Motorrädern durch Los Angeles zu fahren, sich zu prügeln, Menschen zu helfen und die Bösen zu fangen.
Wie ernst kann eine Serie gemeint sein, die in den Hauptrollen mit David Hasselhoff und Thomas Gottschalk besetzt wird? Und wie kommt Cheech Marin da hinein? US-Sender winkten lachend ab, RTL sendete die wenigen produzierten einstündigen Folgen dienstags.
Zehn Jahre später gelang Serienerfinder Surnow mit der Actionserie *24* eines der spannendsten Fernsehwerke überhaupt.

RING FREI FÜR DADDY   DSF
1993. 24-tlg. US-Sitcom (»Learning The Ropes«; 1988–1989).
Der Kunstlehrer Robert Randall (Lyle Alzado) wirkt in seiner Freizeit heimlich in Catch-Kämpfen als »The Masked Maniac« (Steve »Dr. Death« Williams) mit. Seine Kinder Mark (Yannick Bisson) und Ellen (Nicole Stoffman) finden das cool.
Zum Sendestart des neu gegründeten Deutschen Sportfernsehens DSF machte sich der Sender als Spartenprogramm gleich richtig glaubwürdig und sendete eine Sitcom. Immerhin handelte sie im weitesten Sinne von Sport.

RINGSTRASSENPALAIS   ZDF
1981–1983. »Eine Wiener Familiengeschichte«. 24-tlg. österreich. Familiensaga von Hellmut Andics, Regie: Rudolf Nussgruber.
Die Familiengeschichte der Baumanns und Artenbergs von 1867 bis 1974. Der Wiener Leinenweber Eduard Baumann (Heinrich Schweiger) wird in der zweiten Hälfte des 19. Jh. Mitglied einer Bankiers- und einer Adelsfamilie – seine Tochter Johanna (Marianne Nentwich) wird die Ehefrau des Rittmeisters Franz Graf Artenberg (Klaus Wildbolz), und sein Bruder Karl (Albert Rueprecht) heiratet Rosa (Liliane Nelska), die Tochter von Moritz von Stein (Romuald Pekny) vom Bankhaus »Stein & Mendel« –, kommt aber auch unabhängig davon zu Vermögen. Eduard erbaut eine Textilfabrik, ein »Palais« an der Ringstraße, wird Millionär und vom Kaiser zum Baron ernannt. Leo Pospischil (Guido Wieland) ist sein Prokurist.
Zu den Artenbergs gehören Franz' Bruder Bernhard (Friedrich von Thun), sein Onkel, General Graf Artenberg (Erik Frey), und seine Tante, Durchlaucht Antonie Fürstin Slansky (Susi Nicoletti). Nathan Mendel (Kurt Nachmann) ist Steins Partner. Karl und der General steigen ins Börsengeschäft ein. Am Schwarzen Freitag verliert der General sein gesamtes Vermögen und erschießt sich.
1890 sind Eduard Baumann und Leo Pospischil tot. Johannas Tochter Toni (Dorothea Parton) ist Kompagnon des Rechtsanwalts Dr. Paul Ender (Florentin Groll). Ihr Bruder Edi (Peter Wolfsberger) hat Marianne (Ulli Fessl) geheiratet, wird aber durch eine außereheliche Affäre Vater. Edi geht ins Exil, Toni adoptiert das uneheliche Kind ihres Bruders und heiratet Dr. Ender. Kurz vor dem Ende des Ersten Weltkriegs – Franz ist gestorben – gelingt es Johanna, vor ihrem eigenen Tod noch einmal die Familie zusammenzuführen.
In der zweiten Staffel ist der Erste Weltkrieg vorbei, und alle Adelstitel wurden abgeschafft. Toni, Edi und Marianne sind in Geldnot und vermieten eine Etage des Palais an den Geschäftsmann Imre Kelemen (Fritz Muliar). Der hofft, Edis Tochter Hansi (Mijou Kovacs) mit seinem Sohn Ernö (Peter Vilnai) verheiraten zu können, wird dann aber selbst ihr Gatte. 1934 kommt Edis Sohn Bernie (Karlheinz

Böhm) nach dem Selbstmord seines Vaters nach Wien zurück und übernimmt die Leitung des Bankhauses Stein & Mendel. Ernö engagiert sich bei den Nationalsozialisten und nennt sich nun Ernst. Als die SS 1938 das Palais besetzt, wird er zum »Palais-Kommandeur« ernannt.

Nach dem Zweiten Weltkrieg ist das Palais in der Hand der französischen Besatzungsmacht; Chef des Hauses ist der Comte de Castroux (Paul Muller), ein Verwandter der Artenbergs. Erst neun Jahre später kehrt Bernies Sohn Franz Artenberg (Klaus Wildbolz) aus russischer Gefangenschaft zurück und wird Prokurist bei Stein & Mendel. Mit seinem Halbbruder Eduard Baumann (Heinrich Schweiger) ist er seit langem zerstritten, doch 1955 versöhnen sie sich. 1974 beauftragt Franz, der mit Poldi (Gerlinde Locker) verheiratet ist und eine Tochter Toni (Nicole Kunz) hat, den Wissenschaftler Dr. Reinprecht (Heinz Marecek), eine Familienbiografie der Artenbergs und Baumanns zu verfassen.

Die Folgen verknüpften die Familiensaga eng mit der Geschichte Österreichs und bauten immer wieder konkrete historische Ereignisse ein. Zudem schaffte es die Serie, auf raffinierte Weise am Ende einen Kreis zu schließen und mit den gleichen Schauspielern und Rollennamen zu enden, die auch zu Anfang im Mittelpunkt standen.

Die 45-minütigen Folgen liefen samstags um 19.30 Uhr. Fünf Jahre nach dem Ende der Serie liefen Ende 1988 drei neue *Ringstraßenpalais*-Fernsehfilme auf 3sat. Darin will sich der nun 60-jährige Artenberg (Wildbolz) zur Ruhe setzen, muss aber vorher noch seine Bank retten.

RINTINTIN   ARD
→ Rin-Tin-Tin

RIPLEYS UNGLAUBLICHE WELT   RTL 2
Seit 2005. US-Magazin (»Ripley's Believe It Or Not«; 2000–2003).

Ein Fernseh-Kuriositätenkabinett mit einigen Geschichten, die zwar außerhalb der menschlichen Vorstellungskraft liegen, aber dennoch hauptsächlich halbwegs nachvollziehbare, wenn auch schwer fassbare Storys sind. In der ersten Folge ging es u. a. um einen Mann, der sich vorübergehend lebendig begraben ließ, um einen Rekord zu brechen, den seine Mutter aufgestellt hatte, einen Hund, der durch Schnüffeln Krebs diagnostizieren kann, die letzten lebenden Nachfahren der Dinosaurier, die Komodo-Warane im indonesischen Regenwald, einen Künstler, der mit einer Nadel Kunst aus Reiskörnern macht, und einen Akrobaten, der auf einem Seil über den New Yorker Times Square balanciert.

Die Serie hat ihren Namen von dem Journalisten Robert Ripley, der die Reihe bereits im amerikanischen Radio moderiert hatte und zur nationalen Berühmtheit geworden war. 1949 übernahm er seine Reihe ins Fernsehen. Er starb noch im gleichen Jahr. Die RTL 2-Folgen stammen aus einer Neuauflage aus dem Jahr 2000. In der deutschen Version moderiert Markus Majowski die Beiträge in einem schummrigen Schuppen an und zeigt Artefakte aus der Kuriositäten-Sammlung von Robert Ripley.

Die einstündigen Folgen laufen am späten Abend.

RISIKO   ZDF
1998–2002. Wissensquiz mit Kai Böcking, der Kandidaten zu einem von ihnen selbst gewählten Spezialgebiet ausfragt.

Im Detail wurde das Konzept mehrfach variiert. Anfangs spielten pro Sendung nacheinander mehrere Einzelkandidaten in ihrem Wissensgebiet und kamen bei Erfolg bis zu sechsmal in der jeweils nächsten Sendung wieder. Ein Ausstieg war jederzeit möglich; wer weitermachte, setzte den bisherigen Gewinn aufs Spiel. Später traten zunächst vier Kandidaten in einer Ausscheidungsrunde gegeneinander an und beantworteten allgemeine Wissensfragen. Der Sieger wurde anschließend zu seinem Gebiet abgefragt. Aus der Vorrunde konnte er einen Joker mitnehmen, der ihm nun eine falsche Antwort erlaubte. Gewann er, konnte er bis zu viermal mitspielen.

Die Show lief anfangs mit einer Stunde Länge montags bis donnerstags um 16.00 Uhr, ab 1999 begann sie um 16.15 Uhr und dauerte nur noch 45 Minuten.

DAS RISIKO HEISST MORD   DFF 1
1976. 7-tlg. poln. Abenteuerserie, Regie: Janusz Morgenstern (S.O.S.; 1974).

Der Radioreporter Rafal Kostron (Władysław Kowałski) nimmt die Ermittlungen in einem Todesfall auf, bei dem die Polizei, und nur sie, von Selbstmord ausgeht. Damit bringt er sich und seine Freundin Elzbieta (Ewa Borowik) in Gefahr.

Die Folgen waren 50 Minuten lang.

RISKANT   RTL
1990–1993. Halbstündiges Quiz mit Hans-Jürgen Bäumler.

Drei Kandidaten müssen zu den an einer Ratewand vorgegebenen Antworten die entsprechenden Fragen formulieren. Diese Antworten sind Umschreibungen, und im Prinzip geht es nur darum, das gesuchte Lösungswort zu finden. Doch dessen Nennung wird nur akzeptiert, wenn der Kandidat ein »Wer ist« oder »Was ist« voranstellt, um eben eine Frage daraus zu machen. Wer am schnellsten richtig fragt, bestimmt den nächsten Themenbereich und den zu erspielenden Betrag. Kennt niemand die richtige Frage, kommt das erste Highlight der Sendung zum Einsatz: der Zufallsgenerator »Zuffi«. Und wenn Bäumler laut »Zuffi!« ruft, beugt er sich ruckartig nach vorn und schnippt mit den Fingern. In der Finalrunde müssen alle drei Kandidaten die gleiche Frage schriftlich beantworten ... Verzeihung: die gleiche Antwort schriftlich befragen. Dazu erscheint das zweite Highlight: die BWKs. »Bitte setzen Sie jetzt die BWKs auf«, sagt Bäumler, und Sekunden später stehen scheinbar drei Außerirdische hinter ihren Pulten. Auf ihren Köpfen tragen sie merkwürdige, monströse Konstruktionen, die ihnen nach beiden Seiten die Sicht blockieren, um Abschreiben zu verhindern. »BWKs« stand für Blickwinkelkonzentratoren, und das war womöglich witzig gemeint.

Die Show lief zunächst werktags nachmittags gegen 16.45 Uhr im Block mit *Der Preis ist heiß* und wurde Ende 1992, ebenfalls im Block, auf 11.00 Uhr vormittags verlegt, weil dem Sender die Zuschauer zu alt waren. Den Sendeplatz am Nachmittag erhielten die Sitcoms *Wer ist hier der Boss?* und *Eine schrecklich nette Familie*. Das Konzept kam 1994 unter dem Titel *Jeopardy!* und mit Frank Elstner als Moderator zurück ins RTL-Programm, jetzt aber ohne Zuffi und ohne BWKs. Schade.

RISKANTE SPIELE ARD
1983. 9-tlg. US-Krimiserie von Hal Sitowitz (»Foul Play«; 1981).

Die Talkshow-Moderatorin Gloria Munday (Deborah Raffin) und der ehemalige Konzertviolinist Tucker Pendleton (Barry Bostwick), der jetzt Polizist ist, tun das, was wohl jedes Duo aus einer Talkshow-Moderatorin und einem ehemaligen Konzertviolinisten tun würde: Sie lösen Kriminalfälle. Captain Vito Lombardi (Richard Romanus) ist Tuckers Boss; Unterstützung bekommen die beiden von den Gnomen Ben (Greg Rice) und Beau (John Rice).

Die Serie basiert auf dem Spielfilm »Eine ganz krumme Tour« mit Chevy Chase, bietet aber im Gegensatz zum Film kaum komische Momente.

RISKIER WAS! SAT.1
1993–1995. Halbstündiges Quiz mit Gundis Zámbó. Drei Kandidaten (einer davon aus dem Studiopublikum ausgewählt) beantworten Wissensfragen, zu denen jeweils elf richtige Antworten aufgezählt werden können. Gefragt wird z. B. nach Flüssen, Bäumen, Schauspielern oder Politikern. Aus Bildschirmen mit 16 vorgegebenen Möglichkeiten darf ein Mitspieler so lange Antworten auswählen, bis eine falsch ist (das bisher erspielte Geld ist dann futsch) oder er freiwillig abgibt (und sein Geld auf dem Konto behält). Für jede richtige Antwort gibt es 50 DM mehr als für die vorangegangene. Nach zwei Spielrunden dieser Art scheidet ein Kandidat aus.

Die anderen beiden Mitstreiter bekommen jetzt zwölf mögliche Antworten, von denen nur noch die Hälfte richtig ist. Jeder schätzt ein, wie viele Antworten er geben kann, wer mehr bietet, spielt. Liegt der Spieler einmal falsch, wird sein Gegner mit nur einer richtigen Antwort Tagessieger. Er spielt im Finale um die Reise. Dazu muss er in einer Minute wieder sechs aus zwölf Antworten auf einer Monitorwand finden. Er gibt seine Wahl ein und erfährt dann durch Drücken eines Punchingballs, wie viele, aber nicht welche Antworten richtig sind. Der Kandidat kann sein Glück bis zum Ablauf der Zeit beliebig oft neu versuchen. Maskottchen war das Nasenhörnchen Risko.

Riskier was! lief werktags um 17.00 Uhr im staffelweisen Wechsel mit *Fünf mal fünf*.

RITAS WELT RTL
1999–2003. 68-tlg. dt. Comedyserie von den »SchreibWaisen« Peter Freiberg, Thomas Koch und Michael Gantenberg. Regie: Ulli Baumann u. a.

Rita Kruse (Gaby Köster) ist Kassiererin im Trispa-Supermarkt und hält ihren pedantischen Chef Achim Schumann (Lutz Herkenrath) auf Trab, denn sie sagt, was sie denkt, und das macht ihn nervös (»Frau Kruse, was ist falsch an dieser Dose?« – »Frauen grin-

Filialleiter Schumann wusste, dass er kurze Momente des Glücks bei Rita schon durch einen einfachen Besuch an der Kasse zunichte machen konnte: *Ritas Welt*.

Rivalen der Rennbahn: Hellmut Lange, Jutta Speidel, Thomas Fritsch, Manfred Zapatka (von links), Mazzoni als Samuraj (hinten).

sen nicht beim Kochen, Herr Schumann«). Zu Hause tut sie das Gleiche mit ihrem Mann Horst (Frank Vockroth), ihrer Tochter Sandra (Jasmin Schwiers) und Sohn Markus (Marius Theobald). Ihre beste Freundin und gleichzeitig Kollegin im Supermarkt ist Gisela, genannt »Gisi« (Franziska Traub), ihre anderen Kollegen sind Metzger Bernie (Georg Alfred Wittner) und erst Azubi Kevin Bongartz (Kevin Lorenz), ab 2001 Azubi Philip »Didi« Mertens (Dustin Semmelrogge).

Horst kündigt am Ende der ersten Staffel seinen Job in der Fabrik und macht mit seinem Kumpel Matze (Matthias Komm) einen Motorradladen auf, Sandra geht ab Januar 2001 für ein knappes Jahr als Austauschschülerin in die USA. Im Herbst 2003 werden Gisi und Matze ein Paar, Ende des Jahres heiraten sie.

Als Mitglied der erfolgreichen Lästerrunde *Sieben Tage – Sieben Köpfe* wurde Gaby Köster bekannt. Ihre eigene Serie lief freitags direkt vorher um 21.45 Uhr und übertraf sogar noch die Einschaltquoten der anschließenden Sendung. Eigentlich hätte Hella von Sinnen die Rolle der Rita spielen sollen. Sie lehnte jedoch ab, weil sie keine heterosexuelle Frau darstellen wollte. Im Nachhinein erwies sich Köster als Idealbesetzung, weil sie der lauten Rita viel mehr Nuancen und leise Töne gab, als zu erwarten war.

Ritas Welt gelang das Kunststück, sowohl beim breiten Publikum anzukommen als auch vor der Kritik zu bestehen. Gemeinsam mit *Nikola* stand die Serie für die hochwertige deutsche Sitcom. RTL hätte *Ritas Welt* gerne noch weiter fortgesetzt, die Quoten ließen selbst in den Wiederholungen noch nichts zu wünschen übrig, allein: Gaby Köster hatte keine Lust mehr.

Die Reihe erhielt den Grimme-Preis 2000 und den Deutschen Fernsehpreis 2000 für die beste Serie.

DER RITTER BAYARD   ARD

1966–1967. 11-tlg. frz. Historienserie (»Bayard«; 1964).

Der tapfere Pierre Bayard (René Roussel) kämpft um die Wende vom 15. zum 16. Jh. im Dienst von König Karl VIII. von Frankreich (Philippe Drancy) gegen die Spanier.

Der echte Pierre du Terrail, Chevalier de Bayard (1476–1524), ist einer der großen Helden Frankreichs. Die später oft zitierte und zur Floskel verkommene Bezeichnung »Ritter ohne Furcht und Tadel« bezog sich ursprünglich auf ihn.

Die halbstündigen Folgen liefen im regionalen Vorabendprogramm.

DIE RITTER DER SCHWAFELRUNDE   RTL 2

1999. 13-tlg. kanad. Zeichentrickserie von Terry Jones (»Blazing Dragons«; 1996).

Im Schloss Gammelot im Drachenreich herrschen König Flambeau und Königin Glimmhild. Zur Seite stehen ihnen die heldenhaften Drachenritter um Sir Wampelot und seinen Knappen Flacker, die gegen den bösartigen Grafen Geoffrey de Bouillon kämpfen.

Ex-Monty-Python-Mitglied Terry Jones hatte die Idee zur Serie, die im Kinderprogramm lief.

RIVALEN DER RENNBAHN   ZDF

1989. 11-tlg. dt. Soap von Ted Willis und Anita Mally.

Nach einem mysteriösen Sturz bei einem Rennen kann der erfolgreiche Jockey Christian Adler (Thomas Fritsch) nicht mehr reiten. Mit dem alten Trainer Wolf Kremer (Hellmut Lange) leitet er fortan einen gemeinsamen Stall und kümmert sich vor allem um das Pferd Samuraj (Mazzoni), das er der Gräfin Hayn-Hohenstein (Margot Hielscher) abgekauft hat. Sie unterstützt Christian beim Aufbau seiner neuen Existenz. Christians Ehe mit Monika (Jutta Speidel) ist seit einer Affäre mit Sylvia (Maja Maranow) zerrüttet. Sylvia ist die Frau des reichen Geschäftsmanns Hans-Otto Gruber (Manfred Zapatka), der mit allerlei Intrigen an den Stall Kremer/Adler herankommen will. Zum Stallpersonal gehören Stallmeister Rolf Lesch (Hans Clarin), ein Alkoholiker, Stalljunge Ludger (Santiago Ziesmer), Stallmädchen Margit Franke (Radost Bokel) und der junge Jockey Klaus Schmittgen (Zacharias Preen).

Thea Waasing (Thekla Carola Wied) rettet den Stall vor der drohenden Pleite, indem sie Wolf und Christian ihre Pferde anvertraut, und Christian verliebt sich in sie. Herr Ziehlmann (Horst Frank) ist ein Verbündeter Grubers. Christians Bruder Bruno (Pierre Franckh) versucht, durch zwielichtige Methoden an Geld zu kommen. Neben der Gräfin bilden Rosalind (Tilly Lauenstein) und Emanuel von Rödermark (Ferdy Mayne), Bernhard Schadenstedt (Wolf-Dietrich Berg), Dieter Homburg (Jürgen Draeger) und Tante Ella (Ilse Werner) die feine Reitgesellschaft.

Dieter Bohlen schrieb die Titelmusik und den kompletten Soundtrack, der mit Starbesetzung eingesungen wurde und innerhalb von nur elf Folgen fünf Hits in die Charts brachte: »Samuraj« von Nino de Angelo, »It's A Game« von Les McKeown, »I Need Your Love Tonight« von Marianne Rosenberg, »Once I'm Gonna Stay Forever« von Ricky Shayne und »Love Suite« von Blue System (also Bohlen selbst). Thomas Fritsch kaufte das Pferd Mazzoni, das Samuraj gespielt hatte, nach der Serie auch im wirklichen Leben.

Die Seifenoper mit ihren an den Rosshaaren herbeigezogenen Geschichten war ein enormer Erfolg und wurde trotzdem nach der ersten Staffel mit 45-minütigen Folgen überraschend nicht fortgesetzt. Wahrscheinlich hatte das ZDF noch höhere Erwartungen gehabt. Auf dem gleichen Sendeplatz, samstags um 19.30 Uhr, war nur eine Woche zuvor *Die Schwarzwaldklinik* zu Ende gegangen. Mit deren Einschaltquoten konnte die Nachfolgeserie nicht mithalten. Das konnte danach aber nie wieder irgendeine Serie.

Die Serie ist komplett auf DVD erhältlich.

DIE RIVALEN VON SHERLOCK HOLMES ARD, DFF 2

1974–1975 (ARD); 1977 (DFF 2). 17-tlg. brit. Krimireihe (»The Rivals Of Sherlock Holmes«; 1971).

In abgeschlossenen und voneinander unabhängigen 50-minütigen Episoden klären verschiedene Detektive Kriminalfälle in London um die Wende vom 19. zum 20. Jh. auf. Wechselnde Darsteller spielten die Hauptrollen. Die Buchvorlagen stammten von unterschiedlichen Autoren, die zwischen 1891 und 1914 veröffentlicht hatten – also zu der Zeit, als Arthur Conan Doyle seinen Sherlock Holmes ermitteln ließ. Die Serie wurde auf Video gedreht.

Zehn Folgen zeigte die ARD im regionalen Vorabendprogramm, weitere sieben der DFF und die restlichen neun gar niemand.

RIVER CAFÉ PRO SIEBEN

1994. Talkshow mit Hubertus Meyer-Burckhardt, live aus New York.

Eine deutsche Talkshow! Live! Aus New York! Pro Sieben war überzeugt, dass das den deutschen Fernsehzuschauern vor Aufregung den Atem rauben würde, auch die Gäste die gleichen wie überall sein würden und die Brooklyn Bridge im Hintergrund im Herbstnieselregen liegen würde. Meyer-Burckhardt sagte in der Premiere (u. a. mit Armin Müller-Stahl und Mickey Rourke): »Die deutsche Werbewirtschaft hat sich um unseren ersten Block regelrecht geprügelt. Auf jeden der nun folgenden Werbespots kommen hundert andere, die es nicht geschafft haben.« Und noch bei der Bekanntgabe der Einstellung, nein: »Kreativpause«, nach drei Sendungen sprach Pro Sieben von einer »gigantischen Idee«.

Trotz bestem Sendeplatz am Sonntagabend nach dem Spielfilm hatten sich die Zuschauer in Scharen verflüchtigt.

RIVIERA VOX

1993–1994. 145-tlg. frz. Soap (»Riviera«; 1991–1992).

Ende des 18. Jh. kaufte der durch Duft reich gewordene Parfumfabrikant Auguste de Courcey den gewaltigen Garten Cap Riviera zwischen Monaco und Nizza. Heute leben dort seine Nachkommen und halten den Parfumbetrieb aufrecht: Beatrice de Courcey (als junge Frau: Valérie Leboutte; später: Sara de Saint Hubert) und Gatte Laurent (als junger Mann: Antoine Herbez; später: Henri Serre) sowie deren Sohn Christophe (Xavier Deluc). Weil sich 145 einstündige Folgen so schlecht ohne Konflikte füllen lassen, gibt es die üblichen Liebeleien und Intrigen zwischen Mitgliedern der Familie und ihren Rivalen.

Die Serie lief werktags vormittags.

ROB ROY, DER GEÄCHTETE DFF 1

1981. 7-tlg. brit. Abenteuerserie nach dem Roman von Sir Walter Scott (»Rob Roy«; 1976).

Im frühen 18. Jh. lebt Rob Roy MacGregor (Andrew Faulds) als Geächteter im Untergrund und kämpft für die Gerechtigkeit. Er muss den Bankierssohn Frank Osbaldistone (Robin Sachs) retten, der in eine Rebellion geraten ist. Frank verliebt sich in Diana Vernon (Jane Wymark), die eigentlich als Ehefrau für seinen Cousin Rashleigh (Anthony Higgins) bestimmt war. Auch Rob Roys Frau Helen (Edith MacArthur) schwingt das Schwert und eilt zu Hilfe.

Scotts Ende 1817 erschienener Roman wurde etliche Male auch fürs Kino verfilmt, das erste Mal 1911.

ROBBI, TOBBI UND DAS FLIEWATÜÜT ARD

1972. 4-tlg. dt. Puppentrickserie nach dem Buch von Boy Lornsen, Fernsehbearbeitung: Armin Maiwald.

Der Roboter Rob 344-66/IIIA aus der dritten Robotklasse, kurz Robbi, muss eine Reihe schwieriger Prüfungsaufgaben meistern. Robbi besteht aus silbergrauem Blech mit einer Leiste aus bunten Knöpfen auf dem Bauch und einer Klappe mit notwendigem Zubehör, einem grünen und einem roten Auge, einem eckigen Rumpf und Kopf mit einer Antenne darauf. Er spricht monoton und so blechern, wie er aussieht, und sagt nach jedem Satz: »Klick.« Gemeinsam mit dem Volksschüler Tobias Findeisen, ebenfalls aus dem dritten Schuljahr, macht er sich im Fliewatüüt auf die Reise. Der blonde Tobias, genannt Tobbi, ist ein eifriger Erfinder. Das Fliewatüüt war seine Idee; Robbi hat sich heimlich die Konstruktionspläne angeeignet und es gebaut. Es ist eine hubschrauberähnliche Maschine mit der Aufschrifft »FWT1«, die fliegen, schwimmen und fahren kann, und genau dafür steht der Name: »Flie« für fliegen, »wa« für Wasser und »tüüt« für Straße. Angetrieben wird es von Himbeersaft. Lebertran geht auch.

Robbi und Tobbi müssen einen gelb-schwarz geringelten Leuchtturm suchen und die Anzahl der Stufen herausfinden. Der Glückliche Matthias, der Leuchtturmwärter, beziffert sie auf 177. Die nächste Aufgabe führt Robbi und Tobbi zum Nordpol, wo ein Polarforscher in einem Iglu lebt, dessen Name gefragt ist. Zacharias heißt der gute Mann. Und nach Schottland müssen sie auch. Dort finden sie Nessi, das Ungeheuer von Loch Ness, aber das ist noch nicht die Aufgabe. Das Geheimnis einer dreieckigen Burg mit dreieckigen Türmen sollen sie lüften, und von Nessie erfahren sie den Namen: Plumpudding Castle. In dessen Umgebung wurde Silber gestohlen, und es stellt sich heraus, dass Sir Joshua über eine Maschine verfügt, die Silber in Gold verwandelt. Die Abenteuer verlaufen nicht ohne Zwischenfälle: Einmal geht dem Fliewatüüt der Himbeersaft aus, ein anderes Mal fällt Robbi in Ohnmacht. Aber am Ende sind alle Aufgaben gelöst.

Alle Hauptfiguren waren Marionetten, doch sie agierten teilweise vor realen Kulissen. Für die Realfilmaufnahmen flog ein Kamerateam des WDR mit dem Hubschrauber über die internationalen Schauplätze; die Puppen wurden später per Tricktechnik eingefügt. Nebenbei hatte die Serie einen pädagogischen Wert: Während Robbi und Tobbi die Fragen für die Roboterprüfung beantworteten und Abenteuer erlebten, lernten die jungen Zuschauer Wissenswertes über Luftfahrt, Schiffskunde, Geografie, Kultur, Geschichte und Naturwissenschaften. Die Musik war von Ingfried Hoffmann.

Bei der Erstausstrahlung lief die Serie in vier Teilen sonntags nachmittags; sie waren 45, 55 und zweimal 65 Minuten lang. Zwischen Teil 1 und 2 zeigte die ARD das halbstündige Special »Wie das Fliewatüüt fliegt« mit Hintergrundberichten von den Dreharbeiten. Spätere Ausstrahlungen brachten die Serie auf einheitliche Episodenlängen, wodurch fünf, später auch elf kürzere Folgen daraus wurden. Und dann auch mal sechs oder zwei.

ROBI ROBI ROBIN HOOD ZDF

1977. 13-tlg. US-Comedyserie von Mel Brooks (»When Things Were Rotten«; 1975).

Herrlich alberne Robin-Hood-Parodie, die alle Beteiligten als Komplettdeppen zeigt. Robin Hood (Dick Gautier), Bruder Tuck (Dick Van Patten), Little John (David Sabin), Alan-a-Dale (Bernie Kopell) und Renaldo (der wie sein böser Zwillingsbruder Bertram von Richard Dimitri gespielt wird) sind dem schwulen Prinz John (Ron Rifkin) und Hubert, dem Sheriff von Nottingham (Henry Polic II.), nur deshalb überlegen, weil diese eben noch einen Tick beknackter sind als der König der Diebe und seine Mannen. Robin liebt auch diesmal Lady Marian (Misty Rowe), hier natürlich eine hohle Braut.

Bei dieser mit visuellen und inhaltlichen Gags derart voll gepackten Serie konnte man beim einmaligen Anschauen gar nicht alles wahrnehmen. Mel Brooks griff das Thema später in seinem Kinofilm »Robin Hood – Helden in Strumpfhosen« noch einmal auf.

Die 25-Minuten-Folgen liefen samstags nachmittags.

ROBIN HOOD ARD

1971–1974. 26-tlg. brit. Abenteuerserie nach den Erzählungen von Richard Carpenter (»The Adventures of Robin Hood«; 1955–1958).

Im 12. Jh. bestiehlt Robin Hood (Richard Greene) im Sherwood Forest die Reichen und hilft mit der Beute den Armen. Die treuen Mannen an seiner Seite sind Little John (Archie Duncan) und Bruder Tuck (Alexander Gauge). Der Sheriff von Nottingham (Alan Wheatley) und Prinz John (Donald Pleasence) wollen das Treiben beenden und sind dauernd hinter der Bande her. Robins wahre Liebe ist Lady Marian (Bernadette O'Farrell). Sie gehört zwar ausgerechnet dem Hof von Prinz John an, versorgt Robin aber immer wieder mit nützlichen Tipps. Sir Richard (Ian Hunter) ist der König.

Erste Fernsehverfilmung der berühmten Abenteuer von Robin Hood. Die Besetzung schien mit Drehbeginn jeder Folge neu ausgewürfelt zu werden. In den Gastrollen war im Prinzip immer das gleiche Ensemble zu sehen, dessen Mitglieder jedes Mal andere Charaktere spielten, andererseits wurden etliche wiederkehrende Rollen gelegentlich umbesetzt. Maid Marian und Little John wurden in späteren Folgen, die nicht in Deutschland liefen, von anderen Schauspielern dargestellt, die Rolle des Little John spielte schon zwischendurch mal für elf – bei uns nicht gezeigte – Folgen ein anderer; Prinz John hatte später noch zwei weitere Darsteller, und Robins Kumpel Will Scarlett wurde im Lauf der Serie gleich von vier Mimen verkörpert.

143 halbstündige Folgen wurden hergestellt, die ARD zeigte sonntags nachmittags etwa ein Drittel der Folgen aus den ersten beiden Staffeln. Später entstanden diverse Neuauflagen.

ROBIN HOOD ZDF

1984–1987. 26-tlg. brit. Abenteuerserie nach der Erzählung von Richard Carpenter (»Robin Of Sherwood«; 1984–1986).

Robin von Loxley (Michael Praed) bestiehlt als Robin Hood die Reichen und hilft den Armen. Seine Bande besteht aus Little John (Clive Mantle), Bruder Tuck (Phil Rose) und Will Scarlett (Ray Winstone). Robin verliebt sich in Lady Marion von Leaford (Judi Trott). Dabei ist er immer auf der Flucht vor dem Sheriff von Nottingham (Nickolas Grace), Prinz John (Philip David) und Guy von Gisburne (Robert Addie). Nach Robins Tod beauftragt dessen Beschützer Herne (John Abineri) Robin von Huntington (Jason Connery), in Loxleys Sinn seine Mission fortzuführen.

Im Gegensatz zu den klassischen Robin-Hood-Serien war diese eher auf Mystik angelegt. So war Robins Beschützer Herne ein Schamane, der einen Hirschkopf samt Geweih trug. Der entsprechende Soundtrack stammte von der Folkband Clannad. Jason Connery ist der weit erfolglosere Sohn von Sean Connery.

Das ZDF zeigte die einstündigen Folgen mittwochs um 17.45 Uhr.

ROBIN HOOD   RTL 2
1993. 52-tlg. jap. Zeichentrickserie (»Robin Hood no Daibooken«; 1990). Animierte Version der berühmten Robin-Hood-Geschichten; die Hauptfiguren waren in dieser Serie alle noch Kinder.

ROBIN HOOD   RTL
1998–2001. 52-tlg. US-Abenteuerserie (»The New Adventures Of Robin Hood«; 1996–1999).

Noch eine Verfilmung der Abenteuer von Robin Hood, der den Reichen nimmt und den Armen gibt. Diesmal mit: Robin Hood (Matthew Porretta; ab der dritten Staffel: John Bradley), Little John (Richard Ashton), Bruder Tuck (Martyn Ellis), Marion (Anna Galvin; ab der zweiten Staffel: Barbara Griffin), Kemal (Hakim Alston) und Prinz John (Richard Ashton).

Diese Version lief bei uns am Sonntagnachmittag.

ROBIN SCOTT IN ...   ARD
1967. 13-tlg. US-Krimiserie von Leo Gordon und John Abernathy (»The Case Of The Dangerous Robin«; 1960–1961).

Der coole Detektiv Robin Scott (Rick Jason) spürt mit seiner hübschen Assistentin Phyllis Collier (Jean Blake) Versicherungsbetrügern in aller Welt nach. Scott verabscheut Waffen, ist aber versiert in Karate.

Die halbstündigen Folgen liefen im regionalen Vorabendprogramm. Sie trugen jedes Mal den Titel des Ortes, den beide bereisten: »Robin Scott in Australien«, »... in New York« usw.

Fast zwei Drittel der eigentlich 38-teiligen Serie wurden in Deutschland nicht gezeigt.

ROBINS NEST   ARD
1979–1983. 36-tlg. brit. Sitcom von Johnnie Mortimer und Brian Cooke (»Robin's Nest«; 1977–1981).

Der Koch Robin Tripp (Richard O'Sullivan) zieht mit seiner Freundin, der Stewardess Victoria »Vicky« Nicholls (Tessa Wyatt), in eine Wohnung. Sie eröffnen unten im Haus ein eigenes Bistro namens »Robins Nest« – dank der Unterstützung von Victorias Vater James (Tony Britton). Das wäre nett von ihm, hätte er nicht dauernd an allem etwas auszusetzen, nicht zuletzt an dem Hippie, mit dem seine Tochter da zusammenlebt. James' Ex-Frau Marian (Honor Blackman; später: Barbara Murray) sieht das Zusammenleben der beiden entspannter. Später heiraten Robin und Victoria und bekommen schließlich Zwillinge. Im Bistro arbeitet der einarmige ehemalige Strafgefangene Albert Riddle (David Kelly) – als Tellerwäscher.

Dass ein Fernsehpaar in einer Comedy zusammenlebt (und schläft), ohne verheiratet zu sein, war im Großbritannien der späten der 70er-Jahre unerhört. Die Macher hatten extra vorher das Einverständnis der Fernseh-Aufsichtsbehörde eingeholt. Im Original brachte es die Serie auf eine weitere Staffel mit sieben Folgen und zwei weiteren Specials.

Bevor Robin mit seiner Freundin zusammenzog, war er *Ein Mann im Haus* in einer WG mit zwei Frauen. Die amerikanische Adaption von *Robins Nest* hieß *Jacks Bistro* und war seinerseits die Nachfolgeserie zu *Herzbube mit zwei Damen*.

Die halbstündigen Folgen liefen im regionalen Vorabendprogramm.

ROBINSON CRUSOE   ZDF
1964. 4-tlg. dt.-frz. Abenteuerfilm nach dem Roman von Daniel Defoe.

Der Seefahrer Robinson Crusoe (Robert Hoffmann) überlebt als Einziger den Untergang des Schiffs »Esmeralda« und strandet auf einer einsamen Insel. Er verschanzt sich in einer Höhle und reflektiert sein bisheriges Leben, bis er auf einen Indianer trifft, den er aus der Gewalt von Kannibalen befreit und Freitag nennt. Freitag (Fabian Cevallos) wird sein Gefährte, rettet ihm das Leben und ermöglicht ihm die Heimreise nach England.

In dieser ersten TV-Fassung des berühmten Romanstoffs war Eugen von Metz für die Fernsehbearbeitung verantwortlich – hinter diesem Pseudonym verbarg sich Walter Ulbrich. Mit dem Vierteiler begann die jahrzehntelange Tradition der ZDF-Abenteuervierteiler, die später oft in der Weihnachtszeit ausgestrahlt wurden. Der nächste war *Don Quijote von der Mancha*.

Die spielfilmlangen Folgen liefen samstags um 20.00 Uhr.

ROBINSON CRUSOE   ARD
1981–1982. Puppenfilm nach dem Roman von Daniel Defoe, Regie: Stanislav Látal (»Dobrodružství Robinsona Crusoe, námořníka z Yorku«; 1981).

Schiffbruch, Insel, Freitag, die bekannte Geschichte, diesmal von Puppen gespielt. Den eigentlich einzelnen Spielfilm zeigte die ARD ab Ende 1981 in zwölf winzigen Teilen im Vorabendprogramm und ein Jahr später in vier Teilen zu 25 Minuten.

ROBINSON SUCROÉ   RTL 2
1999. 26-tlg. frz. Zeichentrickserie (»Robinson Sucroé«; 1994–1995).
Der New Yorker Putzmann Robinson erfüllt sich einen Traum, lässt sich im Auftrag einer Zeitung auf einer einsamen Insel aussetzen und wird damit Journalist. Einen regelmäßigen Bericht über sein Einsiedlerleben sendet er per Schiff an die Zeitung.
Die Serie lief im Kinderprogramm.

DIE ROBINSONS –
AUFBRUCH INS UNGEWISSE   SUPER RTL
1999. 10-tlg. kanad.-dt. Abenteuerserie (»Swiss Family Robinson«; 1997).
Die feine Bostoner Familie Robinson erleidet Schiffbruch und strandet Anfang des 19. Jh. auf einer einsamen Insel. David Robinson (Richard Thomas), seine Frau Elizabeth (Margo Gunn) und die Kinder Ernst (Kieren Hutchison), Johanna (Charlotte Woollams) und Christina (Mia Koning) müssen sich in der Wildnis zurechtfinden. Mit ihnen sind Hund Bruno, der Schiffsjunge Billy (Junior Chile) und die hochnäsige Emily Chang (Chantelle Yee) gestrandet, aber auch der bösartige Matrose Parsons (K. C. Kelly) und Schiffsmaat Ben (Gareth Howells). Nach zwei Jahren gelingt den Robinsons die Rückkehr nach Boston, und sie müssen feststellen, dass sie sich auf der Insel wohler gefühlt haben. Zum Glück macht ein hoher Politiker David zum Gouverneur der Insel, und die Familie kehrt zurück, um dort eine Kolonie zu gründen.
Die Serie lief spielfilmlang in zehn Folgen, teilweise auch halbstündig in 30 Folgen.
Ein ähnlicher Stoff wurde unter dem gleichen Originaltitel bereits mehrfach verfilmt; zwei Versionen liefen unter dem Titel *Die Schweizer Familie Robinson* im ZDF und bei RTL 2.

DIE ROBINSONS VON DER KRONBORG   DFF 1
1983. 5-tlg. tschechoslowak. Abenteuerfilm von Karel Vlček nach Motiven des gleichnamigen Buchs von František Běhounek, Regie: Pavel Kraus (»Robinzoni z Kronborgu«; 1978).
Im Jahr 1936 löst der Ausbruch eines Vulkans unter dem Meer eine Flutwelle aus, die das dänische Marineschulschiff »Kronborg« sinken lässt. Leutnant Jensen (Eduard Cupák), der Seemann Trige (Karel Hlušička) und der Schiffsjunge Petr (Vladislav Beneš) überleben und werden auf eine einsame Insel gespült.
Die einzelnen Folgen dauerten 25 Minuten.

ROBINZAK   ZDF
1972–1976. »Ein Spiel mit unmöglichen Fragen und möglichen Antworten«. Diskussionsreihe von Gerhard Schmidt für Kinder.
Robinzak ist ein kleiner Astronaut von einem fremden Stern. Auf der Erde stellt er Fragen, die der Alleswisser Telezak, ein Minifernsehroboter auf zwölf Beinen, und Robinzaks irdische Freunde beantworten. Robinzak fragte stellvertretend das, was Sechs- bis Zwölfjährige ihre Eltern alltäglich fragen würden, sollten oder möchten: »Sind Lehrer auch Menschen?«, »Väter, was machen die eigentlich?«, »Müssen Hausaufgaben sein?« oder »Muss Strafe sein?«. Die Fragen sollten »emanzipatorisch und provozierend« sein. Um wie Robinzak naive Fragen zu stellen, die man sich als Kind nicht zu stellen traute, musste man nicht von einem fremden Stern kommen: Die Folgen begannen mit einem ganz normalen Kind, das den Astronautenanzug scheinbar zufällig fand. In diesem Anzug, der im Wesentlichen aus kunstfertig zu einem Overall arrangierten, transparenten Plastikschläuchen mit einer Plexiglaskugel als Helm bestand, durfte es dann Robinzak spielen. Es fragte nun die anderen Kinder oder auch Erwachsene nach ihren Meinungen. Und Telezak zeigte auf seinem Fernsehschirm Filme mit weiteren Antworten.
Die innovative Mischung aus Fiktion, Reportage und Dokumentation kam bei Kindern bestens an, viele Eltern fanden das vorurteilsfreie Fragen naheliegenderweise eher beunruhigend. Mit seiner offenen Diskussion von Konflikten zwischen Kindern und Eltern und der Parteinahme für die Kinder war *Robinzak* ein Vorreiter der *Rappelkiste*, die kurz darauf das Prinzip auf Vorschulkinder übertrug. Das Konfliktpotenzial war unübersehbar, wenn Telezak etwa enthüllte, dass auf ein Auto in Deutschland zehn, einen Hund sechs und ein Kind ein halber Quadratmeter Platz kommt.
Die 30 Folgen liefen 14-täglich freitags.

ROBOCOP   RTL
1991. 12-tlg. US-Zeichentrickserie (»RoboCop«; 1988–1989).
Ein Hightech-Roboter bekämpft das Verbrechen in Delta City. Trickversion des gleichnamigen Kinofilms, dem außer weiteren Filmen und dieser Serie noch drei weitere *Robocop*-Serien folgten.

ROBOCOP   RTL
1995–1996. 22-tlg. US-Science-Fiction-Serie von Edward Neumeier und Michael Miner (»Robocop«; 1994).
Robocop (Richard Eden) bekämpft das Verbrechen in Delta City. Das geht für ihn ganz leicht, denn er ist halb Mensch, halb Maschine. Der Polizist Alex Murphy wurde erschossen, lebt jedoch weiter im Rumpf eines kaum zerstörbaren Hightech-Roboters, der von Wissenschaftlern der skrupellosen Firma Omni Consumer Products (OCP) programmiert wurde, das Böse zu bekämpfen – aber auch dem Geschäftsführer (David Gardner) zu gehorchen. Lisa Madigan (Yvette Nipar) ist Robocops Partnerin, Charlie Lippincott (Ed Sahely) der Techniker, der ihn wartet, und Sergeant Stanley Parks (Blu Mankuma) sein Boss, dessen Adoptivtochter Gertrude, genannt »Gadget« (Sarah Campbell), viel Zeit im Revier verbringt und Robocop Alex als Vorbild sieht.
Außer Robocop ist auch die Ex-OCP-Sektretärin Diana Powers (Andrea Roth) nur noch ein halber

Mensch. Ihr Gehirn wurde von dem verrückten Wissenschaftler Dr. Cray Z. Mallardo (Cliff De Young) gestohlen, sie lebt jetzt im Cyberspace des Neuro-Net und erscheint als Hologramm. Jede Episode beginnt mit einem Ausschnitt aus den lokalen Fernsehnachrichten, die von Bo Harlan (Dan Duran) und Rocky Crenshaw (Erica Ehm) moderiert werden.
Der Serie waren seit 1987 drei »RoboCop«-Kinofilme und eine Zeichentrickserie vorausgegangen, später entstand außerdem die Trickserie *Robocop Alpha Commando* und der Vierteiler *Robocop: Prime Directives*.
RTL zeigte die einstündigen Serienfolgen am späten Freitagabend.

ROBOCOP ALPHA COMMANDO PRO SIEBEN
1999–2000. 40-tlg. US-Science-Fiction-Trickserie (»Robocop Alpha Commando«; 1998). Diese Neuauflage der Roboter-jagt-Verbrecher-Geschichten lief im Kinderprogramm morgens am Wochenende.

ROBOCOP: PRIME DIRECTIVES SAT.1
2003. 4-tlg. US-Science-Fiction-Serie (»Robocop: Prime Directives«; 2000).
Weiterführung der Kinofilme und Fernsehserie *Robocop*: Delta City ist sicher, und Robocop Alex Murphy (Page Fletcher) wird langsam alt. Sein Sohn James (Anthony Lemke) ist nun ein führender OCP-Mitarbeiter. Murphy kämpft weiter gegen die Bösen, wird zwischendurch von jenen umprogrammiert, tötet seinen Chef John Cable (Maurice Dean Wint), der wird daraufhin auch verblecht und zum bösen Robocable. Robocop kämpft schließlich natürlich wieder für das Gute und gegen Cable und seinen eigenen Sohn.
Sat.1 zeigte an drei aufeinander folgenden Freitagen um 22.15 Uhr die Teile 1, 2 und 4, gut drei Monate später lief nachts Teil 3, der erst ab 18 Jahren freigegeben war. Alle Folgen hatten Spielfilmlänge.

ROBOT WARS – KAMPF DER ROBOTER RTL, RTL 2
2001–2002. Einstündige Actionshow, in der von Amateurbastlern gebaute Roboter gegeneinander kämpfen. Christian, als »Nominator« bekannt gewordener *Big Brother*-Kandidat, moderiert.
Im Juni 2000 war sie bereits einmalig beim Muttersender RTL mit Moderator Marcus Grüsser gelaufen. Damals wurde noch keine Reihe draus, weil die Quote mäßig war und sich offenbar auch nicht genug Kandidaten beworben hatten. Für die RTL-2-Version jedenfalls wurde zunächst das Material der britischen Originalshow verwendet (dort war die Sendung erfolgreich), ab Oktober 2002 liefen fünf Folgen mit dem Untertitel »Die deutschen Kämpfe«, in dem endlich einheimische Roboter antraten. Jürgen Törkött moderierte diese neue Staffel.
Insgesamt liefen 25 Folgen bei RTL 2 am Sonntagnachmittag.

ROCAMBOLE ARD
1968. 13-tlg. frz. Abenteuerserie von Jean-Pierre Decourt, Louis Falavigna und Anne-Marie Salerne nach dem Roman von Pierre-Alexis Ponson du Terrail, Regie: Jean-Pierre Decourt (»Rocambole«; 1964–1966).
Rocambole (Pierre Vernier) ist ein Abenteurer im 19. Jh., der sich irgendwann entschieden hat, für die gute Seite zu kämpfen. Sein ständiger Widersacher ist der diabolische Sir Williams (Jean Topart), dem es allein um Reichtum und Macht geht. Später kämpft er gegen die indische Sekte Thugs, doch auch dort zieht Sir Williams im Hintergrund die Fäden.
Die – im Original 78 – Folgen waren etwa zehn Minuten lang und liefen im regionalen Vorabendprogramm.

ROCK 'N' ROLL DADDY PRO SIEBEN
1994–1995. 101-tlg. austral. Sitcom von Philip Dalkin, John Powditch und Pino Amenta (»All Together Now«; 1990–1994).
Irgendwie ist der alternde Rockmusiker Bobby Rivers (Jon A. English) in der Rock-'n'-Roll-Ära hängen geblieben. Sein bester Freund ist der Ex-Roadie Doug Stevens (Garry Who). Als plötzlich die 15-jährigen Zwillinge Anna (Jane Hall) und Thomas Sumner (Steve Jacobs) vor Bobbys Tür stehen, erfährt er, dass er deren Vater ist. Die beiden ziehen mitsamt ihrer Pflegemutter Tracey Lawson (Rebecca Gibney) bei Bobby ein, und dessen Leben wird noch chaotischer, als es ohnehin schon war.
Die halbstündigen Folgen liefen werktags im Vorabendprogramm.

ROCK-POP ZDF
1978–1982. 45-minütige Popmusikshow mit Christian Simon.
Erfolgreiche Bands spielen ihre aktuellen Hits, und nationale wie internationale Nachwuchskünstler bekommen ihre Chance auf das große Publikum. Unter dem vielversprechenden Nachwuchs waren auch »fünf junge, freche und ausgeflippte Popknaben« aus Australien. Es handelte sich dabei um AC/DC.
Die Show lief etwa zehnmal im Jahr samstags um 19.30 Uhr. Darüber hinaus wurden im Spätprogramm immer wieder Schwerpunkt-Specials mit Mit- oder Ausschnitten von Einzelkonzerten gezeigt, unter dem Titel *Rock-Pop In Concert* außerdem noch bis 1987 stundenlange Großkonzertnächte mit jeweils vielen Bands.

ROCK-POP IN CONCERT ZDF
→ Rock-Pop

ROCK-TL RTL
1988. Musikmagazin mit Alan Bangs.
Die Länge der Sendung am späten Mittwochabend variierte von 45 Minuten bis zu zwei Stunden. Als RTL die Sendung wegen kaum messbarer Quoten absetzte, ging Bangs zu Sat.1 und machte die *Music News*.

ROCK UND ROCK ZDF
1985–1986. Teekesselchen-Magazin mit Christine

Röthig zu den Themen Musik und Mode. Die Sendungen stammten von Peter Behle (Buch und Regie) und liefen in loser Folge teils am Samstagnachmittag, teils mittwochs um 19.30 Uhr.

ROCKFORD   RTL
→ Detektiv Rockford – Anruf genügt

ROCKOS MODERNES LEBEN   NICKELODEON
1995–1998. 52-tlg. US-Zeichentrickserie (»Rocko's Modern Life«; 1993–1996).
Rocko, ein kleines Känguru im blauen Hemd mit lila Dreiecksmuster, muss sich fern seiner australischen Heimat in der amerikanischen Großstadt O-Town zurechtfinden. Er hat einen treudoofen Hund namens Spunky. Seine besten Freunde sind der Stier Heffer, der von einer Wolfsfamilie adoptiert wurde, und die neurotische, paranoide, hypochondrische Schildkröte Felbert. Nebenan wohnen die Bigheads. Schräge Kinderserie mit reichlich intelligenten Anspielungen für Erwachsene, die ab 1998 auch bei RTL lief.

ROCKPALAST   WDR, ARD
Seit 1974 (WDR); 1977–1998 (ARD). Musikreihe mit Live-Konzerten bekannter und weniger bekannter Gruppen vor großem Publikum.
Mit dem Electric Light Orchestra begann am 4. Oktober 1974 die *Rockpalast*-Tradition, die über die nächsten Jahre in zwei Weisen fortgeführt wurde: zum einen durch Einzelkonzerte von Bands, die allein nach dem Qualitätskriterium eingeladen wurden (keine Orientierung an den Charts, nur die Live-Tauglichkeit war gefragt), übertragen am frühen Sonntagabend im Dritten Programm des WDR; zum anderen ab 1977 durch große Rocknächte mit vielen Bands, zweimal jährlich aus der Grugahalle Essen, ab 1982 auch als Openair auf der Loreley, übertragen ab dem späten Abend und bis tief in die Nacht im Ersten. Nicht nur bei der Auswahl, auch bei der Aufmachung stand die Musik im Vordergrund. Die Sendungen verzichteten auf Effekte und fielen durch eine ruhige Kameraführung auf. Die Zuschauer zu Hause sollten das gleiche Erlebnis haben, das auch die Konzertbesucher hatten.
Gründer, Redakteur und Produzent war Peter Rüchel, Regisseur Christian Wagner. Die Rocknächte moderierten Albrecht Metzger und Alan Bangs, von 1984 bis 1986 Ken Janz und Evi Seibert. Janz war zunächst nur eine »Verlegenheitslösung« gewesen, weil sich Bangs wenige Tage vor dem Loreley-Openair mit Rüchel überworfen hatte und gegangen war. Janz war ohnehin da; er war der Bühnenmanager. 1986 wurde der *Rockpalast* geschlossen, 1994 kehrte er zunächst mit wöchentlichen Wiederholungen der Rocknächte ins WDR-Fernsehen zurück, später auch ins Erste. Am 8. Juli 1995 fand erstmals wieder ein *Rockpalast*-Openair auf der Loreley statt, und Alan Bangs war auch wieder da.
Seitdem nimmt der WDR bei großen Festivals, an denen er als Veranstalter oder Präsentationspartner beteiligt ist, die Konzerte auf und sendet sie als *Rockpalast* entweder live oder zeitversetzt im Ersten oder im WDR-Fernsehen, jeweils im Nachtprogramm. Die Schwerpunktsendungen unter dem Titel »Bootleg« widmen sich jungen und der breiten Masse unbekannten Nachwuchsbands.

ROCKPOP   ZDF
→ Rock-Pop

ROCKPOWER TELEVISION   ARD, BR
1987 (ARD); 1988 (BR). 10-tlg. brit.-dt. Jugendserie von Wolfgang Büld (»Rock Power Telly«; 1986–1988).
In England kämpfen zwei Musikfernsehsender um die Vormachtstellung. Dem bisherigen Monopolisten NET mit seinen nett-harmlosen Liedern tritt der kleine, aber laute und freche Kanal RAT entgegen und mischt die Szene mit Punkrock auf.
Die ARD zeigte nur drei Folgen der peppigen Popserie mit den Punk- und Rockhits der 70er- und 80er-Jahre. Nach deren Wiederholung strahlte das Bayerische Fernsehen auch den Rest aus. Jede Folge dauerte 45 Minuten.

ROCKY UND SEINE FREUNDE   ARD
1996. 52-tlg. jap. Zeichentrickserie von Thornton W. Burgess, Regie: Masaharu Endo (»Yama Nezumi Rocky Chuck«; 1973).
Feldmauskind Rocky verlässt seine Eltern und die Geschwister Kiki und Cooki und zieht auf eigene Faust los, um mit Freundin Polly die Welt zu entdecken.

RODA RODA   3SAT
1992–1993. 12-tlg. österr. Episodenreihe (»Roda Roda«; 1990).
Amüsante Anekdoten aus der k.-u.-k.-Donaumonarchie, erzählt aus der Sicht des ehemaligen Soldaten Sándor Friedrich Rosenfeld, aus dem der Schriftsteller Alexander Roda Roda (Peter Weck) wurde. Das ZDF machte aus den zwölf Episoden 25 halbstündige Folgen und zeigte sie ab Oktober 1993.

DIE ROLF HARRIS SHOW   ZDF
1971. 50-minütige Musik-Variety-Show mit dem britischen Entertainer Rolf Harris und Bibi Johns und Gästen. Die Gemeinschaftsproduktion von BBC und ZDF lief einmal im Monat freitags um 21.50 Uhr.

ROLLTREPPE   RTL
1988. Viertelstündige Gameshow.
Zwei zufällig ausgewählte Kandidaten müssen in einem Kaufhaus Aufgaben um die Wette erledigen: Wer ist als Erster in der Abteilung Damenbekleidung, wer findet in der Büchsenpyramide ein abgelaufenes Datum, wer fährt am schnellsten mit dem Mountainbike die Rolltreppe hinauf? Die Gewinne sind natürlich auch aus dem Kaufhaus.
Die von Frank Elstner produzierte tägliche Sendung brachte es auf 44 Folgen.

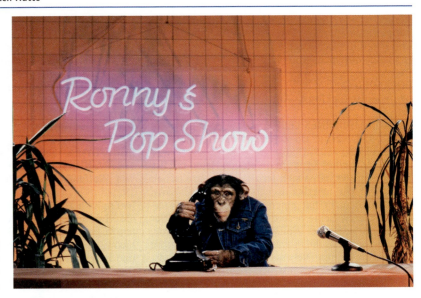

Seien Sie froh: Nach dem Ursprungskonzept hätte die Palme links *Ronnys Pop-Show* moderieren sollen.

ROM IST IN DER KLEINSTEN HÜTTE   ARD
1982. 13-tlg. dt. Familienserie von Robert Wolfgang Schnell, Regie: Michael Mackenroth.
Das Germanendorf Silva zur Römerzeit. Der ruhmreiche Cajus Sisenna Narcissus Africanus (Siegfried Wischnewski) ist nicht ganz freiwillig als Präfekt hierhin versetzt worden. Kommandant des Castels ist Legatus Varius Maximus (Arthur Brauss), der versucht, seinem neuen Vorgesetzten einen guten Eindruck zu verschaffen. Der gerissene Geschäftsmann und Bauunternehmer Hermann (Walter Jokisch) und sein Schwiegersohn (Günter Strack), der Wirt des einzigen Gasthauses »Zur Drossel«, machen beste Geschäfte. Dessen Tochter Irmingard (Ulrike Luderer) wird von Marius Septimus (Peer Augustinski), dem Fahrer des Präfekten, umworben.
Die halbstündigen Folgen liefen im Vorabendprogramm.

ROMANZE OHNE ENDE   RTL, RTL 2
1991 (RTL); 1994 (RTL 2). 13-tlg. US-Abenteuerserie (»A Fine Romance«; 1989).
Louisa Phillips (Margaret Whitton) und ihr Ex-Mann Michael Trent (Christopher Cazenove) moderieren gemeinsam eine Reiseshow im Fernsehen, für die sie quer durch Europa reisen.
Bei uns liefen die einstündigen Episoden sonntags mittags, einige davon als Weltpremiere, weil die Serie in den USA vorzeitig abgesetzt wurde. RTL 2 reichte drei Jahre später noch zwei bisher nicht gesendete Folgen nach.

ROME – STADT IM ZWIELICHT   PREMIERE
→ Picket Fences – Tatort Gartenzaun

RON UND TANJA   ZDF
1990. »Eine Schülerliebe«. 6-tlg. dt.-österr.-schweiz. Jugendserie von Christoph Mattner, Regie: Rainer Boldt.
Durch Zufall prallen der 16-jährige Ron (Leandro Blanco) und Tanja (Alexandra Henkel) im gerade wiedervereinten Berlin aufeinander und verlieben sich. Beide sind dadurch rassistischen Anfeindungen ausgesetzt, denn sie ist weiß und er schwarz. Tanjas Eltern sind Karl (Günter Lamprecht) und Ursel Schilling (Christina Horn); vor allem der arbeitslose Karl lehnt die Verbindung ab. Ron arbeitet als Roadie bei dem Musiker Roger Gallaghan (Jens Gad) und möchte selbst einmal Popstar werden; sein Vater Gerd Pacul (Winfried Glatzeder) ist stellvertretender Chefredakteur einer Tageszeitung. Gemeinsam mit seiner Frau Hanna (Claudia Amm) hat er Ron vor Jahren aus einem Krisengebiet in der Karibik mitgebracht und adoptiert.
Die 50-Minuten-Folgen der Weihnachtsserie von 1990 liefen zwischen den Feiertagen täglich gegen 18.00 Uhr.

RONCALLI   ARD
1986–1987. 6-tlg. dt. Zirkusserie von Michael Bauer, Regie: Michael Mackenroth.
Zirkusdirektor Bruno Roncalli (Günter Maria Halmer) bricht das Winterlager ab und geht vorzeitig wieder auf Tournee, um dem Bankangestellten Kosinski (Günter Lamprecht) zu entwischen, der einen Kredit zurückfordert. Eigentlich hat Kosinski aber ein Herz und bezahlt die Schulden später sogar aus eigener Tasche, um dem Zirkus die weitere Existenz zu ermöglichen. Und schon kommt auch der Erfolg.
Die Serie entstand unter Mitwirkung des echten Zirkusdirektors Bernhard Paul und der Artisten des Zirkus Roncalli.
Die einstündigen Folgen liefen montags um 20.15 Uhr.

RONJA RÄUBERTOCHTER   ZDF
1987. 3-tlg. schwed. Jugendfilm von Astrid Lindgren (»Ronja Röverdotter«; 1984).

Ronja (Hanna Zetterberg), die Tochter des Räuberhauptmanns Mattis (Börje Ahlstedt), freundet sich mit Birk (Dan Hafström) an. Er ist der Sohn von Mattis' Erzfeind Borka (Per Oscarsson). Die verfeindeten Eltern dürfen davon nichts wissen, und die Kinder laufen davon.
Die Serie lief auch als einzelner Spielfilm.

RONNYS POP-SHOW ZDF
1982–1988. 45-minütige Popmusiksendung mit Videoclips aktueller Hits.
Sie wäre eine ganz normale Videoabspielshow gewesen, wenn sie nicht von einem Affen moderiert worden wäre. Gut, das ist auf den Musiksendern heute auch noch oft der Fall, doch Ronny war ein echter Schimpanse, der hinter einem Schreibtisch saß, einen Jeansanzug (Kindergröße 156) trug und moderierte. In Wirklichkeit machte er natürlich nur den Mund auf und zu und wurde von Otto Waalkes synchronisiert, der auch die Idee zur Sendung hatte und Regie führte. Die »Moderationen« waren kleine Gags, Kalauer und Szenen, in denen Ronny oft telefonierte. Otto hatte den Affen bei Adrians Schimpansenrevue im Hamburger Hansa-Theater entdeckt.
Die Sendung lief etwa einmal im Monat um 19.30 Uhr, zum Start am Montag und dann über Jahre mittwochs. Zur Sendung erschienen mehr als 30 Langspielplatten mit den Hits aus der Show und Ronny auf dem Cover. Im April 1991 wurde noch ein Special ausgestrahlt.

ROOBARB ZDF
1974. 30-tlg. brit. Trickserie (»Roobarb and Custard«; 1972).
Der grüne Hund Roobarb erfindet ständig Dinge. Die rosa Katze Custard nervt ihn dabei. Die fünfminütigen Minifolgen liefen samstags im Kinderprogramm.

DIE ROOKIES – NEU IM EINSATZ ARD
→ Neu im Einsatz

ROOTS ARD
1978. 11-tlg. US-Familiensaga nach dem Roman von Alex Haley (»Roots«; 1977).
Der junge Afrikaner Kunta Kinte (LeVar Burton; in älteren Jahren gespielt von John Amos), Sohn von Omoro (Thalmus Rasulala) und Binta Kinte (Cicely Tyson), wird 1765 von Captain Davies (Edward Asner) und seinem Maat Slater (Ralph Waite) auf die Sklavenplantagen der amerikanischen Südstaaten verschleppt. Er rebelliert und versucht mehrfach erfolglos, dort auszubrechen. Bei einem Aufstand wird ihm ein Fuß abgehackt. So verbringt Kunta Kinte den Rest seines Lebens als Sklave, John Reynolds (Lorne Greene) ist sein Besitzer.
Während dieser Zeit wird Kunta Kintes Tochter Kizzy (Leslie Uggams) geboren, deren Mutter Bell (Madge Sinclair) ist. Kizzy bringt später Sohn Chicken George (Ben Vereen) zur Welt. Um der Sklaverei zu entkommen, geht George um 1820 nach England. 30 Jahre später kehrt er mit seinem Sohn Tom (Georg Stanford Brown) nach Amerika zurück, wo Tom während des Bürgerkriegs in die Army berufen wird. Er beginnt später in Tennessee ein neues Leben in Freiheit.
Die Geschichte über Kunta Kinte ist wahr. Autor Alex Haley, ein direkter Nachfahre Kunta Kintes, hatte sie über seine eigene Familie geschrieben. Die Verfilmung wurde ein weltweiter Überraschungserfolg und mit mehr als 100 Preisen ausgezeichnet. Über 100 Millionen Zuschauer setzten im US-Fernsehen eine neue Rekordmarke. Die ARD schnitt die

Roots: Sklave Kunta Kinte (LeVar Burton).

acht Originalfolgen um und machte daraus einen langen Pilotfilm und zehn Folgen à 45 Minuten. Das neue freie Leben von Tom war der Inhalt der Fortsetzung *Roots – Die nächste Generation*.

ROOTS – DIE NÄCHSTE GENERATION ARD

1982. 14-tlg. US-Familiensaga nach dem Roman von Alex Haley (»Roots – The Next Generations«; 1978). Weiterführung der Familiengeschichte aus *Roots*: Tom Harvey (Georg Stanford Brown), Sohn des alten Chicken George Moore (Avon Long) und Urenkel von Kunta Kinte, arbeitet in Tennessee als Schmied und ist der Führer der dortigen schwarzen Gemeinschaft, die noch immer von Colonel Warner (Henry Fonda) und seinem Sohn Andy (Marc Singer) unterdrückt wird. Toms Tochter Cynthia (Bever Leigh-Banfield; als ältere Frau: Beah Richards) heiratet Will Palmer (Stan Shaw), der nach Toms Tod dessen Nachfolger als Schwarzenführer wird. Der Ort wird vom Ku-Klux-Klan terrorisiert. Wills Tochter Bertha (Irene Cara) und Simon Haley (Dorian Harewood) heiraten und bringen Sohn Alex (als Kind: Christoff St. John; als junger Mann: Damon Evans; als Erwachsener: James Earl Jones) zur Welt. Alex arbeitet im Zweiten Weltkrieg bei der Küstenwache, später beginnt er zu schreiben. Er interviewt Malcolm X (Al Freeman, Jr.) und den amerikanischen Naziführer George Lincoln Rockwell (Marlon Brando) und schreibt schließlich die Familiengeschichte seines Vorfahren Kunta Kinte nieder.

Die ARD zeigte die eigentlich sieben spielfilmlangen Folgen in 14 45-minütigen Episoden. Die siebenteilige Fassung war zuvor bereits ab Oktober 1981 im englischen Originalton im Dritten Programm des NDR gelaufen.

ROSA ROTH ZDF

Seit 1994. Dt. Krimireihe.

Rosa Roth (Iris Berben) ist Kommissarin mit Leib und Seele und arbeitet in Berlin. Ihre Fälle gehen ihr auch persönlich sehr nahe. Die Arbeit ist ohnehin sehr persönlich: Ihre Kollegen Karin von Lomanski (Carmen-Maja Antoni), Charly Kubik (Jockel Tschiersch) und Jürgen Röder (Zacharias Preen) sind ihre Familie.

Rosa Roth ist modern, wach, stark, mutig, neugierig, liebenswürdig, kratzbürstig und widersprüchlich, sagte zumindest ihre Darstellerin Iris Berben. *Rosa Roth* sei schön, intelligent und engagiert, sagte das ZDF. Allerdings hat *Rosa Roth* auch einen derart beknackten Namen, dass eigentlich niemand eine ernst gemeinte Krimireihe hatte erwarten dürfen, sondern eher eine lustige Kindersendung mit einem pausbäckigen Mädchen mit Knubbelnase und gestreiftem T-Shirt. Dennoch etablierte sich die Reihe schnell und wurde gemeinsam mit *Bella Block* in doppelter Hinsicht zum Vorreiter einer neuen Krimigeneration. Die Titelheldinnen hatten Namen wie Comicfiguren, waren aber starke Frauen, die die Ermittlungen leiteten, und sie gehörten zu den ersten der neuen spielfilmlangen Krimiserien, die sich fortan am Samstagabend um 20.15 Uhr unter der Dachmarke *Samstagskrimi* abwechselten.

Rosa Roth läuft mit etwa zwei neuen Folgen pro Jahr. Bemerkenswert ist, dass außer Iris Berben auch die Nebendarsteller von Beginn an unverändert dabeiblieben, was in vergleichbaren Reihen selten der Fall ist. Carlo Rola führt bei allen Folgen Regie, ausführender Produzent ist Berbens Sohn Oliver Berben. Im Frühjahr 2005 wurde die 19. Folge ausgestrahlt.

Iris Berben als *Rosa Roth*. Verworfene Namensvorschläge beinhalteten Lulu Liela, Schwubbel Schwartz, Fiffi Flider und Dodo Dohf.

ROSAMUNDE PILCHER — ZDF

Seit 1993. Verfilmungen der Romane von Rosamunde Pilcher.

Erst samstags, später sonntags um 20.15 Uhr fuhr das ZDF mit den mit bekannten deutschen Schauspielern besetzten Eigenproduktionen hervorragende Einschaltquoten ein. Im Januar 2004 lief mit »Wege der Liebe« bereits der 50. Film.

DER ROSAROTE PANTHER — ZDF

1973–1986. »Zu Gast bei Paulchens Trickverwandten«. 59-tlg. US-Zeichentrickserie von Fritz Freleng und David H. DePatie (»The Pink Panther Show«; 1969–1979).

Kurze Cartoons mit klassischen Verfolgungsjagden und Streitigkeiten zwischen gegnerischen Figuren, bei denen die vermeintlich schwächere stets siegt. Titelfigur Paulchen Panther kämpft auch gegen fliegende Untertassen, Hundefänger und sonstige Probleme, hat aber vor allem einen vertrottelten Inspektor und dessen Gehilfen Dudu als Kontrahenten. Er selbst spielt gar nicht in allen Geschichten mit (pro Folge wurden mehrere Episoden gezeigt). Weitere Charaktere sind der depressive Ameisenbär »Die blaue Elise« und die schlaue Ameise Charlie, die beiden spanischen Frösche Sancho und Pancho und der gelbe Storch sowie der blaue Sauser, die schnellste Schlange im Westen (die von sich behauptet: »Ich bin ein Hütehund!«), und der japanische Käfer, der den schwarzen Gürtel in Karate hat und sich deshalb nicht so leicht als Mahlzeit zur Verfügung stellt.

Viele der Cartoons waren eigentlich als eigenständige Vorfilme fürs Kino gedreht worden und wurden hier nur als Fernsehserie zusammengefasst. »Sancho und Pancho« und »Der blaue Sauser« waren später auch allein im Rahmen anderer Sendungen wie *Spaß am Dienstag* zu sehen. Die Figur des rosaroten Panthers entstammte dem Vorspann der Inspektor-Clouseau-Filme von Blake Edwards (ab 1964), in denen Peter Sellers die Hauptrolle des vertrottelten Inspektors spielte, der einen wertvollen Diamanten namens »Pink Panther« vor Meisterdieben schützen sollte. Der rosarote Trick-Panther bekam bald seine eigene Serie, und die gezeichnete Figur des Inspektors war entsprechend von Peter Sellers inspiriert. Die synchronisierte deutsche Version enthielt einige Extras, die es im Original nicht gab: den Namen Paulchen (im Original war er nur der »Pink Panther«), Off-Texte, die in Reimform die Handlung beschrieben (was nicht notwendig, aber oft ganz amüsant war. Verantwortlich war Eberhard Storeck, Sprecher Gert Günter Hoffmann; im Original waren die Filme nur mit Musik unterlegt), und das berühmte Schlusslied »Wer hat an der Uhr gedreht, ist es wirklich schon so spät?« (im Original wurde schlicht Henry Mancinis »Pink Panther Theme« aus den Kinofilmen verwendet). Jede Folge endete mit Pauls Verkündung: »Heute ist nicht alle Tage, ich komm wieder, keine Frage!«

Die halbstündigen Folgen liefen montags um

»Paulchen, Paulchen, mach doch weiter, jag das Männchen auf die Leiter!« Paulchen, *Der Rosarote Panther.* »Denn du bist, wir kennen dich, doch nur Farb' und Pinselstrich.«

18.25 Uhr, ab 1978 dienstags. Die Serie ist komplett auf DVD erhältlich. In den 90er-Jahren entstand eine nicht halb so lustige Neuauflage, die Super RTL zeigte.

ROSEANNE — PRO SIEBEN

1991–1997. 222-tlg. US-Sitcom von Matt Williams und Roseanne Barr bzw. Roseanne Arnold, je nachdem, mit wem sie gerade verheiratet war (»Roseanne«; 1988–1997).

Roseanne Conner (Roseanne) ist laut und schrill und hat einen bitterbösen Galgenhumor. Unter der harten Schale steckt ein weicher Kern, aber die harte Schale ist sehr, sehr dick. Ihr Mann Dan (John Goodman) nimmt es an Gewicht und Cholerik mit ihr auf, ist seiner Frau aber im Zweifelsfall unterlegen. Sie leben in einem Haus in Lanford, Illinois, mit ihren zwei Töchtern, der gut aussehenden Becky (Lecy Goranson; in Staffel 6 und 7: Sarah Chalke) und der rebellischen Darlene (Sara Gilbert), und dem unter den ganzen starken Frauen im Haus leidenden Sohn »DJ« David Jacob (Michael Fishman). Irgendwie lieben Roseanne und Dan ihre Kinder, doch gehen sie ihnen oft auf die Nerven, und so blaffen sie sie schon mal an, sie sollten doch in den Berufsverkehr spielen gehen.

Roseanne hat wechselnde Jobs, u. a. im Fastfood-Restaurant »Lanford Lunch Box«, das sie gemeinsam mit ihrer neurotischen Schwester Jackie (Laurie Met-

Erst auf den zweiten Blick erkennt man, dass *Roseanne* (links) nicht nur bei John Goodman, sondern auch bei Laurie Metcalf ihren gefürchteten Todesgriff angesetzt hat, hier in der Schultervariante.

calf) führt. Dan hat zunächst ebenfalls verschiedene Jobs und wird später arbeitslos. Geld hat die Familie fast nie, Schulden umso mehr. Becky verliebt sich in den schlichten Mark Healey (Glenn Quinn), Darlene hat eine langjährige, komplizierte Beziehung mit dessen Bruder David (Johnny Galecki). Bev Harris (Estelle Parsons) ist die unerträgliche Mutter von Roseanne und Jackie, Arnie Merchant (Tom Arnold) der beste Freund von Dan, Leon Carp (Martin Mull) der schwule Chef von Roseanne, Nancy Bartlett (Sandra Bernhard) ihre bisexuelle Freundin. Am Ende wird Roseanne noch einmal schwanger, und die finanziellen Probleme der Familie lösen sich durch einen Lottogewinn.

Mit dem Start von *Roseanne* waren die sonst typischen Vorzeigemütter der amerikanischen Familienserien erst mal am Ende. Roseanne warf in ihrer eigenen Serie alles über den Haufen. Sie selbst hatte die Serie und die Figur erfunden, war als Produzentin verantwortlich und nahm auch auf die Drehbücher Einfluss. Anders als bei *Eine schrecklich nette Familie* war die Zerstörung des Ideals vom glücklichen, gesunden Familienleben bei *Roseanne* nicht nur eine Groteske und ein Anlass für Pointen, sondern der sehr ernste und oft ungemütlich ehrliche Versuch, die wahren Abgründe und Überforderungen hinter den Fassaden zu zeigen.

Es ging um Themen wie Homosexualität, Gewalt in der Ehe, Sex im Teenageralter, Drogen, Untreue, den Kampf der Unterschicht um ein bisschen Respekt und Selbstbestimmung, aber auch um die alltäglichen Auseinandersetzungen zwischen pubertierenden Kindern und Eltern, die viel zu wenig Zeit für sie haben. Anders als in anderen Serien setzten sich die Conners nicht irgendwann zusammen und diskutierten all das mal vernünftig aus, sondern brüllten sich an und zofften sich in zuvor im amerikanischen Fernsehen ungehörter Weise. So zynisch und brutal das häufig war, so bewegend wirkten zwischendurch Szenen, in denen die Verletzlichkeit der Charaktere und ihre Liebe zueinander erkennbar wurde.

Für große Aufregung in den USA sorgte schon im Vorfeld der Kuss zwischen Roseanne und Gaststar Mariel Hemingway in einer Lesbenbar – von dem sich dann herausstellte, dass man ihn gar nicht sah, weil er entsprechend raffiniert gefilmt worden war. Hinter den Kulissen herrschte ohnehin immer Aufregung. Die Show galt als schlimmster Arbeitsplatz im amerikanischen Fernsehgeschäft. Roseanne zerstritt sich gleich mit dem Chefautor Matt Williams und versuchte vergeblich zu verhindern, dass er im Vorspann allein als »creator« genannt wird. Ihren eigenen Namen änderte sie zweimal. Zunächst tauchte sie mit ihrem Mädchennamen Roseanne Barr auf. Nach der Hochzeit mit ihrem *Roseanne*-Kollegen Tom Arnold nannte sie sich Roseanne Arnold. Nach der Scheidung, die öffentlich in den Boulevardzeitungen ausgeschlachtet wurde, ließ sie jeden Nachnamen weg.

Dass die Connors in der letzten Staffel von allen Geldsorgen befreit sind, entzog der Serie vollständig ihre Grundlage. Der Plot wird als groteske Fehlentscheidung oder aber als von Roseanne wohlkalkulierter Selbstmord der Figur angesehen. In einer der letzten Folgen trifft Roseanne Edina und Patsy aus *Absolutely Fabulous* – ein seltener Crossover zwischen einer amerikanischen und einer britischen Serie. (Roseanne hatte die Rechte an einer US-Adaption von *Absolutely Fabulous* gekauft, zu der es jedoch nie kam.)

Bemerkenswert war der Umgang mit der Umbesetzung der Rolle von Becky. Als die ursprüngliche Darstellerin Lecy Goranson nach zwei Staffeln wieder auftauchte, wurde sie von allen anderen Figuren verwundert gefragt, wo sie so lange gesteckt habe, wodurch die Grenze zwischen Realität und Fiktion verschwamm, da die Serienfigur ja keineswegs verschwunden war. Im Abspann dieser Folge waren beide Becky-Darstellerinnen zu sehen.

Die Serie wurde ein enormer Erfolg und war eine der wenigen US-Sitcoms, die auch in Deutschland gute Einschaltquoten erzielten. Sie lief bei uns täglich im Vorabendprogramm.

ROSEN VOM EX   PRO SIEBEN

1999–2002. Einstündige Kuppelshow mit Alexander Mazza.

Mazza versucht, verkrachte Paare wieder zusammenzubringen. Misslingt dies, verhilft er dem Sitzengelassenen zur Rache. Auch gut.

Die Reihe lief erst samstags um 18.00 Uhr, ab Anfang 2002 zur Strafe wegen schlechter Quoten auf einem Sendeplatz am Montagmorgen gegen 8.00 Uhr.

DIE ROSENHEIM-COPS   ZDF

Seit 2002. Dt. Krimiserie von Johannes Dräxler und Remy Eyssen.

Zwei gegensätzliche Polizisten klären gemeinsam Fälle im ländlichen Rosenheim auf. Korbinian Hofer (Joseph Hannesschläger) ist ein dicker, gemütlicher, rustikaler Bulle vom Land, Ulrich Satori (Markus Böker) ein verwöhnter Schnösel aus der Stadt, der ohne Laptop und Handy nicht leben kann. Korbinian lebt auf einem Bauernhof mit seiner allein erziehenden Schwester Marie (Karin Thaler) zusammen, die zu seinem Ärger die zur Wohnung umgebaute Scheune an Ulrich vermietet. Dadurch kommt es nicht nur während der Dienstzeit, sondern auch noch danach zu Reibereien.

Ihre Kollegen bei der Polizei sind Michael Mohr (Max Müller), Sekretärin Miriam Stockl (Marisa Burger) und der Chef, Kriminalrat Werner Balthasar (Gerd Lohmeyer). Marie kellnert in einem Café, das Bobby Lewinsky (Andreas Maria Schwaiger) gehört, der immer die Rosenheim-Cops mit Tipps versorgt. Ab 2003 jobbt sie im »Rosenbräu« für Leo Bernrieder (Horst Kummeth), mit dem sie auch privat anbandelt.

Die 50-minütigen Folgen liefen zuerst mittwochs, ab der zweiten Staffel dienstags um 19.25 Uhr. Im Dezember 2003 wurde eine einzelne spielfilmlange Folge zur Primetime gesendet.

ROSOWSKI   ARD

1986. 6-tlg. dt. Krimiserie von Markus Bräutigam und Ulrich Limmer, Regie: Markus Bräutigam.

Max Rosowski (Michael Wittenborn) ist frischgebackener Rechtsanwalt. Bei seinem ersten Mandat für seinen Chef Stanglmaier (Erich Kleiber) lernt er auf turbulente Weise Theresa (Monika Baumgartner) kennen und lässt daraufhin – zum Entsetzen seiner Mutter (Hanna Seiffert) – die Verlobung mit Manuela (Gudrun Gabriel) platzen. Er eröffnet seine eigene Kanzlei, und Theresa wird Geliebte und Sekretärin in einem.

Die einstündigen Folgen liefen im regionalen Vorabendprogramm.

ROSSI SPORTS   HR

→ Herr Rossi sucht das Glück

ROSSIS GESETZ   RTL 2

1994. 8-tlg. brit. Krimiserie von John Brown, Regie: Norman Stone (»The Justice Game«; 1989).

Der Anwalt Dominic Rossi (Denis Lawson) hat seine Kanzlei in Glasgow. Er verteidigt nicht nur, sondern ermittelt auch, um die Wahrheit in den Fällen herauszufinden. Oft sind er oder ihm nahe stehende Menschen persönlich in die Fälle involviert, die nicht ganz ungefährlich zu sein scheinen. Trotzdem bleibt er ein relaxter Typ, der gern flirtet und an seinem alten Auto hängt.

Die Folgen waren 45 Minuten lang, RTL 2 sendete sie in wenigen Nächten weg.

ROST   RTL

1993. 13-tlg. dt. Comedyserie.

Die beknackte Familie Rost wohnt in einem alten, heruntergekommenen Bahnhof: Opa Rost (Diether Krebs), das rüstige Familienoberhaupt, das in seiner Freizeit mit Atommüll spielt, der Öko-Softie Martin (Diether Krebs), sein infantiler Bruder Heiner (Diether Krebs), die gutmütige Clarissa (Franziska Troegner), die den Haushalt führt, und die fesche Anna (Susann Uplegger).

Anspruchsvoller politischer Humor mit Diether Krebs als Familie ROST, hier als Sohn Heiner.

Diether Krebs spielte alle drei Hauptrollen und landete den größten Flop seiner Karriere. Das Setting in einem alten Bahnhof ermöglichte das lustige Wortspiel »Eine Familie voller Entgleisungen«, gab Kritikern aber auch die Steilvorlage für Forderungen nach dem Abstellgleis. Die Einschaltquoten waren schlecht, und die Serie war albern, platt und infantil; abgesetzt wurde sie, weil sie angeblich zu intellektuell war. Jawohl. Der aktuelle politische Humor sei nicht massentauglich, hieß es. In der Tat hatte die Serie einige politische Witze gemacht, sie jedoch geschickt hinter falschen Zähnen und schrägen Perücken verborgen. Die Rolle des Martin im Rentierwollpullover war die gleiche, die Krebs auch schon in seinem Hit »Ich bin der Martin, ne?!« gespielt hatte. RTL zeigte die halbstündigen Folgen montags nach 23.00 Uhr.

DER ROSTROTE RITTER ARD
1978. 6-tlg. dt. Comedyserie.
Der Ritter Kunibert von Scharfenstein (Diether Krebs) muss seine Burg verlassen und Abenteuer erleben. Also zieht er sich die alte rostige Rüstung von Papa an und kämpft, wie sich das gehört, gegen Raubritter und Drachen und erobert eine Prinzessin. Sein Hofknecht Schorse (Peter Schiff) begleitet ihn. Die halbstündigen Folgen liefen sonntags. Bei der Wiederholung 1982 wurden aus sechs Folgen à 30 Minuten drei Folgen zu je 50 Minuten.

ROSWELL PRO SIEBEN
2001–2003. 61-tlg. US-Mysteryserie von Jason Katims nach den Büchern von Melinda Metz (»Roswell«; 1999–2002).
Der Schüler Max Evans (Jason Behr), seine Schwester Isabel (Katherine Heigl) und Freund Michael Guerin (Brendan Fehr) sind Nachkommen der Außerirdischen, deren Raumschiff 1947 in Roswell abgestürzt ist. Max' Mitschülerin Liz Parker (Shiri Appleby) findet dieses Geheimnis heraus, als Max ihr durch seine besonderen Kräfte das Leben rettet, nachdem sie erschossen wurde. Sie weiht ihre beste Freundin Maria De Luca (Majandra Delfino) und ihren besten Freund Alex Whitman (Colin Hanks) ein, und die drei verbünden sich mit den Aliens gegen Sheriff Jim Valenti (William Sadler), der ebenfalls Verdacht schöpft. Liz trennt sich von ihrem Freund Kyle (Nick Wechsler), dem Sohn des Sheriffs, und zwischen ihr und Max beginnt es zu knistern. Maria wird Michaels Freundin, Alex kommt später mit Isabel zusammen. Die Aliens versuchen herauszufinden, woher sie wirklich kommen und wie sie wieder nach Hause können.
Gegen Ende der ersten Staffel taucht Tess Harding (Emilie de Ravin) auf und entpuppt sich als die vierte Außerirdische. Gemeinsam kämpfen sie jetzt gegen andere, böse Aliens und das FBI, das sie jagt. Sheriff Valenti erfährt die Wahrheit, schlägt sich aber auf die Seite der guten Außerirdischen, als Max auch Kyle durch seine Kräfte das Leben rettet. Alex kommt in der zweiten Staffel unter mysteriösen Umständen ums Leben. Tess wird von Max schwanger. Die vier entdecken eine Möglichkeit, auf ihren Heimatplaneten zurückzukehren, doch nur Tess nutzt sie, um ihr Kind zu retten, das auf der Erde nicht überleben könnte. Die anderen drei lassen die einmalige Chance auf die Heimkehr und vor allem Tess sausen, die, wie sich nun herausstellt, Alex umgebracht hat, und entschließen sich, in Roswell zu bleiben. Max hat nun das Bestreben, seinen Sohn zu finden, doch das FBI hat das Bestreben, Max und seine Geschwister zu finden. Am Ende der Serie, nach ihrem Schulabschluss, flüchten sie deshalb alle gemeinsam, und Max und Liz heiraten unterwegs. Vorher taucht noch Tess mit dem Kind wieder auf, sie stirbt, und das Kind bleibt in der Obhut der Evans-Eltern.
Jonathan Frakes, der bereits als Commander Riker in *Raumschiff Enterprise – Das nächste Jahrhundert* mit Außerirdischen zu tun hatte, war der Produzent dieser Serie, die eine Mischung aus *Akte X* und Teenie-Soap war. Alex-Darsteller Colin Hanks ist der Sohn von Tom Hanks. Titelsong war »Here With Me« von Dido.
Die einstündigen Folgen liefen am Samstagnachmittag, anfänglich mit großem Erfolg.

ROT UND SCHWARZ DFF 2
1980. 5-tlg. sowjet. Fernsehfilm nach dem Roman von Stendhal, Regie: Sergei Gerassimow (»Krasnije i tschernoje«; 1976).
Frankreich um 1825: Julien Sorel (Nikolai Jeremenko), Sohn eines Handwerkers in der Provinz, ist ehrgeizig und begabt. Der Bürgermeister de Renal (Leonid Markow) stellt ihn als Hauslehrer an. Die Zofe Elisa (Tamara Parkina) verliebt sich in ihn, er verliebt sich jedoch in Madame de Renal (Natalja Bondartschuk). Die Affäre fliegt auf, und Julien verlässt das Haus, um einen Skandal zu vermeiden. Er besucht ein Priesterseminar, sein Aufstieg geht weiter und ebenso die Affären. Er wird Sekretär des Marquis de la Mole (Gleb Strischenow) und schwängert dessen Tochter Mathilda (Natalja Belochwostikowa). Madame de Renal schwärzt ihn beim Marquis als Betrüger an. Wütend schießt Julien auf Madame und verletzt sie, wird zum Tod verurteilt, doch beide lieben sich mehr denn je, und kurz nach Juliens Hinrichtung stirbt auch Madame.
Vier Jahre vorher hatte DFF 2 den Fünfteiler schon einmal im Originalton mit deutschen Untertiteln gezeigt. Wenige Wochen später lief die Serie auch zur Primetime in der ARD. Jede Folge dauerte 50 Minuten.

DER ROTE BLITZ RTL
1993. 23-tlg. US-Actionserie (»The Flash«; 1990–1991).
Nach einem Blitzeinschlag im Kriminallabor von Central City hat der Polizeichemiker Barry Allen (John Wesley Shipp) plötzlich übernatürliche Kräfte. Dank der Elektrizität in seinem Körper kann er jetzt so schnell rennen, dass er mit dem bloßen Auge nicht mehr zu sehen ist. Er setzt seine Fähigkeit da-

für ein, die Gangster der Stadt zur Strecke zu bringen. Zur Tarnung ist er bei seinen Einsätzen mit einem feuerroten Anzug als »Der rote Blitz« verkleidet. Klar, das ist ja besonders unauffällig. Nur die Wissenschaftlerin Tina McGee (Amanda Pays) kennt Allens doppelte Identität, nicht einmal sein Laborassistent Julio Mendez (Alex Desert) hat eine Ahnung. Die Police-Officer Michael Francis Murphy (Biff Manard) und Bellows (Vito D'Ambrosio) sind oft an Allens Einsatzorten zugegen, ebenso der Fernsehreporter Joe Klein (Richard Belzer). Lieutenant Warren Garfield (Mike Genovese) ist der Vorgesetzte.

Die Serie war die Realverfilmung der gleichnamigen Comicreihe von Gardner Fox und Harry Lampert. Es ist nicht so, dass Shipp, Desert und Belzer besonders schlechte Schauspieler wären, aber das war in dieser Serie auch völlig egal.

DIE ROTE COUCH   ZDF

1990–1993. »Jutta und Holger sehen fern«. Halbstündiges Interview- und Lebensgefühlmagazin mit einer roten Couch.

Das Möbel ist der einzige Hauptdarsteller und kommt zu den Menschen, die es zu interviewen gilt. So steht die Couch mal in einer Fensterputzergondel und mal auf einem Misthaufen, um den Gesprächspartnern die Möglichkeit zu geben, in ihrem gewohnten Umfeld zu bleiben, aber trotzdem auf einem fernsehtypischen Talksofa zu sitzen. Aus dem Off kommentieren Jutta und Holger, ein fiktives Zuschauerpaar, das sich die Sendung angeblich gerade ansieht, das Geschehen.

Die Idee stammte von Horst Wackerbarth. Die Sendung lief freitags um 21.15 Uhr. Ab Mai 1991 hieß sie »Rote Couch – Geschichten«.

ROTE ERDE   ARD

1983. 9-tlg. dt. Bergarbeiterserie von Peter Stripp, Regie: Klaus Emmerich.

Der Ruhrpott. Der »Goldene Westen«. Wir schreiben das Jahr 1887, die Gründerzeit. Bruno Kruska (Claude-Oliver Rudolph) kommt als 15-Jähriger aus Masuren ins Ruhrgebiet, um als Bergmann in der Zeche »Siegfried« schnelles Geld zu verdienen. An seinem ersten Einsatzort am Leseband lernt er Pauline Boetzkes (Vera Lippisch) kennen, deren Vater Friedrich (Horst Christian Beckmann) und Bruder Karl (Dominic Raacke) ebenfalls Kumpel sind und als Hauer bzw. Hilfshauer arbeiten. Bruno wird Schlepper und darf erstmals unter Tage. Die Arbeiter, deren Siedlung »Eintracht« heißt und zu denen auch der Hauer Otto Schablowski (Ralf Richter) gehört, gründen eine sozialdemokratische Organisation, müssen sie wegen der Sozialistengesetze jedoch als Gesangsverein tarnen. Gemeinsam kämpfen sie um mehr Lohn, kürzere Arbeitszeiten und bessere Bedingungen und rufen zum Streik auf.

Bruno verliebt sich in Pauline und gesteht es ihrem Vater, als die beiden unter Tage vorübergehend verschüttet werden. Dennoch kommen Bruno und Pauline noch nicht zusammen. Stattdessen zieht Bruno bei Erna Stanek (Karin Neuhäuser) ein. Der Reviersteiger Rewandowski (Walter Renneisen) verlobt sich mit Sylvia von Kampen (Sunnyi Melles), der Tochter eines Stahlwerkbesitzers, und die beiden heiraten später. Bruno wird eingezogen und kehrt nach zwei Jahren in die Siedlung zurück, und endlich werden Pauline und er ein Paar. Erna und Otto sind jetzt ebenfalls ein Paar, ihr gemeinsames Kind stirbt jedoch nach der Geburt. Bruno und Pauline heiraten, und die Kinder Franziska (Sarah Dirk, später: Lydia Grube) und Max (Danny Ashkenasi; später: Martin Walz) kommen zur Welt.

Max muss 1912 mit ansehen, wie sein Großvater Friedrich ums Leben kommt, als er beim Beklettern der Schlackenhalde abstürzt. Karl und Rewandowski kandidieren bei der Reichstagswahl gegeneinander, Karls Partei gewinnt. Während des Ersten Weltkriegs werden einige einberufene Bergleute in die Heimat zurückbeordert, weil sie unter Tage gebraucht werden. Bruno und sein Sohn Max, nun ebenfalls Bergmann, fahren erstmals gemeinsam ein. Nach dem Krieg gelingt es den Arbeitern endlich, die Anerkennung als Gewerkschaft, den Acht-Stunden-Tag und eine Lohnerhöhung durchzusetzen.

Die Serie verband die politischen Entwicklungen in mehr als 30 Jahren rund um die Wende vom 19. zum 20. Jh. mit Geschichten aus dem harten Alltag der Bergleute, die nicht nur mit privaten Problemen und schlechten Arbeitsbedingungen, sondern auch mit der ständigen Gefahr von Grubenunglücken leben mussten. Von der historischen Kulisse war in den 80er-Jahren im Ruhrgebiet nicht mehr viel zu erkennen, weshalb die Serie in München auf dem Gelände der Bavaria gedreht wurde.

Nach einem zweistündigen Film zum Start am Sonntagabend liefen die acht einstündigen Serienfolgen montags, zweimal zusätzlich mittwochs. Die Handlung endete 1919, wurde aber sieben Jahre später in *Rote Erde II* fortgesetzt.

ROTE ERDE II   ARD

1990. 4-tlg. dt. Bergarbeiterserie von Peter Stripp, Regie: Klaus Emmerich.

Fortsetzung von *Rote Erde,* die die Geschichte der Zeche »Siegfried« von der Zeit der Weltwirtschaftskrise über das Dritte Reich bis zum Zechensterben in den 50er-Jahren erzählt: Max Kruska (Hansa Czypionka), Sohn von Bruno Kruska (Claude-Oliver Rudolph), schließt sich der SA an, Max' Schwester Fränzi (Nina Petri) lehnt die Nazis ab. Erst nach und nach rückt Max von der Ideologie ab und hilft schließlich sogar den russischen Zwangsarbeitern in der Zeche.

Wie die erste Staffel wurde auch die Fortsetzung nicht im Ruhrgebiet gedreht, wo nur noch wenig von der historischen Kulisse zu erkennen gewesen wäre, sondern in München auf dem Gelände der Bavaria.

DIE ROTE KAPELLE   ARD

1972. 7-tlg. dt.-ital.-frz. Historienserie von Peter

Adler, Hans Gottschalk und Franz Peter Wirth nach dem Buch »Kennwort Direktor« von Heinz Höhne, Regie: Franz Peter Wirth.

Unter dem Decknamen »Rote Kapelle« zieht Leopold Trepper (Werner Kreindl), ein Oberst der Roten Armee, gemeinsam mit Oberleutnant Michail Makarow (Manfred Spies) und Victor Sukulow-Gurewitsch (Georges Claisse) im Zweiten Weltkrieg eine staatsübergreifende kommunistische Widerstandstruppe auf. Dem »Grand Chef« Trepper und seinen Spionen gelingt es, bis in die Kommandozentrale der Wehrmacht vorzudringen.

Die gut einstündigen Folgen liefen sonntags um 20.15 Uhr. Der Stoff war kurz zuvor bereits Inhalt eines gleichnamigen Fernsehfilms gewesen.

DIE ROTE MARIANN VON TIROL ARD

1970–1971. 8-tlg. Bergserie von und mit Elfie Petramer.

Die lebensfrohe Mariann (Elfie Petramer) betreibt ein Wirtshaus in den Tiroler Bergen und kümmert sich beherzt um die kleinen und großen Probleme ihrer Gäste.

Elfie Petramer machte alles in dieser Serie, war Autorin, Regisseurin und Hauptdarstellerin in Personalunion. Es gab es keine weiteren Hauptrollen außer Mariann. Die Serie lief im regionalen Vorabendprogramm.

DIE ROTE MEILE SAT.1

1999–2001. 39-tlg. dt. Milieuserie.

Johnny Roland (Leon Boden) besitzt auf dem Hamburger Kiez das Striplokal »Candy Club«, über dem er mit seiner Tochter Sascha (Silvana Bayer) und seiner Mutter Marita (Renate Geißler) wohnt. Neben ihnen wohnt Annette (Ann-Cathrin Sudhoff). Der Emporkömmling Andreas Verhoven (Fabian Harloff) würde Johnny gern das Lokal abknöpfen. Auch Wilhelm Kastor (Dirk Galuba) will Johnny fertig machen. Er heuert in Folge 27 einen Killer an, der Annette erschießen soll. Johnny wirft sich in die Bahn der Kugel und stirbt. Annette übernimmt den »Candy Club« und kämpft nun mit Marita Roland und Yvonne (Yasmina Filali) gegen Kastor.

Die einstündigen Folgen waren zunächst freitags, später montags um 21.15 Uhr im Programm und wurden stets mit viel nackter Haut beim »Strip der Woche« beendet. Ab Folge 27 im Dezember 2000 liefen neue Folgen donnerstags um 20.15 Uhr. Die Serie trug jetzt den neuen Titel *Club der starken Frauen – Die rote Meile*. Die Dekoherstellung für die Serie war denkbar günstig: *Die Rote Meile* wurde einfach in den alten Kulissen der Kiezserie *Der König von St. Pauli* gedreht – in München! Die ersten 26 Folgen sind auf DVD erhältlich.

DIE ROTE OPTIK ARD

1958–1964. Politische Sendereihe von und mit Thilo Koch, die sich kritisch mit dem DDR-Fernsehen auseinander setzt.

Koch wollte einen Eindruck von »Absicht und Methode der Propaganda im ostzonalen Fernsehen« vermitteln. Er zeigte einen Überblick über die Programme vom Kinderprogramm am Nachmittag über politische Magazine bis hin zu Unterhaltungssendungen, in denen er gleichfalls kommunistische Propaganda fand. Die Agitation des »mit viel Geld und technischen Mitteln« ausgestatteten Deutschen Fernsehfunks richte sich nicht nur an die Ostdeutschen, sondern gezielt auch an die Bewohner der Bundesrepublik. Ihr müsse man im westdeutschen Fernsehen entgegenwirken, forderte Koch.

Um die »Lügen des SED-Staats« aufzudecken, hatte sich Koch viel Mühe gegeben. Da es noch keine Videoaufzeichnungen gab, ließ er sich 1958 einen riesigen Apparat bauen, um DDR-Fernsehensendungen aufzeichnen und dann Ausschnitte daraus zeigen zu können. Die Methode kopierte kurz darauf Karl Eduard von Schnitzler in seiner DFF-Sendung *Der schwarze Kanal*. Koch moderierte seine letzte Sendung im Dezember 1960, Peter Schultze und Hans-Ulrich Barth übernahmen.

DAS ROTE QUADRAT ARD

2000–2003. Dokumentationsreihe.

Das rote Quadrat deckte die Hintergründe und größeren Zusammenhänge hinter Nachrichtenbildern auf, die um die Welt gegangen sind. Der Hessische Rundfunk wollte solche Aufnahmen dem kurzen Moment des Entsetzens entreißen und genauer hinschauen und mit der Reihe ein »Bremskeil in der Bilderflut« sein.

Besonderes Aufsehen erregte der Film »Drei Kugeln und ein totes Kind. Wer erschoss Mohammed al Dura?« von Esther Schapira. Der zwölfjährige Junge, der am 20. September 2000 im Gazastreifen in den Armen seines Vaters starb, war zum Symbol der Unmenschlichkeit geworden, mit der die israelischen Besatzer gegen die Palästinenser vorgehen. Schapira kam nach gründlichen Recherchen zu dem Ergebnis, dass es sehr unwahrscheinlich war, dass der Junge tatsächlich von einer israelischen Kugel getötet wurde. Weitere Filme beschäftigten sich z. B. mit dem Absturz eines äthiopischen Flugzeugs 1996 vor der Küste der Komoren und der Selbstverbrennung eines PKK-Anhängers.

Die Filme der Reihe wurden mit vielen nationalen und internationalen Preisen ausgezeichnet, der Redaktionsleiter Georg M. Hafner erhielt stellvertretend für das Team 2002 den Adolf-Grimme-Preis. Trotzdem wurde die Reihe, die staffelweise in loser Folge lief, wegen zu geringer Zuschauerzahlen eingestellt.

DER ROTE SCHAL ARD

1973. 3-tlg. dt. Krimi von Herbert Asmodi nach dem Roman »Armadale« von Wilkie Collins, Regie: Wilhelm Semmelroth.

In England werden Mitte des 19. Jh. der wohlhabende Allan Armadale (Heinz Ehrenfreund) und der heimatlose Ozias Midwinter (Fred Haltiner), der eigentlich auch Allan Armadale heißt, Freunde.

Schon ihre Väter trugen die gleichen Namen; sie waren tödliche Rivalen. Ozias' Vater hatte Allans Vater 20 Jahre zuvor auf einem französischen Frachter ermordet. Ozias hofft, dass seine wahre Identität nicht herauskommt und er seinen Freund vor dem Fluch des Namens Armadale schützen kann. Lydia Gwilt (Ellen Schwiers), eine Frau mit einem roten Schal, war auch in das Drama ihrer Väter verwickelt. Sie schmiedet mit Maria Oldershaw (Ida Ehre) dunkle Pläne, ihr Komplize ist Dr. Downward (Arno Assmann). Sie versuchen, mit Hilfe von Ozias, an das Erbe von Allan heranzukommen.

Collins schrieb den Roman als 20-teilige Fortsetzungsgeschichte für das Monatsmagazin »Cornhill«, das ihn von 1866 bis 1870 druckte. Semmelroth hatte schon den Krimi *Die Frau in Weiß* von Collins inszeniert, später folgte der Zweiteiler »Der Monddiamant«. Die Folgen hatten Spielfilmlänge.

DER ROTE VOGEL ZDF
1993. 5-tlg. dt. Soap von Sandra Paretti, Regie: Gero Erhardt.
Sarah Maienstedt (Lisa Wolf) hat gerade das Abi auf der Klosterschule gemacht und sucht nun Liebe und Freiheit. Unterdessen betrügen ihre Eltern Inge (Constanze Engelbrecht) und Konrad (Friedrich von Thun) sich gegenseitig. Nach einem Unfall verliebt sich Sarah ausgerechnet in den Hotelier Erik Wylander (Hans Schenker), der auch Mamas Liebhaber ist. Das wissen jedoch beide nicht, und als es rauskommt, flüchtet Sarah Hals über Kopf zu der Kostümbildnerin Tirtowa (Elisabeth Kaza), um mit ihr in einem verwunschenen Palast in Venedig zu leben, während Inge Erik mit einem Jagdgewehr anschießt und Sarahs Jugendfreund Markus (Marek Erhardt) sich auf die Suche nach ihr macht.
Die Romanautorin Paretti schrieb zum ersten Mal fürs Fernsehen. Aber das wäre doch nicht nötig gewesen …

DIE ROTE ZORA UND IHRE BANDE ARD
1980. 13-tlg. dt.-schweiz.-jugoslaw. Jugendserie nach dem Roman von Kurt Held, Regie: Fritz Umgelter.
Die obdachlosen Waisenkinder Zora (Lidija Kovačević), Branko (Nedeljko Vukasović), Nicola (Andjelko Kos), Pavle (Esad Krcić) und Duro (Boris Ninkov) schlagen sich auf der Straße durch. Sie wohnen in einer alten Burg und sind ständig auf der Flucht vor den Gendarmen Begović (Uwe Falkenbach) und Dordević (Erich Schleyer), weil sie ihr Essen klauen müssen.
Helds Roman von 1941 war ein Bestseller: Er verkaufte sich millionenfach in Deutschland und wurde in viele Sprachen übersetzt. Die ARD zeigte die halbstündigen Folgen am Sonntagnachmittag.

DIE ROTEN ELEFANTEN ZDF
1986. 7-tlg. dt.-österr. Abenteuerserie von Henry Kolarz, Regie: Wolf Dietrich.
Die Spurenleser Captain Adipo (Sydney Chama) und Karl Wegner (Wolf Roth), der ehemalige Arzt Tim Robertson (Joe Stewardson), die Biologin Dr. Ginger Redcliffe (Silvia Janisch), der junge Afrikaner Koseki (Winston Gama) und der Wilderer Durako (Eduard Jakobs) sind im afrikanischen Busch des Staates Letubé im Auftrag der Regierung Wilddieben und Elfenbeinschmugglern auf der Spur.
Die Folgen dauerten 45 Minuten. Bei Redaktionsschluss gab es einen Staat namens Letubé noch nicht wirklich, aber so etwas ändert sich ja heutzutage schnell.

ROTER STERN ÜBER DEUTSCHLAND ARD
2001. 3-tlg. Dokumentation von Jan Lorenzen und Christian Klemke über die Geschichte Ostdeutschlands unter sowjetischer Militärherrschaft nach dem Zweiten Weltkrieg. Die Reihe wurde 2002 mit dem Grimme-Preis ausgezeichnet.

ROTLICHT ZDF
1993–2003. 4-tlg. dt. Krimireihe.
Der Gerechtigkeitsfanatiker Tom Rehberg (Helmut Zierl) ermittelt im Berliner Rotlichtmilieu gegen Zuhälter und organisierte Prostitution. Anfangs ist er noch Kommissar bei der Polizei, dann kündigt er und wird später Sonderermittler. An seiner Seite sind Assistent Oliver Jürgens (Arndt Schwering-Sohnrey) und, nach dem Selbstmord seiner Freundin, Toms neue Liebe Anna Schäfer (Alexandra Wilcke), eine ehemalige Prostituierte.
Michael Lähn inszenierte den ursprünglich einzelnen Fernsehfilm, der nach sieben Jahren Pause ab 2000 mit neuen Filmen in loser Folge zur Reihe ausgebaut wurde. Die 90-Minüter liefen montags zur Primetime.

ROWAN ATKINSON
ALIAS MR. BEAN IST »BLACK ADDER« RTL
→ Black Adder

ROY BEAN ARD
1965–1966. »Ein Richter im Wilden Westen«. 13-tlg. US-Westernserie (»The Adventures of Judge Roy Bean«; 1955–1956).
Der schrullige Dorfrichter und Drogeriebesitzer Roy Bean (Edgar Buchanan) sorgt in Langtry, Texas, für Recht und Ordnung. Jeff Taggert (Jack Beutel) ist sein Assistent, Letty (Jackie Loughery) seine Nichte und Steve (Russell Hayden) ein Texas Ranger.
Die Abenteuer von Richter Roy Bean, den es wirklich gegeben hat, dienten auch als Vorlage für den Kinofilm »Das war Roy Bean« von 1972 mit Paul Newman in der Titelrolle.
Die Folgen waren 25 Minuten lang und liefen mittwochs um 16.45 Uhr.

ROYAL CANADIAN MOUNTED POLICE ARD
1961–1962. 11-tlg. kanad. Abenteuerserie (»Royal Canadian Mounted Police«; 1960).
Die berittene Polizei ist in der kanadischen Wildnis im Einsatz. Corporal Jacques Gagnier (Gilles Pelle-

RTL-Nachtjournal mit Heiner Bremer.

tier), Constable Scott (John Perkins) und Constable Mitchell (Don Francks) sind Mounties für die Polizei von Shamattawa.

Realistische Serie über die tatsächlich existierende Truppe der R.C.M.P., Royal Canadian Mounted Police, die auch wirklich in Shamattawa eine Station hatte. Gedreht wurde an Originalschauplätzen. Falsch waren nur die gezeigten Füchse. Das waren in Wirklichkeit Hunde.

Die meisten der eigentlich 39 halbstündigen Folgen wurden in Deutschland nicht gezeigt.

RTL AKTUELL   RTL

Seit 1988. 20-minütige Hauptnachrichtensendung von RTL und der einzige rundum erfolgreiche Versuch eines Privatsenders, eine eigene Nachrichtenkompetenz aufzubauen.

Der Name *RTL aktuell* war schon vorher für die kürzeren Ausgaben der RTL-Nachrichten verwendet worden, die Hauptsendung hieß aber *7 vor 7*. Mit der Umbenennung begann die Sendung acht Minuten früher und blieb dauerhaft auf dem Platz um 18.45 Uhr. Anchorman war zunächst Hans Meiser, ihm folgte im April 1992 Peter Kloeppel. Neben ihnen saßen in der Anfangszeit zwei weitere Moderatoren: einer für die Auslandsnachrichten (u. a. Brigitte Reimann und Olaf Kracht) und einer für den Sport (u. a. Ulrike von der Groeben und Ulli Potofski). Der Platz für den Auslandspräsentator fiel Mitte der 90er-Jahre weg.

Mit der Umbenennung der Sendung begann RTL allmählich, sich nicht nur als der Sender mit den lockereren Nachrichten zu profilieren, sondern die Unterhaltung auch mit seriöser Information zu verbinden. Katastrophen, bunte Geschichten und Sport dominierten zwar noch lange die Sendung, hinzu kam aber der Versuch, Politik in attraktiver Form zu präsentieren. Für Aufsehen sorgte ein Interview, das Hans Meiser mit dem damaligen Republikaner-Chef Franz Schönhuber führte und in dem er ihn, sichtlich emotional, in zuvor ungekannter Weise hart anging.

Servicebeiträge zu Themen wie Finanzen, Reise oder Einkaufen bildeten einen wichtigen Teil von *RTL aktuell*. Die Erkenntnis, dass deutsche Fernsehzuschauer auch im Privatfernsehen keine Witz- oder Krawallnachrichten sehen wollten, setzte RTL beharrlich um und wurde dafür schließlich mit hoher Glaubwürdigkeit und hervorragenden Zuschauerzahlen belohnt. Aus der Delle, die die Nachrichten zunächst noch im Quotenverlauf des Senders darstellten, wurde ein Berg, und bei jungen Zuschauern konnte es RTL schließlich sogar mit der ARD-*Tagesschau* aufnehmen.

Meiser und vor allem Kloeppel wurden zu bekannten und beliebten Aushängeschildern des Senders, die für Seriosität bürgten. Wochenendmoderatoren und Kloeppels und Meisers Urlaubsvertreter waren u. a. Christoph Teuner, Michael Karr, Petra Schwarzenberg, Susanne Kronzucker und Ilka Essmüller. Durchs Wetter führten Maxi Biewer, Antonia Langsdorf und dann für viele Jahre der Meteorologe Christian Häckl. Bis 1991 kommentierte direkt im Anschluss an die Sendung *Karlchen* das Tagesgeschehen.

Peter Kloeppel erhielt 2003 den Deutschen Fernsehpreis in der Kategorie Beste Moderation Information.

RTL MORNING SHOW   RTL

2000. Einstündiges Servicemagazin.

Moderatorin Jacqueline Boyce präsentierte die Sendung aus einem Studio, das zu einer voll funktionsfähigen Wohnung umgebaut war. Nur sechs Wochen nach dem Start ging die Moderatorin mitsamt ihrer Sendung in eine ursprünglich dreimona-

tige Mutterschaftspause, aus der beide jedoch nie zurückkehrten.
Das Magazin lief werktags um 10.30 Uhr.

RTL-NACHTJOURNAL RTL

Seit 1994. Halbstündiges werktägliches Nachrichtenmagazin um Mitternacht: Berichte, Kommentare, Interviews und Analysen zum Geschehen des Tages.
Das *Nachtjournal* war zentraler Bestandteil einer großen »Informationsoffensive« von RTL-Chef Helmut Thoma. Vorbild war vermutlich die Sendung »Nightline« des amerikanischen Networks ABC. RTL bot als erster deutscher Sender zu so später Stunde noch so umfassende Nachrichten an – und hatte damit Erfolg. Alle anderen zogen später nach *(heute nacht, Nachtmagazin, Die Nacht)*, erreichten aber nicht die Zuschauerzahlen von RTL. Anders als ARD und ZDF, deren Nachtmagazine boulevardesker waren als die Hauptausgaben, setzte RTL gerade nachts auf Themen aus Politik und Wirtschaft, präsentierte sie aber häufig in parteiischer, populistischer oder polemischer Form. Die »FAZ« urteilte: »Wer Hintergrundberichte und Moderationen schätzt, die wenig Fakten und viel Emotion transportieren, stets ein und dieselbe politische Präferenz erkennen lassen, sich nicht an haufenweise verpatzten Interviews stört und auch Gefallen an der klassischen Betroffenheitsberichterstattung findet, ist hier genau richtig.«
Moderator war genau zehn Jahre lang Heiner Bremer, der frühere Chefredakteur des »Stern«, der mit vielen verstammelten Moderationen und häufig panischer Suche nach der richtigen Kamera regelmäßig Zielscheibe des Spotts etwa von Stefan Raab war, aber mit seiner Ungelenkigkeit und den weißen Haaren offenbar in den Augen der RTL-Zuschauer irgendwie für Seriosität bürgte. Seine Urlaubsvertretung war zunächst Anna Doubek, später meist Michael Karr. Anfang 2004 wurde Susanne Kronzucker neue Hauptmoderatorin, Christof Lang neuer Redaktionsleiter, der eine Woche im Monat selbst moderierte. Bremer hatte beide Posten innegehabt.

RTL NACHTQUIZ RTL

2004. Quizsendung tief in der Nacht.
Anrufer können Geld gewinnen, wenn sie Fragen richtig beantworten, die einen vagen Bezug zum aktuellen RTL-Programm haben. Man sieht etwa einen Beitrag vom Tage über eine Filmpremiere mit Tom Cruise, und die Frage lautet: Was ist Tom Cruise von Beruf? Wer durchkommt und die richtige Antwort gibt, darf noch eine zweite Frage beantworten, die viel schwieriger ist, aber auch viel mehr Geld bringt. Am meisten Geld bringt die Sendung aber natürlich RTL, das über die Telefongebühren ungleich mehr einnimmt als sonst mit Werbung um diese Zeit.
Die von Mandana Naderian im Wechsel mit anderen Moderatoren präsentierte Show war anfangs eine halbe Stunde lang, ab April 2004 eine ganze, und ab Sommer verschwunden.

RTL-NACHTSHOW MIT THOMAS KOSCHWITZ RTL

1994–1995. Late-Night-Show mit Thomas Koschwitz.
Die Show orientierte sich stark am amerikanischen Vorbild, der *Late Show with David Letterman*. Koschwitz begann als Vertretung während der Sommerpause von Thomas Gottschalk auf dessen Sendeplatz um 23.15 Uhr und landete einen Überraschungserfolg. Die Sendung begann stets mit einem Monolog, in dem Koschwitz Gags zum aktuellen Tagesgeschehen machte, bevor er prominente Gäste am Schreibtisch empfing. Im Studio spielte die Band »Knaller und die RTL SoulCats«. Eine von Letterman übernommene feste Rubrik waren die »Top Ten«: zehn Gags, zu einem Thema tabellarisch aufgelistet und von unten nach oben vorgetragen. Anfangs trat der

Er machte alles genauso und hatte sogar Erfolg, doch die Zeit war nicht gut zu ihm: Die *RTL-Nachtshow mit Thomas Koschwitz*.

Komiker Ingo Appelt mehrfach mit der Rubrik »Ingo Appelts Fernsehgericht« auf, in der er Fernsehsendungen persiflierte – nur wenige Wochen nach dem Start von *Kalkofes Mattscheibe* auf Premiere.

Dreieinhalb Monate nach dem Ende von Gottschalks Sommerpause, und damit der Vertretungszeit, kam Koschwitz im Januar 1995 zurück. Er hatte jetzt einen eigenen Sendeplatz, wurde immer nach Gottschalk und dem *RTL-Nachtjournal* um 0.30 Uhr gezeigt. Am Konzept war nichts verändert worden, nur die Studioband war jetzt Tom Schlüter und das Nachtorchester. Koschwitz hatte auf diesem Sendeplatz so großen Erfolg, dass er als Nachfolger von Thomas Gottschalk außer Frage stand, als dieser sich wenige Monate später aus der Late Night zurückzog.

Im Mai 1995 kehrte Koschwitz daher auf den Sendeplatz um 23.15 Uhr zurück. Die Quoten erreichten jetzt jedoch nicht mehr annähernd die Gottschalks und in absoluten Zahlen auch kaum mehr als um 0.30 Uhr, was für RTL nicht mehr zufrieden stellend war. Dann verließ das gesamte Redaktionsteam die Show, um eine neue Late-Night-Show mit Harald Schmidt bei Sat.1 vorzubereiten, deren Start für Dezember angekündigt war. Im November gab RTL aus Angst vor der Schmidt-Konkurrenz auf und setzte die Nachtshow mit der 250. Folge vorzeitig ab. Im Nachhinein stellte sich heraus, dass Koschwitz' Quotenschnitt deutlich über dem gelegen hatte, den *Die Harald Schmidt Show* später jahrelang erreichte. Schmidts Konzept war das gleiche. Für Koschwitz blieb die *RTL-Nachtshow* sein größter Fernseherfolg.

RTL NIGHTFEVER　　　　　　　　　　　　　　RTL
→ Night Fever

RTL PROMI-BOXEN　　　　　　　　　　　　　RTL
Seit 2002. Abendfüllendes Show-Spektakel. Menschen, die RTL für Prominente hält, steigen in einen echten Boxring und schlagen aufeinander ein. RTL-Sportmoderator Kai Ebel, der ernst gemeinte Boxkämpfe kommentierte, als RTL solche noch übertrug, moderiert.

RTL übernahm die Idee vom amerikanischen Sender Fox, der sich mit »Celebrity Boxing« bei der Kritik zwar lächerlich machte, aber hohe Einschaltquoten einfuhr. Mit der offiziellen Betitelung der ersten Show, »RTL Promi-Boxen 2002«, suggerierte der Sender bereits, das Event jährlich aufziehen zu wollen, und so kam es. Die Möchtegernstars, die als Erste in den Ring stiegen, waren die Schauspieler Ralf Richter und Claude-Oliver Rudolph, der Moderator Pierre Geisensetter, die Musiker Joey Kelly und Doro Pesch und die Ex-Pornodarstellerin Michaela Schaffrath alias Gina Wild. Es kam wie in den USA: alberne Show, gute Quoten.

RTL SAMSTAG NACHT　　　　　　　　　　　RTL
1993–1998. Wöchentliche einstündige Comedyshow am späten Samstagabend mit einem festen Komikerensemble und prominenten Gästen.

Zur Besetzung gehörten Wigald Boning, Olli Dittrich, Esther Schweins, Stefan Jürgens, Tanja Schumann und Mirco Nontschew, in den ersten Sendungen war ferner Sabine Aulmann dabei. 1995 verstärkte Tommy Krappweis die Comedians, 1997 kam zusätzlich Marc Weigel zur Show.

Die Sendung bestand aus einer Mischung aus Live-Comedy, vorproduzierten und live gespielten Sketchen, Gags und Parodien. Dazu kamen pro Sendung ein bis drei Gäste, die ihrerseits Comedy beisteuerten (waren sie selbst Komiker, durften sie die Show mit einer Stand-up-Einlage eröffnen) oder in Sketchen mitwirkten.

Etliche Running Gags und Rubriken wurden die Markenzeichen der Show: In »Kentucky Schreit Fi-

RTL Samstag Nacht: »Zwei Stühle – Eine Meinung« mit Boning (rechts) und Dittrich als Meister Proper.

Stefan Jürgens mit Esther Schweins (links) und Tanja Schumann als Bruder Gottfried und die singenden Nonnen.

cken« vertauschten Jürgens und Dittrich entscheidende Konsonanten und sagten Sätze wie »Darf ich Sie mal hier an die Bheke titten?«, »... sonst werde ich aber bächtig möse« und »Das hat er ja gefickt eingeschädelt!«; in »Zwei Stühle – Eine Meinung« interviewte Boning den immer anders maskierten Dittrich, der Prominente mit beunruhigender Perfektion imitierte, und verabschiedete sich hinterher mit »Bleiben Sie dran, ich pfeif auf Sie« (Boning und Dittrich erhielten für diese Rubrik den Grimme-Preis); in »Wigalds Welt« berichtete Boning als investigativer Reporter über die Vermehrung der Regenschirme im Peruanischen Hochland oder über Pfefferminzminen auf dem Mond und machte Straßenumfragen zu ähnlichen Themen; »Schreinemakers ihre Schwester live« war eine Talkshowparodie mit Schumann als Margarethes Schwester Tanja Schreinemakers; Schweins redete als Kristiane Kacker Jugend-Slang; Nontschew redete als Märchen-Man wirres Zeug, und Jürgens und Krappweis trantüteten sich gegenseitig als Derrick und Harry an.

Die »Nachrichten« mit Stefan Jürgens und Esther Schweins enthielten kurze Pointen zu aktuellen Schlagzeilen und wurden von einem Jingle eingeleitet, in dem Hans Meiser auf ein Glockenspiel schlug und sagte: »RTL Samstag Nacht – Die Nachrichten!« Zu den Höhepunkten gehörte es, wenn Stefan Jürgens die Stimme senkte und vermeldete: »Karl Ranseier ist tot.« Die Figur Karl Ranseier schied fast jede Woche dahin, immer mit einem anderen Lebenslauf als Nachruf. Ranseier starb als erfolgloser Kapitän, weil seine Schwimmweste nicht kugelsicher war, als erfolgloser Diktator beim Versuch, seinen Schäferhund »Fass« zu nennen, oder als erfolgloser Schönheitschirurg an einer großen Portion Skalpellkartoffeln.

Im Anschluss an die Nachrichten folgten der »Spocht« mit Dittrich und »Wetter, Wetter, Wetter« mit Nontschew. 1997 wurden die News in »GNN – Gute Nacht Nachrichten« umbenannt, und Marc Weigel übernahm in dieser Rubrik den Part von Jürgens. Karl Ranseiers Tod wurde seitdem außerhalb der Nachrichten und weiterhin von Stefan Jürgens als Sondermeldung präsentiert.

Boning und Dittrich traten regelmäßig als Musikduo »Die Doofen« mit beknackten Liedern auf, womit sie so erfolgreich waren, dass zwei komplette Alben unter dem Bandnamen »Die Doofen« veröffentlicht wurden und in die LP-Charts kamen. Der Song »Mief – Nimm mich jetzt, auch wenn ich stinke« wurde ein Nr.-1-Hit in den deutschen Single-Charts.

Innerhalb kurzer Zeit wurde die Show ein großer Erfolg – fast zwei Millionen Zuschauer auf dem Sendeplatz gegen Mitternacht bedeuteten enorme Marktanteile – und erreichte einen hohen Gesprächswert. Die Vorverlegung um eine Stunde auf 23.00 Uhr ab April 1995 war eine logische Konsequenz.

Produzent Hugo Egon Balder schilderte in einem Interview, wie er seine Stars gefunden hatte: »Auf einer Party sah ich einen jungen Mann, der sang: Der Hai mit dem dritten Bein, der hat drei Beine. Mirco Nontschew. Ich dachte, so einen gibt's ja wohl nicht, der hat echt ein Rad ab. Dann kam Wigald Boning. Von dem hieß es nur: Da tritt ein Typ auf, der was über Garagentore erzählt. Fünf Minuten lang. Da habe ich gedacht, der ist ja noch bescheuerter, und ihn engagiert.«

Vorbild war die US-Show »Saturday Night Live«, die 1975 startete, noch immer läuft und ein Sprungbrett für etliche junge Komiker war, darunter Dan Aykroyd, John Belushi, Jim Belushi, Bill Murray, Eddie Murphy, Mike Myers und Adam Sandler.

Während der letzten beiden Jahre der Show hatte es immer wieder Meldungen über den Ausstieg verschiedener Star-Comedians gegeben. De facto blieben jedoch alle dabei. Erst 1998 verabschiedete sich die gesamte Besetzung. Ursprünglich hieß es, die Show würde nach der Sommerpause mit neuen Comedians fortgesetzt; das war jedoch nicht der Fall. Noch mehr als ein Jahr lang nach der letzten Erstsendung wiederholte RTL auf dem Sendeplatz samstags alte Folgen der Show.

RTL SAMSTAG SPÄTNACHT   RTL
1998–1999. Fünfminütige Stand-up-Comedy-Einlage mit wechselnden Komikern, die einen Block mit mehreren Sitcoms im RTL-Nachtprogramm einleitete.

DIE RTL SOAP SHOW   RTL
1999. Samstagabend-Spielshow mit Marco Ströhlein.
Schauspieler aus verschiedenen Daily Soaps spielen in nach Serien geordneten Teams gegeneinander um den »GZSZ-Super Cup«. Zwei Ausgaben der Show waren bereits acht Monate zuvor unter dem Titel *Gute Zeiten, schlechte Zeiten – Super Cup* gelaufen. Auch die Namensänderung verhalf der Show nicht zum Überleben.

RTL-SPENDENMARATHON   RTL
Seit 1996. Alljährliche große Benefizaktion mit Wolfram Kons. RTL sammelt 24 Stunden lang für einen guten Zweck, Kons meldet sich stündlich zwischen den regulären Sendungen im Programm und zieht Bilanz.
Im ersten Jahr ging das Geld an das Kinderhilfsprojekt »RTL/UNESCO – Kinder in Not«, danach immer an die eigene RTL-Stifung »Wir helfen Kindern«. Wolfram Kons präsentierte rund um die Uhr alle Updates, anfangs zudem noch eine Auftakt- und eine Schlusssendung. 2004 wurde Kons für das jahrelange Engagement vom Bundespräsidenten persönlich geehrt. Er erhielt die Verdienstmedaille des Verdienstordens der Bundesrepublik Deutschland.
Seit 2000 ist ein stundenlanges Prominenten-Special von *Wer wird Millionär?* fester Bestandteil des Spendenmarathons.

RTL 2 NACHRICHTEN   RTL 2
1996–1998. Nachdem RTL 2 entdeckt hatte, dass »junge Zuschauer bei Nachrichten ein konservatives Konsumbedürfnis« haben (Programmchef Harry Goering), verabschiedete sich der Sender von dem Namen *Action News* und mischte die Boulevardthemen mit Politik und Relevantem. Optisch hob sich die Sendung durch die Entdeckung des gepflegten Nichts ab. Kein Stuhl, kein Tisch, keine Monitore, keine Dekoration war zu sehen. Nur der Kopf und die Schultern der Moderatorin vor einem vollständig schwarzen Hintergrund.
So konservativ waren die RTL-2-Zuschauer dann anscheinend doch nicht: Als der Quotenerfolg ausblieb, schrumpften die Nachrichten schon nach wenigen Monaten auf ein bis zwei Minuten Länge. Seine Pflicht, mehr als Kurznachrichten zu zeigen, erfüllte RTL 2 erst nach Mitternacht.
Die Nachfolgesendung war etwas weniger minimalistisch, durfte dafür auch in die Primetime und hieß *RTLII News*.

RTLII NEWS   RTL 2
Seit 1998. Die »Nachrichten« von RTL 2, die täglich um 20.00 Uhr die wirklich wichtigen Themen wie Lifestyle, Trends und Promitalk behandeln. Die Macher betonten allerdings, dass die in homöopathischer Dosis beigefügten Informationen aus der Politik auf diese Weise wenigstens das junge Publikum erreichten.
Als die Medienwächter den Informationsanteil des RTL-2-Gesamtprogramms Anfang 2002 als zu gering bewerteten, begann der Sender mit einer allnächtlichen Wiederholung der *News*.

RÜCK-SHOW   ZDF
1985. »Das waren Leute – das waren Schlager«. Halbstündige Retroshow mit Hugo Egon Balder.
Die *Rück-Show* erinnerte an vergangene Ereignisse, Schlagzeilen und vor allem Hits. Im Mittelpunkte jeder Ausgabe stand ein bestimmtes Jahr. Lief monatlich (insgesamt zwölfmal) freitags am Vorabend.

RUCK ZUCK   TELE 5, RTL 2, TM3
1988–1992 (Tele 5); 1993–1995 (RTL 2); 1997–2000 (tm3); 2004–2005 (Tele 5). Halbstündige Vorabendgameshow.
Je ein fünfköpfiges Männer- und Frauenteam treten gegeneinander an. Die Kandidaten eines Teams müssen einander Begriffe umschreiben. Der Erklärende darf dabei keine entscheidende Umschreibung und kein Schlüsselwort benutzen, das vor ihm schon ein anderer Erklärender gebraucht hat. Auch Gesten und Geräusche sowie Ausdrücke mit dem gleichen Wortstamm wie das gesuchte Wort sind tabu.
Nacheinander müssen die Kandidaten eines Teams den gesuchten Begriff erraten. Bis sie an der Reihe sind, tragen sie Kopfhörer, können also nichts hören, und haben dem Mitspieler, der vor ihnen an der Reihe ist, den Rücken zugewandt. Sie haben also keine Ahnung, welche Formulierungen schon gefallen und damit verboten sind. Der Hintermann schlägt ihnen, wenn sie dran sind, auf die Schulter, gern wiederholt mit voller Wucht, brüllt ihnen dann mit 200 Dezibel seine Umschreibungen ins Gesicht und wird ungehalten, wenn sie nicht sofort erraten werden. Benutzt ein Kandidat ein vorher genanntes Schlüsselwort, ertönt die Hupe, und Schiedsrichter Günther greift ein.
In der Schlussrunde nennt der Teamführer der Siegermannschaft vier Begriffe, die ihm zu einem Oberbegriff einfallen, während die anderen Mannschaftsmitglieder wieder mit Kopfhörern taub gemacht werden. Kommen sie innerhalb von je fünf Sekunden auf alle genannten Wörter, gewinnen sie

Geld. Insgesamt drei Runden werden nun gespielt, mit einem höchsten Tagesgewinn von 4800 DM. Das Siegerteam kann bis zu sechsmal an der Show teilnehmen. Kommt es bei diesem sechsten Auftritt wieder ins Finale, spielt es dort – egal, wie viel vorher zusammengekommen ist – um 100 000 DM.
Moderator der ersten 1032 Sendungen war Werner Schulze-Erdel. 1992 hatte er es wohl satt, für Tele 5 den Fließband-Showmaster zu geben, und gab ihn stattdessen im *Familienduell* für RTL. Sein Nachfolger wurde Jochen Bendel.
Als der Sender Tele 5 seinen Betrieb einstellte, begann für die Show eine lange Odyssee mit langen Pausen, vergleichbar nur mit der von *Bitte lächeln*. Zunächst wechselte sie nahtlos mitsamt Bendel als Moderator zu RTL 2, wo sie 533-mal lief, später zu tm3, wo es allerdings nur noch die Hälfte zu gewinnen gab. tm3 stellte die Show nach mittlerweile mehr als 2500 Sendungen Ende 2000 ein, wiederholte sie aber noch ein halbes Jahr lang. Drei Jahre später kam *Ruck Zuck* zurück zum inzwischen wiederbelebten Sender Tele 5, jetzt als deutsch-österreichische Koproduktion mit je einem Team aus jedem Land, und diesmal noch billiger produziert: Außer an den nach wie vor halbierten Gewinnen war auch am Studiopublikum gespart worden. Erstmals durften die Mannschaftsmitglieder unterschiedlichen Geschlechts sein. Bendel war wieder dabei. Er moderierte ab der 60. neuen Folge im Wechsel mit dem Österreicher Matthias Euler-Rolle. Gleich mit der zweiten Ausgabe konnte er ein Jubiläum feiern: seine 1500. Sendung.
Ruck Zuck basierte auf dem amerikanischen Format »Bruce Forsyth's Hot Streak«. Es überlebte in den USA zwar nicht einmal ein Vierteljahr, wurde aber in viele Länder im Ausland verkauft. Nirgends war es allerdings so langlebig wie in Deutschland. *Ruck Zuck* war die ideale Vorabendgameshow: billig zu produzieren, ohne ermüdende Fragen nach Allgemeinwissen und immer wieder unterhaltsam, egal ob die Teams den Geschlechterstreit nun verbissen ernst sahen oder die Show einfach zur albernen Selbstdarstellung nutzten. Manche Teams aus Firmen oder Vereinen hatten offensichtlich wochenlang für die Sendung geübt.
Weder Schulze-Erdel noch Bendel gaben sich besondere Mühe, den repetitiven Charakter der Sendung und ihrer Moderation zu verbergen. Zum Ritual gehörte es auch, dass ein Team, das zum sechsten Mal dabei war, dem Moderator vor jeder Spielrunde Fragen stellen durfte statt umgekehrt.

DIE RÜCKBLENDE   ARD
1962–1963. 45-minütiges kabarettistisches Magazin, das an wechselnden Sendeplätzen im Hauptabendprogramm lief.
Die Rückblende befasste sich überwiegend mit politischen Themen. Regisseur war Hans Rosenthal, zu den ständigen Mitarbeitern gehörten u. a. Dieter Hildebrandt, Curth Flatow, Wolfgang Gruner, Joachim Cadenbach und Grethe Weiser. Seine ersten Fernsehauftritte hatte hier auch Jürgen von Manger, der später als *Tegtmeier* berühmt wurde.

RÜCKFRAGEN   ZDF
1978. »Der Intendant im Gespräch mit Kritikern und Zuschauern«. ZDF-Intendant Karl-Günther von Hase stellt sich Fragen.
Die erste Sendung drehte sich um das Thema »Jugend und Fernsehen«. Der Titel war neu, das Konzept alt: Vorher, unter Intendant Karl Holzamer, hieß es *Gespräch mit dem Zuschauer*.

DIE RÜCKKEHR DER MÄRCHENBRAUT   ARD
1994–1995. 26-tlg. tschech. Fortsetzung der »Märchenbraut« von Miloš Macourek und Václav Vorlíček, Regie: Václav Vorlíček (»Arabela se vrací«; 1990).
Erfinder Peter (Vladimír Dlouhý) und seine Frau Arabella (Miroslava Šafránková) aus dem Märchenreich sind seit zehn Jahren ein glückliches Paar im Menschenreich, müssen aber immer wieder zurück ins Märchenreich, um dort Aufgaben zu bewältigen und sich gegen den bösen Rumburak (Jiří Lábus) durchzusetzen.

DIE RÜCKKEHR DES SANDOKAN   SAT.1
1998. 4-tlg. ital. Abenteuerfilm nach dem Buch von Emilio Salgari (»Il Ritorno di Sandokan«; 1996).
Der Pirat Sandokan (Kabir Bedi) will sich an den Engländern rächen, die seine Angehörigen auf dem Gewissen haben. Die junge britische Journalistin Dora Parker (Mandala Tayde) möchte über Sandokan berichten und freundet sich mit ihm an.
Typischer Feiertagsvierteiler, der gerne über Ostern gezeigt wurde. Kabir Bedi hatte die gleiche Rolle bereits 20 Jahre zuvor in *Sandokan – der Tiger von Malaysia* gespielt.

RÜCKKEHR NACH EDEN   SAT.1, ARD
1986 (Sat.1); 1989 (ARD). 25-tlg. austral. Soap (»Return To Eden«; 1983–1986).
Noch auf der Hochzeitsreise in ihrer Heimatstadt Eden schubst der untreue Ehemann Greg Marsden (James Reyne) seine reiche Frau Stephanie Harper (Rebecca Gilling) ins Wasser, in dem Krokodile schwimmen, um an ihr Geld zu kommen und in Ruhe die Beziehung zu ihrer besten Freundin Jilly (Wendy Hughes; ab Folge 4: Peta Toppano) fortführen zu können. Er glaubt auch, sich ihrer erfolgreich entledigt zu haben, doch Stephanie überlebt schwer verletzt. Vom Schönheitschirurgen Dr. Dan Marshall (James Smilie) lässt sie sich ein neues Gesicht verpassen und plant unerkannt unter dem Namen Tara Welles den Rachefeldzug. Dabei ist sie erfolgreich: Greg verliebt sich in sie, sie gibt sich zu erkennen, es brennt, er versucht sie zu ertränken, Jilly verletzt ihn, wird verhaftet, er flüchtet im Flugzeug, stürzt ab und stirbt.
Stephanie beginnt ein neues Leben mit Dr. Marshall und ihren Kindern Dennis (Jayson Duncan) und Sarah (Nicole Pyner). Die Familie lebt glücklich, bis

Jilly aus dem Gefängnis entlassen wird. Es kommt zu Intrigen und weiteren Attentatsversuchen, und Jilly verbündet sich mit Jake Sanders (Daniel Abineri), um Stephanies millionenschweren Konzern zu übernehmen, was ihr sogar gelingt. Ein paar Menschen sterben, darunter Jillys neuer Gatte Philip Stewart (Johnny Lee). Tom McMaster (Warren Blondell) behauptet, Stephanies Sohn zu sein, und Stephanie kämpft darum, ihr Unternehmen zurückzubekommen.

Die ersten drei Folgen hatten Spielfilmlänge und liefen an aufeinander folgenden Abenden in Sat.1. Sie waren als Dreiteiler angelegt. Der nicht sonderlich gute Rocksänger James Reyne zeigte, dass er als Schauspieler ähnliches Talent besitzt. Drei Jahre später wurde die Geschichte mit einer 22-tlg. Serie fortgesetzt, die sieben Jahre später spielte und mit Jillys Entlassung aus dem Gefängnis begann. Die einstündigen Folgen liefen im regionalen Vorabendprogramm der ARD.

DIE RÜCKKEHR ZUR SCHATZINSEL   ARD

1987. 20-tlg. brit. Abenteuerserie (»Return To Treasure Island«; 1985).

Fortsetzung von *Die Schatzinsel:* Nach seinem Studium kehrt Jim Hawkins (Christopher Guard), mittlerweile Mitte 20, in seine Heimat zurück. Der verschwundene einbeinige Pirat Long John Silver (Brian Blessed) taucht auch wieder auf und will den Rest vom Schatz haben, der noch immer vergraben auf der Schatzinsel liegt.

Der britische Autor John Goldsmith hatte Mitte der 80er-Jahre eine Fortsetzung von Robert Louis Stevensons Roman »Die Schatzinsel« geschrieben, der als vierteilige Verfilmung 1966 im ZDF gelaufen war. Diese Fortsetzung verfasste er gleichzeitig als Drehbuch, das 1985 mit internationalen Stars verfilmt wurde.

Die Serienfolgen waren jeweils eine halbe Stunde lang und liefen im Vorabendprogramm. Die Serie wurde später in zehn einstündigen Folgen wiederholt.

EIN RUCKSACK VOLLER ABENTEUER   ZDF

1993. 13-tlg. poln.-dt. Jugend-Fantasyserie von Iris Kiefer und Jürgen Sabattny, Regie: Janusz Dymek (»Plecak pelen przygód«; 1993).

Die Junge Matti Laminnen (Adam Siemion) muss sich an Henri (Maciej Orlos) gewöhnen, den neuen Mann seiner Mutter Sari (Anna Majcher), und an eine neue Wohnung in einer neuen Stadt. Dort gerät er zwischen die Fronten zweier Jungendbanden, der »Wölfe«, angeführt von Marko (Grzegorz Malec), und der »Bären« unter Bandenchef Tomi (Michal Lukasik). In einem Rucksack seiner Großmutter findet er ein Zeichenbuch und stellt fest, dass alles, was er zeichnet, Wirklichkeit wird. Auf diese Weise flüchtet er sich mitten am Tag in Fantasiewelten, wo er in Aslak (Ruda Bartek) einen Freund findet. Auch mit seiner Cousine Anna (Julia Lewandowska) versteht er sich blendend.

Die 25-Minuten-Folgen liefen nachmittags.

DIE RUDI-CARRELL-SHOW   ARD

1965–1973. Einstündige Personalityshow von und mit Rudi Carrell.

Carrell präsentierte gemeinsam mit seinen Gästen Musik und Sketche, die sich in jeder Sendung mit einem anderen Schauplatz befassten, der auch das Bühnenbild darstellte: ein Campingplatz, ein Bahnhof, ein Kaufhaus, eine Messe, ein verstopfter Grenzübergang usw. Die Gäste waren teilweise prominent, oft aber auch noch unbekannt und hatten bei Carrell Fernsehpremiere. Spiele mit Kandidaten, wie in Carrells späteren Shows, gab es hier noch nicht.

Es war die erste Show von Rudolf Wijbrand Kesselaar, wie Carrell eigentlich heißt, im deutschen Fernsehen. Er war erst 30 Jahre alt, aber gleichzeitig Ideengeber, Texter und Regisseur – und bald der beliebteste »Gastarbeiter« in Deutschland. Die aufwendigen Bühnenbilder baute Wilhelm Lämmerhirt. Am 3. Oktober 1964 hatte die ARD bereits eine halbstündige Sendung unter gleichem Titel ausgestrahlt. Es war die gleichnamige Show des holländischen Fernsehens, die Carrell dort schon seit 1959 und noch bis 1972 moderierte. Die ARD sendete sie im Originalton mit deutschen Untertiteln.

1974 wandte sich Carrell in einer Sendung direkt an die Fernsehzuschauer und sagte: »Sie sehen mich jetzt im Großformat. Malen Sie meinen Kopf auf Ihrem Bildschirm nach, und schicken Sie Ihren Fernseher an den WDR. Der Sieger bekommt ein neues Gerät.« Tatsächlich folgten 66 Zuschauer dieser Aufforderung. Wolfgang Kurek aus Bremen gewann den Fernseher.

Die Show lief etwa alle zwei Monate live zur Primetime.

Ab 1988 moderierte Carrell in der ARD eine neue Show mit gleichem Titel, aber anderem Konzept.

DIE RUDI-CARRELL-SHOW   ARD

1988–1992. Große Samstagabendshow von und mit Rudi Carrell.

Carrell überrascht Menschen damit, dass er ihnen einen lang gehegten großen Traum erfüllt, und veranstaltet einen Talentwettbewerb für Nachwuchssängerinnen und -sänger.

Die zu Überraschenden saßen oft bereits im Studiopublikum, wussten aber nicht, dass Carrell sie plötzlich ansprechen würde. Bekannte der Betroffenen hatten sich zuvor ohne deren Wissen bei der Show beworben und den Wunsch beschrieben. Dies konnten ganz banale Dinge sein (ein Zuschauer wollte gern alle Telefonbücher aus ganz Deutschland haben), aber auch aufwendigere Wünsche (Reiten lernen mit Terence Hill). Für diese komplizierteren Aktionen überraschte Carrell die Unwissenden vorab zu Hause; ein Einspielfilm zeigte dann die Überraschung und die Umsetzung. In diesen Fällen waren regelmäßig Prominente involviert.

In jeder Sendung »überfiel« Carrell außerdem eine Person vor Ort, um ihr ein »Rudigramm« zu singen, ein Lied, dessen Text sich speziell auf das Leben der besungenen Person bezog. Neben der Erfüllung

Die Rudi-Carrell-Show

von Wünschen erzeugte Carrell literweise Tränen der Rührung, indem er alte Freunde oder Verwandte zusammenführte, die sich aus den Augen verloren hatten.

Der andere wesentliche Bestandteil der Show waren die Auftritte der jungen Künstler. Sie traten nicht mit ihren eigenen Stimmen auf, sondern imitierten Stars und sangen deren Lieder. Die Studiozuschauer bestimmten am Ende den Sieger. Vor jedem Auftritt sprach Carrell mit den Gästen in einer Kulisse, die dem Arbeitsplatz des Gastes nachempfunden war, z. B. einem Reisebüro oder einer Supermarktkasse. Nach dem Gespräch verschwanden die Gäste hinter der Bühne und wurden so gestylt, dass sie wie der Star aussahen, den sie nachmachten. Eine Verzögerung durch die Garderobenpause gab es nicht, da die Show aufgezeichnet war und sich die Verwandlung nun in der Sekundenschnelle eines Schnitts auf dem Bildschirm vollzog. Carrell moderierte den Auftritt mit immer dem gleichen Satz an: »Eben noch im ... (Supermarkt etc.), jetzt schon auf unserer Showbühne!« Durch die Nachwuchskünstler kam die Sendung zumindest in den Showblöcken ohne echte Prominente aus und bot trotzdem bekannte Hits.

Einige der jungen Talente erhielten als Folge ihres Auftritts Plattenverträge. Ein Star wurde allein Mark Keller, der 1989 als Dean Martin auftrat. Er landete zwar nie einen wirklich großen Hit, wurde aber als Schauspieler in den Erfolgsserien *Sterne des Südens* und *Alarm für Cobra 11* bekannt. Einer Kandidatin, die Whitney Houston imitiert hatte, gelangen später als Alexis ein paar kleinere eigene Hits, Birgit Langer wurde nach ihrer Mandy-Winter-Imitation Sängerin der Band Fernando Express, und Olaf Henning (Bill Medley) wurde ein bekannter Schlagersänger. Er gewann die *ZDF-Hitparade* mit dem Titel »Das Spiel ist aus« und beschallte Großraumdiscos auf Mallorca mit seinem Hit »Echt Kacke!«.

Titelsong der Show war das von Carrell selbst gesungene »Lass dich überraschen, schnell kann es geschehen, dass auch deine Wünsche in Erfüllung gehen«. Durch dieses berühmte Lied ging die Show auch als *Lass dich überraschen* in den Sprachgebrauch ein. Das machte sich das ZDF vier Jahre nach dem Ende von Carrells Show zunutze und gab einer neuen Show mit gleichem Überraschungskonzept genau diesen Titel.

Carrells Sendung lief etwa siebenmal im Jahr und war während ihrer Laufzeit nach *Wetten, dass ...?* die erfolgreichste Samstagabendshow, Carrell neben Thomas Gottschalk der beliebteste Showmaster. Als Carrell zu RTL wechselte, endete die Reihe nach 33 Ausgaben.

RUDIS HALBE STUNDE ARD, DRITTE PROGRAMME

1991–1997. Halbstündige Reihe mit Ausschnitten aus alten Shows mit Rudi Carrell.

RUDIS HUNDESHOW RTL

1996. Halbstündige Spielshow mit Rudi Carrell, die das Konzept von *Rudis Tiershow* fortsetzte. Hundebesitzer brachten ihre Tiere dazu, Kunststücke vor der Kamera zu machen.

Die Reihe lief sonntags im Vorabendprogramm.

RUDIS LACHARCHIV ARD, DRITTE PROGRAMME

1991–1997. Halbstündige Reihe mit Ausschnitten aus alten Shows mit Rudi Carrell.

RUDIS RABENTEUER ZDF

Seit 2000. Der aus *Siebenstein* bekannte Puppenrabe Rudi moderiert das ZDF-Kinderprogramm am Wochenende unter diesem Oberbegriff. Seit 2003 ist auch der Koffer aus *Siebenstein* dabei und gibt regelmäßig Buchtipps.

RUDIS SUCHMASCHINE ARD

2000. Halbstündige Comedyshow.
Rudi Carrell präsentiert witzige und unfreiwillig komische Seiten aus dem Internet. Dazu plaudert er mit prominenten Gästen über deren eigene Homepages und wiederholt Sketche aus seiner früheren Sendung *Rudis Tagesshow*.
Es war die erste Show Carrells, die er nach seinem Wechsel zu RTL wieder für die ARD machte. RTL hatte die Show abgelehnt hatte. Das hätte die ARD auch tun sollen.
Acht Folgen liefen dienstags um 21.05 Uhr.

RUDIS TAGESSHOW ARD

1981–1987. »Lachen mit Rudi Carrell«. Halbstündige Comedyshow von und mit Rudi Carrell sowie mit Diether Krebs, Beatrice Richter und Klaus Havenstein.
In Form einer Nachrichtensendung nahm das Team das aktuelle Tagesgeschehen aufs Korn. Wie in der richtigen *Tagesschau* gab es auch hier einen Sprecher (Carrell) und Filmzuspielungen. Dazu wurden Original-Ausschnitte aus den Nachrichten benutzt und mit neuem Text synchronisiert oder mit zusätzlichem Material zusammengeschnitten, um die Bilder in einen neuen, witzigen Zusammenhang zu bringen. Margaret Thatcher fällt eine Treppe hinunter, Helmut Kohl bekommt den Text seine Rede souffliert, Otto Schily singt, Richard Stücklen steht vor einem Pornokino.
In der Folge hagelte es Beschwerden von Politikern, die sich durch die ihnen in den Mund gelegten Worte beleidigt fühlten. Nachdem man den iranischen Staats- und Kirchenführer Ajatollah Khomeini 1987 mit Damenunterwäsche zusammenmontiert hatte, setzte gar der Iran die Bundesregierung unter Druck, um eine Entschuldigung zu erzwingen. Zwischen diesen »Meldungen« gab es kurze Sketche mit Kalauern und Slapstick, in denen Menschen Flaschen auf den Kopf oder Torten ins Gesicht geschlagen wurden. Regelmäßig wirkten auch prominente Überraschungsgäste in den Sketchen mit. Zur Begrüßung und zur Verabschiedung trat Showmaster Carrell vor das Studiopublikum.
Die Show wurde aktuell wenige Stunden vor der Ausstrahlung aufgezeichnet. Es war Carrells erste Comedy- bzw. Satiresendung, nachdem er zuvor ausschließlich durch große Familienshows bekannt geworden war. Auch lief die neue Reihe nicht zur Primetime, sondern staffelweise meist erst gegen 22.00 Uhr am Montagabend. Dennoch erreichte die Show zehn Millionen Zuschauer, für die Sendezeit eine extrem hohe Zahl. Wegen des großen Erfolgs wurde die die Reihe später dann doch auf 20.15 Uhr am Sonntagabend verlegt, und die Zuschauerzahl verdoppelte sich. Die Reihe brachte es auf 38 Folgen.
Vorbild war die britische Show »Not The Nine O'Clock News«. Das Konzept der neu geschnittenen Nachrichtenbilder war später auch Grundlage für *Die Wochenshow* auf Sat.1.

RUDIS TIERSHOW ARD

1992–1993. Halbstündige Spielshow mit Rudi Carrell. Hundebesitzer traten mit ihren Tieren an, die Kunststücke vorführten.
35 Ausgaben liefen samstags im Vorabendprogramm. Carrell setzte die Show später bei RTL unter dem Titel *Rudis Hundeshow* fort.

Das Ensemble aus *Rudis Tagesshow*: Diether Krebs, Beatrice Richter, Klaus Havenstein, Rudi Carrell (von links).

RUDIS URLAUBSSHOW RTL
1994–1997. Einstündige Show mit Rudi Carrell rund ums Thema Urlaub.
Nach dem Flop mit seiner ersten RTL-Show *Die Post geht ab* hatte Carrell mit der Urlaubsshow wieder Erfolg. Sie war eine unbeschwerte Wundertüte mit allem, was Carrell konnte, und hatte wenig mit den klassischen Reisesendungen zu tun, die allein davon leben, dass sie Bilder traumhafter Orte zeigen. Zwar gab es auch hier Berichte von attraktiven Urlaubszielen, Tipps und Service, dazu kamen jedoch Spiele mit dem Publikum, kuriose Souvenirs, lustige Beschwerdebriefe, Lieder und Sketche zum Thema. Carrell sang wie üblich selbst; seine Sketchpartner waren Jochen Busse und Hildegard Krekel. Mit dem glatzköpfigen französischen Komiker Pascal Sauvage wurden Einspielfilme mit versteckter Kamera gezeigt. Und schließlich überraschte Carrell nichts ahnende Menschen am Arbeitsplatz mit einer Reise und zeigte die Urlaubserlebnisse ebenfalls als Einspielfilm.
Die Show, angeblich die weltweit erste zum Thema Urlaub, lief staffelweise sonntags um 19.10 Uhr.

DER RUF DES ADLERS ARD
1992. 4-tlg. US-Western von William D. Wittliff nach dem Roman »Weg in die Wildnis« von Larry McMurtry, Regie: Simon Wincer (»Lonesome Dove«; 1988).
Die zwei gealterten texanischen Ranger Gus McCrae (Robert Duvall) und Woodrow F. Call (Tommy Lee Jones) langweilen sich und brechen mit 2000 Rindern nach Montana auf.
Hoch gelobter und mit neun Emmys ausgezeichneter Fernsehfilm, der auf typische Revolvergeschichten verzichtete und vor allem für seine realistische Darstellung des Cowboyalltags und seinen Wortwitz Anerkennung fand.
Die ARD zeigte die spielfilmlangen Teile innerhalb weniger Tage zur Primetime. Die Geschichte wurde später in *Wildes Land* fortgesetzt.

RUF DES HERZENS RTL
1991. 60-tlg. mexikan. Telenovela von María Zarattini, Regie: José Rendón (»Tu o nadie«; 1985).
In der südmexikanischen Küstenstadt Acapulco lebt der reiche Geschäftsmann Antonio Lombardo (Andrés García), dessen eifersüchtiger Halbbruder Max (Salvador Pineda) unter seinem Namen die schöne, aus armen Verhältnissen stammende Raquel (Lucía Méndez) aus Mexiko-Stadt heiratet und einen Flugzeugabsturz einfädelt, bei dem Antonio sein Gedächtnis verliert. Als er seiner vermeintlichen Ehefrau gegenübersteht, kann er sich nicht mehr an sie erinnern, weigert sich jedoch, der Scheidung zuzustimmen. Zwischen den Brüdern entbrennt ein Kampf um Raquels Liebe, aus dem Antonio nach zahlreichen Intrigen und Widrigkeiten schließlich als Sieger hervorgeht.
Die dreiviertelstündigen Folgen liefen werktags nachmittags.

RUFZEICHEN ZDF
1975. 6-tlg. dt. Problemserie der katholischen Redaktion »Kirche und Leben« über die Arbeit der Telefonseelsorge. Die Seelsorgefälle werden von wechselnden Schauspielern nachgestellt. Jede Folge dauerte 45 Minuten.

RUGRATS NICKELODEON, PRO SIEBEN, SAT.1
1995–1997 (Nickelodeon); 1997–1999 (Pro Sieben); 2000–2001 (Sat.1). 121-tlg. US-Zeichentrickserie von Arlene Klasky, Gabor Csupo und Paul Germain (»Rugrats«; 1991–2003).
Tommy ist ein einjähriges Baby, das krabbelnd in Windeln die aufregende Welt entdeckt. Er ist das jüngste Mitglied der Familie Pickels mit Mutter Didi, Vater Stu, Opa Lou und dem Hund Spike. Seine Freunde sind der kurzsichtige, überängstliche Chuckie Finster, zwei Jahre, die Zwillinge Lil und Phil, eineinhalb Jahre, und Angelica, Tommys Cousine, die schon drei ist, also fast erwachsen, und die anderen gern ärgert.
Rugrats (Deutsch: »Teppichratten«) ist im Vergleich zu anderen Nickeloden-Cartoons *(Ren & Stimpy, Rockos Modernes Leben)* harmlos, aber immer noch wunderbar respektlos, schräg und innovativ – u. a. weil es die Geschichten konsequent aus der Sicht der Kleinkinder erzählt.
In den USA sind die »Rugrats« der erfolgreichste Nicktoon. Drei »Rugrats«-Filme kamen in die Kinos: »Rugrats – Der Film« (1998), »Rugrats in Paris« (2000) und »Rugrats auf Achse« (2003). Aus einem Special über das Leben der Kleinkinder als Teenager entwickelte sich in den USA ein eigenes Spin-off: »Rugrats All Grown Up«. Die Original-»Rugrats« brachten es dort auf 170 halbstündige Folgen. Das Produzentenduo Klasky/Csupo zeichnete auch für die ersten drei Staffeln der *Simpsons* verantwortlich. Die Musik stammt von Mark Mothersbaugh von der Punkband Devo.

RUHE SANFT MIT ERNIE LAPIDUS KABEL 1
1992. 13-tlg. US-Sitcom von Stu Silver (»Good Grief!«; 1990–1991).
Ernie Lapidus (Howie Mandel) war Trickbetrüger, bevor seine Frau Debbie (Wendy Schaal) mit ihrem Bruder Warren Pepper (Joel Brooks) das Bestattungsunternehmen ihrer Eltern in Dacron, Ohio, erbte. Entsprechend ausgefallen sind seine Ideen, das Geschäft anzukurbeln, und entsprechend unglücklich ist Warren, der den Laden gerne mit seiner bedächtigen Art weiter geführt hätte. Ernie ist nicht nur bereit, eine Frau in ihrem Maserati zu begraben, sondern auch, den Wagen dann wieder für sich selbst auszugraben (leider stellt sich heraus, dass das Auto geklaut ist). Mit ins Geschäft bringt er seinen zweifelhaften Freund Ringo Prowley (Tom Poston), der sich als sein Vater herausstellt, und den stummen Raoul (Sheldon Feldner), der ebenfalls ein Elternteil von Ernie ist: eigentlich seine Mutter, die dann allerdings eine Geschlechtsumwandlung machen ließ.
Die äußerst irrwitzige Serie mit dem Komiker Ho-

wie Mandel löste ebenso extreme Reaktionen bei Zuschauern und Kritikern aus und überlebte nur kurz. Die Grundidee fand sich später in ungleich ernsterer Form in *Six Feet Under* wieder, wo Joel Brooks mehrere Gastauftritte als homosexueller Blumenverkäufer hatte.

RUMMELPLATZGESCHICHTEN ARD

1984. 26-tlg. dt. Episodenreihe von Helmut Kissel über Schausteller und ihre Familien, die ihr Leben auf der ständigen Tour von Rummel zu Rummel verbringen.

Verschiedene ARD-Anstalten steuerten Episoden zur Serie bei, und wie beim *Tatort* gab es keine durchgehenden, aber wiederkehrende Rollen. Am häufigsten stand die Familie Wiehler im Mittelpunkt: Jean (Alexander Helfmann) und Magdalena (Lotte Barthel) sind die Senioren, die früher beim Zirkus waren. Zum Familienbetrieb gehören Sohn Hans (Erwin Scherschel), Schwiegertocher Ilse (Eva Zeidler), die Enkel Doris (Anette Krämer), Jo (Rolf Pulch) und Alex (Manfred Uhl), ein Kinderkarussell, eine Schiffschaukel und eine Schießbude. Mit Klaus, der zu Beginn im Wohnwagen geboren wird, kommt schon die vierte Generation zur Welt.

Die halbstündigen Folgen liefen in allen regionalen Vorabendprogrammen.

DIE RUMPELKAMMER DFF 1

1955–1991. Filmmagazin. Willi Schwabe, ein Schauspieler vom Berliner Ensemble, zeigt im Rahmen einer liebevoll inszenierten Spielhandlung Ausschnitte aus alten Spiel- und Revuefilmen, vor allem von der UFA. Aufhänger sind Jahrestage, Geburtstage von Schauspielern oder Zuschauerbriefe.

Schwabe steigt mit einer Laterne in seine »Rumpelkammer« hinab, wo alte Requisiten herumstehen und ein riesiger Schreibtisch mit Erinnerungen. Zwischen den Filmen erzählt er kleine Anekdoten, als hätte er die alten UFA-Stars selbst gekannt. In den ersten drei Folgen muss er die gezeigten Szenen noch mit erhobenem Zeigefinger über den politischen Hintergrund der UFA-Stars kommentieren, dann lässt man die Leute sich nur an den Ausschnitten erfreuen und verzichtet darauf.

Die Rumpelkammer war Anfang der 60er-Jahre eine der beliebtesten DDR-Sendungen sowohl bei Ost- als auch bei Westdeutschen und nicht nur bei Alten, sondern auch bei Jungen. Ab 1962 hieß sie *Willi Schwabes Rumpelkammer*. Als Schwabe 1991 nach 387 Ausgaben starb, übernahm Friedrich Schönfelder die Show. Sie wurde nach Auflösung der DFF-Länderkette eine Weile von ORB und SFB weitergeführt, aber da der ORB sie nicht allein bezahlen konnte und es keinen Platz im Ersten gab, wurde sie Ende 1992 eingestellt.

Die Reihe lief mit 45-minütigen Folgen monatlich auf wechselnden Sendeplätzen.

RUMPOLE VON OLD BAILEY ARD

1980. 11-tlg. brit. Justizserie von John Mortimer (»Rumpole of the Bailey«; 1978–1992). Horace Rumpole (Leo McKern) ist kein typischer Anwalt. Der schroffe Exzentriker übernimmt nur Verteidigungen, fast immer von »kleinen Leuten«, und interessiert sich für die Fälle, nicht für seine Karriere. Dabei ist er so geschickt, dass er seine Klienten häufig genug auch aus aussichtslosesten Situationen herauspaukt. Seine standesbewussteren Kollegen, die unter seinen Aktionen leiden, die die Ungerechtigkeiten des Systems entlarven, sind Samuel Ballard (Peter Blythe), Claude Erskine-Brown (Julian Curry) und Phyllida Trent (Patricia Hodge), die Erskine-Brown später heiratet. Hilda Rumpole (Peggy Thorpe-Bates) ist Horace' Ehefrau, die überwiegend damit beschäftigt ist, auf ihm rumzuhacken.

Die einstündigen Folgen liefen im regionalen Vorabendprogramm. Im Original kehrte Rumpole immer wieder aus dem Ruhestand zurück und brachte es auf 48 Folgen. Autor John Mortimer war selbst Rechtsanwalt.

RUND DFF 1

1973–1988. 90-minütiges Jugendmagazin mit Musik aller Richtungen (»von Schumann bis zum Jazz«), aber auch Gesprächen, politischen Interviews und Filmausschnitten. Moderatoren (im FDJ-Hemd) waren Claudia Fischer, Bodo Freudl und Heidemarie Schröder.

Die Sendung startete anlässlich der »Weltfestspiele der Jugend und Studenten« 1973 in Berlin. Sie lief einmal im Monat am Samstagnachmittag, also auf einem Sendeplatz, den auch das Westgegenstück *Beat-Club* über Jahre innehatte. Um Jugendliche noch mehr für die Show zu begeistern, wurden gelegentlich Bands aus dem Westen eingeladen.

Die Reihe brachte es auf rund 170 Ausgaben.

RUND UM DEN PAZIFIK ARTE

1998. Brit. Abenteuerdoku von und mit Michael Palin (»Full Circle With Michael Palin«; 1997).

Diese neue Expedition war noch aufwendiger als Palins Reise *In 80 Tagen um die Welt* und die *Von Pol zu Pol*. Diesmal war er fast ein Jahr unterwegs und umrundete den Pazifischen Ozean. Ja, richtig, das ist der ganz große an den Rändern der Weltkarte. Über Alaska, die Beringstraße, Sibirien, Japan, China usw., nun ja, eben einmal rund, besuchte Palin traumhafte Gegenden und schilderte die Erlebnisse mit seinem typischen Humor.

RUND UM DIE UHR ARD

1979–1980. 13-tlg. dt. Familienserie von Hans Herzog und Nikolai Zink, Regie: Manfred Seide.

Die Familie Krottke stellt ihr Leben in den Dienst des öffentlichen Personenverkehrs. Willy (Otto Mächtlinger) ist Gleisbauer und mit Gerda (Evelyn Meyka) verheiratet, Gerdas Bruder Eddi (Wolfgang Gruner) ist Busfahrer. Willy und Gerda haben zwei Kinder: Ulla (Christina Grabowsky) und Walter (Jako Benz).

Die 25-Minuten-Folgen liefen im regionalen Vorabendprogramm und kamen pünktlicher als Bus und Bahn.

RUND UM DIE UHR DFF 1
1986. 7-tlg. DDR-Familienserie von Rudi Kurz, Regie: Wolf-Dieter Panse.
Der Dienst an der Allgemeinheit hat niemals Pause. Martin Kleinau (Hans-Georg Körbel) ist Polizeiwachtmeister, seine Frau Monika (Constanze Roeder) Krankenschwester. Und zwei Kinder haben sie auch: Sabine (Ulrike Grinkmuth) und Peter (David Hoffmeister).
Die einstündigen Folgen liefen freitags um 20.00 Uhr.

RUND UM DIE WELT ZDF
1982. Reisequiz mit Rainer Holbe, Regie: Dieter Pröttel.
Vier Kandidaten, die das jeweils vorgestellte Land gut kennen, spielen gegeneinander. Für jede richtige Antwort erhalten sie eine Gutschrift von 200 Kilometern zu einem Ziel ihrer Wahl; für jede falsche Antwort werden ihnen 100 Kilometer abgezogen. Wer am Ende genügend Kilometer zusammenhat, um zum Ziel zu kommen, darf tatsächlich für eine Woche dorthin reisen.
Es ging nach Spanien, Österreich, Frankreich und Italien. Dann wurde das Quiz eingestellt. Man warf Holbe vor, er würde die Spielregeln selbst nicht verstehen.

RUND UM DIE WELT MIT WILLY FOG TELE 5
1989. 26-tlg. span.-jap. Zeichentrickserie nach dem Roman von Jules Verne (»Around The World With Willy Fog«; 1983).
Der Löwe Willy Fog wettet, dass er es schafft, in 80 Tagen um die ganze Welt zu reisen. Er wird von seinem Diener Rigodon und dessen Freund Tico begleitet und von den Sabotageversuchen von Transfer behindert.
Ohne die japanischen Zeichner wurde die Serie später in *Mit Willy Fog zum Mittelpunkt der Erde* fortgesetzt. RTL 2 ließ bei der Wiederholung das Wort »Rund« im Titel weg.

DIE RUNDE SPORT ARD
1952–1953. Sportunterricht am Dienstagabend, bei dem im Wechsel Dr. Christian Pfeil und Hugo Murero den Zuschauern innerhalb von zehn Minuten jedes Mal eine andere Sportart so sehr vermittelten, nun ja, wie das eben in zehn Minuten möglich ist.

RUSSIGE ZEITEN ARD
1993. 13-tlg. dt. Familienserie von Albert Sandner, Regie: Michael Braun.
Nach dem Tod des Kaminkehrermeisters Schlumberger übernimmt seine Tochter Gabi (Saskia Vester) probehalber für ein Jahr seinen Bezirk, den Münchner Arbeiterstadtteil Au. Ihr erfahrener Kollege Theo Kowalski (Michael Lerchenberg) hatte fest damit gerechnet, dass er das Geschäft bekommt, und macht ihr das Leben schwer. Der Lehrling Siggi Lechleitner (Michael Schreiner) steht zwischen den Fronten. Am Ende des Jahres kann Gabi feiern: Sie darf den Bezirk dauerhaft übernehmen. Trotzdem überlässt sie ihn Theo.
Die einstündigen Folgen liefen am Vorabend.

RUSSLANDS KÜSTEN – RUSSLANDS SEHNSUCHT ZDF
2003. 3-tlg. dt. Reportagereihe.
Der Moskauer ZDF-Korrespondent Dirk Sager bereist mit seinem Team wieder Russland und berichtet über das dortige Leben. Sein Weg führt ihn diesmal an die Küsten. Fortsetzung der Reihe *Russlands Ströme – Russlands Schicksal*.

RUSSLANDS STRÖME – RUSSLANDS SCHICKSAL ZDF
2001. 3-tlg. dt. Reportagereihe.
ZDF-Reporter Dirk Sager und Kollegen reisen entlang der Wolga und anderer Flüsse und beleuchten das Leben in Russland. Die Reihe wurde später in *Russlands Küsten – Russlands Sehnsucht* fortgesetzt und die Idee in *Chinas Ströme – Chinas Zukunft* sowie *Asiens Ströme – Asiens Zauber* wieder aufgegriffen.

THE RUTLES: ALL YOU NEED IS CASH ARD
1997. Britischer Spielfilm von und mit Eric Idle (»The Rutles: All You Need Is Cash«; 1978).
Der Film parodiert die Geschichte der Beatles und den Rummel um die Band. Ex-Monty-Python-Mitglied Idle gebar die Idee aus einem Segment seiner britischen Comedyshow »Rutland Weekend Television«. Ein dort gezeigter Kurzfilm kam so gut an, dass Idle einen ganzen Spielfilm daraus machte. Ex-Beatle George Harrison hatte darin einen Gastauftritt. Erst knapp 20 Jahre nach der Uraufführung wurde der Film erstmals in Deutschland gezeigt, arte strahlte ihn später als dreiteilige Miniserie mit halbstündigen Folgen im Original mit deutschen Untertiteln aus.

S

DIE SAAT DES HASSES KABEL 1
1992. 6-tlg. span. Familienserie nach dem Roman von Manuel Andújar, Regie: Eugenio Martín (»Visperas«; 1987).
Aus den einstigen Freunden Benito (Juanjo Guerenabarrena) und Miguel (Rafael Álvarez), die Anfang des 20. Jh. in Andalusien aufwachsen, werden zunehmend Fremde.

SABINE! ZDF
2004–2005. 20-tlg. dt. Schulserie von Brigitte Müller.
Wenn die Lehrerin Sabine Vogt (Bojana Golenac) mehr ferngesehen hätte, hätte sie gewusst, dass es keine gute Idee sein kann, mit Sack und Pack aus dem pfälzischen Deidesheim nach Berlin zu ihrem Freund umzuziehen und ihn ohne Vorwarnung einfach in seiner Wohnung zu überraschen, weil sie ihn dann bestimmt dabei erwischen würde, wie er mit einer anderen schläft. Konkret erwischt sie Ben Hombach (Max Urlacher) mit Maren Wolff (Mariella Ahrens), was gleich doppelt doof ist, weil die genau wie sie als Lehrerin im Novalis-Gymnasium arbeitet, er übrigens auch, sodass Sabine nun allein in einer fremden Stadt ist und jeden Tag bei der Arbeit ihren Ex-Freund und den Trennungsgrund trifft.
Direktor Dr. Frank Leitmeyer (Stefan Gubser) kann sie nicht leiden, weil Sabine – wie alle Hauptrollen spielenden Lehrer im Fernsehen – natürlich total unkonventionelle Lehrmethoden hat, die sie bei den Schülern beliebt machen. Paul (Ferenc Graefe), der Sohn des Direktors, ist in Sabines Klasse und in sie verknallt. Leitmeyer selbst hat eine Affäre mit seiner Stellvertreterin Dr. Ruth Hecker (Astrid M. Fünderich). Die Schulsekretärin Lisa (Sandra Steffl) wird Sabines beste Freundin und sittet bei Bedarf deren Sau, denn Sabine lebt mit einem Schwein namens Lili zusammen, das ihr Freunde aus der Pfalz geschenkt haben.
Das ZDF wollte eine schnelle, witzige Serie mit einer modernen Frau in der Hauptrolle, die sich ein bisschen an den Mustern und Tricks von *Ally McBeal* orientierte. Fast wäre es gelungen, hätte der Sender nicht gedacht, dass die Serie *noch* erfolgreicher werden müsste, wenn man sich auch an *Hallo, Robbie* und *Unser Charly* orientieren und ein süßes Tier einbauen würde.
Zwei Staffeln mit 50-Minuten-Folgen liefen dienstags um 19.25 Uhr. Die zweite Staffel hatte ein Ausrufezeichen mehr im Titel und gut eine Million Zuschauer weniger vor den Bildschirmen.

SABINE!! ZDF
→ Sabine!

SABINE CHRISTIANSEN ARD
Seit 1998. Polittalkshow mit Sabine Christiansen, Hans Eichel und Gästen.
Eine Stunde lang befasst sich Christiansen sonntags um 21.45 Uhr mit einem Thema der Woche, meist aus der Politik, und diskutiert es mit prominenten Gästen. Im Vergleich zu Erich Böhmes *Talk im Turm,* der den Sonntagabend als Talksendeplatz etablierte, versuchte Christiansen vor allem in der Anfangszeit, die reine Talkrunde durch verschiedene unterhaltende Elemente aufzubrechen; geblieben ist ein satirischer Einspielfilm, der jedes Thema einleitet. Die Sendung ist innerhalb der ARD nicht im Bereich Information, sondern in der Unterhaltung angesiedelt, was sie dem Einfluss der vielen Chefredakteure entzieht, deren Urteil entsprechend eindeutig ausfiel. Bereits nach wenigen Wochen hieß es, sie leite die Diskussionen zu wenig, Politiker könnten bei ihr minutenlang reden, ohne dass ihnen jemand Paroli biete: »Die gehen zu Christiansen, weil sie sich da so unwidersprochen wohl fühlen können«, sagte ein ARD-Chefredakteur, der allerdings nicht genannt werden wollte.
Die Quoten waren dank des Sendeplatzgeschenks im nahtlosen Anschluss an den *Tatort* vom ersten Tag an gut und wurden über die Jahre noch besser; die Kritiken waren vom ersten Tag an schlecht und wurden über die Jahre noch schlimmer. Christiansen hatte zweifellos die prominentesten Gäste; neben der ersten Riege der Bundespolitik kamen u. a. der britische Premier Tony Blair, der amerikanische Präsident Bill Clinton, seine Frau Hillary, Microsoft-Gründer Bill Gates und UN-Generalsekretär Kofi Annan, und gelegentlich fehlte sogar der Bundesfinanzminister Hans Eichel. Unumstritten war auch Christiansens Fähigkeit, sich so neben ihre Gäste zu setzen, dass es aussah, als würde sie zuhören oder gar eine Diskussion leiten. Der »Spiegel« nannte Christiansen eine »Journalisten-Darstellerin«; die »Süddeutsche Zeitung« bestätigte der Moderatorin zudem, »das Cremefarbene« in die Politik und ins Fernsehen gebracht zu haben. Weitgehend einig war man sich auch, dass Christiansen nicht in der Lage war, Redeschwälle von Politikern zu unterbrechen, und wenn doch, dann nur, wenn es gerade spannend wurde.
Obwohl (oder weil) in der Sendung selten eine irgendwie fruchtbare Diskussion zustande kam und im Grunde jede Woche neu vor bis zu sechs Millionen Zuschauern der Untergang Deutschlands beschworen wurde und neoliberale Vertreter ihre Rezepte zur Rettung des Landes vorstellen durften, sagte der CDU-Politiker Friedrich Merz in der 250. Sendung 2003: »Ihre Sendung bestimmt die politische Agenda in Deutschland mehr als der Bundestag.« (Die politische

Familiäre Gastarbeit im Hexenhaus. *Sabrina – Total verhext* mit Melissa Joan Hart (rechts) und ihrer Schwester Emily Hart als Gaststar. Ganz rechts: Kater Salem.

Agenda in Deutschland variierte im Lauf der Jahre zwischen »Wie krank ist Deutschland?«, »Land ohne Kinder – Land ohne Zukunft?«, »Deutschland bankrott – Euro in Gefahr?«, »Macht dieses Steuersystem Deutschland kaputt?«, »Deutschlands Jugend – viele Chancen, wenig Perspektiven?«, »Gewerkschaften, Beamte, Politiker – Wer blockiert das Land?«, »Ausbildungsmisere – Wer bietet jungen Menschen noch eine Chance?«, »Neues Jahr, neue Chance: Kommt Deutschland endlich aus der Krise?«, »Deutschland in Not: Krisen und keine Konzepte?«, »Wirtschaftsflaute, Streik – Bleibt Deutschland Schlusslicht?«, »Wohin rollt der Ball – Deutschland AG vor dem Abstieg?«, »Korruption und Stillstand – Wie kaputt ist Deutschland?« und »Polit-Gipfel: Wie kommt Deutschland aus der Krise?«)

Verheerend wirkte für den CDU/CSU-Kanzlerkandidaten Edmund Stoiber ein völlig verstotterter Auftritt bei Sabine Christiansen im Januar 2002, als er die Moderatorin mit »Frau Merkel« ansprach. In einer Sendung im September 2002 war Christiansen nicht in, nun ja, üblicher Form. Sie wirkte alkoholisiert. Die »Süddeutsche Zeitung« schrieb: »Sie schwallte nicht, sondern lallte.« Hinterher hieß es, sie habe starke Beruhigungstabletten genommen. Noch später hieß es, dies sei der Tag gewesen, an dem sie, drei Stunden vor der Live-Sendung, einen Liebesbrief von Ulla Kock am Brink an ihren Ehemann und Produzenten Theo Baltz gefunden habe, von dem sie sich daraufhin beruflich und privat trennte. Seitdem produziert ihre eigene Firma TV21 die Sendung.

Sabine Christiansen wird live aus einer blauen Kugel in der Nähe der Gedächtniskirche in Berlin gesendet. Sie war 1988 als 360-Grad-Kino gebaut worden und diente danach als schlecht beleumundete Disco.

SABRINA   RTL

1999–2000. Werktägliche Vormittagstalkshow mit Sabrina Staubitz.

Allein bei RTL war dies die fünfte tägliche Talkshow. Anders als die anderen sollte die von Ilona Christen produzierte Sendung »Lösungsansätze« bieten und weniger krawallig sein. Tatsächlich waren die Unterschiede marginal.

Die Folge mit dem Thema »Sabrina: Ich gehe in den Puff – na und?« rief die Jugendschützer der Landesmedienanstalten auf den Plan: Die Gäste hätten Prostitution verharmlost und unkritisch als lukrative Möglichkeit des Geldverdienens dargestellt, diskriminierende Verhaltensmuster gegenüber Frauen seien propagiert worden. Die Sendung verstieße damit gegen die Jugendschutzbestimmungen. Am 1. Februar 2000 lautete das Thema: »Du Waschlappen, Du hast ja nichts zu melden«. Acht Monate später erging es Sabrina ähnlich.

SABRINA – TOTAL VERHEXT   PRO SIEBEN

1998–2005. 163-tlg. US-Sitcom von Nell Scovell (»Sabrina, The Teenage Witch«; 1996–2003).

Die 16-jährige Sabrina Spellman (Melissa Joan Hart) ist halb Mensch, halb Hexe. Weil sie gern mehr Hexe wäre, wohnt sie von ihrer menschlichen Mutter getrennt bei ihren Tanten Zelda (Beth Broderick) und Hilda (Caroline Rhea), beide Hexen, und lässt sich von ihnen das Nötigste beibringen. Im Haus lebt auch der sarkastische Zauberer Salem in Gestalt einer sprechenden Katze. Zugleich ist Sabrina aber eine (fast) »ganz normale« Schülerin. Ihre beste Freundin ist anfangs Jenny (Michelle Beaudoin) und später Valerie (Lindsay Sloane), zum engeren Bekanntenkreis gehören noch Harvey Kinkle (Nate Richert) und die Cheerleaderin Libby Chessler (Jenna Leigh Green). Willard Kraft (Martin Mull) ist der stellvertretende Direktor an Sabrinas Schule. Der »Quizmaster« (Alimi Ballard) unterzieht Sabrina einer Reihe von Tests, mit denen sie ihre Hexenprüfung bestehen soll.

Die 75 Folgen der ersten drei Staffeln liefen bei uns am Samstagnachmittag, sie wurden später werktags um 18.00 Uhr wiederholt. Auf diesem Sendeplatz liefen auch neue Folgen der vierten Staffel. In den USA hatte es bereits 1970 eine Serie gleichen Titels gegeben. Diese neue Serie basierte auf dem Kinofilm »Sabrina und die Zauberhexen« mit Melissa Joan Hart. Frank Engelhardt war in der Serie die deutsche Stimme von Salem, der Katze.

DIE SACHE MIT DEM G   ZDF
1982. »Gutenberg und die Folgen«. 4-tlg. Doku-Reihe von Jürgen Voigt.

Es geht nicht nur um Leben und Werk des Erfinders der Buchdruckerkunst, Johannes Gutenberg, sondern um die Mediengeschichte bis zur modernen Kommunikationstechnik. Die Reihe entstand in Zusammenarbeit mit dem Gutenberg-Museum in Mainz und der Gutenberg-Gesellschaft.

Die halbstündigen Folgen liefen sonntags nachmittags.

SACHEN ZUM LACHEN   ZDF
1970. »Heiteres aus der Flimmerkiste«. 4-tlg. Slapstickreihe mit Ausschnitten aus lustigen alten Filmklamotten mit Oliver Hardy, Fatty Arbuckle, Billy Bevan, Charlie Chaplin, Buster Keaton, Stan Laurel und vielen anderen. Die Kommentare sprach Hanns Dieter Hüsch, die Texte stammten von Heinz Caloué, der sich anscheinend besonders viel Mühe bei der Namensfindung gab. Es traten auf: Karlchen Sausewind, der Gemüsehändler Knofelzehe, Playboy Hubertus von Zickendraht, und eine Bäckerei hieß Schmandfeger und Krümel.

Die halbstündigen Folgen liefen freitags am Vorabend. Die Reihe überbrückte die Wochen zwischen dem Ende von *Pat & Patachon* und dem ersten Auftritt von *Dick und Doof,* die Hüsch und Caloué ebenfalls bearbeitet hatten. Später wurde das Prinzip fortgesetzt mit *Männer ohne Nerven* und *Väter der Klamotte.*

SACHEN ZUM LACHEN   SAT.1
1993. 6-tlg. Witzeshow mit Dieter Hallervorden. Hallervorden steht als gut gelaunter Wirt, der selbst sein bester Gast ist, in seiner Kneipe »Neurosenstübchen«, zeigt Sketche und erzählt: »Kommt ein Mann zum Arzt ...«

SACHRANG   ARD
1978. »Eine Chronik aus den Bergen«. 3-tlg. dt. Fernsehfilm von Oliver Storz nach Motiven des Romans »Der Müllner Peter von Sachrang« von Carl Oskar Renner, Regie: Wolf Dietrich.

Die Chronik des bayerischen Dorfes Sachrang Ende des 18., Anfang des 19. Jh. Der talentierte Bauer Peter Huber, genannt Müllner-Peter (Gerhart Lippert), sollte studieren, doch er bricht sein Studium ab. Nach der Rückkehr nach Sachrang ist er ein Außenseiter und gerät in die Mühlen der Willkürjustiz von Landrichter Geier (Walter Riss), als er dem Wilderer Alois Kogler (Bernd Helfrich) das Leben rettet. Erst der Einfluss der Baronesse Terry von Lilien (Claudia Gerhardt) ermöglicht ihm die Rückkehr. Huber ist ein Universalgenie: Er ist Chorleiter, komponiert, arbeitet als Mediziner und Apotheker, lernt Sprachen. Sein Knecht Krautnudel (Oswald Fuchs) ist Kunstmaler und Kunstschnitzer.

Sachrang wird versehentlich von französischen Truppen im Kampf gegen Österreich verwüstet und die Tochter des Ertlbauern (Gustl Bayrhammer), die junge Maria Hell, genannt Marei (Silvia Janisch; als Kind: Susi Engl), von Soldaten missbraucht. Ihre Liebe zum Müllner-Peter wird zunächst nicht erwidert; sie schließt sich der Befreiungsbewegung um Andreas Hofer an. Erst nach Jahren kehrt sie zurück und heiratet Peter, der inzwischen Amtsvorsteher geworden ist und für Fortschritt und Aufklärung kämpft, doch eine Affäre mit dem Zigeunermädchen Rosanna (Tosca Landsberger) zerstört alles. Marei zündet den elterlichen Hof an und kommt ums Leben. Peter sucht Rosanna in Italien, kommt 1814 ausgebrannt zurück und führt bis zu seinem Tod ein unauffälliges Leben.

Oswald Fuchs, der den Knecht Krautnudel spielte, dem Schnitzereien und Bilder in der bekannten Ölbergkapelle bei Sachrang zugeschrieben werden, war Intendant des Innsbrucker Schauspielhauses. *Sachrang* war damals mit 3,5 Millionen DM die aufwendigste Eigenproduktion des Bayerischen Rundfunks und die bis dahin populärste: Bei der Erstausstrahlung der drei spielfilmlangen Teile saßen bis zu 16,3 Millionen Zuschauer vor den Bildschirmen.

SACHSENS GLANZ UND
PREUSSENS GLORIA   DFF 1
1985–1987. 6-tlg. DDR-Historiendrama von Albrecht Börner nach der »Sachsentrilogie« von Josef Ignazy Kraszewski, Regie: Hans-Joachim Kasprzik. Liebe, Intrigen, Machtspiele und Kriege am Dresdner Hof: August der Starke (Dietrich Körner) nimmt sich Anna Constanze Reichsgräfin von Cosel (Marzena Trybala) zur Mätresse. Ihm folgt sein Sohn, der Sachsenkönig August III. (Rolf Hoppe), auf den Thron. Er vertraut die Regierungsgeschäfte nacheinander Graf Sulkowski (Gunter Schoß) und dessen Gegenspieler Minister Heinrich Graf von Brühl (Ezard Haußmann) an. Im völligen Gegensatz zum trägen Sachsenkönig erscheint der drahtige Preußenkönig Friedrich der Große (Arno Wyzniewski).

Aus jedem Roman wurden zwei je 90-minütige Teile. Wegen des großen Aufwands der prächtigen Verfilmung entschied sich das DDR-Fernsehen für ein ungewöhnliches Verfahren: Weil der erste Roman am teuersten zu verfilmen sein würde, produzierte es zunächst die Teile 3 bis 6 (nach »Brühl« und »Aus dem Siebenjährigen Krieg«) und wartete die Publikumsreaktion ab. Die vier Teile liefen in der Weih-

nachtszeit 1985 tatsächlich mit großem Erfolg und wurden auch in die Bundesrepublik und andere Länder verkauft. Erst danach entstanden jene beiden Teile (»Gräfin Cosel«), die eigentlich als erste hätten gesendet werden müssen. 1987 zeigte das DDR-Fernsehen alle sechs Teile in der richtigen Reihenfolge. Die ARD strahlte vier Teile im März 1987 aus.
Die Kritik war weitgehend begeistert von der Verfilmung und den herausragenden Schauspielerleistungen. Die DDR-Bürger freuten sich über vergleichsweise freizügige Bettszenen und suchten und fanden in der Geschichte Anspielungen auf die Gegenwart – nicht zuletzt im Filmtitel. Die Sachsen fühlten sich in der DDR immer von den Preußen (in Ostberlin) bevormundet.
Als Gräfin Potzki spielte die spätere RTL-Wetterfee Maxi Biewer mit.

EIN SACK VOLLER FLÖHE   ARD
1989. 6-tlg. frz. Familienserie von Nicole de Buron, Regie: Nadine Trintignant (»Qui c'est ce garçon?«; 1987).
Justine (Ingrid Held) ist die 16-jährige Tochter von Marie (Marlène Jobert) und Renzo (Ugo Tognazzi) und macht ihren Eltern Sorgen. Nach einigen Männergeschichten wird sie von Louis (Nicolas Navazo) schwanger und heiratet ihn nach einigem Hin und Her – zum Entsetzen seiner Mutter (Claudine Auger), die »Superwoman« genannt wird und diese unstandesgemäße Ehe ablehnt. Die erste Zeit der jungen Familie ist hart. Und kaum hat Justine die wildesten Eskapaden hinter sich, stellen Marie und Renzo fest, dass inzwischen ihre zweite Tochter Josephine (Edwige Navarro) in einem Alter ist, in dem sie selbst für ähnliche Turbulenzen sorgt wie vorher die große Schwester.
Die einstündigen Folgen liefen im regionalen Vorabendprogramm. Nicole de Burons Buch, das als Vorlage diente, ist auf Deutsch unter dem Titel »Und dann noch grüne Haare!« erschienen.

DIE SACKETTS   ZDF
1983. 4-tlg. US-Western von Jim Byrnes nach den Romanen von Louis L'Amour, Regie: Robert Totten (»The Sacketts«; 1979).
Die drei Sackett-Brüder verlassen ihre Heimat Tennessee Richtung Westen. Tell (Sam Elliot), der Älteste, sucht nach Gold, Orrin (Tom Selleck) und Ty (Jeff Osterhage) versuchen sich als Viehtreiber und versuchen schließlich, in Santa Fe für Recht und Ordnung zu sorgen. Ihr Gegenspieler ist der reichste Mann der Stadt, Jonathan Pritts (John Vernon). Der mysteriöse Tom Sunday (Glenn Ford) hilft den beiden jüngeren Brüdern erst, wird aber später zu ihrem Gegner.
Jede Folge dauerte eine Stunde.

SAFARI   DFF 1
1989–1990. 13-tlg. tschechoslowak. Jugendserie von Václav Pavel Borovička, Regie: Radim Cvrček (»Safari«; 1986).

Monika (Katharina Šulajová) und Janko (Eman Hasoň) erleben in einem kleinen Safarizoo, in dem ihr Vater (Michal Dočolomanský) der Direktor und die Mutter (Zuzana Cigánová) die Museumsleiterin ist, viele Abenteuer. Der Schimpanse Dodo, um den sich der Pfleger Pipichta (Lubomír Kostelka) kümmert, hält alle auf Trab, für zusätzlichen Wirbel sorgen ein Schloss, ein Schatz und der geheimnisvolle Herr Romero (Milan Kňažko).
Die halbstündigen Folgen liefen freitags um 17.45 Uhr.

SAG DAS NOCHMAL, DARLING!   ARD
1983–1984. 19-tlg. US-Sitcom von Norman Lear (»All's Fair«; 1976–1977).
Wo die Liebe hinfällt: Der erzkonservative 49-jährige Politkolumnist Richard C. Barrington (Richard Crenna) und die feministische 23-jährige Fotografin Charlotte »Charley« Drake (Bernadette Peters) sind ein Paar, streiten aber – logischerweise – dauernd, wenn es um Politik geht. Und um Politik geht es fast immer, hier in Washington, D.C.; auch die Freunde der beiden sind alle irgendwie politisch engagiert: Allen »Al« Brooks (J. A. Preston) ist Richards ebenfalls konservativer Assistent, dessen Freundin Lucy Daniels (Lee Chamberlain) arbeitet für CBS News, Charleys Mitbewohnerin Ginger Livingston (Judy Kahan) hat ein Verhältnis mit einem Abgeordneten, Richards Freund Wayne Joplin (Jack Dodson) ist ein demokratischer Senator, der ein Assistent von Präsident Carter wird, für den Lanny Wolf (Michael Keaton) die Gags schreibt.
Die halbstündigen Folgen liefen am Vorabend.

SAG DIE WAHRHEIT   ARD, BR, SWR
1959–1971 (ARD); 1986–1993 (BR); 1994–1995 (ARD); seit 2003 (SWR). Halbstündiges Ratespiel.
In zwei Raterunden behaupten jeweils drei Gäste, eine Person mit einer besonderen Geschichte, einer besonderen Fähigkeit oder einem ausgefallenen Beruf zu sein. Jeder der drei stellt sich zu Beginn mit dem gleichen Namen und der gleichen Erklärung vor. Ein vierköpfiges Rateteam muss durch Fragen herausfinden, wer von ihnen die Wahrheit sagt. Die Rater sind nacheinander an der Reihe, und jeder darf jeden befragen. Anschließend legt sich jeder auf einen Kandidaten fest, der seiner Meinung nach der Echte ist. In der dritten Runde versammeln sich die vier Lügner der ersten beiden Runden, von denen einer doch noch ein Geheimnis mit sich trägt, dem das Team wieder auf die Schliche kommen muss – diesmal fragt jeder nur einen Kandidaten aus und tippt dann, ob er lügt oder die Wahrheit sagt.
Die deutsche Version des US-Formats »To Tell The Truth«, das dort 1956 startete, ist eine der langlebigsten Shows im deutschen Fernsehen. Sie wurde schon zweimal eingestellt, kam aber jedes Mal zurück. Die Laufbahn der Sendung begann in den regionalen Vorabendprogrammen. Erster Moderator war der Nürnberger Staatsanwalt Hans Sachs, der als Ensemblemitglied von *Was bin ich?* selbst Erfahrungen

in einem Rateteam gemacht hatte. Im Herbst 1961 übernahm Wolf Mittler, 1965 Guido Baumann. Zum Rateteam gehörten u. a. Petra Schürmann, Dr. Hans Stotz, Dr. Reinhold Kreile und wechselnde Gäste. Stotz wechselte später den Platz und wurde Baumanns Nachfolger als Moderator. 1971 verschwand die Reihe zum ersten Mal aus dem Programm.

15 Jahre später kehrte sie ins Bayerische Fernsehen zurück. Bernd Stephan war der Moderator, Günther Jauch, Daniela Harder und Saskia Sperl bildeten den festen Teil des Rateteams. 1993 übernahm Gerd Rubenbauer die Moderation; mit ihm wurde die Reihe im folgenden Jahr wieder ins Erste übernommen, zunächst donnerstags um 22.00 Uhr und ein weiteres Jahr später erstmals in die Primetime, dienstags um 21.15 Uhr. Im Rateteam saßen nun u. a. Marianne Mendt, Hubertus Meyer-Burckhardt und Werner Schmidbauer.

Nach acht Jahren Pause folgte eine weitere Auferstehung, jetzt im Südwestfernsehen und mit Michael Antwerpes. Smudo (von der Band Die fantastischen Vier), Bärbel Schäfer, Wolfgang Völz und Barbara Schöneberger waren die prominentesten Namen im mehrfach neu zusammengestellten Rateteam. Die Versionen in den Dritten Programmen wurden jeweils von anderen Dritten übernommen.

SAG JA! SAT.1

2001–2002. Zweistündige Sonntagabendshow mit Franklin und Nova Meierhenrich als Co-Moderatorin »in besonderer Mission«.

Es dreht sich alles um Liebe und Heirat, Gefühle und Tränen. Drei Paare werden überrascht und in die Show »entführt«. Die Frauen haben die Möglichkeit, ihren verdutzten Männern einen spontanen Heiratsantrag zu machen. Die haben dann eine halbe Stunde Zeit zum Nachdenken, und wenn sie wollen, werden sie noch in der Show verheiratet.

Zwei Folgen liefen wenig erfolgreich im Sommer 2001 mit dem Untertitel »Willkommen zu deiner Hochzeit!«, drei weitere Anfang 2002 mit der neuen Unterzeile »Heute heiratest du«, zwei davon samstags um 19.00 Uhr auf 75 Minuten gekürzt.

SAG MAL AAH ARD

1991. 27-tlg. dt. Sitcom.

Die Hausärztin Dr. Claudia Winkler (Monika Woytowicz) verliebt sich in den Arzt Dr. Hans Landsberg (Michael Zittel). Den Haushalt mit ihrer verzogenen Tochter Ulli (Lisa Wolf), dem erwachsenen Sohn Christoph (Michael Sideris) und dessen Frau Pia (Birge Schade) schmeißt die Haushälterin Maria Doberstein (Veronika Nowag-Jones), die mit Kurt (Philipp Sonntag) verheiratet ist.

Adaption der holländischen Comedyserie »Zeg 'ns Aah«. Die halbstündigen Folgen liefen freitags am Vorabend.

DAS SAHARA-PROJEKT ZDF

1993. 4-tlg. dt. Politthriller von Helmut Krapp und Horst Vocks, Regie: Hans Noever.

Der umweltbewusste Wissenschaftler Thomas Altenburg (Peter Bongartz) will die Erde vor dem Untergang durch den Treibhauseffekt bewahren. Die ersten Klimakatastrophen sind bereits geschehen, die Insel Sylt gibt es nicht mehr. Doch der mächtige Graf Leo Waldegg (Michael Degen) und seine Frau Giovanna (Delia Boccardo) haben ihr Geld gerade nicht in alternative Energiegewinnung investiert und wollen die Umsetzung von Altenburgs Plänen für flächendeckende Versorgung durch Solarstrom aus der Sahara um jeden Preis verhindern. Nebenbei sind alle noch in komplizierte Liebesgeschichten verwickelt.

Die Folgen hatten Spielfilmlänge. Bongartz, Degen und Boccardo hatten die gleichen Rollen bereits in *Mission Eureka* gespielt, das allerdings als europäisches Gemeinschaftsprojekt ziemlich misslang. Schon dort war das hübsche Intrigenspiel zwischen dem guten Altenburg und dem bösen Waldegg zentraler Bestandteil.

SAILOR MOON ZDF, RTL 2

1995–1996 (ZDF); 1998. 200-tlg. jap. Zeichentrickserie für Kinder (»Bishoujo Senshi Sailor Moon«; 1992).

Der 14-jährigen Bunny Sukino, einer etwas schusseligen und weinerlichen Schülerin, läuft eines Tages die schwarze Katze Luna über den Weg und sagt ihr, sie sei auserwählt, von nun an gegen das Böse in der Welt zu kämpfen. Mit Hilfe von Lunas Zauberstein verwandelt sich das Mädchen in »Sailor Moon« und nimmt mit ihren Freundinnen den ewigen Kampf für das Gute auf.

Die halbstündigen Folgen liefen zunächst wöchentlich im Kinderprogramm des ZDF am Wochenende. Ab Folge 47 wechselte die Serie ins werktägliche Nachmittagsprogramm von RTL 2 und wurde im Doppelpack mit *Pokémon* beim ganz jungen Publikum zu einem sensationellen Erfolg. Zur Serie erschienen auch zahllose Hörspiel-CDs.

SAINT MARTIN –
ABENTEUER UNTER PALMEN VOX

2001–2002. 125-tlg. frz. Abenteuer-Soap (»Surprises«; 1996–1998).

Die Freunde Laly (Laly Meignan), Linda (Lynda Lacoste), Manuela (Manuela Lopez), Bénédicte (Laure Guibert), José (Philippe Vasseur), Olivier (Olivier Casadesus), Nathalie (Karine Lollichon), Cynthia (Annette Schreiber) und Jimmy (Tom Schacht) betreiben gemeinsam eine Bar auf der Karibikinsel Saint Martin und organisieren Segeltouren für Touristen. Nicolas (Patrick Puydebat) lernten die Freunde dort kennen; er half ihnen, sich zurechtzufinden, als sie noch neu auf der Insel waren.

Die einstündigen Folgen liefen werktags mittags.

SALOMÉ RTL 2

2003. 150-tlg. mexikan. Telenovela (»Salomé«; 2001).

Durch Zufall lernt die Nachtclubbesitzerin Salomé (Edith González) den reichen Julio Montesino (Guy

Ecker) kennen, Sohn einer der wohlhabendsten Familien Mexikos. Die beiden verlieben sich ineinander.

Kurz vor dem Start dieser Serie hatte RTL-2-Chef Josef Andorfer angekündigt, einen Spartenkanal für Telenovelas starten zu wollen, den Plan dann aber wieder verworfen. Die erfolglose Ausstrahlung dieser Serie im täglichen Vormittagsprogramm dürfte den Plan endgültig zunichte gemacht haben. Die besonderen Vorzüge dieser Form der TV-Unterhaltung wissen auch unter den jugendlichen RTL-2-Guckern nur wenige zu schätzen: Extrem niedrige Produktionskosten zwingen zu abstrakten Kulissen, superschnelle Szenenwechsel suggerieren Handlung, das Ganze getragen von stark überzeichneten Charakteren – hier sind Schurken noch schurkiger als schurkig, Schwule noch schwuler als schwul und Verrückte noch irrer als crazy. Alles zusammen macht *Salomé* zu einer Straße ohne Linden auf Crack.

SALTO KOMMUNALE ZDF

1998–2001. 26-tlg. dt. Sitcom von Inge Ristock, Jens Weidemann und Gunter Antrak, Regie: Franz Josef Gottlieb.

Nachfolger von *Salto Postale*: Nach der Schließung des Postamts findet Wolfgang Stankoweit (Wolfgang Stumph) einen neuen Job als Bürovorsteher in der Gemeindeverwaltung von Niederbörnicke. Dort gerät er oft mit Bürgermeisterin Ingrid Schikaneder (Angelika Milster) aneinander. Dennoch gelingt es ihm, auch seinen arbeitslosen Kollegen Rudi Reschke (Achim Wolff) dort unterzubringen. Nach einem Jahr bekommt Niederbörnicke mit Beginn der zweiten Staffel einen neuen Bürgermeister und damit Stankoveit einen neuen Vorgesetzten. Es ist ausgerechnet sein Ex-Chef Maximilian Mäßig (Hans-Jürgen Schatz).

Die Reihe lief aus unerfindlichen Gründen trotz ältester Kalauer und plumpester Schauspielerei ebenso erfolgreich wie die Vorgängerserie auf dem gleichen Sendeplatz am Sonntag gegen 22.00 Uhr.

SALTO MORTALE ARD

1969–1972. »Die Geschichte einer Artistenfamilie«. 18-tlg. dt. Familienserie von Heinz Oskar Wuttig und Horst Pillau, Regie: Michael Braun.

Die Schweizer Artistenfamilie Doria geht mit dem Zirkus Krone als »The Flying Dorias« auf große Europatournee. Carlo (Gustav Knuth) ist der gutmütige Familienvater, Kopf und Organisator der Truppe. Sein ältester Sohn Mischa (Hellmut Lange) war früher der Fänger am Trapez, kann aber seit einem Brand, bei dem Mutter Doria ums Leben kam, seine Hände nicht mehr richtig benutzen. Neuer Fänger ist jetzt sein Bruder Sascha (Horst Janson). Er ist mit der Südeuropäerin Lola (Gitty Djamal) verheiratet, betrügt sie zwar mit Maria (Frances Fair), der Frau des Magiers, entscheidet sich dann aber, bei Lola und den beiden Kindern Biggi (Andrea Scheu) und Pedro (Nicky Makulis) zu bleiben.

Die anderen Trapezkünstler der Familie sind Viggo (Hans-Jürgen Bäumler), Carlos jüngster Sohn, der für seinen Salto mortale berühmt ist, sowie Tochter Francis (Margitta Scherr) und ihr Mann Rudolfo (Andreas Blum), die einen Sohn namens Tino haben. Mischa gelingt nach einigen Anläufen ein Comeback mit einer Kunstschießnummer, mit Ex-Kindermädchen Henrike (Ursula von Manescul) als Partnerin. Außerhalb der Familie gehören zum Zirkus noch die Dompteuse Lilly Swoboda, genannt Ti-

Salto Mortale:
Doria-Brüder Horst Janson (Mitte) und Hans-Jürgen Bäumler (rechts) mit Gaststar Wolfgang Völz.

Salto Postale mit Wolfgang Stumph (Mitte), Achim Wolff und Franziska Troegner.

ger-Lilly (Kay Fischer), Direktor Kobler (Hans Söhnker), seine Sekretärin Helga (Sabine Eggerth) und der Clown Nitschewo (Walter Taub), der allerdings schon in Folge 3 stirbt. Dessen Tochter Nina (Karla Chadimová) und Viggo sind ein Paar und heiraten in Folge 15. Jacobsen (Joseph Offenbach) ist der Agent der Dorias.

Dank der gelungenen Mischung aus atemberaubenden Zirkusaufnahmen und den Konfliktgeschichten einer klassischen Familienserie wurde *Salto Mortale* ein erfolgreicher Dauerbrenner. Von Rolf-Hans Müller stammte die berühmte Titelmusik, die man heute noch sofort wiedererkennt, weil sie fast immer benutzt wird, wenn es irgendwo um das Thema Zirkus geht. Die zu Beginn der Serie elfjährige Andrea Scheu, Darstellerin der Biggi, blieb auch als Erwachsene der Schauspielerei treu. Unter dem Namen Andrea L'Arronge wirkte sie u. a. in *Anwalt Abel* und *SOKO Kitzbühel* mit.

Die Folgen waren eine Stunde lang. Zwei Staffeln liefen mittwochs um 21.00 Uhr. Die Episodentitel bezeichneten immer das Gastspiel in der jeweiligen Stadt, darunter Hamburg, Neapel, Amsterdam, Venedig, Paris, London, Prag und Wien.

SALTO POSTALE   ZDF
1993–1996. 24-tlg. dt. Sitcom von Gunter Antrak und Inge Ristock.

Der schlitzohrige Postangestellte Wolfgang Stankoveit (Wolfgang Stumph) kommt aus Dresden und treibt jetzt in einem Postamt in Niederbörnicke bei Potsdam seinen Chef Maximilian Mäßig (Hans-Jürgen Schatz) in den Wahnsinn. Der ist ohnehin ein Wessi. Außerdem ist er verbohrt und will immer haarklein alle Vorschriften einhalten. Dieses Ansinnen nutzt Stankoveit dann für seine Zwecke, dreht den Spieß um und legt Mäßig – streng nach Vorschrift – aufs Kreuz. Stankoveits Kollege und Freund ist der schüchterne Langweiler Rudi Reschke (Achim Wolff). Die Briefträgerin Carmen Hubsch (Franziska Troegner) und die Sachbearbeiterin Yvonne (Myriam Stark) sind weitere Kolleginnen, Frau Kaiser (Yvonne Peters) und Herr Klatschbier (Gunter Antrak) bilden die Stammkundschaft.

Das Postamt ist dauernd in Geldnot. Von 1994 bis 1995 wird deshalb ein Teil der Räume untervermietet, und Franziska Velten (Beatrice Richter) zieht mit ihrem Reisebüro ein. Reschkes Tochter Simone (Gunda Ebert) fängt als Azubi bei der Post an. Später drohen Rationalisierungsmaßnahmen, dann der Abriss, Reschke ist schon beinahe im Ruhestand, schließlich kann das Blatt doch noch einmal gewendet werden. Am Ende kündigt Mäßig etwas voreilig, weil er auf einen besseren Posten spekuliert, den er dann aber doch nicht bekommt. Mäßig möchte zurückkommen, neuer Chef ist aber inzwischen Stankoveit.

Die DDR-Berühmtheit Stumph, dort vor allem als Kabarettist und Sketchpartner von Gunther Emmerlich in *Showkolade* bekannt, wurde mit dieser Serie endgültig ein gesamtdeutscher Star. Sie lief in vier Staffeln zu sechs Folgen erfolgreich sonntags gegen

22.00 Uhr. Jede dauerte 25 Minuten. Den Titelsong sangen Die Prinzen. Ihren Hit »Ich wär so gerne Millionär« machten sie zu »Ich wär so gerne bei der Post«. 1998 startete die Fortsetzungsserie *Salto Kommunale,* die die Handlung in die Gemeindeverwaltung verlegte.

SALTY, DER SEELÖWE RTL

1996–1997. 20-tlg. US-Abenteuerserie von Eric Freiwald, Regie: Ricou Browning (»Salty«; 1974–1975).
Die Eltern von Taylor Reed (Mark Slade) und seinem jüngeren Bruder Tim (Johnny Doran) sind bei einem Hurrikan ums Leben gekommen. Seitdem leben die Jungen bei dem ehemaligen Anwalt Clancy Ames (Julius Harris), dem der Seelöwe Salty gehört. Clancy betreibt nun eine Bootswerft, und Taylor hilft ihm dabei. Tim und der Seelöwe sind sofort ein Herz und eine Seele, und so verbringen die Freunde Tim, Salty und Rod Porterfield (Vincent Dale) ihre abenteuerliche Freizeit miteinander.
Jede Folge war eine halbe Stunde lang. Die Serie basierte auf dem Film »Mein Freund Salty«, in dem die Jungen Clancy kennen lernten, als der gerade Salty verkaufen wollte. Das Tier stammte aus einem aufgelösten Zirkus, und die Brüder konnten den Verkauf natürlich verhindern. Gedreht wurden Film und Serie in einem Zug, gesendet wurden sie in Deutschland im Abstand von 19 Jahren. Die ARD hatte den Film Heiligabend 1977 gezeigt. Cliff Howard hatte darin die Rolle des Tim gespielt.
Produzent war Ivan Tors, der ausschließlich Tier- und Wasserserien produzierte, darunter *Daktari, Flipper, Abenteuer unter Wasser* und *Gefahr unter Wasser.*

SALVAGE 1 – HINTER DER GRENZE
ZUM RISIKO RTL

1997. 19-tlg. US-Abenteuerserie von Michael Lloyd Ross (»Salvage-1«; 1979).
Das ist mal praktizierter Umweltschutz: Der Schrotthändler Harry Broderick (Andy Griffith) baut sogar eine Rakete, um den wertvollen Müll aus dem All zurückzuholen, den die Astronauten dort hinterlassen haben, oder alte Satelliten mit ihrer wertvollen Goldschicht einzufangen. Manchmal tun es als Ziele aber auch eine B 52 im Dschungel, Diamanten in einem aktiven Vulkan und Eisberge vom Nordpol (die brachte er einer unter Dürre leidenden Insel). Zu seinem Team gehören der frühere Astronaut Skip Carmichael (Joel Higgins) und die Treibstoffexpertin Melanie Slozar (Trish Stewart). Der FBI-Agent Jack Klinger (Richard Jaeckel) passt auf, dass Broderick nicht zu viele Dummheiten macht.
Die einstündigen Folgen liefen sonntags vormittags.

SALZBURGER NOCKERLN RTL

1993. 12-tlg. dt. Familienserie.
Carolin (Sissy Höfferer) führt das Kaffeehaus »Tomaselli« in Salzburg, in dem Josef (Rudolf Wessely) als Oberkellner arbeitet. Sie hat einen Sohn, Andi (Christian Huber), auf dessen Lehrer Bernhard Windgasser (Otto Clemens) sie ein Auge geworfen hat. Zu ihren Gästen gehören die alte Gräfin Masefi (Susi Nicoletti), für die James Alexander (Ron Williams) als Butler arbeitet, Sir Howard (Folker Bohnet) und der Musikprofessor Busserl (Gerd Lohmeyer).
Die einstündigen Folgen liefen freitags um 21.15 Uhr.

SAM ARD

1974. »Die Geschichte einer englischen Bergarbeiterfamilie in den 30er-Jahren«. 13-tlg. brit. Familienserie von John Finch (»Sam«; 1973–1975).
Das Dorf Skellerton in Yorkshire ist in den 30er-Jahren ganz von Kohlebergbau, Arbeitslosigkeit und Armut bestimmt. Schon im Alter von 14 Jahren muss Sam Wilson (Kevin Moreton) mit in die Grube. Er wächst ohne Vater auf, der ihn und seine Mutter Dora (Barbara Ewing) verlassen hat. Sein Großvater Toby Wilson (Frank Mills) sowie die Eltern seiner Mutter, Jack (Michael Godliffe) und Polly Barraclough (Maggie Jones), kümmern sich um ihn. Sein Onkel George (Ray Smith), der mit Ethel (Alethea Charlton) verheiratet ist und nach fünf Jahren Arbeitslosigkeit wieder einen Job in der Mine bekommen hat, behandelt ihn wie einen Sohn. Nur Onkel Frank (James Hazeldine) studiert, anstatt im Bergwerk zu arbeiten.
Jede Folge dauerte 50 Minuten. Zwei weitere Staffeln, die nicht in Deutschland liefen, schildern das Leben des erwachsenen Sam (Marc McManus), der versucht, die düstere Vergangenheit hinter sich zu lassen.

SAM PRO SIEBEN

Seit 1995. Halbstündiges Boulevardmagazin am Mittag.
Moderiert wurde die Sendung zunächst von Susann Atwell, ab 1998 von Alexander Mazza. Im Oktober 1999 wurde die Sendezeit auf eine Stunde verdoppelt, der Beginn von 13.30 Uhr auf 13.00 Uhr vorverlegt. Silvia Laubenbacher kam als neue Moderatorin hinzu und wechselte sich fortan mit Alexander Mazza ab, bis der 2004 zu *Brisant* ging. Seit die Sendezeit eine Stunde betrug, wurde *SAM* als Abkürzung für »Stunde am Mittag« erklärt. Anfangs hatten die Buchstaben wahrscheinlich für »Susann Atwells Magazin« gestanden, erklärt wurde es nicht. 2002 übernahm Dominik Bachmair eine Krankheitsvertretung und schaffte es damit, an einem Tag drei Sendungen zu moderieren: *SAM, Taff* und *Bizz.*

SAMSTAG NACHT RTL
→ RTL Samstag Nacht

SAMSTAGNACHMITTAG ZU HAUSE ARD

1958–1967. Bunte Unterhaltungsshow mit Hans Reinhard Müller und Gästen, viel Musik, Filmbeiträgen und Serien, darunter regelmäßig *Lassie.* Lief tatsächlich samstags nachmittags; die Sendelänge schwankte zwischen einer und zwei Stunden.

SAMSTAGSKRIMI ZDF

Seit 1995. Reihe mit hochwertigen eigenproduzierten Krimis in Spielfilmlänge, die samstags um 20.15 Uhr gezeigt werden.

Gleich aus zwei Nöten versuchte das ZDF eine Tugend zu machen: Die Zeit der »großen Samstagabendshow« war vorbei, und im Spielfilmgeschäft kauften die Privatsender alle Attraktionen weg. Die 90-minütigen Krimis, für die das ZDF zuvor keinen Reihenplatz hatte, sollten dem Samstagabend nicht nur ein neues Profil geben, sondern sich auch gut ins Ausland verkaufen lassen und waren entsprechend hochklassig. Der Plan ging auf: Unter dem Label »Samstagskrimi im ZDF« führte der Sender vorher begonnene Reihen wie *Bella Block* und *Rosa Roth* erfolgreich weiter, konnte Einzelfilme auf ihre Reihentauglichkeit testen und etablierte Krimis wie *Stubbe – Von Fall zu Fall, Die Verbrechen des Professor Capellari, Ein starkes Team, Anwalt Abel* und *Einsatz in Hamburg*.

SAMT UND SEIDE ZDF

2000–2005. 114-tlg. dt. Soap von Michael Baier, Regie: Gunter Friedrich, ab der fünften Staffel: Sebastian Monk.

Eigentlich soll der Jungmanager Florian Unger (Michael von Au) das Augsburger Textilunternehmen Althofer im Auftrag des zwielichtigen Bankiers Dr. Dieter Lausitz (Andreas Wimberger) liquidieren. Doch er ist von dem Laden so angetan, dass er ihn gemeinsam mit Seniorchef Wilhelm Althofer (Charles Brauer) und dessen Söhnen Roland (Marcus Mittermeier), dem Älteren, und Felix (Stephan Ullrich) rettet. Besonders angetan ist er von der Näherin Lena Czerni (Christina Rainer), die sich zur Chefdesignerin hocharbeitet und in Wirklichkeit Wilhelms uneheliche Tochter ist. Zwischen ihr und Wilhelms anderer Tochter Cornelia (Elisabeth Lanz), einer talentierten Pianistin, ist Florian hin- und hergerissen.

Wilhelm macht Florian zum Geschäftsführer, setzt ihm dann aber Roland vor die Nase. Der heiratet im Februar 2000 Birgit (Kathrin Spielvogel), die Tochter des befreundeten Brauereibesitzers August Meyerbeer (Hans Korte). Das Ex-Model Sylvia Althofer (Elisabeth Niederer) ist die zweite Frau des Seniorchefs, Hedda Offenbach (Diana Körner) seine Ex-Frau und Mutter der drei legitimen Kinder.

Zur Althofer-Belegschaft gehören Chefsekretärin Marion Stangl (Barbara Rath-Korte), Rolands Sekretärin Waltraud Michel (Katerina Jacob), die Näherin Natalie Sailer (Tabea Heynig), zeitweilige Lebensgefährtin von Felix und beste Freundin Lenas, mit der sie zusammen wohnt, Pförtner Urs Danner (Philipp Brammer), Betriebsleiter Paul Wieland (Martin Ontrop), die ursprüngliche Chefdesignerin Ilona von Dietrichsen (Ute Cremer), Fahrer Leo Waitz (Philipp Saiser), dessen spätere Frau Emma Martinek (Monika Hirschle), die das Nähatelier leitet, der Angestellte Jan Lederacht (Christian Kahrmann), die Computerexpertin Isabella Cortez (Sotiria Loucopoulos) und der Buchhalter Ewald Kunze (Nikol Voigtländer). Katharina Schirmer (Enzi Fuchs) führt den örtlichen Landgasthof.

Wilhelm Althofers Gesundheitszustand ist von Beginn an schlecht. Im April 2000 erleidet er zwei Schlaganfälle und fällt für einige Wochen ins Koma. Danach zieht er sich mehr und mehr aus dem aktiven Geschäftsleben zurück, was Hedda zu dem Versuch nutzt, die Firmengeschicke an sich zu reißen. Nachdem auch Sylvia ihn verlassen hat, entdeckt Wilhelm seine Liebe zu Lenas Mutter Rosa (Mona Seefried) neu. Im Juni heiraten Florian und Cornelia; sie ist schwanger. Florian kommt kurz darauf bei einem Autounfall ums Leben.

In der zweiten Staffel ab Herbst 2001 gründet Lena ihre eigene Althofer-Tochterfirma Fashion Factory, Wilhelm und Rosa ziehen aufs Land und eröffnen ein kleines Theater. Wilhelm lässt sich entmündigen, um einer Bestrafung wegen Steuerhinterziehung zu entgehen, Rosa erliegt einem plötzlichen Krebsleiden, Cornelias Baby, Florian junior (Thomas Hochgesand), kommt zur Welt, Lena zieht zu Wilhelm, Roland und Birgit werden geschieden, Cornelia heiratet den Anwalt Andreas Straubinger (Jens Schäfer). Paul, Marion, Isabella, Emma, Leo und Ewald gewinnen im Lotto und investieren den Gewinn ins marode Althofer-Unternehmen, das ebenso wie die Familie dauerhaft vor dem Abgrund steht. Lena beginnt eine Beziehung mit dem Fotografen Chris Gellert (Martin Gruber), und während all dies geschieht, torpedieren die Althofer-Kinder unentwegt Lenas Karriere.

Im Herbst 2002 beginnt die dritte Staffel mit einem Selbstmordversuch Rolands, der sich anschließend nach Griechenland absetzt und dort die Stripperin Silke Richter (Mareike Fell) heiratet. August Meyerbeer übernimmt die Macht bei Althofer, heiratet Hedda, der Kaufmännische Leiter Dr. Wilfried Holzknecht (László I. Kish) kommt dazu, ebenso Alf Benrath (Markus Böker), das Unternehmen geht an die Börse. Lena ist schwanger von Chris, verliert das Baby aber und nimmt die Jugendliche Angela Materna (Antonia Reß) bei sich auf. Waltraud kommt mit dem Taxifahrer Bernd Onasch (Hartmut Schreier) zusammen, und Cornelia stirbt nach einem Flugzeugabsturz in Straubingers Privatmaschine. In ihrem letzten Willen übergibt sie Klein-Florian in die Obhut Lenas.

Die vierte Staffel im Herbst 2003 bringt ein Zerwürfnis zwischen Lena und Birgit; Letztere intrigiert ab jetzt auch gegen ihre frühere Freundin. Leo und Emma trennen sich, Roland und Silke auch, dafür versöhnen sich Roland und Birgit. Die Beziehung zwischen Lena und Chris zerbricht, und Lena geht eine kurze neue Beziehung mit dem Banker Max Roemer (Siemen Rühaak) ein. Sie steigt aus dem Unternehmen aus und mietet für Angela eine kleine Boutique. Althofers neuer Chefdesigner Daniel Kruse (Martin Armknecht) ist völlig überfordert. Inge Fabian (Martina Schütze) wird Felix' neue Sekretärin. Leo eröffnet von seinem Lottogewinn jetzt einen

Kiosk, Waltraud und Bernd verunglücken tödlich in Bernds Auto. Natalie und Felix heiraten, Lena steigt wieder bei Althofer ein. Dafür steigt Wilhelm aus und eröffnet mit seiner Ex Sylvia ein Hotel auf Mallorca. Roland und Birgit trennen sich wieder.
In der fünften Staffel spielt Roland aber weiter den braven Ehemann, denn Birgit ist nun nervenkrank und hat ihr Gedächtnis verloren, glaubt also, weiter mit Roland verheiratet zu sein, und August Meyerbeer bittet Birgits Umfeld, ihr heile Welt vorzuspielen, damit es nicht noch schlimmer wird. Das wird es nicht, und so schnell Birgit plötzlich krank war, ist sie auch plötzlich wieder gesund. Zeitgleich hat Roland eine Affäre mit Manuela Pfisterer (Saskia Schwarz), die von ihm schwanger wird. Felix' und Natalies Baby Sarah kommt zur Welt.
Die Althofer-Firma heißt nun ACF, und Stefan Gronewoldt (Tim Williams), der gerade noch Tierpfleger in Südafrika war, übernimmt im Herbst 2004 die Aktienmehrheit. Das ist auch gut so, denn Lena braucht ja einen neuen Staffelkerl. Es dauert aber noch einige Folgen, bis sie sich kriegen. Erst fährt Lena noch geschäftlich nach Südafrika, hat in der Savanne einen Herzinfarkt, und Stefan dirigiert ihre Fahrerin telefonisch zum nächsten Krankenhaus, wo er sie dann auch besucht. Seine Schwester Katharina van der Looh (Karin Giegerich) will mit aller Gewalt die Firma übernehmen, buchstäblich mit aller Gewalt: Inge Fabian wird mit einer alten Webmaschine in die Luft gesprengt. Derweil sind auch innerhalb von ACF die Fronten geteilt: Die Familie will Stefan hinausdrängen, nur Lena hält zu ihm und nimmt außerdem seinen Heiratsantrag an. Birgit wird drogensüchtig, rastet aus und will Lena erschießen, Stefan wirft sich dazwischen, wird aber nur angeschossen. Und zwischendurch findet Stefan heraus, dass seine Mutter seine erste Frau ermordet hat.
Die einstündigen Folgen dieser »lebensnahen« Serie (ZDF-Pressetext) liefen erfolgreich am frühen Donnerstagabend. Der Titelsong der australischen Band Savage Garden wirkte anfangs etwas deplatziert, erhielt mit dem Dahinscheiden massenhaft verunfallter Charaktere aber doch noch einen Sinn: Er hieß »Crash And Burn«.

SAN FRANCISCO AIRPORT ARD
→ Flugalarm in San Francisco

SANCHO UND PANCHO ARD
→ Der rosarote Panther

SANDBAGGERS SAT.1
1985–1986. 19-tlg. brit. Spionageserie von Ian Mackintosh (»The Sandbaggers«; 1978–1980).
Neil Burnside (Roy Marsden) ist der skrupellose Chef der Spezialeinheit SIF des britischen Geheimdienstes, die »Sandbaggers« genannt wird. Er erhält seine Aufträge von »C«. Hinter diesem Buchstaben verbergen sich Sir James Greenley (Richard Vernon) und John Tower Gibbs (Dennis Burgess). Burnside schickt seine Agenten dann um die Welt, um höchst gefährliche Missionen im Kalten Krieg zu erfüllen, zu denen auch schon mal die Ermordung eines von Gegnern gefangen genommenen Kollegen gehört, damit der keine Geheimnisse verraten kann. Im Team sind Willie Caine (Ray Lonnen), der erste Mann, Alan Denson (Steven Grives), Laura Dickens (Diane Keen), mit der Burnside ein Verhältnis hat, die er aber später – im Dienst der Sache natürlich – ermorden lässt, Mike Wallace (Michael Cashman) und der Vizechef Matthew Peele (Jerome Willis). Ihr Ansprechpartner im Außenministerium ist Staatssekretär Sir Geoffrey Wellingham (Alan MacNaughtan).
Die Serie lebte nicht von Actionszenen, sondern von Dialogen und zeigte das Agentenleben nicht als glamourös oder von technischen Gimmicks bestimmt wie in den vielen James-Bond-Varianten, sondern als gnadenlosen Job. Die »New York Times« nannte die Serie 2003 »die beste Spionageserie in der Geschichte des Fernsehens«. Autor Ian Mackintosh war Offizier in der Marine. Er kannte sich bestens aus und war vermutlich selbst ein Agent. Er starb 1979 bei einem mysteriösen Flugzeugabsturz.
Eine der 20 Originalfolgen lief nicht im deutschen Fernsehen, die anderen zeigte Sat.1 freitags am Vorabend. Sie dauerten 50 Minuten.

SANDKASTEN-DJANGOS ARD
1988. 6-tlg. dt. Kinderserie.
Die Sandkasten-Djangos sind die Hamburger Jungs Fetzer (Oliver Strubel), Benny (Sven Grimm) und Harry (Oliver Nitzsch) und das Mädchen Pätzi (Jasmin Keuchel). Fetzers Cousin Ossi (Wolfgang Habdank), der zu Besuch kommt, ist zwar ein Bayer mit Trachtenjacke und allem Drum und Dran, darf aber trotzdem mitspielen. Zusammen erleben sie die üblichen Abenteuer von Kinderbanden, die Detektiv spielen. Später machen sie nach der Stadt noch die Nordseeküste unsicher, wo sie Fetzers Opa (Hans Irle) besuchen.

DAS SANDMÄNNCHEN ARD, DRITTE PROGRAMME
1959–1989. Fünfminütige Sendung, in der Kindern kurz vor dem Zubettgehen noch einmal kurze Bildergeschichten gezeigt werden, die ihnen eine freundliche Puppe mitbringt: das Sandmännchen.
Die erste Figur war eine Handpuppe von Johanna Schüppel, die nach einer Idee von Ilse Obrig entwickelt worden war. Inspiriert hatte Obrig der *Abendgruß* im DFF, der damals noch ohne Sandmann auskam und seinerseits auf die DDR-Radiosendung »Abendlied« zurückging, die wiederum von Obrig erfunden worden war. Als im DFF bekannt wurde, dass im SFB an einer Sandmannfigur gearbeitet wurde, setzten die Mitarbeiter alles daran, schneller zu sein als die Westkollegen. Tatsächlich kamen sie ihnen mit *Unser Sandmännchen* gut eine Woche zuvor. Der Westsandmann tauchte erstmals am 1. Dezember 1959 auf – allerdings nicht, weil man langsamer arbeitete, sondern weil die Sendung ohnehin erst für die Vorweihnachtszeit vorgesehen war.

»Nun liebe Kinder, gebt fein acht, ich hab' euch etwas mitgebracht«: *Das Sandmännchen* (westdeutsch).

Das bekannteste Sandmännchen der Bundesrepublik wurde 1962 von Herbert K. Schulz entwickelt. Es war ein Greis mit Kinnbart, der auf einer Wolke lebte und die Filme mit den Worten ankündigte: »Nun, liebe Kinder, gebt fein acht, ich hab' euch etwas mitgebracht.« Auch die Verabschiedung war immer gleich: »Auf Wiederseh'n. Und schlaft recht schön.« Das dazugehörige von Kindern gesungene Lied stammt von Kurt Drabek (Musik) und Helga Mauersberger (Text): »Kommt ein Wölkchen a-hange-he-flogen, schwebt herbei ganz sacht, und der Mond am Himmel droben hält derweil schon Wacht. Abend will es wieder werden, alles ge-heet zur Ruh, und die Kinder auf der Erden machen bald die Äu-häuglein zu. Doch zuvor von fern und nah ruft's: Das Sandmännchen ist daaa.«

Richtig glücklich scheint man im Westen mit den diversen Sandmännern, die von den verschiedenen Rundfunkanstalten ins Spiel gebracht wurden, nicht gewesen zu sein. 1966 versuchte der WDR den Ostsandmann zu kaufen und entwickelte, als das DDR-Fernsehen trotz der verlockenden Devisen ablehnte, einen »Sandmann International«: eine tanzende und singende, Samson-ähnliche Figur, in der eine kleine Frau steckte. Anfang der 80er-Jahre entstanden eine ganze Reihe neuer Sandmannfiguren.

Eine der frühen und beliebtesten Serien, die das Sandmännchen mitbrachte, war »Hilde, Teddy, Puppi«, gespielt von der *Augsburger Puppenkiste* gemeinsam mit der ersten deutschen Fernsehansagerin Hilde Nocker. Die *Puppenkiste* lieferte viele hundert weitere Folgen verschiedener Serien. Darüber hinaus gab es etliche weitere lang laufende Reihen, beispielsweise »Die Wawuschels«: Die grünhaarige Sippe mit Vater, Mutter, Opa, Onkel und den Kindern Wischel und Wuschel ernährt sich von Tannenzapfenmarmelade und lebt in einem dunklen Berg, den sie mit ihren Haaren beleuchtet, in Eintracht mit ihrem Hausdrachen und in Zwietracht mit dem grimmigen Mamoffel und den Zazischels. »Piggeldy und Frederick« war eine Legetrickserie mit einem kleinen und einem großen Schwein, in der das kleine (Piggeldy) seinen großen Bruder Frederick zu allen möglichen Alltagssituationen ausfragt und Frederick alles mit abnehmender Geduld beantwortet (der Off-Sprecher schloss jede Folge mit den Worten: »Und Piggeldy ging mit Frederick nach Hause«). Außerdem gab es »Cowboy Jim«, »Trixi Löwenstark«, »Käptn Smoky«, »Der kleine Pirat« und »Der Tierbabysitter«.

Das Sandmännchen lief im regionalen Vorabendprogramm gegen 19.00 Uhr. Es erreichte nie die Beliebtheit seines ostdeutschen Vetters und wurde noch vor der Wende unauffällig eingestellt, weil Kinder für das kommerziell orientierte Vorabendprogramm der ARD als Zielgruppe uninteressant waren. Ohnehin hatten verschiedene ARD-Sender das Sandmännchen schon seit längerer Zeit nur noch in ihrem Dritten Programm gezeigt.

SANDOKAN, DER TIGER VON MALAYSIA ARD

1979. Ital.-dt.-frz. Abenteuerfilm nach dem Roman von Emilio Salgari, Regie: Sergio Sollima (»Sandokan«; 1976).

Im Malaysia des 19. Jh. kämpft Sandokan (Kabir Bedi), der letzte Überlebende eines früher herrschenden Adelsgeschlechts, gegen den skrupellosen britischen Kolonialherrn James Brooke (Adolfo Celi). Nach einem Gefecht wird Sandokan für tot gehalten, und er versteckt sich zunächst mit seiner Geliebten Marianna (Carole André) und seinem Freund Yanez De Gomera (Philippe Leroy) vor Brooke und seinen Leuten.

Lief bei der Erstausstrahlung als Zweiteiler, später anders geschnitten auch in drei, vier, fünf und sechs Teilen. Auf Sat.1 lief Jahrzehnte später eine Zeichentrickversion des Stoffs unter dem gleichen Titel.

SANDOKAN – DER TIGER VON MALAYSIA SAT.1
2001. 26-tlg. ital.-frz. Zeichentrickserie (»Sandokan – The Tiger Of Malaysia«; 1998).
Sandokan, der »Tiger von Malaysia«, kämpft für die Rückeroberung eines Königreichs, das sein Vater früher verloren hat. Seine Gegner sind der Sektenführer Suyodhana und skrupellose Piraten. Die Violinistin Marianne wird Sandokans große Liebe.

SÁNDOR RÓZSA, REBELL DER PUSZTA DFF 1
1974. 6-tlg. ungar. Historiendrama nach dem Roman von Zsigmond Móricz (»Rózsa Sándor«; 1971).
Der Bauer Sándor Rósza (Sándor Oszter) wird Mitte des 19. Jh. in Ungarn zu einem Kämpfer gegen die Ausbeutung durch die Fürsten und spielt eine Rolle bei der Revolution 1848/49. Jede Folge dauerte eine Stunde.

SANDYS ABENTEUER ARD
1970–1971. 12-tlg. US-Sitcom (»Accidental Family«; 1967–1968).
Um trotz seiner Arbeit als Komiker in Nachtclubs seinem Sohn Sandy (Teddy Quinn) ein gutes Zuhause bieten zu können, kauft der verwitwete Jerry Webster (Jerry Van Dyke) eine Farm in Kalifornien. Die geschiedene Farmerin Sue Kramer (Lois Nettleton), ihre Tochter Tracy (Susan Benjamin) und ihr Onkel Ben McGrath (Ben Blue) leben dort, und Sue kümmert sich – nicht immer in Jerrys Sinn – um Sandy. Marty Warren (Larry D. Mann) ist Jerrys Agent.
Jerry Van Dyke ist der Bruder von Dick Van Dyke. Die halbstündigen Folgen liefen im regionalen Vorabendprogramm.

DIE SÄNGERKNABEN ARD
1995. 6-tlg. dt. Jugendserie von Ingmar Gregorzewski.
Die Freunde Nick (Sebastian Schemm) und Robert (Jonathan Sonnenschein) singen gemeinsam im Schlossberger Knabenchor, Nick Sopran und Robert Alt. Nick ist ein Träumer vom Land, Robert ein cooler Typ aus London. Weitere Sängerknaben sind der eifersüchtige Konrad (Sebastian Winkler) und Benno (Moritz Kelber). Professor Gärtner (Peter Fricke) leitet den Chor.
Die Folgen dauerten jeweils 30 Minuten und liefen zwischen Weihnachten und Neujahr täglich am Vormittag.

SARA, DIE KLEINE PRINZESSIN ZDF
1988. 6-tlg. brit. Jugendserie von Jeremy Burnham nach dem Roman von Frances Hodgson Burnett, Regie: Carol Wiseman (»A Little Princess«; 1986).
Der wohlhabende britische Kolonialoffizier Crewe (David Yelland) schickt seine zehnjährige Tochter Sara (Amelia Shankley) aus Indien in ein Internat nach London. Als er stirbt, muss sie sich von ihrem luxuriösen Leben verabschieden.
In der ARD lief eine ältere Verfilmung des Stoffs mit dem Titel *Die kleine Prinzessin;* RTL 2 zeigte eine Zeichentrickversion mit dem Titel *Die kleine Prinzessin Sara.*

SARA UND EPHRAIM SUPER RTL
1998. »Kishons beste Familiengeschichten«. 12-tlg. israel. Comedyserie von Ephraim Kishon (»Sara & Efie«; 1996), in der der Autor autobiografische Geschichten verarbeitete. Die Familie Kishon besteht aus Ephraim (Dov Glickmann), Frau Sara (Limor Goldstein) und dem gemeinsamen Baby Rafi (die Zwillinge Eyal und Eran Kishon).

SARAH & MARC IN LOVE PRO SIEBEN
2005. 9-tlg. Doku-Soap, die Popstar Sarah Connor und ihren Lebensgefährten Marc Terenzi in den Wochen vor ihrer kirchlichen Trauung durch den Alltag und die Vorbereitungen begleitet und mit einer großen Traumhochzeit endet.
Pro Sieben rühmte sich, die »erste deutsche Celebrity-Doku-Soap« im Programm zu haben, und ignorierte dabei entweder den RTL-2-Versuch *Die Drews – Eine furchtbar nette Familie* und die RTL-Serie *Typisch Udo* komplett oder sprach Jürgen Drews und Udo Walz das Prominentsein ab.
Sendeplatz der einstündigen Folgen war dienstags um 22.15 Uhr.

SARDSCH SAT.1
1997–1999. 5-tlg. dt. Krimireihe von Wolfgang Hesse, Regie: Axel de Roche.
Staatsanwalt »Sardsch« Kopper (Hannes Jaenicke), jagt in Dresden Heinz Baranowski (Rolf Hoppe), den Verantwortlichen für den Mord an seinem Vorgänger. Zwischen Sardsch und seiner Chefin Sonja (Nina Franoszek) knistert es.
Nach dem eigentlichen Dreiteiler wurden noch zwei weitere Folgen gezeigt, alle in Spielfilmlänge. Die Reihe erhielt den Grimme-Preis 1998.

SAT.1 ADVENTSKALENDER SAT.1
2001. Frühstücksfernsehmoderatoren machen in Frühstücksfernsehdeko Frühstücksfernsehen am Vorabend.
Der verzweifelte Versuch von Sat.1, irgendwas zu finden, was am Vorabend funktioniert. Es moderierten Kurt Lotz und Bettina Cramer. Nach der Adventszeit wurde die Sendung als *Schlag 6* fortgeführt.

DAS SAT.1 AUTOMAGAZIN SAT.1
Seit 2002. Servicemagazin rund ums Auto mit Kurt Lotz.
Die Sendung hieß vorher *motorwelt – das ADAC Magazin;* der Partner sprang aber im Streit ab, sodass sich der Sender auf die schlichte Beschreibung *Das Sat.1 Automagazin* als Titel beschränkte. Wenige Monate später war dann ein neuer Sponsor gefunden, und ab 2003 hieß es *Das Sat.1 Goodyear Auto-*

magazin, später *Das Sat.1 mobile.de Automagazin*. Am Konzept änderte all das fast nichts.
Läuft sonntags am Vorabend.

SAT.1 BLICK   SAT.1
1986–1992. Die Nachrichten in Sat.1, die zuvor unter dem Titel *APF Blick* gelaufen waren.
Es gab täglich mehrere Kurzausgaben, die 20-minütige Hauptausgabe lief werktags um 18.45 Uhr. Sie wurde von jeweils drei Moderatoren zugleich präsentiert, darunter Andrea Scherell, Armin Halle und Hans-Hermann Gockel. 1991 wurde die Hauptausgabe in *Guten Abend, Deutschland* umbenannt, die Kurzausgaben am Tag hießen noch eine Zeit lang *Blick*.

SAT.1-FRÜHSTÜCKSFERNSEHEN   SAT.1
Seit 1999. Werktägliches Infotainmentmagazin am Morgen, das zuvor *Deutschland heute morgen* hieß.
Es moderierten im Wechsel, jeweils zu zweit, Marlene Lufen und Andreas Franke sowie Andrea Kiewel und Kurt Lotz. Im Juli 2000 wurde Lufen von Bettina Cramer abgelöst, im November 2000 Kiewel von Jessica Winter (später: Jessica Witte-Winter; im Januar 2004 Lotz von Thomas Koschwitz. Im Juli 2004 wurde die Sendung geteilt in eine journalistischere Frühschicht und eine boulevardeskere Spätschicht. Die Frühschicht übernahmen im Wechsel Thomas Koschwitz und Andreas Franke. Zur Spätschicht trat das Ehepaar Charlotte und Peer Karlinder Kusmagk gemeinsam an. Sie brachten auch ihren Golden Retriever namens Sam mit, der die Bulldogge Helga als Sendungsmaskottchen ablöste.
Vor allem aber brachten sich groß in die Schlagzeilen, als sie am 9. September 2004 bei einer Modemesse gegen Pelze demonstrierten, eine Journalistin mit einem Beutel roter Farbe trafen und sie dabei verletzten. Wenig später tauschte Sat.1 – trotz Ermittlungen wegen Sachbeschädigung, Hausfriedensbruch und Körperverletzung – erstaunlicherweise nicht sie aus, sondern die Frühschicht. Sie wurde ab Januar 2005 gemeinsam moderiert von Jan Hahn und Jessica Witte-Winter, die im Juli 2005 durch Sabine Arndt ersetzt wurde. Im März 2005 trennten sich Charlotte und Peer Karlinder Kusmagk privat und daraufhin auch in der Sendung: Er tauschte mit Jan Hahn den Platz. Im Juli 2005 wurde Jessica Witte-Winter von Sabine Arndt abgelöst.

DAS SAT.1 GOODYEAR AUTOMAGAZIN   SAT.1
→ Das Sat.1 Automagazin

DAS SAT.1 MOBILE.DE AUTOMAGAZIN   SAT.1
→ Das Sat.1 Automagazin

SAT.1 NEWS   SAT.1
1992–1994; seit 2004. Zunächst neuer gemeinsamer Name der Sat.1-Hauptnachrichten, die vorher *Guten Abend, Deutschland*, und der anderen Sat.1-Nachrichten, die vorher *Sat.1 Blick* hießen. Nach gut einem Jahr wurden die Hauptnachrichten in *Sat.1 Newsmagazin* umbenannt, die gelegentlichen anderen Nachrichten (vor allem im *Frühstücksfernsehen*) nannten sich aber noch bis Dezember 1994 *Sat.1 News*.
2004 kam der Name zu neuen Ehren. Er bezeichnete wieder alle Sat.1-Nachrichten, insbesondere die Hauptausgabe am Vorabend, die zuletzt unter dem Namen *18.30* gelaufen war. Gleichzeitig erhielt die Sendung wieder ein neues Gesicht: Thomas Kausch hatte sich als entspannter Moderator von *heute nacht* einen Namen gemacht, bekam reichlich Vorschusslorbeeren und ein neues, teilweise virtuelles Studio. Zusätzlich zur 20-minütigen Sendung um 18.30 Uhr wurden nun noch einige Kurzausgaben zwischen die Gerichtsshows am Nachmittag und ins sonstige Tagesprogramm eingestreut.

SAT.1 NEWSMAGAZIN   SAT.1
1993–1995. Hauptausgabe der Sat.1-Nachrichten, die zuvor bereits *APF-Blick*, *Sat.1 Blick* und *Guten Abend, Deutschland* hießen.
Heinz Klaus Mertes, der neue »Programmdirektor Information«, hatte das Konzept entwickelt, sich von der Doppelmoderation verabschiedet und auf ein bemüht seriöses Design in Grautönen gesetzt. Zu den Moderatoren gehörten Hans-Hermann Gockel und Karin Jacobi.
Die Sendung war rund 20 Minuten lang und lief werktags um 18.30 Uhr, ab Juli 1993 um 19.00 Uhr. Im September 1995 wurde Mertes gekündigt; nach gut zweieinhalb Jahren war eine weitere Reinkarnation der Sat.1-Nachrichten fällig. Sie hieß *18:30*.
Ursprünglich sollten die Sat.1-Nachrichten »Tagesreport« heißen. Der NDR erwirkte dagegen – wegen vermeintlicher Verwechselungsgefahr mit der *Tagesschau* – jedoch eine einstweilige Verfügung, die von verschiedenen Gerichten bestätigt wurde. Erst 2001 entschied der Bundesgerichtshof, dass Sat.1 den Namen »Tagesreport« verwenden dürfe sowie Pro Sieben den Namen »Tagesbild«. Dann wollten beide aber nicht mehr.

SATURDAY   VOX
1994. Kurzlebige 90-minütige Jugendsendung mit Ines Krüger und Thomas Riedel, die aus *Elf 99* hervorgegangen war. Sie lief nur fünfmal.

SAUERKRAUT   ZDF
1992–1993. 13-tlg. dt. Zeichentrickserie von Helme Heine.
Sauerkraut ist der Name des Städtchens, in dem vor 900 Jahren das gleichnamige deutsche Nationalgericht erfunden wurde. Hier sind die Kohlköpfe so groß wie Wagenräder, und die Sauerkrauter sagen: »Wenn ein Mensch verdrießlich schaut, fehlt es ihm an Sauerkraut.« Bürgermeister der Kleinstadt ist das dicke Schwein Eberle, das eine schwarz-rot-goldene Krawatte trägt, allerdings höchstens im Rathaus etwas zu sagen hat, aber nicht zu Hause, wo seine Schweinefrau regiert. Dorfpolizist ist der Wachhund

Bodo (in Pickelhaube, schweren Stiefeln und mit Knüppel bewaffnet), dessen Sohn Joey aber ausgerechnet ein gar nicht pflichtbewusster Schlawiner ist.

Helme Heine ist erfolgreicher Autor und Illustrator vor allem von Kinderbüchern. Seine Serie entstand mit großem Aufwand: Vier Jahre lang arbeiteten 200 Mitarbeiter an den Folgen, die nicht am Computer entstanden, sondern in der traditionellen Folientechnik mit einem Aquarellhintergrund, was sie von den importierten Cartoons deutlich unterscheidet. Sie sollte Kinder ebenso ansprechen wie Erwachsene, die darin eine Parodie auf Deutschland sehen konnten – diese unkonkrete Zielgruppe stand dem größeren, internationalen Erfolg aber offenbar im Weg. Heines nächstes Projekt *Tabaluga* war da geschickter.

Die Musik zur Serie schrieb Harold Faltermeyer. Die Sauerkrauter haben auch eine eigene Nationalhymne; sie geht: »Oh, du mein schönes Heimatland, wo man das Sauerkraut erfand. Wir preisen dich und singen laut: Frieden – Freiheit – Sauerkraut!«

Die Serie lief nachmittags am Wochenende. Zu ihr ist ein Buch erschienen.

SAVANNAH   RTL 2
1997. 33-tlg. US-Soap (»Savannah«; 1996–1997).

Reese Burton (Shannon Sturges) ist eine naive Tochter aus reichem Hause; die intrigante Peyton Richards (Jamie Luner) ist die Tochter von Lucille (Wendy Phillips), der Haushälterin von Papa Edward Burton (Ray Wise); und Lane MacKenzie (Robyn Lively) ist eine ehrgeizige und vernünftige Zeitungsjournalistin. Es folgen die üblichen Affären und Intrigen: Reeses ungetreuer Gatte Travis Peterson (George Eads) betrügt sie mit Peyton und wird nach kurzer Ehe von Lucille ermordet. Peyton entpuppt sich als Edwards uneheliche Tochter. Lane geht mit dem Polizisten Dean Collins (David Gail), der einen fünfjährigen Sohn namens Jason (Austin Cruce) hat. Veronica Kozlowski (Beth Toussaint Coleman), die Partnerin von Edwards zwielichtigem Gegner Tom Massick (Paul Satterfield), hat eine Affäre mit Edward. Edward heiratet Elinore Alexander (Mimi Kennedy); sie kauft die Zeitung und feuert Lane. Travis' Zwillingsbruder Nick Corelli (natürlich auch George Eads) kommt und geht mit Reese, und schließlich heiraten Lane und Dean.

Die einstündigen Folgen liefen sonntags zur Primetime.

SCARLETT   SAT.1
1994. 4-tlg. US-europ. Schmonzette von William Hanley nach dem Roman von Alexandra Ripley, Regie: John Erman (»Scarlett«; 1994).

... und heute ist ein neuer Tag! Atlanta, 1873: Scarlett O'Hara (Joanne Whalley-Kilmer) ist entschlossen, Rhett Butler (Timothy Dalton) zurückzugewinnen – und er ist ebenso entschlossen, sich scheiden zu lassen und ihr diesmal zu widerstehen. Er schläft noch einmal mit ihr, heiratet dann aber Anne Hampton (Annabeth Gish), die an Gelbfieber stirbt. Scarlett kämpft um Tara, wird in einer unglücklichen Situation mit Ashley Wilkes (Stephen Collins) erwischt, flieht zur Familie ihrer Mutter nach Savannah, wo sich ihr Großvater, Pierre Robillard (John Gielgud), um sie kümmert. Sie lernt ihren Cousin, den Priester und Waffenschmuggler Colum O'Hara (Colm Meaney) kennen, geht in die Heimat der O'Haras nach Irland, heiratet den Besitzer des Familienanwesens, den bösen Lord Fenton (Sean Bean). Sie tötet ihn in Notwehr, wird des Mordes angeklagt, und Rhett kommt und rettet sie und liebt sie doch. Und er erfährt, dass sie von ihm schwanger ist.

54 Jahre lang hatte die Menschheit auf die Fortsetzung des größten Südstaatenmelodrams aller Zeiten, »Vom Winde verweht«, gewartet – oder auch nicht. Die Erben der Autorin Margaret Mitchell autorisierten Alexandra Ripley, eine Forsetzung zu schreiben, die allerdings mit dem, was William Hanley dann daraus machte, wenig zu tun hatte. Gut 40 Millionen Dollar kostete die Produktion des Vierteilers, die sich europäische und amerikanische Fernsehsender teilten. Die Premiere fand gleichzeitig in allen beteiligten Ländern statt. Die Quoten waren in den USA und in Deutschland sehr gut, mehr als zehn Millionen Zuschauer schalteten hierzulande trotz verheerender Kritiken ein. Sat.1 zeigte die Teile innerhalb einer Woche zur Primetime und betonte, mit Rücksicht auf den sensiblen Stoff extra nur drei statt der eigentlich erlaubten vier Werbeunterbrechungen eingebaut zu haben.

Weltweit wurde vorher die Suche nach der Hauptdarstellerin organisiert, die in Wahrheit eine PR-Kampagne für den Film war. In Deutschland lief das Casting bei Sat.1, das unter dem Titel *Wer wird die neue Scarlett?* im Sommer 1992 drei Wochen lang täglich um 20.00 Uhr eine der 15 deutschen Bewerberinnen vorstellte, unter denen die Zuschauer per Telefon drei Wochensiegerinnen küren durften, aus denen dann eine Jury eine Gesamtsiegerin ermittelte. Die musste sich daraufhin ihren 14 Konkurrentinnen aus ebenso vielen anderen Ländern stellen. Und zum Schluss gewann – eine ganz andere. Überraschung!

Der Film ist auf zwei DVDs erschienen.

SCHAAAFE   ZDF
2001. 26-tlg. brit.-dt. Zeichentrickserie für Kinder nach den Bildergeschichten von Satoshi Kitamura (»Sheeep«; 2000).

Die Schafe Georgina, Hubert und Gogol erleben Abenteuer und lösen Kriminalfälle. Lief morgens und war nur zehn Minuten lang.

SCHADE UM PAPA   ARD
1995. 13-tlg. dt.-österr. Familienserie von Mischa Mleinek und Knut Boeser, Regie: Peter Weck.

Onkel Waldemar war schon zu Lebzeiten das schwarze Schaf der Familie. Doch sein Potenzial als Nervensäge schöpft er erst nach dem Tod so richtig aus, wie Axel Fürst (Peter Weck) nun erkennt, der zu seinem Leidwesen als Verwalter des Erbes eingesetzt wurde. Immer neue Hinterlassenschaften muss er entdecken: einen Bestseller, diverse Liebschaften, die leidenschaftliche Italienerin Sandra Dimonti (Bettina Giovannini), die uneheliche Tochter Susi (Karin Seyfried). Dabei war Fürst eigentlich mit seinem Leben ganz zufrieden. Er führt eine Keksfabrik, ist geschieden und glücklich mit der Geschäftsfrau Lena Bandmann (Rosel Zech) liiert; seine erwachsene Tochter Silvia (Franziska Sztavjanik) hilft im Betrieb aus und hat den Geschäftsführer Andi Kiesel (William Mang) geheiratet. Doch Onkel Waldemars Erbschaft bringt alles durcheinander.

Die einstündigen Folgen liefen samstags im Vorabendprogramm.

SCHAFKOPFRENNEN ARD
1986. 5-tlg. dt. Familienserie von Bernd Fischerauer und Franz Xaver Sengmüller.

Der Bayer Lukas Schantl (Bernd Helfrich) verkauft seinen Bauernhof an den norddeutschen Biogenetiker Dr. Knut Jansens (Will Danin). Der stellt als Hilfe einige Asylbewerber und den Ex-Häftling Kalle Grossmann (Werner Stocker) ein. Diese Umstände passen Lukas' Familie – Elvira (Margot Mahler), Georg (Kurt Mergenthal), Paul (Werner Rom) und Katharina (Michaela May) – zunächst gar nicht, zumindest Katharina kann sich mit der Situation aber im Lauf der Zeit gerade genug anfreunden, um Knut zu heiraten.

DER SCHALLPLATTENJOCKEY ARD
→ Chris Howland

DER SCHARFE KANAL DFF
1989–1991. Kabarettsendung, die alle acht Wochen live aus dem Ostberliner Theater »Die Distel« gesendet wurde.

In der DDR war politisches Kabarett in einer Nische geduldet, im Fernsehen aber undenkbar. Erst nach der Wende konnten die Kabarettisten die Probleme vor einem Millionenpublikum aufspießen und taten dies zunehmend böser und bitterer. Anlässe und Themen gab es ja genug: Wendehälse, Stasi, Treuhand, »Anschluss« der DDR. Und natürlich die Art der Abwicklung des DDR-Fernsehens durch den Westen im Allgemeinen und den aus Bayern entsandten Rundfunkbeauftragten Rudolf Mühlfenzl im Besonderen. Die letzte Sendung des *Scharfen Kanals* lief am letzten Sendetag des DFF um 20.00 Uhr. Zehn Minuten vorher war die »Ansprache des Rundfunkbeauftragten Rudolf Mühlfenzl zur ab null Uhr gültigen Rundfunkordnung in Ostdeutschland« zu sehen, dann begrüßten die Kabarettisten zum letzten Mal die Zuschauer: »Guten Abend, meine Damen und Herren! Hier ist der Bayerische Rundfunk mit all seinen ostdeutschen Sendern.«

Der Name spielt auf die Propagandasendung *Der Schwarze Kanal* an. Nach dem Ende des DFF zeigte der ORB Programme der »Distel«.

SCHARFE WAFFEN, HEISSE KURVEN RTL 2
1994. 34-tlg. US-Krimiserie von David Paulson und Leonard Katzman (»Dangerous Curves«; 1992–1993).

Die Ex-Polizistinnen Gina McKay (Lise Cutter) und Holly Williams (Michael Michele) arbeiten für den privaten Sicherheitsdienst Personal Touch in Dallas, beschützen gefährdete Personen und jagen bei Bedarf Attentäter. Ihre Chefin ist Marina Bonnelle (Diane Bellego), deren Nachfolger wird in der zweiten Staffel Alexandre Dorleac (François-Eric Gendron). Ginas Freund Ozzie Bird (Gregory McKinney) ist Polizist und dient daher oft als Informant.

Das US-Fernsehen, das im Vergleich zu Europa dank selbst auferlegter Richtlinien deutlich sparsamer mit der Darstellung nackter Haut umgeht, stellte eigens für den internationalen Markt eine etwas freizügigere Version her. In Deutschland wurde der Schwerpunkt entsprechend noch mehr in Richtung Kurven verlegt.

DIE SCHARFSCHÜTZEN RTL 2
1995–1997. 11-tlg. brit. historische Abenteuerserie nach den Romanen von Bernard Cornwell (»Sharpe«; 1993–1997).

Als der Draufgänger Richard Sharpe (Sean Bean) in den Napoleonischen Kriegen 1809 das Leben des Duke of Wellington (David Troughton; später: Hugh Fraser) rettet, wird er zum Offizier befördert. Er muss nicht nur gegen die Feinde kämpfen, sondern auch gegen die Vorbehalte seiner eigenen Offizierskollegen aus der adligen Oberschicht. Ihm zur Seite steht Major Hogan (Brian Cox). Der Duke schickt Sharpe regelmäßig auf abenteuerliche Missionen quer durch Europa, auch hinter die Front, wo Sharpe zwischen den Kämpfen immer Zeit findet, eine nette Frau kennen zu lernen, darunter Lady Anne Camoynes (Caroline Langrishe) und Jane Gibbons (Abigail Cruttenden), die er später heiratet.

Die aufwendig ausgestatteten und inszenierten Folgen hatten Spielfilmlänge.

SCHARNHORST DFF
1978. 5-tlg. DDR-Historiendrama von Hans Pfeiffer, Regie: Wolf-Dieter Panse.

Oberst Gerhard von Scharnhorst (Horst Drinda) reformiert mit Freiherr vom Stein (Dietrich Körner) das preußische Heer. Nach einigen Widerständen gewinnt er die Unterstützung von König Friedrich Wilhelm III. (Hans Teuscher).

Fernsehfilm mit 75-minütigen Teilen, der in Ost- und Westdeutschland stark beachtet und viel diskutiert wurde. Die ARD kaufte die Serie und zeigte sie ab 1980 in den Dritten Programmen, fügte aber Kommentare des Publizisten Sebastian Haffner hinzu.

SCHATTEN DER LEIDENSCHAFT SAT.1
1993–1994. 479-tlg. US-Soap von William Bell und Lee Phillip Bell (»The Young And The Restless«; seit 1973).

In der fiktiven amerikanischen Stadt Genoa City wirft die Leidenschaft noch längere Schatten als an-

Der Schattenmann mit Stefan Kurt (rechts) und Mario Adorf.

derswo, hier, wo die Menschen entweder jung oder rastlos oder beides sind. Zu spüren bekommen das vor allem die Familien Abbott und Williams; z. B. Paul Williams (Doug Davidson), dessen schwangere Frau Lauren (Fenmore Williams) sich von ihm scheiden lässt, weil der böse Shawn Garret (Grant Cramer) damit droht, ihren Mann umbringen zu lassen, wenn sie nicht mit ihm zusammenzieht und nach Japan fährt, wo er feststellt, dass sie von ihm angewidert ist, weshalb er sie in San Francisco lebendig begraben will, wovor sie von Paul gerettet wird, weil eine Hellseherin Laurens Aufenthaltsort erspürt hat. Shawn stirbt im Kugelhagel, allerdings auch das ungeborene Kind von Lauren, die daraufhin wieder mit Paul zusammenkommt, aber eine Stelle als Privatdetektivin antritt und ein Nacktfoto von Paul bei einem Zeitschriftenwettbewerb einreicht, das zu Pauls Entsetzen prompt veröffentlicht wird …

… um nur den Hauch eines Teils der Handlung anzudeuten, die die deutschen Zuschauer verfolgen konnten. In den USA läuft die Serie seit 1973, ein Ende ist nicht abzusehen. Von ihren Erfindern stammt auch *Reich und schön;* einige Figuren aus *Schatten der Leidenschaft* tauchten auch dort auf. Sat.1 zeigte zwei Jahre lang im Vormittagsprogramm einstündige Folgen ab dem Produktionsjahr 1986, weitere Episoden liefen im Pay-TV.

DIE SCHATTENKRIEGER PRO SIEBEN
1999–2002. 37-tlg. US-Actionserie (»Soldier Of Fortune, Inc.«; 1997–1998/«S.O.F. Special Ops Force«; 1998–1999).
Eine Eliteeinheit ist dafür verantwortlich, den internationalen Frieden zu sichern und das weltpolitische Gleichgewicht zu erhalten. Sie ist in geheimer Mission unterwegs; offiziell weiß niemand etwas von ihr. Die fünf ehemaligen Top-Soldaten Matthew Q. Shepherd (Brad Johnson), Benny Ray Riddle (Tim Abell), Jason »Chance« Walker (Real Andrews), Margo Vincent (Melinda Clarke) und Christopher »C. J.« Yates (Mark Sheppard) bilden die Einheit, Xavier Trout (David Selby) ist ihr Auftraggeber. Später verlassen Walker und Yates das Team, Deacon »Deke« Reynolds (Dennis Rodman) und Nick Delvecchio (David Eigenberg) kommen neu dazu. Debbie (Julie Nathanson) ist Bedienung in einer Bar. Am Ende stellt sich heraus, dass sie in Wirkllichkeit eine feindliche Agentin ist.

Hat da jemand *Kobra* übernommen? Die einstündigen Folgen liefen zunächst dienstags um 21.15 Uhr, nach nur fünf Folgen wurde die Serie jedoch vorzeitig abgesetzt. Der Rest tauchte drei Jahre später am Dienstagabend kurz vor Mitternacht auf. Als Untertitel wurde jetzt »Soldiers of Fortune« geführt. Deke-Darsteller Dennis Rodman war hauptberuflich Profibasketballer – einer der berühmtesten und zugleich berüchtigsten der USA.

DER SCHATTENMANN ZDF
1996. 5-tlg. dt. Politthriller von Dieter Wedel.
Um den Mord an seinem Partner aufzuklären, schleicht sich der verdeckte Ermittler Charly Held (Stefan Kurt) in das Imperium des angesehenen Geschäftsmanns Jan Herzog (Mario Adorf) ein, den er für den Verantwortlichen hält. Herzog ist der Drahtzieher des organisierten Verbrechens in Frankfurt, der u. a. krumme Geschäfte mit Innenminister Hans Möllbach (Günter Strack) macht. Held tarnt sich als Karl von Hellberg. Der Ex-Polizist Erich »King« Grobecker (Heinz Hoenig) wird sein Chauffeur und Bodyguard. Herzogs Freundin ist die Sängerin und Nachtclubbesitzerin Michelle Berger (Maja Mara-

now); Fritz Gehlen (Heiner Lauterbach) ist Herzogs rechte Hand.
Mit Gehlens Freundin Barbara Sattler (Jennifer Nitsch) lässt sich Held ein, um seine Tarnung zu perfektionieren. Das zerrüttet seine Ehe mit Anneliese (Julia Stemberger). Helds Vorgesetzte Kilian (Alexander Radszun) und Droegel (Florian Martens) stehen anfangs hinter seinen Ermittlungen, lassen ihn jedoch fallen, als die Staatsanwaltschaft wegen Rauschgiftgeschäften gegen ihn zu ermitteln beginnt. Vor diesem Hintergrund fühlt sich Hellberg in Herzogs Diensten immer wohler, von dem er mittlerweile als hervorragender leitender Mitarbeiter geschätzt wird. King warnt ihn, doch Hellberg hört nicht auf ihn. Schließlich gehen ihm aber doch die Augen auf, und er kehrt auf die Seite des Guten und zu seiner Frau zurück.
Wedel beschäftigte sich unterhaltsam, aber ernsthaft mit dem Thema organisierte Kriminalität und zeichnete ein sehr düsteres Bild von der Macht der Verbrecher und der Hilflosigkeit der Ermittler. Sein Film stützt sich auf die Aufzeichnungen des ersten verdeckten Ermittlers, der in Deutschland eingesetzt wurde. Dessen Einsatz endet damit, dass er sich vor Gericht verantworten musste.
Die fünf spielfilmlangen Folgen, deren Produktion 18 Millionen DM kostete, liefen sehr erfolgreich innerhalb von zehn Tagen zur Primetime. *Der Schattenmann* wurde 1997 mit dem Grimme-Preis ausgezeichnet.

SCHATTENSPRINGER ZDF
1997. Werktägliche Talkshow mit Stefan Schulze-Hausmann.
Prominente und Nichtprominente berichten live von schicksalhaften Fügungen, Krisen oder bemerkenswerten Begegnungen, die zu einem Wendepunkt in ihrem Leben wurden. *Schattenspringer* war eine Hälfte des neuen, erfolglosen »Erlebnisnachmittags« namens »Happy Hours«. Die andere Hälfte hieß *701 – die Show*.

DER SCHATZ DER 13 HÄUSER ARD
1961. 13-tlg. frz. Kinderserie von André Poirier, Regie: Jean Bacqué (»Le trésor des 13 Maisons«; 1961).
Die Geschwister Roger (Patrick Lemaître) und Mimi (Sylviane Margollé) finden eine Flaschenpost, deren Inhalt der Schlüssel zu einem Schatz ist. Sie tun sich mit dem ruppigen Seemann Christian (Achille Zavatta) zusammen, der selbst hinter dem Schatz her ist, und machen sich auf die Suche.
Die 25-minütigen Folgen liefen nachmittags.

DER SCHATZ DER HOLLÄNDER ZDF
1971. 13-tlg. frz. Abenteuerserie von Odette Joyeux, Regie: Philippe Agostini (»Le trésor des Hollandais«; 1969).
Der ehemalige Tänzer Stéphane (Claude Ariel) soll im Auftrag von Moralès (Jacques Daquimine) in Holland geraubten Schmuck außer Landes schaffen. Er versteckt die Diamanten, den »Schatz der Holländer«, in Coppelia, einer Puppe. Doch die weckt auch die Neugier seines kleinen Bruders Bicou (Pierre Didier) und seiner Freunde aus der Ballettschule. Kommissar Boudot (Felix Marten) ist ebenfalls Stéphane auf den Fersen.
Die halbstündigen Folgen liefen freitags um 16.35 Uhr.

Der Schatz im Niemandsland mit Katja Woywood und Christian Schwade.

DER SCHATZ IM ALL   ARD
1989. 7-tlg. ital.-dt. Abenteuerserie von Renato Castellani, Regie: Antonio Margheriti (»L'isola del tresoro«; 1987).
In der Pension von Rosalie (Ida Di Benedetto), der Mutter des zwölfjährigen Jimmy Hawkins (Itaco Nardulli), erzählt der alte Raumfahrer Billy Bones (Ernest Borgnine) dem Jungen vom Schatz des Weltraumpiraten Flint (Enzo Cerusico), der auf einem entfernten Planeten versteckt sei. Bones ist im Besitz der Schatzkarte, die der blinde Pew (Biagio Pelligra) gern hätte, weshalb er Bones umbringt. Doch Jimmy stibitzt die Karte und macht sich auf Schatzsuche. Dr. Livesy (David Warbeck) und Graf Trelawny (Philippe Leroy) finanzieren die Reise ins All und heuern eine Crew an, darunter den Kapitän William Smollet (Klaus Löwitsch), den Koch Long John Silver (Anthony Quinn), Azrael Hands (Giovanni Lombardo Radice), Morgan (Sal Borgese) und Pete (Al Yamanouchi). Auf dem Schatzplaneten angekommen, stellt sich heraus, dass der dort gestrandete Ben Gunn (Andy Luotto) den Schatz bereits gefunden hat. Ausgerechnet der freundliche Koch Long John Silver entpuppt sich als Anführer einer Gruppe von Meuterern, die sich den Schatz unter den Nagel reißen wollen. Jim, Gunn, Smollet und ihre Verbündeten kämpfen gegen die Piraten.
Die Geschichte basiert auf dem Roman »Die Schatzinsel« von Robert Louis Stevenson und verlegt die Handlung ins Weltall. Der Disney-Trickfilm »Der Schatzplanet« tat das 2002 auch.
Sieben einstündige Folgen liefen im regionalen Vorabendprogramm, eine spätere Wiederholung wurde zu drei langen Filmen zusammengeschnitten.

DER SCHATZ IM NIEMANDSLAND   ZDF
1987. 6-tlg. dt. Jugend-Abenteuerserie von Peter Weissflog.
Teenager Hanna Imhoff (Katja Woywood) und ihre Freunde Oliver Blanckenburg (Oliver Prochnow) und Bernd Friesecke (Christian Schwade) suchen gemeinsam einen Schatz. Die Schatzkarte ergibt sich aus einem Karl-May-Buch, das von geheimnisvollen Zeichen und Markierungen durchsetzt ist. Hanna hat das Buch bei einem Besuch in Ägypten entdeckt, wo ihre Mutter Mounira (Jocelyne Boisseau) mit ihrem neuen Freund Abdel Rahman (Horst Buchholz) lebt, der es ebenfalls auf das Buch abgesehen hat. Es stammt aus dem Antiquariat des Onkels von Hannas Freund Hassan Nawawi (Hisham Eldahrawy). In Berlin, wo Hannas Vater Paul (Peter Fricke) noch immer lebt, entdecken die Jugendlichen verborgene Gänge unter der Berliner Mauer, im Niemandsland zwischen Ost und West. Dort finden sie schließlich auch den Schatz, mehrere Truhen mit Schmuck, Gemälden und weiteren Karl-May-Büchern.
Klassische ZDF-Weihnachtsserie der 80er-Jahre: sechs Folgen, je 50 Minuten, Jugendliche erleben Abenteuer an exotischen Plätzen. Allerdings lief sie gar nicht am Vorabend über Weihnachten, sondern nachmittags im Frühjahr. Zwölfjährige in ganz Deutschland verliebten sich kollektiv in Katja Woywood, die mit der Serie ihre Schauspielkarriere begann. Nennenswerte Hauptrollen spielte sie danach nicht mehr, doch wurde sie zum oft gesehenen Gaststar in ZDF-Serien. Allein viermal fuhr sie mit dem *Traumschiff,* immer in einer anderen Rolle.

SCHATZ, MACH' DU MAL MEINEN JOB   KABEL 1
2004. Realityshow, in der ein Paar untereinander die Jobs tauscht. Um Rat fragen gilt nicht, denn während der Tauschphase ist der Kontakt verboten. Fünf Folgen liefen donnerstags um 20.15 Uhr.

SCHÄTZEN SIE MAL   DFF, MDR
1974–1991 (DFF); 1992–1997 (MDR). »Unterhaltungsabend mit mehreren Unbekannten«. Spielshow.
Drei Kandidaten, genannt »X«, »Y« und »Z«, bekommen vertrackte Tatsachen aus Naturwissenschaft, Technik und Alltag vorgelegt und müssen raten, wie sie zu erklären sind, oder schlicht Zahlen schätzen: Wie viele Füße hat ein Tausendfüßler? Wie viel Prozent der Fünfjährigen glauben an den Klapperstorch? Wie viele Quadratzentimeter Haut bedeckt ein moderner Bikini? Wer der Wahrheit am nächsten kommt, kriegt Punkte. Alle Zuschauer im Publikum stammen immer aus einer Straße.
Erster Moderator war Jürgen Marten. 1983 übernahm Lutz Hoff die Sendung, deren Showcharakter nun mit Fernsehballett und Musikauftritten von Schlagersängern und dazu passenden Fragen stärker betont wurde. Aber auch die Politik funkte nun stärker in die Sendung; mindestens eine Frage zur Sowjetunion musste gestellt werden, ob es nun um den ältesten Bürger in Sibirien ging oder um Kosmonauten. Nach dem Antritt Gorbatschows war es damit wieder schlagartig vorbei.
Schätzen Sie mal war nach vielen erfolglosen Versuchen die erste Quizshow im DDR-Fernsehen, die sich behaupten konnte und sogar die Wende überlebte. Das Konzept war zwar schlicht, hatte aber einen entscheidenden Unterschied gegenüber den üblichen Quizsendungen im DDR-Fernsehen aufzuweisen: Es ging, wie schon der Titel signalisierte, nicht um strenges Abfragen von Wissen, sondern um ein unterhaltsames Raten, bei dem jeder mitmachen konnte – frei von jedem Prüfungsdruck. Auch der erste Moderator Jürgen Marten, ein Hochschullehrer, gab regelmäßig freimütig zu, dass er sich noch mehr verschätzt habe.
Insgesamt liefen 111 Ausgaben in der Primetime.

DIE SCHATZINSEL   ZDF
1966–1967. 4-tlg. dt.-frz. Abenteuerserie von Walter Ulbrich nach dem Roman von Robert Louis Stevenson, Regie: Wolfgang Liebeneiner.
Im Jahr 1758 findet der 18-jährige Jim Hawkins (Michael Ande) im Nachlass des verstorbenen Kapitäns Bill Bones (Dante Maggio) die Karte einer Insel, auf der vergrabene Schätze des Piraten Flint eingezeichnet sind. Zusammen mit Dr. David Livesey (Georges Riquier) und dem Friedensrichter John

Trelawney (Jacques Dacqmine) macht sich Jim auf Schatzsuche. Auf ihrem Dreimaster »Hispaniola« werden sie von dem freundlichen Schiffskoch John Silver (Ivor Dean), dem griesgrämigen Kapitän Alexander Smollet (Jacques Monod), dem Bootsmann Israel Hands (Jacques Godin) und einem guten Dutzend weiterer Seeleute begleitet.
Wegen der Schatzkarte war die grausame Bande des Piraten Flint lange hinter Bill Bones her. Während der Überfahrt nun entpuppt sich Schiffskoch Silver als »Der Einbeinige«, der Anführer dieser Piratenbande, und die restliche Besatzung als seine Piraten. Auf der Insel lernen Jim und seine Freunde Ben Gunn (Jean Saudray) kennen, der dort ausgesetzt worden war und kurz zuvor den Schatz gefunden hatte. Gemeinsam liefern sie sich Kämpfe mit den Piraten und gewinnen schließlich. Auf der Rückreise gelingt dem Gefangenen Silver mit einem Teil des Schatzes die Flucht, und er bleibt für immer verschwunden. Jim und seine Freunde kommen gesund und reich wieder zu Hause an.
Am letzten Tag der Dreharbeiten kam es zu einem schweren Unfall: Michael Ande stolperte auf der »Flucht« vor den Seeräubern und stürzte in sein eigenes Messer. Er wurde lebensgefährlich verletzt und musste operiert werden.
Die Stimme des inzwischen gealterten Jim Hawkins war während des Vierteilers immer wieder als Ich-Erzähler aus dem Off zu hören. Diese Stimme gehörte Hellmut Lange. Eine Fortsetzung namens *Die Rückkehr zur Schatzinsel* lief 1987 in der ARD. Die Folgen hatten Spielfilmlänge und liefen nachmittags.

DIE SCHATZINSEL   DFF 1
1986. 7-tlg. sowjet. Abenteuerserie nach dem Roman von Robert Louis Stevenson (»Ostrow sokrowitsch«; 1982).
Noch eine Verfilmung der berühmten Geschichte von dem Jungen Jim Hawkins (Fedja Stukow), der mit einer Schatzkarte aufbricht und mit viel Gold zurückkehrt.
Die Folgen waren jeweils 25 Minuten lang. Bereits im Dezember 1983 hatte DFF 2 den Film als Dreiteiler im russischen Original gezeigt.

DIE SCHATZINSEL   RTL 2
1993. 26-tlg. jap. Zeichentrickversion des Romans von Robert Louis Stevenson (»Takarajima«; 1978–1979). Marek Harloff war die deutsche Stimme des jungen Jim Hawkins.

DIE SCHATZINSEL   PRO SIEBEN
2000. 26-tlg. brit. Zeichentrickserie für Kinder nach dem Roman von Robert Louis Stevenson (»Legends Of Treasure Island«; 1993).
Alle Charaktere waren in dieser Serie Tiere. Lief frühmorgens am Wochenende.

SCHATZJÄGER IN DEUTSCHLAND   ZDF
1998–1999. 4-tlg. Reihe von Gisela Graichen über Archäologie. Fortsetzung ihrer früheren Sendereihen *C14 – Vorstoß in die Vergangenheit* und *Schliemanns Erben*.

SCHATZSUCHER UNSERER TAGE   ZDF
1968. 13-tlg. dt. Abenteuerserie von Stefan Gommermann, Regie: Rolf von Sydow und Hans-Jürgen Tögel.
Die Geologen Sylvia Horn (Sabine Eggerth), Jan van Dongen (Wolfgang Preiss), Tom Halley (Walter Wilz) und Dr. Heinz Ullrich (Brian O'Shaughnessy) suchen in Südafrika nach Niob, Wolfram und Uran. Sie werden von dem Schwarzafrikaner »Regenschirm« (Cocky Tlhotlhalemaje) unterstützt. Ihr Gegner ist der Kriminelle Don Connors (Don Barrigo), der es ebenfalls auf die Rohstoffe abgesehen hat.
Die halbstündigen Folgen liefen montags im Vorabendprogramm.

SCHAU   DFF
1986–1991. Halbstündiges Magazin für Sieben- bis Neunjährige.
In einem Wettstreit traten jeweils zwei Jungpioniergruppen auf dem »schau-Spielplatz« gegeneinander an. In der Ferienzeit nannte sich die Sendung »schau-Ferien!« Außerdem gab es Buchvorschläge, Tipps und Berichte über Kinder in anderen Ländern. Es moderierten Sylvia Grassel, Mathias Hoferichter, Annett Kölpin und Thomas Putensen.
Die Sendung war der Nachfolger von *Dingsbums* und lief über 200-mal, erst wöchentlich am Freitagnachmittag, ab 1990 14-täglich am Sonntagvormittag.

SCHAU INS LAND   ARD
1983. 13-tlg. dt. Jugendserie von Lida Winiewicz, Regie: Wolfgang Glück.
Aus beruflichen Gründen zieht der Hamburger Astronom Professor Töpfer (Eberhard Feik) mit seiner Frau (Helga Grimme) und den Kindern Claus (Michael Schwarz) und Karin (Annette Zander) vorübergehend in den Schwarzwald. Nach anfänglichen Differenzen werden Claus und Nachbarsjunge Basti (Felix Eitner) dicke Freunde. Das Stadtkind und der Bauernsohn erleben gemeinsam viele Abenteuer, bestehen Mutproben und überführen Bösewichter. Zumindest, bis die Töpfers nach drei Monaten zurück nach Hamburg ziehen.
Die Folgen waren 25 Minuten lang. Die Titelmusik stammte von Eberhard Schoener. Er benutzte sie etwas später kaum verändert noch einmal als Titelmusik für *Das Erbe der Guldenburgs*.

SCHAU ZU – MACH MIT   ZDF
1979–1984. Unmoderiertes Hobbymagazin für Kinder mit Tipps und Anregungen für die fantasievolle Freizeitgestaltung: basteln, malen, lesen, singen, stricken, schwimmen, Fahrrad fahren und Fische füttern. Im »Berufsreport« wurden verschiedene Berufe vorgestellt; ab 1983 gab es die Computerecke (später: »Computer-Corner«) und 1984 die Verkehrserziehungsreihe »Die Füchse von der Bachstraße«.

Das Magazin war die Nachfolgesendung von *Zugeschaut und mitgebaut*.

SCHAUFENSTER ZDF

1965. »Künstler, Stars und Prominente in unserem Reisestudio«. Wöchentliche 45-Minuten-Show mit Gästen und Magazinbeiträgen, moderiert von Carlheinz Hollmann und Karin von Faber.

Die Sendung überraschte immer wieder, ihre Inhalte waren unvorhersehbar. Sie kam jedes Mal aus einer anderen Stadt (zur Premiere aus Berlin), wo Schlagerstars, Sportler, Politiker und Schauspieler live interviewt wurden.

Die Reihe lief auf dem attraktiven Sendeplatz um 20.00 Uhr am Samstagabend. Bei ihren Zuschauern und der Kritik kam sie hervorragend an, konnte sich jedoch nicht gegen die erfolgreichen Samstagabendshows der ARD durchsetzen. Anstatt die Sendung auf einen angemesseneren Sendeplatz zu verlegen, setzte das ZDF sie zum Unmut der Zuschauer nach 39 Folgen ab.

SCHAUFENSTER DEUTSCHLAND ZDF

→ Schaufenster

SCHAUKELSTUHL ARD

1972–1981. 45-minütiges Seniorenmagazin am Nachmittag mit Porträts, Reportagen und Informationen zu Themen, die ältere Menschen bewegen.

Lief zunächst in unregelmäßigen Abständen an wechselnden Wochentagen und bekam später einen festen wöchentlichen Sendeplatz am Montagnachmittag. Mehrere ARD-Anstalten wechselten sich mit der Produktion ab, die anderen lieferten Beiträge. Zu den Moderatoren, die sich ebenfalls abwechselten, gehörten Walter Dombrowski, Lisa Kraemer, Guido Baumann, Fritz Schindler und Joachim Cadenbach. Den stärksten Eindruck hinterließ jedoch die »schwäbische Oma«, eine Marionette des Stuttgarter Puppenspielers Albrecht Roser, die in einem Schaukelstuhl saß, strickte und über Gott und die Welt sinnierte.

Der Schaukelstuhl hatte noch eine andere Bedeutung: Regelmäßig stand er, ein roter, geschwungener Rattanstuhl, in einem anderen Seniorenheim, aus dem berichtet wurde. Teil der Sendung war auch ein Autorenwettbewerb für Senioren, die aufgefordert waren, Stücke zu schreiben, die meist von ihrem Leben handelten. Die besten wurden fernsehgerecht aufgearbeitet und innerhalb der Sendung gezeigt. Das nahm anfangs etwa die Hälfte der Sendezeit ein, in späteren Folgen die gesamte. Der Wettbewerb hieß zu Beginn »Schreib ein Stück«, dann »Sie schreiben – wir spielen« und schließlich »Erzähl doch mal«.

Ab 1977 wurde *Schaukelstuhl* neben dem weiterhin produzierten Magazin zudem Dachmarke für verschiedene Reihen, darunter *Stars von damals*, *Pension Schicksal*, *Besuch bei …* und *Moses – Biblische Geschichte mit Burt Lancaster*.

SCHAUPLATZ DER GESCHICHTE ARD

1976–1997. Reportagereihe mit 45- bis 60-minütigen Features über geschichtsträchtige Städte wie Leningrad, Dresden, Danzig, Trier, Sarajevo, Quebec, Wien oder Saigon. Hauptautor war Peter Brugger, weitere Filme kamen z. B. von Roman Brodmann und Hans Emmerling.

Die Reihe lief in loser Folge, meist im Abendprogramm.

SCHAUPLATZ LOS ANGELES ARD

1967. 11-tlg. US-Krimiserie (»The New Breed«; 1961–1962).

Die Spezialeinheit um Lieutenant Price Adams (Leslie Nielsen) kommt zum Einsatz, wenn gängige Methoden bei der Verbrecherjagd versagen. Neben hochmoderner Technik stehen Adams seine Mitarbeiter Pete Garcia (Greg Roman), Joe Huddleston (John Clark) und Vince Cavelli (John Beradino) zur Verfügung.

Die Episoden waren 45 Minuten lang.

SCHAUPLATZ NEW YORK ARD

1980. 8-tlg. US-Krimiserie (»Eischied«; 1979–1980).

Earl Ashley (Joe Don Baker) ist der unkonventionelle Chef der New Yorker Polizei. Mit seinen Kollegen Finnerty (Alan Oppenheimer), Kimbrough (Alan Fudge), Malfitano (Joe Cirillo), Carol Wright (Suzanne Lederer), Rick Alessi (Vincent Bulfano) und Chief Ed Parks (Eddie Egan) ermittelt er.

In der Originalfassung hieß die Hauptfigur Earl Eischied. Da selbst die Amerikaner aber nicht ganz sicher waren, wie man diesen Namen denn aussprach, änderten die ARD-Synchronautoren den Namen lieber mal in Ashley. Parks-Darsteller Egan war vor seiner Schauspielerkarriere im wirklichen Leben Polizist gewesen.

Die Folgen waren 45 Minuten lang; die ARD zeigte sie dienstags um 21.45 Uhr.

SCHAURIGE GESCHICHTEN ARD

1976. 13-tlg. dt.-schwed. Episodenreihe.

Junge Leute erzählen sich gegenseitig schaurige Geschichten. Die Erzählsituation bildet die Rahmenhandlung, in die die eigentlichen Geschichten eingebettet sind. Dabei geht es nur teilweise um gruselige Storys von Geistern und Untoten, häufiger um gefährliche, aber vorstellbare Situationen, in die die Erzähler geraten sind, wenn sie beispielsweise auf hoher See über Bord eines Schiffs gingen.

Die abgeschlossenen Episoden à 25 Minuten liefen im regionalen Vorabendprogramm und waren mit wechselnden Hauptdarstellern besetzt, darunter Andrea L'Arronge, Hans-Peter Korff, Witta Pohl, Karl-Heinz von Hassel, Jürgen Prochnow und Hans-Georg Panczak.

SCHAUSPIELEREIEN DFF 1

1978–1990. DDR-Episodenreihe mit jeweils mehreren Geschichten mit einem bekannten Schauspieler in der Hauptrolle.

Die gut einstündigen Sendungen liefen etwa monatlich. Die Reihe brachte es auf 65 Folgen; hinzu kamen mehrere Best-ofs auf DFF 2. Einzelne Folgen liefen auch im Ersten und in den Dritten Programmen; RTL zeigte 1989/90 mehrere Folgen in gekürzter Fassung.

SCHEIBENWISCHER ARD
Seit 1980. Kabarettreihe von und mit Dieter Hildebrandt.

Vor Studiopublikum hält Hildebrandt stotternd Monologe zum aktuellen politischen Geschehen und spielt Szenen und Sketche. Wechselnde Gastkabarettisten unterstützen ihn und dürfen auch ohne Hildebrandt auftreten. Meist zieht sich durch alle Nummern ein Oberthema als roter Faden. Als musikalische Begleitung wirkt die Jürgen-Knieper-Band mit.

Regisseur der ersten 32 Ausgaben war Sammy Drechsel; nach dessen Tod im Januar 1986 übernahm seine langjährige Assistentin Catherine Miville. Wie schon in Hildebrandts früherer Sendung *Notizen aus der Provinz* gab es auch bei *Scheibenwischer* immer wieder Beschwerden von Politikern wegen vermeintlich allzu kritischer Inhalte, die auch innerhalb der ARD Unmut auslösten. Gleich die erste Sendung nutzte das Team, um gründlich mit dem alten Arbeitgeber ZDF abzurechnen, Titel: »Ausgewogenheit in den Rundfunkanstalten«.

Die Proteste fanden ihren Höhepunkt, als die Sendung vom 22. Mai 1986 überall in Deutschland, nur nicht in Bayern, zu sehen war. Schon 1982 hatte der Bayerische Rundfunk eine Sendung über den umstrittenen Rhein-Main-Donau-Kanal heftig kritisiert. Diesmal war das Thema die Reaktorkatastrophe von Tschernobyl, und der BR beschloss nach Durchsicht des Manuskripts, seinen Zuschauern die Sendung wegen »nicht gemeinschaftsverträglicher« Elemente vorzuenthalten und sich aus dem ARD-Programm auszuklinken. Das führte natürlich zu einem weit größeren Interesse am Inhalt der Sendung als normalerweise. Am nächsten Tag lief der boykottierte *Scheibenwischer* in vielen Kinos, wenig später erschien das Manuskript als Taschenbuch.

Die Sendung war im Gegensatz zu *Notizen aus der Provinz* live, was ihr die Möglichkeit gab, sehr aktuell zu sein. Die Reihe lief zwischen vier- und achtmal im Jahr und war Opfer eines fröhlichen Sendeplatzschiebens der ARD. Gestartet und beendet am Donnerstag, lief sie zwischendurch an etlichen anderen Tagen, meist kurz vor 22.00 Uhr, und war unterschiedlich lang, mal 30, mal 60, meist 45 Minuten. Ab Januar 2000 war Bruno Jonas, bisher häufiger Gastkabarettist in der Sendung, als ständiger Partner Hildebrandts dabei, später stießen noch Mathias Richling und Georg Schramm zum ständigen Team. Häufige Gäste waren auch Lisa Fitz, Richard Rogler, Werner Schneyder, Renate Küster, Lore Lorentz, Konstantin Wecker, Gerhard Polt, Henning Venske, Hanns Dieter Hüsch und Gisela Schneeberger.

Scheibenwischer wurde die langlebigste Kabarett- oder Comedysendung im Fernsehen. Hildebrandts anfängliche Einschätzung, »Ich mache, was ich will,

Scheibenwischer mit Dieter Hildebrandt (links) und Gast Werner Schneyder.

und sicher wird die Sendung deshalb irgendwann einmal abgesetzt«, entpuppte sich als Irrtum. Er bestritt 144 Ausgaben, die letzte reguläre am 15. Mai 2003 – ein großes, abendfüllendes Live-Finale zur Primetime am 2. Oktober 2003.

Ab Januar 2004 wurde die Reihe mit Jonas, Richling, Schramm und Gästen fortgesetzt, jetzt zehnmal im Jahr donnerstags um 23.00 Uhr, 30 Minuten lang.

Die Reihe bekam den Grimme-Preis mit Silber 1983, den mit Gold 1986 und den Telestar 1987.

SCHEIDUNGSGERICHT RTL
1995–1996. 58-tlg. dt. Gerichtsserie.

Erika Berger, die drei Jahre vorher noch alles gegeben hatte, damit die Menschen sich verstehen, wenigstens im Bett, und *Eine Chance für die Liebe* haben, führt werktags vormittags als Gerichtsreporterin in halbstündige fiktive Scheidungsfälle ein, in denen Richter Wilhelm Kronenberg (Karl-Heinz Gierke) das Urteil fällt.

Das Format kommt aus den USA, lief erstmals 1957, hieß »Divorce Court« und sollte nach eigener Aussage die wachsende Flut von Scheidungen eindämmen. RTL wollte nur unterhalten. Ja, Erika Berger ist geschieden.

SCHERLOCK SCHMIDT & CO. ARD
1982–1983. 9-tlg. dt. Kinderserie.

Der kleine Scherlock Schmidt (Detlev Klein) betätigt sich mit seiner Schwester Mini (Verena Lenz) und seinem Freund Willi (Andreas Böhnke) als Nachwuchsdetektiv. Die halbstündigen Folgen liefen mittwochs um 17.30 Uhr.

SCHICHT IN WEISS   ARD
1980. 13-tlg. dt. Krankenhausserie von Peter M. Thouet, Regie: Hermann Leitner.
Nach längerer Mutterschaftspause ist Hilde Gröndahl (Diana Körner) in ihren Job im Krankenhaus zurückgekehrt. Zu den üblichen Familiensorgen mit Ehemann Stephan (Jürgen Draeger) und Sohn Stephan junior (Oliver Petrich) kommen jetzt wieder der Arbeitsalltag und die Sorge um ihre Patienten. Ihre Schwesternkolleginnen sind Marianne (Regina Lemnitz), Beate (Karin Baal) und Nina (Leslie Malton).
Diese Produktion war anspruchsvoller als die Durchschnittskrankenhausserien, die zwar kranke Menschen, aber doch letztlich immer nur eine heile Welt zeigen. Hier wurden die Patientengeschichten auch mit sozial bedeutsamen Themen verknüpft.
Die halbstündigen Folgen liefen im regionalen Vorabendprogramm.

SCHICKEN SIE FOSTER!   ZDF
1970. 12-tlg. brit. Jugendserie (»Send Foster!«; 1967).
Der 18-jährige Johnny Foster (Hayward Morse) arbeitet als Nachwuchsreporter bei der Lokalzeitung »Redstone Chronicle«. Sein Chef John Harding (Patrik Newell) schickt ihn zu Terminen, die er immer erst für langweilig hält und die sich dann doch als spannend herausstellen. Mal landet er in einem Wettbewerb um die beste Popgruppe des Orts, mal muss er sich bei heiklen politischen Themen mit seiner Verantwortung als Journalist auseinander setzen.
Die halbstündigen Folgen liefen mittwochs um 18.40 Uhr.

SCHICKSAL DER WOCHE   ZDF
1994. 20-tlg. dt. Serienbrief.
Ina Thorwald (Nadja Tiller) beantwortet Leserbriefe für eine Zeitschrift. Volontär Pitty (Christian Kahrmann) hilft ihr. Die in den Briefen geschilderten Geschichten bilden die Handlung der kurzen Episoden – meist entwickeln sich aus schicksalhaften Begegnungen Kurzkrimis.
Die einzelnen Folgen dauerten nur fünf Minuten und wurden vier Wochen lang täglich ins Vorabendprogramm eingestreut. Die fünf Episoden von Montag bis Freitag bildeten jeweils eine zusammenhängende Handlung, in der folgenden Woche begann eine neue.

EIN SCHICKSALSJAHR   RTL
1989. 28-tlg. US-Familienserie von Joshua Brand und John Falsey (»A Year In The Life«; 1987–1988).
Nach dem Tod der Mutter rückt die Familie Gardner in Seattle enger zusammen. Joe Gardner (Richard Kiley), nun Witwer, hat das Geschäft mit Plastikwaren aufgebaut, das sie wohlhabend gemacht hat. Die vier Kinder sind erwachsen und haben eigene Probleme: Anne (Wendy Phillips) ist nach dem Scheitern ihrer zweiten Ehe mit ihren Teenagern David (Trey Ames) und Sunny (Amanda Peterson) wieder ins Elternhaus gezogen. Linley (Jayne Atkinson) kämpft damit, ihre Rollen als Ehefrau des Patentanwalts Jim Eisenberg (Adam Arkin), Mutter eines Neugeborenen und erfolgreiche Vertreterin für das Familiengeschäft unter einen Hut zu bringen. Jack (Morgan Stevens) ist das schwarze Schaf der Familie; er hat noch nicht herausgefunden, was er mit seinem Leben anfangen will. Und Sam (David Oliver), der Jüngste, ist ein braver, konservativer Junge, der die wilde Kay (Sarah Jessica Parker) geheiratet hat. Dr. Alice Foley (Diana Muldaur) ist eine Freundin von Familienoberhaupt Joe.
Der Titel klingt nach Nullachtfünfzehn-Soap, aber die Serie von dem Autorenteam, das auch *Ausgerechnet Alaska* und *Chefarzt Dr. Westphall* erfand, war etwas Besonderes. Sie ragte nicht nur durch ungewöhnliche Plots oder schräge Ausgangssituationen aus dem Serienallerlei heraus, sondern auch dadurch, dass sie Freud und Leid im Alltag einer großen Familie mit Tiefe und Leichtigkeit, liebevollen Charakterzeichnungen und hervorragenden Schauspielern schilderte. *Ein Schicksalsjahr* kam leider bei den Kritikern besser an als bei der Masse der Zuschauer.
RTL zeigte die einstündigen Folgen mittags und trug somit seinen kleinen Teil dazu bei, dass dies auch in Deutschland eine der unterschätztesten Fernsehserien ist. Immerhin hat Sarah Jessica Parker ja später noch einen gewissen Bekanntheitsgrad durch *Sex And The City* erreicht.

SCHIEF GEWICKELT   VOX
2002. 13-tlg. US-Sitcom von Howard J. Morris (»Holding The Baby«; 1998).
Als seine Frau ihn verlässt und das Kindermädchen kündigt, ist der Unternehmensberater Gordon Stiles (Jon Patrick Walker) von heute auf morgen allein erziehender Vater. Er muss feststellen, dass er ungefähr nichts weiß, was er über den Umgang mit seinem sechs Monate alten Sohn Daniel (Brendan und Kyle McRoberts) wissen sollte. Sein Bruder Jimmy (Eddie McClintock) ist damit beschäftigt, arbeitslos, betrunken und Frauenheld zu sein, seine Sekretärin Miss Boggs (Sherri Shepherd) kann Babys nicht ausstehen, sein Chef Stan Peterson (Ron Leibman) ist dagegen, dass der Kleine jetzt durchs Büro krabbelt. Zum Glück taucht die Studentin Kelly O'Malley (Jennifer Westfeldt) auf, die sich eigentlich um eine Stelle als Rezeptionistin in der Unternehmensberatung bewerben wollte und nervig, aber patent ist. Sie wird zum Kindermädchen.
Die einstündigen Folgen liefen samstags gegen 11.45 Uhr.

SCHIESS IN DEN WIND, HO   ARD
1984–1985. 12-tlg. brit. Krimiserie von Ian Kennedy Martin (»The Chinese Detective«; 1981–1982).
Der Chinese John Ho (David Yip) ist Polizist geworden, um seinen Vater zu rächen, dessen Name durch einen korrupten Polizisten in den Schmutz gezogen wurde. Zuerst wollte man ihn bei der Londoner Polizei gar nicht haben, weil ihm die nötige Körper-

größe fehlt, doch nun hat er es trotzdem geschafft, stößt aber weiterhin auf Widerstände. Auf der Wache im East End herrscht latenter Rassismus, und sein Vorgesetzer Berwick (Derek Martin) wartet nur auf einen Vorwand, den ungeliebten Außenseiter wieder loszuwerden, der seine eigene Vorstellung von Disziplin und angemessenem Auftreten hat und sich nicht an die Vorschriften hält. Für den Anfang stellt er ihm den erfahrenen Sergeant Donald Chegwyn (Arthur Kelly) zur Seite. Ho versucht, während beide ihren Dienst tun, auch im Fall seines Vaters voranzukommen.

Ho war der erste nicht weiße britische Fernsehpolizist. Die Serie war auch deshalb bemerkenswert, weil sie sich von den vielen Krimis mit schrägen Einzelgängerpolizisten, die »unkonventionell« ermitteln, dadurch unterschied, dass sie eine plausible Erklärung bot, warum dieser Bulle so ein Außenseiter ist. Die Londoner Polizei legte Wert auf die Feststellung, dass die Serie völlig unrealistisch sei: Es gebe bei ihr keinen latenten Rassimus. Genau.

Die einstündigen Folgen liefen im regionalen Vorabendprogramm.

SCHIFF AHOI! DFF

1958–1960. Unterhaltungssendung rund um den Bau des FDGB-Urlauberschiffs »Völkerfreundschaft«.

Die Sendung kam immer aus einer anderen Stadt, wo ein buntes Bühnenprogramm stattfand, aber auch die Leistungen von Betrieben vorgestellt wurden, die am Bau des Schiffs beteiligt waren. »Lotse« der insgesamt zehn Sendungen war Horst Lehn.

SCHIFF AHOI! ZDF

1966. »Von Seebären und Landratten«. 13-tlg. US-Sitcom (»The Baileys Of Balboa«; 1964–1965).

Mitten in dem außerordentlich vornehmen Yachtclub Balboa von Cecil Wyntoon (John Dehner) mit aristokratischen Bewohnern und eindrucksvollen Villen lebt der außerordentlich gewöhnliche Sam Bailey (Paul Ford) in einem schlichten Haus und betreibt einen Charterbootdienst und eine Art Billighotel. Buck Singleton (Sterling Holloway) ist sein einziger Mitarbeiter, und auch der ist alles andere als vorzeigbar. Wyntoon versucht verzweifelt und vergeblich, den verhassten Bailey loszuwerden. Aber wie das so ist: Ausgerechnet seine Tochter Barbara (Judy Carne) liebt Baileys Sohn Jim (Les Brown, Jr.).

In DFF 1 liefen 1974 acht Folgen in neuer Synchronisation unter dem Titel *Hallo, Käpt'n Bailey*.

DIE SCHILFPIRATEN ZDF

1987. 8-tlg. brit. Jugendserie nach den Büchern von Arthur Ransome (»Swallows And Amazons Forever«; 1982).

Die englische Provinz in den 30er-Jahren: Die Kinder Dick (Richard Walton) und Dot (Caroline Downer) verbringen ihre Ferien erstmals auf einem Segelboot, zusammen mit Mrs. Barrable (Rosemary Leach). Sie treffen Tom (Henry Dimbleby) und Zwillinge, die schon so gut segeln können, dass sie Backbord (Claire Mathews) und Steuerbord (Sarah Mathews) genannt werden. Gemeinsam sind sie die »Schilfpiraten« und versuchen, die Natur u. a. vor lärmenden Touristen zu schützen.

25 Minuten waren die einzelnen Folgen lang; das ZDF zeigte fast alle montags nachmittags.

SCHILLERSTRASSE SAT.1

Seit 2004. Improvisations-Comedyshow.

Cordula Stratmann improvisiert mit wechselnden Gastkomikern vor Publikum eine Spielhandlung. Die Bühne stellt ihre Wohnung in der (fiktiven) Schillerstraße dar. Es gibt kein Drehbuch, alles entwickelt sich spontan. Spielleiter Georg Uecker gibt den Protagonisten per Knopf im Ohr merkwürdige Anweisungen (»Sprich nur in Sprichworten!«, »Du begehrst den Barhocker«), die sie umsetzen müssen. Für die Zuschauer sind die Anweisungen hörbar und eingeblendet, die Spielpartner kennen die Aufgaben ihrer Kollegen jedoch nicht.

Fröhlicher Kindergartenhumor für Erwachsene. Der Unterhaltungswert hing stark von den Gastkomikern ab und schwankte entsprechend. Regelmäßige Gäste waren Martin Schneider, Annette Frier, Ralf Schmitz, Michael Kessler, Bernhard Hoëcker und Tetje Mierendorf. Sie spielten Nachbarn oder Freunde von Stratmann und traten wie sie unter ihren realen Vornamen auf.

Die Sendung wurde zum Überraschungserfolg der Saison und inspirierte u. a. RTL zum Improvisationsformat *Frei Schnauze*.

Lief zunächst als halbstündige Show freitags um 22.15 Uhr und wechselte Anfang 2005 in doppelter Länge auf den Donnerstag um 20.15 Uhr. Als Spielleiter war bis kurz vor der ersten Sendung noch John Hudson vorgesehen.

SCHIMANSKI ARD

Seit 1997. Dt. Krimireihe.

Sechs Jahre nach seinem Abschied als *Tatort*-Kommissar bei der Duisburger Kripo bittet die Polizei den Privatmann Horst Schimanski (Götz George) um Hilfe. Also verlässt er sein Hausboot in Belgien und seine feste Freundin (ja, der Mann ist eben alt geworden) Marie-Claire (Denise Virieux) immer wieder vorübergehend, um die Bösen zu fangen. Manchmal tut er das auch gegen den Willen der Polizei oder lässt sich einfach als Privatdetektiv oder Bodyguard anheuern. Nach dem Tod seines Partners Thanner wird Schimanski bei seinen Ermittlungen nun von dem jungen Polizisten Tobias Schrader (Steffen Wink) unterstützt. Der lässt Schimi jedoch Ende 1999 nach Folge 6 allein, und in der nächsten Folge knapp ein Jahr später ist Hänschen (Chiem van Houwening) wieder da, Schimanskis alter Kollege aus *Tatort*-Zeiten; Thomas Hunger (Julian Weigend) wird Schimis neuer Assi.

Götz Georges Rückkehr in die Rolle des raubeinigen Ermittlers passierte zwar nicht mehr innerhalb der *Tatort*-Reihe, aber auf dem alten Sendeplatz sonntags um 20.15 Uhr. Die Fälle waren düsterer, komplexer und politischer als früher, das Mileu vielseitiger. Es ging nun um Wirtschaftsspionage, Ausländerproblematik, Prostitution, Kinderkriminalität etc. Mit der Folge »Rattennest« 1999 sah die Duisburger CDU, Oppositionspartei im Stadtrat, die Stadt in ein schlechtes Licht gerückt und forderte, den Dank für die »freundliche Unterstützung der Stadt Duisburg« aus dem Abspann zu streichen. Die Produzenten kamen dem Drängen nach, »weil der Dank nicht als Ironie verstanden werden soll«.

Die 90-minütigen Folgen liefen in loser Folge, zunächst staffelweise mit jeweils zwei bis drei Folgen im Wochentakt, ab 1999 wurde in der Regel nur noch ein Film pro Jahr produziert. Bis einschließlich 2005 wurden 13 Filme gezeigt.

Regie führte bei vielen Fällen Hajo Gies, der auch die meisten *Tatorte* mit Schimanski inszeniert hatte. Mehrere Folgen sind auf DVD erhältlich.

SCHIMPF 19717 ARD

1993–1995. Halbstündige werktägliche Call-In-Show mit Björn-Hergen Schimpf. Schimpf gießt sich eine Tasse Kaffee ein und fordert die Zuschauer auf, anzurufen und mit ihm zu plaudern. Sie sollten ihm z. B. ihre schönsten Jugendstreiche erzählen.

Wenig erfolgreiche Sendung, die es aber immerhin auf rund 400 Folgen brachte und dann durch den noch erfolgloseren *Rehmsen* ersetzt wurde. Zu Sendebeginn um 14.00 Uhr zeigte eine Weltzeituhr die Uhrzeit quer durch die Metropolen der Welt an. In Schimpfs Heimatstadt Winsen an der Luhe war es meist noch 13.38 Uhr. Die Vorwahl lautete 02 21.

SCHIMPF VOR ZWÖLF ARD

1963–1971. Alle zwei Jahre zu Silvester übertrug die ARD zur Primetime dieses Kabarettprogramm der Münchner Lach- und Schießgesellschaft, in dem auf das Jahr zurückgeblickt wurde. Mitwirkende waren Dieter Hildebrandt, Ursula Noack, Hans-Jürgen Diedrich, Jürgen Scheller und Klaus Havenstein. In der letzten Sendung 1971 waren Diedrich und Havenstein nicht mehr dabei, für sie wirkten jetzt Horst Jüssen und Achim Strietzel mit.

Nach 18 Jahren Pause zeigte die ARD am 31. Dezember 1989 eine einzelne neue Ausgabe.

SCHLAFLOS! RTL 2

1999. Einstündiges Reisemagazin mit Alexandra Klim, das sechsmal am frühen Sonntagabend lief.

SCHLAFLOS UM MITTERNACHT ZDF

2003. 45-minütige Beratungsshow mit Angela Elis und dem Psychotherapeuten Prof. Dirk Revenstorf, die im Gespräch Menschen bei deren Schwierigkeiten helfen.

Wurde viermal dienstags um Mitternacht live ausgestrahlt. Jede Sendung hatte ein Oberthema.

SCHLAG AUF SCHLAG ARD

1953–1954. Showreihe, die zunächst knapp eine Stunde lang war und sich auf die Vorführung artistischer Kunststücke beschränkte. Im Frühjahr 1954 wurde die Reihe zur großen, 90-minütigen Samstagabendshow ausgebaut und hauptsächlich auf Musik ausgerichtet. Sie erhielt jetzt den Untertitel »Schlager auf Schlager«.

Lief in loser Folge, insgesamt sechsmal.

SCHLAG AUF SCHLAG ARD

1981–1990. Polittalkshow mit Claus Hinrich Casdorff.

Jeweils ein bis zwei Gäste stehen dem Moderator Rede und Antwort, der in gewohnter Manier scharf und hartnäckig nachhakt.

Die Reihe lief selten und unregelmäßig donnerstags um 20.15 Uhr, oft nur zweimal im Jahr, war erst 80, dann 60 und schließlich 45 Minuten lang.

SCHLAG 6 SAT.1

2001–2002. Werktägliches halbstündiges Infotainmentmagazin um 18.00 Uhr mit Bettina Cramer und Kurt Lotz, mit dem der *Sat.1 Adventskalender* fortgeführt wurde, weil der Sender sonst nichts hatte, womit er den schwierigen Sendeplatz füllen konnte. Im Grunde war es eine Spätausgabe des *Frühstücksfernsehens,* das Cramer und Lotz sonst moderierten.

SCHLAGABTAUSCH VOX

1993. Live-Talkshow mit Hanjo Seißler und zwei Gästen.

Gleich in der ersten Sendung am ersten Sendetag von Vox kam es zum Eklat: CSU-Politiker Erich Riedl, der wie SPD-Mann Freimut Duve von Seißler provoziert wurde, verließ unter Protest das Studio. Trotz des insofern vielversprechenden Starts wurde die knapp einstündige Sendung, die um 22.10 Uhr lief, nur zwei Monate später wegen schlechter Quoten eingestellt. Seißler hatte vorher mit Georgia Tornow die SFB-Talkshow *Berlin Mitte* im Dritten Programm moderiert.

SCHLAGER DFF

1966–1969. »Neues von Rundfunk und Schallplatte«. Musikshow mit Walter Kubiczeck, ab 1967 mit dem Schlagersänger Ingo Graf.

Die Interpreten traten häufig vor Sehenswürdigkeiten oder in Alltagssituationen auf, aber das Publikum war von der Nummernrevue nicht besonders angetan. Der Sendetitel beinhaltete die abgekürzte Jahreszahl, z. B. *Schlager '67*. Die Sendung lief ungefähr sechsmal jährlich und war die Fortsetzung von *Schlager heute*.

SCHLAGER AUS BERLIN DFF

1962. Musikalische Reportageshow mit Heinz Florian Oertel.

Der beliebte Moderator wandert durch die Stadt, trifft interessante Leute, mit denen er sich unterhält, und präsentiert bekannte Lieder. Die Auftritte der Künstler sind in Filmszenen aufwendig und mit Berlin als Kulisse inszeniert. Oft wird Tricktechnik benutzt, und eine Frau, die gerade noch als Kellnerin neben Oertel zu sehen war, verwandelt sich plötzlich in eine Tänzerin. Mit »Schlager« sind ausdrücklich nicht nur Musiktitel gemeint, sondern alles, was populär und erfolgreich ist.

Schlager aus Berlin war eine moderne, humorvolle Unterhaltungssendung, die die Stadt vor allem als attraktives und weltoffenes touristisches Ziel präsentierte. Politische Untertöne fehlten fast völlig, Berlin erschien als selbstbewusste »Hauptstadt der DDR«. Die erste Sendung hieß »Wenn in der Schönhauser Allee ...«, später ging es u. a. zum Oberbegriff »Sterne« um die Archenhold-Sternwarte, den Müggelturm und die Weiße Flotte auf der Spree. Die Sendung war sehr beliebt; das Konzept wurde später mit *Schlager einer kleinen Stadt* fortgesetzt. Im August 1963 gab es noch eine »Auslese« mit Ausschnitten aus den Sendungen.

SCHLAGER BEIM WORT GENOMMEN ZDF

1971. Comedy-Musikshow von und mit Otto Höpfner und mit Doris Bierett, in der Schlager auf den Wahrheitsgehalt ihres Titels überprüft wurden. So fuhr ein Reporter durch Paris, um »Ganz Paris singt von der Liebe« zu verifizieren, fand aber nur einen italienischen Bauarbeiter, der irgendwas anderes sang.

Ursprünglich waren 17 Folgen geplant, das ZDF zeigte jedoch nur vier, weil es mit der Qualität nicht zufrieden war. »Den Filmen fehlt das Niveau«, stellte der Unterhaltungschef fest.

SCHLAGER EINER GROSSEN STADT DFF 1, DFF 2

1968–1971. Show mit Reportageelementen. Heinz Florian Oertel berichtet unterhaltsam über Land und Leute, zeigt Kurioses und Wissenswertes aus einer Stadt; zwischendurch gibt es Musik.

Nach seiner Tour über die Dörfer für *Schlager einer kleinen Stadt* zog es Oertel in die Metropolen und vor allem ins Ausland. Das passte der DDR-Führung politisch ins Konzept, denn so gemütlich die Kleinstädte waren, so fortschrittlich waren die großen, und Ende der 60er-Jahre ging es der DDR vor allem darum, ihre Internationalität zu beweisen. Die erste Sendung kam aus Warschau, es folgten Budapest, Moskau, Berlin, Dresden, Krakau, Karl-Marx-Stadt und Prag. Im Ausland standen häufig Co-Moderatoren aus den besuchten Ländern an Oertels Seite.

Acht Ausgaben liefen zweimal jährlich.

SCHLAGER EINER KLEINEN STADT DFF

1964–1967. Show mit Reportageelementen. Moderator Heinz Florian Oertel stellt mit viel Musik unbekannte Gemeinden, ihre Menschen, Leistungen und Eigenarten vor.

Die Sendung war ein angenehmer Kontrast zu den üblichen Unterhaltungssendungen aus großen, nichts sagenden Veranstaltungshallen und Sälen. Sie kam aus Orten wie Radeberg, Tangermünde, Bad Kösen und Sohland/Spree. Hinter ihr stand nicht der Versuch, aus dem Alltag in eine heile Fernsehwelt zu fliehen, sondern den Alltag als »Schlager« umzuwerten, das Unspektakuläre spektakulär zu präsentieren. Mit »Schlager« waren ausdrücklich nicht nur die Musiktitel, sondern auch die Attraktionen und die Menschen der Stadt gemeint. Wegen dieser Lebensnähe war die Sendung bei den politisch Verantwortlichen, aber auch bei den Zuschauern relativ beliebt.

Schlager einer kleinen Stadt war die Nachfolgesendung von *Schlager aus Berlin* und wurde ihrerseits später zu *Schlager einer großen Stadt*. Die ersten beiden Ausgaben liefen am Mittwochabend, die restlichen sechs am Samstagabend.

SCHLAGER FÜR SCHLAPPOHREN ARD

1967–1971. Musikshow mit Arno und dem Hasen Cäsar.

Arno (Arno Görke) ist der Toningenieur, Cäsar die Klappmaulpuppe, die zuvor in der Serie *Der Hase Cäsar* verschiedene Hobbys und Berufe kennen gelernt hatte. Diesmal ist Cäsar der Diskjockey, der die Regler des Mischpults in den Pfoten hat, jedes Lied mit einem kräftigen »Bitteschöööön!« startet, bissige Kommentare einwirft und viele Künstler als Gäste begrüßt. Zusätzlich zur Vorstellung neuer Popsongs und Schlager spielt Cäsars Neugier weiterhin eine Rolle, weshalb auch hinter die Kulissen der Musikproduktion geblickt wird.

Für kurze Zeit liefen diese und die bisherige Serie *Der Hase Cäsar* parallel. Puppenspieler und Stimme von Cäsar war wieder Wolfgang Buresch. Produzent war Armin Maiwald. Die Schallplattenindustrie sah die ungewohnte Form der Produktpräsentation skeptisch und beschwerte sich sogar mehrmals, weil Cäsar und Arno sich über einige Schnulzen lustig gemacht hatten. Die Karriere des Hasen Cäsar währte noch lange, zusammen mit Arno Görke trat er in den Folgejahren in *Spaß am Dienstag* und *Zwei alte Hasen entdecken Neues* auf.

SCHLAGER HEUTE DFF

1965–1966. »Das Neueste von Rundfunk und Schallplatte, vorgestellt von Wolfgang Brandenstein«. Einstündige Musiksendung mit Schlagern, die im Vormonat entstanden waren. Die Sendungen wurden an verschiedenen Orten aufgezeichnet.

Vier Ausgaben liefen mittwochs, eine dienstags um 20.00 Uhr. Die Reihe wurde abgelöst durch *Schlager*.

DIE SCHLAGER-REVUE DFF

1955–1956. Musikshow mit Heinz Quermann, der neue oder beliebte Schlager aus der DDR vorstellt. Die erste von insgesamt sechs Sendungen (immer donnerstags) lief noch im Versuchsfernsehen des DFF, aber die Ursprünge der Reihe liegen noch weiter zurück: Bereits seit September 1953 hatte Quermann im Radio regelmäßig eine »Schlagerlotterie« veranstaltet, die 1958 in »Schlagerrevue« umbenannt wurde. Später gab es immer wieder Shows im DDR-Fernsehen, die das Jubiläum der Ur-Schlagerrevue aus dem Jahr 1953 groß und mit vielen be-

Ein Schloss am Wörthersee:
Julia Biedermann, Roy Black.

liebten Künstlern (und immer mit Heinz Quermann) feierten.

SCHLAGER-TOTO ARD
→ Werner Müllers Schlagermagazin

SCHLAGERLEINWAND TELE 5
1992. Schlagersendung mit Wencke Myhre. Die Sängerin zeigt Filmausschnitte aus den 60er-Jahren, plaudert mit Gästen und singt. Lief insgesamt sechsmal freitags um 20.15 Uhr.

SCHLAGERMAGAZIN ARD
→ Werner Müllers Schlagermagazin

**DIE SCHLAGERPARADE
DER VOLKSMUSIK** SWR, ARD
1989–1995 (SWR), 1996–2003 (ARD). Monatliche 45-minütige Musikshow mit Gästen aus der Volksmusik. Zuschauer wählen aus mehreren Vorstellungen ihre Lieblingshits, die Bestplatzierten treten beim nächsten Mal wieder auf.
Gäste der ersten Sendung waren u. a. Patrick Lindner und Heintje; Lindner war auch die nächsten beiden Male dabei. Erste Moderatorin war Ramona Leiß, im Januar 1991 übernahm Eva Herman. Im Januar 1996 wechselte die Show ins Erste und lief seitdem montags um 20.15 Uhr. Mit diesem Wechsel wurde der Schlagersänger Andy Borg (eigentlich: Andreas Adolf Meyer) neuer Moderator.
Im Sommer 2003 kippte die ARD ihr komplettes Volksmusikpaket am Montag aus dem Programm, womit auch diese Show nach 138 Ausgaben starb. Borg (»Adios Amor«) tauchte im Herbst dafür mit dem *Festival der Sieger* wieder auf, jetzt am Donnerstag und sogar 90 Minuten lang. Zwischendurch lief einmalig die »Schlagerparade der Sieger«.

SCHLAGERSTUDIO DFF, DFF 1
1970–1982. Musiksendung ähnlich der *ZDF-Hitparade:* Die Zuschauer wählen den besten Titel, einmal im Jahr gibt es eine große Abschlussshow namens *Einmal im Jahr.* Moderatoren waren u. a. Petra Kusch-Lück und Chris Wallasch. Nachfolgesendung wurde *Bong.*

DIE SCHLAGERWIEGE ARD
1954. 25-minütige Musiksendung, in der Komponisten und Interpreten bisher unveröffentlichte Stücke vorstellen. Fünf Ausgaben liefen donnerstags abends.

SCHLIEMANNS ERBEN ZDF
Seit 1998. Reportagereihe von Gisela Graichen, die sich mit Archäologie beschäftigt und kaum erforschte Gebiete weltweit bereist. Die 45-minütigen Folgen laufen sonntags um 19.30 Uhr.

EIN SCHLOSS AM WÖRTHERSEE RTL
1990–1993. 33-tlg. dt. Urlaubsserie von Erich Tomek, Regie: Franz Josef Gottlieb.
Der nette Lennie Berger (Roy Black) leitet das geerbte »Schlosshotel« in Velden am Wörthersee, wo alle Menschen Freunde sind und Rosen blüh'n im Sommerwind. Zum Personal gehören Ida Jelinek (Julia Biedermann), Hoteldirektorin Anja Weber (Andrea Heuer), Ulla Wagner (Christine Schuberth), Rezeptionist Schultz (Ralf Wolter), Hausdiener Toni (Gerhard Acktun) und die beiden unterbelichteten Hilfskräfte Josip (Otto W. Retzer) und Malec (Adi Peichl), zwei tollpatschige Osteuropäer (»Josip immer fleißig, Malec immer arbeiten!«). Rainer Jansen (Manfred Lehmann) war vor Lennies Ankunft der Hoteldirektor und versucht nun, Lennie auszustechen. Als das misslingt, kündigt er und fängt im

Kurhotel »Karner Hof« an. Anja folgt ihm, kehrt aber später zurück.

Lennie und Ida verloben sich, doch die Beziehung zerbricht. Lennies Ex-Freundin Krista Springer (Julia Kent) hat ein Reisebüro in Velden. Der skrupellose Bankier Thomas Kramer (Henry van Lyck) ist anfangs ihr Geschäftspartner. Er versucht später mit allen Mitteln, das chronisch bankrotte »Schlosshotel« in seinen Besitz zu bekommen. Nach Lennies Tod erbt sein kleiner Sohn Max (Alexander Bouymin) das Hotel, und dessen Mutter und Lennies Ex-Frau Elke Berger (Uschi Glas) übernimmt ab Ende 1992 gemeinsam mit ihrem Bruder Leo Laxeneder (Helmut Fischer) die Leitung. Der Architekt Peter Tauschnitz (Matthias Bullach) kümmert sich um den Umbau des Hotels, den Lennie noch geplant hatte. Er buhlt um Elke, ebenso wie der reiche französische Geschäftsmann André Blondeau (Pierre Brice).

Eine der auffälligsten Serien des Jahres 1990. Es war die erste Eigenproduktion des Privatsenders RTL, der bis dahin ausschließlich ausländische Serien im Programm hatte. Mutig war vor allem die Entscheidung, die Hauptrolle mit dem Schlagersänger Roy Black zu besetzen, der seit den 70er-Jahren nicht mehr als Schauspieler in Erscheinung getreten war und damals in drittklassigen Musikfilmchen mitgespielt hatte. Andererseits liefen die Wiederholungen der alten Schlagerfilme bei RTL mit großem Erfolg, und an die knüpfte *Ein Schloss am Wörthersee* in vielerlei Hinsicht nahtlos an.

Die Wahl Roy Blacks erwies sich als Volltreffer, die Serie wurde ein gigantischer Quotenerfolg (der bis dahin größte überhaupt für einen privaten Fernsehsender), Roy Black feierte ein Comeback. Zusätzlichen Schub erhielt die Serie durch seinen plötzlichen Tod. Er starb unmittelbar vor dem Sendestart der bereits abgedrehten zweiten Staffel. Zu Beginn der Ausstrahlung dieser Staffel sprach Rudi Carrell als Ansager vor der ersten Episode ein paar warme Worte über Roy Black. Eine dritte Staffel wurde nach einigem Zögern dann mit Uschi Glas als neuer Hotelchefin gedreht. Sie hatte in den besagten Schlagerfilmchen von damals oft Roy Blacks Filmpartnerin gegeben.

Hinter der Serie stand die erste Riege des deutschen Bumsfilms der 70er-Jahre. Dem Josip-Darsteller Otto W. Retzer, der zeitweise auch Regie führte, verdankt Deutschland Titel wie »Babystrich im Sperrbezirk« und »Her mit den kleinen Schweinchen«, Regisseur Franz Josef Gottlieb hatte sich durch »Wenn die tollen Tanten kommen«, »Liebesspiele junger Mädchen« oder »Hurra, die Schwedinnen sind da« einen Namen gemacht, Kameramann Franz X. Lederle qualifizierte sich durch Filme wie »Manche mögen's prall« und »Zärtlich, aber frech wie Oskar«, und Drehbuchautor Erich Tomek war an der Entstehung von Klassikern wie »Die schönen Wilden von Ibiza« und »Die nackten Superhexen vom Rio Amore« beteiligt. Produzent Karl Spiehs kündigte vor dem Serienstart an, Tomek könne beim Schreiben für *Ein Schloss am Wörthersee* auf Restbestände nicht verwirklich-

Die Serie *Schloss Pompon Rouge* mit Elisabeth Volkmann und Jörg Bräuer hatte eigentlich nur zwei große Themen.

ter Ideen zurückgreifen, die »zu dünn für anderthalb Stunden« waren, »aber für eine Stunde oder 50 Minuten allemal langen«.

Viele deutsche und internationale Stars spielten Gastrollen und quartierten sich für einzelne Episoden im Hotel ein, darunter Harald Juhnke, Hildegard Knef, Telly Savalas, Hella von Sinnen, Mike Krüger, Zachi Noy, David Cassidy, der Sportler Jürgen Hingsen, der Sänger Drafi Deutscher, Linda Gray und Larry Hagman. Das tatsächlich existente Schloss am Wörthersee wurde kurz vor Serienstart von Gunther Sachs gekauft und in der Tat zum Hotel umgebaut. Jede Folge war eine Stunde lang. Die erste Staffel lief mittwochs um 19.10 Uhr, die zweite und dritte wurden donnerstags um 21.15 Uhr ausgestrahlt. Nach dem Ende der Serie lief im Herbst 1993 noch ein einzelner Film. Ab September 2001 wurde die Serie nachmittags in der ARD wiederholt. Es war das erste Mal, dass die ARD eine alte Produktion eines Privatsenders ausgrub und aufkaufte.

Die Serie ist komplett auf DVD erhältlich.

SCHLOSS EINSTEIN KI.KA

Seit 1998. Dt. Kinder-Soap.

Geschichten um Kinder und Lehrer im Internat Schloss Seelitz bei Potsdam, zu dem das Albert-Einstein-Gymnasium mit naturwissenschaftlichem Schwerpunkt gehört. Dr. Emanuel Stollberg (Wilfried Loll), genannt Guppy, ist der Internatsdirektor, Heinz Pasulke (Gert Schaefer) der Hausmeister. Weitere Lehrkräfte sind Dr. Lutz Wolfert (Ludwig Hollburg), Marianne Gallwitz (Rebekka Fleming) und Sven Weber (Jörg Zufall), später kommen noch die jungen Kollegen Hannes Fabian (Karsten Blumenthal), Gregor Haller (Daniel Enzweiler) und Kleopatra Klawitter (Shirin Soraya) dazu. Diese bilden nur einen kleinen Teil des Lehrerkollegiums, dessen Zusammensetzung sich ein paar Mal ändert.

Die Gruppe der Kinder ist noch viel größer. Die Geschichten drehen sich hauptsächlich um die Schüler der Klassen 6 und 7, deshalb steht jedes Jahr ein kompletter neuer Jahrgang im Mittelpunkt. Die Alteingesessenen der Klassen 8 und 9 kümmern sich als Patenschüler um die Neuzugänge. Es geht um strenge und unkonventionelle Lehrer, Schülersprecher, Klassenarbeiten, Spickzettel, Noten, Sitzenbleiben, Streiche, die Schulband, die Kids aus dem nahen Dorf, wer gerade doof ist, Probleme mit den Eltern, Scheidung der Eltern, Heimweh, Engagement, Umweltschutz, Ausländerfeindlichkeit und -freundlichkeit, erste Liebe und Küsse, Zusammenhalten, Freundschaft, Freizeit und Abenteuer.

Die 25-Minuten-Folgen liefen am frühen Samstagabend. Im Juli 1999 begann die ARD mit der Wiederholung aller Folgen am Samstagvormittag. Mit weit über 300 Folgen war *Schloss Einstein* nach Angaben des produzierenden MDR die längste fiktionale Kinderserie der Welt.

SCHLOSS HOHENSTEIN – IRRWEGE ZUM GLÜCK ARD

1992–1995. 13-tlg. dt. Soap, Regie: Georg Tressler. Im Schloss der Grafen von Hohenstein pflegt die Medizinstudentin Christine Berger (Sophie von Kessel) die kranke Gräfin Leonore (Gudrun Gabriel). Dabei wird sie in die Intrigen der ganzen Familie hineingezogen, zu der Leonores Ehemann Graf Gregor (Mathieu Carrière), Gräfin Sophie (Ruth Maria Kubitschek) und Graf Arno (Albert Fortell) sowie Gregors und Leonores Tochter Viola (Tatjana Fein) gehören, die in Wirklichkeit Arnos Kind ist. Gregor und Christine verlieben sich, wissen jedoch, dass ihre Liebe keine Chance hat. Tamara (Anouschka Renzi), die Tochter von Prof. Rosenbaum (Wolfgang Weiser), ist Christines beste Freundin. Baronesse Elsa von Trauburg (Marita Marschall) ist Gregors Cousine; ihr spielsüchtiger Bruder Gunnar (Matthias Fuchs) bringt sich um.

Christine ist eine Waise und will die Wahrheit über ihre Familie herausfinden, über die sie bislang kaum etwas weiß. Die Fürsten Piero (Claudio Cora) und Federica di Veneria (Marina Berti) entpuppen sich als ihre Großeltern; deren Sohn Prinz Philip (Vanni Corbellini) hatte Christine kurz zuvor noch einen Heiratsantrag gemacht. Durch Elsas Mord an Leonore wird die Liebschaft zwischen Gregor und Christine möglich; nach einem Unfall entfremdet sich Gregor seiner Geliebten jedoch und wendet sich der Journalistin Carla Roth (Gudrun Landgrebe) zu, die sich eigentlich an ihm für den Tod ihres Mannes rächen will, sich dann aber in ihn verliebt. Unterdessen beginnt Christine in Italien eine Beziehung mit dem Pianisten Claudio Magnelli (Andrea Prodan). Am Ende bekommt sie ein Kind von Gregor, und die beiden finden wieder zueinander.

Die Seifenoper lief in zwei Staffeln mit einstündigen Folgen im Vorabendprogramm.

SCHLOSS POMPON ROUGE RTL

1991–1992. 24-tlg. dt. Erotik-Comedyserie.

Kleine, unbedeutende Serie über ein kleines, unbedeutendes Rokokofürstentum, das aber umso schriller und freizügiger ist, allen voran Marquise Marie Antoinette de Pompon Rouge (Elisabeth Volkmann), die eigentlich Maria Bommelroth heißt, aber das klingt nicht so pompös. Ihr Gatte Heinrich nennt sich Marquis Henri de Pompon Rouge (Jörg Bräuer).

Die halbstündigen Folgen liefen am späten Sonntagabend. Die »taz« bewertete das Produkt als »schlechteste Fernsehserie aller Zeiten« und war damit von der Wahrheit nicht weit entfernt. Schon während der Produktion hatte es Querelen um den Gehalt der Sendung gegeben – nicht weil es zu freizügig zuging, sondern nicht freizügig genug. Der für die Bommelroths zuständige RTL-Redakteur Armin Hummernbrum, der überraschend unter seinem echten Namen auftrat, nannte erste Arbeitsproben »eine Schnarchnummer hoch drei«; auf Geheiß von ganz oben sollte die Erotik verschärft werden. Das resultierte in platten sexuellen Anspielungen sowie dem empörten Ausstieg einiger Nebendarstellerinnen und des Produzenten Jörn Schröder, der dann Pleite ging. Noch ein halbes Jahr später rechtfertigte RTL-Chef Helmut Thoma den Flop im »Spiegel«-Interview damit, dass es ja gar keine richtige Erotikserie gewesen sei, denn »wer Elisabeth Volkmann in voller Ausrüstung in die Badewanne setzt, der kann doch von Sex keine Ahnung haben«.

SCHLOSS ZU VERMIETEN ZDF

1989. 6-tlg. frz.-österr. Comedyserie von Jean-Jacques Tarbès, Christian Watton und Fernand Berset, Regie: Serge Korber (»Florence ou La vie de château«; 1987).

Florence (Annie Girardot) hat ein Schloss im Örtchen Flamiche-en-Bezouard, das Schloss hat ein Dach, und das Dach hat eine Reparatur nötig. Geld ist nicht vorhanden, und von ihrem faulen Bruder Hector (Jean-Luc Bideau) hat Florence auch nichts zu erwarten. Der kümmert sich nur um sein Pferd Soprano. Notgedrungen vermietet Florence einige ihrer Gemächer unter und hat fortan turbulenten Spaß mit den Gästen. Ihr erster Mieter ist Prinz Ferdinand (Buddy Elias), der sich in der letzten Folge revanchiert, indem er Florence und Hector in sein eigenes Schloss einlädt und sich dabei selbst als arm entpuppt.

Die einstündigen Folgen liefen mittwochs am Vorabend. Hauptdarstellerin Annie Girardot sang den Titelsong selbst.

SCHLOSSHERREN ARD
1986. 8-tlg. dt. Familienserie von Franz-Xaver Wendleder, Regie: Reinhard Schwabenitzky.
Clara Leitner (Ida Ehre) hat von dem Baron, bei dem sie Haushälterin war, ein Schloss geerbt. Als sie selbst stirbt, vermacht sie es ihrem Neffen Franz Bauer (Willy Harlander), allerdings verbunden mit einem lebenslangen Wohnrecht für Sebastian Pekert (Karl Lieffen). Pekert, ein Komponist und Musiklehrer, und Bauer, Besitzer einer Kfz-Werkstatt, können sich nicht ausstehen, und die Sache wird dadurch nicht besser, dass Pekert, wenn er es endlich schaffte, eine Oper zur Aufführung zu bringen, das Geld erben könnte, das Bauer brauchte, um das Schloss zu reparieren. Spät, genauer gesagt: nach acht Folgen, merken beide, dass sie nur dann eine Chance haben, wenn sie aufhören, sich zu bekämpfen.
Die 50-minütigen Folgen liefen erst im regionalen Vorabendprogramm des Bayerischen Fernsehens, ab 1996 auch montags um 21.40 Uhr im Ersten.

SCHLOSSHOTEL ORTH ZDF
Seit 1996. 163-tlg. österr. Hotelserie.
Wenzel Hofer (Klaus Wildbolz) leitet das »Schlosshotel Orth« im österreichischen Gmunden beim Traunstein, das im Sommer als Hotel und ganzjährig als Kongresszentrum dient. Wenzels teils erwachsene Kinder sind Fanny (Nicole R. Beutler), Sissy (Andrea Lamatsch), Nico (Mischa Fernbach) und Franzl (Rupert Apfl-Nussbaumer). Fanny ist mit Vinzenz Strobel (Heinz Trixner) verheiratet, der zugleich Wenzels Geschäftspartner ist. Wenzels Frau Christine (Marianne Nentwich) stirbt bei einem Unfall in den Bergen, ihre Arztpraxis im Kongresszentrum führt Marion Fabian (Beatrice Kessler) weiter.
Lena Dorndorf (Christine Buchegger) wird neue Hotelmanagerin, Pepi Maybach (Birgit Linauer) ist die Personalchefin. Später ziehen Wenzels Schwager Jakob (Ulrich Rheinthaller) und seine Freundin Claudia (Sandra Cervik) nach Gmunden. Tochter Sissy kommt Anfang 2000 ums Leben. Wenzels Freundin Dr. Eva Tillmann (Marianne Nentwich) verlässt ihn, nachdem er sie mit Susanne Neumann (Barbara Wussow) betrogen hatte, die seine neue Assistentin im Hotel ist und auf den Direktorenposten spekuliert. Wenzel hatte sie eingestellt, um sich selbst zu schonen, da bei ihm eine Herzschwäche entdeckt wurde.
Bei einem Ausflug auf den See im Frühjahr 2001 fällt Wenzels Enkelin Rosa ins Wasser. Wenzel springt hinterher und rettet sie, die Anstrengung ist jedoch zu viel für ihn, und er stirbt. Felix Hofstätter (Albert Fortell) wird Interimsdirektor. Fanny, deren Ehe mit Vinzenz zerbrochen ist, unterstützt ihn und wird seine Geliebte. Susanne und Vinzenz intrigieren gegen Felix, weil sie beide das Hotel übernehmen wollen. Anfang 2002 erwacht Felix' Frau Ruth (Jenny Jürgens) aus einem längeren Koma und erholt sich. Sie lebt jetzt wieder bei Felix, obwohl das Paar sich vor ihrem Unfall getrennt hatte. Fanny verlässt ihn deshalb.
Die intrigante Carla Prinz (Konstanze Breitebner) übernimmt das Konkurrenzhotel »Traunstein«. Aus einer Beziehung mit ihr ist Felix' Sohn Max (Stefano Bernardin) entstanden. Iris Baier (Susanna Knechtl) wird vorübergehend Felix' Sekretärin und dann Max' Freundin. Carla muss in den Knast und verkauft das Hotel im Herbst 2004 an ihre Stieftochter Tatjana Prinz (Irina Wanka) und deren Bruder Ben (Patrick Rapold). Auch mit Ruth bekommt Felix ein Kind, Victoria.
Doppelrolle für die Schauspielerin Marianne Nentwich: Lange Zeit, nachdem sie als Wenzel Hofers Frau Christine gestorben war, kehrte sie als seine Freundin Eva in die Serie zurück und blieb bis zum Schluss. Klaus Wildbolz, der schon in *Hotel Paradies* einen Hotelier gespielt hatte, hatte nach vier Jahren im *Schlosshotel Orth* die Nase voll und ließ sich per Serientod herausschreiben.
Die einstündigen Folgen liefen erfolgreich freitags um 18.00 Uhr, aber irgendwann nicht mehr erfolgreich genug. Die angekündigte und sogar gestartete neunte Staffel, von der bereits feststand, dass es ohnehin die letzte sei, setzte das ZDF nach nur einer Folge im Dezember 2004 von heute auf morgen ab und ließ 14 Folgen bis auf weiteres ungesendet liegen.

SCHLUCHTENFLITZER ARD
1981. 3-tlg. dt. Jugendfilm von Rüdiger Nüchtern über den Jugendlichen Andy Schwaiger (Hans Kollmannsberger), dessen Eltern einen kleinen Bauernhof in Niederbayern bewirtschaften, und sein Moped »Schluchtenflitzer«, mit dem er u. a. zu seinen Freunden oder den weit verstreut liegenden Discos fährt und Mädchen aufreißt. Jedenfalls so lange, bis er Roswitha (Verena Disch) kennen lernt.
Andy-Darsteller Kollmannsberger bewirtschaftete gemeinsam mit seiner Mutter einen großen Bauernhof in Niederbayern. Der Dreiteiler war zuvor auch schon als knapp zweistündiger Spielfilm zu sehen gewesen.

DIE SCHLÜMPFE ZDF, TELE 5, KABEL 1, PRO SIEBEN
1983–1984 (ZDF); 1988–1992 (Tele 5); 1993–1995 (Kabel 1); 1995–1999 (Pro Sieben). US-Zeichentrickserie nach Peyo (»The Smurfs«; 1981–1990).
Versteckt im Wald liegt das Dorf Schlumpfhausen, in dem kleine blaue Wesen mit weißen Mützen leben, herzensgut, fröhlich und freundlich: die Schlümpfe. Papa Schlumpf ist der Kopf des Dorfs, ihn unterscheidet sein weißer Bart von den anderen und seine rote Mütze. Zu den Bewohnern gehören der kluge Schlaubi mit der Brille, der Tollpatsch Clumsy, der Faulpelz Fauli, der eitle Beauty, der Bäcker Torti, der Witzbold Jokey, der gern Tortis Torten anderen ins Gesicht klatscht, der Griesgram Muffi sowie die einzige Schlumpfdame, Schlumpfine. Außerdem: Hefti, Harmony, Handy, Poety, Farmy und Traumy. Sie alle leben in Häusern, die wie Pilze aussehen. Der böse Zauberer Gargamel und sein Kater Azrael haben es auf die Schlümpfe abgesehen, wissen aber nicht, wo das Dorf liegt. Gargamel lässt jedoch nichts unver-

sucht, die Schlümpfe zu fangen. Schlumpfine war ursprünglich sein Geschöpf, das die Schlümpfe ausspionieren sollte, doch Papa Schlumpf konnte sie zu einem echten Schlumpf verzaubern. Und so sprechen, Verzeihung, schlumpfen die Schlümpfe: »Verschlumpft noch mal« und: »Schlumpf dich davon!« Die Schlümpfe zählen zu den beliebtesten Kinderfiguren überhaupt, die auch als Comics, Gummifiguren zum Sammeln und in diversen anderen Merchandisingformen reißenden Absatz fanden. Die Comics stammten ursprünglich aus Frankreich (»Les Schtroumpfs«) und wurden von Pierre Culliford unter dem Pseudonym Peyo gezeichnet, die Serie wurde aber in den USA produziert. Sie lief bei diversen Sendern auf verschiedenen Sendeplätzen. Die ersten 52 Folgen zeigte das ZDF an wechselnden Werktagen nachmittags; jede Folge war 13 Minuten lang. Mit dieser Episodenlänge begann auch die Ausstrahlung auf Tele 5, später wurden meistens zwei Episoden zu 25-Minuten-Folgen zusammengefasst. Einige Folgen, die eigentlich zur Serie gehörten, zeigte Pro Sieben unter dem Titel *Johann und Peewit in Schlumpfhausen*. Je nach Ausstrahlungsmodus und Betitelung hatte die Serie zwischen 256 und 424 Folgen.

Der Serie vorausgegangen war der Film »Die Schlümpfe und die Zauberflöte«, der 1976 in die deutschen Kinos kam. 1978 war »Das Lied der Schlümpfe« mit Vadder Abraham (Pierre Kartner) ein halbes Jahr lang in den deutschen Single-Top-Ten.

SCHLUPP VOM GRÜNEN STERN ARD

1986. 4-tlg. Marionettenspiel der *Augsburger Puppenkiste* von Sepp Strubel nach dem Buch von Ellis Kaut.

Der Roboter Schlupp vom Planeten Baldasiebenstrichdrei hat eine Seele. Das ist ein Konstruktionsfehler, weshalb er ausrangiert wird. Versehentlich wird er nicht auf den Müllplaneten, sondern den Planeten Terra 1 geschleudert. Den kennen wir auch als Erde. Schlupp landet in einer Staubsaugerfabrik, wird eingepackt und ausgeliefert und kommt auf diese Weise zu Frau Beierlein. Im Haushalt wird es ihm jedoch auf Dauer zu langweilig, er büchst aus und freundet sich mit dem Jungen Beni an. Gemeinsam werden die beiden eine große Nummer im Zirkus Lominotti. Derweil macht sich der alte Konstrukteur Ritschwumm von Baldasiebenstrichdrei auf die Suche nach Schlupp, um Chaos auf Terra zu verhindern und ihn für immer außer Gefecht zu setzen. Das bringt er zum Glück nicht übers Herz und macht damit eine Fortsetzung möglich.

SCHLUPP VOM GRÜNEN STERN – NEUE ABENTEUER AUF TERRA ARD

1988. Vier neue Folgen des Marionettenspiels der *Augsburger Puppenkiste*.

Herr Ritschwumm hat Schlupp nur schlafen gelegt, und Holzfäller finden ihn nun im Wald, wecken ihn, lassen ihn für sich schuften und ketten ihn an, damit er nicht wegläuft. Beni befreit ihn, und Schlupp kommt in einem Werbespot unter. Die grünen Herren auf Baldasiebenstrichdrei schicken den Killer Ratakresch los, um den defekten Roboter endgültig zu vernichten. Ritschwumm fliegt heimlich mit. Gemeinsam gelingt es ihm und Beni, auch Ratakresch auf den rechten Weg zu bringen.

Alle Folgen der beiden Serien waren eine halbe Stunde lang und wurden sonntags mittags gezeigt. Sie verliefen nach dem klassischen *Puppenkiste*-Schema, in dem die Bösen am Ende eher bekehrt als besiegt werden.

SCHLUSS MIT LUSTIG – WIR KÄMPFEN FÜR SIE RTL

2000. Halbstündiges Verbrauchermagazin mit Hans Meiser, der versprach, Zuschauern im Kampf gegen Bürokratenirrsinn und Ungerechtigkeiten zu helfen. Die Reihe war früher unter dem Titel *Wir kämpfen für Sie* mit Geert Müller-Gerbes gelaufen. Auch die neuen Folgen wurden wieder sonntags gegen Mitternacht gesendet.

DIE SCHLÜSSEL ARD

1965. 3-tlg. dt. Krimi von Francis Durbridge nach seinem Roman »The Desperate People«, Regie: Paul May.

Inspektor Hyde (Albert Lieven) untersucht den Tod von Philip Martin (Peter Thom), der sich heimlich in einem Hotel aufgehalten und sich dort dem Anschein nach erschossen hat. Sein Bruder Eric Martin (Harald Leipnitz) glaubt nicht an Selbstmord und stellt mit seiner Sekretärin Ruth (Ruth Scheerbarth) auf eigene Faust in dem Hotel Nachforschungen an. Dr. Linderhof (Helmut Peine) hat im Nachbarzimmer gewohnt, ist also Zeuge. Von Hausdiener Arthur (Gerd Wiedenhofen) erhält Eric einen Schlüssel, der in Philips Zimmer gefunden wurde. Plötzlich wollen alle den Schlüssel haben: die Hotelbesitzerin Vanessa Curtis (Dagmar Altrichter) und ihr Bruder, der Antiquitätenhändler Thomas Quayle (Hans Quest), die beide ermordet werden, und der Gangster Cliff Fletcher (Benno Hoffmann). Dann taucht auch noch ein Geldkoffer auf, dessen Inhalt offenbar aus einem Raubüberfall stammt.

Die Folgen waren rund 80 Minuten lang und liefen um 21.00 Uhr – bei den vorhergehenden Tim-Frazer-Krimis, die sechs statt drei Teile hatten, war kritisiert worden, dass die einzelnen Folgen zu kurz seien. Darsteller Hans Quest hatte zuvor bereits bei anderen Durbridge-Krimis Regie geführt. Dieser war eine Neuauflage des britischen Sechsteilers »The Desperate People« (1963).

SCHMECKT NICHT – GIBT'S NICHT VOX

Seit 2003. »Cool kochen mit Tim Mälzer«. Halbstündige Kochshow werktags am Vorabend. Mälzer zeigt, dass Kochen gar keine Kunst ist, sondern Handwerk. Die Aufnahmeleiterin Nina Heik steht daneben und stellt gelegentlich dumme Fragen.

Schmeckt nicht – gibt's nicht ersetzte im Dezember 2003 testweise für zwei Wochen das *Kochduell* und trat ab März 2004 dauerhaft an dessen Stelle. Die leicht verdauliche Show war der erfolgreiche Versuch, einen deutschen Jamie Oliver (The Naked Chef) aufzubauen – mit dem Mälzer zufälligerweise in London zusammengearbeitet hatte, bevor Jamie Oliver zum Popstar wurde. Mälzer hatte eine lockere Art der Präsentation und einen ebenso lockeren Umgang mit den Zutaten, die er so behandelte, wie man es zu Hause auch täte. Sterneköche verachteten ihn dafür, das Publikum liebte ihn. Sein erstes Kochbuch »Born To Cook« verkaufte sich in einem halben Jahr weit über eine halbe Million Mal. Aufnahmeleiterin Nina Heik ist auch Mälzers Lebensgefährtin. Er führt in Hamburg ein eigenes Restaurant namens »Das weiße Haus«.

SCHMIDTEINANDER   WDR, ARD

1990–1993 (WDR); 1994 (ARD). Einstündige Comedy-Personalityshow von und mit Harald Schmidt und Herbert Feuerstein.

Schmidt, der es sich schon früh in seiner Fernsehkarriere leistete, Normen und Konventionen über den Haufen zu werfen (bereits die Spielshow *MAZ ab!* hatte einen Vorgeschmack darauf gegeben), konnte hier erstmals frei von jeglichen Konzepten herumalbern. Die Show reihte Sketche, Parodien und Satiren aneinander, teils live gespielt, teils als Filmzuspielung. Den Rahmen bildete der Studioteil mit Schmidt und »Chefautor« Feuerstein, die an getrennten Schreibtischen saßen (der von Feuerstein winzig) und sich Wortgefechte von Tisch zu Tisch lieferten. Die Show übernahm schon viele Elemente der klassischen Late-Night-Shows aus den USA, die in ähnlicher Form später in der *Harald Schmidt Show* auftauchten.

Pro Sendung begrüßte Schmidt einen prominenten Gast, mit dem er am Schreibtisch talkte, was damals, eingebettet in Comedynummern, ebenso fremd wirkte wie die nur Sekunden dauernden Tanzeinlagen der »Schmidteinander-Hupfdolls«. Weitere Prominente hatten gelegentliche Statistenrollen und schauten einfach nur vorbei, um einmal schweigend durchs Bild zu laufen. *Schmidteinander* lebte von vielen Running Gags, die vor allem ein elitäres Stammpublikum verstand, und vielen anarchischen und kalauernden Rubriken, darunter »Wir basteln mit Peer Theer«, »Comtessa Gunilla bittet zu Tisch«, der Sprichworttest, in dem Schmidt und Feuerstein praktisch überprüften, ob Redewendungen der Wahrheit entsprachen, Fozzi-Bär (mit Schmidt im Bärenkostüm), offizielle Berufsgruppenwitze sowie die Zuschauerfrage, bei der die Lösung fast immer »N« lautete.

Zwischendurch las Schmidt imaginäre Zuschauerpost von Gabi aus Bad Salzdetfurth vor und fragte Feuerstein Hauptstädte ab. Wenn etwas schief lief, war der Schuldige schnell gefunden: Wolpers! Godehard Wolpers war Redakteur der Sendung und immer wieder als Opfer in einer Zuspielung zu sehen, in der er von Schmidt und Feuerstein zusammengeschlagen wurde. Ferner wirkte Marga Maria Werny als Oma Sharif mit. Sie starb im Oktober 1994, noch bevor die Show eingestellt wurde.

Die Show war im WDR-Fernsehen am Sonntagabend gegen 22.00 Uhr gestartet, wurde nach einer Weile auch von anderen Dritten Programmen übernommen und Anfang 1994 in die ARD verlegt, wo sie fortan samstags nach 22.00 Uhr lief, direkt nach dem *Wort zum Sonntag*, aber nun nur noch ein Jahr überlebte. Sie brachte es auf 50 Ausgaben. Im

»Abendunterhaltung für geistig Verwahrloste«, ausgezeichnet mit dem Grimme-Preis: *Schmidteinander* mit Herbert Feuerstein (links), Marga Maria Werny als Oma Sharif und Harald Schmidt.

Die schnelle Gerdi mit Senta Berger und Michael Roll. Der Spitzname bezog sich allerdings auf ihr Verhalten im Auto.

Herbst 1995 zeigte die ARD acht dreiviertelstündige Best-of-Specials, in denen Herbert Feuerstein allein, aber vor Publikum, Ausschnitte aus den Sendungen ansagte.

Lange bevor die Feuilletons Harald Schmidt zum Gott der Fernsehunterhaltung hochjubelten, nannte die Presse diese Show »Reality-TV für Verhaltensgeschädigte« und »Abendunterhaltung für geistig Verwahrloste«. Der Grimme-Preis, mit dem die Sendung 1994 ausgezeichnet wurde, ging an Herbert Feuerstein (!), weil er »es als Miterfinder und Chefautor von *Schmidteinander* geschafft hat, dem deutschen Fernsehpublikum den ›Fozzi‹-Bären Harald Schmidt aufzubinden«. Schmidt und Feuerstein waren bereits im Ratespiel *Pssst ...* gemeinsam aufgetreten.

SCHMUGGLER ZDF

1982. 13-tlg. brit. Abenteuerserie von Richard Carpenter (»Smuggler«; 1981)

England im Jahr 1802: Der frühere Marineoffizier Jack Vincent (Oliver Tobias) verdient sein Geld als Schmuggler im Ärmelkanal. Er muss sich nicht nur vor den Patrouillen der Zöllner in Acht nehmen, sondern auch vor der konkurrierenden Kemble-Gang mit den Brüdern Silas (George Murcell) und William (Simon Rousse). Verbündete hat er in Honesty Evans (Hywel Williams Ellis), dem er das Leben gerettet hat, Sarah Morton (Lesley Dunlop) und ihrem Großvater Captain König (Peter Capell).

Das ZDF zeigte die 25-minütigen Folgen mittwochs um 16.35 Uhr. Im DFF 1 lief die Serie 1984.

DIE SCHNAPPHÄHNE ZDF

1976. 6-tlg. schwed. Kinderserie von Bo Sköld und Max Lundgren (»Snapphanepojken«; 1972).

Die Teenager Pol (Krister Henriksson) und Janna (Wanja Basel) kämpfen im 17. Jh. auf der Seite der dänischen Freischärlergruppe »Schnapphähne« gegen die Schweden. Jede Folge dauerte 30 Minuten.

SCHNAUZE! RTL 2

2001. 26-tlg. kanad. »Real-Dog-Soap« von Pierre Paquin und Léopold St-Pierre (»Dog's World«; 1996–1997).

Alle Hauptdarsteller dieser Serie sind Hunde: Die Sheppards sind reich und wohnen in einer Luxusvilla in Dog City. Vater Thomas leitet das Firmenimperium und ist Familienoberhaupt über seine Frau Lili und zwei Kinder.

Die halbstündigen Folgen liefen morgens.

DIE SCHNELLE GERDI ZDF

1989. 6-tlg. dt. Familienserie von Michael Verhoeven (Buch und Regie).

Gerda Angerpointner (Senta Berger) fährt in München Taxi. So rasant und entschlossen sie am Rande des Führerscheinentzugs ihren Wagen steuert (einmal muss sie den Lappen abgeben und in der Funkzentrale arbeiten), lebt sie auch ihr Leben. Sie ist eine geschiedene, selbstbewusste, eigensinnige Frau Mitte 40, die sich durchsetzt und ihren Mitmenschen auch mal unangenehme Wahrheiten ins Gesicht sagt. Mit dem wesentlich jüngeren Herbert Brot (Michael Roll), der bei seiner Oma (Erika Wackernagel) lebt, beginnt sie in Folge 1 eine Beziehung, die sie in Folge 6 wieder beendet. Ein Jahr erzählte Zeit ist in der Zwischenzeit vergangen. Jennifer (Elena Rublack) ist Gerdis erwachsene Tochter, Frau Schmalzl (Barbara Gallauner) die Nachbarin.

Das ZDF zeigte die 50-minütigen Folgen sonntags um 20.15 Uhr mit so großem Erfolg, dass nur wenig mehr als 14 Jahre später bereits sechs neue Folgen unter dem Titel *Die schnelle Gerdi und die Hauptstadt* gezeigt wurden.

DIE SCHNELLE GERDI UND DIE HAUPTSTADT   ZDF

2004. 6-tlg. dt. Familienserie von Michael Verhoeven (Buch und Regie).

Fortsetzung von *Die schnelle Gerdi:* Die inzwischen fast 60-jährige Münchner Taxifahrerin Gerda Angerpointer (Senta Berger) ist nach Berlin gezogen, meistert ihren Alltag nun dort und fährt weiterhin Taxi. Zwischen einem neuen Mann in ihrem Leben, dem Taxikollegen Frank Brunner (Michael Gwisdek), und einem alten, ihrem Jugendfreund Rocco (Günther Maria Halmer), ist sie hin- und hergerissen. Gerdis beste Freundinnen kommen ebenfalls aus München: Monika (Gundi Ellert), die in Berlin einen Blumenladen betreibt, und Heidi (Gisela Schneeberger), die Kantinenchefin im Bundestag.

In Berlin bleibt es nicht aus, dass Taxifahrer auch mal Politiker kutschieren. Ministerin Renate Künast und der ehemalige Regierende Bürgermeister Walter Momper wirkten als Fahrgäste in jeweils einer Folge mit.

Die Neuauflage der erfolgreichen 80er-Jahre-Serie lief mit 45-minütigen Folgen mittwochs um 20.15 Uhr.

DIE SCHNELLSTE MAUS VON MEXIKO   ZDF

1979–1990. »Trickreiches mit Speedy Gonzales« 36-tlg. US-Zeichentrickserie von Fritz Freleng (»Speedy Gonzales«; 1953–1968).

Wie bei den anderen Vorabendtrickserien des ZDF *(Mein Name ist Hase, Schweinchen Dick)* wurden auch hier pro Folge mehrere kurze Cartoons aus den Studios der Warner Brothers gezeigt, in denen zwei Trickfiguren einander jagten und die eigentlich fürs Kino gedreht worden waren. Die Maus Speedy Gonzales war als Letzte zum Warner-Universum hinzugekommen und hatte schon keine eigenen Gegner mehr, musste sich also nacheinander von Kater Silvester (dessen Feind eigentlich der Vogel Tweety war) und Daffy Duck jagen lassen, war aber selbstverständlich immer schlauer und schneller. Mit dem Schlachtruf »Arriba, arriba, andale!« düste Speedy los und beschützte zugleich auch noch seine weit weniger schnellen Mitmäuse.

Die Reihe lief dienstags um 18.20 Uhr.

SCHNICKSCHNACK   ARD

1975–1977. Spielshow mit Klaus Wildbolz.

Promis füllen Lückentexte: Wildbolz lässt in vorgegebenen Sätzen ein Wort aus und sagt stattdessen »Schnickschnack«. Sechs Prominente müssen aufschreiben, was ihrer Meinung nach in die Lücke gehört, und die Kandidaten versuchen zu erraten, was die Prominenten aufgeschrieben haben.

Das Prominententeam bestand aus einem rotierenden Pool an Showstars. Häufigste Teilnehmer waren Hellmut Lange, Wolfgang Spier, Mary Roos, Caterina Valente, Karl Dall, Heinz Schenk, Klaus Havenstein, Edith Hancke, Vivi Bach, Beate Hasenau, Elke Sommer und Roberto Blanco. Alle waren ganz furchtbar albern und hatten dabei großen Spaß, und der übertrug sich auch auf den Fernsehzuschauer, wenn der das wollte. Das wollten aber nicht viele, denn Spielshows im Abendprogramm hatten nicht sinnlos lustig zu sein. Nach 20 Ausgaben war Schluss. Sat.1 legte die Show später unter dem Titel *Punkt Punkt Punkt* neu auf.

Die Show basierte auf dem amerikanischen Format »The Match Game«, und unter dem Titel *Matchgame* waren kurz zuvor bereits einige Testsendungen in Südwest 3 gezeigt worden. Klaus Wildbolz wurde mit der Show bekannt, trat danach aber nicht mehr als Moderator in Erscheinung. Er wurde stattdessen Hotelier: Erst im *Hotel Paradies,* dann im *Schlosshotel Orth.* Wenn er mal Urlaub brauchte, sah man ihn meist auf dem *Traumschiff.*

DIE SCHNORCHELS   RTL

→ Die Welt der Schnorchel

DIE SCHNÜFFLER   ARD

1980–1981. 9-tlg. US-Krimiserie von Stephen J. Cannell (»Tenspeed And Brown Shoe«; 1980).

Der schwarze Ex-Kriminelle E. L. »Tenspeed« Turner (Ben Vereen) und der weiße Ex-Börsenmakler Lionel »Brown Shoe« Whitney (Jeff Goldblum) betreiben eine Privatdetektei in Los Angeles. Tenspeed muss legal arbeiten, um seine Bewährungsauflagen zu erfüllen, und schlüpft bei den Ermittlungen in viele verschiedene Rollen und Kostüme, Brown Shoe bezieht seine Kenntnisse vor allem aus blutrünstigen Kriminalromanen der 40er-Jahre (auf denen immer der Name des Serienproduzenten Cannell als Autor angegeben ist) und Humphrey-Bogart-Filmen.

Die einstündigen Folgen, die in den USA trotz großer Werbekampagne floppten, wurden in Deutschland dankbar recycelt. Sie liefen im Ersten, dann in den Dritten Programmen, bei Sat.1, Pro Sieben, Kabel 1 und schließlich im Lokalfernsehen.

DIE SCHNÜFFLER VON BEVERLY HILLS   VOX

1998. 13-tlg. US-Krimiserie von Steven Bochco, David Milch, Charles H. Eglee und Theresa Rebeck (»Total Security«; 1997).

Die Sicherheitsagentur Total Security spürt im Auftrag von Prominenten Vermisste auf, liefert Personenschutz und ermittelt bei Verbrechen. Frank Cisco (James Remar) ist der seriöse Chef der Agentur, seine Mitarbeiter sind der komische Chaot Steve Wegman (James Belushi), die Ex-Polizistin Jody Kiplinger (Debrah Farentino), Ellie Jones (Tracey Needham), Neville Watson (Flex) und Bürochef George LaSalle (Bill Brochtrup). Der Hotelier Luis Escobar (Tony Plana) ist einer der Stammkunden der Agentur.

SCHNULLERALARM – WIR BEKOMMEN EIN BABY   RTL 2

2001–2003. 35-tlg. dt. Doku-Soap, die werdende Elternpaare durch die Schwangerschaft begleitet. Lief mit einstündigen Folgen staffelweise donnerstags um 20.15 Uhr; die Staffeln wurden im Sendetitel durchnummeriert (z. B. »Schnulleralarm 4«).

SCHNUPPERALARM RTL 2
2002. »Die tierische Doku-Soap«. Sechs Folgen über Haustierbesitzer und ihre Viecher. Die einstündigen Folgen liefen sonntags um 21.20 Uhr.

DIE SCHÖFFIN ZDF
1984. 7-tlg. dt. »Spielserie um Recht und Gerechtigkeit« von Uta Geiger-Berlet und Sylvia Ulrich, Regie: Michael Mackenroth.
Eigentlich will sie ja gar nicht, doch dann lässt sich Johanna Nähtebusch (Renate Küster) von ihrem Mann Martin (Manfred Seipold) überreden, die Berufung zur Schöffin doch anzunehmen, und kämpft fortan neben den Berufsrichtern Wegbauer (Rolf Schimpf) und Renner (Edwin Noël) für die Gerechtigkeit.
Die Serie mit dreiviertelstündigen Folgen stammte aus der evangelischen Redaktion.

DIE SCHÖLERMANNS ARD
→ Unsere Nachbarn heute abend: Familie Schölermann

DIE SCHÖNE ARABELLA UND DER ZAUBERER DFF
→ Die Märchenbraut

SCHÖNE AUSSICHTEN ZDF
2000. 6-tlg. dt. Comedyserie, Regie: Rüdiger Nüchtern.
Fred Holmann (Ralph Morgenstern) betreibt das Ausflugslokal »Haus am See«, das ständig von der Pleite bedroht ist. Mit ihm arbeiten dort seine Schwester Katja (Sandra Steffl), die den Mann fürs Leben sucht, der Koch Murat (Seyfi Ölmez) und Hilde (Evelyn Meyka), die gute Seele des Lokals. Die intrigante Rita Schmitz (Patrizia Moresco) möchte Fred das Lokal abschwatzen, um auf dem Grundstück ein Luxushotel zu errichten.
Das ZDF erweiterte Anfang 2000 seinen sonntäglichen Comedyblock auf eine ganze Stunde und zeigte diese halbstündige Serie um 22.30 Uhr im Anschluss an *Salto Kommunale*. Die Musik schrieb Stefan Raab.

SCHÖNE FERIEN ARD
1985. 5-tlg. dt. Urlaubsserie.
Die Reiseleiter Michael (Sigmar Solbach), Stefanie, genannt Steffi (Claudia Rieschel), und Christine, kurz: Tina (Simone Rethel), fliegen mit Touristen um die Welt. An traumhaften Zielen erleben die wechselnden Urlauber allerlei Geschichten, die wie beim *Traumschiff* den Großteil der Handlung ausmachen. Pro Folge überschnitten sich mehrere Episoden. Die einstündigen Folgen liefen montags um 20.15 Uhr. Die Serie geriet in die Kritik, weil sie Schleichwerbung für Reiseunternehmen machte.

DIE SCHÖNE MARIANNE ARD
1975–1976. 13-tlg. dt. Hotelserie von Marcus Scholz und Uta Berlet.
Marianne (Hannelore Elsner) führt in der Biedermeierzeit eine kleines Hotel mit Gasthof in der Nähe von Hamburg, kümmert sich um die Nöte ihrer Gäste und lässt sich weder von der Obrigkeit noch von Ganoven kleinkriegen.
Die Fortsetzung lief unter dem Titel *Hotel »Zur Schönen Marianne«* mit neuen Betreibern. Die halbstündigen Folgen wurden im regionalen Vorabendprogramm gesendet.

DIE SCHÖNE OTERO ARD
1985. 5-tlg. ital. Tanzserie von Massimo Grillaudi, Paolo Cavara, Enrico Medioli und Lucia Drudi Demby, Regie: José María Sánchez Silva (»La bella Otero«; 1983).
Die Lebensgeschichte der Tänzerin Carolina Otero (Angela Molina; als Kind: Nina Morillas): Sie kommt aus armen Verhältnissen, wird schön, berühmt und reich. Das Geld kommt von ihren Liebhabern, doch dank eines entsprechenden Lebenswandels ist es auch schnell wieder weg.
Die Geschichte basierte auf dem Leben der echten Carolina Otero (1869–1965). Die einstündigen Folgen liefen montags um 20.15 Uhr.

DIE SCHÖNE UND DAS BIEST SAT.1
1988–1991. 55-tlg. US-Fantasyserie (»Beauty And The Beast«; 1987–1990).
Nach einem brutalen Überfall wird die Staatsanwältin Catherine Chandler (Linda Hamilton) von Vincent (Ron Perlman) gefunden, der halb Mensch und halb Löwe ist und mit vielen anderen Aussteigern

Die Schöne und das Biest mit Linda Hamilton (schön) und Ron Perlman (Biest).

in einem unterirdischen System unter New York wohnt. Ein Mann, der Vater genannt wird (Roy Dotrice), leitet die dortige Gemeinschaft, zu deren Mitgliedern Kipper (Cory Danziger) und Mouse (David Greenlee) gehören. In dieser unterirdischen Gemeinschaft pflegt Vincent Catherine, bis ihre Wunden geheilt sind. Die beiden verlieben sich und müssen sich nach Catherines Rückkehr ins oberirdische New York heimlich treffen, weil niemand das Biest Vincent sehen soll.
Catherines Chef ist der Staatsanwalt Joe Maxwell (Jay Acovone), in dessen Büro auch Edie (Ren Woods) arbeitet. Nicht nur ihre gemeinsame Liebe zur Poesie verbindet Vincent und Catherine. Vincent spürt, wenn Catherine in Schwierigkeiten ist, und rettet sie aus prekären Situationen. Catherine wird schwanger. Kurz nachdem sie Vincents Baby geboren hat, wird sie ermordet. Die Polizistin Diana Bennett (Jo Anderson) untersucht den Mord und trifft dabei auf Vincent, mit dem sie gemeinsam den Mörder fasst. Vincent lebt fortan mit seinem Sohn in der unterirdischen Gemeinschaft.
Die einstündigen Folgen dieser auf einem alten Märchen basierenden romantischen Serie liefen an wechselnden Wochentagen zur Primetime. Vincent-Darsteller Ron Perlman war Regisseur vieler Folgen.

DIE SCHÖNE UND DAS SCHLITZOHR PRO SIEBEN, KABEL 1
1994 (Pro Sieben); 1994. (Kabel 1). 9-tlg. US-Krimiserie (»Palace Guard«; 1991).
Arturo Taft (Tony Lo Bianco), Präsident einer Luxushotelkette, hat eine Idee: Als neuen Sicherheitschef stellt er Tommy Logan (D. W. Moffett) an, einen genialen Juwelendieb, der wegen Einbruchs in eine der Nobelherbergen im Gefängnis saß und gerade entlassen wurde. Abgesehen von dem unbestreitbaren Know-how spricht aus Tafts Sicht für das Arrangement, dass Logan sein unehelicher Sohn ist, wovon der aber nichts weiß. Die schöne Vizepräsidentin Christy Cooper (Marcy Walker), eine mittelmäßige Seifenopernschauspielerin, wird Logans Vorgesetzte. Gemeinsam reisen sie um die Welt, Logan klärt Mord und Diebstahl auf und löst ein paar Sicherheitsprobleme, und Cooper versucht, das Image der Hotelkette zu retten.
Marcy Walker war tatsächlich eine mittelmäßige Seifenopernschauspielerin. Sie gab ihre Rolle in *California Clan* für diese Serie auf. Keine gute Idee – in den USA liefen nur drei Folgen. Pro Sieben zeigte zuerst nur den spielfilmlangen Pilotfilm, Kabel 1 die restlichen acht einstündigen Folgen.

DIE SCHÖNE WILHELMINE ZDF
1984. 4-tlg. dt. Historienfilm nach dem Roman von Ernst von Salomon, Drehbuch: Karl Wittlinger, Regie: Rolf von Sydow.
Die Musikertochter Wilhelmine Enke (Anja Kruse) wird die Geliebte und offizielle Staatsmätresse des Kronprinzen Friedrich Wilhelm II. (Rainer Hunold), dem Nachfolger von Friedrich dem Großen (Herbert Stass). Dass die schöne Wilhelmine und der dicke Wilhelm einander heiß und innig lieben, ist eine schlimme Sache, denn sie ist eine Bürgerliche. Also verheiratet Friedrich Wilhelm sie mit einem Kammerdiener und hat sie weiter in seiner Nähe. Später erhebt er sie in den Adelsstand und macht sie zur Gräfin Lichtenau. Nach seinem Tod wird ihr der Prozess wegen Hochverrats gemacht, jedoch erfolglos.
Die einstündigen Teile liefen innerhalb von elf Tagen am frühen Abend. *Die schöne Wilhelmine* war der Durchbruch für die 28-jährige Anja Kruse. Sie wurde auf Anhieb zum Publikumsliebling und erhielt die Goldene Kamera als beste Nachwuchsschauspielerin.

DIE SCHÖNEBERGER-SHOW ZDF
2003. 45-minütige Personalityshow mit Barbara Schöneberger am späten Samstagabend.
Schöneberger begrüßt auf ihrer Couch jeweils einen prominenten Gast, mit dem sie über sein Leben plaudert. Währenddessen überrascht sie ihren Talkpartner immer wieder mit weiteren Gästen aus dessen Leben. Zu Beginn jeder Show singt Schöneberger ein Lied eines Lieblingskünstlers ihres Gasts. Regelmäßige Bestandteile der Show sind ferner Spiele mit dem Prominenten, eine vorab gedrehte gemeinsame Parodie eines Films und der Raumschiffsketch mit Schöneberger als Barbararella.
Schöneberger hatte zuvor auf Stadtsendern und im WDR die Personalityshow *Blondes Gift* präsentiert. *Die Schöneberger-Show* versuchte, deren Konzept einen Schritt weiter zu führen und im Stil einer scheinbar großen Samstagabendshow mit Showtreppe und Live-Band zu inszenieren. Trotz liebevoller Umsetzung blieb der Zuschauererfolg aus.
Nach nur 15 Ausgaben und zwei Best-of-Specials beendete das ZDF die Reihe.

DIE SCHÖNGRUBERS ARD
1972. 13-tlg. dt.-österr. Familienserie von Karl Heugge, Regie: Klaus Überall.
Berlin um 1900: Die Wiener Familie Schöngruber – Vater Franz (Hans Holt), Mutter Therese (Marika Rökk) und Tochter Agnes (Gabriele Jacoby) – erbt einen Uhrmacherladen in Berlin. Sie besitzen ein Mietshaus, das ihnen nicht nur Freude bereitet und manchmal nicht einmal Geld einbringt. Die Mieter Käthe (Rosemari Kühn) und Wilhelm Gehrke (Dieter Hallervorden) helfen ihnen.
Die halbstündigen Folgen liefen in allen regionalen Vorabendprogrammen.

SCHÖNHEIT UM JEDEN PREIS – LETZTE HOFFNUNG SKALPELL RTL 2
Seit 2004. Reportagereihe innerhalb von *exklusiv – die reportage* über Menschen, die sich unbedingt künstlich verschönern lassen wollten.

DIE SCHÖNHEITSGALERIE ARD
1977–1979. 13-tlg. dt. historische Serie von Georg Lohmeier.

Ludwig I. von Bayern (Veit Relin) will sich von Josef Stieler (Dieter Traier) Bilder für seine Schönheitsgalerie malen lassen und sucht nun in seinem Königreich nach Damen, die sich für ein Porträt anbieten.
Die halbstündigen Folgen liefen im regionalen Vorabendprogramm.

DIE SCHÖNSTE FRISUR   ARD
1953. Eventshow mit Jürgen Graf.
Na ja ... also, das war so: Lange bevor das Fernsehen im neuen Jahrtausend begann, in so genannten Eventshows nach den schönsten Doppelgängern, klügsten Kindern und besten Autofahrern zu suchen, war das hier so eine Art früher Vorläufer. Es ging um die Entscheidung des Mecki-Frisuren-Wettbewerbs, den der Zentralverband des Deutschen Friseurhandwerks veranstaltet hatte.

DIE SCHÖNSTE SACHE DER WELT   ARD
1996–2003. Reihe mit halbstündigen erotischen Kurzfilmen wechselnder Regisseure und mit ebenfalls wechselnden Hauptdarstellern. Lief staffelweise im Spätprogramm.

DIE SCHÖNSTEN ...   ZDF
1980–1982. Musikalische Showreihe mit Max Schautzer und Carolin Reiber. 1980 präsentierten sie *Die schönsten Melodien der Welt*, 1981 *Die schönsten volkstümlichen Melodien* und 1982 *Die schönsten Lieder der Berge*.

DIE SCHÖNSTEN BAHNSTRECKEN   ARD
Seit 1995. Lückenfüller im Nachtprogramm anstelle des Testbilds.
Während im ZDF bei *Straßenfeger* ein Auto rumzuckelte und den Zuschauern den Blick durch die Windschutzscheibe offenbarte, ist die ARD-Kamera in Zügen montiert und zeigt atemberaubende Lärmschutzwälle und Tunnels. Je nachdem, wo die Züge unterwegs sind, heißt die Sendung *Die schönsten Bahnstrecken Deutschlands*, *Die schönsten Bahnstrecken Europas* oder *Die schönsten Bahnstrecken der Welt*. Sie ist immer so lang wie die Lücke zwischen Nacht- und Frühprogramm.

SCHRÄGE VÖGEL   ZDF
1993. Kleinkunst-Comedyshow mit Sissi Perlinger und prominenten Gästen, die Grimassen schnitten, Lieder sangen und schrille Witze zum Besten gaben. Nach nur zwei Folgen am Dienstag um 20.15 Uhr verlegte das ZDF die Show auf den Samstagabend um 23.30 Uhr, um dem »erwachsenen Fanpublikum stärker entgegenzukommen«. Eine Studie schien ergeben zu haben, dass die Gruppe der so genannten »wenigen Zuschauer« besonders gern lange wach bleibt.

DIE SCHRAIERS   ARD
1982. 14-tlg. dt. Familienserie von Fitzgerald Kusz und Rainer Söhnlein, Regie: Rainer Söhnlein.
Jean Schraier (Wolfgang Preiss) führt eine kleine Heizungsbaufirma in der fränkischen Schweiz. Er ist mit Liesel (Sofie Keeser) verheiratet. Die halbstündigen Folgen liefen im regionalen Vorabendprogramm.

EINE SCHRECKLICH NETTE FAMILIE   RTL, PRO SIEBEN
1992–1996 (RTL); 1996–1997 (Pro Sieben). 259-tlg. US-Sitcom von Michael G. Moye und Ron Leavitt (»Married ... With Children«; 1987–1997).
Der Schuhverkäufer Al Bundy (Ed O'Neill) und seine Frau Peggy (Katey Sagal) leben in Chicago und haben zwei Kinder: Kelly (Christina Applegate), ein dummes, blondes Flittchen, das Al »Dumpfbacke« nennt, und den jüngeren Bud (David Faustino), der nie ein Mädchen abbekommt. Al und Peggy sind seit etwa 20 Jahren verheiratet. Jeder in der Familie tut alles, um seine Ruhe vor den anderen zu haben, insbesondere Al vor Peggy, die stets Sex will, wozu Al aber keine Lust hat. Al hat Schweißfüße und Mundgeruch und verbringt Stunden auf dem Klo, das er regelmäßig überflutet. Er fährt einen alten Dodge, den er mehr liebt als seine Familie. Peggy kocht nie, weshalb die Familie Hunger leidet. Generell rührt sie keinen Finger im Haushalt. Das wenige Geld, das Al als Schuhverkäufer verdient, gibt Peggy im Einkaufszentrum oder vor dem Fernseher beim Shoppingkanal aus. Sie verbringt den Tag auf der Couch,

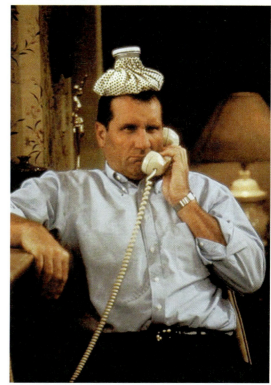

»Gut, ich warte.« Al Bundy (Ed O'Neill) hat eigentlich immer einen Grund, sich über irgendetwas zu beschweren.

Eine schrecklich nette Familie: »Äääääääääääl!« Peggy will Geld. Wahlweise Sex. Geld hat Al nicht, Sex will er nicht.

sieht Talkshows, isst Bonbons und liest Zeitschriften. Wie die, in der dieser Psychotest steht, den sie an Al ausprobieren will. Peggy: »»Mit wem würden Sie lieber eine Nacht verbringen? A: Mit Ihrer Frau, oder B: ...?« – Al: »B.«

Familienhund Buck denkt sich seinen Teil, was für die Zuschauer ab dem Ende der dritten Staffel zu hören ist. Die Bundys sind egoistisch, unehrlich, gewalttätig und nur auf ihren Vorteil bedacht. Ihre Nachbarin Marcy (Amanda Bearse) ist eine emanzipierte Bankangestellte, deren erster Mann, Steve Rhoades (David Garrison), ebenfalls bei der Bank, unter ihrem Pantoffel steht. Anfangs sind die beiden noch frisch verliebt und unerträglich glücklich, doch dann bringen ihnen Al und Peggy getrennt voneinander das wahre Leben bei. Steve fliegt bei der Bank raus, weil er sich auf ein Geldgeschäft mit Al eingelassen hat, und verlässt seine Frau nach drei Staffeln, um ein alternatives Leben zu führen und Parkranger zu werden. Nach einem halben Jahr allein wacht Marcy eines Morgens neben Jefferson D'Arcy (Ted McGinley) auf und ist mit ihm verheiratet. Leider heißt sie nun Marcy D'Arcy. Jefferson ist so faul wie Peggy. Er arbeitet nicht, lässt sich von Marcy aushalten und verwendet seine Zeit darauf, sein schönes Aussehen zu erhalten.

In der sechsten Staffel sind plötzlich Peggy und Marcy gleichzeitig schwanger, und nach einigen Folgen genauso plötzlich nicht mehr (Katey Sagal hatte im wahren Leben eine Fehlgeburt erlitten, weshalb der Handlungsstrang in bester *Dallas*-Manier als Albtraum von Al abgetan wurde). In der siebten Staffel wohnt Seven (Shane Sweet) bei den Bundys. Er ist der kleine Sohn von Peggys Verwandten, die ihn einfach bei den Bundys abgeladen haben, der aber nach kurzer Zeit wieder verschwindet (die Figur kam bei den Fans überhaupt nicht an, und diesmal machten sich die Autoren gar nicht erst die Mühe, eine Erklärung für sein Verschwinden zu suchen – Hauptsache weg).

Kelly und Bud haben mittlerweile die Schule abgeschlossen, wie auch immer Kelly das geschafft hat, und halten sich mit verschiedenen Jobs gerade so weit über Wasser, dass sie zu Hause wohnen bleiben. Kelly arbeitet als Bedienung und Werbemodel, Bud wird Fahrlehrer. Al, Jefferson, Officer Dan (Dan Tullis, Jr.), Griff (Harold Sylvester), ein Kollege aus dem Schuhladen, Ike (Tom McCleister) und Bob Rooney (Edward E. Bell) werden Mitglieder der von Al gegründeten Initiative »NO MA'AM«, der »Nationalen Organisation gegen Amazonen-Machtausübung«, die in der Garage tagt, sich für die Rechte der Männer im Kampf gegen Frauen einsetzt und ihre Zeit mit Biertrinken oder in der Nacktbar verbringt.

Zu Beginn der zehnten Staffel stirbt Hund Buck, wird als Lucky wiedergeboren und lebt weiter bei den Bundys. Im zweiteiligen Serienfinale verliebt sich Kelly in den Geiselnehmer Lonnie (Charles Esten) und will ihn heiraten. Al willigt ein, weil Lonnies Familie reich ist, zieht die Einwilligung dann aber zurück, weil er Lonnie in der Nacktbar getroffen hat und so ein mieser Kerl nichts für seine Dumpfbacke ist. Denn irgendwie kümmern sich diese Bundys ja doch umeinander.

In Amerika war die Serie ein Überraschungserfolg. Der bis dahin kleine Sender Fox verdankte es Al Bundy und seiner Familie, dass er zum viertgrößten Network aufstieg. »Married ... with Children« war mit elf Jahren Laufzeit eine der langlebigsten Serien überhaupt. Im Gegensatz zu allen vorherigen Familien-Sitcoms verzichtete diese gänzlich auf Harmonie oder Familienidylle. Nie wurde am Ende alles gut, die Bundys, hauptsächlich Al, blieben immer die Verlierer. *Eine schrecklich nette Familie* war politisch unkorrekt und kalkuliert plump, und genau das machte die Serie berühmt und zu einem der größten Fernseherfolge aller Zeiten. Als Titelmusik diente der alte Song »Love and Marriage« von Frank Sinatra.

RTL zeigte die Folgen anfangs mittags, dann nachts und schließlich montags bis freitags um 17.30 Uhr. Auf diesem Platz blieb die Serie jahrelang ununterbrochen, wann immer die letzte Folge gesendet war, ging es gleich am nächsten Tag wieder von vorn los – mit unverändert guten Einschaltquoten. Lediglich ein kurzzeitiger Versuch Anfang 1994, neue Folgen der sechsten Staffel zur Primetime montags um 20.45 Uhr zu senden, wurde nach wenigen Monaten wieder beendet. Als die Serie der täglichen Seifenoper *Unter uns* weichen musste, wanderte sie auf den Samstagnachmittag.

1996 kaufte Pro Sieben nicht nur die schon gesendeten alten Folgen, sondern schnappte RTL auch die Rechte für alle neuen Folgen weg. Die letzten beiden Staffeln liefen dort werktags um 19.00 Uhr. Auch Pro Sieben wiederholte nach dem endgültigen Ende die Serie in Dauerschleife im Vorabendprogramm – und noch immer riss der Wahn nicht ab. Neben ungezählten Merchandisingprodukten erschienen jede Menge Bücher über Al Bundy und seine schrecklich nette Familie. Der endgültige Ritterschlag erfolgte Ende 2002, als »Der Spiegel« sich eine Folge der 1000-mal gezeigten Serie als Thema für seinen TV-Rückblick aussuchte, die »brillante Situationskomik« beschrieb und auch sonst nicht mit Lob sparte: »Wenn es einen Lichtblick in der akuten Depression gibt, dann heißt er Al Bundy (grandios: Ed O'Neill), Held der besten Comedyserie im deutschen Fernsehen. Die aggressive Schärfe der Dialoge schöpft die Möglichkeiten dessen, was Satire sein kann, bis zur Schmerzgrenze aus.«

Mehrere Staffeln sind auf DVD erhältlich.

EIN SCHRECKLICH NETTES HAUS   RTL 2

1999–2000. 76-tlg. US-Sitcom von Winifred Hervey (»In The House«; 1995–1998).

Als die geschiedene Jackie Warren (Debbie Allen) mit ihren Kindern Tiffany (Maia Campbell) und Austin (Jeffrey Wood) in ein neues Apartment zieht, stellt sie fest, dass ihr Vermieter Marion Hill (LL Cool J) auch dort wohnt. Mit ihnen zusammen! Fortan hütet der Ex-Footballspieler Marion die Kinder, während Jackie arbeiten geht. Ihre Chefin ist die Anwältin Heather Woodstock (Lisa Arrindell Anderson).

Die Serie lief täglich außer samstags um 18.30 Uhr.

SCHREIB EIN STÜCK   ARD

1968–1972. Literaturwettbewerb. Junge Fernsehzuschauer sind aufgefordert, ein Stück zu schreiben und es an die ARD zu senden, die es dann dem Publikum des Nachmittagsprogramms zugänglich macht.

Pro Sendung wurden zwei Werke und ihre Autoren, meist Teenager, vorgestellt, und einmal im Jahr entschied eine Jury über die Preisträger. Zur Jury gehörten u. a. der Schriftsteller Günter Herburger, die Schauspielerin Verena Buss und der Dramaturg Ernst Wendt. Moderator war zeitweise Hellmuth Karasek.

Im Herbst 1972 gab es eine vierteilige Nachlese unter dem Titel *Wie sie sich sehen*. Unter der Leitung des Psychoanalytikers Prof. Tobias Brocher diskutierten Teilnehmer des ersten Jahrgangs des Autorenwettbewerbs mit ihren Eltern über ihre damals von der ARD umgesetzten Einsendungen.

Wenig später wurde »Schreib ein Stück« auch der Titel einer Rubrik in der Sendung *Schaukelstuhl* und war jetzt ein Wettbewerb für Senioren.

SCHREINEMAKERS   ARD

2004. 50-minütige Nachmittagsshow mit Margarethe Schreinemakers mit Infos, Tipps, Interviews und Betroffenheit zu Themen wie ausgesetzte Babys und Krebsvorsorge, außerdem kuriose menschelnde Geschichten, z. B. mit musizierenden Drillingen und einem aufdringlichen Rentner, der mit einem Riesenfernrohr das gegenüberliegende Kanzleramt beobachtet.

Lief äußerst erfolglos werktags um 14.10 Uhr und wurde nach nur zwei Monaten und 32 Sendungen eingestellt.

SCHREINEMAKERS LIVE   SAT.1

1992–1996. »Das respektlose Wochenmagazin«. Wöchentliches Infotainment mit Margarethe Schreinemakers, die sich zum gewaltigen Quotenerfolg und zurück entwickelte.

In einer Mischung aus Talk und Magazin behandelte Schreinemakers bewegende Themen entsprechend bewegt und galt rasch als »Heulsuse der Nation«. Nichtprominente Gäste mit tragischen persönlichen Schicksalen oder üblen Erfahrungen mit Behörden oder Unternehmen kamen bei ihr ebenso zu Wort wie Prominente. Spektakuläre Gäste wie ein »Geistheiler« und siamesische Zwillinge brachten *Schreinemakers Live* immer wieder ins Gespräch. Einer der positiven Höhepunkte der Show war ein Auftritt von Joachim H. Bürger, der durch die Medien zog, um Stammtischparolen gegen Frauen vorzutragen. Schreinemakers holte ihn an der einen Seite des Studios ab, sagte: »Sie waren ja schon in so gut wie jeder Talkshow«, schob ihn an der anderen Seite aus der Tür, »und jetzt waren Sie auch bei mir«, und das war's.

So etwas wie *Schreinemakers Live* hatte das deutsche Fernsehen noch nicht gesehen. Die Moderatorin begrüßte Sadomasochisten, Bettnässer und Pädophile, als die noch nicht das Tagesprogramm bevölkerten, befragte *Glücksrad*-Moderator Peter Bond nach seinen Erfahrungen als Pornodarsteller und interessierte sich für die »haarsträubenden« Fähigkeiten eines »Schamhaar-Frisörs«. Der »Spiegel«

nannte ihre Show einen »Spanner-Klub«. Sie warnte vor bösen Kaffeefahrtveranstaltern, pfuschenden Schönheitschirurgen, tricksenden Reiseveranstaltern und natürlich immer wieder vor Behördenwillkür, gab gute Ratschläge und nutzte jeden vermeintlichen Skandal zur großen Panikmache.

Dabei nahm sie nicht die Rolle einer distanzierten Journalistin ein, sondern behandelte jedes Thema parteiisch aus der Sicht der vermeintlich »Betroffenen« und war hemmungslos emotional. Auch wenn ihre Tränen oft kalkuliert wirkten, erreichte sie so in den besten Zeiten über acht Millionen Zuschauer. Die »Welt« nannte *Schreinemakers Live* die »erste live übertragene Selbsthilfegruppe der Republik«. Der Publizistikprofessor Siegfried Weischenberg prägte den später häufig benutzten Begriff von der »Schreinemakerisierung« der Medienwelt: »Schreinemakerisierung vermittelt keine Fakten, sondern das Gefühl, dass die Menschen – von einer glaubwürdigen Herrin der Gezeiten – über diese Welt auf dem Laufenden gehalten werden.«

Als erster weiblicher TV-Star in Deutschland hatte Schreinemakers eine »Babyklausel« ausgehandelt. Im Sommer 1996 moderierte deshalb Jörg Wontorra mehrere Ausgaben von *Schreinemakers Live,* während Schreinemakers eine Babypause einlegte. Zur gleichen Zeit kam die Moderatorin selbst ins Gerede. Finanzminister Theo Waigel hatte ihr mit massiver Unterstützung der Springer-Presse Steuerflucht ins Ausland unterstellt – angeblich, so die Moderatorin, um sich dafür zu rächen, dass seine Ex-Frau bei Schreinemakers weinen durfte. Die Moderatorin wollte das in ihrer eigenen Sendung thematisieren und Stellung nehmen. Ihr Sender Sat.1 hatte andere Vorstellungen. Am 22. August 1996 wurde zum ersten Mal in der Geschichte des deutschen Fernsehens eine Live-Sendung während der Ausstrahlung vom Sender abgeschaltet, 15 Minuten vor dem geplanten Ende, und Nachrichtenmoderator Ulrich Meyer verlas eine Stellungnahme des Senders.

Schreinemakers Einschaltquoten waren schon zuvor gesunken. Zu diesem Zeitpunkt stand ihr Wechsel zu RTL bereits fest, der im Sommer 1995 auf dem Höhepunkt ihres Erfolgs bekannt geworden war. In der RTL-Sendung *Explosiv* konnte Schreinemakers dann auch am Tag danach ausführlich sagen, was Sat.1 nicht zeigen wollte. Schreinemakers hatte sich schon vorher öffentlich mit Sat.1 gezofft, weil sie Harald Schmidt nicht die letzte Stunde ihrer Sendung vor Mitternacht für seine neue *Harald Schmidt Show* überlassen wollte.

Schreinemakers' Show war als einstündiges Magazin mittwochs nach 22.00 Uhr gestartet und hatte sich mit der Zeit auf drei Stunden am Donnerstag ausgedehnt, mit Beginn um 21.00 Uhr. RTL bot ihr für die Nachfolgesendung *Schreinemakers TV* mehr Geld, was keine gute Idee war.

SCHREINEMAKERS TV   RTL
1997. Wöchentliche Talkshow mit Margarethe Schreinemakers.

Die Sendung war die Fortführung von *Schreinemakers Live* unter neuem Namen auf neuem Sender, aber altem Sendeplatz, donnerstags um 21.15 Uhr, nach wie vor knapp drei Stunden live.

RTL-Geschäftsführer Helmut Thoma hatte die Moderatorin unter größtem PR-Rummel bei Sat.1 weggekauft, was eine der größten Fehleinschätzungen des sonst so treffsicheren Medienmanns war. Die Einschaltquoten, die im Zuge ihrer Steueraffäre schon bei Sat.1 gesunken waren, fielen bei RTL noch weiter in den Keller. Harald Schmidt formulierte es so: »Am Donnerstag arbeiten alle für Sat.1. Auch die Ex-Mitarbeiter.« Am Ende unterschritt die Sendung die Quotengrenze, was es RTL ermöglichte, vorzeitig aus dem Dreijahresvertrag auszusteigen.

SCHULBUS 13   ZDF
1978. 13-tlg. dt. Jugendserie von Ramon Gill, Regie: Wolfgang Teichert.

Die Sorgen und Probleme einer Gruppe von Jugendlichen auf dem Land bei Trier. Jupp (Giovanni Simon) und Michael (Detlef Feiden) sind Winzersöhne und müssen bei der Traubenlese helfen. Als Jupps Vater (Walter Ullrich) einen Unfall hat, muss Jupp sogar die Verantwortung übernehmen. Birgit (Jutta Pilgram) wird von ihrem Freund Rainer (Robert Schmitz) schwanger. Sie, Angelika (Sandra Varga) und Paul (Rainer Becker) engagieren sich für die Dritte Welt, Angelika und ihre Cousine Sylvia (Ina Paul) wollen zudem den alten Wohnkahn ihrer Eltern retten. Michaels Eltern trennen sich. Birgit bringt ihr Kind zur Welt, und alle unterstützen sie. Dazu kommen Reibereien zwischen der Land- und Stadtbevölkerung. Jeden Morgen fahren die Schüler mit dem Schulbus 13 und ihrem Fahrer (Herbert Schäfer) zur Schule nach Trier.

Die halbstündigen Folgen liefen montags um 17.10 Uhr

SCHULDIG? – SCHICKSALE VOR GERICHT   SAT.1
2003. Justizserie mit Alexander Hold. Spektakuläre Gerichtsfälle, die angeblich auf wahren Kapitalverbrechen beruhen, werden nachgestellt.

Ein Versuch, den Erfolg der Nachmittagsshow *Richter Alexander Hold* in die Primetime zu übertragen. Anders als am Nachmittag führt der Richter hier die Verhandlungen nicht selbst, sondern tritt als fachkundiger Moderator auf. Ebenfalls anders als am Nachmittag illustrieren zwischen den Szenen von der Verhandlung im Gerichtssaal Filmeinspieler, wie die Beteiligten das Geschehen schildern. Und schließlich ist anders als am Nachmittag Richter Alexander Hold der einzige Laiendarsteller – für den Hauptabend leistet sich der Sender ausgebildete Schauspieler!

Acht Folgen liefen donnerstags um 20.15 Uhr.

DIE SCHULE AM SEE   ARD
1997–2000. 44-tlg. dt. Familienserie.

Die geschiedene Vera Herzog (Mareike Carrière) wird Lehrerin im Internat Schloss Lüttin. Schulleiter ist

Margarete Schreinemakers heulte bei *Schreinemakers Live* in der Sendung, ihre Konkurrenz am Tag darauf mit Blick auf die Quoten.

Henning Seld (Max Volkert Martens), zu dem Vera sich hingezogen fühlt, nachdem sie sich von dem Sportlehrer Fritz Bülow (Patrick Elias) getrennt hat. Manne Zierlich (Harald Maack) ist der Hausmeister. Zu den Schülern gehören die Prinzenhäusler, benannt nach dem Wohnheim des Internats. Dort wohnen der Computerfreak Alf (Philipp Niedersen), Nina (Sotiria Loucopoulos), Karl (Torben Liebrecht), Stefan (Karim Köster), Antonia (Jenny Marie Muck), Mario (Julian Friedrich) und Lolle (Dorina Maltschewa). Als Seld das Internat verlässt, wird Vera die neue Schulleiterin; Björn Bente (Dietrich Adam) wird ihr neuer Freund. Fritz ist inzwischen mit Silke Schloßmacher (Chris Hohenester) liiert. Kurz vor deren Hochzeit bemerkt Vera, dass sie Fritz noch immer liebt, und trennt sich von Björn. Kurz nachdem sie wieder mit Fritz glücklich ist, stirbt sie an einem Hirntumor.

Danach rücken die Prinzenhäusler in den Mittelpunkt der Serie. Nach diversen Schulabgängen und -zugängen bestehen sie jetzt aus Antonia, Grobi (Jan Andres), Max (Patriq Pinheiro), Jule (Anke Kortemeier) und Maike (Gesche Blume-Werry). Eva Hausmann (Christina Große) kommt neu als Referendarin an die Schule, Direktor Münch (Ulrich Wiggers) wird Veras Nachfolger als Schulleiter, sehr zum Ärger von Dr. Blüm (Jörg Friedrich).

Die einstündigen Serienfolgen liefen wöchentlich um 18.55 Uhr, zunächst mittwochs, ab der dritten Staffel donnerstags. Den Titelsong »We Stick Together« sang Jason Everly.

SCHULE FÜR EHEGLÜCK — ARD

1953–1954. 5-tlg. dt. Fernsehspiel von Hans-Peter Rieschel nach einem Schauspiel von André Maurois, Regie: Hans-Peter Rieschel und Ernst Markwardt.

Der Professor (Günther Jerschke) bringt Marise (Inge Langen), Philippe (Wolfgang Wahl) und einer Studentin (Gabriele Bönner) die Stadien einer ehelichen Partnerschaft bei, beginnend bei Werbung und Eroberung über die Hochzeitsreise, Spannungen, Krisen und Affären bis zur Silberhochzeit.

Die Folgen liefen an verschiedenen Tagen innerhalb eines Monats im Abendprogramm gegen 21.15 Uhr; jede Folge beinhaltete eine Lektion. Es war das erste mehrteilige Fernsehspiel im deutschen Fernsehen.

SCHÜLER-EXPRESS — ZDF

1974–1987. »Magazin für junge Leute«. Infotainmentshow für Acht- bis 13-Jährige mit Themen, die direkt aus dem Leben von Kindern und Jugendlichen gegriffen waren: sturmfreie Bude, unaufgeräumte Zimmer, laute Musik, erste Liebe.

Der *Schüler-Express* zeigte als eine der ersten Fernsehsendungen Musikvideoclips, stellte Stars vor, alberte herum, behandelte aber auch kulturelle Themen und zeigte anspruchsvolle Dokumentationen. Er befasste sich auch mit ernsten Problemen wie der Scheidung der Eltern, dem Teufelskreis der Jugendkriminalität oder Drogenkonsum. Die meisten Sendungen, darunter viele Außenproduktionen, waren monothematisch.

Im April 1980 rief der *Schüler-Express* den »Preis der Leseratten« ins Leben, mit dem fortan zweimal jährlich Autoren, Verleger und Illustratoren von Kinder- und Jugendbüchern ausgezeichnet wurden. Die Jury bestand ausschließlich aus Jugendlichen, Erwachsene hatten kein Mitspracherecht. Im ersten Jahr ehrten die Leseratten Michael Ende für »Die unendliche Geschichte«. Die Auszeichnung überlebte sogar das Ende der Sendung und wurde noch bis 1992 vergeben.

Die anfangs halbstündige Show wurde bald auf 45 Minuten erweitert und lief alle 14 Tage am Freitagnachmittag, ab 1977 abwechselnd mit *Pfiff*, ab 1985 dienstags und fünf Minuten kürzer. Moderatoren waren u. a. Kurt Bernhard Schmaltz, Klaus Möller und Frank Laufenberg.

SCHÜLERGESCHICHTEN ARD
1980. 6-tlg. dt. Jugendserie von Peter Scheibler, Regie: Frank Strecker.

Cliquenbildung, Jugendliebe, Mathearbeiten, Notenangst und ein Selbstmordversuch in der Klasse 6b des Erich-Kästner-Gymnasiums: ein ganz normales Schuljahr. Frau Wegener (Hilde Ziegler) ist die Klassenlehrerin, Dr. Keiper (Martin Schwab) der Mathelehrer, Frau Lettner (Lisa Kunzmann) die schüchterne Referendarin.

Die sechs 45-minütigen Folgen schilderten ein ganzes Schuljahr von Anfang bis Ende. Die Geschichten waren erfunden, basierten aber auf Zuschriften, die Autor Peter Scheibler von Schülern erhalten hatte, und den Erfahrungen seiner Tochter. Gedreht wurde am Fanny-Leicht-Gymnasium in Stuttgart-Vaihingen. Die Serie lief am Vorabend.

SCHULFERNSEHEN ARD
→ Telekolleg

SCHULMÄDCHEN RTL
Seit 2004. Dt. Teeniecomedy.

Vier Schülerinnen des Franz-Josef-Strauß-Gymnasiums in München durchleben ihre Teeniezeit und bemühen sich, sie mit so viel Sex wie möglich zu füllen. Die neureiche und verwöhnte Stella (Simone Hanselmann) ist die Chefin ihrer Clique, zu der auch das Luder Cara (Laura Osswald) und die coole Lilli (Jessica Franz; ab der zweiten Staffel: Marie Rönnebeck) gehören – sowie, nach einigem Hin und Her, das zugereiste Landei Laura (Birthe Wolter).

Die Serie bemühte sich erkennbar, mit Teenagersätzen wie »Ich habe keine Lust, mein ganzes Leben lang zu blasen« einen »Bohoho, was die sich trauen«-Effekt zu erzielen. Der Lolita-Effekt wurde allerdings dadurch gemildert, dass die Darstellerinnen ungefähr doppelt so alt aussahen wie die Mädchen, die sie spielten. Die kalkulierte Provokation funktionierte dennoch bei Monika Hohlmeier. Die Münchner CSU-Politikerin und Strauß-Tochter beschwerte sich über die »primitive« Serie vor allem wegen des »unglaublichen Vorgangs«, dass die fiktive Schule nach ihrem Vater benannt sei.

Im Mai 2002 hatte RTL einen einstündigen Pilotfilm gezeigt, der vor allem beim ganz jungen Publikum großen Erfolg hatte und zwei Wochen vor dem Serienstart wiederholt wurde. Die halbstündigen Folgen liefen freitags um 21.45 Uhr, bisher zwei Staffeln mit insgesamt 14 Folgen.

SCHULMEISTER RTL
→ Spion im Dienste Napoleons

SCHULZ & SCHULZ ZDF
1989–1993. 5-tlg. dt. Spielfilmreihe von Krystian Martinek und Neithardt Riedel, Regie: Ilse Hofmann; ab dem vierten Teil: Nico Hofmann.

Wolfgang Schulz (Götz George) und sein Zwillingsbruder Walter (auch Götz George) sind beide in der Werbebranche tätig. Nur lebt der eine in der Bundesrepublik, der andere in der DDR. Der Hamburger Wolfgang ist ein cooler Yuppie, der das Leben genießt, Walter in Stralsund ein kleinbürgerlicher Familienvater, der sich mit dem Leben, wie es ist, abgefunden hat. Erst durch einen Fernsehauftritt Wolfgangs, den Walter sieht, erfahren die beiden voneinander. Beim ersten Treffen seit 40 Jahren beschließen sie, für einen Tag die Pässe und damit die Rollen zu tauschen. Wolfgang schnuppert beim Sozialismus rein und Walter lernt den Kapitalismus kennen.

Die deutsch-deutsche Komödie sollte ursprünglich nur ein einzelner Fernsehfilm sein. Dieser war bei der Ausstrahlung schon überholt, da vier Wochen zuvor die Berliner Mauer gefallen und die DDR-Grenze zur Bundesrepublik geöffnet worden war. Beides war im zuvor gedrehten Film noch nicht enthalten. Nicht nur diese Entwicklung, auch die Zuschauerresonanz schrie nach Fortsetzungen. Die folgenden vier Filme begleiteten Schulz und Schulz, wie ihre Familien parallel zu Deutschland mühsam zusammenwachsen.

Aus den Gegensätzen Kapitalismus und Sozialismus werden nach der Wiedervereinigung Arroganz und Naivität, und die Brüder gründen ein gemeinsames Unternehmen, bei dem Wessi Wolfgang seinen Ossi-Bruder zu vereinnahmen und für seine Zwecke einzusetzen versucht. Zwar hinkten die Filme der politischen Entwicklung weiterhin immer ein Stück hinterher, bildeten sie aber im Nachhinein realistisch, wenn auch klischeehaft ab. George glänzte in gleich zwei Rollen, von denen keine so war wie die des Schimanski, dessen Image bis zum Start von *Schulz & Schulz* an ihm geklebt hatte.

SCHUSTERS GESPENSTER ARD
1978. 5-tlg. dt. Kinderserie von Klaus-Dieter Lang, Regie: Bruno Voges.

Die Familie Schuster zieht in eine Villa, die sie von Opa Weber geerbt hat. Vater Karl (Karl-Heinz von Hassel), seine Frau (Ingrid Fröhlich), Sohn Pit (Sören Müller), Oma (Clara Walbröhl) und Onkel Herbert (Balduin Baas) ahnen nicht, dass auf dem Dachboden die drei Gespenster Evelyn (Ulrich Düwert), Albrecht (Paco Gonzales) und Oskar (Miguel-Angel Garrido) hausen, die zur Geisterstunde Besuch von ihrem Freund Eugen Dracula (Kurt Schmidtchen) bekommen. Karl und Herbert haben aber ohnehin genug mit sich selbst zu tun und streiten dauernd. Die halbstündigen Folgen liefen sonntags nachmittags.

DER SCHUTZENGEL VON NEW YORK RTL
1987–1990. 88-tlg. US-Krimiserie von Michael Sloan und Richard Lindheim (»The Equalizer«; 1985–1989).

Ex-CIA-Agent Robert McCall (Edward Woodward)

hat in seiner Karriere viel Böses erlebt und möchte im Ruhestand der Welt Gutes tun und für Menschen da sein, die seine Hilfe brauchen. Obwohl man doch aus jeder anderen Serie weiß, dass man in solche Fälle nur wenige Minuten nach Episodenbeginn zufällig hineinstolpert, gibt McCall Zeitungsanzeigen auf. Den Menschen, die sich unter seiner Telefonnummer 212-555-4200 melden, dient er als Leibwächter oder Privatdetektiv, jagt ihre Feinde oder findet irgendeinen anderen Grund zum Herumballern. Gleichzeitig nutzt er den Ruhestand, um den Kontakt zu seinem Sohn Scott (William Zabka) aufzufrischen, der durch seinen aufreibenden früheren Job, an dem auch seine Ehe scheiterte, abgebrochen ist. Jetzt sehen sich die beiden wieder. Scott studiert Musik. Control (Robert Lansing) ist McCalls ehemaliger Boss, der ihn manchmal unterstützt, Mickey Kostmayer (Keith Szarabajka) sein Informant und Laufbursche. Pete O'Phelan (Maureen Anderman), früher mit McCall gemeinsam bei der CIA, betreibt heute ein Bistro, in dem McCall Stammgast ist.

Die 50-Minuten-Folgen liefen am Vorabend, bis Mai 1988 noch unter dem Titel *Equalizer*. Die Titelmusik schrieb Stewart Copeland von der Band The Police.

SCHWÄBISCHE GESCHICHTEN ARD

1963–1966. 10-tlg. dt. Heimatserie von Fritz Eckhardt, Regie: Karl Ebert, Bruno Voges und Theo Mezger.

Gottfried Gscheidle (Willy Reichert) ist Bürgermeister in dem kleinen Ort Bad Krottenbrunn. Trotz schwäbischer Gemütlichkeit versteht er es, Probleme anzupacken und zu lösen. Mit diesem Tatendrang macht er sich Feinde, die ihm jedoch nichts anhaben können. Gscheidle kämpft um die Finanzierung einer Umgehungsstraße (wie zieht man Schwaben Geld aus der Tasche?), organisiert Stadtfeste und macht Bad Krottenbrunn zum anerkannten Kurort. Zu den Dorfbewohnern gehören Gottfrieds Schwester Gerlinde (Barbara Müller), seine Tochter Liesl (Christiane Timerding), der Gärtnereibesitzer Hugo Pfisterer (Oscar Heiler), zugleich ambitioniertes Gemeinderatsmitglied, Gemeinderat Hägele (Walter Schultheiß), Stadtdirektor Bönicke (Peter Oehme), Amtmann Kaiser (Ludwig Thiesen), Amtsdiener Schmälzle (Werner Veidt), die Sekretärin Fräulein Hutzenlaub (Doris Denzel), der Hotelwirt Erwin Schäuffele (Hans Elwenspoek), Mariele (Eva Mihel), Wurstfabrikant Bullinger (Oskar Müller), Frau Immel (Ilse Künkele), Regierungsrat Stärk (Hans Timerding) und der Bahnhofsvorstand (Hans Treichler).

Gemütlich-schwäbisch humorvolle Serie, die bundesweit erfolgreich war und im Südwesten ein Klassiker wurde. Die ARD zeigte die zehn Episoden in loser Folge, jede war zwischen 45 und 60 Minuten lang. Serienerfinder Fritz Eckhardt spielte gegen Ende der Serie in einer Nebelrolle als Gscheidles Schwager Diggelmann mit. 1982 kehrte er in dieser Rolle mit der neuen Serie *Ich denke oft an Krottenbrunn* in den Ort und ins Fernsehen zurück.

DER SCHWÄCHSTE FLIEGT RTL

2001–2002. Einstündige Quizshow mit Sonja Zietlow.

Neun Kandidaten müssen rundenweise Wissensfragen beantworten; der jeweils Schwächste fliegt nach jeder Runde raus, bis am Ende nur noch ein Kandidat den Gewinn von maximal 50 000 DM allein erreichen kann. Eine Geisterstimme aus dem Off informiert die Fernsehzuschauer, wer statistisch gesehen der Schwächste war, entscheidend ist aber das Abstimmungsergebnis unter den Kandidaten.

Die Show war eine Adaption der britischen Version »The Weakest Link« und lief zunächst fünfmal die Woche werktags um 15.00 Uhr. Im Gegensatz zum britischen Original war das Quiz nicht sonderlich erfolgreich. Ab Anfang 2002 lief es nur noch einmal wöchentlich, jetzt samstags um 23.15 Uhr, aber auch nur noch ein paar Mal.

DER SCHWAMMERLKÖNIG ARD

1988. 6-tlg. dt. Familienserie von Rüdiger Nüchtern (Buch und Regie).

Der Frauenschwarm und Draufgänger Fritz Schwaiger (Wolfgang Fierek) steigt nach der Trennung von seiner Freundin in die Champignonzucht seines Vaters (Walter Sedlmayr) ein. Sein Freund Klaus (Michael Fitz) hilft ihm bei der Bewältigung der ungewohnten Probleme.

Kleine Vokabelhilfe: »Schwammerl« ist die bayerische Bezeichnung für Pilze. Die einstündigen Folgen liefen im regionalen Vorabendprogramm.

SCHWARZ AUF WEISS ZDF

1987–1988. »Ein Quiz um unvollständige Schlagzeilen« mit Dieter Thomas Heck. Kandidaten müssen die fehlenden Begriffe in löchrigen Schlagzeilen finden.

Von der deutschen Version des amerikanischen Formats »Headline Chasers« liefen 24 Folgen im Vorabendprogramm.

SCHWARZ GREIFT EIN SAT.1

1994–1999. 40-tlg. dt. Krimiserie von Christina und Daniel Christoff.

Der Pfarrer der Frankfurter Gemeinde St. Antonius, Henning Schwarz (Klaus Wennemann), war früher Kriminalkommissar, ebenfalls in Frankfurt am Main. Weil er seine Vergangenheit nicht ruhen lassen kann, mischt er sich immer wieder in die Ermittlungen von Kommissar Reiner Berg (Rainer Grenkowitz) ein – wofür der in der Regel ganz dankbar ist. Berg war früher sein Partner, und Schwarz hat ihm das Leben gerettet, als er einen anderen in Notwehr erschoss. Schwarz ist meistens mit dem Fahrrad unterwegs. Die Fälle nehmen oft ihren Anfang, wenn Gemeindemitglieder sich hilfesuchend an den Pfarrer wenden. Es geht um Diebstahl, Körperverletzung, Prostitution, Drogendelikte, Korruption und auch Mord.

Konrad Hellmann (Klaus Herm) ist der Küster, Rita Blum (Cristina Marsillach) die Sekretärin und Max

(Rino Galiano) ein Messdiener, zugleich ein begnadeter Computerhacker, der dieses Talent bei Bedarf für den Pfarrer einsetzt – ohne dass der wissen will, woher die geheimen Informationen kommen. Ursula Weber, »die Weberin« (Gabriele Violet), ist Bergs Kollegin. Ma Becker (Ingeborg Lapsien) gehört die Kneipe, in der außer Pfarrer Schwarz auch die halbe Unterwelt verkehrt. Sie stirbt zu Beginn der zweiten Staffel. Zum gleichen Zeitpunkt wird Kommissar Jan Fischer (Thure Riefenstein) Nachfolger von Berg.

Die katholische Kirche beteiligte sich mit 1,6 Millionen DM an der Finanzierung der seligen Serie. Drei Staffeln mit einstündigen Folgen zeigte Sat.1 donnerstags, später mittwochs zur Primetime. Das Titellied »I'm No Hero« sang Johnny Logan.

SCHWARZ ROT GOLD ARD

1982–1996. 18-tlg. dt. Krimiserie von Dieter Meichsner.

Amtsrat Zaluskowski (Uwe Friedrichsen) ist Zollfahnder. Gemeinsam mit seinen Kollegen Hobel (Siegfried W. Kernen), Globig (Edgar Bessen), Doellke (George Meyer-Goll) und Grosser (Helmut Zierl) ermittelt er in Hamburg gegen Betrüger, Schmuggler, Schieber und Wirtschaftskriminelle. Zaluskowski hat eine Frau (Witta Pohl), die gelegentlich auftaucht.

Von anderen Krimis unterschied sich *Schwarz Rot Gold* nicht nur durch den Verzicht auf Mord und Totschlag. Durch das Thema Wirtschaftskriminalität mussten Zaluskowski (und die Zuschauer) in fast jeder Folge feststellen, dass zwar jemand dingfest gemacht werden konnte, aber die ganz großen Tiere im Hintergrund meist unbehelligt blieben.

Die Folgen hatten Spielfilmlänge und liefen in sehr loser Folge meist mittwochs zur Primetime, in der Regel kaum häufiger als einmal im Jahr. Regie führte meist Theo Mezger, unter den weiteren Regisseuren war für drei Folgen Dieter Wedel.

DER SCHWARZE BUMERANG ZDF

1982. 4-tlg. dt. Abenteuerfilm von Rüdiger Bahr, Regie: George Miller, David Lee und Wolf Dietrich.

Die Biochemiker Dr. Peter Lester (Klaus Barner) ist ein umworbener Mann. Der Geschäftsmann Dr. Kutuya (Victor Kazan) möchte ihn für Arbeiten in Australien gewinnen, und auch der für ein amerikanisches Unternehmen tätige Dr. Ebert (Alexander Kerst) ist an ihm interessiert. Lester entscheidet sich für Australien und siedelt mit seiner Frau Helen (Danielle Volle) und dem 15-jährigen Sohn Michael (Paul Spurrier) um. Erst im Camp vor Ort erfährt er, dass Kutuya ihn zur Herstellung von Rauschgift benutzen will. Lester hatte die Formel für das Gift entdeckt und es »Lestron« genannt, wollte eigentlich aber nie wieder damit arbeiten. Dann verschwindet Michael Lester, weil er sich im australischen Busch verläuft, und als Gegenleistung für die Aussendung von Suchtrupps erzwingt Kutuya Peter Lesters Mitarbeit.

Im Camp ist auch Richard Duffy (Trevor Kent) eingetroffen, ein von Ebert geschickter amerikanischer Agent, der sich als Bulldozerfahrer tarnt. Ebert ist aus medizinischen Gründen an Lestron interessiert. Michael gelangt unterdessen zu einem Aborigine-Stamm und freundet sich mit dem jugendlichen Inua (Robert Dyer) und dessen Schwester Pirilli (May Walker) an. Mit ihnen verbringt er mehrere Monate, lernt das Leben der Aborigines kennen, und Inua bringt ihm nicht nur den Umgang mit dem Bumerang bei, sondern auch Telepathie. Die beiden werden Blutsbrüder. Es gelingt Michael schließlich,

Schwarz Rot Gold. Mit Samson hatte es Uwe Friedrichsen (rechts) einfacher. Siegfried W. Kernen hat sich wehgetan.

zu seinen Eltern ins Camp zurückzukehren, und mit der Hilfe des netten Alten Jimmy Croft (Harold Baigent) können sie von dort flüchten. Auf der Flucht wird Lester von den Verfolgern in den Kopf geschossen, überlebt aber. In einem dramatischen Finale kommt Kutuya im Kampf mit Duffy ums Leben. Lester erwacht aus dem Koma, kann sich an die Formel für Lestron aber nicht mehr erinnern.

Der schwarze Bumerang war der Adventsvierteiler 1982, jede Folge hatte Spielfilmlänge. Rüdiger Bahr, der sieben Jahre vorher im Adventsvierteiler *Lockruf des Goldes* selbst die Hauptrolle gespielt hatte, schrieb diesmal das Drehbuch. Damit brach das ZDF mit der Tradition, klassische Abenteuerromane zu verfilmen – die geeigneten Stoffe schienen erschöpft. Zwei Jahre später machten in *Patrik Pacard* erneut internationale Organisationen Jagd auf eine Formel. Noch ein paar Jahre später wurde Rüdiger Bahr die deutsche Stimme von Al Bundy in *Eine schrecklich nette Familie*.

DER SCHWARZE DOKTOR   ZDF

1975. 7-tlg. dt. Arztserie von Fritz Puhl und Helmut Kissel.

Erlebnisse, Probleme, Erfahrungen des schwarzen Medizinstudenten und späteren Arzts Dr. Claude Awala (Jimmy H. Ondo) und der koreanischen Krankenschwester Chong-Hi Kim (Chong-Hi Kim) im westafrikanischen Gabun. Elisabeth (Franziska Walser) ist Awalas deutsche Freundin.

Nicht die übliche Arztserie, sondern sozialkritisch, aber trotzdem unterhaltend. Produktionsfirma war Eikon, an der die evangelische Kirche beteiligt ist. Zuständig beim ZDF war die evangelische Redaktion Kirche und Leben. Die Serie sollte zeigen, wie sich christlicher Glaube im Alltag auswirkt.

Die 45-Minuten-Folgen liefen in der Regel montags um 19.30 Uhr.

DER SCHWARZE KANAL   DFF

1960–1989 Propagandasendung im DDR-Fernsehen gegen die imperialistische, revanchistische Bundesrepublik.

Moderator war Karl Eduard von Schnitzler, auch »Sudel-Ede« genannt, der die DDR pries und das Westfernsehen und den Westen im Allgemeinen verteufelte. Dies tat er anhand von Ausschnitten aus Magazinsendungen von ARD und ZDF, die zeigen sollten, dass das Leben im Westen schlecht ist und die Verhältnisse armselig. Im Vorspann sah man den Bundesadler auf einer Fernsehantenne sitzen. Die Sendung lief auf dem besten Sendeplatz des DDR-Fernsehens, immer montags um 21.30 Uhr nach dem Spielfilm, und erreichte dort eine enorme Abschaltquote. Dennoch machte Schnitzler weiter, insgesamt 1519 Ausgaben lang, bis man ihm die Sendung 1989 wegnahm, als Schnitzler die DDR immer noch vergötterte, diese aber bereits in sich zusammenfiel. Seine letzte Sendung dauerte nur fünf Minuten – die hatte man ihm für eine abschließende Stellungnahme gewährt.

Oben das wachsame Adlerauge, unten die Glasbausteine. *Der Schwarze Kanal* mit Karl Eduard von Schnitzler.

Die Idee zur Sendung kam aus dem Westen: Die Sendung *Die rote Optik* von Thilo Koch war das Vorbild für den *Schwarzen Kanal*. Wie Koch musste Schnitzler großen Aufwand betreiben, um seine Zuschauer mit vermeintlich entlarvenden Ausschnitten aus dem Westfernsehen schocken zu können – es gab ja noch keine Magnetaufzeichnung. Schnitzler filmte anfangs die Sendungen vom Bildschirm ab.

Zunächst hatte Schnitzler vor allem Originaltöne von deutschen Politikern wie Adenauer, Lübke, Strauß als Aufhänger für seine Polemiken genommen. Nach der Entspannungspolitik der 70er-Jahre gab es die Ansage von »oben«, keine Attacken gegen Westpolitiker zu reiten, mit denen die DDR-Vertreter ja immer häufiger an Verhandlungstischen saßen. Daraufhin stützte Schnitzler seine Polemiken nicht mehr so sehr auf konkrete Politiker und ihre Aussagen, sondern auf Zustände wie die Arbeitslosigkeit, die mangelnde Gleichberechtigung der Frau, Waffengeschäfte in aller Welt, übte also »Systemkritik«. Als Vertretung von Schnitzler moderierte Heinz Grote.

DIE SCHWARZE MASKE   DFF 2

1983. 11-tlg. span. Abenteuerserie (»La máscara negra«; 1981).

Im 19. Jh. wehren sich spanische Freiheitskämpfer gegen die französische Besatzung. Don Carlos de Zarante (Sancho Gracia) verbündet sich zum Schein mit den Truppen Napoleons, kämpft aber in Wirk-

lichkeit für die Spanier und ist der Rächer für Menschen, denen Unrecht widerfuhr. Überfälle und Entführungen sind an der Tagesordnung. Zur Tarnung trägt er eine schwarze Maske.
Jede Folge dauerte eine Stunde. Eine sehr ähnliche Rolle spielte Gracia in *Curro, der andalusische Rebell*.

SCHWARZE SERIE   BR, RTL
1988 (BR); 1989 (RTL). Frz. Krimireihe (»Série noir«; 1984–1989).
In spielfilmlangen, in sich abgeschlossenen Folgen ohne wiederkehrende Hauptfiguren wurden hauptsächlich französische Kriminalromane verfilmt. Mangels Erfolg wurde in Deutschland die eigentlich 37-tlg. *Schwarze Serie* eine kurze Serie: Das Bayerische Fernsehen zeigte vier Folgen, RTL zehn weitere.

DIE SCHWARZEN BRÜDER   ARD
1984. 6-tlg. dt.-schweiz.-ital. Kinderserie nach dem Roman von Lisa Tetzner, Regie: Diethard Klante.
Anfang des 19. Jh. gibt es in Norditalien einen Kindersklavenhandel. Wie viele andere wird der zwölfjährige Giorgio (Robert Bricker) von seinen bitterarmen Eltern verkauft. Er kommt vom Tessin nach Mailand, um dort als Schornsteinfeger für Meister Rossi (Dore de Rosa) und dessen Familie zu arbeiten. Dessen Frau (Monica Bleibtreu) und Sohn Anselmo (Iwan de Rosa) machen ihm das Leben schwer, nur Tochter Angeletta (Enza Ricci) mag ihn. Die Lehrlingskinder aus Giorgios Heimat haben sich zu einer Bande zusammengeschlossen: die »Schwarzen Brüder«. Ihr Anführer ist Alfredo (Martin Arnold).
Die einstündigen Folgen liefen im regionalen Vorabendprogramm. Die Serie wurde auch in zwölf halbstündigen Folgen wiederholt.

SCHWARZER PETER   ZDF
1970. 90-minütige Spielshow mit Peter Garden.
Kandidaten treten in Geschicklichkeits- und Glücksspielen an, zwischendurch gibt es einen Showteil. Wer verliert, hat zwar den schwarzen Peter, ist aber nicht automatisch draußen, sondern kann ihn weitergeben. In der siebten Sendung bekommen die bisherigen sechs Verlierer eine neue Chance.
Startete eine Woche vor *Drei mal neun* und sollte u. a. im Wechsel damit die Showtradition am Donnerstagabend fortsetzen, die *Vergissmeinnicht* begonnen hatte. Im Gegensatz zu *Drei mal neun* fiel diese Veranstaltung jedoch beim Publikum durch und verschwand nach drei Ausgaben – ohne erneute Chance, den schwarzen Peter loszuwerden.

SCHWARZES GOLD   ARD
1981. »Eine brasilianische Legende«. 6-tlg. brasilian. Historienserie von Walter Lima jun., Hugo Loetscher und Mario Prater, Regie: Walter Lima jun. (»Xico Rey«; 1978)
Galanga (José Severo dos Santos), der König des Kongo, und seine Landsleute werden aus Afrika nach Brasilien verschleppt und zu Sklaven gemacht. Galanga wird in der Goldstadt Vila Rica an den Minenbesitzer Seixas (Alexander Allerson) versteigert und erhält von ihm den Namen Xico Rey. Während sein Bruder Muzinga (Cosme dos Santos), Galangas Freund Kindere (Mário Gusmão), Pater Xavier (Rainer Rudolph) und andere entkommen können und sich in einem Dorf in den Bergen verstecken, findet sich Galanga alias Xico zunächst mit der Situation ab.
Als Xico und Bene (Antonio Pitanga Sampaio) auf eine neue Goldader stoßen, fasst Xico den Entschluss, sich und sein Volk freizukaufen. Der bankrotte Seixas lässt Xico nicht nur gehen, sondern verkauft ihm sogar die Mine. Seixas legt sich mit dem Gouverneur (Carlo Kroeber) und seiner Frau Floriscena (Claudia Rieschel) an und wird von dem Sklavenhändler Paranhos (Othon Bastos) erschossen. Seixas' Tochter Dorinha (Zaira Zambelli) liebt den Mulattenoffizier Quincas (Sergio de Oliveira Maia), der ins Gefängnis kommt. Xico tritt derweil für ein friedliches Miteinander von Schwarzen und Weißen ein und wird von seinen Leuten erneut zum König gewählt.
Die einstündigen Folgen liefen im regionalen Vorabendprogramm.

SCHWARZROTBUNT. WIR IN DEUTSCHLAND   ZDF
1998–1999. Wöchentliches gesellschaftspolitisches (Ausländer-)Magazin mit Jacqueline Boyce, immer samstags um 12.30 Uhr.

SCHWARZWALDHAUS 1902   ARD
2002. 4-tlg. dt. Reality-Doku-Soap von Volker Heise und Rolf Schlenker.
Die Berliner Familie Boro muss drei Monate lang auf einem Bauernhof im Schwarzwald leben wie vor 100 Jahren. Die Kameras des SWR filmen, wie die Boros lernen, ohne Strom, Konserven und moderne Medien auszukommen, Kühe zu melken, Hühner zu schlachten und Brot und Joghurt herzustellen. Geld müssen sie selbst verdienen, z. B. durch den Verkauf der auf dem Hof erzeugten Lebensmittel.
Mit großem Aufwand wurde ein altes Bauernhaus, der Kaltwasserhof im Münstertal, in den technischen Zustand von 1902 zurückversetzt und von Steckdosen, Lichtschaltern und einer ordentlichen Toilette befreit. Weil das nicht mit dem ganzen nahe gelegenen Ort machbar war, durfte die Familie zwar vom verdienten Geld im örtlichen Supermarkt einkaufen, musste sich aber auf Produkte beschränken, die es schon vor 100 Jahren gegeben hat. An der Kasse wurden die Preise von damals berechnet. Wer die Boros in ihrem Haus besuchte, musste durch eine »Zeitschleuse« gehen und alle modernen Geräte abgeben. Das galt auch für Arztbesuche, was bei Vater Boros Leistenbruch beinahe zu einem Abbruch des Experiments geführt hätte. Zwischen den gezeigten Erfahrungen der Familie wurden immer wieder kurze Infohäppchen eingestreut, die ein wenig Wissen zum Leben im Jahr 1902 vermittelten.

»Du, Udo, ich muss mal eben nach Hause, sei so gut und beleuchte solange die Röntgenaufnahmen, nicht?« Klausjürgen Wussow (links) sagt zu Sascha Hehn einen seiner beliebten Sätze, die immer mit »Du« beginnen und mit »nicht?« aufhören.

Die vier 45-Minuten-Folgen liefen innerhalb von acht Tagen jeweils um 21.45 Uhr. Sie wurden mit sechs Millionen Zuschauern ein Sensationserfolg. Die ARD reagierte auf das unerwartete Interesse und wiederholte die Reihe nur drei Wochen später im Nachmittagsprogramm über die Weihnachtsfeiertage, im Jahr 2003 ferner in mehreren Dritten Programmen. Außerdem lief zunächst im regionalen ARD-Vorabendprogramm des SWR und dann samstags vormittags bundesweit eine 13-tlg. Serie namens *Schwarzwaldleben 1902* mit jeweils zehnminütigen Folgen aus neu zusammengeschnittenem und teilweise bisher nicht gesendetem Material. Weitere Serien verschiedener Sender bedienten sich des Grundkonzepts, Bildungsfernsehen mit Doku-Soap zu verbinden, das die ARD sich ihrerseits beim britischen Channel 4 abgeschaut hatte (»The 1900 House«). Das ZDF drehte *Sternflüstern,* die ARD selbst schickte *Abenteuer 1900 – Leben im Gutshaus* hinterher.
Die Doku-Soap erhielt den Grimme-Preis 2003.

DIE SCHWARZWALDKLINIK ZDF
1985–1989. 70-tlg. dt. Familienserie von Herbert Lichtenfeld.
Der Chirurg Prof. Dr. Klaus Brinkmann (Klausjürgen Wussow) ist der Chefarzt der Schwarzwaldklinik und bei allen beliebt. Er wohnt wieder in seinem Geburtshaus, zusammen mit seiner Haushälterin Käti (Karin Hardt) und Hund Jerry. In der Klinik arbeitet auch sein Sohn Udo (Sascha Hehn) als Arzt. Ausgerechnet in dessen Ex-Freundin, die Krankenschwester Christa (Gaby Dohm), verliebt sich Prof. Brinkmann. Noch 1985 heiraten sie, und ebenfalls noch im gleichen Jahr heiraten Udo und Dr. Katarina Gessner (Ilona Grübel), die als Anästhesistin in der Schwarzwaldklinik arbeitet und Tochter Angie (Angelika Reißner) mit in die Ehe bringt. Christa verlässt die Klinik als Schwester, bildet sich in kurzer Zeit fort und kehrt Anfang Januar 1986 als Ärztin zurück. Zum Personal der Klinik gehören noch Dr. Schäfer (Karl Walter Diess), der an Rheuma leidet und seinen Beruf deshalb im Februar 1986 aufgeben muss, Dr. Wolter (Franz Rudnick), Dr. Rens (Holger Petzold), Dr. Römer (Horst Naumann) und Verwaltungsdirektor Mühlmann (Alf Marholm). Die resolute Oberschwester Hildegard (Eva Maria Bauer) hat den Laden fest im Griff. Ihr unterstehen Elke (Barbara Wussow), die zunächst Lernschwester ist, aber auch später als ausgebildete Schwester der Klinik erhalten bleibt, die Krankenschwestern Ina (Gaby Fischer) und Erika (Lisa Kreuzer) sowie der vorlaute Zivildienstleistende Mischa (Jochen Schroeder). Ihm gefällt es in der Schwarzwaldklinik so gut, dass er später als Pfleger dort anfängt. Fräulein Meis (Karin Eckhold) ist Prof. Brinkmanns Sekretärin.
Im Februar 1986 stirbt Käti überraschend, und Carsta Michaelis (Evelyn Hamann), eine allein stehende Kratzbürste, wird neue Haushälterin bei den Brinkmanns. Katarina verlässt den Schwarzwald und wird Chefanästhesistin in einer Klinik in Hamburg, was ihre Ehe mit Udo erheblich belastet. Am Ende der ersten Staffel erleidet Prof. Brinkmann einen Herzinfarkt und muss sich eine Weile schonen, ist danach aber gut erholt. Dr. Schäfer verlässt die Klinik ebenfalls, und Dr. Engel (Michael Kausch) und der spielsüchtige Frauenheld Dr. Schübel (Volker Brandt) kommen hinzu.
Zuwachs gibt es auch in der Familie: Klaus' und Christas Sohn Benjamin (Andreas Winterhalder) kommt zur Welt, und im November 1987 zieht Florian (Raimund Harmstorf), ein bärbeißiger Cousin

»Du, Christa, ich muss noch rasch in die Klinik, sei so lieb und mach doch derweil eine Fortbildung zur Ärztin, nicht?« Klausjürgen Wussow sagt zu Gaby Dohm noch einen seiner beliebten Du-nicht-Sätze.

aus Kanada, bei ihnen ein. Udo lässt sich Anfang 1988 von Katarina scheiden und freundet sich mit Brinkmanns Kindermädchen Carola (Olivia Pascal) an, die vorher mit dem Postboten Berti (Frank Schröder) befreundet war. Eine feste Beziehung Udos mit Claudia Schubert (Anja Kruse) endet tragisch, als Claudia an Leukämie stirbt.

Zu Beginn der dritten Staffel im Herbst 1988 ergeben sich diverse personelle und familiäre Veränderungen. Christa wechselt an das Konstanzer Forschungsinstitut. Geleitet wird es ausgerechnet von Dr. Vollmers (Christian Kohlund), mit dem Christa zuvor bereits zusammengearbeitet und beinahe eine Affäre gehabt hatte. Vollmers ist noch immer in Christa verliebt. Er war auch schon mit Udo und Schwester Erika für einen Hilfseinsatz in Afrika, wo alle drei von Rebellen verschleppt, aber wieder freigelassen wurden. Dr. Karin Plessers (Verena Peter) wird Christas Nachfolgerin an der Klinik, neuer Oberarzt wird zur gleichen Zeit Dr. Borsdorf (Knut Hinz). Udo beschließt, nach Hamburg zu wechseln, wo sich seine Ex-Frau Katarina aber inzwischen nicht mehr aufhält. Florian zieht, nach vielen Reisen zwischen den Kontinenten, endgültig zurück nach Kanada. Carola kündigt und geht ebenfalls nach Konstanz. Sie ist in Dr. Vollmers verliebt, und nach einigem Bemühen werden die beiden ein Paar. Es knistert auch zwischen Frau Michaelis und dem neuen Nachbarn Wolfgang Pohl (Wolfgang Wahl). Udo kehrt in heimatliche Gefilde zurück, nicht jedoch in die Schwarzwaldklinik. Er beginnt eine Tätigkeit in der Klinik Rodenweiler. Auch Christa gibt ihren Job in Konstanz wieder auf, um sich um Benjamin kümmern zu können. Schließlich finden Udo und Schwester Elke zueinander und heiraten in einem großen Finale.

Die Schwarzwaldklinik war eine der erfolgreichsten Serien des deutschen Fernsehens mit einer regelmäßigen Einschaltquote von 26 Millionen Zuschauern. Sie zählt noch heute zu den bekanntesten Serien überhaupt und erzielte in regelmäßigen Wiederholungen weiterhin gute Einschaltquoten. Die Massen strömten damals zur »Schwarzwaldklinik«, bei der es sich in Wahrheit um die Rehaklinik Glotterbad im Glottertal handelte, deren Patienten fortan wenig Erholung fanden. Das von gigantischen Blumenkästen geschmückte Wohnhaus Professor Brinkmanns war eigentlich ein Heimatmuseum.

Der Alltag in der Fernsehklinik zeigte nicht nur heile Welt. Die Serie befasste sich auch mit Sterbehilfe, ärztlichem Versagen, Vergewaltigung oder Kindesmissbrauch. Die Folge »Gewalt im Spiel«, 1986, in der es um Vergewaltigung mit anschließender Selbstjustiz ging, geriet wegen zu offensiver Darstellung von Gewalt in die Kritik, wurde für eine weitere Ausstrahlung entschärft und dennoch nach der ersten Wiederholung bei weiteren Durchläufen nicht gesendet. Die Bundesprüfstelle indizierte die Folge – ein Gericht entschied später allerdings, dass die Stelle dafür gar nicht zuständig war, und hob die Entscheidung auf.

Die Episode »Steinschlag« aus dem gleichen Jahr, in der ein Zwölfjähriger vom Liebhaber seiner Mutter brutal geschlagen wird, wurde zunächst gar nicht ausgestrahlt. Das ZDF zeigte sie erst, als vor Beginn der zweiten Staffel die erste wiederholt wurde. Beide Episoden landeten danach für mehr als 15 Jahre im Giftschrank und wurden im Herbst 2003 erstmals wieder gesendet – im Vormittagsprogramm. Die letzte Folge, »Hochzeit mit Hindernissen« (eine Zeile, die fast jede deutsche Serie einmal als Episodentitel verwendete), wurde nur gekürzt wiederholt (in diesem Fall jedoch, weil sie sonst nicht ins 45-Minuten-Programmschema gepasst hätte). In der überlangen

Fassung der Erstausstrahlung verabschiedete sich Klausjürgen Wussow am Ende mit direktem Blick in die Kamera von den Fernsehzuschauern.

Produzent der Serie war Wolfgang Rademann, die Musik stammte von Hans Hammerschmid. Die Folgen waren jeweils 45 Minuten lang und liefen samstags um 19.30 Uhr. *Die Schwarzwaldklinik* erlebte drei Staffeln, die in etliche Länder der Welt verkauft wurden – dass sie als erste deutsche Fernsehserie auch in den USA ein Erfolg war, ist allerdings eine Mär.

Im September 1994 lief noch einmal ein Special mit dem Titel »Die Schwarzwaldklinik – Eine Serienlegende kehrt zurück« und im Februar 2005 der neue Fernsehfilm »Die Schwarzwaldklinik – Die nächste Generation«, in dem fast 20 Jahre nach dem Serienstart alle noch lebenden Hauptdarsteller von früher wieder mitspielten und zudem ihre Nachfolger vorgestellt wurden. Und nachdem schon in der Originalserie die Handlung wie im Zeitraffer fortgeschritten war, verwunderte es wenig, dass Baby Benjamin inzwischen 40 Jahre alt war und als Chirurg in der Schwarzwaldklinik arbeitete. Benjamin wurde jetzt von Alexander Wussow gespielt, auch im wahren Leben der Sohn des früheren Hauptdarstellers. Der Film erreichte mehr als zwölf Millionen Zuschauer – für Fernsehverhältnisse des Jahres 2005 noch immer eine Sensationsquote. Und obwohl der 90-Minüter nur ein einmaliges Special zum Jubiläum hätte sein sollen, veranlasste der Erfolg Produzent Rademann zur Ankündigung weiterer jährlicher Specials.

Schweinchen Dick

SCHWARZWALDLEBEN 1902 ARD
→ Schwarzwaldhaus 1902

**DAS SCHWEIN –
EINE DEUTSCHE KARRIERE** SAT.1
1995. 3-tlg. dt. Karrieredrama von Karl Heinz Willschrei, Regie: Ilse Hofmann.

Der Berliner Stefan Stolze (als Jugendlicher: Daniel Weiss; später: Götz George) wächst in der schwierigen Nachkriegszeit in Berlin auf. Früh entdeckt er, wie man es im Leben zu etwas bringt. Man benötigt Geld, und daran kommt man durch Intrigen oder Betrug. Schon in der Schule verkauft er seine Hausaufgaben und denunziert einen Lehrer, um seinen Mitschüler Lutz Krüger (als Jugendlicher: Richard Kropf; später: Felix von Manteuffel) vor dem Sitzenbleiben zu bewahren. Später geht er den eingeschlagenen Weg weiter, wird Zuhälter und Hehler und kommt ins Gefängnis. Dort freundet er sich mit Robert Korda (Michael Mendl) an, dessen Firma er sich nach seiner Entlassung auf Bewährung unter den Nagel reißt, indem er Kordas Frau Eva (Edda Leesch) verführt.

Krüger ist inzwischen Filialleiter einer Bank und hilft bei Bedarf mit Krediten, wird später aber auch von Stolze enttäuscht. Um Teil der besseren Gesellschaft zu werden, heiratet Stolze die wenig attraktive Alice van Lück (Andrea Sawatzki). Ihrem Vater Theodor van Lück (Karl-Michael Vogler) gehört ein großer Elektrokonzern. Indem er van Lück wegen Steuerhinterziehung anschwärzt, gelingt es Stolze, die Firmenleitung zu übernehmen. Seine Frau treibt er in die Alkohol- und Tablettensucht, bis sie im Vollrausch tödlich verunglückt. Mit der Hilfe seiner neuen Geliebten Sybille Curtius (Gudrun Landgrebe) steigt er in den Chemiekonzern von Harald Deterding (Arthur Brauss) ein, den er schließlich ebenfalls aus dessen eigenem Unternehmen vertreibt.

Nach der Wiedervereinigung dringt er mit dem Chemiekonzern in den Osten vor, um die Subventionen der Bundesregierung einzustreichen. Wanda Weissenfeld (Martina Gedeck) ist in dieser Zeit eine wichtige Verbündete, die schließlich ihren Lohn fordert und Stolze heiraten will, weshalb er sie als Stasispitzel enttarnt. Stattdessen heiratet er Sybille, deren Ehemann Harald (Roland Schäfer) er vorher in den gesellschaftlichen Ruin getrieben hat. Während einer seiner Betriebe im Osten wegen mangelnder Sicherheitsvorkehrungen in die Luft fliegt, erhält Stolze für sein Engagement in den neuen Bundesländern das Bundesverdienstkreuz.

Anspruchsvolle Detailzeichnung einer fiktiven, aber vorstellbaren Karriere mit einem glänzenden Götz George in der Rolle des skrupellosen Machtschweins.

SCHWEINCHEN DICK ZDF
1972–1973. 80-tlg. US-Zeichentrickserie von Fritz Freleng, Tex Avery und Bob Clampett (»The Porky Pig Show«; 1964–1967).

»Wer zeigt unsere Lieblingsshow, und wo lacht man

vor Glück? Wer macht Trauerklöße wieder froh? Na, unser bester Freund: Schweinchen Dick.« Cartoons mit dem stotternden Schweinchen Dick und den anderen Stars aus den Warner-Brothers-Studios: Bugs Bunny, Daffy Duck, Roadrunner und Karl, dem Kojoten, Tweety und Sylvester, Alfie und Pepper.
Die Kurzfilme mit Schweinchen Dick wurden ab 1935 fürs Kino gedreht und später zu 25-minütigen Fernsehfolgen aneinander geklebt (so bestand eine Folge aus mehreren Episoden; Schweinchen Dick selbst spielte nicht in allen mit). Die Idee, die alten Filme zu einer Serie zusammenzusetzen, hatte – wie schon bei *Dick und Doof* – ZDF-Unterhaltungsredakteur Gert Mechoff. Die deutsche Erstausstrahlung löste eine heftige Debatte darüber aus, wie gefährlich die völlig unmotivierte Aggressivität, die die Comicfiguren dauernd demonstrieren, für Kinder sei. Unumstritten war die Serie ein Riesenerfolg: Sie hatte 1972 montags gegen 18.40 Uhr im Schnitt 16 Millionen Zuschauer.
»Da ... da ... da ... da ... das war's, Leute!«

SCHWEINE NEBENAN   SAT.1
2001. 13-tlg. US-dt.-irische Zeichentrickserie von Hayo Freitag (»Pigs Next Door«; 2000). Nach dem Tod ihres Herrchens ziehen Schweinevater Phil und Gattin Clara mit den Ferkeln Chuckie und April in die Stadt. Sie müssen sich als einzige Schweine in einer Menschengegend zurechtfinden.
Auf skurrile Weise thematisierte diese Serie das Problem der Fremdenfeindlichkeit. Sie lief samstags mittags; jede Folge dauerte 20 Minuten. John Goodman und Jamie Lee Curtis sprachen in der Originalversion die Hauptrollen.

DIE SCHWEINEBANDE   PRO SIEBEN
2002–2004. 39-tlg. kanad. Zeichentrickserie (»Pig City«; 2002).
Schwein Mikey ist ein Landei – ein »Jauchejunkie«, wie er selbst behauptet. Seit seine Eltern ihn zu den reichen Verwandten nach New Pork City geschickt haben, lebt er bei seinen gleichaltrigen Cousins Reggie und Martha. Wirbelwind Mikey, der langhaarige Hardrock-Fan Reggie und die wohl erzogene Martha erleben gemeinsam verrückte Abenteuer; Mikeys abgefahrene Ideen und seine blühende Fantasie bringen die drei immer wieder in Schwierigkeiten.

DIE SCHWEIZER FAMILIE ROBINSON   ZDF
1975. 26-tlg. kanad.-dt. Abenteuerserie nach dem Roman von Jonathan Wyss (»The Swiss Family Robinson«; 1975).
Anfang des 19. Jh. stranden Johann Robinson (Chris Wiggins), seine Frau Elizabeth (Diana Leblanc), die Kinder Franz (Ricky O'Neill), Marie (Heather Graham) und Ernest (Michael Duhig) und Hund Bruno nach einem Schiffbruch auf einer unbewohnten Insel. Gemeinsam kämpfen sie ums Überleben.
Die Folgen waren 30 Minuten lang und wurden sonntags nachmittags gezeigt. Der Stoff wurde mehrfach verfilmt, eine gleichnamige Version lief später bei RTL 2, eine weitere unter dem Titel *Die Robinsons – Aufbruch ins Ungewisse* bei Super RTL.

DIE SCHWEIZER FAMILIE ROBINSON   RTL 2
1994. 20-tlg. US-Abenteuerserie nach dem Roman von Jonathan Wyss (»Swiss Family Robinson«; 1975–1976).
Anfang des 19. Jh. stranden Karl Robinson (Martin Milner), seine Frau Lotte (Pat Delany) und die Kinder Fred (Willie Aames) und Ernie (Eric Olsen) nach einem Schiffbruch auf einer einsamen tropischen Insel. Dort lebt schon seit einiger Zeit der alte Seemann Jeremiah Worth (Cameron Mitchell). Mit den Robinsons hat nur noch die Teenagerin Helga Wagner (Helen Hunt), die Tochter des Kapitäns, den Schiffbruch überlebt. Die Robinsons adoptieren sie. Gemeinsam kämpfen alle fortan gegen die Herausforderungen der Wildnis.
Die Folgen waren 60 Minuten lang. Eine etwa zeitgleich entstandene Serienverfilmung desselben Stoffs war unter identischem Titel bereits 19 Jahre zuvor im ZDF gelaufen, eine weitere Version zeigte Super RTL später unter dem Titel *Die Robinsons – Aufbruch ins Ungewisse*.

SCHWER IN FAHRT   VOX
2000–2002. Halbstündiges Magazin für Brummifahrer mit Ellen Lohr und Themen von Trucks bis Touren. Lief sonntags nachmittags.

SCHWER IN ORDNUNG –
KINDER SPECKEN AB   VOX
2005. 4-tlg. Doku-Soap, die dicke Kinder beim Abnehmen begleitet.

DAS SCHWERT DES ISLAM   ZDF
1991. »Revolution im Namen Allahs«. 4-tlg. Geschichtsdokumentation von Peter Scholl-Latour, die chronologisch schilderte, mit wem die islamische Welt im Clinch lag, seit Muslime und Juden erstmals ihren jeweiligen Anspruch auf Jerusalem angemeldet hatten.
Die 45-minütigen Folgen liefen abwechselnd um 19.30 Uhr und nach 22.00 Uhr. Noch im selben Jahr bereiste Scholl-Latour einige islamische Nationen für die Reihe *Den Gottlosen die Hölle*.

SCHWESTERN   PRO SIEBEN
1990. 13-tlg. US-Krankenschwesternserie von Aaron Spelling und Douglas S. Cramer (»Nightingales«; 1989).
Die Krankenschwesternschülerinnen im Wilshire Memorial Hospital in Südkalifornien wissen, dass es Wichtigeres im Leben gibt, als Menschenleben zu retten. Sex beispielsweise. Oder wenigstens Aerobic. In jedem Fall häufiges Umziehen. Sie tun dies im »Nightingale House« und haben oft schon Erstaunliches erlebt: Bridget Loring (Susan Walters) hat gegen einen Ganoven ausgesagt und lebt nun dank eines Zeugenschutzprogramms mit neuer Identität; Samantha »Sam« Sullivan (Chelsea Field) ist eine

trockene Alkoholikerin, die nebenbei als Tänzerin arbeitet, um ihre Tochter Megan (Taylor Fry) zu unterstützen. Außerdem dabei: die Blondine Allyson Yates (Kim Ulrich), das naive Landei Rebecca »Becky« Granger (Kristy Swanson) und die Latino-Schönheit Yolanda »Yo« Puente (Roxann Biggs). Schuldirektorin Christine Broderick (Suzanne Pleshette) versucht, die Dinge unter Kontrolle zu halten, ist selbst aber immer noch in ihren Ex Dr. Paul Petrillo (Gil Gerard) verliebt. Wenigstens sorgen Oberschwester Leonore Ritt (Fran Bennett) und Personalchef Dr. Garrett Braden (Barry Newman) für etwas Disziplin.
Je einstündiger Trash aus dem Hause Spelling.

SCHWUL MACHT COOL – DIE FABELHAFTEN VIER RTL 2
2003. Stylingshow. Clifford Lilley, Eric Schmidt-Mohan, Peter Sperlich und Lars Schwuchow, alle Experten für Styling und Lifestyle und alle schwul, bringen heterosexuelle Machos auf Vordermann, polieren ihre Optik auf, ziehen sie ordentlich an, bringen ihnen Manieren bei, und so verwandelt sich jeder Macho in einen potenziellen Frauenschwarm. Die einstündigen Dokumentationen der Verwandlung liefen montags zur Primetime. Die Reihe basierte offensichtlich (aber nicht offiziell) auf dem US-Format »Queer Eye For The Straight Guy«, das im Sommer 2003 der Überraschungserfolg des Kabelsenders Bravo war.

SCHWUPPS! TM3
1999–2000. Eine der zahlreichen Shows, in der lustige Pannen auf Heimvideos gezeigt wurden. Direkter Nachfolger von *Bitte lächeln* – mit dessen erstem Moderator: Mike Carl. Später übernahm Giulia Siegel.
Lief werktags um 19.45 Uhr.

SCHWURGERICHT SAT.1
1995–1998. 25-tlg. dt. Krimireihe von Nikolaus Stein, die die Fälle aus der Sicht der Staatsanwälte erzählt.
Ähnlich wie beim *Tatort* spielte die Serie an verschiedenen Orten und mit verschiedenen Protagonisten. Es ermittelten: Staatsanwältin Johanna Hohenberg (Uschi Glas), Staatsanwältin Anne Schickedanz (Mariele Millowitsch), Staatsanwalt Adolf von Meck (Klaus Wennemann), Dorothee Rathenau (Thekla Carola Wied), Staatsanwalt Pigge (Dietz-Werner Steck) und Hauptkommissar Leweke (Max Herbrechter), Staatsanwältin Katharina Dorn (Jenny Gröllmann) und Referendar Roth (Christian Wittmann). Als verbindende Rahmenfigur tauchte in mehreren Fällen Oberstaatsanwalt Hunziger (Oliver Stritzel) auf.
Mitte der 90er-Jahre traute sich Sat.1 noch einiges zu. Der Sender brach nicht nur mit dem jahrzehntelangen Brauch, das Abendprogramm um 20.15 Uhr beginnen zu lassen (»Volle Stunde, volles Programm«), sondern wollte auch den *Tatort* mit eigenen Waffen und auf dessen eigenem Sendeplatz schlagen. Der Werbeslogan lautete: »Verlassen Sie den Tatort, jetzt kommt das Schwurgericht« – bis die ARD eine einstweilige Verfügung dagegen erwirkte. Der Versuch scheiterte, die Reihe wurde 1997 wegen schlechter Quoten abgesetzt. Sat.1 versendete die fertigen Folgen später einzeln oder unter dem losen Reihentitel »Der Mordsfilm«; einige bekamen hübsche neue Titel wie »Saskia – Schwanger zum Sex gezwungen« oder »Bruder, ich brauche dein Blut«, die der Quote auch nicht halfen. Die drei Folgen mit Uschi Glas liefen ganz ohne Reihentitel – vermutlich hätte er nur geschadet.

DIE SCOOBY-DOO-SHOW SAT.1
1985–1986. 40-tlg. US-Zeichentrickserie (»Scooby's All Star Laff-A-Lympics«/«The Scooby-Doo Show«; 1976–1977/«Scooby-Doo, Where Are You?«; 1978–1979).
Vier Teenager, ein Hund, ein Wohnmobil und viele unerklärliche Ereignisse, die es aufzuklären gilt. Alles wie in der Originalserie *Scooby-Doo, wo bist du?*.

SCOOBY-DOO, WO BIST DU? RTL
1990–1991. 25-tlg. US-Zeichentrickserie (»Scooby-Doo, Where Are You?«; 1969–1970).
Die Teenager Shaggy, Daphne, Freddy und Velma ziehen mit ihrem Hund Scooby-Doo in einem Wohnmobil durch die Gegend. Sie klären mysteriöse Geschehnisse auf, jagen Gauner, flüchten vor Monstern und suchen immer wieder ihren feigen Hund, wenn er sich versteckt.
Produktion aus den Hanna-Barbera-Studios, die auch für Erfolge wie *Familie Feuerstein* und *Tom und Jerry* verantwortlich zeichneten. *Scooby-Doo* erreichte Deutschland erst vergleichsweise spät, dann aber reichlich und ziemlich durcheinander. Nach diesen ersten 25 Folgen entstanden mehrere Neuauflagen und Nachfolgeserien, die teilweise in Deutschland schon vorher gezeigt worden waren, so *Die Scooby-Doo-Show* und *Scooby und Scrappy-Doo*. Weitere Serien waren *The New Scooby-Doo Movies*, *Ein Fall für Scooby-Doo*, *Die 13 Geister des Scooby-Doo*, *Spürnase Scooby-Doo* und *What's New, Scooby-Doo?*.

SCOOBY UND SCRAPPY-DOO SAT.1
1984–1985. 24-tlg. US-Zeichentrickserie (»Scobby And Scrappy-Doo«; 1979–1980).
Daphne, Freddy, Shaggy und Velma jagen wieder Geister und Verbrecher, begleitet von ihrem Hund Scooby-Doo und dessen Neffen Scrappy-Doo, der sich ausgerechnet seinen ängstlichen Onkel zum Vorbild erkoren hat und selbst recht übermütig ist.

SCORCH, DER KLEINE HAUSDRACHE SAT.1
1994. 6-tlg. US Sitcom von Allan Katz (»Scorch«; 1992).
Scorch ist 1300 Jahre alt, ein sprechender Drache und – wie er nach einem laaangen Nickerchen feststellen muss – inzwischen der Einzige seiner Art. Der Schauspieler Brian Stevens (Jonathan Walker), des-

sen Tochter Jessica (Rhea Silver-Smith) Scorch entdeckt hat, nimmt ihn mit zum Vorsprechen und bekommt von Senderchef Jack Fletcher (Todd Susman) den Job als Wetteransager – man glaubt, der Drache sei eine Puppe und Brian Bauchredner. Die Nachrichtensprecher sind Howard Gurman (John O'Hurley) und Allison King (Brenda Strong). Vermieterin Edna Bracken (Rose Marie) ist überzeugt, dass Brian verbotenerweise ein Haustier in der Wohnung hält.

Die halbstündigen Folgen liefen im Nachmittagsprogramm. In den USA wurde die Serie nach nur drei Folgen abgesetzt.

SCOTLAND YARD KLÄRT AUF ARD

1960. US-Krimiserie von Edgar Lustgarten (»Scotland Yard«; 1957–1958).

Inspektor Duggan (Russell Napier) und Kollegen ermitteln in verschiedenen Kriminalfällen. Serienerfinder Lustgarten, ein englischer Kriminologe, führt als Gastgeber in die Episoden ein.

Jede Folge war eine halbe Stunde lang, schwarzweiß, in sich abgeschlossenen und mit wechselnden Darstellern in den Rollen der Ermittler besetzt. Inspektor Duggan tauchte häufiger, aber auch nicht immer auf. Ermittelt wurde samstags gegen 22.00 Uhr.

SCRUBS – DIE ANFÄNGER PRO SIEBEN

Seit 2003. US-Comedyserie von Bill Lawrence (»Scrubs«; seit 2001).

John »J. D.« Dorian (Zach Braff) und Chris Turk (Donald Faison) sind schon seit der Schule beste Freunde. Jetzt arbeiten sie als Ärzte im Praktikum in derselben Klinik, J. D. als Allgemeinmediziner, Turk als Chirurg. Ebenfalls neu im Praktikum ist Elliott Reid (Sarah Chalke), für die J. D. schwärmt, mehr passiert aber lange nicht, dann doch, dann doch wieder nicht. Turk bandelt sofort mit der Krankenschwester Carla Espinosa (Judy Reyes) an. Klinikchef ist der arrogante Dr. Bob Kelso (Ken Jenkins). Als seinen Mentor guckt sich der permanent unsichere J. D. Dr. Phil Cox (John C. McGinley) aus, der sich streng und unnahbar gibt und J. D. abwechselnd mit »Flachzange« und wechselnden Frauennamen betitelt. Dass er in Wirklichkeit viel von J. D. hält, lässt er sich nicht anmerken. Der Hausmeister (Neil Flynn) kann J. D. überhaupt nicht leiden und hat ihn ständig auf dem Kieker.

Witzige Serie, die mit vielen Spezialeffekten arbeitete, die J. D.s Gedanken und Gefühle visualisierten und z. B. einen explodierenden Kopf oder sein Gegenüber in Teufelsgestalt zeigten. J. D. war außerdem als Erzähler aus dem Off zu hören. Zwei Staffeln mit halbstündigen Folgen liefen dienstags gegen 22.00 Uhr, die dritte werktags am Vorabend.

SCRUPLES SAT.1

1985. 6-tlg. US-Drama nach dem Roman von Judith Krantz (»Scruples«; 1980).

Die arme Billy (Lindsay Wagner) heiratet den viel älteren Millionär Ellis Ikehorn (Efrem Zimbalist, Jr.) und eröffnet nach seinem Tod mit dem Geld eine Boutique in Wuppertal ... nein: in Beverly Hills namens »Scruples«, lernt die Reichen und Schönen kennen, aber auch die Missgunst früherer Weggefährten. Die französische Designerin Valentine (Marie-France Pisier) und der Fotograf Spider Elliott (Barry Bostwick) krabbeln mit ihr die Erfolgsleiter hoch.

Böse Stimmen sagen, dass die *Sieben-Millionen-Dollar-Frau* die realistischere Rolle für Lindsay Wagner war. Außer in sechs einstündigen Folgen lief die Miniserie bei Kabel 1 auch in drei spielfilmlangen Teilen unter dem Titel *Die keine Skrupel kennen*.

SEALAB 2020 ARD

1974. 13-tlg. US-Zeichentrickserie (»Sealab 2020«; 1972).

Dr. Paul Williams ist der Chef einer Unterwasserstation im Jahr 2020. Produzenten waren die Hanna-Barbera-Studios. Die 20-minütigen Folgen liefen dienstags gegen 17.00 Uhr.

SEAQUEST DSV RTL

1994–1997. 57-tlg. US-Science-Fiction-Serie von Rockne S. O'Bannon (»SeaQuest DSV«; 1993–1995/ »SeaQuest« 2032; 1995).

Im Jahr 2018 existieren die ersten Kolonien unter Wasser. Das Unterseeschiff »SeaQuest« dient gleichzeitig ihrer Sicherheit und wissenschaftlichen Zwecken. Captain Nathan Bridger (Roy Scheider) hat das Kommando; zur Besatzung gehören die Wissenschaftsoffizierin Dr. Kristin Westphalen (Stephanie Beacham), Commander Jonathan Ford (Don Franklin), Lieutenant Catherine Hitchcock (Stacy Haiduk), das junge Computergenie Lucas Wolenczak (Jonathan Brandis), Sicherheitschef Manilow Crocker (Royce D. Applegate), Benjamin Krieg (John D'Aquino) und Tim O'Neill (Ted Raimi). Als Leutnant zur See gehört zur Mannschaft noch Darwin, ein Delphin, den Bridger vor Jahren aus einem Fischernetz befreit hat. Eine Erfindung von Lucas übersetzt Darwins Delphinlaute in menschliche Sprache und umgekehrt.

Die »SeaQuest« wird später bei einer Ozeankatastrophe zerstört und durch ein kleineres Schiff ersetzt. Westphalen, Hitchcock, Krieg und Manilow sind auf dem nicht mehr dabei, neue Besatzungsmitglieder sind James Brody (Edward Kerr), Tony Piccolo (Michael DeLuise), Dr. Wendy Smith (Rosalind Allen), Dagwood (Peter DeLuise), Ortiz Miguel (Marco Sanchez) und Lonnie Henderson (Kathy Evison). 13 Jahre später, im Jahr 2032 – Bridger ist inzwischen in Rente –, ist Oliver Hudson (Michael Ironside) für kurze Zeit neuer Kapitän.

Man wusste im Nachhinein, was man an *Flipper* hatte, dessen Freunde sein Delphinisch verstanden und aus einem kurzen Schnattern und Flöten heraushören konnten, dass dreieinhalb Meilen in nordöstlicher Richtung ein Segelboot mit vier Kindern an Bord in Seenot geraten war. Die Kommunikation mit Darwin war zwar technisch ausgefeilter, inhaltlich aber desillusionierend. Als der Delphin einmal zu

sterben droht, sagt Darwin zum Captain Dinge wie: »Bridger ist Familie« und: »Darwin liebt Bridger«, und gerade, als es scheinbar gar keine Hoffnung mehr gibt, kommt Darwins Mutter mit ein paar rettendenden Algen angeschwommen, und Bridger sagt: »Hallo, Mama.«
Produzent der Serie war Steven Spielberg. Die einstündigen Folgen liefen am Samstag- bzw. Sonntagnachmittag, nachdem die ersten vier Folgen mittwochs in der Primetime durchgefallen waren.

DAS SEATTLE-DUO   RTL 2
1999. 13-tlg. US-Agentenserie (»Mr. & Mrs. Smith«; 1996).
Zwei Spitzenagenten arbeiten in geheimer Mission im Auftrag der privaten Sicherheitsagentur Factory. Sie nennen sich Mr. Smith (Scott Bakula) und Mrs. Smith (Maria Bello). Nicht einmal die beiden kennen den richtigen Namen des Partners. Ihr Chef nennt sich Mr. Big (Roy Dotrice).
Lief werktags nachmittags.

DIE SEAVIEW – IN GEHEIMER MISSION   KABEL 1
→ Mission Seaview

SEBASTIANS GESCHICHTEN   ARD
→ Plumpaquatsch

DIE 6 BARTONS   ARD
1990. 12-tlg. austral. Familienserie (»The Bartons«; 1988).
Die zwölfjährige Elly Barton (Olivia Harkin) wohnt mit ihren Brüdern Antony (Michael O'Reilly), Paul (Matt Day) und Douglas Barton (Ben Toovey) und den Eltern (Frankie J. Holden und Jennifer Jarman-Walker) in einem kleinen Ort namens Banksiawood. Mr. Jensen (Robert Essex) ist ihr Nachbar.
Die halbstündigen Folgen liefen im Vorabendprogramm.

DIE SECHS FRAUEN HEINRICH VIII.   WDR
1971–1972. 6-tlg. brit. Historienserie (»The Six Wives Of Henry VIII«; 1971) über König Heinrich VIII. von England (Keith Michell) und seine sechs Ehefrauen: Katherina von Aragon (Annette Crosbie), Anne Boleyn (Dorothy Tutin), Jane Seymour (Anne Stallybrass), Anna von Cleve (Elvi Hale), Catherine Howard (Angela Pleasance) und Catherine Parr (Rosalie Crutchley).
Jede Folge beschäfte sich mit einer Frau und den Gründen, warum Heinrich sich dauernd scheiden oder seine Gattinnen enthaupten ließ. Der Sechsteiler lief später auch im DFF.

SECHS MILLIONEN   ZDF
1978. Dt. Problemreihe von Wolfgang Kirchner (Buch und Regie).
Die Reihe behandelte in abgeschlossenen Spielszenen mit wechselnden Darstellern aktuelle soziale Missstände. Nach den Filmeinspielungen diskutierten Kirchenvertreter mit Politikern über Lösungsmöglichkeiten. Der Titel *Sechs Millionen* bezog sich auf die Zahl der Personen, deren Einkommen unter den Bedarfssätzen der Sozialhilfe lag.
Die einstündigen Sendungen liefen samstags um 17.55 Uhr.

DIE 6-MILLIONEN-DOLLAR-FAMILIE   RTL
1992–1993. 65-tlg. US-Zeichentrickserie (»Bionic Six«; 1987).
Die sechs Migleider der Familie Bennett, alle mit übernatürlichen bionischen Kräften ausgestattet, bekämpfen den bösen Dr. Scarab. Die Show variierte die Idee der Serien *Der Sechs-Millionen-Dollar-Mann* und *Die Sieben-Millionen-Dollar-Frau*.

DER SECHS-MILLIONEN-DOLLAR-MANN   RTL
1988–1991. 106-tlg. US-Abenteuerserie (»The Six Million Dollar Man«; 1973–1978).
Der Astronaut Steve Austin (Lee Majors) zieht sich bei einem Unfall während eines Testflugs so schwere Verletzungen zu, dass er »bionisch« wiederhergestellt wird. Regierungschirurg Dr. Rudy Wells (Alan Oppenheimer; ab der dritten Staffel: Martin E. Brooks) ersetzt in einer sechs Millionen Dollar teuren Operation Austins Beine, einen Arm und ein Auge durch atomar betriebene, elektromechanische Prothesen. Sie verleihen Austin übernatürliche Kräfte. Er ist stärker, sieht schärfer und rennt schneller als jeder normale Mensch. So erfüllt er für die Regierung geheime Missionen, in denen er gegen internationale Schwerverbrecher, gefährliche Wissenschaftler und von Außerirdischen ferngesteuerte Monster kämpft (die Serie enthüllt exklusiv, dass das sagenumwobene amerikanische Riesentier Bigfoot in Wahrheit ein Superroboter ist, der im Auftrag von Außerirdischen ihre Basis auf der Erde beschützt – aber das nur am Rande).
Oscar Goldman (Richard Anderson) ist Austins Chef und Ansprechpartner bei der Regierung, Peggy Callahan (Jennifer Darling) seine Sekretärin. Als Austins Jugendliebe Jaime Sommers (Lindsay Wagner) bei einem Fallschirmabsturz schwer verletzt wird, bettet Steve darum, auch ihr eine bionische Operation zu verpassen. Dr. Wells schafft so in einer noch teureren Operation die Sieben-Millionen-Dollar-Frau (mit ebenfalls zwei bionischen Beinen und einem bionischen Arm, aber Superohr statt Auge), die dann ebenfalls für die Regierung in ähnlichen Missionen im Einsatz ist. Ihr Körper akzeptiert die neuen Körperteile allerdings nicht, und sie wird sterben müssen ...
... bis die Produzenten merkten, wie gut die Frau für die Quoten war. Sie erweckten sie mit einer der genialsten Spin-off-Ideen der Fernsehgeschichte wieder zum Leben: Es stellt sich heraus, dass es die Nähe zu Austin ist, die ihre Stromkreise stört, also muss sie wegziehen, ein neues Leben beginnen und also hinein in eine neue Serie: *Die Sieben-Millionen-Dollar-Frau*. Irgendwie schaffte sie es aber trotzdem gelegentlich, in seiner Serie vorbeizuschauen und gemeinsame Einsätze mit Austin zu bestreiten. Im

Gegenzug war Lee Majors hin und wieder Gast in ihrer Serie; die Darsteller Brooks, Anderson und Darling spielten ihre Rollen sogar in beiden Serien regelmäßig. Gelegentlich überschritten auch Fälle die Grenze von einer Serie zur anderen, und manchmal sogar wieder zurück.

Das hörte auf, als *Die Sieben-Millionen-Dollar-Frau* in den USA von ABC zu NBC wechselte, allerdings tauchte Oscar Goldman (als einziger Serienschauspieler in der Geschichte) weiterhin in der gleichen Rolle zur gleichen Zeit auf zwei Networks auf. Es gibt übrigens auch einen bionischen Hund namens Max, der in mehreren Folgen vorkam. Einen Sieben-Millionen-Dollar-Mann namens Barney Miller zu erschaffen, quasi als Backup, falls mit Austin mal was schief läuft, stellte sich als keine so gute Idee heraus. Austin fand es nicht so toll, dass der Neue teurer und überlegen war, während der Neue der einzige Millionen-Dollar-Mann sein und Austin loswerden wollte. Nach drei TV-Movies (von denen bisher keines in Deutschland gezeigt wurde), in denen u. a. Austins Sohn einen Unfall hatte und ... genau: bionisch wurde und Sandra Bullock eine Behinderte spielte, die dank Bionics wieder gehen konnte, heirateten der Sechs-Millionen-Dollar-Mann und die Sieben-Millionen-Dollar-Frau schließlich (und wurden also wohl zum »13-Millionen-Dollar-Ehepaar«).

Die Sendungen basierten auf dem Roman »Cyborg« von Martin Caidin. In der Zeichentrickserie *Die 6-Millionen-Dollar-Familie* wurde die Grundidee später adaptiert. Trotz des Titels wirkte die Serie etwas billig, was kein Wunder war. Um Geld zu sparen, setzte die Produktionsfirma Universal u. a. durch, dass Ausschnitte aus anderen Filmen wieder verwendet wurden: U-Boot-Aufnamen von »Eisstation Zebra« und Robotergeräusche von »How To Frame A Figg«.

6 RICHTIGE ARD
1983–1984. 26-tlg. dt. Sitcom von Peter Jacob, Regie: Stefan Bartmann.

Das Ehepaar Richtig (Corinna Genest und Horst A. Fechner) hat alles, was man braucht: die Söhne Helmut (Peter Nottmeier) und Gregor (Dirk Saur), die Tochter Barbara (Ellen Schulz), einen »Oppa« (Benno Hoffmann) und sogar eine Putzfrau (Tana Schanzara). Lediglich ein Handwerker wäre noch nützlich, denn bei der chaotischen Familie geht oft genug etwas zu Bruch. Dass Oppa die Klingel aus der Wand reißt, wenn er zu Besuch kommt, ist noch einer der kleineren Schäden – beim Versuch einer Renovierung stürzt auch schon mal eine ganze Wand ein. Und selbst wenn keine materiellen Schäden entstehen, verlaufen auch die anderen Alltagsabenteuer selten ruhig und geordnet.

Die Serie wurde vor Publikum aufgezeichnet. Die halbstündigen Folgen liefen im regionalen Vorabendprogramm.

SECHS RICHTIGE ARD
1993. 6-tlg. tschech. Jugendserie von Carmen D'Avis, Thomas Brinks, Anja Goller, Regie: Karel Smyczek (»Správná šestka«; 1992–1993).

In den 50er-Jahren erleben die Kinder Gretel (Sandra Nováková), Lisbeth (Sandra Jirecková), Alfred (Adam Novák), Gustav (Ondřej Wolf), Friedhelm (Jakub Hladík) und Heini (Jaroslav Pauer) in den Sommerferien in ihrem böhmischen Dorf kleine Abenteuer.

Die Folgen waren jeweils 25 Minuten lang und liefen nachmittags.

DIE 6 SIEBENG'SCHEITEN ARD, SWR
1959–1984 (ARD); 1986–1996 (SWR). Halbstündiges Schülerquiz, bei dem zwei Schulen mit je drei Schülern verschiedener Jahrgangsstufen gegeneinander antreten. Alle beantworten Wissensfragen, jeder darf sich ein Spezialgebiet aussuchen. Die Gewinner bekommen Sachpreise für sich und Geld für die Schule.

Das Quiz war die Nachfolgesendung von *Die 6 x Klugen* und lief über Jahrzehnte im regionalen Vorabendprogramm. Von 1959 bis 1979 moderierte Jürgen Graf 232 Ausgaben. Nach einer vierjährigen Pause übernahm 1983 Elmar Hörig. 1985 pausierte das Quiz abermals, ab 1986 lief es in Südwest 3. Mit der Verlegung vom Ersten ins Dritte Programm wurde die Sendezeit vorübergehend von 25 auf 45 Minuten verlängert. Hörigs Nachfolger wurden Ingrid Peters (ab 1987) und Markus Brock (ab 1994).

Seinen ersten Auftritt im Fernsehen hatte hier der spätere Sat.1-Geschäftsführer Jürgen Doetz. Er trat bei Jürgen Graf als Kandidat für seine Schule an.

SECHS SOMMER IN QUEBEC ZDF
1983. 6-tlg. kanad.-frz. Dramaserie von Gilles Carle (Buch und Regie) nach dem Roman von Roger Lemelin (»Les Plouffes«; 1981).

Geschildert wird das Leben der sechsköpfigen Arbeiterfamilie Plouffe in Québec zu Beginn des Zweiten Weltkriegs: Vater Théophile (Emile Genest), Mutter Joséphine (Juliette Huot) und die Kinder Ovide (Gabriel Arcand), Guillaume (Serge Dupire), Napoléon (Pierre Curzi) und Cécile (Denise Filiatrault).

Die Folgen waren je eine Dreiviertelstunde lang und liefen sonntags um 18.15 Uhr.

SECHS UNTER EINEM DACH VOX
2002. 22-tlg. US-Familienserie von Clyde Phillips (»Get Real«; 1999–2000).

Drei Generationen der Familie Green leben gemeinsam unter einem Dach und meistern die daraus resultierenden alltäglichen Probleme. Mitch (Jon Tenney) und Mary (Debrah Farentino) sind schon jung Eltern geworden, ihre Kinder Cameron (Eric Christian Olsen), Meghan (Anne Hathaway) und Kenny (Jesse Eisenberg) sind jetzt voll in der Pubertät. Die ältere Generation repräsentiert Marys verwitwete Mutter Elizabeth (Christina Pickles).

Die Ausgangssituation klingt nach Sitcom, doch die Handlungsstränge sind wenig lustig. Mitch kündigt seinen Job als Makler und scheitert mit einem

Restaurant, Cameron fliegt von der Schule, Kenny erkrankt an Meningitis, Mitch bekommt einen Hirntumor, und die Serie ist zu Ende. Dennoch blieb genügend Zeit für eine originelle Regiearbeit, einige visuelle Gags und ironische Anspielungen auf das eigene Genre. In der ersten Folge beispielsweise sagt Meghan aus dem Off: »Wahrscheinlich denkt ihr, das hier wird schon wieder so 'ne Klugscheißerserie wie *Dawson's Creek,* bei der die Kids per Gedankenstimme mit den Zuschauern reden.«
Schnell weg, dachte Vox wohl trotzdem und versendete jeden Werktag gegen Mittag gleich zwei einstündige Folgen hintereinander.

SECHS UNTER MILLIONEN ZDF
1973. 13-tlg. dt. Problemserie von Peter M. Thouet und Manfred Seide, Regie: Herbert Ballmann.
Im Lokal »Zwiebelfisch« treffen sich sechs Berliner Abendschüler und reden über ihre Erfahrungen auf dem Weg in den Beruf und aus dem Elternhaus. Es sind Biggi Vintropp (Barbara Rath), Annika Eyssen (Christiane Janessen), Nick Vintropp (Thomas Astan), Marco Bosshardt (Bernd Herzsprung), Martin Keller (Diether Krebs) und Rolf Weilcke (Gernot Endemann). Bedient werden sie von der Wirtin Bruni (Brigitte Mira).
Die Serie war das Fernsehdebüt von Diether Krebs, seinen Durchbruch schaffte er allerdings erst mit *Ein Herz und eine Seele.* Den »Zwiebelfisch« gibt es wirklich: am Savignyplatz in Berlin-Charlottenburg.
Die halbstündigen Folgen liefen donnerstags um 18.35 Uhr.

SECHS WILDE UND EIN KRÜMEL ZDF
1970–1972. 18-tlg. brit. Jugendserie von Harry Booth (»The Magnificent Six And ½«; 1968–1972).
Die fünf Kinder Steve (Len Jones; ab Folge 7: Robin Davies), Stodger (Lionel Hawkes), Dumbo (Ian Ellis), Liz (Suzanne Togni) und Toby (Brinsley Forde) sind eine verschworene Gemeinschaft mit Steve als Anführer. Sie retten dem Hund des Altwarenhändlers Tom (Eddie Malin) das Leben. Zum Dank lässt Tom sie einen ausgedienten Lastwagen auf dem Schrottplatz zu ihrem Treffpunkt umbauen. Sie treffen Whizz (Michael Audreson) und seine kleine Schwester Peewee (Kim Tallmadge), genannt Krümel, und nehmen sie nach einer Mutprobe in ihre Gang auf. Am mutigsten erweist sich auf Dauer natürlich die Kleinste, auch wenn die anderen ihr nie etwas zutrauen.
In der dritten Staffel wurde die komplette Besetzung ausgetauscht. Die neuen Darsteller waren Paul Griffiths, Kay Skinner, Robert Richardson, Jimmy Baxter, Jane Coster, Steven Wallen und Jody Lynn Schaller.
Drei Staffeln mit je sechs viertelstündigen Folgen liefen am Sonntagnachmittag.

SECHSERPACK SAT.1
Seit 2003. Halbstündige Sketch-Comedyshow mit Shirin Soraya, Nina Vorbrodt, Emily Wood, Hanno Friedrich, Thomas M. Held und Mirco Reseg.
Alle Sketche einer Folge haben mit einem Oberthema zu tun. Es geht z. B. ums Heiraten, Einkaufen, Männer und Frauen. Bis Ende 2004 liefen 26 Folgen freitags um 22.45 Uhr.

DIE 6 X KLUGEN ARD
1957–1958. »Wettstreit der Oberschulen«. Schülerquiz des Bayerischen Rundfunks im regionalen Vorabendprogramm.
Nach dem Start im Sommer erhielt die Sendung noch im folgenden Winter den neuen Titel *Die 6 Siebeng'scheiten.* Unter diesem neuen Namen produzierte ab 1959 der Südwestfunk ein Schülerquiz, das fast 40 Jahre im Programm blieb.

DIE 60ER JAHRE ARD
1973. 4-tlg. Dokumentationsreihe von Sven Hasselbladt über innen- und außenpolitische, kulturelle und gesellschaftliche Entwicklungen der 60er-Jahre in der Bundesrepublik. Lief sonntags nachmittags und dauerte jeweils 45 Minuten.

SECRET AGENT MAN SAT.1
2001–2002. 12-tlg. US-Actionserie (»Secret Agent Man«; 2000).
Oberagent Brubeck (Paul Guilfoyle) leitet in New York die Geheimorganisation P.O.I.S.E. und beschäftigt dort die Spione Monk (Costas Mandylor), einen intelligenten Charmeur und Querdenker, die attraktive und karrierebewusste Holiday (Dina Meyer) und den Agentenlehrling Davis (Dondré T. Whitfield), der in Wirklichkeit auf die anderen beiden aufpassen soll. Das Team kämpft weltweit gegen das Böse.
Lieblos setzte Sat.1 diese einstündige Serie kurzfristig auf den frei gewordenen Samstagssendeplatz um 19.00 Uhr, nachdem die Fußballshow *ran* auf 20.15 Uhr verlegt worden war. Als sie nach ein paar Wochen auf 19.00 Uhr zurückverlegt wurde, verschwand die Serie nach sechs von zwölf Folgen genauso lieblos wieder. Sie kam später am Sonntagnachmittag zurück. Wofür die Abkürzung P.O.I.S.E. stand, wurde nicht geklärt.

SECRET SERVICE VOX
1993. 22-tlg. semidokumentarische US-Serie (»Secret Sercive«; 1992–1993).
Steven Ford, Sohn des ehemaligen US-Präsidenten Gerald, präsentiert in einstündigen Folgen nachgestellte Geschichten aus der Arbeit des amerikanischen Geheimdiensts.

DER SEEWOLF ZDF
1971. 4-tlg. dt.-frz. Abenteuerfilm von Walter Ulbrich nach dem Roman von Jack London, Regie: Wolfgang Staudte.
Anfang des 20. Jh. nimmt Kapitän Wolf Larsen (Raimund Harmstorf) auf seinem Robbenfänger »Ghost« den Schiffbrüchigen Humphrey van Weyden (Edward Meeks) an Bord. Er ist eigentlich Schriftsteller,

muss aber nun Kajütendienst machen und sich von der Besatzung demütigen lassen. Van Weyden stellt fest, dass er den bärenstarken und äußerst brutalen Larsen noch aus seiner Jugend kennt, behält es aber für sich, denn Larsen kann sich offenbar nicht mehr erinnern. Zur Besatzung gehören Schiffskoch Mugridge (Emmerich Schäffer), Schiffszimmermann Louis (Boris Ciornei) und Maat Johnson (Sandu Popa). Nach dem Verschwinden des Steuermanns wird van Weyden sein Nachfolger.

Larsens Brutalität macht auch vor Seeräubertaten nicht Halt; so kapert er das Schiff konkurrierender Robbenfänger und nimmt die Besatzung gefangen, ebenso fünf Schiffbrüchige, die er aus dem Meer gefischt hat, darunter mit Maud Brewster (Beatrice Cardon) auch eine Frau. Nach mehreren Versuchen gelingt van Weyden mit Maud schließlich die Flucht, und beide können Larsen und der »Ghost« endlich entkommen. Sechs Jahre später macht sich van Weyden, inzwischen Besitzer seines eigenen Schiffs »Kittiwake«, gemeinsam mit dem Säufer Pankburn (Willi Kowalj) auf die Suche nach Larsen, den er auf einer Insel vermutet. Dort findet er ihn tatsächlich, alt, krank und blind. Es kommt zu einem letzten Kampf der beiden Männer, bei dem Larsen stirbt. Van Weyden wirft ihn ins Meer und geht wieder an Bord.

Humphrey van Weyden war zugleich der Off-Erzähler. Mehrfach gab es Rückblenden, in denen er sich an seine Jugend in San Francisco erinnerte, als er Joe (Franz Seidenschwan) genannt wurde, und die er mit seinem Freund »Frisco-Kid« Larsen (Dieter Schidor) verbrachte.

Raimund Harmstorf wurde in dieser Serie zwar an keiner Stelle gedoubelt, aber synchronisiert: Dem Produzenten Walter Ulbrich war Harmstorfs eigene Stimme offenbar nicht ausdrucksstark genug, weshalb er den Schauspieler Kurt E. Ludwig engagierte, der Wolf Larsen seine Stimme lieh. Zur bekanntesten Stelle des Vierteilers wurde die Szene, in der Harmstorf als Wolf Larsen mit der bloßen Hand eine rohe Kartoffel zerquetschte. Ganz Deutschland sprach darüber, und wann immer Harmstorf in einer Fernsehshow auftrat, musste er dort den berühmten Kartoffeltrick zeigen. Im Film war die Kartoffel freilich nicht ganz so roh, wie man tat, schließlich musste sie sich ja zerquetschen lassen.

Die Folgen hatten Spielfilmlänge und liefen zur Primetime. *Der Seewolf* wurde zu einem der größten Erfolge in der Geschichte des ZDF und unzählige Male wiederholt.

Die Serie ist auf DVD erhältlich.

SEHEN – DENKEN – URTEILEN   DFF

1962–1964. »45 Minuten Wirtschaftsgeschehen«. Der Redakteur und Moderator Hansjürgen Windisch behandelte die ökonomischen Probleme der DDR in populärer Form, mit Reportagen, Interviews oder durch die Lieder »unseres Drehbänkelsängers«, der ein fester Bestandteil war. Im Rahmen eines legendären Experiments folgten 300 000 Zuschauer der

»Ja, ganz toll, Kapitän, aber ich würd' sie trotzdem einfach schälen und kochen, wenn's Ihnen nichts ausmacht?«: Edward Meeks (links) und Raimund Harmstorff in *Der Seewolf*.

Aufforderung, während der Sendung je eine 60-Watt-Lampe auszuschalten.

Die Sendung lief alle 14 Tage freitags abends, ab Januar 1963 mit nur noch 25 Minuten Länge. Sie brachte es auf rund 50 Ausgaben.

SEHEN – RATEN – LACHEN   DFF

1955–1957. Große Live-Show aus dem Theatersaal des Fernsehzentrums in Berlin-Adlershof. Kandidaten aus dem Publikum treten in verschiedenen Quiz- und Spielrunden gegeneinander an, zwischendurch gibt es Musikeinlagen, vor allem aus Oper und Operette.

Zum Teil wurde einfach Wissen abgefragt, zum Teil wurden den Mitspielern größere unterhaltsame Aufgaben gestellt: Sie mussten gemeinsam eine Opernparodie einstudieren, zwei Esel auftreiben und mit ihnen in den Saal reiten oder gegenseitig mit Wasserpistolen Kerzen löschen, die sie auf Zylindern auf dem Kopf trugen. Einige Spiele hatten ein gemeinnütziges Element; beispielsweise wurden einmal zwei Kandidaten losgeschickt, um am S-Bahnhof Adlershof möglichst viele Lose für die Tierparklotterie zu verkaufen. Die ersten beiden Sendungen moderierte Günter Puppe, dann übernahm Wolfgang Reichert.

Sehen – Raten – Lachen war die erste öffentliche TV-Spielshow in der DDR. Ab der zwölften Sendung im Juli 1956 ging sie auf Tournee und kam live aus verschiedenen Kultursälen in der DDR. Am

29. September 1956 traten Berlin und Prag in verschiedenen Ratespielen gegeneinander an – es war die erste Gemeinschaftssendung mit dem tschechoslowakischen Fernsehen.

Die Sendung hatte anfangs noch keinen Titel, die Premiere war einfach als »Große öffentliche Veranstaltung« angekündigt. Während ihrer Übertragung wurden die Zuschauer aufgefordert, sich einen passenden Namen auszudenken. Der Siegervorschlag stammte angeblich von einem Herrn Heinz Schüßler aus Wendisch Rietz, möglicherweise stand das Ergebnis aber vorher schon fest: Im tschechoslowakischen Fernsehen gab es bereits eine Sendung mit dem gleichen Konzept und dem gleichen Titel. Er schmückte jedenfalls die Show ab der zweiten Sendung im Juni 1955.

Insgesamt brachte es die Reihe auf 20 Ausgaben, die meisten davon liefen am Samtagabend.

SEHSACK ARD

1971. Kuriositätenshow mit Justus Pankau über Weltrekordler ausgefallener Klassen.

Es ging um die Meister im Glasessen, Autoweitsprung, Maßkrugschleppen, Biertrinken, Eierwerfen, Dauerduschen oder Dauerlutschen. Daneben wurden Menschen gezeigt, die zwar keinen Rekord hielten, aber trotzdem ein seltsames Hobby hatten: Sammler von Osterhasen, Uniformen und Ritterrüstungen, Handstandläufer, Roboterbauer, Edelweißpflanzer, Forellendresseure, ein Club, der im Kopfstand Karten spielt, und Otto Röder, der gern Tipps fürs Einschlafen gibt. Die letzten beiden Sendungen befassten sich monothematisch mit der Deutschamerikanerin Agathe Woyciechowsky, die schreibt und malt, was ihr aus dem Jenseits von Toulouse-Lautrec und Sir Isaac Newton diktiert wird, bzw. mit »Deutschlands Mini-Heintjes«. Beim Sehsack selbst handelte es sich um eine große, transparente Tüte, in der sich der Moderator zumindest zeitweise aufhielt und damit ein Thema für seine eigene Sendung gewesen wäre.

Sechs Ausgaben liefen 14-täglich montags um 21.00 Uhr und dauerten 45 Minuten.

SEI DABEI! DFF 1

1970. Magazin über die Probleme und Fragen von Jugendlichen, das die Zuschauer zum Mitmachen animieren sollte.

Es enthielt u. a. die Sprechstunde der Zeitung »Junge Welt« namens »Unter vier Augen«, die von der Zeitungsmitarbeiterin Irma Weinreich gestaltet wurde. Moderatoren waren Astrid Bless, Dieter Bollman, Dieter Hunzinger und Wolfgang Pampel.

Das knapp einstündige Magazin lief monatlich am Samstagnachmittag.

DER SEIDENE SCHUH ARD

1965. 4-tlg. dt. Liebesdrama von Hans Gottschalk und Gustav Rudolf Sellner, Regie: Gustav Rudolf Sellner.

Dona Proeza (Johanna von Koczian) liebt Ende des 16. Jh. den spanischen Edelmann Don Rodrigo (Maximilian Schell), den langjährigen Vizekönig von Westindien, ist jedoch erst mit dem alten Richter Don Pelayo (Albert Lippert) und dann mit Don Camillo (Wolfgang Reichmann) verheiratet und geht zwischendurch mit Don Baltasar (Carl Lange) auf Reisen.

Die Teile hatten Spielfilmlänge und liefen zur Primetime.

DIE SEILTÄNZER ZDF

1980. 13-tlg. dt. Comedyserie von Matthias Seelig und Berengar Pfahl, Regie: Berengar Pfahl.

Die Berliner Kumpels Kai Kriegel (Hans-Jürgen Müller) und Stefan Holthaus (Bernd Rademacher) brauchen Geld. Und zwar eigentlich immer. Leider sind ihre halbseidenen Pläne, wie man an solches kommen könnte, selten von Erfolg gekrönt.

Hans-Jürgen Müller wurde später als Richy Müller bekannt. Die 25-Minuten-Folgen liefen donnerstags um 18.20 Uhr.

SEIN TRAUM VOM GRAND PRIX ZDF

1968. »Vom Automechaniker zum Grand-Prix-Rennfahrer«. 6-tlg. dt. Abenteuerserie von Curt Goetz-Pflug, Johannes Hendrich und Hans-Joachim Hohberg, Regie: Otto Meyer.

Der 18-jährige Jochen Renk (Horst Janson), Mechaniker am Nürburgring, träumt davon, Rennfahrer zu werden, und baut einen Formel-3-Wagen, sehr zum Unmut seiner Eltern (Reinhold Bernt und Carsta Löck). Er möchte so erfolgreich werden wie Europameister Engler (Til Kiwe). Scarletti (Hans Walter Clasen) ist der Rennleiter.

Horst Janson, der Darsteller der 18-jährigen Hauptfigur, war 33 Jahre alt, also in einem Alter, in dem sich Sportler im wirklichen Leben allmählich zur Ruhe setzen. Die Folgen waren 45 Minuten lang und liefen samstags um 15.35 Uhr.

SEINFELD KABEL 1, PRO SIEBEN

1995 (Kabel 1); 1998–2000 (Pro Sieben). 180-tlg. US-Sitcom von Jerry Seinfeld und Larry David (»Seinfeld«; 1990–1998).

Jerry Seinfeld (Jerry Seinfeld) und George Costanza (Jason Alexander) sind beste Freunde. Jerry ist Komiker, George ist … nun, eigentlich nichts. Er hat zwar gelegentlich einen Job, oft aber auch keinen, was eine Geldknappheit verursacht. Nachbar Kramer (Michael Richards) geht in Jerrys Wohnung ein und aus und stürzt meist plötzlich mit einem schwungvollen Auftritt zur Tür herein (die anscheinend immer offen ist). Auch er hat keinen Job, dafür immer wieder völlig absurde Ideen, wie er an Geld kommen könnte. Das funktioniert zwar nur selten, dennoch lebt er offenbar ganz gut. Wovon, ist nicht zu ergründen. Auch Jerrys Ex-Freundin Elaine Benes (Julia Louis-Dreyfus) verbringt viel Zeit mit den drei Männern. Dabei bedienen sich alle ohne zu fragen aus Jerrys Kühlschrank. Gemeinsam streiten sie über Belanglosigkeiten des Alltags und philosophieren über Nebensächlichkeiten (»Warum sind Fische so dünn?« – »Weil sie nur Fisch essen«). Die vier Freunde sind völlig beziehungsunfähig und deshalb nie für lange Zeit liiert. Ein Grund zur Trennung findet sich immer. Jemand spricht zu leise, lacht merkwürdig, mag die falschen Werbespots, hat zu große Hände, isst Erbsen einzeln oder wird schlimmstenfalls von den Eltern gemocht.

Nur George heiratet einmal beinahe. Dann stirbt seine Zukünftige jedoch an einer Klebstoffvergiftung, weil sie besonders billige Briefumschläge abgeleckt hatte (auf deren Kauf der geizige George bestand), in denen die Einladungskarten für die Hochzeit verschickt werden sollten. Trauer findet nicht statt, ebenso wenig wie irgendein anderweitiger besinnlicher Moment jemals Bestandteil der Serie ist. Jeder ist sich selbst der Nächste, und für einen Dollar würde er jeden verraten und verkaufen. Der Postbote Newman (Wayne Knight) nervt Jerry schon durch seine gelegentliche Anwesenheit. Beide hassen sich innig. Mit Kramer heckt Newman manchmal beknackte Ideen aus.

Seinfeld war eine der erfolgreichsten Sitcoms aller Zeiten und prägte die 90er-Jahre wie keine andere. Sie setzte Maßstäbe, an denen sich zahllose Sitcoms orientierten. Die Idee, weder eine besondere Ausgangskonstellation zugrunde zu legen noch zwingend eine ausufernde Handlung (die Episoden hatten Titel wie »Die Parklücke«, »Die Wohnungsschlüssel« oder »Die Wurstschneidemaschine«), wurde ebenso wie die schnelle Erzählweise oft kopiert. Seinfeld selbst beschrieb seine Serie als »Die Show über nichts«. In kaum einer anderen Sendung gab es so viel Nichts, das so rücksichtslos witzig war. Es war erfrischend, diesem sozial inkompetenten Haufen, der nicht die geringste Achtung vor anderen Menschen hatte, bei seinen Neurosen zuzusehen. In den ersten Staffeln begannen und endeten die Folgen mit Ausschnitten aus Seinfelds Auftritten als Komiker, in denen er Witze zu Themen machte, die in der dazugehörigen Folge eine Rolle spielten. Manchmal zeigte Pro Sieben diese Szenen sogar.

Jerry Seinfeld wurde dank seiner Sitcom der bestbezahlte Mensch in Amerika mit einem Jahreseinkommen von damals umgerechnet 480 Millionen DM, oder heute gut 245 Millionen Euro. In Deutschland wurde die Serie trotz mehrfachen Versuchs auf diversen Sendeplätzen, auch am Vorabend auf Pro Sieben, kein Massenerfolg. Nach 64 Folgen verschwand sie aus dem Programm von Kabel 1, der Rest lief später auf Pro Sieben. Montags gegen Mitternacht erreichte die Serie passable Marktanteile und lief dort inklusive Wiederholungen über mehrere Jahre.

SEKT ODER SELTERS   ARD
1990. 6-tlg. dt. Getränke- und Geflügelwortserie von Matthias Seelig.
Egon Lindenthal (Erich Bar) ist Philosoph, hat also keinen richtigen Job. Daher schlägt er sich mit verschiedenen Tätigkeiten durchs Leben, die nicht alle ganz legal sind.

Die einstündigen Folgen liefen im regionalen Vorabendprogramm. Die Serie erhielt 1991 den Grimme-Preis mit Bronze.

DIE SELBERBAUER   PRO SIEBEN
2003. 7-tlg. »Pro Sieben Reportage Spezial« über Heimwerker.

SELBST IST DER MANN   DFF
1966. Halbstündiger Ratgeber für Heimwerker mit Tipps für kleine Reparaturen und Anregungen für Hobbyaktivitäten. Lief insgesamt achtmal monatlich am Samstagnachmittag.

SELBST IST DIE FRAU   ARD
1983. 4-tlg. dt. Frauenserie von Marcus Scholz (Buch und Regie).
Die Psychologin Ulrike Ferber (Ulli Philipp) steht nicht nur selbst mitten im Leben, sondern hilft auch noch anderen. Die 45-minütigen Folgen liefen montags um 21.45 Uhr.

DIE SELTSAMEN ABENTEUER DES HERMAN VAN VEEN   ARD
1977. 6-tlg. halbstündige Serie für Kinder, in der der holländische Entertainer Herman van Veen merkwürdige Abenteuer erlebt. Ausgangspunkt für die meisten sind die Bilder in der alten Windmühle, in der Herman lebt. Van Veen kann diese Bilder lebendig machen, weshalb immer wieder Besucher oder er selbst in den Bildern verschwinden oder Gegenstände einfach aus dem Bild herausnehmen. Die Mühle kann außerdem fliegen.

DIE SELTSAMEN ABENTEUER DES HIRAM HOLLIDAY   ARD
→ Die Abenteuer des Hiram Holliday

DIE SELTSAMEN METHODEN DES FRANZ JOSEF WANNINGER   ARD
1964–1982. 112-tg. dt. Krimiserie von Makla Wagn, Regie: Günter Gräwert.
Inspektor Franz Josef Wanninger (Beppo Brem) ist ein bayrischer Brummbär, der gegen Kriminelle jeglicher Art ermittelt. Wanninger ist chronisch krank, leidet dauerhaft unter seinen Bandscheiben und einem nie vergehenden Hexenschuss. Er greift sich eher ins Kreuz als zur Dienstwaffe, die er lieber stecken lässt. Wanninger ermittelt oft verdeckt und wirkt dabei so harmlos, dass er jeden überführen kann, andererseits aber auch so unbeholfen, dass er gelegentlich als Polizist erkannt wird.
Sein naiver Assistent Fröschl (Maxl Graf) muss ihn dann aus den prekären Situationen retten. Dabei flirtet er gern mit jungen Frauen, die seinen Weg säumen. Ihr Vorgesetzter ist der unsympathische Oberinspektor Steiner (Wolf Ackva), der mit Dickschädel Wanningers seltsamen Methoden nie ganz einverstanden ist. Dafür steht Kriminaldirektor Mitterer (Fritz Strassner) hinter Wanninger und Fröschl. Auch nach seiner Pensionierung sind seine Me-

Suam red tim Gnudnes eid.
Das war rückwärts.
Die Sendung mit der Maus.

thoden noch gefragt. Ab 1978 hilft er Kettwig (Claus Biederstaedt) von der Polizei regelmäßig bei den Fällen und klärt sie schließlich auf. Auch Fröschl, ebenfalls pensioniert, ist wieder dabei.
52 halbstündige Folgen mit Polizeiinspektor Wanninger liefen bis 1967 im regionalen Vorabendprogramm. Nach elf Jahren Pause kehrte die Serie 1978 wieder dorthin zurück. In diesen Folgen war Wanninger bereits Pensionär. Die 60 neuen Folgen trugen den leicht abgeänderten Titel *Die unsterblichen Methoden des Franz Josef Wanninger*.

SEMESTERFERIEN   ZDF
1972. 13-tlg. dt. Abenteuerserie von Carl Darrow, Regie: Ernst Hofbauer.
Der Nachwuchsarchäologe Chris Schulz (Gerhart Lippert) bricht zu einer Expedition durch Mitteleuropa auf, um seinem Professor die »Adlerbergtheorie« zu beweisen. Ellen Taichmann (Anne Stegmann) begleitet ihn. Unterwegs treffen sie zufällig auf den Abenteurer Paul (Raimund Harmstorf). Nun, nicht ganz zufällig. Er liegt auf der Straße und verhindert die Weiterfahrt, weil er mitgenommen werden möchte. Zu dritt reisen sie weiter, und während Chris nach Beweisen aus der Bronzezeit sucht, sagt Paul immer nur: »Ich geh' kaputt!« – und machte damit den Spruch populär.
Die halbstündigen Folgen liefen mittwochs um 19.10 Uhr.

SEMMELINGS   ARD, ZDF
→ Einmal im Leben; Alle Jahre wieder: Die Familie Semmeling; Die Affäre Semmeling

SENDER FRIKADELLE   ARD
1986–1987. Halbstündige Comedyshow.
Der Sender Frikadelle ist in einem Hochhaus untergebracht, auf dessen Dach sich eine große Frikadelle dreht. Er produziert Unterhaltung, die sich vor allem durch Witze, Sketche, Slapstick, Klamauk, Running Gags und Verkleidungen ausdrückt. Zum Ensemble gehörten Jürgen Triebel, Frank Zander, Inga Abel, Dieter Kehler, Margarethe Schreinemakers, Gert Burkhard, Ulrich Radke, Lutz Mackensy und Nikolaus Schilling.
26 Folgen liefen im regionalen Vorabendprogramm.

SENDER MIT DREI BUCHSTABEN   RTL
1986–1987. »Fernsehkreuzworträtsel«. Knapp einstündige Gameshow mit Oliver Spiecker, der Fragen zu Sendungsausschnitten stellt.
Lief etwa alle vier Wochen am späten Dienstagabend. Die Lösung zu der im Titel gestellten Aufgabe beginnt übrigens mit R.

DIE SENDUNG MIT DER MAUS   ARD
Seit 1972. »Lach- und Sachgeschichten«. Halbstündiges Magazin für Kinder von Armin Maiwald und Christoph Biemann mit Trickfilmen, Liedern, Erklärbeiträgen und natürlich der Maus und dem Elefanten.
Die Reihe war bereits im März 1971 unter dem Titel *Lach- und Sachgeschichten* gestartet. Die Figur der Maus, animiert von Friedrich Streich, war nahezu von Anfang an dabei, und zehn Monate nach Sendestart wurde das Magazin nach ihr benannt. Der bisherige Sendetitel blieb der Untertitel. Sendeplatz war ursprünglich der Freitagnachmittag, später über Jahrzehnte der späte Sonntagvormittag.
Die Maus ist eine von Isolde Schmitt-Menzel gezeichnete orange-braune Trickfilmfigur, die zwischen verschiedenen Filmeinspielungen immer wieder in kurzen Szenen auftaucht. Sie spricht nicht,

schnauft aber und klimpert vor allem laut mit den Augenlidern. Seit Februar 1975 hat die Maus eine weitere Trickfigur an ihrer Seite, den kleinen blauen Elefanten, nicht halb so groß wie die Maus, seit Januar 1987 außerdem gelegentlich eine gelbe Ente. Die Lachgeschichten sind unterhaltende und lustige Kinderfilme, meist Trickfilme mit Figuren wie dem besonders beliebten und oft wiederholten kleinen Maulwurf, dem kleinen Eisbären Lars, Käptn Blaubär und Hein Blöd, Petzi und seinen Freunden, Jasper, dem Pinguin, sowie verschiedenen Figuren des Kinderbuchautors Janosch. Die Sachgeschichten sind Filmbeiträge, die Dinge aus dem Alltag erläutern, Fragen beantworten wie: »Wie kommt die Wurst in die Pelle?«, »Warum hat der Käse Löcher?«, »Wer malt die Streifen in die Zahnpasta?« oder zeigen, wie man eine Glühbirne, eine Kerze, einen Knoten oder ein Flugzeug herstellt. Die Erklärfilme waren anfangs Stummfilme ohne Text, dann kamen Erzähler dazu, die das Gezeigte kindgerecht beschrieben. Im Vorspann jeder Folge kündigt ein Off-Sprecher die Themen der Sendung an, zunächst auf Deutsch, dann in einer Fremdsprache mit der abschließenden Erklärung, um welche Sprache es sich handelte (»Das war Dänisch«). Dabei ist der gleiche Vorspann zweimal hintereinander zu sehen.

Neben vielen Beiträgen, in denen es um die Produktion von Dingen ging, befasste sich die Sendung auch immer wieder mit geschichtlichen, aktuellen und schwierigen Themen. Das alte Rom wurde erläutert, das Nachkriegsdeutschland, Tschernobyl, körperliche Behinderungen, die Weltraumstation MIR, das Internet etc. In den 70er-Jahren kam in der Redaktion die Diskussion auf, ob man das Schlachten einer Kuh mit einem Bolzenschuss zeigen dürfe, bevor man vorführt, was aus dieser Kuh alles gemacht wird. Im März 1997 ging es um die »Geschichte von Katharina«, einem schwerbehinderten Mädchen, das genau in der Nacht zum 25. Geburtstag der Maus gestorben war. Katharina hatte ein Jahr vor ihrem Tod an die Maus geschrieben, wollte unbedingt in der Sendung sein. Ihre Geschichte erschien auch als Buch.

Der 25. Geburtstag der Maus 1996 – im Jahr zuvor hatte es mit der 1000. Sendung schon einmal ein Jubiläum gegeben – wurde mit öffentlichen Partys, Sondersendungen und einer Jubiläums-CD begangen, auf der bekannte deutsche Popmusiker wie BAP, Pur oder Die Prinzen Songs über die Maus veröffentlichten. Der Song »Hier kommt die Maus« von Stefan Raab wurde ein großer Hit in den deutschen Charts. Er basierte auf der berühmten Titelmusik der Maus von Hans Posegga.

Von Anfang an wurde die Sendung, von der auch Erwachsene immer noch etwas lernen können, mit Preisen ausgezeichnet, schon 1973 mit dem Goldenen Bambi. 1988 erhielten Armin Maiwald, Friedrich Streich und, stellvertretend für die produzierenden ARD-Sender, der WDR-Redakteur Dieter Saldecki den Adolf-Grimme-Preis mit Gold, weil an der Maus zu entdecken sei, »was anderswo im Programm allzu häufig vernachlässigt wird: die gekonnte Mischung aus Information und Unterhaltung. Lernen und Lachen sind in den Geschichten mit der Maus Geschwister. Weder pädagogische Verkrampftheit noch matte Routine sind dem Konzept nach beinahe 17 Jahren anzumerken, sondern, im Gegenteil, ein unvermindertes Vergnügen, Kinder zu ermutigen, auf Entdeckungsreise ins richtige Leben zu gehen.« 1995 erhielten Armin Maiwald und Christoph Biemann das Bundesverdienstkreuz.

Biemann war anfangs der Regisseur der Sendung und trat erst 1983 erstmals vor die Kamera, bis dahin hatte Maiwald allein moderiert. Seit 1999 wechselt sich Ralph Caspers mit den beiden ab und wird auf diese Weise zum Nachfolger aufgebaut.

Das Beste aus der Sendung ist auf mehreren DVDs erhältlich.

SENDUNG OHNE TITEL DFF
→ Palette

DER SENTINEL –
IM AUGE DES JÄGERS PRO SIEBEN
1997–2000. 65-tlg. US-Fantasyserie von Danny Bilson und Paul DeMeo (»The Sentinel«; 1996–1999).

Der Polizist Jim Ellison (Richard Burgi) ist ein »Sentinel«, d. h. er hat die Fähigkeit zu außergewöhnlichen Wahrnehmungen. So kann er durch Wände sehen oder die kleinsten Dinge mit dem bloßen Auge erkennen. Diese Fähigkeit ist jedoch nicht dauerhaft, und der Sentinel hat keinen Einfluss darauf, wann sie ihm zur Verfügung steht. Wenn es passiert, hat es den Nachteil, dass Jim sehr leicht verwundbar ist und seine für jeden anderen sichtbare Umgebung nicht mehr wahrnimmt. Der Anthropologiestudent Blair Sandburg (Garett Maggart) hilft Jim, mit seinem Talent klarzukommen. Jim selbst ist mit seinen Fähigkeiten für die Aufklärung von Verbrechen sehr nützlich. Captain Simon Banks (Bruce A. Young) ist sein Chef. Zum Team kommt später die Australierin Megan Connor (Anna Galvin), in die sich Jim verliebt. Als Blair in der letzten Folge seine Doktorarbeit über den Sentinel abgibt, droht das Geheimnis publik zu werden und die Freundschaft zwischen Jim und Blair zu zerbrechen. Blair ist die Freundschaft jedoch wichtiger als sein wissenschaftlicher Ruf, und er gibt sich als Schwindler aus.

Die einstündigen Folgen liefen montags um 21.15 Uhr.

SERGEANT BERRY ZDF
1974–1975. 26-tlg. dt. Krimiserie von Gerd Nickstadt und Viola Liessem nach den Büchern von Robert Arden.

Sergeant Al Berry (Klausjürgen Wussow; ab der zweiten Staffel im Juni 1975: Harald Juhnke) löst Kriminalfälle in Kalifornien. Eigentlich regelt er den Verkehr an einer Straßenkreuzung (so beginnt jede Episode), doch dann erhält er Geheimaufträge von seinem Chef (Hannes Messemer). Berry ist ein Frauenheld, der voller Gleichmut an die Fälle herangeht

Sergeant Berry: Harald Juhnke übernahm die Titelrolle von Klausjürgen Wussow.

und den einen oder anderen auch eher zufällig aufklärt.
Hinter der Serie steckten die Macher der berühmten »Jerry Cotton«-Filme: Heinz Willeg produzierte, Harald Philipp führte Regie, und Peter Thomas komponierte die Musik. Sergeant Berrys Abenteuer hatte Hans Albers bereits 1938 fürs Kino verfilmt.
Die halbstündigen Folgen liefen im Vorabendprogramm.

SERGEANT CRIBB   DFF
1981. 7-tlg. brit. Krimiserie nach den Romanen von Peter Lovesey (»Cribb«; 1980–1981).
Die neu gegründete Kriminalpolizei soll das viktorianische London endlich sicherer machen. Zum Glück hat sie einen glänzenden Beamten: Sergeant Cribb (Alan Dobie), intelligent, hartnäckig und dabei den Reizen des weiblichen Geschlechts nicht abgeneigt. Sein Partner ist Constable Thackery (William Simons); sein Chef, Inspektor Jowet (David Waller), ist dagegen, wie Chefs so oft, meistens keine Hilfe. Häufig sind in die Geschichten historische Ereignisse eingearbeitet, die sich im London des ausgehenden 19. Jh. zugetragen haben.
Jede Folge dauerte 50 Minuten.

SERGEANT MADIGAN   ARD
1975–1979. 4-tlg. US-Krimireihe (»The … Beat«; 1972).
Sergeant Dan Madigan (Richard Widmark) ist ein desillusionierter Einzelgänger, dem nur sein Job wichtig ist. Auch bei seinen Ermittlungen für die New Yorker Polizei arbeitet er allein.
Jede Folge hatte Spielfilmlänge. Der TV-Reihe war 1968 der Kinofilm »Nur noch 72 Stunden« vorausgegangen, den die ARD im Oktober 1973 zeigte. Darin spielte Widmark ebenfalls die Rolle des Madigan. Am Ende dieses Films starb Madigan. Egal.

SERGEANT PRESTON   ZDF, PRO SIEBEN
1967–1968 (ZDF); 1991–1992 (Pro Sieben). 53-tlg. US-Abenteuerserie (»Sergeant Preston Of The Yukon«; 1955–1958).
Sergeant Preston (Richard Simmons) arbeitet für die berittene Polizei in Kanada. Mit seinem Pferd Rex und seinem Hund King jagt er zur Zeit des großen Goldrauschs am Yukon Gauner, die es auf die Goldfunde ehrlicher Goldgräber abgesehen haben.
Die ersten 26 halbstündigen Folgen liefen im ZDF, Pro Sieben zeigte fast 25 Jahre später weitere 27 Folgen in deutscher Erstausstrahlung.

SERPICO   ZDF
1983–1984. 14-tlg. US-Krimiserie (»Serpico«; 1976–1977).
Der Idealist Frank Serpico (David Birney) kämpft bei der New Yorker Polizei gegen Drogen- und Waffenhändler, hauptsächlich aber gegen Korruption unter Polizisten und höheren Beamten, womit er sich viele Feinde in den eigenen Reihen macht. Oft muss er deshalb verdeckt ermitteln, und sein Kontaktmann ist dann der Polizist Tom Sullivan (Tom Atkins).
Die Serie basierte auf dem gleichnamigen Spielfilm von 1973 mit Al Pacino in der Titelrolle, und der wiederum beruhte auf den Erlebnissen des echten New Yorker Polizisten Frank Serpico, die dieser bereits in Buchform veröffentlicht hatte.
Die 50-Minuten-Folgen liefen am späten Samstagabend im Anschluss an *Das aktuelle Sport-Studio*.

SERVUS HANSI HINTERSEER   ARD
Seit 2004. Volksmusikshow mit Hansi Hinterseer.
Der frühere Profiskifahrer und spätere Schlagersänger Hinterseer hatte bereits im ZDF seine eigene Show *Herzlichst Hansi Hinterseer* moderiert, die Hauptrolle in den *Da wo die*-Fernsehfilmen der ARD gespielt und zweimal *Das große Hansi Hinterseer Open Air* präsentiert. In seiner neuen Show begrüßte er andere Sportler und andere Musiker als Gäste. Sie lief in loser Folge abendfüllend zur Primetime.

SESAMSTRASSE   NDR, ARD
Seit 1971 (NDR); seit 1972 (ARD). US-dt. Vorschulprogramm (»Sesame Street«; seit 1969). Die weltweit erfolgreichste Kindersendung.
Kinder, Erwachsene und Puppen in allen Größen erleben Alltagsgeschichten und lernen etwas dabei. Die *Sesamstraße* richtet sich an Kinder im Vorschulalter. Sie sollen mit Buchstaben und Zahlen und

Uiuiuiui, Klassenunterschiede in der *Sesamstraße:* Eigentlich war es für Herrn von Bödefeld (rechts) schon eine Zumutung, sich überhaupt eine Sendung mit dem Arbeitertypen, oder besser: Nicht-Arbeitertypen Samson teilen zu müssen.

Begriffen wie »vorn« und »hinten« vertraut werden, aber auch soziale Kompetenz erlernen. Dabei mischt die Sendung Realszenen und Trickfilme und lässt Puppen ganz groß rauskommen, nämlich die von Jim Henson erschaffenen »Muppets«: Ernie und Bert, die zusammen wohnen, und in deren Szenen immer wieder Ernies Quietscheentchen auftaucht, ohne das er nie badet; Kermit der Frosch als Reporter der Sesamstraßennachrichten oder als Erklärer, der an der Begriffsstutzigkeit der Monster verzweifelt; das dünne blaue, tollpatschige Monster Grobi, gelegentlich auch als ungeschickter Held Supergrobi; das dicke blaue, verfressene Krümelmonster, das immer nur »Kekse!« haben will; der begeistert zählende Vampir Graf Zahl (im Original mit dem unübertroffenen doppeldeutigen Namen: »The Count«) und viele andere.

Die *Sesamstraße* war für Deutschland ein Kulturschock und eroberte in verschiedenen Etappen die deutschen Bildschirme. Die ersten fünf Folgen liefen im April und Mai 1971 in der Originalfassung in den Dritten Programmen von NDR und WDR. Die Sendung, die von der amerikanischen Firma Children's Television Workshop (CTW) produziert wird, war bereits 1970 mit dem deutschen Prix Jeunesse ausgezeichnet worden, der vom Freistaat Bayern, der Stadt München und dem Bayerischen Rundfunk ins Leben gerufen worden war. Der BR leistete allerdings in der Folge den massivsten Widerstand gegen die Sendung. Aber auch bei den anderen ARD-Sendern war die *Sesamstraße* höchst umstritten. Kritisiert wurde etwa, dass die Lebensumstände in den USA mit denen in der Bundesrepublik nicht vergleichbar seien, die Serie auf Elemente wie Stars und Werbespots setze und auf die »Paukmethodik«. Der Bayerische Lehrer- und Lehrerinnenverband nannte die *Sesamstraße* ein »Werbe-, Drill- und Überredungsprogramm«. Gegen den ausdrücklichen Beschluss der ARD-Programmkonferenz kaufte der NDR die Serie mit Unterstützung von WDR und HR.

In synchronisierter Form lief die *Sesamstraße* erstmals am 1. August 1972, mit eigenen deutschen Beiträgen erstmals ab 8. Januar 1973. Sie war zunächst nur über die Sender von NDR, RB, HR und WDR vormittags im Ersten Programm und nachmittags in den Dritten Programmen der Nordkette und des HR zu empfangen, erst später im Jahr kamen SDR, SR und SWF hinzu. Diese ersten rund 250 Folgen enthielten als Rahmengeschichte die berühmten New Yorker Straßen- und Hinterhofszenen, u. a. mit dem großen gelben Vogel Bibo, dem griesgrämigen Oscar und den Menschen Susan (Loretta Long), Gordon (Roscoe Orman), Bob (Bob McGrath) und Mr. Hooper (Will Lee).

Erst später bestand die deutsche *Sesamstraße* je zur Hälfte aus synchronisiertem amerikanischen Material und deutschen Eigenproduktionen, u. a. mit Geschichten aus dem Leben eines neunjährigen blonden Jungen namens Bumfidel (Markus Krüger) und Filmbeiträgen, die zum Teil aus der *Sendung mit der Maus* übernommen wurden. 1978 ging die Eigenständigkeit in der Kooperation noch einen Schritt weiter. Der Schwerpunkt verlagerte sich weg vom Buchstabenpauken und hin zum sozialen Lernen, und die Sendung bekam eine Rahmenhandlung mit rein deutschen Puppen und Moderatoren: Samson, ein mehr als menschengroßer Bär, in dessen Kostüm ebenso wie in Bibo ein Schauspieler steckte, und der rosa Vogel Tiffy sowie Lilo (Liselotte Pulver) und Henning (Henning Venske). Die US-Studioteile wurden dafür gestrichen, was großen Protest auslöste. Bibo und Oscar tauchten nur noch selten auf.

Speziell für Deutschland wurde auch das Titellied geschrieben: »Der die das, wer wie was, wieso weshalb warum, wer nicht fragt bleibt dumm!« In den deutschen Teilen kamen später vorübergehend oder dauerhaft hinzu: die Schnecke Finchen, der nervtötende Herr von Bödefeld (die erste Figur, die von einem deutschen Puppenbauer stammte: Peter Röders. Alle anderen waren gemeinsam mit CTW entwickelt und von Kermit Love kreiert worden); Samsons ihm ähnelnder Verwandter Simson; Rumpel, eine etwas entschärfte Griesgramvariante von Oscar; Pferd und Wolle, das Schaf. Lilo und Henning wurden abgelöst durch Uwe Friedrichsen, Ute Willing, Horst Janson, Manfred Krug, Ilse Biberti, Elisabeth Vitouch, Gernot Endemann, Hildegard Krekel und Kirsten Sprick.

Ab den 90er-Jahren spielten die Schauspieler Rollen: Opa Brass (Ferdinand Dux), Zauberer PePe (Dirk Bach), Momi (Marianne Sägebrecht), Pensionswirt Helmi (Senta Bonneval), Musiker Alex (Alexander Geringas), Rikschafahrerin Jiviana (Vijak Bajani), das junge Paar Caro (Caroline Kiesewetter; ab 2002 Miriam Krause) und Nils (Nils Julius) u. a. Im Jahr 2000 kam die Puppe Felicitas »Feli« Filu hinzu, die mit Kindern und Prominenten Interviews führt und spielt. 2005 verabschiedete sich Tiffy für immer aus der *Sesamstraße*.

Nach dem Vorbild der deutsch-amerikanischen Zusammenarbeit entstanden viele maßgeschneiderte Versionen für Kinder in aller Welt, mit variierten Lernkonzepten und eigenen Figuren. Im Nahen Osten trifft man in der *Sesamstraße* das israelische Stachelschwein Kippi und den palästinensischen Hahn Karim, in Russland Seliboba, den blauen Waldgeist, in Südafrika die HIV-positive Kami. Die ursprüngliche pädagogische Idee, die Lerndefizite von Kindern aus benachteiligten Familien auszugleichen, scheint allerdings weder in den USA noch in Deutschland im erhofften Maß funktioniert zu haben. Studien zeigen, dass die Sendung vor allem in Haushalten mit höheren Bildungsniveaus eingeschaltet wird und Kinder weniger ein Lerndefizit kompensieren als vielmehr vorhandenes Wissen vertiefen und ihren Horizont erweitern.

Über die Jahre lief die Serie auf verschiedenen Sendeplätzen, meist in den Dritten Programmen am Vorabend oder im Ersten am Morgen. Mit Gründung des Kinderkanals wanderte die tägliche Ausstrahlung dorthin, neue Folgen liefen weiterhin morgens am Wochenende in der ARD. Bisher wurden weit mehr als 2000 Folgen gezeigt.

SESSION ARD

1978–1979. Musikshow mit prominenten internationalen Künstlern, die gemeinsam miteinander musizierten. Zu den Gästen gehörten u. a. Chi Coltrane, die Four Tops, Tony Inzalaco, Roger Whittaker und das Cedar-Walton-Trio.

Sechs dreiviertelstündige Sendungen wurden live vor Publikum aufgezeichnet. Es spielte die ORF-Big-Band unter Leitung von Erich Kleinschuster.

Sesamstraße: Dieser seltene Blick auf die Anatomie von Ernies Freund Bert (rechts) erklärt auch seine Vorliebe für Rollkragenpullover.

SEVEN DAYS – DAS TOR ZUR ZEIT
PRO SIEBEN, KABEL 1

2000–2002 (Pro Sieben); 2004 (Kabel 1). 65-tlg. US-Science-Fiction-Serie von Christopher Crowe und Zachary Crowe (»Seven Days«; 1998–2001).

Mit einer Zeitmaschine kann der Ex-CIA-Agent und jetzige »Chrononaut« Frank Parker (Jonathan LaPaglia) bis zu sieben Tage in die Vergangenheit reisen. Sein Auftrag ist es, in der zurückliegenden Woche begangene Verbrechen oder geschehene Katastrophen nachträglich zu verhindern. So sorgt er gleich im Pilotfilm dafür, dass der US-Präsident und sein Vize eben doch nicht einem Anschlag zum Opfer fallen. Später kämpft er gegen das Ebolavirus, Eisberge auf Kollisionskurs, moslemische Terroristen und immer gegen die Zeit. Dr. Isaac Mentnor (Norman Lloyd) leitet die Mission aus der Gegenwart; zum Team gehören Olga Vukavitch (Justina Vail), Craig Donovan (Don Franklin), Dr. John Ballard (Sam Whipple), Nate Ramsey (Nick Searcy) und Bradley Talmadge (Alan Scarfe).

Nach einem zweistündigen Pilotfilm am Dienstagabend zeigte Pro Sieben 62 einstündige Serienfolgen montags um 21.15 Uhr, zeitweise auch dienstags. Kabel 1 reichte zwei ausgelassene Episoden später im Rahmen einer Gesamtwiederholung nach.

SEVENTH AVENUE – STRASSE DER MODE ARD

1979. 12-tlg. US-Mafiadrama von Laurence Heath nach dem Roman von Norman Bogner (»7th Avenue«; 1977).

Jay Blackman (Steven Keats) steigt aus den Slums von Manhattan zur Spitze der New Yorker Modebranche auf. Dazu muss er sich allerdings mit der Mafia einlassen. Er riskiert seine Ehe mit Rhoda Gold (Dori Brenner) und fängt ein Verhältnis mit der Modezeichnerin Eva Meyers (Jane Seymour) an, die später einem Attentat zum Opfer fällt. Blackman besinnt sich auf seine Wurzeln.

Die ARD zeigte die Miniserie im regionalen Vorabendprogramm, später auch als Sechsteiler mit einstündigen Folgen.

77 SUNSET STRIP ARD, ARD 2

1960–1966 (ARD); 1961–1962 (ARD 2). 61-tlg. US-Krimiserie von Roy Huggins (»77 Sunset Strip«; 1958–1964).

Stuart Bailey (Efrem Zimbalist, Jr.) und Jeff Spencer (Roger Smith) arbeiten als Privatdetektive in ihrem eigenen Büro in Hollywood, Adresse: 77 Sunset Strip. »Stu« ist höflich, kultiviert und sprachbegabt, und ursprünglich wollte er eigentlich mal Lehrer werden. Jeff ist studierter Jurist. Beide haben früher als Undercoveragenten für die Regierung gearbeitet. Und beide sind in Judo versiert. Zur Erledigung ihrer Aufträge fliegen sie gegebenenfalls um die Welt. Ihre Telefonistin und Sekretärin ist die Französin Suzanne Fabray (Jacqueline Beer). Roscoe (Louis Quinn) ist eine Art Kontaktmann und Informant, der einfach immer da ist. Er pafft Zigarren und ist Experte für Pferdewetten.

Der junge Gerald Lloyd Kookson III. (Edd Byrnes) ist der eitle Parkplatzanweiser des benachbarten Edelrestaurants »Dino's Lodge«, der sich permanent mit einem Kamm durch die Haare fährt und selbst gern Detektiv wäre. Wenn »Kookie« den vorfahrenden Gästen, darunter oft Stu und Jeff, die Tür aufhält, hat er immer einen flotten Spruch auf den Lippen. Ab Folge 14 ist Rex Randolph (Richard Long) mitunter als dritter Detektiv dabei. Die Mitarbeiter der Detektei haben oft mit Lieutenant Gilmore (Byron Keith) von der Polizei zu tun. In Folge 33 wird für Kookie ein Traum wahr. Nachdem Rex weg ist, wird er selbst gleichberechtigter dritter Partner in Baileys und Spencers Detektei, und J. R. Hale (Robert Logan) wird der neue Parkplatzanweiser.

Die Figur des Kookie war in den USA extrem beliebt. Sie war nur als Gastrolle vorgesehen, wurde aber wegen der enormen Zuschauerresonanz dauerhaft in die Serie geschrieben und später sogar zum Detektiv befördert. Auch bei uns wurde Kookie die populärste Figur, wozu nicht zuletzt die kieksende deutsche Synchronstimme von Hans Clarin beitrug. Er war es, der Ausdrücke wie »Wuchtbrumme« und »steiler Zahn« prägte. Kookie-Darsteller Edd Byrnes nutzte seine Popularität als der eigentliche Star der Serie, um gemeinsam mit Connie Stevens eine Platte mit dem Titel »Kookie, Kookie (Lend Me Your Comb)« aufzunehmen, die ein Top-Ten-Hit wurde. Der Song war zuvor in einer Episode zu hören gewesen.

In dem 90-minütigen Pilotfilm zur Serie, der in

77 Sunset Strip: Efrem Zimbalist, Jr.

Deutschland nicht gezeigt wurde, ermittelt Stu Bailey noch allein – kein Jeff, kein Kookie. Ein irrer Killer ist darin hinter einer Sängerin her. Der Killer wurde vom späteren Kookie-Darsteller Byrnes gespielt, und schon damals fuhr er sich mit dem Kamm durch die Haare.

Autor einiger Episoden war Hauptdarsteller Roger Smith. Gleich in der ersten Folge, die er verfasste (»Fall ohne Worte«, von der ARD am 22. Dezember 1962 ausgestrahlt), wagte er ein außergewöhnliches Experiment: Er schrieb einfach keine Texte. So kam die Episode ohne Dialog aus. Jeff muss darin eine entführte Zeugin aufspüren. Notwendige Erläuterungen zum besseren Verständnis der Handlung wurden durch eingeblendete Zeitungsüberschriften oder Briefe gegeben.

Richard Long hatte die Rolle des Rex Randolph bereits in der Serie *New Orleans, Bourbon Street* gespielt und kam nach deren Absetzung zu *77 Sunset Strip*. Dass er bei uns nur sporadisch zu sehen war, lag an der unsortierten Ausstrahlungsreihenfolge der ARD, die die jüngeren Folgen (mit ihm) und ältere (ohne ihn) wild durcheinander zeigte. Die Serie basierte auf Kurzgeschichten von Roy Huggins, die in der Zeitschrift »Esquire« veröffentlich worden waren. Der Titelsong stammte von Mack David und Jerry Livingston.

Die deutsche Ausstrahlung begann im ersten Halbjahr 1960 mit drei Folgen in größeren Abständen, dann verschob die ARD die Serie für 18 Folgen in ihr zweites Programm. Ab August 1962 ging es wieder im Ersten weiter. Sendeplatz war monatlich mittwochs, später freitags, jeweils gegen 21.00 Uhr, im Wechsel mit anderen Krimiserien. *77 Sunset Strip* wurde eine der erfolgreichsten US-Serien im deutschen Fernsehen, bisher gelaufene Episoden wurden später oft im Privatfernsehen wiederholt. Dennoch waren 144 Originalfolgen in Deutschland nie zu sehen.

SEX AND THE CITY   PRO SIEBEN
2001–2004. 94-tlg. US-Comedyserie von Darren Star (»Sex And The City«; 1998–2004).

Carrie Bradshaw (Sarah Jessica Parker) ist Single, liebt Schuhe und lebt in Manhattan. Mit ihren Freundinnen Samantha Jones (Kim Cattrall), Charlotte York McDougal (Kristin Davis) und Miranda Hobbes (Cynthia Nixon) redet sie – fast ausschließlich – über Männer, Sex und Peinlichkeiten mit Männern beim Sex. In der Zwischenzeit versuchen die vier Frauen, durch viele Affären und Liebschaften den »Richtigen« zu finden. Carrie träumt von einem Mann, mit dem sie ein Leben voller Abenteuer führen kann, und hat vor allem Angst, als »alte Jungfer« zu sterben. Sie hat wechselnde Liebhaber, darunter Aidan Shaw (John Corbett) und immer wieder »Mr. Big« (Chris Noth). Kunsthändlerin Charlotte sucht das Familienglück mit dem perfekten Ehemann, Rechtsanwältin Miranda einen Mann, der ihr das Wasser reichen kann, und PR-Agentin Samantha jemanden, mit dem sie Spaß im Bett haben kann. In Staf-

Sex and the City: Dieser Bildtext wurde von einem Mann verfasst. Erwarten Sie deshalb keine inhaltlichen Angaben. Die Frauen auf dem Bild heißen wohl Cynthia Nixon, Kim Cattrall, Kristin Davis und Sarah Jessica Parker (von links). Danke für Ihre Aufmerksamkeit.

fel 4 ist das eine Frau. Ihre lesbische Beziehung mit Maria (Sonia Braga) nervt sie aber schnell, weil alle darüber reden.

Um Männer kennen zu lernen, gehen die vier häufig auf New Yorker Lifestylepartys. Das funktioniert nicht immer – oft entpuppen sich die neuen Liebhaber als Freaks, emotionale Wracks oder Versager im Bett. Ihr Erlebnisse und Gespräche verwurstet Carrie für ihre Zeitschriftenkolumne mit dem Titel »Sex And The City«, die in Staffel 5 sogar als Buch veröffentlicht wird. Schließlich tauchen doch noch ein paar »Richtigen« auf oder zumindest Männer zum Heiraten, und so ehelicht Charlotte in der sechsten und letzten Staffel Harry Goldenblatt (Evan Handler) und Miranda Steve Brady (David Eigenberg). Im Serienfinale entscheidet sich Carrie endgültig für »Mr. Big« (Chris Noth), Charlotte adoptiert ein Kind, Miranda nimmt ihre Schwiegermutter zu Hause auf, und Samantha beendet eine Chemotherapie nach einer Krebserkrankung.

Für das Finale der erfolgreichen Serie wurden vier Versionen gedreht, die inzwischen auch alle auf einer DVD zu sehen sind. Die Produzenten wollten auf diese Weise bei der Erstausstrahlung unbedingt verhindern, dass vorzeitig bekannt wird, wie die

Geschichte zwischen Carrie und »Mr. Big« ausgeht. Nicht einmal Carrie-Darstellerin Sarah Jessica Parker wusste vorher, wie die Serie endet.

Pro Sieben zeigte dienstags ab 21.15 Uhr mit großem Erfolg zunächst jeweils zwei 35-minütige Folgen am Stück, später nur noch eine im Block mit anderen Comedyserien, und ermöglichte es auf diese Weise auch jungen Männern, eine uralte Tradition wieder aufleben zu lassen: Dienstags abends konnten sie nun endlich wieder mal ganz unter sich in die Kneipe gehen und ein Bier trinken, während ihre Frauen und Freundinnen sich zu Hause über Dinge amüsierten, deren Unterhaltungsfaktor für die meisten Männer nicht nachvollziehbar war. Das Finale schlachtete Pro Sieben mit einer zweieinhalbstündigen Abschiedsgala aus, die in der Mitte von der letzten Folge unterbrochen wurde. In dieser Folge kam endlich heraus, dass »Mr. Big« auch einen echten Vornamen hatte: John.

Serienerfinder Darren Star hatte sich zuvor durch Soaps wie *Beverly Hills, 90210* und *Melrose Place* einen Namen gemacht. Mit dieser Serie hatte er zum ersten Mal einen Erfolg, der im Comedygenre angesiedelt war (ein weiterer Versuch, *Starlets,* floppte) und gleichzeitig immer wieder versuchte, eine der wichtigsten Fragen der Menschheit ernsthaft zu beantworten: Wie geht eine perfekte Beziehung? Die Geschichten beruhten auf den tatsächlichen Erlebnissen der Kolumnistin Candace Bushnell. Die Serie wurde 2001 mit dem Emmy für die beste Comedy ausgezeichnet.

SEX FOR FUN   RTL 2
2000. Holländische Erotikshow, in der Menno Buch Zuschauer ihre erotischen Fantasien ausleben ließ. Lief am späten Sonntagabend im holländischen Originalton; eine Off-Stimme erklärte die Bilder. Was nicht nötig gewesen wäre.

SEXY CLIPS   RTL
1988–1990. Ungetarnte Erotikclips am späten Abend, wenn gerade kein Deckmantel eines Magazins wie »M« – *Männermagazin* oder *Sexy Folies* zur Verfügung stand.

SEXY FOLIES   RTL
1988–1990. Erotikmagazin mit Beiträgen über Nacktaufnahmen, die Dreharbeiten zu Pornofilmen, die sexuellen Vorlieben französischer Prominenter und die Auswahlkriterien für die Fotos in Männermagazinen, solange die auftretenden Damen nur nackt genug waren.

RTL übernahm das Magazin aus Frankreich und gab sich bei der Übersetzung keine Mühe, weil es darauf nun wirklich nicht ankam. Es lief auf verschiedenen Sendeplätzen am späten Abend, u. a. alle 14 Tage dienstags im Wechsel mit *Eine Chance für die Liebe.* »Folies« heißt Verrücktheiten.

SEXY SOMMER   RTL 2
2001. 5-tlg. Doku-Soap, die junge Singles auf ihren Urlaubsreisen in den Süden und in die dortigen Szeneclubs und Sauflokale begleitet. Lief samstags gegen 22.00 Uhr.

SHAFT   ARD
1988. 7-tlg. US-Krimiserie nach den Büchern von Ernest Tidyman (»Shaft«; 1973–1974).

Der Afroamerikaner John Shaft (Richard Roundtree) ist ein gerissener Privatdetektiv mit einer Vorliebe für extravagante Kleidung, der auch vor Gewaltanwendung nicht zurückschreckt, wenn es denn sein muss. Er ermittelt in New York, muss aber für manche Fälle die Stadt verlassen. Der weiße Polizist Lieutenant Al Rossi (Ed Barth) versorgt Shaft mit Informationen.

Der Serie waren ab 1971 bereits drei »Shaft«-Kinofilme vorausgegangen, in denen ebenfalls Richard Roundtree die Titelrolle gespielt hatte und die auch im deutschen Fernsehen zu sehen waren. Für die Kinoversion hatte Isaac Hayes die berühmte Titelmusik »Theme From Shaft« geschrieben und gesungen. Er wurde dafür mit einem Oscar ausgezeichnet. Diese Musik fand auch als Thema für die Fernsehserie Verwendung.

Die Folgen waren 70 Minuten lang und liefen mittwochs um 23.00 Uhr.

SHAKA ZULU   ZDF
1986. 10-tlg. US-ital.-austral.-südafrikan.-dt. Historienfilm, Regie: William C. Faure (»Shaka Zulu«; 1985).

Im Jahr 1816 wird Shaka (Henry Cele), unehelicher Sohn der verstoßenen Prinzessin Nandi (Dudu Mkhize), neuer Regent der Zulu in Afrika. Er steigt zum Kriegsherrn auf und macht die Zulu zur militärischen Großmacht. Die britische Besatzungsmacht – Expeditionsführer Lieutenant Francis Farewell (Edward Fox), Gouverneur Lord Charles Somerset (Trevor Howard), Lord Bathurst (Christopher Lee) und König Georg IV. (Roy Dotrice) – unterschätzt die »Wilden« und beißt sich entsprechend die Zähne an ihnen aus.

Der Film zeigte die eindrucksvolle und wahre Geschichte des Zulu Shaka von seiner Kindheit bis zu seinem Sturz und seiner Ermordung im Jahr 1828. Der Ex-Fußballtorwart Henry Cele hatte bereits im gleichnamigen Bühnenstück die Titelrolle gespielt. Cele wirkte auch 1999 in einem neuen Zweiteiler mit dem Titel »Shaka Zulu – Die Festung« (2003 bei Premiere) mit. An der Seite von David Hasselhoff.

SHANE   ARD, PRO SIEBEN
1969–1970 (ARD); 1990 (Pro Sieben). 16-tlg. US-Westernserie (»Shane«; 1966).

Der reisende Revolverheld Shane (David Carradine) hilft Familie Starrett, ihre Farm gegen den bösen Großgrundbesitzer Rufe Ryker (Bert Freed) zu verteidigen, und wohnt zu diesem Zweck bei ihnen. Die Familie besteht aus der Witwe Marian (Jill Ireland), der die Farm gehört, ihrem Sohn Joey (Chris Shea) und ihrem Schwiegervater Tom (Tom Tully).

Die Serie basierte auf dem dem Film »Mein großer Freund Shane« von 1953 mit Alan Ladd. Zehn einstündige Serienfolgen liefen am Vorabend in der ARD, sechs weitere erst 20 Jahre später auf Pro Sieben, ebenfalls am Vorabend.

SHANNON KLÄRT AUF ARD
1962–1964. 26-tlg. US-Krimiserie von John Hawkins (»Shannon«; 1961).
Joe Shannon (George Nader) arbeitet als Detektiv für ein Versicherungsunternehmen. Seine Aufgabe ist es, Versicherungsbetrug im großen Stil aufzudecken. Sein Chef ist Bill Cochran (Regis Toomey), sein Auto ein hochmoderner Buick, ausgestattet mit vielen Hightech-Instrumenten, die die Ermittlungen erleichtern.
Die halbstündigen Episoden liefen im regionalen Vorabendprogramm. Wie 25 Jahre später David Hasselhoff in *Knight Rider* war George Nader in den USA nur durchschnittlich populär, während er in Deutschland durch die Serie zum großen Star wurde. Er spielte anschließend den Groschenhelden Jerry Cotton in mehreren Kinofilmen.

SHANNONS SPIEL RTL 2
1996. 15-tlg. US-Justizserie von John Sayles (»Shannon's Deal«; 1990–1991).
Jack Shannon (Jamey Sheridan) war ein Rechtsanwalt, wie man ihn aus dem Fernsehen kennt: erfolgreicher Partner in einer angesehenen Kanzlei in Philadelphia. Dann stieg er desillusioniert aus, nun nicht mehr ganz so ein Rechtsanwalt, wie man ihn aus dem Fernsehen kennt: pleite, spielsüchtig, geschieden. Er beschließt, wenigstens ein bisschen sinnvolle Arbeit zu leisten und denen zu helfen, die es verdient haben. Lucy Acosta (Elizabeth Peña) ist seine Sekretärin, die ohne Bezahlung für ihn arbeitet, weil er ihren Freund vor dem Knast bewahrt hat, Neala (Jenny Lewis) seine frühreife Tochter, die ihn trotz ihres Teenageralters bemuttert, Wilmer Slade (Richard Edson) ein Schuldeneintreiber des Kredithais, dem Jack Geld schuldet, und Lou Gondolf (Martin Ferrero) ein nebenan arbeitender Rechtsanwalt mit dramatisch weniger Berufsethos als Jack.
RTL 2 versteckte die einstündigen Folgen der Serie unverdientermaßen im Nachtprogramm.

SHE-RA – PRINZESSIN DER MACHT TELE 5
1988–1989. 93-tlg. US-Zeichentrickserie (»She-Ra: Princess Of Power«; 1985–1986).
Spin-off von *He-Man – Tal der Macht:* Prinzessin Adams Schwester Adora lebt auf dem Planeten Etheria und besitzt die gleichen Fähigkeiten wie ihr Bruder: Mit Hilfe eines Zauberschwerts kann sie sich in die Superheldin She-Ra verwandeln. Sie kämpft gegen den bösen Hordak, den Lehrmeister Skeletors.

SHERIFF CADE ARD, PRO SIEBEN
1972–1973 (ARD); 1990 (Pro Sieben). 24-tlg. US-Westernserie von Anthony Wilson und Rick Husky (»Cade's County«; 1971–1972)
Sheriff Sam Cade (Glenn Ford) sorgt im kalifornischen Madrid für Recht und Ordnung. Sein Dienstfahrzeug ist ein Jeep, und er hat einen alten sowie drei junge Hilfssheriffs: J. J. Jackson (Edgar Buchanan), Arlo Pritchard (Taylor Lacher), Rudy Davillo (Victor Campos) und Pete (Peter Ford). Zunächst arbeitet Joannie Little Bird (Sandra Ego), dann Betty Ann Sundown (Betty Ann Carr) in der Telegrammaufnahme. Beide sind indianischer Herkunft.
Der Darsteller des Deputy Pete war Glenn Fords Sohn. Die ARD zeigte die 45-minütigen Folgen freitags nach 21.00 Uhr, weitere waren auf Pro Sieben zu sehen.

EIN SHERIFF IN NEW YORK ARD, RTL, RTL 2
1978–1984 (ARD); 1991–1992 (RTL); 1993–1995 (RTL 2). 44-tlg. US-Krimiserie von Herman Miller (»McCloud«; 1970–1977).
Sheriff Sam McCloud (Dennis Weaver) aus New Mexico ist auf den Spuren eines flüchtigen Gefangenen nach New York gelangt, und irgendwie ist er auch nach der Lösung des Falls bei der Polizei in Manhattan geblieben. Offiziell soll er nun lernen, wie man in der modernen Großstadt mit Verbrechen und Verbrechern umgeht, aber eigentlich macht er die Dinge doch immer auf seine traditionelle und weniger subtile Art, die Art des Westernsheriffs. Seinen Vorgesetzten Peter B. Clifford (J. D. Cannon) bringt das regelmäßig zur Verzweiflung, und auch für den Ruf von McClouds New Yorker Kollegen Joe Broadhurst (Terry Carter) ist es nicht gut, dass er dauernd als Partner des Cops mit dem Stetson, dem »Cowboyhut«, gesehen wird.
Die Folgen hatten Spielfilmlänge. 13 Folgen zeigte die ARD 1978 alle 14 Tage freitags um 23.30 Uhr, im Wechsel mit *Tatort*-Wiederholungen, und schob sechs Jahre später noch einen einzelnen Film nach. Der Rest lief auf verschiedenen Sendeplätzen bei RTL und RTL 2.

SHERIFF LOBO RTL
1991–1992 (RTL); 1993 (RTL 2). 39-tlg. US-Krimi-Comedy-Serie (»The Misadventures Of Sheriff Lobo«/ «Lobo«; 1980–1981).
Elroy P. Lobo (Claude Akins) ist ein unfähiger, korrupter Sheriff vom Lande in Georgia, wobei sich beide Eigenschaften zu seinem eigenen Nachteil verbünden, sodass seine halblegalen Pläne, reich zu werden, meist dazu führen, dass er versehentlich auf der Seite des Rechts steht – und trotzdem nie die Belohnung oder einen Teil des beschlagnahmten Diebesguts bekommt. Seine Kollegen sind auch nicht besonders helle: Schwager Deputy Perkins (Mills Watson) und Deputy Birdwell »Birdie« Hawkins (Brian Kerwin), der Sohn des Bürgermeisters. Margaret Ellen (Janet Lynn Curtis) ist eine Kellnerin, die regelmäßig etwas zu essen vorbeibringt und ihre knappen Kleider vorführt.
In der zweiten Staffel wechselt das Team wegen seiner glänzenden Kriminalitätsstatistik (in Wahrheit hat Lobo einfach keine geführt) in die große Stadt:

Atlanta. Ihr Vorgesetzter J. C. Carson (Nicolas Coster) hatte eigentlich auch schon ohne sie genügend Probleme, aber irgendwie schaffen es die Idioten auch hier, erfolgreich Verbrecher hinter Schloss und Riegel zu bringen. Auf gut aussehende Frauen müssen sie (und die Zuschauer) auch hier dank der Undercover-Polizistinnen Peaches (Amy Botwinick) und Brandy (Tara Buckman) nicht verzichten.
Spin-off von *B. J. und der Bär*. RTL zeigte die ersten 14 einstündigen Folgen unter dem Titel *Sheriff Lobo*; die weiteren Folgen bei RTL 2 hießen *Ein Trottel mit Stern*.

SHERIFF OHNE COLT UND TADEL   ARD
1975. 13-tlg. US-Westernserie (»Nichols«; 1971–1972).
Anfang des 20. Jh. kommt Nichols (James Garner) nach 18 Jahren Armeedienst zurück in die Stadt Nichols in Arizona, die seine Vorfahren gegründet haben. Sie wird jetzt von einer anderen Familie beherrscht, von Ketcham (John Beck), vor allem aber von der machthungrigen Ma Ketcham (Neva Patterson). Sie macht Nichols zum Sheriff und ihren halbseidenen Sohn Mitch (Stuart Margolin) zum Deputy. Waffen verabscheut Nichols, deshalb trägt er keine, eigentlich verabscheut er aber auch seinen Job und sucht nach einem Weg zu schnellem Reichtum. Seine Freundin ist Ruth (Margot Kidder), die im Saloon von Bertha (Alice Ghostley) bedient.
Nichols war einer der wenigen Westernhelden, die bereits ein Auto fuhren. Aber er war ja auch kein richtiger Held. James Garner produzierte die Serie mit seiner eigenen Firma. Ein Erfolg war sie nicht, und so musste am Ende erst der Antiheld selbst sterben (noch eben ersetzt durch Nichols viel heldenhafteren Zwillingsbruder, natürlich auch gespielt von Garner) und dann die Serie selbst.
In Deutschland liefen jedoch ohnehin nur 13 der im Original 29 einstündigen Folgen im regionalen Vorabendprogramm.

SHERLOCK HOLMES   ARD
1960–1961. 6-tlg. US-Krimiserie (»Sherlock Holmes«; 1954).
Der geniale Detektiv Sherlock Holmes (Ronald Howard) löst knifflige Kriminalfälle, unterstützt von Dr. John H. Watson (Howard Marion-Crawford) und Inspektor Lestrade (Archie Duncan).
Die Figur war natürlich auch in dieser frühen Verfilmung der berühmte Detektiv aus den Romanen von Arthur Conan Doyle, die Drehbücher waren jedoch neu und basierten in den meisten Fällen nicht auf den Romanen. Die meisten der eigentlich 39 Episoden liefen nicht in Deutschland. Gedreht wurde in Frankreich. Produzent war Sheldon Reynolds, der knapp 30 Jahre später die Serie *Sherlock Holmes und Dr. Watson* drehte und dafür dieselben Drehbücher benutzte.

SHERLOCK HOLMES   ARD
1969–1970. 9-tlg. brit. Krimiserie nach Romanen von Arthur Conan Doyle (»The Cases Of Sherlock Holmes«; 1968).
Sherlock Holmes (Peter Cushing), Dr. John Watson (Nigel Stock) und Inspektor Lestrade (William Lucas) ermitteln in Kriminalfällen.
Im Unterschied zur gleichnamigen US-Serie von 1954, die eigene Geschichten erfand, hielt sich diese Verfilmung der Holmes-Geschichten eng an die literarischen Vorlagen. Cushing und Stock hatten ihre jeweiligen Rollen bereits in früheren Verfilmungen gespielt, aber nie gemeinsam im gleichen Film. Die Folgen waren 50 Minuten lang und liefen samstags nachmittags. Sieben Folgen wurden in Deutschland nicht gezeigt.

SHERLOCK HOLMES   VOX
1993. 6-tlg. brit. Krimiserie nach den Erzählungen von Arthur Conan Doyle (»The Casebook Of Sherlock Holmes«; 1991).
Sherlock Holmes (Jeremy Brett) zeigt Dr. John Watson (Edward Hardwicke) und Inspektor Lestrade (Colin Jeavons), wo der Hammer hängt. Fortsetzung von *Die Wiederkehr von Sherlock Holmes* in Spielfilmlänge.

SHERLOCK HOLMES UND
DIE SIEBEN ZWERGE   ARD
1992. 8-tlg. dt. Kinderfilm von Andreas Pöschel und Günter Meyer, Regie: Günter Meyer.
Kriminalhauptkommissar Hans Holms (Alfred Müller) hatte sich mit seiner Freundin Helene (Ellen Schwiers) eigentlich schon in den Ruhestand zurückgezogen, da sitzen plötzlich die sieben Zwerge auf seiner Wohnzimmercouch und bitten ihn, doch noch einmal zu ermitteln: Schneewittchen ist entführt worden, und überhaupt geht's in der Märchenwelt drunter und drüber! Ein alter Sessel stellt die Verbindung zum Märchenreich her, Holms Enkelkinder Anne (Ulrike Haase) und Martin (Stefan Limprecht) helfen.

SHERLOCK HOLMES UND DR. WATSON   ZDF
1982–1983. 24-tlg. US-brit.-poln. Krimiserie, Regie: Sheldon Reynolds (»Sherlock Holmes And Dr. Watson«; 1982).
Eine weitere Verfilmung der Kriminalfälle, die Sherlock Holmes (Geoffrey Whitehead) löst, während Dr. Watson (Donald Pickering) und Inspektor Lestrade (Patrick Newell) staunen. Gedreht wurden die halbstündigen Folgen in Polen.
1954 war Regisseur Reynolds Produzent der US-Serie *Sherlock Holmes*. Die Drehbücher von damals recycelte er jetzt.

THE SHIELD   PRO SIEBEN
2004. 13-tlg. US-Krimiserie von Shawn Ryan (»The Shield«; seit 2002).
Der glatzköpfige Polizist Vic Mackey (Michael Chiklis) räumt auf den Straßen von Los Angeles auf. Ihm ist jedes Mittel recht, um Verbrecher auszuschalten. Wenn es etwas bringt, fälscht er Beweise oder

verprügelt Verdächtige, bis sie gestehen. Sein Boss, Captain David Aceveda (Benito Martinez), hasst ihn und wäre ihn am liebsten los, genießt es aber andererseits, dass Mackey die Straßen säubert. Schließlich will Aceveda ja Bürgermeister werden, und wenn sein Bezirk funktioniert, hilft ihm das. Mackeys Kollegen im Einsatz sind Shane Vendrell (Walton Goggins) und Curtis »Lemonhead« Lemansky (Kenneth Johnson). Vendrells Methoden gehen selbst Mackey oft zu weit.

Pro Sieben zeigte die knapp einstündigen Folgen mittwochs nach 23.00 Uhr. In den USA lief die Serie auf dem kleinen Kabelsender FX und erreichte dort sehr beachtliche Einschaltquoten. Bei uns nicht, weshalb Pro Sieben nach nur einer Staffel Schluss machte. 2002 wurde Michael Chiklis für die Rolle des brutalen Bullen mit dem Emmy als bester Hauptdarsteller ausgezeichnet. Dies war zuvor noch nie einem Darsteller einer kleinen Kabelserie gelungen.

SHIN CHAN   RTL 2
2002. 78-tlg. jap. Zeichentrickserie nach der Mangacomic-Reihe von Yoshito Usui (»Shin Chan«; 1992–2002).

Der vorlaute fünfjährige Bengel Shinosuke Nohara, genannt Shin Chan, terrorisiert Vater Harry, Mutter Mitsy, Schwester Daisy, den Familienhund und den braven Mitschüler Kosmo, wobei er von seinen Freunden Nini, Max und Bo unterstützt wird. Jede 25-minütige Folge bestand aus mehreren kurzen, in sich abgeschlossenen Episoden. Der Titelsong der deutschen Fassung wurde von den *Popstars*-Gewinnern Bro'Sis gesungen. Lief zunächst am Vorabend, später mittags.

SHINGALANA, DIE KLEINE LÖWIN   PRO SIEBEN
1996. 6-tlg. südafrikan. Doku-Drama (»Shingalana – The Little Hunter«; 1995).

Der Tierfilmer John Varty und die Moderatorin Gillian van Houten adoptieren ein Löwenbaby, das von seiner Mutter aufgegeben wurde, und bereiten es im Ost-Transvaal auf ein Leben in der Wildnis vor. Die Folgen waren 30 Minuten lang und liefen samstags mittags.

SHIRLEY   SAT.1
1985–1986. 13-tlg. brit. Sitcom von Frank Tarloff und Melville Shavelson (»Shirley's World«; 1971–1972).

Als Fotografin für die Londoner Zeitschrift »World Illustrated« reist die Fotojournalistin Shirley Logan (Shirley MacLaine) um die Welt, erlebt aufregende Dinge an aufregenden Orten und bringt ihren Redakteur Dennis Groft (John Gregson) zur Verzweiflung. Shirley MacLaines einziger Ausflug ins Alltagsfernsehen war kein Erfolg. Die Sitcom brachte es im Original auf 17 halbstündige Folgen. In Deutschland liefen sie freitags um 18.00 Uhr.

SHNOOKUMS & MEAT   RTL
1996–1997. 13-tlg. US-Disney-Zeichentrickserie (»The Shnookums & Meat Funny Cartoon Show«; 1995).

Die Katze Shnookums und der Hund Meat können sich nicht ausstehen, müssen aber zusammen in einem Haus leben. Neben den beiden Namensgebern gab es auch Cartoons mit weiteren Figuren.

SHOAH   DRITTE PROGRAMME
1986. Neuneinhalbstündiger Dokumentarfilm von Claude Lanzmann.

Lanzmann setzte sich mit der Vernichtung des europäischen Judentums ohne historisches Film- oder Fotomaterial auseinander. Er drehte zwischen 1976 und 1981 an Originalschauplätzen und ließ Täter und Opfer zu Wort kommen, die er teilweise auch gegen ihren Wunsch filmte oder interviewte. Lief in allen Dritten Programmen im Original mit deutschen Untertiteln, teilweise als Vierteiler, teilweise als Zweiteiler.

»Shoah« ist hebräisch und heißt etwa »großes Unheil«. Der Film bekam den Grimme-Preis mit Gold 1987.

SHOGUN   ZDF
1982. 5-tlg. US-Abenteuerfilm von Eric Bercovici nach dem Roman von James Clavell, Regie: Jerry London (»Shogun«; 1980).

Im frühen 17. Jh. strandet der schiffbrüchige englische Seemann John Blackthorne (Richard Chamberlain) an der japanischen Küste. Der Fürst Toranaga (Toshiro Mifune) nimmt ihn auf und macht ihn zu seinem Verbündeten im Kampf gegen seinen Erzfeind Ishido (Nabuo Kaneko) um den Titel des Shogun, des obersten Kriegsherrn. Blackthorne wird als erster Ausländer zum Samurai ernannt. Er verliebt sich unglücklich in die verheiratete Übersetzerin Lady Mariko (Yoko Shimada). Der mächtige Jesuitenpater Alvito (Damien Thomas) sieht sich und seine Kirche durch Blackthornes wachsenden Einfluss bedroht. Fürst Yabu (Frankie Sakai) ist Toranagas Vertrauter, der aber später zur Gegenseite überläuft. Bei einem von ihm eingefädelten Überfall auf Blackthorne kommt Mariko ums Leben. Schließlich wird Toranaga zum Shogun ernannt, und Yabu begeht Selbstmord. Blackthorne muss seine Träume begraben, jemals wieder in die Heimat zurückzukehren. Die fünf spielfilmlangen Folgen liefen sehr erfolgreich zur Primetime. Später wurde *Shogun*, anders geschnitten, auch in sieben und elf Teilen wiederholt. Bei den vielen japanischen Dialogen im Film wurden Untertitel eingeblendet.

SHORTLIST   PRO SIEBEN
1992–1993. Viertelstündiges Werbemagazin, das für Werbung warb.

Soll man sich eigentlich ärgern, wenn ein Lieblingsfilm im Privatfernsehen gefühlte 17-mal von Werbung unterbrochen wird? Keinesfalls! Diese Sendung versprach, über das »Neueste aus der faszinierenden Welt der Werbung« zu berichten, zeigte, dass die Werbung oft das Beste an so einem Film ist,

und ließ alle Beteiligten schwärmen, wie aufregend und kreativ ihr Geschäft doch sei.
Lief insgesamt 81-mal montags mittags.

SHOW-BÜHNE   BR
1983–1986. »Unterhaltung garantiert frisch mit Alfred Biolek«. 45-minütige Talentshow, in der junge und unbekannte Künstler auftreten. 23 Ausgaben liefen in loser Folge, anschließend noch ein 90-minütiges Best-of.

SHOW-CHANCE   ZDF
1967–1973. Talentshow in Zusammenarbeit mit dem österreichischen und Schweizer Fernsehen.
Zum Start wurden Nachwuchsmusiker und -entertainer gesucht, ab 1969 nur noch Sänger und Bands. Nach dem ersten Durchlauf wurde kritisiert, dass keiner der Teilnehmer berühmt geworden, sondern allenfalls ein Achtungserfolg verbucht worden sei. Gewonnen hatte in der Kategorie »Gesangsgruppen mit Instrumentalbegleitung« die Band Die Anderen. Eines ihrer Mitglieder war Jürgen Drews. Moderatoren waren Rainer Holbe, Dieter Thomas Heck und Camillo Felgen, das Orchester Max Greger sorgte für die musikalische Untermalung.
Die Show lief zur Primetime. Der komplette Sendetitel beinhaltete das Jahr des Wettbewerbs, z. B. »Show-Chance 67«.

SHOW DES MONATS   SAT.1
2003. Zweistündige Sonntagabendshow mit Kai Pflaume.
Er sollte eigentlich regelmäßig mit Gästen auf die interessantesten Ereignisse des vergangenen Monats zurückblicken, doch schon nach der erfolglosen Premiere wurde die Show vorerst, später dann – noch vor einer weiteren für den Herbst geplanten Ausstrahlung – endgültig gekippt.

SHOW-EXPRESS   ZDF
1980–1982. Musikshow mit Live-Auftritten. Erster Moderator war Rainer Holbe, schon im September 1980 übernahm Michael Schanze mit neuem Konzept, das neben Musik nun auch »Show-News« beinhaltete. Die Begleitband war das Orchester James Last.
Zwei denkwürdige Auftritte von ABBA fielen in Schanzes Zeit. Im November 1980 sagte die Band die geplante Reise zur Sendung wegen einer Entführungsdrohung ab, wurde aber per Satellit aus Schweden zugeschaltet und spielte drei Songs. Zwei Jahre später traten ABBA doch noch direkt in der Show auf. Es war ihr letzter gemeinsamer Auftritt.

DIE SHOW MIT IX UND YPS   ARD
→ Yxilon-Show

SHOW PALAST   ZDF
1999–2000. Sonntagabendshow mit Dieter Thomas Heck.
Zwölf Schlagerstars treten gegeneinander an. Der vom Zuschauer-TED gekürte Sieger gewinnt den Show-Palast-Supercup.
In der viermal jährlich stattfindenden Show gab Heck vielen deutschsprachigen Künstlern, die er mit der *Hitparade* groß gemacht hatte, ein Fernsehgnadenbrot. Am Anfang bildeten die aktuellen Charts die Grundlage der Titelauswahl, nach der Sommerpause 1999 waren es Premieren vor allem deutschsprachiger Interpreten. Nach insgesamt acht Sendungen und magerem Zuschauerinteresse gab Heck auf, weil ihm, wie er sagte, »die Einschaltquoten nicht so gefallen« hatten.

SHOW-REPORT   ZDF
1970–1971. »Neues und Kurioses aus der Welt der Unterhaltung«. Showmagazin mit Günther Schramm und Filmbeiträgen über Clubs und Shows in Deutschland und im Ausland, Starporträts, Interviews und Plattentipps.
In der ersten Sendung ging es um den Belgier Luigi, der als Sänger vor allem im Vorderen Orient und in Südamerika bekannt war, und den Tod des Hamburger »Star Clubs«, aus dem René Durand damals einen Sexclub machte.
Die Sendung dauerte eine Stunde und lief in der Regel freitags um 21.15 Uhr. Regisseur war Chuck Kerremans.

SHOW & CO. MIT CARLO   ZDF
1984–1986. 90-minütige Musikshow mit Carlo von Tiedemann und vielen Studiogästen mit ihren Liedern.
Tiedemann begrüßte anfangs deutsche und internationale Stars und plauderte mit ihnen, aber auch ohne sie. Nach gut einem Jahr versuchte er ein neues Konzept mit ausschließlich deutschen Gästen. Letztlich scheiterte die Show an ihrem Sendeplatz. Sie lief donnerstags um 19.30 Uhr im Wechsel mit *Dalli Dalli* und *Der große Preis* und musste sich deshalb an diesen Shows messen lassen. Die Musiksendung wurde schließlich von der Spielshow *Ihr Einsatz, bitte* abgelöst.

SHOWBLITZ   SAT.1
→ Blitzlicht

SHOWFENSTER   ZDF
1986–1992. Halbstündiges Showmagazin mit Sabine Sauer, das im Wechsel mit anderen Magazinen freitags um 21.15 Uhr lief und über Neues aus der Welt von Film und Fernsehen berichtete.

SHOWFRITZ   ARD
1991–1992. Fritz Egner stellte in Ausschnitten Höhe- und Tiefpunkte des Fernsehschaffens anderer Länder vor.

SHOWGESCHICHTEN   BR
1986–2003. Interviewreihe, in der Gerhard Schmitt-Thiel Prominente im Gespräch porträtiert.
Pro Sendung war ein Prominenter Gast und zugleich

Thema. Von ähnlichen Sendungen wie *Heut' abend* unterschieden sich die *Showgeschichten* durch die Beschränkung auf Film- und Fernsehstars und dadurch, dass Moderator und Gast vor einer riesigen Leinwand saßen und sich Filmausschnitte mit dem Gast ansahen.

Die Reihe lief lange Zeit mit großem Erfolg im Bayerischen Fernsehen, von Februar 1988 bis März 1992 wurden rund 30 Ausgaben von der ARD übernommen. Schmitt-Thiel wurde dafür bekannt, auch jenen Stars Unterhaltsames zu entlocken, die sonst Talkshows und Interviews mieden, wie Heinz Rühmann, Mario Adorf, Maximilian Schell, Gert Fröbe oder Loriot.

SHOWKOLADE   DFF

1987–1990. Große Samstagabendshow mit Gunther Emmerlich, der damit zu einem der Stars des DDR-Fernsehens wurde.

Das Konzept war ebenso schlicht wie stimmig: Emmerlich plauderte, sang und musizierte mit Gästen. Von Dutzenden ähnlicher Shows unterschied sich diese vor allem durch die Person Emmerlichs, der nicht wie die meisten seiner Kollegen aus der Unterhaltungsszene Ostberlins stammte, sondern Sänger der Dresdner Semperoper war und eine ungeahnte Bühnenpräsenz und Souveränität mitbrachte. Die Sendung kam jedes Mal aus einem anderen Theater der DDR und präsentierte von dort nicht nur bekannte Gäste, sondern auch Sänger und Schauspieler aus der Region oder von dem gastgebenden Theater selbst. Neben Emmerlich trat stets der Dresdner Kabarettist Wolfgang Stumph als »Stumpy« auf, der mit Emmerlich Gags zu aktuellen Ereignissen machte. Die Tänzerin Nadja Puls bewirtete als »Showkoladenmädchen« die Gäste.

Die *Showkolade* verband Glamour mit Kabarett und einem Hauch Zeitkritik, weshalb Emmerlich von der DDR-Führung staatsfeindliches Verhalten vorgeworfen wurde, als er beispielsweise die schlechte Luft in Halle zum Anlass für einen Scherz nahm. Im Gegensatz zum *Kessel Buntes* lief *Showkolade* deshalb nicht live; viele Moderationen von Emmerlich wurden vor der Ausstrahlung herausgeschnitten.

Emmerlich gelang mit der Show ein großer Erfolg, und er schaffte es sogar, der zeitgleich im Westfernsehen laufenden Show *Wetten dass ...?* bei den Einschaltquoten in der DDR Konkurrenz zu machen. Nach der Wende konnte Emmerlich zwar internationale Stars begrüßen, hatte aber offensichtlich seine Rolle verloren. An den Erfolg der *Showkolade,* die es auf zwölf Ausgaben brachte, konnte er nie wieder anknüpfen. Konzepte wie *Gunther und drüber* trugen ihren Teil dazu bei.

SHOWLYMPIA   ARD

1996. Samstagabendshow mit Thomas Germann, in der Mannschaften aus verschiedenen Ländern in verrückten Spielen gegeneinander antreten.

Die Variante von *Spiel ohne Grenzen* war im Rahmen eines kurzlebigen dreifachen Showexperiments gestartet (siehe *Allein oder fröhlich; Stimmung!*) und erlebte nur zwei Ausgaben.

SHOWMASTER   RTL

1992. Große Sonntagabend-Castingshow mit Werner Schulze-Erdel.

Je drei Kandidaten pro Sendung müssen diverse Moderationsaufgaben erfüllen, improvisieren, singen, tanzen. Die Jury, die mit wechselnden Prominenten wie Rudi Carrell, Loni Kellner und RTL-Chef Helmut Thoma besetzt ist, beurteilt, ob sie fähig sind, eine große Show zu moderieren. Nach den ersten neun Shows treten die Sieger in drei Halbfinalshows gegeneinander an; deren Gewinner kämpfen im großen Finale in der 13. Sendung um den Hauptpreis: einen Moderatorenvertrag bei RTL.

Gesamtsiegerin wurde Sandy Reid, die aber danach nie mit einer Show bei RTL oder sonst irgendwo zu sehen war. Stattdessen versuchte sie sich als Sängerin und kam mit einer Single sogar auf eine untere Position der Charts. Der Zweitplazierte Martin Wirsing wurde Moderator bei VIVA II und später Moderator und Ansager beim Hessischen Rundfunk für die ARD. RTL bewarb die Sendung mit dem Hinweis, »niemand Geringerer als der erfolgreiche Werner Schulze-Erdel« moderiere sie.

SHOWSTART   ARD

1983–1984. Talentshow mit Jürgen von der Lippe. Lief in loser Folge dreimal im Abendprogramm.

SICHER IST SICHER   ZDF

1991–1993. 6-tlg. dt. Schmunzelkrimi von Lida Winiewicz, Regie: Peter Weck.

Der Versicherungsjurist Dr. Martin Zwölfer (Peter Weck) klärt raffinierte Fälle von Versicherungsbetrug auf. Sein Chef, Direktor Stock (Klaus Guth), teilt ihm seinen Neffen Ferdi Stock (Pascal Breuer) als Assistenten zu, was Zwölfer erst nicht passt, doch dann reisen sie gemeinsam für ihre Ermittlungen um die Welt. Frau Hügel (Claudia Rieschel) ist Zwölfers Sekretärin, Thomas Ottental (Hans-Jürgen Schatz) der Schadensreferent, der Verleger Heinz Krumböck (Gerd Baltus) ein guter Freund und Vanessa (Barbara May) dessen Sekretärin.

Jede einstündige Folge umfasste zwei Fälle. Drei Folgen liefen donnerstags, drei weitere zwei Jahre später dienstags zur Primetime.

SIDEKICKS – KARATE KID & CO.   RTL

1996. 23-tlg. US-Krimiserie (»Sidekicks«; 1986–1987).

Wie praktisch ist es für einen kernigen Polizisten wie Jake Rizzo (Gil Gerard), beim Lösen seiner Fälle einen zehnjährigen Knirps wie Ernie Lee (Ernie Reyes, Jr.) an seiner Seite zu haben? Extrem – wenn der Kleine Karate kann und von seinem asiatischen Großvater Sabasan (Keye Luke) vor dessen Tod ein paar mystische Kräfte verliehen bekam. Den elternlosen Enkel bei Rizzo abzugeben und den versprechen zu lassen, dass er sich um das Kind kümmert, war

Sabasans letzte Mission, bevor er starb. Der Bulle und der Kampfzwerg werden ein Team, und auch die Sozialarbeiterin Patricia Blake (Nancy Stafford) freundet sich schließlich mit der Situation an.
Serienversion von Disneys TV-Film »The Electric Knight« mit denselben Hauptdarstellern, der in Deutschland unter dem Titel »Ninja Boy – Der Kleine mit dem Superschlag« erschien. Ernie Reyes konnte tatsächlich Karate – er trug den schwarzen Gürtel. Das Talent hat er von seinem Vater, der ebenfalls Ernie Reyes heißt und die Karateszenen in der Serie choreografierte.
Die Folgen war je eine halbe Stunde lang und liefen samstags mittags.

SIE – ER – ES   ARD
1971–1987. Monatliches Frauenmagazin »auch für Männer« von und mit Lisa Kraemer zu allen relevanten Themen des alltäglichen Lebens wie Kindererziehung, Ratenkäufe, Urlaub und Betrug (Vorbeugung, keine Anleitung) sowie Beiträgen über Kurioses und Prominente.
Im Oktober 1973 widmete sich eine komplette Ausgabe einem Interview, das Brigitte Bardot französischen Journalisten gegeben hatte, und zeigte eine leicht gekürzte Fassung. 1982 bewies die Sendung am Beispiel von *Tagesschau*-Sprecherin Dagmar Berghoff und *Tagesthemen*-Moderatorin Barbara Dickmann, dass Fernsehnachrichten auch glaubwürdig sein können, wenn sie von Frauen präsentiert werden.
Die korrekte Schreibweise war *SIE – er – ES*. Fester Sendeplatz war anfangs mittwochs, dann mehr als zehn Jahre lang der Donnerstagnachmittag gegen 16.15 Uhr, dann wechselte die Reihe auf den Dienstag. Lisa Kraemer war auch für das Frauenmagazin *Fortifeif* verantwortlich.

SIE KAM AUS DEM ALL   DFF 1
1982. 13-tlg. tschechoslowak. Jugendserie von Václav Pavel Borovička und František Vlček, Regie: Radim Cvrček (»Spadla z oblakov«; 1980).
Die Kinder Karol (Matej Landl) und Slavo (Lubor Čajka) freunden sich mit dem Mädchen Majka (Zuzana Pravnanská) an, die vom Planeten Gurun auf die Erde gekommen ist, um das Erdenleben zu erforschen und später in ihrer Heimat darüber zu berichten. Majka kann fliegen, auf dem Wasser laufen und Dinge vervielfältigen. Dadurch wird sie zur lokalen Berühmtheit, und schon sind Gangster hinter ihr her. Ihre Energie bekommt Majka durch Stabilisatoren, die sie immer bei einer Lichtung im Wald erhält. Als ihre Energie endgültig zu Ende geht und ihre Mission erfüllt ist, fliegt Majka wieder nach Hause. Ab 1983 liefen die halbstündigen Folgen auch in mehreren Dritten Programmen in Westdeutschland.

SIE KOMMEN AUS AGARTHI   ARD
1974. 14-tlg. dt. Mysteryserie.
»Sie kommen aus Agarthi«, faselt die Modeschöpferin Sandra Bittner (Monika Gabriel) zu Beginn der Serie. Solche Dinge wird sie noch öfter sagen, und meistens ist was dran, doch geheimnisvoll ist es immer. »Sie« sind Wesen aus dem unterirdischen Legendenreich Agarthi, und mit ihnen steht die telepathisch begabte Sandra nun möglicherweise in Kontakt. Entsprechend häufig werden Sandra und ihr Mann Pete (Gunther Malzacher) mit mysteriösen Begebenheiten konfrontiert: Steine werden zu Gold, Pflanzen sterben vor Angst, Muster machen unsichtbar, verschwundenes Rauschgift taucht Monate später mit merkwürdigen Eigenschaften wieder auf, eine nackte Nymphe wandelt durch die Wüste, und Sandra findet ihr eigenes Grab. Östliche und westliche Geheimdienste gehen der Sache nach, Leontew (Günter Lamprecht) für die Russen und Professor Bond (Herbert Stass) für die Amerikaner, und Sandras telepathische Fähigkeiten sollen ihnen auf die Sprünge helfen. Und noch einer behauptet, telepathischen Kontakt nach Agarthi zu haben: der seltsame Prinz Taitanuk (Andras Fricsay), der in aller Welt Verwirrung stiftet.
Mystisch-esoterische Serie, bei der man nie so genau wusste, worum es gerade ging. *Akte X* machte das später so ähnlich.
Die 30-minütigen Folgen liefen im regionalen Vorabendprogramm.

SIE SCHREIBEN MIT   ARD
1958–1971. 107-tlg. dt. Episodenreihe.
In 25-minütigen Episoden, verfasst von etlichen namhaften Autoren – darunter Heinz Oskar Wuttig und Walter Kausch, die auch Regie führten –, wird eine Handlung angerissen, aber nicht zu Ende erzählt. Die Fernsehzuschauer sind dann aufgefordert, die Geschichte zu Ende zu schreiben und ihre Vorschläge einzusenden. Daraus entsteht dann der jeweils zweite Teil der Doppelfolgen (in späteren Folgen kam man mit einer einzelnen Episode aus und berücksichtigte von vornherein eingesandte Geschichten).
Sie liefen etwa einmal im Monat im Vorabendprogramm und waren mit wechselnden prominenten Hauptdarstellern besetzt, darunter Heinz Engelmann, Horst Naumann, Ernst Stankovski, Volker Lechtenbrink, Bum Krüger, Herbert Tiede, Trude Breitschopf, Rolf Becker, Heli Finkenzeller, Else Quecke, Monika Berg, Hans Timerding, Michaela May, Heinz Weiss, Evelyn Gressmann, Gerhart Lippert, Rosemarie Fendel und, in der letzten Folge im Jahr 1971, der sechsjährige Thomas Ohrner.

SIE 67   ARD
1967–1968. »Skizzen zu einem Porträt der modernen Frau«. Porträtreihe, in der prominente oder bemerkenswerte Frauen näher vorgestellt wurden.
Jede 45-minütige Ausgabe widmete sich einer Person, etwa der Schauspielerin Hildegard Knef, der Politikerin Hildegard Hamm-Brücher oder der Kunstsammlerin Peggy Guggenheim, außerdem einer Olympiasiegerin, einer Nachtclubbesitzerin und einer Ehefrau.

Lief einmal im Monat am Nachmittag, insgesamt neunmal.

SIE UND ER IM KREUZVERHÖR ZDF
1971–1973. Halbstündige Vorabendspielshow mit Peter Frankenfeld, in der vier prominenten Ehepaaren getrennt voneinander Fragen gestellt werden. Während ein Kandidat befragt wird, sitzt sein Partner hinter den Kulissen und ist für das Publikum auf orangefarbenen Fernsehern zu sehen, die vor dem Kandidaten stehen. Gatte und Gattin müssen bei den Antworten möglichst viele Übereinstimmungen erzielen oder Geschichten des anderen ergänzen. Nebenbei erfahren die Zuschauer so einiges aus dem Privatleben der Kandidaten.
Die Sendung war eine Promiversion des US-Formats »The Newlywed Game«, auf dem auch die Shows *Flitterabend* und *4 + 4 = Wir* beruhten. 13 Ausgaben liefen alle vier Wochen montags. Regie führte Alexander Arnz.

SIE UND ER UND 1000 FRAGEN DFF 1
1972–1984. Halbstündiges »Magazin für Eheleute und solche, die es werden wollen«. Partnerschafts-Ratgebersendung zu Themen wie »Haushaltsbuch in der Familie«, »Rund um den Fußboden« oder »Lichtgestaltung in der Wohnung«, aber beispielsweise auch »Keine Zeit für Zärtlichkeit«.
Dass Probleme in der Partnerschaft, Fragen zur Kindererziehung oder gar Ehescheidung erörtert wurden, war eine Neuheit im Fernsehen der DDR, zumal dies ganz sachlich ohne erhobenen Zeigefinger geschah. Entsprechend erfolgreich war das Magazin. Es wurde aus Halle gesendet, lief einmal im Monat im Vorabendprogramm und brachte es auf rund 150 Folgen. Moderatoren waren Marlies Gohling, Regina Pauls, Rainer Stemmler und Willy Walther.

SIE WOLLTEN HITLER TÖTEN ZDF
2004. 4-tlg. Hitlerreihe aus Guido Knopps Weltkriegsredaktion über die missglückten Attentatsversuche auf Adolf Hitler.

SIEBEN ALLEIN ZU HAUS PRO SIEBEN
1996. 15-tlg. US-Sitcom (»On Our Own«; 1994–1995).
Nach dem Tod der Eltern kümmert sich der 20-jährige Josh Jerrico (Ralph Louis Harris) um seine sechs jüngeren Geschwister Jimi (Jojo Smollett), Jai (Jazz Smollett), Jesse (Jussie Smollett), Jordee (Jurnee Smollett), Joc (Jake Smollett) und Jarreau (Jocqui Smollett). Um dem Jugendamt einen rechtmäßigen Vormund vorzugaukeln, verkleidet sich Josh als Tante Jelcinda, die für die Kinder sorgt. Alana Michaels (Kimberley Kates) vom Jugendamt durchschaut den Schwindel zwar, deckt ihn aber gegenüber ihrem dämlichen Kollegen Gordon Ormsby (Roger Aaron Brown).
Die Darsteller der sechs jüngeren Jerricos sind auch im wirklichen Leben Geschwister.

SIEBEN AUF EINEN STREICH ARD
1958–1959. »Heiteres Tele-Toto« mit Hans-Joachim Kulenkampff, an dem sich im Rahmen eines Zuschauerspiels alle Fernsehzuschauer beteiligen können. Die Zuschauer müssen tippen, welcher Prominente ein bestimmtes Turnier gewinnt: Es gibt Wettkegeln, eine Wettfahrt von Rennfahrern mit Traktoren und Speerwerfen von Sängern. Als Preis winkt z. B. ein Teenachmittag mit Caterina Valente.
Die Reihe brachte es auf sieben Ausgaben.

SIEBEN KLEINE AUSTRALIER ZDF
1975–1976. 10-tlg. austral. Jugendserie von Barbara Vernon und Eleanor Witcombe nach einer Erzählung von Ethel Turner, Regie: Ron Way (»Seven Little Australians«; 1973).
Ende des 19. Jh. lebt Captain John Woolcot (Leonard Teale) mit seiner Familie in einem Häuschen am Stadtrand von Sydney. Der Regimentsoffizier würde auch seine sieben Blagen gern mit militärischer Disziplin unter Kontrolle bringen, doch die Kinder haben es faustdick hinter den Ohren. Woolcots junge zweite Frau Esther (Elizabeth Alexander) und die Haushälterin Martha (Ruth Cracknell) sind da mit sanfteren Methoden oft erfolgreicher.
Die Folgen waren 25 Minuten lang und liefen samstags nachmittags.

DIE SIEBEN-MILLIONEN-DOLLAR-FRAU RTL
1989–1990. 58-tlg. US-Abenteuerserie von Kenneth Johnson (»The Bionic Woman«; 1976–1978).
Spin-off von *Der Sechs-Millionen-Dollar-Mann*: Auch die schwer verletzte Jaime Sommers (Lindsay Wagner) wird von dem Regierungschirurgen Dr. Rudy Wells (Martin E. Brooks) bionisch auf Vordermann gebracht und mit übernatürlichen Kräften in ihren bionischen Armen und Beinen und in einem Ohr ausgestattet. Sie arbeitet fortan ebenfalls für Oscar Goldman (Richard Anderson) von der Regierung in geheimen Missionen, bei denen sie das internationale Verbrechen und Monster bekämpft. Gelegentlich ist sie mit dem Sechs-Millionen-Dollar-Mann, ihrem Ex-Freund Steve Austin (Lee Majors), gemeinsam im Einsatz. Peggy Callahan (Jennifer Darling) ist Goldmans Sekretärin, Jim (Ford Rainey) und Helen Elgin (Martha Scott) sind Steves Eltern und Jaimes Nachbarn.
Eigentlich sollte Jaime lediglich in ein paar Folgen des *Sechs-Millionen-Dollar-Manns* auftauchen und dann sterben, doch die Zuschauerresonanz verhinderte das. Sie überlebte sogar die Absetzung der Serie seitens ABC: Konkurrent NBC verhalf ihr zu einer weiteren Staffel. In beiden *Millionen-Dollar*-Serien spielten die Darsteller Brooks, Anderson und Darling ihre Rollen regelmäßig, sogar die Hauptdarsteller tauchten wechselseitig auf oder lösten Fälle in ihrer Serie, die in der anderen begonnen hatten. Die Ausstrahlungszeiträume verliefen sowohl in den USA als auch 15 Jahre später in Deutschland parallel. Beide Serien basierten auf dem Roman »Cyborg« von Martin Caidin. Die Zeichentrick-

Drei Siebtel aus den frühen Tagen: Karl Dall, Rudi Carrell und Milena Preradovic in *Sieben Tage – sieben Köpfe*.

serie *Die 6-Millionen-Dollar-Familie* adaptierte die Grundidee später.
Die einstündigen Folgen liefen donnerstags um 20.15 Uhr.

701 – DIE SHOW   ZDF
1997. Nachmittagsshow mit Stefanie Ludwig und Markus Brock.
Wer, bitte, kommt auf die Idee, eine neue Show nach der zentralen Rufnummer des Senders zu benennen? 0 61 31/70-1 ist die vom ZDF, deshalb »Sieben-null-eins«. Die »Mischung aus Show, Spiel, Infotainment, Quiz, Action und vielen Serviceangeboten«, live »von der umgebauten und mit einem neuen Wetterschutz versehenen Freispielfläche des Fernsehgartengeländes«, wurde verständlicherweise kein Erfolg, obwohl man doch bei der Premiere auf Nummer Sicher ging und Roberto Blanco einlud. Gemeinsam mit der Talkshow *Schattenspringer* bildete *701* einen kurzlebigen Versuch des ZDF, sein Nachmittagsprogramm aufzupeppen.

SIEBEN TAGE – SIEBEN KÖPFE   RTL
1996–2005. Höchst erfolgreicher Comedystammtisch. Sieben Prominente, meist Komiker, sitzen nebeneinander und lästern über die Ereignisse der abgelaufenen Woche. Jochen Busse moderiert die Runde und begrüßt die Zuschauer in seiner »bekannt liebenswürdigen Art«.
Zur Ur- und Stammbesetzung gehörten neben Busse Rudi Carrell, der die Reihe produzierte, Mike Krüger und Gaby Köster. In den ersten Monaten waren ferner Karl Dall und Hellmuth Karasek ständig dabei, später Kalle Pohl und Bernd Stelter. Hinzu kamen jede Woche wechselnde Gäste, darunter Milena Preradovic, Ingo Appelt, Piet Klocke und Michael Mittermeier. Neben Scherzen über das aktuelle Wochengeschehen lebte die Sendung von vielen Running Gags auf Kosten der anwesenden »Köpfe«. Der kleine Kalle Pohl musste sich ständig Zwergenwitze gefallen lassen, der Holländer Carrell Wohnwagenwitze seitens Mike Krüger. Krüger selbst bot mit seiner Nase eine große Angriffsfläche und Karl Dall mit seiner Gesamterscheinung ohnehin. Am Ende jeder Sendung überreichten sich Krüger und Carrell gegenseitig Geschenke. Carrell nahm nach sieben Jahren seinen Hut als Akteur und gehörte in der 200. Sendung am 20. Dezember 2002 zum letzten Mal zum Ensemble. Er blieb Produzent und trat auch weiterhin immer zum Ende der Sendung mit einer »Überraschung« auf. Seinen festen Platz übernahm Sat.1-Sportmoderator Oliver Welke.
Sieben Tage – sieben Köpfe ... und bis zu sieben Millionen Zuschauer. Die Show wurde eine der erfolgreichsten Sendungen im deutschen Fernsehen – obwohl, nein, weil den Pointen jede Subtilität oder Überraschung fehlte. Viele Komiker gaben sich nicht einmal die Mühe zu verbergen, dass sie die vermeintlich spontanen Wortwechsel vom Blatt ablasen. Vier der Hauptakteure, Busse, Köster, Stelter und Pohl, starteten neben der Show eigene Comedyserien, die meistens direkt vor dieser Show im Programm platziert wurden: *Das Amt*, *Ritas Welt*, *Bernds Hexe* und *Kalle kocht*.

7 TREFFEN SICH UM 8   DFF
1967–1970. Spielsendung mit wirtschaftsjournalistischen Elementen.
Die Kandidaten müssen erraten, welches »Finalprodukt« sich in einer verschlossenen Kiste auf der Bühne befindet. Sie bekommen Tipps wie den Herstellungsort, verwendete Einzelteile oder beteiligte Zulieferbetriebe, von denen Vertreter auf der Bühne sitzen. Jeder Kandidat hat 60 Sekunden Ratezeit, die

er durch das geglückte Absolvieren eines Geschicklichkeitsspiels um 30 Sekunden erweitern kann. Je nach Runde, in der das Rätsel gelöst wird, gibt es 700 DM oder weniger. Am Ende der Sendung dürfen auch die Zuschauer noch mitraten: Sie sollen ebenfalls aus Einzelteilen, die genannt werden, ein »Finalprodukt« erkennen. Spielmeister ist Wolfgang Stein.

Merkwürdige Sendung rund um einen »ökonomisch-kulturellen Leistungsvergleich«, auch kurz »Ökulei« genannt. Ja, »Ökulei«. Zu den Geschicklichkeitsspielen gehörte z. B. die Aufgabe, mit einem »Heimsprudler« Kerzen auszulöschen. Leider war das alles – trotz Auftritten des Fernsehballetts – nicht halb so unterhaltsam, wie es sich liest, weil das Ziel, industrielle Kooperationspartner auf der Bühne zusammenzuführen und den Zuschauern Wissenswertes über die tolle Industrieproduktion der DDR zu vermitteln, mit großem Ernst, lehrerhaften Vorträgen und beunruhigender Detailfreude verfolgt wurde. Beim Publikum war die Sendung entsprechend wenig beliebt, die DDR-Verantwortlichen hielten aber wegen des politischen Auftrags an ihr fest. Nach zehn Ausgaben wurde das Konzept noch erweitert, die zu erratenden Produkte wurden eindrucksvoller und das Publikum im Studio größer. Die Sendung hieß nun, erstmals im August 1969, *8 treffen sich um 8*.

Insgesamt liefen 19 Ausgaben an verschiedenen Wochentagen.

7 VOR 7 — RTL

1984–1988. »Die Bilder des Tages«. Hauptnachrichtensendung von RTL seit Sendestart, täglich um 18.53 Uhr.

7 vor 7 wurde von drei Moderatoren präsentiert, die verschiedene Zuständigkeitsbereiche hatten: Inland, Ausland und Sport. Der für Inland Zuständige war zugleich Anchorman, also Hauptmoderator: Es war Hans Meiser. Zu den weiteren Moderatoren für die anderen Bereiche gehörten u. a. Geert Müller-Gerbes, Björn-Hergen Schimpf (der ab September 1984 außerdem als Karlchen immer nach den Nachrichten ebendiese kommentierte), Olaf Kracht und Ulli Potofski. 1988 wurde die Sendung um acht Minuten vorverlegt und in *RTL aktuell* umbenannt.

SIEBENBIRKEN — ZDF

1992. 13-tlg. dt. Familienserie von Arno Wolff.

Die Kölner Familie Giesbeck erbt überraschend den Bauernhof Siebenbirken im Bergischen Land. Vater Christian (Heinrich Giskes), Mutter Waltraud (Angelika Bender) und die Teenagerkinder Jochen (Jerzy May) und Stefanie (Michaela Heigenhauser) ziehen aus der Großstadt aufs Land und versuchen, den Hof, der sich als Bruchbude entpuppt, wieder auf Hochglanz zu bringen. Die Nachbarn Ilona (Sabine von Maydell) und Arthur Imholz (Wolfgang Völz) haben ganz andere Pläne mit dem Grundstück.

Siebenbirken war angeblich die erste ZDF-Vorabendserie, die im Bergischen Land spielte. Nun denn. Die 50-minütigen Folgen liefen dienstags um 17.50 Uhr.

SIEBENSTEIN — ZDF

Seit 1988. Sendereihe für Kinder von Irene Wellershoff.

Die verträumte Frau Siebenstein (Adelheid Arndt; ab September 2004: Henriette Heinze) ist Inhaberin eines kleinen Trödelladens. Ihre Mitbewohner sind ein schlecht gelaunter sprechender Koffer und der freche Rabe Rudi. Sie erzählen sich gegenseitig lustige, ernste oder lehrreiche Geschichten. Das Haus, in dem sich der Laden befindet, gehört dem Geschäftsmann Blöhmann (Heinz-Werner Kraehkamp). Rudi hat ständig Hunger auf Käse und der Koffer Sehnsucht nach der Ferne. Besucher, die in den Laden kommen, darunter Märchenprinzen, Feen, aber auch ganz normale Nachbarskinder, werden in die Geschichten einbezogen.

Der Trödelladen bildete anfangs nur die Rahmenhandlung für Bildergeschichten, Trickfilme, Dokumentationen und Lieder, nahm aber im Lauf der Zeit, mit wachsender Popularität der Figuren, mehr Platz ein. Die Puppenspieler Werner Knoedgen und Thomas Rohloff liehen Rudi und dem Koffer Arme und Stimme. 1998 startete die Reihe einen Geschichtenwettbewerb für Kinder, die nun selbst zur Sendung beitragen durften. Kurz vor Weihnachten 2002 lief innerhalb von *Siebenstein* die fünfteilige Fortsetzungsgeschichte »Himmlische Besucher«, die zeigte, wie Rudi, der Koffer und Frau Siebenstein die Adventszeit erleben. Im Herbst 2004 zogen Siebenstein, Rabe und Koffer in einen neuen, größeren Laden um.

Die Reihe wurde zu einem Dauerbrenner im Kinderprogramm am Wochenende. Der Rabe Rudi bekam noch drei eigene Reihen: *Frech wie Rudi*, *Rudis Rabenteuer* und *Hallo, hier ist Rudi*. Mehrere Geschichten sind auf DVD erschienen.

DIE SIEBENTE PAPYRUSROLLE — PRO SIEBEN

2000. 3-tlg. US-ital. Abenteuerfilm von Kevin Connor nach dem Roman von Wilbur Smith (»Seventh Scroll«; 1999).

Der Archäologe Duraid al Simma (Tony Musante) und seine Frau Royan (Karina Lobard) suchen nach dem Schatz des Pharaos Mamosis. Die Wegbeschreibung befand sich auf einer zerfallenen Papyrusrolle. Auch der skrupellose Millionär Grant Schiller (Roy Scheider) sucht das Grab und geht dafür über Leichen. Duraid stirbt, sein Adoptivsohn Hapi (Jeffrey Licon) wird entführt. Duraids alter Freund Nick Harper (Jeff Fahey) hilft Royan bei der Suche, die dank Hapi erfolgreich ist. Der Junge besitzt nämlich ein paar hilfreiche Orakelsteine, die den Weg in die Vergangenheit weisen. Seine eigene, wie sich herausstellt: Hapi ist der uneheliche Sohn der Königin Lostris (Katrina Gibson) und des Kriegers Tanus (Phillip Rhys), den der Sklave Taita (Art Malik) vor 5000 Jahren auf dem Nil ausgesetzt hat.

DER 7. SINN — ARD, WDR

1966–2005 (ARD); seit 2005 (WDR). Dreiminütige Ratgebersendung mit Tipps zum Verhalten im Straßenverkehr.

In Kooperation mit der Deutschen Verkehrswacht warnte *Der 7. Sinn* vor Risiken auf der Straße oder dem, was er dafür hielt, z. B. Frauen. Die könnten nämlich beispielsweise »Distanzen schlechter einschätzen als Männer«. Weitere Originalzitate aus den 70er-Jahren: »Es gibt falsche Verhaltensweisen, die besonders häufig bei Frauen beobachtet werden. Zum Beispiel Nichtbeachten der Vorfahrt.« – »Frauen fahren meist vorsichtiger als Männer, weil ihnen die Übung fehlt. Sie behindern dann den fließenden Verkehr.« – »Viele Frauen scheuen das Anlegen des Sicherheitsgurts, weil sie Angst um ihren Busen haben. Diese Sorge ist unnötig, sagen Mediziner, wenn der Gurt richtig sitzt.«

Darüber hinaus wurden Themen behandelt, die auch im theoretischen Fahrprüfungsbogen eine Rolle spielten. Es ging ums richtiges Abbiegeverhalten, vorausschauendes Fahren bei Gefahr von Wildwechsel, Vorsicht bei schlechter Witterung und darum, dass es bei total vereisten Scheiben nicht ausreicht, ein Guckloch ins Eis zu hauchen. Vor allem aber wurde gezeigt, wie Unfälle verhindert werden können, oder genauer: wie Unfälle aussehen, wenn sie nicht verhindert werden. Zur Produktion der kurzen erklärenden Einspielfilme wurden allein in den ersten 30 Jahren mehr als 1000 Autos zu Schrott gefahren. Dazu wurden Altautos benutzt, die aber neu lackiert waren. 1973 kostete das 100 DM pro Wagen.

Off-Sprecher der Hinweise war Egon Hoegen, dessen Stimme auch den *Internationalen Frühschoppen* eingeleitet hatte. Das Konzept stammte von Alfred Noell auf Initiative von Günter Wind, dem damaligen Präsidenten der Deutschen Verkehrswacht. Die markante dramatische Titelmusik zur gezeichneten Verkehrsampel stammt von Kenny Clarke und France Boland und ihrer Bigband.

Der 7. Sinn musste seinen Sendeplatz mehrfach räumen und umziehen, lief aber fast immer im Abendprogramm. Er startete am Freitag um 21.45 Uhr direkt nach dem Krimi, um für das wichtige Thema hohe Zuschauerzahlen zu erreichen, gab ein kurzes Gastspiel am Montag, erlebte 1978 einen dramatischen Quoteneinbruch am Freitag um 17.50 Uhr und zog schließlich für sehr lange Zeit auf den Donnerstag, wo er mal um 20.15 Uhr direkt nach der *Tagesschau*, mal um 21.00 Uhr direkt vor der Show gezeigt wurde. Im November 1994 wurde 18.05 Uhr am Sonntag die neue Heimat. Als die ARD im März 2005 ihren frühen Sonntagabend umbaute, um dort den *Bericht aus Berlin* unterzubringen, war für die *7. Sinn* kein Platz mehr. Er wurde nun nur noch in den Dritten Programmen ausgestrahlt. Eine Einstellung sei nicht geplant, hieß es bei der ARD, die Sendung sei »nicht wegzudenken«. Allerdings war ihr plötzliches Fehlen anscheinend auch niemandem aufgefallen ...

Die Beiträge wurden in etliche andere Länder verkauft, anfangs auch kostenlos als Entwicklungshilfe afrikanischen Staaten zur Verfügung gestellt.

Die Produktionsfirma Cine Relations von Alfred Noell produzierte auch fast alle anderen Verkehrssendungen im deutschen Fernsehen wie *Verkehrsarena* oder *So läuft's richtig*.

DIE 70ER SHOW — RTL

2003. Retroshow mit Hape Kerkeling.

Nach dem sensationellen Erfolg der *80er Show* folgte ein Jahr später diese Variante, die auf Themen, Moden und Musik der 70er-Jahre zurückblickte. Statt Oliver Geissen wurde Kerkeling als Moderator verpflichtet, der die Show mit witzigen Einspielfilmen und vielen Rollen bereicherte, die Stars aus jener Zeit zu Hause besuchte oder live mit ihnen im Studio sang. Sonst blieb alles gleich: Prominente Gäste plauderten über Erlebnisse aus dieser Zeit und brachten Andenken mit. Auch die Einschaltquoten waren gleich bleibend hoch, und so durfte auch Kerkeling seine eigentlich einstündige Show immer um etwa eine Viertelstunde überziehen, obwohl man doch die Aufzeichnung prima hätte schneiden können. Produzent war wieder Günther Jauch.

Zehn Folgen in zwei Staffeln liefen samstags um 21.15 Uhr, dazwischen noch zwei Best-ofs und ein Jahr später, im Oktober 2004, das zweistündige Special »Die 70er Show – Hapes Hits«.

Hape Kerkeling erhielt 2003 den Deutschen Fernsehpreis für die »Beste Moderation Unterhaltung«.

SIEH MAL AN! — DFF

1958–1959. Bunte Nachmittagssendung mit Margot Ebert und Wolfgang Lippert live aus den Klubhäusern verschiedener Betriebe.

Sie besuchten als Erstes den VEB Elektromotorenwerke Wernigerode, später aber auch die »Schokoladenmänner und -frauen vom VEB Goldeck, Leipzig« oder die U-Bahn-, Straßenbahn- und Busfahrer, die in der Silvesternacht arbeiten mussten.

Acht einstündige Ausgaben liefen ungefähr monatlich samstags.

SIELMANN 2000 — RTL

1991–1992. »Rückkehr in die Zukunft«. Tier-Doku-Reihe mit Heinz Sielmann und seinen beliebten Moderationen: »Wenn es darauf ankommt, ist der Waran ein pfeilschneller Jäger. Das weiß auch der Lappenkibitz.«

Noch stärker als bei seinen *Expeditionen ins Tierreich* wollte Sielmann in dieser Reihe die Zuschauer für die Bedrohung der Natur sensibilisieren. Im Alter von 74 Jahren fuhr er noch einmal an viele Orte früherer Reportagen, zeigte Material aus den 50 Jahren davor und führte drastisch vor, wie schnell der Mensch die Lebensräume der Tiere zerstörte. »Mir läuft es kalt über den Rücken, wenn ich sehe, was wir mit der Erde angestellt haben«, sagte er. Neben den aufrüttelnden Bildern zeigte er aber auch die letzten Paradiese der Welt.

Und schon wieder ertappt: *Silas* (links) und sein Kumpel, der Kuhhirte Bein-Godik.

Mit der Arbeit für RTL setzte sich Sielmann zwischen alle Stühle: Sein alter Arbeitgeber, die ARD, kündigte wegen des Engagements die 35-jährige Zusammenarbeit auf. Sein neuer Arbeitgeber stutzte die Reihe von geplanten 13 auf zehn einstündige Folgen montags um 20.15 Uhr, weil die Quoten im Verhältnis zu den Produktionskosten zu niedrig waren. Die nächste Reihe, den *Heinz-Sielmann-Report*, produzierte Sielmann für Sat.1.

SIELMANNS ABENTEUER NATUR   SAT.1
→ Abenteuer Natur

SIERRA   ARD
1976. 9-tlg. US-Abenteuerserie von Jack Webb und Robert A. Cinader (»Sierra«; 1974).
Die Ranger Tim Cassidy (James G. Richardson), Matt Harper (Ernest Thompson), Julie Beck (Susan Foster), P. J. Lewis (Mike Warren) und ihr Chef Jack Moore (Jack Hogan) retten im Sierra-Nationalpark die Natur vor bösen Umweltsündern und Touristen vor bösen Gefahren.
Der Sierra-Park war fiktiv, gedreht wurde hauptsächlich im Yosemite-Nationalpark. Die einstündigen Folgen liefen im regionalen Vorabendprogramm.

SIGI SAUERSTOFF   ZDF
1995–1998. 104-tlg. dt. ökologische Puppentrickserie für Kinder.
Sigi Sauerstoff ist eine schlaue Haselmaus, die in einem Tal mit vielen anderen Tieren lebt. Der Rat der weisen Eulen hat Sigi zum Detektiv bestimmt, um die diversen Verbrechen im Tal aufzuklären. So bekommt er es u. a. immer wieder mit der Ratte Stinkie Kadaver zu tun, die sich darauf spezialisiert hat, die Umwelt zu verschmutzen.
Die Serie mischte das Puppenspiel mit Bildern von echten Eulen, Hasen, Schlangen, Fröschen und anderen Tieren. Sie sollte, wie unschwer zu erkennen, das Bewusstsein der Kinder für Natur und Umwelt fördern.
Die Folgen waren jeweils 15 Minuten lang und liefen sonntags früh. Mehrere Folgen erschienen auf VHS.

SILAS   ZDF
1981. 6-tlg. dt. Abenteuerserie von Justus Pfaue nach den Büchern von Cecil Bødker, Regie: Sigi Rothemund.
Fast alle Erwachsenen sind böse und gemein. Der kleine Silas (Patrick Bach) ist im 19. Jh. als Zirkusjunge bei dem Schwertschlucker Philipp (Diether Krebs) und der Seiltänzerin Nanina (Nelly Huet) aufgewachsen. Als er von Philipps Grausamkeiten genug hat, läuft er davon. Durch eine Wette gewinnt er den schwarzen Hengst des bösen Bartolin (Shmuel Rodensky), der ihm sofort wieder von dem gemeinen Emmanuel (André Lacombe) gestohlen wird. Ein fieses Fischerpaar (Françoise Bertin und Pierre Forger) sperrt ihn ein und will ihn verkaufen, und ihre blinde Tochter Maria (Tatjana Köthe) will ihn erstechen, wird dann aber von Silas bekehrt und sieht ein, dass er der Gute ist. Alle anderen rufen Silas immer, wenn er ihnen entwischt ist, hinterher, dass sie ihn umbringen werden. Und wir sind immer noch in der ersten Folge.
In einem Sumpfdorf lernt Silas den etwas älteren Kuhhirten Bein-Godik (Lucki Molocher) kennen, der

seit seiner Geburt humpelt. Die beiden werden beste Freunde. Sie beobachten, wie das brutale Weib Pferdekrähe (Ingeborg Lapsien) die kleine Jenny (Nina Rothemund) stiehlt, einsperrt und mitnimmt. Erst jetzt erfährt Silas, dass auch er als kleines Kind von Philipp gestohlen wurde und Nanina gar nicht seine Mutter ist. Mit Hilfe des Otterjägers (Patrick Lancelot), dem ersten freundlich gesinnten Erwachsenen, holen sie sich den schwarzen Hengst zurück und reiten davon. Geld verdienen sie, indem Silas vor Publikum auf seiner Flöte spielt und Godik Holzschüsseln schnitzt.

Immer wieder begegnen sie Philipp und dem Zirkus sowie Pferdekrähe. Diese gibt sich inzwischen als Jennys Großmutter aus. Im Haus einer tauben Frau (Edith Heerdegen), die ihre Schwerhörigkeit nur vortäuscht, finden die Jungen für einige Nächte Unterschlupf und entdecken, dass die Taube Silberbarren versteckt. Weil sie dieses Geheimnis nun kennen, will die Taube sie umbringen, doch wieder entkommen sie. Sie befreien Jenny, aber Pferdekrähe stiehlt den Hengst und macht sich auf, das Silber der Tauben zu stehlen. Silas reitet auf Godiks Pony hinterher und holt sich sein Pferd abermals zurück. In der Stadt wird er ins Gefängnis gesteckt, aus dem ihn der Otterjäger befreit. Der Pferdekrähe sollen als Diebin zwei Finger abgehackt werden, doch Silas rettet sie. Er bleibt immer ein guter Mensch, lügt nie und tut keinem der Menschen ein Leid an, die ihn töten wollten, obwohl er oft Gelegenheit dazu hat. Der derbste Fluch, der ihm entfährt, ist »Grünspan und Entendreck!« Der dafür aber dauernd.

Godik und Jenny kehren in ihre Dörfer zurück, und Silas reitet allein weiter. Er rettet dem reichen Kaufmann Sandal (Hans Helmut Dickow) und seiner Frau (Evelyne Pianka) das Leben, die ihm zum Dank mit in die Hauptstadt nehmen, wo er in ihrem Palast wohnen darf. Insgeheim betrachtet Sandal den stinkenden, rauflustigen Straßenjungen Silas als guten Einfluss für seinen Sohn Japetus (Armin Schawe), der viel zu brav und verweichlicht ist. Silas tut den Sandals den Gefallen, sich fein zu kleiden, lesen zu lernen und mit zur Kirche zu gehen, fühlt sich aber noch immer bei Anna (Jeannette Granval) in der Küche wohler als am Tisch der feinen Gesellschaft. Pferdekrähe schlägt noch einmal zu und entführt Silas und Japetus, um ein Lösegeld zu erpressen, kommt damit jedoch nicht durch und landet altersschwach im Gefängnis. Silas hat noch immer Mitleid. Beingodik ist ihm nachgereist und hat ihn seit Tagen in der Hauptstadt gesucht. Als sie sich finden, lässt Silas die freundliche Familie und die feine Kleidung zurück, schwingt sich auf seinen Hengst und reitet mit Godik dem unvermeidlichen Sonnenuntergang entgegen.

Die sechs einstündigen Folgen liefen als ZDF-Weihnachtsserie zwischen Weihnachten und Neujahr täglich im Vorabendprogramm. Für Patrick Bach begann damit eine große Karriere als Weihnachtsserienschauspieler. Er spielte im Folgejahr die Titelrolle in *Jack Holborn*, war einige Jahre später der

Liebling in *Anna* und noch einmal in *Laura und Luis* dabei. Shmuel Rodensky, der Darsteller des Bartolin, wurde im Abspann als »Smuel Rodensky« aufgeführt. Die Musik kam von Christian Bruhn.

Silas gehört zu den wenigen deutschen Serien, die auch im englischen Fernsehen gezeigt wurden. Die Serie lief 1984 in synchronisierter Fassung bei der BBC (im gleichen Jahr zeigte die BBC die deutsche Originalversion von *Das Boot* mit Untertiteln). Auch die frühere Weihnachtsserie *Timm Thaler* und die spätere *Patrik Pacard* waren dort zu sehen, beide jedoch erst einige Jahre nach *Silas*.

Die Serie ist auf DVD erhältlich.

SILVER GIRLS   RTL 2

1999. 35-tlg. US-Sitcom von Bill und Cheri Steinkellner (»Hope & Gloria«; 1995–1996).

Die Fernsehproduzentin Hope Davidson (Cynthia Stevenson) und die Frisörin Gloria Utz (Jessica Lundy) sind Nachbarinnen und teilen sich den Alltagsfrust. Gloria hat mit ihrem Ex-Mann Louis (Enrico Colantoni) einen fünfjährigen Sohn namens Sonny (Robert Garrova). Dennis Dupree (Alan Thicke) ist der Moderator der Show, die Hope produziert, Gwillem Blatt (Taylor Negron) ein Programmverantwortlicher.

Lief werktags um 16.30 Uhr.

SILVER SURFER   RTL

1999–2000. 13-tlg. US-Zeichentrickserie für Kinder (»Silver Surfer«; 1997–1998).

Der mächtige Galactus verwandelt Norrin Radd vom Planeten Zenn-la in den einsamen Superhelden Silver Surfer, der fortan als Ziel die Rückkehr zu seinem Planeten hat. Die Serie lief am Sonntagmorgen.

SILVERHAWKS   SAT.1

1992. »Die Retter des Universums«. 65-tlg. US-Zeichentrickserie (»Silverhawks«; 1986).

Um das Universum zu retten, haben die Silverhawks ihre menschlichen Körper teilweise aufgegeben und durch silberne, roboterartige Teile, Flügel und Düsen ersetzt. So ausgestattet, reisen sie mit ihrem Anführer Jonathan Quicksilver durch den Weltraum und nehmen es mit ihrem Erzfeind Monstar und anderen Bösewichtern aus der Limbo-Galaxie auf.

SILVESTERKONZERT   ZDF

Seit 1978. Alljährliches klassisches Konzert am Silvesternachmittag mit den Berliner Philharmonikern.

SILVESTERSTADL   ARD

→ Musikantenstadl

SIMON TEMPLAR   ARD, SAT.1

1966–1970 (ARD); 1987–1988 (Sat.1). 55-tlg. brit. Krimiserie nach den Romanen von Leslie Charteris (»The Saint«; 1963–1969).

Der charmante Privatdetektiv Simon Templar (Roger Moore) übernimmt auf der ganzen Welt heikle Fälle, bringt sich damit in ebensolche Situationen und rettet schöne Frauen. Mit ihnen bandelt er regelmäßig an und hinterlässt ihnen Visitenkarten, auf denen sein Wahrzeichen zu sehen ist: ein Heiligenschein. Er symbolisiert Templars Spitznamen »Der Heilige«, den man ihm wegen seiner Initialen ST gab. ST-1 ist auch das Kennzeichen seines Wagens, eines Volvo P1800. Claude Eustace Teal (Ivor Dean) ist der frustrierte Inspektor bei Scotland Yard, der Templar immer wieder auf den Fersen sein muss, weil er auch mal Gesetze übertritt, um Menschen zu helfen oder Erpressern, Mördern und Dieben das Handwerk zu legen.

Die Rolle des Simon Templar wurde sowohl vor als auch nach dieser Serie von verschiedenen Schauspielern in zahlreichen Filmen und Serien dargestellt, doch so erfolgreich wie Roger Moore war niemand.

Die dreiviertelstündigen Episoden liefen mit großem Erfolg im Abendprogramm der ARD, die insgesamt 39 Folgen zeigte. Rund 20 Jahre später brachte Sat.1 16 weitere Folgen in deutscher Erstausstrahlung. Mehr als die Hälfte der im Original 118 Folgen waren in Deutschland nie zu sehen.

SIMON TEMPLAR   RTL 2
1994. 6-tlg. britische Neuverfilmung der gleichnamigen Erfolgsserie, jetzt mit Simon Dutton als Simon Templar (»The Saint«; 1989).
Die Folgen hatten Spielfilmlänge und liefen am frühen Samstagabend.

SIMON TEMPLAR – EIN GENTLEMAN
MIT HEILIGENSCHEIN   SAT.1
1986. 15-tlg. US-Neuverfilmung der englischen Erfolgsserie *Simon Templar*, diesmal mit Ian Ogilvy als Templar (»The Return of the Saint«; 1979–1980).

SIMON & SIMON   ARD
1986–1990. 135-tlg. US-Krimiserie von Philip DeGuere (»Simon & Simon«; 1981–1988).
Zwei ungleiche Brüder betreiben gemeinsam ein Detektivbüro in San Diego. Der konservative, ordentliche und ambitionierte Andrew Jackson »A. J.« Simon (Jameson Parker) versucht ständig, seinen älteren Bruder Rick (Gerald McRaney), einen draufgängerischen Lebenskünstler, zum vermeintlich Besseren zu bekehren. A. J. wohnt in einem blitzsauberen Apartment direkt hinter ihrem Büro, Rick auf einem schäbigen Hausboot. Ihre Mutter Cecilia (Mary Carver) betrachtet den Job ihrer Söhne mit Skepsis, weil sie der Meinung ist, dass man damit nicht genug verdienen kann. Konkurrenz kommt anfangs von dem sturen Brummbären Myron Fowler (Eddie Barth), der seine eigene Detektei direkt gegenüber hat. Ausgerechnet dessen Tochter und Sekretärin Janet (Jeannie Wilson) unterstützt die Simons oft bei ihren Fällen – A. J. war früher mal mit Janet verlobt und hat für Myron gearbeitet –, das tut ferner der Polizist Marcel »Downtown« Brown (Tim Reid). Seine Nachfolgerin Abby Marsh (Joan McMurtrey) ist weit weniger hilfreich.

Simon & Simon war dank der Mischung aus Krimi, Action, Stunts und amüsanten Geschwisterstreitereien eine der populäreren US-Serien der 80er-Jahre. Nach einem abendfüllenden Pilotfilm zur besten Sendezeit am Samstagabend um 20.15 Uhr liefen die einstündigen Folgen im Vorabendprogramm. 20 Folgen wurden in Deutschland nicht gezeigt.

SIMON – VOLL DER ALLTAG   PRO SIEBEN
1998. 21-tlg. US-Sitcom (»Simon«; 1995–1996).
Frisch geschieden und ohne Arbeit zieht der ehemalige Börsenmakler Carl Himple (Jason Bateman) bei seinem simplen Bruder Simon (Harland Williams) ein, der gerade eher versehentlich eine Führungsposition bei einem kleinen Fernsehsender bekommen hat. Den ehrgeizigen Carl wurmt es, dass sein Taugenichts von Bruder plötzlich einen besseren Job hat als er. Simons Kollegin im Sender ist Libby (Andrea Bendewald). Dem exzentrischen Duke Stone (Paxton Whitehead) gehört die Station; dessen Neffe Mitch Lowen (Patrick Breen) intrigiert gegen Simon. Simon; bringt derweil auch noch seinen Bruder beim Sender unter. Franz (David Byrd) ist Dukes Butler, John Doe (Clifton Powell) Simons Nachbar.
Die Serie lief werktags um 16.30 Uhr.

THE SIMPLE LIFE   PRO SIEBEN
Seit 2004. US-Reality-Doku-Soap (»The Simple Life«; seit 2003).
Die beiden verwöhnten Millionärstöchter Paris Hilton und Nicole Richie – die eine Hotelerbin und die andere Nachwuchs des Sängers Lionel Richie – leben für einige Wochen ohne Komfort auf einem ländlichen Bauernhof. Die halbstündigen Folgen zeigen die unbeholfenen Versuche der jungen Damen, für sich selbst zu sorgen. In der zweiten Staffel begeben sich die Mädels auf einen »Road Trip« quer durch die USA und müssen sich ohne Geld und Kreditkarten durchschlagen.
Lief erst mittwochs um 22.15 Uhr, ab der zweiten Staffel montags eine Stunde später. In den USA war die Serie ein Überraschungserfolg, was zum großen Teil sicherlich daran lag, dass Paris Hilton im Vorfeld alle PR-Termine abgesagt hatte. Der Grund dafür wiederum war, dass zufällig kurz vor dem Start der Serie ein privates Sexvideo mit ihr im Internet aufgetaucht war. Die ersten beiden Staffeln umfassten zusammen 18 Folgen, die dritte Staffel war allein schon 16 Folgen lang.

SIMPLY RELAX!   VOX
2004. Halbstündiges Wellnessmagazin mit Uta Fußangel zu den Themen Gesundheit, Wohlfühlen und Schönsein. 13 Ausgaben liefen samstags mittags.

DIE SIMPSONS   ZDF, PRO SIEBEN
1991–1993 (ZDF); seit 1994 (Pro Sieben). US-Zeichentrick-Sitcom von Matt Groening (»The Simpsons«; seit 1989).

Die Simpsons aus Springfield sind eine normale amerikanische Familie. Vater Homer Jay Simpson arbeitet in einem Atomkraftwerk, Mutter Marge ist Hausfrau. Sie haben drei Kinder: den zehnjährigen, missratenen Sohn Bart, dessen intellektuelle jüngere Schwester Lisa und das ständig nuckelnde Baby Maggie. Homer, ein im Prinzip gutherziger, aber fauler und verfressener Dussel, ist übergewichtig und genau zwei Haare von einer Glatze entfernt. Marge trägt eine blaue Turmfrisur und verzweifelt regelmäßig an den infantilen Ideen ihres Gatten. Bart kommt ganz nach dem Vater, der ihn, wenn der Sohn es wieder übertrieben hat, kräftig würgt. Lisa spielt Saxophon, liebt Kultur und wünscht sich, dass jemand in der Familie sie versteht. Und Maggie ist möglicherweise hochbegabt, aber vorläufig ganz damit beschäftigt, auf Knien zu laufen und alle zwei Meter vornüber zu fallen. Ach ja, und alle sind gelb, wie auch fast alle anderen Figuren in der Serie.

Nebenan wohnt Familie Flanders, die so fromm ist, dass es selbst den Prediger Reverend Timothy Lovejoy nervt. Das Atomkraftwerk gehört dem skrupellosen Charles Montgomery »Monty« Burns, für den der Homosexuelle Waylon Smithers als fähiger, aber unterwürfiger Assistent arbeitet. In der Bar von Moe Szyslak trifft sich Homer mit seinen Kollegen Lenny Lennard und Carl Carlson sowie dem freundlichen Alkoholiker Barney Gumble. Der Inder Apu Nahasapeemapetilon betreibt den Kwik-E-Mart und wird Vater von Achtlingen; Fat Tony, bürgerlich Anthony D'Amico, ist der örtliche Mafiachef. Polizeichef von Springfield ist der dicke Chief Wiggum, dessen zurückgebliebener Sohn Ralph ein Mitschüler von Lisa ist.

Bart geht mit seinem besten Freund Milhouse Van Houten in die Klasse von Edna Krabappel, die zeitweise ein Verhältnis mit Rektor Seymour Skinner hat, was dessen Mutter Agnes gar nicht gern sieht. Der Schotte Willie arbeitet als Hausmeister in der Schule, der Kiffer Otto fährt den Schulbus. Der größte Schläger ist Nelson Muntz, dessen schadenfrohes »Ha-ha« über den Schulhof schallt. Die Zwillinge Patty und Selma Bouvier sind die beiden chronisch schlecht gelaunten Schwestern von Marge, die Homer auf den Tod nicht ausstehen können. Die Simpsons haben zwei Haustiere: den Hund Knecht Ruprecht und die Katze Schneeball I (bzw. später II). Barts Idol ist der jüdische Fernsehclown Krusty, dessen genialer, aber krimineller Partner Sideshow-Bob (später in der deutschen Synchronisation Tingeltangel-Bob genannt) die meiste Zeit im Gefängnis verbringt. Kent Brockman ist Nachrichtensprecher beim Lokalsender Channel 6.

Die Simpsons funktionieren einerseits wie eine klassische, aber gezeichnete Familien-Sitcom, andererseits sind sie voller popkultureller Anspielungen, selbstreferentieller Effekte, Parodien auf Politik, Prominente und das Fernsehen und cleverer Gesellschaftskritik. Fast nie haben die Geschichten eine platte Moral, im besten Fall sind sie verblüffend mehrdeutig und komplex. Es gibt kein gesellschaftliches oder kulturelles Thema, das die Bevölkerung Springfields nicht beschäftigen könnte. Es geht um Homosexualität, Krieg, den Internethype, Selbstjustiz, Football, Pflegenotstand, Auswüchse der Werbung, Umweltschutz, die Deutschen, Alltagsgeschichten um Liebe, Freundschaft und Beruf und immer wieder ums Fernsehen. Die Simpsons parodieren u. a. *Akte X, M.A.S.H., Dallas, Die Unbestechlichen, Raumschiff Enterprise* und *Das Geheimnis von Twin Peaks*. Die Lieblingsserie der Kinder ist »Itchy & Scratchy«, eine noch brutalere Variante von *Tom und Jerry,* die Bewohner des Altenheims wollen ohne *Matlock* nicht mehr leben, und Patty und Selma lieben *MacGyver*.

Ungezählte Prominente aus aller Welt hatten Gastauftritte bei den *Simpsons* und sprachen sich meistens selbst, darunter auch Rupert Murdoch, Besitzer des produzierenden Senders Fox, und der britische Premierminister Tony Blair. Der amerikanische Präsident George Bush sagte 1992: »Wir brauchen mehr Familien wie die *Waltons* und weniger wie die *Simpsons*«, was lange Kontroversen auslöste und ihn, natürlich, bald als unvorteilhafte Figur in der Serie auftauchen ließ.

Zu den Highlights gehören die Doppelfolge »Wer erschoss Mr. Burns?«, inklusive Cliffhanger am Ende der ersten Folge, die gleichzeitig das Ende der sechsten Staffel war, der Tod von Maude Flanders in der elften Staffel, eine Folge über Brasilien in Staffel 13, die im wahren Leben fast zu diplomatischen Verwicklungen führte, und das Coming-out von Patty Bouvier. Jede Folge beginnt damit, dass Bart einen anderen Satz zur Strafe dutzendfach auf eine Tafel schreiben muss; auch die letzte Szene des Vorspanns, in dem die Familie aus allen Richtungen auf ihr Sofa zuläuft, wird immer wieder variiert.

Die Simpsons starteten schon 1987 als kurze Cartoons innerhalb der *Tracey Ullman Show* und wurden zweieinhalb Jahre später zur eigenständigen Serie, die in den USA zur Primetime lief und die erste animierte Serie seit *Familie Feuerstein* war, die zu dieser Sendezeit ein Riesenerfolg wurde. Das ZDF, das die Serie für ein Kinderprogramm und den »nächsten *ALF*« hielt, zeigte die ersten drei Staffeln im Vorabendprogramm am Freitag. Ab der vierten Staffel liefen *Die Simpsons* auf Pro Sieben, zunächst morgens oder nachts auf verschiedenen Sendeplätzen, später von Montag bis Freitag im Vorabendprogramm.

Einzelne Folgen wurden wegen angeblich jugendgefährdenden Inhalts nur im Nachtprogramm gezeigt. Inklusive aller Früh-, Nacht- und sonstigen Wiederholungen auf diversen Sendeplätzen zeigte Pro Sieben zeitweise bis zu 20 Folgen in einer Woche. Die elfte Staffel ab September 2000 lief erstmals zur Primetime, montags um 21.15 Uhr, im Doppelpack mit Matt Groenings neuer Serie *Futurama*. Obwohl Pro Sieben damit jahrelangen Forderungen von Fans nachkam, stellte sich kein ausreichender Erfolg ein. Nach eineinhalb Jahren wechselte die

Serie zurück in den Vorabend. Neue Staffeln liefen seitdem samstags.
Zweifelhaft ist die Qualität der deutschen Synchronisation, für die Ivar Combrinck verantwortlich ist. Viele unverständliche Formulierungen lassen sich nicht mit den unvermeidlichen Übersetzungsschwierigkeiten erklären, sondern sind unerklärliche Fehler. Nicht untypisch ist dieser Dialog zwischen Bart und Homer: »You seem so damn sure.« – »Do you think you can stop the casual swearing?« – »Hell, yes!«. Im Deutschen wird daraus: »Du scheinst felsenfest davon überzeugt zu sein.« – »Könntest du mit dem gelegentlichen Fluchen aufhören?« – »Aber ja!« Die deutschen Sprecher der Hauptrollen waren: Norbert Gastell (Homer), Elisabeth Volkmann (Marge), Sandra Schwittau (Bart), Sabine Bohlmann (Lisa). Bart wurde auch im US-Original von einer Frau gesprochen (Nancy Cartwright).
In den USA ging im Frühjahr 2005 bereits die 16. Staffel zu Ende, wenige Wochen zuvor war die 350. Folge gefeiert worden. Eine Laufzeit bis mindestens 2008 ist bereits vertraglich zugesichert. Die Ausstrahlung auf Pro Sieben liegt jeweils eine Staffel zurück.
Rund um die Serie ist ein grenzenloses Merchandising-Universum aufgebaut worden. Die Staffeln erscheinen sukzessive auf DVD.

SIMSALABIM SABRINA   RTL
2000–2001. 65-tlg. US-Zeichentrickserie (»Sabrina – The Animated Series«; 1999–2000).
Eigentlich hätte die zwölfjährige Sabrina erst mit 16 von ihren Tanten Hilda und Zelda in den Kreis der Hexen aufgenommen werden sollen. Doch durch ein Versehen bekommt sie schon als Teenager magische Kräfte, und das nicht immer zur Freude von Onkel Quigley und Kater Salem, die mit im Haus wohnen.
Trickversion der Sitcom *Sabrina – Total verhext*.

SIMSALAGRIMM   KI.KA
1999–2000. 26-tlg. dt. Zeichentrickserie nach den Märchen der Brüder Grimm.
Die Figuren Doc Croc und Yoyo erzählten modernisierte und deutlich verharmloste Fassungen Grimmscher Grausamkeiten. So wurden Aschenputtels bösen Stiefschwestern weder am Ende die Augen ausgehackt, noch mussten sie sich bei der Schuhanprobe Ferse oder großen Zeh abschneiden. Im Titellied hieß es: »Ich nehm dich bei der Hand, zeig dir das Märchenland, wo Liebe und die Freundschaft zählt und keinem was fehlt.« Nicht einmal ein großer Zeh.
Die Serie lief täglich im KI.KA, ab Februar 2000 auch in der ARD, und wurde in 128 Länder verkauft.

SINAN TOPRAK IST DER UNBESTECHLICHE   RTL
2001–2002. 16-tlg. dt. Krimiserie von Orkun Ertener.
Hauptkommissar Sinan Toprak (Erol Sander) ist Dezernatsleiter bei einer Münchner Mordkommission. Er ist zwar Türke, hat aber ein paar typisch deutsche Eigenschaften, was seine Genauigkeit bei der Aufklärung von Mordfällen angeht. Die löst er zusammen mit seinem Assistenten Michael Holldau (Henning Baum) und dem Pathologen Ewald Buchner (Tim Wilde), mit denen er sich gut versteht; außerdem werden Dr. Hagen (Christoph Gareisen) und Bruno Meininger (Joseph Hannesschläger) in die Ermittlungen einbezogen. Der Job ist Toprak allerdings nicht so wichtig wie seine Frau Karin (Sabine Radebold) und seine Kinder Ilke (Canan Romey-Schlagenhof) und Talip (Stefan Altenbach).
Solider Krimi mit einem wunderbaren Retro-Zeichentrickvorspann und einer 60er-Jahre-Titelmusik. Die einstündigen Folgen liefen donnerstags um 21.15 Uhr. Im Oktober 1999 hatte RTL bereits einen Pilotfilm gezeigt.

SIND SIE FREI, MADEMOISELLE?   ZDF
1970–1971. »Aus dem Leben einer Pariser Taxifahrerin«. 13-tlg. frz. Familienserie von Jean-Paul Le Chanois (»Madame, êtes-vous libre?«; 1970).
Als der Taxifahrer Victor Frémont (Robert Murzeau) überfallen wird, zieht seine Tochter Yvette (Denise Fabre) nach Paris und übernimmt seinen Job. Die halbstündigen Folgen liefen montags um 18.40 Uhr.

SIND SIE IM BILDE?   ARD
1952–1956. Zehnminütiger humoristischer Rückblick im Abendprogramm. Der Zeichner Mirko Szewczuk zeigt seine Sicht der Ereignisse der vorangegangenen Tage. Gerhard Maasz begleitet die Bilder am Klavier.
Die Sendung lief in der Regel alle 14 Tage und blickte auf den entsprechenden Zeitraum zurück, gelegentlich lag auch nur eine Woche zwischen zwei Ausstrahlungen. Erste Sendungen waren bereits vor dem eigentlichen Start des Fernsehens im Testprogramm des NWDR gelaufen.

SINDBAD   ZDF
1978–1979. 42-tlg. jap. Zeichentrickserie für Kinder (»Arabian Knight Sindbad no Booken«; 1975).
Der kleine Junge Sindbad verlässt seine Eltern, seinen besten Freund Hassan und seine Heimatstadt Bagdad und schmuggelt sich auf das Schiff von Onkel Ali, um mit ihm zur See zu fahren. Schon bald werden sie getrennt, und Sindbad irrt nun allein durch die gefährliche Welt und sucht verzweifelt nach dem Heimweg, oder wie es der Titelsong ausdrückt: »Sindbad, Sindbad – schaut, wie viel Glück dieses Kind hat.« Sindbads einzige Begleitung ist anfangs der altkluge und dauerbeleidigte sprechende Rabe Sheila, eine verzauberte Prinzessin.
Sie treffen auf bedrohliche berggroße Felsenvögel und kopflose fliegende Pferde, die ihre Umgebung tyrannisieren, auf Schlamm-, Wasser- und Buckelgeister und auf die böse Hexe Tabasa, die Mutter der Zauberer Dschinn und Balba, aber auch auf Freunde, die ihre Wegbegleiter werden: den Räuber-

jungen Alibaba und den alten Ara. Sindbad erlebt Abenteuer auf schwimmenden Inseln, in düsteren Höhlen, mit einer Wunderlampe, einem Flaschengeist und einem fliegenden Teppich, und irgendwie gelingt es ihm immer wieder, aus gefährlichen Situationen zu entkommen (»Warte, wenn ich das Hassan erzähle!«). Zwischendurch verliebt er sich in die schöne Prinzessin Sheherazade. Am Ende besiegen Sindbad, Alibaba und ihre Freunde die böse Hexe Tabasa, und Sheila wird zurückverwandelt.

Eine der japanischen Trickserien, in denen alle Figuren aussahen wie *Heidi*. Die Serie basierte sehr lose auf den Geschichten aus »Tausendundeine Nacht«. Die im Original 52 Folgen wurden für die deutsche Fassung auf 42 getrimmt, weil viele Szenen als zu brutal angesehen wurden. Sie waren 25 Minuten lang und liefen am Donnerstagnachmittag. Die Musik zum deutschen Titelsong stammte von Christian Bruhn.

Die Serie ist komplett auf DVD erhältlich.

SINDBAD, DER SEEFAHRER ARD

1974. 3-tlg. tschechoslowak. Zeichentrickfilm für Kinder nach den »Geschichten aus 1001 Nacht« von Karel Zeman (»Sindibáda«; 1971–1973).

Den Seefahrer Sindbad treibt das Fernweh hinaus aufs Meer und in gefährliche Abenteuer.

Aus fünf rund 15-minütigen Kurzfilmen machte die ARD drei knapp halbstündige Folgen. Sie liefen nachmittags.

SINDBADS ABENTEUER PRO SIEBEN

1998–1999. 44-tlg. US-Fantasyserie (»The Adventures Of Sinbad«; 1996–1998).

Als der berühmte Seefahrer Sindbad (Zen Gesner) von seinen Reisen in die Heimat Bagdad zurückkehrt, stellt er fest, dass sein Vermögen konfisziert wurde und er ein armer Mann ist. Zusammen mit seinen Kampfpartnern Doubar (George Buza), Firouz (Tim Progosh), Rongar (Oris Erhuro) und Maeve (Jacqueline Collen) geht er auf weitere Reisen.

Lief am Sonntagnachmittag.

SING MIT HEINO ZDF

1977–1980. Halbstündige Volksmusikshow. Heino und Gäste singen bekanntes deutsches Liedgut, z. B. »Sah ein Knab' ein Röslein steh'n«, »Wohlauf, die Luft geht frisch und rein« oder »Eine Muh, eine Mäh, eine Tätärätä«.

Jede Sendung stand unter dem Motto »Lieder, die jeder kennt«, widmete sich aber ferner wechselnden Oberthemen wie Winterliedern oder Liedern aus deutschen Gegenden. Regelmäßige Gäste waren der Botho-Lucas-Chor, der Kinderchor Sonntagskinder und der Männergesangverein Bleifeld.

Lief unregelmäßig erst montags, dann mittwochs um 18.20 Uhr.

SING MIT HORST ARD

1962–1968. »30 Minuten für die Freunde des Chorgesangs«. Halbstündige Musiksendung mit Horst Jankowski und seinem Chor sowie prominenten Gästen, die bekannte deutsche und internationale Lieder singen (»Heidenröslein«, »Schwarzwaldfahrt«, »Singing In The Rain«).

Die Lieder richteten sich oft nach der Jahreszeit, und im Dezember waren es selbstverständlich Weihnachtslieder. 1962 hatte Gotthilf Fischer hier sein Debüt als Dirigent, damals noch ohne die Fischerchöre. Die Show lief samstags abends, mal früher, mal später. Produzent war Wolfgang Rademann.

SING MIT MIR, SPIEL MIT MIR ARD

1961–1962. Große monatliche Samstagabend-Quizshow mit Lou van Burg, produziert von ORF und WDR.

In zwei Spielrunden müssen je zwei Kandidaten die Titel bekannter Melodien erraten, die das Orchester Johannes Fehring vorspielt. Die beiden Sieger ermitteln in einer dritten Runde den Tagessieger, der in Runde vier gegen den Champion der letzten Sendung antritt. Beide haben nun 30 Sekunden Zeit, maximal neun Lieder zu erkennen. Der Champion kann bis zu 12 800 Schilling gewinnen und ist in der nächsten Sendung wieder dabei. Vorher kann er im »Tresorspiel« noch weiteres Geld gewinnen, indem er ein letztes Musikrätsel löst. Gelingt ihm dies nicht, bleiben die Säcke mit dem Geld im Tresor und sind in der nächsten Sendung zusätzlich zu gewinnen. Zwischen den Spielrunden gibt es Showblöcke mit prominenten Gästen. Außerdem ist das ORF-Ballett immer dabei.

Durch diese Show erhielt der Niederländer van Burg die Spitznamen »Onkel Lou« und »Mr. Wunnebar«, weil er nach tollen Leistungen jeglicher Art oft in seinem holländischen Akzent »Wunnebar!« rief. Im Herbst 1962 kam es zum Skandal, weil herauskam, dass die mittlerweile fünfmalige Siegerin mit einer Mitarbeiterin der Show verwandt war und die Lösungen vorher erhalten haben soll. (Sie war inzwischen überaus prominent geworden und hatte, ganz im späteren Stil von *Big Brother,* bereits eine Single aufgenommen: »Mit Musik hab ich immer Glück«). Die Kandidatin wurde von der nächsten Sendung ausgeschlossen, Lou van Burg kurz darauf gekündigt und die erfolgreiche Show nach insgesamt 14 Ausgaben vorzeitig eingestellt. Lou van Burg verabschiedete sich mit den Worten: »Dies ist meine letzte Sendung. Einen Grund für die plötzliche Absage habe ich nicht bekommen.«

Die Reihe basierte auf einem französischen Radioquiz von Jean-Paul Blondeau.

DIE SINGENDE FAMILIE TRAPP RTL 2

2001. 40-tlg. jap. Zeichentrickserie (»Torappu Ikka Monogatari«; 1991).

Die Novizin Maria heiratet den schrulligen Baron von Trapp und gründet mit seinen sieben Kindern einen Familienchor.

DER SINGENDE PFEIL ZDF

→ Western von gestern

EIN SINGLE KOMMT IMMER ALLEIN RTL 2
2000. 44-tlg. US-Sitcom von Brad Hall (»The Single Guy«; 1995–1997).
Weil Jonathan Eliot (Jonathan Silverman) in seinem Freundeskreis der einzige Single ist, versuchen seine Freunde permanent ihn zu verkuppeln. Die Kuppler sind Sam (Joey Slotnick) und Trudy Stone (Ming-Na Wen) sowie Janeane (Jessica Hecht) und Matt Parker (Mark Moses). Der alte Manny (Ernest Borgnine) gibt außerdem seinen Senf dazu. Später stoßen mit Marie (Olivia d'Abo) und Russell (Shawn Michael Howard) zwei weitere Singles zu Jonathans Freundeskreis.
Lief werktags um 18.30 Uhr.

SINGLE-P@RTY RTL
2000. Halbstündige interaktive Kuppelshow mit Thomas Sauermann.
Je vier weibliche und männliche Singles werden per Einspielfilm vorgestellt, Interessierte können sofort über Telefon oder Internet Kontakt aufnehmen. Zwölf Folgen liefen samstags nachmittags.

SINGLE TREND RTL
Seit 2004. Halbstündiges Magazin am späten Dienstagabend aus der *Trend*-Reihe mit Frank Lukas. Die Beiträge drehten sich ums Singledasein und die Frage, wie man mit oder ohne Beziehung glücklich wird.

SINGLES ZDF
1997. 9-tlg. dt. Freundeserie von Ecki Ziedrich, Anji Loman Field und Sebastian Andrae, Regie: Rainer Boldt, Klaus Gietinger und Erhard Riedlsperger.
Die Freunde Mickey (Jacques Breuer) und Archer (Michele Oliveri) sind Singles, Archer aus Überzeugung und Mickey, weil er gerade seine untreue Frau verlassen hat. Sie bewältigen ihr chaotisches Leben, bumsen sich durch die Gegend, um im Jargon der Serie zu sprechen, und haben mit Jerry (Thomas Balou Martin) sogar einen Freund, der heiraten will.
Die mit Klischees überfrachteten 50-minütigen Folgen liefen dienstags und donnerstags um 19.25 Uhr.

SINGLES '99 RTL 2
1999. Kontaktanzeigen im Fernsehen, ohne Moderator, nur mit Fotos und Off-Stimme. Später wurden Fotos und Off-Stimme gestrichen, die Suchenden stellten sich selbst in Videos vor und dabei fest, dass sie spontan und humorvoll waren. Frank Elstner war der Produzent.
38 Ausgaben liefen nachmittags am Wochenende. Im folgenden Jahr kam die Show als *Singles 2000 – Einfach zum verlieben* bei tm3.

SINGLES 2000 – EINFACH ZUM VERLIEBEN TM3
2000–2001. Werktägliche halbstündige Show mit Dorkas Kiefer und Matthias Wolk, in der sich zehn männliche und weibliche Singles vorstellen. Fernsehzuschauer können eingeblendete Telefonnummern anrufen, wenn sie sich für die Suchenden interessieren.
Die Show war im Vorjahr als *Singles '99* bei RTL 2 gelaufen. Produzent war auch diesmal wieder Frank Elstner.

SINHÁ MOÇA ARD
1988–1989. »Die Tochter des Sklavenhalters«. 170-tlg. brasilian. Telenovela nach dem Roman von Maria Camila Dezonne Pacheco Fernandes, Regie: Reynaldo Boury und Jayme Monjardim (»Sinhá Moça«; 1986).
Brasilien, Ende des 19. Jh.: Sinhá Moça (Lucélia Santos), die Tochter des Plantagenbesitzer und Sklavenhalters Colonel Ferreira (Baron von Araruna), kämpft gegen die Brutalität ihres Vaters, der über das Dorf Araruna herrscht und auch über Leichen geht.
Die halbstündigen Folgen liefen nachmittags.

SINJI GALEB, DIE BLAUE MÖWE BR
1973. »Sechs Jungen in einem Boot«. 8-tlg. jugoslaw. Jugend-Abenteuerserie nach dem Roman von Tone Seliškar, Regie: France Štiglic (»Bratovščina sinjega galeba«; 1969).
Der Vater des 13-jährigen Ivo (Mitja Primec) kommt nach langer Zeit ins Heimatdorf zurück und stirbt sogleich. Seinem Sohn vermacht er das heruntergekommene Fischerboot »Sinji Galeb«, zu Deutsch »Blaue Möwe«. Ivo und seine Freunde verdienen sich ein wenig Geld dazu, um das Boot aufmotzen zu können, und stechen in See. Eigentlich wollen sie zeigen, welch gute Fischer sie sind, doch dann müssen sie eine Schmugglerbande jagen und einen Mord aufklären.
Die halbstündigen Folgen liefen kurz nach der Erstausstrahlung im Bayerischen Fernsehen sonntags nachmittags im Ersten. DFF 1 zeigte die Serie ab August 1976 unter dem Titel *Ivo und die »Blaue Möwe«*.

SINTFLUT DFF 1
1977. 5-tlg. poln. Abenteuerfilm von Jerzy Hoffman nach dem gleichnamigen Roman von Henryk Sieńkiewicz (»Potop«; 1974).
Andrzej Kmicic (Daniel Olbrychski), ein junger Draufgänger voller Tatendrang, verlässt während der polnischen Kriege gegen Schweden im 17. Jh. seine Braut Olenka Billewiczówna (Malgorzata Braunek), um für sein Land in den Kampf zu ziehen. Ungewollt werden er und Michal Wołodyjowski (Tadeusz Łomnicki) in die Machenschaften des verräterischen Hetman Janusz Radziwiłł (Władysław Hańcza) hineingezogen. Schließlich kann sich Andrzej doch auf die Seite des Polenkönigs schlagen und wird einer seiner wichtigsten Männer.
Die fiktive Geschichte beruhte auf den wahren Begebenheiten der damaligen Zeit und nutzte die historischen Eckdaten.

SIR ARTHUR CONAN DOYLE: SHERLOCK HOLMES ARD
1967. 6-tlg. dt. Krimiserie nach den Büchern von Arthur Conan Doyle, Regie: Paul May.

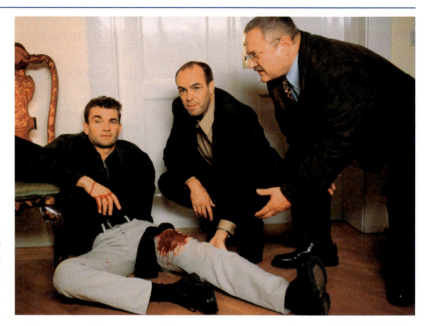

Derrick-Nachfolger ohne Stehvermögen: *Siska* (Peter Kremer, Mitte) mit Matthias Freihof (links) und Werner Schnitzler in der Folge »Tod einer Würfelspielerin«.

Sherlock Holmes (Erich Schellow) und Dr. Watson (Paul Edwin Roth) ermitteln. Sie werden unterstützt von der Haushälterin Mrs. Hudson (Manja Kafka). Meist auf der falschen Fährte ist Inspektor Lestrade (Hans Schellbach).

Adaption von britischen Fernsehspielen. Der WDR ließ einfach die Drehbücher der BBC übersetzen, ähnlich wie es bei den Durbridge-Krimis üblich und erfolgreich war. Kein Wunder, das Team hinter den Kulissen war bei Doyle fast dasselbe wie bei den meisten Durbridge-Krimis, von der Übersetzerin Marianne de Barde bis zum Regisseur.

Die Schwarz-Weiß-Folgen liefen sonntags nachmittags.

SIR FRANCIS DRAKE　　　　　　　　　ARD

1967–1968. »Der Pirat der Königin«. 13-tlg. brit. Abenteuerserie (»Sir Francis Drake«; 1961–1962).

Admiral Sir Francis Drake (Terence Morgan) ist der Pirat der Königin. Im Auftrag von Elizabeth I. (Jean Kent) kämpft er im 16. Jh. auf dem Meer zwischen England und Westindien gegen die spanischen Gegner, vor allem gegen den Schurken Mendoza (Roger Delgado). Mit dabei sind auch Richard Trevelyan (Patrick McLoughlin), Diego (Milton Reid), Walsingham (Richard Warner), Morton, der Earl of Lenox (Ewan Roberts), Grenville (Howard Lang), Bosun (Peter Diamond) und des Admirals Bruder John Drake (Michael Crawford). Drakes Schiff ist die »Golden Hind«.

Die Abenteuer des berühmten Seefahrers Francis Drake waren zuvor schon mehrfach verfilmt worden, das erste Mal 1913 mit Hauptdarsteller Hay Plumb. In Deutschland kam der Film nicht in die Kinos. Von den 26 halbstündigen Folgen dieser ersten Fernsehserie schafften es immerhin 13 ins bundesdeutsche und etwas später sechs ins DDR-Fernsehen.

SISKA　　　　　　　　　　　　　　　　ZDF

Seit 1998. Dt. Krimiserie von Herbert Reinecker.

Kriminalhauptkommissar Peter Siska (Peter Kremer) lässt sich von Mülheim nach München versetzen. Seine Frau ist vor kurzem ermordet worden. Er wird Leiter der Mordkommission und klärt fortan mit seinen Kollegen Oberkommissar Lorenz Wiegand (Matthias Freihof) und Hauptkommissar Jacob Hahne (Werner Schnitzler) Fälle auf. Wiegand verlässt das Team im Dezember 2003, der junge Oberkommissar Felix Bender (Robinson Reichel) übernimmt in Folge 51 seine Stelle, bleibt aber nicht lange. Schon fünf Folgen später wird er durch Gerhard Lessmann (Tobias Nath) abgelöst. Die wesentlich auffälligere Veränderung findet zum gleichen Zeitpunkt jedoch an der Spitze des Teams statt. Siska sieht ab Oktober 2004 ganz anders aus und heißt auch anders: Viktor Siska (Wolfgang Maria Bauer) übernimmt den Posten seines Bruders, der den Serientod gestorben ist.

Siska trat die Nachfolge der Erfolgsreihe *Derrick* an und erbte dessen Sendeplatz zehnmal im Jahr freitags um 20.15 Uhr. *Derrick*-Produzent Helmut Ringelmann produzierte auch diese Reihe und erinnerte schon im Vorspann an den Vorgänger. Die Musik klang ähnlich, das *Siska*-Logo benutzte den gleichen Schrifttyp wie das berühmte *Derrick*-Logo. Allerdings hatte Hauptdarsteller Peter Kremer bei weitem keinen so langen Atem wie damals Horst Tappert: Nach nicht einmal sechs Jahren und lächerlichen 56 Folgen stieg er aus.

SISSI　　　　　　　　　　　　　　　　ARD

1998–1999. 52-tlg. dt.-frz.-ital.-kanad. Zeichentrickserie. Trickversion der berühmten Schicksalsgeschichte der jungen Sissi und ihrer Liebe zum kaiserlichen Thronfolger Franz Joseph.

SISSI – DIE PERLINGER-SHOW ARD
1999. 25-minütige Comedyshow mit Sissi Perlinger und Gästen, die dienstags um 22.00 Uhr lief.

SISTER, SISTER PRO SIEBEN
1996–1998. 74-tlg. US-Sitcom von Kim Bass, Gary Gilbert und Fred Shafferman (»Sister, Sister«; 1994–1999).
Mit 14 Jahren sehen sich die bei der Geburt getrennten Zwillinge Tia (Tia Dashon Mowry) und Tamera (Tamera Darvette Mowry) zum ersten Mal und weichen einander fortan nicht mehr von der Seite. Tias Pflegemutter Lisa Landry (Jackée Harry) und Tameras Adoptivvater Raymond Earl Campbell (Tim Reid), beide verwitwet, können sich anfangs nicht ausstehen, beginnen aber bald eine Beziehung. Nachbarsjunge Roger Evans (Marques Houston) ist in Tamera verliebt.
Die Folgen waren 25 Minuten lang und liefen samstags mittags. Zwei weitere in den USA produzierte Staffeln wurden in Deutschland nicht gezeigt.

DIE SITTE RTL
Seit 2003. Dt. Krimiserie.
Die Kommissare Hannah Koch (Iris-Luise Böhm) und Leonard »Lenny« Winkler (Dirk Heinrichs) vom Sittendezernat ermitteln gemeinsam mit Staatsanwältin Marion Brandt (Cathlen Gawlich) gegen Sexualverbrecher. Schwieriger als die Suche nach dem Täter an sich ist es oft, die Opfer überhaupt zu einer Aussage zu bewegen. Die Ermittler müssen mit viel Feingefühl vorgehen.
Die einstündigen Folgen liefen donnerstags, ab der zweiten Staffel dienstags zur Primetime. Im Oktober 2001 hatte RTL die Serientauglichkeit bereits mit einem zweistündigen Pilotfilm getestet.

SIX FEET UNDER – GESTORBEN WIRD IMMER VOX
Seit 2004. 63-tlg. US-Familienserie von Alan Ball (»Six Feet Under«; 2001–2005).
Familie Fisher lebt vom Tod anderer Leute. Nachdem ihr Vater Nathaniel im Auto von einem Bus zerquetscht wurde, übernehmen die Brüder Nate (Peter Krause) und David Fisher (Michael C. Hall) notgedrungen das Familienunternehmen, ein Bestattungsinstitut, und kümmern sich um ihre rebellische Teenagerschwester Claire (Lauren Ambrose) und ihre zerbrechliche Mutter Ruth (Frances Conroy). Für den freiheitsliebenden Frauenhelden Nate ist das neue Leben eine enorme Umstellung, verbunden mit einem Umzug von Seattle nach Los Angeles. Seine Freundin, die hochintelligente Brenda (Rachel Griffiths), hat er beim Spontansex auf dem Flughafen kennen gelernt. Der pflichtbewusste David hat schon vorher im Bestattungsinstitut gearbeitet. Er hat eine Beziehung mit dem Polizisten Keith (Mathew St. Patrick). Erst allmählich gesteht er seine Homosexualität der Familie gegenüber ein. Fishers talentierter Mitarbeiter Federico Diaz (Freddy Rodriguez) konserviert die Leichen und macht die oft entstellten Körper wieder hübsch für die Bestattungszeremonie mit offenem Sarg.
Tiefgründiges und komplexes, oft makabres und schockierendes Drama aus der Feder von Alan Ball, dessen Drehbuch für den Film »American Beauty« (1999) mit dem Oscar ausgezeichnet wurde. Jede Folge beginnt mit einem Todesfall. Die Grundidee probierte bereits *Ruhe sanft mit Ernie Lapidus* aus, allerdings als drastische absurde Sitcom. Joel Brooks, der darin den ernsten der beiden Söhne spielte, tritt in *Six Feet Under* mehrmals als schwuler Blumenhändler Robbie auf.
Die einstündigen Folgen liefen zunächst dienstags um 23.15 Uhr und wurden nach einigen Wochen wegen guter Quoten um eine Stunde vorgezogen.

SK BABIES RTL
1996–1999. 49-tlg. dt. Action-Krimiserie von Philipp Moog.
Ein Team frisch gebackener Polizisten schleust sich undercover in die Szene ein und ermittelt gegen jugendliche Kriminelle. Zur Gruppe gehören Kevin Peters (Fabian Harloff), Michaela Andersen (Susann Uplegger), Hannes Lohberg (Michael Deffert), Vittorio Favero (Raffaello Kramm) und Nesrin Üstünkaya (Türkiz Talay). Kommissar Stefan Jarczyk (Thomas Schücke) hatte die Idee zu der Spezialeinheit und ist der »Vater« des Teams. Nach seiner Ermordung wird Hauptkommissar Berg (Johannes Terne) Chef der *SK Babies*. Der neue Dienststellenleiter Budde (Peter Millowitsch) tritt wenig später seinen Dienst an. Michaela Andersen verlässt das Team später, Julia Hauptmann (Tanja Wedhorn) kommt dazu.
Die einstündigen Folgen liefen dienstags um 20.15 Uhr. Im Sommer 2002 wiederholte RTL 13 Folgen unter dem Titel *U18 – Jungen Tätern auf der Spur*. Philipp Moog, der die Idee zur Serie entweder selbst oder bei *21, Jump Street* abgeguckt hatte, ist auch Schauspieler und war u. a. in *Blankenese* und *Wie gut, dass es Maria gibt* zu sehen.

SK 15 RTL
1993–1994. Kriminalmagazin, das für Privatsenderverhältnisse zurückhaltend über den Alltag der Kripo berichtete – zu Zeiten reißerischer Realityshows wie *Retter* und *Auf Leben und Tod* (ausgelöst durch *Notruf*) eine schöne Überraschung. Gezeigt wurden z. B. Reportagen über die Arbeit von Spezialeinsatzkommandos und Erklärfilme über Ermittlungsmethoden, außerdem Fahndungsaufrufe. Moderator war der Schauspieler Arthur Brauss, der kurz zuvor in der ebenfalls in Hamburg produzierten ARD-Serie *Großstadtrevier* einen Polizisten gespielt hatte.
Lief zunächst einstündig zur Primetime, dann halbstündig am späten Montagabend.

SK KÖLSCH SAT.1
Seit 1999. Dt. Krimiserie.
Die Sonderkommission um Chefermittler Jupp Schatz (Uwe Fellensiek), einen Bilderbuchmacho, und seinen Vertreter Klaus Taube (Christian M. Goe-

bel), einen sensiblen Schwulen, ermittelt in Köln. Ihre Kollegen sind Gino Bruni (Luca Zamperoni) und Achim Pohl (Gustav-Peter Wöhler), ihr Vorgesetzter ist Heinrich Haupt (Christoph Quest). Anfang November 2002 hat Taube den Dienst quittiert, und der ebenfalls schwule Falk von Schermbeck (Dirk Martens) wird Jupps neuer Partner. Der gemütliche Arbeitsalltag – Kriminalitätsbekämpfung beim Bier und Infos aus der Halbwelt – scheint ein jähes Ende zu finden, als die Herren plötzlich eine Chefin bekommen. Jupp hatte selbst darauf spekuliert, Haupts Nachfolger zu werden, doch dann wird ihm im April 2005 Kommissarin Gesine Westfal (Carin C. Tietze) vor die Nase gesetzt, eine Karrierefrau aus Konstanz, die Schwung in den Laden bringen will. Bisher liefen rund 80 einstündige Folgen montags um 20.15 Uhr. Die Serie war zwar nie ein Riesenerfolg, schlug sich aber lange Zeit wacker gegen die direkte RTL-Konkurrenz, das übermächtige Quiz *Wer wird Millionär?*. Der Titelsong ist »Ahnunfürsich« von BAP.
Die erste Staffel ist auf DVD erhältlich.

SKALA   ARD
1993–1994. Umfragemagazin mit Christiane Meier. Infas ermittelt »Meinungen, Stimmungen und Trends in der Bevölkerung«.
Der kurzlebige Gegenentwurf zum ZDF-*Politbarometer* lief einmal im Monat mittwochs, meist direkt vor den *Tagesthemen*. Auf die Frage, ob sie für den Rest ihres Lebens auf das Fernsehen verzichten würden, wenn sie dafür eine Million DM bekämen, antwortete nur etwas mehr als die Hälfte der Deutschen mit Ja.

SKANDAL IN VERONA   ZDF
1990. 3-tlg. ital. Krimi von Ennio de Concini und Silvana Buzzo, Regie: Alberto Lattuda (»Fratelli«; 1988).
Untersuchungsrichter Dr. Sergio Barberi (Massimo Ghini) lässt sich auch durch ein auf ihn verübtes Attentat nicht davon davon abbringen, weiter gegen die Mafia zu ermitteln. Sein Bruder Mauro (Larry Lamb) hilft ihm dabei.

SKETCH-MIX   SAT.1
2003–2004. Umweltfreundliches Comedyrecycling mit Aleksandra Bechtel, die eine halbe Stunde lang »die besten Sketche der deutschen Comedystars« und Ausschnitte aus anderen Sat.1-Comedyshows zeigte.
Lief erst am frühen, dann am späten Samstagabend und dann unregelmäßig, insgesamt 16-mal, und wurde Ende 2004 werktags am Vorabend wiederholt.

DIE SKETCH-SHOW   PRO SIEBEN
2002–2003. Halbstündige Comedyshow, die vor allem schnell sein will.
Ohne Unterbrechung durch Moderation oder Publikumsgelächter folgen pro Sendung 30 kurze Szenen hintereinander, die den Alltag karikieren. Das Ensemble besteht aus Heike Siekmann, Vera Teltz, Michael Müller, Robert Louis Griesbach und Carsten Höfer.
Als brauchte es für eine Sendung, die kurze Sketche aneinander reiht, noch ein Vorbild, wurde auch diese Reihe aus England abgekupfert, und der Einfachheit halber wurden einige Sketche von dort originalgetreu nachgespielt.

SKETCHE MIT HERBERT UND SCHNIPSI   ARD
1997–1998. Sketchreihe.
Kürzere Szenen mit Herbert (Hanns Meilhamer) und Schnipsi Haberkorn (Claudia Schlenger), die bereits in der Sitcom *Herbert und Schnipsi* gegen Alltagsprobleme kämpften.

SKETCHPARADE   ARD
1988–1991. »Otto Schenk kramt im Archiv« 45-minütige Comedyshow.
Der Untertitel erklärte den Inhalt. Moderiert von Otto Schenk in der Rolle des gemächlichen Archivars inmitten vieler Bandspulen, wurden hier zur besten Sendezeit am Montagabend alte Sketche und Klassiker aus dem ARD-Archiv wiederholt.

SKETCHSALAT   ZDF
→ Ingolf Lücks Sketchsalat

Wir wissen auch nicht, was in dieser *SketchUp*-Szene passiert, aber am Ende werden entweder Diether Krebs oder Beatrice Richter erstaunt in die Kamera gucken, und das Publikum grölt.

Skippy, das Buschkänguruh: Glauben Sie nicht, dass Skippy gleich die Fesseln durchbeißen wird. Nein, es wird zu Matt Hammond hüpfen, schnalzen, und Hammond wird sofort verstehen: »Komm schnell, Sonny liegt in einer Höhle im Dunkeln nur bei Kerzenschein und ist gefesselt!«

SKETCHUP   BR, ARD

1984 (BR); 1985–1986 (ARD). Halbstündige Sketch-Comedyshow mit Diether Krebs und Beatrice Richter.

Die für damalige Verhältnisse meist kurzen Sketche mit den beiden Komikern lebten von Tempo, Mut zur Absurdität und nicht zuletzt von grandiosen, oft völlig entstellenden Masken, deren Basisbestandteile schiefe Zähne und dicke Brillengläser waren. In der Regel guckte einer der beiden nach der Pointe perplex oder einfach blöd in die Kamera, wozu eine Kapelle einen schiefen Klang ertönen ließ. Zum Ritual der Show gehörte es, dass die beiden Hauptdarsteller in der Atmosphäre einer plüschigen Bar auftraten und das Saalpublikum begrüßten und am Ende auch verabschiedeten, obwohl sie dort keinen einzigen Sketch live aufführten – diese waren alle gefilmt.

Nach zwölf Folgen im Bayerischen Fernsehen, die teilweise im Ersten wiederholt wurden, starteten neue Folgen ab August 1985 direkt in der ARD. Anstelle von Beatrice Richter war nun Iris Berben für elf Folgen Krebs' Sketchpartnerin – die gefühlte Zahl ist aber aufgrund ungezählter Wiederholungen und einiger Best-ofs viel größer. Die wesentlichen Zeilen des Titelsongs gehen so: »Sketchup, Rad ab, Hut ab, Bart ab, Kopf ab, Knopf ab, Sketchup.«

SketchUp hatte nicht nur hervorragende Einschaltquoten, sondern war für lange Zeit auch der häufig kopierte und nie erreichte Maßstab in Sachen Sketchcomedy in Deutschland (lediglich den beknackten Blick in die Kamera nach der Pointe hatte *SketchUp* seinerseits von Didi Hallervordens *Nonstop Nonsens* übernommen). Im April 1997 versuchte die ARD eine Neuauflage mit neuen Komikern.

SKETCHUP   ARD

1997. Halbstündige Sketch-Comedyshow mit Johanna-Christine Gehlen, Christoph Maria Herbst und Thomas Limpinsel, die den Namen der alten Diether-Krebs-Show verwendete, aber nie annähernd an deren Qualität oder Erfolg anknüpfen konnte. Herbst schaffte erst als Partner von Anke Engelke in *Ladykracher* seinen Durchbruch.

Zwölf Folgen liefen dienstags abends.

SKIPPY   SUPER RTL

1996. 39-tlg. austral. Abenteuerserie (»The New Adventures Of Skippy«; 1992).

Keine Neuauflage, sondern eine Fortsetzung von *Skippy, das Buschkänguruh*. Der damals kleine Sonny Hammond (Andrew Clarke) ist längst erwachsen und in die Fußstapfen seines Vaters getreten. Auch er ist jetzt Ranger und Witwer. Seine Kinder, die Zwillinge Jerry (Simon James) und Lou (Kate McNeil), sind nun die besten Freunde des Buschkängurus Skippy.

Die Serie war zuvor bereits im Pay-TV gelaufen.

SKIPPY, DAS BUSCHKÄNGURUH   ARD, KABEL 1

1969–1975 (ARD); 2002–2003 (Kabel 1). 91-tlg. austral. Abenteuerserie von Lee Robinson und Dennis Hill (»Skippy, The Bush Kangaroo«; 1968–1970).

Sonny (Gary Pankhurst), der jüngere Sohn des Wildhüters Matt Hammond (Ed Deveraux), hat das Känguru Skippy nach einer schweren Verletzung gepflegt und aufgezogen und betrachtet es nun als seinen besten Freund. Sonny lebt mit seinem Vater und seinem älterem Bruder Mark (Ken James), und wie in Tierserien für Kinder üblich ohne weibliche Familienmitglieder, im abgelegenen Waratah-Nationalpark in Australien. Unterrichtet wird er durch die Fernschule, die die Unterrichtsstunden im Radio überträgt; seine Schularbeiten muss er einschicken. Im Nationalpark arbeitet auch der Pilot Jerry King

(Tony Bonner), dessen Hubschrauber die schnellste Verbindung in die nächste Stadt ist. Nach ein paar Folgen zieht außerdem Clarissa »Clancy« Merrick (Liza Goddard) bei der Familie ein. Sie ist die Tochter eines Bekannten, der in die Ferne vesetzt wurde und dem Matt Hammond versprochen hat, sich um Clancy zu kümmern, solange sie studiert. Bevor sie ein akzeptiertes Familienmitglied und Marks beste Freundin wird, ist sie bei den Hammond-Söhnen zunächst unwillkommen. Sie merkt das und läuft davon, kann dank Skippy jedoch gefunden werden.
Überhaupt ist das Känguru ein mutiger und kluger Allzweckheld. Es versteht Sonny, warnt ihn vor Gefahren, zeigt ihm, wo sich Wilddiebe herumtreiben, befreit gefangene Tiere aus Käfigen, findet verschwundene Kinder, hilft Verletzten, reißt aus dem Zoo aus, um zu Sonny zurückzukommen, und backt köstliche Apfelstrudel – halt, nein, das doch nicht. Dr. Alexander Stark (Frank Thring) ist der fiese Zoodirektor.
Wie klingt eigentlich ein Känguru? Bei anderen heldenhaften Fernsehtieren wie *Lassie* oder *Fury* war es einfach: Hunde bellen, Pferde wiehern. Und Kängurus klingen eben wie eine Mischung aus Zungenschnalzen und dem Klappern von Nussschalen. Zumindest dieses Känguru. Die Geräusche wurden nachträglich in die Aufnahmen hineinsynchronisiert. Skippy war ein Weibchen, was unschwer an ihrem Beutel zu erkennen war, denn männliche Kängurus haben keinen. Drei verschiedene lebende Kängurus stellten Skippy dar, außerdem ein ausgestopftes und ein Flaschenöffner. Das ausgestopfte wurde benutzt, wenn Skippy nur still sitzend von hinten zu sehen war, der Flaschenöffner in der Form einer Kängurupfote für Nahaufnahmen, die zeigten, wie Skippy feinmotorische Dinge leistet wie Türen oder Schränke öffnen. Oder eben Flaschen.
Die ersten beiden Staffeln mit 25-minütigen Folgen liefen in der ARD, der Rest zuerst bei DFF 1, das auch die ARD-Folgen neu synchronisierte. Kabel 1 zeigte sämtliche drei Staffeln als Free-TV-Premiere erstmals ab 2002 sehr früh morgens. Mit der gleichen Besetzung entstand auch der Spielfilm »Skippy und die Schatzsucher«. Mehr als 20 Jahre später wurde die Fortsetzung *Skippy* gedreht, die in Deutschland bei Premiere und Super RTL lief.

SKIPPY, DER BUSCHPILOT SUPER RTL
1999. 26-tlg. austral.-frz.-dt. Zeichentrickserie für Kinder (»Skippy - Adventures In Bushtown«; 1997), die an *Skippy, das Buschkänguruh* angelehnt war.

DIE SKISCHULE SAT.1
2001. 6-tlg. dt. Doku-Soap, in der die ersten Versuche von Skischülern im österreichischen Ischgl begleitet wurden.
Eine der Schülerinnen war Doris, die bereits in der Sat.1-Doku-Soap *Die Fahrschule* mitgewirkt hatte und dort bei ihren Fahrstunden gefilmt worden war. Jetzt war sie als Führerscheinneuling mit dem eigenen Auto in den Skiurlaub gefahren.

Die halbstündigen Folgen liefen sonntags um 22.15 Uhr.

SKIZZEN AUS DEM DEUTSCHEN ALLTAG ARD
1967–1973. Reportagereihe, die Menschen mit der Kamera in ihrem Alltag begleitet, z. B. Industriearbeiterinnen, eine Stripteasetänzerin oder Behinderte. Lief auf verschiedenen Sendeplätzen im Nachmittags- und Abendprogramm.

SKIZZEN AUS DER DRITTEN WELT ARD
1972. Reportagereihe von Dieter Kronzucker und Ralph Giordano über Schicksale von Menschen in der Dritten Welt.

SKIZZEN UND NOTIZEN ARD
1962–1969. Jugendmagazin am Nachmittag von und mit Dr. Ernst Emrich.
Die Sendung wollte eine Orientierungshilfe für junge Leute ab 14 sein und brachte ihnen alle erdenklichen Themenbereiche näher. Es ging um Neuigkeiten aus dem Jugendleben und Kurzfilme, Kunst und klassische Musik sowie ethische und moralische Fragen. Zum 25. Jahrestag der »Reichskristallnacht« befasste sich die Sendung mit Rassismus und Menschenrechten.
Die Reihe wurde schließlich abgesetzt, weil sie mit 70 Minuten Länge nicht mehr in das neue Programmschema passte, das ab September 1969 in Kraft trat. Von nun an durften Sendungen im Kinder- und Jugendprogramm 30 Minuten nicht mehr überschreiten.

SKLAVEN ARD
1977. 6-tlg. brit. Historiendrama von Evan Jones (»The Fight Against Slavery«; 1974).
Im Jahr 1750 bricht Kapitän John Newton (John Castle) mit seinem Schiff »Duke Argyll« in Liverpool auf, um billigen Stoff, Brandy und Glasperlen nach Afrika zu bringen, wo er mit dem Erlös 200 Sklaven einkauft, die er nach Jamaika bringt, von wo er dafür mit Zucker und anderen Waren zurückkehrt. Das Dreiecksgeschäft ist hochprofitabel, obwohl viele der Männer, Frauen und Kinder noch auf der Reise sterben, weitere sterben in den ersten Wochen in Jamaika. Newton wird später Priester und veröffentlicht Berichte aus seinem Tagebuch von der furchtbaren Reise, um die Öffentlichkeit aufzurütteln. An seiner Seite kämpfen William Wilberforce (David Collings) und die Parlamentarier William Pitt (Ronald Pickup) und Charles James Fox (Ronald Lacey) für die Abschaffung der Sklaverei.
Die Serie entstand nach den Aufzeichnungen des echten Kapitän Newton. *Sklaven* war praktisch die BBC-Variante von *Roots*. Die Folgen waren 50 Minuten lang.

DIE SKLAVIN ISAURA ARD
1986–1987. 40-tlg. brasilian. Telenovela nach dem Buch von Bernardo Joaquim da Silva Guimarães (»Escrava Isaura«; 1976)

Brasilien, Mitte des 19. Jh.: Die weiße Sklavin Isaura (Lucélia Santos) lebt im Haus des Plantagenbesitzers Leoncio Correa De Almeida (Gilberto Martinho). Dessen Frau Esther (Beatriz Lira) hat dafür gesorgt, dass sie nicht nur schön, sondern auch klug ist, und ihr die Freiheit versprochen. Der Plantagenbesitzer Tobias (Robert Pirillo) verehrt sie, aber Almeidas grausamer Sohn Leoncio (Rubens de Falco) will sich dafür rächen, dass Isaura ihn hat abblitzen lassen.
Mit dieser Soap, die im Original über 100 Folgen umfasst, begann das neu strukturierte Nachmittagsprogramm in der ARD. Viermal pro Woche liefen die 25-minütigen Folgen.

SKORPION   ARD
1984. 6-tlg. brit. Agentendrama von Arden Winch, Regie: Michael Hayes (»Skorpion«; 1983).
Nach einem mysteriösen Flugzeugabsturz in Schottland sind die Geheimdienste alarmiert. Offenbar soll Gabrielle de Faujas (Marianne Borgo), die Flüchtlingen hilft, umgebracht werden. Chief Superintendent Franks (Terrence Hardiman) und Captain Percival (Michael Denison) jagen die Killer durch das schottische Hochland.
Die halbstündigen Folgen liefen im regionalen Vorabendprogramm, teilweise auch als Dreiteiler mit doppelt so langen Folgen.

SLEDGE HAMMER   RTL
→ Der Hammer

SLIDERS – DAS TOR IN EINE
FREMDE DIMENSION   RTL
1997–2004. 88-tlg. US-Science-Fiction-Serie von Tracy Torme und Robert K. Weiss (»Sliders«; 1995–2000).
Der Physikstudent Quinn Mallory (Jerry O'Connell; ab der fünften Staffel: Robert Floyd) entdeckt eine Möglichkeit, dank einer Art Fernbedienung Reisen in Paralleluniversen zu unternehmen. Auf diesen begleiten ihn sein Professor Maximilian Arturo (John Rhys-Davies) und seine Freundin Wade Wells (Sabrina Lloyd), außerdem der Musiker Rembrandt »Crying Man« Brown (Cleavant Derricks), der versehentlich mit hineingezogen wurde. Den Rückweg in ihre eigene Welt finden sie nicht mehr, und so landen die Freunde zwar immer in San Francisco, aber in Parallelwelten, denen unterschiedliche historische Entwicklungen vorausgegangen sind.
In der dritten Staffel wird Prof. Arturo auf einer der Reisen getötet. Seinen Platz nimmt Maggie Beckett (Kari Wuhrer) ein, die mit dem Mörder verheiratet war. Sie jagen und finden ihn. Wade schafft es, nach Hause zurückzukehren. Die Reisen führen die Gruppe jetzt auch in andere Städte auf der ganzen Erde, die mittlerweile in verschiedenen Parallelwelten von den bösen Kromaggs beherrscht wird. In einer davon stößt Quinns Bruder Colin (Charlie O'Connell) dazu und nimmt mit den anderen den Kampf gegen die Kromaggs und die Suche nach seinen und Quinns wahren Eltern auf.

Zu Beginn der fünften Staffel im Januar 2004 ist irgendetwas bei einer Reise schief gegangen, und die beiden Brüder sind weg. Colin ist einfach verschwunden, Quinn (ab jetzt gespielt von Robert Floyd) taucht wieder auf, steckt aber im Körper eines anderen, bei dessen Reise auch irgendwas nicht funktioniert hat. Außerdem reist die Wissenschaftlerin Dr. Diana Davis (Tembi Locke) ab sofort mit. In der letzten Folge geraten die Sliders in eine Welt, in der sie verehrt werden und ihre Reisen Thema einer Fernsehshow sind. Hier findet Rembrandt, letzter Verbliebener der ursprünglichen Gruppe, eine Möglichkeit, auf seine alte Erde zurückzukehren. Er bewaffnet sich mit einem speziellen Virus, durch das die Kromaggs besiegt werden sollen, und tritt die Reise an. Die anderen bleiben zurück, Rembrandts Schicksal bleibt offen.
Lief sonntags, ab 2004 samstags nachmittags. Jede Folge war eine Stunde lang.

SLIM CALLAGHAN GREIFT EIN   ZDF
1964. 8-tlg. dt. Krimiserie nach den Geschichten von Peter Cheyney, Regie: Karl Anton.
Der trickreiche Londoner Privatdetektiv Slim Callaghan (Victor de Kowa) überlistet Schmuggler, Betrüger, Diebe und Mörder. Die halbstündigen Schwarz-Weiß-Folgen liefen montags um 19.00 Uhr.

SMACK THE PONY   PRO SIEBEN
2001–2003. 14-tlg. brit. Comedyreihe mit Fiona Allen, Doon MacKichan und Sally Phillips (»Smack The Pony«; 1999–2003).
In schnellen Sketchen und jeweils einer Musikeinlage nehmen die drei Damen sich selbst und die Abgründe der weiblichen Psyche aufs Korn. Die Reihe gilt als Vorbild für Anke Engelkes *Ladykracher*.
Zwei Staffeln mit halbstündigen Folgen liefen donnerstags um 23.15 Uhr, in Großbritannien gab es noch eine weitere Staffel und zwei Specials.

SMALL TALK   RTL
1997–1998. Einstündige Spielshow mit Birgit Lechtermann.
Einmal mehr hat es die ehemalige *1, 2 oder 3*-Moderatorin mit Kindern als Hauptpersonen zu tun. Drei prominente Erwachsene müssen als Kandidaten zehn auf Fernsehbildschirmen zu sehende Kinder richtig einschätzen. Wer von ihnen weiß z. B., wer die ersten Menschen waren? Von dem ausgewählten Knirps ist dann ein Film mit der aufgezeichneten Antwort zu sehen (»Joseph und Maria!«). Für richtige Einschätzungen gibt es Punkte, die am Ende in Geld umgewandelt und einem guten Zweck gespendet werden.
16 Folgen der *Dingsda*-Variante liefen freitags um 20.15 Uhr.

SMALLVILLE   RTL
Seit 2003. US-Fantasyserie von Miles Millar und Alfred Gough (»Smallville«; seit 2001).

Ein Meteoritenregen hat vor 13 Jahren Teile der Kleinstadt Smallville zerstört und dort ein Kleinkind in einem Raumschiff hinterlassen. Heute lebt Teenager Clark Kent (Tom Welling) bei seinen Adoptiveltern Jonathan (John Schneider) und Martha (Annette O'Toole) auf deren Farm. Clarks beste Freunde sind Pete Ross (Sam Jones III.) und die ambitionierte Schülerzeitungsredakteurin Chloe Sullivan (Allison Mack). In seine Mitschülerin Lana Lang (Kristin Kreuk) ist Clark verliebt, sie ist aber mit dem Sportass Whitney Fordman (Eric Johnson) zusammen. Whitney geht am Ende der ersten Staffel zur Marine und stirbt während eines Einsatzes. Lanas Eltern sind bei dem Meteoritenregen ums Leben gekommen. Auch mit dem glatzköpfigen Alexander »Lex« Luthor (Michael Rosenbaum) freundet sich Clark an.

Allmählich entdeckt der Junge seine besonderen Fähigkeiten und Kräfte, von denen außer ihm selbst nur seine Eltern wissen (in der zweiten Staffel erzählt er auch Pete davon), und die ihn einmal zu »Superman« machen werden. Noch weiß er nicht, dass Lex Luthor sein Erzfeind werden wird. Dessen skrupelloser Vater Lionel Luthor (John Glover), der in der zweiten Staffel vorübergehend erblindet, ist mit seiner Fabrik Smallvilles größter Arbeitgeber. Mit der Zeit findet Clark heraus, dass er vom Planeten Krypton stammt und eigentlich Kal-El heißt. Seine Kräfte verliert er, wenn er in die Nähe des grünlichen Meteoritengesteins Kryptonit kommt. Mit Beginn der vierten Staffel kommt Chloes Cousine Lois Lane (Erica Durance) neu in die Stadt und zieht auf der Kent-Farm ein. Pete ist jetzt nicht mehr dabei.

Noch eine Serie, die sich mit den Abenteuern von Superman beschäftigte, und nicht einmal die erste, die seine Teenagerjahre beleuchtete. Gut zehn Jahre zuvor gab es bereits *Superboy*. Aber noch nie hatte sich eine Serie mit Clark Kents Zeit in dem kleinen Städtchen beschäftigt, in dem er aufwuchs.

Annette O'Toole hatte bereits 1983 im Kinofilm »Superman III« mitgespielt, damals an der Seite von Christopher Reeve und in der Rolle der Lana Lang. Der damalige Superman Reeve spielte in zwei Folgen von *Smallville* die Gastrolle des mysteriösen Wissenschaftlers Dr. Virgil Swann, der dem jungen Clark Hinweise zu seiner Herkunft gibt.

RTL zeigte die ersten beiden Folgen hintereinander am Freitagabend zur Primetime und bisher rund 70 weitere einstündige Serienfolgen jeweils samstags um 16.50 Uhr. Der Titelsong »Save Me« stammt von Remy Zero. Die kompletten Staffeln erschienen jeweils wenige Monate nach ihrer Ausstrahlung auf DVD.

SMILEYS LEUTE ARD

1984. 6-tlg. brit. Agentenserie nach dem gleichnamigen Roman von John le Carré, Regie: Simon Langton (»Smiley's People«; 1982).

Top-Agent George Smiley (Alec Guinness) kehrt noch einmal aus dem Ruhestand zu seinen alten Kollegen Toby Esterhase (Bernard Hepton), Peter Guillam (Michael Byrne) und Sir Oliver Lacon (Anthony Bate) zurück, um für den britischen Geheimdienst, genannt »Zirkus«, den Tod des alten Generals Vladimir (Curd Jürgens) aufzuklären. Zu diesem Zweck muss er auch wieder zum alten russischen Geheimdienstchef Karla (Patrick Stewart) Kontakt aufnehmen.

John le Carrés Meisterspion war bereits in der TV-Verfilmung von *Dame, König, As, Spion* von Alec Guinness gespielt worden. Zu *Smileys Leute* lieferte Le Carré nicht nur die literarische Vorlage, sondern verfasste auch gemeinsam mit John Hopkins das Drehbuch.

Die einstündigen Folgen liefen montags um 20.15 Uhr.

SMOG ARD

1973. Fernsehspiel von Wolfgang Menge, in dem es um die fiktive Bedrohung durch verseuchte Luft ging. Viele Fernsehzuschauer hielten den Film für einen Tatsachenbericht und gerieten in Panik.

Menge hätte von Anfang an damit rechnen müssen, dass man seine Fiktion ernst nahm: Seine Spielshow-Satire *Das Millionenspiel* drei Jahre zuvor hatten viele Zuschauer ebenfalls für Realität gehalten.

SNAKE HUNTER RTL 2

2005. 13-tlg. US-Abenteuer-Naturdoku (»Snake Wranglers«; 2002).

Die Reihe begleitet Experten auf der landesweiten Suche nach gefährlichen Schlangen, um bedrohte Arten zu schützen oder durch deren Melken das Gegengift für ihre Bisse zu gewinnen. Lief am Sonntagnachmittag.

SNOOPS – CHARMANT UND BRANDGEFÄHRLICH VOX

2000–2001. 13-tlg. US-Krimiserie von David E. Kelley (»Snoops«; 1999).

Glenn Hall (Gina Gershon) hat ihre eigene Privatdetektei, Glenn Hall Inc., in Santa Monica. Sie ist cool und unbeirrbar und geht sehr trickreich vor. Mit ihrer Mitarbeiterin Dana Plant (Paula Marshall), einer konservativen Ex-Polizistin, hat sie oft Meinungsverschiedenheiten über ihre Arbeitsmethoden, denn Glenn nimmt es mit dem Gesetz nicht so genau, wenn sie ans Ziel kommen will. In der Detektei arbeiten außerdem die hinsichtlich technischer Tricks versierte Manny Lott (Danny Nucci) und die einfallsreiche Roberta Young (Paula Jai Parker). Bei ihren Fällen haben die vier oft mit Lieutenant Greg McCormack (Edward Kerr) von der Polizei zu tun.

Die einstündigen Folgen liefen mittwochs gegen 22.00 Uhr.

SNOOPY UND CHARLIE BROWN ARD

→ Die Peanuts

SNOWY RIVER RTL 2

1997. 52-tlg. austral. Abenteuerserie (»Snowy River«; 1993).

Ende des 19. Jh. lässt sich der Witwer Matt McGre-

gor (Andrew Clarke) mit seinen Söhnen Rob (Guy Pearce) und Colin (Brett Climo) sowie Tochter Danni (Joelene Cronogorac; später: Kristie Raymond) in der unwirtlichen Landschaft Snowy River in der Nähe von Melbourne nieder. Dort siedeln auch die Witwe Kathleen O'Neill (Wendy Hughes) mit Sohn Michael (Ben Geurens) sowie die Familie Blackwood mit Victoria (Amanda Douge), Oliver (John Stanton) und Sohn Frank (Rodney Bell), mit der es einige Komplikationen gibt. Matts Neffe Luke (Joshua Lucas) arbeitet für die Blackwoods. Matt und Kathleen heiraten später.
Die einstündigen Folgen liefen werktags nachmittags.

SO EIN AFFENTHEATER   SAT.1
1989. 13-tlg. US-Sitcom von Garry Marshall und Tom Miller (»Me And The Chimp«; 1972).
Mike (Ted Bessell) und Liz Reynolds (Anita Gillette) lassen sich von ihren Kindern Scott (Scott Kolden) und Kitty (Kami Cotler) überreden, den Schimpansen Buttons bei sich aufzunehmen.

SO EIN OTTO   ARD
→ Otto

SO EIN SEEMANN   ARD
1959–1960. 16-tlg. US-brit. Comedyserie nach den Geschichten von Guy Gilpatric, Regie: John Knight (»Glencannon«; 1959).
Colin Glencannon (Thomas Mitchell) ist ein erfahrener Seemann, der noch immer gern zur See fährt und ebenso gern davon erzählt. Er arbeitet als Chefingenieur auf dem rostigen Frachter »Inchcliffe Castle«, zu dessen Besatzung auch Captain Ball (Charles Carson), Bos'n Hughes (Patrick Allen), Cookie (Georgie Wood), Montgomery (Barry Keegan) und Sparks (Peter Collingwood) gehören.
Mit Ausnahme einzelner Szenen wurde die komplette Seeserie im Studio gedreht. Guy Gilpatric, der Autor der »Glencannon«-Abenteuer, war bereits 1949 gestorben. Seine Mutter, die nun die Rechte hielt, zierte sich mehrere Jahre; als sie einer Verfilmung zustimmte, war sie 91 Jahre alt.
Die halbstündigen Folgen liefen erst donnerstags, dann dienstags im regionalen Vorabendprogramm.

SO EIN SÜSSES KLEINES BIEST   ZDF
1964–1965. 13-tlg. dt. Familienserie von Christian Schürhoff und Fred Denger, Regie: Georg Wildhagen.
Das Ehepaar Jupp (Erik Schumann) und Georgie (Grit Boettcher) ist frisch verheiratet. Jupp hätte zwar gern, dass Georgie sich um den Haushalt kümmert, putzt und kocht, doch Georgie ist emanzipiert und setzt immer ihren Kopf durch. Dabei richtet sie häufig genug Chaos an, das Jupp dann ausbügeln muss. Die fürsorgliche Tante Malchen (Annemarie Holtz) wohnt bei den beiden zur Miete.
Die halbstündigen Folgen liefen freitags im Vorabendprogramm.

SO EIN TIERLEBEN   ZDF
1983–1986. 25-minütige Kuriositäten-Tiershow mit Klaus Havenstein und erstaunlichen Tiergeschichten. Jedes Jahr liefen ein paar Folgen am Sonntagnachmittag.

SO EIN ZIRKUS   ZDF
1998. 12-tlg. dt. Familienserie von Rolf René Schneider, Scarlett Kleint und Regine Sylvester, Regie: Manfred Mosblech.
Widerwillig übernimmt der Zahnarzt Moritz Stolz (Walter Plathe) den Zirkus, den er von seinem verstorbenen Vater August (Helmut Pick) geerbt hat. Seine Frau Renate (Anke Sevenich) und die Kinder Jutta (Doreen Jacobi) und Jens (Alexander Eisenfeld) sind darüber ebenso unglücklich wie der Löwendompteur Boris Kaminski (Wilfried Baasner), der vorhatte, den Zirkus bei nächster Gelegenheit selbst zu kaufen. Zusammen mit Frau Hünefeld (Silvia Vas) intrigiert er gegen Moritz, der beschlossen hat, das bankrotte Familienunternehmen zu retten. Dr. Hillebrandt (Guntbert Warns) übernimmt derweil die Vertretung in Renates und Moritz' gemeinsamer Praxis.
Zum Zirkuspersonal gehören Artistin Iris Jacobi (Beatrice Bergner) und ihre Mutter Raimonda (Karin Eickelbaum), Tierpfleger Frankie (Friedrich-Karl Praetorius), Ulf Schoppe (Gerhard Olschewski), der Chef der Zirkustechnik, Gustav (Ferdinand Dux), Artist Pablo (Gregor Bloéb) und seine Frau Silvana (Mariella Ahrens), Zirkuslehrer Lehmann (Michael Kausch) und Britta (Victoria Sturm), die mit einer Bärennummer auftritt. Durch den neuen Stress kriselt es zwischen Moritz und Renate, für die sich Dr. Hillebrandt sehr interessiert. Iris entpuppt sich als Tochter des konkurrierenden Zirkusdirektors Bouvier (Hans Teuscher). Er hilft Moritz, die drohende Pleite abzuwenden, indem er einer gemeinsamen Vorstellung zustimmt. Als Renate einen Unfall hat, merkt Moritz, dass er nicht nur den Zirkus, sondern auch seine Ehe retten muss.
Die 50-minütigen Folgen liefen freitags um 19.25 Uhr.

SO EIN ZOFF!   ZDF
1987. Dreiviertelstündige Spiel- und Talkshow mit Günther Jauch und Gästen, die sich übereinander geärgert haben.
Diese fetzen sich erst in einem sechsminütigen Rededuell, danach treten sie bei einem Computerspiel gegeneinander an. Auf diese Weise duellierten sich z. B. Raucher und Nichtraucher sowie Ufo-Gläubige und -Skeptiker. Es ging aber auch um Themen wie Uli Steins Rauswurf aus der Nationalmannschaft.
Die erste Sendung lief noch unter dem Titel *Mensch ärgere Dich nicht*, worüber sich aber die Produzenten des gleichnamigen Brettspiels nachhaltig ärgerten. Sechs Ausgaben liefen alle paar Wochen mittwochs um 19.30 Uhr.

SO FING ES AN   ZDF
1983. 3-tlg. Dokumentation von Klaus Harpprecht

und Heinz Hemming über die Gründerjahre der Bundesrepublik. Anlass war deren 35. Geburtstag 1984. Jede Folge dauerte eine Stunde.

SO GESEHEN SAT.1
Seit 1989. Fünfminütige Verkündigungssendung der Kirche.
Zu den Pfarrern, die hier predigten, gehörte u. a. Jürgen Fliege. Lief sonntags, mal mittags, mal morgens, zeitweise auch erst um Mitternacht.

SO GRÜN WAR MEIN TAL ARD
1977. 6-tlg. brit. Familiensaga nach dem Roman von Richard Llewellyn, Regie: Ronald Wilson (»How Green Was My Valley«; 1975).
Der erwachsene Huw Morgan (Dominic Guard; als Kind: Rhys Powys) erzählt in Rückblicken die Geschichte seiner Jugend. Er ist das jüngste Kind einer Bergarbeiterfamilie und lebt Ende des 19. Jh. mit seinen Eltern Beth (Siân Phillips) und Gwilym (Stanley Baker), seinen Brüdern Ianto (Keith Drinkel), Owen (Mike Gwilym) und Ifor (Norman Comer) und seiner einzigen Schwester Angharad (Sue Jones-Davies) in Südwales. Huw ist gehbehindert. Die Familie führt ein unbeschwertes Leben, bis die Interessen kollidieren. Die Löhne für die Bergarbeiter sollen gekürzt werden, und die Morgan-Söhne wollen das verhindern und eine Gewerkschaft gründen. Vater Gwylim Morgan ist gegen eine Gewerkschaft, weil er gerade die Karriereleiter hinaufsteigt.
Pfarrer Gruffyd (Gareth Thomas) verheiratet Ifor und Bronwen (Nerys Hughes). Gruffyd wird seinerseits von Angharad geliebt, erwidert ihre Liebe jedoch nicht. So heiratet sie Iestyn Evans (Jeremy Clyde), den Sohn des Bergwerksbesitzers. Ianto heiratet Marged (Victoria Plucknett), die zuerst Owens Liebe war. Owen wandert nach Amerika aus. Ifor stirbt bei einem Grubenunglück, und am Ende kommt auch Vater Morgan bei einer Explosion im Bergwerk ums Leben.
John Ford hatte Llewellyns Roman schon 1941 fürs Kino verfilmt und den Oscar für den besten Film gewonnen. Die 50-minütigen Fernsehfolgen liefen im Nachmittagsprogramm.

SO ISSES WDR
1984–1989. »Leben live«. 90-minütige Personalityshow von und mit Jürgen von der Lippe.
Die Show vereinte sämtliche Elemente aller anderen gängigen Fernsehshows: Es gab Klamauk, Comedy, Musik, Spiele mit Zuschauern, Talk mit Gästen, seriöse Gespräche und Einspielfilme, die meist neue Themenbereiche einleiteten. Das Besondere an *So isses* war neben der großen Freiheit, die das Format von der Lippe ließ, in welch großem Umfang die Zuschauer einbezogen wurden (»Interaktivität« würde man heute sagen). Wer etwas Spannendes zu erzählen oder eine skurrile Erfindung vorzuführen hatte, fand sich schnell neben dem Moderator auf dem Sofa wieder. Von der Lippes Partner (und Gegner) war Gerd Dudenhöffer.

Die Reihe wurde am Sonntagabend gegen 22.00 Uhr ausgestrahlt und lief zunächst im Dritten Programm des WDR. Ab 1985 übernahmen außer dem BR alle anderen Dritten Programme die erfolgreiche Show. *So isses* erreichte die höchste Einschaltquote, die es je in einem Dritten Programm gab.

SO IST DAS LEBEN – AUSGERECHNET ROSENBURG SAT.1
→ So ist das Leben – Die Wagenfelds

SO IST DAS LEBEN – DIE WAGENFELDS SAT.1
1995–1996. 127-tlg. dt. Daily Soap über die Hamburger Familie Wagenfeld mit Mutter Katharina (Sabine Bach), Vater Stefan (Nick Wilder) und den Kindern Lena (Vanessa Jung), Danny (Maximilian Grill) und Johannes (Wolfgang Krewe), die im bayerischen Rosenburg einen Gasthof übernehmen.
Sat.1 zeigte den Pilotfilm zur neuen Soap an einem Montagabend um 20.15 Uhr. Trotz dieser Präsentation auf dem Massensendeplatz (immerhin vier Millionen Zuschauer schalteten ein) floppte die Serie auf ihrem regelmäßigen Sendeplatz werktags um 18.00 Uhr und wurde vorzeitig beendet. Immerhin kam der Titelsong »Stay Together« von Bed & Breakfast in die Charts. Knapp vier Jahre später wiederholte Sat.1 die Serie im Vormittagsprogramm unter dem Titel *So ist das Leben – Ausgerechnet Rosenburg*.

SO LÄUFT'S RICHTIG ZDF
1988. Fünfminütiges Verkehrsquiz mit Dieter Thomas Heck, das donnerstags in der Werbepause der ZDF-Vorabendserien ausgestrahlt wurde. Produziert wurde das Quiz von Cine Relation, der Firma von Alfred Noell, die auch den *7. Sinn* herstellte.

SO MACHEN ES ANDERE ARD
1970. Doku-Reihe über öffentliche Einrichtungen oder Unternehmungen in Nachbarstaaten.
Die Reihe wollte auf Entwicklungen und nachahmenswerte öffentliche Einrichtungen im Ausland hinweisen. Sie befasste sich beispielsweise mit dem italienischen Autobahnnetz, der Londoner Polizei und dem britischen Gesundheitssystem.
Die Folgen waren 30 bis 45 Minuten lang und liefen in loser Folge.

SO 'NE UND SO 'NE ARD
1979. 9-tlg. dt. Comedyserie nach Carla Lane, Regie: Herbert Wise.
Elfie Pichler (Simone Rethel) kommt aus besserem Haus, kann sich aber ihr Apartment allein nicht mehr leisten. Erst lässt sie ihren Freund Lutz (Andreas Schnoor) einziehen, aber dann fühlt sie sich genervt, und Connie Fuchs (Ursela Monn), die aus einfachen Verhältnissen kommt und sich auf eine Anzeige gemeldet hat, wird ihre Untermieterin.
Die halbstündigen Folgen liefen vierzehntäglich montags um 22.00 Uhr. Die Serie war eine Adaption der britischen Sitcom »The Liver Birds« von Carla

So weit die Füße tragen mit Heinz Weiss.

Lane. Sie wurde 1980 unter dem Titel *Liebe ist doof* fortgesetzt.

SO ODER SO IST DAS LEBEN   ZDF
1982–1983. 4-tlg. Reihe von Herbert Reinecker mit jeweils vier unterhaltsamen Episoden. Verschiedene, meist sehr prominente Schauspieler traten in den nicht zusammenhängenden Geschichten auf. Jede Folge dauerte eine Stunde.

SO SCHMECKT DAS LEBEN   ZDF
2000. 25-minütiges Wellnessmagazin mit dem Arzt Dr. Günter Gerhardt und dem Koch Johann Lafer, das werktags um 11.35 Uhr lief.

SO SCHÖN IST UNSER DEUTSCHLAND   ZDF
1996–2003. Einstündige Volksmusiksendung mit Carolin Reiber, in der deutsche Gegenden und die dortige Volksmusik vorgestellt wurden. Lief in sehr loser Folge donnerstags zur Primetime.

SO WEIT DIE FÜSSE TRAGEN   ARD
1959. 6-tlg. Nachkriegsdrama von Fritz Umgelter nach dem Roman von Josef Martin Bauer.
Nach langer Zeit im Lager und einem gescheiterten Fluchtversuch gelingt es dem Deutschen Clemens Forell (Heinz Weiss) schließlich doch, aus der sowjetischen Kriegsgefangenschaft zu entkommen. Dabei hilft ihm der deutsche Lagerarzt Dr. Stauffer (Wolfgang Büttner), der seine eigene Flucht von langer Hand geplant, dann aber seine Pläne und den gesammelten Proviant wegen seiner schweren Krankheit an Forell weitergegeben hatte. Eine langwierige und beschwerliche Flucht zu Fuß durch Schnee und Steppe beginnt. Unterwegs trifft Forell u. a. auf die Rentierhirten Pehtaak (Uchur Iwanow) und Laatmai (Nikita Uljschkyn) sowie auf die ebenfalls flüchtigen Gefangenen Grigorij (Willy Leyrer), Anastas (Klaus Bauer) und Semjon (Georg Hartmann). Allen schließt er sich jeweils zeitweise an und erhält von ihnen Hilfe, dank derer er es schließlich über Persien zurück nach Deutschland schafft.
Früher Fernseherfolg, der wegen des großen Zuspruchs noch im gleichen Jahr wiederholt wurde. Spätere Ausstrahlungen ab 1962 waren meist auf zwei Teile gekürzt.

SOAP ODER TRAUTES HEIM   NDR
1981–1982. 26 Folgen der US-Sitcom (»Soap«; 1977–1981), die später in Sat.1 und Kabel 1 neu synchronisiert und komplett unter dem Titel *Die Ausgeflippten* (siehe dort) gezeigt wurde.
Diese ersten Folgen unter dem alten Titel liefen auch in den meisten anderen Dritten Programmen.

SOFIES WELT   KI.KA
2003. 8-tlg. norweg. Jugendserie nach dem Roman von Jostein Gaarder, Regie: Erik Gustavson (»Sofies verden«; 2000).
Die 14-jährige Sofie Amundsen (Silje Storstein) erlebt merkwürdige Dinge und lernt viel über Philosophie.

SOKO 5113   ZDF
Seit 1978. Dt. Krimiserie von Hasso Plötze nach dem Buch von Dieter Schenk.
Die Sonderkommission 5113 befasst sich hauptsächlich mit Rauschgiftdelikten. Kriminalhauptkommissar Karl Göttmann (Werner Kreindl) leitet die SOKO, er ist ein fürsorglicher und bei Bedarf strenger Chef. Seine Mitarbeiter sind anfangs Horst Schickl (Wilfried Klaus), Renate Burger (Ingrid Fröhlich), Heinz

Flock (Hans Dieter Trayer), Dieter Herle (Diether Krebs) und der junge Fred Leß (Bernd Herzsprung), der zunächst noch in der Polizeiausbildung ist und bei der SOKO Station macht, dann aber dort bleibt. Die Zusammensetzung der SOKO ändert sich in den folgenden Jahrzehnten oft. Flock und Burger sind noch vor Ablauf eines halben Jahres weg, andere Kollegen gehören nur für kurze Zeit dazu: Rechlin (Hartmut Becker, 1978), Neubert (Tilo Prückner, 1978), »Django« Nußbaumer (Giovanni Früh, 1980–1983), Katrin Rieger (Benita Rinne, 1984-85), Bärbel Mattner (Sabine Kaack, 1984–1987), Mascha Brandner (Verena Mayr, 1987) und Ricarda Larenzi (Jutta Schmuttermaier; 1997).

Im Herbst 1980 kommt Anna Herbst (Ingeborg Schöner) dazu, Anfang 1983 »Wolle« Blaschke (Peter Seum). Er wird im Oktober 1984 bei einem Undercover-Einsatz versehentlich erschossen, weil ein Polizist nicht Bescheid wusste. Anna gibt sich die Schuld daran und lässt sich ins Vermisstendezernat versetzen. Sie bleibt mit ihren Ex-Kollegen jedoch eng verbunden. Schickl und sie sind mittlerweile ein Paar und heiraten. Zwischenstand: Göttmann, Schickl, Herle, Leß, Mattner.

Herle, an sich ein guter Polizist, hat privat mit hohen Schulden zu kämpfen. Dadurch driftet er ins kriminelle Milieu ab. Im Juni 1986 findet er an einem Tatort den Geldkoffer eines Drogendealers und setzt sich damit in die Schweiz ab (das Drehbuch zu dieser Folge schrieb Diether Krebs selbst). Als Ersatz für Herle engagiert Göttmann Anfang 1987 Jürgen Sudmann (Heinz Baumann), einen Ex-BKA-Beamten, dessen Tarnung aufgeflogen war. Sudmann ist ein großer, kauziger Lebemann, der den Job gerade so ernst nimmt, wie es unbedingt sein muss. Der deutlich verbissenere Schickl und er werden Freunde. Im folgenden Jahr kommt die junge und motivierte Lizzy Berger (Olivia Pascal) vom Vermisstendezernat zur SOKO und bildet nun mit dem etwas draufgängerischen Leß ein Team. Neuer Zwischenstand: Göttmann, Schickl, Sudmann, Leß, Berger. Vier Jahre lang bleibt die Zusammensetzung unverändert.

Im Herbst 1992 wird Leß in den Innendienst befördert, und Manfred »Manne« Brand (Hartmut Schreier) rückt nach. Wenige Wochen später erhalten die Kollegen die Nachricht, dass Karl Göttmann an einem Herzinfarkt gestorben ist (Hauptdarsteller Kreindl war im Juni 1992 überraschend einem Herzinfarkt erlegen). Sein langjähriger Stellvertreter Schickl wird zum neuen Leiter der Sonderkommission ernannt. Sie besteht ab jetzt nur noch aus vier Personen. Ein Jahr später quittiert Sudmann den Dienst, um eine Millionärin zu heiraten und Privatdetektiv zu werden (Heinz Baumann bekam seine eigene Serie, *Solo für Sudmann,* schaute aber noch eine Weile für gelegentliche Gastauftritte bei den Ex-Kollegen herein). Theo Renner (Michel Guillaume) kommt neu dazu.

Die nächste Veränderung folgt erst Anfang 1997: Lizzy Berger wird Mutter und kündigt, um sich fortan um ihr Kind zu kümmern. Ihre Nachfolgerin Maja Cramer (Cay Helmich) wird im Mai 2000 im Dienst erschossen und von Susanne von Hagenberg (Christine Döring) ersetzt. Vorläufiger Endstand: Schickl, Brand, Renner, von Hagenberg. Schickl ist als Einziger von Anfang an dabei. Natürlich verschleißt die SOKO im Lauf der Zeit auch mehrere Vorgesetzte: Kriminaldirektor Stanelle (Hans Schulze), Oberamtmann Kraske (Joachim Wichmann) und Kriminaldirektor Dr. Dietl (Franz Rudnick).

Die Serie basierte auf den Erinnerungen des Gießener Kripochefs und späteren Kriminaldirektors im BKA, Dieter Schenk, die er in dem Buch »Der Durchläufer« veröffentlichte. Er schrieb bis 1986 auch etliche Episodendrehbücher und blieb der Serie danach als Berater erhalten. Schenk hob hervor, dass seine Ermittler keine unfehlbaren Alleingänger seien, sondern teamfähige, normale Menschen, und legte großen Wert auf eine realistische Darstellung der Polizeiarbeit und kriminaltaktische Richtigkeit, aber nicht darauf, dass es im wahren Leben gar keine dauerhaft amtierende Sonderkommission gibt, sondern Sonderkommissionen immer nur für besondere Fälle zusammengestellt werden. Daher ja der Name. Die Zahl 5113 (sprich: einundfünfzig dreizehn) war die Telefondurchwahl des SOKO-Chefs.

Bevor es allgemein üblich wurde, im Vorspann die Namen der Hauptdarsteller einzublenden, waren bei *SOKO 5113* über viele Jahre nur die Rollennamen nebst abgekürzten Dienstgraden zu sehen. So erfuhr man (während ohne Unterlass jemand vor einem Auto davonlief), dass es sich z. B. um KHK Göttmann, KOK Schickl, KHK Sudmann, KOM Leß und KK Berger handelte. Was diese Abkürzungen bedeuteten, musste man schon selbst herausfinden (Kriminalhauptkommissar, Kriminaloberkommissar, Kriminalobermeister, Kriminalkommissar usw.). Schickl wurde später vom KOK zum KHK befördert.

2003 feierte Wilfried Klaus seine 25-jährige SOKO-Zugehörigkeit. Die Stiftung der Deutschen Polizeigewerkschaft ernannte ihn aus diesem Anlass zum Ehrenkommissar, und das ZDF spendierte eine ganz besondere Folge. Zum Dienstjubiläum schenken die Kollegen Schickl ausgerechnet einen Kriminalroman, »Das Geheimnis von Blandford Castle«. Schickl beginnt zu lesen und versetzt sich und seine Mitarbeiter in die Handlung hinein. Die Hauptdarsteller Wilfried Klaus, Hartmut Schreier, Michel Guillaume, Christine Döring, Franz Rudnick und Ingeborg Schöner agieren in völlig anderen Rollen im England des Jahres 1932, wo sie in einem alten Schloss den Mord an einem Lord aufklären müssen.

Erster Regisseur der Serie war Ulrich Stark (55 Folgen), ihm folgte Kai Borsche (65 Folgen), danach wechselten sich verschiedene Regisseure ab. Arpad Bondy hatte die Titelmusik komponiert.

Die Serie wurde ein Dauerbrenner im Vorabendprogramm und zog ab 2001 weitere »SOKO«-Serien nach sich. Die 32 Folgen der ersten beiden Staffeln waren je eine halbe Stunde lang; alle weiteren dauerten eine Stunde und liefen an wechselnden Wochentagen gegen 17.50 Uhr. Trotz des enormen Erfolgs hatte der langjährige Hauptdarsteller Kreindl eine Verlegung in die Primetime immer abgelehnt. Einzelne Langfolgen, die samstags um 20.15 Uhr liefen, sowie eine Jubiläumsfolge, die auf dem begehrten Freitagskrimiplatz um 20.15 Uhr zu sehen war, zeigten jedoch, dass die SOKO auch zur Hauptsendezeit hervorragende Einschaltquoten erzielte. Mehr als 300 Folgen wurden inzwischen gezeigt.

SOKO KITZBÜHEL ZDF
Seit 2003. Dt.-österr. Krimiserie. Dritte Serie unter dem »SOKO«-Dach.
Karin Kofler (Kristina Sprenger) und Andreas Blitz (Hans Sigl) leiten das Kommissariat Kitzbühel und ermitteln in verschiedenen Kriminalfällen. Sie werden dabei regelmäßig von Vera Gräfin Schönberg (Andrea L'Arronge), einer Dame aus gehobenen Kitzbüheler Kreisen, und Kristinas Vater Hannes Kofler (Heinz Marecek) unterstützt. Hannes ist hauptberuflich ein hervorragender Koch, dessen »Pochlarner Stuben« das berühmteste Restaurant am Platz sind.
Die einstündigen Folgen liefen auf dem etablierten Sendeplatz der Originalserie SOKO 5113 mittwochs um 18.00 Uhr, bisher rund 30-mal.

SOKO KÖLN ZDF
Seit 2003. Dt. Krimiserie. Vierte Serie unter dem »SOKO«-Dach.
Diese Kölner Sonderkommission wird von Hauptkommissarin Alexandra Gebhardt (Gundula Rapsch) geleitet, die mit ihrem Team einen lockeren und lustigen Umgang pflegt. Daniela Fiori (Clelia Sarto), Frank Hansen (Jophi Ries), Tobias Berger (Mike Hoffmann) und Vanessa Haas (Kerstin Landsmann) gehören ihm an. Die Frauen sind also erstmals in der Überzahl. Vanessa ist Alexandras Nichte und eigentlich nur Praktikantin, ermittelt aber kräftig mit. Kommissariatsleiter Ben Schneider, genannt Big Ben (Hans-Martin Stier), freut sich über das tolle Team, das so tolle Arbeit macht, dann muss er nämlich nicht so viel tun. Im Frühjahr 2005 kommt Carla Schumann (Julia Malik) vom Berliner Rauschgiftdezernat neu dazu und ersetzt die auf eigenen Wunsch ausgeschiedene Daniela.
Bisher rund 30 einstündige Folgen liefen auf dem etablierten Sendeplatz der Originalserie SOKO 5113 mittwochs um 18.00 Uhr.

SOKO LEIPZIG ZDF
Seit 2001. Dt. Krimiserie. Zweite Serie unter dem »SOKO«-Dach.
Die Kommissare Hajo Trautzschke (Andreas Schmidt-Schaller), Jan Maybach (Marco Girnth), Ina Zimmermann (Melanie Marschke) und Miguel Alvarez (Gabriel Merz) bilden eine Sonderkommission, die in Leipzig Mordfälle aufklärt. Teamleiter Trautzschke, gebürtiger Leipziger, ist erfahren und instinktsicher, freundlich und geduldig. Er ist Witwer und hat eine erwachsene Tochter namens Leni (Caroline Scholze), die als Journalistin arbeitet. Sein Stellvertreter Maybach ist aus Köln zugezogen und wohnt mit seinem jungen Sohn Benni (Maximilian Klas) zusammen. Ina wird 2004 schwanger und geht in die Babypause, die Streifenpolizistin Meike Schwarz (Anne Arzenbacher) übernimmt im folgenden Jahr für sie.
Nach dem jahrzehntelangen Erfolg von SOKO 5113 probierte das ZDF einfach mal aus, was passiert, wenn eine weitere Serie mit dem Label »SOKO« versehen wird. Es passierte ein weiterer Erfolg, aus dem in den folgenden Jahren noch mehr »SOKO«-Serien resultierten.
Bisher liefen rund 70 Folgen, zunächst mittwochs um 18.00 Uhr auf dem Sendeplatz von SOKO 5113 und seit Januar 2003 freitags um 21.15 Uhr.

SOKO WIEN ZDF
Seit 2005. Österr.-dt. Krimiserie.
Elisabeth Wiedner (Pia Baresch) und Christian Hennig (Bruno Eyron) sind die Köpfe einer Spezialeinheit der Wiener Wasserschutzpolizei. Beide sind in ihren 30ern und waren vorher Agenten, Elisabeth für SKAT (kein Kartenklopperclub, sondern das »Spezialkommando Anti-Terror«), Christian für Europol. Zur SOKO Wien gehören außerdem ihr Kommandant Major Otto Dirnberger (Dietrich Siegl) und dessen grantige Sekretärin Ernie Kremser (Mona Seefried), die jungen Polizisten Penny Lanz (Lilian Klebow) und Martin Patuschek (Manuel Witting) sowie der Bootsmechaniker Schubi (Cornelius Obonya). Mit schnellen Booten lösen sie Fälle auf der Donau in Wien und im nahen Ausland.
Variante der Küstenwache unter der Dachmarke der »SOKO«. Noch vor dem Start dieser sechsten »SOKO«-Serie kündigte das ZDF bereits eine siebte für 2006 an, angesiedelt im Rhein-Main-Gebiet.

SOKO WISMAR ZDF
Seit 2004. Dt. Krimiserie. Fünfte Serie unter dem »SOKO«-Dach.
Kommissar Jan Reuter (Udo Kroschwald) und sein Team lösen Kriminalfälle an der Ostsee. Hier ist alles kleiner als in den anderen »SOKO«-Serien: Das Polizeirevier ist vorübergehend im Gemeindesaal der Kirche untergebracht, denn ein neues wird noch gebaut, und die Fälle sind oft Bagatelldelikte, denn für die großen sind die Kollegen in Schwerin zuständig. Das stört Reuter aber manchmal gar nicht, und so kümmert er sich eben doch drum. Seine Mitarbeiter sind seine Assistentin Antje Stöwesand (Maria Bachmann), Winnie Scheel (Martin Brambach) und Kommissaranwärterin Ulrike »Rike« Panner (Anna von Berg), im Außeneinsatz der Hamburger Olav Hinzmann (Kai Maertens) und die finnische Austauschpolizistin Leena Virtanen (Li Hagman), außerdem die Nachwuchspolizisten Tom Friese (Björn Kirschniok) und Henner Schütt (Kai Ivo Baulitz).
Nachdem alle anderen »SOKO«-Serien bereits erfolgreich liefen, wartete das ZDF gar nicht erst darauf, wie dieser Ableger ankommen würde. Die Dreharbeiten zur zweiten Staffel begannen bereits

vier Monate bevor die erste im Fernsehen startete. Sendeplatz der einstündigen Folgen ist, wie bei den meisten »SOKO«-Serien, mittwochs um 18.00 Uhr.

SOLANGE ES DIE LIEBE GIBT   SAT.1
1996. 17-tlg. dt. Familienserie von Albert Sandner, Regie: Michael Braun und Detlef Rönfeldt.
Papa Stobl (Toni Berger) ist Komponist. Er hält sich für einen ganz Großen, hatte aber nur einmal mit dem Schunkelhit »Moppelchen, du bist mein Moppelchen« Erfolg. Er lebt in einer alten Villa bei München und lässt es sich gut gehen. Umgeben ist er von vier Frauen, seinen Töchtern, die Schwung in sein Leben bringen. Die älteste ist Isolde Bergheimer (Ilona Grübel). Sie lebt mit Ehemann Harald (Bernd Herberger) und den Kindern Gerald (Oliver Grober) und Ramona (Jana Kilka) ganz in der Nähe. Die zweitälteste ist Tosca Zimmermann (Monika Baumgartner), die mit ihrem 16-jährigen Sohn Robert (Christian Huber) zu Hause wohnt, weil ihr Mann Peter (Bernd Stephan) immer unterwegs ist. Aus Papas zweiter Ehe stammen Monika (Christine Neubauer), die Zahnarzthelferin ist, und Inge (Petra Berndt), die Jüngste, ein musikalisches Wunderkind. Sie stehen alle an ganz unterschiedlichen Punkten im Leben, aber ob in einer kriselnden Ehe oder gerade der Pubertät entwachsen: Es dreht sich alles um die Liebe.
Die Serie, die in ihrer Konstellation an *Alle meine Töchter* und mit ihren Geschichten an Familienfilme mit Heinz Erhardt erinnert, lief dienstags um 20.00 Uhr. Die Folgen waren eine Stunde lang. Nach einem zweistündigen Pilotfilm, der eigentlich gar nicht vorgesehen war und den Autor Sandner nachträglich schreiben musste, zeigte Sat.1 zunächst acht Folgen jeweils im Doppelpack am Stück, was dem Stoff auch nicht gut tat.

SOLANGE ES GUTGEHT   ARD
1990. 13-tlg. dt. Familienserie.
Als sich Gaby Bertram (Ute Willing) von ihrem Freund trennt, bietet ihr geschiedener Vater Robert (Gert Haucke) ihr an, bei ihm einzuziehen. Vorübergehend. Auf Probe. So für den Moment. Also: Solange es gut geht. Natürlich geht es nicht gut, weil sich die Tochter mal zu sehr bemuttert (bevatert?) fühlt und mal zu sehr vernachlässigt.
Die halbstündigen Folgen liefen zweimal wöchentlich, montags und mittwochs, um 15.03 Uhr.

SOLANGE ES LIEBE GIBT   ZDF
1999. 4-tlg. ital.-dt. Krimimelodram von Mimmo Rafele und Alessandro Sermoneta, Regie: Giacomo Battiato (»La Piovra 8 – Lo scandalo«/»La Piovra 9 – Il patto«; 1997).
Die Archäologin Barbara (Anja Kling) beginnt eine Liebesbeziehung mit dem Polizisten Carlo Arcuti (Raoul Bova), der gegen die Mafia ermittelt. Mit der hat Barbaras Mann, Baron Francesco Altamura (Fabrizio Contri), nämlich Ärger. Die Liebe flammt über viele Jahre immer wieder neu auf. Der Baron bekommt davon Wind und nimmt seine Cousine Augusta (Laura Marinoni) als Hausdame auf, um einerseits Barbara zu ersetzen und andererseits gemeinsam gegen Barbara zu intrigieren. Sein Chauffeur Turi Mondello (Tony Sperandeo), in Wirklichkeit Mafiaboss, bringt die beiden aus Liebe zu Barbara schließlich um, Barbara selbst nimmt er gefangen. Doch Carlo kann sie natürlich retten.
Der Vierteiler war die achte und neunte Staffel der Serie *Allein gegen die Mafia*, zeitlich jedoch bereits in den 50er-Jahren angesiedelt, somit Jahrzehnte bevor Corrado Cattani oder seine Nachfolger den Kampf gegen die Mafia antraten, und ohne bekannte Figuren. So spannend war es auch nicht mehr. Entsprechend gab das ZDF dieser Fortsetzung zu Recht einen völlig anderen Titel; auf diese Weise wurde wenigstens niemand enttäuscht.
Die spielfilmlangen Folgen liefen zur Primetime. Auf Premiere hieß der Mehrteiler *In den Fängen der Mafia*.

SOLARIS TV – DER FREUNDLICHE
SENDER AUS DEM ALL   ARD
1986–1987. 6-tlg. dt. Jugendserie von George Moorse und Ilse Biberti, Regie: George Moorse.
Hummel (Günther Kaufmann), Sunny (Irene Fischer), Victoria (Ilse Biberti), Wolf (Peter Faerber), Oluf (Bernd Vollbrecht) und ihr Boss (Ulrich Tukur) betreiben einen kleinen Fernsehsender. Weil sie keine Lizenz haben und sich auch nicht den Rundfunkgesetzen der Erde unterwerfen wollen, haben sie einen heruntergekommenen Satelliten aufgemöbelt und eine Weltraumstation gebaut. Jetzt senden sie ihr Piratenprogramm aus dem All.
Die 45-minütigen Folgen liefen sonntags vormittags.

SOLID GOLD   SAT.1
1984–1985. Halbstündige US-Musikshow mit Videos und Showauftritten amerikanischer Stars.
Sat.1 (das im ersten Jahr noch PKS hieß) zeigte die Originalshow aus den USA, im Unterschied zum ZDF, das die Show mit Thomas Ohrner als deutschem Moderator adaptierte.

SOLID GOLD   ZDF
1985–1987. 25-minütige Musikvideoshow mit Thomas Ohrner und den Hits aus Amerika, samstags um 18.20 Uhr.
Die Show übernahm Videos und Showauftritte aus der gleichnamigen Show des US-Fernsehens, Ohrner machte lediglich die Studioansagen. Das amerikanische Original lief im gleichen Zeitraum in Sat.1.

DER SOLIST   ZDF
1999–2002. 4-tlg. dt. Krimireihe von Holger Karsten Schmidt.
Kommissar Philip Lanart (Thomas Kretschmann) ist ein Einzelgänger und ermittelt in Mordfällen. Die spielfilmlangen Folgen liefen unter der Dachmarke *Samstagskrimi* um 20.15 Uhr.

SOLO ZDF
→ Reich-Ranicki Solo

SOLO FÜR O.N.C.E.L. ZDF, RTL, SUPER RTL
1967–1968 (ZDF); 1989–1995 (RTL); 1995 (Super RTL). 84-tlg. US-Krimiserie von Norman Felton und Sam Rolfe (»The Man From U.N.C.L.E.«; 1964–1968).
O.N.C.E.L. steht für »Organization Network Command for Enforcement and Law« und ist ein weltweiter Verbund, der gegen das organisierte Verbrechen kämpft. Das Hauptquartier ist hinter einer Schneiderei in New York versteckt. Der amerikanische Spitzenagent Napoleon Solo (Robert Vaughn) und sein russischer Partner Ilya Kuryakin (David McCallum) kämpfen vor allem gegen das weltweit operierende Verbrecherkombinat »Drosseln«, dessen Ziel die Weltherrschaft ist. Alexander Waverly (Leo G. Carroll) erteilt stellvertretend für die sechs gleichberechtigten O.N.C.E.L.-Sektionsleiter den Top-Agenten die Aufträge.
Die Agentengeschichten mit vielen technischen Gimmicks waren unverkennbar an »James Bond« angelehnt. Bei der deutschen Ausstrahlung der ersten 26 Folgen, alle 14 Tage dienstags, die Rainer Brandt synchronisiert hatte, übersetzte das ZDF den Namen der Geheimorganisation U.N.C.L.E. mit »O.N.C.E.L.«. 22 Jahre später begann RTL mit der deutschen Erstausstrahlung weiterer Folgen. Diesmal blieb man beim Originalnamen U.N.C.L.E. für »United Network Command for Law and Enforcement«, wodurch auch der Serientitel in *Solo für U.N.C.L.E.* geändert wurde. Auch die »Drosseln« hießen nun wie im Original »T.H.R.U.S.H.« (»Technological Hierarchy for the Removal of Undesirables and the Subjugation of Humanity«).
1966 begann mit »The Girl From U.N.C.L.E.« in den USA ein Spin-off mit Stefanie Powers als Agentin April Dancer. Diese Serie wurde erst 1995 erstmals in Deutschland und konsequenterweise unter dem Titel *Dancer für U.N.C.L.E.* ausgestrahlt.

SOLO FÜR SCHWARZ ZDF
Seit 2003. Dt. Krimireihe.
Die kühle, distanzierte Ermittlerin Hanna Schwarz (Barbara Rudnik) klärt für das BKA Mordfälle auf. Der Film »Tod im Park« war 2003 zunächst als einzelner Fernsehfilm ohne Serientitel gelaufen, ab Januar 2005 machte das ZDF daraus eine lose Reihe mit der Absicht, einmal im Jahr einen neuen Film zu zeigen.

SOLO FÜR SUDMANN ZDF
1997. 12-tlg. dt. Krimiserie von Reinhard Donga, Regie: Thomas Nikel.
Wie das so ist bei Fernsehkommissaren, richtig in Pension gehen sie nie. Auch Jürgen Sudmann (Heinz Baumann) schafft es nicht, das Wort Ruhestand ernst zu nehmen, betätigt sich als Privatdetektiv und freut sich, dass einige Regeln beim Ermitteln für ihn nun nicht mehr gelten. Susanne Wegener (Esther Francksen) ist seine Assistentin.
Solo für Sudmann ist ein Spin-off von *SOKO 5113*, wo Sudmann Mitte der 80er-Jahre zum Team gehörte. Seine ehemaligen Kollegen kommen auch in dieser Serie gelegentlich vor. Für Heinz Baumann ist es schon die vierte Krimiserie. Vorher ermittelte er bereits als *Lobster* und als Chef in *Adelheid und ihre Mörder*.
Die einstündigen Folgen liefen donnerstags um 17.55 Uhr.

SOLO FÜR U.N.C.L.E. RTL, SUPER RTL
→ Solo für O.N.C.E.L.

SOMMER DER ENTDECKUNGEN ZDF
2000–2002. Geschichtsdoku-Reihe, die sich mit den Herrschern der antiken Welt wie Alexander dem Großen, Ramses II. oder Kleopatra VII. befasste sowie mit Legenden und Mysterien wie den Pyramiden, dem Untergang von Atlantis oder den sieben Weltwundern.
Die 45-Minuten-Folgen liefen sonntags um 19.30 Uhr, immer mal wieder im Sommer gab's ein paar neue.

SOMMER IN LESMONA ARD
1987 . 6-tlg. dt. Historienserie von Reinhard Baumgart, Regie: Peter Beauvais.
Marga (Katja Riemann), die 18-jährige Tochter des Bremer Konsuls Lürmann (Richard Münch) und seiner Frau Marie (Liselotte Arnold), lernt im Sommer 1893 auf dem Landgut Lesmona bei ihrem Onkel,

Solo für O.N.C.E.L. mit David McCallum, Robert Vaughn und Leo G. Carroll (v. l.).

dem Senator Herbert Lürmann (Kurt A. Jung), den englischen Kaufmann Percy Roesner (Benedict Freitag) kennen, der ein entfernter Cousin ist. Die beiden verlieben sich ineinander und verbringen eine schöne Zeit, doch dann muss Percy zurück nach London. Trotz seiner Bitte, auf ihn zu warten, und gegen ihre eigenen Gefühle heiratet sie den ungeliebten Kunsthistoriker Dr. Rudi Retberg (Alexander Radszun), einen kühlen Verstandesmenschen, weil sie damit den gesellschaftlichen und vor allem den elterlichen Erwartungen gerecht wird.

Die Serie basierte auf dem gleichnamigen autobiografischen Buch von Marga Berck, in dem sie ihre Ende des 19. Jh. an eine Freundin geschriebenen Briefe veröffentlicht hatte. Es war die letzte Regiearbeit von Peter Beauvais, der im Dezember 1986 noch vor der Ausstrahlung starb. Komponist der Filmmusik war Herbert Grönemeyer. Beauvais posthum, Drehbuchautor Baumgart, Hauptdarstellerin Riemann und Grönemeyer wurden 1988 mit dem Adolf-Grimme-Preis mit Gold geehrt. Die Jury lobte das atmosphärisch dichte, menschlich anrührende, psychologisch differenzierte Bild bremischen Bürgertums der Jahrhundertwende.

Die einstündigen Folgen liefen im regionalen Vorabendprogramm. Die sechs Teile wurden später stark gekürzt und zusammengefasst als einzelner Spielfilm im Abendprogramm wiederholt.

EIN SOMMER MIT NICOLE   ZDF
1969. 13-tlg. dt. Familienserie von Heinz Bothe-Pelzer, Regie: Thomas Engel.

Die französische Austauschstudentin Nicole Clément (Monica Ambs) verbringt den Sommer bei Robert (Konrad Georg) und Juliane Forster (Carola Höhn) und deren Tochter Gaby (Barbara Schöne) in München. Die Forsters besitzen eine kleine Firma für Textildruck. Schnell fühlt Nicole sich wohl, und schnell findet sie Freunde und Verehrer, darunter Tommy Moll (Peter Parten) und Hans Zufall (Klaus Dahlen). Die halbstündigen Folgen liefen freitags um 19.10 Uhr.

SOMMER, SONNE, SAT.1   SAT.1
1997. Open-Air-Show.

»Spektakuläre Action, umwerfende Comedy und witzige Spiele« versprach der Sender und zeigte stattdessen Moderator Jörg Wontorra beim Versuch, im Regenmantel auf Sylt neben Roland Kaiser und Claudia Schiffer gute Laune zu verbreiten. Der Betriebsausflug, der weitgehend ohne Zuschauerbeteiligung stattfand, führte ihn und seine Assistentin Daniela Noack an weiteren Samstagabenden zur Primetime noch nach Kreta, Warnemünde und Ibiza, an den Garda- und den Wolfgangsee und zum großen Finale natürlich nach Mallorca, aber auch wenn das Wetter besser war, heiter war es nie.

SOMMER SUCHT SPROSSE   SAT.1
1996. Einstündige Kuppelshow.

Je ein männlicher und weiblicher Single gewinnen nach mehreren Spielrunden einen Partner aus 50 Kandidaten des anderen Geschlechts, den sie vorher nicht sehen können. Die 50 haben sich vor der Show verschiedenen Begriffen zugeordnet, die für Eigenschaften stehen, z. B. zum Thema Alter: »zarte Knospe«, »volle Blüte« oder »reife Frucht«. Der Single entscheidet sich, welche Eigenschaften ihm nicht gefallen, und sieht dann alle Kandidaten an sich vorbeimarschieren, die er damit abgewählt hat. Mit einem Joker kann er eine(n) einzige(n) davon in die zweite Runde retten. Wenn nur noch zehn oder weniger Kandidaten übrig sind, stellen sie sich durch kurze sexuelle Anspielungen vor. Der Single kann sie Aufgaben erledigen lassen, um danach – immer noch, ohne sie zu sehen – drei von ihnen fürs Finale auszuwählen. Der Traumpartner wird in einem Übereinstimmungsspiel ermittelt. Beide gewinnen eine Reise.

Nadine Krüger und Sebastian Radke moderierten die Show, die samstags um 17.00 Uhr lief. Mit der deutschen Version des MTV-Erfolgs »Singled Out« versuchte Sat.1 verzweifelt, jung zu wirken. Die Show war extrem auf Discoanmache-Atmosphäre, Möchtegern-Coolness und angestrengte Sexualisierung angelegt.

SOMMER UND BOLTEN:
GUTE ÄRZTE, KEINE ENGEL   SAT.1
2001. 13-tlg. dt. Arztserie und Fortsetzung der Serie *Fieber* unter neuem Titel.

Dr. Claudia Sommer (Maria Bachmann) und der New Yorker Chirurg Dr. Jay Bolten (Michael Greiling) kommen neu ins Team der Kreuzberg-Klinik in Berlin. Beide sind sich spinnefeind und müssen sich zu allem Überfluss noch ein Büro teilen. Doch zwischen ihnen beginnt es natürlich zu knistern.

Die Serie behielt ihren alten Sendeplatz am Donnerstag um 20.15 Uhr, hatte mit der Ausgangskonstellation von *Fieber* aber nicht mehr viel zu tun.

SOMMERFEST DER VOLKSMUSIK   ARD
Seit 1994. Musikalische Samstagabendshow im Wechsel mit den anderen Jahreszeiten.

Die Stars der volkstümlichen Musik präsentieren ihre Hits. Die Zuschauer lernen dabei die jahreszeitlichen Feste und das Brauchtum deutscher Landschaften kennen. Neben dem *Sommer-, Herbst-, Winter-* und *Frühlingsfest* gibt es außerdem *Advents-, Weihnachts-, Hochzeits-* und notfalls auch *Überraschungsfeste* der Volksmusik. Als jährlicher Höhepunkt wird im Januar die »Krone der Volksmusik« vergeben.

Moderatorin Carmen Nebel wechselte, von großem Medienecho begleitet, nach knapp zehn Jahren Ende 2003 mit einem Millionenvertrag zum ZDF. Ihr letztes *Fest der Volksmusik* im Ersten moderierte sie am 25. Dezember 2003. Ihr Nachfolger trat im Februar 2004 seinen Dienst an. Der produzierende MDR setzte den eher betagten Freunden der Volksmusik Deutschlands jüngsten Showmaster vor, den 22-jährigen Florian Silbereisen. Süß, der Bub. Im

Juni 2004 trat er erstmals direkt gegen Nebels zeitgleich im ZDF laufende neue Show *Willkommen bei Carmen Nebel* an: Silbereisen hatte fast zwei Millionen Zuschauer mehr.

2005 wurde aus der Preisverleihung die eigenständige Show *Krone der Volksmusik,* moderiert von Gunther Emmerlich.

SOMMERFRISCHE ARD

2005. Doku-Reality-Soap.
Ein gutes Dutzend Menschen verbringt sechs Wochen auf einem Landsitz in Norddeutschland, so wie es die Hausbesitzer, Dienstboten und Sommergäste in den 20er-Jahren getan hätten. Die einen müssen schuften, die anderen können feiern, tolle Autos fahren, picknicken und sogar heiraten.
Nach dem Erfolg von *Schwarzwaldhaus 1902* und *Abenteuer 1900 – Leben im Gutshaus* variierte die ARD das Konzept noch einmal.

SOMMERGESCHICHTEN ARD

1995. 9-tlg. dt. Episodenreihe.
Abgeschlossene 45-minütige Kurzfilme mit Geschichten aus verschiedenen Regionen Deutschlands, besetzt mit wechselnden bekannten Schauspielern aus der jeweiligen Gegend. In anderen Jahreszeiten hieß die Reihe *Heimatgeschichten*.

SOMMERSEE ZDF

1992. 6-tlg. dt. Jugendserie.
Zwölf Jahre, also sein ganzes Leben lang, hat sich der herzkranke Manfred (Michael Wernicke) keine Aufregung erlauben können. Nun hat er eine Operation hinter sich und beginnt das Leben zu genießen. Die 25-Minuten-Folgen liefen sonntags mittags.

SONDERDEZERNAT K1 ARD

1972–1982. 23-tlg. dt. Krimiserie von Maria Matray, Answald Krüger und Harald Vock, Regie: Alfred Weidenmann, Peter Schulze-Rohr und Helmut Ashley.
Polizeibeamte des Sonderdezernats ermitteln in Hamburg in verschiedenen Kriminalfällen. Arnold Matofski (Gert Günther Hoffmann) ist Kriminalobermeister, verheiratet und hat zwei Kinder. Er hat eine bleibende Verletzung am linken Handgelenk, das ihm vor einigen Jahren ein Bankräuber zerschossen hat. Eigentlich wäre das ein Grund für den Vorruhestand, doch aufgrund einer Sondergenehmigung ist er weiter im Dienst (all diese Fakten erfuhr der Zuschauer bereits im Vorspann durch einen Off-Sprecher). Seine Kollegen sind Kurt Diekmann (Hubert Suschka) und »Teddybär« Theodor Beer (Peter Lakenmacher), beide ebenfalls verheiratet – Theodor kinderlos mit einer reichen Frau –, sowie der junge Oliver Stüben (Hermann Treusch), der als Einziger unverheiratet und ein offensichtlicher Aspirant auf eine hohe Polizeilaufbahn ist. Er gehört nach 1974 nicht mehr zum Team, Teddybär fehlt ab 1981. Für ihn kommt Robert Hahn (Horst Janson) dazu.

Die meisten Folgen waren rund eine Stunde lang, einige hatten Spielfilmlänge. Sie liefen staffelweise monatlich. 1977 endete die erfolgreiche Serie (knapp 20 Millionen Zuschauer pro Folge) zunächst nach 18 Folgen. Nach vier Jahren Pause ging es

Sonderdezernat K1: Peter Lakenmacher (links) und Hubert Suschka mit Gaststar Gisela Trowe.

mit erhöhtem Etat, aber ohne Teddybär weiter. Die Polizei ernannte die vier Sonderkommissare der ersten 18 Folgen wegen ihrer »realistischen und vortrefflichen Darstellung der Tätigkeit des mittleren Diensts« zu Kriminalmeistern ehrenhalber.

SONGS UND GESCHICHTEN   ARD
1975–1976. Halbstündiges Magazin für Kinder mit Don Paulin und Marion Delonge über Musik von Minderheiten.
Es waren die 70er-Jahre, und so las sich damals die Programmankündigung für die ersten vier Sendungen: »Zwei Folgen über Neger, eine über Juden und eine über Zigeuner.« Im folgenden Jahr setzte Paulin, ein in München lebender Amerikaner, studierter Soziologe und Folk- und Countrysänger, die Reihe u. a. mit Protestsongs, Indianer- und Cowboyliedern fort. 1977 konzentrierte er sich ganz auf *Cowboys in Songs und Geschichten*.

SONIC   RTL 2
2000. 92-tlg. US-Zeichentrickserie für Kinder (»Sonic«; 1993).
Auf dem Planeten Möbius herrscht der unberechenbare Dr. Robotnik. Sonic, der schnellste Igel der Galaxie, will die Bewohner von der Tyrannei befreien.
Der Igel Sonic war vor der Serie bereits in Sega-Konsolenspielen aufgetaucht. Die Serie lief werktags nachmittags. Bei Super RTL hieß die gleiche Handlung später *Sonic Underground*.

SONIC UNDERGROUND   SUPER RTL
2001. 40-tlg. US-frz. Zeichentrickserie (»Sonic Underground«; 1999), die der RTL-2-Serie *Sonic* extrem ähnelte.

SONJA   SAT.1
1997–2001. Werktägliche einstündige Talkshow mit Sonja Zietlow.
Zietlow stellte von ihrem Platz im Publikum aus fast so harte Fragen wie Birte Karalus, produzierte aber deutlich weniger Skandale und trotzdem, vor allem anfangs, sehr hohe Quoten. Zu den krasseren Themen gehörten »Ihr seid doch der Abschaum unserer Gesellschaft« und »Ich werde dein Leben zerstören wie du meines« (beide 1999). Nicht ganz untypisch für ihre Sendung war die Szene in der Sendung »Sonja hilf mir! Ich habe keine Freunde«, in der die Putzfrau Ellen auftrat, die klagte, dass sie auf offener Straße als Hure beschimpft werde. Nun natürlich nicht nur auf offener Straße, sondern auch im Fernsehen. Der Debattenbeitrag einer Bekannten namens Uschi lautete: »Du verlogenes Dreckstück, wenn du schon dein Maul aufmachst! Alles, was du erzählst, ist nur Scheiße. Der Dreck auf der Straße ist mehr wert als du.« Weitere Äußerungen wurden vom Sender mit Pieptönen unkenntlich gemacht.
Wegen der Sendung »Hilfe, mein Kind schlägt mich« vom 25. April 1997 verhängte die rheinland-pfälzische Landesmedienanstalt ein Bußgeld in Höhe von 100 000 DM gegen Sat.1. »In der Sendung wurde ein ca. elfjähriges Mädchen als Talkgast von der eigenen Mutter, vom Studiopublikum und auch von der Moderatorin angegriffen und sichtlich in die Enge getrieben«, hieß es in der Begründung. Ein Gutachten einer Pädagogik- und Psychologieexpertin habe ergeben, dass die Sendung Kinder und Jugendliche beeinträchtige. Die Medienwächter ermahnten die Sender daraufhin »nachdrücklich«, ihrer Pflicht zur »verantwortlichen Programmgestaltung« nachzukommen.
Sonja füllte die Mittagslücke und ermöglichte es dem deutschen Fernsehpublikum erstmals, werktags sechs Stunden Daily Talk am Stück zu sehen, von 11.00 bis 17.00 Uhr auf RTL, Pro Sieben und Sat.1. Rund 800 Ausgaben liefen mittags um 13.00 Uhr, dann verließ Zietlow – bei gesunkenen, aber immer noch verhältnismäßig ordentlichen Quoten – Sat.1, um das Quiz *Der Schwächste fliegt* bei RTL zu moderieren. Ihren Talkplatz übernahm *Britt*.

DER SONNE ENTGEGEN   ARD
1985–1986. 12-tlg. dt.-österr. Comedy-Abenteuerserie von Gerald Gam, Regie: Hermann Leitner; ab der zweiten Staffel: Gottfried Schwarz.
Vier Aussteiger suchen das große Abenteuer und die große Freiheit. Der Hamburger Tankstellenbesitzer Hannes »Mecki« Meckelfeld (Ulrich Faulhaber) hält es bei seiner keifenden Frau und der Schwiegermutter nicht mehr aus und brennt durch. Im kleinen Fischerdorf Valun in Kroatien trifft er auf den gestressten Anwalt Dr. Günter Zack (Heinz Petters), dem sein Job über den Kopf gewachsen ist, den Maler Joe Felden (Raffael Wilczek), den Selbstzweifel plagen, seitdem er gemerkt hat, dass er heute zwar viel Geld für dämliche Bilder bekommt, aber früher ein ernsthafter Künstler war, und den Wiener Caféhausinhaber Ludwig »Wiggerl« Hawratil (Erwin Steinhauer), der die Schutzgelderpresser nicht mehr bezahlen konnte.
Die vier beschließen, in Valun zu bleiben und das Leben zu genießen. Sie freunden sich sofort mit der Gemüsehändlerin Ivanka (Meta Vranic) an. Joe wohnt zunächst in einem alten Bootswrack, von dem sich herausstellt, dass es Luca (Josef Meinrad) gehört, einem alten Mann, der in den Bergen einen Einmannzirkus betreibt. Weil das Geld knapp wird, bringen die Aussteiger mit dessen Segen das Boot auf Vordermann, um es vermieten zu können oder damit Botendienste zu erledigen. Sie taufen es auf den Namen »Tohuwabohu«. Fortan leben sie von Gelegenheitsaufträgen und der Umsetzung beknackter Ideen, die sich immer nur vorübergehend als ertragreich entpuppen. Joe will wieder malen und zieht in die Berge, und der zwölfjährige Dusco (Harald Gauster) wird viertes Besatzungsmitglied. In Folge 5 reisen Meckis Frau Gisela (Irmgard Riessen) und seine Schwiegermutter Käthe (Heidi Kabel) plötzlich an. Überraschend flammt zwischen Mecki und Gisela die alte Liebe wieder auf, und sie genießen jetzt die gemeinsame Zeit.
Mit Beginn der zweiten Staffel (Folge 7) sind Me-

cki, Gisela und Joe zurück in Deutschland, kehren jedoch für einen Urlaub zurück. Der Schriftsteller Georg Lüftl (Towje Kleiner) kommt außerdem nach Valun, um Ruhe zum Schreiben zu finden, sucht sie aber lange Zeit vergeblich. Käthe eröffnet erst eine Disco und dann ein Gasthaus, und schließlich fällt eine große Touristenmeute in Valun ein, weil ein Zeitungsreporter den Ort in seinen Artikeln angepriesen hat. Mit der Ruhe im ehemals abgeschiedenen Dorf ist es vorbei, und die Freunde segeln auf ihrem Boot davon.

Romantisch-humorvolle Fernwehserie, die überwiegend auf der Insel Cres gedreht wurde. Die Musik zur Serie stammte von Ralph Siegel, den Titelsong sang Udo Jürgens. Die 50-minütigen Folgen liefen dienstags um 20.15 Uhr.

SONNE, WEIN UND HARTE NÜSSE   ARD
1977–1980. 28-tlg. dt. Krimiserie.
Der pensionierte Kommissar Eric Ott (Erik Ode) lebt mit seiner Frau Ilse (Hilde Volk) im südfranzösischen Valbonne an der Côte d'Azur. Statt das Leben zu genießen, klärt er immer wieder Kriminalfälle auf und hilft seinem Freund, dem französischen Kommissar Giraud (Hans-Joachim Frick).
Hilde Volk war auch im wahren Leben mit Erik Ode verheiratet. Dass sie eine Rolle bekam, war eine Bedingung Odes, weil er nach dem *Kommissar* nicht mehr so lange von ihr getrennt sein wollte. Ärger gab es, weil Ode es angeblich vom *Kommissar* gewohnt war, bei der Abfassung des Drehbuchs mitreden zu dürfen, und mit den Texten in *Sonne, Wein und harte Nüsse* nicht einverstanden war. Ode erreichte, dass der befreundete Autor Horst Pillau nach Südfrankreich geholt wurde, um Korrekturen am Drehbuch nach Odes Wünschen vorzunehmen. Die Folgen waren erst eine Stunde, dann nur noch halb so lang und liefen im regionalen Vorabendprogramm der ARD.

DIE SONNENLANZE   ARD
2001. 13-tlg. dt.-poln. Jugend-Mysteryserie von Jerzy Łukaszewicz und Marina Vorlop-Bell.
Max Gray (Maciej Łagodziński) ist zwölf Jahre alt und ein kleiner Erfinder. Er wohnt mit seinen Eltern Maria (Katazyna Chrzanowska) und Matthäus (Jerzy Gudejko), Schwester Monika (Małgorzata Głuchowska) und Oma Adele (Gudrun Okras) seit kurzem in der Kleinstadt Tarda. Er freundet sich mit seiner Mitschülerin Wilde (Marta Borowska) an, die eigentlich Mathilda heißt. Gemeinsam setzen sie sich gegen den blöden Arthur (Grzegorz Ruda) durch. Währenddessen entdeckt Vater Matthäus, ein Physiker, bei Ausgrabungen in den Anden die legendäre Sonnenlanze, die seltsam starke Energie freisetzt und auch Max enorme Kräfte verleiht. Plötzlich sind alle hinter der Lanze her.
Lief im Kinderprogramm am Samstagmorgen.

SONNENPFERDE   ARD
1981. 12-tlg. frz.-dt. Familiensaga nach dem Roman von Jules Roy, Regie: François Villiers (»Les chevaux du soleil«; 1980).
Die Saga zeichnet am Beispiel der Familie Bouychou die Geschichte Algeriens von der französischen Kolonialherrschaft 1830 bis zur Unabhängigkeit 1962 nach. Sie beginnt mit dem französischen Soldaten Antoine Bouychou (Maurice Barrier; als Kind: Juan-Pablo Ruiz), der sich in Algerien als Farmer niederlässt, und seiner Frau Marie (Geneviève Fontanel; in älteren Jahren: Marie Carillo). Die nächste Generation ist durch Maries Nichte Mathilde (Catherine Rouvel) und ihren Mann Alfred Koenig (Miguel Palentzuela) sowie ihren Bruder Victor (Götz George) vertreten; am Schluss steht Mathildes und Alfreds Sohn Hector Koenig-Dematons (Paul Barge).
Die 45-minütigen Folgen liefen im regionalen Vorabendprogramm.

SONNENSTICH   ZDF
1995. Versteckte-Kamera-Show mit Mike Krüger.
Deutsche werden an ihren Urlaubsorten verladen, indem sie z. B. zu Häuptlingen eines Urwaldstamms erklärt werden oder ein Aphrodisiakum aufgeschwatzt bekommen, wonach ihnen dann tatsächlich alle Frauen zu Füßen liegen. Dann taucht Mike Krüger auf, der aus unerfindlichen Gründen einen schwarzen Anzug trägt, und klärt alles auf.
Sechs dreiviertelstündige Sendungen liefen dienstags um 20.15 Uhr mit so mäßigem Erfolg, dass das ZDF die geplante Fortsetzung dankenswerterweise abblies.

SONNTAG & PARTNER   RTL
1994–1995. 29-tlg. dt. Familienserie.
Michael Sonntag (Christian Quadflieg) ist ein völlig unrealistischer Unternehmensberater, weil er nicht nur Phrasen herunterrattert, sondern sich auch ernsthaft und kenntnisreich für seine Kunden einsetzt und sich sogar für die Menschen interessiert. Entsprechend umstritten ist er, und trotzdem floriert seine Sozietät. Seine beruflichen Partner sind der gewiefte Dr. Alexander Fuchs (Günther Jerschke) und der junge Florian Völkel (Lutz Herkenrath), der ebenso karrieregeil wie ungeschickt ist und kaum einen Fettnapf auslässt. Sonntags private Partnerin ist anfangs die Journalistin Cornelia Weber (Susanne Uhlen).
Die einstündigen Folgen liefen montags zur Primetime. Trotz der Stars Quadflieg und Uhlen und einiger amüsanter Geschichten konnte sich die Serie nicht dauerhaft behaupten.

SONNTAGS   ZDF
Seit 2003. »TV fürs Leben«. Halbstündiges wöchentliches Kirchenmagazin am Sonntagmorgen zu Themen wie Lebensweisen, Werte und Ethik und mit je einem prominenten Gast. Gert Scobel und Valeria Risi moderierten im Wechsel. War die Nachfolgesendung von *Zur Zeit*.

SONNTAGS GEÖFFNET   SWR, ARD
1975–1976 (SWR); 1977 (ARD). Informationssen-

dung, die auch schwierige Themen unterhaltsam und spielerisch präsentieren wollte – später hätte man es »Infotainment« genannt. Acht Sendungen liefen in Südwest 3, vier weitere im Abendprogramm im Ersten.

SONNTAGS GEÖFFNET RTL
1995–1996. 13-tlg. dt. Familienserie.
Anna Schering (Gundula Liebisch), allein erziehende Mutter des zwölfjährigen Thomas (Anton Sefkow), ist die nette neue Geschäftsführerin im auch sonntags geöffneten »Neumarkt-Centrum« mit vielen netten Geschäften, in denen nette Verkäufer auf nette Kunden warten und ihnen mit netten Produkten, die sie aus der Werbung kennen, das Leben verschönern. Der nette Hausinspektor Willi Krupinski (Stefan Gossler) ist so nett, ihr und anderen Hilfe Suchenden zur Seite zu stehen. Die Titelmusik geht so: »Sonntagmorgen, erfüll' dir deine Wünsche. Ein neuer Tag zum Kaufen und zum Geben«.
Das unfreiwillige Plädoyer gegen den verkaufsoffenen Sonntag lief an welchem Wochentag? Genau.

SONNTAGS UM ELF ZDF
1970–1973. Halbstündige Diskussionsreihe, bei der es sonntags um 11.00 Uhr im Wechsel um die Themen Sport, Recht und Jugend ging. Für *Sport im Gespräch* war Harry Valérien zuständig, für *Recht im Gespräch* Gerd Jauch und für *Jugend im Gespräch* Karlheinz Rudolph, später Hanns Heinz Röll. Wenig später wurde die Reihe um *Medizin im Gespräch* mit Hans Mohl ergänzt.
Bis Janur 1971 liefen all diese Gesprächssendungen unter dem Obertitel *Sonntags um elf*. Dann wurde der Obertitel weggelassen, sonst blieb aber alles beim Alten.

SONNTAGSGESPRÄCH ZDF
1984–1990. Live-Gesprächsreihe zu aktuellen Themen mit Personen, die in den Schlagzeilen sind oder die der Zuschauer, wie das ZDF meinte, »schon immer« näher kennen lernen wollte.
Häufigste Gastgeber waren Gertrud Höhler, Ruprecht Eser, Harry Valérien, Dieter Zimmer, Ingeborg Wurster und Klaus Bresser. Sie durften auch Gespräche außerhalb ihrer Spezialgebiete führen. So war Valérien nicht auf Sportthemen festgelegt, Höhler nicht auf Wirtschaft. Hochrangige Gäste waren z. B. der damalige Bürgermeister von Jerusalem, Teddy Kollek, der »Spiegel«-Herausgeber Rudolf Augstein und der Sozialwissenschaftler Ralf Dahrendorf. Eigentlich hätte auch Johannes Gross die Sendung moderieren sollen, doch der sagte schließlich ab.
Die Gespräche liefen in einer Länge von 30 Minuten sonntags um 12.45 Uhr. Die Reihe war der Nachfolger von *Fragen zur Zeit*, versuchte aber, ein breiteres Publikum zu erreichen.

DAS SONNTAGSKONZERT ZDF
1969–2005. 45-Minuten-Show am Sonntagmittag, in der mehrere musikalische Gäste aus dem klassischen oder volkstümlichen Bereich ihr Können zum Besten geben.
Gäste der ersten Sendung waren Anneliese Rothenberger, Hermann Prey und René Kollo; in der Folgewoche kamen Blaskapellen. Die Bandbreite war groß, jedoch nach Sendungen unterteilt. Die Ausgaben mit volkstümlicher Musik gastierten in verschiedenen Städten, meist in Deutschland, gelegentlich im benachbarten Ausland (zeitweise hießen sie *Das Sonntagskonzert auf Tournee*), und untermalten die musikalischen Auftritte mit Landschaftsaufnahmen aus der Gegend. Die Reihe *Ihr Musikwunsch* war zeitweise Bestandteil des Sonntagskonzerts.
Anfangs präsentierten Ruth Kappelsberger und Fred Rauch die Sendung, zu den späteren Moderatoren gehörten u. a. Lou van Burg, Elmar Gunsch und Elke Kast, Dieter Thomas Heck, Hans Rosenthal, Rainer Holbe, Monika Meynert und Elfie von Kalckreuth, Trudeliese Schmidt und Christian Boesch, Ilona Christen, Ramona Leiß, Christine Maier, Babette Einstmann, Wolfgang Binder, Uta Bresan, Reiner Kirsten, Björn Casapietra und Inka.
2005 wurde die Reihe aus Kostengründen eingestellt.

SONNTAGSMAGAZIN ARD
1993–1995. Halbstündiges wöchentliches Kulturmagazin am Sonntagvormittag, abwechselnd moderiert von den Zweierteams Michael Strauven und Renate Pentzien sowie Maria Lesser und Manfred Nägele, später kam noch Bernadette Schoog dazu. Geboten wurden Berichte über Festspiele und Veranstaltungen, Buch- und Filmtipps, Kulturnachrichten, ein Talk mit einem Studiogast, eine Glosse und ein Quiz. Die Sendung wollte zwar anspruchsvoll sein, aber nicht elitär, und mischte deshalb Berichte über Kunstausstellungen mit Hinweisen auf populäre Filme und Fernsehserien, lud Gäste ein, die man zumindest schon einmal gesehen haben konnte, und befasste sich mit keinem Thema länger als ein paar Minuten. Zu besonderen Anlässen war das *Sonntagsmagazin* live vor Ort, z. B. bei der 1000-Jahr-Feier in Potsdam.

DIE SONNTAGSRICHTER ARD
1962–1963. Kabarettreihe mit Dieter Hildebrandt, Hans-Joachim Kulenkampff und Wolf Schmidt. Ein fiktives Gericht fällt Urteile über skurrile Fälle, die in der Justiz in Wirklichkeit nie vorgekommen wären.
Fünf Folgen der Reihe liefen in unregelmäßigen Abständen am Sonntagabend.

SONS OF THUNDER:
DIE SÖHNE DES DONNERS RTL 2
2002. 7-tlg. US-Actionserie von Chuck Norris (»Sons Of Thunder«; 1999).
Der Sicherheitsmann und Karatekämpfer Trent Malloy (Jimmy Wlcek) und der Ex-Polizist Carlos Sandoval (Marco Sanchez) kämpfen in Dallas gegen das Verbrechen. Gelegentlich werden sie von

dem Texas Ranger Cordell Walker (Chuck Norris) unterstützt.
Spin-off der Serie *Walker, Texas Ranger,* produziert von deren Hauptdarsteller Chuck Norris. Die 55-minütigen Folgen liefen donnerstags um 21.05 Uhr. Bei einer Wiederholung noch im gleichen Jahr hieß die Serie *Walker, Texas Ranger – Sons Of Thunder.* Die von RTL 2 gezeigte Pilotfolge in Spielfilmlänge war in den USA als Doppelfolge der Mutterserie gelaufen.

SONST GERNE   ZDF
1999. Halbstündiger Comedytalk mit Cordula Stratmann als Hobbymoderatorin Melanie und jeweils einem Gast.
Melanie ist eine etwas naive, direkte Frau, die ein bisschen aussieht wie Doris Day und tatsächlich so bieder ist wie Doris Days Rollen, nur leider nicht so glamourös wie Doris Day. Jede Sendung beginnt damit, wie sie scheinbar gerade einen berühmten Menschen am Telefon hat und ihm für heute absagen muss: »Sonst gerne.« In Wohnzimmeratmosphäre begrüßt sie dann ihren Gast, dem sie nassforsch die scheinbar banalen Fragen stellt, die alle wirklich interessieren. Wieso ist Rex Gildo immer so braun? Und wie wäscht sich Wolfgang Petry eigentlich unter den ganzen Freundschaftsbändern, ist das nicht wahnsinnig unhygienisch? Zu ihrem Schutz sind die Männer »Body« und »Guard« da, außerdem darf immer ein Mensch aus Melanies Privatleben vorbeikommen, z. B. der Mann aus ihrer Reinigung.
Stratmanns Figur Melanie hatte zuvor bereits *Mann-Gold* moderiert. *Sonst gerne* war ein relativ erfolgloser Versuch dieser Art von Talk. Nachhaltiger waren Stratmanns Besuche bei *Zimmer frei,* aus denen die Sendung *Annemie Hülchrath – Der Talk* entstand.
Elf Sendungen und ein Best-of liefen sonntags gegen 22.00 Uhr.

SOPHIE – SCHLAUER ALS DIE POLIZEI   SAT.1
1997–2002. 14-tlg. dt. Krimiserie von Irene Rodrian.
Sophie Mayerhofer (Enzi Fuchs) ist eine ältere Dame, die lange Zeit in England gelebt hat und die deutsche Sprache nicht mehr fließend beherrscht. Jetzt ist sie wieder in Regensburg, wo ihr Bruder Ludwig (Jörg Hube) mit seiner Frau Charlotte (Monika Baumgartner) und den Kindern Laura (Carola Aichner) und Felix (Klaus Händl) wohnt. Ludwig ist Kriminalrat, und Sophie fühlt sich kriminalbegabt. Andauernd wird sie zufällig in Mordfälle verwickelt und mischt sich in die Arbeit ihres Bruders ein. Mit Unterstützung ihres alten Freundes Pater Anselm (Martin Benrath) gelingt es ihr tatsächlich immer wieder, den Fall noch vor der Polizei zu lösen.
Deutsche *Miss Marple*-Variante. Lady Mayerhofer fährt ein schwarzes englisches Taxi. Die einstündigen Folgen liefen montags um 20.15 Uhr. Die letzte Folge fiel aus und wurde erst im Frühjahr 2002 im Anschluss an eine Wiederholung am Sonntagmittag gezeigt.

DIE SOPRANOS   ZDF
2000–2002. 39-tlg. US-Familienserie von David Chase (»The Sopranos«; seit 1999).
Anthony »Tony« Soprano (James Gandolfini) ist ein Mann in mittleren Jahren. Mit seiner Frau Carmela (Edie Falco) hat er ein vertrautes, freundschaftliches Verhältnis. Ihre beiden Kinder Anthony, Jr. (Robert Iler) und Meadow (Jamie-Lynn Sigler) sind Teenager. Livia (Nancy Marchand) ist Tonys herrschsüchtige Mutter. Von Beruf ist Tony Mafiaboss, und nur sein Onkel Corrado »Junior« Soprano (Dominic Chianese) ist ihm noch vorgesetzt. Mitglieder in der Mafiaorganisation sind Christopher Moltisanti (Michael Imperioli), ein entfernter Verwandter, dessen Freundin Adriana (Drea de Matteo) sowie Mikey Palmice (Al Sapienza), eine Spitzenkraft. Dr. Jennifer Melfi (Lorraine Bracco) ist Tonys Psychiaterin.
Die Serie wurde in Amerika sofort nach Sendestart mit mehreren Preisen ausgezeichnet und ein enormer Erfolg für den Pay-TV-Sender HBO. Bei uns liefen die 45-minütigen Folgen zunächst sonntags gegen 22.30 Uhr, ab der zweiten Staffel im Januar 2002 am späten Samstagabend, oft weit nach Mitternacht. Die Kritiker liebten sie, die deutsche Fangemeinde war aber eher klein, und so sendete das ZDF nach der dritten Staffel keine weiteren Folgen. In den USA wird die Serie voraussichtlich Anfang 2006 nach der sechsten Staffel zu Ende gehen.

SORRY, SHERLOCK HOLMES   ARD
1988. 13-tlg. ital. Krimiserie, Regie: Paolo Poeti (»Investigatori d'Italia«; 1985).
Der Kriminologe Prof. Boato (Renzo Montagnani) ermittelt in ausgefallenen Kriminalfällen und muss raffinierten Mördern das Alibi zertrümmern. Die Serie enthielt Anspielungen auf die Detektivgeschichten aus der Zeit von Sherlock Holmes, hatte sonst aber nichts mit ihm zu tun. Sein Name kam nur im deutschen Titel vor, aber dafür entschuldigte man sich ja zugleich.
Die 45-minütigen Folgen liefen im regionalen Vorabendprogramm.

S.O.S. BARRACUDA   RTL
1997–2002. 8-tlg. dt. Spielfilmreihe.
Die Besatzung des Schnellboots »Barracuda« bekämpft Verbrechen zu Wasser und zu Lande zwischen Travemünde und Mallorca. Neben Kapitän Jan Fehrmann (Nick Wilder) gehören anfangs Lisa Beuys (Chrissy Schulz), Hendrik Krüger (Wolfgang Krewe) und Sven Witte (Philipp Moog) zur Besatzung, ab dem dritten Film im März 2001 Marc Hinrichs (Oliver Bootz), Tina Schönborn (Sandra Keller) und Eva Stein (Nadja Ab Del Farrag); der Spanier Gabriel Crespo (Pedro Gavajda) koordiniert die Einsätze. Im folgenden Jahr bilden Katrin Herzog (Stephanie Japp) und Tim Bode (Stephan Hornung) mit Kapitän Fehrmann das neue Team.
Völlig egale Serie mit völlig egaler Handlung und völlig egalen Schauspielern, bis sie durch die Verpflichtung von Dieter Bohlens Lebensgefährtin

Nadja Ab Del Farrag für die Dauer eines dreiviertel Wimpernschlags Aufmerksamkeit erregte. »Naddel« durfte dann zwar nur wenige Sätze aufsagen, die aber auch besonders hölzern.
Die Reihe begann mit einzelnen und lose aufeinander folgenden Filmen, die erst im Frühjahr 2001 zur Reihe ausgedehnt wurden und weiterhin Spielfilmlänge hatten.

S.O.S. CHARTERBOOT ZDF

1972. 20-tlg. austral. Abenteuerserie (»Riptide«; 1968).
Moss Andrews (Ty Hardin) ist ein amerikanischer Geschäftsmann. Als seine australische Frau bei einem Autounfall ums Leben kommt, segelt Moss auf eigene Faust nach Australien und hilft seinem Schwiegervater Barney Duncan (Chris Christensen), das »Charter Boat«-Unternehmen zu führen. Moss hilft auch dem Medizinstudenten Neil Winton (Jonathan Sweet), der sich mit Kriminellen eingelassen hat, und gibt ihm einen Job. Moss' Freundin ist Judy Plenderleith (Sue Costin). Zusammen besiegen sie die vielen bösen Menschen in der Gegend.
Die Serie verließ sich auf die Anziehungskraft von amerikanischen Gaststars und kaum bekleideten Frauen und sparte dafür am Drehbuch. Neil und Judy wurden schon nach kurzem wieder aus der Serie geschrieben: Neil nimmt wieder sein Medizinstudium auf, Judy taucht ohne Erklärung ab. Auch die Rolle des Barney verschwand: Darsteller Christensen starb während der Dreharbeiten.
Die einstündigen Folgen liefen samstags um 17.45 Uhr, sechs weitere nur im Lokal- und Pay-TV.

S.O.S. CROCO RTL 2

1998–2000. 39-tlg. frz. Zeichentrickserie von Bertrand Chatel Monsigny, Regie: Thibaut Chatel (»S.O.S. Croco«; 1997–2000).
Die Krokodile Johnny, Larry und Barry betreiben mitten in der Wüste die Autowerkstatt S.O.S. Croco. Allerdings nur, solange sie keine Aufträge als Geheimagenten übernehmen müssen. Die bekommen sie von ihrem Boss, dem Affen Sir MacMonk.
Lief im Kinderprogramm.

S.O.S. – HILLS END ANTWORTET NICHT ARD

1988. 6-tlg. austral. Abenteuerdrama nach dem Roman von Ivan Southall (»Hills End«; 1988).
Durch einen schweren Sturm wird der Ort Hills End verwüstet, der zu dieser Zeit jedoch völlig leer ist: Die Erwachsenen sind gerade bei einem Picknick im Nachbarort, und die Lehrerin Miss Godwin (Madge Ryan) erforscht mit den Kindern Adrian Fiddler (Clayton Williamson), Paul Mace (Jason Degiorgio), Butch Buchanan (Keith Eisenhuth) und Frances McLeod (Katharine Cullen) eine Höhle. Dadurch bleiben sie verschont. Nach ihrer Rückkehr müssen sie mit der Situation in den Überresten ihres Orts klarkommen, wo sie auf die Eltern warten.
Die ARD strahlte den Spielfilm sonntags nachmittags in 25-minütigen Teilen aus, die sie montags nachmittags wiederholte. Super RTL zeigte später alles in einem Rutsch.

S.O.S. – STYLE & HOME PRO SIEBEN

2004–2005. Nachfolgesendung von *Do it yourself – S.O.S.* Jetzt einstündige Show werktags um 16.00 Uhr mit Sonya Kraus, Susann Atwell und Sylvia Bommes, unterteilt in »Style« und »Home«.
Kraus zieht weiterhin umher und löst mit ihrem Team Heimwerkerprobleme, Atwell besucht zusammen mit dem Stylingexperten Hubertus Regout Menschen, denen sie neue Kleidung, Frisur oder beides verpasst, und Bommes und die Expertin Luise Balthazar geben vor Ort Tipps, wie man eine Wohnung von Dreck und Chaos befreit. Anfang 2005 übernahm Charlotte Engelhardt die meisten »Do it yourself«-Einsätze, Kraus werkelte nur noch einmal pro Woche. Für die »Style«-Einsätze bekam Bommes Verstärkung von Sebastian Höffner und den Einrichtungsexperten Jule Beck und Andreas Bartsch. Im April wurde die Show abgesetzt, nachdem die Quoten sich längst von denen des Vorgängerformats entfernt hatten. Im Vormittagsprogramm liefen weiterhin Wiederholungen.

S.O.S. VERMISST ZDF

1990. 7-tlg. frz. Krimireihe (»SOS Disparus«; 1988). Nachdem ihre Tochter entführt und ermordet wurde, gründet Hélène Frank (Alexandra Stewart) mit Hilfe ihres Ex-Manns Julien (Claude Mann) die Hilfsorganisation SOS Disparus. In jeder der einstündigen Folgen kümmert sie sich um einen Fall, bei dem jemand verschwunden ist.

SOUNDMIX-SHOW RTL

1995–1997. Samstagabendshow mit Nachwuchswettbewerb.
Unbekannte Talente sangen live bekannte Hits von großen Stars nach. Moderatorin war Linda de Mol. Während ihrer Schwangerschaftspause 1997 wurde sie von Bärbel Schäfer und DJ Bobo vertreten.
Vorbild für die Sendung war die gleichnamige Show aus Holland, die in viele Länder exportiert wurde. Im April 1996 lief eine »Internationale SoundmixShow«, in der Kandidaten aus verschiedenen Ländern gegeneinander antraten. Es gewann Bianca Shomburg, die ein Jahr später Deutschland beim *Eurovision Song Contest* vertrat. Im Juli 1999 schob RTL noch eine »Europäische Soundmix-Show« nach.

SOUNDTRACK OF MY LIFE PRO SIEBEN

2005. Einstündige Musiknostalgieshow mit Barbara Schöneberger, in der Prominente sich an ihre alten Lieblingssongs erinnerten. Es gab nur zwei Ausgaben der Show, sie liefen montags um 20.15 Uhr.

SOUTH BEACH RTL 2

1996. 7-tlg. US-Krimiserie von Glenn Davis und William Laurin (»South Beach«; 1993).
Die Betrügerin Kate Patrick (Yancy Butler) lässt sich

von dem Regierungsbeamten Roberts (John Glover) überreden, die Seiten zu wechseln, damit sie nicht in den Knast muss. Jetzt nutzt sie also ihr Können, um ihre Ex-Kollegen zu schnappen. Vernon Charday (Eagle-Eye Cherry) hilft mit Informationen.
Produzent dieses Flops war der sonst erfolgsverwöhnte Dick Wolf. Dessen Serie *Law & Order* brachte es mittlerweile auf mehr als 300 Folgen. Zum Vergleich noch einmal *South Beach:* sieben. Vernon-Darsteller Eagle-Eye Cherry machte anschließend als Musiker Karriere. Mit »Save Tonight« gelang ihm 1998 ein weltweiter Hit.

SOUTH PARK RTL
Seit 1999. US-Zeichentrickserie von Trey Parker und Matt Stone (»South Park«; seit 1996).
Das Leben in der Kleinstadt South Park in Colorado aus der Sicht von vier Drittklässlern: der durchschnittlich verwirrte Stan Marsh, der fantasievolle jüdische Kyle Brofslovski, der fluchende dicke Eric Cartman und der ängstliche Kenny McCormick, der als Einziger kein dummes Zeug redet, zumindest keines, das man durch die rund ums Gesicht gezogene Kapuze seines Anoraks verstehen könnte. Er stirbt am Ende jeder Folge (bis auf eine Weihnachtsepisode) auf eine jeweils andere grausame Weise, begleitet vom Ruf eines der anderen Kinder: »Oh mein Gott, sie haben Kenny getötet!«, ist aber zu Beginn jeder nächsten Folge wieder quietschlebendig dabei. Der schwarze Chefkoch der Grundschule ist ein guter Freund der Kinder, den sie oft um Rat fragen. Er singt dann ein unanständiges Lied. Mr. Garrison ist der überforderte Lehrer, der mit seiner Handpuppe »Mr. Zylinder« spricht.
Ende 2003, in Folge 76, der vorletzten der fünften Staffel, stirbt Kenny erstmals nicht durch einen Unfall oder Gewalteinwirkung, sondern an einer schlimmen Krankheit und ist damit endgültig tot. Zunächst. Dann bauen die Kinder irgendwann eine Leiter zum Himmel, unterstützt von der US-Regierung, die auf keinen Fall möchte, dass die Japaner den Himmel zuerst erreichen. Angespornt wird die Regierung zusätzlich durch die Vermutung, dass Saddam Hussein im Himmel Massenvernichtungswaffen versteckt. Kenny finden sie bei der Gelegenheit nicht, aber es stellt sich heraus, dass Cartman die Urne mit Kennys Asche getrunken hat und Kenny jetzt in ihm lebt. Von dort können sie ihn aber auch nicht zurückbringen. Am Ende der sechsten Staffel taucht Kenny einfach so wieder auf, und alles ist wie gehabt.
Diese Zeichentrickserie war für Erwachsene. RTL begriff das und sendete sie im Spätprogramm, jeweils samstags und sonntags kurz vor Mitternacht (an beiden Wochenendtagen lief jeweils dieselbe Folge). In den USA wurde der bis dahin unbedeutende Kabelsender Comedy Central durch die Ausstrahlung eine feste Größe und *South Park* eine der meistgesehenen Sendungen im Kabelfernsehen. *South Park* machte aus schmutzigem Kinderhumor eine Kunstform. Es ging um so erstaunliche Themen wie die Einpflanzung von Analsonden durch Außerirdische, die Bedrohung der Welt durch Riesenmonster in der Gestalt von Barbra Streisand oder Mr. Hanky, den Weihnachtskot.
Passend dazu war auch die Animation simpel und zweidimensional, als hätte man krude Kinderzeichnungen ausgeschnitten und würde die Papierschnitzel nur vor ähnlich schlichten Hintergründen bewegen. Tatsächlich war die Produktion so schnell, dass *South Park* außerordentlich kurzfristig auf aktuelle Ereignisse reagieren konnte. Im November 2000 machte sich die Episode »4. Klasse!« über die noch immer unentschiedene US-Präsidentschaftswahl lustig, die zu diesem Zeitpunkt erst acht Tage zurücklag. Ein Jahr später reagierte die Folge »Osama hat nix in der Hose« auf die Terroranschläge vom 11. September 2001. Hierzulande waren die Folgen mit zwei Jahren Verzögerung zu sehen.
In Deutschland brachte die Serie dem Sender nicht die erhofften Quoten, obwohl die Synchronisation von Arne Elsholtz originalgetreu war und die derben Witze nicht abschwächte. Trotzdem wurde sie bekannt und erreichte immerhin in der Zielgruppe der 14- bis 29-Jährigen hohe Marktanteile. Die deutschen Sprecher in der Serie sind: Jörg Reitbacher-Stuttmann (Cartman), Benedikt Weber (Stan), Jan Panczak (Kyle), Sabine Bohlmann (Kenny), Michael Rüth (Mr. Garrison), Donald Arthur (Chefkoch). Ein Kinofilm zur Serie übertraf »Pulp Fiction« in einem Punkt: Jetzt war »South Park«, die Anzahl an Gewaltszenen und obszönen Gesten betreffend, der brutalste und vulgärste Film aller Zeiten. Innerhalb von *South Park* waren gelegentlich Ausschnitte oder ganze Episoden der (erfundenen) Serie »Terrance & Phillip« zu sehen, die offensichtlich von *Beavis & Butthead* inspiriert wurde, mit zwei noch kruder gezeichneten Figuren, deren Lebensmittelpunkt Fürze waren.
Rund 100 Folgen wurden bisher in Deutschland gezeigt. Ab 2003 wurde die Serie auf dem Musiksender VIVA wiederholt.

SOUVENIRS, SOUVENIRS ARD
1983–1985. Recyclingshow mit Chris Howland, in der Ausschnitte aus alten und erfolgreichen Fernsehsendungen wiederholt wurden.
16 halbstündige Folgen liefen zunächst überwiegend montags um 22.00 Uhr, dann am Samstagnachmittag.

SOWIESO ARD
1972–1978. »Allerlei um ein Ding«. Halbstündiges Magazin für Kinder mit Rolf Dienewald.
Jede Sendung behandelt in mehreren Filmbeiträgen ein Schwerpunktthema, z. B. Streichhölzer, Finger, Kochen, Hut oder Plastik, bietet außerdem Tipps und unterhält mit Comedy und Musik. Der Zauberer Alexander Adrion ist regelmäßig mit dabei.
Lief erst staffelweise und dann wöchentlich montags nachmittags. Insgesamt wurden 34 Folgen gesendet.

SOWIESO – DIE SONNTAGSSHOW   ARD
1993. Halbstündige, witzig gemeinte Infotainmentshow mit Hubertus Meyer-Burckhardt, der mit Studiogästen, satirischen Filmen und Moderationen sowie Cartoons von Rolf Kutschera auf die vergangene Woche zurückblickt.

Hypermodern, schräg und schnell wollte die Show sein. Das Publikum saß sich in zwei Gruppen gegenüber und bildete eine von allen Seiten einseh- und aufnehmbare Arena, in der Meyer-Burckhardt aufgeregt hin und her lief, vom Kamerakran umkreist, während im Hintergrund eine halbe Weltkugel rotierte, aus der Menschen heraustraten. Die Sendung war ein Gegenentwurf zu ZAK, mit dem sie sich den Sendeplatz teilte. Sie setzte weniger auf deren Videoeffekte und wollte, wie Meyer-Burckhardt erklärte, eher dem Unterhaltungsteil einer Illustrierten entsprechen, im Gegensatz zu ZAK, das eher den Informationsteil widerspiegele.

Die Sendung begann und endete im Streit. Entwickelt wurde sie beim Süddeutschen Rundfunk u. a. von Wieland Backes. Es kam dann aber zu heftigen, öffentlich ausgetragenen Auseinandersetzungen zwischen ihm und den eigentlichen Machern: Außer Meyer-Burckhardt waren dies die früheren Männer hinter Leo's, der Autor Stephan Reichenberger und der Regisseur Utz Weber. Es ging um redaktionelle Verantwortlichkeiten, Honorare und die Frage, ob hochkarätige Gäste überhaupt ins abgelegene Stuttgart reisen würden. Die drei gingen im Zorn zum Hessischen Rundfunk. Der von Anfang an beteiligte Bayerische Rundfunk entschied, dass der entscheidende Faktor der Sendung nicht das Konzept von Backes, sondern die Moderation von Meyer-Burckhardt sei, und blieb mit an Bord. Der SDR untersagte daraufhin seinen Redakteuren die Teilnahme an dem Projekt.

Und das Ende kam so: Ein Satirebeitrag, in dem der Satz fiel: »Strauß gestern, Stoiber heute, Schönhuber morgen«, löste heftige Proteste der CSU aus, die des Weiteren bemängelte, dass die Sendung Christus als »Ursymbol der gesamten Christenheit« lächerlich gemacht und »reine Blasphemie« betrieben habe. BR-Fernsehdirektor Wolf Feller stellte daraufhin fest, bei Sowieso seien bisweilen die »Grenzen des guten Geschmacks verletzt worden«, und setzte die Show zum Ende des Jahres ab. Auch unabhängige Vertreter, die theoretisch mehr Platz und Freiraum für Satire forderten, befanden das, was Sowieso konkret unter Satire verstand, für nicht sehr gelungen. Die Jury des Grimme-Preises dagegen zeichnete die Sendung 1994 posthum aus.

Und überhaupt: Eigentlich hätte die Sendung »Wochenshow« heißen sollen, aber auch um die Frage des Rechteinhabers an diesem Titel gab es Streit. 15 Ausgaben liefen im Zweiwochentakt sonntags gegen 22.30 Uhr. Eine Pilotsendung hatte Südwest 3 bereits Ende 1992 ausgestrahlt.

SOWIESO UND ÜBERHAUPT   ZDF
1991. 6-tlg. dt.-österr. Kinderserie nach dem Buch von Christine Nöstlinger.

Rainer (Peter Wolfsberger) und Sissi Poppelbauer (Dorothea Parton) lassen sich scheiden. Ihre Kinder Karoline, genannt Karli (Rosemarie Kojan), Anatol, genannt Ani (Daniel Oparjan), und Speedi (Mathias Rothammer), der Jüngste, leiden darunter. Wilma (Susanne Altschul) ist Rainers neue Freundin, Oma (Ingrid Burkhart) muss schlichten.

Die Folgen waren je 30 Minuten lang.

SPACE   KABEL 1
→ Space – der Mensch greift nach den Sternen

SPACE   PRO SIEBEN
→ Space 2063

SPACE – DER MENSCH GREIFT
NACH DEN STERNEN   SAT.1
1987–1988. 13-tlg. US-Raumfahrtserie nach dem Roman von James A. Michener (»Space«; 1985).

Die Geschichte des amerikanischen Weltraumprogramms von 1947 bis zum Ende der 60er-Jahre. Der Kriegsheld Norman Grant (James Garner) treibt nach dem Ende des Zweiten Weltkriegs als Senator das Programm voran. Seine Frau Elinor (Susan Anspach) interessiert sich nicht für Politik und beginnt zu trinken. Grant hat eine Affäre mit seiner Mitarbeiterin Penny Pope (Blair Brown). Deren Mann John (Harry Hamlin) und sein Kumpel Randy Claggett (Beau Bridges) werden Testpiloten. Der deutsche Raketenexperte Dieter Kolff (Michael York) ist entscheidend für den Erfolg des Programms, auch der Astrophysiker Stanley Mott (Bruce Dern) wird nach Peenemünde zum Recherchieren geschickt. Schließlich wird unter Präsident Eisenhower die NASA gegründet, und John und Randy fliegen auf die andere Seite des Monds.

Bei Sat.1 waren die Folgen eine Stunde lang. Kabel 1 zeigte 1996 eine aus fünf Spielfilmen bestehende Version unter dem schlichteren Titel Space.

SPACE CATS –
DIE KATZENBANDE AUS DEM ALL   ZDF
1994. 13-tlg. US-Zeichentrickserie (»Space Cats«; 1991–1992).

Die Space Cats Tom, Kralle und Sniff kämpfen gegen Gangster auf der Erde. Captain Nixgrips kommandiert die Truppe. Paul Fusco und Bernie Brillstein, die auch für Alf verantwortlich waren, produzierten die Serie.

SPACE COPS – TATORT DEMETER CITY   RTL
1996. 24-tlg. US-brit. Science-Fiction-Serie von Gerry Anderson (»Space Precinct«; 1994–1995).

Demeter City ist die Hauptstadt des Planeten Altor. Im Jahr 2040 arbeitet der ehemalige New Yorker Polizist Patrick Brogan (Ted Shackelford) zusammen mit vielen Aliens bei der Polizei. Sein Partner ist Officer Jack Haldane (Rob Youngblood), andere Polizisten sind Officer Jane Castle (Simone Bendix) und ihre Partnerin Took (Mary Woodvine), Hubble Orrin (Richard James), Fredo (David Quilter), Silas

Romek (Lou Hirsch) und Captain Rexton Podly (Jerome Willis). Alle gehören Rassen wie den Tarns, den Dreons oder den Zyroniten an. Slomo ist der Polizeiroboter. Die einzigen Menschen in Demeter City außer Brogan sind dessen Frau Sally (Nancy Paul) und die gemeinsamen Kinder Liz (Megan Olive) und Matt (Nic Klein).
Die einstündigen Folgen liefen am Sonntagnachmittag. Produzent Gerry Anderson hatte sich bereits ein Vierteljahrhundert zuvor mit Science-Fiction-Serien wie *Mondbasis Alpha 1* und *UFO* einen Namen gemacht.

SPACE RANGERS   PRO SIEBEN
1994. 6-tlg. US-Science-Fiction-Serie (»Space Rangers«; 1993).
Von ihrer Basis auf dem Planeten Avalon aus versuchen die Space Rangers Commander Chennault (Linda Hunt), Captain John Boon (Jeff Kaake), Doc (Jack McGee), Jojo (Marjorie Monaghan), Zylyn (Cary Hiroyuki Tagawa), Daniel Kincaid (Danny Quinn), Mimmer (Clint Howard) und Erich Weiss (Gottfried John) im Jahr 2104 den Frieden zu erhalten.
Die knapp einstündigen Folgen liefen mittwochs am späten Abend.

SPACE 2063   VOX
1996. 23-tlg. US-Science-Fiction-Serie von Glen Morgan und James Wong (»Space: Above And Beyond«; 1995–1996).
Im Jahr 2063 greifen Außerirdische die Erde und ihre Kolonien im All an. Eine Gruppe junger Rekruten der Space Marines, »Die 58. Schwadron«, verteidigt die Erde. Zur Gruppe gehören Lieutenant Nathan West (Morgan Weisser), Captain Shane Vansen (Kristen Cloke), Lieutenant Cooper Hawkes (Rodney Rowland), Lieutenant Vanessa Damphousse (Lanei Chapman) und Lieutenant Paul Wang (Joel de la Fuente). Lieutenant Colonel T. C. McQueen (James Morrison) ist ihr Vorgesetzter auf dem intergalaktischen Flugzeugträger »Saratoga«. Commodore Glen Ross (Tucker Smallwood) ist dort der Kommandant. Hawkes und McQueen sind beide ohne Familie aufgewachsen, da sie im Reagenzglas entstanden sind.
Vor der Ausstrahlung forderte ein »Bündnis für mehr Inhalt in den Medien« in Anzeigen: »Boykottiert Space!« und: »Schaltet ab!«. Der Vorwurf lautete, die Serie sei »perfekt gemachter Kommerz«, der die Menschen zu »willenlosen Empfängern amerikanischen Unkulturfernsehens« mache. Hinter den vermeintlichen Gegnern steckte allerdings der Sender Vox selbst, der auf diese Weise Aufmerksamkeit und Solidaritätsbekundungen provozierte.
Die einstündigen Folgen liefen sonntags um 20.00 Uhr. Bei einer Wiederholung auf Pro Sieben hieß die Serie lediglich *Space*. Die Schauspielerin Kristen Cloke ist die Gattin von Serienerfinder Glen Morgan.

SPACECENTER BABYLON 5   PRO SIEBEN, RTL 2
→ Babylon 5

SPANNAGL & SOHN   ZDF
1975–1976. 13-tlg. dt. Familienserie von Heinz Pauck, Christian Sasse und Walter Sedlmayr, Regie: Wolfgang Liebeneiner.
Das Leben könnte so schön sein für den alteingesessenen Lebensmittelhändler Gustav Spannagl (Walter Sedlmayr) und seine Elise (Bruni Löbel), wäre da nicht dieser existenzbedrohende Supermarkt. Doch der listige Gustav nimmt den Kampf auf und befehdet damit seinen eigenen Sohn Gerd (Richard Rüdiger), der Filialleiter des Supermarkts ist. Dabei versucht Gustav den Stolz auf seinen Sohn zu verbergen. Der gerissene Fleisch- und Wurstfabrikant Georg Jakob (Gustl Bayrhammer), nebenbei Stadtrat und ein alter Freund der Familie, macht die Situation nicht besser, indem er neben Gustav auch Gerd beliefert.
Die Serie wollte ökonomische Zusammenhänge in unterhaltender Spielform darstellen. Die halbstündigen Folgen liefen donnerstags am Vorabend.

SPARKS & SPARKS   SUPER RTL
1997–1998. 40-tlg. US-Sitcom (»Sparks«; 1996–1998).
Alonzo Sparks (James Avery) führt gemeinsam mit seinen Söhnen Greg (Terrence Dashon Howard) und Maxey (Miguel A. Núñez, Jr.) die gemeinsame Anwaltskanzlei Sparks, Sparks & Sparks. Beide Söhne haben ein Auge auf die neue Kollegin Wilma Cuthbert (Robin Givens) geworfen, doch Maxey geht schließlich mit ihr aus. Darice Mayberry (Kim Whitley) ist die Büromanagerin, La Mar Hicks (Arif S. Kinchen) eine junge Assistentin.
Die Serie lief werktags, später auch bei Tele 5.

SPARRING   ZDF
1973–1981. »Quiz nicht nur für junge Leute«. Einstündiges Städtequiz mit Helmuth Bendt.
Ober- und Realschüler und junge Angestellte aus zwei Städten spielen gegeneinander und müssen Wissen und Menschenverstand demonstrieren. Dabei geht es um verschiedene Oberthemen, die nicht nur für junge Leute interessant sind, am 23. Oktober 1976 beispielsweise um »Heroin«.
Die Sendung lief einmal im Monat samstags um 16.00 Uhr. Autor war Justus Pfaue. Sie brachte es auf 57 Folgen.

SPASS AM DIENSTAG   ARD
1984–1992. Halbstündige Show für Kinder am Dienstagnachmittag, die vorher montags gelaufen war und *Spaß am Montag* geheißen hatte.
Verschiedene Kurzfilme wurden gezeigt, zu deren bekanntesten Hauptfiguren Tom und Jerry, Micky und Donald, *Herr Rossi*, Rübezahl, Paddington Bär, *Sancho und Pancho*, *Lolek und Bolek* sowie König Rollo gehörten. Außerdem gab es Serienfolgen aus den Reihen *Telekatz*, *Klamottenkiste* u. a. Dazwischen moderierten im Lauf der acht Jahre diverse Schauspieler und Moderatoren mit verschiedenen Maskottchen. Die meisten Sendungen moderierten Werner Koj

und Zini, das Wuslon. Zini war ein virtueller Punkt, der, einen langen Schweif hinter sich herziehend, kreuz und quer durch das Studio »wuselte«, wie eine Neonschlange erschien und mit Werner sprach. Zini wurde durch eine Lichtrückkopplung erzeugt und von Günther Dybus gesprochen. Ihre hohe Stimme war durch einen Harmonizer verfremdet.

1990 nahm Ron Williams als Zinis Co-Moderator im Studio Platz. Neben Zini war der »Miesling« das häufigste Maskottchen, eine grüne Puppe, die nacheinander mit Monika Pohlmann, Alisa Leptihn und Frank Zander die Sendung präsentierte. Weitere Teams aus Moderatoren und/oder Maskottchen: Brigitte Mira und Ernst H. Hilbich, Stefanie Molino und Frank Schuster, Arno Görke und der Hase Cäsar mit Heidrun von Goessel, Ix und Yps, das Chaos-Spaß-am-Dienstag-Team sowie Puck und seine Freunde. Zeitweise hatte die Sendung ein geändertes Konzept, das nur noch Filme ohne Moderation vorsah. Die Änderung wurde jedoch bald rückgängig gemacht.

1993 wurde die Reihe um einen weiteren Tag nach hinten verlegt und entsprechend in *Spaß am Mittwoch* umgetauft.

SPASS AM MITTWOCH   ARD
1993. Kurzlebige halbstündige Nachfolgesendung von *Spaß am Dienstag* und deren Vorgängerreihen.

SPASS AM MONTAG   ARD
1980–1983. Halbstündige Show für Kinder am Montagnachmittag.

Moderiert wurde sie abwechselnd von Thomas Naumann und Zini sowie von Ix, Yps und dem Professor. Dazu gab es viele Serien und Kurzfilme für Kinder. Anfang 1984 wurde die Reihe auf Dienstag verlegt und entsprechend in *Spaß am Dienstag* umbenannt.

Auf dem Montagssendeplatz lief die Reihe im Wechsel mit *Montagsspaß* und *Spaß muss sein*.

SPASS BEISEITE – HERBERT KOMMT   ARD
1979–1981. 12-tlg. dt. Comedyserie von Marcus Scholz (Buch und Regie).

Der Steuerberater Herbert Benthin (Herbert Mensching) stolpert von einer Alltagskatastrophe in die nächste. Die 45-Minuten-Folgen liefen montags um 21.45 Uhr.

SPASS DURCH 2   ZDF
1970–1972. Einstündige Show mit Sketchen, Musik und Running Gags von Bob Roojens mit dem niederländischen Situationskomikerduo Rijk de Gooyer und Johnny Kraaykamp sowie Gästen. 14 Folgen liefen im Vorabendprogramm.

SPASS MIT CHARLIE   ZDF
1973. Nachfolgesendung von *Dick und Doof* mit Stummfilmen von und mit Charlie Chaplin, in der bekannten Bearbeitung von Heinz Caloué und Gert Mechoff.

Die Folgen waren 30 Minuten lang und liefen freitags um 18.35 Uhr. Die Reihe wurde von *Väter der Klamotte* abgelöst.

SPASS MIT ERNST   ARD
1960–1962. Personalityshow am Samstagabend mit Ernst Stankovski.

Der österreichische Schauspieler, Kabarettist und Sänger Stankovski, dessen Vorname sich so wunderbar für das Wortspiel im Sendetitel eignete, füllte seine erste eigene Show mit humorvollen Liedern, Sketchen und Parodien. Dabei nahm er auch sich selbst und das Fernsehen aufs Korn, schritt zu Beginn eine Showtreppe hinunter, die so unfassbar lang war, dass ihr oberes Ende im Dunkel verschwand, während Statuen so berühmter Kollegen wie Peter Frankenfeld und Hans-Joachim Kulenkampff Spalier standen und Antennen hielten.

Die Show brachte es auf vier Ausgaben. Stankovski wurde später als Moderator von *Erkennen Sie die Melodie?* bekannt.

SPASS MIT MUSIK   ZDF
1977–1980. »Ein heiteres musikalisches Ratespiel für jung und alt«. Dreiviertelstündiges Musikquiz mit Elfie von Kalckreuth.

Die Sendung variierte die Spielidee von *Erkennen Sie die Melodie*: Drei Kandidatenpaare müssen anhand von Auftritten beliebter Künstler ihr Musikwissen unter Beweis stellen. So trägt z. B. die Sopranistin Margit Schramm drei volkstümliche Weinlieder vor, denen die Flüsse der besungenen Gegenden zugeordnet werden müssen. Im Finale geht es darum, in einem Medley mehrere fremde Melodien und optische Fehler zu entdecken.

Elfie von Kalckreuth war mit *Spaß mit Musik* laut »Hörzu« der erste weibliche Quizmaster in der deutschen Fernsehgeschichte. Sie moderierte 31 Folgen lang, dann wurde die Sendung wieder durch *Erkennen Sie die Melodie* ersetzt, diesmal aber ebenfalls mit einer Frau als Moderatorin: Johanna von Koczian.

SPASS MIT ONKEL JDLICKA   ARD
→ Plumpaquatsch

SPASS MUSS SEIN   ARD
1966–1973. »Die lustige Flimmerkiste«. Kinderprogramm mit Schwarz-Weiß-Ausschnitten aus alten Stummfilmgrotesken, z. B. von Stan Laurel und Oliver Hardy.

Die Filme wurden fürs Fernsehen bearbeitet und mit neuer Klaviermusik von Hans Posegga unterlegt, kamen aber im Stil der alten Stummfilme daher, mit den klassischen Schrifttafeln zwischen den Szenen. Hinter der Reihe stand ein Mann, der bald Stummfilme auch in ganz anderem Stil bearbeiten würde: Heinz Caloué, der *Pat und Patachon* und *Dick und Doof* ins deutsche Fernsehen brachte.

Die 20-minütigen Sendungen liefen erfolgreich im Nachmittagsprogramm.

SPASS MUSS SEIN ARD
1979–1983. Halbstündige Reihe für Kinder, die am Montagnachmittag im Wechsel mit *Spaß am Montag* und *Montagsspaß* lief und ein Rahmenprogramm für verschiedene Serien und Kurzfilme darstellte.
Bis Ende 1981 moderierten Arno Görke und der Hase Cäsar, danach Hanni Vanhaiden und das Walross Antje. Walross Antje war eine große Plüschhandpuppe – jedoch kleiner als ein echtes Walross, im Gegensatz zur Handpuppe des Hasen Cäsar, die größer als ein echter Hase war. Anfang 1984 wurde die Reihe von *Spaß am Dienstag* abgelöst.

SPÄTE JUNGS ARD
2003. 7-tlg. brit. Comedyserie von Nick Fisher, Regie: David Evans (»Manchild«; 2002).
Die Freunde Terry (Nigel Havers), James (Anthony Head) und Patrick (Don Warrington) sind um die 50 und der Meinung, die Pflicht, sprich: Ehe und Kinder, nun hinter sich zu haben. Sie jagen jetzt wieder dem Spaß und jungen Frauen hinterher – mehr oder weniger erfolgreich. Nur Gary (Ray Burdis), der Vierte in der Männerqlique, ist dummerweise noch immer verheiratet.
Lief dienstags um Mitternacht.

DER SPATZ VOM WALLRAFPLATZ ARD
1969–1976. 36-tlg. dt. Kinderserie von Armin Maiwald.
Der Spatz vom Wallrafplatz lebt in einer Platane vor dem WDR-Funkhaus in Köln, ist aber eigentlich ein Berliner. Er beobachtet alles, was passiert, mischt sich ein und fragt nach, wenn ihn etwas interessiert: bei Müllmännern, Feuerwehrleuten, Kameramännern oder Waschanlagenbetreibern; kurz, er nervt, erfährt dadurch aber einiges.
Der Spatz hatte einen pädagogischen Ansatz, war aber zugleich kindlich-naiv. Das konnte dazu führen, dass er innerhalb weniger Minuten Umweltverschmutzung anprangerte und Voyeurismus propagierte (eine Feuerwehrsirene lässt den Spatz hellhörig werden, der Umweltverschmutzer beschwichtigt: »Es muss ja nicht immer gleich brennen, die Feuerwehr hat ja auch noch anderes zu tun«, und der Spatz entgegnet euphorisch: »Wenn's brennt, ist es aber aufregender, ich seh' mal nach!«).
Die Episoden spielten komplett im Freien oder an Originalschauplätzen und wurden auch dort gedreht. Damit war der Spatz die erste Fernsehpuppe, die die enge (und produktionstechnisch einfache) Umgebung des TV-Studios verließ. Um ihn überall bewegen zu können, wurden mehrere Spatzenpuppen eingesetzt, die auf unterschiedliche Weise funktionierten: mal als Marionette, mal als Stabpuppe und mal ferngesteuert, wenn er z. B. allein auf einem Dach saß.
Rudolf Fischer, Mitglied der Hohnsteiner Puppenspiele, spielte den Spatz und lieh ihm auch seine Stimme. Er und Kollegen der Hohnsteiner wirkten u. a. auch bei *Kasperle und René*, *Stoffel und Wolfgang* und *Maxifant und Minifant* mit.

SPECIAL SQUAD SAT.1, PRO SIEBEN
1989 (Sat.1); 1993–1994 (Pro Sieben). 43-tlg. US-Actionserie (»Special Squad«; 1984–1986).
Wenn es um ganz große Fische geht, wird die Special Squad gerufen: Don Anderson (Alan Cassel) kommt dann mit seinen Männern Joel Davis (John Diedrich) und Greg Smith (Anthony Hawkins) und ballert rum, bis der Fall gelöst ist.
Sat.1 zeigte die einstündigen Folgen dienstags um 20.30 Uhr, Pro Sieben lieferte später drei Episoden nach, die Sat.1 ausgelassen hatte.

SPECIAL UNIT 2 – DIE MONSTERJÄGER PRO SIEBEN
2003. 19-tlg. US-Mysteryserie von Evan Katz (»Special Unit 2«; 2001–2002).
Special Unit 2 ist eine Eliteeinheit der Polizei von Chicago, die die »Links« bekämpft, bösartige Monster, die schon seit 200 Jahren ihr Unwesen treiben und von deren Existenz kaum jemand weiß. Fast ebenso geheim ist die Einheit selbst. Ihr Hauptquartier ist in einer stillgelegten U-Bahn-Station untergebracht, die man nur durch die Hintertür eines Reinigungsgeschäfts erreichen kann. Die Detectives Nick O'Malley (Michael Landes) und Kate Benson (Alexondra Lee) bilden das erfolgreiche Ermittlerteam, in dem er lieber erst handelt, sie lieber erst denkt. Der Gnom Carl (Danny Woodburn), ein geständiger Dieb, unterstützt sie mit seinem umfangreichen Wissen über die Links. Wissenschaftliche Hilfe erhält die SU 2 ferner von dem Universitätsprofessor Sean Radmon (Sean Whalen), dessen Nachfolger im Team nach kurzer Zeit Jonathan (Jonathan Togo) wird. Ihr Vorgesetzter ist der entschlossene Captain Richard Page (Richard Gant), der alles tun würde, um die Links auszurotten.
Im Sog des Erfolgs von *Buffy – Im Bann der Dämonen* traute sich Pro Sieben, diese in den USA gefloppte Monsterserie ebenfalls in die Primetime zu hieven, und erreichte durchschnittliche Quoten. Die einstündigen Folgen liefen montags um 20.15 Uhr, ab Juli in Doppelfolgen. Die letzte Folge fiel zunächst aus und wurde zwei Monate später am Samstagnachmittag nachgeholt.

SPECTACULUM ARD
1972–1973. Große Samstagabendshow mit vielen Auftritten singender Prominenz.
Spectaculum war eine große jährliche Live-Show in Zusammenarbeit mit UNICEF. Sie wurde gleichzeitig aus zwei deutschen Städten übertragen, die in einem Quiz gegeneinander antraten; die Erlöse kamen ebenso wie die in der Sendung gesammelten Spenden der Kinderhilfsorganisation zugute. Hochkarätige Prominente wie Udo Jürgens, Freddy Quinn, Paul Anka oder Peter Ustinov zogen in den Städten durch die Straßen und wurden von deren Einwohnern mit Spenden und bei Aktionen unterstützt.
Moderatoren waren im ersten Jahr Lothar Dombrowski und Frank Elstner, im zweiten Jahr Elstner

und Carlheinz Hollmann. Dann wurde die Reihe eingestellt – der Aufwand war zu groß, er entsprach mehr als zwei normalen Samstagabendshows. Für *Spectaculum* mussten gleich zwei große Hallen gemietet werden, von wo aus live übertragen wurde, und es spielten zwei Orchester: das SWF-Tanzorcheter unter Leitung von Rolf-Hans Müller und das Kurt-Edelhagen-Orchester. Erleichtert wurde der ARD die Entscheidung, das Spektakel aufzugeben, durch eine »falsche Spende« im zweiten Jahr. Am Ende der Sendung hatte Moderator Hollmann eine Spende über 250 000 DM vom damaligen Wolfsburger Oberbürgermeister Hugo Bork bekannt gegeben, ohne den Hinweis, dass sie noch nicht bestätigt war. Tatsächlich handelte es sich dabei, wie sich herausstellte, um einen dummen Scherz.

SPECTRUM   ARD 2, ARD
1961–1963 (ARD 2); 1963–1977 (ARD). 45-minütiges Magazin mit Berichten aus Kultur und Wissenschaft.
Die Sendung lief im Zweiten Programm der ARD mittwochs um 20.20 Uhr und nach dessen Einstellung mit Unterbrechungen monatlich an wechselnden Sendeplätzen im Nachmittags- oder Spätabendprogramm des Ersten. Je nach Laune des Redakteurs oder der Programmzeitschrift schrieb es sich auch *Spektrum*.

SPEDITION MARCUS   ARD
1968. 6-tlg. dt. Familienserie von Klaus Jürgen Fischer und Christian Bock, Regie: Hans Müller.
Die Kunstgeschichtsstudentin Gisela Marcus (Katrin Schaake) erbt nach dem plötzlichen Tod ihrer Eltern deren Spedition und übernimmt die Leitung des Betriebs. Sie macht einige Anfängerfehler, hat den Laden aber bald im Griff und ist schnell bei den Fahrern beliebt. Wenn Not am Mann ist, springt Gisela ein und setzt sich selbst ans Steuer.
Die 25-Minuten-Folgen liefen in allen regionalen Vorabendprogrammen.

SPEED   RTL
1999. Einstündiges Magazin mit Hans-Joachim Stuck, in dem spektakuläre Bilder von Autorennen gezeigt wurden. Lief unregelmäßig sonntags nach Formel-1-Übertragungen.

SPEED RACER   ARD, RTL
1971–1972 (ARD); 1993–1994 (RTL). 41-tlg. jap. Zeichentrickserie von Tatsuo Yoshida (»Mach Go Go Go!«; 1967–2002).
Der 18-jährige Rennfahrer und Kampfsportler Speed fährt das futuristische, auch in der Luft und unter Wasser fahrtüchtige Rennauto »Mach 5«, das sein Vater konstruiert hat, und kämpft gegen diverse Bösewichter.
Zum Start schrieb die ARD: »Der Comic stammt aus Japan, Technik und Stilmittel sind außerordentlich wirkungsvoll. Figuren und Storys leben von krassen Gegensätzen und grellen Farben. Alles daran ist Abenteuer, nichts erinnert an unseren eigenen Alltag.« Nun ja, wegen massiver Kritik an ihrer Brutalität wurde die Serie nach drei Folgen vorläufig abgesetzt, tauchte aber im Herbst 1972 wieder im Programm auf. RTL zeigte gut zwei Jahrzehnte später samstags vormittags weitere, aber auch nicht alle der im Original 52 Folgen.

SPEED – TIME IS MONEY   PRO SIEBEN
2001. Einstündige Quizshow mit Steven Gätjen, in der drei Kandidaten und drei Prominente möglichst schnell Fragen zu Lifestyle, Film, Fernsehen, Musik und Sport beantworten müssen. Der Finalist unter den Kandidaten darf sich für die Schlussrunde einen Promi als Ratehilfe aussuchen.
Zehn Folgen liefen dienstags um 21.15 Uhr; die letzte fiel wegen des Terroranschlags auf New York am 11. September 2001 aus.

SPEEDY GONZALES   ZDF
→ Die schnellste Maus von Mexiko

SPEER UND ER   ARD
2005. 3-tlg. dt. Dokudrama von Heinrich Breloer und Horst Königstein, Regie: Heinrich Breloer.
Der Architekt Albert Speer (Sebastian Koch), Rüstungsminister unter Adolf Hitler (Tobias Moretti), schafft es nach dem Zweiten Weltkrieg, sich als reuiger Mitläufer zu präsentieren, der vom Holocaust nichts gewusst habe. Der Film zeigt, wie viel Schuld und Verantwortung Speer in Wirklichkeit trug und wie seine Kinder mit diesem Erbe umgehen.
Wie schon in ihren früheren Filmen (u. a. *Die Manns – Ein Jahrhundertroman*) mischten Königstein und Breloer auch hier Spielszenen mit dokumentarischem Material, Archivaufnahmen und Interviews. Die eigentliche und viel diskutierte Zerstörung des Mythos vom »Engel aus der Hölle« vollzogen die Filmemacher in einer zusätzlichen Dokumentation, die die ARD am Abend des dritten Teils um 23.00 Uhr zeigte.

SPEKTRUM   ARD
→ Spectrum

SPELLBINDER   KI.KA
1997–1999. 52-tlg. austral.-poln. Fantasyserie (»Spellbinder«; 1995–1997).
Die erste Staffel trug den Untertitel »Gefangen in der Vergangenheit«: Der australische Vorstadtjunge Paul Reynolds (Zbych Trofimiuk) findet sich plötzlich in einer Parallelwelt wieder. Die Einwohner leben in bäuerlichen Dörfern; Männer und Frauen mit übernatürlichen Kräften, die »Spellbinder«, beherrschen diese Welt. Mit Hilfe von Riana (Gosia Piotrowska) gelingt Paul die Rückkehr in die Zivilisation des 20. Jh. Nun muss er Riana helfen, sich in den ungewohnten Verhältnissen zurechtzufinden – und vor zwei Spellbindern flüchten, die ihnen gefolgt sind.
In der zweiten Staffel mit dem neuen Untertitel »Im

Land des Drachenkaisers« wird die 14-jährige Kathy Morgan (Lauren Hewett) auf der Flucht vor Spellbindern ins Drachenkaiserland versetzt, dessen Kaiser der zwölfjährige Sun (Leonard Fung) ist. Die Schurkin Ashka (Heather Mitchell), die schon in der ersten Staffel Unfrieden stiftete, will die Kontrolle über das Land erlangen.

Das ZDF zeigte beide Staffeln von Oktober 1998 bis Oktober 1999.

SPENCERS PILOTEN ARD

1977. 11-tlg. US-Abenteuerserie von Larry Rosen (»Spencer's Pilots«; 1976).

Stan Lewis (Todd Susman) und Cass Garrett (Christopher Stone) sind Piloten einer kleinen Charterfluggesellschaft, die Spencer Parish (Gene Evans) gehört. Sie transportieren Güter oder Personen, was immer gerade anliegt. Linda Dann (Margaret Impert) leitet das Büro, ist aber auch Pilotin. Mickey »Wig« Wiggins (Britt Leach) ist der Mechaniker.

Die Folgen dauerten 45 Minuten und liefen sonntags um 16.55 Uhr.

SPENSER SAT.1

1987–1989. 59-tlg. US-Krimiserie nach den Büchern von Robert B. Parker (»Spenser: For Hire«; 1985–1988).

Spenser (Robert Urich) ist ein belesener und gebildeter Mann, der als Privatdetektiv arbeitet. Sein Partner Hawk (Avery Brooks) schwingt gern die Fäuste und Waffen und fragt bei seinen Methoden nicht, ob sie auch erlaubt sind. Das ungleiche Team arbeitet mit Lieutenant Martin Quirk (Richard Jaeckel) und Sergeant Frank Belson (Ron McLarty) zusammen. Spensers Freundin ist Susan Silverman (Barbara Stock), zwischendurch auch mal die Staatsanwältin Rita Fiore (Carolyn McCormick).

Avery Brooks bekam 1989 mit der Rolle des Hawk seine eigene Serie: *Hawk*. Die Serie lief zur Primetime, jede Folge dauerte eine Stunde. Ab 1993 entstanden mehrere *Spenser*-Fernsehfilme, die 1996 bei RTL liefen.

SPERLING ZDF, ARTE

Seit 1996 (ZDF); seit 1998 (arte). Dt. Krimireihe.

Hans Sperling (Dieter Pfaff) ist ein dicker Berliner Kommissar mit traurigen Augen und schweren Beinen. Er weigert sich, eine Waffe zu tragen, und wenn er ermittelt, wirkt er manchmal behäbig und sanft, er kann aber auch wendig, rigoros und hartnäckig sein. Seit seine Frau Selbstmord begangen hat, gibt es für ihn nur noch seinen Beruf. Bei den Ermittlungen unterstützen ihn Karsten Rohde (Benno Fürmann), der oft etwas voreilig agiert, die unsichere Vera Kowalski (Petra Kleinert) und Norbert Wachutka (Achim Grubel). Ab Folge 8 ändert sich die Zusammensetzung der Mitarbeiter ein paar Mal: Rohde und Kowalski sind weg, eine Folge lang ist Bettina Beermann (Dorkas Kiefer) dabei, dann kommen nacheinander Kerstin Sprenger (Gesche Tebbenhoff) und Falk Hofmann (Philipp Moog) dazu, und in Folge 14 ersetzt Marie Winter (Carin C. Tietze) Sprenger. Die Sonderkommission residiert in einer weißen Villa an der Spree vor den Toren Berlins (tatsächlich die Truman-Villa am Griebnitzsee in Babelsberg).

Die Figur des Sperling wurde von Pfaff selbst gemeinsam mit Rolf Basedow erfunden, Regie führte im Pilotfilm und in einigen weiteren Folgen Dominik Graf. Auf Action verzichten die *Sperling*-Krimis fast vollständig und setzen stattdessen auf bewusste Langsamkeit, auf Intelligenz, Witz und Psychologie sowie auf einen Antihelden als Kommissar, der immer wieder einzugreifen versucht, bevor das Schlimmste geschieht, und an seinem eigenen Scheitern verzweifelt.

Die einzelnen Filme hatten Spielfilmlänge und liefen in loser Folge als *Samstagskrimi* um 20.15 Uhr. Jede Folge begann mit einem Blick auf Berlin und Sperlings Worten »Schaut auf diese Stadt ...«. Einige Filme wurden kurz vor der ZDF-Ausstrahlung auf arte gezeigt.

»Sperling und das Loch in der Wand« erhielt 1997 den Grimme-Preis; »Sperling und der brennende Arm« bekam 1999 den Deutschen Fernsehpreis in der Kategorie Bester Fernsehfilm/Mehrteiler; Katrin Saß wurde als beste Schauspielerin in einer Nebenrolle ausgezeichnet.

SPEZIALAUFTRAG ARD

1972. 14-tlg. brit. Krimiserie von Norman Felton (»Strange Report«; 1968–1969).

Der Kriminologe Adam Strange (Anthony Quayle) ist inzwischen im Ruhestand, doch die Regierung greift in besonders schwierigen Angelegenheiten immer wieder auf ihn zurück. Er muss Vermisste finden, Kriminalfälle klären oder Organspender auftreiben. Besonders effektiv wird Stranges Arbeit durch die Kombination aus seiner langjährigen Erfahrung und den neuesten Methoden der Forensik. Die wendet er im eigenen Kriminallabor an, das er sich in seiner Wohnung eingerichtet hat. Seine Nachbarin, das Model Evelyn McLean (Anneke Wills), und die Museumsmitarbeiterin Hamlyn Gynt (Kaz Garas) unterstützen ihn. Zum Tatort fährt Strange immer mit einem schwarzen englischen Taxi, das nur für ihn da ist.

Die einstündigen Folgen liefen im regionalen Vorabendprogramm.

DIE SPEZIALISTEN ARD

1979–1980. 8-tlg. brit. Krimiserie (»Special Branch«; 1969–1974).

Die Polizisten Alan Craven (George Sewell) und Tom Haggerty (Patrick Mower) sind als verdeckte Ermittler im Einsatz gegen internationales Verbrechen und Spionage.

Keine schrulligen Grummel, sondern modisch gekleidete Sonnyboys waren hier zur Abwechslung mal die Ermittler, die damit einer neuen Generation von Krimiserien vorgriffen, deren bekanntester Vertreter *Miami Vice* wurde.

Die ARD zeigte dienstags um 21.45 Uhr nur acht

45-minütige Episoden aus den letzten beiden Staffeln der Serie, die im Original eigentlich 53 Folgen hat. In den ersten Staffeln standen noch zwei andere Polizisten im Mittelpunkt, die jedoch auch in England von ihren Nachfolgern in den Schatten gestellt wurden.

DIE SPEZIALISTEN UNTERWEGS RTL
1988. 17-tlg. US-Science-Fiction-Serie (»Misfits In Science«; 1985–1987).
Dr. Billy Hayes (Dean Paul Martin), Dr. Elvin »El« Lincoln (Kevin Peter Hall) und Johnny Bukowski, kurz »Johnny B« (Mark Thomas Miller), bilden gemeinsam eine Einheit zur Verbrechensbekämpfung. Sie arbeiten für ein Institut, das Dick Stetmeyer (Max Wright) leitet. Alle drei verfügen über ungewöhnliche Kräfte: So kann Johnny B mit seinem Körper Stromstöße erzeugen und Zwei-Meter-X-Mann El sich für begrenzte Zeit schrumpfen lassen. Die 17-jährige Kleinkriminelle Gloria Dinallo (Courteney Cox) unterstützt die Männer mit ihren telekinetischen Fähigkeiten.

SPHERIKS SAT.1
2002. 26-tlg. brit. Zeichentrickserie (»Spherix«; 2002).
Auf einem fremden Planeten wird Spherikball gespielt, eine fortgeschrittene Fußballvariante. Nik und Kaz sind im Team der Atmos, die fair versuchen, gegen die unfairen Nulmos zu gewinnen.
Die Spheriks waren die ungeliebten Maskottchen der Fußball-WM 2002. Sat.1 versendete die dazugehörigen Geschichten morgens um drei.

SPHINX – GEHEIMNISSE DER GESCHICHTE ZDF
Seit 1994. Die außerordentlich erfolgreiche Dokumentationsreihe beleuchtet spannende historische Ereignisse und Persönlichkeiten, die die Fantasie der Menschen noch heute beschäftigen. Es geht z. B. um Hannibal, die Wikinger, Marco Polo, Alexander den Großen und die sieben Weltwunder.
Lief staffelweise am Sonntag um 19.30 Uhr und wurde auch international ein großer Erfolg.

SPIDER-MAN RTL
1990–1991. 26-tlg. US-Zeichentrickserie nach den gleichnamigen Marvel-Comics von Stan Lee (»Spider-Man«; 1980–1981).
Während er an einem wissenschaftlichen Experiment für seine Schule arbeitet, wird der junge Peter Parker von einer radioaktiven Spinne gebissen, was zur Folge hat, dass der unscheinbare Peter Fähigkeiten entwickelt, die sonst nur Spinnen haben. So kann er Wände hochkrabbeln, an der Decke hängen und Gefahr wittern. Nach anfänglichem Einsatz zu eigennützigen Zwecken tut Spider-Man schließlich, was jeder Superheld täte: Er bekämpft das Verbrechen.
Die Serie lief zeitweise auch unter dem Titel »Spider-Man 5000«. Im gleichen Zeitraum zeigte RTL außerdem die Nachfolgeserie *Spider-Man und seine außergewöhnlichen Freunde*. Bei RTL 2 lief später *New Spiderman*.

SPIDER-MAN RTL
1995–1999. 65-tlg. US-Zeichentrickserie (»Spider-Man«; 1993–1998).
Weil er als Student von einer radioaktiv verseuchten Spinne gebissen wurde, kann Peter Parker heute an Wänden und Decke herumklettern. Als Spider-Man jagt er die Bösen dieser Welt. Neuauflage der berühmten Spider-Man-Geschichten.

SPIDER-MAN UND SEINE AUSSERGEWÖHNLICHEN FREUNDE RTL
1990–1992. 23-tlg. US-Zeichentrickserie (»Spider-Man And His Amazing Friends«; 1981–1983). Nachfolgeserie von *Spider-Man*.
Spider-Man Peter Parker hat Verstärkung von weiteren Superhelden bekommen und wohnt jetzt mit Firestar Angelica und Iceman Bobby bei Tante Mae.

SPIEGEL TV RTL
Seit 1988. 45-minütiges Politmagazin am Sonntag gegen 22.00 Uhr, produziert von dem unabhängigen Programmanbieter dctp.
Stefan Aust war Leiter und bis Mitte der 90er-Jahre oft auch Moderator des Magazins. Als Aust auch Chefredakteur des gedruckten Nachrichtenmagazins »Der Spiegel« wurde, übernahmen Gunther Latsch und Maria Gresz, die sich zuvor mit Aust abgewechselt hatten, häufiger die Moderation.
Die Reihe bedeutete nicht nur einen großen Imagegewinn für RTL, sondern entwickelte sich relativ bald auch zum Quotenerfolg. Zudem erhielt sie 1989 den Grimme-Preis – als erste Produktion, die auf einem Privatsender lief.

SPIEGEL TV EXTRA VOX
Seit 1994. Reihe von 40-minütigen Reportagen, die sich von den *Spiegel TV Reportagen* dadurch unterschied, dass sie nicht auf Sat.1, sondern auf Vox lief, und von *Spiegel TV Thema* dadurch, dass sie nicht freitags ausgestrahlt wurde, sondern donnerstags.

SPIEGEL TV INTERVIEW VOX
1993–1998. Reihe mit »Reportage-Interviews«.
Interessante Menschen wurden in ihrer vertrauten Umgebung besucht, zu Hause, im Büro oder auch beim Frisör, um sich dort lange und intensiv mit ihnen zu unterhalten. Das Konzept stammte von Sandra Maischberger, die bis 1994 auch die meisten Gespräche führte: Oft entstanden außergewöhnlich intime Porträts, die Einblicke in das Leben und die Gedankenwelt von interessanten Menschen boten.

SPIEGEL TV REPORTAGE SAT.1
Seit 1990. Halbstündige Reportagereihe.
Ab Anfang 1990 zeigte Sat.1 das *Spiegel TV*-Magazin von RTL in gekürzter Form. Ein halbes Jahr später bezog der Sender vom Nachrichtenmagazin eine eigene Sendung, die monothematisch war und sich

bewusst weniger tagesaktuellen Themen widmete. In der ersten Ausgabe ging es um den Alltag auf einer Polizeiwache in São Paulo. Sie wurde zielgruppengerecht angekündigt mit den Worten: »Zieh die Bluse hoch! Lass den Rock runter! Bück dich! – Die Polizisten von São Paulo auf Transvestitenjagd.« Läuft an verschiedenen Tagen nach 22.00 Uhr.

SPIEGEL TV SPECIAL   VOX
Seit 1993. Zweistündiges Magazin von *Spiegel TV* am späten Samstagabend mit eigenproduzierten und im Ausland eingekauften Reportagen, Dokumentationen und Berichten jeweils zu einem Thema.

SPIEGEL TV THEMA   VOX
1993–1998; seit 2005. Zunächst eine Talkshow zu aktuellen Themen, moderiert von Hellmuth Karasek.
Nach siebenjähriger Pause griff *Spiegel TV* 2005 den Titel wieder auf und beschrieb den Inhalt der Reihe als »neues Format mit gleichem Namen«. Die erste Sendung mit diesem Konzept war eine Reportage über die Arbeit auf Europas größtem Rangierbahnhof in Maschen bei Hamburg. Vermutlich hätte sie auch als *Spiegel TV Reportage* oder *Spiegel TV Extra* oder gar als Teil eines längeren *Spiegel TV Special* laufen können – oder war es gar schon.

SPIEGELEI   RTL
1988–1989. Halbstündige Vorabendspielshow um Menschenkenntnis mit Uwe Hübner. Kandidaten bekommen Bilder zu sehen und Beschreibungen zu hören und müssen zuordnen, was zueinander passt.

SPIEL DES LEBENS   ZDF
1996. 12-tlg. dt.-österr. Familienserie von Felix Huby, Regie: Michael Günther.
Ein neuer Jahrgang von Schauspielaspiranten wird an der Schauspielschule in Schloss Haindorf bei Wien aufgenommen: der Filou Felix Kranich (Tim Bergmann), die ehrgeizige Natascha Lewanowa (Bettina Ratschew), die dickliche Usch Meier (Nana Spier), der begabte Uli Remberg (Paul Matic), die schrille Rosalie Wolf (Ingrid Schediwy), der mehrfach durchgefallene Jo Schilp (Atto Suttarp) und Julia Rosenberg (Susanne Eisenkolb), die sich sogar über das Flehen ihres Vaters hinwegsetzt, bei ihm und ihrer sterbenden Mutter zu bleiben. Bis zum Schulabschluss müssen sie viele Prüfungen überstehen, und nicht nur berufliche. Geleitet wird die Schule von Elisabeth Sander (Ruth Maria Kubitschek), der ehrgeizige Alexander Sellin (Christian Brückner) unterrichtet Drama, der gehbehinderte Michael Thorndal (Manfred Zapatka) Musical, Esther Phanasi (Karin Boyd) Tanz.
Freud und Leid an einer Schauspielschule? Nein, mit *Fame* hatte diese Serie nichts zu tun, eher schon mit *Grisu, der kleine Drache*. Nicht nur, weil die jungen Menschen mindestens so dringend Schauspieler werden wollen wie er Feuerwehrmann. Auch tief in ihnen drin sieht es offensichtlich ganz ähnlich aus wie in Grisu. Julia erklärt ihrem Vater: »Da ist ein Feuer in mir, das kann man nicht einfach löschen«, und noch in derselben Folge sagt Professorin Sander zu ihren Schülerinnen: »Das Feuer, das in Ihnen allen brennt, können wir nicht löschen.« Bei der Kritik fielen weniger die Nachwuchsschauspieler durch als ihre gestandenen Kollegen und die biederen Geschichten mit 50er-Jahre-Pathos. Produziert wurde die Serie von Wolfgang Rademann.
Den Pilotfilm zeigte das ZDF am Montag zur Primetime; die Folgen waren 45 Minuten lang und liefen freitags am Vorabend.

SPIEL MIT!   ARD
1960–1962. Spielshow für Jugendliche mit Wolfgang Kreutter.
Zu gewinnen gab es Bonbons. 1962 übernahm Peter René Körner die Moderation, und die Show erhielt den neuen Titel *Spiel mit René*.

SPIEL MIT MIR   ARD
1975–1976. Spielshow mit Joachim Fuchsberger.
Zwei vierköpfige Mannschaften aus verschiedenen deutschen Städten treten u. a. in Aktionsspielen gegeneinander an. Höhepunkt der Show ist der »große Wurf«. Der Sieger darf einen Preis mit nach Hause nehmen, den man für Geld nicht kaufen kann. In der Sendung vom 11. September 1976 z. B. durfte das Siegerteam aus Bernkastel-Kues gemeinsam mit Fuchsberger nach Hollywood reisen, dort Alfred Hitchcock in seinem Büro besuchen und sich von ihm zum Essen einladen lassen.
Die Show war der Vorläufer von *Auf los geht's los*, aber viel weniger erfolgreich.

SPIEL MIT ONKEL LOU   ZDF
1983. Spielshow mit Lou van Burg. »Kandidaten, Gäste und ein goldener Schuss« war der Untertitel und der Wink mit einem ziemlich dicken Zaunpfahl, der auch den letzten Zuschauer an Lou van Burgs frühere Erfolgsshow *Der goldene Schuss* erinnern sollte.
Im Grunde war die neue Show eine zeitlich verkürzte Neuauflage, in der das damals beliebte Armbrustschießen wieder die zentrale Rolle spielte: Nach drei Spielrunden, in denen vier Kandidaten Punkte erspielen können, die später in Geld umgewandelt werden, wird beim »Kometenschuss« der Schützenkönig ermittelt. Der Sieger muss mit dem »Goldenen Schuss« einen an einer Schnur hängenden Apfel abschießen. Gelingt ihm das, wird sein bisheriger Gewinn verdoppelt.
Die 50-minütige Show lief alle 14 Tage samstags um 18.00 Uhr. Sie floppte jedoch und wurde nach sechs Folgen abgesetzt.

SPIEL MIT RENÉ   ARD
→ Spiel mit!

SPIEL MIT SALVATORE   RTL
→ Pronto Salvatore

SPIEL MIT WORTEN   ARD

1959–1960. »Ein heiterer Wettbewerb um zwei Sätze«. Quiz mit Robert Lembke.

Die Reihe war die Nachfolgesendung des eingestellten *Was bin ich?*, blieb jedoch erfolglos, weshalb stattdessen *Was bin ich?* neu aufgelegt wurde.

SPIEL OHNE GRENZEN   ARD

1965–1989. 90-minütige Sommer-Spielshow mit Camillo Felgen.

Mannschaften aus verschiedenen deutschen Städten kämpfen samstags nachmittags gegen 15.00 Uhr in witzigen und actionreichen Wettbewerben gegeneinander. Es geht darum, für seine Stadt zu gewinnen und das Team in eine nächste Runde zu bringen. Die Sieger kämpfen in einer weiteren Show mittwochs um 21.00 Uhr im internationalen Wettbewerb gegen Städteteams aus anderen europäischen Ländern. Anfangs waren jeweils fünf, später acht Länder in diesen Finalspielen vertreten. Am Ende jedes Sommers gab es zudem eine große Endausscheidung und einen Gesamtsieger. Schon 1965 betrug das Preisgeld für die entsprechende Stadt 40 000 DM.

Bei den Wettbewerbsspielen war Wasser häufigster Bestandteil, auch Schmierseife kam auffallend oft zum Einsatz. Die Kandidaten mussten Geschicklichkeitsspiele bewältigen, meist auf Zeit, in denen oft die Gefahr bestand, auszurutschen oder ins Wasser zu fallen. Mitspieler schossen sich gegenseitig mit Wasserpistolen ab, mussten Haltung auf einem schnellen Karussell bewahren, Hindernislauf auf Schmierseife machen, Gleichgewicht auf Mühlrädern halten etc. Die Spieler trugen entweder Badekleidung oder große, bunte Kostüme, die sie bei der Bewältigung der gestellten Aufgaben zusätzlich behindern sollten. All diese Hindernisse waren effizient und führten bei den Teilnehmern zu Prellungen, Schürfwunden, Sehnenrissen, Rippenbrüchen und Schädelverletzungen. Ab 1971 wurde die Show entschärft, dennoch hieß es noch 1973 in einer Regieanweisung: »Wer hinfällt und sich verletzt, muss aus dem Bild kriechen. Wir wollen keine Leidenden sehen.«

Spiel ohne Grenzen fand im Freien statt, meist auf einem Marktplatz oder in einem Stadion, was die Wasserplantscherei erlaubte. Die Sendung beruhte auf einem nationalen Städteturnier, das der Franzose Guy Lux entwickelt hatte und das schon in Frankreich unter dem Titel »Intervilles« ausgestrahlt wurde. Die Weiterentwicklung zu *Spiel ohne Grenzen* geschah angeblich auf Initiative von Charles de Gaulle, der damit die internationale Annäherung vorantreiben wollte.

Jedes Land stellte seine eigenen Moderatoren (Spielleiter) und Kommentatoren, sodass immer mindestens zwei Moderatoren die Show gemeinsam präsentierten. Der beliebte Radiomoderator Camillo Felgen von Radio Luxemburg wurde mit dieser Show auch als Fernsehmoderator ein bundesweiter Star. Eigentlich war Arnim Dahl als Spielleiter vorgesehen, der die Premiere auch noch leitete: als Einstieg gleich ein internationales Duell zwischen dem deutschen Warendorf und dem französischen Dax. Felgen war als Kommentator und Übersetzer dabei, auf französischer Seite moderierte Guy Lux. In der Sendung ging alles drunter und drüber, Dahl fühlte sich unwohl und machte einige Fehler. Es wurde dauernd zwischen den zwei Spielorten in Deutschland und Frankreich hin- und hergeschaltet; wenn in Frankreich gespielt wurde, kommentierte Deutschland und umgekehrt.

Als wäre das noch nicht kompliziert genug, spielten beide Mannschaften je zur Hälfte in beiden Ländern. Dann gab es ein Spiel mit einem Trampolin; ein Kandidat lief vor einer Kuh davon, sprang über das Trampolin, die Kuh drauf – und kam nicht mehr herunter. Dahl und Felgen sahen sich mit einer hüpfenden Kuh konfrontiert und wussten nicht, was sie tun sollten. Felgen lachte sich kaputt. Das brachte ihm so viele Sympathiepunkte, dass er ab der zweiten Sendung zum Spielleiter befördert wurde. Er moderierte nun allein, 1968 kam ein gewisser Tim Elstner als Co-Moderator dazu (der kurze Zeit später als Frank Elstner berühmt wurde). 1973 trat Felgen nach 125 Sendungen ab, ein Jahr vor Elstner. Nachfolger wurden Erhard Keller, Marie-Luise Steinbauer, Manfred Erdenberger und Heribert Faßbender.

Eine deutsche Stadt gewann das Gesamtturnier erstmals 1966: Eichstätt. Weitere Sieger aus Deutschland waren in den folgenden drei Jahren Duderstadt, Siegen und Wolfsburg, dann gewannen nur noch Ettlingen und Schliersee in den Jahren 1976 und 1977. In Deutschland wurde die Reihe 1980 nach 209 Ausgaben eingestellt. Frankreich und andere Länder bestritten den Wettbewerb (mit sechsjähriger Unterbrechung) noch bis 1999 weiter. Ab Juli 1989 versuchte die ARD im Sommer eine Neuauflage, in der nur deutsche Städte gegeneinander antraten, jetzt als Samstagabendshow um 20.15 Uhr. Michael Schanze moderierte vier mäßig erfolgreiche Ausgaben, dann war Schluss. Erst 2003 machte sich die Schmierseife wieder breit im deutschen Fernsehen: in *Deutschland Champions*.

DIE SPIELBUDE   ARD

1982–1989. Einstündige Show für Kinder und Jugendliche mit Gina Stephan.

Ihr Co-Moderator war zeitweise der »Miesling«, die von Frank Zander gespielte Puppe, mit der er auch in *Spaß am Dienstag* auftrat. In jeder Sendung waren viele Prominente zu Gast, vor allem internationale Popstars mit ihren neuen Hits. Das aus Schulkindern bestehende Publikum gestaltete die Mittwochnachmittagssendung mit, die in einer Disco aufgezeichnet wurde. Zur Sendung erschienen Langspielplatten mit den Hits.

SPIELE WIDER BESSERES WISSEN   ARD

1975–1976. 3-tlg. dt. Fernsehspielreihe.

In abgeschlossenen Filmen werden Situationen geschildert, deren Grundvoraussetzungen das Gegenteil der Realität sind. In Folge 1 sind die Geschlechter-

Spiel ohne Grenzen mit Erhard Keller (rechts) und Schiedsrichtern. Auf dieser Tafel lässt sich ablesen, welche Landsmannschaft im Zwischenspiel wie viel Zeit benötigt hat. Die Franzosen zum Beispiel 50 Pfennig.

rollen vertauscht, und Männer führen den Haushalt, in Folge 2 hat Deutschland den Zweiten Weltkrieg gewonnen, und in Folge 3 haben Romeo und Julia überlebt und führen eine langweilige Ehe, bevor sie mit 25 Jahren Verspätung doch gemeinsam sterben.
Die Reihe sollte eigentlich »Wenn ...« heißen. Jeder Film war 80 Minuten lang.

SPIELEGALAXIE SUPER RTL
Seit 2001. Halbstündige Spielshow für Kinder mit Thomas Brezina, in der zwei Teams mit je zwei Kandidaten auf den Spielplaneten Mysterix, Memorix, Wühlmax, dem Puzzleplaneten, Pfiffikus und Ratefix gegeneinander antreten.

SPIELRAUM ZDF
1978–1985. Neue Darstellungsform des *Kleinen Fernsehspiels,* die das Studiopublikum, Experten und Betroffene in ein szenisches Fernsehspiel einbezieht. Schauspieler führen kleine Szenen auf, die zur Diskussion eines kontroversen Themas anregen sollen.
In der ersten Folge ging es um den »Umgang mit Behörden«; für die Folge »Gefährlich nah – Mütter und Töchter« erhielt die Redakteurin Brigitte Kramer 1979 den Grimme-Preis. Zu den Moderatoren gehörten Elke Heidenreich und Juliane Bartel.

SPIELREGELN ZDF
1983–1988. »Jugend und Justiz«. Spielreihe mit Helmuth Bendt, eine Art Gerichtsshow .

Es geht um Fälle des Alltagsrechts, z. B. eine Ohrfeige, die ein Lehrer einem Schüler verpasst, Fahren ohne Führerschein oder einen Diebstahl innerhalb einer Familie. Kleine Fernsehspiele zeigen, was passiert ist, anschließend fällen sowohl ein jugendliches Laiengericht als auch echte Richter ihre Urteile. Jugendliche und Juristen diskutieren im Studio über die Fälle und die Entscheidungen.
Die Reihe war an die Justizsendung *Wie würden Sie entscheiden?* angelehnt. Ihr Ziel war es, Jugendliche über die gesetzlichen Regelungen des Miteinanders zu informieren und auf ebenso unterhaltsame wie realistische Weise die Justiz, ihre Entscheidungsformen und die Wege der Entscheidungsfindung darzustellen.
Die Sendungen waren 45 Minuten lang und liefen zunächst am frühen Abend, ab März 1987 samstags nachmittags.

SPIELWIESE ZDF
1979–1986. »Experimente – Improvisationen – Spielereien«. Experimentelles Fernsehen für Erwachsene, moderiert von Helmut Rost. Lief auf wechselnden Sendeplätzen im späteren Abendprogramm.

SPIELZEIT IM ERSTEN ARD
2002. 90-minütige Spielshow mit Victoria Herrmann, in der drei prominente gegen drei nichtprominente Kandidaten für einen guten Zweck Begriffe erraten müssen.
Die Sendung lief an einem Donnerstag um 21.00 Uhr

und war nach *Made in Europe* schon die zweite neue Show innerhalb eines Monats, die umgehend floppte.

SPIELZEUG IST ZUM SPIELEN DA   ZDF
1970. 3-tlg. kritische Sendereihe für Erwachsene über Spielzeug, die erklärte, dass man Spielzeug nicht essen soll. Oder so. Sie lehrte, Respekt vor Spielzeug zu haben und es nicht mit Lernzeug zu verwechseln, deshalb heiße es ja Spielzeug. Aber sagte das nicht auch schon der Titel?
Drei halbstündige Folgen am Sonntagnachmittag nahmen sich des schwierigen Themas an.

SPIN UND MARTY   ARD
1962–1963. 13-tlg. US-Jugendserie von Lillie Hayward nach dem Buch »Marty Markham« von Lawrence Edward Watkin (»The Adventures Of Spin And Marty«; 1955–1956) .
Colonel Logan (Roy Barcroft) besitzt eine Ranch, auf der Jugendliche als Cowboys arbeiten. Es ist der denkbar schlechteste Ort für Marty Markham (David Stollery), den Sohn reicher Eltern, der in der Stadt ohne gleichaltrige Freunde aufgewachsen ist und seinen eigenen Butler Perkins (J. Pat O'Malley) mitbringt – Marty hält nichts vom Landleben und hat Angst vor Pferden. Spin Evans (Tim Considine) versucht ihm zu helfen und die anderen Jungen davon abzuhalten, sich über ihn lustig zu machen. Der Vorarbeiter Bill Burnett (Harry Carey, Jr.) hilft Marty, seine Furcht vor Pferden zu überwinden und reiten zu lernen. Zu den anderen Kindern auf der Ranch gehören Joe (Sammy Ogg), Speckle (Tim Hartnagel) und Ambitions (B. G. Norman).
Produzent der Serie war Walt Disney. Sie wurde auf der Golden Oak Ranch gedreht, derselben, die auch als Drehort für *Bonanza* und *Unsere kleine Farm* benutzt wurde. Die Folgen waren jeweils 25 Minuten lang.

SPION IM DIENSTE NAPOLEONS   DFF 2
1979. 12-tlg. frz. Historienserie nach dem Roman von Jean-Claude Camredon, Regie: Jean-Pierre Decourt (»Schulmeister, espion de l'empereur«; 1971–1974).
Der Ganove Charles-Louis Schulmeister (Jacques Fabbri) hilft bei der Aufklärung eines geplanten Attentats auf Napoleon, dessen er ursprünglich verdächtig war, und wird fortan als kaiserlicher Geheimagent eingesetzt. Sein Vertrauensmann ist General Savary (William Sabatier).
Die Autoren der Serie dichteten zwar einige Abenteuer dazu, orientierten sich aber im Grunde an den historischen Erlebnissen des echten Schulmeister, die im Buch von Camredon beschrieben wurden.
Jede Folge dauerte 55 Minuten. In Westdeutschland lief die Serie 1984 bei RTL als *Schulmeister*.

SPIONAGE   ZDF
1967–1968. »Die Arbeit der Geheimdienste«. 13-tlg. Dokumentarreihe.
In jeweils einstündigen Dokumentarspielen wird in dieser Koproduktion von Deutschland, Frankreich, Kanada, Japan und den Niederlanden über die zunehmende Spionagearbeit in aller Welt berichtet, auch über die Beobachtung der westlichen Geheimdienste untereinander.

SPIONAGESCHIFF   ARD
1985. 6-tlg. brit.-austral. Spionagedrama von James Mitchell nach dem Roman von Tom Keene und Brian Haynes, Regie: Michael Custance (»Spyship«; 1983).
Martin Taylor (Tom Wilkinson) untersucht das spurlose Verschwinden des Fischdampfers, auf dem sein Vater Maschinist war, in der Barentssee im Polarmeer. Er findet heraus, dass das Schiff für Spionagedienste ausgerüstet worden war. Der feindliche Spion Evans (Philip Hynd) will verhindern, dass Taylor etwas verrät, weshalb er ihn und seine alte Schulfreundin Suzy Summerfield (Lesley Nightingale) umbringen will.
Die Folgen jeweils waren 60 Minuten lang.

SPIONIN WIDER WILLEN   ZDF
1987. 6-tlg. frz. Krimi-Comedy-Serie von Laurence Lignères und Christian Watton, Regie: Claude Boissol (»Espionne et tais-toi«; 1986).
Annette Vallier (Grace de Capitani) gibt ihre erfolgreiche Karriere als Hoteldiebin nur ungern auf, doch Geheimdienstchef Colonel Odoard (Charles Denner) hat sie erwischt und zum Seitenwechsel bewegt. Jetzt arbeitet sie ganz geheim als Spionin, aber irgendwie weiß doch jeder davon. Annettes Eltern (Sophie Grimaldi und Jacques François) unterstützen sie jedenfalls.
Die Übersetzer änderten fast alle Rollennamen und machten aus der französischen Hauptfigur Agnès eine deutsche Annette.

SPIROU & FANTASIO   RTL 2
1995. 52-tlg. frz. Comicserie (1992–1995).
Das quirlige Reporterduo Spirou und Fantasio erlebt diverse Abenteuer. Die Serie basierte auf der gleichnamigen Comicheftreihe, die erstmals 1938 in Belgien erschien.

SPONGEBOB SCHWAMMKOPF   SUPER RTL
Seit 2002. US-Zeichentrickserie von Stephen Hillenburg (»SpongeBob Squarepants«; seit 1999).
Der lebende Schwamm Bob wohnt mit seiner Schnecke Gary in der Unterwasserstadt Bikini Bottom in einer Zwei-Zimmer-Ananas und arbeitet als Krabbenburgerbrater im Fastfood-Restaurant »Krosse Krabbe«, wo Mr. Krabs sein Chef ist. Neben dem Schwammkopf ist SpongeBobs Markenzeichen die eckige Quadrathose. Seine Freunde sind Tintenfisch Thaddäus, Eichhorn Sandy und Seestern Patrick. Sein Feind ist der fiese Planton, der an das Geheimrezept der Krabbenburger und die Weltherrschaft gelangen will.
Die Serie basiert auf wahren Begebenheiten. Nun,

SpongeBob Schwammkopf. Gut zu erkennen: die eckige Hose, der er den Originalnamen »Squarepants« verdankt.

zumindest ist ihr Erfinder Stephen Hillenburg ausgebildeter Meeresbiologe, er müsste also wissen, wie es da unten zugeht.
Eine einstündige Pilotfolge lief zur Primetime, die halbstündigen Folgen danach täglich am Vorabend. Jede Folge bestand in der Regel aus zwei kurzen Episoden. In den USA hatte die Serie des Senders Nickelodeon mittlerweile eine derart große Fangemeinde und auch viele erwachsene Zuschauer erreicht (zeitweise waren die fünf erfolgreichsten Sendungen der Woche unter allen amerikanischen Kabelkanälen die fünf Ausstrahlungen von *SpongeBob Schwammkopf*), dass der Muttersender RTL auch von dem Hype profitieren wollte und ab Juni 2003 staffelweise im Nachtprogramm Folgen wiederholte. Parallel dazu wuchs auch die Fangemeinde auf Super RTL stetig, wo weiterhin die Erstausstrahlungen liefen und darüber hinaus Wiederholungen in Dauerschleife. Bisher waren es 60 Folgen.
Das Abbild des Schwamms fand sich bald auf jedem Produkt wieder, das das Kind als solches so braucht. Weihnachten 2004 kam ein »SpongeBob«-Spielfilm ins Kino.

SPORT AKTUELL — DFF, DFF 1
1965–1991. Sportmagazin. Das Ostgegenstück zur *Sportschau* war eine der beliebtesten Sendungen im DDR-Fernsehen. Zu den Moderatoren gehörten Werner Eberhardt, Herbert Küttner, Heinz Florian Oertel und Dirk Thiele.

SPORT-BILLY — ARD
1987. 26-tlg. dt.-US-Zeichentrickserie (»Sport Billy«; 1982)
Der Junge Sport-Billy ist ein Außerirdischer vom Planeten Olympus und hat den Auftrag bekommen, den Sportlern auf der Erde Fairplay beizubringen. Mit dem Mädchen Sport-Lilly und dem Hund Sport-Willy reist er umher und erfüllt seine Mission.
Das Fairplay-Maskottchen Sport-Billy hatte sich schon eine Weile in Comicheften und auf Merchandisingartikeln getummelt, bevor die Trickserie samstags im Umfeld der *Sportschau* ins Vorabendprogramm kam. Sie war in deutschem Auftrag von den amerikanischen Filmation-Studios produziert worden. Eberhard Storeck schrieb die deutschen Texte, Philipp Moog war Sport-Billys deutsche Stimme.

SPORT DER WOCHE — DFF
1952–1953. Die erste Sportreihe im DDR-Fernsehen lief schon einen Tag nachdem der Sender offiziell den Betrieb aufgenommen hatte. Aus technischen Gründen gab es aber noch keine bewegten Bilder. Stattdessen kamen jeden Montag nach der *Aktuellen Kamera* 10 bis 20 Minuten lang Ergebnismeldungen vom Wochenende sowie Kommentare, Studiogespräche, »Schnappschüsse« von den spannendsten Momenten, ein Blick auf die internationale Presse und kleine »Bildstreifen«, die die Technik großer Meister erklärten. Kein Wunder, dass die Sendung sich nur drei Monate hielt. Danach fand bis zum Start des *Sportkaleidoskops* Sportberichterstattung nur in der *Aktuellen Kamera* statt.

SPORT IM GESPRÄCH — ZDF
→ Sonntags um elf

DIE SPORT IST MORD SHOW — ZDF
2001. Halbstündige Sketchshow mit Cathlen Gawlich, Jens Hajek, Kristiane Kupfer, Tilmann Schillinger, Gernot Schmidt und Marc Weigel. Lief zweimal sonntags um 22.30 Uhr.

DIE SPORT-REPORTAGE — ZDF
Seit 1966. Magazin mit Berichten über aktuelle Sportveranstaltungen, darunter viele Sportarten, die der breiten Masse normalerweise vorenthalten werden: Handball, Billard, Tischtennis, Rallye oder Eiskunstlauf der Herren.
Das Reportagemagazin war dementsprechend eine Ergänzung zum *aktuellen Sport-Studio* am Samstagabend. Eine knapp einstündige Sendung lief in den 60er-Jahren sonntags um 19.00 Uhr und wechselte dann auf den späten Nachmittag gegen 17.00 Uhr. Dennoch gab es auch hier Berichte über Fußballspiele mehrerer Ligen. Zusätzliche halbstündige Ausgaben mit Berichten über die Fußballbundes-

liga liefen bis August 1994 freitags nach 22.00 Uhr, außerdem an weiteren Wochentagen, wenn die Veranstaltungslage es hergab. Moderatoren waren u. a. Klaus Angermann, Oskar Wark, Rolf Kramer, Wolfram Esser, Arnim Basche, Sissy de Mas, Bernd Heller, Günter-Peter Ploog, Magdalena Müller, Hermann Ohletz, Christa Gierke, Thomas Wark, Wolf-Dieter Poschmann, Michael Antwerpes, Norbert König, Rudi Cerne und Kristin Otto.
Die Reihe wurde Ende der 90er-Jahre in *ZDF SPORTreportage* umbenannt.

DER SPORT-SPIEGEL ZDF
1963–1996. Hintergründiges Sportmagazin.
Der erste *Sport-Spiegel* lief am 2. April 1963, dem zweiten Sendetag des neu gegründeten ZDF. Anders als *Das aktuelle Sport-Studio* war das Magazin nicht dem Vermelden und Diskutieren von Sportergebnissen, sondern dem Vermitteln von Hintergrundwissen gewidmet. Es sah seine Aufgabe darin, in Dokumentationen »sportlichen Problemen auf den Grund zu gehen, Unbekanntes aus der bunten Welt des Sports zu präsentieren, Persönlichkeiten des Sports auch außerhalb der Arenen zu zeigen und bedenkliche Erscheinungen unter die Lupe zu nehmen«. Unter seinem ersten Leiter Alfons Spiegel entstand ein Magazin, das sich z. B. auch der Schnittstelle von Sport und Gesellschaft widmete. 1968 etwa ging es in einer Sendung um das »Problem der Hermaphroditen«, weil im selben Jahr bei der Leichtathletik-EM in Budapest erstmals die Geschlechterbestimmung bei aktiven Sportlerinnen Vorschrift war.
Zudem enthielt der *Sport-Spiegel* Rubriken wie »Die Silberpfeile«, »Der Autotest«, »Sport und Kunst«, »Der Sportarzt« und »Hallo Max« über das Leben Max Schmelings (mit Max Schmeling und Gustav Knuth). Moderatoren waren neben Alfons Spiegel u. a. Karl Senne, Harry Valérien und Rainer Günzler. Letzterer war auch für den »Autotest« zuständig. Besonderer Höhepunkt dieser Fahr- und Verhaltenstests war jeweils Günzlers lamafellbemantelter Auftritt in der Kältekammer, wo der zu testende Wagen tiefgekühlt worden war, um ihn auf seine Kaltstarteigenschaften zu prüfen. Mit der zunehmenden Erderwärmung ist die Kältekammer vorerst aus den deutschen Automagazinen verschwunden. Nach 100 Autotests hörte Günzler damit auf, und sein Nachfolger wurde im Januar 1974 Jürgen Breiter. Der ließ sich jedoch schon im Mai des gleichen Jahres mit 1,55 Promille Alkohol am Steuer erwischen, gab seinen Führerschein und die Rubrik ab und wurde wieder durch Günzler ersetzt. Ab 1977 fanden an dieser Stelle keine Autotests mehr statt, dafür gab es jetzt die eigene Reihe *Telemotor*.
Die Sendung lief anfangs halbstündig dienstags zur Primetime. Ab Oktober 1973 kam sie jeden zweiten Mittwoch um 19.30 Uhr, war 45 Minuten lang und ersetzte die frühere Magazinform durch breit angelegte Dokumentationen, Features und Porträts. In den 80er-Jahren lief die Reihe, wieder nur 30 Minuten lang, freitags um 21.15 Uhr. Sie entwickelte sich zum einzigen Ort in der ZDF-Sportberichterstattung, an dem nicht aus Fanperspektive gejubelt, sondern hinterfragt wurde. Der *Sport-Spiegel*, der sich damit eher an die Leser der Sportteile von »FAZ« und »SZ« wandte, war nach wie vor prestigeträchtig, aber oft quotenschwach. 1989 wurde die Sendung eingestellt.
Ende 1993 erfolgte eine Wiederbelebung, mit »klassischen Sportdokumentationen und Porträts von Sportstars«, aber ohne eigenen Sendeplatz. Ein Teil der Sendungen lief am Mittwochabend und war anfällig für kurzfristige Programmänderungen, ein Teil am Samstagnachmittag. Leiter wurde Marcel Reif – der allerdings auch nicht die von den Senderchefs erhofften Quoten brachte und ein Jahr später für viel Geld zu RTL wechselte. Neben kritischen Berichten, z. B. über den Ökoschwindel bei den Olympischen Spielen in Lillehammer, bot das Magazin auch Raum für Experimente. Am 19. August 1994 lief im *Sport-Spiegel* eine dreiviertelstündige unkommentierte Collage von Andreas Rogenhagen, die zeigte, wie Fernsehzuschauer in 42 Ländern das Endspiel der Fußball-WM verfolgten.
1995 nannte das ZDF die Sendung einen »unverzichtbaren Bestandteil des ZDF-Sports«, im Januar 1996 einen »Luxus, den wir uns leisten können und müssen« und nur eine Woche später eine »Nische«, die »wir uns nicht mehr leisten können«.

Sportschau-Moderator Ernst Huberty musste den Kopf immer leicht schräg halten, weil sonst der Scheitel auf der anderen Seite bis zur Schulter gerutscht wäre.

SPORT – SPIEL – SPANNUNG   ARD

1959–1974. »Eine (möglichst) unterhaltsame Sendung«. Einstündige dreigeteilte Unterhaltungsshow mit aktuellen Berichten über Sportereignisse, artistischen Darbietungen, vielen Überraschungen und Spielen wie dem Schülerquiz »Zwei aus einer Klasse«, bei dem zwei junge Kandidaten Fragen zu selbst gewählten Fachbereichen beantworten müssen.
Moderator war zunächst Heinrich Fischer, Sammy Drechsel war für den Sport zuständig. Er war zugleich Regisseur und setzte als Fischers Nachfolger Mitte der 60er-Jahre Klaus Havenstein durch, seinen Kabarettkumpel von der *Lach- und Schießgesellschaft*. Sportteil und Regie übernahm später Eberhard Stanjek. Am Ende der Sendung wurde immer ein Kurzfilm gezeigt, darunter die Jugendserie »MMM – Männer mit Mut«, Zeichentrick- oder Slapstick-Klassiker, oder Luis Trenker erzählte in »Alles gut gegangen« von seinen Abenteuern.
Die Show lief oft am Freitagnachmittag, zwischendurch auch an anderen Wochentagen.

SPORTARZT CONNY KNIPPER   WDR
→ Ärzte

SPORTCLUB   SAT.1

1991–1992. 40-minütiges Sportmagazin am Sonntagabend. Moderatoren waren u. a. Thomas Klementz und Doris Papperitz. Wenig später erwarb Sat.1 die Rechte an der Fußballbundesliga; dann hieß alles *ran*.

SPORTGESCHEHEN – FERNGESEHEN   DFF

1953–1955. 10- bis 20-minütiges Magazin mit Kurzberichten vom Sport.
Lief erst dienstags und freitags, ab 1954 nur noch dienstags im Hauptabendprogramm. Nach einer mehrmonatigen Sendepause tauchte das Magazin im Oktober 1954 am Mittwoch wieder auf.

SPORTSCHAU   ARD 2, ARD

1961 (ARD 2); seit 1961 (ARD). Heiliges Sportmagazin am Wochenende mit Berichten über Handballländerspiele der Frauen, Amateurstraßenrennen, Rudern, die Europameisterschaft der Sandbahnfahrer und Trabrennen, nach dem Ende der Sommerpause auch über Fußball.
Die *Sportschau* hatte ihre Premiere am 4. Juni 1961, mitten in der fußballfreien Zeit. Die oben genannten Themen waren der Inhalt dieser ersten Sendung, die von Ernst Huberty moderiert wurde. Das ZDF gab es damals noch nicht, dennoch war die *Sportschau* nicht konkurrenzlos. Sie lief anfangs im Zweiten Programm der ARD, das es bis zum Start des Zweiten Deutschen Fernsehens gab, und zwar sonntags um 21.30 Uhr. Um 22.45 Uhr wurde die halbstündige Sendung im Ersten wiederholt. Nach neun Wochen kamen Ausschnitte aus Fußballspielen hinzu; das erste Spiel war Altona 93 gegen Tasmania Berlin. Die Bundesliga war noch nicht gegründet. Noch im gleichen Jahr wurde der Sendeplatz im Ersten auf 19.30 Uhr vorverlegt. Die zusätzliche Ausstrahlung in ARD 2 fand weiterhin statt.
Zur Reportermannschaft der ersten Stunde gehörten neben Huberty Adolf »Adi« Furler, Günther Siefarth, Dieter Adler, Sammy Drechsel, Herbert Zimmermann, Heinz Eil, Harry Valérien, Arnim Basche, Wim Thoelke, Rolf Kramer, Kurt Lavall, Gerd Krämer und Oskar Klose (einige von ihnen gründeten zwei Jahre später *Das aktuelle Sport-Studio* im ZDF). Zustande kam die Sendung auf Initiative von Robert Lembke, dem damaligen Sportkoordinator der ARD. Gesendet wurde aus Köln, verantwortlich war der WDR-Sportchef Hugo Morero.
1963 wurde die Fußballbundesliga gegründet; am 3. April 1965 gab es die *Sportschau* erstmals samstags mit sehr ausführlichen Bundesligaberichten, jetzt 45 Minuten lang. Sendebeginn war 17.45 Uhr, zeitgleich mit dem Schlusspfiff in den Stadien, wo die Spiele damals noch um 16.00 Uhr begannen. Um eine zeitnahe Ausstrahlung der Berichte zu ermöglichen, wurden Hubschrauber und Motorradkuriere eingesetzt, die während der Spiele mehrfach das bis dahin gedrehte Material ins nächstgelegene Funkhaus transportierten, wo es entwickelt und geschnitten wurde. Mit der Bundesliga wurde die *Sportschau* zur Instanz. Deutsche Männer durften am frühen Samstagabend nicht gestört werden. Um keinen Preis. Überliefert ist die Geschichte des *Sportschau*-Mörders: Ein Mann erdrosselte seine Frau im Affekt mit einem Staubsaugerschlauch, nachdem sie während der *Sportschau* direkt neben dem Fernseher angefangen hatte zu saugen.
Die *Sportschau* zeigte jeweils Ausschnitte aus drei, maximal vier Spielen, die schon im Vorfeld als »Spitzenspiele« festgelegt worden waren. In den anderen Stadien waren gar keine Kameras, was zur Folge haben konnte, dass die langweiligen oder torlosen Spiele gezeigt wurden, während in den anderen Partien die Post abging. Die Ergebnisse der übrigen Spiele wurden lediglich vermeldet, die Tabelle gezeigt, dann folgte meistens noch ein Ausschnitt aus einem Zweitligaspiel, anschließend Kurzberichte über die weiteren Sportereignisse des Tages: Handball, Volleyball, Basketball, Rhythmische Sportgymnastik, Tischtennis, Schwimmen, Reiten. Wenn Adi Furler auftrat, konnten Pferde nicht weit sein.
Der Beginn der Samstagssendung wurde noch mehrmals um einige Minuten hin und her geschoben, befand sich aber immer in unmittelbarer Nähe zu 18.00 Uhr. Ab 1971 war die *Sportschau* auch wieder sonntags da, weitere Ausgaben folgten am Freitagabend mit den Berichten über die Freitagsspiele der Fußballbundesliga sowie an weiteren Werktagen in den »englischen Wochen«, wenn auch dienstags und mittwochs gespielt wurde. 1971 erfand Huberty das »Tor des Monats«, das fortan einmal im Monat sonntags aus mehreren Vorschlägen von den Fernsehzuschauern per Postkartenabstimmung gewählt wurde.
Huberty, Furler und Adler blieben über Jahrzehnte Aushängeschilder der Samstagsausgabe; es kamen

noch Werner Zimmer und Hans-Joachim Rauschenbach dazu, in den 70er-Jahren Eberhard Stanjek und Klaus Schwarze und in den 80er-Jahren Heribert Faßbender, Jörg Wontorra, Manfred Vorderwülbecke und Gerd Rubenbauer. Huberty musste 1982 wegen einer ungeklärten Spesenaffäre gehen, Faßbender wurde sein Nachfolger. Furler trat erst 1995 nach 5000 Sendungen (inklusive Sonntags- und Wochenendausgaben) ab.

Der lange Zeit unverrückbare Status der *Sportschau* drohte zum ersten Mal 1988 ins Wanken zu geraten. Das Privatfernsehen begann sich für die immer teurer werdenden Rechte an der Fußballbundesliga zu interessieren, und RTL startete seine eigene Fußballshow *Anpfiff*, die jedoch nur über einen Teil der Erstausstrahlungsrechte verfügte und der *Sportschau* nichts anhaben konnte, die ebenfalls weiterhin bewegte Bilder zeigte. Erst 1992 wurde die *Sportschau* – was Fußball anging – bedeutungslos: Sat.1 hielt jetzt die Erstausstrahlungsrechte exklusiv und setzte der *Sportschau* eine große Show namens *ran* entgegen, in der erstmals alle Spiele gezeigt wurden.

Das, was von der *Sportschau* übrig geblieben war, vermeldete nun schon wenige Minuten nach Spielende die Ergebnisse und zeigte später einige Standbilder. Andere Sportarten rückten zwangsläufig wieder in den Vordergrund. Während dieser zuschauerarmen Phase geschah das Unglaubliche: Eine Frau moderierte die *Sportschau!* Es war das Jahr 1999, und vor Anne Will hatte dies tatsächlich keine Frau tun dürfen. Auch die Zeit von Waldemar Hartmann als Moderator fiel in diese Phase. Um den berühmten Sendetitel am Leben zu erhalten, wurden nun Live-Übertragungen sportlicher Ereignisse unter dem Titel *Sportschau live* oder *Sportschau extra* gesendet. 2003 wurden Sat.1 die Rechte zu teuer, und die Bundesliga kehrte zurück ins Erste und damit in die komplett modernisierte, jetzt 90-minütige *Sportschau*, die eher wie ein leicht überarbeitetes *ran* als wie eine generalüberholte *Sportschau* wirkte. Als Moderatoren wechselten sich jetzt Gerhard Delling und Reinhold Beckmann ab, ab 2004 auch Monica Lierhaus. Beckmann und Lierhaus hatten bereits *ran* moderiert.

Auch in der ARD gab es nun alle Spiele des Tages, dazu Statistiken, Gewinnspiele, Interviews, plakative Überschriften (»Die Abrechnung!«) und Werbepausen. Im Verhältnis zur Gesamtsendezeit nahmen die Fußballberichte jedoch einen höheren Stellenwert ein als zuvor in Sat.1. Die Zuschauer dankten es der ARD, der Erfolg kehrte zurück, die Einschaltquoten der *Sportschau* übertrafen die der letzten Jahre von *ran* problemlos.

SPOT   SAT.1
1997. Kurzlebiges einstündiges Infotainmentmagazin mit Dieter Kronzucker und Milena Preradovic. Die Moderatoren versprachen, die Sendung solle »lebendiger, abwechslungsreicher« als andere Magazine sein und »eine neue Qualität von Unterhaltung« bieten. Zu den herausragenden Beispielen dafür gehörte die Kontaktaufnahme des Bruders von Maria und Maximilian Schell mit seiner verstorbenen Mutter in der Sendung. Auch die anderen menschelnden Geschichten, die von sieben jungen Reportern erzählt wurden und mittwochs gegen 22.00 Uhr liefen, fielen beim Publikum durch.

SPOT ON!   SAT.1
1998–1999. Fünfminütige Dauerwerbesendung, in der zwei Kandidaten anhand von Werbespotausschnitten das Produkt erraten müssen, dann wird noch einmal der ganze Reklamefilm gezeigt. Moderatorin war die virtuelle Figur Kira Day, die aussah, als hätten nicht nur alle echten Moderatoren sich geweigert, diese »Sendung« zu moderieren, sondern auch alle guten Computerfiguren.

Spot On! lief werktags gegen 19.10 Uhr und gegen 0.15 Uhr.

SPOTTSCHAU   SAT.1
1992–1993. Halbstündige Show mit Dieter Hallervorden, mit der dieser sein Blödelimage abzulegen versuchte und zu seinen Wurzeln zurückkehrte. Hier machte Hallervorden Satire und politisches Kabarett – mit Erfolg. Der Marktanteil um 23.30 Uhr lag deutlich über 20 Prozent. In jeder Sendung verlieh er einen Spottpreis, den »Arsch mit Ohren«, an einen ungeliebten Prominenten in dessen Abwesenheit. Als er diesen Preis eines Tages dem damaligen Sat.1-Informationschef Heinz Klaus Mertes verlieh, warf der Sender ihn raus, in dessen Programm die Sendung ohnehin ein Fremdkörper war. Hallervorden ging mit dem Konzept zur ARD und nannte die Sendung nun *Hallervordens Spott-Light*.

SPRECHSTUNDE BEI DR. FRANKENSTEIN   KI.KA
1997. 54-tlg. dt. Jugendserie.
Dr. Charlotte Frankenstein (Silke Matthias) zieht mit ihrer Tochter Franziska (Fritzi und Floriane Eichhorn) in eine alte Villa. Im Keller trifft Franziska auf das uralte Monster des legendären Dr. Frankenstein und nennt es Lenni (Michael Trischan).
Die Folgen waren 15 Minuten lang.

SPREEPIRATEN   ZDF
1989–1991. 26-tlg. dt. Jugendserie.
Die leicht verwechselbaren Zwillinge Louise (Franziska Paproth) und Marie Kukowski (Friederike Paproth) verbringen mit ihren Geschwistern Matze (Simon Jacombs) und Trinchen (Miriam Mohs) ihre Freizeit auf der »Marianne«, dem Schiff der Großeltern Anna (Käte Jaenicke) und Otto Zwicknagel (Hans Beerhenke). Währenddessen ist ihre Mutter Karin (Joseline Gassen) zur Kur in Bad Zwischenhahn, und Vater Klaus (Winfried Glatzeder) renoviert die Wohnung.
Die Folgen waren jeweils 25 Minuten lang.

SPREEWALDFAMILIE   DFF 1, DFF
1990–1991. 7-tlg. DDR-Familienserie von Renate und Dagobert Löwenberg, Regie: Georgi Kissimov.

Anna Lutki (Helga Göring) ist das Oberhaupt einer sorbischen Großfamilie. Sie, die Älteste, ist bereits Urgroßmutter und wird »die Starka« genannt. Zur Familie gehören ihr Sohn Fritz (Wolfgang Greese) und Schwiegertochter Else (Susanne Düllmann), Enkel Günther (Jaecki Schwarz) mit Frau Christa (Solveig Müller) und Tochter Michaela (Jeanette Arndt), außerdem der verwitwete Enkel Hans (Andreas Schmidt-Schaller), der in Regina (Viola Schweizer) eine neue Liebe findet, dessen Schwester Gerda (Angelika Ritter) und ihr Mann Dieter (Horst Krause), die keine Kinder bekommen können, sowie Onkel Waldemar (Bruno Carstens). Als Annas geliebter Schwager Richard (Rudolf Asmus) in der letzten Folge nach Jahren aus Amerika zurückkommt und Anna einen Heiratsantrag macht, steht sie vor der Entscheidung, mit ihm in die USA zu gehen.
Die einstündigen Folgen liefen erst freitags, dann mittwochs um 20.00 Uhr.

SPRINGFIELD STORY   RTL
1986–1999. US-Daily-Soap von Irna Phillips (»The Guiding Light«; seit 1952).
Die langlebigste Serie überhaupt zeigte im Lauf ihres Bestehens immer wieder neue Handlungsstränge, Liebesbeziehungen, Verwicklungen und Hauptdarsteller. Ursprünglicher Kern der Serie war die deutsche Einwandererfamilie Bauer in der Stadt Springfield.
In Deutschland wurde die Soap nicht von Beginn an gezeigt; RTL stieg im Mai 1986 mit US-Folgen aus dem Jahr 1979 ein, als gerade Bertha (Charita Bauer) und Bill Bauer (Ed Bryce) die Hauptfiguren waren. Mehr als 8000 Folgen waren zuvor seit 1952 schon in den USA gelaufen, seit 1937 existierte das Format zudem bereits als Radioserie, viele Bauer-Vorfahren waren längst tot. Charita Bauer war als einzige Darstellerin noch von der ursprünglichen Besetzung des Jahres 1952 übrig geblieben. RTL zeigte in den folgenden 13 Jahren 3119 einstündige Folgen, zunächst am Nachmittag, später im Vormittagsprogramm. Im September 1999 nahm der Sender die Serie plötzlich und mitten in der Handlung aus dem Programm.

SPRUNG AUS DEN WOLKEN   ARD
1963–1973. 48-tlg. US-Abenteuerserie (»Ripcord«; 1961–1963).
Ted McKeever (Larry Pennell) und Jim Buckley (Ken Curtis) betreiben gemeinsam die Fallschirmspringerschule Ripcord (Reißleine). Immer wieder werden sie auch in Kriminalfälle verwickelt und lösen sie. Ihr Pilot, der die Maschine fliegt, aus der abgesprungen wird, ist anfangs Chuck Lambert (Paul Comi), später Charlie Kern (Shug Fisher).
Die Serie enthielt viele spektakuläre Fallschirmszenen. Eine Schlägerei im freien Fall in der Luft wurde vom Kameramann ebenfalls im freien Fall gefilmt. Bei einem Unfall bei den Dreharbeiten stießen zwei Flugzeuge in der Luft zusammen. Das Drehbuch wurde daraufhin so geändert, dass die Aufnahme des Crashs in der Serienfolge verwendet werden konnte.
Die halbstündigen Folgen liefen im regionalen Vorabendprogramm. Im Original hat die Serie 76 Folgen.

SPUK AUS DER GRUFT   ARD
2000. 4-tlg. dt. Gruselserie von C. Ulrich Wiesner und Günter Meyer.
Maja (Saskia Grasemann) und Torsten (Matthias Schweighöfer) stehen plötzlich dem seit 300 Jahren toten Junker Friedrich von Kuhlbanz (Benjamin Sadler) gegenüber. Majas Eltern Herrmann (Kurt Böwe) und Renate (Nina Hoger) führen ein Gasthaus, Torstens Vater ist der Bürgermeister (Walter Plathe).
Lief im Kinderprogramm. Die Handlung wurde in der Serie *Spuk im Reich der Schatten* fortgesetzt.

SPUK IM HAUS   ZDF
1978. 7-tlg. brit. Kinderserie von Derrick Sherwin und Martin Hall (»Nobody's House«; 1976).
Als die Familie Sinclair – Vater Peter (William Gaunt), Mutter Jane (Wendy Gifford), Sohn Tom (Stuart Wilde) und Tochter Gilly (Mandy Woodward) – in ein altes Haus zieht, stellen die Kinder fest, dass dort Niemand wohnt. Genauer, ein Geist namens Niemand (Kevin Moreton). Die Kinder, die ihn als Einzige sehen können, haben ihn so genannt. Er freundet sich mit ihnen an und hilft, Feuer, Diebe und andere lästige Dinge zu bekämpfen.
Die halbstündigen Folgen liefen dienstags um 17.10 Uhr.

SPUK IM HOCHHAUS   DFF 1
1982–1983. 7-tlg. DDR-Gruselserie von C. Ulrich Wiesner und Günter Meyer.
Das seit 200 Jahren tote Diebespaar Jette (Katja Paryla) und August Deibelschmidt (Heinz Rennhack), das in einem Berliner Hochhaus spukt, ist dazu verflucht, sieben gute Taten zu vollbringen, um endlich die ewige Ruhe zu finden. In jeder Folge schaffen sie eine, am Ende der Serie werden sie erlöst.
Die halbstündigen Folgen liefen samstags nachmittags im Kinderprogramm.

SPUK IM REICH DER SCHATTEN   ARD
2000–2001. 4-tlg. dt. Gruselserie von Hans Georg Struck und Günter Meyer.
Fortsetzung von *Spuk aus der Gruft:* Maja (Saskia Grasemann) und die Mumie Friedrich (Benjamin Sadler) sind inzwischen ein Liebespaar.
Lief im Kinderprogramm.

SPUK IN DER SCHULE   ARD
1987. 8-tlg. austral.-frz. Kinderserie von Helen Creswell nach dem Roman von Carol Drinkwater, Regie: Frank Arnold (»The Haunted School«; 1986).
Australien im Jahr 1860: Die junge englische Lehrerin Fanny Crowe (Carol Drinkwater) eröffnet in einer abgelegenen Goldgräberstadt im australischen Busch eine Schule und stößt auf viele Widerstände.

Zu allem Überfluss scheint es in dem Schulgebäude zu spuken.

SPUK UNTERM RIESENRAD　　　　　　DFF 1
1979. 7-tlg. DDR-Gruselserie von C. Ulrich Wiesner und Günter Meyer.
Die Geisterbahnfiguren Hexe (Katja Paryla), Riese (Stefan Lisewski) und Rumpelstilzchen (Siegfried Seibt) erwachen plötzlich zum Leben und flüchten in die für sie ungewohnte reale Welt. Die Kinder Tammi (Henning Lehmbäcker), Umbo (Dima Gratschow) und Keks (Katrin Raukopf) nehmen die Verfolgung auf.
Wiesner und Meyer drehten im Lauf der nächsten 20 Jahre noch mehrere weitere Spukserien *(Spuk im Hochhaus, Spuk von draußen, Spuk aus der Gruft)*, die erst im DFF, nach der Wiedervereinigung in der ARD Premiere hatten.
Die erste Folge lief am Montagnachmittag, alle anderen am Samstagnachmittag. Noch im gleichen Jahr war die Serie auch in den Dritten Programmen in Westdeutschland zu sehen.

SPUK VON DRAUSSEN　　　　　　DFF 1
1987–1988. 9-tlg. DDR-Gruselserie von C. Ulrich Wiesner, Regie: Günter Meyer.
Familie Habermann – Vater (Wolf-Dieter Lingk), Mutter (Madeleine Lierck) und ihre Töchter Max (Kathrin Bachert) und Moritz (Janine Demuschewsky) sowie Sohn Torsten (Maurice Zirm) – zieht von Berlin in den kleinen Ort Bärenbach im Erzgebirge, und zwar ausgerechnet in ein Haus, in dem es spuken soll. Ihr Mitbewohner ist Opa Rodenwald (Hajo Müller), der in Wirklichkeit ein Roboter ist und Kontakt mit drei Außerirdischen (Klaus Hecke, Peter Jahoda und Peter Pauli) hat, die im Ort gelandet sind. Sie haben es auf das Haus und den Roboter abgesehen, doch die Kinder wollen weder darauf noch auf ihren lieben Opa verzichten.
Die halbstündigen Folgen liefen nachmittags.

DIE SPUR DES JIM SONNETT　　　　　　ZDF
1973. 20-tlg. US-Westernserie (»The Guns Of Will Sonnett«; 1967–1969).
Jeff Sonnett (Dack Rambo) ist bei seinem Großvater Will (Walter Brennan) aufgewachsen, seit sein Vater Jim ihn als Kind verlassen hat und ein Revolverheld wurde. Jetzt machen sich Jeff und Will auf die Suche nach Jim. Als Anhaltspunkte für seinen Aufenthalt dienen einzelne Zeitungsartikel über ihn. Die Suche ist lange erfolglos, doch schließlich (in der letzten Folge) finden sie Jim (Jason Evers), und die Familie ist wieder vereint.
Zu den Verantwortlichen der Serie gehörte Aaron Spelling, der später mit Soaps wie *Der Denver-Clan* und *Beverly Hills, 90210* weltberühmt wurde.
Die halbstündigen Folgen liefen mittwochs um 19.10 Uhr.

DIE SPUR MIT DEM LIPPENSTIFT　　　　　　ARD
→ Auf eigene Faust

SPUR NACH LEVKAS　　　　　　ARD
1981. 12-tlg. austral. Thriller von Peter Yeldham nach dem Buch von Hammond Innes, Regie: Carl Schultz (»Levkas Man«; 1981).
Der australische Archäologe Dr. Pieter Gerrard (Marius Goring) will in Griechenland auf der Insel Levkas seine Theorie beweisen, dass es einst eine Landbrücke zwischen Europa und Asien und einen »Levkas-Mann« gab. Er wird dabei in den Schmuggel von griechischen Antiquitäten verwickelt und verschwindet. Sein Sohn Paul (Robert Coleby), das Ehepaar Bert (Kenneth Cope) und Nicola Barrett (Ann Michelle) sowie Pieters Sekretärin Sonja Winters (Diana Körner) suchen ihn. Ihre Gegenspieler sind die Polizei, der Wissenschaftler Professor Holroyd (T. P. McKenna) und der Schmuggler Wilhelm Borg (Ferdy Mayne).
Die ARD machte aus dem eigentlichen Sechsteiler doppelt so viele halbstündige Folgen, die sie im regionalen Vorabendprogramm zeigte.

SPURENSUCHE MIT JÜRGEN FLIEGE　　　　　　ARD
1995–1996. Pseudotherapeutische Reihe, in der Jürgen Fliege Menschen, die ein außerordentlich schweres Schicksal haben, beim »Nachgehen ihres Lebensweges« begleitet und Opfer und Täter am Ort des Geschehens zusammenbringt.
Kein Thema war Pfarrer Fliege zu groß für diese Reihe. Die Titel der vier Sendungen lauteten: »Mein Gott, warum habt ihr mich verlassen?«, »Ich lebte ahnungslos mit einem Serienmörder«, »Ich war im Kinderknast von Torgau« und »Ich suche meine Mutter«. Selbst hinter letzterem, vergleichsweise harmlos klingenden Titel verbarg sich eine entsetzliche Lebensgeschichte von einem Mann, der als Kind eines deutschen Soldaten und einer Norwegerin für den »Lebensborn« der Nazis geboren wurde, mit dessen Hilfe die arische Rasse fortgepflanzt werden sollte. Er wurde danach immer wieder zwischen Pflegefamilien und Kinderheimen und verschiedenen Staaten hin- und hergeschoben.
Fliege »begleitete« diesen Mann, der auf der »Reise in die Vergangenheit« immer wieder in Tränen ausbrach und verstummte; vor allem aber begleitete ihn das Kamerateam, das bei Tränen immer weiter ranzoomte und fröhlich das Telefonat filmte, in dem die Mutter dem schwer traumatisierten Mann mitteilte, dass sie ihn nicht sehen wolle. Als er seine Adoptivschwester traf und mit ihr für andere unverständlich tuschelte, fragte Fliege gleich zweimal: »Ist das ein Geheimnis?« Fliege versprach, den Mann auch nach der Sendung seelsorgerisch zu »begleiten«. Eine professionelle psychotherapeutische Unterstützung gab es nicht.
Die »Frankfurter Allgemeine Zeitung« schrieb: »Fliege packt die Verbrechen am Seelenleben eines Menschen rücksichtslos aus. Der Zuschauer darf sich daran weiden.« Die ARD verteidigte die Sendung damit, dass der Sender »zu kalt, zu unnahbar« sei und das Publikum »auch ein emotionales Angebot« wolle. Henning Röhl, der Fernsehdirektor des MDR,

sagte: »Auch so was muss machbar sein, und wir machen das noch viel zu wenig.« Und: »Der Mann wird nicht ausgezogen. Er könnte sich ja wehren.«

DIE SPURENSUCHER VOX
2003–2004. Kriminalmagazin mit Arne Merx.
Pro Sendung werden mehrere spektakuläre Kriminalfälle rekonstruiert und der jeweilige Hintergrund recherchiert. Lief Ende 2003 zunächst mit zwei Folgen, ab Herbst 2004 mit einer ganzen Staffel à sechs Folgen freitags gegen 22.00 Uhr.

SPURLOS RTL
1992–1994. Einstündiges Magazin, das an den Sat.1-Erfolg *Bitte melde dich* anknüpfen wollte und deshalb ebenfalls Vermisste übers Fernsehen suchte. Moderator war Charles Brauer.
Lief an wechselnden Sendeplätzen jeweils an Werktagen zur Primetime und brachte es auf vier Staffeln.

SPURLOS VERSCHWUNDEN – WITHOUT A TRACE KABEL 1
→ Without A Trace – Spurlos verschwunden

SPÜRNASE SCOOBY-DOO PRO SIEBEN
1995. 30-tlg. US-Zeichentrickserie (»A Pup Named Scooby-Doo«; 1988). Weitere Neuauflage von *Scooby-Doo, wo bist du?*

DER SPÜRSINN DES MR. REEDER DFF 1
1980–1981. 8-tlg. brit. Krimiserie nach Geschichten von Edgar Wallace (»The Mind Of Mr. J. G. Reeder«; 1969–1971).
J. G. Reeder (Hugh Burden), ein bebrilltes Hutzelmännchen, wittert überall das Böse. Dieses Misstrauen führt zur Aufklärung etlicher Kriminalfälle, um die er sich im Auftrag der Staatsanwaltschaft kümmert. Dabei ist seine Unscheinbarkeit oft ein Vorteil. Sein Chef ist Sir Jason Toovey (Willoughby Goddard), seine Assistentinnen sind Mrs. Houchin (Mona Bruce) und Miss Belman (Gilliam Lewis).
Die 50-minütigen Folgen liefen unter der erfolgreichen Dachmarke *Fahndung*. Die Hälfte der eigentlich 16 Folgen wurde nicht gezeigt.

THE SQUAD – DIE MORDKOMMISSION RTL 2
2003. 4-tlg. Doku-Reihe über die Arbeit amerikanischer Mordkommissionen.
War eigentlich als »Die Mordkommission« angekündigt, wurde aber kurzfristig geändert, möglicherweise weil unter dem gleichen Titel bereits zwei ZDF-Einträge in diesem Buch vorhanden sind.

S.R.I. UND DIE UNHEIMLICHEN FÄLLE ZDF
1971. 13-tlg. jap. Mysteryserie von Shyozo Uehara, Regie: Toshihiro Jijima (»Kaiki daisakusen«; 1968).
Die Spezialeinheit S.R.I. (Science Research Institute) kommt immer dann zum Einsatz, wenn die Polizei an übermächtigen und übernatürlichen Gegnern scheitert. Tadashi Matoya (Miho Hara) leitet die Einheit, seine Mitarbeiter sind Shiro Maki (Mori Kishisa), Saori Ogawa (Reiko Kohashi) und Hiroshi Nomura (Shyoji Matsyama). S.R.I. erforscht, ausgestattet mit Spezialausrüstung und besonderen Befugnissen, mysteriöse Phänomene und bekämpft Gespenster.
Wie später in *Akte X* nahm man es mit dem Unerklärlichen insofern recht genau, als auch hier schon offen blieb, wie es denn nun möglich war, dass Leute telefonisch umgebracht werden konnten, Menschen versteinerten oder ein Selbstmörder sich kurz vor seinem Tod in Lava verwandelte.
Die halbstündigen Folgen liefen mittwochs um 19.10 Uhr. Wegen ihrer Brutalität wurde die Serie heftig kritisiert und deshalb nach der ersten Staffel vom ZDF abgesetzt und nicht wiederholt.

DIE SS ZDF
2002. »Eine Warnung der Geschichte«. 6-tlg. Zeitgeschichtsdoku von Guido Knopp über Adolf Hitlers Terrortruppe. Die 45-minütigen Teile liefen dienstags um 20.15 Uhr.

ST. ANGELA ARD
1997–2005. 275-tlg. dt. Krankenhausserie von Renate Kampmann.
Die Erlebnisse und Erfahrungen von Pflegeschülerinnen und -schülern im Hamburger St.-Angela-Krankenhaus unter den Fittichen von Oberschwester Irene Jensen (Friedel Schümann). Anfangs sind dies die Freunde Jo (Davia Dannenberg), Susanne (Sylvia Leifheit) und Felix (Björn Kegel-Casapietra), die auch gemeinsam in einer WG wohnen. Jo ist eigensinnig, Susanne gutherzig und Felix immer faul und pleite. Dass die durchgeschleusten Pflegeschüler ständig wechseln, ist durch die begrenzte Dauer einer Ausbildung klar, dass auch das sonstige Klinikpersonal eine hohe Fluktuation hat, fällt auf. Nur die Oberschwester bleibt eine feste Größe.
Kollegen sind anfangs Oberärztin Dr. Ulrike Kühn (Karin Thaler), Chefarzt Prof. Waizmann (Hans Heinz Moser), Dr. Jan Mauch (Simon Licht), Dr. Gröbe (Dietmar König), Dr. Günther Eisenschmidt (Wolfgang Pregler), der der Chef der Notaufnahme ist, und Schwester Daniela (Anja Nejarri). Der gutmütige Sir Henry (Josef Ostendorf) betreibt die Krankenhaus-Cafeteria und muss Felix regelmäßig den Kaffee spendieren, weil der wieder kein Geld hat. Felix beginnt bald ein Medizinstudium, Susanne und Jo schmeißen die Ausbildung. Auch Dr. Mauch verlässt die Klinik.
Isabelle Treppner (Liv Tullia), Erik Hansen (Heinrich Eyerund), Nils Roth (Marcus Michael Mies) und Michaela Sanders (Nina Azizi) werden neue Pflegeschüler. Ebenfalls neu dazu kommen Stationsarzt Dr. Stefan Falkenberg (Giovanni Arvaneh), der Arzt im Praktikum Kai Schröder (Andreas Elsholz) und die intrigante Pflegeschülerin Kathrin Berger (Fiona Molloy). Die nächsten neuen Schüler sind der charmante Florian (Olaf Rauschenbach) und der schüchterne Benjamin (Oliver Elias), die sich anfangs ständig zoffen, sowie Lisa Baumann (Verena Zimmermann).

Nur Kathrin ist nach wie vor dabei; sie bleibt, gemeinsam mit Lisa, auch dann noch, als Benjamin und Florian das Krankenhaus nach einem halben Jahr wieder verlassen und Nico Kramer (Karim Köster), Vincent Blum (Niki Jondral) und Konrad Krause (Stephen Dürr) dazukommen. Dem Klinikpersonal gehören mittlerweile der neue Oberarzt Dr. Marcus Jacobi (Zacharias Preen) und der neue Chefarzt Dr. Leonard Baumann (Horst Kummeth) an, der bald mit Dr. Ulrike Kühn liiert ist. Neu sind auch Schwester Vanessa von Schütte (Nadine Krüger) und Schülerin Edda Bernstein (Juliane Gibbins).

Neues Klinikpersonal trifft im Januar 2002 ein, bestehend aus den Schülern Jule Petersen (Kim-Sarah Brandts), Rosi Lüttke (Dorina Maltschewa) vom Land, Anton Stein (Christopher Keks) und dem vorlauten Murat Özgür (Florian Kogan) sowie dem Arzt im Praktikum Götz Gerlach (Martin Kluge), dem Neffen des jetzigen Chefarzts Prof. Dr. Peter Gerlach (Peter Prager). Kathrin ist inzwischen Krankenschwester, Dr. Carola Venske (Julia Goehrmann) die neue Leiterin der Notaufnahme. Ihr Nachfolger wird Dr. Erik Zwenger (Robert Jarczyk). Murat und Jule wohnen in einer WG, in die später auch die Stationsschwester Tanja (Sanna Englund) einzieht. Die Ärzte Dr. Maximilian Weiser (Dieter Bach) und Dr. Susanne Korin (Claudia Vogt) werden ein Paar und heiraten 2005.

Die nächsten Schüler sind Lilly Matthies (Kerstin Radt) und der charmante Luca Nissen (Jan Hartmann), der mit Oberschwester Irene eine ungewöhnliche WG bildet. Jules Cousine Sophie (Caroline Schneider) macht ein freiwilliges soziales Jahr. Jule und Murat bleiben bis zum Ende dabei.

104 einstündige Folgen liefen fast fünf Jahre lang mit Erfolg staffelweise montags um 18.55 Uhr. Dann machte die ARD aus *St. Angela* eine Daily Soap mit den üblichen Weißkittelaffären, Intrigen und Liebeleien, zugeschnitten auf das junge Publikum. Die Folgen wurden um die Hälfte gekürzt. Und ab Januar 2002 wurden sie staffelweise viermal die Woche gesendet, dienstags bis freitags um 18.50 Uhr.

ST. DOMINIC UND SEINE SCHÄFCHEN ZDF

1963–1964. 14-tlg. US-Comedyserie (»Going My Way«; 1962–1963).

Der junge Pater Charles O'Malley (Gene Kelly) wird in die New Yorker Kirchengemeinde St. Dominic versetzt, um den mürrischen alten Pater Fitzgibbon (Leo G. Carroll) zu unterstützen. Tom Colwell (Dick York), ein Jugendfreund von Pater O'Malley, leitet jetzt das Jugendzentrum in der Gemeinde. Mrs. Featherstone (Nydia Westman) ist die Haushälterin im Pfarrhaus.

Die Serie basierte auf einem Kinofilm von 1944, in dem Bing Crosby Gene Kellys Rolle gespielt hatte. Jede Folge dauerte 45 Minuten.

ST. PAULI LANDUNGSBRÜCKEN ARD

1979–1982. 60-tlg. dt. Episodenreihe von Dieter Wedel und Dieter Kehler.

Abgeschlossene Episoden mit wechselnden Hauptdarstellern. In jeder Folge stehen andere Bewohner des Hamburger Hafenviertels St. Pauli mit ihren Sorgen, Nöten, Leiden, Lieben, Affären und Anekdoten im Mittelpunkt. Konstanten sind nur die alteingesessene Blumenverkäuferin Gretchen Ebelmann (Inge Meysel) und ihre Tochter Lenchen (Eva Maria Bauer), die gelegentlich zu Besuch kommt.

Die 25-minütigen Episoden liefen im regionalen Vorabendprogramm.

ST.-TROPEZ VOX

Seit 1999. Frz. Strandsoap (»Sous le soleil«; seit 1996).

Eine Clicque befreundeter Mittzwanziger führt gemeinsam den Betrieb an einem Privatstrand in St.-Tropez, den Louis (Roméo Sarfati) von seinem Vater übernommen hat. Zur Gruppe gehören die idealistische Medizinstudentin Laure (Bénédicte Delmas), Alain (Stéphane Slima), der Abenteurer Grégory (Frédéric Deban), die Amerikanerin Jessica (Tonya Kinzinger), die unwiderstehliche Sandra (Mallaury Nataf), die die Fäden am Strand zieht und Schauspielerin werden möchte, die angehende Rocksängerin Caroline (Adeline Blondieau), der Rockstar Samuel (Avy Marciano), der liebenswerte Chaot Manu (Arnaud Binard) und die skrupellose Valentine (Christine Lemler). Später kommen noch Benjamin (Grégory Fitoussi), Marion (Manuela Lopez) und Clara (Delfien Rouffignac) dazu, verschwinden aber auch wieder, und auch Samuel verlässt die Clique. Sein Darsteller Avy Marciano taucht später als David wieder auf.

Vox zeigte 256 einstündige Folgen werktags gegen 15.00 Uhr, hatte dann aber offenbar im Tagesprogramm keine Verwendung mehr für die langlebige Serie. Die Staffel bis Folge 308 wurde im Sommer 2005 tief in der Nacht versendet, zwischen 2.00 und 5.00 Uhr morgens liefen bis zu vier neue Folgen hintereinander.

STAATSAFFÄREN KABEL 1, TM3

1996 (Kabel 1); 2000 (tm3). 51-tlg. US-Sitcom von Linda Bloodworth-Thomason (»Hearts Afire«; 1992–1995).

John Hartman (John Ritter) ist geschieden und erzieht seine Söhne Ben (Justin Burnette; ab der dritten Staffel: J. Skylar Testa) und Elliot (Clark Duke) allein. John ist der Assistent des Senators Strobe Smithers (George Gaynes) und heuert Georgie Anne Lahti (Markie Post) als dessen Pressereferentin an. Aus Geldnot zieht sie mitsamt ihrem Kindermädchen Lula (Beah Richards) zu John und den Kindern und bringt auch noch ihren Vater George (Edward Asner) mit. Johns Kollege ist sein alter Freund Billy Bob Davis (Billy Bob Thornton). Nach kurzer Zeit heiraten John und Georgie Ann, ziehen um und kaufen gemeinsam mit Billy Bob eine vor der Pleite stehende Lokalzeitung.

Die erste Staffel lief wöchentlich bei Kabel 1, wo die Serie noch währenddessen in *Wer küsst Daddy?* –

Staatsaffären umbetitelt wurde. Der Rest der Serie erhielt wieder einen neuen Namen und lief als *Küss mich, John* vier Jahre später im werktäglichen Vorabendprogramm von tm3.

DER STAATSANWALT ZDF
Seit 2005. Krimireihe von Markus Stromidel.
Bernd Reuther (Rainer Hunold) kehrt als Oberstaatsanwalt nach Wiesbaden zurück, wo er zehn Jahre zuvor schuldlos bei einem Unfall eine Frau getötet und seine Ehefrau sehr schwer verletzt hat. Er rauft sich mit seinem Sohn Thomas (Marcus Mittermeier) zusammen, den er die ganze Zeit vernachlässigt hatte. Thomas ist inzwischen Hauptkommissar beim Morddezernat. Gemeinsam ermitteln sie.
Nach einem sehr erfolgreichen Pilotfilm am Montagabend kündigte das ZDF eine Reihe mit dem *Staatsanwalt* an.

DER STAATSANWALT HAT DAS WORT DFF
1965–1991. 139-tlg. DDR-Kriminalreihe.
Im Gegensatz zum »normalen« Krimi, der mit einem Verbrechen beginnt und dessen Aufklärung zeigt, beschäftigen sich diese »kriminologischen Fernsehspiele« mit den Umständen, die überhaupt erst zu einem Verbrechen führen, der Psychologie des Täters, wie er auf die schiefe Bahn geriet. Dabei geht es meist um kleinere Delikte, selten um Kapitalverbrechen. Der Staatsanwalt Dr. Peter Przybylski, vorher Pressesprecher der Generalstaatsanwaltschaft der DDR, kommentiert das Gezeigte.
Ein spannender Krimi, in dem plötzlich ein echter Staatsanwalt mit strenger Brille auftaucht und die Dinge einordnet und erklärt? Das klingt nach harter propagandistischer Kost und Zuschauerabschreckung, doch tatsächlich war *Der Staatsanwalt hat das Wort* eine beliebte Reihe in der DDR und inhaltlich ein Fortschritt. Erstmals in einer DDR-Krimiserie kam nicht mehr alles Böse aus dem Westen; hier ging es fast ausschließlich um Vergehen von DDR-Bürgern. Anlass für die Kehrtwende war vermutlich, dass einige Jahre nach dem Mauerbau westliche Kriminelle nicht mehr glaubwürdig als Hauptquelle des Verbrechens in der DDR taugten.
Aber auch das neue Strafsystem sollte mit der Reihe, die nach dem Vorbild des westlichen *Das Fernsehgericht tagt* entwickelt wurde, unterhaltsam erklärt werden. Hauptanliegen sollte die Kriminalitätsprophylaxe sein. Deshalb kämpfte vor allem die Generalstaatsanwaltschaft der DDR sehr für die Reihe und setzte sich gelegentlich auch gegen Widerstände der überängstlichen Politiker durch, die jedes DDR-Vergehen im Krimi am liebsten verharmlost hätten. Eine 1979 gedrehte Folge zum heiklen Thema Republikflucht schaffte es – obwohl während der Flucht ein Kind stirbt und die Geschichte sehr abschreckend wirkt – dennoch nicht bis zur Ausstrahlung und lief erst 1990, nach der Wende.
Zu jeder Folge gab es Foren vor Ort, die den Kontakt zum Publikum herstellten. Autor, Regisseur und oft auch ein Staatsanwalt gingen in die Betriebe und beantworteten Fragen. Die Mischung aus fiktiver Spielhandlung und Kommentar kannten die Zuschauer schon aus dem *Fernsehpitaval*. Der Staatsanwalt hatte zunächst vor, während und nach dem Film das Wort, später nur noch davor und danach. Anfangs liefen drei Folgen jährlich in loser Reihe, in den 70er-Jahren fünf, in den 80er-Jahren sechs bis sieben. Nach wechselnden Sendeplätzen wurde die Reihe im Wechsel mit dem *Polizeiruf 110* sonntags abends ausgestrahlt.
Mit dem Ende der DDR lief auch diese Reihe aus. Noch nach der Wende trat Przybylski in einer im Herbst 1989 gedrehten Folge auf, löste aber wütende Proteste aus. Danach wurde seine Rolle durch Schrifttafeln, Abmoderationen oder Live-Diskussionen ersetzt. Die letzten vier Ausgaben liefen in der DFF-Länderkette, die aus DFF 1 und DFF 2 hervorgegangen war. Die letzte, 139. Folge nach 26 Jahren trug den Titel »Bis zum bitteren Ende«. Überlegungen, die Reihe mit einem Richter als Kommentator unter dem Titel »Der Richter hat das Wort« fortzusetzen, wurden nicht weiterverfolgt.

DIE STAATSANWÄLTIN ZDF
1995. 3-tlg. dt. Thriller von Marlies Ewald, Regie: Thomas Jacob.
Der Gatte von Staatsanwältin Katharina Reuter (Lena Stolze) wurde ermordet. Ihre Ermittlungen entlarven ein Doppelleben und führen tief in den Sumpf des Verbrechens.

DIE STAATSANWÄLTIN UND DER COP VOX
1993–1995. 44-tlg. US-Krimiserie (»Reasonable Doubts«; 1991–1993).
Der Polizist Dicky Cobb (Mark Harmon) wird gegen seinen Willen von seinem geliebten rauen Job auf der Straße in das Büro der taubstummen Staatsanwältin Tess Kauffman (Marlee Martin) versetzt. Es passiert, was immer passiert in solchen Serien: Er ballert, sie denkt, und am Ende lösen beide gemeinsam den Fall und entdecken, dass sie sich trotz aller Gegensätze eigentlich ineinander verlieben könnten. Zwischendurch lernt der Zuschauer allerdings noch viel über die Probleme von Minderheiten und Randgruppen.
Die Schauspielerin Marlee Martin ist tatsächlich gehörlos. Die Folgen waren jeweils 60 Minuten lang.

STACHELDRAHT UND FERSENGELD SAT.1
→ Ein Käfig voller Helden

STADT, LAND, FLUSS ARD
1982–1983. Dreiviertelstündige Spielshow für Kinder mit dem Liedermacher Erwin Grosche, einem Bären, einem Opa und dem bekannten Spiel: Zwei Schülerteams müssen möglichst schnell in sechs Kästchen Wörter mit gleich lautenden Anfangsbuchstaben eintragen. Die ersten drei Begriffe Stadt, Land, Fluss stehen fest, drei weitere werden jeweils aus einer Begriffsziehbude entnommen.
Bei dem Bären handelte es sich um einen Menschen

im Bärenkostüm, beim Opa um einen alten Mann, der viel schlief. Vielleicht hatten sich die Redakteure ein bisschen zu intensiv mit diesem Beiwerk beschäftigt, jedenfalls versäumten sie es in der ersten Sendung, die Spielregeln zu erklären.
Acht Sendungen liefen monatlich dienstags um 17.00 Uhr.

STADT, LAND, FLUSS   TELE 5
1990–1991. Halbstündige Vorabend-Gameshow, die nach dem bekannten Prinzip funktionierte. Moderator war Viktor Worms; Frank Elstner hatte die Show konzipiert.

STADT OHNE SHERIFF   ZDF
1972–1973. 26-tlg. dt. Western-Comedy-Serie von Hans-Georg Thiemt und Hans Dieter Schreeb, Regie: Rolf von Sydow.
Tex Ritter (Uwe Friedrichsen) ist Ende des 19. Jh. Kassierer der einzigen Bank im Goldgräberstädtchen Blue River Town und das genaue Gegenteil eines Westernhelden. Er trinkt Milch, und weil er keine Pferde mag, fährt er lieber Fahrrad als zu reiten. Immerhin kann er sich ganz gut prügeln, und er trotzt den regelmäßigen Versuchen, die Bank zu überfallen. Einen Sheriff gibt es in der Stadt nicht, was auch den Serientitel erklärt. Viele Menschen kommen in der Hoffnung auf den großen Reichtum, schürfen Gold und ziehen weiter, wenn sie die Hoffnung aufgegeben haben. Peggy (Heidi Fischer) und Antonio Colani (Heinz Baumann) sind Tex' Freunde, Frank (Erik Schumann) ist ein Revolverheld.
Die halbstündigen Folgen liefen montags um 19.10 Uhr.

STÄDTE-DUELLE AUF TELEWELLE   DFF
1966. Großer Wettbewerb zwischen mehreren Städten. In kuriosen Spielen, meist mit einem Massenaufgebot an Teilnehmern, und ernsthaften Aufgaben müssen sich zwei oder drei Städte messen. Es moderieren u. a. Margot Ebert, Horst Blankenburg und Wolfgang Roeder.
Die halbe Bevölkerung der beteiligten Städte war jeweils auf den Beinen, der Rahmen war gigantisch. Die Sendung versuchte, das Konzept von *Ganz aus dem Häuschen* mit der Größe von *Mit dem Herzen dabei* zu kombinieren, doch der Erfolg war offensichtlich nicht so überragend: Nach drei Sendungen war Schluss.

STÄDTETURNIER   ZDF
1985–1991. Wettbewerb zwischen deutschen Städten um die Frage, wer das beste Kulturprogramm hat.
Das erste Turnier lief 1985 auf der Internationalen Funkausstellung in Berlin, teilnehmen konnten Städte mit 100 000 bis 200 000 Einwohnern. Es siegten Ulm, Regensburg, Kassel und Göttingen. 1987 ging es um kleinere Städte (Ingolstadt, Bamberg, Celle, Esslingen), 1988 um größere (Münster, Mannheim, Bochum, Wuppertal). 1990 traten die noch größeren Städte Bremen, Frankfurt, Nürnberg und Stuttgart gegeneinander an, und 1991 musste die Einwohnerzahl zwischen 50 000 und 70 000 liegen (Hof, Landshut, Passau, Unna). Moderatorin war Ilona Christen.

DIE STADTINDIANER   ZDF
1994–1996. 26-tlg. dt. Krimiserie.
Der 30-jährige Stan Gombrovicz (Max Tidof) ist ein großer Meisterdetektiv in Berlin. Nein, halt: *wäre* gern ein großer Meisterdetektiv in Berlin. Tatsächlich hat er es gerade zum Taxifahrer und Personenschützer geschafft. Über seine Kreuzberger Stammkneipe, wo sein Freund Ecki (Rolf Becker) arbeitet, bekommt er Aufträge, bei denen er dann doch beweisen kann, was er draufhat gegen die kleinen und großen Gauner in der Stadt, aber er ist alles andere als ein Held. Das weiß niemand besser als seine Freundin Marion (Barbara Rudnik). Mit dem Bullen Nobbi (Richy Müller) gibt es auch regelmäßig Ärger. Nach 14 Folgen steigt Max Tidof aus der Serie aus, und Nobbi übernimmt den Job des Stadtindianers, inklusive Stans altem Mercedes. An seiner Seite ist die neue Aushilfe in Eckis Kneipe, Anna (Mila Mladek).
Die einstündigen Folgen liefen erst samstags, dann donnerstags am Vorabend.

STADTKLINIK   RTL
1993–2000. 159-tlg. dt. Krankenhausserie von Hans Galesloot.
Klinikalltag in einem Kölner Krankenhaus: Prof. Wilhelm Himmel (Johannes Grossmann) leitet die Klinik, zum Personal gehören die Ärzte Daniel Groddeck (André Dietrich), Ernst Löwitz (Michael Evers), Marianne Himmel (Christine Mayn), Günther Bach (Jean-Paul Raths), Nesrin Ergün (Siir Eloglu), Walter Schmidt (Herbert Meurer), Gerhard Attenhofer (Volker Risch), die Schwestern Marion Kemmer (Jane Hempel), Ulrike Wezlenbrink (Manuela Joest), Katja Urbach (Claudia Matschulla) und der Pfleger Rolf Zoellner (Claus Janzen). Groddek und Marianne Himmel heiraten. Die neuen Ärzte Silke Keller (Jana Hora), Elke Lehmann (Katja Weitzenböck), Christian Moser (Johannes Hitzblech), Klaus-Jürgen von Lahrbach (Christoph Eichhorn), Prof. Johann Langen (Alexander Strobele) und Rainer Wandke (Kai Frederic Schrickel) kommen an die Klinik. Im März 1997 wird Prof. Richard Baaden (Theo Maalek) neuer Klinikchef und damit Himmels Nachfolger.
Als Krankenhausserien eine sichere Bank waren, wählte RTL den kürzesten Weg. Hausproduzent John de Mol, der RTL sonst hauptsächlich mit großen Shows belieferte (*Traumhochzeit*), adaptierte das Format und die Geschichten einfach von der niederländischen Serie *Medisch Centrum West, Amsterdam* von Hans Galesloot, deren Produzent er ebenfalls war. Den Direktvergleich konnten Zuschauer im Nachmittagsprogramm der ARD anstellen, wo das Original gezeigt wurde, das etwas mehr Realismus und Gesundheitsbewusstsein an den Tag

legte. Die deutsche Variante lief jahrelang erfolgreich an wechselnden Sendeplätzen im Hauptabendprogramm. Gedreht wurde im Kölner St. Marien-Hospital.

STADTRALLY   ARD
1984–1987. Temporeiche Spielshow für Kinder.
Vier Kandidaten hetzen durch eine Stadt (in jeder Sendung eine andere) und müssen an vorgegebenen Plätzen Aufgaben lösen. Dafür erhalten sie dann Buchstaben, die zusammengesetzt ein Lösungswort ergeben, das am Ende gefunden werden muss.

DIE STADTSCHREIBER   ZDF
1984–1991. Kulturjournal am Sonntagmittag.
Die einstündige Reihe war der Nachfolger der *ZDF-Matinee* und sollte alle 14 Tage »Kunst unter die Leute« bringen. Anders als die Sendungen der *ZDF-Matinee* waren die Beiträge keine Wiederholungen, sondern neu. Sie sollten trotzdem Gedenktage, Jubiläen oder Erinnerungen pflegen. Außerdem gab es Museums- und Theaterbesuche sowie Berichte über Kabarett und Musik.
Das ZDF verlieh ab 1984 jährlich gemeinsam mit der Stadt Mainz den Titel »Stadtschreiber« an einen deutschen Schriftsteller, der sich um das »Zusammenwirken von Literatur und Fernsehen« bemüht hat. Der Preisträger sollte ein Jahr lang in Mainz leben und arbeiten und ein »elektronisches Tagebuch« führen. Erste Stadtschreiberin wurde Gabriele Wohmann.
Ab September 1986 nannte sich die Sendung *Stadtschreiber Matinee*.

STADTSCHREIBER MATINEE   ZDF
→ Die Stadtschreiber

STAGE FEVER – BÜHNE FÜRS LEBEN   ZDF
2003–2004. 13-tlg. dt. Doku-Soap, die fünf Schüler der Joop van den Ende Academy in Hamburg bei ihrer dreijährigen Ausbildung begleitet, die sie zu Musicalstars machen soll.
Joop van den Ende war ein einflussreicher Fernsehproduzent in den Niederlanden, der mit seiner Firma JE Entertainment auch für das deutsche RTL zahlreiche Formate herstellte, darunter *Wie bitte?!* und *Die Wache,* bevor seine Firma mit der von John de Mol zu Endemol fusionierte.
Die halbstündigen Folgen liefen am Samstagnachmittag.

STAHLKAMMER ZÜRICH   ARD
1987–1989. 30-tlg. dt. Krimiserie von Christoph Gottwald und Wolfgang Körner.
Wenn die Miete für eines der Stahlfächer bei einer Schweizer Bank längere Zeit nicht gezahlt wurde und der Besitzer nicht bekannt ist, wird es geöffnet, um auf diese Weise den Eigentümer des darin gelagerten Vermögens zu ermitteln. Dann kommt bei der Helvetia-Bank Zürich Yves Klein (Robert Atzorn) ins Spiel. Anhand des Inhalts, der oft aus mehr als Geld besteht, macht er die Stahlfachinhaber – oder gegebenenfalls deren Erben – ausfindig. Seine Recherchen führen ihn um die halbe Welt und in abenteuerliche Situationen und bringen manche dunkle Geldquelle ans Licht. In der zweiten Staffel ab Sommer 1989 übernimmt Roman Berger (Jacques Breuer) diese Aufgabe. Zur Bank gehören noch Direktor Dr. Peter Jenny (Dieter Schaad), Prokurist Norbert Kumeron (Hans Heinz Moser) und die Direktionssekretärin Regula Eggli (Annelie O. Schönfelder).
Die einstündigen Folgen liefen im regionalen Vorabendprogramm. Aufgrund ordentlicher Einschaltquoten bestellte der WDR noch 1989 eine dritte Staffel mit sechs weiteren Folgen, die auftragsgemäß geschrieben und gedreht wurden – aber nie ausgestrahlt. Streng genommen waren sie 2001 auf einem Sender namens B.TV zu sehen, was aufs Gleiche hinausläuft.

STAHLNETZ   ARD
1958–1968. 24-tlg. dt. Krimireihe von Jürgen Roland und Wolfgang Menge. Kommissare überführen Mörder in abgeschlossenen Filmen.
Die erste deutsche Krimiserie im engeren Sinn. Die erste Folge lief noch unter dem Titel von Jürgen Rolands Reihe *Der Polizeibericht meldet,* galt aber im Nachhinein als Beginn von *Stahlnetz,* das aus ihr hervorgegangen war. Zehn Jahre lang hielt sich die Reihe, die eine der erfolgreichsten Sendungen der 50er- und 60er-Jahre wurde. Als Vorlage dienten angeblich authentische Polizeiakten, jedoch wurden Namen und Schauplätze geändert, »um Unschuldige und Zeugen zu schützen«. Jede Folge begann ähnlich: »Dieser Fall ist wahr. Er wurde aufgezeichnet nach Unterlagen der Kriminalpolizei«, wurde auf einer Schrifttafel eingeblendet.
Die einzelnen Filme waren in sich abgeschlossen und mit wechselnden Schauspielern besetzt, wie später beim *Tatort*. Anders als beim *Tatort* gab es jedoch fast keine wiederkehrenden Rollen und schon gar keine festen Teams. Der am häufigsten eingesetzte Ermittlerdarsteller war mit sieben Einsätzen Heinz Engelmann, jedes Mal in einer anderen Rolle. Auf ebenso viele *Stahlnetz*-Auftritte brachte es nur Kurt Klopsch, der jedoch lediglich kleine Nebenrollen und Ganoven spielte. Überhaupt: Wer einmal einen Kommissar gespielt hatte, musste das nicht beim nächsten Mal wieder tun. Mehrfach gesehene Darsteller waren außerdem Friedrich Schütter mit fünf und Wolfgang Völz sowie Karl-Heinz Gerdesmann mit jeweils vier Einsätzen, auf je drei kamen Hellmut Lange, Helmut Peine, Herbert Tiede, Richard Lauffen, Peter Lehmbrock und Kurt Jaggberg. Dieter Eppler spielte nur in zwei Folgen mit, jedoch sogar beide Male in der Rolle des Kommissar Hauke.
Der jeweilige Hauptdarsteller war in einer zweiten Funktion stets als Off-Sprecher zu hören und kommentierte die Fälle oder ließ die Zuschauer seine Gedanken hören. Manchmal kamen auch Beobachter oder sogar Täter auf diese Weise zu Wort. In den ersten Folgen schilderte zusätzlich ein anonymer Off-Sprecher den Verlauf der Ereignisse. In der Folge

»Die Tote im Hafenbecken« vom August 1958 sieht man eine junge Dame, die ihr Bett herrichtet, und hört dazu die Stimme des Erzählers, die lapidar erklärt: »Sie braucht ihr Bett nicht zu machen. Heute nicht mehr. Sie lebt nur noch knapp drei Stunden.« Wenig später erläutert er, dass der Fall womöglich noch heute ungeklärt wäre, »wenn nicht der Hafenarbeiter Kurt Wilhelm drei Monate später eine Banane gegessen hätte«.

Jürgen Roland heimste für *Stahlnetz* Ende der 50er-Jahre unzählige Lorbeeren ein, galt doch das Format der halb dokumentarischen Schilderungsweise der Fälle als kreativ und innovativ. Das war sie zweifelsohne, doch die kreative und innovative Leistung stammte von Jack Webb, dem Erfinder der US-Serie *Polizeibericht*. *Stahlnetz* war nur eine Kopie. Sie übernahm das Konzept, den aus dem Off sprechenden Hauptdarsteller, auch den einleitenden Satz »Dieser Fall ist wahr …«, selbst den Titel (*Polizeibericht* hieß im Original »Dragnet«, der US-Fachausdruck für eine Großfahndung). Sogar die berühmte Titelmusik war die gleiche. Walter Schumann hatte sie komponiert, das Orchester Erwin Halletz spielte sie in der deutschen Version.

Ganz so dokumentarisch, wie sie behauptete, war die Reihe natürlich nicht: Manche Folgen waren eher nur inspiriert von realen Fällen, manchmal fehlte der Satz »Dieser Fall ist wahr«, und es hieß nur: »Dieser Fall wurde aufgezeichnet nach Unterlagen der Kriminalpolizei.« Menge selbst, der 21 der 22 Drehbücher verfasste, sagte einmal, er habe mit Jürgen Roland immer von einer letzten *Stahlnetz*-Folge geträumt, die anfängt mit den Worten: »Dieser Fall ist *wirklich* wahr.«

Die Episoden wurden im Lauf der Zeit immer länger: Die ersten Folgen dauerten noch 30 bis 40 Minuten; die letzten hatten durchweg Spielfilmlänge von mindestens 90 Minuten. Trotz der wechselnden Sendeplätze war jede *Stahlnetz*-Folge ein Ereignis – und häufig ein Straßenfeger. Nach 22 Fällen war Schluss, zwei davon waren Doppelfolgen. 31 Jahre später wurde die Reihe von der ARD wiederbelebt.

Übrigens: Als der Hafenarbeiter die Bananenschale ins Wasser warf, sah er die Leiche im Wasser treiben.

STAHLNETZ ARD
1999–2003. 6-tlg. dt. Krimireihe.
Mehr als drei Jahrzehnte nach Jürgen Rolands gleichnamigem Straßenfeger startete die ARD eine spielfilmlange Neuauflage auf dem renommierten *Tatort*-Sendeplatz am Sonntagabend um 20.15 Uhr. Am Strickmuster hatte sich nichts geändert: wechselnde Kommissare, halbdokumentarischer Stil, Off-Stimme des Ermittlers erzählt von seinen Gedanken und Fortschritten.
In den einzelnen Hauptrollen: Suzanne von Borsody, Bernhard Bettermann, Stefanie Stappenbeck, Michael Mendl, Hermann Beyer und Axel Milberg. Bei den ersten beiden Filmen stand Wolfgang Menge noch einmal als Berater zur Seite.

STALINGRAD ZDF
2003. 3-tlg. Zeitgeschichtsdoku von Guido Knopp über die verlustreiche und kriegsentscheidende Schlacht um Stalingrad 1942/1943. Als Material dienten auch bisher unveröffentlichte Feldpostbriefe deutscher Soldaten und Dokumente des sowjetischen Geheimdiensts.
Lief zur Primetime und im gleichen Zeitraum auch im russischen Fernsehen TVS.

STAN BECKER SAT.1
1998–2001. 4-tlg. dt. Filmreihe.
Stan Becker (Heinz Hoenig) ist ein knallharter Bulle und ein Einzelgänger. Er arbeitet zunächst für die Kripo in Wuppertal. Später quittiert er den Dienst und ermittelt auf eigene Faust in verschiedenen Fällen in verschiedenen Städten.
Sat.1 zeigte die zweistündigen Filme in loser Folge zur Primetime.

STAR DUELL RTL
2004. Promi-Castingshow. Ungeachtet der Tatsache, dass die Pro-Sieben-Show *Comeback – Die große Chance* gerade mit wehenden Fahnen untergegangen war, startete Marktführer RTL wenige Wochen später ebenfalls eine Castingshow, in der Prominente gegeneinander ansangen.
Einige der Kandidaten waren aus verschiedenen Bereichen bekannt, andere gar nicht, manche hatten vorher mit Musik zu tun, aber als Sänger war noch keiner positiv aufgefallen. Der Rest ging wie immer: Jede Show hatte ein Motto, jedes Mal flog einer raus, und der Gesamtsieger erhielt einen Plattenvertrag. Sonja Zietlow moderierte. Gast der ersten Sendung war wie gewohnt Roberto Blanco. Er bildete neben Daniel Küblböck den seriösen Teil der Jury.
Die Premiere lief an einem Mittwoch, die weiteren Ausgaben samstags gegen nach 21.15 Uhr. Sie gingen mit wehenden Fahnen unter, und nach vier Sendungen wurde vorzeitig ein Star namens Dominic Boeer zum »Star der Stars« gekürt.

STAR QUIZ MIT JÖRG PILAWA ARD
→ Starquiz mit Jörg Pilawa

STAR REPORT DEUTSCHLAND RTL
1993. Halbstündiges Entertainmentmagazin mit Ulla Kock am Brink am Donnerstagabend.
In schnellem Tempo werden Klatsch und Tratsch über Promis und solche, die sich dafür halten, referiert und auf eigene Programme der nächsten Tage hingewiesen. Als »sehr amerikanisch und sehr hektisch« beschrieb ein RTL-Redakteur die Machart der Sendung, und im gleichen Stil setzte RTL sie auch ab, als die Zuschauer fernblieben: Die erste Folge sahen vier Millionen Zuschauer, die vierte nicht einmal mehr 1,5 Millionen, eine fünfte gab es nicht mehr.

STAR RUNNER ZDF
1993. 8-tlg. neuseeländ. Jugendserie von Ken Catran, Regie: Peter Sharp (»Star Runner«; 1990).

Der Teenager Josh Logan (Andrew Thurtell) will Sulkyfahrer werden. Als er für Carol West (Alison Bruce) arbeitet, die taffe Besitzerin eines Trabrennstalls, lernt er ein ganz besonderes Pferd kennen, das ihn völlig fasziniert: Star Runner. Carol und der kanadische Geschäftsmann Richard Fenton (Lawrence Dane) mit seiner Tochter Linda (Miranda de Pencier) kämpfen mit allen Mitteln um den Besitz des geheimnisvollen Tiers.

STAR SEARCH SAT.1
2003–2004. Talentshow mit Kai Pflaume.
Über mehrere Wochen wird in vier Kategorien jeweils ein Sieger gesucht: Musiker (ab 16 Jahre), Musiker (10 bis 15 Jahre), Comedian und Model. In jeder Kategorie kämpfen 16 Kandidaten um den Sieg, jeweils zwei treten im Ausscheidungsverfahren gegeneinander an. Eine Prominentenjury (Hugo Egon Balder, Jeanette Biedermann, Alexandra Kamp sowie ein wechselnder Gast) und das Fernsehpublikum per Telefonabstimmung beurteilen die Nachwuchskünstler. Die Summe aus Jury- und Zuschauervotum bestimmt, wer in die nächste Runde kommt. Die Sieger erhalten je nach Kategorie einen Plattenvertrag, eine Ausbildungsfinanzierung, einen Vertrag mit einer Modelagentur, inklusive Fotoshooting, bzw. eine eigene Comedyshow in Sat.1.
Die Show lief in der ersten Staffel samstags und sonntags um 19.00 Uhr und war jeweils 75 Minuten lang, außerdem freitags um 20.15 Uhr mit 90 Minuten Länge. Sie war eine Adaption der gleichnamigen US-Show, die dort wie hier auf den Zug der erfolgreichen Talentshow *Deutschland sucht den Superstar* aufspringen wollte. In den USA hatte es die Show zwar schon lange vor »American Idol« gegeben, sie war aber längst abgesetzt und erst später wieder reanimiert worden. Sat.1 erreichte sehr passable Einschaltquoten.
Die Sieger der ersten Staffel im Sommer 2003 (Finale am 10. August) waren die Sänger Martin Kesici und der zwölfjährige Daniel Siegert, das Model Maureen Sauter und der Komiker Ingo Oschmann. Kesicis erste Single »Angel Of Berlin« erreichte Anfang September Platz eins in den deutschen Charts. Der im Halbfinale ausgeschiedene Michael Wurst wurde im Oktober Star seiner eigenen Sat.1-Doku-Soap *Familie Wurst*, Oschmann erhielt später seine eigene Show *Wenn Sie lachen, ist es Oschmann*.
Die zweite Staffel ab April 2004 lief mit jeweils abendfüllenden Shows donnerstags bis sonntags, ab dem Viertelfinale nur noch donnerstags und sonntags um 20.15 Uhr, außerdem inflationierte Sat.1 die Berichterstattung vorher, hinterher und nebenbei. Jetzt sah kaum noch jemand zu. Daran konnte nicht einmal die Aufregung um Alexandra Kamps Lippen etwas ändern bzw. um die Frage, ob und wie Hugo Egon Balder und der Sender sich über die Frage ihrer Echtheit äußern dürfen (die häufigste Zeitungsüberschrift zu diesem Thema lautete: »Lippenbekenntnisse«). Am Ende eines verwirrenden Streits feuerte Sat.1 Kamp öffentlichkeitswirksam und ersetzte sie durch das Model Eva Padberg. Bei den Musikern gewannen Florence Joy Büttner und die elfjährige Maresa Maisenbacher, Oliver Tienken siegte in der Model- und Oliver Beerhenke in der Comedykategorie (Finale am 20. Mai 2004).
Jeweils eine Woche nach dem Finale traten die Sieger noch einmal in einer großen Abendshow gemeinsam auf.

STAR TREK ZDF, SAT.1
→ Raumschiff Enterprise

STAR TREK – DAS NÄCHSTE JAHRHUNDERT ZDF, SAT.1
→ Raumschiff Enterprise – Das nächste Jahrhundert

STAR TREK – DEEP SPACE NINE SAT.1
1994–2000. 176-tlg. US-Science-Fiction-Serie von Rick Berman und Michael Piller (»Star Trek: Deep Space Nine«; 1993–1999).
Nach dem Krieg zwischen dem Planeten Bajor und den Cardassianern bleibt die Raumstation »Deep Space Nine« (DS9) in der Umlaufbahn von Bajor. Sie erhält von der Planetenföderation den Auftrag, als Protektorat für die Bajoraner zu dienen. DS9 liegt am äußeren Rand des Föderationsgebiets in der Nähe eines Wurmlochs, durch das in kürzester Zeit unerforschte Galaxien erreicht werden können. Das Kommando hat Captain Benjamin Sisko (Avery Brooks), dessen Sohn Jake (Cirroc Lofton) ebenfalls in der Raumstation wohnt. Zur Besatzung gehören Major Kira Nerys (Nana Visitor), Erster Offizier und Bajoranerin; Dr. Julian Bashir (Siddig El Fadil, der sich später Alexander Siddig nannte); Chief Miles O'Brien (Colm Meaney), der mit seiner Frau Keiko (Rosalind Chao) an Bord ist; der Sicherheitsoffizier Odo (René Auberjonois), ein Außerirdischer, der seine Gestalt verändern kann; der 300 Jahre alte Trill Dax, der im menschlichen Körper von Lieutenant Jadzia (Terry Farrell) und nach deren Tod in dem von Lieutenant Ezri (Nicole DeBoer) lebt; sowie der Ferengi Quark (Armin Shimerman), der das Bordlokal führt. Später stoßen Leeta (Chase Masterson) und der Klingone Lieutenant Worf (Michael Dorn) dazu.
Ein weiterer Star-Trek-Ableger, der auf Gene Roddenberrys Klassiker *Raumschiff Enterprise* zurückgeht. Michael Dorn und Colm Meaney hatten dieselben Rollen bereits in *Raumschiff Enterprise – Das nächste Jahrhundert* gespielt. Beide Serien liefen für einige Zeit parallel, und so kreuzten sich manche Handlungsstränge. Exakt 30 Jahre nach dem US-Start der Originalserie *Raumschiff Enterprise* kreuzte *Deep Space Nine* auch diese. In der Jubiläumsfolge »Immer die Last mit den Tribbles« wurden die putzigen Pelztierchen aus »Kennen Sie Tribbles?« wieder aufgegriffen. Durch geschickt montierte Szenen von damals und heute konnten beide Crews aufeinander treffen.
Gegenüber ihren beiden Vorgängerserien wirkte

diese Serie statisch und wenig aufregend. Anstatt immer neue Regionen des Weltalls zu erkunden, war DS9 ein Außenposten, auf dem Besucher auf ihren intergalaktischen Reisen Station machten. Die Auseinandersetzungen fanden deshalb meistens an Bord statt, nicht auf fremden Planeten.

Die einstündigen Folgen liefen an verschiedenen Tagen im Nachmittagsprogramm. Die Serie ist komplett auf DVD erhältlich.

STAR TREK – ENTERPRISE   SAT.1
→ Enterprise

STAR TREK – RAUMSCHIFF VOYAGER   SAT.1
1996–2002. 172-tlg. US-Science-Fiction-Serie (»Star Trek: Voyager«; 1995–2001).
Das Raumschiff »U.S.S. Voyager« und ein Schiff der verfeindeten Maquis werden von einer bösen Macht ans Ende der Galaxie geschleudert. Weil nur gemeinsam eine Chance besteht, je wieder zurückzufinden, schließen sie Frieden, bündeln ihre Kräfte und machen sich auf den langen Weg nach Hause.
Captain Kathryn Janeway (Kate Mulgrew) hat das Kommando; ihr unterstehen die Besatzungsmitglieder Chakotay (Robert Beltran), Erster Offizier und Maquis; B'Ellana Torres (Roxann Biggs-Dawson), Chefingenieurin und Halbklingonin; Lieutenant Tom Paris (Robert Duncan McNeill); der vulkanische Sicherheitsoffizier Tuvok (Tim Russ); Kommunikationsoffizier Harry Kim (Garrett Wang); der talaxianische Koch Neelix (Ethan Phillips); die ein Jahr junge Krankenschwester Kes (Jennifer Lien), eine Ocampa, die nur neun Jahre alt wird und Neelix' Freundin ist; sowie der Schiffsarzt, der allerdings nur ein Hologramm ist, das aussieht wie sein Schöpfer Doktor Lewis Zimmerman (Robert Picardo) – das medizinische Personal der »Voyager« war beim Schleudern ans Ende der Galaxie ums Leben gekommen. Später kommt noch die ehemalige Borg Seven of Nine (Jeri Lynn Ryan) an Bord.
Vierte Serie aus der Star-Trek-Schmiede mit noch mehr Außerirdischen und noch mehr Aufwand für die Maskenbildner. Im Gegensatz zur dritten Serie *Star Trek – Deep Space Nine* griff sie wieder das Thema der Entdeckung unbekannter Welten auf, allerdings in umgekehrter Richtung: von der Fremde aus die Heimat suchend.
Die Serie lief bei uns an verschiedenen Sendeplätzen im Nachmittagsprogramm und lange Zeit freitags um 20.15 Uhr. Auf diesem Sendeplatz wurde im Februar 2002 auch die endgültig letzte Folge der Serie gezeigt (in der die »Voyager« endlich den Weg nach Hause findet), im Juni 2002 wurde aber noch eine bisher ausgelassene Folge nachmittags ausgestrahlt.
Die Serie ist komplett auf DVD erhältlich.

STAR WARS DROIDS   PRO SIEBEN
1991. »Die Abenteuer von C-3PO und R2-D2«. 14-tlg. US-Zeichentrickserie (»Droids«; 1985–1986). Spannende Erlebnisse der beiden beliebten nichtmenschlichen Hauptdarsteller der »Star Wars«-Filme.

STAR WEEKEND   RTL
2000. Comedyquiz mit Marco Ströhlein und neun prominenten Gästen, die in drei Dreierreihen ein Quadrat bilden. Im mittleren Spielfeld sitzt immer Hella von Sinnen. Die Kandidaten der Show müssen raten, ob die Aussagen der Promis richtig oder falsch sind. Für jede richtige Einschätzung besetzen sie das Feld mit ihrem Symbol, einem »X« bzw. einem »O«. Ziel ist es, eine Dreierreihe mit demselben Buchstaben zu bilden.
Die Show adaptierte das Konzept der erfolgreichen US-Show »Hollywood Squares«. Dasselbe Format hatte vier Jahre zuvor bereits Sat.1 als tägliche halbstündige Gameshow namens *XXO – Fritz und Co.* gesendet.
Bei RTL war das Spiel eine Stunde lang und lief in loser Folge zunächst zweimal freitags um 22.15 Uhr, später zweimal samstags um 21.15 Uhr und dann noch viermal samstags um 23.00 Uhr. Das war's.

STAR WOSCH   SAT.1
2000. Halbstündige Comedyshow mit Tommy Wosch, der Prominente an wechselnden Plätzen heimsuchte. George Clooney fragte er nach *Praxis Bülowbogen*, Naomi Campbell sprach er mit »Na, Omi« an und Marie-Luise Marjan mit »Frau Majoran«.
Sechs Ausgaben liefen sonntags um 22.15 Uhr.

STARCLUB L.A.   RTL 2
1994–1995. Halbstündiges Filmmagazin für Teenies. Anna Bosch und Christian Oliver gucken bei Dreharbeiten in Hollywood zu, treffen Serienstars und werben für deren Sendungen.
Lief sonntags nachmittags, direkt vor der Serie *California Highschool 2*, in der Christian Oliver selbst mitspielte, und brachte es auf rund 20 Ausgaben.

STARGATE   RTL 2
Seit 1999. US-Science-Fiction-Serie von Brad Wright und Jonathan Glassner nach dem Film von Roland Emmerich (»Stargate SG-1«; seit 1997).
Durch einen Ring glühender Materie, ein »Stargate«, sind Reisen zwischen verschiedenen Welten möglich. Durch ein solches Stargate brechen Colonel Jack O'Neill (Richard Dean Anderson) und sein Team zu intergalaktischen Missionen auf und kämpfen gegen Aliens. Zur Mannschaft gehören der Wissenschaftler Dr. Daniel Jackson (Michael Shanks), dessen Frau Sha're (Vaitiare Bandera) von den feindlichen Goa'uld entführt wurde, die Astrophysikerin Captain Samantha Carter (Amanda Tapping) und der Außerirdische Teal'c (Christopher Judge), der auf die Seite der Menschen gewechselt ist, um sein Volk, die Jaffa, von der Herrschaft der Goa'uld zu befreien. Die Goa'uld werden von dem bösen Apophis (Peter Williams) angeführt. General George Hammond (Don S. Davis) ist der Vorgesetzte der Stargate-Mitarbeiter, Cheftechniker Sergeant Walter Davis (Gary

Als *MacGyver* hätte Richard Dean Anderson aus diesem Ding einen prima Kühlschrank gebaut. Als Colonel Jack O'Neill in *Stargate* guckt er ein wenig irritiert.

Jones) sein Assistent und Dr. Janet Frasier (Teryl Rothery) die Chefphysikerin.
Verbündete im Kampf gegen die Goa'uld sind die Tok'ra. Selmak (Carmen Argenziano), eine Tok'ra, hat sich im Körper von Sams krebskrankem Vater Jacob eingenistet, der ihr das gestattet hat. In der dritten Staffel findet Daniel seine entführte Frau, die sich jedoch in die Goa'uld Amonet verwandelt hat und kurz darauf stirbt. In der fünften Staffel gewinnen Jack und seine Leute endlich den Kampf gegen Apophis und töten ihn; der Kampf gegen die Goa'uld geht jedoch weiter, denn Apophis' Nachfolger Anubis (David Palffy) ist nicht minder böse. Jonas Quinn (Corin Nemec) vertritt in der sechsten Staffel Daniel, der sich einer zu hohen radioaktiven Strahlendosis ausgesetzt hatte, um einen Planeten zu retten, doch er kommt in der siebten Staffel zurück. An deren Ende wird ein weiteres Stargate im verlorenen Atlantis entdeckt – und damit der Spinoff *Stargate Atlantis* eingeführt.
In Emmerichs Film hatten Kurt Russell und James Spader die Hauptrollen als O'Neill und Jackson gespielt. Ein Zeichentrickableger, »Stargate: Infinity«, wurde noch nicht in Deutschland gezeigt.
Die Serie, von der bisher mehr als 170 Folgen liefen, wurde mittwochs um 20.15 Uhr zum Dauerbrenner. Jede Folge dauerte eine Stunde.

STARGATE ATLANTIS RTL 2
Seit 2005. US-Science-Fiction-Serie von Brad Wright und Robert C. Cooper (»Stargate Atlantis«; seit 2004).
Wissenschaftler machen eine spektakuläre Entdeckung: Sie finden Atlantis. Als sei das nicht schon sensationell genug, gibt es auch in der Unterwasser-Hightech-Stadt Atlantis ein Tor zu fremden Galaxien. Die Diplomatin Dr. Elizabeth Weir (Torri Higginson) führt eine Expedition in die Pegasus-Galaxie an, mit ihr gehen der Pilot Major John Sheppard (Joe Flanigan), Copilot Lieutenant Aiden Ford (Rainbow Sun Francks), der Astrophysiker Dr. Rodney McKay (David Hewlett) und die Außerirdische Teyla Emmagan (Rachel Luttrell) auf die Reise. Diese Galaxie ist von menschenähnlichen Lebewesen bevölkert, die von den aus einer anderen Galaxie stammenden Wraith bedroht werden.
Spin-off von *Stargate,* der auf dessen angestammtem Sendeplatz am Mittwoch um 20.15 Uhr läuft. David Hewlett hatte die Rolle des Dr. Rodney McKay zuvor bereits in einigen Folgen der Originalserie gespielt.

EINE STARKE FAMILIE RTL, RTL 2
1994–1999 (RTL); 1999–2000 (RTL 2). 160-tlg. US-Sitcom von William Bickley und Michael Warren (»Step By Step«; 1991–1998).
Der geschiedene Frank Lambert (Patrick Duffy) heiratet im Urlaub spontan die Witwe Carol Foster (Suzanne Somers), die er dort kennen gelernt hat. Beide bringen Kinder mit in die Ehe: Frank Sohn John Thomas, kurz JT (Brandon Call), und Tochter Alicia, genannt Al (Christine Lakin), Carol die Töchter Dana (Staci Keanan) und Karen (Angela Watson) sowie Sohn Mark (Christopher Castile). Frank und Carol verheimlichen ihren Kindern zunächst, dass sie geheiratet haben. Als sie es erfahren, hassen sie sich, finden sich aber dann damit ab, unter einem Dach zu leben. Franks Neffe, der beschränkte Cody (Sasha Mitchell), zieht auch noch ein.
RTL zeigte die Folgen wöchentlich am Samstagnachmittag in Erstausstrahlung. 1999 begann RTL 2 mit einer Ausstrahlung montags bis freitags im Vorabendprogramm und sendete von Anfang an munter durch. Das hatte zur Folge, dass die Wiederholungen bei RTL 2 die Erstausstrahlungen im Oktober überholten; somit war die Serie ab Folge 136 in deutscher

Erstausstrahlung bei RTL 2 zu sehen. Diese Folgen liefen später aber ebenso bei RTL auf dem gewohnten Sendeplatz.

STARKE STÜCKE ARD
1990–1992. Halbstündiges Fernsehmuseum mit Jutta Emcke, die in Magazinform 25 Jahre alte Schätze aus dem Archiv des NDR zeigte. Zwei Staffeln liefen nachmittags.

EIN STARKES GESPANN ARD
1981. 4-tlg. US-Krimiserie von Walter Hill (»Dog And Cat«; 1977).
Der erfahrene Polizist Jack Ramsey (Lou Antonio) stellt nach und nach fest, dass seine neue Kollegin J. Z. Kane (Kim Basinger) mehr zu bieten hat, als einem sofort ins Auge springt. Der Chef der beiden ist Lieutenant Arthur Kipling (Matt Clark).
Vier einstündige Folgen liefen im regionalen Vorabendprogramm der ARD, der dazugehörige 90-minütige Pilotfilm absurderweise erst später allein im ZDF in der Reihe *Thriller*.

EIN STARKES TEAM ZDF
Seit 1994. Dt. Krimireihe von Krystian Martinek.
Das ungleiche Polizistenpaar Verena Berthold (Maja Maranow) und Otto Garber (Florian Martens) ermittelt in einem Spezialeinsatzkommando gegen das organisierte Verbrechen in Berlin. Er kommt aus dem Osten, sie aus dem Westteil Berlins. Er ist ein Proll, sie aus besserem Hause. Das sorgt für Konflikte. Mit der Zeit beginnt es zwischen den beiden zu knistern. Zu ihrem Team gehören der agile Deutschtürke Yücsel (Tayfun Bademsoy) und der träge Georg (Leonard Lansink), die sich ähnlich wie Verena und Otto dauernd kabbeln. Abteilungsleiter ist Lothar Reddemann (Arnfried Lerche). Sputnik (Jaecki Schwarz) ist ein ehemaliger Kollege Ottos von der Volkspolizei und hat dauernd neue Geschäftsideen für Läden und Kneipen, in denen sich das Team dann trifft. In Folge 30 bekommt Yücsel einen neuen Partner: Der junge Ben Kolberg (Kai Lentrodt) ersetzt Georg.
Die humorvollen Folgen haben Spielfilmlänge und laufen in loser Folge samstags um 20.15 Uhr.

STARLETS PRO SIEBEN
2002. 17-tlg. US-Comedyserie von Darren Star (»Grosse Pointe«; 2000–2001).
An einem Filmset in Hollywood wird die Teenie-Soap »Grosse Pointe« produziert. Hunter Fallow (Irene Molloy) in der Rolle der Becky Johnson, Johnny Bishop (Al Santos) als Brad Johnson, Marcy Sternfeld (Lindsay Sloane) als Kim Peterson, Courtney Scott (Bonnie Somerville) als Laura Johnson und Quentin King (Kohl Sudduth) als Stone Anders sind die eingebildeten Stars, mit denen sich Produzent Rob Fields (William Ragsdale) herumschlagen muss. Dave May (Kyle Howard) ist das Double für Johnny, aber nur, wenn im Vorfeld Szenen ausgeleuchtet werden müssen.

Die Stars der Serie waren klar erkennbar an die Stars aus der Teenieserie *Beverly Hills, 90210* angelehnt. Darren Star hatte beide Serien erfunden und parodierte hier sein eigenes Produkt. Die Schauspieler stellte er als Toupetträger, naives Dummchen, Kleptomanin und eingebildeten Schönling dar. Lediglich seinen ursprünglichen Plan, dass ein Serienstar die Nichte eines wichtigen Senderbosses sein sollte, ließ Star auf Druck von Aaron Spelling fallen. Spelling hatte gemeinsam mit Star *Beverly Hills, 90120* produziert, Spellings Tochter Tori war einer der Stars der Serie. Als Titelmusik wurde der Song »Sex Bomb« von Tom Jones verwendet.
Die halbstündigen Folgen liefen samstags nachmittags.

STARPARADE ZDF
1968–1980. Musikshow mit Rainer Holbe.
Holbe präsentiert in großen Veranstaltungshallen Sänger aller Genres, von Johnny Cash über Neil Diamond bis hin zu Roy Black und Anita. Begleitet werden sie von James Last, dessen Orchester zwischendurch auch allein spielen darf. Dazu tanzt dann gelegentlich das Fernsehballett unter der Leitung von Herbert F. Schubert.
Die Sendung war 60 bis 90 Minuten lang, lief donnerstags abends und war außerordentlich populär. Sie wurde nach 50 Ausgaben abgesetzt, weil dem ZDF die Form nicht mehr »zeitgemäß« erschien. Vorher gab es aber noch einen ansehnlichen Skandal, der auch die Gerichte beschäftigte: Die Schlagersängerin Manuela zahlte insgesamt 5000 DM Bestechungsgeld an den Redakteur der Sendung, um in der *Starparade* auftreten zu dürfen.
Die Sendung am 6. März 1969 nannte das ZDF »Schlag auf Schlag« – angeblich, um eine Verwechslung mit der *ZDF-Hitparade* auszuschließen. Mit der nächsten Ausgabe wurde die Umbenennung aber wieder rückgängig gemacht.

STARQUIZ MIT JÖRG PILAWA ARD
Seit 2002. 90-minütige Abendshow mit Jörg Pilawa.
Zwölf Prominente erspielen Geld für einen guten Zweck ihrer Wahl. Je zwei Zweierteams spielen gegeneinander. Sie beantworten Quizfragen, zu denen sie jeweils vier Antwortmöglichkeiten vorgegeben bekommen. Die Gewinnbeträge steigen mit jeder Antwort bis maximal 150 000 Euro. Zweimal kann ein Paar eine Frage zum anderen Paar weiterschieben, das sie aber nicht beantworten muss, wenn es nicht will oder kann. Ein anderer Joker ist die »Zweite Chance«, bei dem das Paar im Fall einer Unsicherheit ankündigen kann, zweimal antworten zu wollen; in diesem Fall darf die erste gegebene Antwort falsch sein, die zweite muss aber stimmen. Scheidet ein Paar aus, fällt es auf 5000 Euro zurück, sofern es diesen Betrag bereits erspielt hat. Das andere Paar spielt weiter und fällt bei Ausscheiden lediglich auf die Summe zurück, die es im Moment des Ausscheidens seiner Gegner bereits auf

dem Konto hatte. Der vorzeitige Ausstieg mit dem erspielten Geld ist möglich.
Die Show lief etwa alle zwei Monate donnerstags um 20.15 Uhr.

STARS AM LIMIT　　　　　　　　　　SAT.1
Seit 2004. Benefiz-Eventshow mit Kai Pflaume und Prominenten, die für einen guten Zweck unerwartete Herausforderungen bewältigen müssen. Lief in loser Folge zur Primetime.

STARS – DIE AIDS-GALA　　　　ARD, SAT.1
1995–2000 (ARD); 2001–2003 (Sat.1). Große jährliche Benefizgala mit vielen Prominenten zugunsten der Deutschen Aids-Stiftung.
Eva Herman moderierte fünf Jahre in Folge, dann je einmal Cherno Jobatey (dies war die letzte Show in der ARD) und Kai Pflaume, ab 2002 Hape Kerkeling. Die ARD hatte die Gala immer im Frühjahr ausgestrahlt, Sat.1 zeigte sie in zeitlicher Nähe zum Welt-Aids-Tag am 1. Dezember. Im Sendetitel folgte hinter dem Begriff »Stars« die jeweilige Jahreszahl.

STARS IN DER MANEGE　　　　　ARD, ZDF
Seit 1959. Alljährliche große Benefizgala aus dem Zirkus Krone zugunsten bedürftiger Kinder sowie alter Künstler und Journalisten.
Die Show startete im April 1959 als »Wohltätigkeitsveranstaltung zur Rückführung der Münchner Evakuierten« und lief in den folgenden Jahren unregelmäßig; seit den 70er-Jahren ist sie fester Bestandteil des jährlichen Weihnachtsprogramms der ARD, mit einzelnen Ausgaben im ZDF. Jedes Mal war ein anderer Prominenter der »Zirkusdirektor« und Moderator, darunter Mario Adorf, Axel von Ambesser, Gustl Bayrhammer, Alfred Biolek, Klaus Maria Brandauer, Rudi Carrell, Verona Feldbusch, Rainhard Fendrich, Joachim Fuchsberger, Ottfried Fischer, Peter Frankenfeld, Thomas Gottschalk, Curd Jürgens, Gaby Köster, Hans-Joachim Kulenkampff, Ingolf Lück, Willy Millowitsch, Désirée Nosbusch, Freddy Quinn, Heinz Rühmann, Petra Schürmann, Horst Tappert, Caterina Valente und Harry Valérien. Die als Gäste geladenen Prominenten zeigten künstlerische oder musikalische Darbietungen und wagten sich dabei teilweise an Kunststücke, die sonst nur Artisten vorführten. Gäste der Premiere waren Marianne Koch, Toni Sailer, Margot Hielscher und Heidi Brühl.

STARS VON DAMALS　　　　　　　　　ARD
1977–1979. Nostalgieshow mit Fritz Schindler und Ausschnitten aus bekannten alten Filmen und alten Liedern sowie Interviews mit den Stars von damals.
Sieben Ausgaben liefen nachmittags unter der Seniorendachmarke *Schaukelstuhl*.

STARSKY & HUTCH　　　ZDF, SAT.1, PRO SIEBEN
1978–1979 (ZDF); 1986–1987 (Sat.1); 1989–1991 (Pro Sieben). 82-tlg. US-Actionserie von William Blinn (»Starsky And Hutch«; 1975–1979).
Die gegensätzlichen Polizisten Dave Starsky (Paul Michael Glaser) und Ken Hutchinson (David Soul) arbeiten gemeinsam als verdeckte Ermittler. Der dunkelhaarige Starsky hat seine Manieren auf der Straße gelernt, der blonde Hutch ist gebildet und gesundheitsbewusst. Um in Verbrecherkreisen nicht aufzufallen, rasen sie mit einem extrem auffälligen, frisierten und verzierten Wagen durch die Gegend, prügeln sich und ballern mit ihren Pistolen herum. Für Informationen sehen sie über kleinere Delikte

Starsky & Hutch: Paul Michael Glaser (links) und David Soul. Was anderes kam gar nicht in die Tüte

hinweg. Ihr Hauptinformant ist Huggy Bear (Antonio Fargas). Captain Harold Dobey (Bernie Hamilton) ist ihr Chef.
Aaron Spelling und Leonard Goldberg produzierten die Serie, die in Deutschland anfangs wegen ihrer Brutalität heftige Kritik auslöste. In den USA wurde sie damals zum »Dirty Dozen« der besonders brutalen Serien gerechnet. Das ZDF verteidigte sich: Man habe sorgfältig von damals 44 Folgen nur 26 ausgewählt und auch die um Gewaltszenen gekürzt (ungekürzt passsten US-Serien ohnehin nicht ins aktuelle Programmschema). Die mit flotten Sprüchen aufgepeppte Synchronisation trug ferner zur Entschärfung bei. Später hieß es, das ZDF hätte angeblich gern weitere Folgen ausgestrahlt, doch in den USA sei die Serie bereits eingestellt und alle produzierten Teile für den deutschen Markt schon ausgewertet worden. Die anderen 56 Folgen liefen also später im Privatfernsehen.
2004 kam eine Neuauflage als Spielfilm ins Kino, Ben Stiller und Owen Wilson spielten darin die Titelrollen.

START INS GLÜCK ARD, ZDF
→ Glücksspirale

STATIONEN ZDF
1973. »Fernsehexperiment« in drei Teilen von Peter M. Thouet, Wolfgang Patzschke, Herbert Ballmann, Christine Viertel und Manfred Seide, das an einem Abend gesendet wurde.
Zunächst wurde ein Fernsehfilm über eine 16-Jährige ausgestrahlt, die aus ihrem autoritären Elternhaus ausreißt. Direkt im Anschluss zeigte das ZDF die Zusammenfassung eines viertägigen »Workshops«, in dem Eltern, Schüler, Mitglieder einer Wohngemeinschaft, Pädagogen und andere Experten den gezeigten Film hinsichtlich der Glaubwürdigkeit seiner Darstellung diskutierten und Verbesserungsvorschläge erarbeiteten. Die Ergebnisse der Arbeitsgruppe wurden von Autor Thouet in einer von der ursprünglichen stark abweichenden Neufassung der Ausreißerinnengeschichte verarbeitet, die als dritter Teil des Experiments ausgestrahlt wurde.
Das Experiment begann um 20.15 Uhr, dauerte gut zweieinhalb Stunden und wurde nur kurz durch die Nachrichten unterbrochen.

DER STAUDAMM ARD
1968–1969. 13-tlg. dt. Abenteuerserie.
Chefbauleiter Keller (Horst Niendorf) trägt die Verantwortung für die Fertigstellung eines Staudamms. Während der Bauphase treten viele formale, technische und menschliche Probleme auf, doch am Ende wird das Ding fertig.
Die 25-Minuten-Folgen liefen im regionalen Vorabendprogramm.

STECHERS SHOW TALK RTL
1997. Late-Night-Talkshow mit Alexander-Klaus Stecher.
Prominente Gäste werden interviewt; in einer Straßenumfrage sagen Menschen, was sie von ihnen halten, und in einem »Promigramm« fragt das vorher befragte Studiopublikum, was es immer schon einmal wissen wollte. Für jede Antwort bekommt der Prominente Geld für einen guten Zweck. Gäste der ersten Sendungen waren Lothar Matthäus und Rainhard Fendrich.
Stecher war die männliche Antwort auf Verona Feldbusch, nur nicht ganz so textsicher und intellektuell. Er moderierte später beim kostenpflichtigen Schlagersender Goldstar-TV.
Getalkt wurde sonntags nach Mitternacht.

DER STECHLIN ARD
1975. 3-tlg. dt. Drama von Dieter Meichsner und Rolf Hädrich nach dem Roman von Theodor Fontane, Regie: Rolf Hädrich.
Der alte Dubslav von Stechlin (Arno Assmann), Major a. D. und Schlossbesitzer, ist lange schon Witwer und hat sich seitdem völlig zurückgezogen. Sein einziger Sohn Woldemar (Georg-Martin Bode) ist mit 32 immer noch unverheiratet und Rittmeister bei den Gardedragonern in Berlin. Er meldet sich eines Tages überraschend zu Besuch an und bringt Melusine (Franziska Bronnen) und Armgard (Diana Körner) mit, die Töchter des Grafen Barby. Dubslavs sittenstrenge Schwester Adelheid (Lotte Brackebusch) ist gegen die geplante Hochzeit mit Melusine.

STECKBRIEF ZDF
1977–1979. »Telefonquiz für Schnelldenker«. Monatliches 45-minütiges Literaturquiz im Abendprogramm mit Rosemarie Kern.
In der ersten Viertelstunde der Show wird in Form eines Steckbriefs ein Schriftsteller beschrieben, der anhand dieser Hinweise erraten werden soll. Die Fernsehzuschauer sollen per Telefon mitspielen, der schnellste Anrufer mit der richtigen Lösung gewinnt. Kaum steht die Identität des gesuchten Autors fest, ist er auch schon zum Interview anwesend und stellt anschließend selbst einen Nachwuchsschriftsteller vor.
In der Auftaktfolge war Johannes Mario Simmel zu erraten und das Telefonnetz des ZDF prompt überlastet. Das wiederholte sich, und das ZDF änderte daraufhin den Ausstrahlungsmodus. Ab Februar 1978 zeigte es wenige Tage vor der eigentlichen Show im Nachmittagsprogramm und noch einmal am späten Abend 15-minütige, ebenfalls *Steckbrief* genannte Kurzfassungen, um damit Zuschauern die Möglichkeit zu geben, sich kurzfristig auch per Post an dem Ratespiel zu beteiligen. Einsendeschluss war immer schon am nächsten oder übernächsten Tag. Wer in der Nähe der österreichischen Grenze wohnte, konnte die Lösung bereits wissen, im ORF war das Quiz nämlich schon vorher ausgestrahlt worden. Weitere zu erratende Schriftsteller waren u. a. Hildegard Knef, Günter Grass und Ephraim Kishon.
Die erste Folge geriet in die Kritik, weil der Sendetitel sowie ein mehrmals eingeblendetes Symbolbild

(auf dem statt des gesuchten Autors ein anonymer Eierkopf im Fadenkreuz zu sehen war, auf den »Schüsse« abgefeuert wurden) in der Hochzeit des RAF-Terrorismus als nicht gerade feinfühlig empfunden wurden.
Die Österreicherin Rosemarie Kern, von der auch das Konzept stammte, erhielt für die Idee und Produktion der Quizreihe den Fernsehpreis der österreichischen Volksbildung.

STECKBRIEFE ARD

1982. 6-tlg. dt. Abenteuerserie von Peter Berneis und Karl Heinz Willschrei, Regie: Hans Dieter Schwarze. Fünf verurteilten Mördern gelingt die Flucht aus der Haftanstalt Bergheim. Der Wissenschaftler Dr. Paul Hartung (Gunther Malzacher) hat den Fluchtplan entwickelt. Seine Schuld wurde nie bewiesen, die Leiche des angeblichen Mordopfers nie gefunden. Mit ihm türmen der Berufsverbrecher und schon mehrfach geflohene Willi Stock (Udo Thomer), der homosexuelle Jürgen Haldern (Christian Reiner), dessen reiche Familie notwendiges Geld beschafft, Klaus Mautner (Kay Sabban), ein junger Bäckergeselle aus dem Elsass, und der Landwirt Franz Schrem (Karl Obermayr).
Die Folgen 2 bis 6 verfolgen jeweils eine Stunde lang einen der Ausbrecher bei seinen Versuchen, unerkannt ein neues Leben in Freiheit zu beginnen. Mautner setzt sich nach Frankreich ab, der Bauer Schrem geht in sein Dorf zurück und zieht wieder auf seinem Hof ein, Hartung stellt auf eigene Faust Ermittlungen an, um seine Unschuld zu beweisen, und macht tatsächlich die Frau ausfindig, die er ermordet haben soll. Jürgen Haldern möchte nach Brasilien auswandern, schafft es aber nur bis Irland, und Willi Stock freundet sich mit einer Wurstbudenbesitzerin an, der er dann aber doch nicht vertraut. Alle fünf werden wieder gefasst.
Die einstündigen Folgen liefen montags um 20.15 Uhr.

STEFANIE – EINE FRAU STARTET DURCH SAT.1

2004–2005. 23-tlg. dt. Krankenhausserie. Fortsetzung von *Für alle Fälle Stefanie*.
Wie weiland Gaby Dohm zur *Schwarzwaldklinik* kehrt die ehemalige Schwester Stefanie Engel (Kathrin Waligura) als frisch gebackene Ärztin ans Luisen-Krankenhaus zurück und tritt ihre neue Stelle in der Chirurgie an. Nicht nur beruflich, auch menschlich hat sie sich entwickelt. War sie früher nur herzensgut und sonst gar nichts, ist sie jetzt eine souveräne, realistische Frau, die die neue berufliche Herausforderung und ihr Privatleben unter einen Hut kriegen muss. Vor den ehemaligen Kollegen muss die Ex-Schwester zudem beweisen, was sie kann. Das Kollegium besteht, wie schon seit einer ganzen Weile, aus dem Chefarzt Prof. Dr. Friedländer (Jaecki Schwarz), Dr. Meier-Liszt (David C. Bunners), der inzwischen Oberarzt ist, und Schwester Klara (Walfriede Schmitt). Neu ist der sensible Orthopäde und Chirurg Dr. Martin Bauer (Sven Martinek). Privat ist Stefanie längst von ihrem Kapitän getrennt und lebt mit dem Polier Hans König (Burkhard Schmeer), dessen zwölfjähriger Tochter Flora (Joy Robini Lynn Stenwald) und ihrem eigenen jetzt 15-jährigen Sohn Alex (Lars Steinhöfel) zusammen.
Nach neun Jahren waren die Einschaltquoten der einstigen Erfolgsserie *Für alle Fälle Stefanie* in einem Maß abgebröckelt, dass Sat.1 die Serie einstellte und mit neuem Format und Titel wiederbelebte. Es sollte nun kein Heile-Welt-Märchen mehr sein, sondern eine realistische Arztserie, die auch auf Konfliktbewältigung setzt. Sendeplatz der einstündigen Folgen war weiterhin donnerstags um 21.15 Uhr. Es wurde ein Fehlstart, und der Sender beschloss, sich nach zehn Jahren endgültig von Stefanie in allen Namensschreibweisen, Berufen und Titelvariationen zu verabschieden. Die Serie wurde vorzeitig aus der Primetime entfernt, im werktäglichen Vormittagsprogramm lief jedoch weiterhin eine Wiederholungsschleife. In deren Rahmen wurden die letzten noch vorhandenen Folgen im Sommer 2005 erstmals gezeigt.

STEFANIE – SCHWESTER MIT HERZ SAT.1
→ *Für alle Fälle Stefanie*

STEFEK, DER VIERZIGJÄHRIGE DFF 2

1977–1980. 18-tlg. poln. Comedyserie von Jerzy Gruza und Krzysztof Teodor Toeplitz (»Czterdziestolatek«; 1976–1978).
Der Bauingenieur Stefan Karwowski (Andrzej Kopiczyński) ist 40, er sieht also ein, dass das Leben nun unweigerlich zu Ende geht. Er betrügt seine Frau und verlässt sie, um Magda (Anna Seniuk) zu heiraten. Mit ihr bekommt er noch eine Tochter namens Jagoda (Grażyna Wożniak; ab der zweiten Staffel: Mirella Olczyk). In seiner Firma wird er bis zum Direktor befördert und arbeitet so hart, dass er eines Tages umfällt und ins Krankenhaus muss. Und trotzdem: Das Leben geht noch immer weiter.
Sendeplatz in der DDR war dienstags um 21.45 Uhr. Jede Folge war 40 Minuten lang. Im regionalen Vorabendprogramm der ARD lief die Serie 1981 gekürzt unter dem verlängerten Titel *Die unvermeidlichen Erfahrungen des Stefan Karwowski als Mensch und Kollege*. Der Serie folgte der Kinofilm »Ich bin ein Schmetterling«.

STEHT'S IN DEN STERNEN? ARD

1963–1964. Astroshow mit Marianne Koch.
Drei Prominente mit demselben Sternzeichen werden drei Unbekannten gegenübergestellt, die am selben Tag in derselben Stadt geboren wurden. Dann wird spielerisch überprüft, wie viel das gemeinsame Sternzeichen wirklich aussagt.
Marianne Koch sah die Sendung selbst als Jugendsünde. »Vergessen Sie's«, so ihr späterer Kommentar.

STEIFER HUT UND KARTOFFELNASE ZDF
→ *Steifer Hut und Knollennase*

STEIFER HUT UND KNOLLENNASE DFF 1
1976. 4-tlg. ungar. Kinderserie (»Keménykalap és krumpliorr«; 1974).
In den Ferien wollen die fünf »Wildgänse« Rece (Chris Krisztian Kovacs), Süle (Gabor Berkes), Joska (Gabur Szücs), Karcsi (Pal Hamar) und Marci (István Gruber) eine kranke Freundin mit einer Zirkusvorstellung aufmuntern und nehmen dafür im Zoo Tiergeräusche auf. Doch dort werden sie in den Diebstahl eines Affen verwickelt und machen sich selbst als Detektive auf die Suche nach dem Täter. Der Eisverkäufer und Zauberer Bagameri (Alfonzó) hilft ihnen erst bei der Ergreifung des Diebs und dann bei der Zirkusvorstellung.
Im DFF lief die Serie als Vierteiler und Spielfilm, das ZDF zeigte sie unter dem Titel *Steifer Hut und Kartoffelnase* ab Oktober 1977 in acht halbstündigen Folgen mittwochs um 17.10 Uhr.

STEINBRECHER & ... ZDF
Seit 1997. Porträtreihe, in der Michael Steinbrecher Prominente an Orten interviewt, die für sie eine besondere Bedeutung haben. Unter den Besuchten waren internationale Stars wie Anthony Quinn oder Gina Lollobrigida, deutsche Prominente wie Iris Berben oder Jan Ullrich sowie in mehreren Folgen unter dem Titel *Steinbrecher & die Royals* Mitglieder königlicher Familien.
Die Reihe lief zunächst in kurzen Staffeln, ab 2000 in loser Folge mit einzelnen Ausgaben.

STEINS FÄLLE SAT.1
→ A. S.

DIE STEINZEITKINDER ARD
1972. 4-tlg. Marionettenspiel der *Augsburger Puppenkiste* von Manfred Jenning.
Vor 4000 Jahren leben die Kinder Sten und Fliesa Hedenhös mit Vater Ben, Mutter Knita, Urhund Urax, Pferd Schönhaar und dem Rind in einer Steinzeithöhle. Sie erleben aufregende Abenteuer in Ägypten, erfinden die Urlympischen Spiele, reisen nach Mallorca und England (wo sie Sten und Fliesa von den Steakfressern befreien) und fliegen zum Mond und zum Mars.
Die Serie war der wohl am seltensten wiederholte Mehrteiler aus der *Augsburger Puppenkiste*. Die einzelnen Folgen waren voneinander unabhängig und beruhten auf den schwedischen Bilderbüchern »Barna Hedenhös« von Bertil Almqvist, die auch als Comics veröffentlicht wurden.
Die halbstündigen Folgen liefen sonntags nachmittags.

STELLDICHEIN BEIM WEIN ZDF
1967–1968. Nach seinem Rauswurf beim *Blauen Bock* versuchte Otto Höpfner es mit dieser Variante, wo nicht nur getrunken und gesungen, sondern auch gespielt wurde (Floßwettschwimmen, Löcher in den Käse schießen). Ein Erfolg wurde es dennoch nicht, die Show brachte es nur auf 13 Ausgaben.

STEPHEN KINGS DER STURM DES JAHRHUNDERTS RTL
2001. 3-tlg. US-Thriller von Stephen King (»Stephen King's Storm Of The Century«; 1999).
Der telepathisch begabte Mörder Andre Linoge (Colm Feore) terrorisiert vom Gefängnis aus eine Kleinstadt und treibt einen Bewohner nach dem anderen in den Tod. Währenddessen tobt ein Unwetter, das die Stadt von der Außenwelt abschneidet, und Sheriff Mike Anderson (Timothy Daly) kann nicht viel tun.
Stephen King schrieb das Drehbuch und produzierte den Dreiteiler speziell fürs Fernsehen.

STEPHEN KINGS HAUS DER VERDAMMNIS RTL 2
2003. 3-tlg. US-Thriller von Stephen King, Regie: Craig R. Baxley (»Stephen King's Rose Red«; 2001).
Die umstrittene Parapsychologin Dr. Joyce Reardon (Nancy Travis) will anhand des unbewohnten Schlosses Rose Red die Existenz von Geistern beweisen. Dort sind früher etliche Menschen unter merkwürdigen Umständen gestorben. Als Unterstützung für ihr Vorhaben rekrutiert sie Emery (Matt Ross), der in die Vergangenheit blicken kann, den Gedankenleser Nick (Julian Sands), Cathy (Judith Ivey), die Nachrichten aus dem Jenseits empfängt und aufschreibt, Pam (Emily Deschanel), die bei der Berührung von Gegenständen Dinge sieht, und die autistische Annie (Kimberly J. Brown), die Gegenstände durch ihre Gedanken bewegen kann. Auch Steve Rimbauer (Matt Keeslar), der Erbe des Hauses, und Annies Schwester Rachel (Melanie Lynskey) sind dabei. Während des gemeinsamen Wochenendes im Schloss spielt sich Grauenhaftes ab, und der Geist der toten Ellen Rimbauer (Julia Campbell) taucht auf.
Stephen King selbst hatte einen kurzen Auftritt als Pizzabote.

STEPHEN KINGS »SCHÖNE NEUE ZEIT« RTL
1995. 7-tlg. US-Fantasyserie von Stephen King (»Stephen King's Golden Years«; 1991).
Nach einem Unfall in einem geheimen Labor der Regierung wird der 70-jährige Hausmeister Harlan Williams (Keith Szarabajka) plötzlich immer jünger. Das wäre an sich ganz erfreulich für ihn, wären da nicht ein paar unangenehme Nebenwirkungen, vor allem aber die Tatsache, dass der Wissenschaftler Dr. Richard Todhunter (Bill Raymond) und der Agent Jude Andrews (R. D. Call) nun hinter ihm her sind, um weitere Experimente mit ihm zu machen oder ihn zu töten, damit das Geheimnis gewahrt bleibt. Judes Ex-Freundin Terry Spann (Felicity Huffman), die Sicherheitschefin der Anlage, verhilft Harlan und seiner Frau Gina (Frances Sternhagen) zur Flucht, doch außer ihr will ihnen niemand beistehen.
Horrorautor Stephen King führte in den ersten fünf Folgen selbst Regie und tauchte in der vierten kurz als Busfahrer auf. Jede Folge war 60 Minuten lang.

STERN TV RTL
Seit 1990. Wöchentliches Infotainmentmagazin mit Filmbeiträgen und Gästen am Mittwochabend.

Die Aufmerksamkeit für das neue Magazin auf RTL war von Anfang an groß, nicht nur wegen der Popularität seines Moderators Günther Jauch, sondern auch, weil für die Sendung Gerd Berger, der Erfinder von *ZAK*, und die Moderatorin Désirée Bethge das WDR-Magazin verließen. Doch es war eine schwere Geburt. Berger hatte als Konzept anfangs noch angegeben, möglichst farbig über Politik zu berichten, Jauch wollte offenbar in eine boulevardeskere Richtung. Das Ergebnis lag irgendwo zwischen *Spiegel TV* und *Schreinemakers Live*. Jauch geriet in der Presse heftig unter Beschuss, ebenso wie sein Freund Gottschalk, der gleichzeitig zu RTL gewechselt war, um *Gottschalk* zu moderieren. Jauch beschwerte sich, es sei ja wohl kaum möglich, dass er und Gottschalk so abrupt so schlecht geworden sein könnten, wie die Medien schrieben. Die frotzeligen Übergaben von Jauch an Gottschalk waren über viele Jahre, wenn beide Sendungen aneinander grenzten, fester Bestandteil der Sendung: erst von *Gottschalk* zu *stern TV*, später von *stern TV* zu *Gottschalk Late Night*.

Zur Sendung gehörte in der Anfangszeit – außer den Berichten über menschliche Schicksale, politischen, oft satirischen Beiträgen und Gesprächen mit Prominenten und Nichtprominenten im Studio – der »Alltagstest«, bei dem Politiker öffentlich kleine, lästige Aufgaben erledigen mussten, die ihnen im Gegensatz zu Normalbürgern sonst vermutlich üblicherweise jemand abnahm. Désirée Bethge war anfangs Reporterin in Bonn für *stern TV* und Urlaubsvertretung für Jauch. Als sie 1993 ging, weil ihr Jauch »zu sehr auf Unterhaltung und zu wenig auf Information« setzte, moderierte fortan Amelie Fried, wenn Jauch nicht da war. Das Magazin wurde schließlich mit viel Lust an Sensationen zum Erfolg. Die Sendezeit wurde 1992 von einer halben auf eine Stunde, 1995 von einer auf zwei Stunden verdoppelt. Die Sendung bekam mehr Talkelemente und wurde dann live vor Studiopublikum gesendet.

Viele Aufregerthemen verdankt *stern TV* der Zusammenarbeit mit dem gedruckten »Stern«, so auch den Skandal um das so genannte Barren, bei dem Springpferde mit Schlägen gegen die Beine zum Höherspringen animiert werden. 1990 machte vor allem *stern TV* diese Praktiken öffentlich, die schließlich von der Deutschen Reiterlichen Vereinigung verboten wurden. Im folgenden Jahr zeigte *stern TV* Aufnahmen, die bewiesen, dass auch auf dem Hof von Paul Schockemöhle trotzdem weiter gebarrt wurde. Anfang 1997 verurteilte der Bundesgerichtshof *stern TV* zu Schadenersatz in sechsstelliger Höhe, weil das Magazin fünf Jahre zuvor einem Frauenarzt gravierende Operationsfehler unterstellt und dabei einzelne entlastende Aussagen und Fakten weggelassen hatte. Der Arzt, der später von der Ärztekammer rehabilitiert wurde, hatte daraufhin seine Existenzgrundlage verloren.

Wie sorglos *stern TV* war, wenn es um die Chance ging, Sensationelles zu enthüllen, zeigte aber noch mehr der Fall Michael Born. Der Filmemacher hatte erfolgreich verschiedenen Magazinen Berichte verkauft, die frei erfunden und mit Laienschauspielern gedreht waren. Hauptabnehmer war *stern TV*, auch noch Ende 1995, als ein Born-Film über Kinderarbeit für Ikea als Fälschung aufgeflogen war. 1996 flog Born auf, und obwohl es die Zuschauer waren, die hier eigentlich betrogen wurden, verklagte Jauch als *stern TV*-Chef Born und schaffte es damit, sich selbst als Opfer darzustellen. Das Gericht stellte zwar fest, dass die Redaktion »nur zu gern dem süßen Irrglauben aufgesessen« sei, »alles von Born sei authentisch«, und wertete Kontrollmängel in der Redaktion als strafmildernd für den Fälscher.

Aber dem Image Jauchs oder der Sendung schadete der Skandal erstaunlicherweise kaum. Und das, obwohl Jauch als Zeuge vor Gericht Erschütterndes aussagte: Er sei »im Grunde genommen nie in einem Schneideraum drin gewesen«, verteidigte er sich. Wenn er schon einmal bei der Endabnahme von Filmen teilnehme, interessiere ihn nicht, ob die Darstellungen stimmten, sondern nur, ob sie »in sich stimmig« seien. (»Die Zeit« sprach danach von den »Aufschneideräumen« in der Redaktion von *stern TV*.) Die Beiträge schaue er sich nur zur emotionalen Einstimmung auf die Moderationen an.

Trotz allem: Die Reihe blieb erfolgreich und wurde eine der langlebigsten Sendungen bei RTL. Im Jahr 2000 übernahm Jauch mit seiner Firma I & U selbst die Produktion der Sendung. Unter der Regie der Fernsehtochter des Verlags Gruner + Jahr hätte die Qualität der Sendung zu leiden gedroht, sagte er. Zwei Jahre später ließ sich Susan Stahnke bei *stern TV* vor laufenden Kameras den Darm spiegeln.

STERN TV-REPORTAGE   VOX

Seit 2001. Elfeinhalb Jahre nach dem Start von *stern TV* auf RTL produzierte das Magazin einen Ableger mit einstündigen Reportagen. Die Reihe läuft dienstags um 21.10 Uhr.

DIE STERNBERGS   ZDF

1999–2000. »Ärzte, Brüder, Leidenschaften«. 17-tlg. dt. Familienserie von Scarlett Kleint, Thomas Teubner und Lukas Lessing.

Die gegensätzlichen Brüder Fabian (Erich Hallhuber) und Max Sternberg (Robert Giggenbach), die sich nicht sonderlich gut leiden können, leiten gemeinsam eine Privatklinik im Brandenburger Land, die sie von ihrem Vater übernommen haben. Prof. Alexander Sternberg (Günter Naumann) selbst hat sich nach Rio verabschiedet, um dort eine Kinderklinik in den Slums zu eröffnen. Chirurg Fabian vertraut auf die Schulmedizin, fährt Auto und liebt sein geordnetes Leben, Internist Max ist Naturheilkundler, fährt Motorrad und war auf einem Selbsterfahrungstrip in Indien.

Die schöne Ordnung hat einen Haken: Max ist der Vater von Lucas (Maximilian Haas), den Fabian aber für seinen Sohn hält – als Fabian und Marie (Angela Roy) heirateten, war sie gerade von Max schwanger. Als dieses Geheimnis 20 Jahre danach herauskommt, gerät die Familie in eine tiefe Krise. Die 16-jährige Alexandra (Daniela Preuß) ist Fabians eigenes Kind. Max ist mit der Heil- und Chiropraktikerin Annika Loos (Edda Leesch) zusammen. Die gute Seele der Sternberg-Klinik ist Oberschwester Johanna (Karin Anselm); Dr. Ines Ritter (Saskia Valencia) ist Ärztin und Lara Jennings (Anja Kruse) die Verwaltungschefin.

Die 50 Minuten langen Folgen liefen donnerstags um 19.25 Uhr.

DIE STERNE BLICKEN HERAB   BR

1976–1977. 13-tlg. brit. Drama von Alan Plater nach dem Roman von Archibald Joseph Cronin (»The Stars Look Down«; 1975).

Das düstere Leben in der Bergarbeiterstadt Sleescale im Nordosten Englands im Jahr 1910: Robert (Norman Jones) und Martha (Avril Elgar) sind die Eltern von Sammy (James Bate), Hughie (Rod Culbertson) und David (Ian Hastings), die alle drei, wie ihr Vater, im Bergwerk arbeiten. David engagiert sich politisch und heiratet Jenny Sunley (Susan Tracy). Sie war vorher mit dem ehrgeizigen Joe Gowlan (Alun Armstrong) zusammen, der in einer Eisengießerei Karriere zu machen versucht. Annie Macer (Anne Raitt) wird die Ehefrau von Sammy. Richard Barras (Basil Dignam) ist der skrupellose Zechenbesitzer, Adam Todd (David Markham) sein Geschäftspartner.

Die in jeweils 45-minütigen Folgen erzählte Geschichte umfasst 20 Jahre zwischen Krieg, Gewalt, industrieller Ausbeutung und Hoffnungslosigkeit. Vier Jahre dauerten die Dreharbeiten für die aufwendige und für damalige Verhältnisse teure Serie. Sie beruht auf einem autobiografischen Roman von Cronin, der in einer Zeche als Arzt gearbeitet hatte. Das Buch hatte bereits 1939 als Vorlage für einen gleichnamigen Spielfilm mit Michael Redgrave gedient.

Lief in den Dritten Programmen und 1977 auch in sieben Teilen in DFF 1.

STERNE DES SÜDENS   ARD

1992–1996. 42-tlg. dt. Urlaubsserie von Berengar Pfahl.

Christoph (Mark Keller), Katharina (Maria Ketikidou), Kai (Volker Lippmann) und Beatrice (Caroline Schröder) arbeiten an wechselnden Urlaubszielen als Animateure im Ferienclub Marengo. Immer wieder werden sie an neue Orte versetzt oder ziehen aus freien Stücken weiter. Alle sind jung und gut aussehend und haben anfangs ständig Affären mit wechselnden Partnern. Beatrice war früher mit Christoph zusammen. Er entdeckt nach einiger Zeit seine Liebe zu Katharina; die beiden werden ein festes Paar, und Baby Jonathan (Marcel Zeiger; später: Kevin Schirmuly) kommt zur Welt. Kurz darauf heiraten sie. Neben seiner Tätigkeit als Animateur zieht es Christoph als Musiker auf die Bühne. Er steigt bei der Frauenband Ladycats als Sänger ein und gibt mit ihnen immer wieder Konzerte.

Kai sucht dauernd nach einem Job, den er noch eine Weile machen kann, weil er das Ende seiner Animateurskarriere kommen sieht. Er versucht sich zwischendurch als Autovermieter und Radiomoderator, kehrt aber immer wieder zum Club zurück. Für Beatrice kommt Claudine (Susanne Wilhelmina) neu ins Team und ist bald mit Kai liiert. Katharina wird die neue Clubchefin. Sie stellt Andy (Patrick Lemoine) ein, der in jeder Hinsicht ein großes Bühnentalent ist. Er verliebt sich in Katharinas Assistentin Maya (Judith Kernke), die gemeinsam mit Katja (Sylvia Leifheit), Korinna (Natascha Bonnermann) und Röde (Lars Pape) eine Ausbildung am Animateurscollege des Clubs macht. Am Ende bestehen alle ihre Prüfungen, aber die Gruppe scheint durch neue Versetzungen zu zerbrechen.

Der Schauplatz der Serie (und damit auch der Arbeitsplatz der Protagonisten) wechselte mehrfach. Immer für ein paar Folgen am Stück spielte die Handlung in einem Club Marengo an einem bestimmten Ferienziel, wurde dann an einem anderen Ort mit Club-Dependance fortgesetzt und später auch oft wieder zurückverlagert. Abwechselnd waren die Handlungsorte Kreta, Fuerteventura, Sri Lanka, Türkei und Italien. Andy-Darsteller Patrick Lemoine sang auch den Titelsong »Whatever You Dream«.

Die ersten drei Folgen hatten Spielfilmlänge und liefen zur Primetime, der Rest in 50-minütigen Folgen im Vorabendprogramm um 18.55 Uhr.

STERNE, DIE VORÜBERZOGEN   ARD

1976–1977. »Erinnerungen an den deutschen Tonfilm«. Nostalgiereihe von Herman Weigel, die Lieblinge des deutschen Tonfilms vor 1945 in Filmausschnitten vorstellt und noch lebende Augenzeugen, Regisseure und Kollegen zu Wort kommen lässt. Der erste Stern war Lilian Harvey, der zweite Hans Albers.

Die Sendungen waren jeweils 45 Minuten lang und liefen um 21.00 Uhr.

STERNE LÜGEN NICHT   VOX

1999. 5-tlg. Reihe, in der der Astrologe Winfried Noé, der sonst im Lokalfernsehen die Sterne befragte, einen Blick ins nächste Jahrtausend warf. Die einstündigen Folgen liefen nachmittags.

STERNENFÄNGER   ARD

2002. 26-tlg. dt. Teenieserie von Martin Douven. Die Jugendlichen Nico Kiesbach (Jochen Schropp) und Paula Behringer (Nora Tschirner) sind am Bodensee zusammen aufgewachsen und eigentlich »nur« gute Freunde, bis Nico Paula das Leben rettet. Sie beginnt sich in ihn zu verlieben. Doch Nico hat nur Augen für Valery Crämer (Florentine Lahme), die mit ihrer Mutter Caroline (Cheryl Shepard), einer Theaterregisseurin, gerade aus Berlin in die Provinz ziehen musste. Valery will Filmschauspielerin werden, wofür sie in Überlingen am Bodensee nicht gerade die besten Chancen sieht. Nico lebt bei seinen Eltern Marianne (Sabine Vitua) und Max (Holger Hauer) und seinem kleinen Bruder Lenny (Emanuel Teichmann). Sein

Sterns Stunde: Horst Stern in seiner berühmtesten Sendung »Bemerkungen über den Rothirsch«.

Traum ist es, Astronaut zu werden. Gemeinsam mit Nico und Paula verbringt Fred Benz (Oliver Pocher) seine Zeit am See. Er will unbedingt Radiomoderator werden, soll aber das Küchengeschäft seiner Eltern Claudia (Kirsten Block) und Bernhard (Germain Wagner) übernehmen. Nur Paulas beruflicher Traum ist eigentlich schon wahr geworden. Sie ist Schiffsbauerin in der Werft ihres Ziehvaters.

Sternenfänger kombinierte die Elemente zweier kurz vorher gelaufener Jugendserien: das Wasser als Kulisse aus *Strandclique* und den Dauerkonflikt, wenn zwei Freunde aus Kindertagen sich plötzlich verlieben, aus *Verdammt verliebt*. Die Verpflichtung zweier Moderatoren vom Musikfernsehen – Nora Tschirner von MTV und Oliver Pocher von VIVA – sollte den Erfolg garantieren. Das Kalkül ging nicht auf. Es blieb wegen enttäuschender Quoten bei einer Staffel.

Die halbstündigen Folgen liefen dienstags bis freitags um 18.50 Uhr.

STERNENSOMMER ZDF

1981. 6-tlg. dt. Jugendserie von Justus Pfaue.
Jochen Feucht (Roger Hübner) zieht mit seinen Eltern Martin (Rainer Hunold) und Lore (Susanne Barth) neu in Stadt. Er freundet sich mit dem gleichaltrigen Michael Glasuschek (Oliver Korittke) an, dessen Opa (Wolfried Lier) ein Antiquitätengeschäft betreibt. Die Jungs lernen den Außerirdischen Herrn Lodeweik (Rudolf Schündler) kennen, der ihnen erklärt, dass sich auch hinter der Nervenärztin Gena Markward (Nadja Tiller) eine Außerirdische verbirgt, die die Welt zerstören will. Gemeinsam mit Herrn Lodeweik retten Michael und Jochen die Welt.
Die 50 Minuten langen Folgen liefen samstags.

STERNFLÜSTERN ZDF

2004–2005. »Das Sibirien-Abenteuer«. 4-tlg. dt. Doku-Soap von Susanne Becker und Bernd Reufels. Zwei deutsche Familien müssen sich mehrere Monate lang unter kargen Bedingungen in der Natur Sibiriens bewähren.

Die ersten vier 45-minütigen Folgen dokumentierten Anfang 2004 dienstags abends zur Primetime die Erlebnisse zweier Familien, die sich am Baikalsee durchschlugen. Gut ein Jahr zuvor hatte die ARD eine deutsche Familie in *Schwarzwaldhaus 1902* mit den kargen Lebensbedingungen des Jahres 1902 konfrontiert und damit einen Überraschungserfolg gelandet. Die ZDF-Reihe war offensichtlich dadurch inspiriert und erzielte zwar nicht die gleiche öffentliche Aufmerksamkeit, aber ebenfalls hervorragende Quoten. Also schickte das ZDF zwei weitere Familien weg, die diesmal »Jenseits des Polarkreises« ausharren sollten. Diese Folgen liefen zum Jahreswechsel 2004/05 dienstags und donnerstags.

STERNS STUNDE ARD

1970–1979. 45-minütiges Tiermagazin mit Horst Stern.
Die Reihe befasste sich ungewohnt sachlich, ohne jede Gefühlsduselei, mit dem Verhältnis von Tier und Mensch. Horst Stern kommentierte die teils einzigartig gefilmten Berichte aus einem relativ dunklen Studio mit einem Schreibtisch, auf dem der Platz für Clarence oder Cheetah immer leer blieb. Sterns kritische Haltung löste häufig Kritik aus – mal wegen angeblicher Tierquälerei, mal wegen seiner Kritik an Tierquälerei.

Im Dezember 1971 beschuldigte Stern in der Folge »Bemerkungen über den Rothirsch« die Menschen, eine Mitschuld an der Zerstörung des Waldes zu tragen. Er zeigte blutige Bilder, stellte Jäger an den Pranger, kritisierte die deutsche »Bambi-Mentalität« und störte damit den Weihnachtsfrieden, denn diese Sendung lief an Heiligabend um 20.15 Uhr. Stern schloss mit den Worten: »Ich meine, dieses ernste Thema war eine knappe Stunde Ihrer stillsten Nacht des Jahres wert. Man rettet den deutschen Wald ja nicht, indem man ›O Tannenbaum‹ singt.« Bei der Mehrheit des Publikums kam die Sendung gut an, doch seitens der Minderheit hagelte es Proteste und Morddrohungen, und sogar der Bundestag befasste sich mit dem vermeintlichen Skandal.

Die Reihe brachte es auf 24 Ausgaben, die in loser Folge im Abendprogramm liefen. Mit Ausnahme einer dreiteiligen Schwerpunktsendung über Tiere in der Pharmaforschung begann jeder Untertitel mit »Bemerkungen über ...«.

STERNTALER   RTL

1990–1991. Zehnminütiges Filmquiz mit Birgit Jahnsen.

Zwei Kandidaten bekommen Filmausschnitte gezeigt und müssen danach Fragen beantworten und somit beweisen, dass sie sich auch an unwesentlichste Details noch erinnern können. Unwesentliches Detail dieser Sendung, die ohne Studiopublikum in einer Art Weltraumstudio produziert wurde, war der vom Band eingespielte Applaus nach jeder richtigen Antwort. Den Gewinn erspielten die Kandidaten an einer Wand, an der sich neben mehreren Geldbeträgen Glühlampen in unterschiedlicher Anzahl befanden – je größer der Betrag, desto mehr Lampen. Für jede richtige Antwort leuchteten Lampen auf, waren alle Lampen neben einem Betrag erleuchtet, gewann der Kandidat diesen Betrag. Die Summe wurde auf einem Gerät angezeigt, das halb Miniroboter, halb Lego-Raumschiff zu sein schien. Insgesamt weit über 500 Sendungen liefen werktags um 17.45 Uhr.

STERNZEICHEN   ARD

1991. Monatliche Astro-Spielshow mit Peter Thomsen.

Drei Kandidaten des aktuellen Sternzeichens spielen gegeneinander, müssen wahre von unwahren Erlebnissen ihrer Mitspieler unterscheiden und Aktionsspiele absolvieren. Zu erraten ist außerdem, welcher Prominente demselben Sternzeichen angehört.

Lief im regionalen Vorabendprogramm des DFF im Ersten.

STEWARDESSEN   ARD

1969. 6-tlg. dt. Familienserie von Horst Pillau, Regie: Eugen York.

Die Lösung der großen Probleme des Lebens erfordert die Dauer eines Linienflugs. Die Stewardess Dagmar Croner (Johanna von Koczian) nimmt sich hoch oben in der Luft der Sorgen ihrer Passagiere und Kollegen an und rettet Ehen, spürt fehlgeleitetes Gepäck auf, assistiert bei einer Geburt und hilft einem Scheidungskind, sich zwischen Vater und Mutter zu entscheiden. Zwischendurch hat sie noch Zeit, einen Test zu bestehen, der sie zur Kabinenchefin macht. Die Passagiere, aber auch die Mitarbeiter des Bordpersonals wechseln von Folge zu Folge. Mehrmals dabei sind Monika Schloss (Isolde Miler), Alice Petaud (Evelyn Gressmann), Ilse Flemming (Monika Berg), Maria Gandlberger (Barbara Schöne) und Yukiko (Francesca Tu). Herbert Tiede und Peter Carsten spielten in jeweils zwei Folgen einen Flugkapitän, aber jedes Mal einen anderen.

Die Flüge dauerten 25 Minuten und landeten im Vorabendprogramm.

STICHWORT   ARD

1979. Satirereihe von und mit Werner Schneyder.

In Kabarettform mit Texten, Chansons, Gedichten und Rezitationen sowie Filmausschnitten wird in jeder Sendung ein Thema feuilletonistisch aufbereitet. An der Seite von Schneyder traten u. a. Lore Lorenz, Ursela Monn und Mathias Richling auf.

Fünf dreiviertelstündige Sendungen liefen abends.

DIE STILLEN STARS   ZDF

1986–1994. »Nobelpreisträger privat gesehen«. Gesprächsreihe, in der Frank Elstner Nobelpreisträger zu Hause oder an ihrem Arbeitsplatz interviewte.

Das ZDF zeigte die Reihe alle 14 Tage am späten Montagabend, zeitweise auch im Nachmittagsprogramm. Insgesamt liefen 113 Folgen.

STIMMT'S?   RB, ARD

1988–1989 (RB); 1989–1990 (ARD). 45-minütiges Ratespiel mit Wolfgang Lippert.

Lippert zeigt dem Studiopublikum merkwürdige Gegenstände, wie etwa einen Nasenhaarschneider, und lässt die Zuschauer raten, wofür sie gut sind – ob »Lippis« Definition stimmt oder die eines prominenten Gasts. Zwischendurch spielt Lippert das Gleiche mit Passanten auf der Straße.

Radio Bremen testete einige Folgen im Dritten Programm, bevor es die Show dienstags um 20.15 Uhr im Ersten in Serie gehen ließ, und machte Lippert so zum ersten Moderator, der eigene Sendungen im Ost- und im Westfernsehen hatte. Die Show brachte es auf zwölf Ausgaben.

STIMMUNG!   ARD

1996–1997. Kurzlebige Samstagabendshow mit Bernd Stelter, der die Tradition des »Bunten Abends« zur besten Sendezeit im Fernsehen neu beleben sollte.

Die altbackene Show mit Tanz- und Musikeinlagen hatte einen modernen Hauch von Selbstironie, die man auch in den Titel hineinlesen konnte, die aber völlig im Wummtata unterging. Sie war als eine von drei Shows im Rahmen eines »Festivals der neuen Köpfe« in der ARD gestartet. Die anderen waren *Allein oder Fröhlich* und *Showlympia*.

Im Vergleich dazu war *Stimmung!* mit seinen fünf gesendeten Ausgaben noch am dauerhaftesten. Zum

Zeitpunkt der Absetzung im Mai 1997 waren die beiden anderen Shows längst wieder verschwunden.

STINGRAY SAT.1
1988–1990. 24-tlg. US-Actionserie von Stephen J. Cannell (»Stingray«; 1986–1987).
Weil er keinen Namen hat, wird der mysteriöse Held der Serie nach seinem Auto »Stingray« genannt. Außer keinen Namen hat Stingray (Nick Mancuso) auch keinen festen Wohnsitz. Er zieht umher und hilft Menschen, die seine Hilfe brauchen. Das tut er kostenlos, nur gegen einen Gefallen. Stingray verfügt über weit reichende Sprachkenntnisse, ist technisch versiert und hat offenbar Erfahrung im Geheimdienst gesammelt. Wer er wirklich ist, weiß niemand.
Die einstündigen Folgen liefen an verschiedenen Tagen zur Primetime.

STIPPVISITE RTL
1989–1990. 40-minütige Talkshow mit Rainer Holbe am sehr späten Abend.
RTL setzte die Sendung sofort ab, nachdem der »Stern« veröffentlicht hatte, dass Holbe in einem Buch esoterisch verbrämte antisemitische Thesen verbreitete, darunter die, dass Hans Rosenthal an Krebs gestorben sei, um »für sein Volk« (die Juden) zu leiden.

STIRBT UNSER BLAUER PLANET? ARD
1974–1975. Halbstündige Wissenschaftsreihe von und mit Prof. Heinz Haber über die ungewisse Zukunft der Erde. Lief donnerstags nachmittags.

STOCKER & STEIN ARD
1991. 12-tlg. dt. Krimi-Comedy-Serie von Felix Huby, Regie: Stefan Bartmann.
Wieder mal zwei völlig ungleiche Typen, die gemeinsam in Kriminalfällen ermitteln. Diese hier sind aber weit weniger effektiv als die üblichen Fernsehschnüffler. Der vorlaute Stocker (Heinz Schubert), ein Ingenieur im Ruhestand, und der intellektuelle Musikliebhaber Stein (Karl-Michael Vogler) arbeiten gemeinsam als Privatdetektive und richten dank fehlender Erfahrung in ihrem neuen Job jede Menge Chaos an.
Die einstündigen Folgen liefen im regionalen Vorabendprogramm.

STOCKINGER SAT.1
1996–1997. 14-tlg. österr. Krimiserie.
Spin-off von *Kommissar Rex:* Ernst Stockinger (Karl Markovics) hat Wien verlassen und ist jetzt Bezirksinspektor in Salzburg. Mit Unterstützung seiner Kollegen Antonella Simoni (Sandra Cervik) und Michael Fuchs (Herbert Fux) ermittelt er weiterhin in Mordfällen. Oberst Dr. Brunner (Hans Peter Heinzl) ist der Vorgesetzte. Stockingers Frau Karin (Anja Schiller) hat im geerbten Haus eine Zahnarztpraxis.
Von 1994 bis 1996 hatte Markovics die Rolle des »Stocki« bereits in *Kommissar Rex* gespielt, als Assistent von Hauptfigur Moser und dem von ihm immer gefürchteten Hund Rex. Weil der schräge, scheinbar dauernd überforderte Stocki so beliebt war, erhielt er seine eigene Serie. Sie konnte jedoch trotz vieler origineller Ideen, liebevoller Anspielungen und Insidergags nie die Quoten des Originals erreichen.
Die Wege der Protagonisten von *Kommissar Rex* und *Stockinger* kreuzten sich nie wieder. Nur einmal stutzte Stockinger, als er jemanden nach seinem Hund Rex rufen hörte. Er drehte sich um und fragte: »Richard?«, der Name von Rex' Herrchen. Doch dieser Rex war ein Bernhardiner. In derselben Folge legte Antonella außerdem ein Kommissar-Rex-Puzzle zusammen, das aber sofort in alle Einzelteile zerfiel.
Die einstündigen Folgen liefen mittwochs um 20.15 Uhr.

STOFFEL UND WOLFGANG ARD
1965–1972. Kinder-Puppenspielreihe von und mit Wolfgang Buresch mit der Handpuppe Stoffel.
In der ersten Folge findet Wolfgang in seiner Wohnung ein altes Zauberbuch und einen Zauberstab, mit denen er Puppen lebendig machen kann – und schon spricht der alte Stoffel, ein kleiner Junge mit blonden Wollhaaren und schwarzen Knopfaugen.
Die Reihe trug den Untertitel »Für unsere kleinsten Zuschauer«, wandte sich also an Kinder im Vorschulalter und ihre Eltern, bevor es offiziell das Vorschulfernsehen gab. Stoffel ist eine Handpuppe, die von Buresch hinter einer halbhohen Wand geführt wird, wobei er selbst auch zu sehen ist.

STONE PROTECTORS – EINE ÜBERIRDISCH COOLE BAND RTL 2
1997–1999. 13-tlg. US-Zeichentrickserie (»Stone Protectors«; 1993).
Fünf erfolgose Rockmusiker beschützen auf der Erde einen magischen Kristall vom Planeten Mythrandir, der der dortigen Kaiserin Opal magische Kräfte verleiht und hinter dem böse Trolle her sind.

DIE STORY WDR, ARD
Seit 2000 (WDR); seit 2001 (ARD). Reihe mit gesellschaftskritischen Dokumentationen aus dem In- und Ausland.
Jeweils an einem Beispiel werden Katastrophen und ihre Folgen analysiert, Skandale aufgedeckt und verantwortungslose Verantwortliche entlarvt. Zu den vielen politisch brisanten Themen gehörten die »Abwicklung« eines Kälbermastbetriebs in den neuen Bundesländern mit maßgeblicher Unterstützung westdeutscher Kommunalpolitiker, die Hintergründe der feindlichen Übernahme von Mannesmann durch Vodafone, die Anklage gegen den Franz-Josef-Strauß-Sohn Max und Bandenkriege im Türstehermilieu.
Konzipiert wurde die Reihe von Gert Monheim, der dafür 2004 einen Grimme-Preis erhielt, weil er »neue Standards im Genre der politischen Dokumentation« gesetzt habe. Im Juli desselben Jahres gab er die Redaktionsleitung ab, um gegen die deutliche

Kürzung des Etats der Sendung zu protestieren. Die Reportage »Gipfelstürmer – Die blutigen Tage von Genua« von Maria-Rosa Bobbi und Michael Busse über den skandalösen Polizeieinsatz gegen Demonstranten am Rande des G8-Gipfeltreffens im Juli 2001 war mit dem Deutschen Fernsehpreis 2002 für die beste Dokumentation ausgezeichnet worden.

Die Story setzte teilweise die Tradition des Enthüllungsjournalismus fort, die die ebenfalls vom WDR verantwortete Reihe *Gesucht wird …* begründet hatte. Die dreiviertelstündigen Reportagen wurden wöchentlich am späteren Montagabend im WDR-Fernsehen und gelegentlich im Ersten gezeigt. Im Herbst 2004 lief die 150. Sendung.

DAS STRAFGERICHT RTL

Seit 2002. Einstündige Gerichtsshow mit dem echten Richter Ulrich Wetzel, der in fiktiven Verhandlungen über Kapitalverbrechen urteilt, die von Laiendarstellern an Laiendarstellern begangen wurden. Lief werktags um 14.00 Uhr, ersetzte *Bärbel Schäfer* und ergänzte *Die Jugendrichterin* und das am gleichen Tag startende *Familiengericht*.

STRAFVERFAHRENSRECHT ZDF

1983. 13-tlg. Justizreihe mit heiteren und spannenden Szenen aus Strafverfahren. Im Anschluss an die Spielszenen erläutern Wissenschaftler die Beispiele und erklären den Zuschauern, welche Möglichkeiten sie haben, wenn sie in ähnliche Situationen geraten. Jede Folge behandelt einen anderen Fall, insgesamt durchläuft die Reihe aber die verschiedenen Abschnitte eines Strafverfahrens, angefangen von der polizeilichen Vernehmung bis hin zur Verfahrenseinstellung oder einem rechtskräftigen Urteil. In der ersten Sendung ging es um einen Auffahrunfall. Die halbstündigen Sendungen liefen montags nachmittags.

DER STRAFVERTEIDIGER ARD

1976–1978. 31-tlg. US-Anwaltsserie (»Judd, For The Defense«; 1967–1969).
Staranwalt Clinton Judd (Carl Betz) verteidigt für viel Geld reiche Mandanten. Da er selbst reich ist, kann er es sich erlauben, auch mal weniger betuchte Menschen zu vertreten, die seine Hilfe nötig haben, ihn sich aber eigentlich nicht leisten können. Judd hat ein eigenes Flugzeug und reist mit seinem jungen Sozius Ben Caldwell (Stephen Young) quer durch die USA dorthin, wo er eben gebraucht wird.
Die einstündigen Folgen liefen im regionalen Vorabendprogramm.

DIE STRANDCLIQUE ARD

1998–2002. 39-tlg. dt. Abenteuerserie.
Die Freunde Mark Röders (Marco Girnth), Ann Petersen (Lisa Karlström), Björn Sagmeister (Patrick Bach), Viola Kimmling (Eva Habermann) und Rai Bartholdy (Steffen Groth), alle Mitte 20, sind die Strandclique. Gemeinsam bauen sie am Strand von St. Peter-Ording ein Camp, in dem junge Leute wohnen können. Im Pfahlbau leben alle außer Ann. Sie war früher Marks große Jugendliebe. Nach anfänglicher Distanz werden sie nun ein Paar. Frauenliebling Mark ist der Anführer der Truppe. Zusammen mit seiner Mutter Hilke (Eva Scheurer) kümmert er sich seit dem Tod des Vaters um seinen zwölfjährigen Bruder Lukas (Maxi Villwock). Rai hat für eine Mark die Surfschule gekauft, als sie vor der Pleite stand. Andere Bewohner aus der Umgebung sind Gunnar (Hermann Toelcke) und Svenja Haagenkamp (Henrike Fehrs).

Die Strandclique war quasi die Nachfolgeserie von *Gegen den Wind*. Auch sie spielte in St. Peter-Ording und handelte vom Strand und vom Surfen. Marco Girnth hatte bereits in *Gegen den Wind* mitgespielt, bekam aber in der neuen Serie eine andere Rolle.

Die Folgen der ersten beiden Staffeln waren jeweils eine Stunde lang und liefen im Wochenrhythmus um 18.55 Uhr. Ab Sommer 2002 waren die Folgen nur noch halb so lang (ab Folge 14), liefen jetzt aber viermal die Woche, dienstags bis freitags, zur selben Anfangszeit.

STRANDPIRATEN ZDF

1976–1983. 91-tlg. kanad. Jugendserie (»The Beachcombers«; 1971–1982).
Die Freunde Nick Adonidas (Bruno Gerussi) und der alte Relic (Robert Clothier) sammeln im Auftrag der Sägewerke angeschwemmtes Holz an der Küste. Auch andere angeschwemmte Dinge versuchen sie zu Geld zu machen. Nick wohnt bei der alten Molly Carmody (Rae Brown) und ihren Enkeln Hugh (Bob Park) und Margaret (Nancy Chapple, später: Juliet Randall). Sie freunden sich mit dem Indianer Jesse Jim (Pat John) an, der ebenfalls dort einzieht.
Die halbstündigen Folgen liefen zunächst am Sonntagnachmittag, ab April 1982 dienstags.

STRANGE LUCK –
DEM ZUFALL AUF DER SPUR PRO SIEBEN

1996–1997. 17-tlg. US-Mysteryserie (»Strange Luck«; 1995–1996).
Der Zeitungsfotograf Chance Harper (D. B. Sweeney) schlittert von einem merkwürdigen Zufall in den nächsten. Er gerät regelmäßig in lebensgefährliche Situationen, die er nur knapp, aber immer überlebt, dabei spektakuläre Fotos schießt und andere Menschen rettet. Seine frühere Liebe Audrey Westin (Pamela Gidley) ist seine Chefin bei der Zeitung, Angie (Frances Fisher) die Kellnerin in seinem Stammlokal »Blue Plate Diner«. Der Psychiaterin Dr. Anne Richter (Cynthia Martells) berichtet Chance Harper über sein Leben mit den merkwürdigen Zufällen, das begann, als er im Alter von elf Monaten als einziger Passagier einen Flugzeugabsturz überlebte, bei dem auch seine Eltern starben. Eigentlich heißt er Alex Sanders, doch seine Adoptiveltern gaben ihm den Namen »Chance« (Zufall).
Die einstündigen Folgen liefen donnerstags gegen 21.00 Uhr.

DIE STRASSE ZDF
1978. 7-tlg. dt. Problemserie von Wolfgang Mühlbauer. Regie: Hans-Werner Schmidt.
Der Sozialarbeiter Hanno (Claus Theo Gärtner) leitet den Jugendtreff in der Kepplerstraße 19, wo er sich um die Integration gefährdeter Jugendlicher in die Gesellschaft kümmert. Zu seinen Stammkunden gehört die Rockerbande Devils. Hinter der Fassade des großspurigen Auftretens verbergen sich private, berufliche oder soziale Probleme. Anführer Marti (Peter Seum) hat eine Gefängnisstrafe hinter sich, Edwin (Jochen Schroeder) findet keine Lehrstelle. Weitere Gangmitglieder sind Bulli (Uwe Ochsenknecht), Moni (Elke Aberle) und Cordula (Ute Willing). Katrin (Johanna Mertinz) unterstützt Hanno bei der Sozialarbeit.
Die 45-minütigen Folgen liefen etwa alle drei Wochen samstags um 19.30 Uhr. Als Titelmusik wurde »Hotel California« von den Eagles verwendet.

STRASSE DER LIEDER ARD
Seit 1995. 90-Minuten-Musikshow, in der Chorleiter Gotthilf Fischer mit Gastkünstlern durch die Lande zieht, die schönen deutschen Gegenden zeigt und die schönen deutschen Lieder präsentiert.
Die Show läuft in loser Folge etwa fünfmal jährlich am Samstagabend um 20.15 Uhr auf dem Sendeplatz von *Wetten, dass ...?* Und zwar exakt auf diesem Sendeplatz. Im Dezember 1999 programmierte die ARD die Volksmusikshow erstmals zeitgleich zu Gottschalks Wettshow und bemerkte, dass Fischer wesentlich mehr Zuschauer anzog als die »James-Bond«-Wiederholungen, die normalerweise gegen Gottschalk liefen. Wahrscheinlich hatten schlicht einige Zuschauer die Shows verwechselt, denn immerhin haben Gotthilf und Gottschalk die gleiche Frisur. Fischer hatte natürlich nicht den Hauch einer Chance auf den Quotensieg, doch sein relativ passables Abschneiden sicherte ihm diesen Sendeplatz auf Jahre. Ganze viermal durfte er in den folgenden Jahren ohne blonde Konkurrenz antreten, etwa 20-mal liefen die beiden Sendungen parallel.

DIE STRASSEN VON BERLIN PRO SIEBEN
1995–2000. 22-tlg. dt. Krimireihe von Wolfgang Limmer.
Die Kriminalpolizisten Hajo Kroll (Uwe Ochsenknecht), Tom Geiger (Hannes Jaenicke), Alex Vitalij (Peter Lohmeyer) und Jockel Pietsch (Martin Semmelrogge) arbeiten undercover für die Sonderkommission Organisierte Kriminalität bei der Berliner Polizei. Sie verfolgen Hehler und Schmuggler, Hacker, Erpresser und Wirtschaftskriminelle. Für ihre Arbeit müssen sie Berlin oft verlassen und im Ausland tätig werden. Staatsanwältin Irene Starnow (Jennifer Nitsch) leitet die SOKO. Die Zusammensetzung des Teams ändert sich mehrmals. Nach Starnows Ausscheiden übernimmt Oberstaatsanwalt Dr. Maas (Dietrich Mattausch) die Leitung. Hajo und Tom verlassen das Team, Gilbert Mosch (Guntbert Warns), Peter Deroy (Hermann Treusch), Frank Karnowsky (Ingo Naujoks) und Tessa Norman (Nadeshda Brennicke) kommen dazu. Später stößt der neue V-Mann Dirk Rickerts (Martin Lindow) zum Team, Peter verlässt es wieder. Frank wird bei einem Bombenattentat schwer verletzt und wacht aus dem Koma nicht mehr auf.
Hajo Kroll war eine der schillerndsten Ermittlerfiguren im deutschen Fernsehen. Er ist Alkoholiker, spielsüchtig, begeht einen Mord, treibt einen Politiker durch russisches Roulette in den Tod und stirbt schließlich selbst bei einer Explosion. Auch die Serie selbst mag es gern extrem. In der Folge »Terror« explodiert ein Teil des Berliner ICC.
Von der Kritik hoch gelobte, opulent inszenierte Krimiserie, für die Regieveteran Werner Masten bei vielen Folgen verantwortlich zeichnete. Die Folgen hatten Spielfilmlänge. Ungefähr jährlich lief eine Staffel mit vier bis sechs Folgen zur Primetime.

DIE STRASSEN VON SAN FRANCISCO ZDF, PRO SIEBEN, KABEL 1
1974–1979 (ZDF); 1989–1990 (Pro Sieben); 1994 (Kabel 1). 120-tlg. US-Krimiserie von Edward Hume nach dem Roman »Poor, Poor Ophelia« von Carolyn Weston (»The Streets Of San Francisco«; 1972–1977).
Die Straßen von San Francisco sind steil und stellenweise kurvig, wodurch eine Autoverfolgungsjagd nicht langsamer wird, aber mehr Blechschäden fordert. Der alte Polizeiveteran Lieutenant Mike Stone (Karl Malden) und der junge Inspektor Steve Hel-

»Fass!« *Die Straßen von San Francisco* mit Karl Malden (links) und Michael Douglas.

ler (Michael Douglas) bilden gemeinsam ein Team bei der Polizei von San Francisco. Stone hat seine ganze Erfahrung in mehr als 20 Dienstjahren auf der Straße gesammelt, Heller hat studiert. Jetzt ist er heiß darauf, das in der Theorie Erlernte in der Praxis umzusetzen. Sie haben Respekt voreinander, Stone kümmert sich um seinen Ziehsohn, und Heller blickt zu ihm auf. Gemeinsam suchen und verfolgen sie Verbrecher, gehen gegen Zuhälter, Betrüger, Drogendealer und Mörder vor und fahren in ihrem Dienstwagen durch San Francisco, Heller auf dem Beifahrersitz. Zum Revier gehört ferner Lieutenant Lessing (Lee Harris). Zu Beginn der fünften Staffel wird Heller angeschossen und scheidet aus dem Polizeidienst aus, um an der Berkeley University Kriminologie zu unterrichten. Inspektor Dan Robbins (Richard Hatch) wird Stones neuer Partner. Jean (Darleen Carr) ist Mikes erwachsene Tochter.

Michael Douglas' Rollenname wurde bei der Synchronisation geändert. Aus dem Originalnamen Steve Keller wurde in der deutschen Fassung Steve Heller, denn einen Kommissar Keller gab es bereits: in der Serie *Der Kommissar*. Bei nur zwei Sendern und entsprechend wenigen Serien insgesamt war man damals noch bemüht, Dopplungen bei den Namen der Hauptfiguren zu vermeiden.

Michael Douglas, beim Serienstart 27 Jahre alt, wurde durch die Serie berühmt und machte in der Folge eine Weltkarriere als Filmstar. Als Karl Malden Anfang 2004 von der Schauspielergewerkschaft Screen Actors Guild für sein Lebenswerk geehrt wurde, hielt Douglas die Laudatio.

Die Straßen von San Francisco war eine der wenigen US-Serien, von denen das ZDF nicht nur die sonst üblichen 13 Folgen zeigte, sondern immerhin ganze 100. Alle waren knapp eine Stunde lang und liefen erfolgreich im Abendprogramm ab 21.00 Uhr, oft erst nach 22.00 Uhr. Wiederholungen waren Anfang der 80er-Jahre am Vorabend zu sehen. Die Folgen stammten aus allen fünf Staffeln, zwischendurch wurden aber 20 ausgelassen. Die meisten davon wurden erst zehn Jahre später auf Pro Sieben erstmals gezeigt, zwei noch fehlende reichte Kabel 1 nach. 1992 entstand ein neuer Fernsehfilm aus der Reihe mit dem mittlerweile 80-jährigen Karl Malden in der Rolle des Mike Stone, der 1993 bei RTL lief. Ein erfolgloses Spin-off der Serie war *Superstar*.

STRASSENFEGER ZDF

1995–2001. Lückenfüller im Nachtprogramm anstelle des Testbilds.

Zu sehen waren Autofahrten durch Deutschland aus der Perspektive des Wagenlenkers durch die Windschutzscheibe. Die Reihe beinhaltete spannende Elemente wie Straßenschilder, rote Ampeln und Abbiegevorgänge. Einen Unfall baute der Praktikant zum Glück nie, der dauernd durch die Gegend gurken und sich dazu das Hörfunkprogramm des Deutschlandradios anhören musste, das den Ton zur Sendung lieferte. Die Fahrten waren immer so lang, wie Bedarf bis zum Beginn des Frühprogramms bestand. Zeitweise hatte die Reihe einen zusätzlichen festen Sendeplatz am frühen Sonntagmorgen. Wer das Auto lieber stehen ließ, konnte sich in der ARD *Die schönsten Bahnstrecken* anschauen.

STRASSENFLIRT PRO SIEBEN

1993–1994. Wöchentliche Beziehungsshow mit Georg Holzach.

In den 35-minütigen Shows spricht der Moderator an belebten öffentlichen Orten junge Menschen an und fragt sie, ob sie ad hoc einen Partner zum Flirten und Ausgehen für den Abend suchen wollen. Wenn einer gefunden ist, macht das Paar eine erste kleine Unternehmung. Nach dem jeweiligen Umziehen zu Hause, bei dem beide einzeln vor der Kamera über sich und ihre Erwartungen an den Abend reden, treffen sie sich zum gemeinsamen Abendessen. Hinterher werden sie getrennt voneinander noch einmal gefragt, wie sie den anderen fanden. Anders als bei *Herzblatt* erfahren wir nicht, was aus den beiden schließlich wurde.

Je Sendung durften ein Mann und eine Frau sich einen Partner aussuchen. 36 Ausgaben liefen erst dienstags, ab 1994 samstags am Vorabend. Ebenfalls ab 1994 lief das gleiche Format unter dem Titel *Luft und Liebe* bei RTL 2.

DIE STRAUSS DYNASTIE ZDF

1991–1992. 6-tlg. europ. Historiendrama von Zdenek Mahler, Regie: Marvin J. Chomsky (»The Strauss Dynasty«; 1991).

Die Geschichte zweier Generationen der Musikerfamilie Strauß von 1820 bis 1899: In der Biedermeierzeit komponieren der junge Johann Strauß (Anthony Higgins) und sein Freund Joseph Lanner (David Yelland) erste Walzer und erobern die Ballsäle Wiens. Als Strauß Anna (Lisa Harrow) heiratet, wird aus der Freundschaft mit Lanner private und berufliche Rivalität. Strauß wird berühmt. Sein ältester Sohn Schani (Stephen McGann) nimmt heimlich Unterricht bei Lanner und wird gegen den Widerstand des Vaters erfolgreicher Musiker.

Während der Revolution 1848 stehen sie auf verschiedenen Seiten; der Vater wird als überzeugter Royalist Hofkapellmeister. Nach seinem Tod vereint Schani die Orchester und veranstaltet ein Konzert mit Kompositionen seines Vaters. Die russische Adelige Olga (Alice Krige) und er verlieben sich, doch ihre Eltern verhindern eine Ehe. Als Schani sich zurückzieht, führen seine beiden Brüder Edi (Adrian Lukis) und Pepi (Duncan Bell) das musikalische Familienunternehmen fort. Schließlich heiratet Schani die Sängerin Jetti von Treffz (Cherie Lunghi) und wird durch ihren Einfluss doch noch Hofkapellmeister.

Die »taz« bezeichnete den Kostümschinken mit seinen endlosen Familienintrigen als »Wiener Version des *Denver-Clan*«. Die deutsche Johann-Strauß-Gesellschaft distanzierte sich von dieser »seichten Unterhaltung in reißerisch überspitzter Form«.

Die internationale Koproduktion wurde in Europa für den amerikanischen Markt hergestellt und scheute weder Kosten noch Komparsen: 48 Millionen DM kostete das Werk, das das ZDF zur Primetime zeigte.

EIN STRAUSS TÖCHTER VOX

1996–1999. 127-tlg. US-Soap von Daniel Lipman und Ron Cowen (»Sisters«; 1991–1996).

Nach dem Tod ihres Vaters treffen sich die vier höchst unterschiedlichen Schwestern der Familie Reed, um ihrer Mutter Beatrice (Elizabeth Hoffman) beizustehen. Alex (Swoosie Kurtz) ist die Älteste. Sie ist wohlhabend und mit dem Schönheitschirurgen Dr. Wade Halsey (David Dukes) verheiratet, der gern Frauenkleider trägt, was der Ehe auf Dauer nicht gut bekommt. Alex lässt sich scheiden, hat eine Affäre mit dem Klempner Victor Runkle (David Gianopoulos), wird Talkshowmoderatorin und heiratet Big Al Barker (Robert Klein), der erst ins Gefängnis muss und dann Bürgermeister wird.

Die jüngste Schwester ist Frankie (Julianne Phillips). Sie arbeitet erst als ehrgeizige Marketinganalystin, eröffnet dann ein Café und heiratet Mitch Margolis (Ed Marinaro), den Ex ihrer Schwester Teddy (Sela Ward) und Vater von deren Tochter Cat (Heather McAdam). Die Hochzeit von Frankie und Mitch stürmt Teddy mit einem Gewehr. Teddy ist Künstlerin, trinkt zu viel und sucht sich selbst. Sie wird Modedesignerin, lässt sich mit dem Millionär Simon Bolt (Mark Frankel) ein und trifft James Falconer (George Clooney), der als Polizist wegen der Vergewaltigung ihrer Tochter Cat ermittelte. Beide heiraten an Bord eines Flugzeugs, als sie glauben, dass es abstürzt. Falconer wird im folgenden Jahr von einem Drogendealer umgebracht.

Die vierte Tochter schließlich ist die patente Georgie (Patricia Kalember). Sie arbeitet als Grundstücksmaklerin und ist mit dem arbeitslosen John Whitsig (Garrett M. Brown) verheiratet, mit dem sie zwei Söhne hat, Trevor (Ryan Francis) und Evan (Dustin Berkovitz), der an Leukämie leidet. Weil Frankie keine Kinder bekommen kann, trägt Georgie für sie ein Baby aus. Die Wehen setzen ein, während sie nach einem Unfall im Auto gefangen ist und die Passanten zugucken, ohne ihr helfen zu können. Hinterher braucht sie eine Therapie und lässt sich vom Psychiater Dr. David Caspian (Daniel Gerroll) verführen. Mutter Beatrice findet eine neue Liebe, den pensionierten Richter Truman Ventnor (Philip Sterling), der einige Jahre später an Alzheimer erkrankt und stirbt, woraufhin Alex wegen Sterbehilfe angeklagt wird.

Ups, plötzlich gibt es noch eine fünfte Schwester: Charly Bennett (Jo Anderson; später: Sheila Kelley) entstand aus einer Affäre ihres Vaters mit seiner Krankenschwester, und die Verwicklungen nehmen kein Ende. Georgie macht aus der Familiengeschichte ihre Diplomarbeit und findet sogar einen Verlag, der sie veröffentlichen will, was ihre Schwestern zu verhindern suchen. Schließlich finden alle vier, nein, fünf noch einmal zusammen, als Mutter Bea stirbt.

Trotz des selbst für Hollywoodverhältnisse bizarren Seifenopernplots beschäftigte sich die Serie auch angemessen mit ernsten Themen. Jede Folge begann damit, dass die Schwestern gemeinsam in der Sauna saßen und sich unterhielten. Eine weitere Eigenart der Serie waren die Rückblenden, in denen sich die Schwestern an ihre Kindheit in Winnetka, Illinois, erinnern und mit sich selbst als kleinen Mädchen sprachen.

Die insgesamt sechs Staffeln liefen täglich montags bis freitags.

STREET HAWK RTL

1986–1987. 13-tlg. US-Krimiserie von Robert Wolterstorff und Paul Belous (»Street Hawk«; 1985).

Officer Jesse Mach (Rex Smith) arbeitet in geheimem Auftrag für die Regierung. Er fährt das Supermotorrad »Street Hawk«, das 300 Meilen pro Stunde fahren kann und auch sonst eine technische Wunderwaffe ist. Norman Tuttle (Joe Regalbuto) hat das Gefährt erfunden und weiß als Einziger von Machs Missionen, denn offiziell ist dieser als Polizeibeamter im Bürodienst tätig.

Die dreiviertelstündigen Folgen liefen montags und dienstags im Vorabendprogramm.

STREET SHARKS RTL 2

1996–2001. 40-tlg. US-Zeichentrickserie (»Street Sharks«; 1995).

Der kauzige Mutationsspezialist Dr. Paradigm macht aus den vier Söhnen seines Feindes Dr. Bolton versehentlich Hai-Mensch-Kreuzungen. Diese vier Street Sharks kämpfen fortan gegen ihren größenwahnsinnigen Schöpfer.

DIE STREETWORKER PRO SIEBEN

2003–2004. Dt. Pseudo-Doku-Soap über die Arbeit des Sozialpädagogen Til Schumann und seines Teams, das sich um Problemkinder kümmert. Die Fälle sind nachgestellt, nein, erfunden – jedenfalls, gelinde gesagt, unwahrscheinlich.

Schon Monate vorher waren die Streetworker immer wieder in der Sendung *Die Jugendberaterin* mit längeren Einspielfilmen aufgetaucht, nach deren Absetzung bekamen sie ihre eigene halbe Stunde werktags um 15.30 Uhr.

STREIFENWAGEN 2150 ZDF

1963–1964. 13-tlg. US-Actionserie (»Highway Patrol«; 1955–1959).

Irgendwo im amerikanischen Westen jagt Autobahnpolizist Chief Dan Matthews (Broderick Crawford) in seinem Streifenwagen Räuber und Geiselnehmer über die Straßen. Währenddessen brüllt er dauernd Befehle in sein Funkgerät. Am Ende wird der Böse natürlich immer gefangen.

So eine Art »Alarm für Cobra 2150«. In einer Zeit, als noch ein einziger Hauptdarsteller für eine Serie ausreichte, setzte diese in den USA Maßstäbe

Um drei sich streiten, da freut sich das Zweite: *Streit um Drei* im ZDF mit Moderator Ekkehard Brandhoff, Richter Eugen Menken und dem hauptberuflichen Experten Wolfgang Büser (von links).

für spätere Actionserien, die dann zugunsten der Verfolgungsjagden auf Handlung verzichteten. Aus heutiger Sicht passierte damals überhaupt nichts Besonderes, doch damals war das eben neu und deshalb extrem erfolgreich.
In Deutschland liefen gerade mal 13 halbstündige Folgen von eigentlich 156 im Vorabendprogramm.

STREIT UM DREI ZDF
1999–2003. 50-minütige Gerichtsshow mit echten Streitfällen und falschen Streitenden.
Die Verhandlungen wurden mit wechselnden Schauspielern nachgestellt, der Richter, zunächst Eugen Menken, ab August 1999 Guido Neumann, war echt. Moderator war Ekkehard Brandhoff, als kommentierender Experte war Wolfgang Büser dabei. Die Show lief anfangs viermal pro Woche nachmittags um 15.10 Uhr, Anfang 2000 wurde am Freitagnachmittag die fünfte Ausgabe pro Woche eingeführt. Diese beschäftigte sich jeweils mit Arbeitsrecht; Freitagsrichter war Ulrich Volk.
Die Reihe war die erste tägliche Gerichtsshow im deutschen Fernsehen. Ein entsprechender Boom wurde aber erst etwas später durch den Erfolg der Sat.1-Sendung *Richterin Barbara Salesch* ausgelöst. Viel spannender hierbei war ohnehin der »Was macht eigentlich ...«-Effekt: Unter die völlig unbekannten Darsteller der Streitenden mischten sich gelegentlich abgehalfterte Seriendarsteller aus den 80er-Jahren, deren Gesicht man bis dahin erfolgreich vergessen gehabt zu haben hoffte.
Dem Erfolg der konkurrierenden Gerichtsshows gab sich *Streit um Drei* schließlich geschlagen. Nach Ausstrahlung der letzten Folge liefen noch bis Juni 2003 Wiederholungen auf dem täglichen Sendeplatz.

STREITFALL ZDF
1992. Einstündige Diskussionsreihe mit Wolfgang Herles und zwei Kontrahenten, die über ein gesellschaftliches Thema streiten. Im Publikum sitzen Betroffene und Interessierte, die in die Diskussion eingreifen können.
Streitfall war der Nachfolger von *Journalisten fragen, Politiker antworten*. In der ersten Sendung trafen der aufmüpfige Theologe und Tiefenpsychologe Eugen Drewermann und der katholische Bischof von Rottenburg-Stuttgart, Walter Kasper, aufeinander.
Lief insgesamt achtmal donnerstags um 22.15 Uhr.

DAS STREITGESPRÄCH ARD
1982–1983. Talkreihe, in der je zwei Persönlichkeiten über ein Alltagsthema diskutieren, in der ersten Folge z. B. Norbert Blüm und Heidemarie Wieczorek-Zeul über »Häuslicher Herd – oder tägliches Fließband«.
Das Ganze dauerte 45 Minuten und lief etwa einmal im Monat donnerstags um 16.15 Uhr, insgesamt 15-mal.

STRENG VERTRAULICH RTL
1994. Magazin, das brisante und angebliche Themen behandelte, wie z. B. das angebliche Ende der Flugsicherheit oder die angeblichen Kinderschändungen von Michael Jackson.
Das Magazin lief an verschiedenen Tagen um 22.00 Uhr, aber – pssst! – nur fünfmal.

STRESS IN STRASSBURG ZDF
1990. 6-tlg. dt. Jugendserie.
Während die Europa-Abgeordnete Sophie Behr

(Claudia Demarmels) in Straßburg Politik macht, macht sich ihr Sohn Chris (Carsten Strässer) auf die Suche nach seiner ausgebüchsten Cousine Silvie (Nina Azizi).

Die Folgen dauerten jeweils 25 Minuten und liefen nachmittags.

STRICHWEISE HEITER   ARD

1977–1980. Kurzfilmreihe mit dem Karikaturisten und *Nick Knatterton*-Schöpfer Manfred Schmidt, der zu Oberthemen wie »Amtsschimmel und Bürohengste« Zeichentrickfilme zeigt und erklärt. Die Reihe lief im regionalen Vorabendprogramm.

STRIP!   RTL 2

1999–2000. Erotik-Spielshow mit Jürgen und Ramona Drews.

Zwei Teams spielen an einer Ratewand, auf der zufällig Kategorien aufleuchten wie »Flotter Fünfer« oder »Flinke Finger«, woraufhin sie entweder Wissensfragen beantworten, die mit Sex zu tun haben, oder Dinge ertasten müssen, die mit Sex zu tun haben. Für erfüllte Aufgaben erhalten sie Punkte. Leuchtet »Strip« auf, ruft Drews »Strip, wieder alles im Griff, wohohohoho«, Applaus ist zu hören, eine Nebelmaschine wird eingeschaltet, junge Menschen treten auf, ziehen sich aus (Frauen behalten nur ihre Stiefel an, Männer halten sich einen Hut vor ihre Geschlechtsteile) und schmiegen sich an eine eigens dafür im Studio installierte Metallstange. Am Ende der Sendung bekommt das Gewinnerteam Reisegutscheine, und eine Kandidatin des Verliererteams muss strippen (Drews: »Komm schnell, zieh dich aus, mach es«), bekommt dafür aber auch einen Reisegutschein. In den Werbepausen taucht Jürgen Drews ebenfalls auf und wirbt für seine neue Single, die zufälligerweise »Alles im Griff« heißt, was er durch beherztes Drücken zweier Brüste oder Pobacken illustriert.

Lief ein paarmal am späteren Montagabend, dann samstags und auch sonntags. Später beschwerte sich RTL 2 darüber, als »Tittensender« bezeichnet zu werden.

STRIP UM MITTERNACHT   RTL
→ Mitternachtsstrip

STRÖHLEINS EXPERTEN   SAT.1

2002–2003. Halbstündige Comedy-Spielshow mit Marco Ströhlein.

Die Kandidaten im Studio müssen Menschenkenntnis beweisen. In eingespielten Straßenumfragen plaudert Ströhlein mit Passanten und testet ihre Allgemeinbildung. Die zwei Studiokandidaten müssen erraten, ob der Passant die Antwort kennt. Lustig wird die Sendung durch das verblüffende Unwissen und die unfreiwillige Komik vieler Passanten.

Lief montags bis freitags um 18.00 Uhr und blieb auch nachdem das Konzept geändert wurde und nur noch prominente Kandidaten teilnahmen weitgehend erfolglos.

STROMBERG   PRO SIEBEN

Seit 2004. Dt. Comedyserie von Ralf Husmann. Bernd Stromberg (Christoph Maria Herbst) ist der Chef aus der Hölle. Der Leiter der Abteilung Schadensregulierung, Buchstaben M bis Z, bei der Capitol-Lebensversicherung ist die meiste Zeit damit beschäftigt, sich und seine Leistungen in ein positives Licht zu rücken, eigene Fehler anderen in die Schuhe zu schieben und jeden Vorteil für sich herauszuholen. Wenn er sich nicht aus Bösartigkeit unbeliebt macht, dann aus Ungeschicklichkeit; selbst wenn er es gut meint, steht er innerhalb von Sekunden bis zum Hals im Fettnapf. Schlimmer wird der Umgang mit ihm noch dadurch, dass er sich für einen toleranten Chef hält, wie man ihn sich wünschen würde. Unter ihm leiden und arbeiten der überforderte Arschkriecher Berthold »Ernie« Heisterkamp (Bjarne Ingmar Mädel), der bequeme Ulf Steinke (Oliver K. Wnuk), die von ihm umschwärmte Tanja Seifert (Diana Staehly) und die füllige Erika Burstedt (Martina Eitner-Acheampong). Der Deutschtürke Sinan Turculu (Sinan Akkus) leitet die Konkurrenzabteilung (A bis L), Tatjana Berkel (Tatjana Alexander) ist Strombergs Vorgesetzte.

Die Serie bezog ihren Witz nicht aus Pointen, sondern fast immer aus der unerträglichen Peinlichkeit der Situationen. Inszeniert war sie wie eine Doku-Soap. Ein Fernsehteam dokumentiert mit der üblichen Wackelkamera die Arbeit der Abteilung; die Protagonisten wissen, dass sie gefilmt werden, was Stromberg noch mehr auf seine Außendarstellung achten und die Peinlichkeit noch größer werden lässt. Zwischendurch erzählen die Mitarbeiter ihre Sicht der Dinge direkt in die Kamera. *Stromberg* wäre eine außerordentlich innovative deutsche Comedyserie gewesen, hätte Pro Sieben nicht Idee, Format, Figurenkonstellation, Musikstil, Schnitt, ganze Dialoge und sogar Frisur und Details der Marotten des Chefs von der britischen Serie »The Office« kopiert, mit der die BBC einen sensationellen Erfolg erzielt hatte. BBC Worldwide prüfte, gegen Pro Sieben wegen Plagiats juristisch vorzugehen.

Die deutsche Version lief nur mäßig erfolgreich montags um 21.50 Uhr, dennoch bestellte Pro Sieben nach acht Folgen eine zweite Staffel.

STRONG MEDICINE –
ZWEI ÄRZTINNEN WIE FEUER UND EIS   SAT.1

2003–2004. 44-tlg. US-Krankenhausserie von Whoopi Goldberg und Tammy Ader (»Strong Medicine«; seit 2000).

Dr. Dana Stowe (Janine Turner) und Dr. Luisa »Lu« Delgado (Rosa Blasi) waren Freundinnen, als sie gemeinsam in Harvard studierten. Nach Jahren, während derer sie getrennte Wege gegangen sind, finden sie wieder zueinander, als Lus alternative Praxis, in der sie sich für unterprivilegierte Frauen einsetzt, vor dem Ruin steht. Dana ist mittlerweile Chefgynäkologin im angesehenen Rittenhouse Hospital in Philadelphia und sorgt dafür, dass Lu samt Praxis in diesem Krankenhaus unterkommt. Zum dortigen

Personal gehören die Rezeptionistin Lana Hawkins (Jenifer Lewis), der Pfleger Peter Riggs (Josh Coxx), der junge Arzt Dr. Nick Biancavilla (Brennan Elliott) und der Personalchef Dr. Bob Jackson (Philip Casnoff). Aus einer früheren Beziehung hat Lu einen Sohn namens Marc (Pilotfolge: Paul Robert Santiago; danach: Chris Marquette), der inzwischen im Teenageralter ist.
Serienerfinderin Whoopi Goldberg selbst spielte in zwei Folgen als Dr. Lydia Emerson eine Gastrolle. Sat.1 zeigte die einstündigen Folgen samstags nachmittags. In den USA wurden bisher mehr als 100 Folgen ausgestrahlt.

STRUMPET CITY – STADT DER VERLORENEN   ARD

1981. 7-tlg. irisches Epos von Hugh Leonard nach dem Roman von James Plunkett (»Strumpet City«; 1980).
Dublin, Anfang des 20. Jh.: Die Arbeiter leben im Elend, formieren sich zu Gewerkschaften, streiken und rebellieren gegen ihre Ausbeutung. Bob »Fitz« Fitzpatrick (Bryan Murray) ist einer von ihnen. Der Gießereiarbeiter hat Mary (Angela Harding) geheiratet, die bei Mr. Bradshaw (Edward Byrne) und seiner Frau (Daphne Carroll) als Hausmädchen arbeitet. Der junge Pater O'Connor (Frank Grimes), ein Freund der Familie, kümmert sich um die Armen und gerät in Konflikt mit dem Gemeindepfarrer Pater Giffley (Cyril Cusack), der an diesem Einsatz zerbrochen ist. James Larkin (Peter O'Toole) führt die Streikenden an.
Strumpet City war eine der wichtigsten und erfolgreichsten Produktionen des irischen Fernsehens. Die aufwendige Romanverfilmung verkaufte sich weltweit. Die ARD zeigte die knapp einstündigen Teile montags um 20.15 Uhr.

STUBBE – VON FALL ZU FALL   ZDF

Seit 1995. Dt. Krimireihe von Peter Kahane.
Seit seiner Versetzung arbeitet der Dresdner Kommissar Wilfried Stubbe (Wolfgang Stumph) in Hamburg und ermittelt in Mordfällen. Dort hat er es mit seinem Kollegen Bernd Zimmermann (Lutz Mackensy) zu tun – was nicht immer einfach ist. Mit seiner Frau Caroline (Marie Gruber; ab Folge 12, November 1998: Renate Krößner) und den Kindern Christiane (Stephanie Stumph) und Fabian (Dirk Meier) lebt Stubbe in einer Hamburger Villa bei Carolines verwitweter Tante Charlotte (Margret Homeyer) – was auch nicht immer einfach ist. In Folge 8 im November 1997 eröffnet Fabian, der inzwischen eine Banklehre abgeschlossen hat, seinen Eltern, dass er nach Südamerika gehen möchte. Caroline stirbt in Folge 23 im November 2003 an einer akuten Thrombose.
Stumphs Filmtochter ist auch seine wirkliche Tochter. Das ZDF zeigte die Serie in loser Folge am Samstagabend um 20.15 Uhr. Alle Folgen hatten Spielfilmlänge. Bis 2000 trugen die Filme lediglich den Titel *Von Fall zu Fall*. Nach der Auswanderung des Sohnes und dem Filmtod der Ehefrau rückte Stubbes Familienleben immer weiter in den Hintergrund; nun standen hauptsächlich die Kriminalfälle im Mittelpunkt.

EIN STÜCK HIMMEL   ARD

1982–1986. 10-tlg. dt. Historiendrama von Leo Lehmann nach der Autobiografie »Ein Stück Fremde« von Janina David, Regie: Franz Peter Wirth.
Als der Zweite Weltkrieg ausbricht, flieht die zehnjährige Janina Dawidowicz (Dana Vávrová) mit ihren Eltern Marek (Peter Bongartz) und Celia (Aviva Joel) aus ihrer kleinen polnischen Heimatstadt zunächst nach Warschau. Nach dem Einmarsch der Deutschen schlagen sie sich wieder nach Hause durch, doch da sie polnische Juden sind, wurde ihr ganzer Besitz beschlagnahmt. Ihre einzige Überlebenschance sehen sie, wie viele andere Juden, im Warschauer Ghetto. Die Eltern versuchen, ihr inmitten des Albtraums ein bisschen Kindheit zu ermöglichen, und organisieren sogar verbotenen Schulunterricht. Marek wird gezwungen, als Ghettopolizist zu arbeiten, was eine fürchterliche Schande für die Familie ist, sie aber eine Zeit lang davor bewahrt, in die Vernichtungslager deportiert zu werden wie Janinas Großeltern (Emil Stöhr und Helma Seitz). Der Deutsche Erich Grabowski (Reinhard von Bauer) bringt Janina heimlich unter. Sie wird in mehreren Klosterschulen versteckt und katholisch erzogen. Nach dem Krieg erfährt sie, dass ihre Eltern in Majdanek umkamen.
Nach einer ersten Staffel mit acht einstündigen Folgen liefen Ende 1986 zwei neue, spielfilmlange Folgen, die auf dem dritten Teil der Autobiografie beruhten. Die Musik schrieb Eugen Thomass. Die Reihe bekam 1983 den Adolf-Grimme-Preis mit Gold.

EIN STÜCK VON EUCH   ARD

1981–1982. Jugendsendung rund um einen Autorenwettbewerb.
Die Reihe bestand aus abgeschlossenen Kurzfilmen, die nach eingesandten Manuskripten gedreht worden waren. Sie waren mit wechselnden Schauspielern besetzt, darunter Susanne Uhlen, Christian Brückner, Tommi Ohrner, Walter Schultheiß, Heiner Lauterbach, Wolfgang Grönebaum, Anja Franke, Pierre Franckh, Pascal Breuer, Siegfried Rauch und Hanns Dieter Hüsch. Die Autoren der Filme wurden im Anschluss porträtiert oder interviewt.
Insgesamt 13 dreiviertelstündige Ausgaben mit je einem oder zwei Kurzfilm(en) liefen sonntags morgens. Ein erster Aufruf war im September 1980 gesendet worden.

STUDENTEN   ARD

1966–1967. 12-tlg. dt. Episodenreihe, Regie: Hans Quest.
Abgeschlossene Geschichten aus dem Leben verschiedener Studenten zwischen Vorlesungen, Nebenjobs und Mensaessen. Die halbstündigen Folgen liefen im regionalen Vorabendprogramm.

Stubbe – Von Fall zu Fall. Von Wolfgang Stumph (rechts) und Lutz Mackensy werden wir noch viel hören. Hier hat auch für die Beatles eine große Karriere begonnen.

STUDIO B   ARD
→ Musik aus Studio B

STUDIO BACH   ZDF
2001. Einstündige Comedy-Variety-Show mit Dirk Bach, der moderierte, sang, mit Gästen Sketche spielte und unterschiedlichen Künstlern eine Plattform bot. Die Show sollte an Vorbilder wie *Bios Bahnhof* anknüpfen. Sie brachte es aber nur auf eine einzige Ausgabe am Sonntag um 22.00 Uhr.

STUDIO 1   ZDF
1988–1993. »Spuren, Fakten, Hintergründe«. 45-minütiges Politmagazin mit Bodo H. Hauser.
Studio 1 war die Nachfolgesendung des *ZDF-Magazins:* Sie war politisch ähnlich berechenbar konservativ wie ihr Vorgänger, allerdings ohne den heiligen Zorn Gerhard Löwenthals. Das Magazin lief 14-täglich mittwochs um 21.00 Uhr, im Wechsel mit *Kennzeichen D.* Damit blieb das ZDF seinem System treu, einem vermeintlich »linken« ein vermeintlich »rechtes« Politmagazin entgegenzusetzen. Erst mit der Nachfolgesendung *Frontal* wurde das Eins-rechts-eins-links-Schema in eine einzige Sendung integriert.
Hauser beendete jede Sendung mit dem Satz: »So haben *wir* die Dinge gesehen.«

STUDIO FÜR JUNGE ZUSCHAUER   ZDF
1965–1973. Halbstündiges Kinderprogramm am Samstagnachmittag.
Dachmarke für viele unterschiedliche Formate mit wechselnden Moderatoren, die teilweise gar nicht als Reihe vorgesehen waren und deshalb nur einmal liefen. Es gab Aufführungen von Schülertheatergruppen, Musik und Tanz, Wissenswertes, Fragesendungen zu Berufen oder Sportarten, Kleinkunst oder Tipps zur Freizeitgestaltung. Mehrfach moderierte Henning Venske Spiel- oder Talentshows unter verschiedenen Titeln. Im April 1972 präsentierte Günter Pfitzmann das Quiz »Wer gewinnt heute?«.
Unter dem leicht erweiterten Titel *Unser Studio für junge Zuschauer* lief auch die Reihe *Hallo Freunde!,* deren Stegreifliedermacher Klaus Wüsthoff unter der Dachmarke eine eigene Sendung bekam.

STUDS LONIGAN   ZDF
1981. 6-tlg. US-Drama nach der Trilogie von James T. Farrell, Regie: James Goldstone (»Studs Lonigan«; 1979).
Der junge Bill »Studs« Lonigan (Harry Hamlin) wächst Anfang des 20. Jh. in Chicago auf. Er führt ein ausschweifendes Leben, kann sich nicht zwischen Catherine Banahan (Diana Scarwid) und Lucy Scanlon (Lisa Pelikan) entscheiden, und während seine Freunde Karriere machen, sucht er nach dem Sinn seines Lebens.
Außer in sechs Teilen à 45 Minuten lief auch eine Fassung mit drei spielfilmlangen Teilen. Sat.1 zeigte die Miniserie unter dem Titel *Eine Jugend in Chicago.*

STÜLPNER-LEGENDE   DFF 1
1973. 7-tlg. DDR-Abenteuerserie von Gerhard Branstner und C. Ulrich Wiesner, Regie: Walter Beck.
Karl Stülpner (Manfred Krug) ist Ende des 18. Jh. ein Wildjäger im Erzgebirge. Mit Witz und Mut und dem böhmischen Zigeuner »der Schwarze« (Jan Pohan) an seiner Seite setzt er den feudalstaatlichen Obrigkeiten zu. Er teilt das erlegte Wild mit den Armen und wird so zu einem Volkshelden in der Art eines Robin Hood, um den sich Legenden ranken. Seine Lieblingsgegner sind der Gerichtsverwalter von Günther (Ralph Borgwardt) und der herr-

schaftliche Jäger Helfrich (Ralph Borgwardt). Die schöne Wirtstochter Christine (Renate Reinecke) ist seine große Liebe, die er mit Liedern bezirzt. Am Ende verlässt er die Gegend und geht ins böhmische Exil, weil er sich vom Grafen von Einsiedel nicht kaufen lassen will.

Manfred Krug durfte herumtollen, sich raufen und singen und so die Kinder, an die sich die Serie vor allem richtete, mit lässigem Charme unterhalten. Nebenbei wurde der Stülpner aber auch zum politischen Helden verklärt, der große Reden auf die Französische Revolution hält.

Die Folgen waren 45 Minuten lang und liefen sonntags nachmittags. 1975 zeigte auch die ARD die Serie.

STUNDE DER ENTSCHEIDUNG ARD
1965–1973. 13-tlg. US-Krimireihe (»Kraft Suspense Theater«; 1963–1965).

Abgeschlossene Kurzkrimis ohne wiederkehrende Figuren, aber mit einigen (teils erst später) bekannten Namen in den wechselnden Rollen besetzt, darunter Lee Marvin, Leslie Nielsen, Ronald Reagan, Mickey Rooney, Lloyd Bridges und Jack Klugman.

Die 45-minütigen Folgen liefen freitags um 21.00 Uhr. Da jede Geschichte für sich stand, war es der ARD möglich, drei Episoden einzuschmuggeln, die gar nicht aus der US-Originalserie stammten, sondern aus anderen Episodenreihen.

STUNDE DER ENTSCHEIDUNG RTL
1994. Einstündige Show mit Hans Meiser.

Meiser zeigt ein paar Dutzend Studiogästen und zwei Prominenten einen Film mit einer Konfliktsituation und diskutiert mit ihnen darüber. Gemeinsam mit dem Zuschauern zu Hause, die per Telefon abstimmen, wird beschlossen, wie die Geschichte ausgehen soll – die gewählte Variante wird im Film gezeigt.

Obwohl es um so lebensnahe Themen ging wie die Frage, ob eine Frau mit ihrem Abteilungsleiter schlafen soll, um ihrem Mann den Job zu retten, wurde die Sendung gleich nach der Premiere wieder abgesetzt.

DIE STUNDE DER STARS ZDF
2001. »Menschen, Musik & Michael Schanze«.

Schanze moderierte die einstündige Show mit vielen Gästen, erfüllte Musikwünsche und erzählte menschelnde Geschichten. Gerade mal vier Ausgaben liefen in loser Folge donnerstags um 20.15 Uhr.

DIE STUNDE DER WAHRHEIT SAT.1
1999–2003. Spielshow mit Christian Clerici.

Der Moderator klingelt überraschend an Türen und verspricht die Erfüllung von Wünschen der ganzen Familie, wenn der Vater oder die Mutter eine Aufgabe lösen können, z. B. ein Kartenhaus bauen oder mit Fußbällen jonglieren. Eine Woche darf geübt werden, dann gilt es das Erlernte im Studio zu demonstrieren. Klappt die Übung innerhalb der vorgegebenen Zeit, gewinnt die Familie alles, sonst geht sie mit leeren Händen nach Hause.

Unter dem Deckmantel harmloser Familienunterhaltung verbarg sich eine der grausamsten Sendungen des deutschen Fernsehens. Mit großen Kinderaugen starrten die jüngsten Familienmitglieder abwechselnd auf ihren schwitzenden Papa bei der Prüfung und den großen Berg Stofftiere, Fahrräder und Autos, den sie gewinnen würden, wenn er nicht versagte. Wie viele Kinder später straffällig, drogenabhängig oder talkshowsüchtig wurden, weil sie in dem Moment das wichtige Urvertrauen in ihre Eltern verloren, als die in Griffweite stehenden Präsente wieder abtransportiert wurden, nur weil Papa, der Dussel, sich so ungeschickt angestellt hatte, ist leider nie wissenschaftlich untersucht worden. Ihren entsetzten Gesichtern nach zu urteilen war die Sendung für viele Familien wirklich die Stunde der Wahrheit.

Die Show war anfangs eine Stunde lang, lief freitags um 20.15 Uhr und schaffte es trotz mäßiger Quoten in eine zweite Staffel. Für die dritte Staffel im Herbst 2000 wurde das Ganze sogar auf 90 Minuten verlängert, und fortan hatten auch Studiozuschauer die Gelegenheit, Kunststückchen vorzuführen. Ab April 2001 lief die Show wieder einstündig und eine Stunde später, dann auch mal wieder früher, im Frühsommer 2003 samstags um 18.00 Uhr und schließlich um 15.00 Uhr.

DER STURM ZDF
2005. 4-tlg. Zeitgeschichtsdoku aus Guido Knopps Weltkriegsredaktion über die letzten Kämpfe des Zweiten Weltkriegs.

DER STURM DES JAHRHUNDERTS RTL
→ Stephen Kings Der Sturm des Jahrhunderts

STURM ÜBER EUROPA ARTE
2002. 4-tlg. Geschichtsdoku von Christian Feyerabend und Uwe Kersken über die Völkerwanderung der Germanen.

In Koproduktion mit arte, dem österreichischen, spanischen und australischen Fernsehen suchte die Reihe nach den Anfängen des heutigen Europas. Das ZDF fand's ambitioniert, der »Spiegel« schrecklich: »Leider nutzen die Macher billige Computertricks, amateurhaft gestaltete Schlachtszenen und einen derart pathetischen wie spekulativen Kommentar, dass sich die Absicht in ihr Gegenteil verkehrt und *Sturm über Europa* zu schlichter Fantasyware verkommt.«

Lief erst auf arte und wenige Tage später sonntags im ZDF in der Reihe *ZDF Expedition*.

STÜRME DES LEBENS RTL
1990. 10-tlg. frz. Kriegsdrama (»Tourbillons«; 1988).

Irène (Fabienne Babe) liebt Helmut von Stuffer (Alfons Haider), der aber mit Marjorie (Sylvie Granotier) liiert ist, die wiederum die Geliebte eines an-

deren ist. Leider tobt gerade der Zweite Weltkrieg, was die Fronten zusätzlich verhärtet. Helmut ist deutscher Offizier, Marjorie französische Widerstandskämpferin, der sich der Jude Henri (Johan Leysen) anschließt.
Die einstündigen Folgen liefen am späten Mittwochabend.

STURMZEIT ZDF
1999. 5-tlg. dt. Familiensaga von Wolfgang Kirchner und Bernd Böhlich nach den Romanen von Charlotte Link.
Das Leben der jungen Felicia Domberg (Jeanette Hain; Folge 3: Barbara Rudnik; ab Folge 4: Nadja Tiller) und ihres sozialistischen Freundes Maksim Marakov (Ben Becker; ab Folge 4: Rolf Illig) in Ostpreußen gerät durcheinander, als der Erste Weltkrieg ausbricht. Sie heiratet Alex Lombard (Max Tidof), liebt aber eigentlich Maksim, der immer wieder vorübergehend in ihrem Leben auftaucht und von dem sie – ohne dass er es weiß – eine Tochter bekommt: Belle (Muriel Baumeister; ab Folge 4: Leslie Malton). Die Ehe mit Alex wird geschieden. Felicia heiratet Benjamin Lavergne (Dominique Horwitz) und bekommt eine weitere Tochter: Susanne (Sabrina Rattey, ab Folge 4: Renate Krößner). Felicias Lebenswerk wird eine Textilfabrik, die sie mit ihrem Geschäftspartner Tom Wolff (Udo Samel) und dessen Frau Kassandra (Giulia Boschi) in München aufbaut. Kassandra ist zugleich Alex' Schwester. Felicia trifft Maksim wieder, und der unglückliche Benjamin nimmt sich das Leben. Aber erst im hohen Alter werden Maksim und Felicia endgültig vereint, und Maksim erfährt, dass er Vater und sogar Großvater ist.
Das ZDF sendete die fünf spielfilmlangen Folgen innerhalb einer Woche zur Primetime.

STYLE ATTACK VOX
2004. Halbstündige Verschönerungsshow mit Andrea Kempter, Frank Breitgoff, Yared Dibaba und Gisa Bergmann, die dringend einer Generalüberholung bedürftige Wohnungen, Autos oder Menschen einer solchen unterziehen. Lief werktags im Vorabendprogramm.

SUBITO ARD
1995. »Die Sendung zum Gerät«. Satirisches Magazin mit Werner Sobotka und der Wiener Kabarettgruppe Die Hektiker.
Sie nehmen die Marotten des modernen Fernsehens auf die Schippe: Live-Schaltungen, Wackelkameras, Straßeninterviews. Als »TV-Fahnder« karikiert Maximilian Schmidt die pseudoinvestigativen Aufklärer der Boulevardmagazine, es gibt Parodien auf Politiker und Prominente und Witzinterviews mit den Originalen. »Talk im Sturz« ist der Titel einer Rubrik mit »Europas härtestem Prominenteninterview«, das in einer Achterbahn mit Looping geführt wird. Regelmäßig tritt Hans Werner Olm auf und parodiert Ost- und Westberliner.
Mit der Sendung wollte die ARD das durch das Ende von *Schmidteinander* entstandene Witz- und Satireloch füllen, ließ von jeder der fünf beteiligten Anstalten Beiträge zuliefern und erntete für das Ergebnis nur Spott und Entsetzen. Wie die meisten Versuche des Fernsehens, sich selbst zu parodieren, ging auch dieser schief. Nach sieben Ausgaben beschlossen die Programmdirektoren das Aus der Sendung. *Subito* lief im Wechsel mit dem *Scheibenwischer* 14-täglich am späten Samstagabend, nach dem *Wort zum Sonntag*.

DIE SUCHE NACH DEN QUELLEN DES NILS NDR
1978. 6-tlg. brit. Historienserie von Derek Marlowe und Michael Hastings (»Search For The Nile«; 1971).
Die Entdecker Richard Burton (Kenneth Haigh), John Speake (John Quentin), James Grant (Ian McCulloch), Henry Stanley (Keith Buckley), Samuel Baker (Norman Rossington) und Dr. David Livingstone (Michael Gough) wollen das größte geografische Geheimnis des Viktorianischen Zeitalters lösen: die Frage nach dem Ursprung des Nils. Also erkunden sie das ihnen bis dahin unbekannte innere Afrika.
Die Folgen waren eine Dreiviertelstunde lang. 1980 liefen sie sonntags vormittags in der ARD unter dem Titel *Auf der Suche nach der Quelle des Nils*.

SUCHEN SIE DR. SUK ZDF
1972. 13-tlg. dt. Krimiserie von Dieter Gasper, Regie: Helmut Förnbacher.
Lord Freddy Summertime (Werner Schulenberg) ist kein versierter, aber ein erfolgreicher Detektiv. Zufall ist eben eine tolle Sache. Jetzt jagt er einen ganz dicken Fisch: den berüchtigten Bankräuber Dr. Suk. Seine resolute Mutter Lady Summertime (Margot Hielscher) hilft bei der Suche. Die Spur führt auf eine merkwürdige Insel mit einem ebenso merkwürdigen Präsidenten (Ferdy Mayne).
Die halbstündigen Folgen liefen mittwochs um 19.10 Uhr.

SÜCHTIG ARD
1992–2004. 4-tlg. dt. Langzeitdokumentation von Sabine Braun über die Hamburger Drogenabhängige Tanja.
Die Kamera begleitete Tanja ab 1990, als sie 15 war und bereits seit zwei Jahren Drogen nahm. Den ersten Film zeigte die ARD 1992, ein zweiter erschien 1997 als Video, der dritte lief 2001 wieder im Fernsehen mit dem Untertitel »Protokoll einer Hilflosigkeit«: Tanja hatte alle Entzugsversuche abgebrochen und war ein Wrack. Der vierte Teil 2004 zeigte in eineinhalb Stunden noch einmal die Entwicklung über 13 Jahre hin zu der inzwischen Aids-Kranken, die keine Stellen an ihrem Körper mehr fand, in die sie sich noch Drogen spritzen konnte. Ein halbes Jahr vor der Ausstrahlung war Tanja im Alter von 29 Jahren gestorben.

SÜDERHOF ARD
→ Neues vom Süderhof

SUGARBAKER'S   SAT.1
1993. 38-tlg. US-Sitcom von Harry Thomason und Linda Bloodworth-Thomason (»Designing Women«; 1986–1993).
Die Freundinnen Julia Sugarbaker (Dixie Carter), ihre Schwester Suzanne Sugarbaker (Delta Burke), Mary Jo Shively (Annie Potts) und Charlene Frazier (Jean Smart) betreiben gemeinsam das Designstudio Sugarbaker's. Ihr Assistent ist Anthony Bouvier (Meshach Taylor).
Eigentlich sollte die Frauen-Sitcom an den Erfolg der *Golden Girls* anknüpfen, nach 38 von 100 geplanten Folgen im werktäglichen Vorabendprogramm um 18.00 Uhr setzte Sat.1 die Serie jedoch ab. Die restlichen 125 existierenden Episoden liefen später unter dem Titel *Mann muss nicht sein?* bei Super RTL.

SUNDAY NIGHT CLASSICS   ZDF
2003–2004. Musikshow, die jungen Zuschauern zeigen will, wie toll klassische Musik ist. Deshalb lassen Popbands ihre Songs klassisch klingen, und dicke Tenöre singen auch mal ein Poplied. Marco Schreyl moderierte die erste Sendung mit Enie van de Meiklokjes, die zweite mit Annabelle Mandeng, die dritte mit Jasmin Gerat, und das war's.
Die Show lief halbjährlich sonntags gegen 22.00 Uhr. Im Mai 2005 startete das ZDF die gleiche Idee erneut, jetzt unter dem Titel *Eine große Nachtmusik*.

SUNSET BEACH   RTL
1998–1999. 260-tlg. US-Daily-Soap von Charles Pratt, Jr., Robert Guza, Jr. und Josh Griffith (»Sunset Beach«; 1997–1999).
Liebe, Leben, Intrigen und Affären im romantischen Städtchen Sunset Beach in Kalifornien. Zu den Hauptdarstellern gehörten Susan Ward, Lesley-Anne Down, Randy Spelling, Sam Behrens, Vanessa Dorman, Kam Heskin, Carol Potter und John Martin.
Aaron Spelling war der Produzent, der wie auch in seiner Serie *Beverly Hills, 90210* einem seiner Kinder eine Rolle im Fernsehen verschaffte, diesmal seinem Sohn Randy. Die 45-Minuten-Folgen liefen im werktäglichen Vormittagsprogramm.

SUNSET BEAT   RTL
1992. 5-tlg. US-Krimiserie (»Sunset Beat«; 1990).
Die Polizisten Chic Chesbro (George Clooney), Tim Kelly (Michael DeLuise), Bradley Coolidge (Markus Flanagan) und Tucson Smith (Erik King) ermitteln undercover. Sie berichten an Captain Ray Parker (James Tolkan).
Den Pilotfilm zur Serie zeigte RTL erst knapp drei Jahre später zum ersten Mal.

SUPER!!!   SAT.1
1994–1995. Aufgekratztes Wochenmagazin für Jugendliche mit Markus Gerwinat, Gero Pflaum und Kamerahund Edgar.
Studiogäste, interaktive Elemente und experimentelle Rubriken machten die Sendung aus. So wurde außer auf dem Hund z. B. auch in einem Passbildautomaten eine Kamera installiert, wodurch der Kasten zur »Talkbox« wurde.
49 Folgen liefen vormittags am Wochenende; sie waren zunächst 50, dann 30 Minuten lang. Ursprünglich sollte die Show »Super-Mag« heißen, worüber sich das ZDF beklagte, das eine Verwechslung mit *Dr. Mag* befürchtete. Sat.1 ersetzte die drei Buchstaben erst durch drei Fragezeichen und später durch die drei Ausrufezeichen.

SUPER DRUMMING   ARD
1987–1990. Musikdokumentation mit Pete York über die Geschichte des Schlagzeugspiels.
York, selbst Drummer der Spencer Davis Group, zeigte Ausschnitte berühmter Schlagzeuger und begrüßte in der beeindruckenden Kulisse eines alten Stahlwerks der Völklinger Hütte Kollegen, um mit ihnen um die Wette zu trommeln und coole Jazzmusik zu machen.
Drei Staffeln mit je sechs Folgen liefen nachmittags.

SUPER FORCE   PRO SIEBEN, KABEL 1
1992 (Pro Sieben); 1995–1996 (Kabel 1). 48-tlg. US-Science-Fiction-Serie (»Super Force«; 1990–1992).
Das Leben ist hart im Jahr 2020 in Metroplex. Zum Glück hat der Polizist Zachary »Zach« Stone (Ken Olandt) eine zweite Persönlichkeit, mit der er wirkungsvoller gegen das Böse vorgehen kann: Super Force. In einem schwarzen Hochglanzraumanzug, der ihn fast unbesiegbar macht, kämpft er dann mit modernsten Waffen auf seinem Spezialmotorrad. Die Ausrüstung verdankt er dem Geschäftsmann E. B. Hungerford, der zwar schon gestorben ist, aber in einem Computer weiterlebt, der mit seiner Stimme spricht. Der Elektronikexperte F. X. Spinner (Larry B. Scott) kümmert sich um die Technik und weiß als Einziger um Zachs Doppelleben. Später hilft auch noch Zander Tyler (Musetta Vander), ein Medium, das Zach einmal das Leben gerettet hat. Fortan hat Zach noch einige Supereigenschaften mehr.
Die Folgen waren 25 Minuten lang.

DIE SUPER-HITPARADE   ZDF
1981–2003. »Schlager, die man nie vergisst«. Alljährliche Gala mit Dieter Thomas Heck, anfangs zugunsten der »Bild«-Aktion »Ein Herz für Kinder«, später der Deutschen Welthungerhilfe. Zeitweise traten die Monatssieger der *ZDF-Hitparade* um den Jahressieg gegeneinander an.

DIE SUPER-HITPARADE DER VOLKSMUSIK   ZDF
Seit 1983. Einmal im Jahr präsentiert Carolin Reiber in einer großen Abendshow die zwölf Monatssieger, die im Jahr zuvor *Die Volkstümliche Hitparade im ZDF* gewonnen haben.
Die ersten Testausgaben 1983 und 1984 moderierte Reiber zusammen mit Elmar Gunsch. Erst 1989 kam die Show regelmäßig jährlich im Spätherbst,

seitdem mit Reiber allein. Die Sendung überlebte auch das Aus der *Volkstümlichen Hitparade* und lud nun einmal im Jahr einfach beliebte Interpreten zu einem »Weihnachtsmarkt« ein.

DIE SUPER-MAMIS — PRO SIEBEN
1996. 37-tlg. US-Sitcom von Kathy Speer und Terry Grossman (»The Mommies«; 1993–1995).
Die Freundinnen Marylin Larson (Marilyn Kentz) und Caryl Kellogg (Ceryl Kristensen) sind fast vorbildliche Mütter. Na ja, fast. Sie sehen durchschnittlich aus und haben überdurchschnittlichen Stress, denn ihre Männer sind faul und die Kinder frech. Marylins Familie besteht aus Ehemann Jack (David Dukes), Teenagersohn Adam (Shiloh Strong) und der siebenjährigen Tochter Kasey (Ashley Pelson); Caryl ist mit Paul (Robin Thomas; ab Folge 26: Lane Davies) verheiratet, ihre kleinen Kinder heißen Blake (Ryan Merriman) und Danny (Sam Gifaldi).
Die halbstündigen Folgen liefen werktags im Vorabendprogramm.

SUPER MARIO BROS. SUPER SHOW — RTL 2
→ Super Mario Brothers

SUPER MARIO BROTHERS — RTL
1991–1997. 91-tlg. US-Trick- und Realserie (»Super Mario Bros.«; 1989–1991).
Die italienischen Brüder Mario und Luigi arbeiten als Klempner in New York. Versehentlich werden sie einen Abfluss hintergespült und landen im Pilzewunderland, das den Nachteil eines bösen Schurken hat, nämlich der Monsterschildkröte Koopa. Vor ihr müssen Mario und Bruder nun die Prinzessin Peach Toadstool beschützen. Nebenbei versuchen sie einen Rückweg nach Hause zu finden. In der letzten Staffel bekommen sie Verstärkung von Yoshi, einem Krötosaurus Rex, der sich prima als Fortbewegungsmittel eignet.
Die Serie bestand eigentlich aus drei Serien, die alle auf dem gleichnamigen Nintendo-Spiel basierten, dessen Charaktere von Shigeru Miyamotu ersonnen wurden. In den 52 Folgen der ersten Serie (Originaltitel: »The Super Mario Bros. Super Show«; 1989) waren die Episoden zweigeteilt und nur zur Hälfte animiert. Die andere Hälfte bestand aus Realszenen, die zeitlich vor den Abenteuern im Pilzewunderland spielten und Mario (Lou Albano) und Luigi (Danny Wells) in ihrer Klempnerwerkstatt in Brooklyn zeigten. Die zweite Serie hieß im Original kurioserweise »The Adventures Of Super Mario Bros. 3« (1990–1991). Die letzten 13 Folgen trugen im Original ebenso wie in Deutschland den Titel *Super Mario World*. Der anfängliche Sendeplatz am Samstagmittag rückte mit der Zeit immer weiter Richtung Morgengrauen.
1993 entstand ein Realfilm fürs Kino, in dem Bob Hoskins die Titelrolle spielte.

SUPER MARIO WORLD — RTL
→ Super Mario Brothers

DIE SUPER NANNY — RTL
Seit 2004. Dt. Dokutainmentshow.
Katharina Saalfrank ist das perfekte Kindermädchen. Für jeweils eine Woche zieht sie bei einer Familie ein, deren ungehorsame Kinder die Eltern überfordern, und versucht aus den frechen Bälgern brave Kinder zu machen.
Die Reihe ist eine Adaption des britischen Formats »Supernanny«, von dem nur zwei Wochen später beim Tochtersender RTL 2 eine eigene Version startete: *Die Supermamas – Einsatz im Kinderzimmer*. Die einstündige RTL-Version lief zum Start mit zwei losen Einzelfolgen, die bemerkenswerte Marktanteile erreichten, und so bekam sie ab November 2004 einen festen Sendeplatz am Mittwoch um 20.15 Uhr. Dort wurde sie mit mehr als fünf Millionen Zuschauern der einzige nennenswerte Erfolg der neuen TV-Saison, und RTL gab so schnell wie möglich neue Folgen in Auftrag. Damit die Folgen schnell produziert werden konnten, wechselte sich Katharina Saalfrank nun mit Nadja Lydssan als zweiter Supernanny ab. Einer von Saalfranks Ratschlägen an die Familien war oft, nicht zu viel fernzusehen. RTL schnitt das dann raus.

SUPER SCOTT: EIN STARKER TYP — RTL 2
1994–1995. 13-tlg. US-Sitcom (»Great Scott!«; 1992).
Der 15-jährige Scott Melrod (Tobey Maguire) ist ein unsicherer Highschool-Neuling voller Komplexe. In seinen ausufernden Fantasien ist er der Supercrack, der Frauen erobert und Rivalen besiegt, in der Realität ist er es, der verlassen und besiegt wird. Seine Eltern Beverly (Nancy Lenehan) und Walter (Ray Baker) wünschten sich, er wäre mehr wie sein Cousin Larry O'Donnell (Kevin Connolly), und Scotts neurotische Schwester Nina (Sarah Koskoff) ist auch keine Hilfe.
Es war die erste Hauptrolle für Tobey Maguire (»Pleasantville«, »Spider-Man«), aber alles andere als ein guter Start. Der US-Sender Fox strahlte überhaupt nur sechs der 13 produzierten halbstündigen Folgen aus. RTL 2 zeigte alle am Sonntagnachmittag.

SUPERBLÖFF — ARD
1996. 45-minütige Spielshow mit Michael Schanze, Raterunden und einem Showblock. Lief 13-mal samstags nachmittags, dann entpuppte sich der Unterhaltungswert als »Blöff«.

SUPERBOY — SAT.1
1992–1994. 97-tlg. US-Fantasyserie (»The Adventures Of Superboy«; 1990–1991).
Der junge Clark Kent (John Haymes Newton; ab der zweiten Staffel: Gerard Christopher), aus dem später einmal Superman werden wird, geht noch aufs College und studiert Journalismus. Nebenbei ist er Reporter für die College-Zeitung. Sein bester Freund und Zimmergenosse ist T. J. White (Jim Calvert). Dessen Onkel Perry White gibt die Zeitung »Daily Planet« heraus; ihm wird Superboy also in seinem

zukünftigen Leben noch begegnen. Zu ihren Mitschülern gehören Clarks Jugendfreundin Lana Lang (Stacy Haiduk) und Clarks zukünftiger Erzfeind Lex Luthor (Scott Wells; ab der zweiten Staffel: Sherman Howard). T. J. verlässt die Schule, um beim »Daily Planet« zu arbeiten, und Andy McAllister (Ilan Mitchell-Smith) wird Clarks neuer Zimmergenosse. Als auch Clark und Lana das College abschließen, beginnen beide als Praktikanten im Büro für außergewöhnliche Angelegenheiten. Einer ihrer Kollegen dort ist Matt Ritter (Peter Jay Fernandez), C. Dennis Jackson (Robert Levine) ihr Boss. Jonathan (Stuart Whitman) und Martha (Salome Jens) sind die irdischen Adoptiveltern Clarks, der als Baby vom Planeten Krypton kommend auf der Erde gelandet war.

Die Serie war ein *Prequel* der bekannten »Superman«-Kinoabenteuer, deren Produzenten Alexander und Ilya Salkind auch für diese Serie verantwortlich waren. Die 25-Minuten-Folgen liefen am Wochenende morgens. Zehn Jahre später befasste sich *Smallville* ebenfalls mit Supermans Jugendjahren.

SUPERFAN   RTL
1992. Einstündige Show mit Marijke Amado, in der mehrere Fans eines Stars gegeneinander antreten und Fragen zu ihrem Liebling beantworten müssen. Der Sieger gewinnt den Titel »Superfan«.
Lief donnerstags um 20.15 Uhr. Produzent der Reihe war Rudi Carrell.

DIE SUPERFANS   SAT.1
Seit 2005. Zweieinhalbstündige Sonntagabendshow mit Kai Pflaume.
Gerührte Popstars, die im vergangenen Jahr viele CDs verkauft haben, bekommen von gerührten Fans Goldene Schallplatten überreicht. Wer als Fan ganz, ganz großes Glück hat, darf z. B. Schnappi, das kleine Krokodil, treffen. Wer Pech hat, trifft Hartmut Engler. Und wer's nicht gesehen hat, kann ja eine Woche später die einstündige Zusammenfassung gucken.

DER SUPERFLIP   ZDF
1989. Spielshow mit Michael (Mike) Carl. Zuschauer nehmen per Telefon teil und kämpfen um den Titel des »Flipper-Königs«. Lief alle 14 Tage, insgesamt neunmal.

DIE SUPERFRAUCHEN –
EINSATZ FÜR VIER PFOTEN   RTL 2
2005. Dt. Dokutainmentshow.
Analog zu *Die Supermamas – Einsatz im Kinderzimmer* besuchen in dieser Serie Streberfrauchen die überforderten herkömmlichen Herrchen und Frauchen und zeigen ihnen, wie man mit Fiffi richtig umspringt.

DIE SUPERGÄRTNER   PRO SIEBEN
2004. Halbstündige Servicemagazin-Spielshow mit Ariane Sommer und Detlef »D!« Soost. Ein Männer- und ein Frauenteam kämpfen darum, wer den schöneren Garten anlegen kann.

23 Folgen liefen werktags, einige davon am Vorabend, der Rest (mangels Erfolg) nachmittags.

SUPERGRAN – DIE OMA AUS
DEM 21. JAHRHUNDERT   ZDF
1991. 26-tlg. brit. Kinder-Comedy-Krimi-Serie von Jenny McDade nach den Büchern von Forrest Wilson (»Supergran«; 1985–1987).
Angesichts der Zahl der Professoren, die in der Fernsehwelt herumgeistern, gefährliche Maschinen erfinden, nicht genügend auf sie aufpassen, Unbeteiligte durch radioaktive Strahlen treffen und sie so in irgendwelche Monster verwandeln, war es nur eine Frage der Zeit, bis es auch eine faltige alte Frau treffen würde. Für Oma Smith (Gudrun Ure), die Großmutter von Willie (Iam Towell), ist das aber kein Grund zum Ärgern. Sie verwandelt sich fortan regelmäßig in Supergran, kann Autos hochheben, mit ihrem Fahrrad fliegen und die kleine englische Stadt Chisleton gegen die Superbösewichte und Superidioten Edward Teller (Iain Cuthbertson) sowie seine Helfer Horch (Alan Snell) und Greif (Brian Lewis) verteidigen. Der merkwürdige Erfinder, dessen Maschine alles auslöste, ist Professor Black (Bill Skrie).
Viele Gaststars wie Lulu und Barbara Windsor wirkten in der großartig schlechten Serie mit. Die Titelmusik schrieb und sang Billy Connolly.
Die 25-minütigen Folgen liefen nachmittags.

SUPERGRIPS   BR
1987–1995. Werktägliches Schülerquiz.
Zwei Kandidatenteams müssen auf einer Wand mit 20 Buchstabenwaben einen Weg von einem Ende zum anderen markieren. Jeder Buchstabe ist der Anfangsbuchstabe der gesuchten Lösung. Der Moderator formuliert die Frage nach dem Muster: »Welches S ist ein erfolgreiches tägliches Schülerquiz im Bayerischen Fernsehen?« Wer zuerst einen Buzzer drückt, darf die Antwort geben. Stimmt sie, verschwindet der Buchstabe, und die Wabe wird mit der Farbe des Teams belegt. Der Spieler darf dann den nächsten Buchstaben bestimmen.
Ein Team besteht aus zwei Kandidaten, die auf der Wabenwand die Verbindung von links nach rechts schaffen müssen. Sie treten gegen einen Einzelspieler an, der den (kürzeren) Weg von oben nach unten sucht. Ist die Reihe erfolgreich hergestellt, tritt der Sieger (oder einer der beiden aus dem Siegerteam) allein in einer Preisrunde an, in der er auf der Wabenwand eine waagerechte Verbindung herstellen muss. Diesmal enthält jede Wabe zwei oder drei Buchstaben, die für zusammengesetzte Ausdrücke stehen. Schafft der Spieler den Weg in 60 Sekunden, darf er aus drei Preisen einen auswählen. Einer davon ist immer die Wundertüte, in der sich ein sehr großer oder auch ein völlig unbrauchbarer Gewinn verbergen kann.
Jeweils eine Woche lang spielen zwei Schulklassen gegeneinander. Die Verlierer einer Runde werden immer gegen neue Kandidaten ausgetauscht, der Sie-

ger spielt weiter. Ist die 25-minütige Sendezeit um, wird einfach am nächsten Tag weitergespielt. Ebenso schlichte wie unterhaltsame Fließbandproduktion. Moderator war Frank Laufenberg, ab Juli 1991 Ingo Dubinski. Die Sendung wurde von einigen anderen Dritten Programmen übernommen. Das Format kam aus den USA, wo es als »Blockbusters« 1980 begann, war in Großbritannien aber weit erfolgreicher.

DIE SUPERHITPARADE DER VOLKSMUSIK ZDF
→ Die Super-Hitparade der Volksmusik

SUPERHUMAN SAMURAI SYBER SQUAD SAT.1, KABEL 1
1995 (Sat.1); 1996 (Kabel 1). 53-tlg. US-Kinder-Actionserie von Jymn Magon und Mark Zaslove, Regie: Andy Heyward (»Superhuman Samurai Syber-Squad«; 1994–1995).
Ist der Rechner wieder einmal abgestürzt? Die Festplatte gelöscht? Dann steckt bestimmt der böse Kilokahn dahinter, ein Virus in Drachengestalt. Die vier Highschool-Schüler Sam »Servo« Collins (Matthew Lawrence), Amp (Troy Slaten), Tanker (Kevin Castro) und Sydney (Robin Mary Florence) können sich in die Superhuman Samurai Syber Squad, kurz SSSS, verwandeln und gegen ihn kämpfen. Auf der Seite Kilokahns steht Malcolm Frink (Glen Beaudin).
50 Folgen des halbstündigen *Power Rangers*-Abklatschs zeigte Sat.1; die ersten drei liefen bei Kabel 1, aber erst ein Jahr später.

SUPERKATER ARD
1972. 28-tlg. US-Zeichentrickserie (»Top Cat«; 1961–1962).
Der Superkater und seine Freunde Benny Ball, Choo Choo, Superhirn und Spook erleben Abenteuer. Sie leben auf einer Müllhalde.
Serie aus den Hanna-Barbera-Studios, die u. a. auch *Tom und Jerry* und *Familie Feuerstein* verantworteten. Die halbstündigen Folgen liefen in regionalen Vorabendprogrammen.

SUPERLACHPARADE ARD
1988–1994. Große 90-minütige Spaßshow mit vielen bekannten deutschen (vor allem norddeutschen) Komikern.
Etwa einmal im Jahr zur besten Sendezeit am Samstagabend sangen Stars wie Karl Dall und Gottlieb Wendehals ihre erfolgreichsten Lieder und erzählten Komiker wie Günther Willumeit und Fips Asmussen ihre ältesten Witze.

DIE SUPERMAMAS – EINSATZ IM KINDERZIMMER RTL 2
Seit 2004. Dt. Dokutainmentshow.
Die beiden Pädagoginnen Aicha und Miriam quartieren sich für zehn Tage bei jeweils einer Familie ein, deren ungehorsame Kinder die Eltern überfordern, und versuchen aus den frechen Blagen brave Kinder zu machen.

Das britische Format »Supernanny« war das Vorbild für diese Reihe, aber natürlich hatte RTL 2 nicht das Format gekauft. Das hatte RTL getan, wo *Die Super Nanny* zwei Wochen vorher an den Start ging.

SUPERMAN PRO SIEBEN
1997–2000. 54-tlg. US-Zeichentrickserie (»Superman«; 1996–2000). Nach der Explosion des Planeten Krypton kommt Kal-El in einer Rakete zur Erde und wird zum unbesiegbaren Helden Superman.
Aufwendige neue Zeichentrickversion der Superman-Abenteuer aus den Warner-Studios, die im Kinderprogramm am Samstagvormittag lief.

SUPERMAN – DIE ABENTEUER VON LOIS & CLARK PRO SIEBEN
1994–1998. 87-tlg. US-Science-Fiction-Serie von Deborah Joy LeVine (»Lois & Clark: The New Adventures Of Superman«; 1993–1997).
Neuauflage der Superman-Abenteuer: Clark Kent (Dean Cain) arbeitet als Zeitungsreporter beim »Daily Planet« in Metropolis. Er führt ein Doppelleben und wird bei Bedarf zum unbesiegbaren Helden Superman vom Planeten Krypton, der die Welt vor dem Bösen rettet. Seine Kollegin Lois Lane (Teri Hatcher) will von ihm anfangs nichts wissen, weil sie für den Helden Superman schwärmt, nicht ahnend, dass es sich bei Clark Kent um ebendiesen handelt. So ist sie anfangs mit Lex Luthor (John Shea) zusammen, doch auch sein Geheimnis kennt sie nicht: Luthor ist ein skrupelloser Verbrecher und Supermans härtester Gegner. Er stirbt eines Tages zum Schein, kehrt aber später samt seiner bösen Machenschaften zurück. Lois und Clark werden schließlich doch ein Paar, als sie sein Geheimnis erfährt. Perry White (Lane Smith) ist der Besitzer des »Daily Planet«, bei dem auch Jimmy Olsen (Michael Landes; ab der zweiten Staffel: Justin Whalin) und anfangs Catherine »Cat« Grant (Tracy Scoggins) als Reporter arbeiten. Jonathan (Eddie Jones) und Martha Kent (K Callan) sind Clarks Adoptiveltern, die sich fürsorglich um den Helden kümmern.
Die Neuauflage des Comicklassikers wurde in die Gegenwart verlegt und setzte weniger auf Heldentaten und Verbrecherjagd, sondern konzentrierte sich vor allem auf die zwischenmenschlichen Aspekte in der Beziehung zwischen Lois und Clark.
Die einstündigen Folgen liefen meist sonntags am Vorabend, zeitweise auch zur Primetime.

SUPERMAX, DER MEISTERSPION ARD
→ Mini-Max

SUPERSTAR ARD
1977–1978. 12-tlg. US-Krimiserie (»Bert D'Angelo – Superstar«; 1976).
Amerika sucht den Superbullen: Sergeant Bert D'Angelo (Paul Sorvino) ist ein erfahrener Polizist, der von New York City nach San Francisco versetzt wird. Dort erwarten ihn Inspektor Larry Johnson (Robert Pine) und Captain Jack Breen (Dennis Patrick).

Superstar war ein Spin-off von *Die Straßen von San Francisco* – D'Angelo wurde in der Folge »Der Superstar« eingeführt. Im Gegensatz zum Original war der Ableger ein Flop. Der Programmbeirat der ARD kritisierte, »die oberflächliche Handlung, die Brutalität und die schlechte Synchronisation« könnten »dem Zuschauer nicht länger zugemutet werden«. Das musste sie auch nicht, nach zwölf Folgen war die Serie in den USA ebenfalls abgesetzt worden.

SUPERSTAR – WELTWEIT RTL
2003–2004. Alexander Klaws, der Sieger aus *Deutschland sucht den Superstar,* und die Gewinner aus zehn anderen Ländern, in denen das Format unter verschiedenen Titeln (meist: »... Idol«) lief, kämpfen in London um den Titel »World Idol«. Die Zuschauer entscheiden eine Woche lang; wie beim *Eurovison Song Contest* darf kein Land für den eigenen Star abstimmen.
An Weihnachten lief die große Abendshow, an Neujahr die Bekanntgabe des Siegers: Kurt Nilssen aus Norwegen.

SURFING THE MENU RTL 2
2005. Brit. Abenteuer-Reise-Koch-Show.
Die Londoner Köche Donoghue und Curtis Stone, gebürtige Australier, bereisen ihr Heimatland, surfen und grillen oder picknicken am Strand. Dabei zeigen sie natürlich, wie sie ihre einfachen Strandgerichte zaubern.
Acht 40-minütige Folgen liefen am Samstagvormittag.

DIE SURPRISE-SHOW RTL
1994–1995 Samstagabendshow mit Linda de Mol, in der nichts ahnende Menschen überrascht und ihnen lang gehegte Wünsche erfüllt werden.
Co-Moderator für die Außenreportagen war Kai Pflaume. Die Einschaltquoten blieben hinter den Erwartungen zurück, und die Show war wegen des großen Rechercheaufwands teuer. Das ursprünglich britische Format (»Surprise, Surprise«) hatte zuvor bereits Rudi Carrell importiert und zum Bestandteil der *Rudi Carrell Show* gemacht.

SUSAN RTL
2001. 93-tlg. US-Sitcom von Clyde Phillips (»Suddenly Susan«; 1996–2000).
Susan Keane (Brooke Shields) lässt ihren Verlobten am Altar stehen und beginnt eine Karriere bei der Zeitschrift »The Gate«, wo sie ihre eigene Kolumne bekommt. Darin schreibt sie über ihre Erlebnisse als frisch gebackene Singlefrau und verheerende Verabredungen. Zwischen ihr und ihrem exzentrischen Boss Jack Richmond (Judd Nelson), ausgerechnet der Bruder des Ex-Verlobten, knistert es eine Weile, schließlich beginnen beide eine Beziehung. Weitere Redaktionsmitglieder sind Vicki Groener (Kathy Griffin), zugleich Susans Freundin, der Fotograf Luis Rivera (Nestor Carbonell), Musikkritiker Todd Stites (David Strickland) und die Reporterin Maddy Piper (Andrea Bendewald), schon seit Schulzeiten Susans Erzfeindin. Während Susan von ihrer Oma »Nana« Helen (Barbara Barrie) in jeder Hinsicht unterstützt wird, hätten ihre konservativen Eltern Liz (Swoosie Kurtz) und Bill (Ray Baker) es lieber gesehen, wenn sie ihren reichen Verlobten doch geheiratet hätte.
Für Filmschauspielerin Brooke Shields war dies die erste Fernsehserie, die in den USA zwar fast vier Jahre überlebte, aber von Kritikern als weitgehend unwitzig angesehen wurde. RTL zeigte die Folgen werktags nachts gegen 0.30 Uhr.

SUSI ARD
1980–1981. 6-tlg. dt. Comedyserie von Walter Kempley, Michel Ferman und Michael Pfleghar, Regie: Michael Pfleghar.
Susi Paschke (Ingrid Steeger) ist eine naive Blondine aus Berlin. In Paris führt sie den Haushalt ihres Bruders Paul (Peer Augustinski), dem gerade die Frau davongelaufen ist, und sorgt für Chaos. Onkel Otto (Helmut Hoger), die zehnjährige Lulu (Ulrike Martinek) und Nachbar Tommy (Klaus Dahlen) helfen mit, machen es aber nicht besser.
Klamauk, Albernheiten und platte Witze im bewährten *Klimbim*-Stil, den die Kritiker diesmal jedoch einhellig als »Tiefpunkt« beurteilten. Die Folgen waren eine Dreiviertelstunde lang und liefen dienstags um 20.15 Uhr.

SUSIE ARD
1959. 6-tlg. US-Sitcom (»Private Secretary«; 1953–1954).
Susie McNamara (Ann Sothern) ist die Privatsekretärin des erfolgreichen Künstleragenten Peter Sands (Don Porter). Den Begriff »Privatsekretärin« nimmt sie allerdings sehr wörtlich und mischt sich regelmäßig in Dinge ein, die sie nichts angehen und die ohne ihre gut gemeinte »Hilfe« weniger häufig schief gehen würden. Susie ist mit der Empfangsdame Violet »Vi« Praskins (Ann Tyrrell) und mit Sylvia (Joan Banks) befreundet. Der grobschlächtige Agent Cagey Calhoun (Jesse White) ist Sands' Hauptkonkurrent.
Die Folgen waren 25 Minuten lang.

SÜSS, ABER EIN BISSCHEN VERRÜCKT ZDF
1969. 20-tlg. US-Sitcom von Bill Persky und Sam Denoff (»That Girl«; 1966–1971).
Die junge Schauspielerin Ann Marie (Marlo Thomas) möchte ein großer Star werden, muss aber Werbespots drehen. Und nicht einmal das reicht zum Überleben, also nimmt sie zusätzlich noch Gelegenheitsjobs an. Ihren Freund Don Hollinger (Ted Bessell) hat sie bei Werbeaufnahmen kennen gelernt. Er arbeitet bei einer Zeitschrift.
In Amerika lief die Serie erfolgreich fünf Jahre lang mit 136 Folgen. Sie ebnete den Weg für weitere starke, aufstrebende, unabhängige Serienfrauen wie in *Oh Mary* und *Doris Day in ...* Bei uns war nach 20 Folgen Schluss. Sie liefen montags im Vorabendprogramm.

SÜSS UND SAUER   HR

1988. 20-tlg. austral. Musikserie von Tim Gooding und Johanna Pigott (»Sweet And Sour«; 1984).
Darrell (Ric Herbert), Martin (David Reyne) und Carol (Tracy Mann) gründen eine Rockgruppe in Sydney: The Takeaways.
Die Musik schrieb Martin Armiger, den Titelsong Sharon O'Neill. Eine Single der Gruppe aus der Serie erreichte (im wahren Leben) Platz 13 der australischen Charts. Auch DFF 2 zeigte die halbstündigen Folgen ab Ende 1989.

THE SWAN – ENDLICH SCHÖN   PRO SIEBEN

2004. Vorher-Nachher-Realityshow mit Verona Pooth.
Kandidatinnen und Kandidaten, die sich für hässlich halten, unterziehen sich einer Generalüberholung, um sich anschließend für schön zu halten. Pro Sieben verbindet das mit einem Wettbewerb, denn am Ende werden die Schönsten gekürt. Zwei Monate lang bekommen alle Teilnehmer persönliche Betreuer, Ärzte und Berater zur Seite gestellt, werden gesund ernährt, mental trainiert, neu frisiert und schönoperiert. Während dieser Phase ist es ihnen verboten, in den Spiegel zu sehen, damit sie den langsamen Prozess nicht verfolgen können, sondern erst am Ende die plötzliche Veränderung sehen und unter Tränen »Oh mein Gott, ich bin ja so hübsch!« ausrufen, falls sie dann noch Tränendrüsen haben. Dem Zuschauer wurde die Verwandlung immer wieder durch Vorher-Nachher-Bilder vor Augen geführt, die allerdings vor allem illustrierten, dass man ungeschminkt im grauen Schlabberschlafanzug deutlich weniger attraktiv aussieht als mit Make-up und im Abendkleid.
The Swan beruhte auf dem gleichnamigen Erfolgsformat aus den USA und setzte dies fast originalgetreu um. Nach einer heftigen öffentlichen Diskussion über die Welle von Schönheits-OP-Shows, die zu jener Zeit das deutsche Fernsehen entstellten *(Beauty Queen, Schönheit um jeden Preis),* und Warnungen der Landesmedienanstalten strahlte Pro Sieben die Show dienstags nicht wie geplant um 20.15 Uhr, sondern erst um 21.45 Uhr aus. Außerdem hatte eine Auftaktshow mit Vorberichten in der Primetime nicht die erhofften Quoten erzielt. Die eigentliche Reihe brachte dann aber befriedigende Zuschauerzahlen für den Sender.
Die Moderatorin hieß früher Verona Feldbusch, hatte sich durch Heirat aber einer Namensüberholung unterzogen.

SWEAT – DER WEG ZUM SIEG   KI.KA

1998–1999. 26-tlg. austral. Jugendserie (»Sweat«; 1996).
Eine Sportakademie trainiert Nachwuchsathleten, darunter Stewie (Heath Bergersen), Norma (Gillian Berry), Greg (Quintin George), Sid (Peter Hardy), Tom (Martin Henderson), Danny (Matt Castelli), Snowy (Heath Ledger), Jenny (Frederique Fouche), »Noodle« (Tai Nguyen), Sandy (Melissa Thomas), Goldman (Andy King), Monique (Natalie Saleeba), Sophie (Louise Miller), Evie (Tahnie Merrey), Tats (Inge Hornstra), Chris (James Sollis) und Leila (Claire Sprunt). Don Majors (Paul Tassone) leitet die Akademie.

SWING IN   ARD

1968–1971. Konzertaufzeichnungen, entweder von einzelnen Künstlern oder Bands oder als Schwerpunkt von einem Festival.
Das Spektrum reichte von Johnny Cash bis Klaus Doldinger. Zwischendurch gab es auch Diskussionssendungen zu Musikthemen. Je nach Musikrichtung erweiterte die Reihe ihren Sendetitel z. B. auf *Swing In – Rock In* oder *Swing In – Soul In.* Sie lief im Nachmittagsprogramm.

SWITCH   PRO SIEBEN

1997–2000. Halbstündige Comedyshow und Fernsehparodie.
Das Prinzip des ständigen Umschaltens regierte die Vielzahl an Persiflagen auf alle erdenklichen Fernsehsendungen, die meist mitten im Satz endeten, weil eben umgeschaltet wurde. Auf diese Weise zogen sich gleich mehrere rote Fäden durch jede Folge, denn natürlich wurde später noch mehrmals zurückgeschaltet.
Wer im Fernsehen nur noch eine einzige Sendung sehen wollte, für den war diese richtig. Sie beinhaltete alle anderen, aber besser: *Emergency Room, Forsthaus Falkenau, Das aktuelle Sport-Studio, Hitlers Helfer, Musikantenstadl,* Ulrich Wickert, Peter Kloeppel, Willy Millowitsch, Hans Meiser, Thomas Gottschalk, Hauser und Kienzle, Bärbel Schäfer, Jürgen von der Lippe, Barbara Eligmann, Linda de Mol, Michael Schanze usw. Die Stimmen der Originale traf niemand, auch bei Verkleidungen und Masken übertrieb man es nicht mit der Perfektion, aber dank der Originalkulissen, in die die Komiker hineingestanzt wurden, funktionierten die Parodien auch so.
Das Ensemble bestand aus Michael Müller, Peter Nottmeier, Petra Nadolny, Mona Sharma, Bernhard Hoëcker und Susanne Pätzold; ab der dritten Staffel im September 1999 war Mona Sharma nicht mehr dabei, Michael Kessler und Bettina Lamprecht kamen dazu. Anfang 2000 wurde Susanne Pätzold durch Annette Frier ersetzt. Neben Parodien auf bekannte Sendungen erfand *Switch* neue Sendungen wie »Junge Christen«, »Deutsche Welle Polen« (»In Farbe. Und bunt.«) oder »Fakten, Fakten, Fakten«, eine Mischung aus Kofferpackspiel und Redaktionskonferenz mit Ideensammlung zu einem vorgegebenen Thema, in der Hoëcker immer aus der Reihe tanzte, weil er nie so richtig verstand, worum es eigentlich ging (»Hoëcker, Sie sind raus!«).
Switch lief zunächst samstags am Vorabend und wurde dann erst auf Montag, später auf Donnerstag verlegt, jeweils um 22.15 Uhr. Die Reihe brachte es auf 71 Folgen. Sie basierte auf dem australischen Format »Fast Forward«, von dem arte 1993 ein paar Folgen in Originalton gezeigt hatte.

S. Y. ARCHE NOAH ZDF
1986. 12-tlg. dt. Abenteuerserie von Marco Serafini und Karlheinz Freynik.
Der Schauspieler Arno Dierks (Jörg Pleva) geht mit seinem Freund Uwe Petersen (Volkert Kraeft), dessen Schwester Heike (Marie-Charlott Schüler) und ihrer Freundin Monika (Claudia Demarmels) auf eine Weltumsegelung. Ihr Schiff ist die »S. Y. Arche Noah«. »S. Y.« bedeutet »Sailing Yacht«. Die Musik schrieb James Last. Nach einer spielfilmlangen Pilotfolge dauerten die weiteren Episoden je 25 Minuten und liefen donnerstags.

SYLTER GESCHICHTEN RTL
1993–1996. 25-tlg. dt. Urlaubsserie.
Rolf Seiche (Claus Wilcke) ist der Gastwirt des Sylter Promilokals »Gogärtchen« und kümmert sich um seine Gäste. Deren Geschichten und Affären stehen im Mittelpunkt der einzelnen Episoden, seine eigenen und die seiner Freunde bilden einen dünnen roten Faden. Die Reporterin Bea Jäger (Anja Schüte) wird in der zweiten Staffel Rolfs Freundin. Sie hat einen schwulen Bruder namens Victor (Dirk Bach). Dr. Thomas Hinrichsen (Ralph Schicha) ist der Inselarzt, sein Bruder Karsten (Hans Teuscher) hat einen Reiterhof und ist mit Sabine (Birgit Anders) verheiratet.
Die Serie lief mit einstündigen Folgen freitags abends. Gut ein halbes Jahr nach ihrem eigentlichen Ende schloss sie mit zwei spielfilmlangen Folgen an zwei Sonntagen rund um Weihnachten. Das »Gogärtchen« gibt es wirklich. Den seichten Rolf Seiche zum Glück nicht.

THE SYLVESTER & TWEETY MYSTERIES RTL 2
→ Sylvester und Tweety

SYLVESTER UND TWEETY PRO SIEBEN
1997–2001. 52-tlg. US-Zeichentrickserie (»The Sylvester & Tweety Mysteries«; 1995–2000).
Die Warner-Studios drehten eine Neuauflage der Geschichten mit dem legendären Katze-Maus-Duo. Sie lief anfangs werktags um 17.00 Uhr, ab der zweiten Staffel vormittags am Wochenende. RTL 2 zeigte die Serie später unter dem Titel *The Sylvester & Tweety Mysteries*.

SYLVIA – EINE KLASSE FÜR SICH SAT.1
1998–2000. 27-tlg. dt. Familienserie.
Die Lehrerin Sylvia Waldmann (Uschi Glas) wird nach München versetzt und muss die gefürchtete Klasse 10b unterrichten. Doch die selbstbewusste Sylvia wird mit den Schülern nicht nur fertig, sondern bei ihnen auch beliebt. Zu den schwierigen Schülern gehören Rich (Marco Spohr), Frieder (Sascha Posch), Liz (Vanessa Sobolewski), Danna (Natalie Spinell-Beck) und Nikolai (Oliver Grober). Dr. Bieber (Horst Sachtleben) ist der Direktor der Schule, Franziskus (Max Krückl) der Hausmeister, Herr Lit (Johannes Habla), Jacques Müller (Georg Weber) und Albert Schreiner (Stefan Hunstein) gehören zum Lehrerkollegium. Sylvias Familie besteht aus ihrem Sohn Lukas (Christian Toulali) und ihrer Mutter Else (Hannelore Cremer). Schreiner und Sylvia kommen sich mit der Zeit näher. Im neuen Schuljahr (ab Folge 15 im Herbst 2000) kommen Ralf Schmidt (Ralf Bauer) und Susanna (Doreen Dietel) neu an die Schule.
Die Figur der verständnisvollen Sylvia, die immer ein offenes Ohr für die Probleme ihrer Schützlinge mit der Liebe, den Drogen und den Eltern hat, soll sich Uschi Glas selbst ausgedacht und ein »Arbeitspapier« darüber verfasst haben.
Die einstündigen Folgen liefen mittwochs, ab der zweiten Staffel donnerstags um 20.15 Uhr.

SZENE ARD
1972–1979. Jugendmagazin mit unterschiedlichen Konzepten.
Die Sendung wurde im Wechsel von mehreren ARD-Anstalten produziert und von verschiedenen Moderatoren oder auch mal gar nicht moderiert. Sie war ursprünglich als journalistisches Magazin mit Musikbeiträgen für Schüler gedacht, der Schwerpunkt verlagerte sich jedoch immer mehr hin zur Musik. 1976 betrat ein Moderator für seine erste Fernsehshow die Bühne, der noch eine Weile im Geschäft bleiben sollte: Thomas Gottschalk übernahm die Musikshows mit Hits, Starauftritten, Interviews, Pop-News und Tourdaten.
Im Wechsel wurden jedoch weiterhin Magazinausgaben und Dokumentationen gesendet. Mit dem Thema »Vergewaltigung« schaffte es das Jugendmagazin, das normalerweise freitags oder mittwochs nachmittags ausgestrahlt wurde, am 21. Oktober 1976 sogar auf den 20.15-Uhr-Sendeplatz im ARD-Abendprogramm.
Der Sendetitel beinhaltete immer die abgekürzte aktuelle Jahreszahl, z. B. *Szene '77*. Nachfolgesendungen waren *Pop Stop* und *Country-Music*.

SZENE-WECHSEL … ARD
2002. 5-tlg. Gesprächsreihe, in der jeweils ein Spitzenpolitiker auf einen jungen Prominenten traf.
Kurz vor der Bundestagswahl 2002 brachte die ARD auf diese Weise u. a. PDS-Politiker Gregor Gysi mit dem DJ Paul van Dyk zusammen und Finanzminister Hans Eichel mit dem Ex-Model Sylvia Leifheit. Die ungewöhnlichen Begegnungen wurden entsprechend ambitioniert in Szene gesetzt, einen Moderator gab es nicht.
Die Gespräche liefen freitags am späten Abend und dauerten eine Viertelstunde.

SZENEN EINER EHE ZDF
1976. 3-tlg. schwed. Ehedrama von Ingmar Bergman (»Scener ur ett äktenskap«; 1973).
Der Medizinprofessor Johan (Erland Josephson) und die Anwältin Marianne (Liv Ullmann) sind um die 40, seit zehn Jahren verheiratet, einigermaßen betucht, haben die beiden Töchter Karin (Lena Bergman) und Eva (als Kind: Rosanna Mariano; später: Gunnel Lindblom) und wirken wie das perfekte Ehe-

paar. Als solches werden sie sogar von einer Zeitschrift porträtiert. Doch nur kurz darauf beginnt der Zerfall der Ehe, ausgelöst durch Gespräche mit dem befreundeten Paar Peter (Jan Malmsjö) und Katharina (Bibi Andersson), deren öffentliche Diskussion über eine Scheidung zum Nachdenken anregt. Wenig später zieht Johan von heute auf morgen aus, was er, wie er sagt, schon seit Jahren tun wollte, und geht mit einer 23-jährigen Studentin nach Paris.

Marianne muss feststellen, dass Johans Affäre im Bekanntenkreis längst bekannt war. Nach einem halben Jahr kommt er zurück, weil er es mit der Studentin nicht ausgehalten hat. Wider besseres Wissen schläft Marianne mit ihm, doch noch in der gleichen Nacht verschwindet er wieder. Marianne gelingt es, ein neues Selbstbewusstsein aufzubauen, und sie geht in die Offensive: Während sie Johan die Scheidungspapiere unter die Nase hält, verführt sie ihn und macht ihm anschließend schwere Vorwürfe wegen des Scheiterns der Ehe, woraufhin er sie verprügelt und anschließend in die Scheidung einwilligt. Es vergehen etliche Jahre, beide sind inzwischen mit neuen Partnern verheiratet, da sehen sie sich wieder und verbringen gleich ein ganzes Schäferwochenende auf dem Land.

Intensiver und verstörender Film, in dem außer den beiden Protagonisten keine wichtigen Rollen vorkommen und die Handlung größtenteils durch Dialoge vorangetrieben wird, wodurch die einzelnen Ausbrüche von Wut und Gewalt umso mehr ins Gewicht fallen. Die Ausstrahlung löste heftige Diskussionen über Beziehungsprobleme und die Ehe als solche aus. Autor und Regisseur Ingmar Bergman, zum Zeitpunkt der Arbeit an diesem Mehrteiler zum fünften Mal verheiratet, schilderte schonungslos alle Tiefen, die eine Ehe haben kann, zeigte aber zugleich, dass ohne den Zwang einer Ehe zwei Menschen durchaus miteinander im Reinen sein können.

Das ZDF sendete die Miniserie, die im Original aus sechs Folgen bestand, in drei spielfilmlangen Folgen innerhalb von vier Abenden. Am Abend nach dem letzten Teil schloss sich eine Diskussion mit dem Autor an. Wegen des großen Fernseherfolgs erstellte Bergman auch eine auf etwa die Hälfte gekürzte Kinofassung. Beide Fassungen sind gemeinsam auf DVD erschienen.

30 Jahre danach drehte Bergman mit seinen beiden Hauptdarstellern die Fortsetzung »Sarabande«, einen Einzelfilm, in dem sich die beiden 80-Jährigen erstmals nach langer Zeit noch einmal wiedersehen.

T

T & T ARD
1991. 26-tlg. US-Krimiserie (»T. And T.«; 1988–1989).
Das eine »T« steht für T. S. Turner (und seinen Darsteller Mr. T), das andere für Amanda »Amy« Taler (Alex Amini), die Anwältin, für die er als Privatdetektiv arbeitet. Dazu muss das aus dem A-Team bekannte Tier, in der Serie ein ehemaliger Boxer, manchmal Anzüge tragen, bei den Verfolgungsjagden und Schlägereien mit den Bösewichtern darf es aber auch seine traditionelle Arbeitskleidung inklusive Nietenarmband sein – die dramatische Umkleideszene vor dem Finale ist immer die gleiche. T. S. Turner trainiert bei seinem Freund Danforth »Dick« Decker (David Nerman), Sophie Rideau (Catherine Disher) ist Amys Sekretärin, Detective Jones (Ken James) ein Polizist, der allmählich Turners Qualitäten anerkennt.
Die halbstündigen Folgen liefen im regionalen Vorabendprogramm.

TABALUGA ZDF, KI.KA
1997–1998 (ZDF); 2004 (KI.KA). 78-tlg. dt.-austral. Zeichentrickserie für Kinder von Helme Heine mit der Figur von Peter Maffay.
Der kleine Drache Tabaluga kämpft mit der Schneehäsin Happy und den anderen Bewohnern von Grünland gegen den bösen Schneemann Arktos, der über die Eiswelt herrscht und auch Grünland komplett mit einer Eisdecke überziehen will. Der Pinguin James ist Arktos' Gehilfe. Später kommt noch Humsin, der Herrscher der Wüstenwelt, als neue Bedrohung von Grünland hinzu.
Der freundliche Drache tauchte erstmals 1983 auf mehreren Platten mit Begleitbilderbüchern von Maffay und Heine auf. Das daraus entstandene Rockmärchen »Tabaluga & Lilli« zeigte das ZDF im November 1994.
Die Zeichentrickversion wurde im Auftrag des ZDF von der australischen Firma Yoram Gross mit Blick auf den internationalen Markt produziert. Das ZDF zeigte die ersten 26 Folgen im Rahmen der gleichzeitig beginnenden Kindershow *Tabaluga tivi*, KI.KA auch den Rest.

TABALUGA TIVI ZDF
Seit 1997. 90-minütige Show für Kinder mit Spielen für Schulklassen, Talk und Filmen.
Maskottchen der Show ist der von Peter Maffay erschaffene und von Helme Heine gezeichnete Gründlanddrache Tabaluga; Moderatoren waren zunächst Marco Ströhlein und Anke Kortemeier, später Anika Böcher und Alex Huber. Sendeplatz war samstags um 14.00 Uhr. Ab Herbst 2000 lief die Sendung bereits am Vormittag und hatte ein neues Konzept. Es moderierten jetzt die Puppen Tabaluga, Schneemann Arktos, Pinguin James und Schneehäsin Happy. Hinzu kamen später Simone Heppner und Tom Lehel.

TABU RTL
1997. 4-tlg. dt. Dokureihe über »delikate Rituale des Alltags«.
Das Fensterprogramm Kanal 4 beschäftigte sich in halbstündigen Collagen um Mitternacht mit den Themen »Spucken & Rotzen«, »Knicks & Diener«, »So 'ne Scheiße« und »Blut & Blutung«.

TACHELES ZDF
1996. Diskussionssendung mit Johannes Gross.
Mit jeweils fünf Gästen aus Politik und Gesellschaft sprach der frühere Herausgeber der Zeitschrift »Capital« im Foyer der Städtischen Bühnen in Frankfurt am Main über aktuelle Themen – aber nicht lange, weil sich der Moderator schon bei seinen eigenen Fragen langweilte, wie ein Kritiker schrieb. Aus der Sommerpause tauchte die Talkshow, die die Nachfolge von *Live* antrat, nicht mehr auf: Sie hatte weder nach Zuschauerzahlen noch nach Relevanz die Erwartungen erfüllt. Nur eine von sieben Ausgaben erreichte die geforderte Quote von zwei Millionen Zuschauern.
Die Sendung lief jeden zweiten Donnerstag um 22.15 Uhr.

TADELLÖSER & WOLFF ZDF
1975. 2-tlg. dt. Historienfilm nach dem autobiografischen Roman von Walter Kempowski, Regie: Eberhard Fechner.
Geschildert wird das Leben der Familie Kempowski in Rostock zur Zeit des Nationalsozialismus und während des Zweiten Weltkriegs. Margarethe (Edda Seippel) und Karl (Karl Lieffen) haben drei Kinder: Robert (Martin Semmelrogge), Ulla (Gabriele Michel) und Walter (Martin Kollewe; später: Michael Poliza), der zu Beginn der Geschichte neun Jahre alt ist. Die Familie ist deutsch-national, steht Hitler kritisch, aber offen gegenüber. Erst wird Karl, dann Robert eingezogen. Ulla heiratet den Dänen Sven Sörensen (Jesper Christensen), also einen Ausländer, was Karl nicht passt. Anfang 1945 muss auch Walter zur Hitlerjugend, kann aber auf einen Zug aufspringen, der ihn kurz vor Kriegsende zurück nach Rostock bringt.
»Tadellöser & Wolff« war eine Redewendung von Vater Karl, die so viel bedeutete wie »gut« oder »toll«. Das negative Gegenstück war »Miesnitzdörfer & Jenssen«. Ernst Jacobi fungierte als Erzähler und »Autor«.
Die beiden spielfilmlangen Teile wurden kurz vor dem 30. Jahrestag des Kriegsendes gezeigt. Im Folge-

jahr erhielt Regisseur Eberhard Fechner den Sonderpreis des Kultusministers von Nordrhein-Westfalen für das historisch genaue Bild des Nationalsozialismus. Der Zweiteiler wurde 1979 mit drei weiteren Teilen unter dem Titel *Ein Kapitel für sich* fortgesetzt. Er ist auf DVD erhältlich.

TAFF — PRO SIEBEN

Seit 1995. Werktägliches Boulevardmagazin am Vorabend.

Moderatorin war zunächst Sabine Noethen, ab Dezember 1996 Eva Mähl und ab März 1998 Britta Sander. Im April 1999 wurde die Doppelmoderation eingeführt, an Sanders Seite trat Steven Gätjen. Im März 2001 wurde die Sendung, die mittlerweile erfolgreich um 17.00 Uhr lief, von einer halben auf eine ganze Stunde verlängert, Anna Bosch und Stefan Pinnow wurden die neuen Moderatoren. Sie blieben nicht einmal ein Jahr, dann übernahmen im Februar 2002 Dominik Bachmair und Miriam Pielhau, die sich erst 2005 wieder verabschiedeten. Jetzt kamen Stefan Gödde und Annemarie Warnkross.

Der Name *taff* sollte für »täglich aktuell frisch frech« stehen, was dem Publikum allerdings nicht erklärt wurde. Es hielt den Titel (wenn es überhaupt darüber nachdachte) deshalb wohl eher für eine eingedeutschte Version von »tough« (hart). Im Gegensatz dazu stand der zu Beginn formulierte Anspruch, die Themen nicht so routiniert wie *Explosiv* & Co. zu präsentieren, sondern »mit einem kleinen Augenzwinkern«, wie der erste Redaktionsleiter Gerd Berger sagte, der vorher *ZAK* und *stern TV* gegründet hatte. Zum Erfolg wurde die Sendung aber erst, als sie der direkten Konkurrenz auswich und die ursprünglichen Sendeplätze zwischen 19.00 und 20.00 Uhr aufgab. Titelmusik war in den Anfangsjahren »The Race« von Yello. Der Song war Jahre zuvor bereits das Thema der Hitparadenshow *Formel Eins* und damals eigens für diese produziert worden.

Unbekümmert folgte in *taff* auf einen Beitrag über sexuell missbrauchte Mädchen der Bericht über die Nacktaufnahmen für den »Playboy«. Den Film über einen fünfjährigen Jungen, dem ein Mastschwein beide Hände abgefressen hat und der seitdem mit Prothesen lebt, moderierte Sabine Noethen mit den Worten ab: »Man kann ihm nur wünschen, dass er dieses Erlebnis bald vergisst.«

Unter dem Oberbegriff *taff spezial* zeigte Pro Sieben mehrere Reihen, die eigentlich mit der Sendung nichts zu tun hatten: Berichte über die Castingshow *Popstars* (2003–2004) sowie *Die Teenie-Mama* und *Die Aufpasser*.

TAFF EXTRA — PRO SIEBEN

1998–1999. *taff*-Samstagsausgabe mit Alexander Mazza, später Steven Gätjen.

DER TAG, AN DEM ANTON ... — ZDF

1989. 6-tlg. dt.-österr. Kinderserie nach dem Buch »Der Tag, an dem Anton nicht da war« von Edith Schreiber-Wicke.

Der zehnjährige Anton (Peter Duda) erlebt fantastische Abenteuer, die seine Mutter (Monika Schwarz) und sein Vater (Hannes Flaschberger) natürlich nicht nachvollziehen können. Was passiert, steht immer schon im Titel, etwa: »Der Tag, an dem Anton nicht da war«, »... den Widerlan fand« (ein Strichlebewesen in seinem Müsliteller) oder »... den Weihnachtsmann trifft«.

Die 25-minütigen Folgen liefen montags nachmittags.

DER TAG DER EHRE — PRO SIEBEN

2004. »Entscheidung im Boxring«. Haudrauf-Realityshow mit den Boxern Dariusz Michalczewski und Graciano Rocchigiani.

Die beiden Boxer trainieren zwölf Männer (in zwei Sechsergruppen) darauf, eine offene Rechnung zu begleichen, und lehren, wie schön es ist, Konflikte einfach mal mit Gewalt zu lösen. Doch, wirklich: »Wo Worte nichts mehr helfen, lassen sie jetzt die Fäuste sprechen.« Textprobe: »Michael, die erste Runde hast du schon gewonnen, als du Nana die Freundin ausgespannt hast.« Axel Schulz begleitet die Männer, Jan Stecker moderiert, Michaela Schaffrath sieht gut aus und küsst den Sieger.

Für die Show hatte Pro Sieben Prügel verdient. Und bekam sie von den Zuschauern, die massenhaft abschalteten. Schon nach der ersten Sendung reduzierte der Sender die Zahl der einstündigen Ausgaben von sieben auf vier, die sonntags und freitags nach 22.00 Uhr liefen.

TAG DER KINDER IM ZDF — ZDF

1979–1983. Zum Internationalen Tag des Kindes sendete das ZDF fünf Jahre in Folge einen Tag lang ausschließlich Programme von Kindern, für Kinder oder über Kinder. Im ersten Jahr lief nachmittags eine Sendung namens »Kinder machen Nachrichten«, aus der später *Pinnwand* und *logo* entstanden.

TAG DES DEUTSCHEN SCHLAGERS — ARD

1981–1989. Große musikalische Gala, in der Dieter Thomas Heck die »Goldene Stimmgabel« an erfolgreiche deutsche Schlagerinterpreten vergibt.

Die ARD zeigte die Verleihung einmal jährlich samstags um 20.15 Uhr. Ab 1990 hieß die Veranstaltung nur noch *Die goldene Stimmgabel*.

EIN TAG WIE KEIN ANDERER — RTL

1984–1993. Beliebtes Reisequiz, das RTL nach Jahren im Radio ins Fernsehen brachte.

Zwei Teams aus je zwei Kandidaten treten gegeneinander an. Jede Sendung hat ein Urlaubsziel als Thema. In der ersten Runde müssen die Spieler dieses Ziel mit Joysticks auf einer Karte ansteuern. Danach geht es in mehreren Runden um kurze Filmberichte, in denen ein Reporter vor Ort das jeweilige Land oder die Stadt vorstellt und kuriose Geschichten erzählt. Die Kandidatenteams müssen aus verschiedenen Antwortmöglichkeiten die richtige auswählen, entscheiden, ob eine Behauptung wahr oder falsch ist, und bei einem längeren »Film mit Fehlern« so schnell wie möglich auf den Buzzer drücken, wenn ein Bild zu sehen ist, das nicht zum Zielort gehört. In dieser Runde gibt es Extrapunkte, wenn die Kandidaten darüber hinaus noch sagen können, woher die Aufnahme tatsächlich stammt. Die beiden Mitglieder des Siegerteams spielen in der Schlussrunde gegeneinander um eine Reise zu dem vorgestellten Ort. Sie müssen dazu fünf Fragen beantworten, die sich wieder auf kurze Reportagen beziehen,

Ein Tag wie kein anderer war etwas bedächtig, aber unterhaltsam und informativ und wurde zur langlebigsten Show in der Anfangszeit des Privatfernsehens. Sie lief zunächst, gerade mal 20 Minuten lang, sonntags um 18.15 Uhr. Noch im gleichen Jahr wurde die Sendezeit auf eine Stunde verlängert. 1985 erhielt die Show den festen Sendeplatz um 19.05 Uhr, den sie bis zum Schluss behielt und auf dem sie ein Dauerbrenner wurde, obwohl sie innerhalb von neun Jahren sechs Moderatoren verschliss. Den Anfang machte Thomas Wilsch; er präsentierte 200 Sendungen bis 1988. Für jeweils ein paar Monate folgten Werner Schulze-Erdel und Jochen Pützenbacher, der bereits die Radioversion moderiert hatte. Ab 1989 moderierte Björn-Hergen Schimpf, bis Herbst 1991 im Wechsel mit Susanne Kronzucker, dann allein, insgesamt 150-mal. Bei erster Gelegenheit gab RTL bekannt, dies sei mit 490 000 Zuschauern das erfolgreichste Reisequiz im Fernsehen. Später wurde RTL Marktführer und hätte solche Zahlen als Flop betrachtet, doch es wurden ja noch ein paar Zuschauer mehr. Schimpf wechselte Ende 1992 zur ARD, Ulli Potofski übernahm noch für ein halbes Jahr. Die Reihe brachte es auf 426 Ausgaben.

TAG X   RTL

1994. Reportagemagazin mit Peter Kloeppel, für das der Tag X der Einstellung schon nach 13 Folgen gekommen war. Bis dahin wurde jede Woche monothematisch ein Thema aus drei Perspektiven betrachtet.

Das 45-minütige Magazin war Teil einer Nachrichtenkompetenzoffensive von RTL (zwei Stunden später hatte auch das *RTL Nachtjournal* Premiere) und lief montags gegen 22.00 Uhr auf dem Sendeplatz von *Explosiv – Der heiße Stuhl*.

TAGE DER HOFFNUNG   ZDF

1979. 4-tlg. brit. Arbeiterdrama von Jim Allen, Regie: Ken Loach (»Days Of Hope«; 1975).

Der Bauer Ben Matthews (Paul Copley), seine Schwester Sarah Hargreaves (Pamela Brighton) und ihr Mann Philip (Nikolas Simmonds) kämpfen zwischen 1916 und 1926 in Nordengland gegen Krieg, Armut und Unrecht und für eine Labour-Regierung.

TAGE DES ÜBERLEBENS   ARD

1975. 4-tlg. dt. Doku-Drama von Henric L. Wuermeling.

Die Reihe rekonstruiert durch eine Mischung aus historischem Filmmaterial, Interviews und nachgestellten Szenen die Situation im Nachkriegsdeutschland ab der deutschen Kapitulation 1945. Sie befasst sich mit der Unklarheit über den weiteren Weg Deutschlands und der Angst vor einem neuen Krieg, behandelt das Münchner Treffen, die Nürnberger Prozesse und die Berliner Blockade bis zur Währungsreform und den Beginn des Kalten Krieges.

Jede Folge dauerte 45 Minuten.

TAGEBUCH   ZDF

1963–1987. 15-minütige Verkündigungssendung am Sonntag.

Die beiden christlichen Konfessionen wechselten sich ab; je nachdem hieß die Sendung »Tagebuch aus der evangelischen Welt« oder »Tagebuch aus der katholischen Kirche«. Die Nachfolgesendung wurde *Kontext*.

DAS TAGEBUCH DER ANNE FRANK   ZDF

1988. 4-tlg. brit. Historienfilm von Elaine Morgan, Regie: Gareth Davies (»The Diary Of Anne Frank«; 1987).

BBC-Verfilmung des Lebens von Anne Frank (Katharine Schlesinger), die sich mit ihren Eltern Edith (Elisabeth Bell) und Otto (Emrys James) und ihrer Schwester Margot (Emma Harbour) vor der Verfolgung durch die Nationalsozialisten versteckt und darüber von Juni 1942 bis zu ihrer Entdeckung im August 1944 ein Tagebuch schreibt. Nur Vater Otto überlebt das KZ.

Die vier Teile waren je 30 Minuten lang und liefen samstags nachmittags, später auch als Einzelfilm. Der Film ist auf DVD erhältlich.

TAGEBUCH EINER GÄNSEMUTTER   ARD

1989–1990. 13-tlg. dt. Doku-Serie.

Die Biologin Angelika Hofer tritt in Konrad Lorenz' Fußstapfen und wird Gänsemutter. Zehn Eier, die sie von einem Bauern bekommt, lässt sie von einer Brutglocke ausbrüten. Die Küken werden auf Hofer geprägt – für sie ist sie ihre Mutter, der sie überallhin folgen und von der sie lernen, was eine Graugans wissen muss. Die Kamera begleitet die Familie, bis Hofer nach einem Jahr in der letzten Folge Gänseoma wird.

Die Reihe lief in 15-minütigen Folgen sehr erfolgreich donnerstags nachmittags im Kinderprogramm. Sie ist auf VHS erschienen. Außerdem veröffentlichte Hofer ihre Erfahrungen als Gänsemutter in zwei Büchern. Jahre später moderierte sie die Sat.1-Reihe *Wunder Wildnis*.

TAGEBUCH EINES HIRTENHUNDES   SWR

1979–1982. 13-tlg. niederländ. Familienserie von Willy van Hemert (»Dagboek van een herdershond«; 1978).

Im Jahr 1914 tritt bei Beginn des Ersten Weltkriegs der junge Erik Odekerke (Jo de Meyere) seine erste Stelle als Kaplan in dem kleinen Dorf Geleen an. Er ist unerfahren, ein wenig naiv, nicht immer besonders geschickt, bringt dadurch gelegentlich Leute gegeneinander auf, meint es aber eigentlich nur gut. Meinungsverschiedenheiten gibt es vor allem mit dem konservativen Pastor Bonhomme (Bob Storm), der sich selbstverständlich als Hirte seiner Schäfchen sieht. Odekerke kann ganz gut damit leben, dann eben der Hirtenhund zu sein. Er steht im ständigen Kontakt mit seinem Schutzengel und spricht laut mit ihm (der Schutzengel ist für den Zuschauer zu hören, aber nicht sichtbar), woraus komische Situationen entstehen, wenn wieder mal jemand verwirrt feststellt, dass der Kaplan offenbar Selbstgespräche führt. Ferner ist er mit Kaplan Paulus Lumens (Rudy Falkenhagen) befreundet.

Zur Gemeinde gehören Odekerkes Haushälterin Katrien (Mart Gevers), der Bauer Nicolaas Bonte (Ko van Dijk), dessen Frau Catherina (Jeanne Verstraete) und Sohn Luis (Hans Hoekman), Bonhommes Haushälterin Angèle (Ine Veen), Severinus van der Schoor (Jan Teulings) und seine Tochter Miete (Bruni Heinke), Schuldirektor Bongaerts (Jand Hundling), seine Frau Louise (Betsy Smeets) und Sohn René (Peter Römer) sowie der Notar Persoon (Joop Doderer). Trotz seiner Schwächen mögen die Dorfbewohner ihren Hirtenhund, der meistens mit dem Fahrrad unterwegs ist. Am Ende nimmt Odekerke nach zwölf Jahren von seiner Gemeinde Abschied.

Zwei Staffeln der humorvollen Serie liefen in allen Dritten Programmen und ab Juli 1983 auch sonntags nachmittags im Ersten. In der ARD waren die ursprünglich 55-minütigen Folgen um zehn Minuten gekürzt.

TAGES ARBEIT – ABENDS GÄSTE DFF
1955–1956. Zweistündige große Show, live aus Klubhäusern und Kultursälen von Großbetrieben in Berlin und Leipzig.

Die Sendung war ein bunter Abend, der jedes Mal von einem anderen Moderator präsentiert wurde, der in den Überleitungen auf die besonderen Belange des jeweiligen Betriebs einging: Die Themen konnten von der Versorgung der Nachtschicht bis zum Spielzeug im Betriebskindergarten reichen.

Tages Arbeit – abends Gäste war die erste direkt aus einem Betrieb übertragene Unterhaltungssendung – möglich machten es neue Ü-Wagen. Die erste Folge kam aus dem Kulturhaus des VEB Berliner Metallhütten- und Halbzeugwerk. Der Vorsatz, auch aktuelle Belange anzusprechen, war natürlich heikel. Für Ärger sorgte in der vierten Sendung eine Künstlerin, die sich über Versorgungsengpässe lustig machte – obwohl kurz vorher gerade eine Preissenkung für HO-Waren bekannt gegeben worden war. Der zuständige Redakteur erhielt dafür einen Verweis.

Die Reihe brachte es auf sechs Ausgaben.

TAGESAUSFLUG ZDF
1973–1977. Reihe, die Bevölkerungsgruppen, die normalerweise wenig oder keinen Kontakt haben, vor Ort miteinander ins Gespräch bringt. So treffen sich z. B. Oberschüler und Polizisten, Hausfrauen und Fabrikarbeiterinnen oder Bauern und Arbeiter. Lief in loser Folge montags von 19.30 Uhr bis 20.15 Uhr.

TAGESBILD PRO SIEBEN
→ Pro Sieben Nachrichten

TAGESSCHAU ARD
Seit 1952. »Hier ist das erste deutsche Fernsehen mit der Tagesschau.«

Älteste Nachrichtensendung und älteste Sendung im deutschen Fernsehen überhaupt. Eine erste Testsendung der *Tagesschau* hatte der Nordwestdeutsche Rundfunk NWDR im Hamburg bereits am 4. Januar 1952 in seinem Versuchsprogramm unter dem Namen »Fernseh-Filmbericht« gesendet. Damit ist die *Tagesschau* älter als das Fernsehen. Martin S. Svoboda hatte die Idee, aus Wochenschaumaterial eigene, fernsehtaugliche Zusammenstellungen zu schneiden. Zuvor hatte der NWDR zum einen ganze Berichte aus der Wochenschau im Programm ausgestrahlt, zum anderen Standfotos von Nachrichtenagenturen gezeigt und von Radioleuten kommentieren lassen.

Am 1. November 1952 ersetzte der Titel *Tagesschau* die Einblendung »Fernseh-Filmbericht«. Ab 26. Dezember 1952, einen Tag nach dem offiziellen Start des Fernsehens in der Bundesrepublik, lief die viertelstündige Sendung regelmäßig dreimal wöchent-

»Guten Abend, meine Damen und Herren.« *Tagesschau*-Sprecher Werner Veigel, Karl-Heinz Köpcke, Wilhelm Wieben (stehend, von links), Jo Brauner (sitzend).

Das erste Logo.

lich: montags, mittwochs und freitags, ab 1. Oktober 1956 täglich außer sonntags um 20.00 Uhr. Die erste Sonntagsausgabe wurde am 3. September 1961 ausgestrahlt. Am 3. Januar 1961 wurde erstmals zusätzlich eine Spätausgabe gesendet, nach und nach wurden weitere Kurzausgaben über den Tag verteilt ins Programm genommen.

In der Anfangszeit war zu den Wochenschauschnipseln ein unsichtbarer Sprecher zu hören, der erste war Cay Dietrich Voss. Ab 2. März 1959 gab es einen fünfminütigen Nachrichtenteil am Anfang der Sendung, den ein sichtbarer Sprecher zu Standfotos verlas. Der erste *Tagesschau*-Sprecher, den die Zuschauer zu sehen bekamen, war Gerd Heinz Boening, Mitte April folgte Karl-Heinz Köpcke. Er wurde »Mr. Tagesschau« und über Jahrzehnte zu einem der bekanntesten Gesichter in ganz Deutschland. Als er 1974 mit einem Bart aus dem Urlaub zurückkehrte, erschütterte das die Republik wie wenige andere Ereignisse. 1978 protestierte er gähnend und raschelnd dagegen, dass er in den neuen *Tagesthemen* scheinbar zu einem Hilfsarbeiter am Katzentisch degradiert werden sollte. 1976 wurde Dagmar Berghoff die erste Frau in der Sprecherriege und prompt »Miss Tagesschau« – allerdings war das ZDF mit seiner *heute*-Sendung schon fünf Jahre vorher auf die skurrile Idee gekommen, Nachrichten von einer Frau präsentieren zu lassen. Was sie sich damit einbrockten, merkten die Verantwortlichen spätestens 1999, als die damals 31-jährige Susan Stahnke sich mit erotisch gemeinten Fotos als Vamp und Blauer Engel in der Illustrierten »Gala« präsentierte und bekannt gab, in einem Hollywoodfilm die Frau von Hermann Göring spielen zu wollen. Nach einigem öffentlichen Getöse kündigte Stahnke.

Die sichtbaren *Tagesschau*-Sprecher waren: Cay Dietrich Voss (1952–1962), Dieter von Sallwitz (1959–1963), Karl-Heinz Köpcke (1959–1987, ab 1964 Chefsprecher), Klaus Wunderlich (1959–1962), Marthin Thon (1959–1964), Siegmar Ruhmland (1960–1963), Werner Veigel (1961–1995, ab 1987 Chefsprecher), Wilhelm Stöck (1961–1984), Manfred Schmidt (1961–1964), Wilhelm Wieben (1966–1998), Lothar Dombrowski (1967–1974), Karl Fleischer (1968–1994), Joachim »Jo« Brauner (1974–2004, ab 2000 Chefsprecher), Günter Wiatrek (1974–1975), Georg Hopf (1975–1985), Dagmar Berghoff (1976–1999, ab 1995 Chefsprecherin), Harry Teubner (1978–1980), Klaus Eckert (1978–1983), Elfi Marten-Brockmann (1981–1984), Daniela Witte (1985–1988), Jan Hofer (seit 1986, seit 2004 Chefsprecher), Ellen Arnhold (seit 1987), Eva Herman (seit 1988), Franz Laake (1988–1993), Robert »Bernd« Schröder (1988), Jens Riewa (seit 1991), Susanne »Susan« Stahnke (1992–1999), Susanne Daubner (seit 1999), Marc Bator (seit 2000), Thorsten Schröder (seit 2000), Laura Dünnwald (seit 2001), Silke Jürgensen (seit 2002), Astrid Vits (seit 2004), Michail Paweletz (seit 2004).

Für einen Meilenstein in der Entwicklung der *Tagesschau* und der Fernsehnachrichten überhaupt sorgte das Grubenunglück von Lengede 1963. Waren sonst in der *Tagesschau* abends selten Berichte zu sehen, von denen man nicht morgens schon in der Zeitung hatte lesen können, übertrug die *Tagesschau* hier die Bilder von den Rettungsmaßnahmen live. Die Bedeutung der Sendung wuchs; sie wurde zu einem Aushängeschild der ARD und des Fernsehens. Ihre Form veränderte sich im Lauf der folgenden Jahrzehnte nur äußerst zögernd, was sich im Nachhinein als großer Vorteil herausstellte. Noch 1984 gab es nur eine Minderheit von ARD-Anstalten, die am Sendeplatz um 20.00 Uhr festhalten wollte. Weil sich die Mehrheit der Reformwilligen aber nicht zwischen einem Beginn um 18.45 Uhr und 19.30 Uhr entscheiden konnte, blieb es beim Status quo.

Noch immer richtet sich der Beginn des Hauptabendprogramms auf fast allen Sendern nach dem Ende der *Tagesschau* um 20.15 Uhr, weil es sich seit Jahrzehnten so eingebürgert hat. Wie sehr diese Zeit das Fernsehverhalten in Deutschland bestimmt, mussten die Privatsender erleben, als sie den Versuch unternahmen, die Primetime auf 20.00 Uhr vorzuziehen. Der kurze Versuch von RTL im Jahr 1989 scheiterte weitgehend unbemerkt, der »Nullzeit«-Versuch von Sat.1-Geschäftsführer Fred Kogel fünf Jahre später war von einer großen Werbekampagne begleitet (»Volle Stunde – volles Programm«) und wurde ein Desaster.

Bis heute werden die Nachrichten in der Hauptausgabe noch vom Blatt und nicht vom Teleprompter abgelesen, der sich in allen anderen Nachrichtensendungen und nach und nach auch in den anderen *Tagesschau*-Ausgaben durchgesetzt hat. Trotz (oder wegen) ihrer oft starren und ritualhaften Anmutung ist die *Tagesschau* auch in Zeiten des Privatfernsehens die mit Abstand erfolgreichste deutsche Nachrichtensendung. Der langjährige RTL-Geschäftsführer Helmut Thoma sagte 1992 halb neidisch, halb resigniert: »Diese Sendung könnte man auch in Latein verlesen mit zwei brennenden Kerzen, und sie hätte immer noch die gleichen Ratings.«

Seit 1995 gibt es mittags und am Nachmittag auch moderierte Ausgaben der *Tageschau,* in denen die Nachrichten nicht von Sprechern verlesen, sondern in einem Stil ähnlich der *Tagesthemen* von Moderatoren präsentiert werden, die auch Interviews mit Korrespondenten oder Politikern führen. Anfangs liefen diese Sendungen nur um 15.00 und um 17.00 Uhr und hießen »Tagesschau um 3« bzw. »Tagesschau um 5«, 1998 kam auch die Mittagsausgabe »Tagesschau um 12« hinzu. Moderatoren waren Claus-Erich Boetzkes (seit 1995), Ina Bergmann (1997–2001) und Susanne Holst (seit 2001). Aus der Spätausgabe der *Tagesschau* wurden 1978 die *Tagesthemen.* Später ergänzte das *Nachtmagazin* die Tagesschau-Familie, deren Sendungen alle von der gemeinsamen Redaktion »ARD aktuell« mit Sitz beim NDR in Hamburg hergestellt werden.

Zunächst begann die *Tagesschau* mit einer Wochenschau-ähnlichen Fanfare. Die bekannte Erkennungsmelodie war erstmals 1956 zu hören. Hans Carste und Rolf Kühn hatten sie geschrieben, wegen ihrer markanten Instrumentierung wurde sie auch »Hammond-Fantasy« genannt. Auf ihr basierten alle späteren Versionen der *Tagesschau*-Kennung, die sich allerdings zunehmend vom Original entfernten. Den Anfang machte stets der 20.00-Uhr-Gongschlag, begleitet von der vertrauten Ansage. Die Existenz eines *Zweiten* Deutschen Fernsehens erkannte die ARD erst an, als dieses schon zwei Jahrzehnte auf Sendung war. Bis in die 80er-Jahre hinein hatte der Satz gelautet: »Hier ist das deutsche Fernsehen mit der Tagesschau.«

Eine der bemerkenswertesten Sendungen war die vom 9. November 1987 mit Werner Veigel, bei der fast alles schief ging. Veigel sagte falsche Beiträge an, eine abwinkende Hand kam von der Seite ins Bild, eine Kamerafahrt über die Abgeordneten während eines Berichts aus dem Bundestag zeigte geistesabwesende und sogar schlafende Parlamentarier, und schließlich fiel Veigel während einer Meldung das Gebiss aus dem Mund.

Am 25. Juli 1988 kam die *Tagesschau* ausnahmsweise aus München. In Hamburg waren Techniker wegen einer Tarifauseinandersetzung in einen Warnstreik getreten. Ersatzweise rückten die Kollegen vom Bayerischen Rundfunk ihre regionale »Rundschau« auf und sprangen ein. Deren Sprecher Michael Winter verschleierte allerdings den wahren Grund für diese einmalige Sondersituation und musste von »höherer Gewalt« und einem »Technikausfall« reden.

Ab März 1960 wurde die Wetterkarte fester Bestandteil der *Tagesschau* und beendete jede Sendung. Zuvor hatten Meteorologen das Wetter vor selbst gezeichneten Karten angesagt und sich eine Fangemeinde erobert, doch die ARD-Verantwortlichen fanden, dass diese Art der Präsentation zu viel Sendezeit verschlang, schafften die sichtbaren Wetterfrösche ab und zeigten eine animierte, aber menschenlose Karte. Die führte immer wieder zu Protesten, u. a. weil der Südwestfunk darauf bestand, dass Baden-Baden gefälligst markiert sein müsse, oder weil Vertriebenenverbände Sonne und Regen in den Grenzen Deutschlands von 1937 sehen wollten.

»Wir melden uns wieder um 22.30 Uhr mit den Tagesthemen.«

TAGESTHEMEN ARD

Seit 1978. Ausführliche halbstündige Spätausgabe der *Tagesschau* mit Nachrichten, Hintergrundberichten, Analysen, Interviews, einem Kommentar und – bis März 2002 – dem Wetterbericht.

Die Einführung der *Tagesthemen* am 2. Januar 1978 war eine Revolution und eine schwere Geburt. In den Jahrzehnten zuvor kam die Spätausgabe der *Tagesschau* je nach Programm zwischen 22.00 Uhr und Mitternacht. Die *Tagesthemen* dagegen sollten immer um 22.30 Uhr beginnen, was einen starren Riegel im Abendprogramm bedeutete, der die Sendungen in ein damals ungewohnt starres Format zwang. Das sorgte für entsprechende Widerstände. Auch die im Vergleich zur *Tagesschau* ungewohnt entspannte, persönliche und pointierte Präsentationsform der Moderatoren und deren Auswahl sorgte intern und extern für Wirbel. Prominentester Kritiker war Chefsprecher Karl-Heinz Köpcke, der einen bockigen Gähn- und Raschelprotest veranstaltete, um dagegen zu protestieren, dass ihm ein präpotenter Moderator an die Seite gesetzt wurde. »Ich bin doch kein Loriot-Männchen«, knurrte Köpcke, bequemte sich dann aber zu geräuschloser Mitarbeit als Verleser des fünfminütigen Nachrichtenblocks in der Sendung.

In den ersten Monaten sah es nicht so aus, als ob die *Tagesthemen* zu einer dauerhaften Einrichtung würden. Einige ARD-Sender verlangten, sie müssten in der Sendung mit dem gleichen Anteil vertreten sein wie im Gesamtprogramm. Günter Müggenburg, einer der Erfinder der Sendung, erzählte später, man habe einem Fernsehdirektor deshalb vorgeschlagen, gelegentlich eine Fuhre Langholz durchs Bild fahren zu lassen, was man als Reklame für den Schwarzwald hätte verkaufen können. Umstritten waren zudem die spitzen Kommentare, insbesondere von Dieter Gütt, dem Leiter der ARD-aktuell-Redaktion, die 1977 gegründet worden war, um *Tagesschau* und *Tagesthemen* zu produzieren. Er geriet wegen angeblich mangelnder politischer Ausgewogenheit unter Beschuss und warf schließlich, frustriert wegen der ständigen Einmischung der Parteien in die Programmgestaltung, 1980 das Handtuch.

Der Kommentar blieb ein ständiger, zunehmend anachronistisch wirkender Bestandteil der Sendung, wurde aber das, was er unter Gütt nicht war: berechenbar, je nach dem Parteibuch dessen, der ihn sprach. Bemerkenswert war allerdings ein Kommentar von ARD-Chefredakteur Hartmann von der Tann, als er während der CDU-Spendenaffäre im Januar 2000 forderte, Schatzmeister Kanther solle zurücktreten – was der zu diesem Zeitpunkt längst getan hatte. Von der Tanns Kommentar war aufgezeichnet, durfte aber nicht aus der Sendung genommen werden. Im Januar 2001 sprach Georg Schmolz einen wirren Kommentar, der sorglos mit dem Nazibegriff der »entarteten Kunst« umging. Der Beitrag wurde vor der Ausstrahlung geschnitten, was ihn nicht weniger wirr machte, und Moderator Ulrich Wickert wies direkt im Anschluss ausdrücklich darauf hin, dass er nicht die Meinung der Redaktion wiedergebe. Das brachte ihm einen scharfen Rüffel ein.

Anfangs wurde die Sendung von einer größeren Zahl alternierender Moderatoren präsentiert, die die verschiedenen ARD-Anstalten entsandten. Dazu gehörten: Alexander von Bentheim (1978–1980), Ernst-Dieter Lueg (1978–1985), Wolf von Lojewski (1978–1979), Klaus Stephan (1978), Barbara Dickmann (1980–1983), Klaus Bednarz (1982–1983), Gerhard Fuchs (1982–1985), Klaus-Peter Siegloch (1982–1985) und Rüdiger Hoffmann (1982–1985). Zum 1. Oktober 1985 wurden die Positionen des ersten und zweiten Moderators geschaffen, die sich wochenweise abwechselten. Erster Moderator war zunächst Hanns Joachim Friedrichs, 1991 übernahm Ulrich Wickert. Zweite Moderatorin war zunächst Ulrike Wolf (bis 1987), dann Sabine Christiansen (1987–1997), was einen Riesenaufschrei verursachte, weil sie erst 29 Jahre alt war und früher als Lufthansa-Stewardess gearbeitet hatte; sie ließ allerdings nach kurzer Zeit die meisten Kritiker verstummen. Ihr folgten Gabi Bauer (1997–2001) und Anne Will (ab 2001). Vertretungsweise moderierte auch Ulrich Deppendorf, ab 2004 Susanne Holst.

Seit der Reduzierung der Zahl der Moderatoren wurden die Präsentatoren der *Tagesthemen* zu den bekanntesten und beliebtesten deutschen Fernsehgesichtern. Insbesondere Hanns Joachim Friedrichs wurde eine journalistische Institution. Sein bekanntes Credo lautete: »Distanz halten, sich nicht gemein machen mit einer Sache, auch nicht mit einer guten, nicht in öffentliche Betroffenheit versinken, im Umgang mit Katastrophen cool bleiben, ohne kalt zu sein.« Seinen Namen trägt ein jährlich vergebener Preis für mutigen Fernsehjournalismus.

TAGESTHEMEN MIT BERICHT AUS BONN ARD
→ Bericht aus Bonn

TÄGLICH RAN SAT.1
→ ran

TAKEN: HINTER DEM HIMMEL PRO SIEBEN
2005. 10-tlg. US-Science-Fiction-Familienserie von Leslie Bohem (»Taken«; 2002).

Erzählt wird die Geschichte mehrerer Generationen dreier Familien und ihres Kontakts mit Außerirdischen von 1947 bis in die Gegenwart. Der frühere Kampfpilot Russell Keys (Steve Burton) hat seit dem Zweiten Weltkrieg Albträume, aber keine konkrete Erinnerung an seine damalige Entführung durch Außerirdische. Im Lauf der Jahre wird er noch mehrfach entführt, ein Schicksal, das er mit seinem Sohn Jesse (James Kirk; als Erwachsener: Desmond Harrington) teilt. Sally Clarke (Catherine Dent) hat einen Sohn namens Jacob (Anton Yelchin; als Erwachsener: Chad Donella), der ein Hybrid aus Alien und Mensch ist. An diesen Familien hat der Regierungsbeamte Owen Crawford (Joel Gretsch) großes Interesse, der mit allen Mitteln herauszufinden versucht, was genau passiert ist, als 1947 in Roswell in New Mexico ein unidentifiziertes Flugobjekt abstürzte.

Crawfords Sohn Eric (Andy Powers) führt später das UFO-Projekt seines Vaters fort, unterstützt von Dr. Chet Wakeman (Matt Frewer), der eine Beziehung mit Erics Tochter Mary (Heather Donahue) beginnt. Nach dem Tod von Jesse und Jacob rücken ihre Kinder Charlie (Adam Kaufman) und Lisa (Emily Bergl) in den Mittelpunkt des Regierungsinteresses. Diese beiden bekommen ein gemeinsames Kind, Allie (Dakota Fanning), ebenfalls ein Alien-Mensch-Hybrid mit übernatürlichen Fähigkeiten. Im Alter von sieben Jahren wird sie von General Beers (James McDaniel) entführt, der nun mit dem UFO-Projekt betraut ist. Ihre Eltern versuchen alles, um sie zurückzubekommen. Aus Allies Sicht werden die Ereignisse geschildert – sie ist der Schlüssel zur Zukunft.

Die Geschichte klingt nach *Akte X,* doch trotz aufwendiger Spezialeffekte legte die Serie ihr Augenmerk hauptsächlich auf die familiären Beziehungen und Entwicklungen und weniger auf spektakuläre Sci-Fi-Action. Produzent war Steven Spielberg. Die spielfilmlangen Folgen liefen montags zur Primetime.

DAS TAL DER PAPPELN RTL
1986. 24-tlg. frz.-ital.-schweiz. Soap (»La vallée des peupliers«; 1985). Der Fabrikant Umberto de Lorenzi (Rossano Brazzi) sieht sich mit Vorwürfen der Umweltverschmutzung konfrontiert.

Roberto Blanco war gleich mehrfach Gast im *Talentschuppen*.

DAS TAL DER PUPPEN ZDF
1983. 5-tlg. US-Drama von Laurence Heath nach dem Roman »Valley of the Dolls« von Jacqueline Susann, Regie: Walter Graumann (»Valley of the Dolls«; 1981).
Die drei jungen Frauen Neely O'Hara (Lisa Hartman), Ann Wells (Catherine Hicks) und Jennifer North (Veronica Hamel) machen Karriere im Showgeschäft und entdecken, dass sie dadurch kein bisschen glücklicher werden. Und durch Drogen auch nicht.
Die 45 Minuten langen Folgen liefen samstags um 19.30 Uhr. Der Roman diente 1967 bereits als Vorlage für einen Kinofilm mit Patty Duke in der Hauptrolle.

TALENTSCHUPPEN ARD
1967–1987. Talentshow von und mit Dieter Pröttel. Pröttel, Moderator und Regisseur der Sendung, bot jungen Sängerinnen und Sängern eine Bühne, um ihr Talent zu zeigen. Die auftretenden Künstler waren überwiegend völlig unbekannt; überzeugten sie, durften sie jedoch noch mehrmals wiederkommen. Eine der Entdeckungen in der Show war der junge Michael Schanze (sein erster Auftritt war im April 1968, es folgten weitere). Schanze wurde später zwar auch als Sänger, vor allem aber als Entertainer berühmt. Zwanzig Jahre später moderierte er die Samstagabendshow *Flitterabend*, sein Regisseur war Dieter Pröttel. Weitere Künstler, die später Berühmtheit erlangten, waren Ulrich Roski (Oktober 1970), Juliane Werding (Juni 1971), Reinhard Mey (November 1971) und Hans Peter Kerkeling (April 1983), der sich damals noch nicht Hape nannte.
Pröttel moderierte bis 1973 und später noch einmal von 1982 bis Ende 1984. Zwischendurch war Bill Ramsey der Gastgeber. Die Show lief in den 60ern am Vorabend und war eine halbe Stunde lang, in den 70ern, nun 45 oder 60 Minuten lang, samstagsnachmittags und in den 80ern donnerstags um 21.45 Uhr. Zwischendurch gab es abendfüllende Spezialausgaben. Ab Januar 1985 kam der Nachwuchs auch in der Moderation zum Zug: Jörg Knör, Klaus-Peter Grap, Christoph Lanz und Inga Franke-Schulz moderierten je eine Sendung. Die 67. und letzte reguläre Ausgabe lief im Oktober 1985; es folgten noch jeweils eine Hand voll Spezialausgaben namens *Talentschuppen Berlin* mit Ausschnitten von der Berliner Funkausstellung, moderiert von Sabrina Lallinger und Karl Dall, und *Euro-Talentschuppen* mit Künstlern aus ganz Europa, moderiert von Sabrina Lallinger.

TALK DER WOCHE SAT.1
Seit 2005. Gesellschaftspolitische Talkshow mit Bettina Rust und jeweils drei prominenten Gästen. Es geht nicht um deren neue Projekte, Filme, CDs, sondern um aktuelle Themen der Woche.
Es sollte ein »gehobener Stammtisch« sein. Die ersten einstündigen Sendungen, sonntags gegen 22.30 Uhr, stießen beim Zuschauer aber kaum auf Interesse.

TALK IM TURM SAT.1
1990–1999. Talkshow, die sich mit jeweils einem Thema aus Politik oder Gesellschaft befasste, zu dem mehrere prominente Gäste, meist Politiker eingeladen waren.
Die Moderatoren waren zunächst Florian Fischer-Fabian und Heidi Schüller. Nach wenigen Wochen wurde Fischer-Fabian von Erich Böhme abgelöst, nach einem Jahr Schüller von Sandra Maischberger. Die Idee, dem abgeklärten alten Hasen und ehemaligen »Spiegel«-Chefredakteur einen jungen, naiven Hüpfer gegenüberzusetzen, ging nicht auf: Maischberger wurde gnadenlos verrissen. Ende 1991 warf sie das Handtuch, auch Gero von Boehm, der im selben Jahr einige Male moderiert hatte, verschwand

wieder. Ab Anfang 1992 rührte Böhme allein Sonntag für Sonntag mit seiner Lesebrille in der Luft herum. Im Herbst 1998 musste er gehen, weil Sat.1-Chef Fred Kogel fand, dass der 66-Jährige für einen Privatsender zu alt sei. Inzwischen hatte *Talk im Turm* mit *Sabine Christiansen* direkte Konkurrenz bekommen. Nach einer kurzen Pause wurde Anfang November der »Spiegel«-Chefredakteur Stefan Aust Böhmes Nachfolger. Als er wegen schlechter Kritiken, schlechter Quoten und schlechter Stimmung beim »Spiegel« nach nur drei Monaten aufgab, wurde die Reihe eingestellt.

Schon die erste Sendung sorgte für Schlagzeilen. Zu Gast war u. a. der ehemalige Chefpropagandist des DDR-Fernsehens, Karl Eduard von Schnitzler, den man aber offensichtlich nur eingeladen hatte, um ihn nicht zu Wort kommen zu lassen. Das Motto des Abends gab »Bild«-Kolumnist Reginald Rudorf aus: »Wir konnten Sie 30 Jahre lang nicht unterbrechen, jetzt ist Schluss.« Schnitzler wurde als »Faschist«, »Dreckschleuder Honeckers« und »Bauchredner Ulbrichts« beschimpft und aufgefordert, das Studio zu verlassen – wegen »ideologischer Umweltverschmutzung«. Fischer-Fabian unterbrach Schnitzler schließlich endgültig mit den Worten: »Es hat sich ausgeschnitzlert!«

Im Januar 1998 stürmten Studenten die Bühne und ketteten sich mit der Forderung, über ihre Probleme eine Sendung zu machen, mit Handschellen an Böhmers Stuhl. Der wechselte den Stuhl und versprach, in der nächsten Sendung einen von ihnen ausgewählten Vertreter einzuladen, der es dann prompt für sinnvoll erachtete, sein Hinterteil zu entblößen.

Die einstündige Talkshow lief am Sonntag gegen 22.00 Uhr. Anfang 2000 startete Böhme auf n-tv seine neue, extrem ähnliche Reihe *Talk in Berlin*.

TALK IM TURM – SPEZIAL   SAT.1
2002. Knapp vier Jahre nach seinem Abschied von *Talk im Turm* kehrte Erich Böhme noch einmal für fünf Sendungen auf den Bildschirm zurück. Kurz vor der Bundestagswahl sprach er jeweils montags um 22.15 Uhr mit drei Gästen über die aktuelle Politik. Am Montag nach der Wahl moderierte er die Sendung zum endgültig letzten Mal.

TALK IN BERLIN   N-TV
2000–2003. Genau ein Jahr nach dem Ende von *Talk im Turm* kam dessen langjähriger Moderator Erich Böhme mit einer fast identischen Show ins Fernsehen zurück, jetzt beim Nachrichtensender n-tv. Böhme talkte mit jeweils vier bis fünf Gästen über ein aktuelles politisches Thema. Gleich in der ersten Sendung blamierte er sich, als er versuchte, den rechtspopulistischen Kärntner Landeshauptmann Jörg Haider vorzuführen – und stattdessen von ihm vorgeführt wurde. Böhme konfrontierte ihn mit angeblichen Haider-Zitaten, deren Quellen er nicht kannte. Eines davon stammte sogar aus einem Parlamentsantrag aus den 50er-Jahren, als Haider noch ein kleines Kind war.

Die Sendung war 90 Minuten lang und lief sonntags ab 21.30 Uhr.

TALK TÄGLICH   ARD
1989–1993. Halbstündige Talkshow. Noch bevor die Privaten den Daily Talk »erfanden«, gab die ARD zumindest im Titel dieser Sendung an, es handele sich um eine tägliche Talkshow.

Sie startete im regionalen Vorabendprogramm und wurde ab 1990 nachmittags ausgestrahlt, zunächst viermal wöchentlich, montags bis donnerstags um 16.03 Uhr, ab 1991 nur noch dreimal pro Woche ab Dienstag. Wechselnde Redaktionen steuerten wochen- oder monatsweise Sendungen bei, entsprechend wechselten sich etliche Moderatoren ab, darunter Juliane Bartel, Hermann Stange, Johannes B. Kerner, Helga Lensch, Helmut Rehmsen und Stephan Lamby. Was inhaltlich passierte, schien egal zu sein. Oft ging es um ernste Schwerpunktthemen, manchmal wurde mit Prominenten getalkt, manchmal mit Menschen, die einfach etwas zu erzählen hatten (Gäste waren z. B. Kurt Masur und der Vorsitzende eines holländischen Knoblauchklubs), gelegentlich traten ARD-Stars auf, um für ihre neuen Sendungen zu werben. Ab Herbst 1992 sprachen jeweils zwei ältere Zeitzeugen über ihr Leben; die Reihe richtete sich nun vor allem an Senioren. Im Wesentlichen kam es der ARD wohl darauf an, dass die Sendung kostengünstig produziert wurde.

TALK TALK TALK   PRO SIEBEN
Seit 1999. Halbstündige Recyclingshow.

Jessica Stockmann zeigte samstags um 19.00 Uhr Schnipsel aus den täglichen Talkshows der Woche, auch aus dem Archiv oder dem Ausland. Sie gab die Moderation im August 2000 an Sonya Kraus ab, die bis dahin nur im *Glücksrad* die Buchstaben umgedreht hatte. Im Januar 2002 wurde die Sendezeit auf eine Stunde verdoppelt, im Mai 2003 zusätzlich *talk talk talk – Die Late Show* eingeführt. Seit 2003 gibt es kaum einen Tag, an dem nicht zu irgendeiner Uhrzeit auf Pro Sieben eine Folge *Talk Talk Talk* wiederholt wird.

TALK TALK TALK – DIE LATE SHOW   PRO SIEBEN
Seit 2003. Weitere Recyclingshow mit Sonya Kraus, die aus den gezeigten Talkausschnitten jeweils einen Gast nominiert und am Ende des Monats den Sieger als Gast im Studio begrüßt.

Dieser halbstündige Ableger von *talk talk talk* läuft donnerstags nach 23.00 Uhr und nimmt dank seiner Sendezeit noch weniger Rücksicht auf altmodische Kategorien wie Geschmack, Anstand oder Menschenwürde.

TALK X   PRO SIEBEN
1997. Tägliche Esoterik-Talkshow mit Andrea Kiewel über übernatürliche Phänomene.

Das Ende nach einem Monat war dagegen ganz natürlich, nachdem bis dahin kaum jemand zugeguckt hatte. Bis dahin ging es um so aufregende Dinge wie die magische Kraft des Essens, östliche und westliche Astrologie, Fengshui und die auch nach der Sendung wohl für alle Zeiten ungeklärt bleibende Frage, ob der Mond den weiblichen Zyklus beeinflusst. Für alle, die die Anspielung im Titel nicht verstanden hatten, klang die Titelmusik unverkennbar nach *Akte X*.

Jahre vorher hatte u. a. schon Rainer Holbe versucht, im Fernsehen *Phantastische Phänomene* zu entdecken.

TALK 2000   RTL
1997. Wöchentliche Talkshow-Parodie mit Christoph Schlingensief.
Der Theater- und Filmregisseur (»Das deutsche Kettensägenmassaker«) moderierte am späten Sonntagabend eine eher unkonventionelle Talkshow. Er griff seine Gäste an, beleidigte sie und verschreckte sie mit absurden Aktionen. Einige verließen – wie wohl erhofft – während der laufenden Sendung das Studio.
Acht Ausgaben liefen im Fensterprogramm Kanal 4 sonntags nachts.

TALKIE-WALKIE   RTL
1990. 6-tlg. frz. Jugendserie von Daniel Goldenberg, Regie: Daniel Moosmann (»Talkie-walkie«; 1987).
Die Freunde Manuel (Pierre-Jean Chérer), Barbara (Nathalie Cauvin), Mario (Bruno Scolca), Lucile (Isabelle Maltese), Ibrahim (Jacques Martial), Caroline (Nadine Coll) und Max (Mouss alias Mustapha Zouheyri) betreiben gemeinsam einen Kurierdienst, fahren dafür mit ihren Motorrädern durch Paris und verständigen sich über ihre Walkie-Talkies.
RTL 2 wiederholte die Serie 1994 unter dem Titel *Die Typen von Talkie-Walkie* und zeigte dabei eine Episode, die RTL ausgelassen hatte.

TALKLINE   VOX
1993–1994. Nächtliche Call-In-Show mit Thomas Aigner, in der traurige Menschen ausgerechnet ihn anrufen, um Rat zu bekommen, und er lesbischen Frauen rät, sich doch mal die Männer-Stripper »Chippendales« anzusehen.
Talkline war eine Stunde lang und lief erst in der Nacht auf Sonntag, ab 1994 in der Nacht auf Samstag.

TAMMY – DAS MÄDCHEN VOM HAUSBOOT   ZDF
1967–1968. 26-tlg. US-Sitcom nach dem Roman von Cid Ricketts Sumner (»Tammy«; 1965–1966).
Die 18-jährige Tammy Tarleton (Debbie Watson) arbeitet als Privatsekretärin für den reichen Geschäftsmann John Brent (Donald Woods). Brents Nachbarin Lavinia Tate (Dorothy Green) kann Tammy nicht ausstehen, weil sie aus einfachen Verhältnissen kommt und auf einem Hausboot wohnt. Dort lebt Tammy gemeinsam mit ihrem Großvater (Denver Pyle) und Onkel Lucius (Frank McGrath). Bei den beiden ist sie nach dem Tod ihrer Eltern aufgewachsen. Brent hat einen Sohn namens Steven (Jay Sheffield), Lavinia einen namens Peter (David Macklin) und eine Tochter namens Gloria (Linda Marshall).
Auf der Romanvorlage »Tammy, das Mädchen vom Mississippi« basierten schon mehrere Kinofilme, von denen zwei in Deutschland gezeigt wurden: »Tammy« (1957) mit Debbie Reynolds und Leslie Nielsen in den Hauptrollen und »Sandra und der Doktor« (1962) mit Sandra Dee und Peter Fonda. Im Titelsong der Serie hieß es: »Hörst du den Südwind, er flüstert dir zu: Tammy, Tammy, dein Glück bist du.«
Die Folgen liefen im Vorabendprogramm.

TANDARRA   ARD
1982. 18-tlg. austral. Westernserie (»Cash and Company«/»Tandarra«; 1975–1976).
Auch Australien hatte seinen eigenen Goldrausch – Mitte des 19. Jh. In dieser Zeit finden die beiden Outlaws Sam Cash (Serge Lazareff) und Joe Brady (Gus Mercurio) Zuflucht bei Jessica Johnson (Penne Hackforth-Jones) auf der Farm »Tandarra«. Der skrupellose, korrupte Sheriff Lieutenant Keogh (Bruce Kerr) ist hinter ihnen her. Er hat Jessicas Mann, der Joes Partner war, auf dem Gewissen. Später taucht der Kopfgeldjäger Ryler (Gerard Kennedy) auf und verbündet sich mit Joe, den er eigentlich verfolgt hat. Cash verschwindet aus der Serie, die an dieser Stelle im Original von »Cash And Company« in »Tandarra« umbenannt wurde.
Die knapp einstündigen Folgen liefen im Vorabendprogramm. Insgesamt wurden 25 Folgen gedreht.

TANDEM   ZDF
1988–1989. Live-Spielshow mit Ilona Christen, in der jeweils zwei Partnerstädte in Openair-Wettkämpfen gegeneinander antreten. Ilona Christen hatte die Variante von *Spiel ohne Grenzen* selbst entwickelt.
Die einstündige Show lief samstags nachmittags.

TANJA   ARD
1997–2000. 39-tlg. dt. Familienserie von Berengar Pfahl.
Tanja Büsing (Katharina Wackernagel) ist ein Teenager und steht kurz vor dem Schulabschluss. Sie lebt mit ihren Eltern Gaby (Verena Plangger) und Hans (Michael Kausch) sowie den Brüdern Jörg (Peter Wilczynski) und Ben (Matteo Kausch) zusammen. Ihr Freund ist David (Max Kellermann). Kurz vor dem Abitur schmeißt sie die Schule hin und zieht zu Hause aus, um ihr Leben zu leben. Sie trennt sich von David und gründet mit ihrer Freundin Billie (Laura Schuhrk) eine WG. Ihr neuer Freund wird für einige Zeit Felix (Matthias Schloo). Zu Tanjas Freundeskreis gehören Nils (Robert Glatzeder), Bianca (Fiona Molloy), Juri (Juri Haas) und Chris (Mirco Ziegler).
Die einstündigen Folgen liefen montags um 18.55 Uhr.

TANTE TILLY   ARD
1986–1987. 16-tlg. dt. Krimiserie von Konrad Hansen.

Tante Marple ... Verzeihung, Tante Tilly (Heidi Kabel) klärt Kriminalfälle auf. Die halbstündigen Folgen liefen im regionalen Vorabendprogramm.

TANZ AUF DEM REGENBOGEN   ARD
1971. 13-tlg. dt. Liebesserie von Roswitha Fischer und Bertrand Viard nach dem Roman von Utta Danella, Regie: Roger Burckhardt.
Die Lehrerin Elisabeth Ohl (Eleonore Weisgerber) wird von dem erfolgreichen Schauspieler Veit Gregor (Relja Básic) mit seinem Wagen angefahren. Er ist begeistert von ihr, weil sie so einfach und naiv ist, ganz anders als die Filmsternchen, die er sonst kennt. Sie heiraten. Doch die Romantik verfliegt, und Elisabeth leidet unter der Kälte und Arroganz ihres Mannes. Eigentlich möchte sie ein neues Leben beginnen, kommt aber von Veit nicht los, der sie braucht.
Die 25-Minuten-Folgen liefen im regionalen Vorabendprogramm.

TANZ-CAFE   ZDF
1971. Show mit Rahmenhandlung.
Alfred Kernbach (Reinhold Brandes) betreibt ein altmodisches Tanzcafé. Er beschäftigt dort die Küchenmamsell Ilsetraud (Sonja Wilken), Kellner Udo (Günther Frank) und Zigarettenboy Ronny (Ronald Rose). In jeder Folge ist ein besonderer Gast zu Besuch, bei der Premiere etwa Willy Milano (Willy Millowitsch). Und natürlich gibt es vor allem Tanzmusik von wechselnden Bands und Orchestern, in der ersten Folge dem »Schau-Orchester Monte Negro Five«.
Sechs halbstündige Folgen liefen 14-täglich montags um 18.40 Uhr.

DAS TANZBÄRENMÄRCHEN   ARD
1984. 4-tlg. Marionettenspiel aus der *Augsburger Puppenkiste* von Sepp Strubel nach dem Buch von Ulrich Mihr.
Die Tanzbären Atta Troll (braun und flauschig) und Mumma Troll (weniger flauschig und mit Schürze) sind in Gefahr. Die böse Hexe Uraka will ihnen ans Leder, oder, genauer gesagt: ans Fett. Denn nur aus Bärenfett kann sie ihre Hexensalbe herstellen. Uraka verhext den Ziegenhirten Laskaro zum Jäger und versucht, den musizierenden Bärenführern Jakob und Luigi die Bären in Paris abzukaufen. Doch dank des Einsatzes der verzauberten Möwe Rosalinde, des Raben Korax und des alten Grafen des Wasserschlosses kommen die freundlichen Tiere nicht zu Schaden.

TANZSCHULE   VOX
→ Leben macht Laune

TANZSCHULE KAISER   ARD
1984–1986. 13-tlg. dt. Familienserie.
Dotti Jülich (Karin Eickelbaum) und ihr Mann Alfred (Gerhard Friedrich) führen die traditionsreiche Tanzschule Kaiser, die Dotti von ihrem Vater Kecki Kaiser (Arnold Marquis) übernommen hat. Die halbstündigen Folgen liefen im regionalen Vorabendprogramm.

TAO TAO   ZDF
1984–1985. 52-tlg. jap. Zeichentrickserie für Kinder (»Taotao Ehonkan Sekai Doubutsu-Banashi«; 1983).
Der kleine Pandabär Tao Tao, der Affe Kiki, das Häschen Puu und das Eichhörnchen Puru leben im chinesischen Waizantal. Die weise alte Mutter-Panda erzählt den Kindern immer wieder neue Märchen mit Tiergeschichten aus aller Welt.
Die Serie lief samstags. Komponist der Titelmusik war Karel Svoboda. Mehrere Episoden sind auf DVD erhältlich.

TARATATA   SAT.1
Seit 2004. 75-minütige Musikshow. Stars singen live ihre eigenen Hits, werden interviewt, und zwischendurch treten mehrere der Stargäste, die sich teilweise wenige Stunden vorher noch nicht kannten, zum Duett miteinander an.
Zunächst zwei Testsendungen liefen Ende 2004 am späten Samstagabend. Moderator war Kristian Thees. Die Show zeigte, dass man nicht *Wetten, dass ...?* sein muss, um mehrere Weltstars in die gleiche Sendung zu bekommen. Gleich in der Premiere traten u. a. Joe Cocker, The Corrs und Westlife auf. Und Kristian Thees zeigte, dass man nicht Thomas Gottschalk sein sollte, wenn die Stars auch die Gelegenheit haben sollen, ganze und sinnvolle Sätze zu sagen. Die Show basierte auf dem gleichnamigen französischen Format. Produzent war Hugo Egon Balder, der in den neuen Folgen ab Herbst 2005 auf Wunsch des Senders auch die Moderation übernahm.

TARZAN   ZDF
1971. 48-tlg. US-Abenteuerserie von Don Brinkley nach der Idee von Edgar Rice Burroughs (»Tarzan«; 1966–1968).
Tarzan (Ron Ely) ist eigentlich der Earl of Greystoke. Er wuchs zwar im Dschungel auf, hat inzwischen aber viele Jahre in der Zivilisation hinter sich, ist wohl erzogen und eloquent. Offensichtlich trägt er aber nicht sehr gerne Kleidung, und so kehrt er zurück in den Wald, um sich nur noch im Lendenschurz um die Tiere zu kümmern und sie vor bösen Eindringlingen zu bewahren, gegebenenfalls aber auch Menschen vor den Tieren zu schützen. Für alle Fälle liegen seine alten Anzüge aber parat. Die Sprache der Tiere beherrscht er ebenso fließend wie die der Menschen. Seine besten Freunde sind der Affe Cheetah und der Waisenjunge Jai (Manuel Padilla, Jr.). Jane? Nein, eine Jane gibt es hier nicht.
Nach 50 Kinojahren und 13 Tarzan-Darstellern kam der König des Dschungels zum ersten Mal mit einer Serie ins Fernsehen. Der berühmte Tarzan-Schrei war hier tatsächlich der berühmte: Er stammte aus den Kinofilmen mit Johnny Weissmüller, der Ton wurde einfach in die Serie hineingeschnitten. Ron

Tarzan (Ron Ely, unten)

Ely spielte anschließend noch in ein paar Tarzan-Filmen die Titelrolle, außerdem 1975 den Doc Savage im Kinofilm »Doc Savage – Der Mann aus Bronze«. Das ZDF zeigte die Serie am frühen Samstabend und unterschlug dabei einige der eigentlich 57 einstündigen Folgen.

TARZAN SAT.1
1992–1995. 75-tlg. US-Abenteuerserie (»Tarzan«; 1991–1994).
Der langhaarige blonde Tarzan (Wolf Larson) kann zwar ganze Sätze sprechen, lebt aber leicht beschürzt in einem Baumhaus. Gemeinsam mit der französischen Umweltschützerin Jane Porter (Lydie Denier), ihrem jungen überforderten Assistenten Roger Taft, Jr. (Sean Roberge), der Schimpansin Cheeta sowie anfangs mit dem schwarzen Buschpiloten Simon Govier (Malick Bowens) und später mit Jack (Errol Slue) kämpft er gegen Umweltverschmutzung, Naturkatastrophen, Tierhändler und Kriminelle.
Der Tarzan der 90er-Jahre sah aus wie der klassische Tarzan, ritt auch brav auf Elefanten und konnte schreien wie Johnny Weissmüller und Lex Barker, aber vor allem war er ein aufgeklärter, engagierter junger Mann. Sat.1 warb damit, dass Larson der »erste Tarzan-Darsteller mit abgeschlossenem Hochschulstudium« sei. Er ließ sich das aber in der Serie nicht anmerken. Man beachte auch die Verwandlung der Jane vom hilflosen Opfer zur emanzipierten Frau.
Die halbstündigen Folgen liefen sonntags nachmittags.

TARZAN: DIE RÜCKKEHR RTL 2
1997. 21-tlg. US-Abenteuer-Serie (»Tarzan: The Epic Adventures«; 1996–1997).
Nach Jahren in der Zivilisation kehrt Tarzan (Joe Lara) in den Dschungel zurück und erlebt neue Abenteuer. Sein Begleiter ist Themba (Aaron Seville), zu seinen Freunden gehören Tasi (Nkhensani Manganyi) und der Hexendoktor Bolgani (Don McLeod). La (Angela Harry) ist die Priesterin der Verbotenen Stadt Opar. Keine Cheetah, keine Jane.
Die Serie lief am Samstagnachmittag.

TARZAN, HERR DES DSCHUNGELS ZDF
1978–1981. 29-tlg. US-Zeichentrickserie (»Tarzan, Lord Of the Jungle«; 1976–1977). Neue, jetzt gezeichnete Abenteuer mit Tarzan in allen Lebenslagen und Epochen: Tarzan trifft u. a. auf Nachfahren der alten Wikinger, einen Riesen und den dicken König Odysseus, und er besteht das Duell mit einem künstlichen Tarzan, den ein abgefeimter Professor erschuf.
Die einzelnen Folgen waren 25 Minuten lang.

DAS TASCHENMESSER ZDF
1993. 7-tlg. niederländ. Jugendserie von Sjoerd Kuijper, Regie: Ben Sombogaart (»Het zakmes«; 1991).
Die Freunde Tim (Verno Romney) und Mees (Olivier Tuinier) werden getrennt, als die Familie von Tim nach Flevoland zieht. Durch ein Versehen behält Mees das Taschenmesser von Tim. Der Versuch, es zurückzugeben, führt ihn in einen Konflikt mit der Lehrerin (Beppie Melissen) und in einige Abenteuer.
Die knapp 20 Minuten langen Folgen dieser Fernsehfassung eines Kinofilms liefen sonntags vormittags.

TASK FORCE POLICE SWR, ARD
1971–1972 (SWR); 1977–1978 (ARD). 66-tlg. brit. Krimiserie von Elwyn Jones (»Softly, Softly: Task Force«; 1969–1976).
Detective Chief Superintendent Charlie Barlow (Stratford Johns) und Detective Superintendent John Watt (Frank Windsor) ermitteln im englischen Thamesford in Kriminalfällen. Barlow ist kompromisslos und hart und nimmt Verdächtige und Untergebene gleichermaßen in die Zange, um effektiv zu arbeiten. Watt ist das nette Gegenstück, aber nicht weniger ergebnisorientiert. Zum Kreis der Kollegen gehören die Polizisten Harry Hawkins (Norman Bowler), Arthur Cullen (Walter Gotell) und Henry Snow (Terence Rigby), der nie mit seinem Hund klarkommt.
Die realistische Serie zeigte Polizisten als fehlbare Menschen und behandelte auch kontroverse Fälle wie Korruption innerhalb der Polizei. Sie war in England Bestandteil einer ganzen Serienfamilie, von der nur ein Bruchteil in Deutschland lief. Der fast 700-teilige Dauerbrenner »Z Cars« (1962–1978) hatte die beiden Hauptfiguren Barlow und Watt bekannt gemacht, die dann ihre eigene Serie bekamen (»Softly, Softly«, ab 1966), von der diese hier eine Fortsetzung ist.

Die ARD zeigte die 50 Minuten langen Folgen ab November 1975 wöchentlich sonntags am frühen Abend. Sie waren zuvor bereits in den Dritten Programmen gelaufen. Ab 1977 liefen 26 neue Folgen zuerst im Ersten. Alle bei uns gezeigten Folgen waren in Farbe. Johns stieg später aus und ließ seinen Kollegen allein (diese Folgen wurden hier nicht gezeigt), um in zwei neuen Spin-offs (»Barlow At Large«; 1971–1973; »Barlow«; 1974–1975) seine Rolle weiterzuspielen. Einige dieser Folgen zeigte DFF 1 in der DDR unter dem Titel *Freie Hand für Barlow*.

TASSILO – EIN FALL FÜR SICH   ZDF
1991. 6-tlg. dt. Krimi-Comedy-Serie von Martin Walser, Regie: Hajo Gies.
In Friedrichshafen am Bodensee ist nicht viel los. Viel zu wenig, um Tassilo S. Grübel (Bruno Ganz) ein Auskommen als Privatdetektiv zu sichern. Er betreibt das »Büro für Auskunft und Wissen« zusammen mit seiner Mutter (Herta Schwarz) und seinem Freund Hugo (Axel Milberg). Damit überhaupt mal ein Auftrag reinkommt, provoziert Tassilo die Fälle selbst und schreibt z. B. Erpresserbriefe an seine reichen Nachbarn. Er selbst nimmt dann die Ermittlungen auf und kümmert sich um die Geldübergabe. Und obwohl er doch weiß, dass er es nicht mit echten Gangstern zu tun hat, ist er mit seiner Arbeit ständig überfordert und ihm schlottern die Knie.
Walser hatte die Figur des Tassilo für eine Hörspielreihe erfunden, die ab 1974 produziert wurde. Die einstündigen Fernsehfolgen liefen um 21.15 Uhr.

DEM TÄTER AUF DER SPUR   ARD
1967–1973. 17-tlg. dt. Krimi-Quiz-Reihe von Jürgen Roland.

Kommissar Bernard (Günther Neutze) versucht, durch lange Gespräche mit allen Beteiligten die Täter in Mordfällen in Frankreich zu ermitteln. An seiner Seite ist Inspektor Mireux (Günther Stoll), ab der dritten Folge Inspektor Janot (Karl Lieffen). Nach einer Weile sagt Bernard jedes Mal den Satz: »Aber ja, so muss es gewesen sein«, dreht sich zu den Zuschauern und spricht in die Kamera: »Für mich ist der Fall klar. Und für Sie?« An dieser Stelle wird der Film unterbrochen, und Regisseur Jürgen Roland lässt im Studio prominente Gäste raten, wen sie für den Mörder halten. Danach folgt der tatsächliche Schluss, in dem Bernard ihnen und den Verdächtigen erklärt, wer sich im Lauf der Ermittlungen verplappert hat.
Die Ratekandidaten waren höchst prominent: Zu Gast als Krimi-«Experten« waren u. a. Uschi Glas, Helga Feddersen und Inge Meysel, aber auch der damalige Innenminister Hans-Dietrich Genscher. Manchmal drehte sich Kommissar Bernard auch während der Fälle zum Publikum und erklärte Hintergründe oder stellte Thesen auf. Die Fälle, die nach französischen Vorbildern entstanden, waren kompliziert, und die französischen Rollennamen machten die Sache für die Zuschauer noch verwirrender.
Die ersten sechs Folgen wurden schwarz-weiß, die restlichen (ab Frühsommer 1970) in Farbe gedreht. Die Sendungen waren zwischen 30 und 100 Minuten lang und liefen in loser Folge samstags um 20.15 Uhr.

TÄTER UNBEKANNT   ARD
1961–1962. 19-tlg. US-Krimiserie (»The Lineup«; 1954–1960).
Die Polizisten Lieutenant Ben Guthrie (Warner Anderson), Inspector Matt Grebb (Tom Tully) und Inspector Fred Asher (Marshall Reed) klären in San

Dem Täter auf der Spur: Günther Neutze (links) und Karl Lieffen (2. v. r.) in der Folge »Tod am Steuer« mit den Gaststars Barbara Lankau und Horst Frank. Scheint kein komplizierter Fall zu sein, Horst Frank ist doch eigentlich immer der Täter.

Francisco Kriminalfälle auf, die meistens nicht sonderlich spektakulär sind. Am Ende wird Zeugen in einer Gegenüberstellung eine Reihe Verdächtiger vorgeführt.
Die Serie schilderte die auf Tatsachen beruhenden Fälle sehr nüchtern und fast dokumentarisch. Die halbstündigen Episoden liefen im regionalen Vorabendprogramm. In den USA brachte es die Serie innerhalb von sechs Jahren auf 201 Folgen.

TÄTER UNBEKANNT   DFF 1
1972. 5-tlg. DDR-Krimireihe von Ulrich Waldner, Regie: Bernhard Stephan.
Der erfahrene Oberleutnant Reichenbach (Erwin Geschonneck) und der junge Hauptmann Jonisch (Jürgen Hentsch) lösen Kriminalfälle. Diesmal geht es nicht – wie vorher fast ausschließlich in DDR-Krimiserien – um aus dem Westen importierte, sondern um hausgemachte Delikte: Einbruch, Raub, Sexualmord und Betrug. Partner der Serie war das Ministerium des Innern.
Wegen mangelnden Zuschauerinteresses wurde die Serie vorzeitig abgesetzt. Sie lief bis dahin donnerstags um 20.00 Uhr.

TATMOTIV ANGST   ARD
1981. 6-tlg. austral. Krimi von Peter Yeldham, Regie: Carl Schultz (»Run From The Morning«; 1978).
Als der Wirtschaftsprüfer Harry Blake (Michael Aitkens) Ungereimtheiten in den Büchern einer großen Firma entdeckt, scheint er einer großen Sache auf die Spur gekommen zu sein, denn plötzlich sind alle hinter ihm her.
Die halbstündigen Folgen liefen im regionalen Vorabendprogramm.

TATORT   ARD
Seit 1970. Dt. Krimireihe.
Unter dem Titel *Tatort* sind streng genommen Dutzende von Krimiserien vereint. Jede ARD-Anstalt produziert innerhalb der *Tatort*-Reihe 90 Minuten lange Filme mit eigenen Ermittlern, die in der Regel Mordfälle aufzuklären haben. Auch das Schweizer und das Österreichische Fernsehen schicken eigene Polizisten ins Rennen. Die Filme mit den verschiedenen Hauptdarstellern werden abwechselnd und in loser Folge sonntags um 20.15 Uhr gezeigt, wobei die Ermittler der größeren ARD-Anstalten wie WDR und NDR alle paar Wochen im Einsatz sind und die der kleinen Anstalten wie RB und SR manchmal jahrelang gar nicht auftreten. Zunächst liefen nur etwa elf Folgen im Jahr, Ende der 90er-Jahre waren es 30.
Eigentlich war die Konstruktion eine Notlösung: Ende der 60er-Jahre musste die ARD zusehen, wie *Der Kommissar* dem ZDF regelmäßig gute Quoten bescherte. Seit dem Ende von *Stahlnetz* hatte die ARD dem nichts entgegenzusetzen. Um auf die Schnelle eine eigene Krimiserie mit der nötigen Häufigkeit entwickeln zu können, mussten mehrere ARD-Anstalten beteiligt werden. Die ARD beschloss, offensiv mit ihrer föderalen Struktur umzugehen und die

Mit ihm fing alles an: *Tatort*-Kommissar Trimmel (Walter Richter), hier 1978 in »Trimmel hält ein Plädoyer«.

einzelnen Ermittler deutlich regional zu verankern. Das Ergebnis war heikel und nicht unumstritten, weil dem *Tatort* so ein einheitliches Profil fehlte; die verschiedenen Anstalten gaben ihrem jeweiligen *Tatort* teils sehr unterschiedliche Konzepte. Doch gerade dieses vermeintliche Manko stellte sich als Vorteil heraus, weil es der Serie ungeahnte Flexibilität und Vielfalt gab: Trotz Phasen, vor allem in den 80er-Jahren, in denen viele Kommissare nur sehr kurz überlebten, wurde der *Tatort* zur langlebigsten Krimireihe und zu einem dauerhaften gewaltigen Zuschauererfolg.
Auch inhaltlich unterscheidet sich der *Tatort* deutlich von den ZDF-Serien: Anstatt im vornehmen Münchner Milieu, wo man nur lange genug mit allen Beteiligten reden musste, ist er viel näher am Alltagsleben der Deutschen und greift häufig aktuelle gesellschaftliche Themen auf.
Von Beginn an – egal welcher Ermittler die Hauptrolle spielte – hatte jede *Tatort*-Folge den gleichen Vorspann: ein Paar Augen, das von einem Fadenkreuz eingekreist wird, anschließend ein Paar Beine, das davonläuft. Augen und Beine gehören dem Schauspieler Horst Lettenmayer, der damit als einziger Schauspieler in jeder Folge der Serie zu sehen ist. 1989 spielte er in der Episode »Der Pott« mit den Kommissaren Schimanski und Thanner eine größere Rolle. Die berühmte *Tatort*-Titelmusik komponierte Klaus Doldinger, das Schlagzeug spielt Udo Lindenberg.

Diese *Tatort*-Fahnder ermittelten mehrmals:
- Kommissar Trimmel (Walter Richter), Hamburg; 1970–1982. Trimmel war der erste *Tatort*-Kommissar überhaupt. Mit »Taxi nach Leipzig« startete am 29. November 1970 die Serie – es war gleich eine skandalträchtige Folge: Trimmel hält sich nicht an Dienstvorschriften, ist eigentlich überhaupt nicht zuständig, fährt undercover in die DDR, wo er gar nicht hin dürfte, und lässt am Schluss den Täter laufen, der seinen todkranken Sohn mit einem Kissen erstickt hat, um statt seiner einen unehelichen Sohn aus der DDR herauszuschmuggeln. Damit brach der erste *Tatort* spektakulär mit der deutschen Serienkrimitradition, in der die Ermittler korrekt sind und der Täter natürlich verurteilt wird. Trimmel ermittelte in elf Folgen, ab der vierten war er Hauptkommissar. Die Drehbücher stammten von Friedhelm Werremeier, Regie führte Peter Schulze-Rohr.
- Kommissar Liersdahl (Dieter Eppler), Saarbrücken; 1970–1973. Zwei Folgen.
- Zollfahnder Kressin (Sieghardt Rupp), Köln; 1971–1973, ein dreister Playboy ohne Manieren und Respekt vor Vorgesetzten, aber mit tonnenweise Gel im Haar. Autor von vier der sieben Kressin-Folgen war Wolfgang Menge.
- Kommissar Eugen Lutz (Werner Schumacher), diverse Städte in Württemberg; 1971–1986. Lutz ist das Gegenteil vieler Fernsehkommissare: etwas bieder und etwas kompliziert, kleinbürgerlich, charmant, aber starrsinnig. Er ist Junggeselle, aber kein Playboy, und sitzt abends mit der Flasche Bier allein daheim vor dem Fernseher. 16 Folgen.
- Kriminalkommissar Konrad (Klaus Höhne), Frankfurt am Main; 1971–1977. Acht Fälle.
- Kommissar Finke (Klaus Schwarzkopf), Kiel und Dörfer auf dem Land; 1971–1978. In der berühmtesten *Tatort*-Folge war der mürrische und distanzierte Finke der Kommissar: »Reifezeugnis« (1977) mit Nastassja Kinski als Schülerin Sina Wolf, die ein Verhältnis mit ihrem Lehrer Helmut Fichte (Christian Quadflieg) hat. Regisseur dieser und fünf weiterer Finke-Filme war Wolfgang Petersen, Autor aller sieben Filme Herbert Lichtenfeld.
- Oberinspektor Marek (Fritz Eckhardt), Wien; 1971–1987, ein bodenständiger, gemütlicher Kauz mit Schnauzbart und Hosenträgern unter dem Anzug, freundlich, aber bissig. Seine Kollegen sind Bezirksinspektor Wirz (Kurt Jaggberg), Inspektor Berntner (Albert Rolant) und Sekretärin Susi Wodak (Lieselotte Plauensteiner). In den letzten beiden Folgen ist er bereits Pensionär, mischt sich aber weiter in die Ermittlungen ein. Bevor Eckhardt *Tatort*-Ermittler wurde, war im ORF seit 1963 die 8-tlg. Serie »Inspektor Marek« gelaufen, die in Deutschland nicht gezeigt wurde. Eckhardt schrieb alle 14 *Tatort*-Episoden selbst. Die letzte entstand nach einer vierjährigen Pause. Zwischendurch hatte Marek Bücher für drei Folgen mit an-

Kommissar Finke (Klaus Schwarzkopf) 1973 in »Jagdrevier«.

deren Ermittlern verfasst und sich in zwei Fällen selbst einen Gastauftritt als Marek hineingeschrieben. 1992 wurde außerhalb der *Tatort*-Reihe der Film »Mord im Wald« anlässlich des 85. Geburtstags von Fritz Eckhardt gesendet, der ihn ein letztes Mal in der beliebten Rolle zeigte.
- Kommissar Erwin Kasulke (Paul Esser) und sein Assistent Roland (Gerhard Dressel), Berlin; 1971–1972. Zwei Fälle.
- Melchior Veigl (Gustl Bayrhammer), München; 1972–1981, ein bodenständiger Bayer, der einen Dackel hat und gern mal im Wirtshaus ein Bier trinkt, und warum eigentlich nicht während der Dienstzeit? Veigl ist zunächst Oberinspektor und wird in seinem siebten (von 15) Fällen zum Kriminalhauptkommissar befördert. Seine Assistenten sind Oberwachtmeister Ludwig Lenz (Helmut Fischer) und Wachtmeister Brettschneider (Willy Harlander), die zum gleichen Zeitpunkt eine Beförderung erhalten. Helmut Fischer wurde später Bayrhammers Nachfolger. Bayrhammer spielte die Rolle später noch zwei weitere Male in den ersten beiden Ehrlicher-*Tatorten*.
- Kriminalkommissar Franz Gerber (Heinz Schimmelpfennig), Baden-Baden; 1973–1977. Fünf Fälle; ab dem zweiten ist Kriminalmeister Ihle (Peter Bongartz) sein Assistent.
- Oberkommissar Heinz Haferkamp (Hansjörg Felmy), Essen; 1974–1980, ein kühler, sachlicher Beamter ohne Illusionen, dem nicht immer alles

gelingt. Er ist von Ingrid (Karin Eickelbaum) geschieden, der etwas einfältige Kommissar Kreutzer (Willy Semmelrogge) ist sein untertäniger Assistent. Haferkamp zeigte oft beißenden Sarkasmus, wurde aber dennoch für das Publikum ein großer Sympathieträger. Er war einer der beliebtesten *Tatort*-Kommissare und einer mit den meisten Einsätzen. In knapp sieben Jahren ermittelte er 20-mal. Der anschließende Versuch, seinen Knecht Kreutzer die Reihe allein tragen zu lassen, wurde nach einem einzigen Film aufgegeben. Die häufigsten Regisseure waren Wolfgang Becker und Wolfgang Staudte, Karl Heinz Willschrei und Herbert Lichtenfeld schrieben jeweils mehrere Bücher.

☐ Kriminalkommissar Heinz Brammer (Knut Hinz), Hannover; 1974–1977. Vier Folgen.

☐ Kommissar Martin Schmidt (Martin Hirthe), Berlin; 1975–1977. Drei Fogen, die bekannteste ist »Transit ins Jenseits«, die die Mauer-Problematik behandelte.

☐ Kommissar Horst Schäfermann (Manfred Heidmann), Saarbrücken; 1977–1984. Er war bereits als Kollege von *Tatort*-Kommissar Liersdahl in dessen beiden Filmen dabei und brachte es auf vier eigene Fälle.

☐ Kriminaloberkommissarin Marianne Buchmüller (Nicole Heesters), Mainz; 1978–1980. Sie war der erste weibliche Serienkommissar im deutschen Abendprogramm und brachte es auf drei Fälle. Auch ihre Nachfolger in den *Tatort*-Folgen vom SWF waren Nachfolgerinnen.

☐ Kommissar Bergmann (Heinz Treuke, ab 1981: Lutz Moik), Frankfurt am Main; 1978–1983. Eine Folge mit Treuke und zwei mit Moik.

☐ Kommissar Matthias Behnke (Hans-Peter Korff), Berlin; 1978–1979. Zwei Folgen.

☐ Oberstleutnant Delius (Horst Bollmann), Militärischer Abschirmdienst; 1979–1985. Regie führte in allen drei Folgen Jürgen Roland.

☐ Kommissar Piper (Bernd Seebacher), Bremen; 1980–1982. Zwei Folgen.

☐ Kommissar Friedrich Walther (Volker Brandt), Berlin; 1981–1985. Er ist mit der Bewältigung seiner Frisur ebenso überfordert wie mit seiner Arbeit, schafft es aber doch irgendwie. Und die Mörder fängt er auch. Sechsmal.

☐ Kriminalkommissarin Hanne Wiegand (Karin Anselm), Baden-Baden, Karlsruhe, Mainz; 1981–1988. Die SWF-Kommissarin war die erste *Tatort*-Frau, die sich über einen längeren Zeitraum erfolgreich behauptete, und ermittelte achtmal. Anselm spielte eine sachliche, distanzierte, verschlossene und desillusionierte Einzelgängerin. Während ihres letzten Einsatzes wird sie vom Chef und von Kollegen hinausgemobbt und quittiert den Dienst, ohne den Fall noch lösen zu können.

☐ Hauptkommissare Horst Schimanski (Götz George) und Christian Thanner (Eberhard Feik), Duisburg; 1981–1991. Mit seiner derben Sprache und seinen groben Umgangsformen wurde Schimanski der erfolgreichste *Tatort*-Kommissar und mit seinem gegensätzlichen Partner Thanner ein beliebtes Duo. Ebenfalls beliebt: Hänschen (Chiem van Houweninge), der holländische Kollege auf dem Revier. Darsteller van Houweninge war zugleich der Drehbuchautor einiger Folgen. Häufigster Regisseur war Hajo Gies. Wegen des großen Erfolgs schaffte Schimanski sogar den Sprung auf die Leinwand. Die Kinofilme »Zahn um Zahn« und »Zabou« wurden später innerhalb der *Tatort*-Reihe im Fernsehen gezeigt. Insgesamt brachte es Schimanski auf 29 Fälle. Noch Jahre

Da war den Zuschauern die Jacke schon ein Freund geworden: Schimanski (Götz George, links) und Thanner (Eberhard Feik) in ihrem neunten Fall: »Rechnung ohne Wirt« (1984).

nach seinem Abschied vom *Tatort* wurde Götz George stets mit der Rolle des rüpelhaften Polizisten identifiziert. Deshalb gab es 1997 eine Rückkehr mit einer eigenen Serie namens *Schimanski*.

☐ Kriminalkommissar Ludwig Lenz (Helmut Fischer), München; 1981–1987. Fischer spielte in sieben Folgen die Rolle weiter, die er bereits im Veigl-*Tatort* geprägt hatte.

☐ Hauptkommissar Paul Stoever (Manfred Krug), Hamburg; 1984–2001. Stoever ermittelt ab seinem vierten Fall 1986 gemeinsam mit Kommissar Peter Brockmöller (Charles Brauer). Stoever und »Brocki« wurden die beliebtesten *Tatort*-Ermittler der 90er-Jahre und als die singenden Kommissare bekannt. Immer wieder zwischendurch setzte sich Stoever ans Keyboard oder an ein Klavier, und die beiden stimmten ein Lied an. Eine CD mit Songs der beiden kam 2000 bis in die Top 10 der deutschen Albumcharts. Ihr ständiger Assistent ist anfangs Meyer Zwei (Lutz Reichert), der eines Tages bei einem Einsatz erschossen wird. Struve (Kurt Hart) wird der neue Assi. 41 Folgen. Krug und Brauer waren lange Zeit Rekordhalter, was die Folgenzahl betraf.

☐ Oberinspektor Hirth (Kurt Jaggberg), Wien; 1984–1986. Jaggberg hatte zuvor den Assistenten von Oberinspektor Marek gespielt, konnte aber nicht ansatzweise an dessen Erfolg anknüpfen und brachte es nur auf drei Fälle.

☐ Kommissar Edgar Brinkmann (Karl-Heinz von Hassel), Frankfurt am Main; 1985–2001, ein harmlos und langweilig wirkender Mann mit einer unglaublichen Hartnäckigkeit und Beständigkeit. Als Markenzeichen trägt er eine Fliege. Erst nach 28 Fällen war seine *Tatort*-Karriere beendet, und selbst danach ermittelte er noch in heiteren Fernsehfilmen unter dem Titel *Fliege* ...

☐ Hauptkommissar Hans Georg Bülow (Heinz Drache), Berlin; 1985–1989, ein höflicher, älterer Charmeur und Gegenpol zu den rüpelhaften Jungspunden anderer *Tatorte*. Sechs Folgen.

☐ Kommissar Georg Thomas Schreitle (Horst Michael Neutze), Stuttgart; 1987–1988. Drei Folgen.

☐ Kriminalhauptkommissar Max Palu (Jochen Senf), Saarbrücken; 1988–2005. Palu (sprich: Palü) verfolgt regelmäßig auf seinem Fahrrad Gangster, die mit dem Auto flüchten, und kocht gern. 18 Folgen.

☐ Hauptkommissar Brandenburg (Horst Bollmann), München; 1988–1989. Zwei Folgen.

☐ Inspektor Fichtl (Michael Janisch), Wien; 1989–1997. Sein Assistent ist Inspektor Hollocher (Michael Bukowsky), sein Vorgesetzter Hofrat Dr. Putner (Gerhard Dorfer). Fichtl ermittelte in acht eigenen Fällen und trat in zwei weiteren Folgen bei seinen Nachfolgern Kant und Varasani auf. Eine weitere Folge lief nur in Österreich.

☐ Hauptkommissarin Lena Odenthal (Ulrike Folkerts), Ludwigshafen; seit 1989. Als Nachfolgerin von Kommissarin Wiegand schickte der SWF abermals eine Frau an den *Tatort*. Odenthal ist deutlich jünger und motivierter, burschikos, hartnäckig und nicht zimperlich. Ihr erster Assistent ist Seidel (Michael Schreiner), seit 1996 Mario Kopper (Andreas Hoppe). Die Fälle addierten Action und subtrahierten stellenweise die Nähe zur Realität, etwa als in der Folge »Tod im All« von 1997, in der es um einen ermordeten Ufologen geht, am Ende ein Leuchtturm wegfliegt.

☐ Kriminalhauptkommissare Ivo Batic (Miroslav Nemec) und Franz Leitmayr (Udo Wachtveitl), München; seit 1991. Zwei gleichberechtigte, befreundete Ermittler, deren Dienstalltag von Frotzeleien und Ironie geprägt ist. Ab ihrem achten Fall kommt Carlo Menzinger (Michael Fitz) als Dritter ins Team. Seine Rolle wird mit der Zeit größer. Batic und Leitmayr waren die Ermittler im groß gefeierten Jubiläums-*Tatort* mit der Folgennummer 300 (»... und die Musi spielt dazu«), der sich mit den Abgründen hinter den Kulissen der Volksmusikszene befasste. Auch die 400. Folge bestritten die beiden. Ende 2005 klärten sie ihren 42. eigenen Fall und lösten damit Stoever und Brockmöller als *Tatort*-Kommissare mit den meisten Einsätzen ab.

☐ Kommissar Reto Carlucci (Andrea Zogg), Schweiz; 1991–1992. Zwei Folgen.

☐ Hauptkommissar Franz Markowitz (Günter Lamprecht), Berlin; 1991–1995. Markowitz muffelt durch die ihm sichtbar unverständliche Nach-Wende-Metropole. Sein Assistent ist Alfred Pohl (Hans Nitschke). Acht Folgen.

☐ Hauptkommissar Bruno Ehrlicher (Peter Sodann) und Kommissar Kain (Bernd Michael Lade), Sachsen; seit 1992. Der erste Kommissar im Osten. In der ersten Woche bekommt er den samt Dackel aus dem Ruhestand geholten bayerischen Kommissar Veigl (Gustl Bayrhammer) vor die Nase gesetzt, der jedoch nur für zwei Folgen bleibt. Ehrlicher ist ein sympathischer, kleiner, unscheinbarer Mann, der seine Pointen so setzt, als seien es gar keine. In seinem zwölften Fall muss er sich mit dem Tod seiner eigenen Frau Lore (Monika Pietsch) beschäftigen. Der *Tatort* brach hier das gängige Schema vieler Krimiserien, in denen zwar oft Bekannte von TV-Ermittlern ihr Leben ließen, diese aber zuvor niemals mitgespielt hatten; Monika Pietsch hatte in der Rolle von Ehrlichers Gattin durchaus von Beginn an regelmäßige Gastauftritte. 2000 zieht die ganze Mannschaft von Dresden nach Leipzig um. Ehrlichers liebster Aufenthaltsort nach Feierabend ist anfangs die Kneipe seines Sohnes Tommi (Thomas Rudnick) im eigenen Haus, später das Waschcafé seiner Freundin Frederike (Annekathrin Bürger), ein Waschsalon mit Bewirtung.

☐ Hauptkommissar Bernd Flemming (Martin Lüttge), Düsseldorf; 1992–1997. Seine Mitarbeiter sind in den ersten sieben Folgen Max Ballauf (Klaus J. Behrendt) und die ganze Zeit Miriam Koch (Roswitha Schreiner). Flemming war der di-

Kommissare mit Leib und Kehle: Stoever (Manfred Krug, rechts) und Brockmöller (Charles Brauer) in »Tod auf Neuwerk«.

rekte WDR-Nachfolger von Schimanski. Er war zwar gar nicht so bieder, wie er auf den ersten Blick wirkte, mochte seine Freizeit aber deutlich lieber als den anstrengenden Dienst und durfte nach 15 Folgen endlich in den ersehnten Ruhestand gehen. Sein Nachfolger wurde Ballauf.
- Hauptkommissar Ernst Bienzle (Dietz-Werner Steck), Stuttgart; seit 1992, ein behäbiger Schwabe, der seinen Trollinger liebt und sich durch nichts aus der Ruhe bringen lässt. Er ermittelt gemeinsam mit Günter Gächter (Rüdiger Wandel). Jeder Episodentitel begann mit »Bienzle und ...«. Felix Huby schrieb fast alle Folgen.
- Kommissar Philipp von Burg (László I. Kish), Bern/Schweiz; 1993–2002, ein intellektueller Gentleman. Von Burg ist am liebsten Einzelgänger, hat in Wachtmeister Markus Gertsch (Ernst C. Sigrist) aber dennoch einen Assistenten. Neun Folgen.
- Hauptkommissar Ernst Roiter (Winfried Glatzeder) und Kommissar »Zorro« Zorowski (Robinson Reichel), Berlin; 1996–1998. Die beiden brachten es in ihrer nur zweieinhalbjährigen Dienstzeit auf die enorme Zahl von zwölf Einsätzen, blieben aber vor allem wegen der viel zu klaren Videooptik in Erinnerung – falls überhaupt.
- Kommissarin Lea Sommer (Hannelore Elsner), Hamburg; 1997. Elsner hatte als *Die Kommissarin* ihre eigene Krimiserie, in der sie in Frankfurt am Main ermittelt. Zwei spielfilmlange Folgen aus Hamburg wurden jedoch als *Tatort* ausgestrahlt.
- Oberinspektor Kant (Wolfgang Hübsch) und Inspektor Varasani (Johannes Nikolussi), Wien; 1997. Zwei Folgen; in beiden werden sie von Kommissar Fichtl (Michael Janisch) unterstützt.
- Hauptkommissare Max Ballauf (Klaus J. Behrendt) und Freddy Schenk (Dietmar Bär), Köln; seit 1997. Behrendt hatte die Rolle des Ballauf schon in den *Tatort*-Folgen mit Kommissar Flemming gespielt, dort war er noch dessen Assistent. Nun ist Ballauf der Chef der Mordkommission und tut sich damit schwer, weil er eigentlich ein Teamarbeiter ist. Sein Partner Schenk tut sich mit der Rolle des Untergebenen zunächst ebenfalls schwer, weil er auf den Chefposten spekuliert hatte. Natürlich werden die beiden trotzdem ein Team und gute Kumpels. Behrendt und Bär erhielten den Deutschen Fernsehpreis 2000 als »Beste Schauspieler/Serie«. Addiert man Ballaufs eigene *Tatorte* mit denen Flemmings, erreicht Ballauf etwa die Spitzenposition von Batic und Leitmayr hinsichtlich der geleisteten Einsätze.
- Hauptkommissarin Inga Lürsen (Sabine Postel), Bremen; seit 1997, eine engagierte Kopfarbeiterin, die Beruf und Privatleben nur schwer auseinander halten kann, was ihre Tochter Helen (Camilla Renschke) überraschenderweise nicht stört. Ab dem sechsten Fall ist Nils Stedefreund (Oliver Mommsen) Ingas fester Partner bei der Polizei.
- Chefinspektor Moritz Eisner (Harald Krassnitzer), Wien; seit 1999, ein typischer, auf dem Boden gebliebener unkonventioneller Gerechtigkeitsfanatiker.
- Hauptkommissar Till Ritter (Dominic Raacke), Berlin; seit 1999, zunächst mit Robert Hellmann (Stefan Jürgens), ab 2001 mit Felix Stark (Boris Aljinovic). Ritter führt ein verlotterndes Singledasein und bekommt mit dem deutlich kleineren Familienmenschen Stark einen gegensätzlichen Partner, der auf Ritters Sticheleien sehr schlagfertig reagiert und in Extremsituationen ruhiger bleibt als der emotionale Ritter.
- Hauptkommissar Jan Casstorff (Robert Atzorn), Hamburg; seit 2001, ein Besserwisser, der immer alles richtig macht und mit seiner unendlichen Weitsicht genauso gut Pfarrer oder Lehrer sein

Assistenten sind Eduard Holicek) und Jenny Graf (Julia Schmidt); r Olev) ist sein vernachlässigter

Charlotte Lindholm (Maria Furtwängler), Hannover und Dörfer auf dem Land; seit 2002.
- Hauptkommissar Fritz Dellwo (Jörg Schüttauf) und Oberkommissarin Charlotte Sänger (Andrea Sawatzki), Frankfurt am Main; seit 2002.
- Kommissarin Klara Blum (Eva Mattes), Konstanz; seit 2002. Blum ist eine gutmütige Frau, die in ihrem ersten Fall nicht die geringsten Bedenken hat, während einer Verfolgungsjagd mal eben den Wagen am Rand zu parken, um eine Diskussion mit ihrem Ehemann zu führen.
- Hauptkommissar Frank Thiel (Axel Prahl) und Gerichtsmediziner Prof. Karl-Friedrich Boerne (Jan Josef Liefers), Münster; seit 2002. Thiel ist ein bodenständiger Brummbär, Boerne ein überdrehter Snob und auch noch sein Vermieter. Beide liegen sich ständig in den Haaren, ergänzen sich aber prima. Prahl und Liefers machen den *Tatort* wie niemand zuvor zur Comedyshow, bringen Pointen, Albernheiten, Anspielungen und Klamauk in die Filme, ohne dabei platt zu werden oder den Kriminalfall zu vernachlässigen. Liefers schrieb auch die Musik zu den Filmen.
- Kriminalhauptkommissar Klaus Borowski (Axel Milberg), Kiel; seit 2003.

Auf jeweils nur einen Einsatz brachten es folgende *Tatort*-Ermittler:
Pflüger (Ernst Jacobi), 1972; Böck (Hans Häckermann), 1973; Nagel (Diether Krebs), 1979; Sander (Volkert Kraeft), Enders (Jörg Hube), Kreutzer (Willy Semmelrogge), alle 1980; Greve (Erik Schumann), 1981; Rolfs (Klaus Löwitsch), Schnoor (Uwe Dallmeier), beide 1982; Ronke (Ulrich von Bock), 1983; Rullmann (Hans-Werner Bussinger), 1984; Dietze (Klaus Löwitsch), 1985; Riedmüller (Günther Maria Halmer), 1986; Scherrer (Hans Brenner), Passini (Christoph Waltz), beide 1987; Pfeifer (Bruno Dallansky), 1988; Howald (Mathias Gnädinger), 1990; Becker (Klaus Wildbolz), 1996.
Klaus Löwitsch und Horst Bollmann spielten jeweils zwei verschiedene *Tatort*-Ermittler. Löwitsch brachte es in beiden Rollen (als Polizeihauptmeister Rolfs bzw. Dietze) auf nur je einen Fall, Bollmann ermittelte dreimal als Delius und zweimal als Otto Brandenburg.
In einigen Folgen traten Kommissare gemeinsam auf, die eigentlich getrennt im *Tatort* agierten, z. B. in der Jubiläumsfolge »Leipziger Quartett« zum 30-jährigen Bestehen der Serie mit den Ermittlern Ehrlicher, Kain, Ballauf und Schenk.
Mitte 2005 feierte der *Tatort* bereits seine 600. Folge.

TATÖRTCHEN ARD
→ Logo

TATSACHEN ÜBER LEGENDEN ARD
1971–1972. Investigative Doku-Reihe, in der Mythen um berühmte Persönlichkeiten nachgegangen wird. In der ersten Folge ging es um den Tod von Enrico Caruso, später um den von Marilyn Monroe und um den »Fluch« des Tutanchamun.
Die Sendungen waren 30 bis 45 Minuten lang und liefen in loser Folge sonntags im Abendprogramm.

TATSACHEN UND TENDENZEN DFF
1965–1966. »Aus dem Wirtschaftsgeschehen«. Magazin mit Peter Höhne über nationale und internationale Wirtschaftsentwicklungen – und am liebsten über Probleme der westdeutschen Wirtschaft. Dazu gab es Wirtschaftsnachrichten.
Die Reihe lief alle zwei Wochen am Samstagvorabend mit 15 Minuten Länge, 1966 am frühen Montagabend mit 25 Minuten Länge.

DIE TATTINGERS RTL
1991. 11-tlg. US-Familienserie (»Tattinger's«; 1988–1989).
Nick Tattinger (Stephen Collins) und seine Ex-Frau Hillary (Blythe Danner) führen gemeinsam das New Yorker Restaurant »Tattinger's«. Ihr Assistent ist Sid (Jerry Stiller), Sheila Bradley (Mary Beth Hurt) ist die neue Köchin, Alphonse (Yusef Bulos) der alte Koch. Tom (Robert Clohessy) und Marco (Rob Morrow) arbeiten an der Bar. Nick und Hillary haben zwei Töchter: Nina (Patrice Colihan) und Winnifred (Chay Lentin).
Die einstündigen Folgen liefen am Sonntagvormittag. Hauptdarsteller Stephen Collins spielte noch in einigen anderen kurzlebigen Serien mit, hatte aber schließlich dauerhaften Erfolg als Pfarrer in *Eine himmlische Familie*.

TAUCHFAHRT IN DIE VERGANGENHEIT ZDF
Seit 2000. Geschichts-Doku-Reihe über Schiffswracks und die darin verborgenen Funde.
Erkundet wurden z. B. die Überreste von Napoleons Flotte, die von der britischen Marine vor der ägyptischen Küste besiegt wurde, ein untergegangenes römisches Plündererschiff und das deutsche Panzerschiff »Graf Spee«, das von der eigenen Mannschaft 1939 vor der südamerikanischen Küste versenkt wurde.
Die bisher 17 Folgen der Reihe liefen staffelweise am Sonntagvorabend.

TAUSEND MEILEN STAUB PRO SIEBEN
1991–1993. 216-tlg. US-Westernserie von Charles Marquis Warren (»Rawhide«; 1959–1966).
1866, kurz nach dem Ende des Sezessionskrieges: Cowboys treiben gewaltige Rinderherden durch den Wilden Westen. Der harte Gil Favor (Eric Fleming) ist der Anführer, der junge Draufgänger Rowdy Yates (Clint Eastwood) seine rechte Hand. Sie stehen im Mittelpunkt des Geschehens; außer ihnen gibt es nur wenige Nebenfiguren, die über längere Zeit dabei sind, darunter Harkness »Mushy« Mushgrove

(Jim Murdock), der Koch Wishbone (Paul Brinegar), Jim Quince (Steve Raines), Joe Scarlett (Rocky Shahan), der Fährtensucher Pete Nolan (Sheb Wooley) und Hey Soos Patines (Robert Cabal).

Der letzte Treck kam nie an. In der letzten Staffel, die als einzige in Farbe gedreht wurde, übernahm Yates den Job des Anführers; Eric Fleming war aus der Serie ausgestiegen (und starb wenig später). Doch die Quoten sanken, und *Tausend Meilen Staub* wurde vorzeitig abgesetzt.

Die Serie versuchte, das harte Leben der Viehtreiber möglichst authentisch darzustellen. Sie bildete damit die große Ausnahme im Westerngenre, das sonst romantisch verklärte Geschichten über Siedlertrecks oder das vergleichsweise luxuriöse Leben der Rancher zeigte, für deren Gewinn sich die Viehtreiber als Lohnsklaven abrackern mussten. Gedreht wurde häufig an Originalschauplätzen. Grundlage für die Drehbücher waren alte Dokumente, vor allem das Tagebuch des Viehtreibers George C. Duffield. Oft waren die erzählten Geschichten von großer Brutalität. Der Schutz des Viehs hatte immer Vorrang: Wenn die Indianer zehn Rinder als Preis für die Durchquerung ihres Landes wollten, gab Favor sie ihnen, holte sie sich aber in der Nacht zurück und erschoss die Indianer. Der junge Clint Eastwood schaffte mit seiner Rolle zwar noch nicht den ganz großen Durchbruch, knüpfte aber Kontakte und lernte viel, was ihn auf seine späteren Kinorollen vorbereitete. Der Erfinder und erste Produzent der Serie, Charles Marquis Warren, hatte bereits mit *Rauchende Colts* den »Adult Western« ins Fernsehen gebracht.

Die Folgen waren 45 Minuten lang. 1965–1967 hatte die ARD bereits 13 von ihnen unter dem Titel *Cowboys* gesendet, die von Pro Sieben bei der Wiederholung neu synchronisiert wurden. Der Sender versteckte die herausragende Serie jedoch meistens tief in der Nacht oder am frühen Vormittag.

1000 MEISTERWERKE ARD
→ 100 Meisterwerke

DIE TAUSENDER-REPORTAGE ARD
1973–1974. 13-tlg. schweiz.-dt. Reporterserie von Werner Schneyder (»Mit 80 Pfund um die Welt«; 1973).

Die drei Nachwuchsreporter Marion (Anne-Marie Kuster), Jörg (Armando Datto) und Andreas (Thomas Astan) sind immer auf der Suche nach einer spannenden Geschichte für eine Schweizer Illustrierte. Die Folgen waren 30 Minuten lang und liefen im regionalen Vorabendprogramm.

TAUSENDUNDEINE NACHT – ORIENTALISCHER BILDERBOGEN ZDF
1969–1970. 6-tlg. dt. Episodenreihe von Karlheinz Bieber (Buch und Regie) nach den Geschichten aus »Tausendundeiner Nacht«. Die Serie erzählt Abenteuer aus einer orientalischen Welt voll von Sultanen und Prinzessinnen.

Die einstündigen Folgen liefen donnerstags um 20.15 Uhr, die letzte Folge am Pfingstmontag nachmittags.

TAXI ZDF
1980. 26-tlg. US-Sitcom von Ed. Weinberger, David Davis, Stan Daniels und James L. Brooks (»Taxi«; 1978–1983).

Im Taxiunternehmen »Sunshine Cab Company« in New York verdienen sich einige gescheiterte Existenzen ihr Geld als Taxifahrer. Neben Alex Reiger (Judd Hirsch), dem einzigen Vollzeitfahrer, jobben dort der erfolglose Schauspieler Bobby Wheeler (Jeff Conaway), der schlechte Boxer Tony Banta (Tony Danza), der Student John Burns (Randall Carver) und Elaine Nardo (Marilu Henner), die hauptberuflich am Empfang in einer Kunstgalerie arbeitet. Der Sadist Louie de Palma (Danny DeVito) leitet die Funkzentrale, der Einwanderer Latka Gravas (Andy Kaufman) ist der Mechaniker.

Das ZDF zeigte mittwochs nachmittags nur die erste Staffel der eigentlich 112-teilige Serie. Der Rest war in Deutschland nur in regionalen Programmen oder im Pay-TV zu sehen. In diesen Folgen spielte Randall Carver nicht mehr mit; neu dabei war Christopher Lloyd als »Reverend Jim« Ignatowski. Lloyd wurde später als Doc Brown in der Filmtrilogie »Zurück in die Zukunft« (ab 1985) auch bei uns bekannt. Ein Jahr nach dem Ende der Serie starb der Komiker Andy Kaufman im Alter vom 36 Jahren an Lungenkrebs. Sein Leben schilderte 2000 der Film »Der Mondmann« mit Jim Carrey in der Rolle des Andy Kaufman. Noch zwei weitere Darsteller, die durch *Taxi* bekannt wurden, hatten später weitere große Erfolge: Tony Danza als Star der Serie *Wer ist hier der Boss?*, Danny DeVito als Schauspieler und Regisseur etlicher Kinofilme.

Hinter *Taxi* steckte das kreative Team der »Mary Tyler Moore Show« *(Oh Mary, Mary Tyler Moore)*.

TAZ-MANIA PRO SIEBEN
1994–1995. 65-tlg. US-Zeichentrickserie (»Taz-Mania«; 1991–1993).

Der tasmanische Teufel hatte bereits einzelne Auftritte in *Mein Name ist Hase*. In seiner eigenen Serie hat er eine ganze Familie: die Eltern Hugh und Jean, die Geschwister Molly und Jake und Schildkröte Dog. Sie wohnen gemeinsam in einer Höhle. Taz selbst ist ein verfressener, wütender Teenager. Jede der 25 Minuten langen Folgen bestand aus zwei kurzen Episoden.

T.E.A.M. BERLIN ZDF
1998–2000. 4-tlg. dt. Krimiserie von Leo P. Ard und Birgit Grosz.

T.E.A.M. ist eine vierköpfige Spezialeinheit der Berliner Polizei, die vor allem in Krisensituationen eingesetzt wird. Georg Paulsen (Georges Claisse) ist der Kopf des T.E.A.M., zu dem außerdem die Sprengstoffexpertin Nathalie Pohl (Nina Kronjäger), Mirko Schmeisser (Jens-Peter Nünemann) und Frank Lanart (Ralph Herforth) gehören. Für Mirko kommt

im Herbst 2000 (Folge 4) Marco Sprenger (Hendrik Duryn).
Die spielfilmlangen Folgen liefen in loser Folge samstags um 20.15 Uhr.

TEAM KNIGHT RIDER — RTL
1997–1998. 22-tlg. US-Actionserie von Rick Copp und David A. Goodman (»Team Knight Rider«; 1997–1998).
Neuauflage von *Knight Rider:* Nicht mehr ein Mann und sein Auto, sondern ein fünfköpfiges Team und fünf sprechende Superautos kämpfen gegen das Unrecht. Zum Team gehören Kyle Stewart (Brixton Karnes), Jenny Andrews (Christine Steel), Duke DePalma (Duane Davis), Erica West (Kathy Trageser) und Kevin »Trek« Sanders (Nick Wechsler).
Ungewöhnlich: Die Serie war nur drei Tage nach Beginn der US-Ausstrahlung bereits in Deutschland gestartet, da RTL als Koproduzent die jeweils einstündigen Folgen hatte frühzeitig synchronisieren können. Die Serie endete nach nur einer Staffel; die letzten Folgen liefen in Deutschland noch vor der US-Ausstrahlung am Sonntagnachmittag.

TEAMWÖRK — ARD
1974–1978. 45-minütiges Magazin für Jugendliche von und mit Albrecht Metzger.
Schulklassen drehten Filme zu gesellschaftlichen Themen; dem Film folgte eine Diskussion über das Gesehene. In der ersten Ausgabe zeigte die achte Hauptschulklasse Kettwig in einem Schwarz-Weiß-Videofilm, was man braucht, um ein Haus zu bauen, und wie man dann doch in einer Sozialwohnung landet.
Der Sendetitel beinhaltete stets die auf zwei Stellen gekürzte aktuelle Jahreszahl, z. B. *Teamwörk '74.* Untertitel war zunächst »Schüler machen Programm«, später »Aus der Welt der Vierzehnjährigen«. In loser Folge liefen 22 Ausgaben am Freitagnachmittag.

TECHNIK FÜR KINDER — ZDF
1975–1980. Halbstündiges Wissensmagazin von und mit Volker Arzt.
Die naturwissenschaftlich-technische Sendereihe »zur Ergänzung des Unterrichts für Neun- bis Dreizehnjährige« veranschaulichte mit Hilfe von Experimenten im Studio, Erklärungen von Experten und Originalfilmen die Grundvorgänge in Natur und Technik. Sie lief staffelweise am Nachmittag.

TECHNIK 2000 — ZDF
1987–1991. Monatliches Technikmagazin mit Birgit Lechtermann, das Kinder und Jugendliche an neue Techniken heranführen soll. Zwischen den Berichten gibt es Musik. Die zuvor eigenständige Sendung *Computer-Corner* wurde in *Technik 2000* integriert.

TEDDY UND ANNIE – DIE VERGESSENEN FREUNDE — ZDF
1999–2000. 26-tlg. brit. Zeichentrickserie nach einer Idee von James Stevenson (»The Forgotten Toys«; 1998–1999).
Der Teddybär Tennie und die Spielzeugpuppe Annie sind von ihren Besitzern verloren worden. Die Reise zurück nach Hause wird zu einer Odyssee mit vielen Abenteuern. Lief im Kinderprogramm am Sonntagmorgen.

TEDDY Z. — SAT.1
1991. 20-tlg. US-Sitcom von Hugh Wilson (»The Famous Teddy Z«; 1989–1990).
Teddy Zakalokis (Jon Cryer) arbeitet in der Poststelle der Talentagentur UTA (United Talent Agency) und hat weder Interesse am Showgeschäft noch Ahnung davon. Eigentlich soll er den wichtigsten UTA-Kunden Harland Keyvo (Dennis Lipscomb) nur mit der Limousine abholen, aber Keyvo macht ihn sofort zu seinem Agenten. Weil Keyvo von Teddy begeistert ist, ist es auch Agenturchef Abe Werkfinder (Milton Selzer). Wütend über den prompten Aufstieg sind Keyvos Ex-Agent Al Floss (Alex Rocco) und Laurie Parr (Jane Sibbett), die ebenfalls gern den Aufstieg aus der Poststelle zur Agentin schaffen würde.
Teddy wohnt bei seiner Großmutter Deena (Erica Yohn) und seinem jüngeren Bruder Aristotle (Josh Blake). Sein Cousin Richie Herby (Tom La Grua) ist sein ehemaliger Boss auf der Poststelle.
Die Serie basiert auf der wahren Geschichte des Jay Kantor, der den schnellen Aufstieg aus der Poststelle schaffte, als er Marlon Brando am Flughafen von Los Angeles abholte und der ihn noch während der Fahrt zur Agentur zu seinem neuen Agenten machte. Sat.1 zeigte werktäglich 19 der 20 Folgen, die fehlende Episode lieferte Kabel 1 im Juni 1992 im Rahmen der Gesamtwiederholung nach.

TEEN ANGEL — RTL
2004–2005. 17-tlg. US-Comedyserie von Al Jean und Mike Reiss (»Teen Angel«; 1997–1998).
Der Teenager Marty DePolo (Mike Damus) ist tot. Er hat einen sechs Monate alten Hamburger gegessen. Dass man dämlicher kaum sterben kann, sieht sogar der Himmel ein und schickt ihn als Engel zurück auf die Erde. Dort beschützt er fortan seinen besten Freund Steve Beauchamp (Corbin Allred) und hilft ihm, seine Beliebtheit in der Schule zu steigern. Steve wohnt mit seiner Mutter Judy (Maureen McCormick) und seiner Schwester Katie (Katie Volding) zusammen. Ein Kopf (Ron Glass), der Cousin Gottes, fungiert als Martys himmlischer Aufseher.
Die halbstündigen Folgen liefen samstags morgens. Die Serienerfinder Jean und Reiss hatten jahrelang für *Die Simpsons* gearbeitet.

TEENAGE MUTANT HERO TURTLES — RTL
1990–1993. 137-tlg. US-Action-Zeichentrickserie von Kevin Eastman und Peter Laird (»Teenage Mutant Ninja Turtles«; 1987–1996).
Die vier mutierten Teenagerschildkröten Donatello, Leonardo, Michelangelo und Raphael, die in den Abwasserkanälen von New York leben, stellen sich

mutig und actionreich Verbrechern in den Weg. Sie sind fast menschengroß, können sprechen, sind intelligent und lieben Pizza und Cola. Ihr Mentor ist die Riesenratte Splinter.

Die Actionschildkröten waren in den USA bereits seit 1984 als Comics erschienen und ursprünglich als Parodie auf Superhelden konzipiert, bevor sie selbst zu Superhelden mutierten. Die Serie wurde ein großer internationaler Erfolg und zog drei »Turtles«-Kinofilme und die Realserie *Die Ninja Turtles* nach sich. Bei der Zeichentrickserie musste in Japan das Wort »Ninja« aus dem Titel entfernt werden, weil es zu gewalttätig war. Auch im »deutschen« Titel fehlte es. Den deutschen Titelsong sang Frank Zander.

TEENAGE WEREWOLF   PRO SIEBEN

Seit 2005. 65-tlg. kanad. Mysteryserie von Christopher Briggs und Peter Knight (»Big Wolf On Campus«; 1999–2002).

Dummerweise wurde der Highschool-Footballstar Tommy Dawkins (Brandon Quinn) von einem Werwolf gebissen und ist seitdem selbst einer. Zum Glück ist er weiterhin gutmütig und beschützt zusammen mit seinem Kommilitonen Merton Dingle (Danny Smith), dem durchgeknallten Präsidenten des Gothic-Clubs, seine Heimatstadt Pleasantville vor Zombies und Vampiren.

Die halbstündigen Folgen liefen samstags morgens.

DIE TEENIE-MAMA   PRO SIEBEN

2003. »*taff* Spezial«. 12-tlg. dt. Doku-Soap.

Daniela Rögner brachte 2001 im Alter von 13 Jahren ihre Tochter Leonie zur Welt und füllte die Zeitungen als »jüngste Mutter Deutschlands«. Die Serie zeigt, wie sie und die schwangere 15-jährige Saskia Gäbert ihre neue Mutterrolle in den Alltag als Teenager integrieren.

Die halbstündigen Folgen liefen werktags um 18.00 Uhr.

TEENSTAR   RTL 2

2002. Castingshow nach dem Modell der erfolgreichen *Popstars,* in der diesmal keine Gruppe, sondern ein jugendlicher Solokünstler gesucht und aufgebaut wurde. Es moderierte Jasmin Wagner, die als »Blümchen« selbst ein großer Teenie-Popstar war. Der Erfolg der *Popstars*-Reihe wiederholte sich nicht; Gewinner Pierre Humphrey blieb gänzlich unprominent.

Die Reihe lief sonntags um 20.15 Uhr.

TEGTMEIER   ZDF

1984–1985. Halbstündige Comedyshow, in der Jürgen von Manger in seiner Paraderolle als Adolf Tegtmeier mit Gastschauspielern Sketche aufführt.

Wie schon bei von Mangers früheren Reihen schrieb auch hier Joachim Roering die Drehbücher. Jede Sendung stand unter einem Oberthema, das jedoch deutlich schwammiger formuliert war als früher: »Das radikale Lächeln«, »Gift und Galle« oder »Die Lieben beißen die Hunde«. Diese Reihe wurde ohne Studiopublikum produziert. Es war Mangers letzte Serie. Während der Produktion erlitt er einen Schlaganfall und zog sich anschließend aus der Öffentlichkeit zurück.

Die Reihe lief in loser Folge freitags um 21.15 Uhr und brachte es auf fünf Folgen.

TEGTMEIER KLÄRT AUF   ZDF

1981–1983. Halbstündige Comedyshow mit Jürgen von Manger, Buch und Regie: Joachim Roering.

In *Tegtmeiers Reisen* war Jürgen von Manger in der Rolle des Kohlenpottoriginals Adolf Tegtmeier um die Welt gereist, in seiner neuen Show kehrt er vor der eigenen Haustür. Jede Sendung hat ein Oberthema. Vor Studiopublikum (»Glauben Se ja nich, wen Se vor sich haben!«) referiert Tegtmeier über soziales Verhalten, Politik und Käse, Holzaugen und den Geist im Nacken, Mut und Verstorbene (»Zitat ist, wat man sich nich traut zu sagen und dann erzählt, wat so ein Toter mal gesagt hat«), die Zeit, als Umweltverschmutzung noch kein Thema war (»Dat is ja schon so lange her, damals gab et noch gar keine Umwelt«), und die Laster dieser Erde (»Stehkneipen sind so beliebt, weil der Alkohol hier dat beste Gefälle hat«) und fasst seine Ausführungen mit »Also äääahrlich« zusammen. Zwischendurch werden Einspielfilme gezeigt, in denen zuweilen auch Tegtmeiers oft erwähnte Enkelin Roswitha (Karen Jansen) mitwirkt und Tegtmeier in verschiedene Situationen gerät, z. B. als Mörder seiner Schwiegermutter vor Gericht steht (»Un überhaupt schließe ich mich den Ausreden meinet Verteidigers an!«).

14 Folgen liefen in unregelmäßigen Abständen am Freitagabend um 21.15 Uhr direkt nach dem Krimi. Knapp ein Jahr nach der letzten Folge startete die neue Reihe *Tegtmeier*.

TEGTMEIERS REISEN   ZDF

1972–1979. Comedyreihe von Jürgen von Manger und Joachim Roering, Regie: Heinz Liesendahl.

Jürgen von Manger bereist in der Rolle des Adolf Tegtmeier die Welt und erzählt von den Eigenarten der Länder und Völker. Der Ex-Kumpel Tegtmeier aus dem Ruhrgebiet kommt in den Wilden Westen, nach Schottland oder nach Thailand und begegnet den Reisezielen mit der Voreingenommenheit des Neckermann-Touristen, der zwar nichts über das Land weiß, aber trotzdem schon eine Meinung hat. Zugleich tritt von Manger in einer zweiten Rolle als Bildungsbürger gleichen Namens auf und referiert über Geschichte und Kultur.

Die Idee zur Sendung stammte von einem Reise-Special der *Lach- und Schießgesellschaft* mit Tegtmeier in Tokio. Der gebürtige Koblenzer Jürgen von Manger wurde als Adolf Tegtmeier zur Symbolfigur des Ruhrgebiets und bundesweit bekannt. Seine Markenzeichen waren die Mütze, der Schnauzbart und der schief gezogene Mund beim Sprechen des Kohlenpottdialekts. Joachim Roering schrieb die Bücher zur Sendung.

Sie lief als lose halbstündige Reihe über viele Jahre im Abendprogramm, insgesamt 20-mal. Danach blieb Tegtmeier in der Heimat und knöpfte sich in den Reihen *Tegtmeier klärt auf* und *Tegtmeier Allerweltsthemen* vor.

TEILS HEITER, TEILS WOLKIG   ZDF

1970. 13-tlg. US-Sitcom von Bernard Slade und Harry Ackerman (»Love On A Rooftop«; 1966–1967).

Der arme angehende Architekt David Willis (Pete Deuel) und die Kunststudentin Julie (Judy Carne) aus besserem Haus haben sich auf den ersten Blick ineinander verliebt. Sie haben geheiratet und sind in eine Wohnung unter dem Dach gezogen. Die ist winzig und ohne Fenster, hat aber immerhin einen Zugang zum Dach mit fantastischem Ausblick über die Bucht von San Francisco. Julies Eltern Phyllis (Edith Atwater) und Fred Hammond (Herb Voland) sind gegen die Verbindung; David versucht verzweifelt, sie überzeugen, dass er ein würdiger Ehemann für ihre Tochter ist. Aber auch Julie muss sich erst an den neuen Lebensstil gewöhnen. Nebenan wohnen Stan (Rich Little) und Carol Parker (Barbara Bostock).

In den USA brachte es die Serie auf 30 halbstündige Folgen. Im ZDF lief sie montags um 19.10 Uhr.

TEK WAR – KRIEGER DER ZUKUNFT   RTL, RTL 2

1994 (RTL); 1998 (RTL 2). 22-tlg. US-Science-Fiction-Serie von William Shatner (»Tekwar«; 1994–1996).

Im Jahr 2045 geht eine große Gefahr von der Computerdroge Tek aus. Sie ist eine Art Computerspiel, das seine Mitspieler in eine Fantasiewelt versetzt, aus der sie oft nicht mehr entkommen können. Böse und bekannte Mächte, die Teklords, kontrollieren Tek. Selbst die Regierungen der Welt drohen von Tek in den Bann gezogen zu werden oder sind bereits korrupt. Der ehemalige Polizist Jake Cardigan (Greg Evigan) kämpft im Auftrag der Hightech-Sicherheitsagentur Cosmos gegen die Droge an. Sein Partner ist zunächst Sid Gomez (Eugene Clark), später Sam Houston (Maria Del Mar). Nika (Natalie Radford), Cowgirl (Lexa Doig) und Spaz (Ernie Gruenwald) unterstützen ihn. Kopf der Cosmos Sicherheitsagentur ist der mysteriöse Walter Basom (William Shatner), der weltweite Verbindungen und große Macht zu haben scheint. Es gibt auch Gegner: Shelley Grout (Dana Brooks) von der Regierung und der androide Polizist Lieutenant Winger (Maurice Dean Wint) sind auf Jake angesetzt.

Der eigentlichen Serie waren vier Fernsehfilme vorausgegangen, dies waren die von RTL gezeigten Folgen. William Shatner, der Captain Kirk von *Raumschiff Enterprise*, hatte die Romane geschrieben, auf denen die Filme basierten. Er war auch Produzent der eigentlichen Serie mit 18 einstündigen Folgen, die knapp vier Jahre später montags um 21.20 Uhr bei RTL 2 lief. In der Rolle des mächtigen Cosmos-Kopfes Bascom spielte er unregelmäßig mit.

»Also ääährlich!« *Tegtmeiers Reisen* mit Jürgen von Manger.

TELE-AS   ZDF

1987–1991. Spielshow mit Carolin Reiber und Peter Rapp, in der es ums Fernsehen geht.

In drei Runden spielen Kandidaten gegeneinander, die Sieger kämpfen im Finale um den Titel »Tele-As«. Als Einleitung für die Fragen dienen viele Ausschnitte aus Fernsehsendungen. Sie werden auf einer großen Videowand gezeigt, die aus vielen Fernsehern besteht.

Anfangs konnte sich auch das gesamte Studiopublikum mit einer an jedem Platz angebrachten Fernbedienung am Fragespiel beteiligen, dies wurde jedoch 1989 abgeschafft. Jetzt spielten nur noch zwei Mannschaften, eine aus Deutschland, eine aus Österreich, mit je vier Kandidaten. Regelmäßig schauten Fernsehprominente vorbei. Frau Reiber und Herr Rapp fielen dadurch auf, dass sie sich siezten (und, wie man gelegentlich bei Pannen vermuten konnte, womöglich auch hassten). Das taten zwar auch Hugo Egon Balder und Hella von Sinnen in *Alles Nichts Oder?!*, doch Rapp und Reiber schienen es ernst zu meinen.

Tele-As lief etwa monatlich donnerstags um 19.30 Uhr und war anfangs 90, ab 1989 nur noch 60 Minuten lang. Das Konzept der Show stammte von Frank Elstner, Pit Weyrich und Horst Jüssen. Die Reihe brachte es auf 30 Ausgaben und war die Nachfolgesendung von *Dalli-Dalli*.

TELE-BÖRSE   SAT.1, DSF, N-TV

1987–1992 (Sat.1); 1993 (DSF); seit 1994 (n-tv).

Werktägliches Live-Magazin von der Frankfurter Börse mit den aktuellen Aktienkursen, Entwicklungen und Tipps für Anleger.
Die Sendung lief anfangs halbstündig jeden Werktagmittag auf Sat.1. Ihr Erfinder und bekanntester Moderator war Friedhelm Busch, dessen Hektik oft den Eindruck vermittelte, dass die Sendung entweder hochaktuell sei oder es gerade um Leben und Tod gehe. Mit seiner direkten Art wurde Busch – der oft zu Beginn der Sendung noch gar nicht vor der Kamera stand – zur Identifikationsfigur für Kleinanleger, weil es auch vorkam, dass er je nach Börsensituation seine Zuschauer anschrie, sie sollten bloß nicht verkaufen!
1993 wechselte die Sendung mit den Börsenberichten zum DSF (damals wie heute die Abkürzung für Deutsches Sport-Fernsehen), ein Jahr später zum Nachrichtenkanal n-tv, wo seither täglich mehrere Ausgaben mit wechselnden Moderatoren ausgestrahlt werden und der Bindestrich aus dem Namen verschwand *(Telebörse).*

TELE-BZ   DFF
1960–1971. Satireshow, die sich anfangs vor allem mit westdeutschen Themen beschäftigte und auch an das Westberliner Publikum wandte. Später wurden auch Missstände in der DDR aufgespießt.
Die Sendung kam zunächst überwiegend als traditionelles aktuell-politisches Kabarettprogramm daher, das nach und nach aber immer mehr um Chansons und Lieder ergänzt wurde. Es gab Rubriken wie den »Schlager der Woche«, die »Rias-Enten-Parade« und »Das Letzte an Nachrichten«. Oft berichtete die *Tele-BZ* selbst auch in Filmberichten und Reportagen von aktuellen Ereignissen in Westberlin und der Bundesrepublik; es ging um Themen wie die Mietpreise im Westen, den Vietnamkrieg oder die Grüne Woche. Den zunehmenden Fokus auf die DDR beschrieb die Fernsehzeitschrift »FF dabei« als unverzichtbaren »Kampf mit kleinbürgerlichen Denk- und Verhaltensweisen in unserem Lande«. Es sollte ein »vergnüglicher, belehrender Spaß« sein.
Das Ensemble bestand vor allem aus Mitgliedern des Ostberliner Kabaretts »Die Distel«. Zu ihm gehörten u. a. Sergio Günther, Ingeborg Krabbe, Hans-Georg Thies, Helga Hahnemann, Edgar Külow und Ingeborg Nass.
Die Sendung lief rund 500-mal auf verschiedenen Sendeplätzen, meist 25-minütig um 19.00 Uhr.

TELE-ILLUSTRIERTE   ZDF
1982–1991. Halbstündiges Nachmittagsmagazin mit Berichten, Service, Talk und Musik »in gutem Boulevardstil«, wie es hieß. Und wie schon in der Vorgängersendung *Drehscheibe* sang immer am Ende ein musikalischer Gast sein neues Lied. Die Sendung wurde live vor Studiopublikum moderiert. Die ersten Leiter waren Alexander Niemetz und Bernhard Töpper. Moderatoren waren u. a. Ulrich Craemer, Helge von der Heyde, Thomas Hegemann, Brigitte Bastgen, Hannelore Fischer und Ilona Christen.

Die Sendung lief werktags um 17.15 Uhr und wurde vom *Länderjournal* abgelöst.

TELE-LOTTO   DFF
1972–1991. Fernsehlotterie.
Statt 6 aus 49 wie im Westen zieht das DDR-Fernsehen 5 aus 35. Die Ziehungssendung wird von verschiedenen Prominenten moderiert. Nach jeder gezogenen Zahl ist ein kurzer Film zu sehen, das Genre wird durch die gezogene Zahl vorgegeben: Bei der 3 gibt es Ballett, bei 4 Blasmusik, bei 5 Chanson und bei 34 Volksmusik; 14 steht für Humor, 19 für Kurzkrimi, 31 für Tierwelt und 10 für die Rubrik »frecher Zeichenstift«. Der Einsatz pro Tipp beträgt eine Mark, zu gewinnen gibt es 10 bis 500 000 Mark. Die Einnahmen werden für kulturelle, sportliche und gesundheitliche Zwecke eingesetzt.
Zwischen 2,5 und 3,5 Millionen Menschen nahmen am *Tele-Lotto* teil. Das Ziehungsgerät war ein futuristisch aussehender, sich drehender Kegel – natürlich aus Plaste. An seinem Fuß waren 35 Klappscheiben angebracht. Der Moderator oder prominente Gast startete eine Kugel, die außen um den Kegel herumlief und schließlich eine der Scheiben umkippte. Theoretisch jedenfalls. Praktisch fiel häufiger keine um, aufgrund technischer Probleme oder weil die Zahl schon gezogen worden war. Das nannte sich dann »Durchläufer«, und der Satz »Das war ein Durchläufer, Herr Rohr« wurde in der DDR zum geflügelten Wort. Walter Rohr war der Ziehungsleiter des VEB Wettspielbetriebe – quasi die Ostversion von Walter Spahrbier beim *Großen Preis*. Erst Ende der 80er-Jahre wurde das Gerät durch eine moderne Glastrommel mit Zahlenkugeln ersetzt. Damit verschwand auch das Maskottchen: das Kegelmännchen.
Tele-Lotto lief sonntags um 19.00 Uhr

TELE-RITA   ZDF
1995–1997. Medienpädagogische Sendung.
Rita (Ursula Staack) ist Telefonistin in der Auftragsannahme eines Fernsehreparaturbetriebs. Aus ihren Gesprächen mit Kunden entwickeln sich Themen, die mit dem Nutzen und der Wirkung des Fernsehens zu tun haben. Kurze dokumentarische Filmeinspielungen erläutern Hintergründe und Arbeitsweisen des Mediums.
43 Ausgaben der siebenminütigen Sendung liefen meist nachmittags oder am frühen Abend.

TELE-SPIEGEL   DFF 1
1968–1975. Wirtschaftsmagazin, das über neue Entwicklungen in der DDR berichtet. Die Reihe lief monatlich, ab 1972 wöchentlich, im Vorabendprogramm und brachte es auf rund 90 Ausgaben, die 25 Minuten lang waren.

TELE-ZOO   ZDF
1972–2000. Halbstündiges Tiermagazin von und mit Alfred Schmitt.
Der *Tele-Zoo* trat die Nachfolge von *Aus dem Reich der Tiere* an, einer Sendung, die ebenfalls von

Schmitt und seinem Kollegen Lothar Dittrich verantwortet wurde und sich auf Tiere im Zoo beschränkt hatte. Das Zuschauerquiz wurde beibehalten, das Themenspektrum erweitert, und der zeitweilige Untertitel »Tiere, die nicht jeder kennt« war oft gelogen. Zwar ging es um Tiere mit Namen wie Koboldmaki, Schuhschnabel und Fischadler, aber eben auch um Tiere, die wirklich *jeder* kennt: Meerschweinchen, Kaninchen und Kanarienvögel. Im *Tele-Zoo* erfuhren deutsche Haustierbesitzer allerdings mehr über ihre Tiere, als dass sie im Käfig sitzen und von Zeit zu Zeit Hunger haben. Die Sendung erklärte auch Tiere, die eher selten den Ausruf »Wie süß!« bewirken, wie etwa Ameisen und Schnaken, und packte brisante und unpopuläre Themen an: Tierversuche, Tiertransporte, Massentierhaltung und die Verarbeitung von Tieren zu Nahrung. Sie hob die Leistung verschiedener Naturschützer hervor, gab Tipps für Hobbytierfilmer und erklärte, wieso Tierpflege eine Therapie für verhaltensgestörte Jugendliche sein kann.

Der *Tele-Zoo* übernahm zunächst den Sendeplatz seiner Vorgängersendung am Samstagnachmittag und rückte Ende der 70er-Jahre auf freitags um 21.15 Uhr direkt nach dem Krimi, wo er bis Ende 1991 blieb und etwa einmal im Monat gezeigt wurde, bis dahin rund 100-mal. Danach war die Reihe für einige Jahre nur noch ganz sporadisch im Abend- oder Nachmittagsprogramm zu sehen, dann längere Zeit gar nicht, bevor sie ab Herbst 1996 wieder häufiger am Sonntagnachmittag ausgestrahlt wurde. 1994 hatte Nina Ruge die Moderation übernommen, 1997 folgte Susanne Hillmann. Der *Tele-Zoo* war nun nicht mehr zwingend ein Magazin, sondern auch Oberbegriff für halbstündige Tier- und Naturdokumentationen.

TELEBÖRSE N-TV
→ Tele-Börse

TELEFANT ARD
1985–1987. Spielshow für Kinder mit Michael Schanze.

Vier Kinder, die sich jeweils einen Freund oder Erwachsenen als Partner mitbringen müssen, treten in Kreativitäts- und Aktionsspielen gegeneinander an. Über den korrekten Ablauf und die korrekte Punkteverteilung wacht als Juror der Telefant, ein großes Fabelwesen mit Antennen und einem Rohrpostrüssel. Jede Sendung hatte ein Oberthema. Zwischen den Spielen gab es Verkehrserziehung, Talks mit Prominenten, Showblöcke und die Rubrik »Sing mit Michael«.

Für ein Dreivierteljahr lief die 90-Minuten-Show monatlich am Samstagnachmittag um 15.00 Uhr, ab Mitte 1986 in unregelmäßigen Abständen, insgesamt 15-mal.

TELEKATZ ARD
1988. Kindersendung innerhalb der Reihe *Spaß am Dienstag*. Eine Katzenpuppe moderiert eine Art Nachrichtensendung und interviewt Haushaltsgegenstände.

TELEKOLLEG BR, DRITTE PROGRAMME
Seit 1967. Schulfernsehen für alle Fächer: Ein bärtiger Mann sitzt vor einem viel zu großen Bild und spricht englische Sätze; ein dünner ohne Bart in einem beigefarbenen Pullover steht nervös vor einer Tafel und erklärt mathematische Formeln.

Das Telekolleg lehrt nicht willkürlich Stoffe aus den entsprechenden Fächern, sondern ist eine konkrete, in Kurse unterteilte und auf jeweils einen bestimmten Zeitraum angelegte Weiterbildungsmaßnahme inklusive Prüfungen, die sich vor allem an Erwachsene richtet, die noch oder wieder in einen Beruf einsteigen wollen. Ziel ist die Fachhochschulreife. Der Bayerische Rundfunk war der erste Sender, der ein Telekolleg anbot, und ist als letzter übrig geblieben. Andere zogen nach, stellten es aber wieder ein – jedoch erst nach sehr langer Zeit. Zehntausende Bildungswillige erwarben im Lauf der Jahrzehnte ihre Fachhochschulreife auf diesem Weg. Doch anfangs war das Unterfangen umstritten. Ende 1968 entbrannte eine Diskussion darüber, ob die Betätigung des Fernsehens als Ersatzlehranstalt überhaupt vom Grundversorgungsauftrag gedeckt sei. Kritiker waren der Meinung, die Öffentlich-Rechtlichen dürften nicht selbstverständlich Gebührenmittel dafür verwenden.

TELEMEKEL UND TELEMINCHEN ARD
→ Abenteuer mit Telemekel

TELEMOTOR ZDF
1977–1994. Automagazin mit Tests und Berichten rund ums Thema Verkehr.

Zu den Moderatoren, die die Sendung aus der Kulisse einer Kfz-Werkstatt präsentierten, gehörten Rainer Günzler, Hanns Joachim Friedrichs, Harry Valérien und Karl Senne. Der Autotest war vorher Teil des *Sport-Spiegel*. Bekanntester Tester wurde der frühere belgische Formel-1-Pilot Paul Frère. Als völlig unangemessen zarte Titelmusik hörte man »Destiny« von José Feliciano.

Die meist 45 Minuten lange Sendung lief anfangs samstags um 19.30 Uhr, dann lange Zeit alle acht Wochen donnerstags um 21.00 Uhr und zum Schluss samstags nachmittags.

TELEROP 2009 –
ES IST NOCH WAS ZU RETTEN ARD
→ Es ist noch was zu retten – Telerop 2009

TELE-SKOP ARD
1969–1973. »Scharf eingestellt für junge Leute«. Gesellschaftsmagazin für Jugendliche mit einer thematischen Bandbreite von Pop bis Politik: Es ging um die Arbeit der Nachwuchsorganisationen der großen Volksparteien ebenso wie um den technischen Apparat großer Bands. Jede Sendung war monothematisch. Weitere gesellschaftlich relevante Themen

waren z. B. die Suche nach der ersten eigenen Wohnung oder die Motive bei der Wahl zwischen Lehre und Studium.
Die Sendung lief in loser Folge freitags nachmittags und war zwischen 70 und 80 Minuten lang.

TELESPIELE SWR, ARD

1977–1979 (SWR); 1980–1981 (ARD). »Eine Telefondiskothek mit Thomas Gottschalk«.
Spielshow, in der die Kandidaten Videospiele durch Töne steuern, die sie mit ihrer Stimme, mit Gegenständen oder Instrumenten erzeugen. Im Studio spielen Kandidaten und Prominente; Telefonkandidaten haben die Möglichkeit, von zu Hause aus teilzunehmen. Die Gewinner der fünf Spielrunden dürfen sich jeweils einen Musikvideoclip, Sketch oder Filmausschnitt aus einer Liste auswählen, der dann gezeigt wird. Der Sieger der Finalrunde gewinnt zusätzlich ein Computer- bzw. Videospiel.
Eines der beliebtesten Spiele war »Pong«, eine Art Tischtennisspiel, bei dem der virtuelle Ball hin- und hergeschlagen werden musste. Der »Schläger«, nicht mehr als ein Strich, stand dabei am unteren Bildschirmrand und konnte je nach Lautstärke des erzeugten Geräuschs in die Höhe geschossen werden – im Idealfall in genau die Höhe, in der der »Ball« gerade ankam.
Die *Telespiele* waren Thomas Gottschalks erste Abendshow. Er knüpfte hier schon viele Kontakte, die ihn über die ganze Karriere hinweg begleiteten. Regisseur war Alexander Arnz, der später bei *Wetten, dass ...?* Regie führte, einer der Autoren Holm Dressler, der danach *Na sowas* produzierte und mit Gottschalk die Produktionsfirma »Brot und Spiele« gründete, und Redaktionsleiter der spätere ZDF-Unterhaltungschef Wolfgang Penk. Als Musikwünsche spielte Gottschalk in der ersten Sendung aktuelle Hits von Pink Floyd, Nazareth und Smokie, die er noch im Jahr 2004 in großen Jubiläums-Rockshows feierte. In der fünften Sendung im November 1978 war Mike Krüger zu Gast, dessen ähnliches Gesichtsmerkmal sich als Basis für mehrere gemeinsame Filme entpuppte.
Genau genommen wurde Gottschalk hier auch schon zum ersten Mal Nachfolger von Frank Elstner. Der hatte Ende 1979 gerade seine ARD-Sendung *Die Montagsmaler* Richtung ZDF verlassen, um dort *Wetten, dass ...?* zu entwickeln. Die *Telespiele* waren bis dahin mit zwölf Ausgaben erfolgreich im Nachmittags- und Abendprogramm mehrerer Dritter Programme gelaufen und wurden nun als Nachfolgesendung dienstags um 20.15 Uhr in die ARD übernommen. (*Die Montagsmaler* wurden dann dennoch fortgesetzt.) Dort liefen sie nun etwa alle sechs Wochen, dauerten 45 Minuten und brachten es auf weitere 17 Folgen.

TELESTAR ARD, ZDF

1985–1998. Jährliche Verleihung des »TeleStar«, eines Fernsehpreises, den der WDR schon 1983 ins Leben gerufen hatte und an dem sich ab 1985 auch das ZDF beteiligte. Ab diesem Jahr wurde die Verleihung im Fernsehen gezeigt, abwechselnd von ARD und ZDF. Die Moderatoren wechselten, unter ihnen waren Sabine Sauer, Harald Schmidt, Michael Schanze und Hape Kerkeling.
Insbesondere nach dem zunehmenden Erfolg der Privatsender stand der »TeleStar« im Ruf, abhängig von den Interessen seiner Stifter zu sein und öffentlich-rechtliche Programme grundsätzlich zu bevorzugen. (Der frühere Leiter des Grimme-Instituts, Lutz Hachmeister, nannte die Verleihung des Preises von ARD und ZDF an ARD und ZDF »eine Form anstaltseigener Psychotherapie«.) RTL reagierte mit der Ausweitung des *Goldenen Löwen* zum ähnlich parteiischen Fernsehpreis. 1999 einigte man sich endlich, und beide Auszeichnungen gingen im *Deutschen Fernsehpreis* auf.

TELESTUDIO WEST DFF

1957–1965. Ideologisches Magazin aus einer Zeit, als das DDR-Fernsehen beanspruchte, Programm für ganz Deutschland zu machen. Deshalb richtete sich das *Telestudio West* vor allem an Westberliner oder Westdeutsche. Neben aktuellen Beiträgen wurden DEFA-Spielfilme, Fernsehspiele und Filmreportagen gezeigt. Lief wöchentlich, insgesamt etwa 300-mal, meistens sehr spät abends und wurde am Nachmittag für das DDR-Volk wiederholt.
Um zu zeigen, wie schrecklich das Leben in Westdeutschland war, griff das *Telestudio West* vor allem auf Ausschnitte aus der *Tagesschau* zurück, die es neu vertonte. Dafür war damals ein teures Abfilmgerät notwendig, das das DDR-Fernsehen eigens für angeblich rund 100 000 DM kaufte – in Westdeutschland natürlich.

TELETECHNIKUM ARD

1969–1983. Wissenschaftsmagazin zu Themen aus Umwelt, Naturwissenschaft und Technik.
In mehreren Beiträgen oder Interviews pro Sendung, die jeweils durch einen Themenschwerpunkt verbunden sind, geht es um die Wirkungsweise von Autos und Flugzeugen, Verschmutzung von Luft und Wasser, Automation und Rationalisierung, Erdölknappheit und Alternativen, Gesundheitsgefährdung von Leistungssportlern oder den Erholungszwang im Urlaub.
Die 45-minütigen Ausgaben liefen erst montags, dann freitags am Nachmittag.

TELETHEMA SAT.1

1987–1989. Kurzes Magazin. Es gab die Telethemen Auto, Wirtschaft, Kultur, Natur und Umwelt. Die Sendungen waren nur wenige Minuten lang und liefen werktäglich am späten Abend oder tagsüber, 1989 nur noch sonntags vormittags.

TELETUBBIES ARD, KI.KA

1999–2002. 365-tlg. brit. Kleinkinderserie von Anne Wood und Andy Davenport (»Teletubbies«; 1997–2001).

Im Teletubby-Land, einer Wiese, auf der Kaninchen herumhüpfen und über der ein quietschendes, lachendes Babygesicht als Sonne scheint, leben in einer Art futuristischem Bunker, dem »tubbytronischen Superiglu«, die Teletubbies: vier bunte, runde Außerirdische. Es sind, von groß nach klein: Tinky Winky (lila mit Tasche), Dipsy (grün mit Hut), Laa-Laa (gelb mit Ball) und Po (rot mit Tretroller). Sie haben Antennen, über die sie offensichtlich Filme von Kindern auf der Erde empfangen, die dann auf den grauen, rechteckigen Bildschirmen erscheinen, die sie am Bauch haben. Sie sprechen eine Babysprache aus wenigen, oft verfremdeten Wörtern: »Ah oh« ist Teletubbisch für »Hallo«. Ihr Haustier ist der freundliche Staubsauger Noo Noo. Draußen gibt es ein Windrad und metallene Geräte, die aussehen wie eine Mischung aus Periskop und Telefon oder auch wie bedrohliche Duschköpfe, die aus dem Boden fahren und aus denen Durchsagen kommen. Wenn die Teletubbies nicht gerade schlafen oder Tubby-Toast essen, der aus einer Maschine kommt, staunen, spielen und »schmuuusen« sie.

Jede Folge beginnt mit dem Satz »Hinter den Bergen und keinem bekannt, hier liegt das Teletubby-Land«, dem Aufgehen der Sonne, dem Ruf »Zeit für Teletubbies« und der Begrüßung von jedem einzelnen Teletubby. Nach einigen Szenen mit den Teletubbies dreht sich immer das Zauberwindrad, die vier stellen sich auf, und ein Filmbeitrag erscheint auf dem Bauch von einem, über den sie sich so sehr freuen, dass er gleich darauf (»Nochmal! Nochmal!«) komplett wiederholt wird. Dann passiert wieder ein bisschen was im Teletubby-Land, und schon ist es »Zeit für Tubby-Winke-Winke«: Jeder Einzelne verabschiedet sich langwierig mehrfach, bis endlich die Sonne untergeht.

Nach 365 Folgen wurde die Produktion eingestellt. Eine Episode für jeden Tag des Jahres, hieß es, sei ausreichend. Dass es sich dabei tatsächlich um *verschiedene* Folgen handelte, fiel ohnehin kaum auf. Erfinderin und Produzentin Anne Wood erklärte die Redundanz damit, dass sie die Kleinkinder zum Lernen anrege. Praktisch war sie für die Produzentin allerdings auch: Rund 14 der 23 Minuten, die eine Folge dauerte, waren jedes Mal identisch und mussten nicht teuer neu gedreht werden. Nach Angaben Woods, einer ehemaligen Lehrerin, unternahm die Serie erstmals den Versuch, das zu zeigen, was Zwei- bis Dreijährige tatsächlich im Fernsehen sehen wollen, und nicht das, was Erwachsene dafür halten. Die Serie stieß auf massive Kritik in aller Welt. Pädagogen warfen ihr vor, die Kinder zu verblöden, insbesondere die Babysprache wurde kritisiert (Erzähler und Kinder, die in den Einspielfilmen zu sehen sind, sprechen allerdings ganz normal).

Trotz dieser Einwände wurde die Serie zu einem gigantischen Erfolg. Die Zuschauerzahlen waren hervorragend – außer der Zielgruppe schauten in Großbritannien (mutmaßlich bekiffte) Studenten besonders häufig zu –, die Titelmusik eroberte den ersten Platz in den britischen Charts, die Serie verkaufte sich weltweit in 120 Länder und generierte nach BBC-Angaben im Jahr 2000 einen Merchandisingumsatz von zwei Milliarden Mark jährlich. Das Merchandisinggeschäft war von Anfang an geplant: Produziert wurden die *Teletubbies* von Ragdoll – einer Spielzeugfirma. Konsequenterweise wurde Woods 1999 in Großbritannien zur »Unternehmerin des Jahres« gewählt.

Das Teletubby-Land liegt in England in der Nähe von Stratford-upon-Avon. Dass dort im Gegensatz zur Tubby-Welt nicht immer die Sonne scheint, war eines der Probleme bei der Produktion, ein anderes, dass die Kaninchen sich nicht davon abhalten ließen, das zu tun, was Kaninchen am liebsten miteinander tun. Für Aufregung vor allem in den USA sorgte die Entdeckung, dass Tinky Winky offensichtlich männlich ist, aber mit einer Handtasche herumläuft und ausgerechnet ein umgekehrtes Dreieck (quasi einen Winkel) als Antenne trägt sowie gelegentlich einen weißen Tanzrock trägt, also nach menschlichem Ermessen schwul ist – was die Produzenten natürlich bestritten.

Auch in Deutschland war der Siegeszug der Serie nicht aufzuhalten. Der öffentlich-rechtliche KI.KA verteidigte die umstrittene Ausstrahlung damit, man wisse zwar nicht, ob sie lehrreich sei, aber sie sei bestimmt »nicht schädlich«. Da nicht zu verhindern sei, dass auch die ganz Kleinen schon vor dem Fernseher säßen, solle man besser ein für sie gemachtes Programm anbieten. Im Jahr 2000 kannten 90 % aller deutschen Kinder zwischen zwei und fünf Jahren die *Teletubbies*. Ihre deutschen Stimmen sind Monty Arnold (Tinky Winky), Sascha Draeger (Dipsy), Tanja Dohse (Laa-Laa) und Kristina von Weltzin (Po), Erzähler ist Fabian Harloff.

Der KI.KA zeigte die knapp halbstündigen Folgen anfangs dreimal täglich montags bis freitags, die ARD einmal am frühen Samstagmorgen. Später liefen die *Teletubbies* im KI.KA ein- bis zweimal täglich am Vormittag. Wie viele Kleinkinder dank der *Teletubbies* alleine vor dem Fernseher saßen, weil die Eltern das Gewinke einfach nicht mehr aushielten, ist nicht bekannt. Wenig später folgten den *Teletubbies* die für Erwachsene ähnlich anstrengenden *Tweenies*.

Diverse DVDs sind erhältlich. Poster, Plüschtiere, Spiele, Nippes auch.

TELEZIRKUS   ARD

1981–1988. 90-minütige Live-Show am Samstagnachmittag mit Spielen, Aktionen, Artistik und Musik.

In Zusammenarbeit mit dem Zirkus Williams-Althoff gastiert die Show alle paar Wochen in einer anderen Stadt, zeigt Ausschnitte aus dem Programm, wirft einen Blick hinter die Kulissen des Zirkus und auf das Leben der Artistenfamilien und gibt Amateurartisten aus der jeweiligen Stadt die Chance, sich ebenfalls im Fernsehen zu präsentieren. Zwischendurch kommen Stargäste zum Talk oder um ihr neues Lied zu singen.

»Ah-ooooh!« Sie wirken, als schlügen sie unentwegt die Köpfe zusammen, doch es sind nur die Bäuche. *Teletubbies* Tinky Winky und Po. »Nochmal! Nochmal!«

Moderator war bis August 1982 Peter Rapp. Für die neue Staffel ab Sommer 1984 übernahm Michael Schanze die Moderation, der Sendetitel wurde auf *Ein Nachmittag im Telezirkus* erweitert. Hier etablierte Schanze als einen Bestandteil der Show das spätere Konzept von *Kinderquatsch mit Michael*. Unter dem Rubriktitel »Geschichten unterm Sternenstaub« standen Kinder im Lichtkegel auf einem Podest, erzählten Geschichten und sangen Lieder. Weil gelegentlich ein Kind diesen »Sternenstaub« in den Mund bekam, wurde dieser Part abgeschafft.
In einer weiteren Staffel ab September 1987 dauerten die Folgen nur noch 45 Minuten und liefen auch mal donnerstags. Einzelne Ausgaben im Abendprogramm hießen entsprechend *Ein Abend im Telezirkus*.

TELL – IM KAMPF GEGEN LORD XAX   RTL 2
1999. 16-tlg. neuseeländ. Fantasyserie (»The Legend Of William Tell«; 1998).
Der junge William Tell (Kieren Hutchison) wird von Kalem (Sharon Tyrrell), dem Repräsentanten des Lichtes, auserwählt, gegen den bösen Lord Xax (Andrew Binns) und den Zauberer Kreel (Ray Henwood) zu kämpfen und durch den Silberpfeil das Königreich Kale vor dem Untergang zu bewahren. Seine Freunde Leon (Nathaniel Lees) und Aruna (Katrina Browne) helfen ihm.
Lief dienstags bis freitags um 18.50 Uhr.

TEMPEL DES SATANS   DFF
1962. 3-tlg. DDR-Abenteuerfilm von Wolfgang Schreyer, Regie: Georg Leopold.
Der Journalist Pit Nordfors (Bruno Carstens) entdeckt, dass ein schief gelaufener Raketentest gar nicht hätte stattfinden dürfen. Er will den Skandal enthüllen, doch Howard Dumont (Franz Kutschera), der Verleger der Zeitung, weigert sich auf Druck der Rüstungsindustrie, die Geschichte zu drucken. Nordfors ermittelt auf eigene Faust weiter. Unterwegs wird das Flugzeug, in dem er reist, von einer Rakete getroffen. Nordfors, selbst ehemals Pilot, übernimmt die Steuerung und zögert die Landung hinaus, während er versucht, die Zeitungsredaktionen zu erpressen, sein Material nun zu veröffentlichen. Damit setzt er das Leben der Passagiere aufs Spiel. Sein Versuch geht schief, und er wird verhaftet.
Technisch und schauspielerisch brillanter Spielfilm, mit dem das DDR-Fernsehen die westliche »Sensationspresse« angriff. Der Film wurde ein Straßenfeger. Schreyer hatte 1960 den Stoff schon als Roman veröffentlicht.

TENNIS LIEBER ALS KANONEN   ARD
→ Tennisschläger und Kanonen

TENNISSCHLÄGER UND KANONEN   ZDF, ARD, PRO SIEBEN
1968–1969 (ZDF); 1977–1978 (ARD); 1991–1994 (Pro Sieben). 69-tlg. US-Serie von Sheldon Leonard (»I Spy«; 1965–1968).
Als Tennisprofi und sein Trainer getarnt reisen zwei Spezialagenten, beide Akademiker, im Geheimauftrag der Regierung durch die Welt und bekämpfen das Verbrechen. Der Frauenheld Kelly Robinson (Robert Culp) mimt den Spieler, das Sprachgenie Alexander »Scotty« Scott (Bill Cosby) den Trainer.
Die Agentenserie war zugleich eine Parodie auf ebensolche und enthielt viele Comedyelemente, die durch die überdrehte deutsche Synchronisation von Rainer Brandt (wie auch bei *Die 2*) noch verstärkt wurden. Er erfand Begriffe wie »Nun stell mal deine Lauscher auf« (Hör zu), »Kleiderständer« (langbeiniges Mädchen), »Kleckermann im Näschen« (Schnupfen) und »Bohnen servieren« (schießen).
Die Kombination aus einem schwarzen (Cosby) und einem weißen (Culp) Hauptdarsteller war damals im US-Fernsehen eine Sensation. Die Serie war der Beginn von Bill Cosbys Karriere.
Sieben Jahre nach den ersten 26 50-minütigen Folgen im ZDF zeigte die ARD 29 neue Episoden im regionalen Vorabendprogramm unter dem Titel *Tennis lieber als Kanonen*. Weitere zwölf Folgen auf Pro Sieben liefen wieder unter dem ursprünglichen deutschen Titel. 1996 zeigte das digitale Pay-TV-Programm DF 1 einige Folgen in Erstausstrahlung.

DAS TENNISWUNDER   RTL
1994–1995. 22-tlg. US-Sitcom von Marc Flanagan, Dick Blasucci und Sam Simon (»Phenom«; 1993–1994).

Das »Tenniswunder« ist die 15-jährige Angela Doolan (Angela Goethals). Ihre Mutter Dianne (Judith Light), die sie und ihre Geschwister Mary Margaret (Ashley Johnson) und Brian (Todd Louiso) allein erzieht, nachdem der Vater mit einer jungen Frau durchgebrannt ist, versucht sie zu beschützen. Doch ihr Trainer Lou Del La Rosa (William Devane) drängt, das meiste aus dem Talent von Angela herausholen. Andererseits ist er auch an Dianne interessiert.

TEQUILA UND BONETTI   RTL
1993. 12-tlg. US-Krimiserie von Donald P. Bellisario (»Tequila And Bonetti«; 1992).
Der New Yorker Polizist Nico Bonetti (Jack Scalia) wird nach Kalifornien versetzt und bekommt dort einen Hund als Partner. Der laut (für den Zuschauer hörbar) denkende Mastiff Tequila unterstützt Bonetti bei den Ermittlungen. Seine andere und wesentlich hübschere Kollegin ist Officer Angela Garcia (Mariska Hargitay).
In den USA war die Serie einer von vielen Flops für Hauptdarsteller Jack Scalia (andere waren *Wolf*, *Berrengers* und *Ich will Manhattan*), RTL hatte dagegen mit der deutschen Ausstrahlung Erfolg. Der Sender zeigte alle einstündigen Folgen mehrfach, mal abends, mal spätabends, mal mittags.

TERRA AUSTRALIS   ARD
Seit 1988. Reportagereihe von und mit Joachim Fuchsberger, der über seine Wahlheimat Australien berichtet.
Fuchsberger fährt durchs Land, zeigt schöne Stadt- und Landschaftsaufnahmen, erzählt ein wenig über die entsprechenden Gegenden, interviewt Menschen, stellt Einrichtungen vor, die ihm unterwegs begegnen, und lässt deutsche Auswanderer von ihren Erfahrungen berichten.
Die Sendung war eine Mischung aus der Faszination, die das Land verströmt, den Geschichten seiner Bewohner und der Eitelkeit des Moderators. In unregelmäßigen Abständen zeigte die ARD jährlich ein oder zwei 45 Minuten lange Folgen am Wochenende oder an Feiertagen. Für die Doppelfolge »Highway No. 1«, die Weihnachten 1996 ausgestrahlt wurde, unternahm Fuchsberger mit seinem Team den Versuch, den Kontinent innerhalb von nur 60 Tagen mit dem Auto auf dem über 16 000 Kilometer langen Highway No. 1 entlang der Küste zu umrunden. Dies war zuvor niemandem in einer auch nur annähernd vergleichbaren Zeit gelungen. Fuchsberger schaffte es in 47 Tagen. Die Musik zur Serie spielte Fuchsbergers Sohn Thomas auf seinem Keyboard. An Christi Himmelfahrt 2005 lief die 21. Folge.

TERRA X   ZDF
Seit 1982. Kulturhistorisches Magazin, das am Sonntagabend um 19.30 Uhr zum Dauerbrenner wurde. Gottfried Kirchner hatte es erfunden und den ersten Film »Südseeinseln aus Götterhand« beigesteuert. In den dreiviertelstündigen Folgen geht die Redaktion Geheimnissen der Menschheit auf den Grund. Themen sind z. B. die Jagd nach dem Bernsteinzimmer, der heilige Schrein für die zehn Gebote, die Pyramiden, die Sintflut oder Wüstenorakel.
Die Reihe war bisher in jeder Hinsicht ein Riesenerfolg. Sie wurde im Schnitt von vier Millionen Zuschauern gesehen und in Dutzende Länder verkauft. Die Reisen in geheimnisvolle Zeiten und Gegenden waren aufwendig, populär und auf dem neuesten Stand der Wissenschaft. In den ersten 20 Jahren wurden 68 Filme von *Terra X* hergestellt.

DAS TERRACOTTA-PFERD   ARD
1978. 6-tlg. brit. Jugend-Abenteuerserie von Christopher Bond (»The Terracotta Horse«; 1973).
Die Kinder David (Patrick Murray) und Linda Jackson (Linda Howard) reisen mit ihren Eltern Bob (Godfrey James) und Maggie (Kristine Howarth) nach Marokko, haben ein kleines Terracottapferd dabei und suchen den Heiligen Gral. Dieser Plan scheint nicht ganz abwegig, denn auf der Unterseite der Figur ist eine mysteriöse Inschrift, und dauernd haben es Verfolger auf das Pferd abgesehen, darunter der Geschäftsmann Louis Meissner (Constantin de Goguel) sowie der junge und offenbar weit vertrauenswürdigere Dan Walters (James Warwick).
Die halbstündigen Folgen liefen nachmittags.

TERRALUNA –
MENSCHEN, STORYS ABENTEUER   PRO SIEBEN
2003–2004. Einstündiges Wissensmagazin mit Aiman Abdallah. In drei bis vier Reportagen werden Menschen aus aller Welt vorgestellt, die spektakulären Berufen nachgehen.
Nach genau einer Sendung am Freitag um 20.15 Uhr war erst mal Schluss; diese Sendung hatte am zweiten Abend des Krieges im Irak extrem schwache Quoten. Ein neuer Versuch startete im Juli 2003 dienstags um 20.15 Uhr und hielt immerhin zehn weitere Ausgaben. Ab Herbst 2004 liefen neue Folgen sonntags am Vorabend.

DER TERRORISTENJÄGER   VOX
1995. 6-tlg. frz. Krimiserie von Norbert Saada (»Antoine Rives – Le juge du terrorisme«; 1993).
Der Richter Antoine Rives (Jacques Weber) bekämpft Terrorismus. Jede Folge hatte Spielfilmlänge.

TESTAMENT EINER JUGEND   ZDF
1981. 6-tlg. brit. Antikriegsdrama von Elaine Morgan nach der Autobiografie von Vera Brittain, Regie: Moira Armstrong (»Testament Of Youth«; 1979).
Die 18-jährige Vera Brittain (Cheryl Campbell) verlässt die Enge ihres Heimatdorfs in der englischen Provinz und geht nach Oxford, um zu studieren. Als der Erste Weltkrieg ausbricht, wird sie Krankenschwester und hilft den Verletzten in London, auf Malta und an der französischen Front. Sie macht schreckliche Erfahrungen und verliert viele Freunde, darunter ihren Geliebten Roland Leighton (Peter Woodward), ihren guten Freund Geoffrey (Geoffrey

Burridge) und ihren Bruder Edward (Rupert Frazer). Auch der blinde Victor Richardson (Michael Troughton), mit dem sie eine Beziehung anfängt, stirbt. Ihr Vater (Emrys James) holt sie schließlich 1925 zurück nach England, damit sie ihre kranke Mutter (Jane Wenham) pflegt.

Die wahre Geschichte schrieb die Pazifistin Vera Brittain selbst als Mahnung gegen den Krieg. Im Original ist das mehrfach preisgekrönte Drama ein Fünfteiler mit einstündigen Folgen, das ZDF machte daraus sechsmal 45 Minuten.

TEUFELS GROSSMUTTER ZDF
1986. 12-tlg. dt. Familienserie von Justus Pfaue, Regie: Rob Herzet.

Die resolute Großmutter Dorothea Teufel (Brigitte Horney) ist das unbestrittene Oberhaupt der Familie. Sie führt die Firma, eine Bootswerft, und beschließt nach der Scheidung von F. H. (Peter Pasetti), ein neues Leben anzufangen. Ihre Tochter Hetty (Loni von Friedl), Schwiegersohn Frank (Gerd Baltus) und die Enkel Doris (Natascha Rybakowski) und Friedrich (Matthias Hinze) werden deshalb gleich einmal aus der alten Familienvilla in eine Neubauwohnung ausquartiert. Stattdessen zieht vorübergehend der arbeitslose Stefan (Stefan Gossler), ein früherer Schulfreund von Friedrich, bei ihr ein, dem sie auch eine Stelle gibt. Nebenbei mischt sich Dorothea auch noch in das Leben ihres jüngsten Sohnes Thomas (Hans-Jürgen Dittberner) ein. Am Ende heiratet sie aber doch wieder den Großvater F. H.

Die 25-minütigen Folgen liefen donnerstags 18.20 Uhr.

TEUFELS KÜCHE RTL
2005. Reality-Gameshow mit Sonja Zietlow.

Unter Anleitung des Spitzenkochs Christian Rach verpflegen zehn Prominente zwei Wochen lang in zwei Teams die teils ebenfalls prominenten Gäste in einem Berliner Fernsehstudio, das zu einem Luxusrestaurant umgebaut worden ist. Zuerst kochen alle so vor sich hin, nach einer Woche bestimmt das Publikum jeden Tag einen, der die Schürze abgeben muss, und am Ende den König der Küche. Die Versuchsköche waren Karl Dall, Jörg Knör, Erika Berger, Jenny Elvers-Elbertzhagen, Gülcan Karahanci, Giovanni (von der Popgruppe Bro'Sis), DJ Ötzi, Patrick Lindner, Britta von Lojewski und Anouschka Renzi. Am Ende wurde Lindner »überraschend« zum »König der Küche« gekrönt. Er ist gelernter Koch. Giovanni und Renzi waren verletzungsbedingt schon vorher ausgeschieden. Die Boulevardzeitung »B.Z.« titelte: »Große Berliner Schauspielerin – Kollaps in TV-Show«. Sonja Zietlow zitierte die Schlagzeile am gleichen Abend in der Live-Sendung und fragte enttäuscht: »Warum passiert so was nie in unserer Show? Bei uns ist nur Anouschka Renzi zusammengebrochen.«

Das Format stammt aus Großbritannien, wo es erfolgreich unter dem Titel »Hell's Kitchen« lief. Die deutsche Version lief weit weniger erfolgreich an 14 aufeinanderfolgenden Tagen in der späteren Hälfte der Primetime. Immer im Nachtprogramm folgte »Teufels Küche – Nachschlag« mit Pierre Geisensetter und interaktiven Telefonspielchen für Kandidaten zu Hause.

TEUFELSKREIS DER ANGST SAT.1
1990. 18-tlg. US-Gruselserie von William Castle (»Ghost Story«/«Circle Of Fear«; 1972).

In sich abgeschlossene gruselige Kurzgeschichten, die anfangs oft von Vampiren und Geistern handeln, werden in dieser Serie erzählt. Winston Essex (Sebastian Cabot) führt in die Episoden ein, die im

Teufels Großmutter:
Brigitte Horney (links),
Peter Pasetti (rechts),
kleines Teufelchen (hinten).

New Yorker Hotel »Essex House« spielen und in denen wechselnde Darsteller in den Hauptrollen mitwirken. Nach der Hälfte der Folgen wurde das Konzept geringfügig geändert und Cabot aus der Serie gestrichen. Im US-Original wurde zu diesem Zeitpunkt auch der Titel geändert.

Bei uns liefen alle Folgen unter einheitlichem Titel donnerstags gegen 23.00 Uhr. Sie waren jeweils 50 Minuten lang.

TEUFELSMOOR ARD
1983. 6-tlg. dt. Familiensaga von Elke Loewe.
Die Geschichte der Moorbauernfamilie Kehding von 1760 bis 1992. Jede Folge beschäftigt sich mit einer Generation. Johann Kehding (Wigand Witting) ist der erste Moorbauer, der eine Hofstelle im Teufelsmoor nördlich von Bremen übernimmt. Ihm folgen als Moorbauern seine Nachfahren Friedrich (Dirk Galuba), Ewert (Franz Rudnick), Christian (Rainer Schmitt), Georg (Roland Schäfer) und Heinrich (Wolf-Dietrich Sprenger). Mit Hans Heinrich (Christoph M. Ohrt; später: Peter Petran) als altem Mann, der seine Stelle bei der Torfbaugesellschaft verliert, ist die Geschichte in der Gegenwart des Jahres 1982 angekommen. Sie geht jedoch noch weiter: Zehn Jahre später lebt Hans Heinrich allein in dem Moor, das zum militärischen Sperrgebiet geworden ist.
Die einstündigen Folgen liefen im regionalen Vorabendprogramm. Die Geschichte der Kehdings bis zum Kaiserreich erzählt Elke Loewe in ihrem Buch »Das Teufelsmoor« nach.

TEURE LIEBESGRÜSSE ARD
1984–1985. 6-tlg. frz.-dt. Krimikomödie von Michel Berny (»Billet doux«; 1984).
Der Comic-Verleger Philippe Josper (Pierre Mondy) wird von den Polizisten Toulet (Jacques Frantz) und Rimbaud (Lambert Hamel) verdächtigt, nach einer Liebesnacht mit Jennifer (Ute Christensen) einen Mord begangen zu haben. Mit dem Autor Canaveral (Günther Maria Halmer) und Florence Marlieux (Delia Boccardo) sucht er nach dem Beweis für seine Unschuld: ein Geldschein mit einem Liebesgruß, den Jennifer hinterlassen hat.
Aus vier 90-minütigen machte die ARD sechs einstündige Folgen und zeigte sie im regionalen Vorabendprogramm.

DIE TEX AVERY SHOW SUPER RTL
1998–1999. 65-tlg. US-Cartoonserie (»The Wacky World Of Tex Avery«; 1997–1998).
Der 1980 verstorbene begnadete Zeichner Tex Avery erfand so erfolgreiche Trickfiguren wie Bugs Bunny, Duffy Duck, Tom und Jerry, Schweinchen Dick oder Speedy Gonzales. Mit diesen hatte diese Serie nichts zu tun. Drei kurze Cartoons pro Folge zeigten unbekannte Figuren, die von Tex Avery nicht einmal erfunden waren. Die Serie sollte Avery »ein Denkmal setzen« und benutzte ganz nebenbei seinen berühmten Namen, um Quote zu machen.
Super RTL zeigte die Serie täglich um 19.45 Uhr.

DER TEXANER ZDF
1966–1968. 26-tlg. US-Westernserie (»The Texan«; 1958–1960).
Der Revolverheld Bill Longley (Rory Calhoun) sorgt kurz nach dem Bürgerkrieg mit schnellem Colt in Texas für Recht und Ordnung. Er müsste das nicht tun, denn er bekleidet kein offizielles Amt, doch er fühlt sich berufen. Und er sucht den Ärger auch wirklich nicht gezielt, wird aber immer wieder hineingezogen. So zieht er also mit seinem Pferd »Domino« von Stadt zu Stadt, um immer da zu sein, wo man ihn braucht.
Die Folgen waren schwarz-weiß und dauerten 25 Minuten. Im Original gab es 78 davon.

TEXAS EUREKA
1988. 120-tlg. US-Soap von John William Corrington, Joyce Corrington und Paul Rauch (»Texas«; 1980–1982).
Die reiche Iris Cory Carrington (Beverlee McKinsey) trifft ihre Jugendliebe Alex Wheeler (Bert Kramer) wieder und verliebt sich erneut. Sie gesteht ihm, dass ihr Sohn Dennis (Jim Poyner) von ihm ist. Ihr Ex-Mann Eliot (Daniel Davis) ist rasend vor Eifersucht und schießt bei der Hochzeit auf Alex. Um ihn zu schützen, erzählt sein Neffe Ryan Connor (Philip Clark) allen, dass Alex seinen Wunden erlegen sei. Doch schließlich erfährt die vermeintliche Witwe die Wahrheit und findet ihren Geliebten in einem Krankenhauszimmer.
Texas war ein Spin-off der US-Soap »Another World«. Darin ist Iris Cory Carrington die Böse schlechthin. Mit der Soap wollte NBC den Erfolg von *Dallas* kopieren und scheiterte schnell.
Die halbstündigen Folgen liefen auf dem Vorgängersender von Pro Sieben, Eureka.

DIE TEXAS-KLINIK ARD
1988. 9-tlg. US-Arztserie (»Cutter To Houston«; 1983).
Im abgelegenen Nest Cutter in Texas hat eine neue Klinik eröffnet. Dr. Andy Fenton (Jim Metzler) freut sich, jetzt einen Job in seinem Heimatort zu haben. Die junge Beth Gilbert (Shelley Hack) ist Ärztin im Praktikum und freut sich, das Kaff danach wieder verlassen zu dürfen. Und auch Dr. Hal Wexler (Alec Baldwin) freut sich, weil er überhaupt noch arbeiten darf. Nach illegalen Verschreibungen wurde er nach Cutter strafversetzt. Die Ärzte und die Krankenschwestern Connie (K Callan) und Patty (Susan Styles) versorgen die Patienten, soweit es mit der Ausstattung einer Kleinstadtklinik eben geht, in schwer wiegenden Fällen müssen sie jedoch Hilfe aus dem 60 Meilen entfernten Houston anfordern. Warren Jarvis (Noble Willingham) ist der Bürgermeister von Cutter, dessen Einwohner sich über die schicke neue Klinik freuen.
In den USA freute sich niemand über die Serie, und so wurden nach knapp drei Monaten die Geräte abgeschaltet. In Deutschland liefen die 45-minütigen Folgen montags um 20.15 Uhr.

DIE TEXAS RANGERS   ARD
1959–1961. 14-tlg. US-Westernserie von George W. Trendle und Fran Striker (»The Lone Ranger«; 1949–1957).
John Reid (Clayton Moore; zeitweise: John Hart) ist ein einsamer Ranger, seit er mit fünf Kollegen in einen Hinterhalt gelockt wurde und als Einziger schwer verletzt überlebte. Er wird von dem Indianer Tonto (Jay Silverheels) gerettet. Nachdem Reid den Tod der anderen gerächt hat, setzt er sich eine schwarze Augenmaske auf, zieht durch den Wilden Westen und kämpft mit Tonto an seiner Seite gegen Bösewichter, die sonst davonkommen würden.
Berühmte, schlichte, aber vergleichsweise unblutige Westernserie (die Bösen töten sich meist gegenseitig), die in den USA 1933 im Radio begann und in den 50er-Jahren sehr populär war. Das digitale Pay-TV DF 1 zeigte später weitere der im Original mehr als 200 halbstündigen Episoden unter dem Titel *Der Lone Ranger*.
Eine andere Serie gleichen Namens hatte mit dieser nichts zu tun.

DIE TEXAS RANGERS   ARD
1959–1962. »Aus der Geschichte einer berühmten Polizeitruppe«. 31-tlg. US-Westernserie (»Tales of the Texas Rangers«; 1955–1957). Die beiden texanischen Ranger Jace Pearson (Willard Parker) und Clay Morgan (Harry Lauter) spüren flüchtige Verbrecher auf.
Die Serie zeigte die 120-jährige Geschichte der Texas Rangers anhand von Beispielen aus allen Dekaden. Und so waren Pearson und Morgan quer durch die Jahrzehnte unterwegs. Sie bildeten in jeder Episode die Hauptfiguren, doch die Rahmenbedingungen waren jedes Mal andere. Die beiden ermittelten mal in der Gegenwart mit modernen Methoden, mal im alten Westen des frühen 19. Jh. Jede Folge war eine halbe Stunde lang.
Eine andere Serie gleichen Namens, die zur gleichen Zeit in Deutschland lief, hatte mit dieser nichts zu tun.

THAT'S LIFE   SAT.1
2004–2005. 36-tlg. US-Familienserie (»That's Life«; 2000–2002).
Lydia DeLucca (Heather Paige Kent) ist Anfang 30, und ihren Eltern Dolly (Ellen Burstyn) und Frank (Paul Sorvino) wäre es am liebsten, sie würde endlich heiraten und Kinder kriegen. Stattdessen trennt sich Lydia von ihrem Verlobten und geht nochmals zur Uni. Auch ihre Freundinnen Jackie (Debi Mazar) und Candy (Kristin Bauer) können das nicht nachvollziehen, doch Lydia will eben endlich einen Abschluss haben.
An der Uni muss sie sich mit fiesen Professoren und deutlich jüngeren Kommilitonen herumschlagen. Anfangs jobbt sie in einer Bar, um das Studium zu finanzieren. Sie wird jedoch gefeuert, weil sie ihren betrunkenen Psychologieprofessor Dr. Victor Leski (Peter Firth) nicht bedienen will, und zieht wieder bei ihren Eltern ein. Ihr jüngerer Bruder Paulie (Kevin Dillon) ist Polizist und mit Plum Wilkinson (Danielle Harris) verlobt. Jackie und Leski werden ein Paar; sie wird von ihm schwanger, doch er stirbt zu Beginn der zweiten Staffel, als er von einem Pferd fällt.
Die einstündigen Folgen liefen samstags morgens.

T.H.E. CAT – LAUTLOS WIE EIN SCHATTEN   ARD
1969 (ARD); 1990–1991 (Pro Sieben). 26-tlg. US-Krimiserie (»T.H.E. Cat«; 1966–1967).
»T.H.E.« steht für »Thomas Hewitt Edward« – die Vornamen von Cat (Robert Loggia), einem früheren fassadenkletternden Einbrecher, der nun auf der Seite des Gesetzes steht und nur mit seinem Geschick und ohne Waffen kämpft. Gegen Geld können sich potenzielle Mordopfer von ihm schützen lassen. Am besten gehen sie, um seine Dienste in Anspruch zu nehmen, in den Nachtclub Casa del Gato seines spanischen Freundes Pepe (Robert Carricart), dem T.H.E. Cat selbst einmal das Leben gerettet hat. Ein weiterer Verbündeter ist der Polizeibeamte Captain MacAllister (R. G. Armstrong).
Die erste Hälfte der halbstündigen Folgen lief im regionalen Vorabendprogramm der ARD, später zeigte Pro Sieben die gesamte Serie neu synchronisiert, aber tief in der Nacht.

THEATERGARDEROBE   ZDF
1971. 6-tlg. dt. Garderobenserie von Horst Pillau, Regie: Paul May.
Geschichten hinter den Kulissen eines kleinen Theaters. Im Mittelpunkt steht die Garderobiere Martha Friederici (Grethe Weiser). Ihre Kollegen sind der Inspizient Bruno Bredel (Walter Bluhm), der Dramaturg Hagebuch (Günther Jerschke), Portier Theo (Erich Weiher) und Theaterarzt Dr. Brenske (Kurt Hübner). Nach sechs gedrehten Folgen starb Haupdarstellerin Grethe Weiser im Oktober 1970 bei einem Autounfall. Die halbstündigen Folgen wurden dienstags um 18.40 Uhr ausgestrahlt.

THEATERTREFF IM ZDF   ZDF
1986–1988. Reihe mit Aufzeichnungen ausgewählter Theateraufführungen von der Antike über die europäischen Klassiker bis zur Gegenwart.
Der *Theatertreff* richtete sich vor allem an Schulen und ähnliche pädagogische Einrichtungen, für die es Begleitmaterial gab. Die Reihe stellte sich als erstaunlich populär heraus, weshalb sich nach 13 Sendungen eine zweite Staffel mit 14 neuen Aufführungen anschloss. Erstes Stück war die »Orestie des Aischylos«.
Die Reihe lief immer mittwochs nachmittags.

THEMEN DES TAGES   ZDF
→ heute

THEO, DER REPORTER   ZDF
1970. 4-tlg. Reihe mit halbstündigen Städteporträts für Kinder.

Die Puppe Theo bekommt von Dieter (Joachim Röcker) und Jürgen (Reinhold Brandes) den Auftrag, als Fotoreporter in jeder Folge eine andere Stadt zu besuchen. Die Reihe lief samstags nachmittags.

THEO LINGEN PRÄSENTIERT ARD, ZDF
1964–1972 (ARD); 1975–1976 (ZDF). Theo Lingen war nur der Namengeber und Präsentator für diese Reihe, die vor allem Slapstickklassiker des Stummfilmkinos aus Amerika und Frankreich beinhaltete. Die kurzen Filme z. B. von Charlie Chaplin oder Max Linder liefen im regionalen Vorabendprogramm der ARD mit verschiedenen Untertiteln. Im ZDF präsentierte Lingen ab 1975 wiederholt Filme mit Stan Laurel und Oliver Hardy mit dem Titelzusatz *Lachen Sie mit Stan und Ollie* (siehe dort).

THEODOR CHINDLER ARD
1979. »Die Geschichte einer deutschen Familie«. 8-tlg. Familiensaga von Hans W. Geissendörfer (Buch und Regie) nach dem Roman von Bernhard von Brentano.
Der Neustädter Reichstagsabgeordnete Theodor Chindler (Hans Christian Blech) ist ein erbitterter Kriegsgegner, was während des Ersten Weltkriegs seine Karriere zerstört. Seine Partei, die katholische Zentrumspartei, distanziert sich von ihm. Chindlers Frau Elisabeth (Rosemarie Fendel) ist streng gläubig. Die älteren Söhne Ernst (Jan Niklas) und Karl Chindler (Alexander Radszun) ziehen an die Front und kämpfen stolz für ihr Land. Ernsts Frau Lilli (Antonia Reininghaus) bleibt zurück. Chindlers Tochter Margarethe, genannt »Maggie« (Katharina Thalbach), arbeitet als Krankenpflegerin, der jüngste Sohn Leopold (Hans Putz jun.) geht aufs Gymnasium. Zwischendurch schicken die Chindlers auch ihn an die Front, weil sie schlechten Einfluss vom Umgang mit seinem homosexuellen Mitschüler Balthasar Vierling (Kai Taschner) befürchten und ihren Sohn von ihm fern halten wollen.
Vierling erschießt sich. Maggie freundet sich mit dem Sozialdemokraten Clemens Koch (Gottfried John) und dem »Roten« Richard (Giovanni Früh) an und wird zweimal verhaftet. Dazwischen lebt und arbeitet sie mit Emil Ritter (Bernd Tauber) zusammen. Später kämpft sie mit Clemens und Richard gemeinsam für ihre Ziele; diese beiden kommen dabei ums Leben. Auch Ernst fällt im Krieg. Kurz vor Kriegsende kehrt Theodor in die Politik zurück. Die regierende SPD macht ihn wegen seiner kriegsfeindlichen Haltung zum Minister.
Die einstündigen Folgen liefen montags um 20.15 Uhr.

THIBAUD, DER WEISSE RITTER ARD
1974–1975. 13-tlg. frz. Abenteuerserie (»Thibaud«; 1968).
Thibaud (André Laurence) und Blanchet (Raymond Meunier) kämpfen zur Zeit der Kreuzzüge mit den Tempelrittern gegen die Sarazenen. Nicht nur im Kampf treffen zwei Kulturen aufeinander: Thibaud, der Sohn eines christlichen Barons und einer arabischen Mutter, ist innerlich zerrissen.
Die 25-minütigen Folgen liefen im Vorabendprogramm. Die Musik kam von Georges Delerue.

THILO KOCH BERICHTET ARD
1965–1969. Auslandsreportagen von Thilo Koch über Wirtschaft, Politik und Gesellschaft anderer Länder.
Die Reihe lief staffelweise im Abendprogramm, und meist widmete sich eine ganze Staffel einem Land oder einer Region, z. B. Portugal oder Südamerika.

THIRD WATCH – EINSATZ AM LIMIT VOX
2003–2004. 65-tlg. US-Actionserie von John Wells und Edward Allen Bernero (»Third Watch«; 1999–2005).
Der stressige Alltag all derer, die ein Blaulicht auf dem Dach haben. Notärzte, Polizei und Feuerwehr von New York retten Menschen aus allen erdenklichen Lagen. Die Rettungssanitäter Kim Zambrano (Kim Raver) und Bobby Caffey (Bobby Cannavale) bilden ein Team, ebenso Monte »Doc« Parker (Michael Beach) und Carlos Nieto (Anthony Ruivivar). Jimmy Doherty (Eddie Cibrian) und Alex Taylor (Amy Carlson, erst ab Staffel 2) sind Feuerwehrleute, Maurice »Bosco« Boscorelli (Jason Wiles) und Faith Yokas (Molly Price) sowie John »Sully« Sullivan (Skipp Sudduth) und Ty Davis, Jr. (Coby Bell) bilden Einsatzteams der Polizei. Alle schieben Spätdienst von nachmittags bis nachts (daher der Name *Third Watch,* »Dritte Wachschicht«).
Die actionreichen Rettungseinsätze stehen meist im Vordergrund, doch die Helden von New York haben auch ein Privatleben, das in einigen Episoden ausführlich zu sehen ist. So war Jimmy früher mit Kim zusammen, und die beiden sind bemüht, ihren Sohn Joey (Kristopher Scott Fiedel) nicht unter der Trennung leiden zu lassen. Faith ist mit Fred (Chris Bauer) verheiratet. Bobby wird in Folge 38 Ende 2003 von einem früheren Freund erschossen, dem er helfen wollte, von den Drogen wegzukommen.
Die Serienmacher reagierten schnell auf die Terroranschläge vom 11. September 2001, der die Feuerwehr, Polizei und Sanitäter zu Helden werden ließ. Die dritte Staffel begann nur einen Monat später mit drei Episoden, die sich mit den Tagen um den Tag des Anschlags herum befassten. Diese Episoden waren auf Vox im Februar 2004 zu sehen.
Jede Folge war eine Stunde lang, Sendeplatz war montags um 21.10 Uhr. Nach drei Staffeln beendete Vox die Ausstrahlung, wiederholte die Folgen zwar später, kaufte aber vorerst keine weiteren ein. In den USA endete die Serie Mitte 2005 nach sechs Staffeln und 132 Folgen.

THOMAS, DIE KLEINE LOKOMOTIVE &
SEINE FREUNDE RTL 2, SUPER RTL
1996–1998 (RTL 2); 2001–2002 (Super RTL). 130-tlg. brit. Trickserie für Kinder (»Thomas The Tank Engine«; 1991–1998).

In *Thommys Pop-Show* sagte Thomas Gottschalk Musik an, von der er heute noch glaubt, dass die ja früher sowieso besser war.

Thomas ist eine kleine blaue Lokomotive mit Gesicht und einer Vorliebe für lustige Streiche. Ihr Lieblingsopfer ist die große blaue Lokomotive Gordon. Jede Folge war nur ein paar Minuten lang.

THOMAS & SENIOR ARD

1986. 7-tlg. niederländ. Kinderserie von Piet Geelhoed und Karst van der Meulen, Regie: Karst van der Meulen (»Thomas & Senior«; 1985).
Der Junge Thomas (Bart Steenbeck) und der alte Herr Van Dyke (Lex Goudsmit), den alle nur Senior nennen, spielen Detektiv und geraten mitten in ein gefährliches Spiel um einen gestohlenen Pharaonenschatz.
Die Serie mit den 25 Minuten langen Folgen wurde fortgesetzt als *Thomas & Senior und der Seeräuber Berend*.

THOMAS & SENIOR UND DER SEERÄUBER BEREND ARD

1989. 4-tlg. niederländ. Kinderserie von Piet Geelhoed und Karst van der Meulen, Regie: Karst van der Meulen (»Thomas en Senior op het spoor van Brute Berend«; 1985). Fortsetzung von *Thomas & Senior*.
Senior (Lex Goudsmit) sehnt sich nach seinem jungen Freund Thomas (Bart Steenbeck), der nur noch wenig Zeit für ihn hat. Er arrangiert deshalb eine Schatzsuche und versteckt Hinweise auf einen angeblichen Schatz des Seeräubers Brute Berend. Aus dem Spiel wird plötzlich bitterer Ernst, die Polizei muss eingeschaltet werden, aber am Ende finden Thomas und Senior doch einen Schatz.
Die 30 Minuten langen Folgen liefen mittwochs nachmittags.

THOMMYS POP-SHOW ZDF

1982–1983. Musikshow mit Thomas Gottschalk, der Videoclips aktueller Hits zeigt.
Neun knapp einstündige Folgen liefen im Vorabendprogramm. Im Dezember 1983 und 1984 moderierte Gottschalk ein großes Pop-Festival in der Dortmunder Westfalenhalle, bei dem viele Stars live auftraten. Das ZDF zeigte die Shows unter dem Titel *Thommys Pop-Show extra*. Die Konzertveranstaltung wurde ab 1985 mit Peter Illmann unter dem Titel *Peters Pop-Show* fortgesetzt.

THRILLER ZDF

1979–1984. 26-tlg. US-brit. Krimireihe (»Thriller«, USA: 1960–1962; »Thriller«, Großbritannien: 1973–1976).
Reihe mit in sich abgeschlossenen Filmen wechselnder Regisseure mit wechselnden Hauptdarstellern. Die meisten Filme entstammten der amerikanischen Reihe »Thriller« aus den 60er- und der gleichnamigen britischen Reihe aus den 70er-Jahren. Das ZDF brachte unter dem Obertitel aber auch ganz andere Filme, so die Pilotfilme zu den Serien *Ein starkes Gespann* und *Nero Wolfe*. Die Länge der Filme variierte zwischen einer knappen Stunde und Spielfilmlänge. Sechs Filme der *Thriller*-Reihe liefen später unter dem Titel *Vorsicht, Hochspannung!* in Sat.1.

THROB TELE 5

1988. 48-tlg. US-Sitcom (»Throb«; 1986–1988).
Sandy Beatty (Diana Canova) arbeitet bei der kleinen Plattenfirma Throb Records, die auf Punk spezialisiert ist. Ihre Kollegen sind Blue (Jane Leeves) und Phil (Richard Cummings, Jr.), ihr Chef ist Zach Armstrong (Jonathan Prince). Sandy lebt mit ihrem

Sohn Jeremy (Paul W. Walker; zweite Staffel: Sean de Veritch) in New York, Meredith (Maryedith Burrell) ist ihre Nachbarin.

THUNDER IN PARADISE – HEISSE FÄLLE, COOLE DRINKS RTL
1995. 21-tlg. US-Actionserie von Michael Berk und Douglas Schwartz (»Thunder In Paradise«; 1994–1995).
Im Dienst wechselnder Auftraggeber jagen die Ex-Navy-Kollegen Randolph J. Spencer (Terry »Hulk« Hogan), genannt »Spence« oder auch »Hurricane«, und Martin »Bru« Brubaker (Chris Lemmon) mit ihrem Boot Betrüger, Mörder und Terroristen oder den, der sonst noch so gejagt werden muss. Das Boot heißt »Thunder«, gehört Spence und ist eine unfassbar schnelle Hightech-Maschine, die Bru eigentlich für die Navy gebaut hat. Spence kümmert sich um die neunjährige Jessica (Pilotfolge: Robin Weisman; danach: Ashley Gorrell). Sie ist die Tochter seiner Frau Megan (Felicity Waterman), die Spence in der Pilotfolge heiratet, die aber danach bei einem Unfall stirbt. Mit 21 wird Jessica das »Paradise Beach Hotel« erben, das bis dahin ihr Onkel Edward Whitaker (Patrick Macnee) führt. In ihrer Freizeit hängen Spence und Bru in der »Scuttlebutt-Bar« bei Kelly LaRue (Carol Alt) herum, die lieber Bildhauerin wäre.
Eine Prise Kawumm, dazu schnelle Musik, Wasser, Strand und Bikinis – man hätte es sehen können: Die beiden Serienerfinder steckten auch hinter *Baywatch – Die Rettungsschwimmer von Malibu*. Hauptdarsteller Hulk Hogan war hauptberuflich Wrestler. Einige seiner ebenso talentierten Wrestling-Kollegen wirkten in gelegentlichen Gastrollen mit.
Die einstündigen Folgen liefen am Sonntagnachmittag.

THUNDERBIRDS ARD, NDR, WDR, KABEL 1
1968 (ARD); 1971 (NDR); 1989 (WDR); 1995 (Kabel 1). 32-tlg. brit. Science-Fiction-Marionettenserie von Gerry und Sylvia Anderson (»Thunderbirds«; 1965–1966).
Von ihrem Stützpunkt auf der Atlantikinsel Tracy Island aus startet das Familienunternehmen »International Rescue« zu Rettungsaktionen auf der ganzen Welt und im Weltraum. Das Team besteht aus Jeff Tracy und seinen fünf Söhnen Scott, Virgil, Alan, Gordon und John, jeder ist Pilot einer eigenen Thunderbird-Maschine. Ihre Mitarbeiter sind der Konstrukteur Brains, der die Maschinen entworfen hat, die Geheimagentin Lady Penelope, ihr Chauffeur Aloysius, Jeffs Diener Kyrano und dessen Tochter Tin-Tin, die mit Brains zusammenarbeitet. Umsorgt werden alle von Grandma. Der Erzfeind von »International Rescue« ist Kyranos böser Halbbruder Hood.
Die Serie arbeitete mit aufwendigen Spezialeffekten, verzichtete aber weitgehend auf die an sich einfache Möglichkeit, die Figuren gehen zu lassen. Der von Natur aus watschelnde Gang von Marionetten hätte womöglich die futuristisch-actionreiche Anmutung zerstört. So wurden die fünf Söhne mit moderner Technik direkt in ihre Maschinen befördert. Puppenführer der Marionetten waren Judith und Ernest Shutt. Inspiriert wurde die Serie – jawohl! – von *Bonanza*.
Die einstündigen Folgen waren im Ausland ein großer Erfolg. In Deutschland zeigte die ARD im September 1968 nur eine Einzelepisode unter dem Titel »Donnervögel«, sechs weitere Folgen liefen drei Jahre später im Dritten Programm des NDR. Der komplette Rest wurde erst lange später in einer neuen Synchronisation gezeigt, je zum Teil vom WDR und von Kabel 1. 2004 wurden die *Thunderbirds* als Realfilm fürs Kino verfilmt.
Die Serie ist komplett auf DVD erhältlich.

TIC TAC TOE RTL
1992. Werktägliche halbstündige Vormittags-Gameshow mit Michael »Goofy« Förster.
Die Show war eine von vielen, die sich (wie schon das *Tick-Tack-Quiz*) des Tic-Tac-Toe-Kinderspiels bedienten. Durch richtige Antworten auf Fragen können die zwei Kandidaten in einem quadratischen Spielfeld mit neun Kästchen ihre Buchstaben, X oder O, verteilen. Wer eine Dreierreihe schafft, gewinnt.
Die Reihe brachte es auf 171 Ausgaben.

TICK-TACK-QUIZ ARD
1958–1967. Halbstündiges Quizspiel mit Fritz Benscher.
Zwei Kandidaten müssen Fragen aus verschiedenen Kategorien in einem quadratischen Spielfeld mit neun Kästchen beantworten. Ein Kandidat spielt mit dem Buchstaben X, der andere mit dem O. Wer die Frage in einem Feld richtig beantwortet, belegt dieses mit seinem Buchstaben. Die Kategorien werden regelmäßig gemischt, sodass ein offenes Feld nie lange die gleiche Kategorie beinhaltet. Ziel ist es, eine Dreierreihe mit seinem Buchstaben zu bilden. Die Quizfragen haben unterschiedliche Schwierigkeitsgrade, die dem begehrten Feld in der Mitte zugeordnete hat immer den höchsten. (Unterschiedliche Farben symbolisierten die Schwierigkeitsgrade, aber davon hatten im Schwarz-Weiß-Zeitalter nur die Zuschauer im Studio etwas.) Ist die Dreierreihe erreicht, darf der Sieger entscheiden, ob er mit dem bisher erspielten Geld nach Hause geht oder es gegen den nächsten Gegner verteidigt. Der Verlierer bekommt als Trostpreis eine Kuckucksuhr (Tick-Tack!). Anschließend beginnt eine neue Runde mit einem bzw. zwei neuen Kandidaten. Das Erklingen aller an der Wand hängenden Kuckucksuhren signalisiert das Ende der Sendung. Ist zu diesem Zeitpunkt gerade keine Dreierreihe erreicht, spielen die Kandidaten in der nächsten Sendung weiter.
Wohltuend fröhliches Quiz dank der lustigen Benscher, der zu einer Zeit, als Quiz noch eine ernste Sache war, aus dem biederen Spiel eine Comedyshow machte. Er kommentierte den Applaus der Zuschauer beim Auftritt mit den Worten »Danke, danke, hab' ich erwartet« und machte spontane Gags, die von

geistreichen Kommentaren bis zum simplen Kalauer reichten. Quizfrage: »Was hat ein Patient, der zum Dermatologen geht?« – »Darminfektion.« – »Sie meinen Arschäologe ...« (Damals war dieser Witz noch neu.) Außerdem legte er die Spielregeln großzügig aus und winkte manchmal mit dem Zaunpfahl, um Kandidaten auf die Sprünge zu helfen.

Das *Tick-Tack-Quiz* war die erste Show, die sich der Idee des Kinderspiels Tic Tac Toe bediente, wenn man mal vom US-Vorbild »Tic Tac Dough« absieht. Später folgten noch *Tic Tac Toe*, *XXO – Fritz & Co.* und *Star Weekend*. Nach drei Jahren im regionalen Vorabendprogramm und einer Pause kehrte das Quiz ab 1964 zurück, zunächst am Abend und dann am Samstagnachmittag. Wolf Mittler wurde Benschers Nachfolger.

TIER HOCH VIER ARD

Seit 2004. Halbstündiges Tiermagazin für Kinder am Sonntagvormittag mit Berichten, Reportagen und Tieren aus deutschen Zoos als Studiogästen.

Pierre Krause moderierte die ersten elf Folgen auf einem roten Studiosofa gemeinsam mit den Tierpuppen Herr Lorenz und Herr Lembke, einem altklugen Krokodil und einem schüchternen Erdmännchen. Ab der zweiten Staffel im Oktober 2004 übernahm Anja Backhaus die Moderation, die echte Ziege Anton die Co-Moderation und der Reporter Simon-Paul Wagner die Berichte aus den Parks und Zoos.

DIE TIER-NANNY VOX

2005. Dokutainmentshow mit Katja Geb-Mann. So ähnlich wie *Die Super Nanny,* nur mit Tieren statt Kindern. Lief samstags am Vorabend. Die RTL-2-Variante des gleichen Konzepts hieß *Die Superfrauchen*.

TIER-PRAXIS ZDF

1997–1998. Ratgebersendung am Montagnachmittag mit Sabine Helmbold: Wissenswertes aus der Tiermedizin, Einspielfilme und ein Studiogespräch mit einem Tierarzt.

TIERARZT DR. ENGEL ZDF

1998–2004. 77-tlg. dt. Familienserie von Felix Huby.

Der schlitzohrige Dr. Quirin Engel (Wolfgang Fierek) wird der neue Tierarzt in dem kleinen Ort Hinterskreuth im Berchtesgadener Land. Zunächst macht sich der Dickkopf viele Feinde, etwa den einflussreichen Großbauern Hallhuber (Hans Brenner), weil er eingefahrene Strukturen aufbricht. Er mausert sich dann aber zum angesehenen Arzt, der nicht nur kleine Wehwehchen kuriert, sondern auch brisante Themen anpackt, z. B. Doping bei Rennpferden, Hormonbeimischungen im Futter und den BSE-Skandal. Quirin lebt getrennt von seiner Frau Angelika (Susanne Czepl), die beiden Kinder Anja (Theresia Fendt) und Sebastian (Fabian König) wohnen bei ihr. Angelikas Mutter Gerlinde (Veronika Fitz) jedoch steht zu ihrem Schwiegersohn und arbeitet als seine Sprechstundenhilfe. Quirins Assistentin ist Karin Janowski (Anka Baier). Seinen knallroten Pickup-Truck baut Quirin zu einer ambulanten Praxis um, mit der er von Hof zu Hof fahren und die Tiere vor Ort behandeln kann. Lieber fährt er aber Motorrad. Marlies Goll (Conny Glogger), die Besitzerin des Tierasyls, die Ärztin Dr. Ann-Marie Polenz (Carin C. Tietze) und die Gestütsbesitzerin Bettina von Karlshagen (Susanne Bentzien) haben ein Auge auf Quirin geworfen. Der verliebt sich jedoch in Rebecca Seidlitz (Julia Dahmen) und später in Sonja Liebmann (Saskia Valencia).

Der alte Hallhuber stirbt im Oktober 2000 bei einem Unfall. Im Frühjahr 2001 finden Quirin und seine Ex-Frau Angelika wieder zueinander. Gerlinde, die in Quirins Vertreter Dr. Maiser (Stefan Wigger) einen Verehrer hat, muss die Haushaltsführung nun wieder mit ihrer Tochter teilen. Natascha (Zora Holt) kommt als Praktikantin in die Praxis. Angelika übersteht eine Krebserkrankung, wird noch einmal schwanger und erleidet eine Fehlgeburt. Trotzdem bekommen die Engels noch einmal Nachwuchs. Er ist schon 22, heißt Jan Krämer (Nikolaus Benda), stammt aus einer unehelichen Beziehung Quirins vor dessen Zeit mit Angelika und beschließt, in Hinterskreuth zu bleiben. Im Serienfinale im Sommer 2004 heiraten Quirin und Angelika zum zweiten Mal.

Die 50-minütigen Folgen liefen freitags um 19.25 Uhr. Die Zuschauer sahen in der Serie viele bekannte Gesichter aus der Arztserie *Frauenarzt Dr. Markus Merthin,* die bis kurz zuvor auf diesem Sendeplatz gelaufen war. Fitz, Glogger, Baier und Bentzien hatten bereits dort zusammen gespielt.

TIERÄRZTIN CHRISTINE RTL

1994–1998. 3-tlg. dt. Fernsehfilmreihe von Uschi Glas, Regie: Otto W. Retzer (Teil 3: Christian Kohlund).

Tierärztin Christine (Uschi Glas) wollte sich eigentlich nur noch um die Kinder kümmern, damit ihr Mann Thomas (Horst Janson) in Ruhe arbeiten gehen kann. Dann erkrankt jedoch ihr Vater Dr. Gruber (Ernest Borgnine). Sie übernimmt seine Praxis, stürzt damit aber ihre Ehe in eine Krise.

TIERE, CLOWNS UND AKROBATEN ZDF

→ Circus – Tiere, Clowns und Akrobaten

TIERE MACHEN LEUTE DFF 1

1988. 9-tlg. DDR-Arztserie von Benito Wogatzki, Regie: Lothar Bellag.

Dr. Butzke (Alfred Müller) und Dr. Feiniger (Roman Kaminski) arbeiten in einer Tierarztpraxis. Ihnen zur Seite stehen Schwester Carola (Ulrike Mei) und Frau Schneewolf (Rosemarie Baerhold).

Die knapp einstündigen Folgen liefen freitags um 20.00 Uhr.

TIERE, PFLANZEN, STECKENPFERDE DFF 2

1971–1972. Halbstündiger monatlicher Ratgeber für den Kleintier- und Pflanzenfreund.

Es ging um Probleme wie »Der Sittich frisst nicht«, »Der Kaktus wächst nicht« oder die existenzielle Frage »Aquarium, aber wie?«. Lief samstags um 19.00 Uhr.

TIERE UND MENSCHEN   ARD
1984–1987. 36-tlg. dt. Episodenreihe mit in sich abgeschlossenen Geschichten und wechselnden Darstellern über das Verhältnis von Mensch und Tier. Die halbstündigen Folgen liefen im regionalen Vorabendprogramm.

TIERE UNTER HEISSER SONNE   ZDF
1982–1986. Naturdoku-Reihe von Maurice Fievet und Monique Dumarté, die ihre bei ihren Ausflügen in die Wildnis gemachten Erfahrungen zeigen. Die halbstündigen Folgen liefen erst dienstags, dann sonntags am Vorabend.

TIERE VOR DER KAMERA   ARD
1977–2002. Naturfilmreihe von Ernst Arendt und Hans Schweiger.
Die einzelnen Dokumentationen der Reihe beschäftigen sich schwerpunktmäßig mit jeweils einem Tier oder den Tieren einer bestimmten Gegend, z. B. dem Rennkuckuck, der in seinem Heimatland USA »Roadrunner« genannt wird, den wilden Lamas in den Anden, Schneeaffen in Japan, Nacktaugenkakadus in Australien oder Kanarienvögeln (natürlich die Originale auf den Kanarischen Inseln).
Das Besondere an den Filmen der zu Beginn der Reihe 28-jährigen Tierfilmer war, dass sie Bild und Ton synchron aufnahmen und auf Kommentare weitgehend verzichteten. »Wir filmen Schicksale«, sagte Schweiger, dem es um Verhaltensbiologie und Ökologie ging. Beim Dreh benutzten sie gelegentlich ein kleines, schwimmfähiges, sechsrädriges Geländefahrzeug.
Schweiger und Arendt drehten ein bis zwei neue Filme im Jahr. Sie dauerten 45 Minuten und liefen an wechselnden Sendeplätzen, meistens im Abend-, manchmal im Nachmittagsprogramm.

TIERHOCHVIER   ARD
→ Tier hoch vier

DIE TIERISCH-VERRÜCKTE
MONSTERFARM   KI.KA
2000. 52-tlg. frz.-kanad. Zeichentrickserie (»Monster Farm«; 1998–1999).
Jack hat von seinem Onkel eine heruntergekommene Farm geerbt. Dort leben außer ihm etliche gutmütige Monster: der verschmitzte Vampir Graf Guckula, Ziegosaurus Rex (eine Kreuzung aus Dinosaurier, Ziege und Drache) und sein Hund Schreckwuff, Kuhmupatra, die eingebildete heilige Kuh des Nils, und ihr Rinderschützling Zombeef, das geniale Schaf Dr. Wollig, das sich bei Berührung mit Wasser in das echte Monster Mr. Auweh verwandelt, sowie Frankenschwein. Pa Bonzo ist Jacks gemeiner Nachbar.

Die zehnminütigen Folgen liefen ab September 2002 auch im Ersten.

TIERISCH VIEL FAMILIE   PRO SIEBEN
1997. 21-tlg. US-Familienserie (»Second Noah«; 1996–1997).
Wenn Noah Beckett (Daniel Hugh Kelly), ein Schriftsteller, und seine Frau Jesse (Betsy Brantley), eine Zoologin, ein Wesen sehen, das ihre Hilfe braucht, dann helfen sie. Und so leben sie mit diversen Tieren und sieben adoptierten Kindern in ihrem Haus in Florida. Von jung nach alt: Luis (Jeffrey Licon), Roxanna (Erika Page), Hannah (Ashley Gorrell), Bethany (Zelda Harris), die Zwillinge Ranny (Jeremy Torgerson) und Danny (Jon Torgerson) sowie Ricky (James Marsden), der 17 ist und schon selbst ein Baby hat; Kind Nummer acht im Haushalt: Ben (Gemini). Dazu kommen u. a. Vögel, ein Schwein, ein Alligator und eine merkwürdige Haushälterin namens Shirley Crockmeyer (Deirdre O'Connell). Und weil in so einer Gemeinschaft immer irgendwas ist, schreibt sich die Serie fast von selbst.
Die halbstündigen Folgen liefen sonntags nachmittags.

EIN TIERISCHES LEBEN   ARD
1989. 6-tlg. frz. Comedyserie von Daniel Goldenberg, Regie: Daniel Moosmann (»Le véto«; 1986).
Gabriel Lublin (Sady Rebbot), frisch geschieden, und seine Kollegin Babette Pinglat (Marie-Christine Descouard) eröffnen eine Tierarztpraxis auf dem Land. Die einstündigen Folgen liefen im regionalen Vorabendprogramm.

TIERKLINIK   ZDF
1999. 6-tlg. dt. Doku-Soap.
Andrea Rubio Sanchez moderiert Reportagen über die Schicksale kranker Tiere und die behandelnden Ärzte.

TIERLEXIKON   ZDF
1973. 26-tlg. Tierreihe von Ivan Tors.
Tors war der Produzent der Serien *Daktari* und *Flipper* und zeigte sonntags mittags in halbstündigen Folgen Lebens- und Verhaltensweisen von Tieren. Als Erstes war der Afrikanische Elefant dran – die Tiere waren aber nicht alphabetisch sortiert.

TIERPARKGESCHICHTEN   DFF
1989. 7-tlg. DDR-Familienserie von Eva Stein, Regie: Martin Eckermann.
Wolfgang Mattke (Erik S. Klein) ist der Direktor des Tierparks Hoegersund. Der Park ist sein Leben, und als reiner Praktiker gerät er häufig mit seinem neuen jungen Kollegen Klaus Bender (Dirk Schülke) aneinander, der Wissenschaftler ist und ihn entlasten soll. Die neuen Methoden Benders stoßen auch bei dem alten Tierpfleger Willi (Jochen Thomas) auf Widerstand. Zum Personal des Zoos gehören noch Tierarzt Dr. Mehl (Herbert Köfer) und Pflegerin Claudia Herzberg (Renate Reinecke).

Till, der Junge von nebenan: (Hans Joachim Bohm, Mitte) mit Freunden Albert (Ilja Richter, links) und Kurt (Rolf Bogus).

Tierparkgeschichten wurde – anders als zu erwarten – nicht im (Ost-)Berliner Tierpark, sondern in drei kleineren DDR-Tiergärten gedreht. Aus Silben ihrer Namen Stralsund, Eberswalde und Hoyerswerda entstand der fiktive Name Hoegersund.
Die Folgen dauerten knapp eine Stunde und liefen freitags um 20.00 Uhr.

TIERZEIT VOX
Seit 1995. Wöchentliches Tiermagazin von und mit Helmut Mülfarth.
Am späten Samstagnachmittag zeigt Vox halbstündige Dokumentationen. Zeitweise laufen innerhalb der Reihe auch mehrteilige Dokus. 2005 übernahm Dirk Steffens die Moderation.

DER TIGER VON MALAYSIA ARD
→ Sandokan, der Tiger von Malaysia

TIGERENTEN-CLUB ARD
Seit 1996. Show für Kinder.
Nachdem die ARD die Disney-Rechte an RTL verloren hatte und den *Disney Club* nicht mehr so nennen durfte, bediente sie sich Janoschs Figur der Tigerente und benannte die Show nach ihr. Inhalt waren weiterhin Spiele für und mit Kindern, Tipps und Reportagen sowie verschiedene Serien, darunter anfangs sogar noch Disney-Produktionen wie *Duck Tales – Neues aus Entenhausen,* später Janosch-Trickserien wie *Papa Löwe und seine glücklichen Kinder* und Realserien wie *Kinder vom Alstertal* und *Neues vom Süderhof.*
Moderatoren blieben zunächst Stefan Pinnow und Judith Halverscheid (beide bis Anfang 1998; sie wurden später ein Ehepaar). Im Januar 1998 übernahmen Dennis Wilms und Pamela Großer, für Wilms kam im März 2003 Malte Arkona. Neben den Moderatoren wirkten immer Janoschs Günter Kastenfrosch und seine Tigerente mit.
Die samstagnachmittägliche 90-Minuten-Show wurde im November 1999 auf den Samstagvormittag, später auf den frühen Mittag und dann wieder auf den Vormittag verlegt.

TILL, DER JUNGE VON NEBENAN ZDF
1967–1968. 13-tlg. dt. Familienserie von Dieter Werner, Regie: Wolfgang Teichert.
Till Hauser (Hans Joachim Bohm) ist ein Rotzlöffel wie fast alle Kinder in seinem Alter. Er nervt seine Eltern (Lutz Moik und Lucia Bays) ebenso wie seinen Lehrer Krause (Hermann Wagner), spielt Streiche, prügelt sich in der Schule und handelt manchmal unüberlegt, was umgehend zu Problemen führt wie »Wie komme ich wieder runter vom Dach?« oder »Und was mache ich jetzt mit dem Esel?«. Tills Vater ist Schriftsteller und arbeitet zu Hause im eigenen Arbeitszimmer. Wenn Till ihn zwischen seinen Papierbergen stört, um seine Hausaufgaben vorzuzeigen, klopft er fünfmal an die Tür und tritt mit den Worten ein: »Ist es gestattet, Euer Gnaden?« »Es ist, es ist«, entgegnet der Vater dann. Abgesehen von gelegentlich fälligen Standpauken pflegen die beiden ein sehr freundschaftliches Verhältnis, und wenn Mutter mal nicht da ist, lassen sie, wie es sich für einen ordentlichen Männerhaushalt gehört, die Wohnung zum Saustall verkommen. In Folge 6 an Heiligabend 1967 bekommt die Familie Nachwuchs, und das bisherige Einzelkind Till muss sich widerwillig an ein Schwesterchen gewöhnen. Kurt (Rolf Bogus) und der Lackaffe Albert (Ilja Richter) sind Tills beste Freunde, Herr Großmann (Herbert A. Knippenberg) ist Kurts Vater.
Die Episoden dauerten 25 Minuten und liefen sonntags nachmittags.

TIM FRAZER ARD
1963. 6-tlg. dt. Krimi von Francis Durbridge, Regie: Hans Quest.
Tim Frazer (Max Eckard) soll im Auftrag von Charles Ross (Konrad Georg) seinen verschwundenen Kompagnon Harry Denston finden und muss in diesem Zusammenhang Morde an dem russischen Matrosen Anstrov und an Arthur Crombie (Kurt Waitzmann) aufklären. Die Ermittlungen führen ihn u. a. zu Harrys Freundin Helen Baker (Marianne Koch), dem Arzt Dr. Killick (Paul Klinger), dem Ehepaar Donald (Ernst Fritz Fürbringer) und Ruth Edwards (Ursula Herking) mit Tochter Anya (Susi Feldt) sowie dem Autohändler Edgar Tupper (Josef Dahmen).
Weiterer Straßenfeger aus der Durbridge-Reihe, dem *Das Halstuch* vorausgegangen war, die Mutter aller Straßenfeger. Wegen des erneut überwältigenden Erfolgs (die letzte Folge hatte 93 % Einschaltquote) folgte im Jahr darauf ein weiterer Sechsteiler mit

Marianne Koch macht eine typische Handbewegung in *Tim Frazer*.

dem gleichen Helden: *Tim Frazer – Der Fall Salinger*. Jede Folge war knapp 40 Minuten lang. Die kleine Rolle des gesuchten Harry Denston spielte Regisseur Hans Quest selbst.

Tim Frazer war eine deutsche Neuauflage des britischen Sechsteilers »The World of Tim Frazer« (1960).

TIM FRAZER – DER FALL SALINGER   ARD
1964. 6-tlg. dt. Krimi von Francis Durbridge, Regie: Hans Quest.

Detektiv Tim Frazer (Max Eckard) wird diesmal von Charles Ross (Konrad Georg) beauftragt, den mysteriösen Unfalltod von dessen Kollegen Leo Salinger zu untersuchen, der von Barbara Day (Ingrid Ernest) überfahren wurde. In deren Wohnung stirbt auch Martin Cordwell (Wolfgang Wahl). Frazer befragt u. a. Days Freundin Vivien Gilmore (Eva Pflug) und sucht einen Hintermann namens Ericson.

Die Adaption des britischen Sechsteilers »Tim Frazer: The Salinger Affair« (1960) war die Fortsetzung des Tim-Frazer-Sechsteilers vom Vorjahr mit dem gleichen Team. Jede Folge war wieder 40 Minuten lang, und wieder hatte Durbridge einen Straßenfeger produziert. Ein weiterer Tim-Frazer-Fall war *Das Messer* – in Deutschland bekamen die Akteure aber andere Namen.

TIM UND STRUPPI   TELE 5
1990–1991. 39-tlg. frz.-kanad. Zeichentrickserie (»Tintin et Milou«; 1990). Der abenteuerlustige Reporter Tim und sein Hund Struppi verfolgen Verbrecher auf der ganzen Welt und bringen sie zur Strecke.

Die Serie verfilmte die seit Jahrzehnten erfolgreiche belgische Comicreihe von Georges Remi alias Hergé und hielt sich dabei recht originalgetreu an die Vorlagen. Sie lief später auch im ZDF. Zuvor waren bereits zwei abendfüllende Spielfilme gedreht worden: »Tim und Struppi im Sonnentempel« (1969) und »Tim und Struppi und der Haifischsee« (1972).

TIME TRAX – ZURÜCK IN DIE ZUKUNFT   SAT.1
1995. 42-tlg. US-Science-Fiction-Serie (»Time Trax«; 1993–1994).

Police Captain Darien Lambert (Dale Midkiff) jagt Verbrecher, die sich ihrer Bestrafung durch Zeitreisen in die Vergangenheit entzogen haben. Im Jahr 2193 hat der skrupellose Wissenschaftler Dr. Mordecai Sahmbi (Peter Donat) eine Zeitmaschine erfunden und verkauft Kriminellen die Möglichkeit zur Flucht. Auch er selbst reist 200 Jahre zurück in das Jahr 1993, wo er und Lambert sich bekämpfen. Lamberts Partnerin ist »Selma« (Elizabeth Alexander), hinter der sich in Wirklichkeit ein holografischer Computer verbirgt.

Die einstündigen Folgen liefen jeden Werktag um 14.55 Uhr. Die Episode »Revenge« griff ein Nazithema auf und wurde deshalb als einzige nicht in Deutschland gezeigt. Das gleiche Schicksal ereilten aus dem gleichen Grund Episoden aus etlichen anderen Serien, darunter *Raumschiff Enterprise* und *Trio mit vier Fäusten*.

TIME TUNNEL   ARD, SAT.1
1971–1972 (ARD); 1996–1997 (Sat.1). 30-tlg. US-Science-Fiction-Serie von Irwin Allen (»The Time Tunnel«; 1966–1967).

Im Auftrag der Regierung arbeiten die Wissenschaftler Dr. Tony Newman (James Darren) und Dr. Dan Phillips (Robert Colbert) an einem Projekt, mit dem man Zeitreisen unternehmen kann. Vor der endgültigen Fertigstellung testen die beiden den Zeittunnel und sind fortan in Vergangenheit und Zukunft gefangen. Nacheinander geraten sie an historische Schauplätze und in historische Begebenheiten, z. B. auf die »Titanic« oder mitten in die Französische Revolution. Ihre Kollegen Dr. Ann MacGregor (Lee Meriwether), General Heywood Kirk (Whit Bissel), Dr. Raymond Swain (John Zaremba) und der Sicherheitsbeamte Sergeant Jiggs (Wesley Lau) versuchen, die Wissenschaftler in die Gegenwart zurückzuholen, was ihnen nicht gelingt. Sie schaffen es lediglich, Tony und Dan an immer neue Schauplätze in Vergangenheit und Zukunft zu katapultieren. Na super.

Die ARD zeigte zu Beginn der 70er-Jahre 14 Folgen von 50 Minuten Länge samstags um 15.05 Uhr und bescherte der Serie eine große Fangemeinde. Ein Vierteljahrhundert später lief die Serie komplett und neu synchronisiert samstags vormittags in Sat.1.

In dieser Version hatte Dr. Phillips den Vornamen Doug, wie im amerikanischen Original.

TIMECOP   RTL
1999. 9-tlg. US-Science-Fiction-Serie (»Timecop«; 1997–1998).
Jack Logan (T. W. King) arbeitet im Jahr 2007 für die TEC, die »Time Enforcement Commission«. Für diese Eliteeinheit der Polizei verfolgt er Verbrecher, die sich der Justiz durch Zeitreisen entziehen. In Zukunft und Vergangenheit ist er ihnen auf den Fersen. Zum TEC-Personal gehören Dr. Dale Easter (Kurt Fuller), Claire Hemmings (Cristi Conaway) und Eugene Matzek (Don Stark).
Die Serie basierte auf dem gleichnamigen Film mit Jean-Claude van Damme und lief bei uns am Sonntagnachmittag.

TIMM THALER   ZDF
1979–1980. 13-tlg. dt. Abenteuerserie von Justus Pfaue und Peter M. Thouet nach dem Roman »Timm Thaler oder Das verkaufte Lachen« von James Krüss, Regie: Sigi Rothemund.
Der zwölfjährige Timm Thaler (Tommi Ohrner) hat ein auffallend fröhliches Lachen. Der Baron de Lefouet (Horst Frank), reichster und mächtigster Mann der Welt, der die Ölförderung genauso kontrolliert wie den Getreideanbau, lacht nie. Da er neben der bösen auch die gute Hälfte der Welt besitzen will, braucht er Sympathien, die er sich von Timms Lachen erhofft. Der Baron und sein Sekretär Anatol (Richard Lauffen) sorgen dafür, dass Timms Vater Friedemann Thaler (Gerhart Lippert) bei einem Flugzeugabsturz ums Leben kommt. Denn der Baron kontrolliert auch die Katastrophen der Welt. Danach ist Timm ohnehin nicht mehr zum Lachen zumute und bereit, es dem Baron zu verkaufen. Im Gegenzug gewinnt Timm jede Wette, und sei sie noch so verrückt.
Als der Junge merkt, welch kostbaren Besitz er verkauft hat, lässt er seine Mutter Annemarie (Marlies Engel) allein zu Hause zurück und macht sich auf die Suche nach dem Baron, der auf der abgelegenen Vulkaninsel Aravanadi wohnt, um sein Lachen zurückzubekommen. Unterwegs lernt er die Nonne Agatha (Bruni Löbel) und den Schiffskoch Heinrich (Stefan Behrens) kennen, die ihm helfen. Den Kern seines Problems darf er niemandem anvertrauen – so steht es im Vertrag, denn dann »ist er verloren«. Die kluge Nonne kommt trotzdem dahinter und entwickelt einen Plan.
Derweil muss der Baron Timm notgedrungen zum reichsten Jungen der Welt machen, weil Timm darum gewettet hat. Er setzt ihn als seinen Erben ein, nimmt ihn bei sich auf und bezieht ihn in seine Geschäfte ein. Für 24 Stunden gibt der Baron Timm das Lachen zurück, damit er fröhliche Modelaufnahmen machen kann. Die sollen auf das Etikett eines Mineralwassers gedruckt werden, das der Baron verkaufen will. Kontakt zur Außenwelt unterbindet er. Dennoch kommt Timm aus geschäftlichen Gründen zurück in seine Heimatstadt Hamburg, natürlich in Begleitung des Barons, Anatols und einer Horde grimmiger Aufpasser, die dafür sorgen sollen, dass Timm nicht aus dem Hotel entkommt. Agatha koordiniert den Rettungseinsatz. Heinrich gelingt es, einen Zettel mit einer Nachricht unter der Tür hindurch in Timms Zimmer zu schieben, und Timm schafft es, zu dem darauf angegebenen Zeitpunkt aus dem Hotel zu türmen. Er trifft sich mit seiner Freundin Gesi Rickert (Katja Groszer), die ihn darauf stößt, dass er doch jede Wette gewinnt. Jede! Endlich fällt bei Timm der Groschen. Er wettet mit Gesi um ein Eis, dass er wieder lachen kann, und siehe da: Problem gelöst!
Dieser Timm Thaler war offensichtlich kein besonders heller Bursche, sonst hätte er erstens gewusst, dass den von Horst Frank gespielten Figuren nie zu trauen ist, hätte zweitens einfach mal den Nachnamen des Barons rückwärts gelesen (das ergab nämlich beinahe, und in der Buchvorlage sogar exakt: Teufel) und wäre drittens nicht erst nach sechs Fernsehstunden auf diese wirklich simple Lösung gekommen. Aber dann wäre die Serie natürlich schon nach einer Viertelstunde zu Ende gewesen, und *Timm Thaler* wäre nicht für Millionen Menschen ein unvergessliches Kindheitsfernseherlebnis geworden. Dazu trug nicht zuletzt die beunruhigende Musik von Christian Bruhn bei. Das Buch von James Krüss, das als Vorlage diente, war nicht sehr erfolgreich.

Darien Lambert (Dale Midkiff) in *Time Trax – Zurück in die Zukunft*.

Darin war Timms liebe Mutter eine böse Stiefmutter, und er hatte noch einen Stiefbruder.

Über den Hauptdarsteller sagte Drehbuchautor Justus Pfaue: »Tommi Ohrner war jemand, der stur 120 Tage drehen konnte. Aber er war eben nur, wenn überhaupt, eine Pubertätsbegabung, danach eigentlich ein lausiger Schauspieler und mäßiger Moderator.« Aber Pfaue fand auch die Geschichte im Nachhinein »viel zu konstruiert«. Als Hauptquartier des Barons auf der Insel Aravanadi diente ein von César Manrique erbautes Luxushotel in einer Felswand auf Lanzarote. Der Raum mit der großen Glasfront ist ein Aussichtspunkt.

Timm Thaler begründete die Tradition der Weihnachtsserien im ZDF und wurde über die Feiertage bis Neujahr täglich in 25-Minuten-Folgen ausgestrahlt. Später wurde die Serie mehrfach als Sechsteiler in einstündigen Folgen wiederholt. Sie ist komplett auf DVD erhältlich. Mehr als 20 Jahre später entstand eine Zeichentrickfassung gleichen Namens.

Timm Thaler ist eine der wenigen deutschen Serien, die in synchronisierter Fassung auch von der britischen BBC ausgestrahlt wurde (den späteren Weihnachtsserien *Silas* und *Patrik Pacard* wurde diese seltene Ehre ebenfalls zuteil). Das Titelkind bekam einen eingeenglischten Namen und die Serie den Titel »The Legend Of Tim Tyler«.

Ihm wird das Lachen noch vergehen: *Timm Thaler* (Tommi Ohrner, rechts) macht Geschäfte mit dem Baron (Horst Frank).

TIMM THALER KI.KA
2002. 26-tlg. dt. Zeichentrickversion der ZDF-Weihnachtsserie nach dem Buch von James Krüss. Nur ist hier alles anders: Timm ist ein Waisenkind, das bei seiner bösen Tante Tilly und ihrem bösen Sohn Richie lebt. Seine Freunde sind der Erfinderhamster Humphrey und der Samuraikäfer Shu Shu. Nebenan lebt die blinde zwölfjährige japanische Geigenspielerin Akiko. Der teuflische Baron heißt »Lived« (auch diesen Namen sollte man, wie im Original, rückwärts lesen, allerdings muss man ihn dann noch übersetzen). Er will alle Menschen mit einer Zaubersubstanz böse machen, muss für seine Geschäfte aber lachen können. Timm verkauft dem Baron sein Lachen und bekommt dafür 66 Wetten, die er gewinnt. Mit der ersten schenkt er seiner Freundin Akiko das Augenlicht. Timm und seine Freundin machen sich auf die Suche nach der geheimnisvollen Insel Moro, der Schaltzentrale des Barons. Zwischendurch erleben sie noch Abenteuer im alten Rom, im alten Ägypten und mit dem alten Käpt'n El Niño.
Mit dem Original hatte diese Serie außer dem Titel wenig gemein. Sie lief 2004 auch in der ARD.

TIMO ARD
1971–1972. 10-tlg. dt. Familienserie von Ingmar Zeisberg, Regie: Rolf Hädrich.
Erika (Liselotte Pulver) und Horst Gerber (Helmut Schmid) sind mit Sohn Timo (Ralph-Jürgen Misske) und Familienkatze Bosco gerade umgezogen. Sie müssen mit einigen Anfangsschwierigkeiten im neuen Haus klarkommen, leben sich dann aber schnell im neuen Umfeld ein. Ihre Nachbarn sind Frau Korn, genannt »Körnchen« (Liesel Christ), Dr. Becker (Rudolf Schündler), Frau Zeindler (Lilo Reimers) und Frau Heinrich (Katharina Matz), in deren Pool die Gerbers schwimmen dürfen. Timo freundet sich mit dem Jungen Potte (Magnus Schraudolph) an.
Die halbstündigen Folgen liefen im Vorabendprogramm. Liselotte Pulver und Helmut Schmid waren auch im wirklichen Leben verheiratet.

TIMON & PUMBAA RTL
1997–2000. 85-tlg. US-Zeichentrickserie (»The Lion King's Timon & Pumbaa«; 1998–1999).
Das Erdmännchen Timon und das Warzenschwein Pumbaa sind im Dschungel Afrikas auf der Suche nach Abenteuern. Die beiden Figuren waren bereits durch den Disney-Film »Der König der Löwen« bekannt geworden. Ihre eigene Serie lief im Kinderprogramm am Samstagvormittag.

DIE TINTENFISCHE ZDF
1966. »Unterwasserdetektive greifen ein«. 13-tlg. dt. Abenteuerserie, Regie: Armin Dahlen.
Die Unterwasserdetektive Pit Brown (Helmut Schmid) und Tomy (Albert Rueprecht) nennen sich »Tintenfische«. Im Auftrag der internationalen Polizeibehörde und verschiedener Regierungen jagen sie mit Hilfe moderner Technik Gangster unter Wasser, bergen Boote, schnappen Schmuggler und fangen fiese Froschmänner. Ihr Einsatzgebiet ist eigent-

lich der Hamburger Hafen, doch auch im Urlaub in Spanien und an der Côte d'Azur werden sie in Fälle verwickelt, die ihre Mitarbeit erfordern.
Die 25-minütigen Folgen liefen mittwochs am frühen Abend.

DIE TINTENFISCHE AUS DEM ZWEITEN STOCK ARD
1986. 4-tlg. tschech. Kinderserie von Ota Hofman und Jindřich Polák, Regie: Jindřich Polák (»Chobotnice z II patra«; 1986).
Im Urlaub in Portugal entdecken die Geschwister Hansi (Milan Šimáček) und Eva Holan (Janeta Fuchsová) am ölverseuchten Strand zwei rätselhafte Klumpen, die reden, die Augen ausfahren und sich bewegen können. Sie kneten daraus zwei Tintenfische, »den Blauen« und »die Grüne«. Die beiden sind dem Wissenschaftler Professor George (Miroslav Macháček) entkommen, der sie am Meeresboden gefunden hatte. Sie kommen mit nach Prag, wo es prompt anfängt zu spuken, und im Haus der Holans geht es drunter und drüber. Die Tintenfische suchen ständig Salz und frisches Wasser. Eva und Hansi versuchen, die beiden im Fischteich von Opa Holan (Vlastimil Brodský) unterzubringen. Als sich die Eltern Andrea (Dagmar Veškrnová) und Jan (Pavel Zedníček) trennen wollen, mischen sich die Tintenfische im Sinne der Kinder ein – und verursachen erst einmal das größte Durcheinander, bis die Versöhnung gelingt. Doch die Verfolger wissen inzwischen, dass man aus der Knetmasse Unmengen Strom herstellen kann, und sind den Tintenfischen dicht auf den Fersen.
Hauptdarstellerin Janeta Fuchsová hatte schon Erfahrung, mit animierter Knetmasse zu spielen: Sie war auch *Luzie, der Schrecken der Straße*. Jede Folge dauerte eine Stunde; im folgenden Jahr zeigte die ARD eine zehnteilige Fassung mit 25-minütigen Folgen.

TINY TOON ABENTEUER PRO SIEBEN
1992–1993. 98-tlg. US-Zeichentrickserie (»Tiny Toon Adventures«; 1990–1992).
Das Hasenduo Buster und Babsi Bunny, das Schwein Hamton, Plucky Duck, Elvira, Montana Max, Dixie Dickie und die Hellseherin Shirley McLoon erleben Abenteuer in Acme Acres, wo nichts unmöglich ist.

TIP ZDF
1974. »Quiz, Information und Unterhaltung«. Samstagabendshow mit ORF-Moderator Günther Ziesel und Kandidaten aus Österreich, Deutschland und der Schweiz.
Tip war die Nachfolgesendung von *Wünsch dir was*, dessen Autor auch hier das Buch schrieb. Das Thema der ersten Folge war »Emanzipation«, die Kandidaten Hausmänner. Statt des legendären »Lichttests« bei *Wünsch dir was* wurde in *Tip* mittels eines Computers innerhalb von 15 bis 20 Minuten eine Meinungsumfrage in den drei teilnehmenden Ländern erstellt.

TIP-PARADE DFF
1962–1964. Hitparadensendung mit Margot Ebert. Die Zuschauer können aus etwa zwölf Schlagern ihre Favoriten wählen und tippen, wer am Ende vorne liegen wird. Anfangs erfuhren die Zuschauer den Sieger erst nach Auswertung der Zuschriften in der nächsten Sendung. Ab der siebten Folge gab es erste Ergebnisse noch am selben Abend: In mehreren Klubhäusern in der DDR bewerteten die Zuschauer die Vorträge und gaben ihre Tipps per Telefon durch. Margot Ebert meldete sich eine halbe Stunde nach Ende der Sendung und gab die Führenden bekannt.
20 Ausgaben liefen live, meist am Mittwoch um 20.00 Uhr.

TIPS FÜR JUNGE LEUTE ARD
→ Joker

TISCH UND BETT ARD
1993. 13-tlg. dt. Familienserie von Christos Yiannopoulos.
Hector (Helmut Zierl) und Sybille Reimann (Ute Willing) haben sich scheiden lassen und wären eigentlich froh, wenn sie nach der Auflösung der gemeinsamen Wohnung möglichst wenig miteinander zu tun hätten. Leider sind sie aber wieder in das gleiche Haus eingezogen, versehentlich, weil sie unabhängig voneinander verschiedene Etagen der Villa gemietet haben. Sohn Friedrich Achilles, genannt »F. A.« (Tim Evers), vermittelt, auch gegen den Willen der Ex-Partner, die bei dem Arrangement einander natürlich nicht nur beschimpfen, sondern auch ihre Vorzüge (wieder) entdecken.
Die einstündigen Folgen liefen im Vorabendprogramm.

TITEL, ORDEN, CONSULATE RTL
1991. Halbstündiges Lifestyle-Magazin mit »Konsul« Hans Hermann Weyer. Die Reihe lief mittwochs gegen 23.00 Uhr und brachte es auf acht Ausgaben.

TITEL, THESEN, TEMPERAMENTE ARD
Seit 1967. »Ein Kulturmagazin« – das erste bundesweite in der ARD.
Die Sendung, deren Titel auch *ttt* abgekürzt wurde, hatte keinen sichtbaren Moderator. Ihr Vorbild war das französische Magazin »Cinque Colonnes à la Une«, das ebenfalls ohne Präsentator auskam. Anders als *aspekte*, das zwei Jahre vorher auf Sendung gegangen war, hielt *titel, thesen, temperamente* lange an einem engen Kulturbegriff fest und zeigte kaum Beiträge zur Alltags- oder Populärkultur. Dadurch war die Sendung in den bewegten 70er-Jahren nicht so profiliert politisch, sie führte aber trotzdem zu Auseinandersetzungen. Im April 1971 nahm der Intendant des Hessischen Rundfunks einen Beitrag aus dem Programm, in dem Siegfried Lenz u. a. über die »Herrschaftssprache« führender Politiker von CDU und CSU sprach.
titel, thesen, temperamente war die Nachfolgesen-

dung des Literaturmagazins *Ex libris*. Sie wanderte vom späteren Sonntagabend über viele Sendeplätze zurück auf den Sonntag, lief zeitweise sogar wöchentlich und reihte sich schließlich alle sechs Wochen in die weit weniger traditionsreichen Ausgaben des *Kulturreports* der anderen ARD-Anstalten ein.

TITUS   VOX
2003–2004. 54-tlg. US-Sitcom von Jack Kenny, Brian Hargrove und Chris Titus (»Titus«; 2000–2002).
Der 30-jährige Automechaniker Christopher Titus (Chris Titus; als Zehnjähriger: Phoenix Forsyth; als Fünfjähriger: Dylan Capannelli) muss sich mit seinem eigenwilligen Vater Ken (Stacy Keach) herumschlagen, dessen väterliche Gefühle irgendwo zwischen nüchternem Hass und hochprozentig-überschwänglichem Wohlwollen schwanken. Christophers Familien- und Bekanntenkreis besteht ferner aus seiner Freundin Erin Fitzpatrick (Cynthia Watros), seinem naiven Bruder Dave (Zack Ward), Oma (Phyllis Diller) und seinem Freund und Angestellten Tommy Shafter (David Shatrow; als Zehnjähriger: Sean Marquette). Immer wieder sind Christopher und Tommy in Rückblenden als Kinder zu sehen. In Schwarz-Weiß-Sequenzen analysiert Titus sein Verhalten, spricht selbst regelmäßig direkt in die Kamera und damit den Zuschauer an.
Die Serie lief zunächst werktags um 19.45 Uhr und wurde nach 14 Folgen auf den Samstagmittag verbannt.

TITUS, DER SATANSBRATEN   RTL
1998. 10-tlg. dt. Familienserie, Regie: Gloria Behrens.
Wäre Titus (Constantin von Jascheroff) nicht erst zehn, würde man ihn einen Terroristen nennen. Er bastelt aus Heckenscheren, Kisten und einem Mikrowellenherd eine Zeitmaschine, täuscht seine eigene Entführung vor und erfindet eine Hirnstrommesskappe für seinen Hund. Nicht nur damit treibt er seine Eltern Ruth (Sabine Postel) und Walther Sturhahn (Peter Prager), die Geschwister Gina (Floriane Daniel) und Daniel (Heiko Obermöller) sowie Opa Reginald (Hans Clarin) zur Verzweiflung. Andererseits sind die oft selbst nervig genug. Nur Haushälterin Wanda (Grit Boettcher) hält den Laden zusammen. Constantin von Jascheroff war zwölf und hatte vorher schon in dem Kinofilm »Rennschwein Rudi Rüssel« die (menschliche) Hauptrolle gespielt. Zur Serie brachte er eine CD mit Liedern heraus, außerdem bot er diversen Titus-Schnickschnack zum Kauf an. Doch beim Publikum fand die Serie nur mäßigen Anklang.
Die einstündigen Folgen liefen freitags um 20.15 Uhr.

T. J. HOOKER   SAT.1, PRO SIEBEN, KABEL 1
1987–1991 (Sat.1); 1994 (Pro Sieben); 1995 (Kabel 1). 90-tlg. US-Krimiserie von Rick Husky (»T. J. Hooker«; 1982–1987).
Sergeant T. J. Hooker (William Shatner) bildet eigentlich an der Police Academy neue Rekruten aus, ist aber hauptsächlich auf Streife im Einsatz, weil er dort seiner Meinung nach mehr gebraucht wird. Er liebt seinen Job und will auf keinen Fall befördert werden, weil er dann im Büro arbeiten müsste. Sein Partner ist der junge Officer Vince Romano (Adrian Zmed). Hookers Vorgesetzter ist Captain Dennis Sheridan (Richard Herd), dessen Tochter Stacy (Heather Locklear) ebenfalls bei der Polizei arbeitet und mit Jim Corrigan (James Darren) ein Team bildet. Produzenten der Serie waren Aaron Spelling und Leonard Goldberg. Die ersten 61 einstündigen Folgen liefen zur Primetime in Sat.1, Pro Sieben zeigte 21 weitere Folgen, die restlichen acht liefen bei Kabel 1.

TKKG – DER CLUB DER DETEKTIVE   KI.KA, ZDF
1998–2003 (KI.KA); 1999–2001 (ZDF). Spielshow für Kinder mit Andree Pfitzner.
Die Kinder im Studio spielen in zwei Teams, »Cats« und »Dogs«, um die Superlupe im Wert von 500 DM für die Klassenkasse. Die Hobbydetektive müssen knifflige Aufgaben lösen und werden dabei von Kommissar Glockner (Edgar Bessen) unterstützt, der Verdächtige verhört. In jeder Sendung wird außerdem eine Folge aus einer Krimiserie für Jugendliche gezeigt, zu der Fragen gestellt werden. Der Titel basierte auf den berühmten Jugendbüchern und der Serie *Ein Fall für TKKG*. Darin hatte Edgar Bessen bereits den Kommissar gespielt.
Im ZDF lief die Reihe samstags vormittags.

TNT   PRO SIEBEN
1998. Kurzlebiges Infotainment-Magazin mit Andrea Thilo. Der Titel stand – außer für das Offensichtliche – für »Thilos News und Themen«. *TNT* lief wöchentlich dienstags um 22.15 Uhr.

TO CLUB   RTL 2
2001. Reality-Spielshow.
13 Kandidaten sollten 13 Wochen lang einen In-Club in Berlin aufbauen und dabei ständig von Kameras beobachtet werden. Da entgegen der Erwartungen von RTL 2 dabei aber außer den Kameras fast niemand zusah, wurde die Show nach nicht einmal vier Wochen abgesetzt, die »Club-Manager« befreit und der vorgesehene Gewinn für den Sieger unter allen Teilnehmern aufgeteilt. Detlef Soost, Künstlername »Dee!«, moderierte. Die Show selbst hatte eigentlich gar keinen Namen. *To Club* war in den Fernsehzeitschriften ausgedruckt, damit dort keine Leerzeile als Sendetitel stand. Der wirkliche, im Fernsehen eingeblendete Titel bestand lediglich aus dem RTL-2-Logo, einer römischen II in einem Kreis und einem C in einem Kreis.
Die Show lief mehrmals pro Woche im Abendprogramm.

TOBI UND DIE STADTPARKKIDS   ZDF
1999–2001. 15-tlg. dt. Puppenspielserie.
Der kleine Kobold Tobi, das Eichhörnchen Kiki, die

Elster Ecki, das Kaninchen Melanie und der Maulwurf Moppel machen als »Stadtparkkids« zusammen Musik. Die Reihe lief morgens am Wochenende.

TOCHTER DES SCHWEIGENS ARD
1978. 12-tlg. dt. Gerichtsserie nach dem Roman von Morris L. West, Regie: Hans Dieter Schwarze.
Die junge Anna Albertini (Paola Pitagora) nimmt Rache am Bürgermeister einer Kleinstadt in der Toskana, der im Zweiten Weltkrieg für die Hinrichtung ihrer Mutter verantwortlich war. Am helllichten Tag erschießt sie ihn. Der junge Anwalt Carlo Rienzi (Udo Vioff) verteidigt sie und flüchtet damit vor der Ehekrise mit seiner untreuen Frau Valeria (Hannelore Elsner). Die Meinung der Bevölkerung ist gespalten. Sie hat Mitleid, Sympathie und Verständnis für die junge Frau und ihre Tat, verurteilt aber den Mord aus Rache zutiefst.
Der Handlungsstrang umfasst die komplette Serie. Sie lief mit 25-minütigen Folgen im regionalen Vorabendprogramm.

TOD EINES SCHÜLERS ZDF
1981. 6-tlg. dt. Problemserie von Robert Stromberger, Regie: Claus Peter Witt.
Der Abiturient Claus Wagner (Till Topf) begeht Selbstmord, indem er sich vor einen fahrenden Zug wirft. Kommissar Löschner (Hans-Helmut Dickow) ermittelt im Umfeld des Schülers und befragt dessen Eltern Horst (Günter Strack) und Yvonne (Eva Zlonitzky) sowie Freunde und Lehrer. Jede der einstündigen Episoden war eine Rückblende, die das Leben des Schülers Claus aus der Sicht eines anderen Menschen aus seinem Umfeld zeigte.
Die Serie kam bei Zuschauern und Kritik an und wurde 1981 mit der Goldenen Kamera ausgezeichnet. Einige Elternverbände übten jedoch massive Kritik. Diskutiert wurde vor allem, ob die Serie möglicherweise das Gegenteil dessen erreichte, was sie wollte, und Jugendliche zur Nachahmung animierte. Das Zentralinstitut für Seelische Gesundheit in Mannheim legte eine Statistik vor, nach der unmittelbar nach der Erstausstrahlung der Serie und nach ihrer Wiederholung im Folgejahr die Zahl der Jugendlichen, die sich auf Eisenbahnschienen das Leben nahmen, um 175 % gestiegen war. Das ZDF gab später zwei eigene Gutachten in Auftrag, die zu dem Ergebnis kamen, dass ein solcher Zusammenhang nicht beweisbar sei.

DER TOD IST KEIN BEINBRUCH ARD
2002–2003. 6-tlg. dt. Comedyserie.
Die erfolglose Barsängerin Mimi (Gerburg Jahnke) und ihre biedere Schwester Hilde (Stephanie Überall) erben von ihrem Onkel Hubert ein Bestattungsunternehmen in Oberhausen. Die beiden können sich zwar nicht ausstehen, doch das Testament sieht vor, dass sie das Insitut mindestens drei Jahre lang gemeinsam führen müssen. Natürlich stellen sie sich dabei ziemlich ungeschickt an, aber an ihrer Seite stehen die Hilfen Ernst (Gottfried Vollmer) und Luggi (Christoph Hagen Dittmann). Doch ihr Konkurrent Pelzer (Michael Brandner) kämpft mit allen Mitteln um jede Leiche.
Auf der Bühne waren die beiden Hauptdarstellerinnen als Kabarettduo »Missfits« erfolgreich. Die Serie lief freitags um 22.15 Uhr.

DER TOD LÄUFT HINTERHER ZDF
1967. 3-tlg. dt. Krimi von Herbert Reinecker, Regie: Wolfgang Becker.
Bei seiner Rückkehr aus Südamerika erfährt Edward Morrison (Joachim Fuchsberger) vom Tod seiner Schwester Alice (Alwy Becker). Es soll ein Unfall gewesen sein, doch Edward glaubt an Mord und beginnt selbst mit Ermittlungen. Währenddessen werden weitere Zeugen ermordet, darunter Sam Hotkins (Wolfgang Engels) und David Stone (Friedrich Schoenfelder). Inspektor Brown (Ernst Fritz Fürbringer), Mary Hotkins (Marianne Koch) und Myrna Collins (Gisela Uhlen) helfen bei der Suche nach dem Mörder. John Evans (Pinkas Braun) gehört zu den Verdächtigen. Janet Winters (Yvonne Monlaur) wohnt jetzt in Alice' früherer Wohnung.
Der Dreiteiler mit kaum zu übertreffender Starbesetzung war die Antwort des ZDF auf die erfolgreichen Durbridge-Krimis der ARD. Es warb dafür mit Plakaten und dem Spruch: »Spannende Unterhaltung? Kein Problem!« Die drei Folgen liefen in einem ähnlichen Rhythmus wie die Durbridge-Filme innerhalb weniger Tage zur Primetime. Mit einer

Rückblende in *Tod eines Schülers:* Till Topf (links), Günter Strack, Eva Zlonitzky.

Sehbeteiligung von 83 % war der Krimi ähnlich erfolgreich, kam auch bei der Kritik gut an, schaffte es aber nicht, den gleichen Kultstatus zu erringen – obwohl er mit seinen vielen an Originalschauplätzen im Ausland gedrehten Szenen und reichlich Action viel aufwendiger inszeniert war als die Durbridge-Krimis.

Produzent war Helmut Ringelmann. Reinecker setzte das Erfolgsrezept später mit *Babeck* fort.

DER TOD WAR SCHNELLER VOX
1995. 6-tlg. brit. Krimiserie (»A Mind To Kill«; 1994–2001).

Noel Bain (Philip Madoc) leitet eine Mordkommission in Wales, zu der u. a. Carwyn Phillips (Geraint Lewis) und Alison Griffiths (Gilian Elisa) gehören. Bains Chef ist Superintendent Jack Bevan (Meic Povey). Zwischen Bain und der Pathologin Margaret Edwards (Sharon Morgan) knistert es. Seine Tochter Hannah (Fion Wilkins) wird später ebenfalls Polizistin.

Vox zeigte nur eine der drei Staffeln mit spielfilmlangen Folgen.

TODESANGST – SEKUNDEN DER ENTSCHEIDUNG RTL 2
2003. 4-tlg. Doku-Reihe, in der Menschen, die sich in verschiedenen Situationen in akuter Lebensgefahr befanden und unter Todesangst litten, von ihren Erfahrungen berichten. Lief in loser Folge am späteren Abend.

TÖDLICHE WAHL ZDF
1995. 3-tlg. dt. Krimi von Robert Stromberger, Regie: Peter Deutsch.

Ex-Polizist Alex Bronner (Jürgen Prochnow) ist Kneipenwirt. Er nimmt noch einmal Ermittlungen auf, als ein früherer Kollege ermordet wird. Dabei entdeckt er, dass Conny Sachse (Anja Kling), die Tochter seiner Frau Eva (Gertraud Jesserer), einer Neonazi-Organisation unter Gauleiter Naumann (Günther Maria Halmer) angehört. Er bemüht sich um deren Zerschlagung.

TÖDLICHES GEHEIMNIS ZDF
1980. »Die Abenteuer des Caleb Williams«. 4-tlg. dt.-frz.-österr.-schweiz. Abenteuerfilm von Robin Chapman nach dem Roman von William Godwin, Regie: Herbert Wise.

Der arme Bauernsohn Caleb Williams (Mick Ford) kämpft zur Zeit der Französischen Revolution um sein Recht und seinen Ruf. Sein Vater George (Franz Rudnick) wird Opfer einer Intrige des Gutsherrn Ferdinand Falkland (Günther Maria Halmer), durch die er zunächst seinen Hof verliert und dann als Mörder gehängt wird. Caleb kommt bei Falkland als Sekretär unter. Er weiß nicht, dass Falkland der wahre Mörder von Tyrell (Stephen Rea) ist, stößt aber bald auf entsprechende Hinweise. Falkland muss Caleb loswerden und lässt auch ihn ins Gefängnis werfen und wegen Diebstahls anklagen. Caleb flüchtet und findet in Falklands Halbbruder Forester (Jacques Maury) und seinem ehemaligen Hausmädchen Jane Alcott (Chrissie Cotteril) Verbündete. Dennoch wird er von dem Räuber Grimes (Arthur Brauss) gefasst und dem Gericht übergeben. Der inzwischen heruntergekommene Falkland lässt jedoch die Anklage fallen, begünstigt Caleb sogar in seinem Testament und erhängt sich. Doch dieses Erbe will Caleb gar nicht haben.

Einer der traditionellen Advents-Vierteiler des ZDF mit spielfilmlangen Folgen. Er basierte auf dem Roman »Die Dinge, wie sie sind, oder Die Abenteuer des Caleb Williams«.

TÖDLICHES SPIEL KABEL 1
1997. 13-tlg. US-Actionserie (»Deadly Games«; 1995–1996).

Durch ein Versehen werden die Figuren aus dem Computerspiel, das Gus Lloyd (James Calvert) entwickelt hat, zum Leben erweckt. Angeführt von dem bösen Sebastian Jackal (Christopher Lloyd) sind die Computermonster auf die Zerstörung der Welt programmiert. Gus, der den rettenden Helden nach seinem eigenen Vorbild geschaffen hat, und sein Assistent Peter Rucker (Stephen T. Kay) müssen nun im richtigen Leben die Level des Computerspiels durchziehen, um die Welt zu retten und den bösen Jackal zu besiegen. Auf ihrer Seite ist Gus' Ex-Frau Lauren Ashborne (Cynthia Gibb), nach der Gus ebenfalls eine Computerfigur modelliert hat.

Die einstündigen Folgen liefen am späten Donnerstagabend.

TOI, TOI, TOI ARD
1958–1961. »Der erste Schritt ins Rampenlicht des Fernsehens«. 75-minütige Talentshow mit Peter Frankenfeld.

Gruppen oder Solisten treten auf und führen vor, was sie können. Jede Sendung ist eine bunte Mischung aus Musik, Akrobatik, Komik etc., Sänger werden vom Orchester Viktor Reschke begleitet. Nach jeder Show werden zwei Wertungen ermittelt: eine Fachjury gibt ihr Votum ab, und die Lautstärke des Publikumsbeifalls wird gemessen – elektronisch, um Fehler zu vermeiden. Wer am Ende Gesamtsieger wird, erhält einen Vertrag mit dem Nordwestdeutschen Rundfunk NWDR.

Die Verpflichtung neuer Künstler war die Grundabsicht der Reihe, durch die der NWDR neue Talente für sein ständig wachsendes Programmangebot suchte. Nach der ersten Sendung bekam die Anstalt 22 000 Briefe mit Bewerbungen. Nach *Wer will, der kann* war dies die zweite Show von Peter Frankenfeld, in der Nachwuchskünstlern eine Chance gab. Das Medium Terzett hatte bei ihm seinen ersten Auftritt. Anfang 1959 fiel hier ein Sänger namens Carl Dieter Heckscher mit dem Lied »Ein bisschen mehr« positiv auf. Er bekam einen Plattenvertrag, wurde aber wieder vergessen, bis er Jahre später zum Radio- und *ZDF-Hitparade*-Moderator Dieter Thomas Heck wurde.

DIE TOLLDREISTEN STREICHE
DES DICK TURPIN   DFF 1, RTL
→ Dick Turpin

TOLLE SACHEN   KI.KA
Seit 2000. Kurze Werbeparodie für Kinder.
Eine Moderatorin stellt mit Hilfe eines technischen Sachverständigen und einem nicht ganz freiwilligen Dauertestkandidaten tolle Sachen vor. Einen Löffel. Eine wahnsinnige Zahnbürste. Einen Lügendetektor. Oder ein aufregendes Ding, das leider in eine dieser Ploppfolien verpackt ist, sodass sich keiner mehr um das aufregende Ding kümmert, sondern alle die Luftblasen der Folie aufploppen. Ach ja, und die Moderatorin ist ein Schaf namens Chili, der technische Sachverständige ein Busch namens Briegel und der nicht ganz freiwillige Dauertestkandidat das depressive Kastenweißbrot Bernd mit viel zu kurzen Armen. Bernd wäre nicht ganz so depressiv, wenn man ihn einfach tun ließe, was er am liebsten tut: einen Teller Mehlsuppe essen und dann das Muster seiner Raufasertapete anstarren. Lässt man ihn aber nicht. »Mist!«
Tolle Sachen war die erste Sendung mit Bernd, dem Brot, der der wohl unwahrscheinlichste Star in der Geschichte des Kinderfernsehens wurde. Später trat er noch in *Chili TV* auf und musste in *Bravo Bernd* das Sandmännchen für die nicht mehr ganz so jungen Zuschauer geben. Erfinder von Bernd war Tommy Krappweis. Als Folge des Hypes wurden diverse Marketingartikel produziert, darunter ein Brot.

DAS TOLLHAUS   TELE 5
1991. 22-tlg. kanad. Sitcom (»Maniac Mansion«; 1990–1993).
Fred Edison (Joe Flaherty) ist ein Erfinder, dem alles schief geht. Sein Bruder Harry Orkin (John Hemphill) ist so zur Fliege geworden und sein vierjähriger Sohn Turner (George Buza) zum 125-Kilo-Giganten. Die Kinder Tina (Kathleen Robertson) und Ike (Avi Phillips) sind bislang verschont geblieben, ebenso Freds Frau Casey (Deborah Theaker) und Harrys Frau Idella (Mary Charlotte Wilcox).
Tele 5 zeigte nur die erste Staffel der eigentlich 66-teiligen Serie, der Rest war in Deutschland nie zu sehen. Die Folgen liefen mittwochs um 21.25 Uhr.

TOM BELL – IHR MANN
IN WASHINGTON   KABEL 1
1994. 4-tlg. US-Politserie (»Top Of The Hill«; 1989). Als sein Vater Thomas »Pat« Bell Senior (Dick O'Neill) wegen Herzproblemen seinen Sitz für Kalifornien im Repräsentantenhaus aufgeben muss, wird Thomas Bell Junior (William Katt) gewählt, seinen Platz einzunehmen. Er hat bislang eher gesurft, als sich mit dem mühsamen Politikeralltag herumzuschlagen. Entsprechend naiv, aber auch entschlossen

und idealistisch stürzt er sich in seine Aufgabe. An seiner Seite stehen die jungen Helfer Susan Pengilly (Jordan Baker), Mickey Stewart (Robby Weaver) und Link Winslow (Tony Edward).
Die restlichen neun der insgesamt gedrehten 13 einstündigen Folgen liefen nur in den Ballungsraumsendern.

DIE TOM-JONES-SHOW   ZDF
1968–1971. 50-minütige brit. Galashow mit dem Sänger Tom Jones, internationalen Gästen und überwiegend weiblichem Publikum (»This Is Tom Jones«; 1968–1971). Das ZDF übernahm die Aufzeichnungen der Show aus dem englischen Fernsehen und sendete sie im Abendprogramm.

TOM SAWYER UND HUCKLEBERRY FINN   ARD
→ Die Abenteuer von Tom Sawyer und Huckleberry Finn

TOM SAWYERS UND
HUCKLEBERRY FINNS ABENTEUER   ZDF
1968. 4-tlg. dt.-frz. Abenteuerfilm von Walter Ulbrich nach dem Roman von Mark Twain, Regie: Wolfgang Liebeneiner.
Die Jungen Tom Sawyer (Roland Demongeot) und Huckleberry Finn (Marc di Napoli) sind beste Freunde. Tom lebt zusammen mit seinem Bruder Sid (Robert Hecker) bei seiner Tante Polly (Lina Carstens). Huck lebt in einem Fass, sein Vater (Marcel Peres) ist ein Säufer. Gemeinsam erleben Tom und Huck viele Abenteuer. Sie befreien den unschuldig einsitzenden Muff Potter (Otto Ambros) aus dem Gefängnis und entlarven Indianer-Joe (Jacques Bilodeau) als Mörder. Sie finden den Schatz von Indianer-Joe und werden reich. Tom ist in Becky Thatcher (Lucia Ocrain) verliebt, die Tochter des Richters (Roland Armontel). Huck wird von der Witwe Douglas (Marcela Russu) adoptiert und zieht bei ihr ein. Er flüchtet jedoch gemeinsam mit ihrem Sklaven Jim (Serge Nubret), den er unterwegs kennen lernt, auf einem Floß. Dadurch trennen sich die Wege von Huck und Tom.
Ernst Fritz Fürbringer fungierte in allen vier Teilen als Erzähler. Die spielfilmlangen Folgen liefen – jeweils sonntags um 20.00 Uhr – mit so großem Erfolg, dass sie nur ein Jahr später wegen der hohen Nachfrage bereits wiederholt wurden, was damals ungewöhnlich war.

TOM UND DIE BIBERBANDE   KI.KA
2002. 13-tlg. dt.-österr. Jugendserie von Ingmar Gregorzewski, Regie: Klaus Hundsbichler.
Die Freunde Anne Feldmann (Michaela Illetschko), Oliver Schuster (Gabriel Schett), Alex Langer (Herbert Czvrcsek) und Simon Kramberger (Laurence Rupp) sind die Biberbande. Sie leben in dem kleinen Ort Schönau im Auwald. Dorthin kehrt Tom Bach (Thorsten Nindel) als WWF-Ranger zurück. Er kämpft gegen die Zerstörung der Natur und muss es dabei vor allem mit Simons Vater aufnehmen, dem skrupellosen Bürgermeister Richard Kramberger

Tom und Jerry: Niemand weiß, warum Tom die Jagd nach Jerry nicht aufgibt. Er hat ja doch keine Chance. Andererseits weiß Tom vielleicht, dass ihm ohnehin nichts dauerhaft Schlimmes zustoßen wird.

(Georges Kern). Die Tierärztin Susanne Bäumler (Julia Bremermann) kümmert sich um verletzte Tiere und das Herz des Rangers.

Die Serie sollte Kindern auf unterhaltsame Weise Naturschutzthemen nahe bringen. Sie wurde ab Juli 2003 auch in der ARD gezeigt.

TOM UND JERRY   ZDF

1976–1987. 65-tlg. US-Zeichentrickserie von William Hanna und Joseph Barbera (»Tom & Jerry«; 1940–1967).

Was sich liebt, das neckt sich: Obwohl der vom Pech verfolgte Kater Tom die schlaue Maus Jerry oft genug jagt, wobei der vermeintlich stärkere Kater Tom immer den Kürzeren zieht, sind die beiden eigentlich gute Freunde. Sie leben gemeinsam im Haus mit Frauchen, von der man meist nur die Beine sieht, und Jerry hat als Rückzugsmöglichkeit sein wohnliches Mauseloch in der Wand, in das Tom nicht hineinkommt. Frauchen spielen die beiden Frieden vor; ist sie weg, geht es bei den turbulenten Verfolgungen quer durch das ganze Haus, manchmal auch in den Garten, in nahe gelegene Fabriken oder gar ins Ausland oder All. Die kleine Maus Nibbles ist auf Jerrys Seite, Tom kommt ferner der bullige Hund Spike in die Quere.

In den ursprünglichen Cartoons, die von 1940 bis 1957 fürs Kino produziert wurden, war von Freundschaft noch keine Spur. Über viele Jahre entstanden witzige und manchmal brutale Kurzfilme, in denen natürlich nie jemand zu Schaden kam (denn wie in den meisten Verfolgungscartoons konnte auch hier der Jäger, also Tom, noch so oft von Gegenständen erschlagen werden, platzen oder das Fell abgezogen bekommen – kurz darauf war immer wieder alles in Ordnung). Später wurden harmlose und weit unwitzigere Episoden über zwei Freunde gedreht, die ins Kinderprogramm passen sollten.

25-minütige Folgen mit jeweils mehreren kurzen Geschichten liefen meist dienstags am frühen Abend. Wenn abends mal ein Spielfilm zu kurz war, zeigte das ZDF ab Juni 1983 auch gelegentlich einzelne Cartoons zur Primetime unter dem Titel *Jagdszenen in Hollywood*. Anschließende Nachrichten oder Magazine hatten eine feste Startzeit, und bis die erreicht war, wurden zehn bis 20 Minuten auf diese Weise überbrückt. Das war zunächst im Anschluss an die Krimireihe *Gefährliche Erbschaft* bis zum *heute-journal* um 22.00 Uhr der Fall, 1984 auch nach anderen Filmen. Einige schon gezeigte Cartoons tauchten später als Bestandteil anderer Zusammenschnitte oder einzeln wieder im Programm auf.

Siegfried Rabe war für die deutschen Texte verantwortlich. Er war auch Co-Autor von »Vielen Dank für die Blumen« von Udo Jürgens, das ab 1981 für die Vorabendfolgen als Titellied verwendet wurde. Es enthielt die Zeilen: »Manchmal spielt das Leben mit dir gern Katz und Maus / immer wird's das geben, einer der trickst dich aus.« In den früheren Folgen, in denen jeweils mehrere kurze Episoden gezeigt wurden, diente als Trenner zwischen den Katze-Maus-Geschichten eine Szene, in der ein klappriges Skelett und ein schreckhaftes Gespenst miteinander tanzten.

Viele Folgen sind auf DVD erhältlich.

TOM & JERRY KIDS   RTL

1991–1992. 26-tlg. US-Zeichentrickserie (»Tom & Jerry Kids«; 1990–1993).

Neu aufgelegte Katze-Maus-Cartoons, zeitlich vor der Originalserie angesiedelt. In dieser neuen Serie sind Kater Tom und Maus Jerry noch Kinder, necken und jagen sich aber auch schon.

TOMA   ARD

1977. 13-tlg. US-Krimiserie von Gerald Di Pego und Edward Hume (»Toma«; 1973–1974).

David Toma (Tony Musante) arbeitet als verdeckter

Ermittler für die Polizei von Newark, New Jersey. Er ist Einzelgänger und schleicht sich auf eigene Faust in den unterschiedlichsten Tarnungen überall unbemerkt ein. Seiner Frau Patty (Susan Strasberg) und den Kindern Jimmy (Sean Manning) und Donna (Michelle Livingston) passen die gefährlichen Alleingänge wenig, seinem Chef, Inspector Spooner (Simon Oakland), ebenso, doch letztlich ist Toma immer erfolgreich.

Den Polizisten David Toma gab es wirklich, auf seinen Erlebnissen basierte die Serie. Er selbst spielte einige Male in einer Gastrolle mit – natürlich gut getarnt.

Die ARD zeigte nur 13 der eigentlich 21 Folgen. Nach nur einer Staffel stieg Tony Musante überraschend aus, und der US-Sender ABC musste sich einen neuen Hauptdarsteller suchen. Er entschied sich für Robert Blake und nannte die Serie *Baretta*. Diese lief später bei RTL.

TOMBSTONE TERRITORY ARD
→ Wilder Westen Arizona

TOMMY TULPE ZDF
1970. 13-tlg. dt. Jugendserie von Dieter Werner, Regie: Wolfgang Teichert.

Tommy Tulpe (Stephan Slowik) heißt eigentlich Tommy Behrendt, ist Halbwaise und hat eine Weile auf dem Land gewohnt. Jetzt bringt er das Gewächshaus seines Opas (Otto Matthies) in Berlin auf Vordermann, indem er eine Kommanditgesellschaft gründet und darüber nachdenkt, wie sich aus seinen Ideen Profit schlagen lässt. Nebenbei bastelt er viel und verbringt Zeit mit seinen Freunden Fritzi (Gundula Burkert) und Klaus (Uwe Eggert) und dem Pony Rykja; hauptsächlich helfen die ihm aber, seine Ideen umzusetzen. Herr Debus (Jo Herbst) hat einen Kiosk in der Nähe.

Die 40-minütigen Folgen liefen am frühen Sonntagnachmittag.

TOMMY UND OSCAR SUPER RTL
2002. 26-tlg. ital. Zeichentrickserie (»Tommy & Oscar«; 1997).

Alien Oscar, der Junge Tommy und seine Freunde Yukari und Peter erleben Abenteuer in Rainbow City. Oscar ist wegen eines Motorschadens mit seinem Raumschiff auf der Hundehütte von Tommys Onkel Professor Leonard gelandet.

TONI UND VERONIKA ARD
1970–1971. 13-tlg. dt. Bergserie von Fred Ignor, Regie: Gerhart Lippert.

Der Skilehrer und Bergführer Toni Lechner (Georg Thomas) und seine Frau Veronika (Franzi Tilden) eröffnen gemeinsam eine Pension für Bergtouristen. Die resolute Tante Resl (Marianne Brandt) hilft mehr schlecht als recht in der Küche mit. Toni und Veronika haben eine aufgeweckte sechsjährige Tochter namens Tini (Alexandra Tilden). Regelmäßig geraten Urlauber in den Bergen in gefährliche Situationen, stürzen ab oder werden von Lawinen verschüttet und müssen von Toni und seinen Kollegen gerettet werden.

Die 25 Minuten langen Folgen liefen im regionalen Vorabendprogramm.

DIE TONY-RANDALL-SHOW ZDF
1978–1979. 26-tlg. US-Sitcom von Tom Patchett und Jay Tarses (»The Tony Randall Show«; 1976–1978).

Nach zwei Jahren Trauer findet der verwitwete Richter Walter Franklin (Tony Randall), es ist Zeit, sich vorsichtig wieder nach einer Frau umzusehen, stellt sich bei den verschiedenen Kontaktversuchen aber nicht besonders geschickt an. Auch auf die Richterin Eleanor Hooper (Diana Muldaur) hat er ein Auge geworfen. Seine Kollegen bei der Arbeit sind der überkorrekte Stenograf Jack Terwilliger (Barney Martin), die scharfzüngige Sekretärin Janet Reubner (Allyn Ann McLerie) und Mario Lanza (Zane Lasky), der später Staatsanwalt wird. Zu Hause kümmert sich die durchgeknallte Haushälterin Bonnie McClellan (Rachel Roberts) um die engagierte 18-jährige Tochter Roberta (Devon Scott; in der zweiten Staffel: Penny Peyser), genannt »Bobby«, und den elfjährigen Sohn Oliver (Brad Savage). Später taucht auch Franklins Vater Wyatt (Hans Conried) auf.

Im Original brachte es die Serie auf 44 Episoden. Die halbstündigen Folgen liefen bei uns donnerstags um 18.20 Uhr.

TOP COPS RTL 2
1995–1996. 80-tlg. halbdokumentarische Kriminalreihe.

In jeder halbstündigen Folge werden mehrere mit Schauspielern nachgestellte Polizeieinsätze gezeigt, die auf wahren Ereignissen basieren. Die echten Polizisten, die damals im Einsatz waren, kommentieren die Filme.

Die Filmbeiträge waren komplett der gleichnamigen US-Reihe (1990–1993) entnommen. Mareike Carrière moderierte die deutsche Version, die RTL 2 werktäglich am Vorabend zeigte. RTL hatte zuvor bereits eine Adaption mit teils eigenen Beiträgen unter dem Titel *Auf Leben und Tod* gezeigt.

TOP FIT DFF 1
1986–1990. Halbstündiges Sportmagazin für Zehn- bis 13-Jährige, das Kinder zu Aktivitäten animieren sollte.

Moderatorin war die ehemalige Eiskunstlauf-Weltmeisterin Christine Trettin-Errath, die bekannte Spitzen- und Nachwuchssportler begrüßte. Die Trickschnecke Topsy sorgte für Unterhaltung.

Lief monatlich sonntags am Vormittag oder Mittag.

TOP OF THE POPS RTL
Seit 1998. Einstündige Popmusikshow mit Auftritten der Stars aus den aktuellen Charts mit ihren Hits und einem leider nur fast von kreischenden Teenies übertönten Ansager.

Adaption der gleichnamigen englischen BBC-Show, der »erfolgreichsten Musiksendung der Welt«, die in Deutschland samstags um 17.45 Uhr weit weniger erfolgreich war, aber ein besonders junges Publikum erreichte. Anfangs wurde die Show zeitweise montags um 19.00 Uhr bei RTL 2 wiederholt. Erste Ansagerin war Jenny Elvers. Mit ihr war an Ostern zunächst eine einzelne Pilotfolge gezeigt worden, bevor die Show im September in Serie ging.

Mangels Quote und Talent wurde Elvers bereits im Dezember gegen Holger Speckhahn ausgetauscht, und immerhin, die Quoten erholten sich ein wenig. Mit Elvers bzw. Speckhahn führte jeweils ein »prominenter« Co-Moderator durch die Sendung. Im Oktober 1999 verließ Speckhahn die Sendung und wurde zunächst nicht ersetzt. Wechselnde Prominente moderierten fortan jeweils zu zweit. Im März 2000 wurde Oliver Geissen neuer ständiger Moderator, aber nur für ein halbes Jahr. Dann übernahm Geissen den samstäglichen *Big Brother*-Talk und Ole Tillmann (ab September) die Ansagen bei *Top of the Pops*, weiterhin mit Co-Moderator, und blieb jahrelang.

Was samstags im Fernsehen gezeigt wurde, war eine große Illusion. Dass die Sendung gar nicht live sein konnte, merkte man schon daran, dass die Ansagen ausländischer Co-Moderatoren untertitelt wurden. Das Produkt hatte mehr von einem Puzzle als von einer wirklichen Fernsehshow und entstand wie folgt: Donnerstags wurden in einem Studio bei Köln zunächst alle Ansagen für die gesamte Sendung hintereinander aufgezeichnet, notfalls mehrmals, bis sie endlich fehlerfrei im Kasten waren. Das dauerte schon mehr als eine Stunde. Die Kinder kreischten also während der Ansagen nicht, weil die Stars bereits im Hintergrund auf der Bühne standen, sondern weil der Regisseur es verlangte.

Dann traten ein paar der Bands auf, die in der Sendung zu Gast waren, aber wirklich nur ein paar. Die meisten Auftritte internationaler Stars wurden schlicht aus der englischen Version in die deutsche Fassung hineingeschnitten, die Bühnendekos waren annähernd identisch. Die Künstler, die tatsächlich in Deutschland auftraten, spielten ihr Lied dafür in der Regel gleich mehrfach, immer in anderer Kleidung. Da die Musikauswahl sich an den Verkaufscharts orientierte, diese sich aber nicht jede Woche massiv veränderten, wurden die gleichen Hits immer wieder gespielt, und weil die Popstars so oft dann auch nicht kommen wollten, wurden eben alle bevorstehenden Auftritte bei einer Gelegenheit aufgezeichnet. Im Idealfall sangen sie sogar einen zweiten Song, den noch niemand kannte, der jedoch bald erscheinen und ganz sicher in die Charts einsteigen würde.

Vielleicht ist es diese Zuversicht, auch in mehreren Wochen noch immer auf Sendung zu sein, die das deutsche *Top of the Pops* – trotz maximal durchschnittlicher Marktanteile – am Leben erhält.

TOP 7   ZDF

Seit 1998. Halbstündiges Magazin, das samstags mittags auf die Ereignisse der abgelaufenen Woche zurückblickt und das Format *Diese Woche* ablöste. Zu den Moderatoren gehörten Christian Sievers, Barbara Hahlweg, Susanne Stichler, Jacqueline Boyce, Thomas Schmeken, Valerie Haller und Susana Santina.

Ursprünglicher Untertitel war »Bilder der Woche«, seit September 1999 ist es »Das Wochenendmagazin«.

TOP-SPIONE   ZDF

1994. »Verräter im geheimen Krieg«. 6-tlg. Doku-Reihe von Guido Knopp u. a. über Aufsehen erregende Spionagefälle.

In jeder Folge wurde der Lebensweg eines Agenten nachgezeichnet, darunter Atomspion Klaus Fuchs und Kanzlerspion Günter Guillaume, dessen Enttarnung Willy Brandt zu Fall brachte. Als Grundlage dienten auch Dokumente von KGB, CIA, Secret Service und Stasi, die vorher nicht zugänglich waren. Teilweise kamen auch die Spione selbst zu Wort. Die knapp einstündigen Folgen liefen sonntags nach 22.00 Uhr.

TOP 10 TV   KABEL 1

2005. Nostalgieshow mit Steven Gätjen, der in jeder Sendung das Ergebnis einer Internetbefragung zum Thema Fernsehen herunterzählt. Mal geht es um die zehn beliebtesten Sitcoms, mal um die besten Titelsongs, die erotischsten Serienheldinnen und so weiter.

TOPPER   ARD 2

1963. US-Sitcom (»Topper«; 1953–1955).

Im Haus von Cosmo Topper (Leo G. Carroll) spuken die Geister der Vorbewohner Marion (Anne Jeffreys) und George Kerby (Robert Sterling), die bei einem Skiunfall ums Leben gekommen waren. Nur Topper kann die Geister sehen, seine Frau Henrietta (Lee Patrick) nicht und auch nicht die Hausmädchen Maggie (Edna Skinner) und Katy (Kathleen Freeman). Mr. Schuyler (Thurston Hall) war Toppers Boss.

Von den 78 Originalfolgen wurden in Deutschland nur eine Hand voll im Zweiten Programm der ARD gezeigt, immerhin zur Primetime, doch außerhalb der Primetime gab es damals auch noch kein Programm.

TORCH – DIE FACKEL   ARD

1991. 6-tlg. brit.-tschech. Kinder-Fantasyserie von William Corlett nach einem Roman von Jill Patson Walsh (»Torch«; 1992).

Die Kinder Cal (Findy Williams) und Dio (Lyndon Davies) leben in einer apokalyptischen Welt voll Misstrauen. Sie werden zu Wächtern einer Fackel, die die erste Olympische Fackel sein soll und magische Fähigkeiten hat.

Die 25-minütigen Folgen liefen nachmittags.

TOSH   SAT.1

2003. 26-tlg. schwed.-irisch-dt. Zeichentrickserie (»The World Of Tosh«; 2002).

Der neunjährige Tosh ist ein ganz normaler Junge, nur etwas frühreif. Sein Hauptproblem sind die Mädchen und die große Auswahl. Ohne die Möglichkeiten, die nur eine Trickserie bietet, befasste sich *Tosh* einigermaßen realistisch mit durchschnittlichen Schülerproblemen. Das Titelkind war nur etwas jünger als in anderen Serien ähnlichen Inhalts.
Die Serie lief samstags morgens.

TOTAL BEDIENT ARD
1991. 6-tlg. dt. Comedyserie.
Frau Topfmann (Corinna Genest) und ihre Schwester Frau Mertens (Samy Orfgen) führen ein Hotel, in dem alles schief läuft. Zum unfähigen Personal gehören Koch Slupinski (Pit Krüger) und Kellner Louis (Werner Koj).
Die halbstündigen Folgen liefen im regionalen Vorabendprogramm.

TOTAL GENIAL KI.KA
2004. 26-tlg. austral.-dt. Comedyserie von Jonathan M. Shiff, Regie: Grant Brown (»Wicked Science«; 2003).
Die Teenager Toby Johnson (André De Vanny) und Elizabeth Hawke (Bridget Neval) sind nach einem Stromschlag plötzlich Genies. Fortan konkurrieren sie um Wissen und Macht.
Die Serie lief ab Dezember 2004 auch im ZDF.

TOTAL NORMAL ARD
1989–1991. Comedyshow von und mit Hape Kerkeling.
Kerkeling moderiert vor Studiopublikum die von der fiktiven Kaffeemaschinenmarke Mitropa gesponserte Show und schenkt jedem, der etwas zur Sendung beiträgt, Mitropa-Kaffeemaschinen oder Duschhauben (»Eine Mörder-Duschhaube!«). Widerspruch zwecklos. Er schlüpft in verschiedene Rollen realer und fiktiver Personen, tritt z. B. als Marcel Reich-Ranicki auf oder als Siegfried Schwäbli, ein schwäbischer Reporter mit Glasbausteinen im Brillengestell. Sketchpartner und ständiger musikalischer Begleiter am Klavier ist Achim Hagemann. Neben Live-Moderation, Live-Sketchen und Parodien gibt es Filmeinspielungen, in denen Kerkeling Menschen auf den Arm nimmt, mal spontan an Haustüren, mal vorbereitet zu konkreten Anlässen.
Kerkeling mischte sich unter die Prominenten bei der Bambi-Verleihung, unter die Politiker beim Bundespresseball und unter die Journalisten der Bundespressekonferenz und nervte mit dreist-naiven Fragen. 1989 foppte er Erika Berger, indem er unter falschem Namen live in ihrer Beratungsshow *Eine Chance für die Liebe* anrief, um sie mit den Kommunikationsproblemen zwischen ihm und seiner Frau zu belästigen, die darin bestünden, dass er nur deutsch und sie nur portugiesisch spreche.
Trotz gerade mal sieben unregelmäßig ausgestrahlten Folgen hinterließ die Show einen bleibenden Eindruck. Der 25-jährige Hape Kerkeling, der bereits mit *Känguru* aufgefallen war, stieg in die erste Riege deutscher Komiker und Fernsehmoderatoren auf, wurde mit dem Grimme-Preis mit Silber, dem Bayerischen Fernsehpreis, dem Bambi, der Goldenen Kamera und der Bronzenen Rose von Montreux ausgezeichnet. Nach zwei einzelnen 45-Minuten-Folgen am Donnerstagabend im Oktober und Dezember 1989 folgte ein Jahr später eine Staffel mit drei 25-Minuten-Shows an aufeinander folgenden Montagen um 21.05 Uhr.
Diese Folgen waren so erfolgreich, dass die Show im Mai 1991 erstmals und schon im Juli letztmals auf fast 90 Minuten erweitert und auf dem großen Showtermin am Donnerstag um 21.03 Uhr gesendet wurde. Kerkeling zog die Show nun als abendfüllende Quizparodie auf, setzte ein Panel aus Promi-

Total normal: Hape Kerkeling (links) und der Mann am Klavier, Achim Hagemann.

nenten (darunter Jörg Wontorra und Eberhard Feik) auf die Bühne, die aber eigentlich keine Aufgabe hatten, drückte der Dauerkandidatin Frau Usenburger (Karin Schiek) immer wieder gewonnene Kaffeemaschinen in die Hand und brach im Minutentakt in Gesang aus: »Das ganze Leben ist ein Quiz, und wir sind nur die Kandidaten, das ganze Leben ist ein Quiz, ja, und wir raten, raten, raten.«

In diesem Jahr gelangen Kerkeling zwei große Würfe, die zum bundesweiten Gesprächsthema wurden und ihn noch berühmter machten. Als die niederländische Königin Beatrix zum Staatsbesuch in Deutschland war, verkleidete sich Kerkeling als sie und narrte die Sicherheitsbeamten. In einer dunklen Limousine fuhr er am Schloss Bellevue, dem Sitz des Bundespräsidenten, vor und winkte königlich. Erst als er sich am Eingang durchzufragen begann, wo es dem »lecker Mittagessen« gebe, wurde er zunächst sachte und dann zunehmend nachdrücklicher abgedrängt.

Wenig später foppte er ein kunstinteressiertes Publikum in einem Kleinkunstsaal als Ostblocksänger, der ein experimentelles Werk vortrug. Text: »Der Wolf – das Lamm – auf der grünen Wiese – und das Lamm schrie – Hurz!« Mit dem intellektuellen Publikum diskutierte er im Anschluss über die Intention der Darbietung, immer arg bemüht, ein ernstes Gesicht zu behalten. Unter dem Titel »Hurz« wurde eine Dance-Version des Lieds ein Top-Ten-Hit in den deutschen Charts. Auch »Das ganze Leben ist ein Quiz« hatte es kurz zuvor schon in die Top Ten geschafft. Auf dem Höhepunkt des Erfolgs beendete Kerkeling die Show, um den Kinofilm »Kein Pardon« zu drehen.

TOTAL RECALL 2070 PRO SIEBEN

2000. 21-tlg. kanad. Science-Fiction-Serie von Art Monterastelli (»Total Recall 2070«; 1999).

Der Agent David Hume (Michael Easton) und der Androide Ian Farve (Karl Pruner) kämpfen in einer von Großkonzernen beherrschten Welt aus Mutanten und Maschinenmenschen gegen das Verbrechen. Die internationale Koproduktion war von den Kinofilmen »Blade Runner« und »Total Recall« inspiriert. Pro Sieben zeigte die einstündigen Folgen am Dienstagabend, zunächst um 20.15 Uhr, dann mangels Quote gut zwei Stunden später.

TOTAL SCIENCE RTL 2

2003–2004. Halbstündiges Wissensmagazin am Sonntagnachmittag – und ein einzigartiger Re-Import im deutschen Fernsehen.

Total Science war der deutsche Name für das internationale Magazin »Timeslot«. »Timeslot« wiederum war der internationale Name für das deutsche Magazin *Welt der Wunder*. Produzent Hendrik Hey hatte das Pro-Sieben-Magazin mit Beiträgen über Staunenswertes aus Natur und Technik erfolgreich in viele Länder exportiert, RTL 2 adaptierte die Sendung also im Prinzip direkt von der Konkurrenz.

Nach 18 Ausgaben war Schluss, doch Anfang 2005 wechselte das deutsche Original samt Hendrik Hey von Pro Sieben zu RTL 2.

TOTAL VERRÜCKT! RTL

1999–2000. Wöchentliches Realitymagazin mit Sven Martinek.

Gezeigt wurden ungewöhnliche Zufallsaufnahmen z. B. von Pannen und Katastrophen, die dramatisch oder witzig waren. Mit Beginn der zweiten Staffel im Sommer 1999 wurde Matthias Bullach neuer Moderator. In der dritten Staffel ein Jahr später moderierte niemand mehr, und es wurden nur noch spektakuläre Bilder gezeigt. Danach liefen nur ein paar Sendungen in loser Folge.

Nur wenige Wochen nach Ende der ersten Staffel im Frühjahr 1999 startete RTL auf dem gleichen Sendeplatz, freitags um 20.15 Uhr, eine völlig anders konzipierte Show unter dem sehr ähnlichen Titel *Life! Total verrückt*.

TOTALLY SPIES PRO SIEBEN

2002–2003. 52-tlg. frz. Zeichentrickserie von Vincent Chalvon-Demersay (»Totally Spies«; 2001).

Die Teenager Alex, Clover und Sam aus Beverly Hills arbeiten neben der Schule im Auftrag von Secret-Service-Chef Jerry als Spioninnen. Lief erst sonntags, dann samstags morgens.

DER TOTE AUS DER THEMSE DFF 2

→ Unser gemeinsamer Freund

DIE TOTE VON AMELUNG RTL

1995. 3-tlg. dt. Krimi von Rainer Berg und Beate Langmaack, Regie: Hajo Gies.

Auf der kleinen Insel Amelung ist die Pastorenwitwe Maria Albrecht (Andrea Heuer) ermordet worden. Die beiden Beamten Jan Mendel (Paul Herwig) und Sigurd Flotow (Heinz Meier), die vom Festland kommen, müssen bei ihren Ermittlungen feststellen, dass alle 36 Inselbewohner irgendwie verdächtig sind, unter ihnen Ohm Weber (Michael Gwisdek) und Gret Lamm (Tilly Lauenstein). Florentine (Romy Kühnert) ist die Tochter der Toten.

Die drei Filme liefen an aufeinander folgenden Tagen zur Primetime.

TOTO UND HARRY SAT.1

2003. »24 Stunden spezial – Die Zwei vom Polizeirevier«. 4-tlg. dt. Doku-Soap.

Die vier einstündigen Folgen über die beiden Polizisten Thorsten »Toto« Heim und Thomas »Harry« Weinkauf liefen mit großem Erfolg montags um 22.15 Uhr. Zuvor waren bereits Reportagen über die beiden innerhalb der Reihe *24 Stunden* am späten Sonntagabend gelaufen, neue Folgen liefen wieder innerhalb dieser Reihe, jetzt auf dem etablierten Platz am Montag und nur noch halbstündig.

Toto und Harry zogen eine Reihe anderer Dokus über Polizisten im Einsatz nach sich, darunter die RTL-2-Version *Ärger im Revier – Auf Streife mit der Polizei*.

TOUCHDOWN VOX
1993. 35-tlg. US-Sitcom (»1st & Ten«; 1984–1991). Nach der Scheidung von ihrem Mann bekommt Diane Barrow (Delta Burke) dessen Football-Mannschaft California Bulls zugesprochen. Geschäftsführer wird T. D. Parker (O. J. Simpson), Trainer ist Ernie Denardo (Reid Shelton), Bob Dorsey (Geoffrey Scott), Zagreb Shenusky (John Kassir), Tom Yinessa (Jason Beghe) und Bubba Kincaid (Prince Hughes) gehören zur Mannschaft.
In den USA lief die Comedy sieben Jahre lang auf dem Bezahlsender HBO, was ihr im Gegensatz zur herkömmlichen Sitcom erlaubte, regelmäßig einen blanken Busen zu zeigen. Bei uns lief sie nachmittags.

TOUR DE RUHR WDR
1981. 6-tlg. dt. Heimatserie von Elke Heidenreich, Regie: Reinhard Schwabenitzky.
Der Dortmunder Bundesbahnbeamte Harald Schlümer (Eckhard Heise) fährt mit seiner Freundin Ines (Elfi Eschke) mit dem Fahrrad durchs Ruhrgebiet. Schlümers Arbeitskollege Karlheinz Stratmann (Henry van Lyck), seine Frau Lisbeth (Marie-Luise Marjan) und die Tochter Martina (Klaudia Schunck) samt Freund Wolf-Rüdiger (Ralf Richter), genannt »Wölfchen«, schließen sich an. Sie fahren an Sehenswürdigkeiten vorbei, und es kommt zu Streit, Ehekrach, Eifersucht und Reifenpannen.
Die sechs Etappen führten von Dortmund über Henrichenburg, Westerholt, die Siedlung »Unser Fritz« in Wanne, Gelsenkirchen und Hünxe nach Duisburg. Elke Heidenreichs Familienserie war nicht zuletzt eine Liebeserklärung an das Ruhrgebiet mit all seinen überraschend schönen, grünen Seiten, aber auch den sozialen Problemen.
1983 liefen die dreiviertelstündigen Folgen auch sonntags um 17.00 Uhr in der ARD.

TOURNEE – EIN BALLETT TANZT UM DIE WELT ARD
1970–1971. 6-tlg. dt. Tanzserie von Heinz Oskar Wuttig, Regie: Wolfgang Schleif.
Wie der Titel schon sagt: Die Ballettgruppe »Night-Stars« ist auf Tournee und tanzt um die Welt, aber das ist oft leichter gesagt als getan, wenn auf dem Weg zum Auftritt nach Kopenhagen der Wagen mit Fahrer Otto Harms (Albert Venohr) und Garderobiere Tante Anna (Edith Schultze-Westrum), vor allem aber mit den sehnlichst erwarteten Kostümen in die Ostsee gestürzt ist. Aber manchmal sind kleine Katastrophen das Beste, was einem im Leben passieren kann, wie Tänzerin Gisi (Helga Schlack) merkt, als sie auf dem Weg zur Probe im Verkehrsstau feststeckt. So lernt sie den netten Jochen Thom (Gerhart Lippert) kennen, der ihr erst sein Fahrrad leiht und später sein Herz und einen Cockerspaniel schenkt, der zum Maskottchen der »Night-Stars« wird. Maria (Maria Litto) ist die Ballettmeisterin der Gruppe, Cocü (Harry Wüstenhagen) der Choreograf.
Die Tournee führt die Truppe u. a. nach Marrakesch, Mallorca und Berlin, wo sie auch auf andere Künstler wie Howard Carpendale (Howard Carpendale) trifft.
Die »Night-Stars« wurden vom Hamburger Fernsehballett dargestellt. Die einstündigen Folgen liefen monatlich mittwochs um 21.00 Uhr.

TOWNIES RTL
2000. 15-tlg. US-Sitcom (»Townies«; 1996).
Die drei Freundinnen Carry Donovan (Molly Ringwald), Shannon Canotis (Jenna Elfman) und Denise Rivaldi (Lauren Graham) kennen sich noch aus der Highschool. Jetzt bedienen sie gemeinsam in einem Fischrestaurant und versuchen, das Beste aus ihrem Leben in der langweiligen Kleinstadt zu machen.
Die Serie lief am späten Sonntagabend. Da sie in den USA gefloppt war und dort nach zehn Folgen abgesetzt wurde, liefen fünf Episoden als Weltpremiere bei RTL.

TRACEY MCBEAN KI.KA
2002–2003. 26-tlg. austral. Zeichentrickserie nach dem Roman von Arthur Filloy (»Tracey McBean«; 2001).
Die Viertklässlerin Tracey McBean ist schon eine berühmte Erfinderin, aber leider noch immer viel zu klein. Also erfindet sie auch noch ein paar Konstruktionen, die sie vergrößern sollen. Ihr bester Freund ist Shamus Wong.
Lief ab November 2003 auch sonntags morgens in der ARD.

DIE TRACEY ULLMAN SHOW RTL
1994. 81-tlg. US-Personalityshow von Jerry Belson, James L. Brooks, Ken Estin und Heide Perlman (»The Tracey Ullman Show«; 1987–1990).
Die britische Entertainerin Tracey Ullman tritt in verschiedenen Rollen auf, spielt Sketche, singt und tanzt. Zu ihren festen Partnern gehören Julie Kavner, Dan Castellaneta, Joe Malone und Sam McMurray, viele prominente Gaststars schauen vorbei.
Die Show war eine der ersten Serien des jungen US-Networks Fox, wurde von Kritikern gelobt, preisgekrönt und erfolgreich. In die Geschichte eingegangen ist sie aber als »die Show, bei der die *Simpsons* begannen«. Matt Groening, der damals einer Fangemeinde durch seine Comicstripreihe »Life In Hell« bekannt war, zeichnete kurze Cartoons, die zwischen den Sketchen und Showauftritten liefen. Darunter erschien zunehmend mehr die damals noch stärker überzeichnete gelbe Familie, die später eine eigene Serie bekommen sollte. In Großbritannien schnitt die BBC die Cartoons übrigens aus der *Tracy Ullman Show* heraus, weil sie sie als unwitzig empfand. RTL war cleverer und zeigte die ein- bis zweiminütigen *Simpsons*-Auftritte als Pausenfüller immer wieder im Programm – das war allerdings schon 1992, nachdem die *Simpsons* auch in Deutschland schon mit ihrer eigenen Serie aufgetreten waren.
Hinter der für Ullman maßgeschneiderten Show stand vor allem James L. Brooks, der Erfinder von

Taxi und *Cheers*. Choreografin der Tanzszenen war die damals noch unbekannte Paula Abdul. Die Show wurde in den USA mit dem Emmy ausgezeichnet. Ullmans Sketchpartner Dan Castellaneta und Julie Kavner wurden als amerikanische Originalstimmen von Homer und Marge Simpson berühmt.
RTL zeigte die halbstündigen Folgen gegen 1.00 Uhr nachts.

TRACKER RTL 2
2004. 11-tlg. US-Science-Fiction-Serie von Gil Grant (»Tracker«; 2001–2002).
Aus einem intergalaktischen Gefängnis sind 218 Kriminelle ausgebrochen und auf der Erde in Chicago untergetaucht. Der außerirdische Sicherheitsbeamte Cole (Adrian Paul) vom Planeten Cirron 17, der sowohl seinen Namen als auch sein menschliches Äußeres für seinen Besuch auf der Erde angenommen hat und über noch ein paar andere übernatürliche Fähigkeiten verfügt, soll sie wieder einfangen. Das ist nicht ganz einfach, denn die schweren Jungs haben natürlich auch alle menschliche Form angenommen. Barkeeperin Mel Porter (Amy Price-Francis) hilft Cole und gibt ihm eine Unterkunft über ihrer Bar. Auch der Ex-All-Knacki Nestov (Richard Yearwood) ist inzwischen auf Coles Seite. Der gemeinsame Erzfeind ist der böse Dr. Zin (Geraint Wyn Davies). Jess (Leanne Wilson) ist Kellnerin in der Bar und Victor (Dean McDermott), Mels Ex-Freund, ein Polizist.
Die einstündigen Folgen liefen mittwochs um 21.15 Uhr. Nach sieben von 22 angekündigten Folgen wurde die Serie aus dem Programm entfernt und durch *Stargate*-Wiederholungen ersetzt. Weitere vier Folgen tauchten im gleichen Sommer samstags zur Primetime auf. Adrian Paul hatte zuvor den *Highlander* in der Fernsehfassung gespielt. Irgendwann darf er vielleicht auch endlich mal Mensch sein.

TRAFFIK TELE 5
1991. 5-tlg. brit.-dt. Krimi von Simon Moore, Regie: Alastair Reid (»Traffik«; 1989).
In Pakistan lebt ein Großteil der Bevölkerung vom Opiumanbau. Wird er unterbunden, kostet das unzählige Menschen ihre Existenz. Der britische Abgeordnete Jack Lithgow (Bill Paterson), dessen Tochter Caroline (Julia Ormond) heroinabhängig ist, setzt bei der pakistanischen Regierung entsprechende Maßnahmen durch. Der kleine Mohnbauer Fazel (Jamal Shah) heuert in seiner Verzweiflung beim Drogenboss Tariq Butt (Talat Hussain) an. Der deutsche Geschäftsmann Karl Rosshalde (George Kukura) hat seinerseits ein Rauschgiftkartell in Pakistan aufgebaut. Bei einem Besuch in Deutschland wird er festgenommen, und seine Frau Helen (Lindsay Duncan) führt die dunklen Geschäfte weiter.
Der Fünfteiler erzählt drei Handlungsstränge parallel, die sich gelegentlich kreuzen. Nach einer spielfilmlangen Pilotfolge dauerte jede weitere Episode knapp eine Stunde. Auf dieser Miniserie basierte der Hollywoodfilm »Traffic«, für den Regisseur Steven Soderbergh im Folgejahr einen Oscar gewann.

TRAMITZ & FRIENDS PRO SIEBEN
Seit 2004. Halbstündige Comedyshow mit Christian Tramitz und vielen wechselnden Gästen in Sketchen. Pro Sieben paarte die Show am Montagabend mit Wiederholungen der *bullyparade,* zu deren Ensemble Tramitz gehört hatte.

TRANSFORMERS RTL
1989–1994. 98-tlg. US-jap. Zeichentrickserie (»Transformers«; 1984–1987).
Die Transformers sind intelligente, fühlende Maschinen vom Planeten Cybertron und in zwei feindliche Lager gespalten: die guten Autobots, die sich in Autos oder Sattelschlepper verwandeln können und von Optimus Prime angeführt werden, und die bösen Decepticons unter ihrem Anführer Megatron, die in der Lage sind, sich in Flugzeuge zu verwandeln. Als die Energien auf Cybertron knapp werden, fliegen sie zur Erde – Millionen Jahre vor unserer Zeit. Im Kampf stürzen sie ab, erwachen erst in unserer Gegenwart wieder zum Leben und kämpfen weiter. Freundliche Menschen, darunter Spike und Sparkplug Witwicky, schlagen sich auf die Seite der guten Autobots.
Ein noch größerer Erfolg als die Serie waren die zugehörigen Actionspielfiguren, die man wie im Fernsehen vom Roboter zum Auto umbauen konnte. Es folgten weitere Serien: *Beast Wars* und *Transformers: Armada*.

TRANSFORMERS: ARMADA RTL 2
2003–2004. 20-tlg. US-jap. Zeichentrickserie (»Transformers Armada«; 2002–2003).
Die verfeindeten Transformer-Gruppen Autobots und Decepticons kämpfen diesmal um die Macht über die Minicons, kleine Roboter, die als Kampfwaffe ihrem Träger enorme Kräfte verleihen. In diesen Kampf hinein stolpern eher zufällig die Kinder Rad, Carlos und Alexis und schlagen sich auf die Seite der guten Autobots.
Die 20-minütigen Folgen liefen werktags mittags. Der Serie waren bereits *Transformers* und *Beast Wars* vorausgegangen.

TRAPPER JOHN, M. D. SAT.1
1989–1994. 150-tlg. US-Arztserie von Frank Glicksman und Don Brinkley (»Trapper John, M. D.«; 1979–1986).
Der geschiedene Dr. John McIntyre Trapper (Pernell Roberts) ist Chefarzt im San Francisco Memorial Hospital. Aus seiner Zeit als Arzt im Koreakrieg hat er den Spitznamen »Trapper John«. Mit ihm zusammen arbeiten der junge Arzt Dr. G. Alonzo »Gonzo« Gates (Gregory Harrison), der zuvor in Vietnam gearbeitet und dort von Trapper John gehört hatte, Dr. Stanley Riverside II. (Charles Siebert), der Chef der Notaufnahme, Schwester Gloria Brancusi (Christopher Norris), die anfangs »Rippchen« genannt

Trapper John, M.D. (Pernell Roberts, links) und Gonzo (Gregory Harrison).

wird, Dr. Justin »Jackpot« Jackson (Brian Mitchell) und der Krankenhausverwalter Arnold Slocum (Simon Scott).
Spin-off der Sitcom *M*A*S*H**, in der Trapper John McIntyre während seines Einsatzes im Koreakrieg zu sehen war und von Wayne Rogers gespielt wurde. Die einstündigen Folgen wurden zunächst donnerstags um 19.30 Uhr, später montags um 20.00 Uhr ausgestrahlt. Die letzten beiden Staffeln liefen im Anschluss an die Wiederholung der ersten sechs im täglichen Nachmittagsprogramm.

TRAUGOTT VOX
1993. Einstündiges Lifestyle-Magazin mit Traugott Vocks, einem synthetischen, computeranimierten Moderator (also ein Herr Vocks beim Sender Vox). 26 Folgen liefen am frühen Abend.

DER TRAUM VOM CLOWN ARD
1993–1996. 16-tlg. austral. Jugendserie (»Clowning Around«; 1991–1992/«Clowning Around Encore«; 1993).
Der Teenager Sim (Clayton Williamson) möchte Zirkusclown werden. Sarah Gunnar (Noni Hazlehurst) ist seine Mutter, Anatole Tolin (Jean-Michel Dagory) sein Lehrer im Zirkus. Später schließt sich seine Freundin Eve (Frederique Fouche) Sim an.

DER TRAUM VOM FAHREN ARD
1973–1975. 24-tlg. Reportagereihe für Kinder von und mit Ernst von Khuon, in der über Fahrzeuge, ihren Bau und ihren Einsatz berichtet wurde und Studiogäste knifflige Fragen erklärten. Chronologisch begann die Serie mit der Entwicklung des Rades, dann ging es hauptsächlich um Automobile, Fahr- und Motorräder. Die nächsten beiden Staffeln mit den Untertiteln »Seefahrt« und »Auf Europas Gleisen« befassten sich jeweils komplett mit Schiffen bzw. der Eisenbahn. Anlässlich deren 150. Geburtstag reiste Khuon von Lissabon nach Istanbul, von Sizilien nach Lappland und von St. Moritz nach Zermatt.
Die Folgen waren eine halbe Stunde lang und liefen im Nachmittagsprogramm.

DER TRAUM VOM FLIEGEN SWR
1972. 11-tlg. Reportagereihe für Kinder von Ernst von Khuon.
Die Reihe begann mit der Geschichte des Vogelflugs und arbeitete sich bis zur modernen Luftfahrt vor. Filme und Modelle zeigten die Funktionsweise von Flugzeugen. Die Nachfolgeserie, die auch in der ARD lief, befasste sich später mit dem *Traum vom Fahren*.
Die 25 Minuten langen Sendungen liefen dienstags nachmittags.

TRAUMFISCHER ZDF
2004. »Das Südsee-Abenteuer«. 4-tlg. dt. Doku-Soap von Martin Buchholz und Ralf Dilger.
Die Serie begleitet zwei deutsche Familien bei dem Abenteuer, drei Monate lang ohne Strom und WC und nur mit wenig Geld in der völlig fremden Kultur des Königreichs Tonga auf der Insel Ha'ano zu verbringen. Anfang 2004 hatte das ZDF in *Sternflüstern* bereits erfolgreich zwei Familien auf ein Sibirien-Abenteuer geschickt. Auch diese vier 45-minütigen Folgen liefen wieder dienstags zur Primetime.

TRAUMHOCHZEIT RTL
1992–2000. Große Abendspielshow für unverheiratete Paare mit Linda de Mol.
Voraussetzung zum Mitmachen ist ein origineller Heiratsantrag, der mit versteckter Kamera gefilmt

Traumhochzeit mit Linda de Mol und der überlebensgroßen Torte, auf der für eins von zwei Kandidatenpaaren der Traum von der Fernsehhochzeit endete.

wird, wovon natürlich nur derjenige weiß, der den Antrag macht. Drei Paare wetteifern in verschiedenen Frage-, Aktions- und Übereinstimmungsspielen. Das schlechteste scheidet aus. Die beiden verbliebenen treten auf einer riesigen Torte gegeneinander an, wo sie erraten müssen, welche Antwort 100 Testpersonen auf eine Frage aus dem Bereich der Beziehung oder der Sexualität gegeben haben (z. B.: »Was machen Frauen, die verliebt sind?«). Dabei gibt es pro Frage mehrere richtige Antworten, und es geht darum, möglichst viele davon zu nennen. Die Spielrunden werden durch einen Showblock unterbrochen. Das Siegerpaar heiratet noch während der Sendung vor laufenden Kameras. Die Siegerbraut präsentiert ihr Hochzeitskleid (das der anderen Bräute und die Ringe sind für die Zuschauer immerhin in Einspielfilmen zu sehen, bei denen sich der Bräutigam die Augen zuhalten muss), es gibt einen Preis (gern eine komplette Schlafzimmerausstattung), dann wird das Paar in einer weißen Limousine zur Trauung gefahren, sagt Ja, und Linda de Mol heult.

Die Trauung wurde bis 1999 von dem Standesbeamten Willy Weber vorgenommen, war jedoch nach deutschem Recht ungültig, da die Sendung in Holland produziert wurde. Die Kandidaten wurden deshalb unmittelbar danach – die Trauung und Präsentation der gewonnenen Hochzeitsreise waren das große Finale der Show – nach Deutschland gefahren und noch einmal rechtskräftig verheiratet.

Traumhochzeit war die erste abendfüllende Show auf RTL und ein Sensationserfolg, bei dem zeitweise mehr als zehn Millionen Menschen zusahen. Sie lief zunächst staffelweise sonntags um 20.15 Uhr, z. B. in zehn aufeinander folgenden Wochen mit einer anschließenden neunmonatigen Pause. Mit der Verlegung auf Samstag um 20.15 Uhr wurde der Rhythmus geändert, die Show lief nun etwa monatlich. Produzent war John de Mol, Linda seine Schwester. Das Konzept stammte aus Holland, wo eine ähnliche Show unter dem Namen »Love Letters« schon seit 1990 ebenfalls von Linda de Mol moderiert wurde. Die deutsche Version brachte es auf 92 Ausgaben.

DAS TRAUMHOTEL ARD

Seit 2004. Dt. Urlaubsserie, Regie: Otto W. Retzer. Der Hotelmanager Markus Winter (Christian Kohlund), seine Teenagertochter Leonie (Miriam Morgenstern) und seine Tante Dorothea von Siethoff (Ruth Maria Kubitschek), der die Hotelkette gehört, kümmern sich an immer anderen Urlaubsorten um die Wünsche und Probleme der Gäste. Weil ein Hotel wesentlich umständlicher durch die Welt zu transportieren ist als ein Schiff, kauft Tante Dorothea dauernd neue Hotels, und Markus muss immer den Direktor geben.

Jede Folge hat Spielfilmlänge, Sendeplatz ist in loser Reihe freitags um 20.15 Uhr.

TRAUMJOB ZDF

1993. Samstagabendshow mit Sabrina Fox.

Kandidaten bewerben sich darum, für ein paar Tage ihre Traumjobs ausüben zu dürfen: Kostüme bei Euro-Disney zu schneidern, im »Phantom der Oper« mitzutanzen, mit Juliane Werding zu singen oder auch einfach nur als Stewardess arbeiten zu dürfen. Teilweise entscheidet das Publikum, teilweise die Firmenchefs, wer die Stelle bekommt – Letztere natürlich erst, nachdem sie ausführlich ihr Unternehmen werbewirksam platziert haben.

Sabrina Fox war die erste Frau auf dem heiligen Samstagabend-Unterhaltungsplatz, was damals eine große Sache war. Noch größer war allerdings der Flop, den die Sendung darstellte. Der Misserfolg lag nicht nur an der heillos überforderten Moderatorin, sondern auch einem lieblosen Konzept, in dem es anscheinend nur um die Sponsoren der Jobs ging. Und aus Sicht der Zuschauer hatten die meisten der Kandidaten ohnehin schon Traumjobs und wollten nur per Fernsehen ihre Karriere noch ein bisschen beschleunigen. Zur Einstellung nach drei Sendungen, in denen die Zuschauerzahl von 6,1 auf 2,7 Millionen abnahm, sprach der Pressesprecher des ZDF von einer »Quälerei«, die man niemandem mehr zumuten wollte. Der zuständige Redakteur war schon nach der zweiten Sendung gegangen – sein Name: Fred Kogel. Der zuständige Unterhaltungschef Wolfgang Neumann dagegen verteidigte bis zum Schluss die Totgeburt. Wenige Monate später war er nicht mehr Unterhaltungschef. Sein Nachfolger war Fred Kogel. Neumann wurden außer der Pleite mit *Traum-*

job die ähnlich katastrophalen *Elstner und die Detektive* und *Deutschland lacht* vorgeworfen.

TRAUMLAND DEUTSCHLAND   ZDF
1998. Halbstündiges Reisemagazin am Sonntagnachmittag. Die Moderatoren Oliver Geissen und Mathias Münch melden sich abwechselnd aus deutschen Städten und Gegenden und führen vor, wie schön z. B. Bayern, Cottbus und das Ruhrgebiet sind.
Zehn Ausgaben liefen im Wochenrhythmus. Geissen und Münch wechselten sich auch in der Moderation von *Reiselust* ab.

TRAUMLAND DEUTSCHLAND   ZDF
2003–2004. Einstündige Volksmusikshow mit Andrea Ballschuh. Auf einem Schiff fahren Moderatorin und musikalische Gäste durch Deutschland, zeigen die schönen Gegenden und präsentieren ihre Hits.
Im Sommer liefen jeweils ein paar Folgen, meistens zur Primetime, insgesamt fünf.

TRAUMLAND OPERETTE   ZDF
1982–1986. Musikshow mit Anneliese Rothenberger, in der Ausschnitte aus Operetten gezeigt werden. Jede Sendung hat ein Oberthema, mit dem alle gezeigten Szenen zu tun haben.
22 Folgen liefen am Sonntagnachmittag.

TRAUMREISEN   SAT.1
1990–1993. Halbstündiges Reisemagazin mit Frederic Meisner, meist am Samstagnachmittag.

DAS TRAUMSCHIFF   ZDF
Seit 1981. Dt. Urlaubsserie.
Das Team eines Luxusschiffs, zunächst der »MS Vistafjord«, dann der »MS Astor« und ab 1986 der »MS Berlin«, versüßt seinen Passagieren die Kreuzfahrten zu den schönsten Urlaubszielen der Welt, während sich an Bord Familien- und Liebesgeschichten abspielen. Zunächst hat Kapitän Braske (Günter König) das Kommando, in der zweiten Staffel übernimmt Heinz Hansen (Heinz Weiss) und bleibt für 15 Jahre der Kapitän. Sein Team besteht aus Chefsteward Victor (Sascha Hehn) und Chefhostess Beatrice (Heide Keller), beide auch schon unter Braske an Bord, sowie dem Schiffsarzt Dr. Horst Schröder (Horst Naumann). Victor ist nach der zweiten Staffel nicht mehr dabei. Mit Hansens Nachfolger, dem neuen Kapitän Paulsen (Siegfried Rauch), kommt im Dezember 1999 auch ein neues Schiff: Die »MS Deutschland« ist noch luxuriöser. Beatrice und Dr. Schröder sind weiter mit an Bord.
Die Geschichten der Urlauber standen im Mittelpunkt jeder Folge. Meist drei oder vier dieser Geschichten wurden pro Folge erzählt und miteinander verwoben. Die Urlauber wurden von bekannten deutschen Fernsehstars gespielt, meistens von Klaus Wildbolz und Gila von Weitershausen. Beide spielten jeweils fünfmal mit, jedes Mal in anderen Rollen. Produzent Wolfgang Rademann legte Wert auf Hochglanz, steuerte mit dem Schiff nur ferne, exotische Ziele an (nie Malle), drehte an Originalschauplätzen in der Karibik, in Thailand, Südafrika, Ägypten, auf Tahiti, in Singapur, Sydney, Hongkong, auf Hawaii oder Bali und wollte dem ZDF-Zuschauer in den Gastrollen Gesichter zeigen, die er kannte. Diese A-Liste endete nun einmal irgendwo, und so musste mancher eben mehrfach ran. Die Mitglieder der Familie Wussow waren immerhin so freundlich, sich abzuwechseln.
Die ersten zwölf Folgen waren jeweils eine Stunde lang; sie liefen in zwei Staffeln mit je sechs Folgen sonntags um 20.00 Uhr und erreichten im Durchschnitt mehr als 21 Millionen Zuschauer. Die eigentliche Serie ging dann mit Folge 12 und einer Re-

»Willkommen an Bord, Herr Wildbolz!« *Traumschiff*-Besatzung Heide Keller, Heinz Weiss (Mitte), Horst Naumann.

kordquote von 25,15 Millionen am 1. Januar 1984 zu Ende; das ZDF und Rademann setzten sie wegen dieses sensationellen Erfolgs aber nach einer knapp dreijährigen Pause fort. Alle weiteren Folgen hatten nun Spielfilmlänge, und das Schiff steuerte in jeder Folge ein neues Ziel an. Nach zunächst vier neuen Folgen im Winter 1986/87 gab es in den 90er-Jahren jedes Jahr meist zwei neue Folgen, in der Regel eine an Weihnachten und eine an Neujahr. Dass es nach 1990 überhaupt Fortsetzungen gab – eigentlich war das Traumschiff offiziell »versenkt« worden –, lag an den hohen Einschaltquoten von Wiederholungen im Sommer. Neue Folgen erreichten noch immer rund zehn Millionen Zuschauer – in Zeiten großer Konkurrenz durch eine Vielzahl an Sendern fantastische Quoten. Ein Großteil des Erfolgs dürfte auch den atemberaubenden Bildern der Traumziele zuzuschreiben sein. Im Januar 2005 feierte *Das Traumschiff* die 50. Folge.

Das Traumschiff war eine Adaption der US-Serie *Love Boat,* das jedoch eine Comedy war. Mehrere Folgen sind auf DVD erhältlich.

TRAUMSTART ZDF

1999–2000. Große Sonntagabendshow mit Michael Schanze.

Nach mehr oder weniger erfolgreichen Lottoshows bei RTL und ARD startete auch das ZDF seine eigene und arbeitete in *Traumstart* mit der Nordwestdeutschen Klassenlotterie NKL zusammen. Im ersten Teil der Show spielen drei junge Elternpaare in verschiedenen Runden um eine Ausbildungsversicherung im Wert von 100 000 DM für ihr Kind und um einen Kleinbus. Damit die Kandidaten sorglos bei der Show mitmachen können, kümmert sich »Nanny« Julia Finkernagel während der Show um die Kinder.

Im zweiten Teil hat einer von fünf per Los ermittelten Kandidaten der NKL die Chance, Millionär zu werden. Jeder Kandidat, der mit Hilfe des »Millionen-Generators« einen Geldpreis gewonnen hat, muss entscheiden, ob er das Geld annimmt oder den Betrag in der Schlussrunde einsetzt, um im »Traumstart-Labyrinth« eine Million gewinnen zu können. Schanzes Assistentin war Simone Greve.

DER TRAUMSTEIN SWR, RTL 2

1992 (SWR); 1993 (RTL 2). 52-tlg. brit. Zeichentrickserie für Kinder (»The Dreamstone«; 1991).

Der Traumerschaffer sendet zusammen mit seinen Helfershelfern Rufus und Amberly und mit Hilfe des Traumsteins schöne Träume an Schlafende. Zordrak, der Herr der Albträume, ist sein Gegner und hat es auf den Traumstein abgesehen.

Lief später auch bei RTL 2 und in der ARD.

TRAUTES HEIM ARD

1990. 5-tlg. dt. Comedyserie.

Die Patschkes sind so, wie sie heißen: ungeschickt und nervig. Vater Paul (Benno Hoffmann) ist ein Macho, Mutter Elfriede (Corinna Genest) geduldig, Tochter Suse (Stephie Kindermann) doof und Oma (Annemarie Marks-Rocke) anstrengend. Und nicht einmal Wellensittich Hansi hält die Klappe.

Die Folgen waren 25 Minuten lang und liefen montags gegen 21.00 Uhr.

TRAUTES HEIM RTL

2002–2004. »Mein Vater, sein Freund, sein(e) Ex und ich«. 13-tlg. dt. Comedyserie von Lars Albaum und Torsten Goffin, Regie: Thomas Louis Pröve.

Leben und Chaos in einer merkwürdigen Vierer-WG. Der schwule Paul Kretschmer (Michele Oliveri), Besitzer eines Weingeschäfts, wohnt mit seinem sehr männlichen Freund Ben Leichensberg (Nikolaus Müller-Weihrich) und seinem sehr tuntigen Ex Ulf »Ulla« Langel (Moritz Lindbergh) zusammen. Als wäre das nicht schon kompliziert genug, zieht die 18-jährige Greta (Steffi Mühlhan) ein, das Ergebnis eines heterosexuellen Experiments, das Paul seinen Freunden bisher verschwiegen hatte. Als Titelmusik wurde »We Are Family« von Sister Sledge verwendet.

Eine erste Staffel mit fünf halbstündigen Folgen lief freitags um 21.15 Uhr, acht weitere kamen knapp zwei Jahre später mittwochs eine halbe Stunde später.

TRAUZEUGE FBI ARD

1994. 14-tlg. US-Krimiserie von Glen A. Larson (»P. S. I Luv U«; 1991–1992).

Wanda (Connie Sellecca) und Joey (Greg Evigan) mochten sich schon nicht, als sie gemeinsam undercover für die New Yorker Polizei arbeiteten: er als ehrlicher, nüchterner Cop, sie als kreative Trickbetrügerin, die ihre Talente einbringen muss, um nicht ins Gefängnis zu kommen. Nachdem der ganze Plan schief gegangen ist, bekommen sie im Rahmen eines Zeugenschutzprogrammes neue Identitäten – und sind jetzt ein Ehepaar: Als Dani und Cody Powell, die sich immer noch nicht mögen, leben sie in Palm Springs und arbeiten für eine örtliche Sicherheitsfirma und Detektei, wo ihre gegensätzlichen Charaktereigenschaften sich aber natürlich bestens ergänzen. Matthew Durning (Earl Holliman), Chef der Agentur, kennt als Einziger ihre wahre Geschichte.

Die einstündigen Folgen liefen im regionalen Vorabendprogramm.

TREFF AM ALEX RTL

1992. Vormittagsmagazin mit Ilja Richter, das eigentlich wöchentlich laufen sollte, aber kein Treffer war und schon nach der ersten Folge abgesetzt wurde.

TREFFPUNKT HR

1969–1974. »Telejournal für junge Leute«. Monatliches Jugendmagazin mit Filmbeiträgen und Musik. Der Sendetitel beinhaltete immer die aktuelle, auf zwei Stellen gekürzte Jahreszahl, z. B. *Treffpunkt 69*. Die anfangs 90-minütige Sonntagabendshow wurde in den 70er-Jahren auf 45 Minuten reduziert, und kurz bevor sie Mitte 1974 eingestellt wurde, übernahm die ARD Ende 1973 noch einzelne Ausgaben in ihr Nachmittagsprogramm.

TREFFPUNKT AIRPORT ARD
1968–1970. »Ein internationales Unterhaltungsmagazin«. Promimagazin mit Heidi Abel.
Treffpunkt Airport warf einen Blick hinter die glitzernde Hülle der Stars – aber nur kurz, damit man allein in den 45 Minuten der ersten Ausgabe Maurice Chevalier, Senta Berger, Michael Verhoeven, Elke Sommer, Lady Chelil, Editha Pircha und Udo Jürgens unterbringen konnte.
Heidi Abel war Ansagerin beim Schweizer Fernsehen, das die Sendung mit dem SWF zusammen produzierte. Nach sechs Ausgaben ging das Magazin in der neuen Reihe *Treffpunkte* auf.

TREFFPUNKT FERNSEHEN ARD
1953. Show mit Dagmar Späth.
Als es noch keine *Herzblatt*-Trennwand gab – und sonntags auch noch keine *Tagesschau* –, ging Kontaktaufnahme im Fernsehen so: Zuschauer dürfen schreiben, mit wem sie sich gern im TV-Studio treffen möchten, und das Fernsehen ermöglicht das. Die Sendung war zehn Minuten lang und lief 21-mal am Sonntagabend, meistens Schlag 20.00 Uhr. Nach neun Monaten wurde sie eingestellt. Es war das erste Jahr des Deutschen Fernsehens, noch nicht viele Menschen besaßen ein Empfangsgerät, und wahrscheinlich hatte sich bis zu diesem Zeitpunkt bereits jeder Zuschauer mit jedem anderen getroffen.

TREFFPUNKT FLUGHAFEN DFF 1
1986. 8-tlg. DDR-kuban. Fernsehserie von Gert Billing und Manfred Mosblech, Regie: Manfred Mosblech.
Werner Steinitz (Günter Naumann) ist Pilot eines Flugzeuges der DDR-Fluggesellschaft Interflug. Zu seiner Besatzung gehören sein bester Freund, der Co-Pilot Paul Mittelstedt (Walter Plathe), Navigator Jürgen Graf (Jürgen Zartmann), Bordingenieur Karlheinz Adler (Günter Schubert) und die Stewardessen Li Tham (Pham Thi Thanh), Karin Mittelstedt (Regina Beyer) und Viola Vallentin (Marijam Agischewa). Gemeinsam fliegen sie nach Angola, in die Sowjetunion, nach Nicaragua und Kuba. Ihr Berufsalltag ist anstrengend, aber auch aufregend.
Die Serie variierte das Thema Fernweh, das in *Zur See* zuvor sehr erfolgreich war, in der Luft. Auch die Darsteller der Mannschaft waren größtenteils identisch.
Die Folgen waren etwas länger als eine Stunde und liefen sonntags um 20.00 Uhr.

TREFFPUNKT KINO ZDF
1964. 25-minütiges Filmmagazin, das nur sechs Folgen lang so hieß. Dann wurde es, als Teil der *drehscheibe*, zu »Zehn Minuten für den Kinogänger«, dem Vorläufer von *Neues aus der Welt des Films*.

TREFFPUNKT KINO DFF 1
1971–1990. Monatliches Kinomagazin über Filme aus der DDR und dem Ausland. Lief zunächst nachmittags am Wochenende, ab 1980 am Donnerstagabend und war der Vorläufer von *KIN – top!*.

TREFFPUNKT KINO ARD
1985–1987. Kinomagazin.
Werner Baecker zeigt Ausschnitte von neuen deutschen und internationalen Filmen und interviewt Regisseure und Schauspieler. Die Gesprächspartner waren hochkarätig, in der ersten Sendung u. a. Wolfgang Petersen, Steven Spielberg und Sylvester Stallone.
Das dreiviertelstündige Magazin lief meistens montags um 21.45 Uhr.

TREFFPUNKT NEW YORK ARD
1961–1966. Reportagereihe, in der Werner Baecker über Neues, vor allem Kulturelles, aus New York berichtete. Er traf Weltstars wie Judy Garland, Vivien Leigh und Paul Newman.
Lief im regionalen Vorabendprogramm und wurde von *New York, New York* abgelöst.

TREFFPUNKT TELEBAR ARD
1961–1965. Musikshow.
Jürgen Graf und später außerdem Elfriede-Edith Elsholz begrüßen mehr oder weniger bekannte Schlagerstars, die sich einen Sängerwettstreit liefern. Die Show fand in wechselnden Hallen statt und lief im Nachmittagsprogramm.

TREFFPUNKT Ü-WAGEN 4 ZDF
1972–1984. Halbstündiges Magazin aus der evangelischen Redaktion, das kirchliche und soziale Einrichtungen und ihre Mitarbeiter vorstellte. Lief mehrmals jährlich mittwochs, erst um 21.15 Uhr, dann eine Stunde später.

TREFFPUNKTE ARD
1970–1977. 45-minütiges Showmagazin mit Kurzbeiträgen über Stars, Musik, Kultur und Konzerte, außerdem mit Porträts, Interviews und Reisereportagen.
Die Reihe war aus dem *Treffpunkt Airport* hervorgegangen und lief unter dem neuen Titel mit 39 Ausgaben im Abendprogramm. Verantwortlicher Redakteur war zunächst Ernst Otto Draeger, später Albert Krogmann. Krogmann startete kurz danach auch das neue Showmagazin *Bitte umblättern*.

TREND RTL
Seit 1998. Reihe mit halbstündigen Magazinen am späten Montagabend.
Staffelweise wechseln sich u. a. das Technikmagazin *Future Trend* (seit 1998), das Umwelt- und Wellnessmagazin *Natur Trend* (seit 1998), das Finanzmagazin *Money Trend* (seit 1999), das Kontaktmagazin *Love Trend* (2001) und das Religionsmagazin *Glaubens Trend* (2003) ab. Sie alle wurden zunächst von

Percy Hoven, seit Dezember 2004 von Anja Heyde moderiert.
Andere Ableger haben eigene Moderatoren und ein etwas anderes Profil (siehe jeweils dort): *Anders Trend, Cool Trend, Single Trend.* Hinzu kommen die jeweils nur einmal ausgestrahlten »Millennium Trend« (1999 – ein Rückblick auf die abgelaufenen 1000 Jahre, in denen offenbar nur so viel passiert war, dass es in eine einzige 30-Minuten-Sendung passte), »Web Trend« (2000), »Europa Trend« (2004) und »Bosporus Trend« (2004).
Alle Magazine stammen von der Firma AZ Media, die als »unabhängiger Drittanbieter« den Sendeplatz bestücken darf. Im September 2004 wechselte dieser für vier Monate vom Montag auf den Dienstag.

TRESKO   SAT.1
1996. 3-tlg. dt. Krimi von Mario Adorf und Peter Zingler, Regie: Hartmut Griesmayr, Günter Gräwert und Hajo Gies.
Der BND-Mitabeiter Joachim »Jo« Tresko (Mario Adorf) recherchiert in Sachen Kunst- und Waffenschmuggel, Menschenhandel, Korruption – kurz: organisierte Kriminalität. Er ist mit der Journalistin Katrin (Gudrun Landgrebe) verheiratet, die sich in ihrem Job um die gleichen Themen kümmert. Sie wird schließlich ermordet, und Tresko sucht natürlich persönlich den Mörder.
Gemeinsam mit dem verurteilten Räuber und Einbrecher und späteren Krimischreiber Peter Zingler erfand sich Adorf die Rolle auf den Leib. Die Figur sollte anders sein als jeder bekannte Fernsehermittler und hatte deshalb von jedem etwas. Außerdem wollte Adorf einfach gerne einmal was mit Gudrun Landgrebe spielen, und weil sich das als Einteiler nicht gelohnt hätte (sie stirbt im dritten Teil nach nur zehn Minuten), bekamen die beiden noch zwei Extrateile vorab.
Die spielfilmlangen Folgen liefen zwischen den Jahren zur Primetime.

TRIBUNAL 1982   ZDF
1972. »Ein Prozess zur Entwicklungshilfe«. 7-tlg. dt. Problemserie von Fritz Puhl, Regie: Stephan Rinser.
In einer »utopischen Gerichtsverhandlung« 1982, damals also zehn Jahre in der Zukunft, verklagen die Entwicklungsländer die Industrienationen für das Unrecht und die Ungleichheit in der Welt und ihre katastrophalen Folgen. Die Vertreter der Anklage, die von Schauspielern aus Entwicklungsländern und Diktaturen dargestellt wurden, erwirkten während der Dreharbeiten von den Verantwortlichen wiederholt Veränderungen des Manuskripts, das ihnen zu unkritisch erschien.
Die halbstündigen Folgen liefen sonntags um 19.15 Uhr.

TRICK 7   PRO SIEBEN
1997–1998. Mantelprogramm für mehrere Zeichentrickserien, die Pro Sieben täglich im Vorabendprogramm zeigte. Nova Meierhenrich und David Gromer-Piani moderierten. Nach vier Monaten wurde aus *Trick 7* nur die Verpackung für die Animationsserien, die ohne Moderationen vormittags am Wochenende ausgestrahlt wurden.

TRICKBONBONS   ZDF
1979–1985. Reihe für Kinder mit Musik, Späßen, Tipps und Zeichentrickfilmen, darunter *Calimero* und *Barbapapa*.

TRICKFILMZEIT MIT ADELHEID   ZDF
1974–1976. 72-tlg. US-Zeichentrickserie.
Das Münchner Trickfilmkänguru Adelheid kommt in einem Heißluftballon angeflogen und präsentiert überwiegend US-amerikanische Zeichentrickfilme mit verschiedenen Charakteren unterschiedlicher Cartoonherkunft (teils als eigene Serien, teils als Kinovorfilme gedreht). Die grüne Adelheid bildet nur den Rahmen, Hauptfiguren der jeweils mehreren kurzen Episoden sind z. B. der kauzige Mr. Magoo, der durch seine zugekniffenen Augen kaum etwas sehen kann, Clondike Cat, Inspektor Dudley Doright, Commander McBragg, Waldo und Filmo, Bullwinkel und der Frosch Huppsi.
Die 25-minütigen Folgen liefen zunächst montags, ab Mitte 1975 dienstags gegen 18.20 Uhr.

DIE TRICKS DER GROSSEN ZAUBERER   RTL
2003. 3-tlg. Anti-Zaubershow, in der Barbara Eligmann in Las Vegas enthüllt, wie einige bekannte Illusionen funktionieren – als Service für alle jene Zuschauer, die die Sat.1-Variante *Aus der Zauber* ein paar Jahre zuvor verpasst hatten.

TRIGGER HAPPY TV   PRO SIEBEN
2001–2003. 18-tlg. brit. Comedyshow von und mit Dom Joly und Sam Cadman.
Versteckte Kamera für Fortgeschrittene – oder für Anfänger, je nach Geschmack: Joly und Cadman lassen die Videokamera mitlaufen, wenn sie irgendwelche absurden Sachen unternehmen, etwa als Riesenplüschtiere durch die Gegend laufen oder an unmöglichen Orten mit einem metergroßen Handy telefonieren, und so ahnungslose Passanten überraschen. Das Beste daran: Fritz Egner ist nicht dabei, es fehlt jeder Kommentar, stattdessen läuft unter den Szenen angenehme Rock- und Popmusik.
Die Folgen waren jeweils eine halbe Stunde lang und liefen am späten Donnerstagabend. Pro Sieben drehte auch eine deutsche Version und zeigte sie unter dem Namen *Comedystreet*.

TRIKOT DER CHAMPIONS   RTL
2004. US-Jugendserie von Gordon Corman (»The Jersey«; 1999–2004).
Der 13-jährige Nick Lighter (Michael Galeota), sein Cousin Morgan (Courtnee Draper) und die Freunde Coleman (Jermaine Williams) und Elliot (Theo Greenly) können dank eines alten, magischen Sporttrikots, das Nick von seinem Opa geerbt hat, zu

Trio mit vier Fäusten von links nach rechts: Cody (zwei Fäuste), Boz (keine Faust) und Nick (zwei Fäuste).

Höhepunkten der Sportgeschichte in die Vergangenheit reisen. Dabei werden die Kinder selbst zu Athleten und nehmen an den Wettkämpfen teil.
Der Disney Channel zeigte im Pay-TV bereits alle 64 Folgen der Serie, RTL brach seine Ausstrahlung am Sonntagmorgen nach neun Folgen ab.

TRILOGIE DES WIEDERSCHMÄHENS   ARD
1991. 3-tlg. Kabarettprogramm mit Mathias Richling.
Die einzelnen Folgen liefen unter den Titeln »Richling – Klappe, die 1.« und so weiter. Jede Folge war eine halbe Stunde lang und lief um 22.00 Uhr.

TRIO MIT VIER FÄUSTEN   ZDF, PRO SIEBEN
1985–1988 (ZDF); 1991–1995 (Pro Sieben). 55-tlg. US-Krimiserie von Stephen J. Cannell und Frank Lupo (»Riptide«; 1984–1986).
Die Privatdetektive Cody Allen (Perry King) und Nick Ryder (Joe Penny) betreiben gemeinsam mit ihrem Freund Murray »Boz« Bozinsky (Thom Bray) eine Privatdetektei. Ihr Hauptquartier ist Codys Kabinenkreuzer »Riptide«, der an Pier 56 im Hafen liegt. Mit Codys kleinem Schnellboot und Nicks Hubschrauber sind die beiden Frauenhelden vor Ort im Einsatz und lösen die actionreichen Fälle oft mit Hilfe ihrer Fäuste, während das schüchterne Computergenie Boz vor dem Bildschirm zurückbleibt und jegliche Recherche von dort erledigen kann. Die drei werden gelegentlich von ihrem Assistenten Kirk »Dool« Dooley (Ken Olandt), von Mama Jo (Anne Francis) und ihrer durchweg weiblichen Bootsbesatzung unterstützt. Lieutenant Ted Quinlan (Jack Ging) von der Polizei kann das Trio nicht ausstehen. Seine Nachfolgerin wird später Lieutenant Joanna Parisi (June Chadwick).
Die ersten 47 einstündigen Folgen der Serie liefen im ZDF um 17.50 Uhr, Pro Sieben zeigte später den Rest in deutscher Erstausstrahlung. Die Folge »The Twisted Cross« erlitt das gleiche Schicksal wie die Folge »Schablonen der Gewalt« aus *Raumschiff Enterprise:* Sie wurde in Deutschland nie gezeigt. Aus dem gleichen Grund: Es ging um Neonazis.

EIN TRIO ZUM ANBEISSEN   VOX
2000–2002. 81-tlg. US-Sitcom (»Two Guys, A Girl And A Pizza Place«; 1998–1999; »Two Guys And A Girl«; 1999–2001).
Michael Leslie »Berg« Bergan (Ryan Reynolds) und sein Kumpel Pete Dunville (Richard Ruccolo) teilen sich eine Bude und arbeiten gemeinsam in der Pizzeria »Beacon Street Pizza«, die Bill (Julius Carry) führt. Eigentlich möchte Berg Mediziner und Pete Architekt werden. In der Wohnung über ihnen wohnt Sharon (Traylor Howard), die schon seit dem College ihre beste Freundin ist. Sie ist Vertreterin für Chemikalien. Melissa (Jennifer Westfeldt) ist Petes Freundin, Berg kommt später mit Ashley (Suzanne Cryer) zusammen. Zu ihren weiteren Freunden gehören Johnny (Nathan Fillion), Germ (Giuseppe Andrews) und Irene (Jillian Bach).
Die Serie lief samstags gegen Mittag.

TRIVIAL PURSUIT   VOX
1993–1994. Allgemeinwissensquiz mit Birgit Lechtermann, das auf dem gleichnamigen Gesellschaftsspiel basierte. Lief werktags, insgesamt mehr als 200-mal.

TROPICAL HEAT   RTL
1992–1996. 66-tlg. US-Krimiserie von Sam Egan (»Sweating Bullets«; 1991–1993).
Der langhaarige Ex-Agent Nick Slaughter (Rob Stewart) arbeitet jetzt als Privatdetektiv in der Karibik

Die Trotzkis von drüben von links: Michael Stutz, Christine Harbort, Heinz Rennhack, Diana Urbank.

und trägt einen Pferdeschwanz. Seine Partnerin Sylvie Girard (Carolyn Dunn) sorgt dafür, dass er auch tatsächlich arbeitet, obwohl er es sich lieber an der Strandbar seines Freundes Ian Stewart (John David Bland) gut gehen lässt. Die Bar übernimmt später der Ex-Tennisprofi Spider Garvin (Ian Tracey). Vertreter der örtlichen Polizei ist zunächst Lieutenant Carillo (Pedro Armendariz), später Sergeant Gregory (Ari Sorko-Ram).

Junge Frauen in knappen Bikinis und muskulöse Männer ohne Bikinis, die meisten sogar ohne Pferdeschwanz, prägten das Bild der Serie, bei der sich Zuschauer, die mit der 1979er-Version der *Abenteuer von Tom Sawyer und Huckleberry Finn* aufgewachsen waren, fragten, warum eigentlich Huckleberry Finn an der Bar steht.

Die einstündigen Folgen liefen sonntags um 12.00 Uhr. Warum RTL den englischen Originaltitel für die deutsche Ausstrahlung durch einen neuen ersetzte, der auch englisch ist, bleibt das Geheimnis des Senders.

EIN TROTTEL MIT STERN RTL, RTL 2
→ Sheriff Lobo

DIE TROTZKIS ARD
1993–1994. 12-tlg. dt. Comedyserie von Uwe Wilhelm und Rainer Otto, Regie: Günter Meyer.
Familie Trotzki lebt in einer Mietwohnung in Leipzig. Vater Herbert (Heinz Rennhack) ist Taxifahrer, seine resolute Frau Rosa (Christine Harbort) arbeitslos. Die beiden haben zwei missratene Kinder: Tochter Margot (Diana Urbank) ist der Prototyp von blond und blöd, Sohn Benno (Michael Stutz) ist dick, primitiv und säuft permanent Bier.
Die Serie sollte ursprünglich der Gegenschlag der Ostdeutschen gegen die Ossi-Hasser-Serie *Motzki* werden. Das ging daneben, da sich kaum ein Ostdeutscher mit der Familie Trotzki identifizieren konnte und die meisten darüber empört waren, wie der Ossi als solcher in der Serie dargestellt wurde. Von der Konstellation her erinnerte *Die Trotzkis* eher an *Ein Herz und eine Seele,* was aber natürlich auch kein Vorteil war.
Die halbstündigen Folgen liefen dienstags um 21.05 Uhr.

DER TROTZKOPF ARD
1983. 8-tlg. dt.-österr. Jugendserie von Irene Rodrian und Rudolf Nottebohm nach dem Roman von Emmy von Rhoden, Regie: Helmut Ashley.
Ilse Macket (Anja Schüte) ist ein eigensinniges Mädchen, das von ihrem Vater (Klaus Barner) und ihrer Stiefmutter (Emely Reuer) aufs Internat geschickt wird. Dort freundet sie sich mit ihrer Zimmergenossin Nellie (Linda Joy) und auch mit den Mitschülerinnen Orla (Cornelia Bayr), Rosi (Sabine Biber) und Flora (Rita Kail) an. Fräulein Reimar (Anaid Iplicjian) ist die Internatsvorsteherin, Dr. Althoff (Thomas Astan) der einzige männliche Lehrer. Ilse macht ihren Abschluss und kehrt auf das Landgut der Eltern zurück. Sie lernt den Assessor Leo (Rainer Goernemann) kennen und verlobt sich mit ihm. Nach einem Streit zieht sie zu Nellie in die Provinzstadt, die inzwischen mit Dr. Althoff verheiratet ist. Schließlich versöhnt sie sich aber doch mit Leo, und die beiden heiraten.
Die 25-minütigen Serienfolgen liefen montags um 17.20 Uhr, später auch zusammengefasst als zweiteiliger Film. Der Roman war 1885 erschienen und Anja Schüte 1977 in »Bilitis«.

TROUBLESHOOTER –
DIE PROBLEMLÖSER KABEL 1
2004. 9-tlg. Reportagereihe über Menschen, die zu Hilfe gerufen werden, um Probleme des Alltags zu

lösen, z. B. Klempner, Schlüsseldienste oder Kammerjäger.

TRU CALLING – SCHICKSAL RELOADED RTL
2005. 26-tlg. US-Fantasyserie von Jon Harmon Feldman (»Tru Calling«; 2003–2005).
Tru Davies (Eliza Dushku) arbeitet die nächtliche Wachschicht in einem Leichenschauhaus, und sie hat eine besondere Gabe: Sie ist in der Lage, die vergangenen 24 Stunden noch einmal zu durchleben und so den unnatürlichen Tod derer zu verhindern, deren Stimmen sie in der Leichenhalle hört. Zu ihrem Umfeld gehören ihre Geschwister Harrison (Shawn Reaves) und Meredith (Jessica Jollins), ihr Chef Davis (Zach Galifianakis) und ihre beste Freundin Lindsay (A. J. Cook), die zunächst nichts von Trus Gabe weiß. In der Mitte der ersten Staffel kommt Jack Harper (Jason Priestley) als Gegenspieler dazu. Er hat die gleiche Gabe, nutzt sie aber dafür, dass Menschen, die sterben sollten, auch tatsächlich tot bleiben.
Die einstündigen Folgen liefen samstags nachmittags.

TSCHU FU TAIWAN ARD
1969–1970. 9-tlg. Reportagereihe von Udo Langhoff.
Langhoff war acht Wochen lang in Taiwan unterwegs und berichtete über Kultur, Wirtschaft, Politik und Gesellschaft. Der Titel bedeutet »Sei gegrüßt, Taiwan!«. Die halbstündigen Folgen liefen im Abstand von drei oder vier Wochen samstags nachmittags.

TSJAKKAA – DU SCHAFFST ES! RTL 2
1998–1999. Dreiviertelstündige Motivationsshow mit dem Holländer Emile Ratelband, der Feiglingen ihre Angst nehmen soll.
Ratelband konfrontiert die Teilnehmer mit ihrem größten Horror, also in der Regel Spinnen oder Höhen, und redet ihnen ein, dass alles möglich und jeder ein Sieger ist. Zumindest kommt jeder ins Fernsehen, und Ratelband bleibt Millionär.
13 Ausgaben liefen erst sonntags, dann samstags am Vorabend.

TTT ARD
→ titel, thesen, temperamente

TÜCKEN DES ALLTAGS ZDF
1992–1994. 15-tlg. dt. Episodenreihe, die in abgeschlossenen Geschichten zeigt, dass alles, was schief gehen kann, auch schief gehen wird. Die Bandbreite des Humors gab das ZDF mit »heiter-besinnlich« bis »schrill-komisch« an.
Die halbstündigen Teile liefen erst freitags, dann dienstags am späteren Abend.

TUCKER JAMES, DER HIGHSCHOOL-BLITZ SUPER RTL
1997. 26-tlg. kanad. Jugendserie (»Flash Forward«; 1996).
Tucker James (Ben Foster) und Becca Fisher (Jewel Staite) sind schon immer beste Freunde. Jetzt sind beide 13 Jahre alt und treten gemeinsam mit ihren Freunden Miles Vaughn (Theodore Borders) und Christine Harrison (Asia Vieira) ins Teenagerdasein ein. Mitschüler Jack Devins (Stuart Stone) ist Tuckers Erzfeind, Trainer Petrovsky (Don Dickinson) der Sportlehrer. Und obwohl Tucker zwischenzeitlich ein Auge auf Kerry Rogers (Jilana Stewart) geworfen hat, ist er eigentlich in Becca verliebt – und sie in ihn. Am Ende gestehen sie es sich gegenseitig ein.
Jede Folge war eine halbe Stunde lang.

DER TÜFTLER ARD
1990. 13-tlg. dt. Familienserie von Harald Vock.
Die Erfinder Jens Petersen (Georg Thomalla) und Helmut Elster (Harald Leipnitz) konkurrieren um die besten und originellsten Ideen. Die halbstündigen Folgen liefen im regionalen Vorabendprogramm.

TURBO TEEN RTL
1991–1992. 13-tlg. US-Zeichentrickserie (»Turbo Teen«; 1984).
Brett Matthews ist ein Rennfahrer, der sich in ein Rennauto verwandelt – immer dann, wenn seine Körpertemperatur zu weit ansteigt. Kein Witz. Warm duschen – Auto. Kalt duschen – Rennfahrer. Ursache für diese äußerst verwirrende Veranlagung

Der Trotzkopf Ilse Macket (Anja Schüte).

ist ein Unfall, bei dem er mit seinem Auto in ein Forschungslabor raste, als dort gerade ein geheimes Strahlenexperiment stattfand. Bretts Freundin Pattie, sein Freund Alex und die Regierung wissen Bescheid. Natürlich nutzt er seine Fähigkeit, um Gutes zu tun und Böse zu jagen, vor allem den Schurken Dark Rider mit seinem Auto Bigfoot.

Die 25 Minuten langen Folgen liefen samstags vormittags.

TURF   ARD

1983. 13-tlg. dt. Comedyserie, Regie: Marcus Scholz.

Abgeschlossene und absurde Geschichten von der Pferderennbahn. Es geht um Menschen, die seit Jahren auf ihr Glück hoffen, und Ganoven, die dabei etwas nachhelfen wollen. Es geht aber auch um Pferde, die mit im Haus wohnen, und andere, die sprechen können und heiße Tipps geben.

Die halbstündigen Folgen waren mit wechselnden Hauptdarstellern besetzt und liefen im regionalen Vorabendprogramm.

TURN MIT   ZDF

1971–1978. Zehnminütige Turnsendung für Drei- bis Sechsjährige von und mit Hannelore Pilss-Samek, manchmal auch mit ihrem Sohn Peter.

TUT ER'S ODER TUT ER ES NICHT?   RTL

1993–1996. Große Abendshow mit Peter Jan Rens. Kandidatenpaare müssen raten, ob Menschen etwas tun oder eben nicht. In Filmeinspielungen versucht der Moderator, Passanten zu überreden, etwas Ausgefallenes zu tun: Sie sollen mitten in der Fußgängerzone spielen, im Wartezimmer vom Zahnarzt Techno tanzen oder in der Bäckerei ein abgebissenes Hörnchen kaufen, weil doch die Tüten leider zu klein sind. Vor der Entscheidung wird der Film angehalten, und die Kandidaten setzen Geldbeträge auf den Ausgang. Zwischendurch finden Geschicklichkeitsrunden im Studio statt, in denen wertvolle Joker erspielt werden können. Das Siegerpaar dreht am Ende am Kartenrad und muss, um seinen Gewinn zu behalten oder gar zu vervielfachen, bis zu fünfmal richtig tippen, ob die nächste Karte höher oder niedriger ist als die letzte.

Die Show war eines der Frühwerke aus der Produktion von John de Mol, der damals neben den holländischen Formaten (»Doet-ie 't of doet-ie 't niet«) noch munter seine holländischen Moderatoren nach Deutschland exportierte. Peter Jan Rens hatte zuvor noch schnell einen Crashkurs in der deutschen Sprache gemacht, der jedoch wenig geholfen hatte.

Die Show lief ursprünglich sonntags um 20.15 Uhr, wurde nach zehn Sendungen auf den Sonntagnachmittag verlegt und wenige Wochen später, im November 1993, vorerst eingestellt. Im September 1995 kam sie mit leicht verändertem Konzept und stark verändertem Moderator (Klaus-Peter Grap) zurück in die Primetime, wurde aber auch nur sechsmal ausgestrahlt.

TUTENSTEIN   KI.KA, ARD

2005. 26-tlg. US-Zeichentrickserie (»Tutenstein«; 2003–2004).

Durch einen Blitzschlag wird die Mumie des zehnjährigen Tutanchamun mitten im Museum zum Leben erweckt. Die zwölfjährige Cleo und ihre sprechende Katze Luxor zeigen ihm, wie das 21. Jh. funktioniert, und geben ihm den Spitznamen Tutenstein. Tutenstein setzt sich gegen Angriffe aus der Unterwelt zur Wehr.

Die Reihe lief wenig später auch im Ersten.

TUTTI FRUTTI   RTL

1990–1992. Lustige Fleischbeschau mit Hugo Egon Balder und die erste Stripteaseshow im Deutschen Fernsehen.

Nach dem italienischen Vorbild »Colpo grosso« – und auch in deren Kulissen in Italien – spielen Kandidaten, Männer und Frauen, gegeneinander. Es gibt dauernd Länderpunkte, und dann ist da noch das Tutti-Frutti-Ballett »Cin Cin«, eine Horde bunt und leicht bekleideter Tänzerinnen, die verschiedene Fruchtsymbole auf ihren Brustwarzen tragen. Das muss wohl auch irgendwie mit dem Spiel zu tun haben. Und irgendwann ziehen sich auch die Kandidaten aus. Männer und Frauen. Die Unterwäsche wird anbehalten. Und dann ist die Sendung zu Ende.

Woher die guten Einschaltquoten kamen (anfangs vier Millionen Zuschauer, später im Schnitt rund 1,5 Millionen – 80 % davon Männer), hat, wie auch die Spielregeln, keiner verstanden, da sich natürlich niemand die Sendung ansah, wie auch niemand zu McDonald's geht oder die »Bild«-Zeitung liest. Keine andere Sendung erregte Anfang der 90er-Jahre so viel Aufsehen. Balder avancierte zum »Herrn der Möpse« und hatte sichtlich Spaß an der eigentlich harmlosen und selbstironischen Show. Er selbst sagte z. B.: »Andere Leute machen intelligente Arbeit, ich mache *Tutti Frutti*.« Und seine Assistentin Scarlett war so übertrieben großbusig, lispelnd und mit albernem holländischen Akzent, dass der Unernst der ganzen Veranstaltung eigentlich deutlich war. *Tutti Frutti* war eine der ersten Sendungen, die ab März 1991 versuchsweise in 3D ausgestrahlt wurden und mit entsprechenden Brillen dreidimensional zu sehen waren.

Insgesamt liefen 143 Folgen, erst sonntags, später samstags und auch mal freitags im späten Abendprogramm, die den Sender fast nichts kosteten. Angeblich lag der Preis pro Sendeminute bei 1000 DM (eine Minute einer Daily Soap kostet das Fünffache, eine Minute *Tatort* etwa das Zwanzigfache). Immer fünf Folgen wurden am Stück in den Originalkulissen des italienischen Formats aufgezeichnet.

Tatsächlich gingen die Spielregeln so: Jeder Kandidat wählt unter den sieben Models, die die Namen und Farben von Früchten tragen, eines aus. Auf Kommando von Balder tanzen die Models, öffnen am Ende ihre BHs und präsentieren ihre Brüste. Auf manchen davon stehen Sterne, die der Kandidat, der die jeweilige Frucht gewählt hat, als Startkapital be-

Tutti Frutti:
Hugo Egon Balder
mit Assistentinnen
Tiziana (links)
und Monique.

kommt. Weitere Punkte gibt es für richtig beantwortete Ratefragen (und niemals ein, zwei oder zehn Punkte, sondern z. B. gleich 10 000, was schlicht damit zusammenhing, dass sie im Original Lire entsprachen). Je 50 000 erspielte Punkte werden in 1000 DM Bargeld und einen Länderpunkt umgetauscht. Für jeden Länderpunkt macht eine der so genannten »acht internationalen Damen« einen Strip. Wenn ein Kandidat schlecht rät, kann er Punkte gutmachen, indem er selber strippt. Dafür erhält er – je nach der Zahl abgelegter Kleidungsstücke – in der Regel einen Länderpunkt und 1000 DM in bar. Alles klar?

TV 101   PRO SIEBEN

1989–1990. 17-tlg. US-Schulserie (»TV 101«; 1988–1989).
Der ehemalige Schüler Kevin Keegan (Sam Robards) kehrt als Lehrer an seine alte Schule Roosevelt High zurück. Seine frühere Journalistiklehrerin Emilie Walker (Brynn Thayer) hat ihn darum gebeten, damit er den Schülern Begeisterung für die Arbeit in den Medien vermittelt. Der gerade geschiedene ehemalige Fernsehjournalist produziert mit ihnen nicht wie üblich eine Zeitung, sondern eine wöchentliche Nachrichtenshow. Anders als Walker ist der strenge Direktor Edward Steadman (Leon Russom) nicht begeistert von Keegans Rückkehr – schließlich hatte der ihm schon als Schüler nichts als Ärger eingebracht.
Die Serie wurde in den USA nach nur 13 einstündigen Folgen abgesetzt, vier blieben dort ungesendet.

TV GUSTO   RTL 2

2005. 75-minütiges Kochmagazin am Samstagvormittag.
Die Sendung ist zweigeteilt: Zunächst werden in halbstündigen Reportagen Spitzenköche, ihre Restaurants und ihre Gerichte vorgestellt, dann kocht der Komiker Volker G. Schmitz mit Gästen aus aller Welt typische Gerichte aus deren jeweiligen Heimatländern.

TV INTIM – VOR DER SENDUNG NOTIERT   ARD

1969–1971. Fernsehmagazin mit Gisela Reich.
Reich bummelt durch die Studios der ARD und berichtet über Hintergründe, Fernsehserien, Shows, Moderatoren, aus der Redaktion, dem Archiv oder von Dreharbeiten. Sie interviewt Prominente wie Rudi Carrell und Inge Meysel oder Entscheidungsträger wie NDR-Intendant Gerhard Schröder. Es gibt Hintergrundinformationen zu Publikumslieblingen, darunter *Musik aus Studio B, Schimpf vor Zwölf, Tatort, Wer dreimal lügt* und *Salto Mortale*, aber auch rundfunkpolitische Themen.
Sieben 45-minütige Ausgaben liefen in loser, seltener Folge zur Primetime zunächst dienstags, ab Ausgabe 3 sonntags.

T. V. KAISER   RTL

1996–1999. Dt. Comedyreihe.
Tillmann-Volker Kaiser (Martin Zuhr), genannt T. V. Kaiser, ist Moderator einer nach ihm benannten Talkshow, sein Assistent ist Marco Mommsen (Michael Dierks).
Parodie auf Daily-Talkshows. In *T. V. Kaiser* sollten die Themen noch dämlicher und die Gäste noch schlimmer sein als in den wirklichen Daily Talks. Die Show litt darunter, dass das schon vom Prinzip her nicht möglich war. Original und Parodie unterschieden sich nur dadurch, dass das Original unfreiwillig witzig war und die Parodie angestrengt witzig. Letztlich war *T. V. Kaiser* aber seiner Zeit

voraus. Wenig später waren Shows wie *Richterin Barbara Salesch, Das Jugendgericht* oder *Zwei bei Kallwass*, aber auch Talkshows wie *Nicole* und *Arabella* routinemäßig mit schlechten Schauspielern in überdrehten Rollen besetzt.

RTL sendete 80 Ausgaben der Show, immer 45 Minuten lang, freitags um 23.15 Uhr. Die erste Staffel hatte noch den Untertitel »Die Talkshow, wo voll gut ist«. Vox versuchte sich an einem ähnlichen Format unter dem Titel *Quatsch dich reich*.

TV TOTAL   PRO SIEBEN

Seit 1999. Einstündige Comedyshow mit Stefan Raab.

Raab führt peinliche Ausschnitte aus anderen Sendungen vor und kommentiert sie. Meist unprominente Menschen, die in irgendeinem Programm (unangenehm) aufgefallen sind, lädt er ein, führt sie vor und verleiht ihnen den »Raab der Woche«. Hinzu kommen weitere wiederkehrende Rubriken: »Der Schocker der Woche« ist ein ganz besonders Ekel erregender Ausschnitt aus einem anderen Programm, gern auch aus einer Medizinsendung. In »Raab in Gefahr« ist Raab auf Veranstaltungen unterwegs, überrumpelt mit der Kamera Leute und verulkt sie. Das »Raabigramm«, ein Spottlied, singt Raab Prominenten direkt ins Gesicht. Erstes Opfer war Rudi Carrell, der sich in seinem Büro sein »Wann wird's mal wieder richtig Sommer« vorsingen lassen musste, mit der neuen Textzeile: »Wann wirst Du endlich wieder lustig? So lustig, wie du früher schon nie warst?«

In den ersten Monaten waren die von Raab entdeckten Ö La Palöma Boys Dauergäste, ein Duo, das bekannte englische Hits mit sächsischem Akzent sang und es mit seinem Song »Ö La Palöma« auf Platz zwei der deutschen Charts schaffte. Ein halbes Jahr später schlachtete Raab einen Fall aus der Sendung *Richterin Barbara Salesch* aus, in der Regina Zindler aus Sachsen gegen ihren Nachbarn Gerd Trommer klagte, weil dessen Knallerbsenstrauch zu nahe an ihrem Maschendrahtzaun wuchs. Um die Originaltöne der sächsisch gesprochenen Zindler-Worte »Maschendrahtzaun« und »Knallerbsenstrauch« herum dichtete Raab einen Countrysong, den er strophenweise in seiner Show vorsang und der sich sieben Wochen an der Spitze der deutschen Singlecharts hielt.

Raab trat einen bis dahin kaum gekannten Medienrummel um die in jeder Hinsicht überforderte Frau Zindler los, von dem er sich später distanzierte. Während die verschiedenen Boulevardmedien noch die privatesten Aspekte des Nachbarschaftsstreits ausschlachteten, ließ er das Thema fallen, hatte aber ein zutiefst beunruhigendes Beispiel seiner Fähigkeit gezeigt, Medienhypes auszulösen.

Die Plattform seiner eigenen Show verhalf Raab außerdem zum Sieg bei der deutschen Vorentscheidung für den Schlager-Grand-Prix im Mai 2000, an dem er mit dem Lied »Wadde hadde dudde da« teilnahm und den fünften Platz belegte. Aus einem weiteren Fernsehoriginalton machte Raab im folgenden Herbst seinen nächsten Hit und damit Bundeskanzler Gerhard Schröder zum Popstar. Dessen Satz »Ho mir ma ne Flasche Bier« schaffte Platz zwei in den Verkaufscharts.

TV total begann als wöchentliche Show montags um 22.15 Uhr. Sie war der größte Erfolg für den Sender Pro Sieben, der mit ihr vier Millionen Zuschauer und in der Zielgruppe der 14- bis 49-Jährigen regelmäßig Marktanteile von über 30 Prozent erreichte. Im Oktober 1999 erhielt Raab den Deutschen Fern-

Differenzierte Medienkritik in *TV total*: Für schmutzige Inhalte zog Stefan Raab die Pfui-Kelle, die eigene kleine Ausklappkellen bekam, die den Ekelgrad auf »Pfui extra« und »Pfui extra Gold« erhöhten.

sehpreis für die beste Unterhaltungssendung. Er wurde zur Leitfigur einer neuen deutschen Spaßgesellschaft erhoben und war Zeitschriften wie »Spiegel«, »Focus« und »Stern« seitenlange Titelgeschichten wert. Der Erfolg veranlasste Pro Sieben, *TV total* ab Anfang 2001 viermal wöchentlich auszustrahlen, jetzt montags bis donnerstags um 22.15 Uhr.

Gleichzeitig kam die Zeitschrift »TV total« auf den Markt, die jedoch nach ein paar Monaten mangels Erfolg wieder eingestellt werden musste. Die Sendung erreichte nur noch knapp zwei Millionen Zuschauer, was für den fast täglichen Rhythmus aber immer noch hervorragend war. Raab etablierte mit dem erhöhten Senderhythmus ein paar neue Gimmicks. Zu Beginn jeder Sendung rutschte er das Geländer der Showtreppe herunter, wobei anfangs die Zeit genommen wurde. Er versuchte dauernd, seine eigenen Rutschrekorde zu verbessern und rutschte gegen prominente Gäste. Promis waren jetzt dauernd zu Gast und stellten ihre neuen Shows oder CDs vor – das Format entwickelte sich in Richtung klassischer Late-Night-Show.

Neuer Dauergast war zudem »Showpraktikant Elton« (Alexander Duszat), der immer wieder bei Raab auf der Couch saß, Aufgaben erledigte und von Haus zu Haus zog und »Bimmel-Bingo« spielte. Elton klingelte mitten in der Nacht an Haustüren, und wenn die Belästigten bestimmte Schimpfworte fallen ließen, gewannen sie Geld. Eine Lehrerin, die auf diese Weise im Nachthemd ins Fernsehen kam, klagte erfolgreich. Die Produktionsfirma Brainpool zahlte ihr 2550 € Schmerzensgeld. Elton erhielt im Dezember 2001 seine eigene Show namens *Elton. TV*, war aber weiter bei Raab zu sehen.

Im März 2001 inszenierte Raab ein neues Großereignis. Als »Die Boxnacht des Jahres« kündigte er einen Kampf gegen die Boxweltmeisterin Regina Halmich an, die ihm in »TV Total Boxen extra« über fünf Runden die Nase blutig schlug. Sensationelle sieben Millionen Menschen sahen zu. Gelegentlich war *TV total* zu besonderen Anlässen wie der Fußball-WM schon um 20.15 Uhr ausgestrahlt worden, im November 2003 zeigte Pro Sieben erstmals ein abendfüllendes Special zur Primetime: die dreistündige erste »offizielle Wok-Weltmeisterschaft«. Raab und andere prominente Teilnehmer rasten auf einem Wok eine Bobbahn hinunter, fast fünf Millionen Fernsehzuschauer waren dabei. Es folgten weitere Wok-Meisterschaften, außerdem ein Reitturnier und das *TV total*-Turmspringen.

Von Ende 2003 bis Frühjahr 2004 lief zusätzlich eine Freitagsausgabe der Show, und Raab suchte in Castingshows unter dem Titel »SSDSGPS« (Stefan sucht den Super-Grand-Prix-Star) einen Teilnehmer für den deutschen Vorentscheid zum *Eurovision Song Contest*. Raab, Joy Fleming und Thomas Anders bildeten die Jury, Elton und Annette Frier moderierten diese Shows. Was als Parodie auf *Deutschland sucht den Superstar* begann, wurde zu einem seriösen Talentwettbewerb. Der Sieger Max Mutzke schaffte mit Raabs Komposition »Can't Wait Until Tonight« einen Nummer-eins-Hit in den deutschen Charts und Platz acht beim *Eurovision Song Contest*. Für die Entdeckung und Förderung von Musiktalenten wurde Raab 2005 mit dem Grimme-Preis ausgezeichnet.

Im Februar 2004 wurde Raabs Produktionsfirma zur Zahlung von 70 000 € Schmerzensgeld an die Schülerin Lisa Loch verurteilt. Loch war in einer RTL-2-Sendung über einen Schönheitswettbewerb aufgetaucht, Raab hatte diesen Ausschnitt etliche Male wiederholt und sich mit sexuellen Anspielungen über ihren Namen lustig gemacht. Lochs Gerichtserfolg spornte Nachahmer an, Raab ebenfalls zu verklagen. Ihren Zenit hatte die Show zu diesem Zeitpunkt längst überschritten. Wenn nicht gerade eine besondere Aktion lief, lagen die Zuschauerzahlen meist unter dem Senderschnitt. Die Fernsehausschnitte, die ihm anfangs als Aufhänger für eigene Ideen gedient hatten, sagte Raab nur noch uninspiriert an. Als tägliche Sendung wirkte *TV total* in der ersten Hälfte wie eine langatmige Version von *Zapping* und in der zweiten wie eine Werbeshow für Sendungen und Produkte aller Art. Als kreative Zelle für immer neue Programmideen, die dem Sender Aufmerksamkeit bescheren, ist Raab für Pro Sieben jedoch unverzichtbar.

TV TV   RTL 2

2001. Comedyshow mit Guido Cantz, in der laut RTL-2-Programminfo »trashige Szenen, peinliche Auftritte und ungewöhnliche Versprecher der vergangenen sieben Tage« gezeigt wurden. Also eine billige Variante von *TV Total*.

Zwölf einstündige Folgen der RTL-2-Version liefen sonntags um 19.00 Uhr, zwischenzeitlich auch mal um 23.00 Uhr.

TWEENIES   KI.KA

2001–2002. 100-tlg. brit. Puppenserie von Iain Lauchlan (»Tweenies«; seit 1999).

Die Vorschüler Jake, Fizz, Milo und Bella und ihr Hund Doodles, bunte Puppen in bunter Kleidung, verbringen ihre Zeit in einer Fantasiewelt, in der sie spielen, basteln, malen und lernen, wobei sie von den Erwachsenenpuppen Judy und Max beaufsichtigt und unterstützt werden. Bella ist mit viereinhalb Jahren die Älteste, Jake ist knapp drei und damit der Jüngste.

Serie für Kinder, die noch nicht in der Schule, aber auch nicht mehr im *Teletubbies*-Alter sind. Nach den umstrittenen *Teletubbies* und dem Start der Nachfolger *Tweenies* in Großbritannien hatte der Kinderkanal noch versprochen, die Serie nicht zu zeigen. Er tat es dann doch, sendete aber bei weitem nicht alle der im Original mehr als 400 Folgen. Jede war etwa 20 Minuten lang.

TWEN–POLICE   ARD

1970–1971. 18-tlg. US-Krimiserie von Bud Ruskin, Sammy Hess und Aaron Spelling (»The Mod Squad«; 1968–1973).

Pete Cochran (Michael Cole), Linc Hayes (Clarence Williams III.) und Julie Barnes (Peggy Lipton) sind drei junge Leute Anfang 20, die sich strafbar gemacht haben. Statt sie zu inhaftieren, gewinnt man sie für die Polizei. Fortan arbeiten die drei unter der Leitung von Captain Adam Greer (Tige Andrews) als verdeckte Ermittler und klären dabei Kriminalfälle auf. Ihr »Dienstwagen« ist ein alter klappriger Kombi namens Woody. Chief Barney Metcalf (Simon Scott) ist ihr Vorgesetzter.

Die Episoden waren 45 Minuten lang und liefen freitags um 21.30 Uhr. Obwohl die ARD nur die wenigsten der eigentlich 124 Folgen zeigte, wurde *Twen-Police* auch hierzulande ein Erfolg. Serienerfinder Bud Ruskin schöpfte den Stoff aus seiner eigenen Erfahrung, die er als Polizist und Privatdetektiv gesammelt hatte. Produzent Aaron Spelling schickte einige Jahre später in *Neu im Einsatz* erneut drei junge Leute in den (dann uniformierten) Polizeidienst. Das Konzept der zivilen jugendlichen Ermittler machte sich später auch *21, Jump Street* zu Eigen.

24 RTL 2
Seit 2003. US-Actionserie von Joel Surnow und Robert Cochran (»24«; seit 2001).
Top-Agent Jack Bauer (Kiefer Sutherland) von der »Counter Terrorism Unit« CTU wird kurz nach Mitternacht beauftragt, einen Terroranschlag zu verhindern, der für diesen Tag geplant ist. Ziel des Anschlags ist der Präsidentschaftskandidat David Palmer (Dennis Haysbert), der gute Chancen hat, erster schwarzer Präsident der USA zu werden. Es ist der Tag der Vorwahlen in Kalifornien. Gleichzeitig werden Jacks Frau Teri (Leslie Hope) und seine Tochter Kimberly (Elisha Cuthbert) entführt. Es stellt sich ein Zusammenhang heraus. Den Terroristen gelingt es, Jack in den Verdacht zu bringen, selbst der Attentäter zu sein. Auf der Flucht vor seinen eigenen Vorgesetzten sucht Jack seine Familie. Er kann niemandem trauen, und nur seine Kollegin Nina Myers (Sarah Lively) unterstützt ihn, meist telefonisch, aus der Zentrale seiner Einheit. Weitere CTU-Mitarbeiter sind Ninas Freund Tony Almeida (Carlos Bernard), Computerspezialistin Jamey Farrell (Karina Arroyave) und der Direktor George Mason (Xander Berkeley). Sherry (Penny Johnson Jerald) ist Palmers undurchsichtige Frau. Als Drahtzieher entpuppt sich der totgeglaubte Serbe Victor Drazen (Dennis Hopper).
In der zweiten Staffel ist David Palmer Präsident, und Terroristen wollen in Los Angeles eine Atombombe zünden. Jack Bauer hat 24 Stunden Zeit, den Anschlag zu verhindern. In der dritten Staffel muss er erneut eine Katastrophe verhindern; diesmal sind Terroristen im Besitz eines hochgradig ansteckenden und tödlichen Virus. Jacks Tochter Kim arbeitet inzwischen ebenfalls bei der CTU.
Innovative Serie, die komplett in Echtzeit spielte. Eine Fernsehrevolution. Die 24 Folgen einer Staffel umfassten insgesamt nur einen einzigen Tag, jede Folge exakt eine Stunde des Tages (die Nettolänge einer Episode ohne Werbung betrug allerdings nur 42 Minuten). Im Vorspann erklärte Bauer bereits: »Heute ist der längste Tag meines Lebens.« *24* war völlig unrealistisch hinsichtlich der Tatsache, dass in der kurzen erzählten Zeit so viel passierte wie in anderen Serien, deren Handlungszeitraum mehrere Jahre umfasste, aber dabei so spannend, dass man nach dem Ende einer Folge schnellstmöglich sehen wollte, wie es denn nun weitergeht. Diesem Verlangen trug RTL 2 Rechnung, indem es die komplette erste Staffel innerhalb von nur vier Wochen zeigte. Dienstags, freitags und sonntags liefen zur Primetime jeweils zwei Folgen hintereinander, diese wurden immer am Tag vor den nächsten neuen Folgen am späten Abend wiederholt. Sechs der ersten 24 Folgen mussten für die Erstausstrahlung um 20.15 Uhr geringfügig geschnitten werden, da sie von der Freiwilligen Selbstkontrolle erst für Zuschauer ab 16 Jahren freigegeben waren. Auf dem Wiederholungssendeplatz liefen diese Folgen ungekürzt. Wenn sich mehrere Handlungsstränge gleichzeitig entwickelten, trug *24* dem Rechnung, indem der Bildschirm zwei-, drei- oder viergeteilt wurde (Überraschung: Es wurde dann immer nur in einem Bild gesprochen; in den anderen fuhren, gingen oder flogen Menschen schweigend meistens gerade irgendwohin). Während der gesamten 24 Stunden ging niemand zur Toilette. Also wie im richtigen Leben: Vermutlich nutzten die Charaktere dazu die Werbepausen.
Wahrscheinlich die hochwertigste Produktion, die RTL 2 je gezeigt hat (okay, keine große Kunst – aber auch aus dem Programmangebot jedes anderen Senders hätte diese Serie herausgeragt). Für die aufwendige Serie betrieb RTL 2 im Vorfeld einen enormen Werbeaufwand. Schon Monate vorher liefen Programmhinweise, und zwei Wochen vor dem Start lag einer Fernsehzeitschrift eine Gratis-DVD bei, die die komplette erste Folge enthielt. Die dadurch erreichten Einschaltquoten waren passabel, aber nicht überragend.
Die gesamte erste Staffel erschien am 29. September 2003, nur einen Tag nach der Erstausstrahlung ihrer letzten beiden Folgen, in Deutschland als Kauf-DVD (auch die weiteren Staffeln wurden kurz nach der Ausstrahlung auf DVD veröffentlicht).
Ein halbes Jahr später startete im März 2004 bereits die zweite Staffel. Sie lief jetzt nur noch dienstags, dem Sendeplatz, auf dem in der ersten Staffel stets die höchsten Einschaltquoten erzielt worden waren, dort aber weiterhin mit zwei Folgen am Stück. Die dritte Staffel lief ab Januar 2005 mit Einzelfolgen mittwochs um 22.15 Uhr.
Serienerfinder Joel Surnow hatte zehn Jahre zuvor als Co-Autor die schlimme Serie *Der Ring der Musketiere* ausgeheckt. Hauptdarsteller waren damals David Hasselhoff und Thomas Gottschalk. Schön, dass er aus Erfahrung klug wurde.

21, JUMP STREET RTL, RTL 2
1990–1992 (RTL); 1995 (RTL 2). »Tatort Klassenzim-

24: Jack Bauer (Kiefer Sutherland) musste mittlerweile schon mehrere längste Tage seines Lebens überstehen (drei Staffeln waren bisher in Deutschland zu sehen, vier in den USA), zwei weitere bis 2007 sind bereits vertraglich zugesichert. Kein Wunder, dass der Mann erschöpft ist.

mer«. 98-tlg. US-Krimiserie von Patrick Hasburgh und Stephen J. Cannell (»21 Jump Street«; 1987–1991).
Jugendliche sind Menschen, die dunkle Nietenlederjacken tragen, in Gangs auftreten, Drogen nehmen, herumpöbeln, randalieren und teilweise auch in größerem Maß straffällig werden. Damit das nicht so bleibt – oder zumindest geahndet wird –, ermittelt ein Team von jungen Polizisten undercover unter Schülern und Studenten, klärt Verbrechen auf und führt die jungen Delinquenten wenn möglich auf den Pfad der Tugend zurück. Tommy Hanson (Johnny Depp) ist als Streifenpolizist durchgefallen, weil er einfach viel zu jung aussieht und von niemandem ernst genommen wurde. Seine Partner sind die Afroamerikanerin Judy Hoffs (Holly Robinson), der Japaner Harry Truman Ioki (Dustin Nguyen), genannt »H. T.«, und der weiße Doug Penhall (Peter DeLuise). Ihr Hauptquartier ist die Jump-Street-Kapelle. Vorgesetzter ist erst der langhaarige Alt-Hippie Captain Richard Jenko (Frederic Forrest), der von allen geduzt wird und Jugendslang spricht. Er wird nach wenigen Folgen von einem Betrunkenen überfahren, der flüchtet. Sein Nachfolger wird der strenge schwarze Captain Adam Fuller (Steven Williams). In der dritten Staffel stößt Dennis Booker (Richard Grieco) zum Team, macht sich aber bald wieder als Privatdetektiv selbständig (und bekommt seine eigene Serie *Booker*). Als nach der vierten Staffel auch H. T. und Tommy die Kapelle verlassen, kommen Dougs Bruder Joey Penhall (Michael DeLuise) und Mac McCann (Michael Bendetti) dazu. Doug selbst kündigt wenig später, um seinen verwaisten Neffen Clavo (Tony Dakota) zu erziehen, um den er sich schon seit längerem kümmert.
Die Produzenten achteten darauf, möglichst jugendliches Publikum zu erreichen – was funktionierte –, aber zugleich relevante und realistische Inhalte zu präsentieren und Lösungsmöglichkeiten aufzuzeigen. Auch das funktionierte, obgleich die Serie teilweise recht reißerisch daherkam. In den USA nannten die Hauptdarsteller am Ende der Episoden reale Telefonnummern von Beratungsstellen, die sich mit den Problemen aus der jeweiligen Folge befassen. Deren Zulauf vervielfachte sich.
Nach dem abendfüllenden Pilotfilm liefen die ersten 78 einstündigen Folgen mit Johnny Depp bei RTL zur Primetime immer donnerstags um 19.20 Uhr, die 20 letzten Folgen ohne Depp zeigte RTL 2. *21, Jump Street* war Depps erste Hauptrolle. Den Titelsong sang Darstellerin Holly Robinson. Auch die Handlung der Episoden war zu großen Teilen mit Rockmusik unterlegt, was zumindest einen Teil des Erfolgs ausmachte. Ohne Depp und ohne Rock war das Konzept sechs Jahre vorher noch gefloppt *(Fäuste, Gangs und heiße Öfen)*.

TWILIGHT ZONE RTL

1987–1992. 73-tlg. US-Mysteryreihe (»The Twilight Zone«; 1985–1988). Halb- oder einstündige Episoden mit Kurzfilmen über unerklärliche Phänomene, besetzt mit wechselnden Schauspielern.
Die Reihe war eine Neuauflage der 25 Jahre zuvor bereits erfolgreichen »Twilight Zone« von Rod Serling, die unter dem Titel *Unwahrscheinliche Geschichten* in ARD, ZDF und Pro Sieben gelaufen war. Im Unterschied zur Originalserie führte in der neuen Version kein Moderator in die Geschichten ein, allerdings gab es einen Off-Erzähler. Eine weitere Neuauflage unter demselben Titel zeigte RTL 2.

TWILIGHT ZONE RTL 2
2005. 22-tlg. US-Mysteryreihe (»The Twilight Zone«; 2002–2003).

Weitere Neuauflage der *Unwahrscheinlichen Geschichten* mit neuen Geschichten aus der Welt des Unerklärlichen. Diesmal gab es wieder einen Moderator: Forest Whitaker. RTL 2 zeigte mittwochs um 21.15 Uhr einstündige Folgen, die jeweils aus zwei halbstündigen Episoden bestanden.

TWIN PEAKS   RTL, TELE 5
→ Das Geheimnis von Twin Peaks

TWIPSY   KI.KA, ZDF
1999. 26-tlg. dt. Zeichentrickserie für Kinder.
Durch einen Kurzschluss wird der 13-jährige Nick in die Cyberwelt versetzt. Gemeinsam mit Twipsy, dem Maskottchen der Weltausstellung »Expo 2000« in Hannover, erkundet er das Internet. Lief ab Januar 2000 auch morgens am Wochenende im ZDF.

TWIST TOTAL   SWR, ARD
1992–1993. 26-tlg. austral. Familienserie von Paul Jennings (»Round The Twist«; 1989).
Die Künstlerfamilie Twist zieht in einen Leuchtturm an der australischen Küste. Bildhauer Tony Twist (Richard Moir) ist Witwer und zieht die Zwillingsteenager Linda (Tamsin West; Joelene Crnogorac) und Pete (Sam Vandenberg; Ben Thomas) sowie Nesthäkchen Bronson (Rodney McLennan; Jeffrey Walker) allein auf. Nun, nicht ganz allein: In ihrem Toilettenhäuschen haust das Gespenst Nell (Bunny Brooke). Der böse Immobilienhai Mr. Gribble (Frankie J. Holden; Mark Mitchell) möchte den Twists ihr Haus abluchsen. Er ist mit Mrs. Gribble (Judith McGrath; Jan Friedl) verheiratet, Sohn James (Lachlan Jeffrey; Richard Young) ist ein Mitschüler von Linda und Pete.
Bis auf zwei Rollen wurden ab Folge 14 alle Charaktere neu besetzt. Die jeweils zweitgenannten Darsteller wirkten ab dieser zweiten Staffel mit. Die 25-minütigen Folgen liefen ab 1994 auch in der ARD.

2000 MALIBU ROAD   RTL
1994. 6-tlg. US-Krimiserie von Terry Louise Fisher (»2000 Malibu Road«; 1992).
Mord und Intrigen im Haus Nr. 2000 an der Malibu Road: Dort hat die ehemalige Prostituierte Jade O'Keefe (Lisa Hartman Black) Zimmer an die Anwältin Perry Quinn (Jennifer Beals) sowie die Schwestern Lindsay (Drew Barrymore) und Joy Rule (Tuesday Knight) vermietet. Roger Tabor (Michael T. Weiss) ist Perrys der Vergewaltigung angeklagter Mandant. Sie verliebt sich in ihn. Schauspielerin Lindsay will von den Fernsehmachern Eric Adler (Brian Bloom) und Scott Sterling (Scott Bryce) einen Job ergattern. Der Polizist Joe Munoz (Ron Marquette) ermittelt in einem Mordfall, in dem die Hausbewohner verdächtig sind.
Die sechs einstündigen Folgen setzten einen durchgehenden Handlungsstrang fort.

DIE TYPEN VON TALKIE-WALKIE   RTL 2
→ Talkie-Walkie

TYPISCH ANDY   SUPER RTL
2002–2004. 52-tlg. kanad. Zeichentrickserie (»What's With Andy?«; 2001–2003).
Der freche Andy spielt seiner Mutter, seiner Schwester Jen, seinem besten Freund Danny und seinen Erzfeinden Lik und Leech unentwegt Streiche. Die Serie basierte auf den »Just Kidding«-Büchern des australischen Kinderbuchautors Andy Griffiths. Mehrere Episoden sind auf DVD erhältlich.

TYPISCH LUCY   ARD
1961–1962. 5-tlg. dt. Comedyserie von Dieter Werner, Regie: Rolf von Sydow.
Der ruhige und vernünftige Museumsdirektor Stephan (Harald Leipnitz) hat seine liebe Not mit seiner energischen Frau Lucy (Ingrid van Bergen). Die setzt sich dauernd verrückte Pläne in den Kopf, wie sie ihre Freizeit aufregender gestalten könnte, und bringt alles durcheinander, wenn sie sich überall einmischt. Die besten Freunde des Paares sind Benno (Hans Jürgen Diedrich) und Friedchen (Ilse Kiewiet). Friedchen ist bei vielen Vorhaben Lucys Verbündete, Benno schlägt dann gemeinsam mit Stephan die Hände über dem Kopf zusammen. Dennoch stehen die Frauen am Ende oft klüger da als die Männer.
Typisch Lucy war nicht offiziell, aber offensichtlich angelehnt an die US-Serie »I Love Lucy«, die erste Sitcom überhaupt (sie wurde in Deutschland nie gezeigt; die Nachfolgeserie *Hoppla, Lucy* lief 1971 im ZDF).
Die 25-minütigen Folgen liefen im regionalen Vorabendprogramm.

TYPISCH MANN!   ZDF
2004. 11-tlg. dt. Comedyserie, Regie: Ulli Baumann.
Der bis gerade eben noch neureiche Banker Götz Bentlage (Thomas Heinze) verliert seinen Job, sein Geld und damit seinen Lebensinhalt und ist gezwungen, bei der Kindergärtnerin Nina Wolf (Nina Kronjäger) und ihren Kindern Lily (Karoline Schuch) und Philip (Leonard Carow) als Untermieter einzuziehen. Als sei das nicht schon schlimm genug, muss er auch noch im Haushalt aushelfen, weil das Geld knapp ist und er die Miete nicht immer bezahlen kann. Schrecklich ungewohnte Tätigkeit. Es kracht und knistert zwischen den beiden. Puschel (Frank Vockroth) ist Götz' bester Kumpel, Christin (Jale Arikan) Ninas beste Freundin.
Die 25 Minuten langen Folgen liefen dienstags um 19.50 Uhr.

TYPISCH RTL   RTL
1984–1988. Buntes Programm mit Gewinnspielen, Stars, Musik und Service, das in der Anfangsphase des neuen Senders RTL plus Programmlücken füllte und mehrmals täglich lief, jeweils ein paar Minuten lang. Erhielt zeitweise den Untertitel »40 farbige Minuten« und wurde dann am Stück im Nachmittagsprogramm gesendet, unterbrochen durch Nachrichten.

TYPISCH SOPHIE   SAT.1

Seit 2004. Dt. Familienserie von Brigitte Müller.
Die allein erziehende Mutter Sophie (Sophie Schütt) hat allerhand unter einen Hut zu bekommen: ihre eigenwillige achtjährige Tochter Anna (Sophie Karbjinski), die ebenso eigenwillige Großmutter Gudrun (Doris Kunstmann), die gleich nebenan wohnt, und ihren neuen Job. Sie ist gelernte Rechtsanwaltsfachangestellte und arbeitet für Dr. Roman Lehnhard (Bernhard Schir) in dessen Kanzlei. Eigentlich soll sie nur die Telefonistin sein, doch sie mischt sich dauernd in die Fälle ihres Kollegen Jo Hennecke (Jochen Horst) ein. Der ist ein Macho, und die beiden verbindet zunächst eine natürliche Abneigung. Doch während der Ermittlungen funkt es.
Sophie Schütt war Anfang des 21. Jh. das Sat.1-Fernsehfilmgesicht schlechthin: In ungezählten Rollen spielte sie mit und bescherte dem Sender fast immer traumhafte Einschaltquoten. Entsprechend groß waren die Erwartungen des Senders an die für sie maßgeschneiderte und ihren Namen tragende Serie. Doch die Quoten arbeiteten sich nur mühsam auf ein akzeptables Niveau hoch.
Die acht einstündigen Folgen der ersten Staffel liefen donnerstags um 20.15 Uhr. Eine Fortsetzung ist angekündigt.

TYPISCH TANTCHEN   ARD

1972. 5-tlg. dt. Abenteuerserie, Regie: Wolfgang Henschel.
Tantchen Alice (Edith Elsholtz) ist eine flotte Industriellengattin um die 50, die ihre Nichte Kiki (Katrin Schaake) nach Venedig eingeladen hat. Ihre Reise durch Italien wird unfreiwillig zum Abenteuerurlaub. Überall stolpert Tantchen in Ärger hinein, gerät erst an einen Heiratsschwindler und dann in eine Drogenrazzia und landet schließlich im Knast.
Die halbstündigen Folgen liefen im regionalen Vorabendprogramm.

TYPISCH! TYPISCH?   ARD

1982–1983. Einstündige Vorurteile-Spielshow mit Brigitte Rohkohl und Wolfgang Hahn.
Vier Kandidaten geben vor, einer bestimmten, mit Vorurteilen behafteten Berufs- oder Gesellschaftsgruppe anzugehören. Das 25-köpfige Studiopublikum muss durch geschicktes Fragen herausfinden, wer wirklich der Kripobeamte, die Hausfrau, der Bauer, die Lehrerin, der Deutsche, der Beamte, der Aussteiger oder der Homosexuelle ist.
Wolfgang Hahn kam die Idee zu dem Talkspiel laut »Hörzu« im Schwimmbad: »Eine Badewärterin, mit der ich in einen Disput geriet, beschimpfte mich als ›typischen Ausländer‹ – nur weil ich ein dunkler Typ bin.«
Die Show lief alle 14 Tage montags um 16.15 Uhr.

TYPISCH UDO   RTL

2004–2005. 5-tlg. Doku-Soap, die den Starfrisör Udo Walz begleitet: bei seiner Arbeit am Kopf von Prominenten, aber auch in seiner Freizeit, wenn er ein drittes Mal versucht, den Führerschein zu machen. Die 30 Minuten langen Folgen liefen sonntags um 17.15 Uhr.

U

U18 – JUNGEN TÄTERN AUF DER SPUR   RTL
→ SK Babies

ÜB IMMER TREU NACH MÖGLICHKEIT   ZDF
1966. 13-tlg. dt. Comedyserie.
Gretchen (Monika Berg) ist die Anführerin einer Gruppe von Kleinkriminellen, zu der auch Claus (Klaus Löwitsch) und Berthold (Götz Olaf Rausch) gehören. Dauernd versuchen sie, das große Geld zu machen. Haarklein hecken sie Pläne aus, treffen Vorbereitungen, denken an jedes Detail – und am Schluss geht dann doch wieder was schief. Jedes Mal. Und die Chefin ist verzweifelt.
Die 25-Minuten-Folgen liefen freitags am Vorabend. Es war in den 60er-Jahren nicht ungewöhnlich, dass eine Serie nach nur einer Staffel einfach so nicht fortgesetzt wurde. In diesem Fall gab es sogar einen Grund: Gangster als Serienhelden? Das war unerhört, das durfte nicht sein. Schluss damit. Nach einer zweijährigen Graswachsphase wurde die Serie wiederholt.

ÜBER DEUTSCHLAND   NDR
1965. Dialoge von Richard Matthias Müller.
Ein Vater (Hans Quest) und sein Sohn (Christoph Quest) streiten über die politische und gesellschaftliche Entwicklung Deutschlands. Es geht um große Themen: Nationalfeiertage, Kapitulation und Selbstbewusstsein, Hitler, Vertriebene, Wiedervereinigung, die DDR und ihre Anerkennung, und Fragen wie die, inwiefern Stasi und Gestapo vergleichbar seien.
Die Dialoge, die auf Müllers gleichnamigem Buch beruhten, sollten typische Positionen in der Bundesrepublik widerspiegeln und lösten – erwartungsgemäß – Diskussionen aus. So wurde die Kritik geäußert, dass in der ersten Folge »nicht selten der Sohn zum Sprachrohr nationaler und nationalsozialistischer Vorurteile« wurde.
Die Sendungen liefen ab Herbst 1966 auch im Ersten.

ÜBERFLIEGER   PRO SIEBEN
1994. 18-tlg. US-Sitcom von David Angell, Peter Casey und David Lee (»Wings«; 1990–1997).
Die Brüder Brian (Steven Weber) und Joe Hackett (Timothy Daly), beide Piloten, betreiben gemeinsam mit Joes späterer Freundin und Frau Helen (Crystal Bernard) eine kleine Fluggesellschaft. In der Wartehalle des Flughafens Nantucket, Massachusetts, rivalisieren sie mit Roy Biggins (David Schramm), dem Besitzer einer Konkurrenzfluggesellschaft, und verbringen viel Zeit mit Faye Evelyn Cochran (Rebecca Schull), die am Ticketschalter arbeitet, und Wartungsmonteur Lowell (Thomas Haden Church).

Pro Sieben zeigte nur wenige Folgen der in den USA langlebigen Serie. Nur im digitalen Pay-TV-Sender DF 1 waren alle 171 Folgen zu sehen.
Noch größeren Erfolg hatten die drei Serienerfinder mit *Frasier*.

DIE ÜBERLEBENDEN DER MARY JANE   ARD
1975. 13-tlg. dt.-brit.-austral. Dramaserie von Ian Stuart Black, Ralph Petersen und Ted Roberts (»The Castaways«; 1974).
Auf der Fahrt von England nach Australien geht die »Mary Jane« unter. Nur wenige Passagiere können sich auf eine Insel retten: Eva (Renate Schroeter) und Jan Lindberg (Fred Haltiner) und ihre Tochter Anna (Lexia Wilson), Caty Dunbar (Isobel Black), David Harper (Alan Cinis), der seine Eltern bei dem Unglück verloren hat, der Kriminelle Billy Rose (John Bowman) und sein Bewacher, Sergeant Holt (Peter Gwynne).
Die halbstündigen Folgen liefen im regionalen Vorabendprogramm. Ab 1979 zeigte auch DFF 1 die Serie.

ÜBERRASCHUNGSFEST DER VOLKSMUSIK   ARD
→ Sommerfest der Volksmusik

UFER   DFF 2
→ Data, der Rebell

UFO   ZDF
1971–1972. 17-tlg. brit. Science-Fiction-Serie von Gerry und Sylvia Anderson und Reg Hill (»UFO«; 1970–1971).
Die als Filmstudio getarnte Organisation SHADO, kurz für »Supreme Headquarters, Alien Defence Organization«, sucht im Jahr 1980 außerirdische Eindringlinge, die die Erde bedrohen. SHADO-Chef ist Commander Ed Straker (Ed Bishop), der offiziell Filmproduzent ist; mit ihm arbeiten Colonel Alec Freeman (George Sewell), Colonel Paul Foster (Michael Billington), Captain Peter Carlin (Peter Gordeno) und Lieutenant Gay Ellis (Gabrielle Drake), die Kommandantin der Mondstation.
Das Ehepaar Gerry und Sylvia Anderson hatte zuvor bereits verschiedene Serien für das britische Fernsehen entwickelt, diese war jedoch die erste mit menschlichen Darstellern. Bis dahin hatten die beiden ausschließlich mit Marionetten gearbeitet (z. B. in *Thunderbirds*). Sie blieben auch später dem Science-Fiction-Genre treu und erfanden nach der im Jahr 1980 spielenden Serie *UFO* die Reihe *Mondbasis Alpha 1*, die im Jahr 1999 angesiedelt war.
Jede der 50-minütigen Folgen kostete 880 000 DM, was damals viel Geld war. Sie liefen alle 14 Tage dienstags um 21.00 Uhr.

UKW DFF 1

1987–1989. »Unterhaltungskunst weiterempfohlen«. 45-minütiges Unterhaltungsmagazin mit Ausschnitten von Auftritten, Interviews mit Künstlern und Veranstaltungstipps. Jürgen Schulz und Hans-Joachim Wolfram moderierten.

Die Sendungen liefen vierteljährlich dienstags um 21.10 Uhr.

ULENSPIEGEL ZDF

1977. 4-tlg. dt.-russ. Fernsehfilm von Alexander Alow und Wladimir Naumow nach dem Roman von Charles de Coster (»Legenda o Tile«; 1976).

Flandern im 16. Jh.: Die Menschen leiden unter der grausamen Herrschaft des spanischen Königs Karl V. Till Ulenspiegel (Lembit Ulfsak) rebelliert mit Streichen und Späßen gegen das Regime und kämpft für die Freiheit.

Eulenspiegel-Variante, bei der die Geschichten als episches Drama mit 300 Kavalleristen und über 5000 Komparsen inszeniert wurden. Die einzelnen Teile waren 70 Minuten lang. Der Film lief 1978 auch im DFF.

DIE ULLA KOCK AM BRINK-SHOW PRO SIEBEN

1998. Tägliche Personalityshow mit Ulla Kock am Brink, die im Vorabendprogramm mit dem Konzept der klassischen Late-Night-Show lief: einer Mischung aus Comedy und Talk mit Prominenten.

Kock am Brink war auf ihre Gäste meist schlecht vorbereitet, hatte aber das Glück, dass das nicht viele merkten, weil nicht viele zusahen. Aus diesem Grund wurde die Show zunächst auf 30 Minuten gekürzt und nach zwei Monaten wieder abgesetzt.

ULRICH MEYER: DIE MENSCHEN HINTER DEN SCHLAGZEILEN SAT.1

→ Die Menschen hinter den Schlagzeilen

ULRICH MEYER: EINSPRUCH! SAT.1

1992–1994. Einstündige Streitshow mit Ulrich Meyer.

Bei RTL hatte Meyer bereits die Krawall-Diskussionsrunde *Explosiv – Der heiße Stuhl* moderiert. Seine neue Sendung beim neuen Sender folgte dem gleichen Konzept, nur nicht mit der Verteilung eine(r) gegen vier, sondern drei gegen drei, die sich in einer Art Kampfarena in der »Kulturbrauerei« in Berlin-Prenzlauer Berg gegenüberstanden und zu kontroversen Themen aufeinander einbrüllen durften. Meyer selbst blieb nicht mehr scheinbar neutral, sondern bezog ebenfalls Stellung. Zum Wort »Einspruch« gehörte übrigens jedes Mal eine handkantenschlagartige Geste, mit der Meyer auf die Kamera zu oder zwischen die Kontrahenten ging.

Meyer, Erfinder des »Brüllfernsehens« in Deutschland, hatte zum Start »Deutschlands härtesten TV-Streit« versprochen und gesagt: »Das Wort ›Talk‹ ist für mich gestrichen.« Er erwarte auf den Zuschauerrängen »Volksmasse, die tobt«, es gehe um »alles, was uns Deutsche bewegt«. Am 23. April 1992 lud er den damaligen Chef der Republikaner, Franz Schönhuber, in die Sendung ein, der sich mit Politikern wie Norbert Blüm einen Schreikampf lieferte.

Am 27. August 1992 machte Meyer die ausländerfeindlichen Ausschreitungen in Rostock zum Thema der Live-Sendung. Dazu lud er nicht nur Rostocker Bürger ein, die er mehrmals fragte, wer von ihnen geklatscht habe (als Rechtsradikale dort ein Wohnheim von Vietnamesen in Brand setzten), sondern auch den Hamburger Neonazi Christian Worch, dessen Auftritt allerdings von Autonomen verhindert wurde. Am 29. Oktober 1992 fand eine Sendung mit der Rechts-Rockband Störkraft statt, die durch ein massives Polizeiaufgebot geschützt werden musste und deren Auftritt aus Sicherheitsgründen bereits nachmittags aufgezeichnet wurde, was Meyer in der Sendung allerdings verschwieg.

Nach der Sendung vom 15. Juni 1993 zum Thema rechte Gewalt und der Legitimation von Gegengewalt, bei der ebenfalls Polizei anwesend war, griffen mehrere türkische Teilnehmer der Sendung zwei deutsche Teilnehmer an. Für Aufsehen sorgte auch die Sendung vom 14. September 1993, in der ein minderjähriger, offensichtlich unter Drogen stehender Strichjunge fünf Tage vor der Hamburger Bürgerschaftswahl einen grünen Politiker als seinen Freier bezeichnete, ein Vorwurf, den er später zurücknahm, auf dem die *Einspruch*-Redaktion aber weiter beharrte. Der Spiegel bezeichnete *Einspruch* als »TV-Volksgerichtshof«.

130 Ausgaben liefen zunächst donnerstags, später dienstags um 22.00 Uhr. Dann hatte Meyer nach insgesamt sechs Jahren (inklusive *Der heiße Stuhl*) genug von dem Gebrüll und moderierte *Die Menschen hinter den Schlagzeilen*, *Akte* und die Nachrichten *18:30*.

ULRICH UND ULRIKE ZDF

1966. »Geschichten um junge Leute von heute«. 13-tlg. dt. Familienserie von Michael Bünte und Nicolaus Richter, Regie: Hermann Kugelstadt.

Ulrich (Matthias Fuchs) ist abgebrannter Student, Ulrike Dannemann (Hannelore Borns) ein verwöhntes Mädchen aus gutem Hause. Sie lernen sich im Taxi kennen, das er fährt, um sein Studium zu finanzieren. Mit Hilfe von Ulrichs Kumpel Rolf (Fritz von Friedl) kommen sie einander näher, verlieben sich und heiraten am Ende.

Die harmlose, heitere Serie lief in halbstündigen Folgen freitags.

DIE ULTIMATIVE CHART SHOW RTL

Seit 2003. Große Abendshow mit Oliver Geissen, der Hits präsentiert. Viele Stars sind zu Gast im Studio und spielen ihre Hits selbst, außerdem werden Videos gezeigt.

Die Show lief zunächst einmal an einem Mittwochabend mit den erfolgreichsten Hits der vergangenen 30 Jahre und hatte so großen Erfolg, dass weitere Shows mit verschiedenen Schwerpunkten in loser Folge an wechselnden Werktagen gesendet wurden.

Die Sat.1-Variante mit gleichem Konzept heißt *Die Hit Giganten*.

ULTRAMAN – MEIN GEHEIMES ICH   RTL
1989–1992. 72-tlg. kanad. Fantasy-Sitcom (»My Secret Identity«; 1987–1991).
Als der Erfinder Dr. Benjamin Jeffcoate (Derek McGrath), genannt Dr. J, eines seiner gewagten wissenschaftlichen Experimente durchführt, wird der Nachbarsjunge Andrew Clements (Jerry O'Connell) versehentlich radioaktiv verstrahlt. Aber keine Sorge, es tut nicht weh, im Gegenteil: Nun ist er superstark, superkräftig und kann, mit ein bisschen Hilfe, sogar fliegen. Verwandeln kann er sich nicht, ein hübsches Cape hat er auch nicht, er passt einfach auf, dass ihn niemand sieht.
Sein geheimes Ich nennt Andrew »Ultraman«, und als dieser löst er Kriminalfälle, ärgert Bösewichter und hilft dem Wissenschaftler aus heiklen Situationen. Sonst weiß niemand von seinen Superfähigkeiten, auch seine Mutter Stephanie (Wanda Cannon) und seine kleine Schwester Erin (Marsha Moreau) nicht. Andrew erlebt später auch wieder die normalen Abenteuer, die 15-Jährige so erleben, meistens mit seinem besten Freund Kirk Stevens (Christopher Bolton). Und ganz ohne magische Kräfte kommen Dr. J und Andrews Mutter einander näher.
Die Folgen dauerten 25 Minuten und liefen sonntags nachmittags.

UM DIE 30   ZDF
1995. 6-tlg. dt. Freundeserie von Dominic Raacke und Ralf Huettner, Regie: Ralf Huettner.
Sie sind um die 30, leben in München und suchen nach dem Sinn der Lebens oder wenigstens der perfekten Karriere: Werner Carlo (Jürgen Tarrach) ist mit Carola (Susanne Schäfer) verheiratet und will mit einem Pizza-Bringdienst zu Geld kommen, Frank Schott (Dominic Raacke) hat eine eigene Kfz-Werkstatt, Tina Schneider (Natalia Wörner) ist ein Fotomodell, Sabrina (Catherine Flemming) ihre jüngere Schwester, Olaf Heinkel (Bruno Eyron) Rechtsanwalt.
Die 50-minütigen Folgen liefen um 19.25 Uhr. Das gleiche Team steckte später hinter den erfolgreichen *Musterknaben*-Fernsehfilmen.

UM DIE WELT MIT BARBAPAPA   RTL
2003. 50-tlg. frz.-jap. Zeichentrickserie (»Barbapapa Around The World«; 1999). Neuauflage der Geschichten um Barbapapa, Barbamama und ihre sieben bunten Kinder, die jetzt die Welt bereisen und exotische Tiere kennen lernen.
Rund ein Vierteljahrhundert lag zwischen der Serie *Barbapapa* und dieser Fortsetzung. Die Episoden waren wieder nur fünf Minuten lang, RTL zeigte aber bis zu zehn Folgen am Stück morgens am Wochenende.

UM DIE WELT MIT WILLY FOG   RTL 2
→ Rund um die Welt mit Willy Fog

UM HAUS UND HOF   ARD
1974–1976. 17-tlg. dt. Episodenreihe. Abgeschlossene Geschichten um Landwirte und ihre Bauernhöfe, besetzt mit wechselnden Hauptdarstellern, darunter Iris Berben, Will Danin, Josef Meinertzhagen, Else Quecke und Heinz Ehrenfreund.
Nach 14 knapp halbstündigen Folgen im regionalen Vorabendprogramm gab es zwei Jahre später an gleicher Stelle noch einmal drei mit doppelter Länge.

UM HIMMELS WILLEN   ARD
Seit 2002. Dt. Familienserie von Michael Baier.
Nach zehn Jahren kommt Schwester Lotte Albers (Jutta Speidel) aus Nigeria zurück ins Kloster Kaltenthal und treibt Bürgermeister Wolfgang Wöller (Fritz Wepper) in den Wahnsinn. Der versucht alles, um das Kloster zu schließen und ein Kongresszentrum daraus zu machen. Lotte, ihre Mitschwestern Sophie Tietze (Anne Weinknecht), Felicitas Meier (Karin Gregorek), Agnes Schwandt (Emanuela von Frankenberg) und Barbara Silenius (Anna Luise Kish) sowie Mutter Oberin Elisabeth Reuter (Rosel Zech) können sich jedoch stets durchsetzen, vor allem dank Lottes pfiffiger Einfälle.
Wöller, nebenbei Besitzer eines Autohauses, führt sein Amt mit dubiosen Methoden, kungelt mal hier, mal da und muss verschiedene Affären überstehen. In Folge 12 scheitert seine Wiederwahl, er unterliegt Schwester Lotte, die nun in der Kutte die Stadtgeschäfte führt. Fünf Folgen später, Anfang 2003, sieht sie ein, dass sie damit überfordert ist, und gibt Wöller das Amt zurück. Novizin Barbara ist inzwischen aus Liebe zu Dr. Martin Richter (Michael Wenninger) aus dem Kloster ausgetreten. Er verunglückt tödlich, sie möchte zurückkommen, ist jedoch schwanger.
Schwester Hildegard (Andrea Sihler), die Assistentin der Oberin, und Novizin Julia Seewald (Helen Zellweger) sind neu im Kloster. Um ihre ständige Finanznot zu mildern, halten die Nonnen in ihrem Stift Wochenendseminare ab und brennen in der eigenen Destille »Klostergeist«. Marianne Laban (Andrea Wildner) ist Wöllers, zwischendurch auch Lottes Sekretärin, Wolfgang Wöller jun. (Patrick Wolff) der Sohn des Bürgermeisters, Anton Meier (Lars Weström) der Dorfpolizist und Rossbauer (Horst Sachtleben) der Bischof.
Obwohl Lotte und Wöller sich permanent kabbeln, mögen sie sich eigentlich doch ein wenig. Das wird vor allem Wöller klar, als er ihr Anfang 2004 im betrunkenen Zustand einen Liebesbrief schreibt und später sogar kurzzeitig von seinem Plan eines Kongresszentrums ablässt, weil Lotte nach einem Kreislaufkollaps ebenso kurzzeitig im Koma liegt. Danach geht alles weiter wie gehabt. Die beiden streiten sich, und Wöller spannt Lotte für seine Zwecke ein. Ist sie widerwillig, erpresst er sie mit Drohungen wie »Wenn Sie das nicht tun, hänge ich mich in Ihrem Dachstuhl auf und erscheine Ihnen jede Nacht im Traum«.
Anfang 2005 wird die Italienerin Gina Gallo (Donia

Ben-Jemia) als neue Novizin ins Kloster aufgenommen. Wöller plant jetzt ein Heimatmuseum, weil auf dem Gelände des Klosters bei Ausgrabungen die Gebeine eines vermeintlichen Steinzeitmenschen gefunden wurden, des Homo Kaltenthalensis, der sich jedoch später als Leiche aus dem Dreißigjährigen Krieg entpuppt. Im März 2005 gibt Julia ihren Ausstand, sie hat sich gegen ein Leben als Nonne entschieden.

In dieser Serie durfte Fritz Wepper endlich zeigen, dass er mehr konnte, als *Derrick* den Harry zu machen, und erhielt dafür 2003 den Deutschen Fernsehpreis (Bester Schauspieler Serie). Anna Luise Kish ist die Tochter des Schauspielers László I. Kish, dennoch nennt sie sich seit 2005 Anna Luise Kiss.

Die Reihe war ein Sensationserfolg mit regelmäßig mehr als sieben Millionen Zuschauern am Dienstagabend um 20.15 Uhr. Bisher liefen mehr als 50 Folgen à 50 Minuten.

UMSCHAU ARD, ZDF

1969–1997. Tägliches Magazin im gemeinsamen ARD/ZDF-Vormittagsprogramm, das vor allem Beiträge aus anderen Magazinen wiederholte. Die Sendedauer schwankte zwischen 20 und 50 Minuten.

UMWELT – MENSCH ZDF

1981. 5-tlg. Doku-Reihe über Umweltprobleme von und mit Hoimar von Ditfurth und Volker Arzt.

UMWELTGESCHICHTEN ARD

1981. Halbstündige Umweltreihe für Jugendliche, die vom BR kam und deshalb auf skandalträchtige Beispiele verzichtete. Sechs Folgen liefen donnerstags nachmittags.

UNA DONNA – GESCHICHTE EINER FRAU ZDF

1983. 7-tlg. ital. Fernsehspiel von Gianni Bongioanni und Carlotta Wittig nach dem Roman von Sibilla Aleramo, Regie: Gianni Bongioanni (»Una donna«; 1976).

Wie ihre Eltern es wollen, heiratet Ende des 19. Jh. die Ingenieurstochter Lina (Giuliana de Sio) den Fiesling Antonio (Biagio Pellagra), der sie bereits vergewaltigt hat. Zunächst glaubt sie noch, dass sie ihn liebt, und bringt sein Kind zur Welt, doch dann werden ihr die Augen geöffnet. Sie zieht nach Rom, um ihr Glück als Schriftstellerin zu versuchen.

Es war die Geschichte ihres eigenen Lebens, die die Autorin Sibilla Aleramo in ihrem Buch »Una donna« festhielt. Aus ihrem Geburtsnamen Rina Faccio machte sie Lina Fabbri. Es war jedoch weniger eine Autobiografie als eine Therapie, dank der sich Aleramo entschied, auch im wirklichen Leben ihren Mann in den Wind zu schießen. Der Erfolg als Schriftstellerin kam erst danach; »Una donna« war ihr erstes Buch.

DER UNBESIEGBARE IRONMAN RTL

1992–1999. 39-tlg. US-Zeichentrickserie (»Ironman«; 1968/»The New Ironman«; 1994–1995).

Der geniale Erfinder, Geschäftsmann und Waffenfabrikant Tony Stark kommt nach einer schweren Herzverletzung auf die Idee, sich aus Sicherheitsgründen ein Stahlherz einzupflanzen. Das wiederum bringt ihn auf den Gedanken, man könne doch gleich den ganzen Körper einstählern, um unverwundbar zu werden. Fortan lebt der Mann in einer Rüstung, die ihm noch weitere Superkräfte verleiht, und bekämpft das Verbrechen.

Die Serie basierte auf den Marvel-Comics und lief im Kinderprogramm am Sonntagvormittag.

DER UNBESTECHLICHE RTL

→ Sinan Toprak ist der Unbestechliche

DIE UNBESTECHLICHE SAT.1

1998. 8-tlg. dt. Krimiserie, Regie: Franz Peter Wirth, Wolfram Paulus.

Die allein erziehende Sylvia Brant (Maja Maranow) schlägt sich nach dem Tod ihres Lebensgefährten als Gerichtsreporterin durch. Der Rechtsanwalt Thomas Rönnfeld (Florian Martens) steht ihr bei den gefährlichen Fällen zur Seite. Sylvia wohnt jetzt mit ihrer Tochter Katrin (Jenni Stiebel) bei Franz Teuscher (Martin Benrath), dem Vater ihres verstorbenen Lebensgefährten Peter.

Die Serie wurde bereits 1996 produziert und sollte 1997 ausgestrahlt werden; dann wartete Sat.1 aber lieber die Ausstrahlung des Dieter-Wedel-Mehrteilers *Der König von St. Pauli* ab. Nach dessen Riesenerfolg kündigte Sat.1 stolz »den neuen Wedel« an, was ihn ärgerte, weil er nur Produzent und Autor einer einzigen Folge war und keine falschen Erwartungen wecken wollte. *Die Unbestechliche* hatte im Gegensatz zum *König* »nur« ein normales TV-Movie-Budget zur Verfügung.

1999 untersagte das Hamburger Landgericht Sat.1, die Folge »Reine Routine« noch einmal zu senden. Darin geht es um den rund 15 Jahre alten Fall eines Chirurgen, der Patienten nicht fachgerecht behandelt hatte – die Patienten bekamen von der Gesundheitsbehörde Entschädigungen. Ein Opfer, das in dem Film als hysterische Betrügerin dargestellt wird, hatte geklagt, dass es in seinem Persönlichkeitsrecht verletzt werde.

Die spielfilmlangen Folgen liefen mittwochs um 21.15 Uhr. Maranow und Martens bildeten schon vorher in der ZDF-Serie *Ein starkes Team* ein ebensolches und tauchten auch im *König von St. Pauli* gemeinsam auf.

DIE UNBESTECHLICHEN ZDF, WDR, SAT.1, PRO SIEBEN, KABEL 1

1964–1967 (ZDF); 1977–1978 (WDR); 1985–1988 (Sat.1); 1989 (Pro Sieben); 1992 (Kabel 1). 117-tlg. US-Krimiserie von Quinn Martin (»The Untouchables«; 1959–1963).

Der FBI-Agent Eliot Ness (Robert Stack) hat eine Spezialeinheit gegründet, um das im Chicago der 30er-Jahre tobende Verbrechen rigoros zu bekämpfen. Hart, kompromiss- und humorlos geht er auf die Gangster los – oft im Wortsinn. Sein Team besteht aus den unbestechlichen Agenten Martin Flaherty (Jerry Paris), William Youngfellow (Abel Fernandez), Enrico Rossi (Nicholas Georgiade), Cam Allison (Anthony George), Lee Hobson (Paul Picerni) und Rossman (Steve London). Bevorzugte Ziele der Verbrecherjagd sind die großen Paten Al Capone (Neville Brand) und Frank Nitti (Bruce Gordon).

Neben den Darstellern gab es einen Off-Erzähler, der in die Geschichten einführte. Die Grundidee der Serie basierte auf wahren Begebenheiten: Die Figur des Eliot Ness ist historisch, er hatte 1931 Al Capone verhaftet. Die einzelnen Episoden wurden jedoch stark ausgeschmückt, frei erdichtet oder zusammengepuzzelt: Während es zwar sowohl Ness als auch viele der gezeigten Ganoven tatsächlich gab, waren sie sich im wirklichen Leben nie begegnet. In Wahrheit löste Ness seine Truppe auf, nachdem Capone geschnappt war; die Fernsehserie fing an dieser Stelle gerade erst an. Sie geriet wegen der Verschiebung von Fakten, aber vor allem wegen ihrer Brutalität heftig in die Kritik. Überall lagen durchlöcherte, blutverschmierte Leichen herum, und die Spezialeinheit fand ihre Schusswaffen einfach praktischer als Handschellen. Ihr gezielter Einsatz verhinderte zudem lästige Verhöre.

In der vierten Staffel gingen in den USA die Quoten stark zurück, und die Produzenten bemühten sich um mehr Menschlichkeit in der Figur des Eliot Ness und um nachvollziehbare Erklärungen für das Geballere. Das nützte jetzt aber auch nichts mehr.

In loser Folge zeigte das ZDF elf Episoden à 45 Minuten noch unter dem Titel *Chicago 1930*. Weitere Folgen liefen später regional unter demselben Titel im Dritten Programm des WDR. Seit den 80er-Jahren kramten Sat.1, Pro Sieben und Kabel 1 jeweils noch ein paar noch nicht gesendete Episoden hervor und strahlten sie nacheinander aus; jetzt hieß die Serie *Die Unbestechlichen*.

DIE UNBESTECHLICHEN KABEL 1
1994–1995. 41-tlg. US-Krimiserie (»The Untouchables«; 1993–1994). Neuverfilmung der gleichnamigen Erfolgsserie.

Eliot Ness (Tom Amandes) macht mit George Steelman (Michael Horse), Tony Pagano (John Haymes Newton), Paul Robbins (David James Elliott) und Mike Malone (John Rhys-Davies) Jagd auf Al Capone (William Forsythe) und Frank Nitti (Paul Regina).

Zeitweise lief die Serie bei uns auch unter dem Titel *The New Untouchables*.

... UND DAS LEBEN GEHT WEITER ARD
1986. 8-tlg. ital. Familiensaga, Regie: Dino Risi (»... e la vita continua«; 1984).

Das Leben zweier Zweige einer italienischen Industriellenfamilie von 1945 bis 1975: Im Mittelpunkt stehen Giulia (Virna Lisi) und Arnoldo Betocchi (Jean-Pierre Marielle) mit Tochter Silvia (Clio Goldsmith) sowie Edoardo (Tino Scotti) und Evalina De Marchi (Sylvia Koscina), Giulias Schwester. Es geht um Liebe und Krisen, Lügen und Intrigen. Die Figuren sind so klischeehaft und das Tempo der abstrusen Entwicklungen so rasant, dass diese Serie nun wirklich niemand ernst gemeint haben kann.

Die knapp einstündigen Folgen liefen montags um 20.15 Uhr.

UND DIE TUBA BLÄST DER HUBER ZDF
1980–1983. 26-tlg. blechmusikalischer Schwank von Georg Lohmeier.

Es geht um kleinbürgerliche Feindschaften zwischen der Dorfkapelle einer kleinen Gemeinde und der größeren Stadt, die sie eingemeindet hat. Huber (Max Grießer) spielt Tuba, der Kapellmeister heißt Blasius (Georg Blädel), und die Mitmusikanten sind Praxenthaler (Karl Obermayr), Wastl (Bernd Helfrich), Otto (Franz Muxeneder) und Trompeter Niegel (Henner Quest).

So lustig wie der Reim im Titel. Die 25-Minuten-Folgen liefen am Vorabend.

UND IHR STECKENPFERD? ZDF
1963–1974. Talentshow mit Peter Frankenfeld, in der Menschen mit ausgefallenen Hobbys oder besonderen Showtalenten zeigten, was sie konnten.

Nur einen Monat nach Sendestart begann im ZDF der erste große Star mit einer neuen Show: Das ZDF hatte Frankenfeld verpflichten können, als der WDR gerade eines seiner Konzepte abgelehnt hatte. Bis zum August 1966 lief die 90-minütige Show in loser Folge 22-mal im Abendprogramm. Frankenfeld begrüßte Menschen mit musikalischen Talenten wie Singen oder Klavierspielen, Menschen mit unmusikalischen Beschäftigungen wie Archäologie oder Jodeln und Menschen mit ausgefallenen Hobbys wie Rückwärtssprechen oder beidhändiges Malen.

Nach sechs Jahren Pause kehrte Frankenfeld 1972 mit der Reihe zurück und moderierte bis 1974 jeweils zwei Ausgaben pro Jahr. In zwei Specials unter dem Titel »Und Ihr Steckenpferd ... wurde Beruf« gab es ein Wiedersehen mit entdeckten Talenten. Die Jacob-Sisters waren eine der Entdeckungen in dieser Show. Man kann also über ihren Nutzwert streiten.

UND JETZT? ARD
1953. »Moritaten-Sendung«. Halbstündige Kabarettreihe mit Ekkehard Fritsch, Rudi Stör, Ruth Peter, Violet Heppner, Ernst Baldus und Klaus Günther Neumann. Die musikalische Untermalung kam in der Regel vom Lucas-Trio. Acht Sendungen liefen am Dienstagabend.

UND TSCHÜSS! RTL
1995. 13-tlg. dt. Comedyserie von Wolfgang Büld. Wenn der Essener Lagerarbeiter Günni (Benno Fürmann) gedankenverloren mit den Brustwarzen seiner Freundin Petra (Gesine Cukrowski), einer vernünftigen Buchhändlerin, spielt, kann es sein, dass er schon wieder nur an das eine denkt: seinen 69er

Ford Mustang. Mit dem zieht es ihn an die Tankstelle, die er zeitweise auch führt und wo er die anderen aus seiner Clique trifft, deren Boss er ist: den Zivildienstleistenden Jürgen (Christian Kahrmann), der mit Saskia (Jessica Stockmann) zusammen ist, den Gruftie »Zombie« (Andreas Arnstedt), der im Bestattungsunternehmen seines Vaters arbeitet und einen Leichenwagen fährt, den Ossi Raoul (Tom Mikulla), der in der Gaststätte »Industrie« seines Vaters arbeitet, das Straßenmädchen Eddie (Beatrice Manowski), das in der Trinkhalle in der Tankstelle arbeitet, und die Männer verschleißende Silke (Chrissy Schulz). Günnis Intimfeind ist Saskias Bruder Sascha (Daniel Berger), der mit der Arbeiter- und Prollkultur nichts anfangen kann und grollt, seit Günni ihm Petra ausgespannt hat. Und irgendeinen Anlass gibt es immer, zu saufen oder sich mit jemandem eine Verfolgungsjagd zu liefern.

Büld hatte ein Faible für das Genre: Bevor er diese Truppe mühsam zum Ruhrpott-Jugendslang trainierte, hatte er 1983 schon den Film »Gib Gas – Ich will Spaß« mit Nena und Markus inszeniert und danach »Manta Manta« und »Go Trabi Go, Teil 2«. In der Titelmusik hieß es: »Die Zeit ist reif für alle Mädchen und Jungs. Wir sind am Drücker, die Welt gehört uns«, was sich zum Glück letztlich als Irrtum herausstellte.

Nach 13 einstündigen Folgen montags zur Primetime zeigte RTL in den folgenden drei Jahren jeweils im Winter einen *Und tschüss*-Fernsehfilm, in dem die Gang Urlaub in Amerika und auf Mallorca macht.

UNDERCOVER KABEL 1
→ MacIntyre Undercover

UNDERCOVER! – ERMITTLER ZWISCHEN DEN FRONTEN VOX
1994–1995. 25-tlg. brit. Krimiserie von J. C. Wilsher (»Between The Lines«; 1992–1994).

Der Londoner Polizist Tony Clark (Neil Pearson) hat die Aufgabe, schwarze Schafe in den eigenen Reihen zu verfolgen. Das würde schon reichen, um sich unbeliebt zu machen, aber verschärfend kommt seine Neigung hinzu, viel zu trinken und viel mit Frauen ins Bett zu gehen. Seine Ehefrau Sue Clark (Lynda Steadman) verlässt ihn, nachdem er eine Affäre mit der Polizistin Henny Dean (Lesley Vickerage) hatte. Zu Clarks Team in der Polizeibeschwerdestelle CIB gehören Harry Naylor (Tom Georgeson) und Maureen Connell (Siobhan Redmond). Seine Vorgesetzten, Commander Huxtable (David Lyon) und der korrupte Chief Superintendent John Deakin (Tony Dolye), stehen dagegen nicht immer auf seiner Seite.

Wegen der vielen Bettszenen mit Clark nannte man die erfolgreiche und preisgekrönte Serie in Großbritannien auch spöttisch »Zwischen den Bettlaken« oder »Zwischen den Lenden«. Dort lief noch eine dritte Staffel mit zehn weiteren einstündigen Folgen, die Vox nicht zeigte.

UNDRESSED – WER MIT WEM? RTL 2
2003. 30-tlg. US-Reality-Soap (»MTV's Undressed«; 1999–2002). Geschichten um Liebe und Sex in einem Studentenwohnheim mit authentischen Hauptakteuren in fiktiven Geschichten.

Produktion des Musiksenders MTV, die maßgeblich daraus bestand, dass sich spärlich bekleidete Jugendliche in Situationen zeigten, die weder ins Programm eines Musiksenders noch ins Nachmittagsprogramm eines anderen jugendlich orientierten Senders gehören. Dort lief sie aber, jeden Nachmittag, mit jeweils zwei Folgen am Stück.

DIE UNENDLICHE GESCHICHTE PRO SIEBEN
1996. 26-tlg. dt.-frz.-kanad. Zeichentrickserie nach dem Buch von Michael Ende.

Bastian Balthasar Bux liest in Karl Konrad Koreanders Kramladen in dem Buch »Die unendliche Geschichte« und träumt sich nach Phantasien, wo er Atreju, die Kindliche Kaiserin, den Glücksdrachen Fuchur und viele Fabelwesen trifft.

Die Produktion kostete rund 20 Millionen Mark, Lizenzkosten nicht mitgerechnet. An das Original erinnerte nur wenig. Bastian saß nicht mehr dicklich und depressiv auf einem Dachboden, sondern schlank und fidel in einem Laden. Auch die pädagogische Botschaft des Buches blieb auf der Strecke. Bei der Filmfassung seines Romans hatte sich Michael Ende noch gegen die Verflachung seiner Figuren gewehrt, doch 1992 verkaufte er auch für eine Comicversion die Rechte und räumte der Firma Cinevox quasi unbeschränkte Änderungsrechte ein. Die gut 20-minütigen Folgen liefen werktags nachmittags.

DIE UNENDLICHE GESCHICHTE – DIE ABENTEUER GEHEN WEITER RTL 2
2004. 4-tlg. kanad.-dt. Abenteuerfilm nach dem Roman von Michael Ende, Regie: Giles Walker (»Tales From The Neverending Story«; 2001).

Dank des magischen Buchs »Die unendliche Geschichte« ist der zwölfjährige Bastian Balthazar Bux (Mark Rendall) in der Lage, sich in das imaginäre Reich Phantasien hineinzuträumen, in dem es von Drachen, Monstern, Rittern und Schurken wimmelt, und das von der Kindlichen Kaiserin (Audrey Gardiner) regiert wird. Bastian projiziert seine Vorstellungen auf sein Alter Ego Atréju (Tyler Hynes), einen 14-jährigen Helden, der als Einziger in der Lage ist, Phantasien vor der drohenden Vernichtung durch die böse Prinzessin Xayide (Victoria Sanchez) und ihren Diener Gmork (Edward Yankie) zu retten. Gmork sieht komischerweise genauso aus wie Bastians Lehrer Mr. Blank.

Neuauflage des Kinoklassikers nach Endes Buch mit neuen Handlungssträngen, doch ohne den Reiz des Originals. Die spielfilmlangen Folgen liefen zur Primetime.

DIE UNFASSBAREN PRO SIEBEN
1998. 8-tlg. kanad. Actionserie (»John Woo's Once a Thief«; 1996–1998).

Das Gangstertrio Li Ann Tsei (Sandrine Holt), Mac Ramsey (Ivan Sergei) und Michael Tang (Michael Wong) zerbricht an der unerfüllten Liebe Macs zu Li Ann. Viel später bilden Li Ann und Michael gemeinsam mit Victor Mansfield (Nicholas Lea) eine Eliteeinheit zur Verbrechensbekämpfung, die von der »Direktorin« (Jennifer Dale) geleitet wird.
Ein erster Versuch auf dem Sendeplatz donnerstags um 20.15 Uhr floppte, auch später dienstags um 22.15 Uhr sah kaum jemand zu. Nach acht von eigentlich 24 Folgen wurde die Serie deshalb endgültig abgesetzt.

UNGEKLÄRTE MORDE – DEM TÄTER AUF DER SPUR RTL 2
2002–2003. Einstündiges Kriminalmagazin.
In der Sendung werden mehrere ungeklärte Mordfälle filmisch nachgestellt. Die Zuschauer werden aufgefordert, durch Hinweise bei der Aufklärung zu helfen. Im Gegensatz zum ZDF-Original *Aktenzeichen XY ... ungelöst* kam die RTL-2-Version zunächst ohne Moderator aus. Nach fünf Folgen am Sonntag um 20.15 Uhr flog sie jedoch vorzeitig aus dem Programm, und als sie im Januar 2003 auf gleichem Platz zurückkehrte, wurde sie von dem Hamburger Polizeisprecher Reinhard Fallack moderiert. Wieder blieb sie nur kurz am Platz, dann wanderte sie auf Mittwoch um 22.15 Uhr, kurz darauf weiter auf Montag um 23.00 Uhr. Die Reihe brachte es auf 26 Ausgaben.

UNGELÖSTE GEHEIMNISSE RTL
1992–1993. Mysteryreihe mit Guntbert Warns.
Die RTL-Variante von *Wahre Wunder,* nur unerklärlicher und übersinnlicher und oft mit herumspukenden Geistern in alten Häusern und Höfen. In einer Sendung vom Februar 1993 sprach Hildegard Knef über die wundersame Heilung ihres mysteriösen Hautausschlags durch den Geistheiler Gordon Turner ein Vierteljahrhundert zuvor. Dieser und sämtliche anderen Fälle wurden von Schauspielern nachgestellt, haben sich aber angeblich alle tatsächlich so ereignet. Die Fälle stammten zum Teil aus US-Sendungen.
Die einstündigen Folgen liefen dienstags um 20.15 Uhr.

UNGESCHMINKT DFF 1, DFF
1990–1991. »Ein Frauenjournal«. 45-minütiges politisches Magazin aus der Nachwendezeit, das Frauen in der neuen Gesellschaftsordnung ermutigen und helfen sollte, für die Gleichstellung mit den Männern einzutreten.
Bärbel Romanowski moderierte die Sendung, die monatlich zunächst am späteren Sonntagabend, ab 1991 am Montagabend lief.

UNGEWÖHNLICHE FERIEN ZDF
1981. 5-tlg. US-Abenteuerserie von Art Wallace, Regie: Larry Elikann (»Joey And The Redhawk«; 1978).
Im Urlaub in der Wildnis lernen Joey Harker (Chris Petersen) und sein Vater (Bert Kramer) den jungen Indianer Redhawk (Guillermo San Juan) kennen, dem die Jugendlichen Sukie (Danny Bonaduce) und Freddie (Eric Stoltz) auf den Fersen sind, um ihn zu vermöbeln. Joey und Redhawk versuchen ihnen aus dem Weg zu gehen.

UNGEWÖHNLICHE GESCHICHTEN VON ROALD DAHL ZDF
1980–1982. 24-tlg. brit. Krimireihe (»Roald Dahl's Tales Of The Unexpected«; 1979–1980).
Der Autor Roald Dahl präsentierte persönlich halbstündige Verfilmungen einer Reihe seiner Kurzgeschichten – alles Thriller mit schwarzem Humor und überraschendem Ende. Viele Stars übernahmen Rollen. In Großbritannien wurde die Reihe mit Geschichten anderer Autoren fortgesetzt, ohne einleitende Worte des jeweiligen Schriftstellers.

UNGLAUBLICH – ABER AUCH WAHR? ARD
1984–1986. Monatliches einstündiges Magazin am Montagnachmittag, das in Reportagen und Gesprächen rätselhaften Vorfällen und Phänomenen des Alltags nachging. Es behandelte Fragen wie die, ob an einem Freitag, den 13., mehr Unfälle als an anderen Tagen geschehen, griff aber auch Themen wie Reinkarnation oder Astrologie auf.

UNGLAUBLICH, ABER WAHR KABEL 1
2004. Halbstündiges Magazin mit Caroline Beil.
Es ging um unglaubliche Geschichten, die aber angeblich wahr waren. Die Filmbeiträge entstammten dem US-Magazin »Beyond Chance«. Moderatorin der Originalversion war die Sängerin Melissa Etheridge.
Kabel 1 zeigte sonntags am Vorabend je zwei Folgen hintereinander. Vermutlich wäre es zu viel verlangt gewesen, gleich ein einstündiges Magazin zu produzieren.

UNGLAUBLICHE GESCHICHTEN RTL
1984–1988. Mysterymagazin mit Rainer Holbe, in dem er Menschen und Situationen vorstellte, »die an der Grenze zwischen Fantasie und Wirklichkeit stehen«. Später moderierte er eine ähnliche Sendung bei Sat.1: *Phantastische Phänomene.*

DER UNGLAUBLICHE HULK RTL 2
1998–1999. 13-tlg. US-Zeichentrickserie (»Incredible Hulk«; 1982).
Durch eine Überdosis Strahlen verwandelt sich David Banner in das grüne Monster Hulk, wenn er wütend wird. Zwar basiert die Geschichte auf einer Comicreihe, wesentlich bekannter als diese Zeichentrickversion ist jedoch die Realserie *Hulk* mit Bill Bixby und Lou Ferrigno.

EINE UNHEIMLICHE ERBSCHAFT DFF 1
1986. 6-tlg. brit. Thriller von Michael J. Bird, Regie: David Maloney (»Maelstrom«, 1985).

Die junge englische Werbefrau Catherine Durrell (Tusse Silberg) erfährt, dass ihr ein unbekannter Norweger ein Vermögen vererbt hat. Als sie hinfährt, um Genaueres herauszufinden, gerät sie in große Gefahr. Anders Björnson (David Beames), in den sie sich verliebt, versucht ihr zu helfen.
Jede Folge dauerte 50 Minuten.

UNHEIMLICHE GESCHICHTEN   ARD
1981. 13-tlg. dt. Episodenreihe von Jan Lester, Regie: Joachim Hess, ab Folge 7: Hans Dieter Kehler. Abgeschlossene halbstündige Gruselgeschichten mit wechselnden Darstellern, darunter Käthe Haack, Kristina van Eyck, Richard Münch und Wolfgang Preiss. Lief im regionalen Vorabendprogramm.

UNION PACIFIC   ARD
1959–1963. »Abenteuer beim Bau der berühmten Eisenbahnlinie«. 19-tlg. US-Westernserie (»Union Pacific«; 1958–1959).
Die Geschichte der Union-Pacific-Eisenbahn. Bart McClelland (Jeff Morrow) ist der Bezirksvorsteher der Bahngesellschaft und muss vor Ort im Westen dafür sorgen, dass der Bau der Linie in angemessenem Tempo vorangeht. Mit ihm unterwegs ist der Landvermesser Bill Kinkaid (Judd Pratt). Gemeinsam erschließen sie neue Strecken, kümmern sich um den Nachschub an Arbeitsmaterial und um ihre Arbeiter und setzen sich gegebenenfalls gegen Widrigkeiten der Natur und Gegner der Bahn zur Wehr, die das Unternehmen sabotieren wollen. Georgia (Susan Cummings) betreibt den »Golden Nugget Saloon«. Der ist zwangsläufig das Stammlokal der Bahnarbeiter, denn er ist in einem Eisenbahnwaggon untergebracht und deshalb immer da, wo sie auch sind.
Die halbstündigen Folgen liefen nachmittags und am Vorabend. Mit dem Bau der Union Pacific Railroad hatte sich 20 Jahre zuvor bereits der gleichnamige Kinofilm beschäftigt.

UNIT ONE – DIE SPEZIALISTEN   ZDF
2004. 6-tlg. dän. Krimiserie von Peter Thorsboe und Stig Thorsboe, Regie: Niels Arden Oplev (»Rejseholdet«; 2000–2004).
Wo ein herkömmliches Team der Polizei versagt, kommt »Unit One« zum Einsatz. Die mobile Spezialeinheit befasst sich überall in Dänemark mit Fällen, die ihre Kollegen nicht aufklären konnten. Ingrid Dahl (Charlotte Fich) ist die Leiterin des Teams, ihre Kollegen sind ihr Stellvertreter I. P. Jørgensen (Waage Sandø), Thomas La Cour (Lars Brygmann), Allan Fischer (Mads Mikkelsen) und Gaby Levin (Trine Pallesen). Kriminaloberrat Ulf Thomsen (Erik Wedersøe) ist ihr Vorgesetzter.
Die einstündigen Folgen liefen dienstags um 23.15 Uhr.

DIE UNLÖSBAREN FÄLLE DES HERRN SAND   RTL
Seit 2005. Dt. Krimi-Comedyreihe.
Der Ex-Psychotherapeut und Profiler Sebastian Sand (Walter Sittler) ist ein liebenswerter Zwangsneurotiker, den Schmutz und Unordnung in den Wahnsinn treiben, der aber mit seiner unvergleichlichen Auffassungs- und Kombinationsgabe der ruppigen Kommissarin Davina Prahm (Saskia Fischer) eine große Hilfe bei der Aufklärung von Verbrechen ist. Sands energische Ex-Schwägerin Leonie (Elke Winkens) kümmert sich darum, dass er angesichts der Dauerbedrohung durch Chaos einigermaßen ruhig bleibt.
Uninspirierte Kopie der hervorragenden US-Serie *Monk*, die mit akzeptablen Einschaltquoten ebenfalls bei RTL lief. Das Originellste daran war, tatsächlich beim eigenen Sender zu stehlen und nicht wie üblich bei der Konkurrenz. Der Abklatsch hatte Spielfilmlänge und war eine von drei Krimi-Comedy-Reihen auf drei verschiedenen Sendern, in denen Walter Sittler im Frühjahr 2005 die Hauptrollen spielte. Die anderen waren *Gegen jedes Risiko* im ZDF und *Ein Fall für den Fuchs* in Sat.1.

EINE UNMÖGLICHE PERSON   ARD
1988. 5-tlg. österr. Familienserie, Regie: Heide Pils. Nach 25 Jahren Ehe lassen sich Karoline (Else Ludwig) und Max (Albert Rueprecht) scheiden und stürzen sich ins Abenteuer Singledasein. Tochter Gabriele (Christine Bernert) nimmt's hin.
Die einstündigen Folgen liefen im regionalen Vorabendprogramm.

UNMÖGLICHER AUFTRAG   ARD
→ Kobra, übernehmen Sie!

EIN UNMÖGLICHER MANN   ZDF
2001. 5-tlg. dt. Fernsehfilm nach Geschichten von Robert Stromberger.
Axel (Stefan Kampwirth) studiert Pharmazie und ist manchmal ein Ekel. Er hat keinen Führerschein, fährt aber Auto und liest eines Tages unterwegs Anneli (Svenja Pages) auf. Sie ist eine Zicke, und beide heiraten. Es folgen eine verkorkste Ehe und die Scheidung nur ein Jahr später.
Die spielfilmlangen Folgen liefen zur Primetime.

UNRUHIGE JAHRE   ARD
1965–1967. 19-tlg. US-Sitcom (»It's A Man's World«; 1962–1963)
Die jungen Studenten Wes Macauley (Glenn Corbett), Tom-Tom DeWitt (Ted Bessell) und Vern Hodges (Randy Boone) sowie Wes' Bruder Howie (Mike Burns) leben gemeinsam auf einem Hausboot. Wes arbeitet nebenbei in der Tankstelle von Houghton Stott (Harry Harvey). Die Folgen waren 45 Minuten lang und liefen sonntags nachmittags.

DIE UNSCHLAGBAREN ZWEI   ARD
1992. 13-tlg. US-Krimiserie von Gil Grant und Richard Chapman (»The Oldest Rookie«; 1987–1988).
Mit 50 hängt Ike Porter (Paul Sorvino) seinen Job als Pressesprecher der Polizei an den Nagel und wechselt erst in den Streifendienst und dann zur Kriminalpolizei. Sein neuer Partner Tony Jonas (D. W.

Moffett) könnte sein Sohn sein. Ihre Vorgesetzten, Lieutenant Marco Zaga (Raymond J. Barry) und sein Stellvertreter Gordon Lane (Marshall Bell), haben enorme Vorbehalte gegen das neue Team, weil Ike den Wechsel zur Kripo durch seine langjährigen Beziehungen eingefädelt und seinen jungen Streifenpartner Tony gleich mitgebracht hat.
Die einstündigen Folgen liefen im regionalen Vorabendprogramm.

UNSER BAUERNHOF – HILFE, DIE GROSSSTÄDTER KOMMEN! KABEL 1
2004. Reality-Doku-Show, die deutsche Großstadtfamilien für zwei Wochen auf einen Bauernhof begleitet und dort bei der für sie ungewohnten Arbeit filmt.
Na ja, Großstadt. Die erste war die Arbeiterfamilie Kleps aus Hamm, die andere die Möchtegern-Schickimickis Ryan aus Wuppertal, die mit dem Cadillac ankamen und entgeistert feststellten, dass Stilettos doch nicht das ideale Schuhwerk fürs Ausmisten sind. In der zweiten Staffel gab es für die Teilnehmer, die aus sechs Pärchen bestanden, härtere Aufgaben und wöchentliche Rauswürfe.
Davon sahen die Zuschauer aber nicht mehr viel, da Kabel 1 die Reihe aus Furcht, die Quoten könnten noch in den Minusbereich sinken, nach drei Sendungen absetzte. Vorher waren auf dem gleichen Sendeplatz schon die Realityformate *J-Game*, *Opas letzter Wille* und *Familie hin – Familie her* eindrucksvoll gescheitert. Anfangs war die Doku-Soap angelehnt an *Schwarzwaldhaus 1902* und *The Simple Life*, ab der zweiten Staffel mit den Rauswürfen auch an alle früheren Reality-Spielshows.
Einstündige Folgen liefen staffelweise donnerstags um 20.15 Uhr.

UNSER BLAUER PLANET ZDF
1965. »Die Entwicklungsgeschichte der Erde«. 12-tlg. Wissenschaftsreihe von und mit Prof. Heinz Haber über die Entstehung von Erde und Leben, den Ursprung der Atmosphäre, die Entwicklung des Klimas und die Zukunft der Erde, aber auch über befreundete Himmelskörper wie den Mond.
Die halbstündigen Folgen liefen sonntags um 18.00 Uhr. Zum Abschluss gab es Weihnachten 1965 eine Diskussionssendung zur »Schöpfung und Entstehung der Welt« mit Heinz Haber und mehreren Gesprächsteilnehmern, darunter ZDF-Intendant Karl Holzamer.
Dem Mond widmete Haber später eine eigene Reihe, *Unser Mond*; die Zukunft der Erde bekam ebenfalls eine eigene Reihe mit dem pessimistischen Titel *Stirbt unser blauer Planet?*.

UNSER BLAUER PLANET ARD
2003. 8-tlg. brit. Natur-Doku-Reihe von Alastair Fothergill (»The Blue Planet«; 2001).
Die preisgekrönte Reihe geht den Geheimnissen der Weltmeere nach, berichtet interessante und weithin unbekannte Fakten und erforscht das Leben der Tiere und Pflanzen unter Wasser. Die 45-minütigen Folgen liefen dienstags um 23.00 Uhr.

UNSER BOSS IST EINE FRAU ZDF
1990–1992. 11-tlg. europäische Fußballserie (»The Manageress«; 1990).
Die resolute Gabriella Benson (Cherie Lunghi) wird Managerin eines britischen Zweitligafußballclubs und bricht damit in eine Männerdomäne ein. Ihr Vater Sergio Rebecchi (Sergio Fantoni), ein einflussreicher italienischer Bauunternehmer, hat das mit dem Clubvorsitzenden Martin Fisher (Warren Clarke) und seinem Stellvertreter Anthony Coombs (Adam Bareham) ausgehandelt – gegen viel Geld, heimlich natürlich. Trainer Eddie Johnson (Tom Georgeson) und die Mannschaft sind damit nicht einverstanden und fühlen sich reingelegt. Die Lokalpresse tobt, die Spieler lassen die ungeliebte Frau auflaufen und setzen Geld auf denjenigen aus, der mit ihr zuerst im Bett landet. Aber dann zeigt sie natürlich allen, was sie draufhat.
Eine Staffel mit einstündigen Folgen lief sonntags um 22.10 Uhr, eine weitere dienstags um 20.55 Uhr.

UNSER CHARLY ZDF
Seit 1995. Dt. Familienserie von Christine Rohls und Axel Witte.
Das Leben von Familie Martin gerät durcheinander, als plötzlich der Schimpanse Charly bei ihnen einzieht. Der Affe entkam einer Tierschmugglerbande und verläuft sich in die Praxis des Tierarzts Dr. Philipp Martin (Ralph Schicha). Der nimmt das Tier bei sich zu Hause auf; seine Frau Michaela (Karin Kienzer; ab Januar 2001: Nicola Tiggeler) und vor allem die Kinder Sandra (Friederike Möller; später: Susanne Scherbel; ab Januar 2000: Kaya Möller) und Oliver (Mike Zobrys) freunden sich mit Charly an. Rosa (Maria Körber) und Johannes Bergner (Johannes Thanheiser) sind Michaelas Eltern.
Später wandelt Philipp seine Praxis in eine Auffangstation für bedrohte und herrenlose Tiere um, für die er ein neues Zuhause sucht. Rudolfo Lombardi (Aurelio Malfa) arbeitet als Tierpfleger auf der Station, seine Frau Charlotte Roesner-Lombardi (Regina Lemnitz) ist Tierärztin. Michaelas Vater Johannes stirbt später an einem Herzinfarkt. Philipp stürzt Anfang 1999 beim Versuch, einen Adler zu retten, in den Alpen ab und stirbt ebenfalls.
Dr. Max Henning (Ralf Lindermann) kommt neu in die Auffangstation und zieht zu den Martins. Nach etwas mehr als einem halben Jahr heiraten Michaela und Max. Michaela stellt die junge Praktikantin Andrea Jüstgen (Farina Jansen) ein, die sich plötzlich als Max' Tochter entpuppt. Im Frühjahr 2002 wird Michaela vom Auto überfahren und stirbt. Max kommt Ende 2003 mit der Anwältin Maren Waldner (Saskia Valencia) zusammen, die zwei jüngere Kinder hat: Conny (Franziska Heyder) und Gregor (Gary Bestla). Oliver zieht zu seiner Freundin Tanja (Judith Richter) und deren Tochter Lena (Leoni Benice Baeßler).

Der Schimpanse Charly turnte in dieser Serie über Autos, hielt Verbrecher mit Waffen in Schach und lenkte vor allem mit lustigen Verkleidungen und tollen Grimassen von Löchern im Drehbuch ab. Weil das so gut funktionierte, rettete Charlie eine Robbe namens Robbie vor Tierschmugglern, die daraufhin ihre eigene Serie bekam: *Hallo Robbie!*

Die Geschichten behandelten immer wieder Tierschutzthemen, wie das ZDF betonte, was vielen Tierschützern allerdings wie ein schlechter Scherz vorkam: Sie forderten die Absetzung der Serie. Die Organisation PETA wies auf die zweifelhaften Umstände hin, unter denen die jungen »Studio«-Schimpansen aufzogen und abgerichtet werden, und auf ihre ungewisse Zukunft, wenn sie nach der Pubertät nicht mehr zu handhaben sind, weshalb sie im Alter von fünf Jahren ausgetauscht werden. Allein in den ersten sechs Jahren wurde Charly von fünf verschiedenen Schimpansen gespielt. PETA: »Solange rücksichtslose Firmen und Fernsehshows wie ›Unser Charly‹ weiterhin in Anzüge gekleidete Schimpansen zeigen, die dümmliche Tricks vorführen, wird die Öffentlichkeit nicht aufhören zu denken, die Tiere seien vor allem zu unserer Unterhaltung und für unseren Profit da und ihre angeborenen Bedürfnisse kämen erst danach, wenn überhaupt.«

Im Juli 2002 gelangte ein Video an die Öffentlichkeit, das zeigte, wie ein Tier bei den Dreharbeiten getreten wurde. Die drei Schimpansen, die sich zu dieser Zeit die Charly-Rolle teilten, sollen von ihrem Tiertrainer außerdem mit Kopfnüssen und Schlägen misshandelt worden sein. Der Deutsche Tierschutzbund forderte ebenfalls die Absetzung der Serie. Das ZDF kündigte daraufhin dem Tiertrainer, bestritt jedoch, dass Schimpansen als Darsteller generell problematisch seien. Fortan sollte aber bei den Dreharbeiten immer ein Tierarzt anwesend sein. Die »Welt« schrieb nach einer Kontrollsichtung der Serie: »Es war ein Schock. Die Verantwortlichen hatten noch immer keine Maßnahmen ergriffen, um den geschundenen Tieren zu helfen. Man hatte nicht einmal die Schauspieler ausgewechselt, die durch ihr qualvolles Spiel die Affen peinigen.« Im Mai 2001 trat Berlins Regierender Bürgermeister Eberhard Diepgen in einer Gastrolle auf, als Charly das Rathaus und sein Büro inspizierte.

Mehr als 130 Folgen wurden bisher ausgestrahlt. Die 50-minütigen Folgen liefen samstags um 19.25 Uhr mit gewaltigem Erfolg. Zur Serie sind mehrere Bücher erschienen, einige Folgen sind auf DVD erhältlich.

UNSER DORF ARD

1971–1974. 13-tlg. dt. Familienserie von Helmut Kissel.

Die Bewohner eines kleinen Dorfs schlagen sich mit den Belangen eines solchen herum: Karl Zimmer (Erwin Scherschel), Erwin (Josef Wageck) und Lisbeth Schäfer (Lotte Barthel), Sepp (Viktor Hospach) und Lothar Schmidt (Toni Mag), Alfred Bartel (Georg Lehn), Heinz Fischer (Karl Sibold), Otto Rothermel (Erich Herr), Georg Wendel (Franz Mosthav), Philipp Lerch (Heinz Erle), Anton Eberhardt (Wolfgang Grönebaum) und seine Frau (Eva Zeidler) sowie der katholische (Willy Schneider) und der evangelische Pfarrer (Dieter Wernecke) kümmern sich um Feuerwehrfeste, Wohltätigkeitsabende und Sportvereine.

Die Folgen waren 25 Minuten lang und liefen in zwei Staffeln am Vorabend.

UNSER FERNSEHKOCH EMPFIEHLT DFF

→ Fernsehkoch Kurt Drummer empfiehlt

Manchmal kam *Unser Charly* ins Grübeln, ob ein *richtig* kluger Affe nicht das Angebot abgelehnt hätte, in dieser Serie mitzuspielen.

UNSER FRÄULEIN LEHRER ZDF
1983. 6-tlg. US-Kinderserie von Ed Scharlach nach einem Comic von Mell Lazarus, Regie: Sheldon Larry und Perry Rosemond (»Miss Peach Of The Kelly School«; 1982).
Miss Peach (Donna Lowre) unterrichtet an der Kelly-Schule, wo alle außer ihr knollennasige Puppen sind: die Schüler, aber auch die Kollegen und der Direktor. Die halbstündigen Folgen liefen samstags nachmittags.

UNSER FREUND AUS DEM SUMPF SAT.1
→ Das Ding aus dem Sumpf

UNSER FUSSBALLCLUB – HELDEN DER KREISKLASSE KABEL 1
Seit 2005. 16-tlg. Reportagereihe über regionale Fußballclubs der unteren Klassen, die zwar in richtigen Sportsendungen zu Recht nicht vorkommen, über die aber trotzdem Geschichten erzählt werden können.
Die 50-minütigen Folgen liefen zunächst donnerstags nach 23.00 Uhr, ab August 2005 montags schon kurz nach 22.00 Uhr, jetzt unter dem geänderten Titel »Helden der Kreisklasse – Eine Frage der Ehre«. Die Reihe an sich war unspektakulär, doch sie führte zu einem ungewöhnlichen Programmereignis: Am 17. April 2005 übertrug Kabel 1 zum ersten Mal in seiner Sendergeschichte ein Fußballspiel live – an einem Sonntagmittag: SSV Hacheney gegen SUS Hörde, eine Partie der Kreisliga B Dortmund.

UNSER GEMEINSAMER FREUND SWR
1979. 7-tlg. brit. Drama nach dem Roman von Charles Dickens (»Our Mutual Friend«; 1976).
Wenn John Harmon (Steven Mackintosh) das Vermögen seines Vater erben will, muss er Bella Wilfer (Jane Seymour) heiraten, die Adoptivtochter des gutherzigen Nicodemus Boffin (Leo McKern), ein ehemaliger Arbeiter von Johns Vater. John täuscht seinen eigenen Tod vor, um unerkannt die ihm unbekannte Frau begutachten zu können. Die arme Lizzi Hexam (Lesley Dunlop), Tochter von Jesse, genannt »Gaffer« (Duncan Lamont), fischt die Leiche, die für die von John gehalten wird, aus der Themse. Um Lizzi dreht sich ein zweiter Handlungsstrang: Der Anwalt Eugene Wrayburn (Nicholas Jones) und der Lehrer Bradley Headstone (David Morrissey) buhlen um sie.
Die dreiviertelstündigen Teile liefen auch in anderen Dritten Programmen und auf DFF 2, dort unter dem Titel *Der Tote aus der Themse*.

UNSER HAUS SAT.1
1988–1989. 46-tlg. US-Familienserie (»Our House«; 1986–1988).
»Unser Haus« muss der knorrige 65-jährige Gus Witherspoon (Wilford Brimley) nun zu dem großen viktorianischen Gebäude sagen, in dem er lebt. Vorher konnte er »mein Haus« sagen und war eigentlich ganz froh darüber. Doch nach dem Tod seines Sohnes nimmt er dessen mittellose Witwe Jesse (Deidre Hall) mit ihren drei Kindern auf, der 15-jährigen Kris (Shannen Doherty), dem zwölfjährigen David (Chad Allen) und der achtjährigen Molly (Keri Houlihan) – und mit der Ruhe ist es vorbei.
Die 50-minütigen Folgen liefen nachmittags am Wochenende.

UNSER HEIM ARD
1964–1966. Halbstündiges Servicemagazin mit Wilfried Köhnemann, der Tipps gab, wie man seine Wohnung einrichten könnte. Lief montags am späten Nachmittag.

UNSER KLEINER STEUERTIP ARD
1955–1956. Praktische Ratschläge von und mit Dr. Toni Breuer, z. B. zu den Themen »Steuerfreies Mittagessen« oder »Unterstützung von Angehörigen«. War 20 Minuten lang und lief nachmittags.

UNSER KLEINES THEATER SAT.1, RTL
1989–1991 (Sat.1); 1989–1991 (RTL). Dachmarke für bayerische Volkstheaterschwänke, die von der Produktionsfirma Unser kleines Theater parallel für RTL und Sat.1 hergestellt wurden. RTL zeigte Komödien aus dem *Berchtesgadener Bauerntheater,* Sat.1 aus *Peter Steiners Theaterstadl.* Beide Reihen liefen ungefähr monatlich.
1992 kaufte RTL der Konkurrenz *Peter Steiners Theaterstadl* weg, und Sat.1 zeigte stattdessen das *Chiemgauer Volkstheater.* Die Dachmarke verschwand auf beiden Sendern.

UNSER KOSMOS ZDF
1983. »Eine Reise durch das Weltall«. 13-tlg. US-Wissenschaftsreihe von und mit Carl Sagan, deutsche Bearbeitung: Heide Riedel (»Cosmos«; 1980).
Carl Sagan erklärt die Erde und das Weltall für jeden verständlich. Wie groß ist die Erde genau, und wie viel ist das im Verhältnis zum gesamten Universum? Seit wann gibt es menschliches Leben, und wie entwickelte es sich? Wie wahrscheinlich ist die Existenz von Leben außerhalb der Erde? Wann entstand das Universum, und wie lange dauerte das? Wie misst man ein Lichtjahr? Und warum fliegt niemand mehr zum Mond?
Sagan weckte mit seiner Sendung durch seine Art, komplexe Inhalte einfach zu veranschaulichen, und seine eigene sichtbare Begeisterung für diese Themen ein enormes Interesse an der Wissenschaft. Er nahm bekannte Science-Fiction-Romane als Beispiel zur Verdeutlichung dessen, was tatsächlich möglich ist und was reine Fiktion bleiben wird. Auch die Wissenschaft selbst machte er zum Thema: Wann begannen Forscher, sich für all diese Aspekte des Lebens und der Existenz zu interessieren? (Sie begannen bereits in der Antike, doch dann schliefen die Forschungen noch einmal für sehr, sehr lange Zeit ein.)
Er erklärte die Funktionsweise des Gehirns und was eigentlich die DNA ist und versuchte es sogar mit Darwins Evolutions- und Einsteins Relativitätstheo-

rie. Realistisch erläuterte er den Treibhauseffekt und seine möglichen langfristigen Folgen und rief zu einem bewussten Umgang mit dem Planeten auf, auf dem wir leben. Sagans Seriosität führte wahrscheinlich bei vielen dazu, dass er der Erste war, dem sie in dieser Hinsicht Glauben schenkten.

Das ZDF zeigte die 45-minütigen Folgen dienstags um 22.05 Uhr. Die Reihe wurde mit mehreren Preisen ausgezeichnet und war mit 500 Millionen Zuschauern weltweit die meistgesehene Sendung in der Geschichte des Fernsehens – bis *Baywatch* kam.

UNSER LAUTES HEIM   PRO SIEBEN
1993. 166-tlg. US-Sitcom von Neal Marlens (»Growing Pains«; 1985–1992).

Der Psychiater Jason Seaver (Alan Thicke) praktiziert zu Hause, um mehr Zeit mit seiner Familie verbringen zu können. Er ist verheiratet mit Maggie (Joanna Kerns), die Kinder heißen Mike (Kirk Cameron), Carol (Tracey Gold) und Ben (Jeremy Miller) und sind anfangs 15, 14 und neun Jahre alt. Drei Jahre später kommt das vierte Kind, Chrissy (Kristen & Kelsey Dohring, mit zunehmendem Alter gespielt von Ashley Johnson), zur Welt. Julie Costello (Julie McCullough) wird als Nanny angeheuert und verliebt sich in Mike. Carol und Mike verlassen das Haus, um auswärts zu studieren. Mike kommt zurück und bringt den 15-jährigen Obdachlosen Luke Brower (Leonardo DiCaprio) mit, der bei den Seavers einzieht.

Die Serie lief im werktäglichen Vorabendprogramm. Größeres Interesse entstand bei Wiederholungen Ende der 90er-Jahre noch einmal beim Teenagerpublikum aufgrund der Mitwirkung des jungen Leonardo DiCaprio in der letzten Staffel, der inzwischen durch Kinofilme wie »Romeo und Julia« oder »Titanic« zum Weltstar geworden war. Den Titelsong »As Long As We Got Each Other« sangen B. J. Thomas und Jennifer Warnes.

UNSER LEHRER DOKTOR SPECHT   ZDF
1992–1999. 69-tlg. dt. Familienserie von Kurt Bartsch, Regie: Werner Masten (letzte Staffel: Vera Loebner und Karin Hercher).

Dr. Markus Specht (Robert Atzorn) ist Lehrer für Deutsch und Geschichte. Dabei schlägt er sich innerhalb kürzester Zeit mit allen Problemen herum, die an einer Schule auftauchen können: Schwangerschaft, Streik, Drogenmissbrauch, Rassismus, Diebstahl, Liebe zum Lehrer, Kriminalität etc. Zunächst unterrichtet Specht an einem Gymnasium in Celle, wird dann Direktor einer Schule in Potsdam, gibt den Job auf für eine Lehrerstelle in einem Internat auf Krähenwerder, wechselt später an ein Gymnasium in Berlin und geht schließlich an eine Privatschule nach Bayern. Er unterrichtet meist eine zehnte Klasse. Offensichtlich kommen auch viele seiner Kollegen nicht zur Ruhe. Direktor Hartlaub (Charles Brauer) ist bereits in Celle Spechts Vorgesetzter und ist es auch später auf Krähenwerder. Karoline Anselm (Maria Hartmann) ist in Berlin die Direktorin und in Bayern einfache Lehrerin. Auch Charly (Ygal Gleim) ist anfangs in Celle und später in Potsdam Spechts Schüler, und Sunny Barfuß (Melanie Rühmann) ist schon in Berlin und noch in Bayern dabei.

Specht fährt meist Fahrrad und hat keine eigene Wohnung. Er wohnt bei der Pensionswirtin Pia Kleinholz (Gisela Trowe), die Specht in jede neue Stadt nachreist und seine Zimmerwirtin bleibt. Fanny Moll (Claudia Wenzel) wohnt ebenfalls bei Frau Kleinholz. Sie hat ein Auge auf Specht geworfen und versucht mehrfach offensiv, ihn zu verführen. Specht hat jedoch kein Interesse an ihr. Er ist zunächst mit Lilo von Barnim (Corinna Harfouch) zusammen, später mit Paula Quandt (Daniela Ziegler), die ihn immer Paul nennt, anschließend mit der Schulpsychologin Regine Holle (Simone Thomalla) und dann mit Mathilde Möhring (Petra Kleinert), die er sogar heiratet und mit der er Tochter Lydia bekommt. Mathilde kommt bei einer Bergwanderung mit Spechts Klasse in Bayern ums Leben.

Erwin Schopenhauer (Dietrich Mattausch) ist Spechts bester Freund, Alfons Specht (Helmut Pick) sein Vater. Er heiratet eines Tages Pia Kleinholz. Zu Spechts Kollegen gehören in Celle Frau »Lämmchen« Lammert (Tamara Rohloff), Herr Bloch (Wolf-Dietrich Berg) und der Sportlehrer Werner Rösler (Heinz Hoenig) sowie Hartlaubs Sekretärin Frau Liebscher (Ingrid van Bergen); in Potsdam Herr Bliese (Eberhard Feik), Dr. Hofer (Werner Tietze), Tacitus (Wolf-Dietrich Sprenger), der Sportlehrer Gisbert Brüll (Hartmut Schreier) und die Sekretärin Anita Kufalt (Veronica Ferres), die mit Specht nach Krähenwerder wechselt. Dort arbeiten außerdem Fräulein Conradi (Jenny Gröllmann), Herr Dumbeck (Peter Bause), Frau Kolberg (Annemone Haase), Herr Praetorius (Christian Steyer) und Hausmeister Lurch (Klaus Hecke), der Anita Kufalt heiratet.

Spechts Kollegen in Berlin sind neben Direktorin Anselm Chemielehrer Faust (Michael Walke), Sportlehrer Lobesam (Lutz Reichert), Mathelehrer Hohlbein (Gerd Baltus), Lateinlehrerin Zielrich (Barbara Dittus), Biolehrer Jochen Dreier (Dieter Montag), Sportlehrerin Karin Bieler (Carin C. Tietze), Herr Luther (Rolf Römer) und der kriminelle Hausmeister Knospe (Wolfgang Winkler), der schnell rausfliegt. Grolmann (Diether Krebs) ist der Führer der Sekte »Engel der Straße«, der einige von Spechts Schülern angehören. Schuldirektor in Bayern ist Professor Böck (Hans Brenner), sein Stellvertreter Herr Leitmeier (Erwin Steinhauer), die anderen Kollegen neben Frau Anselm sind Herr Lohmann (Simon Licht) und Herr Kneifer (Michael Benthin).

Während im richtigen Leben ein Lehrer, der permanent die Schule wechselt, keinen guten Ruf hat, war dieser Fernsehlehrer immer bei allen beliebt. Und während im richtigen Leben ein Mann, der permanent seine Frauen wechselt ... aber lassen wir das. Jeweils zum Beginn einer neuen Staffel trat Specht seinen Dienst an der neuen Schule an. Dementsprechend wechselten die Kollegen und die Schüler stän-

dig, ihre Geschichten umso seltener. Die Zuschauer blieben der Serie treu.
Die 50-minütigen Folgen liefen erfolgreich dienstags um 19.20 Uhr.

UNSER MANN SAT.1
1996. 3-tlg. dt. Krimiserie von Rainer Bär.
Spezialagent Thomas Bosch (Peter Sattmann) klärt für die Regierung internationale Schwerverbrechen auf. Sein Auftraggeber ist Staatssekretär Alexander Rhomberg (Jürgen Hentsch). Die spielfilmlangen Folgen floppten zur Primetime.

UNSER MANN IST KÖNIG DFF 1
1980. 6-tlg. DDR-Politserie von Eva Stein und Maria Dahms, Regie: Hubert Hoelzke.
Gerhard König (Horst Drinda) ist Ende 40 und lebt mit Frau Helga (Annekathrin Bürger) und den Kindern Bärbel (Doris Otto) und Ralf (Stephan Naujokat) in einer Mietwohnung. Er arbeitet als Werkmeister und wird in die Stadtverordnetenversammlung gewählt. Fortan vermittelt er zwischen den Bürgern und der Kommune, nimmt Wünsche, Kritik und Vorschläge entgegen und engagiert sich. Er lernt, dass es in der Politik nicht immer einfach ist, das Richtige durchzusetzen, gibt aber nicht auf.
Die einstündigen Folgen liefen freitags um 20.00 Uhr.

UNSER MOND ZDF
1969–1970. Halbstündige populärwissenschaftliche Reihe mit Prof. Heinz Haber am Sonntagnachmittag, wenn der Mond nur im Fernsehen zu sehen war.

UNSER PAPPA ARD
2002–2004. 3-tlg. dt. Familienfilm.
Der Düsseldorfer Zahnarzt Dr. Achim Hagenau (Dieter Pfaff) krempelt nach dem Tod seiner Frau sein Leben um und zieht mit seinen sechs erwachsenen Kindern auf einen Bauernhof im Schwarzwald. Er freundet sich mit der Hofnachbarin Bärbel Ramsbächle (Tatjana Blacher) an und heiratet sie schließlich.

UNSER PAUKER ZDF
1965–1966. »Alltagsgeschichten einer Berliner Familie«. 20-tlg. dt. Familienserie von Detlef Müller.
Ulrich Schulz (Georg Thomalla) ist Lehrer an einer Berliner Schule. Bei seinen Schülern ist er beliebt, weil er anders ist als die anderen Lehrer. Er ist mit Ruth (Heli Finkenzeller) verheiratet, die gemeinsamen Kinder heißen Christian (Jürgen Wölffer), Susanne (Frauke Sinjen) und Ricky (Uwe Reichmeister). Gelegentlich muss sich die Familie mit der nervenden Tante Hedwig (Agnes Windeck) herumärgern. Schulzens beste Freunde sind der Gastwirt Otto Janitz (Walter Groß) und dessen Frau Herta (Käte Jaenicke).
Die Episoden waren eine halbe Stunde lang und liefen erst dienstags, dann mittwochs um 20.00 Uhr.

»... nun schnell ins Bett und schlaft recht schön, dann will auch ich zur Ruhe gehen ...«: *Unser Sandmännchen* (ost- und gesamtdeutsch).

UNSER SANDMÄNNCHEN DFF, DRITTE PROGRAMME, KI.KA
Seit 1959. Fünfminütige Gute-Nacht-Sendung für Kinder kurz vor 19.00 Uhr. Eine freundliche Puppe mit Zipfelmütze, weißen Ziegenlederstiefeln, weißen Wollhaaren und einem ebensolchen Spitzbart kündigt den Kindern eine kurze Geschichte an, streut ihnen dann Schlafsand aus einem Säckchen in die Augen und fährt wieder davon.
Die Figur des Sandmännchens geht auf die Märchen der Brüder Grimm zurück, in denen es als klein, bärtig und mit spitzer Zipfelmütze beschrieben wurde, sowie auf das Märchen vom »Sandmann« von Hans Christian Andersen. Dort heißt es eigentlich »Ole Lukøje« (»Ole Augenschließer«). Schon seit 1954 gab es im DDR-Hörfunk eine ähnliche Sendung mit einer Gute-Nacht-Geschichte und der ständig gleichen Ansage: »Der Sandmann ist da!« Das DDR-Sandmännchen wurde unter großer Eile entwickelt, weil im Herbst 1959 bekannt wurde, dass der SFB an einem Sandmann als Identifikationsfigur für Kinder arbeitete (*Das Sandmännchen*). Der DFF-Programmdirektor gab die Devise aus: »Wir müssen der ARD zuvorkommen!«, und: »Wie ihr Sandmann auch aussehen mag, unserer muss anziehender sein!« Gerhard Behrendt, künstlerischer Leiter der Puppentrickabteilung im Berliner Trickfilmstudio, erfand daraufhin die Figur, die ab November 1959 die Geschichten des *Abendgruß* umrahmte, mit dem

die Kinder bereits seit Oktober 1958 täglich ins Bett geschickt wurden. Im Gegensatz zum West-Sandmännchen sah das aus dem Osten eher wie ein Kind aus, nicht wie ein Greis, und hatte einen Kinnbart. Ähnlichkeiten mit Staatsoberhaupt Walter Ulbricht sollen allerdings reiner Zufall gewesen sein. Die Figur war 24 Zentimeter groß und wurde per Stoptrick animiert. Das Sandmännchen kam immer mit unterschiedlichen Fortbewegungsmitteln: mit dem Fahrrad, der Eisenbahn, einem Traktor, dem Schlitten der Eskimos, einem Mondmobil, einer Draisine, einer Kürbiskutsche, in der Mäuse saßen, einem fliegenden Teppich und sogar einem Panzer. Ausgerechnet zwei Tage, nachdem eine Familie im September 1979 mit einem Heißluftballon aus der DDR geflüchtet war, erschien auch das Sandmännchen mit einem solchen Verkehrsmittel – das gab Ärger, und dieser Sandmann-Film kam auf den Index.

Der Sandmann wurde geliebt und verehrt. 1978 nahm der erste deutsche Kosmonaut Sigmund Jähn ihn zur Orbitalstation »Salut 6« mit, wo er eine Woche lang die Erde umkreiste. Er bekam höchste Auszeichnungen von Walter Ulbricht und Erich Honecker und einen Brief von Papst Johannes Paul II., der das Sandmännchen seit seiner Zeit als Krakauer Erzbischof liebte. Die Filme wurden auch ins Ausland verkauft. In Schweden heißt der Sandmann John Blund, in Finnland Nukku Matti. Als ein Jahr nach dem Ende der DDR auch der Deutsche Fernsehfunk eingestellt wurde, sollte dies gleichzeitig das Ende für das Ost-Sandmännchen bedeuten. Er lief zum letzten Mal dort am 31. Dezember 1991. Nach massiven Zuschauerprotesten wurde die Figur jedoch beibehalten und in den Dritten Programmen und später im KI.KA fortgeführt. Das West-Sandmännchen war bereits 1989 eingeschläfert worden. Das Sandmännchen profitierte davon, dass es zwar ein Nationalsymbol der DDR war, aber, abgesehen von ein paar Besuchen bei der NVA, kaum zu Propagandazwecken missbraucht worden war, und wurde einer der ganz wenigen Wendegewinner im Osten. Das Titellied schrieben Walter Krummbach (Text) und Wolfgang Richter (Musik). Es wird von einem Kinderchor gesungen und geht so:«Sandmann, lieber Sandmann, es ist noch nicht so weit. / Wir senden erst den Abendgruß, / ehe jedes Kind ins Bettchen muss, / du hast gewiss noch Zeit.« Die zweite Strophe lautet: »Sandmann, lieber Sandmann, hab nur nicht solche Eil. / Dem Abendgruß vom Fernsehfunk / lauscht jeden Abend alt und jung. / Sei unser Gast derweil.« Diese Strophe entfiel nach dem Ende der DDR – entweder um Zeit zu sparen oder weil das Wort »Fernsehfunk« zu sehr an den seligen »Deutschen Fernsehfunk« erinnerte. Hinterher wird wieder gesungen, diesmal heißt der Text: »Kinder, liebe Kinder, das hat mir Spaß gemacht. / Nun schnell ins Bett und schlaft recht schön. / Dann kann auch ich zur Ruhe geh'n. / Ich wünsch euch: Gute Nacht!« Für Tage mit Ereignissen wie dem Tod von Walter Ulbricht 1973 gab es einen Vor- und Abspann ohne Lied.

Die eigentlichen Gute-Nacht-Geschichten erzählt der *Abendgruß*. Anfangs wurde er von Figuren wie Till Eulenspiegel, Clown Ferdinand und Mensch-Puppen-Paaren wie Bärbel (Bärbel Ola-Möllendorf) und Kasparek, Annemarie (Annemarie Brodhagen) und Brummelchen, Rolf (Wolfgang Hübner) und Reni und Taddeus Punkt (Heinz Fülfe) und Struppi bevölkert. Zu den bekanntesten Figuren gehören der freche Kobold Pittiplatsch und die Ente Schnatterinchen, die, wie viele andere Sandmann-Charaktere, aus der Reihe *Zu Besuch im Märchenland* stammten (siehe dort). Später kamen der Hund Moppi, Herr Fuchs und Frau Elster, Mauz und Hoppel, Frau Igel und ihr Borstelchen sowie der Wasserkobold Plumps, ein entfernter Verwandter von Pittiplatsch, hinzu. Außer Stücken mit den verschiedensten Arten von Trick- und Handpuppen gab es auch kurze Dokumentarfilme. Ab den 80er-Jahren wichen sie Märchenwelten. Moderne Stars der Gute-Nacht-Geschichten sind u. a. Kleiner König, Paula und Paula, Die obercoole Südpolgang, Pondorondo, Rabe Socke, Lola Langohr und Miffy und Kalli. Die aus dem Westen bekannten Geschichten mit den Schweinen Piggeldy und Frederick wurden nach der Wende in diesem neuen Gesamt-Sandmännchen beibehalten.

UNSER SPIELHAUS DFF

1982–1991. Kinderpuppenprogramm mit Schlapper, einem weißen, wurstlippigen Hasen, und seinen Freunden Schlapperplapper, Knollo, Defife, Laribum, Kniffo, Masine und dem Kleinen.

UNSER STUDIO FÜR JUNGE ZUSCHAUER ZDF

→ Studio für junge Zuschauer

UNSER TRAUM VOM HAUS VOX

Seit 2004. Doku-Soap, die in jeder Staffel mehrere Bauherren aus unterschiedlichen Gesellschaftsschichten ein Jahr lang bei den Fortschritten des Hausbaus begleitet. Bisher zwei Staffeln mit je sechs einstündigen Folgen liefen dienstags um 20.15 Uhr.

UNSER TRAUTES HEIM ZDF

1969–1971. 52-tlg. US-Sitcom (»Please Don't Eat The Daisies«; 1965–1967).

Jim Nash (Mark Miller) ist Collegeprofessor, seine Frau Joan (Patricia Crowley) schreibt für eine Zeitung. Zusammen haben sie vier Söhne: Kyle (Kim Tyler), Joel (Brian Nash) und die Zwillinge Trevor (Jeff Fithian) und Tracy (Joe Fithian). Weiteres Familienmitglied ist der gewaltige Bobtail Ladadog. Da Mutter Joan – zum Entsetzen vor allem der Nachbarn Herb (Marry Hickox) und Marge Thornton (Shirley Mitchell) – nichts vom Hausarbeit hält, beschäftigt die Familie das angejahrte Hausmädchen Maretha O'Reilly (Ellen Corby).

Die Serie basiert auf dem Film »Meisterschaft im Seitensprung« mit Doris Day und David Niven nach einem Roman von Jean Kerr. Insgesamt wurden 58 Folgen produziert. Sie waren 25 Minuten lang und liefen sonntags im Nachmittagsprogramm.

UNSER VATER, DER TIERARZT　　　ARD
1962. 6-tlg. dt. Familienserie.
Unser Vater Dr. Dillbusch (Herbert Wilk) ist Tierarzt mit eigener Praxis, unser Großvater (Jürgen von Alten) war es auch schon, und unsere Tochter Viola (Almut Eggert) will es mal werden. Ohne tierärztliche Ambitionen sind unsere Mutter (Rosemarie Gerstenberg) und unser Jüngster, Thomas (Michael Gottschalk); Thomas ist aber immerhin Herrchen unseres Esels.
Die 25-Minuten-Folgen liefen in unseren regionalen Vorabendprogrammen.

UNSER WALTER　　　ZDF
1974. »Leben mit einem Sorgenkind«. 7-tlg. dt. Problemserie.
Als ihr Sohn Walter zweieinhalb Jahre alt ist, teilt ein Arzt dem Ehepaar Zabel (Cordula Trantow und Thomas Braut) mit, dass der Junge mongoloid ist. Das Leben mit einem behinderten Kind gestaltet sich zunächst schwierig. Kindergärten und Schulen lehnen den Jungen ab, und Walter muss privat unterrichtet werden. Die Mutter kann nicht mehr im Familiengeschäft mitarbeiten, weil sie sich um Walter kümmern muss, der Vater muss den Laden daraufhin aufgeben, und Tochter Sabine (Katja Prössdorf; ab Folge 5: Andrea Schober; ab Folge 7: Regina Claus) fühlt sich vernachlässigt. Fremde begegnen Walter mit Skepsis. Im Lauf der Jahre lernen die Zabels mit der Situation umzugehen, und auch Walter lernt sich in der Welt zurechtzufinden. Eine große Hilfe ist Onkel Gerd (Pierre Franckh), der anfangs in einem Heim für Behinderte seinen Ersatzdienst leistet und sich später als Facharzt auf die Behandlung geistig behinderter Kinder spezialisiert. Am Ende der Serie ist Walter 21 Jahre alt.
Die Serie, die den richtigen und angstfreien Umgang mit Behinderten am Beispiel der Krankheit schilderte, die heute Downsyndrom heißt, wurde von der kircheneigenen Produktionsfirma Eikon produziert und erreichte ein großes Publikum. Die Rolle des Walter spielten nacheinander insgesamt sechs verschiedene geistig Behinderte. Sie wurden den Zuschauern zu Beginn jeder Folge vorgestellt. 15 Jahre später wiederholte 3sat die Serie und zeigte zusätzlich die Dokumentation »6-mal Walter«, in der es darum ging, was aus den Kindern und Jugendlichen mit Downsyndrom wurde, die als Walter vor der Kamera gestanden hatten.

UNSER WETTER　　　ZDF
1972. Eine der vielen Wissenschaftsreihen von und mit Prof. Heinz Haber, diesmal komplett über Wetter, Klima und Meteorologie. Die halbstündigen Folgen liefen am Sonntagnachmittag.

UNSERE BESTEN　　　ZDF
Seit 2003. Zeitgeschichtsshow, in der ZDF-Zuschauer in loser Folge per Abstimmung Bestenlisten erstellen.
Die erste Frage und damit der erste Untertitel lautete: »Wer ist der größte Deutsche?« Das ZDF hatte eine Liste mit 300 Vorschlägen in Zeitungen und Internet veröffentlicht und in Kaufhäusern ausgelegt. Per Telefon, SMS und Postkarte durfte jeder seine Favoriten nennen und auch Namen, die nicht auf der Vorschlagsliste standen. Johannes B. Kerner und Steffen Seibert moderierten die Auftaktshow, in der die 100 Meistgenannten vorgestellt wurden, sowie die Finalshow im November 2003, in der die Zuschauer aus den dann noch übrigen zehn Meistgenannten den größten Deutschen wählen konnten. Beide Shows liefen freitags um 21.15 Uhr. Dazwischen zeigte das ZDF fünf Sendungen, in den jeweils zwei der besten Zehn porträtiert wurden. Jeder von ihnen hatte außerdem einen prominenten Paten, der seine Vorzüge rühmte. Sieger wurde Konrad Adenauer vor Martin Luther und Karl Marx.
Das Konzept stammt von der BBC, die mit einer ähnlichen Aktion 2003 »Great Britons« suchte. Weitere ZDF-Aktionen im Jahr 2004 hießen »Das große Lesen« und »Sportler des Jahrhunderts«. Es gab keine Porträt- oder Auftaktshows mehr, die Bücher oder Sportler vorstellten, sondern nur noch Aufrufe in Spots oder im Rahmen anderer Sendungen und ein großes Finale mit Johannes B. Kerner. Beliebtestes Buch wurde »Herr der Ringe« vor der Bibel, größter Sportler Michael Schumacher (wobei offen blieb, welches Jahrhundert gemeint war). 2005 ging es um die größten Erfindungen.

UNSERE FREUNDIN VIOLETTA　　　ARD
1970–1972. 26-tlg. dt. Marionettenserie für Kinder mit den Puppen von Herta Frankel. Violetta ist eine Maus, die im Land der Fantasie wohnt. Die 30-Minuten-Folgen liefen nachmittags.

UNSERE GROSSE SCHWESTER　　　ARD
1963–1964. 13-tlg. dt. Familienserie.
Drei elternlose Geschwister schmeißen den gemeinsamen Haushalt: Karin (Katrin Schaake) ist bereits erwachsen und kümmert sich um ihre beiden Brüder Bernd (Claus Ringer) und Tommy (Jan Koester). Bernd ist in der Ausbildung, Tommy geht noch zur Schule. Und solange kein Erwachsener hereinschneit, geht es zwar chaotisch zu, aber glücklich.
Die halbstündigen Folgen liefen in allen regionalen Vorabendprogrammen.

UNSERE HAGENBECKS　　　ZDF
1991–1994. 38-tlg. dt. Familienserie von Herbert Lichtenfeld.
Martha Hagenbeck (Tilly Lauenstein) ist die Seniorchefin des Tierparks Hagenbeck in Hamburg. Direktor ist ihr Sohn Christoph (Peter Striebeck), ein engagierter Mann, der sich liebevoll um die Tiere im Park kümmert und sich auch für Umweltprojekte außerhalb einsetzt. Er ist mit Sylvia (Heidemarie Wenzel) verheiratet, die den Teenager Tobby (Wanja Mues) mit in die Ehe gebracht hat. Dessen Vater ist der Modeschöpfer Gilbert Mack (Jörg Pleva). Marthas anderer Sohn Thomas (Rainer Rudolph) ist mit In-

grid (Daphne Wagner) verheiratet, Bernd (Christian Dalesch) ist ihr gemeinsamer Sohn. Thomas arbeitet im Bankhaus seines Schwiegervaters, dem fiesen und gerissenen Bankier Straaten (Charles Regnier), der aus Hagenbeck gern einen großen Vergnügungspark machen würde. Marthas Tochter Miriam (Giulia Follina) ist das schwarze Schaf der Familie. Sie verkauft ihre Tierparkanteile an Straaten und zieht davon, ohne in den nächsten Jahren von sich hören zu lassen.

Marthas beliebter Bruder Franz Sellenbrook (Ernst Stankovski) stirbt im Februar 1991. Elsa Littmann (Eva Brumby) ist Sylvias Mutter, Sir Henry (John van Dreelen) ein alter Freund der Familie. Saskia (Constanze Wetzel), die Enkelin des alten Gärtners Felix Jungklas (Franz-Josef Steffens), wird von Gilbert Mack als Model engagiert und kommt mit Bernd zusammen. Ihre Eltern, Hannes (Reiner Scheibe) und Gesine (Astrid Meyer-Gossler), sind permanent zerstritten.

Im Tierpark arbeiten noch Betriebsinspektor Ritschel (Michael Grimm), die Pfleger Cora Kirsch (Nicole Boguth), Klaus (Dirk Martens), Werner (Joshy Peters), Futtermeister Bruno (Dirk Dautzenberg), der alte Willy Stein (Otto Tausig), der von einem Zirkus kommt, und Christophs Sekretärinnen (Gertrud Nothorn und Traudl Sperber), die ihm den Rücken freihalten. Später kommen Max (Reiner Strecker), der das Aquarium aufbaut, und seine Freundin Christina Weiher (Helen Suyderhoud) dazu. Susanne (Laura G. Temeltas) ist das Hausmädchen der Hagenbecks, Meta Haark (Lonny Kellner) die alte Haushälterin. Susanne verlässt die Villa Hagenbeck im März 1991.

Sylvia bringt am Ende der ersten Staffel Christophs Baby Alexander John zur Welt. Nur wenig später, nach der Tauffeier im Juli 1992, kommt sie mit dem Kind bei einem Autounfall ums Leben. Um Abstand zu gewinnen, fährt Christoph nach Dänemark und lernt noch auf der Fähre Rebecca Holt (Beatrice Kessler) kennen. Der neue Tierparkinspektor Gessling (Jürgen Heinrich) tritt seinen Dienst an. Tobby studiert nach seinem Abitur Tiermedizin, Bernd Betriebswirtschaft.

Die dritte Staffel beginnt im Juni 1994 mit Gesslings Abschied: Er geht nach Australien. Sein Nachfolger wird für genau eine Folge Inspektor Rabe (Matthias Ponnier): Alle hassen ihn, er kündigt, und Cora übernimmt den Posten. Rebecca, längst Christophs Freundin, lässt sich im Tierpark einspannen. Und plötzlich wird alles wieder ein großes Familienunternehmen: Thomas trennt sich von seiner Frau und der Bank seines fiesen Schwiegervaters – nach einer kurzen Affäre mit dessen Mitarbeiterin Eva Biddendorf (Angelika Thomas) – und heuert bei Hagenbecks an, und auch Miriam kehrt zurück und wird die neue Tierärztin. Tobby und seine Freundin Steffi (Julia Bremermann) gehen in die USA, und am Ende heiraten Christoph und Rebecca.

Zwischendurch reden alle dauernd über Ökologie, außerdem trompeten Elefanten, planschen Delphine und schlüpfen Strauße in vielen herrlichen Bildern (obgleich man einigen davon ansah, dass sie aus anderen Produktionen stammten und einfach in die Serie hineingeklebt wurden). Die elf Drehbücher für die komplette dritte Staffel schrieb Hauptdarsteller Peter Striebeck selbst. Den Tierpark Hagenbeck in Hamburg gibt es wirklich, er heißt auch so. Die Figuren aus der Serie gibt es nicht, sie heißen nur so.

Die Mischung aus typisch seichtem Familiendrama mit Umweltthemen und schönen Bildern machte *Unsere Hagenbecks* Anfang der 90er erwartungsgemäß zu einer der erfolgreichsten Vorabendserien. Nach einem Pilotfilm zur Primetime liefen die 50-Minuten-Folgen donnerstags um 19.25 Uhr.

UNSERE HEILE WELT ZDF

1972. 13-tlg. dt. Problemserie von Heinz Pauck, Regie: Rudolf Jugert.

Gisela (Anita Höfer) und Walter Eickhoff (Rüdiger Lichti) ziehen mit ihren Söhnen Matthias (Michael Poliza) und Klaus (Andreas Poliza) in eine Neubausiedlung am Hamburger Stadtrand – direkt neben einem hässlichen Industriegebiet. Sie müssen sich in der Betonwüste mit unzureichenden Lebensbedingungen, mangelnder Spielfläche für die Kinder und Luftverpestung durch die benachbarten Gandler-Werke auseinander setzen. Herr Steppenkötter (Ferdinand Dux) ist der brummelige Hausmeister.

Der Serientitel war ironisch gemeint; es ging mehr als üblich um echte Konflikte. Die halbstündigen Folgen liefen montags um 19.10 Uhr.

UNSERE KLEINE FARM ARD, SAT.1, PRO SIEBEN

1976–1985 (ARD); 1989–1990 (Sat.1); 1994–1995 (Pro Sieben). 212-tlg. US-Familien-Western-Serie (»Little House On The Prairie«; 1974–1982; »Little House: A New Beginning«; 1982–1983).

Im Vorspann laufen kleine Mädchen einen kleinen Berg hinunter. Doch die Handlung geht noch weiter: Der Farmer Charles Ingalls (Michael Landon) und seine Frau Caroline (Karen Grassle) besitzen eine kleine Farm in Walnut Grove im US-Bundesstaat Minnesota, auf der sie in den 70er-Jahren mit ihren drei Töchtern Mary (Melissa Sue Anderson), Laura (Melissa Gilbert) und Carrie (Lindsay und Sidney Greenbush) wohnen. Mary ist die Älteste, Carrie das Nesthäkchen.

Den örtlichen Laden führt Nels Oleson (Richard Bull), der mit seiner Frau Harriet (Katherine MacGregor) und den Kindern Willie (Jonathan Gilbert) und Nellie (Alison Arngrim) in der Nachbarschaft wohnt. Isaiah Edwards (Victor French) und seine Frau Grace (Bonnie Bartlett) sind gute Freunde der Ingalls'. Sie ziehen nach einigen Jahren weg, und eine neue Familie freundet sich mit den Ingalls' an: Jonathan Garvey (Merlin Olsen), seine Frau Alice (Hersha Parady) und Sohn Andy (Patrick Laborteaux).

Kurz darauf kommt Grace (Wendi und Brenda Turnbeaugh), die vierte Ingalls-Tochter, zur Welt. Etwa zu dieser Zeit erblindet Mary durch eine Krankheit.

Ihr Lehrer wird der ebenfalls blinde Adam Kendall (Linwood Boomer). Mary beginnt an Adams Blindenschule zu lehren und heiratet ihn später. Die Familie um Charles und Caroline zieht nach Dakota, kehrt aber bald nach Walnut Grove zurück und hat inzwischen den Straßenjungen Albert (Matthew Laborteaux) adoptiert. Laura ist jetzt ebenfalls Lehrerin, sie heiratet Almanzo Wilder (Dean Butler).

Das blinde Paar Mary und Adam bekommt ein Kind, verliert es aber gleich wieder, als die Blindenschule abbrennt, wobei auch Alice Garvey ums Leben kommt. Das Schicksal lässt nicht locker, und Adam erleidet einen weiteren Unfall. Weil aber wenig Schlimmes übrig ist, das der Familie noch nicht zugestoßen ist, gewinnt Adam bei diesem Unfall versehentlich sein Augenlicht zurück. Er wird nun Anwalt und zieht mit Mary nach New York.

Mehr Kinder für die Farm: Die Ingalls' adoptieren Cassandra (Missy Francis) und James (Jason Bateman). Als Charles und Caroline mit den Töchtern Grace und Carrie nach Iowa ziehen, verkaufen sie ihre Farm an John (Stan Ivar) und Sarah Carter (Pamela Roylance). Laura und Almanzo Wilder bleiben als einzige Familienmitglieder in Walnut Grove, werden die Hauptfiguren der Serie und Almanzos Nichte Jenny (Shannen Doherty) zieht bei ihnen ein.

Die Michael-Landon-Show: Als Hauptdarsteller, Produzent, Autor und Regisseur wirkte er in fast allen Bereichen der Serie mit. Die Geschichten basierten auf den autobiografischen Büchern von Laura Ingalls Wilder, weshalb sie aus der Sicht der zweiten Tochter Laura erzählt wurden.

85 Folgen sendete die ARD, jedoch nicht einfach die ersten 85, sondern die der ersten 175 Folgen. Weitere 71 Folgen liefen in deutscher Erstausstrahlung in Sat.1, weitere 56 auf Pro Sieben, darunter auch die Episoden der letzten Staffel, für die in den USA die Serie umbenannt wurde, als nun Almanzo und Laura im Mittelpunkt standen und Michael Landon nicht mehr dabei war. In Deutschland wurde der Titel beibehalten.

UNSERE KLEINE SHOW ZDF

1969–1973. »Musik zur blauen Stunde«. Halbstündige Musikshow am Vorabend, in der Interpreten wie Bibi Johns, Roberto Blanco, Udo Jürgens, René Kollo, Paul Kuhn und Billy Mo auftraten. Begleitet wurden sie von Max Greger. Lief 14-täglich montags.

UNSERE KLINIK – ÄRZTE IM EINSATZ RTL

Seit 2005. Dt. Doku-Soap über den Alltag in der Aachener Universitätsklinik aus der Sicht von Ärzten, Pflegepersonal, Studenten und Patienten. Die halbstündigen Folgen im Stil von *Mein Baby* und *Meine Hochzeit* laufen werktags vormittags.

UNSERE NACHBARN, DIE BALTAS ARD

1983. 12-tlg. dt. Familienserie.

Ausländer haben die gleichen Probleme wie Deutsche, aber manchmal andere Ideen, wie man sie lösen könnte. Und dann haben Ausländer oft das Problem, von Deutschen mit Misstrauen betrachtet zu werden. Um Letzteres zu beheben, führte der WDR Ersteres vor: Die Türken Habib (Aydin Yamanlar) und Selime Balta (Dilek Türker) leben mit ihren Kindern Inci (Ismet Bilir-Göze), Arif (Ayhan Falay) und Yüksel (Ali Ekmekyemez) seit 14 Jahren in Deutschland, werden aber noch immer nicht überall akzeptiert. Arif ist in Marianne (Helga Trojan), eine Deutsche, verliebt.

Die 25-Minuten-Folgen liefen im regionalen Vorabendprogramm und wurden durch eine Doku-Reihe in den Dritten Programmen ergänzt.

UNSERE NACHBARN HEUTE ABEND: FAMILIE SCHÖLERMANN ARD

1954–1960. 111-tlg. dt. Familienserie von Alexandra und Rolf Becker, Regie: Ernst Markwardt und Ruprecht Essberger.

Die Schölermanns sind eine deutsche Durchschnittsfamilie, jedoch mit einem ganz ordentlichen Aus- und Einkommen. Die Familie besteht aus Vater Matthias Schölermann (Willy Krüger), Mutter Trude (Lotte Rausch), dem ältesten Sohn Heinz (Charles Brauer), der bereits berufstätig ist, der jüngeren Tochter Evchen (Margit Cargill) sowie Nesthäkchen Joachim, genannt Jockeli (Harald Martens).

Anfangs wohnen die Schölermanns in einer kleinen Mietwohnung in Hamburg; sie ziehen jedoch schon 1955 in eine größere Etagenwohnung um. Die Firma, in der Matthias zum Prokuristen befördert wurde, geht in Konkurs, und Matthias wird arbeitslos. Dank einer Erbschaft kann Trude eine Pension eröffnen. Sie gibt sie jedoch wieder auf, als Matthias eine neue Arbeit gefunden hat, da er der Meinung ist, seine Frau müsse nicht arbeiten. Dass sich die Schölermanns zwischen 1955 und 1958 nacheinander einen Staubsauger, einen Kühlschrank und sogar einen Fernseher anschaffen, zeigt, dass es finanziell nicht so schlecht um sie bestellt sein kann.

In der Familie herrscht gegenseitiger Respekt. Streit und Probleme werden schnell und meist durch die Vermittlung von Mutter Trudchen, die aus dem Rheinland stammt, beiseite geschafft. Ein freundlicher Umgangston macht das Familienleben harmonisch. Lediglich Jockeli muss sich gelegentlich eine Standpauke anhören, weil er wieder die Schule geschwänzt hat oder an seinen Fingernägeln kaut. Zur weiteren Verwandtschaft der Familie gehören Tante Marie (Lotte Brackebusch) und Onkel Eduard (Joachim Wolff). Später kommt Pflegekind Bärbelchen (Giulia Follina) dazu. Anfang 1960 ziehen die Eltern Schölermann nach Hannover, und Evchen wird ihren Freund heiraten.

Unsere Nachbarn heute abend: Familie Schölermann war die erste deutsche Familienserie im Fernsehen überhaupt. Entsprechend heftig entzündete sich an ihr die Frage, ob so denn nun die normale deutsche Familie sei oder nicht. Die Macher um Regisseur Ruprecht Essberger waren jedenfalls da-

Lecker, Bohnen! *Unsere Nachbarn heute Abend: Familie Schölermann* beim Abendessen. V. l. n. r.: Heinz, Jockeli, Vater Matthias, Evchen und Mutter Trude.

rum bemüht, die Familie möglichst realistisch, ja gar echt erscheinen zu lassen. Es funktionierte: Familie Schölermann wurde von den Zuschauern als solche angesehen. Dass es lediglich Schauspiel war, nahmen viele nicht wahr. Als Trude ihre alte Nähmaschine ausrangierte, schrieben Zuschauer, die sie haben wollten. Als Lotte Rausch mit ihrem Ehemann auf der Straße gesehen wurde, warf man ihr vor, Matthias Schölermann zu betrügen. Dazu mag auch der Umstand beigetragen haben, dass wegen der Echtheitsbemühungen die Namen der Schauspieler während der gesamten Laufzeit der Serie geheim gehalten wurden. So kannte man die Darsteller nur als Schölermanns. Erst in der letzten Folge wurden ihre wahren Namen enthüllt.

Die halbstündigen Folgen wurden zunächst jeden zweiten Mittwoch, später jeden zweiten Donnerstag jeweils um 20.20 Uhr ausgestrahlt. Weil die Technik im deutschen Fernsehen noch keine Aufzeichnungen ermöglichte, wurde stets live gesendet. Aus dem gleichen Grund konnten die Folgen auch nie wiederholt werden. Lediglich vier Folgen, die im Urlaub auf Helgoland spielten, wurden zuvor auf Film gedreht und blieben deshalb erhalten. Alle Live-Folgen spielten immer am Abend und immer in der Wohnung. Meist saß die Familie am Esstisch und aß Bohnen.

Die Schölermanns waren überaus erfolgreich. Viel mehr als die 50 000 Fernsehgeräte, die zu jeder Folge eingeschaltet waren, gab es damals nicht in Deutschland. Etwa eine halbe Million Zuschauer versammelten sich vor diesen Geräten, wenn die Schölermanns darin zu sehen waren. Und jede zweite Woche, am Ausstrahlungstag der Serie, stieg die Zahl der verkauften Fernseher auffallend an.

1958 ließ das Zuschauerinteresse zwar leicht nach, aber eine Absetzung im März nach 75 Folgen wurde von so massiven Zuschauerprotesten begleitet, dass die Schölermanns nach sechs Monaten Pause ab Oktober 1958 wieder da waren. 1960 war auf Wunsch von Hauptdarstellerin Rausch dann endgültig Schluss. Sie war die Einzige, die aufhören wollte, hatte jedoch in einer Verfügung durchgesetzt, dass die Serie ohne sie nicht weitergehen durfte.

UNSERE PENNY   ARD

1975–1976. 13-tlg. dt. Familienserie.
Penny (Stephanie Daniel-Turner) ist ein englisches Au-pair-Mädchen, das in die Familie von Klaus (Rüdiger Lichti) und Elke Martin (Evelyn Mayka) kommt, als Mutter Elke wieder berufstätig wird und sich Opa Jansen (Kurt Dommisch) als nur bedingt zuverlässig bei der Erziehung der Kinder Christian (Peter Hagenbäumer) und Tinke (Eva Hagenbäumer) herausstellt.
Die halbstündigen Folgen liefen im regionalen Vorabendprogramm.

UNSERE SCHÖNSTEN JAHRE   ZDF

1983–1985. 12-tlg. dt. Familienserie von Franz Geiger.
Elfi Ortlieb (Uschi Glas) ist Verkäuferin in einem Sportgeschäft und bisher immer an die falschen Männer geraten. Raimund Sommer (Elmar Wepper) ist ein erfolgloser Tischlermeister in München. Die beiden verlieben sich ineinander und heiraten nach kurzer Zeit. Der Versicherungsvertreter Herbert Dirscherl (Helmut Fischer) ist Elfis Ex-Freund, der inzwischen mit Traudl (Veronika Fitz) verheiratet ist. Anfangs ist er noch eifersüchtig, freundet sich dann aber mit dem Paar an. Answald Hornung (Siegfried Rauch) ist Elfis Chef.
Serienerfinder Franz Geiger schrieb die komplette

Für echte Couchpotatoes lässt sich der Kauf der falschen Chipsmarke auch durch den besten Sekt nicht wettmachen: Elmar Wepper und Uschi Glas in *Unsere schönsten Jahre*.

erste Staffel und führte zweimal Regie, Autor und Regisseur aller Folgen der zweiten Staffel war Michael Braun. Produziert wurde die Serie von Helmut Ringelmann. Die Musik steuerte Frank Duval bei.
Zwei Staffeln mit je sechs knapp einstündigen Folgen liefen im Vorabendprogramm.

UNSERE SCHULE IST DIE BESTE   RTL
1994–1995. 16-tlg. dt. Familienserie von Eva und Horst Kummeth.
Das beliebte Lehrerehepaar Werner (Elmar Wepper) und Dr. Uschi Steiner (Michaela May) arbeitet gemeinsam am Pestalozzi-Gymnasium am Chiemsee. Werner unterrichtet Sport, Uschi Deutsch und Latein. Harald Schönauer (Harald Leipnitz) ist der Direktor, zu den Kollegen gehören Pater Clemens Rottberg (Günther Kaufmann), Heinz Ruhland (Horst Sachtleben), Ines Rohrdorfer (Andrea Wildner) und der Kunstlehrer Dirk Hollmann (Rainer Goernemann), eine alte Liebe von Uschi.
Harald Leipnitz war nicht nur vor, sondern auch hinter der Kamera der Chef. In zehn der 16 Folgen führte er Regie. RTL zeigte die einstündigen Folgen zur Primetime. Ab Oktober 2001 wurde die Serie mittags in der ARD wiederholt.

UNSERE VERRÜCKTE WERKSTATT   ARTE
1997. 6-tlg. tschech. Fernsehserie von Jindřich Polák, Miloš Macourek und Halina Pawlowská, Regie: Milan Šteindler (»Bubu a Filip«; 1996).
Der Sohn Bubu (Vojtěch Štěpánek) erzählt die lustigen Geschichten um die chaotische Autowerkstatt seines Vaters. Martin Lang (Oldřich Vízner) hat »Auto Lang« gegründet, weil sein Schwager Andy (Václav Vydra) ihm dazu geraten hat. Zur Familie gehören noch die Mutter (Jana Paulová), Bubus Bruder Philipp (Josef Kolinský) und Schwester Marianne (Viktoria Kolinská) sowie Tante Wilma (Jaroslava Kretschmerová), die immer noch keinen Mann gefunden hat. Einen schlecht gelaunten Nachbarn (Jiří Pecha) haben die Langs auch.
Jede halbstündige Folge bestand aus zwei Episoden. Die Serie lief kurz darauf auch im KI.KA, im Ersten und im WDR-Fernsehen.

UNSICHTBAR   KI.KA
1998–2001. 27-tlg. brit. Jugendserie (»Out Of Sight«; 1996).
Nach der Anleitung in einem alten Buch mischt der hochbegabte zwölfjährige Joe (Shane Fox) das Elixier Inviz, das ihn unsichtbar macht. Damit hat er viel Spaß. Er hilft seinem Freund Ali (Akbar Karim) beim Zaubern und ist seinem Gegner Jaws (Nathan Gunn) endlich mal überlegen. Mr. (Simon Pearsall) und Mrs. Lucas (Moira Brooker) sind Joes Eltern.
Die Folgen waren 25 Minuten lang; einige davon liefen im August 1998 in fünf Teilen zu 70 Minuten im ZDF.

DER UNSICHTBARE   ARD
1978. 11-tlg. US-Fantasyserie nach dem Roman von H. G. Wells (»The Invisible Man«; 1975–1976).
Der Wissenschaftler Dr. Daniel Westin (David McCallum) hat eine Formel entwickelt, die unsichtbar macht. Als die Regierung sie haben will, macht er sich selbst unsichtbar und flüchtet. Um gesehen zu werden, muss er sich mit einer Maske, Sonnenbrille, Perücke und Handschuhen bekleiden, denn leider funktioniert, wie üblich, die Formel fürs Sichtbarwerden nicht. Er arbeitet mit seiner Frau Kate (Melinda Fee) jedoch hartnäckig daran. Derweil bekommt er von Laborleiter Walter Carlson (Craig Stevens) Aufträge in geheimer Mission, für die es nützlich ist, unsichtbar zu sein.

Die Serie floppte in den USA; dennoch kaufte die ARD elf der 13 produzierten Folgen fürs regionale Vorabendprogramm, darunter die eigentlich 90-minütige Pilotfolge, die auf halbe Länge gebracht wurde. Zuvor hatte es bereits mehrere Kinoverfilmungen des Wells-Stoffs gegeben; arte zeigte eine Fernsehversion gleichen Titels, RTL eine unter dem Titel *Der unsichtbare Mann*.

DER UNSICHTBARE ARTE
1995. 25-tlg. brit. Science-Fiction-Serie nach dem Roman von H. G. Wells (»The Invisible Man«; 1958–1959).
Der Wissenschaftler Dr. Peter Brady hat eine Formel entwickelt, die ihn unsichtbar macht. In diesem Zustand erledigt er Aufträge für Polizei und Regierung. Um gesehen zu werden, bandagiert und verhüllt er sich. Seine Verbündeten sind seine Schwester Diane (Lisa Daniely) und seine Nichte Sally (Deborah Watling).
Die Identität des Darstellers, der den Dr. Brady spielte, wurde geheim gehalten, sein Name tauchte nirgendwo auf. Es soll sich um einen Schauspieler namens Johnny Scripps gehandelt haben.
Diese Fassung war die erste Fernsehverfilmung des Stoffs, die bei uns jedoch als letzte lief.

UNSICHTBARE GEFAHR ARD
1993. 6-tlg. brit. Jugendserie von Bernard Ashley, Regie: Colin Cant (»The Country Boy«; 1989).
Der Junge Ben Westcott (Jeremy Sweetland) muss am eigenen Leib erleben, dass auch in Südengland die Natur nicht unberührt ist: Eine Firma betreibt illegalen Handel mit giftigen Substanzen und gefährdet Natur und Menschen.
Die 25-minütigen Teile liefen innerhalb von zehn Tagen nachmittags.

DER UNSICHTBARE MANN RTL
1986. 6-tlg. brit. Fantasyserie von James Andrew Hall nach dem Roman von H. G. Wells (»The Invisible Man«; 1984).
Der Wissenschaftler Dr. Griffin (Pip Donaghy) ist im viktorianischen England nach einem Experiment unsichtbar geworden und wird auf der Suche nach einem Heilmittel langsam wahnsinnig.
Relativ originalgetreue Adaption von Wells' Geschichte mit vielen Spezialeffekten, wenn der Unsichtbare z. B. Fahrrad fährt oder schwimmt. Jede Folge dauerte 25 Minuten. Lief im gleichen Jahr auch auf DFF 1.

DAS UNSICHTBARE VISIER DFF 1
1973–1979. 16-tlg. DDR-Spionageserie von Herbert Schauer und Otto Bonhoff, Regie: Peter Hagen.
Werner Bredebusch (Armin Mueller-Stahl) ist Agent der Stasi. Unter dem Namen Achim Detjen spioniert er im Westen eine Organisation aus, die Nazigrößen aus Europa nach Südamerika schleust. Dabei macht er Karriere bei der Bundeswehr und deckt u. a. Atomwaffenpläne auf. Seine Position zwischen allen Fronten ist lebensgefährlich, doch er meistert die Fallen smart, geschickt und elegant wie James Bond, nur mit viel, viel weniger Action und Sex. Statt einem Bösewicht sieht sich der Ost-Bond einem ganzen Netz aus Altnazis, Rüstungsproduzenten und CIA-Agenten gegenüber. Ab Folge 10 spioniert Dr. Clemens (Horst Schulze) weiter, weil Bredebuschs Deckung aufgeflogen ist.
Die Serie entsprach genau den Wünschen des Ministeriums für Staatssicherheit und den gewünschten Feindbildern des Kalten Kriegs, doch sie war auch einfach gut gemacht, entsprechend wurde sie zu einem enormen Erfolg. Immer zum Jahresende lief ein neuer Zwei- oder Dreiteiler. Armin Mueller-Stahl hätte eigentlich nur in der ersten Staffel spielen sollen, blieb dann aber vier Jahre. Nachdem er 1976 die Petition gegen die Ausbürgerung von Wolf Biermann unterschrieben hatte, war es mit seiner Karriere allerdings vorbei. Die bereits abgedrehten Folgen wurden noch gezeigt, 1977 übernahm Horst Schulze seine Rolle. Die Serie erreichte jedoch nicht mehr die frühere Popularität – was auch daran lag, dass die DDR-Zuschauer sich nicht mehr so gern von Stasispionen unterhalten lassen wollten.
Die Folgen hatten Spielfilmlänge und liefen an verschiedenen Tagen um 20.00 Uhr.

DIE UNSTERBLICHEN METHODEN DES FRANZ JOSEF WANNINGER ARD
→ Die seltsamen Methoden des Franz Josef Wanninger

UNTER AUSSCHLUSS DER ÖFFENTLICHKEIT ARD
1973–1974. 18-tlg. dt. Gerichtsserie von Robert A. Stemmle.
Unter Ausschluss der Öffentlichkeit wurden vor dem Jugendgericht Fälle verhandelt, in denen Minderjährige straffällig geworden waren. Jede Folge zeigte einen abgeschlossenen Fall. Die Richter, Anwälte und Staatsanwälte wechselten, die Beklagten sowieso. Unter den Episodendarstellern waren Bert Ehlert, Lutz Bajohr, Christian Quadflieg, Heinz Meier, Peter Bongartz und Marius Müller-Westernhagen.
Die einstündigen Folgen liefen im regionalen Vorabendprogramm.

UNTER BRÜDERN KABEL 1
1992–1993. 101-tlg. US-Sitcom von David Lloyd (»Brothers«; 1984–1989).
Am Tag vor seiner Hochzeit erklärt Cliff Waters (Paul Regina) seinen beiden größeren Brüdern, dass er nicht heiraten wird, weil er schwul ist. Das trifft Lou (Brandon Maggart), einen Bauarbeiter, und vor allem den Supermacho Joe (Robert Walden), einen ehemaligen Footballspieler, der gerade sein eigenes Restaurant eröffnet hat, völlig unvorbereitet – sieht Cliff doch vermeintlich gar nicht so aus wie einer »von denen«. Das Klischee erfüllt eher Cliffs schwuler Kumpel Donald Maltby (Philip Charles MacKenzie), mit dessen Auftritten sie nun häufiger zu tun haben. Während Lou und Joe mühsam versuchen,

ihren Bruder als das zu akzeptieren, was er ist, geht es um Themen wie Aids, Übergriffe auf Schwule und Küsse zwischen Männern. Penny (Hallie Todd) ist Joes Tochter aus erster Ehe, Samantha »Sam« (Mary Ann Pascal) wird später seine zweite Frau, Kelly (Robin Riker) arbeitet als Bedienung in seinem Restaurant.

Die Folgen waren jeweils eine halbe Stunde lang. Keines der großen Networks wollte sich an das heiße Eisen herantrauen; die Rolle, den Vorreiter zu spielen und Homosexualität erstmals ohne Klischees, aber mit Witz zum Thema zu machen, übernahm in den USA schließlich der Pay-TV-Sender Showtime. Auf den großen Sendern übernahm mit einigen Jahren Verzögerung *Ellen* diesen Part.

UNTER BRÜDERN   RTL
2004. 8-tlg. dt. Comedyserie von Thomas Brückner.

Paul (Heinrich Schafmeister) und Richard (Michael Brandner) sind Brüder, und beide sind Anwälte. Das ist auch schon das Ende der Gemeinsamkeiten. Paul, geschieden, liebt Ordnung, ist anständig und zurückhaltend. Richard, verheiratet, ist das genaue Gegenteil, ein lässiger Draufgänger. Beide teilen sich Kanzlei und Sekretärin Sophie (Charlotte Bohning). Sie streiten sich um Mandanten und die Staatsanwältin Karin (Katharina Schubert).

Uninspirierter und sehr erfolgloser Versuch, den Stil von Sitcoms wie *Nicola* und *Ritas Welt* zu imitieren. Lief mittwochs zur Primetime.

UNTER DER SONNE AFRIKAS   ARD
2000–2002. 11-tlg. dt. Seifenoper.

Der Biologe Alexander Brandt (Rüdiger Joswig) verlässt Deutschland und geht zu seinen Eltern Walter (Hans von Borsody) und Lisa (Ingeborg Schöner) nach Afrika. Dort verliebt er sich in die Ärztin Monica Marini (Carol Alt) und heiratet sie nach einiger Zeit. Monica hat eine Tochter namens Sara (Olivia Kolbe-Booysen).

Die Folgen hatten Spielfilmlänge. Zwei Staffeln mit je vier Teilen liefen freitags um 20.15 Uhr, eine dritte Staffel wurde nachmittags während der Osterfeiertage 2002 ausgestrahlt.

UNTER DER SONNE KALIFORNIENS   ZDF, SAT.1
1988–1990 (ZDF); 1991–1995 (Sat.1). 332-tlg. US-Soap von David Jacobs (»Knots Landing«; 1979–1993).

Spin-off der Erfolgsserie *Dallas*: Jock Ewings zweiter Sohn Gary Ewing (Ted Shackelford), ein Alkoholiker, heiratet seine Ex-Frau Valene (Joan Van Ark) erneut und zieht mit ihr nach Knots Landing, Kalifornien. In ihrer kleinen Straße wohnen noch Karen Fairgate (Michele Lee) und ihr Mann Sid (Don Murray) mit den Kindern Diana (Claudia Lonow), Michael (Pat Peterson) und Eric (Steve Shaw), außerdem Sids Schwester Abby Cunningham (Donna Mills) mit den Kindern Olivia (Tonya Crowe) und Brian (Bobby Jacoby; ab der achten Staffel: Brian Austin Green) sowie Richard Avery (John Pleshette) und seine Frau Laura (Constance McCashin).

Sid kommt bei einem Autounfall ums Leben, Karen heiratet den Anwalt Mack MacKenzie (Kevin Dobson). Mack hat mit Anne Winston Matheson (Michelle Phillips) eine uneheliche Tochter namens Paige (Nicollette Sheridan). Gary und Valene lassen sich zum zweiten Mal scheiden, und Valene heiratet Ben Gibson (Douglas Sheehan). Später ist sie für kurze Zeit mit Danny Waleska (Sam Behrens) verheiratet. Valenes Mutter Lilimae Clements (Julie Harris) ist eine Countrysängerin und hatte Valene als Kind im Stich gelassen. Auch Laura heiratet noch einmal, diesmal den Politiker Gregory Sumner (William Devane). In der zehnten Staffel kommen Patricia Williams (Lynne Moody) und ihr Mann Frank (Larry Riley) mit der gemeinsamen Tochter Julie (Kent Masters-King) in die Straße. Sie mussten umziehen, weil sie an einem Zeugenschutzprogramm teilnehmen.

Der Spin-off von *Dallas* übertraf hinsichtlich der Laufzeit sogar noch das Original: Mit 14 Jahren war »Knots Landing« in den USA ein Jahr länger im Programm als *Dallas*. Gelegentliche Gastauftritte gab es von Larry Hagman und Patrick Duffy als J. R. und Bobby Ewing, die ihre Rollen aus der Mutterserie spielten. J. R. blieb sich dabei treu und versuchte, seinen Bruder Gary hinters Licht zu führen, um selbst daraus Gewinn zu schlagen, in diesem Fall aber ohne Erfolg.

Durch die Gastauftritte waren einige Rollen im gleichen Zeitraum auf zwei verschiedenen Sendern zu sehen. Denn obwohl *Dallas* in der ARD lief, wurde der Spin-off vom ZDF gezeigt, immer samstags um 17.05 Uhr. Die Serie wechselte jedoch dann den Sender und lief ab Folge 141 in Sat.1. Wiederholungen von *Dallas* wurden zu dieser Zeit gerade von RTL ausgestrahlt.

UNTER DER TRIKOLORE   ARD
1981. 6-tlg. frz.-dt. Familiendrama von Françoise Linarès nach dem Roman von Claude Brulé, Regie: Yannick Andréj (»Blanc, bleu, rouge«; 1980).

Die Geschichte gegensätzlicher Familien aus der Bretagne in den Wirren der Französischen Revolution: Der verwitwete, verarmte und königstreue Baron de Brècheville (Paul Le Person) lebt mit seinen erwachsenen Kindern Mathieu (Bernard Giraudeau), François (Frédéric Andréj) und Sophie (Véronique Delbourg) in einem alten Schloss. Der vermögende Arzt Dr. Malahougue (Henri Virlojeux), Anhänger einer friedlichen Revolution, und seine Frau Catherine (Christine Wodetzky) haben ihre Nichte Judith (Anne Canovas) und ihren Neffen Guillaume (Claus Obalski) bei sich aufgenommen, nachdem deren Eltern gestorben sind.

Mathieu und Judith lieben sich, doch es bleibt eine unglücklich Liebe, da Mathieu auf Geheiß seines Vaters die reiche Anne de Rouello (Constanze Engelbrecht) heiraten muss. Deren Bruder, der Revolutionär Nicolas (Alexander Radszun), hat ein Auge auf Judith geworfen. Sophie und Guillaume haben mehr Glück. Doch ganz am Ende, von Schüssen getroffen und kurz vor dem Tod, geben sich Mathieu und Judith doch noch das Jawort.

Parallel zur Liebes- und Familiengeschichte schilderte jede Episode die Ereignisse der Revolution. Die Folgen waren jeweils eine Stunde lang und liefen montags.

UNTER DEUTSCHEN DÄCHERN ARD

Seit 1979. Doku-Reihe, konzipiert von Elmar Hügler und Dieter Ertel, die das gesellschaftliche, kulturelle und politische Alltagsleben der Deutschen einfangen will. Mit eher subjektivem und persönlichem Blick als analytisch und kühl werden vor allem innenpolitisch brisante Themen aufgegriffen.

Die erste Sendung beschäftigte sich mit dem Frankfurter Hauptbahnhof, später ging es u. a. um ein umstrittenes Jugendzentrum in Nürnberg, Pro Familia, das Münchner Oktoberfest, die SPD-Baracke, die Kieler Staatskanzlei nach dem Tod von Uwe Barschel, »Schwarze Sheriffs«, die Colonia Dignidad, Deutschlands größtes Tierheim, Europas größten Lkw-Rastplatz und die Redaktion des »Playboy«. Der 2002 gezeigte Dreiteiler »Familienkrieg« begleitete ein Jahr lang eine Familie, deren Sohn bekennender Nationalsozialist ist.

Zu den Autoren der Reihe gehörten u. a. Christian Berg, Cordt Schnibben, Gero Gemballa und Roman Brodmann. Auch Günter Wallraffs Film »Ganz Unten« lief hier.

Die Reihe von Radio Bremen wurde immer wieder wegen ihres gesellschaftskritischen Engagements angefeindet, aber auch mit Preisen überschüttet. 1982 erhielt Constantin Pauli einen Grimme-Preis mit Silber für den Film »Gepflegter Abschied« über Pflegefälle in einem Altenheim. 1985 wurden Nina Kleinschmidt und Wolf-Michael Eimler für »Und ewig stinken die Felder« über Massentierhaltung in Südoldenburg mit einem Grimme-Preis mit Bronze ausgezeichnet. »Der geschundene Berg – Die Zugspitze« von Axel Engstfeld und Bernd Mosblech wurde 1990 mit einem Grimme-Preis mit Silber gewürdigt. Und Christian Bauer und Jörg Hube erhielten 1993 einen Grimme-Preis mit Bronze für »Der Ami geht heim« über den Abzug amerikanischer Soldaten aus Bad Tölz.

Die Reihe lief in unregelmäßigen Abständen und brachte es bisher auf rund 130 Folgen.

UNTER DIE HAUT ZDF

1993. 5-tlg. Reihe von und mit Volker Arzt, der Kindern, aber auch Erwachsenen die Geheimnisse des menschlichen Körpers erklärt – weniger mit wahnsinnigen elektronischen Fernsehtricks als mit Ideen und Witz. Die knapp halbstündigen Sendungen liefen montags nachmittags.

UNTER EINEM DACH ARD

1974–1977. 39-tlg. dt. Hotelserie von Horst Pillau. Nachtportier Walkusch (Walter Bluhm) kümmert sich um die Anliegen der Gäste im Hotel »Central«. Das geht natürlich weit über normalen Zimmerservice hinaus: Walkusch löst Ehe- und Familienprobleme, bietet Seelsorge, klärt Verbrechen auf und bringt die Gauner auf den rechten Weg, führt Zerstrittene zusammen und rettet sogar Leben, indem er eine Möglichkeit findet, ein krankes Mädchen doch noch operieren zu lassen, obwohl die Eltern aus Glaubensgründen eine Operation ablehnen. In den ersten 13 Folgen wird er dabei von Empfangschef Martin Breiner (Harald Juhnke) unterstützt. Die Geschichten der Hotelgäste stehen immer im Mittelpunkt.

Die halbstündigen Folgen liefen im regionalen Vorabendprogramm.

UNTER EINEM DACH ZDF

1990. »Die nicht nur heitere Familiengeschichte der Hoffmanns«. 6-tlg. dt. Familienserie von Herbert Lichtenfeld, Regie: Helmut Christian Görlitz.

Das ruhige Leben der Familie von Karl (Peter Striebeck) und Hanna Hoffmann (Antje Hagen) in Schleswig-Holstein gerät durcheinander, als eine Aussiedlerfamilie bei ihnen einzieht: Eugen (Günter Mack) und Martha Hoffmann (Erika Skrotzki) und ihre Kinder – entfernte Verwandte aus Siebenbürgen in Rumänien. Sie müssen feststellen, dass das Einleben in Deutschland Probleme mit sich bringt.

Die Serie sollte Vorurteile gegenüber Aussiedlern abbauen. Die dreiviertelstündigen Folgen liefen an verschiedenen Tagen um 19.30 Uhr.

UNTER EINER DECKE RTL

1993–1994. 38-tlg. dt. Sitcom.

Der Computerprogrammierer Siggi (Alexander Hauff) und die Kindergärtnerin Beate (Claudia Holzapfel; später: Constanze Wendel) lieben einander – das ist aber auch fast das Einzige, was sie gemein haben. Er ist bieder und etwas spießig und will heiraten, sie ist emanzipiert und aktiv und will nicht. Trotzdem leben beide zusammen, sehr zum Ärger von Siggis Mutter Gertrud (Corinna Genest), die in jeder Hinsicht ordnungsliebend ist, nicht nur was Beziehungen angeht, und die in der Ehe mit Hermann (Andreas Mannkopff) die Hosen anhat. Siggis lebensfroher Opa Walter (Gerd Vespermann) ist schon eher jemand, an den Siggi sich hilfesuchend wenden kann. Klaus (Klaus-Peter Grap) ist Siggis Arbeitskollege. Am Ende der Serie bekommen Siggi und Beate ein Baby.

Deutsche Adaption der britischen Sitcom »The Two Of Us«, die es zwar insgesamt nur auf 32 Folgen brachte, dies aber über fünf Jahre, und die dabei im Gegensatz zur RTL-Version nicht so schnell in Vergessenheit geriet – obgleich Letztere sehr passable Einschaltquoten hatte. Trotz wilder Ehe gab sich die Serie familienfreundlich und rückte mehrfach die Zeitschrift »Eltern« auffallend groß ins Bild, was ihr eine Beanstandung wegen Schleichwerbung seitens der Niedersächsischen Landesmedienanstalt eintrug.

Die halbstündigen Folgen liefen freitags um 21.45 Uhr, immer nach *Zum Stanglwirt*.

... UNTER EINSATZ IHRES LEBENS   SAT.1
1994. Dreiviertelstündige Realityshow mit Sabrina Fox.
Im Stil von *Notruf* wurden dramatische Rettungseinsätze nachgestellt, allerdings behelligte Frau Fox im Gegensatz zu Herrn Meiser die Feuerwehrleute nicht noch mit ihrer Anwesenheit. Sieben Ausgaben liefen montags nach 22.00 Uhr.

UNTER HEISSEM HIMMEL   ZDF
1966. 6-tlg. US-Reporterserie von Lawrence Menkin (»Follow The Sun«; 1961–1962).
Die Journalisten Ben Gregory (Barry Coe), Eric Jason (Gary Lockwood) und Paul Templin (Brett Halsey) leben und arbeiten auf Hawaii. Kathy Richards (Gigi Perreau) ist ihre Sekretärin, der Polizist Frank Roper (Jay Kanin) häufig ihr Informant. Wenn sie nicht gerade für ihre Artikel recherchieren, genießen die Herren auf der schönen Insel das schöne Junggesellenleben.
Die 45-Minuten-Folgen liefen im 14-täglichen Rhythmus dienstags. 24 weitere Folgen wurden in Deutschland nicht gezeigt.

UNTER UNS   RTL
Seit 1994. Dt. Daily Soap.
Was *Gute Zeiten, schlechte Zeiten* für RTL war, war *Unter uns* für ... nun, auch für RTL. Zweieinhalb Jahre war *GZSZ* bereits auf Sendung und hatte sich allmählich zum Erfolg entwickelt, und noch immer war kein anderer Sender nachgezogen. So startete die zweite deutsche Daily Soap auch bei RTL.
Und was »Was ist denn?« für *GZSZ* war, war für *Unter uns* »Chris! Chris!«: die ersten Worte in der ersten Folge. Gesprochen wurden sie von Anna Weigel (Janis Rattenni), dem jüngsten Kind der Familie Weigel. Der Ruf galt ihrem Bruder Chris (Oliver Bootz), dem ältesten Weigel-Spross. Schauspielerin Janis Rattenni war zwölf Jahre alt, als die Serie startete, und wurde erst mit der Zeit eine zentrale Figur, weil sie anfangs als Minderjährige nur für einen eingeschränkten Zeitraum pro Woche vor der Kamera stehen durfte. Als sie nach genau zehn Jahren ausstieg, war sie der jüngste unter den dienstältesten Soap-Stars und zugleich der glaubwürdigste, weil sie inmitten der nach optischen Gesichtspunkten gecasteten 20-Jährigen als Einzige aussah wie ein ganz normaler Mensch.
Die Weigels sind seit Beginn die Konstante. Sie wohnen dauerhaft im ersten Stock der Kölner Schillerallee 10, dem zentralen Schauplatz der Serie, während die anderen Hausbewohner oft wechseln. Unten im Haus ist eine Konditorei, die Konditormeister Wolfgang Weigel (Holger Franke) mit seiner Frau Irene (Petra Blossey) betreibt.
Ute Kiefer (Isabell Hertel) macht dort ihre Lehre. Sie heiratet viel später das mittlere Weigel-Kind Till (Stephen Dürr), der aber vorher noch für mehrere Jahre ins Ausland verschwindet (und danach von Ben Ruedinger gespielt wird). Till und Ute bekommen ein Baby und nennen es Conor (Till und Ben Koytek). Oma Margot Weigel (Christiane Maybach) ist die kratzbürstige Hausbesitzerin, die im Erdgeschoss wohnt.
Die Geschichten umfassen alle tragischen und glücklichen Lebenslagen. Chris wird Polizist, Margots totgeglaubter Mann Werner (Lothar Didjurgis) taucht auf und stirbt, Irene verliert ihr ungeborenes Kind und leidet an Amnesie, wird geheilt, Chris wandert mit seiner Freundin Corinna Bach (Cecilia Kunz) auf die Malediven aus, wo die beiden heiraten, Wolfgang und Irene adoptieren Nick Neuhaus (Eric Benz) und nehmen ihren Neffen Paco (Milos Vukovic) auf, Till erkrankt an Leukämie, Wolfgangs fieser unehelicher Sohn Rolf Jäger (Stefan Franz) kommt in die Schillerallee und macht Ärger, Till wird geheilt, Kati Ritter (Tanja Szewczenko) wird neuer Lehrling in der Konditorei und verliert ebenfalls ihr ungeborenes Baby.
Den anderen Bewohnern geht es nicht besser: Sie intrigieren gegeneinander, haben Affären, heiraten, sterben, werden entführt, erblinden, werden geheilt, verlassen das Land, werden tablettenabhängig, werden geheilt und ziehen vor allem unentwegt ein und aus. Ganz oben im Haus wohnt eine wechselnd zusammengesetzte WG junger Leute, in die Wohnung darunter ziehen nacheinander verschiedene Familien mit jugendlichen Kindern. Natürlich stehen überwiegend die jungen Leute im Mittelpunkt. Ihr Treffpunkt ist das Szenelokal »Schiller«, das im Lauf der Jahre ebenfalls wechselnde Inhaber hat, darunter auch Ute. Über viele Jahre sind die Polizistin Rebecca Mattern (Imke Brügger) und die intrigante Laura Böhme (Sylvia Agnes Muc) dabei.
Die Serie war für viele Mitwirkende der Beginn ihrer Karriere: für den Schauspieler, Moderator und Tenor Björn Casapietra (der sich damals Björn Kegel-Casapietra nannte und zur Urbesetzung gehörte; er spielte einen Radiomoderator, der sich als schwul ausgab, um in die Mädchen-WG einziehen zu dürfen), für die Schauspieler Marco Girnth, Dorkas Kiefer und Wolfram Grandezka, die Moderatoren Aleksandra Bechtel und Ole Tillmann und für die Band Scycs, die eine Zeit lang Teil der Handlung war. Andere Bands absolvierten Gastauftritte, darunter Brings, Touché und Spektacoolär.
Prominente Gaststars waren u. a. Guildo Horn, Erika Berger, Wichart von Roëll, Manfred O. Tauchen, Harry Wijnvoord, Walter Freiwald, Peter Illmann, Dariusz Michalczewski, Gitta Sack und Mathieu Carrière. Carrière spielte in der 2500. Folge im Januar 2005 einen undurchsichtigen Entführer. Die Jubiläumsfolge, die mit einer Stunde doppelte Länge hatte, wurde innerhalb von 13 Tagen auf Zypern gedreht. Die normale Drehzeit für eine Folge beträgt einen Tag in Köln.
Unter uns machte nie die Schlagzeilen, die der Vorreiter *Gute Zeiten, schlechte Zeiten* machte, und schien in den Medien auch weniger präsent als die beiden ARD-Serien *Verbotene Liebe* und *Marienhof*, die wenige Wochen nach *Unter uns* starteten bzw. zur Daily Soap umformatiert wurden. *Unter uns* war

eben immer die andere Soap. Dennoch war sie nach *GZSZ* die zweiterfolgreichste, was die Marktanteile in der Zielgruppe anging.

Die »erste Soap des Tages« lief montags bis freitags um 17.30 Uhr und wurde am Morgen des nächsten Werktags wiederholt. Ab 2003 wiederholte RTL außerdem am Sonntagvormittag noch einmal die fünf Folgen der abgelaufenen Woche am Stück.

UNTER UNS GESAGT ARD
1953–1954. Wöchentliche Gesprächssendung mit Hans Rudolf Berndorff und Josef Müller-Marein.
Lief mittwochs quasi im Nachtprogramm. Es war nach knapp einem Jahr Fernsehbetrieb in Deutschland die erste Sendung, die erst um 22.00 Uhr begann. Normalerweise war zu genau diesem Zeitpunkt Sendeschluss.

UNTER VERDACHT PRO SIEBEN
1996. 15-tlg. US-Krimiserie (»Under Suspicion«; 1994–1995).
Detective Rose »Phil« Phillips ist die Frauenbeauftragte ihres Polizeireviers in Portland und damit exakt für sich selbst zuständig. Außer ihr arbeiten dort nur Männer: James Vitelli (Philip Casnoff), ihr Freund, Vertrauter und zeitweiliger Geliebter, Captain Mickey Schwartz (Seymour Cassel), Chief Jack DeSort (Raymond Baker), James Clarke (Paul McCrane), Costa Papadakis (Anthony DeSando) und Lou Barbini (Richard Foronjy) vom Vermisstendezernat, dessen frauenfeindliche Machosprüche die lautesten sind. Phil muss sich also gegen den versammelten Sexismus wehren und dabei Mordfälle aufklären. Bei der Psychologin Patsi Moosekian (Arabella Field) ist sie in Therapie.
Pro Sieben zeigte die einstündigen Folgen sonntags gegen 22.00 Uhr.

UNTER VERDACHT ZDF, ARTE
Seit 2003 (ZDF); seit 2004 (arte). Dt. Krimireihe von Alexander Adolph.
Kriminalrätin Dr. Eva Maria Prohacek (Senta Berger) ist ohne Zweifel die unbeliebteste Mitarbeiterin der Münchner Polizei. Das liegt nicht nur an ihrer Sturheit und Kratzbürstigkeit, sondern vor allem daran, dass sie gegen ihre Kollegen ermittelt. Ihr Kommissariat 411 befasst sich mit Korruption, Verrat, Beamtenkriminalität und disziplinarischen Verfehlungen. Zwangsläufig muss sie ihre Ermittlungen fast immer allein gegen alle führen, und dann noch als Frau gegen Seilschaften von Männern.
Auch ihr Vorgesetzter Dr. Claus Reiter (Gerd Anthoff) ist nicht zwangsläufig auf ihrer Seite; meistens spielt er sein eigenes Spiel, in dem es weniger um Gerechtigkeit geht als darum, die eigene Machtposition zu festigen. Der Einzige, auf den Prohacek sich verlassen kann, ist Hauptkommissar Langner (Rudolf Krause), ein merkwürdiger Schrat, der unter der Respektlosigkeit seiner Kollegin leidet und sich meistens erst ganz zum Schluss tatsächlich als Hilfe erweist.

Herausragende Reihe von ungewöhnlich düsteren und dichten ZDF-*Samstagskrimis,* die ab 2004 teils vorab schon auf arte liefen und die 2003 mit dem Grimme-Preis ausgezeichnet wurde.

UNTER WEISSEN SEGELN ARD
Seit 2004. Dt. Urlaubsserie.
Das Traumschiff der ARD: Ein Kreuzfahrtdampfer befördert Urlaubsgäste und ihre Geschichten zu exotischen Zielen. Die Besatzung wechselt, nur Cruise-Direktorin Marlene (Christine Neubauer) ist immer an Bord.
Jedes Jahr liefen wie beim *Traumschiff* etwa zwei Folgen. Sie hatten wie das *Traumschiff* Spielfilmlänge und wurden freitags um 20.15 Uhr ausgestrahlt.

UNTERHALTENDES UND AKTUELLES ARD
→ *Das Frankfurter Nachmittagsstudio*

UNTERHALTSAMES WOCHENENDE ARD
1953. Die bunte Show (gut, damals noch in Schwarz-Weiß) am Samstagabend mit Künstlern und ihren Nummern lief dreimal.

UNTERM REGENBOGEN ARD
1983. Abendshow mit Rudi Carrell, in der er sich vor allem an Senioren wandte.
40 Kandidaten traten auf und konnten nichts gewinnen; es ging nur um eine unterhaltsame Nummernrevue. Die Hälfte der Kandidaten war unter 40, der Rest über 60. Carrells Assistentinnen waren die 18-jährige Eislaufprinzessin Tina Riegel und die 64-jährige Tante von Frank Elstner, die Sängerin Ursula Friese.
Die Show wurde mangels Erfolg nach nur einer Sendung abgesetzt, was insofern etwas bitter ist, da es von den vielen Sendungen, die Carrell moderierte, die einzige war, die er komplett selbst erfunden und nicht nur adaptiert hatte.

DER UNTERMIETER ZDF
→ *Die Nervensäge*

UNTERNEHMEN ARCHE NOAH ARD
1986–1993. Engagierte Naturdoku-Reihe von Georg von Rönn über vom Aussterben bedrohte Tiere.
Rönn prangerte an, dass der Mensch durch seinen unbedachten Umgang mit der Umwelt und teilweise sogar gezielt zur Ausrottung vieler Tierarten beiträgt. Beim Dreh zur Folge »Vogelmord als Volkssport« auf Malta wurde sein Team von Einheimischen angegriffen, als es das Abschießen von Zugvögeln filmen wollte.
40 halbstündige Folgen liefen im Kinderprogramm.

UNTERNEHMEN FEUERSTURM SAT.1
1993. 23-tlg. kanad. Actionserie (»Lightning Force«; 1991–1992).
Das Unternehmen Feuersturm ist eine Spezialeinheit, die weltweit zur Terrorismusbekämpfung eingesetzt wird. Die Einheit ist mit dem US-Amerikaner

Lieutenant Colonel Matthew Alan Coltrane (Wings Hauser), der Französin Marie Joan Jacquard (Guylaine St. Onge), dem Kanadier Lieutenant Winston Churchill Staples (David Stratton) und dem Ägypter Colonel Zaid Abdul-Rahmad (Marc Gomes) international besetzt. Sie nennen sich Trane, Joan, Church und Zeke und haben weitreichende Erfahrung in geheimdienstlichen Tätigkeiten, bei der Verhandlungsführung und Einsatzplanung. Trane ist Teamchef und leitet die Missionen, Joan ist Pilotin und Sicherheitsexpertin, Church Ingenieur und Mediziner und Zeke Verhandlungsführer und Koch. Major Bill McHugh (Matthew Walker) ist ihr Vorgesetzter. Der eigentliche Teamchef Mike Rodney (Michael A. Jackson) kam bei einem Einsatz in der Pilotfolge ums Leben.

Die Folgen waren eine halbe Stunde lang und liefen mittwochs gegen Mitternacht. Kabel 1 wiederholte die Serie unter dem Titel *Lightning Force – Unternehmen Feuersturm*.

UNTERNEHMEN JOCOTOBI ARD
1990. 6-tlg. dt. Jugendserie.
Die Kinder Johanna (Dorothee Lange), Conrad (Steven Schubert) und Torsten (Richard Delaney) lösen gemeinsam mit Johannas Taube Bibs und Torstens Hund Billie Kriminalfälle. Ihre Vornamen ergeben die Abkürzung »Jocotobi«. Die Geschwister Johanna und Conrad sind die Kinder von Museumsdirektor Dr. Hermann Löffel (Walter Renneisen) und seiner Frau Magda (Johanna Liebeneiner), Swantje ter Nedden (Marijke Amado) ist Torstens Mutter.
Die ARD zeigte die halbstündigen Folgen sonntags mittags und wiederholte sie am Tag darauf nachmittags.

UNTERNEHMEN KÖPENICK 3SAT
1986. 6-tlg. Satire von Wolfgang Menge, Regie: Hartmut Griesmayr.
Philipp Kelch (Hansjörg Felmy) ist eigentlich ein seriöser Feinkostlieferant und Familienvater. Doch als seine Firma Bankrott geht, greift er zu originellen, aber selten legalen Methoden, um sie und die Arbeitsplätze seiner Angestellten zu retten. Sein Chauffeur Butzke (Wolfgang Völz) und die Sekretärin Sabine (Ulli Philipp) helfen ihm; der ehemalige Polizist Gustav Suhrbier (Joachim Wichmann) und Anton Galewski (Alexander May) sind ihnen auf den Fersen.
Die dreiviertelstündigen Folgen liefen nach der Erstausstrahlung auch im ZDF.

UNTERNEHMEN KUMMERKASTEN ARD
1961–1962. 26-tlg. dt. Problemserie.
Eine Gruppe von Jugendlichen hat sich zum »Unternehmen Kummerkasten«, dem »Club der guten Tat«, zusammengeschlossen. Sie helfen Alten, Kranken und Bedürftigen, kümmern sich um Obdachlose, um Kinder, die ihren Eltern verloren gegangen sind, und um Ausländer, die mit Fremdenhass konfrontiert werden.

Jede Folge behandelte eine konkrete Geschichte eines anderen Bedürftigen. Die 25-Minuten-Folgen liefen in allen regionalen Vorabendprogrammen.

UNTERNEHMEN RENTNERKOMMUNE ARD
1978–1979. 13-tlg. dt. Familienserie.
Auch alte Menschen können Spaß am Leben haben, beschließen die Rentner Otto Schabrowsky (Walter Richter), Jonny Schmidt (Fritz Bachschmidt) und Hubertus Conradi (Rudolf Schündler). Statt sich ins Altenheim abschieben zu lassen, gründen sie mit Hilfe des Malermeisters Karl Nägele (Heinrich Fürst) eine WG und genießen das Leben.
Die halbstündigen Folgen liefen im regionalen Vorabendprogramm.

DIE UNTERNEHMUNGEN DES HERRN HANS ARD
1976–1977. 20-tlg. dt. Comedyserie von Werner Schneyder, Regie: Chuck Kerremans.
Hans im Glück? Pustekuchen. Was der kleine Büroangestellte Herr Hans (Christian Wolff) anpackt, geht daneben. Die Gehaltserhöhung bekommt der unfähige Kollege, dessen Arbeit Hans mit erledigt hat. Seine geplante Rede beim Betriebsfest, für die er mühsam Witze auswendig gelernt hat, wird aus Zeitgründen gestrichen. Und der erhoffte ruhige Urlaub zu zweit mit seiner Freundin Fräulein Grete (Claudia Butenuth) wird vom gesamten Kollegium gestört. Immerhin: Obwohl Herr Hans Verabredungen ruiniert, geschmacklose Geschenke macht und Gretes Eltern (Karin Hardt und Friedrich von Bülow) ihn für einen Kunstbanausen halten, verlässt ihn Grete nicht.
Die 25-minütigen Folgen liefen im Vorabendprogramm.

DIE UNTERSUCHUNGSRICHTERIN BR
1978–1979. 6-tlg. frz. Krimiserie von Raymond Thevenin (»Madame le juge«; 1977).
Elisabet Massot (Simone Signoret) ist Untersuchungsrichterin in Paris. Ihre Fälle geht sie mit Ruhe und Bedacht an, aber auch mit Geschick und Raffinesse. Sie ist Anfang 50, verwitwet und lebt mit ihrem Sohn Guillaume (Didier Haudepin) zusammen. Der Rechtsanwalt Deroche (Michel Vitold) ist ein guter Freund und Vertrauter von Elisabeth. Ihr Kollege im Büro ist der Urkundsbeamte Nicolas (Jean-Claude Dauhin).
Jede Folge hatte Spielfilmlänge. Die Reihe wurde ab 1979 in der ARD wiederholt.

UNTERWASSER-REPORT ARD
1974–1976. Tauchsport-Doku-Reihe von Hans Hass.
Hass empfiehlt u. a., die Harpune mit der Kamera zu vertauschen, wendet sich gegen Unterwasserjagd mit mechanischen Schusswaffen, besucht die Meeresweltausstellung in Osaka und die erste Unterwasservilla in Japan.
Die dreiviertelstündigen Ausgaben liefen in loser Folge.

Die Unverbesserlichen:
Inge Meysel,
Joseph Offenbach,
das Leben ist schön.

UNTERWEGS MIT JÖRG PREDA ARD
→ Jörg Preda

UNTERWEGS MIT MALCOLM DOUGLAS PRO SIEBEN
1994. Doku-Reihe des Naturforschers und Dokumentarfilmers Malcolm Douglas, der die Serie 1976 in Australien drehte und ausführlich über den Kontinent berichtete.
Die Reihe brachte es auf 48 einstündige Folgen. Sie liefen sonntags morgens und mittags.

UNTERWEGS MIT ODYSSEUS ARD
1979. 13-tlg. Abenteuer-Doku-Reihe von Anton Zink.
Ein Fernsehteam fährt auf dem Segelschiff »Odysseus« die Mittelmeerroute ab, die den Odysseus in Homers Epos zehn Jahre kostete. Die Abenteuer des Odysseus werden anhand von Zeichentrickgeschichten Tony Munzlingers geschildert.
Die halbstündigen Folgen liefen donnerstags am späten Nachmittag.

UNTERWEGS NACH ATLANTIS ZDF
1982. 13-tlg. dt.-schweiz.-österr.-tschechoslowak. Jugendserie von Ota Hofman nach Romanen von Johanna von Koczian, Regie: Thomas Fantl.
Der zwölfjährige Mark (Tomáš Holý) freundet sich mit dem jungen Rhon (Josef Horáček) aus der Zukunft an. Rhon nimmt Mark mit auf Reisen in die unterschiedlichsten Zeiten, ist dabei immer auf der Flucht vor den Männern aus der Zukunft. Oft wird die Zeitmaschine beschädigt, und Rhon muss in den verschiedenen Jahrhunderten sehen, wie er sie repariert bekommt.
Die Episoden waren 25 Minuten lang und liefen samstags. Die Musik schrieb Karel Svoboda.

DIE UNVERBESSERLICHEN ARD
1965–1971. 7-tlg. dt. Familienserie von Robert Stromberger, Regie: Claus Peter Witt.
Familie Scholz hat weder Geld noch Manieren. Ständig hängt der Haussegen in der Berliner Mietwohnung schief, weil die Bewältigung der Alltagsprobleme nicht so einfach ist, die Interessen der einzelnen Familienmitglieder auseinander gehen, es hinten und vorne nicht reicht und im Zweifelsfall jeder sich selbst der Nächste ist. Baukostenzuschüsse, Ratenzahlung, Taschengeld, Schulgebühr, Krankenversicherungsbeiträge, Sparmaßnahmen, Gehaltserhöhungen und Autofinanzierung – alles wird debattiert oder schlimmer: nicht debattiert.
Vater Kurt (Joseph Offenbach) ist Buchhalter, Mutter Käthe (Inge Meysel) verdient mit Näharbeiten etwas dazu. Sohn Rudi (Gernot Endemann) arbeitet anfangs bei der Post, liebäugelt aber mit einer Fußballerkarriere. Aus Geldmangel wohnt zunächst auch Tochter Doris (Monika Peitsch) noch zu Hause, obwohl sie bereits verheiratet ist und mit ihrem Mann Helmut Wichmann (Ralph Persson) ab der zweiten Folge einen Sohn namens Michael (Michael Hornauf) hat. Die jüngere Scholz-Tochter Lore (Helga Anders) geht aufs Gymnasium und verlässt die elterliche Wohnung nach drei Folgen, um als Austauschstudentin nach Paris zu gehen, wo sie sich verlobt. Weitere Lieblingsthemen sind Geld, Geld und Geld sind Fußball und kaputte Radios und Fernseher. Kurt macht es Spaß, Elektrogeräte zu reparieren, was natürlich noch längst nicht heißt, dass sie danach auch funktionieren.
Im zweiten Teil wird Kurt unverhofft in den Ruhestand versetzt, und Käthe muss nun sehen, wie sie ihren gelangweilten Mann den ganzen Tag zu Hause bei Laune hält. Darüber berichtet sie dann ihrer Tochter Doris, die inzwischen ausgezogen ist:

»Heute war bei uns ein ganz großer Glückstag. Lores Taschenradio ist runtergefallen!« – Doris: »Schade, dass unseres nicht kaputt ist.« In der ersten Folge wohnt noch Tante Herta (Gerda Gmelin) mit in der Wohnung, danach nervt Oma Köpcke (Agnes Windeck), die Kurt und Käthe am liebsten ins Heim abschieben würden. Rudi heiratet Dagmar (Reinhilt Schneider), bekommt eine Tochter und findet einen Job als Gebrauchtwagenhändler. Doris' unglückliche Ehe wird geschieden, und sie heiratet 1971 in der letzten Folge den wohlhabenden Architekten Jürgen Hechler (Günter Pfitzmann). Jetzt sind endgültig alle Kinder aus dem Haus.

Die Unverbesserlichen waren der Gegenpol zu den damaligen Heile-Welt-Serien. Erstmals war eine Familienserie im Milieu der »kleinen Leute« angesiedelt und beschönigte nichts. Keines der Familienmitglieder war im Grunde böse, aber sie stritten und brüllten (Kurt war im ersten Teil noch fast ununterbrochen übellaunig und schlug sogar seine Tochter, ab dem zweiten Teil wurde er etwas freundlicher) und hatten Geheimnisse voreinander. Als Kurt einen Autounfall hatte und sich auf der viel zu teuren Couch ausruhen muss, aber niemand wissen soll, dass er überhaupt ein Auto besitzt, spielte Käthe auf die besorgte Nachfrage der Kinder, was mit Papa sei, die Situation herunter: »Nichts. Ein Herzanfall.«

Die Serie basierte auf einem Theaterstück, das Stromberger 1956 geschrieben hatte. Sie war brillant durch ihre lebensnahen Dialoge und die Genauigkeit, mit der sie fern aller Klischees zeigte, wie viel Anstrengungen es kostet, miteinander auszukommen, selbst wenn alle es irgendwie gut meinen. Und oft genug meinten sie es nicht gut, sondern weigerten sich, aus Fehlern zu lernen. *Die Unverbesserlichen* waren damit ein früher Vorläufer von Strombergers Erfolgsserie *Diese Drombuschs*. Obwohl jedes Jahr nur eine einzige Folge lief – meistens am Muttertag und jeweils in Spielfilmlänge –, wurde die Serie eine der bekanntesten im deutschen Fernsehen. Als realistische, ungeschönte Darstellung des Alltags einer kleinbürgerlichen Familie traf die Serie den Nerv der Westdeutschen. Inge Meysel erlangte bundesweite Popularität und bekam mit der gluckenhaften, resoluten, aber immer leicht schmollenden Käthe für immer den Stempel »Mutter der Nation«. Während der Dreharbeiten zerstritt sich Stromberger mit ihr, weil sie sich bei ihren Texten nicht genau an seine Vorgaben hielt.

Fünf Monate nach der Ausstrahlung der letzten Folge starb Hauptdarsteller Offenbach im Oktober 1971.

DIE UNVERGESSLICHE FRAU   ZDF, ARTE

1992 (ZDF); 1996 (arte). 7-tlg. span. Episodenreihe, Regie: José Miguel Ganga (»La mujer de tu vida«; 1989).

45-minütige abgeschlossene Geschichten über Frauen und Männer, die versuchen, sich die große Liebe zu angeln, besetzt mit wechselnden Hauptdarstellern. Mit von der Partie: der junge Antonio Banderas zu Beginn seiner Karriere, in der Rolle des Mechanikers Antonio, der versehentlich unter Mordverdacht gerät. Fortan versteckt er sich mit Hilfe der jungen Marisa (Carmen Maura) vor der Polizei. Marisa veröffentlicht seine Geschichte ohne sein Wissen unter Pseudonym und landet einen Bestseller, während er an Werktagen ihren Liebhaber gibt und sich am Wochenende im Versteck fortbildet – ohne zu ahnen, dass der wahre Mörder längst gefunden ist.

Vier Jahre nach den ersten vier Folgen im ZDF zeigte arte drei weitere unter dem Titel *Die Frau deines Lebens*. Die sechs Folgen der zweiten Staffel »La mujer de tu vida 2« aus dem Jahr 1992 liefen nicht im deutschen Fernsehen.

EIN UNVERGESSLICHES WOCHENENDE ...   ZDF

1993–1997. 12-tlg. dt. Episodenreihe.

Wechselnde prominente Hauptdarsteller (darunter Klausjürgen Wussow, Christiane Hörbiger, Christian Quadflieg) erleben meist romantische abgeschlossene Geschichten an schönen Orten in aller Welt (darunter Capri, Salzburg, Venedig). Die Folgen waren mal 45, mal 90 Minuten lang.

DIE UNVERMEIDLICHEN ERFAHRUNGEN DES STEFAN KARWOWSKI ALS MENSCH UND KOLLEGE   ARD

→ *Stefek, der Vierzigjährige*

UNWAHRSCHEINLICHE GESCHICHTEN   ARD, ZDF, BR, PRO SIEBEN

1961 (ARD); 1967–1968 (ZDF); 1971–1972 (BR); 1991–1992 (Pro Sieben). US-Mystery-Reihe von Rod Serling (»The Twilight Zone«; 1959–1964).

In 25-minütigen Episoden, alle in Schwarz-Weiß, wurden verschiedene Geschichten über die fünfte Dimension gezeigt, unerklärliche Phänomene, die auch nicht aufgelöst wurden bzw. werden konnten. Alle Geschichten waren in sich abgeschlossen, standen in keinem Zusammenhang miteinander, und wechselnde Darsteller spielten die Hauptrollen. Rod Serling führte als Moderator in die Filme ein.

159 Folgen dieser Reihe liefen mit Erfolg in den USA, eine Einzelfolge zeigte die ARD 1961. 13 Folgen starteten knapp sechs Jahre später im ZDF; sie liefen immer donnerstags um 18.50 Uhr. Das Bayerische Fernsehen zeigte später 24 Episoden unter dem Titel *Geschichten, die nicht zu erklären sind*. Anfang der 90er-Jahre kramte Pro Sieben noch einmal 33 Folgen aus und zeigte sie in deutscher Erstausstrahlung unter dem ursprünglichen deutschen Titel. Zu dieser Zeit liefen bei RTL bereits neue Folgen in Farbe unter dem Originaltitel *Twilight Zone*, die in den USA ab 1985 entstanden waren und damit die ein Vierteljahrhundert alte Serie wiederbelebt hatten.

DIE UNWAHRSCHEINLICHEN ABENTEUER DES LEMI GULLIVER   ZDF

1979. 13-tlg. US-Zeichentrickserie von William Hanna und Joseph Barbera nach der Buchvorlage

von Jonathan Swift (»The Adventures Of Gulliver«; 1968–1970).
Trickversion von Gullivers Abenteuern, der mit seinem Vater und dem Hund Shaggy über die Meere segelt und nach Liliput kommt. Die Folgen dauerten 20 Minuten und liefen dienstags im Kinderprogramm.

DIE UNZERTRENNLICHEN SAT.1
1997. 14-tlg. dt. Familienserie.
Das Arztehepaar Charly (Katharina Böhm), Kinderärztin, und Anton Höppner (Timothy Peach), Orthopäde, lebt mit der neunjährigen Tochter Klärchen (Rowena und Tenea Debus) in München. Obwohl sich Charly zu Michael Landmann (Matthias Herrmann) hingezogen fühlt und Nina Feiniger (Katharina Müller-Elmau) auf Anton scharf ist, bleibt das Paar unzertrennlich und geht gemeinsam durch dick und dünn.
Jede Folge war eine Stunde lang und lief freitags um 21.15 Uhr.

URANIA-EXTRA DFF
→ Neue Fernseh-Urania

URANIA-FORUM DFF
→ Neue Fernseh-Urania

URLAUB AUF ITALIENISCH ZDF
1986. 7-tlg. dt. Familienserie.

»Urmel! Urmeli!« Schnulleralarm beim *Urmel aus dem Eis.*

Familie Korn fährt in den Urlaub nach Italien. Die Reise wird für Vater Herbert (Stefan Behrens), Mutter Roswitha (Franziska Oehme), die Söhne Florian (Pierre René Müller) und Andy (Sali Landricina) und Nichte Micaela (Christina Plate) zum Albtraum: In Pompeji wird ihr Auto geklaut, sie müssen in einem zweifelhaften Etablissement in Neapel übernachten, der Vater wird inhaftiert, alle geraten auf ein Schmugglerschiff und stranden auf einer Insel. Dort verliebt sich Roswitha in einen windigen jungen Mann, Herbert reist ab, das Ehepaar steht vor der Scheidung und dauernd kurz vor einem Nervenzusammenbruch, auch das Auto bricht zusammen – die Katastrophen nehmen kein Ende. Erst in der letzten Folge erreicht die Familie endlich die deutsche Botschaft in Rom, wo sie neue Papiere beantragen kann. Doch die Heimat Deutschland bietet keinen Trost: Herbert ist gekündigt worden, der Gerichtsvollzieher war schon da.
Nervenzusammenbrüche sind lustig. Die Serie war als Comedy deklariert. Die knapp einstündigen Folgen liefen mittwochs am Vorabend.

URLAUBSTAUSCH – TOTAL VERRÜCKTE FERIEN PRO SIEBEN
2004. Einstündige Reality-Doku-Soap.
In jeder Folge verbringen zwei gegensätzliche Familien die Ferien miteinander, erst am Urlaubsziel der einen, dann der anderen. Der Kniff dabei: Eine Familie besteht aus Schauspielern, deren Auftrag es ist, die andere in den Wahnsinn zu treiben, die davon natürlich nichts ahnt.
Die Zuschauer ließ das all das kalt. Nach fünf von acht geplanten Ausgaben dienstags um 20.15 Uhr beendete Pro Sieben den Versuch. Etwas erfolgreicher war ein ähnliches Konzept kurz darauf bei Sat.1: *Mein großer dicker peinlicher Verlobter.*

URMEL ARD
1996–1997. 26-tlg. dt. Zeichentrickserie. Gezeichnete Neuauflage der Abenteuer von *Urmel aus dem Eis* auf der Insel Titiwu nach dem Buch von Max Kruse.

URMEL AUS DEM EIS ARD
1969. 4-tlg. Marionettenspiel aus der *Augsburger Puppenkiste* von Harald Schäfer nach dem Buch von Max Kruse.
Professor Habakuk Tibatong verlässt seine Heimat Pumpolonien, weil er dort von seinen Kollegen geächtet wurde. Die glauben ihm nämlich nicht, dass es einen unsichtbaren Fisch gibt, dass Tiere sprechen können und das Bindeglied zwischen Dinosaurier und Säugetier das Urmel ist, dessen frühere Existenz der Professor schon seit langem nachzuweisen versucht.
Gemeinsam mit dem Jungen Tim Tintenklecks und seiner Haushälterin Wutz, einem sprechenden Schwein, lässt er sich auf der bis dahin menschenleeren Insel Titiwu nieder und bringt sogleich den dortigen Tieren in seiner Tiersprechschule das Sprechen

bei: Pinguin Ping, Waran Wawa, Schuhschnabelvogel Schusch und dem singenden Seeelefanten, der immer nur traurige Lieder zum Besten gibt. Bedauerlicherweise behalten alle Tiere einen Sprachfehler, aber jedes einen anderen. Ping kann z. B. kein »sch« sprechen, es kommt immer ein »pf« heraus, und so streitet er sich ständig mit Wawa um dessen gemütliche »Mupfel«.

Ein Eisberg kommt an, in dem seit Jahrmillionen ein Ei eingefroren ist, das die Tiere nun gemeinsam ausbrüten. Es schlüpft ein Urmel. Auch das Urmel lernt schnell sprechen, benimmt sich aber sonst weiterhin wie ein Kleinkind, das alles sehen, haben und entdecken will. Tibatong ist so stolz, endlich den Beweis für seine Theorie zu haben, dass er seinem Kollegen Zwengelmann eine Flaschenpost mit einem fetten »Ätsch« schickt. Die Flaschenpost, nach sechs Monaten an die Haustür geliefert und neben der Milchflasche abgestellt, sorgt für Aufruhr und veranlasst den König, mit dem Knecht Sami nach Titiwu zu reisen, um das Urmel zu jagen.

Das Urmel flüchtet und verläuft sich in einer Höhle. Die anderen finden und verstecken es, während Wawa den König und Sami ablenkt und in die Irre, schließlich aber auch in die inzwischen leere Höhle führt, in der sie lediglich auf eine Riesenkrabbe treffen. Der König hält die Krabbe für das Urmel und schießt, wodurch sich Gestein löst und den Ausgang verschüttet. Der Professor und die Tiere retten nun auch den König, der verspricht, das Urmel zu verschonen. Damit er nicht mit leeren Händen nach Hause kommt, nimmt er einen Eimer Wasser mit nach Pumpolonien, um Zwengelmann wenigstens den unsichtbaren Fisch präsentieren zu können.

Einer der Klassiker aus der *Puppenkiste* mit liebevollen Figuren, einem versöhnlichen Ende und den üblichen blauen Plastikmüllsäcken und Seifenblasen, die das Meer darstellten. Und der Wutzenruf »Urmel! Urmeliii!« bleibt für immer im Ohr. Urmels Stimme gehörte Max Bößl, der Erfahrung mit Geschöpfen hatte, die eigentlich nicht reden können. Er hatte 1964 *Kater Mikesch* gesprochen. Die Serie war auch im Ausland ein Erfolg: Sie wurde in mehr als 30 Länder verkauft. Fünf Jahre später kehrten die beliebten Figuren in *Urmel spielt im Schloss* ins Fernsehen zurück.

Die Serie ist auf DVD erhältlich.

URMEL SPIELT IM SCHLOSS ARD

1974. 4-tlg. Marionettenspiel der *Augsburger Puppenkiste* von Manfred Jenning nach den Büchern von Max Kruse. Fortsetzung von *Urmel aus dem Eis*.

Der Zoodirektor Dr. Zwengelmann und seine Nichte Naftaline, eine Reporterin, wollen das Geheimnis der Insel Titiwu mit den sprechenden Tieren und dem Urmel ergründen. Professor Tibatong und die Tiere müssen verhindern, dass alle Welt von ihnen erfährt. Der inzwischen befreundete König Pumponell fliegt, während der Besuch aus Pumpolonien da ist, das Urmel mit dem Schwein Wutz kurzerhand ins Schloss nach Pumpolonien, und die anderen Tiere sollen eben so lange die Klappe halten.

Nach einigem Unsinn im Schloss fliegt das Urmel allein zurück nach Hause, überanstrengt sich dabei jedoch und wird krank. Es kommt noch schlimmer: Im Albtraum will es den Waran Wawa heiraten! Doch dann wacht das Urmel wieder auf, und alles wird gut.

Auch diese Serie ist auf DVD erhältlich.

USA HIGH ZDF

1999–2002. 75-tlg. US-Teeniecomedy von Peter Engel (»USA High«; 1997–1999).

Die Schüler Jackson Green (Josh Holland), Winnie Sue Barnes (Marquita Terry), Lauren Fontaine (Elena Lyons), Christian Müller (Thomas Magiar), Bobby »Lazz« Lazzarini (James Madio) und Ashley Elliot (Kristen Miller) besuchen gemeinsam eine internationale Highschool in Paris. Zu ihren Lehrern gehören Gabrielle Dupre (Angela Visser) und Patrick Elliot (Nicholas Guest).

Das ZDF zeigte bis Dezember 1999 insgesamt 68 halbstündige Folgen, teils am Samstagmittag, einen Großteil aber nur mitten in der Nacht. Ab Oktober 2001 begann ein neuer Durchlauf, diesmal immer morgens gegen 6.00 Uhr und mit sieben vorher nicht gezeigten Folgen.

UTA ARD

1983. 12-tlg. dt. Familienserie von Barbara Zachay, Regie: Detlef Rönfeldt.

Uta Kaiser (Claudia Demarmels) ist auf dem Weg, Familienpflegerin zu werden. Ihr Anerkennungsjahr macht sie in der Hamburger Sozialstation Hohenfelde, wo sie lernen muss, dass sie noch viel lernen muss. Viele gut gemeinte Aktionen von ihr laufen schief, und von den erfahrenen Kolleginnen wie Schwester Mathilde Jordan (Eva Maria Bauer) wird sie noch nicht anerkannt. Gerda Heimann (Witta Pohl) ist Leiterin der Sozialstation, Kurt Soltau (Hans Häckermann) der Geschäftsführer des Trägervereins, Joe Schadewald (Till Topf) ein Kollege. Uta lebt mit ihrem Freund Sven Brüggemann (Daniel Lüönd) zusammen, der Lehrer werden will.

Jede Folge war 25 Minuten lang. Autorin Barbara Zachay legte sich später den Künstlernamen Barbara Piazza zu und erfand etliche erfolgreiche Familienserien, darunter *Alle meine Töchter* und *Forsthaus Falkenau*. Die Schauspielerin Eva Maria Bauer konnte hier schon mal das Schwesternspiel üben. In einigen späteren Arztserien wurde sie Oberschwester der Nation, z. B. in der *Schwarzwaldklinik* und *Hallo, Onkel Doc!*.

UTTA DANELLA ARD

Seit 2000. Dt. Frauenfilmreihe mit Verfilmungen von Romanen der Bestsellerautorin Utta Danella.

V – DIE AUSSERIRDISCHEN BESUCHER KOMMEN SAT.1

1988–1989. 29-tlg. US-Science-Fiction-Serie von Kenneth Johnson (»V«; 1983–1985).

Große außerirdische Eidechsen wollen die Macht auf der Erde übernehmen. Sie landen hier und geben – in menschlicher Form getarnt – vor, in freundlicher Absicht gekommen zu sein. Tatsächlich wollen sie die Menschen jedoch fressen, ausplündern und ihr Wasser entwenden. Dafür bauen sie riesige Wasserpumpen (die später gesprengt werden). Diana (Jane Badler) ist die Anführerin der Besucher auf der Erde, die eigentlich »Denker« gehorchen. Der Kollaborateur Nathan Bates (Lane Smith) unterstützt sie. Die meisten Erdlinge fallen auf die Besucher herein, nicht jedoch eine Gruppe von Widerstandskämpfern unter der Führung von Mike Donovan (Marc Singer). Ihr gehören an: Dr. Julie Parrish (Faye Grant), Bates' Sohn Kyle (Jeff Yagher) sowie Robin Maxwell (Blair Tefkin) und ihre halb menschliche, halb außerirdische Tochter Elizabeth (als Mensch: Jennifer Cooke; als Alien: Jenny Beck), die aus ihrer Affäre mit einem Außerirdischen hervorgegangen ist. Die Besucher Willie (Robert Englund) und Philip (Frank Ashmore) haben die Seiten gewechselt und unterstützen die Widerstandskämpfer. Ihre Gegner sind damit ihre Artgenossen Lydia (June Chadwick), Dianas größte Rivalin, Charles (Duncan Regehr), Philips Zwillingsbruder Martin (auch Frank Ashmore) und Lieutenant James (Judson Scott).

Viele Folgen begannen mit einer Nachrichtensendung, in der der Moderator Howard K. Smith, der sich selbst spielte, die Zuschauer auf den neuesten Stand der Kämpfe zwischen Besuchern und ihren Gegnern brachte. In einer Folge heirateten Charles und Diana (!).

Die geschilderte Machtübernahme der Besucher auf der Erde wies deutliche Parallelen zur Machtergreifung der Nazis in Deutschland auf. Diese Ähnlichkeiten waren von den Produzenten beabsichtigt. In den USA hatte die Serie mit einem zweiteiligen und später einem neuen dreiteiligen Fernsehfilm begonnen, an die dann die eigentliche 19-teilige Serie mit einstündigen Folgen anknüpfte. Sat.1 zerteilte auch die fünf Filme in der Mitte, wodurch sie zu zehn Serienfolgen wurden. Die Serie ist auf DVD erhältlich.

DER VAGABUND ZDF

1984. 13-tlg. kanad. Abenteuerserie (»The Littlest Hobo«; 1979–1985).

Der Schäferhund »Vagabund« streunt umher, hilft den Guten, beißt die Bösen und verschwindet am Ende jeder Folge wieder. Weil ihn niemand kennt, gibt ihm jeder seiner Freunde einen anderen Namen. Neuauflage der Serie *Der kleine Vagabund*. Jede Folge war eine halbe Stunde lang und lief montags nachmittags. Im Original hatte die Serie 114 Folgen.

VALE TUDO – UM JEDEN PREIS ARD

1991–1992. 170-tlg. brasilian. Telenovela (»Vale Tudo«; 1988).

Um jeden Preis will die junge Fátima Acioli (Glória Pires) reich und berühmt werden. Ihre Mutter Raquel (Regina Duarte), die sich nach dem Tod ihres Mannes Rubinho (Daniel Filho) in Ivan (Antonio Fagundes) verliebt, versucht dagegen, anständig zu bleiben, auch wenn dies bedeutet, arm zu bleiben. Nach dem überraschenden Erfolg mit *Sinhá Moça* kaufte die ARD auch diese Telenovela. Die halbstündigen Folgen liefen montags bis donnerstags gegen 16.30 Uhr.

VALENTINA SAT.1

1991. 13-tlg. ital. Erotikserie von Gianfranco Manfredi nach den Comics von Guido Crepax, Regie: Giandomenico Curi und Gianfranco Giagni (»Valentina«; 1988).

Die Mailänder Fotografin Valentina (Demetra Hampton) gerät immer wieder in gefährliche und bizarre Situationen, die meistens irgendwie dazu führen, dass sie nackt ist. Ihrem Freund Philip Rembrandt (Russel Case) ergeht es kaum anders.

Die 25-minütigen Folgen liefen sonntags kurz vor Mitternacht.

VALERIE UND DAS ABENTEUER ARD

1967–1968. 13-tlg. dt.-frz. Abenteuerserie.

Valerie Langer (Marianne Koch) ist Sozialarbeiterin. Ihr Arbeitsplatz ist in Paris, doch eigentlich ist sie dauernd unterwegs, weil sie auf der ganzen Welt Probleme lösen muss. Die 25-Minuten-Folgen liefen im regionalen Vorabendprogramm.

VALERIU BORGOS RTL

1998. »Alles ist möglich«. Esoterikmagazin mit dem israelisch-rumänischen Geistheiler Valeriu Borgos, der wesentliche Teile der Sendung damit verbringt, Daumen und Zeigefinger an seine Schläfen zu legen und konzentriert in die Kamera zu schauen, und zwar so lange, bis die Zuschauer zu Hause entweder von ihren seelischen oder körperlichen Gebrechen geheilt oder davon überzeugt sind, dass sie es sein werden, sobald sie seine teuren Videos gekauft haben, in denen er Daumen und Zeigefinger an seine Schläfen legt und konzentriert in die Kamera schaut.

Sechs halbstündige Sendungen liefen am späten Sonntagabend.

VAMPY   RTL 2
1993–2002. Kindersendung und Rahmenprogramm für Zeichentrickserien.
Der putzige Puppenvampir Vampy von der Insel Hiermoonikloog wohnt jetzt in der Werkstatt der Erfinderin Thea (Dorothea Riemer). Gemeinsam mit ihr moderiert Vampy das Kinderprogramm, erklärt Wissenswertes aus dem Alltag und der Welt der Erwachsenen und schlüpft in verschiedene Rollen. Im Lauf der Zeit kommen weitere Puppen dazu: DJ, Schulz und Lilly; Thea verschwindet.
Hinter *Vampy* steckte das Team, das zuvor schon für *Bim Bam Bino* zuständig gewesen war; Vampys Sprecher war Binos ehemalige Stimme Siegfried Böhmke. Auch der Trick zur Umgehung der Werberichtlinien war der gleiche. Weil Kindersendungen nicht unterbrochen werden dürfen, wurden die nur wenige Minuten langen Vampy-Szenen als eigenständige Sendungen deklariert. Von diesen gab es bis zu elf am Tag; das Kinderprogramm dauerte zeitweise acht Stunden. Vampy tauchte auch in einigen anderen und längeren Sendungen auf, z. B. in *Die verrückte Vampy-Show*.

VAN DER VALK   ARD
1972–1975. 3-tlg. dt. Krimireihe nach den Romanen von Nicolas Freeling.
Ruhig und bedächtig ermittelt Kommissar van der Valk (Frank Finlay) in Kriminalfällen in Amsterdam. Er ist mit Arlette (Françoise Prevost) verheiratet. Die spielfilmlangen Folgen waren zwar erfolgreich, doch die gleichnamige britische Reihe überlebte wesentlich länger.

VAN DER VALK ERMITTELT   DFF 1, ZDF
1976–1981 (DFF 1); 1979–1980 (ZDF). 23-tlg. brit. Krimiserie (»Van der Valk«; 1972–1977).
Kommissar Piet van der Valk (Barry Foster) ermittelt mit seinem Kollegen Kroon (Michael Latimer) für die Kriminalpolizei Amsterdam; Samson (Nigel Stock) ist sein Boss. Van der Valk ist anfangs mit Arlette (Susan Travers) verheiratet, seine zweite Frau wird Lucienne (Joanna Durham).
Im Original war van der Valk immer mit Arlette verheiratet, Lucienne tauchte nur in einer Folge auf. Weil sie aber von Joanna Durham gespielt wurde, die später die Rolle von Arlette übernahm, sendete das ZDF diese Folge direkt vor der zweiten Staffel, sodass es aussah, als hätte van der Valk Lucienne geheiratet. Vermutlich traute man dem unerfahrenen deutschen Publikum nicht zu, zu verstehen, dass hier gar keine *echten* Personen ermitteln und deshalb ihre Darsteller auch mal wechseln können. Die Figur des Kommissars van der Valk stammt aus den Romanen von Nicolas Freeling, die Fälle der Serie basieren jedoch nicht auf seinen Büchern. Viel Action gab es nicht in der Serie, van der Valk ermittelte ähnlich geruhsam vor sich hin wie Maigret oder Derrick – allerdings vor dem etwas aufregenderen Hintergrund von Amsterdam.
Das ZDF zeigte die 50-Minuten-Folgen mittwochs um 21.20 Uhr. Einige Folgen waren zuvor bereits im DDR-Fernsehen unter der Dachmarke *Fahndung* gelaufen, die etliche weitere Krimis beherbergte. Zwei neue Folgen liefen dort noch nach der ZDF-Ausstrahlung. Anfang der 70er-Jahre waren van der Valks Fälle schon einmal als deutsche Produktion verfilmt worden, damals auf Romanvorlagen basierend.

VANISHING SON – DER SOHN
DER UNTERGEHENDEN SONNE   RTL 2
1998. 13-tlg. US-Actionserie von Rob Cohen (»Vanishing Son«; 1994–1995).
Jian-Wa Chang (Russel Wong), ein Flüchtling aus China, wird vom FBI wegen eines Mordes an zwei Agenten gesucht, den er nicht begangen hat. Nun sucht er die Leute, die ihn in diese Falle gelockt und seinen Bruder Wago (Chi Muoi Lo) umgebracht haben, und muss gleichzeitig vor der Polizei fliehen. Gejagt wird er von dem Agenten der Einwanderungsbehörde Dan Standler (Jason Adams) und seiner Kollegin Judith Phillips (Stephanie Niznik), die allerdings Zweifel an der Schuld von Jian-Wa hat. Sein Gegenspieler auf der anderen Seite ist der »General« (Haing S. Ngor), der über das chinesische Syndikat herrscht. Jian-Wa flieht quer durch die USA – und schafft es nebenbei, noch anderen bedrängten Menschen, die er trifft, beizustehen. Dabei helfen ihm seine Martial-Arts-Fähigkeiten. Sein toter Bruder taucht gelegentlich als Geist mit guten Ratschlägen auf.
Mischung aus *Auf der Flucht* und *Kung Fu*. Der Serie waren bereits vier TV-Filme vorausgegangen. Rob Cohen inszenierte wenig später den Fantasykinofilm »Dragonheart«.

VARELL & DECKER   ZDF
1998. Halbstündige Comedyshow mit Isabel Varell und Gabi Decker. Nach fünf Ausgaben am Dienstag um 22.45 Uhr lief im Juni 1998 noch ein Best-of.

VARIETÉ, VARIETÉ   ZDF
1963–1983. Showreihe, in der internationale Künstler mit Darbietungen aus den verschiedensten Bereichen auftreten: Akrobatik, Musik, Tanz, Sketche, Parodien und Pantomime werden gemischt.
Anfangs liefen Einzelsendungen, ab 1974 kam die Reihe häufiger in größeren Abständen im Programm. Peter Puder war jetzt der Moderator, 1976 moderierte einmalig Eric Siki, im September übernahm Lou van Burg für die letzten 15 Folgen.

VARIETÉ-ZAUBER   ZDF
1967–1970. 90-minütige Primetime-Musikshow mit Corry Brokken und dem Orchester Kurt Edelhagen sowie hochkarätigen Gaststars, die die Niederländerin Brokken interviewt.
Als Corry Brokken einmal selbst ein Interview gab, hätte sie das fast die Fernsehkarriere in Deutschland gekostet. Der holländischen Zeitung »Het Parool« sagte sie angeblich: »Ich arbeite nur des Geldes we-

gen in Deutschland. Köln ist ein mieses Kaff. Die Deutschen sind humorlose, nervöse und immer schreiende Gesellen.« Sie hatte dabei angeblich drei Whisky auf nüchternen Magen getrunken – sonst trinke sie nie – und hielt das Gespräch mit den Journalisten für ein Privatgespräch. Sender und Team von *Varieté-Zauber* hielten aber trotz der recht erbosten Zuschauerreaktionen an Brokken fest.

VATER BRAUCHT EINE FRAU SAT.1
1993. 6-tlg. dt. Familienserie, Regie: Oswald Döpke.
Der Witwer Dr. Andreas Einstein (Klaus Wennemann), Schulleiter an einem Gymnasium und Vater von vier Kindern im Alter von sechs bis 18 Jahren, soll endlich wieder eine Frau finden. Die Kinder Michael (Fabian Harloff), Uta (Julia Balogh), Gregor (Sebastian Fehrs) und »Bienchen« Sabine (Julia Wahlmann) sowie Oma Alma (Elisabeth Wiedemann) bemühen sich nach Kräften und führen in jeder Folge eine andere vor, doch irgendwie ist nie die Richtige dabei.
Die einstündigen Folgen liefen montags um 20.15 Uhr und erreichten im Schnitt mehr als sieben Millionen Zuschauer, die Serie wurde dennoch nicht fortgesetzt. Ex-ARD-*Fahnder* Wennemann tauchte stattdessen im nächsten Jahr mit *Schwarz greift ein* wieder bei Sat.1 auf.

VÄTER DER KLAMOTTE ZDF
1973–1985. 198-tlg. Slapstickreihe mit Schwarz-Weiß-Stummfilmen der 30er-Jahre aus den USA, die das ZDF zu einer Serie verschnitt. Zu den Komikern gehörten Jimmy Adams, Fatty Arbuckle, Billy Bevan, Charlie Chaplin, Charley Chase, Bill Dooley, Jack Duffy, Muriel Evans, Billy Gilbert, Oliver Hardy und Stan Laurel, Del Henderson, Buster Keaton, Edgar Kennedy, Florence Lake, Harry Langdon, Snub Pollard, Ben Turpin und Bobby Vernon.
Hinter der Reihe stand das bewährte Team von *Dick und Doof:* Hanns Dieter Hüsch kommentierte aus dem Off, Fred Strittmatter, Quirin Amper jun. und Jiří Kanzelsberger komponierten und arrangierten, Heinz Caloué schrieb die Texte und puzzelte aus Filmen 25-Minüter zusammen. Die Titelmusik von Strittmatter und Amper begann mit den Worten: »Guten Abend, liebe Gäste, / wir erfreuen euch aufs Beste / mit Klamotten, Komödianten, / die schon uns're Väter kannten.«
Die Folgen liefen auf dem etablierten Schwarz-Weiß-Klamottenplatz freitags um 18.25 Uhr.

VATER IST DER BESTE ARD, KABEL 1
1958–1963 (ARD); 1992 (Kabel 1). 190-tlg. US-Sitcom von Ed James (»Father Knows Best«; 1954–1960).
Die Andersons sind eine ganz normale weiße amerikanische Mittelklassefamilie, oder besser: eine ganz normale *ideale* weiße amerikanische Mittelklassefamilie. Vater Jim (Robert Young) arbeitet als Versicherungsvertreter, seine Frau Margaret (Jane Wyatt) kümmert sich um den Haushalt und die Kinder Betty (Elinor Donahue), James, Jr. »Bud« (Billy Gray) und Kathy (Lauren Chapin). Es gibt kleine Auseinandersetzungen um alltägliche Themen, aber nie schlimme Probleme. Und am Ende sorgt die Fürsorglichkeit und Weisheit der Eltern dafür, dass alles gut wird. Deshalb entscheiden sich die Teenager Betty und Bud nach ihrem Highschool-Abschluss auch für ein College in der Nähe, damit sie zu Hause wohnen bleiben können.
Die harmonische Familienserie lief mit 75 Folgen im regionalen Vorabendprogramm der ARD. 30 Jahre später wurde sie vom Sender Kabel 1 reaktiviert, der 115 bis dato nicht gezeigte Folgen ausstrahlte.
Vater ist der Beste beruhte auf einer gleichnamigen Radioserie, die vorher schon fünf Jahre gelaufen war, ebenfalls mit Robert Young in der Hauptrolle. Sie war jahrelang äußerst populär in den USA und wäre wohl auch nach den (in den USA) über 200 Folgen nicht eingestellt worden, wenn Young es nicht leid geworden wäre, die immer gleiche Rolle zu spielen. Er war übrigens Alkoholiker, was in *Vater ist der Beste* nie jemandem passiert wäre.

EIN VATER FÜR ZWEI ARD
1996. 24-tlg. US-Sitcom von Larry Strawther, Gary Murphy und Sinbad (»The Sinbad Show«; 1993–1994).
Der Computerspielentwickler David Bryan (Sinbad) adoptiert zwei Waisenkinder. Die fünfjährige Zana Beckley (Erin Davis) und ihr 13-jähriger Bruder Little John, kurz L. J. (Willie Norwood), ziehen bei David ein, und sein bisheriger Mitbewohner Clarence Hull (T. K. Carter) muss Platz machen. Durch die neue Verantwortung lässt sich David von Clarence nur noch schwer zum wilden Partyleben überreden. Davids Eltern Rudy (Hal Williams) und Louise (Nancy Wilson) kommen regelmäßig zu Besuch.
Die 25-Minuten-Folgen liefen freitags nach Mitternacht.

VATER MURPHY RTL
1990. 35-tlg. US-Familienserie von Michael Landon (»Father Murphy«; 1981–1982).
Der gute Mensch John Michael Murphy (Merlin Olsen) ist ein Betrüger, aber nur der guten Sache wegen. Nach dem Bürgerkrieg Mitte des 19. Jh. gibt er sich als Priester aus, um ein Waisenhaus eröffnen zu können. Will Adams (Timothy Gibbs), die Geschwister Lizette (Lisa Trusel) und Ephrem Winkler (Scott Mellini) und weitere 22 Kinder haben ihre Eltern verloren, als die Mine gesprengt wurde, in der diese arbeiteten. Die Lehrerin Mae Woodward (Katherine Cannon) und Murphys Freund, der schwarze Minenarbeiter Moses Gage (Moses Gunn), kümmern sich mit ihm um Haus und Kinder. Durch sein Engagement rettet Murphy die Kinder vor dem Arbeitslager, für das Howard Rodman (Charley Tyner) und seine Mitarbeiterin Miss Tuttle (Ivy Bethune) sie rekrutieren wollen. Schließlich fliegt Vater Murphys Tarnung auf, doch natürlich wird alles gut,

denn Murphy und Mae heiraten und adoptieren alle 25 Kinder.
Während er noch in einer anderen heilen Welt, bei *Unsere kleine Farm*, selbst hauptdarstellerte, heckte Michael Landon diese Serie aus und besetzte sie mit seinem bärtigen Kollegen Merlin Olsen, der in *Unsere kleine Farm* den Jonathan Garvey gespielt hatte.
Die 40-minütigen Folgen liefen nachmittags.

VATER SEIDL UND SEIN SOHN   ARD
1954–1955. 4-tlg. dt. Familienserie von Kurt Wilhelm, Rita Kocurek und Valentine Volkmer, Regie: Kurt Wilhelm.
Vater Seidl (Michl Lang) meint es gut mit seinem Sohn Franz (Hansl Sedlmeyer). Ganz besonders gut sogar. Er will auf keinen Fall etwas falsch machen bei seiner Erziehung, was sich natürlich als der beste Weg herausstellt, sehr viel falsch zu machen. Zum Glück ist die Mutter (Liesl Karlstadt) entspannt und vernünftig und findet am Ende, wenn alle sich verrannt oder gründlich missverstanden haben, einen Weg aus dem Schlamassel. Und bis dahin mischen sich auch Herr Brandstetter (Constantin Delcroix), der als Vater von fünf Söhnen längst den Versuch aufgegeben hat, sie zu erziehen, und die Kellnerin Kathi (Ruth Kappelsberger) ein und geben gute oder gut gemeinte Ratschläge.
Die Serie ging aus einer Hörfunkreihe des Bayerischen Rundfunks aus dem Jahr 1949 hervor. Sie wurde vom BR produziert, die erste Folge aber im NWRV (Nordwestdeutschen Rundfunkverbund) ausgestrahlt, weil der BR noch kein eigenes Fernsehprogramm hatte. Die Teile waren etwa 60 Minuten lang und liefen an verschiedenen Tagen zur Primetime. 1976 produzierte Kurt Wilhelm eine Neuauflage unter demselben Namen.

VATER SEIDL UND SEIN SOHN   ARD
1976–1980. 6-tlg. dt. Familienserie von Kurt Wilhelm.
Neuauflage der Geschichten um den übereifrigen Vater Seidl (Walter Sedlmayr), seinen Sohn Franzl (Stefan Sichlinger), die patente Mutter (Monika Dahlberg), den resignierten Fünffachvater Brandstetter (Hans Clarin) und die Kellnerin Kathi (Franzi Kinateder).
Kurt Wilhelm hatte über 20 Jahre zuvor bereits die Originalfernsehserie geschrieben. Er brachte die Probleme von Eltern mit Jugendlichen auf den aktuellen Stand, änderte aber nichts an der zeitlosen Konstellation. Die neue Version wurde über einen Zeitraum von fast drei Jahren aufgezeichnet – man sah es dem Sohn an. Mit seinem Alter änderten sich auch die Sorgen, die er seinem Vater bereitete.

DER VATER UND SEIN SOHN   ARD
1967–1968. 13-tlg. dt. Familienserie von Günther Swars, Regie: Rudolf Jugert.
Der allein erziehende Vater Sedlmaier (Hartmut Reck) und sein junger Sohn Peter (Thomas Margu-lies) schmeißen den Männerhaushalt allein, denn keine Haushälterin hält es lange bei ihnen aus.
Die 25-Minuten-Folgen liefen im regionalen Vorabendprogramm.

VÄTER UND SÖHNE   ARD
1986. 4-tlg. dt. Familiensaga von Bernhard Sinkel.
Aufstieg und Niedergang einer deutschen Industriellenfamilie zwischen 1911 und 1947, verbunden mit der Rolle der chemischen Industrie in Nazideutschland: Geheimrat Carl Julius Deutz (Burt Lancaster) ist der Patriarch der eigenen Farbenfabrik und mit Charlotte (Julie Christie) verheiratet. Sohn Ulrich (Rüdiger Vogler) arbeitet im Unternehmen mit, seinem anderen Sohn Friedrich (Dieter Laser) entzieht der Geheimrat das Vertrauen. Gezwungenermaßen schließt sich Deutz mit anderen Betrieben zu einer IG zusammen, die die Nationalsozialisten unterstützt. Währenddessen wächst die nächste Generation heran: Georg Deutz (als Kind: Marcus Hetzner; als Erwachsener: Herbert Grönemeyer) wird Regisseur und dreht regimefreundliche Filme. Nach dem Zweiten Weltkrieg werden die IG-Bosse verhaftet, aber wieder auf freien Fuß gesetzt und können Karriere machen.
Jede Folge hatte Spielfilmlänge. Der Hessische Rundfunk ergänzte den Vierteiler mit der Dokumentation »Schaltstelle der Macht« über das IG-Farben-Haus in Frankfurt am Main.

VATER WIDER WILLEN   ARD
1995–2002. 29-tlg. dt. Familienserie von Herbert Lichtenfeld.
Der Stardirigent Max Oldendorf (Christian Quadflieg) muss sich plötzlich um seine Kinder kümmern, weil seine Ex-Frau Ingrid (Suzanne von Borsody) vorübergehend ins Ausland muss. Er hat zwar wirklich Besseres zu tun, aber keine Wahl. So ziehen die Töchter Beatrice (Ulrike Panse; ab der zweiten Staffel: Rita Lengyel), Marlene (Silvie Gerold; ab der zweiten Staffel: Nina Bagusat) und Gitti (Anna Schmidt) zu Papa und bringen sein Leben durcheinander. Er kommt wieder mit Ingrid zusammen, doch auch diesmal hält die Beziehung nicht.
Allmählich verlassen die erwachsenen Töchter das Nest: Marlene zieht nach Köln, Gitti nach Amerika, und Bea will heiraten. Doch Max' Hoffnung auf Ruhe wird enttäuscht. Im Herbst 2001 lässt Bea ihre Hochzeit platzen, Gitti langweilt sich auf ihrer Ranch in Oklahoma, und so kommen zumindest diese beiden zurück. Zur gleichen Zeit lernt Max die amerikanische Sopranistin Helen Hunter (Marita Marschall) kennen. Die beiden werden ein Paar, und Max muss sich nun mit noch mehr Kindern umgeben, denn Helen bringt zwei Adoptivsöhne aus Amerika mit: Henry (Miguel Molina) und William (Constantin Gastmann).
Clara Rehder (Henriette Thimig) ist Max' Agentin, Marco Wülfing (Roland Selva) sein Chauffeur und Marianne (Elke Czischek) die Haushälterin. Im Dienst arbeitet Max außerdem mit der Sopranistin

Patricia Burg (Franziska Stavjanik) und dem Intendanten Vogt (Lambert Hamel) zusammen.
Die Serie startete mit drei spielfilmlangen Folgen im Dezember 1995. Ab März 1998 und September 2001 liefen zwei neue Staffeln, jetzt mit 50 Minuten langen Folgen und immer dienstags um 20.15 Uhr. Diese letzte Staffel wurde nach nur vier Folgen mangels Quote abgesetzt, der Rest lief im nächsten Frühjahr im täglichen Vormittagsprogramm.

EIN VATER ZUM KÜSSEN   ARD
2000. 14-tlg. US-Sitcom von Ian Gurvitz (»The Tony Danza Show«; 1997).
Der Sportjournalist Tony DiMeo (Tony Danza) ist frisch geschieden und zieht die Töchter Tina (Majandra Delfino), 16, und Mickey (Ashley Malinger), elf, nun allein auf. Lediglich bei seinem Vater Frank (Dean Stockwell), einem altmodischen Bäcker, holt er sich manchmal Rat. Den braucht er auch von der Computerexpertin Carmen Cruz (Maria Canals), weil Tony mit seinem Computer auf Kriegsfuß steht. Stuey Mandelker (Shaun Weiss) ist in dem Miethaus Portier und geht in Tonys Wohnung ein und aus.
Die Serie war in den USA ein Megaflop und wurde nach nur vier Episoden abgesetzt. Bei uns liefen alle Folgen dienstags um Mitternacht, sodass die deutschen Zuschauer zehn Folgen sehen konnten, die in den USA gar nicht mehr gezeigt wurden. Für Tony Danza war es nach *Taxi*, *Wer ist hier der Boss?* und *Wer ist hier der Cop?* die vierte Serie, in der er eine Figur spielte, die Tony hieß.

EIN VATER ZUVIEL   RTL, VOX
1991 (RTL); 1993–1994 (Vox). 60-tlg. US-Sitcom von Danielle Alexandra und Michael D. Jacobs II. (»My Two Dads«; 1987–1990).
Die Singles Michael Taylor (Paul Reiser) und Joey Harris (Greg Evigan) kümmern sich gemeinsam um die Teenagerin Nicole Bradford (Staci Keanan). Nicole ist die Tochter einer verstorbenen alten Flamme, mit der sowohl Michael als auch Joey zusammen waren. Einer von beiden ist Nicoles Vater, aber niemand weiß, wer. Richterin Margaret Wilbur (Florence Stanley) ist die Besitzerin des Hauses, in dem die drei wohnen, und beaufsichtigt außerdem die Erziehung unter diesen seltsamen Umständen. Cory Kupkus (Vonni Ribisi) ist Nicoles Freund, Ed Klawicki (Dick Butkus) führt das Lokal, in dem die Familie oft isst. 37 Folgen liefen bei RTL, der Rest später auf Vox.

VATIKAN – DIE MACHT DER PÄPSTE   ARTE
1997. 5-tlg. dt. Dokumentarreihe von Guido Knopp und Maurice Philip Remy.
Jede Folge war 45 Minuten lang und porträtierte einen Papst des 20. Jh. Die Reihe lief wenige Wochen später mittwochs um 20.15 Uhr im ZDF.

VEGA$ ZDF, PRO SIEBEN
1980–1981 (ZDF); 1989–1990 (Pro Sieben). 67-tlg. US-Krimiserie (»Vega$«; 1978–1981).
Privatdetektiv Dan Tanna (Robert Urich) ermittelt in Las Vegas gegen Gauner aller Art. Sein unfähiger Assistent Bobby »Binzer« Borso (Bart Braverman) und die Showgirls Angie Turner (Judy Landers) und Beatrice Travis (Phyllis Davis) unterstützen ihn in seiner Detektei, die im Hotel »Desert Inn« untergebracht ist. Außerdem arbeitet Tanna zunächst mit Sergeant Bella Archer (Naomi Stevens) und dann mit Lieutenant Dave Nelson (Greg Morris) von der Polizei zusammen. Der reiche Hotelbesitzer Philip Roth (Tony Curtis), dem auch das »Desert Inn« gehört, erteilt Tanna oft Aufträge.
Aaron Spelling und Douglas S. Cramer produzierten die Serie. 27 einstündige Folgen liefen im ZDF alle zwei Wochen mittwochs um 21.20 Uhr, der Rest später auf Pro Sieben.

VENEZIANISCHE MASKEN UND ZAUBEREIEN   ZDF
1968. Ital. Reihe über venezianische Masken.
In jeder Folge wurden Spielszenen vor der Kulisse des nächtlichen Venedig gezeigt, dabei lernte der Zuschauer die klassischen venezianischen Masken und ihre Bedeutung kennen. Die zehnminütigen Folgen liefen werktags um 17.35 Uhr.

VENOM ER – GIFT IM BLUT   VOX
Seit 2004. Bisher 10-tlg. brit. Doku-Serie (»Venom ER – The Series«; 2004).
Dr. Sean Bush und sein Team kämpfen in der Giftambulanz des kalifornischen Loma Linda Hospitals um das Leben von Menschen, die durch Schlangen- oder Spinnenbisse vergiftet wurden. Lief im Rahmen von *BBC Exklusiv* montags gegen 22.00 Uhr.

VERA AM MITTAG   SAT.1
Seit 1996. Werktägliche einstündige Talkshow mit Vera Int-Veen und nichtprominenten Gästen, die miteinander und um Worte ringen.
Bereits sieben Wochen nach Sendestart leitete die rheinland-pfälzische Landesmedienanstalt ein Verfahren gegen die Sendung ein. In der Sendung »Sex, das Spiel ohne Grenzen« am 14. März 1996 traten u. a. eine Domina, ihr Sklave (in Gummianzug und Gasmaske) und ein als Baby verkleideter Mann in Windeln auf. Sat.1 wurde wegen Verletzung des Jugendschutzes zu 200 000 DM Bußgeld verurteilt und strahlte die Rüge am 11. Dezember 1996 in der Talkshow aus. Es war das erste Mal, dass einem Fernsehsender auferlegt wurde, die Rüge einer Medienanstalt zu verlesen.
Wegen einer Sendung am 22. November 2000, in der abweichende Sexualpraktiken unreflektiert vorgestellt wurden, handelte sich *Vera am Mittag* schon wieder eine Beanstandung ein, und zwei Wochen später für die Sendung »Unfassbar! Was ist bloß in unserer Familie los?« am 7. Dezember 2000 gleich die nächste. Darin wurden in Anwesenheit des mutmaßlichen Täters sexuelle Gewalthandlungen gegenüber Kindern innerhalb äußerst undurchsichtiger Familienverhältnisse detailliert beschrie-

...nsicht der Medienwächter ebenfalls ...dschutz verstieß: »Die emotionalen ...rten Schilderungen bedrohlicher ...isweggloser Situationen wurden als ... belastend für jüngere Zuschauer angesehen.«

Ein Höhepunkt in der deutschen Daily-Talk-Geschichte war die Sendung am 10. Februar 1999 zum Thema »Warum hast du mir das angetan?!«. Zu Gast sind der arbeitslose Alkoholiker Harry und seine Frau Michaela. Peter, der von Michaela früher mit Harry betrogen wurde, enthüllt, dass sie Harry heute mit einem gewissen Andreas betrüge. Der ist per Telefon zugeschaltet. Harry behauptet, dass er mit Michaela erst geschlafen habe, nachdem sie mit Peter Schluss gemacht hatte, worauf Peter erwidert: »Ne ne ne ne ne ne ne. Ne ne ne ne. Ne ne. Ne ne.« Michaela erklärt, dass Harry nicht wisse, wie man eine Frau richtig behandelt, beschwert sich aber, dass Andreas »das hier in aller Öffentlichkeit auf den Tisch kehrt«. Andreas, Michaela und Peter drohen abwechselnd damit, sich »hinter den Zug zu werfen«. Vera empfiehlt Andreas, Michaela aufzugeben, und sagt, als er darauf etwas erwidern will: »Nein, Andreas, jetzt reden wir nicht mehr darüber. Ganz, ganz lieben Dank, dass du Zeit hattest, ans Telefon zu gehen, und von hier aus viele Grüße. Tschüss!«

Die Szene ist nicht ganz untypisch für Intelligenz und Artikulationsfähigkeit vieler Gäste bei *Vera am Mittag*. Eine sehr erfolgreiche Thematik, die über die Jahre immer wieder neu behandelt wurde, war »Fragen an Verstorbene: Geben die Toten heute Antwort?«.

Im November 2002 erschien eine Zeitschrift zur Sendung, die der Mediendienst epd als »eine Art Fanzine für Hardcore-Verehrerinnen von Vera Int-Veen« bezeichnete, die aber nie eine zweite Ausgabe erlebte. Im Frühjahr 2005 gab Vera bekannt: »Die Zeit der rundum gepiercten Monster-Gäste ist vorbei.« Der Trend gehe in eine andere Richtung, Zuschauer wollten sich wiedererkennen. Als Reaktion stand *Vera am Mittag* zunächst eine Woche lang unter dem Motto »Vera macht Mut!« und wollte Menschen aus persönlichen Miseren heraushelfen. Es ging u. a. um Arbeitslosigkeit, extrem Dickleibige sowie »Leute, die psychisch krank sind, weil ihr Busen zu klein ist«.

Vera am Mittag war nach *Johannes B. Kerner* die zweite tägliche Talkshow von Sat.1 und wurde mit Abstand die langlebigste. Die Sendung lief täglich um 12.00 Uhr. Im Sommer 2005 gab Sat.1 bekannt, die Show zum Jahreswechsel zu beenden. Die Moderatorin hatte vorher u. a. an einem Stand auf dem Münchner Viktualienmarkt gearbeitet und bei *Herzblatt* das Warm-up gemacht.

VERA UND BABS — ARD

1990–1993. 26-tlg. dt. Freundinnenserie von Vivian Naefe, Regie: Peter Adam.

Die Studentin Vera Meves (Janette Rauch) und die Verkäuferin Babs Skovronek (Christina Plate) leben in einer WG in einer alten Villa in Berlin, die Edda Häusler (Tilly Lauenstein) gehört. Die beiden gegensätzlichen Frauen freunden sich an, hecken allerlei gemeinsame Ideen aus, schlagen sich durch diverse Jobs und haben wechselnde Liebschaften. Auch zu der freundlichen Vermieterin Edda, einer lebensfrohen älteren Dame, entsteht eine Freundschaft. Anfang 1993 (zu Beginn der zweiten Staffel) stirbt Edda plötzlich, und ihr unfreundlicher Sohn Martin (Axel Lutter) übernimmt die Geschäfte.

Die halbstündigen Folgen liefen im regionalen Vorabendprogramm.

VERA WESSKAMP — ARD

1992–1993. 20-tlg. dt. Familienserie.

Nach dem Tod ihres Mannes übernimmt Vera Wesskamp (Maren Kroymann) dessen Reederei und muss nebenbei weiterhin ihre drei Kinder Annika (Stephanie Philipp), Simone (Jenny Muck) und Hendrik (Stefan Gebelhoff) erziehen. Zur Familie gehören Veras Bruder Willem (Alfred Urankar) und ihre Mutter Gertrud (Katharina Brauren). Conny (Hildegard Kuhlenberg) ist Veras beste Freundin, Karin Klaas (Nina Petri) ihre Haushaltshilfe, die sie als Sekretärin in der Reederei einstellt.

Die Titelmusik ist »A Woman Alone«, gesungen von Anne Haigis. Nach einem Pilotfilm am Sonntag um 20.15 Uhr liefen die einstündigen Folgen mittwochs um 18.45 Uhr im regionalen Vorabendprogramm.

VERANDA — ARD

1991. »Gäste bei Dagobert Lindlau«. Einstündige Talkshow mit Dagobert Lindlau, damals Chefreporter des Bayerischen Rundfunks, der seinen Gästen mit wenig Charme, aber intelligent und hartnäckig auf den Zahn fühlte. Damit war die Reihe das genaue Gegenteil der Plauderrunde *Heut' abend,* deren Nachfolgerin sie wurde, allerdings auch was Erfolg und Langlebigkeit angeht: Sie brachte es nur auf 27 Ausgaben und wurde vom wieder kuscheligen und erfolgreichen *Boulevard Bio* beerbt. Lindlaus nächster Talkshowversuch *Gegen den Strich* war noch kurzlebiger.

Die Show lief wöchentlich mittwochs um 23.00 Uhr.

VERBOTENE GESCHICHTEN — ZDF

2000. »Codename Jesus«. 13-tlg. US-irische Zeichentrickserie von Brian Brown und Andrew Melrose (»The Storykeepers«; 1997).

Rom unter Kaiser Nero: Der Bäcker Ben und seine Frau Helena haben fünf Kinder aufgenommen, die durch die Christenverfolgung von ihren Eltern getrennt wurden: Ann, Cyrus, Justin, Marcus und Zakkai. Sie erzählen ihnen von Jesus Christus und bauen eine Organisation zur Rettung verfolgter Christen auf.

Die Serie, die vor allem Kindern, die nicht zur Kirche gehen, auf unterhaltsame Weise die Bibel nahe bringen sollte, lief mit 25-minütigen Folgen im Kinderprogramm am Samstagmorgen.

Auch inzestuöse Beziehungen haben Höhen und Tiefen. Die Zwillinge Julia von Anstetten und Jan Brandner und ihre *Verbotene Liebe*.

VERBOTENE LIEBE ARD

Seit 1995. Dt. Daily Soap.

Die bei der Geburt getrennten Zwillinge Jan Brandner (Andreas Bruckner) und Julia von Anstetten (Valerie Niehaus) begegnen sich zufällig am Düsseldorfer Flughafen und verlieben sich spontan ineinander. 523 Folgen später, im März 1997, geht Julia auf Lanzarote vor den Augen ihres geliebten Bruders Jan zum Schwimmen ins Meer und kehrt nie zurück. Die ausgedehnte Inzestgeschichte, die der Serie den Namen gab und auf der australischen Soap »Sons and Daughters« beruhte, endete, weil Darstellerin Niehaus am Strasberg Theatre Institute in New York ein Schauspielstudium begann.

Das Konzept der vorrangig im Adel- und Geldadelmilieu angesiedelten Seifenoper veränderte sich danach dahingehend, dass statt einer verbotenen Liebe nun alle erdenklichen Spielarten diverser »verbotener Lieben« durchexerziert werden: Der Schwule liebt heimlich den Heterosexuellen, die Lesbe die Heterosexuelle, der Freund die beste Freundin der Freundin, die Ehefrau den Sohn des Ehemanns; manche lieben auch bloß den Erfolg, die Gefahr, die Intrige – wobei ein komplexes Intrigenspiel schon von Anfang an kennzeichnend für die Serie war. Schließlich war die Mutter von Jan und Julia, die eigentlich aus der Westerfelder Arbeiterfamilie Prozeski stammende, ehrgeizige, erfolgreiche und intrigante Clarissa von Anstetten (Isa Jank), nach dem Vorbild von Alexis aus dem *Denver-Clan* konzipiert worden. Sie war Chefin der Modefirma Ligne Clarisse und bewohnte ein Loft über den Dächern der Düsseldorfer City, das direkt und ausschließlich über einen eigenen Aufzug erreicht werden konnte.

Clarissa gilt seit einem Flugzeugabsturz im August 2001 als vermisst. Zehn Jahre und über 2350 Folgen nach dem Serienstart waren noch zwei Rollen aus der ersten Folge dabei und mit ihren ursprünglichen Darstellern besetzt: Clarissas Freundin Charly Schneider (Gabriele Metzger), eine Ex-Galeristin, Ex-Besitzerin des Nobelbistros »Schneider's« und Interimsgeschäftsführerin der beliebten Kneipe »no limits« sowie der daran angeschlossenen Pension »Fiona«, sowie der Bauunternehmer Arno Brandner (Konrad Krauss), Ziehvater von Clarissas Sohn Jan. Anfangs spielte die Serie vor allem auf Schloss Friedenau der Familie von Anstetten, das im Jahr 2001 durch das Gut Schönberg und Familie von Beyenbach abgelöst wurde, das seinerseits im Frühjahr 2004 durch Königsbrunn, den feudalen Landsitz der Familie von Lahnstein, ersetzt wurde. Von Anfang an war ein Großteil der Geschichten im Geschäftsleben angesiedelt: Neben dem Modelabel Ligne Clarisse, der Konkurrenzfirma Cara Donna und dem Textilkonzern Avatex ging es um das Auf und Ab in Elisabeth Brandners (Martina Servatius) Kosmetikfirma Ryan Cosmetics, Marie von Beyenbachs (Solveig Duda) Musiklabel Basic Beat Music BBM, der Baufirma Arno Brandner Bau, Sylvia Jones' (Heike Brentano) Filmproduktionsfirma Daylight Pictures, dem Medienkonzern Beyenbach Allmedia sowie der aus dem Traditionsunternehmen Lahnstein Bank entstandenen Lahnstein Holding.

Ebenso Thema der Endlosserie sind allerdings der WG-Alltag mit Müllrunterbringen sowie diverse Teenager-, Twen- und Thirtysomething-Probleme und -Problemchen. Nur niedere soziale Schichten sind deutlich unterrepräsentiert, nachdem man es im Anschluss an den Jan-und-Julia-Plot mal mit der Arbeiterfamilie Prozeski rund um Oma Erna (Ruth Brück) versucht hatte und die Einschaltquoten deutlich sanken. Und auch die Idee, es 2002 noch einmal mit einer Inzestliebesgeschichte – zwischen Marie und ihrem (vermeintlichen) Bruder Henning (Patrick Fichte) – zu probieren, floppte.

Anders als andere deutsche Daily Soaps bestach *Ver-*

botene Liebe durch vergleichsweise differenzierte Charaktere und optisch hochwertige und detailfreudige Inszenierungen. Und nicht nur, als sich plötzlich herausstellte, dass beispielsweise die Zwillingsschwestern Jana (Friederike Sipp) und Nico Brandner (Verena Zimmermann) zwar dieselbe Mutter, aber verschiedene Väter hatten, schien durch die Drehbücher ein Hauch von ironischer Distanz zum Genre auf.

Schlagzeilen machte *Verbotene Liebe*, als der Darsteller des Henning von Anstetten, Markus Hoffmann, im Januar 1996 mit einem Sprung aus dem 28. Stockwerk eines Hochhauses in der Berliner Gropiusstadt Selbstmord beging. Die Rolle des Henning wurde von 1998 bis 2000 von Hendrik Martz und von 2000 bis 2002 von Patrick Fichte weitergeführt. Makabererweise starb Jahre später auch in der Serie Henning von Anstetten durch einen Sturz: Am Tag der Hochzeit mit Marie wird er von Mark Roloff (Carsten Spengemann) versehentlich von einem Turm gestoßen. Roloff selbst stirbt kurz darauf ebenfalls durch einen Sturz von ebendiesem Turm, als er (erfolgreich) versucht, Marie davon abzuhalten, sich dort hinunterzustürzen.

Spengemann hatte kurz zuvor die Moderation von *Deutschland sucht den Superstar* übernommen. Eine kurze Karriere außerhalb der Soap machte auch Christian Wunderlich, der als Frank Levinsky in der Serie den Titel »That's My Way To Say Goodbye« sang und damit unter eigenem Namen einen Top-Ten-Hit landete.

Das australische Vorbild »Sons and Daughters« (1981–1987) lief nie in Deutschland, wurde aber auch in Schweden als »Skilda Världar« (Getrennte Welten) und in Kroatien unter dem Namen »Zabranjena Ljubav« (Verbotene Liebe) adaptiert. Die deutsche Version wurde zuerst RTL angeboten, wo man allerdings nicht an die Geschichte geglaubt hatte.

Ach ja: Und die in den Fluten vor Lanzarote verschollene Julia lebt angeblich seit Jahren gemeinsam mit ihrem geliebten Bruder Jan glücklich an einem unbekanntem Ort.

DAS VERBOTENE SPIEL   ARD

1979. 3-tlg. dt. Science-Fiction-Film von Nenad Djapic und George Moorse, Regie: George Moorse.

Jet (Robinson Reichel), Jer (Florian Halm), Asa (Martina Rackelmann), Ala (Y Sa Lo) und der Lehrer Gen (Dieter Schidor) leben im 22. Jh. Nach der Verwüstung der Erde herrscht inzwischen überall Friede. Um ihn zu erhalten, ist Kindern das Spielen verboten, denn das fördert Konkurrenzdenken. Damit sie erkennen, wie gut es ihnen geht, werden sie einmal jährlich in die Vergangenheit geschickt, um zu sehen, wie es war, als Krieg und Hunger herrschten. Doch die Kinder entdecken durchaus die Vorteile der damaligen Zeit. Ihr Verlangen nach dem Spiel bringt den Frieden in Gefahr.

Die halbstündigen Folgen liefen an drei Nachmittagen hintereinander. Später wurden sie auch in Spielfilmlänge am Stück gezeigt.

DIE VERBRECHEN DES PROFESSOR CAPELLARI   ZDF

1998–2004. 17-tlg. dt. Krimireihe.

Der alte Junggeselle Professor Viktor Capellari (Friedrich von Thun) ist Kriminologe an der Uni München und wohnt in einer heruntergekommenen Villa am Starnberger See. Von dort aus löst er in seiner Freizeit Fälle, an denen die etwas schwerfällige einheimische Justiz scheitert, und arbeitet damit oft für, aber auch oft gegen Kommissarin Karola Geissler (Sissy Höfferer) und ihren Assistenten Horst Kreulich (Gilbert von Sohlern). Johannes Capellari (Karl Schönböck), Viktors Vater und seines Zeichens Professor für Pathologie, steht den Aktivitäten seines Sohnes zunächst skeptisch gegenüber. Hermine Feichtlbauer (Irm Hermann) ist in den ersten fünf Folgen Capellaris dickköpfige Haushälterin, danach zieht die junge Untermieterin Maria Contro (Liane Forestieri) bei ihm ein. Ab Folge 9 ist Capellari senior nicht mehr dabei (Karl Schönböck war im März 2001 im Alter von 92 Jahren gestorben), an seine Stelle tritt Viktors Halbbruder Bruno Buchwald (Dietrich Siegl), und an die Stelle von Skepsis tritt Übereifer.

Hauptdarsteller Friedrich von Thun selbst hatte die Idee zur Serie. Die 90-Minüter liefen in loser Folge als *Samstagskrimi* um 20.15 Uhr.

VERBRECHEN, DIE GESCHICHTE MACHTEN   SAT.1

1996–1997. 8-tlg. semidokumentarische Krimireihe von Eduard Zimmermann.

Spektakuläre deutsche Kriminalfälle wie der Mord an Rosemarie Nitribitt, die Giftmordserie mit dem Pflanzenschutzmittel E 605 und der Banküberfall in der Münchner Prinzregentenstraße werden nachgespielt. Zimmermann greift dabei das Prinzip von frühen semidokumentarischen deutschen Krimis wie *Stahlnetz* wieder auf. Zwischen der Handlung kommentiert immer wieder der ehemalige Münchner Polizeipräsident Manfred Schreiber, der für die meisten Fälle zuständig war, das Geschehen.

Ein Problem bekam Sat.1 mit dem Vorhaben, die Geschichte der Soldatenmorde von Lebach nachzuerzählen. Einer der Täter, die fast drei Jahrzehnte zuvor ironischerweise aufgrund einer *Aktenzeichen XY*-Sendung von Zimmermann gefasst worden waren, erwirkte mehrere Urteile gegen die geplante Ausstrahlung, weil seine Persönlichkeitsrechte dadurch verletzt würden. Dabei hatte Sat.1 alle Hinweise auf seine Identität sorgfältig verfremdet. Erst nach einem Urteil des Bundesverfassungsgerichts im November 1999 wurden diese Verbote aufgehoben, die Folge »Der Fall Lebach« war dennoch erst mehr als fünf weitere Jahre später, im Januar 2005, erstmals zu sehen. 1973 hatte das Bundesverfassungsgericht in seinem »Lebach-Urteil« dem ZDF ein Fernsehspiel zum gleichen Thema untersagt.

VERDAMMT VERLIEBT   ARD

2002. 26-tlg. dt. Jugendserie von Sabine Vogt und Nicole Walter-Lingen, Regie: Christine Kabisch und Brigitta Dresewski.

Die beiden 17-Jährigen Jule Thüroff (Laura Maire) und Tom Severin (Florian David Fitz) haben schon zusammen im Sandkasten gesessen, spielen jetzt zusammen Beachvolleyball und machen überhaupt alles gemeinsam. Sie sind die besten Freunde, aber plötzlich knistert es zwischen den beiden. Sollen sie für die Liebe die Freundschaft riskieren? Bis sie das geklärt haben (und endlich in der letzten Folge miteinander ins Bett steigen), bandeln sie erst einmal mit anderen an, was die Sache weiter verkompliziert: etwa als die Skaterin Annika Ahlsdorf (Silke Bodenbender) ausgerechnet Jule von Tom vorschwärmt oder als Tom ausgerechnet seinem besten Freund Hannes Richter (Josef Heynert) dessen Schwarm ausspannen will – Eifersucht in allen Variationen. Später werden sogar noch die Eltern von Tom mit hineingezogen, Martin (Stephan Schwartz) und Anke (Saskia Vester), deren Ehe ein Albtraum ist. Ein bisschen entspannter ist die Situation bei Jules Eltern Isabelle (Tatjana Clasing) und Gregor (Peter Ender).
Ähnlich wie in *Berlin, Berlin* sollten optische Effekte die jungen Zuschauer fesseln: Gedanken und Fantasien wurden in Weichzeichneroptik visualisiert. Genützt hat es nichts. Außer dem Warten darauf, wann die beiden Hauptdarsteller endlich das tun würden, was ihnen Hannes schon in Folge zwei geraten hat: sich im Bett »abreagieren«, boten die biederen Geschichten den Zuschauern wenig. Wegen mieser Quoten sah die ARD von einer geplanten zweiten Staffel ab.
Die halbstündigen Folgen liefen dienstags bis freitags um 18.55 Uhr.

DER VERDAMMTE KRIEG   ZDF
1991. »Das Unternehmen Barbarossa«. 6-tlg. Geschichtsdoku von Guido Knopp, Valerij Korsin, Anatolij Nikiforow und Harald Schott, die mit Archivaufnahmen, Fotos, Briefen, Tagebüchern und Aussagen von russischen und deutschen Zeitzeugen über den deutschen Überfall auf die Sowjetunion berichtete. Die Reihe wurde von Knopp und Raissa Jewdokimowa präsentiert und lief ungefähr gleichzeitig auch im sowjetischen Fernsehen.
Die Reihe wurde fortgesetzt als *Entscheidung Stalingrad*.

DER VEREINSMEIER   ZDF
1971. 8-tlg. dt. Comedyserie von Rolf Braun und Ernst Nebhut, Regie: Eugen York.
Schorsch Meier (Rolf Braun) ist Mitglied im Winzer-, Turn-, Gesangs-, Kegel-, Kaninchenzüchter- und selbstverständlich Karnevalsverein. Also eigentlich überall. Und überall redet er kräftig mit. Hauptberuflich ist er Gastwirt, und die Vereinstagungen finden zum Glück in seinem Lokal statt.
Die halbstündigen Folgen liefen 14-täglich dienstags um 18.40 Uhr.

VERFAHREN EINGESTELLT   ARD
1971. 13-tlg. frz. Krimiserie von Jacques Armand, Regie: Yannick Andréi, Georges Franju (»Le service des affaires classées«; 1970).
Inspecteur Tarrant (Benoît Girard) und Inspecteur Ascain (Roger Pelletier) klären Mordfälle auf, die sich meist innerhalb einer Familie zugetragen haben und schon eine Weile zurückliegen. Oft wird ein abgeschlossenes Verfahren neu aufgerollt, manchmal brechen nach einiger Zeit Schuldgefühle bei den Tätern durch, und gelegentlich stolpern die Inspektoren später durch Zufall über neue Beweise.
Die 25-Minuten-Folgen liefen am Vorabend.

VERFEINDET BIS AUFS BLUT   SAT.1
1989. 13-tlg. US-Soap von Lawrence Gordon, Charles Gordon und Albert Ruben (»Our Family Honor«; 1985–1986).
Patrick McKay (Kenneth McMillan) und Vincent Danzig (Eli Wallach) kennen sich seit ihrer Kindheit, aber heute stehen sie und ihre Familien in New York City auf verschiedenen Seiten des Gesetzes. Die McKays sind eine Familie von Polizisten: Der Vater ist Commissioner, Sohn Frank (Tom Mason) Detective und Nichte Liz (Daphne Ashbrook) Absolventin der Polizeischule. Danzig ist der Anführer einer Gangsterfamilie mit seinem Sohn Augie (Michael Madsen) als Kronprinz, der Leute umbringt, um seinem Vater zu gefallen. Das schwarze Schaf der Familie ist Jerry Cole (Michael Woods), der eine Liebesbeziehung mit Liz beginnt.
Die einstündigen Folgen liefen montags abends.

DER VERFLIXTE MONAT   ZDF
1968–1972. »Interessantes – schon vergessen?« Monatsrückblick: Rainer Holbe plaudert mit Leuten, die Schlagzeilen gemacht haben, und vier Quizkandidaten, die Fragen dazu beantworten müssen.
Der Frankfurter Zeitungsjournalist Holbe war drei Jahre vorher Sieger in einem ARD-Wettbewerb für Nachwuchs-Quizmaster geworden. Seine Chance aber bekam er im ZDF, wo er diese Sendung und die weit bekanntere *Starparade* präsentierte.
Die halbstündige Sendung lief jeweils am letzten Freitag im Monat um 18.40 Uhr.

DIE VERFLIXTE SIEBEN   ARD
1984–1987. Große Samstagabend-Spielshow mit Rudi Carrell.
In jeder Sendung treten zunächst drei Kandidatenehepaare in witzigen, kuriosen und vor allem immer anderen Spielen gegeneinander an. Darunter Übereinstimmungsspiele, die jedoch nicht in simplem Abfragen bestehen, sondern eine Nuance weiter gehen (so soll ein Ehemann z. B. nicht einfach das Lieblingstier seiner Frau nennen, das die Zuschauer zuvor schon erfahren haben, sondern das entsprechende Geräusch machen). In anderen Spielen müssen Aufgaben erledigt werden, die zunächst simpel wirken, aber meist einen Haken haben, und an deren Ende oft eine überraschende Pointe kommt, die gern auf bewährte Slapstickelemente zurückgreift. Torte ins Gesicht geht immer.

Der wesentliche Bestandteil der Show jedoch ist das Finalspiel. Es ist nur noch ein Ehepaar übrig, das sich nun durch sieben Runden spielt, in denen es Symbole aussortieren muss, die jeweils für einen Gewinn stehen. Das Paar muss rätseln und herausfinden, was die Symbole bedeuten könnten, denn nur was am Ende übrig bleibt, darf es behalten.

Die Preise waren von sehr unterschiedlichem Wert und reichten vom Bügeleisen bis zum Auto oder einer Reise. Eine Niete war immer dabei. Dabei handelte es sich zwar auch um einen Sachpreis, doch konnte man selten etwas mit ihm anfangen, z. B. eine Wagenladung mit Zehntausenden von Kaugummis oder für jedes Land der Erde einen Regenschirm. Immer wenn die Kandidaten ein bestimmtes Symbol aussortiert hatten, führte Carrell dessen Bedeutung vor und zeigte den Kandidaten, was sie nicht gewonnen hatten. Sein Satz »Dasch wäre Ihr Preisch geweschen!« wurde ein geflügeltes Wort. Die Niete wurde auf einem großen Wagen hereingefahren, der als Hund verkleidet war.

Die Show, eine Adaption der spanischen Sendung »Un, Dos, Tres«, war ein großer Spaß und brachte es auf 20 Ausgaben. Co-Moderatorin war Tina Riegel.

VERFLUCHT UND GELIEBT   DFF

1981. 5-tlg. DDR-Historiendrama von Helmut Sakowski, Regie: Martin Eckermann.

Else Scharfschwert (Renate Krößner) ist Anfang 30 und kehrt 1956 nach elf Jahren in der Stadt in ihr Heimatdorf auf dem Land zurück, um dem Ruf der Partei zu folgen und die Stelle als Industriearbeiterin anzutreten. Bald verliebt sie sich in den Erdölarbeiter Freddy Voß (Oszkár Gáti).

Die Folgen hatten Spielfilmlänge. Sakowski veröffentlichte die Geschichte auch als Roman.

VERFLUCHTES ERBE   DFF 2

1989. 6-tlg. tschechoslowak. Familienepos von Andrej Lettrich nach dem Roman von Hana Zelinová (»Alžbetin dvor«; 1986).

Die Geschichte einer slowakischen Landadelsfamilie von 1812 bis 1945, die mit Matthias Fabrici (Radoslav Brzobohatý) und Alžbéta (Jana Zvariková-Alnerová) als glücklichen Eltern beginnt. Die Episoden dauerten 60 Minuten.

DIE VERFOLGER   ARD 2, ARD

1962–1963 (ARD 2); 1963–1965 (ARD). 25-tlg. brit. Krimiserie (»The Pursuers«; 1961–1962).

Inspektor John Bollinger (Louis Hayward) von Scotland Yard klärt gemeinsam mit seinem schwarzen Schäferhund Rex Kriminalfälle in London auf. Kollege Steve Wall (Gaylord Cavallaro) unterstützt die beiden.

Ein Hund, der Kriminalfälle aufklärt? Und er heißt Rex? Also sozusagen *Kommissar Rex?* Hmmm ...

Die ersten neun halbstündigen Folgen zeigte die ARD in ihrem Zweiten Programm ARD 2, alle weiteren im Spätprogramm der ARD. 13 Folgen liefen ab 1968 im DFF unter dem Titel *Polizeihund Rex*.

14 weitere Folgen ließ das deutsche Fernsehen aus. Und im englischen Original hieß der Hund übrigens Ivan.

VERGISSMEINNICHT   ZDF

1964–1970. Erfolgreiche Spielshow von und mit Peter Frankenfeld zugunsten der Fernsehlotterie *Aktion Sorgenkind,* die außerdem in Zusammenarbeit mit der Post die neu eingeführten Postleitzahlen populär machen sollte.

In drei Runden spielen Kandidaten gegeneinander, die Frankenfeld aus dem Saalpublikum ausgewählt hat. Jede Sendung hat ein Oberthema, mit dem alle Spiele zu tun haben; meist sind Reaktions- oder Geschicklichkeitsspiele zu bewältigen. Die Gewinne werden anschließend durch Drehen an einem Glücksrad ermittelt. Mit den Spielrunden verbunden ist ein Gewinnspiel für die Fernsehzuschauer: Aus den drei Runden ergeben sich drei Städte als Lösungen, deren Postleitzahlen die Zuschauer addieren und als Lösung auf vorgedruckten Postkarten einsenden sollen. Diese enthalten auf der Rückseite zwölf Felder; in vier davon müssen die Zuschauer je eine Wohlfahrtsmarke kleben. Der Erlös aus deren Verkauf kommt der *Aktion Sorgenkind* zugute, abzüglich der ausgeschütteten Gewinne für die Glücklichen, die die richtige Lösung haben und deren Karten gezogen werden. Neben den Spielen gibt es Musik und komödiantische Einlagen Frankenfelds allein oder mit prominenten Gästen.

Außer Frankenfeld wirkten stets mit: seine Assistentin Brigitte, Max Greger und sein Orchester, das ZDF-Ballett, Victoria Voncampe als Gewinnspielleiterin und der Postbote Walter Spahrbier, der den Umschlag mit den Siegern aus einer schwarzen Lederumhängetasche zieht. Spahrbier war bereits durch Frankenfelds frühere Sendung *1:0 für Sie* bekannt geworden. Die Bühnendekoration, die sich dem jeweiligen Oberthema anpasste, hat Frankenfeld immer selbst entworfen.

Vergissmeinnicht war der größte Erfolg Peter Frankenfelds und hatte hervorragende Quoten. Doch die Bedeutung der Show war weit größer, als sich in Zuschauerzahlen und Popularität messen lässt. Mit ihr wurde die *Aktion Sorgenkind* ins Leben gerufen, sodass Frankenfeld Geburtshelfer sowohl der ARD- als auch der ZDF-Fernsehlotterie war. (*Ein Platz an der Sonne* entstand aus *1:0 für Sie.*) Im Anschluss an die fröhliche Show trat Hans Mohl auf, der das Konzept für die Spendenaktion entwickelt hatte, und zeigte drastische Bilder, um die Not behinderter Menschen in Deutschland deutlich zu machen – in dieser Form hatte es die Mischung aus Information und Unterhaltung vorher nicht gegeben. Für den guten Zweck kamen während der Laufzeit der Show mehr als 34 Millionen DM zusammen. 1970 erhielt Peter Frankenfeld das Bundesverdienstkreuz und verstand es als Auszeichnung dafür, Vorurteile gegenüber Behinderten mit abgebaut zu haben.

Aber auch die Wohlfahrtsmarken machte Frankenfeld mit *Vergissmeinnicht* als besonders einfachen

Weg des Spendens populär. Frankenfeld war bereits Anfang der 60er-Jahre mit der Idee an den damaligen Postminister Richard Stücklen herangetreten, dass die Absender zusätzliche Wohlfahrtsmarken auf Karten kleben, die die Post entwertet und deren Wert sie an die Lotterie und den guten Zweck weitergibt. Der winkte jedoch ab: Die Post werde Geld, das sie einmal eingenommen habe, nicht mehr hergeben.
Als die Post kurz darauf nach Wegen suchte, für den Gebrauch ihrer gerade eingeführten, aber von der Bevölkerung weitgehend ignorierten Postleitzahlen zu werben, war Frankenfelds Stunde gekommen. Dass die Wohlfahrtsmarkenlotterie an Postleitzahlenwerbung gekoppelt werden sollte, überzeugte den Minister schließlich. Die Kosten ließen sich aus dem Werbeetat der Post bestreiten. Der Titel *Vergissmeinnicht*, den die Post schon seit 1962 für ihre Postleitzahlen verwendete, bekam auf diese Weise doppelte Bedeutung: Er bezog sich nun auch auf die Behinderten.
Das fertige Konzept hatte Frankenfeld ursprünglich dem WDR für die ARD angeboten. Der schickte es ihm mit einem Formbrief (»... zu unserer Entlastung ...«) zurück. So gelang es dem gerade erst gegründeten ZDF, seinen größten Star an Land zu ziehen. Die Show lief seit Oktober 1964 einmal im Monat; ab Folge 26 Ende August 1967 wurde sie in Farbe ausgestrahlt. Insgesamt liefen 47 Ausgaben, dann fand man die Sendung und ihren Moderator beim ZDF nicht mehr zeitgemäß. Nicht einmal mehr die 50 ließ man Frankenfeld voll machen, wie er es sich wünschte. Seine nächste ZDF-Sendung lief nur im Vorabendprogramm: *Sie und Er im Kreuzverhör*. Nachfolgesendung von *Vergissmeinnicht* wurde *Drei mal neun*.

VERHALTENSFORSCHUNG BEI TIEREN ARD
→ Expeditionen ins Tierreich

VERKEHRSGERICHT ZDF
1983–2001. 90-minütige Gerichtsshow, in der Verhandlungen von Verkehrsdelikten nachgestellt wurden. Moderatorin war Petra Schürmann.
Vor der Verhandlung wurde zunächst der Fall in einer *AktenzeichenXY*-artigen Spielhandlung gezeigt. Außerdem wurde die Verhandlung hin und wieder durch die Einschätzungen eines Versicherungsfachmanns unterbrochen, der auf Schürmanns Fragen antwortete.
Initiator der Reihe war Ruprecht Essberger, der bereits *Ehen vor Gericht* und *Das Fernsehgericht tagt* verantwortet hatte. Das ZDF zeigte die Reihe in loser Folge im Abendprogramm. 2000 ließ es alle drei seiner langjährigen Justizsendungen auslaufen, neben dieser auch *Wie würden Sie entscheiden?* und *Ehen vor Gericht*. Vom *Verkehrsgericht* wurden im folgenden Jahr noch drei Folgen am Samstagnachmittag ausgestrahlt, die zu diesem Zeitpunkt schon zwei Jahre alt waren.

DAS VERKEHRSMAGAZIN DFF 1
1966–1990. Magazin mit Tipps zum Verhalten im Verkehr und Neuigkeiten aus der Welt der Ostfahrzeuge.
Wenn in einem neuen Trabant-Modell 1986 erstmals eine Tankanzeige im Armaturenbrett untergebracht war und sich so, wie der Reporter sagte, das gefährliche Umschalten auf Reserve im dichten Stadtverkehr vermeiden ließ, erfuhren es die DDR-Bürger hier zuerst. Darüber hinaus war die Sendung das Ostgegenstück zum *7. Sinn* und informierte über Neuerungen in der Straßenverkehrsordnung oder das richtige Verhalten bei Schnee und Glatteis. Anfangs ging es neben dem Straßenverkehr auch noch um Eisenbahn, Luftfahrt und Schifffahrt, doch diese Themen spielten eine immer kleinere Rolle und kamen bald nur noch in kurzen Filmnachrichten vor. Vorläufer war *Aus der Welt des Verkehrs*. Zu den Moderatoren gehörten Fred Gigo, Hans-Georg Thies und Walter Becker sowie, ab 1984, Rolf-Dieter Saternus, Major der Volkspolizei, der die Gewichtigkeit des Themas der Sendung dadurch unterstrich, dass er in Uniform moderierte.
Die Sendung lief zunächst monatlich, ab 1985 14-täglich. Sie dauerte anfangs 45 Minuten, ab 1976 nur noch halb so lang. *Das Verkehrsmagazin* brachte es auf rund 250 Ausgaben.

DAS VERLASSENE DORF ZDF
1968. 26-tlg. frz. Landfluchtserie, Regie: Robert Guez (»Fontcouverte«; 1965).
Als in dem Dorf Fontcouverte die Quellen versiegen, wollen nur wenige Bewohner noch bleiben. Unter ihnen sind der Bauer Balthasar (Lucien Barjon) und seine Pflegetochter Blanchette (Danièle Evenou). Erst versucht er noch, die anderen zum Bleiben zu überreden. Als sich dann ganz neue Siedler in Fontcouverte niederlassen wollen, versucht er auch das zu verhindern, jedoch vergeblich. Unter den Neuen sind der Spanier Rodrigo (Fabian Cavallas), der Priester Jean-Jacques (Pierre Massimi) und die Fürsorgerin Geneviève (Marion Loran), unter deren Führung das Land wieder fruchtbar gemacht werden soll.
Die Serie bestand im Original aus 52 Folgen à 13 Minuten. In Deutschland wurden daraus 26-mal 26 Minuten. Die Serie lief im Vorabendprogramm.

VERLIEBT IN BERLIN SAT.1
Seit 2005. Dt. Telenovela.
Auf der Suche nach dem großen Glück zieht die grundgute Lisa Plenske (Alexandra Neldel) aus der kleinen in die große Stadt: Berlin! Sie will in der Modebranche groß rauskommen, kriegt im anvisierten Konzern Kerima Moda aber nur einen Job im Catering. Dafür verliebt sie sich sofort in ihren Chef David Seidel (Mathis Künzler). Der ist natürlich bereits liiert: mit seiner Jugendliebe Mariella von Brahmberg (Bianca Hein). Zum Glück hat Lisa mehr als 200 Folgen Zeit, das zu ändern.
Sat.1 verband auf den ersten Blick das Format der kurz zuvor vom ZDF eingeführten Telenovela *(Bianca – Wege zum Glück)* mit der Idee der ARD-Serie *Berlin, Berlin* – auf den zweiten Blick war es eine

Adaption der kolumbianischen Telenovela »Betty la fea«. Womit kaum jemand gerechnet hatte: Die Serie wurde ein Erfolg. Schon in der ersten Woche erreichten die Marktanteile in der Zielgruppe 20 Prozent. Die halbstündigen Folgen laufen werktags um 19.15 Uhr.

Die Serie sollte ursprünglich »Alles nur aus Liebe« heißen. Aber dann fiel Sat.1 auf, dass die Fans von Soaps und Serien die Titel gerne abkürzen, wie bei *GZSZ*, was in diesem Fall nicht ganz so erwünscht gewesen wäre.

VERLIEBT IN EINE HEXE ARD, SAT.1
1968–1971 (ARD); 1986–1992 (Sat.1). 175-tlg. US-Sitcom von Sol Saks (»Bewitched«; 1964–1972).

Die unsterbliche Hexe Samantha (Elizabeth Montgomery) hat den Normalsterblichen Darrin Stephens (Dick York; ab der sechsten Staffel: Dick Sargent) geheiratet. Der verbietet ihr, ihre Hexenkräfte weiterhin einzusetzen. Sie tut es trotzdem und richtet damit regelmäßig Chaos an, indem sie Dinge herbei- oder wegzaubert oder sich selbst in alles Mögliche verwandelt. Dieses Chaos wird noch größer, wenn Samanthas Mutter Endora (Agnes Moorehead) auftaucht, natürlich ebenfalls eine Hexe, die ohnehin dagegen war, dass ihre Tochter einen normalen Menschen heiratet.

Auch Darrins und Samanthas gemeinsame kleine Tochter Tabatha (Diane und Erin Murphy) besitzt übernatürliche Fähigkeiten. Einige Zeit später kommt Sohn Adam (Greg und David Lawrence) zur Welt. Zum Hexenclan gehören noch Samanthas Cousine Serena (ebenfalls Elizabeth Montgomery), Vater Maurice (Maurice Evans), Tante Clara (Marion Lorne), Onkel Arthur (Paul Lynde) und die Haushälterin Esmeralda (Alice Ghostley). Darrin ist Mitarbeiter einer Werbeagentur, sein Boss ist Larry Tate (David White), der mit Louise (Kasey Rogers) verheiratet ist. Abner Kravitz (George Tobias) und seine neugierige Frau Gladys (Sandra Gould) sind die Nachbarn der Stephens'.

Von den insgesamt 254 Folgen der in Amerika überaus erfolgreichen Serie sendete die ARD Anfang der 70er-Jahre 85 im regionalen Vorabendprogramm, beginnend irgendwo in der Mitte der Serie, jedoch nur in Bayern. Erstmals bundesweit lief die Serie später im Vorabendprogramm von Sat.1, jetzt mit 175 Folgen. Mehr als 70 Folgen vom Anfang der Serie, die noch in Schwarz-Weiß gedreht wurden, waren in Deutschland nie zu sehen. In diesen Folgen waren die Rollen von Louise, Gladys und Tabatha von anderen Darstellerinnen gespielt worden.

VERLIEBT, VERLOBT, VERHEIRATET ZDF
1994. 9-tlg. dt. Episodenreihe mit Geschichten über Flitterwochen. Die einstündigen Folgen liefen am Vorabend.

VERLIEBTE STEWARDESSEN RTL 2
1995. 18-tlg. US-Abenteuerserie (»Flying High«; 1978–1979).

Die drei jungen, attraktiven Stewardessen Marcy Bowers (Pat Klous), Lisa Benton (Connie Sellecca) und Pam Bellagio (Kathryn Witt) fliegen mit Captain Doug March (Howard Platt) in einem Jumbo der Sunwest Airlines um die Welt, haben aber genügend Zeit fürs Privatleben in der Ferne und daheim.

Bevor sie in dieser Serie spielten, waren die drei Hauptdarstellerinnen Models in New York. Das überrascht kaum. Jede Folge war 60 Minuten lang.

VERLIEREN SIE MILLIONEN ZDF
1995. Comedyquiz mit Mike Krüger und umgekehrten Regeln.

Die Kandidaten müssen Fragen falsch beantworten und möglichst viel ihres fiktiven Startkapitals von einer Million DM verlieren, um zu gewinnen. Das ist nicht so leicht, wie es sich anhört, wenn man unter Zeitdruck die Frage »Was legen Hühner?« falsch beantworten soll. In einer Runde müssen richtige Antworten, aber auf die falschen Fragen gegeben werden: Die erste von zehn Fragen (»Wie heißen Sie?«) wird nicht beantwortet, auf die zweite Frage (etwa: »Welcher Prominente sammelt Kröten und hat regelmäßig Orgien mit Quallen?«) kommt dann die Antwort der ersten. Witzig. Im Finalspiel setzt der Gewinner ... äh, Verlierer, nacheinander jeweils 200 000 DM auf die fünf falschen Antworten zu einer Frage, wobei dann, wenn die Antworten richtig, also falsch sind, der Einsatz explodiert.

Das Spiel war nicht so kompliziert, wie es sich anhört, aber auch nicht erfolgreich. Das Format kam aus Großbritannien und hieß dort »Lose a Million«. Es wurde dort von Chris Tarrant moderiert, demselben Mann, der Jahre später das ungleich erfolgreichere Gegenkonzept *Wer wird Millionär?* präsentierte.

Die halbstündige Sendung lief zweimal freitags um 18.30 Uhr, dann nur noch samstags nachmittags.

DIE VERLOBTEN ARD
1992. 8-tlg. ital. Liebesdrama nach dem Roman von Alessandro Manzoni (»I promessi sposi«; 1988).

Mailand im 17. Jh.: Das Bauernmädchen Lucia (Delphine Forest) ist mit dem Handwerker Renzo (Danny Quinn) verlobt, doch der skrupellose Adlige Don Rodrigo (Gary Cady) will die Hochzeit mit aller Macht verhindern. Lucia sucht Rat bei Pater Cristoforo (Franco Nero).

Die einstündigen Folgen liefen im regionalen Vorabendprogramm.

VERLOREN IN SYDNEY – NEUE ABENTEUER VON OLIVER TWIST ARD
2002. 4-tlg. austral.-dt. Abenteuerfilm von David Phillips (»Escape Of The Artful Dodger«; 2001).

Der junge Oliver Twist (Rowan Witt) wird 1832 von seinem Großvater zusammen mit dem Hamburger Mädchen Hannah Schuller (Brittany Byrnes) nach Australien geschickt. Gemeinsam mit dem Jungen Will Grady (Simon Scarlett) und dem »Dodger« Jack Dawkins (Luke O'Loughlin) erleben sie schon unterwegs die ersten Abenteuer.

Der Film setzte den Klassiker »Oliver Twist« von Charles Dickens fort und lief morgens im Kinderprogramm.

DIE VERLORENE WELT — PRO SIEBEN
1999–2003. 65-tlg. kanad. Abenteuerserie nach dem Roman von Arthur Conan Doyle (»Sir Arthur Conan Doyles Lost World«; 1999–2002).
Eine Expedition unter der Leitung des Wissenschaftlers Dr. Edward Challenger (Peter McCauley) entdeckt am Amazonas ein bisher unbekanntes Gebiet, in dem Affenmenschen und Dinosaurier noch nicht ausgestorben sind. Die Tagebuchaufzeichnungen eines verstorbenen Kollegen haben ihn zu seinen Nachforschungen veranlasst. Mit dabei sind die habgierige Marguerite Krux (Rachel Blakely) und der Großwildjäger Lord John Roxton (William Snow). Veronica (Jennifer O'Dell) betreibt dort eine Forschungsstation, seit ihre Eltern verschwunden sind. Alle müssen feststellen, dass die Saurier nicht friedlich gestimmt sind.
Die einstündigen Folgen liefen am Sonntagnachmittag.

DIE VERLORENEN INSELN — ZDF
1977. 25-tlg. austral. Abenteuerserie von Michael Lawrence und Roger Mirams (»Lost Islands«; 1975).
Die Kinder Anna (Jane Vallis), Su Yin (Amanda Ma), Mark (Chris Benaud), Tony (Tony Hughes) und David (Robert Eddington) sind mit einem Segelschiff auf der Insel Tambu gelandet. Die Bewohner sind hier, seit ein Gefangenenschiff aus England nach einer Meuterei zu der Inselgruppe gelangte, und sie werden von einem grausamen Herrscher namens Q (Ron Haddrick) regiert. Die Kinder sollen sterben, schaffen es aber mit Unterstützung von Inselbewohnern zu entwischen und helfen ihnen nach vielen gefährlichen Abenteuern schließlich, die Regierung zu stürzen.
Jede Folge war eine halbe Stunde lang.

VERMISSTENSUCHDIENST — ARD
→ Wir helfen suchen

VERNUNFTEHEN — DFF 1
1970. 4-tlg. tschechoslowak. Historiendrama von Otto Zelenka nach dem Roman von Vladimir Neff, Regie: František Filip und Jiřina Pokorná (»Sńatky z rozumu«; 1968).
Martin Nedobyl (Jiří Vala) heiratet im Prag des 19. Jh. Valentina Tolarová (Slávka Budínová); deren Stieftochter Liesl (Gabriela Vránová) heiratet Jan Born (Vladimír Ráž). Große Liebe ist in keinem der beiden Fälle im Spiel, doch aus geschäftlichen Gründen erscheint es sinnvoll. Die Herren gewinnen Reichtum und verlieren ihre Frauen, als Liesl und Valentina bei einem Zugunglück ums Leben kommen. Jan heiratet nun Hanna Váchová (Jiřina Jirásková), denn sie ist die Tochter des Amtsgerichtsrats Dr. Vácha (Miloš Nedbal). Ein Erzähler (Václav Voska) bringt den Zuschauern die Geschichte nahe.

Lief in vier spielfilmlangen Teilen sonntags nachmittags und im gleichen Monat auch in fünf etwas kürzeren Teilen im ZDF.

VERONAS WELT — RTL
1998–2000. Einstündige Personalityshow mit Verona Feldbusch.
Frau Feldbusch sitzt in einem Studio, das angeblich ein detailgetreuer Nachbau ihrer Hamburger Wohnung inklusive ihrer Kuscheltiere und Fotoalben ist, und plaudert mit prominenten Gästen.
Feldbusch wurde durch die Moderation von *Peep!* und ihre turbulente Beziehung zu Dieter Bohlen berühmt, oder genauer: berüchtigt. Anders als bei *Peep!* musste sie in ihrer eigenen Show keine mehrsilbigen Wörter vom Teleprompter ablesen, was die Show allerdings deutlich weniger lustig machte. Ab der zweiten Staffel wurde sie daher mit zahlreichen Running Gags aufgepeppt. Neben Feldbusch traten nun als ständige Gäste Ingo Appelt, Mambo-Kurt und die California Dream Men auf. Als Appelt ausstieg, kamen der Komiker Atze Schröder und der Gagreporter Theo West dazu. Die Quoten blieben enttäuschend (oder, aus Kritikersicht, beruhigend). Die erste Staffel lief freitags um 23.15 Uhr, die zweite samstags um 22.00 Uhr, von wo die Show mangels Zuschauern wieder auf 23.00 Uhr verschoben wurde. Den schönsten, später immer wieder zitierten Satz hatte Feldbusch schon vor der ersten Sendung gesagt: »Man versucht dauernd hinter meine Fassade zu gucken. Aber da ist nichts.«

VERONICA — RTL
2001. 66-tlg. US-Sitcom von David Crane und Marta Kauffman (»Veronica's Closet«; 1997–2000).
Die erfolgreiche Geschäftsfrau Veronica »Ronnie« Chase (Kirstie Alley) leitet ein Dessous-Unternehmen und schreibt Bestseller darüber, wie man eine erfolgreiche Ehe führt. Ihre eigene ist gescheitert: Nach 14 Jahren hat sie sich von ihrem untreuen Mann Bryce Anderson (Christopher McDonald) getrennt. In ihrer Firma arbeiten die Führungskraft Olive Massery (Kathy Najimy), der sexuell verwirrte Assistent Josh Blair (Wallace Langham), der konsequent bestreitet, schwul zu sein, Ex-Unterwäschemodel Perry Rollins (Dan Cortese) und Marketingmanager Leo Michaels (Daryl »Chill« Mitchell). Ronnies Vater Pat (Robert Prosky) ist ihr Chauffeur. Mit Beginn der zweiten Staffel kommt der reiche Alec Bilson (Ron Silver) neu ins Unternehmen. Er hat maßgebliche Anteile daran gekauft und teilt sich das Chefbüro nun mit Ronnie. Zwischen den beiden beginnt es zu knistern.
Lief werktags nachts um 1.00 Uhr. Bei Wiederholungen gab RTL 2 der Serie den Untertitel »Verliebt, verlobt, verlassen«.

VERONICA CLARE — RTL 2
1995–1998. 4-tlg. US-Krimiserie von Jeffrey Bloom (»Veronica Clare«; 1991).
Veronica Clare (Laura Robinson) betreibt gemein-

sam mit Duke Rado (Robert Beltran) einen Jazzclub in Chinatown, Los Angeles. Nebenbei arbeitet sie heimlich als Privatdetektivin und löst natürlich spannende Kriminalfälle.

Im Original bestand die Serie aus neun einstündigen Folgen; acht davon wurden in abendfüllenden Filmen zusammengefasst, und zwar die Folgen 1 und 9, 2 und 8, 3 und 5 sowie 4 und 6. Ein Sinn ergab sich daraus nicht, ein Problem aber auch nicht.

DER VERRATENE TRAUM ARD

1983. 5-tlg. austral. Thriller von Ted Roberts nach dem Roman von Osmar White (»Silent Reach«; 1983).

Der ehemalige CIA-Agent Steve Sinclair (Robert Vaughn) wird von Firmenchef Hamilton Wrightson (Leonard Teale) als Sicherheitschef bei dem australischen Industriegiganten Conwright Industries eingestellt, der von einer Unglücksserie heimgesucht wird. Sinclair untersucht die Fälle mit Hilfe der schönen Firmenjuristin Antonia Russell (Helen Morse) und entdeckt krumme Geschäfte, hinter denen Wrightsons Angestellte Peter Mountford (John Howard) und Ben Burnie (Tommy Lewis) stecken.

Die einstündigen Folgen liefen im regionalen Vorabendprogramm.

VERRÄTER ZDF

1967. 3-tlg. dt. Krimi nach dem Buch von Victor Canning, Regie: Michael Braun.

Helen Linton (Chariklia Baxevanos) ist in der Lage, alles, was sie je gehört oder gelesen hat, aus dem Gedächtnis wiederzugeben. Allerdings nur unter Hypnose, und nur ihr Bruder Peter (Paul Albert Krumm) kann sie in diese Hypnose versetzen und wieder daraus erwecken. Als Clare versehentlich geheime Informationen von einem Doppelagenten erhält, sind plötzlich mehrere Geheimdienste hinter den Geschwistern her. Leider ist Peter alkohol- und drogenabhängig, und so scheinen die Agenten leichtes Spiel zu haben.

VERRÜCKT NACH DIR RTL, VOX

1997–1999 (RTL); 2003 (Vox). 164-tlg. US-Sitcom von Danny Jacobson und Paul Reiser (»Mad About You«, 1992–1999).

Der Dokumentarfilmer Paul Buchman (Paul Reiser) ist frisch mit Jamie (Helen Hunt) verheiratet, die anfangs in einer PR-Agentur arbeitet. Mit ihrem Hund Murray bewohnen sie ein Apartment in Manhattan und lernen langsam, wie es ist, verheiratet zu sein (»Liebling, du hast es vielleicht nicht bemerkt, weil ich so ruhig war, aber ich habe geschlafen«). Zu ihren Freunden gehört das Ehepaar Fran (Leila Kenzle), mit der Jamie später eine eigene Firma eröffnet, und Mark (Richard Kind), die sich jedoch scheiden lassen, Jamies jüngere Schwester Lisa (Anne Ramsay) und Pauls Cousin Ira (John Pankow), der ein eigenes Sportgeschäft hat. Ursula Buffay (Lisa Kudrow) ist die schusselig-naive Bedienung in Pauls und Jamies Stammlokal. Nach jahrelangen Versuchen bekommen Paul und Jamie Anfang 1999 schließlich eine Tochter, die sie Mabel nennen.

Romantische und über lange Zeit äußerst witzige Serie, der erst mit der Geburt des Babys in Folge 118 allmählich die Luft ausging. Die von Lisa Kudrow gespielte Ursula hatte noch eine Zwillingsschwester, Phoebe, die ebenfalls von Lisa Kudrow verkörpert wurde, allerdings nicht in dieser Serie, sondern in *Friends*. Helen Hunt erhielt für ihre Rolle der Jamie Buchman vier Jahre hintereinander den Emmy als beste Darstellerin in einer Comedyserie und wurde durch die Serie ferner die bestbezahlte Fernsehschauspielerin der Welt. Übertroffen wurde sie erst vier Jahre später ausgerechnet von Lisa Kudrow (und ihren Kolleginnen in *Friends*). In drei Folgen trat Mel Brooks als Gaststar auf und spielte Pauls Onkel Phil. Für jeden der Auftritte erhielt auch er einen Emmy – für die beste Gastrolle.

RTL zeigte 30 Folgen freitags um 21.45 Uhr, dann werktags um 0.30 Uhr. Die letzte Staffel lief im werktäglichen Vorabendprogramm auf Vox.

DAS VERRÜCKTE HOTEL – FAWLTY TOWERS SAT.1

→ Fawltys Hotel

DAS VERRÜCKTE ORCHESTER ZDF

1986–1988. »Nonsens nach Noten«. 9-tlg. israel. Slapstickserie von und mit Julian-Joy Chagrin (»The Orchestra«; 1984–1985).

Zu klassischer Musik geschehen unglaubliche Dinge: Durch Gesang oder Instrumente wird ein Sturm ausgelöst, Gläser zerspringen, Gegenstände fliegen durch die Luft. Inmitten des Chaos gibt der Komiker Julian-Joy Chagrin den Dirigenten, Sephy Rivlin blättert, und das Israeli Philharmonic Orchestra spielt.

Die 25-minütigen Folgen kamen fast komplett ohne Text aus – zumindest ohne verständlichen. Gemurmel war ab und an zu vernehmen. Sie liefen am späten Abend. Die Serie wurde 1985 mit der Goldenen Rose von Montreux ausgezeichnet.

DIE VERRÜCKTE VAMPY-SHOW RTL 2

1996–1997. Halbstündige nachmittägliche Spielshow für Kinder mit Anna Bosch und der Puppe Vampy, bekannt aus ihrer eigenen Show *Vampy*.

VERRÜCKTE WELT SAT.1

1999. Einstündiges Reality-Reportagemagazin mit Charles Muhammad Huber.

Mutige Menschen mit riskanten Jobs wurden hier vorgestellt und bei der Arbeit gezeigt, außerdem gab es Bilder von Katastrophen zu sehen. Das Magazin lief freitags um 20.15 Uhr.

VERRÜCKTE ZEITEN RTL

1990. 14-tlg. US-Familienserie von David Chase (»Almost Grown«; 1988–1989).

Der Radiomacher Norman Foley (Timothy Daly) und

die Filmemacherin Suzie Long (Eve Gordon) sind geschieden. In Rückblenden mit Musik aus der jeweiligen Zeit blicken sie auf ihre gemeinsamen 25 Jahre zurück: Wie sich in den 60ern auf der Highschool kennen lernten, zusammenzogen, heirateten und die Kinder Anya (Ocean Hellman) und Jackson (Nathaniel Moreau; später: Raffi Diblasio) bekamen, und warum alles schief ging. Joey (Albert Macklin) ist Normans bester Freund und Suzies Bruder, Joan (Rita Taggart) und Frank (Michael Alldredge) sind Normans Eltern, Dick (Richard Schaal) und Vi (Anita Gillette) Suzies Eltern.
Die Folgen waren eine Stunde lang und liefen tagsüber.

DIE VERRÜCKTEN HOLIDAYS   RTL
→ Die Holidays aus Rom

VERRÜCKTER WILDER WESTEN   SAT.1
1989–1991. 74-tlg. Western-Comedy-Serie von Michael Garrison (»The Wild Wild West«; 1965–1970). Der Undercover-Agent James T. West (Robert Conrad) und sein Partner Artemus Gordon (Ross Martin) arbeiten im Auftrag von US-Präsident Ulysses S. Grant (James Gregory). Sie sind mit einem alten Eisenbahnwaggon unterwegs, der als ihr Hauptquartier fungiert. West ist ein hartgesottener Bursche, Gordon ein verrückter Erfinder und Meister der Verkleidung. Ständig erfindet er irgendwelche abenteuerlichen Dinge, die den beiden bei ihren Aufträgen nützlich sind – sie sind ähnlich gut mit Gimmicks ausgestattet wie Wests Quasi-Enkel James Bond. Außerdem tauchen sie in immer neuen Kostümen auf, um sich irgendwo einzuschleichen.
Zeitweise ist statt Gordon Jeremy Pike (Charles Aidman) an Wests Seite: Hauptdarsteller Ross Martin war nach einem Herzinfarkt 1968 eine Weile ausgefallen, und so erfand man kurzfristig die Figur des Jeremy Pike, die bis zu Martins Genesung einsprang. Eine Neuverfilmung der Serie lief 1999 im Kino unter dem Titel »Wild Wild West« mit Will Smith und Kevin Kline in den Hauptrollen. Eine ähnliche Geschichte, allerdings angesiedelt in Großbritannien vor dem Ersten Weltkrieg, wird in *Q.E.D.* erzählt.
Sat.1 zeigte die 50-minütigen Folgen mittwochs nachmittags.

EIN VERRÜCKTES HOTEL   DFF 1
→ Fawltys Hotel

EIN VERRÜCKTES PAAR   ZDF
1977–1980. 10-tlg. dt. Sketchreihe mit Grit Boettcher und Harald Juhnke und vielen Prominenten in Gastrollen.
Kommt ein Mann beschwipst nach Hause und bringt seinen Chef mit, weil er denkt, dass es Pute gibt, dessen Lieblingsessen. Die Frau hat aber gar nichts im Haus, außer Würstchen. Um den »Herrn Direktor« nicht zu verärgern, will sie so tun, als ließe sie in der Küche die Pute fallen und zauberte dann als Ersatz die Würstchen hervor. Gesagt, getan. Großes Getöse in der Küche, Sie kommt aufgeregt herausgelaufen. »Katastrophe!« – »Sag nichts, ich ahne es: Du hast die Pute in den Dreck fallen lassen!« – »Nein. Die Würstchen!«
So waren sie, die Kurzschwänke im *Verrückten Paar,* die als klassisches Boulevardtheater in einem schlichten Bühnenbild live vor Publikum aufgeführt wurden. Wenn keiner der Beteiligten betrunken war, konnte alternativ auch ein Mann eine Tunte spielen oder gleich als Frau verkleidet auftreten, um das Publikum zu Lachstürmen hinzureißen. Der Vorspann zeigte Boettcher und Juhnke als Zeichentrickfiguren. Auch vor jedem einzelnen Schwank führte ein kurzer Cartoon mit den beiden in das Thema der jeweiligen Szene ein.
Die halbstündigen Sendungen liefen unregelmäßig und waren einige Jahre fester Bestandteil des ZDF-Silvesterprogramms.

VERSÄGT NOCH MAL! HEIMWERKER ZWISCHEN LUST UND FRUST   VOX
2004. Noch eine Doku-Soap über Heimwerker, die alles selbst machen wollen. Wie schon *Die Hammer-Soap – Heimwerker im Glück, Die Selberbauer, Auf Dübel komm raus – Die Heimwerker kommen* und einige mehr. Acht Folgen liefen dienstags um 20.15 Uhr.

VERSCHOLLEN   RTL
2004–2005. 29-tlg. dt. Abenteuer-Soap.
20 Menschen überleben einen Flugzeugabsturz und können sich ans Ufer einer einsamen Südseeinsel retten. Bestimmt werden sie vermisst, doch niemand findet sie. Ohne Hoffnung auf Rettung beginnen sie den anhaltenden Kampf ums Überleben.
Die Verschollenen sind: der skrupellose Bankier Simon Claasen (Uwe Rathsam), seine Frau Clara Schwarz (Sylke Hannasky) und sein Bruder, der Astronom Leon (Ben Bela Böhm), der ebenfalls in Clara verliebt ist; der Tierarzt Dr. Jörg Hölscher (Christian Wewerka), seine Frau Bianca (Anuk Ens) und die 17-jährigen Zwillinge Sascha (Nicolás Solar Lozier) und Svenja (Nele Jonca); der Künstler Tresko (Gerhard Roisz), der eigentlich Hans Baran heißt, ein zynischer Alkoholiker; der pensionierte Polizist Clemens Bartsch (Uli Plessmann); der immer gut gelaunte Animateur Nils Jung (Hendrik Borgmann); die junge Karrierefrau Meggie Braun (Alexandra Sydow); die Grundschullehrerin Claudia Rother (Katrin Brockmann); die gutmütige Witwe Marita Sengerling (Ingrit Dohse); die lesbische Journalistin Dr. Lieselotte von Howaldt (Katrin Wasow); der Entwicklungshelfer Udo Wachter (Alexander Rossi) und seine Tochter Natascha (Antonia Reß), die sich vernachlässigt fühlt; der schüchterne, aber praktisch begabte Fritz Hufschmid (Stephan Szász); die Ex-Prostituierte Nicole Mauerhoff (Berrit Arnold) und der halbseidene Macho Jussef Reimann (Haydar Zorlu).
Als einziges Mitglied der Flugzeugbesatzung hat Co-Pilot Bertold Siebert (Andreas Zimmermann) überlebt. Ausgerechnet er hat durch einen Tankfeh-

ler die Katastrophe verschuldet. Die angespannte Situation führt zu Familienkrisen. Der eifersüchtige Simon bringt im Affekt seinen Bruder um, noch bevor sie die Insel erreichen. Auf der Insel bricht auch die einzige noch vollständige Familie Hölscher auseinander. Jörg verändert sich, interessiert sich für Meggie, Bianca wendet sich von Jörg ab und Udo und Lieselotte zu.
RTL hatte für die Produktion ein Studio in Köln aufgebaut, das die Südseeatmosphäre mit tropischer Vegetation und künstlicher Sonne simulierte. Mit Blueboxtechnik wurden Meer und Himmel hinter die Schauspieler projiziert. Auf diese Weise konnte die Serie sogar günstiger hergestellt werden, als wenn man sie auf Sylt gedreht hätte. Allerdings wirkte die Szenerie auch extrem künstlich. *Verschollen* war ein Prestigeprojekt von RTL, das als Endlosserie angelegt war; die Verträge mit den Schauspielern liefen zunächst über zwei Jahre. Allerdings stand das Projekt von Anfang an unter keinem guten Stern und wurde immer wieder verschoben.
Die einstündigen Folgen liefen schließlich montags um 22.15 Uhr. RTL paarte die Serie dort mit der Soap *Hinter Gittern – der Frauenknast*, die schon seit sieben Jahren den Sendeplatz eine Stunde früher innehatte. Anfang 2005 wurde die mit schwachen Marktanteilen vor sich hindümpelnde Serie auf Donnerstag verlegt, ein paar Monate später abgesetzt. Eine Rettung gab es in der letzten Folge nicht. Etwa zeitgleich startete die amerikanische Variante *Lost* auf Pro Sieben.

VERSCHOLLEN IN THAILAND   ZDF
1997. 10-tlg. dt. Abenteuerserie von Christian Pfannenschmidt und Peter Pursche, Regie: Stefan Bartmann.
Seit zehn Jahren ist Konstantin Strauten (Gunter Berger) in Thailand verschollen, und seitdem leitet sein Bruder Karl (Michael Degen) allein das gemeinsame Unternehmen, einen Holzhandel. Als Karl und sein Sohn Peter (Robert Jarczyk) Konstantin offiziell für tot erklären lassen wollen, um auch formal freie Hand zu haben und den Betrieb verkaufen zu können, bricht Konstantins Tochter Constanze (Gerit Kling) mit ihren Freunden Yvi Steinberg (Lisa Wolf) und Robert Willhagen (André Hennicke) nach Thailand auf, um ihren Vater aufzuspüren. Karl will das um jeden Preis verhindern. Und Konstantin auch. Der lebt nämlich inzwischen friedlich und unbehelligt in einem kleinen Dorf und möchte, dass das so bleibt.
Nach einem 90-minütigen Pilotfilm am Mittwoch liefen die 50-minütigen Folgen samstags um 19.25 Uhr.

VERSCHOLLEN ZWISCHEN FREMDEN WELTEN   KABEL 1, PRO SIEBEN
1992 (Kabel 1); 1993 (Pro Sieben). 54-tlg. US-Science-Fiction-Serie von Irwin Allen (»Lost In Space«; 1965–1968).
Im Auftrag der Regierung macht sich im Jahr 1997 die Familie Robinson mit der »Jupiter 2« auf eine fünfeinhalbjährige Reise ins All auf, um einen Planeten im Alpha-Centauri-System zu kolonisieren. An Bord sind der Astrophysiker Prof. John Robinson (Guy Williams), seine Frau Maureen (June Lockhart), die ältere Tochter Judy (Marta Kristen), Sohn Will (Bill Mumy) und die jüngere Tochter Penny (Angela Cartwright) sowie der Pilot Don West (Mark Goddard), ein besserwisserischer Roboter (Bob May), der vielseitig begabt ist, Gitarre spielt, Gedicht schreibt und bei Bedarf Maureen frisiert, und der Saboteur Dr. Zachary Smith (Jonathan Harris). Dieser bringt das Raumschiff vom Kurs ab, und es beginnt eine Odyssee durch den Weltraum, die die Familie auf fremde Planeten führt, wo sie merkwürdigen Außerirdischen, abartigen Monstern und ungewöhnlichen Riesenpflanzen begegnen. Die Rückkehr scheint nicht möglich und wird durch Smith immer wieder verhindert, der zwar immerhin sich selbst gern zurück zur Erde bringen würde, doch mit den anderen zwischen den fremden Welten gefangen bleibt.
Die Serie war eine der ersten des US-Fernsehens, die in Farbe produziert wurden, jedoch erst ab der zweiten Staffel. Die erste Staffel mit den Schwarz-Weiß-Folgen wurde in Deutschland nie gezeigt, denn als hier 27 Jahre nach der Produktion die Serie erstmals gesendet wurde, gehörte das Farbfernsehen doch schon zum normalen Standard. Jede Folge war eine Stunde lang. 1998 entstand der Kinofilm »Lost In Space«, in dem einige Mitglieder der Originalbesetzung in Nebenrollen mitwirkten.
Als Weltraumaffe trat in der ersten Staffel die Schimpansin Debbie auf, die in *Daktari* Judy hieß. Bei *Verschollen zwischen fremden Welten* soll sie mehrfach Kollegen angegriffen und daraufhin alle Zähne gezogen bekommen haben.

DIE VERSCHWÖRER   SAT.1
1992–1994. »Im Namen der Gerechtigkeit«. 64-tlg. US-Krimiserie von Jeff Freilich (»Dark Justice«; 1991–1993).
Der junge Richter Nick Marshall (Ramy Zada; ab der zweiten Staffel: Bruce Abbott) führt ein Doppelleben: Wann immer er einen Schuldigen aus Mangel an Beweisen freisprechen musste, macht er sich in anderem Outfit selbst auf die Suche nach den fehlenden Beweisen. Ein dreiköpfiges Team unterstützt ihn: Jericho »Gibs« Gibson (Clayton Prince), Arnold »Moon« Willis (Dick O'Neill) und Catalana »Cat« Duran (Begona Plaza). Sie kommt nach kurzer Zeit ums Leben, und zunächst stößt Maria Marti (Viviane Vives), ab der zweiten Staffel deren Nachfolgerin Kelly Cochran (Janet Gunn) zum Team. Ken Horton (Kit Kincannon) ist der Staatsanwalt und Tara McDonald (Carrie-Anne Moss) Marshalls Sekretärin. Als sie wegzieht, übernimmt Samantha Collins (Elisa Heinsohn) die Stelle.
Die einstündigen Folgen liefen zur Primetime.

VERSCHWÖRUNG AUF DER THEMSE   ZDF
1988. 6-tlg. brit. Jugendthriller nach dem Buch von

Das Kapitel »Wie werde ich lustig« hatte wohl heimlich jemand rausgerissen. Cherno Jobatey, Moderator von *Verstehen Sie Spaß?*.

Leon Garfield, Regie: Renny Rye (»The December Rose«; 1986).
Der junge Kaminkehrer Barnacle (Courtney Roper-Knight) belauscht, im Schornstein steckend, eine Unterredung zwischen Lord Hobart (John Quarmby), Staatssekretär Hastymite (Patrick Malahide) und Inspektor Creaker (Ian Hogg), die eine Verschwörung planen. Barnacle gelangt an ein Medaillon, das Creakers Frau gehörte, die dieser ermordet hat. Creaker will das Medaillon zurückhaben und jagt den Jungen mit dem Ziel, ihn ebenfalls zu töten.

VERSTECKTE KAMERA   ZDF
→ Voll erwischt

VERSTECKTE KAMERA   ZDF
1995–2003. Show mit der, jawohl, versteckten Kamera, in der Prominente hereingelegt werden. War mit Fritz Egner unter dem Titel *Voll erwischt* gestartet und zunächst nur zeitweilig aus lizenzrechtlichen Gründen umbenannt worden, später dann grundlos dauerhaft. Moderator war inzwischen Thomas Ohrner, mit dem das Format Anfang 2003 aus dem Abend- auf eine halbe Stunde gekürzt ins Samstagnachmittagsprogramm wanderte.

VERSTEHEN SIE SPASS?   ARD
Seit 1980. Große Eurovisions-Samstagabendshow, in der nichtprominente und prominente Menschen in abstruse Situationen geführt, hereingelegt und dabei mit versteckten Kameras gefilmt werden.
Kurt Felix konzipierte und präsentierte die »Streiche mit versteckter Kamera«, so der anfängliche Untertitel, zunächst monatlich in einem 30-Minuten-Format am Donnerstagabend. 1983 wurde daraus mit der 25. Ausgabe eine große Samstagabendshow, jetzt moderiert von Kurt Felix und seiner Frau Paola, die zur meistgesehenen Unterhaltungsshow in der ARD avancierte. Felix hatte bereits seit 1974 eine enorm erfolgreiche Sendung im Schweizer Fernsehen unter dem Titel »Teleboy« moderiert. Das Paar legte nach Ausgabe 53 ab Januar 1991 eine »schöpferische Pause« ein, die jedoch nie endete. Fast zwei Jahre lang gab es die Show nicht, und auch zwischen den nächsten Moderatorenwechseln lagen meist längere Pausen.
Die Nachfolger im Einzelnen: Harald Schmidt (1992–1995), Dieter Hallervorden (1996–1997), Cherno Jobatey (1998–2002), Frank Elstner (seit 2002). Das Grundkonzept blieb über die gesamte Laufzeit der Sendung unverändert: Außer den Streichen gab es immer Showblöcke mit prominenten Künstlern und Talks mit den Gefoppten. Viele Streiche versetzten Menschen in peinliche, aber doch vorstellbare Situationen und waren hauptsächlich dazu da, deren Reaktion einzufangen: Im Supermarkt bricht wie von selbst das Eierregal zusammen, ein Kellner gebärdet sich unhöflich und faul, Harald Juhnke wird von einem untalentierten Stehgeiger genervt.
Für andere Streiche betrieb man einen großen Aufwand und führte auf diese Weise völlig absurde Situationen herbei: Eine Fahrstuhltür öffnet sich direkt in eine Dusche, Pissoirs hängen so hoch, dass sie nur mit einer Leiter erreichbar sind, auf dem Flügel von Horst Jankowski erklingen plötzlich andere Töne als die, die er anschlägt, die Zuschauer eines Konzerts von Ivan Rebroff stehen einer nach dem anderen auf und gehen. Der Nachrichtensender n-tv fiel 1996 auf die Behauptung herein, ein Privatmann besäße das Bernsteinzimmer, und glaubte es auch dann noch, als er angebliche Bestandteile zu sehen bekam, die in das Kopfteil eines Bauernbetts eingelassen waren.
Einzelne Elemente variierten je nach Moderator. Bei Kurt Felix und Paola standen die Filmstreiche im Vordergrund. Neben dem Moderatorenpaar wirkte Karl Dall mit, der am »Spaßtelefon« nichts ahnende Menschen foppte. Dall diente ferner als Filmvorführer, der aus dem Publikumsraum heraus symbolisch einen Filmprojektor startete, wenn ein Einspielfilm begann. Regelmäßig talkten Felix und Paola neben den Gefoppten auch mit den Schauspielern, die bei den Streichen den »Lockvogel« spielten, also die Opfer in die merkwürdigsten Situationen verwickeln und dann improvisieren mussten. Lockvögel waren über sehr lange Zeit u. a. Wolfgang Herbort, René Besson und Pit Krüger. Es grenzte an ein Wunder, dass es auch nach Jahren immer noch Menschen gab, die die dicken Männer nicht sofort erkannten. Dieter Reith und seine Big Band machten die Musik während der Show. Das Maskottchen war ein

gelber Zeichentrickvogel, der »Spaßvogel«, der am Ende der Show das Schlusswort hatte und einen Kalauer absonderte (»Unsere Zuschauerzahl hat sich verdoppelt – der Zuschauer hat geheiratet!«).

Bei Harald Schmidt nahm die Anzahl der eingespielten Filmstreiche deutlich ab; er bestritt mehr Sendezeit selbst mit Stand-up-Comedy und Monologen. Die Show trug für eine Weile den Untertitel »Die Harald Schmidt Show«. Sie war mit zeitweise mehr als zehn Millionen Zuschauern noch immer ein großer Erfolg, doch auf Dauer zeigte sich, dass der Zyniker Schmidt keine massenverträgliche Familienunterhaltung produzierte. Er versuchte es auch nicht sehr: Berühmt wurde eine Szene, in der er minutenlang nur ein tickendes Metronom zeigte und darüber philosophierte, was dies jetzt kostete. Anfang 1995 unterschrieb er einen Vertrag bei Sat.1, um dort eine Show zu moderieren, die sogar im Obertitel *Die Harald Schmidt Show* hieß. Seine letzte *Spaß*-Show war für Oktober geplant. Die Aprilausgabe strotzte vor Zynismus und Sticheleien gegen die ARD. Schmidt hatte laut eigener Erzählung das gesamte Saalpublikum gegen sich. Er verabschiedete sich mit der Information: »Die nächste Ausgabe von *Verstehen Sie Spaß?* sehen Sie im Oktober. Wer Sie dann als Moderator begrüßt, entnehmen Sie bitte der Tagespresse.« Es gab keine Oktoberausgabe.

Dieter Hallervorden reicherte das Rahmenprogramm mit gespielten Sketchen an, die er selbst gemeinsam mit Schauspielerkollegen vorführte. Untertitel war »Die Hallervorden-Show«. Er blieb nur 13 Monate. Bei Cherno Jobatey wurde das Foppen am Telefon wiederbelebt, der Telefonterrorist war jetzt Andreas Müller. Ferner gab es einen »Klassik«-Teil, in dem sich Zuschauer Wiederholungen von alten Streichen wünschen konnten. Dieter Reith und seine Big Band machten noch immer die Musik. Kurt Felix kehrte als Berater zur Sendung zurück, auch Frank Elstner kam in der gleichen Funktion dazu. In Werbeanzeigen für die Show waren die beiden gemeinsam mit Moderator Jobatey zu sehen. Als Jobatey im Frühjahr 2002 seinen Abschied wegen »kreativer Differenzen« ankündigte (aus der Show sei ein »Musikantenstadl mit Filmen« geworden), lag es nahe, dass Altmeister Elstner, der ohnehin beim produzierenden SWR die erfolgreiche Talkreihe *Frank Elstner: Menschen der Woche* im Dritten Programm moderierte, die Show übernahm.

Eine Serie mit 25-minütigen Kurzfolgen, in denen Wiederholungen von alten Streichen gezeigt wurden, lief 1991 ebenfalls unter dem Titel *Verstehen Sie Spaß?* im Vorabendprogramm am Freitag, Moderator war Kurt Felix.

VERSUCHUNG IM PARADIES RTL

2001. Reality-Abenteuershow. Auf einer Trauminsel werden Kandidatenpaare, auch im echten Leben Paare, von attraktiven Singles in Versuchung geführt. Die Frage ist: Wer bleibt treu?

RTL adaptierte das erfolgreiche US-Format »Temptation Island«. Oliver Geissen moderierte nach *Big Brother* hiermit schon die zweite umstrittene Reality-Spielshow und nahm noch immer keinen Schaden. Acht Folgen liefen samstags um 22.15 Uhr und zeigten jeweils eine Stunde lang Zusammenschnitte aus dem Material, das zuvor drei Wochen lang auf der honduranischen Insel Roatan gefilmt wurde.

VERURTEILT – IM HÄRTESTEN KNAST DER WELT RTL 2

2002. 11-tlg. Doku-Soap über den Alltag in den angeblich härtesten Gefängnissen Amerikas. Zwei Staffeln liefen sonntags zur Primetime.

DIE VERWANDLUNGSMASCHINE KI.KA

1998. 12-tlg. poln. Jugendserie (»Maszyna zmiau«; 1995).

Eine merkwürdige Maschine ermöglicht Kindern, die sie finden, Gegenstände oder sich selbst zu verwandeln. Das Ergebnis der Verwandlung ist vorher nicht abzusehen, doch abends macht sich der Vorgang ohnehin von selbst rückgängig. Die Maschine verbirgt sich immer in einem anderen Versteck und taucht in verschiedenen Formen auf, muss also nicht immer ein komisches Gerät sein. Sie ist auch mal eine Kugel und mal ein Brunnen. Durch immer andere Kinder, die sie finden, ist die Anzahl der möglichen Geschichten unbegrenzt.

Lief kurz nach der Ausstrahlung im KI.KA auch in der ARD.

DIE VERWEGENEN ABENTEUER DES CHEVALIER WIRBELWIND DFF 1

→ Die Abenteuer des Chevalier de Recci

DIE VERWEGENEN VIER SUPER RTL

→ Enid Blyton – Die verwegenen Vier

VERWIRRUNG DES HERZENS ZDF

1997–1998. 11-tlg. ital.-dt. Familiendrama (»Dove comincia il sole«; 1996).

Elena (Barbara de Rossi) und Antonio Amati (Jean Sorel) ziehen mit ihren beiden Adoptivkindern Marco (Lorenzo Amato) und Pietro (Steve Spedicato) von Irland nach Rom. Die drogenabhängige, aidskranke Francesca (Lorenza Indovina) ist Pietros leibliche Mutter und möchte ihn wieder zu sich nehmen, doch Pietro reißt aus. Die neuen Nachbarn der Amatis sind die reichen Deutschen Maria (Anja Kruse) und Michael Gilbert (Christian Kohlund) mit ihren Kindern Carla (Francesca Rinaldini) und Sandro (Gabriele Patriarca). Die Kinder freunden sich sofort an, die Teenager Carla und Marco werden sogar ein Paar. Aber auch Elena und Michael verlieben sich ineinander und finden nach vielen Komplikationen zueinander.

Lief in zwei Staffeln mit 90-minütigen Folgen in der Primetime. Die zweite Staffel trug den Untertitel »Der Weg zum Glück«.

VERZEIH MIR RTL, SAT.1

1992–1994 (RTL), 1998–1999 (Sat.1). Einstündige

Versöhnungsshow. Zerstrittene Menschen werden miteinander versöhnt: zerrüttete Liebende, entzweite Eltern und Kinder, verkrachte Freunde. Und dann heulen alle.

Ulla Kock am Brink moderierte die voyeuristische RTL-Version, in der Filmeinspielungen zeigten, wie Kock am Brink die Menschen zu Hause überraschte, um sie in die Sendung einzuladen, wo jemand mit ihnen sprechen wolle. Im Studio vor Publikum lagen sich die Menschen dann nach der Aussprache weinend in den Armen und gaben sich allein durch die Teilnahme an der Sendung einen neuen Grund, später einander um Verzeihung zu bitten. Währenddessen saß Kock am Brink selbst weinend daneben, wedelte mit Taschentüchern und fing sich das Image der Fernsehheulsuse ein. Die heftig umstrittene Sendung lief wöchentlich, erst am Dienstag-, später am Donnerstagabend zur Primetime. Titelmusik war eine deutsche Version des Brenda-Lee-Hits »I'm Sorry«. Nach etwas mehr als einem Jahr stellte RTL die Show im Januar 1994 ein, vermutlich war das Mobiliar durchgeweicht.

Knapp fünf Jahre später, im Dezember 1998, startete Sat.1 eine noch deutlich verschärfte Neuauflage, moderiert von Sonja Zietlow. Das Opfer wurde nicht mehr zu Hause besucht, sondern z. B. im Supermarkt, wo dann lustig vor der Fleischtheke diskutiert wurde, woran die Liebe zerbrochen war. Es gab eine Verzeih-mir-Tür, hinter der vielleicht, aber nur vielleicht, derjenige stand, um dessen Gnade ein Kandidat im Studio flehte. Er erfuhr es erst, nachdem er einen Verzeih-mir-Knopf gedrückt hatte, und stand dann, wenn er Pech hatte, ganz dumm im Kunstnebel da (in der RTL-Version war es die Ausnahme gewesen, dass das Gnadengesuch ungeachtet der Flennerei abgelehnt wurde). Trotz allem hielt die neue Version kein halbes Jahr. Den Sat.1-Titelsong »Verzeih« sang Jule Neigel.

VETO ARD
1988–1990. 45-minütige Live-Diskussion mit Heinz Burghart. Zu einem aktuellen Thema kommen Betroffene und Verantwortliche miteinander ins Gespräch. Lief im Wechsel mit anderen Sendungen donnerstags um 20.15 Uhr.

VICKY PRO SIEBEN
1990–1993. 96-tlg. US-Sitcom von Howard Leeds (»Small Wonder«; 1985–1989).
Eigentlich sind die Tanners zu beneiden mit ihrem sarkastischen Außerirdischen ALF, den sie vor den Nachbarn und der Welt geheim halten müssen. Jedenfalls im Vergleich zu den Lawsons, die einen Roboter namens Vicky (Tiffany Brissette) im Haus haben, der ein entsetzlich süßes zehnjähriges Mädchen simuliert, das keine Ironie versteht, mit monotoner Stimme redet, furchtbar stark ist und immer wieder peinliche Situationen produziert, die die Lawsons nicht erklären können, weil sie das Geheimnis des »Mädchens« vor den Nachbarn und der Welt verbergen müssen.

Und sie sind auch noch selbst schuld: Familienvater Ted (Dick Christie) selbst hat den Roboter konstruiert und zu Testzwecken nach Hause gebracht. Mutter Joan (Marla Pennington) behandelt Vicky, als hätte sie sie selbst geboren. Sohn Jamie (Jerry Supiran), im gleichen Alter wie Vicky, soweit man das sagen kann, freut sich, dass sie sein Zimmer putzt (wo sie in einem Schrank lebt), seine Hausaufgaben macht und ihn gegen Schlägertypen verteidigt. Die neugierigen Nachbarn, die zu so einer Konstellation gehören, sind Teds Chef Brandon Brindle (William Bogert), seine Frau Bonnie (Edie McClurg) und Tochter Harriet (Emily Schulman).

In jeder Hinsicht billige Serie, deren Folgen 30 Minuten lang waren und sich erstaunlicherweise in viele Länder verkaufen ließen.

VICO TORRIANI SHOW ZDF
1971–1972. Show mit Vico Torriani.
Die ursprünglich auf fünf Folgen angelegte 90-Minuten-Show im Abendprogramm wurde schon vor Ausstrahlung der zweiten Sendung mangels Qualität abgesetzt. Die zweite, bereits aufgezeichnete Folge wurde dennoch im Sommer 1972 ausgestrahlt – allerdings auf eine knappe Stunde gekürzt, an einem Samstagnachmittag um 16.05 Uhr und unter dem Titel »Vico, Heintje und ein Elefant«.

VICTOR CHARLIE RUFT LIMA SIERRA SWR
1987. 3-tlg. US-Krimi von Douglas Heyes nach dem Roman von Ernest Lehman (»The French Atlantic Affair«; 1979).
Der Sektenführer Pater Craig Dunleavy (Telly Savalas) und eine Gruppe von Terroristen nehmen die komplette Besatzung und alle Passagiere eines Luxuskreuzers im Atlantik als Geiseln, um 70 Millionen $ Lösegeld zu erpressen. Unter den 3000 Menschen in ihrer Gewalt sind Kapitän Girodt (Louis Jourdan) und Harold Columbine (Chad Everett), dessen private Verstrickungen ebenso wie die der anderen Passagiere einen Teil der Handlung ausmachen.

Die Folgen hatten Spielfilmlänge und liefen später auch in anderen Dritten Programmen und in der ARD.

VICTOR – DER SCHUTZENGEL SAT.1
2001. 11-tlg. dt. Fantasyserie.
Der Anwalt und Familienvater Victor Petri (Jochen Horst) wird bei einem Fallschirmsprung Opfer eines Anschlags und stirbt. Er kehrt als Engel zur Erde zurück und hat fortan die Aufgabe, Menschen zu retten und Unglücksfälle zu verhindern. Er bleibt zwar immer Victor, schlüpft aber bei jedem Fall in eine neue berufliche Rolle mit einem anderen Umfeld an Freunden und Kollegen. Worum genau es geht, merkt er erst, wenn er bereits in die neue Umgebung versetzt wurde. Sein einziger überirdischer Begleiter ist der Engel Gabriel (Wolfgang Häntsch), der Victor aber auch nur gelegentlich erscheint und kluge Ratschläge gibt.

Im Oktober 2000 hatte Sat.1 bereits einen Pilotfilm gezeigt, auf dessen Erfolg hin dann die Serie gedreht wurde, die eine Mischung aus dem Kinofilm »Ghost – Nachricht von Sam« und der Fernsehserie *Zurück in die Vergangenheit* war. Die zehn einstündigen Folgen liefen donnerstags um 20.15 Uhr.

VIDEO & CO. ARD
1984. Als gerade die ersten beiden Privatsender ihren Sendebetrieb aufgenommen hatten, akzeptierten die öffentlich-rechtlichen die Existenz elektronischer Aufzeichnungsgeräte und starteten zum Thema Video diese »Unterhaltungsreihe vom Vierten Programm«. Brigitte Rohkohl und Manfred Waffender zeigten Filme von Amateuren, etwa einem Punk, einem Rentner und einem Polizeiobermeister, und ließen unvollendete humorvolle Geschichten der Familie von Noll von nicht professionellen Filmern weitererzählen.
Sechs Sendungen liefen montags nachmittags.

VIDEOTEXT FÜR ALLE ARD, ZDF
1982–1994. Als gerade der Anteil an Programmen in Farbe an die 100 % herankam, startete am 1. Juni 1980 eine neue technische Entwicklung, die bereits 1977 auf der Funkausstellung vorgestellt worden war und für die noch die wenigsten Fernsehgeräte ausgerüstet waren: Teletext, damals Videotext genannt. Über Bildtafeln konnte man z. B. Nachrichten abrufen, wenn man über die Fernbedienung entsprechende Seitenzahlen für das gewünschte Thema eingab.
In den Zeiten am Nachmittag, zu denen ohnehin noch keine Programme ausgestrahlt wurden, sendeten ARD und ZDF ab 1982 Videotext für alle. In diesem Lückenfüller konnten alle Zuschauer ausgewählte Beiträge des Textangebots lesen, die sie auf »normalen« Fernsehern natürlich nicht beeinflussen konnten. Ab 1991 zeigten ARD und ZDF dieses Angebot nicht mehr nachmittags, sondern nachts.

VIDOCQ ARD
1970. 13-tlg. frz. Abenteuerserie von Georges Neveux, Regie: Marcel Bluwal und Claude Loursais (»Vidocq; 1967«).
Zur Zeit Napoleons führt der Gaunerkönig François Vidocq (Bernard Noël) Inspektor Flambart (Alain Mottet) mit einer erstaunlichen Unbekümmertheit an der Nase herum. Er wird ab und an gefasst, ist manchmal schuldig, manchmal nicht, egal, er büchst ohnehin bei der nächsten Gelegenheit wieder aus. Seine Verbündeten sind seine Geliebte Annette (Geneviève Fontanel) und sein Freund Henri Desfossés (Jacques Seiler). Später wechselt Vidocq die Seiten und gründet die französische Kriminalpolizei Sûreté.
Die Serie basierte auf historischen Begebenheiten und mischte Geschichtliches mit Krimi und Gaunerkomödie. Die halbstündigen Folgen liefen sonntags nachmittags. In der Fortsetzung *Die Abenteuer des Monsieur Vidocq* sind seine Erlebnisse als Polizist zu sehen. Bernard Noël konnte diese Rolle nicht mehr spielen, er starb 1970.

VIEL LÄRM UM SANDY ARD
1976. 6-tlg. US-Sitcom (»Funny Face«; 1971).
Die junge, naive Sandy Stockton (Sandy Duncan) ist zum Studieren vom Dorf in Illinois nach Los Angeles gezogen. Sie verdient nebenher etwas Geld, indem sie in Werbespots auftritt. Ihre Nachbarin Alice McRaven (Valorie Armstrong) und die Wohnungsvermieter Kate (Kathleen Freeman) und Pat Harwell (Henry Beckman) helfen ihr, sich in der Metropole zurechtzufinden.
Die halbstündigen Folgen liefen im regionalen Vorabendprogramm.

VIEL RUMMEL UM DEN SKOOTER ZDF
1991. 9-tlg. dt. Jugendserie von Felix Huby, Regie: Klaus Gendries.
Die Rodins sind seit Generationen eine Schaustellerfamilie in Berlin. Opa Max Rodin (Fred Delmare), das Familienoberhaupt, ist 70 Jahre alt und will sich vom Rummel zurückziehen. Sein Sohn Thomas (Walter Plathe) soll den alten Autoskooter übernehmen. Doch Thomas' Frau Annette (Claudia Rieschel) hat mit der Schaustellerwelt nichts am Hut, sie will auch ihre Kinder Petra (Katrin Mersch) und Stefan (Philipp Frauenhoffer) davon fern halten. Als die Berliner Mauer fällt, soll deshalb Thomas' Bruder Michael (Stefan Gossler) aus Ostberlin den Skooter übernehmen. Auf dem Weg nach Berlin verlieren er und seine Frau Helga (Marijam Agischewa) ihren achtjährigen Sohn Klaus (Antonio Wannek). Die Familie wird schließlich wieder vereint, doch Max erleidet bei der ganzen Aufregung einen Herzinfarkt und muss ins Krankenhaus. Thomas und Annette haben keine andere Wahl, als beim Skooter zu bleiben, bis die Verwandten aus dem Osten eingearbeitet sind. Die Kinder Petra, Stefan und Klaus erleben derweil spannende Abenteuer in der aufregenden Welt des Rummelplatzes.
Vorlage für die Serie war Hubys Roman »Rummelplatzkinder«. Jede Folge dauerte 25 Minuten.

VIEL VERGNÜGEN! ARD
1957–1958. »Spiele und Spielereien mit Peter Frankenfeld«. 75-minütige Samstagabendshow.
In vier Runden absolvieren von Frankenfeld zufällig ausgewählte Zuschauer Gedächtnis- oder Geschicklichkeitsspiele, bei denen teilweise das Saalpublikum durch die Stärke des Beifalls den Sieger bestimmt. Fester Bestandteil der Show ist die Schatzsuche: Irgendwo in der Veranstaltungsstadt ist ein Sachpreis versteckt, zu dem mehrere Hinweise gegeben werden, zunächst im Studio. Ist der Platz des Verstecks erkannt, muss der Kandidat während der Sendung dorthin gelangen und vor Ort nach dem Schatz suchen, was von Außenkameras übertragen wird. Findet er ihn, gewinnt er ihn. Passanten und Fernsehzuschauer können sich an der Suche beteiligen und gewinnen 50 DM, wenn sie einen Hinweis finden. In

den anderen Runden variieren die Gewinne, da sie stets einen Bezug zum jeweiligen Spiel haben.
Zwischendurch gibt es Musik oder komödiantische Einlagen Frankenfelds. Als Running Gag beginnen die Mitarbeiter der Sendung jeweils bereits während Frankfelds Abmoderation mit dem Abbau der Bühnenkulisse, wodurch Frankenfeld einige amüsante (und natürlich geplante) Missgeschicke passieren.
Die Show lief monatlich und gastierte für jede Sendung in einer großen Halle einer anderen Stadt. Sie war Nachfolger von *Bitte recht freundlich!* und brachte es auf elf Ausgaben, bevor sie durch *Heute abend Peter Frankenfeld* abgelöst wurde.

VIER BUBEN UND EIN AAS   ARD
1982. 6-tlg. schwed. Krimi von Leif Krantz (»Sinkadus«; 1980).
John Hissing (Hans Ernback) gerät durch einen Zufall in den Besitz der aus einem Überfall auf einen Geldtransporter stammenden Beute. Die Ganoven Bintje (Tommy Nilsson), Rosmarie (Monika Seilitz), Josef (Nils Eklund) und Conny (Leif Magnusson) hätten das Geld allerdings gern wieder zurück.
Die einstündigen Folgen liefen im regionalen Vorabendprogramm.

4-3-2-1 – HOT AND SWEET   ZDF
1966–1970. Monatliche 45-minütige Popmusiksendung am Samstagnachmittag mit den aktuellen Hits englischsprachiger Postars live im Studio und als Filmzuspielung (Startkommando: »4-3-2-1!«).
Die Show war die Antwort des ZDF auf den erfolgreichen *Beat-Club* in der ARD. Zuerst moderierte Lotti Ohnesorg, dann Alf Wolf. 1969 übernahmen Suzanne Doucet und Ilja Richter und fingen an, zwischen den Songs Sketche zu spielen. Richter war mit 16 Jahren Deutschlands jüngster Fernsehmoderator. Er wurde spätestens mit der Nachfolgesendung *Disco* zum Star, die er allein moderierte. Doucet wurde vom ZDF gefeuert, weil sie gleichzeitig in ihrem Heimatland Schweiz eine ähnliche Sendung moderierte, die das ZDF als Konkurrenz betrachtete.

VIER FRAUEN IM HAUS   ZDF
1969. 13-tlg. dt. Familienserie von Hans-Georg Thiemt und Hans Dieter Schreeb, Regie: Hermann Leitner.
Fortsetzung von *Drei Frauen im Haus:* Walter (Heinz Engelmann) und Else Lenz (Magda Schneider) und Tochter Monika (Christiane Thorn) haben noch immer ihre Autowerkstatt, nur Karin hat geheiratet und ist ausgezogen. Dafür hat Walter zwei weibliche Azubis eingestellt: Tessy (Yvonne ten Hoff) und Renate (Petra Mood). Und einen männlichen Gesellen: den alten Friedrich (Richard Lauffen).
Die 25-Minuten-Folgen liefen freitags um 19.10 Uhr.

VIER FÜR HAWAII   PRO SIEBEN
1995. 13-tlg. US-Familienserie von Charles H. Eglee (»Byrds Of Paradise«; 1994).
Professor Sam Byrd (Timothy Busfield) zieht nach dem Tod seiner Frau mit seinen Kindern Harry (Seth Green), Franny (Jennifer Love Hewitt) und Zeke (Ryan O'Donohue) nach Hawaii, um Abstand zu gewinnen. Sam wird Direktor der Palmer School und versucht sich mit dem Leben auf der Insel vertraut zu machen, um von den Einheimischen akzeptiert zu werden. Seine Sekretärin Valentina Aguilar (Betty Carvalho) sowie Sonny (Robert Kekaula) und Manu Kaulukukui (Lani Opunui-Ancheta), die in Byrds Haushalt arbeiten, helfen ihm. Zu Hause muss Sam mit seinen aufmüpfigen, trauernden Teenagerkindern und dem elfjährigen Zeke fertig werden, im Dienst mit der Studentenvertreterin Healani Douglas (Elizabeth Lindsay) und dem 45 Jahre alten Studenten Alan Moon (Arlo Guthrie). Dr. Murray Rubenstein (Bruce Weitz) berät die Familie nach dem Schicksalsschlag.
Der Serie war wenig Erfolg beschieden, und so bekam Sam am Ende ein neues Stellenangebot, und die vier zogen wieder weg. Pro Sieben zeigte die halbstündigen Folgen samstags mittags.

VIER FÜR HERMAN   SUPER RTL
→ Vier mal Herman

4 GEGEN 4   ZDF
1972–1973. Quiz mit Dieter Thomas Heck, das die Idee des *Kreuzworträtselspiel*s aufwärmte: Von den 204 Mitgliedern jedes Teams (z. B. Berliner Taxifahrer gegen BVGler) treten jetzt stellvertretend je vier in verschiedenen Geschicklichkeits- und Denkspielen gegeneinander an. Regisseur war wieder Truck Branss.
Nachdem bereits *Das Kreuzworträtselspiel* gefloppt war, misslang auch die Nachfolgesendung auf Anhieb, und schon zur zweiten Ausgabe gab es erhebliche Änderungen am Konzept – eine bereits produzierte Folge nach dem alten Konzept wurde nie ausgestrahlt. Dennoch verschwand auch *4 gegen 4* nach vier Sendungen.

VIER GEGEN WILLI   ARD
1986–1989. Große Samstagabendshow mit Mike Krüger, in der zwei Familien in verrückten Spielen gegeneinander antreten.
Als besonderen Gag bringen die Familien ihre komplette Wohnzimmereinrichtung mit und sitzen während der Sendung quasi »zu Hause«. Das Maskottchen der Show, der Hamster Willi, entscheidet das Schlussspiel. Er sitzt in einem Feld mit drei Ausgängen. Die Familien verteilen Schilder mit Währungen von D-Mark bis Lire auf die verschiedenen Ausgänge und gewinnen, je nach Wahl des Hamsters, entsprechend viel oder wenig. Krügers Kommando zuvor lautet: »Willi go!«
Die Show hatte hohe Zuschauerzahlen, löste jedoch Proteste wie kaum eine andere Sendung aus, weil sie nicht davor zurückschreckte, ohne Wissen der Familien auch mal deren Auto zu verschrotten, sie aber später ein neues gewinnen ließ. So gab es die

schöne Frage an den Kandidaten, ob er sein Auto unter anderen wiedererkennen würde – dann wurden ihm mehrere Haufen Schrott präsentiert. Ein andermal musste sich ein Familienvater einen Irokesenhaarschnitt verpassen lassen, um Punkte zu gewinnen, die Toten Hosen zertrümmerten das Wohnzimmer einer Kandidatenfamilie, und ein Mädchen musste durch eine halbnackte Eishockeymannschaft robben.

In den Showblöcken zwischen den Spielrunden traten hauptsächlich Rockbands auf. Durch diese Musik und die Spiele sprach die Show hauptsächlich ein jüngeres Publikum an, und die älteren ARD-Zuschauer saßen entsprechend verstört vor dem Fernseher und wussten nicht, wie ihnen geschah. Schon im November 1986 bekam Krüger wegen dem Mädchen zwischen den Eishockeymännern die »Saure Gurke« für die angeblich frauenfeindlichste Sendung im Fernsehen.

Nach den diversen Protesten wurde die Show entschärft, die bis dahin ihrer Zeit weit voraus war, dadurch aber auch ihres eigentlichen Reizes beraubt: Die neue Fassung war harmlos. Die Quoten sanken entsprechend; die Sendung wurde gegen den Willen Krügers abgesetzt. Der Erfinder der Sendung, Jochen Filser, wurde seiner Aufgaben beim Bayerischen Rundfunk entbunden und ging als Unterhaltungschef zu RTL, was angesichts von *Vier gegen Willi* konsequent war. Mit Bezug auf den Inhalt und Schlachtruf der Show nahm Mike Krüger als Parodie auf Falcos Song »Coming Home« den Titel »Willi Go« auf. Der Anrufsender 9Live griff das Hamsterspiel für einen PR-Gag im Jahr 2002 noch einmal auf.

4 GEGEN Z · ARD

2005. 13-tlg. dt. Kinder-Mysteryserie von Katharina Mestre, Regie: Klaus Wirbitzky.
Die Schwestern Karo (Jessica Rusch) und Leonie Lehnhoff (Carolyn McGregor) sowie die Brüder Otti (Jonas Friedebom) und Pinkas Sörensen (Kevin Stevan) erben von ihrer Großtante Hedda (Eva-Maria Hagen) ein Buch mit leeren Seiten und ziehen in ihr Haus in Lübeck. Dort treiben böse Mächte ein mysteriöses Spiel mit dem Buch, weshalb die Kinder gegen den finsteren Herrscher Zanrelot (Udo Kier) kämpfen und Lübeck beschützen müssen.
Lief samstags morgens und immer ein paar Tage später im KI.KA.

DIE VIER GERECHTEN · ZDF

1964. 24-tlg. britische Abenteuerserie nach Edgar Wallace (»The Four Just Men«; 1959).
Der amerikanische Reporter Tim Collier (Dan Daily), der britische Detektiv Ben Manfred (Jack Hawkins), der in Paris lebende amerikanische Anwalt Jeff Ryder (Richard Conte) und der italienische Hotelier Ricco Poccari (Vittorio de Sica) bekämpfen das Verbrechen.
In jeder der 25-minütigen Folgen kämpfte nur jeweils einer der vier für die Gerechtigkeit; die Hauptdarsteller traten also abwechselnd auf. Die Serie lief in der Regel mittwochs um 19.00 Uhr und war schwarz-weiß.

VIER HEXEN GEGEN WALT STREET · PRO SIEBEN

1996–1997. 26-tlg. brit.-frz. Zeichentrickserie für Kinder (»Little Witches«; 1995).
Die gute Hexe Sherilyn und ihre Schülerinnen Chloé, Marie und Lulu bekämpfen den größenwahnsinnigen Geschäftsmann Walt Street.

4 IM REVIER · RTL

1988–1992. 21-tlg. dt. Doku-Soap, die das Leben von vier Menschen, die von der Schließung der letzten Zechen im Aachener Steinkohlerevier betroffen sind, über fünf Jahre begleitet. Die halbstündigen Folgen liefen im Fensterprogramm »Kanal 4«.

VIER KRIEGSHERREN GEGEN HITLER · ARD

2001. 4-tlg. Geschichtsdoku über Generäle, die im Zweiten Weltkrieg gegen Hitler kämpften: der Franzose Charles de Gaulle, der Amerikaner George S. Patton, der Sowjetrusse Georgi Konstantinowitsch Schukow und der Brite Bernard Montgomery.
Die Folgen waren 45 Minuten lang und liefen donnerstags um 21.45 Uhr.

VIER MAL HERMAN · ARD, SUPER RTL

1993–1995 (ARD); 1997 (Super RTL). 72-tlg. US-Sitcom von Andy Guerdat und Steve Krienberg (»Herman's Head«; 1991–1994).
Herman Brooks (William Ragsdale) arbeitet in der Dokumentationsabteilung eines Verlags und führt sonst ein normales Singleleben. Vor jeder noch so kleinen Entscheidung, die er treffen muss, spielen sich in seinem Kopf wahre Kämpfe ab, deren Zeuge der Zuschauer wird. Da versuchen Hermans Lust (Ken Hudson Campbell), seine Angst (Rick Lawless), sein Gefühl (Molly Hagan) und sein Verstand (Peter MacKenzie) sich gegenseitig auszustechen. Hermans Kollegen außerhalb seines Kopfes sind Heddy Thompson (Jane Sibbett), die Sekretärin Louise Fitzer (Yeardley Smith), sein Chef Mr. Bracken (Jason Bernard) und sein bester Freund Jay Nichols (Hank Azaria).
Die ARD zeigte 54 Folgen der originellen Comedy dienstags um Mitternacht. 18 neue Folgen bei Super RTL trugen den Titel *Vier für Herman,* unter dem später alle 72 Episoden wiederholt wurden.

4 + 4 = WIR · ZDF

1977–1978. Halbstündige Spielshow mit Dietmar Schönherr, in der vier frisch verheiratete Paare Übereinstimmungstests bestehen müssen. War eine Neuauflage von Peter Frankenfelds Show *Sie und Er im Kreuzverhör* und beruhte ebenfalls auf dem US-Format »The Newlywed Game«.
Lief ungefähr monatlich im Vorabendprogramm.

VIER UNTER EINEM DACH · ARD

1993. 13-tlg. US-Sitcom von Paul Perlove (»Walter & Emily«; 1991–1992).

Die grantigen Großeltern Walter (Brian Keith) und Emily Collins (Cloris Leachman) wohnen mit ihrem Sohn Matt (Christopher McDonald), einem geschiedenen Sportjournalisten, und dessen elfjährigem Sohn Zack (Matthew Lawrence) im gleichen Haus. Zacks bester Freund Hartley (Edan Gross) geht bei den Collins' ein und aus.
Lief am frühen Sonntagnachmittag.

VIER WIE WIR   ZDF
1997. 13-tlg. dt. Sitcom.
Die befreundeten Ehepaare Sonja (Myriam Stark) und Robert Merkelbach (Joachim Nimtz) und Erika (Barbara Schöne) und Fred Steinmetz (Wolf-Dieter Berg) sind Nachbarn in einem Doppelhaus. Obwohl sie gern ihre Freizeit miteinander verbringen, bricht immer mal wieder ein gehöriger Nachbarschaftsstreit aus, meist um Nebensächlichkeiten.
Die 25-Minuten-Folgen liefen auf dem Sitcom-Platz des ZDF am späteren Sonntagabend.

413 HOPE STREET –
EINE CHANCE FÜR DIE HOFFNUNG   KABEL 1
2001. 10-tlg. US-Problemserie von Damon Wayans (»413 Hope Street«; 1997–1998).
Der Anwalt Phil Thomas (Richard Roundtree) ist der ehrenamtliche Leiter eines Krisenzentrums für Jugendliche in Manhattan, das Hilfs- und Rehabilitierungsprogramme anbietet. Sein Sohn ist ermordet worden, und er hat es mit ansehen müssen. Andere Berater sind Juanita Harris (Shari Headley), Antonio Collins (Jesse L. Martin), Sylvia Jennings (Kelly Coffield), Nick Carrington (Michael Easton) und Morgan Washinton (Rosey Brown) an der Rezeption. Carlos Martinez (Vincent Laresca) war drogenabhängig und hat eine kleine Tochter, die von Juanita adoptiert wird. Melvin Todd (Karim Prince) und Quentin Jefferson (Stephen Berra) sind HIV-infiziert und verbringen viel Zeit in dem Zentrum. Antonios Frau Angelica (Dawn Stern) wird später die neue Tanzlehrerein.
Alle dreiviertelstündigen Folgen liefen tief in der Nacht. Serienerfinder Damon Wayans drehte später die Sitcom *What's Up, Dad?*

DIE VIERSTEINS   PRO SIEBEN
1995–1997. 32-tlg. dt. Comedyserie.
Der schlichte Tankstellen- und Werkstattbesitzer Adam Vierstein (Friedrich-Karl Praetorius; ab Folge 21: Andreas Rüdiger) und seine vornehme Frau Eva (Maria Bachmann) haben drei hochintelligente Kinder: den technisch begabten Teenager Albert (Sebastian Klug), die musikalische Romy (Shira Fleisher) und Moritz (Mitja Daniel Krebs), der Jüngste, der sich alles merken kann. In Folge 5 zieht auch noch Onkel Theo (Philipp Sonntag) ein. Der ist zwar faul, aber einfallsreich, jedoch wiederum nicht erfolgreich. Gisela Oechsler-Bartsch (Sabine Knoll) und ihre Kinder Klaus (Oliver Lettera) und Susu (Nadja Poluszny) sind die Nachbarn der Viersteins.
Die Viersteins war die erste eigenproduzierte Sitcom von Pro Sieben. Die erste Staffel lief ohne großen Erfolg sonntags am Vorabend. Auch einer zweiten Staffel, die es mit überdrehteren Charakteren und Geschichten und dem freitäglichen Vorabend als Sendeplatz versuchte, erging es nicht besser.

24   RTL 2
→ 24 (Twenty Four)

24 STUNDEN   SAT.1
Seit 1993. Reportagereihe. Mehrere Kamerateams berichten anhand eines Zeitraums von 24 Stunden über dramatische oder unterhaltsame Ereignisse und Zustände.
Die erste Sendung beschäftigte sich mit der »Drogenhölle von Bremen«: Hinrich Lührssen und Christoph Weinert begleiteten sowohl eine Drogenabhängige als auch Drogenfahnder. Die Polizisten Thorsten Heim und Thomas Weinkauf, deren Arbeit in mehreren Reportagen dokumentiert wurde, erreichten eine hohe Popularität und bekamen als *Toto und Harry* ihren eigenen Spin-off.
Lief an verschiedenen Tagen meist nach 23.00 Uhr, ab 2003 montags schon um 22.15 Uhr. Die Reihe erhielt 1999 den Deutschen Fernsehpreis in der Kategorie Beste Reportage für »24 Stunden: Endstation Wien/Leichen in der Sensengasse«.

14.15 UHR   ZDF
1995–1996. Jugendmagazin mit Antje Maren Pieper und Oliver Geissen.
Die Mischung aus Musik, Talk und Spielen mit dem Publikum wurde von der Internationalen Funkausstellung 1995 und der CeBit Electronics 1996 gesendet. Der Titel entsprach der Anfangszeit.

DIE 40 JAHRE SHOW   ZDF
2003. Zum 40. Geburtstag des ZDF präsentierte Kai Böcking sechs 45-Minuten-Shows von der Internationalen Funkausstellung in Berlin, in der auf die Höhepunkte des Programms der vergangenen Jahrzehnte zurückgeblickt wurde, sortiert nach Genres. Gesendet wurden die Shows nachts.

VILMA UND KING   ARD
1961–1966. 30-tlg. US-Jugendserie nach dem Roman von Enid Bagnold (»National Velvet«; 1960–1962).
Die kleine Vilma (Lori Martin) träumt davon, mit ihrem Pferd King an dem berühmten Hindernisrennen Grand National teilzunehmen. Sie lebt mit ihren Eltern Martha (Ann Doran) und Herbert (Arthur Space), ihrem jüngeren Bruder Donald (Joseph Scott) und ihrer älteren Schwester Edwina (Carole Wells) auf einer kleinen Farm. Der Farmarbeiter und ehemalige Jockey Mi Taylor (James McCallion) hilft beim Training.
Die Episoden waren 25 Minuten lang und liefen unregelmäßig an wechselnden Sendeplätzen. In der Originalfassung war Vilmas Name Velvet, was den Originaltitel »National Velvet« erklärt. Der Roman aus

dem Jahr 1935 war bereits 1944 fürs Kino verfilmt worden und hatte die zwölfjährige Hauptdarstellerin Elizabeth Taylor zum Kinderstar gemacht. Die 19-jährige Angela Lansbury hatte ihre Schwester gespielt. In Deutschland wurde der Film unter dem Titel »Kleines Mädchen, großes Herz« gezeigt.

VINCENT VINCENT ARD
1990. 6-tlg. dt. Krimiserie.
Schon seine Eltern können nicht ganz dicht gewesen sein. Sonst hieße er ja nicht Vincent Vincent (Felix von Manteuffel). Jedenfalls ist es vermutlich nicht Vincent Vincents Schuld, dass auch er ein Trottel ist. Er arbeitet als Versicherungsdetektiv im Auftrag von Annette von Berkowitz (Louise Martini), lebt auf einem Hausboot und schreibt nebenbei einen Roman, der jedoch nie erscheint, weil die kurzlebige Serie vorher endete.
Die einstündigen Folgen liefen am Vorabend.

V.I.P. ZDF
2000–2001. »Stars und Storys«. 50-minütiges Starmagazin mit Nina Ruge, das mit einer wöchentlichen Ausstrahlung samstags um 19.25 Uhr begann, als regelmäßige Reihe aber nach nur fünf Wochen abgesetzt wurde. Danach folgten zu besonderen Anlässen noch einige wenige Specials in unregelmäßigen Abständen.

V.I.P. – DIE BODYGUARDS SAT.1
1999–2002. 66-tlg. US-Actionserie von J. F. Lawton (»V.I.P.«; 1998–2002).
»V.I.P.« steht für »Vallery Irons Protections« und ist eine Bodyguard-Agentur, die die schöne Vallery Irons (Pamela Anderson) leitet. Die schöne Tasha Dexter (Molly Culver) und die schöne Nikki Franco (Natalie Raitano) arbeiten mit ihr zusammen. Gemeinsam ballern und prügeln sie sich durch die Gegend und bringen dabei Bösewichter zur Strecke und Dinge zur Explosion. All das tun sie nur, weil die Wurstverkäuferin Valerie einmal versehentlich einen Fernsehstar vor einem Attentat gerettet hat und alle es für Absicht hielten. Seitdem macht sie das eben beruflich. Zum Team gehören auch der Ex-Boxer Quick Williams (Shaun Baker) und die Sekretärin Kay Eugenia Simmons (Leah Lail).
Pamela Anderson war zuvor zum Star der Serie *Baywatch* avanciert. Um sie und ihre besonderen Talente herum war die neue Serie gestrickt, die zeigte, dass man auch an Land wenig anhaben kann und dass die dünne Handlung nicht durch Schauspieler wettgemacht werden kann, wenn gar keine Schauspieler mitspielen. Aber darum ging es nicht, solange es nur ordentlich rummste und wogte.
Die einstündigen Folgen liefen erst am Sonntag-, dann am Samstagnachmittag. Die 22 Folgen der vierten Staffel wurden bisher nicht in Deutschland gezeigt.

V.I.P.-SCHAUKEL ZDF
1971–1980. Promimagazin mit Margret Dünser, die Einblicke in das Privatleben der internationalen Prominenz erhält und gewährt. Dünser besucht, interviewt und porträtiert in vier bis fünf Beiträgen pro Sendung die Wichtigen auf allen Kontinenten, meistens in Amerika. Regie: Edgar von Heeringen.
Die *V.I.P.-Schaukel* bestand nicht aus dem unreflektierten Glamourparty-Tourismus, der die Promimagazine ab den 90er-Jahren prägte; hier wurde man noch von Mitteilungen verschont, welche Frauen gerade schwanger sind und wer mit wem knutscht. Die österreichische Journalistin Dünser, die fließend englisch, französisch und italienisch sprach, besuchte die Stars meistens zu Hause, stellte sich auf sie und ihr Umfeld ein, war immer höflich, aber hartnäckig, ging bei den Gesprächen in die Tiefe und erreichte auf diese Weise, dass sich die Stars öffneten, den PR-Text vergaßen und von ihren Ängsten und Träumen redeten.
Sie bekam Termine bei Prominenten, die Interviews sonst scheuten. Die Bandbreite war enorm; sie umfasste Filmstars (John Wayne, Anthony Quinn, Jerry Lewis, Peter Ustinov, Jack Lemmon, Marcello Mastroianni, Shirley MacLaine, Louis de Funès, Bob Hope und Regisseur Alfred Hitchcock), Aristokraten (den König von Nepal, das Königspaar von Thailand, Prinz Bernhard der Niederlande, Prinz Louis Ferdinand von Preußen), Politiker (Ronald Reagan, Edward Kennedy, Kurt Waldheim, Francisco Franco, Nelson Rockefeller), Schriftsteller (Truman Capote, John Osborne, Eugène Ionesco), Künstler (Salvador Dalí) und Menschen, die auf andere Weise Einfluss erlangt hatten, sei es durch brillante Geschäftsideen, Firmenimperien oder Verwandtschaft. Nicht alle waren prominent, manche auch nur wichtig, aber nichts anderes besagt der Begriff V.I.P. (»Very Important Person«).
Die Liste der porträtierten Prominenten in einer typischen Sendung sah so aus: der Millionenbetrüger Bernie Cornfeld, Omar Sharif, die asiatischen Brüder Shaw, die durch ihr Filmstudio Millionen gemacht hatten, Lassie und die Tochter von Hedwig Courths-Mahler (Sendung vom 7. August 1974). Mussolinis Witwe erzählte, dass der Duce spurte, wenn sie befahl, vor allem wenn das Essen auf dem Tisch stand. Über seine Affären sagte sie: »Wenn die Frauen ihm hinterhergelaufen sind, was sollte er denn tun, der arme Kerl? Wegen der Frauen hat man Mussolini angegriffen. Und wegen dem Bündnis mit Hitler natürlich.« Tennessee Williams sagte den einzigen Satz, den er in deutscher Sprache beherrschte: »Ficken ist gesund.« Und Zsa Zsa Gabor teilte mit, sie sei Jahre nicht in Deutschland gewesen, vielleicht finde sie ja dort den richtigen Mann.
Margret Dünser selbst hielt sich im Hintergrund. Sie kommentierte ausschließlich aus dem Off und war in den Filmbeiträgen allenfalls kurz beim Händeschütteln oder während des Gesprächs von hinten zu sehen. Im Kommentar hob sie die Vorzüge ihrer Interviewpartner hervor, ging aber auch auf Schwächen und Misserfolge ein. Im Falle Zsa Zsa Gabors erwähnte sie deren Speckröllchen, dass sie

nie auf der Bühne oder in Filmen wirkliche Leistungen gezeigt habe und dass ihr Alter, irgendwo über 50, »von Experten errechnet« wurde. Rita Hayworth attestierte sie: »Ihre Patina ist nicht echt«, und zitierte aus der »Los Angeles Times«: »Rita Hayworth ist nicht tot. Sie lebt auch nicht in Europa. Man hat sie bloß vergessen.« Dünser meinte das nie böse oder reißerisch, sie schilderte nur ehrlich ihre gewonnenen Eindrücke.

Zu Beginn der meisten Beiträge fuhr die Kamera über die Städte und Gegenden, in denen die Stars wohnten (quasi die Anreise zum nächsten Ziel). Währenddessen erzählte Dünser etwas über die Stadt und über die Herkunft ihres nächsten Gesprächspartners. Wegen ihrer vielen Flugreisen nannte man sie »Düsen-Dünser«.

Die Sendung war anfangs eine Stunde und ab 1973 noch 45 Minuten lang und lief sechs bis acht Mal jährlich an verschiedenen Sendeplätzen, aber immer im Abendprogramm. Es war das erste Prominentenmagazin seiner Art. Viele folgten, bessere nicht. Im Juni 1980 starb Dünser nach längerer Krankheit im Alter von nur 53 Jahren. Noch vom Krankenhaus aus sprach sie den Off-Kommentar zur letzten Folge mit Robert Redford und Dustin Hoffmann.

Eine Schaukel kam nicht vor. Nachfolgesendung wurde zwei Jahre später *exklusiv*.

VIPER   PRO SIEBEN

1995–2000. 79-tlg. US-Actionserie von Paul de Meo und Danny Bilson (»Viper«; 1994–1999).

Der Wissenschaftler Julian Wilkes (Dorian Harewood) konstruiert das Hightech-Auto »Viper«, das als Superwaffe gegen die wachsende Kriminalität in Metro City eingesetzt wird. Der Ex-Kriminelle Michael Payton bekommt die neue Identität Joe Astor (James McCaffrey) und wird der Fahrer des Wagens. Dritter im Team ist der Mechaniker Frankie Waters (Joe Nipote). Nur er bleibt ab Folge 13 übrig, und Cameron Westlake (Heather Medway) und Allie Farrel (Dawn Stern) kommen zum Team. Neuer Fahrer wird der Ex-CIA-Mann Thomas Cole (Jeff Kaake). Bei einem späteren Einsatz wird Viper zerstört, Cole und Westlake werden versetzt, und Catlett und Frankie holen in Folge 57 Joe Astor als Fahrer zurück.

Lief anfangs sonntags um 18.00 Uhr, ab der zweiten Staffel samstags oder sonntags am Nachmittag.

VIRGINIE   SAT.1

1984. 6-tlg. frz. Comedyserie von Marcel Mithois, Regie: Bernard Queysanne (»Les 400 coups de Virginie«; 1979).

Das Ehepaar Virginie (Anicée Alvina) und Paul Lecharme (Yves-Marie Maurin) hält Virginies Tante Estelle (Françoise Morhange) auf Trab.

Aus drei spielfilmlangen Folgen wurden in der deutschen Fassung sechs mit halber Länge. Sie liefen samstags nachmittags in Sat.1, als Sat.1 noch PKS hieß. In der Serie *Paul und Virginie* geht es ebenfalls um einen Paul, eine Virginie und eine Tante, das sind aber die einzigen Gemeinsamkeiten.

VIRTUAL REALITY – KAMPF UMS ÜBERLEBEN   VOX

2002. 9-tlg. US-Fantasyserie nach den Comics von James D. Hudnall und Andrew Paquette (»Harsh Realm«; 1999–2000).

Lieutenant Thomas Hobbes (Scott Bairstow) sitzt neun Folgen lang in einem komatösen Zustand herum. Im Grunde ist das die Handlung, doch währenddessen ist er gezwungen, »Harsh Ream« zu spielen, eine vom Pentagon hergestellte Computersimulation der Welt, in der beispielsweise New York einem atomaren Anschlag zum Opfer gefallen ist. Leider hat die Regierung die Kontrolle über die Simulation verloren, und so muss Hobbes jetzt den bösen Herrscher Omar Santiago (Terry O'Quinn) besiegen, an dem schon Mike Pinocchio (D. B. Sweeney) gescheitert ist, der Hobbes jetzt hilft. Alles virtuell natürlich. Hobbes' Verlobte Sophie Green (Samantha Mathis) sucht ihren Zukünftigen unterdessen, denn sie hat keine Ahnung, dass er gerade irgendwo in einem Sicherheitstrakt komatös herumsitzt.

Die einstündigen Folgen liefen nachts.

VIS À VOX   VOX

1993. Tägliche Talkrunde mit 15-minütigen Gesprächen. Lief zunächst um 19.15 Uhr, ab Ende Juni 1993 gegen 22.00 Uhr.

VISITOR – DIE FLUCHT AUS DEM ALL   PRO SIEBEN

1999. 13-tlg. US-Science-Fiction-Serie von Roland Emmerich (»The Visitor«; 1997–1998).

50 Jahre nach seinem Verschwinden im Bermudadreieck taucht Air-Force-Pilot Adam McArthur (John Corbett) als Pilot eines UFOs wieder auf – und ist kein Stück älter geworden. Er war damals von Außerirdischen entführt worden, die ihm nun Superkräfte gegeben haben, mit deren Hilfe er die Menschheit vor der Selbstzerstörung retten soll. Seine übernatürlichen Fähigkeiten machen ihn zum Ziel von FBI und Militär, vor denen er fortan auf der Flucht ist. Währenddessen nutzt er seine Fähigkeiten dazu, Gutes zu tun. Auf den Fersen sind ihm vor allem Offizier James Vise (Steven Railsback) und Douglas Wilcox (Grand L. Bush) vom FBI, außerdem der verrückte »Jäger« Michael Ryan (Adam Baldwin), der ebenfalls von Außerirdischen entführt wurde, aber nichts Gutes im Sinn hat.

Die Folgen liefen am Samstagnachmittag, zeitweise auch dienstags zur Primetime.

VIVA   RTL

1992. Halbstündiges Vormittagsmagazin um 11.00 Uhr mit Infos, Interviews und Service. Promis plauderten in Wohnzimmeratmosphäre über Unverbindliches, Martina Menningen und Eberhard Rohrscheidt moderierten gemeinsam.

VIVATGASSE 7   ARD

1982. 12-tlg. dt. Familienserie von Helmut Kissel, Regie: Imo Moszkowicz.

Die 30-jährige Konstanze Kolbe (Eleonore Weisgerber) eröffnet in der Vivatgasse 7 in Heidelberg ein Antiquitätengeschäft. In dem Studenten David B. Farley (John Howard) hat sie einen Helfer, aber auch einen hartnäckigen Verehrer.
Die Folgen dauerten 25 Minuten und liefen am Vorabend.

DIE VÖGEL IM PARK VON MEIJI JINGU ARD
1976. 6-tlg. frz.-jap. Models-nehmen-Rache-Serie von Jean Gruault und Ichirô Ikeda (»Les oiseaux de Meiji Jingu«; 1974).
Die aus Tokio stammende Yuki (Tomaka Ogawo) und die Französin Annie (Claudine Auger) arbeiten in Paris als Mannequins. Beide haben eine offene Rechnung mit Männern und beschließen, ihnen eine Lehre zu erteilen. Yuki lässt sich dazu mit Annies Freund ein, dem Fotografen Jean Vincent (Paul Guers), Annie macht sich umgekehrt an Yukis Ex-Freund Yamaoka (Hideaki Nitani) heran. Doch dann funkt die Liebe dazwischen.
Die halbstündigen Folgen liefen im regionalen Vorabendprogramm.

VOGEL UND OSIANDER ARD
1992. 8-tlg. dt. Krimiserie von Bernd Schwamm.
Zwei grundverschiedene Polizisten lösen gemeinsam Kriminalfälle in Düsseldorf. Der Einzelgänger Josef Vogel (Gerhard Olschewski) ist alt und desillusioniert, Familienvater Karl-Heinz Osiander (Alexander Hauff) jung und motiviert. Natürlich ergänzen sie sich total prima und arbeiten deshalb so effektiv. Ihr Chef ist Kriminalrat Gero Zickler (Klaus-Henner Russius). Oft arbeiten sie mit Staatsanwältin Elfriede Arbogast (Susanne Bentzien) zusammen. Karl-Heinz ist mit Heike (Christiane Rossbach) verheiratet; ihr Sohn heißt Patrick (Matthias Ruschke).
Die einstündigen Folgen liefen im regionalen Vorabendprogramm.

DIE VOGELSCHEUCHE ZDF
1983. 13-tlg. brit. Jugendserie nach den Büchern von Barbara Euphan Todd (»Worzel Gummidge«; 1979).
Die Vogelscheuche Wurzel Gummidge (Jon Pertwee) erwacht zum Leben und freundet sich mit den Kindern John (Jeremy Austin) und Sue (Charlotte Coleman) an. Gemeinsam mit dem Krähenmann (Geoffrey Bayldon) und der Holzpuppe Tante Sally (Una Stubbs) erleben sie viele Abenteuer.

DIE VOLKSTÜMLICHE HITPARADE IM ZDF ZDF
1990–2001. Einstündige Schunkelsendung mit Carolin Reiber.
Einmal im Monat donnerstags zur Primetime treten zwölf Stars der Volksmusik mit ihren aktuellen Liedern im Wettstreit gegeneinander an. Die Fernsehzuschauer entscheiden per TED über den Sieger. Die zwölf Monatssieger werden einmal im Jahr zur *Super-Hitparade der Volksmusik* eingeladen.
Nach fast zwölf Jahren und 125 Ausgaben wurde die Show Ende 2001 eingestellt. Reiber behielt ihre monatliche Volksmusiksendung aber, sogar auf dem gleichen Sendeplatz: An die Stelle der *Hitparade* trat einfach *Das ZDF-Wunschkonzert der Volksmusik*.

VOLL DANEBEN BR
1990. Halbstündige Sketch-Comedy-Show mit Diether Krebs.
Vier Jahre nach dem Ende von *SketchUp* kehrte Diether Krebs mit einem ähnlichen Format zurück. Er spielte die bewährten kurzen Sketche in schrägen Masken mit falschen Zähnen und dicken Brillengläsern und brachte Schenkelklopfer wie »Mein Name ist Rainer Hohn.« – »Sag ihn mir trotzdem.«
Anders als bei *SketchUp* hatte Krebs keine feste Sketchpartnerin mehr, sondern ein großes Ensemble, und es gab viele wiederkehrende Rollen, Rubriken und Running Gags: die beknackte Familie Ballerstaller mit Vater (Krebs), Mutter (Karin Heym), Sohn (Dominique Horwitz) und Nachbar Eddie (Peter Bongartz); Flugkapitän Pit Cock, »des Teufels Steuerknüppel« (Krebs), und Co-Pilot Manfred Musch (Tilo Prückner); der Koch Harry Hunger (Krebs); und die dicke Sängerin (Krebs mit Perücke und Abendkleid), die bei jedem Versuch den Text ihrer Lieder vermasselte und immer neue Varianten der »Capri-Fischer« und von »Ich bin von Kopf bis Fuß auf Liebe eingestellt« sang. Im Hintergrund saß dann ein genervter Pianist mit aufgeklebter Glatze. Der Pianist war der Liedermacher Ulrich Roski, der zugleich einer der Autoren der Reihe war. Die meisten Sketche schrieb Stefan Fuchs. Namensgeber für die beknackte Familie war ein weiterer Mitarbeiter der Sendung, Josef Ballerstaller.
Zu Beginn jeder Folge sprach Krebs mit seiner Mutter (ebenfalls Krebs), und ein Orchester spielte die Musik. Alle Orchestermusiker wurden ebenfalls von Diether Krebs dargestellt. Weitere Ensemblemitglieder waren Gerd Lohmeyer, Dieter Pfaff, Anja Schiller, Werner Kreindl und Klaus Barner; außerdem traten Prominente in Gastrollen auf, darunter Rex Gildo, der sich selbst auf den Arm nahm.
1991 wiederholte die ARD zwei einzelne Folgen, zeigte außerdem im Mai 1991 ein 40-minütiges Best-of und erreichte mit diesen Sendungen rund zehn Millionen Zuschauer, selbst eine Ausstrahlung um 22.40 Uhr sahen noch 7,5 Millionen. Ab 1992 wurden alle Folgen noch ein paar Mal auf dem regelmäßigen Sendeplatz dienstags um 21.05 Uhr gezeigt.

VOLL ERWISCHT ZDF
1994–1997. Abendshow, in der Prominente aufs Kreuz gelegt und mit versteckter Kamera gefilmt werden. Aus lizenzrechtlichen Gründen lief die Reihe zeitweise unter dem Titel *Versteckte Kamera*. Moderator war Fritz Egner, ab Mai 1996 Thomas Ohrner.
Am 10. April 1995 hatte das Team die nicht so gute Idee, Marianne Sägebrecht von Gerhard Schmitt-Thiel als Lockvogel in ein Restaurant einladen zu

lassen, ihr verschiedene Pilzgerichte zu servieren und ihr danach zu suggerieren, dass andere Menschen, die das Gleiche gegessen hatten, epileptische Anfälle oder einen Herzinfarkt erlitten hätten. Das wäre an sich schon erstaunlich heftig für eine kleine öffentlich-rechtliche Sendung, der eigentliche Skandal aber war, dass Sägebrecht gerade von der Beerdigung eines an Aids gestorbenen Freundes kam, was die Produzenten aber nicht davon abhielt, das Spiel und die Dreharbeiten fortzusetzen. Gezeigt wurde die Szene nicht, eine Strafanzeige wegen »Verletzung der Vertraulichkeit des Wortes« zog Sägebrecht zurück, nachdem der Sender sich bereit erklärte, Geld für ihre Arbeit mit Aidskranken zu zahlen.

VOLL TOTAL   SUPER RTL
Seit 2003. Einstündige Comedyshow mit Dirk Penkwitz, der montags bis donnerstags um 22.15 Uhr vermeintlich lustige Ausschnitte aus täglichen Talkshows vor allem von RTL zeigte. Der Name der Sendung war entweder eine Anspielung auf Stefan Raabs *TV Total* oder ein billiger Abklatsch.

VOLL WITZIG   SAT.1
1999–2000. Halbstündige Comedy-Spielshow.
Ein aus wechselnden Prominenten bestehendes vierköpfiges Rateteam musste sich »spontan« lustige Kommentare zu Zeitungsüberschriften ausdenken, was exakt so witzig war wie der Titel der Sendung, dafür kein Stück spontan. So war es noch einer der unterhaltsameren Momente, als das Handy von Tommy Wosch in dessen Jackentasche klingelte und er unauffällig versuchte, es abzustellen.
Feste Köpfe des Panels waren Markus Maria Profitlich und Mirco Nontschew. Moderator Ralf Günther (der im Hauptberuf u. a. die *Wochenshow* produzierte) wurde ab der dritten Sendung durch Ingolf Lück ersetzt, der Sendetermin kurz darauf von Montag 21.15 Uhr auf Sonntag gegen 22.00 Uhr verlegt. Ab Herbst 2000 liefen neue Folgen freitags um 22.45 Uhr.

VOLLE KANNE – SERVICE TÄGLICH   ZDF
Seit 1999. Verbrauchermagazin, jeden Werktag um 9.05 Uhr, mit Tipps und Berichten zu den Themen Gesundheit, Kochen, Mode, Styling, Schönheit und Reise. Dazu kommt jeden Morgen ein mehr oder weniger prominenter Studiogast zum Frühstücken und Plaudern vorbei.
Die Sendung war zunächst halbstündig, hieß *Volle Kanne, Susanne ...*, und Susanne Stichler war die einzige Moderatorin. Anfang 2000 wurde sie auf eine Stunde verlängert, und Stichler moderierte die nach ihr benannte Sendung fortan im Wechsel mit Henning Quanz, ab Januar 2001 auch mit Ingo Nommsen. Im August 2001 kam auch noch Stephanie Schmidt dazu.
Kurz danach beschloss das ZDF, der Sendung den neuen Namen *Volle Kanne – Service täglich* zu geben, und so hieß sie dann ab Dezember 2001. Quanz war jetzt nicht mehr dabei. Ab September 2003 ersetzte Andrea Ballschuh Susanne Stichler und moderierte nun im Wechsel mit Nommsen. Schmidt machte nur noch einzelne Sendungen. Anfang November verlängerte das ZDF die Sendezeit erneut, jetzt auf 85 Minuten bis 10.30 Uhr, und integrierte das gerade abgesetzte Gesundheitsmagazin *Praxis täglich* mit Dr. Günter Gerhardt als ständige Rubrik. Armin Roßmeier kochte.
Anders als der peinliche Titel suggeriert, ist die Sendung übrigens durchaus ansehnlich.

VOLLE KANNE, SUSANNE ...   ZDF
→ Volle Kanne – Service täglich

VOLLGAS   ZDF
1965. »Abenteuer mit schnellen Wagen und schweren Jungs«. 13-tlg. US-Abenteuerserie (»Straightaway«; 1961–1962).
Scott Ross (Brian Kelly) und Clipper Hamilton (John Ashley) betreiben gemeinsam eine Autowerkstatt, in der sie Rennwagen entwerfen, bauen und reparieren. Scott kümmert sich hauptsächlich um das Design der Autos, Clipper schraubt sie zusammen. Immer wieder werden beide in Abenteuer verwickelt. Wenn der Rennsport das nicht hergibt, ist es bestimmt ein Kriminalfall.
Die halbstündigen Folgen liefen montags.

VOM GLÜCK VERFOLGT   ARD
1987–1988. 6-tlg. österr. Glücksserie von Silke Schwinger und Fritz Schindlecker.
Der Finanzbeamte Hans Pokorny (Peter Hofer) wird durch einen Lottogewinn zum Millionär. Er versucht, den ungewohnten Reichtum auszunutzen, und tritt eine Kreuzfahrt an. Zunächst fällt er in der Ersten Klasse auf, weil man ihm anmerkt, dass ihm das Umfeld fremd ist, doch dann macht er sich Freunde, als er auf dem Schiff einen Diebstahl aufklärt.
Die Folgen dauerten 45 Minuten und liefen samstags nachmittags.

VOM WEBSTUHL ZUR WELTMACHT   ARD
1983. 6-tlg. dt. Familiensaga von Leopold Ahlsen, Regie: Heinz Schirk.
Die Geschichte der Fugger beginnt mit dem schwäbischen Weber Hans Fugger (Dieter Traier), der sich im 14. Jh. in Augsburg niederlässt. Er hat zwei Söhne: Andreas (Vladimir Matejcek) und Jakob (Lutz Mackensy). Der Aufstieg zur weltberühmten Dynastie nimmt knapp ein Jahrhundert später seinen Anfang mit Jakob II. (Ernst Jacobi), der später den Spitznamen »Der Reiche« erhält. Er heiratet Sybille Arzt (Joseline Gassen). Durch Geschäftssinn und skrupellose politische Strategien und Schulterschlüsse wird er Herr über ein Bankenimperium, zu dessen Kunden der Kaiser und der Papst gehören.
Sein Reichtum ermöglicht es ihm, bei der anstehenden Kaiserwahl die wahlberechtigten Kurfürsten zu bestechen, die auf seinen Willen hin den Habsburger Karl V. zum Kaiser des Römischen Reichs wählen. Der hat nämlich Schulden bei Jakob, und so hat

Jakob den Kaiser in der Hand. Diese Art von Politik macht ihn beim Volk allerdings nicht sonderlich beliebt. Anton Fugger (Dietrich Mattausch), der Sohn von Jakobs Bruder Georg (Klaus Mikoleit), führt nach Jakobs Tod die Geschäfte erfolgreich weiter. Der Abstieg des Fugger-Imperiums setzt mit Antons Neffen Hans Jakob (Rainer Goernemann) ein.

Die Reihe basierte in erster Linie auf der historischen Familie Fugger und in zweiter auf Günter Oggers Buch »Kauf dir einen Kaiser«. Die einstündigen Folgen liefen montags um 20.15 Uhr.

VOM ZAUBER DES TANZES　　　ZDF

1981. 6-tlg. Serie über die Geschichte des Bühnentanzes. Durch die Sendung tanzt und führt Margot Fonteyn.

VON COWBOYS, SHERIFFS UND BANDITEN　　ZDF

1972–1973. 52-tlg. US-Westernserie. Falsch. Eigentlich gleich vier US-Westernserien aus den Jahren 1959 und 1960 fasste das ZDF unter diesem Oberbegriff zusammen. Die Folgen der verschiedenen Reihen waren jeweils 25 Minuten lang und liefen abwechselnd, aber ohne festen Rhythmus mittwochs im Vorabendprogramm.

Im Einzelnen:

»The Westerner« (sechs Folgen): Der Reisende David Blassingame (Brian Keith) zieht durch den Westen, sucht einen Platz zum Bleiben und setzt sich unterwegs für das Gute ein. Der zugelaufene Hund Brown ist immer dabei. Unterwegs trifft David regelmäßig auf den Gauner Burgundy Smith (John Dehner).

»Law Of The Plainsman« (13 Folgen): Der Apache-Indianer Sam Buckheart (Michael Ansara) ist Hilfsmarshal in Santa Fe. Marshal Morrison (Dayton Lummis) ist sein Boss, Billy Lordan (Robert Harland) ein Kollege. Sam adoptiert das Waisenkind Tess Logan (Gina Gillespie) und lebt mit ihr in einem Haus, das Martha (Nora Marlowe) gehört.

»Black Saddle« (15 Folgen): Der ehemalige Revolverheld Clay Culhane (Peter Breck) ist jetzt Rechtsanwalt und hat dem Waffengebrauch abgeschworen. So versucht er gewaltfrei für Ordnung zu sorgen und hat immer ein Gesetzbuch dabei. Gib Scott (Russell Johnson) ist der örtliche Marshal, die Witwe Nora Travers (Anna Lisa) betreibt das »Marathon Hotel«.

»Johnny Ringo« (18 Folgen): Johnny Ringo (Don Durant) war früher ein berüchtigter Revolverheld und ist jetzt Sheriff von Velardi, Arizona, immer bewaffnet mit einer doppelläufigen Pistole. Cully (Mark Goddard) ist der junge Deputy, Laura (Karen Sharpe) Johnnys Freundin und der alte Ladenbesitzer Case Thomas (Terende de Marney) deren Vater. »Johnny Ringo« basierte auf wahren Begebenheiten und wurde von Aaron Spelling produziert, der später mit Soaps wie *Der Denver-Clan* und *Beverly Hills, 90210* reich und berühmt wurde.

VON DER NATUR DES MENSCHEN　　　ZDF

1978–1983. Doku-Reihe von Irenäus Eibl-Eibesfeldt und Hans Hass.

In mehreren Staffeln beobachteten die beiden Forscher indigene Völker, z. B. die Eipo in Neuguinea, und bemühten sich, möglichst authentische Bilder von deren Verhalten zu bekommen. Zu diesem Zweck benutzte Hass ein spezielles Spiegelobjektiv, das scheinbar vom Filmgegenstand weg gerichtet ist, sodass sich der Gefilmte unbeobachtet fühlt. Das hatte den gleichen Effekt wie eine versteckte Kamera, nur musste man nicht umständlich die Kamera verstecken.

VON EINEM, DER AUSZOG　　　ZDF

1985–1986. 6-tlg. Jugendserie von Eberhard Pieper nach einer Idee von Michael Molsner.

Den Jungen Mark (Daniel Hajdu) zieht es in die weite Welt: zu seiner Mutter nach Hamburg. Ursula (Judy Winter) lebte bisher allein dort, getrennt von Marks Vater und der Familie. Ihr Beruf – sie arbeitet beim Film – ist für Mark eine ganz neue Welt, die ihn rasch fasziniert.

Die halbstündigen Folgen kamen aus der Kirchenredaktion und liefen am späten Mittwochnachmittag.

VON FALL ZU FALL　　　ZDF

→ Stubbe – Von Fall zu Fall

VON HERZ ZU HERZ　　　SAT.1

1991. Halbstündige Volksmusikshow mit Ramona Leiß und Gästen am frühen Sonntagabend.

VON LIEBE KEINE REDE　　　ZDF

1971. 13-tlg. dt. Abenteuerserie von Heinz Bothe-Pelzer und Hans Peter Renfranz, Regie: Wolfgang F. Henschel.

Der Student Rex (Stefan Behrens) verbringt seine Semesterferien in Ungarn mit den Abiturientinnen Bibi (Monika Lundi) und Cotta (Ulrike Blume). In einer »Ente« fahren die drei durch die Gegend, haben Spaß, bewältigen Schwierigkeiten, genießen den Sommer und flirten im Dreieck.

Die halbstündigen Folgen liefen freitags am Vorabend. Die Serie basierte auf dem Jugendroman »Die Oder gluckste vor Vergnügen« von Rolf Ulrici. Darin waren die Akteure noch mit Fahrrädern unterwegs. Das Buch wurde im Ausland oft im Unterricht für Schüler eingesetzt, die Deutsch als Fremdsprache lernten, weil man für das Verständnis keinen sonderlich großen Wortschatz benötigte.

VON MELODIE ZU MELODIE　　　DFF

1958. Schlagerwettbewerb mit Margot Ebert.

In jeder Sendung werden live aus Berlin fünf neue Schlager von DDR-Komponisten vorgestellt, aus denen die Zuschauer per Post denjenigen wählen, sie wiederhören möchten. Gleichzeitig schätzen sie, wie viele Zuschauer sich an der Wahl beteiligen werden, und können Geldpreise gewinnen. In der ersten Sendung gewann der Schlager »Ich brauche so viel Zärtlichkeit«, gesungen von Jenny Petra, komponiert von Alo Koll.

Anliegen der Show war es laut Programmankündigung, »unsere Schlagerkomponisten und ihre Musenkinder populär« zu machen. Die Reihe brachte es nur auf vier Sendungen und wurde später unter gleichem Titel, aber mit völlig neuem Konzept wiederbelebt.

VON MELODIE ZU MELODIE DFF
1960–1964. Musiksendung, die populäre Schlager und bekannte Operettenmelodien zu jeweils einem Thema in passenden Bühnenbildern aufwendig in Szene setzte. Häufig kam das Fernsehballett zum Einsatz. Die Sendung wurde ohne Studiopublikum produziert und zunächst von wechselnden Moderatoren präsentiert. Ab Juli 1961 wurde Christine Laszar ständige Moderatorin, teilweise mit dem Chansonsänger Gerry Wolff an ihrer Seite.

Zum Abschluss der Reihe zeigten Laszar und Wolff im Juli 1964 unter dem Titel »Verlorene Melodie« noch einmal Ausschnitte aus den 24 Sendungen und erzählten Anekdoten von der Arbeit. Wolff moderierte auch eine Nachfolgesendung namens »Der Melodie-Spiegel«, die allerdings beim Publikum durchfiel und es nur auf eine einzige Sendung im Februar 1965 brachte.

VON NULL AUF 42 ARTE
2004. »Sieben Nichtläufer auf dem Weg zum Marathon«. 3-tlg. Doku-Soap von Rolf Schlenker, Harold Woetzel und Marcus Vetter.

Ist ein bisher absolut unsportlicher Mensch nach einem Jahr Vorbereitung in der Lage, einen Marathon zu laufen? Ein Kamerateam des SWR begleitet sechs Menschen und einen Radiomoderator, die unter der Aufsicht des Arztes und früheren Weltklasseläufers Dr. Thomas Wessinghage ein entsprechendes einjähriges Trainingsprogramm absolvieren und am Ende tatsächlich am New York-Marathon teilnehmen.

Lief im April täglich bei arte und zwei Wochen später innerhalb einer Woche um 21.45 Uhr in der ARD. Die Serie ist auf DVD erschienen.

VON 0 UHR 1 BIS MITTERNACHT ZDF
1967. »Der abenteuerliche Urlaub des Detektivs Mark Lissen«. 13-tlg. dt. Krimiserie, Regie: Rudolf Nussgruber.

Der Detektiv Mark Lissen (John van Dreelen) löst im Auftrag der Pariser Interpol in ganz Europa Kriminalfälle. Eigentlich hat er gerade ein Jahr frei, nachdem er über Jahre unfreiwillig seinen Urlaub aufgespart hat, ist aber trotzdem dauernd im Einsatz, weil in seinen Hotels meistens irgendetwas passiert.

Die 25-minütigen Episoden liefen mittwochs um 18.55 Uhr.

VON POL ZU POL VOX
1993. 8-tlg. brit. Abenteuer-Doku von und mit Michael Palin (»Pole to Pole«; 1992).

Der Monty-Python-Komiker Michael Palin war bereits *In 80 Tagen um die Welt* gereist, damals horizontal, und beschloss nun, auch den vertikalen Weg zu nehmen. So stand er also am Nordpol und konfrontierte sich selbst mit zwei Fragen: Wie spät ist es? Egal! Zeitzonen beginnen erst unterhalb des Pols. Und: Wo bitte geht's nach Süden? Er wählte den Weg durch die Sowjetunion und Afrika und dokumentierte gewohnt locker seine oft anstrengenden Erlebnisse. Endlich am Südpol angekommen, demonstrierte er, dass es problemlos möglich ist, die Welt in acht Sekunden zu umrunden. In einer späteren Serie reiste Palin auch noch *Rund um den Pazifik*.

Die Folgen liefen samstags um 18.15 Uhr.

VOR DEM STURM ARD
1984. 6-tlg. dt.-österr. Literaturverfilmung von Herbert Asmodi nach dem Roman von Theodor Fontane, Regie: Franz Peter Wirth.

1812, kurz vor den Befreiungskriegen in Preußen: Bernd von Vitzewitz (Rolf Becker) plant einen Aufstand gegen die Franzosen. Sein Sohn Lewin (Daniel Lüönd) ist zunächst eher mit privaten Dingen beschäftigt: Er ist in Kathinka (Anne Canovas) verliebt, die Schwester seines Freundes Tubal Ladalinski (Christoph Moosbrugger), der wiederum an Lewins Schwester Renate (Constanze Engelbrecht) interessiert ist. Marie (Susanne Uhlen), eine Bürgerliche, liebt heimlich Lewin. Kathinka will den Grafen Bninski (Maxence Mailfort) heiraten. Als Vater Ladalinski (Karl-Heinz Vosgerau) Bniński ablehnt, weil er als polnischer Nationalist ein Gegner Preußens sei, flieht das Paar nach Polen.

Bernd von Vitzewitz organisiert mit Freiwilligen aus den umliegenden Dörfern und unterstützt von Berliner Verschwörern einen Sturm auf die französische Garnison in Frankfurt an der Oder. Der Angriff misslingt, es gibt viele Tote. Lewin kommt vorübergehend in Gefangenschaft, Tubal wird verletzt und stirbt auf Gut Vitzewitz im Beisein von Renate. Bernd von Vitzewitz akzeptiert die Heirat Lewins mit der bürgerlichen Marie. Der Aufstand ist gescheitert, bildet aber den Auftakt zur späteren Volkserhebung gegen Napoleon.

»Vor dem Sturm« war Fontanes erster Roman. Die Figur von Bernd von Vitzewitz ist an den General Friedrich August Ludwig von der Marwitz angelehnt.

Die einzelnen Teile der Verfilmung waren 60 Minuten lang.

VORFAHRT ZDF
1988–1989. »Das Motor-Magazin«. Dreiviertelstündiges Automagazin von und mit Karl Senne, das alle zwei Monate donnerstags um 21.00 Uhr lief. Vorher hatte die Sendung *Telemotor* geheißen, und hinterher, nach gerade einmal neun Ausgaben, tat sie es auch wieder.

VORSICHT BLÖFF ARD
1996. *Versteckte Kamera*-Variante mit Jörg Kachelmann.

Die üblichen Späße mit Passanten, die hinterher

zum Trost ins Studio kommen und Sparschweine mit unterschiedlichen Geldbeträgen zerschlagen dürfen. Brachte es nur auf sieben halbstündige Folgen, die im Vorabendprogramm liefen.

VORSICHT, FALLE! ZDF
1964–2001. »Nepper, Schlepper, Bauernfänger«. Ratgeberreihe, die Eduard Zimmermann konzipiert hatte und über Jahrzehnte moderierte.

In kurzen Filmbeiträgen wurde vor Betrügern im Alltag gewarnt, die sich meist unter einem Vorwand Zugang zur Wohnung verschafften, auf den Bewohner einredeten und in einem unbeobachteten Moment die Ersparnisse plünderten. »Leider kein Einzelfall.« Zimmermann gab dann den konkreten Hinweis, lieber niemanden in die Wohnung zu lassen. Auch Betrug durch Zeitungsanzeigen oder jede andere Art von Geschäften, bei denen man Geld versprochen bekam, aber zunächst etwas bezahlen musste, wurden als abschreckende Beispiele wieder und wieder gezeigt. Die Fälle, die sich wirklich ereignet hatten, wurden in den Filmen mit unbekannten Schauspielern nachgestellt und von einem Off-Sprecher erläutert. Die Leistung dieser Schauspieler erklärte, warum sie unbekannt waren, sorgte jedoch für zusätzliche Authentizität.

Vorsicht, Falle! durchlief verschiedene Sendeplätze im Abend- und Nachmittagsprogramm. Die erste Sendung war eine der meistgesehenen des Jahres: Sie hatte eine Sehbeteiligung von fast 60 %, was damals 7,4 Millionen Zuschauern entsprach. Nach der Wiedervereinigung zeigte die DFF-Länderkette leicht überarbeitete Folgen. Den Ostdeutschen widmete *Vorsicht, Falle!* 1992 auch einige Sondersendungen unter dem Titel »Vorsicht, Falle! Extra«. Eduard Zimmermann moderierte 161 Sendungen in 34 Jahren. 1967 wurde er mit dem Adolf-Grimme-Preis mit Bronze ausgezeichnet. Im März 1998 übernahm seine Tochter Sabine Zimmermann die Moderation. Drei Jahre später waren offensichtlich alle Wege, allein durch Worte in eine Wohnung einzudringen, gezeigt. Weitere drei Jahre später ließ das ZDF die Idee jedoch in neuer Form unter dem Namen *XY ... Sicherheitscheck* wieder aufleben.

VORSICHT! FRIEDMAN HR
1998–2003. Talkshow mit Michel Friedman und mehreren Gästen zu Themen aus Politik, Wirtschaft und Kultur.

Die Sendung war geprägt von energischen Wortwechseln, aggressivem Nachhaken Friedmans und der Tatsache, dass die Gesprächspartner sich so eng gegenübersaßen, dass sich ihre Knie und Schultern fast berührten. Ein Höhepunkt war nach Friedmans eigener Aussage der Auftritt einer Staatssekretärin der Grünen und erklärten Kriegsgegnerin, die während einer hitzigen Diskussion über den Kosovo-Krieg zu weinen begann. Friedman: »Das möchte ich erreichen. Politik ist doch viel mehr als nur Kalkül und Logik.«

In ähnlichem Stil talkte Friedman ab 2001 auch mit je einem Gast in der ARD-Sendung *Friedman*. Beide Sendungen endeten abrupt, als gegen Friedman wegen Kokainbesitzes ermittelt und bekannt wurde, dass er bei einer Schleuserbande Prostituierte aus Osteuropa bestellt haben soll.

VORSICHT! FRISCH GEWACHST ARD
1978. 14-tlg. dt. Familienserie von Claus Landsittel.

Das Leben in einem Mietshaus in Mainz. Hauswirt Richard Göttelmann (Günter Strack) und Ehefrau Luise (Lis Verhoeven) haben zwei Kinder: Thomas (Michael Raubbach) und Renate (Maren Heising), die in den Langzeitstudenten Klaus Gengenbacher (Michael Schwarzmaier) verknallt ist, der bei Wilhelmine Hannewald (Aenna Nau) als Untermieter wohnt.

Göttelmanns Schwager Josef Böbele, genannt Onkel Joe (Hans Clarin), hat meistens die besten Ideen, wie man auf Umwegen Versöhnung stiftet oder sein Ziel durchsetzt, wenn sich wieder alle über die Hausordnung, verbotene Haustiere, im Weg stehende Bäume, im Hotel geklaute Handtücher, Türken als Nachbarn und die Regeln des Zusammenlebens in die Haare gekriegt haben. Im Haus wohnen noch Fräulein Claire Zeiser (Eva Zeidler) sowie der spießige Werner Imhoff (Til Erwig) und Frau Anna (Monika Hessenberg). Unten im Haus hat Karl Schredelsecker (Erwin Scherschel) seine Kfz-Werkstatt.

Die halbstündigen Folgen liefen im regionalen Vorabendprogramm.

VORSICHT, HOCHSPANNUNG! SAT.1
1989–1990. 19-tlg. brit. Gruselfilmreihe (»Thriller«; 1973–1976; »Hammer House Of Mystery And Suspense«; 1984–1985).

In sich abgeschlossene Filme wechselnder Regisseure mit wechselnden Hauptdarstellern bildeten diese Reihe. Sechs Filme waren bereits zehn Jahre zuvor unter dem Titel *Thriller* im ZDF gelaufen. Die 13 weiteren Filme, die unter dem Oberbegriff *Vorsicht, Hochspannung!* liefen, stammten aus einer ganz anderen Reihe von Roy Skeggs und der Firma Hammer Films, die u. a. mit Dracula- und Frankenstein-Filmen bekannt geworden war und bereits die Reihe *Gefrier-Schocker* produziert hatte.

Alle Folgen waren zwischen 60 und 90 Minuten lang.

VORSICHT KAMERA! ARD, SAT.1
1961–1966 (ARD); 1991–1994 (Sat.1). Halbstündige Streicheshow mit Chris Howland. Vorläufer aller Shows, die sich der versteckten Kamera bedienen. Ahnungslose Bürger werden von Lockvögeln in abstruse Situationen verwickelt und dabei ohne ihr Wissen gefilmt.

Adaption des US-Formats »Candid Camera«, das bereits seit 1948 auf Sendung war und von Allen Funt erfunden wurde. Moderator Chris Howland zeigte die amüsanten Filme mit Lockvogel Helli Pagel an wechselnden Sendeplätzen im Hauptabendprogramm 30-mal bis 1966. Die Streiche waren in der Frühzeit des Formats eher harmlos. Meist ging es darum, dass ein technisches Problem künstlich herbeigeführt wurde und deshalb irgendetwas nicht so funktionierte, wie es eigentlich sollte, wobei das Entscheidende die Reaktionen der Opfer und deren wachsende Ungeduld oder Verzweiflung waren. Entsprechend trug die Show in den Anfangsjahren den braven Untertitel »Beobachtungen von und mit Chris Howland«. Dennoch kritisierte drei Jahre nach Sendestart der Vorsitzende des WDR-Rundfunkrats und Vizekanzler Erich Mende, die versteckte Kamera verletze die Intimsphäre der Gefoppten. Als der Rechtsausschuss des Bundestags die Reihe viel später für rechtlich unbedenklich erklärte, war sie längst abgesetzt.

1991 legte Sat.1 die Sendung neu auf, wieder eine halbe Stunde lang, jetzt im frühen Sonntagabend-, später im Sonntagnachmittagsprogramm, und wieder mit Chris Howland als Moderator. Howland wollte die Streiche gern so harmlos wie früher halten, doch die versteckte Kamera war inzwischen allgegenwärtig und für sich allein nicht mehr so reizvoll (die ARD hatte das Konzept längst mit *Verstehen Sie Spaß?* zur großen Samstagabendshow ausgebaut). Härtere, dreistere Streiche mussten her, und mit ihnen kam ein neuer Moderator: Philipp Gassmann präsentierte neue Folgen ab Januar 1994 und ergänzte die Einspielfilme um eigene Comedyeinlagen.

Es war die vorerst letzte Staffel; der Sendeplatz am Dienstagabend um 23.45 Uhr zeigte, dass man beim Sender nicht mehr sehr zuversichtlich war. Ende 1997 startete Sat.1 eine weitere Neuauflage als große Abendshow mit Fritz Egner unter dem Titel *Vorsicht Kamera – Das Original*.

VORSICHT KAMERA – DAS ORIGINAL   SAT.1

1997–2003. Neuauflage der Show, die Filmstreiche mit versteckter Kamera zeigt, jetzt wieder im Hauptabendprogramm und erstmals als große Abendshow mit Publikum und Gästen (der Abklatsch *Verstehen Sie Spaß?* wurde zwar bereits viele Jahre vorher als große Abendshow gesendet, »das Original« jedoch jetzt erst). Neuer Moderator war Fritz Egner, der im ZDF bereits die Versteckte-Kamera-Show *Voll erwischt* moderiert hatte und jetzt zum »Original« gewechselt war.

Zweistündige Ausgaben liefen in loser Folge sonntags um 20.15 Uhr, später auf 45 bis 75 Minuten gekürzt im Vorabendprogramm an Feiertagen.

VORSICHT MUSIK!   ZDF

1982–1984. »Hits mit Witz«. 45-minütige Musikshow mit Frank Zander und dem zotteligen Hund Herrn Feldmann, einer frechen Puppe. Die beiden präsentierten aktuelle Hits, machten Witze, kabbelten sich und siezten sich dabei konsequent. Die Stimme von Herrn Feldmann war Hugo Egon Balder.

Die Reihe lief etwa einmal im Monat am frühen Montagabend und brachte es auf elf Ausgaben.

VOXTOURS   VOX

Seit 1993. Wöchentliches einstündiges Reisemagazin am frühen Sonntagabend, das traumhafte und exotische Inseln, Strände, Meere, Wüsten und Städte zeigt, die Geschichten der Länder und ihrer Bewohner und mit welchen Reiseveranstaltern man total günstig dahin kommt.

Dieter Moor war der erste Moderator, Judith Adlhoch folgte noch im September des gleichen Jahres, im März 2000 übernahm Daniela Worel. Adlhoch moderierte weiterhin als deren Urlaubsvertretung und präsentierte die Ableger »Voxtours Explorer«, »Voxtours Extrem« und »Voxtours Reportage« (ab April 2004).

V. R. TROOPERS   RTL, RTL 2

1995–1996 (RTL); 2001 (RTL 2). 92-tlg. US-Fantasy-Serie (»V.R. Troopers«; 1994).

Der böse Karl Ziktor alias Grimlord (Gardner Baldwin) beherrscht die virtuelle Computerwelt und will auch die Herrschaft auf der realen Erde an sich reißen. Die Teenager Ryan Steel (Brad Hawkins), J. B. Reese (Michael Calvoin Bacon) und Kaitlin Star (Sarah Brown) kämpfen als V. R. Troopers mit Hilfe des genialen Technologieprofessors Hart (Julian Combs) dagegen an.

Die ersten 47 Folgen liefen wöchentlich bei RTL, der Rest werktags morgens bei RTL 2.

W WIE WISSEN ARD
Seit 2003. 40-minütiges wöchentliches Wissensmagazin mit Ulrike Heller. Neben zeitlosen Themen behandelt die Reihe aktuelle Fragen, deren Beantwortung für die Nachrichten zu umfangreich wäre.
Die Sendung trat die Nachfolge von *Globus* an, war aber deutlich boulevardesker und harmloser aufbereitet – wie all die anderen neueren populärwissenschaftlichen Fernsehmagazine. Sie hatte aber andererseits einen größeren Etat und wurde weniger häufig von ihrem Sendeplatz verdrängt. Anders als bei *Globus* wechselten sich die ARD-Anstalten nicht bei der Gestaltung ganzer Sendungen ab, sondern jede Anstalt lieferte Beiträge.
Lief mittwochs gegen 21.45 Uhr.

DIE WACHE RTL
Seit 1994. 244-tlg. dt. Polizeiserie.
Bei einem Kölner Projektversuch innerhalb der Polizei arbeiten Kripo und Schutzpolizei Hand in Hand in einem gemeinsamen Revier. Oberkommissar Hans Maybach (Hans Heinz Moser) steht der Schutzpolizei vor, er lebt und arbeitet nach dem Motto »Mensch bleiben«. Kriminalkommissar Theo Severing (Axel Pape), ein junger Schnösel, leitet die Kripo. Beide unterstehen Polizeioberrat Werner Krause (Siegfried W. Kernen).
Zur Kripo gehören ferner die Polizeihauptmeister Paul Daschner (Daniel Hajdu) und Horst Fink (Michael Zittel), zur uniformierten Schutzpolizei Ulf Schelling (Bernd E. Jäger van Boxen), Andreas Schmitt (Holger Kunkel), Judith Arend (Beatrice Bergner), Jojo Schrader (Gernot Schmidt), Dieter »Didi« Ehrhardt (Hans Heller), Frank Ruland (Karsten Dörr), Ahmet Yener (Francesco Pahlevan), Bianca Collani (Beate Finckh) und der alte Karl Schumacher (Mogens von Gadow). In beiden Teams gibt es mit der Zeit personelle Veränderungen, nach und nach kommen dazu: Arthur Käsbach (Matthias Haase), Eddy Thiele (Lutz Reichert), Dorothea von Laubenthal (Carmen Plate), Stefanie Ebermann (Birge Schade), Tommy Stone (Michael Breitsprecher), Beatrice Koeppen (Anja Freese), Sarah Jansen (Martina Mank), Dirk Brause (Harald Kempe), Stefanie Vorath (Jana Hora), Jürgen Pfeiffer (Uwe Kockisch), Luca Fini (Alexander M. Virgolini), Eva Haber (Irmelin Beringer), Jasmin Löwe (Eva Maron) und Daniel van Eck (Aram van de Rest).
Severing verlässt die Wache 1996, Maybach wird pensioniert. Sein Nachfolger ist Polizeioberkommissar Franz Werner (Nik Neureiter); Kriminaloberrätin Marianne Stockhausen (Karin Schröder) löst Krause ab. Schließlich ist von den bisherigen Beamten nur noch Ulf Schelling dabei. Des Weiteren ermitteln die neue Kripochefin Nina Kaiser (Dana Geissler), Chris Beck (Daniel Hartwig), Heike Jung (Eva-Maria Straka), Ingo Delbrück (Mike Reichenbach) und Uli Panitz (Patrick Bach); auch Stone ist noch da. Für ihn kommt aber bald Renée Engels (Tanya Neufeldt), die Nina Kaiser den Posten streitig machen will. Außerdem stoßen noch Thorsten »Todde« Gerlach (Alexander Kiersch), Katharina Richter (Andrea Suwa) und Alexander Berthold (Ingo Brosch) neu zum Team. Zum Schluss besteht das Team aus Carmen Drewitz (Caroline Grothgar), Frank Fischer (Leon Boden), Anna Wrede (Anne Sarah Hartung), Nina Soltau (Meike Gottschalk), Sven Römer (Mark Keller) sowie van Eck, Delbrück, Panitz, Gerlach, Richter und noch immer Ulf Schelling.
Die Wache war das RTL-Gegenstück zum ARD-*Großstadtrevier*, durch die eingebundene Kriminalpolizei aber nicht ganz so harmlos. Die einstündigen Folgen liefen zunächst montags um 21.15 Uhr und fanden ihren regelmäßigen Sendeplatz dann mit Erfolg am Donnerstag um 22.15 Uhr. Trotz der vielen und häufigen Darstellerwechsel ab der dritten Staffel (bis dahin hatte das erste Team unter Moser und Pape nahezu unverändert ermittelt) blieben die Zuschauer der Serie noch eine ganze Weile treu.
Mit Beginn der sechsten Staffel im Herbst 1999 war *Die Wache* die langlebigste eigenproduzierte Serie im RTL-Programm. Zur 200. Folge kehrte der erste Hauptdarsteller Hans Heinz Moser für einen Gastauftritt zurück. Einzig Bernd E. Jäger van Boxen gehörte von Anfang bis Ende zum Ensemble. Im Frühjahr 2003 stellte RTL die Produktion nach 244 Folgen ein, streckte die Ausstrahlung der übrigen Folgen aber über mehrere Jahre.
Vorbild war die britische Polizeiserie »The Bill«. Die erste Staffel bestand aus direkten Adaptionen von »The Bill«-Drehbüchern und wurde von britischen Regisseuren inszeniert.

DIE WACHMÄNNER – VIER AUGEN SEHEN MEHR SAT.1
2003. 8-tlg. dt. Comedyshow. Die Wachmänner Hotte Salinski (Ingo Naujoks) und Erich Brommstedt (Frank Leo Schröder) beobachten lustige Szenen auf ihren Monitoren.
Von anderen Sketchreihen unterschied sich diese dadurch, dass die meisten Szenen aus ungewöhnlichen Perspektiven gedreht wurden, als seien sie z. B. von einer Überwachungskamera oben in der Ecke eines Raumes aufgezeichnet worden. Die halbstündigen Folgen liefen samstags um 18.00 Uhr.

DIE WÄCHTER ARD
1986. 6-tlg. dt. Science-Fiction-Serie nach dem Buch von John Christopher.
Der 15-jährige Robin Randall (Martin Tempest) lebt

»Mensch bleiben!«
Die Wache mit Hans Heinz Moser (rechts) und Francesco Pahlevan.

im Jahr 2084 in einem totalitären Staat, in dem die Armen in der Stadt Konurba durch eine Mauer streng von den Reichen auf dem idyllischen Land getrennt sind. Er ist ein Einzelgänger, sein Vater ein Gegner des Regimes, seine Mutter tot.
Als der Vater bei einem Arbeitsunfall stirbt, kommt Robin ins Internat. Dort erfährt er, dass auch ein Arbeitskollege seines Vaters, Kennealy (Udo Thomer), unter ähnlich mysteriösen Umständen gestorben ist. Er freundet sich mit Jimmy Perkins (Thomas Georgi) an. Beide versuchen zu fliehen, doch Jimmy verlässt der Mut.
Robin kämpft alleine gegen die Wächter. Er schafft es, über die Grenze aufs Land zu kommen. Mike Gifford (Paul Hawkins) und seine Mutter (Renate Schroeter) finden und verstecken ihn, Robin gewöhnt sich an das ihm fremde Leben des Landadels. Die Jugendlichen beginnen von dort einen Aufstand – doch der wird niedergeschlagen. Es stellt sich heraus, dass Teile der Bevölkerung durch Gehirnoperationen gefügig gemacht wurden. Die »Wächter« sind Spitzel.
Von dem britischen Schriftsteller John Christopher hat das deutsche Fernsehen außerdem *Die dreibeinigen Herrscher* als Serie verfilmt. Die 45-minütigen Folgen liefen im regionalen Vorabendprogramm.

WACKY RACES – AUTORENNEN TOTAL   PRO SIEBEN

1996–1997. 17-tlg. US-Zeichentrickserie von William Hanna, Joseph Barbera und Charles A. Nichols (»Wacky Races«; 1968–1970).
Eine Gruppe von Rennfahrern tritt in einer Serie von Autorennen gegeneinander an. Regeln gibt es kaum, nicht einmal das Aussehen und die Zusammensetzung des Fahrzeugs sind exakt festgelegt. Der gerissene Fahrer Dick Dastardly und sein Co-Pilot, der Hund Muttley, betrügen die anderen trotzdem noch, um zu gewinnen.

Die Folgen liefen samstags morgens und bestanden aus je zwei kurzen Episoden.

DIE WAFFEN DER FRAUEN   KABEL 1

1992. 12-tlg. US-Sitcom (»Working Girl«; 1990).
Die Sekretärin Tess McGill (Sandra Bullock) wird in ihrem Unternehmen plötzlich zur Juniorpartnerin von A. J. Trask (Tom O'Rourke) befördert. Ihre Chefin ist Bryn Newhouse (Nana Visitor), Everett Rutledge (George Newbern) ist ein Kollege. Tess' Freundin Lana Peters (Judy Prescott) und Libby Wentworth (Eyde Byrde) arbeiten als Sekretärinnen. Joe (David Schramm) und Fran McGill (B. J. Ward) sind Tess' Eltern.
Die Serie basierte auf dem gleichnamigen Kinofilm. Sat.1 wiederholte sie ab November 1998 unter dem Titel *Working Girl – Die Waffen der Frauen*.

DIE WAFFEN DES GESETZES   TELE 5

1991–1992. 51-tlg. kanad. Krimiserie (»Street Legal«; 1986–1993).
Die drei jungen Anwälte Carrie Barr (Sonja Smits), Leon Robinovitch (Eric Peterson) und Chuck Tchobanian (C. David Johnson) führen gemeinsam eine Kanzlei und kümmern sich um verschiedene Fälle.

WAGEN 106   ZDF

1983. 10-tlg. dt. Familienserie, Regie: Wolfgang Panzer.
Daniel Osterwald (Hans Hirschmüller) hat ein abgeschlossenes Jurastudium und somit beste Voraussetzungen für den Taxischein. Im Wagen 106 kutschiert er wechselnde Fahrgäste durch Hamburg und damit Geschichten durch die Welt. Sabine Görres (Brigitte Janner) ist seine Chefin.
Wagen 106 war ein Mercedes-Benz der damals noch aktuellen 123er-Baureihe. Die halbstündigen Folgen liefen montags um 18.20 Uhr.

Lilo Wanders in *Wa(h)re Liebe*. Experten erkennen an der Pudelfrisur den Jahrgang: 2003.

WAGEN 54 BITTE MELDEN   ZDF
1965. 15-tlg. US-Sitcom von Nat Hiken (»Car 54, Where Are You?«; 1961–1963) über zwei trübe Tassen bei der Polizei.
Officer Gunther Toody (Joe E. Ross) und Officer Francis Muldoon (Fred Gwynne) fahren gemeinsam Streife in der New Yorker Bronx und stellen sich dabei ziemlich ungeschickt an.
Die erste Polizei-Sitcom. Der Versuch einer gleichnamigen Filmversion floppte 1994. Weitere Folgen der eigentlich 60-teiligen Serie liefen im digitalen Pay-TV.

DIE WAGENFELDS   SAT.1
→ So ist das Leben – Die Wagenfelds

WAHLBEKANNTSCHAFTEN   ARD
1974–1990. Kettenporträtreihe von Doris Netenjakob und Gérard Vandenberg.
Die ARD arrangiert für einen interessanten Menschen ein Treffen mit jemandem, den er immer schon einmal kennen lernen wollte. Der Besuchte darf dann die nächste Wahlbekanntschaft bestimmen und so weiter. Auf diese Art kommt es z. B. 1977 zu folgender Reihung: Der Politologe Iring Fetscher trifft den türkischen Gastarbeiter Yasar Engin, der trifft Willy Millowitsch, der trifft Bundestrainer Helmut Schön, der trifft den Sänger Kurt Böhme, der trifft den Berliner Küchenchef Henry Levy, und der trifft den Maler Reinhold W. Timm.
Es müssen nicht immer Prominente sein: 1980 trifft der Fußballfan Fritz-Peter Steinberger den Ex-Nationalspieler Wolfgang Overath, der den Textilunternehmer Otto Kern und der die Fluglotsin Birgit Morbitzer.
Die Sendungen waren 45 Minuten lang und liefen staffelweise an verschiedenen Tagen nachmittags.

EIN WAHNSINNSKIND   ZDF
1993. 6-tlg. österr. Jugendserie von Christine Nöstlinger, Regie: Erhard Riedlsperger.
Seit der Scheidung ihrer Eltern vor acht Jahren lebt die zwölfjährige Feli (Nina Neuner) bei ihrer Mutter (Andrea Eckert) in Wien. Dann nimmt die Mutter eine neue Stelle in München an, wegen eines neuen Freundes, wie Feli später erfährt. Enttäuscht zieht Feli zu ihrem Vater (Vitus Zeplichal). Als ihre Beziehung scheitert, kommt die Mutter zurück nach Wien und erwartet, dass Feli nun wieder zu ihr kommt, doch für die ist das gar nicht klar, und so zieht stattdessen die Mutter erst einmal in Vaters Wohnung.
Die halbstündigen Folgen liefen innerhalb von zwei Wochen jeweils dienstags bis donnerstags nachmittags.

WAHR ODER UNWAHR   SAT.1
1997. Einstündige Spielshow mit Jörg Pilawa.
Fünf prominente Gäste präsentieren freitags um 20.15 Uhr überraschende und erstaunliche Geschichten aus aller Welt und fragen ihre Kollegen »Wahr oder unwahr?«.
Die Sendung vom 2. Mai 1997 hatte ein erstaunliches Nachspiel vor Gericht. Thomas Hackenberg, der im Rateteam saß, hatte die Aufgabe, einen Film über eine höchst amateurhaft wirkende sächsische Stripteaseschule als Wahrheit zu verkaufen, tat es mit Inbrunst und improvisierte frei: »Die Leiterin ist eine ehemalige Hotelnutte aus dem Interhotel. Viele ehemalige IMs sind dort.« Weil es die Schule aber tatsächlich gab und somit auch die Leiterin, verklagte die Frau den Komiker wegen Beleidigung auf 11 000 Mark Schmerzensgeld, was zu der fast philosophischen Frage führte, ob man jemanden beleidigen kann, den man für nicht existent hält.

DIE WAHRE GESCHICHTE DES SPIT MACPHEE　　ARD

1990. 8-tlg. austral. Jugendserie nach dem Buch von James Aldridge (»The True Story of Spit MacPhee«; 1988).

Der zehnjährige Spit MacPhee (Phillip Hancock) lebt bei seinem Großvater Fyfe (Sir John Mills), einem Sonderling, in der kleinen australischen Stadt St. Helen. Wegen dessen merkwürdigem Lebenswandel sorgen sich einige Nachbarn um Spit und wollen ihn in ein Waisenhaus stecken, doch er wehrt sich. Als der Opa stirbt, beginnt ein heftiger Kampf um Spits Zukunft. Er soll zur Familie der strengen Nachbarin Betty Arbuckle (Linda Cropper), rennt weg und wird schließlich von der netten Nachbarin Grace Tree (Elspeth Ballantyne) adoptiert.

Die halbstündigen Folgen liefen im regionalen Vorabendprogramm.

WA(H)RE LIEBE　　VOX

1994–2004. Einstündiges »Magazin zur Sexualität«, das eher amüsant als erotisch von der Travestiekünstlerin Lilo Wanders moderiert wurde, hinter der sich Ernie Reinhardt verbarg.

Auf dem etablierten Sendeplatz am Donnerstag um 23.00 Uhr wurde *Wa(h)re Liebe* Nachfolger der Sendung *Liebe Sünde,* als die von Vox zu Pro Sieben wechselte, war aber ungleich plüschiger, plumper und pornografischer. Anstatt sich journalistisch oder neugierig der menschlichen Sexualität zu nähern, wurde *Wa(h)re Liebe* im Laufe der Jahre immer mehr zum Haus- und Hofberichterstatter der Porno- und Sexindustrie mit gründlichen »Tests« von Swingerclubs, ausführlichen »Reportagen« von den Dreharbeiten zu Pornos und erhellenden »Interviews« mit den Darstellern, die in den Drehpausen über die Vor- und Nachteile verschiedener Obstsorten fachsimpelten.

In der ersten Sendung ging es um das Thema »Vorgespielter Orgasmus«, zu Gast war u. a. Pornostar Dolly Buster. Wanders begrüßte die Zuschauer als »liebe Freunde der gepflegten Sexualunterhaltung« und nahm wenigstens sich selbst nicht so ernst. In der Zuschrift eines Zuschauers, die sie eines Abends vorlas, stand: »Jeden Donnerstagabend sehe ich Ihre Sendung, in der ein alter Mann auf einer Couch sitzt und sich als alte Frau verkleidet hat.«

Nach gut zehn Jahren wurde die Reihe abgesetzt, obwohl sie auf Vox eine der Sendungen mit den höchsten Marktanteilen war, weil der Sender lieber mit BBC-Reportagen als mit Riesendildos imponieren wollte. Die Internetseite zu *Wa(h)re Liebe,* die sich zu einem umfassenden Sexportal entwickelt hatte, verschwand bereits ein halbes Jahr zuvor aus dem Netz: Laut Medienberichten hatte ein »Spiegel«-Redakteur seinen Sohn dabei erwischt, wie er auf der Seite surfte, die einen erstaunlich kurzen Weg zu härtester Sexwerbung und Besuchen im »Live-Puff« bot.

Die »Spiegel«-Tochter a+i produzierte *Wa(h)re Liebe,* was in der Redaktion des Nachrichtenmagazins nicht unumstritten war. Das Engagement ging vor allem auf den Chefredakteur Stefan Aust zurück, dessen Karriere bei den thematisch verwandten »St. Pauli Nachrichten« begonnen hatte.

WAHRE WUNDER　　SAT.1

1991–1993. Einstündige Realityshow über unerklärliche Phänomene: Wieso gewinnt eine ältere Frau fast jedes Preisausschreiben, an dem sie teilnimmt? Wie konnte ein jüngerer Mann diesen unglaublichen Autounfall mit mehrfachem Überschlag mit nur ein paar Kratzern überstehen? Die Geschichten werden in Filmen nachgespielt, hinterher sind die Beteiligten im Studio und reden drüber. Nicht zu verwechseln mit *Phantastische Phänomene* und *Unglaubliche Geschichten,* in denen es deutlich übersinnlicher und außerirdischer zuging.

Sabrina Fox-Lallinger moderierte in der ersten Staffel gemeinsam mit Dracula-Darsteller Christopher Lee, der mit Sätzen wie »Er wollte nur noch heim – doch der Weg war weit« gruselte. In der zweiten Staffel übernahm Dietmar Schönherr seinen Platz.

Die Show lief donnerstags zur Primetime.

WALDHAUS　　ZDF

1987–1988. 18-tlg. dt. Familienserie.

Familie Kurwaski führt gemeinsam das Landhotel »Waldhaus«. Dazu gehören Vater Eduard (Heinz Moog), Mutter Kläre (Maria Singer), Tochter Ilse (Loni von Friedl), die Söhne Dieter (Hans Kraus) und Franz (Udo Thomer) sowie Ilses erwachsene Kinder Werner (Martin Halm) und Angelika (Judith Edel).

Die einstündigen Folgen liefen am Wochenende zur Primetime.

WALDHEIMAT　　ZDF

1984. 26-tlg. dt.-österr. Familiensaga von Lida Winiewicz nach der Autobiografie von Peter Rosegger, Regie: Hermann Leitner, ab Folge 14: Wolf Dietrich.

Kindheit und Jugend des berühmten steirischen Dichters: Peter Rosegger (als Kind: Harald Gauster; als Jugendlicher: Martin Löschberger) ist der Sohn eines armen Waldbauern (Horst Klaus) und seiner Frau (Ute Radkohl). Als junger Mann wird sein literarisches Talent von dem Grazer Brauherrn Hans von Reininghaus (Florentin Groll) entdeckt und gefördert.

Die 25-minütigen Folgen liefen dienstags um 17.50 Uhr. Zum Auftakt der Serie hatte das ZDF bereits am Heiligabend 1983 den Film »Der Waldbauernbub« gezeigt. Durch die Serie nahm die Zahl der Touristen weiter zu, die ins Dorf Alpl bei Krieglach in der Steiermark kamen, um Roseggers »Waldheimat« in Natura zu sehen. Das Buch war 1877 erstmals erschienen, und schon vor der Fernsehverfilmung kamen tausende Touristen in die Steiermark, um sich den Neckarhof, Roseggers Geburtshaus, anzuschauen.

WALDLÄUFER　　DFF

→ Indian River

WALDO   KI.KA
1999. 26-tlg. dt.-frz.-brit. Zeichentrickserie für Kinder von Hans Wilhelm, Regie: Jean Pierre Jaquet (»Waldo's Way«; 1997–1999).

Waldo ist ein riesiger weißer, zotteliger Hund, der dem zwölfjährigen Michael gehört. Gemeinsam mit der Maus Zelda erleben sie Abenteuer und tun Gutes: Sie bekehren Wilderer, helfen Außerirdischen, verhindern fahrlässigen Umgang mit Atommüll und bekämpfen ein Computervirus, indem sich Zelda mit Hilfe des Wundermittels eines Professors so verkleinern lässt, dass sie selbst in die Festplatte passt und von Auge zu Auge ein ernstes Wort mit dem Computervirus sprechen kann, das sich eigentlich als netter Kerl entpuppt.

Der kluge Hund Waldo wurde durch eine erfolgreiche Pixi-Buch-Reihe bekannt. Die Serie, die ab März 1999 auch im Ersten lief, ist auf Video erhältlich.

WALKER, TEXAS RANGER   RTL 2
Seit 1995. 203-tlg. US-Westernserie von Albert S. Ruddy, Leslie Greif, Paul Haggis und Christopher Canaan (»Walker, Texas Ranger«; 1993–2001).

Cordell »Cord« Walker (Chuck Norris) ist ein moderner Ranger im Dallas der Gegenwart, der Verbrechen aufklärt. Sein Partner ist der junge Ranger Jimmy Trivette (Clarence Gilyard), ein ehemaliger Footballprofi. Während Jimmy mit Computern und wissenschaftlicher Kriminologie arbeitet, hält Walker mehr davon, die Verbrecher zusammenzuschlagen.

Als *Walker, der Texas Ranger,* merkte, dass es der Wagen war, über den er den Sattel geworfen hatte, hoffte er inständig, dass er davor nicht wieder den Gaul betankt hatte.

Alex Cahill (Sheree J. Wilson) ist die zweite Staatsanwältin und zeitweise Walkers Freundin. Ihre Freizeit verbringen die Ranger oft in der Bar von C. D. Parker (im Pilotfilm: Gailard Sartain; dann: Noble Willingham). Walker ist bei Onkel Ray Firewalker (Floyd »Red Crow« Westerman) aufgewachsen, einem alten Indianer, der am Ende der dritten Staffel stirbt.

Für die sechste und siebte Staffel bekommt Walker zusätzlich Unterstützung von seinem Freund Carlos Sandoval (Marco Sanchez), einem ehemaligen Polizisten, und dem Sicherheitsmann und Karatekämpfer Trent Malloy (Jimmy Wlcek), einem ehemaligen Schüler Walkers. Die beiden bekommen anschließend ihre eigene Serie *Sons Of Thunder: Die Söhne des Donners* und werden bei Walker ab Anfang 2004 durch Francis Gage (Judson Mills) und Sydney Cooke (Nia Peeples) ersetzt, die oft verdeckt ermitteln. C. D. erliegt etwas später einer Herzattacke. Nach einem gescheiterten Hochzeitsversuch von Walker und Alex zu Beginn der siebten Staffel (Alex wird Opfer eines Attentats, überlebt aber) heiraten die beiden schließlich am Ende von Staffel 8.

Der Kinostar und siebenfache Karateweltmeister Chuck Norris spielte auch in seiner ersten Fernsehserie die Rolle des coolen, harten Kerls, die man von ihm gewohnt war. Die einstündigen Folgen liefen zunächst sonntags um 21.15 Uhr, ab 1997 montags um 20.15 Uhr und dann samstags am Vorabend.

WALKER, TEXAS RANGER – SONS OF THUNDER   RTL 2
→ Sons Of Thunder: Die Söhne des Donners

WALLACE & GROMIT   ZDF, PRO SIEBEN
1995 (ZDF); 1996 (Pro Sieben). Brit. Knettrick-Comedy-Reihe von Nick Park (»Wallace & Gromit«; seit 1991).

Der altmodische Engländer Wallace lebt mit seinem Hund Gromit zusammen, der zwar nicht spricht, aber zweifellos klug ist, klüger jedenfalls als sein Herrchen. Gemeinsam fliegen sie zum Mond, um etwas Käse zu holen (»Alles Käse«/»A Grand Day Out«; 1991), werden von einem bösen Pinguin in einen Diamantendiebstahl verwickelt (»Die Techno-Hose«/»The Wrong Trousers«; 1993) und kommen einem groß angelegten Schafkidnapping auf die Spur (»Unter Schafen«/»A Close Shave«; 1995).

Das ZDF versteckte die fantastischen, Oscar-preisgekrönten halbstündigen Filme, die in jahrelanger Arbeit zusammengeknetet wurden und voller Anspielungen auf große Kinofilme sind, im Kinderprogramm. Pro Sieben, wo der dritte Film erstmals ausgestrahlt wurde, wusste, dass sie in die Primetime gehören. Beide Sender zeigten die Filme zuerst an Weihnachten – an den Festtagen hatten sie auch in der BBC jeweils Premiere.

WALLENSTEIN   ZDF
1978. 4-tlg. dt. Historienfilm nach der Biografie von Golo Mann. Inszenierung: Leopold Ahlsen, Regie: Franz Peter Wirth.

Und jedes Mal am Anfang der *Waltons* brachte der Vater das neue Zenith 12-S-232 mit. Weil es noch kein Fernsehen gab, freuten sich (hinten von links) Ralph Waite, Michael Learned, John Walmsley, Judy Norton Taylor und Richard Thomas sowie (vorne von links) Mary Elizabeth McDonough, Kami Cotler, Will Greer, Ellen Corby, Eric Scott und David W. Harper.

Der Landadlige Albrecht Wenzel Eusebius von Wallenstein (Rolf Boysen) kämpft im Dreißigjährigen Krieg an der Seite des kaiserlichen Oberbefehlshabers Tilly (Ernst Fritz Fürbringer) für Kaiser Ferdinand II. (Romuald Pekny) siegreich gegen die böhmischen Rebellen.
Wallenstein wird Militärbefehlshaber von Böhmen, Herzog von Friedland und so einer der reichsten und mächtigsten Männer Böhmens. Nach immer mehr Macht strebend fällt er in Ungnade; der ehemalige Verbündete Maximilian I. von Bayern (Werner Kreindl) erzwingt seinen Sturz, und schließlich wird Wallenstein auf kaiserlichen Befehl hin ermordet.

WALTER SEDLMAYRS FERNSEH-ILLUSTRIERTE ARD

1983–1990. »Eine eigensinnige Unterhaltung«. 45-minütiges Magazin mit Walter Sedlmayr, der humorvoll Menschen und Situationen kommentiert, z. B. auf dem Oktoberfest oder beim Sauschlachten in Niederbayern, aber auch bei einer Reise nach Thailand.
Das Magazin lief unregelmäßig montags um 21.45 Uhr.

DIE WALTONS ZDF, SAT.1, PRO SIEBEN, KABEL 1

1975–1981 (ZDF); 1985 (Sat.1); 1994–1995 (Pro Sieben); 2004 (Kabel 1). 221-tlg. US-Familienserie von Earl Hamner, Jr. (»The Waltons«; 1972–1981).
Die Familie Walton lebt zur Zeit der Depression in den 30er-Jahren in Walton's Mountain in den Blue Ridge Mountains im US-Bundesstaat Virginia. Der autoritäre John Walton (Ralph Waite) und seine gottesfürchtige Frau Olivia (Michael Learned) sind die Eltern von sieben Kindern. Es sind dies der älteste Sohn John-Boy (Richard Thomas; ab der siebten Staffel: Robert Wightman), ein herzensguter Kerl, der gern Schriftsteller werden würde und die Erlebnisse der Familie niederschreibt; die älteste Tochter Mary-Ellen (Judy Norton; ab der vierten Staffel hieß sie Judy Norton-Taylor); der sensible Jim-Bob (David W. Harper); Ben (Eric Scott), der oft in krumme Geschäfte verwickelt wird; die hübsche Erin (Mary Elizabeth McDonough); der musikalische Jason (Jon Walmsley); und Nesthäkchen Elizabeth (Kami Cotler).
Die eigentlichen Familienoberhäupter sind die grantigen Großeltern Grandpa Sam (Will Geer) und Grandma Esther (Ellen Corby). Während die Familienmitglieder ihren Alltag bewältigen, lieben sich alle unentwegt und sehr. Das geringe Einkommen der Waltons stammt aus dem Sägewerk, das John und Sam gemeinsam führen.
Andere Bewohner des Orts sind Ike Godsey (Joe Conley), der Besitzer des örtlichen Gemischtwarenladens, seine Frau Corabeth (Ronnie Claire Edwards) und die von ihnen adoptierte Aimée (Rachel Longaker); die Baldwin-Schwestern Mamie (Helen Kleeb) und Emily (Mary Jackson), zwei alte Jungfern, die zu Hause nach dem Rezept ihres Vaters Whisky

schwarz brennen, aber keine Ahnung haben, was das Zeug eigentlich ist, und es für »Medizin« halten; Reverend Matthew Fordwick (John Ritter) und die Lehrerin Rosemary Hunter (Mariclare Costello), die irgendwann heiraten; sowie Sheriff Ep Bridges (John Crawford).

Im Lauf der Jahre gibt John-Boy seine eigene Lokalzeitung heraus, veröffentlicht schließlich einen Roman und zieht nach New York. Mary-Ellen heiratet Dr. Curtis Willard (Tom Bower), bringt Sohn John Curtis (Michael und Marshall Reed) zur Welt und wird Krankenschwester. Curtis kommt später im Zweiten Weltkrieg ums Leben. Jason wird Pianist in einem Lokal, Ben hilft John-Boy bei dessen Zeitung und der Familie im Sägewerk und heiratet Cindy Brunson (Leslie Winston). Erin wird Sekretärin. Im Krieg sind alle vier Söhne beim Militär. Grandpa stirbt, Grandma wird sehr krank, und Olivia bekommt Tuberkulose, weshalb sie die Familie verlassen und im Sanatorium bleiben muss. Ihre Cousine Rose Burton (Peggy Rea) zieht mit ihren Enkeln Serena (Martha Nix) und Jeffrey (Keith Mitchell) in den Walton-Haushalt.

Grandpa Sam hatte im amerikanischen Original den Namen Zeb. Die Botschaft der *Waltons* war unmissverständlich: Die Zeiten können hart sein, aber wenn Familien zusammenhalten und die Frauen und Kinder das tun, was die Männer und Väter ihnen sagen, und wenn alle sich nur genug lieb haben, kommt man schon durch.

Die sentimentalen Erlebnisse wurden aus der Sicht des schreibenden John-Boy geschildert (im Original sprach sie Earl Hamner, Jr., auf dessen Leben die Geschichten beruhten). Während des Abspanns jeder Folge hörte man einen abschließenden moralischen Kommentar von ihm; jede Serienfolge endete anschließend damit, dass im Haus das Licht ausging und sich die Familienmitglieder gegenseitig eine gute Nacht wünschten. Konkret z. B. in Folge 69: »Gute Nacht, Jason.« – »Gute Nacht, Jason. Gute Nacht, John-Boy.« – »Gute Nacht, Mary-Ellen. Gute Nacht, Ben.« – »Gute Nacht, Jim Bob. Gute Nacht, Ben.« – »Gute Nacht, Erin.« – »Gute Nacht, Ben. Gute Nacht, Mary-Ellen.« – »Gute Nacht, Ma. Gute Nacht, Daddy.« – »Gute Nacht, allesamt.«

Jede Episode dauerte 50 Minuten. *Die Waltons* liefen anfangs sonntags um 18.15 Uhr, dann samstags, im 14-täglichen Wechsel mit *Bonanza*, und wurden eine der beliebtesten Familienserien im deutschen Fernsehen und trotz des Sendeplatzes – zeitgleich mit der ARD-*Sportschau* – ein Straßenfeger, mit dem eine ganze Generation aufwuchs, die sich noch heute gut daran erinnert. 117 einstündige Folgen zeigte das ZDF, Sat.1 später elf und Pro Sieben weitere 69.

Die letzten 22 Folgen, die bis dahin noch nie im bundesweiten Free-TV zu sehen gewesen waren, zeigte Kabel 1 im Herbst 2004, fast 30 Jahre nach dem Serienstart. Anfang des Jahres hatte der Sender mit einer Komplettwiederholung begonnen, der ersten Free-TV-Ausstrahlung seit vielen Jahren, und dafür noch einmal kräftig die Werbetrommel gerührt: Die Original-*Waltons*-Darsteller Michael Learned, Judy Norton, Mary Beth McDonough, Kami Cotler, Eric Scott, Jon Walmsley und David Harper traten zum Start in Stefan Raabs *TV Total* beim Muttersender Pro Sieben auf.

Nach dem Ende der Serie entstanden rasch noch drei Fernsehfilme, die 3sat 1991 zeigte. Zwei weitere Filme aus den Jahren 1993 und 1995 liefen 1996 auf Pro Sieben, ein letzter von 1997 war bisher nur im Pay-TV zu sehen.

Die erste Staffel ist auf DVD erhältlich.

WANDERJAHRE ZDF

1986. 10-tlg. dt. Abenteuerserie von Ann Ladiges, Regie: Manfred Seide.

Die Zimmermannsgesellen Jan Matthiessen (Rainer Schmitt) und »Professor« (Eric Bergkraut) ziehen auf der Walz durch Deutschland und nach Österreich. Die 25-minütigen Folgen liefen im Vorabendprogramm.

WANDERUNGEN DURCH DIE MARK BRANDENBURG ARD

1986–1987. 5-tlg. Literaturverfilmung von Horst Pillau und Peter Klein nach der gleichnamigen Erzählung von Theodor Fontane, Regie: Eberhard Itzenplitz.

Episoden aus dem Leben der Bevölkerung in der Mark Brandenburg im 19. Jh. werden mit Landschaftsimpressionen rund um den Ruppiner See verbunden. Außer dem Erzähler (Klaus Schwarzkopf) gibt es keine durchgehenden Rollen.

WAREN SIE SCHON IN … ? ZDF

1963–1964. 3-tlg. Reportagereihe, in der Peter Frankenfeld in unregelmäßigen Abständen der Reihe nach durch London, Stockholm und Athen bummelte. Regie: Rolf von Sydow.

WARMUMSHERZ ARD

1995. Showgeschenk mit Hape Kerkeling. Jeweils ein netter Mensch wird für sein soziales Engagement dadurch belohnt, dass ihm diese Sendung geschenkt wird. Kerkeling überrascht ihn mit einem Kamerateam und beschert ihm einen Abend mit seinen Lieblingskünstlern. Eine ehrenamtliche Betreuerin von Obdachlosen, die ahnungslos ins Kino geht, wird z. B. von Freunden und einer maßgeschneiderten Revue erwartet. Und ein pensionierter Bankdirektor wird für seine Tierliebe mit einer Privatvorstellung im Zirkus belohnt, bei der seine Lieblingsdiva Montserrat Caballé samt Tochter, die Bläck Fööss, Ulla Kock am Brink und ein Hund, der »Mama« sagen kann, auftreten.

Mit einer *Warmumsherz*-Produktpalette vom Bademantel bis zur Wärmflasche, die die Zuschauer erwerben können, wird Geld für einen guten Zweck des jeweiligen Helden der Sendung gesammelt. Eine beleibte Frau Lennarz (Ursula Schneider), die Kerkeling »meine Bekannte« nennt, dient ihm als Assistentin.

Im Unterschied zu früheren Kerkeling-Shows ging es in dieser Familienshow mehr harmonisch als komisch zu – vermutlich deshalb blieb der Erfolg aus. Nach sechs von eigentlich angekündigten 13 dreiviertelstündigen Sendungen donnerstags um 21.45 Uhr war Schluss.
Die Produktionsfirma Endemol versuchte die Ausstrahlung der Sendung zu verhindern. Sie sei ein Plagiat und beruhe auf dem preisgekrönten holländischen Format »TV Masqué«, das Endemol gekauft hatte und zwei Monate später als *Einer wie keiner* mit Fritz Egner für Sat.1 auf den Schirm bringen wollte. Das Gericht entschied zu Gunsten des WDR, der die ARD-Show produzierte. *Einer wie keiner* kam über die Premierensendung am 26. Dezember 1995 nicht hinaus.

WARTEN AUF GOTT   ARD
1992. 13-tlg. dt. Sitcom von Michael Aitkins, Regie: Ulrich Stark.
Hans Rombach (Wilfried Ortmann) und Diana Zenk (Gisela May) sind in einem Alter, in dem nach Ansicht ihrer Umgebung alles, was sie noch vom Leben zu erwarten haben, der Tod ist. Doch die beiden beschließen, nicht, wie eigentlich vorgesehen, pflegeleicht in der Seniorenresidenz »Bodensee« auf ihr Ableben zu warten, sondern es den jungen Leuten zu zeigen – solange sie wütend sind, sind sie wenigstens noch nicht tot. Ihre Lieblingsgegner sind Edgar Schröder (Ulrich Gebauer), der Geschäftsführer des Altersheims, die naive Pflegerin Johanna Vogel (Nina Petri) sowie Rombachs Sohn Gottfried (Peter Zilles) und dessen Frau Marion (Andrea L'Arronge).
Die witzige Serie, die vor ernsten Themen wie Tod und Krankheit nicht zurückscheute, beruht auf der langlebigen britischen Sitcom »Waiting For God«, die 1995 auf 3sat lief. Die halbstündigen deutschen Folgen liefen im regionalen Vorabendprogramm und wurden mehrmals unter dem Titel *Mit List und Krücke* wiederholt.

WARTESAAL ZUM KLEINEN GLÜCK   ZDF
1987–1990. 37-tlg. dt. Familienserie von Felix Huby und Chris Brohm, Regie: Wolf Dietrich, zweite Staffel: Rob Herzet.
Hanni Borgelt (Grit Boettcher) führt eine Bahnhofskneipe. Der Seemann Rudolf Giesing (Gerd Baltus) hilft ihr. Chiem Dejong (Rijk de Gooyer) ist der mürrische holländische Koch, Natascha (Roswitha Schreiner) die Küchenhilfe, Kitti (Ursela Monn) und Knut Menzig (Herbert Herrmann) kellnern.
Als Hanni für einige Zeit die Gaststätte verlässt, werden Giesing und der Rechtsanwalt Neuner (Andreas Mannkopff) neue Pächter. Im Bahnhof arbeiten noch der Bahnhofsvorsteher Köster (Horst Pinnow) und Frau Neitzel (Inge Wolffberg) von der Bahnhofsmission.
Die halbstündigen Folgen liefen freitags um 16.30 Uhr. Produzent war Otto Meissner. Mannkopff, Pinnow und Wolffberg spielten auch gemeinsam in *Die Wicherts von nebenan*, ebenfalls unter der Regie von Rob Herzet.

WARUM ZEIGT IHR AUF UNS?   ZDF
1977–1077. 6-tlg. dt. Doku-Reihe über Jugendliche, die ohne eigene Schuld zu Außenseitern wurden und nun mit der Situation klarkommen müssen. Jede halbstündige Folge behandelt eine abgeschlossene Geschichte, porträtiert die Betroffenen und erörtert ihre Probleme (»Wir sind 16 Geschwister«, »Wir sind abgehauen«, »Ich will kein Rocker sein« etc.).
Die Reihe lief freitags um 17.10 Uhr.

WAS BIN ICH?   ARD
1955–1989. Heiteres Beruferaten mit Robert Lembke, das die ARD während der gesamten Laufzeit ca. einmal im Monat um 20.15 Uhr ausstrahlte, zunächst mittwochs, ab Herbst 1966 dienstags.
Ein vierköpfiges Rateteam muss anhand von Fragen, die nur mit Ja oder Nein zu beantworten sind, die Berufe von sieben, ab 1961 drei Gästen erraten. Der Gast hinterlässt zu Beginn seines Auftritts seine Unterschrift auf einer Tafel, muss ankreuzen, ob er »selbständig« oder »angestellt« ist, und macht dann eine »typische Handbewegung«. Für die Fernsehzuschauer wird der Beruf eingeblendet. Will man mitraten, kann man bei einem Gongschlag von Lembke die Augen schließen und beim zweiten Gongschlag wieder öffnen, dann ist die Einblendung verschwunden.
Jedes Mitglied des Rateteams darf so lange fragen, bis eine Frage mit Nein beantwortet wird. Für jedes Nein wirft Robert Lembke ein Fünfmarkstück in ein Sparschwein, das der Kandidat behalten darf. Ist beim zehnten Nein der Beruf noch nicht erraten, ist die Spielrunde beendet, und das Geheimnis um den Beruf wird gelüftet, sodass ein Kandidat im Höchstfall 50 DM gewinnen kann.
Bis zum Ende der Reihe im Jahr 1989 wurde die Gewinnsumme nie erhöht. Die Sparschweine, die so genannten »Schweinderln«, wurden zum Markenzeichen der Sendung. Es gab sie in verschiedenen Farben, und jeder Kandidat wurde vor der Raterunde von Lembke gefragt: »Welches Schweinderl hätten S' denn gern?« In der letzten Runde trat ein prominenter Gast auf, den das Team erraten musste. Dazu setzten sie dunkle Brillen auf, durch die sie nichts sehen konnten. Damit sie ihn auch nicht an der Stimme erkannten, antwortete Lembke für den Gast mit Ja oder Nein. In dieser Runde gab es keine Fünfmarkstücke, denn Promis haben ja schon genug Fünfmarkstücke, sondern pro Nein ein Geschenk. Während der gesamten Sendung saß Lembke hinter einem Tisch, sein jeweiliger Gast nahm neben ihm Platz. Die Rater, die anfangs noch »Kollegium« genannt wurden, saßen den beiden mit etwas Abstand schräg gegenüber. Das Rateteam bestand ursprünglich aus Annette von Aretin, Hans Sachs, Marianne Koch und Peter Kottmann. Kottmann nahm sich 1962 das Leben, und der Schweizer Guido Baumann übernahm seinen Platz. Marianne Koch wechselte

sich in den 60er- und 70er-Jahren mit Anneliese Fleyenschmidt ab, danach mit Ingrid Wendl. Guido Baumann wurde gelegentlich von Max Rüeger vertreten.

Zur meistgebrauchten Formulierung als Einleitung einer Frage entwickelte sich die Floskel »Gehe ich recht in der Annahme, dass ...«, um Verwirrung bei negativ formulierten Fragen zu vermeiden. Viele Jahre gab es als Maskottchen ferner einen Studiohund, einen Foxterrier, zunächst Struppi, später Jacky. Vorbild der dreiviertelstündigen Sendung war das britische Quiz »What's My Line?«, dessen Rechte sich Robert Lembke für 100 DM pro Sendung von der BBC gekauft hatte.

Am 2. Januar 1955 war bereits eine einzelne Sendung namens *Ja oder nein* gelaufen, ebenfalls ein »Fragespiel mit Robert Lembke«, dann wechselte der Titel zu *Was bin ich?*. Die erste Sendung unter dem neuen Titel lief am 13. März 1955. Der anspruchsvoll anmutende Untertitel »Ein psychologisches Extemporale mit Robert Lembke und sieben unbekannten Größen« wich schließlich ebenfalls dem einfachen »Heiteres Beruferaten«. Der erste Beruf, der geraten werden sollte, war Friseurin. Später war der gesuchte Beruf einmal »Hausfrau«, und als Guido fragte: »Kann der Beruf auch von einem Mann ausgeübt werden«, antwortete Lembke: »Na, da sagen wir mal Nein.«

Nach drei Jahren und rund 30 Ausgaben war zunächst Schluss: Lembke wollte nicht mehr. Er sagte: »Ich glaube, man soll mit einer solchen Sendung aufhören, solange sie noch gefällt.« Weil die Nachfolgereihe *Spiel mit Worten* jedoch kaum jemandem gefiel, lief *Was bin ich?* ab Februar 1961 wieder regelmäßig. Nebenbei – oder eher hauptberuflich – übte Lembke noch einige andere Funktionen aus, z. B. als Sportkoordinator der ARD. 1975 gab es Überlegungen, die Sendung vom Dienstagabend auf den Samstagnachmittag zu verlegen, was Lembke jedoch zu verhindern wusste. In der 250. Sendung am 29. Juli 1980 tauschte Lembke mit Guido Baumann den Platz, als am Schluss der prominente Ehrengast erraten werden sollte, und so saß der Quizmaster selbst erstmals im Rateteam. Ehrengast war Julia Migenes.

Der simple Ablauf und die einfache, unaufwendige Kulisse der Sendung wurden während der gesamten Laufzeit des Spiels nicht verändert. Noch in den späten 80er-Jahren, als es längst laut dröhnendes Privatfernsehen gab, moderierte der 75-jährige Lembke die Sendung genauso wie 30 Jahre zuvor und noch immer mit großem Erfolg. 1989 endete die Reihe plötzlich nach fast 360 Ausgaben. Am 10. Januar wurde noch eine Aufzeichnung ausgestrahlt, vier Tage später starb Robert Lembke im Deutschen Herzzentrum in München.

Danach gab es unterschiedliche Versuche, die Sendung ohne Lembke weiterzuführen. Die erfolgloseste war *Heiter weiter*; deutlich besser erging es *Ja oder Nein*, auch weil sich diese Variante relativ weit von Lembkes Version entfernte. Elf Jahre später gelang es Kabel 1, die Sendung mit vielen Anleihen beim Original und unter dem Titel *Was bin ich?* für eine Zeit lang zu reanimieren.

WAS BIN ICH? KABEL 1

2000–2005. Einstündiges heiteres Beruferaten mit Björn-Hergen Schimpf als Moderator und Norbert Blüm, Tanja Schumann, Herbert Feuerstein und Vera Int-Veen als Rateteam.

Mit Hilfe von Fragen, die mit Ja oder Nein zu beantworten sind, müssen die vier die Berufe unbekannter Gäste erraten. Wenn sie zehnmal ein »Nein« kassiert haben, haben sie verloren. In einer Prominentenrunde müssen sich die Ratefüchse Masken aufsetzen und einen geheimen Ehrengast erraten, der für jedes »Nein« ein kleines Geschenk erhält. Gelegentlich gilt es auch den berühmten Namen eines unbekannten Gasts zu erraten oder den ursprünglich erlernten Beruf eines Prominenten.

Nachdem Kabel 1 bereits erfolgreich die von Sat.1 eingemotteten Gameshows *Glücksrad* und *Geh aufs Ganze* wiederbelebt hatte, kramte der Sender schließlich noch tiefer in der Mottenkiste, zog Robert Lembkes Uraltshow heraus und hauchte auch ihr neues Leben ein. Die neue Version lief jetzt nicht mehr monatlich, sondern staffelweise wöchentlich zur Primetime, immer donnerstags um 20.15 Uhr.

Schimpf begrüßte die Zuschauer zu Beginn der Sendung immer zu »einer Stunde gepflegter Fernsehunterhaltung«, und das traf es gut. Dem neuen *Was bin ich?* fehlte der heilige Ernst des Originals, aber das Rateteam hatte beim Raten und Herumalbern Spaß, der sich auf die Zuschauer übertrug und dem Sender Kabel 1 eine Weile für seine Verhältnisse ordentliche Quoten einbrachte.

Bei der Modernisierung hatte Kabel 1 auf unnötigen Schnickschnack verzichtet. Die Titelmusik war ein Remix der früheren, und wie bei Lembke unterschrieb jeder Gast am Anfang auf einer Tafel und kreuzte an, ob er »selbstständig« oder »angestellt« war. Größte Überraschung war, dass in einer Zeit, in der Fernsehshows bis zu zehn Millionen DM Höchstgewinn versprachen, bei *Was bin ich?* weiterhin fünf DM pro Nein ins Schwein wanderten und somit 50 DM nach wie vor der maximale Höchstgewinn waren. Erst Anfang 2002 wurde mit Einführung der neuen Währung der Gewinn auf 50 Euro, also knapp 100 DM, erhöht. In Ermangelung von Fünfeurostücken warf Schimpf symbolisch weiterhin Fünfmarkstücke ins Schwein. Im Herbst 2004 waren offenbar alle aufgebraucht, und es wurde eine spezielle »Was-bin-ich-Münze« eingeführt. Im Rateteam nahm ab jetzt regelmäßig ein wechselnder Gast Platz.

Anstelle von Lembkes »Welches Schweinderl hätten S' denn gern« fragte Schimpf: »Welche Sau ganz genau?« Einmal kündigte Schimpf den geheimen Gast mit den Worten an: »Meine Damen und Herren, hier kommt Günter Pfitzmann.« Die Aufzeichnung wurde unterbrochen, und beim nächsten Versuch setzte sich Schimpf selbst als Ehrengast ans Pult. Die Panne mit Pfitzmann wurde aus der Sendung herausgeschnitten.

Was bin ich?
Robert Lembke mit fünf Schweinderln (vorne), seiner zeitweiligen Assistentin Irene Aulich und den Ratefüchsen Guido Baumann, Annette von Aretin, Hans Sachs und Marianne Koch (hinten von links).

2004 musste *Was bin ich?* als Pausenfüller für gefloppte Realityshows dienen, was den inzwischen nicht mehr so guten Quoten weiter schadete. Nach zwölf Staffeln und fünf Jahren stellte Kabel 1 die Show ein. Die letzten noch vorhandenen Folgen wurden sonntags um 19.10 Uhr versendet.

WAS DIE GROSSMUTTER NOCH WUSSTE   SWR
Seit 1982. Kochsendung mit Kathrin Rüegg und Werner O. Feißt, deren typisches Gericht mindestens zur Hälfte aus Butter, Schmand oder Sahne besteht. Gesundheitsbewussten Bio-Fanatikern stehen vermutlich die blau gefärbten Haare zu Berge, wenn die beiden Alten kochen, wie es die Großmutter noch tat, als das Cholesterin noch gar nicht erfunden war. Dauerbrenner im Südwestfernsehen. Ganz vereinzelt wurden Folgen im Ersten gezeigt.

WAS GESCHAH MIT ADELAIDE HARRIS?   ARD
1980. 6-tlg. brit. Jugendserie nach dem Buch von Leon Garfield, Regie: Paul Stone (»The Strange Affair Of Adelaide Harris«; 1978).
England, Anfang des 19. Jh.: Nach einer Geschichtsstunde über den Umgang mit unerwünschten Kindern im Altertum setzen die Schüler Harris (Jim Harris) und Bostock (Matthew Beamish) Harris' kleine Schwester Adelaide im Wald aus, um zu sehen, ob sie nun von einem Wolf (oder einem Fuchs) großgezogen wird. Die naive Tizzy Alexander (Amanda Kirby) entdeckt das Baby und nimmt es mit nach Hause, was zu einer endlosen Reihe von Missverständnissen führt. Adelaide landet erst im Waisenhaus, bis Harris und Bostock sie wiederfinden. Der Detektiv James Brett (Timothy Davies) mischt sich auch ein und verliebt sich in Tizzy.
Die halbstündigen Folgen liefen sonntags nachmittags.

WAS GESCHAH WIRKLICH?   SAT.1
1994–1996. Dokumentarfilmreihe von und mit Hendrik Hey.
Kirsten Gerhard wurde für ihren Beitrag »Der Airbus-Absturz bei Straßburg« 1995 mit dem Axel-Springer-Preis für Nachwuchsjournalisten ausgezeichnet.

WAS GIBT'S IN DER WELT?   DFF
1960. »Ein Magazin der Wissenschaft und Technik«. Halbstündiges populärwissenschaftliches Magazin. Nachfolger von *Neues aus der Wissenschaft* und Vorgänger der *Umschau*.
Lief einmal im Monat am Donnerstag um 19.00 Uhr.

WAS GUCKST DU?!   SAT.1
Seit 2001. Halbstündige Ethno-Comedyshow von und mit Kaya Yanar.
Yanar, in Deutschland aufgewachsener Sohn türkisch-arabischer Eltern, schlüpft in Einspielfilmen in die Rollen von vielen anderen Staatsangehörigen und macht sich so über alle Länder lustig. Wiederkehrende Figuren sind der Inder Ranjid, der erfolglose italienische Gigolo Francesco, die Kisua-HeliCops Marlon Bombata und Babu Watussi sowie der Talkradio-Moderator Suleyman. Zwischendurch übernimmt Yanar als Moderator am Schreibtisch

Kaya Yanar als Ausländer aus der deutschen Werbung in *Was guckst Du?!*.

Elemente aus klassischen Late-Night-Shows, macht Witze zu aktuellen Themen und zeigt kurze Videos, die Zuschauer eingesandt haben.

Zunächst 24 Folgen liefen in zwei Staffeln freitags nach 22.00 Uhr, mit wachsenden Zuschauerzahlen. Die Show wurde zum Überraschungserfolg, erhielt den Deutschen Fernsehpreis 2001 als Beste Comedy – und legte ab Ende dieses Jahres erst mal eine »schöpferische Pause« ein. Neue Folgen liefen ab Februar 2003 schon um 21.15 Uhr am Freitagabend, nachdem Wiederholungen alter Folgen auf diesem Sendeplatz im vorangegangenen Sommer ordentliche Einschaltquoten erreicht hatten. Harald Schmidts Firma bonito produzierte die Show jetzt, die nur noch im Sommer und Winter kurze Pausen machte, sonst aber vom Prinzip der staffelweisen Ausstrahlung abrückte und zur Dauereinrichtung wurde.

WAS IST LOS MIT ALEX MACK? KABEL 1, NICKELODEON

1995–1996 (Kabel 1); 1997 (Nickelodeon). US-Jugend-Fantasycomedy (»The Secret World Of Alex Mack«; 1994–1998).

Die junge Teenagerin Alex Mack (Larisa Oleynik) kam bei einem Unfall mit illegalen Chemikalien in Berührung und ist seitdem in der Lage, durch ihre Blicke Elektrizität zu erzeugen, Gegenstände wie ferngesteuert schweben zu lassen oder sich selbst in Wasser zu verwandeln. Es ist nicht immer ganz einfach, diese Talente zu verheimlichen, da Alex schon mal unvermittelt zu glühen beginnt oder Funken sprüht, und so wissen immerhin ihr gleichaltriger bester Freund Raymond Alvardo (Darris Love) und ihre ältere Schwester Annie (Meredith Bishop) von den Fähigkeiten.

Ihre Eltern George (Michael Blakley) und Barbara (Dorian Lopinto) haben keine Ahnung, obwohl George in der Chemiefabrik arbeitet, aus der die Chemikalien stammten. Er weiß aber auch nichts von den krummen Geschäften, die Fabrikchefin Danielle Atron (Louan Gideon) und ihr Assistent Vince Carter (John Marzilli) mit dem gefährlichen Zeug betreiben.

Kabel 1 und Nickelodeon zeigten jeweils 13 Folgen, der Rest der eigentlich 78-teiligen Serie war nur im Pay-TV zu sehen.

WAS IST WAS ARD

1983–1984. Wissensmagazin mit Professor Heinz Haber für 10- bis 14-Jährige auf Grundlage der gleichnamigen Jugendsachbuchserie. Themen waren z. B. das Weltall, die Erde, Tiere der Urzeit, Naturkatastrophen, die Welt des Schalls, Wetterkunde, das Immunsystem und die Pyramiden.

Die 20-minütigen Folgen liefen etwa einmal im Monat nachmittags. 2001 nutzte Super RTL den etablierten Begriff für die Sendung *Was ist was TV*.

WAS IST WAS TV SUPER RTL

2001–2002. Wissensmagazin für Kinder, benannt nach der erfolgreichen Jugendsachbuchreihe. Drei Trickfiguren, das Fragezeichen Theo, das Ausrufezeichen Tess und der Punkt Quentin erklären wichtige Dinge.

26 Folgen liefen nachmittags am Wochenende.

WAS KOCHST DU? RTL 2

→ Easy Kochen mit René Steinbach

WAS KOSTET DIE WELT? RTL

1988. Interaktives Live-Quiz mit Oliver Spiecker. Drei Telefonkandidaten müssen »Preis-Fragen« beantworten. Es geht immer darum, Kosten zu schätzen, z. B. für die nächtliche Beleuchtung des Eiffelturms. Im Gegensatz zum späteren *Der Preis ist*

heiß, wo man bei richtiger Antwort den Eiffelturm gewonnen hätte, kann sich der Sieger hier eine von mehreren Säulen voller Münzen aussuchen, ohne allerdings zu wissen, mit welcher Währung diese gefüllt worden sind.
Oliver Spiecker war damals Entwicklungschef bei RTL plus. Moderator wurde er aus Personalmangel.

WAS KÜMMERN UNS DIE KERLE?   VOX
1993–1994. 10-tlg. brit. Sitcom von Penny Croft und Val Hudson (»Life Without George«; 1987).
Die Tanzlehrerin Jenny Russell (Carol Royle), die ein eigenes Studio besitzt, ist nach fünf Jahren von ihrem Freund George verlassen worden. Der geschiedene Makler Larry Wade (Simon Cadell) würde sie gerne glücklich machen – muss sich aber nun dauernd an George messen lassen. Jennys beste Freundin ist ihre unglücklich verheiratete Nachbarin Amanda (Rosalind March). Larrys Geschäftspartner Ben Morris (Michael Thomas) versucht ihm zu helfen, seine Draufgängertipps sind aber für den romantischen Larry wenig brauchbar. In Jennys Studio steht Carol (Cheryl Maiker) am Empfang, der senile Harold Chambers (Ronald Fraser) spielt Klavier, Josie (Selina Cadell) ist Assistentin.
Im Original bestand die Serie aus 20 halbstündigen Folgen. Der darin titelgebende George war übrigens nie zu sehen.

WAS MACHEN SIE HEUTE ABEND?   ARD
→ Was machen wir heute Abend?

WAS MACHEN WIR HEUTE ABEND?   ARD
1952–1953. Eine halbe Stunde Ratschläge zur Abendgestaltung nach der *Tagesschau*, von Hans-Peter Rieschel, etwa einmal im Monat.
Es ging weniger um Veranstaltungstipps als um Vorschläge zum Zeitvertreib daheim für sich selbst und mit Gästen. Auf das Fernsehprogramm konnte man sich damals schließlich noch nicht verlassen, das endete oft schon kurz nach dieser Sendung. Die vierte Sendung trug den leicht geänderten Titel »Was machen Sie heute Abend?«. Da wollte Herr Rieschel selbst wohl nicht mehr an den von ihm angepriesenen Spielen wie »Wer pustet mit?« teilnehmen. Es folgte dann auch keine weitere Ausgabe.

WAS MACHT EIGENTLICH …   KABEL 1
2002–2003. Interviewreihe. Prämisse der Sendung ist die gleiche wie die der gleichnamigen letzten Seite in der Zeitschrift »Stern«: Prominente, von denen man lange nichts gehört hat, erzählen, was sie so machen. Moderator war Thomas Koschwitz, von dem man sich bis zum Sendestart gefragt hatte, was er eigentlich macht.
Zunächst war im September 2002 nur eine einzelne Folge gelaufen, Gast war Larry Hagman, vier Wochen später sollte die Show wöchentlich in Serie gehen. Während der Aufzeichnungen zu den ersten Folgen erlitt Moderator Koschwitz jedoch einen Schlaganfall und fiel für Wochen aus, was den Start der Reihe um einige Zeit verschob. Die zwölf halbstündigen Folgen liefen dann ab März 2003 wöchentlich am späten Montagabend.

WAS MIR SCHMECKT, SCHMECKT AUCH ANDEREN   ARD
→ Bitte in 10 Minuten zu Tisch

WAS NICHT PASST, WIRD PASSEND GEMACHT   PRO SIEBEN
Seit 2003. Dt. Comedyserie von Cyrill Boss und Phillipp Stennert.
Die Freunde Kalle (Ralf Richter), Jochen (Johannes Rotter) und Mehmet, genannt »Kümmel« (Ercan Durmaz), arbeiten gemeinsam auf dem Bau im Ruhrpott und kämpfen mit ihrer resoluten Chefin Gerda (Mareike Carrière) gegen die Pleite ihrer marodem Firma an.
Der leicht cholerische Kalle ist der Vorarbeiter, er hat drei Ex-Frauen zu bezahlen und ist deshalb dauernd pleite, träumt aber davon, reich und berühmt zu werden. Jochen, der Polier, wird ebenfalls gelegentlich unkontrolliert wütend, aber auf einer Baustelle ist es ja sowieso immer laut. Ihm liegt seine hübsche Tochter Martina (Janin Reinhardt) auf der Tasche. Türke Mehmet ist, wenn's sein muss, ein gründlicher deutscher Arbeiter.
Architekturstudent Oliver (Daniel Krauss) macht ein Praktikum auf der Baustelle. Er kommt aus gutem Hause, scheint verwöhnt und wird von den harten Kerlen »Susi« gerufen. Oppa (Heinz W. Krückeberg) kommt auch jeden Tag. Er ist längst in Rente und hat nichts zu tun, doch es gibt auch nichts für ihn zu tun, und so nervt er alle nur.
Die Serie basierte auf dem gleichnamigen Kinofilm, in dem Ralf Richter bereits die Hauptrolle gespielt hatte. Alle anderen Rollen wurden neu besetzt. Bisher 20 halbstündige Folgen liefen montags um 21.50 Uhr.

WAS NUN …?   ZDF
Seit 1985. Halbstündiges Interview mit jeweils zwei Moderatoren und einem Politiker zu aktuellen Themen. Moderator war mehr als 17 Jahre lang Klaus Bresser, an seiner Seite zunächst Wolfgang Herles, ab 1991 Klaus-Peter Siegloch, ab 1995 Helmut Reitze und seit 1997 Thomas Bellut. Bresser selbst wurde im Herbst 2002 von Nikolaus Brender abgelöst.
Die Reihe läuft etwa einmal im Monat um 22.15 Uhr, zusätzlich bei aktuellen Anlässen. Häufigste Gäste waren bisher die Bundeskanzler Gerhard Schröder und Helmut Kohl. Zum Konzept gehören neben vermeintlich harten Fragen und Nachfragen Satzanfänge, die der Gast vervollständigen soll, und ein Überraschungsgast, der am Ende die Gesprächsführung übernehmen darf. Der »Spiegel« enthüllte 1986, dass zumindest für Helmut Kohl einmal die Überraschung eher gering war: Er hatte sich vorher schon auf seine Kontrahentin, die ÖTV-Vorsitzende Monika Wulf-Mathies, vorbereitet.
Bresser begrüßte Schröder einmal mit dem Satz:

»Können wir uns darauf verständigen, dass das, was Sie jetzt sagen, am Ende der Sendung noch Gültigkeit hat?« In *Was nun, Herr Kohl?* am 16. Dezember 1999 gab der Altkanzler zu, zwei Millionen Mark an der Parteikasse vorbeigeleitet zu haben – der Höhepunkt des CDU-Parteispendenskandals. Gelegentlich wurden auch ausländische Politiker gegrillt, so im Januar 1989 der erstmals in Bonn weilende polnische Ministerpräsident Mieczysław Rakowski, der von Bresser und der Warschauer ZDF-Korrespondentin Gerlind Nasarski interviewt wurde.

WAS PASSIERT, WENN ...? ARD

2002–2003. Große Samstagabendshow mit Thomas Elstner. Sechs Kandidaten müssen erraten, wie zuvor gefilmte Experimente ausgehen: Was passiert, wenn man im Cabrio bei voller Fahrt das Dach öffnet? Wer legt die gleiche Entfernung schneller zurück, ein Rennwagen auf kurviger Strecke oder ein Fallschirmspringer im überwiegend freien Fall? Elstner gibt jeweils mehrere Möglichkeiten vor. Die Spielrunden werden von Showblöcken unterbrochen.
Die Idee zur Sendung stammte von dem Offenburger Informatikstudenten Jürgen Preuß, der damit den RTL-2-Wettbewerb *Die neuen Fernsehmacher* gewonnen hatte. Hauptgewinn in dieser von Frank Elstner produzierten Reihe sollte sein, dass RTL 2 die Show tatsächlich ins Programm nimmt. Der Sender sah aber davon ab, und so gelangte das Konzept zum SWR, in dessen Drittem Fernsehprogramm Elstner die wöchentliche Talkshow *Frank Elstner: Menschen der Woche* moderiert. Als Produzent der SWR-Show für die ARD stand bereits frühzeitig die Firma »Format.e« von Elstners Sohn Thomas fest, der die Sendung dann schließlich auch moderierte. Die vielfach kritisierte Nähe der neuen Show zur Frank-Elstner-Erfindung *Wetten, dass ...?* konnte Familie Elstner nicht erkennen. Bereits die dritte Ausgabe war ein Prominenten-Special, und danach war schon wieder Schluss.
In den *Neuen Fernsehmachern* moderierte Jörg Kachelmann die Show.

WAS SAGST DU DAZU? ARD

1971–1975. Talkmagazin für Kinder mit Erika Saucke. Unter dem Motto »Hinsehen – mitreden« sehen sich Kinder einen Film an und diskutieren hinterher darüber. In der direkt anschließenden Sendung *Das aktuelle Telefon* können auch Fernsehzuschauer zu Hause etwas dazu sagen.
35 Ausgaben liefen an verschiedenen Wochentagen nachmittags. *Was sagst du dazu?* war 25 Minuten lang, das anschließende *Aktuelle Telefon* 15 Minuten. 22 Filme der Reihe wurden zu Buchtexten umgearbeitet und in einem Begleitbuch zusammengefasst.

WAS WAR ICH? BR

1988–1989. »Heiteres Beruferaten mit Robert Lembke im Altenheim Schwabing«. Vier Ausgaben eines Ratespiels für Senioren analog zu *Was bin ich?*, diesmal mit Menschen, die den zu erratenden Beruf schon nicht mehr ausüben. Im Rateteam: Annette von Aretin, Marianne Koch, Alois Fink, Guido Baumann. Zehn Jahre zuvor hatte Lembke bereits in *Das war ich* ältere Mitbürger von ihrem früheren Berufsleben erzählen lassen.

WAS WÄRE, WENN ... ZDF

1971–1972. »... Prominente nicht das geworden wären, was sie heute sind?«. Zuallererst hätte Carlheinz Hollmann dann keine Sendung gehabt, in die er diese Prominenten hätte einladen können, um mit ihnen darüber zu sprechen. In lauschiger Wohnzimmeratmosphäre erzählen Prominente und spielen, was sie gerne (oder gezwungenermaßen) geworden wären, wenn sie es nicht ins Showgeschäft geschafft hätten.
Zum Beispiel wäre Gustav Knuth Lokomotivführer, Monika Peitsch Zahnarzthelferin, Otto Höpfner Metzger, Marianne Koch Kinderärztin und Carlheinz Hollmann gerne Schäfer geworden. Dann hätte er die Sendung natürlich auch nicht gebraucht.
Sie war eine knappe halbe Stunde lang und lief etwa alle vier Wochen dienstags im Vorabendprogramm.

WAS WÄRE, WENN? ZDF

1987–1989. »Das Spiel der unmöglichen Möglichkeiten«. 90-minütige Spielshow mit Vera Russwurm und Hans-Jürgen Bäumler, in der sich drei Kandidaten in Überraschungssituationen bewähren müssen. Die Live-Sendung lief einmal im Monat donnerstags um 19.30 Uhr.

WAS WÄREN WIR OHNE UNS ARD

1979. 4-tlg. dt. Nostalgieshow mit Spielszenen von Wolfgang Menge und Ulrich Schamoni.
In den frühen 50er-Jahren lebt die Berliner Familie Baumann in Stuttgart: Otto (Horst Bollmann), Lieselotte (Margret Homeyer) und Tochter Sabine (Ute Willing). Otto ist Frisör, wird dann aber arbeitslos, und die Familie ist auf das Geld angewiesen, das Lieselotte bei dem Textilhändler Schlottau (Hubert Suschka) verdient. Mit einem Kredit von ihm eröffnet Otto einen eigenen Frisörsalon und profitiert vom Wirtschaftswunder. Sabine wird schwanger.
Die Geschichten um die Familie Baumann bildeten die Rahmenhandlung für eine 90-minütige Show, die noch viele andere Elemente enthielt: Dokumentation, Revue, Musik und Sketche, verbunden und kommentiert durch Gerd Vespermann als Erzähler. Außerdem mit dabei: die Rosy-Singers und Dieter Reith mit seiner Combo. Otto F. Baumann war eine Art sympathische Version von Alfred Tetzlaff. Das ungewöhnliche Format wollte ein unterhaltsamer Geschichtsunterricht sein.

WAS WILLST DU WERDEN? ARD

1965–1969. Sendung der *Jugendstunde,* die verschiedene Berufe vorstellt: Binnenschiffer, Industriedesigner, Goldschmiede, Blumenbinderinnen und andere erzählen über ihren Berufsalltag und die Vielseitig-

keit ihrer Ausbildung. Der Binnenschiffer muss z. B. auch einen Kochkurs machen.
Die Reihe lief an wechselnden Programmplätzen am Vorabend.

DER WASCHBÄR RASCAL ZDF
→ Rascal der Waschbär

WASHINGTON – HINTER VERSCHLOSSENEN TÜREN SWR
1978. 12-tlg. US-Politsaga (»Washington: Behind Closed Doors«; 1977).
Nach dem Rücktritt von Esker Anderson (Andy Griffith) wird Richard Monckton (Jason Robards) neuer US-Präsident. CIA-Direktor William Martin (Cliff Robertson) kann den skrupellosen Monckton nicht aufhalten. Frank Flaherty (Robert Vaughn) ist Moncktons Personalchef, Hank Ferris (Nicholas Pryor) der Pressereferent. Zum Umfeld gehören noch Linda Martin (Lois Nettleton), Sally Whalen (Stefanie Powers), Bob Bailey (Barry Nelson), Carl Tessler (Harold Gould), Adam Gardiner (Tony Bill), Myron Dunn (John Houseman) und Lars Haglund (Skip Homeier).
Der Sechsteiler basierte auf dem Roman »The Company« von John Ehrlichman, der sich mit der Watergate-Affäre um US-Präsident Richard Nixon befasste. Lediglich die Namen der Handelnden waren geändert worden. Die Folgen waren jeweils 50 Minuten lang. Im Sommer 1979 zeigte die ARD die Serie in sechs spielfilmlangen Teilen.

WAS'N SPASS ZDF
1996. Recyclingshow mit Ausschnitten aus vergangenen Wetten, dass ...?-Sendungen. Anmoderiert wurden sie von Thomas Gottschalk, Wolfgang Lippert und Frank Elstner ... nein: von ihren Puppen-Doppelgängern aus Hurra Deutschland, die als Einleitung zu den Wetten sich meistens gegenseitig die Gummiköppe einschlugen und die Sendung noch ein wenig billiger aussehen ließen, als sie ohnehin war.
Die Folgen waren 45 Minuten lang und liefen dienstags um 20.15 Uhr. Wiederholungen wurden später regelmäßig im Anschluss an die Vormittagswiederholung von Wetten, dass ...? angekündigt, fielen aber immer aus, weil Gottschalk die Live-Show am Wochenende deutlich überzogen hatte. Was'n Spaß war nur Platzhalter, falls Gottschalk einmal pünktlich fertig geworden wäre.

WAT IS? WDR, ARD
Seit 1995 (WDR); 1996–2000 (ARD). Talkshow mit Jürgen von der Lippe und Überraschungsgästen. Von der Lippe selbst weiß vorher nicht, wer kommt. Erst während der laufenden Sendung, wenn der Besuch bereits vor der Tür steht, steckt Kameramann Günni (Günter Müller) seinem Moderator ein Kärtchen zu, auf dem der Name des Gastes und sein Beruf oder Hobby stehen sowie einige Stichworte, die Lippe ansprechen kann, wenn das Gespräch stockt. Von der Lippe muss dann unvorbereitet ein unterhaltsames Gespräch führen. Was ihm meist gelingt.
Die Reihe begann als 30-Minuten-Show im Dritten WDR-Fernsehprogramm. Nach knapp einem Jahr wurde sie in die ARD übernommen und nach einem weiteren Jahr auf 45 Minuten verlängert. In der ARD lief Wat is? erst freitags im Spätprogramm, später montags um 23.45 Uhr. Nach 188 Folgen verabschiedete sich Lippe zu Sat.1. Nach der letzten Erstausstrahlung liefen noch bis Ende 2002 Wiederholungen dienstags nach Boulevard Bio. Die Sat.1-Shows Blind Dinner und Hart & Heftig floppten, und Lippe kehrte mit neuen Konzepten zum WDR zurück. Doch auch dieses erfolgreiche Format wurde wiederbelebt. Als Wat is? Jetzt neu! liefen neue Folgen freitags um 21.00 Uhr im WDR.
Ein ähnliches Konzept verwirklichte der WDR schon mal Ende der 70er-Jahre mit Werner Höfer als Gastgeber unter dem Namen Auf den ersten Blick.

WATER RATS – DIE HAFENCOPS RTL 2
1996–1997. 39-tlg. austral. Abenteuerserie von Tony Morphett (»Water Rats«; 1996–2000).
Frank Holloway (Colin Friels) ist Chef der Wasserschutzpolizei im Hafen von Sydney. Sein Team besteht aus Bootsleuten und Tauchern. Dazu gehören Rachel »Goldie« Goldstein (Catherine McClements), Tommy Tavita (Jay Lavea Laga'aia), Terry Watson (Aaron Jeffrey), Fiona Cassidy (Sophie Heathcote), Gavin Sykes (Brett Partridge), Dave McCall (Scott Burgess), Jeff Hawker (Peter Bensley), Helen Blakemore (Toni Scanlan) und Clarke Webb (Bill Young). Später kommen noch Tayler Johnson (Raelee Hill) und der Taucher Walton (John Walton) dazu, Webb und Cassidy verlassen das Team.
RTL 2 zeigte von der langlebigen australischen Serie nur die ersten 39 einstündigen Folgen werktäglich um 19.15 Uhr.

WAYNE UND SHUSTER-SHOW ZDF
1982–1984. »Witz und Slapstick mit zwei Komikern«. Kanad. Sketchshow (»The Wayne And Shuster Comedy Special«/»The Wayne And Shuster Comedy Hour«/»Super Comedy With Wayne And Shuster«; 1968–1981).
Wie der Name schon sagt. Johnny Wayne und Frank Shuster sind lustige Kanadier. Das kanadische Fernsehen CBC schnitt aus vielen Sendungen halbstündige Ausgaben für den internationalen Markt zusammen. Im ZDF liefen 26 davon samstags um 16.40 Uhr.

WE ARE FAMILY – SO LEBT DEUTSCHLAND PRO SIEBEN
Seit 2005. Halbstündige Doku-Soap am Nachmittag über das Leben deutscher Familien. Ähnliche Reportagen über Familien hatte es zuvor im Mittagsmagazin SAM gegeben, im Anschluss daran, um 14.00 Uhr, wurde die neue Reihe gezeigt.

WECK UP SAT.1
Seit 1998. Wöchentliche einstündige Sonntagmor-

genshow gegen 8.00 Uhr mit prominenten Gästen und jeweils zwei Moderatoren. Diese waren bzw. sind: Wolf-Dieter Herrmann (Juni bis Oktober 1998), Franziska Becker (Juni 1998 bis Juli 1999), Matthias Opdenhövel (Oktober 1998 bis Juni 2003), Barbara Schöneberger (Juli 1999 bis Juni 2003), Alexander Mazza (Juni 2003 bis Mai 2004), Andrea Kaiser (Juni bis Oktober 2003), Johannes Scherer (seit November 2003), Enie van de Meiklokjes (Juni 2004 bis Mai 2005) und Miriam Pielhau (seit Juni 2005). Zu den Promitalks am Frühstückstisch kommen einige humoristische Spielchen und Filmeinspielungen. Fester Bestandteil der Sendung und erstaunlicher Kontrast zum anzüglich-albernen Rest der Show ist die Rubrik »Sunday Up«, in der Prominente über ihren Glauben reden. Sie wird von einer Produktionsfirma der Katholischen Kirche zugeliefert – Sat.1 kommt damit seiner Pflicht nach, Glaubensgemeinschaften Sendezeit im Programm einzuräumen. Die Show an sich wird von der Mainzer Firma News And Pictures produziert, die per Drittsendelizenz wöchentlich diese und die Sendung *Planetopia* in Sat.1 ausstrahlen darf.

WEDDING PEACH RTL 2
2001. 51-tlg. jap. Zeichentrickserie (»Ai Tenshi Densetsu Wedding Peach«; 1995).
Teenager Momoko trägt einen Zauberring, nach dem die böse Hexe Satania sucht. Die Folgen liefen nachmittags.

WEG IN DIE WILDNIS ARD
→ Der Ruf des Adlers

DER WEG NACH OREGON ZDF
1979–1980. 7-tlg. US-Westernserie (»Oregon Trail«; 1977).
Der verwitwete Evan Thorpe (Rod Taylor) führt 1842 einen Treck von Illinois nach Oregon. Er hat seine drei Kinder dabei, den 17-jährigen Andy (Andrew Stevens), den zwölfjährigen William (Tony Becker) und die zehnjährige Rachel (Gina Marie Smika), und verliebt sich in Margaret Devlin (Darleen Carr). Der erfahrene Kundschafter Luther Sprague (Charles Napier), den Thorpe engagiert hat, verzweifelt regelmäßig an den verweichlichten Städtern, die er trotz vieler Unwägbarkeiten sicher an ihr Reiseziel bringen muss.
Die 45-Minuten-Folgen liefen sonntags.

DER WEG NACH TOURNON ZDF
1978. 6-tlg. frz.-österr.-belg.-dt. Abenteuerserie von Jean Cosmos und Jean Chatenet, Regie: Jean-Pierre Gallo (»Ardéchois-cœur-fidèle«; 1974).
Waterloo ist vorbei, und Toussaint Rouveye (Silvain Joubert) kehrt aus Napoleons Armee in sein Heimatdorf zurück, wo man ihn für tot gehalten hatte. Stattdessen ist jetzt sein Bruder tot, ermordet von dem Tischler Tourangeau Saint-Quartier (Claude Brosset). Toussaint sinnt auf Rache, schleicht sich unter dem Namen Ardéchois in Tourangeaus Innung ein und findet ihn, tötet ihn jedoch vorerst nicht, sondern wird sein treuer Weggefährte.
Die einstündigen Folgen liefen samstags um 18.00 Uhr.

WEGE AUS DER FINSTERNIS – EUROPA IM MITTELALTER ZDF
2004. 4-tlg. dt. Geschichtsdokumentation von Christian Feyerabend und Judith Voelker, Regie: Christian Twente.
Das Mittelalter steht für Aberglaube und Rückständigkeit, Ritter, Pest und Inquisition. Die Doku will mit den Klischees aufräumen und die Glanzseiten der Epoche zeigen.

WEGE INS LEBEN ZDF
1976. 13-tlg. dt. Problemserie von Gerd Oelschlegel, Regie: Peter Schulze-Rohr.
Die Berufslaufbahnberater Josef Bauer (Stefan Behrens) und Luise Schneider (Lea Rosh) kümmern sich um Jugendliche, die nach dem Schulabschluss vor der Frage stehen: Was nun? In jeder Folge standen andere Jugendliche mit anderen Problemen im Mittelpunkt. Die halbstündigen Folgen liefen donnerstags.

WEGE ÜBERS LAND DFF
1968. 5-tlg. DDR-Historiendrama von Martin Eckermann nach der Vorlage von Helmut Sakowski.
Das mecklenburgische Dorf Rakowen im Jahr 1939: Die Magd Gertrud Habersaat (Ursula Karusseit) sucht Glück und menschliche Wärme. Sie wird beim Versuch, endlich eigenen Grund zu besitzen, Geliebte des reichen Leßtorff-Bauern (Armin Müller-Stahl), der sich aber nicht auf Dauer an sie binden will. Mit Hilfe der Gräfin Palvner (Angelica Domröse) macht er Karriere bei den Nationalsozialisten. Gertrud heiratet den landlosen Bauern Kalluweit (Erik S. Klein) und wird im besetzten Polen Bäuerin auf einem geraubten Hof. Beide machen sich zunächst mitschuldig an den Verbrechen am Nachbarvolk, aber dann rettet Gertrud polnische Partisanen und ein jüdisches Kind; Kalluweit flüchtet an die Front. Leßtorff, der zum Stab des Reichsgouverneurs Ranck gehört, hilft ihr, das Kind zu adoptieren. 1945 kehrt sie in ihr deutsches Heimatdorf zurück und unterstützt den kommunistischen Arbeiter Heyer (Manfred Krug), den sie schon aus dem Partisanenkreis in Polen kennt. Er will sie heiraten, doch da taucht der verschollene Kalluweit wieder auf, der sie überreden will, mit ihm nach Westdeutschland zu gehen.
Die Folgen hatten Spielfilmlänge. Erst im Herbst 2005 brachte Sakowski eine Romanfassung des erfolgreichen Fernsehfilms heraus.

WEIBER VON SINNEN RTL
1991–1992. Das erste Erotikmagazin für Frauen, entwickelt und moderiert von Hella von Sinnen, produziert von Gisela Marx. Dies war von Sinnens Antwort darauf, dass ihr *Alles Nichts Oder?!*-Partner Hugo Egon Balder *Tutti Frutti* moderierte.

Weiber von Sinnen: Wir wissen nicht, woran Hella von Sinnen im Angesicht dieses Grillunfalls denkt ... Ach halt, doch, wir wissen es.

Einmal monatlich mittwochs um 22.40 Uhr gab es Erotikclips für Frauen, ernsthafte Interviews mit prominenten Frauen über Sex, Feminismus und Politik, aber auf Drängen des Senders vor allem Comedyelemente. Große Aufmerksamkeit erregte die dritte Ausgabe des »Weibermagazins« am 10. April 1991. Wochenlang war angekündigt worden, Thomas Gottschalk zeige sich an diesem Tag nackt, um eine verlorene Wette aus *Wetten, dass ...?* einzulösen. Das tat er auch, wobei die entscheidende Stelle jedoch geschickt verdeckt wurde. In einem Sketch war der nackte Gottschalk im Hintergrund im Fernseher zu sehen, wo er sich auf einem kitschigen Bett drehte, während er selbst im Vordergrund in einer Doppelrolle (als eine Hausfrau und eine Klavierlehrerin) mit sich selbst telefonierte und über den nackten Gottschalk sprach. Die Show erreichte eine Einschaltquote von mehr als fünf Millionen Zuschauern.

Obwohl aus dem einigermaßen kritischen Programm mit feministisch-parodistischem Anspruch in der zweiten Staffel eine reine Sketchsendung wurde, sanken die Quoten nach zwölf Sendungen dramatisch, und das Weibermagazin wurde abgesetzt.

WEIBERWIRTSCHAFT   ARD
1987. 13-tlg. dt. Freundinnenserie.
Die Freundinnen Madeleine (Liane Hielscher) und Liz (Rotraud Schindler) trennen sich von ihren Männern Richard (Matthias Ponnier) und Uli (Stefan Behrens) und gründen eine Frauen-WG.
Die halbstündigen Folgen liefen im regionalen Vorabendprogramm und konnten zumindest eine Erwartungshaltung nicht erfüllen. Wer Rotraud Schindler sah, erwartete zwangsläufig, dass jeden Moment Didi Hallervorden mit einem dummen Gesicht ums Eck kommt, doch er kam nicht. Schindler spielte tatsächlich zum ersten Mal ohne ihren Ex-Mann an ihrer Seite. Es muss ja nicht immer schlecht sein, wenn nicht jede Erwartung erfüllt wird.

WEIHNACHTEN MIT MARIANNE
UND MICHAEL   ZDF
Seit 1993. Jedes Jahr zu Heiligabend singen Marianne und Michael mit Freunden aus der Schlager- oder Volksmusikszene Weihnachtslieder und lassen prominente Schauspieler ihre liebsten Weihnachtsgeschichten vorlesen. Lief zunächst im Advent, ab 1995 immer an Heiligabend in der Primetime.

WEIHNACHTSFEST DER VOLKSMUSIK   ARD
→ Sommerfest der Volksmusik

WEIMARER PITAVAL   DFF
→ Fernsehpitaval

DIE WEIMARER REPUBLIK   ZDF
1964. 7-tlg. dt. Geschichtsreihe, die mit Hilfe von Archivaufnahmen und Dokumenten der Frage nachging, wie es zur Machtergreifung der Nazis kommen konnte, und versuchte, aus dem Scheitern der Republik Lehren für die Bundesrepublik zu ziehen.

WEISSBLAUE GESCHICHTEN   ZDF
1984–2002. Episodenreihe, die in loser Folge zur Hauptsendezeit lief.
In jeder 45- oder 60-minütigen Folge wurden drei bis vier kurze, in sich abgeschlossene Geschichten gezeigt, die in Bayern spielten. Die Hauptrolle in allen Episoden spielte bis zu seinem Tod stets Gustl Bayrhammer, danach wurde die Reihe mit wechselnden bayerischen Hauptdarstellern fortgeführt. Im Winter hießen die Sendungen auch gern mal *Weißblaue Wintergeschichten*.

WEISSE BASTIONEN   ZDF
1971. 3-tlg. dt. Dokureihe über die afrikanischen Staaten, die 1971 noch von einer weißen Minderheit regiert wurden. Manfred Rohde und Carl-Franz Hutterer berichteten über Südafrika, Wolfgang Büsgen über Mosambik, Gunter Péus über Rhodesien.
Die Folgen dauerten 45 Minuten und liefen im Abendprogramm.

DER WEISSE FLECK   ARD
1976–1983. Sendeplatzfreihalter für eine aktuelle Dokumentation, deren Thema nicht rechtzeitig feststand, um es den Programmzeitschriften mitzuteilen. Lief zunächst montags um 22.45 Uhr, ab 1980 mittwochs nach den *Tagesthemen*.

DER WEISSE STEIN   ZDF
1975. 13-tlg. schwed. Kinderserie von Gunnel Linde, Regie: Göran Graffman (»Den vita stenen«; 1973).
In einem verträumten schwedischen Dorf lebt die junge Fia (Julia Hede). Sie ist nachdenklich und romantisch und versteht sich deshalb nicht mit den meisten Gleichaltrigen, bis sie den lustigen Hampus (Ulf Hasseltorp) trifft. Beide spielen immer wieder um einen kleinen weißen Stein, der eigentlich nichts Besonderes, aber Fias Glücksstein ist.
Die halbstündigen Folgen liefen montags um 17.10 Uhr.

WEISSER BIM, SCHWARZES OHR   ZDF
→ Weißer Bim, Schwarzohr

WEISSER BIM, SCHWARZOHR   DFF 1
1987. »Die Odyssee eines Hundes«. 7-tlg. sowjet. Abenteuerserie (»Belyj Bim – Chyornoye ukho«; 1976).
Der verwitwete Schriftsteller Iwan Iwanowitsch (Wjatscheslaw Tichonow) rettet den Hund Bim vor dem Tod und nimmt ihn bei sich auf. Das Tier ist eine Promenadenmischung und taugt weder als Jagdhund, noch macht es bei einer Hundeausstellung irgendwelche Schnitte, scheint aber ein treuer Freund zu sein. In Folge 3 kommt Iwan ins Krankenhaus, und Bim macht sich auf die Suche nach ihm. Unterwegs trifft er auf freundliche Kinder und böse Männer, wird eingesperrt, kann wieder fliehen, findet aber sein Herrchen nicht. Iwan kommt in der letzten Folge zurück nach Hause und macht sich nun seinerseits auf die Suche nach Bim. Der ist aber inzwischen einem Hundefänger in die Arme gelaufen und lebt nicht mehr.
Beim ersten Mal war Bims Geschichte noch ein zweiteiliger Spielfilm, den DFF 2 Ende 1977 im Originalton mit Untertiteln zeigte. Im April 1981 lief im ZDF erstmals eine deutsche Fassung unter dem Titel *Weißer Bim, schwarzes Ohr*, ebenfalls in zwei spielfilmlangen Teilen. Diese Fassung wurde mehrfach wiederholt. DFF 1 zerteilte *Bim* 1987 in sieben Folgen à 25 Minuten. Seither greifen die Dritten Programme bei erneuten Ausstrahlungen auf diese Fassung zurück.

WEISSES HAUS, HINTEREINGANG   ZDF
1980. 9-tlg. US-Drama von Gwen Bagni und Paul Dubov nach dem Roman »My Thirty Years Backstairs at the White House« von Lillian Rogers Parks, Regie: Michael O'Herlihy (»Backstairs At The White House«; 1979).
Maggie Rogers (Olivia Cole) arbeitet Anfang des 20. Jh. als Dienstmädchen im Weißen Haus. Ihre Tochter Lillian (als Kind: Tania Johnson; als Erwachsene: Leslie Uggams) leidet an Kinderlähmung, beißt sich jedoch durch und tritt in die Fußstapfen ihrer Mutter.
Zum Personal gehören noch die erste Haushälterin Mrs. Jaffray (Cloris Leachman), die Diener Ike Hoover (Leslie Nielsen), Levi Mercer (Louis Gossett, Jr.), Coates (Hari Rhodes) und Dixon (David Downing), die Portiers Mays (Robert Hooks) und Jackson (Bill Overton) und das Dienstmädchen Annie (Helena Carroll). Sie dienen den Präsidenten William Howard Taft (Victor Buono), Woodrow Wilson (Robert Vaughn), Warren Harding (George Kennedy), Calvin Coolidge (Ed Flanders), Herbert Hoover (Larry Gates), Franklin D. Roosevelt (John Anderson), Harry S. Truman (Harry Morgan) und Dwight D. Eisenhower (Andrew Duggan) – und ihren Ehefrauen natürlich.
Lillian Rogers Parks arbeitete tatsächlich 52 Jahre lang als Dienstmädchen im Weißen Haus. Ihr Enthüllungsroman sorgte bei der Veröffentlichung 1961 für einiges Aufsehen.
Das ZDF machte aus dem Vierteiler neun 45 Minuten lange Folgen und zeigte sie mittwochs um 19.30 Uhr.

John Travolta in *Welcome Back, Kotter*.

WEISST DU NOCH? KABEL 1
Seit 2003. »Das Retro Quiz«. Einstündiges Quiz mit Karl Dall.
Zwei Rateteams beantworten Fragen zu Ereignissen von früher, und natürlich zu Filmen und Fernsehserien von früher, mit denen Kabel 1 ja sein ganzes Programm bestreitet. Jenny Elvers-Elbertzhagen und Dieter Kürten gehören immer zu den Rateteams, dazu kommen jeweils zwei Gäste.
Die erste Staffel mit sechs Folgen lief donnerstags um 20.15 Uhr, die zweite ab Ende 2004 montags um 21.15 Uhr. Diese wurde vorzeitig abgesetzt.

WEIT WEG KI.KA
2004. 13-tlg. austral. Jugendserie (»Out There«; 2003).
Im australischen Busch bemühen sich vier Teenager ums Erwachsenwerden: die Einheimischen Fiona (Molly McCaffrey) und Miller (Richard Wilson), die Engländerin Aggie (Jade Ewen) und der Amerikaner Reilly (Douglas Smith). Sie wohnen bei der Tierärztin Ellen Archer (Genevieve Hegney) und ihrem Mann Jonathan (David Roberts).
Die Serie lief ab September 2004 auch im ZDF.

WELCOME BACK, KOTTER ZDF
1979–1980. 23-tlg. US-Sitcom von Gabriel Kaplan und Alan Sacks (»Welcome Back, Kotter«; 1975–1979).
Der Lehrer Gabe Kotter (Gabriel Kaplan) unterrichtet an seiner Schule in Brooklyn die Schüler mit den weitesten Hosenschlägen, den längsten Hemdenkrägen, den coolsten Sprüchen und der geringsten Ahnung vom Lehrstoff. Zur Gang gehören der Italiener Vinnie Barbarino (John Travolta), der Puertoricaner Juan Epstein (Robert Hegyes), der Schwarze Freddie »Boom Boom« Washington (Lawrence Hilton-Jacobs) und der weiße Idiot Arnold Horshack (Ron Palillo).
Zum Glück ist Kotter, der vor zehn Jahren den Abschluss an der gleichen Schule machte, selbst auch total cool und schafft es, den hoffnungslosen Fällen das eine oder andere beizubringen – wenn auch nicht immer so, wie es der Lehrplan vorgesehen hätte. Gabes Frau ist Julie (Marcia Strassman).
In Deutschland wurde die Serie als »total verrückte Pop-Komödie« verkauft, dabei hatte sie Hauptdarsteller und Erfinder Kaplan zwar witzig, aber auch semiautobiografisch gemeint. Er selbst war in eine solche Förderklasse in Brooklyn gegangen und hatte angeblich einen ähnlich coolen Lehrer, wie Kotter es war. Für John Travolta war die Serie der Durchbruch, der ihn bekannt machte, bevor er – noch parallel zu späteren Staffeln von *Welcome Back, Kotter* – die Hauptrollen in den Filmen »Saturday Night Fever« und »Grease« spielte. Die Serie war bei den jungen Amerikanern außerordentlich populär; die Titelmusik »Welcome Back« von John Sebastian erreichte im Mai 1976 den ersten Platz der US-Single-Charts.
Das ZDF zeigte 23 der eigentlich 95 halbstündigen Folgen immer samstags nachmittags.

WELLE WAHNSINN ZDF
1982–1983. Sketchreihe mit Dieter Hallervorden in verschiedenen Rollen, z. B. als King-Kong auf Kneipentour, genervter Diskjockey oder Parodist der »Neuen Welle«.
Welle Wahnsinn lebte vor allem davon, Hallervordens Lieder wie »Der Geisterfahrer«, »Der Würger vom Finanzamt«, »Wieder alles im Eimer« oder »Ich bin so scharf auf Daisy Duck« aufwendig in Szene zu setzen. Dann erregte sich die »Bild«-Zeitung über den Titel und fragte, wie man eine Geisteskrankheit zum Titel einer Unterhaltungssendung machen könne – und es blieb bei zwei halbstündigen Folgen.

WELLENMÄDCHEN DFF 2
1988–1989. 6-tlg. norweg. Jugendserie, Regie: Tor M. Torstadt (»Nattseilere«; 1985).
Die zwölfjährige Maria (Vera Holte) wird Ende des 19. Jh. bewusstlos an die norwegische Küste gespült. Der Fischer Olai (Frode Rasmussen) findet das »Wellenmädchen«. Gemeinsam mit dem Landstreicher Barr (Helge Jordal) versucht sie herauszufinden, woher sie kommt und was passiert ist.
Jede Folge dauerte 40 Minuten.

WELLNESS TV ARD
2003–2004. Halbstündige Wohlfühlsendung mit Bärbel Schäfer am Samstagnachmittag.
Es handelte sich nicht, wie ARD-Programmdirektor Günter Struve hinterher erläutern musste, um einen »Ratgeber«, sondern um eine »Unterhaltungssendung mit einigen unterhaltenden Hinweisen«. Gemeint waren damit angenehm unkritische Hinweise auf Hotels, Produkte und Kurorte. So stellte die erste Sendung fest, dass Bad Pyrmont einer der supersten Kurorte überhaupt sei, was im Übrigen der Kurdirektor von Bad Pyrmont bestätigen konnte. Wenn nicht irgendetwas zu bewerben war, lernte der Zuschauer, dass man eine langweilige Tomatenkraftbrühe zum tollen Tee aufpeppen kann, indem man frische Kräuter mitkocht, die man in einen gekauften Pfefferminzteebeutel füllt, aus dem man vorher den Pfefferminztee entfernt hat.
Die Sendung brachte der ARD eine heftige Debatte über Schleichwerbung und den Sinn öffentlich-rechtlichen Fernsehens ein (nicht zuletzt, da sie ungefähr gleichzeitig mit *Bunte TV* ins Programm kam). Im September 2004 erhielt die bis dahin erstaunlicherweise noch immer nicht abgesetzte Reihe den neuen Titel *Gesund mit Wellness*.

WELLS FARGO ARD
1964–1972. 51-tlg. US-Westernserie von Frank Gruber (»Tales Of Wells Fargo«; 1957–1962).
Jim Hardie (Dale Robertson) arbeitet als Ermittler beim Transportunternehmen Wells Fargo. Er spürt verschwundene Fracht auf und jagt Postkutschenräuber. Nachdem er lange Zeit als Einzelgänger im Westen unterwegs war, bekommt er später mit Beau McCloud (Jack Ging) einen Kollegen bei Wells Fargo.

Zu dieser Zeit zieht Hardie auf eine eigene Ranch und stellt den Arbeiter Jeb Gaine (William Demarest) ein. Seine neue Nachbarin ist die Witwe Ovie (Virginia Christine) mit ihren Töchtern Mary Gee (Mary Jane Saunders) und Tina (Lory Patrick). Ovie interessiert sich für Jim, das beruht aber offensichtlich nicht auf Gegenseitigkeit.

Die Folgen waren anfangs schwarz-weiß und eine halbe Stunde lang. 167 davon liefen mit großem Erfolg in den USA. Dale Robertson war in dieser Zeit der einzige regelmäßige Darsteller in der Serie. Kurz vor deren Ende, mit dem Einzug Jim Hardies auf seiner Farm, kamen die neuen Schauspieler dazu. Gleichzeitig wurde die Serie auf eine Stunde verlängert und war nun farbig. Im Original gab es 34 Folgen von dieser Fassung. In Deutschland liefen nur 39 halbstündige und 16 einstündige Folgen im regionalen Vorabendprogramm.

DIE WELT DER DREISSIGER JAHRE — ZDF

1983–1986. »Von dunklen Zeiten und hellen Stunden«. 6-tlg. Doku-Reihe von Dieter Franck, der in 24 Ländern nach besonders typischen, bewegenden oder amüsanten Aufnahmen aus dieser Zeit suchte. Parallel zur Reihe, die immer sonntags abends lief, strahlte das ZDF Spielfilme aus, die sich mit Themen und Tendenzen der 30er-Jahre beschäftigten, darunter »Das Verbrechen des Monsieur Lange« von Jean Renoir, »Der Auslandskorrespondent« von Alfred Hitchcock und »Die Geschwister Oppermann« von Egon Monk.

Die Koproduktion des ZDF mit BBC und ORF war in Deutschland ein Publikumserfolg und wurde in über 60 Länder verkauft.

DIE WELT DER SCHNORCHEL — RTL

1988–1989. 65-tlg. US-Zeichentrickserie (»The Snorkels«; 1984–1986). Ein paar ulkige Wesen, die Schnorchels eben, wohnen unter Wasser und erleben dort ihre Abenteuer.

DIE WELT DER VICKI BAUM — ARD

1983–1984. Reihe mit Romanverfilmungen von Vicki Baum. Gezeigt wurden *Die goldenen Schuhe* als fünfteiliger Fernsehfilm von Helmut Pigge und Dietrich Haugk, zwischendurch an Weihnachten 1983 »Rendezvous in Paris« von Gabi Kubach und drei Tage später »Hell in Frauensee« von Manfred Bieler.

WELT DER WUNDER — PRO SIEBEN, RTL 2

1996–2004 (Pro Sieben); seit 2005 (RTL 2). Wöchentliches populärwissenschaftliches Magazin am Sonntagabend mit faszinierenden Bildern aus Natur, Wissenschaft und Technik.

Es moderierte Hendrik Hey, der 1997 seine eigene Firma H5B5 gründete und die Sendung selbst produzierte. Sie sollte Ausgangspunkt für ein kleines Medienimperium werden: Die H5B5-Media-AG ging im Februar 2000 an den Neuen Markt, musste aber schon im April 2002 nach dem Platzen der New-Economy-Blase und vor allem der Pleite der Kirch-Gruppe Insolvenz anmelden.

Wegen des großen Erfolges wurde die Sendezeit im Mai 1998 von 30 auf 60 Minuten verlängert; auch in dieser Länge waren die Quoten beständig hervorragend. Die Sendung, die seit Anfang 1997 um 19.45 Uhr gelaufen war, wanderte nun auch wieder auf ihren ursprünglichen Sendeplatz um 19.00 Uhr zurück. Im März 1998 erschien erstmals eine monatliche Zeitschrift zur Sendung, die jedoch nicht lange überlebte. Nach genau 400 Sendungen verabschiedete sich Hey im Dezember 2003 vom Bildschirm, produzierte die Sendung aber weiterhin. Neuer Moderator wurde Robert Biegert.

Hey verkaufte das Konzept von *Welt der Wunder* unter dem Namen »Timeslot« in mehr als 20 Länder – und auch nach Deutschland zurück. Nicht nur der Discovery-Channel zeigte die Reihe im deutschen Pay-TV, auch RTL 2 brachte das Format unter dem Namen *Total Science*.

Der große Erfolg der Sendung brachte Begehrlichkeiten mit sich: Pro Sieben forderte von Hey dauerhaft alle Rechte an den Inhalten der Sendung, doch der beharrte darauf, die Markenrechte im Jahr 2000 für über eine Million Euro vom Sender erworben zu haben. Der Streit eskalierte, Hey ging mit seiner Sendung zu RTL 2. Angeblich wäre er auch bereit gewesen, ohne einen neuen Sender Pro Sieben das Format wegzunehmen. Doch RTL 2 bot ihm den exakt gleichen Sendeplatz, und Hey moderierte dort nun wieder selbst. Eine Klage von Pro Sieben gegen den Sendungsumzug hatte keinen Erfolg. Pro Sieben startete daraufhin das auffallend ähnliche Format *Wunderwelt Wissen* mit dem bisherigen Moderator Biegert auf dem angestammten Sendeplatz, wodurch nun beide Magazine zeitgleich gegeneinander liefen.

DIE WELT IN DER WANNE — KI.KA

2003. 25-minütiges Wissensmagazin für Kinder von und mit Volker Arzt, der in seinem Badezimmer witzige und lehrreiche Alltagsexperimente vorführt und Phänomene erklärt, die in der Regel mit Wasser zu tun haben. Arzt zeigt zum Beispiel, wie sich Fische per Mobiltelefon zum Fressen rufen lassen, stellt Pistolenkrebs und Knurrhahn vor und den Pottwal – der allerdings dann doch nicht in seine Wanne passt.

Lief ab 2004 auch sonntags morgens im ZDF und erschien vorher noch auf Video und DVD.

WELTENBUMMLER — ARD

1987–1993. Reisereportagereihe von und mit Hardy Krüger, der von allen Kontinenten berichtet: Krüger bereist Frankreich, Marokko, Bangkok, Hongkong, Australien, Kalifornien und die Antarktis, zeigt Attraktionen und Typisches und stellt Menschen und Tiere vor, denen er begegnet.

Der Schauspieler Hardy Krüger war Autor, Regisseur und Hauptdarsteller dieser Reihe. Sie lief zunächst mit 45-minütigen Folgen unregelmäßig montags um 21.45 Uhr, ab 1990 nur noch halbstündig eine Viertelstunde später und brachte es auf 35 Ausgaben.

DIE WELTGESCHICHTE DES TIERFILMS SAT.1
1996–1997. Doku-Reihe mit Fritz Egner, der angeblich »das Beste, das Schönste, das Heiterste, das Wichtigste, das Dramatischste und das Erfolgreichste aus 100 Jahren Tierfilm« zeigte – angefangen von den Aufnahmen der Brüder Lumière, die ein boxendes Känguru gefilmt hatten, bis zu den Sternstunden der modernen Tierforschung.
Fünf einstündige Sendungen liefen mit sehr mäßigem Erfolg dienstags um 20.00 Uhr.

DIE WELTINGS VOM HAUPTBAHNHOF ZDF
1994. »Scheidung auf Kölsch«. 12-tlg. dt. Familienserie.
Nach vielen Jahren steht die Ehe zwischen Rolf (Frank Hoffmann) und Hanna Welting (Lotti Krekel) vor dem Aus. Auch die Schlichtungsbemühungen der Kinder Thomas (Marek Harloff) und Bettina (Katja Woywood) haben kaum Aussicht auf Erfolg. Die Familie wohnt in der Nähe des Kölner Hauptbahnhofs, wo die Eltern auch arbeiten: Hanna als Hausärztin mit eigener Praxis, Rolf als Bahnhofsleiter. Die jeweils neuen Liebhaber der beiden sind der Weinhändler Martin Bitter (Bernd Stephan) und die Bildhauerin Ulrike Vargas (Despina Pajanou). Dr. Herrmann Tellenbach (Willy Millowitsch) ist Hannas Vater.
Für noch mehr Lokalkolorit sorgte die Musik der Band De Höhner. Eigentlich war die Serie naheliegenderweise für den WDR gedacht, doch für die ARD-Vorabendkoordinierer war gerade die regionale Verankerung ein Problem, deshalb landete sie im ZDF.
Die Folgen waren 45 Minuten lang und liefen dienstags um 17.45 Uhr.

WELTREISEN ARD
Seit 1993. Reisemagazin am Samstag-, seit 1996 am Sonntagnachmittag. »Die Korrespondenten der ARD werden zu Reiseführern« und benehmen sich wie ein offenes Buch.

WELTSPIEGEL ARD
Seit 1963. Wöchentliches Auslandsmagazin mit Berichten der ARD-Korrespondenten.
Erster Moderator war Klaus Bölling, der in der ersten Sendung ein viel bestauntes »transatlantisches Fernsehgespräch über einen Nachrichtensatelliten« mit Thilo Koch in Washington führte. Weitere Moderatoren waren u. a. Andreas Cichowicz, Nikolaus Brender, Claus Hinrich Casdorff, Ernst Elitz, Dieter Kronzucker, Patrick Leclercq, Dagobert Lindlau, Peter Mezger, Gerd H. Pelletier, Gerd Ruge, Winfried Scharlau, Rolf Seelmann-Eggebert und Immo Vogel. Im Oktober 2001 durfte zum ersten Mal eine Frau ran: Tina Hassel.
Die Sendung war meistens ungefähr eine halbe Stunde lang und lief zunächst freitags um 20.30 Uhr, ab 1964 am frühen Sonntagabend.

WELTUMSEGELUNG MIT FAMILIE ARD
1977–1984. Langzeitdokumentation über die Reise der Familie Kampe, die mit dem Schiff »Saint Michel« die Welt umsegelt.
Die Kampes kommen eigentlich aus Icking und bestehen aus dem Architekten und Designer Joachim, Frau Marie und den fünf- bis zwölfjährigen Kindern Calixt, Laetitia, Bartolomé und Sylvester sowie ihrer Lehrerin Dagmar Haeckel.

WELTWEIT SAT.1
1991. Halbstündiges Auslandsmagazin, das dreimal am Samstagmittag lief. Davor und danach hieß es *Auf und davon*.

WENDEMARKE ARD
1970–1973. Auslands-Doku-Reihe von Dieter Seelmann.
In der ersten Folge reiste Seelmann zu einem geplanten Stausee in den australischen Alpen; spätere Themen waren die Industrialisierung von Venezuela, der für Taiwan wichtige Besuch Richard Nixons in Peking oder das Millionengeschäft Fernweh. Sieben Sendungen liefen in loser Folge auf wechselnden Sendeplätzen.

WENDEPUNKTE ARD
1983–1984. Reportagereihe über Frauen, deren Leben sich entscheidend verändert hat.
Die porträtierten Frauen kamen aus den unterschiedlichsten Lebensbreichen. In der Premiere ging es um die ehemalige Schauspielerin Lorose Keller und ihre Nachwuchskollegin Anja Schüte, später z. B. um eine Frau, die nach dem Tod einer Freundin ihre erfolgreiche Boutique verkaufte, um Leierkastenfrau zu werden, oder um ein Pärchen, dem die linken Beine amputiert werden mussten.
20 Folgen liefen monatlich donnerstags um 16.15 Uhr und waren je 45 Minuten lang. Teilweise wurden zwei Folgen zu einer langen zusammengefasst. Eine Sendereihe mit Ernst Elitz im Gespräch mit Politikern in Südwest 3 trug 1990 den gleichen Titel.

WENDY RTL 2
1996. 65-tlg. neuseeländ. Mädchen- und Pferdeserie (»Riding High«; 1995).
Teenager Wendy Thorsteeg (Marama Jackson) liebt Pferde und reitet gern. Ein Glück, dass sie mit ihren Eltern auf einem Gestüt mit angeschlossener Reitschule lebt. Schön auch, dass es seit langer Zeit eine Zeitschrift über Pferde gab, die ebenfalls »Wendy« hieß.

WENN. DANN. DIE ... SHOW! KI.KA
1998–1999. Spielshow mit Wolfgang Lippert, in der Schulklassen gegeneinander antraten. Der Titel bezog sich auf den damaligen Werbeslogan des Kinderkanals, der lautete: »Wenn. Dann. Den.«

WENN DAS DIE NACHBARN WÜSSTEN ...   ARD

1990–1992. 12-tlg. österr.-dt. Familienserie von Peter Hajek.

Der Reisebüroangestellte Chris Wächter (Towje Kleiner), die Schaufensterdekorateurin Lilo Flohr (Anja Kruse), die Souffleuse Susi Hollein (Gusti Wolf) und ihre Enkelin Billy (Susanne Nowotny) wohnen zusammen in einem Traumhaus, das sie von einem Kaufhaus gewonnen haben. Das heißt, eigentlich hätte es die zehnmillionste Kundenfamilie gewinnen sollen, und die vier haben das Geschäft nur zufällig gleichzeitig betreten, sind aber gar nicht verwandt.

Des schönen Gewinns wegen klären sie das Missverständnis, für das Werbeleiter Kaminski (Kurt Weinzierl) verantwortlich ist, nicht auf, sondern schwindeln der Öffentlichkeit und den Nachbarn vor, eine Familie zu sein. Was auf Dauer nicht so leicht ist, weil ihnen u. a. die Kaufhausdirektorin (Christine Kaufmann), die Putzfrau (Anne Mertin) und Chris' Ex-Frau (Christine Schuberth), von der er sich gerade scheiden lässt, auf den Fersen sind.

Die einstündigen Folgen liefen im regionalen Vorabendprogramm.

WENN DAS KEIN GRUND ZUM FEIERN IST ...   ARD

Seit 2002. Große Samstagabendshow mit Patrick Lindner, in der dutzendweise irgendwelche Jubiläen abgefeiert wurden, darunter 100 Jahre Teddybär, 50 Jahre Ilja Richter, 25 Jahre Elvis tot.

Die zweite Ausgabe ein Jahr später zelebrierte Weltereignisse wie: Mary Roos war vor 25 Jahren Gast in der *Muppet Show,* und Peter Kraus hatte vor 45 Jahren einen Hit.

Zur dritten Sendung Anfang 2005 nahm die ARD Lindner die Show ab und übergab sie Michael Schanze, angeblich, um das Konzept »journalistischer« zu machen. Lindner, der für die Moderation seine *Patrick-Lindner-Show* im ZDF aufgegeben hatte, sprach von einer »scheinheiligen Ausrede«, Schanze versprach, vorher noch ein paar Kilo abzunehmen. Lindner freute sich, dass wenigstens »nicht schon wieder der Herr Pilawa« die Moderation übernahm. Wenn das kein Grund zum Feiern ist.

WENN DER VATER MIT DEM SOHNE   ARD

1971. 13-tlg. österr. Comedyserie von Fritz Eckhardt, Regie: Hermann Kugelstadt.

Der schrullige Fabrikant Eduard »Edy« Haslinger (Fritz Eckhardt) leitet das Familienunternehmen gemeinsam mit seinem Sohn Fredy (Peter Weck). Sie führen einen Männerhaushalt und versuchen beide, die richtige Frau zu finden. Tante Rikki (Jane Tilden) hilft gern bei der Suche und schleppt potenzielle Zukünftige an, doch die Richtige scheint nie dabei zu sein. Denn sosehr Edy und Fredy auch auf der Suche sind, heiraten wollen sie wohl doch nicht. In Folge 6 verlobt sich Fredy immerhin, kehrt dann aber aus Solidarität zu seinem Vater, der gerade verlassen wurde, ebenfalls ins Singleleben zurück. In Folge 13 werden endlich beide glücklich, und die Serie endet mit einer Doppelhochzeit. Die Folge heißt »Happy End«.

Die Folgen waren jeweils eine volle Stunde lang; sie liefen 14-täglich mittwochs um 21.00 Uhr.

WENN DER WEISSE FLIEDER WIEDER BLÜHT   ARD

1967–1970. Varietyshow rund um das Thema Frühling und Flieder mit vielen Verkleidungen.

Typische Gäste waren Edith Hancke, Chris Howland, die Jacob-Sisters, Mireille Mathieu und Michael Schanze. Es spielte das Tanzorchester des Südwestfunks unter der Leitung von Rolf-Hans Müller.

Die Show wurde einmal jährlich Anfang Mai ausgestrahlt.

WENN DIE PUTZFRAU ZWEIMAL KLINGELT   RTL 2

1994. Comedy-Talkshow mit Hella von Sinnen im Spätprogramm am Sonntagabend.

Von Sinnen ist einerseits Gastgeberin, die mit Prominenten einigermaßen ernsthaft spricht, andererseits die Putzfrau Schmitz, die bei ihnen zu Hause oder im Büro Schränke, Schubladen und Papierkörbe durchwühlt. Zwölf Folgen liefen, dann wollte RTL 2 die Reihe nicht fortsetzen, angeblich weil Hella dem Sender nicht schrill genug war.

WENN DIE TIERE REDEN KÖNNTEN   ZDF

1998–1999. Halbstündige evolutionsbiologische Doku-Reihe von und mit Immanuel Birmelin und Volker Arzt über die Frage, wie Tiere die Welt erleben und in welchem Maß ihre Gefühle und kognitiven Leistungen denen des Menschen ähneln. Gezeigt werden z. B. flirtende Elefanten, träumende Katzen und Versteck spielende Schimpansen.

Zunächst liefen drei Sendungen im Rahmen von *Naturzeit* im Hauptabendprogramm. Mit Ausschnitten daraus entstand 1999 eine zehnteilige Reihe für Kinder, die am Samstagvormittag ausgestrahlt wurde.

WENN DU MICH FRAGST ...   ZDF

1990–1992. 23-tlg. dt. Ethikserie für Kinder.

Ähnlich wie in *Anderland* sollten die abgeschlossenen »Sinngeschichten« mit immer anderen Kindern auch hier die Frage nach dem Sinn des Lebens beantworten helfen und nebenbei moralische Werte vermitteln. Diese neue Reihe richtete sich nicht mehr an Vorschulkinder, sondern an 10- bis 14-Jährige und wirkte im Gegensatz zu *Anderland* eher billig als verstörend.

WENN EINER EINE REISE TUT ...   ARD

1953. Gleich drei Sendungen mit diesem Titel waren 1953 im Fernsehen zu sehen, und keine hatte mit der anderen zu tun: Die erste war eine Reisereportage, die zweite Kabarett, die dritte ein Quiz, bei dem erraten werden sollte, von wo mitgebrachte Reisesouvenirs stammten.

WENN EINER EINE REISE TUT ... ZDF
1978. »Klingende Souvenirs. Mitgebracht und ausgepackt von Rudi Büttner«. Halbstündige Volksmusiksendung, die verschiedene Reiseziele ansteuert, darunter Limburg, Wasserburg am Inn, die Lüneburger Heide oder das Spessartschloss Mespelbrunn, und Lieder der Region präsentiert.
Zwölf Folgen liefen im Vorabendprogramm.

WENN ENGEL REISEN ... ZDF
1993. 13-tlg. dt. Abenteuerserie, Regie: Uwe Frießner.
Reiseleiter Peter (Bernd Tauber) begleitet eine Touristengruppe auf einer Busfahrt durch Israel. Unter den Reisenden sind u. a. die jugendliche Grufti-Braut Inge (Natascha Bonnermann), der Rentner Egmund (Walter Jacob), die erfolglose Schauspielerin Marianne (Karin Baal) und das junge Ehepaar Eva (Beata Lehmann) und Jürgen (Thomas Bestvater).
Die 45-Minuten-Folgen liefen nachmittags.

WENN KULI KOMMT ARD
1985–1989. 24-tlg. dt. Episodenreihe mit Hans-Joachim Kulenkampff.
In abgeschlossenen halbstündigen Geschichten spielt Kuli verschiedene historische Persönlichkeiten. Zwei Staffeln liefen im Vorabendprogramm.

WENN SALLY NICHT WÄR' ARD
1978. 12-tlg. US-Westernserie (»Dirty Sally«; 1973).
Sally Fergus (Jeanette Nolan), eine resolute Frau mit faltigem Gesicht und wirrem grauen Haar, zieht mit ihrem Esel Balthasar und dem unterwegs aufgegabelten jungen Revolverhelden Cyrus Pike (Dack Rambo) durch den Wilden Westen Richtung Kalifornien. Eigentlich wollen sie (vor allem er) dort mit Gold reich werden, aber unterwegs gibt es für eine taffe Frau wie Sally immer etwas zu tun.
Spin-off von *Rauchende Colts,* wo Nolan erstmals als Sally auftauchte. Die halbstündigen Folgen liefen im regionalen Vorabendprogramm.

WENN SIE LACHEN, IST ES OSCHMANN SAT.1
2004. Halbstündige Comedyshow mit Ingo Oschmann.
Er muss mit Stand-up-Comedy das Publikum zum Lachen bringen, dann werden ihm Wünsche erfüllt: etwa eine Studiodeko, weitere Kameras oder ein Schreibtisch. Oschmann hatte die Show als Sieger-Comedian von *Star Search* gewonnen. Zunächst fünf Ausgaben liefen freitags kurz nach der Primetime, und wieder bewährte sich Oschmann und durfte im Herbst in eine zweite Staffel starten.

WENNSCHON, DENNSCHON DFF, MDR
1983–1991 (DFF). 1992 (MDR). Kuriositätenshow am Samstagabend mit Hans-Joachim Wolfram, in der überraschende Leistungen unbekannter Menschen im Alltag vorgestellt wurden.
Die Sendung war ein Ableger von *Außenseiter – Spitzenreiter:* Gesucht wurden Menschen, die z. B. glaubten, das älteste funktionstüchtige Haushaltsgerät zu besitzen, am schnellsten einen Keilriemen am Trabant wechseln zu können oder die längste Partie Fernschach gespielt zu haben – die Sieger wurden in der jeweils nächsten Sendung gekürt.
Skurrile Zeitgenossen traten auf, die ein Instrument rückwärts spielen oder 450 deutsche Gedichte und Balladen auswendig zitieren konnten – Letzterer stellte es zur allgemeinen Erleichterung nicht vollends unter Beweis. Ein Chinese produzierte die größte Seifenblasenkugel der Welt. Gelegentlich kam jemand, der für seine Besonderheit zwar nichts konnte, aber nicht minder interessant war: Mario Winkelmann aus Dresden beispielsweise hatte alle Organe auf der falschen Seite. Erster Gast nach dem Mauerfall war ein ulkiger Kerl aus dem Westen mit einem komischen Akzent: Rudi Carrell.
Nach der Wende arbeitete die Show mit der »Guinness«-Redaktion zusammen. Sie überlebte das Ende des DFF nur knapp; im MDR liefen noch vier Ausgaben, was die Gesamtzahl auf 43 brachte. Die Sendung, der sie entsprang, *Außenseiter – Spitzenreiter,* wurde fortgesetzt.

WER BIN ICH? RTL
1987–1988. »Quiz mit Prominenten um Prominente aus Vergangenheit und Gegenwart«.
Es moderierten abwechselnd Rainer Holbe, Metty Krings, Erika Berger, Oliver Spiecker und Susanne Kronzucker. Die knapp halbstündige Show lief mittwochs gegen 22.30 Uhr.

WER DREIMAL LÜGT ARD
1970–1984. »Kein Quiz für Leichtgläubige«. Ratespiel, in dem viele unglaubliche Geschichten gezeigt werden, von denen die meisten wahr sind. Filmbeiträge berichten von Skilehrern für Kühe, Müllbeseitigung durch Ameisen oder Schuhen für Kängurus, und die Kandidaten müssen herausfinden, welche drei frei erfunden waren.
Dr. Harald Scheerer war der erste Moderator, 1976 übernahm Wolfgang Spier. Lief zunächst mittwochs zur Primetime und dauerte 45 Minuten, später über Jahre donnerstags gegen 21.00 Uhr, jetzt nur noch eine halbe Stunde lang.

WER EINMAL AUS DEM BLECHNAPF FRISST ARD
1962. 3-tlg. dt. Häftlingsdrama von Reinhart Müller-Freienfels nach dem Roman von Hans Fallada, Regie: Fritz Umgelter.
Fünf Jahre saß Willi Kufalt (Klaus Kammer) wegen Unterschlagung und Urkundenfälschung im Gefängnis. Der Versuch, nach seiner Entlassung die Freiheit zu genießen, scheitert. Er hat keine Familie, seine Umgebung behandelt den Ex-Häftling mit Misstrauen und Vorurteilen, er hat Schwierigkeiten, eine Wohnung und eine Arbeit zu finden. Als er dann auch noch, nur weil er vorbestraft ist, eines Diebstahls verdächtigt wird, den er nicht begangen

hat, gibt er auf und kehrt auf die schiefe Bahn zurück. Schon bald ist er wieder im Gefängnis. Und fühlt sich wohl dabei. Die vertraute Umgebung, in der er sich um nichts kümmern muss, macht ihm sein Leben leichter.
Die spielfilmlangen Folgen liefen an aufeinander folgenden Tagen zur Primetime.

WER EINMAL IN VERDACHT GERÄT …   ARD
1977. 13-tlg. frz. Krimiserie (»Erreurs judicaires«; 1975).
Abgeschlossene halbstündige Episoden über das Schicksal von Menschen, die unschuldig in Verdacht geraten. Staatsanwalt Hans Sachs kommentiert. Lief im regionalen Vorabendprogramm.

WER ERSCHOSS BORO?   ZDF
1987. »Der Kommissar sind Sie!« 3-tlg. dt. Rätselkrimi von Herbert Reinecker, Regie: Alfred Weidenmann.
Anfang Januar kündigte das ZDF in einer halbstündigen Sendung an, dass demnächst Boro erschossen werden würde und man als Zuschauer mitraten und gewinnen könne. Sechs Wochen später zeigte ein 100-minütiger Krimi den Fall. Darsteller waren Ernst Schröder, Dirk Galuba, Edda Seippel, Inge Birkmann und Horst Bollmann. Eine Woche darauf lief die halbstündige Auflösung: Horst Bollmann war's.
Zur Sendung erschien ein Fakten- und Lösungsbuch, für das das ZDF in Programmhinweisen warb, was ihm jedoch vom Bundesgerichtshof mit Hinweis auf das Trennungsgebot von Programm und Werbung untersagt wurde.

WER GEGEN WEN – FERNGESEHEN   ARD
1953–1956. Städtequiz mit Hans-Joachim Kulenkampff, das bei der Premiere einmalig von der Funkausstellung in Düsseldorf gesendet wurde und die erste große Samstagabendshow wurde (Peter Frankenfelds *Wer will, der kann* war zwar ein paar Tage früher gestartet, doch Kulenkampffs Show war die erste am Abend. Frankenfeld und Kulenkampff waren damit die ersten deutschen Fernsehstars).
Mannschaften aus mehreren Städten spielten gegeneinander. Punktrichter war Hans-Otto Grünefeld, das Tanzorchester des Hessischen Rundfunks unter der Leitung von Willy Berking lieferte die musikalische Untermalung, Wolfgang Pahl führte Regie, ab Oktober 1954 Fritz Umgelter.
Die Reihe war die TV-Version des erfolgreichen Radiospiels »Wer gegen wen?«, das Kulenkampff von 1951 bis 1952 moderiert hatte und bei dem nur hessische Städte gegeneinander angetreten waren. Anfangs hatte die TV-Version noch den gleichen Titel wie die aus dem Radio, das »ferngesehen« kam erst im Oktober 1954 dazu. »Kuli« moderierte die Sendung 18-mal. 1956/57 erhielt er dafür den Deutschen Fernsehpreis.

WER HASS SÄT …   ARD
1989. 21-tlg. austral. Soap (»Taurus Rising«; 1982).

Die Brents und die Drysdales haben viel Grund, einander zu hassen. Isabella Drysdale (Georgie Sterling) hasst Harry Brent (Gordon Glenwright), weil er sie sitzen gelassen hat. Harrys Tochter Jennifer (Annette Andre) hasst Isabellas Sohn Ben (Alan Cassell), weil er sie sitzen gelassen hat, dazu noch mit einem unehelichen Sohn, Mike (Andrew Clarke). Ben führt skrupellos die Baufirma der Drysdales, Jennifer und Mike rachsüchtig die der Brents, und dazwischen stehen Unschuldige wie Alice Blake (Linda Newton), die Bens Enkelsohn aufzieht, deren Vater aber für die Brents arbeitet.
Wer Hass sät … sollte das australische *Dallas* werden, aber die Produktionsfirma Grundy, Experte für Soaps, bemühte sich (mit riesigen Etat) zu sehr, die Reichen noch reicher und die Bösen noch böser zu machen, und die Australier wandten sich gelangweilt ab. In Deutschland liefen die einstündigen Folgen im regionalen Vorabendprogramm.

WER HAT RECHT?   ARD
1956–1958. Justizreihe von Kurt Paqué.
In nachgestellten Gerichtsverhandlungen werden Rechtsfragen des Alltags behandelt. Die Zuschauer erhalten eine kurze Denkpause, um sich zu entscheiden, auf welcher Seite sie stehen, dann wird ihnen die tatsächliche Rechtslage erklärt.
Elf halbstündige Sendungen liefen an unterschiedlichen Tagen zur Primetime.

WER HEIRATET DEN MILLIONÄR?   SAT.1
2001. Sonntagabendshow.
Der Titel ist eigentlich eine Parodie auf die RTL-Erfolgsshow *Wer wird Millionär?*. Die Show geht so: 50 »Kandidatinnen« wollen einen Millionär heiraten, den sie nicht einmal kennen. Der heiratswillige Millionär ist für die Frauen während der Show nur als Schattenumriss sichtbar, der Millionär dagegen sieht alles und wählt über mehrere Ausscheidungsrunden schließlich eine »Dame« aus, um deren Hand er noch während der Show anhält.
Die Show war aus den USA »geklaut« (»Who Wants To Marry A Multi-Millionaire?« als Parodie auf »Who Wants To Be A Millionaire«). Dort hatte es nach der Show einen Skandal gegeben, der vermeintliche Millionär sich als Betrüger entpuppt; die noch in der Show geschlossene Ehe ging während der Hochzeitsreise in die Brüche und wurde anschließend annulliert und die Show sofort abgesetzt. Auch die Sat.1-Version kämpfte von Anfang an mit Problemen. Der ursprünglich geplante Termin im September 2000 musste mehrfach verschoben werden, weil der Sender noch keinen Millionär gefunden hatte, der blöd genug war, bei der Sendung mitzumachen.
Nach einem weiteren geplatzten Termin im Oktober beschloss der vorgesehene Moderator Jörg Wontorra, die Show unseriös zu finden, und stieg aus. Es moderierte dann schließlich Franklin (Frank Schmidt), doch bis dahin war Sat.1 sowieso schon der große Verlierer, denn RTL hatte ganz kurzfristig vier Tage vorher die fast gleiche Show unter dem

Das Schlimme ist nicht, dass Tony so zögerlich ist, sondern dass er mit einer Hand noch krampfhaft den Staubsauger festhält. Tony Danza und Judith Light in *Wer ist hier der Boss?*

Titel *Ich heirate einen Millionär!* ins Programm genommen und war damit mal wieder Erster. Die hatten jedoch ihren eigenen Skandal (siehe dort). Aber auch bei Sat.1 ging die Blamage weiter: Hinterher stellte sich heraus, dass der angebliche Millionär vermutlich keiner war, und geheiratet hat er die Siegerin auch nicht.

WER IST HIER DER BOSS? RTL
1992–1993. 196-tlg. US-Sitcom von Blake Hunter und Martin Cohan (»Who's The Boss«; 1984–1992).
Der verwitwete Ex-Profisportler Tony Micelli (Tony Danza) zieht mit seiner Tochter Samantha (Alyssa Milano) bei Angela Bower (Judith Light) und ihrem Sohn Jonathan (Danny Pintauro) ein und arbeitet fortan als deren Haushälter. Angela ist ein hohes Tier in der Werbebranche und eröffnet später ihre eigene Agentur.

Mit großem Enthusiasmus kocht und putzt Tony, sorgt für Hochglanz und die Umkehrung der klassischen Rollenverteilung. Angelas vorlaute Mutter Mona Robinson (Katherine Helmond) wohnt gleich nebenan und mischt sich in alles ein. Sie wird in Angelas Werbeagentur die Sekretärin, doch ihre unterschiedlichen Arbeits- und Lebensauffassungen machen die Zusammenarbeit schwierig. Mona ist voller Lebenslust, Angela verbissen und steif.

Tony ist ein liebender Vater, der das Leben zwar lockerer nimmt als Angela, doch seiner Tochter gegenüber notfalls auch streng sein kann und etwaige Einwände mit den Worten »Hey-oh, oh-hey!« einleitet. Mit der Zeit verlieben sich Tony und Angela ineinander, jedoch merken es alle anderen um sie herum vor ihnen selbst. Nach etlichen Jahren und vielem Hin und Her finden sie zueinander. Parallel wollte sich Tony fortbilden, hat ein Studium begonnen und wird schließlich Lehrer. Er nimmt einen Job im fernen Iowa an (das Angela unentwegt mit Idaho verwechselt), was die Beziehung in Gefahr bringt. Tonys inzwischen erwachsene Tochter Sam heiratet ihren Freund Hank (Curnal Aulisio) und ist damit vor ihrem Vater verheiratet. Tony kündigt am Ende seinen Job, um zu Angela zurückzukehren. In der letzten Folge steht er – genau wie in der ersten – überraschend vor ihrer Tür und bewirbt sich als Haushälter.

Neun Jahre lang lief die Serie erfolgreich im Abendprogramm des US-Fernsehens. In Deutschland wurden alle Episoden innerhalb eines Jahres gezeigt, weshalb die anfangs elf und sieben Jahre alten Kinder Sam und Jonathan bei uns ziemlich schnell aufwuchsen. Sam wurde später sogar eine Hexe; das passierte jedoch erst in *Charmed – Zauberhafte Hexen*. Die liebenswerte Serie lief jeden Werktag um 17.00 Uhr im Doppelpack mit *Eine schrecklich nette Familie*, war jedoch deutlich harmloser und familienfreundlicher. Dennoch bildeten beide einen erfolgreichen Comedyblock im RTL-Programm, weshalb auch *Wer ist hier der Boss?* gleich nach der letzten Episode wieder von Beginn an in Dauerschleife wiederholt wurde. Elf Jahre nach dem Ende der Serie (und Sitcom-Flops mit *Wer ist hier der Cop?* und *Ein Vater zum Küssen*) wurde der Ex-Boxer Tony Danza im Herbst 2004 Moderator seiner eigenen täglichen Talk- und Varietyshow im US-Fernsehen. Einer der prominenten Gäste im ersten Monat war seine frühere Serientochter Alyssa Milano.

WER IST HIER DER COP? RTL 2
1999. 22-tlg. US-Sitcom von Randi Mayem Singer (»Hudson Street«; 1995–1996).
Zum ersten Mal seit rund 20 Jahren hat der konservative Polizist Tony Canetti (Tony Danza) wieder eine Freundin. Zwischendurch war er mit Lucy (Shareen Mitchell) verheiratet; aus der Ehe stammt

der zehnjährige Sohn Mickey (Frankie J. Galasso), für den Tony nun das Sorgerecht hat. Die Geschiedenen kommen aber weiter gut miteinander klar.
Weit besser versteht sich Tony freilich mit seiner neuen Freundin Melanie Clifford (Lori Loughlin). Bevor sie zueinander finden, gilt es aber noch eine Phase gegenseitiger Abneigung zu bewältigen, denn Melanie ist eine liberale Polizeireporterin, deren politische Ansichten kaum weiter von Tonys entfernt sein könnten.
Winston Silvera (Jeffrey Anderson-Gunter) ist der zynische Wirt des Lokals, in dem sich Tony und Melanie kennen lernten. Die Kollegen auf dem Revier sind Officer Regelski (Tom Gallop), Al Teischer (Jerry Adler) und Kirby McIntire (Christine Dunford).
Der deutsche Titel war angelehnt an die Erfolgsserie *Wer ist hier der Boss?*, in der ebenfalls Tony Danza die Hauptrolle gespielt hatte. Diesmal war er zusätzlich noch einer der Produzenten und sang außerdem den jazzigen Titelsong, und das sogar ziemlich gut. Lief werktäglich nachmittags und wurde gleich nach dem ersten Durchlauf, also nach einem Monat, schon wiederholt.

WER IST TYRANT KING? ZDF
1970. 6-tlg. brit. Kinderkrimiserie (»The Tyrant King«; 1970).
Die Kinder Peter Thorne (Kim Fortune), Bill Hallen (Edward McMurray) und seine Schwester Charlotte (Candy Glendenning) sind in London einem Dieb auf der Spur. Als Anhaltspunkt haben sie nur den Namen »Tyrant King«. Sie finden einen antiken Schatz, der unter einem Tyrannosaurus Rex im Naturkundemuseum versteckt ist.
Die Titelmusik ist »Doctor Livingstone« von Moody Blues. Die halbstündigen Folgen liefen im Nachmittagsprogramm.

WER KANN, DER KANN RTL
1993. Karaokeshow mit Ingolf Lück.
Sechs knapp einstündige Ausgaben liefen samstags am Vorabend. Und der treffende Titel hätte natürlich gelautet: »Wer nicht kann, der darf trotzdem«.

WER KNACKT DIE NUSS? ARD
1965–1969. Kinderrätsel von Wolfgang Ecke.
Ecke war Autor einer gleichnamigen Reihe von Büchern und Hörspielrätseln, zahlreicher Bücher mit Rätselkrimis sowie der Kinderbuchreihen »Meisterdetektiv Balduin Pfiff« und »Club der Detektive«. Die Reihe brachte es auf 14 Folgen. Nachfolger wurde *Aufgepasst – Mitgemacht*.

WER KÜSST DADDY? – STAATSAFFÄREN KABEL 1
→ Staatsaffären

WER RÄCHT MEINE TOCHTER? SAT.1
1994. 3-tlg. ital. Thriller von Laura Toscano und Franco Marotta, Regie: Sergio Martino (»Delitti privati«; 1992).
Die junge Sängerin Sandra (Vittoria Belvedere) wird ermordet. Ihre Mutter Nicole Venturi (Edwige French), eine Journalistin, sucht den Mörder. Nicoles Freund von der Polizei, Superintendent Stefano Avanzo (Ray Lovelock), hält sie über die polizeilichen Ermittlungen auf dem Laufenden. Andrea Baresi (Manuel Bandera) ist ein Kollege Nicoles, Anna Selpi (Victoria Vera) ihre beste Freundin und Severa (Athina Cenci) ihre Haushälterin. Letztere entpuppt sich am Ende als Mörderin.
Die Teile liefen in Spielfilmlänge zur Primetime.

WER WEISS WARUM? ZDF
1992. Halbstündige Show mit Hans-Joachim Kulenkampff.
Warum haben Damenblusen die Knöpfe auf der anderen Seite als Herrenhemden? Warum werden Schnittblumen immer in ungeraden Stückzahlen geschenkt? Warum gähnen wir, warum zieht es wie »Hechtsuppe«, und warum ist die 13 eine Unglückszahl? Fragen über Fragen, die Kuli im historischen Zais-Saal des Wiesbadener Kurhauses beantwortet, entweder im Gespräch mit Experten oder in kleinen Filmen, in denen er selbst mitspielt.
Die Sendung war vor allem wegen ihrer 30 Minuten Länge eine ganz neue Herausforderung für Kulenkampff, der ja sonst schon fast so lange allein zur Begrüßung der Zuschauer brauchte. Trotzdem schaffte er es, seine üblichen Alterrenwitze unterzubringen – vor allem natürlich bei der praktischen Demonstration anhand zweier Kandidaten aus dem Publikum, dass Frauen Pullover anders ausziehen als Männer, wer weiß warum.
Sechs Sendungen liefen donnerstags um 20.15 Uhr.

WER WILL, DER KANN ARD
1953–1956. »Die große Talentprobe für jedermann«. Talentshow mit Peter Frankenfeld, die zunächst eine halbe Stunde lang war und bis zum September 1953 täglich nachmittags von der Funkausstellung in Düsseldorf gesendet wurde. Ein Gerät, das den Beifall der Zuschauer misst, bestimmt den erfolgreichsten Amateur. Der Sieger wird von Mirko Szewczuk gezeichnet.
Nach der Funkausstellung liefen neue Ausgaben am Sonntagabend und dauerten nun zwischen 60 und 100 Minuten. Von der Düsseldorfer Funkausstellung 1955 wurden im Sommer neun neue Sendungen ausgestrahlt, weitere Ausgaben liefen ab August 1956 nachmittags von der Deutschen Fernsehschau in Stuttgart. Es war die erste Reihe, die Frankenfeld moderierte, der gemeinsam mit Hans-Joachim Kulenkampff, dessen Quiz *Wer gegen wen – ferngesehen* nur wenige Tage später startete, der erste deutsche Fernsehstar überhaupt war.

WER WIRD DIE NEUE SCARLETT SAT.1
→ Scarlett

WER WIRD MILLIONÄR? RTL
Seit 1999. Überaus erfolgreiche einstündige Quiz-

show mit Günther Jauch, in der Kandidaten Millionäre werden können.

Moderator Günther Jauch stellt Wissensfragen mit ansteigendem Schwierigkeitsgrad. Zunächst wird aus zehn potenziellen Mitspielern ein Kandidat ermittelt, indem Jauch die Aufgabe stellt, vier Begriffe in die richtige Reihenfolge zu bringen. Wer das am schnellsten schafft, ist dabei. Er spielt nun allein und sitzt Jauch gegenüber in der Mitte der Studioarena; beide haben je einen Bildschirm vor sich.

15 Fragen trennen den Kandidaten von der Million. Die zugeordneten Gewinnbeträge sind für die ersten fünf Fragen wie folgt gestaffelt: 50 – 100 – 200 – 300 – 500 Euro, verdoppeln sich bis 64 000 Euro für Frage 12 und steigern sich danach auf 125 000, dann auf 500 000 und schließlich eine Million Euro. (Bis Ende 2001 hatte das Quiz bei 100 DM begonnen, sich im gleichen Rhythmus gesteigert und zusätzlich eine 250 000-DM-Stufe beinhaltet, die mit der Währungsumstellung gestrichen wurde, damit der Hauptgewinn weiterhin bei einer Million lag.) Der Kandidat kann pro Frage aus vier Antwortmöglichkeiten wählen. Ein Zeitlimit gibt es nicht. Drei Joker stehen ihm zur Verfügung: Er kann einen Bekannten anrufen, das Studiopublikum abstimmen lassen und zwei falsche Antworten wegfallen lassen. Es dürfen auch zwei oder alle drei Joker für eine einzige Frage eingesetzt werden.

Wer will, kann jederzeit mit dem bis dahin gewonnenen Geld aussteigen, auch nachdem er die nächste Frage bereits kennt und es daher vorzieht zu passen. Nur wer eine falsche Antwort gibt, fliegt raus und verliert einen Teil des Geldes. Wer fünf Fragen geschafft hat, darf die erspielten 500 Euro auf jeden Fall behalten, wer zehn Fragen geschafft hat, nimmt 16 000 Euro mit nach Hause. Wer alle 15 Fragen richtig beantwortet, ist Millionär. Hat ein Kandidat zu Ende gespielt, wird aus den verbliebenen potenziellen Mitspielern ein neuer ermittelt. Ist die Sendezeit um (was eine laute Hupe signalisiert), aber ein Kandidat noch im Spiel, macht er in der nächsten Sendung weiter.

Wer wird Millionär? war in jeder Hinsicht eine Sensation. Zunächst mal war es ein Quiz, und das Quiz hatte doch (zumindest im Hauptabendprogramm) seit vielen, vielen Jahren ausgedient. Und dann brach es auch nicht alle bekannten Regeln: Es gab keine Zeitbegrenzung! Und die Kandidaten konnten tatsächlich noch aussteigen, wenn sie schon sahen, dass sie von der nächsten Frage keine Ahnung hatten!

Die ersten fünf Fragen waren im Prinzip Scherzfragen: »Ich wollt' ich wär' ein ...? A: Hund, B: Huhn, C: Hummer, D: Huflattich« (richtig: Huhn); »Wie heißt laut einem Märchen der Brüder Grimm die Schwester von Schneeweißchen? A: Fliederlila, B: Maisgelb, C: Rosenrot, D: Kornblumenblau« (richtig: Rosenrot). Bei den härteren Nüssen konnte es höchst unterhaltsam sein, wie sich Kandidaten minutenlang wanden und nicht auf eine Antwort festlegen wollten, während Jauch mit Pokerface oder Grimassen versuchte, sie aufs Glatteis oder die richtige Fährte zu führen, was man leider an seinem Gesicht nicht unterscheiden konnte. (Jauch selbst wusste die richtige Lösung allenfalls aus eigenem Vorwissen. Sein Bildschirm zeigte die korrekte Lösung erst, wenn der Kandidat sich festgelegt hatte.)

RTL sendete die erste Staffel im Herbst 1999 an vier aufeinanderfolgenden Tagen. Die Einschaltquote steigerte sich innerhalb dieses Zeitraums auf sieben Millionen Zuschauer. Neue Staffeln im Winter, Frühjahr und Sommer 2000 bestanden bereits aus zehn bis 14 Folgen, die jeweils innerhalb von zwei Wochen zur Primetime liefen. Die Quote stieg weiter, und die Show erreichte jetzt bis zu zwölf Millionen Zuschauer. Ab Oktober 2000 änderte RTL den Senderhythmus und ließ Jauch seitdem regelmäßig jeden Freitag, Samstag und Montag um 20.15 Uhr Fragen stellen. Die Zuschauerzahl pendelte sich bei regelmäßig zwölf Millionen ein und machte die Sendung zur TV-Sensation des Jahres 2000. Die drei wöchentlichen Ausgaben belegten in der Hitliste aller Sendungen meistens die ersten drei Plätze. Es gab kaum eine Zeitschrift, die Jauchs Show nicht irgendwann zum Titelthema erhob.

Inspiriert vom großen Erfolg wurden bald wieder auf vielen Kanälen Wissensfragen gestellt. Die Kopien hießen u. a. *Die Quiz Show, Die Chance Deines*

Die nächste Aufgabe ist leicht. Sortieren Sie diese Sendungen mit Günther Jauch chronologisch: A) Na siehste, B) Rätselflug, C) Live aus dem Alabama, D) *Wer wird Millionär?*«.

Lebens, Das Millionenquiz (alle Sat.1) und *CA$H – Das Eine Million Mark Quiz* (ZDF). Keine der Shows erreichte auch nur annähernd die Faszination, den Erfolg oder die Lebensdauer des Originals. Auch dessen Quoten ließen zwar im Lauf der Zeit nach, doch selbst im sechsten Jahr – bei unverändertem Ausstrahlungsrhythmus und rund 100 Sendungen pro Jahr – schauten noch immer regelmäßig acht Millionen Menschen zu.

Im Oktober 2000 wurde *Wer wird Millionär?* mit dem Deutschen Fernsehpreis für die beste Unterhaltungssendung ausgezeichnet. Ende November 2000 stellten sich in einem Special erstmals Prominente den Fragen; der erspielte Gewinn kam dem RTL-Spendenmarathon zugute (das Promi-Special wurde nun ein halbjährlicher Standard und erreichte noch höhere Zuschauerzahlen als die regulären Ausgaben). Zwei Tage später wurde die Frage *Wer wird Millionär?* endlich beantwortet: Millionär wurde Prof. Eckhard Freise aus Münster, der nach mehr als einem Jahr als erster Kandidat die Höchstsumme gewann. Er beantwortete zum Schluss die Frage: »Mit wem stand Edmund Hillary 1953 auf dem Gipfel des Mount Everest? A: Nasreddin Hodscha, B: Nursay Pimsorn, C: Tenzing Norgay, D: Abrindranath Singh«. Die richtige Antwort war C. Die »Bild«-Zeitung hatte den meisten Zuschauern jedoch zuvor den Spaß verdorben, weil sie schon morgens vor Ausstrahlung der Aufzeichnung den Millionär mitsamt Frage und Antwort verriet.

Die arbeitslose Hausfrau Marlene Grabherr aus Gottmadingen war im Mai 2001 die zweite Millionengewinnerin, weil sie die Antwort auf diese Frage richtig tippte: »Welche beiden Gibb-Brüder der Popband The Bee Gees sind Zwillinge? A: Robin und Barry, B: Maurice und Robin, C: Barry und Maurice, D: Andy und Robin«. Richtig: B. Bis dahin hatte sie risikofreudig und glücklich mehrfach korrekt geraten. Es dauerte 17 Monate bis zum nächsten Durchmarsch. Der Student Gerhard Krammer aus Ensdorf wurde mit der richtigen Antwort auf die Frage »Welcher berühmte Schriftsteller erbaute als diplomierter Architekt ein Freibad in Zürich?« (Max Frisch) der erste Euro-Millionär, und die Assistenzärztin Maria Wienströer im März 2004 die erste Euro-Millionärin, weil sie beantwortete, wer 1954 den Chemie- und 1962 den Friedensnobelpreis bekam (Linus Pauling).

In England und den USA hieß die auch dort überaus erfolgreiche Show »Who Wants To Be A Millionaire?«. Der Engländer David Briggs hatte 1996 die Idee zur Sendung entwickelt und später damit einen Überraschungserfolg in Großbritannien gelandet, wo er zuvor bei mehreren Sendern mit dem Konzept abgeblitzt war. Er schrieb allen ausstrahlenden Sendern Ablauf, Deko, Licht und Musik bis ins Detail vor, weshalb die Show weltweit genau gleich aussah. Ende des Jahres 2000 war sie bereits in 81 Länder verkauft. In kaum einem war sie annähernd so erfolgreich wie in Deutschland, wo sie in Günther Jauch den perfekten Moderator fand.

WER ZULETZT LACHT – DER KOMISCHE JAHRESRÜCKBLICK   SAT.1

Seit 2001. Comedy-Jahresrückblick mit Jürgen von der Lippe und Gastkomikern. Läuft immer Ende Dezember als große Abendshow, 2005 sogar schon einmal im Juni als Halbjahresrückblick, weil bis dahin ja schon »so viel passiert« war.

WERBETROMMEL   TELE 5, RTL 2

1989–1992 (Tele 5); 1993–1994 (RTL 2). Erste Sendung in Deutschland zum Thema Werbung mit vielen bunten Beispielen. Vorgänger von *Hotzpotz* und *Die dicksten Dinger*. Moderatoren bei Tele 5 waren Babette Einstmann (nur anfangs) und Jochen Kröhne, bei RTL 2 führte Wolfram Kons durch die Sendung. Kröhne wurde später Geschäftsführer von Tele 5.

WERBUNG! DAS BESTE AUS ALLER WELT   KABEL 1

2005. Was die Zuschauer von Privatsendern wirklich sehen wollen, ist Werbung. Kabel 1 fand deshalb im Sommer 2005 einen weiteren Weg, auch zwischen den Werbeblöcken Werbung zu zeigen. Moderator war Steven Gätjen, Sendeplatz mittwochs um 20.15 Uhr, ausgerechnet im Block mit *Reklame!*, auch so einem Weg. Noch frühere Wege hießen *Die witzigsten Werbespots der Welt*, *Die dicksten Dinger* und *Hotzpotz*.

WERNER FEND: MEIN DSCHUNGELBUCH   ZDF

1991–1992. 27-tlg. dt.-österr. Doku-Reihe des österreichischen Naturfilmers Werner Fend. Die halbstündigen Folgen liefen nachmittags.

DIE WERNER FEND STORY   ZDF

1983. »Indische Abenteuer eines Tierfilmers«. 7-tlg. dt. Doku-Serie über die Erlebnisse von Werner Fend, die er während der Dreharbeiten zu anderen ZDF-Serien hatte. Die Folgen dauerten meistens etwa eine Stunde und liefen am Vorabend.

WERNER MÜLLERS SCHLAGERMAGAZIN   ARD

1961–1965. Musiksendung mit Werner Müller und prominenten Gaststars. Fester Bestandteil war das Gewinnspiel »Schlagertoto«, bei dem die Zuschauer per Postkarte über aktuelle Lieblingshits abstimmten.

Lief in größeren Abständen um 20.15 Uhr. Das Schlagertoto wurde rund sechs Wochen nach der Sendung im Nachmittagsprogramm aufgelöst.

WERWOLF   RTL

1991. 29-tlg. US-Horrorserie von Frank Lupo (»Werewolf«; 1987–1988).
Seit Eric Cord (John J. York) von einem Werwolf gebissen wurde, den er dabei erschossen hat, ist er selbst ein Werwolf und auf der Suche nach dem Beginn der Blutlinie, dem Auslöser des Fluchs, der getötet werden muss, um den Fluch zu beenden. Cord verdächtigt den 1600 Jahre alten Fischer Janos

Western von Gestern: Fuzzy hilft Lash LaRue, einen Familienstreit um eine Goldmine zu schlichten. Nun ja, er hilft ihm, indem er nicht immer im Weg steht.

Skorzeny (Chuck Connors), der Ur-Werwolf zu sein. Als er diesen erschießt, merkt er, dass es doch noch einen anderen Auslöser geben muss. Währenddessen ist Cord auf der Flucht vor dem Kopfgeldjäger Alamo Joe (Lance LeGault), der wegen des verübten »Mordes« hinter ihm her ist.
Lief bei uns zunächst am späten Sonntagabend, dann täglich in der Nacht.

WESTERDEICH   RTL
1995. 37-tlg. dt. einstündige Soap.
Westerdeich ist ein Dorf an der friesischen Küste. Man trifft sich unten am Hafen, in der Kneipe von Rudi Borchert (Harry Wolff), der zwar lispelt, aber leider trotzdem ein »Superspezialfrühstück« anbietet. Lisa Kant (Mariella Ahrens) will Chris Borchert (Stefan Gebelhoff) heiraten. Renate Schulz (Regine Vergeen) ist mit dem Polizisten Heinz Schuster (Jack Recknitz) zusammen, dessen Kollege Stefan Peters (Kai Möller) ist. Renates Chefin, die Internistin Andrea Kuhnert (Martina Servatius), kämpft mit ihrem Ex-Mann Frank (Herman Toelcke), einem Arzt mit Fernsehsprechstunde, um das Sorgerecht ihrer gemeinsamen Tochter Julia (Anastasija Boris).
Franks neue Partnerin ist Vera Seyffert (Susanne Meierhofer), die selbst keine Kinder bekommen kann. Der schüchterne Sozialarbeiter Rainer Thiel (René Toussaint) ist in Andrea verliebt, aber auch der verwitwete Dirk Klaasen (Jürg Löw) umwirbt sie. Der Fernfahrer Rolf Strackmann (Paul Faßnacht) kommt zurück ins Dorf; er hatte vor Jahren versucht, Lisa zu vergewaltigen, und zieht ausgerechnet bei Lisas Mutter Gisela (Sabine Wackernagel) ein.
RTL ließ sich nicht lumpen bei dieser Adaption der belgischen Serie »Wittekerke«, die ihrerseits auf dem australischen »E-Street« beruhte: Es ging laut Senderankündigung »um unerfüllte Kinderwünsche, um einen Sorgerechtsstreit, um sexuellen Missbrauch,

Vergewaltigung und Mord«. Heile Welt war nicht angesagt: »Wir zeigen, wie Menschen sich in extremen Situationen verhalten und verändern«, erklärte der Produzent der Serie.
Angeblich waren neben 70 Darstellern 1500 Komparsen im Einsatz, was die »FAZ« vermuten ließ, dass jede zweite Folge in einem Fußballstadion spielte. Weil das Zuschauerinteresse an den konstruierten Beziehungskatastrophen am frühen Sonntagabend zu Recht gering war, ging die Hoffnung von RTL, einen Langläufer wie die *Lindenstraße* zu schaffen, nicht auf.

DER WESTERN-HELD   ARD
1968. 13-tlg. US-Comedyserie von Leonard Stern (»The Hero«; 1966–1967).
Das Publikum kennt ihn als taffen Held in der erfolgreichen Westernserie »Jed Clayton«, tatsächlich ist Sam Garret (Richard Mulligan) ein freundlicher, aber ungeschickter Geselle, hat Angst vor Pferden und eine Allergie gegen Wüstenpflanzen. Er ist mit Ruth (Mariette Hartley) verheiratet, mit der er einen Sohn namens Paul (Bobby Horan) hat; Fred (Victor French) und Burton Gilman (Joey Bajo) sind die Nachbarn.
Selbstironische Fernsehsatire, die kein Erfolg wurde. Die 30-minütigen Folgen liefen im regionalen Vorabendprogramm.

WESTERN VON GESTERN   ZDF
1978–1986. 155-tlg. US-Westernserie.
Western von Gestern bestand aus alten B-Western der 30er- und 40er-Jahre, die als Vorprogramm der großen, abendfüllenden Spielfilme gedreht worden waren und vom ZDF auf eine 25-Minuten-Fassung gebracht wurden; es gab aber auch Zwei- und einzelne Dreiteiler. Alle Filme wurden neu synchronisiert – komplett mit Geräuschen und Musik (von

Fred Strittmatter und Quirin Amper jun., eingerichtet von Jiří Kanzelsberger).

In 34 Folgen trat Fuzzy Q. Jones (Al St. John) auf, meistens an der Seite von Billy the Kid (Buster Crabbe). Die Filmtitel begannen alle mit »Fuzzy und ...« und gingen manchmal so lustig weiter wie: »... die Christel von der Post«. Ebenfalls 34-mal ritt der junge John Wayne über den Bildschirm. Hinzu kamen 13 Folgen mit Roy Rodgers sowie weitere mit Gene Autry, Randolph Scott, Robert Livingston, Richard Dix, Robert Barrat, George O'Brien und Tom Keene in den Hauptrollen.

Unter dem Titel *Western von Gestern* zeigte das ZDF auch mehrere sechsteilige Serien, die ebenfalls in den 30er-Jahren in den USA entstanden: »Zorro reitet wieder« mit John Carroll, »Zorros Legion reitet wieder« mit Reed Hadley, »Zorros Erbe« mit George Turner, »Der singende Pfeil« mit Ray Corrigan, Hal Taliaferro, Hoot Gibson und Julia Thayer sowie »Jesse James reitet wieder« mit Clayton Moore. Eine vierteilige Serie war »Zorros schwarze Peitsche« mit Linda Stirling und George J. Lewis.

Lief freitags im Vorabendprogramm.

WESTLICH VON SANTA FÉ ZDF

1969–1972. 110-tlg. US-Westernserie von Sam Peckinpah (»The Rifleman«; 1958–1963).

Der Witwer John McLean (Chuck Connors) lebt allein mit seinem zwölfjährigen Sohn Fred (Johnny Crawford) auf einer Ranch in North Folk, New Mexico. Der dortige Marshal Torrence (Paul Fix) ist ein Säufer, seit einer alten Schussverletzung nicht mehr voll einsatzfähig und deshalb unfähig, mit Gangstern und Banditen fertig zu werden. So ist immer wieder Johns Hilfe gefragt. Seine Waffe, ein Winchester-Gewehr, ist Johns Markenzeichen. Er schießt damit so schnell wie kein anderer, was durch eine spezielle Nachlademechanik möglich wird, dank derer er das Gewehr mit nur einem Arm bedienen kann.

Zu den Bewohnern von North Folk gehören noch der Barkeeper Sweeney (Bill Quinn), Hattie Denton (Hope Summers) und Milly Scott (Joan Taylor) vom örtlichen Supermarkt und später außerdem die Hotelbesitzerin Lou Mallory (Pat Blair). Milly weckt die romantische Seite im harten Helden John McLean, und die beiden kommen sich näher. Nebenbei muss John ohnehin zeigen, dass er nicht nur ballern, sondern auch erziehen kann, während sein Fred im Lauf der Serie zum Teenager heranreift.

Eine der in Deutschland langlebigsten US-Westernserien, von der nicht – wie sonst oft üblich – nur eine oder zwei Staffeln gezeigt wurden. Nach 26 Folgen legte das ZDF eine viermonatige Pause ein; ab Juli 1970 war die Serie bis zum Ende ihrer Laufzeit ohne Unterbrechung eine feste Größe im Vorabendprogramm am Mittwoch. Dennoch blieben 58 weitere Folgen in Deutschland ungesendet. Jede Folge dauerte 25 Minuten. Für die deutsche Synchronisation wurden wie in vielen Serien einige Namen geändert, damit sie eher dem amerikanischen Klischee entsprachen, wo jeder Westernheld John oder Jim heißen musste. So hieß John McLean in der US-Originalfassung Lucas McCain und sein Sohn Mark.

WESTSIDE HOSPITAL ARD

1980. 13-tlg. US-Krankenhausserie von Barry Oringer (»Westside Medical«; 1977).

Die drei jungen Ärzte Sam Lanagan (James Sloyan), Janet Cottrell (Linda Carlson) und Philip Parker (Ernest Thompson) eröffnen gemeinsam ein Krankenhaus, um sich besser um ihre Patienten kümmern zu können. Die Sprechstundenhilfe heißt Carrie (Alice Nunn). Die einstündigen Folgen liefen im regionalen Vorabendprogramm.

WETTEN, DASS ...? ZDF

Seit 1981. Große Samstagabendshow von Frank Elstner.

Kandidaten führen außergewöhnliche Ausdauer-, Gedächtnis oder Geschicklichkeitsleistungen vor und wetten, ein bestimmtes Pensum zu schaffen, meistens innerhalb einer vorgegebenen Zeit. Zwischendurch gibt es Talks mit Prominenten und Showblöcke.

In der ersten Sendung am 14. Februar 1981 trat ein Mann an, der vorgab, die Zahl Pi auf 100 Stellen hinter dem Komma auswendig zu kennen, ein Mädchen sprang vom Ein-Meter-Brett ins Wasser, ohne mit dem Kopf unterzutauchen, und ein Mann pustete eine Wärmflasche auf, bis sie platzte. Später konnten Kandidaten von allen zweistelligen Zahlen im Kopf die 13. Potenz berechnen, Lieder auf Langspielplatten anhand des Aussehens der Rillen erkennen, Äpfel mit einem Handhieb spalten und einen LKW auf vier Biergläsern parken. Letztere war eine sehr typische Wette, denn oft wurde schweres Gerät aufgefahren, um Übungen zu demonstrieren, für die eigentlich Fingerspitzengefühl nötig war. So wurden Flaschen mit einem Gabelstapler geöffnet, mit einem Bagger eine Frau ausgezogen oder eine Nudel, die lose zwischen zwei Traktoren geklemmt war, ohne zu brechen oder zu fallen einige Meter transportiert und dann in einen Kochtopf geworfen.

Die Show kam anfangs acht-, später sechsmal im Jahr um 20.15 Uhr live aus großen Hallen in verschiedenen Städten. Sie wurde als Eurovisionssendung auch in Österreich und der Schweiz gezeigt und regelmäßig auch in diesen Ländern veranstaltet. Häufigste Veranstaltungsorte, mit jeweils mehr als zehn Sendungen, waren Basel und Saarbrücken.

Frank Elstner hatte *Wetten, dass ...?* erfunden und moderierte es 39-mal. Seine letzte Wettshow wurde am 4. April 1987 gesendet. Seinen Nachfolger hatte Elstner geheim gehalten, um ihn erst in dieser Sendung zu präsentieren, doch niemand war überrascht, als Thomas Gottschalk hereinkam. Dieser moderierte 36 Sendungen bis Mai 1992 und wurde von Wolfgang Lippert abgelöst, weil Gottschalk sich ganz auf seine neue Late-Night-Show bei RTL konzentrieren wollte. Schon im nächsten Jahr beschloss er zurückzukehren; Lippert, der keine glückliche Figur abgegeben hatte, wurde kurzerhand gefeuert, und Gottschalk feierte im Januar 1994 sein umjubeltes Comeback, wobei er seinen Vorgänger mit keinem Wort erwähnte. Seitdem moderiert Gottschalk das Wettspiel, das als eine von vielen Samstagabendshows begann, als einzige Vertreterin dieses traditionsreichen Genres überlebte und sich zur erfolgreichsten Einzelsendung in Europa entwickelte. Die Sendezeit verlängerte sich über die Jahre von eineinhalb auf zweieinhalb Stunden. Die Moderatoren überzogen ohnehin, egal wie viel Zeit angesetzt war.

Jede Wette hatte einen prominenten Paten. Frank Elstner veranstaltete zunächst stets einen Talk mit allen prominenten Gästen, bevor dann alle Wetten nacheinander stattfanden. In der Premierensendung war schon mehr als eine Stunde vergangen, bis es überhaupt zur ersten Wette kam. Die Erklärung der komplizierten Spielregeln trug ein Übriges dazu bei. Die Paten saßen auf Sesseln und hatten vor sich eine Anzeige, auf der aufleuchtete, welchen Wettausgang sie per Knopfdruck tippten. Jeder Prominente machte bei jeder Wette mit; für den Kandidaten, dessen Pate man war, musste man »Ja« eingeben: »Klar schafft der das.« Unschlüssige Gäste prägten das »Jein«, das natürlich nicht galt.

Parallel tippten auch Fernsehzuschauer zu Hause per TED den Wettausgang. Die TED-Zuschauer waren im Vorfeld ausgewählt worden, einen Aufruf zum Anrufen an alle Fernsehzuschauer gab es noch nicht. Je nach Zuschauervotum und Ausgang wurden anschließend Punkte verteilt. Wer gegen die Mehrheit richtig gewettet hatte, bekam entsprechend viele Punkte. Wer mit der Mehrheit richtig getippt hatte, weniger, und wer falsch lag, gar keine. Wettkönig war am Ende der Kandidat des prominenten Paten, der die meisten Punkte erspielt hatte; sein Gewinn war der mit 100 multiplizierte Punktestand in DM.

Bei Gottschalk wurde alles abwechslungsreicher und simpler. Der Rhythmus war nun: Talk mit Promipate, Wette, Showblock, Promitalk, Wette, Showblock usw. Die komplizierten Regeln verschwanden, jeder Pate tippte nur noch bei der Wette des eigenen Kandidaten und so wie er wollte; das Publikum wettete nicht mehr mit, es gab keine Punkte mehr, und Wettkönig wurde, wen die Fernsehzuschauer – jetzt alle – per TED dazu wählten. Der Gewinnbetrag war nun die mit 100 multiplizierte Prozentzahl des Wahlergebnisses.

Die Stars nahmen nicht mehr auf Einzelsitzen Platz, sondern auf einer gemütlichen Couch. Der neue Spielmodus, der aus dem zwar komplizierten, aber durchgängigen Konzept eine Nummernrevue machte, und die Couch, die keine einzelnen Sitzplätze erkennen ließ, ermöglichte es nun den internationalen Stargästen, vorzeitig wieder zu verschwinden. Gottschalk begrüßte viel häufiger als Elstner internationale Stars, die mit Knopf im Ohr für die Simultanübersetzung dasaßen, aber ganz dringend wieder weg mussten. Die Übersetzung nahm Tempo und Spontaneität aus den Gesprächen, teilweise auch den eigentlichen Inhalt (die gerade Mutter gewordene Sängerin Madonna sagte zu einer strickenden Dame: »Können Sie meinem Sohn einen Hut machen?«, der Dolmetscher übersetzte es mit: »Können Sie mir da einen Sonnenhut draus machen?«).

Gottschalks Interviews mit deutschen und internationalen Prominenten liefen meist nach dem Multiple-Choice-Prinzip ab, das dem Gast nur begrenzte Antwortmöglichkeiten gab. Dabei mussten sich die Möglichkeiten »entweder« und »oder« keinesfalls ausschließen: »Ist es denn so, dass du gar nicht mehr auf die Straße gehen kannst, ohne erkannt zu werden, oder sagst du eher, das macht mir nichts aus, ich genieße das.« Die Antwort wartete Gottschalk

»So, dann ist es jetzt also kurz vor 22 Uhr, und ich hoffe, Sie haben die Spielregeln verstanden. Sicherheitshalber wiederhole ich noch mal die wesentlichen Punkte ...«
Frank Elstner, der Erfinder von *Wetten, dass ...?*

dann aber ohnehin nicht ab, bevor er weiterredete. Wer falsch getippt hatte, musste einen Wetteinsatz einlösen, z. B. singen, tanzen oder sich albern verkleiden. Dieter Thomas Heck radelte 1983 in zehn Tagen rund 800 km weit von Bexbach an der Saar zur Funkausstellung nach Berlin. Die Transitstrecke Helmstedt–Berlin musste er allerdings auf dem Heimtrainer im Bus absolvieren, weil die DDR-Behörden die Durchreise auf dem Fahrrad verweigerten. Im gleichen Jahr moderierte der Showmaster Joachim Fuchsberger seine Show *Auf los geht's los* komplett im Nachthemd, weil er bei Elstner seine Wette verloren hatte. Oft verbanden die Stars ihre Wetteinsätze mit einem guten Zweck.

Zu Beginn jeder Show gab es eine Saalwette. Der Moderator trug mehrere Vorschläge aus dem Saalpublikum vor, das durch Applaus entschied, welche angenommen wurde. Die Redaktion hatte dann bis zum Schluss der Sendung Zeit, z. B. 50 Nonnen mit Fahrrädern aufzutreiben, zehn Lehrer mit Schulranzen und einem eigenen Zeugnis von früher, auf dem sie eine Sechs hatten, oder drei Schiffskapitäne, die von Matrosen getragen in vollen Badewannen sitzen und »In meiner Badewanne bin ich Kapitän« singen. Der Saalkandidat, der sich die Wette ausgedacht hatte, saß derweil mit den Promis auf der Couch (zeitweise auch nur in der ersten Reihe im Publikum). Wenn die Redaktion es tatsächlich nicht schaffte, musste der Moderator einen Wetteinsatz einlösen. Wolfgang Lippert führte zu diesem Zweck ein mit Wasser gefülltes Bassin ein, in das er im Fall der Niederlage hineinrutschte. Gottschalk bezeichnete das Bassin nach seiner Rückkehr als Erblast. Im Herbst 2001 wich die Saalwette einer Stadtwette, bei der die Gastgeberstadt eine Aufgabe zu erfüllen hatte.

Wetten, die wegen Platzmangels außerhalb der Halle stattfinden mussten, wurden von wechselnden Gastmoderatoren präsentiert. Zwischen 1998 und 2003 war zunächst Olli Dittrich ständiger Außenmoderator und dann Anastasia Zamponis, bevor die Show wieder wechselnde Gäste beschäftigte.

Die Showblöcke bestritten die berühmtesten Künstler, die zu kriegen waren; Weltstars wie Phil Collins, Elton John, Tina Turner, Rod Stewart, Cliff Richard, Chris de Burgh und Robbie Williams waren Stammgäste. Die häufigsten Gaststars waren Udo Jürgens, Peter Maffay und Herbert Grönemeyer. Eine Sensation war der erste Auftritt von Michael Jackson in einer Unterhaltungsshow im März 1999. Einen Monat vorher war mit Gerhard Schröder zum ersten Mal ein amtierender deutscher Bundeskanzler als Wettpate in der Show, und 18 Millionen Menschen sahen allein in Deutschland zu. Außerdem saßen an diesem Tag Helmut Dietl, Veronica Ferres und Harald Schmidt auf der Couch. Dietl war Regisseur, Schmidt und Ferres Hauptdarsteller im gerade startenden Kinofilm »Late Show«, in dem auch Gottschalk eine Hauptrolle spielte.

Die Schleichwerbung war unter Gottschalk einer der meistkritisierten Punkte der Show. Für etliche Teile der Show trat ein Sponsor auf, die meisten der Stargäste hatten sowieso einen Film, eine CD, ein Buch, eine Serie oder sonst etwas zu bewerben. Gottschalk und ZDF-Intendant Markus Schächter rechtfertigten sich, alles sei im Rahmen des Erlaubten und die Show anders nicht finanzierbar.

»Ist es denn so, dass sich das Sportstudio um etwa eine halbe Stunde verschiebt, oder sagen wir vielmehr, komm, Grün ist auch 'ne Farbe, essen wir noch ein Gummibärchen?«
Thomas Gottschalk, der Star von *Wetten, dass ...?*

Am 16. Mai 1981 wettete Karlheinz Böhm außer der Reihe und sichtlich bewegt mit den Fernsehzuschauern, »dass nicht einmal jeder dritte [Zuschauer] eine Mark gibt, um Hunger leidenden Menschen zu helfen«. Wenn doch, wolle er selbst nach Afrika gehen und helfen. Er gewann die Wette – es kamen nur 1,7 Millionen DM zusammen – und ging trotzdem. Das Geld wurde der Grundstock für seine Aktion »Menschen für Menschen«. In der 25. Sendung am 15. Dezember 1984, Gast war u. a. der österreichische Bundeskanzler Fred Sinowatz, stürmten fünf Umweltschützer von Robin Wood die Bühne. Der Sicherheitsdienst wollte sie abführen, Elstner ging dazwischen und sagte: »Aus meiner Sendung wird niemand rausgeworfen.« Er unterhielt sich einige Minuten mit den Störenfrieden über ihr Anliegen, und danach waren alle wieder brav.

Einen mittleren Skandal verursachte ein Kandidat, der am 3. September 1988 bei Gottschalk wettete, er könne die Farbe von Buntstiften am Geschmack erkennen. Er schaffte es und gab anschließend zu, geschummelt zu haben. Er outete sich als Bernd

Fritz, Redakteur der Satirezeitschrift »Titanic«, und verwies auf das Heft, in dem man nachlesen könne, wie er das Team gelinkt habe. Dort stand dann lediglich, dass er unter seiner schwarzen Brille durchgelinst und die Farben gesehen habe. Fortan gab es viel dickere Brillen und meist zwei übereinander, wenn man blind etwas erkennen sollte.
Von 1996 bis 2000 präsentierte Gottschalk jährlich im Dezember eine Spezialausgabe unter dem Titel *Kinder Wetten, dass …?*, in der Kinder ihre Wetten vorstellten. Danach wurde die Kinderwette in die große Abendshow integriert, jedoch außer Konkurrenz.
Wetten, dass … erhielt den Deutschen Fernsehpreis 1999 für die beste Show.

WETTLAUF MIT DEM TOD RTL, RTL 2
1991–1992 (RTL); 1993 (RTL 2). 85-tlg. US-Abenteuerserie von Roy Huggins (»Run For Your Life«; 1965–1968).
Als der erfolgreiche, wohlhabende 35-jährige Rechtsanwalt Paul Bryan (Ben Gazarra) erfährt, dass er wegen einer unheilbaren Krankheit höchstens noch zwei Jahre zu leben hat, beschließt er, dass er nun wohl schneller leben muss. Er gibt seine Kanzlei auf und reist um die Welt, auf der Suche nach möglichst vielen Abenteuern.
Ein Mann auf der Flucht vor dem Tod? Ein Mann auf der Flucht? Jawohl: Von Serienerfinder Roy Huggins stammt auch *Dr. Kimble – Auf der Flucht*. In den USA hat Paul Bryan den Wettlauf mit dem Tod übrigens gewonnen: Die Serie lief drei Jahre lang, mindestens eins mehr, als er laut Diagnose eigentlich hätte leben dürfen. RTL zeigte die einstündigen Folgen werktäglich morgens um 9.00 Uhr. RTL 2 fand noch acht ungesendete Folgen.

WETTLAUF NACH BOMBAY ZDF
1981. 4-tlg. frz.-dt. Abenteuerfilm von Michel Christian Davet, Jaques Robert und Christian-Jacque, Regie: Christian-Jaque (»La Nouvelle Malle des Indes«; 1981).
Der englische Pionier Thomas Waghorn (Christian Kohlund) ist Anfang des 19. Jh. von der Idee besessen, einen Postweg von London nach Indien zu finden, der deutlich kürzer ist als der gebräuchliche Seeweg um die Südspitze Afrikas herum. Mit seinem Begleiter Martial de Sassenage (Jean-Pierre Bouvier) beginnt er die abenteuerliche Reise, während der sie Hindernisse, Gefahren und Widerstände überwinden müssen. So sind Ganoven hinter ihnen her, die im Auftrag der bisher monopolistischen Reeder die Expedition sabotieren sollen.
Der Adventsvierteiler basierte auf wahren Begebenheiten und der historischen Figur des Thomas Waghorn. Er konnte bei weitem nicht an den Erfolg früherer Adventsvierteiler anknüpfen, stand aber in einem anderen Punkt in der Tradition von *Der Seewolf*: Wie weiland Raimund Harmstorf synchronisierte sich auch Hauptdarsteller Christian Kohlund nicht selbst. Er hatte nach der Fertigstellung des Films, die wegen Schwierigkeiten bei den Dreharbeiten auf der Originalroute länger als geplant dauerte, bereits ein neues Engagement und wurde deshalb von Michael Thomas gesprochen.

WETTLAUF ZUM POL ARD
1989–1990. 4-tlg. brit. Abenteuerfilm von Trevor Griffiths, Regie: Ferdinand Fairfax (»The Last Place On Earth«; 1985).
Der britische Forscher Robert Falcon Scott (Martin Shaw) ist als erster Mensch auf dem Weg zum Südpol. Unterwegs erfährt er, dass auch der Norweger Roald Amundsen (Sverre Anker Ousdal) mit gleichem Ziel unterwegs ist. Aus der Expedition wird ein Wettlauf, den Amundsen und sein Team schließlich gewinnen. Scott kommt auf dem Rückweg ums Leben. Helden werden beide.
Der Vierteiler basierte auf dem Roman von Roland Huntford, und dieser selbstverständlich auf den wahren Ereignissen der Jahre 1911 und 1912.

WHAT'S NEW, SCOOBY-DOO? RTL 2
2004. 13-tlg. US-Zeichentrickserie (»What's New, Scooby Doo«; 2002). Neuauflage der Scooby-Doo-Abenteuer, bekannt aus *Scooby-Doo, wo bist du?* und weiteren Serien.

WHAT'S UP, DAD? PRO SIEBEN
Seit 2003. 122-tlg. US-Sitcom von Don Reo und Damon Wayans (»My Wife And Kids«; 2001–2005).
Der junge Familienvater Michael Kyle (Damon Wayans) kümmert sich zu Hause um seine drei Kinder: Teenager Michael junior (George O. Gore II), von Michael nur »Junior« genannt, dessen jüngere Schwester Claire (Jazz Raycole; ab Folge 12: Jennifer Nicole Freeman) und Nesthäkchen Kady (Parker McKenna Posey). Michaels Frau Janet, kurz »Jay« (Tisha Campbell-Martin), geht arbeiten. Sie ist eine erfolgreiche Börsenmaklerin. Michael hat zwar auch einen Job, ihm gehört ein gut gehender Kurierdienst, doch irgendwie scheint das nicht unbedingt seine Anwesenheit zu verlangen.
Sendeplatz ist samstags nachmittags.

WHITE FANG SAT.1, KABEL 1
1995 (Sat.1); 1996 (Kabel 1). 32-tlg. kanad.-frz.-neuseeländ. Familienserie (»White Fang«; 1993).
Der Teenager Matt Scott (Jaimz Woolvett) ist mit seinen Eltern, dem Richter Adam (David McIlwraith) und der Tierärztin Kate (Denise Virieux), aus der Stadt aufs Land gezogen, auf eine Farm in den kanadischen Rocky Mountains, und tut sich schwer. Doch zum Glück hat er White Fang, einen wilden Husky-Wolf-Mischling, der zu seinem treuen Freund wird. Basierte ganz, ganz entfernt auf Jack Londons Roman »Wolfsblut«, spielte aber in den 90er-Jahren. Die Serie mit halbstündigen Folgen wurde in Neuseeland gedreht.

DIE WIB-SCHAUKEL ZDF
2002–2004. Porträtsendung mit Wigald Boning.

Boning trifft Prominente zu Hause, in ihrer Heimatstadt oder an anderen mehr oder weniger bedeutungsschwangeren Orten und plaudert mit ihnen über ihr Leben, das Universum und den ganzen Rest.

Die Sendung war ursprünglich für Sun TV, das Rahmenprogramm der Ballungsraumsender von Leo Kirch, entwickelt worden, überlebte aber zum Glück deren Pleite. Das ZDF rettete die Sendung, versteckte sie allerdings tief im Nachtprogramm. Dabei war die *WIB-Schaukel* (der Name ist eine Anspielung auf die *V.I.P.-Schaukel* von Margret Dünser) ein Juwel: eine seltene Mischung aus großer Albernheit und großer Klugheit. Fast alle Prominenten unterschätzten den kleinen Mann in den albernen Klamotten, gingen ihm auf den Leim und verrieten viel mehr von sich, als sie wollten und es sonst taten.

Bonings Trick war oft, sie als das zu behandeln, was sie gern wären: Susan Stahnke, die so gern Hollywoodstar geworden wäre, wurde von ihm tatsächlich wie ein Hollywoodstar hofiert. Hinzu kamen eine liebevolle Nachbearbeitung und ein spielerischer Umgang mit der Filmsituation, wenn Boning schweigend neben dem Porträtierten saß und sagte, da werde man nachher kluge Sätze draufsprechen, was entsprechend geschah. Festes Element der Sendung war eine halbe Minute, die jeder Prominente bekam, um für einen Zweck seiner Wahl zu werben.

Die Folgen liefen freitags weit, oft sehr weit nach Mitternacht. Die letzte Sendung war ein Best-of. 2004 erhielt Boning den Grimme-Preis.

DIE WICHERTS VON NEBENAN   ZDF

1986–1991. 50-tlg. dt. Familienserie von Justus Pfaue, Regie: Rob Herzet, Wolfgang Luderer.

Die Mittelstandsfamilie Wichert aus der Herzogstraße 36 in Berlin führt ein Durchschnittsleben mit Durchschnittssorgen. Eberhard (Stephan Orlac) und Hannelore (Maria Sebaldt) sind seit 25 Jahren verheiratet, die Söhne Rüdiger (Jochen Schroeder) und Andy (Hendrik Martz) schon erwachsen. Eberhard arbeitet als Schreinermeister in der Möbel-Union, sein bester Mann ist Heinz (Andreas Mannkopff). Chef der Möbel-Union ist Bernhard Tenstaag (Gerhard Friedrich), der lieber Golf spielt, als im Büro zu sitzen. Frau Glaubrecht (Gudrun Genest) ist dessen gutmütige Sekretärin.

Hannelore, von Eberhard zärtlich »Schnuppe« genannt, hat eine kleine Getränkehandlung im eigenen Keller, die von dem mürrischen Kuttlick (Manfred Lehmann) beliefert wird. In ihrer Freizeit singen Hannelore und Eberhard in einem Chor in der »Harmonie«, der Kneipe von Conny (Brigitte Mira). Bei den Wicherts wohnt Eberhards Mutter Käthe (Edith Schollwer), eine aufgetakelte, schwülstig sprechende Frau, die einfach nicht in das bürgerliche Umfeld passen will und in alltäglichen Situationen andauernd feststellt, dass »der Herr Bundeskanzler« sich damit bestimmt nicht herumschlagen müsse. Für sie ist es das Größte, als der ältere Sohn Rüdiger, der Maschinenbau lernt, Uschi von Strelenau (Anja Schüte) heiratet, wodurch der Graf (Friedrich Schütter) und die Gräfin von Strelenau (Gisela Pelzer) seine Schwiegereltern werden und Käthe sich nun endlich als Mitglied der besseren Gesellschaft fühlen kann. Eher zufällig wird sie dann auch noch Werbemodel für das neue Möbel-Union-Programm mit dem Namen »Käthes Küche«. Einerseits genießt sie es, sich selbst auf Litfaßsäulen zu sehen, andererseits wäre ihr »Käthes Salon« natürlich lieber gewesen.

Uschi bringt in der ersten Staffel Tochter Katharina (Sophie Birkner) und in der zweiten Sohn Sebastian (Oliver Lausberg) zur Welt. Der jüngere Wichert-Sohn Andy, von dem die Familie so gerne hätte, dass er Chirurg wird, lernt stattdessen nach dem Abitur Koch bei Monsieur Pierre (Peter Matic). Hannelo-

Die Wicherts von nebenan:
Eberhard Wichert
(Stephan Orlac, Mitte)
mit Schnuppe
(Maria Sebaldt) und
»Kneisel, diesem Halsabschneider«
(Wolfgang Bathke).

Wickie und die starken Männer: Wickie bekommt von Papa Halvar den Wikingerhelm.

res Vater Walter Pinnow (Ekkehard Fritsch) wohnt nicht im Haus, schaut aber regelmäßig vorbei. Unfreiwillig wichtigste Person im Leben der Wicherts ist neben der eigenen Familie der neugierige, naive und verstörte Nachbar Meisel (Siegfried Grönig), der dauernd ums Haus herumschleicht, seine Nase in alles steckt und immer seinen Kater Tassilo auf dem Arm hat.

In der zweiten Staffel wird Eberhard befördert, aber zugleich nach Gütersloh versetzt, um die dortige Filiale der Möbel-Union zu übernehmen. Die Fahrerei ist zermürbend, und schließlich tauschen Eberhard und Tenstaag die Posten; Tenstaag geht also nach Gütersloh und wird außerdem Vorstandsvorsitzender. Hannelore übernimmt Connys Kneipe und macht Kuttlick zum Kellner. Käthe hat jetzt einen Freund. Er heißt Dr. Dr. Gürtler (Karl Schönböck), und sie legt größten Wert auf beide Doktortitel, was Eberhard abtut mit: »Mutter und ihr Doppeldoktor!« Walter gründet zusammen mit seiner Freundin Gerda Kusnewski (Inge Wolffberg) die private Wach- und Schließgesellschaft »Augen auf«, in der auch Alwin Barthold (Horst Pinnow) anfängt, der bisherige Buchhalter der Möbel-Union. Rüdiger wird Technischer Direktor einer Brauerei. Zu Beginn der dritten Staffel kommt er bei einem Betriebsunfall ums Leben. Hannelore gibt daraufhin ihre Kneipe an Kuttlik ab. Andys Freundin Gaby (Roswitha Schreiner) verlässt ihn, um in Paris zu studieren. Zur Freude der Familie entschließt er sich nun doch, Medizin zu studieren, um Arzt zu werden. Mit seiner neuen Freundin Elke (Juliane Rautenberg) bekommt er einen Sohn, den sie Thomas nennen. Dem schmierigen Bankdirektor Kneisel (Wolfgang Bathke) gelingt es in der vierten Staffel, Eberhard aus der Möbel-Union zu vertreiben. Dieser eröffnet daraufhin seine eigene »Schreinerei Wichert« und nimmt seinen Kollegen Heinz gleich mit. Hannelore betreibt jetzt den Partyservice »Schneller Teller« im Keller.

Fünf Jahre lang liefen die einstündigen Episoden erfolgreich im Vorabendprogramm um 17.50 Uhr. Die auffälligsten und beliebtesten Figuren waren keine Mitglieder der Wichert-Familie: Nachbar Meisel und Eberhards Kollege Heinz wurden vom Publikum besonders ins Herz geschlossen. Produzent war Otto Meissner. Die Musik zur Serie komponierte Christian Bruhn. Im 90-minütigen Pilotfilm sang Andy Borg das Titellied, danach wurde nur noch eine Instrumentalversion verwendet.

Die Serie ist auf DVD erhältlich.

WICKIE UND DIE STARKEN MÄNNER ZDF

1974–1976. 78-tlg. jap.-dt.-österr. Zeichentrickserie nach den Geschichten von Runer Jonsson (»Chiisana Viking Vickie«/»Vickie the Little Viking«; 1974–1975).

Der schmächtige Junge Wickie begleitet seinen Vater, den einfältigen Wikingeranführer Halvar, und dessen Mannschaft auf ihren Raubzügen, zu denen sie mit einem großen Segelschiff aufbrechen. Zu den starken Männern gehören der alte, weise Urobe, der singende und Harfe spielende Ulme, der verfressene Faxe, der aus der Art geschlagene Gorm (»Entzückend!«) sowie der faule, freche Snorre und sein Lieblingsgegner, der griesgrämige Tjure. Zu Hause in ihrem Heimatdorf Flake sorgen sich unterdessen Wickies beste Freundin Ylvi und seine kluge Mutter Ylva um den kleinen Wikingerjungen (Verstand ist etwas, was bei den Wikingern eigentlich nur die Frauen haben). Wickie ist ängstlicher als die Erwachsenen (vor allem mit Wölfen hat er's nicht so), rettet die starken Männer aber oft aus gefährlichen Situationen und findet auch ohne Gewalt eine Lösung. Immer wenn sich Wickie die Nase reibt, erst unter

der Spitze, dann an der Seite, weiß man: Er hat wieder eine Idee. Dann ruft er: »Ich hab's!«
Der schwedische Schriftsteller Runer Jonsson, dessen 1964 auf Deutsch erschienenes Buch »Wickie und die starken Männer« (1965 mit dem Deutschen Jugendbuchpreis ausgezeichnet) als Serienvorlage diente, wirkte auch an den Drehbüchern mit. Die Musik zum Titellied »Hey, hey, Wickie! Hey, Wickie, hey! Zieh fest das Segel an!« stammte von Christian Bruhn. Es wurde von den Stowaways gesungen, die als kölsche Mundartcombo namens Bläck Fööss bekannt wurden. Die Musik für die Serie schrieb Karel Svoboda. Synchronisiert wurden die auf Englisch produzierten Folgen von Eberhard Storeck, der auch den kleinen Snorre sprach.

Wickie war die erste internationale Koproduktion des ZDF: Nicht 13, sondern gleich 78 Folgen einer Serie anzufertigen war damals für deutsche Verhältnisse unvorstellbar, auch der Begriff »Manga« war praktisch unbekannt. Mit *Wickie* wurde eine Art europäisierter Mangastil geschaffen. Aufgrund des großen Erfolgs entstanden später *Biene Maja, Alice im Wunderland, Pinocchio* und *Tao Tao*, die unter gleichen Bedingungen produziert wurden (*Heidi* und *Sindbad* sind im Gegensatz dazu keine Koproduktionen des ZDF, sondern Lizenzkäufe).

Hinter dem Projekt stand der damalige Chef des ZDF-Kinder- und Jugendprogramms, Josef Göhlen, der als »Erfinder« der Serie *Wickie* gilt. Ursprünglich wollte er aus dem Buch eine 13-teilige Puppentrickserie machen, die jedoch nie fertig gestellt wurde. Bei Eltern und Medienkritikern kam die neuartige Serie zunächst nicht gut an, die zwar zeigte, dass man sich auch ohne Muskeln durchsetzen kann, aber offensichtlich vor allem unterhaltsam und nicht pädagogisch sein wollte.

Die Serie ist komplett auf DVD erhältlich. Im Herbst 2004, gut 30 Jahre nachdem sich Wickie in Deutschland erstmals an der Nase rubbelte, entstand auch eine Musicalfassung mit dem Titel »Mein Freund Wickie« von Christian Bruhn und Josef Göhlen.

WIDER DEN TIERISCHEN ERNST   WDR, RTL, ARD

1961–1990 (WDR); 1992–1994 (RTL), seit 1995 (ARD).
Seit 1954 verleiht der Aachener Karnevalsverein jährlich den »Orden wider den tierischen Ernst« an prominente Persönlichkeiten, meist Politiker, die sich erlaubten, Humor zu haben. Ab 1961 wurde die Verleihung als große Abendveranstaltung im Fernsehen gezeigt. Nach 30 Jahren beim WDR sicherte sich RTL ab 1991 die Rechte an der Veranstaltung und konnte dann doch nicht darüber berichten, weil sie in diesem Jahr wegen des Golfkriegs ausfiel.

WIE BETRACHTE ICH EIN BILD?   ARD

1955–1956. Kunstmagazin mit Hans Platte, quasi eine abgefilmte Schulexkursion im Fernsehen: Platte ging mit Schülern durch die Hamburger Kunsthalle und erläuterte die ausgestellten Werke. Lief nachmittags in der *Jugendstunde*.

WIE BITTE?!   RTL

1992–1999. Einstündige Verbraucher-Comedyshow mit Geert Müller-Gerbes.
Behördliche und bürokratische Unfähigkeit und Ungerechtigkeit, falsche Versprechungen von Herstellern und miserable Dienstleistungen werden angeprangert und satirisch überzeichnet. Dabei werden alle angeprangerten Firmen beim Namen genannt. Wenn RTL sich bei der Firma meldete und nachfragte, kam der geschädigte Zuschauer meist plötzlich zu seinem Recht. So wurde *Wie bitte?!* zu einer der beliebtesten Fernsehshows bei den Zuschauern und einer der unbeliebtesten bei den Werbekunden. Die Unterbrechungen für Reklame waren so kurz wie in kaum einer anderen Sendung, weshalb *Wie bitte?!* trotz des großen Erfolgs für RTL nicht sehr rentabel gewesen sein dürfte.

Der meistangeschwärzte »Kunde« war die Deutsche Telekom, die sich so oft Patzer leistete, dass der Telekom-Sketch zur festen Rubrik wurde. Ab Mitte der 90er-Jahre wurde ferner die Verleihung des »Pannemanns« zur ständigen Einrichtung, eines Preises für den verbraucherunfreundlichsten Service. Den »Pannemann« verlieh Theo West, der ferner als Reporter witzige Umfragen für die Show machte. Zum Stammteam der Schauspieler, die die Fälle im Studio nachstellten, gehörten Max Grießer, April Hailer, Lutz Reichert, Siegfried W. Kernen und Thomas Hackenberg.

Für Hailer kam 1997 Eva Mannschott. 1998 wurde der Rest des Teams ausgewechselt. Neben Manschott spielten seitdem Robert Louis Griesbach, Hans Kieseier und Katrin Weißler. Theo West blieb weiter dabei. Einige Sendungen musste Müller-Gerbes krankheitsbedingt absagen, Hans Meiser sprang dann als Moderator ein.

Das Format stammte von der BBC, wo es zwischen 1973 und 1994 mehr als 20 Jahre lang unter dem Titel »That's Life« lief. RTL zeigte seine Version zunächst samstags gegen 22.00 Uhr; auf diesen Sendeplatz kehrte sie nach verschiedenen anderen Ausstrahlungsterminen auch wieder zurück. Als Gerhard Zeiler RTL-Geschäftsführer wurde, setzte er die Show – nach insgesamt über 200 Ausgaben – sehr bald ab. Müller-Gerbes' Reaktion: »RTL macht im Gegensatz zur landläufigen Meinung nicht mehr Fernsehen, sondern Gewinn. Das Programm wird nur billigend in Kauf genommen.«

WIE DAS LEBEN SO SPIELT   RTL

→ *Jung und leidenschaftlich*

WIE EIN BLITZ   ARD

1970. 3-tlg. dt. Krimi von Francis Durbridge, Regie: Rolf von Sydow.
Gordon Stuart (Albert Lieven), ein wohlhabender Immobilienmakler, wird von seinem engsten Mitarbeiter Mark Paxton (Peter Eschberg) und seiner Frau Diana Stuart (Ingmar Zeisberg), die ein Verhältnis haben, ermordet. Doch als Paxton die Leiche verschwinden lassen will, ist sie nicht mehr da. Der

»Du Doof!« *Wie bitte?!* hat Spaß mit der Telekom: Lutz Reichert, Thomas Hackenberg, April Hailer und Max Grießer (von links).

totgeglaubte Stuart ruft seine Frau an und befiehlt ihr, eine Leiche, die man am nächsten Tag finden wird, als seine zu identifizieren.
Auch Kitty Tracey (Gisela Trowe), Besitzerin eines kleinen Ladens, die mit Mark ein falsches Spiel spielte, wird ermordet. Als Gordon Stuarts Testament enthüllt wird, erfahren Mark und Diana, dass das meiste Geld Gordons heimliche Geliebte bekommen soll: Diana Valesco (Christine Kaufmann), ein junges Mädchen aus Italien. Inspektor Clay (Horst Bollmann) ermittelt.
Wie ein Blitz ist die deutsche, aber in England gedrehte Neuauflage des BBC-Fünfteilers »Bat out of hell« (1966). Die deutsche Fassung war der erste Durbridge-Krimi in Farbe. Für Albert Lieven war es der vierte Durbridge, aber auch seine letzte Fernsehrolle. Er starb 1971.
Die meisten Deutschen schauten am Abend der Ausstrahlung diesen Krimi, das Konkurrenzprogramm interessierte keinen: Das ZDF zeigte live in einer Sondersendung den Start von Apollo 13. Den Start von Apollo 11 ein paar Monate vorher hatten alle noch aufgeregt verfolgt, aber jetzt war es langweilig. Was sollte da schon groß schief gehen …
Die einzelnen Teile waren rund 80 Minuten lang und liefen um 20.15 Uhr.

WIE ERZIEHE ICH MEINE ELTERN?   ARD
1971. 5-tlg. Trickfilmreihe aus Dänemark, die Kinder zu konstruktiver Kritik gegenüber ihren Eltern anregen sollte.
Hauptfigur in den zehnminütigen Trickfilmen war ein erwachsener Ratgeber namens »Troll«. Wenn der Vater beispielsweise viel fernsah, schlug »Troll« vor: »Setz dich einfach unter die Mattscheibe und guck deinen Vater an. Mach aber ein ganz langweiliges Gesicht!«
Initiiert wurde die Reihe von Erika Saucke, der stellvertretenden Leiterin der »Projektgruppe Familie« und Moderatorin der Sendung *Was sagst du dazu?* und der Call-In-Sendung *Das aktuelle Telefon,* die zunächst im Anschluss an *Wie erziehe ich meine Eltern?* liefen.

WIE ERZIEHE ICH MEINE ELTERN?   KI.KA
2002–2004. 26-tlg. dt. Jugendserie.
Dr. Karl Wolkenfuss (Heinrich Schafmeister) und sein Sohn Felix (Maximilian Seidel) teilen sich mit Edwina Freytag (Amina Gusner) und ihrer Tochter Johanna, genannt Johnny (Sina Tkotsch), ein Doppelhaus. Während die Eltern permanent im Clinch liegen, freunden sich die Kinder an.
Beide Staffeln mit 25-minütigen Folgen liefen später auch vormittags in der ARD.

WIE ERZIEHE ICH MEINEN VATER?   ZDF
1979. 13-tlg. dt. Familienserie von Peter M. Thouet, Regie: Hans Dieter Schwarze.
Der 17-jährige Peter Wadas (Klaus-Peter Grap) steht vor der titelgebenden Frage, als seine Mutter Eva-Maria (Karin Anselm), eine Lehrerin, für drei Monate nach Kanada geht und ihn mit dem chronisch überforderten Vater Manfred (Herbert Bötticher) allein lässt, der freiberuflich als Werbegrafiker arbeitet.
Wenn es etwas gibt, das Herbert Bötticher so gut spielt wie kein Zweiter, dann sind es chronisch überforderte Männer. Also eine Paraderolle für ihn. Die halbstündigen Folgen liefen donnerstags am Vorabend.

WIE GUT, DASS ES MARIA GIBT   ZDF
1990–1991. 27-tlg. dt. Familienserie von Justus Pfaue, Regie: Rob Herzet.
Ordensschwester Maria (Thekla Carola Wied) wird gegen ihren Willen aus Rom nach Berlin in die Gemeinde St. Katharina versetzt. Sie findet sich aber

Um jegliche Missverständnisse auszuschließen, besetzte RTL seine Kanzler-Parodie *Wie war ich, Doris?* nicht nur mit Personen, die mit ihren Vorbildern keine Ähnlichkeit hatten, sondern schrieb in den Hintergrund auch zwei-, drei-, vierundzwanzigmal das Wort »Comedy«.

schnell zurecht und wird bei den Gemeindemitgliedern beliebt. Zur Gemeinde gehören Dekan Strathmann (Alexander May), dessen Wirtschafterin Eva Hagenkötter (Ursula Diestel), Kaplan Kümmerling (Helmut Zierl), Kasimir Sawatzky (Stephan Orlac), die Alten Frau Weber (Gudrun Genest) und Frau Kreitlein (Ingeborg Wellmann), der Taschendieb Johannes (Heinz Rennhack), der Druckereibesitzer Walter Gnekow (Peter Schiff), seine Frau Sybille (Monika Woytowicz) und Sohn Marcus (Philipp Moog), ein Student, der sich sehr für die Gemeinde engagiert. Seine Freundin ist Julia Krüger (Anja Schüte); die beiden bekommen nach einer Weile ein Kind. Maria, die einen Doktortitel in Physik hat, versucht, die Probleme der Gemeinde zu lösen, die in extremer Geldnot ist. Dabei tut sie etwas, worüber die Katholiken große Augen machen: Sie lässt sich ausgerechnet von dem protestantischen Pastor Siegfried Wölm (Gunter Berger) unterstützen!
Teil der großen Geistlichenschwemme im Fernsehen, die durch *Oh Gott, Herr Pfarrer* ausgelöst wurde. Die 50-Minuten-Folgen liefen im Vorabendprogramm.

WIE HÄTTEN SIE'S DENN GERN? ARD
1977. Kurzlebige Unterhaltungsshow mit Hans-Joachim Kulenkampff.
Der Titel schien bereits ein Hilferuf zu sein, nachdem zuvor drei neue Shows mit »Kuli« gefloppt waren. Hier sollten Zuschauer Anregungen zum Fernsehprogramm geben, die dann in der Sendung umgesetzt wurden.
Auch diesmal waren die Quoten schwach, und der Titel der dritten Sendung »Hätten Sie's denn gern so?« klang beinahe schon beleidigt. In dieser Show wurde schlicht Kulis Erfolgsquiz *Einer wird gewinnen* in Originalkulisse neu aufgelegt. Zum ersten Mal, seit Kuli genau diese Sendung acht Jahre vorher beendet hatte, waren die Zuschauer wieder begeistert. *Wie hätten Sie's denn gern?* wurde umgehend eingestellt und *Einer wird gewinnen* einige Zeit später wiederbelebt.

WIE HÄTTEN SIE'S GEMACHT? ARD
1975–1976. Halbstündige heitere Ratgeberreihe, die ein Quiz zu Erziehungsfragen mit Dr. Dorothea Röhr und Dr. Hannes Bressler beinhaltete. Drei Ehepaare wurden mit Problemen konfrontiert, die in Kurzspielszenen von Edith Hancke und Reno Nonsens vorgestellt und danach von Kindern diskutiert wurden.
Nachfolgereihe von *Das Elternspiel*. Neun Folgen liefen nachmittags.

WIE HUND UND KATZE ARD
1990. 20-tlg. austral. Jugendserie (»Sugar and Spice«; 1988).
Australien in den 20er-Jahren: Die zwei verfeindeten Mädchen Pixie Robertson (Radha-Rani Mitchell) und Molly Wilson (Michelle Kearley) kommen aus dem Dorf an die Schule in der Großstadt und beschließen gelegentlich, miteinander statt gegeneinander zu arbeiten.
Die halbstündigen Folgen liefen im regionalen Vorabendprogramm.

WIE PECH UND SCHWEFEL ZDF
1994–1997. 17-tlg. dt. Familienserie von Barbara Engelke.
Die fünf Geschwister Wissmann möbeln gemeinsam die heruntergekommene Villa ihrer verstorbenen Eltern auf. Keiner von ihnen wohnt dauerhaft dort, aber jeder findet bei Bedarf mal Unterschlupf. Der Älteste, Thomas (Rainer Hunold), führt eine Parfümfabrik, die er von den Eltern übernommen hat, Annabelle (Saskia Vester) hat eine Boutique, Fritz (Burkhard Heyl) ist Rechtspfleger und mit Ilona (Karina Thayenthal) verheiratet, Christine (Birge Schade) ist Lehrerin und Micha (Pascal Breuer) Jungmediziner.

Die Pilotin Martine Menuet (Michèle Marian) ist Thomas' Freundin, Jacques (Charles Regnier) ein alter Freund. Bauer Döpcke (Joost Siedhoff) und seine Frau (Doris Pusinelli) sind die Nachbarn der Villa. Die 50-minütigen Folgen liefen am Vorabend.

WIE SIE SICH SEHEN — ARD
→ Schreib ein Stück

WIE WAR ICH, DORIS? — RTL
1999. 5-tlg. dt. Comedyserie von Rüdiger Jung, die Bundeskanzler Schröder parodierte und das Leben hinter den Kulissen des Kanzleramtes und den Wänden der Kanzlerwohnung bei Gerhard Schröder (Martin Zuhr) und seiner Frau Doris Schröder-Köpf (Anna Momber) zu Hause zeigte. Beruflich hatte der Serien-Schröder es mit Jürgen Trittin (Karl Jürgen Sihler) und Angela Merkel (Gabriele Domschke) zu tun.
Der echte Kanzler Gerhard Schröder war schon im Vorfeld, als die Serie lediglich in Planung war, so sehr über die Verletzung seiner Privatsphäre empört, dass er ein zugesagtes Interview bei RTL platzen ließ und auch keines mehr geben wollte, bis der Sender zur »seriösen« Berichterstattung über Politik zurückgekehrt sei. Tatsächlich war die Serie eher läppisch und lieblos als bissig und böse. Überlegungen, aus ihr eine Dauereinrichtung mit wochenaktuellen Bezügen zu machen, wurden mit Blick auf die Quoten schnell fallen gelassen. Die Leute schauten lieber das gleichzeitig laufende Original namens *Sabine Christiansen*.

WIE WÄR'S ...? — DFF 1
1973–1990. Halbstündiger Ratgeber für Kinder ab zehn: Hobbys, Bastelarbeiten, Freizeitaktivitäten. Meist ging es in jeder Sendung um ein einziges Thema, z. B. »Schiffsmodelle für Anfänger und Fortgeschrittene«, »Tipps für modische Bekleidung« oder »Anregungen und praktische Hinweise für Aquarianer«.
Es moderierten Peter Bosse, Waltraud Hagen, Jens Riwa, Gerhardt Schweidtner und Vanadis Ulbricht. Lief wöchentlich am Freitagnachmittag, ab 1982 14-täglich am Dienstagnachmittag, und brachte es auf rund 400 Folgen.

WIE WÄR'S HEUT' MIT REVUE? — ZDF
1983–1984. Samstagabendshow. Harald Juhnke präsentiert eine musikalische Gala mit Stars und Attraktionen aus der Welt der Show. Es spielt das Orchester Paul Kuhn.
Die Show war ein Erfolg, das ZDF beendete die Zusammenarbeit mit Juhnke aber, nachdem er die Dreharbeiten zu »Die Hose« von Carl Sternheim wegen Alkoholmissbrauchs abgebrochen hatte und offensichtlich betrunken in einer Talkshow aufgetreten war. Hans Rosenthal und Hans Mohl hatten Juhnke öffentlich als untragbar bezeichnet. Juhnke wechselte daraufhin zur ARD, wo er das Revuekonzept unter dem Titel *Willkommen im Club* fortsetzte. 1986 lief noch ein Best-of.

WIE WIRD DAS SONNTAGSWETTER? — ARD
1953. Quiz mit ... Nicht wirklich. Es war eine Wettervorhersage.

WIE WÜRDEN SIE ENTSCHEIDEN? — ZDF
1974–2000. »Rechtsfälle im Urteil des Bürgers«. 45-Minuten-Magazin, in dem wirkliche Gerichtsverhandlungen nachgestellt werden.
Kläger und Beklagte sind Schauspieler, Richter sowie Staats- und Rechtsanwälte sind echt. Die im Saal anwesenden Hörer werden nach der Verhandlung zu ihrer Meinung befragt und fällen per Abstimmung ein Urteil. Dieses wird anschließend mit dem im realen Fall tatsächlich ergangenen Urteilsspruch verglichen, diskutiert und von Experten kommentiert.
Die langlebige Reihe, die im ZDF dem Ressort »Politik« angegliedert war, trug maßgeblich zum Rechtsverständnis in Deutschland bei. Wer noch nie einer echten Gerichtsverhandlung beigewohnt hatte, konnte hier lernen, wie's läuft. Und vor allem: wie es in Deutschland läuft. US-Serien wie *Perry Mason* oder *Matlock* lehrten zwar auch einiges, jedoch nur, wie es in Amerika zugeht ... Und bei uns gibt's ja nicht mal richtige Geschworene!
Moderator war 16 Jahre lang Gerd Jauch, ab 1990 leitete Bernhard Töpper die Sendungen. Die Reihe lief in loser Folge mittwochs um 19.30 Uhr, ca. einmal monatlich. Sie brachte es auf insgesamt 165 Ausgaben und wurde zeitgleich mit *Ehen vor Gericht* und *Verkehrsgericht* eingestellt, weil das ZDF der Meinung war, die tägliche Nachmittags-Gerichtsshow *Streit um drei* decke das alles viel besser ab.

DIE WIEDERKEHR VON SHERLOCK HOLMES — SWR
1988. 7-tlg. brit. Krimiserie nach den Erzählungen von Arthur Conan Doyle (»The Return Of Sherlock Holmes«; 1986–1988). Fortsetzung von *Die Abenteuer von Sherlock Holmes* mit denselben Darstellern. Weitere Folgen liefen später unter dem Titel *Sherlock Holmes*.
Die 45-Minuten-Folgen liefen zuerst in Südwest 3 und kurz darauf in DFF 2. 1995 zeigten die Dritten Programme zwei neue Spielfilme.

WIEDERSEHEN MACHT FREUDE — ZDF
1978–1984. »Elmar Gunsch präsentiert Kabinettstückchen«. Show mit Ausschnitten aus alten Filmen und Fernsehsendungen mit populären Stars wie Charlie Chaplin, Loriot, Heinz Rühmann, Gert Fröbe, Helmut Lohner oder Otto Schenk.
Gunsch war als Wochenendmoderator des ZDF-Wetterberichtes bekannt geworden. Die Sendung lief mehrere Male im Jahr und wurde später mit Birgit Schrowange wiederbelebt.

WIEDERSEHEN MACHT FREUDE — ZDF
1991–1992. Ausschnitte aus alten ZDF-Sendungen, nein: »Kostbarkeiten aus dem Archiv«, moderiert von Birgit Schrowange. Die 45-Minuten-Folgen liefen dienstags nachmittags.

WIEDERSEHEN MIT BRIDESHEAD ARD

1983. 7-tlg. brit. Drama von John Mortimer nach dem Roman von Evelyn Waugh, Regie: Michael Lindsay-Hogg und Charles Sturridge (»Brideshead Revisited«; 1981).

Der Hauptmann Charles Ryder (Jeremy Irons) ist gegen Ende des Zweiten Weltkrieges mit seiner Einheit im Schloss Brideshead stationiert. Er erinnert sich an seine Jugend, als er schon einmal hier war, vor dem Krieg, als das Schloss der Sitz der Familie Marchmain gewesen war.

In Oxford hat er den Sohn von Lord Alex (Laurence Olivier) und Lady Marchmain (Claire Bloom) kennen gelernt, Sebastian (Anthony Andrews), einen exzentrischen jungen Mann, der mit seinem Teddy Aloysius herumläuft. Später verliebt er sich in Sebastians Schwester Julia (Diana Quick). Er wird auf fatale Weise von der aristokratischen Familie, ihren Sitten und Reichtümern angezogen, aber auch von ihrem Katholizismus.

Als das fiktive Schloss Brideshead diente Castle Howard in Yorkshire. Durch einen Streik von Technikern geriet die gesamte Produktion in Gefahr und wurde doppelt so teuer wie geplant. Mit knapp 13 Millionen Euro soll es die bis dahin teuerste britische TV-Produktion gewesen sein. Doch es lohnte sich: Die britischen Zuschauer schwelgten massenhaft in Nostalgie, und das Drama wurde an Fernsehsender in aller Welt verkauft. Es regnete Preise für Schauspieler und Produktion. Auch in Deutschland weckte die Verfilmung großes Interesse. Im Original gab es elf Folgen à 50 Minuten, in Deutschland sieben Folgen in Spielfilmlänge.

WIEDERSEHEN MIT LORIOT ARD
→ Loriot

WIEDERSEHEN MIT POLY ARD

1966. 6-tlg. frz. Abenteuerserie für Kinder von Cécile Aubry, Regie: Cécile Aubry (»Les vacances de Poly«; 1963–1964).

Fortsetzung von *Poly*: Polys bisheriges Herrchen Pascal ist im Ferienlager, und so läuft das Pony los, um den Jungen zu suchen. Unterwegs trifft es auf andere Menschen, die es teils schlecht und teils gut behandeln, doch bleiben will es bei keinem. Also geht Poly weiter auf Reisen, hat aber nun in Tony (René Thomas) einen neuen Begleiter.

Die Episoden liefen samstags nachmittags. Die nächste Serie mit Poly hieß *Das Geheimnis der sieben Sterne*.

DIE WIESINGERS ARD

1984–1989. »Das Leben einer Münchner Brauerfamilie«. 20-tlg. dt. Familiensaga von Leopold Ahlsen, Regie: Bernd Fischerauer.

Anton Wiesinger (Hans-Reinhard Müller) ist der Kopf einer Brauerfamilie, die Anfang des 20. Jh. zur wohlhabenden Gesellschaft gehört. Er ist zugleich königlich-bayerischer Kommerzienrat. Gabriele Wiesinger (Gaby Dohm) ist seine Frau, Theres (Irene Clarin) die gemeinsame Tochter, die seit einem Reitunfall gehbehindert ist, Ferdinand, genannt Ferdl (Werner Stocker), der ältere und Toni (in den verschiedenen Phasen seines Lebens: Ralf Weiss, Oliver Linnow, Florian Kern und Ulrich Gebauer) der jüngere Sohn. Der Politiker und Anwalt Dr. Alfred Wiesinger (Elmar Wepper) ist Antons Neffe, Regine (Claudia Butenuth) Alfreds Frau.

Butler Felix (Gerd Fitz), Köchin Babette (Carlamaria Heim) und Hausmädchen Annie (Regine Hackethal) bilden das Personal der Wiesingers. In der Brauerei arbeiten u. a. Dienstmann Bauch (Werner Asam), Buchhalter Bauer (Hans Baur) sowie der Prokurist und spätere Direktor Dr. Pfahlhäuser (Wilfried Klaus).

Bankier Fontheimer (Walter Buschhoff) hilft dem Unternehmen mit Krediten. Gabriele kommt ums Leben, und Ferdl geht nach seinem Studium nach Amerika. Anton heiratet die Französin Lisette (Diane Stolojan). Toni übernimmt die Leitung der Brauerei, geht aber mit Beginn des Ersten Weltkriegs im Jahr 1914 an die Front nach Frankreich. Theres heiratet den Studienprofessor Wolfgang Oberlein (Miroslav Nemec). Babette stirbt an einer Lungenentzündung, Felix fällt im Krieg. Der ehemalige Hausknecht Josef (Bernd Helfrich) taucht wieder auf. Toni kehrt nach dem Krieg aus der Gefangenschaft zurück und wird drogensüchtig und alkoholabhängig. Theres bringt Tochter Gabriele zur Welt.

Ferdl kommt aus Amerika zurück und saniert mit seinen Dollars das fast bankrotte Familienunternehmen. Er beginnt ein Verhältnis mit Lisette, woran die Familie letztendlich zerbricht. Auch die Brauerei Wiesinger geht zugrunde, als der reiche Baron Lyssen (Imo Heite) Hauptaktionär wird und sie in einen Großkonzern eingliedert. Anton übersteht den Schock darüber nicht; er stirbt kurz vor Beginn des Zweiten Weltkriegs.

Die 50-Minuten-Folgen liefen am Vorabend.

WILD PALMS RTL 2

1993. 3-tlg. US-Drama von Bruce Wagner (»Wild Palms«; 1993).

Los Angeles im Jahr 2007: Anwalt Harry Wyckoff (James Belushi) und seine Frau Grace-Ito (Dana Delaney) haben zwei Kinder namens Coty (Ben Savage) und Deidre (Monica Mikala). Die Familienidylle wird zerstört, als Harrys Jugendliebe Paige Katz (Kim Cattrall) ihn mit dem mysteriösen Medienimperium Wild Palms in Kontakt bringt: 3D-Projektionen, die kaum von der Realität zu unterscheiden sind, Unsterblichkeitschips, skrupellose Geheimgruppen und die bewusstseinsverändernde Droge Mimezine prägen das Leben. Eine große Verschwörung ist im Gange, die Wild Palms nicht weniger als die Weltherrschaft bescheren soll. Eli Levitt (David Warner) will das verhindern, nur leider sitzt er im Irrenhaus.

Oliver Stone produzierte die schwer durchschaubare Miniserie nach dem Buch von Bruce Wagner, das auf dessen Comics basierte. Sie lief später als Sechsteiler bei arte im Original mit Untertiteln.

WILD THINGS TM3, RTL 2
2000–2001 (tm3); 2001–2002 (RTL 2). 52-tlg. US-Tier-Doku von Bertram van Munster (»Wild Things«; 1997–2000), die weltweit gefährliche Raubtiere in ihrer natürlichen Umgebung zeigt. Die Serie lief bei RTL 2 zunächst dienstags um 20.15 Uhr, ab Folge 6 sonntags nachmittags.

WILDBACH ARD
1993–1997. 52-tlg. dt. Abenteuerserie von Franz Xaver Sengmüller und Peter Probst.
Die Bergwacht im bayerischen Wildbach rettet Menschen, die in den Alpen in Gefahr geraten sind. Der Witwer Martin Kramer (Siegfried Rauch) ist der Bergwachtchef. Er wohnt mit seiner Tochter Lissi (Jessica Stockmann) auf dem Kramerhof. Sie leitet das Fremdenverkehrsbüro und ist mit Martins Kollegen Conny Leitner (Horst Kummeth) zusammen, der hauptberuflich ein Sportgeschäft betreibt. Christl Meierhofer (Claudia Demarmels) gehört das »Hotel Böglerhof«, Florian (Maximilian Nüchtern) und Stefan (Marc Schulze) sind ihre Söhne. Stefan stirbt gleich zu Anfang der Serie bei einem Bergunglück. Christl wird Martins Freundin, verlässt ihn aber im Herbst 1994 wieder. Außerdem trennt sich Lissi von Conny, und beide Frauen ziehen aus Wildbach weg. Die Journalistin Michaela »Michi« Sommer (Alexa Wiegandt) zieht in die Stadt und wird Connys neue Freundin. Auch ihre Mutter Helen (Daphne Wagner) zieht nach Wildbach. Eva Neureuther (Kathi Leitner) wird die neue Leiterin des Fremdenverkehrsbüros.
Andere Einwohner sind Emmeran Nahaider (Fred Stillkrauth) und der Arzt Dr. Günther Hofer (Sepp Schauer) von der Bergwacht; die Polizisten Bernd Ferstl (Marcus Grüsser) und Herbert Rechenbacher (Peter Rappenglück); der Tankstellen- und spätere Autohausbesitzer Alois Angerer (Max Krückl), der für einige Zeit mit Tanja (Marie-Therese Mäder) zusammen ist, die in Christls Hotel arbeitet; Inge Probst (Madeleine Vester), die Verkäuferin in Connys Sportgeschäft; Franz Hamberger (Bernd Helfrich), ein Funktionär vom Bergwachtspräsidium, und dessen Sohn Tobi (Oliver Clemens), ein junger Nachwuchsbergwachtler.
Martin verwendet einen Großteil seiner Freizeit darauf, ein Satellitensuchsystem für Vermisste zu entwickeln, das er BergVox nennt. Im September 1997 spielt er mit dem Gedanken, nach Nepal zu gehen, entscheidet sich aber dagegen und gibt Conny sein Ticket.
Gedreht wurde in den Tiroler Alpen, vor allem in und um Alpbach, einem Ort, der 1983 als »schönstes Dorf Österreichs« und 1993 zum »schönsten Blumendorf Europas« gewählt wurde – der Ort Wildbach ist fiktiv. *Wildbach* wollte keine übliche Bergserie sein, sondern eine Abenteuerserie, die zufällig in den Bergen spielt. Sie war nicht so verklärt wie ein Heimatfilm – aber ähnlich vorhersehbar. Die einstündigen Folgen liefen im Vorabendprogramm. Titelsong war »Free and easy« von Stephan Massimo.

WILDCAT TELE 5
1990–1991. 170-tlg. brasilian. Telenovela (»Fera radical«; 1986).
Die Waise Claudia (Malu Mader) will 20 Jahre nach dem Tod ihrer Eltern Rache an dem vermeintlichen Mörder Altino Flores (Paulo Goulart) nehmen und schleicht sich in dessen Familie ein. Die Folgen liefen täglich am Vormittag.

DER WILDDIEB DFF 1
1985. 7-tlg. poln. Jugendserie nach dem Roman von Jerzy Suszka (»Klusownik«; 1980).
Maciek (Robert Nawrocki) und seine jüngere Schwester Eva (Magda Scholl) sind die Kinder des Pferdegestütsbesitzers Kasicki (Stanisław Niwiński). Eine Gruppe von Kindern aus der Stadt (Monika Alwasiak, Roch Nofer, Kuba Pielaciński, Tomasz Brzeziński) verbringt auf dem Gestüt in den Beskiden die Ferien, um reiten zu lernen. Währenddessen jagen sie gemeinsam einen Wilderer, der mehrere Tiere erschossen hat. Verdächtig sind viele, und während ihrer eigenen detektivischen Ermittlungsarbeit behindern sie die des Försters, doch am Ende wird der Wilderer natürlich gestellt.

WILDE BRÜDER MIT CHARME RTL
1997–1999. 40-tlg. US-Sitcom (»Brotherly Love«; 1995–1997).
Joe Roman (Joey Lawrence) übernimmt die Autowerkstatt seines verstorbenen Vaters und zieht mit seinen Halbbrüdern Matt (Matthew Lawrence) und Andy (Andrew Lawrence) und seiner Stiefmutter Claire (Melinda Culea) zusammen. Matt ist ein naiver Teenager, Andy mit seinen sieben Jahren noch ein Kind. In der Werkstatt arbeiten noch die Mechaniker Lloyd Burwell (Michael McShane) und Louise David (Liz Vassey).
Die drei Hauptdarsteller waren auch im wirklichen Leben Brüder. Die Serie lief am frühen Samstagnachmittag.

WILDE EHEN VOX
1997–1998. Tägliche halbstündige Vorabend-Gameshow mit Wolfgang Link, in der drei verliebte, verlobte oder verheiratete Paare als Kandidaten in klassischen Übereinstimmungsspielen gegeneinander antreten. (Zum Beispiel: Sie muss vorhersagen, wie er einen Satz vollendet hat.) Das Siegerpaar gewinnt eine Reise, wenn es das »Liebesbarometer«-Spiel gewinnt: Ihr Pulsschlag wird gemessen, während ihr drei kurze Geschichten erzählt werden. Er muss vorhersagen, auf welche sie am heftigsten reagiert.
Wilde Ehen war wie *4 + 4 = Wir* und diverse andere eine Variante der US-Show »The Newlywed Game«, mit dem Unterschied, dass die Kandidaten nicht frisch verheiratet sein mussten.

WILDE ENGEL RTL
2003–2005. 12-tlg. dt. Actionserie.
Durch Zufall werden die Polizistin Lena Heitmann (Eva Habermann), die Bankerin Franziska Borgardt

(Susann Uplegger) und die kämpferische Automechanikerin Chris Rabe (Birgit Stauber), genannt Rabe, in ein Verbrechen verwickelt. Sie verbünden sich, denn gemeinsam sind sie stark und so weiter, und auch fortan kämpfen sie zusammen gegen die Bösen. Ihr Auftraggeber ist der mysteriöse Martin Grossmann (Filip Peters) vom BKA. Ab 2005 besteht das Trio aus der wandlungsfähigen Rebecca (Vanessa Petruo), Technikfreak Ida (Tanja Wenzel) und der schlagfertigen und -kräftigen Aiko (Zora Holt). Ihr Boss ist der reiche Richard Voss (Udo Kier).

Hermann Johas Firma Action Concept produzierte den *Drei Engel für Charlie*-Abklatsch, wie üblich mit ordentlich Krach Bumm Peng in Verfolgungsjagden, Autocrashs und Explosionen. Die einstündigen Folgen liefen dienstags um 20.15 Uhr, ab 2005 donnerstags. Im Februar 2002 hatte RTL den Stoff bereits mit einem Pilotfilm getestet. 2004 wurde bekannt, dass RTL nach nur einer Staffel mit acht Folgen neue Hauptdarstellerinnen suche, da die bisherigen offenbar zu alt seien. Sie waren zu diesem Zeitpunkt 28, 33 und 30 Jahre alt. Ihre Nachfolgerinnen, darunter Vanessa von der Popgruppe »No Angels«, waren 25, 26 und 29.

WILDE EUROPÄER VOX
2004. Naturreportage mit Dirk Steffens. Der Moderator bereist abgelegene Gebiete Europas und zeigt die erstaunliche Vielfalt der europäischen Tierwelt. Vier Ausgaben liefen sonntags nachmittags.

DIE WILDE ROSE RTL
1990–1991. 99-tlg. mexikan. Telenovela (»Rosa Salvaje«; 1988).

Das naive Mädchen Rosa Salvaje (Verónica Castro) lebt bei seiner Großmutter. Beim Versuch, auf der Plantage des reichen Ricardo (Guillermo Capetillo) Äpfel zu stehlen, erwischt dieser sie. Beeindruckt von ihrer Schönheit, übergibt er sie nicht der Polizei, sondern schenkt ihr das Diebesgut. Um seinen älteren Schwestern (Liliana Abud, Laura Zapata), mit denen er stets im Streit liegt, eins auszuwischen, heiratet er das erstbeste Mädchen, das ihm begegnet: Rosa.

Ohne Erfolg versuchen Ricardos Schwestern, die plötzlich zu Reichtum gekommene »Wilde Rose« zu vertreiben, die jedoch entwickelt sich von einer Göre zur würdevollen Frau. Ricardo verliebt sich schließlich in sie. Als Rosa jedoch erfährt, dass die Hochzeit nur aus Protest gegen die Schwestern vollzogen wurde, verlässt sie ihn.

»Rosa Salvaje« basierte auf der kubanischen Radionovela »Raquel«; die brasilianische Version der Serie trug den Namen »Rosa Rebelde«. Im Produktionsland Mexiko ist die Serie ein Klassiker und der Prototyp der neueren Telenovela. Die Serie *Marimar* machte es sich einige Jahre später leicht und verwendete einfach die gleiche Handlung. Beide Serien liefen bei uns werktäglich am Vormittag.

DER WILDE WESTEN ARD, TELE 5
→ Im Wilden Westen

WILDE ZEITEN ZDF
1997–1998. 13-tlg. dt. Jugendserie von Michael Bergmann und Douglas Welbat, Regie: Rüdiger Nüchtern und Helmut Metzger.

Die schöne Südafrikanerin Kabea Sadoga (Dennenesch Zoudé), der chaotische Dennis Grünwald (Niels Bruno Schmidt) und der dröge Ossi Ingo Nobis (Alexander Beyer) sind jung und ehrgeizig: Aus einem heruntergekommenen Trafowerk von Max Perlmutter (Silvio Francesco) in Berlin wollen die Freunde einen angesagten »Trafo«-Club machen. Opa Grünwald (Ralf Wolter) und seine Freunde aus dem Altersheim helfen.

Mit Gewalt wollte das ZDF junge Leute zu ihrem Glück (also zum ZDF-Vorabendprogramm) zwingen und packte alles zusammen, was junge Leute anscheinend geil finden: Technomusik, ein Trike als Verkehrsmittel, Verfolgungsjagden mit Skateboard, schnelle Schnitte, wackelige Kameras, Sprüche wie »Jetzt ist unsere Zeit, die crazy years« und »Folge deinem inneren Groove« und als Schauplatz die Stadt Berlin, nein: »die Mega-Stadt, die internationale, überall gültige Metropole«, wie das ZDF sie nannte. Hier »ziehen die drei ihr ›Ding‹ durch«, warb der Sender aufgeregt – und natürlich an der Zielgruppe vorbei. Auch die klassischen ZDF-*Forsthaus Falkenau*-Zuschauer schalteten (trotz Alibi-Großeltern im Drehbuch) entnervt ab.

Nach fünf einstündigen Folgen mittwochs am Vorabend folgte das ZDF seinem inneren Groove und gab den Versuch auf. Die restlichen acht fertigen Folgen wurden ein Jahr später im Morgengrauen verklappt.

DIE WILDEN SIEBZIGER! RTL
Seit 2000. US-Sitcom (»That 70's Show«; seit 1998).

Während der Discoära Ende der 70er-Jahre erleben die Freunde Eric Foreman (Topher Grace), Donna Pinciotti (Laura Prepon), Michael Kelso (Ashton Kutcher), Jackie Burkhardt (Mila Kunis), Steve Hyde (Danny Masterson) und Fes (Wilmer Valderrama) ihre Highschool-Zeit. Eric lebt bei seinen Eltern Kitty (Debra Jo Rupp) und Red (Kurtwood Smith) und seiner Schwester Laurie (Lisa Robin Kelly). Im Keller der Foremans verbringt die Clique oft ihre Freizeit.

Rund 100 Folgen der bunten Schlaghosenshow liefen erst am Samstagnachmittag, seit Herbst 2003 schon vormittags. Wiederkehrende Besonderheit ist die Kameraeinstellung, wenn die vier Jungs im Keller sitzen und über das Leben sinnieren: Die gleiche Kamera zeigt dann nacheinander jeden einzeln in einer frontalen Großaufnahme, immer den, der gerade spricht, und dreht danach, ohne dass ein Schnitt gesetzt wird, weiter zum Nächsten.

WILDER KAISER ZDF
1999–2003. 6-tlg. dt. Heimatfilmreihe.

Johann Leitner (Michael Roll) und seine Frau Eva Leitner (Ursula Buschhorn) betreiben gemeinsam eine Touristenberghütte in Skiort Ellmau. Ab 2002 übernehmen Wolfgang Leitner (Sascha Hehn) und Anita Egger (Karin Thaler). Die Folgen hatten Spielfilmlänge und liefen in loser Folge zur Primetime.

WILDER WESTEN ARIZONA   ARD
1959–1961. 12-tlg. US-Westernserie (»Tombstone Territory«; 1957–1959).
Tombstone ist eine Stadt in Arizona, in der die Luft zu Zeiten des Wilden Westens sehr bleihaltig ist. Für Ruhe und Ordnung sorgt Sheriff Clay Hollister (Pat Conway). Harris Claibourne (Richard Eastham) gibt die Zeitung »Epitaph« im Ort heraus.
Eine von zahllosen Westernserien aus jenen Tagen, in denen das Gute stets über das Böse siegte. Die Folgen waren eine halbe Stunde lang. Als die ARD sie zehn Jahre später im regionalen Vorabendprogramm wiederholte, nannte sie sie wie im Original *Tombstone Territory*.

WILDER WESTEN INKLUSIVE   ARD
1988. 3-tlg. Urlaubssatire von Dieter Wedel (Buch und Regie).
Vier Deutsche fliegen in den Urlaub in die USA: Bruno Küssling (Peter Striebeck), seine Noch-Ehefrau Marianne (Krystyna Janda), ihre gemeinsame Tochter Carolin (Katja Studt) und Ingeborg Glaubrecht (Gudrun Gabriel), die Freundin von Brunos bestem Freund Manfred Rasche (Manfred Zapatka). Eigentlich hätte Manfred fliegen sollen, aber der lag dann plötzlich krank im Bett. Und eigentlich hätte Marianne nicht fliegen sollen, aber dann stand sie am Flughafen und beharrte darauf, ihre Tochter zu begleiten, der Bruno die Reise zum Geburtstag geschenkt hat. Zwischen Hamburg, New York und San Francisco erleben die vier einen Albtraum nach dem anderen. Voll beladen mit Vorurteilen und geschlagen mit unzureichenden Englischkenntnissen, beginnt das Chaos schon nach der Ankunft am Flughafen in New York (»My baggage is weg! Der Koffer war niegelnew!«), steigert sich in einem verpassten Anschlussflug und geht auf der Busfahrt quer durchs Land weiter.
Überall hat der ohnehin schon genervte Bruno Ärger. In Las Vegas wird er bestohlen und brüllt dem Dieb in einem Tonfall hinterher, dass der sich sofort ergibt, und an der Hotelrezeption erklärt er Mariannes weibliches Problem mit »My wife has her days«. Der Film karikierte das Verhalten deutscher Touristen bis ins Detail und spielte selbst am Rande mit wunderbaren Figuren, z. B. Heinz Schenk als dauernörgelnder Urlauber im Hawaiihemd.
Der Titelsong »Room With A View« von Tony Carey wurde ein Hit.

WILDES LAND   SAT.1
1995. 4-tlg. US-Western von John Wilder nach dem Roman »Lonesome Dove« von Larry McMurtry (»Return To Lonesome Dove«; 1993). Der ehemalige Texas Ranger Woodrow F. Call (Jon Voight) treibt eine Herde Mustangs von Texas nach Montana.

Fortsetzung des Vierteilers *Der Ruf des Adlers*. Als Spin-off von beidem entstand eine 43-teilige Serie, die nur im Pay-TV zu sehen war.

WILDES WEITES LAND   ZDF
1983–1984. 9-tlg. austral. Historiendrama von Peter Yeldham nach dem Roman »The Timeless Land« von Eleanor Dark, Regie: Rob Stewart, Michael Carson (»The Timeless Land«; 1980).
Zwischen 1788 und 1811 arbeitet eine Gruppe von Strafgefangenen und Aborigines für den bösen Stephen Mannion (Michael Craig) auf dessen Landsitz Beltrasna im australischen Busch, unter ihnen auch Frauen. Die Bedingungen sind unmenschlich hart, bis Mannion in Folge 8 ermordet wird und sein Sohn Patrick (Peter Cousens) den Sklaven die Fesseln abnimmt und die Auspeitschungen abschafft. Johnny (Adam Garnett), der Sohn der Arbeiterin Ellen Prentice (Angela Punch McGregor), und Emily (Geneviève Picot) werden ein Paar und beginnen gemeinsam ein Leben im Busch.
Die 45-minütigen Folgen liefen mittwochs um 18.00 Uhr.

DIE WILDESTEN STÜRME DER WELT   RTL 2
2000. Realityreihe mit Daniel Hartwig, in der authentische Aufnahmen von Hurrikans und den schlimmen Verwüstungen, die diese angerichtet hatten, gezeigt wurden. Vier einstündige Folgen liefen dienstags um 21.10 Uhr.

WILDFANG   RTL 2
1996–1997. »Der Teenie-Talk«. Tägliche Talk- und Kuppelshow für Jugendliche mit Iris von Carnap. Pubertierende Menschen reden über die Liebe und Hindernisse in der Liebe oder über die Dinge, über die ihre Eltern bei *Bärbel Schäfer* reden. Also: Daniel beklagt sich, dass er seine Freundin Melanie mit Sandra teilen muss. Sandra sagt, dass sie Melanie liebt. Melanie kommt als Überraschungsgast und freut sich, dass sie in der Liebe so flexibel ist. Oder: Nicole (14) und Jürgen (18) sind seit knapp drei Wochen zusammen, aber nun kommt eine andere Nicole, die auch was von Jürgen will. Das Publikum findet, er soll die neue Nicole nehmen, Jürgen bleibt aber bei der alten.
115 halbstündige Ausgaben liefen werktags gegen 16.30 Uhr. Einige wurden vertretungsweise von David Gromer-Piani moderiert.

WILDSCHWEINGESCHICHTEN   ARD
1981. 10-tlg. Tierreihe über Heinz Meynhardt, den aus Heinz Sielmanns *Expeditionen ins Tierreich* bekannten »Wildschweinvater« und DDR-Amateur-Verhaltensforscher im Jagdgebiet Grabow bei Magdeburg. Die Teile waren 15 Minuten lang und liefen innerhalb von zwei Wochen nachmittags.

WILDWEST IN AFRIKA   ZDF
1972. 3-tlg. US-Abenteuerfilm von Andy White, Regie: Andrew Marton (»Africa - Texas Style!«; 1967).

Die beiden Texas-Cowboys John Henry (Tom Nardini) und Jim Sinclair (Hugh O'Brian) sollen dem britischen Farmer Howard Hayes (John Mills) dabei helfen, in Afrika wilde Antilopen, Zebras und Büffel einzufangen, um sie als Haustiere zu züchten und so die Ernährungsprobleme vor Ort zu lösen.
Auf dem Film basierte die Serie *Cowboy in Afrika*. Produzent war Ivan Tors, der auch hinter den Serien *Daktari* und *Flipper* stand. Das ZDF zeigte die halbstündigen Filmteile samstags nachmittags.

WILHELM TELL – KÄMPFER DER GERECHTIGKEIT   KABEL 1

1992. 18-tlg. US-frz. Abenteuerserie (»Crossbow: The Adventures Of William Tell«).
Das friedliche Leben des Schmieds Wilhelm Tell (Will Lyman), seiner Frau Katrina (Anne Lonnberg) und des gemeinsamen Sohns Matthew (David Barry Gray) hat ein Ende, als Matthew gegen den bösen Landvogt Hermann Gessler (Jeremy Clyde) aufbegehrt und in Gefangenschaft gerät. Tell rettet seinen Sohn, es kommt zur berühmten Apfelschuss-Szene, und eine Flucht durchs Land beginnt, während Katrina Mann und Sohn für tot hält. Tell bekämpft an der Seite seines alten Freundes Stefan (Conrad Phillips) Gessler und andere Böse und nutzt sein Geschick im Umgang mit Armbrust und anderen Waffen.
Die Folgen dauerten 25 Minuten.

WILL & GRACE   PRO SIEBEN

Seit 2001. US-Sitcom von David Kohan und Max Mutchnick, Regie: James Burrows (»Will And Grace«; seit 1998).
Der schwule Anwalt Will Truman (Eric McCormack) und die heterosexuelle Innenarchitektin Grace Adler (Debra Messing) sind seit Jahren beste Freunde. Jetzt leben sie zusammen in einem Apartment in New York und tauschen sich über ihre Dates mit den jeweiligen Männern aus.
Ihre anderen besten Freunde sind der schwule und diesbezüglich alle Klischees übertreffende Jack McFarland (Sean Hayes) und Grace' Assistentin Karen Walker (Megan Mullaly). Karen hat reich geheiratet und das Arbeiten nicht mehr nötig, findet aber, dass es sie auf dem Boden hält. Was natürlich nicht der Fall ist. Zum Ende der ersten Staffel ist Jack kurzzeitig mit Karens ausländischer Haushälterin Rosario (Shelley Morrison) verheiratet, damit sie eine Green Card bekommt und im Land bleiben darf.
Ab der vierten Staffel (bei uns 2003) ändert sich einiges: Jack lernt seinen Teenagersohn Elliot (Michael Angarano) kennen, der aus einer künstlichen Befruchtung entstanden ist; Grace findet in dem Arzt Dr. Leo Markus (Harry Connick, Jr.) endlich ihren Traummann und heiratet ihn, und Karens (vom Zuschauer nie gesehener) Gatte Stan geht in den Knast und die Ehe in die Brüche, kurz danach stirbt Stan. Leo geht für längere Zeit ins Ausland und wird untreu.
Zunächst witzige und originelle Sitcom, die sehr schnell sehr albern wurde. Bisher rund 150 Folgen liefen erst am frühen Samstag-, dann Sonntagnachmittag.

WILL SHAKESPEARE   BR

1978. 6-tlg. brit. Historiendrama von John Mortimer (»Will Shakespeare«; 1978).
Der junge Will Shakespeare (Tim Curry) erzählt seinem Freund Hamnet Sadler (John McEnery) von seinen Erfolgen in der Londoner Theaterwelt, die erst erfunden sind, dann aber wahr werden. Er lernt von Christopher Marlowe (Ian McShane), wird von Sir Thomas Walsingham (Simon MacCorkindale) gefördert, verliebt sich in den Earl von Southampton (Nicholas Clay) und verkehrt am Thron von Elizabeth I. (Patience Collier). Er heiratet schließlich die ältere Anne Hathaway (Meg Wynn Owen).
Mortimer bastelte aus all den Mythen um Shakespeares Leben und eigenen Erfindungen eine hypothetische, aber glaubwürdige Biographie. Die 50-minütigen Folgen liefen in den Dritten Programmen und 1979 auf DFF 2.

WILLEMSENS MUSIKSZENE   ZDF

1999–2001. Halbstündiges musikkulturelles Magazin mit Roger Willemsen, das im Abstand von mehreren Wochen am späten Sonntagabend lief.

WILLEMSENS WOCHE   ZDF

1994–1998. Late-Night-Talkshow mit Roger Willemsen.
Nach einigen Jahren als hochgelobter, aber kaum gesehener Interviewer in *0137* und »Willemsen. der Talk.« auf Premiere engagierte das ZDF den promovierten Germanisten für den Versuch einer intelligenten Gesprächssendung. Zu den Gästen gehörten Gerhard Schröder, Sting, Yoko Ono, Billy Joel, Jeanne Moreau, Isabelle Huppert, David Copperfield, Isabelle Allende, Jassir Arafat und Joan Baez.
In der ersten Ausgabe interviewte er Madonna und fragte sie u. a., ob sie gut küssen könne – was gleich einen Eindruck von seinem zwischen Intellektualität und Flirt changierenden Gesprächsstil vermittelte. Willemsen wagte anspruchsvolle Interviews, etwa mit Daniel Goldhagen über die Deutschen als »Hitlers willige Vollstrecker«, und lud den psychisch kranken australischen Pianisten David Helfgott ein, Fragmente aus Rachmaninows 3. Klavierkonzert vorzutragen.
Sondersendungen mit nur einem einzigen Interviewgast gab es mit Isabella Rossellini, Michail Gorbatschow und Peter Ustinov. Er sprach mit seinen Gästen vor Publikum an einer Art Küchentisch, anfangs, je nach Thema, auch in einer Couchecke. Zwischen den Gesprächen spielte der an der Glasknochenkrankheit leidende Jazzpianist Michel Petrucciani.
Willemsens Woche polarisierte Zuschauer und Kritiker: Die einen lobten die sonst im Fernsehen fast völlig abwesende Intelligenz der Unterhaltung, andere waren von der Eitelkeit des Gastgebers genervt. Die

Quoten waren nur selten gut, fielen aber ins Bodenlose, als das ZDF die Sendung Anfang 1997 vom späten Freitag- auf den noch späteren Donnerstagabend verlegte. Im September des gleichen Jahres machte der Sender den Schritt rückgängig und erklärte, Willemsen von der Quotenvorgabe zu befreien: »Ich bin kein Entertainer mehr, sondern Subkultur«, kommentierte der. Kein Jahr später war dennoch Schluss; im Juni 1998 lief noch ein Best-of.

Willemsen war innerhalb des ZDF auch wegen seiner häufigen Kritik am Medium Fernsehen umstritten. Nachdem er die Doktorarbeit von Bundeskanzler Helmut Kohl als »Leistungsverweigerung« verspottet hatte, bekam er ebenso Ärger wie nach einem Interview mit der Mutter der RAF-Terroristin Birgit Hogefeld. Schon bald durfte Willemsen keine aktiven deutschen Politiker mehr in die Sendung einladen.

Einmal ließ Willemsen eine Quotennackte durchs Bild laufen. Er erklärte: »Die Leute schalten dann nicht mehr weg, sondern warten, weil sie sich fragen, ob die nochmal wiederkommt.« David Hasselhoff stellte er all die Fragen, die der sich vorher verbeten hatte. Daraufhin simulierte der einen Defekt seines Ohrknopfes und verließ das Studio. Helmut Markwort konfrontierte Willemsen 1995 mit einem Fehler nach dem anderen aus dessen Zeitschrift »Focus«. Die Abmoderation lautete: »Fakten, Fakten, Fakten. Das war unser Geschenk für zwei Jahre ›Focus‹. Herr Markwort, vielen Dank fürs Hiersein.« Es gab eine Rüge vom Fernsehrat dafür.

WILLI SCHWABES RUMPELKAMMER DFF
→ Die Rumpelkammer

WILLKOMMEN BEI CARMEN NEBEL ZDF
Seit 2004. »Stars, Musik und Überraschungen«. Samstagabendshow mit Carmen Nebel und vielen musikalischen Gästen, die ihre Songs präsentieren, meist Schlager oder Volksmusik, und in verschiedene Aktionen eingebunden werden, für die sie Aufgaben erfüllen müssen.

Die Show lief sechsmal im Jahr und wurde – wie auch die andere Samstagabendshow des ZDF, *Wetten, dass ...?* – aus großen Hallen in wechselnden Städten übertragen. Hier enden die Vergleichsmöglichkeiten. Nebel hatte zuvor über Jahre erfolgreich etliche Volksmusiksendungen in der ARD moderiert. Ihr bevorstehender Wechsel zum ZDF war 2003 wegen eines Millionenhonorars ein großes Medienthema. Am 5. Juni 2004 musste sie direkt gegen ihre frühere Sendung, das *Hochzeitsfest der Volksmusik*, antreten, das inzwischen vom 22-jährigen Florian Silbereisen moderiert wurde. Der Bub übertraf Nebel um fast zwei Millionen Zuschauer.

WILLKOMMEN IM CLUB ARD
1985–1992. Rund 90-minütige Personalityshow mit Harald Juhnke und prominenten Gästen. Juhnke gibt den vornehm gekleideten Entertainer, spielt Sketche und singt mit seinen Gästen.

Die erste ARD-Show, nachdem das ZDF Juhnke wegen seiner Alkoholexzesse die Zusammenarbeit aufgekündigt hatte. Eine Variante des erfolgreichen ZDF-Formats *Wie wär's heut' mit Revue?* Juhnke kokettierte mit seinem Image, wurde angekündigt als »Phoenix aus der Flasche« und begrüßte die Zuschauer mit den Worten: »Ich freue mich, dass Sie gekommen sind, und ich freue mich noch mehr, dass Sie fest daran geglaubt haben, dass ich auch komme.«

Lief meistens donnerstags um 21.03 Uhr, manchmal auch auf dem großen Samstagabendtermin um 20.15 Uhr.

WILLKOMMEN IM LEBEN RTL 2
1996. 19-tlg. US-Teenieserie von Edward Zwick und Marshall Herskovitz (»My So-Called Life«; 1994–1995).

Die 15-jährige Schülerin Angela Chase (Claire Danes) macht eine Reihe Veränderungen durch, während sie langsam erwachsen wird. Patty (Bess Armstrong) und Graham (Tom Irwin) sind Angelas Eltern, die eine Druckerei führen, Danielle (Lisa Wilhoit) ist ihre jüngere Schwester.

Zu Angelas Freundeskreis gehören Rayanne Graf (A. J. Langer), der schwule Rickie Vasquez (Wilson Cruz), Sharon Cherski (Devon Odessa) und Jordan Catalano (Jared Leto). Brian Krakow (Devon Gummersall) ist der Nachbar der Chases.

Die Serie lief sonntags um 18.00 Uhr.

WILLKOMMEN IN ... ZDF
1990. Sommershow. Wolfgang Lippert und Uwe Hübner reisen durch Deutschland und setzen singende Lokalgrößen und importierte Künstler vor pittoresken Fachwerkhäusern und Live-Publikum in Szene. Die Show lief dreimal mittwochs zur Primetime.

WILLO, DAS WALDLICHT SAT.1
1990. 26-tlg. brit. Zeichentrickserie von Nicolas Spargo (»Willo, The Wisp«; 1981).

Der Waldgeist Willo erzählt kurze Geschichten über die Bewohner seines Waldes. Zu ihnen gehören die pummelige Elfe Elfi Ömmel, die so gern zaubern würde, es aber nie richtig hinbekommt; Richard Raupe, der oft unter dem misslungenen Zauber leidet; der grundgute, aber dumme Mops, dessen Denkversuche in Kopfschmerzen enden; und die böse Hexe Edna Übel, ein schlecht gelaunter, nachtragender Fernseher auf vier kurzen Holzbeinen, der niemanden ausstehen kann und alle verflucht.

Die einzelnen Folgen waren jeweils nur ein paar Minuten lang und liefen werktags mittags. Der englische Schauspieler Kenneth Williams war im Original die Stimme aller Figuren.

WILLY WUFF RTL
1994–1997. 5-tlg. Fernsehfilmreihe von Peter Märthesheimer, Regie: Maria Theresia Wagner.

Willy Wuff ist ein Bobtailmischling, der sprechen

kann und Gutes tut. Im Einzelnen sucht er: für zwei ausgesetzte Welpen Herrchen (»Weihnachten mit Willy Wuff«, 1994), die Freundschaft einer Fleischfabrikantenfamilie (»Alle lieben Willy Wuff«, 1995), für ein Waisenmädchen eine Familie, mit der es Weihnachten feiern kann (»Weihnachten mit Willy Wuff II: Eine Mama für Lieschen«, ebenfalls 1995), seinen eigenen Bruder auf Fuerteventura (»Muchas gracias, Willy Wuff«, 1996), für eine obdachlose Mutter nebst Tochter eine Unterkunft (»Weihnachten mit Willy Wuff III: Mama braucht einen Millionär«, 1997). Übrigens können – laut der Filme – alle Hunde sprechen. Die Menschen hören nur nicht hin.

Die schlichten Geschichten mit Happyend kamen beim Publikum bestens an und wurden häufig wiederholt. Durch ein blutiges Eifersuchtsdrama kam der Hauptdarsteller 1995 in die Schlagzeilen. Willy biss, wie »Bild« berichtete, »im Liebeskampf um die alternde Pudeldame Babsi (15) seinen Nebenbuhler tot«, den Yorkshireterrier Purzel (9). RTL musste sich fragen lassen, ob ein Hundemörder überhaupt noch Familienserien drehen darf, sprach allerdings von einem Fall von Notwehr.

WILSBERG ZDF

Seit 1995. Krimiserie nach den Romanen von Jürgen Kehrer.

Der Münsteraner Georg Wilsberg (Joachim Król; ab Folge 2: Leonard Lansink) ist Anwalt, Antiquar und Lebenskünstler, arbeitet aber hauptsächlich als Privatdetektiv. Er ermittelt oft im Auftrag von Versicherungen. An seiner Seite sind sein bester Freund Manni Höch (Heinrich Schafmeister), Kommissarin Anna Springer (Rita Russek) und (ab Folge 4) die Studentin Alex (Ina Paule Klink).

Joachim Król spielte den Detektiv Wilsberg nur ein einziges Mal. Erst gut drei Jahre später, ab Mai 1998 und jetzt mit Leonard Lansink, wurde aus den Romanverfilmungen eine Reihe, die zweimal montags und ab 2001 mit zwei Folgen pro Jahr als *Samstagskrimi* um 20.15 Uhr läuft. Jede Episode hat Spielfilmlänge. Jürgen Kehrer, von dem die Romanvorlagen stammen, schrieb auch einige der Drehbücher. Die Folge »Letzter Ausweg Mord« im Oktober 2003 wurde erstmals von sechs Hobbyautoren geschrieben, die einen Internetwettbewerb gewonnen hatten. Nach Folge 14 im Jahr 2005 stieg Heinrich Schafmeister aus der Serie aus.

DIE WILSHEIMER ARD

1987. 6-tlg. dt. Familienserie von Horst Pillau, Regie: Claus Peter Witt.

Der Frankfurter Vorort Wilsheim ist in Aufruhr: Er soll eingemeindet werden! Die meisten Bürger sind dagegen. Nur der Bauunternehmer Jean Ziegler (Hansjörg Felmy) kämpft dafür – der gerissene Baulöwe erhofft sich dadurch neue Geschäfte. Mit seiner Frau Lilo (Gila von Weitershausen) hat er einen kleinen Sohn, Andreas (Axel Jörg). Lilos Tochter Anni (Ulrike Stürzbecher) stammt aus ihrer ersten Ehe. Anni ist mit Michael (Tilman Madaus) zusammen, dem Sohn von Betty (Ulrike Bliefert) und Friedrich Erlemann (Dieter Kirchlechner), dem Bürgermeister von Wilsheim. Der Anwalt Edmund Idstein (Knut Hinz) ist mit Gudrun (Iris Berben) verheiratet, die ihn betrügt.

Als Kulisse für das fiktive Wilsheim diente Haarheim, ein Ort, der tatsächlich zu einem Stadtteil Frankfurts gemacht wurde. Die einstündigen Folgen liefen montags um 20.15 Uhr.

DER WIND IN DEN WEIDEN ZDF, SAT.1

1989–1991 (ZDF); 1990–1991 (Sat.1). 65-tlg. brit. Puppentrickserie nach dem Kinderbuch von Kenneth Grahame (»The Wind In The Willows«; 1984–1987; »Oh! Mr Toad!«; 1990).

An einem englischen Flussufer leben Anfang des 20. Jh. der eitle Frosch, der weise Dachs, der treue Maulwurf Mauly und der schnell begeisterte Wasserratterich Ratty; sie haben aufregende Erlebnisse im Wald und streiten sich mit den Wieseln.

Liebevoll erzählte Geschichten, die mit teuren Latexfiguren so detailgetreu in Szene gesetzt wurden, dass man manchmal vergessen konnte, dass es sich nicht um echte Lebewesen handelte. Die Figuren waren ebenso sehr Tiere wie echte englische Gentlemen. Der Serie vorausgegangen war ein gleichnamiger Kinofilm, der auf dem beliebten Roman von Grahame beruhte. Zunächst vier Staffeln erzählten weitere Geschichten von den sympathischen Nagetieren. Nach einer dreijährigen Pause folgte nach einem zweiten Kinofilm 1990 (»A Tale Of Two Toads«) eine letzte Staffel mit neuem Originaltitel.

Die ersten drei Staffeln zeigte das ZDF, die letzten beiden liefen – teilweise gleichzeitig – auf Sat.1.

WIND, SAND UND VIELE FRAGEN ARD

1956. Sommerquiz mit Hans-Joachim Kulenkampff. Die Show lief zweimal pro Woche und brachte es auf neun Ausgaben.

WIND UND STERNE –
DIE REISEN DES CAPTAIN JAMES COOK ARD

1988. 4-tlg. US-Abenteuerfilm von Peter Yeldham, Regie: Lawrence Gordon Clark (»Captain James Cook«; 1987).

Der britische Forscher James Cook (Keith Michell) macht während seiner drei großen Reisen Ende des 18. Jh. zahlreiche Entdeckungen, darunter Australien. Der biografische Film blieb nah an den historischen Fakten und verschwieg auch die Schattenseiten der Entdeckungsreisen nicht.

DIE WINDSORS UND DIE VOYEURE ZDF

1997. 3-tlg. brit. Dokumentation von Leonie Jameson über das wechselvolle und am Ende verhängnisvolle Verhältnis zwischen dem britischen Königshaus und der Boulevardpresse.

WINDSTÄRKE 8 ARD

2005. »Das Auswandererschiff 1855«. 6-tlg. Reality-Doku-Soap von Friedrich Steinhardt.

45 Menschen unternehmen ein Zeitreiseexperiment: Auf dem Dreimastsegler »Bremen« reisen Besatzung, Filmteam und freiwillige Passagiere unter Bedingungen wie vor 150 Jahren 70 Tage lang von Bremerhaven nach New York.
Die 45-minütigen Folgen liefen innerhalb von drei Wochen um 21.45 Uhr in der ARD, am gleichen Tag startete arte mit der täglichen Ausstrahlung einer Kurzfassung in fünf Teilen zu je 25 Minuten.

EIN WINK DES HIMMELS   VOX
2002. 65-tlg. US-Familienserie von Martha Williamson (»Promised Land«; 1996–1999).
Nachdem der Fabrikarbeiter Russell Greene (Gerald McRaney) entlassen wurde, reist er im Wohnwagen durch das Land. Seine Frau Claire (Wendy Phillips), seine Mutter Hattie (Celeste Holm), die Teenagerkinder Joshua (Austin O'Brien) und Dinah (Sara Schaub) und Russells junger Neffe Nathaniel (Eddie Karr) begleiten ihn.
Unterwegs suchen sie Arbeit, tun Gutes und helfen immer wieder Menschen in Not. Nach einigen Jahren des Umherreisens lassen sich die Greenes in Denver nieder, wo Claire Berufsberaterin an der neuen Schule der Kinder und Russell zunächst ehrenamtlicher Mitarbeiter eines Jugendzentrums und schließlich Polizist wird.
Die Serie war ein Ableger der anderen Gutmenschenserie *Ein Hauch des Himmels*. In deren Episode »Ein neuer Anfang« waren die Charaktere eingeführt worden. Darin legte Engel Tess dem Menschen Russell den Neuanfang als Reisender nahe. Im Laufe der Serie gab es einige weitere Crossover-Episoden, in denen die Handlung in der einen Serie begonnen und in der anderen fortgesetzt wurde. Diese Episoden liefen nicht in Deutschland. Alle anderen zeigte Vox werktags nachmittags.

WINNETKA ROAD   RTL 2
1997. 6-tlg. US-Soap (»Winnetka Road«; 1994).
Leben, Liebe und Intrigen in Oak Bluff, einem Vorort von Chicago. Dort wohnen Glenn Barker (Ed Begley, Jr.), Officer Jack Passion (Josh Brolin), dessen Ex-Freundin Terry Mears (Paige Turco), eine Schauspielerin, Maybeth (Kristen Cloke) und ihr Mann Duane Serlin (Richard M. Tyson), der Arbeitslose Kevin Page (Kurt Deutsch), Jeannie Barker (Catherine Hicks), die Künstlerin George Grace (Meg Tilly), die Börsenmaklerin Nicole Manning (Megan Ward), und Nicky (Kellen Hathaway).
Weitere Soap aus der Massenproduktion von Aaron Spelling, diese jedoch erfolglos. Die sechs einstündigen Folgen liefen an sechs Werktagen hintereinander um 17.55 Uhr.

WINNETOU   ARD
1996. 10-tlg. dt. Zeichentrickserie nach Karl May. Zehnminütige Indianergeschichten am Vorabend.

WINNIE PUUHS BILDERBUCH   SUPER RTL
2002. 26-tlg. US-Puppentrickserie (»The Book Of Pooh«; 2001). Kurzgeschichten aus dem Hundertmorgenwald mit dem Bären Puuh und seinen Freunden Rabbit, Ferkel und Tiger.

WINSPECTOR   RTL
1992–1993. 48-tlg. jap. Science-Fiction-Serie (»Special Rescue Police Winspector«; 1989).
Der Polizist Masaki (Hiroshi Miyauchi) gründet 1999 eine Elitetruppe mit Kämpfern, die sich in *Power Rangers*-ähnliche Maschinen verwandeln. Die halbstündigen Folgen liefen samstags mittags.

DER WINTER, DER EIN SOMMER WAR   ARD
1976. 3-tlg. dt. Historiendrama von Fritz Umgelter. 1775 kämpfen hessische Söldner auf der Seite der Engländer gegen die aufständischen Kolonisten in Amerika. Robert von Haynau (Sigmar Solbach) ist einer von ihnen. Er muss unter seinem verhassten Stiefbruder Claus (Christian Quadflieg) dienen. Ihre Mutter Anna (Anneliese Uhlig) lässt sich ebenfalls nach Amerika einschiffen, um bei ihren Söhnen zu sein und Roberts leiblichen Vater Robert Skelnik (Heinz Weiss) wiederzusehen.

WINTERFEST DER VOLKSMUSIK   ARD
→ Sommerfest der Volksmusik

WINX CLUB   RTL 2
Seit 2004. Ital.-US-Zeichentrickserie (»The Winx Club«; seit 2003).
Die 16-jährige Bloom ist eine junge Fee-Aspirantin, die seit frühester Kindheit bei Zieheltern im gewöhnlichen Menschenreich aufgewachsen ist. Jetzt studiert sie im Zauberreich Magix zusammen mit ihren Freundinnen Stella, Musa, Tecna und Flora an der Feen-Schule von Alfea und lässt sich übernatürliche Fähigkeiten beibringen. Im nahen Schloss von Cloud Tower studieren die jungen Hexen Icy, Darcy und Storm dunkle Magie, und im Red Fountain College lernen Erdenjungs Zauberei und Drachentöten. Die drei Gruppen treffen immer wieder aufeinander.
Bisher liefen 26 Teile.

WIR BITTEN ZUM TANZ   ARD
1953. 9-tlg. Fernsehtanzkurs mit Ursula und Herbert Heinrici, die in jeder Folge einen anderen Tanz erklären und vorführen.

WIR DEUTSCHE UND DAS DRITTE REICH   ZDF
1979. 3-tlg. Dokumentation von Eva Müthel, Karl Otmar von Aretin und Kurt P. Flaake. Sie zeigte 20 Augenzeugenberichte von Normalbürgern, die aus vielen Zuschriften nach einem Aufruf in Zeitschriften ausgewählt worden waren.

WIR DEUTSCHEN   ARD
1991–1992. »Reise zu den Schauplätzen der Vergangenheit«. 13-tlg. dt. Historienreihe von Bernhard Dircks über mehr als 2000 Jahre deutscher Geschichte: aufwendige Dokumentation von Geschichte,

Kultur und Alltag, angefangen um 300 v. Chr., als die alten Germanen an die Römer gerieten, bis zum Zusammenbruch des Kaiserreichs 1918.
Die Teile waren 45 Minuten lang und liefen sonntags um 10.15 Uhr. Eine Art Fortsetzung bildete der Dreiteiler *Deutschland 1918 bis 1990*. Zum Abschluss lief im März 1992 eine Runde, in der unter dem Titel »Ihr Deutschen« ein Russe, ein Franzose, ein Amerikaner und eine Engländerin über »uns« diskutierten.

WIR 13 SIND 17   ZDF
1972. 13-tlg. dt. Jugendreihe von Dieter Gasper, Regie: Dieter Lemmel.
In jeder Episode steht ein anderer 17-Jähriger vor einer Entscheidung, die sein Leben verändert. Es gibt keine durchgehenden Rollen, Darsteller oder Handlungsstränge.
Die halbstündigen Folgen liefen donnerstags um 18.35 Uhr.

WIR FILMEN   DFF 2
1970–1972. »Kleine Filmschule für alle«. 25-minütiger Ratgeber für Amateurfilmer. Zwölf Ausgaben liefen monatlich samstags um 19.00 Uhr.

WIR GRATULIEREN   ZDF
1979–1985. Große Abendshow mit Peter Alexander und prominenten Gaststars, in denen verschiedene Jubiläen gefeiert werden, wie Bühnenjubiläen von Fernseh- oder Gesangsstars oder Geburtstage von Städten oder wichtigen Erfindungen, z. B. 175 Jahre Lokomotive. Die Gala aus Sketchen, Medleys und Duetten war aufwendig inszeniert, lief einmal im Jahr (außer 1984) zur Adventszeit und brachte es auf sechs Ausgaben.
Fast 20 Jahre später goss die ARD die Idee noch einmal neu auf und nannte sie *Wenn das kein Grund zum Feiern ist ...*

WIR HELFEN SUCHEN   ARD
1953–1957. Vermisstensuchdienst des Deutschen Roten Kreuzes.
Jede Ausgabe war zwischen 15 und 30 Minuten lang. Lief bei der Premiere abends und dann mehrmals pro Woche nachmittags.

WIR IM SCHEINWERFER   ARD
1966–1968. Fernsehmagazin. Das Fernsehen erklärt das Fernsehen. Die 15-minütigen Folgen liefen im regionalen Vorabendprogramm. Das ZDF erklärte sich später in der *ZDF-Werkstatt*, die ARD in *Wir über uns*.

WIR KÄMPFEN FÜR SIE   RTL
1995–1999. Verbrauchermagazin mit Geert Müller-Gerbes, im Spätprogramm am Sonntag, das Schicksale von Menschen schildert, die unverschuldet in Not geraten sind oder sich im bürokratischen Rechtswirrwarr verstrickt haben, und versucht zu helfen. Wenn die Hausratsversicherung eines Sehbehinderten nicht für einen Einbruch aufkommen will, weil er das Kleingedruckte nicht lesen konnte und nicht alles ganz vollständig angegeben hatte, dann setzt sich Müller-Gerbes an seinen gewaltigen Schreibtisch, telefoniert ein paar Mal mit dem Handy, fährt mit dem »Wir kämpfen um Sie«-Mobil durch die Gegend und steht schließlich bei dem Verzweifelten vor der Tür mit der frohen Botschaft: Sie kriegen Ihre 10 000 Mark!
Die Sendung selbst geriet in einen endlosen Rechtsstreit, weil sie nach Ansicht des Kölner Anwaltvereins und mehrerer Gerichte Rechtsberatung leistete – das dürfen in Deutschland ausschließlich zugelassene Anwälte. Auch nach mehreren kosmetischen Änderungen am Konzept verlor RTL Prozesse in dieser Sache: Trotz des Anwalts, den der Sender nun bei seinen Fernsehfällen einschaltete, sei immer noch die Redaktion die eigentlich Handelnde.
Die Sendung entstand in Zusammenarbeit mit den Kirchen, um deren Anspruch auf Sendezeit bei den Privatsendern zu erfüllen. Der katholische Priester Dietmar Heeg zog mit Geert Müller-Gerbes gegen Ungerechtigkeiten zu Felde.
Im Mai 2000 kam die Reihe unter dem Titel *Schluss mit lustig – Wir kämpfen für Sie* und mit Hans Meiser als Moderator ins Programm zurück.

WIR LERNEN ENGLISCH   ARD
1963–1966. 15-minütiges Schulfernsehen am Samstagnachmittag mit Walter und Connie. In Spielszenen erklärt die kluge Connie ihrem tumben Gatten den Unterschied zwischen einem Regenschirm und einer Tomate und bringt den Zuschauern so Vokabeln bei.

WIR LIEBEN KATE   SAT.1
1991. 19-tlg. US-Sitcom (»Sister Kate«; 1989–1990).
Die Ordensschwester Katherine »Kate« Lambert (Stephanie Beacham) übernimmt ein Heim für schwer erziehbare Kinder und muss sich fortan mit Eugene Colodner (Harley Cross), Freddie Marasco (Hannah Cutrona), Todd Mahaffey (Jason Priestley), April Newberry (Erin Reed), Neville Williams (Joel Robinson), Hilary Logan (Penina Segall) und Violet Johnson (Alexaundria Simmons) rumschlagen.
Die Folgen liefen täglich am Vorabend.

WIR MACHEN EIN BABY   SAT.1
2003. 14-tlg. dt. Doku-Soap von Martin Uhrmeister, die werdende Eltern durch die Schwangerschaft und bis einige Wochen nach der Geburt begleitet. Auch Promis zeigen ihre Babys.
Die einstündigen Folgen liefen donnerstags um 20.15 Uhr. Auf dem gleichen Sendeplatz feierte RTL 2 seit Monaten große Erfolge mit eigenproduzierten Doku-Soaps. Anders als der Titel suggeriert, zeigte die Serie nicht das eigentliche »Machen« des Babys. Die Formulierung war nur der Versuch, diese Variante der erfolgreichen RTL-Sendung *Mein Baby* irgendwie noch aufregender wirken zu lassen.

WIR MACHEN MUSIK ZDF

1976–1981. Evergreenshow mit Lou van Burg, der damit nach Jahren der Verbannung (siehe *Der goldene Schuss*) endlich wieder auf den Fernsehschirm durfte. Es war seine letzte Sendung vor seinem Tod 1986.

WIR MENSCHEN ARD

1966. »Die Frage nach uns selbst: Versuch einer neuen Antwort«. 13-tlg. dt.-österr.-brit. Wissenschaftsreihe von Hans Hass.

Nach zahlreichen *Expeditionen ins Unbekannte* tauchte der Tiefseeforscher Hass mit dieser Reihe wieder auf, in der der Mensch als solcher Thema war. Wo kommt er her, wie lange gibt es ihn schon, und was ist seine Stellung in der Evolution? Wie viel des menschlichen Verhaltens ist angeboren, wie viel anerzogen? Was beeinflusst ihn? Wie äußern sich Neugier, Intelligenz und Gemeinschaftssinn? Hass reiste für diese Reihe um die Welt, teils in Begleitung des Verhaltensforschers Irenäus Eibl-Eibesfeldt, und filmte Menschen ohne deren Wissen. Er benutzte dazu ein Spiegelobjektiv, mit dem die Kamera im rechten Winkel zur Seite filmte. Die Menschen fühlten sich dadurch angeblich unbeobachtet, da sie zwar die Kamera sahen, aber dachten, dass diese etwas ganz anderes in der Nähe einfing. Die Aufnahmen, die sich manchmal über längere Zeiträume erstreckten, wurden dann im Zeitraffer oder in Zeitlupe abgespielt, wodurch bisher verborgene Verhaltensmuster deutlich wurden.

Dass Hass Methoden benutzte, mit denen er sonst die Tier- und Pflanzenwelt ergründete, um mehr über den Menschen zu erfahren, war umstritten. Die weit reichenden Schlussfolgerungen, die er in seiner »Energontheorie« daraus zog, noch mehr. Vor allem aber schien die Fernsehzuschauer 1966 die Verwendung von Zeitlupe und Zeitraffer zu verstören – es gab viele Proteste verwirrter Zuschauer zur Erstausstrahlung.

Die halbstündigen Schwarz-Weiß-Folgen liefen montags nach 22.00 Uhr. Ab Dezember 1975 wurde erstmals eine teilweise überarbeitete, farbige Fassung gezeigt – Hass hatte sein Material in Farbe gedreht.

WIR SCHALTEN UM ZUM VOGELFELSEN ZDF

1982. 4-tlg. Live-Dokumentation. Das ZDF schaltete an einem Tag von Mittag bis spät in die Nacht viermal für eine halbe Stunde live zur Seevogelkolonie am Fowlsheugh in Schottland. Die BBC übertrug dieses Experiment für die Eurovision.

WIR SCHILDBÜRGER ARD

1973. 13-tlg. Marionettenspiel der *Augsburger Puppenkiste* von Manfred Jenning.

Die klassischen Erlebnisse der Bürger von Schilda, die z. B. ihre Glocke im See versenken, damit sie nicht in die Hände des Feindes gerät, und die Position zum späteren Wiederfinden durch eine Kerbe am Bootsrand markieren. Zu den Intelligenzbolzen des Ortes gehören Gevatter Schneidermeister Muffel, Tuchhändler Eseler, Bauherr Mörtel, Schweinehirt Tröltsch, Metzger Schweinichen und Weinhändler Schopper. Am Ende legen sie ihre ganze Stadt in Schutt und Asche, aus Furcht vor einer Katze, die von Haus zu Haus springt, und von der die Schildbürger glauben, dass sie ein gefährlicher Maushund sei.

Die Serie entstand nicht wie die anderen Produktionen der *Puppenkiste* im Auftrag des Hessischen, sondern des Saarländischen Rundfunks. Sie begann auch nicht mit dem Markenzeichen, der sich öffnenden Kiste. Stattdessen wurde am Anfang eingeblendet: »Die ergötzlichen und lehrreichen Abenteuer der Bürger von Schilda, neu erzählt von Wolfgang Kirchner und in Szene gesetzt vom Augsburger Marionettentheater«. Jede Folge dauerte nur 15 Minuten.

WIR SIND AUCH NUR EIN VOLK ARD

1994–1995. 8-tlg. dt. Satire von Jurek Becker, Regie: Werner Masten.

Wenn Ossis und Wessis einander nicht verstehen, kann eigentlich nur einer Abhilfe schaffen. Richtig: das Fernsehen. Also beschließen die Programmdirektoren der ARD fünf Jahre nach der Wiedervereinigung, eine Familienserie zu produzieren. Der westdeutsche Autor Anton Steinheim (Dietrich Mattausch), der noch nie im Osten war und keine Ossis kennt, soll das Drehbuch schreiben und bekommt dafür von Produzent Eugen Meister (Hans Korte) eine Ostfamilie als Studienobjekt zur Verfügung gestellt: die des arbeitslosen Berliner Schlitzohrs Benno Grimm (Manfred Krug) und seiner Frau Trude (Christine Schorn), einer Lehrerin, die mit Sohn Theo (Marco Bahr) und Opa Karl Blauhorn (Ferdinand Dux) am Prenzlauer Berg leben. Lucie (Julia Heinemann) ist Antons Frau, die natürlich in Charlottenburg zu Hause ist.

Nach *Motzki* und *Trotzki* sollten in dieser Serie Ost und West gleichermaßen karikiert werden. Doch die Serie blieb hinter den Erwartungen zurück, die nicht zuletzt der Name Jurek Becker *(Liebling – Kreuzberg)* weckte. Die dreiviertelstündigen Folgen liefen ohne berauschende Zuschauerresonanz auf dem etablierten Serienplatz am Dienstag um 20.15 Uhr.

WIR SIND SIEBEN ARD

1990. 6-tlg. dt.-brit. Familiendrama von Robert Pugh nach dem Roman von Una Troy (»We Are Seven«; 1989).

Ein walisisches Dorf um 1930. Die unverheiratete Bridget Morgan (Helen Roberts) hat sieben Kinder von sieben verschiedenen Männern zur Welt gebracht, und – was für die Dorfgemeinschaft noch bedrohlicher ist – ihre Väter sind die vermeintlich ehrbarsten Männer des Ortes. Die Familie ist heftigen Anfeindungen ausgesetzt.

Die einstündigen Folgen liefen im regionalen Vorabendprogramm.

WIR STELLEN UNS ZDF

1984–1992. »Sie fragen, wir antworten«. Diskussionsrunde mit Frank Elstner, in der Programmverantwortliche des ZDF ausgewählten Zuschauern Rede und Antwort standen. Nun ja, eher Rede als Antwort, denn auf klassische Fragen wie »Warum laufen so viele Wiederholungen im Fernsehen?« und »Wann wird meine Lieblingsserie endlich wiederholt?« gab es natürlich nur Standardphrasen.

Ganz zu schweigen von Fragen wie »Warum gibt es nach 23 Uhr nicht auch mal Sex im Fernsehen zu sehen?« oder »Wie schütze ich meine Kinder, die nach 23 Uhr noch fernsehen, vor Sex im Fernsehen?« oder auch »Warum macht Frau Rothenberger nicht mehr ihre schöne Liedersendung?«. Wann immer versehentlich jemand im Publikum saß, der eine wirklich heikle Frage stellte, funktionierte das Mikro nicht oder Frank Elstner ging dazwischen.

Die Diskussionssendung gastierte in verschiedenen Städten. Sie lief in loser Folge, zeitweise monatlich am frühen Samstagnachmittag. In der ersten Folge stellte sich Intendant Dieter Stolte den Lesern der »Schwäbischen Zeitung Ravensburg«.

WIR TESTEN DIE BESTEN   KI.KA, ARD
Seit 2004 (KI.KA); seit 2004 (ARD). Quiz mit Dennis Wilms und mehr als 100 deutschen Schulklassen der Jahrgangsstufen 6 bis 8, die im Ausscheidungsverfahren über jeweils etwa zwei Monate um den Titel der »Besten Klasse« spielen.

Die Vorrunden liefen täglich am frühen Abend im KI.KA, die Finalrunden wurden jeweils in der ARD gezeigt und im KI.KA wiederholt.

WIR TREFFEN UNS
BEI PROFESSOR FLIMMRICH   DFF
→ Flimmerstunde

WIR ÜBER UNS   ARD
1979–1993. Fünfminütiges Medienmagazin, in dem die ARD über sich selbst und die Rundfunkpolitik berichtet.

WIR UND DER KOSMOS   ARD
1968. Wissenschaftsmagazin mit Hoimar von Ditfurth, der die These vertrat, dass der Mensch und die Erde im Universum nicht allein sind, und mit seiner Reihe diese These populär machte. Im Einzelnen ging es um den Aufbau des Alls, die »Erde als Raumschiff«, die Frage, ob die Welt symmetrisch sei, und um Anfang und Ende der Welt.

Vier Teile liefen innerhalb von zwei Wochen.

WIR VIER   ZDF
2000–2001. 45-minütige Talkshow mit drei Moderatorinnen und jeweils einem Gast.

Annabelle Mandeng, Sibylle Nicolai und Susanne Fröhlich hielten ihren »gehobenen Kaffeeklatsch« wöchentlich freitags ab; zunächst nachmittags um 16.15 Uhr, nach nur zwei Monaten wurden sie samt kaltem Kaffee ins Vormittagsprogramm um 10.50 Uhr abgeschoben und trafen sich nur noch unregelmäßig.

WIR VOM REVIER   SAT.1
1999. »Das witzigste Polizeirevier der Welt«. 12-tlg. dt. Sitcom.

Auf dem Polizeirevier in Oldemünde arbeiten unter der Leitung von Polizeidirektor Lütjens (Rainer Basedow) Polizeihauptmeister Adi Fuchs (Gert Burkard), Polizeiobermeisterin Sabine Berger (Kira Koschella) und Polizeiobermeister Kevin von Malottki (Christoph Gottschalch). Das heißt, überwiegend arbeiten sie nicht, sondern ziehen sich die Stühle unter den Hintern weg, halten ein »Blind Date« für eine Verabredung unter Blinden und schießen in Großwildjägermontur auf entlaufene Elefanten. Zwischendurch lassen sie sich vom oberschwulen Polizeischneider Heino Oesterfeld (Robert Louis Griesbach) Ausgehkleidung oder Uniformen für ihre Gartenzwerge maßanfertigen.

Die beiden einzigen Witze dieser Comedyserie waren der Untertitel und die Tatsache, dass sie die Nachfolgesendung von *Talk im Turm* am Sonntag gegen 22.00 Uhr wurde.

WIR VOM 12. REVIER   ARD, PRO SIEBEN
1982 (ARD); 1990–1991 (Pro Sieben). US-Sitcom von Danny Arnold und Theodore J. Flicker (»Barney Miller«; 1975–1982).

Der engagierte, aber doch durchschnittliche Captain Barney Miller (Hal Linden) leitet das 12. Polizeirevier in New York. Mit seinen Kollegen meistert er den Alltag auf der Dienststelle: Phil Fish (Abe Vigoda), ein alternder Veteran kurz vor dem Ruhestand, der sich unentwegt über die Arbeit, seine Gebrechen und seine Frau Bernice (Florence Stanley) beklagt; der Frauenschwarm Stan Wohejowicz, genannt Wojo (Max Gail); der Puerto-Ricaner Chano Amengual (Gregory Sierra), eine Labertasche; der wettbegeisterte Japaner Nick Yemana (Jack Soo); und der schwarze Witzbold Ron Harris (Ron Glass), der schon seit geraumer Zeit nebenbei an einem Polizeiroman schreibt.

Frank Luger (James Gregory) ist der Vorgesetzte. Später kommt noch der Intellektuelle Arthur Dietrich (Steve Landesberg) dazu. Barney Miller ist mit Elizabeth (Barbara Barrie) verheiratet und hat zwei Kinder, Rachael (Anne Wyndham) und David (Michael Tessier).

Ausgerechnet eine Comedyserie zeigte den Alltag von Polizisten realistischer als die meisten Krimiserien, eben ohne ständige Schießereien, Verfolgungsjagden und Über-Kommissare, dafür mit Büroarbeit und den privaten und beruflichen Problemen ganz normaler Menschen. Amerikanische Polizisten waren begeistert, die thematisierte New Yorker Polizei ernannte das Schauspielerensemble zu Ehrenmitgliedern. Der heimliche Star der Serie war der alte Fish, der gemeinsam mit seiner Serienfrau in den USA seine eigene Serie »Fish« erhielt, die in Deutschland nicht gezeigt wurde.

Auch von der 170-teiligen Originalserie zeigte die ARD im Vorabendprogramm nur ganze zwölf Episoden. Insgesamt 73 Folgen (die bereits vorhandenen in neuer Synchronisation) liefen ab 1990 unter dem Titel *Barney Miller* freitags nachmittags auf Pro Sieben. Die meisten Folgen waren in Deutschland nur im Pay-TV oder auf Lokalsendern zu sehen.

WIR WARTEN AUFS CHRISTKIND   ARD, WDR
1960–1995 (ARD); seit 2001 (WDR). Jährliches Kinderprogramm.

35 Jahre lang sendete die ARD jedes Jahr am Nachmittag des Heiligabend mehrere Stunden lang Sendungen für Kinder, um ihnen die Zeit bis zur Bescherung zu vertreiben und den Eltern die Vorbereitungen zu erleichtern. Unter den Programmen waren immer wieder Klassiker des Kinderfernsehens; beliebte Figuren aus den ARD-Kinderprogrammen wie Kater Mikesch, der Hase Cäsar oder Hein Blöd bildeten eine Rahmenhandlung.

Nach der letzten ARD-Sendung 1995 zeigte das Dritte Programm des NDR 1996 eine einzelne neue Ausgabe, danach wurde erst 2001 der bewährte Titel wiederbelebt. Seitdem wartet das WDR-Fernsehen wieder jährlich aufs Christkind.

WIRKLICH UNGLAUBLICH   ARD
1993–1995. 18-tlg. Mysteryreihe mit Arthur Brauss.

Jeden Tag geschieht irgendwo auf der Welt irgendetwas, was sich irgendjemand nicht erklären kann. Man kann das Geschehen »Zufall« nennen, aber dann wird keine Fernsehserie daraus. Besser ist, man nennt es »Schicksal« und sucht überall nach Zeichen und Eingebungen, Geistern, Paranormalem und Metaphysischem. Dann kann man nämlich auch noch die banalsten amerikanischen Episoden in Deutschland zeigen und von Arthur Brauss bedeutungsschwanger verbrämen lassen. Die ARD wollte damit »den Glauben an das Schicksal und die Hoffnung der Zuschauer rechtfertigen«. Oder wie Brauss sagte: »Hoffnung ist das Samenkorn, aus dem Wunder aufgehen.«

Die Sendung lief immer samstags um 18.10 Uhr.

DIE WIRREN JAHRE   ARD
1978. 3-tlg. Dokumentarreihe über die Jahre von 1945 bis 1948 in Deutschland.

Helmut Rompa zeigte in dreiviertelstündigen Folgen eine »amüsante Reminiszenz« an diese Zeit, die auch eine »Zeit der Lebensgier und der Überlebensfreude« gewesen sei. In zwangloser Zusammenstellung erzählte die Reihe vom improvisierten Leben der Menschen, von Schwarzmarkt und Schiebern, Sperrstunde und Entlausung, Menschenschlangen und Schlagern, Kriminalität und Kälte. Als Titelsong kam Karl Berbuers Schlager »Wir sind die Eingeborenen von Trizonesien« zum Einsatz.

DIE WIRREN JAHRE   ARD
1996. 5-tlg. Dokumentation über den wechselvollen Alltag der Nachkriegszeit zwischen Aufbruch und Neubeginn.

Das soziale Psychogramm der Deutschen zwischen 1945 und 1948 umfasste die Themen »Besatzer und Besetzte«, »Lust und Leid und Liberty«, »Kohle, Chaos und Kartoffeln«, »Liebe in Trümmern« und »Täter in Angst«. Die Teile waren jeweils 45 Minuten lang und liefen innerhalb weniger Tage vor oder nach den *Tagesthemen*.

DAS WIRTSCHAFTSINTERVIEW   ZDF
1965. Wirtschaftsmagazin am Dienstagabend. Vorläufer von *Bilanz*.

DAS WIRTSCHAFTSPOLITISCHE GESPRÄCH   ARD
1954. Interviewreihe im Abendprogramm. Gast der ersten Ausgabe war Bundeswirtschaftsminister Ludwig Erhard; vier weitere Ausgaben folgten.

WISHBONE   RTL
1998–1999. 40-tlg. US-Kinderserie (»Wishbone«; 1995–1996) über den Hund Wishbone, der in verschiedenen Geschichten in verschiedene Rollen schlüpft. Der Terrier Soccer spielte Wishbone.

WISO   ZDF
Seit 1984. »Wirtschaft & Soziales«. Verbrauchermagazin, das sich zum Ziel setzte, die Themen »bürgernah und für jedermann verständlich« zu präsentieren. Das war 1984 neu.

Das Magazin befasst sich vor allem mit den Themen Wirtschaft, Politik, Finanzen und Verbraucherschutz, erklärt neue Gesetze und aktuelle Wirtschaftsereignisse und deckt auf, wann und wo der Normalbürger ausgetrickst oder betrogen wurde. Die *WISO*-Stichprobe stellt mit versteckter Kamera Unternehmen auf die Probe, der vierminütige *WISO*-Tipp, feste Rubrik seit je, gibt konkrete Ratschläge zur vorteilhaften Geldanlage, zu Steuern, Versicherungen oder Rente.

WISO setzte sich in den 80er-Jahren außerdem für die deutsch-deutsche Annäherung ein. 1986 sendete das ZDF als erster westlicher Sender eine komplette Ausgabe aus der DDR, direkt von der Leipziger Messe. Weitere Sendungen live aus Betrieben in der DDR folgten in den nächsten Jahren.

Friedhelm Ost, der spätere Regierungssprecher, rief das Magazin als Nachfolgesendung von *Bilanz* ins Leben, moderierte es und leitete die Redaktion bis 1986. Ihm folgten Hans-Ulrich Spree (1986–1992; auch Redaktionsleiter), Michael Jungblut (1986–2002), Michael Opoczynski (seit 1992; auch Redaktionsleiter) und Angela Elis (2003).

Anfangs war das Magazin eine halbe Stunde lang, wurde aber später auf 45 Minuten verlängert. Der Sendeplatz wechselte von Dienstag auf Donnerstag und schließlich auf Montag, erst um 21.00 Uhr und dann am Vorabend um 19.25 Uhr.

WISSEN EXTREM   RTL 2
Seit 2004. Wissensmagazin am Sonntagnachmittag, das in aus den USA übernommenen Beiträgen über die Einsatzmöglichkeiten schweren Baugeräts oder Folgen des Vollrauschs berichtet.

WISSEN MACHT AH! — ARD
Seit 2001. Wissensmagazin für Kinder mit Shary Reeves und Ralph Caspers. Lief am Samstagmorgen.

WISSENSCHAFTLER FÜR PÄDAGOGEN — DFF 2
1983–1989. Wissenschaftler berichteten von neuesten Erkenntnissen aus verschiedenen Fachrichtungen – zur Weiterbildung von Pädagogen. Lief monatlich mittwochs von 20.30 Uhr bis 21.30 Uhr.

WITCHBLADE — RTL 2
2004. 23-tlg. US-Fantasyserie von Ralph Hemecker, nach der gleichnamigen Comicreihe von Marc Silvestri (»Witchblade«; 2001–2002).

Das Böse bedroht die Existenz der Menschheit. Gut, dass die New Yorker Polizistin Sara »Pez« Pezzini (Yancy Butler) als Auserwählte ihrer Generation über das »Witchblade« verfügt, eine alte Hexenwaffe an einer eisernen Faust, die ihr die Fähigkeit verleiht zu fliegen, Kugeln abzuwehren und ihren erschossenen Kollegen Danny Woo (Will Yun Lee) weiterhin als Schutzengel an ihrer Seite zu haben. Das Ding ist leider nicht immer berechenbar. Ihr lebender Kollege Jake McCartey (David Chokachi) weiß von alldem nichts. Saras ärgste Feinde auf der dunklen Seite sind der Milliardär Kenneth Irons (Anthony Cistaro) und sein Handlanger Ian Nottingham (Eric »Kaos« Etebari).

Die einstündigen Folgen liefen mittwochs um 22.10 Uhr.

WITHOUT A TRACE – SPURLOS VERSCHWUNDEN — PRO SIEBEN, KABEL 1
2003–2004 (Pro Sieben); seit 2004 (Kabel 1). US-Krimiserie von Hank Steinberg und Jan Nash (»Without A Trace«; Seit 2002).

Eine New Yorker FBI-Einheit spürt Vermisste auf. Akribisch rekonstruiert sie dafür die letzten Stunden vor dem Verschwinden, sammelt Indizien, recherchiert im Umfeld der Verschwundenen und muss herausfinden, ob sie abgehauen sind, entführt oder ermordet wurden. Jack Malone (Anthony LaPaglia) leitet die Einheit, seine Mitarbeiter sind Samantha Spade (Poppy Montgomery), Vivian Johnson (Marianne Jean-Baptiste), Danny Taylor (Enrique Murciano) und Martin Fitzgerald (Eric Close).

Spannende Serie mit einem Hauptdarsteller, dessen enorme Wandlungsfähigkeit erst allmählich zur Geltung kam. Anfangs gab es in den einzelnen Folgen lediglich abgeschlossene Kriminalfälle, gezeigt wurde nur die Ermittlungsarbeit. Jede Folge stand für sich, ohne übergreifende Handlungsstränge. Als die Serie in den USA zum Sensationserfolg wurde, trauten sich die Produzenten, auch ein paar private Infos über die Charaktere rauszurücken: Jack ist verheiratet, hat zwei kleine Kinder, in der Ehe kriselt es, und er hatte ein Verhältnis mit Sam.

Im Dienst stürzt er sich mit ganzer Kraft in seine Fälle, geht bis zum Äußersten, um den Schuldigen zu überführen, lässt notfalls die Vorschriften sausen und setzt dadurch seinen Job aufs Spiel. So geht zwar jede dritte Krimiserie, doch im Unterschied zu anderen wird hier später realistisch (eine ganze Folge lang) gezeigt, wie Jack sich deshalb vor einem Untersuchungsausschuss verantworten muss.

Pro Sieben zeigte 22 einstündige Episoden der ersten Staffel (eine Folge fehlte) mittwochs um 21.15 Uhr mit mäßigem Erfolg. Kabel 1 setzte die Serie wenig später freitags zur gleichen Zeit fort, drehte jedoch den Sendetitel um und nannte sie Spurlos verschwunden – Without A Trace.

EIN WITZBOLD NAMENS CAREY — SAT.1
1996–1999 (Sat.1); 2002 (Pro Sieben). 127-tlg. US-Sitcom von Bruce Helford und Drew Carey (»The Drew Carey Show«; 1995–2004).

Drew Carey (Drew Carey) ist der Assistent des Personalchefs in einem Kaufhaus. Dort arbeitet auch die schrille Sekretärin Mimi Bobeck (Kathy Kinney). Careys Freunde sind der Paketausfahrer Oswald Harvey (Diedrich Bader), der gern ein DJ wäre, Kate O'Brien (Christa Miller) und der Hausmeister Lewis Kiniski (Ryan Stiles). Seine Freundin ist anfangs Lisa (Katy Selverstone).

In den USA brachte es die Serie auf 233 Folgen. Bei uns wurde sie nach 18 Folgen am Samstagnachmittag zunächst abgesetzt, 28 weitere Folgen liefen später im Nachtprogramm. Weitere drei Jahre später setzte Pro Sieben ab Folge 47 die Serie als Die Drew Carey Show im werktäglichen Vormittagsprogramm fort.

WITZE, SKETCHE, SCHRÄGE TÖNE — RTL
Seit 2000. Jährliche Silvestersendung mit Ausschnitten von Sketchen aus alten Sendungen.

WITZEWELLE — RTL
1993. Halbstündige Gagshow mit Hugo Egon Balder. Lief werktags vormittags.

WITZIG IST WITZIG — PRO SIEBEN
2003–2004. Einstündige Comedyshow. Moderatoren und Komiker zeigen und kommentieren Pannen, Patzer und missglückte Szenen ihrer eigenen Shows sowie Ausschnitte aus nie ausgestrahlten Pilotsendungen, und der Zuschauer stellt fest, dass »witzig« doch nicht immer witzig ist.

Sechs Sendungen liefen zur Primetime.

DIE WITZIGSTEN WERBESPOTS DER WELT — SAT.1
Seit 1996. Halbstündige Comedyshow mit Fritz Egner.

Die Sendung für alle, die sich schon immer ärgerten, dass die Werbung dauernd von Filmausschnitten unterbrochen wird. Hier gibt es endlich auch zwischen den Werbeblöcken Werbespots, und zwar, wie der Titel schon sagt, die witzigen Werbesports aus aller Welt. Egner meldet sich zwischendurch aus dem Studio, später fast immer von irgendwo in eben dieser Welt, sagt die Filmchen an, erklärt, was daran witzig ist und den Unterschied zu deutscher Werbung.

Die Show startete am Samstagabend um 22.30 Uhr und wanderte dann über verschiedene Sendeplätze im Haupt-, Vorabend- und Spätprogramm. Ende 2004 beschloss Sat.1, dass die Show ruhig auch zwischen den Werbespots witzig sein dürfe, und warf Egner hinaus. Er moderierte seine letzte Sendung im November 2004 und zeigte sich verbittert über den Zustand des Fernsehens im Allgemeinen: »Mir fällt auf Anhieb keine Sendung im deutschen Fernsehen ein, die ich gern moderieren würde.« Das passte ganz gut, denn schon seit langem war deutschen Fernsehzuschauern keine Sendung mehr eingefallen, in der sie Fritz Egner gern gesehen hätten.

Sat.1 setzte die Show 2005 mit Ingo Oschmann fort.

WO IST WALTER? ZDF

1993. 13-tlg. US-Zeichentrickserie von Martin Handford (»Where's Waldo?«; 1991).

Walter ist ein Junge mit Brille, rot-weiß geringeltem T-Shirt und passender Bommelmütze. Er sieht aus wie ein ganz normaler, langweiliger Stubenhocker, reist aber dauernd um die Erde und in Fantasiewelten, um spannende Abenteuer zu erleben und gegen Bösewichter zu kämpfen, hinter denen regelmäßig sein böser Doppelgänger Terwal steckt. Begleitet wird er von seinem Zauberspazierstock und seinem Hund Wau; der Zauberer Weißbart hilft ihm.

Wo ist Walter? basiert auf Handfords sehr erfolgreicher gleichnamiger Reihe von Bilderbüchern, auf denen Walter zwischen Tausenden Menschen oder in ähnlich unübersichtlichen Situationen entdeckt werden muss. Auch in der Fernsehserie gibt es diese Wimmelbilder: Pro Folge gibt es zweimal für eine Minute ein Standbild zu sehen, auf denen die Kinder Walter oder einen anderen Hinweis auf die Lösung des aktuellen Rätsels finden können (jedenfalls wenn sie ihre Warnungen ihrer Eltern ignorieren und ganz, ganz nah an den Bildschirm gehen).

Die halbstündigen Folgen liefen nachmittags und sind auf Video erhältlich.

WO SIND ALL' DIE BLUMENKINDER HIN? ARD

1981. 3-tlg. Dokumentation von Alexander von Wetter über die kulturelle Entwicklung an der amerikanischen Westküste seit der Flower-Power-Bewegung. Lief sonntags vormittags.

WO STECKT CARMEN SANDIEGO? RTL

1997. 20-tlg. US-Zeichentrickserie (»Where On Earth Is Carmen Sandiego?«; 1994–1996). In einem Heimcomputer jagen die Teenager Ivy und Zack die Diebin Carmen Sandiego um die Welt.

Lief im Kinderprogramm am Samstagmorgen. Carmen Sandiego war auch schon die Titelfigur in der ARD-Spielshow *Jagd um die Welt – Schnappt Carmen Sandiego*. Beide Reihen basierten auf einem Computerspiel.

DIE WOCHE RTL

1988–1992. »Menschen im Gespräch«. Wöchentliche Talkshow mit Geert Müller-Gerbes, anfangs im Wechsel mit Rainer Holbe. Anfangs lud der Moderator vier Gäste zum Gespräch ein, die nicht prominent sein mussten und gemeinsam in einer Runde saßen. Ab Mai 1990 kamen statt vier nun fünf Gäste, die allesamt prominent waren und nicht gemeinsam, sondern nacheinander auftraten. Mit Müller-Gerbes blickten sie auf die abgelaufene Woche zurück. Mit dem Konzept änderte sich auch der Sendeplatz: Die Show war am Donnerstagabend nach 22.00 Uhr gestartet und bald auf den Mittwoch gewechselt; nun lief sie sonntags vormittags.

Die Gesprächsrunde war eines der wenigen seriösen Formate in der Anfangszeit von RTL und schaffte durchaus ansehnliche Quoten. Müller-Gerbes war der Bonner Korrespondent von RTL und pflegte in der Sendung einige Marotten, die er sich antrainiert hatte, um aufzufallen. Er sagte nicht »Guten Abend«, sondern begrüßte seine Gäste immer »auf das Herzlichste, Liebenswürdigste und Freundlichste«, fand, dass jedes Thema geeignet sei, um darüber reden zu wollen, zu sollen und zu müssen«, und wünschte den Gästen zum Abschied »alles Liebe, alles Gute, alles Schöne«, »ob im Liegen, ob im Sitzen, ob im Stehen«.

Müller-Gerbes, der Sprecher von Bundespräsident Gustav Heinemann war, spreizte sich eitel in seinen Sendungen und liebte Metaphern. Der »Spiegel« schrieb: »Auf der Spitze jenes Eisbergs, der in fast jeder Sendung einmal hervorblitzen darf, tummeln sich jede Menge mit dem Bade ausgekippte Kinder, die am liebsten offene Türen nach Athen tragen würden.« Nicht untypisch für seinen Stil war auch die Frage an Grit Böttcher: »Sie spielen Frau Lindemann, aber man darf trotzdem weiter Böttcher zu Ihnen sagen?«

DIE WOCHE KLINGT AUS ARD

1953. Musikfilme am Samstagabend um 21.40 Uhr. Also kurz vor Sendeschluss.

EINE WOCHE ZEITGESCHEHEN DFF

1958–1960. Halbstündiges Wochenmagazin, das Beiträge der *Aktuellen Kamera* wiederholte und verbindend kommentierte. Kommentatoren waren Wolfgang Böttcher, Heinz Grote, Gerhard Jäger und Hubert Kintscher.

Lief sonntags um 19.30 Uhr, ab Februar 1960 sonntags nachmittags, insgesamt ca. 100-mal.

DIE WOCHENSHOW SAT.1

1996–2002. »Die witzigsten Nachrichten der Welt«. Comedyshow am Samstagabend gegen 22.00 Uhr mit Parodien, Sketchen und Running Gags.

Zur Urbesetzung gehörten Ingolf Lück, Anke Engelke, Marco Rima und Karen Friesicke. Friesicke stieg bereits Ende 1996 aus, für sie kam Bastian Pastewka.

Die Show begann als halbstündige Nachrichtenparodie mit Lück als Anchorman hinter einem Schreibtisch. Lück zeigte zu mehr oder weniger aktuellen

Themen Filme, die durch neue Synchronisation oder Schnitte verfremdet und in einen witzigen Zusammenhang gebracht wurden (*Rudis Tagesshow* hatte das 15 Jahre vorher schon mit Erfolg gemacht). Mit der Zeit kamen immer mehr feste Rubriken mit wiederkehrenden Figuren und Sprüchen dazu, die teilweise zu geflügelten Worten wurden.

Feste Bestandteile waren u. a. »Rickys Pop-Sofa«, Anke Engelke parodierte die Ex-Tic-Tac-Toe-Sängerin Ricky in einer fiktiven Teenieshow; »Sex TV« mit Bastian Pastewka als asexuellem Moderator Brisko Schneider (»Hallo liebe Liebenden ...!«); die Talkshowparodie »Vier um zehn«; Marco Rima als senil sinnierender Opa Adolf Frei; Ingolf Lück als Frührentner und Vordenker Herbert Görgens, der immer irgendeinen Blödsinn erfand und Reporter Pastewka mit der Frage nervte: »Komm ich jetzt im Fernsehen?«; Pastewka als Flachpfeife Ottmar Zittlau im Trainingsanzug; und Anke Engelke als Moderatorin des Nachrichtenüberblicks, an dessen Ende sie »zurück zu Lück« gab, was der mit »Danke, Anke!« kommentierte. In den ersten Monaten wirkte als ständiger Gast Herbert Feuerstein in der Rolle des Stuntmans Spartacus mit, der immer auf die Nase fiel.

Die anfangs mäßigen Zuschauerzahlen steigerten sich rasch und erreichten ab Ende 1997 sechs Millionen. Die *Wochenshow* wurde zum Muss und Anke Engelke von den Medien zu »Deutschlands witzigster Frau« hochgejubelt und mit verschiedenen Preisen ausgezeichnet, u. a. mit dem Grimme-Preis 1999. Diesen Erfolg reizte Sat.1 aus bis zum Gehtnichtmehr, verdoppelte die Sendezeit und zeigte ab 1998 immer im Anschluss an die neuen Ausgaben Wiederholungen alter Folgen unter dem Titel *Die Wochenshow – Classics* (während der Sommerpause liefen gleich zwei Wiederholungen hintereinander), außerdem gelegentlich Zusammenschnitte als *Die Wochenshow – Extra*. Fast im Alleingang schaffte es *Die Wochenshow*, ihrem Sender Sat.1 zu einem Comedy-Image zu verhelfen. Zur Sendung erschienen Videos und CDs.

Im März 1999 stieg Marco Rima aus und wurde durch Markus Maria Profitlich ersetzt. Der allmähliche Abstieg begann 2000. Im Frühjahr gab sich das komplette Ensemble für die fünfteilige Dauerwerbesendung *Die Neckermann Geburtstagsshow* her. Im Juni 2000 ging auch Engelke und wurde nach der Sommerpause durch Annette Frier ersetzt. Pastewka und Profitlich verließen die Show im Juni 2001, für sie kamen nach der Sommerpause gleich vier Neue: Nadja Maleh, Michael Kessler, Bürger Lars Dietrich und Gerhard G. Gschwind. Dem Namen angemessen verschwand Gschwind nach nur vier Wochen wieder, auch Maleh war bald wieder weg.

Im Frühjahr 2002 fielen die Quoten auf unter zwei Millionen, und Sat.1 beschloss, die regelmäßige Ausstrahlung einzustellen. Es folgten bis Juni 2002 noch zwei Specials zur Fußballweltmeisterschaft, ein weiteres Jahr Classics-Wiederholungen am Samstagabend und im April 2004 ein weiteres neues Special zum Jubiläum, »20 Jahre Sat.1«.

WOCHENSPIEGEL ARD

Seit 1953. Halbstündiges Nachrichtenmagazin, in dem mit ausgewählten *Tagesschau*-Berichten auf die abgelaufene Woche zurückgeblickt wird. Anfangs wurden nur die gesendeten Beiträge wiederholt, später kamen auch aktuelle Meldungen und Moderationen hinzu. Vorbild war die britische Sendung »This Week« von ITV.

Lief anfangs mit wechselnden Anfangszeiten am Sonntagabend, ab 1954 samstags kurz vor 22.00 Uhr, ab 1957 fest sonntags um 19.30 Uhr und ab 1961 schon am Sonntagmittag.

WOHIN UND ZURÜCK ZDF

1986. 3-tlg. dt.-österr.-tschech. Filmreihe von Georg Stefan Troller, Regie: Axel Corti.

Der 16-jährige Jude Ferry (Johannes Silbernscheider) flieht aus Österreich, nachdem sein Vater in der »Kristallnacht« von den Nazis ermordet wurde. Über Paris und Marseille gelangt er in die USA. Dort weigert er sich, sich der amerikanischen Lebensweise anzupassen, leidet im Emigrantenmilieu aber auch unter Existenzangst. Er meldet sich zur Armee und kommt mit ihr 1945 zurück nach Wien, wo er erneut Schwierigkeiten hat, seine Identität zu finden.

Anhand des autobiografisch geprägten Einzelschicksals zeigen Troller und Corti das millionenfache Leid von Vertreibung und Emigration. Die einzelnen, vielfach preisgekrönten Spielfilme hießen »An uns glaubt Gott nicht mehr«, »Santa Fé« und »Welcome in Vienna«. Der dritte Teil war auch im Kino zu sehen. Die Reihe erhielt den Grimme-Preis mit Gold 1987.

WOHNEN NACH WUNSCH VOX

Seit 2003. Halbstündige Vorher-Nachher-Show werktags um 18.15 Uhr, in der ein Team aus Handwerkern und Innenausstattern Wohnungen fremder Leute verschönert.

Zunächst wiederholte Vox schlicht Folgen der RTL-Serie *Einsatz in vier Wänden,* die dort am Vormittag lief, und nutzte den RTL-Haupttitel als Untertitel. Sowohl die Vormittagsausstrahlungen bei RTL als auch die Wiederholung auf Vox liefen für ihre Sender recht ordentlich, woraus sich im Herbst 2004 folgende Konsequenzen ergaben: Die RTL-Show wanderte ins RTL-Nachmittagsprogramm, und die Vox-Show wurde eigenständig. Im September 2004 erhielt *Wohnen nach Wunsch* den neuen Untertitel »Ein Duo für vier Wände« und das Duo Enie van de Meiklokjes und Mark Kühler als Moderatoren, die nun mit einem eigenen Team von Haus zu Haus zogen, um Hand anzulegen.

WOLF RTL 2

1993. 11-tlg. US-Krimiserie von Sam Peckinpah und Rod Holcomb (»Wolf«; 1989–1990).

Nach zwei Jahren in der Versenkung taucht Ex-Polizist Tony Wolf (Jack Scalia) wieder auf, und endlich zweifelt Staatsanwalt Dylan Elliott (Nicolas Surovy), der damals wegen einer vermeintlichen

Die Wochenshow mit Anke Engelke als Nachrichtenfrau, Bastian Pastewka als Brisko Schneider (hinten), Markus Maria Profitlich als lustiger Dicker (links) und Ingolf Lück als Ingolf Lück.

Drogensache für das Ende von Wolfs Polizeikarriere sorgte, an seiner Schuld. Als Wiedergutmachung beschäftigt er ihn als Privatdetektiv. Wolf lebt auf einem alten Hausboot, hat einen alten italienischen Vater namens Sal (Joseph Sirola) – der eigentliche Familienname ist Lupo, der italienische Begriff für Wolf – sowie eine platonische Jugendfreundin Connie Bacarri (Mimi Kuzyk), die eine Tochter Angie (J. C. Brandy) hat.

Kaum ein Darsteller spielte in den 80er- und 90er-Jahren so viele Serienhauptrollen wie Jack Scalia. Das spricht jedoch nicht für ihn. Die Zeit dazu hatte er nur, weil alle Serien frühzeitig floppten und eingestellt wurden, darunter *Tequila & Bonetti*, *Berrengers* und *Ich will Manhattan*. Diese hier auch. Einige andere erreichten nicht einmal genug Episoden, um außerhalb der USA ausgestrahlt zu werden. In *Pointman* spielte Scalia später erneut jemanden, der unschuldig einer Straftat beschuldigt wurde, und erlebte immerhin eine ganze Staffel.

Die Pilotfolge hatte Spielfilmlänge, alle weiteren waren eine Stunde lang und liefen dienstags zur Primetime.

DER WOLF UND DIE FRAU   ARD
1977–1979. Dreiviertelstündiges Kinderprogramm am Nachmittag.
Jede Sendung begann mit einem kurzen Trickfilm von Ulla und Franz Winzentsen über das Flüsterpferd, das bereits in *Lapislazuli* aufgetreten war. Es folgte ein Spielfilm für Kinder, bevor der Wolf und die Frau, zwei Handpuppen, »hintergründige Dialoge« miteinander führten. In jedem Jahr liefen zwölf Sendungen.

WOLF UNTER WÖLFEN   DFF
1965. 4-tlg. dt. Gesellschaftsdrama von Klaus Jörn nach dem gleichnamigen Roman von Hans Fallada, Regie: Hans-Joachim Kasprzik.
Die geplante Heirat des arbeitslosen Spielers Wolfgang Pagel (Armin Mueller-Stahl) und der Gelegenheitsprostituierten Petra Ledig (Annekathrin Bürger) scheitert Anfang der 20er-Jahre am fehlenden Geld. Enttäuscht verlässt Wolfgang die Stadt und beginnt auf dem Gut des krisengeschüttelten Rittmeisters von Prackwitz (Wolfgang Langhoff) ein neues Leben. Violet (Helga Labudda) ist dessen minderjährige Tochter, Leutnant Fritz (Jürgen Frohriep) ihre große Liebe und Hubert Räder (Ekkehard Schall) der Diener der Familie.
Jeder Teil hatte Spielfilmlänge. Im März 1968 zeigte auch das ZDF den Vierteiler. Es war das erste Fernsehspiel aus »Mitteldeutschland«, das dort lief.

WOLFFS REVIER   SAT.1
1992. Dt. Krimiserie von Karl Heinz Willschrei.
Der Berliner Hauptkommissar Andreas Wolff (Jürgen Heinrich) ermittelt mit seinem Kollegen Günter Sawatzki (Klaus Pönitz), genannt »Watzki«, in Mordfällen. Wolff, zu Beginn der Serie Mitte 40, kleidet sich salopp, ist engagiert, geht psychologisch und einfühlsam vor, wird aber oft vom eigenen Eifer übermannt und gerät dadurch in gefährliche Situationen. Und er ist Wessi. Watzki ist Ossi, etwa zehn Jahre älter und derjenige, der im Normalfall den kühlen Kopf behält, doch wenn er mal ausrastet, dann richtig. Mit dem Staatsanwalt und Freund Dr. Peter Fried (Gerd Wameling) bespricht Wolff seine Fälle, oft gemütlich bei einem Whisky. Wolff ist geschieden und lebt mit seiner Teenagertochter Verena (Nadine Seiffert) zusammen, deren private Probleme und gelegentliche Spinnereien ihm oft Sorgen bereiten, doch trotz der normalen Vater-Tochter-Meinungsverschiedenheiten verstehen sich beide gut.

Wolffs Revier: In der Folge »Angeklagt: Dr. Fried« gerät Fried (Gerd Wameling) unter Mordverdacht, als man in seiner Wohung eine Leiche (Lutz Michael) findet. Wolff (Jürgen Heinrich, links) und Watzki (Klaus Pönitz, rechts) ermitteln.

Als Sawatzki bei einem Einsatz stirbt und Staatsanwalt Fried aus Karrieregründen nach Düsseldorf geht, ändert sich für Wolff der Dienstalltag drastisch. Der junge Tom Borkmann (Steven Merting) wechselt Anfang Juni 1999 vom Drogendezernat zur Mordkommission und wird Wolffs neuer Partner (erstmals in Folge 100). Mit dem Einschnitt ändert Wolff sein eigenes Erscheinungsbild. Die Jeans verschwindet, das Sakko kommt, und die Haare werden kürzer. Die Fälle werden nun deutlich actionreicher. Im Herbst 2000 wird Wolffs Tochter Verena Mutter, weigert sich aber, den Vater des Kindes zu nennen. Wolff muss jetzt auch noch den Opa spielen.

Wolffs Revier war die erste eigenproduzierte Krimiserie von Sat.1 und bekam 1993 als erste fiktionale Produktion eines Privatsenders überhaupt einen Grimme-Preis (mit Bronze). Sie orientierte sich deutlich an den klassischen ZDF-Freitagskrimis (ihr Erfinder Willschrei hatte bereits *Ein Fall für zwei* geschaffen), war aber schneller und vielseitiger. Sie zeigte den Kommissar nicht nur im Dienst, sondern auch als Privatmensch, was damals neu war. Auch der Schauplatz Berlin war ein Novum. Das doppelte Verschwinden von Sawatzki und Fried 1999 war Teil der radikalen Versuche von Sat.1-Chef Fred Kogel, das Programm zu verjüngen. Der 60-jährige Schauspieler Pönitz sprach von einem »Auftragsmord von Sat.1«.

Der Sendeplatz für die einstündigen Episoden wechselte mehrfach; nach einer zweijährigen Odyssee landete die Serie schließlich wieder auf dem ursprünglichen Stammplatz donnerstags um 20.15 Uhr. Ab Herbst 2000 liefen die neuen Staffeln mittwochs zu dieser Zeit. Die Serie brachte es bis Mitte 2005 auf rund 170 Folgen.

WOLKE 7   ZDF

1997. »Die himmlische Flirtshow«. Halbstündige Kuppelshow mit Guido Kellermann.

Drei junge Singlemänner und -frauen treffen sich und sitzen einander gegenüber, während Videobilder von Hausdurchsuchungen bei ihnen daheim gezeigt werden, bei denen sich herausstellt, dass Henry japanische Herrenmagazine unterm Bett, Thomas einen Epilator im Bad und Cornelia supersofte Papiertaschentücher und Kondome griffbereit auf dem Nachtisch hat. Als sei das nicht peinlich genug, tauchen dann ihre Eltern auf und erkundigen sich im »Schwiegersohn-TÜV« nach Kontostand und Unterwäsche der Kandidaten. Nach mehreren Spielrunden entscheiden sich die Frauen für einen der Männer und der wiederum für eine der Frauen, und wenn die ja sagt, gewinnen beide einen Kurzurlaub mit der Bahn.

Die Show löste akute Sehnsüchte nach *Herzblatt*-Hubschrauber, Susi und vor allem einer Trennwand aus, angesichts der peinlichen Situationen vorzugsweise nicht zwischen den Kandidaten, sondern zwischen ihnen und den Zuschauern. Die Sendung, mit der das ZDF junge Zuschauer erobern wollte, bekam von diesen einen Korb und verschwand nach zwölf Ausgaben am Mittwoch um 18.15 Uhr im Fernsehhimmel.

WOLKEN ÜBER KAPRUN   ZDF, 3SAT

1966–1967 (ZDF); 1993 (3sat). 13-tlg. österr. Abenteuerserie von Helmut Andics, Regie: Franz Josef Gottlieb. Der Bauingenieur Reuterer (Horst Naumann) leitet den Bau des Kapruner Staudamms, der nicht reibungslos verläuft.

Die Serie war einer der ersten großen Flops des deutschen Fernsehens. Die erste Folge lief weitgehend unter Ausschluss der Öffentlichkeit im ZDF, während in der ARD das Endspiel der Fußballweltmeisterschaft 1966 übertragen wurde, an dem Deutschland teilnahm. Danach kam die Serie nicht in die Gänge und wurde nach fünf Folgen abgesetzt. Zwei weitere liefen im nächsten Jahr samstags nachmit-

tags, und das war's. Es verging mehr als ein Vierteljahrhundert, bis 3sat die Serie erstmals komplett zeigte, inklusive der restlichen sechs Folgen. Unfreiwillig erhielt die Historienserie dadurch einen realistischen zeitlichen Rahmen, denn ungefähr so lange hatte die Fertigstellung des echten Kapruner Staudamms in den Jahren bis 1955 gedauert.
Jede Folge war 25 Minuten lang.

WOLKENLOS VOX
Seit 1996. Wöchentliches einstündiges Reisemagazin am Samstagnachmittag.
Erster Moderator war Dieter Moor, seine Nachfolgerinnen wurden 1997 Andrea Rubio-Sanchez, 1998 Stella Yesiltac, im September 2000 Claudia Hiersche und Ende August 2002 Mary Amiri.

WOLKENSTEIN SAT.1
→ Max Wolkenstein

WOMBAZ ZDF
Seit 2005. 25-minütiges Tiermagazin für Kinder am Sonntagmorgen mit Florian Weber, der sich in jeder Sendung aus einem Zoo, Naturpark oder Tierheim meldet. Namensgeber und Co-Moderator ist Wombaz, eine freundliche graue Zeichentrickfigur von Pebo, die dem australischen Beuteltier Wombat nicht ganz unähnlich ist.

DIE WOMBELS ZDF, KI.KA
1977–1983 (ZDF); 1998 (KI.KA). 99-tlg. brit. Puppentrickserie nach Geschichten von Elisabeth Beresford (»The Wombles«; 1973–1998).
Die Wombels sind kleine, dickbäuchige, zottelige Wesen mit spitzen Schnauzen. Sie leben in Wimbledon in niedlichen Erdlöchern, die mit alten Zeitungen tapeziert sind, und sammeln den Müll, den die Menschen überall herumliegen lassen, um ihn auf originelle Art wieder zu verwerten. Familienoberhaupt ist Großonkel Bulgaria; zur Sippschaft gehören außerdem Orinoco, Wellington, Tomsk, Tobermory und Bango. Madame Cholet ist die französische Haushälterin. Erzähler ist Dieter Hallervorden (im englischen Original: Bernard Cribbins), der auch allen Wombels die Stimme leiht.
Die fünfminütigen Folgen liefen dienstags im Vorabendprogramm. Der Titelsong lautete: »Umwelt fängt an vor der eigenen Tür. / Wombles sind Wesen, die tun was dafür. / Leise und freundlich und sauber sind sie. / Jeder muss wombeln, denn sonst klappt das nie!« Komponiert hat ihn Mike Batt. In Großbritannien schaffte es der »Wombling Song« ebenso wie diverse Nachfolgelieder sogar in die Charts.
Zum 25-jährigen Jubiläum wurden 39 neue Folgen der Serie produziert, die in Deutschland der KI.KA zeigte. Jetzt verfügten die Wombles auch über Internet und Womfaxe und hatten einige neue Freunde: Miss Alderney, Shansi, Stepney und Obidos. Der Text der Titelmusik war dem Zeitgeist entsprechend weniger ökologisch engagiert und dafür eine platte Übersetzung des englischen Originals: »Oberirdisch, unterirdisch, wombeln wir los. / Wir Wombles sind auf jeder Wiese ganz groß. / Machen tolle Sachen, und jetzt haltet Euch fest, / mit allerhand Müll, den man hier hinterlässt.«

WONDER WOMAN RTL, RTL 2
1993 (RTL); 1995–1998 (RTL 2). 60-tlg. US-Fantasyserie nach den Comics von Charles Moulton (»Wonder Woman«; 1975–1977; »The New Adventures Of Wonder Woman«; 1977–1979).
Diana Prince (Lynda Carter) ist »Wonder Woman« und kämpft in den 40er-Jahren im knappen bunten Badeanzug gegen Nazis und Außerirdische. Sie ist eigentlich eine Amazonenprinzessin von der Paradiesinsel, wo das Serum Feminum den dort lebenden Frauen Superkräfte verleiht und sie Hunderte von Jahren alt werden lässt, hat sich aber in Major Steve Trevor (Lyle Waggoner) verliebt, der sich auf die Insel verirrt hatte, und ist ihm als seine Sekretärin in die USA gefolgt – wie praktisch, denn ihr sexy Wonder Woman-Outfit ist in den US-Nationalfarben gehalten.
In die Superheldin verwandelt sie sich immer, wenn ihre Hilfe benötigt wird. Steve wundert sich dann, wohin Diana verschwunden ist, denn er weiß nichts von ihrem Doppelleben. Wonder Girl Drusilla (Debra Winger), Dianas jüngere Schwester, hilft ihr manchmal.
Mit Beginn der zweiten Staffel sind knapp 40 Jahre vergangen. Diana, äußerlich unverändert, arbeitet

Farbfernsehen kann so unglaublich schön sein: *Wonder Woman* (Lynda Carter).

jetzt im neuzeitlichen Amerika mit Steves Sohn Steve (äußerlich auch unverändert, gleicher Darsteller) und dessen Sekretärin Eve (Saundra Sharp) für Joe Atkinson (Normann Burton) in dessen Geheimdienst IADC. Jetzt kämpft sie gegen Terroristen und Außerirdische, und wieder weiß niemand außer ihr selbst von ihrem Superheldinnendasein.
Die Serie lief fast komplett bei RTL, mit Ausnahme des Pilotfilms und einer Folge aus der Mitte, die ausgefallen war. Beide Episoden liefen später erstmals in Deutschland, als RTL 2 die Serie wiederholte.

WOOBINDA ARD
1970–1972. 39-tlg. austral.-dt. Abenteuerserie (»Woobinda, Animal Doctor«; 1969).
Der Tierarzt Dr. Stevens (Don Pascoe), genannt Woobinda, was in der Sprache der Aborigines so viel heißt wie »Der Mann, der heilt«, praktiziert im australischen Busch in der fiktiven Stadt Gotten's Creek. Er hat eine Tochter Tiggy (Sonja Hoffmann) und einen Adoptivsohn Kevin (Bindi Williams). Der junge deutsche Tierarzt Peter Fischer (Lutz Hochstraate) unterstützt Woobinda bei der Arbeit.
Daktari auf australisch, mit der bewährten und erfolgreichen Mischung aus süßen Tieren, rücksichtslosen Menschen und grandiosen Landschaftsaufnahmen. Die halbstündigen Folgen liefen im regionalen Vorabendprogramm.

WOODY WOODPECKER RTL
1996–2003. US-Zeichentrickserie (»The Woody Woodpecker Show«; 1970–1973; »The New Woody Woodpecker Show«; 1999–2002).
Neue Cartoons mit dem lachenden Specht Woody Woopecker, immer noch frech, aber im Vergleich zu den frühen Kinokurzfilmen harmlos. Die 25-Minuten-Folgen liefen im Kinderprogramm am Samstag- und Sonntagvormittag.

WOODY WOODPECKER ZEIGT ARD
1970. US-Zeichentrickserie von Walter Lantz (»Woody Woodpecker«; 1940–1972). Kurze Cartoons mit Woody Woodpecker, einem verrückten Specht mit einem markanten Lachen (Ha-ha-ha-haaa-ha! Ha-ha-ha-haaa-ha!).
198 Kurzcartoons mit Woody Woodpecker waren innerhalb von 32 Jahren fürs Kino entstanden. Für die Fernsehausstrahlung wurden die Cartoons entschärft, denn Woody war seinerzeit der ungehobeltste von allen Cartooncharakteren und scherte sich nicht um politische Korrektheit. In seinen Filmen wurde getrunken, geraucht und sogar gekokst, im Fernsehen war nichts davon der Fall.
Die ARD zeigte die Zehn-Minuten-Folgen im regionalen Vorabendprogramm. Eine direkt fürs Fernsehen produzierte Neuauflage der Serie war bei RTL zu sehen.

WORKING GIRL – DIE WAFFEN DER FRAUEN SAT.1
→ Die Waffen der Frauen

WORLD GONE WILD VOX
2001. 17-tlg. US-Tierdokumentation (»World Gone Wild«; 2000).
Steve Santagati und sein Team beobachten weltweit wilde und seltene Tierarten und unterstützen Menschen, die sich für die Rettung dieser Tiere einsetzen. Die Folgen dauerten 60 Minuten und liefen samstags um 19.10 Uhr.

EIN WORT AUS MUSIK ZDF
1981–1983. »Spiel und Spaß mit Heinz Eckner«. 25-minütige Musik-Sketch-Quiz-Show mit Heinz Eckner, der eine Nummernrevue mit bekannten Melodien populärer Künstler präsentierte und mit prominenten Gästen Sketche aufführte. Aus den Liedern ergab sich ein Lösungswort, das die Fernsehzuschauer per Postkarte einsenden konnten. Allein in der ersten Staffel gingen nach Eckners Angaben 1,3 Millionen Zuschriften beim ZDF ein, eine enorme Zahl, die die bereits geplante Absetzung der Show verhinderte. Sie brachte es dann noch auf zwei weitere Staffeln und insgesamt 34 Folgen.
Sendeplatz war dienstags um 17.50 Uhr, z. B. als Vorprogramm von *Mein Name ist Hase*. Ab der zweiten Staffel gab es einige konzeptionelle Änderungen: Eckners Assistentin Elke Kast war ersatzlos gestrichen und ein neuer Drehbuchautor hinzugenommen worden, um die Sendung witziger zu machen: Heinz Schenk. Jawohl, Heinz Schenk. Der Regisseur der Show war ebenfalls prominent: Hans Rosenthal.

WORT FÜR WORT – VON ORT ZU ORT ARD
1987. Quiz im regionalen Vorabendprogramm mit Uwe Hübner.
Zwei Teams müssen Begriffe erraten und bekommen dafür Reisekilometer. Maximal 975 Kilometer können sie erspielen. Das Quiz lief einmal im Monat eine Woche lang täglich; jeweils am Freitag trafen die Siegerteams zweier bis dahin ausgetragener Duelle aufeinander und spielten um den Gesamtsieg.
Wort für Wort war die erste tägliche Gameshow im deutschen Fernsehen. Insgesamt liefen 20 Ausgaben, die knapp zehn Minuten lang waren.

DAS WORT HAT DIE VERTEIDIGUNG ARD
1974. 13-tlg. US-Anwaltsserie (»Storefront Lawyers«; 1970–1971).
Der junge Rechtsanwalt David Hansen (Robert Foxworth) gibt seine Stelle in einer prestigeträchtigen Kanzlei auf und eröffnet mit Deborah Sullivan (Sheila Larkin) und Gabriel Kaye (David Arkin) ein Büro in einer Armengegend von Los Angeles, wo sie ehrenamtlichen Rechtsbeistand anbieten.
Die halbstündigen Folgen liefen im regionalen Vorabendprogramm. Der Anspruch der Anwälte war auch der der Serienmacher: Sie wollten wichtige Themen im Fernsehen behandeln. Als sich das nicht in Quoten auszahlte, wurden die drei engagierten Anwälte wieder in die edle Kanzlei verfrachtet, aus der Hansen geflohen war, und hatten fortan nicht nur unterprivilegierte Klienten, sondern auch die üb-

liche betuchte Kundschaft. Die Serie, die dann »Men At Law« hieß (und nicht in Deutschland lief), rettete das auch nicht mehr.

WORT ZUM SONNTAG   ARD

Seit 1954. Kurzer Verkündigungsbeitrag am Samstag gegen 22.00 Uhr von Pfarrern der katholischen und evangelischen Kirche, zu Beginn zehn, später fünf, dann vier Minuten lang.

Die Sendung war anfangs als besinnlicher Ausklang des Unterhaltungsprogramms gedacht, behielt ihren Sendeplatz jedoch auch, als das Unterhaltungsprogramm immer weiter in die Nacht ausgedehnt wurde. Nur 1957 wechselte sie auf den Sonntagabend und wurde (notwendigerweise) umbenannt in *Zwischen gestern und morgen*. Doch schon an Neujahr 1958 hatte das *Wort zum Sonntag* seinen alten Namen und Platz wieder. 1970 sollte es noch einmal auf den Sonntag verschoben werden, Zuschauer- und Zeitungsproteste verhinderten dies.

Zunächst wechselten sich katholische und evangelische Seelsorger wöchentlich ab; seit Anfang 1999 moderiert jeder meist zwei oder drei Samstage hintereinander, um die Zuschauerbindung zu erhöhen. Außerdem wurde die bisherige Zahl von 16 Sprechern halbiert.

Der Sendestart war eigentlich für den 1. Mai 1954 geplant, erster Sprecher sollte Prälat Klaus Mund von der katholischen Kirche sein. Eine technische Panne, ein Kabelbruch, verhinderte die Ausstrahlung, und die Premiere verschob sich auf den 8. Mai 1954, nun präsentiert von dem evangelischen Pastor Walter Dittmann, der seine Gedanken anlässlich des noch neuen Mediums Fernsehen unter das Motto »Sehen und Hören« stellte. 1969 sprach zum ersten Mal eine Frau das *Wort zum Sonntag*, die evangelische Leiterin des Bayerischen Mütterdienstes, Liselotte Nold.

Bekannteste Moderatoren waren auf evangelischer Seite Heinrich Albertz, Bischof Otto Dibelius, Oda-Gebbine Holze-Stäblein, Bischof Hanns Lilje, Susanne Schullerus-Keßler, Adolf Sommerauer, Jörg Zink und Jenny. Jenny war die Hündin von Pfarrer Heiko Rohrbach, die er einmal mit in die Sendung brachte. Die prominentesten Vertreter der katholischen Kirche waren Julius Kardinal Döpfner, Pater Johannes Leppich, Joseph Kardinal Ratzinger, Ordensschwester Isa Vermehren, Erzbischof Friedrich Wetter, Pfarrer Lothar Zenetti, der kritische Theologe Hans Küng, dem Papst Johannes Paul II. 1979 die kirchliche Lehrbefugnis entzog, und der Papst selbst. Die Sendung mit Johannes Paul II. aus Rom bescherte dem *Wort zum Sonntag* am 25. April 1987 eine Rekordeinschaltquote.

Das *Wort zum Sonntag* war – entgegen dem Image der Kirchen – weltoffen und flexibel. Bei aktuellen Ereignissen verwarfen die Kirchenvertreter ihre vorbereiteten Texte und sprachen zum gegebenen Anlass, notfalls frei. Erstmals ergriff Pfarrer Jörg Zink nach der Flugzeugentführung von Mogadischu 1977 die Initiative, beim Oktoberfest-Attentat 1980 oder bei den Terroranschlägen in Moskau und Madrid taten es ihm die Kollegen gleich. Zink war es auch, der im November 1979 strenge Worte über die Zerstörung der Umwelt sprach. Vier Monate später zogen die Grünen bei den Wahlen in Baden-Württemberg erstmals in einen deutschen Landtag ein, und der in Stuttgart lebende Pfarrer Zink musste sich Wahlkampfhilfe vorwerfen lassen.

Die allmähliche Modernisierung der Sendung führte ihre Moderatoren mehrfach aus dem sterilen Studio hinaus an Schauplätze des wahren Lebens, zu Autobahnbrücken und Einkaufszentren, in Krankenhäuser und Parlamente. Als Stefan Raab im Mai 2000 für Deutschland beim *Eurovision Song Contest* antrat und auf der Hamburger Reeperbahn eine große Grand-Prix-Party stieg, kam das *Wort zum Sonntag* live von dort, und Andrea Schneider predigte gegen die schreiende Masse und die fortschreitende Zeit an, denn um Punkt 21.00 Uhr wurde die Eurovisionssendung aufgeschaltet. Diese Praxis wurde in den Folgejahren noch mehrfach wiederholt.

WORTSCHÄTZCHEN   ARD

1987–1988. 45-minütige aufgekratzte Spielshow mit Margarethe Schreinemakers. Vier Paare treten in lustigen Sprachspielen gegeneinander an.

Die Show lief ungefähr monatlich dienstags um 20.15 Uhr, brachte Schreinemakers den Ruf einer völlig enthemmten Kindergartentante ein und verschwand nach neun Ausgaben.

W. P. ANDERS – JUGENDGERICHTSHELFER   ZDF

1993. 4-tlg. dt. Familienserie, Regie: Christian Quadflieg.

Der Sozialpädagoge W. P. Anders (Christian Quadflieg) ist Gerichtshelfer und versteht sich als Verbündeter jugendlicher Straftäter. Er versucht im Gespräch mit der Staatsanwaltschaft zu erklären, dass auch ein Täter, der einen Brand gestiftet oder ein Auto, das ihm nicht gehört, zu Schrott gefahren hat, letztlich nur ein Opfer ist.

Die Reihe wurde in Rekordtempo umgesetzt und rechtzeitig zur Adventszeit ins Programm gehievt. Die Zeit reichte nur für vier Drehbücher (und war selbst da offenbar knapp), bei Erfolg sollten später mehr gedreht werden. Dazu kam es nicht. Die Folgen waren 50 Minuten lang und liefen samstags um 19.25 Uhr.

WUFF!   ARD, NICKELODEON

1991–1995 (ARD); 1995–1997 (Nickelodeon). 69-tlg. brit. Jugendserie (»Woof!«; 1989–1994).

Wann immer es bei dem jungen Eric Banks (Edward Fidoe) in der Nase kribbelt, verwandelt er sich in einen Hund – in jeder noch so unpassenden Situation. Mit seinem Freund Roy (Thomas Aldwinckle) hat Eric einen Verständigungscode verabredet: Einmal Bellen heißt Ja, zweimal Nein. Im Laufe der Serie wechselt die Hauptfigur zweimal, aber auch die neuen Jungen Rex Thomas (Adam Roper) und Jim Walters (Sebastian Mahjouri) verwandeln sich gelegentlich in einen Hund.

Wirklich wunderbar fand Kevin die *Wunderbaren Jahre* seiner Jugend auch erst hinterher, als er sich nicht mehr Tag für Tag den Kopf zerbrechen musste, was Mädchen eigentlich wollen, vor allem diese zauberhafte, aber schwierige Winnie.

42 halbstündige Folgen liefen im Nachmittagsprogramm der ARD, 27 weitere liefen als deutsche Erstausstrahlung auf Nickelodeon.

WUNDER DER ERDE   HR, ARD

1968–1987 (HR); seit 1987 (ARD). Erfolgreiche Reihe mit Naturdokumentationen von und mit Prof. Ernst Waldemar Bauer.

Im Unterschied zu anderen Naturreihen ging es in *Wunder der Erde* nicht ausschließlich um exotische Tiere in ihrem natürlichen Lebensraum, sondern anfangs vor allem um Geologie und Erdgeschichte, später mehr um Naturschutz und Ökologie. Die erste Sendung befasste sich mit Vulkanen bei Neapel.

Die Reihe bestand überwiegend aus eigenproduzierten Filmen, nur vereinzelt wurden Produktionen zugekauft. Man sagt Ernst Waldemar Bauer nach, dass er gekaufte Filme über ihm bis dato fremde Gegenden der Erde erst dann sendete, wenn er diese Gegenden selbst persönlich bereist hatte, um in seinen Moderationen aus eigener Erfahrung sprechen zu können.

Rund 100 Ausgaben der Reihe liefen im Hessen Fernsehen, viele Sendungen übernahm die ARD in ihr Nachmittagsprogramm. Nach dem Tod von Bernhard Grzimek und der Einstellung seiner Reihe *Ein Platz für Tiere* wechselte *Wunder der Erde* im September 1987 auf dessen Sendeplatz ins Abendprogramm des Ersten und lief dort zunächst achtmal im Jahr; im neuen Jahrtausend wurden die Sendungen seltener ausgestrahlt.

WUNDER WILDNIS   SAT.1

1993–1994. Naturfilmreihe am frühen Abend.
Die Biologin Angelika Hofer, die durch ihr *Tagebuch einer Gänsemutter* bekannt wurde, sagt Tierfilme an und unterbricht die Aufnahmen und den sie begleitenden Musikteppich immer wieder für spröde Kurzreferate.

WUNDER-BAR   ZDF

1995–1996. Monatliche 45-Minuten-Show am Donnerstagabend.

Elke Schneiderbanger präsentierte unglaubliche Geschichten, die wahr oder doch erfunden waren. Prominente Gäste mussten es erraten und Aktionsspiele meistern. In der Sendung wurden ferner die monatlichen Gewinner der Fernsehlotterie *Aktion Sorgenkind* gezogen.

Es war nicht leicht, eine noch erfolglosere *Aktion Sorgenkind*-Sendung zu machen als den Vorgänger *Goldmillion*. Dieser Sendung gelang es. Dazu trugen prominente Gäste bei (zur Premiere Michael Schanze, Elmar Hörig und Heintje), denen es erkennbar egal war, ob diese blöden Geschichten nun wahr waren oder nicht. Nach fünf Ausgaben schloss das ZDF das Etablissement und holte Dieter Thomas Heck zu Hilfe, der *Das große Los* zog.

WUNDERBARE JAHRE   RTL, RTL 2

1990–1992 (RTL); 1995 (RTL 2). 115-tlg. US-Nostalgieserie von Carol Black und Neal Marlens (»The Wonder Years«; 1988–1993).

Der zwölfjährige Kevin Arnold (Fred Savage) lebt im Jahr 1968 mit seinen Eltern Jack (Dan Lauria) und Norma (Alley Mills), seiner älteren Hippie-Schwester Karen (Olivia d'Abo) und seinem älteren Bruder Wayne (Jason Hervey) ein durchschnittliches Leben in einer amerikanischen Vorstadt. Er schlägt sich mit den typischen Problemen eines Jugendlichen herum, mit blöden Lehrern, erster Liebe und generell dem Erwachsenwerden. Durch diese Zeit begleitet ihn vor allem sein bester Freund Paul Pfeiffer (Josh Saviano). Die beiden sind neu an der Kennedy Junior High School.

Kevins Nachbarin Gwendolyn »Winnie« Cooper (Danica McKellar) ist immer mal wieder seine Freundin. Wenn das gerade nicht der Fall ist, trifft er sich mit Becky Slater (Crystal McKellar). Mr. Cantwell (Ben

Stein) ist der Naturkundelehrer, Coach Ed Cutlip (Robert Picardo) der Sportlehrer. Am Rande geht es um die Themen, die zur damaligen Zeit Geschichte machten: Gleich in der ersten Folge fällt Winnies Bruder im Vietnamkrieg. Nach dem Abschluss der Junior High wechseln die Freunde Kevin, Paul und Winnie auf die McKinley High School. Karen zieht von zu Hause aus und bei ihrem Freund Michael (David Schwimmer) ein, den sie nach einer Weile heiratet. Jede Folge wurde aus der Sicht des inzwischen erwachsenen Kevin geschildert, der zugleich als Off-Erzähler zu hören war und auf seine Jugend in den 60er- und frühen 70er-Jahren zurückblickte. Der erwachsene Kevin war zwar nie zu sehen, doch man konnte ihn sich als großen Mann mit buschigem Schnauzbart und buntem Hemd vorstellen. Die Off-Stimme gehörte Norbert Langer, dem Synchronsprecher von *Magnum*.
Jede Folge der hochgelobten und mehrfach ausgezeichneten Serie war eine halbe Stunde lang. Die ersten 68 liefen am Samstagnachmittag bei RTL, alle weiteren später im werktäglichen Nachmittagsprogramm bei RTL 2. Als Titelsong verwendeten die Macher »With A Little Help From My Friends« in der Version von Joe Cocker, die in dem Jahr ein Hit war, in dem die Serie anfangs spielte.
RTL ließ sich 15 Jahre später von der Idee zu einer ähnlichen Serie inspirieren, die eine Kindheit in den 80er-Jahren in der DDR schilderte: *Meine schönsten Jahre*.

DIE WUNDERBARE REISE DES KLEINEN NILS HOLGERSSON MIT DEN WILDGÄNSEN ARD
→ Nils Holgersson

WUNDERBARE WELT ZDF
1992–2002. Reihe mit 45-minütigen Natur- und Tierdokumentationen der »National Geographic Society«.
Wunderbare Welt startete sonntags um 19.30 Uhr und wurde anfangs von dem ehemaligen *Tagesthemen*-Moderator Hanns Joachim Friedrichs präsentiert. Später bestand die mehrfach ausgezeichnete Reihe aus unmoderierten Einzelfilmen, oft auch Mehrteilern. Die Filme zeigten kleine und große Tiere und Pflanzen auf allen Kontinenten, aber auch Berichte über die tödliche Verwüstung durch einen Tsunami oder eine grausame Mordserie in Indien, bei der nicht einmal klar war, ob der »Menschenfresser« ein Mensch oder ein Tier war, gehörten zur »Wunderbaren Welt«.
Im Herbst 1999 beendete das ZDF die Sendung in ihrer bisherigen Form nach 86 Folgen. Zur gleichen Zeit stellte es die Reihe *Naturzeit* ein und machte aus *Wunderbare Welt* die neue Dachmarke für alle Tier- und Naturfilme am Dienstagabend um 20.15 Uhr. Sie wanderte noch mehrfach durchs Programm, wurde 2002 auf den frühen Samstagabend und 2003 ins Nachmittagsprogramm verlegt, erst auf 16.15 Uhr, ab Oktober auf 14.15 Uhr. Dort lief die Reihe fortan jeden Werktag, mit gelegentlichen neuen Filmen, die dann meistens an mehreren Tagen hintereinander gezeigt wurden, und vielen Wiederholungen dazwischen.

DIE WUNDERBARE WELT DES SCHWACHSINNS RTL 2
2000. Einstündige Comedyshow mit aneinander gereihten Sketchen vor allem von britischen und kanadischen Komikern, darunter Benny Hill, Monty Python, Rowan Atkinson und Hale & Pace, aber auch von Morwenna Banks, Armstrong & Miller und Ingolf Lück.
Acht Folgen liefen dienstags um 21.10 Uhr.

WUNDERBARER PLANET ZDF
1989–1990. 12-tlg. jap. Wissenschaftsreihe von Naoji Ono.
Ausführlich und lehrreich zeichnet die Reihe die Entstehung der Erde und ihre weitere Entwicklung nach: Beginnend bei der Urknalltheorie geht es weiter mit der Entstehung der Ozeane, Gebirge und Wälder, dem Aussterben der Dinosaurier, den Eiszeiten, Wüsten, der Atmosphäre und schließlich dem zerstörerischen Einwirken der Menschen auf ihren eigenen Planeten.
Die Reihe war mit im Schnitt vier Millionen Zuschauern recht erfolgreich. Die meisten der dreiviertelstündigen Folgen liefen montags um 22.00 Uhr, einige auch zur Primetime und am frühen Sonntagabend.

WUNDERJAHRE ZDF
1992. 4-tlg. dt. Jugendfilm von Arend Agthe nach dem Buch »Mensch Karnickel« von Rudolf Herfurtner.
Deutschland, 1957. Die 13-jährige Waise Hanna (Silvia Lang) kommt in Mittelstadt zunächst auf Probe zu Hannelore (Gudrun Landgrebe) und Friedrich Hoffmann (Jens Weisser). Deren eigene Kinder, der jüngere Timo (Jan Hinrichsen) und der ältere Bernhard (Christian Mueller-Stahl), sind zunächst misstrauisch, freunden sich jedoch schließlich mit dem neuen Familienmitglied an. Eines Tages taucht Clemens (Kirill Falkow) auf, Hannelores verschollener Sohn aus erster Ehe, der nach der russischen Gefangenschaft völlig verwildert und hospitalisiert ist. Nur Hanna schafft es, zu ihm eine Beziehung aufzubauen, doch Clemens kommt bald ums Leben. Bernhard fliegt von der Schule, als er die Nazivergangenheit eines Lehrers in der Schülerzeitung aufdeckt. Hanna wird schließlich adoptiert.
Nachkriegsgeschichte über das Leben in einer Kleinstadt zwischen Wirtschaftswunder und Vergangenheitsverdrängung, erzählt für Kinder aus der Sicht von Hanna. Lief auch im Kino als Spielfilm.

WUNDERSAME GESCHICHTEN VOX
1994. 26-tlg. US-jap. Zeichentrickserie (»Funky Fables«; 1991).
Klassiker in etwas anderem Gewand: In jeder halbstündigen Folge wird ein bekanntes Märchen oder eine Geschichte parodiert, darunter Schneewittchen,

Aschenputtel, Heidi, Alice im Wunderland, Der Rattenfänger von Hameln und Tom Sawyer und Huckleberry Finn.

WUNDERWELT WISSEN   PRO SIEBEN
Seit 2005. Einstündiges Wissensmagazin mit Robert Biegert.
Ende 2004 war Produzent Hendrik Hey mit seinem erfolgreichen Magazin *Welt der Wunder* im Streit von Pro Sieben zu RTL 2 gegangen. Ein Gericht bestätigte, dass er das Recht dazu besaß. Also erfand Pro Sieben kurzerhand ein neues Magazin mit dem bisherigen Moderator, das nicht nur den alten Sendeplatz sonntags um 19.00 Uhr bekam, sondern auch einen zum Verwechseln ähnlichen Namen, vertraute Designelemente und die bewährte Mischung von Themen aus Technik und Natur. Nur die Qualität der aufwendig produzierten, aber oft läppischen Beiträge war jetzt deutlich besser oder schlechter – je nachdem, welcher der Seiten man glaubte.

WÜNSCH DIR WAS   ZDF
1969–1972. Große Samstagabend-Spielshow mit Dietmar Schönherr und Vivi Bach.
Drei Familien, je eine aus Deutschland, Österreich und der Schweiz, treten in sechs Spielrunden mit verschiedenen Aktions- oder Übereinstimmungsspielen gegeneinander an. Die punktschlechteste der drei Familien scheidet nach der vierten Runde aus. Immer hat die Familie, die sich am besten organisieren und als funktionierende Einheit präsentieren kann, die besten Chancen. Die Spiele stehen oft unter einem gemeinsamen, aktuellen und kontroversen Thema wie Umweltverschmutzung oder antiautoritäre Erziehung. Der Siegerfamilie wird am Ende ein gemeinsamer Wunsch erfüllt.
Über den Gesamtsieger entschieden die Fernsehzuschauer durch eine Art vorsintflutlichen TED. Einwohner einer bestimmten Stadt wurden aufgefordert, für eine Familie abzustimmen, indem sie auf Aufforderung alle Lichtquellen in ihrem Fernsehzimmer einschalteten, zunächst für die erste Familie, anschließend für die zweite. Das Elektrizitätswerk der Stadt teilte Vivi Bach telefonisch den Strommehrverbrauch mit. Gewonnen hatte die Familie, die den höheren Stromverbrauch erzielte. In Zweifelsfällen entschied ein Notar über die Punktevergabe der einzelnen Spiele.
Die Sendung brachte Skandale hervor wie keine zweite. Zwar war *Wünsch dir was* als »kritische Unterhaltung in alternativen Formen« geplant und angekündigt, die »zum Diskutieren und Nachdenken anregen« sollte (Schönherr sagte in der ersten Folge: »Unser Familienspiel soll alte Zöpfe abschneiden«). Das schaffte sie zweifellos. Aber weder Zuschauer noch Programmdirektoren konnten sich mit den bewussten Provokationen Schönherrs und der Redaktion anfreunden. Eine Kandidatin in durchsichtiger Bluse, eine Kommune, die über Ehe und Familie diskutierte, oder unwissentlich in deren Abwesenheit bunt bemalte Hauswände der Kandidatenfamilien passten zwar in die Proteststimmung der ausklingenden 60er-Jahre, wohl aber nicht in das familien- und massenverträglich gewollte Samstagabendprogramm.
Die Dame in der durchsichtigen Bluse hieß Leonie Stöhr. Im dazugehörigen Spiel musste sich 1970 ihre Familie entscheiden, in welchem der zur Auswahl stehenden Kleidungsstücke ihre Tochter anschließend auf der Bühne erscheinen würde. Die Familie entschied sich korrekt für die durchsichtige Bluse, die, wie die Kandidatin später erklärte, am Kleiderbügel in der Garderobe gar nicht so durchsichtig wirkte.
Ein simulierter Autounfall, bei dem Kandidaten mitsamt Auto unter Wasser gelassen wurden und versehentlich in Lebensgefahr gerieten, war 1971 der Höhepunkt unter den Skandalen. Die Schweizer Kandidatin Frau Dreier sagte kurz nach ihrer Rettung kreidebleich in die Kamera: »Ach ja, es war alles halb so schlimm.« Danach brach sie angeblich hinter den Kulissen zusammen.
Das Drama war zwar nicht geplant, die Erregung über die Sendung allerdings schon: »Wir nehmen Proteste nicht nur in Kauf, sondern wir fordern sie ganz bewusst heraus«, formulierte die Redaktion, zu der auch Guido Baumann und André Heller gehörten. »Denn nur, wenn jemand anderer Meinung ist, kommt eine Diskussion in Gang.« Das Publikum schaltete offensichtlich zum Großteil ein, um sich zu ärgern: Zum Thema »antiautoritäre Erziehung« duzte Schönherr alle Anwesenden; das Volk war außer sich.
Die Quoten waren teilweise sehr hoch (bis zu 30 Millionen), schwankten aber stark. Und wenn es keinen Skandal gab, waren die Leute enttäuscht.
Aufsehen erregte auch eine vermeintlich rote Nelke (die in Wahrheit violett war), die Schönherr einmal im Knopfloch trug, und die von den Konservativen in Österreich als Werbung für die SPÖ im Wahlkampf um den Bundespräsidenten gedeutet wurde.
Bei aller Progressivität war die Rollenverteilung des Moderatorenpaars äußerst klassisch: Vivi Bach war neben dem bedeutungsschwer und ernst auftretenden Schönherr kaum mehr als schmückendes Beiwerk, schon weil die Dänin in der Live-Sendung meist überfordert war, wenn sie reden musste. So etwas wie Humor fehlte in der Sendung völlig – den hatten die wohlmeinenden Pädagogen Anfang der 70er-Jahre offenbar schlicht vergessen.
1972 wurde nach 24 Sendungen mit 121 verschiedenen Spielen die Absetzung beschlossen, offiziell hieß es: wegen »Abnutzungserscheinungen«. Hinterher war erstmal wieder Ruhe im ZDF: Der neue Unterhaltungschef Peter Gerlach versprach bei seinem Amtsantritt 1972: »Man muss sich wieder mal reduzieren können auf die Maßstäbe der Mehrheit!«
Dietmar Schönherr erhielt für die Show die Goldene Kamera.

DER WUNSCHBAUM   ARD
2004. 3-tlg. dt. Familiensaga nach dem Roman von Sandra Paretti, Regie: Dietmar Klein.
Das 19. Jh. klingt für Camilla Hofmann (Alexandra

Als die 17-jährige Leonie Stöhr sich 1971 dafür entschied, in *Wünsch dir was* mit einer durchsichtigen Bluse über den Laufsteg zu gehen, konnte sie noch nicht wissen, dass dies eine der berühmtesten Szenen der deutschen Fernsehgeschichte werden würde.

Maria Lara) unglücklich aus: Ihr spielsüchtiger Vater Fritz (Michael Degen) hat das Kapital seiner Seifenfabrik verzockt, und Camilla trennt sich von ihrem Geliebten Steve Kammer (Gedeon Burkhard), um sich ganz ihrer Familie und der Rettung des Unternehmens zu widmen. Karl Senger (Peter Lohmeyer) wird ihr Ehemann, mit dem sie eine eigene Familie gründet und ein erfolgreiches Waschmittelunternehmen aufbaut. Während Karl im Ersten Weltkrieg kämpft, kümmert sie sich allein um Fabrik und Familie. Sie trifft Steve wieder. Nun ist sie hin- und hergerissen zwischen Karl, dem sie während seiner Abwesenheit nicht untreu werden will, und Steve, den sie noch immer liebt.

Die spielfilmlangen Folgen liefen zur Primetime und sind auf DVD erhältlich.

WUNSCHBOX   ARD

1997–2002. Knapp einstündige Musiksendung mit Ingo Dubinski.

Das Studiopublikum darf sich aus mehreren Vorstellungen aus einer Jukebox Lieder aussuchen, die dann als Videoclip gezeigt werden. Später werden auch allgemeine Musikwünsche entgegengenommen, die per Postkarte eingesandt wurden, und Musiker sind als Gäste dabei und singen ihre Hits direkt im Studio.

Lief anfangs viermal, später fünfmal pro Woche werktags um 14.03 Uhr. Ende August 2001 wurde bekannt, dass Ingo Dubinski 20 Jahre zuvor in der DDR inoffizieller Stasimitarbeiter war. Er wurde kurzfristig vom Bildschirm verbannt (die ARD füllte den Sendeplatz mit Wiederholungen der alten RTL-Serie *Ein Schloss am Wörthersee*), nach zwei Monaten Pause durfte er aber weitersenden. Gut ein Jahr später wurde die Show endgültig aus dem Programm genommen, und die ARD zeigte nochmal ein paar alte RTL-Serien.

Die vorab produzierte Pilotsendung der *Wunschbox* hatte noch Uwe Hübner moderiert. Am Tag vor dem ARD-Start strahlte Südwest 3 diese Pilotfolge aus.

DER WUNSCHBRIEFKASTEN   DFF

1974–1990. Erfolgreiche Samstagabendshow. Die Schauspielerpaare Heidi Weigelt und Lutz Jahoda sowie Uta Schorn und Gerd E. Schäfer wechseln sich als Moderatoren ab und erfüllen Zuschauerwünsche nach alten Programmausschnitten.

DER WUNSCHFILM   ZDF

→ ZDF-Ferienprogramm für Kinder

WUNSCHFILM DER WOCHE   ZDF

1981–1989. Sommerlochreihe, in der das ZDF den Zuschauern jeweils drei Kinofilme zur Auswahl stellte und sie per Postkarte, später auch per TED abstimmen ließ, welcher am folgenden Samstag um 20.15 Uhr ausgestrahlt werden solle. 1985 liefen die Wunschfilme zwischendurch auch mal am Donnerstag. Anfangs machten 30 000 Zuschauer von ihrem Mitbestimmungsrecht Gebrauch, dann noch 10 000 und schließlich nur noch eine Zahl, die ein ZDF-Mitarbeiter, der nicht genannt werden mochte, nicht so gern nennen mochte. Zeitweise lief die Aktion unter dem Zusatztitel »Sommerfestival im ZDF«.

DER WUNSCHKINDAUTOMAT   ARD

→ Bambinot – Der Wunschkindautomat

WUNSCHKONZERT   ARD

1957–1959. Show, in der sich Zuschauer Filmausschnitte wünschen konnten. Die ersten beiden Ausgaben moderierte Robert Lembke, die dritte Ruth Kappelsberger, die vierte Annette von Aretin. Danach waren wohl keine Wünsche mehr offen, die Resonanz war zu gering für eine Fortsetzung.

WWF Club mit Marijke Amado, Jürgen von der Lippe (Mitte) und Frank Laufenberg.

WUNSCHKONZERT ZDF
1986. Musikshow mit Anneliese Rothenberger, die nur dreimal lief.

WUNSCHPARTNER ZDF
1987–1988. 12-tlg. dt. Familienserie von Karl Wittlinger, Regie: Kai Borsche, Rainer Klingenfuß.
In einer Villa, die er von seinem Onkel geerbt hat, gründet Felix von Trautwein (Bernd Herzsprung) mit Franziska Schongauer (Eva-Ingeborg Scholz), der Sekretärin des Onkels, und ihrer Tochter Romy (Margit Geissler) eine Partnervermittlung. Der Kellner Gregor Seidelmann (Wolfgang Völz) schließt sich ihnen an. Natürlich läuft nicht alles nach Plan.
Die einstündige Pilotsendung lief freitags, die halbstündigen Folgen samstags am Vorabend.

DER WUNSCHPUNSCH KI.KA
2001–2002. 52-tlg. dt.-frz. Zeichentrickserie nach dem Buch »Der satanarchäolügenialkohöllische Wunschpunsch« von Michael Ende.
Beelzebub Irrwitzer und seine ungeliebte Tante Tyrannja Vamperl sind Zauberer, die im Auftrag von Maledictus Made, dem Minister der äußersten Finsternis, gemeinsam von ihrer Villa Albtraum aus die Menschen in Mikropolis vernichten sollen. Dazu dient ihnen der Wunschpunsch, von dessen Rezept die beiden jeweils eine Hälfte besitzen, und mit dem sie die Welt der Menschen jeweils auf eine andere Art schrecklich verändern. Nur wenig Zeit bleiben dem Kater Maurizio di Mauro, dem Raben Jakob Krakel und den anderen tierischen Menschenfreunden, die Wirkung der fiesen Flüche rückgängig zu machen.
Lief wenig später auch in der ARD.

WUSSTEN SIE SCHON ...? ARD
1952–1953. 15-minütiges Magazin am Dienstagabend, das z. B. erklärt, wie ein Trickfilm entsteht, seit wann es Misswahlen gibt oder welche Attraktionen die Automobilausstellung bietet.

WÜSTENFIEBER ZDF
1990. 8-tlg. dt. Abenteuerserie, Regie: Herbert Ballmann.
Die Geologen Dr. Schöneberg (Gunter Berger) und Dr. Hanson (Belinda Mayne) suchen in der Wüste nach Erdöl. Die Folgen waren 50 Minuten lang und liefen samstags am Vorabend.

WWF-CLUB ARD
1980–1990. Vorabendshow im Regionalprogramm des WDR mit Musik, Gästen und Comedy.
Erste Fernsehpräsenz von Jürgen von der Lippe, der die Sendung gemeinsam mit Frank Laufenberg und Marijke Amado insgesamt 180-mal präsentierte. 1985 übernahm Jürgen Triebel seine Stelle. Mit den drei Moderatoren war der Roboter Bruno im Studio und gab zu allem seinen Senf dazu.

WYATT EARP GREIFT EIN ARD
1960–1965. 20-tlg. US-Westernserie (»The Life And Legend Of Wyatt Earp«; 1955–1961). Der Marshal Wyatt Earp (Hugh O'Brian) sorgt mit zwei extralangen, speziell für ihn angefertigten Colts für Recht und Ordnung im Wilden Westen.
Wyatt Earp greift ein war der erste so genannte »Adult Western«, der sich nicht vorrangig an ein jugendliches, sondern an ein erwachsenes Publikum wandte: Es gab tatsächlich eine ernst zu nehmende Handlung, die Figuren entwickelten sich, kurz: Es wurde mehr geredet und weniger geschossen. Die Serie basierte auf der historischen Figur des Wyatt Earp, der von 1848 bis 1929 lebte und tatsächlich Marshal war. Wegen des großen Erfolgs brachte es die Serie in den USA auf 266 Folgen. Davon liefen bei uns ganze 20. Sie waren jeweils 25 Minuten lang und wurden in loser Folge ausgestrahlt.

X

X-BASE   ZDF
1994–1995. »Computer Future Club«.
Kinder sind die Zukunft. Deshalb dachten sich die älteren Herren in den verantwortlichen ZDF-Etagen eine Sendung aus, die junge Leute vor den Bildschirm locken sollte, damit sich zu den Kukident-Werbespots vielleicht noch ein paar andere gesellten. Was mögen denn Jugendliche? Vielleicht irgendwas mit Computern! Heraus kam eine reine Spieleshow, an der Zuschauer per Telefon und Terminals in Geschäften teilnehmen konnten, und als das nicht funktionierte, ein Computermagazin mit Schwerpunkttagen zu verschiedenen Multimediathemen, aber weiterhin vielen Spielen. Funktionierte aber auch nicht. Glücklich waren nur die zahlreichen Sponsoren, die sich im ZDF so breit machen konnten wie sonst höchstens bei *Wetten, dass ...?*. Aber auch sie waren es angesichts der überschaubaren Zahl von Zuschauern, ganz zu schweigen jungen Zuschauern, nicht lange.

Die Show lief montags bis samstags am Nachmittag, jeweils samstags trafen die Sieger der Spiele aus den vergangenen Tagen im Finale aufeinander. Moderatoren waren vier junge Menschen und ein digitales Ding: der damals 21-jährige Niels Ruf, der angeblich als Pressesprecher von Nintendo seine Spiele beim ZDF hatte anpreisen wollen, gleich als Moderator engagiert wurde und sich mit Sätzen profilierte wie: »Was machen wir mit den veralteten Computern? Auf den Müll oder lieber den kleinen Bruder damit erschlagen?«, Tanja Moldehn, Katharina Schwarz, Andreas von Lepel und der virtuelle Eddy HiScore.

X-Base wurde von der Firma Me, Myself & Eye produziert und brachte es auf 144 halbstündige Ausgaben.

X-FACTOR – DAS UNFASSBARE   RTL 2
1998–2002. 45-tlg. US-Mysteryreihe (»Beyond Belief: Fact Or Fiction«; 1997–2002).
In drei bis fünf Kurzfilmen pro Folge werden unheimliche und nicht erklärbare Geschichten erzählt. Es geht um Verstorbene, die aus dem Jenseits zurückkehren, um ihren Tod zu rächen oder andere vor dem gleichen Schicksal zu bewahren, oder andere Ereignisse, die nachweislich eingetreten sind, aber nach nüchterner Faktenlage gar nicht möglich sein können. Bis zum Ende der jeweiligen Sendung werden die Zuschauer im Dunkeln gelassen, welche der gezeigten Filme wahr sind und welche frei erfunden.
James Brolin war der Moderator der sechs Folgen der ersten Staffel, die weiteren moderierte Jonathan Frakes. Unter den angeblich wahren Geschichten waren diese: Ein Mann rettet seinem Lebensretter Jahre später auf die gleiche Art das Leben; das Opfer eines Flugzeugabsturzes kehrt aus dem Jenseits zurück und bewahrt seinen Sohn davor, selbst mit einem Flugzeug abzustürzen; die Identität eines verstorbenen Obdachlosen wird durch eine Todesanzeige geklärt, die anscheinend niemand aufgegeben hat; ein Türschloss lässt sich nicht öffnen, wenn Ganoven

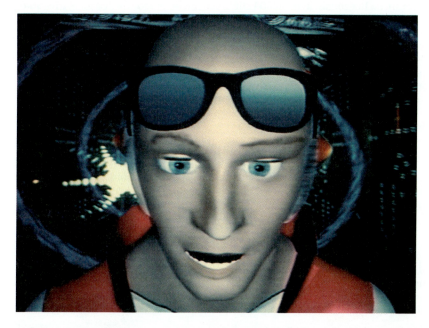

Eddy HiScore, der virtuelle Moderator in der ZDF-Computer-Jugendsendung *X-Base*.

vor der Tür stehen; eine E-Mail eines inzwischen Verstorbenen entlarvt seine Erbin als Betrügerin. Jede Sendung war eine Stunde lang und lief dienstags um 21.15 Uhr, ab 2002 montags zur selben Zeit. Während die Serie bei RTL 2 gut ankam und zigmal wiederholt wurde, wurde sie in den USA in der Regel lange nach ihrer Fertigstellung erst im Sommerloch versendet. Das hatte zur Folge, dass die zweite Hälfte der Serie in Deutschland noch vor der US-Ausstrahlung zu sehen war. RTL 2 nutzte die populäre Marke *X-Factor* außerdem, um andere Sendungen damit zu betiteln, die mit dieser Reihe nichts zu tun hatten.

X-FACTOR – DIE FÜNFTE DIMENSION RTL 2
1999–2001. 6-tlg. US-Psycho-Doku (»The Paranormal Borderline«; 1999) über paranormale Wahrnehmungen. Jonathan Frakes moderierte. Die Reihe hatte nichts mit *X-Factor – Das Unfassbare* zu tun, doch RTL 2 gab ihr den fast gleichen Titel.

X-FACTOR:
DIE WAHRE DIMENSION DER ANGST RTL 2
Seit 2003. US-Gruselreihe (»The Scariest Places On Earth«; 2000–2002). Schauspielerin Linda Blair, bekannt z. B. aus »Der Exorzist«, besucht authentische Orte, an denen schreckliche Verbrechen und mysteriöse Dinge geschehen sind.
RTL 2 zeigte die Reihe in loser Folge am späteren Abend. Die ersten beiden Folgen im Herbst 2003 hießen noch *Fear Factor: Die wahre Dimension der Angst*. Im Frühjahr 2004 startete RTL jedoch eine Spielshow unter dem Titel *Fear Factor*, weshalb die Folgen ab Juli 2004 den neuen Titel erhielten.

X-FACTOR: WAHRE LÜGEN RTL 2
2002–2003. 26-tlg. dt. Mysteryreihe, in der in mehreren Kurzfilmen unwahrscheinliche Begebenheiten nachgestellt werden. Am Ende wird aufgelöst, welche Geschichten wahr und welche erfunden sind.
Die Show war schlicht eine deutsche Version der US-Reihe *X-Factor – Das Unfassbare*. Umrahmt von Folgen des erfolgreichen Originals lief der Abklatsch sonntags am Vorabend oder nachmittags. Im April 2002 gab es zunächst nur eine einzelne Pilotfolge mit Georg Holzach; als die Show zwei Monate später in Serie ging, war Thomas Fuchsberger der Moderator. Ihn löste im September Isabella Müller-Reinhardt ab.
Anfang 2003 wurde die Produktion eingestellt, doch die Ausstrahlung hatte gerade erst begonnen. Auf den verschiedensten Sendeplätzen wurde seither jede Folge mehr als ein Dutzend Mal wiederholt.

X-TRA CÚLT KABEL 1
→ *Cúlt*

X-TREME ZDF
1994. 90-minütige Jugendsendung am Samstagnachmittag. Das ZDF nannte sie »Fun Sport Show« und hoffte auf junge Zuschauer. Jeweils zwei Städteteams aus Fun-Sportlern traten gegeneinander an, um die »Masters of Funsports« zu ermitteln. Moderiert wurde das Spektakel von Christof Arnold, Yvette Dankou, Oliver Geissen und Antonia Lang. Sie brachten es auf vier Ausgaben.
Die jugendlichen Zuschauer, die die Sendung einschalteten, konnten vor allem eines nicht übersehen: das Logo der Zigarettenmarke »West«, das sich auf unzähligen Tafeln, Banden und Fahnen ins Bild schob. Das ZDF sah darin keinen Verstoß gegen die Werbebestimmungen, da »West« nicht die Sendung, sondern die Veranstaltung sponsere. Außerdem werde nicht für »West«-Zigaretten, sondern für »West«-Textilien geworben, hieß es treuherzig. Der Verband der Cigarettenindustrie VdC dagegen entschied, dass »West«-Hersteller Reemtsma 100 000 Mark Geldbuße zahlen müsse, weil die Aktion gegen die freiwilligen Werbebeschränkungen der Zigarettenindustrie verstoßen habe.

XENA RTL
1996–2004. 122-tlg. US-Fantasyserie von John Schulian und Robert Tapert (»Xena: Warrior Princess«; 1995–2001).
Die früher gefürchtete Kriegerin Xena (Lucy Lawless) hat die Seiten gewechselt und tut fortan Gutes für Menschen, die sie brauchen. Spärlich mit Blech und Leder bekleidet schwingt sie Schwert und Handkante. Ihre Freundin Gabrielle (Reneé O'Connor) steht ihr zur Seite.
Spin-off der Serie *Hercules,* in der Lawless bereits die Rolle der Xena gespielt hatte. Die Serie war inspiriert vom Hongkong-Kino und wurde zu großen Teilen in Neuseeland gedreht. RTL zeigte beide Serien im Doppelpack am Sonntagnachmittag, zunächst mit ordentlichen Marktanteilen. Nach der fünften Staffel wartete RTL drei Jahre, bevor im Frühjahr 2004 die noch nicht gesendete letzte Staffel startete – mit jetzt geringer Resonanz. Vermutlich hatte niemand mehr damit gerechnet. Die Folge »Abgrund« lief im Mai 2004 erst um drei Uhr nachts, weil sie zu brutal fürs Nachmittagsprogramm war. Die letzten zwölf Folgen der eigentlich 134-teiligen Serie zeigte RTL gar nicht mehr. Ende 2004 begann die Wiederholung bei Kabel 1.

XERXES WDR
1989. 6-tlg. schwed. Comedyserie von Björn Runeborg, Regie: Peter Schildt (»Xerxes«; 1988).
Xerxes Andersson (Benny Haag) wohnt mit seiner Mutter Annsofi (Gunilla Larsson), seinem Stiefvater Tommy (Thomas Roos) und seiner Schwester Monika (Sara Brandt) zusammen und hat gerade die Schule abgeschlossen. Gemeinsam mit seinen Kumpels Tony (Joakim Börjlind) und Pekka (Kalle Westerdahl) kümmert er sich nun um die wichtigen Dinge des Lebens: Arbeit und Weiber.
Die Serie war in Schweden vor allem bei weiblichen Teenagern ein Riesenerfolg. *Xerxes* war die einzige schwedische Comedyserie, die den Sprung ins englische Fernsehen schaffte. Sie lief dort im Originalton

Sicher, wenn die alten Kupferrüstungen ihrer Gegner nicht schon so angelaufen gewesen wären, hätte *Xena* auch kein so leichtes Spiel gehabt.

mit Untertiteln. In Deutschland wurden die halbstündigen Folgen später in der ARD und in anderen Dritten Programmen wiederholt.

XOV BEI VOX VOX
1993. Kabarett- und Kleinkunstshow mit Ralph Morgenstern.

XXL – ABENTEUER GROSSFAMILIE RTL 2
Seit 2003. Doku-Soap, die mehrere Großfamilien in ihrem ganz normalen Alltag begleitet.
Die einstündigen Folgen liefen erst donnerstags, dann dienstags um 20.15 Uhr. Eine weitere Staffel 2005, nun wieder donnerstags und mit verdoppelter Sendezeit, brachte eine neue Fuhre Großfamilien.

XXO – FRITZ & CO. SAT.1
1995–1997. Halbstündige Gameshow mit Fritz Egner.
Zwei Kandidaten müssen in einem Quadrat aus neun Feldern eine Dreierreihe mit dem X oder dem O bilden. Neun prominente Gäste sitzen in diesem großen Kasten in drei Dreierreihen über- bzw. nebeneinander und bilden das Spielfeld. Fritz Egner stellt Fragen, zu denen die Prominenten erklärende Antworten geben. Die beiden Kandidaten müssen erraten, ob die Antwort wahr oder falsch ist. Tippen sie richtig, können sie das Feld, in dem der Prominente sitzt, mit ihrem Buchstaben belegen.
Die Show lief bis zum September 1996 werktags um 17.00 Uhr und war einer von mehreren viel diskutierten Flops, die der neue Sat.1-Geschäftsführer Fred Kogel vor allem mit befreundeten Stars wie Egner landete, die er zu Sat.1 geholt hatte. Sie war nicht nur viel teurer als das zeitgleich laufende *Jeopardy* auf RTL, sondern auch viel erfolgloser.

Dies könnte – außer am komischen Namen, dem Moderator und der Tatsache, dass niemand zu wissen schien, ob dies nun eine Rate- oder eine Comedyshow sein sollte – auch an der Füllung der Kästen gelegen haben. Gefragt, was der weithin unbekannte »Playboy«-Chefredakteur da zu suchen habe, sagte Tubi Neustadt, der Produzent der Sendung: »Wir haben unterschiedliche Prominente, Prominente, die jetzt nicht so bekannt sind, und bekanntere Prominente.« RTL-Chef Helmut Thoma hatte gesagt, mangels Stars könne man so ein Format ohnehin nicht in Deutschland zeigen, was seinen Sender nicht davon abhielt, den Fehler einige Jahre später mit *Star-Weekend* zu wiederholen.
Die Sendungen, die noch übrig waren, nachdem *XXO* endlich durch *Jeder gegen jeden* ersetzt wurde, versendete Sat.1 an ein paar Samstagen am Vorabend. Der Sendung lag das *Tic Tac Toe*-Prinzip und vor allem die US-Show »Hollywood Squares« zugrunde. Auf dem gleichen Kinderspiel basierte bereits das *Tick-Tack-Quiz*.

XY … SICHERHEITS-CHECK ZDF
Seit 2004. Halbstündiges Servicemagazin am Samstagnachmittag mit Rudi Cerne, Ableger von *Aktenzeichen XY … ungelöst*. In nachgestellten Filmen werden Einbrüche gezeigt und wie man sich davor schützen kann.
Im Gegensatz zum früheren *Vorsicht, Falle!* beschränken sich die Hinweise nicht auf »Lassen Sie niemanden herein«, sondern zeigen konkrete Umbaumaßnahmen, die das Haus einbruchsicher machen. Und während in den Laienspielen früher nur der Vorgang des Verbrechens zu sehen war, werden hier auch die psychischen Probleme, mit denen die Opfer später zu kämpfen haben, dargestellt.

YANCY DERRINGER ZDF
1967–1969. 26-tlg. US-Westernserie von Mary Loos und Richard Sale (»Yancy Derringer«; 1958–1959).
Im Auftrag der Stadt New Orleans sorgt der ehemalige Südstaatenoffizier Yancy Derringer (Jock Mahoney) nach dem Bürgerkrieg für Recht und Ordnung. Er hat immer eine Pistole bei sich, die er in seinem Hut versteckt trägt. An seiner Seite kämpft der taubstumme Indianer Pahoo-Ka-Ta-Wah (X Brands). Derringers Auftraggeber ist der Stadtverordnete John Colton (Kevin Hagen).
Jede Episode war 25 Minuten lang, Sendeplatz war erst Dienstag, dann Mittwoch am Vorabend.

YAO ZDF
1969–1970 »Abenteuer eines Häuptlingssohnes«. 13-tlg. frz. Abenteuerserie von Claude Vermorel (»Yao«; 1969).
Der junge Schwarzafrikaner Yao (als Kind: Yao Kouakou; später: François Boguy) ist der Sohn des Häuptlings. Nach dem Tod seines Vaters wird er von seinem Stamm verstoßen, selbst seine Geliebte Elloa (Eugénie Kouassa) verrät ihn, und der hinterhältige Zakoro (Dembele Barry) wird neues Stammesoberhaupt. Yao zieht als Einzelkämpfer durch den afrikanischen Dschungel, erlebt natürlich spannende Abenteuer und muss auf eigene Faust sein Überleben sichern. Nicht nur das gelingt ihm, sondern er kehrt schließlich sogar zu seinem Stamm zurück, wird Häuptling und nimmt Elloa doch noch zur Frau.
Yao-Darsteller François Boguy war der einzige Berufsschauspieler im Ensemble, alle anderen Rollen übernahmen Laiendarsteller von der Elfenbeinküste, wo die Serie gedreht wurde. Die halbstündigen Folgen liefen bei der Erstausstrahlung dienstags um 19.10 Uhr und wurden öfters von verschiedenen Sendern auf unterschiedlichen Sendeplätzen wiederholt.

YEHUDI MENUHIN ARD
→ Die Musik des Menschen

YELLOWTHREAD STREET – STRASSE DER ANGST TELE 5
1990–1991. 13-tlg. brit. Krimiserie nach dem Roman von William Marshall (»Yellowthread Street«; 1990).
Sieben Polizisten klären Kriminalfälle auf und sorgen für Sicherheit auf den Straßen Hongkongs. Für den mürrischen Chief Inspector Alex Vale (Ray Lonnen) arbeiten C. J. Brady (Mark McGann), Eddie Pak (Tzi Ma), Nick Eden (Bruce Payne), Kelly Lang (Catherine Neilson), Jackie Wu (Doreen Chan) und Peter Marenta (Robert Taylor).

YES MINISTER ARD
1987–1988. 22-tlg. brit. Sitcom von Antony Jay und Jonathan Lynn (»Yes Minister«; 1980–1984).
James Hacker (Paul Eddington) ist frisch gebackener Minister für Verwaltungsangelegenheiten in Großbritannien. Feine Sache, jetzt kann er endlich mal aufräumen mit der »verfilzten, stickigen Bürokratie« und »bürgernahe Politik« machen, »gläserne Verwaltung« – und in die Geschichte eingehen. Die Bürokraten in seinem Ministerium haben das alles schon mal gehört und wissen, wie sie mit Leuten wie ihm umgehen müssen, um den Fortbestand Tausender nutzloser Beamtenstellen nicht zu gefährden. Der geschmeidige Staatssekretär Sir Humphrey Appleby (Nigel Hawthorne) schafft es mit Hilfe eines endlosen Arsenals an rhetorischen Kniffen und Verfahrenstricks, Hacker fast immer ins Leere laufen zu lassen, lehrt ihn das Gesetz umgekehrter Relevanz (»Je weniger man in einer Sache machen möchte, umso mehr muss man darüber sprechen«) und achtet sorgfältig darauf, welchen der Beteiligten er am Ende wenigstens sein Gesicht wahren lässt. Hackers pedantischer Privatsekretär Bernard Woolley (Derek Fowlds) sieht sich regelmäßig in Loyalitätskonflikte verwickelt; Hackers Frau Annie (Diana Hoddinott) staunt über die verblüffend folgenlose Karriere ihres Mannes.
Grandiose Satire über die Regierungsarbeit in Großbritannien, die ebenso zynisch wie treffend war. Margaret Thatcher ließ ausrichten, sie habe »beim Zusehen wahre Freude« empfunden über die »sehr fein beobachteten« Geschichten. Jede Folge endete damit, dass Humphrey sagte: »Ja, Minister«. Nach drei Staffeln wurde Hacker schließlich (in einem einstündigen Special) zum Premierminister ernannt und durfte in *Yes Premierminister* noch einmal die gleichen Kämpfe verlieren.
Die halbstündigen Folgen liefen im regionalen Vorabendprogramm.

YES PREMIERMINISTER ARD
1988. 8-tlg. brit. Sitcom von Antony Jay und Jonathan Lynn (»Yes Prime Minister«; 1986–1988).
Fortsetzung von *Yes Minister:* Minister James Hacker (Paul Eddington) ist Premierminister geworden, leider wurde aber auf Verwaltungsseite auch sein Widersacher Sir Humphrey Appleby (Nigel Hawthorne) befördert.
Die halbstündigen Folgen liefen im regionalen Vorabendprogramm. Die zweite Staffel mit acht weiteren Folgen wurde in Deutschland nicht gezeigt.

YESTERDAY – RETRO-SHOW ZDF
2004. 40-minütige Nostalgieshow am Samstagnachmittag mit Andrea Kiewel und prominenten Gäs-

ten, die über jeweils ein Jahrzehnt des vergangenen Jahrhunderts reden und sich Clips voller alter Ereignisse, Filme und Musik dieser Zeit ansehen. Sechs Ausgaben wurden gesendet.

YOGI AUF SCHATZSSUCHE   RTL
1990. 27-tlg. US-Zeichentrickserie (»Yogi's Treasure Hunt«; 1985–1986).
Neue Abenteuer mit Yogi Bär: Yogi und seine Freunde teilen sich in mehrere Gruppen und suchen einen Schatz, immer den Hinweisen von Top Cat (der Katze aus *Superkater*) folgend.

YOGI BÄR   ARD
1966–1967. US-Zeichentrickserie von William Hanna und Joseph Barbera (»The Yogi Bear Show«; 1961–1962).
Yogi ist ein netter brauner Bär, bekleidet mit Hut, Kragen und Krawatte (sonst trägt er nichts). Yogi hat fast immer Hunger, was ihn zum Mundraub verleitet. Seine Hauptbeschäftigung ist die Nahrungsbeschaffung, und Nahrung findet man gewöhnlich in den Picknickkörben der Besucher des Jellystone-Nationalparks, in dem Yogi Bär lebt. Also nimmt er sich, was er haben will. Sein kleiner Kumpel Boo-Boo, der höchstens halb so groß ist wie Yogi, hellbeige und mit Fliege am Hals, ist viel vernünftiger und würde sich am liebsten den Vorschriften beugen, die der genervte Ranger Smith und sein Hilfsparkwächter Anderson durchzusetzen versuchen. Ihnen gelingt es ebenso wenig wie Boo-Boo, Yogi Einhalt zu gebieten, und Boo-Boo wird wohl oder übel zum Komplizen. Die hübsche blaue Bärendame Cindy wird später Yogis Freundin.
Jede 25-Minuten-Folge bestand aus meist drei kurzen Cartoons, in denen Yogi selbst nicht immer auftauchte. Weitere Hauptfiguren waren das Küken Yakky Doodle und die Bulldogge Chopper sowie der Löwe Snagglepuss. Yogi und Yakky hatten ihre ersten Auftritte bereits in *Hucky und seine Freunde*, viele der in *Yogi Bär* gezeigten Yogi-Cartoons waren dort schon gelaufen. Yogis deutsche Stimme gehörte Eduard Wandrey, der etwas später auch einem anderen Hanna-Barbera-Helden, Fred Feuerstein, seine Stimme lieh.
Die Serie lief in den regionalen Vorabendprogrammen. Es entstanden diverse weitere Serien mit Yogi als Titelfigur, darunter *Yogis Arche Noah* und *Yogi auf Schatzsuche*.

YOGIS ARCHE NOAH   ARD
1975. 15-tlg. US-Zeichentrickserie (»Yogi's Gang«; 1973).
Der einst verfressene Spaßbär Yogi ist jetzt ein Ökoprediger. Mit seiner Superarche fliegen Yogi und seine tierischen Freunde um die Erde, um ein sauberes Plätzchen zu finden – bisher zog er nur durch den Jellystone-Park, um Picknickkörbe mit leckeren Plätzchen zu finden. Yogi erklärt, wie man selbst dafür sorgen kann, dass es weiterhin solch saubere Plätzchen gibt. Mit dabei sind Bekannte aus anderen Hanna-Barbera-Serien, darunter Yogis alter Kumpel Boo-Boo und sein Widersacher Ranger Smith, Huckleberry Hound *(Hucky und seine Freunde)* und Atom Ant *(Atom-Anton, die Superameise)*.
Die halbstündigen Folgen liefen im regionalen Vorabendprogramm. Pro Sieben zeigte sie später unter dem Titel *Yogis Gang*.

YOGIS GALAKTISCHE ABENTEUER   RTL
1994. 13-tlg. US-Zeichentrickserie (»Yogi's Space Race«; 1978–1979).
Yogi Bär und seine Freunde entfernen sich noch weiter vom Jellystone-Park und reisen ins All.

YOGIS GANG   PRO SIEBEN
→ Yogis Arche Noah

YOU DRIVE ME CRAZY – DIE FAHRSCHUL-SOAP   RTL 2
2000–2001. 20-tlg. dt. Comedy-Doku-Soap.
Beim Training für den Führerschein werden unprominente Fahrschüler während ihrer Fahrstunden von der Kamera beobachtet. Bekannte Komiker treten als Gäste auf und setzen sich auch hinters Steuer. Falko Peters und Heiko Greiser, ab der zweiten Staffel auch Kerstin Stiller, sind die Fahrlehrer.
Abgesehen von den Gastkomikerauftritten kupferte RTL 2 die Sat.1-Doku-Soap *Die Fahrschule* ab und sendete sie auch noch auf dem gleichen Sendeplatz, sonntags um 22.15 Uhr. Die zweite Staffel lief ab Januar 2001 dienstags um 21.15 Uhr. Die Serie war sehr erfolgreich, wurde aber trotzdem nach zwei Staffeln nicht weitergeführt. Sie markierte allerdings den Beginn eines Booms. In den folgenden Jahren stellte RTL 2 sein Abendprogramm fast komplett auf Doku-Soaps um.

YOUNG RIDERS   ARD
1991. »7 für die Gerechtigkeit«. 21-tlg. US-Westernserie (»The Young Rider«; 1989–1992).
Dakota, 1860: Die Pony-Express-Linie von St. Joseph in Missouri nach Sacramento in Kalifornien muss beschützt werden. Verantwortlich dafür sind eine Hand voll junger Männer, die alle Vollwaisen sind und wie der Teufel reiten können: Kid (Ty Miller), Lou McCloud (Yvonne Suhor), die eigentlich Louise heißt und ein Mädchen ist, was aber niemand wissen darf, James Butler Hickok (Josh Brolin), der stumme Ike McSwain (Travis Fine), das Halbblut Little Buck Cross (Gregg Rainwater) und William F. Cody (Stephen Baldwin).
Leiter der Poststation ist Mr. Spoon, genannt Teaspoon (Anthony Zerbe), der den Jungs beibringt, wie man überlebt – und vor allem die Post durchbringt. Das Sagen im Haus hat die allein stehende Emma Shannon (Melissa Leo), die von Sam Cain (Brett Cullen), dem Marshal des nahe gelegenen Städtchens Sweetwater, umworben wird.
Die einstündigen Folgen liefen im regionalen Vorabendprogramm. Im Original brachte es die Serie auf 68 Folgen.

YU-GI-OH!   RTL 2

Seit 2003. 224-tlg. jap. Zeichentrickserie von Kazuki Takahasha (»Yûgiô«; 1998–2004).

Der Junge Yugi wird oft gehänselt, weil er so klein ist. Das macht aber nichts, denn bei Gefahr wird er zum unschlagbaren Superhelden Yu-Gi-Oh. Das verdankt er einem ägyptischen Medaillon seines Großvaters, mit dessen Hilfe er sich bei Bedarf verwandeln kann, nachdem er das knifflige Millenniumpuzzle gelöst hat. Fortan kämpft er gegen die Bösen.
Läuft werktags nachmittags.

YVON VOM YUKON   KI.KA

2002. 13-tlg. kanad. Zeichentrickserie von Ian James Corlett und Terry Klassen (»Yvon Of The Yukon«; 2000–2002).

Der großmäulige, aber herzensgute Franzose Yvon fuhr für König Ludwig XIV. zur See, bis er im ewigen Eis eingefroren wurde. 300 Jahre später taut ihn der Eskimojunge Tommy, der in einem Dorf namens Upyermukluk im kanadischen Yukon lebt, freundlicherweise wieder auf. Sie werden Freunde.

YXILON-SHOW   ARD

1975–1980. 18-tlg. dt. Puppenserie für Kinder von Ivan Kraus, Pavel Procházka und Anton Zink.

Die beiden Stoffpuppen Ix und Yps sind kugelförmige Knubbel mit Knollennasen und Kulleraugen, der eine hellgrün, der andere violett. Sie sind Showmaster und Gastgeber ihrer eigenen tierischen Musikrevue, in der Hunde, Schlangen, Frösche, Mäuse und vor allem die Henne Henrietta und der Hahn Jacques als Gesangsstars auftreten. Eigentlicher Star ist aber das vollautomatische Wundergrammophon, das Musik und Bilder aussucht und abspielt und den Moderatoren die Show stiehlt. Ix und Yps fühlen sich überflüssig, langweilen sich, verbreiten depressive Stimmung und machen das Ding in Folge 12 kaputt. Danach sehen sie ein, dass sie es für ihre Show brauchen, und kommen an ein neues.

Drei Staffeln mit je sechs halbstündigen Folgen liefen zunächst als eigenständige Serie im Kinderprogramm (die dritte Staffel unter dem neuen Titel *Die Show mit Ix und Yps*), ab 1981 als Bestandteil von *Spaß am Montag* bzw. *Spaß am Dienstag*.

Z

Z WIE ZORRO   RTL 2
1995. 52-tlg. jap. Zeichentrickserie (»Kaiketsu Zorro«; 1996–1997).
Kalifornien Ende des 18. Jh.: Die Bevölkerung leidet unter der Willkür der spanischen Machthaber sowie unter Banditen und Betrügern. Diego de Vegas, der Sohn eines beliebten Landadeligen, kommt von einer Studienreise zurück. Er kämpft unter einer Maske als geheimnisvoller Zorro gegen die Armee und für die Gerechtigkeit, was nicht einmal seine Freundin Lolita weiß, die ihn für einen Waschlappen hält. An Zorros Seite kämpft ein kleiner Junge namens Bernard.
Erst ein Jahr nach der Ausstrahlung in Deutschland wurde die Serie auch im Herstellungsland Japan gezeigt.

Z WIE ZORRO   PRO SIEBEN
1998–1999. 26-tlg. US-Zeichentrickserie (»Zorro«; 1997). Amerikanische Version des gleichnamigen japanischen Animé.

ZACHERL: EINFACH KOCHEN   PRO SIEBEN
2003–2004. Kochsendung mit Ralf Zacherl.
Keine Frage: Zacherl kann wirklich kochen. Er bekam schon im zarten Alter von 26 Jahren als Küchenchef im »Grauen Haus« in Oestrich-Winkel einen Michelin-Stern. Vor allem aber ist er jung, trägt Glatze, einen lustigen Ziegenbart und hippe Klamotten, ist also dem Pro-Sieben-Publikum deutlich besser zu vermitteln als die Bioleks und Lafers dieser Welt. Mit einem mehr oder weniger (meist weniger) prominenten Gast zaubert er einfache, eindrucksvolle Gerichte und zeigt uns in jeder Folge, wie man die Zutaten richtig einkauft, in einen Einkaufswagen legt, freundlich mit der Verkäuferin redet und zur Kasse geht. Wegen seiner nasalen Stimme und seiner fehlenden Scheu, noch die offensichtlichsten Dinge für die Dümmsten zu erklären, erscheint dabei schon der vermeintlich einfache Kauf eines Apfels schnell wie eine Mischung aus einer fencheltgeetränkten WG-Grundsatzdiskussion und einem Erklärstück aus der *Sendung mit der Maus*.
Die Quoten des Formats, das Pro Sieben »Service-Tainment« nannte, waren kaum genießbar. Aber da *Zacherl: einfach kochen!* vom Lebensmittelriesen Unilever bezahlt war und den Sender nichts kostete, spielte das keine große Rolle.
Jedes Rezept war nach 30 Minuten werktags zum Mittagessen fertig.

ZACK! COMEDY NACH MASS   SAT.1
Seit 2005. Halbstündige Sketch-Comedy-Show mit Volker »Zack« Michalowski am Freitag um 22.45 Uhr.
»Zack« ist 1,56 m groß und kann prima Grimassen schneiden. Schon ist eine neue Comedy geboren. Dauernd gerät er in prekäre Alltagssituationen, aus denen er sich ohne viele Worte befreit. Und selbst optisch hat er eine gewisse Ähnlichkeit mit *Mr. Bean*. Entdecker und Produzent war Tommy Wosch.

DIE ZÄHMUNG DES MONSTERS   ZDF
1987. 3-tlg. Reihe von Günter Schubert über die Geschichte der Nuklearwaffen und der Abschreckungsstrategien. Anlass war das geplante Abkommen zwischen den USA und der Sowjetunion über die Vernichtung von Mittelstreckenwaffen. Jede Folge dauerte 45 Minuten.

ZAHN UM ZAHN   DFF 1
1986–1988. »Die Praktiken des Dr. Wittkugel«. 21-tlg. DDR-Arztserie von Gerhard Jäckel, Regie: Peter Hill.
Dr. Alexander Wittkugel (Alfred Struwe) ist Zahnarzt in einer staatlichen Zahnarztpraxis in Berlin. Er hat selbst Angst vor dem Zahnarzt und ist häufig etwas ungehobelt und selbstgefällig, dann muss Schwester Victoria »Häppchen« Happmeyer (Helga Piur) einspringen und zerschlagenes Porzellan kitten. Sie ist für Wittkugels fast erwachsene Tochter Sabine (Kristiane Kupfer; später: Claudia Wenzel) so etwas wie eine Ersatzmutter und wäre auch gern für Wittkugel etwas mehr als nur seine Assistentin. Wittkugel hätte gern, dass Sabine was Anständiges lernt, doch sie will unbedingt auch Zahnmedizin studieren.
Kollege und häufiger Gegenspieler in der Praxis ist der Zahntechnikermeister Martin Opitz (Victor Deiß), auch die Freundschaft zu dem Tierarzt Dr. Oswald Baumann (Günter Grabbert) ist nicht frei von Spannungen. Dr. Post (Solveig Müller) vertritt Wittkugel bei Bedarf. In der zweiten Staffel wechseln Wittkugel und Häppchen vorübergehend an die große Poliklinik. Zu Beginn der dritten Staffel sieht Wittkugel widerwillig ein, dass er Häppchen tatsächlich mag, und lässt sich auf eine Ehe auf Probe mit ihr ein. Am Ende der Serie wird er zum Medizinalrat ernannt.
Die humorvolle Serie mit unangepassten, realitätsnahen Hauptfiguren war beliebt und brachte es auf drei Staffeln. Sie lief freitags um 20.00 Uhr, ab 1988 auch bei RTL und wurde in den Dritten Programmen wiederholt. Außer der 21-teiligen Fassung mit einstündigen Folgen lief vom November 1989 bis August 1990 auch eine mit 43 halbstündigen Folgen.

ZAK   WDR, ARD
1988–1993 (WDR); 1993–1996 (ARD). »Der Wochendurchblick«. Wöchentliches Infotainmentmagazin mit Satire, Interviews, Kommentaren und vielen

Friedrich Küppersbusch in ZAK. Bis hierher vielen Dank.

Ausschnitten aus den Nachrichten der abgelaufenen Woche, die zu rasanten Videoclips zusammengeschnipselt wurden.

Auftrag der Sendung war es, Politik in einem breiteren Formenspektrum darzustellen als traditionelle Magazine; sie war Vorreiter für viele spätere Infotainmentformate. Erfinder des Magazins war Gerd Berger, als Redakteur wirkte Ulrich Deppendorf mit. ZAK lief jahrelang freitags in West 3 und wurde zunächst von Desirée Bethge moderiert. Ein Höhe- oder Tiefpunkt in dieser Zeit war eine Sendung 1989 mit Bundesminister Jürgen Möllemann. Als Überraschungsgast trat Reimar Oltmanns auf, der gerade das Buch »Möllemänner. Oder die opportunistischen Liberalen« veröffentlicht hatte. Möllemann sagte daraufhin: »Jetzt haben wir die Überraschung für Sie: Jetzt gehe ich, ich möchte mich mit dem Herrn nicht an einen Tisch setzen. Auf Wiedersehen« – und verließ das Studio.

Als Bethge mit Berger und anderen Mitarbeitern 1990 zu RTL wechselte, um Stern TV zu machen, schien dies zunächst ein Schlag für ZAK. Doch Bethges Nachfolger Friedrich Küppersbusch verschaffte der Sendung bundesweit noch größere Beachtung. Konsequenterweise wechselte ZAK schließlich ins Erste und lief dort ab April 1993 sonntags gegen 22.30 Uhr, allerdings von 45 auf 30 Minuten gekürzt und zeitweise im wöchentlichen Wechsel mit Sowieso – Die Sonntagsshow.

Küppersbuschs Moderationen waren einzigartig: staubtrocken und voll gestopft mit gedrechselten Wortwitzen, Kalauern und bissigen Bemerkungen. In jeder Sendung war ein prominenter Gast im Studio, oft ein Politiker, den Küppersbusch respektlos ausquetschte und nur zu Wort kommen ließ, wenn er in seinen Antworten die gestellte Frage auch tatsächlich beantwortete. Mit dem Standardsatz »Bis hierhin vielen Dank« beendete Küppersbusch die einzelnen Gesprächsabschnitte, bevor er zum nächsten Beitrag überleitete. Joschka Fischer, damals Minister in Hessen, fragte er, ob ihn sein »dummes Geschwätz von gestern« noch kümmere, und hakte bei dessen ausweichenden Antworten nach: »Ja oder nein, Herr Fischer?«

In einer kurzen Szene tauchten in jeder Sendung die Promi-Puppen aus Hurra Deutschland! auf, die ihrerseits die Woche satirisch beleuchteten. Bahnbrechend war auch die Rubrik »ZAK – Hallo«, in der Wolfgang Korruhn, einer der Mitbegründer des Magazins, prominenten Menschen auf die Pelle rückte, sich ohne jeden Körperabstand mit einem Mikrofon neben sie setzte und sie in dieser beängstigend intimen Atmosphäre intensiv befragte. Im Oktober 1989 rückte er dem konservativen Fuldaer Bischof Dyba auf diese Weise zu Leibe und bedrängte ihn mit Fragen zum Thema Homosexualität, was eine öffentliche Diskussion auslöste, wie weit Journalisten vor laufenden Kameras gehen dürfen. In der letzten Sendung mit Desirée Bethge war sie Korruhns Opfer, was einigermaßen schief ging.

Viele Elemente der Sendung waren boulevardesk, andere ernsthaft und investigativ. In der Rubrik »ZAK-Frontal« nahmen Christian Berg und Michael Geyer politische Gesprächspartner in die Zange. Dabei machten sie auch vor ARD-Kollegen nicht Halt. Im November 1989 bohrten sie bei Ernst-Dieter Lueg nach. Kurz vorher war der damalige DDR-Staatsratsvorsitzende Egon Krenz durch Fritz Pleitgen extrem kritisch befragt worden, und Berg und Geier fragten Lueg: »Wann sehen wir so ein Interview mit dem Kanzler?«

Die im Zweifel satirefeindliche ARD-Hierarchie fühlte sich natürlich bei diesem Konzept nicht sehr wohl. Zum Wechsel ins Erste formulierte Küppersbusch: »Ich nehme die Art, wie die ARD sich mit spitzen Fingern auf unser Produkt freut, als Kompliment. Das zeigt, dass wir immer noch TV-Bastarde sind, und das wollen wir bleiben.« Bezeichnend auch die ARD-interne Diskussion, ob man sich die Sendung auch im »Superwahljahr« 1994 trauen könne. Eigentlich sollte ZAK den ganzen Sommer pausieren, man einigte sich dann darauf, die Ausstrahlung häppchenweise zu bewilligen. Küppersbusch sagte später: »Wir haben 1994 nur auf Bewährung gesendet.«

Der Arbeitstitel für ZAK lautete »Mixed«. Ursprünglich war geplant, gemeinsam mit der landeseigenen Westdeutschen Lotterie-Gesellschaft in jeder Woche Preise im Wert von 20 000 Mark zu verlosen, um mit allen Mitteln auch Nicht-Politikinteressierte zu erreichen. Aus juristischen Gründen kam es aber nicht dazu. Die öffentliche Aufregung darum

machte *ZAK* immerhin schon vor dem Sendestart bekannt und berüchtigt.
Als Titelmusik wurde »Our Darkness« von Anne Clark verwendet. *ZAK* erhielt zwei Grimme-Preise mit Silber. Einen 1989 für Gerd Berger stellvertretend für die Redaktion, einen 1991 für Friedrich Küppersbusch. Drei Monate nach der Einstellung von *ZAK* begann Küppersbusch die Nachfolgesendung *Privatfernsehen*.

ZAPP   SAT.1
1991. 25-Minuten-Quizshow mit Frank Laufenberg.
Drei Kandidaten müssen sich durch Turborunde und Tafelrunde zappen. Mit einer Fernbedienung wählen sie aus verschiedenen Kategorien Fragen aus, die sie beantworten müssen. Die Fragen drehen sich meistens um Filme, Fernsehen oder Popmusik. Wer ausscheidet, wird schwungvoll samt Stuhl von der Bühne entfernt.
In jeder Sendung dabei waren außerdem Berry Sarluis am Keyboard und der Schauspieler Peter Nottmeier in verschiedenen kurzen Rollen, deren Spiel der Verdeutlichung einzelner Fragen diente.
Deutsche Version des amerikanischen MTV-Formats »Remote Control«. Die Show brachte es auf 50 Ausgaben am Samstagnachmittag.

ZAPP   NDR
Seit 2002. Medienmagazin mit Gerhard Delling, ab März 2003 mit Caren Miosga.

ZAPP ZARAPP   ARD
→ Floris Zapp Zarapp

ZAPPEK   ARD
1995–1996. 26-tlg. dt. Krimiserie von Leo P. Ard und Michael Illner.
Der raubeinige Hauptkommissar Zappek (Uwe Kockisch) stammt aus dem Osten und ermittelt mit seinem angepassten jungen Partner Polikeit (Claudius Freyer) in Berlin in Mordfällen, oft vor dem Hintergrund der Probleme der Nachwendezeit. Frau Verheugen (Karin Gregorek) ist die Vorgesetzte bei der Polizei. Zappeks gerade erwachsener Sohn Claude (Oliver Korittke) gerät immer wieder in Schwierigkeiten.
Die einstündigen Folgen liefen mittwochs im Vorabendprogramm.

ZAPPENDUSTER   ARD
1997. 45-Minuten-Show mit Hape Kerkeling.
Kandidaten müssen in vollständig finsteren Räumen Aufgaben bewältigen: einen Weihnachtsbaum schmücken, einen Drink mixen, eine Wand tapezieren. Sie werden von Spezialkameras gefilmt, sodass die Fernsehzuschauer sie beobachten können. Drei Paare treten gegeneinander an, eines gewinnt eine Reise.
Basiert auf dem britischen Format »In the Dark«. 13 Folgen liefen dienstags um 21.05 Uhr.

ZAPPING   PREMIERE
Seit 1993. Tägliche Mini-Clip-Show mit peinlichen, kuriosen, interessanten oder unfreiwillig komischen Ausschnitten aus anderen Fernsehsendungen.
Zapping verzichtet auf die Show drum herum und reiht lediglich minutenlang mehrere TV-Höhe- und Tiefpunkte dicht aneinander – kommentiert höchstens durch die Zusammenstellung. Die Redaktion von *Zapping* arbeitet auch als Dienstleister für andere Programme und trifft z. B. die erste Vorauswahl für *Kalkofes Mattscheibe,* obwohl diese Show längst nicht mehr bei Premiere läuft.

ZARENHOCHZEIT IN TARNOWO   DFF 1
1978. 3-tlg. bulgar. Abenteuerfilm von Evgeni Konstantinov, Regie: Vili Tzankov (»Svatbite na Yoan Asen«; 1975).
1218 bemüht sich Zar Ion Assen (Apostol Karamitew) um Frieden im Bulgarenreich. Er versucht ihn durch Hochzeiten zu befördern. Er selbst heiratet Anna (Tzvetana Maneva), die Tochter des ungarischen Königs, und seine eigene Tochter Beloslawa (Aneta Sotirova) soll einen Königssohn heiraten.

ZAUBER DER ZAHLEN UND FORMEN   ARD
1961–1965. »Mathematik leicht und lustig«. Halbstündige Spielshow mit Prof. Dr. Heinz Haber, in der gleichzeitig Kenntnisse der Mathematik abgefragt und vermittelt werden.
Haber bespricht z. B. die »interessanten Folgen«, die sich ergeben, wenn man Dinge maßstäblich vergrößert und verkleinert, stellt das magische Quadrat von Albrecht Dürer und das 1963 in den USA sehr populäre »Pentomino«-Spiel vor oder behandelt die mathematischen Hintergründe von Roulette und Zahlenlotto. Am Ende jeder Sendung stellt er immer zwei Denksportaufgaben, die in der nächsten Ausgabe aufgelöst werden.
15 Folgen liefen im Nachmittagsprogramm.

ZAUBER UM ROMANA   ZDF
1992. 6-tlg. dt. Jugendserie.
Durch Zufall lernt der 13-jährige Tscho (Marcel Ickler) das geheimnisvolle Mädchen Romana (Sonja Issar) kennen. Romana kann offenbar zaubern, und Tscho versteckt sie in einer Hütte im Wald. Derweil suchen sie eine mysteriöse blaue Glaskugel, die Romana verloren hat.
Die 25 Minuten langen Folgen liefen dienstags nachmittags.

DER ZAUBERBERG   ZDF
1984. 3-tlg. Fernsehfassung des dt.-frz.-ital. Kinofilms von Hans W. Geißendörfer, der in Anlehnung an den gleichnamigen Roman von Thomas Mann entstand; Kamera: Michael Ballhaus.
Der junge, ahnungslose Hans Castorp (Christoph Eichhorn) war eigentlich nur für drei Wochen aus Hamburg nach Davos gekommen, um dort seinen an Tuberkulose erkrankten Cousin Joachim Ziemßen (Alexander Radszun) in der Luxusklinik zu besuchen.

Er bleibt schließlich sieben Jahre dort oben, gibt sich einer angeblichen Erkrankung hin, schwärmt für die Mitpatientin Clawdia Chauchat (Marie-France Pisier), genießt das süße, dekadente Krankenleben, lernt vom Freimaurer Ludovico Settembrini (Flavio Bucci) und verliert immer mehr seine Form, seine Haltung. Bis ihn schließlich der Ausbruch des Ersten Weltkriegs brutal in die Wirklichkeit hinein- und wahrscheinlich in den Tod reißt.

Schon die Wahl des blassgesichtigen, langnasigen, unsympathischen Christoph Eichhorn als Darsteller des Hans Castorp musste jeden »Zauberberg«-Freund abschrecken. Von dem sympathischen, weichen Weltjungen bleibt in der Verfilmung nur ein blasser Schatten. Und vom ganzen Buch: ein Nichts. Manns Meisterwerk mit seiner komplexen Struktur galt vorher als unverfilmbar. Hinterher auch. Im ZDF war Geißendörfers *Zauberberg* mehr als doppelt so lang wie in der Kinofassung.

ZAUBERER SCHMOLLO   ARD

1994. 4-tlg. Marionettenspiel von Manfred Mohl aus der *Augsburger Puppenkiste*.

Der junge Zauberer Schmollo muss sich ohne seinen alten Lehrer Philippi Aurani unter den Menschen bewähren, und prompt geht es schief. Der Räuber Mulian stiehlt ihm sein Zauberbuch »Mystereon«, verwandelt Bürgermeister Krähwinkel in einen Hahn, Polizeirat Kleff in einen Pudel und Gartenbaurat Möhlmölf in einen Maulwurf. Unterstützt vom Zauberraben Marlox verfolgen die Tiere und Schmollo den Dieb und verhindern, dass er das machtvolle Buch dem Räuberhauptmann Montefugia gibt, der damit den König besiegen wollte.

ZAUBERHAFTE HEIMAT   MDR, ARD

Seit 1994 (MDR); seit 1996–2004 (ARD). Reise-Musik-Show mit Gunther Emmerlich.

Emmerlich singt selbst, lässt beliebte Interpreten singen und singt mit ihnen gemeinsam. Dabei streift er durch irgendeine schöne Gegend und stellt im Gespräch mit Einheimischen Städte und Dörfer, ihre Kultur und Geschichte vor.

Zunächst bereiste Emmerlich im Dritten Programm des MDR ausschließlich den Osten. Nach dem Wechsel ins Erste achtete man darauf, genauso oft den Westen wie den Osten zu besuchen. Fast das gleiche Konzept, Landschaftsaufnahmen und Musik zu mischen, hatte die Reihe *Kein schöner Land,* ebenfalls im Ersten.

Im Ersten lief die Reihe etwa alle zwei Monate montags 45 Minuten lang um 20.15 Uhr.

EIN ZAUBERHAFTES BIEST   ZDF

1981. 9-tlg. dt. Familienserie von Karl Heinz Willschrei, Uta Berlet, Georg Althammer und Franz Geiger, Regie: Hartmut Griesmayr.

Der allein erziehende Anwalt Rainer Braun (Gerd Baltus) sucht eine neue Frau und Mutter für seine zwölfjährige Tochter Angie (Beate Bock). Die will jedoch mit Papa allein bleiben und vergrault mit hinterlistigen Tricks eine Verehrerin nach der anderen – bis sie sich am Ende selbst verliebt und ihren Vater zu verstehen beginnt.

Mit diesem Ende dürften die Massen an Zuschauern versöhnt worden sein, die 1981 in Leserbriefen an Fernsehzeitschriften Dinge schrieben wie: »Dieses Mädchen ist eine bösartige kleine Hexe« oder: »Dieses Kind ist kein Kind, sondern eine Krankheit.«

Die 45-minütigen Folgen liefen samstags.

EIN ZAUBERHAFTES MÄDCHEN   ZDF

→ Anne auf Green Gables; Anne in Kingsport

DAS ZAUBERKARUSSELL   ZDF

1966–1970. Frz. Puppentrickserie für Kinder von Serge Danot (»Le manège enchanté«; 1965–1971).

Zwar wird in diesem Pausenfüller nicht gezaubert, doch sind die Charaktere, die auf Vater Pepuans Karussell fahren und im angrenzenden Garten herumtollen, umso zauberhafter. Zebulon beispielsweise ist ein Schachtelmännchen mit einem Schnurrbart, hüpft auf einer Spiralfeder wild umher und spricht mit einem rollenden »r«: »Turnikuti, turnikuta, Zebulon ist wieder da!« Außerdem gibt es den zuckersüchtigen weißen Zottelhund Pollux, Hugo, eine Sächsisch sprechende Schnecke mit Hut, den Hasen Castor, die Kuh Wilma und das Mädchen Margot.

Im Vorspann drehte sich das Zauberkarussell zur Drehorgelmusik, ein Platz darauf war immer frei. Die Folgen waren nur fünf Minuten lang und liefen erst sonntags nachmittags, später samstags. In Frankreich wurden fast 500 Folgen produziert.

DER ZAUBERMÄCHTIGE PSAMMEAD   ZDF

1994–1995. 12-tlg. brit. Jugend-Abenteuerserie nach den Büchern von Edith Nesbit (»Five Children And It«/«The Return Of The Psammead«; 1990–1993).

Als die Kinder Anthea (Nicole Mawat), Jane (Tamzen Andas), Robert (Charlie Richards) und Cyril (Simon Godwin) Anfang des 20. Jh. in einer Kiesgrube spielen, finden sie ein haariges Männchen, das ihnen Wünsche erfüllt. Das Männchen ist ein über 1000 Jahre alter Sandelf, ein Psammead. In der Fortsetzung sind es die Kinder Ellie (Laura Clarke), George (Toby Uffindell-Phillips), Pip (Leonard Kirby) und Lucy (Vicci Avery), die mit dem zottelligen Gnom Abenteuer erleben.

Die Folgen waren 25 Minuten lang und liefen im Nachmittagsprogramm. Edith Nesbits Psammead erscheint auch in *Phönix, der Zaubervogel*.

DER ZAUBERSTEIN   DFF

→ Der fliegende Ferdinand

ZDF-ABENDMAGAZIN   ZDF

1996–1997. Halbstündiges Magazin werktags um 17.15 Uhr mit Berichten und Nachrichten aus den Bundesländern zu politischen, wissenschaftlichen und »bunten« Themen. Moderatoren waren im Wechsel Günther Neufeldt, Marina Ruperti und Steffen Seibert.

Das Abendmagazin war an die Stelle des *Länderjournals* getreten, das noch deutlich mehr Regionales aus den Ländern enthalten hatte, verlor aber fröhlich Zuschauer und wurde deshalb nach nur 16 Monaten durch das weitaus boulevardlastigere *hallo deutschland* ersetzt.

ZDF.DE ZDF
1999–2000. Internetmagazin.
Es moderierten Cherno Jobatey und »Cornelia«, die »virtuelle Programmbegleiterin«, die sonst als »Webface« auf der ZDF-Homepage zu sehen war. Der Avatar wurde im Computer nach dem Vorbild der Schülerin Cornelia Schliwa gestaltet.
Das 90-minütige Magazin wurde alle zwei Monate nachts ausgestrahlt.

ZDF EXPEDITION ZDF
Seit 2000. Dachmarke für Dokumentationen. Unter dem Titel wiederholte das ZDF zunächst im Nachmittagsprogramm Beiträge aus Reihen wie *Terra X* und *Wunderbare Welt*. Unter gleichem Titel liefen kurz darauf neue Reportagen sonntags um 19.30 Uhr.

ZDF-FERIENPROGRAMM FÜR KINDER ZDF
1979–1989. Wiederholungen von Jugendserien und Unterhaltungsfilmen, Freizeittipps und Aktionen im Studio füllten jeden Sommer in der Hauptferienzeit mehrere Stunden im Nachmittagsprogramm des ZDF, meist zwischen 15.00 und 17.00 Uhr, eingeläutet stets von einem Zeichentrickvorspann und dem Titellied zur Melodie des berühmten »Cancan« aus Jacques Offenbachs Operette »Orpheus in der Unterwelt«: »Hallo, Leute, es sind Ferien / alle machen blau / von Flensburg bis nach Oberammergau / denn es sind Ferien / und mit viel Tamm-Tamm / und In-for-ma-ti-on steigt / wieder unser Ferienprogramm / unser Ferienprogramm!« Feste Bestandteile waren neben Kinderprogrammklassikern wie *Die Biene Maja, Captain Future* oder *Boomer, der Streuner* ein wöchentlicher Wunschfilm, der tägliche Ferienkalender sowie Tipps zum Spielen, Malen und Basteln. Vor allem ging es immer wieder um Origami.
Anlass für das erste *Ferienprogramm* im Sommer 1979 war das »Internationale Jahr des Kindes«. Die 13-jährige Anke Engelke und der 22-jährige Schlagersänger Benny, mit bürgerlichem Namen Jürgen Schnier, moderierten. Als Anke und Benny blieben sie mit Studiohund Wuschel über Jahre die Stars des *Ferienprogramms*, erhielten 1986 sogar eine gemeinsame weitere Sendung, *Die Maultrommel*, mit der sie endlich auch mal im Winter auf Sendung gehen durften. Anke und Benny moderierten die meisten Sendungen gemeinsam, manchmal auch einzeln. In späteren Jahren tauchte die Puppe Gustav Sommer als Maskottchen auf; Siggi Böhmke spielte sie.
Das *ZDF-Ferienprogramm* blieb ein Fernsehereignis

Dass von diesen dreien ausgerechnet das altkluge Pummelchen Karriere machen würde, hätte 1987 auch noch niemand gedacht: Benny Schnier, Wuschel, Anke Engelke im *ZDF-Ferienprogramm für Kinder*.

Man hätte sie ohne Gummistiefel beinahe nicht erkannt: Ilona Christen im *ZDF-Fernsehgarten*, der manchmal sogar bei schönem Wetter stattfand.

für nur eine Generation. Als diese aus dem Kinderprogrammalter herausgewachsen war, wurde die Show immer kürzer; irgendwann war der Titel nur noch ein Oberbegriff, und schließlich verschwand auch der.

ZDF-FERNSEHGARTEN ZDF

Seit 1986. Zweistündige Sommershow am Sonntagvormittag mit Musik, Aktionen, Spielen, Talk und Service live und open air vom Mainzer Lerchenberg, dem ZDF-Sendezentrum, den ganzen Sommer jede Woche.

Moderatorin in den ersten sieben Sommern war Ilona Christen, die sich in Gummistiefeln und Regenmantel bei keinem Wetter die aufdringlich gute Laune austreiben ließ. Kein Wunder, dass sie irgendwann genug hatte und zu RTL ging, um ab sofort in der nach ihr benannten Talkshow dauerbetroffen zu sein. Immer wieder tauchten Kollegen, Prominente oder Köche auf, um in den verschiedensten Rubriken den Außenreporter, Experten oder Koch zu geben. Unter ihnen waren zeitweise Jürgen Hingsen im Sportteil und Birgit Schrowange in der »Modebox« (1989).

1993 wurde Ramona Leiß neue Moderatorin und die Show etwas betulicher. In einer der längeren Programmaktionen war Kai Böcking als Außenreporter dabei, der sich nacheinander aus den Hauptstädten aller 16 Bundesländer meldete. 2000 kam der überdrehte Schwung zurück in die Sendung, als Andrea Kiewel übernahm. »Kiwi« hatte zuvor das *Frühstücksfernsehen* in Sat.1 moderiert und fungierte auch hier wieder, diesmal für die Sonntagslangschläfer, als schriller Wecker.

Zum gleichen Zeitpunkt wurde der bisher runde Sendebeginn von 11.00 Uhr auf das unrunde 10.45 Uhr vorgezogen, später auf das noch wesentlich unrundere 10.47 Uhr verschoben.

ZDF-HITPARADE ZDF

1969–2000. Schlagersendung von Truck Branss, die ihren Moderator Dieter »Thomas« Heck zum Star machte.

Das Konzept war einfach: Mehrere deutsche Schlagersänger treten auf und singen live zum Halbplayback ihre neuesten Lieder, Dieter Thomas Heck macht die Zwischenansagen. Danach dürfen die Zuschauer den Siegertitel wählen. Anfangs sind die drei Erstplatzierten beim nächsten Mal wieder dabei, später nur noch der Erste.

Heck war eine nahe liegende Wahl als Moderator: Er hatte bereits seit 1966 bei Radio Luxemburg regelmäßig »Die deutsche Hitparade« moderiert, die – im Gegensatz zu fast allen anderen Programmen des Senders – ausschließlich aktuelle deutsche Schlager spielte und zur Überraschung vieler sehr erfolgreich wurde. 1967 startete er mit dem Konzept bei der Europawelle Saar; dort hieß die Sendung »Deutsche Schlagerparade«. Der Saarländische Rundfunk glaubte jedoch nicht an das Konzept im Fernsehen, weshalb Heck mit Regisseur Branss zum ZDF ging – und dort wurde die *Hitparade* auf Anhieb ein großer Erfolg.

Die *Hitparade* lief einmal im Monat und war ein paar Jahre 50 Minuten und ein paar Jahrzehnte eine Dreiviertelstunde lang. Sendeplatz war bis 1977 samstags am frühen Abend, dann montags, ab 1984 wieder samstags.

183 Hitparaden moderierte Dieter Thomas Heck aus dem Studio 4 der Berliner Union Film, was er zu Beginn jeder Sendung lautstark verkündete. Seine ersten und letzten Worte in jeder Sendung waren über

viele Jahre ein Ritual: Am Anfang sagte er die sekundengenaue Uhrzeit an und brüllte: »Hier ist Berlin!«, am Ende maschinengewehrte er, dass dies eine Sendung »Ihres Zett-Dee-Eff!« war. Immerhin wurde Heck im Lauf der Jahre leiser. In der Premiere hatte er noch eine Dreiviertelstunde lang jede einzelne Moderation durchgebrüllt und sich problemlos gegen Applaus und Anfang und Ende der schon oder noch laufenden Lieder durchgesetzt (die vermutlich nur deshalb vom Techniker so laut ausgesteuert wurden, damit Hecks Gebrüll nicht so auffiel). Später gewöhnte er sich an, zumindest für Balladen mit verschränkten Armen eine sanfte Ansage zu flöten. Der Sänger Drafi Deutscher parodierte diesen Wandel später erstklassig in Hecks anderer Sendung *Die Pyramide*.

Berüchtigt war auch Hecks Angewohnheit, den Techniker schon während der letzten Worte seiner Moderation anzubellen, das Band mit dem Halbplayback zu starten: »Reiner (später: Klaus), fahr ab!« Und wenn ein vorgestellter Titel auf den zweiten Platz kam, sagte Heck immer: »Von null auf zwei!« Während bei anderen Sendungen am Ende ein Abspann mit einem Schriftband durch das Bild lief, das die Beteiligten nannte, las Schnellsprecher Heck das alles selbst vor, jeden einzelnen Namen vom Kameramann, Maskenbildner, Regieassistenten bis zu »Regie: Truck Branss!«. Viele Beteiligte schienen allein dafür engagiert worden zu sein, diesen Teil der Sendung für Heck zu erschweren, weshalb an der Kamera regelmäßig Wolfgang Jaskulski stand, Charlotte Hirschhorn den Bildschnitt besorgte und über lange Zeit der Mann fürs Szenenbild Joachim Czerczenga war.

Die Hitparade war der konservative Gegenentwurf zu *Beat-Club* und *Disco* – sie startete nicht zufällig im gleichen Jahr wie das *ZDF-Magazin*. Zwar kam sie in modernem Gewand daher – die erste Sendung begann mit einem Fast-360-Grad-Schwenk, der nicht nur das Publikum zeigte, sondern auch die anderen Kameras und die Technik –, aber die Abkehr von den Beatles zugunsten deutschsprachiger Heile-Welt-Besinger wie Rex Gildo, Bata Illic, Roy Black und Karel Gott (alle schon in der ersten Sendung dabei) war eine bewusste und politische Entscheidung.

Trotz des großen Erfolgs war das Konzept der Sendung fast immer umstritten. Fraglich war beispielsweise, wer überhaupt auftreten durfte: Anfangs wählte eine Fachjury des ZDF die Titel aus Vorschlägen der Plattenindustrie aus. Nach heftiger Kritik, auch von Heck selbst, orientierte sich die Auswahl ab 1978 an den tatsächlichen Verkaufszahlen. Trotzdem waren die erfolgreichsten Titel oft nicht vertreten, z. B. weil etablierte Sänger um ihr Image fürchteten, wenn sie vom Publikum nicht wieder gewählt würden. Stattdessen sah man immer wieder die zweite Garde der deutschen Stars: Chris Roberts, Michael Holm, Jürgen Marcus oder Christian Anders. Schließlich gab auch der Wahlmodus durch die Zuschauer Anlass zu Spekulationen: 1970 entdeckte ein Auszähler 11 037 Abstimmungspostkarten mit derselben Handschrift und demselben Poststempel. Auf jeder von ihnen wurde Peter Orloff gewählt – der wurde trotz Unschuldsbeteuerungen disqualifiziert. Stattdessen gewann Ray Miller, der später in den Verdacht geriet, das Ganze selbst eingefädelt zu haben, um Orloff zu schaden. Das waren noch Skandale! Ab 1971 verschickte das ZDF, um Manipulationen zu verhindern, die Stimmkarten an das Publikum.

Zu dieser Zeit bestand die *Hitparade* aus 13 Titeln: fünf Gewinner des Vormonats und acht Neuvorstellungen. Wer dreimal dabei war, durfte nicht wieder gewählt werden. Im Oktober 1973 wurde mit der Sendezeit auch die Zahl der Teilnehmer reduziert: Vier Titel kamen nun wieder, und sieben waren neu. Der 1978 eingeführte Auswahlmodus nach Plattenverkäufen ohne Teilnahmebegrenzung bewährte sich nicht: Er war verantwortlich dafür, dass z. B. Vader Abraham ein halbes Jahr lang Monat für Monat seine nervigen Schlümpfe in die *Hitparade* schleppte.

Ab der 125. Sendung im Januar 1980 wurde der Titel der Sendung in *Hitparade im ZDF* geändert. Nun suchte vorübergehend wieder eine Jury aus Experten und Zuschauern die vorgeschlagenen Titel aus, was aber auch nur zwei Jahre beibehalten und durch verschiedene Mischformen aus media-control-Zahlen und Zuschauerstimmen ersetzt wurde. Ab April 1982 wurde per Telefon gewählt, sodass der Sieger noch während der Sendung feststand. Wegen begrenzter Kapazitäten im Telefonnetz waren zunächst nur repräsentativ ausgesuchte Personen TED-Zuschauer (TED = Tele-Dialog). Erst 1989 war die Telekom so weit, alle Zuschauer über in der Sendung bekannt gegebene TED-Nummern abstimmen zu lassen. Für das TED-System war Manfred Denninger zuständig, der in jeder Sendung auftauchte.

Truck Branss führte Regie bis 1979, Heck moderierte zum letzten Mal am 15. Dezember 1984 und sang zum ersten Mal selbst, natürlich außer Konkurrenz: »Danke, Berlin!«. Er litt zu dieser Zeit sichtlich unter den Veränderungen in der deutschen Popszene, durch die die »Neue Deutsche Welle« plötzlich über die *Hitparade* hinwegschwappte. Sie war zugleich Segen und Fluch für die Sendung: Einerseits war in ihr plötzlich aktuell angesagte Musik zu hören, andererseits verschreckten Auftritte wie der von Trio mit »Da da da« das Stammpublikum.

Hecks Nachfolger wurde Viktor Worms; neuer Sendeplatz war nun mittwochs um 19.30 Uhr. 1987 folgten eine Veränderung des Gesamtkonzepts und eine vermeintliche Modernisierung: Von nun an durften auch englischsprachige Titel gesungen werden, solange sie in Deutschland produziert worden waren (was Dieter Bohlen Tür und Tor öffnete). Die Zuschauer konnten sich eineinhalb Wochen vor der Sendung die Neuvorstellungen per Telefon anhören und vier dieser acht Titel auf Stimmzetteln aus der Lottoannahmestelle in die Sendung wählen; hinzu kamen noch die Sieger nach Verkaufszahlen. Dieses

Verfahren war mit einem Gewinnspiel verbunden, in der Live-Sendung wurden dann unter den Einsendern Gewinne verlost. Beides hatte nicht den gewünschten Erfolg, weshalb die Teilnahme später wieder deutschsprachigen Titeln vorbehalten blieb und die Zettelwirtschaft verschwand. In einer Sendung hatte ein Mitspieler aus Koblenz, der ganz offensichtlich mehrere Stimmzettel abgegeben hatte, sowohl den ersten als auch den zweiten Preis zugelost bekommen, ein Auto und eine Reise. Auch mussten die Interpreten zwischenzeitlich nicht mehr live singen, doch auch diese Regel blieb nicht lange bestehen.

1990 wurde der ehemalige RTL-Ansager Uwe Hübner neuer Moderator und langfristig zur zweiten Symbolfigur des deutschen Schlagers. Dass das nicht immer eine angenehme Rolle ist, merkte er 1994, als Stefan Raab den Siegerpokal für »Böörti Vogts« fallen ließ und sich mit Handschellen in der Sendung an den Moderator fesselte.

Ab 1992 war der Donnerstag *Hitparaden*-Tag; die Show lief zunächst um 19.25 Uhr, erstmals mit Werbeunterbrechung, ab 1993 um 20.15 Uhr wieder ohne. Im Mai 1997 wechselte sie auf Samstag um 19.25 Uhr und 2000 auf 17.55 Uhr. Die Sendeplätze wechselten wegen sinkender Quoten, und die Quoten sanken wegen wechselnder Sendeplätze, weshalb die Show schließlich mit Hinweis auf eben die mangelnde Zuschauerresonanz nach insgesamt 367 Sendungen abgesetzt wurde. In der letzten Sendung trat zum 67. Mal Roland Kaiser auf. Häufigste Gewinnerin war Nicole, die 16-mal an der Spitze gestanden hatte.

Zu den regulären Sendungen kamen gelegentliche Sonderausgaben, z. B. mit den Hits des Jahres im Januar *(Die Super-Hitparade),* mit Sommer-, Weihnachts- oder Stimmungshits.

»Das Beste aus der ZDF-Hitparade« mit Musikausschnitten aus den Heck-Jahren ist auf mehreren DVDs erhältlich; Folge 2 beinhaltet u. a. die komplette Premierensendung vom 18. Januar 1969.

ZDF – IHR PROGRAMM ZDF

1981–1993. Wer nach den Vorabendserien noch die Nachrichten schauen wollte, kam nicht umhin zu erfahren, was das ZDF sonst noch Feines im Angebot hatte. Diese zunächst dreiminütige tägliche Vorschau auf das Programm lief um 18.57 Uhr vor *heute,* ab 1989 auf zehn Minuten verlängert schon am Nachmittag.

ZDF-INFO ZDF

1985–1999. 15-minütige Ratgebersendung, die abwechselnd über Wissenswertes aus verschiedenen Bereichen informierte und diese im Titel trug: »Gesundheit«, »Arbeit und Beruf«, »Verbraucher«.

Die Reihe lief zunächst dienstags und donnerstags im Vormittagsprogramm, später kamen weitere Werktage dazu. 1998 wurde die Themenpalette neu sortiert und erweitert. Die neuen Untertitel lauteten: »Beruf & Karriere«, »Gesundheit & Fitness«, »Verbrauchertipps & Trends«, »Urlaub & Reise«, »Tier & Wir«. Ab August 1999 wurden alle Themen vom gut gelaunten Infotainment-Magazin *Volle Kanne – Service täglich* abgedeckt.

ZDF JAZZCLUB ZDF

1987–1991. Monatliche Reihe mit Jazzmusik, die sich sehr puristisch, schwarz-weiß und ohne Mätzchen der Musik widmete.

Erster Moderator war der Jazzpianist George Gruntz, Co-Moderator wurde noch im gleichen Jahr Martin Hecht. Ab Ausgabe 17 im Jahr 1988 moderierte die Sängerin Silvia Droste. Die Show lief am späten Abend.

»Der Bata, der Illic!«: Dieter Thomas Heck in der *ZDF-Hitparade.*

ZDF-MAGAZIN ZDF

1969–1988. »Informationen und Meinungen zu Themen der Zeit«. Politmagazin von und mit Gerhard Löwenthal.

Das *ZDF-Magazin* war das rechtskonservative Gegenstück zu den linksliberalen Politmagazinen. In der ersten Sendung formulierte Löwenthal seine Kampfansage an den Zeitgeist: »Unerbittlich« werde sein Magazin nach »schadhaften Stellen in unserer Demokratie fahnden« und »unabhängig, entschieden und furchtlos« Stellung beziehen. Gegenüber den vermeintlich linken Magazinen hatte das *ZDF-Magazin* einen entscheidenden Vorteil: die Rückendeckung durch die Senderspitze. Die Positionierung als Gegenpol zu *Panorama* hatte Intendant Karl Holzamer ausdrücklich gutgeheißen, und Löwenthal, der zuvor fünf Jahre ZDF-Korrespondent in Brüssel gewesen war, hatte sich vertraglich zusichern lassen, dass er die Sendung nach eigenen Vorstellungen gestalten konnte, direktes Vortragsrecht beim Intendanten bekam und nur dem Chefredakteur Rechenschaft schuldete.

Löwenthal trat auch bei Wahlkampfkundgebungen und Parteitagen von CDU und CSU auf. Senderinterner Widerstand gegen die Sendung kam nicht von oben, sondern von unten. 1970 forderte die Redakteursversammlung des ZDF die Umbenennung der Sendung, weil sie suggeriere, dass sie für die politische Ausrichtung des ganzen Senders stehe. 1971 forderte eine Gruppe von Redakteuren Löwenthal auf, sich von rechtsextremen Äußerungen einiger Mitarbeiter zu distanzieren. Löwenthal tat dies nicht. Daraufhin baten neun von 13 Redakteuren der Sendung um ihre Versetzung; u. a. gingen Knut Terjung, Günter Ederer und Jürgen R. Meyer.

Löwenthal profilierte sich mit scharfem Antikommunismus und griff in seinen Sendungen über die Jahre vor allem die Studentenbewegung (»rote Psychoterroristen«), die sozialdemokratischen Vertreter der neuen Ostpolitik (»kommunistische Agenten«), die Friedensbewegung (»Moskauer Partisanen«), westdeutsche Schriftsteller wie Heinrich Böll (»Sympathisanten des Linksfaschismus«), vor allem aber immer wieder die DDR an. Er tat dies, wie die »Süddeutsche Zeitung« schrieb, »mit immer grimmigem Gesicht und in einem Tonfall, als hätten die Kommunisten soeben die Sendeanstalt besetzt«. Am »Tag der Menschenrechte« am 10. Dezember 1975 strahlte das *ZDF-Magazin* erstmals »Hilferufe« von DDR-Bürgern aus, die in den Westen wollten. Die Aktion geriet in die Kritik, weil sie die genannten Bürger möglicherweise gefährdete. Andererseits hatte die Sendereihe außerordentlich viele Zuschauer in der DDR, die in ihr einen Vertreter ihrer Interessen sahen.

Im Februar 1976 startete die SPD einen Interviewboykott gegen das *ZDF-Magazin*. Herbert Wehner nannte Löwenthal einen »internationalen Störenfried«, Willy Brandt schimpfte ihn einen »Schreibtischtäter«. Im September 1980 zog sich Löwenthal, der 1979 das Bundesverdienstkreuz am Bande erhalten hatte, dann doch einen Tadel des Intendanten zu, weil er mit der Parteinahme für Franz Josef Strauß eindeutig gegen die Richtlinien zu Stellungnahmen im Wahlkampf verstoßen habe.

Außer Löwenthal moderierte seit 1971 immer wieder Fritz Schenk. Am 23. Dezember 1987 moderierte Löwenthal zum letzten Mal: Mit 65 Jahren hatte er die Altersgrenze erreicht und wurde, wie er es auch Jahre später noch nannte, »unter dem Druck des Linkskartells in die Zwangspensionierung geschickt«. Sein Nachfolger als Leiter der Sendung wurde Bodo H. Hauser. Den Abschied von ihrem Erfinder überlebte die Sendung nicht lange: Nach 591 Ausgaben mit rund 2600 Beiträgen wurde sie durch *Studio 1* ersetzt. In der letzten Sendung blickten Helmut Schmidt und Rainer Barzel auf die Politik der zurückliegenden 20 Jahre zurück.

Das *ZDF-Magazin* lief erst wöchentlich, ab Oktober 1973 vierzehntäglich im Wechsel mit *Bilanz* mittwochs um 20.15 Uhr. Die dramatischen Streicherklänge der Titelmusik stammen aus dem »Konzert für Orchester« des polnischen Komponisten Witold Lutosławski.

ZDF-MATINEE ZDF

1975–1984. 90-minütiger Sendeplatz am Sonntagvormittag für Sendungen aus den Bereichen Literatur, Dichtung, Theater, Film, Wissenschaft, Politik oder Geschichte. Erster Beitrag war der Dokumentarfilm »Michelangelo – das Leben eines Titanen«. Die *ZDF-Matinee* wurde nach 494 Sendungen von *Die Stadtschreiber* abgelöst.

ZDF-MITTAGSMAGAZIN ZDF

Seit 1989. Tägliches Nachrichtenmagazin mit Informationen aus Politik, Wirtschaft, Sport und Kultur sowie der Wettervorhersage.

Die Sendung läuft werktäglich um 13.00 Uhr im wöchentlichen Wechsel mit dem *ARD-Mittagsmagazin* in beiden Programmen. 1998 wurde die Sendezeit von 45 auf 55 Minuten verlängert. Moderatoren, jeweils im Duo, waren Ekkehardt Gahntz, Susanne Conrad, Karlo Malmedie, Marina Ruperti, Sabine Noethen, Philipp Baum, Michael Braun, Günther Neufeldt, Angelika Best, Axel Becher und Ulrike Grunewald. Ab Januar 1999 moderierte nur noch Susanne Conrad, gelegentlich vertreten von Norbert Lehmann.

ZDF-MORGENMAGAZIN ZDF

Seit 1992. Tägliches Frühstücksfernsehen von 5.30 Uhr bis 9.00 Uhr mit Nachrichten, Interviews und Service, zu sehen im wöchentlichen Wechsel mit dem *ARD-Morgenmagazin* in beiden Programmen. Die Moderatoren wechseln während der Sendung: Die ersten eineinhalb Stunden moderiert jeweils einer allein, ab 7.00 Uhr übernehmen zwei andere in Doppelmoderation. Die Frühschicht präsentierten u. a. Stephan Merseburger, Michael Bartsch, Juliane Hielscher, Anne Gellinek, Steffen Seibert, Andreas Klinner und Alexandra Vacano, zu den Moderatoren nach 7.00 Uhr gehörten Peter Frey, Cherno Jobatey, Maybrit Illner, Gundula Gause, Anne Gellinek, Patricia Schäfer, Christian Sievers und Bettina Schausten. 2005 kam außerdem der Meteorologe Ben Wettervogel (bürgerlich: Benedikt Vogel) fest zum Team.

DIE ZDF-REPORTAGE   ZDF
→ ZDF.Reportage

ZDF.REPORTAGE   ZDF
Seit 1984. Reportagereihe, ursprünglich fast immer mit brisanten zeitgeschichtlichen Beiträgen, später auch über bunte Themen. Die erste Sendung bestand aus einem Bericht von Günter Alt und Manfred Teubner über die GSG 9.
Die Reihe begann unter dem Titel *Reportage am Montag* und nannte sich nur noch *Die Reportage*, als sie 1987 auf Dienstag, 19.30 Uhr, wechselte. Ab 1992 war sie statt 45 nur noch 30 Minuten lang und lief freitags um 21.15 Uhr. 1995 wurde sie in *ZDF-Reportage* umbenannt. Ende 2002 wanderte sie auf Sonntag, 18.30 Uhr, und erreichte dort ein deutlich kleineres Publikum. Seit Oktober 2004 ist der Bindestrich einem Punkt gewichen – angelehnt an die Schreibweise des Magazins *ZDF.Reporter*.

ZDF.REPORTER   ZDF
Seit 2001. Reportagemagazin mit Berichten aus Deutschland und der Welt.
Der neue Chefredakteur Nikolaus Brender wollte mit dem Magazin »die jungen Leute, die *Big Brother* gucken, mit mehr Nähe und Authentizität ins Zweite locken«. Inhalt der Reportagen sollten aktuelle Hintergrundberichte aus dem In- und Ausland, aber auch Alltagsgeschichten sein. Das Resultat war ebenso dünn wie beliebig. Moderator war Steffen Seibert; als er zu *heute* wechselte, übernahm im Februar 2003 Norbert Lehmann Redaktionsleitung und Moderation, rückte der Reporter ein wenig aus dem Bild und setzte vor allem auf Reportagen aus dem deutschen Alltag: Tempokontrollen, Lebensmittelkontrollen, Kontrollen vom Sozialamt.
Das 45-minütige Magazin läuft mittwochs gegen 21.00 Uhr.

DAS ZDF SOMMERHITFESTIVAL   ZDF
→ Das große Sommer-Hit-Festival

ZDF SPEZIAL   ZDF
Seit 1988. Aktuelle Hintergrundsendung, die meistens kurzfristig ins Programm genommen wird, um ausführlicher über aktuelle Ereignisse, Katastrophen oder brisante Entwicklungen zu berichten. Das Gegenstück zum traditionsreicheren *ARD-Brennpunkt* läuft häufig nach den *heute*-Nachrichten um 19.00 Uhr, aber auch auf Magazinplätzen oder natürlich – bei entsprechender Dramatik des Geschehens – zu jedem beliebigen Zeitpunkt. Die erste Sendung trug den Titel »Mehr Arbeit durch weniger Lohn?«.

ZDF SPORTREPORTAGE   ZDF
→ Die Sport-Reportage

ZDF SPORTSTUDIO   ZDF
→ Das aktuelle Sport-Studio

ZDF.UMWELT   ZDF
Seit 2001. Wöchentliches Umweltmagazin sonntags um 13.15 Uhr. Volker Angres wechselte sich zunächst mit Angela Elis, später mit Claudia Krüger als Moderator ab.

ZDF-WERKSTATT   ZDF
1970–1973. »Hinter den Kulissen des Fernsehens«. Fernsehmagazin, das Interna des ZDF ausplauderte, solange sie die Zuschauer etwas angingen, und auf die eigenen Sendungen aufmerksam machte. Es gab Hintergrundberichte von Dreharbeiten, Interviews mit Fernsehstars und Antworten auf Zuschauerpost.
Zum Start ging es um die 25. Folge von *Aktenzeichen XY ... ungelöst,* um den Auslandskorrespondenten Carl Weiß und einen Nachrichtensprechertest. Zuvor war die Reihe bereits seit September 1969 als Bestandteil der *Drehscheibe* gelaufen, im April 1970 bekam sie ihren eigenen Sendeplatz am Donnerstagnachmittag, direkt vor der *Drehscheibe*. Leiter war Oldwig Jancke, Moderator erst Wolfgang Ohm, später Hanns Heinz Röll.

ZDF-WINTERGARTEN   ZDF
1994–2000. Winterausgabe des *ZDF-Fernsehgartens,* eine 90-minütige Mischung aus Show, Akrobatik, Aktionen, Musik und Weihnachtsmarkt. Lief mittags oder nachmittags an den Adventssonntagen. Moderatorin war zunächst Ramona Leiß, die auch die Sommerausgabe präsentierte. 1997 übernahm Wolfgang Lippert, beim ersten Mal gemeinsam mit Heike Maurer, 2000 Michael Schanze. In diesem Jahr liefen nur noch zwei Ausgaben; beide kamen aus Bodenmais im Bayerischen Wald und hießen *ZDF-Wintergarten unterwegs*.

DAS ZDF-WUNSCHKONZERT
DER VOLKSMUSIK   ZDF
2002–2004. Monatliche Volksmusiksendung mit Carolin Reiber.
Reiber erfüllt musikalische Zuschauerwünsche, die im Vorfeld geäußert wurden. Per TED können die Fernsehzuschauer während der Sendung außerdem einen der anwesenden Künstler bestimmen, der am Ende der Sendung ein zweites Lied singt.
Die Show ersetzte *Die Volkstümliche Hitparade im ZDF,* die Ende 2001 nach elf Jahren eingestellt worden war. Reiber behielt auch mit dieser einstündigen Sendung ihren seit 1990 angestammten Sendeplatz am Donnerstag um 20.15 Uhr.

ZEBRALLA!   ARD
2000–2001. 12-tlg. dt. Sitcom von Frank Lüdecke, Regie: Dieter Hallervorden.

Als er noch berufstätig war, verkaufte Jürgen Zebralla (Dieter Hallervorden) als Vertreter vakuumverpackten Pulverkaffee. Jetzt ist er Rentner und krempelt sein Leben um. Er trennt sich nach 40 Jahren von seiner Frau Gertrud (Gundula Petrovska), fängt an, Politologie und Geschichte zu studieren, und zieht bei seinem erwachsenen Sohn Ingo (Frank Lüdecke) ein. Sie führen fortan eine WG mit zwei völlig gegensätzlichen Bewohnern: einem chaotischen Alten und einem geistig alten Mittdreißiger. Als »groteske Familienserie ohne Familie« beschrieb die ARD die Serie. Zum ersten Mal seit *Die Nervensäge* 14 Jahre zuvor spielte Hallervorden wieder in einer Serie mit. Sie lief dienstags um 21.35 Uhr, jede Episode dauerte 25 Minuten.

DIE 10 ... RTL
Seit 2003. Show mit Bestenlisten zu je einem Oberthema. Ausschnitte und Berichte dokumentieren die Listeneinträge, Gäste erzählen darüber.
War zunächst eine große zweistündige Abendshow mit Oliver Geissen zum Thema »Die 10 bewegendsten Momente – Bilder, die man nie vergisst«, die man jedoch schnell vergaß und die bis auf weiteres keine Fortsetzung fand. Erst ab Januar 2005 zeigte RTL neue Ausgaben, jetzt nur noch eine Stunde lang und mit Sonja Zietlow als Moderatorin. Sie liefen erst mittwochs um 21.15 Uhr, dann freitags eine Stunde früher und behandelten »Die 10 größten Kinderstars«, »Die 10 außergewöhnlichsten Millionäre«, »Die 10 erotischsten Frauen« oder »Die 10 aufregendsten Sex-Skandale« usw.
Schwer zu sagen, warum RTL sich entschied, Oliver Geissen die Sendung wieder wegzunehmen. Die Berliner Mauer hatte er in der Ausgabe »Die 10 bewegendsten Momente« so anmoderiert: »1961 hat man sie erbaut, 28 Jahre später hat man sie heruntergerissen, das gute Stück.« Und zur Werbepause verkündete er: »Gleich noch: Die erste Mondlandung, Attentat auf JFK, freuen Sie sich drauf!«

DIE ZEHN GEBOTE HEUTE ARD
1978–1980. 7-tlg. Dokumentarreihe von Thilo Koch und Peter Otto, die versuchten, Bezüge zwischen aktuellen sozialen, psychologischen, politischen und kulturellen Realitäten und dem Dekalog von Moses herzustellen. Zehn Gebote in sieben Folgen? So geht's: Man packe das erste und zweite zusammen, verbinde das neunte mit dem sechsten und behandle das zehnte mit dem siebten.
Die dreiviertelstündigen Folgen liefen in loser Folge um 19.00 Uhr.

10 GRAD ÖSTLICHER LÄNGE ARD
1983–1984. »Schnurstracks durch die Bundesrepublik.« Reportagereihe von Franz Xaver Gernstl, der entlang dem 10. Längengrad von Oberstauffen über Ulm nach Blaufelden und von Creglingen über Bad Kissingen nach Bad Hersfeld durch die Bundesrepublik Deutschland reist.
Eigentlich wollte das Team bis zur Kieler Bucht, aber die Zeit der ersten vier Etappen reichte nicht, weshalb einen Sommer später weitere Sendungen folgten, einmal im Monat montags nachmittags. Jede Folge dauerte etwas länger als eine Stunde.
Acht Jahre später griff Gernstl das Konzept noch einmal auf und reiste in *51° Nord* quer statt längs durchs Land.

DIE 10 MILLIONEN SKL SHOW RTL
→ Die 5 Millionen SKL Show

ZEHN MINUTEN MIT ADALBERT DICKHUT ARD
1955–1969. Turnunterricht für Kinder im Nachmittagsprogramm.
Der deutsche Olympiaturner und Europameister im Pferdsprung Adalbert Dickhut steht im Trainingsanzug vor einer Gruppe von Kindern und erklärt die Übungen, die auch ganz leicht zu Hause nachgemacht werden können, denn als Turngeräte werden nur Gegenstände benutzt, die in jedem Haushalt zu finden sind.
Die Reihe war zunächst Bestandteil der *Jugendstunde* unter dem Titel *Fünf Minuten mit Adalbert Dickhut* und wurde 1957 auf zehn Minuten verlängert. Eines der mitturnenden Kinder war Dickhuts Sohn, ebenfalls Adalbert, genannt Berti. Schon 1955 trat Dickhut auch im Magazin *Für die Frau* auf und fragte erwachsene Frauen: »Wer turnt mit?«

ZEHN ODER GEH'N ZDF
1990–1993. Halbstündiges Reisequiz am Donnerstagabend mit Ingolf Lück.
Ein Paar kann eine Reise gewinnen, auf der es sich bereits befindet. Das Spiel findet am Zielort statt, Ingolf Lück hat seinen Quiztisch dabei und karrt ihn samt Kandidatenpaar und dessen Gepäck an verschiedene Schauplätze, wo die beiden insgesamt zehn Aufgaben erfolgreich zu erfüllen haben. Gelingt ihnen das, dürfen sie in der Stadt bleiben und Urlaub machen, gelingt es ihnen jedoch nicht, werden sie gleich wieder zurück nach Deutschland geflogen.
Die Show war innovativ, kurzweilig und lehrreich. Sie lief mit größeren Unterbrechungen im Abendprogramm, die letzten drei der 17 Ausgaben nachmittags am Wochenende.

ZEHN VOR ACHT DFF
1972. Fernsehfilmfeuilletons, die die frei werdenden zehn Minuten nach der verkürzten *Aktuellen Kamera* mit Interviews, Kurzreportagen und Feuilletons füllten. Es gab je nach Wochentag Rubriken: »Leute heute«, »Entdeckungen bei uns zu Haus«, »Blick in die Welt«, »Kulturjournal«, »Soldaten-Report«, »Ach, du liebe Freizeit«, »Das Wochenende am Bildschirm«.
Dem SED-Generalsekretär wurde es, im wahren Wortsinne, zu bunt. Er wollte lieber wieder harte Politik, erzwang die Rückkehr der *Aktuellen Kamera* zur alten Länge – das Aus für *zehn vor acht*, obwohl es bei den Zuschauern gut ankam.

10 VOR 11 — RTL

Seit 1988. Sperriges Kulturmagazin von Alexander Kluge, das Themen, Werke und Personen aus Kunst und Kultur darstellen will. Und zwar »authentisch und kompromisslos«, was vermutlich nur eine andere Art ist, das zu beschreiben, was der ehemalige RTL-Chefredakteur Hans Mahr »Publikumsvertreibung und Publikumsbeschimpfung« nannte. Das Magazin behandelt Themen wie »Die illegitimen Kinder des Anton von Webern« und besteht meist aus Interviews, die mit einer einzigen Einstellung in einer Küche oder einem Café gefilmt sind, nur unterbrochen von grellen Bild- und schrillen Toncollagen sowie seltsamen Texttafeln.

Kluges Firma dctp nutzte eine Regelung im Rundfunkstaatsvertrag, wonach größere Privatsender Sendezeit an unabhängige Zulieferer abgeben müssen. Im März 1998 gelang es RTL immerhin, den allmontäglichen Quotenkiller, der ursprünglich mal nach seiner Sendezeit benannt war, von etwa 23.00 Uhr um eineinhalb Stunden in Richtung Nacht zu verschieben. Ähnliche Magazine von Kluge sind *Primetime – Spätausgabe* und *News & Stories*. Dank der Regelung im Rundfunkstaatsvertrag kamen über dctp allerdings auch die Formate *Stern TV* und *Spiegel TV* ins Privatfernsehen, die sich zu Quotengaranten entwickelten.

Das Magazin erhielt den Grimme-Preis mit Gold 1992 für die Sendung »Das Goldene Vlies«.

ZEHNKAMPF DER FERNSEHFANS — ZDF

1985. »Ein Mannschaftswettstreit mit Ausstellungsbesuchern«. Spielshow mit Hans Rosenthal und Dieter Thomas Heck auf der Internationalen Funkausstellung in Berlin. Täglich nachmittags liefen insgesamt zehn Sendungen.

DAS ZEHNTE KÖNIGREICH — RTL

2001–2002. 5-tlg. US-Fantasyfilm (»The 10th Kingdom«; 1999).

Der Thronfolger im vierten Königreich, Prinz Wendell (Daniel Lapaine), ist der Enkel der Märchenkönigin Schneewittchen (Camryn Manheim), die vor Urzeiten u. a. zusammen mit Aschenputtel (Ann-Margret) die Märchenkönigreiche gegründet hat. Heute werden die neun Königreiche von Riesen, Kobolden und dem Trollkönig Rettich (Ed O'Neill) beherrscht, und Wendells böse Schwiegermutter, die Königin (Dianne Wiest), verwandelt den Prinzen in einen Hund. Durch einen Zauberspiegel entkommt Hund Wendell ins bisher unbekannte zehnte Königreich, das neuzeitliche New York, und trifft dort auf Virginia (Kimberly Williams) und ihren Vater, den Hausmeister Tony (John Larroquette). Gemeinsam flüchten sie durch das zehnte und auch das vierte Königreich vor den Trollen, Polizisten und der Königin. Sie begegnen außerdem Wolf (Scott Cohen), der sich in Virginia verliebt.

Die einzelnen Teile hatten Spielfilmlänge. Der erste lief zur Primetime, die weiteren von Weihnachten, bis Neujahr an den Feiertagen nachmittags.

ZEICHEN DER ZEIT — ARD

1954–1955. Kritische Streifzüge mit kabarettistischen Texten deutscher Schriftsteller oder Liedermacher. Martin Walser führte bei den zwei Ausgaben Regie.

ZEICHEN DER ZEIT — ARD

1957–1973. Kulturkritische Dokumentarreihe, die von dem ehemaligen »Spiegel«-Journalisten Dieter Ertel geleitet wurde. Die Redaktion nahm im Stil des Nachrichtenmagazins die Rituale der Adenauer-Ära aufs Korn: Geschäftemacherei, Spießermentalität, Starkult – und auch das grassierende »Fernsehfieber«. Sie blickte hinter die Kulissen des Wirtschaftswunders, besuchte Schützenvereine, mokierte sich über den deutschtümelnden Wagner-Kult, begleitete einen Wahlkampf, entlarvte das faschistoide Potenzial der Burschenschaften, kümmerte sich um Tierquälerei, Verkehr, Schulen und Müll.

1970 kritisierte der Beitrag »Zimmermanns Jagd« die Sendung *Aktenzeichen XY* und die Arbeitsmethoden von Eduard Zimmermann. Vor allem die Filme über Schützen und Burschenschaften lösten heftige Proteste aus: Die Autoren mussten sich als »vaterlandslose Schufte« beschimpfen lassen, die »über den Eisernen Vorhang davongejagt« werden sollten.

Der erste Film in der Reihe hieß »Ein Großkampftag – Beobachtungen bei einer Boxveranstaltung«. Er brach mit den Gepflogenheiten des Fernsehjournalismus und der Wochenschauen, indem er nicht das Sensationelle und Ungewöhnliche zeigte und durch den Off-Text noch zusätzlich hochjubelte, sondern, im Gegenteil, das Alltägliche, Durchschnittliche und Undramatische in den Mittelpunkt stellte. Die Boxer waren keine Stars, sondern wurden als arme, von Lampenfieber gepeinigte Gesellen in ihren Kabinen gezeigt.

Der Off-Kommentar war lakonisch, ein spöttischer und ironischer Blick entstand auch dadurch, dass widersprüchliche Szenen gezielt aneinander montiert wurden. Dieser Stil sollte die ganze Reihe prägen. Sie begründete das Renommee der Dokumentarabteilung des Süddeutschen Rundfunks als »Stuttgarter Schule«.

Ein langjähriger Autor war der Schweizer Journalist, Fernsehregisseur und Kabarettautor Roman Brodmann. Ihm gelang 1967 mit dem Film »Der Polizeistaatsbesuch – Beobachtungen unter deutschen Gastgebern« ein herausragendes Fernsehdokument. Brodmann drehte, wie sich die Bundesrepublik zum Besuch des Schahs von Persien zurechtmacht, Ölflecken am Flugplatz beseitigt werden, die Hecken geschnitten werden und der Hofknicks geprobt wird. Ironisch zeigte Brodmann erst die Transparente demonstrierender Studenten »Nieder mit dem Schah-Regime« und dann Kisten im Pressezentrum, auf denen »Nicht stürzen« stand.

Durch sorgfältige Bearbeitung der Tonspur ließ er den grausamen Herrscher und Star der deutschen Regenbogenpresse die Hände seiner Gastgeber syn-

chron zu Salutschüssen schütteln. Danach geriet das Kamerateam in die Straßenschlachten zwischen Polizei, »Jubelpersern« und Demonstranten und dokumentierte die Gewalt des Polizeieinsatzes, die im Tod des Studenten Benno Ohnesorg ihren Höhepunkt fand. Brodmann steuerte auch die letzte Folge bei (»Die ausgezeichneten Deutschen«), die sich mit dem Ordensverleihungswesen in Deutschland auseinander setzte.
Die Filme dauerten in der Regel 45 bis 60 Minuten und liefen zur Primetime.

ZEICHEN DER ZEIT ARD
1990–1998. Schon die dritte Inkarnation dieses Titels in der ARD. Diesmal handelte es sich um eine lose Reihe mit 45-minütigen Reportagen. Nach der Absetzung in der ARD wurde sie in mehreren Dritten Programmen fortgesetzt. Einzelne Reportagen daraus liefen weiter im Ersten, jetzt aber ohne Reihentitel.

ZEIT DER SEHNSUCHT RTL
1993–1996. 584-tlg. US-Daily-Soap von Ted Corday, Betty Corday, Irna Phillips und Alan Chase (»Days Of Our Lives«; seit 1965).
Die üblichen Geschichten um Liebe, Intrigen, Affären und, in diesem Fall, Krankenhäuser. Dr. Tom Horton (Macdonald Carey) arbeitet in der Universitätsklinik in Salem. Personal, Patienten, Familien und sonstige Einwohner stehen im Mittelpunkt der Geschichten.
RTL zeigte zunächst jeden Werktagnachmittag die 50-minütigen Folgen in voller Länge, verlegte sie dann aber auf den Vormittag und schnitt sie in der Mitte durch, was die Ausstrahlungsdauer der 340 eingekauften Folgen aus den Jahren 1987 bis 1988 verlängerte. MacDonald Carey war vom US-Sendestart im November 1965 an dabei und spielte seine Rolle bis zu seinem Tod im März 1994. Anfang 2005 wurde in den USA bereits die 10 000. Folge ausgestrahlt.

ZEIT GENUG ARD
1982. 6-tlg. dt. Familienserie von Franz Xaver Bogner.
Nach dem Ende seiner Lehre wird der junge Willi (Ernst Hannawald) flügge. Er verlässt seine verwitwete Mutter (Veronika Fitz) und zieht vom Land zu Onkel Ignaz (Toni Berger) in die Großstadt. Dort muss sich Willi an das Stadtleben gewöhnen und Ignaz an Gesellschaft, denn der überzeugte Junggeselle wäre lieber allein geblieben.
Die 45-minütigen Folgen liefen mittwochs um 19.30 Uhr.

DIE ZEITEN ÄNDERN SICH ZDF
1983. 6-tlg. dt. Jugendserie aus der katholischen Redaktion über die Studentenunruhen 1967/68 und ihre Auswirkungen. Der Germanistikstudent Ali Jankowski (Karl-Heinz von Liebezeit) entwickelt Interesse an Politik und wird zum Rebell.

ZEITGESCHEHEN – FERNGESEHEN ARD
1953–1954. Reportagereihe, die sich pro Sendung mit einem Schwerpunktthema befasste. Als Moderatoren wechselten sich meistens Herbert Viktor Schmidt und Peter Schmidt ab. Ab 1954 moderierte Günther Piecho, und die ursprünglich 15 Minuten dauernden Einzelausgaben wurden ein paar Minuten länger, bis hin zu einer halben Stunde.
Lief zeitweise unter dem Titel »Am Dienstagabend: Zeitgeschehen – ferngesehen«.

ZEITGESCHICHTE VOR GERICHT ARD
1969. Dokumentarspielreihe, die Gerichtsprozesse aus der Vergangenheit noch einmal aufrollt.
Den Auftakt bildete der »Fall Liebknecht-Luxemburg«. Autor Dieter Ertel recherchierte für einen zweiteiligen Film, dass Rosa Luxemburg nicht von Oberleutnant Vogel erschossen worden war, sondern vom Leutnant zur See Souchon, was dieser bestritt. In weiteren Folgen ging es u. a. um den Prozess um Arthur Schnitzlers Stück »Reigen«, das 1920 uraufgeführt wurde und einen Skandal auslöste, um den ehemaligen Volksschullehrer Walter Kadow, der 1923 umgebracht wurde, weil er fälschlicherweise verdächtigt wurde, ein kommunistischer Spitzel zu sein, und um Wolfram Sievers, den Generalsekretär der Nazi-Forschungseinrichtung Amt Ahnenerbe.
Die Sendungen liefen an verschiedenen Terminen zur Primetime.

DIE ZEITREISENDEN RTL
1989. 19-tlg. US-Fantasyserie von James D. Parriott (»Voyagers«; 1982–1983).
Der Zeitreisende Phineas Bogg (Jon-Erik Hexum) hat die Aufgabe, den Verlauf der Geschichte in der Vergangenheit zu korrigieren. Begleitet wird er von dem Waisenjungen Jeffrey Jones (Meeno Peluce), der immer sehr fit im Fach Geschichte war, alle relevanten Daten kennt und dem nicht sehr hellen Phineas dadurch die Arbeit erleichtert. Gemeinsam erleben sie die Historie mit.
Jede Folge war eine Stunde lang.

ZEITVERTREIB ARD
1971–1973. »Unterhaltungsmagazin für Erwachsene«. Samstagabendshow mit Petra Schürmann mit Chansons, Sketchen und Gesellschaftsspielen, darunter dem Rätselkrimi: Im dunklen Studio wird ein Mord nachgestellt, den die prominenten Gäste aufklären sollen. Für die Fernsehzuschauer wird das Geschehen mittels einer Infrarotkamera sichtbar gemacht. Regisseur Kurt Wilhelm erklärte das Konzept so: »Eine Vergnügtheit für Erwachsene. Ohne Tricks, ohne Beat, ohne Schlager. Wir versuchen, denen etwas zu geben, die sich die Erinnerung erhalten haben an Zeiten, in denen man noch spielen konnte und mochte.«
Viele vergnügte Erwachsene schienen diese Erinnerung nicht gehabt oder erfolgreich verdrängt zu haben, jedenfalls kam die Show beim Publikum nicht sonderlich gut an. Erst wurde sie von 90 auf 60 Mi-

nuten gekürzt und schließlich eingestellt. Vielleicht lag es auch am wenig versprechenden Titel, der die Show auf eine Stufe mit Däumchendrehen stellte und ebenso gut hätte lauten können: »Na gut, wenn sonst nix kommt, gucken wir halt das da.«

ZELLERIESALAT ZDF
→ Dieter Hallervorden in »Zelleriesalat«

Z.E.N. ARD
1991–1995. »Zuschauen – Entspannen – Nachdenken«.
Fünfminütige Sendung mit Landschaftsimpressionen oder anderen besinnlichen, gern kulturellen Inhalten. Die Reihe, die vorher bereits über zehn Jahre lang im Bayerischen Fernsehen lief, löste in der ARD die *Nachtgedanken* als täglichen Rausschmeißer zum Sendeschluss ab.

ZENTRALE BANGKOK ARD
1985–1986. 13-tlg. dt. Abenteuerserie von Ulrich del Mestre, Regie: Peter Harlos.
Die Sekretärin Birgit Mahler (Sabine Thiesler) geht für zwei Jahre als Entwicklungshelferin nach Bangkok. Die halbstündigen Folgen liefen am Vorabend.

ZEUGEN DES JAHRHUNDERTS ZDF
Seit 1979. Porträtreihe im Nachtprogramm, in der Personen der Zeitgeschichte im persönlichen Ambiente oder an ihrer jeweiligen Wirkungsstätte wechselnden Gesprächspartnern über ihr Leben berichten.
In der ersten Ausgabe sprach Walther Schmieding mit Wolfgang Stresemann zum 50. Todestag seines Vaters, des Reichskanzlers und Außenministers Gustav Stresemann. Die Sendungen waren zwischen 45 und 75 Minuten lang, was für manche Gesprächspartner nicht ausreichend war. 1984 wurden beispielsweise dem früheren Bundeskanzler Kurt Georg Kiesinger (im Gespräch mit Horst Schättle) und dem Philosophen Leo Löwenthal (mit Peter Koslowski) jeweils zwei Teile eingeräumt.
Weitere Jahrhundertzeugen waren u. a. Otto von Habsburg, Louis Ferdinand von Preußen, Henry Kissinger, Willy Brandt, Richard von Weizsäcker, Hildegard Hamm-Brücher, Golo Mann, Heiner Müller, Johannes Mario Simmel, Ephraim Kishon, Marion Gräfin Dönhoff, Axel Springer, André Kostolany, Josef Neckermann, Ferdinand Porsche, Yehudi Menuhin, Herbert von Karajan, Hans Küng und Isa Vermehren.
Die Reihe lief in unregelmäßigen Abständen, in den ersten zehn Jahren meistens auf Sendeplätzen vor 23.00 Uhr, in den nächsten zehn Jahren immerhin meistens noch vor Mitternacht. Im ganzen Jahr 1999 zeigte das ZDF anlässlich des 20-jährigen Bestehens der Reihe immer wieder alte Folgen in langen »Zeugen des Jahrhunderts«-Nächten. Die tiefe Nacht wurde fortan der Sendeplatz für die Zeugen im neuen Jahrhundert. Mehr als 300 Gespräche wurden bisher gezeigt.

ZIEHUNG DER LOTTOZAHLEN ARD
Seit 1965. Fünf-Minuten-Show, in der jeden Samstag live die Lottozahlen »6 aus 49« plus Zusatzzahl gezogen werden (seit 1991 auch plus Superzahl) und die Gewinnzahlen verschiedener Zusatzlotterien ermittelt bzw. bekannt gegeben werden: Glücksspirale (seit 1969), Spiel 77 (seit 1975), Super 6 (seit 1992).
Der Deutsche Lottoblock war bereits 1955 gegründet worden und hatte eine sonntägliche Ziehung eingeführt (schon seit 1953 hatte es in Westberlin eine Lottoziehung »5 aus 90« gegeben). Ab September 1965 übertrug die ARD die Ziehung, nun am Samstag, immer aus Frankfurt am Main. Die Gewinnzahlen der ersten Fernsehziehung lauteten 13, 21, 35, 36, 45, 46.
Die Sendung lief über Jahrzehnte nach der großen Samstagabendshow gegen 22.00 Uhr, seit 1993 vor der 20.00 Uhr-*Tagesschau*. Moderatorin war anfangs Karin Dinslage, ab 1967 für mehr als 30 Jahre Karin Tietze-Ludwig, die als Lottofee berühmt wurde. Jede Ziehung leitete sie mit den Worten ein: »Der Aufsichtsbeamte hat sich vor der Sendung vom ordnungsgemäßen Zustand des Ziehungsgerätes und der 49 Kugeln überzeugt.«
Dieser berühmt gewordene Satz wurde 1986 abgeschafft, gleichzeitig gab es eine neue Dekoration, und die Zahlen erschienen hinterher noch einmal auf einer elektronischen Anzeigetafel, nicht mehr auf Holzklötzchen, die die Ansagerin vor sich auf einen Schreibtisch stellte. Tietze-Ludwigs Nachfolgerin wurde 1998 Franziska Reichenbacher, die auch den stets anwesenden Aufsichtsbeamten erstmals seit zehn Jahren wieder mit dem nostalgischen Satz erwähnte, aber nur einmal.
Die eigentliche Ziehung ist Aufgabe des Ziehungsteams, zu dem neben dem Urkundsbeamten weitere Mitarbeiter von Hessen-Lotto gehören. Zwei Assistentinnen legen die Kugeln ein – es handelt sich um nummerierte Tischtennisbälle – und steuern die Ziehungsgeräte; ein Ziehungsleiter überwacht den Ablauf und kann jederzeit im Fall einer Panne eingreifen. Von Zeit zu Zeit kam es mal zu einer: Im Februar 1999 zerbrach während der Ziehung die Kugel mit der Ziffer 6. Ein paar Wochen später blieb eine Kugel in den Greifarmen der Maschine hängen.
Aufruhr verursachte eine Satire des Politmagazins *Monitor* 1994, in der scheinbar nachgewiesen wurde, dass Finanzminister Theo Waigel die *Ziehung der Lottozahlen* manipulierte, um seine Staatskasse zu sanieren. Viele Zuschauer nahmen den Beitrag ernst.
1982 kam zur Samstagsziehung das *Lotto am Mittwoch* im ZDF dazu, das 2000 mit dem Samstagslotto zu einer Lotterie zusammengelegt wurde.

ZIMMER 13 ZDF
1968. »Geschichten aus einem Hotel«. 13-tlg. dt. Hotelserie von Dieter Ganss und Andreas Fuchs, Regie: Wolfgang Glück.
Das Personal eines kleinen Hotels kümmert sich um

seine Gäste – nicht nur um die im Doppelzimmer mit der Nr. 13, doch die stehen immer im Mittelpunkt der heiteren Geschichten. Zu den Angestellten zählen Page Mischi (Frithjof Vierock), Hausdiener Carlo (Vittorio Casagrande), das Hausmädchen Anita (Gisela Hahn), Etagenkellner Ferdinand (Robert Tessen) und der Empfangschef (Horst Naumann).
Die 25 Minuten langen Folgen liefen dienstags im Vorabendprogramm.

ZIMMER FREI   WDR
→ Fawltys Hotel

ZIMMER FREI   WDR
Seit 1996. Einstündige Late-Night-Talk-Comedy-Spielshow mit Christine Westermann und Götz Alsmann, in der wöchentlich ein Prominenter auf seine WG-Tauglichkeit getestet wird.
Moderatoren und Promi sitzen anfangs am gedeckten Tisch und plaudern; währenddessen stellt Westermann mit harmlosem Gesicht hinterhältige Fragen, und Alsmann isst. Oder, in den Worten Alsmanns: »Sie führt Gespräche, ich werfe mit den Nüssen.« Es folgen mehrere Aktionen und Spiele, und am Ende macht man es sich im Wohnzimmerbereich gemütlich oder trifft sich zum Musizieren am Klavier.
Ein regelmäßiges Spiel ist das Bilderrätsel, bei dem ein Begriff um die Ecke gedacht von Statisten dargestellt wird. Als wiederkehrende Figur tritt Cordula Stratmann als überraschend hereinplatzende Nachbarin Annemie auf, die den Promi zusätzlich nervt. Sie bekommt im Sommer 2002 eine eigene Show, *Annemie Hülchrath – Der Talk*. Am Ende jeder Sendung entscheidet das Studiopublikum durch Hochhalten von farbigen Papptafeln, ob der Gast WG-tauglich ist oder nicht.
Zu den Highlights gehörte die Sendung mit Guido Westerwelle, der sichtlich unglücklich mit Hippieperücke und Bundeswehrparka am Lagerfeuer Lieder singen musste. Mehrere Folgen landeten im Giftschrank, darunter eine mit den Wildecker Herzbuben und eine, in der der Legastheniker Cherno Jobatey mit einer Buchstabensuppe empfangen wurde und sich ein ABC-Pflaster auf die Stirn kleben sollte – Jobatey verließ sauer für eine Viertelstunde die Aufzeichnung. Alsmann und Westermann spielten derweil Scrabble. Eigentlich hätte Jobatey mit den Buchstaben das Wort »Kommunalobligation« legen sollen. Manche dieser Folgen wurden erst im Rahmen einer *Zimmer frei*-Nacht ausgestrahlt, die Folge mit Jobatey war erstmals im Herbst 2003 zu sehen, sie war zu diesem Zeitpunkt schon vier Jahre alt.
Die Show läuft sonntags nach 23.00 Uhr im WDR und wird in fast allen Dritten Programmen wiederholt. Die ARD hätte *Zimmer frei* gern im Ersten Programm gehabt, doch Alsmann und Westermann wollten lieber im Dritten bleiben, wo sie erfolgreich waren. Immerhin: Zur 222. Sendung lief am 2. Mai 2002 ein 90-minütiges Jubiläums-Special zur Primetime in der ARD.
Die Show erhielt den Grimme-Preis 2000.

ZIMMER FREI – UNO-NÄHE   ARD
1979–1980. 12-tlg. dt. Freundinnenserie.
Wie schwer kann es wohl sein, ein Zimmer in guter Lage in New York zu vermieten? Die UN-Mitarbeiterinnen Angelika (Angelika Bender) und Christa (Giulia Follina) haben jedenfalls einige Mühe, eine geeignete Mitbewohnerin für ihr Apartment in einem Wolkenkratzer in Manhattan zu finden.
Die halbstündigen Folgen liefen am Vorabend.

EIN ZIMMER MIT AUSBLICK   DFF 1
1978. 7-tlg. DDR-Familienserie von Ursula Damm-Wendler und Horst Ulrich Wendler, Regie: Norbert Büchner.
Das sechsjährige Waisenmädchen Jette (Petra Klemich) bildet sich ein, der Elektromonteur Martin Kirst (Bernhard Baier), der als Untermieter bei ihrer Oma König (Helga Göring) in Dresden einzieht, sei ihr Vater. Er adoptiert sie schließlich und sucht eine Frau für sich und eine Mutter für das Mädchen. Pit (Michael Pan) ist sein bester Kumpel.
Die Serie war zwar eine der kürzesten, aber auch beliebtesten DDR-Fernsehserien überhaupt. Die Folgen waren rund eine Dreiviertelstunde lang und liefen freitags um 20.00 Uhr.

ZIRKUS DAHL   ARD
1965. Halbstündige Show in der *Kinderstunde* mit Arnim Dahl als Zirkusdirektor, der Tiere, Clowns, Artisten und Attraktionen präsentierte. Gäste waren Kindergruppen aus jeweils einem Kinderheim oder Krankenhaus.

ZIRKUS HUMBERTO   ARD
1988–1989. 12-tlg. tschechoslowak. Familiensaga von Otto Zelenka und Bohumila Zelenková nach dem Buch von Eduard Bass, Regie: František Filip (»Cirkus Humberto«, 1988).
Die Geschichte des Zirkus Humberto über mehrere Generationen: Im Jahr 1862 leiten Carlo Humberto (Martin Růžek) und seine Frau Luisa (Claudine Coster) die Geschicke des Zirkus. Bernhard Berwitz (Radoslav Brzobohatý) heiratet ihre Tochter Antoinette (Dagmar Veškrnová) und wird Carlos Nachfolger. Der Maurer Anton Karas (Petr Haničinec) und sein Sohn Wenzel (Pavel Mang; in älteren Jahren: Jaromír Hanzlik) stoßen zur Truppe. Wenzel wird später selbst Direktor, er hat Berwitz' Tochter Helene (Kathie Kriegel) geheiratet. Es kommt zum Bankrott, doch Wenzel schafft einen Neuanfang und übergibt schließlich an Peter Berwitz (Werner Possardt).
Mit 162 Schauspielern, 200 Artisten, über 400 Musikern und knapp 600 Pferden wurde die Geschichte des Zirkus Humberto, der durch den 1941 erschienenen Roman von Bass Berühmtheit erlangte, aufwendig nachgezeichnet. Die 50-minütigen Folgen liefen am Vorabend.

ZIRKUS MEINES LEBENS   ZDF
1968. 13-tlg. Zirkusserie von Gerhard Eckert, Regie: Wieland Liebske.

Vater Walter (Benno Sterzenbach), Mutter Lydia (Luise Ullrich) und die Kinder Alexandra (Susanne Beck) und Niko (Matthias Grimm) sind die Farells: eine Familie, die mit ihrem kleinen Zirkus von Stadt zu Stadt zieht.
Die halbstündigen Folgen liefen montags um 18.50 Uhr.

ZIRKUS, ZIRKUS ZDF

1979–1984. 90-minütige Show mit viel Musik, Sketchen und künstlerischen wie artistischen Darbietungen prominenter Gäste.
Caterina Valente moderierte 1979 und 1980 insgesamt sieben Sendungen in loser Folge, die letzten fünf gemeinsam mit Bruce Low. 1981 übernahm Seemannsliedersänger Freddy Quinn, die ARD-und-ZDF-Allzweckwaffe für Zirkussendungen aller Art. Er moderierte auch *Arena der Sensationen, Manegen der Welt, Stars in der Manege, Tiere, Clowns und Akrobaten*, und, mit Ausnahme von *Country Time mit Freddy Quinn*, auch nichts anderes. Die Sendung lief donnerstags um 19.30 Uhr oder an Feiertagen am Nachmittagen.

ZIRKUSDIREKTOR JOHNNY SLATE ZDF

1967–1970. 26-tlg. US-Abenteuerserie (»The Greatest Show On Earth«; 1963–1964).
Johnny Slate (Jack Palance) ist Direktor eines Wanderzirkus, Otto King (Stu Erwin) der Manager. Gemeinsam kümmern sie sich um die Sorgen und Probleme der verschiedenen Artistenfamilien, die im Zirkus arbeiten.
Der »Ringling Brothers Barnum & Bailey Circus« war das Vorbild für diese Serie, die hinter den Kulissen spielte. Artisten dieses Zirkus waren in den Manegeszenen regelmäßig zu sehen. Die Serie erlebte in den USA nur eine Staffel; das ZDF teilte diese jedoch in zwei Blöcke auf und machte zwischendurch zwei Jahre Pause. Die ersten 13 Folgen liefen mittwochs zur Hauptsendezeit, die weiteren ab 1970 samstags am Vorabend. Sie dauerten 45 Minuten.

DIE ZITADELLE SWR

1984. 10-tlg. US-brit. Ärztesaga nach dem Roman von A. J. Cronin, Drehbuch: Don Shaw, Regie: Peter Jeffries (»The Citadel«; 1983).
Die Geschichte des Arztes Dr. Andrew Manson (Ben Cross) beginnt 1921 in einer kleinen Stadt, in der er seine erste Stelle antritt. Eigentlich ist er nur Assistenzarzt, muss jedoch gleich die komplette Versorgung der Patienten von Dr. Page (Tenniel Evans) übernehmen, der halbseitig gelähmt ist und die Gelegenheit nutzt, sich zurückzuziehen. Der Chirurg Philip Denny (Gareth Thomas), der ein Alkoholproblem hat, wird Mansons bester Freund. Manson lernt außerdem die Lehrerin Christine Barlow (Clare Higgins) kennen und heiratet sie.
In einer neuen Stadt mit einer neuen Anstellung werden sie zunächst glücklich, doch dann verliert die schwangere Christine ihr Kind und wird unfruchtbar. Mansons idealistische Berufsvorstellungen zerschlagen sich, und er hechelt nur noch Ruhm und Reichtum hinterher. Er betrügt seine Frau, die Ehe zerbricht beinahe; doch dann öffnen sich Manson die Augen, er wird wieder der hilfsbereite Arzt, und Christine und er finden wieder zueinander. Kurz darauf kommt sie bei einem Unfall ums Leben, und Manson wird wegen Pfuscherei angeklagt. Doch die Sache geht glimpflich für ihn aus, und er arbeitet fortan wieder mit Denny zusammen.
Cronins Roman war schon mehrfach verfilmt worden, fürs Kino erstmals 1938 mit Robert Donat in der Hauptrolle, als britische Fernsehserie 1960 mit Eric Lander. Diese wurde in Deutschland nicht gezeigt. Die Neuauflage lief 1987 auch in der ARD.

ZIVILCOURAGE ARD

1966–1967. 13-tlg. US-Porträtserie nach dem Buch von John F. Kennedy (»Profiles In Courage«; 1964–1965).
In abgeschlossenen Folgen wird von wechselnden Schauspielern das Leben und Wirken verschiedener Persönlichkeiten geschildert, die in der Geschichte der Vereinigten Staaten Zivilcourage zeigten. Beschrieben werden u. a. US-Präsident John Adams (David McCallum) und sein Sohn John Quincy Adams (Douglas Campbell), der ebenfalls Präsident wurde (jeweils mit einer eigenen Folge), Außenminister Hamilton Fish (Henry Jones), der zu Zeiten militärischen Vorpreschens diplomatische Verhandlungen bevorzugte, Prof. Richard T. Ely (Dan O'Herlihy), der gegen den Widerstand von oben für Meinungsfreiheit und freies Denken kämpfte, und die Lehrerin Prudence Crandall (Janice Rule), die sich für afroamerikanische Schülerinnen einsetzte und deshalb vor Gericht gestellt wurde.
John F. Kennedy, damals Senator, schrieb das Buch 1956 und erhielt dafür den Pulitzer-Preis. Ein einzelnes Kapitel war noch im gleichen Jahr fürs Fernsehen bearbeitet worden. Weitere der insgesamt acht Persönlichkeiten, über die Kennedy geschrieben hatte, wurden noch zu seinen Lebzeiten ausgewählt. Kennedy las die Texte und gab sein Einverständnis. Umgesetzt wurde die Serie aber erst nach seinem Tod.
Die Folgen waren 45 Minuten lang und liefen monatlich am Sonntagnachmittag.

ZLATKOS WELT RTL 2

2000. Personality-Doku-Soap, die den 24-jährigen arbeitslosen Industriemechaniker Zlatko Trpkovski mit der Kamera begleitete.
Zlatko war zuvor als Kandidat von *Big Brother* berühmt geworden, wo er bereits gemeinsam mit neun anderen Kandidaten rund um die Uhr gefilmt worden war. Seine unverstellte Art und fehlende Bildung hatten ihn zum Trashhelden gemacht und die Einschaltquoten von *Big Brother* in die Höhe getrieben. Als er aus dem Container gewählt wurde, war er Gast in diversen Talkshows und nahm eine CD auf. Nur acht Tage nach seinem Ausscheiden aus *Big Brother* begann seine eigene Show, in der seine Talkshow- und anderen Auftritte dokumentiert wurden.

RTL 2 hatte für die Show kurzfristig sein Programm geändert und sendet sie mehrfach samstags nach *Big Brother* um 21.05 Uhr, um noch etwas länger vom Zlatko-Boom zu profitieren. Die Folgen waren eine Stunde lang.

ZOFF   SAT.1
1993–1994. Halbstündige Kindertalkshow mit Jürgen Blaschke.
Ein Saal voller Kinder stellt das »Gericht« dar. Es urteilt per Applaus über einen Alltagsstreit, in dem ein Kind einen Erwachsenen »anklagt« und der mit zwei von Kindern gehaltenen Plädoyers verhandelt wird. Am Ende gibt Blaschke Tipps, wo Kinder mit ähnlichen Problemen Hilfe bekommen können.
Die Reihe lief sonntags mittags. RTL konterte den Sat.1-*Zoff* mit dem *Haissen Stuhl*. Im ZDF hatten Kinder schon seit zwei Jahren eine eigene – ungleich ambitioniertere – Talkshow: *Genau!*.

ZOFF & ZÄRTLICHKEIT   ARD
1995. 13-tlg. dt. Familienserie von Ecki Ziedrich.
Harald Hofmann (Helmut Zierl) und Eva Jacobson (Christina Plate) teilen sich unfreiwillig eine Wohnung. Er ist angehender Unternehmensberater, der sich mit seinem Kumpel Reginald (Leonard Lansink) selbständig machen will, das schnelle Geld sucht und immer wieder auf die Nase fällt. Sie ist alternativ angehaucht, will mit ihrem Dozenten Rainer-Maria Bertram (Heinrich Schafmeister) eine Psychologenpraxis eröffnen und sucht den Sinn des Lebens. Mit anderen Worten: Sie können sich nicht ausstehen, verlieben sich dann aber doch und heiraten. Statt sich gegenseitig aus der Wohnung zu werfen, ziehen sie in das Schwarzwalddorf Bad Herrenalb in die Wohnung von Haralds Stiefvater Josef (Pinkas Braun), die er sich mit den beiden Alten Heinz (Klaus Höhne) und Max (Wolfgang Greese) teilt.
Autor und Regisseur Ecki Ziedrich hatte Helmut Zierl die Rolle des sich selbst immer wieder überschätzenden Verlierers Harald auf den Leib geschrieben.
Die Folgen waren 45 Minuten lang und liefen dienstags um 20.15 Uhr.

ZOLLFAHNDUNG   DFF 1
1970–1971. 12-tlg. DDR-Krimiserie von Celino Bleiweiß nach Ideen von Gerhard Jäckel und Eva Stein.
Der väterliche Zollrat Hartmann (Robert Trösch), der intellektuelle Kommissar Frank (Manfred Zetzsche) und der draufgängerische Unterkommissar Pollner (Roman Silberstein) ermitteln für die Zollfahndung der DDR und jagen Schmuggler, Betrüger, Flüchtlinge und Fluchthelfer.
Wie in vielen DDR-Krimiserien kamen auch in dieser die Übeltäter fast ausnahmslos aus der Bundesrepublik. *Zollfahndung* entstand in enger Zusammenarbeit mit der DDR-Zollverwaltung und war relativ erfolgreich. Die knapp halbstündigen Folgen liefen dienstags um 20.00 Uhr.

ZOO-ABENTEUER   DFF 1
1988–1989. 26-tlg. austral. Kinderserie von John Reeves nach dem Buch von Robin Klein (»Zoo Family«; 1985).
Der verwitwete Tierarzt Dr. David »Mitch« Mitchell (Peter Curtin) lebt und arbeitet mit seinen Kindern Nick (Steven Jacobson) und Susie (Kate Gorman) im Zoo von Melbourne, der von Ken Bennett (John Orcsik) geleitet wird. Für die Kinder ist das Leben inmitten der Tiere ein Traum.
Die halbstündigen Folgen liefen ab Oktober 1989 auch auf Pro Sieben.

ZOOGESCHICHTEN   ARD
1978. 7-tlg. dt. Doku-Reihe über den Alltag in zoologischen Gärten. Tierpfleger berichten über ihre spannende Arbeit mit Tieren und erzählen Geschichten, die selbst für sie aufregend sind.
Die 20-minütigen Folgen liefen mittwochs nachmittags.

ZOOM   ARD
1970–1971. Halbstündiges monatliches Jugendmagazin am Nachmittag, das mit harten Reportagen und brisanten Themen provozierte. So wurde ein fiktives Gespräch mit Jesus ausgestrahlt, und Bürger aus Konstanz durften auf Gammler schimpfen. In der ersten Sendung ging es um die Unterschiede zwischen etablierten »exklusiven« Minderheiten und nicht etablierten »abnormen«. Beispiele waren Indianer, Zigeuner, Juden und Contergan-Kinder. Die dritte Folge im Februar 1971 zum Thema »Agitation« wurde nach Protesten des Bayerischen Rundfunks vor der Ausstrahlung zurückgezogen, einen Monat später aber doch gesendet, jetzt gefolgt von einer Diskussionssendung. Selbstverständlich blendete sich der BR in seinem Sendegebiet dennoch aus dem ARD-Programm aus und zeigte stattdessen eine Aufzeichnung eines Streitgesprächs mit Jugendlichen aus dem Sommer 1969 und die Dokumentation »Wehrersatzdienst bei behinderten Kindern«, die eine Woche später sowieso ausgestrahlt worden wäre. Das wurde sie auch; in Bayern war es dann eben schon eine Wiederholung.

ZORC – MANN OHNE GRENZEN   RTL
1992. 10-tlg. dt. Krimi-Action-Serie von Robert Shermen, Regie: Klaus Emmerich.
Zorc (Klaus Löwitsch) ist ein ehemaliger Fremdenlegionär, der wegen Mordes lange im Gefängnis saß. Sein früherer Chef Philip Barry (Hanns Zischler) holt ihn nach Berlin, um die junge Journalistin Sharon Gleise (Michèle Marian) zu beschützen. Sie ermittelt vor allem im Bereich des organisierten Verbrechens. Zorc ist außerdem mit der früheren Prostituierten Anna (Karin Düwel) befreundet, die ein Luxusetablissement führt.
Zorc war die erste eigenproduzierte RTL-Krimiserie. Und natürlich eine Kopie von *Peter Strohm*. Die Musik schrieb Dieter Bohlen. Genauer gesagt hatte er sie hauptsächlich schon für andere Serien geschrieben:

Auf dem Soundtrackalbum zu *Zorc* finden sich vier Songs aus dem *Tatort* und vier aus *Rivalen der Rennbahn* (darunter die Titelmelodie), außerdem alte Hits von Modern Talking, C. C. Catch und Engelbert. Es fehlt die ebenfalls von Bohlen stammende damalige Musik zur *Sportschau*. Sicher ein Versehen.

ZORRO   RTL 2

1994–1995. 78-tlg. US-Westernserie von Walt Disney nach dem Roman von Johnston McCulley (»Zorro«; 1957–1959).

Der spanische Edelmann Don Diego de la Vega (Guy Williams) führt im Los Angeles des Jahres 1820 ein Doppelleben. Tagsüber ist er der belesene Feingeist, des Nachts wird er zu Zorro, dem Rächer des unterdrückten Volks. Er ist dann ein tapferer Ritter, der stets mit Hut und Augenmaske bekleidet ist und unerkannt bleibt. Wo er eingreift, hinterlässt er den Buchstaben Z als Symbol für »Zorro«, dem spanischen Wort für »Fuchs«, das er seinen Gegnern auch gern mal mit dem Schwert in die Garderobe ritzt. Don Diegos Vater Don Alejandro (George J. Lewis) ahnt nichts vom Doppelleben seines Sohnes. Eingeweiht ist lediglich Zorros unerschrockener Diener Bernardo (Gene Sheldon), der sich taubstumm stellt, um den Gegner ausspionieren zu können. Dass er zwar stumm, aber nicht wirklich taub ist, weiß wiederum nur Zorro. Der Gegner ist der böse Captain Monastario (Britt Lomond), der die Macht in Los Angeles an sich gerissen hat und das Volk tyrannisiert. Dessen engster Mitarbeiter ist der dämliche Sergeant Demetrio Lopez Garcia (Henry Calvin).

Die berühmten Zorro-Abenteuer waren schon etliche Male fürs Kino verfilmt worden, bis Walt Disney 1957 die erste Fernsehversion (natürlich noch in Schwarz-Weiß) drehte. Produktionen mit vermummten Helden wurden damals besonders kostengünstig produziert, indem man den gut bezahlten Hauptdarsteller nur die Szenen spielen ließ, in denen er erkennbar war, und für die Szenen mit Maske billigere Doubles einsetzte.

37 Jahre vergingen, bis diese Serie (die inzwischen eingefärbt worden war) erstmals in Deutschland lief. Eine Neuauflage namens *Zorro – Der schwarze Rächer* lief sogar noch vorher. Die Folgen waren 30 Minuten lang. Der Titelsong teilte mit: »Tief in der Na-hacht, wenn der Vollmond erwa-hacht, kommt ein Reiter, der heißt Zorro!«

ZORRO – DER SCHWARZE RÄCHER   SAT.1

1992–1995. 88-tlg. US-Abenteuerserie nach dem Roman von Johnston McCulley (»Zorro«; 1990–1992). Neuauflage der Abenteuer des Edelmanns Don Diego de la Vega (Duncan Regehr): Er reitet bei Nacht maskiert durch das alte Los Angeles und rächt das vom bösen Bürgermeister Luis Ramone (Michael Tylo) unterdrückte Volk. Ramone wird nach der Hälfte der Serie ermordet, doch sein Nachfolger Ignacio De Soto (John Hertzler) ist auch nicht besser. An Zorros Seite kämpft der stumme Felipe (Juan Diego Botto). Zorros Vater Don Alejandro Sebastian de la Vega (Efrem Zimbalist, Jr.; ab der zweiten Staffel: Henry Darrow) weiß nichts vom Doppelleben seines Sohnes. Victoria Scalanti (Patrice Cahmi Martinez) ist Café-Inhaberin und Zorros Liebe.

Diese *Zorro*-Neuauflage lief in Deutschland noch vor der mehr als 30 Jahre älteren Serie, die später bei RTL 2 zu sehen war. Auch diesmal war jede Episode eine halbe Stunde lang. Henry Darrow, hier Zorros Vater, hatte 1983 noch Zorro selbst in einer US-Sitcom gespielt (»Zorro And Son«), die in Deutschland nie gezeigt wurde.

ZORRO REITET WIEDER   ZDF
→ Western von gestern

ZORROS ERBE   ZDF
→ Western von gestern

ZORROS LEGION REITET WIEDER   ZDF
→ Western von gestern

ZORROS SCHWARZE PEITSCHE   ZDF
→ Western von gestern

ZU BESUCH IM MÄRCHENLAND   DFF

1955–1991. Beliebte halbstündige Kindersendung am Sonntagnachmittag.

Meister Nadelöhr (Eckart Friedrichson), eine Variante des Tapferen Schneiderleins, erzählt Märchen und singt lustige Lieder, die er auf seiner »Zauberelle« begleitet. Anfangs hieß die Reihe *Meister Nadelöhr erzählt Märchen*. Zunächst waren außer ihm noch andere »Große« im Märchenland zu Gast, darunter der Postbote »Meister Briefmarke« und der beliebte Clown Ferdinand (Jiří Vrstala).

Vor allem aber lebten darin Puppen. Eine der ersten war der Bär Bummi, der zwei Jahrzehnte später auf Reisen ins sozialistische Ausland ging und dafür seinen sowjetischen Vetter Mischka ins Märchenland schickte. Eine frühe Bewohnerin war 1957 auch die artige Ente Schnatterinchen, die erst fünf Jahre später ihren Partner finden sollte, mit dem sie zu einem der berühmtesten Duos der DDR wurde: Mit einem Postpaket kam Pittiplatsch in die Schneiderstube, ein frecher Kobold, der Streiche spielte und Sprüche wie »Ach du meine Nase« und »Platsch-Quatsch!« machte. Weil übereifrige Pädagogen sich – völlig zu Recht – sorgten, dass Kindern dieses völlig inakzeptable Verhalten gefallen könnte, verbannten sie Pittiplatsch nach zwei Auftritten aus der Sendung und holten ihn erst nach massiven Zuschauerprotesten Heiligabend 1962 in entschärfter Form zurück.

Pittiplatsch und Schnatterinchen traten – oft zusammen mit dem Hund Moppi – auch in Hunderten Ausgaben von *Unser Sandmännchen* auf, in denen auch die anderen Bewohner des Märchenwaldes häufig zu sehen waren. Erfinderin von Pittiplatsch war die Kinderbuchautorin Ingeborg Feustel, gespielt wurde er, wie viele andere Figuren, von Heinz Schröder; Schnatterinchen wurde von Friedgard Kurze geführt und gesprochen.

Zorro (rechts), ausnahmsweise in Zivil, mit seinem Erzgegner Captain Monastario.

Ende der 50er-Jahre zogen Herr Fuchs und Frau Elster in den Märchenwald, wo sie sich wie ein altes Ehepaar zankten und immer wieder versöhnten. Sie wurden wohl auch deshalb zu Stars, weil sie sich durch ihre ewigen Streitereien von den vielen artigen Bewohnern abhoben.

Fuchs und Elster waren auch bei Erwachsenen so beliebt, dass sie zusammen je einmal das *Tele-Lotto* und die Samstagabendshow *Ein Kessel Buntes* moderieren durften. Weitere Bewohner des Märchenwaldes waren u. a.: Kater Mauz und Häschen Hoppel, Frau Igel (»nuff, nuff, nuff!«) und ihr Sohn Borstel, Putzi, das Eichhörnchen, die kleine Maus Pieps und der große Hund Schnuffel, der als Detektiv arbeitet, sowie der Maulwurf Buddelflink und dessen Freundin, die Maus Gertrud.

Die Figuren waren außerordentlich beliebt und erschienen auf Schallplatten, in Büchern und Spielen und als Plüschfiguren. Zum Tag des Kindes 1964 gab die DDR eine Briefmarke mit Pittiplatsch heraus. Das Titellied schrieben Wolfgang Richter (Musik) und Walter Krumbach (Text). Es beginnt mit: »Ich komme aus dem Märchenland, schnippel-die-schnappel-die-Scher'!«

Nach dem Tod von Friedrichson 1976, der nur 46 Jahre alt wurde, gab es zunächst keinen Gastgeber im Märchenland, erst 1978 erschien Fabian (Klaus-Peter Plessow). Plessow wurde den Westdeutschen Jahre später durch die Fielmann-Werbung bekannt.

Meister Nadelöhr und seine Freunde reisten auch quer durch das Land und traten in Städten und Dörfern auf. Nach der Wende, als keine neuen Folgen mehr gedreht wurden, besann sich das Team darauf und ging mit Pittiplatsch, Schnatterinchen und den anderen und den Originalpuppenspielern auf Tournee durch Theater, Kindergärten und Hallen.

1995 erschienen mehrere Singles und eine LP der »Sandmann's Dummies«, auf denen Dialoge zwischen Pittiplatsch und Schnatterinchen sowie Fuchs und Elster neu zusammengeschnitten und mit Disco-Beat unterlegt worden waren (Schnatterinchen: »Ich blase ... ah!« – Pittiplatsch: »Und zwar ganz dufte ... hehe!«).

ZU GAST BEI ERROL FLYNN   ZDF

1965. 13-tlg. US-Reihe (»The Errol Flynn Theatre«; 1957) mit 25-minütigen Kurzfilmen, die jeweils eigenständig, in sich abgeschlossen und mit wechselnden Schauspielern gedreht waren. Der Hollywoodstar Errol Flynn moderierte die Filme an.

ZU GAST BEI MARGOT HIELSCHER   ARD

1955–1957. »Prominente fast privat«. Einstündige Talkshow mit der populären Schauspielerin. Im einem Studionachbau ihrer Schwabinger Dachwohnung empfängt Hielscher noch berühmtere Gäste wie Romy Schneider, Maurice Chevalier, Max Schmeling, Erich Kästner oder Winnie Markus zum Smalltalk; der Fernsehkoch Clemens Wilmenrod bereitet Gerichte zu.

Zu Gast bei Margot Hielscher hatte am 12. Januar 1955 Premiere und gilt damit als erste Talkshow im deutschen Fernsehen. Nach zehn Sendungen, die alle drei Monate gegen 21.00 Uhr liefen, war plötzlich wieder Schluss. Warum, konnte die Hielscher auch Jahrzehnte später noch nicht genau sagen: »Angeblich hatte ein Kirchenvertreter im Fernsehrat kritisiert, dass in der Sendung am Palmsonntag Sekt getrunken wurde. Wir hatten aber keine Sendung an Palmsonntag.« Unter dem Titel »Das hör ich gern« plauderte sie aber im Radio weiter und begrüßte fast 700 meist höchst prominente Persönlichkeiten.

Die Idee, eine Fernsehsendung scheinbar in der

Privatwohnung der Gastgeberin stattfinden zu lassen, griff RTL über 40 Jahre später mit *Veronas Welt* wieder auf.

ZU GAST IM ZDF ZDF
1975–1976. Erste Talkshow des ZDF.
Insgesamt zehn Ausgaben von *Zu Gast im ZDF* hatte das ZDF während der Internationalen Funkausstellung 1975 aufgezeichnet und mit und vor Publikum verschiedene Möglichkeiten der Talkshow ausprobiert. Die erste Sendung moderierte Guido Baumann, die zweite und alle folgenden Walther Schmieding. Eigentlich sollten jährlich sechs Ausgaben laufen. Schmieding war zwar klug, aber kein guter Gesprächsführer, deshalb stellte der Sender die Show schon bald wieder ein und gab den Versuch, eine Talkshow zu senden, für viele Jahre auf. Die einzelnen Ausgaben waren 60 Minuten lang und liefen um 23.15 Uhr.

ZU GAST IN UNSEREM LAND ARD
1974–1975. 10-tlg. dt. Problemserie über die Integrationsschwierigkeiten von Gastarbeitern in Deutschland. Wechselnde Charaktere standen im Mittelpunkt abgeschlossener 45-minütiger Episoden. Sie liefen im regionalen Vorabendprogramm.

ZU LANDE, ZU WASSER UND IN DER LUFT ARD
1986–1988. Nachmittagsshow mit Herbert Gogel. Kandidaten aus den Niederlanden und Deutschland treten in einem holländischen Freizeitpark mit selbst gebastelten Fahrzeugen gegeneinander an, springen über Gräben, fahren über Rampen und landen fast immer im Wasser.
Als Titelmusik wurde »Punkadiddle« von Mike Oldfield verwendet. Die insgesamt 16 Ausgaben waren 45 bis 60 Minuten lang.

ZU PROTOKOLL ARD
1967–1973. Gesprächsreihe mit Günter Gaus.
Nachdem er Programmdirektor des SWF geworden war, setzte Gaus seine ZDF-Sendung *Zur Person* in der ARD fort. Der Titel musste geändert werden, weil das ZDF den alten nicht freigab, das Konzept aber war identisch: Gaus porträtiert durch intensive Fragen einen prominenten Gast, beide sitzen in einem vollständig schwarzen Studio, der Gast ist die ganze Zeit im Bild, von Gaus ist nur der Hinterkopf zu sehen.
Ursprünglich wollte Gaus die Reihe mit einem Paukenschlag beginnen und als ersten Gast Studentenführer Rudi Dutschke empfangen. Nach Einwänden der Redaktion, die fürchtete, dass das zu sehr programmatisch verstanden würde, wurde stattdessen Klaus Schütz erster Gesprächspartner. Dutschke kam in die zweite Sendung, die bei den Zuschauern hervorragend ankam, von der CDU aber kritisiert wurde, weil sie »extremen Kräften« Auftrieb geben könnte. Die Reihe lief etwa alle zwei Monate. Porträtiert wurden u. a. Christian Barnard, Herbert Wehner, Franz Josef Strauß, Gustav Heinemann, Karl Schiller, Helmut Kohl, Indira Gandhi und Rudolf Augstein. Gaus setzte seine Interviews auch fort, als er 1969 Chefredakteur des »Spiegel« wurde. Erst mit seinem Wechsel in die Politik, als erster Vertreter der Bundesrepublik in Ostberlin, gab er die Reihe auf. Nachfolger wurde *Golo Mann im Gespräch mit ...* Gaus' Interviews wurden später unter dem Titel *Deutsche* wieder aufgenommen.

ZU VIELE KÖCHE ARD
1961. 5-tlg. dt. Krimi von Rolf und Alexandra Becker nach dem Roman von Rex Stout, Regie: Kurt Wilhelm.
Der New Yorker Detektiv und offensichtliche Feinschmecker Nero Wolfe (Heinz Klevenow) und sein Assistent Archie Goodwin (Joachim Fuchsberger) sind Gäste bei einem Kochwettbewerb in Kanawha Spa. Gleich am ersten Abend wird der Koch Philipp Laszio (Lukas Ammann) ermordet. Staatsanwalt Tolman (Robert Graf) nimmt die Ermittlungen auf, Wolfe natürlich auch. Jeder ist verdächtig. Wolfe selbst entkommt einem versuchten Attentat und überführt in bester Agatha-Christie-Manier den Täter im großen Finale vor versammelter Runde.
Die gut 45-minütigen Folgen liefen innerhalb von eineinhalb Wochen zur Primetime. Weitere Fälle des dicken Detektivs wurden in der US-Serie *Nero Wolfe* mit William Conrad in der Titelrolle verfilmt.

ZU ZWEIT KEIN PROBLEM DFF
1967. Große gemeinsame Quizshow des Fernsehens der DDR und der UdSSR.
Vier Zeitschriften aus der DDR (»Eulenspiegel«, »Wochenpost«, »Freie Welt« und »Junge Welt«) treten gegen ihre »Bruderzeitschriften« aus der Sowjetunion an. Jeder Titel hat im Vorfeld unter seinen Lesern zwei Kandidaten gesucht, die sich durch Allgemeinwissen über beide Länder und deutsche und russische Sprachkenntnisse auszeichnen. Das Turnier geht über sechs Sendungen, nach denen ein Gesamtsieger feststeht. Erika Radtke und Sergej Klementjew, der Chefsprecher der deutschsprachigen Sendungen bei Radio Moskau, moderieren. Für die Zuschauer zu Hause gibt es Preisfragen, im Showteil treten Künstler aus beiden Ländern auf.
Die aufwendige Show, die immer aus dem Kulturpalast in Bitterfeld übertragen wurde, hatte den 50. Jahrestag der Oktoberrevolution zum Anlass und sollte die deutsch-sowjetische Freundschaft feiern und fördern. Im September 1967 lief noch eine kurze Sendung mit der Auflösung der Preisfragen und der Bekanntgabe der Gewinner.

ZUGESCHAUT UND MITGEBAUT ZDF
1974–1979. Basteltipps am Samstagnachmittag von und mit Helmut Scheuer.
In Windeseile liefert der tüchtige Heimwerker in seinem Hobbykeller Bastelanleitungen für nützliche Gegenstände, z. B. eine Merktafel, Stelzen, eine Truhe, Marionetten, eine Lichtorgel und einen Wackeldackel. In jeder fünf- bis zehnminütigen Sen-

dung baut er etwas anderes. Dabei spricht er selbst nie auch nur ein einziges Wort. Eine Off-Stimme erklärt, was er tut. Am Ende hält er sein Bauwerk in die Kamera und hat dabei das stolze Gesicht eines Zweijährigen, der gerade erfolgreich auf dem Töpfchen war.

Die Reihe lief etwa einmal im Monat am Samstagnachmittag und wurde, meist ohne Ankündigung, zwischen zwei andere Sendungen eingestreut. Im Gegensatz zu seiner anderen Reihe *Im Hobbykeller* hatte Scheuer hier keine Zeit, auf den »Mitgebaut«-Faktor des Titels Rücksicht zu nehmen. Als er bereits fertig war, hatte man vor dem Fernseher meist gerade die Klebstofftube aufgeschraubt.

Nachfolgesendung wurde nach 47 Folgen *Schau zu – mach mit*.

ZUGRIFF: EIN TEAM – EIN AUFTRAG   SAT.1

1998–1999. 14-tlg. dt. Actionserie.

Eine Spezialeinheit der Münchner Kripo ermittelt in schwer wiegenden Fällen. Gegründet wurde sie, nachdem eine Sonderkommission bei einem Bombenattentat fast vollständig ausgelöscht wurde – nur Kommissar Franz Berg (Dietz-Werner Steck) überlebte. Der Eigenbrötler schließt sich zögernd, aber dann doch der neu formierten Einheit »Zugriff« an, die von Beate Claudius (Krista Posch) geleitet wird. Die beiden sind sich zwar gar nicht grün, arbeiten aber dennoch zusammen. Ihre Männer sind Elvis Kogler (Giulio Ricciarelli), Chris Schmitt (Chris Hohenester) und Roland Bauer (Oliver Mink), der im Rollstuhl sitzt und »Rolli« genannt wird.

Sat.1 wollte mit *Zugriff* am Donnerstagabend den Erfolg der RTL-Actionserie *Alarm für Cobra 11* am Dienstagabend kopieren (der Pilotfilm war zuvor an einem Dienstag gelaufen), doch RTL fuhr die perfekte Gegenstrategie: Der Sender verlegte *Alarm für Cobra 11* auf den Donnerstag und ließ *Zugriff* keine Chance. Und am Dienstag begann die neue Serie *Der Clown* und hatte auf dem altbekannten Sendeplatz der *Autobahnpolizei* einen blendenden Start.

Sat.1 brach den ersten Versuch mit *Zugriff* nach sechs Folgen vorzeitig ab. Weitere einstündige Folgen liefen montags zur Primetime.

DIE ZUKUNFT IM VISIER   SWR

1985. Gesprächsreihe. Der Wissenschaftspublizist Rüdiger Proske diskutiert mit deutschen Wissenschaftlern, Politikern und Wirtschaftsvertretern Themen wie Gentechnik, Raumfahrt und Waldsterben. Die Reihe entstand im Rahmen einer Partnerschaft von SWF und ZDF. Die 13 Folgen liefen zuerst in Südwest 3, kurz darauf wurden sie nachmittags im ZDF wiederholt. Mit wenigen Tagen Unterschied liefen die Folgen in diesem Zeitraum auch noch mal im Dritten Programm.

DIE ZUKUNFT IST WILD   ARTE

→ The Future Is Wild – Die Welt in Jahrmillionen

ZUM BLAUEN BOCK   ARD

1957–1987. Volkstümliche Schunkelsendung mit viel Musik, viel Äppelwoi und viel hessischer Atmosphäre.

Die Sendung lief einmal im Monat am Samstagnachmittag – Premiere war auf der Funkausstellung in Frankfurt – und wurde bis Ende 1965 von Otto Höpfner moderiert. Dann forderte er offenbar eine höhere Gage, als der Hessische Rundfunk zahlen wollte, und wechselte zum ZDF. Die 75. Ausgabe am 15. Januar 1966 moderierte zum ersten Mal Heinz Schenk. Produzent war Martin Jente.

Die Sendung blieb mit Ausnahme von einigen Samstagabend-Spezialausgaben zu besonderen An-

Lia Wöhr (hier 1971) war nicht nur die Wirtin und Bembel-Bringerin in *Zum Blauen Bock* mit Heinz Schenk, sondern auch die Produzentin der Sendung.

lässen (Karneval) im Nachmittagsprogramm, hatte dort gewaltigen Erfolg und wurde lediglich mal eine Stunde vor- und wieder eine halbe Stunde nach hinten verlegt. Veranstaltungsort war nicht immer Hessen: Wie viele andere Shows tourte die Sendung durch deutsche Hallen. Im Juni 1982 lief *Zum Blauen Bock* erstmals grundlos als Samstagabendshow um 20.15 Uhr – und die Zuschauerresonanz war auch hier riesig. Für die erste Ausgabe im Abendprogramm habe man sich »eine ganz besondere Stadt ausgesucht«, schmeichelte sich Schenk in seiner Begrüßung beim Saalpublikum ein. Die Sendung kam aus Bad Wimpfen. Nach der Sommerpause ging es noch einmal zurück auf den Nachmittag, doch ab November des gleichen Jahres war der Samstagabend endgültig der feste Platz.

Zum Blauen Bock bestand im Wesentlichen aus musikalischen Darbietungen der Gäste (hauptsächlich Schlager, volkstümliche Lieder und populäre Klassik), Gesprächen mit ihnen sowie gespielten und gesungenen Sketchen mit Heinz Schenk. Der sang auch mit den unbegabtesten Prominenten Lieder, die er selbst speziell für die Sendung geschrieben hatte und die jeweils gefühlte 285 Strophen lang waren. Die Kulisse stellte eine Sachsenhausener Äppelwoi-Wirtschaft dar, die Zuschauer saßen an entsprechenden Tischen und tranken (beim ausgeschenkten Getränk soll es sich in Wahrheit um Apfelsaft mit Wasser gehandelt haben, was jedoch nicht erklärt, wie für das Saalpublikum die Sendung zu ertragen war).

Otto Höpfner hatte als Moderator den hemdsärmeligen Wirt gespielt, Heinz Schenk gab den feinen Oberkellner und später den Geschäftsführer im Trachtenanzug, weshalb außer ihm noch eine Bembel-Wirtin eingeführt wurde. Als solche beschenkte Lia Wöhr die Gäste mit Bembeln, den Gefäßen, aus denen der Äppelwoi getrunken wird. Den Kellner spielte Reno Nonsens. Schenk war außer Moderator auch Autor der Show, schrieb Texte und Drehbuch. 1983 wollte der HR der Äppelwoi-Wirtin Wöhr eine hübsche »Wirtstochter« als Assistentin zur Seite zu stellen, um die Sendung für jugendliche Zuschauer interessanter zu machen. Schenk lehnte ab.

ZUM KLEINEN FISCH   ZDF

1977. 13-tlg. dt. Krimi-Comedy-Serie von Gerd Oelschlegel, Regie: Herbert Ballmann.

Den Kriminalkommissar Henri Dullac (Horst Niendorf) aus Marseille hat es in das kleine Fischerdorf Bichet verschlagen, wo er überraschenderweise von einem verstorbenen Onkel u. a. das Bistro »Au Petit Poisson« (Zum kleinen Fisch) und ein paar Weinberge erbt. Dullac bleibt in Bichet, um sich um das Bistro zu kümmern. Anfangs verdächtigen ihn die Dorfpolizisten Gramont (Alexander Welbat) und Bonnet (Gernot Endemann), seinen Onkel ermordet zu haben. Dann muss Dullac selbst vor Ort beständig Verbrechen aufklären.

Die 25 Minuten langen Folgen liefen mittwochs am Vorabend.

ZUM LETZTEN KLIFF   RTL

→ Jochen Busse in Zum letzten Kliff

ZUM STANGLWIRT   RTL, SUPER RTL

1993–1995 (RTL); 1995–1997 (Super RTL). 41-tlg. dt. Sitcom.

Der grantige Urbayer Peter Stangl (Peter Steiner sen.) ist der Besitzer des Wirtshauses »Zum Stanglwirt«. Zu dem Familienbetrieb gehört auch eine Metzgerei. Die Großfamilie besteht neben Peter aus seiner Frau Erna (Erna Wassmer), dem ältesten Sohn Stefan (Egon Biscan), dessen Frau Christa (Christiane Blumhoff), ihren Kindern Steffl (Winfried Frey) und Silvie (Petra Auer), Peters und Ernas Sohn Thomas (Rudi Decker) sowie Peters Schwester Leni (Gerda Steiner-Paltzer), die ebenfalls bei Stangls wohnt. Im Betrieb arbeiten die vorlaute Gerdi (Gerda Steiner jun.) und Kellner Toni (Frank Schröder), auf den Silvie ein Auge geworfen hat. Mit dem Bürgermeister (Manfred Maier), dem Pfarrer (Wolfgang Völz), dem Kaplan (Hansi Kraus) und anderen Bewohnern des Orts legt sich Peter Stangl regelmäßig an, weil er sich immer wieder gegen Vorhaben der Gemeinde, etwa Baumaßnahmen, stellt.

Das komplette Ensemble aus *Peter Steiners Theaterstadl* spielte die Hauptrollen in dieser Serie, die als Kurzaufführungen auch in dem Theater aufgezeichnet wurden. Die halbstündigen Folgen liefen mit sensationellem Erfolg freitags um 21.15 Uhr bei RTL. Steiners Truppe erreichte fantastische neun Millionen Zuschauer und damit die doppelte Quote der regulären Aufführungen des *Theaterstadls*. Dennoch setzte RTL im Zuge einer Programmreform 1995 alle Sendungen mit Steiner ab. Zehn noch nicht gesendete Folgen liefen etwas später erstmals bei Super RTL, wo die Serie auch mehrfach wiederholt wurde.

ZUM TAGESAUSKLANG   ZDF

1965–1973. Musiksendung.

Karl Richter, Organist und Leiter des Münchner Bach-Chors und Bach-Orchesters, spielt sporadisch sonntags abends vor Sendeschluss eine Viertelstunde lang auf wechselnden Orgeln in verschiedenen Kirchen klassische Werke, oft begleitet von dem von ihm geleiteten Orchester.

ZÜNDSTOFF   ZDF

1992–1997. Investigative Reportagereihe zu brisanten Themen. Es ging z. B. um Scientology, gefälschte Medikamente, Butterschmuggel, jugendliche Drogenkuriere im Auftrag der Mafia, »Artnapping« (Gemäldediebstahl), Wege in die Armut, Freigabe von Heroin, Elektrosmog, Gewalt an Schulen und übermüdete Busfahrer. Wechselnde Autoren steuerten die 45-minütigen Filme bei. Sie liefen mittwochs gegen 22.15 Uhr.

ZUR FREIHEIT   ARD

1987–1988. 44-tlg. dt. Milieuserie von Franz Xaver Bogner.

In Münchner Heimatviertel von Paula Weingartner,

genannt »Weißwurst-Paula« (Ruth Drexel), ist ein Wort noch ein Wort, und Geschäfte jeglicher Art werden noch per Handschlag abgeschlossen. Ein solches Geschäft führt dazu, dass Paula ihren geliebten, gut gehenden kleinen Kiosk neben der Großmarkthalle gegen eine Großwirtschaft im Schlachthofviertel eintauscht und ihr Sohn Hanse (Robert Giggenbach) im Gegenzug nicht ins Gefängnis muss. Also quasi seine Freiheit gegen ihre Freiheit. Das Wirtshaus erhält den Namen »Zur Freiheit«. Paula ist eine resolute Witwe, die hartnäckig ihre Pläne mit dem Hauptziel verfolgt, möglichst viel Geld zu verdienen, denn Paula liebt Geld. Unterstützung erhält sie von ihrer im Gegensatz zu Hanse fleißigen Tochter Gerti (Monika Baumgartner), Musterschülerin der Hotelfachschule, dem »Kometen-Sepp« (Toni Berger), dem besten Freund ihres verstorbenen Mannes, der ihr ewige Unterstützung zugesagt hat und sein Versprechen zähneknirschend hält, und dem »Metzger-Seppe« (Hans Schuler), der die berühmten Weißwürste macht.

Stammgäste und Bewohner des Viertels sind Hanses Kumpel »Solo« (Ernst Hannawald), die »Radl-Anne« (Michaela May), die ein Fahrradgeschäft betreibt, der Bestattungsunternehmer Nagel (Alfred Edel), der seit 20 Jahren an einem Roman schreibt, der »Paragraph« (Udo Wachtveitl), ein Jurist, der schon vor Jahren aus der Anwaltskammer ausgeschlossen wurde und den merkwürdigen Kiosk-gegen-Freiheit-Deal eingefädelt hat, Schlachthof-Chef Summerer (Fred Stillkrauth), der Postbote »Brieftaube« (Wolfgang Fischer) und Max Berghammer (Hans Brenner), ein windiger Immobilienhai, der sich mit Paula ganz wunderbar ergänzt und mit ihr gemeinsam listige Geschäfte ausheckt. Summerer stirbt schon nach wenigen Wochen, in Folge 7 wird er beerdigt. Sein Sohn, Erbe und Nachfolger Felix (Ottfried Fischer) hat lange in Düsseldorf gelebt und vermutlich deshalb keinen Spitznamen. Alle halten ihn anfangs für missraten, aber dann scheint doch noch ein anständiger Kerl aus ihm zu werden.

Hanse studiert ein wenig, hilft in der Wirtschaft aus und zieht im Schlachthof eine Theaterbühne auf. Gerti übersiedelt in Folge 20 aus beruflichen Gründen in die USA, kommt in Folge 27 zurück und ist im Glücksspielrausch, seit sie in Las Vegas viel Geld gewonnen hat. Deshalb beginnt sie eine Ausbildung zum Croupier, kommt aber zurück und nimmt in der Wirtschaft das Heft in die Hand. Der Metzger-Seppe hat gekündigt, um mit Radl-Anne zusammen zu sein und mit ihr gemeinsam eine Metzgerei zu eröffnen. Paula und Max sind ab Folge 39 ein Paar, und Paula verändert sich. Sie ist überhaupt nicht mehr sparsam und trägt plötzlich schicke Kleider. Alle sind gegen die Beziehung, und im Gegenzug ist Paula gegen die Beziehung zwischen Gerti und Felix. Dennoch heiraten die beiden in Folge 43. Paula verschwindet beleidigt, kommt aber doch zurück und ist schließlich wieder ganz die Alte.

Den Titelsong »Paula« sang der bayerische Musiker Haindling, der in einer Folge auch einen Gastauftritt hatte und sich selbst spielte. Die 25-minütigen Folgen liefen im regionalen Vorabendprogramm. Bogner und Drexel erhielten für ihre Arbeit 1988/89 den Grimme-Preis mit Silber. Aus dem Lokal »Schlachthof«, das damals als Drehort diente, wurde später *Ottis Schlachthof* gesendet. Mit ein wenig Geduld hätte Ottfried Fischer also gleich dableiben können.

ZUR KASSE, SCHÄTZCHEN KABEL 1

1992. 66-tlg. US-kanad. Sitcom von Brian Cooke (»Check It Out«; 1985–1988).

Howard Bannister (Don Adams) versucht den Supermarkt »Cobb's« zu leiten, hat es aber nicht leicht. Die Vorschläge der Zigarren rauchenden Besitzerin Alfreda Cobb (Barbara Hamilton) sind ein Albtraum, sein Assistent Jack Christian (Jeff Pustil) ist ein asozialer Arschkriecher, der Mechaniker Viker (Gordon Clapp) komplett unbrauchbar. Dann sind da noch der Packjunge Murray Armherst (Simon Reynolds), der alte Wachmann Alf Scully (Henry Beckman) sowie an der Kasse die Männer mordende Marlene Weimaraner (Kathleen Laskey), der schwule Leslie Rappaport (Aaron Schwartz) und die unauffällige Jennifer Woods (Tonya Williams). Mit seiner Sekretärin Edna Moseley (Dinah Christie) hat Bannister seit langem eine Affäre, kann sich aber nicht zu einer festen Beziehung durchringen.

Die Billigserie war eine Adaption der britischen Billigserie »Tripper's Day«. Don Adams war vor allem bekannt als *Maxwell Smart* aus der gleichnamigen Reihe und *Mini-Max*.

ZUR PERSON ZDF, DFF, ORB, RBB

1963–1966 (ZDF); 1990–1991 (DFF); 1992–2003 (ORB); 2003–2004 (RBB). Gesprächsreihe mit Günter Gaus und die bedeutendste Interviewsendung in der deutschen Fernsehgeschichte.

Gaus begrüßt jeweils eine herausragende Persönlichkeit aus Politik oder Kultur. Beide sitzen in einem Studio, in dem nichts von dem Gespräch selbst ablenkt. Der Hintergrund besteht lediglich aus schwarzen Vorhängen, beide sitzen in schwarzen Ledersesseln, ein Publikum gibt es nicht. Mehrere Kameras sind auf den Gast gerichtet und zeigen ihn von vorn und im Profil, häufig sehr nah. Das Gesicht des Fragestellers dagegen ist nur während der ersten Frage im Bild, danach ist er höchstens von hinten zu sehen (Walter Jens nannte Gaus deshalb den »bekanntesten Hinterkopf im deutschen Fernsehen«). Gaus liest penibel formulierte Fragen nach dem Leben und der Arbeit seines Gastes von kleinen Karten ab, hört aber genau zu und fragt, wenn nötig, immer und immer wieder nach. Der Eindruck größter Präzision wird durch seinen markanten Hamburger Dialekt (»Schrift-s-teller«) noch verstärkt. Den Schluss der Sendung leitet Gaus fast immer durch die Formulierung »Gestatten Sie noch eine letzte Frage« ein.

Gaus war erst 33 Jahre alt, politischer Redakteur bei der »Süddeutschen Zeitung« und hatte keinerlei Fernseherfahrung, als das gerade gegründete ZDF

1402 Zur Sache

»Bei Mundgeruch immer auf die Schnauze draufhauen!«
Die 2: Tony Curtis (links), Roger Moore.

ihm vorschlug, regelmäßig das »Gespräch des Monats« zu führen. Vorbild für die Sendung war die BBC-Reihe »Face To Face«, in der jeweils ein Gast eine halbe Stunde lang intensiv über sein Leben und sein Werk befragt wurde.
Gaus verstand seine Gespräche ausdrücklich nicht als Diskussionen mit dem Gast, sondern als Porträt und Selbstdarstellung durch Fragen und Nachfragen. Weltbild, Ziele, Standpunkte und die Biografie des Befragten sollten deutlich werden. Gaus fragte höflich, bestand aber auf klaren Antworten. Die Reihe setzte Maßstäbe durch die ungeheuer intensive Art der Befragung, die akribische Vorbereitung des Interviewers und die Hochrangigkeit der Gäste. Fast alle führenden deutschen Persönlichkeiten aus Politik und Kultur wurden von ihm befragt.
Gaus allein entschied, wer interviewt wurde. Er informierte den Gast grob über die Themen, über die er mit ihm sprechen wollte, und nannte ihm vorab die erste Frage. Erster Gesprächspartner war der damalige Wirtschaftsminister Ludwig Erhard, den Gaus u. a. fragte, ob er gerne Bundeskanzler werden wolle. Erhard antwortete: »Ich hab natürlich diese Entscheidung getroffen, und ich möchte Sie und Sie alle am Bildschirm fragen, ob so viel Fantasie dazugehört, diese Frage beantworten zu können. Ich glaube, nein« (noch im gleichen Jahr wurde Erhard Bundeskanzler). Willy Brandt probte 1964 mit seinen Beratern mehrmals mögliche Fragen und Antworten, um vor Gaus bestehen zu können. Ausgezeichnet wurden die Gespräche mit Gustaf Gründgens (Grimme-Preis mit Bronze 1964) und Hannah Arendt (Grimme-Preis mit Silber 1965). In den ersten Jahren waren außerdem Konrad Adenauer, Helmut Schmidt, Franz Josef Strauß, Herbert Wehner u. a. zu Gast.
Nachdem Gaus das ZDF verließ, setzte er die Reihe zunächst unter dem Namen *Zu Protokoll*, später als *Deutsche* fort. 1990 machte ihm das DFF das Angebot, den Umbruch in der DDR mit seiner Gesprächsreihe zu begleiten, die nun wieder monatlich unter dem ursprünglichen Titel lief. Koproduzent wurde Alexander Kluge, der die Sendungen auch in seinem Programmfenster auf Sat.1 zeigte.
Nach der Abwicklung des DFF lief *Zur Person* im ORB weiter. Gäste seit 1990 waren u. a. Friedrich Schorlemmer, Lothar de Maizière, Gregor Gysi, Gerhard Schröder und Harald Schmidt. 2001 wurde der RAF-Terrorist Christian Klar befragt; die Sendung kam aus der Justizvollzugsanstalt Bruchsal.
Insgesamt führte Gaus unter den verschiedenen Titeln 245 Fernsehinterviews. Alle sind als Dokumente in den Bestand des »Hauses der Geschichte der Bundesrepublik Deutschland« aufgenommen worden. Viele seiner Gespräche sind auf DVD erschienen und in dem Buch »Was bleibt, sind Fragen« nachzulesen. 2001 wurde Gaus mit dem Hanns-Joachim-Friedrichs-Preis ausgezeichnet.
Die Titelmusik stammte aus »Musik zu einem Ritterballett« von Ludwig van Beethoven. Die Fragenkarten waren in Damenstrumpfhosen eingepackte Pappen. Gaus hatte angeblich herausgefunden, dass sie am wenigsten rascheln.

ZUR SACHE   ZDF
1963–1973. Diskussionsreihe mit Hans Herbert Westermann zu aktuellen kontroversen Themen.
Die 45-minütige Sendung lief zunächst mittwochs um 20.00 Uhr, später donnerstags gegen 21.45 Uhr. Nachfolger wurde 1973 *Kontrovers*. Unter dem gleichen Titel sendete 3sat später über viele Jahre ein politisches Magazin.

ZUR SACHE, KANZLER   SAT.1
1993–1994. Interviewsimulation mit Heinz Klaus Mertes in der Rolle des Gastgebers und Helmut Kohl als Kanzler.

Kohl empfängt mehrere freundliche Journalisten und gibt ihnen Gelegenheit, die Pausen zwischen seinen Monologen mit eigenen Fragen zu füllen. Teilweise kommen auch Bürger zu Wort, in einer Sendung etwa Unternehmer (im Fernsehstudio) und Arbeiter (zugeschaltet vom Marktplatz in Castrop-Rauxel).

Die Sendung brachte es nur auf neun Ausgaben, schaffte es aber, Sat.1 jahrelang als »Kanzlersender« in Verruf zu bringen und Legionen von Journalistenschülern als Negativbeispiel für Hofberichterstattung in der Politik zu dienen. CSU-Mitglied und Sat.1-Programmdirektor Heinz Klaus Mertes war sichtlich darum bemüht, mit der Sendung Kohl ein Podium zu bieten, auf dem er sich ungestört von kritischen Nachfragen ausbreiten konnte. Er sprach von einem »leichtfüßigen Hearing-Charakter«, den die Sendung haben solle, um »Kohl, dieses Kaliber« angemessen zu präsentieren.

Kohl hatte die Sendung nach einem Bericht des »Spiegel« selbst mitentwickelt und nahm auch Einfluss auf die Auswahl der Interviewer. Die vermutlich kritischste Frage der ersten Sendung stellte Kohls Freund und späterer Biograf Kai Diekmann, damals stellvertretender Chefredakteur der »Bild«-Zeitung: »Wann haben die Menschen wieder Arbeit?«

Die Sendung lief etwa zweimonatlich mit mäßiger Publikumsresonanz an verschiedenen Tagen im Abendprogramm. Nach der Bundestagswahl 1994 fiel sie in einen Winterschlaf, aus dem sie nicht mehr erwachte.

ZUR SEE   DFF 1

1977. 9-tlg. DDR-Abenteuerserie von Eva Stein, Regie: Wolfgang Luderer.

Die »M. S. Fichte« ist ein Frachtschiff der DDR. Zur Besatzung gehören Kapitän Carsten (Horst Drinda), der Technische Offizier Paul Weyer (Günter Naumann), der Bootsmann (Jürgen Zartmann), der Koch Detlef (Bernd Storch), sein Helfer Thomas Müller (Günter Schubert), der Erste Offizier Schulze (Wilfried Pucher) und Matrose Willi (Willi Schrade). Sie bereisen ferne Länder, leiden aber auch unter der Enge an Bord und der langen Trennung von ihren Familien.

Erstmals brach das DDR-Fernsehen mit dem Tabu, eine Handlung an exotische Schauplätze zu verlegen, die für die Zuschauer völlig unerreichbar waren und so nur unnötig Träume wecken würden. Natürlich war der erhobene Zeigefinger des Sozialismus auch am anderen Ende der Welt immer mit dabei, aber die Serie war nicht nur bei den Parteioberen, sondern auch den Zuschauern außerordentlich beliebt: Die erste Schauspielergarde war an Bord und hatte (anders als ihre kapitalistischen *Traumschiff*-Kollegen später) neben attraktiven Kulissen auch unterhaltsame und realistische Drehbücher. Gefilmt wurde u. a. in Kuba und natürlich an Bord eines echten DDR-Frachtschiffs. Das stellte sich aber als so kompliziert heraus, dass die Serie trotz des Erfolgs nicht fortgesetzt wurde.

Jede Folge war 60 bis 75 Minuten lang und lief freitags um 20.00 Uhr. Die gleiche Crew wechselte später vom Schiff ins Flugzeug: *Treffpunkt Flughafen*.

ZUR ZEIT   ZDF

1991–2003. 15-minütiges Kirchenmagazin am Sonntagmorgen, verantwortet von den beiden Redaktionen Kirche und Leben.

Abwechselnd vor dem katholischen und dem evangelischen Gottesdienst ging es in Gesprächen um aktuelle Themen und Fragen aus den Bereichen Religion, Soziales und Politik, jeweils aus kirchlicher Perspektive. Eingeleitet wurden die Themen durch einen kurzen Film. 1992 gab Papst Johannes Paul II. in *Zur Zeit* Werner Kalteleitner ein Interview in deutscher Sprache.

Die Reihe wurde durch *Sonntags* abgelöst.

ZURÜCK IN DIE VERGANGENHEIT   RTL

1991–1994. 96-tlg. US-Fantasyserie von Donald P. Bellisario (»Quantum Leap«; 1989–1993).

Nach einem missglückten Experiment mit einer Zeitmaschine ist der Wissenschaftler Sam Beckett (Scott Bakula) in der Vergangenheit gefangen und kann lediglich innerhalb der letzten 30 Jahre in verschiedene Zeitabschnitte springen. Dabei schlüpft Sam in verschiedene Körper und hilft den Angehörigen der Person, in deren Körper er steckt, bevorstehende persönliche Katastrophen zu verhindern, ohne seine wahre Identität preisgeben zu können. Worum es genau geht, erfährt Sam von seinem Begleiter Al (Dean Stockwell), einer holografischen Erscheinung, die nur er sehen kann. Al versorgt Sam mit den wichtigsten, aber nicht mit allen Informationen über die Person, die er gerade ist. Das muss nicht immer ein Mann seines Alters sein, Sam findet sich auch regelmäßig in Rentner- oder Frauenkörpern wieder.

Die einstündigen Folgen liefen mittwochs um 19.20 Uhr. Erfinder Bellisario hatte zuvor bereits u. a. die Serie *Magnum* entwickelt.

ZURÜCK NACH SHERWOOD FOREST   ZDF

2000. 13-tlg. kanad. Fantasyserie (»Back To Sherwood«; 1999).

Die 16-jährige Robyn Hood (Aimée Castle) kann mit dem Locksley-Amulett Reisen in die Zeit ihres Vorfahren Robin Hood (Christopher MacCabe) unternehmen, den sie aus der Gewalt der bösen Hexe Brenan (Anik Matern) befreien will. Dazu muss sie verschiedene Aufgaben erfüllen, bei der ihr Freunde helfen, die auch alle so ähnlich heißen wie die Helden von damals: William (Andrew Walker), Alana Dale (Ruby Ann King), Phil Scarlett (Adam Frost) und Joan Little (Alexa Dubreuil).

Die Reihe lief im Rahmen von *Tabaluga TiVi*.

DIE 2   ZDF, KABEL 1

1972–1984 (ZDF); 1994 (Kabel 1). 24-tlg. brit. Krimiserie von Robert S. Baker (»The Persuaders«; 1971–1972).

Die beiden Playboys Lord Brett Sinclair (Roger

Moore) und Daniel »Danny« Wilde (Tony Curtis) sind im Auftrag des pensionierten Richters Fulton (Laurence Naismith) Verbrechern auf der Spur, deren Akten noch nicht geschlossen werden konnten. Mit diesem Hobby fingen sie nicht ganz freiwillig an. Der Richter versprach, sie vor dem Gefängnis zu bewahren, wenn sie für ihn arbeiteten. Sie hatten sich sofort nach dem Kennenlernen eine Schlägerei im Restaurant eines Luxushotels geliefert und waren festgenommen worden. Doch sie entdecken den Spaß an der Gaunerjagd. Wilde ist ein flapsiger Amerikaner, Lord Sinclair ein steifer Brite. Während Sinclair sich von Geburt an keine Sorgen ums Geld machen musste, wuchs Wilde in den New Yorker Slums auf und wurde an der Börse zum Millionär, verlor aber alles wieder. Mehrfach. Trotz aller Frotzeleien und Rivalitäten beim Frauenfang ist ihre gemeinsame Verbrecherjagd erfolgreich.

Nach 24 Folgen wurde die Serie in Großbritannien beendet – Roger Moore wollte lieber James Bond spielen. In den USA war die Serie ein Flop. Falsch sind die weit verbreiteten Legenden, dass sie auch im Heimatland England floppte und dass sie erst durch die deutsche Synchronisation von Rainer Brandt ihren Humor erhielt. Durch Rainer Brandt erhielt der Humor lediglich den Holzhammer. Vom Original ließ er den groben Handlungsstrang übrig. Subtile Gags flogen ersatzlos raus (beispielsweise droht ein Killer: »Sie werden Maria nicht wiedersehen. Nie wieder«, und im Original stellt Danny fest: »Ich glaube, er will uns etwas sagen«, auf Deutsch aber sagt er: »Ich habe das todsichere Gefühl, er will uns foppen«), kunstvolle Kalauer kamen rein: »Mir schwellt da eine Frage im Gebeiß!«, »Ich bewundere, wie du so ohne Butler aufs Töpfchen gehst«, »Du siehst aus wie ein Fußkranker mit Rabattmarken in der Tasche«, »Ob das Bübchen echt ist oder aus Marzipan?«, »Sie können sich ewig bei mir beliebt machen, wenn Sie sich jetzt subtrahieren«. Es entstanden neue Vokabeln wie Stielaugen (Fernglas), Staub aus den Nebenhöhlen spülen (trinken) und Arschhebemaschine (Stuhl), aus Nasen, Mänteln und Flammen wurden Näschen, Mäntelchen und Flämmchen, aus willkürlichen Vokalen Umlaute (»Es klöpft.« – »Wer kömmt denn da?«), und Brandt dichtete Curtis die an Moore gerichtete Anrede »Euer Lordschaft« in den Mund.

Rainer Brandt hatte auf diese Weise bereits die Serien *Tennisschläger und Kanonen* und *Ihr Auftritt, Al Mundy* aufgepeppt, er bereicherte auch die Kinofilme mit Terence Hill und Bud Spencer. Mit *Die 2* hatte er seinen größten Erfolg und wurde plötzlich bekannt. Die Serie wurde ein Sensationserfolg in Deutschland und Brandt 1973 für sein Werk mit einem Bambi geehrt.

Trotzdem zeigte das ZDF zunächst nur 14 Folgen am Dienstagabend und erst fast zwölf Jahre später zusammen mit einem Wiederholungsdurchlauf am Mittwoch noch zwei neue. Die übrigen Folgen waren weitere zehn Jahre später als deutsche Erstausstrahlung bei Kabel 1 zu sehen, das damit wie mit häufigen Wiederholungen der Serie noch gute Einschaltquoten erreichte. Rainer Brandt selbst war zugleich die Synchronstimme von Tony Curtis, Lothar Blumhagen sprach Roger Moore (Niels Clausnitzer war Moores spätere Stimme als James Bond). Jede Folge dauerte 45 Minuten. Die Titelmusik stammte von John Barry.

ZWEI ALLEIN   ZDF

1998. 6-tlg. dt. Jugendserie von Matthias Steurer.
Der junge Max (Max Riemelt) türmt aus dem Waisenhaus in Hamburg, um seinen Freund Sebastian (Italo de Angelis) in Berlin zu besuchen. Unterwegs schließt er Freundschaft mit dem Hund Juli, der eigentlich beim hundehassenden Ehepaar Rimmer (Doris Kunstmann und Bernd Tauber) lebt. Die beiden bestehen diverse Abenteuer, übernachten eine Weile auf dem Schrottplatz von Karl Lindl (Andreas Mannkopff) und ziehen schließlich gemeinsam bei Wolfgang (Thomas Balou Martin) und Gisela Sammer (Saskia Vester) ein. Claudia Walter (Maren Schumacher) ist die Testamentsvollstreckerin Julis, den die Rimmers geerbt hatten. Sie sorgt dafür, dass Max den Hund offiziell behalten darf. Andreas Hamann (Thorsten Nindel) ist Max' zuständiger Mitarbeiter des Jugendamts. Katrin (Meike Fellinger) wird Max' Freundin.
Die ZDF-Weihnachtsserie von 1998 lief mit sechs einstündigen Folgen an aufeinander folgenden Tagen im Vorabendprogramm.

ZWEI ALTE DAMEN GEBEN GAS   ARD

1988. 12-tlg. dt. Familienserie von Mischa Mleinek, Regie: Wilfried Dotzel.
Die lustigen Witwen Helma von Schon (Dagmar Altrichter) und Hanna Schubrink (Hanna Burgwitz) haben genug davon, sich immer nur um ihre nicht mehr vorhandenen Männer zu kümmern. Sie tun sich zusammen und brausen mit einem Auto davon, um mehr von der Welt zu sehen und Aufregendes zu erleben.
Die halbstündigen Folgen liefen im regionalen Vorabendprogramm.

ZWEI ALTE HASEN   ZDF

1994–1995. 14-tlg. dt. Comedyserie von Krystian Martinek und Neithardt Riedel.
Nach zwölf Jahren im Knast werden die Ganoven Paul Jablonski (Harald Juhnke) und Wilhelm »Wille« Wuttke (Heinz Schubert) auf Bewährung entlassen. Im inzwischen wiedervereinten Berlin müssen sie sich jetzt zurechtfinden und irgendwie an Geld kommen. Sie hoffen, in der veränderten Stadt das Versteck wiederzufinden, in dem sie damals vier Millionen DM in Gold aus einem Überfall deponiert haben. Kommissar Hassel (Rolf Nagel) und Kriminalassistent Schulz (Reiner Heise) sind den beiden deshalb permanent auf den Fersen. Willes zwielichtiger Sohn Hannes Baselow (Martin Semmelrogge) unterstützt Wille und Paul beim Versuch, an Geld zu kommen. Petra Wittich (Janette Rauch) ist ihre

Bewährunghelferin, Max Bischof (Thomas Fritsch) der örtliche Unterweltboss.
Die Folgen waren 50 Minuten lang und liefen samstags um 19.25 Uhr.

ZWEI ALTE HASEN ENTDECKEN NEUES   ARD
1982. 6-tlg. dt. Kinderserie. Die beiden alten Hasen sind der Hase Cäsar und Arno Görke, die ihren ersten gemeinsamen Auftritt 1967 in *Schlager für Schlappohren* hatten. Das Neue ist der ganz normale Alltag, den sie in dieser Serie kennen lernen: Einkaufstouren, tropfende Wasserhähne, Nachbarschaftstratsch. Und sie gewinnen eine neue Freundin: Energika (Susanne Beck) kommt aus dem All und erklärt ihren Erdenfreunden, wie man ganz einfach im Haushalt Energie sparen kann.
Die Klappmaulpuppe Cäsar wurde wie üblich von Wolfgang Buresch gespielt und gesprochen. Auch Susanne Beck hatte bereits Erfahrung mit Fernsehpuppen: Sie war die Co-Moderatorin von *Plumpaquatsch*.
Die 20-minütigen Folgen liefen mittwochs um 17.30 Uhr.

ZWEI AM GROSSEN SEE   ARD
Seit 2004. Dt. Heimatfilmreihe, Regie: Walter Bannert.
Überraschend erbt nicht Regina Lechner (Ruth Drexel) die Luxusvilla ihres verstorbenen Lebensgefährten am Chiemsee, sondern dessen Tochter Antonia Berger (Uschi Glas), von der Regina bis dato noch nichts wusste. Ebenso überraschend tun sich die beiden Frauen zusammen und eröffnen auf dem großen Grundstück ein Hotel. Sie müssen sich dauernd gegen ihren Widersacher Bartholomäus Breitwieser (Gerd Anthoff) zur Wehr setzen, der sich das Anwesen selbst gern unter den Nagel reißen würde.
Die Folgen mit Spielfilmlänge laufen als lose Reihe freitags um 20.15 Uhr.

ZWEI ASSE UND EIN KÖNIG   ZDF
2000. 3-tlg. Kriminalmelodram von Bernd Fischerauer.
Nach dem Tod seines Vaters übernimmt Jan de Fries (Heiner Lauterbach) dessen Reederei. Mit seinem Freund Dirk (Heinz Hoenig) kann er den korrupten Geschäftsführer Lührs (Michael Mendl) überführen.
Die drei spielfilmlangen Teile liefen innerhalb einer Woche zur Primetime.

ZWEI AUF EINEM PFERD   ARD
1956–1957. Spielshow mit Hans-Joachim Kulenkampff.
Drei Teams spielen gegeneinander; jedes Team besteht aus einem Prominenten und einem Kandidaten, der aus dem Saalpublikum ausgewählt wird. Musik kommt vom Tanzorchester des Hessischen Rundfunks unter Leitung von Willy Berking. Regisseur war Ekkehard Böhmer.
Die Reihe brachte es auf sieben Ausgaben sonntags um 20.15 Uhr und wurde abgelöst durch *Die glück-* *lichen Vier*. Schon im Oktober 1956 hatte es eine gut halbstündige »Vorsendung für das neue Fernsehquiz« gegeben.

ZWEI AUS EINER KLASSE   ARD
→ Sport – Spiel – Spannung

ZWEI BEI KALLWASS   SAT.1
Seit 2001. Wenn zwei sich streiten, freut sich Sat.1: Jeden Werktag um 14.00 Uhr treten zwei echte Menschen mit einem Konflikt auf, und die Psychologin Angelika Kallwass löst das Problem – oder trifft zumindest eine Entscheidung.
Das Konzept kam nicht sonderlich gut an, während direkt im Anschluss zwei Richtershows großen Erfolg hatten. Ab Ende des Jahres 2001 wurde es deshalb geändert: Statt echter gab es nun von Schauspielern nachgestellte Problemfälle, die nun wesentlich weniger überzeugend, dafür aber viel abwegiger und dramatischer waren. Die Quoten stiegen, die Show wurde doch noch ein Erfolg. Glückwunsch.

ZWEI BRÜDER   ZDF
1994–2001. 17-tlg. dt. Krimireihe von Felix Huby.
Der gut situierte Oberstaatsanwalt Christoph Thaler (Fritz Wepper) und sein Bruder Peter (Elmar Wepper), ein draufgängerischer, geschiedener, seine Kinder vernachlässigender Polizist mit Alkoholproblem, klären gemeinsam Mordfälle auf. Sie wohnen bei ihrer Mutter Marie Luise (Ruth Hausmeister). Christoph ist mit Katja (Angela Roy) verheiratet, Peter in seine Kollegin Elise Steininger (Nina Petri) verliebt.
Die spielfilmlangen Folgen mit den Wepper-Brüdern liefen in loser Folge samstags zur Primetime.

2DTV CARTOON PROMIS – UNZENSIERT   PRO SIEBEN
2004. Brit. Zeichentrickserie, Regie: Tim Searle (»2DTV«; 2001–2002).
Die Satiresendung verulkte Prominente wie George Michael, Elton John, David und Victoria Beckham und George W. Bush, alle als Trickfiguren. Sie knüpfte an die Tradition von »Spitting Image« an und war im Original witzig, weil sie aktuelle Themen aufgriff (die veraltet waren, als Pro Sieben sie zeigte), auch britische Möchtegernstars aufs Korn nahm (die man in Deutschland nicht kannte) und die Stimmen der Prominenten gekonnt parodierte (was die deutsche Fassung gar nicht erst versuchte). Kein Wunder, dass Pro Sieben die vier Folgen montags nachts unauffällig in zwei Zweierpacks versendete.
Die Cartoons wurden international bekannt, als George Michael 2002 (vor dem Irak-Krieg) sein Musikvideo »Shoot The Dog« von den *2DTV*-Machern gestalten ließ und mit Karikaturen von Tony Blair und George W. Bush ein Antikriegsvideo machte, das prompt den gewünschten Skandal auslöste.

ZWEI ENGEL AUF STREIFE   RTL
2002. 4-tlg. dt. Krimi-Comedy-Serie.
Der ehrliche Polizist Tobias Wagner (Manuel Wit-

ting) kommt mit seinem korrupten Kollegen Lutz Koslowski (Udo Kroschwald) überhaupt nicht klar. Doch er wird ihn nicht los. Als Lutz eines Tages ermordet wird, fängt die Partnerschaft der beiden erst richtig an: Der tote Lutz hat vom Himmel eine neue Chance bekommen, seine Taten wieder gutzumachen, und ist nun Tobias' Schutzengel. Außer Tobias kann ihn niemand sehen oder hören. Gemeinsam lösen die beiden fortan ihre Fälle. Tobias verliebt sich derweil in Lutz' Tochter Laura (Simone Hanselmann).

Im April 2001 lief bereits ein Pilotfilm. Die einstündigen Folgen zeigte RTL donnerstags um 22.15 Uhr.

ZWEI ENGEL MIT VIER FÄUSTEN   RTL

1997–1998. 6-tlg. ital. Action-Comedy von Alessandro Moretti und Lorenzo de Luca, Regie: Ruggero Deodato (»Noi siamo angeli«; 1997).

Den Knastbrüdern Bob (Bud Spencer) und Joe (Philip Michael Thomas) gelingt als Pfarrer getarnt die Flucht. Als »Vater Orso« und »Vater Zack« kommen sie im Kloster San Rolando unter und ziehen von dort los, um Menschen zu helfen, Fälle zu lösen und sich zu prügeln.

Die spielfilmlangen Folgen liefen in loser Reihe zur Primetime. Spencer und Thomas hatten bereits in *Zwei Supertypen in Miami* zusammen gespielt. Es ist nicht so, dass diese Filme schlechter waren als die Klamotten aus den 70er- und 80er-Jahren, durch die Bud Spencer berühmt wurde, nur war er erstens inzwischen alt und konnte man sich zweitens nicht so recht an Philip Michael Thomas als Terence-Hill-Ersatz gewöhnen.

2 GEGEN 2   PRO SIEBEN

1993–1997. Doppeltes Gesprächsduell mit jeweils zwei Moderatoren und zwei Experten zu aktuellen Themen aus Politik, Wirtschaft, Kultur und Sozialem.

Die Moderatoren sitzen außen, einer links und einer rechts, jeweils neben sich haben sie einen Gast, der grob die gleiche Meinung vertritt und die gegensätzliche des Gegenübers. Die Themen sind mit nahe liegenden Kontrahenten besetzt: Arbeitgeber- und Arbeitnehmervertreter zum Thema Vier-Tage-Woche, Datenschutzbeauftragter gegen Staatsanwalt zum Thema Lauschangriff etc. Wenn die Gäste nicht genug miteinander streiten, werden sie über Kreuz ins Verhör genommen: Der »linke« Journalist fragt den »rechten« Gast und umgekehrt. Zwischendurch sollen kurze Einspielfilme oder Straßenumfragen die Diskussion weiter anheizen.

Anfangs moderierten Klaus Wilken und Thomas Vasskuhl, ab 1995 Sven Doppke und Jörg Pilawa. Als Pilawa 1996 zu Sat.1 ging, um *ran* und *Hast Du Worte* zu moderieren, nahm Wolfgang Brückner seinen Platz ein. Die Sendung beruhte auf dem amerikanischen Format »Crossfire«.

Gestritten wurde immer sonntags, zunächst vormittags, ab Mai 1994 spät abends. Kurz nachdem Pro Sieben im Sommer 1997 seinen Chefredakteur Gerd Berger entlassen hatte, stellte der Sender die quotenschwache Sendung ein.

ZWEI HALBE
SIND NOCH LANGE KEIN GANZES   ARD

1993. 13-tlg. dt. Familienserie.

Juliane Bethke (Michaela May) ist nach der Scheidung von Christoph (Christoph Felsenstein) mit ihren Kindern Susi (Alexandra Schiffer) und Max (Paul Rösler) zu ihrer Mutter Trude (Eva Pflug) nach Berlin gezogen. Nebenan wohnt Friedhelm Danner (Horst Janson), der seine Kinder Timm (Maximilian Haas) und Cleo (Sharon Brauner) nach dem Tod seiner Frau ebenfalls allein großziehen muss. Aber weil zwei Halbe noch lange kein Ganzes sind, müssen sich Juliane und Friedhelm am Anfang ganz fürchterlich finden, bis sie endlich eine Familie werden.

Die einstündigen Folgen liefen am Vorabend.

ZWEI HAT'N NICHT, DREI HAT'N   DFF

1960–1961. Quiz mit Musik und Varieté.

Horst Lehn und Evelyn Matt moderierten ein »Gesellschaftsspiel«, bei dem Teams aus verschiedenen Berufsgruppen sich gegenseitig Fragen aus ihrer Branche stellten. So sollten alle (vor allem die Zuschauer) etwas dazulernen, z. B. was es mit den Premnitzer Kunstfasern so auf sich hat. Die Zuschauer hatten wenig Interesse daran, vielleicht nervte sie auch schon der komische Titel – jedenfalls hat'n vier noch, aber fünf nicht mehr.

ZWEI HERREN DICK UND DOOF   ZDF

1975–1980. 27-tlg. Slapstickreihe mit Stan Laurel und Oliver Hardy.

Wieder machte sich das Team von *Dick und Doof* ans Werk, alte Stummfilme zu einer Serie zu verschneiden. Diesmal jedoch wurden sie nicht auf 25 Minuten gebracht, sondern auf die Hälfte. Die meist kurzen Filme waren teilweise schon bei *Dick und Doof* zu längeren Folgen verwurstet worden.

Zwei Herren dick und doof lief im Doppelpack mit *Männer ohne Nerven* auf dem bewährten Sendeplatz am frühen Freitagabend.

ZWEI HIMMLISCHE TÖCHTER   ARD

1978. 6-tlg. dt. Comedyserie von Walter Kempley und Joseph Bonaduce, Regie: Michael Pfleghar.

Die Ex-Tänzerinnen Chantal (Iris Berben) und Kikki (Ingrid Steeger) erben die bankrotte Charterfluggesellschaft Donnerflug und erledigen Aufträge. Der Pilot Tino Riva (Klaus Dahlen) jagt den Fluglotsen (Dieter Hildebrandt und Heinz Schubert) mindestens ebenso viel Angst ein wie das Flugzeug an sich, eine heruntergekommene Ju 52. Mama Riva (Winni Riva) ist die gute Seele, die Kikki und Chantal berät und unterstützt, auch Zimmerwirtin Frau Krause (Herta Worell) muss gelegentlich Geld vorstrecken.

Die hemmungslos albernen Folgen dauerten eine Stunde und liefen etwa einmal im Monat samstags zusammen mit den *Gimmicks*.

Die Moderatoren Jörg Pilawa (links) und Sven Doppke wussten, wer von beiden die Schuld hatte, dass *2 gegen 2* schon wieder so idiotisch verlaufen war.

2 IM ZWEITEN ZDF

1989; 1991. Große Nachmittagsshow von der Internationalen Funkausstellung in Berlin mit Thomas Gottschalk und Günther Jauch.

Das Programm war eine Mischung aus Live-Aktionen, Spielen, Talk mit Gästen und Showblöcken mit Musik. Aber das war alles egal. Der Einschaltfaktor war das wunderbare Gespann Gottschalk und Jauch, das viel improvisierte, spontan witzig war, sich kabbelte und einfach gute Laune verbreitete.

Während der Funkausstellungen 1989 und 1991 lief die stundenlange Show jeweils täglich. Sie wurde extra für die Funkausstellung konzipiert und in der Zeit dazwischen trotz des großen Erfolgs des Moderatorenduos nicht gesendet.

ZWEI IN DER TINTE ARD

1998–1999. 22-tlg. US-Sitcom von Diane English (»Ink«; 1996).

Der geschiedene Mike Logan (Ted Danson) ist der Starkolumnist der Tageszeitung »New York Sun«. Ausgerechnet seine Ex-Frau Kate Montgomery (Mary Steenburgen) wird dort seine neue Chefin und macht ihm das bisher so gemütliche Leben schwer. Zwischen den beiden steht die gemeinsame 14-jährige Tochter Abby (Alana Austin). Zur Zeitungsredaktion gehören noch Belinda Carhardt (Christine Ebersole), Ernie Trainor (Charlie Robinson), Alan Mesnick (Saul Rubinek) und Donna French (Jenica Bergere).

Lief dienstags nachts. Sonderlich lange durften Ted Danson und Mary Steenburgen, im wirklichen Leben verheiratet, nicht gemeinsam zur Arbeit gehen. Nach einer Staffel wurde die ganz nette, aber unbedeutende Serie abgesetzt. Verdienten Erfolg hatte Danson vorher mit *Cheers* und nachher mit *Becker*.

ZWEI JAHRE FERIEN ZDF

1974. 4-tlg. dt.-frz. Abenteuerfilm nach dem Roman von Jules Verne, Regie: Serge Nicolaescu, Gilles Grangier.

Der junge Doniphan Weldon (Marc di Napoli) fährt mit sieben Freunden auf dem Schiff »Sloughi« seines Onkels in die Ferien. Dick Sand (Franz Seidenschwan) ist der Schiffsjunge. Unterwegs nimmt die »Sloughi« die Schiffbrüchigen Edward Forbes (Werner Pochath) und Josua Pike (Rainer Basedow) auf, von denen niemand weiß, dass sie zwei gefährliche Gefängnisausbrecher auf Schatzsuche sind. Die beiden bringen das Schiff zunächst in ihre Gewalt, doch den Jungen gelingt die Flucht mitsamt Schiff, jedoch ohne kundige Besatzung. So stranden sie auf einer einsamen Insel, auf der nur noch ein mysteriöses Phantom zu hausen scheint, das sie aber nie sehen. Zwei Jahre bleiben die Jungen, ohne dass sie jemand findet, bis die Schatzsucher plötzlich mit einem Schiff ankommen und Dick Sand gefangen nehmen. Doch das unbekannte Phantom hilft den Jungen und sorgt dafür, dass die Verbrecher unter einer Geröllawine begraben werden. Die Jungs werden von einem Schiff aufgenommen und nach Hause gebracht, von den Ausbrechern und dem Phantom hört niemand mehr etwas.

Die Geschichte wurde aus der Sicht des älteren Dick Sand erzählt, der während aller vier Teile als Off-Stimme zu hören war. Die Stimme gehörte Rüdiger Bahr.

Die spielfilmlangen Folgen liefen wöchentlich zur Primetime.

ZWEI JAHRTAUSENDE KINDHEIT ZDF

1979. Geschichtsdoku-Reihe. Das Jubiläum 2000 Jahre Kind als solches hatte Peter von Zahn zwar um einige Millionen Jahre verfehlt, dennoch wählte er das Jahr 1979, um in sechs halbstündigen Sendungen am Sonntagnachmittag Betrachtungen über zwei Jahrtausende Kindheit anzustellen.

ZWEI MANN UM EINEN HERD　　　　　　ARD
1979. 4-tlg. dt. Herdserie von Dieter B. Gerlach und Ulli Kinalzik, Regie: Claus Peter Witt.
Der mittelmäßige Schauspieler Rudi (Günter Pfitzmann) und sein Texter und Manager Walter (Walter Hoor) wohnen gemeinsam in einer WG und versuchen, das dort entstehende Chaos in den Griff zu bekommen. Die 45 Minuten langen Folgen dieser missglückten Adaption der US-Sitcom *Männerwirtschaft* liefen im Abstand mehrerer Wochen donnerstags um 21.45 Uhr.

ZWEI MÄNNER AM HERD　　　　　　ZDF
1999–2001. 21-tlg. dt. Herdserie von Gernot Krää.
Der Urbayer Walter Baumgärtner (Wolfgang Fierek) wird neuer Koch im In-Lokal »Conrad's«, das dem Yuppie Moritz Kramm (Florian Fitz) gehört – und sich in Hamburg befindet. Trotz regelmäßiger Differenzen zwischen den grundverschiedenen Typen werden sie ein erfolgreiches Team. Im »Conrad's« arbeiten außerdem die Medizinstudentin Ricki (Clelia Sarto) als Bedienung, der Zweitkoch Hilmar (Christopher Zumbült), Azubi Nicole (Tini Prüfert), Spüler Diego (Markus Pfeiffer) und die Putzfrau Elsbeth Schmitz (Eva Maria Bauer), das Faktotum des Hauses. Kristina Föhrenbach (Friederike Wagner) ist anfangs stille Teilhaberin des »Conrad's«, verkauft ihre Anteile aber an Walter und Moritz.
Für Fierek war es nach *Ein Bayer auf Rügen* schon die zweite Serie, in der er als »Urbayer« unter die Preußen geriet. Die einstündigen Folgen liefen dienstags um 19.25 Uhr. Ach, und der Titel war glatt gelogen: Moritz stand gar nicht am Herd.

ZWEI MÄNNER UND DIE FRAUEN　　　　　　ARD
1996. 10-tlg. dt. Familienserie.
Als sich die Jugendfreunde Robert Schulmann (August Zirner), ein ungeschickter deutscher Scheidungsrichter, und Saverio Nantucci (Luca Barbareschi), ein herzensbrechender italienischer Klarinettist, nach langer Zeit wiedersehen, stellen sie fest, dass sie seit Jahren für dasselbe Kind Alimente zahlen. Fortan versuchen sie herauszufinden, wer wirklich der Vater von Jana (Nina Weniger) ist.
Die ARD hatte für die Serie verzweifelt einen Koproduzenten gesucht: Zuerst sollte der ausländische vermeintliche Vater aus Paris kommen, doch die Franzosen winkten ab. Auch das italienische Fernsehen wollte für das Wiederaufwärmen alter Klischees kein Geld geben, dann machte es die ARD halt allein.
Die Folgen waren 45 Minuten lang und liefen montags um 21.45 Uhr.

DIE ZWEI MIT DEM DREH　　　　　　RTL
1989. 70-tlg. US-Krimiserie (»Switch«; 1975–1978).
Der Ex-Betrüger Peterson »Pete« T. Ryan (Robert Wagner) und der Ex-Polizist Frank McBride (Eddie Albert) betreiben gemeinsam eine Privatdetektei und betrügen Betrüger, damit der Betrug ein Ende hat. Dabei hilft ihnen der Restaurantbetreiber Malcolm Argos (Charlie Callas), ebenfalls ein ehemaliger Betrüger und Dieb, und ihre Sekretärin und Mädchen für alles, Maggie (Sharon Gless).
Die Folgen dauerten 45 Minuten und liefen täglich am Vorabend.

ZWEI MÜNCHNER IN HAMBURG　　　　　　ZDF
1989–1993. 37-tlg. dt. Familienserie von Karlheinz Freynik.
Die Bankangestellten Julia Heininger (Uschi Glas) und Dr. Ralf-Maria Sagerer (Elmar Wepper) werden gemeinsam aus München nach Hamburg versetzt. Julia leitet fortan die dortige Filiale der Bayernbank, Ralf ist ihr Stellvertreter. Obwohl sie sich anfangs nicht mögen, verlieben sie sich ineinander, und Ralf macht Julia einen Heiratsantrag. Sie zögert eine Weile, sagt aber schließlich doch Ja. Noch vorher heiratet Julias Mutter Hermine (Winnie Markus) Berthold Schwaiger (Hans Reiser), den Direktor der Bayernbank. Julia hat einen Sohn, Max (Florian Stubenvoll), Ralf einen Bruder, Sascha (Wolfgang Fierek). Fanny (Enzi Fuchs) ist die Haushälterin der Sagerers. Die Herren van Daalen sen. (Johannes Heesters) und van Daalen jun. (Volkert Kraeft) führen das Konkurrenzunternehmen der Bayernbank, das Bankhaus Van Daalen. Van Daalen jun. hatte anfangs ein Auge auf Julia geworfen, jedoch schnell eingesehen, dass er keine Chance hat. »Vadder« Haack (Heinz Reincke) führt einen Feinkostladen und ist ein guter Freund Fannys und der Familie. Nach der Geburt von Julias und Ralfs Tochter Marie-Therese (Annika Preil) zieht sich Julia kurz ins Privatleben zurück, und Ralf wird Direktor der Bayernbank, bevor Julia die Tochterfirma Futura Consulting gründet.
Ungewohnte geografische Umgebung, aber inhaltlich bewährtes Terrain für Uschi Glas und Elmar Wepper, die auch schon in *Polizeiinspektion 1* und *Unsere schönsten Jahre* Paare gespielt hatten.
Die einstündigen Folgen liefen im Vorabendprogramm.

ZWEI ODER WAS SIND DAS FÜR TRÄUME?　　　　　　ARD
1980. 4-tlg. dt. Problemserie von Berengar Pfahl (Buch und Regie).
Die junge Radio- und Fernsehtechnikerin Li (Verena Plangger) und die ältere Frisörin Barbara (Ursula von Reibnitz) lernen sich auf dem Arbeitsamt kennen. Sie gehören sehr unterschiedlichen Generationen an, haben aber das gleiche Problem: Ihnen ist gerade gekündigt worden, was beide in tiefe Lebenskrisen stürzt. Li muss feststellen, dass ausgerechnet der Beruf, zu dem das Arbeitsamt ihr geraten hatte, so sehr ein Männerberuf ist, dass sie von jedem potenziellen neuen Arbeitgeber abgelehnt wird. Barbara steht nur noch eineinhalb Jahre vor dem Pensionsalter. Beide helfen eine Weile bei der Tour-

nee einer Revuetheatertruppe aus, stellen aber fest, dass sie Arbeit brauchen, bei der sie sich wirklich engagieren können. Nach einigen Krisen wagen sie gemeinsam den Umzug in eine Großstadt, wo ihre beruflichen Chancen besser sind.

ZWEI PARTNER AUF SECHS PFOTEN   RTL
1995. 6-tlg. dt. Krimiserie, Regie: Pete Ariel.
Mark Hopper (Michele Oliveri) hat seinen Beruf als Journalist an den Nagel gehängt und arbeitet als Privatdetektiv. Mit seinem Hund, dem Golden Retriever Ludwig, kurz Lu, lebt er auf einem Hausboot. Seine Freundin, die Rechtsanwältin Carola Wengenroth (Esther Schweins), und sein Vater, der Autobastler Wilhelm Hopper (Volker Spahr), helfen ihm bei den skurrilen Fällen. Ihr Gegenspieler ist Kriminalkommissar Joseph Bruske (Michael Gordon), dem Hopper und seine unkonventionellen Ermittlungsmethoden ein Dorn im Auge sind.
Die einstündigen Folgen wurden im Sommer dienstags um 20.15 Uhr ausgestrahlt.

ZWEI PROFIS   ZDF
2003. 10-tlg. dt. Krimiserie von Ralf Lönhardt.
Ushiro Sato (Ken Narasaki) kommt als japanischer Austauschpolizist aus Kyoto nach Köln. Kommissar Bernd Krallert (Daniel Friedrich) darf sich um den Gast kümmern, was ihn wenig begeistert. Und dass Sato sich als überkorrekter Vorzeigepolizist herausstellt, mit besten Manieren, feinem Elternhaus und vielseitigen Kenntnissen in modernster Technik, Zen-Bogenschießen und Sushi-Zubereitung, macht die Sache auch nicht besser. Krallert befreit den neuen Kollegen trotzdem aus dem Stundenhotel, in dem er behelfsweise untergebracht wurde, und nimmt ihn zu sich, seiner Frau Irene (Susanne Michel) und seinen Kindern Sina (Nike Martens) und Lutz (Felix Bold) nach Hause. Im Dienst werden Sato und Krallert unterstützt von den jungen Kommissaren Tatjana Hoffmann (Anne Cathrin Buhtz), Tom Julik (Marcus Michael Mies) und Doreen Wille (Aline Hochscheid).
Die 45 Minuten langen Folgen liefen mittwochs um 20.15 Uhr.

ZWEI RECHTS – ZWEI LINKS   ARD
1973–1974. 90-minütiges Jugendmagazin, das im Wechsel von mehreren ARD-Anstalten produziert wurde und sich deshalb von Sendung zu Sendung stark unterschied: Der NDR machte eine Diskussionssendung mit Beiträgen von jungen Filmemachern (die Ausgewogenheit mit zwei rechts und zwei links wurde durch eine Waage mit zwei Gewichten rechts und zwei Plastikkugeln links symbolisiert), der BR produzierte ein Magazin unter Mitarbeit junger Leute, der SFB eine Informationsshow, die zum Mitmachen aufforderte, und der HR, der SDR und RB sendeten Live-Shows aus Jugendzentren. Der WDR integrierte den Titel als Newsshow in seine Sendung *Klatschmohn*.
Lief alle zwei Wochen am Samstagnachmittag.

ZWEI SCHLITZOHREN IN ANTALYA   ARD
1991–1994. 20-tlg. dt. Abenteuerserie von Felix Huby, Regie: Dieter Kehler.
Thomas Parler (Horst Janson) steigt in seinen Kleinbus ein, um auszusteigen. Das Fernweh treibt ihn nach Süden, Hauptsache weg von der Ex-Frau. Unterwegs gabelt er den schlitzohrigen Türken Vural Kaya (Tayfun Bademsoy) auf und nimmt ihn mit in dessen Heimatstadt Antalya, wo Vural Thomas hilft, sich zurechtzufinden, und sie sich gemeinsam eine neue Existenz aufbauen wollen. Die meisten Versuche gehen nicht lange gut, aber irgendwie schlagen sie sich durch.
Konrad Müller (Dieter Pfaff), genannt »Müller-Pascha«, unterstützt sie. Und schließlich verlieben sich beide, und werden immerhin in dieser Beziehung glücklich: Thomas mit Marlene (Christiane Krüger) und Vural mit Sermin (Meral Yüzgülec).
Die einstündigen Folgen liefen am Vorabend.

ZWEI SCHRÄGE VÖGEL   KABEL 1
1992. 28-tlg. US-Sitcom (»The Ropers«; 1979–1980).
Das Ehepaar Stanley (Norman Fell) und Helen Roper (Audra Lindley) kauft ein Haus in einer todschicken Gegend. Helen würde gern zur feinen Gesellschaft gehören, scheitert jedoch an der Rüpelhaftigkeit ihres Mannes. Immobilienmakler Jeffrey P. Brooks (Jeffrey Tambor) fürchtet seinetwegen schon um dem guten Ruf des Viertels – beide geraten regelmäßig aneinander. Zu Jeffreys Familie gehören Frau Anne (Patricia McCormack), die sich mit Helen anfreundet, und Sohn David (Evan Cohen). Jenny Ballinger (Louise Vallance) ist eine attraktive Untermieterin. Die Ropers sind das Vermieterehepaar aus *Herzbube mit zwei Damen*, das, wie ihre englischen Vorbilder aus *Ein Mann im Haus*, eine eigene Serie bekam.

ZWEI SCHWARZE SCHAFE   ZDF
1984. »Geschichten aus Kalmüsel«. 7-tlg. dt. Familienserie von Justus Pfaue, Hans Dieter Schreeb und Hans-Georg Thiemt, Regie: Ralf Gregan.
Im Dorf Kalmüsel in der Lüneburger Heide herrscht Krieg. Krieg zwischen dem Bürgermeister Schulz-Sieparth (Jürgen Schmidt) und dem Tierarzt Dr. Leo Petersen (Uwe Friedrichsen). Der Bürgermeister ist zugleich Kirchenvorstand, reicher Bauer und Visionär: Er träumt davon, dass Kalmüsel groß, glitzernd und berühmt wird. Der Tierarzt kämpft als engagierter Umweltschützer gegen neue Straßen, Spielkasinos und andere hochtrabende Pläne von Schulz-Sieparth. Dorfbewohner wie die Witwe Jutta Karow (Judy Winter), Schwester Bethania (Franziska Oehme) und Pastor Fietzek (Gerd Baltus) geraten zwischen die Fronten.
Die einstündigen Folgen liefen donnerstags im Vorabendprogramm.

ZWEI SIND EIN PAAR   ARD
1982. 10-tlg. frz.-dt. Krimiserie nach dem Roman von M. G. Braun (»Sam & Sally«; 1978–1980).

Sam (Georges Descrières) und Sally (Corinne Le Poulain), auch privat ein Paar, lösen gemeinsam Kriminalfälle. Dabei manövriert sich Sally immer wieder in gefährliche Situationen, und Sam muss sie retten. Als ihm das einmal nicht gelingt, braucht er ab Folge 6 eine neue Sally (Nicole Calfan).
Die einstündigen Folgen liefen im regionalen Vorabendprogramm.

ZWEI SINGLES IM DOPPELBETT   PRO SIEBEN
1998–1999. 34-tlg. US-Sitcom (»Almost Perfect«; 1995–1996).
Die quirlige Fernsehproduzentin Kim Cooper (Nancy Travis) und der coole Rechtsanwalt Mike Ryan (Kevin Kilner) sind beide überzeugte Singles – beiden ist ihre Karriere eigentlich wichtiger. Als sie sich kennen lernen, werfen sie ihre Prinzipen über Bord und ziehen zusammen. Von ihren Kollegen Gary (Chip Zien), Rob (Matthew Letscher) und Neal (David Clennon) erhält Kim permanent ungebetene Ratschläge für die frische Beziehung – obwohl Gary mit seiner gerade von ihm getrennten Frau Patty (Lisa Edelstein) eigentlich selbst genug Probleme hat.
Lief viermal am späten Montagabend, danach jeden Werktag gegen 9.00 Uhr.

ZWEI SUPERTYPEN IN MIAMI   RTL
1992–1993. 12-tlg. ital.-dt. Krimiserie (»Extralarge«; 1991–1993).
Der schwergewichtige Privatdetektiv Jack Costello (Bud Spencer) stellt den chaotischen Comiczeichner Willy Dumas (Philip Michael Thomas; ab Folge 7: Michael Winslow) als seinen Assistenten ein. Gemeinsam ermitteln sie in verschiedenen Fällen. Costellos Arbeit wird durch seinen gesprächigen Partner jedoch mehr behindert als unterstützt, denn der schert sich hauptsächlich darum, neue Comics zu zeichnen, in denen Costello die Hauptfigur ist, die er »Extralarge« nennt. Maria Martinez (Vivian Ruiz) ist Jacks Sekretärin, Inspektor Sam (Lou Bedford) sein Freund bei der Polizei, mit dem er oft kooperiert.
Zwei Staffeln mit jeweils sechs Folgen liefen sonntags um 20.15 Uhr. Jede Folge hatte Spielfilmlänge. Und hätte Bud Spencer, Star vieler Haudraufkomödien, in der Serie seine Fäuste nicht wenigstens gelegentlich einsetzen dürfen, hätte etwas nicht gestimmt. In Episodenrollen wirkten deutsche Schauspieler wie Friedrich von Thun, Ursula Karven, Vadim Glowna und Günther Maria Halmer als Gaststars mit. Bud Spencers Sohn Giuseppe Pedersoli schrieb an den Drehbüchern mit.

ZWEI TOLLE TYPEN UND EIN TURBO   ZDF
1991. 10-tlg. ital. Abenteuerserie.
Die Trucker Franco (Renato D'Amore), Vanni (Christian Fremond), Giò (Alba Mottura) und Orazio (Philippe Leroy) sind mit ihren Transportaufträgen in der ganzen Welt unterwegs und erleben verschiedene Abenteuer. Die einstündigen Folgen liefen freitags um 17.50 Uhr.

DIE ZWEI VON DER DIENSTSTELLE   ARD
1973. 12-tlg. US-Sitcom von Don Adams (»The Partners«; 1971–1972).
Der Weiße Lennie Crooke (Don Adams) und der Schwarze George Robinson (Rupert Crosse) sind ein Team bei der Kriminalpolizei. Ihr Chef Captain Andrews (John Doucette) mag sie nicht besonders, denn sie sind Trottel und richten nur Chaos an, klären aber irgendwie doch immer den Fall auf. Sergeant Higgenbottom (Dick Van Patten) ist ein hochnäsiger Kollege, Freddie Butler (Robert Karvelas) ein Beknackter, der sofort jedes Verbrechen gesteht, ohne es gewesen zu sein.
Die Don-Adams-Show: Er schrieb die Drehbücher, führte Regie, produzierte und spielte die Hauptrolle. Wie lange er das durchgehalten hätte, blieb ungeklärt, da die Serie nach wenigen Monaten abgesetzt wurde. Die halbstündigen Folgen liefen im regionalen Vorabendprogramm.

DIE ZWEI VON DER TANKSTELLE   ARD
1977. 13-tlg. US-Sitcom von James Komack (»Chico And The Man«; 1974–1978).
Ed Brown (Jack Albertson) ist der Besitzer einer total heruntergewirtschafteten Tankstelle, Chico (Freddie Prinze) sein Tankwart. Die beiden haben einige Probleme miteinander, aber das muss nichts heißen, denn Probleme hat Ed mit allem. Den ganzen Tag beklagt er sich. Natürlich auch über Chico, den er anfangs gern in die Wüste schicken würde. Doch heimlich findet er immer mehr Gefallen an Chicos Bemühungen, den alten Laden in Schwung zu bringen, und vor allem an dem entsprechenden Erfolg. Gelegentlich kommen Müllmann Louie (Scatman Crothers), Briefträgerin Mabel (Bonnie Boland) und Chicos Freund Mando (Isaac Ruiz) vorbei. Die ersten beiden dienstlich, Mando privat, um Chico zu besuchen. Der wohnt nämlich in einem alten Truck in der angrenzenden Garage.
Die 13 halbstündigen Folgen liefen im regionalen Vorabendprogramm, sie stammten im Original aus der ersten Staffel. Die hatte eigentlich bereits 22 Folgen, die gesamte Serie 88. Hauptdarsteller Freddie Prinze, der Vater des späteren Filmstars Freddie Prinze, Jr., war ab Folge 63 nicht mehr dabei. Mitten in der dritten Staffel, im Alter von 22 Jahren, nahm er sich das Leben.
Den Titelsong sang José Feliciano.

ZWEI ZUM VERLIEBEN   SAT.1
2000. 15-tlg. dt. Familienserie von Bernd Fischerauer.
Die beiden Zimmermannsgesellen Moritz Münzer (Tim Bergmann) und Jakob Sonntag (Andreas Nickl) lernen sich in Hamburg kennen. Sie werden Freunde und ziehen fortan gemeinsam durchs Land. Sie halten sich mit Gelegenheitsjobs über Wasser, wohnen immer bei anderen Frauen, mit denen sie oft Affären haben, halten es aber nirgendwo lange aus.
Sat.1 fand die Serie so liebenswert, dass man sie nach Fertigstellung erst vier Jahre gut durchziehen

ließ, um sie dann am undankbaren Sonntagvormittag um 11.00 Uhr zu versenden. Jede Folge war eine Stunde lang.

227 — RTL
1993–1994. 115-tlg. US-Sitcom (»227«; 1985–1990).
Die Serie erzählt Geschichten um die Bewohner eines Mietshauses. Zu ihnen gehören Mary (Marla Gibbs) und Lester Jenkins (Hal Williams) mit Tochter Brenda (Regina King), Vermieterin Rose Lee Holloway (Alaina Reed-Hall) und Tochter Tiffany (Kia Goodwin), Brendas Freund Calvin Dobbs (Curtis Baldwin) und seine Großmutter Pearl Shay (Helen Martin) sowie die männerhungrige Sandra Clark (Jackée Harry). Brendas Lehrer Dylan McMillian (Barry Sobel) zieht später dazu und ist damit der einzige weiße Bewohner des Hauses.
Lief werktags vormittags.

240-ROBERT — RTL
1995. 16-tlg. US-Abenteuerserie von Rick Rosner (»240-Robert«; 1979–1981).
Wer in Los Angeles Glück im Unglück hat, wird von drei jungen Rettungskräften aus seiner Notlage befreit: Theodore »Trap« Roosevelt Applegate (John Bennett Perry) leitet das Team »240-Robert«, zu dem der stämmige Dwayne »Thib« Thibideaux (Mark Harmon), die hübsche Hubschrauberpilotin Morgan Wainwright (Joanna Cassidy) sowie C. B. (Lew Saunders), Roverino (Joe Al Nicassio), Terry (Thomas Babson) und Kestenbaum (Steven Tannen) gehören. In den letzten drei Folgen wird Brett Cueva (Stephan Burns) Traps Partner im geländegängigen Ford Bronco (Kennung: »240-Robert-2«) und Sandy Harper (Pamela Hensley) neue Pilotin im Hubschrauber (»240-Robert-Air«) – von der Originalbesatzung bleibt außer Trap nur Kestenbaum.
Die Serie lief samstags nachmittags.

ZWEIMAL IM LEBEN — SAT.1
2002–2003. 44-tlg. kanad. Fantasyserie von Steve Sohmer (»Twice In A Lifetime«; 1999–2001).
Mr. Jones (Gordie Brown) ist Anwalt für böse, kalte und skrupellose Menschen, die ums Leben gekommen sind. Er führt sie vor den himmlischen Gerichtshof, wo sie trotz ihres Wesens vom Himmelsrichter Othniel (Al Waxman) eine zweite Chance bekommen und zurück ins Leben geschickt werden, auf dass sie sich bessern. Zu Beginn der zweiten Staffel übernimmt Mr. Smith (Paul Popowich) die Aufgaben von Mr. Jones.
Sendetermin war samstags nachmittags.

2000 – DAS QUIZ — RTL
→ 199X – Das Quiz

2000 JAHRE CHRISTENTUM — ARD
1999–2000. 13-tlg. Reportage von Georg Graffe, der untersucht, wie aus dem mittellosen jüdischen Wanderprediger Jesus von Nazareth die zentrale Gestalt einer Weltreligion wurde. Die 45-minütigen Folgen liefen am Sonntagnachmittag.

2000 MALIBU ROAD — RTL
→ 2000 Malibu Road (Two Thousand Malibu Road)

200X! MENSCHEN, BILDER, EMOTIONEN — RTL
→ Menschen, Bilder, Emotionen

DAS ZWEITE GESICHT — ZDF
1991. 6-tlg. brit. Jugendserie nach dem Buch von Peter Dickinson (»The Gift«; 1989).
Der 15-jährige Davy Price (Tat Whalley) hat das Zweite Gesicht: Er kann sehen, was andere denken. Auf diese Weise erkennt er, dass seine Familie in großer Gefahr ist. Jede Folge dauerte 25 Minuten.

DIE ZWEITE HEIMAT — ARTE
1993. 13-tlg. dt. Jugendsaga von Edgar Reitz (Buch und Regie).
Diese Fortsetzung des Erfolgs *Heimat* bildet einen inhaltlichen Einschub. Die Serie behandelt nur zehn Jahre (1960–1970), die in der ersten Serie (die die Jahre 1919 bis 1982 schilderte) weitgehend übersprungen wurden.
Der junge Hermann Simon (Henry Arnold) verlässt nach dem Abitur sein Heimatdorf Schabbach im Hunsrück, um nach München zu gehen und dort zu studieren. Er kommt bei Clemens (Michael Stephan) unter, einem alten Schulfreund aus der Heimat. Hermann freundet sich mit seinen Kommilitonen Juan Ramon Fernandez Subercaseaux (Daniel Smith), der Cellostudentin Clarissa Lichtblau (Salomé Kammer) und der Verlagserbin Evelyne Cerphal (Gisela Müller) an. Die Villa ihrer Tante Elisabeth Cerphal (Hannelore Hoger), der »Fuchsbau«, wird zum Treffpunkt der Clique.
Clarissa und Hermann lieben sich und werden auch musikalisch ein Team. Clarissa gewinnt mit Hermanns Komposition einen Wettbewerb. Dennoch währt ihr Glück nicht lange. Hermann komponiert weiter, gibt Klavierstunden und bereitet sein erstes Konzert vor. Er trifft Waltraud »Schnüsschen« Schneider (Anke Sevenich) wieder, von der er damals in Schabbach seinen ersten Zungenkuss bekommen hat. Im Sommer 1964 heiraten die beiden, im nächsten Jahr kommt Tochter Lulu zur Welt. Der Fuchsbau wird abgerissen. Clarissa absolviert eine erfolgreiche Tournee durch Amerika, gibt das Cellospiel aber danach auf, um mit Volker Schimmelpfennig (Armin Fuchs) eine Familie zu gründen.
Hermann gewinnt einen Musikpreis in Cannes, findet eine Anstellung bei der Produktionsfirma Isar-Film und bekommt von deren Chef Konsul Handschuh (Alexander May) ein eigenes Musikstudio. 1968 zerbricht die Ehe mit Schnüsschen. Auch Clarissa verlässt ihren Mann. Zwei Jahre später bekommt Hermann das Angebot, Handschuhs Filmfirma zu übernehmen. Er kann sich nicht entscheiden, aber auch niemanden fragen. Die Freunde sind in alle

Die zweite Heimat: Hermännchen (Herny Arnold) und Schnüsschen (Anke Sevenich).

Welt verstreut, Juan arbeitet jetzt als Akrobat im Zirkus, Clarissa ist wieder mit einer Frauengruppe auf Tournee. Hermann findet sie, und die beiden verbringen noch einmal eine Nacht miteinander, dann verlässt Clarissa Hermann, der zurück nach Schabbach geht.

Die jeweils rund zweistündigen Folgen wurden ab März 1993 auf arte erstausgestrahlt. Einen Monat später liefen sie in der ARD, verfehlten den Erfolg der Originalserie *Heimat* jedoch bei weitem. Und so weltberühmt, wie Hermännchen in *Heimat* Mitte der 60er-Jahre war, war er in *Die zweite Heimat* merkwürdigerweise nie. Ende 2004 folgte *Heimat 3*.

Die Serie erhielt 1994 den Grimme-Preis.

DER ZWEITE MANN ARD

1964–1967. »Aus der Arbeit eines Hilfssheriffs«. 24-tlg. US-Westernserie (»The Deputy«; 1959–1961).

Marshal Simon Fry (Henry Fonda) sorgt Ende des 19. Jh. in Silver City, Arizona, für Recht und Ordnung. Der Ladenbesitzer Clay McCord (Allen Case), ein überzeugter Pazifist, fungiert als sein Hilfssheriff. Vor allem wenn Fry nicht in der Stadt ist, was regelmäßig vorkommt, jagt McCord gemeinsam mit dem alten Stadtmarshal Herk Lamson (Wallace Ford) die Ganoven. Der Army-Sergeant Hapgood Tasker (Read Morgan) hat ebenfalls ein Büro in der Stadt. Fran (Betty Lou Keim) ist McCords Schwester.

Henry Fonda war zugleich Erzähler der halbstündigen Episoden. Sie liefen mal nachmittags am Wochenende, mal mittwochs am Vorabend. Die Serie hat im Original 76 Folgen.

DIE ZWEITE REPUBLIK ZDF

1974. 4-tlg. dt. Doku-Reihe von Karl-Heinz Janßen und Kurt P. Flaake anlässlich des 25-jährigen Bestehens des Grundgesetzes der Bundesrepublik Deutschland. Die Folgen dauerten 45 Minuten und liefen im Abendprogramm.

ZWICKELBACH & CO. ZDF

1976. »Detektivgeschichten aus Kreiting«. 13-tlg. dt. Krimi-Comedy-Serie von Georg Lohmeier, Regie: Erich Neureuther.

Der Berliner Immanuel Zwickelbach (Karl Lieffen) übernimmt im bayerischen Kreiting die traditionsreiche Familiendetektei, die sein Großvater im vorangegangenen Jahrhundert gegründet hat. Im Dorf ist man der Meinung, man brauche keinen Detektiv, denn es renke sich alles von selbst wieder ein, und was von selbst verborgen bleibe, das gehöre auch verborgen. Dennoch gerät Zwickelbach an einige kuriose Fälle, und wenn er bei der Suche nach der Lösung ins Stocken gerät, kann er auf seinen Nachbarn zählen, den Geiger Martl (Ludwig Schmid-Willy). Der kann zum Glück hellsehen.

Die halbstündigen Folgen liefen mittwochs am Vorabend.

EIN ZWILLING KOMMT SELTEN ALLEIN PRO SIEBEN

2001. 22-tlg. US-Sitcom von Robert Griffard und Howard Adler (»Two Of A Kind«; 1998–1999).

Die elfjährigen Zwillinge Mary-Kate (Mary-Kate Olsen), wild und sportlich, und Ashley Burke (Ashley Olsen), fleißig und allmählich an Jungs interessiert, leben allein bei ihrem verwitweten Vater Kevin (Christopher Sieber). Der ist Universitätsprofessor, und seine Studentin Carrie Moore (Sally Wheeler) ist das Kindermädchen der Zwillinge, das nicht nur den Kindern gefällt.

Die Zwillinge Mary-Kate und Ashley Olson waren

durch die Sitcom *Full House* mit einer Rolle bekannt geworden, in der sie zugleich aufwuchsen. Damals hatten sie sich noch eine Rolle geteilt. Ihre neue Serie lief samstags mittags.

ZWISCHEN 18 UND 20   ARD
1977. 14-tlg. dt. Episodenreihe über junge Leute zwischen 18 und 20, die nach der Schulzeit feststellen, dass das Leben als Erwachsener auch kein Spaß ist. Die halbstündigen Folgen liefen im regionalen Vorabendprogramm.

ZWISCHEN DEN FLÜGEN   ZDF
1973–1974. 13-tlg. dt. Episodenreihe von Horst Pillau mit Geschichten in und um Flughäfen und wechselnden Darstellern, darunter Götz George, Wolfgang Völz, Katrin Schaake, Gerd Baltus, Walter Buschhoff, Heidi Leupolt, Karl-Heinz König und Hellmut Lange.
Die halbstündigen Folgen liefen donnerstags um 18.25 Uhr.

ZWISCHEN DEN ZEILEN   ARD
1953–1955. »Tönende Wochenschau«. Zehnminütige Musik- und Kabaretteinlage mit Gerhard Bronner, der aktuelle Ereignisse kommentiert.

ZWISCHEN FRÜHSTÜCK UND GÄNSEBRATEN   DFF
1957–1991. »Bunter Weihnachtsteller mit viel Musik und Humor«. DDR-Weihnachtsritual mit Margot Ebert und Heinz Quermann.
An jedem ersten Weihnachtstag um 11.00 Uhr morgens standen Ebert und Quermann vor dem Weihnachtsbaum, sagten Schlagerstars an, ließen Märchen vorlesen und Weihnachtslieder singen und gaben den Zuschauern das wohlige Gefühl, dass Weihnachten war und alles wie immer. Immer um kurz vor halb eins sagte Quermann, dass es nun an der Zeit sei, die Kartoffeln aufzusetzen, dann ging die Sendung noch genau 20 Minuten weiter.
Es war die ausdauerndste Unterhaltungssendung im west- und ostdeutschen Fernsehen, und niemand hätte sich mehr gewünscht, dass sie es nicht gewesen wäre, als die beiden Moderatoren. Von ihren frühen Dreißigern bis ins Rentenalter mussten sie einmal im Jahr nebeneinander stehen und diese Matinee veranstalten, obwohl das Verhältnis zwischen beiden schlecht war und nicht besser wurde. Die Schauspielerin und Sängerin Margot Ebert ärgerte sich darüber, dass Quermann die Sendung dominierte, in der sie so gerne noch mehr ihrer vielen Talente gezeigt und nicht nur gesungen und getanzt, sondern auch noch ihre eigenen Gedichte vorgetragen hätte.
In der 20. Ausgabe kündigte Quermann an, dass dies sein letzter »Gänsebraten« sei – und musste auf ausdrücklichen Wunsch der Parteispitze weitermachen, die darin ausnahmsweise mit dem Fernsehpublikum einig war. Zehn Jahre später hörte Ebert auf – und ließ sich im nächsten Jahr von den Zuschauern zur Rückkehr überreden.

Anfangs wurde die Show live aus dem Berliner Friedrichstadtpalast gesendet, in späteren Jahren als Aufzeichnung. 1990 wurde der »Gänsebraten« einmalig zum gesamtdeutschen Ritual und war auch in der ARD zu sehen.

ZWISCHEN GESTERN UND MORGEN   ARD
→ Wort zum Sonntag

ZWISCHEN GESTERN UND MORGEN   ZDF
1970. 13-tlg. Doku-Reihe über japanische Frauen, von der Perlentaucherin bis zur Managerin. Im Mittelpunkt stand die Angleichung der japanischen Lebensverhältnisse an Europa und Amerika.
Die halbstündigen Folgen liefen dienstags um 17.35 Uhr.

ZWISCHEN GESTERN UND MORGEN   SWR
1997–1998. Samstagabendquiz zum Zeitgeschehen mit Hans-Joachim Kulenkampff.
»Quizkussion« nannte Kuli das Konzept, weil er nicht nur reines Fachwissen abfragte, sondern auch Zusammenhänge erörterte. Eine schöne Gelegenheit zum langen Lamentieren. Schon zur Premiere zelebrierte Kuli die Langsamkeit und ließ keinen Zweifel an seiner Absicht, die Sendezeit zu überziehen. Die »90-minütige« Sendung dauerte an diesem Abend zwei Stunden und sechs Minuten. Sie lief zeitgleich in drei weiteren Dritten Programmen und erreichte insgesamt 2,47 Millionen Zuschauer.
Die Quoten der weiteren Sendungen waren selbst an den Maßstäben der Dritten Programme gemessen nicht hoch genug, um die Show lange überleben zu lassen. Als die anderen Dritten Programme ausstiegen, stellte der Süddeutsche Rundfunk die Produktion nach drei Ausgaben ein. Sie liefen um 20.15 Uhr und trugen den Titel *Zwischen gestern und morgen* vermutlich deshalb, weil die konkretere Bezeichnung *heute* bereits vom ZDF belegt war. Kuli selbst nannte die Sendung ohnehin »Immer wenn der Gruftie kommt«. Es wurde seine letzte Fernsehsendung.

ZWISCHEN HIMMEL UND ERDE   SAT.1
1993. Bergsteigerreihe mit Reinhold Messner am Sonntagmittag.

ZWISCHEN SONNE UND PAZIFIK   PRO SIEBEN
1990–1991. 26-tlg. austral. Abenteuerserie von James Davern (»Patrol Boat«; 1979–1983).
Auf dem Patrouillenboot »Ambush« der australischen Navy arbeiten Kommandant Lieutenant Keating (Andrew McFarlane) und sein Stellvertreter Lieutenant Fisher (Robert Coleby). Sie verfolgen Drogendealer, helfen Flüchtlingen, räumen gefährliche Minen aus dem Weg und kümmern sich um diverse private Probleme. In der zweiten Staffel wird die »Ambush« ausgemustert, und Keating und Fisher ziehen mit neuer Crew auf das größere Patrouillenboot »Defiance«.
Die Serie entstand in Zusammenarbeit mit der Royal

Australian Navy. Die einstündigen Folgen liefen samstags nachmittags.

ZWISCHEN TÜR UND ANGEL PRO SIEBEN
1998. 9-tlg. US-Sitcom von Amy Sherman-Palladino (»Love And Marriage«; 1996).
April (Patricia Healy) und Jack Nardini (Anthony John Denison) kennen sich schon seit der Highschool und sind auch nach 17 Jahren Ehe noch quasi frisch verliebt. Weil sie nachts und er tagsüber arbeitet, sehen sie sich kaum. Christopher (Adam Zolotin), Gemmy (Alicia Bergman) und Michael (Erik Palladino) sind ihre Kinder.
In den USA floppte die Serie und wurde nach nur zwei Folgen abgesetzt. Diese und die bereits gedrehten anderen sieben liefen bei uns montags nach Mitternacht. Größeren Erfolg hatte die Serienerfinderin einige Jahre später mit *Gilmore Girls*.

ZWISCHENMAHLZEIT ARD
1963–1983. »Heiteres Unterhaltungsmenü von Hans Hubberten, serviert von Gisela Schlüter«. Comedy-Variety-Show, in der Gisela Schlüter schneller spricht als ihr Schatten.
Gemeinsam mit prominenten Gästen aus Musik und Show singt sie, tanzt und spielt Sketche und Parodien. Ferner tanzt das Hamburger Fernsehballett, und es musiziert das Tanz- und Unterhaltungsorchester des NDR. Häufiger Sketchpartner ist Mircea Krishan.
Wegen des nie versiegenden Wortschwalls – gezählt wurden bis zu 482 Silben pro Minute – erhielt Schlüter den Spitznamen Lady Schnatterly. Das Sprechtempo hatte den Vorteil, dass auch schwache Pointen kaum auffielen. Dass die Stargäste neben ihr nicht blass aussahen, lag vor allem daran, dass sie sich oft in ungewöhnliche und auffallende Kostüme warfen: Heino trat als Showtänzer auf, Dieter Kronzucker als Louis Armstrong, Jürgen Marcus als Amanda Lear und Udo Lindenberg als Marlene Dietrich. Selbst Wim Thoelke wirkte wie ein Spaßbolzen. In *Zwischenmahlzeit* hatten 1980 Paola und Kurt Felix ihren ersten gemeinsamen Fernsehauftritt.
Die Show lief in unregelmäßigen Abständen mit hervorragenden Einschaltquoten im Nachmittagsprogramm und brachte es auf 35 Ausgaben. Regisseur war Ekkehard Böhmer. Der Autor Hans Hubberten, der alle Texte schrieb, war der Lebensgefährte von Gisela Schlüter.

Ausschnitte aus der Sendung wiederholte der NDR unter dem Titel »Zwischenmahlzeit – Extrahappen«.

ZWISCHENSTATION ARD
1966–1968. Porträtreihe.
Gastgeber Henno Lohmeyer interviewt Stars, stellt harmlose Fragen und präsentiert sie von einer unbekannten Seite: Peter Alexander als Jazzpianisten, Hans-Joachim Kulenkampff in einem Sketch mit seiner Frau, Johannes Heesters als klassischen Opernsänger. Die Folgen dauerten eine Stunde.

ZWISCHENSTATIONEN ZDF
1974. 5-tlg. dt. Fernsehspielreihe der katholischen Redaktion Kirche und Leben. Sie greift in abgeschlossenen Episoden Konfliktsituationen auf, in denen sich Menschen vor tief greifende persönliche Entscheidungen gestellt sehen. Es geht um Krankheiten, Sucht, Gewalt und Verzweiflung.
Die 45-Minuten-Folgen liefen alle vier Wochen montags um 19.30 Uhr. Wechselnde Darsteller spielten die Hauptrollen.

ZWISCHENSTOPP ZDF
2000. »... bei Steinbrecher«. Halbstündige Interviewreihe vom Frankfurter Flughafen. Dort war extra ein Fertighaus aus Glas errichtet worden, in das prominente Gäste mit einem schwarz-gelb karierten »Follow-me«-Wagen gebracht wurden, um bei Michael Steinbrecher einen Zwischenstopp einzulegen. Die müden Gespräche wurden durch einen gemeinsamen Gang durch die Wartehalle und andere Aktionen rund um den Flughafen unterbrochen. Zu einem Erfolg machten sie die Sendung trotzdem nicht.
Die Aufzeichnungen liefen am späten Freitagabend.

DIE ZWÖLF RTL
1985–1987. Einstündige Musikshow. Internationale Zuschauerhitparade mit Metty Krings. Lief sonntags nachmittags.

12.30 RTL
1992. Halbstündiges Mittagsjournal mit Milena Preradovic, das werktags um 12.30 Uhr lief, nach kurzer Zeit eine halbe Stunde vorverlegt und in *Punkt 12* (siehe dort) umbenannt wurde.

Personenregister

A
A'Hern, Basia 665
Aaberg, Linus 341
Aaker, Lee 989
Aames, Willie 1070
Abatantuono, Diego 346, 443
Abatemarco, Frank 653
Abay, Michaela 509
Abbott, Bruce 1294
    Philip 375
Abd el Farrag, Nadja 116, 909
Abdallah, Aiman 434, 483, 1208
Abdoo, Rose 619
Abdul, Paula 1232
Abe, Takeshi 117
Abel, Heidi 1237
    Inga 720, 1079
Abell, Tim 1037
Abellira, Remi 150
Abercrombie, Ian 157
Aberle, Elke 779, 1163
Abernathy, John 996
Abesser, Doris 457
Abgottspon, Franziskus 701
Abineri, Daniel 1016
    John 707, 996
    Sebastian 388
Abraham, Beate 418
    Cyril 887
Abrahams, Jim 848
    Jon 175
Abrams, Ian 53
    J. J. 46, 376, 731
Abreu, Claudia 704
Abrhám, Josef 545, 680
Abt, Katharina 43, 90, 327, 480, 685
Abud, Liliana 1350
Achorn, John 113
Acierto, Tony 548
Ackerman, Andy 595
    Harry 1202
Ackermann, Heide 800
    Lutz 345
Ackland, Oliver 893
Ackroyd, David 239, 977
Acktun, Gerhard 70, 986, 1047
Ackva, Wolf 459, 1078
Acosta, Julian 616
Acovone, Jay 1056
Acri, Star 778
Adair, Deborah 31
Adam, Beles 49, 128
    Dietrich 906, 1061
    Peter 104, 1284
Adamira, Jiří 114, 545
Adamo, 837
Adamopoulou, Domna 720
Adamová, Jaroslava 545

Adams, Don 773, 798, 799, 1401, 1410
    Douglas 910
    Jason 1280
    Jimmy 1281
    John Quincy 1394
    Julie 49
    Mary Kay 110
    Mason 664, 732
    Maud 211, 331
    Tom 865, 887
Adams, John 1394
Adamson, Ed 730
    Joy 413
Addams, Charles 27
    Dawn 18
Addie, Robert 996
Addison, Nancy 398
Adebisi, Mola 646
Adelhütte, Norman 435
Adell, Sophie 137
Adenauer, Konrad 133, 1065, 1264, 1402
Ader, Tammy 1167
Adler, Dieter 1139
    Howard 1412
    Jerry 199, 963, 1334
    Peter 1008
Adlhoch, Judith 351, 1309
Adolph, Alexander 1273
    Gerhard 740
Adorf, Mario 18, 29, 53, 95, 487, 533, 652, 657, 800, 921, 922, 945, 1037, 1091, 1153, 1238
    Stella 879
Adrion, Alexander 1125
Adu-Gyamfyi, Joana 64
Aegerter, Mia 177
Aenecke, Susanne 333
Affleck, Ben 97
Agacinski, Sophie 574
Agena, Keiko 463
Aghte, Arend 176
Agischewa, Marijam 291, 368, 416, 534, 1237, 1298
Agostini, Philippe 1038
Agterberg, Toon 686
Agthe, Arend 400, 1369
Aguilera, Christina 278
Agustí, Ignacio 215
Ahlborn, Hans 677
Ahlsen, Leopold 214, 790, 1305, 1314, 1348
Ahlstedt, Börje 1001
Ahn, Philip 686
Ahna, Kerstin de 386
Ahnemann, Michael 591
Ahnert, Gerlind 876
Ahren, Barbara Magdalena 218, 564
Ahrens, Klaus 883
    Mariella 312, 571, 580, 888, 1022, 1111, 1337

Thomas 187, 269, 630
Ahrlé, Ferry 434
Aicher, Otl 106
Aichner, Carola 1123
Aidman, Charles 1293
Aiello, Danny 82, 692, 707
    Rick 82
Aigner, Thomas 247, 855, 1189
    Thommy 562
Aird, Holly 693, 783
Aitkens, Michael 1193
Aitkins, Michael 1317
Ajatollah Khomeini, 1018
Akahoshi, Steve 890
Akayama, Dennis 640
Akbar, Atossa 876
Akhavan, Navid 675
Akin, Fatih 655
    Philip 549, 682
Akins, Claude 11, 160, 1087
Akkus, Sinan 1167
Alan-Williams, Gregory 123, 124
Alane, Bernard 319
Alarcon, Hugo 757
Alari, Nadine 280
Alazraqui, Carlos 981
Alba, Jessica 244, 395
Albano, Lou 1173
Albarino, Richard 950
Albaum, Lars 508, 1236
Albers, Hans 1081, 1158
Albert, Eddie 883, 1408
    Edward 631
    Prinz von Monaco 700
Alberti, Max 292
Albertson, Jack 931, 958, 1410
Albertz, Heinrich 260, 1367
Albinus, Jens 28
Albrecht, Artur 81
    Wilfried 725
Albright, Lola 912
Albus, Michael 648
Alcazar, Julio 824
Alcock, Frances 243
Alda, Alan 767
Alden, Norman 374
Alder, Steve 658
Alderton, John 521
Aldini, Edmonda 704
Aldridge, James 1313
    Kitty 900
    Michael 243, 675, 713
Aldrin, Buzz 229
Aldwinckle, Thomas 1367
Aleramo, Sibilla 1253
Alers, Christian 410, 744
Ales, John 143, 599
Alessi, Ottavio 215
Alex, Hildegard 458
Alexander, Arno 686, 887
    Ben 439

Elizabeth 473, 1093, 1218
Erika 154, 725
Jason 305, 1077
Khandi 233, 861
Peter 837, 912, 1356, 1414
Robert 987
Sarah 229
Sasha 852
Spike 467
Tatjana 1167
Terence 613
Wayne 110
Alexandra, Danielle 1283
Alexandrov, Dmitry 616
Alexis, Alexandra 48
    Willibald 381
Alfonso, Kristian 359
    Maria 282
Alfonzó 1156
Alfredson, Thomas 137
Algora, Francisco 235
Ali, Mahershalalhashbaz 232
    Tatyana, M. 944
Alice, Mary 222
Alich, Norbert 133
Alicia, Ana 358
Alida 148
Alimonta, Helmut 403
Aliprandi, Marcello 558
Aljinovic, Boris 662, 1197
Aljukic, Erwin 763, 764
Alkema, Inge 686
Alker, Armin 877
Allain, Marcel 372
Allan, Jed 194
Allaoui, Karim 480
Allard, Jean-François 15
    Tom 579
Alldredge, Michael 1293
Allégret, Catherine 671, 846
    Yves 891
Allen, Chad 210, 290, 1260
    Chet 579
    Debbie 364, 1059
    Fiona 1109
    Irwin 802, 924, 1218, 1294
    Jay Presson 71
    Jed 697
    Jim 1182
    Jonelle 895
    Kevin 591
    Patrick 13, 1111
    Phillip R. 117
    Raymond 779
    Rex 484
    Rosalind 1072
    Sheila 887
    Stuart 68, 753
    Tim 307, 563
Allende, Fernando 389
    Isabelle 1352
Allerson, Alexander 1066

Personenregister

Alley, Kirstie 209, 355, 707, 889, 1291
Allingham, Margery 258
Allison, Gary 65
Allouf, Bernard 264
Allred, Corbin 1200
Allwin, Pernilla 371
Almgren, Susan 698
Almqvist, Bertil 1156
Almsick, Franziska van 409
Aloni, Itzig 609
Alow, Alexander 398, 1251
Alpha, Jenny 473
Alpi, Roberto 46
Alric, Catherine 389
Alsmann, Götz 107, 480, 490, 881, 1393
Alsterlund, Liv 744
Alston, Hakim 996
Alt, Carol 70, 412, 1214, 1270
 Franz 414, 426, 674, 982
 Günter 1388
Altay, Derin 342
Alten, Jürgen von 1264
Altenbach, Stefan 1101
Altenstadt, Nika von 720
Althammer, Georg 362, 1382
Althen, Adolf 928
Altman, Bruce 436
 Jeff 506
 Mark 767
 Robert 496, 767
Altmann, Michael 76
Altrichter, Dagmar 695, 1051, 1404
Altschul, Susanne 1126
Altweger, Susanne 861
Alvarez, Isaac 130
Álvarez, Rafael 1022
Alvés, Luis Fernando 726
Alvina, Anicée 1303
Alwasiak, Monika 1349
Alzado, Lyle 990
Amado, Jorge 539
 Marijke 70, 167, 799, 1174, 1274, 1372
Amadou, Jean 95, 728
Amandes, Tom 349, 1254
Amann, Dorit 89
Amaral, Bob 825
Amard, Daniel 744
Amato, Lorenzo 73, 1296
Amberger, Günther 335
Ambesser, Axel von 140, 717, 1153
Ambler, Eric 208
Ambrock, Walter 575
Ambros, Otto 1225
Ambrose, David 410
 Joan 359
 Lauren 1105
 Stephen 114, 115
Ambs, Monica 1118
Amendola, Claudio 248, 850
 Ferruccio 871
Amendolia, Ron 751
Amenta, Pino 998
Ames, Ed 244
 Leon 803

Trey 443, 1043
Amici, Edmondo de 234, 762
Amick, Madchen 203, 372, 445
Aminati, Daniel 65, 125
Amini, Alex 1180
Amiredschibi, Tschabua 248
Amiri, Mary 1365
Amm, Claudia 1000
Ammann, Lukas 363, 397, 484, 1398
Amoa, Kena 207, 465, 727
Amodeo, Luigi 548
Amor, Christine 200
Amos, John 279, 880, 1001
Amper, Quirin jun. 1281, 1338
Amritraj, Vijay 308
Amundsen, Roald 336, 1341
Anbermann, Gerd 558
Andas, Tamzen 1382
Ande, Michael 66, 423, 939, 979, 1039, 1040
Ander, Bernd 591
Andere, Chantal 765
Anderman, Maureen 1063
Anders, Birgit 1178
 Christian 1385
 Helga 190, 378, 401, 921, 939, 1275
 Sara 906
 Thomas 139, 670, 1245
Andersen, Elga 343
 Hans Christian 923
 Helmut 578, 622
 Inge 382
Anderson, Andy 169
 Barbara 209, 666
 Brooke Mikey 95
 Daryl 732
 Erich 139
 G. G. 840
 Gerry 642, 815, 1126, 1214, 1250
 Gillian 33, 432
 Harry 517, 582
 Herbert 253
 Jane 800
 Jo 1056, 1165
 John 1326
 Kevin 436
 Leroy 190
 Lisa Arrindell 1059
 Loni 203, 270, 506
 Melissa Sue 1265
 Melody 360
 Michael Jr. 819
 Mitchell 284
 Pamela 122, 123, 563, 1302
 Pamela Denise
 → Anderson, Pamela
 Richard 243, 254, 811, 1073, 1074, 1093
 Richard Dean 331, 453, 739, 1150
 Robert 707
 Sam 486
 Stanley 244

 Sylvia 742, 815, 1214, 1250
 Warner 1192
Anderson-Gunter, Jeffrey 373, 1334
Andersson, Bibi 1179
 Brigitta 744
 Kaj 649
 Martin 137, 731
Andert, Ludwig 458
Andics, Hellmut 990
 Helmut 1364
Andorfer, Josef 1027
Andrack, Manuel 513, 514
Andrada, Marliece 123
Andrae, Manfred 329
 Sebastian 1103
Andre, Annette 964, 1332
André, Carole 1032
 Hella 438
Andréani, Jean-Pierre 415
Andrée, Salomin 559
Andréi, Yannick 13, 243, 1287
Andréj, Frédéric 1270
 Yannick 1270
Andréota, Paul 671, 744
Andres, Jan 699, 1061
Andress, Herb 56, 494
Andrews, Anthony 81, 949, 1348
 David 690, 954
 Giuseppe 864, 1239
 Naveen 731
 Real 1037
 Tige 641, 1246
Andrieu, Michel 781
Andrlová, Ivana 316, 392, 545
Androsky, Carol 266
Andújar, Manuel 1022
Angarano, Michael 1352
Angel, Jonathan 194
 Simone 776, 937
Angelheart, Christine 535
Angelis, Guido de 215, 425
 Italo de 1404
 Maurizio de 215, 425
Angell, Barbara 442
 David 410, 411, 1250
Angelo, Nino de 138, 994
Anger, Jérôme 624
Angerer, Kathrin 659
Angermann, Gerd 213, 340
 Klaus 918, 1138
 Ulrike 727, 918
Anglim, Philip 286
Angres, Volker 924, 1388
Angrisano, Franco 522
Anhalt, Prinz Eduard von 27
Anholt, Christien 979
 Tony 641, 702, 815
Anhorn, Konrad 701
Aniston, Jennifer 382, 418
Anka, Paul 317, 1129
Annan, Kofi 1022
Anner, Tobias 581
Annett, Chloe 231
Annis, Francesca 258, 574, 625

Ansara, Michael 1306
Anselm, Karin 119, 167, 681, 744, 1158, 1195, 1345
Anspach, Susan 631, 1126
Antel, Franz 63
Anthoff, Gerd 185, 621, 734, 1273, 1405
Antholis, Kary 229
Anthony, Gerald 631
 Ray 912
Antoiadis, Alexander 727
Antoine, Jean 118
Anton, Karl 1109
 Susan 122
Antonelli, Laura 465
Antoni, Carmen-Maja 691, 1002
 Jennipher 81, 97
Antonio, Jim 60
 Lou 1152
Antoszkiewicz, Zuzanna 743
Antrak, Gunter 1027, 1028
Antwerpes, Franz-Josef 70
 Michael 1026, 1138
Anwander, Norbert 947
Anwar, Gabrielle 444
 Minar 591
Anzenhofer, Thomas 219, 701
Aoi, Teruhiko 975
Aoyama, Gosho 259
Apatow, Judd 71
Apfl-Nussbaumer, Rupert 1050
Appel, Reinhard 172, 188, 621, 976
Appelt, Ingo 589, 957, 1012, 1094, 1291
Appleby, Shiri 664, 1006
Applegate, Christina 258, 609, 610, 1057
 Royce D. 1072
Aprea, John 770
Aquilon, Raymond 932
Aquino, Amy 599, 919
Arad, Avi 840
Arafat, Jassir 1352
Araghi, Verena 909
Arango, Sascha 167
Aranha, Ray 529, 894
Araruna, Baron von 1103
Arbenz Guzmán, Jacobo 495
Arbessier, Lois 180
Arbuckle, Fatty 653, 1024, 1281
Arcand, Gabriel 1074
Arcel, Nastja Maria 28
Ard, Leo P. 113, 253, 1199, 1381
Ardant, Fanny 243, 349, 489
Arden, Jann 249
 Robert 1080
Arenberg, Lee 26
Arendt, Ernst 1216
 Hannah 1402
Arens, Peter 28, 744
Arent, Eddi 312, 343, 483, 515, 892
Aretin, Annette von 536, 1317, 1322, 1371

Karl Otmar von 1355
Arfert, Klaus-Henning 545
Argenziano, Carmen 173, 1151
Ariel, Claude 1038
 Pete 1409
Arikan, Jale 1248
Ark, Joan Van 239, 240, 1270
Arkadie, Kevin 860
Arkin, Adam 210, 1043
 Alan 937
 David 1366
Arkona, Malte 1217
Arlin, Georg 181
Arliss, Ralph 713
Armand, Jacques 1287
Armenante, Jillian 428
Armendariz, Pedro 1240
Armiger, Martin 1177
Armitage, Alison 21
Armknecht, Martin 304, 720, 821, 1030
Armontel, Roland 1225
Armour, Annabel 370
Armstrong, Alun 753, 1158
 Bess 1353
 Beth 894
 Brittany 220
 Kerry 877
 Louis 1414
 Moira 1208
 R. G. 1211
 Valorie 1298
Arnál, Michael 285, 730, 985
Arnaz, Desi Jr. 107
Arndt, Adelheid 741, 1095
 Denis 80
 Friedrich 638, 705
 Jeanette 1141
 Rolf 245
 Sabine 1034
Arndt, Anni 518
Arnedo, Maite 791
Arnell, Jonas 547
 Lisen 309
Arner, Gwen 587
Arness, James 969
Arnette, Jeannetta 436
Arngrim, Alison 1265
 Stefan 924
Arnhold, Caspar 532
 Ellen 1184
Arnold, Astrid 326
 Berrit 1293
 Christof 355, 1374
 Claudia 710
 Danny 1358
 Frank 51, 1141
 Henry 532, 751, 1411
 Jack 583
 Liselotte 1117
 Martin 1066
 Monty 225, 1206
 Roseanne 21, 1003, 1004
 Sean 613
 Tom 1004
 Victor 345
Arnott, David 920

Arnstedt, Andreas 398, 549, 688, 1255
Arnz, Alexander 46, 1093, 1205
Aronsohn, Lee 777
Arpagaus, Stefan 528
Arps, Wolfgang 558
Arquette, David 330
Arroyave, Karina 1246
Arsenijevic, Drago 342
Arthur, Beatrice »Bea« 70, 228, 474, 475
 Donald 483, 1125
 Maureen 333
 Rebecca 486
Arvaneh, Giovanni 763, 1143
Arvigo, Elena 587
Arzenbacher, Anne 1115
Arzt, Volker 17, 24, 667, 852, 959, 1200, 1253, 1271, 1328, 1330
Asad, Kourosh 973
Asadolahzadeh, Jacqueline 134
Asam, Werner 48, 131, 529, 797, 800, 1348
Asaskey, Joe 781
Asberg, Kim 649
Ascher, Angela 189
Ascot-Mirande, Pierre 415
Ashbrook, Dana 445
 Daphne 1287
Ashby, Andrew 447
 Linden 786
Ashcroft, Peggy 165, 627
Ashford, Michelle 860
Ashkenasi, Danny 1007
Ashley, Bernard 1269
 Elizabeth 237
 Helmut 871, 1119,1240
 John 1305
 Karan 940
Ashmore, Frank 1279
Ashton, John 515
 Joseph 689
 Richard 996
Askey, Arthur 812
Askin, Leon 629
Aslan, Elisabeth 797
 Grégoire 415
Asmodi, Herbert 326, 411, 676, 1008, 1307
Asmus, Rudolf 1141
Asmussen, Fips 514, 1175
Asner, Edward 362, 732, 880, 977, 1001, 1144
Aspen, Jennifer 902
Aspinall, Tim 715
Aspis, Steven 406
Assang, George 119
Assante, Armand 741
Assia, Lys 348
Assmann, Arno 121, 605, 1009, 1154
 Hans-Jörg 97
Astaire, Fred 575
Astan, Thomas 646, 1075, 1199, 1240
Asten, Djune-Ann van 396

Astin, John 12, 27, 889
Asül, Django 844
Asumang, Mo 713
Atalay, Erdogan 40, 41
Atherden, Geoffrey 841
Atkin, Harvey 193
Atkine, Fédor 280, 287
Atkins, Eileen 521
Atkins, Essence 750
 Tom 1081
Atkinson, Jayne 330, 1043
 Molly 303
 Nick 137
 Rowan 161, 174, 591, 829, 830, 1009, 1369
Attanasio, Paul 561
Atterton, Edward 300
Attridge, Steve 746, 856
Atwater, Edith 641, 1202
Atwell, Susann 76, 216, 772, 1029, 1124
Atzorn, Robert 29, 36, 469, 633, 879, 880, 884, 917, 1147, 1197, 1261
Au, Michael von 378, 1030
Auberjonois, Rene 131, 1149
Aubry, Cécile 129, 130, 444, 550, 609, 936, 1348
Aubuchon, Jacques 900
Audreson, Michael 1075
Audry, Jacqueline 489, 687
Auer, Barbara 806
 Petra 913, 1400
Auermann, Nadja 126
Auger, Claudine 478, 1025, 1304
Augstein, Rudolf 593, 1122, 1398
August, Amadeus 485, 769, 958
Augustin, Dieter 604, 661
 Gerd 125
 Heiko 578
Augustinski, Peer 24, 112, 163, 225, 247, 314, 344, 385, 458, 464, 661, 662, 716, 755, 1000, 1176
Augustus, Sherman 615
Aulisio, Curnal 1333
Aulmann, Sabine 1012
Aumont, Michel 484
Aust, Stefan 354, 422, 898, 1132, 1188, 1313
Auteuil, Daniel 980
Austin, Alana 1407
 Jeremy 1304
Autry, Alan 586
 Gene 1338
Avedikian, Serge 976
Avedon, Barbara 193
Avellano, Helena 800
Avenarius, Rainer 634
Averback, Hy 811, 908
Avery, James 944, 1127
 Tex 780, 1069, 1210
 Vicci 1382
Ay, Ihsan 918
Aycard, Albert 379
Ayer, Lew 632
Aykroyd, Dan 809, 952, 1013

Ayler, Ethel 154
Aylesworth, Reiko 233
Aylward, John 331
Ayres, Lew 288
 Robert 140
Azaria, Hank 1300
Aziza, A. 288
Azizi, Nina 1143, 1167
Aznavour, Charles 834

B
Baal, Karin 68, 343, 601, 1043, 1331
Baas, Balduin 1062
Baasner, Wilfried 337, 873, 1111
Babcock, Barbara 290, 946
Babe, Fabienne 1170
Babson, Thomas 1411
Bach, Catherine 305, 551
 Dieter 51, 553, 1144
 Dirk 275, 276, 537, 559, 571, 635, 656, 691, 737, 738, 752, 980, 1083, 1169, 1178
 Jillian 1239
 John 376, 447
 Pamela 123
 Patrick 77, 119, 584, 599, 600, 699, 862, 1097, 1098, 1162, 1310
 Sabine 216, 1112
 Vivi 635, 736, 737, 837, 1054, 1370
Bacher, Hans 45
Bachert, Kathrin 1142
Bachmair, Dominik 73, 160, 1029, 1181
Bachmann, Maria 1115, 1118, 1301
Bachofner, Wolf 672
Bachschmidt, Christiane 363
 Fritz 522, 720, 871, 1274
Back, Wolfgang 226
Backer, Kristiane 177, 915
Backes, Wieland 95, 349, 452, 574, 1126
Backhaus, Anja 1215
Backus, Jim 463
Bacon, Michael Calvoin 1309
Bacqué, Jean 1038
Bács, Zsolt 494
Badalamenti, Angelo 446
Badalucco, Michael 940
Baddeley, Angela 521
 Hermione 539
Bade, Thomas 847
Bademsoy, Tayfun 1152, 1409
Baden-Semper, Nina 650
Bader, Diedrich 244, 1360
Badgley, Penn 280
Badler, Jane 550, 588, 1279
Baecker, Werner 860, 898, 1237
Baer, Frank 744, 745
 Harry 119
Baerhold, Rosemarie 1215
Baeßler, Leonie Benice 1258

1418 Personenregister

Baez, Herbie 127
　Joan 1352
Baffoe, Elizabeth 720
　Rosalind 312
Bagetta, Vincent 211
Bagni, Gwen 1326
Bagnold, Enid 1301
Bagusat, Nina 1282
Bahadir, Ilknur 934
Bahdaj, Adam 687
Bahls, Karl-Heinz 743
Bähnk, Ulrich 303, 751, 986
Bähr, Gustav Adolf 795
Bahr, Marco 1357
　Rüdiger 299, 726, 823, 1064, 1065, 1407
Bahro, Wolfgang 308, 498
Baier, Anka 412, 1215
　Bernhard 1393
　Florian 854
　Jo 691
　Michael 27, 55, 174, 180, 303, 318, 337, 416, 430, 468, 674, 805, 1030, 1252
Baier-Post, Eva 430, 863
Baigent, Harold 1065
Bailey, Gillian 763
Bain, Barbara 666, 815, 987
Baio, Jimmy 104
　Scott 265, 341, 512
Baird, Jimmy 431
　Sharon 579
Bairstow, Scott 1303
Baisch, Roland 225, 979
Bajani, Vijak 1083
Bajo, Joey 1337
Bajohr, Lutz 1269
Baker, Blanche 560
　Colin 292, 682
　David 214
　Dylan 860
　Elliot 27
　George 572, 592
　Jim 301
　Joe Don 70, 587, 1041
　Jordan 1225
　Kathy 919
　Kirsten 805
　Philip 445
　Ray 544, 1173, 1176
　Raymond 1273
　Robert S. 1403
　Roy Ward 693
　Samuel 1171
　Shaun 515, 1302
　Simon 496
　Stanley 891, 1112
Bakhle, Emma 668
Bakke, Brenda 71
Bakos, Thomas 709
Bakrawi, Janus 28
Bakula, Scott 336, 595, 1073, 1403
Balajka, Miroslav 920
Balard, Jean-Claude 448
Balcer, Rene 231
Balder, Hugo Egon 57, 84, 302, 373, 414, 453, 512, 554, 1013, 1014, 1149,
1190, 1202, 1242, 1309, 1324, 1360
Baldursson, Selma 720
Baldus, Ernst 1254
Baldwin, Adam 229, 1303
　Alec 1210
　Curtis 1411
　Daniel 561
　Gardner 1309
　Joseph 221
　Judith 977
　Stephen 1377
Balenotti, Roberto 215
Balhan, Dilan Sina 559
Balk, Cathryn 800
　Heinz 638
Balkan, David H. 457
Balkhausen, Dieter 426, 677
Ball, Alan 1105
　John 587
　Lucille 562
　Vincent 601
Ball, Lucille 562
Ballantyne, Elspeth 1313
Ballard, Alimi 245, 874, 1024
　Kaye 370
Ballerstaller, Josef 1304
Ballestri, Andrea 921
Ballhaus, Michael 1381
Balling, Erik 709, 879
Ballingall, Sara 251
Ballmann, Herbert 193, 217, 303, 360, 364, 525, 527, 558, 757, 1075, 1154, 1400
　Rolf 776
Ballschuh, Andrea 1235, 1305
Balmer, Jean-François 410
Balogh, Julia 1281
Baloh, Mihael 886
Balsam, Talia 689
Balser, Evelyn 785
Baltauss, Christian 19
Balthazar, Luise 1124
Balthoff, Alfred 520
Baltus, Gerd 122, 214, 602, 611, 704, 710, 728, 806, 823, 951, 1091, 1209, 1261, 1317, 1382, 1409, 1413
Baltz, Kirk 767
　Theo 422, 1023
Balutin, Jacques 13
Balzac, Honoré de 489
Balzerová, Eliška 680
Bamber, David 100
Bana, Eric 567
Banas, John 333
Bancroft, Anne 610
　Bob 210
　Cameron 221, 229
Bandera, Manuel 734, 1334
　Vaitiare 1150
Banderas, Antonio 1276
Banes, Lisa 362, 537
Bánffy, György 89
Banfield, Bever-Leigh 189
Bangert, Johnny 763
　Kristina 623
Bangs, Alan 836, 881, 998, 999
Bankhofer, Hademar jun. 497
Banks, Emily 736
　Joan 1176
　Jonathan 631
　Morwenna 1369
Banner, John 211, 629
Bannert, Walter 121, 1405
Bannon, Jack 732
　Jim 296
Bantzer, Christoph 411, 829
Baquet, Grégori 293
Bar, Erich 929, 1078
Bär, Dietmar 90, 162, 670, 1197
　Rainer 1262
Bara, Fausto 374
Baranski, Christine 235
Barbareschi, Luca 1408
Barber, Andrea 424
　Glynis 252
Barbera, Hanna 371, 384
　Joseph 93, 365, 509, 559, 566, 610, 1226, 1276, 1311
Barbier, Christian 468, 759
　Elisabeth 624
Barbu, Marga 529, 743
Barbulée, Madeleine 899
Barcroft, Roy 1136
Barde, Marianne de 1104
Bardem, Juan Antonio 447
　Rafael 447
Bardili, Werner 378
Bardolph, Dana 193
Bardot, Brigitte 1092
Bareham, Adam 1258
Barel, Inka Victoria 506
Baresch, Pia 1115
Barge, Paul 289, 647, 1121
Bärhold, Rosemarie 31
Barillé, Albert 344
Barjavel, René 489
Barjon, Lucien 1289
Bark, Yvonne De 827
Barker, Lex 635, 1191
　Wesley 127
Barkham, Don 99
Barkworth, Peter 96, 106, 943
Barlog, Boleslaw 411
Barma, Claude 130, 217, 245, 891, 932
Barmeyer, Eike 887
Barnard, Christian 1398
Barnato, Barney 118
Barner, Klaus 400, 478, 918, 1064, 1240, 1304
　Nora 478
Barnes, C. B. 757
　Chris 55
　Joanna 124
　Michael 949
　Priscilla 542
Barney, Jean 533
Barr, Douglas 223
　Roseanne → Arnold, Roseanne
Barrat, Robert 1338
Barrault, Marie-Christine 590
Barrett, James Lee 342
　Majel 336, 972, 973
　Ray 99, 473, 581
Barrie, Barbara 258, 266, 1176, 1358
　James Matthew 913
Barrier, Maurice 339, 1121
Barrière, George 347
Barrigo, Don 1040
Barringer, Steve 379
Barrington, Michael 676
Barris, Chuck 480
Barron, Dana 467
　Fred 199, 582
　Keith 107
Barrowman, John 203
Barry, Bruce 604
　Dembele 1376
　Gene 72, 189, 453
　Ivor 178
　John 1404
　Raymond J. 1258
Barry, Gene 189
Barrymore, Drew 176, 1248
　Lionel 288
Barsacq, Yves 93
Barschel, Uwe 725
Bartek, Ruda 1016
Bartel, Juliane 299, 1135, 1188
Bartels, Willi 702
Bartelsen, Willy 138
Barth, Ed 1086
　Eddie 1099
　Evamaria 636
　Hans-Ulrich 1008
　Mario 642
　Susanne 1159
Barthel, Lotte 43, 1020, 1259
　Michelle 508
Bartilson, Lynsey 642
Bartlett, Bonnie 1265
Bartmann, Stefan 11, 549, 775, 949, 1074, 1161, 1294
Barto, Dominic 736
Bartold, Norman 588
Barton, Diana 32
　Mischa 876
　Peter 189, 625
Bartoška, Jiří 456, 523
Bartsch, Andreas 1124
　Evelyn 831
　Kurt 1261
　Michael 1387
　Rudolf Jürgen 568
Baruchel, Jay 71
Barylli, Gabriel 326
Barz, Jürgen 593
Barzel, Rainer 133, 319, 426, 1387
Basche, Arnim 39, 1138, 1139
Basedow, Rainer 169, 187, 529, 688, 968, 1358, 1407
　Rolf 1131
Basehart, Richard 379, 802
Basel, Wanja 1053
Básic, Relja 1190

Basie, Count 264
Basinger, Kim 1152
Baskin, Elya 345
  John 363
Bass, Eduard 1393
  Kim 1105
Bassermann, Johanna 720
Bassey, Shirley 834
Bäßler, Oliver 628
Bast, William 65, 222, 258
Bastedo, Alexandra 204
Basten-Batenburg, Saskia
  van 686
Bastgen, Brigitte 545, 1203
Bastian, Gert 426
Bastien, Fanny 287
Bastoni, Steve 930
Bastos, Othon 1066
Batalow, Alexaj 398
Bate, Anthony 615, 1110
  James 1158
Bateman, Charles 194
  Jason 299, 454, 558,
  1099, 1266
  Justine 368, 752
Bates, H. E. 713
  Richard 615
Bathke, Wolfgang 579
Batista, Djalma Limonge 91
Bator, Marc 1184
Batory, Jan 635
Batt, Mike 422, 1365
Battiato, Giacomo 71,
  1116
Bauchau, Patrick 944
Baudrexel, Martin 667
Bauer, Charita 1141
  Chris 1212
  Christian 1271
  Ernst 351
  Ernst Waldemar 1368
  Eva Maria 70, 260, 314,
  505, 584, 694, 815, 887,
  1067, 1144, 1278, 1408
  Gabi 372, 418, 433, 615,
  1186
  Josef Martin 1113
  Klaus 1113
  Kristin 504, 1211
  Michael 1000
  Ralf 277, 278, 294, 440,
  1178
  Reinhard von 1168
  Robert 687
  Steven 195
  Wolfgang Maria 1104
Bauhaus, Peter 390
Baulitz, Kai Ivo 1115
Baum, Editha-Maria 650
  Henning 805, 1101
  Josef 687
  Lyman Frank 579
  Philipp 1387
  Vicki 478, 1328
Baumann, Guido 39, 112,
  462, 492, 517, 536, 599,
  1026, 1041, 1317, 1318,
  1322, 1370, 1398
  Heinz 23, 27, 376, 572,
  726, 1114, 1117, 1146

Johanna 581
  Ulli 630, 783, 992, 1248
Baumeister, Muriel 323, 412,
  522, 1171
Bäumer, Marie 464, 850
Baumgart, Klaus 699
  Reinhard 1117, 1118
  Uwe 684
Baumgartner, Monika 31,
  82, 192, 797, 845, 862,
  1005, 1116, 1123, 1401
Bäumler, Hans-Jürgen 63,
  84, 248, 609, 837, 838,
  991, 1027, 1322
  Ingeborg 330
Baumwol, Lisa 150
Baur, Elizabeth 209, 693
  Elke 654
  Hans 676, 1348
Bauschulte, Friedrich W.
  217, 539, 564
Bause, Arndt 526, 570
  Peter 1261
Baxendale, Helen 418
Baxevanos, Chariklia 339,
  1292
Baxley, Craig R. 1156
Baxter, Anne 564
  Jimmy 1075
  Meredith 178
  Ronnie 128
Baxter-Birney, Meredith 71,
  178, 368, 452
Bay, Gry Wernberg 289
Bayani, Vijak 986
Bayard, Pierre 993
Bayer, Anja 854
  Silvana 177, 1008
  William 592
Bayerwaltes, Eva Maria 530
Bayldon, Geoffrey 202, 1304
Bayly, Lorraine 200
Bayr, Cornelia 1240
Bayrhammer, Gustl 189,
  409, 636, 676, 784, 815,
  832, 1024, 1127, 1153,
  1194, 1196, 1325
Bays, Lucia 1217
Bazely, Sally 18
Bazman, Arzu 586, 946
Beach, Ann 29
  Michael 331, 1212
  Sandy 703, 704
Beacham, Stephanie 222,
  1072, 1356
Beaird, Betty 623
Beals, Jennifer 1248
Beames, David 1257
Beamish, Matthew 1319
Bean, Orson 290
  Roy 1009
  Sean 1035, 1036
Bearse, Amanda 1058
Beasley, Allyce 811
  John 349
Beatrix, Königin der Nieder-
  lande 1230
Beatty, Ned 561, 708
  Robert 728
Beauchamp, Edmond 129

Beaudin, Glen 1175
Beaudoin, Michelle 1023
Beauharnais, Joséphine de
  850
Beaumont, Hugh 342
Beauvais, Garcelle 565, 812
  Peter 533, 755, 1117, 1118
Beavers, Susan 879
Bécaud, Gilbert 661
Bech, Joachim 928
  Lukáš 392
Becher, Axel 1387
Bechtel, Aleksandra 148,
  159, 278, 565, 856, 1106,
  1272
Bechtolf, Sven-Eric 90
Beck, Heinz 567
  Horst 77, 454
  Jenny 899, 1279
  John 239, 389, 1088
  Jule 1124
  Kurt 791
  Matthew 548
  Michael 467, 560
  Rachel 546
  Rufus 311, 592
  Susanne 24, 60, 158, 538,
  928, 935, 1394, 1405
  Walter 1169
  Wilhelm 190
Beckenbauer, Franz 39, 204,
  704, 739
Becker, Alexandra 459, 521,
  1266, 1398
  Alwy 1223
  Barbara 859
  Ben 418, 790, 1171
  Boris 126, 618, 620
  Franziska 1324
  Gerhard 507
  Hartmut 146, 292, 463,
  471, 619, 1114
  Ingeborg 686, 723, 968
  Jean 409
  Jurek 716, 1357
  Konrad 174
  Meret 94
  Rainer 1060
  Rolf 59, 168, 459, 521,
  705, 788, 790, 878, 882,
  1092, 1146, 1266, 1307,
  1398
  Samantha 195
  Susanne 1159
  Terry 802
  Tony 890, 1324
  Walter 102, 1289
  Wolfgang 109, 328, 787,
  1195, 1223
Beckerman, Jon 310
Beckers, Carolin 148, 149
Beckert, Anja 366
  Trutz 172, 426, 724, 725
Beckham, Brice 830
  David 1405
  Victoria 1405
Beckhaus, Friedrich Georg
  386, 970
Beckman, Henry 180, 1298,
  1401

Beckmann, Frank 727
  Horst Christian 1007
  Reinhold 126, 496, 839,
  869, 870, 878, 964, 1140
Beckmanns, Andrea 624
Beckord, Simon 587
Bedelia, Bonnie 587, 692
Bedetti, Michel 750
Bedford, Brian 443
  Lou 1410
Bedi, Kabir 444, 1015, 1032
Bednarski, Andrew 640
Bednarz, Klaus 113, 817,
  818, 1186
Beek, James van der 249
  Richard 397
Beeke, Maurice 686
Beekman, Tim 397
Beeny, Christopher 128, 521
Beer, Erika 508
  Hans de 655
  Jacqueline 1084
Beerhenke, Hans 192, 400,
  1140
  Oliver 1149
Beery, Noah Jr. 228, 259,
  280, 562, 631
Beesley, Max 656
Beethoven, Ludwig van
  1402
Bega, Leslie 436
Beghe, Jason 588, 1231
Begley, Ed Jr. 210, 330, 776,
  1355
Behat, Gilles 449
Behle, Peter 534, 999
Behnke, Frank 311, 543
Behr, Jason 1006
  Norbert 751
Behrend, Jens-Peter 144
Behrendt, Gerhard 1262
  Götz 588, 639
  Klaus J. 90, 91, 633, 705,
  1196, 1197
Behrens, Gloria 162, 647,
  1222
  Heinz 300
  Sam 1172, 1270
  Stefan 190, 524, 558, 616,
  1219, 1277, 1306, 1324,
  1325
Behrmann, Eva 869
Beiger, Ulrich 577
Beikircher, Konrad 953, 955
Beil, Caroline 166, 313, 571,
  1256
Beimpold, Ulrike 623
Beiswanger, Rudolf 634, 685
Békeffy, István 28
Belack, Doris 411
Belafonte, Gina 932
  Harry 127, 834
Belafonte-Harper, Shari 564
Belak, Andrej 378
Belford, Christine 333,
  458
Belisario, Federico 234
Bell, Alfred 333
  Catherine 600
  Coby 689, 1212

Darryl 222
David 747
Duncan 1164
Edward E. 1058
Elisabeth 1182
Felecia 866
Francis 843
Lee Phillip 977, 1036
Lucy 588
Marshall 1258
Rodney 99, 1111
Tom 535
William 977, 1036
Bellag, Lothar 1215
Bellamy, Bill 373
 Ralph 384, 569, 741, 963
Bellaver, Harry 473
Belle, Ekkehardt 13, 485, 790, 854
Bellego, Diane 1036
Beller, Georges 846
 Kathleen 253
Bellina, Matteo 647
Bellingham, Lynda 281
Bellinghaus, Mark 584
Bellinghausen, Katja 737
Bellisario, Donald P. 32, 551, 600, 746, 852, 1208, 1403
Bellman, Gina 229
Bellmann, Charlotte 340
 Dieter 585
Bello, Maria 1073
Bellofiore, Arnaldo 15
Bellows, Gil 30, 62
Bellut, Thomas 165, 825, 846, 930, 1321
Bellwood, Pamela 254, 379
Belmondo, Buzz 781
Belochwostikowa, Natalja 1006
Belous, Paul 1165
Belson, Jerry 759, 1231
Belstler-Böttcher, Nicole 764
Beltran, Robert 445, 812, 1150, 1292
Beltz, Matthias 104, 845
Belushi, James 1054, 1348
 Jim 1013
 John 809, 848, 1013
Belvedere, Vittoria 1334
Belzer, Richard 561, 701, 1007
Ben-Jakov, Pablo 313
Benaud, Chris 1291
Benben, Brian 293
Benchley, Peter 70
Benda, Nikolaus 1215
Bendel, Jochen 149, 1015
Bender, Angelika 412, 1095, 1393
 Candace Camillie 768
 Hennes 414, 643
 Karl-Heinz 25, 462
Bendetti, Michael 1247
Bendewald, Andrea 1099, 1176
Bendin, Elke 513
Bendix, Simone 1126
Bendow, Wilhelm 200

Bendt, Helmuth 39, 1127, 1135
Benedeti, Paulo 791
Benedict, Dirk 9, 213, 632
 Robert Patrick 376
Beneš, Svatopluk 639
 Vladislav 997
Benesch, Gabriela A. 137
 Hellmuth 752
Benfield, John 346, 535
Bengsch, Gerhard 684
 Hubertus 174, 774
Beniades, Ted 795
Benik, Marián 920
Benison, Ben 401
Benjamin, Christopher 267
 Richard 337
 Susan 1033
Ben-Jemia, Donia 1253
Benkhoff, Fita 343
Bennent, Heinz 83, 362, 448
Bennert, Marc 125
Bennett, Christine 915
 Elizabeth 236, 304
 Fran 1071
 Iff 318, 506
 John 404
 Michelle 631
 Nigel 865
 Steven 862
 Zachary 696
Bennung, Gunter 176
Benrath, Martin 183, 691, 1123, 1253
Bensasson, Lucia 812
Benscher, Fritz 1214, 1215
Bense, Max 594
Bensfield, Richard 504
Bensley, Peter 1323
Benson, Amber 184
 Stephan 252, 608
Bentheim, Alexander von 1186
Benthin, Michael 1261
Bentine, Michael 475
Bentley, John 906
Benton, Jessica 887
 Lee 795
Bentzel, Birgit von 955
Bentzien, Susanne 412, 462, 1215, 1304
Benz, Eric 867, 1272
 Jako 1020
 Julie 75
Benzali, Daniel 30, 835
Běounek, František 997
Beradino, John 1041
Berben, Iris 76, 190, 337, 716, 904, 1002, 1107, 1156, 1252, 1354, 1406
 Oliver 1002
Berbuer, Karl 1359
Berck, Marga 1118
Bercovici, Eric 486, 1089
Berenger, Tom 962
Berenguer, Luis 726
Berenson, Marisa 537
Beresford, Elisabeth 1365
Berfield, Justin 99, 749

Berg, Anna Katharina von 181, 601, 1115
 Caroline 64
 Christian 354, 1271, 1380
 Hans Walter 458
 Monika 378, 1092, 1160, 1250
 Peter 106, 210
 Rainer 42, 986, 1230
 Wolf-Dieter 1301
 Wolf-Dietrich 59, 228, 994, 1261
Bergen, Candice 835
 Carolin van 314
 Ingrid van 142, 522, 742, 810, 1248, 1261
 Polly 384, 385
 Werner von 188
Berger, Anna 619
 Daniel 1255
 Erika 205, 398, 620, 653, 855, 1042, 1209, 1229, 1272, 1331
 Gerd 1157, 1181, 1380, 1381, 1406
 Gunter 312, 383, 416, 525, 621, 763, 1294, 1346, 1372
 Helmut 64, 372
 Nicole 315
 Senta 90, 309, 652, 654, 713, 719, 1053, 1054, 1237, 1273
 Toni 189, 227, 409, 595, 1116, 1391, 1401
 Wolfgang 176
 Wolfram 346, 623
Bergere, Jenica 752, 1407
 Lee 253
Bergerhoff, Anja 414
Bergersen, Heath 1177
Berghoff, Dagmar 88, 839, 1092, 1184
Bergier, Jacques 343
Bergin, Michael 123
Bergkraut, Eric 1316
Bergl, Emily 1186
Bergman, Alicia 1414
 Ingmar 371, 1178, 1179
 Jos 397
 Lena 1178
Bergmann, Dirk 928
 Gisa 1171
 Ina 1185
 Michael 419, 505, 1350
 Renate 895
 Rudolf 169
 Tim 1133, 1410
Bergmeister, Dagmar 665
Bergner, Beatrice 31, 1111, 1310
Bergqvist, Kjell 669
Bergström, Linda 649
Beringer, Irmelin 180, 616, 1310
Berk, Michael 122, 123, 1214
Berkel, Christian 31, 119, 756
Berkeley, Ballard 374
 Xander 1246

Berkes, Gabor 1156
Berking, Willy 317, 470, 638, 1332, 1405
Berkley, Elizabeth 194
Berkovitz, Dustin 1165
Berlanti, Greg 349
Berlet, Uta 853, 958, 1055, 1382
Berlin, Claudia 945
Berlusconi, Silvio 53
Berman, Andy 565
 Monty 204, 255, 453, 605
 Rick 336, 1149
Bernadi, Herschel 912
Bernadina, Renick 364
Bernard, Carlos 1246
 Crystal 1250
 Ed 749
 Heinz 609
 Jason 1300
Bernardi, Herschel 89
Bernardin, Stefano 1050
Bernardini, Lisa 522
Bernd, Hermann 294
 Petra 169
Berndl, Christa 845
Berndorff, Hans Rudolf 1273
Berndt, Heidi 77
 Hilde 854
 Petra 403, 674, 712, 1116
Bernède, Arthur 130
Berneis, Peter 518, 726, 1155
Berner, Dieter 64, 705
 Gérard 243
 Klaus 664
Bernero, Edward Allen 1212
Bernert, Christine 1257
Bernhard, Alfred 701
 Sandra 1004
 Thomas 37
Bernhardt, Daniel 825
Bernhardy, Werner 502
Bernsen, Corbin 229, 689
Bernstein, Jay 467
Bernstorff, Nikolaus Graf von 338
Bernt, Reinhold 1077
Berny, Michel 1210
Berra, Stephen 1301
Berresheim, Schorsch 748
Berridge, Elizabeth 848
Berry, Gillian 1177
 Halle 958
 Ivan 919
 Lloyd 17
 Michael 703
Berset, Fernand 1049
Bertelmann, Fred 72
Bertheau, Anna 289, 662, 756
Berthrong, Deirdre 805
Berti, Dehl 899, 940
 Marina 1049
Bertin, Françoise 1097
 Yori 574
Bertinelli, Valerie 574
Bertram, Angelika 588
 Elisabeth 383, 397
 Hans 399
 Laura 70, 74

Rainer 827
Rüdiger 751
Bertrand, Franck 641
Bervoets, Eugene 169
Berweiler, Judith 773
Besnard, Jacques 728
Besoiu, Ion 157
Besse, Anne-Marie 485
Bessell, Ted 1111, 1176, 1257
Bessen, Edgar 360, 738, 756, 1064, 1222
Bessler, Albert 785
Bessoiu, Ion 529
Besson, Luc 867
  Pierre 611
  René 1295
Best, Alyson 559
  Angelika 844, 1387
  James 306
  Sue 424
Bester, Kira 877
Bestla, Gary 1258
Bestvater, Thomas 1331
Beth, Buchanan 547
  Gunther 658
Bethge, Désirée 401, 1157, 1380
Bethmann, Sabine 218
Bethune, Ivy 1281
Betke, Oliver 543
Bettermann, Bernhard 29, 42, 513, 1148
Bettger, Lyle 707
Betz, Carl 841, 1162
  Johannes, W. 218
  Ralf 512
Beutel, Jack 1009
Beutler, Nicole R. 1050
Bevan, Billy 653, 759, 1024, 1281
Beverly, Janette 650
Beyer, Alexander 1350
  Ekkehard 776
  Frank 602
  Friedemann 914
  Hermann 691, 1148
  Karen 144
  Lena 657
  Regina 1237
  Tobias 720
Beymer, Richard 445, 638
Beze, Dante 259
Bezzel, Sebastian 19
Bhagwan 704
Bia, Ambroise 447
Bialik, Mayim 168
Bianchi, Rosa Maria 865
Bianco, Bonnie 215
  Tony Lo 71, 930
Bibb, Leslie 149, 938
Biber, Alfons 292
  Sabine 639, 1240
Biberti, Ilse 1083, 1116
Bicanic, Vinko 591
Bichl, Robert 144
Bickford, Charles 708
Bickley, William 50, 1151
Biczycki, Jan 905, 976
Bideau, Jean-Luc 1049

Bieber, Karlheinz 368, 900, 1199
Biedenkopf, Kurt 327, 558
Biedermann, Jeanette 499, 1149
  Julia 163, 572, 694, 941, 942, 1047
Biederstaedt, Claus 213, 224, 710, 782, 1079
Biegel, Charlotte 430
Biegert, Robert 628, 1328, 1370
Biehn, Michael 106, 467
Biel, Jessica 551
Bielefeld, Regine 588
Bielefeldt, Dirk 225
Bielenstein, Monika 639
Bieler, Manfred 1328
Bielicki, Paul 379
Bielig, Steffen 429
Biemann, Christoph 1079, 1080
Biener, Dagmar 326, 516
Bierbrauer, Oscar 241, 242
Bierett, Doris 1046
Bierhoff, Nicole 509, 652, 653
  Oliver 126, 205, 653
Bierk, Dylan 124
Bierko, Craig 599
Biermann, Wolf 426, 644, 1269
Biesinger, Jürgen 572
Biewer, Maxi 1010, 1025
Biggs, Richard 110
  Roxann 1071
Biggs-Dawson, Roxann 1150
Bilir-Göze, Ismet 1266
Bill, Tony 1323
Billard, Lani 70
Biller, Gerhard 403
Billing, Gert 557, 1237
Billingsley, Barbara 342, 779
  John 336
Billington, Michael 887, 1250
Bilodeau, Jacques 1225
Bilous, Josef 465
Bilson, Bruce 736
  Danny 1080, 1303
  Rachel 876
Bilz, Eckhard 385
Binard, Arnaud 1144
Binchet, Edouard 889
Binder, Fabian 294
  Nora 779
  Wolfgang 144, 1122
Bingham, Tracy 123
Biniasch, Christine 573
Binns, Andrew 1207
Biolek, Alfred 45, 46, 70, 76, 127, 156, 175, 176, 294, 353, 570, 668, 787, 788, 789, 820, 831, 866, 1090, 1153
Birch, Paul 379, 707
Bird, Billie 779
  Michael J. 1256
Birdsall, Jesse 184
Birgel, Willy 494

Birkett, Jeremiah 929
Birkin, John 591
Birkmann, Inge 1332
Birkner, Sophie 1342
Birman, Matt 15
Birmelin, Immanuel 1330
Birney, David 178, 289, 783, 1081
Biscan, Egon 913, 1400
Bishop, Ed 1250
  John 754
  Kelly 463
  Meredith 1320
Biskup, Olaf 418
Bisley, Stephen 852
  Steve 100, 393, 930
Bismarck, Fürst Otto von 157, 178, 488, 594, 774
  Klaus von 528
Bisoglio, Val 960
Bissegger, Rudolf 122, 300
Bissel, Whit 1218
Bissett, Josie 786
Bissinger, Manfred 152, 898
Bisson, Yannick 181, 548, 990
Bissonnette, Joel 711
Bittorf, Wilhelm 71
Bixby, Bill 310, 311, 567, 745, 781, 1256
Bizet, Georges 117
Blacher, Tatjana 720, 756, 1262
Black, Bill 330
  Roy 1385
Black, Carol 411, 1368
  Claudia 216, 372
  Clint 473
  David 259
  Ian Stuart 1250
  Isobel 1250
  James 189
  Larry 229
  Lisa Hartman 1248
  Lucas 71
  Michael Ian 310
  Roy 519, 769, 1047, 1048, 1152
  Royana 800
Blackman, Honor 808, 996
Blackwood, Leam 457
Blacque, Taurean 933
Blädel, Georg 676, 1254
Bláha, Josef 140, 754
Blahova, Dasha 843
Blahuschek, Gerd 86, 421
Blair, Linda 1374
  Pat 244, 1338
  Tony 1022, 1100, 1405
Blake, Amanda 969
  Christopher 713
  Gillian 401
  Jean 996
  Josh 44, 1200
  Madge 120
  Noah 516
  Robert 117, 946, 1227
  Sondra 117, 946
  Victoria 821
Blakely, Colin 260

Rachel 1291
Susan 977
Blakeney, Eric 173
Blakley, Michael 1320
Blalock, Jolene 336
Blanc, Anne-Marie 484
  Jennifer 245
Blancard, Jarred 869
Blanch, Dennis 258
Blanchar, Dominique 349
Blanchard, Rachel 221, 682
Blanche, Vikki 393
Blanco, Leandro 1000
  Roberto 57, 112, 382, 414, 482, 584, 638, 787, 799, 847, 1054, 1094, 1148, 1266
Bland, John David 400, 1240
Blank, Harry 64, 608
Blanken, Margreet 775
Blankenburg, Horst 1146
Blaschke, Jürgen 1395
  Katharina 81
Blasi, Rosa 1167
Blasucci, Dick 1207
Blavette, Charles 315
Blech, Hans Christian 804, 1212
Bleckner, Jeff 496
Bledel, Alexis 463
Bledsoe, Tempestt 153
Bleeth, Yasmine 123
Bleibtreu, Monica 93, 714, 761, 1066
  Moritz 435
Bleich, William 495
Bleiman, David 187
Bleiweiß, Celino 397, 1395
  Ina 719
Blériot, Louis 485
Bless, Astrid 1077
Blessed, Brian 572, 657, 674, 782, 1016
Blickensdörfer, Hans 119
Blicker, Jason 432
Bliefert, Ulrike 72, 605, 869, 1354
Blier, Bernard 234
Bliese, Joachim 871
Blinn, William 569, 855, 910, 1153
Blixt, Anna Clara 744
Blobel, Brigitte 582, 633, 788, 858
Block, Alana 889
  Kirsten 1159
Blocker, Dan 170, 171
  Dirk 171
Blocksdorf, Melanie 675
Bloéb, Gregor 305, 513, 920, 1111
Blome, Ulrike 83
Blömer, Arnd 778
Blondeau, Dominique 129
  Jean-Paul 606, 1102
Blondell, Joan 730
  Warren 1016
Blondieau, Adeline 1144

Bloodworth-Thomason, Linda 237, 755, 1144, 1172
Bloom, Anne 901
  Brian 1248
  Claire 1348
  Jeffrey 1291
  John 899
  Lindsay 795
Blossey, Petra 421, 1272
Blount, Lisa 615
Blue, Ben 1033
Bluhm, Marcus 43
  Walter 267, 1211, 1271
Blum, Andreas 1027
  Eva 773
  Katharina 97
  Mark 198
Blüm, Norbert 268, 523, 674, 686, 1166, 1251, 1318
Blümchen 278, 329, 527, 799, 1201
Blume, Jochen 502
  Renate 86, 636
  Ulrike 785, 1306
  Veronica 791
Blumenberg, Hans-Christoph 633
Blumencron, Maria von 687
Blumenthal, Karsten 1049
Blume-Reed, Renate 118, 421
Blume-Werry, Gesche 1061
Blumhagen, Fabian 132
  Lothar 1404
Blumhoff, Christiane 1400
Blundell, Graeme 28
Blüscher, Ludwig 367
Bluth, Don 47
Bluwal, Marcel 14, 829, 1298
Blyden, Larry 516
Blythe, Peter 1020
Blyton, Enid 335, 424, 425, 719
Boack, Keit 286
Boam, Jeffrey 12
Boati, David 137
Boatman, Michael 206, 212
Bobatoon, Star-Shemah 895
Bobbi, Maria-Rosa 1162
Bobby, Anne 227
Bobrick, Sam 194
Bobyleva, Nadja 904
Bocan, Hynek 138
Boccardo, Delia 802, 1026, 1210
Bocci, Cesare 226
Bochco, Steven 227, 284, 591, 689, 771, 835, 859, 933, 953, 954, 1054
Böcher, Anika 1180
Bochert, Marc-Andreas 23
Bochner, Hart 385, 609
  Lloyd 732
Bocho, Steven 690
Bock, Beate 1382
  Christian 1130
  Ulrich von 1198
Böcking, Kai 100, 139, 261, 282, 402, 559, 611, 708, 991, 1301, 1384
Bockmann, Birgit 419, 837
Böckmann, Gerd 183, 756
Bockx, Karl 367
Bocuse, Paul 169, 170
Bode, Ben 197
  David 364
  Georg-Martin 1154
Bodelsen, Anders 479
Boden, Leon 131, 169, 553, 1008, 1310
Bodenbender, Silke 1287
Bodie, Damien 230
Bødker, Cecil 1097
Boeer, Dominic 1148
Boehm, Franz 192
  Gero von 877, 895, 1187
Boehme, Herbert A. 502
Boehmelt, Viola 36
Boelte, Hans-Heiner 426, 677, 695, 947
Boening, Gerd Heinz 1184
Boer, Melle, de 396
Boermans, Theu 782
Boersma, Femke 831
Boes, Mirja 302, 480, 844
Boesch, Christian 576, 1122
Boeser, Knut 217, 525, 763, 1035
Boettcher, Grit 564, 584, 1111, 1222, 1293, 1317
Boettge, Michael 437
Boetzkes, Claus-Erich 847, 1185
Boeven, Jim 610
  Jimmy 48
Bofinger, Manfred 884
Bogadtke, Jens-Uwe 400
Böger, Kay 51
Bogert, William 1297
Bogner, Franz 572
  Franz Xaver 192, 367, 595, 1391, 1400, 1401
  Jean Louis 464
  Norman 1084
  Willy 227, 481
Bogus, Rolf 1217
Boguth, Nicole 64, 1265
Boguy, François 1376
Bohay, Heidi 564
Bohdalová, Jiřina 392, 639, 896
Bohem, Leslie 1186
Bohlen, Dieter 261, 262, 263, 319, 570, 617, 618, 909, 994, 1123, 1291, 1385, 1395, 1396
Bohley, Bärbel 426
Böhlich, Bernd 667, 1171
Bohlmann, Nina 20
  Sabine 1101, 1125
Bohm, Hans Joachim 1217
  Uwe 294, 299
Böhm, Alfred 63, 367
  Ben Bela 1293
  Carlo 679
  Florian 679
  Herta 397
  Iris 505
Iris-Luise 1105
Karlheinz 991, 1340
Katharina 226, 337, 649, 1277
Kathi 528
Kristina 530
Toni 97
Werner → Wendehals, Gottlieb
Böhme, Erich 353, 791, 1187, 1188
  Karen 553
  Kurt 1312
  Sascha 478
  Wolfram 581
Böhmer, Ekkehard 1405, 1414
Böhmes, Erich 1022
Böhmke, Siegfried 155
  Siggi 1383
Böhmová, Božena 411
Bohn, Ralf 363
Böhne, Karen 64
Bohnet, Folker 494, 638, 1029
Bohning, Charlotte 737, 867, 1270
  Peter 845
Böhnke, Andreas 1042
  Gunter 708
Bohrer, Corinne 978
Böhrnsen, Jytte-Merle 144
Böhrs, Hans-Herbert 114
Boidron, Emmanuelle 671
Bois, Cecile 329
Boisrond, Michel 600
Boisseau, Jocelyne 478, 825, 1039
Boissol, Claude 343, 467, 485, 671, 693, 936, 1136
Boitot, Patrick 180
Boja, Kornelia 60
Bojarski, Christian 900
Bokel, Radost 444, 994
Böker, Markus 1005, 1030
Boland, Bonnie 1410
  France 1096
Bolba, Tamás 409
Bolchi, Sandro 411
Bold, Felix 1409
Boldt, Rainer 862, 967, 1000, 1103
Bolen, Lin 379
Boleyn, Anne 1073
Bolger, John 345
Bolkan, Florinda 53
Böll, Heinrich 1387
Bolling, Jo 719, 797
Bölling, Klaus 1329
Bollman, Dieter 1077
Bollmann, Adolf 587
  Horst 376, 956, 1195, 1196, 1198, 1322, 1332, 1345
Bollow, Maike 417, 543
Bologna, Joseph 424
Bolognini, Mauro 637
Bolt, Robert 654
Bolton, Christopher 1252
Bommes, Sylvia 1124
Bomonde, Betty 293
Bon Jovi, Jon 62
Bon, Jean-Marie 315
Bonaduce, Danny 902, 1256
  Joseph 1406
Bonann, Gregory J. 122, 123
Bond, Christopher 1208
  Grahame 124
  Julian 214, 615, 713, 895
  Peter 36, 471, 476, 1059
  Philip 887
Bondartschuk, Natalja 1006
Bøndergaard, Nanna 479
Bondy, Arpad 1114
  Sol 383
Bonet, Lisa 153, 222
Bonetti, Massimo 248
Bonewitz, Herbert 747, 748
Bongard, Roland 530
Bongartz, Peter 367, 383, 399, 623, 664, 802, 904, 1026, 1168, 1194, 1269, 1304
Bongioanni, Gianni 1253
Bonhoff, Otto 962, 1269
Bonicelli, Vittorio 826
Boning, Wigald 218, 354, 453, 480, 711, 885, 946, 1012, 1013, 1341, 1342
Bonnardot, Jean-Claude 485
Bonner, Tony 1108
Bönner, Gabriele 1061
Bonnermann, Natascha 150, 720, 1158, 1331
Bonnet, Manuel 142
Bonneval, Senta 1083
Bonney, Graham 141
Bonnière, René 657
Bönninghausen, Inge von 379
Bonnot, Alain 119
  Jean-Pierre 293
Bons, Ida 397
Bonsall, Brian 368
Bonsels, Waldemar 145
Bönte, Andreas 984
Booke, Sorrell 306
Booker, Jane 164
Bookholane, Fats 883
Boomer, Linwood 749, 750, 1266
Boon, Ed 825
Boone, Daniel 244
  Lesley 267, 310
  Pat 891
  Randy 708, 766, 1257
Boos, Florian 734
  Stefanie 734
Booth, Connie 374
  Harry 1075
  Lindy 313, 980
Boothe, Powers 919
Bootz, Oliver 131, 1123, 1272
Borchert, Werner 293
Borckmann, Hannes 38
Bordell, Bubi 703, 704
Borders, Theodore 1241
Bordiehn, Tina 506
Boreanaz, David 75, 184

Borell, Wilmut 427
Borer, Cathcart 919
Borg, Andy 382, 843, 1047, 1343
  Sonia 333
Borgelt, Hans 363
  Hans Henning 192, 253
  Peter 663, 933, 934
Borger, Martina 216
Borgese, Sal 1039
Borghi, Douglas Stefen 602
Borgmann, Hendrik 1293
  Sandra 134, 564
Borgnine, Ernest 32, 1039, 1103, 1215
Borgo, Marianne 1109
Borgos, Valeriu 1279
Borgwardt, Ralph 1169, 1170
Boris, Anastasija 1337
Borjesson, Lill 19
Börjlind, Joakim 1374
Bork, Hugo 1130
Borlenghi, Matt 920, 929
Borman, Gerhard 634
Bormann, Martin 555
Born, Michael 1157
  Roscoe 638
Bornemann, Winfried 174
Börner, Albrecht 1024
  Hans-Jürgen 354
  Sigmar 837
Borns, Hannelore 1251
Borovička, Václav Pavel 378, 1025, 1092
Borowik, Ewa 991
Borowitz, Andy 944
  Susan 944
Borowska, Marta 1121
Borsche, Dieter 46, 508, 906
  Kai 344, 915, 1114, 1372
Borsody, Cosima von 412
  Hans von 218, 1270
  Suzanne von 90, 125, 399, 601, 713, 1148, 1282
Borthwick, Gina 444
Boryer, Lucy 284
Bos, Burny 782
  Froukje 726
  Peter 320, 445
Bosch, Anna 984, 1150, 1181, 1292
  Johnny Yong 940
Böschenstein, Urs 103
Boschi, Giulia 425, 1171
Boschvogel, F. R. 276
Bosco, Henri 180
Bose, Ursula von 626
Bosé, Miguel 444
Böse, Georg 58
Bosetzky, Horst Otto Oskar → -ky
Bösherz, Konrad 614
Boskamp, Hans 397
Bosley, Tom 250, 457, 512, 822
Boss, Cyrill 1321
Bosse, Peter 557, 1347
Bossert, Georg 141
Bößl, Max 639, 1278

Bosson, Barbara 227, 591, 835, 933
Bostock, Barbara 1202
Bostrom, Zachary 516
Bostwick, Barry 206, 574, 992, 1072
Bosworth, Brian 701
  Kate 974
Boterel, Fabrice 485
Bothe, Detlef 753
Bothe-Pelzer, Heinz 266, 378, 619, 736, 1118, 1306
Bothur, Günter 72
Botsford, Sara 333
Bott, Gerhard 898
  Nina 163
Böttcher, Anna 871
  Grit 1361
  Markus 66
  Martin 96, 344, 404, 622, 635, 917
  Wolfang 1361
Böttger, Fritz 48, 176
  Gottfried 299
Bötticher, Herbert 99, 572, 573, 719, 903, 910, 1345
Böttinger, Bettina 109, 121, 514, 901
Bottlinger, Emil 674
  Erich 845
Botto, Juan Diego 1396
Bottoms, Joseph 560, 855
  Sam 608
  Timothy 547, 579, 608
Böttrich, Brigitte 180, 323, 601, 804
Botwinick, Amy 1088
Bouchard, Yvon 89
Bouclet, Philippe 674, 704
Boudard, Alphonse 842
Boudet, Micheline 437
Bouhs, Jochen 39
Bouillon, Bruno 287
  Jean-Claude 99, 807, 904
Boulanger, Daniel 410
Boulenger, Rachel 641
Boullion, Jean-Claude 43
Bouquet, Michel 829
Bouras, Marina 28
Boury, Reynaldo 1103
Boušková, Jana 411
Bouvier, Jean-Pierre 18, 346, 412, 1341
Bouy, Stéphane 415
Bouymin, Alexander 1048
Bova, Raoul 53, 1116
Bowder, Ben 372
Bowe, John 535
Böwe, Kurt 325, 934, 1141
  Winnie 65
Bowen, Andrea 257
  Christopher 674
  Elizabeth 458
  Julie 300, 310
  Pamela 696
  Roger 89, 504
Bowens, Malick 1191
Bower, Antoinette 853
  Tom 1316
Bowie, David 554

Bowker, Judi 161
Bowler, Grant 28
  Norman 1191
Bowman, Jessica 290
  John 1250
Bowser, Yvette Lee 725
Bowyer, Alan 140
Boxleitner, Bruce 30, 110, 407, 608, 894
Boyarsky, Mikhail 245
Boyce, Benjamin 225
  Jacqueline 1010, 1066, 1228
  Todd 921
  Tommy 819
Boyd, Guy 290, 790
  Karin 1133
  Lynda 232
Boyer, Charles 438
  Christopher 689
  Jaqueline 329
  Marie-France 573, 958
Boyington, Gregory »Pappy« 907
Boyle, Donald R. 211, 360
  Lara Flynn 445, 940
  Peter 48
Boyraz, Ilknur 64
Boysen, Rolf 877, 1315
Bozzetto, Bruno 539
Bozzuffi, Marcel 399, 540
Brabec, Vladimír 682
Bracco, Lorraine 1123
Brack, Horst 201
Brackebusch, Lotte 1154, 1266
Bradatsch, Peter 158, 845
Bradbury, Malcolm 492
  Ray 176
Braddock, Mickey 228
Bradford, Barbara Taylor 702
  Richard 754
Bradley, John 996
Bradshaw, David 400
Brady, Sally 546
Braeutigam, Tim 506
Braff, Zach 1072
Braga, Brannon 336
  Sonia 1085
Braganca, Maria de 737
Brahmbhatt, Harshna 700
Braidwood, Tom 33, 322
Brainville, Yves 794
Brajac, Sophie 174
Brambach, Martin 1115
Brambilla, Marco 274
Braml, Otto 876
Brammer, Christiane 190, 292, 363, 429
  Dieter 790
  Philipp 1030
Brams, Viktoria 521, 763, 790
Brancato, Chris 388
Branche, Derrick 444
Brand, Joshua 105, 210, 1043
  Max 288
  Neville 1254

Peter 676
Rudolf 214
Brandauer, Klaus-Maria 410, 1153
Brandecker, Dieter 28, 674
Brandenstein, Wolfgang 460, 526, 1046
Brandes, Otto 787
  Reinhold 56, 284, 504, 644, 1190, 1212
Brandhoff, Ekkehard 1166
Brandi, Sabine 901
Branding, Heinz-Theo 365
Brandis, Jonathan 1072
Brandmeyer, Otto 691
Brandner, Michael 97, 169, 180, 197, 466, 1223, 1270
Brando, Marlon 903, 1002,1200
Brandon, Clark 830
  Michael 252
Brandoni, Luis 762
Brandrup, Johannes 40, 217
Brandt, Borris 750
  Elmar 414, 570, 909
  Hank 623
  Horst E. 684
  Judith 603
  Marianne 1227
  Matthias 917
  Nadine 543
  Peter 426
  Rainer 575, 643, 760, 1117, 1207, 1404
  Sara 1374
  Volker 469, 710, 777, 1067, 1195
  Walker 435
  Willy 133, 188, 260, 319, 426, 594, 644, 927, 1228, 1387, 1392, 1402
Brandts, Kim-Sarah 1144
Brandy, J. C. 1363
Branss, Truck 80, 681, 783, 966, 1299, 1384, 1385
Branstner, Gerhard 1169
Brantley, Betsy 1216
Branwell, John 140
Brasch, Gerda 621
Brasó, Enrique 726
Brasseur, Claude 14
Bratt, Benjamin 700, 868
Brauburger, Stefan 556, 561
Brauchitsch, Manfred von 882
Brauer, Charles 412, 608, 773, 1030, 1143, 1196, 1261, 1266
  Jochen 743
Bräuer, Jörg 1049
Braugher, Andre 561, 667
Braun, Eva 555
  Hannah 867
  Luzia 91, 282
  M. G. 1409
  Marina 51
  Michael 42, 43, 314, 427, 477, 670, 744, 825, 847, 883, 939, 969, 1021, 1027, 1116, 1268, 1292, 1387

Pinkas 411, 620, 807, 1223, 1395
Rolf 747, 748, 1287
Sabine 1171
Siegfried W. 466
Steve 585
Wernher von 556
Braunek, Malgorzata 1103
Brauner, Asher 111
Joachim »Jo« 1184
Sharon 596, 1406
Bräuning, Sabine 674, 917
Braunshausen, Franz 720
Brauren, Katharina 183, 1284
Brauss, Arthur 64, 169, 326, 494, 518, 1000, 1069, 1105, 1224, 1359
Braut, Angelika 676
Thomas 17, 1264
Bräutigam, Markus 1005
Braverman, Bart 1283
Michael 59, 549
Bray, Michael 650
Robert 697
Thom 1239
Brazen, Randi 315
Brazleton, Conni Marie 331
Brazzi, Rossano 228, 741, 895, 1186
Brecht, Bertolt 724
Breck, Freddy 838
Peter 150, 1306
Breckman, Andy 818
Breckwoldt, Marion 578, 862
Bredel, Gertrud 530
Brederlow, Bobby 713
Bredl, Joe 646
Rob 646
Bredow, Ilse Gräfin von 638
Rolf 339
Breen, Patrick 1099
Richard 931
Breidenbach, Tilli 643, 720
Breinersdorfer, Fred 59, 83
Breitebner, Konstanze 97, 623, 683, 1050
Breitenbach, Verena 292
Breiter, Horst 858
Jürgen 1138
Nikolaus 858
Breitfuß, Gottfried 167
Breitgoff, Frank 1171
Breitner, Paul 739, 905
Breitschopf, Trude 427, 857, 1092
Breitsprecher, Michael 1310
Brejchová, Jana 114, 213
Breloer, Heinrich 761, 762, 1130
Brem, Beppo 1078
Rudolf Waldemar 23
Bremer, Heiner 414, 803, 1011
Bremermann, Julia 312, 688, 973, 1226, 1265
Brendan, Gavin 289
Brender, Nikolaus 106, 372, 984, 1321, 1329, 1388

Brendler, Anne 417
Gertrud 722
Julia 399
Brendon, Nicholas 184
Brennan, Eileen 783
John H. 174
Walter 1142
Brenneman, Amy 427, 428, 859
Brenner, Dori 1084
Hans 48, 64, 524, 832, 915, 1198, 1215, 1261, 1401
Jochen 414
Brennicke, Nadeshda 217, 1163
Brenninkmeyer, Philippe 465, 712
Brensing, Peer 642
Brentano, Bernhard von 1212
Heike 1285
Brentley, Betsy 890
Bresan, Uta 382, 1122
Bresser, Klaus 426, 546, 695, 818, 930, 1122, 1321, 1322
Bressler, Hannes 330, 1346
Bretoneiche, Charles 794
Brett, Jeremy 17, 1088
Susannah 119
Breuer, Carl 931
Jacques 192, 478, 769, 1103, 1147
Marita 530
Pascal 397, 478, 854, 1091, 1168, 1346
Toni 1260
Brewster, Diane 95
Brewton, Maia 901
Brezina, Thomas 664, 1135
Breznahan, Tom 537
Briant, Shane 24
Brice, Pierre 570, 742, 777, 778, 1048
Brickell, Beth 777
Bricker, Robert 1066
Bridge, Toby 682
Bridges, Angelica 123
Beau 473, 1126
Jeff 757
Lloyd 17, 198, 399, 473, 638, 1170
Brieger, Nicolas 522
Briest, Anne-Sophie 751, 851, 852
Briggs, Christopher 1201
David 1336
Brighton, Pamela 1182
Brigl, Kathrin 313
Briles, Charles 150
Brill, Charlie 895
Brillstein, Bernie 1126
Brimley, Wilford 1260
Brinckerhoff, Burt 894
Brinegar, Paul 1199
Brink, Bernhard 511
Sandy van der 686
Brinkley, Don 1190, 1232
Brinkmann, Julio 103
Brinks, Thomas 1074

Brinson, Katy 643
Brissette, Tiffany 1297
Brittain, Vera 1208, 1209
Britton, Connie 206
Pamela 781
Tony 18, 699, 996
Brix, Aglaja 918
Andrea 50, 66, 137, 904
Peter Heinrich 129, 494, 856, 918
Brobeil, Wolfgang 748
Broberg, Lily 709
Broca, Philippe de 732
Brocher, Tobias 1059
Brochtrup, Bill 859, 1054
Brock, Bazon 353
Fredy 24
Markus 847, 978, 1074, 1094
Stan 580
Brockmann, Katrin 1293
Bröder, Elke 87
Broderick, Beth 1023
James 71
Jocelyn 412
Matthew 382, 591
Brodhagen, Annemarie 9, 406, 1263
Brodie, Fiona 800
Brodmann, Roman 347, 1041, 1271, 1390, 1391
Brodsky, Marek 509
Brodský, Vlastimil 140, 762, 896, 1221
Brody, Adam 71, 876
Adrien 80
Larry 795
Brogi, Giulio 75, 328
Brohm, Chris 1317
Brokken, Corry 1280, 1281
Brolin, James 289, 564, 910, 1373
Josh 466, 1355, 1377
Brombacher, Günther 558
Brommund, Marielies 674
Brompton, Keith 70
Bronnen, Franziska 417, 525, 605, 944, 1154
Bronner, Gerhard 1413
Bronson, Charles 754
Brook, Faith 682
Jayne 210, 279, 362, 380
Brooke, Bunny 1248
Brooker, Moira 1268
Brooks, Avery 526, 1131, 1149
Claude 60
Dana 1202
Foster 824
James L. 803, 880, 1199, 1231
Jason 123
Jessica 307
Joel 1019, 1020, 1105
Martin E. 1073, 1074, 1093
Mel 798, 799, 995, 1292
Rand 989
Randi 308
Randy 374
Ray 214

Richard 700
Stephen 92, 375
Brosch, Ingo 1310
Brosnan, Pierce 585, 752, 835, 870, 980
Brosset, Claude 1324
Brostrøøm, Mai 28
Brough, Candi 161
Randi 161
Broust, Jean-Louis 243
Broustal, Sophie 854
Broux, Leede 739
Brown, Barbara 688
Blair 859, 963, 1126
Brian 1284
Bryan 286, 432, 696, 741
Charlene 222
Clancy 309
Duggie 865
Emma Jayne 700
Garrett M. 1165
George Stanford 355, 848, 855, 1001, 1002
Gordie 1411
Grant 1229
James 792
Jim L. 989
Joe David 899
John 1005
Julie Caitlin 110
Kimberly J. 1156
Les Jr. 1044
Lyal 688
Mitch 230
Olivia 792
Philip Martin 900
Rae 1162
Ritza 608
Riwia 399
Robert 438, 597
Roger Aaron 279, 1093
Rosey 1301
Ross 652
Ruth 504
Sarah 1309
Steve 701
Walter 11
Woody 389
Browne, Kathie 562
Katrina 217, 1207
Peter 930
Robert Alan 258
Roscoe Lee 104
Browne-Walters, Samantha 55
Browning, Ricou 1029
Broyles, William Jr. 212
Brubeck, Dave 641
Bruce, Alison 1149
Brenda 443
Ed 178
Mona 1143
Bruck, Birke 90, 299
Heinz 626
Brück, Inge 801
Ruth 505, 1285
Bruckheimer, Jerry 222, 233
Bruckner, Andreas 1285
Brückner, Christian 29, 1133, 1168

Christine 605, 869
Jörg 144, 387
Jutta 655
Thomas 1270
Wolfgang 1406
Brudenell, Jeremy 335
Brügel, Melanie 82
Brügger, Imke 1272
Katja 251
Brüggmann, Marieke 299
Bruhanski, Alex 853, 932
Bruhier, Catherine 828
Brühl, Hanno 367, 654
Heidi 799, 1153
Brühls, Peter 622
Bruhn, Christian 141, 199, 242, 603, 659, 760, 854, 885, 905, 958, 1098, 1102, 1219, 1343, 1344
Erika 885, 905
Jens-Uwe 326
Martin 606
Uwe Jens 342
Bruhns, Werner 328, 634
Wibke 545
Brulé, Claude 243, 533, 1270
Brumby, Eva 326, 779, 1265
Brundeir, Ludwig 466
Brunelin, André A. 217
Brunhoff, Cécile de 109
Jean de 109
Laurent de 109
Bruni, Bruno jr. 442
Brunner, Angela 502
Bob 117
Brunnert, Claudia 639
Bruno, Dylan 548
Brunow, Jochen 126
Bruscotter, Eric 890
Brush, Bob 53
Brussig, Thomas 532
Brustall, Tim 921
Brustellin, Alf 128
Bruyn, Katharina de 189
Bryant, Darrian 154
Donovan 154
Bryce, Ed 1141
Scott 938, 1248
Brychta, Edita 425
Brygmann, Lars 1257
Brynner, Yul 80
Brzechwa, Jan 979
Brzeziński, Tomasz 367, 1349
Brzobohatý, Radoslav 468, 682, 745, 1288, 1393
Bub, Natascha 408, 685
Bublath, Joachim 15, 103, 152, 206, 340, 373, 426, 447, 489, 615, 665, 677
Bubnik, Gustav 896
Bucci, Flavio 408, 1382
Buch, Menno 1086
Buchanan, Beth 99
Edgar 1009, 1087
Ian 886
Miles 99
Simone 99, 546
Buchegger, Christine 1050
Bucher, Thomas 87

Buchheim, Lothar-Günther 173, 174
Buchholz, Christopher 338
Franz 759
Horst 92, 217, 661, 734, 1039
Karin 658
Martin 845, 1233
Peter 268, 729
Buchman, Harold 915
Buchmann, Mirko 442
Büchner, Eve-Maren 166, 167
Norbert 722, 1393
Buchrieser, Franz 93, 94, 119, 623, 679, 800
Buchvaldek, Zdeněk 753
Buck, Frank 407
Rainer 589
Buckhøj, Jørgen 709
Buckley, Keith 1171
Buckman, Tara 1088
Buckner, Brad 30
Budinger, Elmar 36
Budínová, Slávka 1291
Budischowsky, Irene 861
Budzowski, Piotr 568
Buecheler, Kurt 565
Bug, Thomas 262
Bugat, Nynne 694
Bugeja, Cordelia 398
Buhl, Olaf 172, 644
Buhmann, Jens 948
Buhtz, Anne Cathrin 1409
Buiza, Carlos 894
Bujtor, István 242, 769
Bukowsky, Michael 1196
Büld, Wolfgang 402, 999, 1254
Bulfano, Vincent 1041
Bulgakow, Michail 398
Bulifant, Joyce 153
Bull, Richard 1265
Bullach, Matthias 579, 1048, 1230
Bullock, Jeremy 625
JM J. 44, 173
Sandra 855, 1074, 1311
Bulos, Yusef 1198
Bülow, Vicco von → Loriot
Friedrich von 1274
Bulthaupt, Axel 179, 348, 621, 700
Bulwer-Lytton, Edward George 708
Bumatai, Andy 536, 974
Ray 288
Bundschuh, Matthias 51
Bunje, Karl 798
Bunners, David C. 429, 1155
Bunsen, Robert 152
Bünte, Michael 502, 1251
Buñuel, Juan-Luis 372
Buob, Franz 426
Buono, Victor 752, 1326
Burbage, Jake 642
Burch, Jeannine 530
Liz 107, 393, 877
Burckhardt, Roger 1190
Burda, Aenne 260

Burden, Hugh 1143
Burdis, Ray 1129
Burditt, Joyce 265
Bureau, Yves 319
Buresch, Wolfgang 288, 332, 518, 773, 928, 1046, 1161, 1405
Burg, Lou van 476, 477, 606, 1102, 1133, 1280, 1357
Niki von der 858
Burge, Constance M. 207
Burgemeister, Bernd 103
Bürgen, Gunthilde 630
Burger, Götz 558
Marisa 1005
Willi 530
Bürger, Annekathrin 24, 1196, 1262, 1363
Joachim H. 353, 1059
Burgess, Anthony 81, 610, 826
Christian 250, 855
Deanna 24
Dennis 1031
Scott 276, 1323
Thornton W. 999
Burgh, Chris de 481, 1340
Burghart, Heinz 1297
Burghoff, Gary 767
Burgi, Richard 886, 1080
Bürgin, Andrea 409, 464
Burgwitz, Hanna 1404
Burk, Michael 823
Burkard, Gert 76, 190, 754, 1358
Katja 718, 955
Burke, Baul 985
Christine 373
Christopher 59
David 17, 504, 658, 978
Delta 251, 755, 1172, 1231
Joe Michael 560
Paul 194, 473
Robert 336
Sam 877
Simon 180
Burkert, Gundula 1227
Burkhard, Gedeon 53, 168, 672, 855, 1371
Gert 524, 1079
Katja 955
Burkhart, Ingrid 1126
Burmeister, Michel 103
Burmester, Leo 345
Burnell, Peter 790
Burnett, Carol 415
Frances Hodgson 1033
Nancy 977
Rob 310
Burnette, Justin 1144
Olivia 49
Burnham, Jeremy 1033
Burns, Allan 803, 880
Brooke 123, 791
Catherine Lloyd 282, 699
Jere 779
Larry 676
Mike 1257
Stephan 1411

Burnum, Burnum 173
Buron, Nicole de 409, 1025
Burr, Raymond 209, 210, 912
Burrell, Maryedith 330, 1214
Burress, Hedy 174
Burridge, Geoffrey 1209
Burroughs, Edgar Rice 1190
Burrows, Darren E. 105
James 208, 663, 1352
Bursche, Andreas 30, 248
Burstyn, Ellen 1211
Burt, Andrew 259, 978
Burton, Amanda 454
Donald 447
LeVar 973, 1001
Normann 1366
Richard 223, 1171
Steve 1186
Tim 567
Bury, István 749
Nikolai 403
Busch, Christoph 601
Dieter 294
Fabian 135, 409, 659
Friedhelm 1203
Inga 417
Wilhelm 772
Busche, Jürgen 723
Büscher, Lutz 738, 911
Buschheuer, Else 685
Buschhoff, Walter 190, 403, 590, 717, 744, 758, 1348, 1413
Buschhorn, Ursula 50, 440, 610, 688, 781, 862, 1350
Buschoff, Walter 404
Buse, Christian 763
Büse-Böhm, Florian 734
Büser, Wolfgang 1166
Busfield, Timothy 139, 1299
Büsgen, Wolfgang 1326
Bush, George W. 1100, 1405
Grand L. 1303
Tommy 178
Bushnell, Candace 1086
Buss, Verena 1059
Bussche, Victor von dem 416
Busse, Jochen 36, 72, 137, 299, 328, 374, 483, 507, 524, 538, 554, 616, 775, 819, 823, 858, 875, 1019, 1094
Michael 1162
Bussinger, Hans-Werner 536, 846, 1198
Buster, Dolly 571, 630, 909, 1313
Butenuth, Claudia 1274, 1348
Butkus, Dick 392, 1283
Butler, Brett 483
Dan 410
David 312, 701, 763
Dean 1266
Lisa 202
Michael 467, 946
Paul 231
Robert 980

Yancy 690, 1124, 1360
Butterworth, Shane 117
Büttner, Florence Joy 1149
   Martin 651, 857
   Rudi 1331
   Wolfgang 458, 939, 1113
Butz, Sebastian 128
Buyle, Evelyne 243
Buza, George 278, 1102, 1225
Buzzo, Silvana 1106
Byington, Spring 69
Byrd, David 1099
   Eugene 214
Byrde, Eyde 1311
Byrne, Edward 1168
   Michael 1110
Byrnes, Brittany 95, 1290
   Edd 1084, 1085
   Jim 549, 631, 1025
Byron, Antoinette 843
   Carol 879

C

Caba, Emilio Gutiérrez 215
Cabal, Robert 1199
Caballé, Montserrat 1316
Cabot, Sebastian 14, 208, 714, 1209, 1210
Caczmarek, Jane 749
Cade, Michael 194
Cadell, Selina 1321
   Simon 1321
Cadenbach, Joachim 1015, 1041
Cadet, François 747
Cadman, Sam 1238
Cady, Gary 1290
Cafagna, Ashley Lyn 978
Caffarel, José Maria 215
Caffrey, Stephen 890
Caglini, Umberto 762
Cahill, Eddie 234
Caidin, Martin 1074
Cain, Dean 1175
   Mick 978
Caine, Howard 629
Čajka, Lubor 1092
Calabrese, Alexandria 290
   McKenzie 290
   Megan 290
Calabro, Thomas 786
Calas, Patricia 19
Caldwell, Alexis 50
   Taylor 280, 942
Cale, Paula 951
Calenda, Carlo 234
Calf, Anthony 782
Calfan, Nicole 1410
Calhoun, Monica 112
   Rory 1210
Call, Brandon 123, 1151
   R. D. 1156
Callaghan, Jeremy 930
Callahan, James 106
   John 358
Callan, Bryan 742
   K 1175, 1210
Callander, Tracey 604
Callas, Charlie 1408
Calmund, Reiner 146
Caloué, Heinz 267, 759, 785, 903, 1024, 1128, 1281
Calveley, Grange 86
Calvert, James 1224
   Jim 1173
Calvin, Henry 1396
   John 551
Camacho, Alejandro 217
Camarero, Paco 770
Cameron, Candace 424
   James 244
   Kirk 652, 1261
   W. Bruce 784
Camilleri, Andrea 226
Cammermanns, Paul 276
Camp, Brandon 362
   Hamilton 337
   Sarah 524
Campagne, Claude 19
Campana, Franco 950
Campanella, Joe 761
Campbell, Alan 603
   Bill 231, 815
   Billy 870
   Bruce 12
   Carol 107, 149, 294, 624, 918
   Cheryl 1208
   Christian 750
   Dick 973
   Douglas 591, 1394
   Heather 929
   Jack 217
   Jennifer 123
   Julia 664, 752, 1156
   Ken Hudson 1300
   Maia 1059
   Martin 70, 978
   Naomi 1150
   Neve 202, 902
   Nicholas 555, 591
   Nicolas 266
   Paul 11
   Ross 759
   Sarah 997
   Scott Michael 436
   Tisha 424
   William 254, 379
Campbell-Martin, Tisha 1341
Campino 175
Campion, Léo 448
Campos, Bruno 610
   Victor 280, 1087
Campregher, Irene 36
Camredon, Jean-Claude 1136
Camus, Marcel 485, 777
Camús, Mario 379
Canaan, Christopher 1314
Canals, Maria 1283
Canaris, Wilhelm 556
Canary, David 170
Candelli, Stelio 457
Candy, John 196, 342, 888
Caninenberg, Hans 182, 292, 688
Cannavale, Bobby 1212
Cannell, Stephen J. 9, 117, 173, 221, 259, 307, 515, 519, 535, 569, 631, 822, 895, 907, 931, 953, 981, 1054, 1161, 1239, 1247
Canning, Victor 1292
Cannon, Dyan 62, 568
   J. D. 1087
   Katherine 907, 1281
   Wanda 1252
Cano, Gaspar 750
Canonica, Sibylle 441
Canova, Diana 21, 104, 1213
Canovas, Anne 1270, 1307
Cant, Colin 821, 1269
Cantieni, Ursula 363
Cantu, Garcia 382
Cantz, Guido 250, 480, 637, 643, 797, 844, 923, 979, 1245
Cao, Thuy-Anh 648
Cap, Franz 989
Capannelli, Dylan 1222
Capell, Barbara 705
   Leonore 763
   Peter 1053
Capetillo, Eduardo 764
   Guillermo 1350
Capillery, Franck 12
Capitani, Grace de 1136
Capitoni, Roberto 177
Capone, Al 1254
Capote, Jose 791
   Truman 1302
Cappelluti, Roberto 698
Capra, Frank 240
Cara, Irene 1002
Caramaschi, Claudio 513
Carbonell, Nestor 1176
Cardea, Frank 363
Cardenas, Steve 940
Cardinal, Pierre 379
Cardinalli, Valentina 94
Cardon, Beatrice 1076
Cardone, Vivien 349
Carel, Roger 89
Carey, Clare 805
   Drew 1360
   Harry Jr. 1136
   Joyce 18
   Macdonald 83, 1391
   Olive 83
   Ron 736
   Tony 1351
Cargill, Margit 1266
   Patrick 18
Carhart, Timothy 288
Carillo, Marie 1121
Cariou, Len 950
Carl, Fritz 623
   Michael (Mike) 1174
   Mike 159, 927, 1071
   Rudolf 68, 367
Carle, Gilles 1074
   Sophie 425
Carlin, Lynn 805
Carlisle, John 360
Carlotto, Franco 364
Carlsen, Dana 719
   Niels Martin 709
Carlson, Amy 1212
   Lillian 17
   Linda 641, 1338
Carlton, Valerie 919
Carmack, Chris 876
Carmichael, Hoagy 69
   Ian 539, 728
Carmine, Renato 43
Carnap, Iris von 1351
Carne, Judy 1044, 1202
Carney, Zane 582
Caro, Lucio de 540, 599
Caron, Glenn Gordon 811
   Jean-Claude 671
   Leslie 289
Carothers, A. J. 850
Carow, Heiner 633
   Leonard 1248
Carpendale, Howard 768, 769, 1231
Carpenter, Charisma 75, 184, 750
   John 757
   Pete 10, 259, 747
   Richard 95, 202, 267, 995, 1053
   Thelma 118
Carpentier, Jan 328
   Rémy 846
Carpitueiro, Isa 326
Carr, Betty Ann 1087
   Darleen 178, 1164, 1324
   Ian 479
   Jane 779
   Katie 274
Carra, Suzanne 339
Carradine, David 356, 686, 1086
   Keith 930
   Robert 230, 342, 726
Carraher, Harlen 448
Carrasco, Ada 764
Carrat, Gérard 342
Carré, John le 164, 243, 1110
Carrel, Catherine 641
   Dany 439
   Roger 282
Carrell, Rudi 69, 70, 77, 279, 354, 415, 477, 541, 570, 643, 697, 700, 732, 756, 859, 939, 949, 1016, 1017, 1018, 1019, 1048, 1091, 1094, 1153, 1174, 1176, 1243, 1244, 1273, 1287, 1288, 1331
Carrera, Barbara 333
Carreras, José 621
Carrere, Tia 979
Carrère, Jean-Paul 82
Carrey, Jim 21, 768, 1199
Carri, Anna 969
Carricart, Robert 1211
Carrier, Corey 14
Carriere, Justus 325
Carrière, Mareike 430, 494, 941, 1060, 1227, 1321
   Mathieu 15, 174, 417, 442, 523, 757, 758, 875, 945, 1049, 1272
Carroll, Beeson 895

Daphne 1168
Diahann 254, 623
Helena 1326
John 1338
Leo G. 244, 1117, 1144, 1228
Lewis 47
Rocky 30, 210
Carry, Julius 12, 1239
Carson, Charles 1111
Johnny 481, 697
Lisa Nicole 62
Michael 1351
T. C. 725
Carste, Hans 1185
Carsten, Peter 1160
Carstens, Bruno 164, 1141, 1207
Christiane 18
Lina 119, 577, 968, 1225
Cartagena, Cyndi 549
Carter, Chris 33, 796, 847
Danielle 28
Dixie 371, 755, 1172
Lynda 203, 703, 1365
Michael Patrick 899
Nell 310
T. K. 1281
Terry 632
Thomas 333
Carteris, Gabrielle 142
Cartwright, Angela 1294
Nancy 1101
Veronica 244
Carty, Todd 948
Caruso, David 233, 234, 537, 859
Enrico 1198
Carvalho, Betty 288, 1299
Denis 751
Carvana, Hugo 534
Carver, Mary 1099
Randall 1199
Carvey, Dana 392
Casadesus, Olivier 1026
Casagrande, Vittorio 1393
Casanova, Giovanni 200
Casapietra, Björn 382, 862, 1122, 1143, 1272
Casati Modignani, Sveva 465
Casdorff, Claus Hinrich 574, 817, 1045, 1329
Case, Allen 1412
Russel 1279
Casella, Max 284
Caselli, Chiara 853
Casey, Daniel 591
Peter 410, 1250
Cash, Johnny 171, 229, 1152, 1177
Cashman, Michael 1031
Natasha 16
Casile, Geneviève 13
Casnoff, Philip 356, 1168, 1273
Caspari, Carlheinz 102, 386
Casper, Kyndra Joy 861
Caspers, Ralph 771, 841, 858, 1080, 1360

Cassel, Alan 1129
Jean-Pierre 88
Seymour 1273
Cassell, Alan 1332
Cassidy, David 902, 1048
Jack 337
Joanna 183, 221, 1411
Patrick 276
Shaun 71, 227
Ted 27, 371
Cast, Tricia 117
Castel, Colette 687
Castell, Dominik 646
Rolf 50, 132, 890
Stephan 890
Castellaneta, Dan 1231, 1232
Castellani, Renato 1039
Castelli, Matt 1177
Castile, Christopher 1151
Castillo, Nardo 402
Castle, Aimée 1403
John 130, 1108
Mary 326
William 1209
Castoldi, Emilio 537
Castro, Fidel 873
Kevin 1175
Verónica 865, 1350
Catch, C. C. 225
Cater, John 564
Cathoud, Rachel 586
Catillon, Brigitte 812
Cato, Nacy 251
Caton, Michael 107
Catran, Ken 1148
Catterfeld, Yvonne 282, 499
Catton, Bruce 164
Cattrall, Kim 1085, 1348
Caubère, Philippe 812
Cauchy, Daniel 95
Caudron, Georges 485
Caulfield, Emma 142
Maxwell 222
Michael 959
Cauvin, Nathalie 1189
Cavallaro, Gaylord 1288
Cavallas, Fabian 1289
Tom 310
Cavanaugh, Michael 192, 757
Tony 28
Cavara, Paolo 1055
Caves, Greg 200
Cavett, Dick 605
Cavina, Gianni 592
Cazenove, Christopher 564, 1000
Ceccaldi, Daniel 15, 61, 728
Cécile, Aubry 129
Cele, Henry 1086
Celi, Adolfo 215, 1032
Cella, Guido 800
Cellini, Karen 254
Cenci, Athina 1334
Cencig, Julia 775
Čepek, Petr 90, 468
Cerne, Rudi 36, 39, 1138, 1375
Ceron, Laura 331

Cerusico, Enzo 1039
Cerval, Claude 600
Cervantes, Miguel de 282, 283
Cervik, Sandra 1050, 1161
Cesmici, David 404
Cetera, Peter 123
Cetto, Gitta von 48, 176
Cevallos, Fabian 996
Cevikkollu, Fatih 54, 414
Chabert, Lacey 902
Chabrol, Claude 372, 592
Chadimová, Karla 1028
Chadwick, June 1239, 1279
Sarah 393
Chagall, Rachel 850
Chagrin, Julian-Joy 1292
Chalke, Sarah 1003, 1072
Challah, Jasin 86
Johnny 108
Chalvon-Demersay, Vincent 1230
Chama, Sydney 1009
Chamberlain, Ardwright 110
Lee 199, 1025
Richard 222, 286, 287, 288, 293, 1089
Chambers, Justin 222
Nanci 600
Chambois, Jean-Henri 163
Chamier, Mohr von 41
Champagne, Matt 879
Chan, Doreen 1376
Tim Patrick 918
Chandler, George 697
Kyle 53, 890
Raymond 918
Shannon 127
Chao, Rosalind 1149
Chapin, Lauren 1281
Chaplin, Alexander Gaberman 206
Charlie 433, 475, 653, 1024, 1128, 1212, 1281, 1347
Josephine 537, 586
Chapman, Edward 887
Graham 820, 821
Hollie 666
Lanei 1127
Mark Lindsay 271, 358
Richard 309, 1257
Robin 1224
Chapot, Jean 280
Chappell, Eric 236, 304
Lisa 217
Chapple, Nancy 1162
Charell, Marlene 88
Charles, Prince of Wales 157
Glen 208
Les 208
Charleson, Ian 568, 732
Charleston, Anne 604
Charlesworth, Sarah 128
Charlet, Anja 179, 546
Charlier, Jean-Michel 30, 693
Charlton, Alethea 1029
Charnay, Jean-Claude 932

Charney, Jordan 795
Charrell, Marlene 348
Charteris, Leslie 1098
Chartoff, Melanie 901
Charvet, David 122, 786
Charvey, Marcel 687
Chase, Alan 1391
Charley 1281
Chevy 992
Courtney 168
David 847, 1123, 1292
Lorraine 658
Chastain, Don 250
Château, Agnès 846
Chatel, Bertrand 1124
François 641
Thibaut 1124
Chatelain, Dirk 453, 727
Chatelet, Dominique 385
Noëlle 183
Chatenet, Jean 1324
Chatfield, Les 753
Chatinover, Marvin 310
Chatschaturjan, Aram 887
Chau, Luong Ham 437
Châu, Ly 543
Chaudière, Leopold 423
Chaumette, François 130, 245
Chaves, Richard 682
Chavira, Ricardo Antonio 257
Chayanne 62
Cheadle, Don 475, 919
Checchi, Andrea 15
Cheek, Molly 211, 516
Chege, Mick 693
Chen, Joan 445
Chérer, Pierre-Jean 1189
Cherry, Byron 306
Eagle-Eye 450, 1125
Marc 257
Chesney, Ronald 863
Chester, SaMi 767
Chesterton, Gilbert Keith 904
Gilbert Keith 904
Chestnut, Morris 192
Chevalier, Maurice 1237, 1397
Chevallier, Alain 586
Gabriel 219
Chevalme, Cédric 408
Chevolleau, Richard 173, 549, 802
Cheyney, Peter 1109
Chi, Chao Li 358
Chianese, Dominic 1123
Chiapponi-Grönros, Natascha 31
Chick, Susan B. 330
Chicot, Étienne 346, 846
Chiklis, Michael 931, 1088, 1089
Child, Jeremy 18
Paul 425
Childers, Erskine 967
Childs, Chris 73
Peter 100
Chile, Junior 997

Personenregister

Chiles, Linden 805
Chinn, Anthony 641
 Charlotte 919
Chisholm, David 875
Chmelnizkij, Wladimir 266
Chmiel, Franek 399
Cho, Margaret 47
Chodan, Dahve 888
Chodos, Lori 963
Chokachi, David 123, 1360
Chomsky, Marvin J. 560, 1164
Chong, Marcus 457
 Rae Dawn 841
 Robbi 935
Choublier, Claude 61
Choynski, Carl Heinz 66, 408
Christ, Liesel 127, 366, 386, 538, 805, 1220
Christen, Ilona 84, 116, 117, 216, 392, 576, 719, 884, 1023, 1122, 1146, 1189, 1203, 1384
Christensen, Alex 938
 Chris 1124
 Hayden 549
 Jesper 1180
 Ute 178, 343, 573, 1210
Christian, Claudia 110, 137, 148, 998
 Eva 28, 502
 P. A. 548
Christian-Jaque 757, 886, 1341
Christiani, Hans 498
Christians, Ralph 726
Christiansen, Christiane 136
 Ingeborg 338
 Sabine 134, 136, 685, 744, 831, 1022, 1023, 1186, 1188, 1347
Christie, Agatha 30, 258, 821, 822
 Dick 1297
 Dinah 1401
 Julianne 953
 Julie 1282
 Tony 642
Christine, Virginia 1328
Christoff, Christina 1063
 Daniel 1063
Christopher, Dennis 948
 Gerard 1173
 John 301, 1310, 1311
 Thom 182
 Tony 199
 William 767
Chrzanowska, Katazyna 1121
Chudík, Ladislav 680
Church, Thomas Haden 852, 1250
Churchill, Winston 608
Chylková, Ivana 458
Ciampa, Chris 831
Ciazynski, Frank 722
Cibrian, Eddie 124, 1212
Cicely, Tyson 650
Cichowicz, Andreas 1329

Ciel, Igor 732
Cierpka, Horst 411
Ciganová, Zuzana 1025
Cigliuti, Natalia 194, 689
Cigoj, Laci 378
Cinader, Robert A. 1097
Cindy und Bert 597
Cinis, Alan 1250
Cinnamon, Ken 867
Cioffi, Charles 667
Ciornei, Boris 1076
Cirillo, Joe 1041
Cisler, Jiří 663
Cistaro, Anthony 1360
Citroën, André 449
Citron, Wolf 380
Čížek, Martin 417
Clair, Denise 410
Claire, Cyrièlle 96
Clairmont-Simpson, Hugh 333
Claisse, Georges 1008, 1199
Clampett, Bob 1069
Clannad, 996
Clapp, Gordon 859, 1401
Clapton, Eric 70
Clarin, Hans 216, 382, 406, 603, 784, 787, 832, 884, 889, 900, 915, 922, 954, 994, 1084, 1222, 1282, 1308
 Irene 917, 1348
Clark, Anne 1381
 Anthony 174
 Ashley Monique 54
 Bobby 200
 Brian 106
 Daniel 313
 Doran 331
 Eugene 845, 1202
 Gary 562
 Jeff 34
 John 1041
 Lawrence Gordon 599, 1354
 Louise Claire 107
 Matt 1152
 Petula 533, 837
 Philip 625, 1210
 Robert 34
Clarke, Andrew 743, 1107, 1111, 1332
 Brian Patrick 977
 Gary 360, 708
 Jacqueline 753
 Kenny 1096
 Laura 1382
 Lenny 50, 616, 848
 Melinda 319, 876, 1037
 Patrick James 653
 Roy 741, 776, 954
 Warren 608, 1258
Clarkson, Patricia 835
Clary, Robert 629
Clasen, Hans Walter 378, 706, 1077
Clasing, Tatjana 1287
Classen, Sabrina 826
Clatyon, Melissa 976
Claus, Regina 1264

Clausen, Jürgen 567
Clauser, Michael 220
Clausnitzer, Claus Dieter 777
 Niels 1404
Clavell, James 1089
 James Dumaresq 870
 Kira 585
Clavier, Christian 850
Clay, Andrew 320
 Andrew Dice 231
 Nicholas 135, 708, 1352
Clayton, Gina 878
 Jan 697
 John 930
Cleary, Beverly 963
Cleese, John 374, 616, 821, 834
Clémenceau, George 807
Clemens, Brian 164, 948, 949
 Harald 178
 Oliver 42, 522, 939, 963, 1349
 Otto 1029
Clemenson, Christian 12, 198
Clement, Aurore 329
Clémenti, Pierre 647, 905
Clements, Christopher Lee 202
Clencie, David 843
Clennon, David 30, 139, 1410
Clerici, Christian 472, 541, 655, 961, 1170
Cleve, Anna von 1073
Cleveland, Carol 821
 George 697
Clifford, Graeme 707
Climo, Brett 393, 1111
Cline, Patsy 251
Clinton, Bill 157, 1022
 Hillary 157, 1022
Clohessy, Robert 411, 881, 1198
Cloke, Kristen 1127, 1355
Clooney, George 110, 331, 332, 822, 1150, 1165, 1172
Close, Eric 245, 467, 1360
Clothier, Robert 1162
Cluess, Chris 599
Clute, Sidney 193
Cluzaud, Jacques 227
Cluzet, François 410
Clyde, Andy 697
 Jeremy 757, 1112, 1352
Coakley, Amy 251
Cobb, Joe 658
 Julie 77
 Keith Hamilton 74
 Lee J. 625, 708
Coburn, David 516
 James 223, 398, 834
Cocea, Dinu 743
Cochran, Robert 1246
Cochrane, Rory 234
Cocker, Joe 125, 783, 881, 1190, 1369
Cockrum, Dennis 888

Coco, Salvatore 527, 930
Cody, Liza 79
Coe, Barry 1272
 George 772
Coffield, Kelly 1301
Coghill, Nikki 169, 393
Cohan, Martin 1333
Cohen, Barney 865
 Ellen 692
 Ernst 524, 915
 Evan 1409
 Larry 594
 Leonard 792
 Rob 1280
 Scott 1390
Cohn, Ray 335
Cohoon, Patti 106
 Ronald 589
Cointepas, Odile 812
Cokic, Husein 15
Colani, Luigi 95
Colantoni, Enrico 626, 1098
Colasanto, Nicholas 208
Colazzo, Julia 355
Colbert, Robert 771, 1218
Colbin, Marie 129
Cole, Cassie 516
 Dennis 439, 881
 Gary 71, 846
 George 100
 Michael 1246
 Olivia 1326
 Paula 249
Coleby, Robert 309, 566, 1142, 1413
Coleman, Basil 78
 Beth Toussaint 1035
 Charlotte 1304
 Dabney 183, 415, 496, 599
 Jack 253
 James 663
 Kathy 579
 Lonnie 452
 Noël 442
 Signy 767
Coles, Kim 725
 Olivia 522
Coletta, Maurizio 234
Colicos, John 632
Coligado, Emy 749
Colihan, Patrice 1198
Colin, Eric 415
 Ian 919
 Loïc 517
 Margaret 653
Coll, Christopher 401
 Nadine 1189
Collande, Nora von 403
 Volker von 460
Collen, Jacqueline 1102
Collier, Danny 495
 Don 547
 Patience 248, 1352
Collings, David 1108
Collingwood, Peter 1111
Collins, Corny 56, 710
 Debra 948
 Forbes 747
 Gary 413

Jesse 640
Joan 116, 253, 255, 689
Johnnie III. 736
Lewis 948, 949
Myles 919
Pauline 521
Phil 620, 792, 1340
Stephen 551, 861, 1035, 1198
Wayne 574
Wilkie 411, 891, 1008
Collison, Frank 290
Collodi, Carlo 921
Colman, Booth 924
Colouris, George 447
Colpi, Henri 99, 447
Colt, Marshall 731
Coltelloni, Jacques 329
Coltrane, Chi 1083
Robbie 428
Colvin, Jack 567
Comar, Richard 174
Combrinck, Ivar 432, 1101
Combs, Holly Marie 207, 919
Julian 1309
Comencini, Luigi 234
Comer, Norman 1112
Comerford, Jane 364
Comi, Paul 1141
Companéez, Nina 243, 489
Conaway, Cristi 1219
Jeff 1199
Concini, Ennio de 52, 871, 465, 1106
Conde, Carlos 791
Condon, Jackie 658
James 856
Condra, Julie 312
Condrus, Wolfgang 952
Conley, Darlene 977
Joe 1315
Conn, Didi 131, 691
Connell, Jim 981
Kelly 919
Connelly, Christopher 308, 899, 916
Joe 342
John 833
Connely, Christopher → Connelly, Christopher
Connery, Jason 473, 996
Sean 243, 620, 996
Connick, Harry Jr. 1352
Connolly, Billy 436, 1174
Kevin 99, 1173
Megan 900
Walter 904
Connor, Kevin 339, 444, 488, 1095
Sarah 125, 1033
Connors, Chuck 230, 395, 438, 631, 1337, 1338
Mike 760
Conrad, Christian 548
David 144
Gabriele 677, 684
Joan 548
Klara 576
Marc 302, 414
Michael 252, 933

Robert 77, 222, 548, 907, 1293
Shane 548
Susanne 227, 546, 1387
William 197, 223, 603, 770, 848, 853, 969, 1398
Conradi, Kurt 454
Peter 760
Conried, Hans 1227
Conroy, Frances 1105
Kevin 890
Considine, Tim 782, 1136
Constable, Mark 28
Constantin, Michel 693
Constantine, Eddie 408
Conte, Richard 1300
Conti, Vince 324
Contreras, Roberto 547
Contri, Fabrizio 1116
Converse, Frank 11, 80, 443, 534
Converse-Roberts, William 244, 660
Conway, Gary 72, 924
James, L. 822
Pat 1351
Susan 15, 589
Tim 736
Conwell, Angell 582
Coogan, Jackie 27
Cook, A. J. 549, 1241
Amanda 250, 251
Elisha Jr. 746
James 336, 1354
Nathan 564
Sophie 675
Cooke, Alistair 71
Brian 18, 582, 753, 996, 1401
Jennifer 1279
Cookson, Kathrin 658
Coolidge, Susan 583
Coolio 225, 244
Cooper, Alice 834
Ann 392
Bradley 46
Eddie 892
Giles 671
Gladys 438
Jack 653
James Fenimoore 702, 703, 707
Justin 253, 643
Richard 398
Robert 791
Robert C. 1151
Stuart 81
Terence 599
Coopersmith, Jerome 795
Coors, Fiona 683
Coote, Robert 438, 853
Copage, Marc 623
Cope, Kenneth 964, 1142
Copeland, Stewart 1063
Copleston, Geoffrey 52
Copley, Paul 1182
Copp, Rick 1200
Copperfield, David 319, 511, 745, 1352

Coppola, Francis Ford 388, 903
Cora, Claudio 1049
Corbellini, Vanni 586, 1049
Corbett, Glenn 1257
Gretchen 259
John 105, 1085, 1303
Corbin, Barry 105, 149
Corby, Ellen 1263, 1315
Cord, Alex 32, 379
Cordalis, Costa 571, 645, 837
Corday, Barbara 193
Betty 1391
Ted 1391
Corea, Nicholas 457
Corey, Wendell 42
Corlett, Ian James 1378
William 154, 522, 816, 1228
Corley, Al 253
Pat 835
Corman, Gordon 1238
Maddie 47
Cornborough, Diana 932
Justine 932
Cornehl, Carlotta 918
Cornelius, Amy Hunter 894
Cornelsen, Horst 626
Corner, Norman 414
Cornfeld, Bernie 1302
Cornillac, Clovis 119
Cornish, Abbie 893
Cornu, Jean-Pierre 564
Cornwell, Bernard 1036
Judy 776
Corona, Lauro 975
Corot, Jacqueline 379
Corraface, Georges 345
Corral, Pedro Diez del 203
Corrigan, Kevin 523, 642
Lloyd 509
Ray 1338
Corrington, John William 1210
Joyce 1210
Corsbie, Anette 312
Cort, Bill 308
Cortal, Nadine 641
Cortes, Gadar Thor 870
Cortese, Dan 1291
Corti, Axel 1362
Corwin, Jeff 608
Cosby, William »Bill« H. Jr. 153, 154, 222, 228, 229, 259, 1207
Cosell, Gordon 466
Cosgrove, Daniel 142
Stephen 12
Cosima, Viola 720
Cosmos, Jean 1324
Cossäus, Sophie 387
Cosso, Pierre 215, 800
Cossy, Hans 454, 970
Costanzo, Robert 206
Costello, Mariclare 1316
Coster, Charles de 1251
Claudine 794, 1393
Jane 1075
Nicolas 1088

Costin, Sue 1124
Costner, Kevin 388
Cotler, Kami 1111, 1315, 1316
Cotteril, Chrissie 1224
Cotterill, Belinda 930
Cottier, Stephen 15
Coulier, Dave 424
Coulonges, Georges 82
Coulson, Bernie 17
Catherine E. 446
Coulter, Bridgid 218
Clare 700
Councel, Elizabeth 442
Coursan, Serge 812
Court, Hazel 782
Courths-Mahler, Hedwig 1302
Courtneidge, Cicely 863
Cousens, Peter 1351
Cousteau, Jacques 336, 446
Coutteure, Ronny 14
Cowen, Ron 1165
Cowper, Gerry 214
Nicola 930
Cox, Arthur 258
Brian 1036
Christina 432
Courteney 368, 418, 1132
Lara 527
Michael Graham 96
Monty 777
Nikki 99, 523
Richard Ian 162
Ronny 30, 60, 227
Wally 14
Wendy 698
Coxx, Josh 1168
Coyle, Richard 229
Crabb, Christopher 16
Crabbe, Buster 183, 389, 390, 1338
Crabtree, Michael 831
Cracknell, Ruth 841, 1093
Craemer, Ulrich 294, 982, 1203
Craft, Joan 248
Craig, Andrew 226
Bill 195, 759
Charles Grant 449
Diane 527
Ivan 676
Michael 99, 1351
Tony 828
Yvonne 120
Cramer, Bettina 166, 1033, 1034, 1045
Douglas S. 564, 733, 739, 1070, 1283
Grant 1037
Karl Josef 659, 979
Crandall, Prudence 1394
Crane, Bob 629
David 293, 418, 1291
Tony 149
Cranham, Kenneth 599
Cranitch, Lorcan 428
Cranston, Bryan 749, 801
Crauchet, Paul 130

Personenregister

Craven, Brittany 139
  Lacey 139
  Matt 548, 689
Crawford, Andrew 707
  Bobby Jr. 69
  Broderick 92, 1165
  Cindy 835
  Dorothy 822
  Ellen 331
  Hector 822
  John 1316
  Johnny 1338
  Katherine 452
  Michael 1104
  Rod 929
  Wayne 883
Creasey, John 119
Creighton, Rhett 385
Cremer, Bruno 53, 747
  Hannelore 1178
  Ute 1030
Crenna, Richard 223, 592, 949, 1025
Crepax, Guido 1279
Crespi, Todd 745
Cresswell, Helen 443, 800, 873, 919, 1141
Creton, Manuel 243
Cribbins, Bernard 1365
Crichton, Michael 331
  Robert 196
Crider, Missy 835
Criggs, Christopher 154
  Clayton 154
Crisp, N. J. 351, 440
Cristal, Linda 547
Crittenden, James 467
Crnogorac, Joelene 1248
Crocker, Barry 866
Crockett, Michael 949
Croft, Jamie 24, 581
  Mary Jane 562
  Penny 1321
Croisille, Nicole 728
Crombey, Bernard 82
Crombie, Donald 400
  Jonathan 80
Cromwell, James 270
  Oliver 676
Crone, Neil 313
Cronin, A. J. 1158, 1394
  Jonathan 220
  Paul 695
  Rachel 310
Cronkite, Walter 273
Cronogorac, Joelene 1111
Cropper, Linda 1313
Crosbie, Annette 1073
Crosby, Bing 224, 1144
  Denise 973
  Elizabeth 856
  Mary 240, 355
Cross, Ben 245, 693, 895, 1394
  Harley 1356
  Marcia 257, 786
  Rob 388
Crosse, Rupert 1410
Crothers, Scatman 1410
Crott, Randi 299, 771

Crough, Suzanne 831, 902
Crouse, Danielle 444
Crowe, Christopher 537, 1084
  Tonya 1270
  Zachary 1084
Crowhurst, Shelley 447
Crowley, Evin 130
  Jeananne 978
  Kevin 642, 712
  Patricia 1263
Cruce, Austin 1035
Cruise, Tom 667, 891, 1011
Cruso, Sabine 920
Crutchley, Rosalie 493, 581, 1073
Cruttenden, Abigail 1036
Cruz, Alexis 520
  Brandon 310
  Wilson 1353
Cruze, Robyn 150
Cryer, Jon 60, 282, 777, 1200
  Suzanne 1239
Crystal, Billy 104, 835
Csecsei, Petra 606
Csekits, Gerline 702
Csupo, Gabor 305, 1019
Cube, Alexander von 152, 677
Cukrowski, Gesine 707, 941, 1254
Culbertson, Rod 1158
Culea, Melinda 10, 1349
Culeman, Hans 397
Cullen, Brett 358, 696, 1377
  Katharine 742, 1124
Culliford, Pierre → Peyo
Cullum, John 105, 588
  John David 197
  Kaitlin 483
  Kimberly 320
Culp, Robert 1207
  Steven 257, 600
Culver, Carmen 708, 962
  Michael 162
  Molly 1302
Cummings, Quinn 72
  Richard Jr. 1213
  Susan 1257
Cummins, Martin 935
Cumpsty, Michael 690
Čunderlíková, Andrea 680
Cuny, Alain 53
Cuoco, Kaley 784
Cupák, Eduard 545, 997
Curi, Giandomenico 1279
Curland, Victor 23
Curreri, Lee 364
Curry, Julian 1020
  Mark 310
  Tim 309, 1352
Curtin, Jane 554, 861
  Peter 1395
Curtis, Barry 296
  Dan 245, 384
  Eva 726
  Ian 802
  Jamie Lee 54, 889, 1070
  Janet Lynn 1087

Keene 745
Ken 631, 969, 1141
  Richard 161
  Sonny 880
  Tony 243, 889, 1283, 1404
Curtis-Hall, Vondie 210
Curzi, Pierre 1074
Cusack, Ann 745
  Cyril 219, 1168
Cuse, Carlton 12, 851
Cushing, Peter 1088
Cushman, Jessica 689
Custance, Michael 1136
Cuthbert, Elisha 1246
Cuthbertson, Iain 759, 1174
Cutrona, Hannah 1356
Cutter, Lise 1036
Cvrček, Radim 1025, 1092
Cwielag, Peter 131
Čwirko, Franciszek 416
Cygan, John 932
Cylian, Werner 654
Cypher, Jon 933
Cyphers, Charles 863
Czepa, Friedl 367
Czepl, Susanne 537, 630, 639, 1215
Czepuk, Harri 571
Czerczenga, Joachim 1385
Cischek, Elke 189, 848, 1282
Czvrcsek, Herbert 1225
Czypionka, Hansa 1007

D

d'Abo, Olivia 1103, 1368
d'Allessandro, Angelo 15
D'Ambrosio, Vito 1007
D'Amico, Suso Cecchi 610
D'Amore, Renato 1410
D'Ancona, Camillo 700, 862
D'Antoni, Philip 11
D'Anza, Daniele 228, 891
D'Aquino, John 495, 1072
D'Arbanville-Quinn, Patti 860
D'Avis, Carmen 1074
D'Elia, Bill 427
D'Errico, Donna 123, 124
D'lyn, Shae 265
D'Onofrio, Vincent 231
Da Costa, Philip 29
Dabson, Jesse 330
Dacascos, Mark 232
Dacks, Joel 657
DaCosta, Philip 948
Dacqmine, Jacques 53, 1040
Daddo, Cameron 173, 432, 812
Dadieu, Daniela 714
Daemgen, Holger 585
Dagelet, Hans 957
Dagory, Jean-Michel 442, 1233
Dahl, Arnim 68, 438, 1134, 1393
  Benedikte 709
  Roald 1256

Dahlberg, Hannes 368
  Monika 1282
Dahlen, Armin 42, 296, 343, 647, 1220
  Klaus 540, 541, 661, 1118, 1176, 1406
Dahlin, Hans 181
Dahlke, Paul 140, 266, 411, 831
Dahmen, Andrea 218
  Josef 932, 1217
  Joseph 502
  Julia 50, 349, 440, 1215
Dahms, Maria 1262
Dahrendorf, Ralf 1122
Daily, Bill 44, 143
Dan 1300
Dajani, Nadia 852
Daker, David 267, 821
Dakota, Tony 1247
Dal, Burcu 268
Dalai Lama 175
Dalchau, Antonia 704
Dale, Alan 843, 876
  Cynthia 861
  Jennifer 1256
  Murray 176
  Vincent 1029
Dalesch, Christian 1265
Dalgård, Jacob 709
Dalí, Salvador 1302
Dalkin, Philip 998
Dall, Karl 238, 480, 593, 627, 635, 636, 637, 667, 840, 924, 1054, 1094, 1175, 1187, 1209, 1295, 1327
Dallansky, Bruno 1198
Dallapiccola, Armin 553
Dallmeier, Uwe 19, 320, 685, 704, 857, 1198
Dalric, Jean 264
Dalton, Abby 358
  Timothy 339, 456, 1035
Daly, Jonathan 49
  Rad 117
  Timothy 958, 1156, 1250, 1292
  Tyne 193, 194, 428
Damain, Eric 600
Damek, Dagmar 174
Damm-Wendler, Ursula 456, 981, 1393
Damme, Jean-Claude van 1219
Damon, Cathryn 104
  Gabriel 32
  Stuart 204
Damus, Mike 1200
Dana, Vic 866
Dance, Charles 447
Dane, Lawrence 1149
Danek, Oldřich 545
Danella, Utta 589, 976, 1190, 1278
Danes, Claire 1353
Daniel, Birgit 408
  Floriane 584, 1222
  Jean 315
  Melissa 711

Personenregister

Daniel-Turner, Stephanie 1267
Daniels, Bébé 552
 Dee Jay 54
 Greg 651
 Jeff 781
 Laurent 494
 Lucy 359
 Mickey 658
 Phil 812
 Stan 830, 1199
 William 210, 443, 702
 Williams 665
Daniely, Lisa 1269
Däniken, Erich von 94, 727, 959
Danin, Will 894, 1036, 1252
Danko, Rick 21
Dankou, Yvette 208, 566, 1374
Dankwerth, Gesa 858
Dann, Colin 65
Danneberg, Peter 510
 Thomas 374
Dannenberg, Davia 295, 1143
Danner, Blythe 588, 1198
Danot, Serge 1382
Danson, Ted 126, 208, 552, 950, 1407
Danton, Georges 410
 Ray 474
Danz, Gerriet 609
Danza, Tony 110, 371, 1199, 1283, 1333, 1334
Danzeisen, Nina 802
 Peter 975
Danziger, Cory 1056
Dapo, Ronnie 969
Dapporto, Massimo 649
Daquine, Jacques 1038
Darbon, François 289
Darc, Mireille 822
Darchinger, Thomas 734
Darcy, Gerogine 515
Darius, Elisabeth 201
Dark, Eleanor 1351
 Jason → Rellergerd, Helmut
Darlan, Eva 345
Darling, Jennifer 1073, 1074, 1093
 Joan 893
Darnstädt, Christoph 19
Darr, Lisa 615, 938
Darras, Jean-Pierre 13
Darren, James 1218, 1222
Darrieu, Gérard 532
Darrieux, Danielle 88, 359
Darrow, Carl 823, 935, 1079
 Henry 516, 547, 1396
Dartland, Dottie 199
Dartsch, Ursula 876
Darvas, Iván 409
Darwin, 978, 1260
Dary, René 130, 379
Dash, Stacey 221
Daub, Phil 831
Däubler-Gmelin, Herta 807
Daubner, Susanne 1184

Dauhin, Jean-Claude 1274
Dauner, Wolfgang 479, 655, 897
Dauphin, Claude 750
 Jean-Claude 485
Dautzenberg, Dirk 190, 904, 1265
Davalos, Elyssa 739
Davenport, Andy 1205
 Gwen Leys 830
 Jack 229
Davern, James 1413
Davet, Michel Christian 1341
Davi, Robert 948
David, Alan 214
 Brad 385
 Cyrus 763
 Janina 1168
 Joanna 707
 Karin 107
 Keith 616
 Larry 1077
 Mack 1085
 Philip 996
Davidoff, Michael 714
Davidson, Amy 784
 Doug 1037
 Eileen 953
 Jim 894
 John 784
 Troy 779
Davies, Andrew 45
 Gareth 1182
 Geraint Wyn 32, 865, 1232
 John Howard 682
 Kate Emma 493
 Kimberly 689
 Lane 504, 1173
 Lyndon 1228
 Robin 1075
 Rupert 260, 439, 671, 674, 682
 Timothy 1319
Davis, Ann B. 297
 Barry 106, 598
 Bette 564
 Brad 71, 930
 Daniel 849, 1210
 David 1199
 Don S. 1150
 Duane 1200
 Erin 1281
 Geena 183
 Glenn 801, 1124
 Jerry 777
 Jim 230, 238, 326, 436
 Kristin 786, 1085
 Marty 946
 Miles 792
 Ossie 161, 237, 650, 660
 Phyllis 1283
 Robin 202
 Roger 46
 Sammy Jr. 453
 Shanesia 53
 William B. 33
Davison, Bruce 210, 516
 Peter 258, 281, 713

Davy, Walter 68, 194, 679, 745
Dawber, Pam 824
Dawson, Kevin 79
 Richard 629
Dax, Micheline 349
Day, Doris 286, 1123, 1263
 Gary 588
 George 821
 Matt 1073
 Shannon 579
Dayan, José 484
Dazzi, Cecilia 73
de Buhr, Annika 546
de Mol, Linda 1176, 1177
de Monfreid, Henry 11
De Niro, Robert 794
De Rossi, Barbara 871
 Portia 864
De Simone, Alina 700
De Vanny, André 1229
 Young, Cliff 998
Deacon, Richard 160
Dean, Fabian 736
 Ivor 965, 1040, 1099
 James 609
 Jimmy 244
 Ron 692
 Terence 930
Deane, Meredith 870
Debain, Yannick 442
Deban, Frédéric 1144
Debary, Jacques 363
Debertin, Winfried 506
DeBoer, Nicole 1149
DeBosio, Gianfranco 826
Debus, Tenea 1277
Debvary, Jacques 93
DeCarlo, Yvonne 833
Decke, Gabi 169
Deckenbrock, Margarethe
 Maggie 349
 Margret 873
Decker, Gabi 795, 1280
 Gaby 167
 Lukas 918
 Rudi 913, 1400
Decourt, Jean-Pierre 12, 13, 485, 769, 793, 998, 1136
Dee, Daisy 51
 Dave 125
 Ruby 916
 Sandra 1189
Deeks, Michael 267
Deel, Sandra 811
Deezer, D. 331
Defant, Aaron-Frederick 355
Deffarge, Marie-Claude 412
Deffert, Michael 1105
Defoe, Daniel 996
Defrank, Rolf 378, 637
DeGarr, Bianca 424
Degas, Brian 457
Degen, Michael 79, 107, 183, 269, 435, 587, 602, 802, 888, 1026, 1294, 1371
DeGeneres, Ellen 329, 411
Degenhardt, Franz Josef 718
Degiorgio, Jason 1124
DeGuere, Philip 32, 1099

DeHaven, Gloria 849
Dehelly, Paula 849
Dehner, John 149, 708, 1044, 1306
Dehorn, Marie Helen 601
Deickert, Karl-Heinz 642
Deighton, Len 435
Deinard, Neil 770
Deiseach, Angela 251
 Maureen 251
Deiß, Victor 1379
Deitch, Gene 873
Dekker, Thomas 278
Del Picchia, Jérôme Denis 647
DeLando, Saskia 143
Delaney, Dana 1348
 Kim 234, 859, 890
 Richard 1274
DeLano, Mike 385
Delany, Dana 212, 445
 Pat 1070
Delaroche, Christine 130
Delasauce, Sandra 527
Delbourg, Véronique 1270
Delcampe, Armand 812
Delcroix, Constantin 1282
Delerue, Georges 1212
Delfino, Majandra 1006, 1283
Delfs, Renate 103, 862
Delgado, Emilio 940
 Roger 1104
DeLizia, Cara 386, 863
Dell, Adolf 401
Delling, Gerhard 88, 1140, 1381
Delmare, Fred 585, 720, 1298
Delmas, Bénédicte 1144
Delon, Alain 355, 408
 Anthony 945
Delonge, Marion 1120
DeLorenzo, Michael 860
Deltgen, René 457, 528, 683, 791
Deluc, Xavier 994
DeLuise, David 609
 Dom 189
 Michael 1072, 1172, 1247
 Peter 1072, 1247
Demarest, William 782, 1328
Demarmels, Claudia 397, 904, 1167, 1178, 1278, 1349
DeMay, Janet 980
Demby, Lucia Drudi 1055
 Tatina 637
DeMeo, Paul 1080
Demerus, Ellen 649
Demestre, Nina 410
Demetral, Chris 293
Demircan, Suzan 386
Demirkan, Renan 487, 984
Demmer, Barbara 311, 775
Demongeot, Mylène 765
 Roland 1225
Dempsey, Richard 675
Demrican, Suzan 291

1432 Personenregister

Demtröder, Till 163, 305, 494, 506, 584, 694, 837
Demuschewsky, Janine 1142
Denger, Fred 1111
Deniau, Sylvie 667
Denier, Lydie 21, 1191
Denis, Armand 99, 681
　Jacques 342
　Michaela 99, 681
Denisof, Alexis 75
Denison, Anthony 231
　Anthony John 1414
　Michael 1109
Dennehy, Brian 156
Denner, Charles 1136
Dennerlein, Barbara 902
Dennery, Siegfried 968
Denning, Richard 360, 525
Denninger, Manfred 1385
Dennings, Kat 963
Dennis, Martin 229
Denoff, Sam 1176
Dent, Catherine 1186
Denton, Donna 795
　James 257
Denuzière, Maurice 732
Denver, Bob 308, 463
Denz, Manuela 913
Denzel, Doris 783, 1063
Deodato, Ruggero 73, 1406
Depardieu, Gérard 484
DePatie, David H. 1003
Depp, Johnny 1247
Deppe, Otto 928
Deppendorf, Ulrich 132, 1186
Deprima, Marietta 54
Der, Ricky 645
Derenne, Joséphine 812
Deret, Jean-Claude 777
Dericks, Simone 441
Derlon, Alexis 889
Dern, Bruce 1126
DeRose, Chris 195
Derricks, Cleavant 1109
Derval, Daniel 243
Derwin, Mark 55
Desagnat, Jean-Pierre 586, 604
Desai, Anita 286
Desailly, Claude 769, 807
　Nicole 444
DeSando, Anthony 690, 1273
DeSandro, Anthony 860
DeSantis, John 855
Deschamps, Hubert 439
Deschanel, Emily 1156
Deschauer, Luise 510
Deschaumes, Christine 42, 468
Descouard, Marie-Christine 1216
Descrières, Georges 89, 1410
Désert, Alex 126, 529, 1007
Desiderio, Robert 258
Deska, Oliver 606
Desmarais, Marie 31
Desmoulins, Camille 410

Desny, Ivan 82, 134, 416, 769, 796, 963
Dessai, Amme 412
Desseaux, Alexis 624
Desy, Victor 389
Desyeux, Delphine 180
Detering, Friedrich 768, 904
Detten, Erik von 386
Deu, Amerjit 444
Deuel, Pete 1202
Deumling, Christoph 793
Deursen, Frans van 307
Déus, Rica 663
Deuser, Klaus Jürgen »Knacki« 866
Deutsch, Kurt 1355
　Michael 329
　Peter 93, 639, 710, 1224
Deutscher, Drafi 138, 1048, 1385
Deutschmann, Heikko 633, 815
　Sebastian 162
Devane, William 1208, 1270
Deveaux, Jean-François 747
Deveraux, Ed 1107
Devers, Tommy 560
Devicq, Paula 902
Devine, Andy 394
　Loretta 175, 222
DeVito, Danny 524, 1199
Devoldère, Bruno 243, 339
Devore, Dorothy 759
DeVorzon, Barry 663
Dewhurst, Colleen 80
DeWindt, Sheila 161
DeWitt, Joyce 542
Dexter, Colin 592
　William 21
Dey, Susan 331, 689, 732, 902
Deyle, Sebastian 430, 584, 764, 961
Dhiegh, Khigh 525
Di Benedetto, Ida 1039
Di Napoli, Stéphane 550
Di Pego, Gerald 1226
Diaconu, Mircea 300
Diakun, Alex 17
Dial, Bill 309
Diallo, Bilal 181
Diamond, Dustin 194
　Lon 901
　Neil 819, 1152
　Peter 1104
　Robert Bobby 431
Diana, Princess of Wales 157
Diaz, Edith 937
Dibaba, Yared 1171
Dibbern, Caroline 413
Dibelius, Otto 1367
Diblasio, Raffi 1293
DiCaprio, Leonardo 330, 1261
DiCenzo, George 333
Dichamp, Jean-François 829
Dichev, Stefan 243
Dichiseanu, Ion 157
Dick, Andy 773, 861, 878
　R. A. → Leslie, Josephine

Dickens, Charles 248, 411, 488, 921, 1260, 1291
　Monica 401
Dickhut, Adalbert 1389
Dickinson, Angie 749, 908
　Don 1241
　Peter 1411
　Sandra 910
Dickmann, Barbara 1092, 1186
Dickow, Hans Helmut 406, 407, 681, 729, 1098, 1223
Didier, Pierre 1038
Didjurgis, Lothar 1272
Diechtl, Roland 237
Diedrich, Hans-Jürgen 31, 157, 572, 690, 1045, 1248
　John 1129
Diedrichs, Antje 869
Dieffenbacher, Gustav 68
Diehl, Alex 342
　John 792
　Mike 207
　Ute 431
Diekhoff, Marlen 752
Diekmann, Kai 1403
Diele, Marc 376
Diels, Rhon 442
Dienewald, Rolf 1125
Diepenbrock, Leonard 955
Diepgen, Eberhard 499, 1259
Diepholz, Otto 545
Dier, Christina 517
Diercks, Carsten 81, 96, 907
Dierkop, Charles 749
Dierks, Michael 1243
Diess, Karl Walter 93, 790, 1067
Diestel, Ursula 1346
Dietel, Doreen 127, 918, 1178
Dieter Trayer, Hans 1114
Dietl, Harald 24, 642, 745, 759
　Helmut 436, 602, 652, 813, 815, 832, 833, 1340
　Jaroslav 144, 411, 468, 680, 732, 753, 877
Dietrich, André 1146
　Bruno 260, 760, 941
　Bürger Lars 480, 1362
　Dena 588, 691
　Fred 42
　Marlene 555, 1414
　Noah 704
　Wolf 262, 396, 602, 681, 891, 1009, 1024, 1064, 1313, 1317
Dietz, Ernst 213
　Hannah 727
　Jürgen 748
Dietze, Julia 442
Dietzen, Gaby 695
DiFolco, Claudia 781
Diggs, Taye 62
Diglio, Vincenzo 73
Dignam, Basil 1158
Dijk, Ko van 1183

DiLello, Richard 82, 250, 846
Dilger, Ralf 1233
Dillard, Victoria 206
Diller, Phyllis 1222
Dillo, Daan 726
Dillon, Denny 293
　Kevin 1211
Dillschnitter, Michael 720
DiMattia, Victor 253, 976
Dimbleby, Henry 1044
Dimitri, Richard 995
Dimitriades, Alex 527
Dimko, Helmuth 84
Dingo, Ernie 443, 527
Dingwort-Nusseck, Julia 593, 765
Dinsdale, Reece 236, 258
Dinslage, Karin 1392
Dion, Céline 348
　Colleen 977
Diouff, Mouss 624
Dircks, Bernhard 1355
Dirk, Sarah 1007
Dirks, Britta 229
Dirscherl, Christoph 524
Disch, Verena 1050
Disher, Catherine 682, 865, 1180
Disney, Walt 277, 305, 913, 1136, 1396
Dissel, Janine 416
　Werner 495, 743
Ditfurth, Hoimar von 959, 1253, 1358
Ditfurth, Jutta 212
Ditgen, Jan 225
Dittberner, Hans-Jürgen 1209
Dittmann, Christoph Hagen 1223
　Klaus 386
　Walter 1367
Dittrich, Lothar 102, 1204
　Olli 77, 165, 166, 279, 711, 885, 1012, 1013, 1340
Dittus, Barbara 70, 325, 1261
Diwald, Hellmut 281
Dix, Richard 1338
Dixon, Bob 405
　David 910
　Franklin W. → Stratemeyer, Edward
　Ivan 629
　Sonja 405
DJ Bobo 177, 279, 799, 1124
DJ Ötzi 1209
Djaballah, Yasmina 81
Djamal, Gitty 244, 1027
Djapic Nenad 1286
Dlouhý, Michal 617
　Vladimír 316, 762, 1015
Do Anh 666
Dobb, Gillian 746
Dobbelman, Diana 397
Dobberpuhl, Moritz 367
Dobie, Alan 682, 1081
Dobirr, Margarete 92
Döblin, Alfred 134

Dobrew, Ilja 243
Dobschütz, Ulrich von 60, 831
Dobson, Bridget 194
 Jerome 194
 Kevin 324, 432, 1270
 Peter 50, 619
Dobtcheff, Vernon 793
Dočolomanský, Michal 1025
Doderer, Joop 1183
Dodson, Jack 1025
Dodwell, Grant 190
Doeberl, Gerlinde 595
Doermer, Christian 508
Doetz, Jürgen 901, 1074
Doherty, Shannen 141, 142, 207, 1260, 1266
Dohm, Gaby 63, 191, 283, 576, 662, 934, 1155
Dohmen, Carmen 146
Dohring, Kelsey 1261
 Kristen 1261
Dohse, Ingrit 1293
 Tanja 1206
Doig, Lexa 74, 949, 1202
Doldinger, Klaus 55, 104, 174, 620, 632, 1177, 1193
Dolenz, Ami 382
 Mickey 228, 818
Dolezal, Rudi 433
Dolin, Carrie Quinn 547
Dollar, Dolly 162, 533, 773
Dollfuß, Engelbert 93
Dolye, Tony 1255
Dombrowski, Lothar 1129, 1184
 Walter 1041
Domian, Jürgen 282
Dommisch, Kurt 1267
Domroes, Eike 564
Domröse, Angelica 684, 1324
Domsch, Stefan 414
Domschke, Christiane 364
 Gabriele 1347
Donaghy, Pip 1269
Donahue, Elinor 831, 1281
 Heather 1186
 Patricia 360
Donahue, Phil 510
Donald, Juliana 946
 Kenneth 399
Donaldson, Frances 312
 Laura 395
Donat, Peter 389, 1218
 Robert 1394
Donck, Trees van der 274
Donella, Chad 1186
Donga, Reinhard 162, 1117
Dönges, Günter 190, 502, 680, 932
Dönhoff, Marion Gräfin 593, 1392
Dönitz, Karl 555
Donley, Robert 259
Dönmez, Sükriye 662
Donnelly, Elfie 130, 145, 253, 735
 Tim 872
Donner, Robert 824

Donohoe, Amanda 287, 689
Donovan 866
Donovan, Jason 843
 Martin 445
 Tate 282, 876
Doody, Alison 989
Doohan, James 336, 972, 973
Dooley, Bill 1281
Doorn, Jack van 837
Doose, Kai 631
Döpfner, Julius Kardinal 898, 1367
Döpke, Oswald 1281
Doppke, Sven 1406
Dor, Karin 488
Doran, Ann 1301
 Johnny 831, 942, 1029
Dorelli, Johnny 234, 268
Doremus, David 850
Dorena, Rosl 68
Dorfer, Gerhard 1196
Dorff, Stephen 370
Dorfman, David 371
Dörholt, Dorothe 902
Doria, Bianca 558
Döring, Christine 1114
Dorman, Vanessa 1172
Dorn, Michael 973, 1149
Dorner, Françoise 647, 785
Dörner, Bettina 685
Dorning, Robert 676
 Stacy 161, 855
Dornseif, Peter 455
Dorr, Sabi 570, 905
Dörr, Karsten 363, 505, 1310
Dortort, David 170, 171, 547, 548, 696
Doser, Dean 251
Dotrice, Roy 219, 919, 1056, 1073, 1086
Doty, David 370
Dotzel, Wilfried 685, 900, 920, 1404
Doubek, Anna 1011
Doucet, Suzanne 603, 743, 1299
Doucette, John 83, 1410
 Linda 697
Doug, Doug E. 228, 515
Douge, Amanda 1111
Doughty, Charles Montague 336
Douglas, Brandon 218, 382
 Carl 686
 Diana 230
 Illeana 26
 James 916
 Katya 645
 Kirk 115, 562
 Malcolm 1275
 Michael 757, 1164
 Shirley 519
 Suzzanne 359
 Tracy 825
Douglass, Robyn 467, 632
Dourdan, Gary 233, 950
Doutey, Alain 601
Douven, Martin 1158
Dow, Tony 342, 703, 779

Dowd, Ann 436
Dowdell, Robert 802
Down, Alison 841
 Angela 297
 Lesley-Anne 355, 521, 708, 1172
Downer, Caroline 1044
 John 33
Downes, Kyle 549
Downey, Brian 710
 Robert Jr. 62, 63
 Roma 520
Downing, David 1326
 Trish 412
Doyé, Werner 695
Doyle, Sir Arthur Conan 17, 259, 891, 994, 1088, 1103, 1291, 1347
 David 178, 296
 Jerry 110
 Yunoka 515
Doyle-Murray, Brian 113
Dozier, William 120
Dr. John 168
Drabek, Kurt 1032
Drach, Michel 444
Drache, Heinz 507, 1196
Draeger, Ernst Otto 1237
 Sascha 1206
Draeger, Jan 585
 Jörg 441, 469, 684, 841
 Jürgen 994, 1043
 Kerstin 648
 Thomas 176, 390
Draehn, Heinz 663
Dragan, Mircea 124
Drago, Billy 12
Drahokoupilová, Maria 408
Drake, Betsy 238
 Charlie 948
 Fabia 627
 Francis 1104
 Gabrielle 1250
 Larry 689, 944
Dramphähl, Hans 743
Drancy, Philippe 993
Draper, Courtnee 1238
 Polly 139
Drawer, Nicole 628
Dräxler, Johannes 527, 1005
Drechsel, Sammy 690, 691, 1042, 1139
Drechsler, Jacky 343
 Petra 815, 879
Dreelen, John van 1265, 1307
Dregger, Alfred 500
Dreher, Christoph 731
Dreifuss, Mirjam 915
Drensek, Jürgen 87
Drescher, Fran 849, 945
 Wolfgang 215
Dresewski, Brigitta 1286
Dressel, Gerhard 1194
Dressler, Holm 482, 797, 1205
Dretzkin, Julie 47
Dréville, Jean 702
Drewermann, Eugen 1166

Drewes, Ulrich 553
Drewitz, Ingeborg 411
Drews, Berta 607
 Joelina 302
 Jürgen 100, 261, 302, 471, 727, 891, 1033, 1090, 1167
 Myrna 442
 Ramona 302, 471, 1167
Drews-Bernstein, Charlotte 412
Drexel, Ruth 185, 832, 911, 1401, 1405
Dreyfus, James 591
Driest, Burkhard 605, 946
Drimal, Joseph 61
Drinda, Horst 1036, 1262, 1403
Drinkel, Keith 1112
Drinkwater, Carol 281, 509, 1141
 Ros 906
Driscoll, Craig 251
 Julie 21
Driskill, Bill 203
Driver, Oliver 217
Droop, Constanza 178
Dröscher, Vitus B. 302
Droste, Silvia 1386
Drouard, Stéphane 287
Drouot, Jean-Claude 624
Drugan, Jennifer 579
Drummer, Kurt 381
Drummond, Alice 50
Drury, James 385, 708
Dryden, Mack 899
Dryer, Fred 569, 696
Drynham, Jeanie 566
Duarte, Regina 751, 1279
Duato, Ana 203
Dubinski, Ingo 328, 475, 611, 839, 926, 1175, 1371
DuBois, Marta 551
Dubov, Paul 1326
Dubreuil, Alexa 1403
Duchene, Deborah 865
Duchêne, Kate 700
Duchovny, David 33, 55, 322, 406, 446
Duckworth, Todd 181
Duckworth-Pilkington, Peter 128
Ducommun, Dick 308
Ducote, Andrew 582
Duda, Alexander 734
 Gernot 378
 Peter 1181
 Solveig 1285
Dudek, Jaroslav 144, 411, 468, 680
Dudenhöffer, Gerd 365, 366, 668, 1112
 Klaus 218
Dudicourt, Marc 14
Dudley, Dave 229
Duel, Pete 46
Duell, William 848
Duez, Sophie 540
Dufek, Zdeněk 905
Duff, Hilary 725
 Howard 389, 439

Duffell, Peter 895
Duffield, George C. 1199
Duffy, Greg 359
  Jack 758, 1281
  Julia 110, 163, 755
  Patrick 239, 240, 747, 752, 1151, 1270
Dufilho, Jacques 13, 372
Dugan, Dennis 333
Duggan, Andrew 693, 859, 969, 1326
  Michael 192, 309
Dukakis, Michael 699
Dukas, Anja B. 552
Duke, Bill 895
  Clark 1144
  Patty 1187
Dukes, David 1165, 1173
Dukowski, Frank 413
Düllmann, Susanne 1141
Dumarté, Monique 1216
Dumas, Alexandre 11, 193, 243, 245, 246, 444, 484
  Roger 699
Dümcke, Philip 442
Dumont, Sky 802
Dun, Dennis 846
Dunaway, Don Carlos 640
  Faye 379
Duncan, Archie 995, 1088
  Christopher B. 565
  Jayson 1015
  Lindsay 1232
  Paula 987
  Peter 67
  Rachel 49
  Sandy 558, 1298
Dunckel, Till 138
Dunford, Christine 1334
Dungey, Merrin 46
Dunham, Joanna 800
Dunigan, Tim 199, 830
Dunkhase, Heinz 272
Dunlop, Lesley 919, 1053, 1260
Dunn, Beverly 393
  Carolyn 1240
Dunnam, Stephanie 331, 339
Dunne, Aly 226
Dünnebier, Anna 413
Dünneisen, Agnes 163, 802, 904
Dünnemann, Felix 529
Dunning, Debbe 563
  Ruth 656
Dünnwald, Laura 1184
Dunoyer, François 12, 15, 90
Dünser, Margret 350, 900, 1302, 1303, 1342
Dunsmore, Rosemary 196
Duntze, Klaus 917
Dupire, Serge 329, 402, 1074
Dupuis, Roy 867
Duran, Dan 998
Durance, Erica 1110
Durand, Angele 837
  René 1090
Durant, Don 1306
Durbridge, Francis 73, 96, 109, 307, 343, 407, 507, 508, 645, 755, 785, 791, 906, 1051, 1217, 1218, 1344
  Francis Henry 328
Durham, Joanna 1280
Durian, Sibylle 335
Durmaz, Ercan 954, 1321
Durning, Charles 237, 777
Durock, Dick 271
Dürr, Heinz 574
  Otto 748
  Stephen 585, 1144, 1272
Durrell, Gerald 782
  Michael 22, 518
Duryn, Hendrik 41, 1200
Duschat, Martin 363, 682, 904
Dushku, Eliza 184, 1241
Düsterhöft, Horst 663, 838
Duszat, Alexander 330, 1245
Dutschke, Rudi 1398
Dutton, Geoffrey 333
  Simon 1099
Duval, François 586
  Frank 242, 454, 787, 1268
  Jacques 17
Duvall, Robert 1019
Duve, Freimut 1045
Düwel, Karin 617, 694, 1395
Düwert, Ulrich 1062
Duwner, Gerd 267, 275, 365, 969
Dux, Eckart 190, 455, 507, 508, 932
  Ferdinand 386, 642, 916, 920, 935, 1083, 1111, 1265, 1357
Dvorak, Felix 343
Dvořák, Josef 140, 896
Dwan, Lisa 841
Dyba, Johannes Bischof 1380
Dybus, Günther 1128
Dyce, Joanna 700
Dye, Dale 114, 400
  John 520, 890
Dyer, Robert 1064
Dyk, Paul van 1178
Dyke, Barry van 32, 265, 632
  Dick van 265
  Hilary Van 368
  Jerry van 805
Dykstra, John 632
Dylan, Bob 21
Dymek, Janusz 1016
Dysart, Richard 452, 689
Dyson, Jeremy 701
  Noël 18
Dywik, Peter 649
Dziallas, Wilfried 494
Dzundza, George 609, 700

E

Eadie, Nicholas 28
Eads, George 233, 1035
Eakes, Bobbie 978
Earlle, Freddie 219
Earp, Wyatt 1372
Eastham, Richard 1351
Eastman, Kevin 869, 1200
Easton, Michael 449, 1230, 1301
  Sheena 792
  Warren 877
Eastwood, Clint 230, 371, 803, 911, 1198, 1199
  Jayne 80
Ebel, Christian 157
  Ernst 420
  Goran 77
  Kai 402, 1012
  Matthias 646
Ebeling, Hermann 189
Ebenbauer, Erwin 346, 581
Eberhard, Markus 632
Eberhardt, Werner 1137
Eberle, Friedhelm 325
Eberlein, Norbert 856
Ebersbach, Wolf-Dieter 966
Ebersole, Christine 1407
Ebert, Gunda 109, 823, 1028
  Karl 1063
  Margot 72, 248, 1096, 1146, 1221, 1306, 1413
  Wolfgang M. 790
Eble, Sebastian 138
Ebner, Rosemarie »Rosi« 945
Ebstein, Katja 94, 141, 347, 645, 837
Eccleston, Christopher 428
Eckard, Max 1217, 1218
Ecke, C. Rainer 459
  Wolfgang 99, 100, 1334
Eckel, Stefan 381
Ecker, Guy 1027
Eckerfeld, Katharina 551, 761
Eckermann, Martin 1216, 1288, 1324
Eckert, Andrea 1312
  Gerhard 1393
  Klaus 1184
Eckes, Nazan 263, 402, 718, 740
Eckhardt, Fritz 68, 214, 242, 497, 504, 572, 783, 1063, 1194, 1330
Eckhold, Karin 595, 1067
Eckholt, Steven 595
Eckhouse, James 142
Eckner, Heinz 69, 1366
Eckstein, Detlev 935
  Volker 621, 653
Eddington, Paul 1376
  Robert 1291
Eddy, Duane 912
Edel, Alfred 527, 1401
  Judith 1313
Edelhagen, Kurt 1130, 1280
Edelman, Herb 474
Edelmann, Gregor 707
Edelstein, Lisa 1410
  Rick 32
Eden, Barbara 143
  Gideon 296
  Keith 393
  Mark 728
  Richard 997
Eder, Otto Anton 420, 765
Ederer, Günter 426, 1387
Edfeldt, Tove 649
Edison, Thomas Alva 14
Edlinger, Helfried 709
Edlund, Louise 377
Edmiston, Walker 579
Edmond, Trevor 689
Edmonds, Mike 747
Edmondson, Adrian 21
Edson, Richard 1087
Edwall, Allan 181, 371, 744, 793, 966
Edward, Tony 1225
Edwards, Anthony 331
  Blake 912, 913, 987, 1003
  Gail 424
  Gerald B. 230
  Glynn 100
  Lance 537
  Ronnie Claire 1315
  Stacy 210
Effenbergerová, Monika 509
Egan, Eddie 1041
  Peter 164
  Sam 1239
Egel, Karl Georg 291, 571
Egerton-Dick, Tamsin 850
Eggar, Samantha 80
Egger, Fritz 90
  Inge 343
  Rainer 855
Eggermont, Jaap 402
Eggert, Almut 40, 193, 530, 603, 941, 1264
  Nicole 122
  Uwe 1227
Eggerth, Sabine 582, 881, 1028, 1040
Egilmez, Eray 512
Eglau, Johannes 170
Eglee, Charles H. 244, 1054, 1299
Egner, Fritz 272, 316, 337, 472, 653, 858, 881, 1090, 1238, 1295, 1304, 1309, 1317, 1329, 1360, 1361, 1375
Ego, Sandra 1087
Ehlebracht, Peter 593
Ehlers, Gerd 684
Ehlert, Bert 1269
Ehm, Erica 998
Ehmck, Gustav 780, 968
Ehre, Ida 1009, 1050
Ehrenfreund, Heinz 178, 1008, 1252
Ehrentreich, Swantje 713
Ehrig, Christian 845
Ehrlich, Eduard 237
  Peter 399, 455, 755
Ehrlichman, John 1323
Ehry, Norbert 59, 628
Eibenschütz, Lia 782
Eibl-Eibesfeldt, Irenäus 1306, 1357
Eichel, Hans 136, 319, 1022, 1178
  Manfred 91
Eichhorn, Christoph 1146, 1381, 1382

Personenregister 1435

Diana 495, 569
Floriane 50, 458, 1140
Fritzi 50, 458, 1140
Hilmar 715
Werner 664
Eichinger, Bernd 455
Eichmann, Adolf 555
Eichner, Hellmuth 686
Eickelbaum, Karin 327, 404, 417, 974, 1111, 1190, 1195
Eigeman, Chris 595
Eigenberg, David 1037, 1085
Eikenberry, Jill 689, 790
Eikmeier, Andre 894
Eil, Heinz 1139
Eilbacher, Lisa 384, 846
Eilert, Bernd 289, 892
Eimler, Wolf-Michael 1271
Einarsson, Einar Örn 870
Einerdinger, Georg 890
Einfeldt, Ingrid 787
Einhoff, Petra 65
Einstein, Albert 42, 43, 488, 1260
Einstmann, Babette 294, 665, 740, 1122, 1336
Eisbrenner, Tino 899
Eisenberg, Jesse 1074
Ned 59
Eisenberger, Sylvia 714
Eisendrath, John 379
Eisenfeld, Alexander 70, 633, 1111
Eisenhart Rothe, Alexander von 727
Eisenhower, Dwight D. 1126
Eisenhuth, Keith 1124
Eisenkolb, Susanne 1133
Eisenman, Ike 162, 371
Eisheuer, Edi 144
Eisley, Anthony 595
Eisold, Uta 367
Eitel, Ulrich 928
Eitner, Felix 1040
Eitner-Acheampong, Martina 1167
Ekblad, Stina 31
Ekkes, Frank 478, 479
Eklund, Nils 1299
Ekman, Gösta 669, 670
Ekmekyemez, Ali 1266
Elam, Jack 270
Elcar, Dana 117, 739, 740
Eldahrawy, Hisham 1039
Eldard, Ron 113, 752
Elder, Judy Ann 51
Electra, Carmen 123
Eleniak, Erika 122
Elfers, Konrad 342
Elfman, Jenna 265, 1231
Elfors, Ron 31
Elfstroem, John 547
Elfyn, Richard 816
Elgar, Avril 1158
Elias, Alix 591
Buddy 805, 1049
Michael 435
Oliver 20, 1143
Patrick 308, 888, 1061
Eligmann, Barbara 103, 218, 352, 488, 630, 1177, 1238
Elikann, Larry 1256
Elis, Angela 358, 1045, 1359, 1388
Elisa, Gilian 1224
Elisabeth II. 749
Elise, Christine 142, 386
Elitz, Ernst 546, 644, 947, 1329
Elizondo, Hector 210, 937
Elkins, Aaron J. 463
Ellabert, Maurice 415
Ellert, Gundi 581, 719, 915, 1054
Ellgaard, Christina 294
Peter 136, 172
Ellgaard, Peter 172
Ellinghaus, Burkhard 985
Ellington, Duke 92
Elliot, Elissa 169
Sam 666, 1025
Elliott, Brennan 1168
David 608
David James 600
Denholm 870
James David 1254
Ross 709
Sam 631
Stephen 358
William 178
Ellis, Aunjanue 548
Hywel Williams 1053
Ian 1075
Jasmine 563
Martyn 996
Ellrich, Ilona 322
Eloglu, Siir 1146
Elsholtz, Arne 595, 1125
Edith 713, 1249
Elsholz, Andreas 292, 294, 306, 307, 498, 499, 610, 646, 854, 1143
Elfriede-Edith 1237
Elsner, Edeltraud 666, 913
Hannelore 175, 516, 596, 672, 729, 806, 1055, 1197, 1223
Elson, Andrea 43, 226
Elstner, Frank 18, 19, 39, 84, 94, 98, 318, 330, 341, 387, 390, 408, 609, 620, 667, 755, 788, 789, 819, 820, 837, 850, 856, 954, 992, 999, 1103, 1129, 1134, 1146, 1160, 1202, 1205, 1273, 1295, 1296, 1322, 1323, 1338, 1339, 1340, 1358
Thomas 341, 1322
Tim 1134
Elston, Tim(othy) 129, 987
Elton 63, 188, 330, 414, 1245
Elton, Ben 591
Elvers(-Elbertzhagen), Jenny 147, 148, 149, 417, 654, 867, 1209, 1228, 1327
Elwenspoek, Hans 364, 1063
Ely, Norbert 576
Ron 1190, 1191
Richard T. 1394
Embling, Caroline 217
Emcke, Jutta 1152
Emdrich, Ernst 95
Emerson, Douglas 142
Hope 912
Emery, Alain 770
John 399
Emick, Jarrod 386, 689
Emile, Taungaroa 399
Emmer, Luciano 268
Emmerich, Klaus 802, 984, 1007, 1395
Roland 1150, 1151, 1303
Emmerlich, Gunther 309, 436, 497, 645, 868, 1028, 1091, 1119, 1382
Emmerling, Hans 1041
Emmett, Belinda 547
Emrich, Ernst 1108
Ende, Joop van den 1147
Michael 614, 813, 1061, 1255, 1372
Endemann, Gernot 478, 485, 604, 751, 760, 825, 1075, 1083, 1275, 1400
Ender, Peter 1287
Enders, Barbara 643
Endersby, Ralph 589
Endo, Masaharu 999
Eng, Mona 624
Enge, Peter 1278
Engel, Harry 454
Marlies 64, 1219
Michael 418
Nadja 65, 715
Richard 430
Thomas 46, 138, 344, 364, 553, 801, 1118
Engel-Denis, Joachim 366, 387
Engeland, Frank 370
Engelbrecht, Constanze 412, 757, 1009, 1270, 1307
Erika 825
Nadja 657
Engelhardt, Charlotte 279, 1124
Frank 1024
Helmut 152
Manfred 895
Engelke, Anke 76, 77, 141, 156, 165, 166, 206, 244, 306, 515, 635, 692, 770, 885, 1107, 1109, 1361, 1362, 1383
Barbara 1346
Sophie 387
Engelkes, Heiko 621
Engelmann, Heinz 77, 296, 403, 626, 1092, 1147, 1299
Engels, Erich 502
Friedrich 636
Wolfgang 121, 951, 1223
Engen, Christoph 825
Engert, Jürgen 677
Engin, Yasar 1312
Engl, Susi 1024
Englehart, Steve 866
Engler, Hartmut 831, 1174
English, Arthur 401
Diane 732, 835, 1407
Ellia 565
John A. 998
Jon 440
Englund, Robert 1279
Sanna 553, 1144
Engstfeld, Axel 1271
Engvall, Bill 251
Enke, Werner 567
Enrico, Robert 410
Enriquez, Rene 933
Ens, Anuk 1293
Ensign, Michael 899
Enzweiler, Daniel 1049
Eplinius, Urs 963
Eppler, Dieter 93, 674, 802, 806, 932, 1147, 1194
Epstein, Jake 34
Erangey, Paul 581
Erbe, Kathryn 231
Erber, Ursula 251
Erdenberger, Manfred 1134
Erhard, Ludwig 578, 1359, 1402
Erhardt, Gero 337, 854, 884, 904, 1009
Heinz 112, 534, 754, 854, 1116
Marek 416, 1009
Erhat, Teff 423
Erhuro, Oris 1102
Erichsen, Jim 709
Uwe 578
Erickson, Leif 547
Ericson, John 946
Stig Ossien 637
Eriksen, Kaj-Erik 931
Erkan & Stefan 526
Erkel, Bram van 957
Erl, Elli 263
Erle, Heinz 1259
Erler, Rainer 163, 458, 604
Erlich, Alan 389
Erman, Hans 494
John 958, 1035
Ermey, R. Lee 584
Ernback, Hans 1299
Ernest, Ingrid 1218
Ernst, Andreas 388, 628
Stefan 751
Ernst August von Hannover 260
Erny, Béla 606
Eros, Peter 580
Errett-Balcom, Suzanne 853
Errickson, Krista 504
Errico, Melissa 203
Ertaud, Jacques 532
Ertel, Dieter 299, 982, 1271, 1390, 1391
Ertener, Orkun 1101
Erwe, Manfred 159
Erwig, Til 158, 178, 299, 320, 346, 457, 1308
Erwin, Stu 1394
Timothy 548
Eschberg, Peter 1344
Esche, Eberhard 325, 751

Esther 659
Eschke, Elfi 190, 985, 1231
Eschmann, Tina 251
Eschwege, Alexander von 418
Escrivá, Vicente 734
Eser, Ruprecht 426, 503, 546, 1122
Eskell, Diana 16
Espagne, Jacques 843
Espinoza, Mark Damon 142
 Jennifer 206
Esposito, Giancarlo 113
Esrom 327
Essberger, Ruprecht 158, 159, 313, 321, 380, 574, 1266, 1289
Esser, Marlene 430
 Martina 678
 Paul 922, 1194
 Wolfram 918, 1138
Essex, Francis 456
 Robert 1073
Essink, Mark Klein 775
Essmüller, Ilka 955, 1010
Estabrook, Christine 258, 504
Esten, Charles 504, 1058
Estes, Rob 786, 895
 Will 652, 776
Estin, Ken 1231
Estrada, Erik 213
Etcheverry, Robert 13, 89
Etebari, Eric Kaos 1360
Etheridge, Melissa 1256
Etiévant, Yvette 315, 532
Euler, Frederike 694
Euler-Rolle, Matthias 1015
Euller, Stefanie 714
Eure, Wesley 579
Eutis, Rich 435
Evans, Bentley Kyle 565
 Bruce A. 757
 Damon 1002
 David 1129
 Gene 390, 1131
 Lee 703
 Linda 150, 240, 253, 254, 255, 569
 Marcus 29
 Maurice 1290
 Max 270
 Muriel 1281
 Serena 591
 Tenniel 1394
Evenou, Danièle 1289
 Danielle 744
Everage, Edna Dame 62
Everding, August 93
Everett, Chad 503, 1297
Everhard, Nacy 467
Everly, Jason 1061
Evers, Jason 1142
 Michael 1146
 Susanne 138, 720
 Tim 1221
Evigan, Greg 160, 689, 889, 1202, 1236, 1283
Evison, Kathy 1072
Ewald, Josi 187

Marlies 138, 383, 1145
 Reinhold 635
Ewell, Tom 117
Ewen, Jade 1327
Ewing, Barbara 1029
Exler, Jens 388
Exton, Clive 539
Eyck, Kristina van 901, 1257
Eyerund, Heinrich 1143
Eykman, Karel 726
Eyraud, Marc 363
Eyron, Bruno 83, 113, 397, 590, 973, 1115, 1252
Eysen, Mathias 221
Eyssen, Remy 527, 1005
Eystad, Andi 71, 113

F
Faban, Françoise 52
Fabares, Shelley 504, 691, 805, 841, 845
Fabbri, Jacques 1136
Faber, Fritz 152
Faber, Heike 376, 888
 Karin von 1041
 Peter 782
 Veronika 242, 797, 920
Fabian, Ava 594
 Françoise 243, 704
 Patrick 194
 Robert 355
Fabiani, Joel 255
Fabre, Denise 1101
 Pierre 732
Fabrizi, Franco 586
Faccio, Rina → Aleramo, Sibilla
Facinelli, Peter 373
Faerber, Peter 1116
Fagerbakke, Bill 805
Fagundes, Antonio 1279
Fahey, Jeff 766, 1095
Fahndrich, Wolfgang 358
Fahrenkrog-Petersen, Uwe 938
Fährmann, Willi 696
Fair, Frances 1027
Fairchild, Morgan 239, 389, 638
Fairfax, Ferdinand 1341
Faison, Donald 1072
 Frankie, R. 60, 944
 Sandy 55
Fait, Gertraud 765
Faiz 207
Fajardo, Eduardo 757
Falacci, Nicolas 873
Falavigna, Louis 998
Falay, Ayhan 1266
Falck, Serge 774
Falco, 402, 923, 1300
 Edie 1123
 Rubens de 1109
Falchi, Anna 922
Falk, Peter 223, 224, 225
Falkenbach, Uwe 383, 1009
Falkenberg, Heike 299
Falkenhagen, Rudy 1183
Falkenstein, Ingolf 920
Falkner, John Meade 821

Falkow, Kirill 1369
Faloye, Fatima 860
Falsey, John 105, 210, 1043
Faltermeyer, Harold 164, 225, 402, 409, 1035
Fall, Timothy 920
Fallack, Reinhard 1256
Fallada, Hans 121, 326, 757, 1331, 1363
Fambach, Dagmar 430
Famiglietti, Mark 974
Fanaro, Barry 59, 663
Fanderl, Wastl 112, 113
Fann, Al 822
 LaVelda 548
Fanning, Dakota 1186
Fansten, Jacques 287
Fantl, Thomas 39, 663, 744, 900, 1275
Fantoni, Sergio 1258
Faracy, Stephanie 60
Färberböck, Max 129
Farentino, Debrah 309, 333, 592, 1054, 1074
 James 392, 444, 610
Farès, Nadia 250
Fargas, Antonio 1154
Farge, Annie 781
Faria, Derval de 398
Farina, Dennis 231, 782
Faris, Anna 419
Farleigh, Lynn 217, 702
Farley, Walter 162
Farmer, Gary 865
 Graeme 509
Farmiga, Vera 227
Farnesi, Roberto 781
Farnon, Robert 837
Farnsworth, Richard 80
Farquhar, Ralph R. 812
Farr, Derek 140, 742
 Diane 616
 Jamie 211, 767
 Lee 641
Farrag, Nadja »Naddel« Ab Del 116, 571, 909, 1123, 1124
Farre, Rowena 782
Farrell, James T. 1169
 Mike 92, 767, 951
 Sharon 525
 Shea 564, 946
 Terry 126, 638, 1149
Farrow, Mia 916
Faßbender, Heribert 1134, 1140
Fassbinder, Rainer Werner 22, 23, 134, 655
Faßnacht, Paul 888, 1337
Fastian, Jutta 127
Fatchen, Max 399, 400
Fathmann, Bernard 909
Faulds, Andrew 994
Faulhaber, Ulrich 455, 779, 1120
Faulkner, Lisa 930
 Trader 987
Faulstich, Andreas 913
Faure, Bernard 496
 William, C. 1086

Faust, Siegmar 414
Faustino, David 1057
Favart, Michel 329
Favino, Pierfrancesco 649
Fawcett, Farrah 223, 296
 William 431
Fawcett-Majors, Farrah → Fawcett, Farrah
Fayette, Marquis, de 410
Faze, Kim 406
Fearn, Sheila 67
Featherstone, Angela 584
Fechner, Eberhard 121, 634, 663, 951, 1180, 1181
 Horst A. 1074
 Max 804
Fecht, Özay 253
Fechtner, Martin 48
Fedder, Jan 174, 494, 532, 590, 716, 856, 955
Feddersen, Helga 19, 21, 536, 540, 541, 634, 685, 887, 924, 1192
Fedderson, Don 714
Fedorov, Oleg 734
Fee, Cynthia 474
 Melinda 1268
Feely, Terence 96, 641, 802
Fehlhaber, Kathrin 642
Fehling, Gaby 343
Fehlow, Daniel 588
Fehmiu, Bekim 647, 877
Fehr, Brendan 1006
 Götz 948
Fehrs, Henrike 1162
 Sebastian 1281
Fehse, Friedrich 578
Feiden, Detlef 1060
Feierbach, Stefan 473
Feik, Eberhard 77, 516, 752, 933, 1040, 1195, 1230, 1261
Feil, Georg 93, 227, 228
Feiman, Alan 266
Fein, Bernard 629
 Tatjana 1049
Feindt, Jürgen 363
Feinstein, Alan 106
Feißt, Werner O. 168, 1319
Feit, Ronald 409
Fejér, Tamás 634
Feldbacher, Johann 679
Feldbusch, Verona 51, 319, 570, 618, 630, 895, 908, 909, 1153, 1154, 1177, 1291
Felder, Clarence 591
Feldhoff, Hermann 24
Feldman, Corey 117, 742
 Jon Harmon 1241
 Marty 766, 834
Feldmann, Klaus 37
Feldner, Sheldon 1019
Feldon, Barbara 773, 798, 799
Feldshuh, Tovah 560
Feldt, Susi 1217
Felgen, Camillo 1090, 1134
Feliciano, José 1204, 1410

Felix, Kurt 414, 479, 1295, 1296, 1414
  Paola 414
Fell, Mareike 451, 606, 1030
  Norman 243, 542, 811, 933, 1409
Fellensiek, Uwe 157, 580, 1105
Feller, Gerd Udo 764
  Thorsten 512, 592
  Wolf 438, 765, 928, 1126
  Wolfgang 81
Fellinger, Meike 1404
Fellows, Megan 80
Felmy, Hansjörg 10, 399, 502, 1194, 1274, 1354
Felsenstein, Christoph 1406
Felton, Norman 526, 1117, 1131
Fend, Werner 1336
Fendel, Rosemarie 125, 522, 525, 668, 704, 712, 1092, 1212
Fendrich, Rainhard 541, 1153, 1154
Fendt, Harald 681
  Theresia 1215
Fenn, Sherilyn 445, 446
Fennell, Tod 698
  Willie 400
Fenner, Barbara 388, 404
Fenton, Simon 214
Feore, Colm 1156
Fera, Peter 736
Ferck, Gesa 729
Ferguson, Andrew 173
  Eugene 140
  Frank 390
  Jay R. 234, 237
  Matthew 867
  Nancye 886
Ferjac, Anouk 489
Ferkic, Vijessna 918
Ferlito, Vanessa 234
Ferman, Michel 1176
Fernandes, Collien 177
Fernandez, Abel 1254
  Peter Jay 1174
Fernbach, Mischa 1050
Fernetz, Charlene 303, 457
Ferraez, Marcos A. 894
Ferrara, Adam 616
  Aurelio 524
  José A. 823
  Stephane 465
Ferrari, Mario 826
Ferrario, Cesare 586
Ferrell, Conchata 160, 690, 777, 977
  Todd 697
  Tyra 229
Ferréol, Andréa 234
Ferrer, Mel 358, 486
  Miguel 231, 699, 886, 953
Ferrero, Martin 1087
Ferres, Veronica 761, 824, 915, 1261, 1340
Ferrière, Martine 574
Ferrigno, Lou 567, 1256
Ferris, Paul 118

Ferro, Turi 763
Ferry, Brian 590
Fesl, Fredl 397
Fessl, Ulli 990
Fest, Joachim 555, 898
Fetscher, Iring 1312
Feuerstein, Herbert 384, 453, 499, 722, 727, 952, 953, 1052, 1053, 1318, 1362
Feuillère, Edwige 243, 349
Feustel, Ingeborg 1396
Féval, Paul 12
Feyerabend, Christian 90, 1170, 1324
Fich, Charlotte 1257
Fichte, Patrick 144, 1285, 1286
Fickling, G. G. 946
Fidoe, Edward 1367
Fiedel, Kristopher Scott 1212
Fiedler, John 183, 847
Field, Anji Loman 1103
  Arabella 1273
  Chelsea 198, 1070
  Sally 784
  Sylvia 253
Fielding, Henry 166
  John 166
Fields, Kim 725
Fierek, Wolfgang 121, 387, 414, 815, 1063, 1215, 1408
Fierro, Omar 382
Fierry, Patrick 287
Fievet, Maurice 1216
Figge, Karin 861
Figueroa, Efrain 467
Filali, Marianne 162
  Yasmina 1008
Filbinger, Hans 898
Filho, Daniel 1279
Filiatrault, Denise 1074
Filip, František 316, 545, 582, 1291, 1393
  Josef 896
Filipovský, František 896
Fillion, Nathan 1239
Filliozat, Jean-Denis 287
Filloy, Arthur 1231
Filmer, Werner 460
Filser, Jochen 1300
Fimple, Dennis 473
Finch, John 1029
  Jon 130
  Peter 697
Finck, Werner 23, 539
Finckh, Beate 163, 1310
Findlay, Holly 17
  James 743
Fine, Anne 862
  David 169
  Travis 1377
Fingler, Cedric 608
Fink, Alois 1322
Finkel, Fyvush 175, 372, 919
Finkelstein, William M. 227
Finkenzeller, Heli 455, 723, 729, 1092, 1262
Finkernagel, Julia 1236
Finlay, Frank 200, 1280

Finlay-McLennan, Stewart 309
Finlayson, Robert 444
Finley, Pat 743
Finn, John 222
Finneran, Mike 517
Finnern, Dieter 906
Finnigan, Jennifer 232
Finotti, Monika 623
Firth, Peter 1211
Fischer, Bigi 346
  Britta 190, 408, 790
  Claudia 1020
  Florian 103
  Gabriele 819
  Gaby 1067
  Gotthilf 1102, 1163
  Hannelore 87, 858, 1203
  Hans-Peter 54
  Heidi 1146
  Heinrich 58, 1139
  Helmut 436, 524, 814, 815, 915, 985, 1048, 1194, 1196, 1267
  Irene 719, 1116
  Joschka 95, 706, 1380
  Kai 104, 637, 1028
  Klaus Jürgen 128, 1130
  Michael 681
  O. W. 344
  Ottfried 63, 122, 140, 185, 388, 595, 620, 638, 669, 892, 904, 916, 918, 1153, 1401
  Peter S. 162, 946, 821
  Ronni 65
  Roswitha 1190
  Rudolf 773, 1129
  Saskia 1257
  Thomas 426
  Torsten C. 286
  Wolfgang 1401
  Wolfi 192
Fischer-Fabian, Florian 947, 1187, 1188
Fischerauer, Bernd 168, 587, 713, 976, 1036, 1348, 1405, 1410
Fish, Hamilton 1394
Fishbach, Harry 437
Fisher, Frances 1162
  Gail 761
  Gregor 113
  Joely 329
  Kenneth 71
  Kim 489, 492, 641
  Nick 1129
  Peter 449
  Shug 1141
  Terry Louise 591, 689, 690, 1248
Fishman, Michael 1003
Fithian, Jeff 1263
  Joe 1263
Fitoussi, Grégory 1144
Fitts, Rick 875
Fitz, Florian 138, 449, 1408
  Florian David 1287
  Gerd 734, 910, 1348
  Hendrikje 585

Lisa 571, 837, 1042
  Michael 103, 169, 412, 513, 580, 1196
  Peter 138
  Veronika 409, 412, 449, 524, 797, 1215, 1267, 1391
  Walter 734
Fitz-Gerald, Lewis 393
Fitz-Kaska, Ute 735
Fitzgerald, Patricia 583
  Patrick 935
Fitzke, Axel 638
Fitzpatrick, Kate 171
Fix, Paul 1338
Flaadt, Tony 730
Flaake, Kurt, P. 1355, 1412
Flack, Herbert 276
Flaherty, Joe 929, 1225
  Lorenzo 473
Flanagan, Fionnula 588
  Frances 181
  John 546
  Kellie 448
  Marc 1207
  Markus 506, 1172
  Pauline 790
Flanders, Ed 210, 1326
Flanery, Sean Patrick 14
Flanigan, Joe 1151
Flannery, Susan 977
Flannigan, Maureen 781
Flaschberger, Hannes 1181
Flash Jenkins, Larry 31
Flatman, Barry 963
Flatow, Curth 84, 308, 455, 572, 575, 649, 753, 1015
Flaubert, Gustave 704
Flavin, James 754
Fleddermann, Michael 630
Fleischer, Annett 177
  Dave 937
Fleischmann, Herbert 344, 423, 950
  Philipp 623
Fleisher, Shira 1301
Fleming, Eric 230, 1198
  Joy 1245
  Rebekka 1049
  Stefan 620
Flemming, Catherine 400, 1252
  Catherine H. 318
Flemyng, Gordon 399, 518
Fletcher, Dexter 29
  Page 555, 998
  Scott 495
Flex 515, 1054
Fleyenschmidt, Anneliese 536
Flicker, Theodore J. 1358
Fliege, Jürgen 262, 345, 390, 391, 392, 626, 719, 764, 1112, 1142
Flieger, Janina 20, 632
Flimm, Jürgen 540, 569
Flint, Carol 309
  Katja 135, 587, 705

Flockhart, Calista 61, 62, 63
Floersheim, Patrick 250
Florek, Dann 700, 701
Florence, Robin Mary 1175
Flores, Erika 290
Floria, Holly 21
Floto, Christian 462
Flötotto, Jana 47
Flower, Gilly 374
Flowers, Wayland 742
Floyd, Robert 1109
Flugel, Darlanne 569
Flynn, Barbara 428
   Colleen 395, 588
   Errol 1397
   Joe 736
   Miriam 800
   Neil 1072
Focas, Spiros 513
Fock, Gorch 386
Focke, Barbara 303, 685
Fodor, Ladislas 344
Foel, Laurie 217
Föhr, Ingrid 118, 367
Földesi, Judith 853
Foley, Dave 861
   Scott 376
Folkerts, Ulrike 466, 1196
Follina, Giulia 182, 1265, 1266, 1393
Follows, Megan 770
Fölsing, Albrecht 152
Fomenko, Jana 918
Fonda, Henry 153, 270, 1002, 1412
   Jane 118, 243
   Peter 1189
Foner, Naomi 790
Fong, Kam 525
Fontane, Theodor 1154, 1307, 1316
Fontanel, Geneviève 1121, 1298
Fonteyn, Margot 1306
Fopp, Paul 701
Forbes, Michelle 791
Forbringer, Ingo 367
Ford, Betty 255
   Faith 835
   Gerald 255, 1075
   Glenn 270, 311, 1025, 1087
   Harrison 14
   John 1112
   Mick 455, 962, 1224
   Paul 1044
   Peter 1087
   Steven 1075
   Thomas Mikal 888
   Wallace 1412
Forde, Brinsley 1075
Foreman, Amanda 376
Forest, Delphine 1290
   Denis 682
Forester, Billy 127
Forestieri, Liane 1286
Forger, Pierre 1097
Forman, Carl 413
Fornander, David 601
Fornaro, Tanja 103, 939

Förnbacher, Helmut 138, 401, 414, 962, 1171
Foronjy, Richard 1273
Forrest, Frederic 1247
   Gregg 117
   Lisa 28
   Steve 118, 663
Förschner, Janna-Lena 442
Först, Irmgard 60
Forster, Ben 812
   Brian 902
   Heidy 427
   Robert 730, 849
   Walter 41
Förster, Matthias J. 368
   Michael »Goofy« 1214
Forsyth, Brigit 583
   Frederick 413
   Phoenix 1222
Forsythe, John 253, 255, 296
   William 362, 1254
Forte, Vincent 42
Fortell, Albert 164, 709, 1049, 1050
Fortier, Bob 579
Fortun, Elena 203
Fortune, Kim 1334
Fosse, Victor de la 11
Fossey, Brigitte 345, 624
Foster, Barry 1280
   Ben 1241
   Buddy 562
   Jodie 311, 899
   Linda 509
   Meg 193
   Sheree 703
   Stan 890
   Susan 1097
Fothergill, Alastair 1258
Fouche, Frederique 1177, 1233
Fouché, Joseph 850
Fourastié, Philippe 732
Fournell, Astrid 43, 77
Fournier, Rift 646
Fowlds, Derek 1376
Fowler, Alexandra 150
   Emma Jane 24
   Jim 580
Fowley, Douglas V. 923
Fox, Colin 952
   Crystal 586
   Edward 312, 1086
   Gardner 1007
   Jessica 700, 919
   Jorjan (Jorja) 233, 331, 801
   Matthew 731, 902
   Michael 977
   Michael J. 206, 368, 895
   Sabrina 1234, 1272
   Samantha 645
   Shane 1268
   Steven 855
   Vivica A. 60
Fox-Lallinger, Sabrina 1313
Foxworth, Robert 358, 699, 1366
Foxx, Jamie 565

Frag, Pierre 932
Frakes, Jonathan 355, 973, 1006, 1373, 1374
Frampton, Rufus 682
Francesco, Silvio 1350
Franciosa, Tony 31
Francis, Anne 946, 1239
   Dick 962
   Genie 355, 453
   Ivor 308
   Missy 1266
   Ryan 1165
Franciscus, James 280, 569
Franck, Alain 765
   Dieter 65, 985, 1328
Franckh, Pierre 103, 555, 756, 939, 994, 1168, 1264
Francks, Don 164, 867, 1010
   Rainbow Sun 1151
Francksen, Esther 1117
Franco, Francisco 1302
   Ramon 548, 890
François, Jacques 1136
Franju, Georges 1287
Frank, Anne 1182
   Charles 331, 696
   Diana 219, 548
   Gary 72
   Günther 1190
   Horst 327, 622, 730, 751, 757, 994, 1219
   Jason David 940
   Jeffrey 168
   Niklas 39
   Richard 55
   Scott 156
   Thea 442, 858
   Ulrike 494, 750
Franke, Andreas 262, 961, 1034
   Anja 228, 655, 716, 1168
   Hazel 43, 299
   Holger 1272
   Jay Anthony 194
   Peter 435
   Wolfgang 944
Franke-Schulz, Inga 1187
Frankel, Mark 217, 406, 1165
Franken, Al 699
Frankenberg, Emanuela von 1252
Frankenfeld, Peter 54, 159, 187, 272, 287, 298, 317, 320, 321, 422, 491, 500, 545, 567, 837, 838, 912, 925, 1093, 1128, 1153, 1224, 1254, 1288, 1289, 1298, 1299, 1300, 1316, 1332, 1334
Franklin 278, 409, 527, 569, 736, 938, 1332
Franklin, Aretha 222, 483
   Benjamin 987
   Carl 371
   Don 868, 1072, 1084
   Eric 90
   Jeff 310, 424, 548
   Franks, Randall 586
Frano, Nadine 303

Franoszek, Nina 678, 1033
Franquin, André 766
Frantz, Adrienne 978
   Jacques 1210
   Justus 23
   Roderich 294
Franval, Jean 532
Franz, Dennis 211, 859, 868, 933
   Edward 941
   Jessica 1062
   Siegfried 460, 911
   Stefan 1272
Franze, Lydia 367
Franzen, Bernd 778
Fraser, Andrew 16
   Antonia 518
   Bill 443
   Hugh 30, 1036
   Prudence 894
   Ronald 1321
   Shona 262, 744
Frates, Robin 55
Frauenhoffer, Philipp 1298
Frawley, John 393
   William 782
Frazen, Griffin 642
Frazer, Alison 682
   Dan 324
   Rupert 1209
Frears, Stephen 401
Frechette, Peter 948
Frederic, Dagmar 543, 645, 783
Frederick, Hal 92, 413
Fredersdorf, Herbert 128
Freed, Bert 224, 1086
   Sam 381
Freeling, Nicolas 1280
Freeman, Al Jr. 1002
   Jennifer Nicole 1341
   John 217
   Kathleen 1228, 1298
   Leonard 525
   Yvette 331, 714
Frees, Wolf 73, 459
Freese, Anja 774, 1310
   Eva 488
Frei, Christian 633
Freiberg, Mona 212, 734
   Peter 54, 848, 868, 992
Freier, Barbara 356, 552, 677
Freiheit, Sven 901
Freihof, Matthias 1104
Freilich, Jeff 1294
Freisler, Roland 555
Freiss, Stéphane 945
Freitag, Benedict 701, 846, 1118
   Bernd 513
   Björn 309
   Hayo 1070
   Oliver 909
   Pascale 327
   Robert 217
   Thomas 324, 569
Freitas, Chantal de 935
Freiwald, Eric 1029
   Walter 943, 1272

Personenregister

Frej, Ladislav 144, 468, 680
Freleng, Fritz 1003, 1054, 1069
Fremond, Christian 1410
Fremont, John Charles 293, 294
French, Dawn 20
 Edwige 1334
 Michael 231
 Victor 334, 1265, 1337
Frenglova, Zuzana 138
Frenzel-Röhl, Katja 688
Frère, Paul 1204
Frese, Susi 885
Freud, Sigmund 14, 410, 488
Freudenberg, Gisela 734
Freudenreich, Winfried 100
Freudl, Bodo 136, 1020
Freund, Alexandra 711
Freundorfer, Wolfgang 632
Freundt, Dörte 751
Frewer, Matt 772, 952, 1186
Frey, Anna 815
 Barbara 755
 Beatrice 624
 Erik 990
 Fritz 983
 Glenn 792
 Lena 815
 Leonard 830
 Peter 106, 136, 846, 1388
 Winfried 913, 1400
Freyer, Claudius 107, 1381
 Paul Herbert 495
Freynik, Karlheinz »Kalle« 247, 334, 768, 1178, 1408
Frick, Hans-Joachim 1121
Fricke, Peter 163, 974, 1039
Fricsay (Kali Son), András 163, 1092
Fried, Amelie 299, 653, 725, 1157
 Eric 16
Friedebom, Jonas 1300
Friedel, Georg 919
Friedl, Fritz von 596, 1251
 Jan 958, 1248
 Loni von 107, 266, 368, 530, 752, 806, 1209, 1313
Friedle, Will 702
Friedman, Brent V. 245
 David 646
 Michel 433, 615, 1308
 Serge 449
Friedman, Michel 418
Friedmann, David 968
Friedrich, Alexander 386
 Bettina 869
 Daniel 103, 1409
 Gerhard 626, 1190, 1342
 Gunter 335, 813, 1030
 Hanno 924, 1075
 Inka 303
 Jörg 1061
 Julian 1061
 Karl 289
 Stephan 122
 Vera 434
 Wolfgang 928

Friedrichs, Barbara 165
 Gerti 573
 Hanns Joachim 38, 151, 353, 545, 858, 1186, 1204, 1369
 Jakob 397
 Maya 512
 Rüdiger 745
Friedrichsen, Uwe 224, 274, 327, 414, 618, 681, 890, 1064, 1083, 1146, 1409
Friedrichson, Eckart 1396, 1397
Frielinghaus, Paul 361, 862, 900
Friels, Colin 1323
Friend, Martyn 978
Friendly, Fred 151
Frier, Annette 304, 552, 1044, 1177, 1245, 1362
Fries, Daniel 448
Friese, Ursula 1273
Friesicke, Karen 72, 537, 1361
Frießner, Uwe 812, 1331
Frijda, Nelly 396
Frings, Matthias 713
Frinton, Freddie 272
Frisch, Max 1336
Frisch-Gerlach, Theo 567
Frischman, Dan 436
Fritsch, Ekkehard 241, 1254, 1343
 Thomas 300, 404, 469, 558, 569, 614, 783, 993, 994, 1405
Fritsche, Albert 155
Fritz, Bernd 1341
 Roger 168
Fritzen, Roland »Rolli« 145
Fritzsch, Angela 328
 Arnold 526
Frizzel, Lou 587
Frizzell, Lew 213
Fröbe, Gert 657, 668, 780, 781, 968, 1091, 1347
Froboess, Conny 261, 941
Frockhöffer, Gerd 46
Frohberg, Fred 413
Fröhlich, Andreas 158, 653
 Annika 605
 Heinz 128
 Ingrid 1062, 1113
 Josef 636
 Pea 167, 522
 Peter 837
 Susanne 53, 54, 1358
Frohloff, Astrid 25, 500
Frohriep, Jürgen 495, 882, 933, 1363
Fröling, Ewa 371
Fromm, Jan 947
Fronczewski, Piotr 979
Frost, Adam 71, 1403
 Alice 640
 David 214, 496
 Kelman D. 21
 Lindsay 156, 315, 548
 Mark 445, 886

 Warren 445
Frost Beckner, Michael 30
Fröstl, Toni 984
Fruchtmann, Jakob 168
Fruet, William 181
Früh, Giovanni 723, 1114, 1212
Fründt, Bodo 104
Fry, Christopher 299
 Stephen 539
 Taylor 652, 1071
Frydenberg, Tania 479
Fuchs, Andreas 801, 1392
 Arved 559
 Enzi 131, 595, 636, 1030, 1123, 1408
 Gerhard 943, 1186
 Klaus 1228
 Matthias 68, 362, 1049, 1251
 Oswald 1024
 Stefan 1304
Fuchsberger, Joachim »Blacky« 97, 98, 99, 328, 427, 509, 534, 544, 598, 875, 953, 1133, 1153, 1208, 1223, 1340, 1398
 Thomas 953, 1208, 1374
Fuchsová, Janeta 114, 392, 738, 1221
Fudge, Alan 752
Fuente, Joel de la 1127
Fugere, Nicole Marie 855
Fugger, Andreas 1305
 Anton 1306
 Georg 1306
 Hans 1305
 Hans Jakob 1306
 Jakob II 1305
Fuhrmann, E. O. 785
Fujioka, John 551
Fujishima, Kosuke 798
Fuka, Karel 11
Fülfe, Heinz 1263
Fulger, Holly 55, 329
Fuller, Kurt 198, 411, 547, 1219
 Robert »Bob« 69, 872
Fulton-Smith, Francis 364, 662
Fünderich, Astrid M. 218, 356, 543, 810, 1022
Funès, Louis de 1302
Fung, Leonard 1131
Funt, Allen 1308
Fürbringer, Ernst Fritz 434, 536, 677, 704, 744, 904, 1217, 1223, 1225, 1315
Fürch, Michael 678
Furia, John 564
Furie, Sidney J. 915
Furlan, Mira 110
Furler, Adolf »Adi« 1139, 1140
Furlong, Kirby 49
Fürmann, Benno 1131, 1254
Furst, Stephen 110, 210
Fürst, Heinrich 1274
Fürstenberg, Ira Prinzessin von 810

Furtwängler, Maria 469, 505, 633, 1198
Furze, Mark 893
Fusco, Paul 43, 1126
Füss, Bernhard 112
Fuß, Daniela 108
 Maria 643
 Walter Eberhardt 393
Fußangel, Uta 1099
Fussbroich, Annemie 431
 Frank 431
 Fred 431
Futterman, Dan 428
Fux, Herbert 114, 132, 242, 423, 1161
Fyfe, Loomis Jim 245

G

Gaarder, Jostein 1113
Gäbert, Saskia 1201
Gabin, Jean 671
Gäbler, Dorit 645
Gabor, Zsa Zsa 243, 803, 1302
Gabriel, Gudrun 1005, 1049, 1351
 Gunter 63, 229, 646
 Monika 1092
Gad, Jens 1000
Gadow, Mogens von 1310
Gaffney, Justin 393
Gage, Patricia 741
Gagliardi, Guido 720
Gagnier, Holly 122
Gago, Jenny 250
Gahntz, Ekkehardt 545, 1387
Gähte, Kerstin 144
Gail, David 1035
 Max 226, 1358
Gailová, Lucia 189, 280
Gainey, M. C. 359
Gainsborough, Louise 919
Galasso, Frankie J. 1334
Gale, Ed 579
 Lorena 762
Galecki, Johnny 753, 1004
Galeota, Michael 113, 1238
Galesloot, Hans 775, 1146
Galiano, Calogero 92
 Rino 1064
Galiena, Anna 411
Galifianakis, Zach 1241
Galilei, Galileo 951
Galina, Stacy 199
Gall, Roland 510
Gallagher, David 551
 Megan 212, 796, 873
 Michelle 424
 Peter 876
Galland, Jacques 444
Gallauner, Barbara 1053
Galle, Gianluca 234
Gallego, Gina 389
Gallico, Paul 13, 830
Gallivan, Megan 894
Gallo, Carla 71
 Inigo 359
 Jean-Pierre 1324

Mario 252
Max 850
Nunzio 540
Gallop, Tom 1334
Galloway, Don 209
Lindsay 588
Galsworthy, John 404
Galton, Ray 219, 668
Galuba, Dirk 190, 1008, 1210, 1332
Galvez, Christian 195
Galvin, Anna 996, 1080
Gam, Gerald 1120
Gama, Winston 1009
Gamble, Mason 253
Sven-Eric 181
Tracy 784
Gambold, Claudia 140
Gambon, Michael 759
Gaminara, William 455
Gammell, Robin 380
Gammon, James 851
Gampu, Ken 693
Gandhi, Indira 1398
Gandolfini, James 496, 1123
Ganga, José Miguel 1276
Ganghofer, Ludwig 877
Gannott, Susanne 720
Ganss, Dieter 1392
Gant, Richard 1129
Gantenberg, Michael 54, 218, 354, 868, 992
Ganz, Bruno 1192
Lowell 330
Ganzel, Mark 945
Garant, (Robert) Ben 981
Garas, Kaz 1131
Garber, Terri 355, 830
Victor 46
Garbers, Gerhard 28
Garbutt, James 887
García, Andrés 1019
Eduardo 235
Jorge 731
Juan 894
Sancho → Gracia, Sancho
Garczyk, Eckhard 607
Gard, Gisela 48
Gardein, Uwe 478, 479
Garden, Antje 691
Peter 1066
Gardett, Maurice 437
Gardiner, Audrey 1255
Gardner, Ashley 599
David 997
Erle Stanley 707, 912
Stu 222
Gareisen, Christoph 1101
Garett, Hank 199
Garfield, Leon 599, 1295, 1319
Gariš, Ivan 582
Garito, Ken 529
Garland, Beverly 31
Judy 1237
Garlick, David 95
Stephen 161, 214
Garlington, Lee 50
Garner, Jack 178

James 178, 210, 259, 260, 771, 1088, 1126
Jay 182
Jennifer 46, 860
Garnett, Adam 1351
Garofalo, Janeane 697
Garr, Teri 415, 501
Garrett, Brad 48
Jimmy 562
Vivienne 974
Garrido, Miguel-Angel 1062
Garrison, David 861, 1058
Michael 1293
Garritzmann, Ulf 400
Garrivier, Victor 342
Garrova, Robert 1098
Garth, Jennie 141, 142, 786
Gartin, Christopher Russell 762
Gärtner, Claus Theo 41, 361, 673, 1163
Lars 551
Susanne 588, 777
Garver, Kathy 714
Garwood, Patricia 176
Gary, Franz 12
Gascoine, Jill 96, 887
Gaschütz, Sabine 928
Gaskill, Brian 812
Gaspard-Huit, Pierre 702, 906
Gasparri, Carlo 15
Gasper, Dieter 414, 801, 1171, 1356
Gassen, Joseline 1140, 1305
Gassmann, Allessandro 647
Philip 293
Philipp 56, 1309
Gast, Jessica 360
Gastell, Norbert 403, 1101
Gastmann, Constantin 1282
Gates, Bill 1022
Larry 1326
Stefan 328
Tudor 457
Gätgens, Singa 378, 858, 954
Gáti, Oszkár 1288
Gatiss, Mark 701
Gätjen, Steven 204, 278, 405, 770, 1130, 1181, 1228, 1336
Gattegno, Agnès 423
Gatter, Peter 898
Gatz, Thorsten 325
Gatzemeier, Heiner 580, 649, 888
Gauck, Joachim 418, 615
Gauge, Alexander 995
Gauhe, Peter 23
Gaulle, Charles de 1134, 1300
Gaunt, Fiona 682
William 204, 217, 1141
Gaus, Günter 260, 266, 479, 593, 860, 982, 1398, 1401, 1402
Gause, Gundula 546, 1388
Gauster, Harald 1120, 1313
Gauthier, Dan 890

Jacqueline 468
Gautier, Dick 583, 995
Gauweiler, Peter 353, 722
Gavajda, Pedro 1123
Peter 888
Gaven, Jean 379
Gavin, Robert 579
Gawlich, Cathlen 633, 1105, 1137
Gayheart, Rebecca 142
Gaynes, George 1144
Gazarra, Ben 1341
Gazzo, Michael V. 71, 619
Geary, Anthony 453
Cynthia 105
Geb-Mann, Katja 1215
Gebauer, Ulrich 127, 862, 1317, 1348
Gebelhoff, Stefan 1284, 1337
Gebhart, Hans 477, 839
Geddes, Barbara Bel 239
Gedeck, Martina 701, 1069
Gedrick, Jason 218, 835
Geelen, Harrie 957
Geelhoed, Piet 686, 1213
Geer, Ellen 49
Will 1315
Geeson, Judy 742
Gehlen, Elmar 688
Johanna-Christine 606, 772, 1107
Gehring, Christoph 119
Ulrike 262
Gehringer, Linda 237
Geiger, Franz 327, 334, 797, 813, 900, 985, 1267, 1382
Geiger-Berlet, Uta 1055
Geisensetter, Pierre 459, 501, 542, 1012, 1209
Geisler, Achim 790
Geissen, Oliver 20, 25, 26, 148, 249, 493, 577, 859, 884, 978, 988, 1096, 1228, 1235, 1251, 1296, 1301, 1374, 1389
Geißendörfer, Hans W. 719, 722, 726, 1212, 1381
Geißler, Dana 1310
Dieter 567
Heiner 260
Margit 763, 1372
Renate 1008
Theo 220
Geitenbeek, Oscar 119
Geke, Tanja 291
Gel, František 732
Gelbart, Larry 736, 767
Gelbke, Dagmar 536
Gelbwaks, Jeremy 902
Gelderman, Arnold 726
Geletneky, Chris 692
Gelhard, Susanne 106, 920
Gélin, Daniel 402, 410, 448
Manu 402
Gélinas, Isabelle 473
Gellar, Sarah Michelle 184
Gellard, Marc 535
Geller, Bruce 666

Uri 271, 298, 952, 959
Gellinek, Anne 106, 1387, 1388
Gelman, Jacob 888
Kimiko 424
Larry 760, 811
Gemballa, Gero 1271
Gemini, 1216
Gemma, Giuliano 198, 945, 963
Gempart, Michael 533
Gendries, Klaus 19, 228, 462, 1298
Gendron, François-Eric 1036
Genée, Heidi 917
Genesse, Bryan 457
Genest, Claude 692
Corinna 274, 339, 426, 716, 1074, 1229, 1236, 1271
Emile 203, 1074
Gudrun 1342, 1346
Véronique 624
Genovese, Mike 1007
Genscher, Hans-Dietrich 172, 188, 268, 467, 1192
Jochen 886
Gensel, Raimund 720
Gensichen, Kunibert G. 221
Genta, Renzo 168
Gentsch, Moritz 442
Gentzen, Horst 834
Gentzmer, Angela 536
Geoffrion, Robert 402
Georg, Konrad 343, 670, 775, 790, 901, 1118, 1217, 1218
George, Anthony 208, 1254
Götz 266, 328, 576, 601, 693, 825, 1044, 1062, 1069, 1121, 1195, 1196, 1413
Heinrich 134
Lynda Day 666
Quintin 1177
Rob 399, 400
Stan 503
Terry 278
Georges, Roland 61
Georges-Picot, Olga 437, 518
Georgeson, Tom 1255, 1258
Georgi, Thomas 1311
Tim-Owe 313
Georgiade, Nicholas 1254
Geprtová, Libuse 533
Gerard, Gil 182, 309, 1071, 1091
Gerasch, Marita 393, 838
Gerassimow, Sergei 1006
Gerat, Jasmin 177, 208, 527, 688, 1172
Gerbel, Dennis 131
Gerber, Bill 374
David 849
Gerboth, Christiane 401, 861, 947
Gercke, Doris 129
Gerdes, Gerd Ekken 225
Indra 345

Gerdesmann, Karl-Heinz 1147
Gere, Richard 342
Gerety, Peter 954
Gergen, Andreas 365
Gergory, Dorian 207
Gerhard, Kirsten 1319
  Sandra 51
Gerhardt, Claudia 1024
  Günter 461, 942, 1113, 1305
  Tom 177, 524
Geri, Iska 886
Gering, Richard 763
Geringas, Alexander 1083
Gerk, Willi 559
Gerken, Gerd 678
Gerlach, Dieter B. 77, 1408
  Peter 1370
  Sascha 760
  Wolf 748
Gerlach-Radke, Tina 852
Germain, Greg 846
  Paul 1019
Germani, Hans 985
Germann, Greg 60, 61, 852
  Thomas 554, 1091
Gernhardt, Robert 289, 724, 892
Gernstl, Franz Xaver 54, 324, 1389
Gerold, Sebastian 355
  Silvie 1282
Gerome, Raymond 219
Gerritsen, Lisa 247
Gerroll, Daniel 1165
Gershon, Gina 1110
Gerstel, Gunnar 18
Gerstenberg, Rosemarie 917, 1264
Gerster, Petra 24, 545, 725, 810
Gerstner, Karl-Heinz 945
Gerstung, Adolf 378
Gertsch, Max 400, 580
Gerussi, Bruno 1162
Gerwinat, Markus 1172
Geschonneck, Erwin 462, 1193
Gesner, Zen 1102
Gessner, Mechthild 633
  Nicolas 345
Gesthuysen, Anne 87, 779
Getchell, Robert 582
Gets, Malcolm 200
Getty, Estelle 474, 475, 516
Getz, John 739, 745
Geuer, Michaela 326
Geula, Jack 710
Geurens, Ben 1111
Gevers, Mart 1183
Geyer, Michael 354, 1380
  Suzanne 827
Ghafouri, Norbert 364
Ghini, Massimo 1106
Ghostley, Alice 443, 1088, 1290
Giagni, Gianfranco 1279
Giamalva, Joe 579
Giamatti, Marcus 428, 687

Giambalvo, Louis 55
Gian, Joseph 591
Gianopoulos, David 227, 1165
Gibb, Andrea 281
  Cynthia 599, 1224
  Maurice 1336
  Robin 347, 1336
Gibbins, Juliane 1144
Gibbons, Blake 330
Gibbs, Marla 1411
  Timothy 1281
Gibney, Rebecca 503, 998
Gibson, Alan 440
  Brian 195
  Hoot 1338
  Katrina 1095
  Kyle 863
  Lynda 563
  Mel 32, 178, 771, 772
  Thomas 210, 265
Gideon, Bond 889
  Louan 1320
  Raynold 757
Gidley, Pamela 1162
Giebenhain, Todd 745
Giefer, Hermann 132, 289, 403, 606, 687
Giegerich, Karin 1031
Giehse, Therese 832
Gielgud, John 385, 1035
Gierke, Christa 1138
  Karl-Heinz 1042
Gies, Hajo 577, 617, 890, 1045, 1192, 1195, 1230, 1238
  Martin 527, 577, 617, 916
Giesecke, S. 801
Gietinger, Klaus 1103
Gifaldi, Sam 320, 1173
Giffel, Jan Philipp 630
Gifford, Wendy 1141
Giggenbach, Robert 103, 595, 596, 956, 958, 1157, 1401
Gignoux, Hubert 319
Gigo, Fred 1289
Gilbert, Billy 1281
  Gary 1105
  Jonathan 1265
  Melissa 60, 1265
  Sara 1003
Gildo, Rex 343, 1123, 1304, 1385
Giles, David 404
  Nancy 212, 252
Gilfedder, Eugene 28
Gilford, Gwynne 783
  Jack 474
Gill, Ramon 858, 1060
Gillen, Patrick 164
Giller, Walter 637, 726, 754, 823, 837, 886, 966
Gillespie, Gina 1306
  Julian 99
Gillette, Anita 1111, 1293
Gilliam, Terry 585, 766, 821
Gillian, Gunther 610
Gillies, Andrew 221
Gilligan, Vince 322

Gilliland, Richard 889
Gilling, Rebecca 1015
Gilman, Kenneth 610
  Kip 506
Gilmore, Peter 887
Gilpatric, Guy 1111
Gilpin, Peri 410
Gilroy, Frank D. 72
Gilsig, Jessalyn 175
Gilyard, Clarence 1314
  Clarence Jr. 769
Gilzer, Maren 471, 585, 586
Gimbel, Thomas 197, 692
Gimpel, Erica 364, 948
Gimple, Scott M. 278
Ging, Jack 1239, 1327
Gingeleit, Maren 82
Gioielli, Lorenzo 430
Giordano, Arnaud 287
  Mario 718
  Ralph 22, 137, 138, 319, 528, 1108
Giovannini, Bettina 1036
Giovenazzi, Edney 975
Giovinazzo, Carmine 234
Gipps-Kent, Simon 763
Girard, Benoît 1287
Girardot, Annie 1049
Giraud, Claude 444, 769
Giraudeau, Bernard 489, 1270
Girnth, Marco 387, 440, 441, 1115, 1162, 1272
Girolami, Enzo 945
Girone, Remo 53
Girotti, Massimo 877
Gish, Annabeth 34, 1035
Giskes, Heinrich 1095
Gisolf, Aart 87
Gitte 141, 261, 347, 837
Gitti & Erika 528
Giuffré, Carlo 540
Givens, Robin 436, 1127
Givray, Claude de 19
Givry, Edgar 383
Glaister, Gerard 351
  John 351
Glaoui, Mehdi El 129, 609, 936
Glas, Uschi 79, 409, 575, 662, 932, 1048, 1071, 1178, 1192, 1215, 1267, 1405, 1408
Gläsel, Joanne 340
Glaser, Günter 36, 713
  Paul Michael 1153
  Peter 523
Gläser, Eberhard 491
Glasgow, Alex 388
Glaskin, G. M. 51
Glass, Ned 178, 623
  Ron 1200, 1358
Glassner, Jonathan 1150
Glatte, Michael 727
Glatzeder, Robert 788, 878, 1189
  Winfried 90, 513, 788, 1000, 1140, 1197
Glauberg, Joe 824

Glaubrecht, Frank 77, 176, 910
Glazer, Eugene Robert 867
Gleason, Joanna 732, 879
  Michael 900, 980
  Paul 886
Gleim, Ygal 70, 1261
Gleizer, Michèle 342
Glemnitz, Reinhard 668
Glendenning, Candy 1334
Glenister, John 713
Glenwright, Gordon 1332
Gless, Bridget 362
  Sharon 193, 289, 362, 1408
Glickmann, Dov 1033
Glicksman, Frank 503, 1232
Glocker, Karin 112
Glogger, Conny 412, 469, 1215
Gloggner, Andrea 83
Gloppestad, Linn 731
Glotz, Peter 578
Glover, Brian 79, 259
  Danny 772
  John 1110, 1125
  Julian 342, 608, 957
Glowna, Nikolaus 129
  Vadim 328, 412, 587, 1410
Glück, Wolfgang 49, 74, 630, 754, 1040, 1392
Glücksmann, Ina 42
Głuchowska, Małgorzata 1121
Gmelin, Gerda 163, 536, 694, 1276
Gmür, Hans 574
Gnädinger, Mathias 1198
Goaz, Harry 446
Göbel, Dieter 982
Gockel, Angelika 346
  Hans-Hermann 25, 500, 607, 1034
Goddard, Daniel 124
  Gary 199
  James 978
  Liza 297, 613, 1108
  Mark 641, 1294, 1306
  Trevor 600
  Willoughby 1143
Gödde, Stefan 160, 1181
Godecki, Marzena 877
Godin, Jacques 1040
  Maurice 60, 714
Godley, Adam 821
Godliffe, Michael 1029
Godwin, Simon 1382
  William 1224
Goebbels, Joseph 157, 555, 621, 982
  Magda 157, 555
Goebel, Brigitte 687
  Christian M. 189, 1106
Goehrmann, Julia 1144
Goeres, Martin 390
Goering, Harry 1014
Goernemann, Rainer 128, 339, 382, 502, 553, 935, 1240, 1268, 1306
Góes, Esther 975

Goessel, Heidrun von 955
Goethals, Angela 280, 1208
Goetz, Peter Michael 862
Goetz-Pflug, Curt 1077
Goff, Ivan 72, 296
Goffin, Torsten 1236
Gogel, Herbert 1398
Goggins, Walton 1089
Goguel, Constantin de 1208
Göhlen, Josef 153, 1344
Göhler, Sigrid 933
Gohling, Marlies 1093
Gohlke, Matthias 412
Going, Joanna 245
Gold, Andrew 474
  Elon 782
  Harold 337
  Judy 47
  Missy 131
  Tracey 1261
Goldberg, Gary David 206, 368, 753
  Josh 349
  Leonard 72, 296, 372, 517, 663, 855, 1154, 1222
  Whoopi 112, 456, 835, 973, 1167, 1168
Goldberger, Kurt 379
Goldblat, Rebecca 763
Goldblum, Jeff 176, 1054
Goldenberg, Daniel 899, 1189, 1216
Goldhagen, Daniel 1352
Goldhorn, Nadja 516
Goldman, Danny 795
  Oscar 1074
  Wendy 861
Goldsmith, Clio 1254
  David 812
  John 1016
Goldspink, Sebastian 527
Goldstein, Martin 702
  Limor 1033
Goldstone, James 1169
Golenac, Bojana 882, 1022
Golgowsky, Fritz 479
Golic, Bob 194
Goller, Anja 1074
Golling, Christine 621
Gollob, Gudrun 63
Golombek, Dana 197, 692
Goltz, Glenn 788
Golz, Anja 598
Gomes, Marc 232, 1274
Gomez, Ian 376
  Jaime P. 851
Gomikawa, Jiyunkei 117
Gommermann, Stefan 1040
Gonneau, George 11
Gonzales, Christine 929
  Paco 1062
González, Edith 1026
Goode, Frederic 21
Goodfriend, Lynda 512
Goodger, Michele 162
Gooding, Omar 310
  Tim 1177
Goodman, Danny 539
  John 365, 835, 1003, 1070
Goodman, David A. 1200

Goodrem, Delta 844
Goodwin, Doris Kearns 643
  Frank 29
  Kia 1411
Goossens, Carry 268
Gooyer, Rijk de 1128, 1317
Göpel, Andrea 778
Göppert, Kai 215
Goranson, Lecy 1003, 1005
Gorbatschow, Michail 711, 1039, 1352
  Raissa 711
Gordeno, Peter 1250
Gordon, Bruce 981, 1254
  Charles 1287
  Colin 118
  Deni 527
  Eve 1293
  Gale 562
  Hannah 107, 521, 782
  Howard 447
  Lawrence 374, 770, 1287
  Leo 996
  Michael 1409
  Ruth 588
  Vic 290
Gordon-Levitt, Joseph 245, 554
Gore, George O. II. 860, 1341
  Brent 194
  Christopher 364
Görg, Galyn 762
Gorges, Ingolf 980
Gorham, Christopher 878, 938
Goring, Marius 351, 560, 1142
Göring, Helga 367, 456, 684, 715, 981, 1141, 1393
  Hermann 555, 1184
Goritzki, Thomas 607
Görke, Arno 288, 1046, 1128, 1129, 1405
Görlitz, Christian 419, 488, 657, 831
  Helmut Christian 529, 639, 1271
Gorman, Charmaine 643
  Kate 1395
  Robert 359
Gorr, Manfred 18
Gorrell, Ashley 1214, 1216
Gorrie, John 217
Gorshin, Frank 120
Gorski, Peter 937
Goscinny, René 596, 736
Gosejohann, Elton 330
  Simon 226, 330
Goslar, Jürgen 266, 337, 343, 608
Gosman, B. 618
Gosselaar, Mark-Paul 194
Gossens, Carry 268
Gossett, Louis Jr. 463, 625, 1326
Gossler, Stefan 1122, 1209, 1298
Gotell, Walter 1191
Götestam, Staffan 181
Gothard, Michael 674

Gott, Karel 146, 597, 1385
Gotta, Salvatore 800
Gotthardt, Barbara 831
Gottlieb, Franz Josef 76, 327, 535, 638, 813, 852, 974, 1027, 1047, 1048, 1364
  Sigmund 372, 546
Gottschalch, Christoph 1358
Gottschalk, Anke 845
  Hans 1008, 1077
  Meike 1310
  Michael 1264
  Thomas 39, 98, 257, 276, 278, 348, 427, 480, 481, 482, 483, 492, 499, 649, 696, 707, 796, 815, 842, 847, 915, 937, 989, 1011, 1012, 1017, 1153, 1157, 1163, 1177, 1178, 1190, 1205, 1213, 1246, 1323, 1325, 1338, 1339, 1340, 1407
Gottwald, Christoph 1147
Götz, Barbara 654
  Peter 532
Goudge, Elizabeth 816
Goudsmith, Lex 1213
Gough, Alfred 1109
  Michael 1171
Goulart, Paulo 1349
Gould, Dana 714
  Elliott 60
  Graydon 589
  Harold 474, 1323
  Sandra 1290
Goulet, Robert 848
Gourvil, Yves 812
Gouskos, Barbara 527
Goutas, Pierre 14
Grabbe, Ernst 503
Grabbert, Günther 291, 722, 300, 1379
Grabe, Hans-Dieter 702
Grabis, Sabine 127
Gräbner, Steffen 720
Grabowski, Klaus 417
Grabowsky, Christina 1020
  Klaus 805
Grace, John 70
  Maggie 731
  Nickolas 996
  Topher 1350
Gracen, Elizabeth 549, 974
Gracia, Sancho 235, 379, 1065, 1066
Gracia Patricia, Fürstin von Monaco 350
Grädler, Theodor 83, 314
Gradowski, Krzysztof 979
Grady, Don 782
Graebner, Karl Erich 379
Graefe, Ferenc 1022
Graeser, Erdmann 666
Graeske, Christiane 505
Graeter, Michael 652
Graf, Dominik 357, 666, 1131
  Ingo 1045
  Jürgen 492, 1057, 1074, 1237

Kerstin 509, 525
  Maxl 132, 591, 636, 676, 738, 890, 1078
  Robert 1398
  Steffi 918
Graff, Ilene 830
Graffe, Georg 144, 1411
Graffman, Göran 1326
Graham, Caroline 591
  Gary 47
  Heather 1070
  Lauren 463, 1231
  Peter 800
  Samaria 168
  Sonia 79
  Stephen 114
  William A. 704
Grahame, Kenneth 1354
Graichen, Gisela 192, 567, 1040, 1047
Grainer, Ron 671, 906
Gralla, Carolin 763
Gramlich, Peter 103
Grammer, Kelsey 208, 209, 410, 782
Gran, Maurice 504
Grän, Christine 96
Granass, Gardy 694
Granata, Rocco 837
Granath, Björn 744
Grand, Gundy 43
Grandezka, Wolfram 51, 1272
Grandier, Gilles 958
Grandpré, Gisèle 687
Grandsire, Henri 794
Grandy, Fred 733
Granger, Bill 154
  Stewart 709
Granget, Anneli 502
Grangier, Gilles 1407
Granier, Olivier 932
Granotier, Sylvie 1170
Grant, Andrew T. 278
  Beth 252
  Bob 863
  Cary 889, 969
  Deborah 312, 613
  Faye 1279
  Gil 1232, 1257
  James 1171
  Jennifer 142
  Lee 374
  Perry 504
  Rodney A. 703
  Saginaw 473
  Salim 195
Grantham, Leslie 900
Granval, Jeannette 1098
Grap, Klaus-Peter 368, 472, 1187, 1242, 1271, 1345
Grasel, Jan Jiří 138
Grasemann, Saskia 1141
Gräser, Patrick 451, 688
Grasmüller, Andreas 59
Grass, Günter 426, 724, 1154
Grassel, Sylvia 1040
Grasshoff, Franziska 451
  Friederike 867
Grassle, Karen 1265

Grate, Gail 739
Graton, Jean 794
Gratschow, Dima 1142
Grätzer, Klaus 577
Graudus, Konstantin 642, 863
Graue, Manja 367
Graumann, Walter 1187
Graves, Karron 443
    Peter 384, 431, 588, 666
    Robert 572
Gräwert, Günter 314, 360, 576, 605, 635, 779, 1078, 1238
Gray, Billy 1281
    Bo 736
    Colin 515
    David Barry 660, 1352
    Elspet 203
    Erin 182
    Gary 11, 154
    Giada 719
    Jim 657
    Linda 239, 812, 1048
    Mackenzie 855
    Marc 987
    Michael 845
Gray-Stanford, Jason 818
Grayden, Sprague 362
Grays, Jalese 154
    Jenelle 154
Greb, Christina 383, 688
    Niki 442
Gréco, Juliette 130
Green, Al 62
    Brian Austin 142, 1270
    Dorothy 1189
    Gerald 560
    Harry 707
    Jenna Leigh 1023
    Lynda Mason 682, 963
    Robson 525
    Seth 184, 1299
Greenburg, Dan 34
Greenbush, Lindsay 1265
    Sidney 1265
Greene, Graham 439, 540
    John, L. 781
    Lorne 75, 115, 170, 171, 631, 665, 848, 1001
    Michele 689
    Richard 995
Greenlee, David 1056
Greenly, Theo 1238
Greenstreet, Mark 176
Greenwalt, David 615
Greenwood, Bruce 873
    Dave 579
    Diana 692
Greer, Alonzo 227
    Dabbs 509, 919
Greese, Wolfgang 31, 367, 751, 1141, 1395
Gregan, Ralf 76, 670, 768, 772, 853, 879, 904, 1409
Greger, Max 24, 38, 298, 1090, 1266, 1288
Gregg, Julie 730
Gregorek, Karin 751, 1252, 1381

Gregory, Benji 43
    Dorian 124
    James 1293, 1358
Gregorzewski, Ingmar 1033, 1225
Gregson, John 1089
Greif, Leslie 1314
Greifeneder, Egbert 636
Greiff, Dietlinde 492, 882
Greiling, Michael 131, 319, 875, 1118
Greis, Heike 831
Greiser, Heiko 1377
Grellier, Michèle 13, 609, 906
Grenier, Zach 192
Grenkowitz, Rainer 50, 309, 423, 774, 796, 917, 1063
Gressl, Siegfried 92
Gressmann, Evelyn 295, 853, 1092, 1160
Grešśo, Ludovít 655
Gresz, Maria 1132
Gretsch, Joel 1186
Greulich, Helmut 140, 252, 275
    Stephan 740, 789
Greve, Jochen 462
    Simone 1236
Grey, Denise 13, 243
    Gloria 504
    Jennifer 276, 595
    Zane 15
Greyeyes, Carol 164
Grgić, Zlatko 947
Gridaine, Bernard 172
Griebner, Reinhard 684
Grieco, Richard 173, 535, 1247
Griem, Helmut 712
Grier, David Alan 55
    Roosevelt 11, 244
Gries, Christoph 723
Griesbach, Robert Louis 1106, 1344, 1358
Griesmayr, Hartmut 125, 167, 643, 917, 1238, 1274, 1382
Griesser, Katrin 623
Grießer, Max 63, 636, 676, 932, 1254, 1344
Grifasi, Joe 380
Griffard, Robert 1412
Griffeth, Simone 70
Griffin, Barbara 996
    James 216
    Kathy 1176
    Luke 114
    Peter 434
    Sean 790
Griffith, Andy 265, 769, 1029, 1323
    Josh 1172
    Kenneth 219
    Melanie 219
Griffiths, Andy 1248
    Jaye 184
    Leon 100
    Lucy 29
    Paul 1075

Rachel 1105
Trevor 1341
Grill, Maximilian 1112
Grillaudi, Massimo 1055
Grimaldi, Sophie 1136
Grimes, Frank 1168
    Scott 156, 902
Grimm, Andreas 177
    Cora Sabrina 858
    Jakob 1101
    Matthias 687, 1394
    Michael 1265
    Sven 1031
    Wilhelm 1101
Grimme, Helga 1040
Grimpe, Julia 404, 429
Grinberg, Claude 319
Grinkmuth, Ulrike 1021
Grinnage, Jack 847
Gripe, Maria 31, 624
Grisham, John 660
Grives, Steven 124, 388, 559, 1031
Grobe, Angelika 954
Gröbe, Nikolaus 606, 704
Grober, Oliver 630, 1116, 1178
Gröbmayr, Josef 884, 885
Grodin, Charles 415
Groeben, Ulrike von der 1010
Groeger, Peter 76
Groen, Alma de 415
    Dora van der 276
Groener, Harry 779
Groening, Matt 431, 1099, 1100, 1231
Groetschel, Inka Victoria 815
Grohmann, Peter 558
Groll, Florentin 990, 1313
Gröllmann, Jenny 81, 581, 596, 716, 1071, 1261
Gromball, Hannes 681
Gromer-Piani, David 1238, 1351
Grönberg, Åke 473
Gröndahl, Wiebke 642
Grönebaum, Wolfgang 36, 720, 1168, 1259
Grönemeyer, Herbert 173, 464, 575, 1118, 1282, 1340
Grönig, Siegfried 1343
Groningen, Wivineke van 775
Grönros, Anders 31
Groom, Sam 931
Gröper, Klaus 608
Grosche, Erwin 1145
Grospierre, Louis 647
Gross, Arye 329
    Edan 978, 1301
    Johannes 173, 621, 681, 1122, 1180
    Michael 368
    Paul 828
    Sunny 845
    Walter 303, 1262
Grosse, Christina 465, 901, 1061

Großer, Pamela 51, 638, 858, 1217
    Verena 326
Grossman, Gary 886
    Leslie 938
    Terry 59, 663, 1173
Grossmann, Budd 583
    Johannes 744, 1146
Grosvenor, Dennis 399, 566
Grosz, Birgit 1199
    Helmut 878
Groszer, Katja 1219
Grote, Heinz 1065, 1361
    Ulrike 268
Groth, Barbara 930
    Steffen 1162
Grothe, Isabella 251, 314
Grothgar, Caroline 1310
Grothum, Brigitte 295, 714, 755, 904, 920
Grötzsch, Peter 464
Groustra, Reinier 559
Grout, James 592
Grover, Edward 117
Gruault, Jean 245, 637, 1304
Grubb, Robert 393
Grube, Lydia 1007
Grubel, Achim 1131
Grübel, Ilona 477, 586, 873, 906, 1067, 1116
Gruber, Frank 1327
    István 1156
    Lilli 401
    Marie 1168
Gruel, Hela 89
Gruenwald, Ernie 1202
Grühn, Bettina 974
Grün, Max von der 418
Grunberg, Greg 376
Gründgens, Gustaf 1402
Grundies, Björn 65
Gründler, Henry 414
Grundmann, Norbert 294
Grundy, Ian 919
Grünefeld, Hans-Otto 470, 1332
Gruner, Wolfgang 491, 507, 614, 1015, 1020
Grunert, Christoph 299, 536, 549
Grunewald, Ulrike 1387
Grünig, Renato 242
Grünler, Jörg 220, 469, 855
Grünmandl, Otto 373
Gruntz, George 1386
Grünwald, Günter 506
Grupe, Norbert 39
Grüsser, Marcus 553, 590, 998, 1349
Grützner, Lothar 454
Gruza, Jerzy 1155
Grybe, Stig 181
Grzimek, Bernhard 102, 351, 578, 580, 581, 730, 926, 927, 1368
    Michael 927
Gschwind, Gerhard G. 1362
Gsell, Tatjana 63
Guard, Christopher 1016

Dominic 1112
Guareschi, Giovanni 657
Gubser, Stefan 346, 687, 1022
Guckelsberger, Adi 748
Gudejko, Jerzy 1121
Guðmundsson, Ágúst 870
Gudzuhn, Jörg 707, 716
Guerdat, Andy 1300
Guerenabarrena, Juanjo 1022
Guérin, Nathalie 468
Guerra, Castulo 359
  Saverio 126
Guerrieri, Lorenza 793
Guerrini, Orso Maria 15
Guers, Paul 52, 609, 1304
Guess, Paul 401
Guest, Nicholas 1278
  Val 456
Guez, Robert 574, 1289
Guggenberger, Manuel 131
Guggenheim, Peggy 1092
Gugino, Carla 206, 359
Guglielmi, Marco 15
Guibert, Laure 1026
Guidelli, Giovanni 522
Guignabodet, Valerie 382
Guilbert, Ann Morgan 59, 850
  Guilfoyle, Paul 233, 1075
Guillard, Marie 293
Guillaume, Günter 1228
  Michel 1114
  Robert 104, 131, 663
Guillemin, Patrick 854
Guillemot, Claude 11, 448
Guillén, Fernando 346
Guillory, Bennet 207
Guimarães, Bernardo Joaquim da Silva 1108
Guimond-Darbois, Richard 260
Guinan, Francis 303, 312
Guinee, Tim 447
Guinness, Alec 243, 904, 1110
Guitton, Helga 718
Guizar, Tito 764
Gulager, Clu 399, 709
Gulbransson, Jan 383
Gulski, Thomas 768
Gumlich, Rolf 412, 616
Gumm, Detlef 136, 300
Gummersall, Devon 1353
Gummich, Nina 678
Gunawardena, Trelicia 286
Gundlach, Alida 47, 839
Gunn, Janet 1294
  Margo 997
  Moses 230, 526, 1281
  Nathan 1268
  Richard 245
Gunsch, Elmar 738, 837, 1122, 1172, 1347
Günther, Egon 533
  Michael 275, 564, 738, 1133
  Ralf 177, 1305
  Sergio 137, 1203

Günzler, Rainer 38, 39, 1138, 1204
Gurnett, Jane 930
Gurney, James 274
  Rachel 521, 656
Gurvitz, Ian 1283
Gurwitch, Annabelle 310
Gusmão, Mário 1066
Gusner, Amina 1345
Gustafson, Björn 793
Gustafsson, Kaege 547
Gustavson, Erik 1113
Gutbrod, Curd Hanno 558
Gutenberg, Johannes 1024
Guth, Klaus 157, 185, 190, 412, 814, 1091
Guthrie, Arlo 1299
Gutmann, Otmar 920
Gütt, Dieter 1186
Guve, Bertil 371
Guy, Jasmine 222, 958
Guza, Robert Jr. 1172
Gwaltney, Jack 615
Gwaspari, Brian 96
Gwilym, Mike 962, 1112
Gwisdek, Michael 715, 1054, 1230
Gwynne, Fred 833, 1312
  Peter 1250
Gysi, Gregor 418, 1178, 1402

H

Hart, Melissa Joan 218
Haack, Käthe 1257
Haacke, Julia 546, 567
Haaf, Wilm ten 178, 343, 363, 522
Haag, Benny 1374
Haake, Rainer 648
Haanappel, Joan 39
Haardt, Georges-Marie 449
Haaren, Marion von 88, 372, 928
Haas, Helge 678
  Juri 1189
  Ludwig 720
  Maximilian 103, 1157, 1406
  Michaela 725
  Payton 395
  Waltraud 861
  Waltraut 583
Haase, Annemone 1261
  Christine 325
  Jürgen 190
  Matthias 750, 871, 1310
  Ulrike 458, 909, 1088
Habbema, Cox 297
Habdank, Wolfgang 1031
Habeck, Michael 965
Haber, Heinz 181, 456, 878, 947, 1161, 1258, 1262, 1264, 1320, 1381
  Irmgard 456
  Paul 112
  Peter 669
Haberbusch, Kuno 898
Haberleitner, Stefan 889

Habermann, Eva 710, 888, 954, 1162, 1349
Habib, Ralph 32
Habich, Matthias 214, 599, 602, 659, 790
Habla, Johannes 1178
Habsburg, Otto von 1392
Hachfeld, Eckart 12
  Rainer 842
Hachmeister, Lutz 1205
Hack, Hansjörg 644
  Shelley 296, 1210
Hacke, Julia 845
Hackel, Dave 126
Hackenberg, Thomas 118, 378, 502, 1312, 1344
Häckermann, Hans 104, 178, 1198, 1278
Hackethal, Regine 1348
Hackforth-Jones, Penne 1189
Häckl, Christian 1010
Hackl, Herbert 979
Hackstedt, Anna Lena 180
Haddad, Maya 128
Haddaway 225
Haddock, Julie Anne 831
Haddrick, Ron 1291
Hadley, Reed 1338
Hadorn, Werner 583
Hadrbolcová, Zdena 69, 392
Hädrich, Rolf 1154, 1220
Haebler, Luitbert 804
Haenning, Gitte 723, 743
Haensler, Bettina 297
Haeussermann, Michael 141
Hafa, Simone 207
Haffner, Sebastian 281, 488, 1036
Hafkemeyer, Jörg 750
Hafner, Georg M. 1008
Häfner, Axel 189, 685
Hafström, Dan 1001
Hagan, Molly 1300
Hagemann, Achim 209, 657, 1229
Hagemeister, Alexis von 60
Hagen, Antje 29, 48, 163, 320, 343, 452, 773, 815, 966, 1271
  Cosma Shiva 370, 691
  Eva-Maria 291, 370, 1300
  Kevin 924, 1376
  Nina 370, 543
  Paul 879
  Peter 616, 1269
  Ross 237
  Volker von 165, 677
  Waltraud 1347
Hagenbäumer, Eva 1267
  Peter 1267
Hager, Mike 873
Hagerty, Julie 945
Haggard, Merle 11
Haggerty, Dan 754
Haggis, Paul 371, 828, 1314
Haglund, Dean 33, 322
Hagman, Larry 143, 239, 240, 539, 847, 1048, 1270, 1321
  Li 939, 1115

Hagon, Garrick 453
  Rex 588
Hague, Albert 364
  Steven 845
Hahlweg, Barbara 546, 708, 1228
Hahn, Carl Clemens
  → Wilmenrod, Clemens
  Ekkehard 838
  Gisela 1393
  Jan 1034
  Jess 447
  Kathryn 231
  Rochus 142
  Wolfgang 1249
Hahne, Peter 136, 544, 545, 727
Hahnemann, Helga 248, 536, 645, 1203
Haid, Charles 252, 639, 933
Haiden, Stefan 679
Haider, Alfons 1170
  Jörg 1188
  Sylvia 285
Haiduk, Stacy 217, 1072, 1174
Haig, David 591
Haigh, Kenneth 1171
Haigis, Anne 1284
Hailer, April 84, 93, 632, 1344
  Thomas 963
Hailey, Arthur 115, 564, 962
  Oliver 452
Hain, Jeanette 1171
Haindl, Werner 412
Haindling 192, 596, 1401
Hajblum, Marc 293
Hajdu, Daniel 138, 720, 1306, 1310
Haje, Khrystyne 436
Hajek, Jens 1137
  Peter 84, 605, 671, 829, 1330
Hakansson, Sebastian 744
Haldeman, Meghann 473
Hale, Alan Jr. 200, 463
  Barbara 912
  Elvi 1073
Haley, Alex 895, 958, 1001, 1002
  Nicholas 165
Hall, Andrew 650
  Anthony Michael 608
  Arsenio 766
  Barbara 427, 552
  Ben 130
  Brad 1103
  Deidre 1260
  George 14
  Heinz 878
  Huntz 211
  James Andrew 176, 873, 1269
  Jane 998
  Joachim 507
  Kevin Peter 516, 1132
  Martin 1141
  Michael C. 1105
  Robert David 233

Personenregister

Sean Tyler 845
Vondie Curtis 373
Willis 140
Hallahan, Charles 569
Hallaschka, Steffen 936, 946
Halldoff, Jan 502
Halle, Armin 83, 1034
Haller, Daniel 162
  Ty 800
  Valerie 1228
Hallermann, Friederike 858
Hallerstam, Staffan 473, 637
Hallervorden, Dieter jun. 297
  Dieter »Didi« 19, 112, 268, 271, 360, 426, 503, 663, 774, 798, 853, 870, 871, 957, 1024, 1056, 1107, 1140, 1295, 1296, 1325, 1327, 1365, 1388, 1389
  Nathalie 853
Hallet, Andy 75
Hallett, Jack 113
Halletz, Erwin 1148
Hallhuber, Erich 192, 399, 582, 683, 958, 1157
Halliday, Brett 360
Hallwachs, Hans Peter 185, 449, 512, 756
Halm, Florian 601, 1286
  Martin 362, 383, 429, 506, 585, 1313
Halmer, Günther Maria 82, 83, 502, 696, 797, 801, 832, 833, 949, 1000, 1054, 1198, 1210, 1224, 1410
Halmich, Regina 1245
Halpin, Luke 394
Halsey, Brett 1272
Haltiner, Fred 701, 1008, 1250
Halverscheid, Judith 277, 1217
Halverscheidt, Tina 771
Hamann, Caroline 545, 546, 861
  Evelyn 11, 27, 28, 349, 376, 694, 729, 797, 1067
Hamar, Pal 1156
Hamblin, Anthony 746
  John 99
Hamel, Lambert 1210, 1283
  Veronica 933, 1187
Hamilton, Antony 811
  Barbara 1401
  Bernie 1154
  Edmond 198
  George 254, 741, 900
  Linda 1055
  Lisa Gay 940
  Murray 161
  Neil 120
  Richard 178
  Tony 588
Hamlin, Harry 496, 568, 689, 1126, 1169
Hamm, Jon 692
  Sam 762
Hamm-Brücher, Hildegard 481, 1092, 1392

Hammer, Dick 872
  Jan 346, 792
  Thomas 906
Hammerschmid, Hans 1069
Hammerschmidt, Helmut 80, 817, 982, 983
Hammerstein, Ludwig von 505
Hammesfahr, Guido 692
  Petra 534
Hammett, Dashiell 398
Hammond, John 163
  Peter 657
Hamner, Earl Jr. 358, 359, 1315, 1316
  Robert 663
Hampe, Johann Christoph 81
Hampel, Bruno 112, 314, 431, 670, 871, 945
Hampshire, Susan 404
Hampton, Branda 551
  Demetra 1279
  James 286
  Lionel 127
Hamrell, Harald 625
Han, Maggie 836
Hancke, Edith 107, 273, 635, 758, 1054, 1330, 1346
Hancock, John 467, 663, 732
  John Lee 689
  Phillip 1313
  Prentis 815
Hancza, Władysław 121, 1103
Handel, Leo 42
Handford, Martin 1361
Handke, Günter 320
  Henrike 303
Händl, Klaus 1123
Handler, Evan 595, 1085
Handtke, Holger 76, 138, 455, 941, 974
Haneburger, Suntka 504, 686
Hanemann, Michael 323
Hanfstingl, Franz 220
  Franz-Hermann 64
  Hans 242
Hanft, Christian 744
Haničinec, Petr 316, 411, 468, 1393
Hanin, Roger 671
Hanitzsch, Dieter 398
Hanka 148
Hanke, Edith 247
Hanks, Colin 1006
  Steve 111
  Tom 115, 456, 595, 1006
Hanley, Bridget 757
  Robert 363
  William 1035
Hanna, William 93, 365, 509, 559, 566, 610, 1226, 1276, 1311
Hannah, Daryl 496
  John 774
Hannan, Peter 201
Hannasky, Sylke 1293
Hannawald, Ernst 1391, 1401

Hannesschläger, Joseph 1005, 1101
Hannigan, Alyson 184, 978
Hansch, Werner 850, 964
Hanselmann, Simone 1062, 1406
Hansen, Carla 916
  Gale 218
  Holger Juul 709
  Janis 270, 760
  Joachim 528
  Katja 705
  Konrad 1189
  Kristina 695
  Vilhelm 916
Hanson, Robby 448
Hansson, Maud 793
Hant, Claus Peter 185
Häntsch, Wolfgang 1297
Hanzlík, Jaromír 411, 468, 545, 582, 738, 1393
Happel, Ulrich 898
Hara, Miho 1143
Harbecke, Ulrich 11
Harbort, Christine 1240
Harbour, Emma 1182
Hardenberg, Gräfin von 742
  Graf von 742
  Tita von 936
Harder, Daniela 1026
  Michael 933
  Rhea 135
  Teresa 659
Hardiman, Terrence 1109
Hardin, Jerry 33
  Melora 276
  Ty 89, 180, 1124
Harding, Angela 1168
Hardison, Kadeem 222
Hardo, Trutz 841
Hardt, Hans 886
  Karin 128, 417, 710, 1067, 1274
  Kim 854
  Mickey 954
Hardwicke, Edward 598, 873, 1088
Hardy, Jennifer 24
  Leslie 910
  Oliver 267, 475, 653, 658, 691, 785, 1024, 1128, 1212, 1281, 1406
  Peter 1177
  Robert 280, 312
Hare, Doris 863
Harewood, Dorian 362, 1002, 1303
Harfouch, Corinna 167, 1261
Hargitay, Mariska 358, 701, 712, 1208
Hargreaves, Amy 549
  John 290, 889
Hargrove, Brian 1222
  Dean 602, 769, 772
Harkämper, Michael 771
Harkin, Olivia 1073
Harland, Robert 1306
Harlander, Willy 82, 524, 535, 800, 823, 854, 1050, 1194

Härle, Michael 142, 383
Harlinghausen, Norbert 105, 695
Harloff, Fabian 163, 360, 1008, 1105, 1206, 1281
  Marek 1040, 1329
Harlos, Peter 137, 190, 388, 685, 1392
Harman, Steve J. 894
Harmon, Angie 124, 192
  Deborah 206
  Mark 206, 210, 389, 600, 852, 1145, 1411
  Winsor 977
Harmstorf, Raimund 42, 551, 793, 1067, 1075, 1076, 1079, 1341
Harndorf, Jan 268
Harnos, Christine 331
Harpen, Constanze 226
Harper, David 1316
  W. 1315
  Hill 234
  Kate 954
  Ron 579, 924, 933
  Valerie 558, 880
Harpprecht, Klaus 266, 1111
  Renate 319
Harras, Bert 158
  Patricia 766
Harraß, Ulli 840
Harreis, Sigi 112, 415, 475, 520, 820
Harrelson, Woody 208
Harrer, Heinrich 533
Harrington, Al 525
  Desmond 1186
Harris, Glenn Walker Jr. 664
  Bob 579
  Cynthia 312
  Danielle 1211
  Emmylou 229
  Estelle 501
  Harriet Sansom 373, 759
  Jim 1319
  Jonathan 439, 1294
  Joshua 240
  Julie 1270
  Julius 1029
  Lee 1164
  Marcus 424
  Mel 139, 270
  Michael 189
  Naomie 16
  Neil Patrick 284, 759
  Ralph Louis 1093
  Richard 754
  Ricky 988
  Robert H. 707
  Rolf 999
  Rosemary 560, 696
  Steve 940
  Susan 21, 104, 105, 131, 374, 474, 475, 506, 516
  Zelda 1216
Harrison, Dawn 128
  Gail 140, 248
  George 1021
  Gregory 222, 415, 860, 1232

Jenilee 239, 542
John 307
Kitty 598
Noel 244
Rex 448
Schae 978
Harrold, Kathryn 697, 739
Harrow, Lisa 742, 870, 1164
Harry 148
Harry, Angela 1191
Jackée 1105, 1411
Harsányi, Gábor 587
Hart, Bobby 819
Cecilia 199
David 586
Harvey 608
Helene 299
John 1211
Kurt 1196
Melissa Joan 1023, 1024
Ralph 562
Roxanne 210
Tony 401
Harter, Victor 99
Harting, Peter 531
Hartley, Mariette 380, 1337
Michael Carr 303
Ted 213
Hartman, David 709
Lisa 1187
Phil 861
Hartmann, Corinna 417
Edmund 714
Ena 243
Georg 1113
Jan 1144
Lilo 364
Maria 1261
Ralf Rüdiger Maria 885
Waldemar 1140
Hartnagel, Tim 1136
Hartnett, Josh 584
Hartong, Laura 887
Hartung, Angelika 633
Anne Sarah 442, 1310
Hartwig, Daniel 282, 306, 451, 1310, 1351
Janina 103, 104, 127, 132
Jimmy 571
Udo 39
Harvey, Carol 650
Harry 1257
Jan 185
Lilian 1158
Martin 488
Steve 574
Harveysen, Harry 756
Harvie, Ellie 855
Harwood, Bruce 33, 322
Harzig, Patrick 441
Hasburgh, Patrick 515, 1247
Hase, Karl-Günther von 458, 1015
Hašek, Jaroslav 12, 177
Vlastimil 144
Hasenau, Beate 530, 1054
Hasenfratz, Oliver 675
Haskell, Peter 946
Haskins, Dennis 194
Haslam, Lu Ann 371

Hasler, Eveline 910
Hasoń, Eman 1025
Hass, Hans 350, 422, 805, 1274, 1306, 1357
Hassan, Muley 734
Hassel, Karl-Heinz von 138, 392, 944, 1041, 1062, 1196
Tina 1329
Hasselbladt, Sven 1075
Hasselhoff, David 26, 122, 123, 124, 566, 664, 665, 783, 989, 1086, 1087, 1246, 1353
Hasseltorp, Ulf 1326
Hassencamp, Oliver 910
Hassert, Günther 487
Hassouni, Maryam 307
Hastings, Ian 1158
Matthew 549, 791
Michael 1171
Hatch, Richard L. 632, 1164
Hatcher, Teri 257, 1175
Hathaway, Anne 1074, 1352
Kellen 1355
Noah 632
Hatheyer, Heidemarie 269
Hattop, Karola 293, 788
Hatzenbühler, Christine 294
Haubmann, Huberta 702
Haucke, Gert 138, 417, 694, 758, 819, 1116
Ursula 819
Haudepin, Didier 1274
Hauenschild, Bettina 129
Hauer, Holger 1158
Rutger 397, 398
Hauff, Alexander 81, 543, 1271, 1304
Reinhard 804
Wilhelm 630
Haug, Jürgen 876
Haugk, Dietrich 28, 478, 516, 979, 1328
Haupt, Ulrich 626
Hausburg, Anne 783
Hausdorf, Rainer 439
Hause, Nicholas 588
Hauser, Bodo 172, 421, 422, 523, 681, 695, 706, 846, 1169, 1177, 1387
Cole 548
Nina 343
Wings 308, 1274
Häuser, Loni 644
Hausmeister, Ruth 1405
Haußmann, Ezard 10, 516, 626, 910, 1024
Hauthaler, Gamze 923
Havemann, Robert 644
Havenstein, Klaus 690, 1018, 1045, 1054, 1111, 1139
Haverkamp, Wendelin 450
Havers, Nigel 699, 930, 1129
Havnesköld, Grete 731
Havoc, June 897
Hawkes, Lionel 1075
Hawkesworth, John 521, 564, 693
Hawkins, Anthony 643, 1129

Brad 1309
Jack 1300
John 1087
Paul 1311
Hawlik, Clois 178
Haworth, Susanne 11
Hawthorne, Nigel 1376
Hayakawa, Kenji 130
Hayashi, Hiroki 327
Hayden, Angelica 951
Michael 835
Russell 1009
Sterling 163
Hayes, Helen 116
Isaac 1086
Michael 1109
Ron 270, 466
Sean 1352
William 591
Haygard, Anthony 560
Haygarth, Tony 741
Hayman, Cyd 219
Haymar, Johnny 742
Haymes-Newton, John 786
Haynes, Brian 1136
Hays, Robert 757
Haysbert, Dennis 1246
Hayter, James 887
Hayward, Chris 517
Lillie 1136
Louis 1288
Hayworth, Rita 1303
Hazeldine, James 1029
Hazlehurst, Noni 1233
Head, Anthony 1129
Anthony Stewart 184
Headley, Shari 463, 1301
Heald, Anthony 175
Healy, Patricia 320, 1414
Tim 165
Heard, John 660
Hearn, Connie Ann 783
Heath, Laurence 745, 1084, 1187
Lindsay 613
Heathcote, Sophie 581, 1323
Heaton, Patricia 48, 861
Tom 800
Hebestreit, Henner 294
Hébrard, Frédérique 345, 743
Heche, Anne 62
Hecht, Bernard 439, 667
Gina 824
Jessica 1103
Martin 1386
Heck, Dieter Thomas 39, 247, 261, 348, 476, 477, 490, 492, 518, 575, 576, 681, 785, 786, 798, 837, 838, 941, 942, 956, 1063, 1090, 1112, 1122, 1172, 1181, 1224, 1299, 1368, 1384, 1385, 1386, 1390
Thomas 1340
Heckart, Eileen 80, 203
Hecke, Klaus 1142, 1261
Hecker, Robert 1225
Heckerling, Amy 221
Hede, Julia 1326

Hedinger, Heini 165
Hedison, Alexandra 386
David 802
Hedley, Jack 540
Heeg, Dietmar 1356
Heerdegen, Edith 1098
Heeringen, Edgar von 1302
Heerwagen, Bernadette 93
Heesters, Johannes 68, 1408, 1414
Nicole 659, 1195
Heffer, Richard 699
Heffron, Richard, T. 410
Hegarth, Alexander 120, 814
Hegarty, Tom 696
Hegedüs, Géza D. 409
Hegemann, Thomas 313, 400, 599, 952, 958, 1203
Hegenbarth, Wolke 197, 778
Hegney, Genevieve 1327
Hegyes, Robert 193, 1327
Hehn, Sascha 42, 99, 128, 334, 412, 711, 712, 1067, 1235, 1351
Heichert, Katinka 383
Heidelbach, Kaspar 705, 819
Heidemann, Paul 743
Heidenreich, Alexander 325, 429
Elke 11, 179, 301, 411, 417, 653, 668, 684, 700, 706, 724, 725, 952, 953, 971, 1135, 1231
Heider, Franz Günther 790
Heidmann, Manfred 363, 944, 1195
Heigenhauser, Michaela 131, 1095
Heigert, Hans 982, 983
Heigl, Katherine 1006
Heik, Nina 1051, 1052
Heiko 149
Heiler, Oscar 502, 572, 783, 910, 1063
Heilveil, Elayne 71
Heim, Carlamaria 367, 1348
Thorsten 1301
Hein, Bianca 777, 1289
Christoph 37
Moritz 719
Ragna 76
Heindl, Scott 585
Heine, E. W. 393
Helme 1034, 1035, 1180
Heinecke, Gabi 572
Heinemann, Christiane 916
Gustav 367, 1398
Julia 440, 469, 513, 986, 1357
Heinersdorff, René 197, 299
Heinke, Bruni 1183
Heinlein, Ute 647
Heino 171, 268, 570, 1102, 1414
Heinrich, Christiane 512
Joachim 415
Jörg 457
Jürgen 325, 1265, 1363
Heinrichs, Dirk 1105

Heinrici, Herbert 1355
　Ursula 1355
Heinsohn, Elisa 1294
Heintje 727, 1047, 1368
Heinz, Jutta 886
　Klaus Michael 176
Heinze, Henriette 1095
　Karl Michael 777, 783
　Thomas 455, 1248
Heinzl, Hans Peter 92, 1161
Heise, Eckhard 1231
　Harriet 500
　Reiner 1404
　Volker 1066
Heising, Maren 1308
Heiß, Robert 804
Heister, Marion 577
Heisterkamp, Norbert 54
Heite, Imo 1348
Heitmann, Steffen 65, 358, 845
Heitmeyer, Jayne 692
Hejna, Ivan 458
Helbig, Gerd 106, 151, 546
Held, Ingrid 1025
　Kurt 1009
　Ninon 143
　Thomas M. 1075
Helfgott, David 1352
Helfmann, Alexander 1020
Helford, Bruce 320
Helfrich, Bernd 212, 1024, 1036, 1254, 1348, 1349
Helgar, Eric 97
Helgenberger, Marg 212, 233
Helis, Marcus 869
Hella 148
Hellberg, Traute 364
Hellbom, Olle 377, 637, 649, 793, 922
　Tove 649
Hellbrügge, Theodor 265
Hellebronth, Judith 355
Heller, André 1370
　Bernd 39, 1138
　Hans 775, 1310
　Randee 751
　Stephan 927
　Ulrike 1310
Hellingman, Lottie 452
Hellman, Ocean 16, 1293
Hellmann, Hannes 323
Hellmer, Carl 29
Hellwig, Anette 301, 305, 465
　Maria 357, 422, 533, 838
　Margot 533
Helm, Heinz 400
　Luise 893
Helmbold, Sabine 462, 1215
Helmensdorfer, Erich 58, 59, 336, 466, 545
Helmich, Cay 107, 548, 888, 1114
Helmig, Alexandra 280, 413, 417
Helmond, Katherine 104, 1333
Helms-Liesenhoff, Karl Heinrich 684

Helmy, Tarek 572
Heltau, Michael 718, 800
Helwig, Lisa 137
Hemblen, David 199, 801
Hemecker, Ralph 1360
Hemert, Willy van 1182
Hemingway, Mariel 203, 1004
Hemme, Martin 174
Hemming, Heinz 622, 1112
Hemmings, Nolan 114
Hempel, Heike 655
　Jane 1146
　Karen 532
Hemphill, John 1225
Hemrich, Christoph 383
Henderson, Del 1281
　Don 187, 258, 900
　Florence 297, 848, 979
　Karianne 359
　Lyann 331
　Martin 150, 1177
　Meredith 362
Hendler, Lauri 783
Hendrich, Johannes 364, 917, 1077
Hendrichs, Joseph 504
Hendriks, Jan 66
Hendrix, Elaine 773
Hendry, Ian 808
Hengherr, Marie-Louise 567
Henke, Klaus 697
Henkel, Alexandra 1000
　Dieter 366, 387
　Kai 452
Henn, Boris 73, 352, 353, 438
Hennek, Julian 408
Henner, Marilu 237, 1199
Hennessy, Jill 231, 700
Hennetmair, Karl Ignaz 514
Hennicke, André 1294
Hennig von Lange, Alexa 155, 618
Henniger, Rolf 163, 471
Henning, Olaf 1017
Henninger, Rolf 590
Henriksen, Lance 796
Henriksson, Krister 1053
Henry, Buck 443, 798
　Gloria 253
　Gregg 371, 908, 977
　Lenny 705
　Linda 346
Henscheid, Eckhard 663
Henschel, Wolfgang F. 64, 312, 783, 1249, 1306
Hensel-Kirsch, Olaf 512
Hensley, John 869
　Pamela 182, 289, 770, 1411
Henson, Basil 682
　Brian 273
　Jim 47, 116, 273, 372, 406, 407, 458, 614, 833, 834, 835, 1082
　Taraji P. 692
Henteloff, Alex 811
Henton, John 54, 725

Hentsch, Jürgen 349, 761, 1193, 1262
Hentschel, Julia 294, 429, 862
Henwood, Ray 1207
Henz, Dominik 570
Hepburn, Katharine 588
Hepp, Corona 891
　Wolfgang 363
Hepperlin, Kurt 695
Hepple, Eddie 31
　Edward 400
Heppner, Simone 1180
　Violet 1254
Hepton, Bernard 243, 1110
Herberger, Bernd 190, 1116
Herbert und Schnipsi 632
Herbert, Frank 307
　Matthias 294
　Percy 766
　Ric 1177
Herbez, Antoine 994
Herbig, Michael »Bully« 186, 206
Herbolzheimer, Peter 127
Herbort, Wolfgang 1295
Herbrecht, Inge 630
Herbrechter, Max 97, 126, 269, 1071
Herbst, Christoph Maria 453, 692, 1107, 1167
　Jo 742, 1227
　Roger 577
　Wilfried 197, 386
Herburger, Günter 378, 1059
Herburtner, Rudolf 176
Hercher, Karin 93, 575, 1261
Herd, Richard 1222
Herden, Anja 65
Herder, Andreas 543, 564
Herforth, Ralph 1199
Herfurtner, Rudolf 1369
Herkenrath, Lutz 417, 992, 1121
Herking, Ursula 637, 654, 690, 1217
Herl, Michi 699
Herles, Wolfgang 91, 172, 678, 695, 725, 741, 1166, 1321
Herlin, Jacques 408
Herm, Klaus 167, 178, 1063
Herman, David 742
　Eva 264, 1047, 1153, 1184
Hermann, Conny 810
　Harry 717
　Ingo 648
　Irm 804, 1286
　Jean 359
　Oliver 64
Hermanns, Hen 309
　Thomas 225, 703, 809, 937, 957, 958
Hermansen, Christine 709
Hermes, Stefan 625
Hermlin, Stephan 260
Hernandez, Emanuela 945
　Jonathan 863
Herold, Diana 63, 186
　Ted 248, 329

Heron, Blake 864
Herr, Erich 1259
　Trude 237
Herren, Willi 571, 719
Herrera, Astrid Carolina 823
Herres, Volker 372
Herricht, Rolf 9, 457
Herriger, Marie-Christine 498
Herriot, James 280, 281
Herrmann, Dieter 31
　Edward 463
　Gottfried 298
　Helmut 218
　Herbert 300, 537, 572, 738, 1317
　Irm 458
　Martina »Tina« 660
　Mathias 83, 269, 361, 364, 390, 716, 1277
　Theo 97, 104
　Victoria »Vicky« 328, 382, 660, 1135
　Wolf-Dieter 155, 501, 540, 1324
Herrström, Christina 309
Hershey, Barbara 819
Herskovitz, Marshall 139, 144, 870, 1353
Hertel, Isabell 1272
　Stefanie 839
　Susanne 712
Hertzler, John 1396
Hertzog, Lawrence 873
Hervey, Irene 946
　Jason 1368
　Winifred 1059
Herwig, Egon 298
　Paul 1230
　Susanne 285
Herz, Ruth 622
　Gaby 417
　Juraj 433
Herzberg, Ruth 337
Herzet, Rob 1209, 1317, 1342, 1345
Herzig, Eva 285
Herzog, Anna-Elena 918
　Hans 1020
　Jens Daniel 639
　Peter 502
　Roman 175, 439, 764, 869
Herzogenrath, Wulf 848
Herzsprung, Bernd 138, 416, 569, 1075, 1372
　Hannah 24
　Hannah-Rebecca 103
Heske, Karin 68
Heskin, Kam 1172
Hess, Elizabeth 218
　Joachim 422, 636, 1257
　Karl-Heinz 454, 508, 932
　Liam 666
　Rudolf 555, 725
　Sammy 1245
Hesse, Enno 319
　Gerrit 858
　Liane 397
　Wolfgang 1033

1448 Personenregister

Hesseman, Howard 435, 436
Hessenberg, Monika 127, 289, 1308
Hessenland, Dagmar 720, 854
Hessling, Hans 797
Hessmann, Hilde 56
Heston, Charlton 222, 243, 930
Hetrick, Jennifer 822
Hetzendorfer, Bruno 538, 632
Hetzner, Marcus 1282
Heuer, Andrea 590, 1047, 1230
  Holde 84
  Kay 244
  Michael 580
  Scarlett 396
Heugge, Karl 1056
Heuser, Hedda 776
  Kurt 128
Heuton, Cheryl 873
Heuvel, Andre van der 686
Hewett, Christopher 372, 830
  Lauren 24, 958, 1131
Hewitt, Alan 781
  Jennifer Love 860, 902, 1299
  Lee 560
  Louise 290
Hewlett, David 1151
Hewson, Sherrie 713
Hexum, Jon-Erik 811, 1391
Hey, Hendrik 1230, 1319, 1328, 1370
  Viginia 372
Heyde, Anja 1238
  Helge von der 294, 1203
Heyden, Bogislav von 366, 387
Heyder, Franziska 1258
Heydorn, Ingeborg 730
Heydrich, Reinhard 93
Heydt, Volker von der 652
Heyen, Sybille 291
Heyer, Ursula 214, 536
Heyerdahl, Thor 175, 336
Heyes, Douglas 881, 1297
Heyl, Burkhard 308, 1346
Heym, Karin 806, 1304
  Stefan 705
Heymer, Renate 458
Heyne, Betina 462
Heynert, Josef 1287
Heynig, Tabea 1030
Heyward, Andy 1175
Heywood, Graham 21
  John 308
Hibbert, Edward 372
Hickman, Charlie 783
  Darryl 897
Hickox, Douglas 339
  Marry 1263
Hicks, Catherine 117, 258, 551, 1187, 1355
Hickson, Joan 30
Hidalgo, Concha 870
Hielscher, Juliane 1387

Liane 301, 825, 831, 951, 952, 1325
  Margot 158, 289, 423, 993, 1153, 1171, 1397
Hielscher-Laudamus, Juliane 624
Hiermann, Gabriele 745
Hiersche, Claudia 1365
Hieu, Eric Do 778
Higgins, Anthony 994, 1164
  Charley 181
  Clare 455, 1394
  David Anthony 329
  Jack 599
  Joel 1029
  Ross 987
Higginson, Torri 1151
Higgs, Stephen 168
Hignett, Mary 281
Hiken, Nat 1312
Hilbert, Lukas 938
Hilbich, Ernst H. 21, 519, 706, 1128
Hilbig, Klaus 684, 895
Hildebrandt, Dieter 652, 690, 725, 744, 871, 1015, 1042, 1045, 1122, 1406
  Hans-Joachim 164, 368
  Judith 566
Hilf, Willibald 982
Hilffert, Peter 955
Hilger, Ernst 345
Hill, Amy 47
  Arthur 503, 893
  Benny 130, 1369
  Dennis 1107
  James 42
  Johnny 646
  Martha 97
  Martina 512
  Peter 773, 1379
  Raelee 1323
  Reg 1250
  Ruth Beebe 445
  Steven 666, 700
  Terence 84, 215, 736, 891, 1016, 1404
  Teresa 812
  Walter 456, 1152
Hillege, Lennert 169
Hillenburg, Stephen 1136, 1137
Hiller, Jo 955
  Wendy 219
Hillerman, John 135, 558, 746, 747
Hillesheim, Holger 459
Hillmann, Susanne 1204
Hilton, Les 803
  Paris 1099
Hilton-Jacobs, Lawrence 1327
Hilwood, Amanda 592
Himmler, Heinrich 555
Hindle, Art 137, 333
Hindman, Earl 563
Hines, Connie 803
Hingsen, Jürgen 1048, 1384
Hingst, Sabine 358
Hinkle, Marin 777

Hinrichs, Ursula 648, 858, 882
Hinrichsen, Jan 1369
Hinterseer, Hansi 237, 489, 543, 1081
Hinton, Darby 244
Hintz, Werner E. 138, 727
Hintzen, Barbara 404
Hinz, Dinah 17
  Knut 314, 720, 1068, 1195, 1354
  Michael 314, 424, 521
  Werner 314, 522, 710
Hinze, Matthias 498, 1209
Hippe, Stephan 51
Hipplewith, Jacques 269
Hird, Bob 154
  Thora 128
Hirsch, Andy 59
  Judd 252, 454, 779, 874, 1199
  Lou 1127
  Ludwig 714
  Rainer 294
Hirschel, Kurt 852
Hirschfield, Robert 933
Hirschhorn, Charlotte 1385
Hirschkorn, Alesseio 363
Hirschle, Monika 1030
Hirschmüller, Hans 1311
Hirt, Eléonore 78, 439
Hirthe, Martin 455, 1195
Hirzenberger, Hakon 709
Hiseman, Jon 479
Hitchcock, Alfred 45, 592, 1133, 1302, 1328
Hitler, Adolf 555, 556
Hitzblech, Johannes 1146
Hjort, Folke 181
Hjulström, Niklas 669
Hladík, Jakub 1074
  Peter 51, 144
Hlavacová, Jana 545
Hlušička, Karel 997
Hoche, Karl 478, 479
Hochgesand, Thomas 1030
Hochheiden, Gunar 386
Hochmair, Philipp 761
Hochscheid, Aline 508, 543, 688, 1409
Hochstraate, Lutz 604, 917, 1366
Höcker, Werner 248
Hockwin, Natascha 197, 442
Hoddinott, Diana 1376
Hodge, Patricia 518, 658, 1020
  Stephanie 99, 506
Hodgkinson, Janet 878
Hodgson Burnett, Frances 656
Hodolides, Hermes 720
Hodson, Steve 401
Hödt, Alfred 289
Hoecke, Susan 24
Hoëcker, Bernhard 168, 228, 414, 453, 844, 1044, 1177
Hoechlin, Tyler 551
Hoegen, Egon 594, 1096
Hoekman, Hans 1183

Hoelter, Gisela 64
Hoelzke, Hubert 1262
Hoene, Joachim 73
Hoenig, Heinz 29, 174, 344, 487, 675, 719, 1037, 1148, 1261, 1405
Hoerrmann, Albert 454
Hoersch, Judith 442
Hofbauer, Ernst 910, 1079
  Michael 738, 896
Hofer, Andreas 1024
  Angelika 1368
  Jan 476, 1184
  Johanna 906
  Peter 1305
Hofer, Angelika 1182
Höfer, Anita 1265
  Carsten 1106
  Petra 815
  Werner 94, 593, 594, 606, 943, 987, 1323
Hoferichter, Mathias 1040
Hoff, Lutz 1039
  Yvonne ten 1299
Hoffer, Wilfried 585, 648
Höfferer, Sissy 409, 416, 623, 769, 1029, 1286
Hoffman, Cecil 690
  Elizabeth 1165
  Jerzy 1103
  John Robert 406
Hoffmann, Adolf Peter 722, 457
  Alice 313, 365
  Benno 645, 775, 1051, 1074, 1236
  Christiane 167
  Daniela 291, 390, 512
  Dustin 1303
  Frank 1329
  Gert Günter 1003, 1119
  Ingfried 297, 995
  Ingo 530
  Jutta 828, 934
  Katinka 422
  Markus 107, 1286
  Martin 81, 514
  Mike 1115
  Pierre 386
  Regina 900
  Robert 963, 996
  Rüdiger 677, 818, 957, 1186
  Ruth 812, 880
  Sonja 1366
  Sylvia 677
Hoffmeister, David 1021
  Reinhart 91, 724
Höffner, Joseph 94
  Sebastian 30, 177, 1124
Hoffsten, Henning 366
Hoflin, David 877
Höfling, Helmut 527
Hofman, Irena 69
  Ota 69, 140, 639, 738, 896, 1221, 1275
Hofmann, Egon 553
  Ilse 522, 577, 617, 1062, 1069
  Isabella 561, 779

Nico 59, 113, 455, 1062
Hofrichter, Christoph 674
Hofschneider, René 616
Hofstra, Klaas 775
Hogan, Bob 916
  Jack 1097
  Pat 200
  Paul 236
  Robert 657, 889
  Susan 657, 688, 845
  Terry »Hulk« 1214
Hogefeld, Birgit 1353
Hoger, Hannelore 129, 138, 294, 318, 1411
  Helmut 1176
  Nina 138, 291, 416, 602, 673, 788, 851, 854, 1141
Hogg, Ian 1295
Hohberg, Hans-Joachim 1077
Hohenester, Chris 1061, 1399
Hohl, Peter 36
Höhler, Gertrud 1122
Hohlmeier, Monika 1062
Höhn, Carola 49, 941, 1118
Höhne, Heinz 1008
  Klaus 104, 163, 378, 404, 1194, 1395
  Peter 1198
Hoier, Heiner, H. 840
Holbe, Rainer 501, 918, 1021, 1090, 1122, 1152, 1161, 1189, 1256, 1287, 1331, 1361
Holbrook, Hal 237, 342
Holcomb, Rod 1362
Holcombe, Harry 118
Hold, Alexander 705, 987, 988, 1060
Holden, Frankie J. 930, 1073, 1248
  Laurie 467
  Rebecca 664
Holding, John 900
Holger, Helmut 661
Hollaender, Friedrich 497
Holland, Josh 1278
  Kristina 311
  Trevor 20
Holland, Savage Steve 312
Hollander, David 32, 496, 783
Hollburg, Ludwig 1049
Hollenbeck, Fritz 887, 888
Holliday, Kene 769
  Polly 582, 660
Holliman, Earl 252, 286, 749, 866, 1236
Hollinderbäumer, Dietrich 536
Hollinger, Hannah 551
Hollmann, Carlheinz 246, 247, 866, 1041, 1130, 1322
Holloway, Ann 18
  Josh 731
  Nancy 759
  Sterling 1044
Holly, Lauren 210, 919
  Martin 765

Hollyock, Justin 359
Holm, Celeste 1355
  Claus 970
  Ian 435
  Jens K. 646
  Michael 276, 1385
Holmes, Dennis 69
  Katie 249
Hölscher, Ulrich 567
Holst, Susanne 164
  Nils 251
  Susanne 497, 501, 789, 1185, 1186
Holt, Hans 880, 1056
  Patrick 18
  Sandrine 1256
  Zora 1215, 1350
Holte, Vera 1327
Holtsø, Jes 879
Holtz, Annemarie 1111
  Joachim 106
  Jürgen 533, 827, 984
Holtz-Baumert, Gerhard 45
Holub, Otto 164
Holý, Tomáš 1275
Holzach, Georg 201, 725, 919, 984, 1164, 1374
Holzamer, Karl 91, 379, 458, 477, 545, 748, 1015, 1258, 1387
Holzapfel, Claudia 404, 1271
Holze-Stäblein, Oda-Gebbine 1367
Hölzl, Peter 385
Homeier, Skip 1323
Homeyer, Margret 107, 854, 904, 1168, 1322
Homuta, Jaroslav 468
Honecker, Erich 37, 38, 106, 284, 328, 644, 711, 1263
  Margot 711
Höner, Florian 165
Honert, Hans-Werner 586
Honold, Rolf 439, 590, 618, 969, 970
Hood, Kit 250
  Morag 196, 682
  Robin 267
Hooks, Jan 755
  Robert 400, 534, 1326
Hooper, Ewan 821
Hoor, Walter 274, 1408
Hooven, Jörg van 25
Hoover, Edgar J. 375
Hopcraft, Arthur 243
Hope, Barclay 952
  Bob 834, 1302
  Leslie 1246
  Neil 250, 251
Hopen, Peter 172
Höper, Wolfgang 906
Hopf, Beate 491
  Erkki 882
  Georg 1184
Hopfenmüller, Annette 515
Höpfner, Isabelle 553
  Otto 638, 748, 1046, 1156, 1322, 1399, 1400
Hopkins, Anthony 488, 682
  Bo 254, 259, 280

Graham 118
Harold 119
John 1110
Thelma 783
Hoppe, Andreas 1196
  David 400
  Edgar 190, 378, 494, 635, 730
  Fedor 400
  Marianne 745
  Rolf 56, 962, 1024, 1033
Hopper, Dennis 219, 1246
  William 912
Höppner, Mareile 500, 861
Hora, Jana 429, 449, 606, 854, 1146, 1310
Horáček, Josef 1275
Horáková, Lucie 458
Horan, Barbra 161
  Bobby 1337
Horbelt, Rainer 595
Hörbiger, Christiane 178, 337, 623, 624, 1276
  Paul 68, 576
Horbol, Karl Ernst 367
Hörig, Elmar 182, 329, 441, 711, 894, 1074, 1368
Horn, Brigitte 56
  Bruno 396
  Christina 1000
  Guildo 348, 635, 1272
  Michelle 371
  Peter A. 434
Hornauf, Michael 1275
Hörner, Oliver 242, 986
Horney, Brigitte 17, 68, 314, 337, 338, 603, 1209
Hornig, Dennis 403
Hornstra, Inge 1177
Hornung, Stephan 349, 1123
Horovitz, David 30
Horowitz, Anthony 231
Horrigan, Sam 483
Horrocks, Jane 20
Horse, Michael 446, 1254
Horsley, Lee 703, 770, 822, 853, 899
Horst, Jochen 113, 125, 337, 1249, 1297
Horstmann, Mark 564
Horton, Michael 822
  Peter 139, 192, 563, 564
  Robert 756
Horvath, Tadeusz 604, 648, 659
Horwitz, Dominique 487, 488, 664, 1171, 1304
  Miriam 181
Hosea, Bobby 229, 550
Hosemann, Marc 652
Hosfeldt, Wolfgang 562
Hoskins, Allen 658
  Bob 1173
Hospach, Viktor 1259
Hoss, Nina 455
  Susanne 465, 549, 954
Hossack, Allison J. 221, 449, 615
Hoster, Gottfried 409
Hotchkis, Joan 247

Hotz, Michaela 325
Houghton, Don 447
  Steven 185
Houlihan, Keri 1260
Houseman, John 384, 1323
Houser, Patrick 458
Houston, Glyn 728
  Marques 1105
  Whitney 554, 923, 1017
Houten, Gillian van 1089
Houweninge, Chiem van 876, 1044, 1195
Hove, Anders 741
Hoven, Adrian 41, 522
  Percy 147, 947, 1238
Hovis, Larry 629
How, Jane 699
Howard, Alan 413
  Andrea 560
  Barbara 358
  Catherine 1073
  Cliff 1029
  Clint 230, 777, 1127
  John 742, 1292, 1304
  Karin 589
  Ken 231, 588, 741
  Kyle 733, 1152
  Linda 1208
  Lisa 549, 802
  Robert E. 227
  Ron 330, 512
  Ronald 230, 1088
  Shawn Michael 1103
  Sherman 1174
  Susan 239, 915
  Terence 658
  Terrende Dashon 1127
  Traylor 175, 818, 1239
  Trevor 456, 1086
Howarth, Kristine 1208
Howe, Jörg 179
  Michael 949
Howell, Arlene 859
  C. Thomas 70, 217
Howells, Gareth 997
  Ursula 18
Howland, Beth 582
  Chris 214, 422, 463, 496, 836, 837, 924, 936, 955, 1125, 1308, 1309, 1330
Howlett, John 435
Hoy, Robert 547
Hoyer, Stefan 646
  Robert 618
Hreben, Marin 408
Hron, Tanja 429
Hryc, Andrej 408
Hu, Kelly 766
Hubač, Jiří 316, 399
Hubbard, David 805
Hubberten, Hans 1414
Hübchen, Henry 441, 636, 788, 934
Hube, Jörg 383, 455, 530, 734, 1123, 1198, 1271
Huber, Alex 1180
  Anna 442
  Charles Muhamad 66, 1292
  Christian 1029, 1116

Personenregister

Franz 913
Heinz 302
Susanne 469, 596
Thomas 81, 109
Hubert, Janet 701
Yves-André 468
Hubert-Whitten, Janet 944
Huberty, Ernst 1139, 1140
Hubig, Renate 100
Hubley, Whip 250, 395
Hübner, Achim 291, 325, 385, 571
Isabella 763
Karin 399
Kurt 1211
Roger 812, 1159
Uwe 653, 1133, 1353, 1366, 1371, 1386
Wolfgang 325, 1263
Hübsch, Wolfgang 1197
Hubschmid, Paul 403, 620
Huby, Felix 10, 18, 61, 107, 121, 228, 260, 344, 498, 502, 646, 666, 674, 711, 714, 813, 873, 879, 890, 917, 1133, 1161, 1197, 1215, 1298, 1317, 1405, 1409
Huddleston, David 916
Hudnall, James D. 1303
Hudson, Ernie 308, 953
John 1044
Rock 254, 255, 962
Val 1321
Huet, Nelly 1097
Huettner, Ralf 840, 1252
Hufen, Fritz 621
Huffman, David 289
Felicity 257, 1156
Hufschmidt, Stefan 225
Hugas, Fred 445, 957
Huggins, Roy 95, 259, 325, 771, 1084, 1085, 1341
Hugh-Kelly, Daniel 211, 515
Hughes, Barnard 168, 830
Finola 168, 689
Frank John 114, 927
Geoffrey 776
Howard 704
Kirsten 335
Nerys 1112
Prince 1231
Robert 399, 546
Tony 1291
Wendy 1015, 1111
Hughley, D. L. 54
Hügler, Elmar 871, 985, 1271
Hugnin, Corinne 899
Huhn, Dietmar 40
Huie, Kimberly 711
Huirama, Michelle 217
Huismann, Wilfried 87, 460
Hulme, Anthony 906
Hülsmann, Ingo 42, 502
Hulst, Rob van 775
Humble, William 388
Hume, Edward 197, 1163, 1226
Humes, Mary-Margaret 249, 312

Hümmer, Sigi 162
Hummernbrum, Armin 1049
Humphrey, Mark 333
Pierre 1201
Humphries, Barry 62
Les 257
Hundertwasser, Friedensreich 95
Hundling, Jand 1183
Hundsbichler, Klaus 1225
Hundt, Dieter 136
Hung, Sammo 766
Hunley, Leann 254
Hunnam, Charlie 71
Hunnicut, Gayle 372
Hunold, Rainer 291, 326, 334, 335, 361, 758, 942, 1056, 1145, 1159, 1346
Hunschede, Frederik 779
Hunstein, Stefan 639, 1178
Hunt, Allan 802
Bonnie 55
David 359
Gareth 808
Helen 1070, 1292
Linda 1127
Paula 185
Peter 588, 708
Hunter, Blake 1333
Bruce 313
Crocodile 231
Ian 995
Jeffrey 972
Ron 741
Huntford, Roland 1341
Hunyadi, Alexander 192
Hunziger, Dieter 787
Hunziker, Michelle 263, 341
Hunzinger, Dieter 1077
Huot, Juliette 1074
Hupp, Jana Marie 310, 953
Huppert, Elisabeth 82
Isabelle 1352
Hurdalek, Georg 502
Hurley, Craig 868
Maurice 929
Hurm, Bernhard 558
Hürrig, Hansjürgen 442
Hursley, Doris 453
Frank 453
Hurst, Michael 538
Rick 70, 306
Ryan 194, 197
Hurt, John 572, 614
Mary Beth 861, 1198
William 307, 790
Husain, Jory 436
Husbom, Jan-Erik 649
Hüsch, Hanns Dieter 267, 478, 655, 759, 785, 845, 889, 903, 957, 1024, 1042, 1168, 1281
Huser, Lilay 675
Husky, Rick 374, 1087, 1222
Husmann, Ralf 76, 280, 1167
Huson, Paul 222, 258
Hussain, Ayesha 495
Talat 1232
Hussey, Olivia 610, 708
Huster, Francis 243, 489

Huston, Anjelica 27
Carol 288
Hutchison, Kieren 997, 1207
Huth, Philipp 858
Robert 118
Hutson, Candace 237
Huttanus, Ralf 412
Hüttenrauch, Hans-Joachim 605, 661
J. 318
Hutter, Xaver 180
Hutterer, Carl-Franz 912, 1326
Hüttner, Peter 669
Hutton, Lauren 203, 638
Ric 99
Rif 284
Huwyler, Aldo 701
Huxley, Elspeth 693
Hybner, Boris 433
Hyde-White, Wilfred 182, 916
Hylands, Scott 845
Hyman, Earle 154
Hynd, Philip 1136
Hyneman, Jamie 841
Hynes, Tyler 70, 1255
Hytner, Steve 714

I

Iacobesco, Loumi 163
Ianni, Carlo 73
Ibing, Jana 512
Ickler, Marcel 1381
Idle, Eric 585, 821, 1021
Idol, Billy 173
Iger, Roberta 887
Iggena, Iggo 17
Iglesias, Julio 276
Iglesis, Lazare 573
Ignor, Alexander 502
Fred 502, 1227
Ikeda, Ichirô 1304
Iler, Robert 1123
Ilf, Ilja 962
Illetschko, Michaela 1225
Illic, Bata 1385
Illig, Rolf 570, 1171
Illing, Werner 343
Illmann, Peter 139, 402, 915, 923, 1213, 1272
Illner, Maybrit 108, 136, 422, 768, 846, 1388
Michael 113, 862, 1381
Imbruglia, Natalie 450, 844
Imhof, Peter 913
Immanuel, Rebecca 311
Imperato, Carlo 364
Imperioli, Michael 1123
Impert, Margaret 1131
Imrie, Celia 613
Incardona, Silvia 15, 16
Inci, Arman 485
George 675
Indovina, Lorenza 1296
Infanti, Angelo 52
Ingber, Mandy 276
Ingen, Erik van 775
Ingram, Malcolm 196
Ingrams, Jonathan 212

Ingrey, Derek 865
Inka 570, 1122
Inkpen, Mick 182
Innes, George 957
Hammond 473, 1142
Laura 331
Insegno, Claudio 522
Insterburg, Ingo 593
Int-Veen, Vera 612, 979, 1283, 1284, 1318
Inzalaco, Tony 1083
Inzinger, Max 294, 513
Ionesco, Eugène 1302
Ionescu, Nicolae 889
Iplicjian, Anaid 672, 1240
Ireland, Jill 1086
John 140
Irish, William 980
Irl, Peter Pius 734
Irle, Hans 218, 626, 876, 1031
Irons, Jeremy 713, 1348
Ironside, Michael 1072
Irrall, Elfriede 558
Irvin, John 243
Irving, Amy 895
George 930
Hollis 763
Irwin, Steve 231
Terri 231
Tom 1353
Isitt, Kate 229
Issar, Sonja 1381
Ito, Robert 585, 959
Ituralde, Alfonso 764
Itzenplitz, Eberhard 1316
Itzin, Gregory 835, 875
Ivanans, Henriette 711
Ivar, Stan 1266
Ives, Kenneth 707
Ivey, Dana 270
Judith 1156
Lela 664
Ivo, Tommy 763
Iwan, Alexa 955
Iwanow, Uchur 1113
Iwlewa, Larissa 532
Ixi → Tiedemann, Gaby
Izabuchi, Yutuka 975
Izquierdo, Felipe 634
Izzo, Jean-Claude 355

J

Jablczynska, Joanna 300
Jace, Michael 244
Jäckel, Eberhard 555
Gerhard 1379, 1395
Jackisch, Klaus-Rainer 174
Jackman, Matthew 620
Jackson, Aaron 194
Alexis 335
Clinton 863
Dianne 913
Gordon 521, 948
Janet 783
Jeremy 123
John M. 600
Joshua 249
Kate 30, 296, 855
Marama 1329

Mark 550
Mary 330, 1315
Michael 1166, 1340
Michael A. 1274
Philip 30
Richard Lee 195
Rose 504
Stoney 591
Tracey 266
Wanda 229
Jacob, Ines 678
 Katerina 185, 694, 1030
 Peter 1074
 Thomas 616, 1145
 Walter 1331
Jacobescu, Aimée 743
Jacobi, Derek 180, 572
 Doreen 536, 1111
 Ernst 121, 1180, 1198, 1305
 Karin 1034
Jacobs, André 444
 Anthony 682
 David 238, 240, 822, 899
 Dietmar 508
 Ingeborg 888
 Michael 143
 Michael II 1283
 Steve 276, 577, 998
 W. W. 891
Jacobson, Danny 501, 1292
 Larry 845
 Peter Marc 849
 Steven 1395
Jacobsson, Anders 137
Jacobus, Hans 945
Jacoby, Billy 117
 Bobby 1270
 Gabriele 1056
 Laura 830
Jacombs, Simon 871, 1140
Jacquet, Jeffrey 226, 824
Jade, Claude 489
Jaeckel, Richard 122, 385, 1029, 1131
Jaedicke, Horst 215
Jaeger, Frederick 447
 Gaby 343
 Henry 975
 Malte 69
Jaeggi, Urs 488
Jaekel, Katrin 225
Jaenecke, Isabell 947
Jaenicke, Anja 269, 695, 787
 Hannes 221, 599, 696, 968, 974, 1033, 1163
 Käte 11, 50, 387, 659, 1140, 1262
Jaffrey, Saeed 286
Jäger, Gerhard 1361
 Goetz 773
 Hans-Ernst 343
 Julia 659, 707
 Michael 764
 Peer 252, 685
Jäger van Boxen, Bernd E. 1310
Jägersberg, Otto 906
Jaggberg, Kurt 823, 1147, 1194, 1196

Jagiello, Judith 336
Jago, Syme 589
Jahn, Dominik 611
 Eric 215
 Friedrich 299
 Tom 81
Jähn, Sigmund 1263
Jahnke, Andreas 118
 Gerburg 1223
 Wega 183, 408, 952
Jahnsen, Birgit 858, 1160
Jahoda, Lutz 1371
 Peter 1142
Jahr, John 91
Jakes, John 355
Jakob, Stefan 703
Jakobs, Eduard 1009
Jakoby, Don 392
Jakoubková, Eva 468
Jakubisko, Juraj 90
Jamain, Patrick 264
Jamak, Michael 800
Jamal-Warner, Malcolm 153
James, Dalton 232
 Daniel 335
 Debbie 689
 Ed 1281
 Emrys 1182, 1209
 Geraldine 627
 Godfrey 1208
 Joe 119
 John 222, 253
 Ken 119, 861, 1107, 1180
 Kevin 49, 651
 Olga 153
 Richard 1126
 Simon 551, 1107
Jameson, Leonie 1354
 Louise 613
 Susan 297, 443
Jamet, Nicole 52
Jamiaque, Yves 489
Jamieson, Malcolm 335
Jamison, Jim 123
Jämtmark, Kristina 377
Jan 148
Jana 147
Jancke, Oldwig 294, 1388
Janda, Krystyna 487, 1351
Jandácová, Radka 69
Janessen, Christiane 1075
Janis, Conrad 824
Janisch, Michael 1196, 1197
 Silvia 1009, 1024
Jank, Isa 941, 1285
Janker, Robert 308
Jankey, Les 551
Jankowski, Horst 43, 57, 297, 347, 641, 1102, 1295
 Piotr 648, 659
Jankowsky, Roland 867
Janner, Brigitte 617, 685, 723, 1311
Jannot, Véronique 906
Janosch 82, 605, 1080, 1217
Janot, Ronnie 77
Janovsky, Patrick 854
Janowski, Marita 426, 820
Jansen, Andre 51
 Farina 1258

Karen 1201
Thomas 125
Wolfgang 659
Yves 529
Janson, Horst 119, 518, 871, 951, 1027, 1077, 1083, 1119, 1215, 1406, 1409
Janssen, David 95, 223, 515, 987
 Famke 62
 Karl-Heinz 1412
Jansson, Tove 832
Jantoss, Bruno 622
Jantz, Roland-Momme 386
Janz, Ken 999
Janzen, Claus 1146
Janžurová, Iva 392, 680
Japp, Stephanie 1123
Jaquet, Jean Pierre 1314
Järas, Beatrice 731
Jarczyk, Robert 890, 1144, 1294
Jared, Petra 577
Jares, Patricia 326
Jarman-Walker, Jennifer 1073
Jarmusch, Jim 655
Jarnach, Franz 279
Jaroff, Serge 597
Jaroszyński, Czesław 743
Jarratt, John 399, 852
Jarre, Jean-Michel 816
Jarreau, Al 811
Jarrett, Phil 640
Jarunkova, Klara 69
Jarvis, Martin 96, 404
Jascheroff, Constantin von 1222
Jaskulski, Wolfgang 1385
Jasny, Vojtech 166
Jason, David 442, 753
 Harvey 407
 Rick 996
Jaspersen, Wiebke 485
Jauch, Gerd 677, 1122, 1347
 Günther 26, 39, 204, 316, 325, 409, 425, 426, 479, 486, 493, 725, 789, 796, 842, 967, 1026, 1096, 1111, 1157, 1335, 1336, 1407
 Thomas 901
Jaud, Tommy 692
Jauer, Joachim 172, 644
Jaufenberger, Brigitte 122
Jay, Alexander 164
 Antony 1376
Jayne, William 901
Jean, Al 1200
 Christiane 540
Jean-Baptiste, Marianne 1360
Jean-Philippe, Beatrice 278
Jeannot, Véronique 609
Jeavons, Colin 17, 1088
Jebsen, Ken 791, 816, 946
Jefferson, Herb Jr. 632
Jeffrey, Aaron 1323
 Lachlan 1248
Jeffreys, Anne 31
Jeffries, Adam 60

Lionel 456, 582
Peter 1394
Jeftic, Igor 303, 939
Jegorov, Eugen 140
Jelaffke, Volker 545
Jelde, Erik 558
Jelinek, Elfriede 724
 Rudolf 682
Jelo, Fernando 910
Jendrich, Günther 966
Jendrychowski, Anke 531
Jenkins, Carol Mayo 364
 Megs 68
Jenney, Lucinda 548
Jenning, Manfred 101, 301, 497, 614, 654, 658, 673, 728, 734, 836, 1156, 1357
Jennings, Alex 45
 Paul 1248
 Waylon 306
 William Dale 230
Jens, Salome 1174
 Walter 1401
Jensen, Arthur 879
 Beate 49
 Charlotte 430
 Hinnerk 179, 609
 Maren 632
Jente, Martin 22, 317, 500, 638, 665, 927, 1399
Jentsch, Florian 751
Jeremenko, Nikolai 1006
Jerschke, Günther 426, 777, 1061, 1121, 1211
Jeschek, Bernd 346
Jeschko, Kurt 39
Jessen, Arne 111
Jesserer, Gertraud 367, 418, 1224
Jessup, Paul 110
 Ryan 110
Jester, Manfred 661
Jeter, Michael 237
Jetter, Monika 160
Jewdokimowa, Raissa 1287
Jewell, Jennyfer 335
Jędryka, Stanisław 743
Jijima, Toshihiro 932, 1143
Jimenez-Alvarado, Erica 689
 Vanessa 689
Jinkins, Jim 287, 866
Jirásková, Jiřina 1291
Jirecková, Sandra 1074
Jirsák, Leoš 144
Jobatey, Cherno 678, 708, 787, 881, 1153, 1295, 1296, 1383, 1388, 1393
Jobert, Marlène 1025
Jöchler, Hans 708
Jochmann, Hansi 522, 525, 723, 785, 810, 848, 916
Jodl, Alfred 556
Joel, Aviva 1168
 Billy 1352
Joeressen, Karl J. 97
Joest, Manuela 1146
Joha, Hermann 40, 41, 219, 220, 827, 1350

Johannes Paul II. 1263, 1367, 1403
Johansson, Maria 377
  Paul 974
  Tomas 649
  John 147
John, Austin St. 939
  Bertholomew 974
  Carl 343
  Caroline 165
  Elton 20, 62, 834, 1340, 1405
  Gottfried 23, 126, 134, 1127, 1212
  Heinz-Werner 102, 622, 785
  Jill St. 331
  Monika 190, 343
  Pat 1162
John-Jules, Danny 747
Johna, Yvonne 81
Johns, Bibi 1266
  Stratford 414, 1191
Johnson, Adrienne-Joi 692
  Alexz 386
  Amy Jo 376, 692, 939
  Anne-Marie 587
  Arch 91
  Ashley 813, 1208, 1261
  Brad 1037
  Bryce 938
  C. David 447, 1311
  Clark 561, 985
  Danny Jay 953
  Don 452, 792, 851
  Eric 1110
  Georgann 362
  Janet Louise 160
  Jerald Penny 1246
  Jermaine H. 895
  Joanna 977
  Keith 266, 985
  Kenneth 1089, 1093, 1279
  Lamont 376, 643
  Laura 358, 544
  Laurie 808
  Louanne 244
  Lyndon B. 598
  Mel Jr. 886
  Penny 697
  Robin 221
  Russell 1306
  Taj 901
  Tania 1326
  Tommy 181, 473
  Uwe 601
Johnsson, Russell 463
Johnston, Kristen 554
  Sue 231
Joint, Alf 954
Jokai, Mór 849
Jokisch, Walter 280, 682, 1000
Jolig, Alexander 147
Jollins, Jessica 1241
Joloff, Friedrich 328, 970
Joly, Dom 1238
Jona 147
Jonas, Bruno 596, 620, 845, 1042

Jonca, Heike 505
  Nele 1293
Jondral, Niki 1144
Jones, Angus T. 777
  Anissa 714
  Ashley 290
  Ben 306
  C. A. 656
  Carolyn 27
  Casey 201
  Chuck 780
  Clifton 815
  David 677
  Davy 818
  Derrick 770
  Eddie 1175
  Ella 746
  Elwyn 1191
  Evan 1108
  Gary 1151
  Gemma 564
  Heather-Jay 746
  Henry 784, 1394
  Jack 733
  James Cellan 404, 608
  James Earl 199, 211, 949, 1002
  John 919
  John Marshall 362
  L. Q. 708
  Len 1075
  Maggie 1029
  Nicholas 693, 1260
  Norman 1158
  O-Lan 473
  Orlando 742
  Peter 743, 757
  Quincy 153, 210, 945
  Richard T. 428
  Ron 242
  Sam 550
  Sam J. 560
  Sam III. 1110
  Shirley 902
  Simon 910
  Tamala 244
  Terry 585, 821, 993
  Tom 913, 1152, 1225
  Tommy Lee 704, 1019
  Walter 750, 939
  William James 194
Jones-Davies, Sue 1112
Jong, Geert de 782
Jongers, Paul 's 276
Jonsson, Bill 649
  Runer 1343, 1344
Joop, Wolfgang 700, 712
Jordal, Helge 1327
Jordan, Bobbi 270
  Crossing 231
  Frank 417, 610
  James Carroll 963, 977
  Leslie 822
  Richard 942
  William 650
Jörg, Axel 1354
Jörn, Klaus 1363
Jory, Victor 460
Joseph, Jeff 293

  Lesley 505
  Robert L. 741
Josephson, Erland 371, 1178
Joshua, Larry 227
Josso, Fabrice 532
Jost, Silvia 655
Joswig, Rüdiger 430, 462, 688, 1270
Jouanneau, Jacques 82
Joubert, Silvain 1324
Jourdan, Louis 1297
Jović, Ljubica 127
Joy, Linda 1240
Joyce, Elaine 830
  Yootha 753
Joyeux, Odette 1038
Juan, Guillermo San 940
  Jean-Marie 293
Judd, Edward 388
Judge, Christopher 692, 1150
  Mike 125, 651
Judt, Annette 36
Jugert, Rudolf 300, 538, 1265, 1282
Juhasz, Susa 624
Juhnke, Harald 137, 166, 182, 190, 193, 295, 402, 403, 409, 418, 513, 515, 516, 570, 575, 622, 654, 681, 710, 753, 758, 789, 838, 1048, 1080, 1271, 1293, 1295, 1347, 1353, 1404
  Susanne 654
Juice, Nicci 282, 776
Julia, Raul 27
Julian, Marcel 674
Julius, Nils 218, 1083
Junek, Kurt 497
Jung, Alissa 585, 678
  Andreas 763
  Kurt A. 121, 558, 1118
  Rüdiger 1347
  Vanessa 1112
Jungblut, Michael 1359
  Yvonne 858
Junghans, Günter 81
Jungjohann, Detlef 152
Junik, Iris 536
Jupé, Walter 381
Jurasik, Peter 110, 933
Jürgen 147
Jürgen-Tögel, Hans 801
Jürgens, Curd 109, 235, 1110, 1153
  Gerda Maria 505, 642
  Jenny 278, 750, 1050
  Stefan 777, 1012, 1013, 1197
  Udo 344, 348, 585, 783, 1121, 1129, 1226, 1237, 1266, 1340
Jürgensen, Silke 1184
Jürgensmeier, Peter 83
Jurichs, Claus 812
Jurisic, Melita 393
Jüssen, Horst 228, 569, 661, 662, 690, 714, 1045, 1202
Just, Gaby 336

K

Kaack, Sabine 36, 169, 179, 197, 268, 858, 909, 1114
Kaake, Jeff 868, 1127, 1303
Kabel, Heidi 339, 527, 529, 561, 658, 882, 1120, 1190
Kabelka, Ralf 514
Kabisch, Christine 382, 1286
Kabisch-Knittel, Christine
  → Kabisch, Christine
Kabisch-Riedel, Christine
  → Kabisch, Christine
Kaczmarek, Jane 333, 574
Kachelmann, Jörg 174, 318, 650, 1307, 1322
Kaden, Rolf 49
Kadow, Walter 1391
Kaetner, Hannes 705, 906
Käfer, Karl-Heinz 76
Kafka, Manja 1104
Kagan, Elaine 362
Kahan, Judith 381
  Judy 1025
Kahane, Peter 1168
  Roger 899
Kähler, Arne 338
  Ruth 190
Kahn, Jonathan 248
  Madeline 229, 860
  Oliver 126
Kahnwald, Nils 169
Kahrmann, Christian 719, 805, 1030, 1043, 1255
Kail, Rita 1240
Kaiser, Andrea 1324
  Dorothea 916
  Roland 238, 292, 783, 1118, 1386
Kala, Antonin 392
Kalbus, Horst 106, 151, 294
Kalckreuth, Elfie von 576, 1128, 1122
Kaldwell, Kendal 215
Kalember, Patricia 139, 1165
Kalkbrenner, Carla 677
Kalkofe, Oliver 22, 509, 547, 630, 643, 1012
Kallert, Tamina 225, 727
Kallman, Dick 509
Kallsen, Nicholas 467
Kallwass, Angelika 987, 988, 1405
Kalmuczak, Rolf 218
Kalogridis, Laeta 156
Kalteleitner, Werner 1403
Kaman, Tibi 509
Kamano, Stacy 123
Kamekona, Danny 189
Kamen, Michael 70
Kaminiczny, Nora 660
Kaminski, Dana 161
  Roman 1215
Kamm, Kris 805
Kammann, Jutta 585
Kammer, Klaus 1331
  Salome 532, 1411
Kamp, Alexandra 385, 1149
Kampendonk, Gustav 502, 932

Kämper, Udo 946
Kamp-Groeneveld, Alexandra 82
Kampmann, Renate 1143
Kampwirth, Stefan 1257
Kanakaredes, Melina 234, 860, 951
Kanaly, Steve 239, 883
Kane, Bob 120
 Carol 523, 753
 Helen 141
Kaneko, Nabuo 1089
Kanin, Garson 588
 Jay 1272
Kanseas, Angelo 284
 Manuel 284
Kanstein, Ingeburg 478
Kant, Hermann 260
Kanter, Hal 623
Kanther, Manfred 1186
Kantof, Albert 728
Kantor, Jay 1200
 Nicolas 24
 Richard 31
Kants, Ivor 527
Kanzelsberger, Jiří 267, 1281, 1338
Kapelos, John 865
Kapiniaris, George 393
Kaplan, Ditta 745
 Gabriel 1327
 Marvin 211, 582, 886
Kappelsberger, Ruth 1122, 1282, 1371
Kappner, Peter 642
Kapture, Mitzi 123, 895
Karahanci, Gülcan 1209
Karajan, Herbert von 1392
Karalus, Birte 76, 116, 117, 157, 511, 949, 955
Karamitew, Apostol 1381
Karasek, Hellmuth 723, 724, 1059, 1094, 1133
Karbjinski, Sophie 1249
Karen, Anna 863
Karera, Marie-Claude 22
Karim 148
Karim, Akbar 1268
Karina 148
Karlatos, Olga 75
Karlen, John 193
Karlinder Kusmagk, Charlotte 20, 1034
Karlstadt, Liesl 1282
Karlström, Lisa 385, 1162
Karmann, Sam 671
Karn, Richard 370, 563
Karner, Brigitte 283, 536, 705, 788, 949
Karnes, Brixton 1200
Karney, Jürgen 172
Karnicnik, Christina 664
Karp, David 526
Karpa, Uwe 64
Karr, Eddie 1355
 Michael 1010, 1011
Karremann, Manfred 24
Karrenbauer, Katy 552
Karsenti, Sabine 232
Kartheiser, Vincent 75

Kartner, Pierre 1051
Karun, Vanida 177
Karusseit, Ursula 228, 325, 585, 1324
Karvelas, Robert 1410
Karven, Ursula 89, 164, 177, 327, 773, 1410
Karzel, Gerhard 408
Kasch, Cody 257
Kaschner, Erich 702
Kaschnitz, Marie-Luise 458
Kases, Karl 237
Kash, Daniel 828
 Linda 373
Kaspar, Axel 284, 945
 Eric P. 163
 Radka 653
Kasper, Brendon 359
 Walter 1166
Kasprik, Anne 20, 131, 323, 325
Kasprzik, Hans-Joachim 462, 1024, 1363
Kassir, John 1231
Kast, Elke 84, 415, 1122, 1366
Kästner, Erich 141
Katahira, Nagisa 400
Kates, Kimberley 1093
Katims, Jason 1006
Kato, Takeshi 118
Katsimi, Marilena 744
Katsulas, Andreas 110
Katsura, Ichiro 117
Katt, Nicky 175
 William 1225
Katz, Allan 1071
 Cindy 206
 Evan 300, 1129
 Jonathan 936
 Klaus 152
 Omri 239, 312, 313
Katzman, Leonard 1036
Kaubisch, Christine 805
Kauffman, Marta 293, 418, 1291
Kauffmann, Götz 829
Kaufman, Adam 1186
 Andy 1199
 Millard 830
Kaufmann, Andreas 705
 Christine 814, 1330, 1345
 Deborah 691
 Günther 1116, 1268
 Hans-Peter 39
 Paul 709
 Rainer 109, 529, 652
Kauhausen, Jakob 798
Kauka, Rolf 388
Kaul, Friedrich Karl 381, 406
 Karl-Heinz 501
 Patrick 442
Kaulback, Brian 640
Kaus, Gracia-Maria 43
 Wolfgang 127
Kausch, Matteo 1189
 Michael 326, 530, 532, 636, 716, 1067, 1111, 1189
 Thomas 500, 546, 1034
 Walter 105, 214, 1092

Kaut, Ellis 784, 1051
Käutner, Helmut 755
Kavanian, Rick 186
Kavelaars, Ingrid 221
Kavner, Julie 1231, 1232
Kavovitt, Andrew 467
Kay, Charley 70
 Stephen T. 1224
Kaya, Bêrîvan 888
Kayacik, Aykut 592
Kaye, Caren 333
 Lila 751
 Mary Margaret 895
Kaza, Elisabeth 1009
Kazan, Victor 1064
Kazik, Rudolf 385
Kaznar, Kurt 924
Keach, Stacy 163, 339, 435, 444, 537, 610, 795, 799, 1222
Keale, Moe 149, 525
Kean, Georgina 646
Keanan, Staci 1151, 1283
Keane, Paul 843
Kearley, Michelle 1346
Kearns, Billy 12
 Joseph 253
 William 919
Keating, Dominic 336, 585
 Larry 803
Keaton, Buster 343, 475, 1024, 1281
 Diane 903
 Michael 1025
Keats, Steven 1084
Keb'Mo 881
Kebschull, Michael 183
Keck, Sandra 882
Keddie, Asher 308
Keefer, Don 781
Keegan, Barry 1111
Keel, Howard 239
Keeler, Donald 697
Keen, Diane 1031
 Pat 248
Keena, Monica 71
Keene, Carolyn → Stratemeyer, Edward
 Diane 456
 Tom 1136, 1338
Keenen, Mary Jo 506
Keener, Catherine 881
Keep, Angela 546
Keeser, Sofie 1057
Keeslar, Matt 1156
Kegel-Casapietra, Björn → Casapietra, Björn
Keglevic, Peter 312
Kehlau, Marianne 102
Kehler, Dieter 642, 815, 1079, 1144, 1409
 Hans Dieter 1257
Kehlmann, Michael 376, 911
Kehrer, Jürgen 1354
Keiffenheim, Clemens 313
Keigel, Léonard 93
Keil, Hannes 91
Keilbar, Karolin 469
Keilich, Reinfried 23, 189, 427

Keim, Betty Lou 1412
Keir, Andrew 99
Keitel, Horst 342, 577, 911
 Wilhelm 556
Keith, Brian 504, 515, 714, 845, 1301, 1306
 Byron 1084
 David 548, 962
 Ian 919
Kekaula, Robert 1299
Keks, Christopher 1144
Kelber, Moritz 1033
Kellard, Rick 861
Kelleher, Tim 245
Keller, Erhard 39, 1134
 Heide 760, 1235
 Heinz 685
 Horst 345
 Kathy von 723
 King Frederick 135, 136
 Lorose 1329
 Mark 40, 323, 1017, 1158, 1310
 Marthe 89, 637, 743
 Mary Page 110, 196
 Max 21
 Micheline 21
 Sandra 412, 498, 1123
Kellermann, Barbara 675
 Guido 303, 567, 1364
 Max 1189
Kelley, David E. 61, 62, 63, 175, 210, 284, 919, 940
 DeForest 336, 971, 973
 Malcolm David 731
 Sheila 690, 1165
Kellie, Daniel 95
Kelling, Petra 636, 687, 715
 Sissy 162
Kellner, Catherine 548
 Loni 1091
 Lonny 500, 837, 1265
Kellner-Frankenfeld, Lonny 912
Kelly, Angela 800
 Arthur 1044
 Brendan 21
 Brian 124, 394, 395, 1305
 Daniel Hugh 1216
 Daren 974
 David 996
 Gene 516, 834, 1144
 Grace 157
 Jack 771
 Joey 776, 1012
 K. C. 997
 Lisa Robin 1350
 Moira 588
 Ned 852
 Patsy 777
 Paula 862
 Petra 426
 Sean 230
 Terence 181
Kelsey, David 229
 Linda 732
Kemeny, Niki 251
Kemmer, Joachim 154, 162, 312, 769
Kemp, Alexander 643

Barry 415, 805, 945
Jeremy 226, 384, 518
Tina 51
Kempe, Harald 714, 1310
Kempley, Walter 738, 1176, 1406
Kempowski, Walter 426, 634, 735, 1180
Kempson, Rachel 627, 713
Kempter, Andrea 63, 216, 565, 1171
Kendal, Felicity 312
Kennedy, Arthur 849
  Edgar 1281
  Edward 1302
  George 187, 239, 253, 1326
  Gerard 399, 1189
  John F. 602, 617, 643, 650, 1394
  Joseph »Joe« P. 643
  Michael 610
  Mimi 265, 1035
  Patricia 559
Kenney, Anne 371
  James 919
  Kerri 981
Kenney, Kerry 981
Kennison, Caroline 28
Kenntemich, Wolfgang 372
Kenny, Jack 1222
Kent, Heather Paige 1211
  Janice 779
  Jean 1104
  Jennifer 588
  Julia 1048
  Mignon 581
  Trevor 1064
Kentz, Marilyn 1173
Kenzle, Leila 1292
Keogh, John 81
Kercheval, Ken 239
Kérien, Jean-Pierre 671
Kerkeling, Hans Peter 1187
  Hape 205, 209, 246, 348, 353, 465, 475, 476, 493, 511, 512, 632, 633, 1096, 1153, 1187, 1205, 1229, 1230, 1316, 1381
Kerkhoff, Eva-Maria 537
Kern, Amsi 212
  Florian 1348
  Georges 1226
  Otto 1312
  Peter 383
  Rosemarie 1154, 1155
Kernen, Siegfried W. 178, 274, 404, 505, 1064, 1310, 1344
Kerner, Johannes B. 39, 126, 319, 602, 605, 617, 618, 641, 789, 964, 1188, 1264
Kernion, Jerry 197
Kernke, Judith 1158
  Karin 74
Kerns, Joanna 1261
Kerp, Theo 614
Kerr, Bill 400
  Bruce 1189

Charlotte 970
Deborah 702
Edward 1072, 1110
Elizabeth 824
Jay 107
Jean 1263
Kerremans, Chuck 1090, 1274
  Marlies 648
Kerrigan, Michael 537
Kerry, John 427, 699
Kershaw, Ian 555
Kersken, Uwe 1170
Kerst, Alexander 218, 459, 462, 681
Kerstin 147
Kertesz, Péter 89
Kerth, Verena 978
Kerwin, Brian 1087
  Lance 805
Kesici, Martin 1149
Kessel, Sophie von 408, 1049
Kessler, Alice 268, 620, 866
  Beatrice 11, 469, 1050, 1265
  Ellen 268, 620, 866
  Michael 108, 1044, 1177, 1362
Ketcham, Hank 253
Ketchum, Dave 799
Ketelhut, Oskar 882
Ketikidou, Maria 494, 706, 1158
Ketnath, Peter 662
Kettelhut, Erich 906
Kettenbach, Hans Werner 670
Ketteringham, Matthew 643
Kettner, Svante 137
Keuchel, Jasmin 1031
Keusch, Erwin 581, 602
Key, Alexander 604
Keymáh, T' Keyah Crystal 228
Keysell, Pat 401
Keyser, Christopher 860, 902
Khan, Sajid 773
Khouth, Gabe 869
Khuon, Ernst von 1233
Kick, Birgit 955
Kidder, Margot 732, 1088
Kidman, Nicole 399
Kiefer, Dorkas 512, 662, 1103, 1131, 1272
  Iris 1016
Kiel, Richard 688
Kielbassa, Peter → Bond, Peter
Kieling, Wolfgang 83, 409, 518, 540, 602, 680, 681, 745, 904
Kielmann, Henry 121
Kienzer, Karin 530, 1258
Kienzle, Ulrich 106, 421, 422, 523, 673, 681, 706, 846, 1177
Kier, Udo 458, 1300, 1350
Kiersch, Alexander 1310
Kiesbauer, Arabella 19, 84,
85, 86, 116, 225, 458, 459, 719, 765, 938
Kieseier, Hans 1344
Kiesewetter, Caroline 1083
  Hartmut 73
Kiesinger, Kurt Georg 266, 319, 1392
Kiewel, Andrea 261, 262, 607, 631, 1034, 1188, 1376, 1384
Kiewiet, Ilse 1248
Kiff, Kaleena 452, 779
Kiger, Robert 363
Kilbinger, Natascha 604
Kilbourne, Wendy 356, 846
Kiley, Richard 286, 1043
Kilius, Marika 837
Kilka, Jana 292, 1116
Killian, Hans 213
Kilner, Kevin 801, 1410
Kilpatrick, Eric 610
  Lincoln 770
Kim, Chong-Hi 1065
  Daniel Dae 731
  Yunjin 731
Kimbrough, Charles 835
Kimpfel, Gabi 317
Kinalzik, Ulli 275, 483, 1408
Kinateder, Franzi 1282
Kincannon, Kit 1294
Kinchen, Arif S. 1127
Kind, Michael 659, 688
  Richard 206
Kindermann, Stephanie (Stephie) 706, 1236
Kindler, Klaus 760
  Oliver 512
King, Aldine 503
  Allan 696
  Andy 1177
  Coretta 650
  Cynthia Marie 80
  Erik 217, 801, 1172
  Larry 749
  Martin Luther Jr. 650, 651
  Michael 103
  Perry 49, 574, 943, 1239
  Regina 1411
  Rori 22
  Rowena 600
  Ruby Ann 1403
  Stephen 1156
  T. W. 207, 1219
  Tony 180
  Wright 621
  Zalman 625
Kingsbury, Jan 327
Kingsley, Ben 444
  Mary 336
King-Smith, Dick 746
Kingston, Alex 331
Kinmont, Kathleen 981
Kinnear, Greg 629
Kinney, Kathy 1360
Kinseher, Luise 192
Kinski, Klaus 892
  Nastassja 1194
Kinsky, Maria Grazia 301, 720
Kinte, Kunta 1001, 1002

Kintscher, Hubert 1361
Kinzinger, Tonya 293, 1144
Kipling, Rudyard 327
Kippenberg, Colin 862
Kirby, Amanda 1319
  Bruce 55
  Jack 567
  Leonard 1382
Kirch, Leo 426, 1342
Kirchberg, Eberhard 962
Kirchberger, Sonja 131, 675
Kirchenbauer, Bill 206
Kirchlechner, Dieter 183, 400, 510, 1354
Kirchner, Gottfried 1208
  Wolfgang 634, 639, 891, 1073, 1171, 1357
Kirk, James 1186
  Justin 334
Kirkidase, Sewarion 628
Kirkpatrick, Maggie 987
Kirmes, Sybille 141
Kirsch, Stan 549
Kirschninck, Gabriel 43
Kirschniok, Björn 1115
Kirschstein, Rüdiger 56, 93, 533, 846
Kirstein, Rosemarie 366, 387
Kirsten, Reiner 1122
Kisch, Egon Erwin 381, 765
Kisgen, Travis 445
Kish, Anna Luise 1252, 1253
  László I. 417, 1030, 1197, 1253
Kishisa, Mori 1143
Kishon, Ephraim 415, 1033, 1154, 1392
Kiskerie, Jaqueline 451
Kiss, Anna Luise → Kish, Anna Luise
  Cassis 704
Kissel, Helmut 168, 1065, 1259, 1303
Kissimov, Georgi 1140
Kissinger, Henry 255, 1392
Kissjow, Wenzeslaw 636
Kitamura, Satoshi 1035
Kitchen, Michael 299
Kitchikake, Cheyenne 164
Kitt, Eartha 120
Kittson, Jean 563
Kitzl, Albert 828
Kiupel, Beate 882
Kiwe, Til 502, 1077
Kiwitz, Ingo 526
Klaffs, Katarina 363
Klagge, Matthias 370
Klahn, Marett Katalin 47
Klante, Diethard 326, 1066
  Johanna 409
Klar, Christian 1402
Klas, Maximilian 1115
Klaschka, Mathias 319
Klasky, Arlene 305, 1019
Klassen, Terry 1378
Klaus, Horst 1313
  Wilfried 23, 190, 605, 674, 890, 1113, 1114, 1348
Klausmann, Adolf 399

Klaußner, Burghart 28, 967
Klawitter, Arnd 691
Klaws, Alexander 263, 1176
Kleber, Claus 546
Klebow, Lilian 1115
Kleeb, Helen 515, 1315
Kleiber, Claudia 383
  Clemens 383
  Erich 383, 1005
Kleid, Frank 531
Klein, Andreas 858
  Dennis 228, 697
  Detlev 1042
  Dieter 673
  Dietmar 1370
  Dušan 905
  Erik S. 19, 495, 1216, 1324
  Heinz Joachim 397
  Judith 590
  Katrin 962
  Nic 1127
  Peter 1316
  Robert 1165
  Robin 958, 1395
  Wolfgang 261, 347, 650, 947
Kleinau, Jörg 421
Kleinekemper, Gernot 386
Kleinenbrands, Jan 714
Kleiner, Towje 367, 436, 448, 784, 824, 832, 954, 1121, 1330
Kleinert, Andreas 659
  Petra 42, 285, 412, 610, 1131, 1261
  Volkmar 219
Kleinkämper, Gernot 685
Kleinschmidt, Nina 1271
Kleinschuster, Erich 1083
Kleint, Scarlett 862, 1111, 1157
Klement, Michael 760
Klementjew, Sergej 1398
Klementz, Thomas 1139
Klemich, Petra 1393
Klemke, Christian 1009
  Olivia 909
Klemm, Niels 491
Klemp, Natascha 815
Klemperer, Victor 659
  Werner 629
Klempnow, Martin 512
Klemz, Martina 622, 805
Klevenow, Heinz 1398
Klever, Ulrich 294
Klich, Michael 810
Kliebenstein, Hans-Jürgen 936
Klier, Michael 655
Klim, Alexandra 976, 1045
Klimmek, Marcus 368
Klimsa, Matthias 134
Klimt, Karlheinz 131
Kline, Kevin 1293
  Richard 542
Kling, Anja 418, 502, 1116, 1224
  Gerit 327, 455, 543, 862, 878, 986, 1294

Klingberg, Dieter 502
Klingenberg, Heinz 73
Klingenfuß, Rainer 1372
Klinger, Paul 670, 906, 1217
Klink, Ina Paule 763, 939, 1354
  Rüdiger 761
  Vincent 345
Klinkers, Frauke 826
Klinner, Andreas 1387
Klinz, Kerstin 195
Klipstein, Ernst von 634
Klitschko, Wladimir 279
Klocke, Piet 668, 1094
Kloehn, Ekkehard 152
Kloeppel, Peter 275, 578, 633, 858, 1010, 1177, 1182
Klöns, Erhard 262
Klooss, Dieter 152
Klopsch, Kurt 1147
Klos, Mirko 30
Klose, Oskar 1139
Kloss, Heike 54
Klous, Pat 733, 1290
Klug, Sebastian 1301
Kluge, Alexander 860, 944, 1390, 1402
  Iris von 417
  Martin 93, 429, 1144
  Siegwart 765
Klüger, Ruth 724
Klugman, Jack 304, 760, 959, 1170
Klum, Heidi 206
Klünker, Christoph 505
Kluwe, Sven 788
Knabe, Thomas 272
Knaup, Andreas 654
  Herbert 167, 633
  Karl 383
Knauss, Rudi 606
Kňažko, Milan 92, 1025
Knebel, Gerd 112, 877
Knechtl, Susanna 1050
Knef, Hilde 482
  Hildegard 135, 522, 641, 1048, 1092, 1154, 1256
Knell, David 178
Knepper, Robert 309
Knichel, Claudia 806
Knieper, Jürgen 942
Kniesbeck, Mathias 530, 532
  Matthias 113
Kniffki, Oliver 442
Knigge, Anna 559
Knight, Christopher 297
  David 96
  Eric 698
  Gladys 860
  Helen 563
  John 1111
  Peter 1201
  Ted 880
  Tuesday 1248
  Wayne 554, 1078
Knight-Pulliam, Keshia 153
Knippenberg, Herbert A. 1217
Knobeloch, Jim 290
Knödler, Ulrich 90

Knoedgen, Werner 413, 1095
Knoke, Manfred 570
Knoll, Sabine 1301
Knom, Florian 636
Knop, Jürgen 455, 616, 676
  Matze 665, 844
Knopf, Christopher 333
Knopp, Guido 127, 152, 157, 187, 242, 260, 313, 336, 439, 488, 554, 555, 556, 561, 568, 602, 1093, 1143, 1148, 1170, 1228, 1283, 1287
Knör, Jens 620
  Jörg 88, 491, 620, 1187, 1209
Knorr, Peter 289
  Pit 892
Knörzer, Wolfgang 144
Knospe, Ulrike 125
Knotek, Richard 744
Knott, Else 387
Knotts, Don 542, 769
Knötzsch, Hans 557
Knowlton, Sarah 714
Knox, Alexander 243
  Terence 890
Knüfken, Markus 94, 796
Knüpffer, Paula 876
Knupp, Willy 107
Knuth, Gustav 50, 326, 494, 576, 658, 939, 1027, 1138, 1322
  Karlheinz 275
  Klaus 831
Köbbert, Horst 645, 663, 838
Köbe, Frank-Michael 385
Kober, Jeff 217
Köberle, Korbinian 668
Koch, Elisabeth von 400
  Franz-Josef 723
  Horst Günter 511
  Käthe 720
  Marianne 299, 337, 622, 783, 1153, 1155, 1217, 1223, 1279, 1317, 1322
  Roland 430
  Sebastian 329, 761, 1130
  Thilo 262, 427, 1008, 1065, 1212, 1329, 1389
  Thomas 54, 586, 868, 992
Kochheim, Lory 831
Kock am Brink, Ulla 201, 472, 568, 630, 731, 744, 1023, 1148, 1251, 1297, 1316
Kock, Peer 676
Kockisch, Uwe 90, 283, 743, 1310, 1381
Kocurek, Rita 1282
Koczian, Johanna von 256, 340, 406, 558, 753, 823, 941, 1077, 1128, 1160, 1275
Koeberlin, Matthias 715
Koenig, Walter 972
Koenigshofen, Chajim 512
Koeppe, Sigrun 917
Koeppelle, Harald von 679

Koertgen, Hans-Erich 406
Koester, Jan 1264
Köfer, Herbert 18, 37, 107, 163, 236, 327, 368, 381, 457, 502, 704, 715, 981, 1216
  Mirjam 366, 635
Kofler, Georg 467
Kogan, Florian 1144
Kogel, Fred 25, 132, 479, 816, 1185, 1188, 1234, 1364, 1375
Kogge, Imogen 934
Kogon, Eugen 898
Kohan, David 1352
Kohashi, Reiko 1143
Kohl, Anja 174
  Helmut 65, 172, 175, 188, 440, 569, 612, 636, 674, 774, 795, 831, 1018, 1321, 1353, 1398, 1402, 1403
  Irene 797
Köhler, Angela 503
  Renate 720
Kohler, Reiner 767
Kohlmann, Paula 355
Kohlund, Christian 79, 173, 471, 472, 581, 590, 696, 712, 1068, 1215, 1234, 1296, 1341
  Erwin 472
  Franziska 334
Kohn, Renate 361
Köhnemann, Wilfried 1260
Köhnen, Friederun 668
Köhnke, Daniela 723
Köhntopp, Katharina 403
Kohrs, Astrid 529
Kohut, Walter 668
Koj, Werner 196, 1127, 1229
Kojan, Rosemarie 1126
Kolajova, Katarina 945
Kolarová, Dana 738
Kolárová, Daniela 411, 468, 545
Kolarz, Henry 453, 454, 576, 1009
Kolbe, Maura 601
Kolbe-Booysen, Olivia 1270
Kolden, Scott 1111
Kolesaric, Elisabeth 861
Kolinská, Viktoria 1268
Kolínský, Johan 458
  Josef 1268
Koll, Alo 1306
  Theo 422
Kolldehoff, Reinhard 404, 538, 630
Kollek, Teddy 1122
Koller, Dagmar 597
Kollewe, Martin 1180
Kollmannsberger, Hans 1050
Köllner, Ursula 366, 387
Kollo, René 1122, 1266
Kolmann, Ossy 504
Koloschinski, Andrea 531
Kölpin, Annett 1040
Komack, James 311, 1410
Komm, Matthias 108, 251, 993

Kommissin, Marcel 720
Komorr, Ralf 408, 920
Konarek, Ernst 855
Konarzewski, Brittany 127
Koncz, Gábor 849
Köndgen, Cornelia 801
Konic, Andrzej 962
König, Barbara 744
  Dietmar 1143
  Evelyn 87
  Fabian 1215
  Gregor 960
  Günter 1235
  Hans H. 782
  Henry 383
  Johanna 941
  Karl-Heinz 1413
  Michael 623
  Nicolas 48, 383, 448, 772, 986
  Norbert 39, 453, 918, 1138
  Réné 405
  Ralf 143
  Ulrich 409, 488, 685, 784
Königstein, Horst 523, 761, 1130
  Jacques 575
Koning, Mia 997
Konopka, Alix de 339
Kons, Wolfram 282, 501, 911, 1014, 1336
Konsalik, Heinz G. 289
Konskaja, Olga 888
Konstantinov, Evgeni 1381
Konz, Franz 565
Konzelmann, Gerhard 599
Köpcke, Karl-Heinz 1184, 1185
Kopecký, Miloš 680
Kopelew, Lew 337, 426, 844
Kopell, Bernie 733, 799, 811, 995
Köper, Hans Hermann 353
Kopf, Jean-François 957
Kopiczyński, Andrzej 1155
Kopka, Klaus 511
Kopp, Bill 312
Koppel, Helga 128
Körbel, Hans-Georg 457, 616, 1021
Körber, Maria 700, 1258
Korber, Serge 425, 1049
Korczak, Janusz 742
Kordon, Klaus 176
Koren, Erhard 710
Korf, Mia 927
Korff, Hans-Peter 28, 227, 268, 274, 430, 512, 659, 857, 1041, 1195
Korinek, Lenka 745
Korittke, Oliver 36, 297, 318, 653, 840, 1159, 1381
Korn, Andreas 318
  Johannes 31
  Renke 510
Korneli, Caroline 442
Körner, Diana 119, 132, 185, 344, 403, 417, 700, 716, 783, 863, 1030, 1043, 1142, 1154
  Dietrich 1024, 1036
  Ingeborg 73
  Lara Joy 349
  Peter René 638, 1133
  Toks 588
  Wolfgang 189, 1147
Körner, Toks 512
Kornman, Mary 658
Korp, Dieter 658
Korponay, Julia 861
Korruhn, Wolfgang 11, 1380
Korsin, Valerij 1287
Korstjens, Jason 206
  Jeremy 206
Korte, Hans 320, 344, 487, 522, 639, 675, 729, 738, 806, 1030, 1357
Kortemeier, Anke 378, 688, 1061, 1180
Körting, Peter 529
Korvin, Charles 547
Kos, Andjelko 1009
Koscina, Sylvia 1254
Koschella, Kira 1358
Koschier, Josef 889
Koschwitz, Thomas 109, 481, 482, 509, 513, 518, 613, 1011, 1012, 1034, 1321
  Ulrike 400
Koskoff, Sarah 1173
Koslar, Michael 958
Koslow, Ron 227
Koslowski, Peter 1392
Koss, Irene 422, 594, 650
  Kerstin von 723
Kössler, Janette 664
Kossmann, Bibi 145
Kostelka, Lubomír 639, 663, 920, 1025
Köster, Gaby 137, 186, 992, 993, 1094, 1153
  Karim 1061, 1144
Koster, Wally 15
Kostic, Peter 886
Kostka, Petr 468
Kostolany, André 1392
Kosugi, Sho 868
Kotaska, Mario 667
Köth, Erika 576
Köthe, Tatjana 1097
Kotsis, Rossi 24
Kotterba, Horst 19, 229
Kotthaus, Eva 182, 343
Kottmann, Peter 1317
Kotto, Yaphet 561
Kotulla, Theodor 362
Kotz, Raegan 320
Kötz, Stephanie Charlotta 601
Kouakou, Yao 1376
Kouassa, Eugénie 1376
Kouchner, Bernard 172, 846
Kout, Wendy 54
Kovac-Zemen, Andreas 283
Kovačević, Lidija 1009
Kovačić, Ante 127
Kovacs, Chris Krisztian 1156
  Mijou 990
Kovář, Jan 682
Kove, Martin 193
Kowa, Victor de 1109
Kowałewski, Krzystof 367, 604
Kowalj, Willi 952, 1076
Kowalski, Jochen 309
  Rudolf 129, 730
  Władysław 991
Koytek, Ben 1272
  Till 1272
Kozak, Harley Jane 143, 206, 473
Kozewa, Jana 314
Kozlowski, Linda 496
Kozoll, Michael 933
Krää, Gernot 1408
Kraaykamp, Johnny 1128
Krabbe, Ingeborg 878, 1203
  Meinert 195, 961
  Michael 508
Kracht, Claudius 183
  Marion 11, 36, 174, 183, 214, 269, 368, 377, 399, 417, 506, 525, 530, 618
  Olaf 97, 101, 352, 353, 1010, 1095
Kraeft, Volkert 183, 360, 403, 408, 687, 729, 944, 1178, 1198, 1408
Kraehkamp, Heinz-Werner 19, 192, 225, 412, 578, 820, 939, 1095
Kraemer, Lisa 340, 405, 1041, 1092
Kraesze, Wolfgang 688
Kraft, Beate 963
  Victor 299
Kragh-Jacobsen, Søren 479
Krahl, Hilde 890
Krahnert, Rico 326
Krakowski, Jane 62
Král, Viktor 140, 393
Kram, Johannes 348
Krämer, Anette 1020
  Gerd 39, 1139
  Werner 429
  Willi 39
Kramer, Ann-Kathrin 307, 534, 712, 901
  Bert 1210, 1256
  Bettina 553
  Brigitte 1135
  Eric Allan 54
  Eva 609
  Gottfried 665
  Karsten 76
  Kerstin 177
  Rolf 1138, 1139
  Stefanie 569
  Sven 385
Kramm, Raffaello 1105
Krampol, Jiří 144, 468
Krantz, Judith 339, 574, 1072
  Leif 473, 1299
Kranz, Peter 939
Kranzkowski, Karl 659
Krapp, Helmut 1026
Krappweis, Tommy 268, 1012, 1225
Krasnobajew, Sasha 901
Krassnitzer, Harald 132, 632, 876, 1197
Kraszewski, Josef Ignazy 1024
Kratz, Käthe 702
Krätzig, Helmut 571
Kraus, Hans 1313
  Hansi 799, 1400
  Helga 872
  Ivan 1378
  Pavel 997
  Peter 112, 115, 329, 469, 505, 840, 915, 1330
  Sonya 63, 188, 219, 257, 279, 405, 471, 1124, 1188
Krause, Brian 207
  Erika 304
  Horst 691, 934, 1141
  Irene 430
  Karolin 299
  Kristina 299
  Manfred 636
  Miriam 939, 1083
  Peter 1105
  Pierre 1215
  Rudolf 1273
  Rolf-Dieter 347
  Tom 251
Krause-Brewer, Fides 172
Kraushaar, Karina 64, 506, 986
Krausová, Jana 411, 639
Krauss, Daniel 448, 1321
  Helga 103
  Helmut 275, 735
  Konrad 1285
  Naomi 286
Krautwald, Jytte 299
Krcić, Esad 1009
Krebs, Diether 128, 268, 540, 541, 664, 1005, 1006, 1018, 1075, 1097, 1107, 1114, 1198, 1261, 1304
  Mitja Daniel 1301
Kreft, Annette 564
Kreienbaum, Karl-Heinz 77, 102, 417, 505, 882, 932
Kreile, Reinhold 1026
Kreindl, Jan 392
  Werner 150, 1008, 1113, 1115, 1304, 1315
Kreipe, Victor 744
Kreis, Gabriele 412
Kreisler, Georg 866
Kreisman, Stu 599
Kreiss, Melody 146
Kreißler, Micaela 326, 895
Kreiten, Karlrobert 594
Krekel, Hildegard 404, 540, 1019, 1083
  Lotti 900, 1329
Kremer, Peter 1104
Kremp, Jan Gregor 935
Krenz, Egon 38, 1380
Kreß, Matthias 65
Kretschmann, Thomas 1116
Kretschmar, Ralph 688
Kretschmerová, Jaroslava 1268

Personenregister

Kretzer, Joachim 536, 585
Kretzschmar, Anne Kathrein 636
Kreuk, Kristin 1110
Kreutter, Wolfgang 1133
Kreutzer, Steffen 954
Kreutzfeld, Dagmar 609
Kreuz, Maximilian 532
Kreuzer, Lisa 522, 729, 871, 1067
Kreviazuk, Chantal 951
Krewe, Wolfgang 580, 774, 1112, 1123
Kreye, Walter 97, 268, 527, 984
Krhůtek, Eduard 11
Kricfalusi, John 980
Krieg, Rudolf 378
Kriegel, Kathie 1393
  Volker 479
Krienberg, Steve 1300
Kriener, Ulrike 203, 435, 673, 723, 853, 956
Krietsch, Hansjoachim 605, 656, 715, 737
Krige, Alice 293, 1164
Kring, Tim 231
Krings, Matthias »Metty« 509, 710, 1331, 1414
Kripp, Susanne 924
Krishan, Mircea 1414
Kristen, Marta 1294
Kristensen, Ceryl 1173
Kristink, Nelly 423
Křížková, Magda 896
Krödel, Knut 102
Kroeber, Carlo 1066
Kroetz, Franz Xaver 652
Krofft, Marty 579
  Sid 579
Kröger, Marco 685
  Peer-Levin 806
  Uwe 106
Krogmann, Albert 159, 898, 1237
Krogull, Marina 704
Krohm, Uli 918
Kröhne, Jochen 1336
Krökel, Reinhard 225, 386, 648, 675
Król, Joachim 143, 283, 455, 716, 1354
Krolik, Sandra 469
Krone-Schmalz, Gabriele 685, 818
Kroné, Féréba 648
Krönert, Thaddäus 909
Kronfeld, Jordan 754
Kronish, Stephen 931
Kronjäger, Nina 1199, 1248
Kronzucker, Dieter 16, 151, 354, 500, 546, 653, 684, 957, 1108, 1140, 1329, 1414
  Sabine 546
  Susanne 546, 718, 1010, 1011, 1182, 1331
Kropf, Richard 1069
Kröpfl, Karl 64
Kroschwald, Udo 1115, 1406

Krössner, Renate 181, 319, 1168, 1171, 1288
Krottendorf, Ida 63
Kroymann, Maren 97, 620, 779, 848, 879, 1284
Krstic, Ljiljana 599
Krsto, Jaime 685
Krückeberg, Heinz W. 1321
Krückl, Max 1178, 1349
  Maximilian 367
Krüdener, Oliver 251
Krudy, Gyula 192
Krueger, Regina 457
Kruesken, Claus 64, 226, 394
Krug, Manfred 52, 93, 94, 260, 388, 426, 677, 716, 717, 1083, 1169, 1170, 1196, 1324, 1357
Krüger, Andrea 768
  Answald 1119
  Barbara 831
  Bum 69, 1092
  Christiane 328, 344, 714, 739, 756, 1409
  Christine 742
  Claudia 1388
  Frank Jürgen 162
  Hardy 482, 791, 1328
  Hardy Jr. 404, 440, 862
  Ines 179, 328, 1034
  Jost 705
  Lennardt 648
  Markus 1082
  Michelle 228
  Mike 39, 263, 414, 643, 684, 795, 796, 885, 955, 1048, 1094, 1121, 1205, 1290, 1299, 1300
  Nadine 216, 1118, 1144
  Nana 20
  Paul 831
  Pit 378, 1229, 1295
  Willy 670, 1266
  Witta 512
Kruk, Agnieszka 604, 648, 659
Krumbach, Walter 1397
Krumholtz, David 299, 874
Krumm, Paul Albert 1292
Krummbach, Walter 1263
Krupp, Alfred 556
  Gustav 556
Kruse, Anja 237, 291, 403, 469, 712, 1056, 1068, 1158, 1296, 1330
  Max 282, 497, 638, 673, 728, 734, 1277, 1278
Krüss, James 141, 603, 1219, 1220
Kryll, Eva 129, 167, 346
Kryzánek, Zdeněk 663
Kubach, Gabi 624, 1328
Kuballa, Felix 460
Kubiczeck, Walter 1045
Kubinek, Christina 751
Kubisch, Thomas 578, 620
Kubitschek, Ruth Maria 12, 146, 338, 344, 360, 362, 412, 416, 458, 510, 639,

652, 785, 814, 939, 1049, 1133, 1234
Küblböck, Daniel 263, 568, 570, 571, 1148
Kuch, Benjamin 355
Küchler, Tim 648, 858
Kückelmann, Sabine 383
Kudrjawizki, Lenn 20
Kudrow, Lisa 418, 419, 1292
Kufferath, Heinz 878
Kugelstadt, Hermann 77, 302, 378, 504, 626, 637, 885, 1251, 1330
Kühl, Katharina 945
Kuhlemann, Peter 578
Kuhlenberg, Hildegard 1284
Kühler, Mark 1362
Kuhlmann, Martin 229
Kuhlo, Karl-Ulrich 83
Kuhn, Johannes 144, 917
  Mark 93, 976
  Paul 248, 402, 476, 479, 906, 987, 1266, 1347
Kühn, Karsten 585
  Rolf 1185
  Rosemari 1056
Kühne, Detlev 65
  Maria 744
  Wolfgang 110
Kühnert, Romy 1230
Kuhnle, Otto 225
Kuhnt, Bernhard 865
Kuijer, Guus 726
Kuijper, Sjoerd 1191
Kukic, Nermina 763
Kukura, George 1232
  Juraj 469, 470, 564
Kulenkampff, Hans-Joachim 22, 316, 317, 318, 383, 422, 470, 488, 492, 493, 500, 511, 576, 630, 635, 656, 684, 707, 754, 846, 960, 1093, 1122, 1128, 1153, 1331, 1332, 1334, 1346, 1354, 1405, 1413, 1414
Kulidschanow, Lew 636
Kulik, Buzz 585, 741
Kulky, Henry 802
Külow, Edgar 458, 1203
Kulp, Nancy 504
Kuluva, Will 438
Kullmann, Wolfgang 844
Kummernuss, Adolph 101
Kummeth, Horst 79, 326, 404, 427, 510, 885, 1005, 1349
Künast, Renate 1054
Kunert, Günter 166, 502
  Joachim 466
Küng, Hans 1367, 1392
Kunis, Mila 1350
Kunkel, Holger 1310
Künkele, Ilse 572, 783, 879, 917, 1063
Kunst, Manfred 176
  Marcel 726
Künstler, Kai 360
Kunstmann, Doris 413, 564, 854, 924, 1249, 1404

Marc Manuel 854
Kuntz, Stefan 204
Kuntze, Sven 87, 678
Kuntze-Just, Heinz 313
Kunz, Cecilia 19, 292, 662, 1272
  Nicole 478, 991
Kunze, Heinz Rudolf 773, 881
  Janine 52, 413, 414, 524
  Ottokar 419
Künzel, Tobias 322
Künzler, Mathis 1289
Kunzmann, Lisa 1062
Kupfer, Bettina 299, 465
  Kristiane 552, 1137, 1379
Küppers, Topsy 866
Küppersbusch, Friedrich 126, 749, 946, 1380, 1381
Kupsch, Anita 76, 412, 516, 534, 584, 883, 941
Kurass, Alida 458, 459
Kurbjeweit-Rose, Helene-Marie 810
Kurek, Wolfgang 1016
Kurnitz, Harry 782
Kuroda, Yoshiro 867
Kurosawa, Toshi 400
Kursawe, Dieter 138, 727
Kurt, Stefan 29, 1037
Kürten, Dieter 38, 39, 436, 1327
Kurtulus, Tekin 705
Kurtz, Swoosie 452, 1165, 1176
Kurz, Achim 264
  Hans-Joachim 621
  Rudi 86, 420, 495, 1021
Kurze, Friedgard 1396
Kusatsu, Clyde 47, 288, 407, 974
Kusch-Lück, Petra 247, 543, 645, 839, 1047
Kusche, Ludwig 839
Kuschel, Thomas 394
Kusches, Ludwig 839
Kushner, Tony 334
Kusmagk, Peer 189, 263, 954, 1034
Küstenmacher, Werner »Tiki« 60
Kuster, Anne-Marie 829, 1199
Küster, Klaus 895
  Renate 543, 577, 714, 1042, 1055
Kusz, Fitzgerald 1057
Kutcher, Ashton 1350
Kütemeyer, Günter 685, 856
Kutschera, Franz 1207
  Rolf 421, 955, 1126
Küttner, Herbert 188, 1137
Kutzer, Barbara 412
Kuzmany, Elfriede 138
Kuzyk, Mimi 1363
Kvasnicková, Monika 523
Kwan, Jennie 194
Kwasniewski-Artajo, Nicolás 429
-ky 260, 344, 672

Kylian, Kurt 722
Kylin, Ann-Sofie 502
Kyriakidis, Janis 524
Kysh, Tony 154

L
L'Amour, Louis 107, 562, 1025
L'Arronge, Andrea 83, 218, 564, 633, 783, 922, 1028, 1041, 1115, 1317
La Grua, Tom 1200
La Plante, Lynda 535
La Torre, Tony 193
Laage, Ernst 578
Laake, Franz 1184
Labella, Vincenzo 81, 763
LaBelle, Rob 388
Labiche, Eugène 900
Laborteaux, Matthew 226, 1266
Patrick 1265
Labourier, Dominique 383
LaBrie, Donna 131
Labuda, Marian 657
Labudda, Helga 19, 1363
Lábus, Jiří 762, 1015
Labyorteaux, Patrick 600
LaCamara, Carlos 506
Lacey, Ronald 605, 1108
Lacher, Taylor 849, 1087
Lachner, Melanie 687
Lacko, Ján 385
Lacombe, André 1097
Lacoste, Lynda 1026
Lacroix, Denis 164
Lacy, Bertrand 346
Lada, Josef 639
Ladd, Alan 1087
Cheryl 296, 886
Margaret 358
Lade, Bernd Michael 280, 1196
Ladiges, Ann 653, 714, 1316
Lady Chelil 1237
Lady Lili → Bruhn, Erika
Lafer, Johann 345, 616, 1113
Lafontaine, Oskar 260, 653, 681, 898
Laforest, Jean 203
Lafour, Aisa 169
Laga'aia, Jay Lavea 1323
Lagana, Nellina 910
Lagerfeld, Karl 257, 501
Lagerlöf, Selma 868
Lago, David 560
Łagodziński, Maciej 1121
Lahme, Florentine 451, 1158
Lähn, Michael 125, 653, 1009
Lahti, Christine 210
Lail, Leah 1302
Laimbeer, Bill 579
Laimböck, Adolf 92, 901
Laing, Richard 442
Laird, Peter 869, 1200
Lake, Don 55
Florence 1281
Lakenmacher, Peter 1119
Lakin, Christine 1151

Rita 855
Lakovic, Dragan 599
Lala, Joe 664
Lalaine 725
Lallinger, Sabrina 1187
Lalo, Pascal 688
Lalonde, Rebecca 873
Lamar, Chaz 574
Lamarr, Phil 742
Lamas, Lorenzo 32, 358, 585, 981
Lamatsch, Andrea 1050
Lamb, Larry 1106
Tiffany 309, 395
Lamberg, Adam 725
Lambert, Christopher 549
Franz 440, 946
John 579
Lambroschini, Julien 329
Lamby, Stephan 1188
Lämmerhirt, Wilhelm 1016
Lämmermann, Frank 201
Lammers, Rudolf 852
Lamole, Marc 448
Lamont, Duncan 728, 1260
LaMotta, John 44
Lampert, Harry 1007
Zohra 280, 784
Lamprecht, Bettina 180, 692, 1177
Günter 134, 214, 643, 1000, 1092, 1196
Lamster, Regine 314, 694
Lanäus, Tanja 313
Lancaster, Burt 763, 826, 1282
Sarah 194
William 826
Lance, Peter 801
Lancelot, Patrick 1098
Landau, Martin 666, 815
Landauer, Adele 408
Lander, David L. 886, 894
Eric 1394
Landers, Audrey 239
Judy 161, 742, 1283
Landes, Michael 373, 1129, 1175
Landesberg, Steve 804, 1358
Landgraf, Corinna 516
Landgrebe, Gudrun 531, 570, 1049, 1069, 1238, 1369
Landgut, Inge 910
Landi, Mario 168
Landl, Matej 1092
Lando, Brian 899
Joe 290, 549
Landon, Michael 170, 171, 334, 1265, 1266, 1281, 1282
Michael Jr. 171
Landré, Lou 396
Landricina, Sali 1277
Landry, Aude 13
Landsberger, Tosca 1024
Landsburg, Valerie 304, 364, 564
Landsittel, Claus 681, 1308
Klaus 854

Landsmann, Kerstin 1115
Landt, Harald 798
Landuris, Dieter 55, 359
Lane, Carla 712, 1112, 1113
Lauren 569, 849
Sara 709
Lang, Antonia 1374
Armin 93
Arno 530
Christof 1011
Howard 887, 1104
Jochen von 681
Jonny 450
Katherine Kelly 977
Klaus-Dieter 1062
Michl 1282
Robert 176
Silvia 1369
Stephen 231
Thomas 559
Veronica 29
Langdon, Harry 653, 1281
Sue Anne 89
Lange, Artie 742
Bernd-Lutz 708
Bob de 957
Carl 823, 1077
Dorothee 1274
Eddie 83
Hellmut 346, 502, 507, 618, 643, 700, 702, 703, 751, 760, 846, 904, 993, 1027, 1040, 1054, 1147, 1413
Hope 448, 452, 664
Karl 39
Laura 500
Ted 733
Langen, Annette 178
Inge 1061
Langenkamp, Heather 206
Langer, A. J. 595, 1353
Birgit 1017
Norbert 1369
Langham, Wallace 380, 697, 1291
Langhans, Rainer 94
Langhoff, Udo 620, 931, 1241
Wolfgang 291, 1363
Langland, Liane 568
Langley, Lee 702
Langmaack, Beate 1230
Langmiller, Josef 411
Langner, Ilse 430
Langrick, Margaret 196
Langrishe, Caroline 954, 957, 1036
Langsdorf, Antonia 82, 571, 1010
Langston, David 521
Langton, Brooke 786, 855
David 297, 521
Paul 916
Simon 1110
Lanier, Monique 59
Lanker, Heinz 882
Lankford, Kim 836
Lanner, Joseph 1164
Lanoux, Victor 217

Lansbury, Angela 584, 821, 822, 1302
Bruce 371
Lansing, Robert 107, 753, 933, 1063
Lansink, Leonard 90, 190, 549, 588, 705, 707, 1152, 1354, 1395
Lansky, Nikolas 420
Lantz, Walter 1366
Lanyon, Annabelle 67
Lanz, Barbara 125
Christoph 1187
Elisabeth 50, 1030
Markus 306, 352, 353, 354, 500, 557, 893
Lanzmann, Claude 1089
LaPaglia, Anthony 835, 1360
Jonathan 860, 1084
Lapaine, Daniel 1390
Laphus, Genia 321
Lapotaire, Jane 783
Lapsien, Ingeborg 190, 1064, 1098
Lara, Alexandra Maria 788, 1371
Joe 1191
Laresca, Vincent 1301
Largay, Stephen 588
Laricchia, Michael 720
Larkin, Mary 440
Sheila 1366
Larraz, José Ramon 483
Larrieu, Pauline 671
Larroquette, John 517, 848, 1390
Larry, Sheldon 1260
Larsen, Buster 709
Keith 493
W. G. → Honold, Rolf
Wolf 689
Larson, Brie 963
Charles 503, 849
Dennis 49
Glen A. 46, 182, 223, 360, 550, 631, 664, 746, 811, 889, 959, 960, 1236
Wolf 1191
Larsson, Gunilla 1374
Henrik 649
Lary, Pierre 11
LaSalle, Eriq 331
Lascher, David 168
Laser, Dieter 163, 1282
Laske, Karsten 242
Lasker, Lawrence 310
Laskey, Kathleen 1401
Lasky, Zane 1227
Lassalle, Ferdinand 594
Lassgård, Rolf 364, 669
Last, James 423, 1090, 1152, 1178
Laszar, Christine 1307
Látal, Stanislav 996
Latessa, Dick 345
Latham, Patricia 29
Lathan, Sanaa 699
Latimer, Michael 1280
Latour, Maria 260

Latsch, Gunther 1132
Latter, Travis 333
Lattimore, Joseph 954
Lattuda, Alberto 1106
Latzel, Peter 681
Latzko, Herlinde 871
Lau, Wesley 1218
Laub, Gabriel 900
Laubenbacher, Silvia 1029
Lauchlan, Iain 1245
Laudenbach, Philippe 489
Lauenstein, Tilly 50, 401, 543, 686, 994, 1230, 1264, 1284
Lauer, Andy 200
Laufenberg, Frank 408, 881, 920, 1062, 1175, 1372, 1381
Laufer, Josef 765
Lauffen, Richard 1147, 1219, 1299
Launer, John 707
Laurel, Stan 267, 343, 475, 653, 658, 691, 759, 785, 1024, 1128, 1212, 1281, 1406
Lauren, Tammy 766
Laurence, André 1212
Laurens, Dagmar 367
Laurenson, James 171
Laurent, Françoise 849
Lauret, Jennifer 624
Lauria, Dan 1368
Laurie, Hugh 539
 Piper 286, 445
Laurin, William 801, 1124
Lauritzen, Lau 903
Lausberg, Oliver 1342
Lauscher, Ernst Josef 82
Lause, Hermann 56
Lautenbach, Joachim 216
Lauter, Ed 160
 Harry 1211
 Natalie 527
Lauterbach, Heiner 29, 346, 373, 587, 1038, 1168, 1405
Lauterborn, Daniel 11
Lavalette, Bernhard 687
Lavall, Kurt 39, 1139
Lavansky, Radovan 468
Lavin, Linda 582, 861
LaVoy, Zachary 330
Lawless, Lucy 538, 1374
 Rick 1300
Lawrence, Andrew 1349
 Bill 206, 1072
 David 1290
 Greg 1290
 Joey 168, 1349
 Mary 200
 Matthew 1175, 1301, 1349
 Michael 1291
 Nathan 143
 Patricia 615
 Quentin 202
 Scott 112, 600
 Sharon 859
Lawrenchuk, Michael 164
Lawson, Bianca 184, 194
 Denis 1005

 Richard 211
 Twiggy 945
Lawton, J. F. 1302
Layng, Kathryn 284
Layton, George 699
Lazard, Justin 203
Lazareff, Serge 1189
Lazarus, Mell 1260
Lazzaro, Dalila di 465
Le Blanc, Christian 586
Le Chanois, Jean-Paul 1101
Le Person, Paul 12
Le Poulain, Corinne 1410
Le Roy, Gloria 641
 Vaillant, Nigel 930
Lea, Nicholas 34, 932, 1256
 Ron 202
Leach, Britt 1131
 Rosemary 1044
Leachman, Cloris 697, 880, 1301, 1326
Leader, Carol 68, 388
Leal, Sharon 175
Leander, Zarah 555
Leandros, Vicky 348, 837
Lear, Amanda 840, 908, 1414
 Norman 1025
Learned, Michael 1315, 1316
Leary, Denis 616
Léaud, Jean-Pierre 704
Leavitt, Ron 99, 1057
Lebe, Heike 557
LeBeauf, Sabrina 153
Leblanc, Diana 1070
 Maurice 12, 89, 90, 287
LeBlanc, Matt 418
Leboutte, Valérie 994
Lebrun, Danièle 14
Lechevrel, Damien 699
Lechleitner, Hans 81, 152
Lechtenbrink, Volker 50, 326, 717, 756, 936, 1092
Lechtermann, Birgit 84, 226, 322, 735, 804, 1109, 1200, 1239
Leckebusch, Michael »Mike« 124, 125, 299, 354, 840
Leckner, Brian 386
Leclercq, Patrick 1329
Ledebur, Frederick 744
Leder, Erwin 174, 888
 Reuben 135
Lederer, Suzanne 1041
Lederle, Franz X. 1048
Lederman, Caz 559
Ledford, Brandy 123
Ledger, Heath 227, 1177
Ledl, Lotte 42
Lee, Alexondra 1129
 Brandon 232
 Cherylene 645
 Christopher 150, 410, 1086, 1313
 David 410, 1064, 1250
 Gwilym 359
 Johnny 1016
 Mark 399
 Michele 1270

 Pamela → Anderson, Pamela
 Sheryl 445, 446, 689
 Sophie 393
 Stan 567, 1132
 Stephen 588
 Sunshine 831
 Will 1082
 Will Yun 1360
Leeds, Howard 1297
Lees, Nathaniel 1207
Leesch, Edda 1069, 1158
Leeshock, Robert 802
Leeson, Michael 153
Leeves, Jane 410, 1213
Lefebvre, Philippe 342
Lefèbvre, Yves 444, 483
Lefevre, René 61
LeGault, Lance 1337
Legenstein, Andrea 523
Leggatt, Alison 312
Legrand, Suzanne 899
LeGros, James 62
Leguellec, Alain 794
Lehel, Tom 234, 625, 1180
Lehman, Ernest 1297
 Kristin 447, 935
 Trent 850
Lehmann, Beata 1331
 Beatrix 713
 Claudia 350
 Frank 174, 928
 Gabriele 226
 Katharina 694, 890
 Klaus 429
 Leo 60, 1168
 Manfred 295, 326, 512, 1047, 1342
 Matthias 751
 Norbert 1387, 1388
 Reinhard 226
 Stephan 540
 Thomas 878
 Tobias 760
Lehmbäcker, Henning 1142
Lehmberg, Alexander 622
Lehmbrock, Peter 1147
Lehmbücker, Heinz 856
Lehn, Georg 397, 1259
 Horst 876, 1044, 1406
Lehne, Fredric 315
Lehner, Daniel 664
Lehnhardt, Laura 505
Lehr, John 609
Lehrner, Ottokar 50
Lei, Lydia 363
Leibman, Ron 203, 640, 663, 1043
Leienbach, Gerd 114
Leifer, Carol 199
Leifheit, Sylvia 1143, 1158, 1178
Leigh, Vivien 1237
Leigh-Banfield, Bever 1002
Leighton, Laura 786
Leipnitz, Harald 67, 76, 94, 344, 409, 645, 1051, 1241, 1248, 1268
Leirich, Silvan-Pierre 543
Leiß, Ramona 476, 665, 963,

 1047, 1122, 1306, 1384, 1388
Leisure, David 516
Leitch, Matthew 114
Leithaeuser, Elisabeth 430, 622
Leitner, Hermann 163, 296, 305, 339, 502, 639, 687, 736, 785, 932, 1043, 1120, 1299, 1313
 Kathi 192, 632, 1349
Leitso, Tyron 274
Leja, Matthias 986
Leland, Paul 436
Lemaire, Philippe 468
Lemaître, Patrick 1038
LeMay, John D. 339
Lembke, Robert 248, 492, 509, 520, 536, 598, 599, 837, 1134, 1139, 1317, 1318, 1322, 1371
Lemcke, Ralf 19
 Rolf 19
Lemelin, Roger 1074
Lemke, Anthony 998
Lemken, Karlheinz 168, 672
Lemler, Christine 52, 1144
Lemmel, Dieter 602, 880, 1356
Lemmon, Chris 1214
 Jack 760, 1302
Lemnitz, Regina 412, 1043, 1258
Lemoine, Patrick 1158
Lenard, Mark 924
Lenehan, Nancy 1173
Lengyel, Rita 662, 1282
Lenhardt, Kristin 552
Lenhart, Heidi 194
Lenihan, Deirdre 811
Lennon, Thomas 981
Leno, Jay 77, 697
Lensch, Helga 1188
Lenska, Rula 634
Lenßen, Ingo 705, 987
Lentin, Chay 753, 1198
 Daniela 794
Lentrodt, Kai 398, 692, 723, 854, 1152
Lentz, Georg 812
Lenz, Siegfried 533, 1221
 Verena 1042
Leo, Ann Kristin 862
 Melissa 561, 1377
Leon 348
Leon, Donna 283
 Nicole 429
Leonard, Christian 417, 532
 Hugh 657
 Lu 603
 Sheldon 1207
Léonard, Margot 478, 744, 825
Leonhard, Rudolf Walter 349
 Sandra 76, 441, 688
Leonhardt, Marcus 662
 Rudolf Walter 594
Leoni, Tea 687
Leonowens, Anna 80
Leontjew, Aleksej 266

Leopold, Georg 1207
　Tapio 61
Lepage, Frédéric 453
　Guy 304
Lepel, Andreas von 1373
Leppich, Johannes 1367
Leptihn, Alisa 1128
Lerch, Christian 192
　Lucas 505
Lerche, Arnfried 24, 465, 719, 858, 1152
　Daniel 929
Lerchenberg, Michael 185, 734, 1021
Lerner, Michael 221
Leroux, Gaston 674
　Maxime 329
Leroy, Daniel 600
　Philippe 1032, 1039, 1410
Leroy-Beaulieu, Philippine 339
Lesch, Michael 356, 409, 416, 530
Lesche, Dieter 440
Lesieur, Patricia 423, 641
Lesinawai, Leoni 11
Leslie, Josephine 448
Lesseps, Ferdinand de 757
Lesser, Maria 1122
Lessing, Lena 688
　Lukas 1157
Lester, Brian 331
　Jan 790, 1257
　Jonathan 894
　Matthew 894
　Ron 938
Lethin, Lori 769
Leto, Jared 1353
Leto, Marco 540
Létorneau, Yves 203
Letscher, Matthew 1410
Lettenmayer, Horst 1193
Lettera, Oliver 1301
Letterman, David 48, 481, 513, 697, 699, 1011
Lettrich, Andrej 1288
Leuchtmann, Christiane 663
Leupolt, Heidi 73, 626, 790, 1413
Leuschen, Alexander 730
Leuther, Ralf 751
Leutke, Martin 294
Leuvrais, Jean 93
Leuwerik, Ruth 183
Levant, Brian 365
LeVert, Benjamin 574
Levi, Paolo 99
　Zachary 878
Levin, Charles 198
　Larry 113
　Mark 309
Levinas, Rasi 144
LeVine, Debra Jo 692
Levine, Robert 1174
　Ted 818
Levinson, Richard 223, 760, 761, 821
Levis, Patrick 386
Levitan, Steven 626, 759
Levitas, Andrew 864

Levitt, Gene 371
Lévrier, Diana 437
Levy, David 27
　Edmond 11
　Henry 1312
　Julius 641
　Shuki 591
Lewald, Antje 197
Lewandowska, Julia 1016
Lewinsky, Charles 150, 397
　Monica 354
Lewis, Al 833
　Alison 281
　Brian 1174
　C. S. 675
　Charlotte 953
　Clea 329, 687
　Damian 114
　Dawnn 222, 310
　Geoffrey 696
　George J. 1338, 1396
　Geraint 1224
　Gilliam 1143
　Howard Lew 747
　Jason 548
　Jenifer 1168
　Jenny 1087
　Jerry 420, 661, 697, 834, 1302
　Jerry Lee 229
　Johnny 71
　Kim 95
　Leonard 176, 493
　Lightfield 501
　Richard 54
　Richard B. 935
　Rosa 564
　Russel 180
　Sagan 210
　Stephen 863
　Tommy 1292
　Vicki 861
Lewski, Wassil 243
Leyrer, Willy 1113
Leysen, Johan 1171
Łęski, Janusz 648
Liberatore, Ugo 215
Libertini, Richard 59, 663
Licard, Natalie 514
Licht, Jeremy 558
　Simon 489, 1143, 1261
　Tobias 231
Lichtenfeld, Herbert 102, 344, 564, 565, 595, 693, 904, 1067, 1194, 1195, 1264, 1271, 1282
Lichtenhahn, Fritz 29, 48, 320
Lichti, Rüdiger 1265, 1267
Licon, Jeffrey 1095, 1216
Liddy, G. Gordon 550
Lidschreiber, Petra 677, 928
Lidsky, Isaac 194
Liebeneiner, Johanna 437, 1274
　Wolfgang 12, 753, 801, 1039, 1127, 1225
Lieberman, Frank 260
Liebezeit, Karl-Heinz von 314, 553, 1391

Liebig, Barbara 919
Liebing, Katja 692, 923
Liebisch, Gundula 1122
Liebknecht, Karl 381
Liebrecht, Torben 1061
Liebsch, Marika 650
　Regine 137
Liebske, Wieland 1393
Liechti, Hans 64, 422
Lieck, Peter 826
Liedtke, Klaus 351
Liefers, Jan Josef 901, 1198
Lieffen, Karl 28, 112, 242, 343, 716, 738, 862, 884, 1050, 1180, 1192, 1412
Lien, Jennifer 1150
Lieneweg, Karin 932
Lier, Wolfried 23, 343, 454, 744, 765, 1159
Lierck, Madeleine 400, 1142
Lierhaus, Monica 166, 318, 489, 964, 1140
Liesendahl, Heinz 870, 1201
Liessem, Viola 1080
Lietz, Hans-Georg 878
Lieven, Albert 73, 507, 1051, 1344, 1345
　Heinz 858
　Werner 69
Liewald, Sygun 917
Light, Judith 1208, 1333
Lignerat, Jean-Louis 485
Lignères, Laurence 1136
Ligocki, Ursula 10
Lilienthal, Otto von 485
Lilja, Johan 341
Lilje, Hanns 1367
Liljendahl, Jonna 744
Lilley, Clifford 1071
Lilliecrona, Torsten 377
Lillig, Ursula 303, 970
Lilly, Brenda 61
　Evangeline 731
Lim, Kwan Hi 288, 746
Lima, Walter jun. 539, 1066
Limahl 225, 402
Limberg, Clemens 861
Limmer, Ulrich 1005
　Wolfgang 581, 916, 1163
Limpinsel, Thomas 564, 1107
Limprecht, Stefan 1088
Lina 889
Linarès, Françoise 1270
Linares, Luisa Maria de 573
Linauer, Birgit 1050
Lind, Hera 537, 541
Lindauer, Balthasar 604
Lindberg, Maria 473
Lindbergh, Moritz 64, 180, 185, 1236
Lindblom, Gunnel 1178
Linde, Gunnel 1326
Lindelof, Damon 731
Linden, Hal 642, 1358
　Wim van den 654
Lindenau, Michael 719, 984
Lindenberg, Dirk 909
　Udo 20, 242, 804, 858, 1193, 1414
Linder, Eva 702

　Max 1212
Lindermann, Ralf 505, 1258
Lindfors, Hanna Viveca 408
Lindgren, Astrid 92, 181, 377, 630, 637, 649, 731, 744, 793, 868, 922, 966, 1000
　Erik 966
Lindheim, Richard 1062
Lindholm, Stephen 377
Lindinger, Natacha 854
Lindlau, Dagobert 81, 299, 440, 673, 983, 1284, 1329
Lindley, Audra 178, 374, 542, 1409
Lindmann, Ake 601
Lindner, Erwin 507
　Heinz 810
　Kathrin 146
　Marianne 367, 634
　Patrick 839, 1047, 1209, 1330
　Wolff 551
Lindoff, Jonatan 868
Lindow, Martin 70, 356, 934, 1163
Lindsay, Elizabeth 1299
　Robert 429
Lindsay-Hogg, Michael 1348
Lindström, Inga → Sadlo, Christiane
Lindwall, Tore 473
Linehan, Barry 219
Lingen, Theo 68, 558, 661, 691, 939, 1212
　Ursula 93, 163
Lingk, Wolf-Dieter 1142
Link, Charlotte 1171
　Michael 623
　Thorsten 966
　William 223, 259, 760, 761, 821, 875
　Wolfgang 1349
Linke, Adrian 65
　Karsten 195
Linn, Teri Ann 977
Linnartz, Kerstin 166
Linn-Baker, Mark 486
Linnow, Oliver 695, 1348
Linscott, Glenda 588
Linsel, Anne 91
Linstow, Anne von 363, 505
Lint, Derek de 473, 935
Linville, Larry 767, 958
Lionello, Luca 963
Liotard, Thérèse 319, 613
Lipman, Daniel 1165
Lipnicki, Jonathan 776
Lippe, Jürgen von der 57, 94, 166, 283, 366, 449, 451, 453, 475, 518, 529, 668, 723, 1091, 1112, 1177, 1323, 1336, 1372
Lippert, Albert 1077
　Cornelia 616
　Gerhart 42, 93, 131, 132, 189, 294, 401, 455, 529, 890, 1024, 1079, 1092, 1219, 1227, 1231

Wolfgang 294, 468, 479, 492, 493, 526, 645, 707, 1096, 1160, 1323, 1329, 1338, 1340, 1353, 1388
Lippisch, Kathrin 550
  Vera 1007
Lippman, Amy 860, 902
Lippmann, Volker 1158
Lipscomb, Dennis 1200
Lipsch, Horst 377
Lipton, Peggy 445, 1246
Lira, Beatriz 1109
Lisa, Anna 1306
Lischka, Kurt 644
Lisewski, Stefan 1142
Lisi, Joe 345
  Virna 444, 945, 1254
Liss, Alina 268
Lisson, Mark 457
Liszt, Franz 409
Lithgow, John 554
Litt, David 651
Little Steven 842
Little, Cleavon 60
  Rich 1202
Littledale, Anabel 949
Littmann, Karl W. 858
  Wolf 966
Litto, Maria 1231
Liu, Lucy 62
  Lucy Alexis 523
  Nina 527
Lively, Robin 284
  Robyn 210, 454, 1035
  Sarah 1246
Livingston, Donald 153
  Harold 687
  Jay 803
  Jerry 1085
  Michelle 1227
  Robert 1338
  Stanley 782
Livingstone, David 559, 1171
  Cool 1059
Lo Bianco, Tony 1056
Lo Verde, Davide 226
Lo, Chi Muoi 1280
  Y Sa 1286
Loach, Ken 1182
Lobard, Karina 1095
Lobe, Mira 328
Löbel, Bruni 403, 404, 572, 608, 729, 932, 1127, 1219
Lobewein, Johannes 530
Lobitz, Hans 181
Locane, Amy 786
Loch, Lisa 1245
Löck, Carsta 793, 1077
Locke, Bruce 825
  Jon 579
  Tammy 819
  Tembi 1109
Locker, Gerlinde 991
Lockerbie, Beth 379
Lockhart, June 697, 1294
  Robin Bruce 978
Locklear, Heather 206, 254, 786, 1222
Lockwood, Gary 1272
  Vera 59

Loder, Anne Marie 549
Lodermeier, Gabi 845
Lodynski, Peter 915
Loe, Judy 973
Loeb, Gudrun 148
Loebinger, Lotte 743
Loebner, Vera 823, 1261
Loeillet, Sylvie 293, 303
Loerding, Claudia 553
Loest, Erich 436
Loetscher, Hugo 1066
Loewe, Elke 887, 917, 1210
  Lothar 898
Loewig, Andrea Kathrin 512, 585, 815
Loff Fernandez, Milka 796
Löffler, Alexander 648
  Sigrid 723, 724
Löfkvist, Oskar 868
Loftéen, Oliver 137, 601
Lofthouse, Christopher 646
Loftin, Carey 579
Lofting, Hugh 288
Lofton, Cirroc 1149
Logan, Johnny 348, 1064
  Robert 1084
  Veronica 558
Loggia, Robert 315, 496, 497, 1211
Logue, Dónal 642, 953
Lohman, Alison 445
Lohmeier, Georg 241, 535, 676, 890, 1056, 1254, 1412
Lohmeyer, Gerd 72, 333, 522, 524, 1005, 1029, 1304
  Henno 1414
  Peter 657, 1163, 1371
Lohner, Chris 679
  Helmut 109, 327, 466, 1347
Lohr, Ellen 1070
Lohse, Marleen 648
Loibner, Eduard 567
Lojewski, Britta von 626, 667, 847, 858, 1209
  Günther von 545, 983, 984
  Wolf von 18, 354, 545, 546, 789, 1186
Loken, Kristianna 825, 910
Lolita 738
Loll, Wilfried 1048
Lollichon, Karine 1026
Lollobrigida, Gina 358, 897, 921, 1156
Lombardi, Louis 372
Lommer, Horst Peter 648
  Stehen Stig 28
Łomnicki, Tadeusz 1103
Lomond, Britt 1396
London, Jack 15, 42, 342, 399, 600, 726, 1075, 1341
  Jeremy 902
  Jerry 930, 962, 1089
  Julie 872
  Steve 1254
Lonergan, Kate 747
Long, Avon 1002
  Jodi 47
  Justin 310

Loretta 1082
  Richard 150, 850, 859, 1084, 1085
  Rob 454, 920
  Shelley 208, 501, 950
Longaker, Rachel 1315
Longley, Victoria 276, 415
Longo, Tony 929
Longoria, Eva 257
Lönhardt, Ralf 1409
Lonnberg, Anne 1352
Lönnbro, Harald 649
Lonnen, Ray 1031, 1376
Lonow, Claudia 1270
Lontoc, Leon 72
Lookinland, Michael 297
  Todd 587
Looney, Peter 875
Loors, Jens 628
Loos, Mary 1376
Lopes, Daniel 63
Lopez, Manuela 1026, 1144
  Marco 872
  Pedro Amalio 215
Lopez Guevara, Camilo 777
López, Mario 194, 894
Lopinski, Katharina 745
Lopinto, Dorian 1320
Loran, Marion 99, 1289
Lorck-Schierning, Nina 323, 904
Lord, Jack 525, 526
  Tamblyn 400
Loren, Sophia 255, 481
Lorentowicz, Lech 687
Lorentz, Lore 95, 594, 948, 1042
Lorenz, Dominique 408
  Jürgen 621
  Kevin 993
  Konrad 1182
  Lore 1160
  Lovis H. 509
  Rolf-Dieter 628
Lorenzen, Jan 1009
Lorenzi, Stellio 600
Lorenzo, Giovanni di 63, 299, 725
Lorey, Elmar Maria 966
Lorfeo, Sigo 720
Lorig, Sven Alexander 87
Lorimer, Claudio 73
Loring, Lisa 27
  Lynn 375
Loriot 200, 298, 366, 491, 729, 730, 804, 831, 927, 1091, 1347
Loriot, Noëlle 987
Lorne, Marion 1290
Lornsen, Boy 994
Lorre, Chuck 235, 265, 483, 777
Losa, Alfonso 763
Losa-Eßers, Alfonso 777
Löschberger, Martin 1313
Loseby, Shaun 665
Lösing, Martin 773
Loss, Anna 712
Lössl, Claudia 386
Loth, Kader 63

Lothar, Hanns 427
  Ralph 607, 616, 694
  Susanne 412
Lothmanns, Ulli 386, 788
Lott, Michael 251, 412, 578, 806
Lotter, Achim 367
Lotto King Karl 859
Lotz, Kurt 262, 313, 765, 827, 1033, 1034, 1045
Loucopoulos, Sotiria 751, 1030, 1061
Lougear, Lin 158
Loughery, Jackie 1009
Loughlin, Lori 424, 1334
Louis, Justin 953
Louis-Dreyfus, Julia 1077
Louise, Anita 390
  Nina 278
  Tina 463
Louiso, Todd 1208
Loursais, Claude 1298
Lovatt, Stephen 447
Love, Darris 1320
  Kermit 1083
Lovelock, Ray 800, 1334
Lovesey, Peter 1081
Lovitz, Jon 861
Low, Bruce 622, 1394
Löw, Jürg 630
Lowe, Arthur 248
  Rob 599, 783
Lowell, Carey 700
Löwenberg, Dagobert 1140
  Renate 1140
Löwenthal, Gerhard 1169, 1387
  Leo 1392
Løwert, Lis 879
Lowery, Robert 228
Löwitsch, Klaus 260, 363, 478, 502, 791, 914, 1039, 1198, 1250, 1395
Lowitz, Siegfried 53, 66, 67, 343, 454
Lowre, Donna 1260
Lowry, Dick 293
Loyen, Peter van 695
Lozier, Nicolás Solar 1293
Lu, Lisa 80
Lübbe, Astrid 292
  Enrico 45
Lubicz-Lisowski, Julius 367
Lubin, Arthur 803
Lübke, Heinrich 593, 1065
Lubosch, Ute 45, 616
Lubowski, Scarlet 146
Luca, Lorenzo de 1406
  Pupo de 523
Lucadou, Walter von 271
Lucas, George 14
  Joshua 1111
  William 161, 855, 1088
Lucca, Tony 750
Luccarelli, Mirko 744
Lucero 382
Luck, Coleman 189, 211
Lück, Heinz Gerhard 269, 508, 932
  Ingolf 139, 189, 228,

280, 323, 402, 414, 480,
568, 570, 589, 844, 894,
897, 952, 953, 1153, 1305,
1334, 1361, 1362, 1369,
1389
Thomas 526
Lücker, Hubert 18
Lückert, Heinz 265
Lucking, Bill 149
William 458
Luckner, Felix Graf von 483
Lüdcke, Marianne 488
Lüddecke, Werner Jörg 423
Lüdecke, Frank 1388, 1389
Lüder, Werner 70, 412
Luderer, Ulrike 1000
Wolfgang 368, 381, 1342, 1403
Lüders, Thies 676
Lüdke, Andrea 416, 494, 796
Günter 503, 932
Kristina 500
Ludowig, Frauke 282, 350, 352, 718
Ludwig, Else 1257
Kurt E 558, 1076
Rolf 325, 456
Stefanie 1094
Ursula 720
Lueg, Ernst-Dieter 133, 570, 621, 1186, 1380
Lufen, Marlene 262, 1034
Luga, Joe 464
Luger, Joachim Hermann 719
Lührs, Katja 313
Lührssen, Hinrich 1301
Luisi, James 374
Lukas, Frank 73, 1103
Lukas-Luderer, Manfred 64, 714, 939
Lukasik, Michal 1016
Łukaszewicz, Jerzy 416, 1121
Lukavský, Radovan 69, 545
Luke, Keye 80, 645, 686, 1091
Lukis, Adrian 1164
Lukoschik, Andreas 706
Lulu 443
Lum, Benjamin 899
Lumbly, Carl 46, 193, 762
Lumière, Auguste 485
Brüder 1329
Louis 485
Lumley, Joanna 20, 808
Lummis, Dayton 1306
Luna, Alvaro de 346
Lund, Deanna 924
Lundberg, Bonne 891
Lundgren, Max 625, 1053
Lundi, Monika 1306
Lundigan, William 790
Lundy, Jessica 875, 1098
Luner, Jamie 206, 786, 948, 1035
Lunghi, Cherie 342, 813, 1164, 1258
Lüönd, Daniel 1278, 1307
Walo 346, 581, 674
Luotto, Andy 1039

Lupo, Frank 9, 973, 631, 1239, 1336
LuPone, Patti 59
Lupus, Peter 666, 1216, 848
Luria, Lance 105, 210
Lürick, Markus 195
Lurz, Gerd 630
Luschan, Christopher 341
Lush, Valerie 800
Lushina, Larissa 291
Lussier, Robert 752
Lustgarten, Edgar 1072
Lustig, Peter 735, 736, 751, 808, 955
Lutes, Eric 200
Lütgenhorst, David 18, 127
Luther, Miloslav 411
Lüthke, Otto 882
Lutosławski, Witold 1387
Lutter, Axel 1284
Claudia 858
Matthias 858
Lüttge, Martin 667, 715, 975, 1196
Lüttger, Bodo 298
Luttrell, Rachel 1151
Lutz, Alexander 609
Ines 720
Lutz-Pastré, Anna 10, 522
Lux, Guy 1134
Luxem, Rainer 340
Luxemburg, Rosa 381, 594, 1391
Luz, Franc 978
Lyall, Gavin 447
Lyck, Henry van 190, 440, 580, 1048, 1231
Lydssan, Nadja 1173
Lyman, Will 1352
Lynch, David 445, 446, 886
Jeremy 16
Lynde, Paul 1290
Lyndhurst, Nicholad 944
Lynley, Carol 595
Lynn, Cynthia 629
Jonathan 1376
Lynne, Amy 801
Lynskey, Melanie 777, 1156
Lyon, David 1255
Paul 281
Wendy 196
Lyons, Chris 169
Elena 1278
Gene 210
Susan 581
Lytton, Debbie 587
Llewellyn, Barbara 290
Richard 1112
Llewelyn, Desmond 401
Lloyd, Christopher 253, 781, 1199, 1224
David 1269
Emily Ann 270
Eric 411, 609
Harold 420, 552, 653
John Bedford 47
Kathleen 333, 746
Norman 210, 1084
Sabrina 874, 1109
Sue 118

M
Ma, Amanda 1291
Tzi 1376
Maack, Harald 465, 564, 918, 1061
Maahn, Sandra 179
Wolf 705
Maahs, Kai 360
Maalek, Theo 1146
Maar, Paul 890
Maarleveld, Jaap 397
Maas, Dick 396
Maasz, Gerhard 1101
MacArthur, Edith 759, 994
James 525
Macauly, Jacqueline 43
MacCabe, Christopher 1403
MacColl, Catriona 708
MacCorkindale, Simon 96, 360, 1352
MacDonald, Sona 308, 412
MacDonell, Sarah 831
Macdonnell, Norman 969
MacDougall, Alistar 548
Macer, Sterling Jr. 473
MacFarlane, Kenneth 625
Seth 370
MacGraw, Ali 384
MacGregor, Katherine 1265
Macháček, Miroslav 1221
Machado, Justina 801
Machalissa, Birgit 427, 679
Machata, Karol 385
Machiavelli, Nicoletta 790
Macht, Stephen 193
Mächtlinger, Otto 1020
Macia, Pauline 339
MacInnes, Angus 973
MacIntyre, Donal 741
Maciuchová, Hana 411, 468, 545
Mack, Allison 1110
Doris 387
Günter 50, 449, 862, 1271
MacKay, Jeff 135, 551
Mackeben, Theo 497
Mackenrodt, Richard 56
Mackenroth, Michael 672, 1000, 1055
Mackensy, Lutz 74, 494, 952, 1079, 1168, 1305
MacKenzie, J. C. 245, 835
Peter 1300
Philip Charles 1269
MacKichan, Doon 1109
Mackinnon, Simmone 123
MacKintosh, Ian 1031
Mackintosh, Steven 443, 1260
Macklenberg, Robert van 974
Macklin, Albert 1293
David 1189
MacLachlan, Kyle 445
MacLaine, Shirley 1089, 1302
MacLane, Kerry 230
Maclear, Andrew 973
MacLeod, Gavin 733, 880
Maclure, Elli 119

MacMichael, Florence 803
MacNaughtan, Alan 1031
Macnee, Patrick 333, 807, 808, 1214
MacNeill, Peter 640
MacNicol, Peter 61, 210, 874
Macourek, Miloš 114, 392, 762, 1015, 1268
MacRae, Sheila 330
Macready, George 916
MacStiofain, Sean 912
Macy, William H. 331, 342
Madani, Proschat 65
Madaras, Josef 793
Madaus, Tilman 1354
Madden, David 902
Mädel, Bjarne Ingmar 1167
Mader, Julius 439
Malu 1349
Mäder, Marie-Therese 1349
Madincea, Victoria 552
Madio, James 1278
Madison, Sarah Danielle 552
Madoc, Philip 707, 816, 1224
Madonna 20, 364, 1339, 1352
Madras, Monika 681
Madsen, Harald 903
Michael 962, 1287
Mae, Maggie 464
Maegerlein, Heinz 325, 422, 519, 520
Maertens, Kai 449, 1115
Maes, Beate 51, 941
Maffay, Peter 409, 480, 630, 831, 1180, 1340
Maffia, Roma 948
Maffre, Julien 315
Mag, Toni 1259
Magdane, Roland 266
Magee, Patrick 13
Maggart, Brandon 1269
Garett 1080
Maggio, Dante 1039
Magiar, Thomas 1278
Magnani, Franca 680
Magnier, Aline 976
Magnus, Philip 312
Magnuson, Ann 54
Magnusson, Leif 341, 1299
Magon, Jymn 1175
Magri, Jade 16
Maguelon, Pierre 807
Maguire, Gerard 856
Leo 948
Sean 930
Tobey 1173
Maher, Joseph 54, 411
Mahjouri, Sebastian 1367
Mähl, Eva 506, 1181
Mahler, Heidi 339, 882
Margot 132, 823, 910, 1036
Norbert 192
Zdenek 1164
Mahlke, Ellen 831
Mahon, André 128
Mahonen, Michael 696
Mahoney, Jock 1376

John 211, 410, 537
Mahr, Hans 486, 955, 1390
Mai, Jürgen 385, 526
　Ulrike 429, 636, 783
Maiden, Tony 162
Maier, Christine 1122
　Manfred 1400
　Sepp 599, 726
　Tanja 355
Maiker, Cheryl 1321
Mailfort, Maxence 1307
Maire, Fred 343
　Laura 1287
Mairich, Max 655, 726
Maischberger, Sandra 486, 578, 725, 749, 789, 873, 1132, 1187
Maisenbacher, Maresa 1149
Maistre, François 243, 807
Maiwald, Armin 547, 638, 994, 1046, 1079, 1080, 1129
　Aslak 138
　Peter 479, 655
Maizière, Lothar de 1402
Majcher, Anna 1016
Majó, Enric 483
Major, Scott 527
Majorino, Tina 196
Majors, Lee 150, 223, 709, 890, 893, 974, 1073, 1074, 1093
Majowski, Markus 109, 302, 991
Makarow, Michail 1008
Makatsch, Heike 29, 177, 529
Makepeace, Deborah 656
Makkena, Wendy 859
Makulis, Nicky 431, 601, 1027
Malahide, Patrick 100, 493, 1295
Malberg, Stanislas Carré de 329
Malcsiner, Maximilian 687
Malden, Karl 1163, 1164
Malec, Grzegorz 1016
Maleh, Nadja 1362
Malenotti, Roberto 215
Maleszka, Andrzej 568
Malet, Arthur 270
　Laurent 234
　Léo 854
Malfa, Aurelio 1258
Malfatti, Marina 43
Malick, Wendie 293, 626
　Wendy 123
Malicki-Sánchez, Keram 202
Malik, Art 627, 1095
　Julia 1115
Malin, Eddie 1075
Malinger, Ashley 1283
　Ross 501, 863
Malkovich, John 850
Malleson, Tamzin 930
Mallet, Pierre 372
Malloch, Peter 335
Mally, Anita 590, 993
Malmberg, Claes 731

Malmedie, Karlo 39, 957, 1387
Malmkvist, Siw 261
Malmsjö, Jan 371, 1179
Malone, Joe 1231
　Nancy 473
Maloney, David 707, 1256
　James 124
　Michael 107
Malot, Hector 532, 911
Malovcic, Edita 775
Malta, Verena 195
Maltese, Isabelle 1189
Malton, Leslie 458, 487, 1043, 1171
Maltschewa, Dorina 189, 1061, 1144
Maltzahn, Erica von 430
Malzacher, Axel 564
　Gunther »Gig« 43, 847, 1092, 1155
　Renate 826
Mälzer, Tim 1051, 1052
Mambo-Kurt 1291
Mammi, Eitel 522
Mammone, Robert 222
Mamoa, Jason 123
Manard, Biff 1007
Manasseri, Michael 801, 976
Manchester, Melissa 168
Mancini, Henry 912, 1003
Mancuso, Nick 1161
Mandan, Robert 104
Mandel, Babaloo 330
　Howie 210, 1019, 1020
　Johnny 767
Mandela, Nelson 839, 984
Mandeng, Annabelle 388, 1172, 1358
Mandylor, Costas 919, 927, 1075
　Louis 712, 766
Manescul, Ursula von 1027
Manetti, Larry 746
Maneva, Tzvetana 1381
Manfredi, Gianfranco 1279
　Nino 52, 921
　Roberta 93
Mang, Pavel 1393
　William 397, 1036
Manganyi, Nkhensani 444, 1191
Mangelsdorff, Albert 479, 655
Manger, Jürgen von 97, 690, 787, 1015, 1201
Mangold, Lisi 182
Manheim, Camryn 940, 1390
Manilow, Barry 62, 75
Mank, Martina 1310
Mankell, Henning 364
Mankiewicz, John 766
Mankuma, Blu 17, 997
Mann, Abby 323, 650, 667
　Claude 32, 1124
　Dieter 707
　Erika 761
　Golo 479, 761, 1314, 1392
　Heinrich 533, 761

Irene 681
Katia 761
Klaus 761
Larry D. 931, 1033
Leslie 156
Michael 231, 761, 792
Monika 761
Nelly 761
Sabine → Sauer, Sabine
Thomas 128, 129, 183, 724, 761, 762, 1381
Tracy 1177
Mann-Borgese, Elisabeth 761, 762
Mannen, Monique 397
Manning, Sean 1227
Mannkopff, Andreas 275, 289, 290, 575, 584, 599, 700, 862, 885, 904, 1271, 1317, 1342, 1404
Mannl, Harald 343, 434
Mannschott, Eva 1344
Manoff, Dinah 61, 516
Manowski, Beatrice 1255
Manrique, César 1220
Mansfeld, Michael 360
Mansi, Louis 212
Manske, Wilhelm 51, 413
Manson, David 436
　Helena 282
Manstein, Erich von 556
Mantegna, Joe 552, 707
Mantei, Simon 909
Mantel, Henriette 501
Mantell, Harold 187, 587, 648
　Michael 61, 648
　Steven 648
Manteuffel, Felix von 1069, 1302
Mantle, Clive 996
Mantooth, Randolph 872, 889
Manuel, Anthony 658
　Denis 243
Manuela 147
Manwaring, Cameron 220
Manza, Ralph 114
Manzel, Dagmar 659, 691
Manzi, Alberto 891
Manzoni, Alessandro 1290
Maple, Jack 278, 279
Mar, Maria Del 1202
Maraba, Dennis 693
Maracek, Heinz 301
Maradona, Diego 704
Marais, Jean 193
Maranow, Maja 29, 620, 994, 1038, 1152, 1253
Marat, Jean-Paul 410
Marcell, Joseph 16, 944
March, Fleur S. 349
　Forbes 840
　Peggy 261
　Rosalind 1321
Marchand, Guy 24, 757, 854
　Nancy 732, 1123
Marchena, Guillermo 78
Marciano, Avy 1144
　David 828

Marcil, Vanessa 142
Marco, Marco di 720
Marcoux, Bonfield 402
Marcovicci, Andrea 137
Marcus, Edgar Marius 363
　Jeff 47
　Jürgen 382, 1385, 1414
　Kipp 779
　Sparky 117, 958
　Winnie 131
Marecek, Heinz 720, 855, 939, 991, 1115
Maresch, Harald 460
Margheriti, Antonio 1039
Margolin, Stuart 178, 259, 412, 830, 1088
Margollé, Sylviane 1038
Margulies, Julianna 331
　Thomas 1282
Marholm, Alf 346, 765, 939, 1067
Marian, Edwin 510, 710
　Michèle 291, 1347, 1395
Marianne und Michael 382, 533, 738, 1325
Mariano, Charlie 479
　Rosanna 1178
Marías, Javier 724
Marie, Constance 276, 373
　Rose 286, 1072
Marin, Cheech 475, 851, 989
　Christian 30
Marinaro, Ed 933, 1165
Marino, Ken 752
　Salvatore 649
Marinoni, Laura 1116
Marion-Crawford, Howard 1088
Maris, Ada 506
　Herbert L. 83
Marischka, Franz 414, 521, 618, 962
　Georg 132, 403
Marjan, Marie-Luise 36, 214, 314, 614, 642, 719, 1150, 1231
Mark, Heidi 733
Markgraf, Julia 48
Markham, David 1158
　Monte 122, 197, 599, 757
Markland, Ted 547
Markovics, Karl 672, 1161
Markow, Leonid 1006
Marks, Laurence 504
Marks-Rocke, Annemarie 1236
Markus, Barbara 183, 225, 1255
　John 699
　Winnie 1397, 1408
Markwardt, Ernst 1061, 1266
Markwell, Terry 588
Markwort, Helmut 401, 1353
Marleau, Louise 489
Marlens, Neal 411, 1261, 1368
Marlon, Marion 368
Marlow, Marlene 986
Marlowe, Christopher 1352
　Derek 1171

1464 Personenregister

Nora 1306
William 96
Marlye, Lily 331
Marmann, Karina 705
Marney, Terende de 1306
Maron, Eva 1310
Marotta, Franco 1334
Marotte, Carl 88
Marquand, Christian 676
Marques, Luis 293
Marquette, Chris 47, 1168
  Ron 1248
  Sean 1222
Marquez, Vanessa 331
Marquis, Arnold 487, 760, 1190
Marquitan, Christin 390
Marriott, Craig 395
Marron, Marlo 815
Mars, Kenneth 337, 750
Marschall, Marita 398, 583, 853, 1049, 1282
Marschke, Melanie 1115
Marsden, Bernie 409
  James 62, 1216
  Jason 49, 368
  Jimmy 173
  Roy 1031
Marsh, Jean 521
Marshall, Bryan 440, 509
  Don 924
  E. G. 210, 943
  Garry 512, 759, 824, 1111
  James 445
  Ken 763
  Linda 1189
  Melissa 743
  Mike 448
  Paula 299, 1110
  Penny 760, 804
  Peter 891
  Ray 634
  Tonie 448
  Tony 348, 420, 611, 697, 748
  William 1376
Marsillach, Cristina 1063
Marsters, James 184
Marston, Nathaniel 549
  Peter 97
Martel, K. C. 831
Martclock, Maria R. 382
Martell, Bettina 295
Martells, Cynthia 1162
Marten, Felix 1038
  Jürgen 1039
Marten-Brockmann, Elfi 1184
Martens, Alexander, U. 91
  Dirk 662, 855, 888, 889, 1106, 1265
  Florian 1038, 1152, 1253
  Hans-Günter 102
  Harald 1266
  Max Volkert 122, 723, 918, 1061
  Nike 1409
Märthesheimer, Peter 23, 167, 522, 779, 802, 1353
Marthouret, François 624

Marti, Beat 65
Martial, Jacques 671, 1189
Martin, Andreina de 704
  Anne-Marie 508
  Barney 1227
  Bernd 468
  Bill 642
  Chris 70
  Dean 562, 697, 1017
  Dean Paul 1132
  Derek 1044
  Duane 60
  Felix 92
  François 781
  Francis 68
  Helen 1411
  Ian Kennedy 423, 1043
  Jared 239, 371, 682
  Jesse L. 62, 1301
  John 1172
  Kellie 59
  Kiel 933
  Lori 1301
  Marlee 1145
  Mel 15, 435, 713
  Melissa Renee 237
  Mia 63
  Mikael 119
  Millicent 743
  Pamela Sue 253
  Quinn 197, 1253
  Richard 88
  Ross 1293
  Sabine 530
  Steve 330, 834
  Strother 526
  Thomas Balou 42, 356, 400, 448, 662, 1103, 1404
  Tony 527
  Troy Kennedy 70, 978
Martín, Eugenio 1022
  Maribel 215
Martineck, Sarah 888
Martinek, Hilly 918
  Julia 400, 572
  Krystian 146, 242, 382, 508, 516, 565, 712, 854, 918, 1062, 1152, 1404
  Lisa 163
  Sven 219, 417, 813, 1155, 1230
  Ulrike 1176
Martínek, Zdeněk 468
Martinelli, Enzo 649
  Jean 13
Martines, Alessandra 945
Martinez, A 226, 230, 690, 941
  Al 111
  Benito 1089
  Patrice Cahmi 1396
  Timothy 791
Martinho, Gilberto 1109
Martini, Louise 157, 383, 829, 1302
Martino, Sergio 963, 1334
Martinus, Derek 656
Martius, Brigitte 213
Marton, Andrew 1351

Martz, Hendrik 441, 694, 904, 1286, 1342
Marušić, Joakim 127
Marvel, Elizabeth 279
Marvin, Lee 264, 1170
Marwitz, Michael 720
  Friedrich August Ludwig von der 1307
Marx, Gisela 612, 622, 647, 988, 1324
  Michael 861, 984
  Renaud 624
März, Brigitte 367
Marzilli, John 1320
Mas, Sissy de 39, 294, 1138
Masa, Jiři 69
Masak, Ron 822
Masaro, Lea 411
Mascolo, Joseph 180
Mascher, Wolfgang 464
Mashall, Andy 447
Masina, Giulietta 327
Masius, John 520, 951
Mason, Hilary 821
  James 81, 897
  Pamela 897
  Paul 601
  Portland 897
  Tom 250, 902, 1287
Massagli, Angelo 229
Massey, Raymond 288
  Walter 698
Massimi, Pierre 11, 702, 703, 1289
Massimo, Stephan 1349
Masten, Werner 10, 121, 862, 1163, 1261, 1357
Masters, Ben 544, 831, 870
Masters-King, Kent 1270
Masterson, Chase 1149
  Christopher Kennedy 749
  Danny 1350
Mastroianni, Marcello 1302
  Pat 250, 251, 711
Masur, Estella 672
  Kurt 678, 1188
  Richard 333
Matchett, Christine 893
Matejcek, Vladimir 1305
Matern, Anik 1403
Mathers, Jerry 342, 779
Matheson, Don 924
  Murray 114
  Tim 170, 258, 709
Mathews, Claire 1044
  Sarah 1044
Mathias, Bob 579
Mathieson, Shawn 164
Mathieu, Mireille 1330
Mathis, Johnny 368
  Samantha 1303
Mathou 417
Matic, Paul 1133
  Peter 11, 626, 1342
Matlin, Marlee 919
Matray, Maria 1119
Matschoss, Marion 740
  Ulrich 335, 383, 505, 806
Matschulla, Claudia 1146

Matsyama, Shyoji 1143
Matt, Evelyn 1406
Matta, Paloma 129
Mattausch, Dietrich 356, 823, 918, 920, 1163, 1261, 1306, 1357
Matteo, Drea de 1123
Mattern, Kitty 954
Mattes, Eva 698, 922, 1198
Matteuzzi, Pierre 142
Matthaei, Bettina 645, 738
Matthau, Walter 117, 253, 629, 760
Matthäus, Lothar 111, 481, 1154
Matthes, Dieter 543
Matthews, DeLane 411, 582
  Francis 866, 906
  Gina 938
  Marlene 696
  Tim 778
Matthey, Heinz von 852
Matthias, Silke 1140
Matthies, Otto 1227
Matthiesen, Charlotte 507
Matthus, Franziska 553
Matting, Michael 347
  Ticha 485
Mattingly, Hedley 237
Mattner, Christoph 398, 448, 862, 967, 1000
Mattson, Olle 473
Mattuschka, Burgi 64
Matuschik, Matthias 279
Matz, Katharina 1220
  Matthias 398, 536, 646
Mätzig, Anne 605
Matzke, Gisela 621
Mauch, Peter 598
Mauersberger, Helga 1032
Maugham, William Somerset 681
Maughan, Sharon 693
Maunder, Wayne 693
Maura, Carmen 1276
Maurer, Heike 1388
  Joshua 890
Maurier, Claire 61
Maurin, Yves-Marie 1303
Maurois, André 687, 1061
Maury, Jacques 1224
Mausbach, Gerd 294, 415
Mauthe, Jörg 68
Mautone, Giuseppe Michael 606
Mave, Jack de 697
Mawat, Nicole 1382
Max, Alexander 112
Maxay, Paul 697
Maximilian, Daniel 29
Maxwell, Frank 439, 757
  John 707
  Lois 15
  Michaela 685
Maxwell-Reid, Daphne 944
May, Alexander 60, 416, 422, 458, 485, 979, 1274, 1346, 1411
  Anne 464
  Barbara 712, 800, 1091

Bob 1294
Gisela 28, 1317
Jerzy 1095
Karl 635, 636, 777, 1355
Martin 10, 174, 581, 729, 806
Michaela 131, 403, 510, 528, 596, 632, 854, 934, 1036, 1092, 1268, 1401, 1406
Paul 426, 577, 676, 785, 1051, 1103, 1211
Rita 650
Maybach, Christiane 1272
Maydell, Kira von 451
Sabine von 636, 1095
Mayer, Christopher 306, 546
Delia 218
Dina 156
Erich Mathias 839
Hias 63
Patrick 532
Wookie 687
Mayhoff, Thekla 192
Mayka, Evelyn 1267
Mayn, Christine 385, 1146
Maynard, Patricia 707
Mayne, Belinda 1372
Ferdy 398, 408, 693, 994, 1142, 1171
Maynert, Monika 576
Mayo, Marilyn 559
Mayr, Rosl 932
Verena 1114
Mayrand, Pierre 468
Mayrhofer, Michael 112
Mayron, Melanie 139
Mazar, Debi 690, 714, 1211
Mazoyer, Robert 624, 843
Mazurki, Mike 211
Mazza, Alexander 16, 179, 219, 257, 261, 405, 542, 1005, 1029, 1181, 1324
Mazzotta, Peppion 226
Mazzuchelli, Peter 623
McAdam, Heather 1165
McAdams II., Bobby E. 373
McAnally, Ray 165
McArn II, Ashton J. 768
McArthur, Alex 257
McAvoy, James 307
McBain, Ed 933
McBride, Chi 175, 848
McCaffrey, James 950, 1303
Molly 1327
McCall, Mitzi 199
McCallion, James 1301
McCallum, David 13, 852, 1117, 1268, 1394
Joanna 493
John 171
Neil 457
McCamus, Tom 840
McCann, Chuck 783
Sean 845
McCarren, Fred 70
McCarthy, Eoin 180
Francis X. 822
Frank 739
Joseph 761

Kevin 389, 741
Lin 595
Melissa 463
Neil 203, 949
Thomas 175
McCashin, Constance 1270
McCauley, Peter 1291
McCay, Peggy 969
McClanahan, Rue 474, 475
McCleister, Tom 1058
McClements, Catherine 1323
McClintock, Eddie 759, 1043
McClory, Sean 407, 638
McCloskey, Leigh 239
McClure, Doug 208, 688, 708, 781
Kandyse 549
McClurg, Edie 1297
McColm, Matt 866
McCook, John 221, 977
McCord, Kent 632
McCormack, Eric 1352
Mary 835
Patricia 1409
McCormick, Carolyn 584, 700, 1131
Maureen 297, 979, 1200
McCoy, Sid 153
Sylvester 292
McCrane, Paul 331, 1273
McCrery, Nigel 454
McCulley, Johnston 1396
McCulloch, Ian 650, 1171
McCullough, Colleen 286
Darryl 195
Julie 1261
Linda 161
McCutcheon, Ralph 431
McDade, Jenny 1174
McDaniel, James 227, 859, 1186
McDermid, Val 525
McDermott, Dean 801, 1232
Dylan 940
McDevitt, Ruth 847, 923
McDonald, Chris 501
Christopher 371, 794, 1291, 1301
Garry 841
McDonnell, Mary 548
McDonough, Mary Beth 1316
Mary Elizabeth 1315
McDormand, Frances 653
McDowall, Roddy 371, 551, 924
McDowell, Andie 444
Malcolm 372, 523
McEnery, John 81, 1352
McEnroe, John 954
McFadden, Barney 342
Gates 536, 973
McFarland, Rebecca 714
McFarlane, Andrew 393, 1413
Craig 581
McFazden, Ian 563
McG → McGinty Nichol, Joseph
McGann, Mark 1376

Stephen 1164
McGavin, Darren 325, 795, 847
McGee, Jack 1127
McGeehan, Mary Kate 358
McGill, Bruce 739
Everett 445
McGillin, Howard 963
McGinley, John, C. 1072
Ted 254, 512, 733, 1058
McGinty Nichol, Joseph 373, 877
McGiver, John 583
McGlynn, John 281, 455
McGoohan, Patrick 442, 874
McGovern, Jimmy 428, 429
McGowan, Rose 207
McGrath, Bob 1082
Derek 1252
Frank 1189
Judith 1248
McGraw, Melinda 932
Phil 271
McGregor, Angela Punch 1351
Carolyn 1300
Julie 546
Scott 399
McGuire, Dorothy 977
Kerry 440
Kim 886
Michael 333
McHale, D. J. 214
Rosemary 299
McIlwraith, David 1341
McInerny, Ralph 457
McIntire, John 709
McIntosh, Tammy 393, 930
McIntyre, Joey 175
McKay, Maureen 251
Scutter 579
McKean, Michael 293
McKellar, Crystal 1368
Danica 1368
McKenna, Alan 143
Bernard 442
Christine 388
Patrick 303
T. P. 1142
Virginia 697
Wendy 616
McKennon, Dallas 244
McKenzie, Alistair 702
Benjamin 876
Tim 399, 930
McKeon, Nancy 692, 712
Philip 582
McKeown, Les 994
McKern, Leo 978, 1020, 1260
McKinney, Gregory 1036
McKinsey, Beverlee 1210
McLachlan, Craig 184, 843
McLarty, Ron 227, 1131
McLean, Penny 952
Ron 129
McLendon-Covey, Wendi 981
McLennan, Rodney 1248
McLeod, Don 1191

McLerie, Allyn Ann 452, 1227
McLoughlin, Patrick 1104
McMahon, Horace 473
Julian 207, 869, 948
McManus, Marc 1029
Michael 710
McMillan, Kenneth 1287
McMullan, Jim 213
McMurray, Edward 1334
Fred 782
Sam 549, 1231
McMurtrey, Joan 1099
McMurtry, Larry 1019, 1351
McNair, Heather 107
McNally, Terrence 751
McNamara, Brian 920
John 373, 615, 962
William 288, 444
McNeely, Jerry 893
McNeice, Iain 307
McNeil, Kate 380, 822, 1107
McNeill, Robert Duncan 1150
McNichol, Kristy 72, 516
McNiece, Ian 70
McPeak, Sandy 392
McPherson, Patricia 664
McQueen, Steve 621
McRaney, Gerald 203, 1099, 1355
McRaven, Dale 824
McRay, Robert 226
McRoberts, Brendan 1043
Kyle 1043
McShane, Ian 610, 1352
Michael 1349
McTigue, Tom 122
McVey, Patrick 460
Tyler 790
McWilliam, Joss 894
McWilliams, Amber 855
Caroline 131
Mead, Courtland 652
Meadows, Audrey 888
Jayne 548
Meaney, Colm 290, 973, 1035, 1149
Kevin 888
Meara, Anne 44, 638
Mech, Leszek 727
Mechoff, Gert 267, 1070, 1128
Mechoso, Julio Oscar 548
Oscar 156
Mechtel, Angelika 565
Meden, Andreas von der 73, 834, 835
Medicus, Margot 256
Medina, Benny 944
Medioli, Enrico 637, 1055
Medley, Bill 1017
Medori, Alfredo 289
Medrická, Dana 545
Medved, Jan 385
Medvesek, Rene 127
Medvey, Susanne von 522
Medway, Heather 812, 1303
Meek, Jeff 825
Jeffrey 250, 973

Meeks, Edward 467, 1075
Meewes, Helmut 275, 676
Megwinetuchzesi, Otar 248
Mehlhorn, Gottfried 464, 501
  Thomas 323
Mehlman, Peter 595
Mehnert, Günter 45
Mei, Ulrike 1215
Meichsner, Dieter 102, 1064, 1154
Meier, Christiane 1106
  Dirk 1168
  Eva 20, 608
  Heinz 190, 730, 1230, 1269
Meierhenrich, Franklin 1026
  Nova 177, 364, 1026, 1238
Meierhofer, Susanne 1337
Meifort, Holger 152
Meignan, Laly 1026
Meiklokjes, Enie van de 100, 177, 523, 1172, 1324, 1362
Meilhamer, Hanns 538, 632, 1106
  Simon 538
Meincke, Ernst 973
  Peter 460, 577, 595
Meinecke, Eva-Maria 404, 516
Meinertzhagen, Josef 289, 1252
Meinhardt, Thomas 363
Meinhof, Ulrike 898
Meinrad, Josef 282, 344, 890, 904, 917, 968, 1120
Meinser, Günther 454
Meinunger, Bernd 348
Meisel, Heribert 38
Meiser, Hans 73, 84, 101, 116, 157, 324, 325, 390, 392, 440, 510, 511, 577, 672, 718, 719, 872, 884, 1010, 1013, 1051, 1095, 1170, 1177, 1272, 1344, 1356
Meisner, Frederic 100, 471, 476, 1235
  Günter 384
Meissner, Otto 327, 717, 862, 1317, 1343
Meister, Tobias 530
Meiusi, Allan 128
Mejzlik, Martin 509
Melato, Mariangela 430, 826
Melíšek, Jiří 138
Melissen, Beppie 1191
Mell, Marisa 344
Meller, Heinz 795
Melles, Sunnyi 804, 1007
Mellies, Otto 291
Mellini, Scott 1281
Mello, Tamara 436, 938
Melnick, Natasha 280
Meloni, Chris 59
  Christopher 701
Melrose, Andrew 1284
Melville, Sam 855
Mempel, Horst 108
Mende, Erich 1309
  Frank-Thomas 498
Mendel, Stephen 845
Méndez, Lucía 1019
Mendl, Michael 408, 1069, 1148, 1405
Mendoza, Natalie 124
Mendrzycki, Mario M. 937
Mendt, Marianne 1026
Menge, Wolfgang 299, 540, 541, 712, 717, 798, 804, 827, 828, 931, 975, 1110, 1147, 1148, 1194, 1274, 1322
Mengele, Josef 460, 555
Menken, Eugen 1166
Menne, Sabine 65
Menningen, Martina 159, 244, 1303
  Walter 898
Mensching, Herbert 659, 1128
Menšík, Vladimír 392, 411, 545, 662, 762, 896
Mensing, Stefanie 694
Mentzel, Achim 22, 630
Menuhin, Yehudi 837, 1392
Meo, Paul de 1303
Meranda, Luc 870
Mercurio, Gus 251, 395, 1189
Meredith, Burgess 120
  Charles 707
  Don 930
Merforth, Laura 608
Mergenthal, Kurt 1036
Merhi, Joseph 689
Méril, Macha 287, 699
Meriwether, Lee 120, 368, 1218
Merkatz, Karl 581, 595
Merkau, Alina 291
Merkel, Angela 77, 126
Merkerson, S. Epatha 690, 700
Merle, Zofia 604
Merrey, Tahnie 1177
Merrick, Dawn 42
Merriman, Ryan 1173
Mersch, Katrin 638, 1298
Merseburger, Peter 261, 354, 898
  Stephan 1387
Merten, Michaela 639
Mertens, Andreas 530
Mertes, Heinz Klaus 39, 65, 578, 984, 1034, 1140, 1402, 1403
Mertin, Anne 1330
Merting, Steven 1364
Mertinz, Johanna 413, 623, 1163
Merton, Zienia 815
Merx, Arne 1143
Merz, Friedrich 1022
  Gabriel 1115
Mescam, Pierrick 932
Messelhäuser, Dorian 355
Messemer, Hannes 1080
Messing, Debra 852, 944, 1352
Messner, Claudia 46, 425, 707
  Franz 367
  Reinhold 94, 95, 132, 739, 1413
Mesterharm, Nicolaus 536
Meston, John 969
Mestre, Katharina 917, 1300
  Ulrich del 291, 677, 941, 1392
Mesure, Charles 217
Meszaros, Michu 44
Metalious, Grace 916
Metcalf, Laurie 1004
  Robert 394
Metcalfe, Jesse 257
Metchik, Aaron Michael 49
Mete, Hasan Ali 311
Metlitzky, Heinz von 587
Metrano, Art 11, 211
Metten, Liesel 321
Mettey, Lynette 960
Metz, Eugen von → Ulbrich, Walter
  Melinda 1006
Metzger, Albrecht 176, 478, 999, 1200
  Gabriele 1285
  Helmut 1350
  Ludwig 466
Metzler, Jim 355, 1210
Meulen, Karst van der 444, 686, 1213
Meunier, Raymond 1212
Meurer, Herbert 1146
  Jens 707
Mey, Franz 553
  Reinhard 436, 820, 1187
Meyer, Bess 330, 454, 642
  Brigitte 367
  Christoph 190, 910
  Dieter 676
  Dina 1075
  Günter 1088, 1141, 1142, 1240
  Hannelore 379
  Hans-Werner 218
  Jan 66
  Jürgen R. 1387
  Michael 214, 268
  Otto 50, 386, 1077
  Roswitha 775
  Stephan 663
  Susanne 242
  Ulrich 25, 32, 33, 39, 40, 352, 353, 357, 500, 789, 791, 1060, 1251
  Wilhelm 42
  Wolfgang 38
Meyer-Burckhardt, Hubertus 565, 994, 1026, 1126
Meyer-Dunker, Marlene 462
Meyer-Goll, George 1064
Meyer-Gossler, Astrid 163, 1265
Meyer-Kormes, Ines 65
Meyer-Werlin, Michael 527
Meyere, Jo de 1182
Meyka, Evelyn 812, 1020, 1055
Meynersen, Klaus 585
Meynert, Monika 1122
Meynhardt, Heinz 351, 1351
Meyrand, Pierre 489
Meysel, Inge 455, 532, 457, 575, 605, 649, 830, 885, 1144, 1192, 1243, 1275, 1276
Mezger, Peter 1329
  Theo 378, 431, 567, 701, 716, 879, 910, 969, 1063, 1064
Meziani, Hakim 108, 988
  Michael 764
Mezzogiorno, Vittorio 53, 410
Micelli, Justine 859
Michael, George 1405
  Paul 831
  Wolf 16
Michaël, Pierre 586
Michaelis, Renée 367
Michaelli, Daniel 732
Michaels, Janna 370
  Tammy Lynn 938
Michalczewski, Dariusz 1181, 1272
Michalowski, Volker »Zack« 1379
Michalsky, Siegrid 251
Michaud, Sophie 96
Michel, André 315
  Gabriele 1180
  Heiner 520
  Marc 93
  Susanne 1409
Michele, Bridget 424
  Michael 203, 860, 1036
Michelet, Claude 339
Michell, Keith 1073, 1354
Michelle 618
Michelle, Ann 1142
Michels, Tilde 658
Michelsen, Claudia 633
Michener, James A. 222, 1126
Michu, Clément 485, 671
Mickery, Lizzy 791
Middleton, Charles 390
Midkiff, Dale 467, 1218
Mieghem, Hilde van 422
Mieke, Sascha 869
Mielke, Oliver 177
Mierau, Dirk 294, 301, 385, 543, 553, 854
Mierendorf, Tetje 251, 778, 1044
Mies, Marcus Michael 1143, 1409
Mifune, Toshiro 1089
Migenes, Julia 1318
Migliano, Adriano 245
Mihel, Eva 1063
Mihm, Kira 303
Mihok, Dash 523
Mihr, Ulrich 1190
Mikala, Monica 1348
Mikich, Sonia 818

Mikkelsen, Mads 1257
Mikol, Jürgen 54
Mikoleit, Klaus 190, 429, 730, 1306
Mikulla, Tom 549, 775, 882, 1255
Milano, Alyssa 207, 786, 1333
Milar, Moritz 460
Milberg, Axel 455, 601, 753, 1148, 1192, 1198
Milch, David 198, 859, 1054
Milchert, Petra Verena 43, 712
Miler, Isolde 1160
Miles, Ben 229
  Elaine 105
  Kevin 200, 327
Milford, John 595
Milhoan, Michael 280
Millar, Miles 1109
Millardet, Patricia 53
Miller, Allan 632, 853
  Barry 333
  Cheryl 237
  Christa 1360
  Christine 425
  Denise 608
  Dennis 276, 333
  Denny 813
  Gary 702
  George 1064
  Herman 686, 1087
  Jeremy 1261
  Kristen 1278
  Linda G. 803
  Louise 1177
  Mark 1263
  Mark Thomas 1132
  Matthew 495
  Nolan 254
  Paul 952
  Ray 1385
  Sherry 334, 432
  Stephen E. 181
  Tangi 376
  Therese Ann 672
  Thomas L. 850
  Tom 1111
  Ty 564, 1377
  Valarie Rae 245
  Wentworth 274
Miller-Aichholz, Consuelo 647
Millies, Hans-Joachim 706
  Joachim 386
Milligan, Spencer 579
Milliken, Angie 375
Millington, Jim 334
Millowitsch, Lucie 798
  Mariele 464, 465, 529, 867, 868, 952, 953, 1071
  Peter 659, 798, 1105
  Wilhelm 798
  Willy 527, 661, 670, 798, 879, 1153, 1177, 1190, 1312, 1329
Mills, Alley 1368
  Allsion 623
  Donna 539, 1270

Frank 1029
Hayley 693
John 68, 1352
Judson 1314
Juliet 850
Michael 219, 582
Mort 756
Sir John 1313
Milmore, Jennifer 610
Milne, A. A. 835
Milner, Martin 1070
Milnes, Kristopher 398, 422
Milster, Angelika 300, 657, 694, 751, 1027
Milva 724
Mimieux, Yvette 137
Minckwitz, Barbara von 370
Mindrup, Joosten 720
Miner, Michael 997
Minetti, Hans-Peter 291
Minguez, Cristina Cruz 203
Minich, Iris 109
Mink, Oliver 1399
Minkus, Hannelore 553
Minnelli, Liza 243, 843
Minns, Byron Keith 82, 250
Minogue, Kylie 840, 843, 919
Minor, Nora 136, 560
Minsky, Terri 725, 878
Miosga, Caren 1381
Miquel, Jean-Pierre 329
Mira, Brigitte 179, 192, 295, 303, 607, 810, 1075, 1128, 1342
Mirabeau, Vicomte de 410
Mirams, Roger 31, 1291
Mirand, Evan 467
Mirat, Pierre 315
Mirow, Sebastian 512
Mirren, Helen 535
Mischo, Walter 294
Mishkin, Phil 825
Missal, Anne-Kristin 871
Misserly, Hélène 574
Misske, Ralph-Jürgen 906, 1220
Mistysyn, Stacie 128
Mitchell, Beverly 551
  Brian 467, 1233
  Cameron 547, 1070
  Charlotte 161
  Daryl Chill 310, 848, 1291
  Don 209
  Heather 1131
  Jake 199
  James 1136
  Julian 608
  Katie 229
  Keith 1316
  Margaret 1035
  Mark 1248
  Radha-Rani 1346
  Sasha 240, 1151
  Scoey 118
  Shareen 1333
  Shirley 1263
  Steven Long 221, 944
  Thomas 1111
Mitchell-Smith, Ilan 1174

Mitchum, Carrie 977
  Robert 356, 384, 385, 551
Mithois, Marcel 1303
Mitic, Gojko 86, 421
Mitra, Nandini 388
Mittelstaedt, Tessa 430
Mittendorf, Hubert 102
Mitterer, Felix 920
Mitterhammer, Marion 125, 292, 623
Mittermaier, Rosi 241, 739, 918
Mittermeier, Marcus 1030, 1145
  Michael 809, 957, 1094
Mittler, Wolf 221, 903, 1026, 1215
Miville, Catherine 1042
Mixon, Alan 795
Miyamotu, Shigeru 1173
Miyauchi, Hiroshi 1355
Mizuno, Ryo 975
Mjartanová, Bětka 905
Mkhize, Dudu 1086
Mkwanazi, Ronald 720
Mladek, Kyra 303
  Mila 64, 242, 1146
Mleinek, Mischa 360, 626, 681, 1035, 1404
Młynarska, Agata 367
Mnich, Geneviève 342
Mnouchkine, Ariane 812
Mo, Billy 192, 837, 1266
Moakler, Shanna 894
Möbius, Dieter 670
  Eberhard 179, 335
Mobley, Roger 431
Mochrie, Peter 559, 588
Mock, Joachim 383
Mocker, Stefan 675
Mockridge, Bill 719
Modignani, Sveva Casait 412
Moennig, Katherine 974
Moers, Walter 634, 635
Moffat, Donald 587
  Steven 229, 230
Moffett, D. W. 299, 1056, 1258
Mohammed-Said 757
Mohl, Hans 36, 461, 462, 1122, 1288, 1347
  Manfred 189, 968, 1382
Mohr, Angela 328
  Jay 26, 196
Mohrdieck, Peter 727
Mohren, Wilfried 81, 386
Mohs, Miriam 1140
Moik, Karl 475, 485, 839
  Lutz 1195, 1217
Moir, Richard 1248
Moke, Kim 364
Mol, John de 147, 307, 554, 568, 776, 875, 1146, 1147, 1234, 1242
  Linda de 282, 315, 316, 523, 667, 797, 949, 1124, 1233, 1234
Molde, Simone 418

Moldehn, Tanja 1373
Moldovan, Ovidiu Iuliu 300
Molen, Michael Walma van der 320
Molina, Angela 945, 1055
  Miguel 42, 1282
Molinaro, Al 760
Molino, Stefanie 1128
Moll, Carmen-Dorothé 363
  Richard 517
Möllemann, Jürgen 1380
Möllendorff, Ulrike von 294, 545
Möller, Dieter 174
  Friederike 1258
  Gunnar 17, 368, 582, 881, 967
  Ivo 289, 756
  Jürgen 152
  Kai 1337
  Kaya 1258
  Klaus 668, 1062
  Leif 502
  Michael 368
  Ralf 226
  Stefanie Julia 499
  Uli 76
Mölling, Sandy 207, 938
Möllmann, Christian 149, 343
Molloy, Fiona 408, 1143, 1189
  Irene 1152
Molnar, Franz 192
Molocher, Lucki 1097
Moloney, Paul 974
  Robert 473
Molotow, Wjatscheslaw Michailowitsch 158
Molsner, Michael 1306
Momber, Anna 1347
Momberger, Klaus (Mombi) 357
Mommsen, Oliver 289, 292, 385, 430, 1197
Momper, Walter 1054
Monaghan, Dominic 731
  Marjorie 1127
  Michelle 175
Monahan, Sarah 546
Monarque, Steven 339
Monash, Paul 916
Mönch, Ruth 578
Mondy, Pierre 590, 730, 1210
Mones, Paul 374
Monfreid, Henry de 11
Mongodin, Catherine 425
Monheim, Gert 460, 1161
Monjardim, Jayme 1103
Monk, Egon 121, 137, 138, 1328
  Sebastian 1030
Monlaur, Yvonne 1223
Monn, Ursela 217, 289, 504, 522, 524, 558, 758, 910, 1112, 1160, 1317
Monod, Jacques 667, 1040
Monot, Antoine jun. 150

Monroe, Del 802
  Marilyn 897, 1198
  Meredith 249
Montag, Dieter 549, 935, 1261
Montagnani, Renzo 1123
Montagné, Guy 671
Montalban, Paulo 825
  Ricardo 319, 371
Montaldo, Giuliano 763
Montefiori, Luigi 945
Mönter, Gregor 225
Monterastelli, Art 976, 1230
Monteros, Rosenda 770
Montgomery, Anthony A. T. 336
  Barbara 894
  Belinda 284, 752
  Bernard 1300
  Elizabeth 342, 1290
  George 328
  Lucy Maud 80
  Poppy 234, 1360
Monticelli, Anna-Maria 577
Mood, Petra 1299
Moody, King 799
  Lynne 1270
  Ron 517, 551
Moog, Heinz 1313
  Philipp 163, 1105, 1123, 1131, 1137, 1346
Moon, Dakota 450
Mooney, Debra 349, 652
  Stella 190
Moor, Andrea 527
  Dieter 197, 349, 390, 745, 842, 1309, 1365
Moore, Clayton 1211, 1338
  Deborah 741
  Demi 453, 456
  Mary Tyler 80, 835, 860, 880, 987
  Perry 218
  Robert 266
  Roger 474, 597, 771, 1099, 1404
  Scotty 330
  Shemar 157
  Simon 274, 1232
  Stephen 443, 746, 910
  Yvonne 217
Moorehead, Agnes 1290
Moorse, George 458, 1116, 1286
Moos, Monika 252
Moosbrugger, Christoph 729, 1307
Moosmann, Daniel 1189, 1216
Mora, Tiriel 95
  Ute 720
Morahan, Christopher 626
Morakova, Dana 533
Morales, Julio 894
Moran, Christopher 682
  Erin 237
  Lee 653
  Pauline 30
  Vince 375
Moranis, Rick 278, 365

Morante, Laura 483
Morawetz, Bruno 39
Moray, Dhana 390
  Pascale 333
Morbitzer, Birgit 1312
More, Kenneth 404
Moreau, Jean-Jacques 485
  Jeanne 448, 1352
  Marsha 657, 1252
  Nathaniel 686
Morel, Damien 822
  Jacques 359, 624
Morena, Lolita 111
Moreno, Belita 486
  Rita 161, 259, 937
Morero, Hugo 1139
Moresco, Patrizia 558, 1055
Moreton, Kevin 1029, 1141
Moretti, Alessandro 1406
  Tobias 671, 1130
Morey, Bill 258
Morgan, Cindy 407
  David 187
  Debbi 207
  Dennis 124
  Elaine 1182, 1208
  Erin 512
  Garfield 423
  Glen 1127
  Harry 77, 645, 767, 931, 1326
  Henry 247
  Jackie 183
  Jeffrey Dean 189
  Lynne 29
  Michael 261
  Michèle 448
  Nancy 736
  Read 1412
  Sharon 1224
  Terence 1104
  Wendy 627
Morgen, Andrew 656
Morgenstern, Janusz 991
  Miriam 1234
  Ralph 167, 629, 1055, 1375
Morgenthaler, Andrea 621
Morhange, Françoise 1303
Moriarty, Cathy 320
  Michael 560, 700, 952
  Paul 96
Móricz, Zsigmond 1033
Morillas, Nina 1055
Morin, Christian 448
  Claudia 600
Morita, Pat 881
Moritz, Rainer E. 568
Morley, Jack 777
Morlock, Martin 318, 367
Moro, Frederica 601
  Marc-Oliver 720
Morphett, Tony 1323
Morrell, Geoff 588
Morricone, Ennio 53, 444, 826
Morrill, Priscilla 178
Morris, Anita 137, 736
  Aubrey 812

Beth 248, 379
Ernest 987
Garrett 565, 569
Greg 588, 666, 1283
Howard J. 1043
Judy 276, 333, 841
Kathryn 910
Lana 404
Lloyd 604, 894
Phil 380, 588, 733
Wayne 747
Morrish, Ann 351
Morrison, James 1127
  Shelley 1352
Morrissette, Billy 244
Morrissey, David 1260
Morrow, Jeff 1257
  Patricia 916
  Rob 105, 874, 1198
  Tracy 927
Mörs, Ingo 505
Morse, Barry 95, 815
  David 210
  Hayward 1043
  Helen 696, 1292
Mortil, Janne 457
Mortimer, Bob 965
  C. 582
  Jade 139
  John 1020, 1348, 1352
  Johnnie 18, 753, 996
Morton, Anthony 118, 119
  Greg 31
  Howard 368
  Joe 333, 860
Morvan, Fabrice 571
Mory, Christoph 144, 543
Mosblech, Bernd 1271
  Manfred 327, 1111, 1237
Moschner, Ruth 149, 248, 414, 844, 979
Moser, Georg 765
  Giorgio 15
  Hans Heinz 346, 530, 944, 1143, 1147, 1310
  Karin 399
  Marc-Oliver 672
  Peter 671, 829
Moses, Mark 257, 1103
  William R. 358, 912
Moshammer, Rudolph 391, 570
Mosher, Bob 342, 833
Moskowitz, Alan 516
Moslener, Rainer 938
Mosley, Roger E. 746
Mosmann, Klemens 695
Moss, Carrie-Anne 432, 812, 1294
  Ronn 977
  Stewart 374
Mossmann, Douglas 525
Mossner, Michael von 189
Mößner, Kai 485
Most, Danny 512
Mostel, Josh 836
Mosthav, Franz 454, 1259
Moszkowicz, Imo 637, 1303
Mothersbaugh, Mark 1019
Mottet, Alain 1298

Mottura, Alba 1410
  Robert 770
Moučka, Jaroslav 468
Moulder-Brown, John 128
Moulin, Charles 600
  Jean-Pierre 102
Moulton, Charles 1365
Mountford, Diane 438
Mousa, Samira 909
Mouskouri, Nana 339
Mouss 1189
Mower, Patrick 1131
Mowry, Tamera Darvette 1105
  Tia Dashon 1105
Moya, Sergej 359
Mpela, Fezile 444
Mr. T 9, 10, 830, 1180
Mross, Stefan 584, 839, 983
Muamer 504
Muc, Sylvia Agnes 1272
Muck, Jenny-Marie 18, 385, 1061, 1284
Mudra, František 417
Mudronja, Vedran 681
Mueller, Kathy 742
Muellerleile, Marianne 55
Mueller-Stahl, Armin 189, 480, 761, 1269, 1363
  Christian 1369
Mues, Dietmar 299
  Wanja 20, 430, 1264
Müggenburg, Günter 133, 1186
Muggleton, Amanda 987
Mughan, Sharon 865
Mühe, Ulrich 707
Mühl, Bernd 748
Mühlbauer, Wolfgang 167, 845, 968, 1163
Mühle, Stefanie 720
Mühlegger, Sebastian 578
Mühlfenzl, Rudolf 1036
Mühlhan, Steffi 1236
Mulcahy, Kate 400
Muldaur, Diana 413, 689, 973, 1043, 1227
Muldoon, Rhys 150
Mülfarth, Helmut 1217
Mulgrew, Kate 544, 752, 1150
Mulhare, Edward 448, 664
Muliar, Fritz 12, 420, 504, 636, 672, 745, 948, 990
Mulkey, Chris 113
Mull, Martin 1004, 1023
Mullaly, Megan 1352
Mullaney, Jack 61
Mullany, Mitch 863
Muller, Germain 437
  Paul 991
  Peter 217
  Robert 42, 43, 168
Müller, Alfred 458, 909, 980, 1088, 1215
  Andreas 831, 1296
  Artur 302, 488
  Barbara 1063
  Brigitte 1022, 1249
  Christa 869

Detlef 346, 527, 801, 917, 1262
Friedrich 342
Gisela 1411
Günter 1323
Gustav 236
H. H. 137
Hajo 1142
Hanns Christian 373
Hans 680, 1130
Hans H. 543
Hans-Jürgen → Müller, Richy
Hans-Reinhard 1029, 1348
Hansi 204
Heiner 1392
Insa 500
Johannes-Georg 347
Jaroslav 417
Johnny 451
Jürgen 128
Karl 748
Katrin 545
Klaus Dieter 722
Magdalena 1138
Max 137, 1005
Michael 225, 1106, 1177
Oskar 572, 783, 1063
Renate 678
Richard Matthias 1250
Richy 488, 929, 1077, 1146
Rolf-Hans 98, 112, 1028, 1130, 1330
Solveig 415, 1141, 1379
Sören 1062
Susi 542
Thomas 768
Uwe 400, 714
Vera 941
Vlado 417
Werner 1336
Wilhelm 578
Wolfgang 759, Pierre René 1277
Müller-Elmau, Katharina 226, 1277
Müller-Freienfels, Reinhart 69, 1331
Müller-Gerbes, Geert 173, 807, 1051, 1095, 1344, 1356, 1361
Müller-Marein, Josef 897, 1273
Müller-Reinhardt, Isabella 1374
Müller-Scherz, Fritz 466
Müller-Stahl, Armin 994, 1324
Müller-Stöfen, Nele 94, 465
Müller-Weihrich, Nikolaus 1236
Müller-Westernhagen, Marius 353, 420, 1269
Müllerschön, Nikolai 466
Mulligan, Richard 104, 266, 516, 1337
Rick 988
Mullinar, Rod 107
Mullins, Edwin 568

Mulrooney, Kelsey 643
Mulzer, Hubert 303, 318
Mumy, Bill 110, 1294
Münch, Irma 368
Julitta 87
Mathias 978, 1235
Richard 489, 505, 1117, 1257
Münchenhagen, Reinhard 487, 605, 680
Mund, Klaus 1367
Mündl, Kurt 852
Mundo, Werner 748
Muni, Roger 932
Muniz, Frankie 749
Munro, Klaus 565
Lochlyn 449, 703
Neil 342
Munster, Bertram van 1349
Margret van 720
Münster, Steffen 383
Thomas 89
Münstermann, Wolfgang 304
Munteanu, Al 467
Francisc 300
Müntefering, Gert K. 896
Munzar, Luděk 468
Münzer, Michaël 444
Munzlinger, Tony 1275
Muñoz, René 382
Murakami, Haruki 724
Murata, Hiroko 390
Mürau, Christian 16, 628
Murcell, George 1053
Murciano, Enrique 1360
Murdoch, Rupert 1100
Murdock, Jim 1199
Murero, Hugo 38, 547, 1021
Mureşan, Mircea 157
Murney, Christopher 195
Murphy, Ben 46, 137, 384, 452, 696, 731
Brian 753
Brittany 49
Diane 1290
Eddie 524, 809, 1013
Erin 1290
Gary 1281
Gerard 774
Jill 700
Kate 930
Marty 49, 528
Ryan 869, 938
Murray, Barbara 996
Bill 1013
Bryan 1168
Bull 809
Don 1270
Joel 265, 663, 732
John Wilson 591
Michael 949
Mick 227
Patrick 1208
Sean 473
Murrow, Edward R. 151
Murzeau, Robert 1101
Musante, Tony 1095, 1226
Musäus, Hans 634
Musk, Cecil 919

Mussolini, Benito 1302
Mustillo, Louis 548
Mutagh-Monks, Annie 974
Mutchnick, Max 1352
Muth, Frank 190
Oliver 142
Müthel, Eva 1355
Jochen 695
Muti, Ornella 484
Muttiah, Nimisha 286
Mutzke, Max 1245
Muxeneder, Franz 378, 661, 736, 737, 1254
Myers, Carrell 271
Lou 222
Mike 809, 1013
Susan 805
Myhre, Wencke 261, 1047
Myles, Bruce 958
Mynhardt, Patrick 619
Myrin, Arden 714
Mysliková, Mila 533

N
Nabersberg, Dirk 918
Nachmann, Kurt 990
Nachtsheim, Henni 112, 877
Nader, George 439, 1087
Michael 254
Ralph 699
Naderian, Mandana 847, 1011
Nadolny, Petra 1177
Naefe, Vivian 1284
Naelin, Victoria 65
Naegele, Manfred 93
Robert 522
Nafa, Ihab 119
Nagato, Isamu 975
Nagazumi, Yasuko 642, 815
Nagel, Rolf 454, 1404
Nägele, Manfred 1122
Robert 674
Nagler, Morgan 745
Nagra, Parminder 331
Nagy, András 445
Nagyová, Jana 762
Naidu, Ajay 699
Naismith, Laurence 1404
Najimy, Kathy 1291
Nakamura, Atsuo 974
Kinnosuke 679
Masatoshi 400
Nakervis, Brian 563
Nanke, Melanie 616
Nannen, Henri 426, 593
Nannini, Gianna 923
Napier, Alan 120
Charles 458, 1324
Damion 95
Marshall 930
Russell 1072
Napoli, Marc di 1225, 1407
Stéphane Di 936
Narasaki, Ken 1409
Nardini, Tom 230, 1352
Nardulli, Cariddi 52, 78
Itaco 1039
Narloch, Michael 962
Nárožný, Petr 392

Nasarski, Geri 215
Gerlind 1322
Nascimbene, Mario 75
Naseband, Michael 628
Nash, Brian 1263
Jan 1360
Niecy 981
Robbie 319
Simon 634
Näsholm, Britt Marie 637
Naß, Ingeborg 458, 1203
Nassiet, Henri 180
Nassif, Samer 146
Nat, Marie-José 227, 624
Nataf, Mallaury 1144
Näter, Thorsten 252, 267, 412
Nath, Tobias 1104
Nathan, Alfred 793
Mort 59, 663
Nathanson, Julie 1037
Näthe, Christian 441, 442
Natkaniec, Kamila 568
Natoli, Piero 649
Nau, Aenna 1308
Naud, Melinda 889
Naufahu, Rene 600
Nauffts, Geoffrey 932
Naughton, James 259, 800, 924
Naujokat, Stephan 1262
Naujoks, Ingo 76, 142, 414, 1163, 1310
Naulet, Michel 936
Naulin, Patricia 93
Naumann, Günter 420, 933, 1157, 1237, 1403
Horst 1067, 1092, 1235, 1364, 1393
Thomas 1128
Naumow, Wladimir 398, 1251
Navarro, Edwige 1025
Navazo, Nicolas 1025
Nawrocki, Robert 1349
Nayhauß, Tamara Gräfin von 263, 402, 718
Nazzaro, Gianni 412
Neal, David 67
Dylan 689
Elise 54
Siri 800
Nebel, Carmen 468, 475, 1118, 1119, 1353
Nebhut, Ernst 1287
Neckermann, Josef 1392
Nedbal, Miloš 1291
Nedec, Charles 468
Nedeleff, Sandra 610
Nedwell, Robin 456
Needham, Tracey 600, 1054
Nefen, Margrith 904
Neff, Vladimir 1291
Neger, Ernst 748
Negermann, Mandy 396
Negrin, Alberto 443
Negron, Taylor 1098
Nehberg, Rüdiger 17, 802
Nehrebecki, Władysław 727
Neigel, Jule 261, 1297

Neil, Hildegard 176
  Julian 82
Neill, Sam 410, 978
Neilson, Catherine 1376
  David 68
Nejarri, Anja 494, 1143
Neldel, Alexandra 135, 1289
Nelkin, Stacey 696
Nelleßen, Bernhard 983
  Nils 65
Nelska, Liliane 990
Nelson, Barry 1323
  Craig Richard 804
  Craig T. 32, 211, 279, 805
  Ed 916
  Gary 870
  John Allen 122
  Judd 1176
  Sandra 861
  Tracy 457
Nemec, Corin 901, 1151
  Miroslav 639, 882, 1196, 1348
  Peter 294
Němec, František 682
Nena 481, 791, 1255
Nenning, Günter 299
Nennstiel, Thomas 717
Nentwich, Marianne 990, 1050
Neocleous, Maria 663, 773
Nepp, József 28, 535
Nerke, Uschi 124, 125, 840
Nerman, David 1180
Nero, Franco 708, 1290
Nes, Cora de 220
Nesbit, Edith 656, 919, 1382
Nesbitt, Cathleen 640
  Sally 351
Nesmith, Mike 818
Ness, Eliot 1253, 1254
Nestler, Joachim 704
Nesvadba, Josef 114
Netenjakob, Doris 1312
Nett, Bernhard 408
Nettles, John 591, 613
Nettleton, Lois 1033, 1323
Netzer, Günter 39, 81
Netzle, Toni 524
Netzsch, Walter 367
Neubauer, Christine 122, 734, 1116, 1273
  Ilse 77, 524, 800, 915
  Peter 861
  Philipp 720
Neubauerová, Zuzana 545
Neufeldt, Günther 294, 546, 1382, 1387
  Tanya 1310
Neugebauer, Hartmut 483, 653
Neuhaus, Jens 51
  Paul 626
Neuhäuser, Holger 29
  Karin 1007
Neumaier, Markus 632
Neuman, E. Jack 638, 756
Neumann, Angela 498
  Dorothy 509
  Guido 1166
  Hansdieter 436
  Klaus Günther 1254
  Nadine 31, 376, 904
  Wolfgang 1234
Neumeier, Edward 997
Neumeister, Wolf 49, 637
Neuner, Helga 387
  Nina 889, 1312
Neureiter, Nik 1310
Neureuther, Christian 241, 739, 918
  Erich 102, 127, 266, 431, 502, 619, 685, 699, 847, 945, 1412
Neuss, Wolfgang 459, 508, 594, 742
Neusser, Peter 494
Neustadt, Tubi 1375
Neutschel, Angelika 456
Neutze, Günther 28, 454, 1192
  Horst Michael 1196
  Mischa 494
Neuwirth, Bebe 209
Neval, Bridget 1229
Neven-du Mont, Jürgen 152
Neveux, Georges 14, 1298
Neville, John 878
Nevin, David 293
Neward, Derek 728
Newbern, George 210, 642, 1311
Newell, Patrick 808, 1043, 1088
Newhart, Bob 454
Newlan, Paul 2649
Newman, Alec 307
  Barry 915, 916, 1071
  Michael 123
  Paul 1009, 1237
  Randy 227
  Sydney 292, 807
  Zoe 128
Newmar, Julie 120
Newmark, Matthew 899
Newton, John Haymes 1173, 1254
  Linda 1332
Ngor, Haing S. 1280
Nguyen, Dustin 435, 1247
  Tai 1177
Nicassio, Joe Al 1411
Nicaud, Philippe 447
Nicholas, Denise 586
Nichols, Charles A. 1311
  Mike 334
  Nichelle 336, 972
  Rosemary 255
Nicholson, Carol 969
  Julianne 62
Nicholl, Don 542
Nicholls, Anthony 204
  Steve 432
Nick, Désirée 571, 654
Nickel, Jochen 186
Nickerson, Charles 44
  Dawn 516
  J. R. 44
Nickl, Andreas 608, 1410
Nicksay, Lily 702
Nickstadt, Gerd 680, 1080
Nicodemou, Ada 527
Nicolaescu, Serge 1407
Nicolai, Sibylle 415, 708, 810, 1358
  Thomas 313, 512
Nicole 348, 1386
Nicoletti, Susi 990, 1029
Nicoll, Peter 652
Nidetzky, Peter 36
Niederer, Elisabeth 376, 939, 1030
Niederlande, Prinz Bernhard der 1302
Niederlein, Wolfgang 949
Niedersen, Philipp 1061
Niedrig, Cornelia 865
Niehaus, Valerie 1285
Nielsen, Brigitte 945
  Christiane 755
  Helle 709
  Leslie 474, 830, 848, 1041, 1170, 1189, 1326
Nielsen-Stokkeby, Bernd 681
Niemann, Cornelia 522
Niemczyk, Leon 86
Niemetz, Alexander 426, 546, 1203
Niendorf, Horst 303, 431, 1154, 1400
Nierhoff, Klaus 720
Nieschalk, Bernd 612
Niesner, Timmo 572, 653
Nighy, Bill 398
Nikel, Thomas 695, 1117
Nikiforow, Anatolij 336, 1287
Nikko 143
Niklas, Jan 1212
  Martin 815
Nikolaeff, Nikolai 230
Nikolussi, Johannes 1197
Nikowitz, Erich 367
Nilheim, Lis 744
Nilssen, Kurt 1176
Nilsson, Carl-Ivar 445
  Inger 922
  Tommy 1299
Nimmons, Carole 865
Nimoy, Leonard 336, 666, 971, 973
Nimtz, Joachim 323, 1301
Nindel, Thorsten 72, 694, 720, 1225, 1404
Ninkov, Boris 1009
Ninnig, Dennenesch
  → Zoudé, Dennenesch
Nipar, Yvette 997
Nipote, Joe 1303
Nippe, Brigitte 323
Nipper, Will 698
Niro, Robert de 903
Nirvana, Yana 308
Nisbet, Neil 176, 217
Nishikawa, Katzataka 679
Nishimura, Akira 679
Nissen, Marie-Christine 611
Nitani, Hideaki 1304
Nitka, Sandra 705
Nitribitt, Rosemarie 1286
Nitsch, Jennifer 416, 875, 1038, 1163
Nitschke, Hans 42, 1196
  Ronald 42, 176, 522
Nitti, Frank 1254
Nitzel, Norman 409
Nitzsch, Oliver 1031
Niven, David 438, 1263
Nivollet, Pierre 693, 958
Niwiński, Stanisław 1349
Nix, Martha 1316
Nixon, Agnes 712
  Cynthia 1085
  Henry 665
  Richard 368, 1323, 1329
Niznik, Stephanie 1280
Noack, Barbara 119, 120, 300
  Daniela 166, 191, 492, 1118
  Mathias 31, 773
  Paul 900
  Ursula 690, 1045
Noble, Chelsea 652
  James 131
Nocker, Dirk 81
  Hilde 639, 575, 832, 1032
Nöcker, Mike 625
Noé, Winfried 1158
Noël, Bernard 14, 1298
  Edwin 163, 489, 1055
  Magalie 129
Noell, Alfred 882, 1096, 1112
Noelle-Neumann, Elisabeth 594
Noethen, Sabine 241, 725, 918, 1181, 1387
  Ulrich 901, 904
Noever, Hans 984, 1026
Noevers, Nicole 628, 865
Nofer, Roch 1349
Noga, Miroslav 920
Nolan, Jeanette 709, 1331
  Lloyd 623
Nold, Liselotte 1367
Nolin, Gena, Lee 123
Nolte, Hartmut 985
  Nick 977
Nomkeena, Keena 493
Nommsen, Ingo 503, 1305
Nonsens, Reno 1346, 1400
Nontschew, Mirco 261, 414, 626, 801, 1012, 1013, 1305
Noore, Candy 562
Nooteboom, Cees 724
Nørby, Ghita 28, 709
Norcross, Clayton 977
Norden, Tommy 394
Nordhausen, Engelbert von 154
Nordkvist, Elisabeth 649
Nordling, Jeffrey 870
Nordquist, Monica 744
Nordqvist, Sven 916
Norell, Michael 872
Nørgaard, Lise 709
Norgay, Tenzing 1336
Norman, B. G. 1136
  Chris 225
  Susan 330

Norrell, Henry 879
Norris, Christopher 1232
  Chuck 1122, 1123, 1314
  Debby 95
  Hermione 525
  Lee 49
North, Alan 848
  Jay 253, 773
  Sheree 22
  Simone 28
Norton, Deborah 560
  Judy 1315, 1316
Norton-Taylor, Judy
  → Norton, Judy
Norvind, Nailea 382
Norwood, Brandy 812
  Willie 1281
Nosbusch, Désirée 141, 556, 648, 649, 744, 831, 836, 852, 1153
Noseworthy, Jack 250
Nöstlinger, Christine 411, 577, 647, 1126, 1312
Noth, Chris 1085
  Christopher 700
Nothaas, Herbert 778
Nothorn, Gertrud 1265
Nottebohm, Rudolf 189, 334, 1240
Nottke, Joachim 275, 699, 913
  Katja 812
Nottmeier, Peter 480, 692, 1074, 1177, 1381
Novack, Shelly 375
Novák, Adam 1074
  Jan 533, 656
Nováková, Sandra 1074
Novinscak, Suzana 514
Novotný, Jiří D. 140
Nowag-Jones, Veronika 909, 1026
Nowak, Anna 720
Nowakowski, Susanne 449
Nowara, Sonja 628
Nowka, Michael 49, 55
Nowotny, Susanne 1330
Nowottny, Friedrich 11, 133, 621, 765
Noy, Zachi 1048
Nubret, Serge 1225
Nucci, Danny 1110
Nüchtern, Maximilian 1349
  Rüdiger 621, 773, 1050, 1055, 1063, 1350
Nuhr, Dieter 453, 463
Nullmeyer, Heide 413
Nünemann, Jens Peter 383, 827, 1199
Núñez, Miguel A. Jr. 890, 1127
Nunez-Gomez, Heydi 571
Nunn, Alice 1338
  Bill 616
Nurejew, Rudolf 834
Nuss, Bill 894
Nussbaumer, Nernard Lucien 82
Nusser, James 969
Nussgruber, Rudolf 990, 1307
Nye, Louis 811
Nyström, Anders 625

O
O'Bannon, Dan 392
  Rockne S. 372, 1072
O'Barr, James 232
O'Brian, Hugh 1352, 1372
  Peter 843
O'Brien, Austin 1355
  Clay 230
  George 1338
  Jim 626
  Kieran 428, 495, 791
  Liam 342
  Pat 515
  Peter 393
  Rory 640
  Tom 879
O'Bryan, Sean 920
O'Connell, Arthur 757
  Charlie 1109
  Deirdre 689, 1216
  Jerry 196, 232, 1109, 1252
O'Connor, Andrew 634
  Carroll 180, 586
  Helen 28
  Hugh 586
  Joe 218
  Joseph 404
  Kevin J. 156
  Reneé 1374
  Tim 182, 963
O'Dell, Jennifer 1291
  Tony 436
O'Donahue, Dan 548
O'Donell, Steven 703
O'Donohue, Ryan 643, 1299
O'Fallon, Peter 841
O'Farrell, Bernadette 995
  Conor 245
O'Grady, Gail 859
O'Hara, David 279
O'Hare, Michael 110
O'Heaney, Caitlin 551
O'Herlihy, Dan 447, 1394
  Michael 1326
O'Hurley, John 1072
O'Keefe, Jodi 851
  Michael 359
O'Kelly, Jeffrey 280
O'Loughlin, Gerald S. 107, 855
  Luke 1290
O'Malley, J. Pat 1136
  Mike 60
O'Mara, Jason 114
O'Mearain, Lochlann 841
O'Neal, Patrick 331, 640, 782
  Ron 407
  Ryan 899, 916
  Sean 218
  Tatum 899
O'Neil, Colette 248
  Robert Vincent 692
O'Neill, Dick 193, 333, 1225, 1294
  Ed 1057, 1059, 1390
  Eileen 72
  Jean 11
  Jennifer 811
  Ricky 1070
  Sharon 1177
O'Quinn, Terry 731, 796, 1303
O'Reilly, Michael 1073
O'Rourke, Stephen 527
  Tom 1311
O'Shannon, Dan 745
O'Shaughnessy, Brian 1040
O'Shea, Kevin 96
  Miro 790, 948
O'Sullivan, Richard 267, 753, 996
O'Toole, Annette 643, 1110
  Peter 176, 1168
O'Ya, Bruno 399
Oakland, Simon 847, 1227
Oates, Warren 608
Obalski, Claus 906, 1270
Obdržálek, Petr 11
Ober, Ken 330
Oberhof, Bengt 478, 655
Obermaierová, Jaroslava 468
Obermann, Emil 621, 982, 947
Obermayr, Karl 189, 367, 753, 814, 832, 1155, 1254
Obermöller, Heiko 1222
Oberneder, Marcel 576
Obonya, Cornelius 1115
Obrig, Ilse 381, 650, 737, 1031
Obst, Dietmar 394
Obua, Marcel 328
Occhipinti, Andrea 637
Ochlan, P. J. 929
Ochsenknecht, Uwe 109, 157, 174, 190, 307, 435, 774, 881, 1163
Ockermüller, Kurt 237
Ocrain, Lucia 1225
Oda, Eiichiro 886
Ode, Erik 403, 427, 668, 669, 683, 716, 782, 1121
Odell, Deborah 313
Odenthal, Normen 546
Odessa, Devon 1353
Oeberg, Brita 547
Oehme, Christoph Emanuel 291, 783
  Franziska 141, 1277, 1409
  Karin 553
  Maja 813
  Peter 60, 213, 1063
Oehmichen, Walter 101
Oeller, Helmut 691
Oelschlegel, Gerd 83, 334, 456, 536, 649, 1324, 1400
Oertel, Heinz Florian 385, 492, 938, 1045, 1046, 1137
Oetker, Rudolf August 319
Ofarim, Esther 329
Off, Marcus 719
Offenbach, Herminie 600
  Jacques 600
Joseph 626, 1028, 1275, 1276
Jürgen 144
Susanne 574
Ogawo, Tomaka 1304
Ogg, Sammy 1136
Ogger, Günter 1306
Ogilvy, Ian 521, 583, 750, 1099
Ogouz, Philippe 957
Ohama, Natsuko 865
Ohlendiek, Dieter 685
Ohlenschläger, Ingrid 367
Ohletz, Hermann 1138
Ohlsson, Jan 793
Ohm, Wolfgang 504, 1388
Ohnesorg, Benno 1391
  Lotti 1299
Ohngemach, Reinhold 917
Ohrner, Caroline 522, 787
  Thomas »Tommi« 10, 26, 76, 84, 170, 178, 272, 469, 471, 485, 522, 542, 570, 608, 617, 691, 697, 760, 788, 790, 1092, 1116, 1168, 1219, 1220, 1295, 1304
Ohrt, Christoph, M. 94, 311, 312, 536, 853, 1210
Okie, Richard C. 550
Okras, Dieter 901
  Gudrun 118, 291, 788, 1121
Ola-Möllendorf, Bärbel 1263
Olandt, Ken 400, 1172, 1239
Olbrychski, Daniel 1103
Olczyk, Mirella 1155
Olden, John 453, 454, 459, 502, 717
Oldfield, Eric 566
  Mike 388, 923, 1398
Olev, Fjodor 1198
Oleynik, Larisa 1320
Oli, P, → Petszokat, Oliver
Olin, Ken 139, 689
Oliva, Hans 462
Olive, Megan 1127
Oliveira Maia, Sergio de 1066
Oliver, Christian 40, 41, 194, 195, 1150
  David 1043
  Jamie 309, 603, 604, 849, 885, 1052
  Lin 516
  Tom 559
  William 973
Oliveri, Michele 291, 294, 505, 623, 853, 1103, 1236, 1409
Olivier, Claude 849
  Laurence 610, 1348
Olivieri, Vanna 72
Olkewicz, Walter 203
Olm, Hans Werner 414, 795, 796, 844, 885, 1171
Ölmez, Seyfi 1055
Olmos, Edward James 792
Olschewski, Gerhard 42, 463, 506, 512, 584, 659, 694, 806, 1111, 1304

Olsen, Ashley 424, 1412
 Eric 1070
 Eric Christian 1074
 Jon Flemming 279
 Mary-Kate 424, 1412
 Merlin 1265, 1281, 1282
 Nancy 638
 Rolf 488, 635
 Susan 297
 Susan Annabel 28
Olshausen, Andreas 162
Olson, Ashley 1412
Olsson, Axel 537, 856
 Sören 137
 Stellan 624
Oltmanns, Reimar 1380
Olvedi, Sandra 681
Ondo, Jimmy H. 1065
One, Chopper 213
Oniszk, Agata 442
Onneken, Edzard 783
Ono, Naoji 1369
 Yoko 1352
Onofri, Paola 586
Onorati, Peter 227
Ontkean, Michael 445, 855
Ontrop, Martin 1030
Oparjan, Daniel 1126
Opdenhövel, Matthias 159, 518, 961, 1324
Opela, Evelyn 67, 163, 256, 756
Oplev, Niels Arden 1257
Opoczynski, Michael 1359
Oppenheimer, Alan 1041, 1073
 J. Robert 598
 Jess 250
 Melanie 200
Opunui-Ancheta, Lani 1299
Orbach, Jerry 700, 946
Orchard, Chris 200
Orcsik, John 1395
Ordonez, Angie 206
Orfgen, Samy 1229
Oriano, Janine 359
Oringer, Barry 564, 1338
Orlac, Stephan 163, 314, 607, 901, 1342, 1346
Orléans, Sabine 656
Orloff, Peter 1385
Orlos, Maciej 1016
Orman, Roscoe 1082
Orme, Richard 873
Ormond, Julia 1232
Örsi, Ferenc 634
Ortega Sanchez, Oscar 64
Ortiz, John 616
Ortmann, Wilfried 878, 1317
Ortolani, Riz 53
Orton, Harold 29
Orwell, George 248
Ory, Meghan 549
Osborn, Andrew 671
Osborne, John 1302
Osbourne, Aimee 891
 Jack 891
 Kelly 891
 Ozzy 302, 891
 Sharon 891

Oscarsson, Per 181, 1001
Oschmann, Ingo 979, 1149, 1331, 1361
Oskar 497
Osmond, Christian 779
 Eric 779
 Ken 342, 779
Ossenberg, Dietmar 106, 165
Osso, Nicole 794
Ossowski, Leonie 488
Osswald, Laura 65, 1062
Ost, Friedhelm 1359
Ostendorf, Josef 1143
Oster, Hans 878
Osterberger, Elisabeth 596
Osterhage, Jeff 931, 1025
Ostermayer, Christine 459
Osterwald, Bibi 178
 Hazy 414
Ostholt, Karyn von 606
Ostime, Roger 95
Oswalt, Patton 651
Oszter, Sándor 1033
Otcenášek, Jan 545
Otelo, Grande 642
Otero, Carolina 1055
Ott, Edgar 324, 539, 672
 Elfriede 504
 Helge 882
Otto → Waalkes, Otto
Otto, Doris 892, 1262
 Karel 464
 Kristin 1138
 Martina 65
 Peter 1389
 Rainer 1240
 Uwe 672, 699
Ousdal, Sverre Anker 1341
Ousley, Dina 180
Ové, Indra 973
Overall, Park 516
Overath, Wolfgang 1312
Overhoff, Gerhard 235
Overton, Bill 385, 1326
Owe, David 28
Owen, Beverley 833
 Meg Wynn 521, 1352
 Rena 28
Owen-Taylor, Mark 547
Owens, Dana 725
 Geoffrey 154
Oxenberg, Catherine 21, 254
Oxenbould, Ben 547
Oxman, Marco 168
Oy, Jenna von 50, 168
Oz, Frank 833, 834
Özcelik, Ercan 888
Ozsan, Hal 249

P

Pace, Judy 625
 Thom 754
Pacheco Fernandes, Maria Camila Dezonne 1103
Pachl, Heinrich 558
Pacino, Al 335, 903, 1081
Packard, Kelly 123, 194
Packer, David 156
 Peter 755
Pacôme, Maria 260

Pacula, Joanna 309
Paczensky, Gert von 299, 898
Padalecki, Jared 464
Padberg, Eva 1149
Paddick, Hugh 676
Padilla, Manuel Jr. 1190
Paeth, Julian 918
Paetzmann, Erich 462
Page, Alain 319, 483
 Corey 527
 Erika 1216
 Geneviève 759
 Harrison 508
 Patrick Q. 53
Pagé, Ilse 744
Pagel, Helli 787, 1308
Pages, Svenja 299, 505, 584, 1257
Pagett, Nicola 79, 521
Pagliero, Marcello 439
Pagni, Bruno 346
Pagot, Nino 195, 486
 Toni 195, 486
Pahde, Valentina 403
Pahl, Wolfgang 1332
Pahlevan, Francesco 1310
Pahlewi, Reza Schah von Persien 1390
Paice, Eric 440
 Margaret 333
Paidar, Tanja 779
Pajanou, Despina 129, 285, 286, 806, 1329
Pajo, Louise 200
Palacios, Ricardo 757, 894
Palance, Jack 180, 1394
Palek, Evelyn 522, 879
Palentzuela, Miguel 1121
Paley, Phillip 579
Palffy, David 1151
Palillo, Ron 1327
Palin, Michael 585, 821, 1020, 1307
Palladino, Erik 1414
Pallesen, Trine 1257
Palli, Ingrid 709
Palmer, Bert 401
 Lilli 668
 Miguel 765
Palumbo, Franco 179
Pambieri, Giuseppe 769
Pampel, Wolfgang 1077
Pan, Michael 1393
Panczak, Hans-Georg 643, 694, 717, 890, 1041
 Jan 1125
Pandolfi, Claudia 649
Panettiere, Hayden 62
Pankau, Justus 1077
Pankhurst, Emmeline 594
 Gary 1107
Pankin, Stuart 195, 863
Panknin, Jörg 118, 408
Panozzo, Dina 987
Panse, Ulrike 1282
 Wolf-Dieter 1021, 1036
Pantaleo, Adriano 649
Pantano, Paul 230
Pantel, Bruno W. 267, 730
 Patricia 288
Pantoliano, Joe 59

Panzer, Volker 848
 Wolfgang 458, 581, 674, 714, 1311
Paola 497, 1295, 1414
Paoli, Cecile 613
Papanastasiou, Kostas 720
Papas, Irene 826, 877
Papavassiliou, Jorgo 125
Pape, Axel 775, 1310
 Lars 1158
 Rotraut 731
Papenburg, Gaby 25, 964
Papendiek, Alexander 43, 164, 300
Papke, Frank 840, 915
 Michaela 976
Papperitz, Doris 39, 1139
Paproth, Franziska 1140
 Friederike 1140
Paqué, Kurt 1332
Paquette, Andrew 1303
Paquin, Orlane 61
 Pierre 1053
Paradela, Pedro Gil 379
Paradis, Vanessa 923
Parady, Hersha 1265
Paragon, John 989
Parbs, Felix 628, 881
Pare, Michael 467
Parent, Gail 31, 266
Paretti, Sandra 1009, 1370
Parfitt, Judy 398, 627
Parillaud, Anne 867
Paris, Jerry 360, 1254
Park, Bob 1162
 Linda 336
 Nick 1314
Parke, Dorothy 985
Parkee, Cecil 400
Parker, Althea 763
 Andrea 878, 944
 Corey 310, 687, 733
 F. William 899
 Fess 244
 Jacob 237
 Jameson 1099
 Lara 610
 Leni 801
 Maggi 525
 Mary-Louise 335
 Nicole 869
 Paula Jai 1110
 Penney 763
 Robert B. 1131
 Sarah Jessica 333, 1043, 1085, 1086
 Trey 547, 1125
 Willard 1211
Parkes, Walter F. 310
Parkina, Tamara 1006
Parkins, Barbara 916
Parkinson, Matthew 230
Parks, Gerry 407
 Lillian Rogers 1326
 Michael 222
 Walter F. 156
Parnaby, Alan 388
Parnický, Stanislav 92
Parott, Bill 251
Parr, Catherine 1073

Parriott, James D. 865, 1391
Parros, Peter 27, 664
Parry, Ken 650
　Lore 370
Parslow, Frederick 24
Parsons, Estelle 1004
　Karyn 616, 944
Parten, Peter 637, 1118
Parton, Dorothea 990, 1126
Partridge, Brett 1323
Paryla, Katja 1141, 1142
　Nikolaus 128, 533, 806
Pascal, Giselle 382, 586
　Jean-Claude 573
　Mary Ann 1270
　Olivia 114, 416, 596, 1068, 1114
Pascoe, Don 1366
Pasdar, Adrian 615, 841, 860
Pasetti, Peter 343, 1209
Paske, Ashley 987
Passalacqua, Pino 762
Passarge, Enrico 367
Passchier, Herman 396
Pasteur, Louis 732
Pastewka, Bastian 179, 453, 635, 727, 882, 903, 1361, 1362
Pastorelli, Robert 584, 835
Pataki, Michael 804
Patchett, Tom 43, 183, 1227
Patellière, Denys de La 172
Paterson, Bill 1232
Patinkin, Mandy 210, 211
Patrasová, Dagmar 140, 762
Patriarca, Gabriele 1296
Patrice 909
Patrick, Butch 833
　Dennis 1175
　Lee 1228
　Lory 1328
　Mathew St. 1105
　Nigel 645
　Robert 34
Patten, Dick Van 380
　Joyce Van 99
　Timothy Van 345
Patterer, Anna 131
Patterson, John 178
　Marne 270
　Neva 1088
　Nova 280
　Scott 463
Patton, George S. 1300
　Will 30
Paturel, Dominique 13, 245, 687
Patzak, Peter 679
Pätzold, Susanne 225, 1177
Patzschke, Wolfgang 1154
Pauck, Heinz 426, 626, 744, 1127, 1265
Paudler, Maria 29
Pauer, Jaroslav 1074
Paul, Adrian 549, 587, 682, 1232
　Alexandra 122
　Bernhard 1000
　Don Michael 519
　Ina 1060

Jarrad 26
Jeremy 656
Matthias 313, 329, 383, 827
Nancy 1127
P. R. 364
Pauli, Constantin 1271
　Peter 1142
　Thomas 29
Paulik, Marcus T. 812
Paulin, Don 230, 1120
　Scott 615
Pauling, Linus 1336
Paulmann, Jochen 985
Paulová, Jana 1268
Pauls, Regina 1093
　Tom 586
Paulsen, Albert 280
　Arno 267
　Folke 403
Paulson, David 1036
　Sarah 71
Paulus, Friedrich 556
　Wolfram 1253
Pauly, Christoph 480, 481
　Fabian 442
Pause, Rainer 133
Pavan, Marisa 115
Paviot, Paul 932
Pavlík, Milan 456
Paweletz, Michail 1184
Pawlowská, Halina 1268
Pax, James 868
Paymer, David 932
　Steve 175
Payne, Bruce 1376
　Carl Anthony II 153
Pays, Amanda 772, 1007
Payton, JoMarie 51, 468
Payton-France, JoMarie
　→ Payton, JoMarie
Payton-Noble, JoMarie
　→ Payton, JoMarie
Peach, Timothy 217, 694, 734, 916, 1277
Pearce, Adrienne 444
　Guy 1111
Pearlman, Lou 150
　Rodney 11
Pearson, Neil 522, 1255
Pebo 1365
Pecha, Jiří 1268
Pechayrand, Hélène 439
Pechel, Peter 677
Peck, Bob 70
　Everett 305
　Gregory 163
Peckinpah, Sam 1338, 1362
Pedersoli, Giuseppe 1410
Pedi, Tom 89
Peeples, Nia 1314
　Samuel 693
Peichl, Adi 301, 1047
Peikert, Eberhard 965
Peil, Mary Beth 249
Peine, Helmut 592, 1051, 1147
Peitsch, Monika 338, 883, 1275, 1322
Peker, Henning 81

Pekny, Romuald 990, 1315
Pelant, Ivo 920
Pelikan, Lisa 1169
Pelikowski, Erika 325
Pellegrin, Raymond 439, 599
Pelletier, Gerd, H. 1329
　Roger 1287
Pelligra, Biagio 1039, 1253
Pelson, Ashley 1173
Peltier, Leroy 164
Peltzer, Gisela 416
Peluce, Meeno 117, 1391
Pelz, Alexander 376, 759
Pelzer, Gisela 1342
Pemberton, Steve 701
Peña, Elizabeth 1087
Pencier, Miranda de 1149
Penchat, Jean-Claude 812
Penfold, Ann 299
Penghlis, Thaao 588
Penk, Wolfgang 1205
Penkert, Horst 355
　Rainer 344
Penkwitz, Dirk 718, 1305
Pennell, Larry 1141
Penners, Michael 778
Pennette, Marco 199
Pennington, Marla 1297
Pennington-Richards, C. M. 212
Penny, Joe 603, 770, 1239
　Sidney 286
Pentzien, Renate 1122
Penzoldt, Ernst 939
Pepin, Richard 689
Peplow, Sontje 720
Peppard, George 9, 114, 280
Pepper, Cynthia 763
Pera, Radames 686
Percival, Lance 212
Perdelwitz, Angelika 51, 687
Perec, Anthony 937
Perels, Martin 957
Perera, H. A. 286
Peres, Marcel 1225
Peretz, Susan 267
Perez, Andreas 505
　José 860
Peri, Steven 312
Perier, François 52, 480
Perin, Meral 323
Perke, Juana 165
Perkin, William Henry 152
Perkins, Darius 843
　John 1010
　Marlin 580, 927
Perl, Linda 752
Perlinger, Sissi 953, 1057, 1105
Perlman, Heide 1231
　Rhea 208, 523
　Ron 467, 1055, 1056
Perlove, Paul 1300
Perna, Moreno 720
Pernel, Florence 987
Peron, Evita 704
Perpich, Jonathan 308
Perreau, Gigi 1272
Perrette, Pauley 852, 860
Perrin, Jacques 345, 408

Marco 13
Perrineau, Harold Jr. 731
Perrot, François 243
Perry, Felton 591
　Jeff 851
　John Bennett 638, 1411
　Luke 142
　Matthew 418
　Rod 663
　Roger 515
Persbrandt, Mikael 669
Persky, Bill 861, 1176
　Lisa Jane 466
Person, Geoff 99
　Paul Le 90, 667, 1270
Persson, Gunilla Linn 61
　Henrik 364
　Maria 922
　Ralph 494, 1275
Pertwee, Jon 1304
　Sean 180
Pesch, Doro 1012
Pescow, Donna 781
Pešek, Michal 144
Pestum, Jo 176
Petawabano, Buckley 15
Petela, Laura 425
Petényi, Katalin 445
Peter, Ruth 1254
　Verena 787, 1068
Peterfalvi, Emanuel 354
Peters, Bernadette 1025
　Butz 36
　Christian 547
　Dennis Alaba 255
　Ellis 180
　Falko 1377
　Filip 1350
　Gert 838
　Ingrid 511, 1074
　Jean 116
　Joshy 1265
　Phil 932
　Rolf 251
　Yvonne 1028
Petersdorf, Jochen 137
Petersen, Angelika 562
　Chris 1256
　Karin 243
　Patty 841
　Paul 841
　Ralph 1250
　Uwe 151
　William 643
　Wolfgang 30, 173, 174, 655, 1194, 1237
Petershagen, Rudolf 462
Peterson, Amanda 1043
　Arthur 104
　Eric 1311
　Hans 547
　Nina Sonja 465
　Pat 1270
　Seth 951
　Shelley 94
　William L. 232
Petra, Jenny 1306
Petramer, Elfie 1008
Petran, Peter 1210
Petrel, Peter 382

Petri, Franziska 383, 512
  Ilse 386, 886, 913
  Nina 303, 691, 1007, 1284, 1317, 1405
Petrich, Oliver 1043
Petroll, Hubertus 24
Petrovska, Gundula 1389
Petrow, Jewgeni 962
Petru, Emanoil 529
Petrucciani, Michel 1352
Petruo, Vanessa 1350
Petry, Wolfgang 1123
Petszokat, Oliver 51, 148, 149, 261, 499, 656, 685, 686, 873
Petters, Heinz 12, 63, 1120
Petterson, Allan Rune 408
Petzl, Sabine 292, 774
Petzold, Christian 655
  Holger 1067
Péus, Gunter 1326
Pevny, Wilhelm 64
Peymann, Claus 37
Peyo 1050, 1051
Peyser, Penny 363, 1227
Peyton, Harley 815
  Kathleen 388
Pezzulli, Francesco 78
  Giuseppe 78
Pfad, Michael 204
Pfaff, Christian 360
  Dieter 113, 167, 181, 267, 268, 356, 632, 918, 1131, 1262, 1304, 1409
Pfahl, Berengar 91, 179, 203, 420, 609, 878, 1077, 1158, 1189, 1408
Pfannenschmidt, Christian 43, 464, 465, 564, 1294
Pfaue, Justus 77, 109, 119, 163, 217, 599, 652, 699, 751, 754, 760, 790, 854, 884, 900, 904, 1097, 1127, 1159, 1209, 1219, 1220, 1342, 1345, 1409
Pfeifer, Sabine 108
Pfeiffer, Ernst 297
  Hans 1036
  Hermann 592
  Markus 606, 1408
  Michelle 835
  Natascha 498
Pfeil, Christian 1021
  Christl 366
Pfennig, Jörg 589
Pfitzmann, Günter 69, 137, 295, 459, 525, 602, 666, 797, 853, 912, 941, 942, 951, 1169, 1276, 1318, 1408
Pfitzner, Andree 1222
Pflaum, Gero 1172
Pflaume, Kai 205, 264, 337, 472, 542, 736, 874, 962, 1090, 1149, 1153, 1174, 1176
Pfleghar, Michael 202, 464, 661, 662, 714, 1176, 1406
Pflug, Eva 507, 969, 1218, 1406

Jo Ann 223, 889
Phan-Thi, Minh-Khai 387, 566
Phelps, Peter 122
Phettberg, Hermes 464
Phifer, Mekhi 331
Philipp, Barbara 319, 646
  Gunther 404
  Harald 423, 680, 950, 1081
  Helge 294
  Stephanie 157, 373, 642, 1284
  Sven 715
  Ulli 227, 758, 1078, 1274
Philippe, Jean-Claude 448
Philippen, Felix 442
Philipps, Busy 249
Phillips, Avi 1225
  Barney 439
  Bobbie 229
  Clyde 901, 1074, 1176
  Conrad 1352
  David 1290
  Ethan 131, 1150
  Grace 835, 860
  Irna 625, 1391
  Joseph C. 154
  Julianne 1165
  Leslie 312
  Mackenzie 386
  Michelle 750, 1270
  Peg 105
  Sally 1109
  Siân 572, 1112
  Wendy 359, 1035, 1043, 1355
Pianka, Armin 183
  Evelyne 1098
  Melanie 183
Piat, Jean 13
Piazza, Barbara 50, 399, 403, 608, 632, 639, 722, 976, 1278
Picardo, Robert 212, 1150, 1369
Picasso, Marie 349
  Pablo 704, 897
Piccinini, Alessandro 601
Piccoli, Michel 280
Piccolo, Ottavia 800
Picerni, Paul 1254
Pick, Amélie 728
  Helmut 1111, 1261
Pickens, Slim 160
Pickering, Donald 656, 1088
Pickett, Cindy 32
  Jada 222
Pickl, Peter 398
Pickles, Christina 210, 1074
Pickup, Ronald 42, 608, 1108
Picot, Genevieve 28
  Geneviève 1351
Piecho, Günther 38, 1391
Piel, Monika 943
Pielaciński, Kuba 1349
Pielhau, Miriam 251, 802, 1181, 1324
Pielmann, Claudia 720

Pieper, Antje Maren 277, 378, 695, 955, 1301
  Eberhard 457, 1306
  Jost 553
Pierce, David Hyde 410
  Robert 599
  Wendell 198, 813
Pierer, Heinrich von 741
Pieritz, Kurd 607, 946
Pierpoint, Eric 47
Pierre, Edwige 89, 787
  Justin 841
Piersic, Florian 743
Piesk, Bernhard 127
Piesron, Geoff 483
Pietsch, Monika 1196
Pietz, Amy 200
  Pit-Arne 129
Piezsczek, Volker 350
Pigaut, Roger 359
Pigge, Helmut 157, 478, 695, 744, 797, 1328
Pignot, Yves 932
Pigott, Johanna 1177
Pigott-Smith, Tim 627
Pilar, Mario 13
Pilawa, Jörg 263, 475, 496, 518, 523, 542, 620, 764, 922, 960, 961, 964, 979, 1152, 1312, 1330, 1406
Pilcher, Rosamunde 589, 1003
Pileggi, Mitch 33, 322
Pilgram, Jutta 1060
Pillau, Horst 60, 84, 112, 241, 344, 368, 388, 439, 494, 754, 880, 900, 1027, 1121, 1160, 1211, 1271, 1316, 1354, 1413
Piller, Michael 1149
Pillow, Mark 42
Pils, Heide 915, 1257
Pilss-Samek, Hannelore 1242
  Peter 1242
Piltz, Eberhard 546
Pinchot, Bronson 486, 776
Pincus, Henry 71
Pinder, Alex 877
Pine, Robert 213, 977, 1175
Pineda, Salvador 1019
Pinheiro, José 355
  Patriq 1061
Pinkard, Ron 872
Pinnow, Horst 1317, 1343
  Stefan 277, 278, 1181, 1217
Pino, Danny 222
Pinsent, Gordon 589, 828
Pintauro, Danny 1333
Pinter, Edward 333
Pintér, József 587
Piotrowska, Gosia 1130
  Olga 648, 659
Piper, Eberhard 590
  Heinz 176, 272, 273
  Tommi 44, 65, 632
Pircha, Editha 1237
Pire, Felix A. 549
Pires, Glória 975, 1279

Pirillo, Robert 1109
Pirri, Jim 373
Pisier, Marie-France 448, 624, 1072, 1382
Pistilli, Luigi 53
Pistor, Ludger 113
Pistorio, Pierre-François 906
Pitagora, Paola 1223
Pitaval, François Gayot de 381
Pitillo, Maria 282
Pitoëff, Sacha 13
Pitt, Brad 467, 534
Piur, Helga 633, 654, 1379
Piven, Jeremy 329, 697
Pixa, Kamil 765
Pizarro, Miguel 382
Pizey, Tom 335
Placido, Michele 52
Plakson, Suzie 732
Plana, Tony 113, 1054
Planchon, Paul 674
  Roger 402, 812
Planck, Stefan 727
Planggger, Verena 179, 203, 1189, 1408
Plank, Scott 32
Plante, Carol-Ann 516
Plasberg, Frank 517
Plate, Carmen 1310
  Christina 92, 364, 397, 653, 656, 760, 1277, 1284, 1395
Plater, Alan 388, 1158
Plathe, Walter 127, 228, 455, 694, 962, 1111, 1141, 1237, 1298
Platt, Edward 799
  Howard 333, 1290
Platte, Hans 1344
  Rudolf 137
Platz, Josef 656
Plauensteiner, Lieselotte 1194
Player, Jessica 254
Plaza, Begona 1294
Pleasance, Angela 1073
Pleasence, Donald 568, 995
Pleitgen, Fritz 722, 943, 1380
  Ulrich 97, 364, 522, 628, 862, 916
Plenzdorf, Ulrich 691, 716
Pleshette, John 1270
  Suzanne 642, 1071
Pleskot, Jiří 738
Plessmann, Uli 1293
Plessow, Klaus-Peter 1397
Pleva, Jörg 39, 798, 873, 1178, 1264
Ploetz, Olaf 871
Plog, Jobst 845
Plönissen, Dirk 551, 863, 878
Ploog, Günter-Peter 1138
Plötze, Hasso 1113
Plucknett, Victoria 1112
Pluch, Thomas 602
Pluhar, Erika 413

Personenregister

Plumb, Eve 297, 979
  Gwen 987
  Hay 1104
Plummer, Christopher 96, 115, 286
  Glenn 701
Plumridge, Spencer 212
Pochath, Werner 1407
Pocher, Oliver 225, 414, 511, 981, 1159
Podehl, Claudia 558
  Peter 506, 558, 604, 705
Podemski, Sarah 164
  Tamara 164
Podewell, Cathy 240
Podgorsky, Teddy 36
Podlaha, Přemek 545
Poensgen, Hildegard 557
Poeti, Paolo 73, 649, 1123
Poggi, Daniela 592
Pogue, Ken 27
Pohan, Jan 1169
Pohl, Cathleen 358
  Kalle 576, 630, 1094
  Witta 268, 318, 411, 512, 608, 666, 704, 1041, 1064, 1278
Pohlmann, Eric 682, 830
  Monika 1128
Point, Victor 449
Pointecker, Anton 709
Poiret, Jean 592
Poirier, André 1038
Poitier, Sidney 587
Pokorný, Ivan 458
Pokorná, Jiřina 1291
Polack, Heidrun 383, 723
Polák, Jindřich 140, 220, 639, 738, 896, 1221, 1268
  Oliver 137, 278
  Paula 623
Poland, Anemone 666, 906
Poleshaew, Sergej 266
Polic, Henry II, 995
Polito, Jon 231, 561, 881
Polívka, Bolek 408
Poliza, Andreas 785, 1265
  Michael 1180, 1265
Polizzi, Joseph 252
Pöll, Alexander 889
Pollack, Jeff 944
Pollak, Cheryl 529
  Kevin 825
Pollan, Tracy 368
Pollard, Snub 653, 758, 1281
Pollecutt, Brendan 444
Polletin, Katia 528
Polley, Sarah 963
Pollitt, Katrin 268
Pollock, Eileen 222
  Robert 222
Polo, Marco 1132
  Teri 105
Poloczek, Bronislav 468
Polonyi, Viliam 378
Polt, Gerhard 373, 1042
Poluszny, Nadja 1301
Pommer, Thomas 354
Ponce, Carlos 551
  Danny 558

Ponchadier, Dominique 480
Ponesky, Hans-Georg 60, 804, 809
Ponew, Borys 81
Ponicsan, Daryl 803
Pönitz, Klaus 1363, 1364
Ponnier, Matthias 1265, 1325
Ponson du Terrail, Pierre-Alexis 998
Pontac, Ken 187
Ponzi, Maurizio 599
Poole, Roy 795
Pooth, Verona 1177
Popa, Sandu 1076
Pope, Carly 938
Popeliková, Nina 680
Popesco, Valerio 793
Popovici, Titus 300
Popowich, Paul 202, 515, 1411
Poquelin, Jean-Baptiste 812
Porck, Friedhelm 765
Poron, Jean-François 423
Porretta, Matthew 996
Porsche, Ferdinand 556, 1392
Porteous, Shane 190
Porter, Bobby 579
  Brandon 902
  Don 1176
  Eric 79, 404, 405
  Nyree Dawn 404, 405, 641
  Robert 899
  Taylor 902
  Todd 226
Portet, Jacques 315
Portillo, Rose 940
Pörtner, Xenia 66
Porto, Paulo 642
Posch, Krista 1399
  Sascha 356, 1178
Pöschel, Andreas 1088
Pöschl, Hanno 502, 522, 775
Poschmann, Wolf-Dieter 39, 1138
Posegga, Hans 1080, 1128
Posey, Parker McKenna 1341
Possardt, Werner 1393
Posselt, Dietmar 866
Pössenbacher, Hans 94
Post, Markie 223, 517, 1144
  Mike 10, 227, 259, 569, 592, 690, 747, 933
  Tim 698
Postel, Sabine 334, 412, 854, 862, 882, 918, 1197, 1222
Postgate, Oliver 928
Poston, Tom 824, 1019
Postránecký, Václav 545
Potměšil, Jan 411
Potofski, Ulli 81, 282, 386, 1010, 1095, 1182
Potter, Beatrix 913
  Carol 142, 1172
  Chris 686
  Dennis 200
Potthoff, Lisa Maria 127
Potts, Annie 244, 732, 755, 1172

Cliff 149
Poujouly, Georges 439
Pounder, CCH 156, 331
Poveda, Oscar 905
Povey, Meic 1224
  Michael 100
Powditch, John 998
Powell, Ann 195
  Anthony 937
  Brittney 548, 689
  Clifton 1099
  Dick 15, 545
  Robert 610
  Sherard 919
  Vince 68
Power, Camilla 778, 816
Powers, Alexandra 690
  Andy 1186
  Stefanie 244, 339, 517, 1117, 1323
Powys, Rhys 1112
Poyner, Jim 1210
Prack, Rudolf 694
Pradal, Bruno 485
Praed, Michael 996
Praetorius, Friedrich-Karl 11, 59, 218, 527, 882, 1111, 1301
Prager, Peter 103, 150, 659, 1144, 1222
Prahl, Axel 1198
Prater, Mario 1066
Pratt, Charles Jr. 1172
  Chris 349
  Deborah 32
  Judd 1257
  Kathryn 379
  Mike 964
  Victoria 840
Praunheim, Rosa von 353
Pravnanská, Zuzana 1092
Prawy, Marcel 890
Prechtel, Volker 674
Preen, Jürgen 540
  Zacharias 294, 994, 1002
Pregler, Wolfgang 49, 1143
Preil, Annika 1408
  Hans-Joachim 9
  Saskia 79
Preis, Günter 765
Preiss, Wolfgang 42, 367, 449, 1040, 1057, 1257
Preissová, Jana 468
Préjean, Patrick 383
Prelog, Linde 64, 702
Prelle, Uta 553
Prem, Bobby 906
Prentiss, Ann 443
  Paula 337, 486
Prepon, Laura 1350
Preradovic, Milena 102, 310, 797, 924, 955, 1094, 1140, 1414
Presber, Kerstin 527
Prescott, Judy 1311
Presle, Micheline 410
Presley, Elvis 72, 330, 704
  Priscilla 239, 330, 456
Pressler, Mirjam 176
  Olaf 501

Pressman, David 712
  Lawrence 284, 831
Preston, J. A. 933, 1025
  Robert 696
Preusche, Gerd 659
Preuß, Daniela 878, 1158
  Eckhard 253, 664
  Jürgen 856, 1322
Preusse, Georg 112, 766, 767
Louis Ferdinand, Prinz von Preußen 509, 817, 1392, 1302
Preußler, Otfried 14, 639, 655, 968
Previn, André 912
  Dory 912
Prevost, Françoise 1280
Prévost, Jean-Pierre 227
Prey, Hermann 1122
Price, Alan 691
  Dennis 539, 605
  Jeffrey 619
  Lindsay 142
  Marc 368
  Megyn 642, 699
  Molly 320, 1212
  Noel 742
Price-Francis, Amy 1232
Pries, Elisa 648
  Niklas 648
Priest, Pat 833
Priester, Wolfgang 576
Priestley, Jason 141, 142, 1241, 1356
Prikopa, Herbert 68, 247
Primec, Mitja 1103
Primus, Barry 193
Prince, Clayton 1294
  Faith 548
  Jonathan 830, 1213
  Karim 1301
  Peter 598
  William 790
Principal, Victoria 239
Prine, Andrew 379, 862
Pringle, Joan 210
Prinsen, Joost 169
Prinze, Freddie 1410
  Freddie Jr. 1410
Prior, Alan 196
Priotto, Leon 197
Probst, Peter 1349
Procházka, Pavel 1378
Prochnow, Dieter 418
  Jürgen 173, 599, 1041, 1224
  Oliver 1039
Procter, Emily 233
Proctor, Toby 929
Prodan, Andrea 46, 473, 1049
Prodöhl, Günter 164, 682, 683
Profitlich, Markus Maria 118, 378, 512, 765, 787, 1305, 1362
Progosh, Tim 1102
Proietti, Biagio 228
Prokop, Dieter 560
Promnitz, Griseldis 179

Propst, Herbert 68
Proske, Rüdiger 96, 807, 808, 856, 898, 907, 1399
Prosky, Robert 933, 1291
Prössdorf, Katja 1264
Pröttel, Dieter 347, 1021, 1187
Pröve, Thomas Louis 1236
Provence, Denise 687, 849
Provenza, Paul 105
Provine, Dorothy 474
Provost, Jon 697, 698
Prowse, Juliet 813
Prückner, Tilo 27, 128, 157, 190, 408, 659, 734, 1114, 1198, 1304
Prucnal, Anna 342
Prüfert, Tini 1408
Prüfig, Katrin 928
Pruner, Karl 1230
Prüter, Eberhard 268
Pryce, Hu 400
Pryor, Ainslie 14
 Nicholas 1323
Przybylski, Peter 1145
Pschigode, Angela 530
Pschill, Alexander 103, 623, 672
Ptok, Friedhelm 576, 638, 642
Pucher, Wilfried 131, 616, 1403
Puder, Peter 738, 1280
Pugh, Robert 1357
Puhl, Fritz 83, 904, 1065, 1238
Pulch, Rolf 1020
Pulman, Jack 572
Puls, Nadja 1091
Pulver, Liselotte 112, 242, 448, 681, 806, 1083, 1220
Pulvirenti, Orazio 910
Puntigam, Stefan 553
Puppe, Günter 1076
 Ole 20, 319
Purcell, Dominic 362
 James 96
 Leah 930
 Roy 877
Purl, Linda 289, 708, 769
Pursche, Peter 1294
Purucker, Willy 734
Purvis, Alexandra 935
Pusinelli, Doris 1347
Pustil, Jeff 1401
Putensen, Thomas 1040
Putignano, Antonio 169, 440, 700, 763
Putin, Wladimir 176
Putsch, John 862
Putz, Hans 382, 785, 825, 952
 Hans jun. 1212
Pütz, Jean 557, 678
Pützenbacher, Jochen 808, 1182
Puydebat, Patrick 1026
Puzo, Mario 707, 903

Pyle, Denver 286, 305, 754, 1189
Pyne, Daniel 766
 Natasha 18
Pyner, Nicole 1015

Q

Qart-Hadosht, A. C. 227
Quadflieg, Christian 61, 83, 214, 693, 742, 806, 1121, 1194, 1269, 1276, 1282, 1355, 1367
 Will 487
Quaid, Randy 496
Qualtinger, Helmut 64
Quanz, Henning 218, 1305
Quarmby, John 1295
Quarterman, Saundra 310, 447
Quass, Tom 532
Quast, Angela 64
 Veronika von 632, 800
Quayle, Anthony 1131
Quecke, Else 334, 685, 773, 1092, 1252
Queen Latifah 725
Queen Mum 116
Quek, Maverick 662, 723
Quentin, John 140, 1171
Quercy, Alain 647
Quermann, Heinz 72, 236, 247, 248, 543, 576, 987, 1046, 1047, 1413
Quest, Christoph 543, 1106, 1250
 Hans 163, 343, 507, 1051, 1168, 1217, 1218, 1250
 Henner 535, 871, 1254
Queval, Jean 667
Queysanne, Bernard 1303
Quick, Diana 1348
Quilici, Folco 118
Quilitz, Martin 177
Quillan, Eddie 623
Quilley, Denis 81
Quilter, David 1126
Quine, Don 708
Quinlan, Kathleen 371
Quinn, Anthony 538, 610, 1039, 1156, 1302
 Bill 1338
 Brandon 1201
 Danny 1127, 1290
 Ed 974
 Freddy 88, 216, 229, 308, 348, 980, 1129, 1153, 1394
 Glenn 75, 1004
 Lorenzo 56
 Louis 1084
 Teddy 1033
Quirke, Pauline 504
Quon, J. B. 47

R

Raab, Fritz 620
 Kurt 23, 436
 Stefan 74, 330, 348, 349, 352, 477, 869, 1011, 1055, 1080, 1244, 1245, 1305, 1316, 1367, 1386

Raacke, Dominic 840, 1007, 1197, 1252
Rabanne, Paco 585
Rabb, Selwyn 324
Rabe, Edmund F. 43
 Siegfried 1226
Rabine-Lear, Henri 415
Racimo, Victoria 696
Rackelmann, Kurt 367, 437
 Martina 1286
Rach, Christian 1209
Rachins, Alan 265, 689
Radax, Ferry 398
Raddatz, Carl 183
Radebold, Sabine 1101
Rademacher, Bernd 1077
 Ingo 900
Rademann, Wolfgang 80, 283, 378, 565, 590, 1069, 1102, 1133, 1253
Radenbaugh, Dawn 689
Radetzky, Judith von 543, 553
Radford, Natalie 1202
Radice, Giovanni Lombardo 1039
Radisch, Iris 724
Radke, Reinhard 852
 Rudolf 105, 545, 725
 Sebastian 1118
 Ulrich 1079
Radkohl, Ute 1313
Radszun, Alexander 346, 412, 477, 677, 1038, 1118, 1212, 1270, 1381
Radt, Kerstin 1144
Radtke, Erika 1398
Radziwiłł, Janusz 1103
Radzun, Alexander 887
Rae, Cassidy 812
Rafele, Mimmo 1116
Rafelson, Bob 818
Raffin, Deborah 870, 992
Ragell, Peter 327
Ragin, John S. 960
Ragsdale, William 1152, 1300
Rahl, Mady 469
Rähm, Anke 553
Rahm, Kevin 610
Railsback, Steven 1303
Raimi, Sam 762
 Ted 1072
Raine, Jackson 124
Rainer, Christina 1030
 Margrit 359
Raines, Cristina 389
 Steve 1199
Rainier, Fürst von Monaco 157
Rainwater, Gregg 1377
Raisch, Bill 95
Raisner, Albert 347, 866, 980
Raison, Kate 893, 894
Raitano, Natalie 1302
Raitt, Anne 1158
Rajau, Amandine 448
Rajter, Dunja 494
Rake, Joachim 700

Rakoff, Alvin 65
Rakowski, Mieczysław 1322
Ralph, Sheryl Lee 221, 812
Ramazzotti, Eros 341
Rambo, Dack 239, 638, 1142, 1331
Rameau, Paul Hans 680
Ramée, Marie Luisa de la 867
Ramirez, Frank 199
 Juan 801
Ramos, João 78
 Nicolas 535
 Rudy 547
Rampelmann, Franz 455, 720
Ramsay, Anne 82, 1292
 Louie 592
 Tamasin 604
Ramsey, Bill 717, 787, 837, 1187
Ramus, Nick 445
Randall, Josh 310
 Juliet 1162
 Tony 452, 759, 760, 1227
Randle, Betsy 702
Randolph, John 80
 Lillian 153
Randone, Belisario L. 228
Randow, Thomas von 677
Ranieri, Massimo 540
Ranke-Heinemann, Uta 353
Ransbach, Yvonne 504
Ransley, Peter 943
Ransom, Nicola 144, 772
Ransome, Arthur 1044
Ranspach, Dieter 460
Rapaport, Michael 175
Raphael, Sally Jessy 577
Rapold, Martin 805
 Patrick 341, 878, 1050
Rapp, Peter 109, 1202, 1207
Rappenglück, Peter 1349
Rapsch, Gundula 888, 1115
Rapsey, David 974
 John 974
Rasch, Ilonka 56
Rasche, David 506, 508, 548
Rasenack, Karin 79, 190, 530, 685, 756
Rashad, Phylicia 153, 168, 228
Raskin, Damon 691
Rasmussen, Frode 1327
 Ricki 479
Rassaerts, Inge 387
Rassimov, Rada 793
Rasulala, Thalmus 931, 1001
Ratchford, Jeremy 222
Ratelband, Emile 1241
Ratelle-Desnoyers, Suzanne 88
Rath, Barbara 1075
Rath-Korte, Barbara 1030
Rathbone, Nigel 96
Rathnov, Willy 879
Raths, Jean-Paul 1146
Rathsam, Uwe 685, 1293
Ratschew, Bettina 1133
Rattenni, Janis 1272

Rattey, Sabrina 691, 1171
Ratthey, Barbara 273
Ratzenberger, John 208
Rau, Brigitte 368
  Johannes 353, 724
Raubbach, Michael 1308
Rauch, Fred 1122
  Janette 65, 103, 373, 440, 1284, 1404
  Paul 1210
  Siegfried 127, 158, 289, 344, 349, 469, 652, 701, 778, 1168, 1235, 1267, 1349
Raue, Stefan 165
  Tobias 131
Raukopf, Katrin 1142
Raumer, Helga 722
Rausch, Götz Olaf 1250
  Lotte 1266, 1267
  Sibylle 663
Rauschenbach, Hans-Joachim 1140
  Olaf 1143
Rautelin, Stina 669
Rautenberg, Juliane 1343
Rauth, Christian 671
  Ralph 300
  Wolfgang 300
Raven, Elsa 631
  Simon 312
Raven-Symone 154, 310
Ravenscroft, Christopher 592
Raver, Kim 1212
Ravera, Gina 860
Ravin, Emilie de 124, 731, 1006
Rawlinson, Brian 887
Rawls, Lou 124
Ray, Billy 309
  Connie 49
  Gene Anthony 364
Raycole, Jazz 1341
Raymakers, Wil 885
Raymond, Alex 389
  Bill 1156
  Gene 900
  Kristie 1111
Raynal, Patrick 293, 346
Ráž, Vladimír 1291
Raža, Ludvík 523
Re, Eric Da 445
Ré, Michel de 704
Rea, Chris 881
  Peggy 1316
  Stephen 1224
Read, Darryl 21
  Elfreida 181
  James 355, 980
Reagan, Nancy 711
  Ronald 335, 582, 711, 1170, 1302
Reason, Rex 755
Reaves, Shawn 1241
Rebbot, Sady 282, 899, 1216
Rebeck, Theresa 1054
Reber, Roland 655
Rebroff, Ivan 597, 1295
Rechlin, Eva 141

Reck, Hartmut 759, 813, 1282
  Stefan 55, 716, 734
Recknitz, Jack 1337
Reddish, Paul 432
Redetzky, Renate 431
Redfearn, Linda 940
Redford, Robert 118, 1303
Redgrave, Michael 1158
Redinger, Detlev 418, 524
Redl, Caroline 466
Redlich, Bettina 66, 524, 787
Redman, Amanda 930
Redmayne, Darren 782
Redmond, Nicola 455
  Siobhan 187, 1255
Redwood, Manning 598
Reed, Anthony 95
  Donna 239, 841
  Erin 1356
  Marshall 1192, 1316
  Michael 1316
  Pamela 537, 795
  Robert 297, 761, 943, 979
  Tracy 118
Reed-Hall, Alaina 1411
Reents, Christina Henny 65
  Claus-Dieter 763
Rees, Hubert 95
  Jed 703
  Laurence 556
  Roger 762
Reese, Della 520
Reeve, Christopher 1110
  John 625
Reeves, Jim 727
  John 375, 1395
  Keanu 26
  Matt 376
  Saskia 307
  Shary 771, 1360
  Vic 965
Reffo, Ricarda 440
Regalbuto, Joe 835, 1165
Regan, Margie 360
Regazzo, Ondrej 509
Regehr, Duncan 708, 770, 1279, 1396
Reger, Renate 694
Regina, Paul 1254, 1269
Regnier, Carola 502
  Charles 716, 791, 823, 1265, 1347
Régnier, Georges 849
Regout, Hubertus 1124
Rego, Renata Do 666
Rehbein, Max H. 26, 96, 389, 921
Rehberg, Hans-Michael 916
Rehhahn, Erika 303
Rehmsen, Helmut 976, 1188
Řehoř, Zdeněk 411
Reiber, Carolin 47, 100, 348, 475, 485, 492, 532, 717, 738, 963, 1057, 1113, 1172, 1173, 1202, 1304, 1388
Reibiger, Ralf 976
Reibnitz, Ursula von 203, 609, 1408
Reichardt, Gaby 387

Verena 663
  Wolfgang 313, 314, 468, 497
Reichart, Michaela 91
Reiche, Hans-Joachim 172
Reichel, Käthe 397
  Robinson 1104, 1197, 1286
Reichelt, Klaus 684
Reichenbach, Mike 1310
Reichenbacher, Franziska 1392
Reichenberger, Stephan 565, 706, 1126
Reichert, Hans-Dieter 534
  Lutz 104, 506, 550, 923, 1196, 1261, 1310, 1344
  Tanja 980
  Willy 60, 214, 215, 437, 502, 572, 1063
  Wolfgang 1076
Reichert-Flögel, Ute 695
Reichertz, Verena 719
Reichhardt, Poul 879
  Wolfgang 488
Reichmann, Wolfgang 1077
Reichmeister, Uwe 1262
Reich-Ranicki, Marcel 349, 620, 668, 706, 723, 724, 831, 977, 1229
Reid, Alastair 1232
  Beryl 443
  David 701
  Milton 1104
  Robert 978
  Sandy 1091
  Susanne 943
  Tim 1099, 1105
Reidt, Anne 294
Reif, Marcel 204, 1138
Reiff, Christiane 312, 552
Reilly, Charles Nelson 448
  Gary 546
  Hugh 697
Reim, Matthias 126
Reimann, Brigitte 1010
  Kerstin 871
  Susanne 227
Reimers, Lilo 1220
Rein-Hagen, Mark 217
Reincke, Heinz 28, 344, 456, 532, 694, 711, 1408
Reinecke, Britt 179, 1120
  Hans-Peter 743
  Renate 1170, 1216
  Ruth 286
Reinecker, Herbert 109, 255, 256, 328, 406, 427, 454, 603, 668, 669, 710, 756, 787, 1104, 1113, 1223, 1224, 1332
Reiner, Carl 21
  Christian 1155
  Grete 12
  Rob 825
  Thomas 970
Reiners, Marie 656
Reinhard, Oliver 867
Reinhardt, Django 370
  Janin 1321

Karoline 262, 491
  Livia S. 553
Reinhart, Christine 39
  Ernie 1313
Reinheimer, Florian 734
Reinhold, Christine 418
  Werner 439, 536
Reininghaus, Antonia 1212
Reinirkens, Leonhard 708
Reinl, Andreas 404
Reinoss, Dorothée 291
Reins, Reent 483
Reinsberg, Daniel 288
Reintgen, Marie-Agnes 985
Reinthaller, Ulrich 505
Reis, Erhard 589
Reis Souza, Leandro 539
Reisch, Günter 462
Reischl, Kilian 177
Reiser, Hans 343, 454, 1408
  Paul 1283, 1292
Reisinger, Thomas 963
Reisman, Mark 782
Reiss, Mike 1200
Reißner, Angelika 583, 606, 1067
Reit, Ursula 636
Reitbacher-Stuttmann, Jörg 1125
Reiter, Markus 530
Reith, Dieter 980, 1295, 1296, 1322
Reitinger, Richard 323
Reitman, Ivan 974
Reitz, Edgar 530, 532, 655, 848, 1411
Reitze, Helmut 546, 1321
Reize, Dorothée 292
  Silvia 93, 513, 527
Rekert, Winston 27, 181, 853
Relin, Veit 1057
Rellergerd, Helmut 449
Rem, Kristian Steen 709
Remar, James 1054
Remberg, Erika 706
Remé, Mignon 508
Remer, Roman 659
Remi, Georges 1218
Remick, Lee 339, 608, 963
Remini, Leah 651
Remmel, Edeltraud 347
Remond, Urs 449, 775
Remus, Klaus Dieter 813
Remy, Maurice Philip 271, 313, 561, 841, 1283
  Pierre Jean 891
Renan, David 977
Renčová, Veronika 896
Rendall, Mark 1255
Rendell, Ruth 592
Rendón, José 1019
Renfranz, Hans Peter 1306
Renger, Annemarie 413
Rénier, Yves 130, 467, 671
Rennack, Heinz 534
Rennard, Debbie 239
Renneisen, Walter 672, 674, 1007, 1274
Renner, Brigitte 552

1478 Personenregister

Carl Oskar 1024
Lutz 284
Rennert, Torsten 368
Rennhack, Heinz 584, 645, 1141, 1240, 1346
Rennick, Nancy 645
Rennie, Michael 439
Rennier, Callum Keith 828
Renoir, Jean 1328
Rens, Peter Jan 1242
Renschke, Camilla 1197
Renteria, Kevin 424
Renton, Kristen 71
Renucci, Robin 489
Renz, Karl Günther 545
Renzi, Anouschka 403, 1049, 1209
Eva 438, 791
Reo, Don 50, 168, 523, 847, 1341
Repp, Stafford 120
Resch, Ingrid 190, 343
Reschke, Anja 354, 898
Reschl, Willy 347
Reseg, Mirco 1075
Resetarits, Lukas 679
Reß, Antonia 1030, 1293
Rest, Aram van de 1310
Rethel, Simone 269, 398, 584, 626, 712, 1055, 1112
Rettig, Tommy 697
Rettino, Sherril Lynn 239
Retzer, Otto W. 301, 662, 918, 1047, 1048, 1215, 1234
Reuben, Gloria 30, 331, 801
Reuer, Emely 871, 1240
Reufels, Bernd 1159
Reusse, Peter 805
Reuter, Bjarne 601
Fritz 887, 888
Jürgen 31, 45, 694, 962
Marion 773
Revenstorf, Dirk 1045
Revere, Paul 830
Revon, Bernard 372
Rey, Fernando 129, 282, 411
Reyer, Walther 131, 590
Reyes, Ernie 1092
Ernie Jr. 1091, 1092
Judy 1072
Reymont, Władysław Stanisław 121
Reyne, David 393, 604, 1177
James 1015, 1016
Reynolds, Burt 161, 237, 243, 306, 371, 782, 969
David 236
Debbie 250, 1189
Domonique 154
Katie 443
Monique 154
Ryan 1239
Sheldon 782, 1088
Simon 1401
William 375
Reznicek, Sebastian 633, 688
Rezzori, Gregor von 745
Rhames, Ving 879

Rhea, Caroline 1023
Rhein, Eduard 158, 650
Rheindorf, Hermann 285
Rheinthaller, Ulrich 1050
Rhoades, Barbara 304
Rhoden, Emmy von 1240
Rhodes, Cecil John 118
Donnelly 16, 104
Hari 237, 1326
Rhotert, Bernt 183
Rhue, Madlyn 467
Rhys, Phillip 1095
Rhys-Davies, John 870, 1109, 1254
Rialet, Daniel 671
Ribbentrop, Joachim von 555
Ribeiro, Alfonso 944
Ribisi, Marissa 495
Vonni 1283
Ricci, Christina 62
Enza 1066
Ricciarelli, Giulio 581, 1399
Rice, Anneka 612
Gigi 251, 280, 516, 848
Greg 992
John 992
Rich, Catherine 728
Claude 489
Hollis 61
Lee 540
Richard, Cliff 1340
Jean 747
Little 792
Richards, Beah 153, 1002, 1144
Charlie 1382
Eric 196
Evan 751
J. August 75
Kim 504, 805, 850
Michael 1077
Richardson, Ian 243, 492, 522
James G. 1097
Joely 869
Miranda 702
Patricia 563
Robert 1075
Richarz, Claudia 19
Riche, René le 167
Richens, Adam 948
Richert, Jochen 925
Nate 1023
Richfield, Edwin 547
Richie, »Supa« 923
Lionel 1099
Nicole 1099
Richling, Mathias 612, 655, 845, 1042, 1160, 1239
Richman, Caryn 560
Peter Mark 194, 778
Richmond, Branscombe 258, 981
Richter, Beatrice 402, 1018, 1028, 1107
Claus 422, 818
Conrad 342
Ernst Theo 522
Günter 562

Hans 626, 636
Ilja 276, 277, 295, 483, 528, 614, 756, 837, 924, 1217, 1236, 1299, 1330
Ingeborg 626
Janina 276
Jessica 630
Jörg 531
Judith 1258
Julia 416
Karl 1400
Lou 150, 225, 537, 625, 964
Manfred 457
Nadine 442
Nicolaus 1251
Otmar 70, 417
Ralf 157, 174, 413, 929, 1007, 1012, 1231, 1321
Renate 525
Roland Suso 59
Walter 681, 1194, 1274
Wolfgang 1263, 1397
Richthofen, Christian von 269
Rickal, Albert 796
Rickelt, Martin 719
Riddell, Jan 800
Lindsay 139
Ridez, Anita 713
Ridgeway, Lindsay 702
Rieck, Hans-Otto 651
Riecken, Lisa 498
Riedel, Arnim 16
Bernd 653
Heide 1260
Jörg 760
Marianne 365
Neithardt 242, 516, 723, 1062, 1404
Thomas 328, 1034
Riedl, Erich 1045
Riedlsperger, Erhard 633, 1103, 1312
Riedmann, Gerhard 122, 131, 244
Riefenstahl, Leni 555, 606
Riefenstein, Thure 672, 1064
Rieffel, Lisa 362, 651
Riegel, Tina 1273, 1288
Rieger, Rotraut 879
Riehl, Mady 241
Riehle, Richard 381, 642
Riek, Özay 558
Riekel, Patricia 188
Rieker, Sabine 918
Riel, Alex 479
Riemann, Katja 143, 716, 976, 1117, 1118
Lutz 933
Sven 40, 291
Riemelt, Max 1404
Riemer, Dorothea 1280
Riepel, Werner 882
Ries, Jophi 356, 581, 633, 711, 823, 1115
Riesch, Jeanette 947
Rieschel, Claudia 43, 471, 582, 616, 635, 825, 1055, 1066, 1091, 1298

Hans-Peter 69, 337, 342, 1061, 1321
Riesner, Dean 115
Rießen, Irmgard 314, 783, 1120
Riethmüller, Heinrich 242, 497, 839, 967
Rietz, Alexandra 628
Rieutor, Simone 600
Riewa, Jens 261, 1184
Rifkin, Ron 46, 362, 588, 995
Rigby, Terence 243, 1191
Rigg, Diana 266, 807, 808
Rebecca 689
Riha, Bobby 250
Riker, James 34
Robin 1270
Travis 34
Riley, Jeannine 308
Larry 1270
Martin 495
Scott 45, 856
Rim, Carlo 282
Rima, Marco 772, 1361, 1362
Rimpapa, Adem 183
Rimscha, Adriane 543
Rinaldi, Cristina 535
Rinaldini, Francesca 1296
Rindje, Irene 558
Ring, Ken 768
Ringelmann, Helmut 66, 67, 109, 256, 257, 362, 427, 669, 683, 756, 787, 932, 1104, 1224, 1268
Ringer, Claus 575, 1264
Ringling, Edmund 572
Ringwald, Molly 1231
Rinna, Lisa 786
Rinne, Benita 1114
Rinser, Stefan 56, 189, 723
Stephan 904, 1238
Ripley, Alexandra 1035
Robert 991
Rippberger, Rolf 557
Riquier, Georges 1039
Risch, Volker 1146
Risi, Dino 1254
Valeria 1121
Risk, Robbie 632
Riss, Walter 672, 1024
Ristock, Inge 1027, 1028
Ritscher, Simone 64, 648
Ritscher-Krüger, Simone
→ Ritscher, Simone
Ritt, Katrin 429
Ritter, Angelika 1141
Jason 552
John 55, 542, 552, 591, 784, 1144, 1316
Katrin 163
Magdalena 580
Rittermann, Michael 73
Riva, Winni 1406
Rivera, José 312
Rivero, Arquimedes 823
Rivers, Joan 243
Rivière, Daniel 485
Rivlin, Sephy 1292

Riwa, Jens 1347
Roach, Hal 658
Roatta, Boris 671
Rob, Roby 435
Robards, Glenn 389
  Jason 1323
  Sam 1243
Robb, David 693
Robbins, Brian 436
  Harold 741
  Michael 863
Roberds, Michael 855
Roberge, Sean 1191
Robert, Ivan 180
  Jacques 757, 1341
Roberts, Arthur 32
  Beatrice 390
  Ben 72, 296
  Chris 63, 769, 1385
  Claudia 63
  David 1327
  Doris 48, 980
  Eric 192, 412, 878
  Ewan 1104
  Francesca P. 745
  Helen 1357
  Michael D. 117, 360
  Monty 464
  Neil 207
  Pernell 170, 171, 399, 1232
  Rachel 1227
  Renée 374
  Rick 689
  Roy 562
  T. J. 768
  Tanya 296
  Ted 1250, 1292
Robertson, Cliff 1323
  Dale 1327, 1328
  Darryl 619
  Kathleen 142, 1225
Robey, Louise 339
Robin, Michael M. 192
Robins, Laila 211
Robinson, Bartlett 813
  Bumper 300, 495
  Charles 183, 517
  Charlie 732, 1407
  Holly 310, 1247
  Joel 1356
  Laura 1291
  Lee 1107
  Madeleine 468
  Mark 195
  Noel 581
  Peter 376, 853, 956
  Ted 415
  Tony 161, 747
  Wendy Raquel 373, 574
  Zuleikha 322
Roblès, Emmanuel 468
Robson, Linda 504
Roby, Fred 794
Rocci, Rosanna 261
Rocco, Alex 1200
Rocchigiani, Graciano 1181
Roche, Axel de 46, 1033
  Charlotte 206

Emma 527
Eugene 50
Sebastian 227, 878
Rochefort, Jean 484
Rochefoucauld, Jean-Dominique de la 732
Rochfort, Spencer 21
Rock, Blossom 27
Röck, Sylvia 910
Rockefeller, Nelson 1302
Röckenhaus, Freddie 815
Röcker, Joachim 1212
Rocket, Charles 687, 836
Roda Roda, Alexander 663, 999
Roddenberry, Gene 74, 75, 801, 802, 971, 972, 973, 1149
Rodensky, Shmuel 710, 1097, 1098
Röders, Peter 1083
Rodewald, Klaus 110
Rodgers, Roy 1338
Rodman, Dennis 1037
  Howard 515
Rodrian, Irene 189, 344, 417, 653, 774, 887, 1123, 1240
Rodriguez, Adam 233
  Agustín 815
  Filippo 430
  Freddy 1105
  Percy 916
Rodska, Christian 401
Roe, Channen 217
Roebuck, Daniel 769
Roeder, Constanze 429, 1021
  Wolfgang 580, 1146
Roëll, Wichart von 506, 632, 661, 662, 1272
Roemmele, David 164
Roering, Joachim 19, 402, 403, 459, 505, 1201
Roesberg, Simon 137
Rogan, Joe 861
Rogée, Marianne 720
Rogen, Seth 71
Rogenhagen, Andreas 1138
Rogers, Ashley 878
  Doug 504
  Erica 540
  Jean 390
  Kasey 1290
  Kenny 643
  Mimi 638
  Nicholas 922
  Paul 154
  Roy 223
  Spankee 194
  Wayne 486, 767, 930, 1233
Rogler, Richard 538, 845, 1042
Rögner, Daniela 1201
Rohde, Armin 94
  Manfred 1326
  Uwe 529
Rohkohl, Brigitte 634, 1249, 1298

Röhl, Henning 1142
Rohlinger, Rudolf 348, 817, 967
Rohloff, Tamara 377, 382, 1261
  Thomas 1095
Rohls, Christine 505, 815, 1258
Rohner, Clayton 309
Röhr, Dorothea 330, 1346
Rohr, Walter 1203
Rohrbach, Günther 174
  Heiko 1367
Rohrbeck, Oliver 487, 639, 653
  Ute 913
Röhrig, Tilman 82
Röhrl, Walter 739
Rohrscheidt, Eberhard 1303
Rohweder, Heidemarie 655
Rois, Sophie 761
Roisz, Gerhard 1293
Rökk, Marika 413, 1056
Rola, Carlo 904, 963, 1002
Roland, Fritz 151
  Jürgen 494, 521, 683, 931, 1147, 1148, 1192, 1195
  Renate 23
Rolant, Albert 1194
Rolfe, Sam 252, 1117
Rolff, Hilmar 352
Rolike, Hank 308
Roloff, Tamara 464
Roll, Gertrud 751
  Michael 56, 299, 581, 673, 674, 729, 819, 1053, 1350
Röll, Hanns Heinz 25, 294, 844, 1122, 1388
Rollins, Howard 586
Rom, Dagmar 765
  Mario 765
  Werner 734, 1036
Roman, Greg 1041
  Joseph 959
  Susan 389
Romano, Elisabeth 131
  John 60
  Larry 651, 954
  Ray 48, 49, 410
Romanov, Stephanie 812
Romanowski, Bärbel 1256
Romanus, Richard 619, 992
Rombach, Otto 28
Romberg, Manuela 434
Rome, Sydne 338
Römer, Anneliese 522
  Kira 43
  Peter 1183
  Rolf 1261
Romero, Carlos 358
  Cesar 120, 358
  Ned 77, 243
Romey-Schlagenhof, Canan 1101
Romhányi, József 28, 535
Romig, Emily-Jane 577
Rommel, Erwin 556, 841
Romney, Verno 1191
Rompa, Helmut 1359
  Helmuth 347, 621

Rönfeldt, Detlef 335, 572, 875, 1116, 1278
Rönn, Georg von 645, 1273
Rönnebeck, Marie 1062
Ronny 1001
Ronstedt, Jule 103
Roodenburg, Arjan 686
Roojens, Bob 1128
Rooney, Mickey 162, 653, 1170
  Timmy 969
Rooper, Jemima 425
Roos, Mary 767, 787, 834, 921, 1054, 1330
  Thomas 1374
Roosch, Anje 378
Roosevelt, Franklin 384
  Theodore 14
Root, Stephen 473, 861
Rooy, Alexandre van 533
Rooyen, Ack van 479
Roozemond, Jochem 744
Roper, Adam 1367
Roper-Knight, Courtney 537, 1295
Rorke, Hayden 143
Rosa, Dore de 1066
  Iwan de 1066
Rosato, Tony 70, 266
Roscher, Markus 902
Rose, Anna Perrott 969
  Beate 607
  Christine 381
  Clifford 440
  Jamie 358, 692
  Phil 996
  Reginald 943
  Ronald 1190
  Willi 607
Rosebrook, Jeb 445
Rosegger, Peter 1313
Rosemeyer, Bernd 336
Rosemond, Perry 1260
Rosen, Larry 1131
Rosenbauer, Hansjürgen 574, 605, 685
Rosenbaum, Michael 1110
Rosenberg, Alan 235, 496, 690
  Marianne 994
Rosenbusch, Gerlind 386
Rosendorfer, Herbert 39, 396
Rosenfeld, Cornelia 869
Rosenfeldt, Elke 924
Rosengren, Birgit 547
Rosenkranz, Helena 190
Rosenqvist, Emelie 61
Rosenstock, Richard 687
Rosenthal, Bill 714
  David S. 329
  Hans 52, 57, 74, 83, 84, 240, 241, 242, 318, 320, 340, 440, 497, 501, 511, 665, 837, 838, 960, 966, 967, 1015, 1122, 1161, 1347, 1366, 1390
  Philip 48
Rosentreter, Sophie 147
Rosenzweig, Barney 362

Roser, Albrecht 16, 575, 910, 1041
Rosetz, Nele 341
Rosh, Lea 87, 299, 644, 1324
Rosi, Carolina 56
Rosić, Djoko 445
Röskau, Benedikt 723
Roski, Ulrich 1187, 1304
Rösler, Paul 1406
Rosman, Mackenzie 551
Rosner, Rick 213, 731, 1411
Rospatt, Michael von 314
Ross, Charlotte 529
 Diana 212, 834
 Joe E. 1312
 Katharine 222
 Marion 512, 733
 Matt 1156
 Michael 542
 Michael Lloyd 1029
 Suzi 95
 Ted 739
Ross-Leming, Eugenie 30
Rossa, Roman 683
Rossbach, Christiane 1304
Rossellini, Isabella 456, 850, 1352
Rossi, Alberto 73
 Alexander 1293
 Barbara de 52, 99, 248, 408, 1296
 Franco 75, 248, 647, 877
 Kim 558
 Leo 203
 Luke 139
 Marco 889
 Portia de 62
Rossi-Stuart, Kim 945
Rossigneux, Thibault 329
Rossington, Norman 1171
Rossius, Juliane 826
Rossmann, Torsten 85
Roßmeier, Armin 1305
Rossovich, Rick 894
Rost, Helmut 866, 1135
Rosulková, Marie 545
Rózsa, Sándor 1033
Roter, Diane 708
Roth, Andrea 997
 Eric 529
 J. D. 328
 Norbert 748
 Paula 778
 Paul Edwin 459, 1104
 Rolf 530
 Rose Renée 554
 Thomas 132
 Wolf 31, 146, 337, 478, 512, 586, 915, 941, 1009
Rothammer, Mathias 1126
Rothaus, Ulli 112, 408, 508
Röthemeyer, Gabriele 648
Rothemund, Nina 229, 1098
 Sigi 55, 247, 599, 608, 712, 877, 958, 1097, 1219
Rothenberger, Anneliese 80, 545, 837, 1122, 1235, 1358, 1372
Rothery, Teryl 1151

Röthig, Christine 138, 840, 999
Rothkirch, Graf 179
Rothman, John 156
Rotschopf, Michael 144
Rotter, Johannes 54, 656, 1321
Rottländer, Yella 906
Rottwinkel, Klaus de 58, 450
Rotzsche, Ursula 722
Rouan, Brigitte 846
Rouffignac, Delfien 1144
Rouland, Jean Paul 849
Rouleau, Philippe 846
Roulet, Dominique 592
Roundtree, Richard 458, 1086, 1301
Rourke, Mickey 994
Rousse, Simon 1053
Roussel, Gilles 468
 René 993
Rousselet, Bernard 900
Roussos, Demis 609
Routledge, Patricia 248, 776
Rouvel, Catherine 219, 704, 1121
Rowan, Kelly 876
Rowe, Alick 214, 217
 Djamila 63
 Jennifer 588
 John 79
 Misty 995
Röwekamp, Werner 878
Rowell, Victoria 265
Rowena, Tenea 1277
Rowenius, Jannah 609
Rowitz, Michael 318
Rowland, Rod 910
 Rodney 1127
Rowlands, Gena 916, 933
Rowohlt, Harry 720
Rowsthorn, Peter 563
Roy, Angela 462, 712, 1157, 1405
 Eugène le 600
 Jules 1121
Royal, Alexandra 341
 Allan 846
Royce, Kenneth 187
Royer, Michelle 759
Roylance, Pamela 1266
Royle, Carol 1321
Róza, Sándor 138
Ruben, Albert 1287
 Claude 900
Rubenbauer, Gerd 261, 437, 438, 858, 1026, 1140
Rubenfeld, Vik 53
Rubes, Jan 696
Rubie, Howard 399
Rubin, Andrew 610
 Franziska 542, 736
 Irit 296
Rubinek, Saul 879, 1407
Rubinoff, Marla Jeanette 886
Rubinstein, Arthur 72, 363
 John 71, 363
 Zelda 919
Rubio, Maria 217

Rubio-Sanchez, Andrea 978, 1365
Rublack, Elena 1053
Rübling, Steffen 168
Ruby, Dave 495
Ruccolo, Richard 1239
Rüchel, Peter 275, 999
Ruck, Alan 206
Rücker, Alfred 933
 Christiane 242, 519
Rücker-Embden, Ingeborg 572
Rückert, Axel 545
Ruda, Grzegorz 300, 1121
Rudd, Paul 452
Ruddy, Albert S. 629, 1314
Rüdel, Hans-Joachim 928
Rüdiger, Andreas 1301
 Richard 1127
Rudley, Herbert 360, 813
Rudnick, Franz 190, 485, 1067, 1114, 1210, 1224
 Thomas 393, 1196
Rudnik, Barbara 596, 1117, 1146, 1171
Rudolph, Beate 920
 Claude-Oliver 174, 699, 1007, 1012
 Hanna 489
 Helmuth 73
 Ina 585
 Karlheinz 545, 546, 695, 1122
 Rainer 525, 1066
 Wolfgang 226
Rudorf, Reginald 1188
Rudoy, Joshua 370
Rue, Sara 373, 878, 938
Ruedinger, Ben 1272
Rüeger, Max 1318
Rüegg, Kathrin 1319
Rueprecht, Albert 990, 1220, 1257
Ruest, Georg 968
Ruf, Niels 306, 1373
Ruge, Desi 640, 858
 Gerd 133, 454, 621, 817, 1329
 Nina 546, 708, 1204, 1302
 Simon 640, 858
Rühaak, Siemen 50, 132, 292, 430, 455, 806, 813, 875, 1030
Ruhl, Michel 468
Rühmann, Heinz 347, 385, 671, 904, 962, 917, 1091, 1153, 1347
 Melanie 1261
 Thomas 585
Ruhmland, Siegmar 1184
Ruivivar, Anthony 1212
Ruiz, Isaac 1410
 Juan-Pablo 1121
 Vivian 1410
Ruland, Tina 294, 714, 741, 862
Rule, Janice 1394
Rummenigge, Karl-Heinz 204
Rundshagen, Werner 163

Runeborg, Björn 1374
Runze, Ottokar 529
Ruperti, Marina 504, 810, 1382, 1387
Rupp, Debra Jo 1350
 Günter 695
 Laurence 1225
 Sieghardt 1194
Rusch, Jessica 1300
 Sascha 462
Ruschke, Matthias 657, 1304
Ruscio, Elizabeth 359
Rush, Barbara 389
 Deborah 206
 Jennifer 88
Ruskin, Bud 1245, 1246
Russ, Tim 550, 1150
 William 198, 702
Russavage, Bonnie 194
Russek, David Lee 202
 Rita 327, 356, 587, 633, 1354
Russel, Christopher 180
 Kurt 587
Russell, Anthony 55
 Del 89
 Gary 424
 Geoffrey 67
 Jane 631
 Keri 376, 750
 Kurt 1151
 Mark 324
 Monte 331
 Nipsey 118
 Olga 603
 Ray 537
Russi, Bernhard 967
Russius, Klaus-Henner 1304
Russnak, Josef 901
Russo, Angelo 226
 Daniel 468
 Gianni 689
Russom, Leon 1243
Russu, Marcela 1225
Russwurm, Vera 599, 1322
Rust, Bettina 873, 1187
Rüth, Michael 1125
Rutherford, Angelo 777
 Kelly 12, 217, 786
 Margaret 30
Ruthner, Hilke 709
Ruttan, Susan 689
Rütten, Peter 513
Rütting, Barbara 505, 643
 Bettina 680
Růžek, Martin 545, 1393
Ryan, Fran 286
 Helen 312
 Jeri Lynn 175, 1150
 Jonathan 469
 Lisa Dean 218, 250, 284
 Madge 1124
 Meg 625
 Mitchell 265, 696
 Peggy 525
 Shawn 1088
 Steve 231
 Tim 212
 Tracy 849
Rybakowski, Natascha 1209

Rybkowski, Jan 121
Ryder, Lisa 74
Rye, Renny 1295
Ryssen, Carsten van 936

S

Saada, Norbert 1208
  Sylvain 402
Saalfrank, Katharina 1173
Saavedra, Maria 283
Saban, Haim 127, 591, 940
Sabatier, William 958, 1136
Sabato, Antonio Jr. 309
Sabattny, Jürgen 1016
Sabban, Kay 494, 1155
Sabin, David 995
Sabrautzky, Konrad 701
Sabrina 147
Sachers, Walter 709
Sachs, Andrew 374
  Gunther 1048
  Hans 536, 598, 1025, 1317, 1332
  Moritz A. 719
  Robin 994
Sachtleben, Horst 224, 483, 917, 1178, 1252, 1268
Sack, Gitta 496, 1272
Sackmann, Fred 954
Sacks, Alan 1327
Sadler, Benjamin 48, 82, 301, 387, 773, 1141
  Hamnet 1352
  William 466, 1006
Sadlo, Christiane 364, 589, 712
Safier, David 134
Safran, Henri 473
Šafránková, Miroslava 616, 1015
Safranski, Rüdiger 578
Safronow, Alexander 636
Sagal, Boris 115, 342
  Katey 784, 1057, 1058
Sagan, Carl 1260, 1261
  Noah 483
Sage, David 197
Sägebrecht, Marianne 716, 719, 763, 1083, 1304, 1305
Sager, Dirk 644, 1021
Saget, Bob 424, 963
Saguez, Guy 89
Sahely, Ed 997
Sahlin, Anna 649
Sailer, Michi 162
  Toni 237, 709, 736, 737, 1153
Saint Hubert, Sara de 994
Saint Ryan, John 227
Saint-Macary, Xavier 744
Saint-Pierre, Henri Bernardin de 906
Saiser, Philipp 1030
Šajgal, Jozef 385
Sakai, Frankie 1089
Sakar, Samuel 385
Sakovich, Nancy Ann 952
Sakowski, Helmut 1288, 1324
Saks, Sol 1290

Salax, Vladimir 663
Salazar, Mario 442
Saldana, Theresa 931
Saldecki, Dieter 1080
Sale, Richard 1376
Saleeba, Natalie 1177
Salem, Kario 258, 667
  Pamela 440, 887
Salerne, Anne-Marie 998
Salerno, Enrico Maria 465
  Riccardo 73
Salesch, Barbara 987, 988
Salgari, Emilio 443, 444, 1015, 1032
Salinger, Pierre 350
Salisbury, Benjamin 849
Salkind, Alexander 1174
  Ilya 1174
Sallwitz, Dieter von 1184
Salmi, Albert 916
Salome, Carolina 430
Salomon, Ernst von 1056
  Thomas 909
Salt, Jennifer 104
Salviat, Catherine 82
Salvy, Jean 102
Salzmann, Lutz 417
Sämann, Peter 305
Samel, Udo 308, 1171
Samie, Catherine 600
Sammarco, Gian 443
Sammer, Klaus 672
Samms, Emma 222, 253, 453, 812
Sampaio, Antonio Pitanga 1066
Sampietro, Mercedes 408
Sampson, Robert 178, 987
  Tony 878
  Will 940
Samuels, Melissa 745
San Giacomo, Laura 626
San Juan, Guillermo 1256
Sanchez, Andrea Rubio 1216
  Marco 1072, 1122, 1314
  Victoria 1255
Sancho, José »Pepe« 235
Sand, Paul 803
  Shauna 32
Sanda, Dominique 696
Sandberg, Vera 787
Sande, Walter 640
Sander, Britta 628, 1181
  Casey 483
  Erol 1101
  Ingrid 571
  Otto 65, 174, 691, 937
  Tim 24
Sanders, Ajai 222
  George 14
  Henry G. 290
Sandler, Adam 809, 1013
Sandner, Albert 314, 1021, 1116
Sandø, Waage 1257
Sandoval, Miguel 250, 386
Sandras, Jean 770
Sandritter, Angela 692
Sands, Julian 1156
  Tony 800

Sandtner, Inge 598
Sanford, Garwin 703
Sanmartin, Carmen 647
Sanoussi-Bliss, Pierre 66
Santagati, Steve 1366
Santander, Luis José 823
Santi, Jacques 30
Santiago, Paul Robert 1168
  Saundra 792
Santina, Susana 1228
Santon, Penny 770
Santoni, Reni 360, 893
Santos, Al 1152
  Cosme dos 1066
  Joe 259
  José Severo dos 1066
  Lucélia 1103, 1109
Santucci, John 231
Sapienza, Al 1123
Sapilak, Monika 648, 659
Saprillat, Georges 911
Sara, Mia 157
Sarbacher, Thomas 327
Särchinger, Alexander 404
Sarfati, Roméo 1144
Sargent, Dick 1290
Sarluis, Berry 1381
Sarno, Fabio 720
Sarrano, Nestor 813
Sarraut, Marion 382
Sartain, Gailard 1314
Sarto, Clelia 720, 1115, 1408
Sartorius, Margrit 543
Sasagawa, Hiroshi 885
Sasaki, Mamoru 932
Sasdy, Peter 440
Šašek, Václav 639
Sasha 29
Saß, Katrin 659, 934, 1131
Sasse, Christian 1127
  Ernst 852
Sassi, Samia 624
Sasso, William 878
Saternus, Rolf-Dieter 1289
Satinsky, Julius 509
Sato, Kei 679, 974
Satô, Takumi 679
Satterfield, Paul 689, 1035
Sattes, Ingrid 146
Sattler, Jochen 845
Sattmann, Peter 119, 489, 525, 534, 581, 944, 967, 1262
Saucke, Erika 265, 1322, 1345
Saudray, Jean 1040
Sauer, Günther 60
  Marion 787
  Michael 918
  Oliver 810
  Sabine 176, 212, 651, 1090, 1205
Sauermann, Thomas 1103
Sauls, Christa 21
Saunders, Cynthia 948
  Jennifer 20, 21
  Lew 1411
  Lori 308
  Mary Jane 1328
Saur, Dirk 1074

Sausen, Levin 854
Sauter, Maureen 1149
  Max 68
Sauvage, Pascal 1019
Sauvion, Serge 315
Sava 148
Savage, Adam 841
  Ben 702, 1348
  Booth 985
  Brad 1227
  Deborah 399
  Fred 714, 1368
  John 245
Savalas, Candace 667
  Demosthenes
    → Savalas, George
  George 324
  Telly 323, 667, 1048, 1297
Savant, Doug 786
Saviano, Josh 1368
Savidge, Jennifer 210
Savory, Gerald 297, 540
Savoy, Suzanne 831
Sawalha, Julia 20
  Nadim 930
Sawaljewa, Ljudmilla 398
Sawataky, Sarah 836
Sawatzki, Andrea 90, 397, 1069, 1198
Sawyer, Joe 989
Saxx, Gitta → Sack, Gitta
Sayer, Philip 81
Sayers, Dorothy L. 728
Sayle, Alexei 492
Sayles, John 1087
Saylor, Katie 371
Saysanesy, Siluck 250, 251
Scales, Prunella 374
Scalia, Jack 574, 929, 980, 1208, 1362, 1363
Scalondro, Paolo Maria 649
Scanlan, Toni 1323
Scantlebury, Guy 782
Scarabelli, Michele 32, 47, 883
Scarfe, Alan 447, 1084
Scarlett, Simon 893, 1290
Scarpatetti, Claudia 72
Scarpati, Giulio 99
Scarwid, Diana 1169
Schaad, Dieter 127, 530, 1147
Schaake, Katrin 1130, 1249, 1264, 1413
Schaal, Richard 1293
  Wendy 1019
Schaar, Giselher 380
Schaarwächter, Lutz 680
Schabowski, Irina 963
Schackelford, Michael David 71
Schacher, Raphaële 899
Schacht, Rose 195
  Tom 1026
Schächter, Markus 461, 1340
Schade, Birge 441, 1026, 1310, 1346
Schadt, Thomas 633
Schaech, Johnathon 860
Schaefer, Gert 1049

Karl 312
Susanne 619, 831
Schaerf, Wolfram 454, 622
Schafer, Karl 312
Natalie 463
Schäfer, Bärbel 20, 24, 73, 116, 117, 460, 576, 1026, 1124, 1177, 1327
Egon 631
Gerd E. 166, 237, 773, 1371
Harald 153, 366, 367, 386, 434, 497, 538, 614, 654, 673, 708, 734, 832, 836, 1277
Herbert 1060
Jens 1030
Patricia 65, 1388
Roland 97, 1069, 1210
Susanne 268, 418, 646, 1252
Willy 256
Winnie 981
Schäffer, Emmerich 1076
Schaffrath, Michaela 1012, 1181
Schafheitlin, Franz 777, 783, 970
Schafmeister, Heinrich 190, 197, 639, 804, 1270, 1345, 1354, 1395
Schalck-Golodkowski, Alexander 353
Schall, Ekkehard 1363
Schaller, Jody Lynn 1075
Schamoni, Ulrich 1322
Schanley, Tom 631
Schanzara, Tana 301, 503, 775, 1074
Schanze, Michael 322, 360, 395, 396, 475, 519, 575, 649, 650, 793, 810, 833, 837, 1090, 1134, 1170, 1173, 1177, 1187, 1204, 1205, 1207, 1236, 1330, 1368, 1388
Schanzer, James 445
Schapira, Esther 1008
Scharf, Albert 984
Natalie 125
Scharff, Thomas 672
Scharlau, Winfried 898, 1329
Scharnagl, Wilfried 644
Scharping, Jutta 869
Rudolf 175, 440, 831
Schättle, Horst 106, 172, 426, 545, 695, 930, 1392
Schatz, Hans-Jürgen 103, 356, 531, 1027, 1028, 1091
Schaub, Sara 1355
Schäuble, Wolfgang 984
Schaubrenner, Thorsten 546
Schauder, Brigitte 42
Schaue, Sepp 445
Schauer, Herbert 962, 1269
Johannes 423, 801
Sepp 1349
Schausten, Bettina 503, 930, 1388

Schautzer, Max 52, 59, 88, 475, 584, 766, 837, 927, 928, 1057
Schawe, Armin 1098
Schawinski, Roger 77
Schayani, Isabel 727
Scheck, Denis 303, 707
Schedeen, Anne 43, 289, 638
Schediwy, Ingrid 1133
Schedlich, Hajo 655
Schedwill, Sybille 108
Scheel, Horst D. 720
Walter 725
Scheer, Mary 742
Scheerbarth, Ruth 1051
Scheerbaum, Peter 718
Scheerer, Harald 1331
Scheermann, Christoph 550
Schefé, Victor 142
Scheffel, Viktor von 326
Scheibe, Reiner 1265
Scheibler, Peter 1062
Scheiblich, Jens 882
Scheibner, Hans 845
Scheicher, Hans 151, 165, 546, 725
Scheider, Roy 1072, 1095
Scheidt, Friedrich 265
Martin 322
Scheit, Johannes 719
Schell, Carl 190
Catherine 815
Hertha 623
Immy 715
Katharina 662
Maria 217, 469, 737, 1140
Maximilian 144, 430, 585, 712, 1091, 1140, 1077
Peter 363
Schellbach, Hans 218, 1104
Scheller, Jürgen 437, 658, 690, 968, 1045
Schellow, Erich 1104
Schemm, Sebastian 1033
Schenck, Dorothea 494, 513
George 363
Wolfgang 23, 773, 858
Schenk, Dieter 1113, 1114
Feo 662
Franziska 496
Fritz 545, 1387
Heinz 93, 169, 420, 437, 638, 1054, 1351, 1366, 1399, 1400
Otto 367, 1106, 1347
Udo 851
Schenke, Tobias 442
Schenker, Hans 429, 1009
Schenstrøm, Carl 903
Schepeler, Monika 663
Scherbel, Susanne 1258
Scherell, Andrea 83, 1034
Scherer, Johannes 1324
Scherm, Centa 576
Schermuly, Ralf 753
Scherr, Margitta 1027
Scherrer, Paul 978
Scherschel, Erwin 127, 1020, 1259, 1308

Schett, Gabriel 1225
Scheu, Andrea 1027, 1028
Scheuer, Helmut 578, 1398, 1399
Scheuermann, Mario 345
Scheule, Christoph 985
Scheumann, Gerhard 945
Scheurer, Eva 285, 768, 900, 1162
Scheuring, Dirk 162
Scheutle, Gunther 714
Scheutz, Wilfried 709
Scheve, Kai 465, 602
Schicha, Ralph 854, 1178, 1258
Schick, Manuela 195
Schidor, Dieter 1076, 1286
Schieche, Rupert 958
Schieck, Karina 882
Schiek, Karin 512, 1230
Schiemann, Heinrich 103
Schiff, Mike 642
Peter 295, 300, 477, 656, 1006, 1346
Robin 945
Schiffer, Alexandra 1406
Claudia 219, 1118
Schifferer, Stephan 36
Schifrin, Lalo 667
Schild, Christine 738
Schildt, Peter 309, 624, 1374
Schiller, Anja 162, 1161, 1304
Friedrich 381
Karl 1398
Michael 662
Schilling, Klaus von 925
Niklaus 755
Nikolaus 386, 1079
William G. 436
Schillinger, Tilmann 1137
Schily, Otto 976, 1018
Schimanski, Helmut 165, 695
Schimi, Therese 576
Schimmelpfennig, Heinz 146, 473, 1194
Schimpf, Björn-Hergen 161, 302, 319, 347, 595, 636, 750, 768, 1045, 1095, 1182, 1318
Rolf 24, 36, 66, 67, 190, 575, 777, 787, 951, 1055
Schindlecker, Fritz 1305
Schindler, Alex 399
Cornelia 553
Fritz 140, 1041, 1153
Klaus 888
Ria 720
Rotraud 268, 271, 717, 853, 870, 1325
Sybille 366, 387
Schir, Bernhard 253, 888, 1249
Schirach, Baldur von 555
Schirk, Heinz 83, 716, 727, 1305
Schirmer, Cornelia 314
Schirmuly, Kevin 1158
Schirrmacher, Frank 556

Schlack, Helga 1231
Schlatter, Charlie 265, 381
Schleef, Tania 566
Schlegl, Tobias 20
Schleicher, Kristin 292
Kurt von 93
Schleif, Wolfgang 46, 158, 299, 339, 401, 539, 595, 666, 672, 777, 783, 823, 1231
Schleker, Martin 558, 674
Schlenger, Claudia 538, 632, 1106
Schlenker, Rolf 452, 1066, 1307
Schlenzig, Susanne 553
Schlesinger, Katharine 1182
Patricia 898
Schley, Karl-Maria 832
Schleyer, Erich 220, 383, 1009
Hanns Martin 674, 827
Schlicht, Oliver 854
Schlieper, Nikolaus 871
Schliessler, Martin 12, 104
Schlingensief, Christoph 1189
Schlögl, Inga 647
Schloo, Matthias 135, 180, 606, 713, 1189
Schlootz, Ellen 442
Schlung, Mathias 512
Schlupp, Hans-Jürgen 569
Schlüter, Gisela 1414
Henning 66, 529, 706
Jan Henrik 216
Matthias 606
Meike 553
Schmarje, Felix 863
Schmeer, Burkhard 1155
Gisela 643
Schmeken, Thomas 1228
Schmeling, Britta 494, 580, 584
Max 1138, 1397
Schmelzer, Thomas 804
Schmid, Christoph 968
Hannes 477
Helmut 1220
Herman 346
Isabella 72, 552
Jürgen F. 429
Nicole 403
Peter 985
Rike 103, 430
Stefanie 252, 688
Werner 477
Schmid-Burgk, Angela 812
Schmid-Ospach, Michael 685
Schmid-Willy, Ludwig 1412
Schmidbauer, Werner 272, 495, 725, 1026
Schmidt, Andreas 590
Anna 1282
Christian 79, 694
Dietmar N. 713
Dirk 228
Eckhart 469
Frank 283

Frank → Franklin
Franklin → Franklin
Gerhard 353, 726, 819, 997
Gernot 1137, 1310
Hanns-Michael 617
Hans-Werner 326, 1163
Harald 46, 57, 77, 87, 109, 176, 257, 414, 433, 434, 475, 481, 482, 496, 513, 514, 515, 536, 654, 692, 706, 774, 789, 952, 953, 1012, 1052, 1053, 1060, 1205, 1295, 1296, 1320, 1340, 1402
Heiner 901
Helmut 172, 188, 729, 1387
Herbert Viktor 38, 1391
Holger Karsten 1116
Inge 528
Jan 456
Jochen 575
Julia 1198
Jürgen 323, 368, 904, 934, 1409
Manfred 434, 520, 864, 1167, 1184
Mario 426
Maximilian 1171
Michael 727
Niels Bruno 327, 1350
Nikolaus 855
Oliver 647
Peer 193, 654, 760
Peter 38, 1391
Stephanie 1305
Stephi 988
Trudeliese 576, 1122
Wilhelm 387
William 944
Wolf 58, 366, 386, 387, 538, 1122
Schmidt-Bäumler, Volker 397
Schmidt-Foss, Gerrit 974
Schmidt-Gigo, Hubert 102
Schmidt-Holz, Rolf 943
Schmidt-May, Gudrun 296
Schmidt-Mohan, Eric 1071
Schmidt-Ohm, Jürgen 894
Schmidt-Schaller, Andreas 42, 704, 890, 933, 1115, 1141
Schmidtchen, Kurt 271, 530, 870, 1062
Schmieder, Heinrich 441
Schmieding, Walther 91, 1392, 1398
Schmiedinger, Walter 373
Schmiedling, Walter 39
Schmige, Hartmann 90
Schmitt, Alfred 102, 345, 1203, 1204
Pius 408
Rainer 1210, 1316
Thomas 321
Walfriede 325, 429, 1155
Schmitt-Menzel, Isolde 1079
Schmitt-Thiel, Gerhard 790,
1090, 1091, 1304
Schmitz, E. 858
G. 1243
Juliane 596
Katja 553
Ralf 302, 844, 1044
Robert 1060
Tanja 720
Uschi 56
Volker 414
Schmitzer, Jiří 458, 639
Schmoll, Ingo 234, 312, 451, 668, 799, 963, 965
Schmolz, Georg 1186
Schmölzer, August 623
Schmoock, Klaus-Dieter 909
Schmucker, Ernst 676, 736
Schmuttermaier, Jutta 1114
Schmutzler, Claudia 429, 430
Schnalke, Christian 904
Schnarre, Monika 124, 173
Schneebeli, Sabina 581
Schneeberger, Gisela 267, 373, 814, 1042, 1054
Schneemaker, Fifi de 423
Schneider, Andrea 1367
Bert 818
Caroline 1144
Daniel J. 436
Eva-Maria 530
Franz 798
Helen 525
Helge 464, 878
Helmut 378, 790
Helmuth 670
Hortense 600
Inka 87
John 305, 306, 319, 1110
Laura 127
Magda 140, 296, 1299
Martin 225, 414, 1044
Reinhilt 1276
Richard 38, 39
Rob 752
Rolf 426
Rolf-René 488, 662, 918, 1111
Romy 575, 605, 1397
Stefan 826
Susanne 307
Trude 743
Ursula 1316
Werner 38, 602
Willy 420, 1259
Wolfgang 785
Schneiderbanger, Elke 65, 1368
Schnell, Lutz 174
Robert Wolfgang 24, 1000
Schnellenberger, Timothy 465
Schnering, Ilsemarie 213
Schneyder, Werner 39, 104, 398, 1042, 1160, 1199, 1274
Schnibben, Cordt 1271
Schnier, Jürgen »Benny« 481, 770, 918, 1383
Sarah 678
Schnitzer, Werner 1104
Schnitzler, Arthur 1391
Karl-Eduard von 284, 1008, 1065, 1188
Schnoor, Andreas 1112
Schnückel, Siegrid M. 552
Schnurre, Wolfdietrich 104, 636, 710
Schöbel, Frank 543, 645
Schober, Andrea 23, 694, 1264
Liesa 716
Vanessa 501
Schobesberger, Christoph 429
Schock, Rudolf 420, 839
Schockemöhle, Alwin 790
Paul 1157
Schödel, Hans 216
Schoendon, Dirk 934
Schoenenberger, René 543
Schoener, Eberhard 67, 334, 338, 1040
Schoenfelder, Friedrich 580, 1223
Schoenhals, Albrecht 49
Schoenle, Annemarie 875
Schoesmith, Francesca 359
Schofield, Leslie 96
Scholl, Magda 1349
Magdalena 367
Sascha 442
Susanne 228
Scholl-Latour, Peter 106, 480, 593, 621, 631, 1070
Schollwer, Edith 1342
Scholz, Eva-Ingeborg 343, 1372
Gunther 768
Hans 69
Hein-Peter 442
Marcus 74, 457, 487, 536, 1055, 1078, 1128, 1242
Scholze, Caroline 1115
Theresa 707
Schombing, Jason 932
Schön, Helmut 1312
Wolfgang 459
Schönauer, Marianne 687
Schönberger, Heinz 317
Schönböck, Karl 338, 387, 1286, 1343
Schönborn, Michael 412, 507, 537, 863
Schöne, Barbara 618, 622, 626, 753, 1118, 1160, 1301
Reiner 405
Schöneberger, Barbara 167, 168, 182, 225, 414, 465, 523, 691, 752, 1026, 1056, 1124, 1324
Schöner, Ingeborg 94, 131, 299, 819, 906, 1114, 1270
Schönewald, Jürgen 322
Schönfelder, Annelie O. 1147
Friedrich 1020
Schönherr, Dietmar 84, 246, 343, 427, 466, 605, 635, 696, 704, 737, 741, 866, 969, 984, 1300, 1313, 1370
Ivonne 451
Schönhuber, Franz 481, 482, 1010, 1251
Schoog, Bernadette 87, 1122
Schopohl, Eos 326
Schoppmann, Alexander 263
Juliette 263
Schoras, Chiara 64
Schörg, Gretl 68
Schorlemmer, Friedrich 1402
Schorn, Christine 1357
Thorsten 225
Uta 131, 327, 364, 457, 586, 805, 1371
Schornagel, Jürgen 423
Schoß, Gunter 1024
Schott, Harald 336, 1287
Schottky, Alexander 867
Schrade, Willi 385, 1403
Schrader, Detlef 677, 684
Schram, Bitty 818
Schramke, Evelyn 109
Schramm, David 1250, 1311
Gabriele 295
Georg 1042
Günther 46, 59, 112, 340, 494, 668, 1090
Margit 420, 1128
Marie-Luise 751
Schraudolph, Magnus 1220
Schreeb, Hans Dieter 189, 296, 299, 305, 460, 538, 572, 617, 687, 825, 904, 1146, 1299, 1409
Schreiber, Andreas 367
Annette 451, 1026
Burghild 946
Georg 776
Helmut 394
Klaus 65
Manfred 1286
Peter 87
Schreiber-Just, Charlotte 378
Schreiber-Wicke, Edith 1181
Schreibler, Peter 704
Schreier, Gert-Hartmut → Schreier, Hartmut
Hartmut 400, 1030, 1114, 1261
Roswitha 704
Schreinemakers, Margarethe 149, 211, 354, 789, 1013, 1059, 1060, 1079, 1367
Schreiner, Klaus Peter 966
Michael 1021, 1196
Roswitha 61, 76, 716, 1196, 1317, 1343
Schretzmayer, Doris 417, 855
Schretzmeier, Werner 176, 478, 558, 655, 894
Schrewe, Christoph 18, 409
Schreyer, Andreas 522
Wolfgang 495, 1207
Schreyl, Marco 492, 504, 1172
Schrickel, Kai Frederic 1146

Schröck, Adrian 716
Schröder, Atze 54, 809, 1291
  Bernd 87
  Caroline 190, 408, 1158
  Ernst 728, 1332
  Frank 1068, 1400
  Frank Leo 76, 529, 1310
  Gerhard 126, 175, 499, 749, 831, 909, 1243, 1321, 1340, 1347, 1352, 1402
  Heidemarie 1020
  Heinz 1396
  Hillu 869
  Jörn 648, 1049
  Karin 704, 1310
  Robert »Bernd« 1184
  Thorsten 1184
  Udo 738
  Wilfried 43
  Wolfgang 150, 765
Schröder-Köpf, Doris 150, 570
Schroeder, Bernd 146, 301, 326
  Jochen 214, 246, 488, 512, 729, 831, 952, 1067, 1163, 1342
  Regine 448
Schroers, Gerd 172
Schroeter, Renate 23, 417, 457, 522, 639, 674, 707, 1250, 1311
Schroetter, Heike 65
Schropp, Jochen 656, 1158
Schroth, Carl-Heinz 48, 318, 603, 637
  Eleonore 378
  Hannelore 417
  Horst 508
Schrowange, Birgit 261, 353, 354, 718, 1347, 1384
Schruff, Eddie Leo 261
Schübel, Theodor 591
Schubert, Günter 327, 335, 385, 400, 457, 704, 716, 1237, 1379, 1403
  Hans 367
  Heinz 260, 487, 540, 635, 711, 717, 791, 804, 1161, 1404, 1406
  Herbert F. 1152
  Katharina 197, 299, 700, 1270
  Peter 520
  Steven 1274
Schuberth, Christine 552, 1047, 1330
Schuch, Karoline 1248
Schuck, John 368, 560
Schücke, Thomas 268, 1105
Schuhmacher, Eugen 94, 95, 345
Schuhrk, Laura 385, 1189
Schuitemaker, Nicky 726
  Ruud 726
Schukow, Georgi Konstantinowitsch 1300
Schuldt, Kolle 654
Schulenberg, Werner 1171
Schuler, Hans 1401

Schüler, Marie-Charlott 408, 1178
Schulian, John 1374
Schülke, Dirk 1216
Schull, Rebecca 1250
Schuller, Alia 278
  Robert H. 565
Schüller, Heidi 1187
Schullerus-Keßler, Susanne 1367
Schulman, Emily 664, 1297
Schulmeister, Charles-Louis 1136
Schulmeyer, Heribert 614
Schülski, Friederike 512
Schult, Rolf 973
Schulte-Kellinghaus, Jan 294, 504
Schulte-Loh, Judith 87
Schulte-Noelle, Henning 741
Schultes, Willy 676, 890
Schultheiß, Walter 93, 505, 572, 666, 674, 879, 890, 917, 1063, 1168
Schultz, Carl 1142, 1193
  Dwight 9
  Eva-Katharina 653
  Keith 819
  Kevin 371, 819
Schultze, Peter 1008
Schultze-Westrum, Edith 1231
Schulz, Andreas 708, 825
  Axel 306, 718, 776, 791, 1181
  Charles M. 206, 907, 908
  Chrissy 400, 1123, 1255
  Christiane 513
  Ellen 1074
  Friedemann 46, 705
  Harri 503
  Herbert K. 1032
  Ilona 192
  Jürgen 60, 1251
  Rolf 190, 193, 303, 386, 642, 666, 672, 694, 950
  Werner 1062
Schulze, Hans 1114
  Horst 557, 1269
  Marc 1349
  Martin 133, 818
Schulze-Erdel, Werner 369, 464, 501, 573, 1015, 1091, 1182
Schulze-Hausmann, Stefan 1038
Schulze-Rohr, Christa 725
  Peter 565, 1119, 1194, 1324
Schumacher, Arnulf 522
  Bernd 425
  Maren 588, 1404
  Michael 175, 219, 1264
  Ralph 695
  Werner 904, 1194
Schumacher-Martinek, Maren 416
Schumann, Erik 39, 344, 785, 1111, 1146, 1198

Tanja 1012, 1318
Til 1165
Walter 931
Schümann, Friedel 1143
Schümer, Joana 113, 144
Schunck, Klaudia 1231
Schündler, Rudolf 1159, 1220, 1274
Schupp, Belle 854
  Marietta 24, 887
Schüppel, Johanna 650, 1031
Schürhoff, Christian 1111
Schuricht, Jamie 662
Schürmann, Petra 170, 478, 810, 1026, 1153, 1289, 1391
  Thomas 201
Schuschka, Hubert 785
Schüssler, Geraldine 720
  Heinz 1077
Schüssler-Brandt, Andrej 536
  Judith 536
Schuster, Frank 1128
  Gerald 704
Schüte, Anja 404, 459, 884, 929, 1178, 1240, 1329, 1342, 1346
Schütt, Sophie 685, 1249
Schüttauf, Jörg 356, 691, 715, 1198
Schütte, Peter 901
Schütter, Friedrich 338, 1147, 1342
Schüttrumpf, Tina 500
Schütz, Adolf 459
  Katharina 858
  Klaus 1398
Schütze, Ilona 423
  Ludwig 451
  Martina 1030
  Monika 77
Schuyler, Lynda 250
Schwab, Charlotte 40, 43, 146, 307
  Karl-Heinz 106, 172, 545
  Martin 1062
  Oskar von 522
  Sigi 78
Schwabe, Manfred 720
  Willi 248, 1020
Schwabenitzky, Reinhard 189, 334, 901, 985, 1050, 1231
Schwade, Christian 1039
Schwaiger, Andreas Maria 505, 707, 1005
Schwalm, Wolfgang 92
Schwammm, Bernd 435, 1304
Schwan, Ivyann 330
Schwanda, Dieter 387
Schwanke, Karsten 204, 678
Schwanz, Nico 63
Schwartz, Aaron 1401
  Douglas 122, 123, 1214
  Elroy 308
  Josh 876, 877
  Kenny 280
  Sherwood 297, 308, 463

Stephan 416, 951, 1287
Schwarz, Berit 58, 285
  Gottfried 1120
  Herta 1192
  Irene 524
  Jaecki 97, 429, 439, 684, 717, 1141, 1152, 1155
  Jessica 177
  Josef 383
  Julian 720
  Katharina 527, 1373
  Michael 1040
  Monika 120, 400, 436, 1181
  Reiner 711
  Saskia 1031
  Simon 299
  Stephan 634
  Thomas 768
  Walter Andreas 348
Schwarz-Schilling, Christian 871
Schwarze, Hanns Werner 81, 242, 303, 426, 644
  Hans Dieter 72, 368, 1155, 1223, 1345
  Klaus 1140
Schwarzenau, Dieter 91, 723
Schwarzenberg, Petra 1010
Schwarzenegger, Arnold 71, 77, 195, 227, 456
Schwarzer, Alice 413, 599, 620, 681, 898
Schwärzer, Elisabeth 319
Schwarzkopf, Klaus 68, 128, 224, 710, 941, 1194, 1316
Schwarzmaier, Michael 538, 591, 606, 1308
Schweers, Petra 352, 353, 718, 955
Schweickhardt, Eike Hagen 268
Schweidtner, Gerhardt 1347
Schweiger, Dana 895
  Hans 1216
  Heinrich 12, 990, 991
  Til 143, 467, 672, 673, 720, 895
Schweighöfer, Matthias 1141
  Michael 878
Schweins, Esther 218, 359, 578, 1012, 1013, 1409
Schweitzer, Albert 42
Schweizer, Jochen 546, 928
  Viola 617, 1141
Schwemin, Ulrich 293
Schwenzen, Per 48, 462, 634, 962
Schwerin, Enno von 667
  Rosemarie 650
Schwering-Sohnrey, Arndt 683, 1009
Schwiekowski, Anke 404
Schwier, Walter 342, 343
  Werner 643, 957
Schwiers, Ellen 459, 1009, 1088
  Jasmin 993
Schwierske, Theresa 777
Schwill, Ernst-Georg 458

Personenregister

Schwimmer, David 114, 418, 1369
Schwinger, Silke 583, 1305
Schwittau, Sandra 1101
Schwöbel, Patrizia 734
Schwuchow, Lars 1071
Schygulla, Hanna 23
Sció, Yvonne 963
Scobel, Gert 87, 1121
Scoggins, Tracy 110, 222, 374, 1175
Scola, Goia Maria 734
Scolari, Peter 278
Scolca, Bruno 1189
Scoope, Doug 930
Scoppa, Barbara 52
Scorsese, Martin 371
Scorsone, Caterina 801
Scott, Ashley 156
  Camilla 828
  Clea 796
  Dawan 516
  Devon 1227
  Donovan 42
  Eric 1315, 1316
  Fiona 869
  Geoffrey 254, 1231
  Helen 190
  Jean Bruce 32
  Jonathan R. 675
  Joseph 1301
  Judith 689
  Judson 1279
  Kathryn Leigh 919
  Ken 79
  Lance 883
  Larry B. 1172
  Margaretta 281
  Martha 452, 1093
  Paul 626
  Peter Graham 13
  Pippa 709
  Randolph 1338
  Ridley 874
  Robert Falcon 1341
  Rodney 974
  Simon 1233, 1246
  Tony 874
  Walter Sir 597, 958, 994
Scotti, Tino 1254
  Vito 118
Scott Lynn, Meredith 60
Scovell, Nell 1023
Scripps, Johnny 1269
Seagrave, Jocelyn 689
Seagrove, Jenny 176, 702
Seale, Douglas 424
Seaman, Peter S. 619
Searcy, Nick 71, 1084
Searle, Tim 1405
Seasongood, Eda 608
Seater, Michael 34
Seatle, Dixie 27
Sebaldt, Maria 411, 462, 572, 636, 1342
Sebastian, John 1327
Secor, Kyle 561
Sedlmayr, Walter 48, 299, 314, 319, 320, 538, 797, 814, 845, 932, 1063, 1127, 1282, 1315
Sedlmeyer, Hansl 1282
Seebacher, Bernd 825, 1195
Seeberg, Hans-Adolf 985
  Xenia 451, 710
Seebohm, Hans-Christoph 898
  Tine 609
Seefried, Mona 685, 941, 1030, 1115
Seeger, Susan 753
Seegher, Harry 498
Seel, Ceri 301
Seeler, Uwe 279, 665
Seelig, Matthias 1077, 1078
Seeliger, E. G. 915
Seelmann, Dieter 456, 1329
Seelmann-Eggebert, Rolf 354, 749, 1329
Sefaniuk, Rob 202
Seffcheque, Xao 285, 730, 985
Sefkow, Anton 1122
Segal, George 548, 626, 836
  Giles 825
Segall, Penina 1356
Seganti, Paolo 697, 922
Seger, Robert 39
Sehrbrock, Judith 553
Seibel, Claus 545
Seibert, Evelyn »Evi« 390, 678, 878, 937, 999
  Steffen 504, 545, 1264, 1382, 1387, 1388
Seibold, Manfred 670
Seibt, Siegfried 616, 878, 1142
Seichter, Lore 702
Seide, Manfred 23, 505, 1020, 1075, 1154, 1316
Seidel, Maximilian 1345
  Signe 28
  Silvia 77, 958
Seiden, Grant 31
Seidenberg, Wolfgang 763
Seidenschwan, Franz 1076, 1407
Seids, Nate 695
Seiffert, Hanna 1005
  Nadine 1363
  Wolfgang 426
Seiler, Jacques 14, 1298
  Willy 215, 578
Seilitz, Monika 1299
Seilkopf, Imanuel 272
Seiltgen, Ernst 422
Seinfeld, Jerry 131, 1077, 1078
Seipelt, Phillip 616
Seipold, Manfred 745, 886, 1055
Seippel, Edda 68, 417, 605, 634, 1180, 1332
Seiser, Marie 364
  Philipp 932
Seißler, Hanjo 1045
Seitz, Helma 668, 854, 1168
Sekora, Ondrej 377
Selby, David 358, 389, 1037
Selge, Edgar 602, 934
Seliškar, Tone 1103
Sell, Friedrich-Wilhelm von 466
Sellecca, Connie 110, 564, 1236, 1290
Selleck, Tom 161, 259, 418, 746, 747, 1025
Sellers, Cathérine 319
  Larry 290
  Peter 834, 1003
Sellien, Rainer 986
Sellmer, Erna 61, 694
  Gustav Rudolf 1077
Seltzer, Milton 811
Selva, Roland 1282
Selverstone, Katy 1360
Selzer, Milton 1200
Semenitsch, Adisat 884
Semmelrogge, Dustin 571, 993
  Martin 65, 79, 174, 413, 847, 1163, 1180, 1404
  Willy 11, 74, 344, 1195, 1198
Semmelroth, Wilhelm 411, 1008
Semon, Larry 653
Sen Yung, Victor 170
Sendak, Maurice 654
Senf, Jochen 164, 683, 863, 1196
Senfft, Cordula 628
Sengmüller, Franz Xaver 581, 1036, 1349
Seniuk, Anna 1155
Senne, Karl 39, 1138, 1204, 1307
Sense, Torsten 297
  Traute 773
Sentier, Jean-Pierre 342
Sepe, Michelle 193
Sequens, Jiří 682
Serafini, Marco 620, 712, 1178
Serano, Greg 244
Serbedzija, Rade 127
Sereys, Jacques 573
Sergei, Ivan 1256
Serling, Rod 1247, 1276
Sermoneta, Alessandro 1116
Serpico, Frank 1081
Serra, J. Tony 310
Serrano, Diego 860
  Nestor 345, 519
Serrault, Michel 600
Serre, Henri 781, 994
  Joséphine 624
  Martin 781
Servatius, Martina 1285, 1337
Servi, Helli 68
Sessak, Hilde 901
Sesselmann, Sabina 41
Setbon, Philippe 264, 408
Setlur, Sabrina 938
Seton, Bruce 355
  Ernest Thompson 955
Seuling, Klaus Michael 289
Seum, Peter 24, 260, 1114, 1163
Sevenich, Anke 633, 662, 1111, 1411
Severance, Joan 733
Sevier, Corey 698
Seville, Aaron 1191
Sewell, Anna 161, 162
  George 906, 1131, 1250
Seweryn, Andrzej 410
Sexauer, Manfred 476, 554, 840
Seyferth, Katharina 431
Seyfried, Erich 913
  Karin 1036
  Michael 946
Seymor, Anne 736
Seymour, Jane 290, 342, 385, 410, 608, 1073, 1084, 1260
  Lynn 657
Shackelford, Ted 239, 240, 1126, 1270
Shackley, John 301
Shaffer, Paul 699
Shafferman, Fred 1105
Shah, Jamal 1232
Shahan, Rocky 1199
Shakman, Matt 206
Shalet, Victoria 746
Shalhoub, Tony 759, 818
Shandling, Garry 697
Shankley, Amelia 1033
Shanks, Don 754
  Michael 1150
Shannon, Del 231
  Elaine 195
  Frank 390
  Jackie de 347
  Vicellous Reon 244
Shapiro, Esther 222, 253, 330, 331
  Jonathan 94
  Jordana »Bink« 139
  Richard 253, 330, 331, 608
  Robert 222
Sharif, Omar 447, 895, 1302
Sharland, C. M. 577, 618
Sharma, Mona 727, 885, 1177
Sharp, Ann 605
  Anthony 67
  Don 440, 702
  Peter 1148
  Saundra 1366
  Shannon 582
  Timm 71
Sharpe, Karen 1306
Sharples, Dick 128
Sharrington, Georgina 700
Sharron, Nitzan 778
Shatner, William 176, 336, 687, 848, 971, 1202, 1222
Shatrow, David 1222
Shaud, Grant 835
Shaughnessy, Charles 849
  Mickey 211

Shavelson, Melville 1089
Shaver, Helen 380, 610, 935
Shaw, Barnaby 682
  Dee 586
  Don 930, 1394
  Irwin 486, 977
  Lou 959
  Martin 564, 948, 949, 1341
  Reta 448
  Roderick 161
  Stan 803, 1002
  Steve 1270
Shawkat, Alia 61
Shayne, Ricky 347, 994
Shea, Chris 1086
  Eric 80
  John 379, 840, 1175
  Michael 371
Shearin, John 178, 389
Shearing, Dinah 251
Shearsmith, Reece 701
Shebib, Noah 303
Sheckley, Robert 798
Sheehan, Douglas 1270
Sheen, Charlie 206, 777
  Martin 496, 625
Sheenan, Doug 221
Sheer, Ireen 414
Sheffield, Jay 1189
Sheiner, David 266
Shelby, LaRita 197
Shelden, Jana 598
Sheldon, Gene 1396
  Jack 784, 981
  Sidney 143, 517, 568, 741, 962
Shellen, Stephen 96
Shelley, Joshua 160
Shelton, Deborah 548, 631
  Reid 1231
Shemah, Star 831
Shenar, Paul 452
Shenkarow, Justin 312, 313, 919
Shenkman, Ben 334
Shepard, Cheryl 417, 552, 586, 1158
  Vonda 62
Shepherd, Andrew 24
  Cybill 235, 631, 811
  Sherri 878, 1043
Shepley, Michael 782
Sheppard, Mark 1037
  Sam 95, 916
  William Morgan 772
Sheppod, Jon 697
Sher, Jack 560
Shera, Mark 663
Sheridan, Ann 923
  Dinah 699
  Jamey 210, 231, 1087
  Liz 44
  Nicollette 257, 638, 1270
  Rondell 373
Sherman-Palladino, Amy 463, 1414
Shermen, Robert 1395
Sherwin, Derrick 1141
Sherwood, Anthony 32

Shiban, John 322
Shields, Brooke 834, 1176
Shiff, Jonathan M. 877, 1229
Shimada, Yoko 1089
Shimerman, Armin 1149
Shine, R. L. 435
Shingler, Helen 671
Shipp, John Wesley 249, 1006
Shirreffs, Mark 742
Shockley, William 290
Sholdar, Mickey 640
Shomburg, Bianca 1124
Shor, Dan 193
Shore, Roberta 708
Show, Grant 345, 786
Shroyer, Sonny 306
Shue, Andrew 786
  Elizabeth 32
Shull, Richard B. 266, 560
Shulman, Roger 363
Shuman, Mort 157
Shuster, Frank 1323
Shute, Nevil 696
Shutt, Ernest 1214
  Judith 1214
Sibbett, Jane 418, 864, 1200, 1300
Sibold, Karl 1259
Sica, Vittorio de 1300
Sichlinger, Stefan 1282
Sichtermann, Barbara 848
Sickle, Craig W. van 221, 944
Sicks, Hilde 503, 882
Siclier, Jacques 604
Siddig El Fadil → Siddig, Alexander
Siddig, Alexander 1149
Sideris, Michael 97, 918, 1026
Sidney, Jon 200
  Sylvia 372
Siebeneicher, Heinz 420
Siebenrock, Charlotte 94
Siebenthal, Isabelle von 292, 383, 429
Sieber, Christopher 1412
Siebert, Charles 315, 1232
  Uschi 317, 470, 493
  Wolf 568
Siebholz, Gerhard 838
Siedhoff, Joost 251, 314, 376, 387, 489, 708, 1347
Siefarth, Günther 152, 1139
Sieg, Ursula 388
Siegel, Giulia 207, 523, 1071
  Ralph 261, 336, 348, 349, 1121
Siegert, Daniel 1149
  Siggi 366
Siegl, Dietrich 720, 1115, 1286
Siegloch, Klaus-Peter 172, 545, 546, 695, 930, 1186, 1321
Siegrist, Paul 289
Siekmann, Heike 1106
Sieler, Gerhard 856

Sielmann, Heinz 16, 95, 351, 534, 927, 1096, 1097, 1351
Siemion, Adam 1016
Siemoneit-Barum, Rebecca 720, 727
Sieńkiewicz, Henryk 1103
  Krystyna 367
Siepermann, Harald 45
Sierra, Gregory 1358
Sievers, Christian 546, 1228, 1388
  Hans 939
  Wolfram 1391
Sigel, Barbara 399
  Danny 862
Sigl, Hans 1115
Sigler, Jamie-Lynn 1123
Signoret, Simone 1274
Sigrist, Ernst C. 1197
Sihler, Andrea 1252
  Karl Jürgen 1347
Sikes, Cynthia 389
Siki, Eric 1280
Sikking, James B. 284, 933
Sikora, Marek 743
Šikula, Marek 655
Silber, Christoph 783
Silberbauer, Gerd 294, 417, 513, 694
Silbereisen, Florian 427, 1119, 1353
Silberg, Nicolas 243
  Tusse 1257
Silberschneider, Johannes 1362
Silberstein, Roman 1395
Silhavy, Olivia 606
Silla, Felix 27, 182
Silliphant, Sterling 473
Silo, Susan 516
Silva, Frank 446
  José María Sánchez 1055
  Leslie 878, 951
  Trinidad 933
Silver, Arthur 99, 117
  Borah 324
  Joe 374, 443
  Ron 1291
  Stu 1019
  Stuart 703
  Unal 675
Silver-Smith, Rhea 1072
Silvera, Frank 547
Silverheels, Jay 1211
Silverman, Jonathan 1103
Silversen, Louise 393
Silverstone, Alicia 221
Silvestri, Guido 738
  Marc 1360
Šimáček, Milan 11, 523, 1221
Šimánek, Otto 140, 896
Simcoe, Anthony 372
Simenon, Diane 671
  Georges 102, 654, 671, 747
  Marc 102
Simic, Tatjana 396
Similia, Andreas 562

Simmel, Johannes Mario 344, 804, 1154, 1392
Simmonds, Nikolas 1182
Simmons, Alexaundria 1356
  Jaason 123
  James 359
  Jean 245, 355
  Richard 1081
Simms, Paul 861
Simon, Al 803
  Annette 82
  Christian 998
  Christine 61, 444
  David 561
  Detlef 503
  Giovanni 1060
  Günther 684
  Klaus 795
  Mayo 752
  Neil 118, 376, 759, 760
  Paul 834
  Sam 1207
  Steffen 964
  Susanna 602
  Wolfram 742
Simone, Nina 127
Simoneau, Yves 850
Simoneit, Gerd 29, 608
Simonini, Alessandro 522
Simonis, Heide 117
Simonischek, Peter 536, 705
Simons, David A. 333
  William 1081
Simpson, Alan 219, 668
  Ben 919
  Bill 13
  Colin 919
  O. J. 1231
  Wallis 312
Simpsons, Jay 95
Sinatra, Frank 317, 912, 1059
  Nancy 212
Sinbad 222, 1281
Sinclair, Madge 211, 574, 881, 949, 958, 1001
Sindoni, Vittorio 99
Singer, Lori 364
  Marc 124, 1002, 1279
  Maria 408, 409, 524, 800, 1313
  Mayem 1333
  Raymond 751
  Robert 206
Singerl, Erni 529, 636, 652, 676, 814
Singleton, Doris 781
Singleton-Turner, Roger 495
Sinise, Gary 234
Sinjen, Frauke 1262
  Sabine 50
Sinkel, Bernhard 128, 129, 537, 1282
Sinkó, László 409
Sinnen, Hella von 57, 114, 167, 268, 302, 453, 465, 537, 647, 668, 727, 993, 1048, 1150, 1202, 1324, 1330

Sinowatz, Fred 1340
Sio, Giuliana de 53, 1253
Sipp, Friederike 1286
Sire, Gérard 32, 315
Sirola, Joseph 1363
Sironi, Alberto 226
Sirový, Sidon 744
Sirtis, Marina 973
Sisson, Rosemarie Ann 696
Sitowitz, Hal 992
Sitter, Frank 18
Sittler, Walter 359, 441, 464, 465, 716, 867, 868, 1257
Sivadasan, Logini 286
Siwinska, Caterina Małgoscha 216
Six, Sean 47
Sjöwall, Maj 669, 670
Skarková, Ivana 920
Skarsten, Rachel 157
Skeggs, Roy 440, 1308
Skene, Anthony 701
Skerritt, Tom 919
Skinner, Edna 803
 Kay 1075
Skipper, Susan 699
Sköld, Bo 1053
Skoloff, Marla 940
Skopal, Svatopluk 468
 Vojtěch 417
Skrie, Bill 1174
Skrotzki, Erika 419, 489, 704, 1271
Skutina, Vladimir 900
Slaa, Johan te 297
Slade, Bernard 21, 178, 784, 1202
 Mark 547, 1029
 Max Elliott 330
Slaten, Troy 193, 901, 1175
Slater, Helen 198
 Kelly 122
Slattery, John 745, 860
Slavin, Jonathan 373
Slawinski, Andi 134
Slesar, Henry 683, 901
Slevin, Kathy 34
Sliggers, Inge 320
Slima, Stéphane 1144
Sloan, Michael 868, 1062
 Nancy 977
Sloane, Lindsay 1023, 1152
Slomka, Marietta 546
Sloterdijk, Peter 578
Slotky, Anna 49
Slotnick, Joey 175, 1103
Slover, Rheannon J. 768
Slowe, Georgia 129
Slowik, Stephan 1227
Sloyan, James 1338
Slue, Errol 1191
Smallwood, Tucker 1127
Smart, Jean 548, 755, 782, 1172
 Ralph 442
 Rebecca 449
Smeets, Betsy 1183
Smekhov, Venyamin 245
Smesny, François 65
Smetana, Zdeněk 655

Smiar, Brian 386
Smika, Gina Marie 1324
Smilie, James 1015
Smirnitsky, Valentin 245
Smit, Sandor 883
Smith, Arjay 863
 Bill 91, 645
 Brian 260
 Brody 855
 Bruce W. 951
 Bubba 392
 Cedric 196
 Cotter 333
 Daniel 1411
 Danny 1201
 Douglas 1327
 Elizabeth 150
 Gregory 349
 Heather 985
 Howard K. 1279
 J. Brennan 117
 Jaclyn 296, 741
 Jacob 902
 Jason Bose 515
 Jebediah 336
 John 45, 69
 Kent 595
 Kerr 249
 Kevin 216, 412
 Kurtwood 374, 1350
 Lane 1175, 1279
 Lauren Lee 840
 Lenore 393
 Lewis 355
 Liz 746
 Madolyn 962
 Mandy 840
 Martha 31
 Michael O. 161
 Murray 258, 900
 Patricia 250
 Paul 546, 583
 Peter 164, 943
 Ray 1029
 Rebecca 281
 Reid 696
 Rex 1165
 Roger 1084, 1085
 Ron 812
 Sandra 92
 Scott 385
 Shawnee 126
 Taran 563
 Tasha 175
 Wilbur 473, 1095
 Will 944, 945, 1293
 William »Bill« 92, 525, 977
 Yeardley 1300
Smith-Osborne, Madolyn 643
Smithhart, Peggy 266
Smitrovich, Bill 59, 231
Smits, Jimmy 689, 859
Sonja 1311
Smolka, Miriam 688
Smollett, Jake 1093
 Jazz 1093
 Jocqui 1093
 Jojo 1093

Jurnee 229, 1093
Jussie 1093
Smorek, Klaus 750
Smudo 881, 1026
Smyczek, Karel 1074
Snedden, Stephen 322
Snee, John 779
Snell, Alan 1174
Sniffen, Elsie 886
Snipes, Wesley 537
Snoad, Harold 776
Snow, Phoebe 222
 William 600, 1291
Snowden, Alison 169
Snyder, Clayton 725
 Liza 610, 692
Snyders, Sammy 17
Sobeck, Alexander von 172
Sobel, Barry 1411
Sobieski, Leelee 206
Soble, Ron 445, 819
Sobolewski, Vanessa 1178
Sobotka, Werner 301, 1171
Sochurkova, Lucie 478
Sodann, Peter 1196
Söderbäck, Björn 377
Soderbergh, Steven 1232
Söderdahl, Lars 181, 637
Soeteman, Gerard 397
Sofer, Rena 786
Sohlern, Gilbert von 683, 775, 1286
Sohmer, Steve 315, 496, 1411
Söhmisch, J. 66
 Ulf 567
Söhnker, Hans 138, 140, 401, 727, 1028
Söhnlein, Rainer 1057
Sokolovskýý, Evžen 753
Solal, Jean-Paul 162
Solano, Jose 123
Solarz, Wojciech 489
Solbach, Sigmar 107, 269, 292, 338, 383, 510, 681, 1055, 1355
Solerno, Enrico Maria 465
Solf, Reinhild 183
Sollima, Sergio 1032
Sollis, James 1177
Solomonescu, Oana 901
Solon, Ewen 671
Solović, Ján 92
Solter, Andrea 429, 909
Sombogaart, Ben 782, 1191
Somerhalder, Ian 731, 974
Somers, Brett 760
 Suzanne 542, 1151
Somerville, Bonnie 782, 1152
 Geraldine 428
Sommars, Julie 769
Sommelius, Siv 624
Sommer, Ariane 1174
 Elke 486, 834, 1054, 1237
 Theo 593
Sommer-Bodenburg, Angela 657
Sommerauer, Adolf 917, 1367

Sommerkamp, August Detlev 380
Sommet, Jacques 958
Somr, Josef 545, 663, 680
Son, András Fricsay Kali 985
Sonke, Margitta 886
Sonkkila, Paul 399
Sonnenschein, Jonathan 1033
 Klaus 275
Sonnleitner, Alois Th. 558
Sonntag, Philipp 66, 383, 647, 1026, 1301
Soo, Jack 1358
Soost, Detlef »D!« 63, 938, 1174, 1222
Soper, Felicity 987
Soral, Agnès 412
Soraya 157, 450
Soraya, Shirin 1049, 1075
Sorbas, Elga 642
Sorbo, Kevin 74, 538
Sorel, Jean 822, 1296
Sorge, Werner 69
Sorice, Monika 464
Sorko-Ram, Ari 1240
Sorvino, Paul 700, 1175, 1211, 1257
Soshalsky, Vladimir 42
Sosniok, Jan 134, 688, 888
Sostmann, Jochen 102
Sotelsek, Barbara 553
Sothern, Ann 1176
Sotirova, Aneta 1381
Soto, Talisa 473
Soul, David 443, 631, 893, 1153
Soule, Olan 89
Souliac, Vincent 963
Soumikh, Marco 648
Sousa, John Philip 821
Southall, Ivan 1124
Souvestre, Pierre 372
Souza, Steven de 374
Sovák, Jiří 392, 509, 762, 896
Sow, Noah 938
Sowinetz, Kurt 12, 985
Spaarnay, Michelle 169
Space, Arthur 1301
Spade, David 626
Spader, James 1151
Spaeth, Dagmar 547
Spahr, Volker 1409
Spahrbier, Walter 298, 320, 491, 1203, 1288
Spang, Günther 780
Spangenberg, Rolf 318
Spanjers, Martin 784
Spano, Joe 933
Spargo, Nicolas 1353
Sparks, Dana 358
Späth, Dagmar 574, 1237
Spatzek, Andrea 719
 Christian 877
Speake, John 1171
Spears, Britney 278

Speck, Dieter 271
  Karsten 124, 299, 377, 417, 472, 476, 505, 506, 645
Speckhahn, Holger 590, 607, 765, 866, 1228
Spedicato, Steve 1296
Speedman, Scott 376
Speer, Albert 555, 556, 1130
  Kathy 59, 663, 1173
  Rut 294, 545
Speichert, Sandra 293
Speidel, Jutta 50, 131, 300, 403, 638, 994, 1252
Speight, Johnny 540
  Richard Jr. 30
Spellig, Andreas 179
Spelling, Aaron 72, 142, 189, 207, 213, 217, 254, 255, 296, 372, 517, 529, 545, 552, 564, 663, 689, 733, 739, 750, 786, 855, 877, 1070, 1071, 1142, 1152, 1154, 1172, 1222, 1245, 1246, 1283, 1306, 1355
  Randy 750, 1172
  Tori 142, 1152
Spence, Sebastian 388
Spencer, Alan 508
  Bud 215, 599, 891, 1404, 1406, 1410
  John 689
  Ronald 949
Spengemann, Carsten 125, 263, 571, 1286
Spengler, Sanja 216
Sperandeo, Tony 1116
Sperber, Traudl 1265
  Wendie Jo 267
Sperberg, Fritz 736
Sperl, Gabriela 93, 713
  Saskia 1026
Sperlich, Peter 1071
Spiecker, Oliver 648, 918, 1320, 1321, 1331
Spiegel, Alfons 39, 172, 1138
  Paul 464
Spiehs, Karl 301, 1048
Spieker, Friedrich-Wilhelm 755
Spiekermann, Nicole A. 683
Spielberg, David 610, 691
  Steven 115, 224, 309, 365, 371, 548, 567, 920, 1073, 1186, 1237
Spielman, Ed 686
Spielvogel, Kathrin 404, 1030
Spier, Bettina 530
  Nana 291, 1133
  Wolfgang 52, 1054, 1331
Spies, Manfred 670, 1008
Spieß, Carolin 251
Spillane, Mickey 795
Spinell-Beck, Natalie 1178
Spiner, Brent 973
Spinrads, Rolf 633, 925
Spira, Camilla 459, 494

Steffi 368
Spiridakis, Tony 529
Spiro, Alyson 865
Spitzel, Kai 195
Spitzer, Bernd 64
Spitzner, Heinz 46
Spohr, Marco 1178
Spoletini, Gugliemo 248
Sponheimer, Margit 748
Spooner, Dennis 204, 255, 453, 605, 754, 964
Spotnitz, Frank 322
Spound, Michael 564
Sprand, Urban 377
Spranger, Carl-Dieter 662
Spree, Hans-Ulrich 1359
Sprenger, Kristina 1115
  Wolf-Dietrich 1261, 1210
Sprick, Kirsten 1083
Sprickmann, Detlef 165, 930
Springer, Axel 426, 571, 1392
Springfield, Rick 453, 548, 767, 865
Springuel, Luc 276
Sprogø, Ove 879
Sprouse, Cole 483
  Dylan 483
Sprunt, Claire 1177
Spruß, Nadine 720
Spurrier, Paul 1064
Spybey, Dina 752, 879
Spyri, Johanna 528
Squella, Carolin 888
Squire, Anthony 412
Srour, Serge 410
St. Gerard, Michael 330
St. Ives, Raoul 437
St. John, Al 1338
  Christoff 117, 1002
  Howard 509
  Janice 895
St. Onge, Guylaine 1274
Staack, Ursula 1203
Staahl, Jim 824
Staaij, Astrid van der 195
Staak, Uschi 751
Stack, Robert 1253
  Timothy 901
Stacy, James 693
  Neil 414
Stadlbauer, Hans 403, 524
Stadlen, Lewis J. 131
Stadler, Krista 720, 824
Stadtmüller, Hans 529
Staehly, Diana 675, 1167
Stafford, Michelle 689
  Nancy 769, 1092
Stage, Kirsten 297
Stagg, Lindsey 443
Stahl, Lisa 124
Stahnke, Günter 654
  Manfred 636
  Susanne »Susan« 88, 571, 861, 1157, 1184, 1342
  Wolf-Dietrich 928
Stait, Brent 74
Staite, Jewel 549, 1241
Staley, Dan 454, 920
Stalin, Jossif 37, 978

Stallone, Sylvester 834, 1237
Stallybrass, Anne 702, 887, 1073
Stammer, Uta 685, 882
Stamos, John 304, 424, 453
Stander, Lionel 517
Standing, John 658
Stanek, Barbara 494, 917
Stanew, Lisa 355
Stange, Hermann 1188
Stanicic, Rujan 647
Stanjek, Eberhard 1139, 1140
Stankovski, Ernst 340, 437, 522, 712, 1092, 1128, 1265
Stanley, Chris 250
  Dianne Messina 689
  Florence 506, 1283, 1358
  Henry 1171
  Henry Morton 336
  James 689
  Tim 650
Stanton, Christopher 657
  John 129, 921, 1111
Stanwyck, Barbara 150, 286
Stanyk, Barbara 49
Stanzl, Karl 862
Stapel, Huub 396
Stapler, Robin 173
Stapleton, Jean 112
  Terry 200
Stappenbeck, Stefanie 442, 761, 1148
Star, Darren 141, 203, 786, 812, 1085, 1086, 1152
Starbatty, Jürgen 31
Stark, Don 320, 1219
  Julia 719
  Myriam 606, 727, 1028, 1301
  Rudi 650
  Timothy 328
  Ulrich 23, 344, 595, 664, 1114, 1317
Starke, Anthony 467
  Todd 286
Starling, Boris 791
Starr, Beau 828
  Mike 310
  Ringo 595
  William 345
Starygin, Igor 245
Stasová, Simona 411
Stass, Herbert 125, 525, 617, 1056, 1092
Stassman, Marcia 173
Staub, Peter W. 41
Stauber, Birgit 1350
Staubitz, Sabrina 261, 268, 565, 1023
Staudinger, Hermann 152
Staudte, Wolfgang 326, 672, 726, 831, 906, 1075, 1195
Stauffenberg, Claus Schenk Graf von 878
Stauss, Helmut 659
Stavjanik, Franziska 465, 1283
Steadman, Lynda 1255

Steafel, Sheila 676
Stearns, Jeff 894
Stecher, Alexander-Klaus 1154
  Hans-Edgar 895
Steck, Dietz-Werner 1071, 1197, 1399
  Johannes 585
Steckel, Leonhard 877
Stecker, Jan 11, 1181
Steed, Ben 634
Steeger, Ingrid 487, 661, 662, 1176, 1406
Steel, Anthony 328
  Christine 1200
Steele, Barbara 245
  Brian 516
  Stephanie 89
Steenbeck, Bart 1213
Steenburgen, Mary 552, 1407
Steffens, Dirk 1217, 1350
  Franz-Josef 166, 338, 416, 609, 1265
  Jennifer 564
  Karl-Maria 390
Steffl, Sandra 149, 564, 1022, 1055
Stegemann, Bernd 82
Stegmann, Anne 1079
Stehling, Sebastian 687
Steidle, Susanne 764
Steigenberger, Bettina 146
Steiger, Joel 602, 772
  Klaus 289, 290
  Otto 730
  Rod 587, 610
Steilen, Jan 657
Steimle, Uwe 532, 554, 934
Stein, Axel 108, 150, 524
  Ben 1369
  Eckart 655
  Eva 1216, 1262, 1395, 1403
  Ingrid 228
  Nikolaus 1071
  Thomas M. 262
  Wolfgang 1095
Steinacher, Edith 378
Steinbach, Peter 530, 601, 659, 714, 715
  René 309
Steinbauer, Marie-Luise 1134
Steinbeck, John 608, 609
Steinberg, Hank 1360
Steinberger, Emil 309, 332, 599
  Fritz-Peter 1312
Steinbrecher, Michael 39, 284, 285, 1156, 1414
Steinbrenner, Gregor 322, 378, 847, 955
Šteindler, Milan 1268
Steiner, Gerda jun. 533, 913, 914, 1400
  Peter sen. 533, 913, 914,, 1400
  Rudolf 520
  Sigfrid 399

Sigfrit 815
Sophie 218
Tilman 359
Steiner-Paltzer, Gerda 913, 1400
Steinhardt, Friedrich 1354
Steinhauer, Erwin 632, 1120, 1261
Steinheimer, Gert 92
Steinhöfel, Joachim 25, 976
Lars 1155
Steinke, Christian 300
René 40
Steinkellner, Bill 1098
Cheri 1098
Steinmann, Klausjürgen 291
Steinmasslová, Milena 920
Steinmetz, Herbert 320, 672, 720
Steinocher, Michael 664
Stelfox, Shirley 776
Stella, Francesco 226
Stelter, Bernd 137, 1094, 1160
Stelzer, Hannes 635
Stemberger, Julia 617, 618, 675, 829, 1038
Stemmle, Robert A. 975, 1269
Stemmler, Rainer 1093
Wolfgang 9
Stendhal 637, 1006
Stengel, Dieter 330
Stengl, Robert 172
Stennert, Phillipp 1321
Steno 540, 599
Stenstrom, David 768
Stenwald, Joy 485
Joy Robini Lynn 1155
Stenzel, Kurt 673
Stepanek, Elisabeth 64
Štěpánek, Vojtěch 1268
Štěpánková, Jana 468, 680, 920
Stephan, Bernd 323, 1026, 1116, 1329
Bernhard 862, 1193
Gina 1134
Klaus 480, 983, 1186
Michael 1411
Stephen-Daly, Christine 894
Stephens, James 457
Stepien, Ania 235
Stepto, Amanda 250, 251
Sterling, Alison 359
Georgie 1332
Philip 1165
Robert 1228
Stern, Christa 386, 658
Dawn 1301, 1303
Horst 1159
Leonard 337, 1337
Loretta »Lori« 177, 448, 878
Oliver 28
Otto 387, 670
Sternberg, Hans 29
Jonas 445
Ronit 296
Sternhagen, Frances 1156

Sternheim, Carl 1347
Sternin, Robert 894
Sterzenbach, Benno 951, 970, 1394
Stetten, Heio von 318
Stettner, Herbert 56
Steuer, Jon Paul 483
Noemi 416
Steurer, Matthias 559, 1404
Stevan, Kevin 1300
Stevens, Andrew 331, 1324
Connie 1084
Craig 912, 1268
David 696
Fisher 53
Gruschenka 387
Inger 640
Leslie 452, 893
Morgan 1043
Morton 526
Naomi 286, 1283
Shadoe 582, 772
Stella 389
Stevenson, Colette 447
Cynthia 879, 1098
James 1200
Matthew 308
McLean 276, 286, 504, 767
Parker 122, 355
Robert Louis 13, 15, 95, 1039, 1040
Stever, Alexander 142
Stewardson, Joe 1009
Stewart, Alexandra 1124
Amy 234
Charlie 55
French 554, 591
James 240, 526
James »Jimmy« 49
Jilana 1241
Mel 31
Patrick 243, 572, 973, 1110
Rob 70, 1239, 1351
Robert Banks 100, 613
Rod 58, 388, 840, 1340
Trish 1029
Volker Frank 61
Steyer, Christian 1261
Stich, Michael 770
Stichler, Susanne 504, 1228, 1305
Stidder, Ted 800
Stiebel, Jenni 1253
Stiehm, Meredith 222
Stieler, Josef 1057
Stier, Hans-Martin 383, 662, 1115
Hans Erich 594
Stieren, Frank 685, 986
Stierlin, Helm 572
Stiers, David Ogden 767
Štiglic, France 1103
Stiglmeier, Klaus 506
Stiles, Ryan 1360
Stiller, Ben 651, 1154
Jerry 651, 1198
Kerstin 1377
Stillers, Jerry 651

Stillkrauth, Fred 398, 1349, 1401
Stinde, Julius 182
Sting 62, 923, 1352
Stinshoff, Julia 41, 683, 692
Stirling, Linda 1338
Stirzenbecher, Claus 305
Stock, Barbara 1131
Jesse 359
Nigel 1088, 1280
Stöck, Wilhelm 1184
Stocker, Werner 399, 427, 1348
Stöckl, Barbara 284, 285, 725
Stockmann, Jessica 159, 770, 1188, 1255, 1349
Ulrich 577
Stockwell, Dean 1283, 1403
John 355
Stoddard, Malcolm 196, 978
Stoffman, Nicole 990
Stoffmann, Nicole 250, 251
Stöhr, Emil 583, 1168
Stoiber, Edmund 612, 1023
Stoker, Mike 872
Stokowski, Oliver 340, 341, 935
Stoll, Günther 256, 754, 785, 1192
Stollery, Christopher 393
David 1136
Stolojan, Diane 1348
Stolpe, Manfred 984
Stolte, Christiane 887
Dieter 479, 725, 871, 1358
Stoltenberg, Gerhard 636
Stoltenkamp, Meryl 412
Stoltz, Eric 1256
Stolz, Eric 210
Robert 80
Stolze, Diether 928
Lena 1145
Stölze, Alexander 183
Stolzmann, Reinhart von 708
Stömmer, Franziska 734
Stone, Christopher 92, 698, 1131
Curtis 1176
Dee Wallace 548, 698
Donoghue 1176
Harold J. 178, 247
Jeffrey 11
Matt 547, 1125
Milburn 969
Norman 1005
Oliver 1348
Pam 805
Paul 1319
Rob 830
Stuart 1241
Stör, Rudi 1254
Storch, Bernd 1403
Štorch, Eduard 456
Storeck, Eberhard 146, 921, 1003, 1137, 1344
Störk, Alexander 200
Storke, Adam 944
Storkebaum, Sibylle 571

Storm, Bob 1183
Christian 705
Emy 793
James 977
T. J. 226
Storry, Malcolm 443
Storstein, Silje 1113
Storz, Oliver 43, 66, 76, 458, 717, 744, 1024
Stoß, Franz 12
Stöß, Norbert 20
Stossel, Ludwig 754
Stott, Ken 791
Stotz, Hans 1026
Stout, Paul 31
Rex 853, 1398
Stowe, Madeline 452
Stoyanov, Michael 168
St-Pierre, Léopold 1053
Strach, Jiří 533
Straché, Manon 465, 564, 720
Strack, Günter 48, 197, 268, 320, 361, 544, 674, 758, 805, 806, 1000, 1037, 1223, 1308
Straczynski, J. Michael 110, 111, 199
Stradal, Marianne 430
Strahl, Erwin 305
Straka, Eva-Maria 1310
Stralser, Lucia 149
Strand, Robin 137
Strange, Glenn 969
Strangis, Greg 681
Strasberg, Susan 1227
Strässer, Carsten 1167
Strassman, Marcia 1327
Strassner, Fritz 72, 121, 469, 529, 823, 890, 951, 1078
Stratemeyer, Edward 515, 849
Stratenschulte, Werner 545, 658
Strating, Robert 776
Stratmann, Cordula 760, 1044, 1123, 1393
Stratton, David 1274
W. K. 600
Straub, Maria Elisabeth 216
Strauch, Agnes → Thomas, Adrienne
Straulino, Jana 442
Strauß, Franz Josef 172, 188, 319, 556, 571, 711, 729, 817, 976, 1065, 1387, 1398, 1402
Johann 701, 1164
Marianne 711
Max 1161
Peter 710, 812, 977
Robert 813
Strauven, Michael 688, 1122
Strawther, Larry 1281
Streatfield, Noel 763
Strecker, Frank 77, 247, 337, 510, 653, 704, 804, 1062
Max 24, 387
Rainer 40, 323
Reiner 1265

Streep, Meryl 335, 560
Streffing, Frank 512
Streich, Friedrich 1079, 1080
Streisand, Barbra 1125
Stresemann, Angela 404
  Gustav 1392
  Wolfgang 1392
Strick, Wesley 310
Strickland, David 1176
  Gail 544
Striebeck, Jana 43
  Peter 342, 488, 723, 1264, 1265, 1271, 1351
Striesow, Devid 129
Strietzel, Achim 74, 690, 790, 1045
  Daniela 292
Strigel, Claus 285, 788
Striker, Fran 1211
Strimpell, Stephen 583
Stringfield, Sherry 331, 859
Stripp, Peter 377, 637, 1007
Strischenow, Gleb 1006
Strittmatter, Erwin 691
  Fred 267, 1281, 1338
Stritzel, Oliver 174, 179, 190, 335, 578, 583, 934, 1071
Strnad, Jiří 655
Strnisková, Viera 411
Strobel, Katja 687
  Wolfgang 809
Ströbel, Sebastian 939
Strobele, Alexander 194, 813, 877, 1146
Strobl, Rudolf 367
Ströhlein, Marco 480, 499, 1014, 1150, 1167, 1180
Strohmeier, Petra 138
Stroiński, Krzysztof 86
Strojny, Maciej 367
Stromberger, Robert 268, 269, 951, 952, 1223, 1224, 1257, 1275, 1276
Stromidel, Markus 1145
Stromstedt, Ulla 394
Strong, Brenda 257, 1072
  Catrin 67
  Gwyneth 67
  Shiloh 1173
Strotzki, Erika 218
Stroud, Don 795
Strout, Don 931
Stroux, Stephan 785
  Thomas 785
Strub, Olga 59
Strubel, Oliver 1031
  Sepp 200, 296, 424, 639, 640, 890, 945, 1051, 1190
Struck, Hans Georg 1141
Struteanu, Alexandru 157
Struve, Günter 568, 586, 691, 1327
Struwe, Alfred 86, 421, 1379
  Philipp 112
Stuart, Charles 676
  John 21
  Katie 232, 522
  Patrick 632
  Robert 333

Stubbs, Imogen 79
  Una 1304
Stubel, Wolf-Dieter 827
Stubenvoll, Florian 1408
Stübner, Gertrud 417
  Veit 516, 646
Stuck, Hans-Joachim 1130
Stücklen, Richard 500, 1018, 1289
Stücklschwaiger, Manfred 323, 775
Stückrath, Lutz 645
Studenková, Zdena 326
Studt, Katja 217, 323, 712, 1351
Stuhler, Jacqueline 87, 723
Stukow, Fedja 1040
Stults, George 552
Stumpf, Hans 670
  Hartmut 467
  Isabell 743
Stumph, Stephanie 1168
  Wolfgang 868, 1027, 1028, 1091, 1168
Sturges, John 467
  Shannon 1035
Sturm, Victoria 494, 694, 1111
Sturridge, Charles 312, 1348
Stürzbecher, Ulrike 1354
Stutz, Michael 1240
Stützer, Peter 107
Styles, Susan 1210
Suchet, David 30
Sudduth, Kohl 1152
  Skipp 1212
Sudhoff, Ann-Cathrin 494, 596, 1008
Sudmann, Violetta 743
Suhor, Yvonne 1377
Suin de Boutemard, Inge 264, 896
Sukowa, Barbara 134, 712
Sukulow-Gurewitsch, Victor 1008
Šulajová, Katharina »Katka« 378, 1025
Šulcová, Jana 523, 545
Sullivan, Beth 290
  Billy L. 270, 475
  Brad 436
  Dail 119
  Erik Per 749
  Liam 819
  Nicole 651, 742
  Susan 265, 358
Sultan, Arne 517
Summer, Cree 60
Summers, Hope 1338
  Yale 237
Summerton, Antonio 633
Sumner, Cid Ricketts 1189
Sumpter, Donald 176, 746
Sundberg, Pär 922
Sundermann, Monika 241, 242, 497, 576, 665, 967
Supiran, Jerry 1297
Surangkanjanajai, Amorn 720
Surholt, Alexa Maria 585

Surhugue, Gérard 957
Surnow, Joel 929, 989, 990, 1246
Surovy, Nicolas 1362
Sury, Sebastian 355
Susann, Jacqueline 1187
Suschka, Hubert 214, 575, 1119, 1322
Susi, Carol Ann 847
Süskind, Martin E. 633
  Patrick 343, 652, 813
Susman, Todd 189, 1072, 1131
Süß, Reiner 237
Suszka, Jerzy 1349
Suter, Martin 581
Sutherland, Kiefer 1246
  Kristine 184
Sutoris, James 795
Suttarp, Atto 553, 1133
Sutter, Sonja 528
Sutterlüty, Elisabeth 144
Sutton, Lisa 933
Suwa, Andrea 1310
Suyderhoud, Helen 1265
Švábik, Daniel 655
Švantner, František 411
Svensson, Allan 31
  Ingwar 649
  Jón 870
  Sören 649
Svilarov, Jacqueline 169, 367, 429, 720
Svoboda, Karel 393, 639, 1190, 1275, 1344
  Martin S. 897, 1183
Švorcová, Jiřina 411
Švormová, Libuše 545, 905
Swackhamer, E. W. 398
Swank, Hilary 142, 196
Swann, David 563
Swanson, Gloria 643
  Kristy 184, 1071
Sward, Melinda 280
Swars, Günther 682, 1282
Swart, Sander 396
Swarte, Etienne de 130
Swartz, Tony 632
Swayze, Patrick 276, 355, 374
Sweeney, D. B. 1192, 1162, 1303
Sweet, Gary 150, 221, 930
  Jonathan 1124
  Katie 509
  Shane 1058
Sweeten, Madylin 48
  Sawyer 48
  Sullivan 48
Sweetin, Jody 424
Sweetland, Jeremy 1269
Swenson, Inga 131, 355
Swiader, Sebastian 300
Swienty, Benno 924
Swift, Clive 776
  David 682, 892
  Jonathan 496, 1277
  Susan 696
Swit, Loretta 193, 767

Switzer, Bill 313
Sydow, Alexandra 1293
  Hendrike von 271
  Max von 587
  Rolf von 468, 534, 645, 712, 716, 791, 1040, 1056, 1146, 1248, 1316, 1344
Sykes, Pamela 668
Sylvester, Harold 1058
  Regine 1111
  William 452
Sylvie 130
Symons, Emily 987
  Julian 682
Synówka, Rafał 416
Szarabajka, Keith 75, 615, 1063, 1156
Szász, Stephan 1293
Szekely, Kati 495, 895
Szepanski, Ralph 294
Szeps, Henri 841
Szewczenko, Tanja 1272
Szewczuk, Mirko 1101, 1334
Szmanda, Eric 233, 855
Sztavjanik, Franziska 1036
Szücs, Gabur 1156
Szwarc, Jeannot 473, 822
Szyszkowitz, Aglaia 323, 606

T
Tabard, Pierre 319
Tabary, Jean 596
Tabern, Peter 398
Tabor, Günther 454
Tabori, Kristoffer 162, 211
Tacchella, Jean Charles 61
Tacker, Francine 239
Tackitt, Wesley Marie 763
Taeger, Ralph 561
  Uta 32, 360
Tagawa, Cary Hiroyuki 851, 1127
Taggart, Rita 1293
Tagliavini, Harry 234
Tahon, André 97, 899
Takáč, Vlado 905
Takahasha, Kazuki 1378
Takahashi, Koji 679
  Rumiko 594
Takahata, Isao 528
Takei, George 336, 972
Takle, Darien 604
Talay, Türkiz 1105
Talbot, Ken 333
Talbott, Michael 792
Taliaferro, Hal 1338
Talleyrand, Charles 850
Tallmadge, Kim 1075
Tallman, Patricia 110
Tamblyn, Amber 552
  Russ 445
Tambor, Jeffrey 697, 753, 772, 933, 1409
Tamin, Alf 663
Tamiz, Edmond 905
Tanczos, Tibor 793
Tanguy, Annick 747
Tann, Hartmann von der 372, 1186

Tannen, Steven 1411
Tanner, Joy 173
Tao, Li Ma 549
Tapert, Robert 1374
Tapia, Gloria 31
Tappert, Horst 256, 257, 454, 508, 1104, 1153
Tapping, Amanda 1150
Tarantino, Quentin 233
Taranto, Glenn 855
Tarasjugin, Maxim 113
Tarbès, Jean-Jacques 1049
Tarloff, Frank 1089
Tarrach, Isolde 26
 Jürgen 633, 840, 904, 1252
Tarrant, Chris 684, 1290
Tarses, Jay 183, 953, 1227
Tartikoff, Brandon 194
Tasche, Christian 108, 442
 Michael 475
 Thérèse 458
Taschner, Kai 183, 1212
Tassone, Paul 1177
Tata, Joe E. 142
Tate, Nick 443, 559, 815
 Sharon 962
Tatum, Bradford 189
Tatzig, Maike 148, 149, 195
Taub, Walter 1028
Tauber, Bernd 167, 169, 174, 719, 1212, 1331, 1404
Tauchen, Manfred O. 433, 1272
Tauck, Katharina 986
Tausch, Franc 417
Tausig, Otto 1265
Tavel, Connie 427
 Sébastien 329
Taxier, Arthur 846
Tayback, Mel 582
Tayde, Mandala 945, 1015
Taylor, Benedict 154, 165
 Buck 969
 Clarice 154
 David 162, 335
 Dub 200
 Elizabeth 453, 1302
 Forrest 756
 Holland 777
 Howard 581
 Joan 1338
 Josh 142, 558
 Joyce 790
 Julie 812
 Kelli 202
 Ken 626
 Meshach 183, 582, 755, 1172
 Regina 860
 Renée 850
 Robert 375, 641, 1376
 Rod 358, 458, 881, 889, 1324
 Ronnie 753
 Sean 118
 Shaun 376
 Talus 116
 William S. 853
Teal, Ray 170

Teale, Leonard 1093, 1292
Tebbenhoff, Gesche 1131
Tefkin, Blair 1279
Teichert, Wolfgang 55, 193, 244, 284, 297, 954, 1060, 1217, 1227
Teichler, Hans 695
Teichmann, Emanuel 1158
Teichmüller, Ilka 804
Teissier, Elisabeth »Madame« 92
Telek, April 585
Telfer, Robert Sutherland 194
Telge, Madleine 783
Teltz, Vera 1106
Teluren, Anna 423, 720
Temeltas, Laura G. 1265
Tempel, Horst 668
 Jany 862, 963
Tempelhof, Lissy 684, 882
Tempest, Martin 1310
Tenison, Renée 689
Tennant, Victoria 385
Tenney, Anne 399, 449
 Jon 333, 1074
Tepe, Thomas 573
Terenzi, Marc 1033
Terjung, Hermann 622
 Knut 1387
Termerová, Lenka 411
Terne, Johannes 1105
Terron, Didier 842
Terry, Fiona 666
 Marquita 1278
Terryn, Johan 452
Terzieff, Laurant 826
Tesch, Manfred 332
Teska, Karoline 633
Tessen, Robert 1393
Tessier, Michael 1358
Tessmann, Boris 404
Testa, J. Skylar 1144
Testi, Fabio 465
Tetz, Margit 177, 622
Tetzlaff, Juri 378
Tetzner, Lisa 1066
Teuber, Monica 464
Teubner, Harry 1184
 Manfred 618, 1388
 Thomas 1157
Teufel, Wolfram 909
Teulings, Jan 1183
Teuner, Christoph 861, 1010
Teuscher, Hans 421, 646, 852, 1036, 1111, 1178
Tevinska, Jo 581
Tewaag, Ben 442
Tewes, Lauren 733
Tewson, Josephine 776
Texada, Tia 750
Tey, Josephine 176, 493
Tezuka, Osama 647
Thadeusz, Jörg 354, 936
Thalbach, Anna 715
 Katharina 715, 1212
Thaler, Karin 121, 190, 334, 581, 738, 1005, 1143, 1351
 Robert 374
Thalia 764

Thanh, Pham Thi 1237
Thanheiser, Johannes 1258
Thanisch, Jenny 424
Thatcher, Denis 711
 Margaret 711, 828, 1018, 1376
Thate, Hilmar 675
Thaw, John 236, 423, 592
Thayenthal, Karina 237, 383, 694, 1346
Thayer, Brynn 288, 769, 1243
 Julia 1338
Theaker, Deborah 1225
Thebrath, Jürgen 347
Thees, Kristian 1190
Thein, Ulrich 31
Theirse, Darryl 610
Theiss, Brooke 206
Thelander, Charlotta 61
Thelen, Leonie 726
Theobald, Marius 854, 993
Theroux, Justin 279
Thevenin, Raymond 1274
Thicke, Alan 1098, 1261
Thiel, Hans 578
 Heinz 684
Thiele, Dirk 1137
 Gudrun 304
 Klaus-Peter 421, 715
 Margarete 687
 Vivien 367
Thielemann, Kerstin 867
Thielsch, Walter 523
Thiemann, August-Walter 840
 Sven 763
Thieme, Bernhard 957
Thiemt, Hans-Georg 189, 218, 296, 299, 305, 460, 538, 572, 617, 618, 670, 687, 825, 904, 910, 935, 1146, 1299, 1409
Thierse, Wolfgang 33, 261, 644
Thies, Hans-Georg 1203, 1289
 Udo 606
 Werner 422
Thiesen, Ludwig 1063
Thiesler, Sabine 1392
Thiess, Ursula 641
Thiessen, Tiffani(-Amber) 142, 194, 373
Thigpen, Lynne 279
 Sandra 929
Thilo, Andrea 713, 1222
Thill, Abraham 861
 Marcus 861
Thimig, Hans 68
 Henriette 1282
Thinnes, Roy 245, 358, 594
Thissen, Eva, Maria 106
 Rolf 104
Thoelke, Wim 38, 39, 262, 298, 479, 489, 490, 491, 653, 837, 967, 1139, 1414
Tholen, Frauke 572
Thom, Peter 952, 1051
Thoma, Dieter 668, 943

 Helmut 40, 41, 353, 480, 482, 499, 901, 1011, 1049, 1060, 1091, 1185, 1375
 Ludwig 621
 Michael 364
Thomalla, Georg 10, 308, 454, 652, 668, 925, 1241, 1262
 Simone 90, 122, 228, 308, 359, 412, 813, 1261
Thomas, Adrienne 639
 Angelika 1265
 B. J. 1261
 Ben 1248
 Betty 933
 Bob 704
 Carmen 38, 39, 299
 Damien 1089
 Danny 21, 691
 Dave 483
 Dieter 271
 Ernst-Marcus 87, 919
 Gareth 248, 742, 1112, 1394
 Georg 1227
 Heather 223
 Jake 726
 Jay 732, 824, 894
 Jochen 1216
 Jonathan Taylor 563
 Julien 667
 Marlo 1176
 Melissa 1177
 Michael 1321, 1341
 Peter 67, 193, 970, 1081
 Philip Michael 792, 1406, 1410
 René 444, 1348
 Richard 997, 1315
 Robin 1173
 Scott 587
 Sean Patrick 279
 Sian 203
 Tamara Craig 878
 Victoria 887
Thomason, Harry 755, 1172
Thomass, Eugen 968, 1168
Thomczyk, Willi 197
Thomé, Frank 251
 Ingeborg 825
Thomer, Udo 185, 343, 800, 1155, 1311, 1313
Thomerson, Tim 692, 696
Thompson, Andrea 110, 600
 Barbara 479
 Brian 217
 Chris 26, 620
 Danièle 590
 Danielle 448
 Derek 96
 Dorrie 889
 Emma 335
 Ernest 1097, 1338
 Lea 200
 Marshall 61, 237, 238, 781
 Mike 362
 Ross 200
 Sada 71
 Scott 697

Shaw David 529
Susanna 870
Thomsen, Peter 761, 1160
Thomsett, Sally 753
Thomson, Gordon 254
John 563
John J. 742
Kim 741
Patricia Ayame 363
Sophie 703
Tess 428
Thon, Martin 1184
Thora, Magdalena 478
Thorent, André 900
Thorer, Axel 92
Thormann, Jürgen 296, 603, 686, 815, 941
Thorn, Christiane 296, 1299
Thorne, Geoffrey 586
Thorne-Smith, Courtney 62, 786
Thornhill, Lisa 550
Thornton, Billy Bob 1144
Brittany 664
Sigrid 251, 899
Thorpe-Bates, Peggy 1020
Thorsboe, Peter 28, 1257
Stig 1257
Thorsen, Russell 641
Thorson, Linda 808
Thorwald, Jürgen 602
Thouet, Peter M. 244, 653, 607, 714, 728, 900, 1043, 1075, 1154, 1219, 1345
Thomas 738
Thränhardt, Carlo 100, 571, 947
Thring, Frank 1108
Throne, Malachi 575
Zachary 529
Thumser, Gerd 703
Thun, Friedrich von 90, 119, 146, 185, 221, 373, 633, 713, 990, 1009, 1286, 1410
Max von 100, 127
Thunberg, Olof 181
Thurber, James 247
Thürk, Harry 980
Thurn, Hansjörg 24
Thurn und Taxis, Gloria von 330
Thurnau, Julia 862
Thurtell, Andrew 1149
Thyssen, Moc 204
Tibbles, George 504
Tiberius 572
Tic, Nicolae 124
Tichawsky, Michele 190
Tichonow, Wjatscheslaw 1326
Tichy, C. A. 679
Gérard 447
Roland 146
Wolfram 800
Ticotin, Rachel 881
Tidof, Max 678, 1146, 1171
Tidyman, Ernest 1086
Tiede, Herbert 459, 680, 1092, 1147, 1160

Tiedemann, Carlo von 84, 480, 840, 1090
Gaby 177
Tiedje, Hans-Hermann 482
Tiedtke, Ellen 329
Tiefenbacher, Matthias 109
Tienken, Oliver 1149
Tierney, Gene 448
Maura 331, 861
Tiesler, Tabea 301, 441
Tietz, Michael 382
Tietze, Carin C. 131, 1106, 1131, 1215, 1261
Volker 39
Werner 122, 325, 1261
Tietze-Ludwig, Karin 719, 1392
Tiffany, Paige 47
Tigar, Kenneth 689
Tiggeler, Nicola 356, 412, 513, 1258
Tighe, Kevin 872
Tilbourg, Valerie de 326
Tilbury, Peter 703
Tilden, Alexandra 1227
Franzi 1227
Jane 68, 269, 339, 401, 564, 884, 1330
Till, Karl von 626
Tiller, Nadja 328, 565, 823, 1043, 1159, 1171
Ole 177, 1228, 1272
Tillmann, Fritz 386, 522
Tilly, Meg 1355
Tilton, Charlene 239
Timberlake, Justin 278
Timerding, Christiane 572, 910, 1063
Hans 289, 290, 1063, 1092
Timm, Reinhold W. 1312
Timmins, Cali 640
Timms, E. V. 856
Timothy, Christopher 280
Tindemans, Leo 188
Tingwell, Charles 203, 251, 822
Tinker, John 427
Tiplady, Brittany 796
Tisch, Harry 980
Tischendorf, Bert 24
Tischlinger, Karl 427
Tison, Annette 116
Titre, Claude 12
Titus, Chris 1222
Tjirare, Jean-Michael 620
Tkotsch, Sina 1345
Tlhotlhalemaje, Cocky 886, 1040
Tobias, Andreas 43
George 1290
John 825
Oliver 283, 389, 674, 856, 1053
Tobin, Michele 958
Toboll, Kathrin 854
Toby, Mark 310, 311
Tochi, Brian 80, 374
Todd, Barbara Euphan 1304
Hallie 60, 726, 1270
Richard 176

Russell 548
Sonia 930
Toelcke, Hermann 64, 562, 1162, 1337
Toelle, Tom 157, 178, 575, 900
Toenz, Konrad 36
Toeplitz, Krzysztof Teodor 1155
Tögel, Hans-Jürgen 318, 334, 471, 567, 590, 595, 666, 904, 1040
Tognazzi, Ugo 1025
Togni, Suzanne 1075
Togo, Jonathan 1129
Tolan, Peter 616
Tolar, Günter 967
Tolkan, James 221, 519, 1172
Tolkien, J. R. R. 111
Tolsky, Susan 742
Tolstoi, Leo 78, 79, 682
Tolxdorff, Felix 979
Tom, Nicholle 849
Toma, David 1227
Tomei, Concetta 212, 599, 772, 951
Tomek, Erich 301, 1047, 1048
Tomlinson, Ricky 428
Tompkins, Steve 524
Tong Lim, Kay 537
Tonietti, Anne 439
Tonkel, Jürgen 162, 169, 524, 628
Took, Barry 821
Toomey, Regis 72, 987, 1087
Toovey, Ben 1073
Shawn 290
Topart, Jean 998
Topf, Anja 65
Till 1223, 1278
Topol, Adrian 904
Toppano, Peta 1015
Töpper, Bernhard 1203, 1347
Tordai, Teri 849
Torgerson, Jeremy 1216
Jon 1216
Toriyama, Akira 292, 293
Tork, Peter 818
Torka, Horst 164
Torkildsen, Justin 978
Törkött, Jürgen 998
Torme, Tracy 1109
Torn, Rip 294, 697
Tornade, Pierre 102, 574, 728, 854
Törner, Oliver 251
Tornow, Georgia 1045
Toro, Benicio del 195
Torrepadula, Michaela Rocco di 73
Torres, Jacqueline 432
Liz 464, 848
Torriani, Vico 477, 495, 565, 838, 1297
Tors, Ivan 17, 237, 394, 395, 438, 466, 1029, 1216, 1352
Torstadt, Tor M. 1327

Törzs, Gregor 253
Toscani, Claudio 469
Toscano, Laura 1334
Totten, Robert 1025
Toublanc-Michel, Bernard 415
Touissant, René 1337
Toulali, Christian 1178
Toulouse-Lautrec, Henri de 1077
Toulout, Henri 550, 936
Toussaint, Lorraine 232, 515
Touzet, Corinne 932
Towell, Iam 1174
Townes, Jeffrey A. 944, 945
Townsend, Jill 766
Sue 443
Townshend, Tammy 495
Towska, Lilly 876
Tracey, Ian 17, 800, 932, 1240
Trachta, Jeff 977
Trachtenberg, Michelle 184, 776
Tracy, Jill 875
Spencer 588
Susan 1158
Trageser, Kathy 929, 1200
Traier, Dieter 1057, 1305
Trainor, Mary Ellen 901
Tramitz, Christian 186, 386, 1232
Trampe, Gustav 172, 242, 545, 546, 644
Trams, Ines 294
Tranelli, Deborah 239
Trang, Thuy 939
Tranquilli, Silvano 163
Trantow, Cordula 109, 136, 1264
Trattnigg, Herbert 65, 429
Traub, Franziska 993
Traun, Ursula 670
Trautvetter, Anne-Sophie 112
Travanti, Daniel J. 801, 933, 935
Travers, Susan 1280
Traves, Frederick 627
Travis, Dave Lee 125
Kylie 203, 812
Nancy 126, 1156, 1410
Stacey 733
Travolta, John 1327
Traylor, Craig Lamar 749
Treas, Terri 47
Trebess, Manfred 765, 928
Trébouta, Jacques 489
Treccani, Elodie 73
Treff, Alice 403, 522
Treichler, Hans 1063
Tréjan, Guy 900
Tremblett, Ken 457
Tremko, Anne 194
Tremper, Susanne 655
Trendle, George W. 1211
Trenker, Luis 736, 737, 1139
Trent, Peter 11
Trepper, Leopold 1008
Trescow, Henning von 878

Treska, Caroline 329
Tress, David 632
Tressler, Georg 105, 112, 455, 459, 570, 622, 797, 1049
Trettin-Errath, Christine 106, 1227
Treuke, Heinz 1195
Treusch, Hermann 975, 1119, 1163
Treutel, Robert 169
Trevarthen, Noel 31
Trevisi, Franco 53
Tribout, Jean-Paul 807
Trick, Isabelle 355
Trickey, Paula 548, 894
Triebel, Dirk Simplizius 720
  Jürgen 1079, 1372
Trigg, Margaret 47
Trimborn, Isabell 480
Trinka, Paul 802
Trinneer, Connor 336
Trintignant, Nadine 1025
Trischan, Michael 1140
Tříska, Jan 905
Trissenaar, Elisabeth 134
Trixner, Heinz 1050
Troeger, Werner 415
Troegner, Franziska 216, 458, 694, 751, 1005
Troeller, Gordian 412, 647
Trofimiuk, Zbych 577, 1130
Trogdon, Miriam 251
Trojan, Helga 1266
Troll, Thaddäus 60
Troller, Georg Stefan 127, 900, 912, 1362
Trommer, Gerd 988, 1244
Trooger, Margot 367, 507, 538, 921, 922
  Sabina 90
Trösch, Robert 1395
Trost, Bastian 691
Trostorf, Julian 355
Trott, Judi 996
  Jürgen 557
Trotta, Margarethe von 601, 602
Troughton, David 1036
  Michael 1209
Troup, Bobby 872
Trowe, Gisela 122, 138, 163, 477, 505, 775, 797, 1261, 1345
Troy, Una 1357
Trpkovski, Zlatko 147, 1394, 1395
Truesdale, Yanic 463
Trummer, Sepp 710
Trump, Donald 84, 146
  Kelly 63
Truscheit, Torsten 625
Trusel, Lisa 1281
Truswell, Christopher 546
Trütsch, Sepp 485
Trybala, Marzena 1024
Tscharre, Ulrike 588, 719
Tschechowa, Vera 129, 305, 411, 455, 530, 576
Tschiersch, Jockel 1002

Tschirner, Nora 1158, 1159
Tsuchida, Sanae 975
Tsukimura, Ryoei 326
Tsuruta, Koji 400
Tu, Francesca 397, 1160
Tucci, Christine 192
  Michael 687
Tuck, Hillary 278
  Jessica 428
Tucker, Abi 527
  David 492
  Forrest 308
  Gil 393
  Michael 689
Tücking, Stefanie 139, 261, 402
Tudoran, Radu 157
Tuengerthal, Isabel 311
Tuiasosopo, Peter Navy 244
Tuinier, Olivier 1191
Tukur, Ulrich 1116
Tulasne, Patricia 88
Tulley, Paul 516
Tullia, Liv 1143
Tullis, Dan Jr. 1058
Tully, David 763
  Michael 589
  Peter 589
  Tom 1086, 1192
Tümena, Isabella 695
Tuomy-Wilhoit, Blake 424
Tupu, Lani John 372
Turban, Dietlinde 178
Turbová, Sylvia 92
Türck, Andreas 73, 74, 116, 207, 242, 620, 733, 884
Turco, Paige 30, 71, 1355
Turenne, Henri de 329
Turetta, Narjara 751
Türker, Dilek 1266
Turman, Glynn 222, 360, 916
Turnbeaugh, Brenda 1265
  Wendi 1265
Turner, Bonnie 554
  Bridget 214
  Dave 688
  Ethel 1093
  George 1338
  Gordon 1256
  Janine 105, 1167
  Karri 600
  Lana 741
  Simon 646
  Terry 554
  Tierre 777
  Tina 923, 1340
  Vickery 299
Turni, Oliver 299
  Sven 299
Turpin, Ben 1281
  Dick 267
Turrini, Peter 64
Turris, Jean de 315
Turturro, Nicholas 859
Tüschen, Katharina 906
Tusco, Marcello 487
Tutin, Dorothy 1073
Tuttle, Lurene 623
Tvredeck, Franta 773, 928

Twain, Mark 17, 371, 414, 944, 1225
Twardowski, Steffen 328
Twente, Christian 1324
Twiehaus, Peter 345
Twiesselmann, Elke 685
Twiggy 834
Ty Bryan, Zachary 563
Tychsen, Markus 947
Tykwer, Tom 655
Tyler, Kim 1263
Tylo, Hunter 894, 977
  Michael 1396
Tyner, Charley 1281
Tyrell, Sharon 335
Tyrrell, Ann 1176
  Sharon 1207
Tyson, Barbara 449
  Cicely 60, 1001
  Richard (M.) 515, 1355
Tyszkiewicz, Beata 489
Tzankov, Vili 1381
Tzomita, Tamlyn 189

U

Ubbe, Nynne 709
Überall, Klaus 636, 654, 1056
  Stephanie 1223
Uchida, Ryohei 975
Ude, Olaf 887
Udenio, Fabiana 70
Uderzo, Albert 30
Udet, Ernst 556
Udsen, Bodil 879
Udy, Helene 290
Uebel, Rainer 545
Uecker, Bob 830
  Georg 73, 453, 720, 1044
Uehara, Shyozo 1143
Ufer, Tobias 278
Uffindell-Phillips, Toby 1382
Uggams, Leslie 1001, 1326
Uhde, Christine 785
  Gerd 294
Uhl, Manfred 1020
  Nadja 387
Uhland, Erich 775
Uhlen, Annette 705
  Gisela 94, 403, 1223
  Susanne 338, 417, 524, 602, 854, 1121, 1168, 1307
Uhlig, Anneliese 582, 883, 904, 1355
  Elena 805
  Manfred 237, 645
  Wolfgang 244
Uhlmann, Nick 585
Uhrmeister, Martin 1356
Ulbrich, Walter 13, 702, 703, 726, 958, 996, 1039, 1075, 1076, 1225
Ulbricht, Vanadis 1347
  Walter 804, 1263
Ulfsak, Lembit 1251
Uljschkyn, Nikita 1113
Ullman, Tracey 62, 1231
Ullmann, Liv 587, 1178

Ullrich, Hans-Georg 136, 300
  Jan 1156
  Kurt 618
  Luise 23, 1394
  Rudolf 882
  Stephan 1030
  Sylvia 522
  Walter 1060
Ulmen, Christian 780
Ulrich, Heike 763
  Kim 1071
  Michael 890
  Robert 663
  Rolf 644
  Sylvia 853, 1055
Ulrici, Rolf 1306
Ulysse, Fred 600
Ulzen, Hermann van 873, 904
Umbach, Martin 429, 610
Umberg, Werner 89
Umeki, Miyoshi 311
Umgelter, Fritz 69, 214, 790, 975, 1009, 1113, 1331, 1332, 1355
Umlauf, Ellen 190
Underwood, Blair 548, 689
Unebelle, André 193
Ungeheuer, Günther 347, 683, 755
Ungerer, Holger 784
  Lilith 64
Ungerleider, Ira 609
Ungureit, David 777
Unterfehrt, Monika 811
Unterlauf, Angelika 37
Unterwaldt, Sven 76
Unterweger, Walter 148
Upfield, Arthur W. 171, 173
Upjohn, William 200
Uplegger, Susann 356, 1005, 1105, 1350
Urankar, Alfred 1284
Urbanek, Nadja 745
Urbank, Diana 654, 1240
Urdl, Albert 681
Ure, Gudrun 1174
Urecal, Minerva 912
Uribe, Diana 194
Urich, Robert 232, 733, 753, 1131, 1283
Urig, Sabine 365
Urlacher, Max 688, 1022
Ury, Else 854
Ustinov, Peter 30, 280, 393, 410, 585, 610, 834, 915, 1129, 1302, 1352
Usui, Yoshito 1089

V

Varga, Sandra 1060
Vargas, Agostin 478
  Jacob 750
  Jorgito D. 549
Varney, Reg 863
Vartan, Michael 46
Varty, John 1089
Vas, Silvia 1111
Vášáryová, Magda 92

Vasquez, Randy 21, 733
Vasseur, Philippe 1026
Vassey, Liz 1349
Vasskuhl, Thomas 1406
Vaudaux, Maurice 671
Vaughan, Greg 750
Vaughn, Jessica 154
  Robert 10, 223, 244, 331, 467, 641, 1117, 1292, 1323, 1326
Vávra, Bohumil 456
Vávrová, Dana 1168
Vazquez, Mario 635
Vecchio, Giuditta de 465
Vedernjak, Alexander 709
Vedsegaard, Ken 479
Veen, Herman van 45, 686, 1078
  Ine 1183
Veerman, Hans 782
Vega, Alexa 237
  Gonzalo 217
Veiczi, Janos 980
Veidt, Werner 572, 1063
Veigel, Werner 947, 1184, 1185
Veit, Luc 311
Vejmělková, Eva 639
Vela, Norma Safford 501
Velez, Eddie 10, 345
  Lauren 860
Velle, François 345
  Louis 743
Venczel, Vera 409
Vennemann, Silke 559
Venohr, Albert 1231
  Wolfgang 281
Venora, Diane 210
Venske, Henning 504, 589, 837, 1042, 1083, 1169
Ventimiglia, Milo 464
Ventresca, Vincent 175, 944
Ventura, Lino 480
Vera, Victoria 215, 1334
Vera-Squella, Carolina 142
Verbeck, Agnès van 641
Verde, Patrick 19
Verdoorn, Annemieke 775
Verdugo, Elena 289, 813
Vereen, Ben 895, 1001, 1054
Verena 147
Vereza, Carlos 975
Vergeen, Regine 1337
Verhaag, Bertram 285, 788
Verhoeven, Lis 136, 1308
  Michael 146, 681, 719, 1053, 1054, 1237
  Paul 397, 602, 755
Verica, Tom 203, 690
Veritch, Sean de 1214
Verley, Renaud 877
Vermehren, Isa 1367, 1392
  Michael 985
Vermorel, Claude 1376
  Jean 485
Vernay, Robert 12
Verne, Jules 447, 585, 769, 793, 808, 1021, 1407
Vernes, Henri 12

Vernick, Claude 743
Vernier, Pierre 793, 987, 998
Vernon, Barbara 1093
  Bobby 653, 1281
  John 21, 1025
  Richard 1031
Veroiu, Mircea 300
Verrell, Cec 400
Verstraete, Jeanne 1183
Vertrih, Polonah 816
Vertue, Sue 230
Vesco, Giselle 720
Veškrnová, Dagmar 140, 1221, 1393
Vespermann, Gerd 157, 780, 866, 1271
Vester, Frederic 39, 42
  Madeleine 1349
  Saskia 286, 538, 1021, 1287, 1346, 1404
Větrovec, Josef 682
Vetter, Gretl 430
  Marcus 1307
Vetterli, Werner 36, 345
Viali, Stefano 419
Viallet, Pierre 770
Viard, Bertrand 1190
  Henri 343, 449
Vicas, Victor 343, 807
Vickerage, Lesley 1255
Vickers, Eddie 125
Victor, David 289, 893
Vidal, Christina 864
  Lisa 548, 692
Vidalie, Albert 732
Vidocq, François Eugène 14
Viehhauser, Josef 345
Vieira, Asia 1241
Vieli, Edith 910
Viérick, Jean-François 42
Viering, Stefan 354, 918
Vierock, Frithjof 635, 832, 957, 1393
Viertel, Christine 1154
Viet, Bang Pham 442
Vieten, Petra 720
Vigoda, Abe 1358
Viharo, Robert 741
Vila, Janine 604
Ville, Geoffroy 899
Villechaize, Herve 371
Villiers, François 30, 1121
Villwock, Maxi 1162
  Maximilian 20
Vilnai, Peter 990
Vince, Pruitt Taylor 835
Vincent, Jan-Michael 32, 384, 741
  Mirès 315
  Peter 376, 853, 956
  Tim 930
Vinci, Jean 849
Vincon, Claus 196, 720
Vinklář, Josef 545, 680
Vinovich, Steve 800
Vinson, Gary 923
Vioff, Udo 427, 715, 1223
Violet, Gabriele 1064
Virgolini, Alexander, M. 1310

Virieux, Denise 640, 662, 877, 1044, 1341
Virkner, Helle 879
Virlojeux, Henri 484, 533, 1270
Virtue, Danny 853
Viscuso, Sal 104
Visek, Tomas 138
Visitor, Nana 1149, 1311
Visnjic, Goran 331
Visser, Angela 1278
  Susan 307
Vitasek, Andreas 829
Vitold, Michel 214, 958, 1274
Vitols, Paul 877
Vitouch, Elisabeth 1083
Vitovská, Helena 639
Vits, Astrid 1184
Vitua, Sabine 113, 777, 1158
Vives, Viviane 1294
Vízner, Oldřich 69, 1268
Vladyka, Miroslav 523
Vlaming, Jeff 202
Vlček, František 1092
  Karel 997
Vock, Harald 460, 579, 759, 1119, 1241
  Horst 804
Vocke, Gabriele 495
Vockroth, Frank 993, 1248
Vocks, Horst 984, 1026
Voelker, Judith 1324
Vogel, Benedikt 1388
  Darlene 894
  Hans-Jochen 976
  Heidi 190
  Immo 1329
  Isabell 124, 507, 571, 967
  Mitch 170
  Peter 679, 815
Vogeler, Volker 67, 756, 887
Voges, Bruno 213, 214, 377, 478, 572, 783, 917, 1062, 1063
Vogler, Karl-Michael 64, 449, 635, 639, 802, 904, 1069, 1161
  Karl Michael 327, 687
  Rüdiger 1282
Vogt, Claudia 1144
  Hansy 420
  Henning 551
  Sabine 1286
Vogts, Berti 787, 831
Vohrer, Alfred 67
Voight, Jon 1351
Voigt, Jürgen 1024
  Nadja 390
  Stefanie 163
Voigtländer, Nikol 97, 1030
Voisin, Charles 485
  Gabriel 485
Vojtěchová, Lucie 656
Vokral, Jaroslav 765
Voland, Herb 89, 1202
Volding, Katie 1200
Volk, Hilde 1121
  Ulrich 1166
Volkmann, Edith 289, 830

  Elisabeth 248, 478, 480, 661, 662, 882, 1049, 1101
Volkmer, Valentine 1282
Vollbrecht, Bernd 1116
Volle, Danielle 1064
Völler, Rudi 39
Vollereaux, Sonia 227
Vollmar, Wolf 190
Vollmer, Gottfried 40, 190, 779, 901, 1223
  Uwe 558
Volz, Nedra 223
Völz, Benjamin 36, 710
  Rebecca 36
  Wolfgang 57, 163, 411, 484, 534, 635, 666, 683, 744, 906, 970, 1026, 1095, 1147, 1274, 1372, 1400, 1413
Voncampe, Victoria 1288
Voorhies, Lark 194
Voosen, Jana 763
Vorbrodt, Nina 1075
Vorderwülbecke, Manfred 1140
Vorliček, Václav 392, 762, 1015
Vorlop-Bell, Marina 1121
Vorne, Angela 873
Vos, Ton 397
Vose, Denise 974
Vosgerau, Karl Heinz 337, 664, 775, 904, 1307
Voska, Václav 1291
Voskovec, George 853
Voss, Anne 735
  Cay Dietrich 342, 1184
  Olaf 900
  Peter 546, 943
  Sven 719
  Ulrich 878
Voyagis, Yorgo 610
Vrabel, Jozef 378
Vranic, Meta 1120
Vránová, Alena 545
  Gabriela 523, 1291
Vresijp, Nolle 276
Vries, Christa de 430
  Edwin de 307
Vrijberghe de Coningh, Coen van 396
Vrombaut, An 70
Vrstala, Jiří 220, 1396
Vrzal, Ivo 681
Vukasović, Nedeljko 1009
Vukovic, Milos 1272
Vulpius 989
Vydra, Václav 1268
Vyskočil, Ivan 392
Vytasil, Josef 69

W

Waalkes, Otto 476, 892, 1001
Wachholz, Meyen 826
Wachiwiak, Maria 720
Wachowiak, Jutta 325, 602
Wachs, Caitlin 948
Wachtveitl, Udo 65, 409, 427, 510, 1196, 1401

Wacker, Torsten 251
Wackerbarth, Horst 1007
Wackernagel, Christof 19, 588
 Erika 524, 558, 783, 1053
 Katharina 1189
 Sabine 1337
Waffender, Manfred 1298
Wagandt, Ulrich 866
Wageck, Josef 387, 1259
Wagg, Peter 771
Waggoner, Lyle 1365
Waghorn, Thomas 1341
Wagn, Makla 1078
Wagner, Amelie 78
 Andrea 10, 891
 Bruce 1348
 Christian 999
 Chuck 107
 Daphne 128, 1265, 1349
 Dieter 906
 Eberhard 811
 Friederike 1408
 Germain 50, 1159
 Hermann 1217
 Jack 786
 Jasmin → Blümchen
 Joachim 898
 Julian 517
 Kurt 530
 Lindsay 976, 1072, 1073, 1093
 Maria Theresia 522, 1353
 Rainer C. M. 347, 488
 Richard 370, 488
 Robert 517, 575, 908, 1408
 S. O. 876
 Sabine 531
 Simon-Paul 1215
 Susanne 417, 888
 Winifred 555
 Wolfgang 64, 180
Wahl, Ken 631
 Wolfgang 292, 471, 564, 1061, 1068, 1218
Wahlberg, Donnie 114
Wahlmann, Julia 1281
Wahlöö, Per 669, 670
Wähner, Horst 221
Waigel, Theo 328, 1060, 1392
Wainwright, Loudon 71
Waite, Ralph 803, 1001, 1315
Waitzmann, Kurt 343, 1217
Wakefield, Dan 805
Wakeham, Deborah 16
Walberg, Florian 177
 Garry 760, 959
Walbröhl, Clara 213, 1062
Wald, Stephan 569
Walda, Dorothea 66, 289, 313
Waldbrunn, Ernst 862
Walden, Matthias 319, 426
 Robert 732, 1269
 Sina 56, 313, 380
Waldheim, Kurt 1302
Waldhoff, Werner 752

Waldmann, Jochen 982
Waldner, Ulrich 300, 385, 878, 1193
Waldron, Gy 305
Walendy, Paula 650
Waligura, Kathrin 70, 429, 430, 1155
Walke, Michael 390, 1261
Walker, Ally 345, 815, 948
 Andrew 1403
 Arnetia 506, 772
 Clare 583, 763
 Clint 180, 210
 Eddie 200
 Giles 1255
 Jeffrey 877, 958, 1248
 Jonathan 1071
 Jon Patrick 1043
 Marcy 1056
 Matthew 1274
 May 1064
 Nancy 60, 714
 Paul W. 1214
 Rudolph 591
 Sullivan 515
Wall, Dorothy 166
Wallace, Art 1256
 Edgar 312, 757, 1143, 1300
 Marcia 547
 Randall 953
 Rowena 31, 119
Wallach, Eli 412, 1287
Wallasch, Chris 1047
Walle, Stefan de 396
 Tinkeke van der 335
Wallen, Steven 1075
Waller, David 1081
Wallgren, Gunn 181
Walling, Mike 45, 856
Wallis, Bill 930
Wallraf, Mirko 763
Wallraff, Diego 252, 697
 Günter 983, 1271
Walmsley, Jon 1315, 1316
Walser, Franziska 1065
 Martin 260, 1192, 1390
 Sven 856
Walsh, Brigid Conley 60
 Dermot 987
 Dylan 869
 J. T. 245
 Jill Patson 1228
 Sydney 310, 591
 Vincent 841
Walsingham, Sir Thomas 1352
Walston, Ray 781, 919
Walter, Dagobert 954
 Harriet 943
 Jessica 879
 Matthias 494
 Ruedi 359
 Tracey 886
 Ullrich 617, 618
Walter-Lingen, Nicole 1286
Walters, Jamie 142, 529
 Julie 443
 Melora 689
 Susan 149, 564, 779, 1070

Thorley 187
Walther, Kirsten 879
 Klaus 545
 Willy 1093
Walton, John 1323
 Richard 1044
Waltz, Christoph 415, 492, 901, 904, 1198
Walz, Martin 1007
 Stefan 429
 Udo 1033, 1249
Wambaugh, Joseph 187, 930
Wameling, Gerd 253, 878, 1363
Wanamaker, Sam 137
Wandel, Rüdiger 107, 917, 1197
Wanders, Lilo 1313
Wandrey, Eduard 365
Wang, Frances 230
 Garrett 1150
Wanja, Iwa 607
Wanka, Irina 292, 329, 1050
Wannek, Antonio 916, 1298
Warbeck, David 1039
Warburton, Patrick 582
Ward, B. J. 1311
 Burt 120
 Jonathan 258
 Margaret 682
 Megan 218, 245, 1355
 Rachel 286
 Sela 331, 870, 1165
 Susan 750, 1172
 Tom 455
 Wally → Langham, Wallace
 Zack 173, 1222
Warde, Harlan 709
Warden, Bradley 80
 Jack 91, 117, 363, 534, 664
 May 272
Ware, Clyde 106
Warfield, Marsha 517
Wark, Oskar 1138
 Thomas 1138
Warlock, Billy 122, 519
Warner, David 300, 560, 1348
 Julie 371
 Richard 1104
Warnes, Jennifer 1261
Warnkross, Annemarie 1181
Warns, Guntbert 217, 516, 783, 867, 1111, 1163, 1256
Warren, Charles Marquis 708, 969, 1198, 1199
 Gary 203
 Jennifer 638
 Karle 428
 Kiersten 194
 Lesley Ann 452, 666, 908
 Michael 50, 933, 1151
 Mike 199, 1097
Warrington, Don 1129
Wartha, Norbert 901
Warwick, Dionne 733
 James 258, 1208
 Richard 707

Wäschenbach, Katharina 648
Washbrook, Johnny 390
Washington, Denzel 210
 Kenneth 629
Wasilewicz, Andrzej 687
Wasow, Katrin 1293
Wass, Ted 104, 168, 879
Wasserberg, Jörg 900
Wassermann, Jakob 362
Wassmann, Gernot 195
Wassmer, Erna 292, 913, 1400
Waterhouse, Mary 919
Waterman, Dennis 100, 423
 Felicity 1214
 Steve 548
Waters, John 251, 601
Waterston, Sam 598, 700, 957
Watkin, Lawrence Edward 1136
Watkins, Jim 745
Watkins-Pitchford, Denys J. 581
Watling, Deborah 1269
Watros, Cynthia 1222
Watson, Alberta 867
 Angela 1151
 Barry 551
 Debbie 1189
 Jack 674
 Mills 1087
 Moray 203
 Reg 498, 843, 844
 Russell 336
Watt, Nathan 473
Wattis, Richard 782
Watton, Christian 1049, 1136
Watzinger, Dorit 577
Wauer, Britta 112
Waugh, Duncan 250, 251
 Evelyn 1348
 Richard 432
Waury, Sybille 635, 720
Wauschke, Bettina 442
Waxman, Al 193, 1411
 Mark 113
Way, Ron 1093
Wayans, Damon 1301, 1341
Wayne, David 539
 Ethan 27, 977
 John 230, 270, 562, 969, 1302, 1338
 Johnny 1323
 Patrick 270
Weatherly, Michael 245, 852
 Shawn 122
Weathermax, Rudd 698
Weathers, Carl 457, 587, 890
Weatherwax, Ken 27
Weaver, Dennis 330, 645, 777, 908, 969, 1087
 Fritz 294, 560
 Lee 153, 270
 Robby 1225
 Sigourney 790
Weaving, Hugo 276
Webb, Chloe 212

Personenregister

Jack 77, 872, 931, 1097, 1148
Karen 810
Steven 522
Weber, Benedikt (»Beni«) 90, 170, 954, 1125
 Burkhard 81, 386
 Eberhard 479
 Florian 1365
 Georg 49, 190, 1178
 Gregor 365, 596, 688
 Hanns-Jörn 466, 636
 Hans 325
 Jacques 484, 1208
 Jake 71
 Jürgen 485
 Kal 949
 Michel 357
 Steven 643, 1250
 Utz 1126
 Walter 862
 Willy 1234
Webster, Derek 866
 Mary 887
 Victor 840
Wechsler, Nick 1006, 1200
Weck, Peter 308, 367, 392, 455, 572, 573, 879, 999, 1035, 1036, 1091, 1330
Wecker, Konstantin 175, 449, 587, 652, 655, 683, 879, 1042
Weckler, Michael 658
Wedegärtner, Jochen 67
Wedekind, Axel 442
 Beate 781
 Claudia 10, 503, 790
Wedel, Dieter 29, 48, 104, 178, 320, 487, 503, 675, 686, 753, 900, 1037, 1038, 1064, 1144, 1253, 1351
Wedemeyer, Herman 525
Wedersøe, Erik 1257
Wedgeworth, Ann 237
Wedhorn, Tanja 144, 854, 1105
Wedlich, Roland 873
Weems, Priscilla 107
Weerd, Rogier van de 396
Wege, Ellen 616
 Herbert 616
Wegeleben, Gottfried 127
Wegener, Hannes 442
Wegner, Nina 20
 Sabine 416
Wehe, Oliver 128
Wehner, Bernd 422
 Eva 869
 Herbert 133, 571, 668, 729, 1387, 1398
Wehnert, Roderich 92
Weichberger, Michael 49
Weicker, Hans 269
Weidemann, Jens 1027
Weidenmann, Alfred 1119, 1332
Weidling, O. F. 468, 493
Weidner, David 168
Weigang, Rüdiger 530, 575

Weigel, Herman 524, 1158
 Marc 1012, 1013, 1137
Weigelt, Heidi 553, 1371
Weigend, Julian 1044
Weigle, Thorsten 326
Weigner, Scott 424
Weiher, Erich 1211
Weijers, Robin 282
Weil, Jo 775
 Liza 463
Weiland, Zoe 125
Wein, Len 271
Weinberger, Ed. 153, 830, 1199
Weinek, Martin 672
Weinert, Christoph 1301
 Holger 558, 789
Weinheimer, Horst 878
Weinkauf, Thomas 1301
Weinknecht, Anne 1252
Weinreich, Irma 1077
Weinzierl, Kurt 190, 242, 679, 920, 1330
Weir, Peter 856
Weirich, Brigitte 500
Weis, Heidelinde 367, 392, 411, 587, 782
Weischenberg, Sibylle 654
 Siegfried 1060
Weisenfeld, Ernst 133
Weiser, Grethe 1015, 1211
 Wolfgang 396, 454, 583, 639, 1049
Weisgerber, Antje 694
 Eleonore 190, 217, 344, 383, 530, 592, 941, 942, 1190, 1304
Weiske, Claudia 498
Weisman, Kevin 46
 Robin 1214
Weiß, Carl 105, 242, 1388
 Daniel 1069
 Eberhard 16
 Heinz 142, 221, 483, 582, 695, 1092, 1113, 1235, 1355
 Helmut 49
 Marius 146
 Michael T. 944, 1248
 Peter 734
 Rainer 583
 Ralf 643, 1348
 Robert K. 1109
 Samuel 43
 Shaun 1283
Weisse, Ina 581
 Nikola 572
Weissenberg, Alexis 156
Weißer, Jens 634, 1369
 Katrin 440
 Morgan 1127
Weissflog, Peter 469, 528, 797, 800, 1039
Weißler, Katrin 1344
Weissmüller, Johnny 39, 1190, 1191
Weisswange, Alexander 386
Weitershausen, Gila von 138, 150, 328, 602, 694, 711, 729, 904, 1235, 1354

Weithorn, Michael J. 60, 651, 852
Weitz, Barry 11
 Bruce 55, 933, 1299
Weitzenböck, Katja 43, 1146
Weivers, Margreth 731
Weixelbraun, Heinz 672
Weizenegger, Birgitta 720
Weizsäcker, Richard von 260, 479, 621, 668, 1392
Wekwerth, Peter 118
Welbat, Alexander 289, 460, 758, 1400
 Douglas 505, 1350
Welch, Michael 552
 Raquel 203
 Tahnee 465
Welke, Oliver 205, 483, 495, 537, 589, 844, 964, 1094
Wellenbrink, Susanna 412, 469, 584
Weller, Fred 801
 Peter 878
 René 63, 523
Wellershoff, Irene 1095
Welles, Orson 747, 891, 962
Welling, Tom 1110
Welliver, Titus 548
Wellmann, Ingeborg 1346
Wells, Carole 923, 1301
 Colin 949
 Danny 1173
 Dawn 463
 H. G. 681, 1268
 Herbert G. 1269
 John 212, 1212
 Scott 1174
 Tracy 830
Wels, Stephan 898
Welser, Maria von 806, 807, 810
Welsh, John 404
 Jonathan 27
 Kenneth 446
 Margaret 753
Welteroth, Petra 529, 826
Weltzin, Kristina von 1206
Welz, Elisabeth 469, 695
Welzel, Petra 137
Wember, Bernward 140
 Torsten 52, 147
Wen, Ming-Na 331, 1103
Wenck, Ewald 910
Wendehals, Gottlieb 248, 571, 1175
Wendel, Constanze 1271
 J. C. 582
Wendenius, Crispin Dickson 649
Wenders, Wim 522
Wendkos, Gina 712
 Paul 741
Wendl, Annemarie 720
 Ingrid 1318
Wendlandt, Horst 312
Wendleder, Franz-Xaver 570, 1050
Wendler, Horst Ulrich 456, 981, 1393
Wendlund, Britt 547

Wendrich, Dieter 24, 866, 936
Wendt, Ernst 1059
 George 208
 Nicki 230
Wengraf, Senta 367
Wengrod, Karen 867
Wenham, Jane 1209
Weniger, Nina 40, 1408
Weninger, Raffael 623
Wennemann, Klaus 173, 356, 596, 695, 956, 1063, 1071, 1281
Wenner, Griseldis 179
Wenninger, Michael 1252
Wensch, Hildegard 383, 857
Wenzel, Brian 190
 Claudia 292, 1261, 1379
 Gerhard B. 291, 327
 Heidemarie 421, 1264
 Heinz 946
 Tanja 1350
Wepper, Elmar 595, 632, 668, 797, 932, 1267, 1268, 1348, 1405, 1408
 Fritz 256, 257, 632, 668, 669, 1252, 1253, 1405
Werding, Juliane 299, 827, 1187, 1234
Werich, Jan 896
Werle, Barbara 399
Werlin, Michael 56, 76
Wernecke, Dieter 1259
Werner, Axel 70
 Carlos 434, 720, 915, 954
 Dieter 46, 403, 437, 853, 913, 954, 1217, 1227, 1248
 Hans 704
 Ilse 176, 994
 Margot 641, 717, 718
 Ralph 855
 Rita 405
 Susanne 577, 801
 Ursula 325
Wernicke, Michael 1119
Wernström, Sven 502
Werny, Marga Maria 1052
Werremeier, Friedhelm 59, 423, 653, 1194
 Friedrich 56
Wertmüller, Lina 168
Werup, Mick 268
Wesche, Jürgen 905
Wessel, Gisela 882
 Kai 659
Wesselmann, Ulrich 138
Wessely, Rudolf 1029
Wessinghage, Thomas 1307
Wesson, Dick 804
West, Adam 120, 244, 307, 641
 Bernie 542
 Brayden 974
 Chandra 202, 233
 Morris L. 1223
 Shane 870
 Tamsin 1248
 Theo 378, 923, 938, 1291, 1344
 Timothy 312

Westaway, Simon 287
Westerdahl, Kalle 1374
Westerlund, Catrin 637
Westerman, Floyd Red Crow 1314
Westermann, Christine 294, 415, 1393
  Hans Herbert 1402
Westermeier, Fritz 810
  Paul 607
Western, Pamela 24
Westerwelle, Guido 1393
Westfeldt, Jennifer 1043, 1239
Westheimer, Ruth 501
Westman, Nydia 1144
Weston, Amber-Lea 196
  Carolyn 1163
Westphal, Ingeborg 31, 190
Weström, Lars 1252
Wetter, Alexander von 1361
  Friedrich 1367
Wettervogel, Ben 1388
Wettig, Patricia 139
Wetzel, Constanze 513, 532, 1265
  Ulrich 322, 1162
Wewel, Günter 642
  Günther 72
Wewerka, Christian 1293
Weyer, Hans Hermann 1221
Weyrich, Pit 24, 139, 387, 640, 918, 1202
Whalen, Sean 1129
Whaley, Michael 948
Whalin, Justin 1175
Whalley, Tat 1411
Whalley(-Kilmer), Joanne 70, 1035
Wharmby, Tony 252
Whately, Kevin 592
Wheatley, Alan 995
Wheaton, Will 973
Whedon, Joss 75, 183
Wheelahan, Paul 99
Wheeler, Bert 493
  Kenny 479
  Maggie 329
  René 485, 932
  Sally 1412
Whelan, Jill 733
Whelen, Julia 870
Whipple, Sam 1084
Whitaker, Forest 1248
  Johnny 714
Whitbread, Oscar 509
  Peter 67
White, Andy 1351
  Barry 62
  Bernard 931
  Betty 474, 475, 880
  David 1290
  Jack 543
  Jaleel 495
  Jesse 1176
  John 164, 362
  Jordan 563
  Julie 483
  Karen Malina 222
  Leonard 807
  Mike 445
  Osmar 1292
  Sandra 734
  William J. 105
Whitehead, Geoffrey 1088
  Paxton 1099
Whiteman, Matthew 812
Whitemore, Hugh 248
Whitfield, Dondre T. 504, 1075
  June 20
  Lynn 259, 544
  Mitchell 373
Whiting, Arch 802
  Margaret 702
  Napoleon 150
Whitley, Kim 1127
Whitman, Mae 61
  Stuart 766, 1174
Whitmore, James Jr. 496
  Stanford 115
Whittaker, Roger 1083
Whittingham, Sheila 987
Whittle, Brenton 308
Whitton, Margaret 1000
Who, Garry 998
Wiatrek, Günter 1184
Wichmann, Joachim 24, 190, 591, 901, 1114, 1274
Wicker, Wigbert 121, 929
Wickert, Ulrich 723, 818, 858, 1177, 1186
Wickes, Mary 457, 623
Wicki, Bernhard 338, 602
Wickline, Matt 54
Widerberg, Johan 309
Widmark, Richard 1081
Wieben, Wilhelm 124, 1184
Wieczorek-Zeul, Heidemarie 1166
Wied, Thekla Carola 61, 83, 97, 572, 604, 994, 1071, 1345
Wiedemann, Elisabeth 505, 540, 541, 717, 862, 1281
Wiedenhaus, Hans-Jörg 861
Wiedenhofen, Gerd 426, 632, 1051
Wieder, Hanne 785
Wiedermann, Jochen 176, 658, 742, 945
  Károly 587
Wiedke, Cara 485
Wiedmann, Hanns 378
Wiedner, André 636
Wiegand, Alexa 711
  Hans-Gerd 112, 654
  Jasmin 869
Wiegandt, Alexa 469, 1349
Wieland, Guido 990
  Ute 673
Wiemer, Daniel 108
Wien, Dieter 715
  Fabian Oskar 442
  Matthias 70
Wiener, Rick 280
Wiere, Harry 879
  Herbert 879
  Sylvester 879
Wiese, Carina (Nicollette) 40, 305, 341
Wieseler, Susanne 649
Wiesenfeld, Joe 181
Wieser, Andrea 52, 195, 541
Wiesinger, Kai 82, 94
Wieskerstrauch, Liz 413
Wiesner, C. Ulrich 1141, 1142, 1169
  Michael 715
  Susanne 434
Wiest, Dianne 1390
Wigger, Leo 43
  Max(imilian) 543, 596, 754
  Stefan 70, 522, 596, 862, 1215
Wiggers, Ulrich 1061
Wiggins, Chris 1070
Wigham, Jiggs 479
Wighins, Chris 339
Wight, Andrew 959
  James Alfred 281
Wightman, Robert 1315
Wijdeven, Eva van de 307
Wijeysinghe, Nishan 286
Wijnvoord, Harry 559, 571, 943, 1272
Wijs, Czesław de 445
Wikström, Mats 637
Wilborn, Carlton 386
Wilbrandt, Jörg 400
Wilcke, Alexandra 1009
  Claus 595, 683, 910, 911, 1178
Wilcox, Frank 813
  Larry 213, 698
  Mary Charlotte 1225
  Nina 610
  Paula 746, 753
  Sophie 675
Wilczek, Raffael 1120
  Raphael 24, 413
Wilczynski, Peter 941, 1189
Wild, Gaby 681
  Gina 1012, 1181
Wildauer, Sibylle 710
Wildbolz, Klaus 49, 131, 218, 564, 576, 990, 991, 1050, 1054, 1198, 1235
Wildburg, Sylwia von 553
Wilde, Claudine 122, 469, 672, 694, 813
  Kim 840
  Stuart 1141
  Tim 76, 1101
Wilder, James 333, 812
  John 900, 1351
  Laura Ingalls 1266
  Nick 1112, 1123
  Robert 389
  Yvonne 889
Wildhagen, Georg 1111
Wilding, Michael jun. 81
Wildman, John 164, 196
Wildner, Andrea 1252, 1268
Wiles, Jason 588, 1212
Wilhelm, Hans 1314
  Kurt 43, 823, 839, 1282, 1391, 1398
  Uwe 1240
Wilhelmina, Susanne 65, 1158
Wilhoit, Lisa 1353
Wilhoite, Kathleen 690
Wilk, Herbert 1264
  Udo 909
Wilken, Klaus 1406
  Sonja 1190
Wilkening, Christina 805
Wilkes, Donna 504
Wilkie, Bernard 925
Wilkins, Fion 1224
  Luke 854
Wilkinson, Tom 1136
Wilkof, Lee 379
Will, Anne 901, 1140, 1186
Willaert, Roland 877
Willcox, Pete 308
Willeg, Heinz 1081
Willemsen, Roger 91, 109, 309, 464, 873, 1352, 1353
Willer, Gundolf 661
Willers, Thomas 852
Willett, Chad 229
Willette, Jo Ann 206
Williams, Amir 222
  Anson 512
  Barry 297
  Bill 438
  Billy Dee 550, 930
  Bindi 1366
  Chino 117
  Christian 538
  Clarence III. 1246
  Darnell 345
  Deniece 368
  Diahn 516
  Dick Anthony 258
  Ed 848
  Eric Eugene 548
  Fenmore 1037
  Findy 1228
  Fred 305, 989
  Guy 1294, 1396
  Hal 1281, 1411
  Harland 1099
  Jeff 156
  Jermaine 1238
  JoBeth 660
  Joe 154, 201
  John 714
  Kelli 860, 940
  Kenneth 1353
  Kent 795
  Kimberly 144, 1390
  Malinda 864
  Matt 563, 1003, 1004
  Michelle 249
  Montel 549
  Peter 1150
  Robbie 206, 1340
  Robin 512, 625, 824
  Ron 955, 1029, 1128
  Rosalie 388
  Simon 521, 699, 757
  Steven 33, 689, 1247
  Steve »Dr. Death« 990
  Tennessee 1302
  Tim 1031

Tonya 1401
Treat 310, 349, 501
Van 859
Vanessa 786
Victor 651
Williams-Ellis, Clough 874
Williamson, Clayton 449, 1124, 1233
Kevin 234, 249
Marco 425
Martha 800, 1355
Mykel T. 846
Willig, Miloš 682
Willing, Hans-Peter 353
Ute 157, 260, 501, 607, 643, 1083, 1116, 1163, 1221, 1322
Willinger-(Zaglmann), Cornelia 373, 524, 915
Willingham, Noble 1210, 1314
Willis, Bruce 811
Jerome 1031, 1127
Richard 447
Ted 530, 993
Willms, Johannes 91, 723
Willock, Baines Margaret 374
Dave 763
Wills, Anneke 1131
Chill 270
William 336
Willschrei, Axel 67
Karl Heinz 43, 90, 158, 294, 361, 518, 726, 821, 1069, 1155, 1195, 1363, 1382
Willumeit, Günther 1175
Wilmenrod, Clemens 158, 381, 422, 1397
Wilmer, Douglas 260
Wilmore, Larry 524
Wilms, David 720, 791
Dennis 1217, 1358
Thijs 885
Wilsch, Thomas 844, 1182
Wilsher, J. C. 1255
Wilsing, Karl-Heinz 545
Wilson, Anthony 1087
Brian, G. 895
Bridget 196
Debra 742
Donald 78
Dorien 293
Everette 154
Forrest 1174
Frank 559
George C. 400
Georges 172
Hugh 270, 1200
Jeannie 1099
Judy 281
Keith 742
Kristen 549
Leanne 1232
Lexia 1250
Marquise 310
Melanie 486
Nancy 1281
Oliver 281
Owen 1154
Patrick 334
Peta 867
Richard 753, 1327
Ronald 154, 1112
Sheree J. 239, 1314
Stuart 79, 702
Wilz, Walter 1040
Wimberger, Andreas 1030
Wimmer, Brian 395
Winbush, Camille 373
Wincer, Simon 1019
Winch, Arden 1109
Wincott, Jeff 845
Winczewski, Patrick 327, 534, 564, 694
Wind, Günter 1096
Windeck, Agnes 1262, 1276
Windhuis, Andreas 197, 356
Winding, Victor 351
Windisch, Hansjürgen 1076
Windmöller, Eva 313
Windom, William 247, 330, 640, 784, 822
Windsor, Barbara 1174
Bernadette 668
Frank 1191
Lulu 1174
Winfield, Paul 520, 623, 650
Winfrey, Oprah 510
Winger, Debra 1365
Wingfield, Peter 549
Winiewicz, Lida 1040, 1091, 1313
Wink, Steffen 1044
Winkelmann, Coco 699
Mario 1331
Winkels, Hubert 873
Winkelvoss, Rainer 909
Winkens, Elke 146, 672, 1257
Winkler, Heinz 170
Henry 512
Mel 222
Rut 294
Sebastian 1033
Wolfgang 392, 584, 934, 1261
Winnell, Caroline 581
Winningham, Mare 286
Winona, Kim 493
Winslow, Michael 929, 1410
Winston, Hattie 126
Leslie 1316
Robert 648
Winstone, Ray 996
Wint, Maurice Dean 952, 998, 1202
Winter, David 24, 103
Edward 588
Judy 1306, 1409
Mandy 914, 1017
Michael 1185
Rebecca 469
Winterfeld, Saskia von 616
Winterhalder, Andreas 1067
Winters, Jonathan 824
Michael 463
Winther, Jörn 740
Winzentsen, Franz 1363
Ulla 1363
Wipperich, Beatrix 829
Wirbitzky, Klaus 1300
Michael 163, 568
Wirsching, Michael 572
Wirschinger, Gertrud
→ McLean, Penny
Wirsing, Martin 1091
Wirth, Franz Peter 43, 93, 183, 399, 802, 890, 1008, 1168, 1253, 1307, 1314
Silvia 729
Wisborg, Lena 793
Wischmann, Marianne 73, 834
Wischnewski, Siegfried 121, 427, 530, 602, 785, 945, 1000
Wisdom, Robert 584
Wise, Alfie 161
Herbert 572, 1112, 1224
Josh 280
Ray 445, 1035
Wiseman, Carol 1033
Joseph 231
Wisner, Michael 783
Wisser, Sven 879
Wister, Owen 708
Witcombe, Eleanor 1093
Withers, Mark 641
Witt, Alicia 235
Claus Peter 136, 137, 268, 453, 454, 457, 564, 601, 607, 634, 677, 681, 728, 951, 952, 1223, 1275, 1354, 1408
Howard 379
Katarina 249
Kathryn 1290
Peter, Uwe 128
Rowan 1290
Witte, Axel 662, 1258
Daniela 1184
Karsten 523
Wittenberg, Detlef 580
Wittenborn, Michael 190, 1005
Wittenburg, Thomas 804, 984
Witte-Winter, Jessica 778, 1034
Wittig, Carlotta 1253
Witting, Manuel 1115, 1406
Wigand 386, 1210
Wittler, Tine 324
Wittliff, William D. 1019
Wittlinger, Karl 67, 112, 182, 362, 456, 757, 952, 1056, 1372
Wittmaack, Adolph 677
Wittmann, Christian 1071
Wittner, Georg Alfred 993
Meg 113
Witty, John 728
Witzigmann, Eckart 345
Witzke, Bodo 112, 408, 508
Wixell, Lena 649
Wlaschiha, Tom 986
Wlcek, Jimmy 1122, 1314
Wnuk, Oliver K. 628, 1167
Wobbe, Friedrich Carl 578
Wocker, Karl-Heinz 299
Wodehouse, P. G. 539
Wodetzky, Christine 400, 485, 686, 728, 904, 1270
Woetzel, Harold 1307
Wogatzki, Benito 1215
Wohejowicz, Stan 1358
Wohl, David 250
Wohle, Ben 462
Wöhler, Gustav-Peter 323, 1106
Wöhr, Lia 387, 638, 1400
Woitkewitsch, Thomas 925
Wojnarowski, Arkadiusz 648, 659
Wojtyllo, Ryszard 720
Wokalek, Johanna 652
Wolcott, Gregory 933
Wolf, Alf 1299
Anja 179
Dick 231, 537, 700, 860, 868, 927, 950, 1125
Gusti 68, 679, 1330
Klaus-Peter 31, 300
Lisa 190, 1009, 1026, 1294
Markus 370
Michael 227, 403
Ondřej 1074
Roswitha 301
Sabine 404
Scott 902
Stefan 360, 622
Tobias 355
Ulrike 612, 1186
Wolf-Schönburg, Stephan 823
Wolfahrt, Markus 10
Wolfe, Francis de 987
Robert, H. 74, 75
Ronald 863
Wölfel, Ursula 815
Wolff, Achim 66, 1027, 1028
Arno 326, 728, 1095
Christian 334, 403, 404, 633, 681, 854, 1274
Friedrich 61, 406
Gerry 118, 1307
Harry 1337
Joachim 65, 685, 887, 1266
Jurgen 683, 737, 980
Patrick 387, 632, 986, 1252
Rüdiger 926
Stefan 174
Uschi 190, 985
Wolffberg, Inge 303, 735, 1317, 1343
Wölffer, Jürgen 1262
Wolffhardt, Rainer 104, 734, 904
Wolffram, Karin 924
Wolfram, Hans-Joachim 106, 1251, 1331
Wolfsberger, Peter 990, 1126
Wolgers, Beppe 922
Wolk, Matthias 1103

Personenregister

Wolkenhauer, Katharina 847
Wolkenstein, Rolf 381, 731
Woll, Felicitas 134, 135, 197
Wolle, Hans-Joachim 106
Woller, Rudolf 172
Wöller, Norbert 919
Wollner, Gerhard 236, 502, 870
Wollschon, Gerd 479
Woloshyn, Illya 878
Wolpers, Godehard 384, 1052
  Laura 338
Wolter, Birthe 1062
  Ralf 190, 360, 480, 635, 654, 778, 806, 880, 901, 1047, 1350
  Sherilyn 161
Wolterstorff, Robert 1165
Wondrak, Elisabeth 709
  Georg 913, 954
Wong, Arthur 645
  B. D. 47
  James 1127
  Michael 1256
  Russel 1280
Wons, Grzegorz 604
Wontorra, Jörg 102, 159, 339, 964, 1060, 1118, 1140, 1230, 1332
Wood, Anne 1205, 1206
  Emily 65, 1075
  Evan Rachel 870, 948
  Gary 32
  Georgie 1111
  Jane 537
  Jeffrey 1059
  Lynn 308
  Nancy 646
  Ward 761
  William 149
Woodard, Alfre 258
Woodburn, Danny 226, 1129
Woodford, Kevin 924
Woodland, Lauren 47
Woodman, Ruth 581
Woods, Barbara Alyn 278, 312
  Donald 1189
  Estelle 652
  James 560
  Michael 198, 385, 466, 1287
  Nan 212
  Ren 1056
  Stuart 930
Woodside, David Bryan 835
Woodthorpe, Peter 592
Woodvine, John 16, 360
  Mary 1126
Woodward, Edward 260, 875, 949, 1062
  Mandy 1141
  Peter 1208
  Stan 812
Woodzatt, Adam 95
Wooley, Sheb 1199
Woolf, Dennis 676
Woolfe, Eric 701
Woollams, Charlotte 997

Woolridge, Susan 627
Woolvett, Gordon Michael 74, 447
  Jaimz 94, 1341
Wopat, Tom 305, 306, 977
Worch, Christian 1251
  Marie Ernestine 553
Wördemann, Franz 982
Worel, Daniela 1309
Worell, Herta 1406
Worms, Viktor 735, 1146, 1385
Wörner, Manfred 984
  Natalia 129, 1252
Wortberg, Christoph 720
Wortell, Holly 55
Worth, Fred 224
  Michael 21
Worthy, Rick 467, 835
Wortmann, Peter 616, 957
  Sönke 455, 469
  Yara 230
Wosch, Tommy 263, 712, 946, 1150, 1305, 1379
Wouk, Herman 384, 385
Wout, Erik van't 957
Wowereit, Klaus 46, 499
Woyciechowsky, Agathe 1077
Woydt, Nele 688, 810
Woytowicz, Monika 397, 456, 457, 720, 846, 1026, 1346
Woywood, Katja 440, 590, 694, 910, 1039, 1329
Woźniak, Grażyna 1155
Wrietz, Nadine 76
Wright, Brad 1150, 1151
  Francis 919
  J. Madison 309
  Jenny 198
  Katie 750
  Max 43, 183, 1132
  Peter 79
  Tom 766
  Wilbur 485
Wrightson, Berni 271
Wrobel, Katrin 471
Wroński, Tomasz 568
Wu, Vivian 447
Wübbe, Jutta 668
Wucher, Jakob 748
Wuermeling, Henric L. 1182
Wuhrer, Kari 218, 1109
Wulf-Mathies, Monika 1321
Wulff, Kai 135
  Katja 522
Wulffen, Kay-Dietrich 159, 605
Wülfing, Silke 720
Wulle, Trudel 93
Wunderlich, Christian 854, 1286
  Klaus 1184
Wünsche, Frank 532
Wünscher, Marianne 19
Wüpper, Thomas 442
Wurm, Grete 268
Wurst, Michael 368, 1149
Wurster, Ingeborg 546, 1122

Wussow, Alexander 338, 1069
  Barbara 527, 709, 712, 1050, 1067
  Klausjürgen 99, 138, 465, 662, 787, 823, 873, 904, 1067, 1069, 1080, 1276
Wüstenhagen, Harry 11, 1231
Wüsthoff, Klaus 504, 1169
Wustinger, Heinz 596, 709
Wuthenau, Rut von
  → Speer, Rut
Wuttig, Heinz Oskar 50, 295, 368, 401, 471, 831, 1027, 1092, 1231
Wuttke, Martin 715
Wyatt, Jane 1281
  Tessa 996
Wyle, Noah 331, 332
Wyler, Richard 757
Wylie, Adam 919
  Lauri 272
Wyman, Jane 358, 604
Wymark, Jane 994
Wyn, Michel 449, 743
Wyndham, Anne 1358
Wyner, George 501, 770, 853, 933
  Joel 202, 689, 692
Wyngarde, Peter 255, 605
Wynn, John, P. 592
  Keenan 32, 239, 308, 579
Wynter, Dana 753
Wyprächtiger, Hans 242, 595, 619
  Heinz 318
Wyss, Jonathan 1070
Wyzniewski, Arno 442, 1024

X

X Brands 1376
Xander, Brigitte 241
Xuereb, Salvator 910

Y

Yagher, Jeff 1279
Yaitanes, Greg 307
Yamanlar, Aydin 1266
Yamanouchi, Al 1039
Yanar, Kaya 1319
Yankie, Edward 1255
Yarbrough, Cedric 981
Yardim, Fahri Ogün 675
Yarlett, Claire 222
Yasbeck, Amy 199
Yates, Cassie 518
Yatsude, Saburo 939
Yearwood, Richard 1232
Yee, Chantelle 997
  Richard 869
Yeginer, Murat 717
Yelchin, Anton 1186
Yeldham, Peter 399, 473, 581, 1142, 1193, 1351, 1354
Yelland, David 248, 1033, 1164
Yelolo, Marius 473

Yerkovich, Anthony 466, 792
Yesiltac, Stella 1365
Yeun, Mitchel A. Lee 869
Yiannopoulos, Christos 1221
Yildiz, Erdal 167
Yip, David 1043
Yniguez, Richard 881
Yoba, Malik 860
Yogeshwar, Ranga 467, 678
Yohn, Erica 1200
York, Dick 1144, 1290
  Eugen 48, 462, 494, 644, 1160, 1287
  Jeff 474
  John J. 1336
  Kathleen 962
  Michael 443, 610, 1126
  Pete 1172
Yoshida, Tatsuo 1130
Yost, David 939
Yothers, Tina 368
Younane, Doris 527
Young, Alan 803
  Bill 1323
  Bruce A. 692, 772, 1080
  Carleton 707
  Chris 772, 894
  Cliff de 568
  Collier 209, 438, 575
  De De 153
  Gig 438
  Heather 924
  John Sacret 212
  Keone 536
  Leigh Taylor 919
  Loretta 640
  Richard 1248
  Robert 289, 1281
  Stephen 1162
  Trudy 61
  Victoria 504, 845
  Vincent 142
  William Allen 812
Youngblood, Rob 1126
Youngs, Jennifer 290
Yuill, Jimmy 346
Yukiko 118
Yulin, Harris 379
Yungvald-Khilkevich, Georgi 245
Yuuki, Nobuteru 975
Yüzgülec, Meral 1409

Z

Zabel, Bryce 232
Zabka, William 1063
Zachay, Barbara → Piazza, Barbara
Zacher, Rolf 76, 99, 190, 525, 534, 664, 877
Zacherl, Ralf 667, 923, 924, 1379
Zada, Ramy 1294
Zadora, Pia 402
Zaeske, Horst 118, 131, 456, 981
Zafırakis, Philipp 169
Zagaria, Anita 131
Zäh, Petra 418

Zahavi, Dror 286
Zahlbaum, Matthias 303, 385, 394, 685
Zahn, A. 158, 823
　Eva 404, 418, 823
　Peter von 104, 151, 152, 236, 337, 422, 458, 594, 860, 982, 984, 985, 1407
　Volker 158
Záhorský, Bohuš 905
Zajíc, Pavel 656
Zalbertus, Andre 633
Zalm, Dirk 73
Zaloom, George 229
Zambelli, Zaira 1066
Zámbó, Gundis 154, 155, 159, 220, 471, 842, 992
Zambrano, Jacqueline 211, 910
Zamperoni, Luca 1106
Zamponis, Anastasia 1340
Zamprogna, Gema 696
Zander, Annette 1040
　Frank 58, 114, 248, 268, 924, 1079, 1128, 1134, 1201, 1309
Zane, Lisa 227, 615, 690
Zankow, Vili 243
Zapata, Carmen 503
　Laura 1350
Zapatka, Fabian 93
　Manfred 346, 994, 1133, 1351
Zapletal, Alexander 645, 738
Zappa, Dweezil 305
　Frank 305
Zappe, Andreas 723
Zarattini, María 1019
Zaremba, John 1218
Zartmann, Jürgen 86, 400, 420, 1237, 1403
Zaslove, Mark 1175
Zatopek, Emil 385
Zavatta, Achille 1038
Zawadzki, Jo 345
Zazvorkova, Stella 762
Zbonek, Edwin 68
Zech, Rosel 90, 138, 663, 1036, 1252
Zedníček, Pavel 144, 920, 1221
Zee, John 407
Zeffirelli, Franco 610
Zegarac, Dusica 75

Zeidler, Eva 1020, 1259, 1308
Zeiger, Marcel 1158
Zeigler, Heidi 206, 424
　Jesse 271
Zeiler, Gerhard 750, 1344
Zeisberg, Ingmar 1220, 1344
　Karola 632
Zeiske, Beatrix 293
　Christiane 550
Zeitler, Karl Heinz 77, 670, 910
Zelenka, Otto 1291, 1393
Zelenková, Bohumila 1393
Zelinová, Hana 1288
Zeller, Bibiana 623, 624, 679
Zellweger, Helen 286, 1252
Zeman, Karel 1102
Zemann, Gerhard 524, 672
Zemeckis, Robert 456, 619
Zenetti, Lothar 1367
Zenkel, Gerd 281
Zenker, Helmut 679
Zenon, Michael 589
Zenthe, Ferenc 634
Zeplichal, Vitus 1312
Zeppelin, Ferdinand Graf von 485
Zerbe, Anthony 1377
Zerbib, Sylvia 412
Zerhau, Gabriele 956
Zerlett, Helmut 268, 513, 727
　Wolfgang 23, 66
Zesch-Ballot, Hans 73
Zetterberg, Hanna 1001
Zetzsche, Manfred 1395
Zeus, Sascha 163, 568
Zich, Denise 51
Ziebell, Alexander 414
Ziedrich, Ecki 610, 1103, 1395
Ziegler, Daniela 430, 440, 714, 862, 1261
　Hilde 1062
　Mirco 1189
　Sabine 63
　Theobald 911
Ziehl, Christiane 878
Zieliński, Andrzej 568
Zielke, Moritz 720
　Tanja 871
Zielstorff, Ilse 434
Ziemann, Daniela 974
　Sonja 413, 715

Zien, Chip 1410
Ziering, Ian 141
Zierl, Helmut 20, 128, 314, 397, 399, 533, 756, 773, 854, 1009, 1064, 1221, 1346, 1395
Ziesel, Günther 1221
Zieser, Petra 108, 466, 503, 867
Ziesing, Heinz-Dieter 910, 944
Ziesmer, Santiago 36, 51, 994
Zietlow, Sonja 155, 234, 263, 375, 493, 540, 565, 566, 571, 577, 894, 1063, 1120, 1148, 1209, 1297, 1389
Žilková, Veronika 523
Zilles, Peter 824, 853, 1317
Zima, Madeline 849
Zimbalist, Efrem Jr. 375, 1072, 1084, 1396
　Stephanie 980
Zimbler, Jason 218
Zimmer, Dieter 294, 545, 1122
　Hans 827
　Werner 320, 1140
Zimmer-Storelli, Sonja 440
Zimmering, Esther 712
Zimmerling, Matthias 138
　Robert 138, 720, 887
Zimmerman, Joey 113
　Joseph, P. 309
Zimmermann, Andreas 1293
　Eduard 35, 36, 73, 87, 95, 628, 1286, 1308, 1390
　Friedrich 274
　Herbert 1139
　Patrick 638
　Peter 633
　Sabine 36, 1308
　Verena 1143, 1286
Zimmermann von Siefart, Ralf 644, 695
Zindler, Regina 352, 988, 1244
Zingaretti, Luca 226
Zingler, Peter 455, 1238
Zink, Anja 480
　Anton 1275, 1378
　Jörg 144, 1367
　Nikolai 685, 1020

Zinnenberg, Monika 505
Zinnerová, Markéta 523
Zintl, Thomas 313
Zionitsky, Eva 951
Zirm, Maurice 1142
Zirner, August 502, 652, 853, 1408
Zischler, Hanns 56, 83, 601, 1395
Zittel, Michael 1026, 1310
Zlonitzky, Eva 1223
Zlotoff, Lee (David) 739, 836
Zmed, Adrian 1222
Zobrys, Benjamin 638, 904
　Mike 1258
Zöckler, Billie 280, 649, 652
Zogg, Andrea 581, 1196
Zöhrer, Claudia 800
Zola, Emile 468, 962
　Jean-Pierre 962
Zółkowska, Joanna 604
Zollner, Anian 349, 659
Zolotin, Adam 1414
Zone, Crash 230
Zorlu, Haydar 1293
Zoudé, Dennenesch 440, 715, 935, 1350
Zouheyri, Mustapha
→ Mouss
Zschocke, Joachim 400
Zsurzs, Eva 849
Zuber, Karol 829
Zucker, David 848
　Jerry 848
Zuckowski, Rolf 322
Zufall, Jörg 1049
Zuhr, Martin 923, 1243, 1347
Zuiker, Anthony E. 232, 233, 234
Zülch, Gisela 744
Zulu 525
Zulueta, Ogie 886
Zumbült, Christopher 323, 1408
Zuniga, Daphne 786
Zvaríková, Elena 385
Zvaríková-Alnerová, Jana 1288
Zweig, Stefan 178
Zweinert, Joachim 102
Zwerenz, Gerhard 91
Zwick, Edward 72, 139, 144, 870, 1353
Zwingenberger, Axel 127
Zylla, Klaus 455

Bildnachweis

UMSCHLAG
Aktenzeichen XY ungelöst: *Cinetext Bildarchiv*; Die Biene Maja: *Cinetext Bildarchiv*; Bonanza: *Cinetext Bildarchiv*; CSI: Miami: *Cinetext Bildarchiv*; Derrick: *Cinetext Bildarchiv*; Der große Preis: *Cinetext Bildarchiv/LB*; Ein Kessel Buntes: *Cinetext Bildarchiv/Lopatta*; Einer wird gewinnen: *Cinetext Bildarchiv*; Lindenstraße: *Cinetext Bildarchiv*; Loriot: *Cinetext Bildarchiv*; Eine schrecklich nette Familie: *Cinetext Bildarchiv*; Schwarzwaldklinik: *Cinetext Bildarchiv*; Tagesschau: *Cinetext Bildarchiv/Groeneveld*; Unser Sandmännchen: *Cinetext Bildarchiv*; Wer wird Millionär?: *Cinetext Bildarchiv*

LEXIKON
Das A-Team: *Cinetext Bildarchiv*; Die Abenteuer des David Balfour: *Cinetext Bildarchiv*; Die Abenteuer des jungen Indiana Jones: *Cinetext Bildarchiv*; Acht Stunden sind kein Tag: *Cinetext Bildarchiv*; ... 18 – 20 – nur nicht passen: *Cinetext Bildarchiv/PZ*; Adelheid und ihre Mörder: *ARD/Cinetext Bildarchiv*; Akte X: *Cinetext Bildarchiv*; Aktenzeichen XY ... ungelöst: *Cinetext Bildarchiv, Cinetext Bildarchiv/Kaatsch*; Aktuelle Kamera: *Henschel Theater-Archiv*; Das aktuelle Sport-Studio: *ZDF/Cinetext Bildarchiv*; Alarm für Cobra 11 – Die Autobahnpolizei: *RTL/Cinetext Bildarchiv*; ALF: *Cinetext Bildarchiv*; Alle Jahre wieder: Die Familie Semmeling: *Cinetext Bildarchiv*; Alle zusammen – Jeder für sich: *RTL/Cinetext Bildarchiv*; Allein gegen die Mafia: *Cinetext Bildarchiv*; Alles Atze: *Cinetext Bildarchiv/RM*; Alles Nichts Oder?!: *Cinetext Bildarchiv/GAL*; Der Alte: *Cinetext Bildarchiv (2)*; Anna: *Cinetext Bildarchiv/Kaatsch*; Anna Maria – Eine Frau geht ihren Weg: *Sat.1/Cinetext Bildarchiv*; Arabella: *Pro Sieben/Cinetext Bildarchiv*; Arsène Lupin: *Cinetext Bildarchiv*; Auf los geht's los: *Cinetext Bildarchiv/GAL*; Bananas: *Cinetext Bildarchiv/GAL*; Baretta: *Cinetext Bildarchiv*; Bas-Boris Bode: *Cinetext Bildarchiv/Max Kohr*; Der Bastian: *Cinetext Bildarchiv*; Ein Bayer auf Rügen: *Cinetext Bildarchiv/RM*; Baywatch – Die Rettungsschwimmer von Malibu: *Cinetext Bildarchiv*; Benny Hill: *Cinetext Bildarchiv*; Der Bergdoktor: *Sat.1/Cinetext Bildarchiv*; Bericht aus Bonn: *Cinetext Bildarchiv*; Berlin, Berlin: *Cinetext Bildarchiv/OZ*; Berlin Break: *RTL/Cinetext Bildarchiv*; Die bessere Hälfte: *Cinetext Bildarchiv/Kersten*; Beverly Hills, 90210: *Cinetext Bildarchiv*; Bezaubernde Jeannie: *Cinetext Bildarchiv*; Die Biene Maja: *Cinetext Bildarchiv*; Bilder aus der neuen Welt: *Interfoto, München*; Bill Cosby Show: *Cinetext Bildarchiv*; Bim Bam Bino: *Kabelkanal/Cinetext Bildarchiv*; Bingo: *Sat.1/Cinetext Bildarchiv*; Black Adder: *Cinetext Bildarchiv/Allstar*; Black Beauty: *Cinetext Bildarchiv*; Bonanza: *Cinetext Bildarchiv*; Bruder Esel: *RTL/Cinetext Bildarchiv*; Buddenbrooks: *Cinetext Bildarchiv*; Buffy – Im Bann der Dämonen: *Cinetext Bildarchiv*; Der Bulle von Tölz: *Cinetext Bildarchiv/RM*; Bullyparade: *Pro Sieben/Cinetext Bildarchiv*; Cagney & Lacey: *Cinetext Bildarchiv*; Calimero: *RTL/Cinetext Bildarchiv*; Die Camper: *RTL/Cinetext Bildarchiv*; Canale Grande: *Cinetext Bildarchiv/Groeneveld*; Cannon: *Sat.1/Cinetext Bildarchiv*; Captain Future: *ZDF/Cinetext Bildarchiv*; Catweazle: *kpa Photo Archiv, Köln*; Eine Chance für die Liebe: *RTL/Cinetext Bildarchiv*; Checkmate: *Cinetext Bildarchiv*; Cheers: *Cinetext Bildarchiv/Allstar*; Der Chef: *Cinetext Bildarchiv*; Chicago Hope: *Cinetext Bildarchiv*; CHiPs: *Cinetext Bildarchiv*; City Express: *Cinetext Bildarchiv/RM*; Die Cleveren: *Cinetext Bildarchiv/RM*; Der Clown: *RTL/Cinetext Bildarchiv*; Ein Colt für alle Fälle: *Cinetext Bildarchiv*; Columbo: *Cinetext Bildarchiv*; CSI: *Cinetext Bildarchiv*; CSI: Miami: *Cinetext Bildarchiv*; Daktari: *Cinetext Bildarchiv*; Dallas: *Cinetext Bildarchiv*; Dalli Dalli: *Cinetext Bildarchiv/LB*; Das ist Ihr Leben: *Cinetext Bildarchiv/Groeneveld, Cinetext Bildarchiv/PZ*; Dawson's Creek: *Cinetext Bildarchiv*; Denkste?!: *Cinetext Bildarchiv/Max Kohr*; Der Denver-Clan: *Cinetext Bildarchiv*; Department S: *Cinetext Bildarchiv*; Derrick: *Cinetext Bildarchiv/Kaatsch (2)*; Diagnose: Mord: *Cinetext Bildarchiv*; Diese Drombuschs: *Cinetext Bildarchiv/Koehler*; Direktion City: *Cinetext Bildarchiv/LB*; Dirk Bach Show: *Cinetext Bildarchiv/GAL*; Disco: *Cinetext Bildarchiv/PZ*; Der Doktor und das liebe Vieh: *WDR/Cinetext Bildarchiv*; Donnerlippchen: *WDR/Cinetext Bildarchiv*; Doogie Howser, M.D.: *Cinetext Bildarchiv*; Doppelter Einsatz: *RTL/Cinetext Bildarchiv*; Die Dornenvögel: *Cinetext Bildarchiv*; Drei Damen vom Grill: *Cinetext Bildarchiv/Schoenfeld*; Drei Mädchen und drei Jungen: *Cinetext Bildarchiv*; Drei mal neun: *Cinetext Bildarchiv/LB*; Drei von der K: *Cinetext Bildarchiv*; Ein Duke kommt selten allein: *Cinetext Bildarchiv*; Edel & Starck: *Cinetext Bildarchiv/OZ*; Eichbergers besondere Fälle: *Cinetext Bildarchiv/Kaatsch*; Eigener Herd ist Goldes wert: *Cinetext Bildarchiv/PZ*; Einer wird gewinnen: *Cinetext Bildarchiv/GAL*; 1, 2 oder 3: *Cinetext Bildarchiv/PZ*; Einsatz in Manhattan: *Cinetext Bildarchiv*; Emergency Room: *Cinetext Bildarchiv*; Emm wie Meikel: *Cinetext Bildarchiv/PZ*; Das Erbe der Guldenburgs: *Cinetext Bildarchiv*; Erkennen Sie die Melodie?: *Cinetext Bildarchiv/Max Kohr*; Erstes Glück: *ARD/Cinetext Bildarchiv*; Eurocops: *Cinetext Bildarchiv*; Expeditionen ins Tierreich: *Cinetext Bildarchiv/RM*; Explosiv – Der heiße Stuhl: *RTL/Cinetext Bildarchiv*; Fackeln im Sturm: *Cinetext Bildarchiv*; Der Fahnder: *Bavaria/Cinetext Bildarchiv, ARD/Cinetext Bildarchiv*; Falcon Crest: *Cinetext Bildarchiv*; Ein Fall für zwei: *ZDF/Cinetext Bildarchiv*; Die Fälle des

Harry Fox: *Cinetext Bildarchiv*; Familie Feuerstein: *Cinetext Bildarchiv*; Familie Heinz Becker: *Cinetext Bildarchiv*; Familienduell: *Cinetext Bildarchiv/GAL*; Fantasy Island: *Cinetext Bildarchiv*; FBI: *Cinetext Bildarchiv*; Das Fernsehgericht tagt: *Cinetext Bildarchiv/PZ*; Flamingo Road: *ARD/Cinetext Bildarchiv*; Fliege: *Cinetext Bildarchiv/Kaatsch*; Flipper: *Cinetext Bildarchiv*; Flitterabend: *WDR/Cinetext Bildarchiv*; Flodder – Eine Familie zum Knutschen: *RTL/Cinetext Bildarchiv*; Formel Eins: *Cinetext Bildarchiv/Max Kohr*; Forsthaus Falkenau: *Cinetext Bildarchiv/Kaatsch*; Fort Boyard: *Sat.1/Cinetext Bildarchiv*; Die Fraggles: *Cinetext Bildarchiv*; Freunde fürs Leben: *Cinetext Bildarchiv/RM*; Friends: *Cinetext Bildarchiv*; Frontal: *ZDF/Cinetext Bildarchiv*; Die Füchse: *ZDF/Cinetext Bildarchiv*; Fünf mal fünf: *Sat.1/Cinetext Bildarchiv*; Für alle Fälle Fitz: *Cinetext Bildarchiv*; Für alle Fälle Stefanie: *Cinetext Bildarchiv/Kersten*; Fury: *Cinetext Bildarchiv*; Die Gailtalerin: *RTL/Cinetext Bildarchiv*; Gaudimax: *BR/Cinetext Bildarchiv*; Geh aufs Ganze: *Kabel 1/Cinetext Bildarchiv*; Das Geheimnis von Twin Peaks: *Cinetext Bildarchiv*; Geld oder Liebe: *Cinetext Bildarchiv/GAL*; Geliebte Schwestern: *Sat.1/Cinetext Bildarchiv*; Die Gentlemen bitten zur Kasse: *Cinetext Bildarchiv*; Gestatten, mein Name ist Cox: *ARD/Cinetext Bildarchiv*; Gesundheitsmagazin Praxis: *ZDF/Cinetext Bildarchiv*; girl friends: *Cinetext Bildarchiv/RM*; Die glückliche Familie: *Cinetext Bildarchiv/Kaatsch*; Glückliche Reise: *Cinetext Bildarchiv*; Glücksrad: *Cinetext Bildarchiv/Max Kohr*; Golden Girls: *Cinetext Bildarchiv*; Der goldene Schuss: *Cinetext Bildarchiv/LB*; Graf Yoster gibt sich die Ehre: *Cinetext Bildarchiv/PZ*; Grisu, der kleine Drache: *Cinetext Bildarchiv*; Der Große Preis: *Cinetext Bildarchiv/LB (2)*; Gute Zeiten, schlechte Zeiten: *RTL/Cinetext Bildarchiv*; Das Halstuch: *Cinetext Bildarchiv/Charlotte Fischer*; Hans Meiser: *Cinetext Bildarchiv/GAL*; Hätten Sie's gewusst: *Interfoto, München*; Das Haus am Eaton Place: *Cinetext Bildarchiv*; Heidi: *Cinetext Bildarchiv*; Heimat: *WDR/Cinetext Bildarchiv*; Ein Herz und eine Seele: *Cinetext Bildarchiv*; Hilfe, meine Familie spinnt: *RTL/Cinetext Bildarchiv*; Eine himmlische Familie: *Cinetext Bildarchiv*; Hinter Gittern – der Frauenknast: *RTL/Cinetext Bildarchiv*; Hobbythek: *WDR/Cinetext Bildarchiv*; Holocaust: *Cinetext Bildarchiv*; Hör mal, wer da hämmert: *Cinetext Bildarchiv*; Hugo: *Kabel 1/ Cinetext Bildarchiv*; Hurra Deutschland: *Cinetext Bildarchiv/GAL*; Ich heirate eine Familie: *ZDF/Cinetext Bildarchiv*; Immer wenn er Pillen nahm: *Cinetext Bildarchiv*; In 10 Minuten zu Tisch: *Interfoto, München*; Der Internationale Frühschoppen: *Cinetext Bildarchiv/LB*; Irgendwie und sowieso: *BR/Cinetext Bildarchiv*; Jack Holborn: *Cinetext Bildarchiv*; Jakob und Adele: *Cinetext Bildarchiv*; Jedermannstraße 11: *Cinetext Bildarchiv*; Jets – Leben am Limit: *Pro Sieben/Cinetext Bildarchiv*; Jetzt oder nie: *Cinetext Bildarchiv/GAL*; Jetzt schlägt's Richling: *Cinetext Bildarchiv*; Jim Knopf: *Interfoto, München*; *Augsburger Puppenkiste*; Die Johannes B. Kerner Show: *Cinetext Bildarchiv/Creaps*; John Klings Abenteuer: *Cinetext Bildarchiv/LB*; Julia – eine ungewöhnliche Frau: *Cinetext Bildarchiv*; Kaffeeklatsch: *ZDF/Cinetext Bildarchiv*; Kampfstern Galactica: *Cinetext Bildarchiv*; Karlchen: *Cinetext Bildarchiv/GAL*; Ein Kessel Buntes: *Cinetext Bildarchiv/ DDR-Fernsehen*; Die kleinen Strolche: *Cinetext Bildarchiv*; Kli-Kla-Klawitter: *kpa Photo Archiv, Köln*; Klimbim: *WDR/Cinetext Bildarchiv*; Kobra, übernehmen Sie: *Cinetext Bildarchiv*; Der König von St. Pauli: *Sat.1/Cinetext Bildarchiv*; Der Kommissar: *Cinetext Bildarchiv*; Kommissar Rex: *Sat.1/Cinetext Bildarchiv*; Kottan ermittelt: *Cinetext Bildarchiv*; Das Krankenhaus am Rande der Stadt: *Cinetext Bildarchiv/Groeneveld*; L.A. Law: *Cinetext Bildarchiv*; Der Landarzt: *ZDF/Cinetext Bildarchiv*; Lassie: *Cinetext Bildarchiv*; Lederstrumpf: *Cinetext Bildarchiv*; Leo's: *Cinetext Bildarchiv/Kersten*; Die Leute von der Shiloh Ranch: *Cinetext Bildarchiv*; Li-La-Launebär: *RTL/Cinetext Bildarchiv*; Lieber Onkel Bill: *Cinetext Bildarchiv*; Liebling – Kreuzberg: *Cinetext Bildarchiv/Max Kohr*; Lindenau: *Cinetext Bildarchiv*; Lindenstraße: *WDR/Cinetext Bildarchiv*; Das Literarische Quartett: *Cinetext Bildarchiv/RM*; Loriot: *ARD/Cinetext Bildarchiv*; Love Boat: *Cinetext Bildarchiv*; Löwenzahn: *Cinetext Bildarchiv/Kersten*; Lukas: *ZDF/Cinetext Bildarchiv*; MacGyver: *Cinetext Bildarchiv*; Magnum: *Cinetext Bildarchiv*; Malcolm mittendrin: *Cinetext Bildarchiv*; Mann-O-Mann: *Cinetext Bildarchiv*; Der Mann vom anderen Stern: *Cinetext Bildarchiv*; Ein Mann will nach oben: *Cinetext Bildarchiv*; Manni, der Libero: *Cinetext Bildarchiv/Koehler*; Marienhof: *ARD/Cinetext Bildarchiv*; M.A.S.H.: *Cinetext Bildarchiv*; Matchball: *RTL/Cinetext Bildarchiv*; Matlock: *Cinetext Bildarchiv*; Max Headroom: *Cinetext Bildarchiv*; MAZ ab!: *Cinetext Bildarchiv/Kersten*; Mein Name ist Hase: *Cinetext Bildarchiv*; Meister Eder und sein Pumuckl: *Cinetext Bildarchiv*; Melrose Place: *Cinetext Bildarchiv*; Mensch Meier: *Cinetext Bildarchiv/GAL*; Miami Vice: *Cinetext Bildarchiv*; Michael Strogoff: *Cinetext Bildarchiv*; Michel aus Lönneberga: *kpa Photo Archiv, Köln*; Die Mike Krüger Show: *Sat.1/Cinetext Bildarchiv*; Mini Max: *Cinetext Bildarchiv*; Die Mini Playback Show: *RTL/Cinetext Bildarchiv*; Mit Leib und Seele: *Cinetext Bildarchiv/JH*; Mit Schirm, Charme und Melone: *Cinetext Bildarchiv*; ML Mona Lisa: *ZDF/Cinetext Bildarchiv*; Das Model und der Schnüffler: *RTL/Cinetext Bildarchiv*; Monaco Franze: *Cinetext Bildarchiv/PZ*; Mondbasis Alpha 1: *Cinetext Bildarchiv*; Die Mondschein-Show: *ZDF/Cinetext Bildarchiv*; Monitor: *WDR/Cinetext Bildarchiv*; Die Montagsmaler: *Cinetext Bildarchiv/PZ*; Monty Python's Flying Circus: *Cinetext Bildarchiv*; Mord ist ihr Hobby: *Cinetext Bildarchiv*; Mordkommission: *ZDF/Cinetext Bildarchiv*; Mork vom Ork: *Cinetext Bildarchiv*; Moselbrück: *Cinetext Bildarchiv*; Motzki: *Cinetext Bildarchiv*; Ein Mountie in Chicago: *Cinetext Bildarchiv*; Mr. Bean: *Cinetext Bildarchiv*; Die Muppet Show: *Cinetext Bildarchiv (2)*; Musik ist Trumpf: *Cinetext Bildarchiv/Groeneveld*; Na sowas: *Cinetext Bildarchiv/GAL*; Nachbarn: *Cinetext Bildarchiv*; Der Nachtfalke: *Cinetext Bildarchiv*; Nase vorn: *Cinetext Bildarchiv/Kersten*; Neues aus Uhlenbusch: *ZDF/Cinetext Bildarchiv*; Nicht von schlechten Eltern: *ARD/*

Cinetext Bildarchiv; Nick Knatterton: *Cinetext Bildarchiv*; Nikola: *RTL/Cinetext Bildarchiv*; Notruf: *RTL/Cinetext Bildarchiv*; Oh Gott, Herr Pfarrer: *ARD/Cinetext Bildarchiv*; Oh Mary: *Cinetext Bildarchiv*; Ohnsorg-Theater: *Cinetext Bildarchiv/PZ*; Oliver Maass: *Cinetext Bildarchiv*; Onedin Linie: *kpa Photo Archiv, Köln*; Otto – Die Serie: *RTL/Cinetext Bildarchiv*; Pan Tau: *Cinetext Bildarchiv*; Panorama: *Cinetext Bildarchiv/NDR*; Papermoon: *Cinetext Bildarchiv*; Die Partridge-Familie: *Cinetext Bildarchiv*; Pat und Patachon: *Cinetext Bildarchiv*; Patrik Pacard: *ORF/Cinetext Bildarchiv*; Die Peanuts: *Paramount Pictures/Cinetext Bildarchiv*; Peep!: *Cinetext Bildarchiv/RM*; Percy Stuart: *Cinetext Bildarchiv/Groeneveld*; Peter Steiners Theaterstadl: *BR/Cinetext Bildarchiv*; Peter Strohm: *Cinetext Bildarchiv/Kersten*; Pippi Langstrumpf: *Cinetext Bildarchiv*; P.I.T.: *Cinetext Bildarchiv*; Plattenküche: *WDR/Cinetext Bildarchiv*; Ein Platz für Tiere: *Cinetext Bildarchiv/Groeneveld*; Pleiten, Pech und Pannen: *BR/Cinetext Bildarchiv*; Polizeiruf 110: *Cinetext Bildarchiv*; Praxis Bülowbogen: *Cinetext Bildarchiv/Kersten*; Der Preis ist heiß: *Cinetext Bildarchiv/GAL*; Professor Haber experimentiert: *Cinetext Bildarchiv/PZ*; Pronto Salvatore: *RTL/Cinetext Bildarchiv*; Pssst...: *Cinetext Bildarchiv/GAL*; Quincy: *Cinetext Bildarchiv/Allstar*; Rappelkiste: *ZDF/Cinetext Bildarchiv*; Rauchende Colts: *Cinetext Bildarchiv*; Raumpatrouille: *Bavaria/Cinetext Bildarchiv*; Raumschiff Enterprise: *Paramount Pictures/Cinetext Bildarchiv*; Reich und schön: *Cinetext Bildarchiv*; Remington Steele: *Cinetext Bildarchiv*; Report Baden-Baden: *Cinetext Bildarchiv*; Die Rettungsflieger: *ZDF/Cinetext Bildarchiv*; Richterin Barbara Salesch: *Sat.1/Cinetext Bildarchiv*; Rin-Tin-Tin: *Cinetext Bildarchiv*; Der Ring der Musketiere: *Cinetext Bildarchiv*; Ritas Welt: *BMG/Cinetext Bildarchiv*; Rivalen der Rennbahn: *Cinetext Bildarchiv/GAL*; Ronnys Pop-Show: *Cinetext Bildarchiv/Groeneveld*; Roots: *Cinetext Bildarchiv*; Rosa Roth: *ZDF/Cinetext Bildarchiv*; Der rosarote Panther: *Cinetext Bildarchiv*; Roseanne: *Cinetext Bildarchiv*; ROST: *RTL/Cinetext Bildarchiv*; RTL-Nachtjournal: *RTL/Cinetext Bildarchiv*; RTL-Nachtshow mit Thomas Koschwitz: *Cinetext Bildarchiv/GAL*; RTL Samstag Nacht: *Cinetext Bildarchiv/GAL (2)*; Die Rudi-Carrell-Show: *Cinetext Bildarchiv/Kersten*; Rudis Tagesshow: *Cinetext Bildarchiv/Kersten*; Sabrina – Total verhext: *Cinetext Bildarchiv*; Salto Mortale: *Cinetext Bildarchiv*; Salto Postale: *Cinetext Bildarchiv*; Sandmännchen: *Cinetext Bildarchiv/LB*; Der Schattenmann: *ZDF/Cinetext Bildarchiv*; Der Schatz im Niemandsland: *Cinetext Bildarchiv/Kersten*; Scheibenwischer: *Cinetext Bildarchiv/Kersten*; Ein Schloss am Wörthersee: *RTL/Cinetext Bildarchiv*; Schloss Pompon Rouge: *Cinetext Bildarchiv*; Schmidteinander: *Cinetext Bildarchiv/VE*; Die schnelle Gerdi: *ZDF/Cinetext Bildarchiv*; Die Schöne und das Biest: *Cinetext Bildarchiv*; Eine schrecklich nette Familie: *Cinetext Bildarchiv (2)*; Schreinemakers Live: *Cinetext Bildarchiv*; Schwarz Rot Gold: *Cinetext Bildarchiv/PZ*; Der Schwarze Kanal: *kpa Photo Archiv, Köln*; Die Schwarzwaldklinik: *ZDF/Cinetext Bildarchiv (2)*; Schweinchen Dick: *Cinetext Bildarchiv*; Der Seewolf: *Cinetext Bildarchiv*; Die Sendung mit der Maus: *WDR/Cinetext Bildarchiv*; Sergeant Berry: *Cinetext Bildarchiv*; Sesamstraße: *Cinetext Bildarchiv, NDR/Cinetext Bildarchiv*; 77 Sunset Strip: *Cinetext Bildarchiv*; Sex and the City: *Cinetext Bildarchiv*; Sieben Tage – sieben Köpfe: *Cinetext Bildarchiv/GAL*; Silas: *ZDF/Cinetext Bildarchiv*; Siska: *Cinetext Bildarchiv/Marco*; Sketchup: *Cinetext Bildarchiv/Kaatsch*; Skippy, das Buschkänguruh: *Cinetext Bildarchiv*; So weit die Füße tragen: *Cinetext Bildarchiv*; Solo für O.N.C.E.L.: *Cinetext Bildarchiv*; Sonderdezernat K1: *Cinetext Bildarchiv/PZ*; Spiel ohne Grenzen.: *Cinetext Bildarchiv/Groeneveld*; SpongeBob Schwammkopf: *Cinetext Bildarchiv*; Sportschau: *Cinetext Bildarchiv/PZ*; Stargate: *Cinetext Bildarchiv*; Starsky & Hutch: *Cinetext Bildarchiv*; Sterns Stunde: *SDR/Cinetext Bildarchiv*; Die Straßen von San Francisco: *Cinetext Bildarchiv/JH*; Streit um Drei: *Cinetext Bildarchiv/Kersten*; Stubbe – Von Fall zu Fall: *Cinetext Bildarchiv/JH*; Tagesschau: *Cinetext Bildarchiv/Groeneveld (2)*; Talentschuppen: *Cinetext Bildarchiv/LB*; Tarzan: *Cinetext Bildarchiv*; Dem Täter auf der Spur: *Cinetext Bildarchiv/PZ*; Tatort: *Cinetext Bildarchiv/Groeneveld, Cinetext Bildarchiv/PZ, WDR/Cinetext Bildarchiv, Cinetext Bildarchiv*; Tegtmeiers Reisen: *Cinetext Bildarchiv/PZ*; Teletubbies: *Cinetext Bildarchiv*; Teufels Großmutter: *Cinetext Bildarchiv/Max Kohr*; Thommys Pop-Show: *Cinetext Bildarchiv/Max Kohr*; Till, der Junge von nebenan: *Cinetext Bildarchiv/Groeneveld*; Tim Frazer: *Cinetext Bildarchiv*; Time Trax – Zurück in die Zukunft: *Cinetext Bildarchiv*; Timm Thaler: *Cinetext Bildarchiv*; Tod eines Schülers: *ZDF/Cinetext Bildarchiv*; Tom und Jerry: *Cinetext Bildarchiv*; Total Normal: *ARD/Cinetext Bildarchiv*; Trapper John, M.D.: *Sat.1/Cinetext Bildarchiv*; Traumhochzeit: *RTL/Cinetext Bildarchiv*; Das Traumschiff: *Cinetext Bildarchiv*; Trio mit vier Fäusten: *Cinetext Bildarchiv/Allstar*; Die Trotzkis: *MDR/Cinetext Bildarchiv*; Der Trotzkopf: *Cinetext Bildarchiv*; Tutti Frutti: *Cinetext Bildarchiv*; TV total: *Cinetext Bildarchiv/VE*; 24: *Cinetext Bildarchiv*; Unser Charly: *ZDF/Cinetext Bildarchiv*; Unser Sandmännchen: *MDR/Cinetext Bildarchiv*; Unsere Nachbarn heute abend: Familie Schölermann: *Cinetext Bildarchiv*; Unsere schönsten Jahre: *ZDF/Cinetext Bildarchiv*; Die Unverbesserlichen: *NDR/Cinetext Bildarchiv*; Urmel: *Interfoto, München; Augsburger Puppenkiste*; Verbotene Liebe: *ARD/Cinetext Bildarchiv*; Verstehen Sie Spaß?: *Cinetext Bildarchiv/RM*; Die Wache: *Cinetext Bildarchiv*; Wa(h)re Liebe: *Cinetext Bildarchiv/Kersten*; Walker, Texas Ranger: *Cinetext Bildarchiv*; Die Waltons: *Cinetext Bildarchiv*; Was bin ich?: *Cinetext Bildarchiv*; Was guckst Du?!: *Sat.1/Cinetext Bildarchiv*; Weiber von Sinnen: *Cinetext Bildarchiv/GAL*; Welcome back, Kotter: *Cinetext Bildarchiv*; Wer ist hier der Boss?: *RTL/Cinetext Bildarchiv*; Wer wird Millionär: *RTL/Cinetext Bildarchiv*; Western von gestern: *Cinetext Bildarchiv*; Wetten, dass ...?: *Cinetext Bildarchiv/LB, Cinetext Bildarchiv/Kersten*; Die Wicherts von nebenan: *Cinetext Bildarchiv*; Wickie und die starken Männer: *Cinetext Bildarchiv*; Wie bitte?!: *RTL/Cinetext Bildarchiv*; Wie war ich, Doris?: *Cinetext Bildarchiv/RM*; Die Wochenshow: *Sat.1/Cinetext Bildarchiv*; Wolffs Revier: *Cinetext Bildarchiv/Kersten*; Wonder Woman: *Cinetext Bildarchiv*; Wunderbare Jahre: *Cinetext Bildarchiv*; Wünsch dir was: *Cinetext Bildarchiv*; WWF Club: *Cinetext Bildarchiv/GAL*; X-Base: *ZDF/Cinetext Bildarchiv*; Xena: *Cinetext Bildarchiv*; ZAK: *Cinetext Bildarchiv/GAL*; ZDF-Ferienprogramm für Kinder: *Cinetext Bildarchiv*; ZDF-Fernsehgarten: *ZDF/Cinetext Bildarchiv*; ZDF-Hitparade: *Cinetext Bildarchiv/LB*; Zorro: *Cinetext Bildarchiv*; Zum Blauen Bock: *Cinetext Bildarchiv/LB*; Die 2: *Cinetext Bildarchiv*; 2 gegen 2: *Pro Sieben/Cinetext Bildarchiv*; Die zweite Heimat: *WDR/Cinetext Bildarchiv*

Glossar

ACCESS PRIME
Von der Werbewirtschaft so genannter Zugang zum Hauptabendprogramm, also das Vorabendprogramm.

ARD
Arbeitsgemeinschaft der öffentlich-rechtlichen Rundfunkanstalten der Bundesrepublik Deutschland. Am 10. Juni 1950 schlossen sich der Bayerische Rundfunk (BR), der Hessische Rundfunk (HR), der Nordwestdeutsche Rundfunk (NWDR), Radio Bremen (RB), der Süddeutsche Rundfunk (SDR) und der Südwestfunk (SWF) in diesem Verbund zusammen. Am 27. November 1950 begann der NWDR mit einem Fernseh-Versuchsprogramm. Offizieller Beginn seiner Ausstrahlungen und damit Beginn des Fernsehens in der Bundesrepublik war am 25. Dezember 1952. Aber erst ab 1. November 1954 begann unter dem Namen »Deutsches Fernsehen« ein bundesweit empfangbares Gemeinschaftsprogramm. Kurz zuvor, im September 1954, war der erst im Juni gegründete Sender Freies Berlin (SFB) der ARD beigetreten. Am 1. Januar 1956 spaltete sich der NWDR in den Norddeutschen Rundfunk (NDR) und den Westdeutschen Rundfunk (WDR) auf. Am 21. Mai 1959 wurde der Saarländische Rundfunk (SR) in die ARD aufgenommen. Nach der Wiedervereinigung Deutschlands traten am 27. November 1991 der Mitteldeutsche Rundfunk (MDR) und der Ostdeutsche Rundfunk Brandenburg (ORB) der ARD bei. 1998 fusionierten SWF und SDR zum Südwestrundfunk (SWR), 2003 SFB und ORB zum Rundfunk Berlin-Brandenburg (RBB).
Das Gemeinschaftsprogramm der ARD behielt den Namen »Deutsches Fernsehen« auch nach der Gründung des ZDF noch über 20 Jahre bei. Erst am 1. Oktober 1984 benannte es sich in »Erstes Deutsches Fernsehen« um. Seit 1996 wird dafür im Programm selbst der Begriff »Das Erste« verwendet. Mit ARD sind in diesem Buch alle Sendungen des (Ersten) Deutschen Fernsehens und des ihm vorausgehenden NWDR-Programms gekennzeichnet.

ARD 2
Zweites Programm der ARD, das ab 1. Juni 1961 bundesweit ausgestrahlt wurde. Da es zuvor nur ein Programm gab, waren die meisten Fernsehgeräte nicht dafür ausgerüstet, den Sender zu verstellen. Nur neue Geräte hatten einen UHF-Tuner. So konnte lediglich eine verschwindend geringe Anzahl an Zuschauern das Programm von ARD 2 sehen, weshalb Sendungen in ARD 2 quasi unter Ausschluss der Öffentlichkeit liefen. Mit Gründung des ZDF im April 1963 wurde ARD 2 eingestellt. Ab 1964 gingen die Dritten Programme auf Sendung.

ARTE
Öffentlich-rechtliches deutsch-französisches Kulturprogramm, an dem je zur Hälfte ARD und ZDF einerseits und das französische Fernsehen La Sept andererseits beteiligt sind. Es ging am 30. Mai 1992 auf Sendung.

BACKDOOR-PILOT
→ Pilot

BEST-OF
Zusammenschnitt von Höhepunkten oder dem, was die Fernsehmacher dafür halten. Damit kommen sie angeblich Zuschauerwünschen entgegen, sparen aber natürlich vor allem Produktionskosten.

BLUEBOX
Technisches Verfahren, bei dem ein anderer Hintergrund hinter einen Darsteller projiziert wird. In Wirklichkeit steht der Darsteller vor einer blauen Wand, und alles, was blau ist, wird durch das neue Bild ersetzt. Der Darsteller sollte deshalb nichts Blaues tragen, sonst ist z. B. sein Oberkörper unsichtbar. Funktioniert genauso mit anderen Farben.

BR
Bayerischer Rundfunk. Er ging am 22. September 1964 als erste ARD-Anstalt mit einem eigenen regionalen Dritten Fernsehprogramm auf Sendung. Es nannte sich zunächst Bayern 3, ab 1996 Bayerisches Fernsehen.

CLIFFHANGER
Spannungsmoment am Ende einer Serienfolge oder gar Staffel, der erst zu Beginn der nächsten aufgelöst wird.

DAILY SOAP
Werktägliche Seifenoper (siehe auch Soap). Die erfolgreichste deutsche Daily Soap ist *Gute Zeiten, schlechte Zeiten*.

DAILY TALK
Werktägliche Talkshow zu Allerwelts- und Alltagsthemen, gerne aber auch zu Sex und persönlichen Familienstreitigkeiten, mit nicht prominenten Gästen. Bekannte Beispiele: *Hans Meiser, Arabella*.

DF1
Das erste digitale Pay-TV bot ab 28. Juli 1996 eine Vielzahl an Spartenprogrammen an, die in verschiedenen Paketen abonniert werden konnten. Das Angebot der KirchGruppe erfüllte nie die Erwartungen. Am 1. Oktober 1999 fusionierte es mit Premiere zu Premiere World.

DFF

Deutscher Fernsehfunk. Programm des DDR-Fernsehens, das am 25. November 1950 versuchsweise seinen Betrieb aufnahm. Den regelmäßigen Betrieb nahm das DDR-Fernsehen am 21. Dezember 1952 auf, an Stalins Geburtstag, u. a. mit der Nachrichtensendung *Aktuelle Kamera*. Die Programme der folgenden Jahre galten bis zum »offiziellen« Sendestart am 3. Januar 1956 jedoch weiterhin als Testsendungen. Ein zweites Fernsehprogramm startete am 3. Oktober 1970. Am 3. Januar 1972 wurde der »Deutsche Fernsehfunk« in »Fernsehen der DDR« umbenannt und die beiden Kanäle in »DDR 1« und »DDR 2«. Nach der Wende hieß der Sender ab März 1990 wieder Deutscher Fernsehfunk. Am 15. Dezember 1990 musste DFF 1 seinen Platz für die Ausstrahlung der ARD im Osten Deutschlands räumen. DFF 2 firmierte nun unter dem Namen »DFF-Länderkette« und wurde zum 31. Dezember 1991 abgewickelt. An seine Stelle traten MDR und ORB.

DOKU-SOAP

Mischung aus Dokumentation und Soap. Sie berichtet über reales Geschehen in einer Form, die den fiktionalen Genres entlehnt ist: Über mehrere Folgen werden mehrere Hauptfiguren begleitet und parallel mehrere Handlungsstränge erzählt. Eine der ersten deutschen Doku-Soaps war *Das Clubschiff*, bekannter wurden *Die Fahrschule* und *Ärger im Revier – Auf Streife mit der Polizei*.

DOKUTAINMENT

Genrekreuzung aus Dokumentation und Entertainment, z. B. *Einsatz in vier Wänden* oder *Die Super Nanny*.

DRAMEDY

Kunstwort für die Kreuzung aus Drama und Comedy, z. B. *Edel & Starck* oder *Gilmore Girls*. Aber auch die klassische deutsche Familienserie mit ihrer Mischung aus ernsthaften und humorvollen Ereignissen könnte man als Dramedy bezeichnen.

3SAT

Als Satellitenprogramm von ZDF, dem österreichischen ORF und dem Schweizer Fernsehen SRG (später DRS) gegründet, ging 3sat am 1. Dezember 1984 auf Sendung. Von Beginn an lag der Schwerpunkt auf Bildungs- und Kulturprogrammen und Wiederholungen aus dem Programm der drei Veranstaltersender. Vom 5. April 1990 bis zum 31. Dezember 1991 war der DFF gleichberechtigter Partner. Nach der Einstellung von EinsPlus stieg die ARD zum 1. Dezember 1993 in das Gemeinschaftsprogramm ein.

DSF

Deutsches Sportfernsehen. Spartenkanal, der am 1. Januar 1993 aus Tele 5 hervorging. Zeigt vor allem Sportsendungen für kleinere Interessensgemeinden, da die Rechte für Massensportveranstaltungen meistens bei den großen Sendern liegen.

EINSCHALTQUOTE

Anteil der Fernsehzuschauer, die eine bestimmte Sendung verfolgen. Oft irreführend benutzter Begriff, wenn eigentlich nur »Zuschauerzahl« gemeint ist. Früher bezog sich die Zahl auf alle Haushalte, die ein Fernsehgerät besitzen; eine Einschaltquote von 15 Prozent bedeutete, dass in 15 Prozent aller Fernsehhaushalte eine bestimmte Sendung lief. Später setzte sich als Vergleichsgröße die Zahl der zum jeweiligen Zeitpunkt eingeschalteten Fernsehgeräte durch, genauer »Marktanteil« genannt.

EINSPLUS

Satellitenprogramm der ARD, das am 29. März 1986 auf Sendung ging, das Gegenstück zum ZDF-Kulturprogramm 3sat bildete und viele Minderheitensendungen und Wiederholungen aus der ARD und ihren Dritten Programmen zeigte. Es wurde am 30. November 1993 eingestellt; die ARD beteiligte sich stattdessen an 3sat. Seit 4. April 2005 gibt es wieder einen gleichnamigen Sender, der über DVB-T, das digitale terrestrische Fernsehen, empfangen werden kann.

EUREKA

Privatsender, der im Mai 1987 mit den Schwerpunkten Nachrichten und Homeshopping startete und Ende 1988 in Pro Sieben aufging.

FENSTERPROGRAMM

Programm, das von einem unabhängigen Anbieter auf einem Sender veranstaltet wird. Den großen Privatsendern wurde es zur Auflage gemacht, solchen Drittanbietern feste Sendezeiten zur Verfügung zu stellen, die außerhalb ihrer eigenen Kontrolle waren, wenn sie die anfangs heiß begehrten terrestrischen Frequenzen bekommen wollten. Seit 1996 müssen alle Privatsender, die auf mehr als zehn Prozent Marktanteil kommen, solche Fenster mit genau vorgeschriebener Länge ins Programm nehmen. Zu den Drittanbietern gehörten früher u. a. Kanal 4, dctp und Pribag, heute u. a. AZ Media *(Helden des Alltags)* und nach wie vor dctp *(10 vor 11, stern tv, News and Stories)*.

HR

Hessischer Rundfunk. Die ARD-Anstalt begann am 5. Oktober 1964 mit einem Dritten Programm. Es hieß zeitweise Hessisches Fernsehprogramm, Hessen 3, Hessen Fernsehen und gegenwärtig hr-fernsehen.

INFOTAINMENT

Kunstwort aus Information und Entertainment: viel geschmähte, jedoch allgegenwärtige und oft populäre Mischung aus informierenden und unterhaltenden Elementen. Ein klassisches Beispiel dafür ist *stern tv*.

KABEL 1

Privater Tochtersender von Pro Sieben, der am 29. Februar 1992 unter dem Namen Kabelkanal als reiner Unterhaltungs-Spartensender auf Sendung ging. Er war damals tatsächlich nur im Kabel zu empfangen. Am 24. Dezember 1994 erhielt der Sender den neuen Namen Kabel 1, wurde mit Nachrichten und Magazinen zum Vollprogramm und war kurz darauf erstmals auch über Satellit zu empfangen. Der Schwerpunkt lag und liegt auf alten Serien und Wiederholungen von Spielfilmen.

KI.KA

Spartenprogramm für Kinder, in dem ARD und ZDF neben neuen Sendungen auch ihre Kinderprogramme aus den vorangegangenen 30 Jahren ausstrahlen. Der Sender startete am 1. Januar 1997 unter dem Namen Kinderkanal und sendete zunächst täglich bis 19.00 Uhr. Seine Werbefreiheit und die bevorzugte Einspeisung ins Kabelnetz bedeuteten das Aus für den privaten Konkurrenten Nickelodeon. Am 1. Mai 2000 wurde der Kanal in KI.KA. umbenannt, seit 1. Januar 2003 sendet er bis 21.00 Uhr.

LATE NIGHT

Spätabendprogramm. Grob alles nach 23.00 Uhr.

LATE-NIGHT-SHOW

Personality-Show im Spätabendprogramm, die Comedy und Talk mit prominenten Gästen mischt, z. B. *Gottschalk Late Night* oder *Die Harald Schmidt Show*. Vorbilder waren vor allem der amerikanische Dauerbrenner »Tonight Show Starring Johnny Carson« und die vorübergehend auch in Deutschland gezeigte *Late Show With David Letterman*.

MAKING-OF

Hintergrundbericht von Dreharbeiten.

MARKTANTEIL

→ Einschaltquote

MAZ

Magnetaufzeichnung. Filmische Zuspielung in moderierten Sendungen.

MDR

Mitteldeutscher Rundfunk, die ARD-Anstalt für Sachsen, Sachsen-Anhalt und Thüringen. Sie ging aus dem DFF hervor und begann am 1. Januar 1992 als dessen Nachfolger unter dem Namen MDR auch ein eigenes Drittes Programm auszustrahlen.

MTV

Music Television. Internationaler Musiksender, der 1981 in den USA seinen Betrieb aufnahm. 1987 folgte mit MTV Europe von London aus ein englischsprachiges Programm für Europa. Seit 1995 werden auch Sendungen auf Deutsch ausgestrahlt, zunächst aus Hamburg, später München; aktuell ist die MTV-Deutschland-Zentrale in Berlin. Neben Musikvideos dominieren Doku-Soaps, Cartoons und Comedys für junge Leute zunehmend das Programm. MTV strahlte auch die Tochterprogramme VH-1 und später MTV 2 Pop aus. 2005 übernahm MTV seinen deutschen Konkurrenten VIVA.

N 24

Privater Nachrichtensender. Die Tochter von Pro Sieben startete am 24. Januar 2000 und war nach n-tv das zweite 24-stündige Nachrichtenprogramm. Es versorgte später neben Pro Sieben auch die Schwestersender Sat.1 und Kabel 1 mit Nachrichten.

N-TV

Privater Nachrichtensender, der am 30. November 1992 mit einem Programm aus Nachrichten und Wirtschaftsmeldungen auf Sendung ging. Von Anfang an hielten der amerikanische Nachrichtensender CNN und seine Mutter Time Warner etwa die Hälfte der Anteile, die andere übernahm später RTL.

NDR

Norddeutscher Rundfunk. Gemeinsame Rundfunkanstalt zunächst der Länder Schleswig-Holstein, Hamburg und Niedersachsen. Gemeinsam mit Radio Bremen (RB) und dem Sender Freies Berlin (SFB) betrieb der NDR ab September 1965 ein Drittes Programm (Nord 3). Von 1989 bis 2001 nannte sich der Sender N3, danach NDR-Fernsehen. Im Oktober 1992 verabschiedete sich der SFB aus dieser Zusammenarbeit und gründete sein eigenes Drittes Programm namens B1. Zum 1. Januar 1992 trat Mecklenburg-Vorpommern dem NDR bei.

9LIVE

Privater Anrufsender mit interaktiven Gameshows, bei denen Zuschauer fast rund um die Uhr kostenpflichtig anrufen und dabei Preise gewinnen können. Der Spartenkanal war am 1. September 2001 aus tm3 hervorgegangen.

NICKELODEON

Privater Spartensender für Kinder. Der deutsche Ableger des gleichnamigen amerikanischen Senders, einer Tochter von Viacom und damit eine Schwester von MTV, ging in Deutschland am 12. Juli 1995 auf Sendung. Nicht zuletzt wegen der Konkurrenz durch den werbefreien öffentlich-rechtlichen Kinderkanal, der im Kabel bevorzugt wurde, gab Nickelodeon schon am 31. Mai 1998 wieder auf. Am 12. September 2005 begann MTV einen neuen Versuch, diesmal unter dem Namen Nick und auf der Frequenz von MTV 2 Pop.

ORB

Ostdeutscher Rundfunk Brandenburg. Die ARD-Anstalt trat – wie der MDR – die Nachfolge des DFF an. Ab 1. Januar 1992 veranstaltete sie ein eigenes Drittes Programm. Der Sender wurde nach der Fusion von ORB und SFB zum RBB zum 1. Mai 2003 in RBB Brandenburg umbenannt und ging schließlich mit dem RBB Berlin am 1. März 2004 im RBB-Fernsehen auf.

PHOENIX
Dokumentations- und Ereigniskanal von ARD und ZDF, der am 7. April 1997 seinen Betrieb aufnahm und viele Wiederholungen von ARD- und ZDF-Dokumentationen zeigte. Der Sender machte sich aber vor allem einen Namen durch Live-Übertragungen aus dem Bundestag, von Pressekonferenzen und bei großen Nachrichtenereignissen.

PILOT
Pilotfilm, Pilotfolge: der erste Teil, der Prototyp einer Serie oder Show: Ein Pilot wird produziert, um den verantwortlichen Entscheidungsträgern einen Eindruck des Programms zu geben. Geben sie grünes Licht, wird daraus eine Reihe oder Serie. Dann bekommen auch die Zuschauer den Piloten zu sehen, der in die Handlung einführt. Mittlerweile kommen neue Serien oft durch die Hintertür, indem zunächst der Pilotfilm ohne nachfolgende Serie ausgestrahlt wird, um vorab die Publikumsresonanz zu testen und aufgrund dieser die Entscheidung für oder gegen eine ganze Serie zu treffen (Backdoor-Pilot).

PKS
→ Sat.1

PLUG-IN
Sendung innerhalb einer anderen Sendung. Wird oft als Testballon benutzt, bevor sie eigenständig wird, z. B. *Das Geständnis* in *Arabella*.

PREMIERE
Das erste deutsche Bezahlfernsehen ging am 28. Februar 1991 auf Sendung. Der Pay-TV-Sender strahlte seine Programme verschlüsselt aus, zum klaren Empfang war ein Decoder notwendig, für den eine feste Monatsgebühr zu entrichten war. Neben vielen Spielfilmpremieren gab es auch einzelne Talk- oder Magazinsendungen und Serien. Einige davon liefen unverschlüsselt und somit für alle Zuschauer empfangbar. Ende 1999 fusionierte Premiere, ein Unternehmen von Bertelsmann, mit dem digitalen DF1 des ärgsten Konkurrenten, der KirchGruppe, zu Premiere World. Nach der Pleite von Kirch nannte sich der Sender ab 2002 wieder nur noch Premiere.

PREQUEL
Handlung, die einer bereits bekannten Handlung chronologisch vorausgeht, aber in der Regel erst später gedreht wird. *Enterprise* war z. B. ein Prequel von *Raumschiff Enterprise*.

PRIMETIME
Hauptsendezeit. Die Stunden, in denen die meisten Menschen vor dem Fernseher sitzen. Die Primetime im weiteren Sinne geht von 19.00 bis 23.00 Uhr, im engeren von 20.15 Uhr bis 22.15 Uhr.

PRO SIEBEN
Dritter deutscher Privatsender, der am 1. Januar 1989 aus Eureka hervorging. Pro Sieben profilierte sich vor allem mit amerikanischen Spielfilmen und Serien und hatte ein jüngeres Profil als RTL und Sat.1, mit denen es gemeinsam die so genannte »erste Sendergeneration« der kommerziellen Anbieter bildet. Im Sommer 1997 ging Pro Sieben als erster deutscher Fernsehsender an die Börse.

RBB
Rundfunk Berlin Brandenburg, 2003 aus der Fusion von SFB und ORB hervorgegangen. Das Dritte Fernsehprogramm heißt RBB-Fernsehen.

REALITY
Heißt Realität, bedeutete es anfangs auch. Reality-TV bezeichnete in den frühen 90er-Jahren überwiegend Infotainmentformate mit authentischen oder nachgestellten Aufnahmen von Unfällen, Katastrophen, Polizei-, Feuerwehr- oder Notarzteinsätzen (z. B. *Notruf*). Ab Ende der 90er-Jahre bedeutete der Begriff das Gegenteil von Realität. Er wurde nun vor allem für eine neue Form von Spielshows benutzt, die Kandidaten über längere Zeiträume mit der Kamera filmten, während sie künstlich herbeigeführte Situationen bewältigen mussten (z. B. *Big Brother*).

RTL
Radio Television Luxemburg. Der Ableger des Hörfunksenders Radio Luxemburg startete 1984 mit Sitz in Luxemburg und wurde am 1. Januar 1988 nach Köln verlegt. Ursprünglicher Name war RTL plus, im Dezember 1992 gekürzt auf RTL, weil der Fernsehableger längst bekannter war als der Radiosender, von dem er sich mit dem »plus« abgrenzen sollte. Bertelsmann, anfangs zu 40 Prozent an RTL plus beteiligt, ist inzwischen Mehrheitseigentümer. Anfang der 90er-Jahre schaffte RTL es unter Führung von Helmut Thoma, das deutsche Fernsehen zu revolutionieren und ARD und ZDF in der Zuschauergunst zu überholen. Der Privatsender RTL wurde für lange Zeit unangefochtener Marktführer und blieb es dauerhaft in der für die Werbewirtschaft wichtigen Zielgruppe der 14- bis 49-jährigen Zuschauer. RTL war jeweils der erste Sender, der in Deutschland Daily Talkshows, Boulevardmagazine, tägliche Seifenopern, Nachrichten nach Mitternacht, eine Late Night Show und 24 Stunden Programm am Tag auf den Bildschirm brachte.

RTL 2
Privatsender, der vom Sendestart am 6. März 1993 an versuchte, jüngere Zuschauer anzusprechen als der Schwestersender RTL. Außer RTL-Eigentümer Bertelsmann sind Tele München und der Bauer-Verlag Hauptgesellschafter. RTL 2 machte über viele Jahre vor allem mit Erotikprogrammen aller Art von sich reden und bekam den wenig schmeichelhaften Spitznamen »Tittensender«.

SAT.1
Erster deutscher Privatsender, der seinen Namen seiner anfangs wichtigsten Verbreitungsart verdankt:

per Satellit. Nach einem mehr als 30-jährigen öffentlich-rechtlichen Monopol startete Sat.1 am 1. Januar 1984 vor kaum wahrnehmbarem Publikum im Rahmen des Ludwigshafener Kabelpilotprojekts. Der Sender hieß anfangs noch PKS (Programmgesellschaft für Kabel- und Satellitenfunk) und änderte seinen Namen nach genau einem Jahr. Anders als RTL konnte sich Sat.1 aus dem Fundus alter Spielfilme seines Mitgesellschafters Leo Kirch bedienen – was sich aber als Nachteil entpuppte: Der Zwang, innovativ zu sein, brachte RTL ganz nach vorne. Sat.1 gehörte zwar seit den 90er-Jahren mit ARD, ZDF und RTL zu den vier meistgesehenen Sendern, war aber nicht zuletzt wegen Machtkämpfen unter den Gesellschaftern (außer Kirch fast ausschließlich Zeitungsverlage und vor allem Axel Springer) häufig ein Sorgenkind. 2000 fusionierte der Sender mit Pro Sieben zu einem gemeinsamen Unternehmen. Die Sendezentrale wurde 1999 von Mainz nach Berlin verlegt.

SDR
→ SWR

SEQUEL
Fortsetzung. Schließt an eine bereits bekannte Handlung an. Das Gegenteil ist Prequel.

SFB
Sender Freies Berlin, Landesrundfunkanstalt der ARD. Der SFB hatte zunächst kein eigenes Drittes Programm betrieben, sondern sich mit NDR und RB an Nord 3 beteiligt. Erst am 1. Oktober 1992 ging B1 auf Sendung. Nach der Fusion von SFB und ORB zum RBB hieß B1 ab 1. Mai 2003 zunächst RBB Berlin und ging nach der Zusammenlegung mit RBB Brandenburg am 1. März 2004 im RBB-Fernsehen auf.

SITCOM
Situationskomödie. Halbstündige Comedyserie, die in der Regel mit mehreren Kameras vor Publikum aufgezeichnet wird, dessen Gelächter zu hören ist. Die Komik entsteht vor allem aus alltäglichen Situationen, die Handlung spielt sich an einer begrenzten Anzahl alltäglicher, gleichbleibender Schauplätze ab. Klassische Beispiele sind die *Golden Girls* und *Lukas*.

SOAP
Kurz für Soap Opera, Seifenoper. Meist günstig industriell hergestellte Endlosserie mit mehreren, gleichzeitig erzählten Handlungssträngen und ohne abgeschlossene Episoden innerhalb einer Folge. Der Begriff kommt aus den Anfängen des Genres, als fast alle Soaps von Waschmittelherstellern (insbesondere Procter & Gamble) gesponsert oder sogar selbst produziert wurden.

SPIN-OFF
Ableger einer Show oder Serie. Oft entpuppen sich einzelne Figuren einer Serie als so populär, dass sie noch während ihrer Laufzeit oder nach dem Ende eine eigene Serie bekommen, in der sie mit neuen Nebencharakteren gruppiert werden (*Frasier* war zum Beispiel ein Spin-off von *Cheers, Broti & Pacek* ein Spin-off vom *Alphateam*). Teilweise werden neue Charaktere für Gastauftritte in eine bestehende Serie von vornherein mit der Absicht eingeführt, mit ihnen eine eigene Serie zu starten (in dieser Hinsicht war *CSI: Miami* ein Spin-off von *CSI*).

SR
Saarländischer Rundfunk. Am Dritten Fernsehprogramm des SWR beteiligt.

SUPER RTL
Privater Kinder- und Familiensender, der Disney, Tele München und RTL gehört. Seit 28. April 1995 sendet er tagsüber Programme für Kinder, abends familienfreundliche Filme, Zeichentrick und Serien. Seit 1998 ist Super RTL tagsüber Marktführer bei den Zuschauern zwischen 3 und 13 Jahren.

SWF
→ SWR

SWR
Südwestrundfunk. ARD-Anstalt für Rheinland-Pfalz und Baden-Württemberg, die am 30. August 1998 aus der Fusion von Südwestfunk (SWF) und Süddeutschem Rundfunk (SDR) hervorging. Der SDR war zuvor die Landesrundfunkanstalt für den nördlichen Teil Baden-Württembergs, das dem amerikanisch besetzten Teil und dem bis 1952 bestehenden Bundesland Württemberg-Baden entsprach. Der SWF sendete für das Gebiet der französischen Besatzungszone nach dem Zweiten Weltkrieg: Rheinland-Pfalz und der südliche Teil von Baden-Württemberg. Ab dem 5. April 1969 strahlten beide gemeinsam mit dem Saarländischen Rundfunk (SR) ein Drittes Programm, Südwest 3, aus. Aus finanziellen Gründen war dies das letzte Dritte Programm der alten Bundesrepublik, das auf Sendung ging. Gleichzeitig mit der Fusion zum SWR wurde es in Südwest Fernsehen umbenannt.

SYNDICATION
Der im US-Fernsehen übliche Verkauf von Sendungen an unabhängige Regionalsender im ganzen Land.

TELE 5
Privates Vollprogramm, das 1988 aus dem Spartensender Musicbox hervorging und trotz wachsender Erfolge beim jungen Publikum nicht lange überlebte. Nach komplizierten Eigentümerwechseln kontrollierte die KirchGruppe den Sender und wandelte ihn 1993 ins Deutsche Sport-Fernsehen (DSF) um. Am 28. April 2002 gründete Tele München, das schon am alten Tele 5 beteiligt war, einen neuen Sender gleichen Namens als Unterhaltungs-Spartensender.

TM3
Startete am 25. August 1995 als privater Frauensender, gab die Spezialisierung jedoch nach und nach

auf. Der Sendername steht für Tele München 3 – es war der dritte Sender der Tele-München-Gruppe. Im November 1998 erwarb Rupert Murdoch zwei Drittel des Senders und sicherte ihm 1999 die Übertragungsrechte an der Fußball-Champions-League. Doch der Erfolg stellte sich nicht ein. Ein Jahr später gingen die Spiele zurück an RTL und tm3 den Bach runter. Anfang 2001 begann eine Umstrukturierung zum 24-Stunden-Interaktionsprogramm mit pausenlosen Live-Anruf-Gewinnshows. Zum 1. September 2001 wurde der Sender in 9Live umbenannt.

TRAILER
Werbespot, der auf Sendungen des eigenen Programms hinweist.

VH-1
Musiksender, Tochter von MTV, für erwachsene Zuschauer. Ging in Deutschland 1995 auf Sendung und wurde 2001 durch MTV 2 Pop ersetzt.

VIVA
Privater Musiksender, der vom 1. Dezember 1993 an versuchte, MTV mit deutschsprachigen Sendungen und vielen Videoclips deutscher Interpreten Konkurrenz zu machen. Der Spartensender mit Sitz in Köln schaffte es, Marktführer zu werden, wurde aber schließlich von MTV wieder überholt und Anfang 2005 übernommen. Tochtersender war VIVA Zwei, der später zu VIVA Plus wurde.

VOX
Privatsender, der am 25. Januar 1993 als informationsorientiertes »Ereignisfernsehen« vor allem mit Nachrichten- und unendlich vielen Magazinformaten begann, nach einer Beinahepleite aber in ein relativ konventionelles Vollprogramm umgewandelt wurde. Der Sender gehört heute zu 100 Prozent der RTL Group. Auch anfangs war er von Bertelsmann dominiert, von Mitte 1994 bis 2000 hielt Rupert Murdoch knapp 50 Prozent.

WDR
Westdeutscher Rundfunk. Die größte ARD-Anstalt begann im Dezember 1965, ein Drittes Programm auszustrahlen, das sich nach einer gut einjährigen Pilotphase WDR/Westdeutsches Fernsehen nannte. Später folgten Umbenennungen in West 3 und WDR Fernsehen.

ZDF
Zweites Deutsches Fernsehen. Die Gründung dieser öffentlich-rechtlichen Anstalt war eine Reaktion auf den vom Bundesverfassungsgericht verbotenen Versuch Konrad Adenauers, eine Fernsehanstalt des Bundes gründen zu lassen. Stattdessen unterzeichneten die Bundesländer 1961 einen Staatsvertrag, in dessen Folge am 1. April 1963 das ZDF auf Sendung ging. Das ZDF gilt als größter Sender Europas und hat seinen Sitz in Mainz.

ZIELGRUPPE
Anvisiertes Publikum. Während öffentlich-rechtliche Anstalten den Auftrag haben, für Menschen aller Altersgruppen zu senden, sind die Privatsender auf die so genannte »werberelevante« Zielgruppe fixiert. Damit bezeichnet die Werbeindustrie Zuschauer im Alter von 14 bis 49 Jahren, weil sie schwerer zu erreichen sind und angeblich in ihrem Konsumverhalten leichter zu beeinflussen.

Weiterführende Literatur

Bleicher, Joan: Chronik zur Programmgeschichte des deutschen Fernsehens. Berlin: Ed. Sigma, 1993.

Brooks, Tim; Marsh, Earle: The Complete Directory to Prime Time Network and Cable TV Shows: 1946–Present. New York: Ballantine, 2003.

Brück, Ingrid; Guder, Andrea; Viehoff, Reinhold; Wehn, Karin: Der Deutsche Fernsehkrimi: eine Programm- und Produktionsgeschichte von den Anfängen bis heute. Stuttgart, Weimar: Metzler, 2003.

Compart, Martin: Crime TV. Lexikon der Krimi-Serien. Berlin: Bertz, 2000.

Evans, Jeff: The Penguin TV Companion. London: Penguin, 2003.

Hickethier, Knut: Geschichte des deutschen Fernsehens. Stuttgart, Weimar: Metzler, 1988.

Hruska, Thomas; Evermann, Jovan: Der neue Serien-Guide. Berlin: Schwarzkopf & Schwarzkopf, 2004.

Keller, Harald: Kultserien und ihre Stars. Reinbek: Rowohlt, 1999.

Kellner, Oliver; Marek, Ulf: Seewolf & Co. Berlin: Schwarzkopf & Schwarzkopf, 1999.

Kreuzer, Helmut; Thomsen, Christian W. (Hg.): Geschichte des Fernsehens in der Bundesrepublik Deutschland. München: Fink, 1994.

McNeil, Alex: Total Television. New York: Penguin, 1996.

Müllender, Bernd; Nöllenheidt, Achim (Hg.): Am Fuß der blauen Berge: die Flimmerkiste in den sechziger Jahren. Essen: Klartext, 1994.

Schindler, Nina (Hg.): Flimmerkiste. Hildesheim: Gerstenberg, 1999.

Strobel, Ricarda; Faulstich, Werner: Die deutschen Fernsehstars. Göttingen: Vandenhoeck & Ruprecht, 1998.

Weber, Wolfgang Maria: 50 Jahre deutsches Fernsehen: ein Rückblick auf die Lieblingssendungen in West und Ost. München: Battenberg, 1999.

ONLINE

www.fernsehserien.de
www.wunschliste.de

www.fernsehlexikon.de

MICHAEL REUFSTECK liebt schönes Wetter, weil der an die Fenster prasselnde Regen sonst so beim Fernsehen stört. Der Rundfunkjournalist moderiert bei Deutschlands meistgehörtem Radiosender SWR3, arbeitet nebenbei als Off-Sprecher und schreibt Kolumnen für die »Frankfurter Allgemeine Sonntagszeitung«.

STEFAN NIGGEMEIER leidet noch heute darunter, dass er als Kind ins Bett musste, bevor der »Große Preis« zu Ende war. Der Diplom-Journalist verantwortet die Medienseite der »Frankfurter Allgemeinen Sonntagszeitung«. 2003 wurde er mit dem »Deutschen Preis für Medienpublizistik« ausgezeichnet.